U0675964

CHINA URBAN PROPERTY YEARBOOK 2019

2019年
中国城市
楼盘年鉴

乐居买房 主编

中国经济出版社
CHINA ECONOMIC PUBLISHING HOUSE
·北京·

图书在版编目（CIP）数据

2019年中国城市楼盘年鉴 / 乐居买房 主编 .
—北京：中国经济出版社，2020.6
ISBN 978-7-5136-6097-6

Ⅰ . ① 2…　Ⅱ . ①乐…　Ⅲ . ①房地产业—统计资料—中国—2019—年鉴　Ⅳ . ① F299.233-54

中国版本图书馆 CIP 数据核字（2020）第 04[illegible]342 号

责任编辑　郭国玺
责任印制　巢新强
封面设计　任燕飞

出版发行　中国经济出版社
印 刷 者　北京力信诚印刷有限公司
经 销 者　各地新华书店
开　　本　880mm × 1230mm　1/16
印　　张　59.25
字　　数　1763 千字
版　　次　2020 年 6 月第 1 次
印　　次　2020 年 6 月第 1 次
定　　价　988.00 元
广告经营许可证　京西工商广字第 817[illegible] 号

中国经济出版社 **网址** www.economyph.com **社址** 北京市东城区安定门外大街 58 号 **邮编** 100011
本版图书如存在印装质量问题，请与本社销售中心联系调换（联系电话：010-57512564）

版权所有　盗版必究（举报电话：010-5751[illegible]）

国家版权局反盗版举报中心（举报电话：12390)　　服务热线：010-57512564

目 录

行业综述篇

城市地产篇

注：青海省、新疆维吾尔自治区、西藏自治区、香港特别行政区、澳门特别行政区、台湾地区目前暂无数据信息监控，相关数据未在本书体现，本书仅收录有数据信息监控的城市。

商业地产篇

注：青海省、新疆维吾尔自治区、西藏自治区、香港特别行政区、澳门特别行政区、台湾地区目前暂无数据信息监控，相关数据未在本书体现，本书仅收录有数据信息监控的城市。

文旅地产篇

产品力篇

地方专家评委会名单

《2019 年中国城市楼盘年鉴》编委会

注：青海省、新疆维吾尔自治区、西藏自治区、香港特别行政区、澳门特别行政区、台湾地区目前暂无数据信息监控，相关数据未在本书体现，本书仅收录有数据信息监控的城市。

行业综述篇

2019年中国房地产行业发展综述

政策篇

2019年，在“房住不炒”定位下，国内楼市迎来政策和融资层面双双收紧的局面。中央聚焦房地产金融风险，坚持住房居住属性，不将房地产作为短期刺激经济的手段；地方因城、因区、因势施策保持房地产市场稳定。

一、政策落实房住不炒定位贯彻全年

2019年1月，在防范化解重大风险专题研讨班上，中央提出要稳妥实施房地产市场平稳健康发展长效机制方案。

3月，两会政府工作报告强调要落实城市主体责任，促进房地产市场平稳健康发展。两会前后，各省市陆续表态要稳妥实施“一城一策”方案，“一城一策”逐步成为更多地方政府落实主体责任的主要方式。第一季度整体政策基调相对宽松，市场预期向好。

4月，中央政治局会议重申坚持“房子是用来住的，不是用来炒的”定位，落实好“一城一策”、因城施策、城市政府主体责任的长效调控机制，会议对“房住不炒”的再次强调对向好的市场预期起到了“收”的作用。

7月，中央政治局会议在重申坚持“房子是用来住的，不是用来炒的”定位的同时，提出要落实房地产长效管理机制，不将房地产作为短期刺激经济的手段。此次政治局会议确定了第三季度政策趋严的基调，第三季度市场整体调整预期进一步强化。

10月，中共十九届四中全会在论述中国特色社会主义制度、国家治理体系和治理能力现代化时明确提出，要加快建立多主体供给、多渠道保障、租购并举的住房制度。

12月，中央经济工作会重申坚持“房住不炒”，强调全面落实因城施策，稳地价、稳房价、稳预期的长效管理调控机制。同月，全国住房和城乡建设工作会议进一步强调2020年要着力稳地价、稳房价、稳预期，保持房地产市场平稳健康发展（上次会议的提法是促进房地产市场平稳健康发展），并明确指出将长期坚持“房子是用来住的，不是用来炒的”定位。

二、各部委轮番出台政策严控房地产融资

2019年全年，中央政府针对房地产市场调控明确表态或出台相关政策的次数为57次左右（2017年为9次，2018年为33次），较前两年有所增加。而从政策出台的部门来看，中国人民银行达到18次，中国银行保险监督管理委员会为9次，两大金融部门政策出台或表态的次数占比接近总数的五成。这表明，2019年的中国房地产金融政策完全符合年初定下的“整体总方针不变”的政策基调，金融政策收紧是全年房地产市场调控的核心。

具体来看，第一、第二季度，住房和城乡建设部适时预警地方房价波动、中国人民银行加强房地产金融审慎管理、中国银行保险监督管理委员会及国家发展和改革委员会分别对资金流向和企业发债用途进行了监管，共同构建房地产市场的风险防范机制。第三季度以来，宏观经济下行压力加大，在宏观逆周期调节背景下整体资金环境有所宽松。然而，相关部门针对房地产行业的资金监管并未弱化，特别是数次降准、房贷利率挂钩LPR改革、地方专项债资金使用用途上更加强调金融监管、用途管控、预期引导，从而确保资金流向、房贷利率变化符合调控方向。

三、地方因城、因区、因势施策保持房地产市场稳定

2016~2019 年，累计超过 128 个地级以上城市（出台约 550 项）和 73 个县市（出台约 73 项）出台紧缩政策。2016 年、2017 年、2018 年、2019 年各地紧缩性政策出台数量分别为 74 项、245 项、185 项、116 项，从月均政策出台数量来看，整体以下降为主。

单从就 2019 年政策调控变化来看，第一季度地方政策适度进行结构性优化，但整体以“稳”为主。与第一季度相比，第二季度、第三季度政策明显趋紧，紧缩程度自 4 月以来明显加强，政策数量前低后高、前稳后严。

第二季度全国部分城市利率上浮水平止降回升、公积金贷款政策有所收紧，西安、苏州分别升级了限购、限售政策，合肥、苏州、东莞等地由于地市升温也及时收紧土拍政策。

第三季度，在各地政策整体收紧的同时，上海、长沙、武汉、贵阳、东莞、株洲、徐州、扬州、嘉兴、任丘等地也适时优化公积金信贷政策及限购政策以更好满足部分自住群体的购房需求。

与第二、第三季度相比，第四季度政策强度有所减弱，部分定向优化政策延续第三季度末趋势，粤港澳大湾区、深圳、广州（广州南沙、广州黄埔、广州花都）、佛山、天津、南京六合、南京溧水、成都高新南区、三亚、徐州、扬州、清远等地适时针对特定居民优化购房政策、信贷政策、税收政策支持合理自住需求。

四、继续强化住房保障体系建设

第一，住房制度成为国家制度建设框架内容。中共十九届四中全会在论述中国特色社会主义制度、国家治理体系和治理能力现代化时明确提出要加快建立多主体供给、多渠道保障、租购并举的住房制度。

第二，加快推动住房保障立法。2019 年初，两会政府工作报告提出要改革完善住房市场体系和保障体系。2019 年末，住建部明确将推动住房保障立法，目的在于明确国家层面住房保障顶层设计和基本制度框架，为规范保障房准入使用和退出提供法律依据。

第三，继续因地制宜发展共有产权住房。2019 年是共有产权住房在供给上取得重大突破的一年，共有产权住房已成为部分大中城市地方政府解决夹心层住房问题的重要途径，特别是以北京为代表的共有产权住房集中供应区将对市场的刚性需求形成明显的“引流”。住建部也再次强调要总结北京、上海共有产权住房试点的经验，鼓励人口流入量大、房价较高的大中城市，结合本地实际发展共有产权住房。

第四，保障住房租赁房源供给。截至 2019 年，针对租赁住房市场建设已经在土地供应、房源转化、财税激励、融资保障等方面逐步形成了体系化的支持机制。财税激励方面，财政部、住建部两部门公示了 2019 年中央财政支持住房租赁市场发展试点入围城市名单；房源转化方面，自国务院于 2016 年出台“允许将商业用房等按规定改建为租赁住房，土地使用年限和容积率不变，土地用途调整为居住用地，水电气执行民用价格”的相关规定后，“商改租”的城市名单进一步扩围。

五、允许集体经营性建设用地直接入市

2019 年以来，中央“一号文件”、两会政府工作报告均指出将全面推进农村集体经营性建设用地入市改革，加快建立城乡统一的建设用地市场。最大的突破在于修改后的《土地管理法》删除了原《土地管理法》第四十三条“任何单位和个人建设，需要使用土地的，必须依法申请使用国有土地”的规定，这意味着我国正式从全国层面打通了农村集体经营性建设用地直接进入市场的法律障碍。

六、调节土地一级市场供地节奏，提高土地二级市场再配置效率

土地一级市场方面，自然资源部已于 2019 年初印

发通知要求各地加快批而未供土地处置。4 月，又要求各地 2019 年要根据商品住房库存消化周期调节宅地供应节奏（库存消化周期 6 个月以下要显著增加并加快供地；6~12 个月要增加供地；12~18 个月要维持供地持平水平；18~36 个月要适当减少供地；36 个月以上应停止供地）。

土地二级市场方面，经过两年的试点实践，2019 年国务院在原国土资源部印发的《关于完善建设用地使用权转让、出租、抵押二级市场的试点方案》的基础上，正式发布《关于完善建设用地使用权转让、出租、抵押二级市场的指导意见》(以下简称《意见》)。《意见》提出，要建立产权明晰、市场定价、信息集聚、交易安全、监管有效的土地二级市场，推动一、二级土地市场协调发展。

七、推进优势区域、优势城市特色化发展

区域层面，中央经济工作会议强调要加快落实区域发展战略，完善区域政策和空间布局，发挥各地比较优势，构建全国高质量发展的新动力源。2019 年初，国家发展和改革委员会已就培育发展现代化都市圈出台指导意见，指出城市群已成为中国新型城镇化主体形态，是支撑全国经济增长、促进区域协调发展、参与国际竞争合作的重要平台。

各城市群加速出台规划、实施方案，《粤港澳大湾区规划纲要》《关于贯彻落实〈粤港澳大湾区发展规划纲要〉的实施意见》《广东省推进粤港澳大湾区建设三年行动计划（2018~2020 年）》《河北雄安新区总体规划（2018~2035 年）》《长江三角洲区域一体化发展规划纲要》陆续印发。

长三角一体化发展上升为国家战略并召开协调会，城市名单进一步扩围。中国自由贸易试验区新增上海临港新片区，并在山东、江苏、广西、河北、云南、黑龙江六省设立自由贸易试验区。截至目前，中国自由贸易试验区已增至 18 个。此外，湖北、江西、北京、上海、武汉、长沙、青岛、嘉兴等省市乡村振兴战略规划已于 2019 年陆续发布，城乡协同发展加速推进。

重点城市发展方面，国务院支持深圳建设中国特色社会主义先行示范区，明确提出到 21 世纪中叶将深圳建设成为竞争力、创新力、影响力卓著的全球标杆城市。

八、逐步放开落户，人口迁移进入新一轮活跃期

2019 年，具有全国统筹、顶层设计性质的落户方案正式出台，政策放开放宽除个别超大城市外的城市落户限制。一是将重点推进已经在城镇就业的农业转移人口的落户；二是全面放开省会及以下城市对高校毕业生、职业院校毕业生、留学归国人员的落户限制；三是基于中央政策导向，海南、山西、石家庄、兰州、重庆、郑州、西安、常州、宿州、洛阳等省市基本全面取消或放宽落户限制。

总体来看，近期房地产市场保持以稳为主正是基于 2019 年保持楼市调控定力、各地因城施策取得的积极效果。一方面，房地产金融抑制政策贯穿全年，这为部分城市实施定向微调、保障合理住房需求提供了坚实的基础。另一方面，相较于 2018 年，随着各地市场形势的分化，2019 年因城施策进一步深化，这在一定程度上保障了市场的整体稳定。

土地篇

2019 年的土地市场总体上延续了 2018 年的低迷态势，低溢价、高流拍依然是市场上的主流。这样的整体环境下，土地市场亦表现出不同的分化。2019 年第一季度，由于延续 2018 年底的土拍行情，土地供求同比下滑，出让金额和均价方面也出现缩水，调控持续，加之房企在土地投资方面愈加谨慎，土拍持续趋冷。

情况在第二季度有所改变，土地市场出现回暖，甚至在 3 月、4 月出现一波拿地的“小阳春”。具体来看，一些热点二线城市像厦门、南京、杭州、成都、武汉和重庆等地价反弹明显。究其原因，是由于第一季度房企发展融资增多，手头宽裕使得房企补仓意愿加强。

另外，棚改等政策利好消失，房企拿地回归一、二线城市。数据显示，2019 年 1~11 月，全国棚改开工 315 万套，相比 2018 年大幅减少。但一线城市供地减少，开发商拿地需求被挤压到了二线城市。

进入第三、第四季度，调控政策趋严、融资渠道收紧，房企拿地态度越发谨慎，土地市场再一次回到低点。特别是在 2019 年上半年住房和城乡建设部对佛山、苏州、大连、南宁等房价指数涨幅较大的城市进行点名后，土地市场也回归了低溢价、底价成交的主流，地价涨幅收窄，土地流拍现象也明显增多。这形成了 2019 年土地市场整体的低气压。

一、土地市场供求平稳，一、二线城市以及三、四线城市有所分化

2019 年，全国土地市场供求关系基本保持平稳，楼市“稳字当头”调控政策效果也体现在土地市场上。全国土地市场供应微增，特别是一、二线城市土地供应意愿明显，三、四线城市有所下滑。

受楼市调控影响，房地产企业对土地投资全年表现了较为理性和谨慎的态度，土地成交稍有下降，但经历了 2018 年以来的拿地“空窗期”，房企还是有较大的拿地意愿，在一定程度上又对土地市场形成支撑，土地成交下降幅度不大，土地市场基本保持平稳运行。但值得一提的是，无论是供应还是成交方面，一、二线城市以及三、四线城市都表现出了一定的分化趋势。

从具体数据来看，中国指数研究院数据显示，2019 年，全国 300 个城市共推出土地 31116 宗，同比增加 2%；推出土地面积 129816 万平方米，同比增加 1%。其中，住宅类用地（含住宅用地 及包含住宅用地的综合性用地）10992 宗，同比增加 6%，推出土地面积 53417 万平方米，同比增加 5%；商办类用地 5050 宗，同比增加 7%，推出土地面积 13693 万平方米，同比增加 3%。

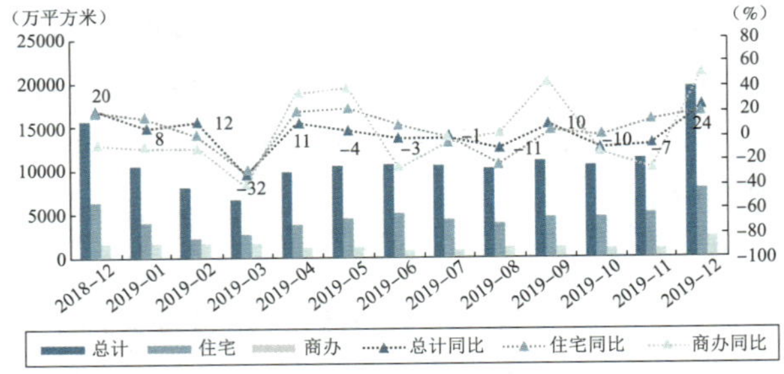

图 1-1　2019 年 1~12 月全国 300 个城市月度供应情况

数据来源：CREIS 中指数据，fdc.fang.com。

分城市看，2019 年，一线城市共推出土地 726 宗，推出土地面积 3622 万平方米，同比增加 27%；二线城市共推出土地 10590 宗，推出土地面积 46771 万平方米，同比增加 5%；三、四线城市共推出土地 19800 宗，推出土地面积 79422 万平方米，同比下滑 3%。

2019 年，全国 300 个城市共成交土地 25899 宗，同比减少 1%；成交面积 106568 万平方米，同比减少 1%。其中，住宅用地（含住宅用地及包含住宅用地的综合性用地）8799 宗，同比增加 6%，成交面积 42557 万平方米，同比增加 7%；商办类用地 4037 宗，同比增加 5%，成交土地面积 10699 万平方米，同比增加 2%。

图 1-2　2019 年 1~12 月全国 300 个城市月度出让金情况

数据来源：CREIS 中指数据，fdc.fang.com。

分城市看，2019 年，一线城市共成交土地 657 宗，成交土地面积 3292 万平方米，同比增加 20%；

二线城市共成交土地 9206 宗，成交土地面积 40390 万平方米，同比增加 6%；三、四线城市共成交土地 16036 宗，成交土地面积 62886 万平方米，同比减少 6%。

二、土地成交溢价下降，出让金、均价受二线城市带动增长

2019 年，土地市场总体出让金有所增加，当中，住宅用地出让仍成为土地出让金的主要来源。土地成交楼面均价亦呈现增加趋势，在土地市场整体处于低迷期的环境下，究其原因，是由于二线城市的土地收金和均价有所走高。

这与最近一年来房地产开发商拿地从以往的下沉三、四线城市，回归到一、二线城市的策略相符。实际上，随着棚改等利好三、四线城市的政策减弱，为规避拿地下沉对经营产生的风险，回归一、二线城市拿地成为房企近一段时间以来的共识。

据中国指数研究院披露的数据，全国 300 个城市 2019 年的土地出让金总额为 50294 亿元，同比增加 19%。其中，住宅用地（含住宅用地及包含住宅用地的综合性用地）出让金总额为 42342 亿元，同比增加 23%；商办类用地出让金总额为 5108 亿元，同比减少 0.4%。

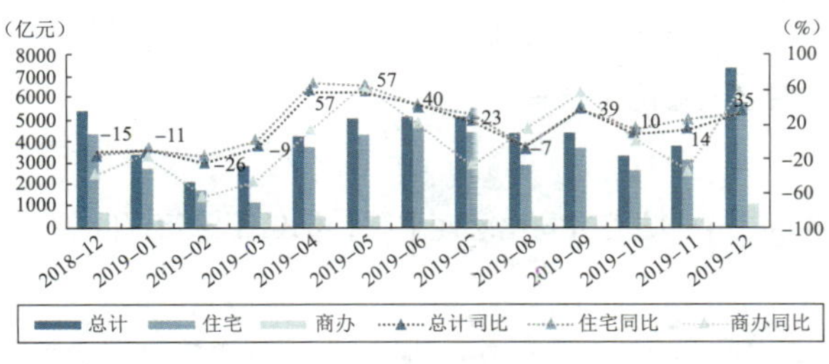

图 1-3　2019 年 1~12 月全国 300 城市月度出让金情况

数据来源：CREIS 中指数据，fdc.fang.com。

2019 年，全国 300 个城市成交楼面均价为 2507 元 / 平方米，同比增加 17%。其中住宅类用地（含住宅用地及包含住宅用地的综合性用地）成交楼面均价为 4363 元 / 平方米，同比增加 16%；商办类用地成交楼面均价为 2289 元 / 平方米，同比下滑 0.2%。

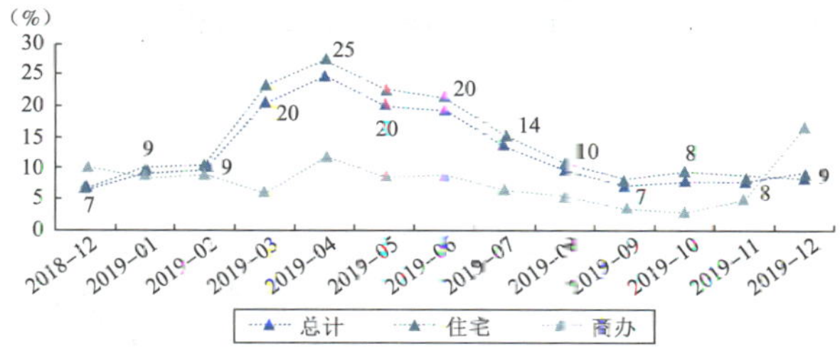

图 1-4　2019 年 1~12 月全国 300 城市月度溢价情况

数据来源：CREIS 中指数据，fdc.fang.com。

另外，土地成交的溢价率也从侧面印证了房企“进一二线、退三四线”的拿地策略。过去一年，国内土地整体溢价率有所下降，其中，一线城市出现微降，三线城市降幅最大，但除此以外，二线城市的土地成交溢价率却实现了增长。从不同能级城市的土地出让金上看，二线城市成交的土地出让金也最多。

2019 年，全国 300 个城市土地平均溢价率 13%，较 2018 年下滑 0.02 个百分点。其中住宅类用地（含住宅用地及包含住宅用地的综合性用地）平均溢价率为 15%，较 2018 年下滑 0.23 个百分点；商办类用地平均溢价率 8%，较 2018 年增加 0.8 个百分点。

分城市看，一线城市土地出让金为 6075 亿元，同比增加 10%；楼面均价为 7734 元 / 平方米，同比下跌 12%；平均溢价率为 6%，较 2018 年增加 0.1 个百分点。二线城市土地出让金为 26504 亿元，同比增加 28%；土地成交楼面均价为 3296 元 / 平方米，同比增加 18%；土地平均溢价率为 14%，较 2018 年增加 1 个百分点。三、四线城市土地出让金为 17716 亿元，同比增加 10%；土地成交楼面均价为 1576 元 / 平方米，同比增加 15%；土地平均溢价率为 15%，较 2018 年下降 2 个百分点。

典型城市的土地成交上，上海易居房地产研究院发布的报告指出，2019年，40个典型城市土地成交建筑面积57783.5万平方米，同比增长1.7%，由负转正；2019年，40个典型城市土地出让金收入28609.1亿元，同比增长18.6%，增速扩大3.2个百分点，2019年土地出让金收入相比2018年总体增长较明显。

图1-5　40城2019年初累计土地出让金收入同比增速

数据来源：CRJC、易居研究院。

此外，2019年全年，40城土地出让金排名前5位的城市分别为杭州、上海、广州、北京和南京。这5个城市的土地出让金总额分别为2646.4亿元、1794.2亿元、1694.6亿元、1672.1亿元和1626.8亿元。其中，南京土地出让金同比增速较大，达到了79.8%；杭州土地出让金最高。

市场篇

2019年楼市在下行压力中韧性前行，虽然部分城市购房需求尚未充实，但在核心城市新房销售稳定，三、四线城市体量犹存的支撑下，整体行业规模仍较2018年微增；在土地购置面积增速持续回升下，房企开发投资额增速维持两位数的高增速，并具有一定韧性。然而新开工面积增速保持低位，办公类库存不降反升，这一系列现象都表示楼市依旧处于下行阶段。

2019年，商品住宅成交规模与2018年同期相比大体持平，不过月度变化来看呈现出“先扬后抑”的趋势，上半年成交热度持续，随着调控政策的逐步传导，下半年市场明显降温。“因城施政、分类调控”逐步实施后，呈现出城市分化、热点轮动的势头：一线城市市场韧性较强，二线城市供求维稳，分化加剧；三、四线城市小幅下行。目前成交表现良好的主要聚集在一线城市、强二线城市和长三角、珠三角经济实力较强的三、四线城市。

一、新房成交：先升后降

2019年全国商品住宅月度成交量呈现先升后降的走势，事实上，成交量同比增速在5月已由正转负，但“小阳春”热度延续、网签备案时滞等原因使得成交量自7月起才表现出逐步走低态势。

从能级来看，一线城市市场韧性十足，成交量同比尚保持可观的正增长；二线城市整体成交量与2018年同期持平之余，依旧维持城市间分化格局，沈阳、昆明等成交表现相对抢眼，而合肥、西安等城市第二季度后市场热度明显下降；三、四线城市总成交量同比微跌，但部分基本面向好的强三线城市成交表现仍旧不俗。

二、新房均价：同比涨幅收窄

2019年以来，在“因城施策”的方针下全国整体房价增速收敛、趋于稳定。各能级城市房价指数同比涨幅收窄、环比波动趋平，“遏制房价大涨大跌”已基本收效。具体来说，一线城市明显持稳，市场热点所在的二线城市则小有增长，部分高价城市涨势基本得到抑制；三、四线城市分化持续，强市房价补涨的同时一部分经济弱市房价隐有失去支撑。

1. 70城房价同比增速下降，仍处于健康区间

从国家统计局公布的70个大中城市房价指数同比月度变化规律来看，整体上全国房价的平均同比增速水平在2019年稳步下降。由于2019年全国楼市依旧处于下行周期中，房价在整体销售稳中有降的背景下同比涨幅自然收窄。但是有两点需要注意：首先，当前房价增速仍处于健康区间，可以看到2019年11月房价同比增速虽已降至年内低点，但相比于2018年初5.3%

的历史低速仍然有一定距离；其次，2019年房价虽增速收窄但仍不乏“闪光点”，例如，在“金三银四”销售旺季全国整体房价同比涨幅升至新高，3~5月同比增速均在10%以上。

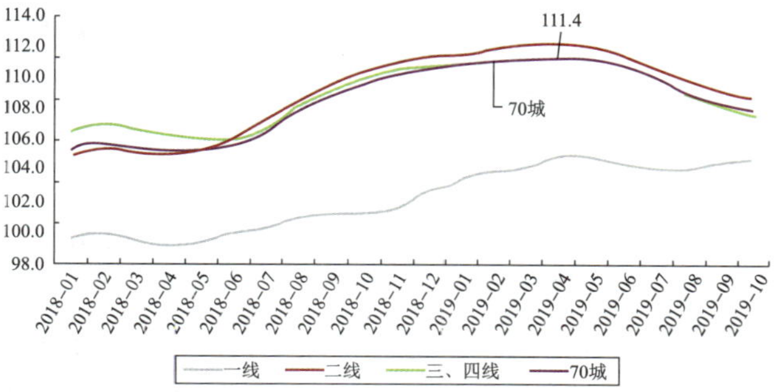

图1-6　2018年1月~2019年10月70个大中城市房价指数同比变化

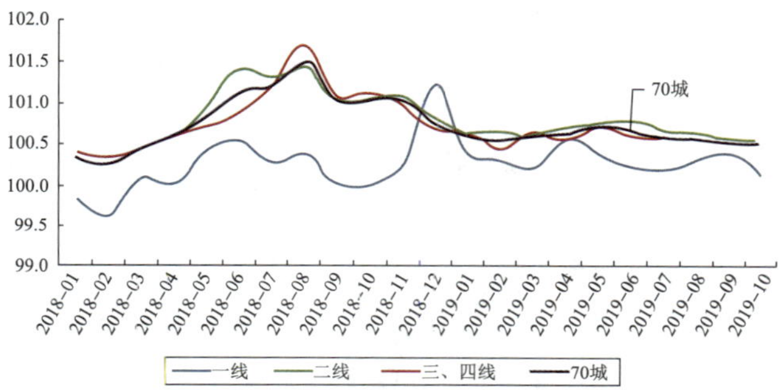

图1-7　2018年1月~2019年10月70个大中城市房价指数环比变化

2.“遏制房价大涨大跌”初见成效

从70城及各能级城市新建商品住宅价格指数环比走势来看，各能级城市尤其是二、三线城市房价明显增速放缓波动趋稳。二、三线城市房价环比月度增速稳定在0.6%左右，与2018年波动起伏的房价环比变化相比已大有改观。

3.高房价城市涨势基本抑制，部分城市补涨

从CRIC监测的2019年133个重点城市新建商品住宅成交统计均价看，高房价城市在限价政策的调控下城市整体房价涨势已得到抑制。沿海城市依旧是房价高点，其中深圳以5.7万元/平方米位居房价绝对值榜首。但值得关注的是，房价排名前10位的城市房价除广州外同比涨幅均不大，其中北京、三亚甚至分别同比下跌1%和3%。

在同比涨幅上，部分内陆二线城市及沿海三、四线强市房价出现补涨。对比2018年全年均价来看，涨幅最高的前10个城市房价增速均在20%以上。房价涨幅最大的城市是武汉、南昌、太原等内陆二线城市以及以南通、台州、江阴、烟台为代表的沿海三、四线经济强市，在轮动效应的作用下这一类城市房价出现了较明显的补涨行情。需要注意的是，这一类城市相比其同能级城市而言房价仍处于健康水平，房价补涨并未使得城市房价过分虚高。

表1-1　2019年1~11月133个典型城市商品住宅成交均价和价格涨幅TOP10

单位：元/平方米

均价排名	能级	城市	2019年前11月成交均价	同比增速%	涨幅排名	能级	城市	同比增速%	2019年前11月成交均价
1	一线	深圳	56856	2	1	三、四线	盐城	39	10266
2	一线	上海	54543	2	2	二线	南昌	33	14646
3	一线	北京	47111	−3	3	二线	太原	32	13121
4	二线	厦门	37130	1	4	二线	武汉	31	12856
5	一线	广州	26487	26	5	三、四线	南通	31	18014
6	三、四线	三亚	23785	−8	6	三、四线	台州	24	15426
7	二线	杭州	27667	5	7	三、四线	江阴	24	10664
8	二线	南京	24518	2	8	三、四线	东营	24	9650
9	二线	福州	22443	10	9	三、四线	烟台	22	10864
10	三、四线	珠海	22232	6	10	三、四线	中山	22	13593

三、新房库存：近七成城市较年初上升

2019年整体的库存变化趋势可以用“先抑后扬”来形容，每一季度小幅下行，而后随着下半年房地产

市场成交热度逐步转淡，库存量开始波动上行，截至11月末，CRIC监测的59个重点城市库存量达到了32994万平方米，较2018年末小幅上升了6%，其中近七成城市库存较年初上升，59个城市中有10个库存消化周期高于24个月，大部分为缺乏基本面支撑的三、四线城市，库存风险浮出水面。

四、二手房市场：重回调整周期，北上或率先筑底

2019年二手房市场逐步进入平稳运行周期，年初市场价格经历了从2018年年末低基数的逐步回升，第二季度后市场价格逐步趋于稳定。在以“稳”为主的基调下，城市结构性差异明显：按城市等级来看，一、二线城市市场价格由于受政策调控压力较大，表现不如对市场敏感度较低的三、四线城市；按区域来看，“因区施策”下受区域战略规划和调控政策影响显著，如长三角经济圈市场价格全年表现最为稳健，珠三角经济圈市场价格也在不断加码的利好政策下逆势回升。

1. 百城二手住宅价格上半年先抑后扬

2019年全国二手房市场在“房住不炒”、以“稳”为主的基调下，基本实现了平稳运行。从全年市场价格波动的趋势来看，年初时短暂延续2018年年末下跌趋势，但跌幅持续收窄；3月止跌转涨。随后，第二季度以来价格环比波动变化逐步趋于温和，波幅基本稳定在0~0.3%。

从市场均价水平来看，2019年第四季度百城二手住宅市场均价为15068元/平方米，较2018年同期同比下跌了0.96%，市场价格不如往年，但同比跌幅收窄明显。从全年及各季度累计涨跌幅来看，2019年百城二手住宅市场价格累计上涨0.03%，第一季度累计跌幅为1.13%，第二季度累计上涨0.95%，第三、第四季度累计涨幅逐步收窄，分别为0.21%和0.01%。

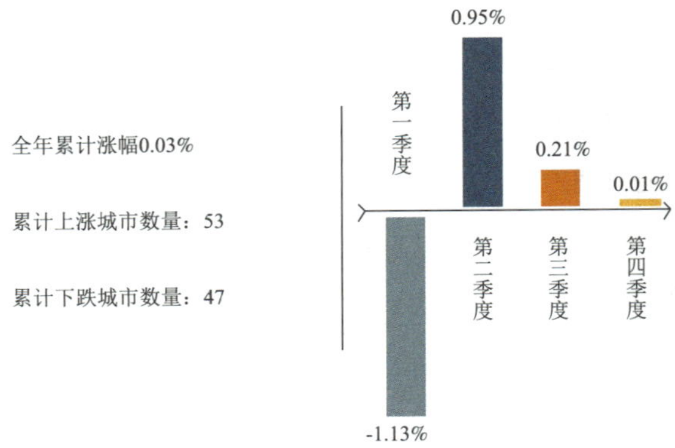

图1-8　2019年百城全年及各季度累计涨跌幅情况

从百城涨降价城市数量及平均涨跌幅月度数据来看，2019全年上涨城市数量超过下跌城市数量月份过半。第二、第三季度百城上涨城市数量均超过下跌城市数量，涨幅逐步趋于平稳，第四季度受市场进入淡季影响，价格下跌城市数量增多，跌幅略有扩大，价格上涨城市数量有所减少，但涨幅基本保持稳定。

2. 全年先升后降、总量增长9%，一线城市增19%

CRIC数据统计显示，整体市场在3月、4月迎来年内小高峰，后体量保持微降趋势。15个典型城市2019年前11个月二手房累计成交面积12078万平方米，比2018年同比上涨了9%。一、二线城市成交同比均上涨，一线涨幅更大，同比分别上涨19%和4%。

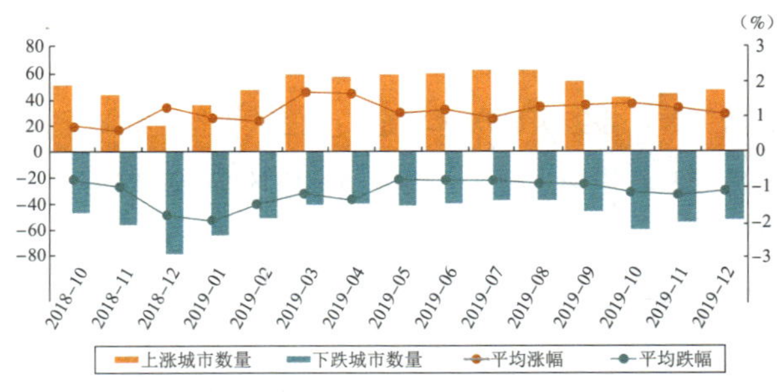

图1-9　百城二手住宅市场均价涨跌城市数量

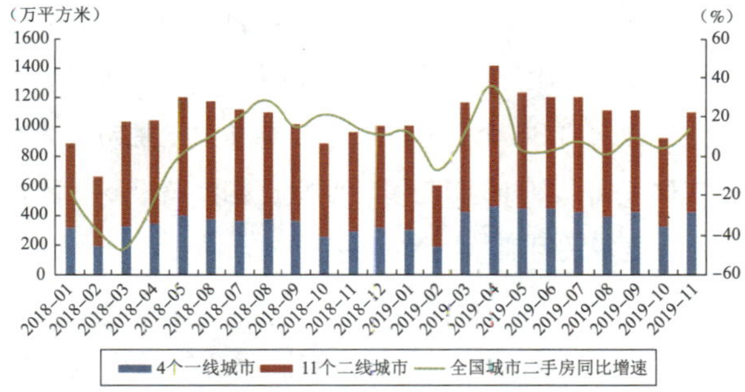

图 1-10　2018 年 1 月 ~2019 年 11 月一、二线城市二手房月度成交面积

注：一线城市包括北京、上海、广州、深圳；二线城市包括合肥、重庆、郑州、南京、杭州、青岛、成都、厦门、苏州、武汉、天津。

企业篇

2019 年 1~11 月，百强房企各梯队权益销售金额门槛与 2018 年同期相比都略有提升。其中，“10 强”房企权益金额门槛达到 1559.1 亿元，同比增幅最高达 15.1%。“20 强”和“30 强”房企权益金额门槛分别为 977.9 亿元和 673.9 亿元，门槛增幅分别为 8.3% 和 4.3%。“50 强”房企竞争格局加剧，权益金额门槛较 2018 年同期大幅提升 12.8% 至 458.2 亿元。

在融资、市场情况均不及 2018 年的情况下，企业 2019 年主要精力仍集中在“促销售，抓回款，稳现金流”上。整体来看，融资以及自身规模的先天优势，导致土地资源倾向规模房企，百强房企的新增货值愈发集中，强者恒强的格局未变。

对于房地产企业而言，2019 年是充满挑战的一年，“收敛聚焦”被房企们践行得彻底。金融监管使融资问题成为悬在房企头上的一把利剑，面对“钱荒”，有的房企开源节流、断臂求生；有的宣告破产，被兼并收购。此外，抢滩大湾区、人事变动、物业分拆上市等，也是 2019 年房地产行业的关键词。

一、花样融资术

2019 年初，房企融资延续了 2018 年底的回暖态势，出现一波小阳春，但是从第二季度开始又迎来了新一轮更加严峻的融资调控。5 月 17 日，银保监会发布了“23 号文”，明确要求商业银行、信托、租赁等金融机构不得违规进行房地产融资，开启了 2019 年房地产融资调控。此后，7 月、8 月份连续对房地产信托、银行机构进行整治约谈，同时对开发贷、境外债等多种融资方式进行进一步限制。

在这个背景之下，房企融资规模也呈现先扬后抑的趋势。据监测数据不完全统计，2019 年 95 家典型房企融资总额为 14494 亿元，同比增加 5.5%。

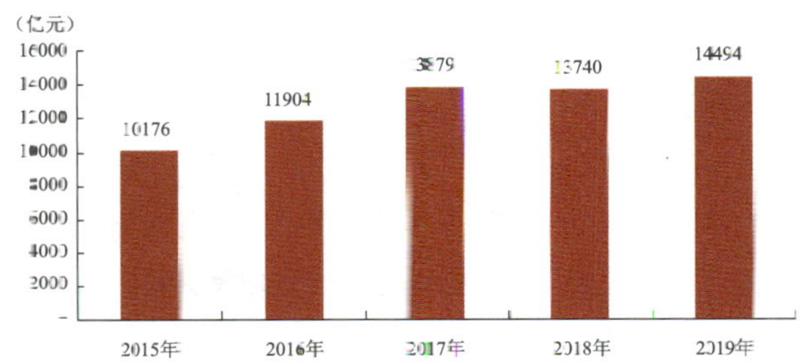

图 1-11　2015~2019 年房企融资总量情况

注：1. 外币融资统一融资当月月末汇率换算为人民币，监测数据不含开发贷和一般银行贷款。

2.2019 年数据截至 12 月 20 日（下同）。

数据来源：企业公告、CRIC 整理。

2019 年，除信托监管加强之外，海外债务也开始加强监管，房企面临资金面的多重管制与收紧。在融资收紧的背景下，房企纷纷施展多样融资术，挖掘创新的融资模式。

目前房地产行业已经形成了较为庞大的融资体系，包含至少 48 个细项，既有银行贷款、非标融资，也有股权融资（IPO、增发等）、债权融资（公司债、企业债、私募债、中票等）、资产证券化等。这其中的多个融资工具，2019 年房企均有运用。

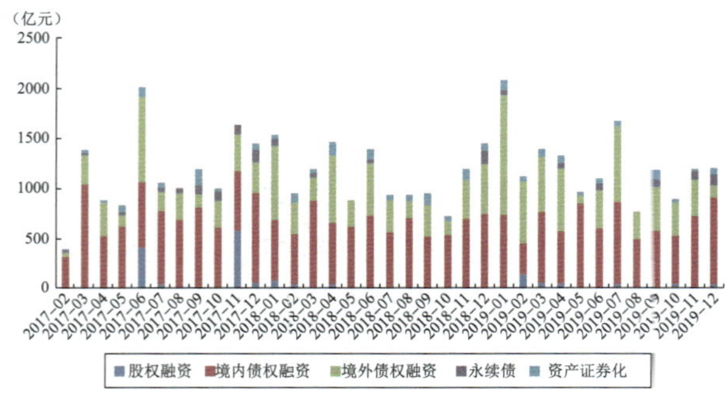

图 1-12　2017 年 2 月 ~2019 年 12 月 95 家监测企业融资金额统计图

注：外币融资统一按当月月末汇率换算为人民币，监测数据不含开发贷、一般银行贷款。

数据来源：CRIC 中国房地产决策咨询系统。

克而瑞统计数据显示，2019 年 95 家典型房企共募集金额 15010 亿元，同比增长 9.2%，股权融资同比增长 91.18% 至 498.15 亿元。

2019 年，德信中国、银城控股、中梁控股、天保集团、新力控股、景业名邦等先后登陆港交所；除 IPO 之外，增发股份、配股等融资方式也进入房企的视线，如万科发行 H 股募资 78.1 亿港元，宝龙地产、华润置地采用先旧后新的方式进行配股融资。

债权融资方面，克而瑞监测，2019 年境内债权融资 7647.39 亿元，境外债权融资 5723.81 亿元。据了解，众多还外债中，利率超过 10% 的不在少数，有房企发行一笔 2021 年到期的美元优先票据，利率甚至高达 14%。

此外，永续债及资产证券化也是房企常用的融资手段。据乐居财经不完全统计，2019 年十余家房企购房尾款 ABS、应收账款 ABS、供应链 ABS 等陆续通过审核，金额超过 475 亿元。在商业地产领域，首创钜大以奥特莱斯为底层资产，计划成立一项 35.79 亿元的资产支持证券计划；而招商局商业房托基金作为首只央企 REITs 在港交所上市。

从历年房企的境内外融资成本情况来看，2019 年境内债券的平均成本为 5.21%，较 2018 年下降 0.67 个百分点；而境外债券的平均成本为 8.13%，较 2018 年全年上涨 0.86 个百分点。这主要是由于境内外债发债主体变化，2019 年在境内监管严格的背景下，高杠杆企业更多采用了海外债的融资方式。

2019 年排名前 11~30 位梯队房企的境内发债规模同比大幅下降 46%，占比从 2018 年境内债总量的 40% 下滑至 29%；境外债规模则同比上升了 80%，占比从 2018 年的 25% 上升至 32%。由于前 11~30 位梯队企业大多具有高杠杆特征，历来融资成本较高，从而使境内外融资成本的差距拉大。

表 1-2　2016~2019 年房企境内外债券融资成本

单位：%

分类	2016 年	2017 年	2018 年	2019 年
境内债券	4.73	5.59	5.87	5.21
境外债券	5.61	6.79	7.27	8.13
合计	4.81	6.27	6.53	7.07

二、中小房企太难了

融资环境的收紧，使不少企业都出现了资金链困难的现象。由于企业短期内有偿债压力，在市场上进行融资又困难重重，再加上企业经营回款方面的无力，因此，在偿债高潮到来时有不少中小企业出现了债务“爆雷”。

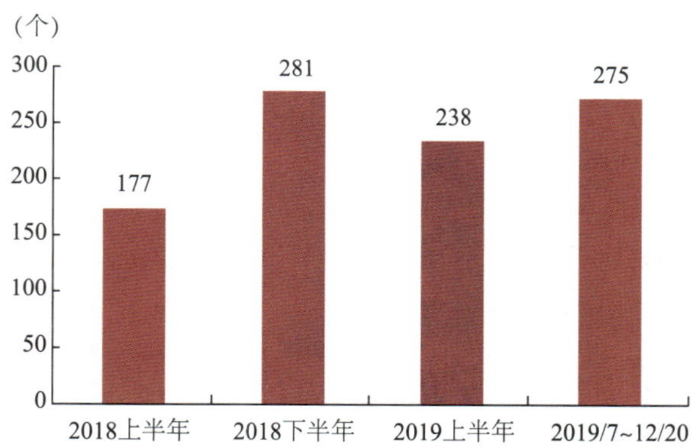

图 1-13　2018 年以来房企破产数量情况

数据来源：人民法院、CRIC 整理。

2019年出现比较重大的债务违约的房企有银亿股份、三盛宏业、颐和地产以及国购投资等。这些企业的共同点在于在2015年、2016年房地产“黄金时代”时融资较多，而在进行严格调控之后企业的盈利能力较为落后，因此，2019年出现了大面积的债务违约。

中小房企的债务危机也导致了部分企业的破产倒闭。人民法院公告网显示，截至2019年12月20日，房地产企业的破产数量已经达到513家，已经超过2018年全年的458家破产数量。随着房地产调控持续、房企集中度上升、融资环境不断收紧，房企的生存压力持续加大，破产数量明显增多。值得注意的是，2019年至今破产的房企已经开始出现一些曾经规模较大的企业，如银亿股份、新光集团等。

三、收敛聚焦

银根持续紧缩，2019年众多房企选择“收敛聚焦”，对经营策略进行调整。与之前全面出击多元化不同，房企普遍表达要收缩多元化业务，聚焦主业的意愿。

万科最先提出“收敛聚焦”，郁亮强调，要不断巩固和提升基本盘；中国恒大已经形成以地产为基础，旅游、健康为两翼，新能源汽车为龙头的产业布局，近5年内不会有其他多元化业务布局；碧桂园将精心构建地产、农业、机器人“三驾马车”的业务布局。朗诗则剥离旗下非房地产开发业务，聚焦绿色科技地产开发核心业务。

整体来看，房企的“收敛聚焦”并不意味着对多元化全面收缩，而是侧重发展部分前景较好以及盈利模式清晰的业务。

2019年，房企在三个多元化业务上动作较多。

拆分物业管理公司上市，扩大管理规模。目前的物业管理行业正处在跑马圈地的阶段，从物业企业上市募集资金使用规划来看，几乎超过五成资金将用于扩大企业规模，未来行业集中度将持续攀升。

制定商业地产战略目标，地产商业协同发展。2019年多家房企表达了要保持地产开发与商业投资双轮驱动的发展战略，如龙湖商业，其于发展规划中明确2019~2020年龙湖商业将提速发展，预计平均每年再开业超过10家购物中心，相较于之前每年2~4座商场开业数量有大幅提升。

跨界科技。2019年1月21日，碧桂园主席　杨国强　首次提出转型成为“高科技综合型企业”，碧桂园先后在惠州潼湖、广州增城、佛山顺德布局科技小镇。与此同时，碧桂园还宣布进军机器人领域；截至2019年12月，碧桂园在研建筑机器人59款，其中29款产品已进入施工现场测试应用。而恒大则将跨界科技的目标瞄准新能源汽车产业，投入近3000亿元，打造汽车重要基地，并建国际知名的新能源汽车企业。此外，万科、绿地控股、世茂、蓝光等房企也跻身于科技领域，令“科技＋地产”成为房地产行业的发展趋势。

四、抢占大湾区

早在《粤港澳大湾区发展规划纲要》出台前，众多房企已抢先布局大湾区九市。克而瑞数据显示，截至2018年底，在粤港澳大湾区内，“30强”房企的土地储备货值达5.73万亿元。

2019年以来，各房企加大在大湾区的投资力度，“50强”房企几乎都加入了“战局”。

据乐居不完全统计，2019年大湾区九市成交涉住宅用地（含商住）352宗，揽金3818.5亿元，保利、中海和时代中国包揽大湾区拿地前三名。保利在大湾区拿地金额达448.49亿元，竞得18宗地块，总面积超130万平方米，触角延伸至广州、佛山、中山、东莞、江门和惠州；中海和时代中国分别以203.22亿元及166.4亿元拿下大湾区内6宗和10宗地块。除上述三家房企外，2019年在大湾区内投资金额超100亿元的还包括龙光地产、万科、越秀地产和融创中国。

按照当前的战局来看，湾区的格局基本呈现“三足鼎立”态势：第一，老牌龙头房企“幅员辽阔”；第二，本土房企防御扩张；第三，新进房企不断进击。

整个梯队中，老牌房企实力最强，土储充裕布局广，土储货值充足，以碧桂园、恒大、万科为代表。湾区总土储货值 30 强中，这些广东起家的龙头房企货值占 30 强总货值比例接近 40%。其中碧桂园、恒大的货值突破 3000 亿元，远领先其他企业。

本土房企凭借地利优势，手握优质土储，在深耕区域频频落子，以大本营为核心，向周边城市辐射发展。例如，龙光、佳兆业等湾区货值超过 2500 亿元，领跑本土房企，合生创展、越秀地产、中国奥园等也是“本土派”的优秀代表。

而新进房企则是高歌猛进，强势分羹。其中，包括全国化房企融创、龙湖、世茂等，在广州、深圳、佛山等地频频拿地。

五、高管变动频繁

从 2019 年年初开始，地产行业的高管流动一直没有停过，每个月至少有 10 名高层人员出走或卸任。据不完全统计，2019 年有 26 家企业总裁职位发生变动，超过 150 名职业经理人发生人事变动，有中小企业，也不乏知名房企，如华润置地、鸿坤地产、天润集团、正荣地产等。仅第四季度，就有超 50 位房企高管出现职务变动，离职的高管人数逾 20 位。

在离职的高管团队中，营销、财务等岗位是重灾区，比如原新力集团副总裁兼首席财务官王炎、原宝龙集团副总经理张岩、原奥山副总经理谈铭恒、原云南城投副总经理袁浩、李向何等，均在原企业经营、财务等岗位担任职务。

若探究这些职业经理人的离职或卸任理由，大多是“个人原因”，但剖开表面看深层，除去因贪腐、退休等因素离职外，集中离职潮更多是市场环境变化下的连带效应。“不将房地产作为短期刺激经济的手段”的政策指向，让以房地产为主业的房企四处寻找活下去的有效路径。人民法院公告网显示，2019 年宣告破产的房地产相关企业数量多达 525 家，超过 2018 年全年的破产企业数量，且进入 2019 年下半年后，破产房企数量增加，12 月创下全年最高点。

而高管离职之后的去向也成为行业关注的焦点。从已知职业经理人的去向来看，大致可以分为几类：退休、创业、跨界、房企间流转，其中在房企之间流转占比较高。如原华润置地首席执行官吴向东，投身华夏幸福；前鸿坤集团有限公司总裁袁春加入弘阳地产；前万达集团董事长曲德君，现任新城发展执行董事兼副董事长；从天润离职的张晋元履新金地商置等。

六、分拆物业上市

随着房地产行业由“黄金时代”转向“白金时代”，未来竞争的跑道从增量市场转向存量市场。2019 年，房企继续把眼光聚焦到“后方”，物业分拆上市迎来小高潮。据统计，2019 年共有 10 家物业股登陆资本市场，其中港股 9 家，分别是滨江服务、奥园健康、和泓服务、鑫苑物业、蓝光嘉宝、银城生活服务、保利物业、时代邻里、宝龙商业以及一家在 A 股上市的新大正物业。

表 1-3　物业企业 2019 年上市时间一览

上市地点	企业名称	上市时间
港股	滨江服务（03316.HK）	3 月 15 日
	奥园健康（03883.HK）	3 月 18 日
	和泓服务（06093.HK）	7 月 12 日
	鑫苑物业（01895.HK）	10 月 11 日
	蓝光嘉宝（02606.HK）	10 月 18 日
	银城生活服务（0192.HK）	11 月 6 日
	保利物业（06049.HK）	12 月 19 日
	时代邻里（09928.HK）	12 月 19 日
	宝龙商业（09909.HK）	12 月 30 日
A 股	新大正物业（02968.SZ）	12 月 3 日

而2018年年内，共有6家成功上市。其中，南都物业在A股上市，H股则有雅生活服务、碧桂园服务、新城悦、佳兆业物业、永升生活服务5家登陆港股。

从数量上看，2019年物业企业上市数量同比增加了80%，是物业公司上市的高峰年。而且可以预见的是，这种态势会在下一年延续。目前，兴业物联、建业新生活、烨星控股、时时服务、华发物业等6家企业正在排队当中。

有了资本加持，行业整体营收规模已破7000亿元。值得注意的是，在整体规模提升的同时，行业集中度正在提高，呈现强者恒强的趋势。据克而瑞发布的《2019年度物业服务企业发展指数测评报告》，4‰的企业贡献全行业超过40%的营收和在管面积。具体来看，2018年"中国500强企业"物业服务企业营业收入2831.76亿元，占物业管理行业营业总收入的40.2%；在管理面积上，2018年"中国500强企业"物业管理项目70403个，管理面积118.87亿平方米，占2018年物业行业管理总面积的42.56%。

在具体业态上，住宅物业是物业服务企业主要的布局业态，"中国500强企业"中95.6%的企业布局了该业态，紧随其后的是写字楼物业和商业物业，"中国500强企业"中分别有93%和74%的企业布局。

资本对物业市场的看好也反映在股价上。据统计，2019年企业股价翻倍以上的物业股达6家之多。

数据来源：克而瑞研究院、诸葛找房、中指研究院。

城市地产篇

安徽省

2019年合肥房地产市场总结

行业发展历程

一、城市概述

合肥，简称庐或合，古称庐州、庐阳、合淝，是安徽省省会、长三角城市群副中心、综合性国家科学中心、“一带一路”和长江经济带战略双节点城市、具有国际影响力的创新之都、国家重要的科研教育基地、现代制造业基地和综合交通枢纽、合肥都市圈中心城市、皖江城市带核心城市、G60科创走廊中心城市。

2018年末，合肥市户籍人口757.96万人，比上年增加15.2万人，其中市区户籍人口281.27万人，增加11.16万人。全市常住人口808.7万人，比上年增加12.2万人。常住人口城镇化率74.97%，比上年提高1.22个百分点。

二、行业现状

2019年合肥房地产市场，房价和成交整体趋于平稳，受调控政策等影响，9月后，合肥楼市开始出现下滑趋势。截至2020年初，合肥9区3县除了部分高性价比盘和限价盘外，基本上都在走渠道分销，其中不乏知名大牌房企，更有楼盘降价爆发维权，调控进入“深水区”，接下来面临的考验依旧严峻。

三、政策环境

2019年合肥出台了若干政策，比如，决定连续三年减半征收房产税、印花税等税费；调整滨湖新区居住用地区域最高限价执行标准；发布土拍新政，住宅用地参考周边新房和二手房综合定价，调整商品住宅用地拍卖方式。

四、土地市场

第一季度因受楼市“金三银四”以及春节返乡置业等影响，市场热度较高，这样的热度也传递到了土地市场。第二季度开始，两场大型土拍于4月燃爆合肥楼市，滨湖等热门区域地块出让价格不菲，直达区域天花板。虽然滨湖随后出台土地限价政策，但依然难挡房企热情。8月合肥出台土拍新政，住宅用地参考周边新房和二手房综合定价，房企拿地热情有所减缓。

五、房企布局

2019年，从房企拿地情况来看，华侨城、合肥滨投、合肥百大集团拿地面积位居前三名；华侨城首入合肥，安徽本土房企合肥滨投、合肥百大集团表现优异；保利、旭辉、禹洲等房企继续深耕合肥市场；绿城时隔9年重返合肥并加速市场布局。

六、房产行业发展历程

1980~1997年，合肥房地产行业缓慢发芽。1998年7月3日，中央下发了《关于进一步深化城镇住房制度改革加快住房建设的通知》。原先的福利分房制度被废止，标志着房地产开始全面市场化。2003年合肥开始大规模开发房地产，2004~2014年为高速发展期。2015~2016年，合肥房价上涨幅度醒目，尤其是2016年，合肥房价涨幅全球第一，同年10月，史上最严调控出台，合肥楼市开始回归理性。2017年至今，合肥市场步入理性回调阶段。

注：1. 除特别说明外，“城市地产篇”章节涉及房源户型面积的表述均指建筑面积。

2. 各城市典型项目排名不分先后，以楼盘案名首字母顺序为准。

3. 因市场价格变动，本书涉及典型项目的参考价格统一为2019年末数据，最新数据请以实际情况为准。

4. 以上三点适用于全部楼盘，后文不再一一标注。

城市年度市场解读

一、本地新政

2019年2月25日，安徽发布《关于进一步减负增效纾困解难优化环境促进经济持续健康发展的若干意见》(以下简称《意见》)。《意见》决定，连续三年减半征收房产税、印花税等税费。

2019年4月12日，合肥市自然资源和规划局紧急发布《关于调整滨湖新区居住用地区域最高限价执行标准的公告》，要求将滨湖新区居住用地(含以居住为主的商住用地)调整为最高地价2280万元/亩、最高楼面地价17100元/平方米。

2019年8月28日晚，合肥土地市场网发布土拍新政，住宅用地参考周边新房和二手房综合定价，具体内容如下：

1. 调整商品住宅用地定价方式

建立房价和地价联动机制，根据拟供应商品住宅用地周边新建商品住房销售综合均价和二手房成交价格情况，按宗地确定拟供应商品住宅用地最高限价、参考价(即起拍价)。

2. 调整商品住宅用地拍卖方式

将“价高者得+最高限价时转为摇号”的拍卖方式调整为“价高者得+最高限价时转竞自持用于租赁的商品住房”。

二、年度土地供应

合肥市2019年度国有建设用地供应计划表显示，2019年度土地供应计划总量为29950亩，其中商品住房用地5000亩；商服用地800亩；棚户区、城中村改造用地、拆迁安置用地3500亩。

合肥2019年商品住房的用地为5000亩，相比2018年，供应量减少2100亩，是近6年来供应量最低。

三、年度土地成交

2019年1~12月合肥成功出让133宗地，总出让面积13663.0529亩，总成交金额8610228.567万元。

1. 出让地块量再攀高峰

合肥2019年成功出让土地133宗，远远超过2017年和2018年全年出让地块量，与2016年土地成交数量仅相差1宗地，差距基本可忽略不计。

2. 近5年土地成交面积之最

合肥2019年土拍出让面积高达13663.0529亩，为近5年成交面积之最，比2018年增加3939.3783亩。

一方面，2019年土地成交量明显较高，数量上遥遥领先；另一方面，多宗“巨无霸”地块成功出让，合经区在数量上表现尤为明显，而肥西[2019]7号地块高达678.4656亩，荣获“2019年合肥土地市场成交面积最大地块”。

3. 平均地价有所回落

合肥2019年土拍成交金额达到861.02亿元，远高于2018年，但平均地价仅630万元/亩，略低于往年。

这一方面是由于合肥4月底出台了滨湖限价政策以及8月底土拍新政，减少了“地王”出现的可能性，核心区域的地价有所抑制；另一方面是由于市区热门区域居住地块出让并不多，且面积相对较小。

四、年度住宅供应

就 2019 年供应面积来说，与 2018 年相比大幅缩减，由 1200 万平方米左右降到 700 万平方米左右。从一整年走势来说，供应量有两个波段的上升，即 2 月至 6 月有所上升，7 月回落，8 月至 11 月再次有所上升。

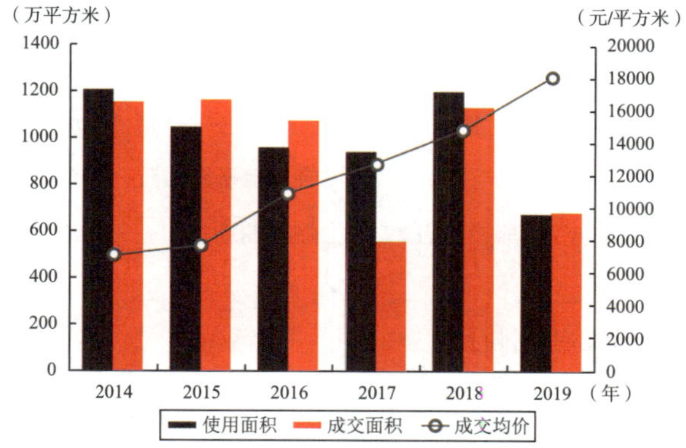

图 2-1　合肥市商品住宅历年年度量价走势

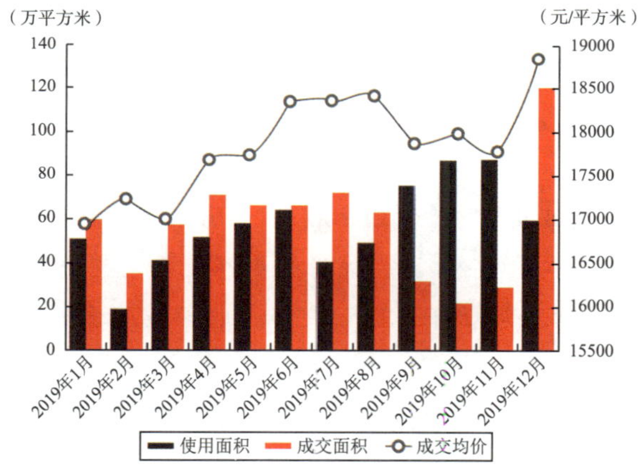

图 2-2　合肥市 2019 年 1~12 月商品住宅量价走势

注：统计范围为合肥九区。

五、年度住宅成交

克而瑞数据显示，截至 2019 年 12 月 30 日，合肥市区（不含 4 县 1 市）共成交新房 58943 套，年度成交均价 18666 元 / 平方米，总成交面积达 6874985 平方米。与往年相比，成交面积下降，但成交均价上升。

六、年度住宅存量

截至 2019 年 11 月底，市区网签住宅库存 48826 套，去化周期 11.5 个月，去化周期基本体现市场真实行情。改善产品库存压力上升，144 平方米以上库存量较 2018 年增长 24%。

产品面积段（平方米）	库存套数	库存套数占比（%）	库存面积（万平方米）
90以下	4619	9	32
90~110	16059	33	160
110~130	12619	26	152
130~144	6691	14	91
144~180	5127	11	79
180~220	1268	3	25
220以上	2443	5	78
合计	48826	100	617

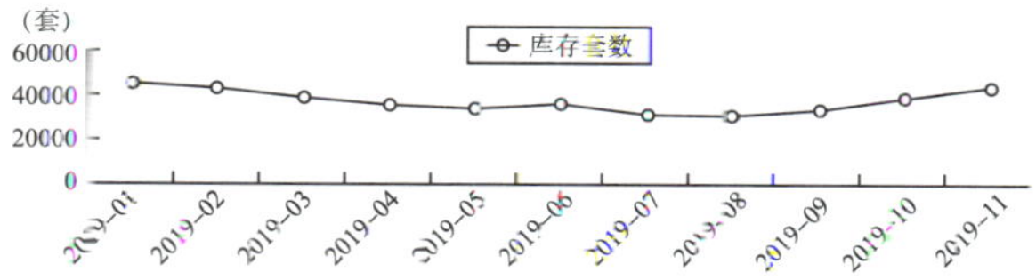

图 2-3　合肥市 2019 年 1~11 月网签住宅库存图

注：统计范围为合肥九区。

七、区域成交表现

从合肥市九区新房成交平均房价走势来看，除了政务区房价起伏较大以外，其余区域房价基本呈现平稳上涨的趋势。

从合肥月度成交价格来看，合肥新房房价基本分为三个梯队。政务区以年度成交均价 27186 元 / 平方米一马当先，稳稳占据合肥均价头把交椅。

紧随其后的是以滨湖 20265 元 / 平方米、包河 19687 元 / 平方米、庐阳区 19465 元 / 平方米、蜀山 18310 元 / 平方米、高新 17388 元 / 平方米、经开 17343 元 / 平方米等为主的第二梯队。

第三梯队区域均价低于 1.5 万元 / 平方米，区域代表分别是瑶海 14363 元 / 平方米与新站 13987 元 / 平方米。

从销量上看，滨湖的新房成交套数最多，达到了 13091 套；政务区的成交套数则最低，只有 1251 套。

合肥的销售主力军主要集中在滨湖、新站和瑶海三个区域。其中滨湖主打改善，瑶海和新站则是主打刚需，三个区域的销量占合肥九区全年销量的 60%。

八、成交结构表现

2019 年全年，住宅成交主力面积为 90~110 平方米，主力单价为 14000~16000 元 / 平方米，主力总价 250 万元以上；改善型需求不断提升，单价段、总价段结构得到进一步优化。

从 2019 年合肥成交房价分布占比图中可以看出，2019 年成交房价整体走高，1.5 万 ~2 万元之间房价占比高达 43%，其次是均价 1 万 ~1.5 万元的楼盘，仅占比约 29%，均价低于 1 万元的楼盘则占比最少，仅 2%。

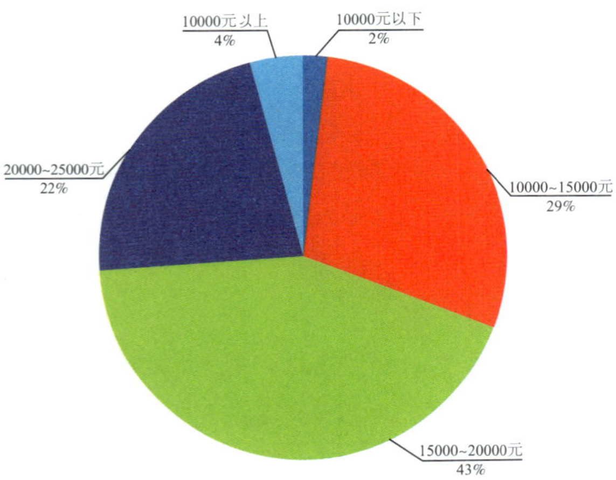

图 2-4　2019 年合肥市成交房价分布占比图

九、成交项目排行

在 2019 年合肥楼盘成交套数排行榜中，排名前五位的分别是融创城（1902 套）、禹洲中央城（1581 套）、合肥启迪科技城（1304 套）、滨湖龙川里（1144 套）、合肥万达文化旅游城（1085 套）。

在 2019 年合肥九区楼盘成交金额 TOP20 中，排名前五位的是融创城（40.45 亿元）、合肥启迪科技城（30.06 亿元）、碧桂园中堂（27.36 亿元）、合肥万达文化旅游城（26.38 亿元）、禹洲中央城（25.84 亿元），其中滨湖四家楼盘排名前 10，经开的融创城再次排名第一。

在 2019 年合肥九区楼盘成交均价 TOP20 中，葛洲坝中国府（34312 元 / 平方米）、融创合肥壹号院（34280 元 / 平方米）、葛洲坝紫郡府（29097 元 / 平方米）、政务壹号（28601 元 / 平方米）、置地广场（27954 元 / 平方米）排名居前。毫无例外，均价排名前五位的楼盘都集中在政务区和滨湖新区。

十、成交房企排行

从 2019 年合肥房企成交额 TOP20 榜单来看，合肥市区仅有 3 家房企销售额超过 50 亿元，分别是排名第一位的融创中国，总成交 85.24 亿元，占 TOP20 市场份额的 12%；第二位信达地产总成交 58.65 亿元，占 TOP20 市场份额的 8%；紧随其后的是文一集团 58.48 亿元，占 TOP20 市场份额的 8%。

而成交数量上超过 2000 套的房企有 5 家，分别是融创中国 3292 套、保利发展 2492 套、文一集团 2471 套、信达地产 2376 套、禹洲地产 2374 套。

十一、商业、公寓及办公

2019 年商办市场整体表现低迷，库存小幅回落但仍处高位，其中商业存量去化周期高达 97 个月。受公寓产品拉动，办公市场成交量环比涨幅高达 15%。

2019 年下半年，商办市场供求维稳，成交均价小幅下滑，成交量同比下滑 32.7%，价格同比下跌 0.58%。

2019 年办公累计供求比 1.04，成交量 106.76 万平方米，同比跌幅 1.22%，成交均价 9992 元 / 平方米，同比涨幅 15.13%。

2019年办公供应主要集中在包河区和滨湖新区，成交量最高的为新站区和滨湖新区，全市多区域成交价格破万元。受京商商贸城低价高去化影响，新站办公单价仅为6974元/平方米。

十二、年度房价走势分析

从2019年合肥市区成交均价走势图中可以看出，2019年整体房价处于平稳中，除了9月、10月、11月份略有下跌之外，其余月份均处于平稳上涨状态。

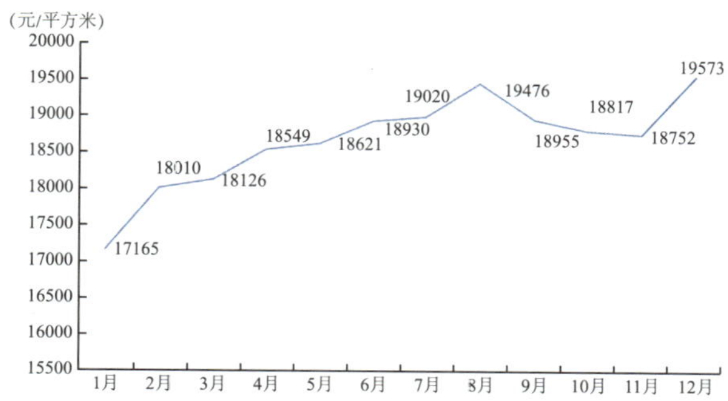

图2-5　2019年合肥市区成交均价走势图

这一点和国家统计局数据走势基本相同。统计局公布的数据显示，合肥的房价涨幅从2018年5月开始连续上涨，在连涨16个月后，2019年9月下跌。

虽然9月、10月、11月成交均价有所回落，但是2019年全年，成交均价依然处于高位。2019年全年新房成交均价达18666元/平方米，较2018年上涨约2661元/平方米。从2015~2019年全年房价来看，近几年合肥市区（不含三县）房价在逐步上涨。

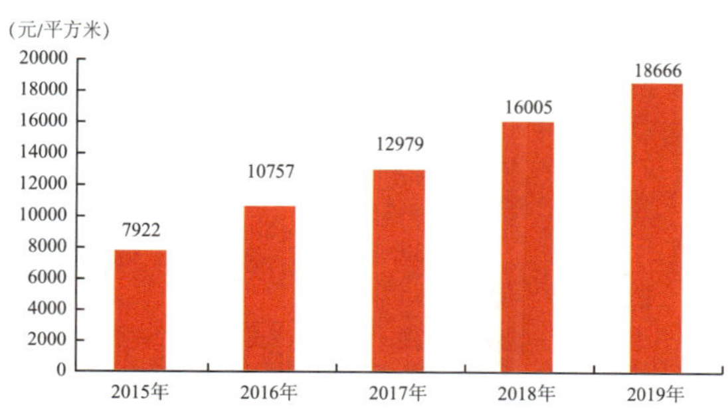

图2-6　近5年合肥市新房成交均价

十三、热点板块分析

置业者普遍关注的区域有滨湖、蜀山和高新三个区，原因在于这些区域的住宅升值潜力大且周转期较短。

滨湖四大板块已逐渐成熟，配套渐趋落地，尤其是2019年省府板块4个项目备案价直逼3万元/平方米，买房人对于滨湖区的置业期待更高。综观滨湖区，金融后台区板块为价格洼地，买房门槛相对较低。

蜀山主城区在售房源较少，董铺湖和大蜀山包围下的住宅群备受关注，但因为配套尚欠缺，买房人的疑虑较多。伴随着S1号线方案落地，董铺湖有望迎来地铁，通勤问题或将解决。

高新区以产业著称，科大讯飞、产业园等聚集，高级知识分子较多，置业需求旺盛。高新区限价，相比市区热门区域，当属于价格洼地。

十四、未来展望

通货膨胀不仅仅表现为日常物价的上涨，在房价上也有明显反应。现阶段，国家坚持房住不炒，因城施策，并对房价过热的区域，采取相应调控。从近几年合肥房价的变迁来看，房价整体上呈阶梯式增长，每年有涨幅，但幅度越来越小，越发趋于平稳。

十五、市场预期

2019年下半年，合肥楼市进入“迷茫期”，各区域成交量明显下滑，除了部分“相对低价”项目，80%以上的去化越发少见。预计2020年伴随着政策的“松绑”在上半年会出现小阳春，但总体起伏并不大，全年成交量将稳中有降。

数据来源：易居克而瑞合肥机构、百度百科词条、《新安晚报》。

2019 年合肥房地产在售楼盘概览

楼盘名称	城市名称	城区	地址	物业类型
万科森林公园	合肥	庐阳区	庐阳区北二环与四里河路交叉口西南角	普通住宅、别墅、商铺、建筑综合体
万科城市之光	合肥	庐阳区	庐阳区四里河路与潜山路交会处	普通住宅、别墅、写字楼、商铺
瑞阳公馆	合肥	庐阳区	庐阳区蒙城北路与荷塘路交叉口	普通住宅
旭辉铂悦庐州府	合肥	庐阳区	庐阳区怀宁路与固镇路交叉口	普通住宅、别墅、商铺
普天合电world庐州公馆	合肥	庐阳区	庐阳区四里河路以南、迎春路以西	普通住宅、写字楼
世纪中心	合肥	庐阳区	庐阳区蒙城北路以东、北一环以南	普通住宅、写字楼、商铺
和顺叶语溪	合肥	庐阳区	庐阳区肥西路以西、北一环路以南	普通住宅
国贸天成	合肥	庐阳区	庐阳区固镇路与怀宁路交叉口	普通住宅、建筑综合体
信达庐阳府	合肥	庐阳区	庐阳区蒙城北路与汲桥路交叉口东南角	普通住宅、商铺
海亮唐宁府	合肥	庐阳区	庐阳区界首路以东、茨河路以北	普通住宅
合景庐月湾	合肥	庐阳区	庐阳区临泉路与肥西路交叉口北 200 米	普通住宅、商铺
旭辉玖著	合肥	庐阳区	庐阳区阜阳北路与连水路交叉口	普通住宅
文一泰禾合肥院子	合肥	庐阳区	庐阳区四里河路与合淮路交会处以西	普通住宅、别墅
金科庐州樾	合肥	庐阳区	庐阳区蒙城路与五河路交叉口向东 500 米	普通住宅、政策房
半岛公馆	合肥	庐阳区	庐阳区阜阳北路与北二环交叉口方向 200 米	别墅
鼎鑫中心	合肥	庐阳区	庐阳区潜山路与四里河路交叉口南 100 米	商铺、建筑综合体
上坤海棠四季	合肥	庐阳区	庐阳区凤台路与凤淮路交叉口东南角	普通住宅、写字楼
碧桂园时代倾城	合肥	庐阳区	庐阳区合淮路与四里河路交叉口向北 300 米	普通住宅
江山庐州印	合肥	庐阳区	庐阳区合淮路与四里河路交叉口向北 300 米	普通住宅
东怡金融广场 C 座	合肥	庐阳区	庐阳区蒙城路与寿春路交叉口西北角	写字楼
融创长江壹号	合肥	庐阳区	庐阳区蒙城路与北二环路交叉口东南角	普通住宅
合景映月湾	合肥	庐阳区	庐阳区临泉路与肥西路交叉口北 200 米	普通住宅
信地城市广场	合肥	瑶海区	瑶海区临泉路与全椒路交会处东北角	普通住宅、商铺
坝上街环球中心	合肥	瑶海区	瑶海区长江东大街与明光路交会处西南角	普通住宅、写字楼、酒店式公寓、商铺
闽商国贸中心	合肥	瑶海区	瑶海区长江东大街与肥东路东南交会处	写字楼、商铺
恒大中央广场	合肥	瑶海区	瑶海区明光路与胜利路交会处	普通住宅、写字楼、商铺
百大周谷堆农产品国际物流园	合肥	瑶海区	瑶海区钟油坊路以西、和平路以北	商铺
瑶海万达广场	合肥	瑶海区	瑶海区临泉东路与和县路交叉口	普通住宅、商铺
保利罗兰春天	合肥	瑶海区	瑶海区包公大道与大众路交会处	普通住宅
保利熙悦府	合肥	瑶海区	瑶海区铜陵路与裕溪路交会处西北角	普通住宅、商铺
城建琥珀东华府	合肥	瑶海区	瑶海区半塔路以西、襄水路以北	普通住宅
高速静安春晖里	合肥	瑶海区	瑶海区龙岗路与姑溪路交叉口	普通住宅、公寓
利港银河之光	合肥	瑶海区	瑶海区长江东大街与花冲路交叉口西南角	普通住宅
金科海昱东方	合肥	瑶海区	瑶海区和平路与障山路交叉口	普通住宅、商铺
安建翰林天筑	合肥	瑶海区	瑶海区新安江路以北、大众路以东	普通住宅
禹洲珑玥湾	合肥	瑶海区	瑶海区新安江路以南、天门山路以西	普通住宅、别墅
禹洲郎溪上里	合肥	瑶海区	瑶海区郎溪路与明皇路交叉口东北角	普通住宅、商铺
龙湖瑶海天街	合肥	瑶海区	瑶海区长江东路地铁 2 号线王岗站	公寓、商铺
美好时代	合肥	瑶海区	瑶海区长江东路与大众路交叉口 2 号线（三十埠站）向南 300 米	普通住宅
龙湖春江郦城	合肥	瑶海区	瑶海区长江东路与大众路交叉口	普通住宅
信达溪岸观邸	合肥	瑶海区	瑶海区长临路与龙岗路交叉口西南角	普通住宅、别墅
大发长安融悦四季	合肥	瑶海区	瑶海区长江东路与大众路交叉口（地铁 2 号线三十埠站 D 出口）	普通住宅
大发旭辉阳光城·公园天著	合肥	瑶海区	瑶海区龙岗路与乐水路路交叉口	普通住宅
和悦风华	合肥	瑶海区	瑶海区障山路与裕溪路交叉口东北角	普通住宅
一尔悦城	合肥	瑶海区	瑶海区上海路与滨河路交叉口	公寓
金大地天元府	合肥	瑶海区	瑶海区北一环与明光路交叉口向东 500 米	普通住宅
文一锦门云栖新语	合肥	瑶海区	瑶海区明皇路与顺祥路交叉口向北 100 米	普通住宅

楼盘名称	城市名称	城区	地址	物业类型
翡丽东方	合肥	瑶海区	瑶海区半塔北路与丰乐亭路交叉口	普通住宅
新力东园	合肥	瑶海区	瑶海区明皇路与望岗路交叉口西北角	普通住宅
恒大中央广场（都会公馆）	合肥	瑶海区	瑶海区胜利路与明光路交叉口	公寓
昊天园	合肥	新站区	新站区北二环砀山路与星火路交叉口（省立友谊医院旁）	普通住宅、写字楼、商铺
圣联梦溪小镇	合肥	新站区	新站区职教城淮海大道与梦溪路交叉口东南角	普通住宅、公寓、别墅、商铺
合肥京商商贸城	合肥	新站区	新站区新蚌埠路与淮海大道交叉口	写字楼、商铺
禹洲中央城	合肥	新站区	新站区新蚌埠路与物流大道交叉口西南角	普通住宅、商铺
当代 MOMΛ 未来城	合肥	新站区	新站区东方大道与前岭路交叉口	普通住宅
华地紫悦府	合肥	新站区	新站区大众路以西、淦水路以北	普通住宅
和昌香樟原著	合肥	新站区	新站区新蚌埠路与扶疏路交叉口西南角	普通住宅、商铺
绿地柏仕公馆	合肥	新站区	新站区学林路与烈山路交叉口向北200米	普通住宅、别墅、写字楼、商铺
蓝光林肯公园	合肥	新站区	新站区烈山路与岱河路交叉口	普通住宅
招商公园1872	合肥	新站区	新站区岱河路以南、梦溪路以东	普通住宅
绿都地产少荃府	合肥	新站区	新站开发区核心位置，属少荃湖板块，项目所在前岭路与龙子湖路交叉口	普通住宅
皖投万科天下艺境	合肥	新站区	新站区龙子湖路与前岭路的交叉口向东200米	普通住宅
正荣悦都荟	合肥	新站区	新站区淮海大道与大众路交叉口	普通住宅
华润万橡府	合肥	新站区	新站区东方大道与相山路交叉口	普通住宅
保利罗兰香谷	合肥	新站区	新站区大众路与闸河路交叉口向东500米	普通住宅
南山柠檬郡	合肥	新站区	新站区文忠路与磨店街交叉口（新站管委会对面）	普通住宅、商铺
旭辉公园府	合肥	新站区	新站区梦溪路与淦水路交叉口	普通住宅
中建开元御湖公馆	合肥	新站区	新站区新蚌埠路与淮海大道交会处东南侧	普通住宅、写字楼、商铺
新站广场	合肥	新站区	新站区淮海大道与新蚌埠路交叉口	公寓、写字楼、商铺
高速中央公园	合肥	新站区	新站区新蚌埠路与北二环交叉口东北角	普通住宅
绿地徽悦公馆	合肥	新站区	新站区大众路以西、淦水路以南	普通住宅
美的金科郡	合肥	新站区	新站区淮海大道以南、相城路以西	普通住宅
银城旭辉樾溪台	合肥	新站区	新站区淮海大道与毕昇路交叉口	普通住宅
学林春晓	合肥	新站区	新站区学林路以北、张衡路以东	普通住宅
教师宿舍楼	合肥	新站区	新站区九顶山与西淝河路交叉口（共达职业技术学院）	公寓、商铺
弘盛商业广场	合肥	新站区	新站区淮海大道与铜陵北路交叉口	商铺
新力弘阳湖语时光	合肥	新站区	新站区学府路与前岭路交叉口向北200米	普通住宅
龙湖春江紫宸	合肥	新站区	新站区文忠路与学林路交叉口西500米	普通住宅、商业
天珑广场	合肥	政务区	政务区潜山路与万佛湖路交叉口	普通住宅、写字楼、商铺
融创合肥壹号院	合肥	政务区	政务区天鹅湖路与齐云山路交叉口向东200米	普通住宅、商铺
融创信达政务壹号	合肥	政务区	政务区南二环与茗香路交会处	普通住宅
天鹅湖MOMΛ	合肥	政务区	政务区祁门路以北、石台路以东	普通住宅
融创信达政务壹号·时光印	合肥	政务区	政务区南二环路与茗香路交叉口	公寓
文一品一墅	合肥	政务区	政务区集贤路与合欢路交叉口（前城大厦一楼）	别墅
御景城	合肥	高新区	高新区香樟大道与习友路交叉口	普通住宅
置地创新中心	合肥	高新区	高新区长江西路与创新大道交叉口	写字楼、商铺
太平洋森活广场	合肥	高新区	高新区香樟大道与明珠路交叉口东北角	普通住宅、公寓、写字楼、商铺
汇景城市中心	合肥	高新区	高新区望江西路与创新大道交会处（管委会对面）	普通住宅、写字楼
悦湖山院	合肥	高新区	高新区望江西路与石莲南路交会处向北100米	普通住宅
祥源金港湾	合肥	高新区	高新区长宁大道与云飞路交叉口	普通住宅
祥源城湖山小筑	合肥	高新区	高新区望江西路与创新大道交叉口西北角	公寓
北雁湖金茂湾	合肥	高新区	高新区习友路与永和路交叉口向西100米	普通住宅
皖新朗诗麓院	合肥	高新区	高新区玉兰大道与杭埠路往东200米	普通住宅
华邦蜀山别院	合肥	高新区	高新区望江西路以南、枫林路以西	普通住宅
保利柏林之春	合肥	高新区	高新区长江路与鸡鸣山路交叉口西北处	普通住宅
世茂国风	合肥	高新区	高新区习友路与杨林路交会处	普通住宅、别墅
博纳向日葵	合肥	高新区	高新区创新大道与皖水路交会处	普通住宅、公寓
中南樾府	合肥	高新区	高新区方兴大道和云飞路交叉口东北角	普通住宅
海亮九台别墅	合肥	高新区	高新区长江西路与创新大道交叉口向南200米	别墅

楼盘名称	城市名称	城区	地址	物业类型
乐富强悦湖熙岸	合肥	高新区	高新区长江西路与方兴大道交叉口向南 500 米	普通住宅
高速蜀西湖畔	合肥	高新区	高新区云飞路以南、天堂寨路以东	普通住宅
北雁湖玥园	合肥	高新区	高新区永和路与复兴路交叉口北雁湖畔	普通住宅
金鹏麓山院	合肥	高新区	高新区彩虹路以南、方兴大道以西	普通住宅
振荣锦尚公馆	合肥	经开区	经开区高刘镇高刘中学旁	普通住宅、商铺
水安盛世桃源	合肥	经开区	经开区金寨南路与丹霞路交叉口往南 200 米	普通住宅
尚泽大都会	合肥	经开区	经开区繁华大道与莲花路交叉口南	写字楼、商铺
绿地新都会	合肥	经开区	经开区金寨路与方兴大道交叉口	普通住宅、写字楼、商铺
世茂翡翠首府	合肥	经开区	经开区翡翠路与紫云路交会处向东	普通住宅、公寓、别墅、商铺
依澜雅居	合肥	经开区	经开区繁华大道与习友路交叉口向南 700 米（南艳湖东大门对面）	普通住宅
海恒金屿海岸	合肥	经开区	经开区锦绣大道与清潭路交叉口（合肥学院正对面、南艳湖西侧）	普通住宅
合肥启迪科技城水木园	合肥	经开区	经开区宿松路与锦绣大道交叉口西 200 米	普通住宅、写字楼、建筑综合体
合肥创新中心	合肥	经开区	经开区繁华大道与九龙路交会处	写字楼
葛洲坝国际中心	合肥	经开区	经开区芙蓉路与翠微路交会处	普通住宅、写字楼、商铺
文峰中心	合肥	经开区	经开区繁华大道与金寨路交会处西南角	写字楼
邦泰科技城	合肥	经开区	经开区宿松路与紫蓬路交会处南 100 米	普通住宅
皖投万科产融中心	合肥	经开区	经开区繁华大道与宿松路交叉口西北角	普通住宅
海尔产城创云玺	合肥	经开区	经开区繁华大道以南、习友路以西	普通住宅
合肥启迪科技城	合肥	经开区	经开区宿松路与锦绣大道交叉口西 200 米招商中心	写字楼
青芒公寓	合肥	经开区	经开区金寨南路 2716 号	公寓、写字楼
万振中国院子	合肥	肥西县	肥西县森林大道 1808 号	别墅
华地翡翠蓝湾	合肥	肥西县	肥西县翡翠路与云谷路交叉口	普通住宅、公寓、商铺
信地华地城	合肥	肥西县	肥西县繁华大道与祝融路交叉口	普通住宅、商铺
幸福联盟紫郡	合肥	肥西县	肥西县森林大道与环山路交叉口向北 500 米	别墅
丽丰铂羽公馆	合肥	肥西县	肥西县合肥金寨南路与创新大道交叉口	普通住宅

楼盘名称	城市名称	城区	地址	物业类型
合肥城建琥珀御宾府	合肥	肥西县	肥西县翡翠路与云谷路交叉口西北角	普通住宅
美好紫蓬山壹号	合肥	肥西县	肥西县紫蓬山风景区	别墅
光明观澜公馆	合肥	肥西县	肥西县恒山路与长古路交叉口西南角	普通住宅
融创玖樟台	合肥	肥西县	肥西县柏堰科技园香樟大道与铭传路交叉口东北侧	普通住宅
玖方广场	合肥	肥西县	肥西香樟大道与芦花路交会处	商业
高速时代御府	合肥	肥西县	肥西县青龙大道与潭冲路交会处东南侧	普通住宅
文一名门森林语	合肥	肥西县	肥西县紫蓬镇森林大道与紫蓬路交叉口西南侧	普通住宅
祥源花世界	合肥	肥西县	肥西县金寨南路与深圳路交叉口西北侧	普通住宅
金辉中梁优步学府	合肥	肥西县	肥西县青龙大道与站前路交叉口东 500 米	普通住宅
万瑞林山翠语	合肥	肥西县	肥西县官亭林海生态公园旁（中心小学对面）	普通住宅
锦绣大地城二期	合肥	肥西县	肥西县金寨南路与锦绣大道交会处	普通住宅、商业
皖投国滨世家	合肥	肥西县	肥西县上派镇灯塔路以南、妙道山路以东	普通住宅
中海岭湖湾	合肥	肥西县	肥西县明珠大道与永和路交叉口东 200 米	普通住宅
华地翡翠公园	合肥	肥西县	肥西县花岗镇金寨南路与五显路交叉口东北侧	普通住宅
翡翠正荣府	合肥	肥西县	肥西县翡翠路与仙霞路交叉口	普通住宅
旭辉·翡翠江来	合肥	肥西县	肥西县翡翠湖南翡翠路与派河大道交叉口	普通住宅、商业
恒泰阿奎利亚悦璟府	合肥	长丰县	长丰县双凤经济开发区双凤大道 120 号阿奎利亚	普通住宅、别墅、商铺
金科半岛壹号	合肥	长丰县	长丰县蒙城北路梅冲湖畔	普通住宅、别墅、商铺
新慧御湖城	合肥	长丰县	长丰县凤麟大道与泉阳路交叉口	普通住宅、别墅
合肥恒大帝景	合肥	长丰县	长丰县阜阳北路与泉河路交叉口东南角	普通住宅、商业、公寓
御景嘉苑	合肥	长丰县	长丰县蒙城北路与梅登路交叉口（半岛 1 号对面）	普通住宅
鹭山湖	合肥	长丰县	长丰县合淮路卧龙山生态园区	普通住宅、别墅
奥青城	合肥	长丰县	长丰县凤湖西路与合水路交叉口	普通住宅、商铺
金大地翡翠公馆	合肥	长丰县	长丰县阜阳北路与双凤大道交叉口	写字楼、商铺
华地森林语	合肥	长丰县	长丰县阜阳北路与汝阳路交叉口往东 100 米	普通住宅

楼盘名称	城市名称	城区	地址	物业类型
文德艺墅	合肥	长丰县	长丰县阜阳北路与金峰路交叉口向西100米	普通住宅
万科苏高新中央公园	合肥	长丰县	长丰县蒙城北路与泉河路交叉口	普通住宅
文德凯旋门	合肥	长丰县	长丰县水湖镇南一环与杨公路交叉口西南角	普通住宅
祥源玖悦湾	合肥	长丰县	长丰县岗集镇、东到规划路、南到滨河路、西到朝阳路、北到育才路	普通住宅
中国铁建悦湖国际	合肥	长丰县	长丰县合淮路与育才路交会处	普通住宅
万科公园大道	合肥	长丰县	长丰县阜阳北路与泉河路交叉口往北80米	普通住宅
都荟上城	合肥	长丰县	长丰县双凤工业区济河路与章华台路交会处东南角	普通住宅
宝湾国际·5.4米公馆	合肥	长丰县	长丰县淮南路与天水路交叉口向北500米	商业、公寓
融侨天越	合肥	长丰县	长丰县阜阳北路与筱斋路交叉口向西200米	普通住宅
新城悦隽九里	合肥	长丰县	长丰县朝阳路与育才路交叉口	普通住宅
奥园·誉峰	合肥	长丰县	长丰县吴王大道与下塘路交叉口	普通住宅
左能泰和街	合肥	长丰县	长丰县阜阳北路与龙湖路交叉口东北角	酒店式公寓、商铺
金地自在城	合肥	长丰县	长丰县蒙城北路与泉河路交叉口	普通住宅
谊华雍景府	合肥	长丰县	长丰县水湖镇杨公路与南二环交会处	普通住宅
文一锦门繁华里	合肥	长丰县	长丰县南二环路与长淮路交叉口西北角	普通住宅
孔雀城时代北宸	合肥	长丰县	长丰县北城新区合水路与青杨路交会处	普通住宅
中梁华地辰阳府	合肥	长丰县	长丰县长丰富民路和朝阳路交叉口	普通住宅
文一锦门桃李	合肥	长丰县	长丰县龙湖北路与谯城路交叉口	普通住宅
世茂云锦	合肥	长丰县	长丰县阜阳北路与泉河路交叉口北侧	普通住宅、商业
北城正荣府	合肥	长丰县	长丰县阜阳北路与济河路交叉口	普通住宅
新加坡花园城	合肥	蜀山区	蜀山区长江西路898号	普通住宅、商铺
西湖国际广场	合肥	蜀山区	蜀山区望江路69号（望江路与肥西路交叉口）	写字楼
中国铁建清溪国际	合肥	蜀山区	蜀山区西一环和清溪路交叉口向西300米	普通住宅、商铺
华润桃源里	合肥	蜀山区	蜀山区科学岛路与湖光路交叉口向北200米	普通住宅、别墅
金隅南七里	合肥	蜀山区	蜀山区望江西路以南、金寨路以西	普通住宅、写字楼、商铺

楼盘名称	城市名称	城区	地址	物业类型
求实领势学府	合肥	蜀山区	蜀山区潜山路与贵池路交叉口	公寓、商铺
奥园城市天地	合肥	蜀山区	蜀山区长江西路与万泽路交叉口	普通住宅、公寓、别墅、商铺
拓基兰宫墅	合肥	蜀山区	蜀山区怒植物园路九号	别墅
中翰名庭	合肥	蜀山区	蜀山区长江西路与科学大道交叉口	公寓
城建琥珀蜀熙府	合肥	蜀山区	蜀山区西二环与樊洼路交叉口西南角	普通住宅
禹洲平湖秋月	合肥	蜀山区	蜀山区枫林路与雪霁北路交叉口（四季花海旁）	普通住宅、别墅
御璟江山	合肥	蜀山区	蜀山区科学岛路与琼阳路交叉口向北500米	普通住宅、别墅、政策房
金大地悦澜公馆	合肥	蜀山区	蜀山区枫林路与井岗路交叉口西北角	普通住宅、公寓、写字楼
西湖世纪金源国际购物广场	合肥	蜀山区	蜀山区望江西路与肥西路交叉口	商铺
伟星匡宾台	合肥	蜀山区	蜀山区望江西路与石台路交叉口向北50米	普通住宅
丽丰璞羽山	合肥	蜀山区	蜀山区蜀山产业园振兴路与宝月路交叉口向西约300米	普通住宅
中海世家	合肥	蜀山区	蜀山区邓店路以南、干支路	别墅
中国铁建青秀城	合肥	蜀山区	蜀山区清溪路与青阳路交叉口向西300米	普通住宅
徽创君泊	合肥	蜀山区	蜀山区振兴路与宝月路交会处	普通住宅
吉品荟国际公馆	合肥	蜀山区	蜀山区黄山路与潜山路交叉口向东200米	酒店式公寓
京冠悦荣府	合肥	蜀山区	蜀山区长江西路以北、振兴路以西	普通住宅
金大地山语四季	合肥	蜀山区	蜀山区枫林路与井岗路交叉口西北角	普通住宅、公寓
龙湖天境	合肥	蜀山区	蜀山区振兴路与宝月路交叉口	普通住宅
龙湖丽丰·西宸原著	合肥	蜀山区	蜀山区宝月路与渡西桥路交叉口	普通住宅、别墅、商业
奥园·城央壹品	合肥	蜀山区	蜀山区金寨路与黄山路交叉口西南角	普通住宅
立基公馆	合肥	蜀山区	蜀山区金寨路与槽坊路交叉口91号	公寓
玫瑰绅城	合肥	包河区	包河区南淝河路99号	普通住宅、别墅
国开公馆	合肥	包河区	包河区重庆路与大连路交叉口向南300米	普通住宅、商铺
宝利三广场	合肥	包河区	包河区徽州大道与太湖路交会处北100米	普通住宅、公寓、写字楼、商铺
绿地中心	合肥	包河区	包河区南二环与宿松路交叉口	普通住宅、写字楼、商铺
绿地合肥城际空间站	合肥	包河区	包河区徽州大道以东、龙川路以南	写字楼、商铺
信达天御	合肥	包河区	包河区宿松路与祁门路交会处西南角	普通住宅、商铺、公寓

楼盘名称	城市名称	城区	地址	物业类型
滨湖阳光里	合肥	包河区	包河区黄河路与河南路交叉口	普通住宅、商铺
金保合肥中心	合肥	包河区	包河区南一环与宁国路交叉口西南侧	写字楼、商铺
恒大水晶国际广场	合肥	包河区	包河区龙川路与金寨路交叉口向东300 米	普通住宅、公寓、写字楼、酒店式公寓、商铺、建筑综合体
星海城	合肥	包河区	包河区马鞍山路与合巢路交叉口	普通住宅、公寓
纵横国际	合肥	包河区	包河区马鞍山路与望江东路交叉口西北角	写字楼
玲珑大厦	合肥	包河区	包河区马鞍山路铂金汉宫南 350 米	公寓、商铺
融侨观澜	合肥	包河区	包河区合作化南路与龙川路交叉口	普通住宅、商铺
高铁都市花园	合肥	包河区	包河区 祁山路以东、万佛湖路以南	普通住宅
建发雍龙府	合肥	包河区	包河区龙川路与唐模路交叉口东南角	别墅
金隅大成郡	合肥	包河区	包河区东二环路与南淝河路交叉口东南	普通住宅
中辰・优唐广场	合肥	包河区	包河区潜山路与金寨路交叉口东北角	写字楼、公寓
金科博翠天辰	合肥	包河区	包河区北京路与黄河路交叉口北 100 米	普通住宅
唯美创想城	合肥	包河区	包河区花园大道与河南路交叉口东南角	公寓
高速时代首府	合肥	包河区	包河区上海路与西安路交叉口	普通住宅
翡翠天际	合肥	包河区	包河区龙川路与北京路交叉口东北角	普通住宅
滨湖一号	合肥	包河区	包河区包河大道与花园大道交会处	写字楼、商业
金辉庐州云著	合肥	包河区	包河区前园路与大强路交叉口	普通住宅
阳光城・悦澜府	合肥	包河区	包河区望江东路与铜陵路交叉口西北角	普通住宅
南翔繁华城	合肥	包河区	包河区繁华大道与重庆路交叉口向南100 米	公寓
信达华宇锦绣龙川	合肥	包河区	包河区龙川路与北京路交叉口东 500 米	普通住宅、商业
龙湖景粼玖序	合肥	包河区	包河区上海路与黄河路交叉口	普通住宅、别墅、写字楼、商业
雍荣府	合肥	包河区	包河区北京路和郎溪路交叉口西南角	普通住宅
乐富强悦融湾	合肥	包河区	包河区上海路与花园大道交叉口东南角	普通住宅
锦绣花城	合肥	包河区	包河区花园大道以南、重庆路以西	普通住宅
金隅金成府	合肥	包河区	包河区太湖路与铜陵路交叉口向北500 米	普通住宅
时代领峰	合肥	包河区	包河区龙川路与北京路交叉口向东800 米	普通住宅

楼盘名称	城市名称	城区	地址	物业类型
高速滨湖时代广场	合肥	滨湖新区	滨湖新区徽州大道与方兴大道交会处东南	普通住宅、商铺
佳源巴黎都市	合肥	滨湖新区	滨湖新区庐州大道与中山路交叉口东北角	普通住宅、商铺、建筑综合体
融创融园	合肥	滨湖新区	滨湖新区珠江路与环湖大道交叉口（红色大鼓）	普通住宅、写字楼、商铺
徽盐世纪广场	合肥	滨湖新区	滨湖新区紫云路与华山路交叉口	普通住宅、写字楼、商铺、自住型商品房
恒大中心	合肥	滨湖新区	滨湖新区南宁路与衡山路交叉口	普通住宅、公寓、写字楼
国购中心	合肥	滨湖新区	滨湖新区徽州大道与锦绣大道交叉口	公寓、写字楼、商铺
宝能城	合肥	滨湖新区	滨湖新区庐州大道与云谷路交叉口向东	普通住宅、公寓、别墅、写字楼、商铺、建筑综合体
蓝山 CBD	合肥	滨湖新区	滨湖新区庐州大道与紫云路交叉口东南角	写字楼
合肥金融港	合肥	滨湖新区	滨湖新区徽州大道与南京路交叉口	写字楼、商铺
合肥云谷	合肥	滨湖新区	滨湖新区徽州大道与云谷路交叉口向西 100 米	普通住宅、写字楼、商铺
信达公园里	合肥	滨湖新区	滨湖新区杭州路与金斗路交会处向北约 200 米	普通住宅
联投中心书城	合肥	滨湖新区	滨湖新区庐州大道与南昌路交叉口	普通住宅、商铺
滨湖宝文中心	合肥	滨湖新区	滨湖新区庐州大道与南宁路交叉口	公寓
文一豪门金地	合肥	滨湖新区	滨湖新区西藏路与南宁路交叉口西200 米	普通住宅
万科时代之光	合肥	滨湖新区	滨湖新区庐州大道以东、南京路以北地块	普通住宅、别墅
文一塘溪津门	合肥	滨湖新区	滨湖新区包河大道与杭州路交叉口	普通住宅、别墅、写字楼、商铺、建筑综合体
高速时代公馆	合肥	滨湖新区	滨湖新区庐州大道与方兴大道交叉口西南边	普通住宅、公寓、商铺
滨湖双玺	合肥	滨湖新区	滨湖新区庐州大道与金斗北路交叉口向东 200 米	普通住宅、别墅
葛洲坝中国府	合肥	滨湖新区	滨湖新区洞庭湖路以南、华山路以东	普通住宅、别墅
碧桂园中堂	合肥	滨湖新区	滨湖新区嵩山路与南京路交叉口	普通住宅
招商雍华府	合肥	滨湖新区	滨湖新区包河大道与南京路交叉口	普通住宅
滨湖金茂悦	合肥	滨湖新区	滨湖新区包河大道与福州路交叉口向西 200 米	普通住宅
新城大都会	合肥	滨湖新区	滨湖新区南京路以南、华山路以东	普通住宅
文一春风里	合肥	滨湖新区	滨湖新区徽州大道与南宁路交叉口	普通住宅
招商雍和府	合肥	滨湖新区	滨湖新区上海路与迎淮路交叉口东北角	普通住宅、写字楼、建筑综合体

楼盘名称	城市名称	城区	地址	物业类型
滨湖正荣府	合肥	滨湖新区	滨湖新区珠江路与昌都路交叉口东北角	普通住宅
融创望海潮	合肥	滨湖新区	滨湖新区嘉临江路与湖南路交叉口西南角	普通住宅、别墅
滨湖荣盛华府	合肥	滨湖新区	滨湖新区四川路与贵阳路交叉口向西200米	普通住宅
绿城招商诚园	合肥	滨湖新区	滨湖新区嘉陵江路与昌都路交叉口东南角	普通住宅
葛洲坝紫郡府	合肥	滨湖新区	滨湖新区紫云路以南、嵩山路以东	普通住宅、别墅
新城滨湖云境	合肥	滨湖新区	滨湖新区云南路与贵阳路交叉口	普通住宅、商业
海伦堡 · 海伦国际	合肥	滨湖新区	滨湖新区锦绣大道与庐州大道交叉口东南角	公寓、写字楼、商业
金鹏壹品天成	合肥	滨湖新区	滨湖新区贵阳路与贵州路交叉口西北角	普通住宅
招商城市主场	合肥	滨湖新区	滨湖新区包河大道与南京路交叉口东北角	公寓、商铺
公元荟	合肥	滨湖新区	滨湖新区云南路与贵阳路交叉口	商铺
华冶万象公馆	合肥	滨湖新区	滨湖新区云谷路与西藏路交叉口西南角	公寓、写字楼
兰园	合肥	滨湖新区	滨湖新区包河大道与万泉河路交会处	普通住宅
融创滨湖印	合肥	滨湖新区	滨湖新区中央公园南扬子江路与湖北路交叉口	普通住宅
锦绣首玺	合肥	滨湖新区	滨湖新区南京路与华山路交叉口	普通住宅
旭辉恒基铂悦天汇	合肥	滨湖新区	滨湖新区包河大道与南京路交叉口	普通住宅
力高君御国际	合肥	肥东县	肥东县包公大道与沿河西路交叉口往西300米	普通住宅
禹洲中央广场	合肥	肥东县	肥东县长江东路与南环路交叉口向南100米	普通住宅、商铺、商办
锦绣花园	合肥	肥东县	肥东县撮镇东部新城区合马路与店忠路交叉口向北200米	普通住宅
城建琥珀名郡	合肥	肥东县	肥东县站南路与店埠河路交会处	普通住宅、商铺
华东文博城	合肥	肥东县	肥东县裕溪路高架东1500米	别墅、商铺
文德公园里	合肥	肥东县	肥东县店埠镇新安江路与虎山路交叉口东南角	普通住宅
华盛南院	合肥	肥东县	肥东县新安江路与沿河西路交叉口	普通住宅
皖新翡翠庄园	合肥	肥东县	肥东县沿河西路与横大路（又名龙城路）交叉口	普通住宅
斌锋和睦公馆	合肥	肥东县	肥东县日出路与北张路交叉口东南角	普通住宅

楼盘名称	城市名称	城区	地址	物业类型
文一名门金璟	合肥	肥东县	肥东县裕溪路与东风大道交叉口	写字楼
东方樾府	合肥	肥东县	肥东县东风大道与瑶岗路交叉口西南角	普通住宅、写字楼、商铺
万科文一未来之光	合肥	肥东县	肥东县长江东路与护城路交叉口	普通住宅
蓝光公园1号	合肥	肥东县	肥东县长江东路与镇西路交叉口向北200米	普通住宅
斌锋时代城	合肥	肥东县	肥东县临泉东路与金日路交会处东北角	普通住宅、商铺
美都聚龙公馆	合肥	肥东县	肥东县长江东路与燎原路交叉口	普通住宅
力高澜湖前城	合肥	肥东县	肥东县长江东路与燎原路交叉口向北100米	普通住宅、商铺
中海城	合肥	肥东县	肥东县大众路和新安江路交叉口以南	普通住宅
华盛大运城东岭	合肥	肥东县	肥东县裕溪路高架东入口向东1000米	普通住宅
文一铂金中心	合肥	肥东县	肥东县包公大道与祥和路交叉口	商铺
金鹏珑璟台	合肥	肥东县	肥东县三十埠桥西100米	普通住宅、商铺
新城吾悦广场	合肥	肥东县	肥东县长江东路与桥头集路交叉口	普通住宅、商铺
碧桂园新城十里春风	合肥	肥东县	肥东县祥和路与包公大道交叉口西北角	普通住宅
美好上院	合肥	肥东县	肥东县东风大道与瑶岗路交叉口	普通住宅
力高前城天悦府	合肥	肥东县	肥东县撮镇路与红旗路交叉口	普通住宅
金科中梁都荟大观	合肥	肥东县	肥东县包公大道与桂王路交会处东北侧	普通住宅
新城云樾观棠	合肥	肥东县	肥东县新安江路与虎山路交会处西北角	普通住宅
远洋庐玥风景	合肥	肥东县	肥东县裕溪路与桥头集路交叉口西北角	普通住宅
华润紫玥台	合肥	肥东县	肥东县东风大道与新世界路交叉口向西200米	普通住宅
远洋万和云锦	合肥	肥东县	肥东县包公大道与柳孜路交叉口西南角	普通住宅
尚泽琪瑞东郡	合肥	肥东县	肥东县东风大道与瑶岗路交叉口西北角	普通住宅
龙湖龙誉城	合肥	肥东县	肥东县新安江路与大众路交叉口东南角	普通住宅、商业
荣盛书香府邸	合肥	肥东县	肥东县长临路与皇甫山路交叉口	普通住宅
金辉优步大道	合肥	肥东县	肥东县撮镇镇大众路与长临路交叉口西北角	普通住宅

保利·罗兰香谷

- 2019年 -
中国城市楼盘年鉴
典型项目

合肥　央企修为　保利匠心　地铁首发

保利·罗兰香谷位于新站区职教城板块和少荃湖板块交接处，大众路与闸河路交叉口向东 500 米，总占地面积约 10 万平方米，总建筑面积约 29 万平方米，共规划 30 栋住宅 2124 户。

项目地址：
合肥市大众路与闸河路交叉口向东 500 米

开发商：
合肥和淮房地产有限责任公司

建筑类型：
小高层、高层

主力户型：
94 平方米、110 平方米三居

周边配套：
少荃湖、学林公园、地铁 3 号线

参考价格：
14800 元 / 平方米

楼盘优势：
保利发展具有国家一级房地产开发资质，项目位于新站区核心居住圈，周边汇集了交通、生态、教育、商业等一系列优质完善的配套设施。

专家点评

李慧秋·原合肥市房产局总工程师

保利·罗兰香谷在简洁低奢的新亚洲建筑风格背景下，打造富有空间层次变化的立体空间。再加上央企的保证与业主的口碑，让其在新站区楼盘中脱颖而出。

项目解析

【区域维度】

保利·罗兰香谷位于大众路与闸河路交叉口向东 500 米，距离地铁 3 号线的始发站相城路站仅 50 米左右，紧邻市民公园（规划中）、约 8 万平方米商业综合体（在建中）、合肥市九中（在建中）、48 班中小学（规划中）等配套资源，坐享一站式生活配套。

保利·罗兰香谷作为央企保利在合肥的第十二子，于 2017 年强势进驻新站，筑居新站淮海大道核心片区，职教城板块和少荃湖板块交界处，既能纵览少荃湖板块优美宜人的自然景观，又能享受职教城板块丰富的教育资源。

【品牌维度】

央企修为，保利匠心。保利发展 27 载筑梦全球，开疆海内外 100 余城，具有国家一级房地产开发资质，在“2018 中国房地产百强企业”中排名第 4 位，连续 10 年荣膺“中国房地产行业领导公司品牌”荣誉。

保利发展以赫赫之名，深耕皖省 8 年，重铸 3 城 23 盘，跨江越淮，澎湃安徽，2019 年更一举实现连下 6 城的壮举。保利发展始终秉承“美好生活同行者”的品牌理念，筑起守护百万家庭幸福的“中国地产长城”。

【口碑维度】

2018 年，保利·罗兰香谷一期洋房首次面市。以实力与口碑、品质与格调并进，使其在新站区的首次面市就备受瞩目，首开当天到访客户达千余人，成为新站区的标杆红盘，掀起一波热销浪潮。

一载沉淀，二期成品洋房于 2019 年 8 月璀璨面市，因其 93~110 平方米小户型的特性成为新品质人居的优先之选，同时凭借 130 万 ~170 万元低总价的优势颇受关注。

【产品维度】

保利·罗兰香谷以严谨的精工设计，考究的视觉空间与居住尺度，严选国际品牌家装以及与大家庭共生长的设计，打造新站区高品质美学成品住区。

全明式户型，主卧配备独立卫浴及观景飘窗的设计，建设中也始终秉承全生命周期住宅设计理念，科学合理的规划，打造更呵护老人和孩子的舒适人居空间。与此同时，在有限的园区内打造高达 40% 绿化率，拉近景与人的距离，营造更具浪漫风情的健康主题园林。

【销售维度】

保利·罗兰香谷于 2018 年 6 月 24 日首次开盘，当天共推出 336 套房源。尽管是在炎热的 6 月，首开现场还是聚集了近 400 组客户，当天便成功售出 261 套，去化率高达 78%；历经 2 小时，首开完成了 3.8 亿元的销售金额。2019 年前三季度，保利·罗兰香谷以优异的销售成绩，经受住市场的检验，体现了新站的红盘热度。

一次次热销并非偶然，背后是保利·罗兰香谷对品质的不懈追求。作为保利发展首次进驻新站的作品，保利·罗兰香谷将肩负央企地产的责任感和使命感，助力新站新的跨越，焕新人居新体验。

更多楼盘详情请扫码查看

- 2019年 -
中国城市楼盘年鉴
典型项目

锦绣首玺

合肥　滨湖新区　省府板块　配套完善

锦绣首玺位于滨湖省府板块核心区域，位置在滨湖新区南京路与华山路交叉口，交通非常便利。占地面积约 55000 平方米，建筑面积约 155000 平方米，住宅规划 1 栋高层和 10 栋小高层，共计 808 户。

专家点评

郭红兵·安徽省清源房地产研究院院长

锦绣首玺择址滨湖省府板块，由华宇、禹洲强强联手打造。整体采用现代典雅风格，构造出现代大气的建筑外立面，质感醇厚，塑造具有「国际范」的居住体验。

项目地址：

合肥市滨湖新区南京路与华山路交叉口

开发商：

合肥瑞远置业有限公司

建筑类型：

高层、小高层

主力户型：

99 平方米、120 平方米三居，140 平方米四居

周边配套：

秀场（在建）、中央公园（在建）、塘西河公园

参考价格：

高层 21499 元 / 平方米，小高层 23703 元 / 平方米

楼盘优势：

锦绣首玺为华宇集团高端产品的典型代表“锦绣系”产品，项目拥有三纵三横两轨道立体化交通干道，教育和医疗资源也一应俱全。

项目解析

【区域维度】

锦绣首玺位于合肥滨湖新区省政府和金融后台“双区位”之间，地理位置优越。区域内，地铁 1 号线贯穿其间，三纵三横立体路网通达全城。另有包括聚合世界秀场（在建）、中央公园（在建）、高端医疗教育等在内的醇熟配套。

作为合肥市重点打造区域，滨湖新区经过十几年飞速发展，板块影响力日益攀升；随着省政府搬迁以及地铁 1 号线正式运营，俨然已成为安徽新中心。省级政务中心的强大辐射力，将进一步完善区域产业布局，使滨湖新区的发展更具深度和广度。

【品牌维度】

在由“中国房地产 TOP10 研究组”所评选出的百强名单中，重庆华宇集团位列“2019 中国房地产百强企”业综合实力第 49 名。而锦绣首玺是华宇集团联袂中国房地产品牌企业禹洲集团共同匠造的品质之作。

项目以工科生产品经理的视角，观察城市人居生活方式。在建筑、景观、物业、商业及室内多方面，通过对原有的“优管家”服务体系以及优 + 体系 2.0 的全面升级与贯彻，筑造锦绣系产品。

房地产行业研究机构数据显示，华宇锦绣系位列 2019 中国房地产系列项目品牌价值 TOP10。锦绣首玺作为全国第 7 座锦绣系作品，肩负产品质变与升级的重担，在双品牌势能加持下，或能更好地为客户创造与需求匹配的产品。

【口碑维度】

从项目初次发声到示范区开放，锦绣首玺不断刷新着客户对项目的认知。通过对华宇“优 + 体系 2.0”以及 SUPER-99 户型的输出，项目在省府板块多家楼盘聚集的局面中，占据了属于自身的声量。

2019 年 10 月 19 日，锦绣首玺营销中心正式开放蓄客，据项目案场数据统计，周均来访超 300 组客户，一跃成为滨湖新区名副其实的人气红盘。其品质之作，引发业内和购房者的广泛关注，在赢得客户交口称赞的同时，亦受到合作伙伴的认可。

【产品维度】

项目建面约 155000 平方米的舒适居所，集聚了锦绣系产品的优点，并在建筑、景观、空间设计上，融入了“优 + 体系 2.0”的全新实践。

锦绣首玺打造三大户型。以关注度较高的产品 SUPER-99 为例，产品空间设计做到了精细化布局，约 99 平方米三室两卫格局，改变了人们对较小户型的认知。主卧、次卧和客厅三开间朝南，共享型客厅、轻奢套房设计，双卧飘窗、双卫系统、北向阳台双面环幕窗，众多亮点能够尽可能地满足人们的生活需求。

【销售维度】

2019 年 12 月 7 日锦绣首玺首开，推出精装高层 2 号楼，户型面积 98 平方米、99 平方米，共 115 套房源；推出精装小高层 9 号楼，户型面积 123~141 平方米，共 60 套房源。案场数据显示，首开当天吸引 200 余组客户到场，当天即去化约 80%。

更多楼盘详情请扫码查看

孔雀城时代北宸

- 2019年 -
中国城市楼盘年鉴
典型项目

合肥　北城新区　配套完善　宜居住区

孔雀城时代北宸位于合肥市北城新区合水路与青杨大道交会处，项目整体核心住区的规划占地面积 4.9 平方公里，其中 1.0 期、1.1 期总占地面积约 115005 平方米，建筑面积约 202498 平方米，共计规划 73 栋楼 1433 户。

项目地址：
合肥市北城新区合水路与青杨大道交会处

开发商：
长丰孔雀城房地产开发有限公司

建筑类型：
高层、洋房、别墅

主力户型：
88~95 平方米三居、108~184 平方米四居、190~212 平方米五居

周边配套：
合肥北城站、幸福港湾（规划）、31 万平方米中央公园

参考价格：
高层 6800 元 / 平方米、别墅 9000~11000 元 / 平方米

楼盘优势：
项目所在的北城下塘板块未来将被建设成为宜居新城，发展潜力巨大；由孔雀城品牌房企开发；性价比高。

专家点评　汪远 · 安徽省房地产研究会秘书长

孔雀城时代北宸择址北城新区，项目规划公园绿地、中小学、居住社区，周边有省立医院、合肥北城站、自建31万平方米中央公园等优质资源。整体上配套齐全，自成体系，打造未来幸福社区生活。

项目解析

【区域维度】

孔雀城时代北宸位于合肥市北城新区，紧邻合肥市主城区庐阳区，东西贯穿空港和新站，成为合肥经济圈北向发展和构筑“两淮一蚌”城市经济带的战略高地。作为合肥发展的重点区域之一，合肥城市空间发展战略经历了从原先“141 规划”到如今“1331 规划”的提升，北城逐渐从一个外围城市组团演变为城市的副中心。

项目坐拥合肥绕城高速、合肥北城站、合水路等，快速直达周边多个城市；未来规划有地铁 5 号线、8 号线，阜阳路高架直达市区，出行便利程度较高。

【口碑维度】

在房价一路高涨的合肥，孔雀城时代北宸致力于为合肥人民打造一个配套完善的宜居住区。

截至 2019 年，相关产业已经落地，产业新城的制造板块将集中在区域南侧，集合各产业需求，形成自西向东分布态势。产城总面积 18.4 平方公里，以生产性服务业为主，涵盖金融、商务、物流服务；以光电显示、应用新材料和汽车零部件三大新兴产业为主，在居住区利用当地自然环境，采用组团布局的方式，打造兼具商务、商业、展览、文化、休闲等多种功能的综合服务区。

【品牌维度】

15 年砥砺耕耘，全国精筑 50 余座“孔雀城”，形成了“1+8 都市圈”的全国布局，服务 20 余万户家庭。孔雀城对宜居城市不断探索实践与沉淀，连续 5 年蝉联“中国房企品牌 TOP10”。

背靠孔雀城金字招牌，孔雀城时代北宸一经问世便备受关注。随着项目的不断热销，又被客户冠以“刚需优选”“北城红盘”的称号，一度成为北城项目的重点关注对象。

孔雀城时代北宸凭借精心打造的 88~108 平方米“网红户型”赢得了广大刚需客户的喜爱，同时项目配有高品质、高性价比的别墅产品，满足客户的别墅置业梦想。

【产品维度】

目前项目 1.0 期、1.1 期拥有 1.2~1.5 的低容积率，规划 16~18 层的高层、11 层的洋房及 3+1 层的庐院产品，打造区域内的高品质大盘。

项目建有一个约 31 万平方米的中央公园（施工中）、两个湿地公园、一个遗址公园、八个社区主题绿地，形成一湖两渠，一河两廊，一心多点的开放空间系统。

具体而言，即在核心住区中央部分项目自建念湖公园，交错两大自然生态河道，瓦东干渠和瓦东支渠。东西方向渡槽河横跨整个核心区，更有铁路生态廊道和产城生态廊道缓解噪声和环境污染，为业主打造安静洁净舒适的生活住区。

项目同时还规划商业街区、综合体等满足生活所需，配备幼儿园、小学、初中、高中各年龄段教育资源，计划引进省立医院等优质医疗资源。整体上看，配套方面完全可满足日常所需。

【销售维度】

根据案场数据，孔雀城时代北宸 2019 年 7 月 28 日首次开盘共推出 173 套房源，吸引近 1000 组客户到场，当天开盘即售罄，销售金额约 1.52 亿元。后续多次开盘，屡开屡罄，成为北城热销“网红盘”，奠定了孔雀城时代北宸的市场地位。

更多楼盘详情请扫码查看

美好紫蓬山壹号

- 2019年 -
中国城市楼盘年鉴
典型项目

合肥　紫蓬山脚　湖山墅区　环境优美

美好紫蓬山壹号位于合肥市肥西县紫蓬山风景区旁，占地面积约 99363 平方米，建筑面积约 104202 平方米，共计规划 110 栋楼 538 户。

专家点评

大城·安徽广播电视台交通广播《楼市风向标》制作人、主持人

美好紫蓬山壹号在紫蓬山脚、大堰湾旁，项目充分结合自然资源优势，打造综合性湖上墅区，规划有合院、联排、双拼、类独栋等全系产品，可满足置业者的不同需求。

项目地址：

合肥市肥西县紫蓬山风景区旁

开发商：

美好置业有限公司

建筑类型：

合院、联排、双拼、类独栋

主力户型：

140~173 平方米三居、165~167 平方米四居、245~315 平方米五居

周边配套：

紫蓬山、华南城商业中心、华盛奥特莱斯

参考价格：

14599 元 / 平方米

楼盘优势：

美好紫蓬山壹号位于合肥政务西南部紫蓬山风景区内，规划合院、联排、双拼、类独栋等全系产品，满足客户的不同需求。

项目解析

【区域维度】

美好紫蓬山壹号位于国家 4A 级紫蓬山旅游风景区旁，自然环境得天独厚，交通出行便捷。沿繁华大道至经开区、政务区仅 30 分钟车程，沿方兴大道 50 分钟可直达高铁南站和新桥机场，规划中的地铁 4 号线延长线未来将延伸至华南城，区域与合肥市区及重要交通枢纽无缝对接。

紫蓬山生态旅游区规划打造国家级风景名胜区和知名的文化展示、生态体验和度假休闲旅游目的地，而美好紫蓬山壹号所在的堰湾片区作为紫蓬山的中心组团和启动区，承担了区域品牌建设的主力，是休闲旅游度假资源与配套服务的集散地。

【品牌维度】

作为紫蓬山区域内的 A 股上市房企，美好置业八次荣获"中国房地产百强企业"，四次荣获"中国中部房地产公司品牌价值 TOP10"荣誉称号，在多项业内评比中屡获殊荣。

2017~2019 年，美好置业获评"2019 中国特色地产运营优秀企业——绿色科技地产""中国城镇化推动力企业""2018 中国上市房企绿色信用 TOP30"等称号。

【口碑维度】

美好紫蓬山壹号择址紫蓬山景区内，以国家 4A 级风景区为依托，得天独厚的自然环境为其赢得不少业内人士和购房者的赞赏。

项目在未正式入市之前，便凭借其产品规划、建筑、景观和室内设计各个方面的高水准，得到了业界的高度认可，荣获第十三届中国金盘奖"2018 年度最佳预售楼盘奖"。

美好紫蓬山壹号坚持以"产品质量零缺陷、服务满意百分百"为目标，提供置业服务、基础物业服务、生活配套服务、社区文化服务等"四位一体"社区服务体系；力求实现企业"让社会更美好，让生活更美好，让生命更精彩"的社会使命，配置住户满意中心，提高业主幸福指数。

【产品维度】

美好紫蓬山壹号充分融合外部自然环境，采用现代建筑风格，从山居生活和古典中式园林中提炼设计灵感，通过山水、果岭、竹林印象等元素的结合，打造项目独特的现代山水风格。

产品类型丰富，涵盖合院、联排、双拼、类独栋多元墅质产品，满足不同客户的购房需求。其中合院面积 134~169 平方米，采用黑瓦、坡屋顶的设计，组团式的布局，灵感来自皖南古村落中国合式，独门独户独院，既能保证入户的独立性和住户的私密性，又能保持邻里之间的感情交流，相邻却又独立。

以合院建面约 158 平方米户型为例，设计为地上 3 层，三代同堂，互不打扰；打造独门独户独院，公摊低，南侧大露台，观景效果佳。

【销售维度】

据项目案场数据统计，美好紫蓬山壹号于 2019 年 2 月 23 日首次开盘，推出 112 套合院，吸引近 500 余客户到场选房，短短 1 小时即售完，销售额 2.5 亿元。

截至 2019 年 10 月底，项目本年度共销售别墅近 350 套，销售金额达 8 亿元，奠定了美好紫蓬山壹号在合肥别墅市场的重要地位。

更多楼盘详情请扫码查看

天鹅湖MOMΛ

合肥　政务核心　天鹅湖东　科技住宅

天鹅湖 MOMΛ 位于合肥市政务区核心地段，地处天鹅湖东岸，周边交通环境便捷。项目共规划 6 栋 11 层住宅、18 栋 17~27 层高层住宅、2 栋 13~21 层高层办公以及部分商业。

项目地址：
合肥市政务区祁门路与石台路交叉口东北角

开发商：
安徽当代万国府置业有限公司

建筑类型：
高层、洋房、商业

主力户型：
125 平方米三居、198 平方米四居

周边配套：
地铁 4 号线石台路站、天鹅湖、银泰城、百利中心

参考价格：
高层 25800 元 / 平方米

楼盘优势：
天鹅湖 MOMΛ 位于政务中心、天鹅湖东，同时坐拥政治、文化、商业、商务、生活五大中心。项目紧邻潜山路、南二环等多条城市主干道，交通便利。

专家点评　李慧秋 · 原合肥市房产局总工程师

天鹅湖MOMΛ位于政务区天鹅湖东，与自然为邻，景观资源丰富。项目主打科技住宅，多重社区配套，享城市发展红利，筑就都市精英的理想生活。

项目解析

【区域维度】

天鹅湖 MOMΛ 地处长三角城市群副中心城市合肥，择址政务文化新区核心地段。这里有安徽“城市封面”天鹅湖，也是合肥现代化 CBD 区域、面向世界的形象窗口。这里汇聚着合肥成熟的政务、商务、商业、生活、文化五大中心精华资源：合肥行政中心、世界五百强基地、高端商业集群、百亿级消费商圈，同时还占有省广电中心、合肥大剧院、奥体中心、省文博园等省级稀缺文体配套资源，是合肥高端住宅聚集地。

【品牌维度】

依托中国绿色科技地产先行者当代置业品牌实力，承袭其打造的绿色科技领域标志性品牌“MOMΛ”高端基因，天鹅湖 MOMΛ 无疑是当代置业绿色科技产品进行多样化深耕的又一重要尝试，一经问世便引起市场高度关注，昆仑恒氧、恒温、恒湿、恒静“四恒”科技大平层受到政务人士的一致喜爱。

在专注升级层峰人士居住环境的同时，天鹅湖 MOMΛ 也专注打造国际青年向往的社交主场。天鹅湖 MOMΛ 约 4.8 米挑高空间，以国际视野打造的七大公区配套，摩码金街引进的情景式商业，加之公园环绕优质生态，共同造就政务区体验式消费时代。

【口碑维度】

在政务区高达 35000 元 / 平方米的房价热度之上，天鹅湖 MOMΛ 承袭当代置业的匠心精工，在区位、科技、品质等方面，打造得以匹配价格的优势产品，受到客户一致喜爱。

2019 年，合肥信贷政策收紧，房地产市场形势较为严峻，天鹅湖 MOMΛ 仍然在质量、安全、进度上齐头并进，以其高知名度、美誉度及消费者的品牌忠诚度形成优势，抢占市场份额，并获取高额产品溢价。

【产品维度】

天鹅湖 MOMΛ 作为天鹅湖 2019 年收官之作，打造四恒科技大宅、地铁口社区铺、约 4.8 米挑高青年社区。在产品形态上，天鹅湖 MOMΛ · 昆仑升级为高端物业范式——都会大平层，打造 MOMΛ 生活家园 4 +1 社区，是对当代置业倡导的绿色生活方式的全面表达，也是将全生命周期包含其中的理想生活家园。自主研发的恒氧、恒温、当代置业恒湿、恒静四恒科技系统，带来绿色与科技的包容与融合。

天鹅湖 MOMΛ 于外邻近银泰城等四大商业地标、奥体中心等五大人文聚集地、洲际酒店等五大五星级酒店、蔚蓝商务港等 10 座写字楼，内部配置健身房、屋顶花园等七大公区配套。天鹅湖社区铺摩码金街坐落于地铁 4 号线石台路站入口（在建），是真正的地铁上盖物业，人流量密集，周边学区群、社区群、商业群等广泛分布，约 20 万常住人群保证了项目未来的潜力。

【销售维度】

天鹅湖项目住宅数量累计 1691 套，住宅货值总量 54.4 亿元。案场数据显示，自 2017 年 6 月项目首开以来，月月开盘且单次开盘均达到百套以上，每次开盘去化率均不低于 95%。截至 2019 年 11 月 27 日，天鹅湖 MOMΛ 项目累计去化 1631 套，实现货值 51.7 亿元，去化率 96.7%，住宅仅剩少量在售。

更多楼盘详情请扫码查看

北京市

2019 年北京房地产市场总结

行业发展历程

一、城市概述

北京市是中华人民共和国首都，也是中国四个直辖市之一。截至 2018 年末，北京常住人口 2154.2 万人，实现地区生产总值（GDP）30320 亿元。北京是国家中心城市、超大城市，全国政治中心、文化中心、国际交往中心、科技创新中心，是世界著名古都和现代化国际城市。

二、行业现状

根据贝壳 2019 年 11 月发布的《2019 新一线城市居住报告》，北京二手房的去化周期稳居全国第一，约 60~80 天，供应量也最大。但另一方面，北京的换手率也是全国最高的，交易热度大。

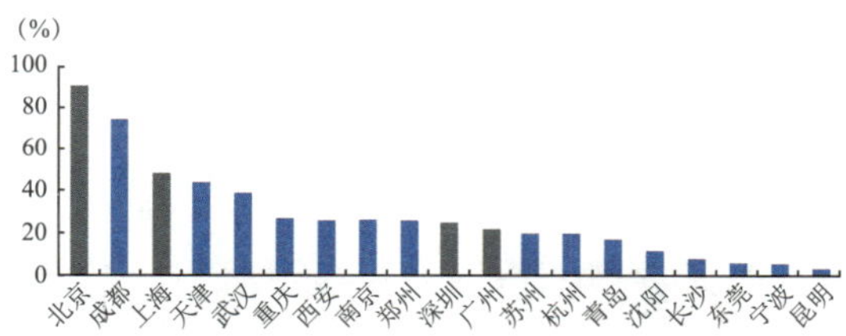

图 2-7　2019 年新一线城市交易指数对比

北京楼市成交，新房与二手房一直呈现“此消彼长”的状态。限竞某些笋盘，会超越地缘概念，全城买限竞；而在推盘节奏放缓的几个月，二手房成交明显上升。新房成交价又受共有产权房和限竞房影响明显。共产、公租、限竞三管齐下，“房住不炒”深入人心。

三、政策环境

在“房住不炒”的核心理念之下，2019 年北京楼市平稳推进，并未发布重磅政策调控楼市。

四、土地市场

土地市场上半年和下半年的表现有明显不同。上半年房企拿地预算充足，各家房企摩拳擦掌，积极扩充优质土地储备。到了下半年，房企因资金压力大而放弃拿地　即使性价比高的土地也难逃底价成交。

五、房企布局

首开一如既往积极参与联合拿地，成为 2019 年北京拿地数量最多的企业，但多为联合拿地，独自摘得地块仅 1 宗。中海虽然只拿下 4 宗土地，但其中 3 宗为独立摘得，“囤粮”势头猛劲。许多业内人士认为 2019 年北京土地出让的竞争激烈程度并不高，这也被部分企业看成进京的好时机，雅居乐、山西通建、港中旅等企业纷纷进入北京市场。

城市年度市场解读

一、本地新政

2019 年 11 月底，北京 14 区的分区规划和亦庄新城规划正式批复实施。从宏观上看，结合总体规划“四个中心”战略定位，分区规划紧紧围绕优化提升首都功能、疏解非首都功能，解决跨区域和区域内不同地区之间发展不平衡、不充分的问题。

对楼市，尤其是买房端的决策看，该新政影响深远。

二、年度土地供应

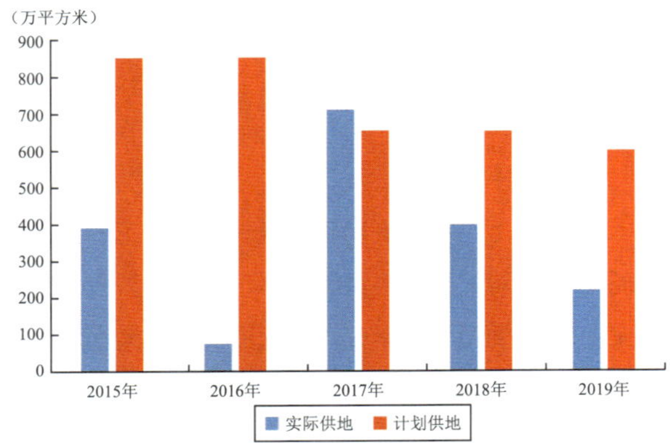

图 2-8　2015~2019 年北京市住宅用地供应计划与实际供应量

从 2015~2019 年土地计划供应和实际供应走势图可以看出，北京商品住宅用地供应计划持续回落，实际供应量亦然。

2019 年至今，北京商品住宅用地已供应 213.09 万平方米，与年度供地下限差距较大，这一点与 2015 年和 2016 年相似，但是 2017 年“3.17 新政”之前的疯狂却再也没有到来。2017 年共产房入市，2018 年上半年限竞房入市，造成 2018~2019 年新房井喷，直接导致二手房价格大幅下跌，置换链条中首套客户部分分流到限竞房市场。

但是，2019 年共推出限竞房土地 14 宗，数量上少于不限价的 17 宗地块，此差距进一步扩大后，会促使观望者入市，加速存量去化；限竞房对二手房价的制约进一步减小，整体成交价将会上行。

三、年度土地成交

根据克而瑞数据，2019 年北京成功出让土地 80 宗，成交建筑面积 874 万平方米，相比过去 5 年，成交量排第三位，仅次于 2015 年的 110 宗、1500 万平方米和 2017 年的 106 宗、1414 万平方米。

表 2-1　2015~2019 年北京市住宅土地成交情况

年份	成交宗数（宗）	成交建筑面积（平方米）	成交占地面积（平方米）	成交总价（元）
2015	110	15003365	8884050	198353038321
2016	41	5885493	4321689	85251263087
2017	106	14140901	8418305	284175975773
2018	73	8730220	5026597	168291677478
2019	80	8741094	4602373	167033987987
合计	410	52501073	31253014	903105942646

四、年度住宅成交

从成交金额看，新房成交有明显增长。据克而瑞数据，2019 年新房成交金额 3686 亿元，排名近 5 年的第二高位；2016 年的 4044.1 亿元是 5 年来最高，2015 年以 3342.7 亿元排第三位，2017 年和 2018 年的新房成交金额明显处于低位，仅 2500 亿元左右。

再看成交套数，2019 年新房成交约 67855 套，在最近 5 年里排第三位，明显低于 2015 年的 9 万余套和 2016 年的 8 万余套，但明显高于 2017 年和 2018 年的 4 万余套。因此，仅从新房成交上看，2019 年较之过去两年，成交增长非常明显。

表 2-2　2015~2019 年北京市年度住宅成交情况

年份	成交金额（亿元）	成交套数（套）	成交均价（元 / 平方米）
2015	3342.7	114406	27688
2016	4044.1	146714	32774
2017	2469.1	51219	39750
2018	2524.7	43941	42216
2019	3686.6	67855	44273

数据来源：克而瑞数据库。

五、区域成交表现

从各区域成交数据看，丰台位列成交总价第一，大兴以超过 9100 套排名成交套数第一名，丰台以 7500

余套排名第二位，朝阳5600余套排第三位。从均价看，西城以9.8万元/平方米遥遥领先。

六、成交项目排行

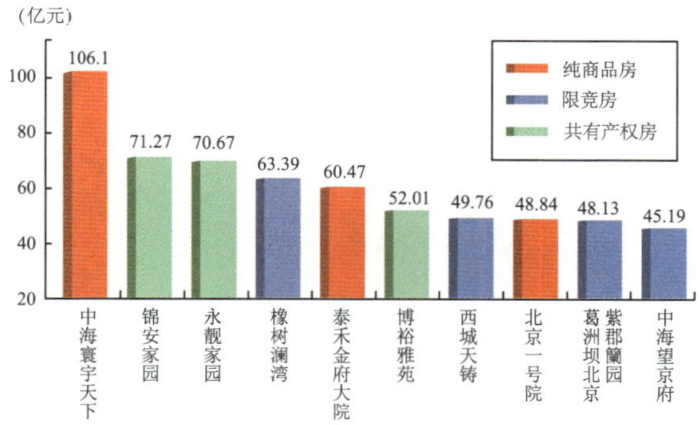

图2-9　2019年1~12月北京商品房住宅成交排名

数据来自：地产营销人。

如上图所示，2019年，北京住宅成交前十名中，共有产权房过半，且前三名依然延续年中数据，被共有产权房制霸。此三盘全部为城区共有产权房，均价普遍为市场均价的50%~70%，极大保障自住需求。

从榜单细分看，商品房成交第一名为中海寰宇天下，而从整体上看，2019年楼市成交TOP10榜单，为低端有保障、中端有供应、高端有市场的目标，交上了一份合格答卷。

七、成交房企排行

2019年，TOP20房企累计权益销售金额2167.3亿元，同比大幅增长41%，TOP20房企销售业绩增速明显。百亿房企扩容至11家，百亿销售额成规模发展分水岭。中海稳居第一，泰禾、远洋业绩表现突出。

表2-3　2019年1~12月北京市房企权益金额榜

排名	房企名称	成交金额（亿元）
1	中国海外发展有限公司	280.9
2	北京首都开发股份有限公司	192.4
3	泰禾集团股份有限公司	167.8
4	远洋集团控股有限公司	137.9
5	华润置地有限公司	128.8
6	万科企业股份有限公司	126.9
7	中国金茂控股集团有限公司	112.8
8	北京城建投资发展股份有限公司	111.9
9	融创中国控股有限公司	106.8
10	北京天恒置业集团有限公司	100.7
11	首创置业股份有限公司	100.4
12	保利发展控股集团股份有限公司	91.2
13	大悦城控股集团股份有限公司	77.4
14	北京金隅集团股份有限公司	69.4
15	九龙仓集团有限公司	65.4
16	金地（集团）股份有限公司	65.2
17	中国铁建股份有限公司	60.8
18	金融街控股股份有限公司	58.7
19	北京住总集团有限公司	57.8
20	北京建工集团有限责任公司	54.0

数据来源：克而瑞、易居企业集团。

八、年度房价走势分析

2019年北京新房成交均价与成交金额，除年中之外基本正相关，整体均价约44000元/平方米，至年底有所增长。5~6月突然出现的负相关，主要是受热门共有产权房集中推盘的影响。

2019年底，市场表现为量升价降；买卖双方经过一年的观望，成交意愿强烈，二手房表现得尤为明显。

九、未来展望

2020年，在无重大政策前提下，需进一步观察限竞房与不限价地块的出让情况。如在现有差距（14:17）基础上继续扩大，不限价地块进一步增多，成交均价会稳中有升。

十、市场预期

对于2020年北京楼市走势，乐居认为要看3月底是否有新政，如没有新政出台，则全年基本上是稳中有升。另有开发商相关人士认为，2020年，北京房价将基本稳定，分区域有变化；对于存量过高的“红海”地区，如亦庄、台湖、顺义、门头沟、房山，不排除开发商继续以价换量的可能。被调查的其他无关房地产业的市民则表示，如果自住，会选择春节前购房。

数据来源：克而瑞、地产营销人、北京市规划和自然资源委员会、贝壳网。

2019 年北京房地产在售楼盘概览

楼盘名称	城市名称	城区	地址	物业类型
北京城建世华龙樾	北京	海淀	海淀区京藏高速小营桥东 700 米	普通住宅
山屿·西山著	北京	海淀	海淀区温泉镇太舟坞	限竞房
葛洲坝北京紫郡兰园	北京	海淀	海淀区北清路屯佃地铁站向南约 2 千米	限竞房
恒大华府	北京	朝阳	朝阳区东坝中街与单店北街交汇处西北侧	普通住宅
和锦薇棠	北京	朝阳	朝阳区北路黄渠地铁站 A 口西侧	别墅
华樾北京	北京	朝阳	朝阳区地铁 14 号线善各庄站 C 口旁	限竞房
葛洲坝北京中国府	北京	丰台	丰台区花乡樊家村	普通住宅
懋源·璟岳	北京	丰台	西三环内万柳桥内环辅路向西 500 米	别墅
保利·和光逸境	北京	丰台	丰台区西四环中路 83 号	普通住宅
国风长安·云棠	北京	丰台	莲石东路与鲁谷东街交叉口南 400 米	限竞房
中国中铁·诺德春风和院	北京	丰台	丰台区 9 号线郭公庄站东约 1 千米	限竞房
万科云庐	北京	丰台	丰台区青龙湖公园东门约 200 米	限竞房
京投发展·臻御府	北京	丰台	丰台区 9 号线郭公庄站地铁上盖	限竞房
中海寰宇天下	北京	石景山	石景山区阜石路与北辛安路交叉口南	普通住宅
绿城西府海棠	北京	石景山	石景山区隆恩寺路与秀府路交叉口西南角	限竞房
中海首钢·长安云锦	北京	石景山	莲石西路与古城南街交会处东北角	限竞房
禧悦学府	北京	石景山	石景山区西黄村地铁站北 300 米	限竞房
熙湖悦著	北京	房山	大苑村收费站出口（良坨路桥）左行 200 米	普通住宅、限竞房
金地大湖风华	北京	房山	大苑村收费站出口（良坨路桥）左行 250 米	普通住宅、限竞房
中国铁建·山语澜廷	北京	房山	房山区良乡镇青龙湖阎吕路中段	普通住宅、别墅、限竞房
丽景长安	北京	门头沟	门头沟区永定镇石龙西路与三石路交叉口西南角向西 200 米	普通住宅
西山燕庐	北京	门头沟	门头沟区永定镇长安街西延线南约 500 米	普通住宅
融御	北京	通州	副中心行政办公区西北约 700 米	普通住宅
城市之光·东望	北京	通州	通州区台湖 17 号线亦庄站前区南站旁	限竞房
台湖金茂悦	北京	通州	通州区台湖 17 号线亦庄站前区南站旁	限竞房
祥云赋	北京	顺义	顺义区京密高速 6 出口（中央别墅区）罗马环岛北 800 米	限竞房
公园十七区	北京	顺义	顺义区中央别墅区后沙峪火寺路与裕庆路交叉口北 200 米（金地[illegible]家广场西）	限竞房
观承望溪	北京	顺义	顺义区京承高速 8 号出口路东	普通住宅
金隅上城郡	北京	昌平	昌平区北[illegible]花园东路	普通住宅
中海丽春湖墅	北京	昌平	昌平区地铁昌平线沙河地铁站南 500 米	普通住宅、限竞房
万橡悦府	北京	昌平	昌平区京藏高速与北清路交口东 2 公里	普通住宅、限竞房
阳光城·溪山悦	北京	密云	密云区密关路 33 号	普通住宅、别墅
北京岭秀	北京	平谷	平谷区夏各庄新城	别墅、限竞房
北京城建·樾府	北京	平谷	平谷区府前街公安局平谷分局对面	普通住宅
中国铁建·花语府	北京	大兴	大兴区南海子公园西侧（南五环旧忠桥南 1500 米）	普通住宅
首开保利熙悦林语	北京	大兴	大兴区南五环旧宫新桥东南侧约 200 米	限竞房
和悦华锦	北京	大兴	大兴区亦庄[illegible]兴八路与兴海一街交叉口向西	限竞房
中海云筑	北京	大兴	大兴区庞各庄桥西 1500 米	限竞房
中海云熙	北京	大兴	大兴区南中轴与龙江路交会处东 300 米	限竞房
大兴金茂悦	北京	大兴	大兴区南中轴与龙江路交会处东 300 米	限竞房
中国铁建·国际公馆	北京	大兴	大兴区亦庄[illegible]合[illegible]与兴海一街交会处东北角	限竞房
北京城建·宽院·国誉府	北京	大兴	大兴区采育镇首[illegible]街与育镇街交叉口西北侧	限竞房
住总如院	北京	大兴	大兴区采育镇采[illegible]路南端	限竞房
中海寰宇时代	北京	大兴	大兴区地铁 8 号线瀛海站北 200 米（中海中轴作品售楼处）	限竞房
中国铁建·悦谷 151	北京	大兴	大兴区五环外地铁 8 号线德茂站旁	商铺

北京城建·世华龙樾

2019年 中国城市楼盘年鉴 典型项目

北京　品牌地产　城市豪宅　配套醇熟

北京城建·世华龙樾是北京城建地产高端城市豪宅“龙樾系”扛鼎之作，择址海淀北五环人文沃壤，纵览北京中轴，是集交通、教育、商业等多重资源配套于一体的住宅大盘。

专家点评

韩乐·资深媒体人、地产营销人出品人

北京城建·世华龙樾于2018年首期入市，靠得天独厚的地理位置及过硬的产品力，成为海淀豪宅典型项目。10万平方米纯低密社区，4~6层190~330平方米大平层准现房，皇家御制园林实景呈现，商业、教育、交通、医疗配套醇熟，为改善置业之选。

项目地址：

北京市海淀区京藏高速小营桥东700米

开发商：

北京城建兴华地产有限公司

建筑类型：

多层、大平层

主力户型：

190~330平方米四居

周边配套：

悦茂购物中心、地铁8号线、京藏高速

参考价格：

一期82000元/平方米、二期82600元/平方米

楼盘优势：

项目位于海淀区北五环清河板块，4~6层低密准现房。独踞上地、中关村、东升科技园三大科技产业核心，东小口森林公园、奥林匹克森林公园环伺。

项目解析

【区域维度】

北京五环城市区位，是纯商品住宅规划的10万平方米大体量项目，纯粹低密平层豪宅规划。项目地处海淀区北五环，独踞上地、中关村、东升科技园三大科技产业核心，纵览北京中轴，不仅拥有8号线地铁上盖的交通配套，而且步行即达北师大实验幼儿园龙樾分园、北京十一学校龙樾实验中学两所优质学校，临靠悦茂购物中心，盒马鲜生、云海肴、纽约国际儿童俱乐部、趣动旅程儿童运动馆等高端资源。北京城建·世华龙樾已成为海淀区集交通、教育、商业等多重资源配套于一体的住宅大盘。

【品牌维度】

北京城建集团成立于1983年，隶属北京市国资委，是以城建工程、城建地产、城建设计、城建园林、城建置业、城建资本为六大产业的大型城市建设综合服务商，“中国企业500强”之一，曾承建国家大剧院、国家博物馆、国家体育场（鸟巢）、北京大兴国际机场航站楼等国家工程。旗下的北京城建投资发展股份有限公司，是以房地产为主的大型专业品牌地产商，拥有开发一级资质，连续11年入选“中国房地产上市公司10强”“中国房地产开发企业500强”“中国房地产开发企业责任地产10强”等荣誉。

北京城建从产品体验营造宗旨、服务体验塑造原则及社区体验配套趋势三大层面诠释了新时代中国生活方式，以“为梦筑城，为爱筑家”为品牌使命，推行“共创美好生活”的品牌主张和“品质·人生”品牌理念，实现品牌战略全方位升级。在产品持续创新、品牌内涵不断深化的进程中，逐步形成了以“龙樾”为代表的高端产品系列、以“府”为代表的中高端产品系列、以“悦居”为代表的保障房产品系列及以“云蒙山”为代表的特色文旅地产系列和商用地产系列，形成了鲜明的企业品牌特性，品牌内涵不断丰富。

【口碑维度】

北京城建·世华龙樾是北京城建地产高端城市豪宅“龙樾系”扛鼎之作，项目总占地25万平方米，地上建筑面积约52万平方米。最后一期C7区为10万平方米的纯住宅地块，于2018年10月1日首期入市。根据行业知名微信公众号“地产营销人”数据，项目连续两年蝉联“海淀豪宅销售金额榜”榜首。

【产品维度】

10万平方米纯低密现房，4~6层新中式建筑风格，再现皇家御制园林。师法中国古典园林经典，取景圆明园之精粹，形成“一环两带三富苑，四庭八坊八景”多重景观，致力中国传统文化传承；保护园内百年古槐，特设下沉庭院，名曰文昌书院，守护业主一片精神家园。

北京城建地产历经多年产品调研，研磨宜居户型，190平方米、240平方米的经典户型和330平方米的王牌户型直击高精尖人士所需。在330平方米户型中，“双南套房+北套房+书房”四室分处对角线的设计，居住私密性较高。该户型南向总面宽约16米，尺度优越，室内采光充足，270度观景阳台，为空间增添更多惬意之感。特设共读区，承载一家人的欢笑生活。

【销售维度】

根据地产营销人数据，2018年10月1日北京城建·世华龙樾首期入市，便一举成为当月海淀区商品住宅成交金额排行榜榜首。2019年8月二期开盘，以销售金额占据海淀2019年1~11月豪宅榜榜首，并于2019年11月中旬应市加推。

更多楼盘详情请扫码查看

保利·和光逸境

北京　世界主义　白色建筑　艺术奢居

保利·和光逸境位于丰台区西四环中路与大成路交叉口西北角，共286套商品住宅，主力户型99~187平方米三至四居，打造“西四环世界主义白色建筑”，是继和光尘樾之后，保利最高端产品系“和光系”又一力作。

项目地址：
北京市西四环中路83号

开发商：
京合保成（北京）房地产开发有限公司

建筑类型：
住宅

主力户型：
99平方米、143平方米、185平方米三至四居

周边配套：
十一学校、十二中、301医院、武警总医院、玉渊潭

参考价格：
均价89890元/平方米

楼盘优势：
尽享西四环区位优势，保利“和光”系品牌占位，打造当代艺术奢居。

专家点评

陈志·北京房地产业协会副会长

优质区位资源及圈层属性，「稀缺」成为价值标签。保利·和光逸境坐拥西四环优质资源，是区域内目前屈指可数的纯商品房项目，没有限竞房「7090」政策限制，保证了圈层的高端性及纯粹性，其产品的稀缺性由此可见一斑。

项目解析

【区域维度】

保利·和光逸境坐落于西四环大成路，坐享完善的城市核心高端配套，西四环罕有地段决定产品稀缺价值。北京市规划和自然资源委员会明确规定，四环路以内限制住宅商品房，这意味着四环内在售住宅项目都将成为“绝版”，未来四环将全面进入二手房时代。

项目南侧1.5公里即是北京十一学校中堂实验学校（建设中），周边聚集了北京市蓝天幼儿园、五一幼儿园、七一小学等多所重点学校以及301医院、302医院、空军总医院、武警总医院多重优质医疗资源保障。项目位于金融街商圈、丽泽商圈、五棵松商圈、石景山商圈、总部基地商圈五大商圈辐射区域，紧邻翠微百货、物美大卖场、中商全联。

尤其值得注意的是，保利·和光逸境不仅位于四环线这个高端居住圈之上，同时，也位于长安街沿线与南机场延伸线的十字轴线上，城市的高端价值与核心潜力毋庸置疑。

【品牌维度】

保利·和光逸境作为“和光”系“续光”之作，秉承北京保利“和者筑善”的建筑理念，在产品方面的高能规划，让每一类产品都备受市场关注，以综合指数的高评分享誉豪宅市场。保利·和光逸境秉承“和光系”在产品打造上的专有属性，沿袭“和光系”体恤人情冷暖、关怀城市温度、拉近人与自然距离的设计理念。

项目“使用主义”的设计理念，从源头就已经消灭了面积浪费的各种可能性；99平方米、143平方米、185平方米三种户型，满足了两口、三口直至多口之家不同人群的居住需求。

【口碑维度】

作为西四环目前在售的纯商品房项目，保利·和光逸境在建筑品质方面优势颇为明显，现浇的建筑方式让项目在质量保障上保持“高光”，建筑立面更为城市高层住宅中少见的石材立面。

项目建筑品质上的优质，不仅赢得了客户的信任，同时也获得了业内人士的广泛认可，在第十四届金盘奖中，保利·和光逸境荣获全国总评选“最佳住宅”奖。

【产品维度】

在产品规划上，保利·和光逸境采用V字形错落排布，提供大角度的采光面和景观视野；园林布局采用前厅堂后花园的形式，五层叠水景观，多重休闲空间设计，既保证礼仪感，同时增加休闲游憩的舒适体验。

项目旗舰户型135平方米四居，11.1米大面宽，让户型在结构上实现了三开间朝南的布局，并且卧室也采用了大落地窗，让室内采光面积大幅提升；预留“可生长”的多功能弹性空间，可谓是相同面积段里的创新户型。

【销售维度】

案场数据显示，保利·和光逸境2019年8月首次开盘，就创下2小时25亿元的动销速度。随后项目更是持续热销，截至2019年12月31日，全盘286套已去化68%。高度去化的趋势，奠定了项目在房地产市场中的地位。

更多楼盘详情请扫码查看

葛洲坝北京中国府

- 2019年 -
中国城市楼盘年鉴
典型项目

北京　口碑项目　城市地标　内城豪宅

葛洲坝北京中国府位于丰台区花乡樊家村，由北京唯逸房地产开发有限公司开发，地上建筑面积 20.38 万平方米，建设用地面积 10.46 万平方米。

项目地址：
北京市丰台区花乡樊家村

开发商：
北京唯逸房地产开发有限公司

建筑类型：
高层、别墅

主力户型：
185~240 平方米三至四居

周边配套：
乐购超市、天坛医院、丰台一中、地铁 10 号线

参考价格：
122999 元 / 平方米

楼盘优势：
踞守京城丽泽商务区旁，项目周边三座万达广场，汇集众多国际购物中心、世界知名酒店集群。

专家点评

陈志·北京房地产业协会副会长

项目位于丰台丽泽桥西南侧，紧邻丽泽商务区，建面约185~240平方米三至四居，满足高端改善人群的空间所需，加之园林、教育、商业、医疗等优势，未来将享受区域发展之利。

项目解析

【区域维度】

葛洲坝北京中国府择址北京西南三环战略要地，踞守金融街、丽泽金融商务区，一览中国金融产业带，周边三座万达广场，汇集众多购物中心、世界知名酒店集群，是一处集世界与内城生活于一体的繁华之地。

随着大兴国际机场的投入使用与新机场线丽泽商务区站的建成通车，葛洲坝北京中国府向外可快速畅达新机场与世界接驳，向内可快速与 14 号线、16 号线、规划 11 号线换乘，将丽泽与中关村、新首钢高端产业综合服务区、北京商务中心区（CBD）、望京等重点功能区直接连接，并通过北京南站、北京西站重要对外交通枢纽，与雄安新区、天津滨海新区等连接，让时间得以高效利用。

【品牌维度】

中国葛洲坝地产深耕住宅领域多年，始终秉持“高价值地产引领者”发展战略，以“创新驱动发展，科技引领未来”为宗旨，以匠之心追求精品，致力于打造全面、深入、精细的时代健康人居，更以高配产品线“国府系”精准满足城市高端人群对好房子的想象。

项目配备全置换新风系统，全新科技打造，地上设置送风口，空气下送上回，每天可达约 20 次的空气换新，有效减少传统新风系统换气效果不明显的问题，让新鲜氧气迎面而来。毛细辐射空调系统结合地源热泵系统，深入建筑肌理，让室内温度全年保持在约 20~26℃之间，符合人体舒适与健康双重标准。

【口碑维度】

葛洲坝北京中国府延续高质产品线“国府系”的精工品质，深入践行“绿色健康人居”，以目前中国地产企业界绿色科技指标体系之一“5G 科技”，营建高端健康的人居环境，打造“人本至上”的品质府邸。

该项目高层、叠拼和双拼三种产品类型均获得绿色建筑评估认证体系之一“DGNB 金级预认证”，也是业内同时荣获“DGNB 金级预认证”和中国建筑界认证“绿建三星”双认证体系的项目，因而深受市场及客户的认可。

【产品维度】

葛洲坝北京中国府不只在择址和产品面积段上与城市高端人居需求精准契合，在产品的内在打造上更是奢适宜居，建面约 187~243 平方米尺度足以容纳全家幸福时刻，方正通透、动静分区。

葛洲坝北京中国府将“5G 科技”与现代人居相融合，打造可持续发展的绿色科技住宅。其将毛细管辐射式冷暖系统、5G 科技全智能除霾净化、全置换新风等“5G 科技”系统内置在建筑中，让舒适生活简单易得。

【销售维度】

作为葛洲坝地产“5G 科技”当下的高端项目，北京中国府一经入市便引起市场热浪。北京中国府以高品质人居及绿色科技住宅的属性，广受消费者关注，开盘初期便红遍京城，来访者络绎不绝，奠定了市场地位。

更多楼盘详情请扫码查看

和锦薇棠

- 2019年 -
中国城市楼盘年鉴
典型项目

北京 城市别墅 品牌房企 低密社区

和锦薇棠是首开、保利两大开发商联手打造的低密别墅产品，是朝青板块的在售别墅项目，坐拥朝阳北路、6号线地铁上差、机场第二高速构建的立体交通，真正诠释“时间就是金钱”的交通配套。

专家点评 郭毅·和硕首席分析师

和锦薇棠在产品设计的细节上精雕细琢，人性化的空间设计满足了居者全家庭、全生命周期的生活需求，展现了我国高端居住区水准。

项目地址：

北京市朝阳区朝阳北路黄渠地铁站A口西侧

开发商：

北京致泰房地产开发有限公司

建筑类型：

别墅、住宅、商业

主力户型：

182平方米上叠、178平方米中叠、290平方米下叠

周边配套：

朝阳大悦城、龙湖长楹天街、常营公园

参考价格：

上叠1700万元/套、中叠1300万元/套、下叠2200万元/套

楼盘优势：

处于国贸、望京、北京副中心黄金三角区域内；紧邻朝阳大悦城、龙湖长楹天街、BHG等大型商业综合体。

项目解析

【区域维度】

和锦薇棠突破以往城郊建墅的筑家经验，不吝成本择址于国贸CBD、望京商务区、城市副中心三大中心交会处，抢筑北京东部主干道——朝阳北路与黄渠东路交会处珍稀地段。

项目距地铁6号线黄渠站仅百米之遥，毗邻朝阳大悦城、龙湖长楹天街、BHG等大型商业综合体，是与国际时尚品位同步的先锋阵营，且周边拥有成熟的全龄教育配套，连续15年一站式高端教育的国际学校：北京爱迪国际学校。该校由澳大利亚教育发展集团投资创办，全英文讲授，完全与国际接轨的澳大利亚同步课程，文凭和学位广受国际认可。同时，项目叠加常营公园、东坝郊野公园等八大公园的掩映，汇聚了北京知名的十余所高尔夫俱乐部、马会。这里同时还是北京城区内绿化覆盖率较高区域，身处繁华亦不远自然。

【品牌维度】

央企保利携手国企首开联袂开发、责任担纲，匠心共筑和锦薇棠，致敬都会中的美好年华。

首开地产素来享有“一部首开史，半座北京城”之盛誉，不仅是北京知名房地产国企、中国较早成立的房地产企业，也是北京重要历史事件的参与者，一直以高端的产品品质彰显责任国企的价值观与性格表达。保利发展是中国保利集团控股的大型中央企业，在“中国地产500强”中名列前茅，是中国房地产行业千亿级俱乐部成员。

作为“锦系”产品系的开端，和锦薇棠在设计和建造方面均倾注了企业巨大的资源投入，以轻豪宅、绿色的有机复合建筑体系为依托，为北京豪宅市场再拓新品。

【口碑维度】

“地产界首部时尚大片”“地产界首场风尚人物SHOW”“地产界的艺术IP”……和锦薇棠跨界时尚、艺术、文化等领域，将前瞻性、先锋性、预见性的设计精神带入家的营造中，多次创下地产界先例。同时，和锦薇棠先后与30余行业大咖、超10家风尚厂牌跨界合作，收获80多家主流媒体深度报道，其时尚地产的产品格调深入人心，时尚美学的生活态度备受追捧。

【产品维度】

作为保利高端“和锦系”开山之作，和锦薇棠依托保利“全生命周期筑宅”与“美好生活家”的精研成果，匠筑时代先锋的城市叠墅。“出则繁花似锦，入则静谧舒泰”的景观打造，“一宅一梯，独立入户”的专享设置，让每一次归家，都是一场奢享之旅。7.2米南向宽厅设计，引来阳光倾慕、繁华眷恋；专属入户庭院、阔景阳光露台，把自然引入生活，敬呈都会诗意生活。项目是目前区域内少见的低密墅质居住社区，不仅满足居住需求，更是一个提供精神享受的场所。

【销售维度】

和锦薇棠位于朝阳北路黄渠地铁站A口，项目共计126套叠拼产品，上中下叠均为42套，目前正在热销。案场数据显示，项目2019年成交额达9.78亿元，颇受市场欢迎和美誉。

更多楼盘详情请扫码查看

和悦华锦

- 2019年 -
中国城市楼盘年鉴
典型项目

北京　洋房品质　亦庄核心　人文社区

项目位于北京市经济技术开发区，总占地面积约 9.2 万平方米，建筑面积约 16.6 万平方米，项目容积率 1.8，规划 19 栋楼，是区域兼具纯洋房属性和高知人文的社区，并将打造成为知识成长型人文意境社区。

项目地址：

北京市经济技术开发区博兴八路与兴海一街交叉口

开发商：

北京博睿宏业房地产开发有限公司

建筑类型：

普通住宅

主力户型：

89 平方米三居、135 平方米四居

周边配套：

龙湖商业、人大附中、T1 有轨电车、南海子公园

参考价格：

限价 52695 元 / 平方米，成交均价约 5.2 万元 / 平方米

楼盘优势：

项目是周边罕有的低密度纯洋房社区，居住舒适性高；周边配套丰富，优质的教育资源成就知识成长型人文意境社区。

专家点评

郭毅·合硕首席分析师

亦庄颇具自住品质的限价商品房，「公园 + 教育 + 医疗」千万级总价的金茂府标定河西区，高端居住价值属性，一路之隔人大附中；「保利 + 首开 + 金地」联合开发，摒弃高低配的开发逻辑，「限价不差品质」，在同区竞品中因品质而闻名。

项目解析

【区域维度】

项目所在的北京市经济技术开发区，是北京市唯一同时享受国家级经济技术开发区和国家高新技术产业园区双重优惠政策的国家级开发区。自 1992 年至今，历经 25 年发展，已经形成了路东区高新技术产业园区、河东商务区和项目所处的河西居住区三个板块。河西区是政府为了满足高新企业的居住需求、留住高端人口而规划的低密高端居住区；河西板块多学校、多绿地、多河流，是不可多得的发展成熟、配套丰富、环境宜居的区域。

【品牌维度】

项目由央企龙头保利地产、"城市复兴官"首开集团、千亿上市房企金地集团三家联合开发。"和悦系"产品线赋予项目精神内核，以"世界城市里的风花雪月"作为项目宣传语，为新中产提供优质置业方案。同时，项目引入保利物业，凭借"亲情和院"的大院文化坚决保障业主安全；用心善待每一位客户，做好每一次服务，建设亲如一家的社区氛围。

【口碑维度】

和悦华锦容积率为 1.8，舍弃了更高溢价的高低配社区规划，转而选择 6~8 层纯洋房社区规划，社区均好型更强，更符合限竞房刚需客户的需求，在周边竞品中品质突出，不仅获得了客户的信任，同时也收获业内人士的广泛认可。

【产品维度】

项目住宅分为南北两个地块、分两期开发，一期为南区 11~17 号楼共 7 栋，二期为北区 1~10 号楼（除 4 号楼）以及南区的 18 号楼，共 10 栋住宅。

在建筑整体打造上，项目溯源历史，将南海子的古韵与亦庄的现代发展融合，最终选用了豪宅标配的"新东方风格"立面。在建筑的规划排布上，和悦华锦注重建筑空间尺度，秉承中国坊巷制，由十字景观分隔，形成"一街、四巷、八坊"的空间序列；街旁有巷，巷中藏坊，坊间有邻，为邻里提供了交流空间，重拾邻里情谊的和睦之乐。

项目楼栋错落有致，外部建筑规划为 8 层洋房，内部搭配 6 层、7 层洋房，楼间距约 30~40 米，整体围而不合，既保证空气流通的顺畅和充足的采光，又实现空间的灵动和通透。

在园林打造上，和悦华锦项目承继南海子古法造园精髓，融"和悦"和美喜悦理念打造园林，为业主提供居住空间舒适度；集"华锦"华美锦绣美意，精选用料及树木品种，强调人与自然、人与建筑、人与社会的和谐共生。和悦华锦项目也是区域内唯一的人文社区，社区是孩子成长过程中重要的场所。和悦华锦给孩子的人文氛围不只是学校，在社区打造上，首次融入人文手法，打造了区域内唯一的人文成长型社区。在景观打造上是非常有情怀的，要打造成"知识成长型人文意境社区"，项目借鉴四大名园中拙政园的"六景"打造了华锦"六景"，结合金地 360 景观家的设计，重点围绕"人文成长"主题打造成"全龄儿童成长景观"。

【销售维度】

北京市住建委网站数据显示，和悦华锦依托品牌开发号召力及首个全洋房社区规划，创造了"2018 年至今大兴区普宅成交金额第一""2019 年大兴区商品住宅年度成交金额第一""全市限竞房累计成交金额第一"的成绩，成为南城限竞房市场典型。

更多楼盘详情请扫码查看

恒大华府

北京　城市豪宅　恒大物业　配套醇熟

恒大华府位于北京第四使馆区，由北京恒兴盛房地产开发有限公司开发，建筑面积 360609 平方米，占地面积 205443 平方米。

专家点评

韩乐·资深媒体人、地产营销人出品人

以比肩世界高端豪宅水准打造的恒大华府，将当代大都会的自然、土地与建筑相融合，承载了中西文化与艺术美学，更承载了当下圈层人士对于高端物业的期许。

项目地址：

北京市朝阳区东五环东坝七棵树以北、坝河以南

开发商：

北京恒兴盛房地产开发有限公司

建筑类型：

高层

主力户型：

约 270 平方米四居、约 340 平方米五居

周边配套：

三园两河自然景观、白金洲际会所、恒大城市广场

参考价格：

单价约 95000 元 / 平方米

楼盘优势：

地处北京第四使馆区，私属立体山水园囿，九大奢装体系，进口德系家装品牌，大面宽，主卧套房设计，恒大金碧物业提供专属管家服务。

项目解析

【区域维度】

恒大华府位于北京第四使馆区，是首都国际交往的重中之重，睥睨国贸与望京的第三 CBD，是下一站国际高端生活区，尽揽国际化资源与大都会繁华。

北京第四使馆区规划容纳 20 余座大使馆，未来将承接国贸 CBD 东扩升级。使馆区以坝河为界，分为南北两大功能区，北区将打造国际商贸区，南区地处东北五环，规划打造国际高端生活区，恒大华府即位于高端生活区的重要地段。

【品牌维度】

恒大集团以民生地产为基础，文化旅游、健康养生为两翼，新能源汽车为龙头，总资产达 1.88 万亿元，年销售规模超 6000 亿元，2019 年位列“世界 500 强”榜单第 138 名。目前地产版图覆盖全国 280 多座城市，项目总数达 810 多个，与全球 860 多家知名企业战略合作。恒大华府隶属集团旗下“华府”系高端产品，是整合众多资源所开发的城市豪宅。

【口碑维度】

恒大华府引驻通过金钥匙物业联盟认证的恒大金碧物业，为业主提供个性化的“满意加惊喜”生活服务。严格选拔的专业服务团队，严苛定制的尊贵服务标准，零距离的贴身守候，九大细节无微不至，以贴心、安心、暖心、放心，呵护业主生活私密，守护业主日常安全，专属提供酒店式的高端管家服务。

【产品维度】

恒大华府以中式颐和园和法式枫丹白露宫为蓝本，打造约 2.8 万平方米立体山水园囿，汲取东西精髓造“一轴、三园、十景”；依托 3.3 米台地营造叠瀑，凭借 7 米地势冶园山水，三季有花，四季常绿。

建筑风格取萃法兰西古典，甄选原生石料打造法式皇家形制经典风尚；产品以 9A 奢装定义当代家族生活场域，特邀国际著名室内设计师担纲精工方案；原装进口德国 Biffar 入户门，定制手绘丝绢壁布，荟萃德系家居品牌、彰显家族风范，并配有八重安防体系，呵护居者生活。主力户型以大面宽演绎宽境人生，南向最大面宽约 26.4 米，270° 观景八角窗亦可做第二会客厅；主卧套房体系私享私密与雍容，并且户户配备私家温湿精控红酒储藏间，附带私人酒窖与品酒吧。

同时，项目自建约 2000 平方米白金洲际会所，囊括休闲、会客、健身、养生等多元功能，并设室内恒温泳池、红酒雪茄吧、养生护理 SPA、儿童乐园等三题场地；距约 8.3 万平方米恒大城市广场近在咫尺，特别引驻恒大集团特有商业资源及各大旗舰品牌，楼上楼下一站式满足全元生活需求。

【销售维度】

恒大华府自 2019 年 3 月取得现房销售证之后，受到了高端置业人群的一致追捧与赞誉，到访人次及成交金额均屡创新高。业内外的持续关注与传播，奠定了项目的市场地位，其所定义与呈现的生活方式，更被称为北京高端栖居的典型。

更多楼盘详情请扫码查看

首开保利熙悦林语

- 2019年 -
中国城市楼盘年鉴
典型项目

北京　五环首排　低密生态　品质大宅

熙悦林语据守南中轴生态居住核心区，定鼎五环首排，南海子公园在侧，拥享九园一水大美生态；畅达交通、全系繁华配套、品质园林，高标准建设220~280平方米全精装叠墅，阔步五居时代。

专家点评

张剑·新华社客户端房产行业执行总经理

2018~2019年度北京纯改善商品住宅热销经典，热销源于品质，由首开地产和保利发展控股联合打造的近60万平方米高端纯改善绿色社区，五环首排、毗邻南海子公园，交通便利，全系优质配套，改善尚选。

项目地址：

北京市大兴区旧宫镇南五环与德贤路交叉口东南侧200米

开发商：

北京和信兴泰房地产开发有限公司

建筑类型：

高层、洋房、别墅

主力户型：

220~280平方米叠墅，220~230平方米中叠，280~290平方米下叠

周边配套：

南海子公园、地铁8号线、爱琴海

参考价格：

5.2万元/平方米

楼盘优势：

五环首排，南海子公园在侧，“绿建三星”建筑标准，百万全精装。

项目解析

【区域维度】

熙悦林语择址北京“城南计划”战略腹地，踞守总部基地、CBD、金融街商圈等所构筑的北京大总部经济区核心居住区域，地处南海子中央公园别墅区内，坐拥城市多重利好，坐享南城8900亿元发展红利。距离南五环直线距离约150米、800米直达五环旧忠桥，向南30公里连接大兴国际机场。享地铁8号线南延线双地铁站，距五福堂站1公里，距德茂站1.2公里，规划中S6号线贯穿南北，连接首都两座空港区，与世界无缝相连；十一条公交线路纵横，随心畅行全北京。

项目位于南中轴生态居住核心区，周边九园一水环抱，宣颐公园、旺兴湖公园、碧海公园、国际企业文化园、森林公园、鸿博公园，仅一渠之隔即为皇家苑囿南海子公园，总面积11.65平方公里，相当于四个颐和园，属北京天然氧吧、真正的公园地产，生态宜居优选。

【品牌维度】

首开、保利，国企、央企强强联手，无论是企业文化底蕴，还是开发实力与经验，在行业内均颇为突出。首开立足北京，素有“一部首开史，半座北京城”的美誉，将优质居住产品带给新北京人；保利布局全国，多业态发展，把美好生活传递至华夏大地。

【口碑维度】

熙悦林语作为近60万平方米大规模、高品质公园墅质社区，在建筑品质、高标准建设、绿色生态、园林、精装等多方面频获赞许，曾获得年度精装别墅示范楼盘、最佳创新营销楼盘、年度品质典范、市场突破力大奖、年度产品竞争力大宅、品牌价值楼盘等奖项，致力打造世界共享小镇，为客户提供向往的生活方式。

【产品维度】

熙悦林语在售主力产品为220~280平方米叠墅，总价在1100万~1500万元之间。熙悦林语是北京市建委认定的《高标准商品房建设项目》，建筑承袭中式意韵，遵循传统建筑的空间格局特点，运用现代制作工艺，融合简明疏阔的当代东方美学，精细考究严谨对称，建筑空间、形式、色彩、细节上富有传统韵味；立面细部的处理结合平面元素进行设计，丰富清新，展示建筑现代简约的气质。

定位产业化住宅，100%全装配式建筑、100%全精装别墅，采用绿建三星建筑标准，让室外、室内布局更合理；尽量减少使用合成材料，充分利用阳光、节省能源，创造一种接近自然的感觉，为居住者提供健康、适用和高效的使用空间，新风除霾、智慧家居等系统遍布产品内部。7~10人的专属电梯、三进式玄关设计、威卢克斯升降天窗等，产品细节处处见惊喜。

【销售维度】

案场数据显示，熙悦林语于2018年6月首期开盘，仅半年便热销30亿元。2019年，在市场大环境较为严峻的情况下，天朗数据库统计显示，熙悦林语仍为大兴区别墅网签排名第一的销冠项目，领跑大兴区别墅市场。

更多楼盘详情请扫码查看

山屿·西山著

- 2019年 -
中国城市楼盘年鉴
典型项目

北京　海淀西山　科创贵址　低密叠墅

山屿·西山著落址海淀西山，南邻三山五园，北靠翠湖湿地公园；位于中关村科学城北部新区，汇集华为、腾讯等知名企业；精筑“五园七巷十二景”新中式园林，依东方礼序打造建面约 225 平方米宽景光墅。

项目地址：

北京市海淀区北清路地铁 16 号线屯田站向南约 2 公里

开发商：

北京锐达置业有限公司

建筑类型：

住宅、别墅

主力户型：

约 225 平方米四居

周边配套：

中法实验学校、翠湖湿地公园、中关村壹号

参考价格：

均价约 53000 元 / 平方米

楼盘优势：

择址海淀西山时代科创新址，与三山五园、多个国家公园为邻，坐揽西山自然景观和优质自然资源，建面约 225 平方米新中式低密院墅。

专家点评

王秀玲·克而瑞北京总经理

山屿·西山著在稀贵的海淀热土之上，以1.68的容积率、独具东方特色的产品设计，和以人为本的户型设计独守初心。匠心精筑建面约225平方米新中式宽景光墅，打造尊崇、幽静、祥和的山水墅境，为海淀精英打造优雅的东方仕家生活。

项目解析

【区域维度】

山屿·西山著选址海淀北部、中关村北移科创产业承载地，区域内中关村软件园、翠湖科技园、永丰产业园集聚为“高精尖”产业组团，吸引近两千家国内外知名企业入驻，区域发展前景可期。

“三横三纵两高一轨”交通路网贯通城脉，地铁 16 号线咫尺相隔。周边三山五园，包括占地面积约 700 公顷的翠湖城市湿地公园、600 多亩水面的稻香湖等众多公园环绕，具备别墅人居天然条件。区域还同时承载了学术盛誉，汇聚了以北大、清华为代表，囊括 60 余所高校的高校群，优质中小学校布局全区。此外，项目周边三甲医院云集，五大商圈环绕，日常生活丰富且便利，宜居度较高。

【品牌维度】

山屿·西山著由“世界 500 强”、央企中国铁建、中国千亿阵营房企碧桂园、24 载深耕精研一线城市大型综合体及优质住宅的国瑞置业三大实力开发商强强联手，联袂打造海淀城市与山湖之间的人居秘境，将绿色生态智慧城市的建设理念、一线城市精工住宅的深耕精研，悉数融汇于这一方宅区之中，开创西山人居新时代。

项目容积率仅为 1.68，将生态人居与山水景致相融合，打造京西北宜居宜业低密社区。承袭新中式典雅庄重建造美学，匠筑新中式东方院墅。

【口碑维度】

过去 10 年，海淀区的低密住宅领域几乎处于空白时期。在海淀土地供应紧缺的时代，中铁建、碧桂园、国瑞三大国匠先于时代眼光，择址海淀西山“北部生态科技新区”，充分研究海淀区域人群需求，以山为承，延续城市文化肌理，在西山翠湖科创板块、国家湿地公园畔，打造适合海淀精英的新中式宽景光墅。

山屿·西山著不负西山千年文脉和生态资源，以独具匠心的建筑品质和得天独厚的生态条件打造海淀理想人居，为打造区域内数以万计高科技人才的栖居之所贡献力量，为怀有海淀安家梦的新高知人群，带来了实现置业理想的更多可能。作为全方位满足海淀人才宜居宜业目标的优质别墅项目，山屿·西山著树立了牢固的区域墅居先锋形象。

【产品维度】

在产品设计上，充分考虑叠墅的功能性及墅居品质，更多地上建筑面积，更大面宽，将景与光充分融入建筑中，打造新中式宽景光墅。新中式四室两厅三卫，建面约 225 平方米宽景光墅空间朗阔，精研当代家庭理性需求，一切从主人的生活习惯出发；南向步入式阳台，独立电梯入户，全明户型设计、约 7.2 米面宽餐客一体大横厅，打造三代同堂的山水墅居生活，将光与建筑的艺术充分发挥。

【销售维度】

山屿·西山著项目通过前期一系列形象释放、产品价值炒作等动作，多轮产品改造升级钻研，打造区域典型产品，实现区域及市场较高的知名度。

案场数据显示，2019 年 3 月 18 日，项目洋房首开推售，认购 8.91 亿元，基本售完。4 月 12 日项目二次加推，认购 6.5 亿元，再次凭热销引起全城瞩目。7 月下旬叠拼产品入市，截至 12 月 9 日，累计销售约 2.8 亿元，在竞品中颇为突出。

更多楼盘详情请扫码查看

中海首钢·长安云锦

- 2019年 - 中国城市楼盘年鉴 典型项目

北京　品牌地产　教育社区　公园地产

中海首钢·长安云锦地处莲石西路与古城南街交会处东北角，邻近1号线沿线。小区总占地面积61127平方米，总建筑面积152820平方米，低层为主要建筑类型。

项目地址：

北京市莲石西路与古城南街交会处东北角

开发商：

北京金安兴业房地产开发有限公司

建筑类型：

住宅

主力户型：

74平方米二居，89平方米、110平方米三居

周边配套：

沃尔玛山姆会员店、喜隆多购物广场、首钢医院

参考价格：

一期限均价58802元/平方米

楼盘优势：

中海首钢·长安云锦作为长安街沿线的低密度纯洋房项目，位置不错，得房率很高，对于在京西工作的人群来说是一个优质的选择。

专家点评　张大伟·中原机构首席分析师

170万元左右的首付门槛、西长安街沿线、洋房、大面宽优质户型、均价限价58802元/平方米、新首钢高端产业综合服务区、区域未来都是不限价商品房……集这些关键词于一身的中海首钢·长安云锦成为红盘不是偶然，的确值得成为选择西部区域购房者的优选。

项目解析

【区域维度】

中海首钢·长安云锦项目位于石景山古城区域，北距长安街仅1.3公里，往南500米是莲石路，往东1.3公里是西五环，距离地铁1号线古城站1.3公里。

项目周边莲石路、阜石路、长安街西延线与西五环路、古城南街、北辛安路形成三纵三横的路网。驾车出行，往南很快就能上莲石路，前往金融街、海淀中关村等也很方便。古城南街正在建设之中，规划为城市主干路，北起长安街西延，南至莲石路，横向宽60米，全长约1.62公里。这条路打通之后，将很大程度方便从古城开车前往石景山路和莲石路。

项目距离1号线古城站约1.3公里，未来还有两条规划的地铁，一条是M11号线，通往丽泽和北京西站，将在古城南街设站，站点就在小区门口不到300米；11号线西段的4站2020年开建，服务于2022年冬奥会，在冬奥会前通车。另外还有18号线（R1线）的远期规划。

【品牌维度】

在较早发现并书写石景山价值的企业中，中海是不容忽视的一员。石景山北辛安与冬奥组委仅一墙之隔，中海投入巨资，全面升级城市界面，320万平方米的中海科技金融城集综合交通换乘、金融配套及高端商务服务、花园低碳居住配套、区域购物休闲娱乐功能于一体，以高水准商务环境，打造宜居宜业、绿色生态的科技金融产业集聚区。

【口碑维度】

公司于20世纪80年代初在香港进军住宅开发业务，是中国内地房地产行业的开拓者、引领者。40多年来，公司研发推出五代住宅精品，在内地、港澳、纽约、悉尼、新加坡累计开发项目600余个，完成开发建造面积超1.5亿平方米。公司旗下项目先后荣获“詹天佑奖—优秀住宅小区奖”达58项（金奖35项、单项奖23项），中国建筑工程“鲁班奖”7项，“国际地产奖”18项。

【产品维度】

中海首钢·长安云锦推出的产品均为8层洋房，共7栋楼。主力户型为74平方米二居，89平方米、110平方米三居产品。

项目采用围合式的布局主要特点是，各栋住宅沿住宅用地周边布局，中心形成比较大的中心花园，因此可以有宽敞的绿地和舒适的空间，日照、通风和视觉环境相对较好。另外一个优点是，由于现在北京的新住宅小区都要求开放式，围合式布局能形成有效的天然社区边界，有利于安全和管理。

中海寰宇时代在社区规划中另辟蹊径，褪去传统社区形态的固有成见，植入未来科幻与广袤自然的混合元素，呈现亦真亦幻的超现实主题园林，给居住者科幻电影般的感官体验。在产品方面，中海寰宇时代洞悉城市青年需求，将中海一贯的网红户型进行迭代升级，建面约50~110平方米一至四居规划，结合智能社区等设计，为城市呈现建筑空间与科技生活集合的佳作。

【销售维度】

项目是限竞房，限均价5.88万元/平方米，且最高销售单价不得超过61742元/平方米。

2018年，北京的销冠楼盘中海寰宇天下，均价为6.3万元/平方米。而中海寰宇天下是精装交房，与中海首钢·长安云锦相比更偏向改善需求，而中海首钢·长安云锦则更偏向刚需。

更多楼盘详情请扫码查看

中国中铁·诺德春风和院

- 2019年 -
中国城市楼盘年鉴
典型项目

北京　央企钜献　宜居地产　公园地产

中国中铁·诺德春风和院落址南四环优居生态带，区位优势明显。项目总建面约 24 万平方米，绿化率 35%。项目整体规划 11 栋多层、高层板楼，以新东方主义匠制 72~145 平方米全明通透三到四居，满足不同家庭购房需求。

项目地址：

北京市丰台区南四环六圈南路与樊羊路交叉口

开发商：

北京中铁诺德房地产开发有限公司

建筑类型：

板楼、多层、小高层、高层

主力户型：

89 平方米三居、129 平方米四居

周边配套：

万达、花乡奥莱、天坛医院、十二中科丰校区

参考价格：

均价 67702 元 / 平方米

楼盘优势：

央企实力巨献，南四环高品质住宅，大面宽、全通透，全龄优质户型，便捷交通路网，成熟城市配套，高性价比。

专家点评

陈志·北京房地产业协会副会长

89平方米三室两卫，空间利用率高，周边有房山线、9号线、10号线，交通便捷，可快速到达城区各处。更有万达、奥莱环绕，成熟城市配套，四环宜居住宅典范。

项目解析

【区域维度】

中国中铁·诺德春风和院紧邻四环，位于丰台科技园板块，拥有“三横四纵，双轨，多枢纽”的立体交通网，可快速抵达西单、金融街、天安门等重要核心区域。周边三条轨道交通覆盖，距离房山线北延线樊羊路站 500 米，距郭公庄站 1 公里。项目紧邻郭公庄公交枢纽站，多路公交车直达各个区域，出行非常便捷。项目紧邻 16 大公园 、四大商圈、多所三甲医院及学校等配套，生活宜居度较高。

【品牌维度】

中国中铁股份有限公司是全球性建筑工程承包商，是集勘察设计、施工安装、工业制造、房地产开发、源矿产、金融投资和其他业务于一体的特大型企业集团，连续 13 年进入“世界 500 强”，2018 年位列第 56 名。

中国中铁建工集团隶属中国中铁股份公司，具有国家房屋建筑施工总承包特级资质以及国际经营承包资质。中铁诺德地产为中铁建工集团全资子公司，秉承“一诺千金，德行天下”的企业理念，先后投资开发并建设北京诺德中心、天津诺德中心、深圳诺德中心、呼和诺德龙湾花园、大连诺德滨海花园、包头诺德国际花园、旅顺诺德春风十里等高端项目，均堪称区域典型作品。

如今，中铁诺德地产新作——中国中铁·诺德春风和院项目，占据四环稀缺地块，打造高端品质社区，为城市精英人群提供良好的居住与生活环境。

【口碑维度】

中国中铁·诺德春风和院，让客户从购房到房屋交付、入住全程无忧。在每一环节，客户如有疑问，均可反馈给开发商，中国中铁·诺德春风和院将第一时间协助客户解决问题，做到客户至上。

【产品维度】

项目以理想的城市天际线、围合的城市肌理、开放的社区空间、宜人的尺度打造绿色、生态和谐的生活区。整体高低有序、四面围合，以相互交错的方式排布，享有近百米楼间距，打造阳光生态社区。

在户型上，主推建筑面积约 89 平方米的高层产品。产品设计上从全生命周期居住理念角度进行深化，满足居住者不同生命阶段的居住需求。在有限的户型空间里，实现全功能布局，做到不浪费一平方米；户型方正，南北通透，动静分区，明厨明双卫，南向 9.15 米超大三面宽，功能空间灵动组合，可分可合。同时，通过飘窗、设备平台等创意空间增加户型的附加值，提升居住的舒适感。户型注重功能的合理性，即空间宽敞又有利于采光通风，同时融入主次有序的居住分区，强调有礼有节的生活态度，可谓同面积段户型产品的创新之举。

【销售维度】

中国中铁·诺德春风和院营销中心开放以来，人气爆棚，前来咨询的客户络绎不绝。案场数据显示，项目 2019 年 9 月 28 日首次开盘劲销 27.8 亿元，11 月 23 日二期开盘加推，当日劲销 37.98 亿元，延续热销姿态。

连开连捷，奠定了中国中铁·诺德春风和院的市场地位。地产营销人数据显示，2019 年 11 月，中国中铁·诺德春风和院在北京住宅成交金额榜单中排名首位，同时位列普通住宅成交金额 TOP1、限竞房成交金额 TOP1，荣膺三料冠军，领跑北京楼市销量。

更多楼盘详情请扫码查看

中海丽春湖墅

- 2019年 -
中国城市楼盘年鉴
典型项目

北京　生态宜居　配套醇熟　精工匠筑

中海丽春湖墅坐落于京北别墅核心区，南侧紧邻水域面积高达 230 余万平方米的丽春湖，京北湿地公园——滨河森林公园与项目隔湖相望，项目总占地面积逾 660 万平方米。

专家点评

郭毅·合硕首席分析师

中海丽春湖墅的产品定位值得称道，先后推出90平方米二居、三居以及合院三类产品，再加上高价值合院，一揽子圈定刚需、刚改、终改三类客群。

项目地址：

北京市昌平区沙河地铁站向南 600 米

开发商：

北京中海宏业房地产开发有限公司

建筑类型：

洋房、别墅

主力户型：

约 260 平方米、304 平方米合院，89 平方米洋房

周边配套：

中海环宇城、永旺购物中心、隆兴购物广场

参考价格：

约 480 万元 / 套

楼盘优势：

中海丽春湖墅位于北京未来科学城西区核心区域，超 230 万平方米丽春湖北岸，1.05 低密温榆河上游墅区，占据了未来发展据点。

项目解析

【区域维度】

中海丽春湖墅位于北京未来科学城西区核心区域，是未来承接海淀产业升级发展的重要区域载体，将成为北京高科技产业、生命科学产业及教育产业的产业新区。项目北侧紧邻沙河大学城，南侧隔湖相望科技商务区，小米、好未来、京东、华为、新东方等企业已入驻。

交通方面，项目位于北京市昌平区沙河地铁站南 600 米，四站直达海淀西二旗；昌平线、8 号线跨线运营重点工程即将启动，无须下车即可实现两线换乘。未来还有规划中的东北环线，将覆盖 CBD、望京、回龙观、天通苑等热点地区，共设百子湾、星火、望京、黄土店、沙河五座车站，区域交通十分便利。

此外，项目紧邻逾 230 万平方米丽春湖，比颐和园还大 30 多万平方米，约等于七个北海公园。隔湖对望近万亩滨河森林公园，面积约为朝阳公园两倍。

【品牌维度】

中海地产隶属于中国建筑集团有限公司，1979 年创立于香港，1992 年在香港联交所上市（股票代码：00688.HK，简称“中国海外发展”），2007 年入选恒生指数成分股。拥有 40 年房地产开发与不动产运营管理经验，业务遍布港澳及内地 70 余个城市以及美国、英国、澳大利亚、新加坡等多个国家和地区。

【口碑维度】

自 1997 年 6 月进入北京以来，中海地产始终秉承“诚信卓越、精品永恒”的经营理念，以过程精品塑造楼栋精品，为改善北京人居品质做出卓越贡献，树立了中海地产在北京的良好形象。22 年来，北京中海地产先后开发了 50 多个项目，累计服务数十万业主。

【产品维度】

建筑面积约 304 平方米临湖合院，以新中式风格满足国人对院落景观的精神诉求，整体采用点阵式排列，L 型布局，实现户户独立、户户私享；巧妙解决开窗对视，私密性强。双首层设计，首层花园、中层花园以及空中花园形成了多层次的立体观景构造，新鲜空气和充沛阳光尽揽；依托下沉庭院，采光井直达地下二层，光照毫无保留直抵全屋。地上三层、地下两层，双车位车库直接入户。

建筑面积约 89 平方米三居六层电梯洋房，根据人居生活习惯，约 3.9 米的客厅面宽、约 7.6 米南向面宽，得房率超高，亦实现使用率的有效提升；在保证居住舒适性的同时，做到真正南北通透三居室，一步满足三世同堂或成长性家庭的品质生活要求。

建筑面积约 260 平方米 SMART 墅，以匠心探究理想人居形态，创作三层立体百变空间。地下约 3.6 米层高，优于市场标准 24%；空间自由畅享，满足从单身到三代同堂的全生命周期居住需求。私家庭院搭配采光天窗，为休憩空间层带来足够的直射光线，实现三层立体通透采光。

【销售维度】

案场数据显示，中海丽春湖墅作为海淀北当红项目，2019 年所推售产品基本全部售罄，目前项目洋房产品即将收官，后期主推建筑面积约 260 平方米 SMART 墅及建筑面积约 304 平方米合院产品，SMART 墅样板间优展区已正式开放。

更多楼盘详情请扫码查看

嘉都

- 2019年 -
中国城市楼盘年鉴
典型项目

燕郊　嘉都社区　阳光公馆　上东公馆

嘉都旨在打造全家向往的公馆生活。秉承佰嘉置业“建著美学生活”开发理念，嘉都占据京平、京秦双高速、地铁22号线交通优势，打磨出丰富的产品类型、成熟的生活配套、良好的业主口碑及美好的社区环境。

项目地址：

京平高速木燕路出口东行500米

开发商：

三河市佰嘉房地产开发有限公司

建筑类型：

板式多层、板式高层

主力户型：

39~82平方米LOFT、平层，110平方米跃层，86~118平方米平层

周边配套：

嘉都茂MALL、为明幼儿园、实验三小、中央公园

参考价格：

12500~15500元/平方米

楼盘优势：

配备万科物业，周边配套成熟，自身为百万大盘，享地铁辐射，纯南户型。

专家点评

韩乐·资深媒体人、地产营销人出品人

作为燕郊百万量级成熟大盘，嘉都不仅拥有地铁22号线交通优势，还享有首航超市、为明幼儿园、实验三小公立学区等配套阵容，更有万科物业睿服务加持，将助推区域产品和配套价值迭代升级。

项目解析

【区域维度】

燕郊高新区位于北京城市副中心通州的正东方向，西侧以潮白河为界与宋庄国际艺术区一河之隔，北侧与顺义区一条红线之隔，属于环首都地区距离北京较近的“黄金区位”，也是北京上班族置业的优选区域。

京津冀一体化进入第六年，北三县与副中心协同发展进入“快车道”，燕郊的发展日新月异，老百姓有目共睹。新增多条进京路、交通出行大提速，京津冀首条轨道交通线路平谷线即地铁22号线落站燕郊北，暂定名“高楼西站”，引领燕郊进入地铁时代。同时，医疗资源已全面对接，享受北京专家坐诊、北京医保卡实时窗口结算等。教育方面，北京知名学校师资共建、提升北三县的教育水平，市政层面协同发展效果亦十分明显，城市汛期排水问题彻底治理、北京环卫集团进驻燕郊等市政服务全面向北京标准看齐。

对标北京城市副中心，燕郊北城成为城市新格局重点发展区域，汇集多家大型产业园及创业园，云集了小学、初中、高中、大学全阶梯完备的教育配套，汇聚三纵三横六条进京通道、一条地铁线路，构筑燕郊北城地铁辐射黄金区位，描绘出一幅看得见的发展蓝图，并以嘉都项目等优化城市配套，推进区域成熟。

【品牌维度】

嘉都由北京嘉德集团投资，北京佰嘉置业开发，中国建筑设计院（CAG）建筑规划设计，美国OBRA建筑事务所、香港贝尔高林景观规划设计，并与万科物业等联手，针对北京客群量身打造百万平方米大规模现代社区。

【口碑维度】

秉承佰嘉置业“建著美学生活”品牌开发理念，嘉都占据京平高速、京秦双高速交通优势，在京津冀一体化及“四统一”协同发展的大背景下，以超越“商服+住宅+配套”的常规形态，以精良品质塑造美学典范，以人文积淀成就建筑之美、社区之美、商业之美；研发美学生活社区开发模式，开创“嘉都会”业主平台和文化体验场“社区中心”，提供丰富多彩的社区活动，赋予美学生活社区非凡体验。

【产品维度】

嘉都旨在打造一个全家向往的公馆生活。嘉都公馆产品系涵盖平层、跃层、LOFT三大产品形态，产品均采用类住宅规划特点，栋栋纯板楼，注重精细化设计、多功能布局，采用交叉式空间创新设计，真正做到户户通透、户户朝南。

阳光公馆户型为板楼，户户向阳，全盘北向房源为零，正南向房源占比93%，偏南向房源占比4%，东向房源占比3%。

上东公馆大尺度建筑，双层层高6米，面宽7.1米。社区拥有90~150米楼间距、无动力乐园十大景观组团，业主可享大尺度景观。宽景真跃层双层格局、动静分区、双卫浴设计、户户通透向阳。

【销售维度】

嘉都总占地1035亩，总建筑面积约180万平方米，从2014年9月开盘至今，已实现10000户竣工验收，其中9000户交付使用。

更多楼盘详情请扫码查看

新空港孔雀城

- 2019年 -
中国城市楼盘年鉴
典型项目

廊坊　区域红盘　实力品牌　城市中心

新空港孔雀城位于廊坊北部文化新城、国际金融中心核心地段，拥有四大城市商圈、三所中学、五所小学，聚集 NewCenter 城市地标、幸福港湾城市商业综合体，主打 85~144 平方米新中式府院。

项目地址：

廊坊市广阳区新华路与祥云南道交叉口

开发商：

廊坊市京御幸福房地产开发有限公司

建筑类型：

高层

主力户型：

85 平方米二居、106~120 平方米三居、144 平方米四居

周边配套：

人民公园、丹凤公园、文化艺术中心、第十六中

参考价格：

均价 18000 元 / 平方米

楼盘优势：

地处廊坊广阳区，属环京空港区、临空经济区，享幸福港湾城市综合体、四大公园，打造皇家规制园林、新中式府院。

专家点评　陈志·北京房地产业协会副会长

廊坊是崛起黑马，作为环京百万人口城市，2019年GDP跻身全国百强，从「京津冀城市群」战略聚焦到「京津雄区域」，定位为京津雄中部核心功能区。实力品牌孔雀城打造新空港孔雀城，宜居住区的新典范，礼献城市精英，将改变廊坊人居格局。

项目解析

【区域维度】

廊坊作为环京百万人口城市，2019 年 GDP 跻身全国百强，2030 年规划人口预计达 200 万人，或比肩长三角城市群的苏州、杭州，珠三角城市群的东莞、佛山，从“京津冀城市群”战略聚焦到“京津雄区域”。随着新机场的通航，廊坊城市价值全面跃升，新机场 43% 面积位于廊坊，规划为国家航空科技创新引领区、京津冀协同发展示范区。

本项目位于廊坊市北部文化新城，沿机场北线高速 15 公里直达新机场，距离城际联络线廊坊东站仅 3 公里，一站直达北京。区域内规划 NewCenter 城市商业地标，是廊坊战略中枢，西联机场、北连北京、南连廊坊主城；面对廊坊未来的城市中心，打造面向空港的全球商务城市、尖端知识服务产业的全球据点。

社区综合功能规划涵盖商、娱、教、住等，旨在打造幸福港湾城市商业综合体、廊坊城市新核心。周边规划两所中学、两所小学，高端教育资源云集。这里未来将成为廊坊瞩目的新中心。

【品牌维度】

历经 16 载对宜居城市的探索、实践与沉淀，孔雀城用生态底板建造宜居生活，已在全国范围内构筑了 50 座具备“美好生活体系”的宜居住区。通过对“满足人民日益增长的美好生活需求”的不断追求与完善，孔雀城连续 8 年被评为“中国房地产住宅项目品牌价值 TOP10”。2018 年，孔雀城踏上幸福生活综合服务的实践探索，谱写着中国宜居住区的幸福新图景。

【口碑维度】

从 1998 年至今，孔雀城已在廊坊累计开发了 20 多个社区，已入住业主达 5 万户、15 万人，以“为美好而来”为开发理念，深耕廊坊 21 年，赢得了很好的品牌口碑。新空港孔雀城作为孔雀城蓄力三年的又一匠心力作，从客户购房到房屋交付、入住，承诺全程无忧，做到客户至上。

【产品维度】

新空港孔雀城天玺，承袭大明宫正殿规制，尊崇归家仪式感。依据皇家园林规制，遵循正统东方手法，采用“一堂一环三景两苑”的园林结构，给予居者皇家大美之境；首层大堂与地下大堂精装双大堂入户，尊贵不彰自显。建筑面积约 85~144 平方米、回归中式文化精神的城央府邸，打造宜居住区的新典范，礼献城市精英。

新空港孔雀城领航国际，占据艺术大道位置利好，属于空港城市门户，定位城市时尚建筑。70% 建筑外立面材质采用酒店玻璃幕墙，住宅双大堂精装设计，以高端品质彰显居者尊崇身份。园林采用“星云”主题和设计理念，园区内设置健康慢跑道，打造全龄段健康生活社区。建筑面积约 85~116 平方米国门华宅，演绎时尚的现代都会风格。

【销售维度】

案场数据显示，廊坊新空港孔雀城入市 2 个月，截至 2019 年 12 月已累计认购 650 套，单月流速近 300 套。据行业机构统计，这一数据达到同区域市场竞品月均流速的 6 倍，创造了廊坊市场近 3 年内的销售佳绩，无愧为区域炙手可热的热销大盘。

更多楼盘详情请扫码查看

永定河孔雀城航天首府

2019年 中国城市楼盘年鉴 典型项目

廊坊 宜居住区 口碑项目 城市地标

航天首府项目位于固安产业新城西北部，北侧紧邻科技大道，占地面积约 132248 平方米，建筑面积约 374798 平方米，共计规划 27 栋楼 2926 户。

项目地址：

廊坊市固安县北侧紧邻科技大道

开发商：

固安孔雀洲房地产开发有限公司

建筑类型：

住宅

主力户型：

83 平方米二居、97 平方米三居

周边配套：

幸福港湾商业中心、孔雀大道商街、中央公园

参考价格：

开盘均价 15000 元 / 平方米，目前高层均价约 16000 元 / 平方米

楼盘优势：

新古典建筑优雅大气，坐拥便捷交通和完善配套。

专家点评

陈志 · 北京房地产业协会副会长

航天首府产品覆盖面广，综合来看性价比高，户型方面整体采光好，无遮挡，格局合理，利用率高；包含小高层和高层，配合低容积率，景观绿化搭配合理，形成绿色生态社交空间。无论投资还是居住，都称得上是不错的选择。

项目解析

【区域维度】

固安地处华北平原北部，京津保三角腹地。东与永清县相连，西与保定和涿州市、高碑店市相邻，南与霸州市、雄安新区接壤，北隔永定河与北京市大兴区相望。固安古有“天子脚下”之称，今有“京南明珠”美誉；距北京天安门直线距离 50 公里，距大兴国际机场仅 10 公里，地理位置得天独厚。

【品牌维度】

孔雀城以美国阿卡迪亚小镇为产品借鉴和艺术蓝本。阿卡迪亚小镇的孔雀园里种植有 4500 多种耐旱植物，不仅能欣赏奇花异草，还能呼吸新鲜空气，不过最吸引游人目光的还是园子里自然放养的孔雀。小镇明文规定，孔雀有通过任何街道（包括汽车道）的先行权。平时孔雀也会飞到附近居民的家中，大家都会把孔雀的到来看作一种吉祥的象征。

孔雀城创建之初即具备全球视野，力图为广大业主提供美国南加州原味生活，将小镇的低碳、生态、民生、文化等方面进行了有序升级和合理创新。2008 年至 2019 年间，曾获得最具影响力品牌、最具生态景观价值、“中国房地产住宅项目品牌价值 TOP10”等多项荣誉。

【口碑维度】

孔雀城品牌历经 16 年发展，从北京出发，北起沈阳，南至广州，西起成都，东至上海嘉善，项目遍布全国，2018 年孔雀城以“宜居住区引领者”的角色，踏上幸福生活综合服务的实践探索，谱写着中国宜居住区的幸福新图景。

目前孔雀城已在全国范围内构筑了 50 座具备“美好生活体系”的宜居住区，对于“满足人民日益增长的美好生活需求”不断追求与完善，使得孔雀城连续多年进入地产品牌 TOP10。其中，位于北京正南 50 公里的固安永定河孔雀城，作为首座孔雀城产品，深耕固安 16 载，现已开发项目若干（孔雀城 1~8 期，大卫城 1~6 期，英国宫 1~10 期，剑桥郡 1~13 期，大湖旗舰别墅及 IMAX 湖景平层），是孔雀城践行宜居小镇成功范本，从 2003 年到 2019 年，经过永定河孔雀城的精心打造，目前已经有 10 万家庭在此定居。

【产品维度】

航天首府项目共规划 27 栋建筑，包括 5 栋小高层和 22 栋高层，主力产品为建筑面积 80~110 平方米的通透二居、三居，可以满足不同家庭的需求。新空港活力住区采用现代典雅建筑，配以金属铝板、玻璃和浅色石材，营造出一种颇具未来感的时尚气韵；“一核双环三轴双组团”景观布局，囊括家庭乐享区、童梦天地、青年健身、球场活动、植物科普、主题花园等六大休闲运动乐园，构建全年龄层休闲交流、运动嬉戏的室外生态社交空间。

【销售维度】

案场数据显示，永定河孔雀城航天首府项目仅用不到 4 个月的时间，共计去化 1494 套房源。2019 年 8 月首开，当天共推出 870 套房源，开盘去化 792 套，开盘当日去化率达 91%，首开认购额达 11.09 亿元；截至 2019 年 12 月 10 日，已完成销售金额 22.12 亿元。

更多楼盘详情请扫码查看

京北恒大国际文化城

怀来　官厅湖畔　文旅胜地　一站北京

“世界 500 强”中国恒大斥资 500 亿元拓疆京北，匠筑北京全能度假胜地。京北恒大国际文化城占地约 1000 万平方米，毗邻官厅湖，集合 15 大配套于一体。距京张高铁怀来站仅 5 公里，乘高铁可便捷通达西直门。

专家点评

韩乐·资深媒体人、地产营销人出品人

便利的京张高铁，让通达北京更为便捷，不再为堵车而担心。紧邻253平方公里官厅湖，无论是湖边散步还是欣赏风景，都非常方便。可享受15大完善配套，理想生活，不过如此。

项目地址：

北京市八达岭高速沙城东出口东约 3 公里

开发商：

怀来恒天房地产开发有限公司

建筑类型：

别墅、洋房、小高层、高层、LOFT

主力户型：

47~76 平方米 LOFT，90~115 平方米二、三居，114~135 平方米联排

周边配套：

官厅湖、天漠、鸡鸣驿、八达岭长城

参考价格：

悦湖公馆 4999 元 / 平方米、LOFT 8600 元 / 平方米起

楼盘优势：

“世界 500 强”万亿恒大品牌保障，2022 年冬奥会贵地，253 平方公里官厅湖环伺，85 个著名景区，15 大配套，京北生态涵养胜地和全龄旅居胜地。

项目解析

【区域维度】

京北恒大国际文化城，择址京北生态新区核心、怀来城副中心，据守京张咽喉，距京张高铁怀来站仅 5 公里。随着京张高铁的全线开通运营，怀来可直达北京，畅享北京通勤生活圈。此外，京张高铁的正式开通，提升了怀来的区域价值和交通优势，使这里成为更多北京人聚焦的区域。值得一提的是，项目咫尺 253 平方公里官厅湖，轻松享受美国纳帕“慢生活”，开启环京度假品质生活典范。

2022 年冬奥会期间，怀来将作为联通南北的枢纽要地以及连接张家口会场与北京的核心枢纽，享受国家政策红利加持，基础设施建设投资力度加大，投资、置业怀来大有可为。位于北纬 40 度，天赋稀缺环境资源，与世界著名葡萄产地法国波尔多、美国加州一起被并称为世界葡萄种植北纬四十度三大“黄金地带”；“长城”“桑干”“中法”“迦南”等 12 大品牌汇集，产值达 40 亿元，大量产业转移带动就业，刺激物业升值。

【品牌维度】

恒大集团深耕地产 23 载，布局全国 280 余城，精筑项目 810 余个，年销售规模超 6000 亿元，是集地产、金融、互联网、健康、旅游、文化、体育及农牧于一体的现代化企业集团，让 600 万业主实现了宜居梦想。在 2019 年 1~10 月中国房企销售额排行 TOP100 榜单中，恒大销售额高达 930 亿元。

京北恒大国际文化城择址 2022 年冬奥会重要枢纽、京畿福地，253 平方公里的官厅湖环伺左右，更以其特有的百亿级丰盛配套享誉京北。集合四国风情温泉小镇、65 亩儿童水上乐园、五星酒店集群、儿童梦幻城堡、私人铂金会所、欧式皇家园林、怀来葡萄酒交易中心、红酒顶级文化博物馆、一站式商业购物中心、国际精英教育、狼山公园、世界主题美食街、11 国风情酒吧街、奥运全能运动中心等 15 大配套于一体，打造全年龄、全天候、全舒享的文化旅居胜地。

【口碑维度】

项目自面市至今持续升温，创造了首期开盘劲销 60 亿元的佳绩；之后持续的大量到访、咨询热潮，更让二期的火热加推变得万众瞩目。置业优选、潜力热土、15 大配套的生态新城，是人们争相宣传赞颂的理由，再加上有口皆碑的恒大 9A 精装，更是将匠心筑家充分凸显。

【产品维度】

京北恒大国际文化城是涵盖住宅、洋房、公寓、别墅的大型综合物业，总占地面积约 1.5 万亩，建筑面积约 266 万平方米，绿化率达 30%。除别墅外，高层、小高层、花园洋房、公寓均为精装修交房。主力户型有建面 47~76 平方米湖山精品 LOFT，8600 元 / 平方米起；建面 90~115 平方米悦湖公馆，毛坯 4999 元 / 平方米起，精装 6400 元 / 平方米起；建面 114~135 平方米湖山庄园，15500 元 / 平方米起。社区主干道两侧布以商业街区，为业主提供生活便利，15 大配套设施点缀各处，让业主足不出户即可体验全方位的生活享受。

更多楼盘详情请扫码查看

京北金茂悦

2019年 中国城市楼盘年鉴 典型项目

张家口　冬奥城市　交通便利　城市地标

占位冬奥核心区域，紧邻京张高铁下花园北站，便捷通达清河、北京北站，无缝接驳北京地铁 2 号线、4 号线、13 号线和昌平线，畅享都市便捷生活，总价 100 万元起。

专家点评　陈志·北京房地产业协会副会长

金茂「悦」系产品，凭借其普遍较高的溢价率，在各城楼市中往往较为突出。京北金茂悦是「悦」系基础上的再升级，将自然与生活、艺术与创造融入对生命的关怀和治愈，打造与城市居民共建的理想社区。

项目地址：

下花园区高速出口西行 1500 米

开发商：

张家口银煌房地产开发有限公司

建筑类型：

洋房

主力户型：

97 平方米、113 平方米三居

周边配套：

京张高铁下花园北站、鸡鸣驿

参考价格：

预计单价 12000 元 / 平方米

楼盘优势：

金茂首个环京项目，京张高铁及冬奥专线首站旁，总价 100 万元起精装悦系入住。

项目解析

【区域维度】

京北金茂悦择址冬奥核心枢纽城市下花园，这里是冬奥门户首发站。借助奥运交通利好的持续加持与国家战略部署的双重助力，区域获得千亿元冬奥投资注入。随着规划中的北大金秋六大教育医疗、生活、科技配套的陆续落地，软银人工智能科技园、中英智慧产业园等 150 余家科技型企业进驻，侨福芳草地、奥莱等多家商业落位，一批以国际级标准打造的区域大配套正渐次呈现。

“冬奥专列”京张高铁，是世界上首条时速 350 公里的智能化高速铁路，现已全线开通，将实现北京至张家口两大冬奥主会场一小时内通达。十大高铁站点设立，无缝接驳北京多条地铁，并采用一证通行、AI 导航并同步安检等措施，北上崇礼、南下北京，极速通达，坐享冬奥红利。

【品牌维度】

中国金茂是“世界 500 强”中化集团公司旗下房地产和酒店板块的平台企业，始终以“释放城市未来生命力”为己任，为中国城市发展与建设贡献属于中国金茂的智慧和力量。10 年间，布局全国二十四城、四十六府，以近乎“垄断性”的优势成为高端品质住宅中的典型作品。

【口碑维度】

“府系”的金字招牌已然熠熠生辉，中国金茂却从未止步。从科技住宅迭代为智慧住宅，从“会呼吸的房子”迭代为“会思考的房子”，在不断自我进化的同时，金茂时刻洞察时代发展脉络，不仅在“府系”基础上推出了更符合青年人居住的“悦系”产品，更在“悦系”之上再升级，筑就自然心灵聚落“京北金茂悦”。它将带着金茂对城市青年个性化需求与生活痛点的全新思考，成长为更加年轻态的房子，可以被更多人感知和享有的房子。

【产品维度】

京北金茂悦于下花园这片文化底蕴深厚的土地之上，于丰盛自然资源涵养的生态宜居绿心，打造近百万平方米山地社区。在户型方面，建面约 97~113 平方米精装智慧洋房，采用南向三开间、餐厨客一体式设计，布局约 7 米宽观景阳台，以恰到好处的空间格局契合城市青年的新鲜生活需求，更集活力商业、地标办公、宜居低密住区于一体，融合周边运动中心、生态公园、配套学校、幼儿园等，与城市居民共建自然心灵聚落。

金茂悦发轫于场景体验的营造，构建当代城市青年的圈层语境，提供丰富多元的生活内容。以活力、趣味、健康三重度假理念，升维金茂三大服务体系；金葵花五好社区、悦邻 + 健康生活驿站、金茂 U+ 度假拓展服务等，为城市居民营造心灵度假社群聚落。除此之外，京北金茂悦首创全金茂体系下配套先行新模式，“拾光图书馆携 U+ 咖啡”正式开馆运营。京北金茂悦将超越住宅本体，成为更多城市青年的向往与归属。

【销售维度】

区域不受限购政策的影响，首付 20 万元起，便足以撬动一套悦系产品。主力产品 97~113 平方米精装三居，对于刚需置业人群来说，有足够的吸引力。

更多楼盘详情请扫码查看

重庆市

2019 年重庆房地产市场总结

行业发展历程

一、城市概述

重庆是中西部唯一直辖市，国家中心城市，长江上游地区的经济、金融、科创、航运和商贸物流中心，西部大开发重要的战略支点，“一带一路”和长江经济带重要联结点以及内陆开放高地。

重庆地处中国内陆西南部，总面积 8.24 万平方公里，辖 38 个区（县、自治县）；2018 年，重庆常住人口 3101.79 万人，地区生产总值 20363.19 亿元。此外，重庆是中国西南地区融贯东西、汇通南北的综合交通枢纽，江北机场居中国内陆十大空港之一，果园港为国内规模最大河铁公水联运港区。

二、行业现状

2019 年，重庆主城商品房成交规模下降，房价稳中有升。上半年成交热度持续，下半年市场明显降温，供求维稳，分化加剧。第四季度以来，开发商加快推盘节奏，加大折扣力度，持续抢收业绩。

在此情况下，2019 年重庆头部企业业绩依然增长，但增速明显放缓，市场进一步洗牌，出现“大鱼吃小鱼，快鱼吃慢鱼”的状况。年底，各类企业加快收并购、出让股权、出让土地和项目及“去地产化”的动作，市场集中度进一步提升。

从房企表现来看，融创、龙湖、金科三大巨头持续领跑市场，企业业绩集中度进一步扩大，TOP30 销售规模占重庆市场份额达 84.20%，同比增加 4.78%，超 100 亿级房企数量仅 7 家，同比下降 5 家，竞争格局波动。

三、政策环境

在“房住不炒”的核心理念之下，2019 年上半年重庆楼市供需基本平稳，市场稳定，下半年重庆楼市进入下行通道，楼盘去化率速度放缓。

2019 年，重庆楼市整体政策环境相对宽松，依然没有限购、限贷等政策的出现，唯一在执行的是房产税政策。在落户政策上，也继续实施“零门槛”人才落户政策，并提供“人才贷”及相关金融服务。

四、土地市场

整体上看，2019 年重庆土拍市场分为上半年和下半年两个阶段，表现明显不同。上半年，经历 3 月、5 月、6 月三波成交高峰，其中 3 月重庆土地市场成交面积，从 2 月的 477.68 亩猛增到 2302.93 亩。4 月短暂的平静过后，5 月土地市场成交面积攀升到 2695.26 亩，6 月再次刷新到 2856.67 亩的高峰。

下半年，重庆土地市场明显降温，7 月土地市场成交面积骤降到 215.3 亩，8 月、9 月、10 月三个月最高也只有 681.83 亩成交，直到 11 月才回升到 1596.38 亩。

从价格来看，2019 年重庆住宅用地成交楼面价为 5956 元 / 平方米，相比 2018 年上涨 14.1%。随着核心区土地资源越发稀缺，城市供地外拓加速形成整体“北上、南拓、西进”的格局。

五、房企布局

从 2019 年主城土地成交可看出，1.5 环为房企的主战场，整体成交向北倾斜，蔡家、中央公园等板块为成交主力，位于外环的新兴板块水土亦成为房企抢占高地。同时，西区持续放量，特别是西永、大学城板块，亦成为成交高热区域。

城市年度市场解读

一、本地新政

1月，重庆房产税起征点上调至17630元/平方米。

3月，2019年重庆市计划供应住宅用地3.4万亩。

4月，重庆住建部下发《关于梳理别墅项目建设情况的通知》，暂停办理别墅项目预售许可证及报送统计数据。

5月，重庆严禁民办学校招生与楼盘建设销售挂钩；重庆实施人才落户“宽门槛”政策，并提供“人才贷”及相关金融服务。

6月，重庆明确规定住房公积金缴存基数上、下限。

9月，《广阳岛片区总体规划》首次亮相，划定范围约168平方公里，布局5条轨道线。

10月，《“两江四岸”治理提升统筹规划》亮相，详细介绍了“两江四岸”治理提升的目标和26条规划指引。

11月，南岸区教委发布通告，2020年9月1日后购买非一手房和迁入户口的适龄儿童入读南岸区学位紧张学校，监护人及适龄儿童需落户三年以上。

12月，新修订的《重庆市物业管理条例》通过，对物业费、停车位、小区民宿等做了明确规定，2020年5月1日起施行；《重庆市城市园林绿化条例》通过，要求新建小区绿地率不得低于30%，2020年3月1日起施行。

二、年度土地供应

截至2019年12月31日，2019年重庆主城区土地市场供应124宗地，供应面积1437.05万平方米，与2018年相比下降12.92%。其中，纯居住用地供应87宗，商住综合用地37宗。

三、年度土地成交

截至2019年12月31日，重庆主城区土地市场成交110宗地，成交面积1235.31万平方米，与2018年相比下降17.46%；成交843.10亿元，同比上涨6.91%。其中，挂牌27宗，拍卖83宗，流拍14宗。

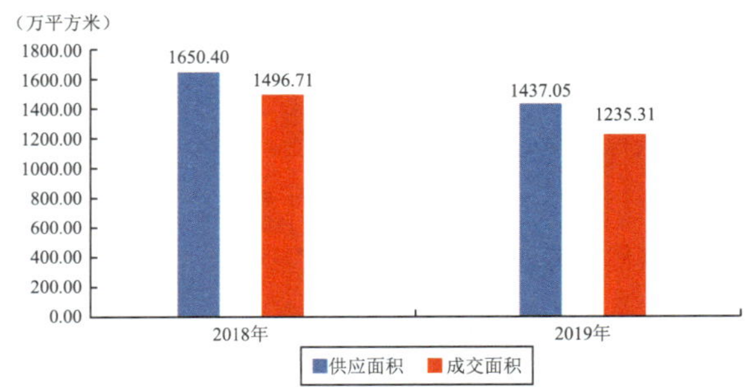

图2-10 2019年重庆主城区土地供应与成交情况

从成交均价来看，2019年重庆主城区土地市场成交楼面均价为6825元/平方米，与2018年相比增加1557元/平方米。数据显示，10月成交楼面均价最高，达到8379元/平方米。重庆主城区共有14宗地成交楼面价破万。其中，荣安斩获的滩子口地块，成交楼面均价全年最高，达到13549元/平方米，成为重庆新“地王”。

图2-11 2019年重庆主城区单月土地楼面均价

从成交区域来看，北区成交量最高，达到61宗；西区成交量位居第二名，全年成交31宗地；南区仅成交18宗地。其中，渝北区成交量最高，全年成交32宗地，北碚区位居第二名，全年成交27宗地，沙坪坝区全年成交19宗地，则位居第三名。

此外，今年有26宗地块为联合体拿下，同比涨幅62.5%。

四、年度住宅供应

2019年重庆住宅供应量为220076套，供应面积2479.57万平方米，同比2018年下降19.69%。

具体来看，受春节假期影响，2月月度供应量全年最低，仅为4346套。年底房企冲量，供应力度加大，11月月度供应量达到全年峰值，为27426套。

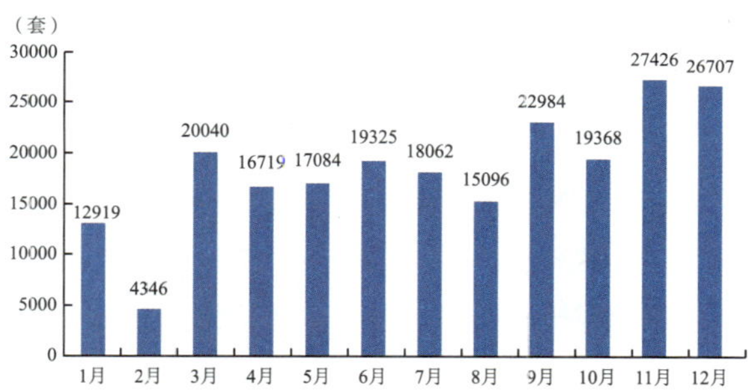

图2-12　2019年重庆主城区单月住宅供应情况

五、年度住宅成交

2019年重庆主城区住宅成交量为201468套，成交面积为2267.11万平方米，同比2018年下降15.71%。上半年信贷宽松，购房热情高涨，住宅成交量远高于下半年。

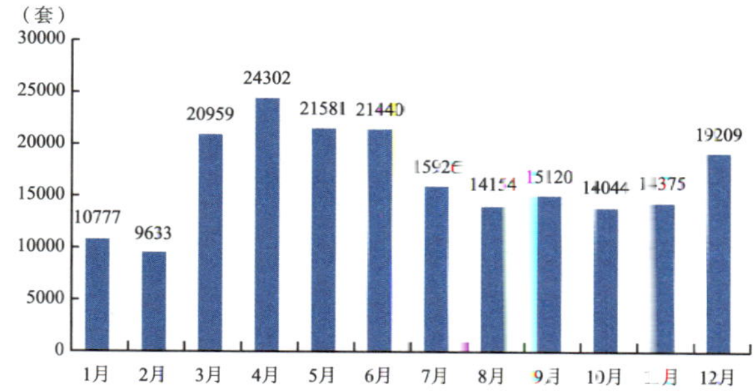

图2-13　2019年重庆主城区单月住宅成交情况

六、年度住宅存量

库存方面，克而瑞数据显示，目前重庆商品住宅库存量为840万平方米，去化周期为5个月。与年初918万平方米相比有所下降。

七、区域成交表现

从各区域成交量来看，渝北区仍然是成交主力，全年成交4.86万套。巴南区紧随其后，全年成交4.52万套。沙坪坝区排名第三位，全年成交3.14万套。

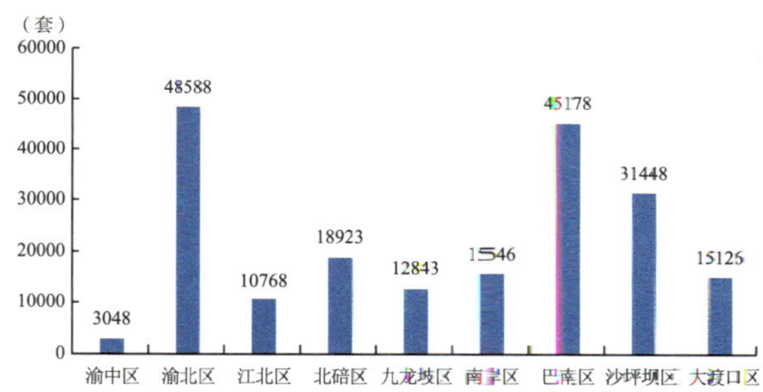

图2-14　2019年重庆主城九区住宅成交情况

八、成交结构表现

以面积划分，2019年主力成交面积段仍以80~100平方米户型为主，全年成交7.03万套。100~120平方米户型位居第二名，全年成交4.8万套。120~150平方米的户型则位居第三名，全年成交4.63万套。这充分说明，目前重庆房地产市场仍以满足刚需、刚改为主，中小户型产品仍占据市场主力。

九、成交项目排行

2018 年，重庆热销项目前十名依次为：重庆融创文旅城、重庆富力城、欧麓花园城、重庆天地、约克郡、龙湖春江天境、龙湖九里晴川、世茂璀璨天城、金融街融景城、金科集美嘉悦。

2019 年，热销项目前十名及以上项目门槛略有上涨，强者恒强。在 TOP10 的项目中，各项目之间差距逐渐缩小，项目间的竞争明显加剧，争相卡位。

表 2-4　2018~2019 年重庆热销项目前十名

排名（2018）	项目	成交金额（亿元）	排名（2019）	项目	成交金额（亿元）
1	重庆融创文旅城	114.6	1	重庆融创文旅城	115.3
2	重庆富力城	47.3	2	重庆富力城	53.8
3	融创欧麓花园城	41.3	3	融创欧麓花园城	43.8
4	重庆天地	40.2	4	金地自在城	29.1
5	约克郡	37.3	5	中国摩	29.1
6	龙湖春江天镜	34.0	6	龙湖春江天镜	29.1
7	龙湖九里晴川	33.6	7	世茂璀璨天城	25.9
8	世茂璀璨天城	33.6	8	金科集美嘉悦	25.1
9	金融街融景城	31.2	9	重庆天地	24.0
10	金科集美嘉悦	30.8	10	金科金辉美院	23.8

十、成交房企排行

2019 年，重庆房地产销售业绩 TOP30 企业合计销售 3060.5 亿元。从大重庆（主城 + 区县）成交来看，金科凭借 501.49 亿元的销售金额荣登榜首；融创位居第二名，全年销售金额为 317.10 亿元，龙湖则以 283.70 亿元位居第三名。前三名房企全年销售金额均超过 200 亿元。

2019 年整体市场热度下降，大部分房企业绩出现不同程度的下滑，但仍有一些房企业绩不退反增。其中，区县项目的成交对各房企的业绩上涨起到了不小的支撑。在这些房企中，既包括中骏、新城这种持续深耕区县市场的房企，也包括融创、龙湖等首入区县就一炮打响的顶级房企。

十一、商业、公寓及办公

克而瑞数据显示，2019 年重庆商业市场供应 131.05 万平方米，成交 154.04 万平方米，成交 19108 套，成交金额 210.76 亿元，成交均价 13682 元 / 平方米。从板块来看，西永板块全年商业成交 1091 套，排名第一位。大学城板块全年成交 981 套，排名第二位。龙洲湾排名第三位，全年成交 957 套。

公寓及办公方面，2019 年供应 170.73 万平方米，成交 173.21 万平方米，成交 28208 套，成交金额 177.61 亿元，成交均价 10254 元 / 平方米。从板块来看，西永板块全年成交 4658 套，排名第一位；大学城板块凭借全年成交 3465 套，排名第二位；蔡家板块排名第三位，全年成交 1360 套。

十二、年度房价走势分析

2019 年重庆商品房成交建面均价为 11935 元 / 平方米，同比上涨 4.3%。全年房价增长幅度保持在 5%，处于合理水平。此外，重庆改善型住房占比增大，小幅度拉高平均水平。下半年，开发商加大促销力度，促使单盘成交价的降低。

值得一提的是，重庆房价南北西区差异化较大，其中渝中区房价最高，达到 18912 元 / 平方米。其次为江北区、渝北区和南岸区。重庆针对北区部分区域板块楼盘施行限价措施，有效控制房价的大幅度增长。

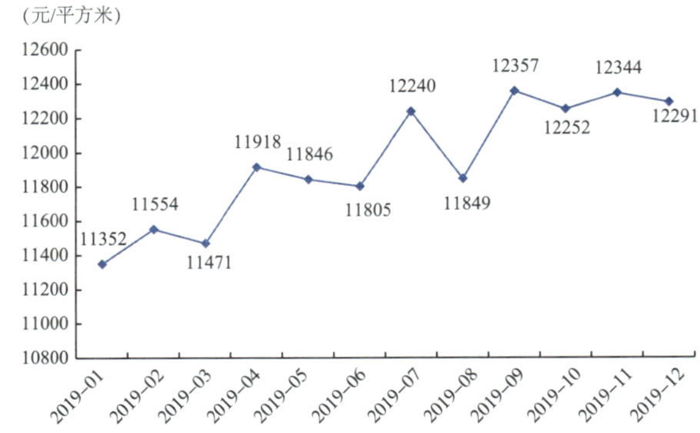

图 2-15　2019 年重庆市主城区单月成交建面均价走势图

十三、热点板块分析

从板块来看，西永板块全年成交稳居第一，高达 1.78 万套。李家沱板块排名第二位，全年成交 1.42 万套。蔡家板块凭借全年成交 1.36 万套，排名第三位。在北区开发和置业热度持续的同时，重庆向西、向南的发展势头明显，吸引了大量购房者在西永、李家沱等新兴板块购房。

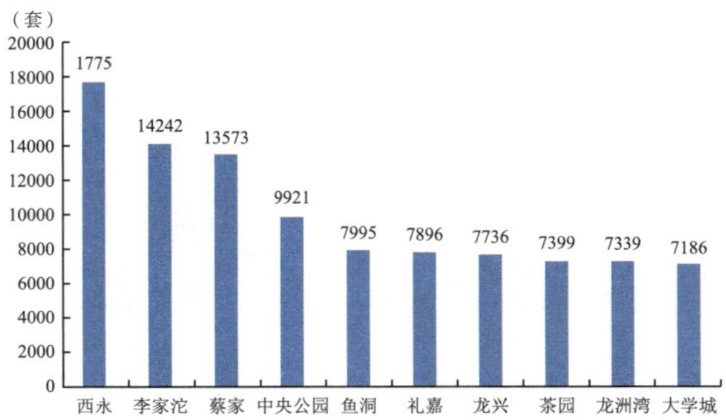

图 2-16　2019 年重庆主城热门板块成交量前十名

十四、未来展望

展望 2020 年，重庆楼市整体基调依然是“稳”。楼市大概率将保持横盘一段时间，房价波动小。房企分化或进一步加剧，产品力成为竞争关键砝码。2019 年高地价项目销售遇冷，让 2020 年的土地市场也难言乐观，房企拿地愈发谨慎。

十五、市场预期

2020 年，重庆房地产市场分化持续，在激烈的市场竞争中，房企会不断积极求变，进行战略调整，从单一追求企业业绩规模转为多元化均衡发展，提升企业综合实力。

2020 年，重庆二环项目集中面市，多分布在热点板块。明年面市的项目中，大多沿二环分布，其中中央公园、蔡家和西永等板块项目集中入市，市场竞争将进一步加大。

2019 年重庆房地产在售楼盘概览

楼盘名称	城市名称	城区	地址	物业类型
朗基八俊里	重庆	巴南区	巴南区龙洲大道2731号	普通住宅、别墅、商铺
宗申金蓝湾	重庆	巴南区	巴南区巴滨路中段（马桑溪大桥南桥头）	普通住宅、别墅
协信星澜汇花屿庭	重庆	巴南区	巴南区龙洲湾大道起点	普通住宅、别墅、商铺
东海定南山	重庆	巴南区	巴南区渝南大道(轻轨3号线花溪站旁）	别墅
阳光100阿尔勒	重庆	巴南区	巴南区渝南大道轻轨3号线（大山村站旁）	别墅
重庆华南城	重庆	巴南区	巴南区南彭东城大道8号	商铺
旭辉城	重庆	巴南区	巴南区龙洲湾渝南大道233号（区政府对面）	普通住宅、公寓、别墅、写字楼、商铺、商住、建筑综合体
芸峰兰亭	重庆	巴南区	巴南区渝南大道岔路口（巴南海宁皮草城旁）	普通住宅、商住、建筑综合体
珠江城	重庆	巴南区	巴南区巴滨路120号（阳春湿地公园旁）	公寓、商铺、建筑综合体
招商雍江府	重庆	巴南区	巴南区巴滨路777号(马桑溪大桥旁）	普通住宅
远洋公园原香	重庆	巴南区	巴南区渝南大道161号远洋公园原香	别墅
中交锦悦	重庆	巴南区	巴南区龙洲湾渝南大道3号线学堂湾站旁	普通住宅、别墅
融汇半岛	重庆	巴南区	巴南区巴滨路融汇半岛段	商铺
东邦小悦湾	重庆	巴南区	巴南区李家沱马王坪正街（都和广场斜对面）	普通住宅、别墅、商铺
京汉凤凰城	重庆	巴南区	巴南区龙洲湾商圈（海洋公园旁）	普通住宅、公寓、写字楼、商铺
荣盛滨江华府	重庆	巴南区	巴南区巴滨路中段（白居寺大桥东桥头旁）	普通住宅、别墅
荣盛锦绣南山	重庆	巴南区	巴南区龙洲湾商圈（海洋公园旁）	普通住宅、别墅
恒大新城	重庆	巴南区	巴南区渝南大道1113号	普通住宅、商铺
华南城巴南华府	重庆	巴南区	巴南区东城大道8号	普通住宅、商铺
清能小南海花园	重庆	巴南区	重庆巴南区龙洲湾商圈巴滨路与龙海大道交会处东200米	普通住宅
协信天骄溪悦	重庆	巴南区	重庆巴南区龙洲大道1399号花溪河畔	普通住宅
联发龙洲湾1号	重庆	巴南区	巴南区龙洲湾盛龙路701号（海洋公园旁）	普通住宅、别墅、商铺

楼盘名称	城市名称	城区	地址	物业类型
碧桂园保利云禧	重庆	巴南区	巴南区龙洲湾龙泽路666号（轻轨3号线鱼胡路站旁）	别墅、商铺
和泓文华府	重庆	巴南区	巴南区渝南大道1388号（重庆文化艺术职业学院旁）	普通住宅
千江凌云	重庆	巴南区	巴南区南滨路南段梅沁绿洲湿地公园旁	普通住宅、别墅、商铺
敬澜山	重庆	巴南区	巴南区渝南大道(轻轨三号线鱼胡路旁）	普通住宅、商铺
荣安明月江南	重庆	巴南区	巴南区江滨路39号（含笑公园旁）	普通住宅
协信天骄星城	重庆	巴南区	巴南区李家沱正街230号（协信天骄星城）	普通住宅、公寓、商铺
美的荣安公园天下	重庆	巴南区	巴南区鹿角天鹿大道	普通住宅、商铺
金辉碧桂园雅居乐麓铭府	重庆	巴南区	巴南区江南新城东城大道	普通住宅、别墅
中建瑜和城	重庆	巴南区	巴南区李家沱王家坝路公交车站旁	普通住宅、公寓、别墅、写字楼
碧桂园天麓	重庆	巴南区	巴南区渝南大道旁	别墅
华润置地澜山望	重庆	巴南区	巴南区龙鸣路229号（巴滨湿地公园旁）	普通住宅
悦麓山	重庆	巴南区	巴南区鹿角天路大道	普通住宅、别墅、自住型商品房
新城金樾府	重庆	巴南区	巴南区龙洲湾C区云教育产业园	普通住宅、商铺
欧麓花园城棠屿	重庆	巴南区	巴南区蔷薇路与天鹿大道交会处	别墅
洺悦城	重庆	巴南区	巴南区渝南大道与箭河路交会处（鱼胡路轻轨站旁）	普通住宅、公寓、商铺
华宇龙州府	重庆	巴南区	巴南区龙洲湾商圈北2公里巴滨路(华宇龙湾公交站旁）	普通住宅
华远海蓝城	重庆	巴南区	巴南区巴滨路	普通住宅
集美锦湾	重庆	巴南区	巴南区龙洲湾智云大道云教育产业园	普通住宅、别墅
中国铁建西派时代	重庆	巴南区	巴南区龙汇路鱼洞二小昕晖校区旁	普通住宅、商铺
蓝光水岸公园	重庆	巴南区	巴南区渝南大道(花溪轨道站前行约500米）	普通住宅
龙湖春江天镜	重庆	巴南区	巴南区巴滨路近新南运动公园	普通住宅
中建滨江星城	重庆	巴南区	巴南区龙洲大道巴南立交（走马梁公交车站旁）	普通住宅
华熙LIVE023	重庆	巴南区	巴南区轻轨2号线、3号线鱼洞站旁(巴南体育中心）	普通住宅
融信澜湾	重庆	巴南区	巴南区龙洲湾商圈大山村轻轨站旁	普通住宅、别墅、商住

楼盘名称	城市名称	城区	地址	物业类型
融汇半岛天澜	重庆	巴南区	巴南区巴滨路融汇半岛段	普通住宅
阳光城新希望翡丽锦悦	重庆	巴南区	巴南区界石镇石桂大道 16 号	普通住宅
奥园玺樾九里	重庆	巴南区	巴南区渝南大道沿线旁（近花溪轻轨站）	普通住宅
旭辉江山青林半	重庆	巴南区	巴南区龙洲湾南云篆山麓	普通住宅
保利大国璟	重庆	巴南区	巴南区龙洲湾尚文大道	普通住宅、商业
璟樾云山	重庆	巴南区	巴南区茶园南金鹿大道	普通住宅
云山晓	重庆	巴南区	巴南区鱼洞明晨大道	普通住宅、公寓、写字楼、商业
奥园誉府	重庆	巴南区	巴南区李家沱渝南分流道（巴南中学斜对面）	普通住宅、商业
大发熙悦書山境	重庆	巴南区	巴南区龙洲湾街道崇仁路	普通住宅
观山御璟	重庆	巴南区	巴南区鹿角天鹿大道	普通住宅、别墅
龙湖嘉天下	重庆	巴南区	巴南区龙洲湾商圈（轻轨 3 号线鱼胡路站旁）	普通住宅
御华兰亭	重庆	巴南区	巴南区江南新城东城大道	普通住宅
爱普江城铭著	重庆	巴南区	巴南区巴滨路 333 号	普通住宅
佳兆业滨江新城	重庆	大渡口区	大渡口区大滨路（原重钢五六厂）	普通住宅、公寓、商铺、建筑综合体
融创春晖十里	重庆	大渡口区	大渡口区春晖路南（钢城大道与兴盛路交会处）	普通住宅
华润凤凰城	重庆	大渡口区	大渡口区文体路（大渡口区政府斜对面、大渡口公园旁）	普通住宅、商铺
恒大麓山湖	重庆	大渡口区	大渡口区西城大道 2 号线建桥站旁	普通住宅、别墅
天泰钢城印象	重庆	大渡口区	大渡口区车家坪小学旁（原重钢五六厂）	普通住宅
金科中建集美阳光	重庆	大渡口区	大渡口区华岩国际新城（轻轨 5 号线旁）	普通住宅
荣盛城	重庆	大渡口区	大渡口区金中大道与新郭伏路交会处	普通住宅、别墅
金地自在城	重庆	大渡口区	大渡口区华岩新城华福大道（华岩国际酒店用品城旁）	普通住宅、商铺、商业
中洲半岛城邦	重庆	大渡口区	大渡口区钓鱼嘴滨江路（钓鱼嘴公园旁）	普通住宅、公寓、商铺
中冶熙城商街	重庆	大渡口区	大渡口区石林大道车管所旁	公寓、写字楼、商铺
琅樾江山	重庆	大渡口区	大渡口区大滨路（马桑溪古镇与义渡公园旁）	普通住宅
联发君领西城	重庆	大渡口区	大渡口区西城大道旁（福茄路）	普通住宅
卓越西麓九里	重庆	大渡口区	大渡口区西城大道旁（福茄路）	普通住宅
泽科御峰	重庆	大渡口区	大渡口区跃进村公交站旁	普通住宅、公寓、商铺
龙湖春森彼岸	重庆	江北区	江北区北滨一路 258 号	普通住宅
金融街融景城	重庆	江北区	江北区北滨路江北嘴到嘉陵江大桥间（紧邻江北嘴商务区）	普通住宅
财信发展北岸江山	重庆	江北区	江北区观音桥北滨路	普通住宅、写字楼、商铺
力帆中心	重庆	江北区	江北区聚贤岩广场 8 号	写字楼、政策房
绿地海外滩	重庆	江北区	江北区鸿恩寺公园大门往北滨路下行 800 米	商铺
金融街融景中心	重庆	江北区	江北区五里店灯饰广场往观音桥方向 100 米	写字楼、商铺
大川玺江	重庆	江北区	江北区北滨路西段（瓷器口对岸北滨路西端头）	别墅
恒大御龙天峰	重庆	江北区	江北区嘉陵江大桥北桥头（北滨路星悦荟旁）	普通住宅、写字楼、商铺
两岸首座	重庆	江北区	江北区五里店五江路 22 号（中百超市旁）	普通住宅
保利观澜	重庆	江北区	江北区北滨二路 460 号新溉路北侧海尔路东侧（游澜溪公交车站后面）	普通住宅、写字楼、商铺
江北嘴重庆国金中心	重庆	江北区	江北区江北嘴中央商务区（江北嘴中央公园旁）	写字楼
观音桥龙湖新壹街	重庆	江北区	江北区观音桥嘉子丘（邻近观音桥步行街）	写字楼、商铺、建筑综合体
万科御澜道	重庆	江北区	江北区新溉大道与北滨二路交会处鲁能巴蜀中学下行 300 米）	普通住宅、别墅、写字楼、商铺
国奥村	重庆	江北区	江北区北滨路国奥片区（原江北农场）	别墅
财信赖特与山	重庆	江北区	江北区铁山坪云岭路	别墅
新鸥鹏教育城	重庆	江北区	江北区江北嘴中央商务区北滨二路	普通住宅、商住
恒大中央广场	重庆	江北区	江北区江北嘴 CBD 朝天门大桥北桥头（上行 50 米）	写字楼、建筑综合体
华美翡丽山	重庆	江北区	江北区宏帆路任富高尔夫旁（北滨路西端双碑大桥桥头）	普通住宅、别墅、商铺
梵悦天御	重庆	江北区	江北区鲁能路	普通住宅、商铺
万科江上明月	重庆	江北区	江北区宏帆路任富高尔夫旁（双碑大桥桥头）	别墅
新华协信中心	重庆	江北区	江北区洋河一路	公寓
北大资源海樾府	重庆	江北区	江北区海尔路 399 号（海尔路中段昆仑好客上行 400 米左右）	普通住宅、商铺
中国铁建西派城	重庆	江北区	江北区江北嘴 CBD（大佛寺大桥旁）	普通住宅、商铺

楼盘名称	城市名称	城区	地址	物业类型
鲁能星城外滩	重庆	江北区	江北区江北嘴轨道4号线保税港站旁	建筑综合体
保利江上明珠拾年	重庆	江北区	江北区观音桥鸿恩寺森林公园	普通住宅
紫御天地	重庆	江北区	江北区北滨二区537号	写字楼、商铺
华融现代城	重庆	江北区	江北区港兴路11号（五里坪校区南侧）	普通住宅、公寓
江北嘴壹号院西苑	重庆	江北区	江北区江北嘴金融城3号北侧（江州立交旁）	普通住宅
重庆中海天钻	重庆	江北区	江北区五里店龙头寺公园旁	普通住宅、公寓
财信北岸铂寓	重庆	江北区	江北区北滨一路456号	公寓
象屿观悦府	重庆	江北区	江北区花卉园松牌路	普通住宅、酒店式公寓
启迪协信重庆科技城	重庆	江北区	江北区寸滩长江大桥北桥头	普通住宅
唐宁 ONE	重庆	江北区	江北区观音桥商圈	普通住宅
北麓官邸	重庆	江北区	江北区观音桥鸿恩寺森林公园东大门	别墅
金融街新融御	重庆	江北区	江北区北滨一路（黄花园大桥往嘉陵江大桥方向前行300米）	普通住宅
卓越皇后道	重庆	江北区	江北区五里店街道半边堡	普通住宅
上邦国际社区	重庆	九龙坡区	九龙坡区金凤镇上邦路5号	别墅
保利爱尚里	重庆	九龙坡区	九龙坡区石坪桥正街119号（骏逸新视界对面）	普通住宅、公寓
九州国际汽摩城	重庆	九龙坡区	九龙坡区白市驿西部国际涉农物流园区	酒店式公寓、商铺、建筑综合体
西海岸	重庆	九龙坡区	九龙坡区西彭镇西湖路与三环路交叉路口	普通住宅
中迪广场	重庆	九龙坡区	九龙坡区杨家坪正街	公寓、写字楼、商铺
恒大香山华府	重庆	九龙坡区	九龙坡区西城大道（香山公园旁）	普通住宅、商铺
中粮鸿云	重庆	九龙坡区	九龙坡区蟠龙大道	普通住宅、公寓
国宾壹号院	重庆	九龙坡区	九龙坡区石桥铺街道虎歇路49号	普通住宅
印江州	重庆	九龙坡区	九龙坡区石杨路186号	普通住宅
望山国际	重庆	九龙坡区	九龙坡区创业大道（重庆西站旁）	普通住宅、写字楼、商铺
荣安林语春风	重庆	九龙坡区	九龙坡区华岩新城轻轨五号线跳蹬站	普通住宅
联发西城首府	重庆	九龙坡区	九龙坡区华岩国际新城（轻轨5号线跳蹬站旁）	普通住宅、别墅
首创西江阅	重庆	九龙坡区	九龙坡区西彭镇铝城大道（486路西彭起点站旁）	普通住宅
中海九龙天颂	重庆	九龙坡区	九龙坡区彩云湖CLD中央居住区火炬大道中段	普通住宅

楼盘名称	城市名称	城区	地址	物业类型
卓越中寰	重庆	九龙坡区	九龙坡区杨家坪商圈动物园旁	普通住宅、商住
恒大林溪郡	重庆	九龙坡区	九龙坡区白彭路225号	普通住宅、别墅、商住
中建御湖壹号	重庆	九龙坡区	九龙坡区冬山路7号（双山公园旁）	普通住宅、别墅、商铺
阳光城地博凌云渡	重庆	九龙坡区	九龙坡区华岩隧道口西（白彭大道石板镇政府旁）	普通住宅、商铺
中建龙玺台	重庆	九龙坡区	九龙坡区动物园西郊路直行800米	普通住宅、商铺
融创精彩汇	重庆	九龙坡区	九龙坡区华美路	商铺
弘阳时光澜庭	重庆	九龙坡区	九龙坡区陶家（九龙园区轻轨站）	普通住宅
象屿公园悦府	重庆	九龙坡区	九龙坡区玉灵路246号（远洋城二期旁）	普通住宅
财信新界	重庆	九龙坡区	九龙坡区华岩新城（轻轨五号线金建路站）	普通住宅、公寓
万科彩云湖	重庆	九龙坡区	九龙坡区彩虹路中段	普通住宅
财信铂云府	重庆	九龙坡区	九龙坡区彩云大道	普通住宅、写字楼、商业
洺悦国际	重庆	九龙坡区	九龙坡区彩云湖CLD彩虹路（桃花溪旁）	普通住宅
阅璟山	重庆	九龙坡区	九龙坡区龙门阵大道人和中学旁	普通住宅
融堃彩云里	重庆	九龙坡区	九龙坡区二郎彩云湖入口处	商业
重庆鲁能领秀城	重庆	南岸区	南岸区天文大道1号（南岸新行政中心后面）	普通住宅、公寓、商铺
长嘉汇	重庆	南岸区	南岸区两江汇南滨路（法国水师兵营旁）	普通住宅
碧桂园海昌南山澜	重庆	南岸区	南岸区南山街道崇文路35号	别墅
金隅时代都汇	重庆	南岸区	南岸区茶园玉马路与通江大道交会处（茶园管委会公交车站边）	写字楼、商铺
和记黄埔地产御峰	重庆	南岸区	南岸区烟雨路江南体育馆旁（原罗家坝段）	建筑综合体
庆隆南山国际社区	重庆	南岸区	南岸区南山风景区（茶园新区玉马路1号）	普通住宅、公寓、别墅
喜马拉雅	重庆	南岸区	南岸区南滨路两江汇	普通住宅、商铺
欧麓花园城	重庆	南岸区	南岸区蔷薇路与天鹿大道交会处	普通住宅、别墅、商铺
万科金域学府	重庆	南岸区	南岸区学府大道二塘路(交通大学旁）	普通住宅、公寓
保利观塘	重庆	南岸区	南岸区渝南分流道（美堤雅城车站前行300米）	普通住宅
中海峰墅	重庆	南岸区	南岸区新南滨路(总部经济区旁）	别墅

楼盘名称	城市名称	城区	地址	物业类型
光华安纳溪湖	重庆	南岸区	南岸区茶园新区米兰大道（茶园下道第二个红绿灯前行150米）	别墅
奥园越时代	重庆	南岸区	南岸区茶园轻轨6号线（刘家坪站）	商铺、商业
翡翠御园	重庆	南岸区	南岸区南山路33号	别墅
鸿笙苑宝贝的墅	重庆	南岸区	南岸区茶园新区天文大道水云路99号（南岸区府旁）	普通住宅、公寓、别墅、商铺
中交漫山大隐	重庆	南岸区	南岸区府旁（茶园）	别墅
铂悦澜庭	重庆	南岸区	南岸区南滨路北段龙湖郦江旁	普通住宅、商铺
升伟一里南滨	重庆	南岸区	南岸区南坪东路交警九支队旁	普通住宅、公寓、商铺
启迪协信星麓原	重庆	南岸区	南岸区茶园新区通江大道与金鹿大道交会处（首创奥特莱斯旁）	普通住宅、别墅、商铺、建筑综合体
荣盛华府	重庆	南岸区	南岸区茶园新区天文大道北靠近刘家坪轻轨站	普通住宅、别墅、商铺
保利堂悦	重庆	南岸区	南岸区刘家坪轻轨站旁	普通住宅
碧桂园东原合能千屿	重庆	南岸区	南岸区江南新城广茂大道9号	别墅
中梁百悦汇	重庆	南岸区	南岸区学府大道与二塘路交会处	公寓、商铺
金辉泊舍	重庆	南岸区	南岸区南滨路金辉公园旁	别墅
金科博翠园	重庆	南岸区	南岸区茶园新区东西大道	普通住宅、别墅
枫丹江屿	重庆	南岸区	南岸区茶园新区应河湾路3号	普通住宅
保亿湖山鹿鸣	重庆	南岸区	南岸区江南新城怡林路	普通住宅、别墅
天誉智慧城	重庆	南岸区	南岸区弹子石朝天门大桥南桥头	普通住宅、公寓、写字楼、商铺
金辉长江铭著	重庆	南岸区	南岸区南滨路金辉公园旁	普通住宅、别墅
君临南山崇德府	重庆	南岸区	南岸区黄桷垭第二外国语学校正对面	普通住宅、别墅
康田澜山樾	重庆	南岸区	南岸区茶园刘家坪轻轨站旁	普通住宅、别墅
九阙府	重庆	南岸区	南岸区茶园天文大道北路（重医附二院江南分院旁）	普通住宅、别墅
金隅新都会	重庆	南岸区	南岸区江南新城南岸区政府旁	普通住宅
融侨首玺	重庆	南岸区	南岸区弹子石腾龙大道	普通住宅
金科联发东悦府	重庆	南岸区	南岸区茶园渝巴路	普通住宅
东旭御江湾	重庆	南岸区	南岸区八公里（凯恩国际家具城后）	普通住宅、公寓、商业
中国铁建万籁九歌	重庆	南岸区	南岸区茶园轨道6号线刘家坪站旁	普通住宅、别墅
两岸风华	重庆	南岸区	南岸区弹子石福民路24号	普通住宅

楼盘名称	城市名称	城区	地址	物业类型
国瑞江南御府	重庆	南岸区	南岸区茶园新城东西大道	普通住宅
俊峰香格里拉	重庆	沙坪坝区	沙坪坝区石井坡216号（磁器口西门斜对面）	别墅
启迪协信城立方	重庆	沙坪坝区	沙坪坝区大学城东路9号（重庆科技学院前100米）	普通住宅、公寓、别墅、建筑综合体
奇峰云邸	重庆	沙坪坝区	沙坪坝区歌乐山镇林海南路18号（森林公园旁）	别墅
宝嘉花与山	重庆	沙坪坝区	沙坪坝区大学城西路（重庆大学虎溪花园旁）	普通住宅、公寓、别墅、商铺
金科天宸	重庆	沙坪坝区	沙坪坝区西永商务中心区（地铁1号线微电园站旁）	普通住宅、别墅
恒大优活城	重庆	沙坪坝区	沙坪坝区西永微电园地铁站旁	别墅、商铺
书香溪墅	重庆	沙坪坝区	沙坪坝区大学城南二路（绿城管家站旁）	别墅、商铺
渝富滨江首岸	重庆	沙坪坝区	沙坪坝区石井坡原特钢厂位置（石井坡团结坝街道办事处对面）	普通住宅、公寓、商铺
重庆融创文旅城	重庆	沙坪坝区	沙坪坝区西永微电园地铁站片区	普通住宅、别墅、商铺
恒大未来城	重庆	沙坪坝区	沙坪坝区大学城南二路（重庆城市管理学院对面）	普通住宅、公寓、酒店式公寓
金融街金悦府	重庆	沙坪坝区	沙坪坝区磁器口	普通住宅、商铺
西永9号	重庆	沙坪坝区	沙坪坝区西部大学城北路28号	普通住宅、别墅
龙湖西宸原著	重庆	沙坪坝区	沙坪坝区西部新城科技学院东侧	普通住宅
蓝光公园华府	重庆	沙坪坝区	沙坪坝区富洲路（南方芒果派旁）	建筑综合体
美的金科郡	重庆	沙坪坝区	沙坪坝区西永西双大道虎溪河旁	普通住宅
首创天阅嘉陵	重庆	沙坪坝区	沙坪坝区时代湾沙滨路双碑轻轨站旁	普通住宅、商铺
万科金域华庭	重庆	沙坪坝区	沙坪坝区金沙正街国景大桥旁	普通住宅
阳光城翡丽公园	重庆	沙坪坝区	沙坪坝区沙滨西1号线前行1500米	普通住宅、公寓
西著七里	重庆	沙坪坝区	沙坪坝区西永微电园地铁站旁	普通住宅、公寓、商业
龙湖光年	重庆	沙坪坝区	沙坪坝区渝碚路街道三殊路19号（沙坪坝区沙坪坝高铁站旁）	公寓、写字楼、商铺、建筑综合体
龙湖开元	重庆	沙坪坝区	沙坪坝区西永商务中心区（地铁1号线微电园站旁）	别墅
富力院士廷	重庆	沙坪坝区	沙坪坝区西部新城西永陈家桥地铁站旁	普通住宅、公寓、商铺
万云府	重庆	沙坪坝区	沙坪坝区西永学城大道（西永管委会旁）	普通住宅
金融街融府	重庆	沙坪坝区	沙坪坝区沙滨路（轻铁一号线石井坡站前行500米）	普通住宅

楼盘名称	城市名称	城区	地址	物业类型
中建瑾和城	重庆	沙坪坝区	沙坪坝区西永团歇路与西尊路交叉口	普通住宅、商铺
桂语九里	重庆	沙坪坝区	沙坪坝区西永微电园西尊路	普通住宅
首创嘉陵十里	重庆	沙坪坝区	沙坪坝区双碑大桥旁	商铺、商住
国盛天鹅墅	重庆	沙坪坝区	沙坪坝区西永丰文大道 10 号	别墅、商铺
山城小院	重庆	沙坪坝区	沙坪坝区歌乐山林海南路 19 号	普通住宅、别墅
金沙玖悦	重庆	沙坪坝区	沙坪坝区三峡广场旁	普通住宅、商铺
华润置地润西山	重庆	沙坪坝区	沙坪坝区西永西城大道	普通住宅、商铺
朗基水印三生	重庆	沙坪坝区	沙坪坝区西永陈家桥地铁站旁	普通住宅、别墅
远洋朗基枫桦四季	重庆	沙坪坝区	沙坪坝区大学城中路北段	普通住宅、商住
远洋山水赋	重庆	沙坪坝区	沙坪坝区西永微电园地铁站旁 100 米	普通住宅
融汇温泉城未来里	重庆	沙坪坝区	沙坪坝区杨梨路	普通住宅、公寓、商铺、商业、共有产权房
富州平顶山	重庆	沙坪坝区	沙坪坝区高庙村地铁旁平顶山	普通住宅
重庆泷悦华府	重庆	沙坪坝区	沙坪坝区科学城（近轻轨 1 号线陈家桥站）	普通住宅、别墅
弘阳天宸一品	重庆	沙坪坝区	沙坪坝区联芳桥 19 号	普通住宅
嘉阅滨江	重庆	沙坪坝区	沙坪坝区北部井双新城井口正街	普通住宅
香港置地约克郡	重庆	渝北区	渝北区金州大道南重光湖畔	普通住宅、别墅
桃源居国际花园	重庆	渝北区	渝北区空港广场桃源大道 100 号	普通住宅、别墅
复地君屿墅	重庆	渝北区	渝北区回兴黄桷坪公园旁	普通住宅、公寓、别墅、商铺
两江春城	重庆	渝北区	渝北区新牌坊（红星美凯龙旁）	普通住宅、写字楼、商铺
龙湖两江新宸	重庆	渝北区	渝北区礼嘉礼仁街	普通住宅
东原湖山樾	重庆	渝北区	渝北区新牌坊星光大道北延线（现金州大道中段）	普通住宅、别墅、商业
信达国际	重庆	渝北区	渝北区黄山大道中段（青羽体育公园北面）	写字楼、商铺
恒大照母山	重庆	渝北区	渝北区照母山北麓	普通住宅、别墅、商铺
北城空港天地	重庆	渝北区	渝北区空港大道（轻轨 3 号线延长线观月路站旁）	普通住宅
公园大道	重庆	渝北区	渝北区央公园公园东路	写字楼、商铺、建筑综合体
恒大云湖上郡	重庆	渝北区	渝北区龙骏大道中段	普通住宅、别墅、商铺
香林豪郡	重庆	渝北区	渝北区回兴霓裳大道 6 号（南方翻译学院新大门对面）	普通住宅

楼盘名称	城市名称	城区	地址	物业类型
玥湖园	重庆	渝北区	渝北区照母山中心金州大道中段玥湖路 1 号（重光立交旁）	普通住宅
渝开发星河 One	重庆	渝北区	渝北区黄桷坪公园旁	别墅
融创国博天地	重庆	渝北区	渝北区国际博览中心上方（悦城路 36 号）	普通住宅、公寓、商业
融创玫瑰园	重庆	渝北区	渝北区礼嘉嘉陵江畔（轨道九曲河站前行 1 公里）	普通住宅
中国摩	重庆	渝北区	渝北区两路寸滩保税港空港功能区（轨道 3 号线举人坝站旁）	普通住宅、公寓、商铺
恒大中渝广场	重庆	渝北区	渝北区新牌坊新溉大道 9 号（重庆科技大楼旁）	写字楼、商铺、建筑综合体
棕榈泉悦江国际	重庆	渝北区	渝北区悦来国际会展中心旁	普通住宅
首地江山赋	重庆	渝北区	渝北区悦城路（国际博览中心旁）	普通住宅、别墅、自住型商品房
绿城两江御园	重庆	渝北区	渝北区龙盛新区两江影视国际城大桥西侧	公寓
华宇御澜湾	重庆	渝北区	渝北区礼嘉金海大道嘉澜路 8 号	别墅、酒店式公寓
恒大御都会嘉州城	重庆	渝北区	渝北区新牌坊郑家院子轻轨站旁	普通住宅、公寓、商铺
北大资源悦来	重庆	渝北区	渝北区悦来国博中心上方悦城路 33 号	普通住宅、别墅
江山樾	重庆	渝北区	渝北区照母山九曲河地铁站（九曲河湿地公园旁）	普通住宅、公寓、商业
华侨城天澜美墅	重庆	渝北区	渝北区礼嘉礼勤路	别墅
重庆财富金融中心 FFC	重庆	渝北区	渝北区财富大道 1 号（重庆财富金融中心 FFC2 楼）	写字楼
鲁能泰山 7 号	重庆	渝北区	渝北区中央公园腾芳大道 778 号	普通住宅、别墅、商铺、建筑综合体
融创金开融府	重庆	渝北区	渝北区金开大道 1666 号（轻轨 3 号线翠云站旁）	别墅
康桥融府 MOMA 金街	重庆	渝北区	渝北区照母山湖霞街 1 号	商铺
鹏润鹿山台	重庆	渝北区	渝北区同茂大道中央公园东	普通住宅
重庆太平洋广场	重庆	渝北区	渝北区政府西侧（轨道 10 号线渝北广场站）	商铺
中交中央公园	重庆	渝北区	渝北区中央公园东路西南侧	普通住宅、商铺、商住
龙湖舜山府	重庆	渝北区	渝北区照母山星光大道旁	普通住宅
龙湖九里峰景	重庆	渝北区	渝北区九曲河湿地公园旁	普通住宅、别墅、商铺、商业
碧桂园中俊天玺	重庆	渝北区	渝北区金渝大道岚峰隧道口	普通住宅、别墅
华侨城华悦中心	重庆	渝北区	渝北区礼嘉悦华路旁	公寓、酒店式公寓、商铺

楼盘名称	城市名称	城区	地址	物业类型
金科九曲河	重庆	渝北区	渝北区礼嘉九曲河湿地公园旁	别墅
万科金域蓝湾	重庆	渝北区	渝北区汽博中心金果大道 66 号	普通住宅
望江府	重庆	渝北区	渝北区悦来生态城	普通住宅、别墅
龙湖昱湖壹号	重庆	渝北区	渝北区礼嘉礼贤路	普通住宅、商铺
两江中迪广场	重庆	渝北区	渝北区奥特莱斯旁	公寓、商铺、建筑综合体
金辉中央铭著	重庆	渝北区	渝北区中央公园正南门	普通住宅
华商悦江府	重庆	渝北区	渝北区悦来同茂大道（悦来小学旁）	普通住宅、别墅
金科御临河	重庆	渝北区	渝北区龙兴镇两江大道龙脑山公交站旁	普通住宅、别墅、商铺
北辰悦来壹号	重庆	渝北区	渝北区悦来街道悦融一路 1 号	普通住宅、别墅
御璟湖山	重庆	渝北区	渝北区礼嘉礼贤路	普通住宅、别墅
融创九棠府	重庆	渝北区	渝北区龙兴御临河畔（两江影视城对面）	普通住宅
华润公园九里	重庆	渝北区	渝北区中央公园公园西路与甘悦大道交会处	普通住宅、别墅、商铺
北城星辰汇	重庆	渝北区	渝北区新牌坊立交东 200 米新溉大道佳园路（凯旋国际旁）	普通住宅、公寓、商铺、建筑综合体
北京城建龙樾生态城	重庆	渝北区	渝北区悦来生态城（距高义口轻轨站前行 100 米）	普通住宅、别墅
国瑞御府	重庆	渝北区	渝北区龙兴管委会旁（两江大道与龙驿大道交会处）	别墅
恒大御府	重庆	渝北区	渝北区照母山金州大道	普通住宅、商业
泰德晟景台	重庆	渝北区	渝北区礼嘉组团礼仁大道旁	普通住宅
雅居乐富春山居	重庆	渝北区	渝北区中央公园正南方	普通住宅、别墅
龙兴国际生态新城	重庆	渝北区	渝北区龙兴民国街外展场	别墅
碧桂园金科浦辉未来城市	重庆	渝北区	渝北区龙兴两江大道龙脑山公交站旁	普通住宅
华侨城嘉陵江天	重庆	渝北区	渝北区礼嘉金山大道旁	普通住宅
礼悦江山	重庆	渝北区	渝北区礼嘉礼仁街龙湖两江新宸森屿销售中心	普通住宅
桥达茂宸广场	重庆	渝北区	渝北区空港大道（轻轨 3 号线观月路站旁）	普通住宅、公寓、商铺
龙湖长滩原麓	重庆	渝北区	渝北区龙兴两江大道黄胡路（御临河滨江公园旁）	普通住宅、别墅
万科金开悦府	重庆	渝北区	渝北区金开大道沿线园博园正门旁	普通住宅
桥达天蓬樾府	重庆	渝北区	渝北区两江新区龙兴（绕城高速下道口）	普通住宅、别墅
中粮中央公园祥云	重庆	渝北区	渝北区中央公园西（渝北巴蜀小学旁）	普通住宅
龙湖景粼玖序	重庆	渝北区	渝北区中央公园两江国际商务中心	普通住宅
世茂璀璨天城	重庆	渝北区	渝北区金石大道 30[illegible] 号	普通住宅、别墅
新城朗隽大都会	重庆	渝北区	渝北区兰桂大道与萱华路交会处北侧	普通住宅、别墅
北大资源财富森林	重庆	渝北区	渝北区照母山金州大道 94 号	别墅、商住
两江曲院风荷	重庆	渝北区	渝北区水土门溪河旁（中国科学院参对面）	普通住宅、别墅
华侨城岚溪云墅	重庆	渝北区	渝北区金渝大道与嘉[illegible]务区	别墅
万瑞 MARRIER 天幕大平层	重庆	渝北区	渝北区金开大道与金州大道交会处	普通住宅
恒大城市之光	重庆	渝北区	渝北区空港新城兰馨大道与金缘路交叉口	普通住宅、公寓
樾千山	重庆	渝北区	渝北区金渝大道 5 号附近（重庆汽车研究院旁）	普通住宅
万科森林公园	重庆	渝北区	渝北区两江新区中央公园	普通住宅、别墅
合景誉峰	重庆	渝北区	渝北区中央公园西入口 300 米	普通住宅
御临府	重庆	渝北区	渝北区龙兴龙湾公园旁	普通住宅、别墅
兰园	重庆	渝北区	渝北区新牌坊旗龙路 77 号	普通住宅
北大资源兰庭序	重庆	渝北区	渝北区照母山金州大道 96 号	普通住宅、别墅
三峡国际 51LOFT	重庆	渝北区	渝北区两江总部智慧生态城步行街旁	公寓、商业
瀚学融府	重庆	渝北区	渝北区龙兴龙骏大道 899 号	普通住宅
招商雍璟城	重庆	渝北区	渝北区空港新城轻轨 3 号线[illegible]站	普通住宅
棕榈泉壹号	重庆	渝北区	渝北区金开大道 [illegible]0 号	商住
保利中央云璟	重庆	渝北区	渝北区桐岩村公园东路南侧（保利中央云璟营销中心）	普通住宅
雅居乐滨爵府	重庆	渝北区	渝北区礼嘉白马公园礼仁街北 200 米	普通住宅
万科翡翠公园	重庆	渝北区	渝北区中央公园西三门	普通住宅
江山云出	重庆	渝北区	渝北区悦来高义口地铁站附近	普通住宅
金科禹洲府	重庆	渝北区	渝北区空港大道北 5[illegible] 米（空港乐园旁）	普通住宅
御璟悦来	重庆	渝北区	渝北区高义口地铁站旁	别墅
协信哈罗国际	重庆	渝北区	渝北区龙兴两江大道舒家大桥旁	普通住宅、别墅、商业
重庆龙兴金茂府	重庆	渝北区	渝北区龙兴河堤路一段	普通住宅
美的中骏云璟	重庆	渝北区	渝北区空港大道莲石站旁	普通住宅
恒大轨道时代	重庆	渝北区	渝北区新牌坊董家院子站	普通住宅、商业

楼盘名称	城市名称	城区	地址	物业类型
国悦山	重庆	渝北区	渝北区悦城路36号（国博中心旁）	普通住宅
北大资源悦来玖仰	重庆	渝北区	渝北区悦来街道悦城路33号	普通住宅
飞洋创拓两港中心	重庆	渝北区	渝北区食品城大道中段（9/10号线上湾路站）	普通住宅、公寓、写字楼、商铺
龙湖星图	重庆	渝北区	渝北区礼嘉金山寺轻轨站旁	普通住宅、商铺
桃源居	重庆	渝北区	渝北区两路空港长凯路100号	别墅
首钢铂鹭风华	重庆	渝北区	渝北区空港大道莲花站旁	普通住宅
香港置地壹号半岛	重庆	渝北区	渝北区照母山金州商圈黄桷湖畔	普通住宅、别墅
中慧两江星云	重庆	渝北区	渝北区两江大道600号	商铺、商业
爱普新鸿府	重庆	渝北区	渝北区汽博中心宝石路188号	普通住宅、写字楼、商铺
龙湖尘林间	重庆	渝北区	渝北区新牌坊照母山星光隧道北出口龙湖舜山府（星湖学校旁）	普通住宅
重庆映月台	重庆	北碚区	北碚区水土高新产业园复兴小学旁	普通住宅
荣安柳岸潮鸣	重庆	渝北区	渝北区悦来组团轻轨6号线国博线高义口地铁站旁	普通住宅、别墅
中国摩春藤里	重庆	渝北区	渝北区空港东路777号（轨道3号线举人坝站旁）	普通住宅
蓝光芙蓉公馆	重庆	渝北区	渝北区中央公园东区两江小学前行约1公里处	普通住宅
万科星光森林	重庆	渝北区	渝北区照母山星光大道西侧	普通住宅
协信公馆	重庆	渝中区	渝中区胜利路132号（一号桥原中医院路口前行20米）	普通住宅、写字楼、建筑综合体
英利国际金融中心	重庆	渝中区	渝中区民权路28号	写字楼
英利中心1号	重庆	渝中区	渝中区大坪循环道	写字楼
财信渝中城	重庆	渝中区	渝中区解放碑中山一路（七星岗车站旁）	商住、建筑综合体
融创白象街	重庆	渝中区	渝中区凯旋路16号（西部药材商城旁药材公会）	普通住宅、公寓、商铺
万科鹅岭峰	重庆	渝中区	渝中区鹅岭正街58号、59号（鹅岭公园旁）	普通住宅
日月光解放碑1号R3	重庆	渝中区	渝中区民权路88号（较场口转盘旁）	普通住宅
重庆天地	重庆	渝中区	渝中区化龙桥瑞天路158号（人工湖旁）	普通住宅、自住型商品房
财信半岛铂寓	重庆	渝中区	渝中区解放碑中山一路6号（地铁1号线七星岗站旁）	商住
恒大解放碑中心	重庆	渝中区	渝中区解放碑五一路与中华路交界处	公寓、商铺
万科翡翠都会	重庆	渝中区	渝中区黄花园（巴蜀本部正对面）	普通住宅、商铺

楼盘名称	城市名称	城区	地址	物业类型
重庆中心	重庆	渝中区	渝中区两路口中山三路111号附近	普通住宅
和泓渝中界	重庆	渝中区	渝中区大坪肖家湾公交站旁	普通住宅、公寓、商铺、商住
紫东国际	重庆	渝中区	渝中区解放碑临江门30号32号	普通住宅
中国铁建山语城	重庆	北碚区	北碚区缙云大道168号（缙云山健身梯步旁）	别墅
龙湖紫云台	重庆	北碚区	北碚区北部新城（城南体育馆旁）	普通住宅、别墅
东原嘉阅湾	重庆	北碚区	北碚区蔡家嘉悦大桥旁（蒋家坪旁）	普通住宅、别墅
金科城	重庆	北碚区	北碚区蔡家大桥北嘉景大道6号	普通住宅、别墅、商铺
融创紫泉枫丹	重庆	北碚区	北碚区缙云大道113号	别墅
保利茵梦湖	重庆	北碚区	北碚区城南新城缙云大道万达广场旁	别墅
光亮天润城	重庆	北碚区	北碚区龙凤新区（龙凤溪轻轨站旁）	普通住宅、商住
中央大街	重庆	北碚区	北碚区蔡家云霞路188号（轨道6号线蔡家站旁）	普通住宅、写字楼、商铺
金科岭上	重庆	渝北区	渝北区国博中心北悦复大道旁	普通住宅、别墅
鲁能北渝星城	重庆	北碚区	北碚区天生丽街旁	普通住宅、公寓
恒大翡翠湾	重庆	北碚区	北碚区蔡家嘉运大道（兰海高速翡翠互通下道）	普通住宅、别墅
金科金辉美院	重庆	北碚区	北碚区嘉悦大桥北桥头	普通住宅、别墅
金科金辉博翠山	重庆	北碚区	北碚区蔡家大桥旁（同康路）	普通住宅、别墅、商铺
金科集美嘉悦	重庆	北碚区	北碚区蔡家岗立交旁	普通住宅、商铺
龙湖椿山璟宸	重庆	北碚区	北碚区蔡家大桥旁	普通住宅、别墅
华润琨瑜府	重庆	北碚区	北碚区城南新城状元小学旁	普通住宅、别墅
朗诗乐府	重庆	北碚区	北碚区蔡家大桥旁蔡家国际生活区	普通住宅、别墅
万科17英里	重庆	北碚区	北碚区五彩滨江公园旁	普通住宅、别墅
奥园鉴云山	重庆	北碚区	北碚区缙云山旁九龙大道（南州中学旁）	别墅
重庆奥园天悦湾	重庆	北碚区	北碚区童家溪香溪路奥园天悦湾	普通住宅
碧桂园长桥江山	重庆	北碚区	北碚区蔡家童家溪镇香溪路88号	普通住宅
中南玖宸	重庆	北碚区	北碚区蔡家轻轨6号线曹家湾站	普通住宅
首钢鎏云大道	重庆	北碚区	北碚区蔡家嘉运大道与同康路交会处	普通住宅
品鉴康养小镇	重庆	北碚区	北碚区静观镇桥亭村5社	别墅
红星大都汇	重庆	北碚区	北碚区蔡家嘉瑞大道188号	公寓、商铺、建筑综合体
重庆阳光城	重庆	北碚区	北碚区蔡家同康路18号	普通住宅、别墅

楼盘名称	城市名称	城区	地址	物业类型
云山长麓	重庆	北碚区	北碚区云开路云山长麓	普通住宅、商铺
奥山府	重庆	北碚区	北碚区高新生态城江北中学旁	普通住宅
禹洲雍锦府	重庆	北碚区	北碚区青凤路紫云台上	普通住宅、商铺、共有产权房
中德时光岭	重庆	北碚区	北碚区蔡家同康路79号	普通住宅
博翠藏山	重庆	北碚区	北碚区蔡家大桥旁同康路	别墅
万科四季花城	重庆	北碚区	北碚区悦复大道6号线刘家院子旁	普通住宅
碧桂园翡翠城	重庆	璧山区	璧山区永嘉大道115号（公交112直达）	普通住宅、别墅
中铁任之健康城	重庆	璧山区	璧山区大路街道三担湖公园内（渝隧高速大路下道口）	普通住宅、别墅
恒大绿岛新城	重庆	璧山区	璧山区绿岛新区东林大道67号	普通住宅、商铺
金科博翠天悦	重庆	璧山区	璧山区御湖新区御湖小学旁	普通住宅
中建湖山印象	重庆	璧山区	璧山区永嘉大道西段	普通住宅、别墅、商铺
久桓中央美地	重庆	璧山区	璧山区新区府御湖小学正对面	普通住宅、别墅
京汉云湖间	重庆	璧山区	璧山区水天池景区旁	别墅
凯辰玥明台	重庆	璧山区	璧山区御湖新区（秀湖汽车露营公园旁）	普通住宅、别墅
恒泰悦府	重庆	璧山区	璧山区东林大道和东山路交会处	普通住宅、商铺
金科天壹府	重庆	璧山区	璧山区国家高新区东林大道与聚金大道交会处	普通住宅
富力白鹭湾	重庆	璧山区	璧山区绿岛新区雪山路与福顺大道交会处（儿童公园附近）	普通住宅、别墅、商铺
黛山悦府	重庆	璧山区	璧山区黛山大道公交站	普通住宅
弘阳昕悦府	重庆	璧山区	璧山区铜山路与东林大道交会处	普通住宅
黛山道8号	重庆	璧山区	璧山区黛山大道与银山路交会处（枫香湖儿童公园旁）	普通住宅、商铺
千山新屿	重庆	璧山区	璧山区绿岛新区枫香湖儿童公园旁	普通住宅、别墅
融创云湖十里	重庆	璧山区	璧山区西轨道一号线璧山站	普通住宅
金科集美天宸	重庆	永川区	永川区星光大道88号	普通住宅
碧桂园翡翠湾	重庆	永川区	永川区神女湖风景区（文昌路与兴龙大道交会处）	别墅
中骏珑景台	重庆	永川区	永川区兴龙大道凤凰湖	普通住宅、商铺
万州恒大御景半岛	重庆	万州区	万州区江南新区密溪新城长江二桥南桥头	普通住宅、别墅、商业

楼盘名称	城市名称	城区	地址	物业类型
恒森亲水台	重庆	万州区	万州区江南新区长江二桥南桥头	普通住宅、别墅、写字楼、商铺
昆翔江山礼	重庆	涪陵区	涪陵区兴华西路与双宝路交会处	普通住宅
湖语山	重庆	潼南区	潼南区江北新区隆鑫中央大街旁	普通住宅
恒大湖山半岛	重庆	长寿区	长寿区长寿镇菩寿西路恒大湖山半岛	普通住宅
恒大金碧天下	重庆	江津区	江津区双福新区恒大大道1号恒大金碧天下国际会议中心	普通住宅、别墅、商铺
江津鲁能领秀城一街区	重庆	江津区	江津区滨江新城南北大道中段（重庆工程职业学院斜对面）	普通住宅、别墅、商铺、自住型商品房、商业
金科集美郡	重庆	江津区	江津区福星大道	普通住宅
中骏雍景湾	重庆	江津区	江津区双福新区津马大道与福城大道交会处（双福新区新管委会对面）	普通住宅
恒大国际文化城	重庆	江津区	江津综合保税区（绕城高速珞璜互通下道口旁）	普通住宅、别墅
华远春风度	重庆	江津区	江津滨江新城二津长江公路大桥鼎山平公园旁	别墅
碧桂园翡翠蓝山	重庆	江津区	江津区龙华街（洛璜新区府旁）	普通住宅、商铺
新城和昱麟云	重庆	江津区	江津区双福新区津马大道旁	普通住宅
中南紫云集	重庆	江津区	江津区能源学院旁	普通住宅
双福新鸥鹏拉菲公馆	重庆	江津区	江津双福新区昌城大道1599号	普通住宅
金科滨江中心	重庆	江津区	江津区轻轨滨江新城旁	普通住宅、商业
中骏云景台	重庆	江津区	江津区双福街道双福新区（李子湖畔旁）	普通住宅
阳光城中央大道	重庆	江津区	江津滨江新城中心新区府旁	普通住宅、商铺
中建云山小镇	重庆	江津区	江津区四面山景区东门对面	普通住宅、别墅
江津金科集美东方	重庆	江津区	江津双福新区渝庆路与津马大道交会处向西800米	普通住宅、商业
重庆桃李春风	重庆	大足区	大足区玉龙镇龙水湖度假区景观大道旁	普通住宅
黔江恒大名都	重庆	黔江区	黔江区武陵大道南段	普通住宅
北新御龙湾	重庆	合川区	合川区草街街道北新大道	普通住宅、公寓、商铺、建筑综合体
鹏润悦秀御江府	重庆	合川区	合川大学城合川公安局旁	普通住宅
金科集美江山	重庆	合川区	合川区南滨路	普通住宅
合川碧桂园智慧家	重庆	合川区	合川博萃大道与学府二路交叉口	普通住宅
中昂合府	重庆	合川区	重庆合川大学城学府一路	普通住宅

楼盘名称	城市名称	城区	地址	物业类型
中海黎香湖	重庆	南川区	南川区黎香湖大道东 200 米	普通住宅、别墅
金佛山奥悦冰雪小镇	重庆	南川区	南川区头渡镇金佛山南坡	普通住宅、别墅、商住
南川碧桂园翡翠世家	重庆	南川区	南川区西城街道来游路与金川路交会处	普通住宅
奥园金澜湾	重庆	綦江区	綦江区南州中学旁	普通住宅
恒大世纪梦幻城	重庆	綦江区	綦江区文龙街道长生路 88 号	普通住宅、公寓、酒店式公寓、商铺
阳光城翡丽云邸	重庆	綦江区	綦江区通惠大道南方翻译学院旁	普通住宅、商业
融创公园学府	重庆	綦江区	綦江区东部新城綦江东高铁站旁	普通住宅、别墅
丹香御府	重庆	垫江县	垫江县桂溪街道青年路 68 号（体育场北侧）	普通住宅、别墅、商住、建筑综合体
忠州碧桂园	重庆	忠县	忠县白宫街道玉溪三桥旁	普通住宅、别墅、商铺
华宇林语岚山	重庆	石柱县	石柱土家族自治县黄水国家森林公园	普通住宅
融创金弈时代	重庆	巴南区	巴南区李家沱江强宾馆西（李家沱正街西）	普通住宅、公寓、商业
金科美辰	重庆	巴南区	江南新城天鹿大道	普通住宅
溪山玥	重庆	巴南区	巴南区渝南大道岔路口轻轨站旁	普通住宅
浣溪锦云	重庆	巴南区	巴南区杨柳滩桥	普通住宅
融汇半岛拾光公馆	重庆	巴南区	巴南区融汇半岛美邻小镇旁	普通住宅
合谊理想城	重庆	巴南区	巴南区巴滨路（建新公交站旁）	普通住宅、别墅、商业
中建南宸玖樾	重庆	巴南区	巴南区龙洲湾商圈	普通住宅
中梁和苑	重庆	巴南区	巴南区李家沱正街花溪医院对面	普通住宅
泊云府	重庆	巴南区	巴南区渝南大道 672 号	普通住宅、公寓、商住、商业
合能枫丹玖悦	重庆	巴南区	巴南区渝南大道轻轨岔路口站旁	普通住宅
重庆洺悦府	重庆	江北区	江北区水滨路 29 号	普通住宅、商铺
重庆时代中心	重庆	江北区	江北区观音桥步行街	普通住宅
新城琅翠	重庆	江北区	江北区唐家沱唐桂新城	普通住宅
招商城市主场	重庆	江北区	江北区米亭子小学旁（兴竹路西）	普通住宅
SUNAC A-ONE	重庆	江北区	江北嘴	普通住宅、写字楼、商业
华润中心悦府	重庆	九龙坡区	万象城轻轨（2 号线谢家湾站旁）谢家湾正街 55 号	普通住宅、写字楼、酒店式公寓、商铺、商业
弘阳拾光里	重庆	九龙坡区	九龙坡西城陶家	商铺、商住
升伟铂寓	重庆	九龙坡区	杨家坪商圈	普通住宅、写字楼、商铺
蝴蝶里	重庆	九龙坡区	九龙坡高新区金粟路 1 号	普通住宅、公寓、商业

楼盘名称	城市名称	城区	地址	物业类型
融侨星域	重庆	南岸区	南岸区腾黄路弹子石小学 CBD 校区旁	普通住宅
首创禧瑞山河	重庆	南岸区	区南岸区茶园北刘家坪轻轨站旁	普通住宅、别墅
北大资源紫境府	重庆	南岸区	重庆南岸茶园新区天文北路（重医附二院江南分院旁）	别墅
金隅南山郡御澜院	重庆	南岸区	南岸区南山中央湿地公园旁	别墅
十里长江	重庆	南岸区	南岸区南滨路朝天门大桥旁十里长江销售中心	普通住宅、别墅、商铺、建筑综合体
山晓	重庆	南岸区	南岸区南山街道重庆南岸区崇文路 214 号	普通住宅、别墅
金科南山	重庆	南岸区	南岸区茶园玉马路 1 号	普通住宅、别墅
新天泽首誉	重庆	南岸区	南岸区茶园通江大道	普通住宅、公寓、商业
俊峰山万里	重庆	沙坪坝区	沙坪坝区石井坡 217 号	普通住宅
西阅星辰	重庆	沙坪坝区	沙坪坝区文旅城营销中心内	普通住宅
万科理想城	重庆	沙坪坝区	沙坪坝区科学城渝新欧起点	普通住宅
华宇城	重庆	沙坪坝区	沙坪坝区风天大道（原凤鸣山中学）	普通住宅、公寓、商业
融创曲水风和	重庆	沙坪坝区	沙坪坝区西永 L 组团	别墅
七星企业公园	重庆	渝北区	渝北区两路工业园回兴街道服装城大道 83 号	商住
东原映阅	重庆	渝北区	渝北区宝圣路 14 号	普通住宅
中伦金海岸	重庆	渝北区	渝北区华山南路 23 号	普通住宅、商业
龙湖天际	重庆	渝北区	渝北区两江国际商务中心	公寓、写字楼、商住
商社又壹城	重庆	渝北区	渝北区新溉大道	公寓
恒大中渝广场天璟	重庆	渝北区	渝北区红锦大道	普通住宅
绿城晓风印月	重庆	渝北区	渝北区礼嘉北恒公园旁	普通住宅
旭辉金科空港	重庆	渝北区	渝北区 G210（包南线）	普通住宅
蓝光未来城	重庆	渝北区	渝北区国际智慧生态住区	普通住宅、商业
金科美的原上	重庆	渝北区	两江新区秋成大道北段	普通住宅、别墅
香港置地云山岳	重庆	渝北区	两江新区悦来国博中心旁	普通住宅
首地江山赋浅山台	重庆	渝北区	两江新区悦山路 5 号	普通住宅、商铺
阳光城未来悦	重庆	渝北区	渝北区中央公园公园北路	普通住宅
中渝御府	重庆	渝北区	渝北区新牌坊金山路 9 号	别墅
林山郡	重庆	渝北区	渝北礼嘉金渝大道 6 号	普通住宅

楼盘名称	城市名称	城区	地址	物业类型
嘉景湾	重庆	渝北区	渝北区金海大道旁	普通住宅、别墅
华侨城溪山集	重庆	渝北区	渝北区金山大道华侨城	普通住宅
华侨城云麓台	重庆	渝北区	渝北区金山大道华侨城	普通住宅
融信海月平湖	重庆	渝北区	渝北区回兴街道宝桐路与宝桐一路交界处	普通住宅
壹江郡	重庆	渝北区	重庆两江新区金州大道嘉陵江岸	普通住宅、别墅、商铺
云空云镜	重庆	渝中区	渝中区渝中路 190 号	普通住宅
光大控股朝天门中心	重庆	渝中区	渝中区朝天门新华路 1 号	公寓
融创溪山春晓	重庆	北碚区	北碚区同源路	普通住宅
金融街两江融府	重庆	北碚区	重庆两江新区西大附中水土校区旁	普通住宅、别墅
保亿御景玖园	重庆	北碚区	重庆北碚蔡家金兴大道（人民路小学旁）	普通住宅
新天泽樾麓台	重庆	北碚区	北碚区蔡家同康路	普通住宅
保利平湖溪院	重庆	北碚区	北碚缙云大道万达广场旁	别墅
融创映湖十里	重庆	北碚区	北碚区蔡家半岛嘉运大道与同康路交会处	普通住宅
中骏弘阳樾景台	重庆	北碚区	北碚区碚青路	普通住宅
融创合景珑锦学府	重庆	北碚区	北碚区云顶路 188 号	普通住宅
江州锦云	重庆	北碚区	两江新区方正大道	普通住宅
璟月台	重庆	北碚区	两江新区中央公园北竹溪河公园旁	普通住宅、别墅
恒大御澜庭	重庆	璧山区	璧山区黛山大道南段	普通住宅
中骏璟颂	重庆	璧山区	璧山区沿河西路南段	普通住宅
蓝光雍锦府	重庆	永川区	永川区万达商圈观音山公园旁	普通住宅
永川协信昌州古城	重庆	永川区	永川区文昌路 898 号	商业
碧桂园天玺湾	重庆	涪陵区	涪陵区团结路 28 号	普通住宅
涪陵碧桂园首府	重庆	涪陵区	涪陵区太极大道 85 号	普通住宅
蓝光雍锦湾	重庆	涪陵区	涪陵区东富大道万达旁（原工东师院旧址）	普通住宅
鹏润悦秀天宸	重庆	潼南区	潼南区潼幸汽车客运总站南侧	普通住宅、商业
潼南恒大绿洲	重庆	潼南区	潼南区甘泉路与五彩路交叉口	普通住宅
仙女山懒坝禅境艺术小镇	重庆	武隆区	武隆区仙女山	别墅
仙山丽景	重庆	武隆区	武隆区仙女山镇银杏大道 52 号附 6 号	普通住宅、公寓
金杯半山云上溪谷	重庆	武隆区	武隆区仙女山镇银杏大道 156 号	普通住宅
芳草地雪岭仙山	重庆	武隆区	武隆区仙女山镇银杏大道核心地段	普通住宅
佳兆业篆山熙园	重庆	江津区	江津区津马路篆山坪公园（江津实验小学旁）	普通住宅、商业
重庆富力尚悦居	重庆	江津区	江津区玉兰大道东 50 米	普通住宅
迪鑫阳光天宸	重庆	江津区	江津区枫林大道	普通住宅
金科中泰上境	重庆	合川区	合川区赵家渡水生态公园	普通住宅、别墅
南川恒大滨河左岸	重庆	南川区	南川区西城街道恒大滨河左岸隆化大道 20 号	普通住宅
澜天湖	重庆	丰都县	丰都县南天湖景区内	普通住宅、别墅
丰都碧桂园	重庆	丰都县	丰都县幸福大道 83 号	普通住宅
垫江红星天铂	重庆	垫江县	垫江县牡丹大道北 100 米	普通住宅、商铺
玉湖澜湾	重庆	垫江县	垫江县明月大道	普通住宅
彭水新岭域	重庆	彭水县	彭水苗族土家族自治县乌江西路	普通住宅、商业
新鸥鹏开元府	重庆	彭水县	彭水苗族土家族自治县彭务路	普通住宅

北大资源紫境府

- 2019年 -
中国城市楼盘年鉴
典型项目

重庆　现代豪宅　人文艺术　高级定制

北大资源紫境府位于重庆市茶园新区核心地段，主推别墅与大平层产品，人文艺术底蕴浓厚，为区域内难得的现房楼盘。

专家点评

邱旭·人民网重庆频道、重庆发布运营总裁

既有对天赋热土的尊敬，也有对人居需求的考量；既有十足的尺度感，也有精致的细节；既有历史人文的积淀，也有创新探索。如此用心的产品，才配得上重庆人的生活理想。

项目地址：

重庆市南岸区茶园新区天文北路重医附二院江南分院旁

开发商：

重庆悦睿和置业有限公司

建筑类型：

别墅、平层

主力户型：

160~190 平方米叠墅、150~190 平方米平墅

周边配套：

重医附二院、重庆东站、广阳岛、轨道 6 号线

参考价格：

总价 260 万 ~340 万元 / 套

楼盘优势：

北大资源匠筑，茶园核心定制级现房豪宅，户型设计优异，人文底蕴深厚。

项目解析

【区域维度】

北大资源集团作为一家创立于 1992 年的综合性集团公司，经过 27 年的发展，目前已拥有企业 27 家，形成环渤海、长三角、粤港澳大湾区、西南经济带、华中经济带五大区域的战略布局，业务版图覆盖 20 余个中心城市，开发运营面积超过 2000 万平方米，管理资产规模逾千亿元，在产业园区开发及运营、房地产开发及运营、物业管理服务等领域都颇有建树。

2018 年，北大资源销售额突破 383.4 亿元，年复合增长率超过 50%。重庆北大资源销售额超 50 亿元，稳居重庆地产销售金额前列。这充分说明，经过多年沉淀，北大资源的品牌口碑和实力已经进入新的爆发期。

【区域维度】

北大资源紫境府项目位于茶园新区天文大道。根据广阳岛最新规划，作为重庆城市发展的副中心之一，该区域内未来将拥有五条轨道线，“四纵四横”区域骨架路网系统加持，为便捷生活和未来发展注入强劲动力。同时，依靠南山山脉、公园环伺、紧邻重医附二院江南院区等诸多利好，这一区域对城市自然、配套资源的占有更加引人注目。未来，随着诸多规划的进一步落地，这一城市高端居住聚集区的价值将会更加凸显。

【口碑维度】

从 2011 年进入山城以来，北大资源打造的项目一直备受购房者关注与热捧。

七大品质项目总开发体量达到约 380 万平方米，服务超过 2 万组业主，无论是销量还是口碑，都处于行业较高水平。同时，凭借持续的优质运营、高度的社会责任感，北大资源重庆也受到来自社会各界的广泛认可，先后荣获重庆市房地产行业重信誉企业、诚信企业等诸多荣誉。

【产品维度】

北大资源紫境府作为重庆高端现房大宅的代表产品，无论是选址还是产品的打造，都显示出了北大资源打造重庆新人居范本的决心与诚意。

逾 150 平方米的建筑面积，首先保证了居住空间的“大尺度”，加上 270°全景窗围，约 500 平方米花园的独特配置，使居住空间的定制感与舒适度进一步提升。同时，项目在景观打造上，别出心裁取富春山居图神韵，以“富春十二境”实现景观与人文的交融，以全龄运动、亲子活动、康养健身、休闲娱乐四大场景，老人散步、下班生活、子女教育、社交休闲四大生活流线，实现人与自然、建筑的和谐对话，同样颇有创造性。

除此之外，项目特别搭建“CBG”大管家服务体系，以豪华管家配置、专属管家仪式、高端私享圈层三大圈层礼仪服务为生活保驾护航，也让业主的生活尊崇感满满。

可以说，无论是严苛的硬件打造，还是软性的细节服务，北大资源紫境府都堪称重庆别墅产品的创新之作。

【销售维度】

2019 年 10 月底，北大资源紫境府首开，聚焦市场目光，受到高端购房者的热烈追捧，实现口碑与销售双丰收。

更多楼盘详情请扫码查看

碧桂园长桥江山

- 2019年 -
中国城市楼盘年鉴
典型项目

重庆 湾区豪宅 半岛纯墅 资源丰富

碧桂园长桥江山位于重庆礼嘉湾区，项目占地约 115 万平方米，建筑用地约 31 万平方米，建筑面积约 30.56 万平方米，由重庆红鼎实业发展有限责任公司开发。

项目地址：
重庆市北碚区童家溪镇香溪路 88 号

开发商：
重庆红鼎实业发展有限责任公司

建筑类型：
别墅

主力户型：
866~898 平方米独栋

周边配套：
蔡家商圈、五彩滨江公园、红鼎高尔夫、卓悦马会

参考价格：
总价 900 万 ~1200 万元 / 套

楼盘优势：
项目择址礼嘉湾区，打造约 1200000 平方米纯墅区。紧邻中梁山，坐享嘉陵江及翡翠湖水景的同时，配备高尔夫、卓越马会及名流会所等高端设施。

项目解析

【品牌维度】

碧桂园是中国新型城镇化进程的身体力行者，全球绿色生态智慧城市的建造者。成立于 1992 年，27 载砥砺前行，高品质项目遍布全国及世界 1200 余个城镇。2007 年，碧桂园成功于香港上市，2019 年位列美国《财富》杂志“世界 500 强”第 177 位、《福布斯》“全球上市公司 2000 强”第 129 位，实力领衔中国地产三强。秉承“给您一个五星级的家”的不变理念，碧桂园致力成为为全世界创造美好生活产品的高科技综合性企业。

【区域维度】

重庆开启第三次“北进”，礼嘉成为两江新区重要的核心所在以及炙手可热的板块之一。礼嘉定位“国际商务旅游生态城”，同时规划建设 10 平方公里智慧城，区域量级提升至国家级高度。碧桂园长桥江山位于礼嘉湾区千万级滨江豪宅带，与龙湖、华侨城、融创等品牌的千万级豪宅一起，构建起重庆新兴富人区。项目落子嘉陵江、翡翠湖、中梁山勾勒的湾区秘境半岛，一桥之隔，可近享约 120 万平方米龙湖天街商业及欢乐谷、儿童医院等丰富配套，尽享城市繁华成熟生活。

【口碑维度】

碧桂园长桥江山是碧桂园西南地区的扛鼎级作品，也是继广东顺德、福建福州之后，碧桂园打造的第三个高尔夫别墅项目。在重庆，碧桂园长桥江山是市场上少有的千万级豪宅项目，凭借优渥的生态资源、尊崇的高定配套及匠心的产品打造，在同档次产品中颇为突出，市场影响力毋庸置疑。

项目汇集世界大师团队，美国道林、澳大利亚奇景、美国 BBG BBGM& 香港 PAL 梁景华、美国赫斯贝德纳 (HBA)、尼尔哈沃斯等匠心共筑，奠定了项目一流的品质与水准。

项目围绕城市名贵圈层，定期举办高端定制活动及高尔夫体验活动等，上演豪宅奢贵人生，赢得城市上层品位人士的广泛赞誉。

【产品维度】

碧桂园长桥江山总建筑面积约 120 万平方米，汇聚江、山、湖优渥自然资源，容积率仅约 0.9，是城市难得一见的低密生态豪宅墅区。项目奢造约 80 万平方米山地高尔夫、约 8000 平方米卓悦马术俱乐部及约 20000 平方米长岛荟名流会所，高端配套集聚，在整个重庆亦颇为罕有。

项目规划为纯别墅住区，一期更为目前市场上难得一见的纯独栋别墅，产品复刻英、法、意三国经典风格，以全石材外立面打造，经久传世；产品户型上采用双首层、双层挑空、层层露台、大尺度开间等设计，视野开豁，江山果岭尽收于室。在“限墅令”市场环境下，成为城市典型作品。同时，依托碧桂园高端物业服务，为业主尊崇定制七大专属服务，贴心构建五星级生活奢享。

【销售维度】

克而瑞数据显示，截至 2019 年 12 月 21 日，重庆市 500 万级以上独栋、类独栋别墅共成交 298 套，面积 143866.58 平方米，金额 24.33 亿元；碧桂园长桥江山项目成交套数 53 套，面积 35361.43 平方米，金额 4.31 亿元，均为重庆市第一；去化套数占比 17.8%，金额占比 17.7%，面积占比 24.6%。

更多楼盘详情请扫码查看

专家点评 王芳·重庆市房地产开发协会副会长、秘书长

在重庆市场，千万级以上别墅项目屈指可数。作为全国地产龙头企业的碧桂园，需要有长桥江山这样一个项目存在。从项目的配置上看，无论是资源、配套还是产品，都足见心血的倾注，因此十分值得关注与推荐。

长嘉汇

- 2019年 -
中国城市楼盘年鉴
典型项目

重庆　城市封面　CBD 核心　文旅坐标

长嘉汇位于长江、嘉陵江两江交汇之上，由香港置地和招商蛇口两大百年开发名企打造，总占地面积逾 33 万平方米，建筑面积约 150 万平方米。规划有城市集中商业、城市高端居住、城市商务等功能。

项目地址：
重庆市南岸区南滨路

开发商：
重庆招商置地开发有限公司

建筑类型：
高层、平层

主力户型：
130 平方米三居、163 平方米四居、216~460 平方米五居

周边配套：
长嘉汇购物公园、武警医院、弹子石老街、小学

参考价格：
高层 20000~32000 元 / 平方米、平层 25000~40000 元 / 平方米

楼盘优势：
由香港置地和招商蛇口两大百年开发名企打造，地处两江交汇城市核心，坐享重庆 CBD 资源及商业配套。目前在售临江组团，演绎城市滨江生活。

专家点评

高维峰 · 中国新闻社重庆分社社长助理

项目位于重庆南岸区南滨路，珍贵的两江交汇之上，为香港置地与招商蛇口两大名企联袂打造。项目周边拥有弹子石老街、朝天门广场、重庆大剧院等重庆城市地标类建筑，地理位置之优越可见一斑。

项目解析

【区域维度】

长嘉汇位于重庆弹子石 CBD 桥头堡位置，是构成重庆 CBD“黄金三角”的三大 CBD 之一。长嘉汇临江而建，直面长江与嘉陵江交汇，拥揽两江交汇城市壮阔景观。

弹子石 CBD 承担中央城市配套服务功能，囊括高级居住、公寓、酒店和文化设施等。区域内中国（重庆）自贸办公室落户，中国工商银行重庆分行进驻，京东、小米等“世界 500 强”企业抢滩；规划轻轨、11 号线两条轨道交通，重庆长江大桥、东水门长江大桥、朝天门大桥、大佛寺长江大桥四座大桥连接两江四岸，两江隧道、南山隧道、慈母山隧道，三条隧道贯穿解放碑、江北嘴、茶园板块。

【品牌维度】

长嘉汇由香港置地和招商蛇口两大百年名企联袂打造，共同铸就了长嘉汇对城市的远见。

香港置地始建于 1889 年，布局全球八个国家。打造“滨海湾金融中心”，成就新加坡核心城市景观；坐落于澳门的“壹号广场”已成为现代奢侈购物和旅游的新体验。招商蛇口始建于 1872 年，是近代中国为实现强国之梦在商业领域的尝试。蛇口太子广场，206 米现代化城市综合体、高端商务中心，被誉为中国写字楼第一座“艺术能量中心”。

【口碑维度】

长嘉汇以对城市的敬意，在打造滨江“大城”、为城市带来全新繁华的同时，更注重对城市历史人文的继承和传扬。复建长嘉汇弹子石老街，保留老街上的百年建筑、原有的门头等，修复法国水师兵营建筑，并邀约全国三大非遗石刻传承人，共同镌刻城市文化石刻群，传扬城市文化。2018 年，长嘉汇弹子石老街以开埠文化为主题，挂牌国家级 4A 旅游风景区，获得重庆人以及境内外游客的一致赞誉。

【产品维度】

在对城市人居生活不断深研洞察的基础之上，长嘉汇不断升级城市人居产品，以满足人们对居住空间、城市生活的更高要求。一线临江地段之上，推出长嘉汇两江峰城市平层。建面约 200 平方米以上平层空间，采用全球前沿时尚臻装格调、知名品牌家电等，定义全新城市平层，赢得城市高净值人群的认同。

建筑外立面采用更简约现代的审美风尚，大面积玻璃幕墙搭配铝型材，勾勒出更时尚的建筑外立面，在两江交汇之上营造璀璨城市天际线。

项目以一条空间对角线的灵感，立序户型空间。客厅及主卧套房一侧，直面两江交汇城市景观，次卧及厨房等家庭功能空间布局更静谧一侧，整体空间布局更加有序，满足不同家庭成员的生活需求。

【销售维度】

案场数据显示，2019 年 6 月，长嘉汇 8 号、9 号楼开盘，当天劲销 600 套，所推房源全部售罄，去化率达 100%，销售金额 11.7 亿元。2019 年 11 月，长嘉汇两江峰收官之作开盘，当天热销 2.7 亿元。截至 2019 年 10 月，据铭腾机构数据统计，重庆总价千万级大平层共成交 3.16 万平方米，其中长嘉汇两江峰占 2.25 万平方米，整体市场占比高达 71%。

更多楼盘详情请扫码查看

重庆融创文旅城

2019年 中国城市楼盘年鉴 典型项目

重庆　欢乐地标　千亩大盘　年销百亿

项目位于重庆沙坪坝区西林大道 88 号，总占地面积约 446.7 万平方米。文旅业态集合融创乐园、融创茂、岛式星级酒店群，预计 2020 年 4 月起将陆续开业；住宅业态高层、洋房、别墅、商铺全业态产品在售。

项目地址：

重庆市沙坪坝区西永微电园西林大道 88 号

开发商：

重庆万达城投资有限公司

建筑类型：

高层、洋房、别墅、商铺

主力户型：

83~140 平方米二至四居、125~164 平方米四居、163 平方米下叠

周边配套：

融创乐园、融创茂、酒店群、幼小初教育配套

参考价格：

高层 9926.5 元 / 平方米，洋房 11000~12700 元 / 平方米

楼盘优势：

项目由中国地产龙头企业开发，是千亩级品质大盘。享有世界主题乐园、文娱商综合体、幼小初教育等配套，占据重庆向西优势地段。

专家点评

邱旭：人民网重庆频道、重庆发布运营总裁

作为融创文旅布局西南的重点文旅项目，重庆融创文旅城文旅业态在融创乐园、融创茂中布局了39台先进的游乐设施设备，而岛式星级酒店群和会议中心的规模档次在西南也较为罕见。未来项目或将填补重庆乃至西南地区家庭出游市场的空白。

项目解析

【区域维度】

近年来，重庆“向西”呼声高涨，西区政策利好不断。西永作为重庆向西重要的节点之一，坐享高新区升级、科学城落地、成渝城市群、西部陆海新通道等重大城市发展红利。

目前，连接西永片区的轨道、桥隧网络中，已建成轨道 1 号线、石门大桥、高家花园大桥、双碑大桥、大学城隧道、双碑隧道、井口隧道、西永隧道；正在修建礼嘉大桥、大竹林大桥、土主隧道、大学城复线隧道，未来全部建成后，可便捷通达主城、江北、渝北、九龙坡等区域。

项目自身配套世界主题乐园融创乐园、文娱商综合体融创茂以及岛式星级酒店群、四座幼儿园（一所已建成未开园、两所修建中，一所规划中）、两所小学（一所已开学，一所规划中）和一所初中（规划中）。此外，项目周边已建成投用的教育、生态资源亦较为丰富，生活宜居度较高。

【品牌维度】

融创中国控股有限公司（01918.HK）是香港联交所主板上市企业。公司成立于 2003 年，以“至臻，致远”为品牌理念、致力于通过高品质的产品与服务，整合高端居住、文旅、文化、商业配套等资源，为中国家庭提供美好生活的完整解决方案。

融创中国坚持地产核心主业，围绕“地产 +”美好生活全面布局，下设融创地产、融创服务、融创文旅、融创文化四大战略板块。业务覆盖中高端住宅开发、产业地产、商业地产、物业服务、文化旅游、酒店、影视内容制作发行、影视拍摄服务等。

经过多年稳健发展，融创中国已确立行业竞争优势，成为受到客户高度认可的中国家庭美好生活整合服务商。

【口碑维度】

从销售中心“初遇”到准业主时期的沟通往来与品质把控，从一户一验的预验房到交付时的全程陪伴，从贴心物业服务到老社区的焕新，十大环节、35 项服务内容、178 个服务场景，共同构成了融创西南“归心 100+”全周期满意度服务链，让业主感受每一刻美好。

【产品维度】

在产品打造上，重庆融创文旅城高层、洋房、别墅、商业全业态在售，建面约 83~163 平方米的二居、三居、四居产品均有；无论是首次置业，还是改善升级，抑或是投资增值，在这里均能找到理想的产品，可满足不同家庭的需求。主推建面约 145.84 平方米洋房，四居配置，净宽约 8 米大阳台，视野开阔；主卧套房设计，配独立卫浴衣帽间（空间预留）。

【销售维度】

克而瑞数据显示，自 2019 年 3 月以来，重庆融创文旅城持续领跑楼市销量。截至 2019 年 11 月 7 日，销售套数达到 9863 套，成交金额实现 100.5 亿元，成为重庆楼市历史上首个单盘年销破百亿元项目。2019 年 1 月至 11 月，重庆融创文旅城接待客户 16 万组，集中开盘 32 次，平均每 9 天开一次盘，最多一天办理了 224 套产品的签约。

更多楼盘详情请扫码查看

2019年 中国城市楼盘年鉴 典型项目

重庆阳光城

重庆 知名房企 滨江大盘 生态低密

项目为千亩滨江低密大盘，坐拥蔡家湾区776000平方米城市大境，享约1公里江岸线，面山临江。项目区域内有多个绿化公园，自身规划集中商业，配套北碚区朝阳小学两江校区（按政府划片入读）等教育资源。

项目地址：

重庆市北碚区蔡家同康路18号

开发商：

重庆上善置地有限公司

建筑类型：

高层、小高层、洋房、平层、别墅

主力户型：

99平方米三居、119~135平方米四居

周边配套：

五彩滨江公园、项目集中商业（规划中）

参考价格：

10889平方米/元起

楼盘优势：

重庆滨江带稀缺的千亩大盘，坐山拥水，拥揽九大公园，优质教育配套，邻近蔡家医院，业态丰富，配套醇熟。

专家点评

邱旭·人民网重庆频道、重庆发布运营总裁

重庆阳光城是一个标准的大型滨江城市综合体。规模很大，容积率较低，产品丰富，涵盖高层、洋房、别墅和集中式商业中心。而且位置很好，是蔡家改善型居住区的几何中心。

项目解析

【品牌维度】

阳光城集团是“世界500强”阳光控股旗下核心成员，凭借稳健的综合实力位列2018中国地产TOP15。阳光城致力于用高品质的产品与服务，给客户超越期待的感动。

阳光城集团入渝一年有余，就以迅雷之势拍下各区6宗地块，位于蔡家的重庆阳光城是集团首个山城大盘。对于阳光城集团这个专注打造大盘多年的品牌企业来说，坐拥776000平方米城市大境、约1公里江岸线的千亩滨江城市综合体，势必成为重点打造对象；用实力和品质带给城市不一样的生活体验。

【区域维度】

如今的蔡家，土地价格飞涨，全国众多知名开发商云集；沿着绵延的嘉陵江岸线，共同打造生态宜居、配套完善的高端居住区。蔡家大桥、宝山大桥等多条桥梁的建设，连通了照母山、礼嘉、新牌坊等区域，繁华商圈近在咫尺；低密度居住区，板块平均容积率2.0，人均绿化超主城两倍，在重庆各大区域中宜居舒适性高；19公里的江岸线，6000万平方米绿地，居家环境良好。这些核心价值，让蔡家成为置业者的优质之选。

【口碑维度】

重庆阳光城作为蔡家湾区罕有的千亩滨江低密“大城”，一经面世即成为市场焦点。从XL概念版江山大平层到叠拼别墅，再到云湖里组团亮相，次次惊艳市场，备受业内外赞扬。

2019年，重庆阳光城“檀府”XL大平层样板间荣获中国地产行业国际性设计大奖“地产设计大奖·中国优秀奖”。

重庆阳光城秉承集团“有阳光，有梦想”的核心理念，于2019年初冬之际推出“暖光计划”，通过“光艺术”“暖人生”等核心模块，实现业主在社区生活理念与休闲娱乐标准上的全面升阶，让业主生活从此大不同。目前，暖光活动已举办两期，收获业主赞声连连。

【产品维度】

重庆阳光城“檀府”XL概念版江山大平层，独创XL概念设计，L型创意空间布局，阔景阳台270°环幕观江；双套房人性化设计，独立卫浴，餐、客厅横式布局，约7.5米面宽，满足城市高端置业需求。御江精奢叠墅，二层大卧室，衣帽间、小书房，空间灵动多变。约10米超大面宽，内约3.3米挑高，轻松拥有别墅品质生活。

重庆阳光城云湖里组团位于重庆阳光城北E、F组团地块，以湖为中心构建起大城滨水生活圈。纯板式，一梯两户，主卧套房，独立卫浴、衣帽间。约7米宽厅，阳光入室；书房连通阳台，让阳光清风自由穿梭。

【销售维度】

重庆铭腾机构数据显示，2019年1~11月，重庆阳光城成交量、成交金额双双稳居蔡家区域前三名；2019年全年，重庆北碚区域叠拼别墅成交金额榜单中，重庆阳光城稳居第一名；2019年第三季度，重庆阳光城叠拼别墅成交套数再次斩获蔡家区域冠军。

更多楼盘详情请扫码查看

重庆中心

2019年 中国城市楼盘年鉴 典型项目

重庆 渝中核心 云端豪宅 两江四岸

重庆中心位于重庆市渝中区两路口，由重庆捷程置业有限公司开发，占地地面积约 59139 平方米，建筑面积约 871388 平方米，共计规划 5 栋楼 1350 户。

项目地址：

重庆市渝中区两路口中山三路 111 号附近

开发商：

重庆捷程置业有限公司

建筑类型：

超高层

主力户型：

195 平方米三居、412 平方米五居

周边配套：

地铁 1 号线、3 号线，珊瑚公园，鹅岭公园，儿童医院

参考价格：

23000~46000 元 / 平方米

楼盘优势：

地处渝中核心位置，五大公园环绕，高区可观赏一线江景，距解放碑、观音桥、大坪、南坪商圈仅约 3 公里，项目自身规划有各类生活娱乐配套。

专家点评 高维峰·中国新闻社重庆分社社长助理

重庆中心项目位于渝中区两路口，地处重庆版图正中，是城市资源高度密集的核心区域，人文底蕴深厚，地段、交通、配套优势显著。项目本身也是少有的以住宅为主的城市综合体，值得期待。

项目解析

【品牌维度】

世茂集团是以房地产开发为主的国际化集群企业，经过 30 年的发展，现已发展为集“世茂房地产(0813.HK)”和“世茂股份(600823.SH)”两家控股上市公司为核心的大型企业集团，也是中国房地产界领袖企业之一。世茂发展 30 年，在 100 余座城市布局了 300 余座臻品项目。集团业务领域涉及生态住宅、商业运营、旅游地产、产业集群等多元化板块，坐拥全面的业务实力。

在房地产开发方面，世茂以打造臻品项目为宗旨，借助自身近 30 年高端人居开发经验，秉持“匠心精神”持续打造和提升产品力，将产品体系覆盖客户全生命周期，完成住宅标准化迭代升级，提升市场竞争力。

世茂从客户的细微需求出发，对旗下住宅产品进行精研创新，在稳固高端产品领先优势的同时，注重对不同客群痛点的洞察和对产品的精雕细琢，先后推出多个优质产品体系；在解决客户痛点的同时，锻造出市场认可的产品。

【区域维度】

重庆中心位于渝中区两路口。作为重庆母城的所在地，渝中区是展示重庆历史、追寻城市记忆、体验历史人文的所在；不管是 50 年前还是现在，都是重庆这座城市的繁华之地，更是重庆都市核心区和传统政务、商务区的中心，也是地理和经济意义上的双重中心。

在交通方面，两路口两纵、两横、三轨、七桥的交通体系形成交织的道路网，迅速通达主城各大商圈，是主城区纵贯南北、横穿东西的重要陆上枢纽，出入便利。

【口碑维度】

自成立以来，世茂始终以创新、前瞻的地产开发思维，以“成就城市梦想”为己任，实践“城市经营者”的理想，持续为客户在居住、生活、消费、商务、旅游等方面提供高层次的品质体验，与城市共成长，与人民同幸福。

【产品维度】

重庆中心项目为总建面约 82 万平方米的超高层住宅综合体，一共由五栋摩天大楼组成，规划有精装大平层、铂金写字楼、酒店式公寓、摩天酒店、天际会所、国际购物中心等众多城市精奢资源。最高 T1 塔楼高度规划约 290 米，并配有摩天停机坪，两江四岸尽收眼底。地下规划约 8 层车库，车位配比规划约 1:4，独享尊崇。

项目主推建面约 192 平方米三室两厅两卫以及建面约 412 平方米五室两厅四卫的智能精装大平层户型产品，演绎精品户型设计。整栋大楼采用幕墙玻璃，可以有效隔离城市中心噪声，又能够俯览两江四岸，把两江交汇美景和一线城市夜景都尽收眼底。

【销售维度】

重庆中心自 2018 年 12 月 18 日首开以来，吸引了众多客户现场选房，开盘首月成绩不菲，备受追捧。

T2 楼栋规划约 60 层，推出约 272 套房源，建面单价约 23000~46000 元 / 平方米，总价 400 万 ~1900 万元；案场数据显示，截至 2019 年 10 月，总体销售超 200 套，去化率超 70%，预计 2020 年上半年加推 T3 楼栋，规划约 272 套房源。

更多楼盘详情请扫码查看

富力院士廷

- 2019年 -
中国城市楼盘年鉴
典型项目

重庆　地铁站旁　繁华商圈　公园环绕

富力院士廷位于重庆市西永商务区核心位置，紧靠地铁1号线陈家桥站，五大公园环绕，130万平方米东方人文精著，是富力集团筑心打造的综合体项目，致力于成为重庆市场的典型产品。

项目地址：
重庆市沙坪坝区地铁1号线陈家桥站旁

开发商：
广州富力地产（重庆）有限公司

建筑类型：
高层

主力户型：
81平方米二居、90~99平方米三居

周边配套：
陈家桥地铁站、熙街、U城天街、寨山坪森林公园

参考价格：
均价约9800元/平方米

楼盘优势：
富力院士廷位于西永商务区核心位置，出门即地铁，教育有名校，公园商业全配套。

专家点评

高维峰·中国新闻社重庆分社社长助理

院士廷系，在全国多个城市均有布局，如宁波、南通、广州等地。重庆院士廷在原有院士廷产品系列的基础上再次升级，结合重庆本土特色，选择了在重庆具备发展潜力、文化底蕴深厚的西部新城片区，打造130万平方米人文精著，非常值得期待。

项目解析

【品牌维度】

富力集团成立于1994年，经过24年不断开拓，先后进驻全国超120个城市和地区，并布局全球战略，为约150万名业主营造美好的生活。从2013年起，富力努力开拓海外市场，目前已在英国、澳大利亚、马来西亚、柬埔寨等地布局高端项目。

富力集团产业涉及广泛，除住宅及商业外，还与全球著名酒店管理集团万豪国际集团、凯悦酒店集团（重庆富力凯悦酒店）、洲际酒店集团、希尔顿酒店集团等合作，打造多家五星级酒店。

2017年7月，富力从万达集团收购77家酒店资产，成为全球首屈一指的豪华酒店业主。2018年，在行业协会发布的榜单中，富力集团排名全国综合实力前十。

【区域维度】

富力院士廷项目位于重庆六大城市副中心之一的西部新城，整个西部新城总面积约260平方公里，规划常住人口150万人。项目坐落于西部新城核心位置——西永中央商务区。作为西部新城核心的西永板块，不仅是重庆重要的保税港口，同时伴随“一带一路”建设的持续推进、渝新欧铁路的开通，更成为连接中国、东盟和欧洲的世界名片。基于政府的精准定位和大力引导，西永板块已进入发展快车道，经济成果显著。目前西永板块每年产值超过2000亿元，贡献了重庆GDP的1/3。

除此之外，政府还不遗余力地规划了以西永广场为核心的、方圆五公里的西永城市中轴带，其中包含219万平方米的商业配套及各种文旅设施，沙坪坝区很多政务中心也会聚集于此，为整个西永板块带来很多的人气和商机。

【口碑维度】

富力院士廷项目一经面世，便收获殊荣不断，先后获得“2018年度重庆地产记忆区域标杆”“2018年度重庆地产最强音品质人居典范楼盘”“2019年度美好重庆宜居典范”等奖项。

【产品维度】

重庆富力院士廷结合重庆本土特色进行设计和规划，园林示范区布局由“一路十景”组成，各特色庭院与景观雕塑点缀其中，石狮、“萧墙”照壁、“山海平烟云”浮雕墙、“停一亭”凉亭、拱桥、“石之庭”“水之庭”……充满仪式感的景观动线层层渐进，依地形风貌循势而上，让业主们尽享尊贵优雅的门风礼赞。整个示范区一步一景、蕴景于意，集中体现了项目精心巧做以及对品质和细节的追求，让业主入住后能充分享受院士廷的静与美。

【销售维度】

富力院士廷项目于2018年10月首开，3栋共515套房源开盘即全部售罄，惊艳全城。2018年11月二批次开盘，194套房源再一次开盘即售罄；12月第三次开盘，两栋共398套房源再次开盘售罄。克而瑞数据显示，富力院士廷每次开盘均热销售罄，屡次打破重庆市大学城板块销售套数和金额纪录，更位列2019年1~10月大学城板块成交面积、套数双料第一。

更多楼盘详情请扫码查看

国宾壹号院

- 2019年 -
中国城市楼盘年鉴
典型项目

重庆　品牌地产　明星楼盘　口碑项目

国宾壹号院地处重庆市渝中区渝州路，与重庆国宾馆渝州宾馆为邻，是融创TOP系产品系“壹号院”在西南的首个作品。2018年3月，从全球270多个项目中脱颖而出，入围有“建筑界诺贝尔奖”之称的MIPIM Awards大奖。

项目地址：

重庆市渝中区渝州路108号附12号

开发商：

重庆均钥置业有限公司

建筑类型：

平层

主力户型：

156平方米、199平方米四居

周边配套：

渝中半岛、大石化商圈、歇台子小学

参考价格：

18500~22000元/平方米

楼盘优势：

国宾壹号院择址重庆市渝中半岛渝州路，近享城市核心成熟商圈资源；以2.25低容积率，为城市核心低密度平层豪宅代言。

专家点评　周亚　重庆市房地产业协会会长

项目是融创TOP系产品「壹号院」在西南的首个作品，也是据重庆日报报道的、重庆首个入围被称为「建筑界诺贝尔奖」的MIPIM Awards大奖的建筑项目，其售楼部还获得「国际A' 设计大奖赛建筑类最高奖项铂金奖」，无论是从美学还是从品质角度，都值得关注。

项目解析

【品牌维度】

国宾壹号院作为融创顶级产品系，代表了融创16载对产品品质的始终追求。每一座项目，都以量身定制的方式，将城市精神与地段文脉融会贯通，成为一种建筑符号。每一个产品，都以国际化的设计理念，打造具有简约美学的现代建筑，代表着一座城市的高居住标准。

融创认为，一切建筑是有生命的，它必须是人、土地、文化的高度契合，国宾壹号院正是融创承袭历载匠心造诣打造的大师之作。

国宾壹号院项目择址城市中心土地，以对中国建筑文化精髓与现代精工技艺的融合，创造出适应时代发展、符合现代人居的中国建筑形式，向世界传递着中国建筑之美。

【区域维度】

国宾壹号院位于“一带一路”倡议中心城市的地理几何中心——渝州路，所在大石化区域为渝中半岛重庆经济中心、渝中发展新极，坐拥时代天街、重庆天地、万象城、协信星光天地等城市级商圈资源；三横三纵四轨的立体多元便捷交通纵横全城，重庆市医科大学附属第一医院、大坪医院等三甲医院在侧，近享国际医疗品质。

【口碑维度】

从荣获“亚洲设计大奖”、入围“2018MIPIM Awards”，至斩获“A Design Award铂金奖”，国宾壹号院屡获建筑殊荣，标志着其比肩世界的创新设计与建筑理念。国宾壹号院以现代审美重构中国建筑之精髓，让建筑美学重回东方，为重庆打造高水准的品质人居。

【产品维度】

国宾壹号院御邀请亚洲建筑推动奖获得者夏若湘先生担纲项目主设计，特邀国家非物质文化遗产项目传承人夏侯文大师参与项目单元入户门设计。整体设计采用简约、纯粹的现代主义风格，匠心构建多维度生活体系、归心价值体系。作为重庆拥有健康管理的小区，项目以完备的社区配套、贴心的服务体系让业主在此谱写“美好生活在国宾”的圈层生活新章。

国宾壹号院从设计布局到产品打造，全程融入了“都市中心的世外桃源”的东方人居理念。园林景观采用新中式意境手法与现代简约美学融合，打造出一步一景、一景一精的小而精庭园景观。同时，溯源王府规modules建筑群落、古典院落五进形制，将其演绎为现代五重入户体系，与社区空间、邻里空间、私人空间三个空间无缝融合，形成归家仪式感与礼序。

【销售维度】

国宾壹号院一经入市便备受关注与期待。案场数据显示，2017年11月，国宾壹号院首次开盘，推出1号、2号、9号楼，开盘劲销29套。

国宾壹号院套内总价约350万元/套，根据乐居数据，结合其所在区域的整个楼市情况，项目以套内约22000元/平方米的单价奠定了所在区域的价格与品质地位。

2018年4月，国宾壹号院单月劲销49套，成交1.4亿元，后陆续加推11号、6号、4号、7号楼，并于2019年6月圆满收官。

更多楼盘详情请扫码查看

华侨城嘉陵江天

- 2019年 -
中国城市楼盘年鉴
典型项目

重庆　实力央企　一线瞰江　精英圈层

华侨城嘉陵江天位于重庆市两江新区礼嘉半岛，是华侨城入渝首个顶级产品，取材世界知名品牌，实力匠造两亿新“标配”，给予精英圈层奢适生活人居。

专家点评　王芳·重庆市房地产开发协会副会长、秘书长

嘉陵江天位于重庆市两江新区核心板块，是华侨城入渝以来集大成的项目，处于礼嘉制高点，俯瞰嘉陵江、纵阅欢乐谷，占据江景资源，同时，作为华侨城标杆项目，嘉陵江天在园区设计和产品配置上，都有全新突破，值得关注。

项目地址：
重庆市两江新区礼嘉半岛

开发商：
重庆华侨城置地有限公司

建筑类型：
平层、洋房

主力户型：
170~209 平方米四居、238~273 平方米五居

周边配套：
嘉陵江湾、滨水商圈、欢乐谷、轻轨 6 号线

参考价格：
13400~22000 元 / 平方米

楼盘优势：
地处礼嘉商务核心区，总占地约四平方公里，“四园一带”生态大城，一线瞰江视野，邻近滨水商圈、两亿元新“标配”，全新顶级人居。

项目解析

【品牌维度】

从 1985 年至今，华侨城项目遍布全国各大一线城市，以文化深耕高端区域，34 年的历史发展底蕴获得城市上层人群瞩目。从多种角度而言，华侨城品牌本身就自带一块闪金的圈层“名片”；从深圳新天鹅堡、深圳天麓，到上海苏河湾、西安 108 坊、武汉纯水岸·东湖……华侨城每布局一个城市，都会于自身项目内打造一个超 A 品质的组团。入渝 5 年，始终秉承“优质生活创想家”和“花园中打造城市”的理念，推动城市的发展。

【区域维度】

华侨城嘉陵江天位于重庆市两江新区礼嘉，该区域为重庆北区纯粹的高端改善住区、珍稀生态的低密聚居区，是高端人才聚集的人文“大城”。从“礼嘉商务聚集区”到“礼嘉智慧城”，礼嘉四度升级，体现了政府对礼嘉的高度关注。

华侨城占据礼嘉近 1/3 的核心优质地块，打造约 4 平方公里的生态创想大盘，实现建筑与绿地比例约 1 ：1，是真正意义上的“花园中的城市，城市里的花园”。其中，嘉陵江天位于华侨城核心山顶住区，俯瞰 3 公里嘉陵江湾区，坐拥重庆具有代表性的江、天、山、水视觉资源，独享大开大阖生态地貌，地理位置优越。

【口碑维度】

嘉陵江天作为重庆华侨城山顶核心区高端组团，因其品牌影响力和产品打造力获得业界一致认同，以其特殊优势吸引金融、商贸、IT、地产、企事业单位等众多高素质侨民业主。同时，项目不定期举办契合侨民业主的圈层活动，满足侨民业主对生活方式的想象与延伸，以圈层活动的高素质高规格得到广大侨民业主的赞誉。

【产品维度】

作为华侨城入渝首个顶级产品，嘉陵江天脉承 34 载华宅高端建筑血统，取材世界知名品牌，实力匠造两亿新“标配”，包括智慧、生态、匠心、动感和全龄等五个方面生活方式，全新定义顶级大平层。

项目目前已摘牌三星智慧小区（达到国家规定的智慧小区最高标准），其中，临崖洋房在产品方面采用全石材外立面、旭格一线品牌门窗系统等，使之具有贵族世家的仪式感；约 230 平方米套内面积、约 11.7 米阔景观景阳台等，无论是数据还是感官，都让生活的畅意、舒展更进一步。多个独立套房、亲子共享空间等设计，则让业主一家人既有互动场所，又有各自的独立私享空间。

【销售维度】

华侨城嘉陵江天位于重庆市渝北区金山大道。据铭腾数据机构统计，项目 2018 年首批次亮相，总价约 300 万元到 600 万元，开盘售罄，揽获 6 月 330 万元级以上大平层销售面积、套数、金额“三冠王”，傲领全城高端大平层市场。同年 10 月首推 314 套大平层，同业态开盘去化率第一。两次开盘大获成功，奠定了华侨城嘉陵江天在高端住宅市场的地位。

更多楼盘详情请扫码查看

华侨城天澜美墅

2019年 中国城市楼盘年鉴 典型项目

重庆　品牌地产　生态大盘　江湾别墅

拥有纯粹别墅生活圈层，位于公园环绕之下、三公里嘉陵江湾之畔，侨民可享受集舒适性、私密性、纯粹圈层性于一体的纯墅区生活，更集合优质医疗商业教育等配套，为重庆带来离尘不离城的精英别墅生活。

专家点评　周平·重庆市房地产业协会会长

重庆华侨城的「造城」逻辑，是不局限于建筑本身，而是放到更大的生活中去考量。不惜成本、不吝土地，将以占据整个城区近1/3的土地面积打造出以滨江休闲带为核心的四大主题公园群落，以畅享欢乐、自然、诗意的美好生活开启崭新江湾人居。

项目地址：
重庆市两江新区礼嘉半岛

开发商：
重庆华侨城实业发展有限公司

建筑类型：
别墅

主力户型：
171~920 平方米别墅

周边配套：
嘉陵江湾、礼嘉商圈、两江巴蜀中学、儿童医院

参考价格：
总价 300 万 ~2350 万元 / 套

楼盘优势：
项目位于礼嘉商务核心区，四大公园环绕，是 4 平方公里生态创想大盘以及 3 公里嘉陵江湾环江纯墅区。

项目解析

【品牌维度】

华侨城是布局全国、跨行业经营、面向全球消费者，由国务院国资委直接管理的大型企业集团；以 35 年的深厚积淀培育出旅游及相关文化产业、房地产及酒店开发、消费电子及配套产品生产等三项主营业务，其中康佳、锦绣中华、世界之窗、欢乐谷连锁、波托菲诺、华侨城大酒店、威尼斯酒店、城市客栈等著名品牌均享誉已久。

华侨城深耕中国文化旅游与主题地产，布局深圳、北京、上海、成都、武汉……重庆华侨城是华侨城集团继深圳、北京、成都、上海、武汉等城市之后打造的大型文化旅游综合项目，是集文化旅游、娱乐体验、生态休闲、主题商业、人文社区等多种业态于一体的 4 平方公里“生态创想大城”。

【区域维度】

项目坐落于北部新区礼嘉的中心位置。作为拥有良好江岸景观及公园生态的新区，礼嘉是政府重点打造的高端低密住区，现已成为各种政策利好集中、配套兑现的高地。从礼嘉镇到礼嘉高端商务聚集区、礼嘉国际商务旅游城，再到礼嘉智慧城，规划不断升级，实现了区域价值的三级跳。

5 年前，华侨城在礼嘉动工，加速了礼嘉区域的发展，陆续兑现着各种生活配套。如果说公园生态、低密居住环境、欢乐谷等配套满足了侨民们对诗和远方的向往，那么，滨水商业、轨道路网、儿童医院、金山国际医院、礼嘉实验小学、两江巴蜀中学等配套则解决了大部分家庭基本的生活渴望。

根据规划，未来礼嘉还将布局现代商务商贸、健康医疗、保税展销等产业，建成集多元消费、生态商务总部和高品质居住于一体的文化旅游中心。

【口碑维度】

天澜美墅主推江湾独栋、双拼和联排产品。首次开盘，60 套别墅全部售罄，几乎颠覆了重庆客户购买别墅产品“必有示范区”“必看样板间”的固有模式。天澜美墅为重庆华侨城最大的环江别墅组团，集海绵城市、智慧城区于一体，使天澜美墅成为重庆别墅的典范之作。

【产品维度】

天澜美墅甄选北美别墅的缓斜坡屋顶、深出挑屋檐、大量水平线条等经典元素，建构别墅与天际线、地平线遥相呼应的横阔形势，成就江山大宅的雍容气象。外立面择取天然石材，与原山浑然一体，静静俯瞰一湾天脉。项目对人居尺度、建筑美学以及景观生态善加考究，利用 45 米的坡地高差，创新设计阳光地下室；平均 12.5 米、最大 16.5 米的栋距，保持了私密距离，针对全生命周期精英家庭的大宅设计，细致入微，满足三代人天伦之乐的墅居向往。

【销售维度】

据铭腾数据统计，天澜美墅 2019 年整年的成交金额约 3 亿元，在北六板块别墅市场排名第四位；总成交体量约 2.17 万平方米，签约 75 套。其中，天澜美墅荣耀加推湾石小联排 44 套房源全部售罄。得益于区域稀缺性、品牌影响力及大城公园配套等因素，整个第三季度，天澜美墅总成交金额约 1.23 亿元，总成交体量约 0.99 万平方米，登顶北六板块别墅成交金额排行榜第一位。

更多楼盘详情请扫码查看

华润置地重庆悦府

- 2019年 -
中国城市楼盘年鉴
典型项目

重庆　品牌地产　高端住宅　配套齐备

华润中心悦府于万象城之上，秉承华润置地万象高端系“悦府”谱系血统，铸就华润置地入渝十余年高品级之作。咫尺万象城璀璨繁华、约 260 万平方米恢宏“大城之利”，成就城市级范本著作。

项目地址：

重庆市九龙坡区谢家湾正街 45 号

开发商：

华润置地（重庆）有限公司

建筑类型：

超高层

主力户型：

97 平方米二居、138 平方米三居

周边配套：

谢家湾小学、万象城商圈、2 号线、环线

参考价格：

25000~27000 元 / 平方米

楼盘优势：

项目位于重庆主城核心，为 260 万平方米成熟“大城”收官之作。近享万象城商业、地铁 2 号线、环线双轨道配置，以及完善的教育、医疗配套资源。

专家点评

邱旭·人民网重庆频道、重庆发布运营总裁

华润置地入渝十余年来首个万象高端系著作，260万平方米「大城」收官之作。品牌开发商保障、双轨道交通加持、完善的大城配套、悦系产品标准，是重庆核心稀缺的高端住宅作品。

项目解析

【品牌维度】

作为华润置地入渝十余年的倾力之作，也是约 260 万平方米恢宏“大城”住宅收官巨作，华润置地重庆悦府延续谱系血统及深圳、杭州、西安等地悦府系高端影响力，以精湛的建筑技艺、高水准打造和城市璀璨资源，匠著城市全新人居高度。华润置地深知，对于这样一个有非凡意义的建筑作品，必然要赋予高于普通建筑的全新价值标准，于是潜心造诣，不断超越自我、奋力前行，联袂两大国际大师，于城市正核之地、万象城之上，匠造四栋约 200 米超高层的人居典型之作。

【区域维度】

华润置地重庆悦府位于重庆市九龙坡区核心商圈谢家湾万象城，是目前重庆西罕有的约 200 米高人居住宅。悦府鼎立于万象城之上，为城市物理中心，享万象城商圈加持，近享爱马仕、普拉达、古驰、宝格丽等众多奢贵品牌；轨道 2 号线、环线谢家湾站双轨在握，鹅公岩长江大桥、谢家湾立交等多条城市路权汇聚，无缝接驳全城；重庆动物园、重庆奥体中心、重庆建川博物馆等多座城市名片在侧林立，重庆医科大学第一附属医院、大坪医院，两大城市级医疗机构资源毗邻，同时近邻谢家湾小学、育才中学、理工大学（杨家坪校区）等全龄教育资源。

华润置地重庆悦府地处城市正核，享有丰富的城市景观。北有九滨路、渝中半岛，东朝南山、南滨路，西向沙坪坝、歌乐山，南有巴滨半岛。城市江、山资源汇聚，全幅景观，极目两江四岸城市画带。

【口碑维度】

重庆二十四城从 2007 年面市至今，共推出六期作品，均面市即售罄，产品涵盖住宅、写字楼、商业，备受市场及业主好评。华润置地重庆悦府为重庆二十四城住宅收官之作，“大城”配置，规划、交通、配套等多个维度综合实力强，堪称 2019 年度业界影响力楼盘。面市 1 个多月期间，悦府在整个互联网的关注度和点击率达到 3100 万次以上，网络社区一共产生了 200 多万次讨论。

【产品维度】

华润置地重庆悦府以纽约公园大道 432 为范本，匠造四栋约 200 米城市典型作品，鼎立万象城之上；以全新建筑高度，敬呈重庆人居高度，同时联袂 AUD、ATTRACTIONS INTERNATIONAL LIMITED 两位国际大师，执笔全新城市范本，并以颇具视觉震撼的公建化外立面，界定全新万象美学。在景观打造上，以中庭两棵百年保护古树为原点，强调城市与自然亲近，打造历史人文、万象潮流与艺术风情相融合的特色景观。

【销售维度】

据重庆网上房地产数据，华润置地重庆悦府于 2019 年 12 月 7 日推出首批次建面约 90~200 平方米超高层住宅产品，二居及三居户型，少量跃层。面市仅 49 天，来访超 3000 组，首开揽金 6.8 亿元，去化近 300 套，成交均价达到套内面积 25000 元 / 平方米，成交量价位列重庆第一梯队。

更多楼盘详情请扫码查看

华宇城

重庆　品牌地产　城市名片　商业核心

华宇城位于重庆市沙坪坝区新中心凤天板块，占地面积约 188000 平方米，总建筑面积约 1000000 平方米，是整个内环少有的百万平方米品质都会大盘。

项目地址：
重庆市沙坪坝区凤天大道 169 号

开发商：
重庆华宇集团有限公司

建筑类型：
高层、平层、公寓

主力户型：
82 平方米二居、90~115 平方米三居、42 平方米复式

周边配套：
自持商业、两站三轨、两大医院、重庆图书馆

参考价格：
高层套内约 18500~20000 元 / 平方米、公寓约 15000~21000 元 / 平方米

楼盘优势：
地产物业“双百强”企业，华宇 36 年战略级作品，打造沙坪坝区核心阔景高层。第一太平戴维斯物业倾情服务，坐拥两站三轨、两大三甲医院。

专家点评

彭友明　重庆金龙凤文化实业发展有限责任公司总经理

华宇旗下36年旗舰作品——华宇城，是参考华宇旗下TOP系级「御璟系」标准，享受第一太平戴维斯物业服务的集团重心项目，项目位于沙坪坝区凤天商圈，自身还将打造33万平方米旗舰商业，区域前景毋庸置疑。商业与住宅景观打造亦尤为出众，值得关注。

项目解析

【区域维度】

华宇城地处沙坪坝凤天商圈。项目无缝接轨环线，更有罕见三轨交会，轻松畅达五大主城；3 公里为尽享两家三甲医院，5 公里内坐拥两大高铁站。紧邻重庆市图书馆，咫尺 33 万平方米新商业，焕新沙区第二中心。

沙坪坝区老商圈容量几乎饱和，商业业态落后，道路狭窄，交通拥挤。作为较早发展的主城区之一，区域发展较为落后，面貌需焕新、生活方式需改善。一条凤天大道，六大中心加持，催生凤天商圈，为成熟地段之使然、城市发展之必然。

【品牌维度】

华宇集团连续 15 年蝉联“中国民营企业服务业 100 强”“中国民营企业 500 强”；连续 20 年蝉联“重庆市房地产开发企业 50 强企业”。华宇深耕重庆 36 年，凭借建筑起家，以责任、稳健著称。华宇已经布局全国 22 座城市，共计开发 196 个项目，总建筑规模达 2100 万平方米。2018 年，重庆华宇物业集团正式与英国第一太平戴维斯建立股权合作，并更名为华宇第一太平戴维斯物业服务集团，为客户提供优质服务。

华宇深入了解上万名业主需求，布局四大高端系列，发布景观优 +2.0 体系。华宇城参考华宇旗下 TOP 级“御璟系”标准，结合最新的优 +2.0 理念打造，是享受第一太平戴维斯物业服务的战略典型项目。

【口碑维度】

36 年责任华宇，60 万业主的共同选择，华宇城将携手第一太平戴维斯，以轻奢优管家改变业主生活方式，围绕“衣食住行游乐养”，赋予业主贴心尊崇体验。

2019 年 12 月 1 日，华宇城售房部荣获“法国巴黎奖”银奖（DRIVENXDESIGN），还获得了明源地产研究院颁布的“智慧案场标杆项目”和“人气大盘奖”。

【产品维度】

在产品打造上，华宇城作为华宇 36 年战略级作品，严格按照公司高端产品系列“御景系”标准落地，从景观设计、硬件设施、建筑设计、物业管理四个维度，为业主打造品质、舒适、健康的社区环境。旺销的 M8 地块，景观及公共活动空间占比达到小区用地面积的 83%。各楼间距约 65~70 米，是一般高层楼间距的两倍宽。多元化阔景中庭满足全龄段、全时段业主户外体验所需，景观整体结构呈现为一轴多园设计，以功能为核心诉求，打造出五大中庭供业主享受。更有第一太平戴维斯物业，打造满足品质居住需求的高端生活。

在户型上，套内 88.53 平方米三居产品，户型方正，无浪费空间，大气入户玄关设计，满足家居收纳、展示摆放功能。更有 3.8 米舒适开间，尽享奢阔生活空间；卧室面积布局均衡，满足全龄段卧室舒适需求；全飘窗设计，采光面大，功能延伸实用性强。

【销售维度】

案场数据显示，华宇城 2019 年 7 月 26 日首开，当天共推出 162 套房源，开盘即认购 2.3 亿元，首开当日去化率达 90%；截至 2019 年 11 月 21 日，用时不到 4 个月，项目认购金额已达 8.8 亿元，签约金额达 8.2 亿元。

更多楼盘详情请扫码查看

华远春风度

- 2019年 -
中国城市楼盘年鉴
典型项目

重庆　生活小镇　千亩半岛　三面环江

华远春风度是华远地产旗下小镇项目，位于重庆市江津区篆山半岛，依山而建，江水环绕，自然景观优越。规划占地约3060000平方米，其中约1000000平方米用作建设开发，约2000000平方米用作景观打造，尊重自然原生态。

项目地址：
重庆市江津区滨江新城S107省道篆山坪公园旁

开发商：
重庆篆山澜岛房地产开发有限公司

建筑类型：
别墅

主力户型：
114~168平方米联排别墅

周边配套：
篆山坪公园、江津实验小学、城际快速铁路

参考价格：
联排143万~193万元/套

楼盘优势：
项目由早期上市国企——华远地产开发建造，地处重庆经济一小时圈辐射区，是注重生活体验的主题小镇，也是一个超低密高档社区。

专家点评

彭发明·重庆华龙网文化实业发展有限责任公司总经理

项目是重庆市场少见的，主打生活方式的小镇项目，地理位置优越，三面环江、原生半岛。小镇内拥有书院、餐厅、咖啡厅、大面积户外空间，用作业主生活服务配套，同时引进龙湖物业和华远Hi平台，从硬件和软件方面保证全面优质的生活体验。

项目解析

【区域维度】

华远春风度项目地处江津区滨江新城宜居板块，紧邻篆山坪公园的江湾半岛，依山傍水，三面环江，背靠重庆缙云山脉，形成几字形围合，前邻长江，三面环水，后有靠山。项目位于江津高地，居高临下，可俯瞰一城美景，是不可多得的居住之地。项目独占滨江新城江湾半岛的优越自然资源，不仅在重庆，放置全国也并不多见。

随着成渝铁路重庆站至江津段改造工程建设正式启动和轨道交通5号线江津段一期工程正在施工，未来江津与主城之间的距离将大大缩短。华远春风度项目距离江津站直线距离仅4公里，占据核心交通优势；此外，春风度小镇设立社区巴士，连通项目于江津轻轨站，提供多样的出行方式。

【品牌维度】

华远地产股份有限公司是北京老牌地产开发商，1983年成立于北京，是拥有30年品牌实力的综合房地产开发企业，长期致力于开发高品质的具有市场代表性的房地产产品，旗下领导数十家控股及参股公司。华远春风度是华远地产首个小镇项目，小镇主打人们向往的生活，配备丰富生活服务配套、物业社群服务，在未来经营的方向、思路，有非常大的想象空间，创造清新、有机、健康的生活方式。

【口碑维度】

华远春风度关注业主生活体验，除了小镇配置有书院、咖啡厅、食堂、社区巴士、天空之城、云之谷大草坪等室内外空间之外，同时利用华远地产自身成立的独立于物业服务以外的“华远Hi平台”，为业主提供多样的社群服务、社区活动。截至2019年11月，共举办近百场业主活动，营造社区和谐友爱氛围。

2019年10月26日、27日，在春风度·云之谷大草坪举办了第二届华远·野草音乐节，吸引数万人参与，形成巨大影响力。

【产品维度】

华远春风度一期江和墅组团，该组团位于整个春风度项目制高点，占地150000平方米，建筑体量20余万平方米，容积率约1.03，用更低的容积率打造了更多绿化和公共活动空间。一期规划总户数约950户，建筑密度37.87%，绿地率34.72%，由72栋纯别墅建筑组成，包含双拼别墅、联排别墅、叠拼别墅等，设计上充分考虑地形景观资源，采用坡地建筑规划，讲究分层次错列布局，一线江景推窗入户，是一个名副其实的高端生活住区。

【销售维度】

案场数据显示，华远春风度2018年8月25日首开，吸引了200余组客户现场选房，开盘当天去化近70%，其中临崖双拼产品更是达到了一房难求的程度，开盘当天全部售罄。2018年7月至2019年7月，春风度项目总体销售264套，总销售金额超5亿元，总销售面积约42000平方米。根据锐理数据机构统计，上述成交套数、成交金额两项成绩在重庆西区别墅市场中均排名第二位。

与此同时，该项目也是区县少有的能和重庆主城在销售金额、销售套数层面竞争的项目。锐理数据机构数据显示，华远春风度在整个江津别墅市场的占有率高达81%。

更多楼盘详情请扫码查看

江山云出

重庆　品牌地产　生态大盘　高端品质

江山云出由旭辉、华侨城、华宇联合开发，择址重庆市悦来生态城，十里嘉陵江岸，五大公园环伺，集萃全球六大国际设计大师匠制，以未来城市人居设计理念，打造重庆北区江山典型作品。

项目地址：
重庆市渝北区悦来生态城高义口地铁站旁

开发商：
重庆旭宇华锦房地产开发有限公司

建筑类型：
平层、小高层、别墅、洋房

主力户型：
平层套内 115 平方米四居、小高层套内 80 平方米三居

周边配套：
十里江湾线、五大公园、TOD 商圈、规划幼中小学

参考价格：
14280 元 / 平方米起

楼盘优势：
悦来生态城，重庆唯一全域集中供能区域坐拥十里江岸，周边五大特色公园，享受全域 TOD 规划，是海绵城市及智慧物业试点城市。

专家点评 王芳 · 重庆市房地产开发协会副会长、秘书长

项目将建筑做成了艺术品。在重庆以宜居著称的生态城，邀约国际大师打造颇具艺术感的示范区，足以证明江山云出的用心程度与开发理念。莅临项目除了感受到震撼与建筑精工外，也不得不佩服旭辉在产品上的研发与进步。

项目解析

【品牌维度】

千亿旭辉，位列全国房企 TOP14，被业界称为“豪宅专家”，也是“金盘奖”获得数最多的开发商。入渝 11 年战略代表之作，项目联合华宇、华侨城两大开发商，集萃全球大师技艺与旭辉 CIFI-6 建筑理念融合。

江山云出依山水而建，在建筑设计、园林造诣、品质精铸甚至物业服务上迭代更新，也是北区封面滨江之作。

【区域维度】

江山云出位于悦来生态城高义口轻轨站旁。两江四岸之后，滨江资源变得尤为稀缺。在这块天赋土地上，群山与江水交融，五大生态特色主题公园环抱。与此同时，该区域还是全国城市物业试点区域、绿色生态城区域、重庆全域 TOD 规划区域、重庆海绵城市试点区域、重庆集中供能区域。

区域内拥有全域 TOD、93 个小格街区、三轨四纵四横立体交通、800 米商圈配备全能生活配套以及幼儿园到中学全龄教育体系。五大滨江生态公园步行即达，黄环北路贯通后一杯咖啡的时间轻松畅达礼嘉。

【口碑维度】

江山云出收获荣誉无数，面市即备受关注，曾荣获重庆财经地产颁布“2019 最值得期待楼盘”及凤凰网“2019 时代榜样最值得期待楼盘”，并在有“地产奥斯卡”之称的“金盘奖”评选中荣获“2019 最佳预售楼盘 TOP1”，多次登上全球权威杂志“ArchDaily”国际版建筑杂志封面与精选。

【产品维度】

江山云出将全球六位大师智慧美学融入一期 105~115 平方米江岸臻装平层，建筑外立面提取项目原始地貌的高差产生的水平线、与嘉陵江的律动相映而成，并结合世界建筑大师扎哈曲线元素，经梁黄顾团队 37 次优化。“星云系”景观园林由来自法国的景观公司 ALSA 的创始人埃尔 · 阿兰亲笔设计，平层中庭景观面积约等于两个足球场大小，其星云儿童乐园、派对戏水池、景观会客厅、阳光健身空间等皆体现出更先进的功能、更创新的表达形式。室内设计由 CCD 香港郑忠设计事务所主笔，以纯粹为魂、自然为本，打造独特的具有个性的生活空间美学。

二期商圈臻装 / 清水洋楼作为现代创新的小户型，让业主渴求的精致与配置唾手可得。约 15 米超大面宽，大平层级开阔尺度，三面采光阳台别墅式观景台，主力户型 80 平方米横厅布局让小户型也可享受集大平层产品的舒阔开间。低密 13 层 2 梯 4 户规划，让出行变得轻松优雅；精工外立面一眼惊艳，归家度假园林让生活充满仪式与尊崇。

【销售维度】

CRIC 数据显示，江山云出荣获 2019 年 3~10 月悦来板块建面单价 16000 元 / 平方米以上签约套数、签约金额、签约面积三项冠军。

2019 年 12 月，江山云出持续销售 76~105 平方米臻装 / 清水江岸商圈小高层，99~115 平方米江岸臻装大平层。

更多楼盘详情请扫码查看

金科九曲河

- 2019年 -
中国城市楼盘年鉴
典型项目

重庆　低密墅区　东方文化　品牌地产

金科九曲河位于重庆市渝北礼嘉，由重庆金科嘉辰房地产开发有限公司开发，总建筑面积 285038 平方米，总占地面积 156205 平方米，共计规划 476 户。

专家点评

周平·重庆市房地产业协会会长

金科九曲河是金科集团首个顶级项目，以东方文化为设计理念打造高品质理想人居，从方案到落地均可体现出金科集团为该项目倾注的大量心血及成本，从建筑品质到园林细节都值得关注。

项目地址：

重庆市两江新区礼嘉街道柏溪路 183 号

开发商：

重庆金科嘉辰房地产开发有限公司

建筑类型：

别墅

主力户型：

340~470 平方米合院

周边配套：

金海湾公园、九曲河湿地公园、金科美邻汇

参考价格：

合院、联排 500 万 ~900 万元 / 套，独栋 1500 万 ~4500 万元 / 套

楼盘优势：

金科九曲河包括独栋、独院、平墅三种业态，以坊门、院门、入户门三重门第，三进院落，回归东方生活仪制，再现中国传统居住礼序。

项目解析

【区域维度】

在重庆市两江新区规划中，金科九曲河所处的礼嘉板块承载着“一核两线五片区”中的“一核”地位，政府倾力打造高品质国际社区、魅力滨江生态休闲区和低密度开发区域。礼嘉板块区域容积率 1.0 左右，区域内分为生态总部区、核心商贸区、高品质居住区三大板块，金科九曲河就位于高品质居住区的中心位置。

【品牌维度】

作为金科地产礼献重庆直辖市建立 20 周年的扛鼎之作，金科九曲河承载着金科集团的高端品牌形象与使命，获得了“2017~2018 中国百城建筑新地标”“第十二届金盘奖西南地区年度最佳预售楼盘”“第十四届金盘奖最佳住宅奖”等荣誉称号。自 2017 年问世以来，累计接待全国各地参观团超 4000 组、逾 40000 人次。

【口碑维度】

2019 年是金科九曲河的交房年，独栋别墅、平墅及部分合院联排别墅均顺利交付。在第三方抽样调查中，业主收房满意度达 100%，这归功于项目的匠心打造、园林方案的精益求精，造就了交房区成本远高于示范区成本这一业界少见的现象。

【产品维度】

金科九曲河项目灵感来自唐诗《山居秋暝》，空间形态则源自中国十大名画之一的《千里江山图》，以坊门、院门、入户门三重门第，三进院落，回归东方生活仪制，再现中国传统居住礼序。

建筑方面，项目在规制、工艺、细节中将当代技艺融合东方设计哲学，倾筑东方院境。项目着力营造曲、静、和、雅的东方美学，呈现物美之境，在石材立面的严选、整体结构布局及现代建筑的意境表达中加以体现。基于精心打造的营造方案，使得项目的建筑成本转化为高品质的居住体验，满足人们对于高品质生活的想象。

在园林景观上，项目以写意手法，融入中国东方意境园林的美感，将中国传统文化内涵融入现代建筑设计中。示范区景观于 2017 年中问世，取“九曲河”之形与貌，将东方美学的“人生九境”融合于景观和建筑之间，赋予人与场地、人与人的关系以更多可能性。2019 年项目独栋别墅、平墅、合院别墅交付，从园林设计草图、方案呈现、施工落地，每个环节都严格把控、力求品质。

截至 2019 年 12 月，项目已相继斩获七大奖项及七大外观设计专利，是金科地产为数不多的集诸多奖项与专利于一身的项目。

【销售维度】

克而瑞数据显示，2018 年千万级别墅成交金额 1.93 亿元，成交面积 0.91 万平方米，2019 年前 11 月，成交金额 1.45 亿元、成交面积 0.70 万平方米。

铭腾机构数据显示，在 2019 年，金科九曲河千万级别墅成交金额 1.73 亿元，成交总建筑面积 0.83 万平方米。500 万 ~1000 万元别墅成交金额 2.42 亿元，成交总建筑面积 1.39 万平方米。

目前，500 万 ~1000 万元级合院联排产品持续热销中，平墅产品已全部售罄，独栋别墅少量在售。

更多楼盘详情请扫码查看

金科美的·原上

- 2019年 -
中国城市楼盘年鉴
典型项目

重庆　品牌地产　公园环绕　口碑项目

金科美的·原上择址中央公园以北区域，为金科和美的置业首次入驻中央公园低密住区之作，平均容积率低于1.5，整体限高24米，项目近邻缓坡河谷公园，是城市核心区罕见占有低密生态的高端改善项目。

专家点评

王芳·重庆市房地产开发协会副会长、秘书长

建筑设计很重要的一点就是充分挖掘用地价值，在中央公园这样的高净值区域，多数项目都是从利益角度出发，以建筑艺术来强调土地价值，而原上却是以人为本，更注重居住价值的实现。

项目地址：
重庆市两江新区秋成大道北段

开发商：
重庆金美圆房地产开发有限公司

建筑类型：
平层、洋房、别墅

主力户型：
140~190平方米四居、126~140平方米叠墅

周边配套：
中央公园商圈、人和街小学、巴蜀小学、数据谷八中

参考价格：
均价约18200元/平方米

楼盘优势：
重庆中央公园低密区在售高品质地产项目，近享1533333平方米世界生态公园，优据浅山河谷资源，还可享受中央公园商圈带来的便利生活配套。

项目解析

【品牌维度】

作为金科集团与美的置业联袂创著的低密人居著作，金科美的·原上集合了两大品牌房企的精工匠心与智慧精粹。金科集团创新发展21载，秉持“美好你的生活”的企业理念，现已成为“中国地产上市公司A股10强”卓越房企。美的置业属“中国上市房企30强”，布局全国五大经济区54个城市，拥有249个精品项目，以智慧科技领衔高端人居。

基于对美好人居的理解与共识，金科集团与美的置业开启中央公园低密区征程，以美的置业的科技创新嫁接金科的产品修为、物业服务，打造中央公园真正的智慧高端居住区。

【区域维度】

项目位于重庆两江新区中央公园难得的低密住区。重庆发展一路向北，中央公园成为重庆第三次“向北”的中心起点。经过近10年发展，中央公园高楼林立，逐渐步入高密度、高容积率时代，但项目所在地块限高仅24米、限容积率1.5，旨在打造金科集团、美的置业首入中央公园低密区的项目。

项目地处秋成大道，浅山河谷在侧，辟中央公园难得城市秘境。出则享受360万平方米繁华商业配套，五横六纵七轨无缝连接，住则拥抱1533333平方米世界级生态公园。八中数据谷实验中学、渝北巴蜀小学举步可达，三甲医院贴心呵护，盛享容积率仅有1.5的珍稀圈层。

【口碑维度】

美的置业秉承“智慧生活，美的人生”品牌理念，连续7年入选“中国房地产100强”。2018年，被授予首个“国家智慧住区标准创制基地”，2019年，荣获“中国房地产上市企业30强”。入渝两年，美的置业不断以智慧健康社区典型作品助推城市人居发展，荣获“改革开放40年品牌重庆地产风云榜最具贡献力企业”。

而发轫于1998年的金科集团，在产品研发上更是出众非常，曾获得6项国家专利，多次入选“中国绿色地产10强”，现已成为重庆地产行业知名品牌。

【产品维度】

项目由上海天华建筑设计有限公司执行总建筑师主笔，于中央公园精工打造晶幕大平层、退台叠墅、精制洋房三大匠心产品。创新退台式设计、奢阔观景阳台等，部分采用豪宅标配YKK系统门窗，革新人居标准；构筑晶质立面，线条简洁明朗，立面大气磅礴，充分彰显现代先锋美学气质。

社区园林以“原野秘境”为主题，以自然、阳光、林间的人居环境为核心，通过混合功能配置、开放式社区空间组织、小尺度街坊形态、绿色环保与社区组织建设等形式，并结合“都市院落”空间形态和“环境共生”理念，设置“星空萤海”“清风林樾”“敞心园境”三大主题互动景观，创设树影星空屋、镜面艺术场馆以及全龄共享乐活空间等众多功能型节点景观，打造重庆“无边界共生”全龄健康生活住区。

更多楼盘详情请扫码查看

蓝光·未来城

- 2019年 -
中国城市楼盘年鉴
典型项目

重庆　航空小镇　低密自然　科技筑家

承袭重庆航空小镇前沿规划，蓝光地产于国际智慧生态住区内，探索未来人居，筑就首批次现代建筑典型。项目在 126965 平方米土地上，仅布局了约 1.5 的低容洋房类产品，着力于生态和生活体现，引园入室，畅爽乐居。

专家点评

邱旭·人民网重庆频道、重庆发布运营总裁

蓝光·未来城借助航空小镇的规划，跨越时间局限，着眼于当下人们潜在的居住需求。在建筑规划、空间构想、社区生态等方面周密考量，为不满足现在的远见人群，提供一种值得期许的生活方式，由此可见蓝光对人居生活的探索精神和匠心情怀。

项目地址：

重庆市渝北区空港国际智慧生态住区逸秀路 1 号

开发商：

重庆灿瑞置业有限公司

建筑类型：

小高层、洋房

主力户型：

82~112 平方米三居

周边配套：

机场路、轨道 3 号线、江北国际机场、空港商圈

参考价格：

待定

楼盘优势：

蓝光首批现代建筑典型，定位国际智慧生态住区，繁华里无缝连接城市与国际；容积率约 1.5，生活与生态共盛；为当代城市造未来新住居。

项目解析

【品牌维度】

实力蓝光以“更懂生活更懂你”为品牌主张，专注于人类生活的核心需求，提供从住宅地产到现代服务的创新解决方案，持续 29 载为大众创造幸福生活，2019 年位列“中国房地产综合实力 100 强”榜单第 21 位；布局全国 16 大区域、60 余座城市，为百余万业主实现宜居梦。蓝光未来系从齐格蒙特·鲍曼《共同体》获得灵感，在蓝光 400 余个匠筑社区中，提炼蓝光对未来生活的探想，创新“共享、成长、未来”三大内核，探索未来人居的边界，为重庆带来新的人居典型。

【区域维度】

重庆国家临空经济区规划总面积约 147.48 平方公里，秉承产城融合的理念，势承两江新区，力求建成内陆开放空中门户、低碳人文国际临空商务区、临空高端制造业集聚区、临空国际贸易中心和创新驱动引领区；引进约 300 个重点项目，约 18 家 500 强企业，共投资约 5000 亿元，2020 年将达到约 5000 万人次、约 100 万吨的航空客货吞吐量，成就全国示范临空经济区。

项目所在的国际智慧生态住区，承接重庆国家临空经济区商务、居住的重要环节，是国家临空经济区中的两个临空商务区之一，更是大手笔融合航空小镇城市配套，汇聚医疗、教育、商业、生态等一站式闭环生活场景，蓄势而成的“低密生态智慧之城”，为重庆高端宜居新样本。

【口碑维度】

蓝光·未来城作为蓝光首批次现代建筑典型，承袭“共享、成长、未来”三大内核，以城市肌理为本，匠心筑造现代美学建筑。项目融入现代的生活理念，以“现代美学演绎人居灵感，创想生活无限璀璨”的定位，倾力筑造属于未来的居住空间美学。

同时，在居住空间功能设计上，依循未来原则而考究空间格局，动线之间皆可与生活场景逐一呼应，在房间通透、路线回环、空间功能等处周密考量，为成长型家庭专研定制、先导设计，呈现未来生活应有的姿态。将空间美学与空间设计融汇一体的人居环境，自然赢得了客户的一片称赞。

【产品维度】

蓝光·未来城被三大公园（含规划）环绕，近享空港四大商业体构筑的繁华商圈，紧邻渝北区妇幼保健医院（规划中）、渝北中医院（建设中），连接轻轨 3 号线、江北国际机场，于城市动脉之处，尽享城市丰厚配套。

在未来城市中央约 1.5 容积率的土地上，蓝光仅仅布局洋房类低密产品，并通过内部台地高差变化，尽情发挥每一栋楼的空间优势。移步以“一轴五进”式未来居住规划设计的五重园区空间内，自然、乐活、赏景、入户、智慧等五重进制逐一铺展，穿插蓝梦乐园、萌宠乐园，为生活增添乐趣。

与园林相得益彰的建筑线条纵向衍生，配合宽幅玻璃的应用，空间尺度感与通透感骤然明朗。明光餐厅、多应用飘窗、大面宽开间、全系 L 线厨房等处处可见对生活细节的品质追求。与未来接轨的安防系统、门禁系统、共享系统、互联系统、车库系统五大智能体系，让生活跨越时间的限制，美好生活由此蔓延。

更多楼盘详情请扫码查看

联发君领西城

- 2019年 -
中国城市楼盘年鉴
典型项目

重庆 品牌地产 低密洋房 景观居所

联发君领西城位于重庆西大渡口区伏牛溪板块，地处城市发展中轴西城大道旁，项目占地36000平方米，建筑面积约10万平方米，容积率仅2.0，规划11栋纯住宅，仅518户。

项目地址：
重庆市大渡口福茹路，西城大道旁

开发商：
重庆联筑房地产开发有限公司

建筑类型：
洋房

主力户型：
129平方米三居，133平方米、140平方米四居

周边配套：
万达广场、伏牛溪公园、体育公园、育才小学

参考价格：
10700元/平方米起

楼盘优势：
项目由“世界500强”、国企全资子公司联发集团倾力打造，地处西城大道中轴，近邻五大商圈、九大公园、3~12岁一站式教育，大渡口纯洋房社区。

专家点评

彭发明·重庆华龙网文化实业发展有限责任公司总经理

联发君领西城是联发重庆2019年重点打造的高端品质产品。2.0容积率，规划仅518席，约1.5万平方米园林景观，约1500平方米架空层生活馆，高达40%的绿化率，周边配套齐全，邻近商圈公园，教育资源丰富，是大渡口纯洋房住宅产品。

项目解析

【品牌维度】

“世界500强”建发旗下全资子公司联发集团，2019年位列“全国房产百强”榜单第46位。联发以“城市美好生活运营商”为品牌定位，一直秉持“创造品质生活”的理念，在全国打造高端物业，服务城市发展。联发2008年进驻重庆，至今筑盘十盘，屡树重庆人居新高度。2019年再执西城，以“君澜系”首献重庆。

【区域维度】

联发君领西城地处大渡口伏牛溪板块，邻西城大道，是大渡口近两年来重点打造的高端生态居住区。项目被羽毛球主题公园、伏牛溪湿地公园、白居寺公园、义渡公园、幸福公园、大渡口森林公园等九大公园环绕，优居九宫庙、华岩新城、鱼洞、龙洲湾、杨家坪五大商圈几何中心，驾享三纵、四横、四桥、双轻轨、多公交的复合式立体交通网络，可谓入则宁静、出则繁华。幼儿园毗邻小区，项目配建的育才小学与小区仅一街之隔，是大渡口区政府打造的西区重点小学。区域附近还有大渡口实验小学、九龙坡区第二实验小学、外国语学院等知名中小学，拥有3~16岁一站式全优教育配套。项目紧邻西区医院（三甲医院在建中）以及西南医院、新桥医院、大坪医院、重医等知名三甲医院。

【口碑维度】

联发集团秉承“创造品质生活”的理念，以品质铸就辉煌，收获“2018年中国房地产开发企业稳健经营10强”“2018年中国房地产100强企业——运营效率10强”“2007~2018年连续12年中国房地产100强企业”“2019年中国房地产住宅开发专业领先品牌价值3强”等诸多荣誉。而联发君领西城作为联发首献的“君澜系”高端产品，自诞生起就备受各大媒体、市民关注，还未开盘，就已荣获“2018年度新锐楼盘”奖项，同时入选第十五届网络人气榜年度榜单，揽得“2019年重庆楼市值得期待楼盘”荣誉。2019年11月，被搜狐焦点授予“美好重庆宜居典范”称号。

【产品维度】

联发君领西城是联发重庆打造的首个君澜系作品，是西区纯粹的高端公园洋房院墅。项目建筑面积10万平方米，容积率仅2.0，整体绿化率达到40%以上。精工匠筑，集萃新中式意境与现代极简美学，匠心设计较大规模的中庭景观、风雨连廊，楼间距最大约58米，首层规划约1500平方米多功能架空层。项目师法中国传统造园理念，以“君子五境”为轴，集联发36年造园沉淀，打造一轴、三庭、五院、五境东方美景，藏纳东方生活情怀。

入户大堂、每栋单元大堂及车库大堂均为三精入户装配置，约7平方米独立电梯前室，出入间尽享精致人生；私密梯控系统、指纹密码锁、24小时智能安防系统、高端智能等配套设施，筑就品质人居。项目精研双景观阳台、约7.3米宽奢大横厅，让大美风景一览无余；独立静谧书房、奢侈主卧设计，彰显主人尊贵。

更多楼盘详情请扫码查看

龙湖舜山府

- 2019年 -
中国城市楼盘年鉴
典型项目

重庆　品牌地产　森林环绕　口碑项目

龙湖舜山府择址于重庆主城核心，照母山森林公园腹地，为龙湖 24 年巅峰凌越之作。项目被照母山森林公园环绕，是城市核心区罕见占有原生森林资源的低密生态高端项目。

专家点评　周平·重庆市房地产业协会会长

舜山府是龙湖26年匠心造诣的集大成者，项目位于照母山，这里作为北区的发展热土，享有城市繁华和森林公园双重资源，宜居价值毋庸置疑。同时，舜山府作为龙湖的豪宅项目，在建筑风格以及设计理念上，都拥有独特的艺术价值，值得关注。

项目地址：
重庆市两江新区照母山森林公园内

开发商：
重庆龙湖创安地产发展有限公司

建筑类型：
平层

主力户型：
161 平方米三居、265~427 平方米四居

周边配套：
照母山、新牌坊商圈、龙湖巴蜀小学、星光小学

参考价格：
均价约 25000 元 / 平方米

楼盘优势：
建在照母山 2872666 平方米森林公园中的地产项目，坐拥庞大自然资源的同时，还可享受新牌坊高端生活圈带来的便利生活配套。

项目解析

【品牌维度】

26 载 40 余城，龙湖实力布局全国，现已形成地产开发、商业运营、智慧服务、长租公寓四大主航道业务，连续数年荣膺“中国房地产百强开发企业综合实力 TOP10”，2018 年入选福布斯“世界 500 强”。

龙湖深耕重庆数年，以蓝湖郡、香樟林等诸多典型之作，成就重庆“龙湖时代”，备受重庆市民信赖。一路走来，坚持秉承善待一生的理念，匠著龙湖式专属生活。2017 年，龙湖首入照母山，以舜山府为开篇之作，以山人交融的理念匠心，打造代表重庆对话世界的艺术建筑群。作为龙湖 26 年开发水平的大成之作，龙湖舜山府是龙湖有建筑技艺、造林经验、物业水平的高峰体现，代表着重庆人居的高水平。

【区域维度】

龙湖舜山府位于重庆两江新区照母山森林公园。照母山作为北区醇熟的价值高地，近年来，已经成功迎来近 2000 余家双创企业、100 多个研发中心、200 多家金融企业实力入驻。2019 年，更有阿里巴巴、腾讯西南总部大厦入驻，产业高度集中，已然成为不可复制的高端腹地。

龙湖舜山府地处金开大道和星光大道交会轴心。随着星光隧道的通车，可快速畅达繁华的新牌坊商圈以及人和、幸福广场、大竹林、礼嘉等地。同时，项目紧邻约 2872666 平方米森林公园，坐拥天然的生态环境，繁华自然并序。

【口碑维度】

龙湖舜山府面世以来收获殊荣不断，现已将“中国地产界设计典范楼盘”“第二届重庆匠心楼盘”“2017 第十二届金盘奖年度最佳预售楼盘”等收入囊中，更获得了标志着全中国审美与建筑高水准的“地产设计大奖优秀奖”“地产设计大奖金奖”“2019 中国土木工程詹天佑奖”“优秀住宅小区金奖”等奖项，备受行业赞赏。

【产品维度】

龙湖舜山府二期大平层，融合了城市和自然双重资源，于龙湖历年经验之上全面焕新；凭借现代精工，以不可复制的自然资源、无界于山的胜境，打造重庆典型产品，让建筑形态融入照母山中。龙湖舜山府在景观打造上，以五庭造园艺术，利用山势的起伏将整个地块完全融入公园，呈现真正的山居之作。

【销售维度】

2017 年整个重庆市场总价超过 2000 万元的别墅产品销售套数极少，但铭腾机构数据显示，2017 年舜山府仅用两天即售罄总价约 3000 万元/套的 58 栋别墅。

项目一期森林大平层组团，2017 年 8 月一批次首开，开盘 10 栋，以重庆有史以来最高清水成交均价、约 450 万元的套均总价售罄。

2017 年 12 月二批次开盘，4 栋 130 余套房源再一次开盘即售罄，惊艳全城。

2018 年 3 月第三次开盘，9 栋产品一次性推出，以套内最高约 33000 元 / 平方米的价格收官。三次开盘均热销售罄，屡次打破重庆楼市大平层销售套数和金额纪录。

更多楼盘详情请扫码查看

绿城晓风印月

重庆　绿城经典　江山城园　口碑服务

绿城晓风印月择址礼嘉天街旁，毗邻北恒公园，俯瞰嘉陵江景。占地约 96079 平方米，建筑面积约 207169 平方米。约 1.5 容积率墅级土地，几近全南向面江，规划套内约 105~160 平方米 LIGHT-LIFE 现代平层，共计规划 25 栋楼 960 户。

专家点评　周平·重庆市房地产业协会会长

绿城晓风印月作为嘉陵江畔的一弯「江上明月」，汇集「江、山、园、城」之大成者，以一束丰盈的光，营造LIGHT-LIFE生活观，在礼嘉中心台地之上，400000平方米北恒公园旁，造就诗情画意的现代生活园区，为重庆带来绿城式理想生活

项目地址：

重庆市渝北区礼嘉北恒公园旁

开发商：

重庆绿城致嘉房地产开发有限公司

建筑类型：

板式、小高层

主力户型：

105 平方米、114 平方米、155 平方米四居

周边配套：

三轨六大道、礼嘉天街、九园一湾、儿童医院

参考价格：

均价约 18400 元 / 平方米

楼盘优势：

绿城为中国高端物业营造专家，项目享三轨六桥六大道，九园一湾环绕，毗邻礼嘉商圈、三甲医院、公立名校，墅级土地，内园功能外园景观。

项目解析

【品牌维度】

绿城是中国高端物业营造专家，香港联交所整体上市（HK3900）企业，连续 15 年荣获“中国房地产百强企业综合实力 10 强”。进驻百余城，营造 600 余座美丽家园。25 年专注高端，致献杭州桃花源、上海黄浦湾等典型豪宅作品，悉心发展公共配套物业，曾营造曲阜孔子博物馆、嵊州越剧艺术学校等系列经典。

绿城入渝三年、读懂城市，以绿城兰园项目诚意首发，收获掌声与关注，并坚定深耕重庆的信念。现已落渝四子，其中晓风系列为中高端家庭量身打造，以高阶品质与“颜值”撼动业界。

【区域维度】

绿城晓风印月定址重庆向北的核心板块礼嘉，这一区域将推动八城一体超前规划，承载重庆下一代发展蓝图；根据限容、限开发商、限高等三限要求，适合打造低容积率、高绿化率墅级产品。

区域内轨道 6 号线、国博线、规划在建的 15 号线三轨覆盖，蔡家嘉陵江大桥、礼嘉嘉陵江大桥、金开大道、金渝大道等六桥六大道提供便捷出行。两江巴蜀中学、重医附属礼嘉儿童医院等城市级配套依次完善，为区域提供良好居住条件。区域内还规划打造了 10 平方公里礼嘉智慧城以及礼嘉商圈，同时礼嘉天街预计将于 2020 年正式开业，定位中高端家庭消费的会员制大型超市山姆超市也将正式入驻。

【产品维度】

项目规划用地约 9.6 万平方米，容积率低至约 1.5，打造纯低密住区，并在建筑限高 40 米的情况下实现 36 米建筑控高。近全南向面江排布，风光盛大；项目楼栋以中轴对称的方式井然排列，最大楼间距约 60 米，实现景观大视野及更大采光面。

GOA 大师执笔设计，将 SuperFlat 超扁平绿城二代高层巧妙融入高台地形；三段式造型极简立面，简约不失艺术质感；以纯板式大宅规制，多为两梯两户，大面宽高配南向大横厅，舒享阔境门厅设计。

内外双园营造“内园功能，外园观光”的独特园林体验，私享约 400000 平方米北恒公园；在园林维度上，以“一带两轴四台地四露台”的整体规划打造功能化、趣味化、奢享化景观园林，以及观水戏水的仪式水轴、看江看山的台地绿轴等两大仪式轴线和四大台地花园、四大观江观山露台。此外，还根据高频交互的造园理念，营造可同时容纳 20~30 人的室外会客厅、空中咖啡厅等园林社交场所；回形停车落客区、酒店式入口大堂等六大归家仪式实现进退尊崇有仪，更有个性化定制休闲、多功能童梦乐园满足都市家庭的休闲需求。

【销售维度】

案场数据显示，绿城晓风印月于 2019 年 12 月 16 日首开，推小高层 12 号、13 号、18 号、19 号、23 号、24 号楼共 243 套房源，去化率高达 60%，主力面积为建面 141.73 平方米，销售价格为建面 18014 元 / 平方米。示范区开放 15 天劲销 151 套，成为重庆房市的焦点。

2020 年，晓风印月推出房源大多南向面江排布，155 平方米户型更是头排面江，大阳台、大卧房、五面宽奢享宽景广境。

更多楼盘详情请扫码查看

融创曲水风和

重庆　百亩纯墅　低密社区　峡谷别墅

融创曲水风和总占地面积约 94195 平方米，计入容积率部分约 79495 平方米，容积率约 0.84，是目前市面上少有的超百亩纯别墅区。首批次建面 163.25 平方米峡谷叠拼产品，总价 220 万元起。

项目地址：
重庆市沙坪坝区西永微电园西林大道 88 号

开发商：
重庆万达城投资有限公司

建筑类型：
别墅

主力户型：
上叠约 162 平方米四居、下叠约 163 平方米三居

周边配套：
融创乐园、融创茂、酒店群、幼小初教育配套

参考价格：
叠拼均价约 13571 元 / 平方米

楼盘优势：
背靠千亩大盘，涵盖主题乐园、文娱商综合体、幼小初教育配套，更有峡谷、飞瀑、古桥、古寺等稀缺景观人文资源，畅享当代诗意人生。

专家点评　王芳·重庆市房地产开发协会副会长、秘书长

市面少有的占地超百亩低密纯墅区，坐拥稀缺的城市峡谷、瀑布、滨河景观资源以及高滩古桥、飞雪岩、飞雪寺等历史人文遗迹。传承性强，是能够给人强烈、高定制感的现代国际风格别墅，大量运用玻璃、金属线条、金属格栅，值得期待。

项目解析

【区域维度】

近年来，重庆“向西”呼声高涨，西区政策利好不断。西永作为重庆向西重要的节点之一，坐享高新区升级、科学城落地、成渝城市群、西部陆海新通道等重大城市发展红利。目前，连接西永片区的轨道、桥隧网络中，已建成轨道 1 号线、石门大桥、高家花园大桥、双碑大桥、大学城隧道、双碑隧道、井口隧道、西永隧道；正在修建礼嘉大桥、大竹林大桥、土主隧道、大学城复线隧道。未来全部建成后，将可便捷通达主城江北、渝北、九龙坡等区域。

项目除自身配套的世界主题乐园融创乐园、文娱商综合体融创茂以及岛式星级酒店群、四座幼儿园（一所已建成未开园、两所修建中、一所规划中）、两所小学（一所已开学，一所规划中）和一所初中（规划中）之外，周边已建成投用的教育和景观资源亦较为丰富，生活宜居度较高。

【品牌维度】

融创中国控股有限公司（01918.HK）是香港联交所主板上市企业。公司成立于 2003 年，以“至臻，致远”为品牌理念，致力于通过高品质的产品与服务，整合高端居住、文旅、文化、商业配套等资源，为中国家庭提供美好生活的完整解决方案。

融创中国坚持地产核心主业，围绕“地产 +”美好生活全面布局，下设融创地产、融创服务、融创文旅、融创文化四大战略板块。业务覆盖中高端住宅开发、产业地产、商业地产、物业服务、文化旅游、酒店、影视内容制作发行、影视拍摄服务等。

经过多年稳健发展，融创中国已确立行业竞争优势，成为受到客户高度认可的中国家庭美好生活整合服务商。

【口碑维度】

从销售中心“初遇”到准业主时期的沟通往来与品质把控，从一户一验的预验房到交付时的全程陪伴，从贴心物业服务到老社区的焕新，十大环节、35 项服务内容、178 个服务场景，共同构成了融创全周期满意度服务链，让业主感受每一刻美好。

【产品维度】

在产品打造上，曲水风和纯墅组团主推建面约 163.25 平方米的下叠产品。独立玄关设置，约 7 米宽景阳台，U 形厨房设计；二楼独立储藏间，让收纳更合理，生活更简洁。大尺度主卧套房式设计，舒享尊崇私密空间。

【销售维度】

据 CRIC 数据，2019 年 3 月至 11 月，重庆融创文旅城始终保持着主城月单盘销售金额排行榜冠军位置，持续领跑楼市。截至 11 月 7 日，重庆融创文旅城当年销售套数达到 9863 套，成交金额实现 100.5 亿元，成为重庆楼市历史上首个单盘年销售额突破百亿元的项目。

2019 年 1 月 至 11 月，重庆融创文旅城接待客户 16 万组，其中有效客户 10 万组，共组织集中开盘 32 次，平均每 9 天集中开一次盘，最多一天办理了 224 套产品的签约。

更多楼盘详情请扫码查看

2019年
中国城市楼盘年鉴
典型项目

山晓

重庆 | 稀缺资源 | 低密墅区 | 山居文化

山晓位于重庆市南岸区南山崇文路，占地面积约 137925 平方米，建筑面积约 122266 平方米。享约 2500 万平方米南山风景区，约 0.61 低容积率，自然融入原山。

项目地址：
重庆市南岸区崇文路 210 号

开发商：
重庆诚毅房地产开发有限公司

建筑类型：
别墅

主力户型：
约 181~227 平方米合院、约 137~147 平方米叠拼

周边配套：
涂山寺、加勒比水世界、一棵树观景台

参考价格：
待定

楼盘优势：
择址重庆南山稀缺居住用地，坐拥约 2500 万平方米浩瀚森林，打造约 0.61 超低密墅区，约 5589 平方米一站式高端消费地。

专家点评

彭友明 · 重庆华龙网文化实业发展有限责任公司总经理

作为融创重庆2019年「八大重要作品」首发产品，山晓秉承「法自然创未来」的产品观念，尊重自然，融合南山人文，以创新手法演绎生活美学。项目位于南山，享受约2500万平方米森林，随着《重庆市四山地区开发建设管理规定》的出台，有着较好价值前景。

项目解析

【区域维度】

山晓项目位于重庆市南山区崇文路，坐拥约 2500 万平方米南山浩瀚景区。南山位于重庆一环内，是主城植被覆盖率较高的区域之一，富含丰富的负氧离子。自“四山”禁令以来，主城山居资源越发稀缺，山晓作为罕有的山居佳作，为重庆带来更高标准的城市山居生活。

项目近邻主城重要商圈，至南坪商圈（直线距离，下同）约 4.9 公里，至解放碑约 3.5 公里，至江北嘴约 5.1 公里；至观音桥约 8 公里。到 2020 年，进出南山道路将增加至 10 条、22 车道。项目所在地可谓“出则繁华，入则宁静”，是“离尘不离城”的现实写照。

在“陪都”时期，此区域社会名流、政商要人、文化名人汇聚，是古往今来山城的高端生活圈与名流赫地。同时，区域历史悠久，拥有厚重的文化底蕴，也是重庆不可多得的文化居住胜地。山晓根植于文化之上，再造山水人文大宅。

【品牌维度】

山晓由融创中国与联发集团两大实力开发商联袂打造，实力与质量双重保障。融创中国是中国家庭美好生活整合服务商，以“至臻，致远”为品牌理念，致力于通过高品质的产品与服务，整合高端居住、文旅、文化、商业配套等资源，为中国家庭提供美好生活的完整解决方案。联发集团是城市美好生活运营商，连续 13 年占据中国房地产百强企业榜，深耕全国七大区域、布局全国二十余城，以一核多元的经营战略，开拓“地产＋产业”的双赢道路，坚守品质筑家的理念，满足不同客户家庭核心居住需求，帮助约 30 万业主幸福安家，共享联发品质人居。

【口碑维度】

山晓享有融创独有的一站式服务体系——“归心”服务，包含国家一级资质的融创物业和拥有丰富经验的房修公司。融创以管家服务为业主提供保障，涵盖 24 小时社区巡逻、零干扰服务、夜间护送等针对性服务，还开展丰富多彩的邻里社群活动。同时，通过严苛要求，保证每套房屋都拥有优良品质。

【产品维度】

山晓向土地学习，向文明求索，向内心探寻，在自然资源不可再生的南山，延续一个城市的山居梦想。

作为 2019 年重庆城市山居人文雅著，项目择址南山稀缺可居住用地，打造约 0.61 低密墅区，以独特尺度丈量生活气度。独享约 5589 平方米一站式高端消费地，丰盛生活举步即达；示范区园林打造“十遇南山”铺叙生活诗意，大区景观以“一山六园九景”整体打造，“六境悦水，三趣观山”景观主轴让回家成为漫步风景的旅行。

项目首期推出建筑面积约 170~220 平方米藏山合院、约 141~152 平方米林隐叠墅两大产品。户型设计方正实用，室内全面采光，动静布局合理；高挑空设计，让空间扩展成为可能，丰富了城心墅居产品的实用价值。

更多楼盘详情请扫码查看

首创天阅嘉陵

- 2019年 -
中国城市楼盘年鉴
典型项目

重庆　品牌地产　品质住宅　江景大宅

首创天阅嘉陵择址沙滨3.0时代湾区，背倚百年歌乐山，居临千载嘉陵江，着眼井双新城未来城市价值，站位稀缺滨江资源。首创首次将科技大宅“天阅系”落子重庆，将重新定义城市高端品质人居。

项目地址：
重庆市沙坪坝区双碑街道嘉陵医院正对面

开发商：
重庆首汇置业有限公司

建筑类型：
高层、洋房

主力户型：
162平方米、165平方米、166平方米三居

周边配套：
嘉陵江景、市政公园、一站式商业生活中心

参考价格：
均价11000~15900元/平方米

楼盘优势：
首创天阅嘉陵坐拥嘉陵江江景资源，四大市政公园环伺，更是重庆首个通过专家评审、荣获“2018年市二星级智慧小区”称号的项目。

专家点评　周平·重庆市房地产业协会会长

首创天阅嘉陵是首创天阅系进渝首著作品，作为首创四大产品系中的TOP系，定位于科技生态大宅。项目位于沙坪坝井双新城核心板块，占位两江四岸核心景观资源，将据规划被打造成高品质居住区案例。项目建筑设计与景观打造亦可圈可点，值得关注。

项目解析

【品牌维度】

首创置业是大型国有控股集团首创集团的地产旗舰，是北京市国资委所属的大型国有企业集团。首创置业以前瞻性的美好生活理念，从砖瓦木石的架构到资源、情感、生活进行全方位营造，创造都市新生活的价值体系。

天阅系是首创置业四大产品系中定位于科技生态大宅的产品系。以细微之处彰显非凡品质，将豪宅骨子里的品质与精致融入产品中，以高标准匠心考究每一个细节，打造中国城市时代居住礼仪。

首创天阅嘉陵是集首创17年开发实力于一身，以城市运营商的远见，打造的重庆人居新范本，旨在深刻了解业主生活，探索并营造未来城市、自然、生活、建筑与人和谐共生的理想居所。作为西南地区唯一的天阅系产品，天阅嘉陵占据城市江湾区核心，拥有稀缺景观资源，为城市高端人群提供优异的生活体验。

【区域维度】

重庆城市核心区域的“两江四岸”，先天便拥有不可复制的自然景观资源；受益于“两江四岸”城市价值规划的提出以及城市滨江土地的开发建设，正成为重庆的价值高地。而首创天阅嘉陵项目所在的井双新城作为沙坪坝区唯一待开放且可开发的滨江地块，无疑也将成为代言沙坪坝区未来的“高地”。

【口碑维度】

首创天阅嘉陵作为沙坪坝区改善型品质住宅的典型项目，一经面世即受到广泛关注，收获殊荣不断，包括“2018年度重庆地产最强音·高端人居标杆”“2018绿色生态住宅小区”“2018影响重庆豪宅”等，更成为重庆首个通过专家评审、荣获“2018年市二星级智慧小区”称号的项目，深受业内外好评。

【产品维度】

项目秉持“首创制造2020”匠心服务理念，实现全生命的服务周期，以不同时期客户对产品质量、居住品质不变的核心追求为动力，打造4C宜居科技体系、4T技术体系、8M园林体系、5S精装体系；6X户型产品、3V建筑立面、100P实验专利体系与山水地脉融合，从生态、健康、家庭、安全、舒适、便捷、贴心、关怀八大维度，服务居者美好生活，营造富有人文意蕴的景观意境与文化生活体验。

项目立面采用的是具备豪宅质感的现代典雅风格，整体表现简洁明快、典雅端庄，以传统美学手法传承优雅时尚的韵味。洋房、大平层产品多采用定制大面积玻璃幕墙及大尺度开阔空间，虚实对比强烈，以大线条来勾勒出滨江豪宅的视觉冲击。以虚实对比来实现倒影效果，这种立面设计理念为嘉陵湾区罕有，未来或成为嘉陵湾区的地标性建筑。首创以“重拾邻里关系、构建熟人社区”为理念，为每一位业主提供高标准全龄化社区文化运营服务平台“天阅荟”。

【销售维度】

首创天阅嘉陵作为沙坪坝区改善型典型项目，不仅吸引着沙坪坝区原有居民关注的目光，也吸引着外区乃至外省投资的目光。铭腾机构数据显示，2019年上半年，重庆首创天阅嘉陵在沙坪坝地区同级别产品中，成交量、成交额双项排名第一位，冠领整个沙坪坝区。

更多楼盘详情请扫码查看

香港置地壹号半岛

2019年中国城市楼盘年鉴 典型项目

重庆 低密社区 生态住区 醇熟社区

项目占地面积逾13万平方米，容积率约1.38，小区主要以建面约155~350平方米平层为主，200平方米以上为精装交付，200平方米以下为清水交付，最大层高约3.6米，最大面宽约25.6米，空间感和尺寸感均较强。

专家点评 高维峰·中国新闻社重庆分社社长助理

壹号半岛位于照母山核心位置，拥有约66666平方米黄桷湖、约2.4公里湖岸线，成为居者后花园，从自然资源、建筑空间再到生活方式的探索，多层面创新迭代，为城市高端人居奉献全面升级的居住体验。

项目地址：

重庆市两江新区湖映路268号

开发商：

重庆怡置北郡房地产开发有限公司

建筑类型：

平层

主力户型：

190平方米、258平方米、350平方米五居

周边配套：

光环购物公园、人民医院、轻轨5号线

参考价格：

清水平层23000元/平方米、精装平层28000元/平方米

楼盘优势：

项目为高端豪宅运营专家香港置地旗下项目，享照母山核心地段全能大城醇熟配套以及约66666平方米黄桷湖湖滨资源。

项目解析

【区域维度】

香港置地壹号半岛位于重庆照母山金州商圈核心，属于重庆城市向北发展轴线的热点区域，下一代重庆城市的发展阵地。毗邻黄桷湖畔，拥有2.4公里绵长原生湖岸线，在333万平方米照母山绿肺的掩映下，植被丰茂，生态环境宜人。

与此同时，约14万平方米约克郡光环购物公园又为本案注入活力蓝图；轨道5号线已开通，可换乘1号、3号、6号轨道线路，畅达全城，轨道15号线（规划中）东西横向联连接，“开山兴海通渝州”七金路网、从容出行，周边汇聚金山医院、儿童医院、重庆市人民医院（在建中）等优质健康资源，让生活更加无忧。

【品牌维度】

香港置地成立于1889年，至今已走过130年峥嵘岁月。香港置地2004年进入重庆，打造非凡系大平层、臻装标准体系、购物公园系等明星产品，致力于为客户创造独特的长期价值。香港置地坚持创新理念，聚焦中高端家庭生活方式，呈现江与城、新江与城、约克郡及约克郡北区（壹号半岛2019年面市）、长嘉汇、公园大道、壹江郡、嘉景湾、林山郡、云山岳、重庆大学城项目CQ1909（暂定名）、重庆中央公园西区项目CQ1910（暂定名）十一大精品项目，全维度革新改善型置业标准，实现中高端生活的筑造理想，用心呈现更有新意的生活。

【口碑维度】

香港置地壹号半岛作为香港置地（重庆）2019年壹号作品，将不可多得的珍稀滨湖资源，以更高配置的产品设计、三层大平层全新理念加以体现；集建筑美学于一身，将居住的舒适度提至显要的衡量刻度。项目以“资源、园区、空间、美学、物业”五维系统，塑造香港置地壹号半岛特有的建筑性格；以“城市留白、珍稀资源、精装仪式、建筑尺度、大师之作、私密生活、全龄社区、低密圈层”八大规划标准，让建筑拥有“自己的成长空间”。在系统与标准中，壹号半岛淬炼20项精工细节，彰显建筑非凡性格，筑造全新精“质”的滨湖大平层。

【产品维度】

香港置地壹号半岛不断探索湖湾、自然、建筑与人的关系，从自然资源、建筑空间再到生活方式的探索，多层面创新迭代，为城市高端人居奉献全面升级的居住体验。壹号半岛重视自然、建筑与人的融合，在山湖稀缺的土地上，让建筑为湖湾让步，先预留亲湖休憩区，再进行建筑排布；以自然和艺术为创作原则，为归家创新打造了约7700平方米公园入户的方式。使城市繁华到岛居生活有了更好的衔接。

项目规划打造一园一轴四区的生活景观，在一湖半岛之上演绎岛居美学归家礼序，构建“登岛、入岛、归岛”三重归家大境，启幕尊崇人生。联合拥有近500名设计精英、专为品质生活设计的HWCD设计机构，匠心雕琢现代意式风格的香港置地精装大平层3.0，造就一个由内而外的自然与繁华相结合的生活空间。

【销售维度】

香港置地壹号半岛首开即罄，多次加推，持续热销。铭腾机构数据显示，项目自2019年6月中旬首开至年底，仅推售半年，便以高达约70%的市场占有率，持续领跑重庆高端大平层市场。

更多楼盘详情请扫码查看

雅居乐·富春山居

- 2019年 -
中国城市楼盘年鉴
典型项目

重庆　中央公园　金开大道　低密臻装

傲踞中央公园南门，承袭金开大道贵胄底蕴，以 27 载精工匠艺，筑就雅居乐鼎呈力作。项目 1.78 低密生态，邻近中央公园，规划有臻装高层、平层、洋房、叠墅。

项目地址：
重庆市渝北区中央公园南

开发商：
重庆雅恒房地产开发有限公司

建筑类型：
高层、平层、洋房、叠墅

主力户型：
100 平方米三居，144 平方米、148 平方米四居

周边配套：
渝北区人民医院、中央公园、360 万平方米百亿级商圈

参考价格：
高层均价约 15300 元 / 平方米

楼盘优势：
雅居乐鼎呈力作，品质保证，容积率低至 1.78；配套完善，近享金州、中央公园两大商圈，与 80 班中学（规划中）为邻，居住舒适。

专家点评

彭发明·重庆华龙网文化实业发展有限责任公司总经理

雅居乐是全国第三座富春山居系作品，其品质以广州富春山居为标准，值得期待。项目位于重庆热点区域——中央公园，按照政府规划，这里将被打造成高品质居住区案例，区域前景毋庸置疑。项目建筑设计与景观打造亦可圈可点，值得关注。

项目解析

【品牌维度】

雅居乐·富春山居由雅居乐集团倾力打造。雅居乐集团成立于 1992 年，一直坚守“一生乐活”的品牌理念，为居住者筑建“心之归属”的梦想家园。成立 27 年来，业务已覆盖地产、雅生活、环保、教育、建设、房管、资本投资和商业管理八大产业。

2005 年，雅居乐登陆香港联交所主板市场；2014 年，雅居乐立足华南，布局全国，首度出海，落子马来西亚，开启国际化征程；2017 年，雅居乐集团成立产城板块，发力特色小镇建设，并致力成为“一站式产城融合综合服务商”。

根据集团数据，2018 年末，雅居乐 2018 年预售额 1026.7 亿元，总资产规模超过 2300 亿元，正式跻身千亿房企序列，荣膺中国房企 20 强、中国房地产公司品牌价值 TOP10、中国房企品牌价值中国房地产企业创新性十强、中国房地产上市公司治理 TOP10、中国大陆在港上市房地产公司综合实力 TOP10。

截至 2019 年，雅居乐布局全球 70 余座城市，精筑项目 200 余个，在售项目超过 110 个。

【区域维度】

项目所在的中央公园片区，位处悦来会展中心会展经济带、江北国际机场形成的临空经济带几何中心，依托 153 万平方米中央公园，生态优势明显。区域内汇聚十余家品质开发商，是重庆当前热门居住板块之一。

雅居乐·富春山居傲踞中央公园南门户，南接金开大道，是中央公园片区距金开大道较近的高端居住区。区域内行政机构林立，已引入重庆市检察院、重庆档案馆、渝北国土局、重庆报业集团、渝北行政中心、地质勘察院、重庆有线电视台、重庆市人社局等 30 多家行政单位，配套完善；项目五公里范围内形成三横四纵四轨道的交通路网，出行便捷。

【口碑维度】

雅居乐·富春山居是雅居乐集团当前产品系中旗舰级产品，重庆雅居乐·富春山居是继广州、成都之后中国第三座富春山居作品，口碑影响力毋庸置疑。在席卷中国的新中式风潮之中，雅居乐·富春山居独树一帜，联袂国际国内设计团队，以其出众的景观设计、值得信赖的精工品质和颇为打动人心的景观示范区，赢得了客户的一致认可。

【产品维度】

雅居乐·富春山居，总体量约 36 万平方米，分两期进行开发。项目规划有高层、平层、洋房、叠墅产品，整体的容积率仅 1.78，墅区容积率低至 1.26，是目前重庆中央公园板块容积率较低、居住舒适度较高的项目之一。项目四大公园环绕，近享中央公园双百万平方米繁华商业配套，距渝北首家三甲医院——渝北区人民医院咫尺之遥。区域内教育资源丰富，已引入多所名校，项目周边规划建设有小学与 80 班中学，为孩子提供一站式的名校教育，生活便捷。

【销售维度】

2018 年 5 月，雅居乐·富春山居首次开盘，全程热销。根据案场数据，截至 2019 年 11 月，销售额已高达 26 亿元。

更多楼盘详情请扫码查看

印江州

重庆　三强合著　城央大盘　醇熟配套

印江州择址重庆市九龙城市核心，由东原、旭辉、融创地产三巨头携高端产品线联合打造，总建筑面积 473594 平方米，分四期开发。

项目地址：
重庆市九龙坡区石杨路 186 号

开发商：
重庆盛资房地产开发有限公司

建筑类型：
高层、洋房

主力户型：
98 平方米、115 平方米三居，131 平方米四居

周边配套：
时代天街、重医附一院、九龙坡实验一小

参考价格：
19500 元 / 平方米

楼盘优势：
重庆城央稀缺品质改善大盘，近享四大商圈配套，双名校资源，高端印会所现已入驻海派健身、社区运营 TOP1 京聚场。

专家点评

王芳·重庆市房地产开发协会副会长、秘书长

印江州面市以来，被公认为是西区颇具代表性的品质改善大盘，给市场以一步到位、高端有品质、[illegible]有目[illegible]等[illegible]，[illegible]目。

项目解析

【品牌维度】

印江州是东原、旭辉、融创三大地产巨头在渝合作的首个百亿级项目，携各自高端产品系鼎立合筑。东原地产深耕重庆 15 年，荣膺“中国社区运营 TOP1”，其 TOP 系东原印长江单价突破 50000 元 / 平方米；旭辉高端精装产品线“铂悦系”被纳入“中国六大新锐豪宅”之一，倡导豪宅回归生活，在城市中心定制高端生活；融创中国，作为中国高端精品生活知名品牌，打造了壹号院系、桃花源系、府系、桃源系等多条产品系，以高品质标准蜚声业界。

印江州正是东原高端“印系”、旭辉高端“铂悦系”以及融创高端“壹号院系”的结合，由三家公司分别调集骨干团队操盘运营。

【区域维度】

综观重庆城市版图，唯有九龙坡与渝中半岛一脉相承。2019 年 5 月，九龙坡率先突破重庆土拍纪录，成交楼面地价高达 13549 元 / 平方米，价值高地终回正统城央。印江州位于九龙核心，为城市资源高度成熟区；近享两横三纵四立交三轨道立体交通网路，待红岩村桥隧通车后，将直接拉近九龙坡与江北的距离。万象城、大坪时代天街、杨家坪西城天街、石桥铺仁悦天地四大商圈环伺，还有龙湖、华润、瑞安扩容杨家坪商圈，陈家坪汽车站搬迁等远期利好。

【产品维度】

印江州琨印（三期）从传统重庆民居中提炼“院落”空间形态与结构，叠合山水自然观、院落情结与现代都市生活所需场景，回归温馨舒适的院子情怀。“一心二轴多园”景观布局，共享约 1500 平方米阳光大草坪，并以两大亲子乐园（0~12 岁）、多功能青年运动场和五大主题架空层泛会所，打造全龄人居系统。从孩童到老人，都能在这里找到与自然交融的活动空间，让生命活力与自然共生。

在产品设计上，独创双阳台设计：半封闭式阳台向内衔接阔绰宽厅，营造大尺度空间风范，无论是待客还是休憩，质感十足；景观阳台灵活可变，可作为书房、茶室，静享一方世界（H2/H3 户型）。匠心定制智能家居、健康舒适、收纳、玄关、客餐厅、厨卫、卧室、家政等八大精工系统，配置指纹密码锁、中央空调、新风、地暖、净水系统等 30 项人性化细节，全屋超 150 道匠心工序，为城市精英营造生活尊崇感、仪式感，实现城市舒适栖居体验。

【口碑维度】

印江州一经面世，便以精工产品力及社群运营成为西区高端改善典型，收获荣誉不断，先后将“2017 年度 TOP 级产品”“2018 年年度区域标杆”“2018 年度地产设计大奖居住类优秀奖 / 景观设计优秀奖”等收入囊中。

【销售维度】

铭腾数据显示，2018 年，印江州签约金额达 23.53 亿元，位居九龙坡榜首；200 万元及以上大平层销售套数位居重庆次席、九龙坡冠军。截至 2019 年 11 月底，印江州 200 万元及以上豪宅销售金额及套数登顶西区头名。

更多楼盘详情扫码查看

樾千山

- 2019年 -
中国城市楼盘年鉴
典型项目

重庆　品牌地产　礼嘉半岛　洋房优选

碧桂园、金茂、金科三大品牌强企匠筑礼嘉半岛，为城市山林自然著作。项目双公园环绕，内部“三庭十二院”立体造景，内外呼应，成就城市山林雅境。

项目地址：
重庆市两江新区礼嘉礼学路7号

开发商：
重庆金碧茂置业有限公司

建筑类型：
洋房、大平层

主力户型：
148平方米三居、140~168平方米四居

周边配套：
双公园、礼嘉商圈、公立小学、儿童医院

参考价格：
15500元/平方米

楼盘优势：
项目位于礼嘉半岛，双公园环绕，1公里到达商圈江湾。项目是高端住宅金茂府系，社区景观“三庭十二院”，营造城市中的山林雅境。

专家点评　高维峰·中国新闻社重庆分社社长助理

樾千山是高端住宅专家金茂修建的作品，依照成都金茂府为标准建设，品质值得期待。项目位于重庆热点区域礼嘉半岛，按照政府规划，这里将被打造成高品质居住区，区域前景毋庸置疑。项目建筑设计与景观打造亦可圈可点，值得关注。

项目解析

【品牌维度】

作为碧桂园、金茂、金科三大品牌的集大成之作，樾千山生而考究，从立项之初，即凝聚碧桂园的全球视野、金茂之豪宅基因、金科的洋房修为于一身，其建筑品质、园林造诣、社区配套、物业服务等各方面的水准，在市场上均较为突出。

【区域维度】

樾千山位于礼嘉半岛腹地，区位优势得天独厚。地处内环下道第一站，与观音桥、新牌坊等主城核心更近一步，又与60万平方米礼嘉商圈保持1公里的距离，嘉陵江美景1公里即揽，儿童医院、6号线礼嘉站近在咫尺，公立小学用地仅一墙之隔，书香涵养。樾千山于红崖寨、锦绣山双公园环绕中，真正实现出则繁华、入则宁静的城市人居理想。

【口碑维度】

碧桂园集团集设计、建筑、机器人建造、绿化、装饰、教育、慈善于一体，是绿色生态智慧建筑的建造者；首创立体森林城市，被《福布斯》评为“影响世界未来的五座城市”之首。全球开发不仅限于东南亚，还先后进入美国、英国、新西兰等发达国家，贡献独到的开发理念和经验。碧桂园以工匠精神反复推敲的高性价比楼盘，在安全、美观、经济、适用和耐久上均得到全面提升。

中国金茂隶属于中化集团，中化集团是新中国成立后第一家国营对外贸易企业，也是中国首批次进入“世界500强”的企业之一。中国金茂位居中国地产30强，自2005年以来，已连续13次入围“中国500最具价值品牌”榜单。

金科是重庆本土企业，1998年5月21日成立，定位为城市进程中坚定的“美好生活服务商”，位列“中国企业500强”“中国民营企业500强”“中国地产品牌价值10强”“中国地产上市公司A股十强”。经过20年的发展，已成为重庆业界所公认的“洋房专家”。

【产品维度】

樾千山首推产品双公园洋房，实景现房发售，所见即所得。产品系出金茂名门，严格以金茂“府系+”标准，缔造礼嘉洋房典型作品。建筑风格甄选新古典主义，尊崇感与美感兼具，不惧潮流变迁而历久弥新。产品用材精益求精，配置和品质在市场同级产品中均较为突出。项目在景观打造上更是匠心独运，深刻汲取东方造园智慧，筑就城市山林雅境“三庭十二院”。社区邻里空间亦遵循自然之道，规划“森林成长站、林山会客厅、森氧动力场”三大主题架空层，还原人与人、人与自然更生动的交流场景。

同时，樾千山也是礼嘉区域为数不多的海绵城市社区，即通过社区雨水回收系统，有效收集雨水资源，统一净化处理，可浇灌社区植物、冲刷道路；不仅节能环保、美化环境，更可降低物业管理成本，最终惠及社区居民。

【销售维度】

开发商数据显示，碧桂园2019年上半年销售业绩为4238亿元。碧桂园樾千山于2019年1月26日开盘，推出15栋共42套房源，仅15天即宣告售罄。下半年樾千山更是厚积薄发，实现逆势热销，短短4个月狂揽2.5亿元。

更多楼盘详情请扫码查看

中骏珑景台

- 2019年 -
中国城市楼盘年鉴
典型项目

重庆 | 网红热盘 | 口碑项目 | 湖居大城

中骏珑景台择址于永川南门户，城市未来几何中心兴龙大道及龙马大道交会处、凤凰湖公园生态腹地，又毗邻万达商圈，为业主凝聚了32载经验的匠心大作、50万平方米低密生态改善型社区。

项目地址：
重庆市永川区兴龙大道凤凰湖公园旁

开发商：
重庆骏汇共创房地产开发有限公司

建筑类型：
洋房、小高层

主力户型：
高层90~100平方米三居、洋房119~128平方米四居

周边配套：
凤凰湖、旺龙湖、万达商圈、中医院凤凰湖分院

参考价格：
高层5500~6200元/平方米、洋房6200~6800元/平方米

楼盘优势：
约832666平方米凤凰湖公园出门即到，一线临湖，还享受万达商圈以及双湖高端生活圈的便利，项目周边公园、医疗、学校、休闲配套一应俱全。

专家点评

邱旭·人民网重庆频道、重庆发布运营总裁

项目为50万平方米、35%高绿化率、2.0低密度大体量改善型社区。高层全双卫，围合式布局，形成上万平方米大中庭。洋房全四房双阳台，大面宽多窗面，板式结构，临公园，近商圈，宜居住。同时，借重庆向西、永川向南规划，区域利好不断，潜力较大。

项目解析

【品牌维度】

中骏集团是“地产50强”（股票代码01966.HK），成立于1987年，32年布局43城。2015~2019年连续5年荣获“中国上市房企50强”。2019年1~2月间，新增土地储备货值在全国房企中位居前十。2018年进入重庆，同年携中骏集团32载匠心，以50万平方米生态学府大盘进驻永川。

目前中骏集团已在川渝地区收获14宗地块，完成总投资达百亿元，土地储备182.6平方米，总建筑规模530万平方米，储备货值450亿元。克而瑞数据显示，中骏2018年实现重庆主城房企新增土储第1名，在大重庆房企销售金额榜中位列第20名，2019年排名提升至第9位。

【区域维度】

中骏珑景台扼守永川南门户、城市几何中心处，快速通抵城市各处。周边有高铁南站（在建）、高铁东站以及九永高速、渝昆高速、三环高速，畅联重庆主城各区。项目紧邻万达商圈、凤凰湖中学、永川中医院分院（建设中），同时相融约832666平方米凤凰湖公园，真正一线临湖的稀缺资源，出则繁华、入则宁静的湖居住区。

随着“重庆向西、永川向南”日渐深入，项目所在的永川国家高新区凤凰湖板块发展迅猛；高铁南站（在建）、长城汽车城、华为联合技术创新中心、萱花中学新校区（在建）、永川中医院分院（在建）等城市级大配套逐步落成，发展潜力可期。

【口碑维度】

作为城市新进房企的新项目，中骏珑景台在2019年得到了永川人民的厚爱，在区域形成了广泛影响力。项目也继承了闽系企业的低调务实，没有铺天盖地的宣传，在众多客户心目中形成了一种“酒香不怕巷子深，闻香自然来”的印象。中骏把更多投入回馈到业主身上，为大家营造了“骏客营地”，每周都有不同主题、不同规模的业主维系活动，截至2019年11月，全年已举办了42场，获得大家一致好评。

【产品维度】

项目汲取“富春山居图”灵感，以新中式风格打造50万平方米、3493户的大盘；2.0低密度、35%高绿化率，为改善型社区。台地建筑，最高约46米天然落差，凌空瞰园，四重递进式景观主轴，尽显归家礼遇。同时，项目为星级智慧小区，海绵城市、夜景泛光照明，双装修大堂设计。

洋房全四房双阳台，一梯两户，板式结构。大面宽、多窗面，双面采光，前后通风。一楼不送花园，拥有32大主题宅间花园，小区整体绿化率高，居住舒适度佳。

高层17层、26层全双卫配置，两梯六户，户户有景。采用围合式布局，形成上万平方米大中庭。一楼全架空，约7000平方米主题空间，覆盖从幼儿到老年全龄休闲生活。

【销售维度】

明源系统数据显示，截至2019年12月31日，累计到访客户14865组，销售房源1[illegible]6套，成交建筑面积约15.5万平方米，累计销售金额约9.6亿元，位列2019年永川房地产项目销售套数、金额、面积三项排行榜第一名。特别是在2019年4~10月，非集中开盘持效期连月破亿元，也缔造了永川房地产市场持销纪录。

更多楼盘详情请扫码查看

福建省

2019年福州房地产市场总结

行业发展历程

一、 城市概述

福州市简称榕，辖鼓楼、台江、仓山、晋安、马尾、长乐六区，闽侯、连江、罗源、闽清、永泰、平潭六县及福清市。总面积11968平方公里。福州市人民政府驻鼓楼区乌山路96号。2017年，全市辖43个街道、99个镇、45个乡（含连江县马祖乡）、2个民族乡；有496个社区居委会、2383个村民委员会。

二、 行业现状

综观福州房地产市场，在多片区上市量井喷大背景下，楼盘销售两极分化加剧，部分板块库存量大，同质化产品销售压力大。目前市场观望情绪弥漫，竞争压力激增。受制于拿地价格高、开发周期长、产品竞争大、市场不确定等因素，外来房企进驻较难，本地闽企相对强势。从2016年开始，外来房企开始通过与本地企业合作的形式进入福州。

三、 政策环境

在“房住不炒”的核心理念之下，福州楼市平稳推进，目前福州仍然执行限购、限售政策：福州市五城区户口家庭限购两套144平方米以下商品住房；非福州市五城区户口家庭限购一套144平方米以下商品住房。此次限购仅针对福州鼓楼、台江、晋安、仓山、马尾这五区建筑面积144平方米及以下的普通住宅。

结合旧城改造，福州从2017年开始推出安置型商品房模式。与传统安置房不同的是，原则上不再由政府承建，而由开发商经营承建、政府回购用来安置征迁户，是等同于商品房的市场化运营。同时，福州还推出共有产权房、人才共有产权房等分层次楼市政策。

四、房产行业发展历程

改革开放以来，福州房地产业的发展呈现几经起伏、波浪式前进，先后经历了七个发展阶段：20世纪初至1987年的试水阶段、1988~1992年的起步发展、1993~1998年的低迷调整、1999~2007年的平稳发展、2008~2009年的调整发展、2010~2013年的高速发展以及2014年至今的转型发展。

在改革开放将福州确定为14个沿海开放城市后，福州经济快速发展，城市化进程快速推进。城市拓展带领着公有统建房大幅增长，从1984年到1998年（取消集资建房之前），福州房地产业主要集中在旧城改造上，以政府投资为主，各方集资新建住宅1000多万平方米。

1989年5月，福州市政府颁发《关于福州市国有土地使用权有偿出让和转让办法》，这是国内第一波土地使用权改革试点城市的成果结晶。1993年5月，由福州市土地管理局牵头，规划、财政、物价、工商等部门组成了福州地产市场管理委员会，改变了过去土地交易市场有“市”无“场”的局面。2000年6月，福州市土地发展中心筹备成立，并启动土地拍卖公开招拍挂的“阳光工程”。

进入2000年后，福州城市建设的重心首次转变为以新区建设为主。“东扩南进，沿江向海”的城市发展战略下，新区建设主要集中在金山新区、南台岛的东部新城及新店五四北片区。2000年底，占地1788亩的金山碧水正式动工，打响“金山大开发”的第一枪，此后，2800亩的江南水都、1800亩的居住主题公园等千亩大盘蜂拥出现。2007年，万科强势入榕，开启国内地产大鳄入榕元年。2009年7月，金融街万达广场项目正式动工，此后福州数个商业综合体多点开花。

2015 年来，福州陆续获得国家重大政策支持，成为国家级自贸区、国家级新区、21 世纪海上丝绸之路经济带核心区、国家自主创新示范区、国家生态示范区。五区叠加的政策优势，为新时期福州跨越发展提供了战略发展新契机。2017 年 11 月，长乐撤市设区，建设滨海新城的福州新区规划，由蓝图进入实操的历史新时期。

城市年度市场解读

一、本地新政

2019 年，福州未出台有关房产调控政策，更多的是以往政策的重申以及对市场的规范、整顿，如 5 月发布的《关于进一步整治房地产市场秩序的实施意见》（以下简称《意见》）：严厉打击和有效整治房地产市场违法违规行为，持续强化房地产市场监管，确保房地产市场平稳健康发展。

《意见》强调，严厉整治、严肃查处近期群众反映突出的下列房地产市场违法违规行为：房地产企业在商品房备案价格之外，加价销售商品房或违规收取其他费用的行为；房地产企业超出政府规定的装修标准，超额收取装修费用的行为；房地产企业强行搭配车位销售以及超过备案价格销售车位的行为；房地产企业擅自提高首付款比例，拒绝公积金和商业贷款的行为；房地产企业未取得预售许可证，收取订金及售房款的行为。

《意见》的出台，正值福州 5 月“楼市小阳春”之际，“价外加价”说明楼市有抬头迹象，而此次针对房地产市场的监管力度再加强，说明政府也在完善市场监管，防止调控措施被悬置，这对于继续稳定楼市预期起到了积极的效果。

二、年度土地供应及成交

2019 年大福州宅地成功拍出 159 宗，总体量达到惊人的 10532.12 亩，创下新纪录。宅地数量与体量的陡增，也反映在成交金额方面。2019 年大福州宅地成交总金额高达 1149.318 亿元，达到历史高位，同比猛增 74.8%。如此巨大的货值，在全国也是位居前列。其中，福州四区以 51 幅宅地遥遥领先，占大福州商住用地总数的 32.1%。

2018 年和 2019 年，是福州历史上拍地最频繁、推出宅地最多的两年。大福州各区域基本秉持“加大土地供应，多措施限制地价”的土拍策略，为市场输送了一大批优质宅地，同时通过设置最高限价、安商房配建等多种手段，有效控制了地价。2019 年大福州配建安商房体量超过 487 万平方米，其中四区配建安商房体量近 326 万平方米，同比 2018 年猛涨 228%，纯商品房几乎绝迹。闽侯 2019 年配建安商房逾 77 万平方米，同比增 429%，上涨程度更超四区；长乐配建安商房逾 25 万平方米，同比增 82%。福清土拍也在 2019 年加入安商房配建要求，安商房几乎成为各大热门区域土拍的标配。

令人惊喜的是，2019 年宅地平均楼面价维持稳定，甚至有不少区域楼面价还逆市下行，为未来的楼市注入稳定剂。

三、年度住宅供应

据乐居数据统计，截至 2019 年 12 月 31 日，2019 年福州五区拿证 260 次，涉及 90 个楼盘，总许可面积约 480 万平方米，合计 72342 套（个）房源入市，业态涵盖可售非安商商品住宅、安商房、别墅、SOHO、商铺及车位。其中全部住宅房源合计 38249 套，同比 2017 年大涨 237%，环比 2018 年增长 8.2%。可售非安商商品住宅 23092 套，仅占全部住宅房源的 60.4%。

四、年度住宅成交

克而瑞数据显示，截至 11 月，2019 年福州五区新房均价为 25208 元/平方米，与 2018 年同期（23717 元/平方米）相比，同比上涨 6.29%。回顾

2019年全年，五区房价大体呈现先跌后涨态势，房价峰值出现在1月（26805元/平方米），7月则跌至全年最低（23599元/平方米），下半年逐步反弹。截至11月，2019年福州闽侯房价均价为14817元/平方米，与2018年同期（12884元/平方米）相比，同比上涨15%。

2019年福州五区开盘的楼盘中，开盘当日去化率在三成以下的占比高达40.2%，去化率在五成以上的仅有31.1%。目前，福州市场新房整体库存量较高，新盘入市蓄客时间较长。

五、区域成交表现

与2018年的成交均价相比，2019年福州五区各板块中鼓楼西房价变化最大，同比涨幅达到44.92%，马尾快安房价跌幅最大，同比下跌12.23%。琅岐、中心区、仓山旧区和东二环板块的房价同比上涨，五四北、金山和桂湖板块的房价同比下跌。

2019年闽侯板块中南通板块房价同比涨幅达18.85%。除上街房价略跌外，南屿、青口祥谦、荆溪、竹岐板块的房价均同比上涨。

六、成交结构表现

从面积段来看，70~90平方米的刚需小户型为市场成交主力。1~11月成交数据显示，面积70~90平方米的户型为福州最畅销的产品，共成交了10280套，占比将近四成。

七、成交房企排行

克而瑞福州发布的福州主城区（六区）房企商品房销售排行榜显示，世茂房地产获2019年操盘金额冠军，阳光城获操盘面积、权益面积、全口径面积冠军，融信集团获权益金额冠军，首开股份获全口径金额冠军。

福州主战场（五区+闽侯）房企商品房销售排行榜中，福晟获操盘金额/面积、权益金额/面积冠军，首开股份获全口径金额冠军，世茂房地产获全口径面积冠军。

大福州房企商品房销售排行榜中，世茂房地产获权益金额/面积、操盘金额/面积、全口径金额/面积冠军，三盛集团获操盘金额/面积、权益金额/面积亚军，保利发展获全口径金额亚军，金辉集团获全口径面积亚军，融侨集团获操盘金额季军，福晟集团获权益金额季军，首开股份获全口径金额季军，阳光城获全口径面积季军。

八、年度房价走势分析

据乐居数据统计，2019年全年，福州六区+闽侯住宅开盘价格在8588~43350元/平方米之间。其中，中心区板块、东二环板块约2.7万~4.3万元/平方米，相比2018年有所下降，马尾快安板块1.15万~2.4万元/平方米，稳中略降。晋安五四北板块2.4万~2.8万元/平方米，相比2018年有所增长。仓山区价格在2.1万~3.8万元/平方米之间，整体上涨。长乐老城区及首占营前房价最高突破2.5万元/平方米，涨势明显，但长乐其他板块仍然维持在1.5万元/平方米以下。闽侯仅南屿片区略涨，其余片区均下跌明显，价格在8500~22000元/平方米。

从整体开盘价格来看，福州四城区内各板块中除了晋安桂湖板块外，开盘均价普遍在每平方米2.1万~3.8万元/平方米之间。而闽侯荆溪、竹岐，晋安桂湖、马尾琅岐和长乐鹤上、金峰、漳港和滨海新城等板块仍然是福州楼市的价值洼地，开盘价格基本在1.5万元/平方米以下。

九、热点板块分析

整体来看，仓山、晋安、闽侯三个区域仍是福州供应大户，尤其对于刚需群体来说，三江口片区、五四北片区、奥体片区、高新区等板块仍是关注的焦点。

从今年各城区开盘次数来看，闽侯全年23个项目开盘41次，占总开盘次数的26%，总推货量9945套领跑各板块。仓山区占据第二位，20个项目开盘25次，推货量5855套。晋安区紧随其后，14个项目开盘20次，加推4454套房源。

十、未来展望及预期

2019年，福州土地出让增幅明显，假如以一年周期来算，这意味着2020年将有大量新房源上市。供应量加大，意味着成交量也可能放大，但从价格上看，没有大的政策变化，则未必会出现大的价格变动。

总的来看，2020年，福州五四北板块、奥体板块及三江口板块还将面临库存量大、去化周期慢的行情。对于购房者而言，将有更多机会挑选性价比高的楼盘。

数据来源：克而瑞福州、乐居福州、福州市人民政府官网。

2019年福州房地产在售楼盘概览

楼盘名称	城市名称	城区	地址	物业类型
富力中心	福州	台江	台江区闽江北CBD、上浦路东侧	公寓、写字楼、商铺
融信双杭城锦里元宝铺	福州	台江	台江区义洲街道南禅巷北侧	普通住宅、商铺
阳光城金融街官邸	福州	台江	台江区鳌光路191号	普通住宅
香开长龙	福州	台江	台江区海峡金融街CBD二期	普通住宅
台江商都汇	福州	台江	台江区五一南路与瀛滨路交叉口	写字楼、建筑综合体
福州恒大天璟	福州	台江	台江区西二环路与工业路交会处（苏宁广场旁）	普通住宅、商铺
融信海月江潮	福州	台江	台江区上下杭文保区	普通住宅、公寓、别墅、商铺、建筑综合体
阳光城檀境	福州	台江	台江区排尾路与长乐南路交界处	普通住宅
瀚城国际	福州	鼓楼	鼓楼区北二环中路与五四路交叉口	普通住宅
三盛百督府	福州	鼓楼	鼓楼区左海公园以西、梅峰路北侧	别墅
保利天悦	福州	鼓楼	鼓楼区铜盘路北侧、北二环路南侧	普通住宅
福州华润万象城	福州	鼓楼	鼓楼区工业路福州大学东侧	公寓、写字楼、商铺、建筑综合体
鼓楼金茂府	福州	鼓楼	鼓楼区天泉路北与江厝路交会处	普通住宅、别墅
福州源	福州	鼓楼	鼓楼区乌山西路与白马北路交会处（福州日报社旁）	普通住宅、商业
华润乌山府	福州	鼓楼	鼓楼区工业路东侧、乌山西路北侧	普通住宅
中庚红鼎天下	福州	仓山	仓山区朝阳路北侧、六一南路东侧	普通住宅
金辉淮安半岛大观	福州	仓山	仓山区金山西三环路淮安半岛	别墅
金辉淮安国际住区	福州	仓山	仓山区建新镇上下店路333号	普通住宅
阳光城大都会	福州	仓山	仓山区火车南站	普通住宅、公寓、酒店式公寓、商铺、建筑综合体
闽江世纪城	福州	仓山	仓山区盖山镇濂水路西南侧	普通住宅、写字楼、酒店式公寓、商铺、建筑综合体
中发印象外滩	福州	仓山	仓山区濂水路与潘墩路交界处（海峡会展中心旁）	普通住宅、商铺
滨海橙里	福州	仓山	仓山区福峡路东侧地铁1号线排下站（C出口）	普通住宅
融侨阳光城方圆	福州	仓山	仓山区凤山路南侧盘屿路东侧	普通住宅、别墅、商铺
融侨悦江南	福州	仓山	仓山区洪塘路美丽园旁	普通住宅
三盛滨江国际	福州	仓山	仓山区南江滨西大道96号	公寓、写字楼、酒店式公寓
福晟中央美墅	福州	仓山	仓山区金山大道北侧、麦浦路旁（仓山第六中心小学对面）	普通住宅、别墅
禹洲金辉里	福州	仓山	仓山区闽江大道与通江路交会处（仓山第四中心小学对面）	普通住宅
禹洲榕御	福州	仓山	仓山区龙江路100号	别墅
泰禾福州院子	福州	仓山	仓山区螺洲古镇	普通住宅、别墅
泰禾福州湾·三江口文化旅游城	福州	仓山	仓山区城门镇、福厦高速路西	普通住宅
金辉溪溪里	福州	仓山	仓山区建新镇西三环路东南侧	普通住宅、别墅
万科翡翠里凤栖	福州	仓山	仓山区东岭盘屿路口飞凤山公园东南处	别墅、改善房
万科翡翠里溪望	福州	仓山	仓山区奥体北侧、霞镜小学南侧	普通住宅
世茂国风长安	福州	仓山	仓山区二环内闽江畔、师大旁、长安山下	普通住宅、别墅
福晟弘府	福州	仓山	仓山区金山大道北侧、洪湾北路东侧、仓山第六中心小学对面	普通住宅
福晟钱隆尚品	福州	仓山	仓山区金洲南路与杨周路交会处	普通住宅
首开螺洲温泉小镇国仕府	福州	仓山	仓山区螺洲南台大道东侧	普通住宅
万科碧桂园麓园	福州	仓山	仓山区建新路海峡奥体中心北侧	普通住宅
金辉江山铭著	福州	仓山	仓山区淮安路5号	普通住宅
福州碧桂园天汇	福州	仓山	仓山区南二环奥体旁、齐安路西侧、南二环路南侧	普通住宅
融侨悦公馆	福州	仓山	仓山区仓山镇南二环湖边村南侧、湖殿路东侧	普通住宅
奥体金茂悦	福州	仓山	仓山区海峡奥体中心东侧	普通住宅
福晟钱隆双玺	福州	仓山	仓山区火车南站旁	普通住宅
福晟钱隆府	福州	仓山	仓山区浦上大道南侧高宅路北侧	普通住宅、商铺
中庚东金	福州	仓山	仓山区盖山镇联邦新城东侧	普通住宅
万科阳光城翡翠之光	福州	仓山	仓山区东岭路海峡奥体中心东南侧	普通住宅
中联御景湾	福州	仓山	仓山区建新镇闽江大道90号	普通住宅、商铺
水晶榕著	福州	仓山	仓山区南二环路南侧、海峡体育中心周边收储项目出让地块三A	普通住宅

楼盘名称	城市名称	城区	地址	物业类型
融丰锦秀山庄	福州	仓山	仓山区湾边大桥东侧	别墅
榕心映月	福州	仓山	仓山区金祥路南侧、金洲路东侧地金山小学旁	普通住宅、写字楼、酒店式公寓、商业
福晟云樾东升	福州	仓山	仓山区南台大道与上三路交会处	普通住宅
三盛国际公园香缇时光	福州	晋安	晋安区秀峰路三盛国际公园	普通住宅、别墅
世欧王庄	福州	晋安	晋安区长乐中路两侧	普通住宅、写字楼、政策房、商铺、建筑综合体
保利香槟国际	福州	晋安	晋安区塔头路与连江北路交会处	普通住宅、商铺
东二环泰禾广场	福州	晋安	晋安区连江路以东、化工路以北	建筑综合体
福州温泉城	福州	晋安	晋安区宦溪镇湖中村、湖山村	普通住宅、别墅、酒店式公寓、商业
泰禾金府大院	福州	晋安	晋安区岳峰镇横屿路南侧	普通住宅
保利首开中庚金香槟	福州	晋安	晋安区塔头路与连江北路交会处东街口3公里90万平方米艺术城邦	普通住宅、商铺
首开融侨尚东区	福州	晋安	晋安区连江中路西侧、晋连路北侧	普通住宅、别墅、商铺
正荣府	福州	晋安	晋安区华林路以北晋安六小旁	普通住宅、政策房
首开融侨首融府	福州	晋安	晋安区长乐南路59号（光明港公园北侧）	普通住宅
融信有墅	福州	晋安	晋安区福飞路以北寿山乡岭头村	普通住宅、别墅
中海金玺公馆	福州	晋安	晋安区福马路以南、福州电子职业中专学校北侧	普通住宅、商铺
鲁能公馆二期	福州	晋安	晋安区南平东路和磐石路交会处	普通住宅
世茂国风晋安	福州	晋安	晋安区宦溪镇罗汉村桂湖后垄小区	别墅
碧桂园正荣悦玲珑	福州	晋安	晋安区鼓楼北晋安桂湖	普通住宅、酒店式公寓
中庚香山新时代	福州	晋安	晋安区龙头路与战坂路交界处	普通住宅
世茂五四理想城	福州	晋安	晋安区新店镇杨廷水库用地南侧	普通住宅
阳光城保利源溪里山	福州	晋安	晋安区宦溪镇温汤路198号	别墅
天空之城	福州	晋安	晋安区五四北泰禾旁	普通住宅
融信澜天	福州	晋安	晋安区龙头路（战坂小学南侧）	普通住宅
绿城柳岸晓风	福州	晋安	晋安区五四北泉头板块杨廷水库旁	普通住宅、商铺
龙湖云峰原著	福州	晋安	晋安区五四北杨廷水库南侧	普通住宅、别墅
建发领墅	福州	晋安	晋安区新店镇五四北泰禾广场向东约1.5公里	别墅
建发央著	福州	晋安	晋安区五四北 涧田湖公园畔（川捷高尔夫旁）	别墅
泰禾鼓山院子	福州	晋安	晋安区樟林路	普通住宅、别墅
公园左岸	福州	晋安	晋安区东二环，鹤林路以南，塔头路以北	普通住宅、别墅
宏发御榕府	福州	晋安	晋安区跃进支路(五里亭国惠旁）	普通住宅、商铺
建发悦府	福州	晋安	晋安区鼓山镇秀坂路18号	普通住宅
三木水岸君山	福州	马尾	马尾区登龙支路1号	别墅、政策房
名城东江滨	福州	马尾	马尾区江滨东大道128号	普通住宅
三木诺丁山	福州	马尾	马尾区登龙支路1号	别墅
东城壹品	福州	马尾	马尾区琅岐岛通和路琅岐开发区管委会东侧吴庄旁	建筑综合体
阳光城山与海	福州	马尾	马尾区马尾街道沿山西路北侧	普通住宅、政策房
城开中庚香海世界	福州	马尾	马尾区琅岐生态旅游岛通和路	普通住宅、别墅、商铺
滨江 One57	福州	马尾	马尾区江滨东大道116号	普通住宅、写字楼
信通游艇湾	福州	马尾	马尾区亭江镇英屿村	别墅、写字楼
名城珑域	福州	马尾	马尾区马尾镇葆桢路111号	普通住宅
华润紫云府	福州	马尾	马尾区日昌路2号	普通住宅、商铺
三木公园里	福州	马尾	马尾区登龙支路1号	普通住宅
名城紫金轩	福州	马尾	马尾区儒江西路61号	普通住宅
阳光城翡丽公园	福州	马尾	马尾区自贸区罗星路与安居路交会处	普通住宅
碧桂园正荣阳光城悦江湾	福州	马尾	马尾区亭江镇炮台公园旁	普通住宅
琅岐山语城	福州	马尾	马尾区琅岐国际旅游岛雁行江北岸	普通住宅、别墅
三盛国际湾区	福州	马尾	马尾区琅岐岛西片区琅岐闽江大桥进岛段南侧	普通住宅、别墅
招商雍景湾	福州	马尾	马尾区快安儒江东路与船头路交会处	普通住宅、公寓、商铺
中庚香海世界三期香海湾	福州	马尾	马尾区雁行江北岸	普通住宅、商铺
万科紫台	福州	马尾	马尾区君山北麓	普通住宅、别墅
三盛雅居乐·璞悦长滩	福州	马尾	马尾区亭江镇琅岐闽江大桥旁亭江第二中心小学对面	普通住宅、别墅
世茂远洋东江湾	福州	马尾	马尾区兴业东路192号	普通住宅、商铺
望海潮	福州	马尾	马尾区罗星西路中环广场旁	普通住宅
正祥橘郡	福州	闽侯	闽侯县南屿镇旗山路8号	别墅
阳光城翡丽湾	福州	闽侯	闽侯县南屿镇乌龙江南大道58-1号	普通住宅、别墅

楼盘名称	城市名称	城区	地址	物业类型
西海岸广场	福州	闽侯	闽侯县闽江新城滨江大道 100 号	商铺、商业
中铁城	福州	闽侯	闽侯县荆溪镇荆溪中大道 9 号	建筑综合体
正祥林语墅	福州	闽侯	闽侯县高新区旗山路	别墅
天泽奥莱时代	福州	闽侯	闽侯县南通镇福通路 66 号	普通住宅、政策房、建筑综合体
东南国际	福州	闽侯	闽侯县南通商贸大道 18 号	商铺
中海寰宇天下	福州	闽侯	闽侯县乌龙江西岸橘园洲大桥南侧	普通住宅、公寓
紫光科技园海峡广场一期	福州	闽侯	闽侯县浦上大桥南侧乌龙江南大道（波士骏达奔驰对面）	别墅、写字楼
福州恒大山水城	福州	闽侯	闽侯县竹岐乡竹西村张厝 65 号	普通住宅、别墅
碧桂园十里江湾	福州	闽侯	闽侯县上街镇高新大道 65 号	普通住宅
旗山大院	福州	闽侯	闽侯县南屿镇旗山大道 108 号	别墅
龙恒凤凰城	福州	闽侯	闽侯县祥谦镇奔驰大道 59 号	普通住宅、商铺
福晟钱隆樽品	福州	闽侯	闽侯县南通镇通洲路	普通住宅
中科睿谷	福州	闽侯	闽侯县软件园西侧、洪甘路与三环交界处	写字楼、建筑综合体
高尔夫庄园国宾墅	福州	闽侯	闽侯县大学城国宾大道 588 号	别墅
新榕金淘公寓	福州	闽侯	闽侯县尚干、青口、祥谦三镇交界处	普通住宅、公寓
三盛·璞悦湾	福州	闽侯	闽侯县南通旗山大桥和鑫洲路交叉口（奥特莱斯旁）	普通住宅
融侨观湖	福州	闽侯	闽侯县南屿镇乌龙江南大道 37 号	普通住宅
中海凤凰熙岸	福州	闽侯	闽侯县南通镇福通路 85 号	普通住宅、商铺
碧桂园铂玥府	福州	闽侯	闽侯县高新区乌龙江南大道 83 号	普通住宅
福晟青城壹品	福州	闽侯	闽侯县闽侯青口祥宏南路 818 号	普通住宅
新榕金江首府	福州	闽侯	闽侯县尚干镇新榕路 21 号	普通住宅
禹洲朗廷湾	福州	闽侯	闽侯县上街镇建平路 6 号	普通住宅、别墅
闽越水镇	福州	闽侯	闽侯县竹岐乡麦浦路 1 号	公寓、别墅
福晟钱隆御品	福州	闽侯	闽侯县南通镇聚福路 56 号	普通住宅
中海观澜府	福州	闽侯	闽侯县上街镇乌龙江南大道 26-6 号	普通住宅、商业
春江天玺	福州	闽侯	闽侯县南通镇鑫洲路 3 号	普通住宅
凤翔凡悦公馆	福州	闽侯	闽侯县闽侯荆溪东大道 53 号	自住型商品房
中梁百悦城	福州	闽侯	闽侯县南屿镇旗麓南大道 508 号	普通住宅

楼盘名称	城市名称	城区	地址	物业类型
富力悦山湖	福州	闽侯	闽侯县西金[illegible]湖畔	普通住宅、别墅
大唐书香世家	福州	闽侯	闽侯县溪源宫路	普通住宅、商铺
天俊华府	福州	闽侯	闽侯县白沙镇溪头南山 108 号	普通住宅
金辉优步悦山	福州	闽侯	闽侯县荆溪镇荆溪东大道 29 号	普通住宅
融创未来海	福州	闽侯	闽侯县上街镇创业路 15 号	普通住宅、商业
鼎弘东湖湾	福州	长乐	长乐区金港路与金章路交会处	普通住宅、商铺
阳光城花满墅	福州	长乐	长乐区长乐路上京路南侧	普通住宅、别墅、商业
恒荣唐宁壹号	福州	长乐	长乐区会峰路金港路（金港商业中心旁）	普通住宅、商铺
长乐甲第	福州	长乐	长乐区吴航路[illegible]申城旁	普通住宅
正荣悦珑湾	福州	长乐	长乐区滨海新城江田政府旁	普通住宅
滨海香舍	福州	长乐	长乐区湖南镇漳湖路 727 号	普通住宅
龙湖天宸星座	福州	长乐	长乐区京岭路与福士路交叉口	公寓、商铺
中海锦城	福州	长乐	长乐区营前地铁站东侧，营前 203 省道与 G15 沈海高速交叉口	普通住宅
中发首府	福州	长乐	长乐区广场西路与和谐路交会处	普通住宅、商业
三盛璞悦滨江	福州	长乐	长乐区和谐路与迎宾路交会处（营前高速出口 500 米处）	普通住宅
武夷书香名邸	福州	长乐	长乐区滨海新城 201 省道旁（地铁 6 号线万寿站旁）	普通住宅
中发海悦天澜	福州	长乐	长乐区漳港街道峡漳路北侧、三溪河东侧	普通住宅
长乐世茂璀璨悦城	福州	长乐	长乐区中国长乐西关	普通住宅
长乐世茂璀璨滨江	福州	长乐	长乐区营前临江西路与临江南路交会处东北侧	普通住宅、商铺、商业
中茵天俊玖珑台	福州	长乐	长乐区首占新区会堂东路与和谐路交会处（吾悦广场对面）	普通住宅
天俊尊品	福州	长乐	长乐区漳港街道仙岐路 99 号	普通住宅、商铺
长乐澜山	福州	长乐	长乐区西洋南路 69[illegible] 号	普通住宅、公寓
蓝光阳光城璟月	福州	长乐	长乐区首占镇海峡路与洋鹏路交会处	普通住宅
中联名城	福州	福清	福清市观溪片区纬一路与经五路交叉口	普通住宅
福清融侨·观邸	福州	福清	福清市宏路街道石门村	普通住宅
福清恒大城	福州	福清	福清市东塘大道与龙山路交会处	普通住宅

楼盘名称	城市名称	城区	地址	物业类型
中庚香汇融江	福州	福清	福清市城北区（清繁大道与福俱大道交会处）	普通住宅
碧桂园华榕世纪城	福州	福清	福清市福政路与清荣大道交会处	普通住宅
中庚香澜	福州	福清	福清市环城路与福俱大道交会处（虎溪公园旁）	普通住宅
凯景悦江山	福州	福清	福清市清昌大道与324国道交会处（世纪佳源超市旁）	普通住宅
玉融正荣府	福州	福清	福清市东部新城东塘大道	普通住宅、别墅
福清世茂云城	福州	福清	福清市瑞亭学府旁	普通住宅、商业
福清璀璨滨江	福州	福清	福清市南江滨纬零路和经二路交会处	普通住宅
融侨锦江玖里	福州	福清	福清市福玉路西侧（崇文小学斜对面）	普通住宅
中庚香汇新时代	福州	福清	福清市环城路与福俱大道交会处	普通住宅
凯景江山府	福州	福清	福清市龙江街道东大路霞楼村（奥特莱斯旁）	普通住宅
福清恒大御府	福州	福清	福清市阳下街道油楼村	普通住宅
福清融侨悦府	福州	福清	福清市音西街道音西村两馆一中心南侧霞盛地块	普通住宅
凯景学仕府	福州	福清	福清市渔溪镇渔江路南侧	普通住宅
福清璀璨天悦	福州	福清	福清市福百大道东侧	普通住宅
福州恒大御景半岛	福州	福清	福清市305省道西50米（东瀚高速收费站旁）	普通住宅
福清金辉江山云著	福州	福清	福清市音西街道清盛大道与福和路交会处	普通住宅
福清金辉观澜云著	福州	福清	福清市观音埔龙江南路与经二路交会处	普通住宅
凯景幸福里	福州	福清	福清市玉屏街道东门街玫瑰园往东300米	普通住宅
融创福清壹号	福州	福清	福清市音西街道林中村清展路与中环路交会处	普通住宅、商业
中福广场	福州	平潭	平潭县金井湾大道与金井一路交会处	建筑综合体
中辉紫金府	福州	平潭	平潭县环岛东路与翠园南路交会处海坛古城	别墅、商铺
平潭正荣府	福州	平潭	平潭县兴港中路（原金井二路）西侧、诚意路（原天大山北路）南侧	普通住宅、商铺
平潭雍锦湾	福州	平潭	平潭县海峡大桥东面、金井湾大道南侧、金井一路（安海路）东侧	普通住宅、商铺
三盛国际海岸	福州	平潭	平潭县如意路和金井路交界处	普通住宅、别墅、商铺
平潭赛尔国际城	福州	平潭	平潭县综合实验区金井大道南侧、天大北路西侧	普通住宅、商业
平潭正荣府观邸	福州	平潭	平潭县顺意路（原北湖路）与兴港中路（原金井二路）交叉口西南侧	普通住宅、商业
平潭恒大御景湾	福州	平潭	平潭县流水试点镇新港东路南侧、五星北路南、北两侧	普通住宅、别墅、商铺、商业
平潭奥园翡翠岚都	福州	平潭	平潭县海坛路南侧、和平大道（原坛东大道）西侧	普通住宅
平潭世茂海峡城	福州	平潭	平潭县金井湾海峡如意城	普通住宅、商业
贵安新天地	福州	连江	连江县北贵安温泉旅游度假区（连江县潘渡乡沿江大道1号）	普通住宅、公寓、别墅、写字楼、建筑综合体
溪山温泉度假村	福州	连江	连江县贵安村青甲池	别墅、酒店式公寓、商铺
碧桂园贵安府	福州	连江	连江县贵安潘渡溪畔	普通住宅、别墅
连江皇庭丹郡	福州	连江	连江县文笔路北侧启明中学东侧	普通住宅、商铺
中庚香江世界	福州	连江	连江县江南乡敖江南路西侧	普通住宅、商铺、建筑综合体
建发融侨山海大观	福州	连江	连江县浦口镇松坞村（敖江入海口）	普通住宅、别墅、商铺
中庚香悦府	福州	连江	连江县通港大道与金凤北路交会处	普通住宅、商铺
连江福晟钱隆大第	福州	连江	连江县通港大道与金凤路交叉口	普通住宅、别墅
建发玺院	福州	连江	连江县国优北路与通园大道交会处	普通住宅
世茂印山海	福州	连江	连江县粗芦岛	普通住宅
万科城大樟溪岸	福州	永泰	永泰县永泰大樟溪赤壁景区旁	公寓、别墅、酒店式公寓、商业
江山大名城	福州	永泰	永泰县大樟溪畔	普通住宅、别墅、商铺
颐和工社	福州	永泰	永泰县塘前乡大樟村68号	公寓、别墅、酒店式公寓
世茂永泰温泉小镇	福州	永泰	永泰县南城区温泉路北侧、203省道东侧	普通住宅、别墅、商业、建筑、综合体
碧桂园麓府	福州	永泰	永泰县樟城镇环城路实验小学旁	普通住宅
世茂泰禾青云小镇	福州	永泰	永泰县葛岭	普通住宅、别墅、商业
建发山外山	福州	永泰	永泰县梧桐镇汤埕村203省道旁	别墅
三迪江山水岸	福州	永泰	永泰县葛岭镇大樟溪旁（黄埔大桥桥头）	别墅
罗源湾滨海新城	福州	罗源	罗源县罗源湾开发区松岐路1号	普通住宅、别墅、写字楼、酒店式公寓、商铺、建筑综合体
中庚香山小镇	福州	罗源	罗源县岐余后山南侧	普通住宅、别墅
海伦堡观山府	福州	罗源	罗源县凤山镇罗川南路时代大厦旁（三道桥头）	普通住宅

楼盘名称	城市名称	城区	地址	物业类型
世全城玺	福州	莆田	莆田市东园路与学园路交叉口（希尔顿大酒店旁）	普通住宅、商铺、建筑综合体
保利中央公园	福州	莆田	莆田市荔园路与荔城大道交会处向南500米（荔城第二实验小学旁）	普通住宅、别墅、商铺
莆田世茂云玺	福州	莆田	莆田市秀屿区笏石镇清塘大道与后井街交会处（土海湿地公园对面）	普通住宅、别墅
保利林语溪	福州	莆田	莆田市涵江区兴涵水都溪游都邠片区地块	普通住宅、别墅
莆田恒大御龙天峰	福州	莆田	莆田市城厢区荔城北大道泗华溪畔	普通住宅、别墅、建筑综合体
莆田恒大悦府	福州	莆田	莆田市北高国际珠宝城	普通住宅、商铺
武夷木兰都	福州	莆田	莆田市涵江塘北片区雪津体育馆正对面	普通住宅、商铺
凯天青山城峰璟	福州	莆田	莆田市荔城区莆兴路青山片区	普通住宅
莆田建发央誉	福州	莆田	莆田市荔城区迎宾大道与荔园南路交会处	普通住宅
莆田涵江世茂云图	福州	莆田	莆田市涵江区六一西路与高林街（交叉口向西约500米）	普通住宅
莆田云悦壹号	福州	莆田	莆田市秀屿区莆兴路与岭美路交会处	普通住宅
莆田世茂国风湄洲	福州	莆田	莆田市湄洲湾北岸妈祖新城核心区	普通住宅、商业
莆田世茂云璟	福州	莆田	莆田市涵江高新技术园区公园旁	普通住宅、别墅
莆田碧桂园天城	福州	莆田	莆田市福建省莆田市仙游县清源东路	普通住宅、商铺
宁德恒大御景半岛	福州	宁德	宁德市东侨区东湖南公园旁	普通住宅、别墅
福鼎宝龙世家	福州	宁德	宁德市福鼎市天湖路汽车南站对面	普通住宅
福鼎恒大未来城	福州	宁德	宁德市福鼎铁锵新区铁锵大道（中梁与八尺门中间）	普通住宅
正元墅锦	福州	宁德	宁德市周宁县狮城镇周宁高速路口征收所旁	别墅
霞浦三盛璞悦山河	福州	宁德	宁德市三河路职业中专旁	普通住宅
宁德璀璨悦宸	福州	宁德	宁德市东侨天山路北	普通住宅
福鼎金滩一号2期	福州	宁德	宁德市福鼎梅湾中山路西侧	普通住宅
宁德世茂璀璨悦宸	福州	宁德	宁德市东侨天山路北	普通住宅、商铺
霞浦中梁壹号院	福州	宁德	宁德市霞浦县松港街道赤岸大道5号	普通住宅、别墅、商铺
三明富力爱丁堡	福州	三明	三明市梅列区东乾三路269号	普通住宅
三明恒大御府	福州	三明	三明市三元区新市中路会展中心旁	普通住宅
沙县世茂璀璨新城	福州	三明	三明市沙县金沙大道与长兴路交会处东南侧	普通住宅、商业
沙县世茂云墅	福州	三明	三明市沙县金学东路与长兴路交会处东北侧	普通住宅、别墅
恒大翡翠华庭	福州	三明	三明市永安市南翔西路南侧（竹天下旁）	普通住宅
武夷山恒大山水城	福州	南平	南平市武夷山南源岭大红袍山庄旁	普通住宅、酒店式公寓
南平恒大御景	福州	南平	南平市延平区二业路与闽江路交会处	普通住宅、商铺
祥生艺境花城	福州	南平	南平市延平区江滨北路838号	自住型商品房
南平永森世茂云玺	福州	南平	南平市延平新城朱熹路	普通住宅、别墅
建瓯世茂云城	福州	南平	南平市建瓯市高铁三站斜对面红星美凯龙旁	普通住宅
南平建阳璀璨滨江	福州	南平	南平市建阳区武夷新区滨江东路与童游大道交会处（滨江1号北侧）	普通住宅
建瓯恒大溪山公馆	福州	南平	南平市建瓯芝山街道马文66号	普通住宅
中侨名城	福州	南平	南平市建瓯水南新区明城路	普通住宅
建阳建发玺院	福州	南平	南平市武夷新区童游立交桥北侧	普通住宅
武夷建发山外山	福州	南平	南平市武夷山滨溪三路与省道303交叉口（杜坝风情小镇旁）	普通住宅、别墅、商铺
世茂国风武夷	福州	武夷山	武夷山市三姑度假区高尔夫路18号	别墅
龙岩恒大绿洲	福州	龙岩	龙岩市新罗区莲庄北路与乘风路交会处（东北角）	普通住宅
连城恒大悦澜湾	福州	龙岩	龙岩市连城县冠豸镇汤王对面	普通住宅、商业

世茂印山海

- 2019年 -
中国城市楼盘年鉴
典型项目

福州　区域红盘　口碑项目　岛居蓝本

世茂印山海位于福州市东粗芦岛，在约 1300 亩的土地上规划两轴三区，打造集七大住假系统为一体的城市岛居，为福州乃至中国筑一座属于自己的“巴厘岛”。

专家点评

方明·克而瑞福州区域总经理

伴随着文化旅游产业的发展，文旅度假已成为众多房企追求转型和寻求新的利润增长点的突破口。世茂海峡基于社会洞察，文旅地产概念的落地和住假场景的逐步兑现，抢占福州东原生态海岛，匠造「世茂印山海」，开启岛居度假的另一种想象。

项目地址：

福州市连江县南部、闽江入海口

开发商：

福建东方新天地投资发展有限公司

建筑类型：

高层、别墅、商业

主力户型：

45~75 平方米高层、95 平方米叠院、139 平方米联排

周边配套：

五虎礁、福斗寺、蓝色主题酒店、游艇俱乐部

参考价格：

9200 元 / 平方米起

楼盘优势：

世茂印山海约 1300 亩恢宏巨著，独占约 22 公里原生海岸线、近 1.5 万平方米阳光沙滩、十大网红景点……以百亿元筑岛，缔造岛居蓝本。

项目解析

【区域维度】

世茂印山海坐落于粗芦岛，该岛距离福州东街口直线距离约 36 公里，几乎是离福州最近的原生小岛。根据《福建省“十三五”旅游业发展专项规划》和《福州市“十三五”旅游规划》，粗芦岛地处三大旅游发展核心区，独享政策发展红利。

世茂印山海也将借政策东风，深入挖掘海丝文化，形成集海丝文化、生态度假、养生养老、生态教育、邮轮游艇等功能于一体的闽江口生态养生区，为福州贡献全新的岛居度假生活模式。

因福州向海之势，世茂印山海通过四环路、沈海高速、东部快速通道（在建）、福马路，与主城快速串联。而作为一座原生海岛，岛内由粗芦岛大桥、二桥、环岛路、龙沙路，游艇码头、客运及货运码头，形成环岛便捷与立体的交通网络，更让海岛度假之旅便捷随心。

【口碑维度】

在各类度假产品纷纷入市的背景环境下，背靠世茂金字招牌的世茂印山海以山海为印，为居住者带来真正意义上的一线临海，一问世便收获社会广泛关注。

项目占据粗芦岛得天独厚的山海资源，由丘旦山、五虎礁、虎椆岛、锁风隘口、灵龟出海、龙沙滩、福斗寺等构成的十大自然人文景点，形成景在家中、家在景中的居住氛围，让度假与居家合二为一真正成为可能。

不仅如此，项目约 1300 亩恢宏巨著，缔造岛居蓝本，海上居住、自然观景、山海运动、美食养生、文化学习、商务社交会晤、海岛畅玩……规划构建海景住宅、海景别院、蓝色星级酒店、露天剧场、山林运动驿站、帆船码头、沙滩排球场、滨海夜色酒吧、渔人码头集市等业态，从功能上细化，满足度假生活的多方面需求。

2019 年 10 月示范区开放，短短半个月时间，全新海岛度假生活场景让福州及周边城市客户眼前一亮，吸引 1.5 万人次的来访，别院产品开放即售罄，再一次刷新度假产品的热度新高度。

【产品维度】

世茂印山海地块总容积率约 1.5，住宅区容积率约 2.26，以 2 栋高层、12 栋叠院、2 栋别院、1 处酒店构成纯质低密社区，配套蓝色主题度假酒店、海岛美食街区、游艇俱乐部、垂钓体验园、康养中心、婚纱摄影基地、沙滩运动区、健身会所、美容会所、社区巴士，实现度假生活的多元价值。

户型设计上主推 45 平方米、75 平方米临海寓所，大面宽设计，实现多角度看海，一览山海风光，同时也使室内获得更大的采光面积。叠院餐客厅一体，宽尺客厅彰显非凡气度，二层双主卧设计，阔景大露台，实现业主对“面朝大海，春暖花开”美好生活的憧憬。

随着滨海度假逐渐成为生活的“刚需”，占据优越距离以及优渥自然人文的世茂印山海为福州构建了 1 小时度假生活圈，解锁与激活海洋文明及海岛文化，启幕中国岛居住假新时代。

更多楼盘详情请扫码查看

中庚·香山新时代

2019年 中国城市楼盘年鉴 典型项目

福州 区域红盘 口碑项目 品牌房企

中庚·香山新时代位于福州市龙头路与战坂路交界处，北邻宦知路，西北侧规划地铁 3 号线战坂站，周边路网四通八达。项目采用围合式布局，规划 8 栋精品住宅，容积率 2.4，绿化率 35% 以上。

项目地址：

福州市晋安区龙头路与战坂路交界处

开发商：

福建中庚置业有限公司

建筑类型：

高层

主力户型：

73~126 平方米二居、三居、四居

周边配套：

五四北泰禾广场、省妇幼保健院（在建）、森林公园

参考价格：

均价约 27500 元 / 平方米

楼盘优势：

中庚·香山新时代是五四北少有的纯住宅，人口密度低，每栋楼皆能享受到优质观景效果，居住舒适度高。

专家点评

方明·克而瑞福州区域总经理

目前，五四北已进入新一轮开发高潮，路网便捷，各方面配套跟进，宜居特性凸显。板块内，作为中庚集团打造的高端人居门第，中庚·香山新时代不仅容纳着未来憧憬的幸福家庭，还承载着城市未来发展的红利，凭实力获得市场和购房者的高度认可。

项目解析

【区域维度】

综观整个福州，作为距中心城区直线距离较近的板块，五四北在城市扩容浪潮中勇立潮头，阔步迈进，一跃成为福州向北发展的桥头堡，担纲鼓楼发展门户。

其中，坐拥五四北核心区位的楼盘——中庚·香山新时代，地处龙头路与战坂路交界处，无缝接驳福州版图着重之地、五四路 CBD 商务圈与鼓楼北 CLD 生活区，未来发展可期。

项目毗邻地铁 1 号线、二环快速、三环快速、绕城高速、秀峰路等交通路网，西北侧更规划地铁 3 号线战坂站，畅达全城。

中庚·香山新时代两公里范围内汇集多项优质资源，囊括博纳广场、泰禾广场、嘉里广场、省体商圈、五四路商圈等五大商圈，能够满足业主吃、喝、玩、乐、购等一站式生活需求。

项目还紧邻省妇幼保健院（在建）和市医院两家三甲医院，附近有新店中心幼儿园、晋安实验小学、福州七中等，学前、小学、中学教育资源齐全；靠近国家森林公园、罗汉山文体公园、琴亭湖公园等，感受城市鲜氧生活，居住环境宜人。

【口碑维度】

中庚·香山新时代社区采用围合式布局，规划 8 栋精品住宅，匠造品质中央花园，打造全龄化颐养社区，满足全家人亲近自然的生活愿景。

不仅如此，项目精筑六大主题泛会所，多种主题渗透，涵盖长者运动空间、儿童研习室、文艺滋养空间、全家庭童趣欢乐空间、有氧运动天地等，集功能、视觉和趣味性于一体，为居者缔造优雅高端圈层生活。

另外，社区还配置五星级物业，从多重智能安防系统到入户人脸识别，再到智能车牌识别与社区 WiFi 全覆盖，为老人和孩子安全居家保驾护航，为居者营造全方位、现代化且具有美学的高端舒适社区生活。

每一处皆精细考量，使中庚·香山新时代自开盘以来便一路热销，深得一城厚爱。同时，项目凭借超零公摊、3.15 米层高等高性价比优势，定义鼓楼全新人居高度，积累了良好的市场口碑。

【产品维度】

中庚·香山新时代致力于复兴生活美学，着重营造"现代、艺术、奢华"的项目特质。产品设计上做到户户采光通风，灵活多变，超零公摊及空间"零浪费"。

从 73 平方米到 126 平方米的二至四室美学人居匹配不同阶段人群需求。同时，100 米楼间距确保空间私密性，达到区域内同面积段户型产品中少有的宜居尺度。

建面约 100 平方米大四居户型，使用面积达到 123 平方米；户户多一房，层高高于市场普通户型 0.35 米，达到 3.15 米墅级层高；户型方正，大幅提升空间利用率，让业主享受高端空间品质。

在五四北知名楼盘林立的环境下，中庚·香山新时代一经亮相，便迅速成为社会各界关注的焦点。其产品品质毋庸置疑，是当下值得购买的住宅项目之一。

更多楼盘详情请扫码查看

聚龙世茂国风

- 2019年 -
中国城市楼盘年鉴
典型项目

泉州　区域热盘　生态宜居　品质项目

聚龙世茂国风位于泉州市惠安县聚龙小镇内，项目占地面积约 178 亩，物业类型为普通住宅和别墅。周边汇聚 18 洞高尔夫球场、温泉公园、逸翠湖等优质资源，坐拥板块醇熟配套。

专家点评　林文琦·新浪福建总经理

聚龙世茂国风择址聚龙小镇，傲居闽南金三角交通腹地。在人口、用地高度密集的今天，聚龙小镇以逾1300万平方米原生森林、十余个生态公园、四大诗意湖泊，拥抱天地山水，筑就当代桃源生活范本。

项目地址：

泉州市惠安县聚龙小镇阳光大道体育馆斜对面

开发商：

泉州聚龙华茂房地产有限公司

建筑类型：

住宅、别墅

主力户型：

120~170 平方米独栋、135 平方米叠院、105~137 平方米三居

周边配套：

惠安动车站、高尔夫球场、聚龙外国语学校

参考价格：

约 11000 元 / 平方米

楼盘优势：

地处聚龙小镇内，享生态公园、四大湖泊、高尔夫球场、大地幼儿园、聚龙外国语学校等配套。在万亩山湖大境里，居住舒适感很强。

项目解析

【区域维度】

聚龙世茂国风位于聚龙小镇范围内，项目傲居闽南金三角交通腹地，坐拥大岭头隧道、惠安动车站、厦漳泉城际铁路（建设中）等多维立体交通路网，可速达惠安县城、晋江国际机场、厦门国际机场等重要枢纽地，出行便捷程度高。

配套方面，聚龙小镇内有聚龙山森林公园等十余座生态公园环绕，还有聚龙湖四大湖泊、高尔夫球场、原脉温泉等坐落其间，自然风光无限；更有聚龙外国语学校、大地幼儿园、亮亮中学（规划中）等三大学府为邻，琅琅书声伴成长。8 国 34 省近 10000 户小镇居民，没有陌生人，共创和谐邻里关系。

同时，亦可在近 20 万平方米温泉公园与千亩果岭间，尽享休闲娱乐之趣。万亩山湖大境，休闲、交通、教育等配套一应俱全，居住舒适度高。

【品牌维度】

世茂集团是一家国际化、综合性的大型投资集团。30 载紧随国家战略，深耕核心城市群，布局 100 余座城市，匠筑 300 余个项目，同步走向海外，打造国际影响力。

此次，世茂集团与聚龙小镇强强联手，以国风系为本，将泉州的山水人文结合盛唐文化，以国风致敬盛世。

【产品维度】

聚龙世茂国风占地 178 亩，容积率约 2.1，绿化率 35.1%。高层搭配叠院和合院，环境清新优雅，居住舒适感佳。在空间规划上结合坊、巷、府园的空间元素，形成了“多坊 + 多巷 + 府园”的空间格局，营造传统巷院空间，融入千年东方建筑美学，中而不古，新而不洋，打造诗意景观节点。

除“三巷五坊”的空间营造外，聚龙世茂国风还根据自然的坡度高差、结合多组团的管理，因地制宜精心雕琢打造独有的园林景观，“三庭六苑”的组团景观规划，打造品位价值圈层。

在产品设计上，项目主推叠院产品。户型呈“I”形设计，坐北朝南，阳光充足。拥有 6.9 米面宽的大南向横厅，使整个客厅通透明亮，彰显出类比别墅的豪华气度。负一层全赠送地下室，5 米挑高，一层可做两层用。上叠拥有大露台，270 度尽览万千风景。下叠享入户独院，奢阔空间，装得下三世同堂的天伦之乐，也放得下二孩家庭的幸福时光。

择未来所在，山水之间轻享生活。聚龙世茂国风叠院，上叠观星露台揽月赏景，下叠有天有地恣意庭院生活。有院如此，人生何事不清欢。

【销售维度】

自限墅令下，别墅用地资源相对减少，低密度产品日渐稀缺情况下，聚龙世茂国风占据万亩自然资源，以叠院、独院两大低密度产品霸屏泉州楼市版面。

根据立丹行数据库和福房网数据，2019 年上半年，聚龙世茂国风销量占据市场销售总量的 60%。同年，其连续 11 个月登顶泉州城区低密度产品销量冠军，实力扛下泉州低密度产品市场销量的半壁江山，成为当之无愧的热销黑马。

更多楼盘详情请扫码查看

世茂国风武夷

2019年 中国城市楼盘年鉴 典型项目

武夷山 文旅热点 口碑项目 品质项目

世茂国风武夷位于武夷山市三姑度假区高尔夫路18号。建筑面积65000平方米，占地面积66667平方米，容积率0.55，物业类型为联排、叠拼和多层。

项目地址：

武夷山市三姑度假区高尔夫路18号

开发商：

武夷山泰合房地产开发有限公司

建筑类型：

别墅、多层

主力户型：

90平方米联排，80平方米叠拼，35~80平方米一居、二居

周边配套：

极地海洋公园、高尔夫球场、太伟风景酒店

参考价格：

15000~20000元/平方米

楼盘优势：

择址武夷山下三姑度假区板块，融合世茂“国风系”产品设计精华，注重对景观资源的利用，规划叠拼院落、沿街茶室、小洋房等产品。

专家点评 叶醒·福州市房地产业协会会长

世茂国风武夷，择址武夷山下三姑度假区高尔夫板块，周边自然景观资源丰富。产品在外观上处处彰显传统宋式建筑风格，大气而不失精细，与武夷山的历史文化相契合。

项目解析

【区域维度】

世茂国风武夷位于武夷山市三姑度假区，与武夷山风景区一溪之隔，是度假区的核心位置。项目周边环绕极地海洋公园、高尔夫球场、太伟风景酒店（五星级）和国际会展中心，一年一度的茶博会就在会展中心举行。项目3公里范围可至印象大红袍剧场、水秀剧场及景区北入口。

此外，三姑度假区作为国家5A级景区、国家森林公园的配套接待中心，高铁、机场、高速等交通配套环绕，多维路网接驳全国。

【品牌维度】

世茂集团是一家国际化、综合性的大型投资集团。经过30年的发展，世茂集团实践“成为行业引领者，打造百年世茂”的愿景，持续为客户在居住、生活、消费、商务、旅游等方面提供高层次的品质体验，与城市共成长，与人民同幸福。

2018年世茂品牌携手华亚集团入驻武夷山，世茂国风武夷推出即受到当地市场追捧。2019年8月7日，世茂携手故宫探索优秀传统文化，落户故宫紫禁书院武夷山分院，结合武夷山的底蕴及内涵，打造武夷文化新地标，缔造武夷文旅新热点。

【口碑维度】

世茂集团成立至今已有30年，深耕福建，深受广大业主好评。进入武夷山市场后，凭借专业的服务、高效的流程、精湛的工艺和严格的现场管控，让客户看到了世茂品质。同时，项目还引进故宫紫禁书院，让当地客户看到世茂带来的不只是高品质的居住小区，更呈现给广大业主一个富有文化内涵的优质生活区。

【产品维度】

武夷山是宋朝朱子理学的摇篮，儒、释、道汇集之地，历史文化底蕴深厚，且是世界文化与自然双重遗产。而此次世茂带给武夷山的正是代表传承与再造，展现文化底蕴和盛世情怀的国风系产品。

项目总体景观以景区主景观为灵感，广场设计竹排飞瀑，小区景观以龙脊、凤轴为景观脉络，将九曲溪十八弯融入小区。产品在外观上处处彰显传统宋式建筑风格，大气而不失精细，与武夷山的历史文化相契合。

在格局设计上，建面约80平方米叠拼户型充分考虑当地深厚的茶文化，以及满足当地茶商的经营需求，赋予产品经营和自住功能，规划建面约30平方米的院落和阳台。建面约90平方米沿街联排，7米面宽，附带近40平方米阳台，面向景区，视野好；建面约35平方米、建面80平方米洋房产品，可自住，可委托管理，深受市场欢迎。

与此同时，世茂物业的服务保障，也让业主对小区生活充满了期待。

【销售维度】

案场数据显示，项目2018年12月26日首次开盘，推出188套房源，吸引了近500人到场选房，最终成交155套，总销售额近2亿元，当天去化率达到82%。无论是选房人数还是单日成交金额，在武夷山房产市场都令人瞩目。2019年12月29日，再次加推24套房源，成交金额逾3600万元。两次开盘热销武夷，成功奠定了世茂国风武夷的市场地位。

更多楼盘详情请扫码查看

世茂盛世雅颂

- 2019年 -
中国城市楼盘年鉴
典型项目

漳州 生态宜居 置业热土 口碑项目

世茂盛世雅颂位于漳州市长泰县马洋溪生态旅游区鲤鱼山，建筑面积 39000 平方米，占地面积 1800 平方米，容积率 1.2，物业类型为普通住宅和别墅。

专家点评 刘福泉·福建省著名房地产专家、国房网董事长

世茂盛世雅颂择址马洋溪生态旅游区，紧邻建设中的联十一线仙灵旗隧道口。沿着自然脉络勾勒，描绘出秘境中的山水人文居所，让城市发展与自然生态环境旖旎共生，打造宜居宜游好去处。

项目地址：
漳州市长泰县马洋溪生态旅游区鲤鱼山

开发商：
福建龙人房地产开发有限公司

建筑类型：
别墅、公寓

主力户型：
建面 75~128 平方米院墅、建面 46~100 平方米公寓

周边配套：
草坪露营、酒吧、超市、食堂、健身会所等

参考价格：
公寓 9000 元 / 平方米起、叠墅 11000 元 / 平方米起

楼盘优势：
项目占据仙灵旗隧道口优势位置，直通环厦热门板块，整体房价仅为厦门的 1/3，享受厦门集美千亿配套、海沧自贸区配套，坐拥诗意小镇，繁华、静谧自由切换。

项目解析

【区域维度】

世茂盛世雅颂坐拥约 1200000 平方米诗意小镇，约 8000000 平方米生活乐园，打造旅游区内家庭私产。项目生长于“厦门后花园”——长泰马洋溪生态旅游区，坐拥天柱山国家森林公园、马洋溪、寻梦谷等 143 项旅游资源实体。

同时，项目紧邻仙灵旗隧道口，隧道通车后，经过约 3.9 公里即可到达集美。未来，“厦门—长泰”快速生活模式将愈加成型，成为城市又一置业热土，前景可期。

【品牌维度】

项目占据仙灵旗隧道口优势位置，直通环厦热门板块，整体房价仅为厦门的 1/3，享受厦门集美千亿配套、海沧自贸区配套，坐拥诗意小镇，繁华、静谧自由切换。

项目被称为“世茂与自然联袂的著作”，探寻生活的另一种可能。项目示范区荣获“地产设计大奖景观类优秀奖”，从公寓产品到叠墅产品，均受到市场的追捧。

【口碑维度】

当市场给项目做“减法”的同时，世茂盛世雅颂却在不断做“加法”，加精装、加配套、加服务，在不断提升产品品质的同时更赢得了市场青睐。

世茂盛世雅颂规划山水人文、休闲、运动、生活服务四大主题全龄段社区。目前，草坪露营、星空酒吧、自助超市、山味食堂、云上健身等六大实景配套已全面绽放，受到项目业主一致好评。

对生活的体贴入微，对自然的百般青睐，将自然与生活相融合，精装交付的自然妙境，让每一位业主享受精致又轻松的度假式生活。

【产品维度】

世茂盛世雅颂主推建面 75~128 平方米山谷院墅，主打新中式风格院落。从格局到空间规划，从层高到露台尺度，每一寸恰到好处；一步一个台阶，一阶一种情境，前庭后院，收纳一家人的欢乐幸福，星空露台，潜藏每一个人的心灵谜语。

景观设计上，不仅规划细致全面，同时还颇有风格。社区总共规划六重园林景观，从入户的礼序花园到林下书吧，无一不体现出项目的用心。

户型设计上，不仅产品种类多样，空间利用率还很高。主推 131 平方米四居，75 平方米 2+1 居以及 117 平方米标准三居，6.9 米的南向超大面宽，保证了室内采光面积；餐厨一体化的设计，在提升空间利用率的同时，也确保了各个功能分区的私密性；预留“可生长”的多功能弹性空间，可谓同面积段户型产品的创新之举。

【销售维度】

世茂盛世雅颂作为世茂在厦门西漳州长泰马洋溪板块重点打造的生态旅游项目，背靠世茂金字招牌，一问世便收获高度关注。

2018 年 5 月 26 日，项目配合朴树音乐节盛大开盘。根据案场数据，首次推出叠墅 351 套房源，公寓 136 套房源，相继吸引了超过千组购房者到场抢房。开盘大获成功，奠定了世茂盛世雅颂在整个长泰的市场地位。

多位购房者表示，之所以选择世茂盛世雅颂，一方面是基于世茂品牌的知名度，对其项目有一种天然的信赖感；另一方面则是被项目自身魅力和市场影响力吸引。

更多楼盘详情请扫码查看

2019 年厦门房地产市场总结

行业发展历程

一、城市概述

厦门，别称鹭岛，简称厦、鹭，副省级城市、经济特区，东南沿海的重要中心城市。厦门位于福建省东南端，隶属于福建省，陆地面积 1699.39 平方公里，海域面积 390 多平方公里，常住人口 411 万人。2018 年，厦门市实现地区生产总值（GDP）4791.41 亿元，排名福建省第三位。

二、行业现状

近年来，厦门地价高企，房价水涨船高，置业门槛相应提升，去化周期拉长。在此市场背景下，各楼盘之间竞争激烈，倒逼房企不断进行品牌力、产品力革新及优惠让利。纵观 2019 年全年，去化较好的楼盘主要为岛内核心地段的高端改善盘、岛外品牌加学区带动的优质盘以及低总价低门槛的刚需盘。

三、政策环境

在“房住不炒”的主基调下，厦门政策环境仍较为严格。目前，限购、限贷、限售“三限”齐行，2019 年也并未出台重大的楼市调控政策。此外，政府出台了一些便民和人才政策，比如，停止收取“四桥一隧”车辆通行费，推进岛内外一体化；发布“三高”骨干员工落户流程，促进人才登“鹭”。

四、土地市场

2019 年上半年，在楼市小阳春及融资环境的相对宽松下，土地市场有所回暖。下半年，政府一改岛内核心地块“限量发售”的局面，连推岛内核心区三幅宅地来提振市场，岛内单价与总价纪录双双被刷新。此外，下半年国企托市也是土地市场的一大特点。

五、房企布局

2019 年，首创、中南、正荣、平安四家房企首次入驻厦门。当前，房企在厦门市场的布局呈现“强者恒强”的局面。国企、央企、实力民企当道，且多为百强房企。近年来，本土一些中小型房企逐渐销声匿迹。

六、房产行业发展历程

20 世纪 80 年代以来，厦门沐浴着特区发展的春风，国企建发、国贸、联发应运而生，厦门商品房发展进入萌芽期。1992 年，全国经济掀起新一轮发展浪潮，中国内地房地产业急剧升温。仅仅在 1992 年，厦门新增 100 多家开发商，行业发展如日中天。但由于缺乏有效的宏观调控机制，到了 1993 年，已经出现了过热现象。政府采取紧缩政策，促使经济“软着陆”。

1998 年，国家逐步实行住房分配货币化，直接促进了厦门房地产的复苏。同时，厦门优美、良好的居住环境也吸引了大量外地人前来购房。这一时期，厦门民营外资企业也进一步发展壮大。来自台湾的大唐世家给厦门楼市带来耳目一新的“唐风”。进入千禧年以来，厦门房地产行业取得长足发展，开发热点也从岛内延伸到岛外。从 2003 年开始，国家、地方多项宏观调控政策出台，贯穿楼市的发展，并产生较大影响。

城市年度市场解读

一、本地新政

在维稳的主基调下，厦门政府也出台了一些便民和人才政策。比如，停止收取“四桥一隧”车辆通行费，推进岛内外一体化。此外，政府编制“一城一策”实施方案，针对本市房地产市场现状，在房地产金融、人才扶持等方面发布多个政策。

2019年3月，厦门市翔区安政府发布《翔安区重点产业人才引进和培育实施细则》，从购买、租房、医疗保健、配偶就业、子女就学等方方面面加大扶持政策。10月，政府发布了“三高”骨干员工落户流程，促进人才登“鹭”。

自2019年3月29日开始，厦门市启动公转商贴息贷款业务。此外，自2019年7月1日起，厦门市住房公积金贷款流动性调节系数由1.0调整为0.8。自2019年8月1日起，厦门市住房公积金贷款流动性调节系数由0.8调整为0.6。

二、年度土地供应

2019年全年经营性用地出让总建筑面积306万平方米，商住用地建筑面积163万平方米，仅完成今年原供应计划306万平方米的54%。

三、年度土地成交

2019年，厦门共举行了9场商住用地土拍，出让商住用地共22幅，总成交面积为163万 平方米，同比2018年仅增长15%。成交楼面均价为27619元/平方米，同比上涨11%。

2019年所有经营性用地出让总金额471亿元，同比上涨21%；商住用地出让总金额451亿元，同比上涨23%；岛内商住用地成交总金额157亿元，占全市商住用地成交总金额的35% 。

四、年度住宅供应

2019年厦门商品住宅供应量大幅上涨，主要为抓住上半年“小阳春”机会，房企纷纷加快推盘节奏，全年新增供应246万平方米，同比2018年上涨89%。

五、年度住宅成交

2019年成交面积143万平方米，同比2018年上涨101%。全年成交均价38509元/平方米，同比下跌4%。

厦门2019年一手住宅成交走势可以说是跌宕起伏。1月、2月为传统的春节淡季。3月以来，市场开启了一波“小阳春”，房企纷纷加快推盘节奏。

而在下半年，厦门楼市无新的利好支撑，后继乏力，成交有所回落。但在岛内建发玺樾、中骏天宸两大高端盘入市热销的带动下，成交量仍高于2018年同期。

2019年9~10月，厦门入市新房锐减，市场较为冷清，客户观望态势蔓延，“金九银十”爽约。年底，房企为保证销售业绩及回款开启“以价换量”模式，纷纷采取“特价房”“分销”等营销手段，年底成交迎来翘尾。

六、年度住宅存量

2019年厦门库存量较2018年再次增加，其中在售库存增加到288万平方米，厦门在售库存去化周期拉长至24个月。

七、区域成交表现

从各区成交来看，集美区和同安两个板块是岛外成交的主力，占整体成交量的53%，其次为翔安区占22%。海沧区因2019年供应少，成交量占7%。在建发玺樾、中骏天宸助力下，岛内成交明显回暖，总成交占比达18%，岛内外呈现“二八”格局。

八、成交结构表现

从面积来看，厦门岛内130~144平方米以上为成交主力，占比达到29%。岛外80~90平方米仍占主要市场份额，达28%。岛内130~144平方米同比2018年（6%）占比扩大；岛外刚需80~90平方米仍占比第一，同比2017年（23%）小幅上涨，首改120~144平方米产品同比2018年（22%）占比有所缩小。

从总价来看，岛内总价段1000万元以上同比2018年（81%）占比明显缩小；岛外总价段200万~300万元占比第一，较2018年（27%）占比扩大，总价段200万元以下同比2018年（6%）占比也明显扩大。

九、成交项目排行

2019年厦门成交前十的项目成交金额共262.4亿元，前十项目成交金额差距明显，建发玺樾、中骏天宸表现优异，分别以单盘成交57.68亿元和51.51亿元成为第一梯队。建发央著以33.01亿元独居第二梯队；国贸天悦以26.67亿元业绩成为第三梯队；TOP4~TOP10各项目差额不足3亿元，竞争异常激烈。

2019年单项目面积榜销售前十的总成交面积共60.02万平方米，其中建发玺樾8.76万平方米、建发央著7.81万平方米，占据榜单的第一位和第二位。中骏天宸以7.53万平方米成交面积排在第三位，三项目占据前十名总成交面积的约40%。

十、成交房企排行

2019年国企、央企市场份额增大，撑市霸榜，占据成交金额TOP10中的七个席位，建发、中骏、国贸三房企成交金额遥遥领先，年度销售金额均超50亿元，包揽金额榜前三名。

在全口径榜单上，建发以97.76亿元夺得成交金额榜首，国贸地产以72.25亿元获得亚军，中骏以62.63亿元成为季军。在成交面积上，国贸地产以25.07万平方米夺得冠军，厦门信息以24.3万平方米成为亚军，建发房产以21.7万平方米夺得季军。

十一、商业、公寓及办公

2019年厦门写字楼成交32.83万平方米，同比上涨25%，均价8815元/平方米，同比下跌37%。

软件园三期登顶厦门写字楼销售面积及金额双料冠军，成交面积24.30万平方米，销售金额13.27亿元，成交均价5462元/平方米。

SOHO市场表现持续低迷。受整体市场冷清及政策影响，SOHO成交大幅下跌，2019年成交4.47万平方米，同比下跌72%，均价24651元/平方米，同比上涨11.8%。

全年商业市场表现一般，量价齐跌，成交面积17.85万平方米，同比下跌42%，均价18830元/平方米，同比下跌6.5%。

十二、年度房价走势分析

房价方面，全年新房成交均价33309元/平方米，同比下跌4%，有三个月均价超4万元/平方米，其中12月均价高达4.8万元/平方米。

2019年上半年以低总价产品成交为主，加上部分项目以价换量，房价明显回落。下半年，受岛内高价项目集中备案影响，新房价格有所上涨。

十三、热点板块分析

2019年厦门比较热门的板块有集美新城、环东海域、翔安南部新城和马巷板块，成交面积均超10万平方米，其中集美新城的环杏林湾板块成交面积达27万平方米，海沧的马銮湾板块因在售项目较少，成交面积下跌至6.86万平方米。另外，因建发玺樾和中骏天宸的入市，使得厦门岛内的枋湖板块热度上升。

从2019年开盘的区域分布来看，翔安区共开盘26次，推出2972套房源，集美区开盘22次，推出

1888 套房源，同安区开盘 19 次，推出 2259 套房源。湖里区和海沧区均开盘 5 次，分别推出 1655 套和 988 套房源，思明区开盘 1 次推出 210 套房源。

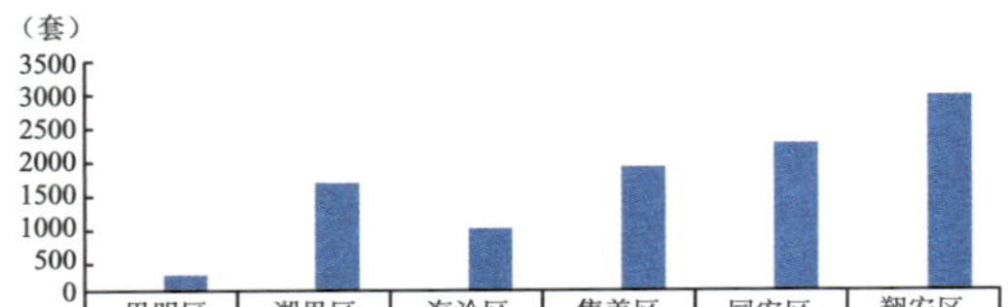

	思明区	湖里区	海沧区	集美区	同安区	翔安区
开盘次数（次）	1	5	5	22	19	26
开盘套数（套）	210	1655	988	1888	2259	2972

图 2-17　2019 年厦门各区开盘次数和套数统计

2019 年翔安区开盘次数和推出房源套数均处于第一位，开盘的 13 个项目中有一半是纯新盘首开。翔安 2019 年大量开盘的原因主要在于，2016~2017 年翔安有大量的土地出让，且不少是高价地，由于政策和市场等原因，入市时间一再推迟。

十四、未来展望

2020 年的全新日历已摆上桌面，楼市也进入全新一页。今年，政策方向依然是“房住不炒”、“稳”字当先，而面对部分区域庞大的库存和去化压力，厦门是否会因区施策，逐步释放购房需求，成为 2020 年楼市的最大猜想。

十五、市场预期

2020 年，岛外依旧是主战场，并且将有部分新房企加入战局。2019 年，本地龙头房企建发于海沧马銮湾连落三子。首入马銮湾的建发，是否像以往一样能以“点石成金术”焕新海沧，值得期待。

随着多个纯新盘的入市，预计 2020 年全年成交量小幅回升。随着未来岛内三个项目入市，或将拉升整体成交价格。综上，2020 年厦门楼市量价或将稳中微涨。

数据来源：克而瑞、新景祥。

2019 年厦门房地产在售楼盘概览

楼盘名称	城市名称	城区	地址	物业类型
云顶至尊	厦门	思明区	思明区文兴东路 95 号	普通住宅、商业
帝景苑	厦门	思明区	思明区湖滨南路 1 号	普通住宅、商业
华尔顿 1275	厦门	思明区	思明区会展北里 88 号	普通住宅
顶峰鹭江 1 号	厦门	思明区	思明区鹭江道 274-3 号	普通住宅
万科湖心岛	厦门	湖里区	湖里区湖边水库湖心岛北部	普通住宅、别墅
恒禾七尚	厦门	湖里区	湖里区五缘湾马卢奇路	普通住宅、别墅
中骏天宸	厦门	湖里区	湖里区枋湖北二路与枋湖中路交叉口西南侧	普通住宅
建发玺樾	厦门	湖里区	湖里成功大道与金山西路交叉口北侧	普通住宅
禹洲澜山墅	厦门	海沧区	海沧区马青路马銮湾南侧	别墅
融侨观邸	厦门	海沧区	海沧区翁角路与霞光路交叉口	普通住宅、别墅
厦门华玺	厦门	海沧区	海沧区霞光北路与霞光路交叉口	普通住宅、别墅
海投第一湾	厦门	海沧区	海沧区马銮湾大道与新景路交叉口南侧	普通住宅、别墅
海投尚书房	厦门	海沧区	海沧区孚莲路与孚安路交叉口东南侧	普通住宅、商业
海投自贸城	厦门	海沧区	海沧区海新路与角嵩路交叉口西北侧	普通住宅
海投湖海庄园	厦门	海沧区	海沧新景路与新阳北路交叉口东南侧	普通住宅
厦门中央公园	厦门	海沧区	海沧区新垵北路与乐活路交叉口西北侧	普通住宅
马銮湾 1 号	厦门	海沧区	海沧区新阳大道长庚医院西侧	普通住宅
龙湖春江天玺	厦门	海沧区	海沧区东孚南路	普通住宅、商业
住宅莲花新城	厦门	集美区	集美区海翔大道南侧	普通住宅、商业
水晶湖郡	厦门	集美区	集美区园博苑东岸（滨水小区后）	普通住宅、别墅、商业
夏商新纪元	厦门	集美区	集美区杏前路与海翔大道交叉口	普通住宅、商业
凤凰花城	厦门	集美区	集美区杏前路与锦园西路交叉口东侧	普通住宅、商业
中交和美新城	厦门	集美区	集美区诚毅西路与海翔大道交叉口东北侧	普通住宅、别墅
IOI 棕榈半岛	厦门	集美区	集美区杏林湾与集美大道交叉口南侧	普通住宅、建筑综合体
国贸天悦	厦门	集美区	集美区杏林北路与杏林北二路交叉口东北侧	普通住宅、商业
厦门恒大帝景	厦门	集美区	集美区杏林湾路与集美大道交会处北侧	普通住宅
阳光城文澜府	厦门	集美区	集美区景湖北路凤景路东侧	普通住宅
龙湖首开景粼原著	厦门	集美区	集美区景湖北路与凤岐中路交会处	普通住宅、别墅
融侨观澜	厦门	集美区	集美区新城大道与横一路交叉口西南侧	普通住宅
富力院士廷	厦门	集美区	集美区岳宇路东侧金龙东路北侧	普通住宅、商业
武地建发央著	厦门	集美区	集美区集美新城杏锦路与滨海大道交叉口东北侧	普通住宅
嘉和豪庭	厦门	集美区	集美区杏林街道宁宝社区纺织东路 101 号	普通住宅、别墅
禹洲璟阅城	厦门	集美区	集美区安仁大道与学府路交叉口北侧	普通住宅、商业
国贸天峰	厦门	集美区	集美区杏林北二路与杏锦路交叉口西北侧	普通住宅、商业
首开领翔上郡	厦门	翔安区	翔安区翔安南路与祥福路交界处	普通住宅、别墅、商业
海晟颐翔湾	厦门	翔安区	翔安区翔安大道与祥福路交叉口东南	普通住宅、别墅
融创东南府	厦门	翔安区	翔安区洪钟大道与翔安西路交界处西北侧	普通住宅、别墅、商业
首开万科白鹭郡	厦门	翔安区	翔安区新店同新路与进场路交叉口西南侧	普通住宅、别墅
世茂国风长安	厦门	翔安区	翔安区翔安西路与洪钟大道交会处	普通住宅、别墅、商业
融侨铂樾府	厦门	翔安区	厦门翔安区新城中路与翔安西路交会处	普通住宅、别墅
古龙尚逸园	厦门	翔安区	翔安区洪珠湖东二路与上莲二路交界处	普通住宅
万科金域缇香	厦门	翔安区	翔安区翔安大道与亭洋路交叉口西北侧	普通住宅
雅居乐御宾府	厦门	翔安区	翔安区翔安大道旁企业会馆旁	普通住宅、商业
翔安金茂悦	厦门	翔安区	翔安区西炉中路与内安二道交会处	普通住宅
国贸远洋天和	厦门	翔安区	翔安区东山路 128 号	普通住宅、别墅
保利和光城悦	厦门	翔安区	翔安区洪钟大道与石君路交叉口西北 100 米	普通住宅
世茂璀璨天宸	厦门	翔安区	翔安区新店进场路与新市东街交叉口西北侧	普通住宅
IOI 棕榈国际住区	厦门	翔安区	翔安区新城中路与翔安西路交叉口东北侧	普通住宅

楼盘名称	城市名称	城区	地址	物业类型
前海湾	厦门	翔安区	翔安区澳头特色小镇(怀远公园北侧)	普通住宅
国贸天成一二期	厦门	翔安区	翔安区石厝路与浦后路交会处西北侧	普通住宅、别墅
特房莱昂公馆	厦门	翔安区	翔安区丙洲大桥与滨海旅游路交叉口东北侧	普通住宅、商业
中南九锦台	厦门	翔安区	翔安区洪钟大道(融创东南府东北侧)	普通住宅
首开龙湖璟宸府	厦门	翔安区	翔安区翔安东路与新店路交叉口	普通住宅、商业
保利天汇	厦门	同安区	同安区环城南路与同集北路交会处西北方向	普通住宅
古龙山语听溪	厦门	同安区	同安区汀溪镇政府南侧汀溪大道向前200米	普通住宅、公寓、别墅
金都海尚国际	厦门	同安区	同安区环东海域滨海西大道BRT蔡店站东侧	普通住宅
禹洲香溪里	厦门	同安区	同安区五显镇五显东路与五秀路交会处	普通住宅、公寓、别墅、商业
特房银溪墅府	厦门	同安区	同安区环东海域丙洲大桥与滨海旅游路交叉口东北侧	普通住宅、别墅
阳光城翡丽海岸	厦门	同安区	同安区滨海西大道BRT东亭站旁	别墅、商业
融信铂悦湾	厦门	同安区	同安区滨海西大道与滨海七路交叉口	普通住宅、商业
融创大同府	厦门	同安区	同安区同集北路及阳翟二路交会处(阳翟小学对面)	普通住宅、别墅、商业
泰禾世茂汀溪院子	厦门	同安区	同安区汀溪朝元路东侧(盛之乡温泉酒店南侧)	普通住宅、别墅
水湾清城三期	厦门	同安区	同安区祥平西路189号	普通住宅
大唐水云间	厦门	同安区	同安区汀溪水库旁	普通住宅
中海九号公馆	厦门	同安区	同安区凤山路与岳东路交叉口东北侧	普通住宅、别墅、商业
保利叁仟栋壹海里	厦门	同安区	同安区环东海域滨海西大道BRT潘涂站旁	普通住宅、别墅、商业
中海世茂府	厦门	同安区	同安区凤祥路与岗头北路交叉口西南侧	普通住宅、别墅、商业
禹洲世茂东岸朗廷	厦门	同安区	同安区五显中路225号	普通住宅
招商雍和府	厦门	同安区	同安区凤岭路	普通住宅
厦门紫云府	厦门	同安区	同安区同安大道与美洋路交叉口	普通住宅
中铁诺德逸都	厦门	同安区	同安区二环南路与西湖路交会处	普通住宅、别墅
特房樾琴湾	厦门	同安区	同安区民安大道	普通住宅
融信厦门世纪	厦门	同安区	同安区环湾西路与西福路交叉口西200米	普通住宅、别墅
椿山庄	厦门	同安区	同安区汀溪路777号	别墅

楼盘名称	城市名称	城区	地址	物业类型
富力凤凰谷	漳州	长泰县	长泰县马洋溪生态旅游区十里村	别墅、公寓
桃李春风	漳州	长泰县	长泰县马洋溪生态旅游区	普通住宅、别墅、商业
海投香格里墅	漳州	长泰县	长泰县马洋溪生态旅游区	别墅
建发山外山	漳州	长泰县	长泰县马洋溪旅游度假区	普通住宅、别墅
保利李白的院子	漳州	长泰县	长泰县西天柱山高速出口旁	普通住宅、别墅
世茂盛世雅颂	漳州	长泰县	长泰县马洋溪生态旅游区鲤鱼山	普通住宅、别墅
保利万兆大国璟	漳州	长泰县	长泰县武安镇兴泰西路(国税局对面)	普通住宅
布谷布谷	漳州	长泰县	长泰县马洋溪锦溪路	普通住宅
住宅水晶湖畔	漳州	角美镇	台商投资区(角美)石厝村湖中路	普通住宅、别墅、商业
龙泉丽景	漳州	角美镇	台商投资区(角美)厦门双十中学漳州分校旁	普通住宅
万益广场望春风	漳州	角美镇	角美镇洪岱路厦门双十中学漳州分校门口	普通住宅、公寓、写字楼、商业
角美大唐世家	漳州	角美镇	角美镇324国道与同发路交会处	普通住宅、商业
泰禾世茂红树湾院子	漳州	角美镇	角美镇龙池龙池大道与鸿渐路交会处	普通住宅、商业
海投东湖城	漳州	角美镇	角美镇洪岱路与阳光北路交会处	普通住宅
角美宝嘉誉峰	漳州	角美镇	角美镇台商投资区角江路万达广场旁	普通住宅
旭辉大唐江山天境	漳州	角美镇	角美镇洪岱路万益广场对面	普通住宅
漳州建发央著	漳州	龙文区	龙文区北江滨路以北、碧湖路以东、碧洲路以西	普通住宅
特房·锦绣碧湖	漳州	龙文区	龙文区龙江中路与水仙大街交叉口东南侧	普通住宅
三盛国际海岸	漳州	龙海市	龙海市迎宾大道与滨湖纬六路交叉口西北侧	普通住宅、别墅、商业
中梁玖号院	漳州	龙海市	龙海市锦江道西段后港路与锦江道交会处	普通住宅、别墅
泰禾闽南院子	漳州	龙海市	龙海市新江东大桥九龙江西侧	普通住宅、别墅
三盛璞悦海	漳州	龙海市	龙海市迎宾大道与滨湖纬六路交叉口西北侧	普通住宅、别墅
永鸿厦门湾1号	漳州	漳州港	招商局漳州开发区南滨大道	普通住宅
永鸿鸿溪谷	漳州	漳州港	招商局漳州开发区南滨大道北侧(厦大附中旁)	普通住宅
福晟南湾1号	漳州	漳州港	招银港收费站东侧	普通住宅
招商兰溪谷	漳州	漳州港	招商局经济技术开发区南滨大道268号	普通住宅、别墅
永鸿悦海湾	漳州	漳州港	招商局开发区丽江路以南	普通住宅

楼盘名称	城市名称	城区	地址	物业类型
广隆御海尊邸	漳州	漳州港	漳州港东湖路 2 号卓岐湖畔	普通住宅、别墅
明发香山湾	漳州	漳浦县	漳浦县前亭镇后蔡湾片区秀岛二路西侧	普通住宅
泰禾厦门湾	漳州	漳浦县	漳浦县白塘湾火山公园东侧	普通住宅、别墅
雅居乐香山湾	漳州	漳浦县	漳浦县前亭镇后蔡湾片区秀道二路西侧	普通住宅、别墅
融创东麓	泉州	南安市	南安市芦青生态湖北岸	别墅
南安世茂爱乐国风	泉州	南安市	南安市官桥镇水头西高速路口旁	普通住宅、别墅
世茂国风盛堂	泉州	石狮市	石狮市灵秀镇钞坑村	普通住宅
聚龙世茂国风	泉州	惠安县	惠安县福厦高速公路惠安互通口聚龙小镇内	普通住宅、别墅
世茂大唐云璟	泉州	鲤城区	鲤城区站前大道与江南大街交会处	普通住宅、别墅
中骏丽景府	泉州	晋江市	晋江市磁灶镇东路与延泽街交会处	普通住宅、商业
世茂国风紫帽	泉州	晋江市	晋江市紫帽山紫湖路紫帽山风景区入口处（紫湖水库旁）	普通住宅、别墅
世茂云玺	泉州	晋江市	晋江市磁灶镇延泽街与火车站连接线交会处	普通住宅

保利·叁仟栋丨壹海里

- 2019年 -
中国城市楼盘年鉴
典型项目

厦门　环东头排　口碑项目　城市地标

保利·叁仟栋丨壹海里位于厦门市环东海域滨海西大道 BRT 潘涂站旁，由保利发展（厦门中璟房地产开发有限公司）开发，占地面积 83500 平方米，建筑面积 213000 平方米。

项目地址：
厦门市环东海域滨海西大道 BRT 潘涂站旁

开发商：
厦门中璟房地产开发有限公司

建筑类型：
高层、复式、叠墅、商业

主力户型：
88~128 平方米复式、99~151 平方米叠墅

周边配套：
滨海旅游浪漫线、五星级酒店群、三大休闲公园

参考价格：
高层均价 3.8 万元 / 平方米

楼盘优势：
位于环东海域新城，享一线海景资源，紧邻滨海浪漫线和星级酒店群。

专家点评
王崎·厦门均和房地产评估有限公司董事长

保利·叁仟栋丨壹海里位于厦门市环东海域滨海西大道，一线临海，整体坐北朝南，高楼层在北，低楼层在南，将一线海景与园林景观同时藏纳于视野中。主推88~128平方米复式、99~151平方米叠墅。

项目解析

【区域维度】

保利·叁仟栋丨壹海里位于厦门市环东海域新城，区域内有快二、快五双 BRT 两条在建的地铁线，交通便捷快速通达岛内外。同时，滨海西大道内通同集路、海翔大道、集美大桥等快速路，快速连通厦门岛内外；外连沈海高速、厦沙高速等，直通漳州、泉州。

作为厦门市双千亿重点打造的岛外新城，环东海域商业配套齐全，汇集了嘉德胜农贸市场、20 万平方米商业体阳光小镇，以及万豪、万丽、特房波特曼酒店等星级酒店群。另有清华紫光科技园、美峰现代服务业基地、丙洲服务业基地等前沿 CBD 加持，拥有环东海域一线海景，滨海浪漫线马拉松彩虹跑道等风景线。

【品牌维度】

保利·叁仟栋丨壹海里在身兼军工企业和央企的双重背景下，一路走来脚踏实地，积极参与各个行业的建设，涉及地产、文化、科技、能源等多个方面。在住宅开发方面，涵盖了中高端住宅、公寓、别墅多种物业形态。

2011 年保利发展进入厦门，在环东海域落下首子。从保利海上五月花、保利·叁仟栋到保利·叁仟栋丨壹海里，保利以突出的销售业绩、良好的服务口碑赢得了厦门人对品牌的高度认可。

多年来，保利发展始终秉承“和者筑善”的品牌理念，将“和谐”提升至企业战略的高度，践行于创造自然、建筑、人文交融的和谐人居生活，并一路不断追求美好，致力于成为“美好生活同行者”。

【口碑维度】

从热销红盘到克而瑞统计数据的 2019 年上半年厦门市环东区域销售金额、套数双销冠，种种成绩的取得离不开保利对产品的精心打造。从 91 平方米四居的“神户型”、88~117 平方米的瞰海复式，再到 125~151 平方米的天宇海一海岸新封面，保利·叁仟栋丨壹海里的每个作品都惊艳了环东海域。

优质的产品也让保利·叁仟栋丨壹海里赢得客户的支持与信任，成为 2019 年购房者对海岸住宅的优中之选。

【产品维度】

保利·叁仟栋丨壹海里总建面 21.3 万平方米，以 2.52 的容积率设计了 7 栋高层和 14 栋叠拼，打造成全海景社区。从高层、复式再到叠墅，保利·叁仟栋丨壹海里不断提升产品品质，每一次新品的呈现，都是对经典户型的一次超越。

主推产品从 91 平方米的边套四居、88~117 平方米的复式四居到 125~128 平方米的天宇海海景复式瞰海四居，保利·叁仟栋丨壹海里能满足单身人士、两口之家、三代同堂等不同类型家庭的居住需求。

【销售维度】

保利·叁仟栋丨壹海里于 2018 年 8 月 12 日首次开盘，推出 280 套房源，开盘当天几近售罄。项目此后几次开盘都创造了高去化率。

克而瑞数据显示，保利·叁仟栋丨壹海里在 2018 年厦门市住宅成交面积和成交套数两大榜单中均位于首位，优秀的销售业绩也奠定了保利·叁仟栋丨壹海里在厦门楼市不可动摇的地位。

更多楼盘详情请扫码查看

中骏天宸

2019年 中国城市楼盘年鉴 典型项目

厦门　岛内红盘　口碑项目　城市地标

中骏天宸位于厦门市湖里区 COD 政经中心，由厦门骏佑房地产开发有限公司开发，建筑面积 141355.89 平方米，占地面积 27719.81 平方米。

项目地址：
厦门市湖里区枋湖北二路与枋湖中路交叉口西南侧

开发商：
厦门骏佑房地产开发有限公司

建筑类型：
高层

主力户型：
150~253 平方米四至五居

周边配套：
TBK 商业中心、SM 广场、地铁 3 号线口（在建）

参考价格：
一期均价约 6.9 万元 / 平方米

楼盘优势：
湖里区政经中心，紧邻成功大道，周边路网发达，邻地铁，靠近 SM 商圈和五缘湾等高端商业，对望湖里实验中学，享众多优质教育资源。

专家点评

赖志军·厦门市房地产业协会会长

中骏天宸位于厦门岛内湖里区政经中心，靠近SM商圈和五缘湾等高端商业，楼栋之间前后左右相互错开，保证了景观面和风的流动性，主力户型150~253平方米四至五居。

项目解析

【区域维度】

中骏天宸位于厦门岛内湖里区政经中心，周边坐落着湖里区政府、法院等市政配套。紧邻城市主干道成功大道，可快速通达火车站、高崎国际机场、五通码头等地，约 300 米范围内即规划有地铁 3 号线安兜站、湖里法院站。对望湖里实验中学，周边汇聚了从幼儿园到高中的一站式教育配套。靠近 SM 商圈和五缘湾等高端商业，政务、交通、教育、医疗、休闲等优势配套一应俱全。

湖里区是厦门经济特区发源地，也是厦门的中心城区和现代服务业聚集区。乘新时代发展的东风，大批高新技术企业正在湖里区集聚发展，创新驱动、转型升级的故事生动上演。而中骏天宸将以天系奢宅钜著提升城市品位，焕新豪宅面貌。

【品牌维度】

中骏始于泉州而兴于福建，于主场 32 载，淬炼海西 60 座人居封面作品。中骏深谙福建人居习惯，为每一块土地量身定制，更以多部天系作品享誉福建。2018 年，继德胜门天宸之后，中骏重归岛心热土，打造全球第二座“天宸”，从拿地开始便备受关注。一期产品面世即受到市场追捧，其产品号召力可见一斑。

【口碑维度】

中骏的天字系产品在设计前皆回溯当地文化，因地制宜，确保每一座天系产品都是度身定制的专属作品。中国房价行情网数据显示，2019 年 11 月，厦门岛内五缘湾南区，均价约 75829 元 / 平方米，而中骏天誉二手房价格为 119093 元 / 平方米，且席位难求。海沧板块二手房均价约 35789 元 / 平方米，而中骏天峰二手房价格为 57735 元 / 平方米。优质的产品品质加上高水准的物业服务，使中骏在厦门打造了良好的口碑。

【产品维度】

中骏天宸共规划有 11 栋 16~21 层的住宅，以更优景观视野为基点，提升整个社区风的流动性，楼栋之间相互错开。主墙身采用真石漆与金属漆结合的表皮，建筑底部采用石材和铝板结合的立面材料，处处彰显着居住者的高阶质感和审美品位。立面采用铝膜工艺，不仅使外墙平整度大幅度提高，还能有效减少渗漏，空鼓、开裂等现象，保持外墙历久弥新。在园林空间层次上营造“泳池会所—两大景观轴线—三大花园”三进式景观空间。首层入户大堂在空间感受和细节打造上，以星级酒店为标准范式。从规划到用材，从建筑到园林无一不苛求精益求精，其精工产品深获客户的认可。

户型设计上主推的 150~220 平方米户型、150 平方米两梯三户、220 平方米三梯两户均带精装。纯大平层设计，把居住的功能区都放在一个平面上，在一层内解决家庭生活的所有功能。其中 150 平方米户型为“品字型”设计，做到全开间朝南，具有更优的采光性能与对称性，深受客户欢迎和认可。

【销售维度】

案场数据显示，中骏天宸位于岛内核心地段，2019 年 7 月 27 日首次开盘即热销 25 亿元，首开即吸引了千组客户到访选房，当天去化率高达 95%。中骏天宸 2019 年全年销售总金额截至 12 月初已达 60 亿元，在厦门房地产市场中名列前茅，奠定中骏天宸在市场上的豪宅地位

更多楼盘详情请扫码查看

特房·锦绣碧湖

- 2019年 -
中国城市楼盘年鉴
典型项目

漳州　湖景大宅　口碑项目　配套齐全

特房·锦绣碧湖位于漳州城市东进发展腹地、闽南水乡板块核心，由漳州特房开发有限公司开发，总建筑面积约 1825363 平方米。

项目地址：
漳州市龙文区建元东路 21 号锦绣碧湖

开发商：
漳州特房开发有限公司

建筑类型：
高层、别墅、商业、办公

主力户型：
89~140 平方米三居、157~170 平方米四居

周边配套：
万达广场，闽师大龙文区附属小学、实验幼儿园

参考价格：
均价 17500 元 / 平方米

楼盘优势：
闽南水乡板块核心，万达、明发、大润发三大商圈汇聚，项目临江瞰湖赏园，国企特房品质保障，深耕漳州 17 载，更懂漳州人居。

专家点评

赖志军·厦门市房地产业协会会长

特房·锦绣碧湖占据漳州市中心碧湖—闽南水乡板块，难得的180万平方米大盘，它的土地价值颇高、整体规划完善、自身配套全面，特别是配套小学、幼儿园均已开学，足以支持一个独立板块的各方面需求。项目四周都被公园环绕，全线产品均带精装修。

项目解析

【区域维度】

特房·锦绣碧湖扎根漳州城市东进新城 CBD，扼守炙手可热的碧湖—闽南水乡板块核心区。项目紧邻漳州客运中心站、漳州动车站，经由龙江大桥直通厦漳同城大道、半小时串联厦门。周边漳州一中龙文校区、漳州市实验中学、闽南师范大学龙文附属小学、闽南师范大学龙文附属实验幼儿园等优质学府齐聚，更邻近龙文区各大行政机关、文体中心；建设中的漳州市医院新院区与锦绣碧湖仅一桥之隔。

特房·锦绣碧湖周边商业、生活配套齐全，近邻万达广场、大润发锦绣店，举步即达温德姆、皇冠假日酒店。招商银行、建设银行等各大银行布局周边，三公里都市生活圈在这里汇聚。九龙江、碧湖公园、闽南水乡、湘桥湖公园共筑锦绣碧湖"一江·两湖·三公园"的绝佳生态居住环境。

【品牌维度】

作为一家伴随着厦门特区建设而诞生的国有房地产开发企业，特房集团在投身城市开发建设过程中，始终秉承"构筑有形，追求无限"的企业精神和"责任，让生活更美好"的企业理念，致力于建造温馨美好的生活家园。特房·锦绣碧湖，是特房集团以深耕漳州 17 年的匠心沉淀、继锦绣一方之后打造的 180 万平方米品质人居力作。作为责任国企，特房集团匠筑精品项目，屡获"鲁班奖""詹天佑奖"等殊荣。

【口碑维度】

特房·锦绣碧湖自面市以来，广受购房者追捧，屡次开盘、屡次收获市场肯定，成就"漳州当红楼盘"。追根究底，锦绣碧湖的高产品价值及精工品质，尽可能地满足了业主的高素质人居需求。加上项目内外配套丰富，集自然资源、商业休闲、名校教育于一身，对于购房者而言，举步之内皆享受。锦绣碧湖 B 区 1~6 号楼已集中交付陆续入住，收获了业主的一致好评与认可，一个不可多见的品质生活蓝图已徐徐绽放。

【产品维度】

特房·锦绣碧湖目前主推 D 区，规划为高端居住区。地块一线紧邻九龙江，近享闽南水乡、碧湖生态公园、郊野公园三大公园。约 11% 超低建筑密度、最大约 100 米超宽楼间距布局，为目前漳州比较罕见的规划；D 区地块内更精心引入风雨连廊人性化设计。户型设计上，建筑面积约 89~170 平方米三居、四居，满足不同家庭结构在不同时期对生活与居住的需求。户内标准层高更从 3 米提升至约 3.15 米，是目前漳州住宅较为稀缺的产品层高设计。未来项目 A 区还将有 55~125 平方米的一居至三居面世，产品涵盖丰富，满足市场的全部需求。

【销售维度】

特房·锦绣碧湖入市以来，凭借优越的产品力及良好的市场口碑，逐渐成长为漳州红盘，一路走来辉煌不断。根据 2018 年克而瑞统计数据，项目一度以 17.27 亿元销售金额、10.45 万平方米销售面积，荣膺"漳州市区 2018 年度单盘双冠王"。随后，项目持续发力，2019 年 D 区一路人气火爆，三开三捷，以热销盛况诠释"特房速度"。

更多楼盘详情请扫码查看

甘肃省

2019年兰州房地产市场总结

行业发展历程

一、城市概述

兰州是甘肃省省会、西部地区重要的中心城市之一，丝绸之路经济带的重要节点城市，地处中国西北地区、甘肃省中部，位于中国大陆陆域版图的几何中心，是中国大西北铁路、公路、航空的综合交通枢纽，中国人民解放军西部战区陆军机关驻地，也是新亚欧大陆桥中国段五大中心城市之一，西部重要的区域商贸中心和现代物流基地。

2012年8月28日，国务院批复设立西北地区第一个、中国第五个国家级新区——兰州新区。国务院批复文件中明确提出，要把建设兰州新区作为深入实施西部大开发战略的重要举措，并于2020年将兰州发展为西北地区现代化大都市。

二、行业现状

纵观如今的兰州房地产市场，整体呈现出百花齐放的多元化趋势，不同区域、不同品质、不同价格使得市场逐渐趋于理性，消费者选择余地大，对产品自身有了更大需求，使得房企间竞争压力增大，更加回归产品本身的品质，从而推动了优质楼盘的面世，使得整个房地产市场逐步进入良性循环。

三、政策环境

兰州正在打造“一心两翼”的新型城市格局，即以主城四区为“核心”、兰州新区和榆中县为“两翼”的发展战略格局，推动人居向东、产业向北转移，因此，兰州2019年推出的引才政策可为兰州新区和榆中县未来市场发展带来更多利好。

四、土地市场

2019上半年土地成交宗数及面积较上年同期有所增长，下半年呈现下降趋势；上半年土地出让集中在七里河区，下半年集中在兰州新区和皋兰县文创城板块。从近5年的土地成交走势来看，整体略有下滑。

五、房企布局

因兰州市土地资源相对匮乏，外来品牌房企近一年来进驻契机减少，而已落地的品牌房企也在不遗余力地深耕细作，保利、华润、万科、中海、恒大、碧桂园等品牌房企相继在各个热门板块发力。

六、房产行业发展历程

由于地域的特性，甘肃的房地产市场一直随着全国的房地产大势有起有伏，并没有形成自己独有的特点，也就是说，甘肃的房地产市场远远没有一线城市的热度，在市场中只是“追随者”，没有形成引领行业发展潮流的主流冲击力。相关人士认为，作为内需型市场，甘肃房地产市场本身张力和扩张性有限，只能在既定的市场中辗转腾挪，无法起到全面贯通的市场作用。

兰州无疑是甘肃房地产市场发展的风向标。作为甘肃房地产市场化程度最高的城市，兰州房地产市场多年的发展、历程可谓一波三折，过程复杂。这些年，无论在与发达地区接轨的层面，还是在同区域展开竞争，都是亦步亦趋，沿袭模仿引进，自主创新能力不足。但很多大型房地产企业、房地产上市企业紧锣密鼓地进驻兰州市场，无疑给这一市场注入了些许活力。诸多方面都对未来的房地产市场发展有良好预期，也对未来的市场前景满怀信心，这对调控状态下的楼市来说，不能不说是一件好事。

城市年度市场解读

一、本地新政

从 2019 年 3 月 1 日起，中专以上学历或相应专业技术职称人员，国内在校的大中专院校学生，均可迁入兰州市落户。兰州此政策降低了落户门槛，向社会释放出兰州市真诚吸引人才的信号，能在很大程度上增强人才在兰落户、安家、立业的意愿。随着落户条件的放宽，未来一段时间，兰州城市总人口特别是部分产业区的人口将会明显增长，对房地产市场的需求量也会持续增加。

二、年度土地供应

2019 年，兰州市经营性用地新增供应 226 宗，占地 12065 亩，规划建筑面积 2137.99 万平方米。主城区供求量主要集中在城关、七里河区，郊县区域土地供求量主要集中在兰州新区及榆中县。

2019 年兰州市土地市场整体表现为“供大于求”，全年经营性用地供应量同比增长 44.0%，成交规模跌幅为 18.0%，但仍保持 1000 万平方米的规模，价格上涨明显，回归正常水平。

三、年度土地成交

2019 年，兰州市经营性用地成交 109 宗，占地面积 6080 亩，规划建筑面积 1079.54 万平方米；经营性用地成交金额 168.47 亿元，平均楼板价 1564 元 / 平方米，亩单价为 497 万元 / 亩。

近年来，兰州市涉宅用地成交占比一路攀升，商办用地成交占比持续走低；2019 年涉宅用地成交建筑面积占比为 76.3%，相比 2018 年全年增长 9.9%；商办用地占比则下降至 23.7%。

四、年度住宅供应及成交

2019 年兰州市新建商品住宅供求比由 1.0 增至 1.18，整体市场处于供略大于求的状态。

2019 年兰州市新建商品住宅市场一路高歌猛进，整体表现为量价齐升，新增供应 867.29 万平方米，同比增长 60.9%；成交住宅 734.39 万平方米，同比增长 36.5%；成交均价为 7733 元 / 平方米，同比增长 4.5%。

五、年度住宅存量

截至 2019 年 12 月底，兰州市商品住宅存量 830.94 万平方米，去化周期 13.6 个月。

六、区域成交表现

2019 年，兰州市新建商品住宅市场供求量主要集中在城关、七里河、安宁、榆中县及兰州新区，共计供应 779.49 万平方米，占比 90%；城关区雁滩家园集中补备案，银河国际居住区、兰州碧桂园等项目集中签约，成交量最高，达到 174.29 万平方米，占比 24%，但成交价格下降明显；市场成交价格最高为七里河区，高达 10591 元 / 平方米。

七、成交结构表现

2019 年，兰州市新建商品住宅市场成交仍以刚需首改型产品为主（面积段集中在 80~120 平方米），再改型产品为辅（面积段集中在 120~140 平方米），成交房型仍然以二居及三居产品为主，占比 90.3%。近年来改善型需求产品比例有所提升，刚需缩减、改善抬头，市场逐步向改善型需求转移。

八、成交项目排行

2019 年，兰州市成交金额及面积 TOP10 项目多位于城关、安宁、七里河、兰州新区及榆中县。其中，单盘成交面积和单盘成交金额榜首均归属绿地智慧金融城，成交面积 51.07 万平方米，成交金额 28.95 亿元。

表 2-5 2019 年项目成交金额 TOP10

排名	项目名称	区域	金额（亿元）
1	绿地·智慧金融城	兰州新区	28.95
2	保利领秀山	安宁区	28.24
3	银河国际居住区	城关区	25.29
4	兰州万科城	安宁区	24.5
5	碧桂园·文璟城	城关区	21.15
6	恒大绿洲	城关区	17.27
7	雁滩家园	城关区	16.01
8	兰州融创城	榆中县	14.81
9	兰石豪布斯卡	七里河区	14.63
10	东部科技新城·大名城	榆中县	12.53
合计			203.38

表 2-6 2019 年项目成交面积 TOP10

排名	项目名称	区域	面积（万平方米）
1	绿地·智慧金融城	兰州新区	51.07
2	保利领秀山	安宁区	38.88
3	兰州万科城	安宁区	31.98
4	碧桂园·文璟城	城关区	26.53
5	银河国际居住区	城关区	23.76
6	雁滩家园	城关区	21.31
7	兰州融创城	榆中县	19.2
8	东部科技新城·大名城	榆中县	19.02
9	方大上上城	红古区	16.01
10	恒大绿洲	城关区	15.84
合计			263.60

九、成交房企排行

2019 年兰州房企流量金额榜和流量面积榜上榜门槛较 2018 年均有所提高，销售金额超 30 亿元的企业有 4 家，销售面积超 30 万平方米的企业有 5 家，较去年同期均有所增加。TOP10 企业销售金额、销售面积市场份额分别为 49.5%、47.5%，占据兰州成交市场的半壁江山。

表 2-7 2018 年房企流量销售金额榜

排名	企业名称	金额（亿元）
1	保利发展控股集团股份有限公司	41.59
2	万科企业股份有限公司	41
3	碧桂园控股有限公司	40.96
4	中国恒大集团	34.04
5	绿地控股集团股份有限公司	28.95
6	兰州天正中广投资控股集团有限公司	22.95
7	世茂房地产控股有限公司	19.52
8	兰州居正房地产有限公司	16.01
9	华润置地有限公司	16
10	上海大名城企业股份有限公司	15.86

表 2-8 2018 年房企流量销售面积榜

排名	企业名称	面积（万平方米）
1	碧桂园控股有限公司	55.57
2	绿地控股集团股份有限公司	51.07
3	保利发展控股集团股份有限公司	51.[illegible]2
4	万科企业股份有限公司	49.5
5	中国恒大集团	37.3
6	上海大名城企业股份有限公司	23.17
7	兰州天正中广投资控股集团有限公司	22.11
8	兰州居正房地产有限公司	21.31
9	融创中国控股有限公司	19.2
10	世茂房地产控股有限公司	18.39

十、年度房价走势分析

2019 年兰州整体房价趋势向上，但因新区（均价约 5500 元 / 平方米）、皋兰县文创城（均价约 6500 元 / 平方米）、榆中县（均价约 6000 元 / 平方米）等区域供应量大，整体涨幅较小。西固区域（均价约 9000 元 / 平方米）、七里河马滩板块（均价约 12000 元 / 平方米）、安宁区（均价 11000 元 / 平方米）海关附近，因年中地铁 1 号线开通运营以及七里河万达城项目的开建，导致片区房价整体涨幅较大。全年房价整体趋势为小幅度稳步增长。

成交方面，2017 年由于兰州市出台限购政策，导致市场较为冷淡，2018 年 1 月部分高频地区限购松绑，且有万科、华润等品牌房企进驻，成交量逐渐回升。

2019 年，万科、融创、碧桂园、中海、保利等品牌房企均有新项目逐步落地销售，促使整体成交上涨。2019 年第三季度开始，新项目集中入市，市场成交量上涨。

十一、热点板块分析

2019 年企业拿地金额 TOP10 中，共有万达、华润置地、碧桂园控股、绿地控股及雅戈尔集团五家品牌开发商，成交地块多位于城关（青白石板块、雁滩板块）、七里河（马滩板块、彭家坪板块、崔家大滩板块）及兰州新区。TOP10 中另外五家为本地开发商，其中兰州乾盛房地产开发有限责任公司取得七里河彭家坪板块 G1825 号居住用地，成交金额为 22660 万元，成交楼板价为 6282 元 / 平方米，创板块内成交楼板价历史新高，其余企业地块均位于榆中县。

十二、未来展望

2020 年，预计兰州房地产市场成交量与 2019 年相比保持稳定，不会有太大幅度增长；兰州新区、安宁区、西固区、皋兰县等地区成交量会持续增长。主城区受限购政策影响，价格及成交量不会有太大涨幅。价格总体上涨，但相比于 2019 年，幅度应该较小。

值得期待的区域是七里河区三滩板块的发展，兰州新区近几年也一直稳步前进，2020 年或有所突破。

2020 年，华润、万达、碧桂园、万科、中海、保利、恒大、中车等品牌开发商都有新项目入市或持续后期开发。另外，本地房企盛达集团、嘉盛集团、天庆集团的新项目也都值得期待。

数据来源：克而瑞兰州机构。

2019年兰州房地产在售楼盘概览

楼盘名称	城市名称	城区	地址	物业类型
保利领秀山	兰州	安宁区	安宁区西北师范大学知行学院北侧	普通住宅、别墅
荣光崴廉公馆	兰州	安宁区	安宁区费家营北侧沿万新北路至建安路右转	普通住宅、商铺
华远三千院	兰州	安宁区	安宁区西北师范大学知行学院北侧（保利领秀山旁）	普通住宅、别墅
天庆山河一品	兰州	安宁区	安宁区北滨河路中路七里河桥东北侧	普通住宅、公寓、写字楼
盛达公馆	兰州	安宁区	安宁区北滨河西路银滩大桥西（湿地公园对面）	普通住宅、商铺
安宁公馆	兰州	安宁区	安宁区莫高大道，中海广场对面	普通住宅
西港星汇国际	兰州	安宁区	安宁区兰州海关西侧300米	普通住宅、公寓、写字楼、商业
兰州万科城	兰州	安宁区	安宁区知行学院北侧（兰州生态文创城）	普通住宅
兰州文化中心	兰州	安宁区	安宁区十里店公交站以东50米处	普通住宅、公寓、商铺
文鑫·时代星空	兰州	安宁区	安宁区孔家崖西路B589号规划路（孔家崖第二小学）以北	普通住宅
碧桂园·公园上城	兰州	安宁区	安宁区兰州生态文创城太和路和文景路交会处安宁行知学院北侧	普通住宅
安宁碧桂园	兰州	安宁区	安宁区北滨河路与众邦大道交会处向北800米	普通住宅、商铺
荣光·崴廉国际	兰州	安宁区	安宁区学府路北段至建安路左转	普通住宅、公寓
中海广场	兰州	安宁区	安宁区莫高大道	普通住宅、商业、建筑综合体
万科·璞悦澜岸	兰州	安宁区	安宁区中央商务区旁	普通住宅
兰碧·文璟城	兰州	城关区	城关区雁白黄河大桥北岸	普通住宅、商铺
易大天地	兰州	城关区	城关区黄河北佛慈大街269号	普通住宅、商铺、建筑综合体
华鼎中央都会	兰州	城关区	城关区东岗东路109号	普通住宅、公寓
怡景新苑	兰州	城关区	城关区佛慈大街中段电信局南侧	普通住宅
兰州恒大山水城	兰州	城关区	城关区东岗东路东岗立交桥以东	普通住宅、商铺
兰雅星河湾	兰州	城关区	城关区上徐家湾256-258号（亲河湾项目东侧）	别墅、商铺
扶正太和上城	兰州	城关区	城关区黄河北盐场路港联第一大道向北800米	普通住宅、公寓、写字楼、商铺
恒大绿洲二号院	兰州	城关区	城关区九州儿童公园西侧S417号路北侧恒大绿洲西1.5公里	普通住宅
天庆天诚丽舍	兰州	城关区	城关区车场街一字以北、兰州十中以南	普通住宅
兰州东湖广场	兰州	城关区	城关区永昌路6号（原东方宾馆）	写字楼、建筑综合体
金色堤岸·云境	兰州	城关区	城关区南滨河东路（教育大厦东侧、绿色公园对面）	普通住宅、写字楼
新西部·兰州印象	兰州	城关区	城关区佛慈大街489号（8路车终点站）	普通住宅
银河世茂·璀璨天宸	兰州	城关区	城关区雁白黄河大桥北（鸿运润园对岸）	普通住宅、别墅、商铺
金城御景园	兰州	城关区	城关区九州中路86、87、108、144公交终点站	普通住宅
兰州恒大绿洲·林语郡	兰州	城关区	城关区大沙坪佛慈大街北段（8路车终点站旁）	普通住宅
鸿嘉国际广场	兰州	城关区	城关区皋兰路街道民主西路12号	普通住宅、公寓
银河国际居住区	兰州	城关区	城关区青白石街道银河国际居住区	普通住宅
傲润·天顺祥	兰州	城关区	城关区北环路九安隧道旁	普通住宅、商铺
海德堡·青年特快	兰州	城关区	城关区天水路2号（火车站对面）	普通住宅、写字楼、酒店式公寓
IFCC兰州环球中心	兰州	城关区	城关区民主东路226号（原水泵厂）	普通住宅、商业
中广宜景湾尚城	兰州	城关区	城关区雁滩高新区（联合大学向东200米）	普通住宅
北城兰庭	兰州	城关区	城关区九州开发区69号	普通住宅
天昱·凤凰城	兰州	城关区	城关区九州大道东环路1号	普通住宅
兰州金融府	兰州	城关区	城关区雁儿湾	普通住宅
金川·聚金雅园	兰州	城关区	城关区高新技术产业开发区（文理学院东侧）	普通住宅
林隐天下	兰州	皋兰县	皋兰县什川镇生态旅游园区内	别墅
冉泽·御景龙湾	兰州	皋兰县	城关区知行学院北侧（兰州生态文创城）	普通住宅、别墅
绿地智慧金融城	兰州	兰州新区	兰州新区天湖东路（二号湖畔东侧）	普通住宅
碧桂园·新城之光	兰州	兰州新区	兰州新区三江大道与经十路交会处向南30米	普通住宅、商铺
琨宇书香名府	兰州	兰州新区	兰州新区纬一路与经十一路交会处	普通住宅
金城新天地	兰州	兰州新区	兰州新区东南片区纬一三路（珠江大道）与纬七路（渭河街）交会处	普通住宅、别墅

楼盘名称	城市名称	城区	地址	物业类型
东航·金城映象	兰州	兰州新区	兰州新区中川街西段3788号（孵化大厦向西100米）	普通住宅、公寓、写字楼、酒店式公寓、商铺
乾元金海国际	兰州	兰州新区	兰州新区经十三路与纬五支路交叉口	普通住宅
兰园	兰州	兰州新区	兰州新区洮河街216号	普通住宅
南水巴黎阳光	兰州	兰州新区	兰州新区泰山路与汉水路交会处	普通住宅、商业
瑞辰·金兰府	兰州	兰州新区	兰州新区经十七路与东西三路交会处	普通住宅
兰州新区商业步行街一象牙塔	兰州	兰州新区	兰州新区纬六路与经十一路交会处、兰石家园北侧	商业
建投·时光	兰州	兰州新区	兰州新区中川街与兴隆山路交会处（孵化大厦北侧）	公寓、写字楼、酒店式公寓、商业
七号御景	兰州	兰州新区	兰州新区珠江大道西端1368号	普通住宅
普天格兰绿都	兰州	七里河区	七里河区林家庄420号	普通住宅
华富瑞士名居	兰州	七里河区	七里河区南滨河路221号（陆军总院东侧）	普通住宅
兰石豪布斯卡	兰州	七里河区	七里河区西津西路196号原兰石厂(兰州西客站北侧）	普通住宅、写字楼、酒店式公寓、商铺、建筑综合体
恒大翡翠华庭	兰州	七里河区	高新区七里河园区彭家坪片区	普通住宅
金外滩	兰州	七里河区	七里河区马滩文化岛内	普通住宅、写字楼、商铺
甘肃建投地产百郦湾	兰州	七里河区	七里河区南滨河路深安桥向西300米（沃尔沃4s店旁）	普通住宅
兰州恒大帝景	兰州	七里河区	七里河区马滩文化岛	普通住宅
保利理想城	兰州	七里河区	七里河区深安大桥南侧	普通住宅、公寓、商铺
兰天国际广场	兰州	七里河区	七里河区南滨河中路与七里河北街交叉路口（甘肃宏宇变压器有限公司原址）	写字楼、普通住宅
华润置地·誉澜山	兰州	七里河区	七里河区彭家坪（天河消防器材公司对面）	普通住宅
国际旅游港中央首府	兰州	七里河区	七里河区西客站南广场建西西路17号（原甘肃省兰州物资供应站）	普通住宅、公寓、写字楼
中海铂悦府	兰州	七里河区	七里河区武山路与民乐路交会处（兰驼家属院东侧）	普通住宅、商铺
保利天宸湾	兰州	七里河区	七里河区银滩大桥南马滩地铁口北侧	普通住宅、公寓、商业
世茂宏建·云煦园	兰州	七里河区	七里河区西津西路土门墩地铁站向西300米处	普通住宅、商铺
中广宜景湾郡城	兰州	七里河区	七里河区马滩文化岛核心	普通住宅、写字楼、商铺
兰州万达城	兰州	七里河区	七里河区崔家大滩	普通住宅、写字楼、商铺、商业
中海铂悦花园	兰州	七里河区	七里河区西客站南广场	普通住宅、公寓、商铺
碧桂园玖珑湾	兰州	七里河区	七里河区109国道平安路与电信路十字东南角	普通住宅
长城·嘉峪苑	兰州	七里河区	七里河区马滩文化岛	普通住宅
天庆国际新城	兰州	西固区	西固区南滨河路深安黄河大桥南	普通住宅
凯地华丽世家	兰州	西固区	西固区西固西路与康乐路交会处（西部市场向西200米）	普通住宅、写字楼、酒店式公寓
兰州金城中心	兰州	西固区	西固区中路与牌坊路交会处（蓝天玻璃厂斜对面）	普通住宅、建筑综合体
保利·堂悦	兰州	西固区	西固区玉门街小学斜对面(原三毛厂）	普通住宅
兰高·金都城	兰州	西固区	西固区合水路58号（原兰州高压阀门厂旧址）	普通住宅
新元绿洲	兰州	榆中县	榆中县和平开发区金川大道西侧（项目南侧沿街）	普通住宅、商铺
兰州大名城	兰州	榆中县	榆中东部科技新城定远镇园区大道	普通住宅、别墅、商铺
合兴嘉园	兰州	榆中县	榆中县兰州东部科技城定远镇园区大道	普通住宅
永生·紫御华府	兰州	榆中县	榆中县城关镇周前村（县公安局旁）	普通住宅
嘉禾名都	兰州	榆中县	榆中县和平镇金川大道中段	普通住宅
万科·时代之光	兰州	榆中县	榆中县和平镇柳沟河高速出口向东	普通住宅
恒大未来城	兰州	榆中县	榆中县东岗立交桥向东3.5公里（毅德城对面）	普通住宅
兰州融创城	兰州	榆中县	榆中县和平镇毅德城北侧临近G312国道	普通住宅
兰州红星天铂	兰州	榆中县	榆中县定远镇青城路与肃州街交会处	普通住宅
天庆蓝色港湾	兰州	榆中县	榆中县栖云北路与兴隆大道十字	普通住宅
树人莱雅居	兰州	榆中县	榆中县和平镇柳沟河高速路口向东500米	普通住宅、商铺

保利天宸湾

2019年 中国城市楼盘年鉴 典型项目

兰州　高端住宅　多元业态　区域优势

保利天宸湾踞马滩湾畔、银滩大桥旁、主干道交会处，地铁直达；区域建设提速，配套成熟。项目总建面约 23 万平方米，由“世界 500 强”央企保利发展打造，集住宅、办公、公寓、商业于一体。

项目地址：

兰州市七里河区银滩大桥南马滩地铁口北 300 米处

开发商：

兰州恒丰房地产开发有限公司

建筑类型：

高层、办公、公寓

主力户型：

125 平方米三居，142 平方米、228 平方米四居

周边配套：

三大商圈：兰州老街、万达城、西站商圈

参考价格：

均价 12900 元 / 平方米

楼盘优势：

央企保利扛鼎钜作，享一线黄河河景，项目交通一桥一轨三路，立体交通贯通全城，且项目配套完善可满足居住生活需求。

专家点评

王欣怡·乐居兰州站总经理

项目位于马滩文化岛内。享一桥一轨三路，立体交通贯通全城，便捷通畅，且项目自带优质幼儿园，毗邻多所学校教育资源。生活便捷，配套齐全，包含住宅、商务、公寓、商业等多业态，一站式生活商业街区。

项目解析

【区域维度】

保利天宸湾所在七里河区域位于兰滩核心，作为未来的兰州市级副中心，土地热度正在攀升。马滩是兰州发展风向标，按照最新规划，马滩地区定位为市级金融中心。地铁 1 号线已全面贯通，地铁沿线产业将被带动发展；兰州老街、黄河楼等旅游标志性产业群即将打造完毕，未来将成为兰州市旅游集散中心和城市新名片。

【品牌维度】

保利发展控股集团股份有限公司（SH600048），简称“保利发展”，是中国保利集团控股的大型中央企业，2019 年位列《福布斯》“世界 500 强”第 245 位。公司致力于打造“不动产生态发展平台”，以扎实的不动产投资、开发、运营、资本运作能力为基础，提供基于行业生态系统的综合服务，与客户美好生活同行。公司是国内较早从事不动产投资开发的企业之一，旗下有“保利地产”品牌，遍布一百多个城市。公司拥有不动产全业态的开发经验，除住宅、商务写字楼外，在品牌酒店、购物中心、会展中心、体育场馆、产业园区、主题公园、旅游度假等领域，形成了自主品牌体系与标杆产品。

公司履行央企社会责任，积极参与到城市改造、乡村振兴、保障房建设、租赁住房经营、基础设施投资、社会公益、精准扶贫等领域，为落实乡村振兴战略，推动新型城镇化进程，提高人居综合质量，贡献力量。通过延展不动产的全产业链，保利发展有效整合行业生态系统资源，旗下的建筑、物业、代理、资产经营等业务，已达百亿量级。结合拉动内需、消费升级的国家战略导向，从客户与社区需求出发，在文旅、会展、康养、教育、金服等领域形成精品服务体系，为人民美好生活提供一站式综合解决方案。

【口碑维度】

保利发展，入甘六年，共绘兰州宏图；七盘齐聚，和鸣兰州新节奏。保利发展 6 年深耕甘肃，以保利领秀山启幕兰州，从 2013 年至今，汇聚领秀山、金香槟、理想城、天水项目上河雅颂、保利堂悦、保利天宸湾、保利天水锻压厂地块，扛鼎兰州楼市大成，绘制城市蓝图。

保利发展从客户需求出发，旨在为客户打造更优质舒适的家。

【产品维度】

保利致力于打造理想居所，生活所及，无微不至。户外以景观序列打造富有生活情趣的归家流线，户内以人体工学为基础，用优异的个体尺度来适应家人的情感距离。从眼睛看到的赏心悦目到身体感知到的舒适宜人，保利用心守护每个人的居住梦想。

天宸湾产品是保利经典的产品系列。项目秉持保利对高品质的一贯追求，走遍全球，对标国际知名领域，如美国纽约公园大道 432（Park Avenue）、纽约西 21 街 551 号、伦敦海德公园一号以及唐宁街 10 号等。同时遵循“气势磅礴、空间递进、轴线对称”的中国皇家府邸规制，迎合中原文化气质精心打造，经过数百次的反复修改而最终呈现。

【销售维度】

案场数据显示，保利天宸湾项目于 2019 年 10 月 25 日首次开盘，开盘热销 4 亿元。

更多楼盘详情请扫码查看

兰州万达城

2019年 中国城市楼盘年鉴 典型项目

兰州 区域优势 口碑项目 城市地标

兰州万达城位于兰州市七里河区崔家大滩，由兰州万达城开发有限公司开发，建筑面积 260 万平方米。

专家点评 王欣怡·乐居兰州站总经理

兰州万达城赋予城市的意义，不单单是创造了一个满足超千万游客吃、喝、玩、购的文旅目的地，兰州万达城建成后将为兰州创造上万个就业岗位和大额税收，带动甘肃文化旅游资源开发，促进城市西移，是西北不可多得的文旅投资典型项目。

项目地址：
兰州市七里河区南滨河路

开发商：
兰州万达城开发有限公司

建筑类型：
板楼、塔楼、高层

主力户型：
43 平方米、56 平方米公寓，85 平方米二居，110~142 平方米三居、四居

周边配套：
地铁 1 号线、三大商圈、奥体中心、自建中小学

参考价格：
首开均价 14200 元 / 平方米

楼盘优势：
周边配套丰富，涵盖万达茂、酒吧街、冰雪乐园、海洋乐园、水乐园、星级度假酒店群、旅游集散中心、体育乐园、约百亩教育基地等。

项目解析

【区域维度】

兰州万达城，首开住宅区位于地铁 1 号线深安大桥南站旁，坐享都市立体交通，周边都市主干道路网，“承东启西、居中四连”的独特区位优势与崔家大滩商贾云集、资本集聚，兼得西固、安宁、七里河三个区域人流、商业资源优势，发挥城市造心功能和商圈制造能力，打造 300 亿元兰州万达城项目，成就兰州城市商业，生活、文化、旅游聚力城市腾飞。

【品牌维度】

万达集团创立于 1988 年，目前已发展为以现代服务业为主的大型跨国企业集团，旗下囊括地产、商管、文化、投资四大产业，是世界知名的不动产、影视、体育企业。万达广场、万达影院、万达酒店、万达文化旅游城、万达宝贝王已成为中国知名品牌。截至目前，已在全国建造 295 座万达广场。

【口碑维度】

从 2010 年万达集团首进兰州，打造城关万达广场，改变兰州商业格局、定鼎城市商业新中心，到 2019 年万达集团再誉兰州，携 300 亿元文旅巨作——兰州万达城，以首次开盘 58 秒劲销约 15 亿元的楼市佳绩，公寓、加推产品两次热销 3 亿元的优异成绩，多次印证了万达集团在兰州的优质产品力与良好的客户口碑。

兰州万达城展示中心以晴川玉带之形，勾勒千年黄河蜿蜒走势，再现千里丝绸之路的节奏、韵律、飘逸与华美，质朴温和的色调，简洁而又独特的外立面，在兰州艺术展示中心内独树一帜。

兰州万达城展示中心上层为客户接待区，下层为晴川美术馆。美术馆自展示中心开放以来，陆续展出了集文艺复兴文化大成的 500 年达·芬奇艺术展，荟萃敦煌文化瑰宝的常沙娜、常书鸿父女作品展。

【产品维度】

兰州万达城总建筑面积约 260 万平方米，总投资额约 300 亿元，项目规划文化、旅游、体育三大板块，万达茂、滨河酒吧街、优质学校、冰雪乐园、海洋乐园、水乐园、星级度假酒店群、旅游集散中心、体育乐园九大业态。

园林内不仅种植了银杏、国槐、枫树等名贵树种，还打造了适合老、中、幼不同年龄层的全生命周期活动场景，如花园广场、慢跑步道、儿童游乐等康体设施。兰州万达城一期住宅携手龙湖物业，以 2578 项物管细节，全面保障业主的社区生活，24 小时贴心服务。

兰州万达城加推新品 110 平方米、125 平方米全明通透阔景三居，双卫设计，有序实现主客分离，保障业主私密；豪华主卧，配备独立衣帽间，更显奢华生活。

万达城兰州 ONE，建筑面积 43~56 平方米多功能空间，面积小、总价低、不限购，空间功能百变。兰州万达城规划有文昌教育街、甘肃非遗文化街、甘肃特色美食街三大特色街区，满足休闲、饮食、教育三大生活需求。41~176 平方米的灵活面积段，拥有更多自主选择权。

【销售维度】

根据开发商案场数据，2019 年 11 月 2 日，兰州万达城住宅首次开盘，58 秒劲销约 15 亿元；11 月 16 日，万达城兰州 ONE，首次开盘劲销约 3 亿元；11 月 23 日，全新住宅二期加推，再次劲销约 3 亿元。

更多楼盘详情请扫码查看

绿地智慧金融城

2019年 中国城市楼盘年鉴 典型项目

兰州　全居智能　全屋净化　全区颐养

绿地智慧金融城是兰州新区大盘，项目位于新区核心位置，是总占地 200 万平方米的大型城市综合体，总建筑面积超 460 万平方米。目前主售 6 期 K 地块康养谷，总规划面积 107063 平方米，总建筑面积 272748 平方米，总户数为 3016 户。

项目地址：

兰州新区环湖东路，二号湖东侧

开发商：

绿地集团兰州新区置业有限公司

建筑类型：

住宅、商业、办公

主力户型：

88 平方米、95 平方米二居，115 平方米、125 平方米三居

周边配套：

绿地吉的堡幼儿园、兰州一中绿地实验学校

参考价格：

均价 5500 元 / 平方米

楼盘优势：

汇集兰州新区综合商业区、城市办公区、核心办公区、文化商业区、高端居住区等多种国际功能于一体的新生活地标综合体。

专家点评

王欣怡 · 乐居兰州站总经理

大品牌楼盘「世界500强」，品质有保障，性价比高，价格实惠，核心地段，毗霞湖旁，交通道路通达，公共交通完善，配套设施齐全，环境好，湖景房，小区绿化率高，适合居住。

项目解析

【区域维度】

兰州新区以其独特的战略位置及环境优势，成为第五个国家级新区、大西北经济发展的重要战略地，是国家规划建设的综合交通枢纽，也是甘肃与国内、国际交流的重要窗口和门户。新区的区位优势明显，座中四联，承东启西，连接南北，是西陇海兰新经济带的重要节点，也是新丝绸之路和亚欧大陆桥的重要连接点，可谓是占尽地利。

【品牌维度】

绿地控股股份有限公司（简称：绿地控股，上市公司代码：600606）创立于 1992 年 7 月 18 日，是一家由上海市国资委监管的特大型混合所有制企业，总部设立于中国上海。

成立 25 年来，绿地始终坚持“绿地，让生活更美好”的企业宗旨，做政府所想、为市场所需，在全球范围内形成了“以房地产开发为主业，大基建、大金融、大消费等新兴产业并举发展”的多元化格局。目前，绿地控股的项目遍及全国以及亚洲、欧洲、美洲、大洋洲四洲十国百余城，是海外开发建设的领军者。

【口碑维度】

项目位于新区核心位置，是占地 3000 亩的大型城市综合体，总投资超过 300 亿元，打造世界级酒店、特色商业街、主题购物中心、国际级办公区、海派绿色社区，集兰州新区的综合商业区、城市办公区、核心办公区、文化商业区、高端居住区等多种国际功能于一体。项目与周边商住繁华相辅相成，汇集城市高端客群，形成城市中央商务区与中央生活区双中心。

【产品维度】

城市综合体是以建筑群为基础，融合商业零售、商务办公、酒店餐饮、公寓住宅、综合娱乐等核心功能于一体的城市经济聚集体。绿地集团在全国范围内重点开发现代服务业综合体，代表性项目有绿地卢湾滨江 CBD、上海绿地中心、北京绿地中央广场、西安中央广场等，均集商业、办公、金融、酒店等于一体。它并不是单一模式，而是商务生态链，是一个城市的象征和图腾，震动着整个城市的价值神经。

商业综合体内汇聚有大型建材家居中心、时尚购物中心、特色品牌餐饮、休闲娱乐中心、国际商务中心、星级酒店等多个业态，成为新区的城中之城。后期由南向北依次开发建设，共有 7 栋酒店、40 多栋写字楼，打造世界级酒店、特色商业街、主题购物中心、国际级办公区、海派绿色社区，集兰州新区综合商业区、城市办公区、核心办公区、文化商业区、高端居住区等多种国际功能于一体，与周边商住繁华相辅相成；汇集城市高端客群，形成城市中央商务区与中央生活区双中心。

打造新区的一条金融街，包括各大银行、股票证券、保险公司等，可以解决新区 3 万 ~5 万人口就业问题。

【销售维度】

根据案场数据显示，2019 年，绿地智慧金融城销售额突破 31 亿元。

更多楼盘详情请扫码查看

万科城

- 2019年 -
中国城市楼盘年鉴
典型项目

兰州　舒居大城　性价比优　万科经典

项目由甘肃兆兴房地产开发有限公司开发，规划五期进行，一期、二期已售罄，三期建筑面积约371679平方米，占地面积约89507平方米。

项目地址：
兰州市安宁区知行学院北侧兰州生态文创城

开发商：
甘肃兆兴房地产开发有限公司

建筑类型：
高层

主力户型：
93~118平方米三居、140平方米四居

周边配套：
西北师大办学、中线桥、医院、自带社区商业

参考价格：
7800~8000元/平方米

楼盘优势：
万科城市经典之作，地处兰州城市生活进阶核心地段，优良学府配套，品质舒居，升级社区，完善服务，性价比优。

专家点评

王欣怡 · 乐居兰州站总经理

体量超过100万平方米，目前共包括三期组团，全新组团「一方天地」实现6米基地提升。以院落式组团布局，自带商业配套，精练全年龄段人性化亲善社区，三大特色智慧家园，家人式物业服务，成就当之无愧的舒居大城优选。

项目解析

【区域维度】

2017年，万科第46座万科城择址“生态文创城”核心区，同样是基于“以城市发展为导向”的选址标准。内拥六纵六横通达路网，外接机场高速、北环路、北绕城高速，以中线桥无缝接驳兰州二环生活圈。区域总计规划2座综合医院、5个社区服务中心、2座体育馆、12所中小学及幼儿园配套，可容纳15万人的全生命周期的生态文化居住板块，旨在打造中国西部丝绸之路上拥有完善居住系统的标志性生态文创新城。

【品牌维度】

万科历经35年发展，始终坚持与城市共生，2019年位列《财富》“世界500强”第254位。万科不断提升城市居住水平，全方位开拓业务版图，成为国内领先的房地产公司，足迹遍布全球70余城。

万科城的理念是“一座万科城，带动一个区域的发展”。万科城作为万科城市经典之作，是唯一一个以万科命名的产品系，继承着万科纯正的血脉。第一座万科城于2003年诞生于深圳，如今，万科城系矩阵已遍布深圳、北京、成都、上海等城市，为青年品质改善社区，助力城市人居品质升级，成为城市居住典型之作。

【口碑维度】

万科立足住宅产品的居住属性，从客户需求出发，以“质量、健康、性能”为核心，为客户打造更优质舒适的家。诞生于2005年的万科客户关系“6+2步法”是业内唯一取得国家著作权认证的客户关系管理方法。2018年，万科集团客户满意度89分，客户满意度连续3年提升，保持了同体量开发商中持续优良的客户口碑。

【产品维度】

万科城采用现代典雅建筑风格，采用阶梯状层层跌落的造型处理。强调建筑物的高耸、挺拔，给人以拔地而起、傲然屹立的非凡气势，庄重大气又不失质感。

万科城打造立体式西班牙风情园林，引入马德里景观风格，将建筑搬进花园中。用丰富的颜色、变幻莫测的光影、精致的细节，打造出“兰州的马德里”。组团采取自然式布局，带给人放松愉悦之感，予居民以亲近自然的放松空间。精研全生命周期人群活动场景和社交需求，打造全年龄活动空间。

万科城基于兰州城市生活场景与人群生活习惯，不断精益户型。全新组团“一方天地”，推出三居、四居多样化产品系，方正布局，实现空间利用率与功能美学的有机结合，增设封闭式阳台空间，扩大窗景，让风景入室；客卧动静分离，卫浴干湿分离，优化厨房动线，加成家的魔力；增设更多人性化细节，让生活的精致从可触达的地方开始。

【销售维度】

万科城1期于2018年首开，以2205套销量，刷新万科集团销售套数及面积双纪录。2019年2期推出1873套住宅产品，开盘即罄，销售金额16亿元，实现了100%去化率。结合文创城板块价值高度的提升，区域持续看好，包括交通、教育、医疗、商业资源的持续注入，以万科城优秀的产品表现和优越的性价比，销售指数大势看好。

更多楼盘详情请扫码查看

银河国际居住区

2019年 中国城市楼盘年鉴 典型项目

兰州　千亩大盘　优质教育　高端人居

银河国际居住区，总占地面积240万平方米，雄踞城关区门户青白石区域，集教育、交通、生态等配套于一体，以精工匠心筑造集实验性规划、全球资源、生活方式等多维度优势的高端人居大盘。

项目地址：
城关区雁白黄河大桥桥北，鸿运润园对岸

开发商：
甘肃永坤房地产开发有限公司

建筑类型：
高层

主力户型：
97~164平方米二居、三居、四居

周边配套：
水车园小学银河分校、银河·星街

参考价格：
均价9000元/平方米

楼盘优势：
项目地理环境优越，驱车约3公里直达雁滩商圈，驻扩优质教育资源，实现“家门口读名校”，10万平方米一站式商业配套，焕新城市商业觉醒。

专家点评　王欣怡·乐居兰州站总经理

银河国际居住区，3600亩生态大盘，目前共包括三期组团，并引进知名教育资源，自带一站式商业配套，满足全年龄段社区生活。智能化匠心品质，打造智慧社区生活，智能物业管理服务，筑就美好家园，成就兰州人心中的宜居优选。

项目解析

【区域维度】

银河国际居住区位于兰州市文化、价值洼地——城关区青白石区域，是集教育、交通、生态等配套于一体的高端人居“大城”，是甘肃永坤房地产开发有限公司通过国际化的建筑理念和园林风情，倾力打造的高端住宅项目。

项目周边路网发达，北靠北环路，南临盐什公路，西连雁白黄河大桥，东连雁青黄河大桥（规划中）。随着150路和151路公交的正式通车，项目周边的交通也焕新升级，东西南北四条路线组成了成熟的立体交通路网，带动整个黄河北区域的交通发展。而青白石区域经过6年的高速发展，已经从纵横沟壑变成了绿野新城，如今更是旧貌换新颜，逐渐成为兰州的热门区域。

【品牌维度】

银河国际开发商——甘肃永坤房地产开发有限公司，在甘肃已有多年地产开发经验，此次以精工匠心，拓土兰州青白石区域，以用心和匠心筑造兰州品质生态人居，为兰州发展注入强劲动力。10年时光沉淀，永坤地产用3600亩银河国际大城的“产品主义”，生动诠释了“精工雕琢”的内涵，塑造了“银河国际”的品牌形象。

【口碑维度】

成立以来，永坤地产秉持“让居住更有尊严”的开发理念，打造甘肃省兰州市重点综合改造开发项目——“银河国际居住区”：总投资达200亿元，用地面积3600余亩，建筑面积300万平方米。在“快节奏”“高周转”“以速取胜”的地产“黄金十年”里，永坤地产却以一个“慢”字磨砺自身，精研产品；用10年沉淀，为兰州写下尊重与爱的诗篇。

【产品维度】

银河国际精研10年，深谙城市少数精英人群的生活追求，从永坤地产签约兰洽会的那天起，一座3600亩，集教育、交通、生态等配套于一体的高端人居大城在青白石区域拔地而起，被称为兰州城市拓张战略的“桥头堡”。

银河国际三期，作为银河国际的升级力作，凝练了现代人对生活需求的认知和洞察，集合前沿性城市区位、全能型生活配套、智能化设计理念、人性化品质生活四大高端生活DNA，为城关区乃至兰州市提供一种全新的生活解决方案，共筑百年经典建筑。

为焕新城市的商业觉醒，项目打造10万平方米一站式商业配套，满足各种消费需求。在教育资源上，引进兰州知名学校——水车园小学以及城关区保育院（筹建中）和西北师大附中（筹建中），实现业主“家门口读名校”的教育梦想。项目还以“三进八景”仕归府，造就生活美学，打造盛景园林。

与此同时，为填补城关区体育场地空白，项目特别打造兰州环保型运动气膜馆，为城关区乃至整个兰州市民提供一年四季的运动场地。此外，项目以智能科技解构生活空间，利用高科技手段为业主“看家护院”，让社区生活更加便捷美好。

【销售维度】

根据案场数据显示，2019年销售额突破30亿元。

更多楼盘详情请扫码查看

广东省

2019年广州房地产市场总结

行业发展历程

一、城市概述

广州是广东省省会、副省级市、国家中心城市。截至2018年，全市常住人口1490.44万人，城镇人口1287.44万人，城镇化率86.38%。

广州地处中国南部、濒临南海、珠江三角洲北缘，是国家综合性门户城市、首批沿海开放城市，是中国通往世界的南大门，粤港澳大湾区、泛珠江三角洲经济区的中心城市以及"一带一路"的枢纽城市。

二、行业现状

在市场平稳期，不少品牌房企却逆市上扬，业绩规模创历史新高。随着房企集中度逐步提高，市场呈现"强者恒强"趋势。克而瑞数据显示，TOP30房企业绩已占据广州市场的62.5%，准入门槛达到24.09亿元。在竞争愈加激烈的当下，品牌房企的整体表现仍然较为亮眼。

三、政策环境

2019年楼市政策依然是以"稳"为主基调，于广州而言，"因城施政""一区一策"的特征尤为明显，各种与房地产相关的政策不少。2019年上半年，广州楼市利好政策主要来源于规划，下半年则频频出现与限购有关的微调政策。

四、土地市场

回顾2019年，先扬后抑是土地拍卖市场的整体趋势。上半年，热度明显，天河金融城、番禺禺山大道、白云江人三路等地块溢价均达45%限额，房企竞争激烈。进入下半年，由于房地产融资渠道收紧、房地产项目信托严控等因素，房企拿地态度更趋谨慎，高溢价拿地现象明显减少。

五、房企布局

近年来，广州TOP级房企规模快速扩张，集中度持续提升，百亿房企由2018年的三家扩容至五家，TOP5房企销售金额规模已占据TOP30总量的42.5%，其开发规模和水准已然成为广州市场风向标，行业寡头格局越发明显。

城市年度市场解读

一、本地新政

2019年上半年，得益于粤港澳大湾区规划纲要的公布，作为中心城市的广州，其价值得到进一步认可和释放。下半年楼市调控方向朝一区一策、放松限购倾斜，比如社保与税单可"互证"，有利于刚需置业需求的释放。临近2019年年末，南沙、花都、黄埔相继出台人才购房优化政策，同样给予楼市向好的预期。

二、年度土地供应

据广州中原研究发展部数据统计，2019年广州商服用地和商住用地累计供应641万平方米，较前一年增加36%。其中商住用地供应479.9万平方米，商服用地161.1万平方米，近3年广州供地总量不断攀升，年均增长率达40%。

三、 年度土地成交

2019年，广州成功出让88宗商住、商业用地，同比前一年减少三宗。总出让面积501.66万平方米，同比前一年下降9.6%，揽金1552.689亿元，同比前一年上涨16.45%。主要分布在南沙灵山岛尖、明珠湾起步区、天河广氮、金融城、荔湾广钢新城、冷冻厂、番禺东环街、黄埔科学城等片区。

其中，纯住宅用地53宗，成交金额1304.2亿元。商业商服用地成交35宗，总金额248.5亿元。自2017年广州商住、商业用地总出让金额突破千亿元大关后，2019年，广州商住、商业用地成交总价又迈上一个新阶梯，刷新近7年的最高纪录。

四、年度住宅供应

2019年新建商品房供应面积仅802.19万平方米，创近5年新低。在此影响下，全市仅越秀、白云、黄埔、花都四区供应同比增加。外围区仅花都供应有所增长，该区新房供应91.64万平方米，同比增加18%。

五、年度住宅成交

广州中原研究发展部数据显示，2019年广州一手住宅网签成交79737宗，同比上升5%；成交面积858.4万平方米，同比上升6%。

回顾2019年，备案价制度优化、春节后大湾区利好正式落地、土地市场火热带旺了1~4月成交。5月伊始，随着经济大环境变化，以及高层重申“房住不炒”，广州供应放缓、土地流拍、中止潮等诸多因素影响，新房市场经历“由暖转凉”的过程。2019全年市场复苏进度未如预期中理想。

六、年度住宅存量

库存方面，截至2019年12月，广州全市库存量772.14万平方米，库存消化周期约10.8个月，其中天河、黄埔接近6个月红线，库存告急。库存消化周期较为长的有从化、番禺、花都等地。

七、区域成交表现

整体而言，中心六区成交26383套，网签面积287万平方米，同比下降1%。此外，外围五区方面，网签套数53354套，网签面积572万平方米，同比上涨10%。

从各区成交量来看，排名前三的分别是，增城共成交21456套，网签面积223万平方米，同比下降2%；南沙成交13568套，网签面积139万平方米，同比上涨18%；黄埔成交10089套，网签面积105万平方米，同比下降12%。

八、成交项目排行

2019年广州住宅网签热盘排前十的有亚运城、科慧花园、越秀滨海新城、阳光城丽景湾、合景誉山国际、广州龙湖·双珑原著、绿湖国际城、万科海上明月、广州融创文旅城、金地香山湖。

位于番禺的亚运城以成交4169套稳居榜首，其次是增城朱村的科慧花园，成交3850套位居亚军。第三名是南沙蕉门板块的越秀滨海新城，合计网签2893套，三大楼盘都属于大社区，供应货量多，成交也非常亮眼。

九、成交房企排行

据克而瑞数据统计，作为本土龙头房企，越秀以215.65亿元的销售业绩拿下2019权益金额榜的冠军，也是广州首家权益金额突破200亿元的房企。越秀企业业绩持续增长得益于在南沙完善的布局，在大湾区东风下，其仅落子于南沙的项目便贡献了99.78亿元的业绩，占业绩总量的46.3%。

深耕广州核心区域的保利发展凭借其品牌、土储、产品等多方面优势，多项目齐头并进，以322.54亿元的流量业绩斩获2019流量金额榜的冠军。从企业布局项目来看，保利发展旗下项目多以改善型为主，主力布局荔湾、黄埔等区域，跟随城市主力发展轴布局。

碧桂园则以 139.43 万平方米的流量面积，夺得 2019 房企流量面积榜销售冠军。碧桂园主力布局增城、南沙、番禺等区域，采取快销快打的营销战略，其核心项目广州亚运城、科慧花园均位居广州项目榜前列。

十、年度房价走势分析

2019 年广州全市销售均价 28707 元 / 平方米，全市套均总价为 309 万元。根据广州中原研究发展部数据分析，2019 年广州一手销售均价为 28707 元 / 平方米，与前一年同期相比增幅约为 5.5%。

由于整体成交活跃度一般，大部分项目不敢轻易上调价格，其中 3~5 月小阳春以及 9~10 月传统销售季，竞争激烈的板块相关项目甚至采取“以价换量”的方式吸客，因此，整体价格变动保持平稳。

十一、热点板块分析

成交热点板块方面，南沙的金洲蕉门板块以 7273 套的成交数量位居首位，首先得益于粤港澳大湾区的政策利好，其次为区域内的越秀滨海新城和阳光城丽景湾两个大盘支撑成交。第二名是位于增城的朱村板块，共有 6730 套成交，主要原因是 2019 年区域内超 8 个主力盘争夺市场份额，科慧花园更是占据板块 57% 的成交，加之 2018 年地铁 21 号线增城段通车，区域内不少刚需买家入手。位居第三的是黄埔知识城板块，共有 5272 套成交，同比上涨了 16.7%，主要是由于区域内多个新盘入市，另外，21 号线全线通车前买家抓紧入市，合适的价格以及丰富的产品也满足不少刚需买家的需求。

除此之外，增城永和板块、荔湾广钢新城、增城新塘与荔城、番禺亚运城、花都区府板块都是广州成交热门板块。

十二、未来展望

2020 年是未来十年的开局之年，房地产市场表现尤为关键。展望 2020 年，从粤港澳大湾区房产市场整体来看，或呈现“一稳二难三爬坡”的趋势。在以“稳”为主的基调下，房价不会大波动。受城市群、都市圈规划影响，大基建加码，“融城”加速，地段选择趋难，提质增效是房企的大课题。而城市更新、康养文旅、产城融合呈上山爬坡趋势。特别是城市更新，多条旧村在 2019 年得到实质性进展，未来拆迁、改造等工作会进一步落实，预计对房地产市场影响会持续加大。

对广州而言，2019 年底国家重申“房住不炒”，因此 2020 年楼市全面放开限购的可能性不大，但在“因城施策”“一区一策”下，2020 年楼市有望持续发力，全年成交规模与 2019 年持平或略有上升。价格方面，下调空间有限，一是由于 2019 年土地市场对住宅市场的传递效应，地价成本高，房价自然不会低；二是大型房企得益于丰厚的土地储备，往往掌握区域定价权，特别是区域标杆项目的面市，价格也会上升新台阶。

数据来源：克而瑞广州区域、广州中原研究发展部、广州乐居。

2019 年广州房地产在售楼盘概览

楼盘名称	城市名称	城区	地址	物业类型
帝景山庄	广州	天河区	天河区东圃镇悦景路 11 号（奥体中心北侧、世界大观南侧）	别墅
江源半岛花园	广州	天河区	天河区车陂南路 1、3、5、7 号	普通住宅
尚东柏悦府	广州	天河区	天河区花城大道 98 号（珠江公园南门对面）	普通住宅
侨鑫·汇悦台	广州	天河区	天河区临江大道 417-431 号	普通住宅
佳兆业壹号	广州	天河区	天河区黄埔大道中 505 号（车陂南 C 出口对面）	普通住宅
汇金中心	广州	天河区	天河区黄埔大道中 656 号	写字楼、商铺
珠江东境	广州	天河区	天河区科韵北路渔民新村旁（汇景新城东侧）	普通住宅、别墅
兰亭盛荟	广州	天河区	天河区明镜路与桃园西路交会处	普通住宅
天河星作	广州	天河区	天河区合景路 99 号（私立华联大学旁）	普通住宅
远洋天骄广场	广州	天河区	天河区元岗路 68 号	普通住宅、商铺、商业
恒大珺睿	广州	天河区	天河区珠江新城黄埔大道西 128 号	写字楼
华润天合	广州	天河区	天河区大灵山路 398 号（奥体路转悦景路 800 米）	普通住宅、别墅、写字楼、商铺
汇金东翼	广州	天河区	天河区黄埔大道中 660 号	写字楼、商铺
家和天曜	广州	天河区	天河区大灵山路 430 号（奥体路转悦景路 900 米）	商业
信达金茂广场	广州	天河区	天河区广州大道北 920 号（地铁三号线梅花园地铁站南侧）	普通住宅、建筑综合体
新世界天逸	广州	天河区	天河区天府路 31 号	普通住宅
珠江花城	广州	天河区	天河区岐山路 183 号（天河儿童公园旁）	普通住宅
天健汇	广州	天河区	天河区车陂北路(天坤三路与健明四路交会处）	商业
慧源山庄	广州	天河区	天河区岑村公路与科韵路交叉口东 50 米	普通住宅
联泰·天河 YOHO	广州	天河区	天河区华观南八街	商业、商铺
天河云商汇	广州	天河区	天河区软件路 8 号	写字楼
珠光·金融城壹号	广州	天河区	天河区黄埔大道东 742 号	写字楼、商业
保利天汇	广州	天河区	天河区大观中路 120 号	普通住宅、写字楼、建筑综合体

楼盘名称	城市名称	城区	地址	物业类型
臻林	广州	天河区	天河区金兴一街	普通住宅
泊雅湾	广州	海珠区	海珠区艺苑路 211 号（广州塔地铁 B 出口）	普通住宅
天誉半岛	广州	海珠区	海珠区同福西路 26 号	普通住宅、写字楼
珠江帝景·紫龙府	广州	海珠区	海珠区艺洲路 602 号（广州塔中轴线广场以东 300 米）	普通住宅
珠江国际公馆	广州	海珠区	海珠区叠景路 88 号	写字楼、商铺、建筑综合体、商业
海珠半岛花园三期	广州	海珠区	海珠区滨江东路 543-549 号	普通住宅
珠江佳滨苑	广州	海珠区	海珠区仲恺路 502 号	普通住宅、商铺
富力·壹号半岛	广州	海珠区	海珠区琶洲新港东路玥珑街 1 号（黄埔村牌坊北面）	写字楼
绿地越秀海玥	广州	海珠区	海珠区广纸新城南边路 42 号	普通住宅、商业
越秀·星汇海珠湾	广州	海珠区	海珠区工业大道广纸路 40 号	普通住宅、商业
雅居乐海珠小雅	广州	海珠区	海珠区广纸新城石岗路 18 号	普通住宅
侨建·HI CITY	广州	海珠区	海珠区南洲路 158 号	写字楼、商铺、商业
金融街·融御	广州	海珠区	海珠区石岗路 12 号	普通住宅
越秀天悦江湾	广州	海珠区	海珠区南洲路 1026 号	普通住宅
华发江南府	广州	海珠区	海珠区龙昌街 7 号（宝岗大道中不动产交易中心旁）	普通住宅
淘金家园	广州	越秀区	越秀区淘金东横路 9 号、11 号、13 号	普通住宅
汇德国际	广州	越秀区	越秀区豪贤路 102 号（东风中路与德政北路交界处）	写字楼
文德先生	广州	越秀区	越秀区文德南路 82 号	普通住宅、商铺、商业
麓湖轩	广州	越秀区	越秀区越秀区麓湖路 9 号（南方电视台旁边）	商业
江畔雅苑	广州	越秀区	越秀区太平沙 16 号	普通住宅
粤泰荣廷府	广州	越秀区	越秀区东华西路 52-56 号	普通住宅
淘金半山豪庭	广州	越秀区	越秀区淘金街 48 号	普通住宅
阳光城·江湾壹号	广州	越秀区	越秀区沿江中路 298 号	写字楼
嘉兰轩	广州	越秀区	越秀区大新路 388 号	普通住宅
方圆流花月岛	广州	越秀区	越秀区流花路 109 号	普通住宅

楼盘名称	城市名称	城区	地址	物业类型
东山海德公馆	广州	越秀区	越秀区先烈中路云鹤北街8号	商业
粤海·拾桂府	广州	越秀区	越秀区珠光路43-55号	普通住宅
世茂天越	广州	越秀区	越秀区广州大道中193号南50米	普通住宅
四季荟居	广州	越秀区	越秀区水荫路70号	普通住宅
粤泰荔湾华府	广州	荔湾区	荔湾区南岸路43号	普通住宅、商铺、建筑综合体
西关海·云墅198	广州	荔湾区	荔湾区南岸路23号（青年公园旁）	普通住宅
远东御江豪庭	广州	荔湾区	荔湾区芳村茶滘庙前街北10号	普通住宅、别墅
珠光御景壹号	广州	荔湾区	荔湾区黄沙大道15-17号（原广铁南站）	普通住宅
新世界凯粤湾	广州	荔湾区	荔湾区芳村大道西236号	普通住宅
珠江鹅潭湾	广州	荔湾区	荔湾区滘口大街8号	普通住宅
金融街·融穗华府	广州	荔湾区	荔湾区广钢新城鹤洞路南（融穗街1-22号）	普通住宅
华发荔湾荟	广州	荔湾区	荔湾区芳村大道西兴东路（郭村小区以南）	普通住宅、商业
华发中央公园	广州	荔湾区	荔湾区广钢新城华尚一街、二街（芳村鹤洞路以南、芳村大道南以西）	普通住宅、别墅
悦江上品	广州	荔湾区	荔湾区悦品二街2、3、4号（地铁6号线河沙站B出口）	普通住宅
富凯星堤	广州	荔湾区	荔湾区荷景路1-2号	写字楼、商业
中海花湾壹号	广州	荔湾区	荔湾区锦佳一至五街（荔湾地铁鹤洞站C出口/西朗站A出口）	普通住宅、商业、商铺
保利西悦湾	广州	荔湾区	荔湾区东漖南路182号	普通住宅、商业、写字楼、商铺
北大资源·博雅1898	广州	荔湾区	荔湾区广钢新城北文街（原广钢大剧院旁）	普通住宅、写字楼
珠江金茂府	广州	荔湾区	荔湾区新滘西路24号（芳村大道南以西鹤洞路以南）	普通住宅
荔湾新城·欣悦湾	广州	荔湾区	荔湾区芳村茶滘路22号	普通住宅
振业天颂花园	广州	荔湾区	荔湾区芳村大道南以西鹤洞路以南	普通住宅
葛洲坝·广州紫郡府	广州	荔湾区	荔湾区广钢新城求实一横路	普通住宅
保利和光晨樾	广州	荔湾区	荔湾区广钢新城开拓路与求实一横路交界处	普通住宅、写字楼、商铺
岭南V谷	广州	荔湾区	荔湾区花地大道南657号	写字楼、商业
鹅潭汇	广州	荔湾区	荔湾区芳村大道西滘口地铁站对面	商业
保利·花海湾	广州	荔湾区	荔湾区百花路111号（近花地湾地铁站）	普通住宅

楼盘名称	城市名称	城区	地址	物业类型
保利碧桂园·公园大道	广州	荔湾区	荔湾区广钢新城海郡一、二、三街（开拓路与钢铁大道交会处）	普通住宅
逸合中心	广州	荔湾区	荔湾区浣花路46号（荔湾儿童公园西侧）	商业
凯德·双桥8号	广州	荔湾区	荔湾区荔水街1-5号、芳洲街2号、3号	普通住宅
保利东郡	广州	荔湾区	荔湾区广钢新城星语街1-10号	普通住宅
碧桂园·朝花	广州	荔湾区	荔湾区花地大道中475号	商业
金海岸花园	广州	番禺区	番禺区市桥水道以北（青河东路以南东环二路西侧）	普通住宅、别墅
昊龙花园	广州	番禺区	番禺区沙湾镇中华大道108号	普通住宅
庄士映蝶蓝湾	广州	番禺区	番禺区石楼镇莲港大道126号	普通住宅、别墅
星河湾半岛	广州	番禺区	番禺区沙溪大道480号	普通住宅
亚运城	广州	番禺区	番禺区石碁镇亚运城销售中心（4号线地铁海傍站A出口）	普通住宅
大学小筑	广州	番禺区	番禺区大学城广工一路159号（岭南印象园正对面）	普通住宅、别墅
长隆珑翠	广州	番禺区	番禺区105国道和市广路交界处（松下万宝电熨斗公司对面）	普通住宅
凯德·山海连城	广州	番禺区	番禺区利丰大道连海路39号	普通住宅、别墅
南天名苑	广州	番禺区	番禺区洛浦街洛溪环岛北路8号	普通住宅、别墅
如英居	广州	番禺区	番禺区大石镇沿沙东路63号	普通住宅
敏捷·御峰国际	广州	番禺区	番禺区大石街御峰二街（105国道香江野生动物园西门）	普通住宅、商铺
番禺·星尚花园	广州	番禺区	番禺区大龙街丰尚路68号	普通住宅
招商金山谷意库	广州	番禺区	番禺区东环街金山谷创意街（新光快速与东艺路交会处）	普通住宅、别墅、写字楼、商铺
大夫山·尚东	广州	番禺区	番禺区禺山西路东桥大街68号（大夫山公园南门旁）	普通住宅
天颐华府	广州	番禺区	番禺区富怡路罗家村段6号	普通住宅
信业悦都荟	广州	番禺区	番禺区番禺大道北322号	商铺、商业
中铁诺德中心	广州	番禺区	番禺区兴南大道与万博四路交会处	普通住宅、写字楼
新城市·星海墅	广州	番禺区	番禺区坑口路123号（市桥星海公园旁）	别墅
金龙城	广州	番禺区	番禺区亚运大道393号	商业
万科世博汇	广州	番禺区	番禺区石壁街三堤路/汉溪路（汉溪大道和石兴大道交会处）	写字楼、商铺、建筑综合体、商业

楼盘名称	城市名称	城区	地址	物业类型
臻尚苑	广州	番禺区	番禺区石洲中路 100 号	普通住宅
路福联合广场	广州	番禺区	番禺区汉溪大道西 233 号	写字楼、建筑综合体
雄峰城	广州	番禺区	番禺区钟村街 105 国道钟村新城区路段西侧	商铺、商业
祈福缤纷汇	广州	番禺区	番禺区祈福名家一街 19 号	普通住宅
时代柏林	广州	番禺区	番禺区桥南街道德贤路与福贤路交会处	普通住宅、自住型商品房
粤海广场	广州	番禺区	番禺区南村镇万博二路 180 号	写字楼、商铺、建筑综合体、商业
天睿	广州	番禺区	番禺区石北工业路 173 号	别墅、商业
碧桂园星钻	广州	番禺区	番禺区东环路 198 号	普通住宅
锦麟万博	广州	番禺区	番禺区南村镇兴南大道 126 号附近	建筑综合体
中洲公馆	广州	番禺区	番禺区市桥北桥路一号	商业
锦绣一方	广州	番禺区	番禺区石楼镇建设路 39 号	普通住宅
盛邦万汇城	广州	番禺区	番禺区南村镇兴南大道 36 号（中华美食城斜对面）	商铺、商业
金地壹阅府	广州	番禺区	番禺区南村镇兴业大道 1042 号之十六	普通住宅、写字楼
碧桂园星荟	广州	番禺区	番禺区翠湖工业大道 11 号	商业
藏珑府	广州	番禺区	番禺区 105 国道大石段 591 号	普通住宅、别墅
珠江铂世湾	广州	番禺区	番禺区南村镇兴进路 88 号	普通住宅
五矿万樾台	广州	番禺区	番禺区兴南大道 723 号	别墅
万科未来之丘	广州	番禺区	番禺区东环街东星路 90 号	写字楼、商业
广州碧桂园·樾时光	广州	番禺区	番禺区洛浦街浦华路 606 号	普通住宅
广地花园三期	广州	番禺区	番禺区迎宾路 179 号	普通住宅
思科智慧城·12 光年	广州	番禺区	番禺区新造镇广州国际科技创新城一期	普通住宅
顺丰翠园	广州	白云区	白云区石井兆丰路 168 号	普通住宅
新天·半山墅	广州	白云区	白云区广州大道北 1080 号（南湖游乐园斜对面）	别墅
佳兆业天墅	广州	白云区	白云区广州大道北同宝路 8 号（同和地铁站旁）	普通住宅
君立国际公寓	广州	白云区	白云区广州大道北同和路 318 号（地铁 3 号线同和站）	商铺、建筑综合体、商业
越秀·星汇云城	广州	白云区	白云区广州大道北同宝路 163 号（华快三期沙太出口）	普通住宅
敏捷·科创中心	广州	白云区	白云区北太路 1627 号	写字楼、商铺
新世界·云逸	广州	白云区	白云区百顺北路 1-19 号（单）	普通住宅、建筑综合体
首开龙湖·天奕	广州	白云区	白云区白云新城云城西路 1211-1225 号	普通住宅
绿地·柏玥晶舍	广州	白云区	白云区柏塘草塘路 5 号之一	普通住宅
华远·云和墅	广州	白云区	白云区白云大道北大一大街 23 号	别墅
万科未来森林	广州	白云区	白云区鱼石街 2 号、30 号、32 号（黄石西路小坪立交引桥位置）	普通住宅
金地仰云	广州	白云区	白云区新塘一巷 4 号	普通住宅
金湖花园	广州	白云区	白云区沙太北路 938 号（华快三期沙太路出口）	普通住宅、别墅
保利金沙大都汇	广州	白云区	白云区环洲二路 86 号	商业
建发九龙仓·央玺	广州	白云区	白云区石潭路 444 号	普通住宅
天健云山府	广州	白云区	白云区白云新城白云大道南 397 号	普通住宅
朗云花园	广州	白云区	白云区朗云一街、二街（白云湖街道广花一路）	普通住宅、别墅
保利阅云台	广州	白云区	白云区三元里大道 1375 号	普通住宅
伟腾云星	广州	白云区	白云区鹤龙一路 766-782 号	普通住宅
华润置地·广州润府	广州	白云区	白云区白云新城均禾大道与鹤龙二路交会处	普通住宅
荣升·珑樾	广州	白云区	白云区广州大道北蟹石路 2-38 号（双号）	普通住宅
华标峰湖御境	广州	黄埔区	黄埔区天鹿南路联和街石马新村榄树排 1 号	普通住宅、别墅
御湖名邸	广州	黄埔区	黄埔区金坑水库路 38 号	别墅
萝岗敏捷广场	广州	黄埔区	黄埔区水西路与峻福路交会处	写字楼、商铺
时代天韵	广州	黄埔区	黄埔区九龙大道凤凰湖畔 1 楼	普通住宅
中鼎君和名城二期·名汇	广州	黄埔区	黄埔区丰乐北路 128 号	商业
萝岗奥园广场	广州	黄埔区	黄埔区香雪大道与开萝大道交会处	写字楼、商铺
合景天峻	广州	黄埔区	黄埔区九龙镇九龙大道(中新知识城)	商铺、建筑综合体、商业
珠江嘉园	广州	黄埔区	黄埔区摇田河大街 65 号	普通住宅、商铺
万科幸福誉	广州	黄埔区	黄埔区九龙镇九龙大道（中新知识城规划展厅旁）	普通住宅
腾飞园·中新里	广州	黄埔区	黄埔区九龙镇九龙大道（中新知识城规划展示厅对面）	建筑综合体

楼盘名称	城市名称	城区	地址	物业类型
中泰天境	广州	黄埔区	黄埔区广汕公路与九龙大道交会处（镇龙地铁站旁）	普通住宅
港航中心	广州	黄埔区	黄埔区黄埔大道东983号	写字楼、商业
实地常春藤	广州	黄埔区	黄埔区禾丰路与永和大道交叉口西北侧	普通住宅
飞晟沁园	广州	黄埔区	黄埔区科学城开源大道中201号（植树公园旁）	别墅
万科尚城	广州	黄埔区	黄埔区黄埔东路3401号	普通住宅
招鑫富荔广场	广州	黄埔区	黄埔区青年路友谊路2号	商铺、商业
康大龙祥滙	广州	黄埔区	黄埔区九龙镇九龙大道康大教育园旁	别墅
保利鱼珠港	广州	黄埔区	黄埔区黄埔大道东856号	写字楼、建筑综合体
招商 · 雍景湾	广州	黄埔区	黄埔区雍德北街（中新知识城腾龙大道东侧）	普通住宅、别墅
碧桂园克拉广场	广州	黄埔区	黄埔区摇田河大街77号	自持物业
龙湖首开 · 云峰原著	广州	黄埔区	黄埔区科学城永和大道转云峰路300米	普通住宅、别墅
广州龙湖 · 双珑原著	广州	黄埔区	黄埔区中新知识城九龙镇九龙大道	普通住宅、别墅
宝夏花园（二期）	广州	黄埔区	黄埔区南湾大道31-33号	普通住宅
中冶 · 逸璟台	广州	黄埔区	黄埔区永顺大道长岭路以北（长岭居小学以西）	普通住宅
佳兆业未来城	广州	黄埔区	黄埔区黄埔东路3889号	建筑综合体
海伦堡 · 海伦时光	广州	黄埔区	黄埔区天虹街38号、40号、42号	普通住宅
佳兆业城市广场五期	广州	黄埔区	黄埔区盛凯大街6号（开创大道与黄埔东路交会处）	商业
万科山景城樾山	广州	黄埔区	黄埔区长岭居永顺大道	普通住宅、别墅
科城山庄 . 峻森园	广州	黄埔区	黄埔区萝平路与峻祥路交叉口	普通住宅
大壮名城	广州	黄埔区	黄埔区科丰路133号（开泰大道与科丰路交会处）	普通住宅
品秀星樾	广州	黄埔区	黄埔区科学城开创大道（荔红一路）	普通住宅
碧桂园星悦台	广州	黄埔区	黄埔区摇田河大街75号	商业
富力悦禧城	广州	黄埔区	黄埔区笔村大路85号	普通住宅、商铺
越秀万力 · 星悦峰	广州	黄埔区	黄埔区黄埔东路2019号	商业
保利拾光年	广州	黄埔区	黄埔区拾光二横街10号、12号（中新广州知识城）	普通住宅、商铺
广州龙湖 · 揽境	广州	黄埔区	黄埔区长岭居永顺大道南	普通住宅

楼盘名称	城市名称	城区	地址	物业类型
南沙奥园	广州	南沙区	南沙区经济技术开发区珠江东路269号	普通住宅、写字楼
广州星河山海湾	广州	南沙区	南沙区港前大道与南贸南二路交会处	普通住宅
南沙珠江湾	广州	南沙区	南沙区南沙街听海九街4号	普通住宅、写字楼、建筑综合体
星河丹堤	广州	南沙区	南沙区黄山鲁森林公园内	普通住宅、商业
中央郡	广州	南沙区	南沙区珠电路2号	普通住宅
南沙金茂湾	广州	南沙区	南沙区蕉西路外国语学院对面	普通住宅、别墅、写字楼、商铺
阳光城 · 丽景湾	广州	南沙区	南沙区环市大道中与海滨路平行路段中间（南沙儿童公园旁）	普通住宅
南沙保利城	广州	南沙区	南沙区市南大道与鸡谷山路交会处	普通住宅
盈港国际	广州	南沙区	南沙区进港大道与港前大道交会处	写字楼、商铺
珠江源昌花园	广州	南沙区	南沙区新广三路1号	普通住宅、商铺、商业
临港国际商务大厦	广州	南沙区	南沙区龙穴岛龙穴大道中123号	写字楼、商业
越秀 · 国际总部广场	广州	南沙区	南沙区双山大道与金隆路交会处（地铁4号线金洲地铁站旁）	写字楼、商铺
广晟圣淘沙	广州	南沙区	南沙区南沙街长鹏一街	普通住宅、商铺
中国铁建环球中心	广州	南沙区	南沙区进港大道与丰泽西路交会处（区政府西侧）	写字楼、商铺
中交 · 蓝色海湾	广州	南沙区	南沙区港前大道南南沙客运港正对面（地铁4号线南沙客运港E出口）	普通住宅、写字楼、建筑综合体、商业
麒麟广场	广州	南沙区	南沙区黄阁镇黄阁二道南	写字楼、商铺、建筑综合体
华海山屿海	广州	南沙区	南沙区黄山鲁森林公园优山美墅东200米	普通住宅
中交 · 汇通中心	广州	南沙区	南沙区江灵北路（明珠湾起步区灵山岛尖）	别墅、写字楼、商业
南沙湾 · 御苑	广州	南沙区	南沙区进港大道和港前大道交会处	普通住宅、别墅
敏捷 · 尚品国际	广州	南沙区	南沙区进港大道187号	写字楼、商铺、商业
越秀滨海新城	广州	南沙区	南沙区沙螺湾路一巷与金沙路交叉口西100米	普通住宅、政策房
大宏锦绣	广州	南沙区	南沙区环市大道南南沙小学对面	普通住宅
南沙水岸广场	广州	南沙区	南沙区海滨路与进港大道交叉口东北150米	写字楼、商铺
保利半岛	广州	南沙区	南沙区市南大道北侧、滨水二道左侧	普通住宅、别墅
星河 · 湾区壹号	广州	南沙区	南沙区金屯大街与金东横街交叉口西200米	商业、商铺

楼盘名称	城市名称	城区	地址	物业类型
景业东湖洲豪园	广州	南沙区	南沙区环市大道南	普通住宅
方圆合景·南沙水恋	广州	南沙区	南沙区黄阁汽车城地铁站 A 出口	普通住宅
越秀·东坡	广州	南沙区	南沙区南沙区进港大道北侧（南沙街道办旁）	普通住宅、商铺
越秀·天城	广州	南沙区	南沙区双山大道与金隆路交会处	普通住宅
美的云筑	广州	南沙区	南沙区东涌镇鱼窝头体育文化广场对面	普通住宅
万科海上明月	广州	南沙区	南沙区黄阁镇万科明月二街、三街	普通住宅
时代香海彼岸（南沙）	广州	南沙区	南沙区漾滨路	普通住宅
鸿成珠江玥	广州	南沙区	南沙区珠江路一巷	普通住宅、商铺
时代绿庭山语	广州	南沙区	南沙区潭灵大道与豪岗路交会处	普通住宅
中海熙园	广州	南沙区	南沙区东涌镇吉祥西路锦绣新城	别墅
金科·博翠明珠	广州	南沙区	南沙区灵山岛尖江灵南路与文字路交会处	普通住宅
金科·集美御峰	广州	南沙区	南沙区黄阁大道南庐前山西侧庐前山南路旁	普通住宅
时代维港（南沙）	广州	南沙区	南 沙 区 进 港 大 道 581 号	商业
颐德湾尚	广州	南沙区	南沙区建设一路(明珠湾起步区体育馆板块）	普通住宅、商业、建筑综合体
嘉霖聚和·尊悦台	广州	南沙区	南沙区大岗镇康宁路 8 号	普通住宅
灵山岛金茂湾	广州	南沙区	南沙区横沥镇灵山岛尖沙嘴中路以南	普通住宅
绿城柳岸晓风	广州	南沙区	南沙区横沥镇柳岸晓风三街 2-4 号	普通住宅
翡翠绿洲	广州	增城区	增城区广园东开创大道北埔南路翡翠绿洲大道	普通住宅
碧桂园凤凰城	广州	增城区	增城区新塘镇广场大街 195 号	普通住宅、别墅、商铺
广园东东方名都	广州	增城区	增城区东江大道北 8 号	普通住宅
合生湖山国际	广州	增城区	增城区新塘镇陈家林路十号之一	普通住宅
合景誉山国际	广州	增城区	增城区广园东新新公路中段（增城中新镇）	普通住宅、别墅、商铺、建筑综合体
顺欣花园	广州	增城区	增城区新塘镇荔新十二路 98 号（瑶田路段）	普通住宅
荔城尚东	广州	增城区	增 城 区 增 城 大 道 168 号	普通住宅、别墅
尚东·We 家	广州	增城区	增城区新塘镇西宁西路 618 号	普通住宅
中森茗苑	广州	增城区	增城区新塘镇石新路 168 号	普通住宅
广铝·荔富湖畔	广州	增城区	增城区朱村街朱村大道东 88 号	普通住宅
敏捷绿湖首府	广州	增城区	增城区挂绿新城石滩广场旁	普通住宅、商铺

楼盘名称	城市名称	城区	地址	物业类型
金泽惠百氏	广州	增城区	增城区广深大道西 180 号（新塘 107 国道与东江大道交会路口）	普通住宅
奥园康威广场	广州	增城区	增城区新塘镇荔新大道 12 路 33 号	写字楼、商铺、商业
嘉御豪庭	广州	增城区	增城区石滩镇石滩大道南 128 号	商业
仁安花园	广州	增城区	增城区朱村街广贤路 4 号	普通住宅
侨建御溪谷二期	广州	增城区	增城区广河高速九龙出口右转风光路 399 号	普通住宅、别墅、商业
恒展江山时代	广州	增城区	增城区广汕公路朱村段（燕岗桥公交站东 800 米）	普通住宅、商铺
增城·方圆云山诗意	广州	增城区	增城区荔城大道与荔星路交会处	普通住宅
合盛·盈翠雅筑	广州	增城区	增城区小楼镇春天路 2 号	别墅
逸翠庄园	广州	增城区	增城区荔城街增城大道 292 号	普通住宅
金地香山湖	广州	增城区	增城区广园东中新出口新新大道北行（南香山麓荔湖城旁）	普通住宅、别墅
金时花园	广州	增城区	增城区荔城纬六路经三路交会处	普通住宅、别墅
汇港威华国际	广州	增城区	增城区朱村街朱村大道东 178 号	普通住宅
敏捷·星悦国际	广州	增城区	增城区东升东路 49 号	商铺、商业
雅居乐三千院	广州	增城区	增城区荔城街百花大道 23 号（百花林水库旁）	别墅
恒大山水郡	广州	增城区	增城区广河高速中新出口右转 S118（广河收费站南侧）	普通住宅
源海仙村一号	广州	增城区	增城区仙村镇仙村大道 198 号	普通住宅、别墅
凯达尔枢纽国际广场	广州	增城区	增城区新塘镇港口大道 336 号	写字楼、商铺
中海联·智汇城	广州	增城区	增城区新塘镇荔新十一路 99 号	写字楼、商业
山璟轩	广州	增城区	增城区广深大道东 107 号	普通住宅
实地蔷薇花园	广州	增城区	增城区荔城街增城大道	普通住宅
叠溪花园	广州	增城区	增城区朱村街朱石路旁	普通住宅、别墅
绿地珑玥府	广州	增城区	增城区增江大道南（纬四路口）	普通住宅、商业
万科桃源里	广州	增城区	增城区派潭镇派从路 65 号 -71 号	普通住宅、别墅
万科春风十里	广州	增城区	增城区朱村大道东 72 号	普通住宅
怡康华府	广州	增城区	增城区荔城街百花路 7 号	普通住宅
七喜公园里	广州	增城区	增 城 区 增 江 大 道 G324 交叉口（天恩小学对面）	普通住宅
碧桂园金叶子	广州	增城区	增城区白水寨大道南 100 米处	别墅、商业

楼盘名称	城市名称	城区	地址	物业类型
三英·钓云台	广州	增城区	增城区派潭镇高滩村温泉路 2 号	别墅
三江盛汇	广州	增城区	增城区石滩镇沙庄光明中路 100 号	普通住宅
水电广场	广州	增城区	增城区广深大道西 1 号	普通住宅
招商臻园	广州	增城区	增城区新福路与创新大道交会处（新塘万达旁）	普通住宅
荔城一品山湖	广州	增城区	增城区塔山大道 555 号（广汕公路华立学院旁）	普通住宅
碧桂园凤凰城云顶	广州	增城区	增城区广园快速路新塘出口凤凰城旁	普通住宅、商铺
中海联睿品	广州	增城区	增城区民营大道东（新塘客运站南 300 米）	普通住宅、商铺
世茂泰禾广州院子	广州	增城区	增城区增江街原裕达隆国际学校旁	普通住宅
融信·天樾府	广州	增城区	增城区荔城大道 229 号（增城区实验小学东侧）	普通住宅
东江逸珑湾	广州	增城区	增城区新塘镇坭紫村沿江大道 39 号（甘泉小学东侧）	普通住宅
碧桂园中心	广州	增城区	增城区荔城街云曦街 1-3 号，荔民路 4-10 号，悦民路 1-9 号	普通住宅、写字楼、商铺、建筑综合体
科慧花园	广州	增城区	增城区朱村大道西富士康科技小镇凤岭路	普通住宅、商铺
创基天峰	广州	增城区	增城区荔城街增城大道 134 号	普通住宅
品秀·星图	广州	增城区	增城区新塘镇星图一、四、五街（地铁 13 号线官湖站 B 出口））	普通住宅
首创碧桂园悦山府	广州	增城区	增城区增江新城狮尾路 2 号	普通住宅
御湖山	广州	增城区	增城区荔城大道 148 号	别墅、自住型商品房
合汇·璟园	广州	增城区	增城区挂绿新城荔湖大道东（北三环高速增城出入口 1 公里处）	别墅
香江天赋	广州	增城区	增城区广园快速路开创大道	自住型商品房
金众江悦府	广州	增城区	增城区建设东路(江龙大桥旁）	普通住宅、商铺
远洋招商保利东湾	广州	增城区	增城区朱村街朱村大道西 163 号	普通住宅
香江健康山谷	广州	增城区	增城区白水寨大道 32 号（原锦绣香江温泉城）	别墅
保利中海金地大国璟	广州	增城区	增城区荔城增城大道南 467 号	普通住宅
华润置地润悦	广州	增城区	增城区荔城增城大道 475 号	普通住宅
方圆云山诗意云玺	广州	增城区	增城区石滩镇西区四街 21 号	普通住宅
峰尚九里	广州	增城区	增城区广河高速中新出口右转 300 米	普通住宅

楼盘名称	城市名称	城区	地址	物业类型
中铁诺德名著	广州	增城区	增城区荔城街明慧路 12 号	普通住宅
时代天汇	广州	增城区	增城区石滩镇石顺大道 6[illegible]号	普通住宅
时代倾城（中新）	广州	增城区	增城区中新镇新塘路 168 号	普通住宅
万科金色里程	广州	增城区	增城区荔新六路	普通住宅
保利 335 金融中心	广州	增城区	增城区汽车城大道 57 号	普通住宅、写字楼、建筑综合体、商业
丰盛 101	广州	增城区	增城区新塘镇荔新大道 [illegible]号	普通住宅、写字楼、建筑综合体
得天和苑	广州	增城区	增城区新新五路 3 号	普通住宅
富士康科技小镇	广州	增城区	增城区广汕公路[illegible]村大道西	写字楼
中国铁建国际公馆	广州	增城区	增城区中新镇风飞路 31 号	普通住宅
凯德·万黛	广州	增城区	增城区荔城街明慧路 3 号	普通住宅
美林湖国际社区	广州	花都区	花都区山前大道 168 号	普通住宅、别墅
合和新城	广州	花都区	花都区迎宾大道 3 号（迎宾大道与镜湖二道交会处）	普通住宅、别墅
豪利花园	广州	花都区	花都区镜湖大道 18 号	普通住宅
雅宝新城	广州	花都区	花都区新华街三步大道中 131 号	普通住宅
元邦山清水秀	广州	花都区	花都区山前二道 1242 号	普通住宅、别墅
颐和盛世	广州	花都区	花都区佛一环北线 8[illegible]出口	普通住宅、别墅
新鸿基御华园	广州	花都区	花都区狮岭镇狮岭大道东 [illegible]号	普通住宅
花都颐和山庄	广州	花都区	花都区梯面镇 106 国道（三子山森林公园旁）	普通住宅、别墅
祈福黄金海岸	广州	花都区	花都区赤坭镇培正大道集益水库边	普通住宅
自由人花园	广州	花都区	花都区镜湖二道与[illegible]花路交会处	普通住宅
嘉汇城	广州	花都区	花都区广花三东镜段（邮件处理中心东面）	普通住宅
尚品雅居	广州	花都区	花都区新华街学府路 6 号	普通住宅
祈福万景峰	广州	花都区	花都区新街大道 3 号	普通住宅
远洋芙蓉墅	广州	花都区	花都区狮岭镇芙蓉度假区内	普通住宅、别墅
祈福聚龙堡	广州	花都区	花都区花山政府北侧、106 国道旁	普通住宅
班芙小镇	广州	花都区	花都区建设北路狮岭段（西侧）	普通住宅
卓雅名苑	广州	花都区	花都区建设北路 229 号	普通住宅
广州融创万达文化旅游城商铺	广州	花都区	花都区平步大道与曙光路交会处	普通住宅、商铺、建筑综合体、商业

楼盘名称	城市名称	城区	地址	物业类型
清水蓝湾	广州	花都区	花都区花东镇溪河西路7号	普通住宅
碧桂园星港国际	广州	花都区	花都区迎宾大道东侧（广大附中斜对面）	写字楼、商铺、建筑综合体、商业
广州融创文旅城	广州	花都区	花都区平步大道与曙光路交会处	普通住宅
路劲天隽峰	广州	花都区	花都区茶园南路11号	普通住宅
东方文德森岛湖	广州	花都区	花都区狮岭大道东63号（广清海布出口旁）	普通住宅、别墅、商铺
广州国际空港中心	广州	花都区	花都区迎宾大道97号	写字楼、商铺、建筑综合体
金融街·花溪小镇	广州	花都区	花都区花都大道东228号	普通住宅
都湖国际	广州	花都区	花都区新华街新华路96号（花都湖公园旁）	普通住宅、商铺
时代康桥	广州	花都区	花都区狮岭镇金狮大道西20号	普通住宅
碧桂园·假日半岛	广州	花都区	花都区山前旅游大道	普通住宅
新力荔红花园	广州	花都区	花都区北站新城荔红北路8号	普通住宅、别墅
森悦华庭	广州	花都区	花都区新华街环湖路10号	普通住宅
花悦台	广州	花都区	花都区狮岭镇利源街2号	普通住宅
时代紫林	广州	花都区	花都区芙蓉大道北16号	普通住宅
富力环贸中心	广州	花都区	花都区花城街平布大道以北狮岭大道以东地段	写字楼
越秀兴城·臻悦府	广州	花都区	花都区凤凰南路国光2025PARK西北侧	普通住宅
里城樾公馆	广州	花都区	花都区建设北路樾北街1号（一汽奔腾4S店旁）	普通住宅
名荟公馆	广州	花都区	花都区荔红南路2号（汽车城地铁口B出口旁）	普通住宅
保利国际金融中心	广州	花都区	花都区三东大道与天贵路交会处（区政府旁）	写字楼
奥园誉湖湾	广州	花都区	花都区广花路以东花都湖以南三向东路以北	普通住宅
阳光城兰园·翡澜花园	广州	花都区	花都区凤凰南路汇丰水产市场B栋喜盟国际影城东侧50米处	普通住宅
东方夏湾拿	广州	从化区	从化区太平镇105国道旁的东方夏湾拿花园	普通住宅
珠江壹城	广州	从化区	从化区太平镇（105国道太平往街口方向）	普通住宅
富力泉天下	广州	从化区	从化区紫檀三路68号	普通住宅、别墅
珠光流溪御景	广州	从化区	从化区文峰塔公园内流溪河畔(105国道旁)	普通住宅、别墅

楼盘名称	城市名称	城区	地址	物业类型
智杰雅筑花园	广州	从化区	从化区向阳一路32号（从化七中旁）	普通住宅
珠光云岭湖	广州	从化区	从化区街口街S355省道线地段风云岭旁边	普通住宅、别墅
人盛巴厘天地	广州	从化区	从化区太平镇神岗广从北路263号	普通住宅
名城御景绿洲	广州	从化区	从化区江浦区从城大道与105国道交会处（从化市汽车站旁）	普通住宅
珠光御景山水城	广州	从化区	从化区江浦镇105国道九里步果场段	普通住宅
宏诚海峰花园	广州	从化区	从化区江埔街环市东路（G105）453号（海逸半岛花园旁）	普通住宅
亿城泉说	广州	从化区	从化区温泉镇悦泉路	别墅
紫泉流溪湾	广州	从化区	从化区太平镇流溪河畔	普通住宅、别墅
宏润·天睿	广州	从化区	从化区城鳌大道东854号	普通住宅
碧桂园荔山雅筑	广州	从化区	从化区新广从路105国道旁	普通住宅、别墅
景业荔都	广州	从化区	从化区温泉镇宣星运动谷内	普通住宅、自住型商品房
汉中·紫薇苑	广州	从化区	从化区江埔街河东南路56号	普通住宅
珠光山水御苑	广州	从化区	从化区温泉大道13号（105国道旁）	普通住宅
云星钱隆天誉	广州	从化区	从化区太平开发区丰盈路7号	普通住宅、商铺
保利桃花源	广州	从化区	从化区温泉镇中大南方学院南门	普通住宅、别墅、商业
时代幸汇	广州	从化区	从化区江埔街环市东路188号	普通住宅
碧桂园望谷合院	广州	从化区	从化区温泉镇人工湖左岸8号	别墅
嘉东广场	广州	从化区	从化区从城大道459号附近	普通住宅、商业
景业珑泉湾	广州	从化区	从化区良口镇热水村御泉大道288号	别墅
合家和府	广州	从化区	从化区城郊街城新路136号	普通住宅
碧桂园·从化1960	广州	从化区	从化区街口河滨北路86号（河岛公园旁）	写字楼、商铺、商业
碧水雅亭	广州	从化区	从化区从城大道99号	普通住宅、写字楼
仟信广场	广州	从化区	从化区从化大道西50米（河滨北路儿童公园北面）	普通住宅、写字楼
嘉骏幸福里	广州	从化区	从化区城郊安园街	普通住宅
保利花城纪	广州	从化区	从化区江浦镇灌村路	普通住宅、别墅
招商金茂保利和府花园	广州	从化区	从化区街口西宁小学北（和鸣路与北星路交叉口）	普通住宅

保利阅云台

- 2019 年 -
中国城市楼盘年鉴
典型项目

广州　央企保利　白云城心　TOD 力作

保利阅云台是保利在白云城心力铸的建筑面积约 30 万平方米 TOD 复合“大城”。项目位于广州白云区三元里大道以北，小区建筑类型以塔楼、超高层为主，规划户数 2900 户。

专家点评 盛宇宏 · 汉森伯盛国际设计集团董事长、总建筑师

白云区已进入发展的「黄金时代」，依托新白云站TOD规划，保利阅云台以「一枢纽+五发展极」的发展规划，用复合式建筑理念打造了全新30万平方米的立体生活「大城」，集多重城市功能于一体。

项目地址：
广州市白云区三元里大道北 1375 号

开发商：
广州保骏置业有限公司

建筑类型：
高层住宅

主力户型：
88 平方米三居、104 平方米四居

周边配套：
少年宫基地、百信广场、5 号停机坪

参考价格：
41000~51000 元 / 平方米

楼盘优势：
位于白云城心，临近广州地铁 14 号线 2 期（建设中）岗贝路站及广东省、广州市重点建设新开工项目白云火车站（棠溪站）。

项目解析

【区域维度】

保利阅云台位于白云区三元里白云老城心区域，临近机场路，周边有正在施工建设中的地铁 14 号线 2 期岗贝路站以及广东省、广州市重点建设新开工项目白云火车站（棠溪站）。同时，项目坐拥机场路、三元里大道等多条主干道，可快速连通珠江新城，出行便利程度高。

作为广州重点发展的棠溪 TOD 交通枢纽——白云棠溪 TOD 片区，未来该区域将探索建立综合交通枢纽建设及周边土地综合开发制度体系，形成零换乘一体化枢纽建设成熟模式，探索建立“枢纽 + 社区 + 产业”的城市规划建设新模式，以新棠溪站建设为契机，调整产业结构，助力区域经济发展。

此外，围绕棠溪 TOD，周边将配建综合医院等生活配套设施，综合开发酒店、办公、商业等复合功能。目前周边棠溪村、小坪村、横沥村等旧改正如火如荼进行，不仅进一步提升未来片区环境，而且为产业导入提供足够空间。

【品牌维度】

央企保利为“世界 500 强”，深耕广州 27 年、白云区 11 年。保利阅云台自拍地以来就收获高度关注，而随着户型、售价等信息的宣传，更是以中心区大体量与全能配套、创新的咬合复式户型，震撼白云区新房市场。众所周知，保利堪称“广州咬合复式之父”，其广钢新城项目和光晨樾，就是早期采用咬合结构的项目。

【口碑维度】

保利凭借在广州的品牌实力，铸造保利云禧、保利紫云等优质项目，以出众的品牌影响力，出现在大众视野。央企保利在白云城心的全新力作保利阅云台，雄踞泛白云新城核心地段，坐拥五号停机坪、凯德广场、万达广场等大型商业综合体。同时，项目闹中取静，依傍白云山，推窗见景、揽尽山林。保利阅云台坐拥城市繁盛与静谧，成为白云城心的经典佳作。

【产品维度】

保利阅云台占地约 10 万平方米，总建筑面积超 30 万平方米，容积率 5~7，整个项目分 5 期开发，共规划 11 栋高层建筑及 2 万平方米旗舰商业，多元生活由此开启。作为保利全新升级作品，社区配备三大系统八大管家，从新风、净水、收纳、节能等方面营造白云人居大盘，令每一个住户都能住得舒心。此外，项目还秉承保利先进的 5.0 人居理念，提出“四维空中园林”的概念，依次打造首层园林、屋顶露天花园、空中观景露台以及屋顶花园的立体休憩空间，社区更有儿童活动区、宠物角、健身慢道等配套，满足全龄段家庭需求。

项目首期推售建筑面积 88~104 平方米平层复式三居、四居，使用率高，为客户带来全新升级体验。建筑面积约 88 平方米平层户型，系白云区域稀缺的小面积三居平层，东望白云山；建筑面积约 88 平方米复式户型，一贯式客厅、阳台相连，采光通风效果均佳；大客厅带入户花园，舒适度高；二楼则是主卧、儿童房和多功能空间的合理配置，可变空间大；建筑面积约 104 平方米复式户型全明南向，使用率超过 100%，三套间设计，带有独立卫生间，主人私密生活完全不受打扰。

更多楼盘详情请扫码查看

方圆合景·南沙水恋

- 2019年 -
中国城市楼盘年鉴
典型项目

广州　品牌地产　交通便利　生态宜居

方圆合景·南沙水恋位于广州市南沙区黄阁汽车城地铁站 A 出口旁，占地约 7.9 万平方米，总建筑面积达 21 万平方米。项目业态涵盖国际名品 Shopping Mall，品牌国际星级酒店以及开放式主题街区等。

项目地址：

广州市南沙区黄阁镇水恋一街 4 号

开发商：

广州市辉瑾房地产发展有限公司

建筑类型：

小高层

主力户型：

95~144 平方米三居、四居

周边配套：

地铁 4 号线、南沙中心医院、金洲万达生活圈

参考价格：

待定

楼盘优势：

品质物业配套，周边配套完善，毗邻地铁站点，景观资源丰富。

专家点评

贡立华·广州科也管理顾问有限公司董事长

方圆合景·南沙水恋靠近黄阁汽车城地铁站，交通方便，并借助交通经济，占据发展的先机。商业综合体的丰富内涵，未来容易形成一个区域商业、生活中心。

项目解析

【区域维度】

方圆合景·南沙水恋位处南沙黄阁新城板块，毗邻庆盛高新板块及区府板块，承接两板块利好。按照板块的发展定位，该区域将成为“国际高新技术及科教服务基地”，规划重点发展高新科技、健康医疗等产业；区域将成为南沙新的增长极，形成金洲、庆盛一体化的南沙中心区域。项目位处广州地铁 4 号线黄阁汽车城站，与庆盛高铁站一站之隔，轻松抵达中心城区及高铁串通全国；周边绕城高速、南沙港快速、京珠高速、番禺大道等多条高速、主干道直通，轻松接驳粤港澳生活圈，交通相对便利。

【品牌维度】

方圆集团在业界素有“文化方圆”的美誉，始终坚持“东方人居智慧，现代生活匠心”的品牌理念。截至 2019 年 12 月，方圆集团已在广州、佛山、珠海、清远、江门、湛江等多个省内城市及海南、江苏、四川等省外区域，成功打造云山诗意系列、水恋系列、月岛系列、时光系列及荷塘月色、白云高尔夫、十里方圆、小城之春、明月山溪、花语水岸、海棠福湾一号等逾 50 个既坚持生态和谐、又体现东方文化的楼盘。

方圆合景·南沙水恋是方圆集团在南沙的又一力作，也是方圆集团在南沙打造的首个地铁综合体项目，涵盖自持商业主题街区和品牌国际星级酒店。方圆合景·南沙水恋的面世，大大提升了黄阁地区的形象及档次。

【口碑维度】

方圆作为现代东方生活服务商，致力于构建覆盖客户全生命周期的服务体系，打造“方心服务”品牌，成立“服务客户中心”，实现客户价值持续赋能。2019 年，方圆集团重磅推出 PRO 全服务计划，从客户需求出发，追求高质量的社区居住体验。

【产品维度】

方圆合景·南沙水恋涵盖建筑面积 95~144 平方米三居至四居户型，品字形的布局，做到户户朝南。项目更以 2.0 的密度，致敬奢适人居生活。

方圆合景·南沙水恋整体建筑风格采用“新亚洲主义风格”，融入周边城市面貌，以简洁现代的线条手法诠释人居合一的东方理念。住宅户型设计以两梯四户为主，在满足不同面积段客户需求的同时，以求保证每一户的景观视野。建筑立面设计整体简约大方，以横三段、竖三段进行立面比例划分，屋顶以出挑屋檐强调体量感。整体色彩以褐色为主色调，在色泽上力求保持自然材质的色调，在视觉上给人以质朴的气息，烘托居住区的温馨感，强调整体简洁的体型立面关系。

园林设计风格上，方圆合景·南沙水恋将“运动社区”与“东方神韵”相结合，打造四季中式园林；以现代手法重新组织梳理传统景观空间，探索中式园林的精神内核，赋予其中国园林的思想文化并满足使用者的现代生活功能需求。园区里道路广场的铺装以顺、通为主原则，在满足排水坡度的基础上尽量平缓；本着人文关怀的筑家理念，致力于满足老人和小孩日常易用的需求，在细节上照顾人居生活体验，营造舒适、亲切的真实生活场景。

更多楼盘详情请扫码查看

广州南沙国际邮轮母港综合体

2019年 中国城市楼盘年鉴 典型项目

广州 品牌地产 景观丰富 业态多元

广州南沙国际邮轮母港综合体地处南沙自贸区南沙湾板块，总占地面积约 13.78 万平方米，建筑面积约 66.36 万平方米，是集海景住宅、写字楼、商务平层、邮轮主题商城、航站楼、邮轮码头等多元业态于一身的大型邮轮母港综合体。

项目地址：
广州市南沙区南沙街蓝色海湾一街 9 号

开发商：
中交城市投资控股有限公司

建筑类型：
住宅、写字楼、商铺

主力户型：
约 96 平方米二居、129 平方米三居、140 平方米三居

周边配套：
地铁 4 号线南沙客运港站、南沙天后宫、南沙大酒店

参考价格：
31000~35000 元 / 平方米

楼盘优势：
地铁上盖、业态多元丰富，周边配套完善且高端、一线海景、山海园三重景观资源优美。

专家点评

彭澎 · 广东省体制改革研究会副会长

广州南沙国际邮轮母港综合体最大亮点就是邮轮母港的业态联系。项目由央企打造，品质有保障，周边配套也较完善，尤其是医院、公园环绕，商业环境也在改善。广州南沙国际邮轮母港综合体的海景景观在南沙楼盘中优势明显。

项目解析

【区域维度】

南沙作为大湾区几何中心，拥享国家级新区、自由贸易区、粤港澳大湾区等多重政策红利的加持。项目位于南沙自贸区南沙湾板块，即南沙客运港码头对面、4 号线地铁南沙客运港站 E 出口旁，占据广州出海口，坐拥一线海景。项目的广州南沙国际邮轮母港已于 2019 年 11 月 17 日正式开港，接驳世界的国际邮轮生活。

【品牌维度】

中国交建是国资委直属央企，在广东投资已经超过 2100 亿元，占集团总投资的四分之一，是国内投资额最多的区域。中国交建于 2015 年在广州成立全资子公司中交城市投资控股有限公司（以下简称"中交城投"），并秉承"中国领先、世界一流的城市运营开发商"的企业目标，深耕珠三角区域，与广州政府携手助力南沙"一带一路"经济发展，成为粤港澳大湾区发展建设的龙头企业之一。

中交城投充分发挥中国交建在一体化服务、投融资能力、创新能力、国际化能力、运营品质等方面的独特优势，大力推进投融资方式创新、商业模式创新、金融创新和管理创新，为城市综合开发提供规划设计、投资建设、产业导入、资产运营等诸多解决方案，科学合理地提升开发区域的土地价值和城市品质。

目前，中交城投在广州、深圳、珠海、佛山、惠州、宁波等地已落地项目 28 个。中交以"深耕城市，区域运营"为核心，参与城市建设。早在 2014 年，湾区概念还未提出之时，中交集团就在如今的湾区 CBD 灵山岛尖"筑城"，站在城市运营的高度，用优质项目为南沙注入新活力。

【口碑维度】

2017 年，广州南沙国际邮轮母港综合体被列入政府首批 28 个 PPP 重点试点项目，建设成为集大型邮轮码头、航站楼、滨海高端住宅、一线海景商服类物业、商务中心及邮轮主题商城于一体的大型综合体。其中，住宅板块中交蓝色海湾得到行业权威机构的肯定，在 2017 年新浪乐居年度创新峰会颁奖盛典上，荣获"2017 年度综合实力大盘"称号。

此外，在 2019 年度乐居创新峰会颁奖盛典中，中交城市投资控股有限公司荣获"2019 年度城市综合开发运营商"称号，中交蓝色海湾荣获"2019 年度城市美好人居大奖"，中交国际邮轮广场荣获"2019 年度商业综合体影响力大奖"。

【产品维度】

中交蓝色海湾作为南沙封面，是中交匠心缔造美好人居生活的作品，为南沙带来了海景住宅、写字楼、商务平层、邮轮主题商城、航站楼、邮轮码头等多元业态。湾居美宅隐于约 3 米挑高、约 4 万平方米新中式意境园林中，项目还贴心配备约 500 米的跑道、下沉式广场、采光停车场等配套设施，无忧生活精致所享。

此外，项目周边环绕有南沙科技馆、南沙展览馆、霍英东纪念馆、广州南沙国际美术馆、南沙博物馆，以及南沙高尔夫球场、游艇会等休闲配套设施，并享受黄山鲁森林公园、蒲洲公园、海滨公园、天后宫、横档岛、南沙湿地公园、百万葵园等景观资源。

更多楼盘详情请扫码查看

广州亚运城

广州　地铁大盘　观山瞰江　智能社区

广州亚运城位于广州市番禺区，地铁4号线海傍站A出口；占地约273万平方米，项目规模高达约500万平方米。历经9载，广州亚运城已经成为逾2万户业主的共同选择。

专家点评

彭澎·广州市社会科学院高级研究员

十年来，亚运城价值终于被重新发现。项目距大学城仅两站地铁，均价却只有大学城板块项目的一半。受益于番禺的快速发展与莲花山周边优质生态环境，亚运城堪称「宜居、宜业、宜学、宜游」，拥有多重利好强力支撑。

项目地址：
广州市番禺区康体路亚运城销售中心

开发商：
广州利合房地产开发有限公司

建筑类型：
高层、小高层

主力户型：
88平方米三居、167平方米四居

周边配套：
省级广铁一中、地铁4号线海傍站、亚运城广场

参考价格：
28000~32000元/平方米

楼盘优势：
雄踞湾区产业战略高地、三地铁交会，坐拥观山瞰江景观资源，全屋带品牌装修。

项目解析

【区域维度】

《粤港澳大湾区发展规划纲要》的核心是打造“广深港澳科创走廊”，现已规划“一廊十核多节点”，其中亚运城“独占”三席，占据着名副其实的核心位置，地铁三站即可直达庆盛科技创新产业基地。项目规划三地铁（4/3/8）上盖，目前4号线已经开通，往北两站就可以到国际创新城，三站就可以到大学城、六站到琶洲、七站到天河；往南三站到粤港澳大湾区枢纽——庆盛高铁站，直达南沙自贸区，待3号线东延段于2022年12月开通试运营后，更能首发站直达珠江新城。

亚运城以优越的交通枢纽地位，雄踞“珠江新城—国际金融城—大学城—思科智慧城”南北中轴线与“广州南站—万博CBD—国际创新城”东西中轴线交会处，占据着产业战略高地，集聚湾区资本、科创资源、新兴产业的落地，成为湾区打造科创中心的新引擎，助力湾区创新发展。

【品牌维度】

亚运城总占地面积约273万平方米，项目规模高达500万平方米，由碧桂园、世茂、雅居乐、中海四大品牌开发商共同开发。亚运城无论是产品设计、工程质量、园林规划、物业服务都可享受强大的品牌保障。亚运城的土地规模、配套规划以及宜居属性均十分优越，塑造了湾区理想人居。历经9载，项目已经成为逾2万户业主的共同选择。

【口碑维度】

亚运城依山揽水，坐拥三水环抱、观山瞰江的景观资源，以亲近的姿态，饱览城市弥足珍贵的自然风景。9年间，从声动世界的亚运会举办地，到如今的超大规模综合社区，亚运城以其观山瞰江的景观资源及卓越配套获得市场的广泛喜爱，成为城市江岸生活范本。

【产品维度】

亚运城采用先进的半围合楼栋布局，使每户光照和通风都得到优化，同时尽可能提升小区内景观共享尺度，让业主们体验到景入家园的惬意，纵享“中庭春光无限好”。楼栋建筑采用新古典主义风格，考究建筑美学，整体设计上简约大方，以丰富的建筑线条打造建筑立面，以高标准的建筑施工工艺定义新一代城市建筑范本。

亚运城所打造的产品一线瞰江揽园，正瞰江、山、岛、园景观，户户带入户花园、阔绰阳台，附加值高。全屋高端品牌装修，打造国际居住品质，有力提升居家质感。以167平方米大四居为例，三梯三户，双阳台南北对流，享约4.5米超宽客厅，衔接约7.7米超长景观阳台，外景开阔无遮挡，北瞰小浮莲山、砺江，南向开阔楼距览中心园林。社区八大景观功能区更是满足全龄化游玩、运动、休闲的需求，为业主创造舒适、多功能的生活居住条件，开启健康的生活方式。

更多楼盘详情请扫码查看

恒大山水郡

2019年 中国城市楼盘年鉴 典型项目

广州 品牌地产 山水楼盘 增城大盘

恒大山水郡位于广州市增城区中新板块，占地面积约103196平方米，建筑面积约338810平方米，共计规划2240户，是广州东部集综合建筑与景观商业于一体的生态宜居社区。

项目地址：

广州广河高速中新出口右转约500米，S118省道旁

开发商：

广州市顺利投资有限公司

建筑类型：

高层、商业

主力户型：

89平方米三居、107平方米三居

周边配套：

东汇城、恒大酒店、中新医院、增城市中医院

参考价格：

约15000元/平方米起

楼盘优势：

“世界500强”恒大集团倾力打造，地处中新知识城、朱村教育城、广州科学城三大板块交会处，生活配套齐全，周边交通网络完善。

专家点评

韩渊武：信息时报社广告中心副总经理、房地产教育部总监

恒大山水郡地处中新板块、中新知识城、朱村教育城、广州科学城三大板块交会处，项目周边规划有商业街、幼儿园、小学等，交通、生活便利。项目环境优美，内设湖景，居住在这里，品质有保障，绿化率较高，生活气息浓厚。

项目解析

【区域维度】

恒大山水郡位于广州市增城区中新镇，处于中新知识城重点发展的带动区域，区域内拥有便捷立体的交通网络，囊括三大高速、双机场、七条地铁、五条轻轨、六条铁路。项目周边配套齐全，邻近中新镇中小学以及多所职业技术学院，更有中新医院、增城市中医院、森林广场等生活配套，生活宜居度较高。

恒大山水郡打造约70000平方米皇家园林，约2700平方米人工双湖，约2500平方米铂金娱乐会所，约5000平方米商业街，是居住的理想之地。

【品牌维度】

恒大集团是以民生地产为基础，以文化旅游、健康养生为两翼，新能源汽车为龙头的“世界500强”企业集团。恒大地产在中国280多个城市拥有810多个项目，与全球860多家知名企业战略合作，实施精品战略，打造高品质、高性价比产品，凭借“全精装修交楼”和“无理由退房”两大特点享誉业界，让600多万业主实现宜居梦想。恒大山水郡是恒大集团在广州东倾力打造的刚需优质项目，为增城中新板块带来全新的人居改变。

【口碑维度】

恒大山水郡遵循以人为本、湖居环境及高品质增值的理念，从建筑布局、项目园林设计、户型格局，到用材选材、物业服务，均交出了不俗的“成绩单”，为“新广州人”在广州生根创造了优质条件，获得了业主们的一致好评。而国家一级资质金碧物业，贴心人性化的温情服务，给予业主无微不至的照顾，令人倍感舒适。凭借着良好的口碑和卓越的品质，恒大山水郡目前已获得了多个荣誉称号，如“2018年品质生活大盘”“2019年度区域人气大盘”等。

【产品维度】

恒大聘请72名全国知名装修设计师，针对48种户型反复推敲，经过长达20多年的累积、创新、总结，令户型装修在审美与使用中达到平衡，造就了恒大独有的美学空间体系——恒大9A雅装。

在产品设计研发之初，恒大9A雅装就以客户细分需求作为装修房设计的出发点，使得“雅修”渗透到住宅建设的每个环节；成熟的定制“模块”（包括卧室、厨房、卫生间、衣帽间、生活阳台），使得每一个居住空间都精简而舒适。

恒大山水郡秉承恒大9A雅装理念，在设计上精雕细琢，在施工上精益求精，在选材上精挑细选，并超越市场的标准要求自己，旨在打造出舒适人居之典范。恒大山水郡项目三期主推89平方米三居、107平方米三居，户型布局科学合理，采光充足，配上社区内部的齐全配套，再加上园林设计，居住舒适度较高。

【销售维度】

案场数据显示，恒大山水郡2016年11月开盘当日首推一期3栋，销售业绩在区域楼市内颇为抢眼。项目一期、二期分别于2018年9月、2019年6月交楼，目前有近千户业主居住，生活氛围十分浓郁。项目在售三期大收官之作，建筑面积89~107平方米御湖三居，准现楼交付。

更多楼盘详情请扫码查看

佳兆业未来城

- 2019年 -
中国城市楼盘年鉴
典型项目

广州　黄埔大盘　体育社区　低总价盘

佳兆业未来城位于广州市黄埔区，分三期开发，总占地面积约为 32 万平方米，建筑面积约为 66 万平方米，二期共规划 2256 户。

项目地址：
广州市黄埔区黄埔东路 3889 号广州国际玩具礼品城

开发商：
广州国际玩具礼品城有限公司

建筑类型：
商服

主力户型：
80~101 平方米商服类产品

周边配套：
大湾区国际动漫城、黄埔佳纷广场、万达广场

参考价格：
约 18000 元 / 平方米

楼盘优势：
佳兆业未来城临近地铁 13 号线南岗站。项目自带约五万平方米体育公园，约 3000 平方米的大规模游泳池，还有篮球场、足球场等五大主题体育场地。

专家点评

黄博华 · 南方日报南方+房地产频道总经理

佳兆业未来城所在南岗板块区域价值较高，商业、交通、人流都处在发展上升期。项目主打健康宜居体育社区，自带约5万平方米体育公园配套，绿化率高达约62%，约3000平方米花园泳池，篮球场、足球场、羽毛球场等配套一应俱全，系板块热门楼盘。

项目解析

【区域维度】

佳兆业未来城地处广州东进黄埔，落座广州第二CBD 临港经济区，尽享粤港澳大湾区发展红利；多维立体交通加持，临近 13 号线南岗站，六站达天河，三站到达广州新东站，换乘高铁可以畅达粤港澳大湾区各个重点城市，同时还有多条公交线路连通天河、黄埔、萝岗、增城四大商圈，使通勤时间大大缩短。此外，项目靠近沿江高速收费口，可畅达广深城区。

佳兆业未来城自带建筑面积约十万平方米大湾区国际动漫城，百万级繁华商圈环伺左右；雄踞广深科创走廊起点，汇聚“世界 500 强”企业，是湾区高端人才逐梦地，更是湾区高端人士置业广州主城的佳选。

【品牌维度】

佳兆业集团控股有限公司成立于 1999 年，总部位于香港，2009 年 12 月在香港联交所成功上市。

作为中国大型综合性投资集团，佳兆业集团控股旗下拥有二十多家集团及专业公司，分公司超 100 家、员工达 12000 多人，总资产近人民币 2200 亿元。至 2019 年，佳兆业集团业务已覆盖京津冀协同发展区域、粤港澳大湾区、长江经济带等主要经济区域，进驻全国超 50 个重要城市。

在过去的 20 年中，佳兆业集团深耕粤港澳大湾区核心城市，以精工之心打造了众多口碑一流的品质产品。其中，佳兆业未来城是佳兆业集团在湾区之上，匠心铸造的体育“大城”。

【口碑维度】

佳兆业未来城始终坚持“为业主实现美好生活”愿景，构筑更温暖的美好家园。对佳兆业而言，坚守匠心是对品质的不懈追求，为“佳”人提供的不仅是一座好房子，更是一种“放心”，是从产品品质到服务理念的延伸，让“佳”人随时能感受到“佳”的温暖。项目规划的各式缤纷业主活动，不仅让“佳”园加倍温馨，也收获了“佳”人们的一致认可。

【产品维度】

佳兆业未来城是佳兆业集团以精工之心打造的体育“大城”，踞黄埔优质地段，乘湾区发展红利，拥主城黄金商圈，瞰园林锦绣荟萃，享生活律动之美。别具一格的匠心产品设计，让人们对美好生活的向往与对品质生活的体验，能在这里达到一致契合。

项目在售建筑面积 80~101 平方米，商服类产品，两梯四户设计、低梯户比，项目综合容积率约 1.96，近百米楼间距。

该产品格局方正，实用率高达 83%，且功能分区，做到面面俱到，功能齐全。另外，产品户型均带飘窗设计，可览社区朗阔园林，观景生活惬意。

【销售维度】

案场数据显示，项目 2018 年 7 月 28 日首次开盘共推出 236 套房源，当日销售 200 套，累计销售总金额近 3 亿元，去化率高达 85%。而自 2019 年 7 月以来的多次加推，均取得不错成绩；7~8 月总销售 333 套，销售总金额接近 5 亿元。

主城区体育大社区，奠定了佳兆业未来城与众不同的稀缺属性，使其从同类竞品中迅速脱颖而出。

更多楼盘详情请扫码查看

灵山岛金茂湾

2019年 中国城市楼盘年鉴 典型项目

广州　南沙大盘　品牌地产　品质住宅

灵山岛金茂湾位于广州市南沙区灵山岛尖板块，占地面积约 2 万平方米，建筑面积约 12.8 万平方米，是中国金茂与越秀地产联袂打造的高标准住宅作品。

项目地址：

广州市南沙区横沥镇灵山岛尖沙嘴中路以南

开发商：

广州越欣房地产开发有限责任公司

建筑类型：

高层、超高层

主力户型：

68 平方米二居、98 平方米三居、120 平方米四居

周边配套：

J · life 商业体、中山大学附属医院南沙分院

参考价格：

待定

楼盘优势：

灵山岛金茂湾是“世界 500 强”旗下核心企业与老牌粤系房企联手开发，地处于南沙国家级新区、自贸区，是高端项目南沙金茂湾的升级之作。

专家点评

盛宇宏 · 汉森伯盛国际设计集团董事长、总建筑师

灵山岛金茂湾，是南沙金茂湾在大湾区发展语境下的全新升级之作，项目以金茂独有的八大智能科技系统，从六大维度实现人与自然的和谐共生，更推出三代专利户型，实现空间对人居生活的情感关怀，重新定义理想生活。

项目解析

【区域维度】

南沙位于粤港澳大湾区的几何中心，是广州唯一的出海口。最新的《粤港澳大湾区发展规划纲要》中 14 次提及南沙，是除了香港、澳门、广州之外被最多提及的地区，也是湾区发展的重中之重。南沙作为国家级新区、自贸区、广州城市副中心，拥有诸多政策扶持。截至 2019 年末，南沙新增企业注册数量超过 5 万家，引入了 142 家“世界 500 强”企业、103 家总部型企业，产业带来的利好可见一斑。

灵山岛金茂湾，位于广州南沙自贸区明珠湾起步区灵山岛尖，域内有 15 号线（规划中）、18 号线（在建）地铁经过，项目临近地铁站灵山岛站；纵向有番禺大道、南沙港快速、广澳高速；横向有南沙大桥、虎门大桥，深中通道、港珠澳大桥等交通要道，交通配套优渥，出行十分便捷。

【品牌维度】

中国金茂位列“世界 500 强”企业第 98 位，是中国中化集团有限公司旗下房地产和酒店板块的平台企业。布局六大区域，进驻 41 个城市，开发了 150 余个精品项目。

越秀地产深耕南沙 20 年，先后开发布局了 16 个项目，建设规模累计近 600 万平方米，见证了南沙人居发展的历史。

值得一提的是，南沙金茂湾为中国金茂战略性进军华南区域的第一个项目，为南沙区明珠湾板块打造出高标准的品质住宅。耗时五年，南沙金茂湾目前已成为广州市自贸 CBD 的高端项目。

【口碑维度】

从 1.0 版本“会呼吸的房子”到 2.0 版本“会思考的房子”，中国金茂在绿色健康、智慧科技方面的匠心坚守从未改变。长久以来，中国金茂旗下的“府、悦、墅”等产品系以绿色健康、智慧科技等差异化的产品特点，为公司带来了可观的产品溢价和品牌口碑。

【产品维度】

灵山岛金茂湾作为南沙金茂湾的全新升级之作，在户型、智慧、科技、定制和园林等方面全方位升级，主力住宅产品涵盖建筑面积约 68 平方米二居、98 平方米三居、118 平方米四居、252 平方米六居。项目注入了金茂独有八大绿金科技，新风系统、同层排水系统等从空气、温度、湿度、声音、阳光和水六大维度实现人与自然的和谐共生，智能科技打造“会思考的房子”金茂专属定制装修服务，三种装修风格、两种色系、两种配置、十二种装修方案，全方位满足业主的装修需求与生活品位。高台式中央庭院景观层叠、一步一景，精心铺设尊贵的归家礼遇，匠心打造“东方森林城市”，悦享生活乐趣。

六年前，南沙金茂湾作为金茂进军华南区域的首开之作一炮而红，如今，灵山岛金茂湾作为南沙金茂湾的升级之作，再享盛誉。

更多楼盘详情请扫码查看

实地·广州常春藤

- 2019年 -
中国城市楼盘年鉴
典型项目

广州　品牌地产　智慧社区　科技大宅

实地·广州常春藤位于广州市开发区萝岗永和大道禾丰小学旁，占地约52万平方米，总建筑面积约200万平方米，是广州获评英国绿色智慧建筑评估标准（BREEAM）认证的楼盘，也是广州第一个引进社区无人车的楼盘。

专家点评

黄博华·南方日报南方+房地产频道总经理

200万平方米法式生活「城邦」实地·广州常春藤采用拎包入住政策，智能精装洋房配送全屋智能化家私家电。双公园环境优美、高层看湖，是黄埔长岭居东部区域大盘。

项目地址：
广州市开发区锦藤一街12号、10号

开发商：
广州丰实房地产开发有限公司

建筑类型：
高层

主力户型：
约75平方米二居、97平方米三居、123平方米四居

周边配套：
法式园林、铂金会所、华圣公园、香雪公园

参考价格：
约27000元/平方米

楼盘优势：
项目定位智慧社区、内部设计先进，周边配套完善、景观资源丰富、无人驾驶通勤车率先投入社区运营。

项目解析

【区域维度】

实地·广州常春藤雄踞国际生态住区长岭居板块东部生活区门户位置，处于粤港澳大湾区科创走廊枢纽，区域内环绕有立体交通网络。此外，项目在社区打造约18万平方米法式皇家园林、约3万平方米绿植以及约8000平方米铂金会所和约10万平方米商业综合体，配套相对完善。

【品牌维度】

实地地产2006年创立于广州，一直致力于打造智慧人居生活，历经14载发展，已从房地产开发逐步扩展为集机电工程、物业管理、人居生活、文化公益等多领域于一体、为用户提供贯穿全生命周期智慧人居解决方案的综合性企业。实地集团向来提倡"始于地产而不止于地产"，致力于将人类科技的一切探索创新以人居业态为依托，运用于生活中的方方面面，骨子里一直携带着"科技+"与"地产+"基因，不断前行。实地集团正在构建的SLS（Smart Life System）智慧人居系统，旨在通过会员体系打通从地产、物业到健康、零售，甚至第三方等业务信息流，建立统一的云平台，与用户互动，掌握动态数据，不断迭代产品、优化服务，构建覆盖家居、社区、城市的智慧生活版图。

实地集团坚持用户至上原则，始终秉承初心，关注每一个个体的真实需求，锲而不舍的创新只为提升生活品质。截至2019年12月，实地地产已经布局全国六大城市群，在全国26个城市先后开发实地中山璟湖城、实地·广州常春藤、遵义实地蔷薇国际、无锡玫瑰庄园等以智能化为触点的项目，为当地提供智慧人居新体验。

【口碑维度】

实地·广州常春藤是广州获评英国绿色智慧建筑评估标准（BREEAM）认证的豪宅标准楼盘，项目以"科技大宅""毫米革新"及自主开发、配套自建自营的理念，成就"地产界新物种"的美誉。

2016年4月实地·广州常春藤首次入市，至2019年底，项目赢得了华南地区6500多个高端家庭的选择；从建筑布局、园林设计、户型格局等产品质量，到独创的3031物业服务体系，都得到了业界和业主不俗的赞誉。

2018年，实地·广州常春藤荣获新浪乐居"年度智慧人居奖"；2019年，荣获新浪乐居"2019年度区域人气大盘"称号。

【产品维度】

项目打造了全新9S智能体系，在人居、智能、交通、安防、服务、商业领域等方面进行全方位更新，赋予时代性的配套，为广州东乃至中国华南贡献一处智慧宜居"大城"。

此外，实地·广州常春藤匠心定制全新独立社区，以"超标定制，德系精装"理念，精工、超标仔细雕琢，打造实地集团全新产品。全德系进口全套装修品牌和人性化设计，从装修装饰到每一件材料设备的选用，小到砖、开关，大到厨卫、门窗，无不是精湛工艺的全成品装修。同时，项目还将多达200多项科技智能化设备引入家居，打造10维智慧空间，用技术化手段让自然"进化"。

更多楼盘详情请扫码查看

世茂天越

广州　品质住宅　五羊新城　地铁楼盘

世茂天越位于广州市越秀区广州大道中 193 号南 50 米，占地面积约 5446 平方米，建筑面积约 65711 平方米，共计规划 221 户。

项目地址：
广州市越秀区广州大道中 193 号南 50 米

开发商：
世茂集团

建筑类型：
塔楼、超高层

主力户型：
160~213 平方米三居、四居

周边配套：
花城汇广场、海心沙公园、东山区人民医院门诊部

参考价格：
待定

楼盘优势：
世茂天越地处五羊新城，紧邻广州地铁 5 号线，生活配套成熟，低密社区。

专家点评

韩渊武・信息时报社广告中心副总经理、房地产教育部总监

矗立于广州大道中，与万众瞩目的珠江新城仅一街之隔的世茂天越，是世茂集团的又一高端项目。选地段就是选未来，周边生活配套齐备，是五羊新城“收藏级”的住宅项目。全屋智能化、人脸识别系统及指挥系统，让人惊喜感倍增。

项目解析

【区域维度】

世茂天越位于广州市越秀区广州大道中 133 号南 50 米。项目临近海心沙公园、花城汇广场及多所医院，紧邻广州地铁 5 号线五羊邨站，周边配套较为齐全，新河浦别墅、东山领事馆区、中共三大会址皆近在咫尺，生活氛围浓厚。

世茂天越所在的五羊新城板块，文化底蕴厚重，是见证了百年东山历史的住宅区。世茂肩负着焕新老城区的重要使命，为市中心区域打造品质人居。

【品牌维度】

世茂集团是一家国际化、综合性的大型投资集团，在香港和上海分别拥有世茂房地产（00813.HK）及世茂股份（600823.SH）两家上市公司。自 1989 年进入房地产市场以来，携手全球超过 100 个城市，以多元业务战略布局海内外，涵盖地产、酒店、商业、主题乐园、物管、金融、教育、健康、高科技等领域，形成了多元化业务并举的“可持续发展生态圈”。世茂房地产起源于香港，拥有 30 年地产开发经验，现布局近百个城市，打造 300 余臻品项目。

在进入广州的这些年里，世茂集团不断以品质策略凝练力作，刷新广州人居高度。如今，世茂新作——世茂天越项目历经多年研磨推敲，强势进驻广州市中心。项目选址于广州市越秀区五羊新城板块，着力打造市中心低密度住宅，同时成为世茂集团打造的又一地标性建筑。凭借精心设计打造的户型产品，世茂天越在市场上已是圈粉无数。

【口碑维度】

世茂天越严格把控工程设计，全面贯彻品质至上的原则，所见即所得，处处经得住细品与考验，让客户从购房到房屋交付入住全程无忧。在任何一个环节，客户如有疑问，均可反馈给开发商或拨打品质热线，世茂天越将尽快为客户解决问题，做到客户至上。

【产品维度】

世茂天越项目总占地面积约 5446 平方米，总建筑面积约 65711 平方米，地下 4 层、地上 51 层，建筑高度约 180 米，建筑类型为塔楼、超高层。

在产品打造上，世茂天越别具匠心。项目融入法国 ARTDECO 设计原理，采用“城市灯塔”的设计理念，打造低密品质住宅。同时，世茂天越提炼现代舒适生活情景，打造五重垂直园林，园区内设置有悬浮泳池、屋顶生态花园、四季连廊、私董茶室、书法室、时髦 JAZZ 吧、儿童活动会所、健身俱乐部等，休闲会友、商务会谈、健身品茶均可在此实现，满足现代人居多重需求和体验。

在户型上，世茂天越目前主推建筑面积约 210 平方米两梯两户的四居单位以及两梯三户的 130 平方米三居、160 平方米四居。以 160 平方米户型为例，户内层高约 3.4 米，且采用大面积玻璃幕墙，将窗外景色和阳光引入室内，居住舒适度较高；同时采用五大智能科技系统——全屋控制系统、智能安防系统、智能照明系统、智能环境监测系统、智能控制与互动系统，打造现代智慧社区。

更多楼盘详情请扫码查看

思科（广州）智慧城

- 2019年 -
中国城市楼盘年鉴
典型项目

广州　产城融合　科技绿色　智慧人居

思科（广州）智慧城是由广州市政府、番禺区政府与思科、碧桂园战略合作，共同打造的中国一流的智慧城市样板，以创新信息技术和产业发展为核心，打造“产、学、研、商、居”一体的国际性智慧城市。

项目地址：
广州大学城—国际创新城

开发商：
广州碧科智城开发建设投资有限公司

建筑类型：
洋房、写字楼

主力户型：
125 平方米三居、143 平方米三居、195 平方米四居

周边配套：
地铁 4 号线、广州大学城、GOGO 新天地

参考价格：
高层均价约 40000 元 / 平方米

楼盘优势：
双“世界 500 强”思科、碧桂园联袂打造，地处广州大学城周边，产城融合的科技智慧人居。

专家点评

盛宇宏·汉森伯盛国际设计集团董事长、总建筑师，羊城设计联盟会长

思科（广州）智慧城建筑设计全面采用BIM（建筑信息模型）技术、城市云系统和绿色建筑标准探索未来智能化形态，以可持续发展的建筑观构筑智慧城市生活新范本，打造未来先锋智慧人居美学新体验。

项目解析

【区域维度】

思科（广州）智慧城是由广州市政府、番禺区政府与思科、碧桂园战略合作，共同打造的中国一流的智慧城市样板，以创新信息技术和产业发展为核心，打造“产、学、研、商、居”一体的国际性智慧城市。思科（广州）智慧城位于粤港澳大湾区核心位置，处在广州第三中轴——国际创新城南岸核心区，链接广深创新科技走廊城市集群，雄踞产业战略高地。

【品牌维度】

政府规划逾 330 万平方米，双“世界 500 强”思科、碧桂园联袂打造湾区城市封面之作。项目以思科中国创新业务总部为龙头，围绕“以产建城，以城促产”的建设思路，将思科物联网技术优势与产业合作伙伴的行业解决方案相结合，重点引入云计算、大数据、人工智能、移动互联网等六大主导产业，构建智慧城市生活、工作、学习、娱乐等各方面所需的智慧产业生态体系，打造集“产、学、研、商、居”为一体，在全国乃至全球具有示范效应和产业拉动作用的智慧城市样板。

【口碑维度】

项目在园林、产品、装标设计上以碧桂园标准化体系为基底，深度调研目标客群，以客定产打造滨江智居升级之作，立体式综合交互泳池、7C 智慧能源管理系统，科技与智慧相融，创新未来人居形态。思科智慧城以其优越的地理位置及先进的智慧体系获得了市场广泛喜爱，立世界科技住宅新人居，刷新广州滨江华宅新体验。

未来的思科（广州）智慧城，将搭建政府、园区、企业一体化体系，集聚更多的智慧资源，打造智慧高地、人才高地，共享政府网络平台，实现人才工作的无缝链接，提升当地就业及经济发展，助力广州跃居全球湾区城市样板。

【产品维度】

思科智慧城市是由国际知名建筑事务所 Gensler 领航十逾家知名机构匠心打造的智慧大城，将“智慧互联，流动联通”的设计理念贯穿始终，为湾区新贵敬献 125~195 平方米科技豪宅。同时，思科智慧城规划还通过了中国绿色建筑认证。

该项目是本区域内距离地铁口约 200 米左右的滨江高层，同时也是广州 5G 商用社区。住宅楼栋外立面为 low-e 全玻璃幕墙打造，白色铝板挂材，开窗率约 40%，地下车库大堂设计，豪宅风范，少有江景物业能如此奢华气派。以 195 平方米四居为例，约 5.1 米超宽客厅，衔接约 8.4 米大尺度景观阳台，外景开阔无遮挡。两梯两户，私密性强。提供全屋智慧通信、智慧空气调节等“6S”智能芯体验，以非凡智居体验打造全球资产保值增值的样本。

更多楼盘详情请扫码查看

新世界云逸

- 2019 年 -
中国城市楼盘年鉴
典型项目

广州　白云新城　地铁大盘　都会生活

新世界云逸坐落于广州市白云新城，匠心打造集星级酒店、艺术购物中心、城市中央公园、康体文化中心、餐饮中心等多元配套于一体的 50 万平方米城市级都会生活体。

项目地址：
广州市白云区白云大道北百顺北路

开发商：
广州新穗旅游中心有限公司

建筑类型：
高层

主力户型：
80 平方米三居、180 平方米四居

周边配套：
云门 NEW PARK、地铁 2 号线、3 号线、14 号线

参考价格：
55000 元 / 平方米

楼盘优势：
新世界云逸位于白云新城之上，三条地铁交会，是 20 年大盘、岭南新世界之上的升级之作，是新世界集团倾力打造的白云新城品质综合生活体。

专家点评　韩渊武 · 信息时报社广告中心副总经理、房地产教育部总监

新世界云逸，为白云优质大盘，出行有三线交会的嘉禾望岗地铁站，且可以享受到楼下 10 万平方米云门 NEW PARK 艺术购物中心的多彩生活，以及近 20 年成熟的岭南新世界「华师系」教育资源。

项目解析

【区域维度】

新世界云逸坐落于广州白云新城，周边有“广州设计之都”和“云创智谷”两大产业规划以及三线合一地铁站点嘉禾望岗。作为品牌开发商新世界中国 20 年打造、已沉淀为 200 万平方米成熟生活“大城”的升级之作，新世界云逸匠心打造集星级酒店、艺术购物中心、城市中央公园、康体文化中心、餐饮中心等多元配套于一体的 50 万平方米城市级都会生活体，引领现代人居生活模式。

【品牌维度】

凭借前瞻远见，新世界中国糅合传承与创新，倾注细致匠心发展大型综合商业地标、写字楼、商场、住宅社区及酒店等，缔造让人、城市、自然共融并可持续发展的项目，赋予城市新的底蕴。

新世界云逸所在的岭南新世界，是新世界中国地产深耕白云 20 载倾力打造的力作。地处云山之畔，私享城央绿肺白云山景，俯瞰空港大道。从落地白云新城到如今成为广府核心，岭南新世界斥巨资于白云新城打造品质生活“大城”，为广州人呈现精彩而优质的生活社区，自面世以来已凭借优异品质享誉多年。历经时光精雕细镂，项目已全面缔造出专属六大生活体系，包括全方位名校教育体系、一站式乐享生活体系、都市健体文化体系、城市综合交通体系、绿色园林景观体系及全国特色美食体系。

【口碑维度】

新世界云逸，站在 20 年大盘岭南新世界之上，是新世界集团倾力打造的白云新城 CBD 品质综合生活体。作为广州三地铁交会的交通核心枢纽上盖物业，于都会、人文、生态、健康全方位创新，是新世界生态圈的践行范本。

岭南新世界在居住、商业配套、公共服务、交通区位等方面都为周边居民提供了全方位的配套服务。而作为新世界中国又一人居升级之作的新世界云逸，坐享岭南新世界 20 年造城沉淀的都会繁华，是各种配套齐备、堪与国际接轨的现代都会生活范本，享受接轨国际的都市生活：三地铁齐通、云门 NEW PARK 八大业态投入使用、双商业、双公园等都在家附近…… 新世界云逸毗邻三地铁交会站嘉禾望岗站，地铁 2、3、14 号线在此交会，还有华快、机场快线两大快线，50 条公交，10 条内部道路等多维交通网络，5000 平方米公交枢纽，360 度任意切换广州市内外。自身更是配套了由新世界中国创新性打造的 50 万平方米超级商业综合体云门 NEW PARK，通过自然景观与商业的共融，以“MALL+PARK”的模式打造独特的公园沉浸式购物新体验。

【产品维度】

新世界云逸主要推出 80~180 平方米三居、四居，户型方正，采光通透，引进了智慧生活配置，包括智慧家居体系、可循环式节能新风系统、智能安防指纹系统、高端厨卫盥洗体系…… 部分户型能远眺“广州设计之都”、云创智谷，打造全新都会、生态、健康、人文的居住生活方式。

更多楼盘详情请扫码查看

星河·山海湾

广州　生态宜居　地铁物业　配套成熟

星河·山海湾毗邻地铁 4 号线南沙客运港站，项目纳三山揽一海，出门即达约 7 公里纯美海岸，周边步行即可拥有邮轮母港、游艇会、高尔夫球场、南沙世贸中心大厦、天后宫、蒲州花园等休闲配套。

项目地址：

广州市南沙自贸区地铁 4 号线南沙客运港站旁

开发商：

广州智祥房地产开发有限公司

建筑类型：

多层、高层

主力户型：

87~110 平方米三居、125~132 平方米四居、148 平方米五居

周边配套：

华师附小、附幼，邮轮母港、地铁 4 号线始发站

参考价格：

约 32000 元 / 平方米起

楼盘优势：

地处南沙湾板块，周边生活配套丰富，南沙地铁 4 号线始发站，邮轮母港、南沙游艇会、高尔夫球场、南沙天后宫、蒲州花园等配套环绕。

专家点评

彭澎·广东省体制改革研究会副会长

星河·山海湾，依托南沙自贸区和政策优惠条件，予以楼盘未来投资价值。项目靠近海岸线，与南沙客运港、邮轮母港临近，有一定商务价值。周边有南沙天后宫、滨海风景区、南沙大酒店等，景观宜人，旅游价值凸显。

项目解析

【区域维度】

星河·山海湾位于粤港澳大湾区的几何中心——南沙自贸区南沙湾板块。粤港澳大湾区作为中国开放程度最高、经济活力最强的区域之一，在国家发展大局中具有重要战略地位，或将成为未来第四个世界级大湾区。南沙自贸区作为粤港澳大湾区的几何中心，是国家战略高度重视的区域。

南沙湾板块是南沙七大板块中宜居的板块，未来将打造成粤港澳大湾区创新合作先行区、粤港澳大湾区海上门户、广州国际海洋文体休闲中心。星河·山海湾位于南沙湾板块，项目毗邻地铁 4 号线南延段南沙客运港站，乘坐广州地铁，即可轻松到达广州十一区。此外，项目还拥有五维立体交通体系，畅享一小时粤港澳大湾区生活圈，同时还享有丰富的自然景观资源和高端配套资源。

【品牌维度】

星河·山海湾由星河控股集团开发打造。星河控股集团成立于 1988 年，总部位于深圳，旗下包含地产、金融、产业、商置，以及物业五大集团，业务覆盖珠三角、长三角、京津冀三大重要城市经济圈。星河控股集团连续 8 年蝉联“中国房地产百强企业”称号，八次荣获“中国蓝筹地产”殊荣，是国内大型的综合性投资集团。

【口碑维度】

星河·山海湾以品质赢得市场的青睐。在产品用料方面，项目秉承着对客户负责的态度，用料上乘，值得信赖。在客户服务方面，项目拥有自建物业团队——星河智善物业，为全国物业 Top30。同时，为更好地服务业主，提高业主满意度，打造良好的邻里关系，物业会定期举办社区活动，如“中秋游园会”“我要上春晚”“小儿才艺大赛”等，丰富业主社区生活。

【产品维度】

星河·山海湾占地面积约 36 万平方米，建筑面积约 72 万平方米，容积率仅约 1.6。项目雄踞狮子洋，周边鹿颈山、大角山、黄山鲁三山环抱，兼享山景和海景资源，是南沙湾板块内纯质低密度山海“大城”。项目拥有南沙高端配套群，如获得全球“五金锚奖”的南沙游艇会，总建筑面积约 90 万平方米的邮轮母港商业综合体，广州海景五星级南沙大酒店，以及旅游胜地南沙湾的后花园——蒲州花园、滨海乐园、滨海浴场和南沙天后宫。

星河·山海湾项目产品设计多样化，满足不同客户的需求，受到市场热捧；典型如建筑面积 87~128 平方米三居、四居海景单位，一梯两户、南北对流的 132~149 平方米双园林洋房产品，7 米中空挑高的复式高层和 275~433 平方米低密度住宅。在园林设计方面，项目打造从低到高的五重园林景观带，布局科学，整体高端大气。

【销售维度】

在目前广州房地产市场整体平稳的环境下，星河·山海湾凭借南沙自贸区的地理优势，自身过硬的产品条件，丰富高端的周边配套，在销售成绩方面不断实现自我超越，成为南沙房地产市场的瞩目之作。

更多楼盘详情请扫码查看

远洋天骄广场

2019年 中国城市楼盘年鉴 典型项目

广州　品牌地产　热门推荐　天河大盘

远洋天骄广场位于广州市天河区元岗路68号，项目占地9.4万平方米，总建筑面积23万平方米，其中商业综合体超8万平方米，产品涵括10栋19层高端住宅，1栋高端写字楼，2栋创意空间，其中1~2层为特色商业中心。

项目地址：
广州市天河区元岗路68号

开发商：
广州市远翔房地产开发有限公司

建筑类型：
高层、小高层、商服

主力户型：
46~53平方米商服类产品

周边配套：
高德汇、天河新天地、元岗公园、京溪南方医院

参考价格：
均价约18000元/平方米

楼盘优势：
远洋天骄是天河北23万平方米大型综合体。项目毗邻3号线与6号线交会点天河客运站，天河北、京溪南方医院、天河客运站三大商圈环绕。

专家点评
彭澎·广东省体制改革研究会副会长

元岗已经纳入天河北大商圈，天河客运站是传统交通枢纽，地铁枢纽的形成大大提升区域价值，吸引刚需买家和邻近的五山高校群教职工。此外，[illegible]，成为项目的「绿色优势」。

项目解析

【区域维度】

远洋天骄位于天河中心板块，是天河北商圈23万平方米大型综合体。项目毗邻地铁3号线与6号线交会点天河客运站，四站即可直达天河城。同时，项目接驳广园快速、华南快速等高速路，在项目内还配建有公交总站。

项目周边天河北商圈、京溪—南方医院商圈、天河客运站商圈三大商圈环绕。1公里范围内分布着嘉裕太阳城广场、香柏广场、摩登百货等大型购物中心，周边大型商场、医院及交通等配套资源丰富齐全。周边八大创意产业园聚集，云集一千多家大型高新科技、医药、商贸型企业。

【品牌维度】

远洋集团创立于1993年，2007年9月28日，在香港联合交易所主板上市，凭借一贯优质的产品及专业的服务，在全国树立较高品牌知名度。

截至2019年，集团业务足迹遍及海内外5国40余个城市，服务客户超过80万人，总土地储备近5000万平方米，资产规模超2000亿元。经过二十余年的发展，远洋集团的粤港澳大湾区足迹已遍布中山、深圳及临深、广佛、茂名、湛江、香港等地。

远洋集团在广州、深圳两大湾区先后布局了远洋天骄、远洋芙蓉墅、远洋新天地、远洋新干线等项目，深入住宅、别墅、写字楼商服类物业以及城市更新等综合领域。

作为远洋集团匠心筑造的TOP系城市作品，远洋天骄项目于2015年正式登陆广州。项目引入WELL建筑健康标准，构筑23万平方米大型综合体。

【口碑维度】

远洋天骄项目精工雕琢，以安全性、完备性为业主提供全方位优质产品。同时，项目得到了行业权威机构的肯定，荣获由乐居颁布的“2019年度综合实力大盘”奖项。

【产品维度】

远洋天骄项目集生活、商业、办公等多元业态于一体，打造约23万平方米城市综合体“大城”，拥揽成熟的交通、商业、生活配套，满足吃喝玩乐游购娱一站式需求。

远洋天骄广场由远洋设计团队倾力打造，规划多样产品、面向不同群体，容纳住宅、商业等多元业态，内置约3万平方米滨河公园及一站式时尚街区，通过建筑、园林、绿化、滨水公园巧妙的配合设计，旨在打造生态健康办公生活空间。

项目推售单位为46~53平方米的小户型。其中43平方米单位，采用跃式设计，分上下两层；一层有中空位，层高可做到3.6米，让垂直空间更加宽裕。功能分区，整体布局方正合理，拥有高使用率。一层设置餐厅、厨房、卫生间，二层设置独立卧室，让小户型也能面面俱到，功能齐全。

【销售维度】

远洋天骄广场自2016年开盘以来便深受置业者热捧，2019年推售的商服类产品更是取得骄人成绩。据阳光家缘数据显示，从2019年1月1日至2019年12月17日，远洋天骄广场凭借2310套的成交量，成功登顶广州商业楼市销售冠军宝座，同时销售面积高达135853平方米，亦遥遥领先于广州其他商业产品。

更多楼盘详情请扫码查看

中国铁建环球中心

广州　总部基地　口碑项目　创意空间

中国铁建环球中心属广州市南沙区蕉门河区块，地处进港大道南侧，将打造建筑面积约 30 万平方米城市综合体，建设有甲级写字楼、乙级写字楼，商务酒店、配套商业构建配套完善的商务总部基地。

项目地址：
广州市南沙区进港大道与丰泽西路交会处

开发商：
广州南沙中铁实业发展有限公司

建筑类型：
高层

主力户型：
376~2358 平方米写字楼、38~69 平方米商务办公空间

周边配套：
蕉门地铁站、凤凰湖、蕉门河中心广场、万达广场

参考价格：
写字楼 21000 元 / 平方米、商务空间 16500 元 / 平方米

楼盘优势：
“世界 500 强”旗下核心企业，地处南沙门户，政商资源丰富，交通配套便利，历经多年开发，已经形成了完善的生活配套。

专家点评

贡立华·广州科也管理顾问有限公司董事长

中国铁建环球中心是南沙行政中心、商业中心和文化中心。靠近蕉门地铁站，交通便利。标准的LOFT办公空间，高挑层高，有利于做成上边生活、下边工作的舒适空间，对于追求生活与工作享受的人来说不失为一种选择。

项目解析

【区域维度】

根据《广州市城市总体规划（2017~2035）》，南沙区的最新规划定位为“建设粤港澳大湾区核心门户”，发展定位为“高水平对外开放门户枢纽、绿色智慧宜居城市副中心、粤港澳大湾区综合服务功能核心区和共享发展区”。重点产业包括航运物流、特色金融、国际商贸、高端制造等。高起点开发、运用中心地块，塑造“城市新客厅”，南沙将成为广州的城市新封面。作为南沙区府坐落板块，蕉门河综合板块同时也是境外投资综合服务区，将重点发展商务服务产业、培育外贸新业态，集聚各大企业总部。

【品牌维度】

中国铁建环球中心背靠央企金字招牌，令项目自带高光基因。中国铁建股份有限公司（CRCC）是由中国铁道建筑有限公司独家发起设立，由国有资产监督管理委员会管理的特大型建筑企业，拥有 60 年专业建筑经验，是中国乃至全球范围内兼具实力与规模的特大型综合建设集团之一，2018 年《财富》“世界 500 强”企业排名第 58 位、“全球 250 家最大承包商”排名第 3 位，2017 年“中国企业 500 强”排名第 14 位。

【口碑维度】

中国铁建积极响应国家发展战略，高度关注广州、南沙的发展进程。2015 年 10 月，中国铁建在南沙设立平台公司——中铁建南沙投资发展有限公司，代表中国铁建参与南沙自贸区的开发建设。

经过三年多的耕耘，中国铁建先后开发建设了中国铁建南方总部基地项目、蕉门河水岸广场项目、坦尾村留用地改造项目、珠江安置区项目、万顷沙保税港加工制造业区块综合开发项目、庆盛枢纽区块综合开发项目（庆盛人工智能产业园及安置配套工程），参与的重点工程项目有明珠湾大桥项目、广大附中（南沙）实验学校和广州市第二中学附属南沙学校 EPC 项目、万顷沙区块新增万泰路桥梁项目以及广州地铁 18 号线、22 号线等。

中国铁建在广州南沙树立了良好的品牌形象和业界口碑，与省、市、区各级政府建立了良好的合作关系，并签订系列协议，为广泛参与粤港澳大湾区经济开发建设，勇当改革开放排头兵奠定了坚实的基础。

【产品维度】

中国铁建环球中心汇集中国铁建南方总部五大功能定位，产品涵盖甲级写字楼、SOHO 办公、商业街区、国际商务酒店等；在产品打造上，项目也有别于传统商务办公产品。值得一提的是，整个商务综合体绿化率达 30%，花园式的生态园林设计让人仿佛置身大自然中，这样的环境打造在同类产品中也是创意之举。

多样创新的户型选择，契合各类置业者的基本需要。项目在售产品为建筑面积 376~2358 平方米环球中心总部写字楼、建筑面积 35~427 平方米首层临街商铺，建筑面积 61~197 平方米二层商铺、建筑面积 53~69 平方米 LOFT 商务办公空间、建筑面积 38~49 平方米平层 SOHO 办公空间，是区域内少见的功能性优质产品。

更多楼盘详情请扫码查看

珠光·御景壹号

2019年 中国城市楼盘年鉴 典型项目

广州　品牌地产　江景大宅　景观丰富

珠光·御景壹号位于广州市荔湾区黄沙大道，总占地面积约 26 万平方米，总建筑面积约 70 万平方米。项目地处白鹅潭，拥有向望三江汇聚的视野，可远眺广州小蛮腰及白天鹅宾馆。

专家点评　贡立华·广州科也管理顾问有限公司董事长

珠光·御景壹号，壁立在白鹅潭核心区内的珠江边，是广州历史文化与现代文化的交会点。无论是位置、户型结构、空间格局、总体价格，还是[illegible]，都[illegible]之作。

项目地址：
广州市荔湾区黄沙大道华禧一街 3 号、5 号、7 号

开发商：
广州黄沙铁路房地产开发有限公司

建筑类型：
塔楼

主力户型：
约 480 平方米六居

周边配套：
地铁 1 号线、6 号线，荔湾湖公园，西城都荟

参考价格：
均价约 100000 元 / 平方米（2019 年 12 月报价）

楼盘优势：
地处广州市中心城区白鹅潭，周边交通便捷，江景资源丰富，珠光匠心之作。

项目解析

【区域维度】

珠光·御景壹号位于广州市荔湾区白鹅潭之上。荔湾区是一片充满独特岭南文化气息的地方，曾经以繁荣兴旺的“西关”以及风景优美的“荔枝湾”“水秀花香”而著称。目前，随着粤港澳大湾区建设的不断推进，荔湾区作为广佛经济圈的核心区域之一，发展迅猛强劲。白鹅潭商务区则是广州西部商务、互联网产业中心，辐射广佛片区。

珠光·御景壹号目前已形成双大桥、双隧道、双地铁（1 号线、6 号线），同时覆盖 20 多条公交线路的立体交通路网。未来，在地铁规划方面，地铁 22 号线、28 号线将增强荔湾与广州北部的联系；地铁 10 号线、11 号线分别连接广钢新城与天河、琶洲，优化荔湾与广州东南部的轨道交通接驳；荔湾首条有轨电车则可以加强区域和天河、越秀的联系。

【品牌维度】

珠光集团成立于 1996 年，是一家专注房地产开发和经营的大型集团化公司。在二十余载的发展中，珠光集团秉承“珠光成就御生活”的企业理念，始终坚持专业化与多元化并行的发展道路，实现了在房地产建筑与施工、物业管理、酒店管理、建材贸易、休闲度假村、金融、教育、医养、能源等领域的全面发展。

珠光集团目前已筑造了如珠光云山壹号、珠光金融城壹号、珠光·御景壹号、珠光观潮棠、珠光新城御景等项目，以恭谨的匠人精神致敬城市，足迹遍布全国。

【口碑维度】

珠光·御景壹号搭建“壹号光芒圈层平台”，打造业主专属的商务交流人脉圈和跨界交流平台。项目还举办“大师有约”系列活动及“壹号私享会”，邀请舞蹈艺术家杨丽萍、著名画家许钦松、方楚雄、何水法、陈铿，建筑大师贝聿铭、何镜堂，书法家苏鸿斌等名家大师莅临项目，分享自己的艺术见解和人生故事，扩大业主的朋友圈和人脉圈。

在 2019 年新浪乐居年度创新峰会颁奖盛典上，珠光·御景壹号荣获“2019 年度风云大宅”称号。

【产品维度】

珠光·御景壹号诚邀梁景华、郑成标等国际知名设计团队进行规划与设计。其中，梁景华是国际著名设计师 PAL 设计事务所创立者、香港室内设计师协会副会长，曾为香港名人设计私宅。珠光·御景壹号坐南向江，独梯独户，整个户型设计传承了贵族精神，主套涵盖独立衣帽间、卫生间、书房。卫生间配有按摩浴缸和智能马桶，给居者以酒店般的体验。

在园林设计上，珠光·御景壹号邀享誉国际的设计单位——“棕榈园林”设计专属园林，建私家围墙及庭院，精心搭配多头香樟及罗汉松、加拿利海枣、红果冬青等名贵树种，四季常绿、花香常伴，为业主营造舒适园林景观。除此之外，项目还打造壹号会馆、辰丰会所、天玺会所及酒店会所四大会所，为业主提供圈层社交平台和贴心服务。

更多楼盘详情请扫码查看

珠江壹城

广州　生态宜居　配套成熟　地铁大盘

珠江壹城位于广州市从化区太平镇，距离 14 号线神岗站约 400 米，三站（快线）到白云新城嘉禾望岗，坐揽四高速两快线立体交通路网。项目规划打造为集商业、教育、医院、康养、居住为一体的万户大盘。

项目地址：

广州地铁 14 号线神岗站 A 出口向前 400 米

开发商：

广州市从化珠江房地产开发有限公司

建筑类型：

高层

主力户型：

89 平方米三居、126 平方米四居

周边配套：

国医小镇、华润万家、夏湾拿酒店、神岗医院

参考价格：

高层 16000~17500 元 / 平方米

楼盘优势：

三面环流溪河、坐揽四高速、两快线立体交通路网，享幼儿园、小学、中学全龄段教育配套，低密度社区、高绿化率。

专家点评　贡立华 · 广州科也管理顾问有限公司董事长

珠江壹城是从化一个花园区域的花园大盘，内部业态丰富，是一座集文、旅、康、养、商、教、居于一体的地铁生态大城，尤其在5G时代，在小区内就可能实现一体化的高端生产、高品生活、高度自由的理想状态。

项目解析

【区域维度】

珠江壹城位于广州市从化区太平镇，毗邻广州一级水源保护地流溪河，距离广州地铁 14 号线神岗站仅约 400 米，两站到白云，三站到嘉禾望岗（快线）。坐拥大广、京港澳、北三环三大高速及广从快速路、北部快线两大快速路，可速达广州市区，畅达湾区各城。

珠江壹城所在的太平新区已被明确定位为“北部产城融合新地标”，片区规划打造完善配套设施，培育产城融合的创新创智新平台，并与大湾区科技创新走廊起点形成对接，积极吸引接纳全球创新资源。

【品牌维度】

珠江壹城是珠江投资集团秉承“好生活，在珠江”品牌理念，于广州北优板块绿色走廊上匠心打造的，集大型商业广场、全龄精英教育、三甲医院、国际康养社区、优质住宅于一体的超5000亩地铁学府万户大盘，以大格局、大配套、大环境、大潜力的格局，构筑城市人居新体验，致力于为百万客户带来珠江好生活。

【口碑维度】

珠江壹城项目集商业、教育、医疗、康养、居住五大板块为一体的宜居大城；社区内便拥有从化教育局直属管理的两所实验小学之一——中山大学南方学院附属小学。另外，项目还打造珠江生命健康城，其中养老社区将通过引入国际康养品牌服务商，规划建设综合性三甲医院，在未来被打造为广州北部大型医、养、商相结合的 CCRC 养老产业综合体，满足并超越业主对康养的需求和预期。与此同时，项目还精心规划、打造约 11 万平方米商业广场，汇聚购物、餐饮、娱乐、休闲等业态于一体，定位辐射广州北部的区域性综合商业中心。

【产品维度】

珠江壹城打造低密度生态宜居“大城”，在售产品涵盖建筑面积 83~200 平方米舒适三居、四居，以及建筑面积 268~410 平方米美居。洋房产品以精研空间的使用率，为广州城市精英打造理想的居所。

美居产品分别为东方夏湾拿花园的流溪美居与国际城的山景美居，以奢阔独院让业主尽享惬意与悠闲。该产品坐落于广州一级水源保护区流溪河内，业主可以河畔散步、钓鱼台垂钓，回归自然。此外，社区内配幼儿园以及四星级酒店东方夏湾拿酒店，酒店内有中西餐厅、标准游泳池、6 个温泉池、健身房、桌球室、会议室、200 间客房，可满足业主的需求。

【销售维度】

集商业、教育、医院、康养、居住于一体的珠江壹城，产品线囊括刚需、改善户型，满足置业的多种需求。据《南方都市报》援引网签数据报道，截至 2019 年 11 月 22 日，珠江壹城本年度已网签一手住宅 1419 套，建筑面积 158243 平方米，而整个从化区此时共网签 5958 套房源。这相当于在上述时间范围内从化每卖出四套一手住宅，就有一套出自珠江壹城，由此可见项目在区域的热销程度。

更多楼盘详情请扫码查看

2019年东莞房地产市场总结

行业发展历程

一、城市概述

东莞位于珠三角的中心位置，广深港经济走廊的中间，左边住着广州这位“堂哥”，右边有深圳“大表哥”，东莞的价值也由此获得了提升。

目前，全市人才总量突破195万人，高层次人才12.6万人，为东莞各项事业发展提供了坚实支撑，在中国社会科学院和经济日报社发布的“2018年中国综合经济竞争力城市榜”中，东莞首次跻身全国十强，2018年前三季度地区生产总值增速排在珠三角第一、全省第二。东莞2019年10~11月连续2个月规上工业增加值稳定在7.8%，平稳在较高的增长水平。

二、行业现状

2019年全国经济总体处于增速放缓的轨道。相对而言，东莞经济表现抢眼，保持着较快的增长速度。2019年东莞迎来众多城市规划和交通利好，东莞城市及楼市发展被看好，是支撑楼市成交向好的最关键因素。2019年东莞经济及楼市均走出了全国独立行情，在“粤港澳大湾区”“滨海湾新区”“广深港澳科技创新走廊”及“深圳先行示范区”等众多规划驱动下，东莞经济被源源不断注入活力，保持积极向好的趋势。

三、政策环境

2019年2月18日，粤港澳大湾区纲要出台，东莞正式被纳入粤港澳大湾区规划。8月18日，深圳打造先行示范区，这对东莞而言既是机遇也是挑战，借力深圳，发挥当前先进制造业中心优势，通过创新带动全方位发展。同时，东莞作为“广深科技创新走廊”重要节点，联动东莞松山湖高新区、东莞滨海新区、深圳前海自贸区、香港经济特区四大经济城市主场。地理区位的先天优势，加之雄厚的产业基础，助力东莞脱颖而出。

四、土地市场

2018年楼市下行，地价高企，流拍、终止地块频现，土拍市场降温；2019年东莞调控政策高压不变，政府为缓解商住地供应偏紧局面，适度加大供应，土拍市场逐显回暖，4~5月土拍市场运热，多宗地块被提前锁定，上半年溢价率约51%；7月土拍市场机制再次升级，首次采用终次报价，土拍热度回落，下半年溢价率约22%，2019年整体商住溢价率约29%，同比上升61%。

五、房企布局

热门片区热度不减，房企拿地积极，华侨城夺四宗地成最大赢家。总金额最高房企为保利，斥资55亿元揽得三宗土地；总价最高地块为华润南城地块，达45亿元；占地面积最大地块为OPPO滨海湾。

2019年是东莞城市更新元年，已公布的前期服务商大多是来自深圳的知名房企，如卓越、鸿荣源、佳兆业、星河、宏发、招商蛇口；本土房企汇景集团以市场占有率6.39%位居已确定前期开发服务商第三位。

六、房产行业发展历程

东莞房地产行业发展可以分为两个阶段。1999~2009年是第一阶段，主要以东莞本地及香港房企为主；第二阶段为2009~2013年，又可以细为两个节点。最近5年，东莞房地产行业发生翻天覆地的变化，比较直观的感受就是房价上涨，一大批品牌房企也在东莞市场开疆拓土。2015年是东莞楼市史上最为疯狂的一年，住宅累计成交近 9.5 万套，成交面积突破 1000 万平方米，成交金额突破 1000 亿元，成交均价高达每平方米 9783 元，成交套数、成交面积、成交金额、成交均价四项楼市硬指标均创了历史新高。

城市年度市场解读

一、本地新政

2019 年 1 月首创“两天无理由退定”：乙方（买受人）可在认购书签订之日起两个自然日内以书面形式提出解除认购书退还定金，如双方尚未签署《商品房买卖合同》，甲方（出卖人）应当解除本认购书并退还定金。

2019 年 2 月 18 日，《粤港澳大湾区发展规划纲要》出台，支持珠海、佛山、惠州、东莞、中山、江门、肇庆等城市充分发挥自身优势，深化改革创新，增强城市综合实力，形成特色鲜明、功能互补、具有竞争力的重要节点城市。

2019 年 3 月 20 日，拟将南城国际商务区更名为“东莞国际商务区”，定位以商务商业为主导功能，打造 7 天 24 小时活力的国际商务区；东莞以“湾区都市、品质东莞”为战略目标，推动中心城区“一心两轴三片”建设，国际商务区是重要载体和标杆。

2019 年 5 月滨海湾新区规划正式出台：定位为新时代大湾区创新发展的新高地；外连深圳大空港地区、前海自贸区、广州南沙自贸区等区域重大平台，内接东莞中心城区、松山湖等都市核心区，形成东莞参与粤港澳大湾区建设的战略支点，成为引领东莞未来 30 年发展新引擎。

2019 年 6 月首创“终此报价”机制，是指东莞市国土资源网上交易系统交易达到上限后，交易系统暂停接受新的报价，转为通过网上最终一次性报价方式，以终次报价中最接近所有终次报价平均价的原则来确定竞得入选人的竞价方式，其所报价格确定为该宗地最终报价。

二、年度土地供应

2019 年东莞土地市场共供应地块 127 宗，较 2018 年减少 1 宗，供应面积约 730.9 万平方米，同比增加 42%；成交 124 宗，较 2018 年增加 9 宗，流拍、终止地块减少，土拍市场回暖明显；成交面积约 720.8 万平方米，同比增加 49%。2019 年商住用地供应 29 宗，与上一年相比减少 5 宗，供应面积约 107.3 万平方米，同比减少 21%；成交 27 宗，成交面积约 98 万平方米，同比略减 7%，成交建筑面积约 253.9 万平方米（剔除配建 / 安居房等面积），同比增加 15%。

三、年度土地成交

2019 年东莞土拍市场交投氛围活跃，整体供需双双回升，揽金 483 亿元再创新高。

2019 年商住用地成交 27 宗，约 98 万平方米，揽金 347 亿元，楼面地价 13665 元 / 平方米，同比上涨 23%；商服用地成交 14 宗，约 38.9 万平方米，揽金 40 亿元，楼面地价趋于平稳，约 3132 元 / 平方米，微跌 2%。

2019 年商服商住供需两旺，政策调控保持高压，外企持续进驻占据一席之地，土拍市场冷热并存，两极分化依然明显；东莞深化体制改革，城市更新全面推进迎来爆发年，人才用房、商业定向地块以及新型产业用地（MO）比重逐年增加，引资入莞促进产业转型升级，城市品质加速提升。

四、年度住宅供应

2019 年东莞一手住宅供应量仅 439 万平方米，同比减少 13.3%，连续 3 年萎缩；签约量约 547.1 万平方米，同比略增 6%，结束 3 年跌，呈现回稳，险超 2017~2018 年平均水平（541 万平方米）；网签均价约 20139 元 / 平方米，同比小幅上涨 12.3%，涨幅扩大的主要原因为上一年基数较低。2019年东莞楼市供不应求程度较2018年有所加深。供应偏紧，一定程度上制约了成交量的增长。

五、年度住宅成交

2019年东莞一手住宅网签量达48023套，环比上涨6%。成交均价为20026元/平方米，环比上涨15%，上涨幅度加快。二手住宅网签面积约409万平方米，同比增加23.6%，网签均价约13534元/平方米。

六、年度住宅存量

截至2019年12月底，东莞一手住宅库存面积约382万平方米。按照过去6个月平均去化速度来看，去库存时间为7.5个月。东莞去库存压力较小，支撑房价稳中有升。

全市镇街中8个镇区消化周期较2018年有所拉长，其中横沥、谢岗的消化周期超过30个月，谢岗长期缺乏新品供应，市场成交量少，导致整体去化周期高企；滨海片区消化周期缩短明显。

七、区域成交表现

网签量方面，由华为加持的松山湖片区成为炙手可热的“新贵”，2019年凭借9925套的网签量位居六大片区之首。2019年东莞六大片区中东南临深片区爆冷，成为供应量最大的镇区，自东莞限购后，东南临深片区热度下降，一直位处边缘，时隔几年，凭借供应量再次冲顶。松山湖片区、城区片区和滨海片区2019年网签量均跻身9000套行列。东南临深片区2019年因为供应量加大，网签量排名第四。

八、成交结构表现

2019年洋房70~110平方米的刚需型产品仍主导市场，其次为110~144平方米的改善型产品。一方面，刚需型产品仍为客户的置业首选；另一方面，受到二孩全面放开，换房和“一步到位”的影响客户增多，改善需求持续释放，改善型产品成交占比持续维稳，维持在三成以上。144平方米以上的大户型产品受限贷影响，成交低迷。

144平方米以下“经济型”别墅成交走俏。一方面，别墅产品革新，总价低、容积率低的小别墅得到高端客户认可；另一方面，由于东莞城区严禁建别墅，有限的别墅产品就显得尤为珍稀，助推“经济型”别墅成交。

公寓方面，2019年的成交主要集中在50平方米以下产品，占比达7成，主要在于置业门槛低，客户接受度高，去化速度快。

商铺方面，20~60平方米产品成交占比51%，一是该类产品面积小，资金压力小；二是面积适中，适合各类型零售业，投资自用两不误。

写字楼方面，200平方米以上大户型产品占比较2018年明显上升，主要是民盈山国贸中心和寰宇汇金中心甲级写字楼备受热捧。

九、成交项目排行

2019年成交套数TOP1的楼盘是高埗的万科第五城，成交2204套，面积22.1万平方米。成交超1000套的共有四个楼盘，除万科第五城外，松湖碧桂园天钻、城建御城花园和海逸豪庭分别成交了1516、1099、1062套，位列第二名、第三名、第四名。

十、成交房企排行

2019年，在金额和面积两个维度，万科、碧桂园和卓越都稳居前三。

十一、年度房价走势分析

2019年住宅成交均价为21912元每平方米，其中洋房成交均价创历史新高，为20980元/平方米，同比上涨12.5%，受高价地陆续入市推动较大。

近年来，东莞土地供应吃紧，加上许多城市更新旧改项目推进相对较慢，造成新房市场供应量持续缩减。2019年住宅供应437万平方米，创近8年新低，同比下跌13%，但网签549万平方米，同比上涨7%。东莞楼市继2018年调整筑底后，逐步平稳回归。

2019年市场整体供不应求，供求比持续下滑至0.8，延签单位进入网签、部分项目以价换量和规划利好刺激是主因。

十二、热点板块分析

滨海片区受规划利好驱动，房企积极布局并积极推货，其供应量领冠全市；水乡片区和东部产业园片区供应大增，分别主要集中在麻涌、常平。

十三、未来展望

在经济下行和城市人才争夺战之下，预测东莞限购社保力度有望减弱，政策更多倾向于引进人才，但预计东莞比其他城市放松要慢，预期会提前逐步被市场消化。

2020年是高价地扎堆上市的一年，限价政策有一定调整压力，预测2019年有限价微调放松的机会，如项目备案销售价格不得高于前6个月属地镇街同类住宅销售均价10%的幅度会适度放宽，或新办备案项目备案销售价格180天后可上调5%。

2020年“房住不炒”主基调不变，预计限售政策维稳。

十四、市场预期

土地方面，东莞跟随广深快速发展，未来房地产市场发展前景可期，但东莞域内细分33个镇街，且市场分化严重，会令房企拿地趋向理性。另外，土地定价高、房地产融资渠道管控趋严、房企还债高峰期资金紧张等也会导致房企拿地行为更趋谨慎，预计2019年土拍市场预期分化严重，热门区域仍是房企的重头戏，房企抱团拿地趋势延续。

供应方面，2020年住宅潜在新增供应量达455万平方米，同比下降9%，连续5年下跌。其中，洋房仍为市场供应主力，预计供应量达352万平方米，占比近八成；其次为别墅，放量明显，与前年同期相比上涨6%。一方面，近4年来东莞招拍挂商住地整体供应紧，尽管新入市项目比2017年有所上涨，但是也处于近几年低位，多数项目以少货量试探市场为主；另一方面，城市更新仍处于打基础的阶段，并没有太多城市更新项目上市，造成市场供应持续紧张，预计2019年会出现多地供应短缺，库存持续下降。

需求预测，根据每个镇街过去5年消化平均量（近几年持续供应紧的镇街统计周期拉长），结合近两年成交量情况对比，得出未来需求状况。由此，中原研判2019年约有六成的镇街需求需要放量，其中凤岗、道滘、大岭山、常平、大朗等区域都有出货机会。而沙田、东坑、桥头、茶山、石排等7个镇街的购房需求将呈现不足，预计这些镇街楼市存在一定压力。另外，麻涌和中堂供应量比较大，或出现供过于求的压力；沙田受滨海新区和穗深城轨利好带动，预计需求有增量趋势。

房价预测，根据每个镇街未来需求状况，又基于每个镇街目前所处于的调整状态，并结合2019年潜在供应量研判出每个镇街供求格局、价格走向。中原研判2019年55%的镇街房价将持续上涨，其中南城上涨幅度最大；27%的镇街价格走势相对平稳，而石碣、常平、桥头、麻涌等20%的镇街会出现调整。受益穗深城轨开通利好，清溪房价或平稳上涨，沙田房价回归平稳。由此可见，2019年东莞各镇街楼市将延续调整分化态势。

根据已上市的高价地项目洋房售价情况来看，地房价差普通在8000~15000元/平方米，若剔除部分压保本线或亏本销售的项目，在售高价地项目可售楼面价平均为13899元/平方米，洋房售价均价为26200元/平方米，得出地房价差为12301元。

库存预测，预计2019年供不应求矛盾越来越尖锐，需求持续累积。由于许多区域进入尾盘消化阶段以及受客户买涨不买跌心理影响，刚需观望情绪仍在，加之东莞房价、政策环境和供应都不如周边惠州、中山利好，背腹受敌，楼市仍存在一定压力。但由于城市更新不断持续深化，城市更新的红利令投资需求持续释放。另外，通胀预期加强，投资客寻求保值增值，会令投资需求活跃，房价上升趋势持续的区域会令投资客比较活跃，但东莞2019年潜在供应少，明显青黄不接，预计东莞楼市会面临“资产荒”。从整体上看，因为受供应趋紧制约，预计全年住宅成交量同比有所下滑。

由于2019年将有许多高价地入市，高地价、高成本支撑房价增长居高不下，预计这些高价地项目中许多会以超出区域市场价格、超出客户心理预期入市，但东莞客户购房回归理性和价值，所以许多项目需要以“豪宅”身份销售。随着真正豪宅上市，将会带动东莞富人置业回归。

经济下行压力尚存，市场消费下降，预计商铺公寓投资意愿下降，交投以下降趋势为主，价格存在一定的下行压力。随着南城总部基地的写字楼陆续上市，令部分旧写字楼空置率上升，一些优质的写字楼会形成集群趋势，受到CBD规划利好的推进，预计周边写字楼成交升温，价格稳中有升。

在二手房市场，由于2019年新房供应紧张，而且高价地项目多，整体房价相对较高，将会造成部分一手需求回流二手房市场寻求释放，因此，预计2019年东莞二手房市场整体需求有所放量。

2019年二手住宅成交31371套，同比微涨0.7%，2018年3月份二手房交易个税调整后，叠加地王效应刺激支撑二手房价格，业主惜售心态比较明显，尤其城区业主挂牌大幅提价，城区均价同比上涨32.17%，阻碍二手房源流通，而一手房价格备案放松力度有限，二手房价格上涨速度快于一手房，预计城区二手房价上涨过快会造成二手房客户观望，城区刚需改善自住需求释放放缓。

房企方面，招商、华润持续加码深耕，其首次进入供应量前十排名，另外，宏远、信鸿、海德等本土房企加码发力明显。2020年东莞潜在供应排行前十房企供应量合计占40%，百强房企潜在供应量占总量的46%。

随着粤港澳大湾区规划纲要正式出台，各大房企纷纷向东莞投注目光，华侨城、鹏瑞、美的等房企相继进驻东莞，随着各大房企纷纷抢滩，预计后续市场将会呈现多头格局，竞争将会白热化，项目的品质、服务、口碑或将成突围关键。

数据来源：合富辉煌、好地网广东、优房超瑞城长、湾区买房宝典、东莞中原战略研究中心、东莞乐居采访房地产协会秘书长陈骏良先生。

2019 年东莞房地产在售楼盘概览

楼盘名称	城市名称	城区	地址	物业类型
佳兆业天玺	东莞	虎门镇	虎门镇培英中路108号	普通住宅、别墅
虎门印象	东莞	虎门镇	虎门镇赤岗骏马路与体育路交会处	普通住宅
虎门·君悦东方	东莞	虎门镇	虎门镇太沙路与金捷路交会处、天虹商场对面	普通住宅、商铺、商业、建筑综合体
冠科·泊樾湾	东莞	虎门镇	虎门镇358省道龙眼路37号	普通住宅、公寓
琥珀公馆	东莞	虎门镇	虎门镇连升路和虎门大道交会处	公寓
碧桂园壹中心	东莞	虎门镇	虎门镇博涌社区虎门大道306号	普通住宅、公寓
万科·城市之光	东莞	虎门镇	虎门镇博涌社区·穗莞深城轨商贸城站	普通住宅、公寓、商业
丰泰·湾区风华世家	东莞	虎门镇	虎门镇高铁站旁·滨海大道新泰路（新联）出口	普通住宅、商铺
虎门滨海城	东莞	虎门镇	虎门镇高科一路环莞快速口旁	普通住宅
龙光玖龙玺	东莞	虎门镇	虎门镇滨海大道与常德路交会处虎门第三中学对面	商业
万科滨海大都会	东莞	虎门镇	虎门镇人民北路与太宝路交会处	普通住宅、公寓
招商·雍和府	东莞	虎门镇	虎门镇怀德小学旁	普通住宅、别墅、商铺
湖景壹号庄园二期	东莞	厚街镇	厚街镇环冈村湖景大道、湖景中学对面	普通住宅、别墅
海逸豪庭尚都	东莞	厚街镇	厚街镇环岗湖海逸豪庭大迳管理区	普通住宅、别墅
鼎峰悦境	东莞	长安镇	长安镇霄边大街98号	普通住宅、商铺
正中峰璟湾	东莞	长安镇	长安镇霄边社区德政中路52号	普通住宅
龙光江南大境	东莞	长安镇	长安镇长安振安东路176号	普通住宅、别墅、商铺
新鸿基珑汇	东莞	石龙镇	石龙镇方正东路1号	普通住宅
华讯大宅	东莞	石龙镇	石龙镇黄州新城区欧仙路8号	普通住宅、商铺
汇星商业中心	东莞	石龙镇	石龙镇聚龙湾楼下、真功夫旁	建筑综合体
嘉宏锦峰	东莞	石龙镇	石龙镇温泉中路53号	普通住宅
伟隆国际花园二期澜郡	东莞	茶山镇	茶山镇横江村环城路、茶山商贸城旁	普通住宅
广源纳帕溪谷	东莞	茶山镇	茶山镇东莞R2轻轨线茶山站，图书馆旁	普通住宅、别墅、商铺
东莞鲁能公馆	东莞	茶山镇	茶山镇R2轻轨线茶山站旁	普通住宅、公寓、商业
富盈香茶郡2期	东莞	茶山镇	茶山镇沿溪路与安泰路交会处	普通住宅
时代天荟	东莞	茶山镇	茶山镇安泰路与茶山南路交会处	普通住宅、公寓、商业
德盛尚峰	东莞	茶山镇	茶山镇茶山北路辅路	别墅、商业
石排世纪城国际公馆	东莞	石排镇	石排镇石排大道和锦绣路交会处	普通住宅
碧桂园·映月台	东莞	石排镇	石排镇东莞生态园旁李横路	别墅
时代天境	东莞	石排镇	石排镇松山湖生态园·石崇大道旁	普通住宅、商铺
旭辉江山墅	东莞	石排镇	石排镇旭辉江山墅位于石崇大道与公园南路交会处	别墅
超卓松湖时代	东莞	大朗镇	大朗镇佛新社区聚新三路66号	商业
天麟天瑞花园	东莞	大朗镇	大朗镇富民中路与长富中路交会处、长盛广场旁	普通住宅
中惠松湖城悦湖	东莞	寮步镇	寮步镇金兴路525号	普通住宅、别墅
万科东新翡翠松湖	东莞	寮步镇	寮步镇新城中心蟠龙路香市公园旁	普通住宅、别墅、商铺
万科时富金色家园	东莞	寮步镇	寮步镇东昇路与寮城中路交会处、汽车东站对面	普通住宅
家和时代花园	东莞	寮步镇	寮步镇环城东路西侧，庆峰花园旁	普通住宅、写字楼
鼎峰松湖雅境	东莞	寮步镇	寮步镇寮东路与芦溪路交会处	普通住宅
光大松湖云台	东莞	寮步镇	寮步镇金富路与松柏路交叉路口	普通住宅
光大山湖城	东莞	大岭山镇	大岭山镇同沙生态公园旁	普通住宅、公寓、别墅、商铺
碧桂园公园壹号	东莞	大岭山镇	大岭山镇沃尔玛·体育公园地铁口旁	普通住宅
御海蓝岸臻品	东莞	沙田镇	沙田镇民田村沙田大道西侧，民田市场旁	普通住宅、商业
佳兆业·碧海云天	东莞	沙田镇	沙田镇中国虎门港轮渡路口	别墅、商铺
礼顿金御海湾	东莞	沙田镇	沙田镇虎门港沙田齐沙渡轮路口信太集团对面	普通住宅、公寓、商铺
恒大御景半岛	东莞	沙田镇	沙田镇临洋路8号	普通住宅、别墅
沙田碧桂园	东莞	沙田镇	沙田镇港穗莞深轻轨沙田站旁	普通住宅
碧桂园狮子洋	东莞	沙田镇	沙田镇临港路108号	普通住宅
滨海明珠	东莞	沙田镇	沙田镇山边路与稔洲路交叉口	普通住宅、商铺
万科大中·江南院子	东莞	沙田镇	沙田镇滨海湾沿江高速沙田出口	普通住宅、别墅
嘉霖·深湾1号	东莞	沙田镇	沙田镇临洋路和临海路交会处	写字楼、商业

楼盘名称	城市名称	城区	地址	物业类型
融创云玺湾	东莞	沙田镇	沙田镇海康路穗丰年湿地公园旁	普通住宅
星城翠珑湾	东莞	松山湖	松山湖科技五路5号	普通住宅
3号别墅	东莞	松山湖	松山湖新竹路3号	别墅
安华香蜜松湖	东莞	松山湖	松山湖美怡路62号	普通住宅、别墅
松湖悦府	东莞	松山湖	松山湖富康路300号	普通住宅
和昌众筑·中央松湖	东莞	松山湖	松山湖东坑大道南东坑汽车客运站旁边	普通住宅
保利松湖18	东莞	松山湖	松山湖庆和路与祥和路交会处、生态园管委会对面	商业
金地碧桂园时代城	东莞	松山湖	松山湖生态园石崇大道与公园南路交会处	普通住宅、别墅
松湖碧桂园·天钻	东莞	松山湖	松山湖莞长路与石大路交会处、松山湖总部基地旁	普通住宅
万科金地·天空之城	东莞	松山湖	松山湖松佛路1251维也纳酒店斜对面	普通住宅
艺境松山湖	东莞	松山湖	松山湖生态园石崇大道与公园南路交会处	别墅
皇马郦宫	东莞	东城区	东城区八一路与光明一环路交会处、旗峰山南面	普通住宅、别墅
嘉宏振兴中心	东莞	东城区	东城区火炼树社区东莞大道东城段13号	写字楼、商铺
民盈·国贸中心	东莞	东城区	东城区鸿福东路1号，东莞大道与鸿福路的交会处	普通住宅、写字楼
凯晟景园	东莞	东城区	东城区东升路33号	普通住宅、商铺
君荟庭	东莞	东城区	东城区环城东路年丰山庄旁	普通住宅、别墅
东城碧桂园	东莞	东城区	东城区东昇路与石井路交会处	普通住宅
泰禾新天地	东莞	东城区	东城区东纵路与东宝路的交会处、东城万达对面	公寓、商铺
万科第五城	东莞	东城区	东城区北王路洗沙村路段、同富花园酒店南侧	普通住宅
中海莞府	东莞	东城区	东城区八一路与莞长路交会处西南侧	普通住宅
海德·琥珀台	东莞	东城区	东城区新源路与四环路交会处、中信阳光澳园对面	普通住宅、写字楼、商铺、商业
丰华珑远翠珑湾	东莞	东城区	东城区盈锋广场、愉景威尼斯对面	普通住宅
东莞天安数码城	东莞	南城区	南城区黄金路1号	建筑综合体
汇龙湾	东莞	南城区	南城区金丰路12号、江南第一城旁	商业
万科首铸东江之星	东莞	南城区	南城区鸿福西路与港口大道交会处	公寓、写字楼

楼盘名称	城市名称	城区	地址	物业类型
旺南世贸中心	东莞	南城区	南城区三元路和莞太路交会处、宏远酒店南侧	公寓、别墅、商铺
保利珑远国际广场	东莞	南城区	南城区三元路南侧与塘贝一路交会处，粤丰大厦北门隔壁	公寓、写字楼、商铺
碧桂园中心	东莞	南城区	南城区宏北路南城总部基地、地铁R2线蛤地站A出口旁	公寓、写字楼、商铺
寰宇汇金中心	东莞	南城区	南城区东莞大道与莲溪路交会处西侧	公寓、写字楼
融创玖玺台	东莞	南城区	南城区众利路66号	写字楼、商铺
万科首铸翡翠东望	东莞	南城区	南城区建设路和运河东三路交界处	普通住宅、别墅
碧桂园湾区国际	东莞	南城区	南城区车站路与[illegible]山路交会处、南城车站对面	写字楼、商业
宏川智汇中心	东莞	南城区	南城区宏成五金家居装饰城F区05栋128号	公寓、写字楼
湾ONE	东莞	南城区	南城区东莞街与宏三路交叉口	公寓、商业
金地风华	东莞	万江区	万江区新城一路与新城中路交叉路口、万江区政府旁	普通住宅、别墅、商铺
瀚柏·青柠时代	东莞	万江区	万江区万道路与莲子坑商业交会处	普通住宅、公寓
金田花园花域	东莞	常平镇	常平镇常尚路与东深大道交会处	普通住宅
翔龙天地广场	东莞	常平镇	常平镇常平大道与新城大道交会处	普通住宅
乐活Park	东莞	常平镇	常平镇常东路与元美路交会处	公寓
恒大珺庭	东莞	常平镇	常平镇环城路与东征路交会处	普通住宅、商业
东兴颐品	东莞	常平镇	常平镇塘角路蓝月湾旁	普通住宅、商铺
华润·幸福里	东莞	常平镇	常平镇站北路[illegible]贤山庄旁	普通住宅
金地时代艺境	东莞	常平镇	常平镇新城中心环常南路旁潮莞高速出入口	普通住宅、别墅
碧桂园·铂悦府	东莞	常平镇	常平镇常马路28号	普通住宅、公寓
达鑫江滨新城君悦	东莞	石碣镇	石碣镇滨江西路与大王洲桥交叉口	普通住宅、别墅
玖颂江湾	东莞	石碣镇	石碣镇东莞市崇焕中路133号	普通住宅、公寓、商铺
阳光城愉景湾	东莞	石碣镇	石碣镇黎屋爱敬路与崇焕中路交会处	普通住宅、商业
卓越弥敦道	东莞	石碣镇	石碣镇崇焕大道与刘沙南路交会处	普通住宅、公寓
中洲里程花园	东莞	石碣镇	石碣镇明珠东路39号，百汇中心旁	普通住宅
碧桂园铂公馆	东莞	石碣镇	石碣镇明珠西路261号	普通住宅、商业
嘉宏锦时	东莞	石碣镇	石碣镇民三路与银河北路交会处	普通住宅
金地湖山大境	东莞	黄江镇	黄江镇莞深高速黄江出口处	普通住宅、别墅

楼盘名称	城市名称	城区	地址	物业类型
江海天悦	东莞	黄江镇	黄江镇 S20 潮莞高速莞樟出口，黄江大道与江海大道交会处	普通住宅、商铺
中泰峰境	东莞	黄江镇	黄江镇聚富路田美广场旁	普通住宅
和昌 · 众筑中央园著	东莞	黄江镇	黄江镇锦绣路 7 号	普通住宅、公寓
融创公园首府	东莞	黄江镇	黄江镇东环二路与鸡啼岗路交会处	普通住宅、写字楼
华润公元九里	东莞	企石镇	企石镇振华路商圈企石镇人民路与湖滨南路交会处	普通住宅、别墅
峰景台	东莞	桥头镇	桥头镇桥鸿路莲湖路交界	普通住宅
宏远帝庭山	东莞	桥头镇	桥头镇莲湖路、宏兴路、水口城路交界处	普通住宅、别墅
山水江南玖峰	东莞	桥头镇	桥头镇北师大学校对面	普通住宅
夏纳湾	东莞	桥头镇	桥头镇桥新东二路北师大附属学校西南侧	公寓、商业
星汇翠峰	东莞	谢岗镇	谢岗镇杏花村旁	别墅
利丰时代	东莞	东坑镇	东坑镇井美村东北部东坑镇二环路（东坑骏达路）旁	普通住宅
松湖溪岸	东莞	东坑镇	东坑镇东坑大道北 233 号	普通住宅
海伦堡松湖湾	东莞	东坑镇	东坑镇沿河西一路东坑生态园旁	普通住宅
春风格拉斯	东莞	东坑镇	东坑镇松山湖生态园大道鹰岭公园旁	普通住宅、公寓、商铺
万科金域广场	东莞	东坑镇	东坑镇东坑大道与金朗北路交叉路口	商业
金地卓越松湖悦湾	东莞	东坑镇	东坑镇正兴街与沙塘街交叉口	普通住宅
和昌 · 拾里松湖	东莞	东坑镇	东坑镇东坑大道和东兴路的交会处	商业
盛和雅颂花园	东莞	横沥镇	横沥镇新四村北环路松山湖生态园职教城旁	商业
罗马景苑逸景湾	东莞	横沥镇	横沥镇中山东路 1 号（原怡景度假村）	别墅
东莞卓越中心	东莞	莞城区	莞城区地铁 R2 线天宝站 B 出口	写字楼、商业
丰泰橡树溪谷	东莞	樟木头镇	樟木头镇樟深大道樟木头电子城旁	普通住宅、别墅
长虹百荟花园	东莞	樟木头镇	樟木头镇罗村西城路西侧、"天一城"北侧	普通住宅、商业
保利领秀山	东莞	樟木头镇	樟木头镇莞深高速田心出口宝山森林公园	普通住宅、公寓
汇景城市中心	东莞	樟木头镇	樟木头镇莞樟路与帝豪路交会处	普通住宅、公寓、商铺
锦多宝吉祥龙	东莞	樟木头镇	樟木头镇樟木头大道南城新区宝山路段	普通住宅、商铺、商业
颐景湾畔	东莞	樟木头镇	樟木头镇笔架山路与石新路交界处	普通住宅、商铺
奥园城市天地	东莞	樟木头镇	樟木头镇先威路 76 号（奥园城市天地）	公寓、商业
金地湖岸风华	东莞	樟木头镇	樟木头镇先威路宝山公园旁	别墅
新城玺樾门第	东莞	樟木头镇	樟木头镇东莞南站枢纽旁（保利生态城旁）	普通住宅、别墅
十畝芳华里	东莞	樟木头镇	樟木头镇樟木头大道与南城路交会处	别墅
汇景风华	东莞	樟木头镇	樟木头镇樟深路与景福路交会处	普通住宅
益田玫瑰府邸	东莞	凤岗镇	凤岗镇官井头村龙平南路一号（深圳大运新城西侧）	别墅
锦龙湾畔三期	东莞	凤岗镇	凤岗镇雁田村田北路（新世纪英才学校旁）	普通住宅
嘉辉豪庭森镇	东莞	凤岗镇	凤岗镇龙平西路（龙凤山庄旁）	普通住宅
中海云麓公馆	东莞	凤岗镇	凤岗镇光辉大道与城邦大道交叉口	普通住宅、别墅
凤岗四季花城	东莞	凤岗镇	凤岗镇永盛大街与凤观路交会处（宇阳科技园旁）	普通住宅、别墅
世城商业中心珑寓	东莞	凤岗镇	凤岗镇龙平西路与城邦大道交会处	公寓
凤岗碧桂园	东莞	凤岗镇	凤岗镇凤观路和永盛大街交会处	普通住宅
金地湖山大境	东莞	黄江镇	黄江镇莞深高速黄江出口处	普通住宅、别墅
江海天悦	东莞	黄江镇	黄江镇 S20 潮莞高速莞樟出口（黄江大道与江海大道交会处）	普通住宅、商铺
中泰峰境	东莞	黄江镇	黄江镇聚富路田美广场旁	普通住宅
和昌 · 众筑中央园著	东莞	黄江镇	黄江镇锦绣路 7 号	普通住宅、公寓
融创公园首府	东莞	黄江镇	黄江镇东环二路与鸡啼岗路交会处公园首府营销中心	普通住宅、写字楼
广基 · 自由星城	东莞	塘厦镇	塘厦镇诸佛岭大道 112 号（塘厦中学旁）	普通住宅
春晖国际城	东莞	塘厦镇	塘厦镇林村春晖路 1 号	普通住宅、写字楼、商业
奥园观澜誉峰	东莞	塘厦镇	塘厦镇大坪社区沙新路	普通住宅
天悦中央广场	东莞	塘厦镇	塘厦镇花园新街北	普通住宅
德洲城	东莞	塘厦镇	塘厦镇塘厦大道北旁	普通住宅、公寓
星河时代	东莞	塘厦镇	塘厦镇龙林高速林村出入口	普通住宅、公寓、商铺
侨信云起	东莞	塘厦镇	塘厦镇大坪黎塘三路 8 号	普通住宅、别墅
方直 · 星澜	东莞	塘厦镇	塘厦镇桥蛟中路 51 号	普通住宅
卓越华堂时光	东莞	塘厦镇	塘厦镇环市北路 21 号	公寓、商铺
万象连城	东莞	塘厦镇	塘厦镇塘厦湖景大道	普通住宅

楼盘名称	城市名称	城区	地址	物业类型
南峰华桂园	东莞	清溪镇	清溪镇清溪大道与清凤大道交会处（清溪行政中心区）	普通住宅、别墅
融创清溪壹号	东莞	清溪镇	清溪镇鹿鸣路（凤凰花园对面）	普通住宅、写字楼、商铺
金色半山	东莞	清溪镇	清溪镇银利高尔夫旁	普通住宅、别墅
四季悦山	东莞	清溪镇	清溪镇龙岗中心北清凤大道景山公园侧	普通住宅
润溪悦里花园	东莞	清溪镇	清溪镇清溪大道旁	普通住宅、别墅
清溪金茂逸墅	东莞	清溪镇	清溪镇清溪大道银利高尔夫对面	普通住宅、别墅
华润·润溪山	东莞	清溪镇	清溪镇广东省东莞市S358（清溪大道）	普通住宅、别墅
碧桂园·兰亭	东莞	道滘镇	道滘镇东新路与滨江西路交会处	别墅
时代香海彼岸	东莞	道滘镇	道滘镇兴华街与第二工业区一横路交叉口	普通住宅、建筑综合体
东莞恒大翡翠华庭	东莞	望牛墩镇	望牛墩镇镇中路21号（文化广场旁）	普通住宅
恒大江湾	东莞	望牛墩镇	望牛墩镇镇北环路	普通住宅、公寓、别墅
首创·禧瑞阅府	东莞	望牛墩镇	望牛墩镇环城路北段水乡公园旁	普通住宅、别墅
华建·骏景园	东莞	中堂镇	中堂镇雅苑路中段	普通住宅、商业
光大·锦堂阁	东莞	中堂镇	中堂镇莞穗路中堂段42号	普通住宅
卓越金茂浅水湾	东莞	中堂镇	中堂镇穗莞深城轨中堂站TOD旁	普通住宅、别墅、商业
富盈小时代	东莞	麻涌镇	麻涌镇镇政府旁、长岭路2号	公寓、商铺
东莞恒大滨江左岸	东莞	麻涌镇	麻涌镇麻涌大道与青沙路交会处	普通住宅、商铺
碧桂园·信鸿铜雀台	东莞	麻涌镇	麻涌镇水乡新城·望江路5号	普通住宅、别墅、商铺
一湖	东莞	麻涌镇	麻涌镇华阳村兴南路	普通住宅
华阳湖1号	东莞	麻涌镇	麻涌镇华阳湖牌坊北门	普通住宅、商业
云南城投臻园	东莞	麻涌镇	麻涌镇兴华路12号	普通住宅、别墅
臻园	东莞	麻涌镇	麻涌镇印象水乡华阳湖湿地公园正门对面	普通住宅
招商雍华府	东莞	麻涌镇	麻涌镇碧水湾花园南区东南门	普通住宅
碧桂园天御湾	东莞	洪梅镇	洪梅镇中心大道7号	普通住宅
鸿盈城汇中央	东莞	洪梅镇	洪梅镇振兴路雍景花园北	公寓、写字楼、商业
保利锦里项目	东莞	园洲镇	园洲镇广东南昆山国家森林公园旅游度假区（广河高速永汉出口）	普通住宅、公寓、别墅
东莞卓越中心	东莞	莞城区	莞城区地铁R2线天宝站B出口	写字楼、商业

碧桂园信鸿·铜雀台

- 2019年 -
中国城市楼盘年鉴
典型项目

东莞　水乡新城　中式院墅　京派园林

碧桂园信鸿·铜雀台选址粤港澳大湾区核心，东莞水乡新城，项目总占地约 8.5 万平方米，总建筑面积约 27 万平方米。以中国古代皇家园林典范“三山五园”为原型，打造东莞首个京派园林中式大盘，致敬中式情怀。

项目地址：
东莞市水乡新城麻涌中心大道侧

开发商：
东莞市御江花城房地产开发有限公司

建筑类型：
别墅、高层

主力户型：
97~118 平方米三居、四居，143 平方米中式院墅

周边配套：
东莞西站、水乡中心医院、华阳湖湿地公园

参考价格：
高层约 18000 元 / 平方米；别墅约 30000 元 / 平方米

楼盘优势：
东莞首个京派园林中式大盘，华南地区罕见；L 形点式布局，大部分门第纵览一线江景，尊赏中式园林；打造滨江华宅、中式院墅户型产品，实用率高，备受市场追捧。

专家点评

邓志旺·深圳职业技术学院房地产研究所所长

碧桂园信鸿·铜雀台，东莞中式红盘，京派中式园林风格。项目位于东莞水乡新城，轨道交通路网发达，未来将打造成为城市副中心，片区潜力看好。

项目解析

【区域维度】

碧桂园信鸿·铜雀台选址东莞水乡新城。水乡新城作为东莞唯一以“新城”命名的片区，将沿着东莞大道及其延长线，打造东莞城市副中心，更坐享千亿城市基建配套，区域热度势不可当。

项目坐拥四城轨双高速组合而成的强大交通路网。毗邻东莞西站、佛莞城轨麻涌站，东莞西站拥穗莞深、佛莞、莞惠城轨、东莞地铁 R1 线四城轨交会，城轨 3 站到西平，一站到广州，瞬达穗莞深 CBD；广深高速、广深沿江高速双高速交会，一路畅达广深。

项目周边规划建设东莞水乡中心医院（新麻涌医院）、新大步小学、文化艺术中心等一批重点项目，打造集医疗、教育、文娱、休闲、行政、居住、餐饮、购物于一体的新型城区，汇聚高端生活享受。

【品牌维度】

碧桂园信鸿·铜雀台，由“世界 500 强”企业碧桂园重点打造的中式作品，一经面世便收获高度关注。

项目精心打造东莞首个京派中式园林，华南地区罕见。户型设计也颇为精妙，其中建筑面积约 143 平方米中式院墅，创新 L 形围合式布局，有天有地有院子，致敬中国人的千年院子情结。建筑面积 97~118 平方米滨江华宅，高实用率三居、四居，满足家庭的幸福生活需求。项目凭借园林及产品优势在东莞城区购房人群中圈粉无数，号召力可见一斑。

【口碑维度】

据了解，为更好呈现中式作品，项目设计团队在查阅典籍、走访当代园林大家之余，还赴六省十三市考察，履迹 7000 多公里，终于确定以集中式园林大成的京派园林为蓝本，为莞邑人民筑造中式皇家园林作品。

项目以中国古代皇家园林典范“三山五园”为原型，重金打造“一水两轴三宫台，四园十巷十四景”京派中式园林。规划递进式的六重礼遇空间，入门即有超 9 米巍峨斗冠式门楼，立显门第威仪感。百米汉白御道、龙形玉带河、六角清晖亭、风雨连廊等，步步皆景，重现京派皇家园林，华南地区实属少见。

【产品维度】

碧桂园信鸿·铜雀台选址水乡新城，项目总占地约 8.5 万平方米，总建筑面积约 27 万平方米，容积率约 2.11。

项目以整体规划“一水两轴三宫台，四园十巷十四景”京派园林，打造递进式的六重礼遇空间，匠心打造建筑面积 97~118 平方米滨江华宅，建筑面积 143~224 平方米中式院墅，致敬有情怀的东莞人。

中式院墅区采用“多进 + 多跨 + 园宅组合”的中式坊巷格局。坊巷相连，嵌入四大主题园林，打造邻里交往的空间，回归坊巷居住文化。高层区规划采用雁阵式布局，成 45° 错位排布，避免西北朝向；户户单边位设计，视野开阔，保证大部分门第览一线江景。享京派中式园林，呈现中国家族的盛世门第，让莞邑成功人士回归中国传统文化生活。

更多楼盘详情请扫码查看

松湖碧桂园天钻

东莞 松山湖旁 毗邻华为 热销大盘

松湖碧桂园天钻位于东莞市松山湖片区莞长路与石大路交汇处，占地面积 46384 平方米，建筑面积 639856 平方米，规划 2406 套 95-140 平方米的住宅产品。采用人车分流、双大堂设计，打造超 6 万平方米中央互动体验式园林。

项目地址：
东莞市莞长路与石大路交会处

开发商：
东莞市碧桂园房地产开发有限公司

建筑类型：
高层

主力户型：
95 平方米三居、140 平方米四居

周边配套：
领尚购物广场、沃尔玛

参考价格：
约 26700 元 / 平方米

楼盘优势：
碧桂园天钻位于松山湖总部基地旁，毗邻华为，临深二公里。打造超 6 万平方米互动体验式园林，配备双语幼儿园、小学等，全面满足生活所需。

专家点评　陈骏良 · 东莞房地产协会秘书长

碧桂园天钻打破传统房地产开发商一贯节省成本的高低配，高层配别墅传统，采用纯高层围合式大中庭布局，建筑面积达60000多平方米的互动体验式中央大园林，位于松山湖总部基地旁，坐落松山湖风景区，是未来松湖片区发展升值的优质项目

项目解析

【区域维度】

松湖碧桂园天钻位于东莞和深圳交会位置——松山湖。松山湖北连广州主城，南接深圳南山前海。在整个科创走廊规划中，松山湖可与广州天河智慧城、深圳南山、深圳前海、深圳湾超级总部基地等比肩，许多高新科技企业也是因为认可这一点，以及看中松山湖的生态优势和政策优势，纷纷从内陆、广州、深圳，尤其是南山，将产业转移到松山湖。

【品牌维度】

松湖碧桂园天钻是碧桂园集团莞深区域目前打造最高端的产品系——“钻石”系列。碧桂园集团是“世界 500 强”、中国地产前三名，成立于 1992 年，历经 27 年的品牌沉淀，2018 年实现合同销售额 7287 亿元，位居行业第一；已在全球打造了超过 2000 个高品质项目，在全球有着超过 400 万名业主。而莞深区域是碧桂园集团特级区域，8 年打造 55 个精品项目，服务业主超过 30 万，近年相继布局了松湖碧桂园、碧桂园森林里、碧桂园万象松湖等诸多优质项目。

【口碑维度】

松湖碧桂园天钻 6 万平方米中央大园林，深受深莞客户的喜爱，是影响大部分客户购买项目的主要因素，而口碑相传、老业主不断介绍新客户购买，也是项目热销的原因之一。

同时，松湖碧桂园天钻作为碧桂园的高端产品，不仅受深莞客户的欢迎，互动式体验大园林更是深受集团各区域的赞誉，是各区域参观学习的榜样。

【产品维度】

松湖碧桂园天钻是碧桂园集团标杆项目，项目园林设计源于对宇宙的幻想，规划深莞少见的 6 万平方米中央大园林、华南空中栈道泳池，配备 32 项游乐设施的 4400 平方米“迪士尼乐园”、1700 平方米露天泳池等多样化互动设施，荣获“2018 年东莞品质宜居奖”“2018 年度园林设计奖”“2019 年金盘奖”“年度热销奖”等众多奖项。

【销售维度】

松湖碧桂园天钻共 2406 套 95~140 平方米的住宅，从 2018 年 12 月 1 日开盘至今，已推售 11 栋住宅，共成交超 1500 套，月均销售 136 套；克而瑞数据显示，这一数字是市场去化速度的两倍。

项目深受深圳与东莞客户的追捧，连续数月成为东莞市销售量、销售总额冠军，奠定了松湖碧桂园天钻项目在市场上的地位。

更多楼盘详情请扫码查看

2019 年佛山房地产市场总结

行业发展历程

一、城市概述

佛山，广东省地级市，珠江三角洲城市之一，是粤港澳大湾区重要节点城市。截至 2018 年，全市常住人口 790.57 万人，城镇人口 750.92 万人，城镇化率 94.98%。

佛山是中国重要的制造业基地、国家历史文化名城、广佛都市圈、广佛肇经济圈、珠江—西江经济带的重要组成部分，全国先进制造业基地、广东重要的制造业中心，2019 年 GDP 突破 1 万亿元，成为继广深之后广东省第三个万亿城市。

二、行业现状

受市场下行影响，2019 年佛山 TOP30 销售金额规模增长乏力，销售面积更是稳中略降。不过，随着房企集中度逐步提高，市场呈现强者恒强趋势。据克而瑞数据显示，TOP30 房企业绩已占据佛山市场的 75.62%，准入门槛达到 13.38 亿元。在竞争愈加激烈的当下，品牌房企脱颖而出，抢占了更高的市场份额。

三、政策环境

2019 年楼市政策依然是以“稳”为主基调，针对佛山而言，“因城施政”及“收紧与放松并存”的特征尤为明显，各种与房地产相关的政策频繁出台。从上半年限价放开、公积金额度提升、规范商办销售行为，到年底的人才限购新政祭出……政策风云突变，佛山楼市亦是暗潮涌动。

四、土地市场

先扬后抑是 2019 年土地拍卖市场的整体趋势，顺德、南海维持拍地大户地位。上半年热度明显，如北滘新城宗地吸引了 27 家房企竞拍、顺德容桂地块溢价率高达 64%、金沙洲地块刷新片区单价，多达 18 家新晋房企竞争激烈。进入下半年，由于房地产融资渠道收紧、房地产项目信托严控等因素，房企拿地态度更趋严谨、高溢价拿地现象明显减少，非中心城区地块流拍、撤牌现象频发，涉及商住地 15 宗。

五、房企布局

近年来，佛山 TOP 级房企规模快速扩张，集中度持续提升，前三名“碧保万”稳定。2019 年百亿房企已扩容至 4 家，TOP5 房企销售金额规模已占据 TOP30 总量的 50%，其开发规模和水准已然成为佛山市场风向标，行业寡头格局越发明显。

城市年度市场解读

一、本地新政

2019 年上半年，得益于粤港澳大湾区规划纲要的公布，作为广佛极点的佛山，其价值得到进一步认可和释放，同时年初悄然放松限价，迎来一波小阳春。下半年楼市调控宽松与收紧并存，如在规范商办项目销售行为的同时，公积金贷款额度提升至 50 万元 / 人，有利于刚需置业需求的释放。临近年末，佛山出台人才购房优化政策，同样给予楼市向好的预期。

二、年度土地供应

据佛山汇诚鸿图数据统计，2019 年佛山商住商服用地累计供应526万平方米，工地面积创近7年新低，全市供地计划完成率仅74%，同比下滑14个百分点。其中商住用地供应400万平方米，商服用地127万平方米，顺德实际完成率亮眼，三水完成率则不足五成。

三、 年度土地成交

佛山2019年共成交商住地78宗，成交面积约415.1万平方米，同比2018年下滑11.11%；成交金额约745.3亿，同比下降16.9%。对比往年纪录，2019年度成交面积和成交金额均已呈现二连跌的态势。

从各区的成交情况来看，顺德区以270.6亿元的成交金额连续三年担纲佛山拍地大户，成交地块主要集中在北滘、容桂和大良等区域。南海区紧随其后，共成交金额245.9亿元，里水、狮山和桂城为成交主力。同时，大沥、狮山、丹灶、张槎、乐从和西南等六个板块地价纪录被刷新。

四、年度住宅供应

2019年新建商品房供应面积1452万平方米，创近十年新高。在整体供应创近年新高的影响下，全市除了三水区有所下滑之外，余下四区均有不同程度的上涨，涨幅最高的为货量紧缺的禅城区，该区年度新房供应量126.12万平方米，同比增加54%。

五、年度住宅成交

2019年佛山一手房、二手房售卖逾16万套，其中新房成交111855套，比2018年锐减超5万套；成交面积达1253.79万平方米，同比2018年的1474万平方米，跌幅达14.94%。从历年成交来看，该成绩为近5年第二低，仅略高于2017年的10.7万套。

回顾2019年，备案价制度优化、春节后大湾区利好正式落地、土地市场火热带旺了1~4月成交。5月伊始，随着经济大环境变化以及高层重申“房住不炒”，佛山受供应放缓、土地流拍、中止潮等诸多因素影响，新房市场经历“由暖转凉”的过程，直至四季度多盘“以价换量”，加上人才放松政策效应，年末刺激了一波成交，不过未能如愿带动全年市场上行。

六、年度住宅存量

据佛山经纬数据中心统计，截至2019年12月，佛山整体预售量为1432万平方米，全市去存周期约为11.5个月。从各片区去存周期来看，南海里水、高明更合、顺德龙江、均安等镇街去存周期均超20个月。

七、区域成交表现

从五区成交来看，顺德、南海依然是成交“大头儿”，占了全市一半。其中，顺德全年成交达30066套，占比26.9%；南海全年成交27496套，占比24.6%。

而同比2018年的成交面积，禅南顺大三区均大幅下滑。首先是，禅城，下滑幅度最大，网签面积148.77万平方米，跌幅近25%。其次是顺德，网签面积350.7万平方米，同下跌了21.67%。最后是南海，网签面积313.98万平方米，同比下跌15.6%。

八、成交项目排行

2019年佛山住宅网签热销前十的有碧桂园凤凰湾、时代水岸、时代倾城、万科魅力之城、顺德龙光玖龙府、旭辉江山、信业阳光城檀悦、合景新鸿基泷景、保利中央公园、碧桂园翡翠湾。

位于顺德容桂的碧桂园凤凰湾以88.2927亿元网签总价、5913套再夺双料冠军。第二名是大沥黄岐的时代水岸，以网签1774套位居亚军。第三名是三水大塘板块的时代倾城，合计共网签1562套。

九、成交房企排行

据克而瑞数据统计，作为本土龙头，碧桂园以

174.86 亿元的销售业绩拿下 2019 权益金额榜的冠军，并连续 3 年蝉联佛山金额、面积榜的年度销售冠军；其产品一直以刚需、刚改为主，且土地储备丰富，多盘齐发。

深耕佛山核心区域的保利华南凭借其品牌、土储、产品等多方面优势，多项目齐头并进，以 162 亿元的权益金额榜斩获 2019 权益金额榜亚军。从企业布局项目来看，保利华南旗下项目多以改善型为主，主力布局桂城、佛山新城等中心区域，打造出保利天悦等标志性项目，跟随城市主力发展轴布局。

从 2018 年便高喊着“活下去”的万科，以 139.12 亿元、97.73 万平方米的销售业绩拿下佛山销售金额、销售面积季军，其销售业绩主要来自万科金域滨江、万科金域蓝湾Ⅱ、佛山万科 A32、万科魅力之城 4 大项目，业绩贡献均在 11 亿元以上。

十、年度房价走势分析

根据佛山中原研究中心数据分析，2019 年佛山一手销售均价为 14161 元 / 平方米；由于放开备案价，取消了双合同的缘故，与 2018 年同期相比大幅上涨。随着备案价逐步上升，下半年维持“万五”以上态势。2020 年迎来新一个十年，可以预见佛山楼市也将迎来新周期，中心板块房价或将重新抬头，特别是高价地项目的集中入市，必将带动周边板块价格的提升。

十一、热点板块分析

成交热点板块方面，顺德的容桂板块以 7863 套的成交套数位居首位，主要得益于不限购及单价低等利好，其次为区域内的碧桂园凤凰湾大盘支撑成交。第二名为三水的三水新城板块，共成交 7462 套，主要原因是不限购且临近广州花都等区域，以其低总价吸引不少广州刚需买家入手。位于第三位的顺德大良板块，共计成交 5041 套。作为传统富人区，叠加高价频出，刺激了买家入手，保利碧桂园悦公馆、万科金域滨江等楼盘均吸引了不少成交。

除此之外，顺德乐从、高明荷城与杨和、禅城绿岛湖板块、三水河口片区、顺德北滘、南海狮山等也都是佛山成交热门板块。

十二、未来展望

2020 年，可以预见佛山楼市将迎来新周期。具体看，年初或迎小阳春，但有可能呈现两极分化，特别是临广区域预计将呈现量价齐涨，而非限购区如若没有利好或低价刺激，或将持续走低。

2020 年佛山五区至少迎来 84 盘入市，其中 54 盘为 2019 年新拿地项目。从项目看，保利华侨城云禧、龙光新城玥云府、碧桂园广佛慢城、千灯湖月岛、招商天璞府、澳门城、卓越万科朗润园等品牌项目或将成为市场耀眼新星。

数据来源：佛山住建局、中原数据中心、经纬地产、克而瑞地产研究院。

2019 年佛山房地产在售楼盘概览

楼盘名称	城市名称	城区	地址	物业类型
碧桂园岭南盛世	佛山	禅城区	广佛地铁 1 号线普君北路站 C/D/E 出口	普通住宅、商铺
旭辉公元	佛山	禅城区	禅城区汾江北路 82 号	普通住宅、公寓
合景新鸿基泷景	佛山	禅城区	禅城区澜石大马路 9 号	普通住宅、公寓、写字楼、商铺
国瑞升平	佛山	禅城区	佛山禅城莲升片区永安路西侧	商铺
兆阳 O 立方	佛山	禅城区	同济东路与朝安路交会处（区政府通济大院对面）	写字楼、建筑综合体
保利碧桂园天汇	佛山	禅城区	桂澜路与东平路交会处沿东平路前行 100 米	普通住宅、公寓、别墅、公寓、商铺
保利翡翠公馆	佛山	禅城区	禅城区科海路与禅港路交界处	普通住宅、商铺
金茂绿岛湖	佛山	禅城区	禅城区绿岛湖片区（原南庄月映）	普通住宅、别墅、商住
绿城桂语兰庭	佛山	禅城区	禅城区桂澜路与绿景东路交会处	普通住宅
五矿崇文金城	佛山	禅城区	禅城区绿景东路	普通住宅、别墅
碧桂园世纪滨江	佛山	禅城区	禅城季华二路智慧路 4 号	普通住宅、公寓、写字楼、商铺
世茂望樾	佛山	禅城区	绿岛湖禅港路和横三路交界处北侧	普通住宅
滨江首府	佛山	禅城区	海五路汾江岸	普通住宅、商铺
保利 i 立方	佛山	禅城区	禅城区华宝路东面、轻工路南面	普通住宅、公寓
信业阳光城檀悦	佛山	禅城区	禅城区科海东路（绿岛湖南湖旁）	普通住宅、别墅
世茂望德	佛山	禅城区	禅城区华祥路南侧、规划十六路西侧地块	普通住宅
越秀岭南隽庭壹公馆	佛山	禅城区	禅城区岭南大道及同济东路交会处	公寓
卓越浅水湾	佛山	禅城区	禅城区魁奇路及桂澜路交会处	普通住宅
华发四季	佛山	禅城区	祖庙丝绸大街华发四季	普通住宅
保利水木芳华	佛山	禅城区	禅城区佛罗公路 45 号之一	普通住宅
招商岸芷汀兰	佛山	禅城区	禅城区江湾二路岸芷汀兰营销中心	普通住宅
CC ONE 港威滨纷汇	佛山	禅城区	禅城区南庄镇南庄大道与佛山一环交会处	公寓、写字楼、商业
玖悦	佛山	禅城区	禅城区南庄镇南庄大道旁（南庄镇政府旁）	普通住宅
龙湖越秀傲云	佛山	禅城区	禅城区朝安南路（地铁朝安站 B 出口）	普通住宅
国瑞铂金公馆		禅城区	禅城区汾宁路 62 号	普通住宅
合景阳光城领峰	佛山	禅城区	禅城区南庄吉利广场南	普通住宅、公寓
金地海逸悦江	佛山	禅城区	禅城区季洲东路	普通住宅
龙光天阙	佛山	禅城区	禅城区平远西街与绿影西街交会处	普通住宅、别墅
保利同济府	佛山	禅城区	禅城区同济西路 5 号	普通住宅
美的时光	佛山	禅城区	禅城南庄大道绿岛明珠旁	普通住宅
普君新城华府 II	佛山	禅城区	禅城区岭南大道和同济路交会处	普通住宅
朝安金茂悦	佛山	禅城区	禅城区兆祥路北侧（桂城地铁站旁）	普通住宅
民旺云城国际公馆	佛山	禅城区	禅城区绿岛湖地铁站口	公寓、酒店式公寓、商铺
阳光城 · 佛山半岛	佛山	禅城区	禅城区禅港路绿岛湖片区	普通住宅、别墅
万科金域时光	佛山	禅城区	禅城区季华西路与湖涌大道交会处	普通住宅、公寓
岭南天地怡廷	佛山	禅城区	祖庙岭南天地	普通住宅
东建世纪锦园	佛山	禅城区	禅城区祖庙亲仁路西行 100 米	普通住宅
保利中交大都汇	佛山	禅城区	季华路与紫洞路交叉口地铁 2 号线湖涌站	普通住宅
鸿翔芮丽	佛山	禅城区	季华六路 32 号	公寓
深业城	佛山	顺德区	顺德区北滘 105 国道与林港路交会处东南角	普通住宅、公寓
保利中环广场	佛山	顺德区	顺德区大良新城区德胜国泰南路 2 号	普通住宅
金域天下	佛山	顺德区	顺德区容桂外环路与建业路交会处北行 200 米	普通住宅、别墅
金海 M-CITY	佛山	顺德区	新城裕和路 1 0 号	普通住宅、公寓、写字楼
怡翠晋盛花园	佛山	顺德区	佛山新城三顺路与富华路交界	普通住宅、公寓、别墅、写字楼、商铺
顺德保利中央公园	佛山	顺德区	顺德大良北 105 国道与龙洲路交会处	普通住宅、商铺
万科金域滨江	佛山	顺德区	顺德区大良新城区德胜中路（喜来登酒店旁边）	普通住宅、写字楼、商铺、商业
碧桂园凤凰湾	佛山	顺德区	顺德容桂街道小黄圃外环路 45 号、欣庭南路 1 号	普通住宅、酒店式公寓、商铺
藏珑华府	佛山	顺德区	广珠西线石洲出口西侧 300 米（国通总部旁）	普通住宅、酒店式公寓、建筑综合体
美的花湾城	佛山	顺德区	顺德东村[illegible]东路 88 号	普通住宅、商铺
保利碧桂园悦公馆	佛山	顺德区	顺德大良新城区碧桂路与德胜东路交界	普通住宅

楼盘名称	城市名称	城区	地址	物业类型
保利海德公园	佛山	顺德区	乐从镇富华路与华康道交会处	普通住宅
物联创智谷	佛山	顺德区	顺德区乐从镇乐中路 139 号	公寓、商铺
泰禾世茂佛山院子	佛山	顺德区	佛山新城天虹路与华阳南路交会处	普通住宅、公寓、别墅、商铺
招商曦岸	佛山	顺德区	顺德区陈村镇金锠南路南侧	普通住宅
中惠璧珑湾	佛山	顺德区	大良街道环市南路与永同路交会处	普通住宅、商铺
力合阳光城云谷	佛山	顺德区	顺德区南方智谷新城路与致慧路交界	普通住宅、公寓、写字楼、公寓、商铺
凯蓝滨江时光	佛山	顺德区	顺德区容桂东堤路以南、兴隆路以东	普通住宅、商铺
合景天銮	佛山	顺德区	顺德区北滘镇新城区木华路 2 号	普通住宅
世博汇	佛山	顺德区	佛山市顺德区龙江镇龙江西路与精美路交界处	公寓、写字楼、商铺、建筑综合体
美的绿城凤起兰庭	佛山	顺德区	顺德北滘新城美的大道站旁	普通住宅、商住
中海万锦公馆	佛山	顺德区	顺德伦教伦桂路与南苑西路交会处汇贤中学正对面	普通住宅
美的西江府	佛山	顺德区	顺德区龙江镇左滩甘竹大道 48 号	普通住宅、商铺
金辉优步大道	佛山	顺德区	潭洲国际会展中心旁	普通住宅、商铺
利保米兰公馆	佛山	顺德区	顺德龙江 325 国道与龙洲路交会处	公寓
颐安·灏景湾	佛山	顺德区	顺德区容桂街道容里居委会建丰路以西	普通住宅、商铺
碧桂园智慧家	佛山	顺德区	顺德大良近良路上凤城食都对面	普通住宅
中洲府	佛山	顺德区	顺德大学北（中洲府营销中心）	普通住宅
华润置地悦里	佛山	顺德区	佛山新城裕和路与腾冲官路交会南行 300 米	普通住宅
万科翡翠江望	佛山	顺德区	顺德区陈村镇二龙大堤西侧	普通住宅
金科博翠天下	佛山	顺德区	顺德区大良东乐路	普通住宅、商铺
金辉路劲江山云著	佛山	顺德区	顺德区容桂德胜河滨公园旁	普通住宅、商铺
碧桂园美的水木清华	佛山	顺德区	顺德区杏坛新齐宁路与古海路的交界处	普通住宅、商铺
乐明轩	佛山	顺德区	顺德区大良展翔路 12 号（花畔里旁）	普通住宅
美的中交翰诚	佛山	顺德区	顺德高新区·西山小学（公办）旁	普通住宅
恒福容悦园	佛山	顺德区	顺德区容桂街道红星社区文滘路 10 号	普通住宅
佛山恒大苏宁广场	佛山	顺德区	中国佛山新城	公寓
美的桂畔君兰	佛山	顺德区	顺德区伦教新基北路桂畔海旁	普通住宅
雅居乐万象郡	佛山	顺德区	顺德区容桂镇	普通住宅、商铺

楼盘名称	城市名称	城区	地址	物业类型
碧桂园·云空间（勒流）	佛山	顺德区	勒流商圈	公寓、商住
顺德龙光玖龙府	佛山	顺德区	顺德区南国西路与新裕大道交会处	普通住宅
涛汇广场	佛山	顺德区	顺德区大良街道凤翔路 22 号	别墅
中海雍景熙岸	佛山	顺德区	顺德区均安镇百安北路 30 号	别墅
电建地产·洺悦半岛	佛山	顺德区	顺德区勒流街道勒流中心小学旁	普通住宅
华侨城云邸	佛山	顺德区	欢乐海岸 PLUS 旁（顺德学院北侧）	普通住宅
万科金域学府	佛山	顺德区	顺德区杏坛镇新齐宁路东侧昌教小学对面	普通住宅
顺德新能源汽车小镇	佛山	顺德区	顺德中心城区南方智谷	写字楼
顺德未来城	佛山	顺德区	顺德区北滘镇美的大道和益丰路交界处	普通住宅、公寓、商铺
电建地产·洺悦华府	佛山	顺德区	顺德区大良街道近良振东围地	普通住宅
Poly The Face	佛山	顺德区	顺德大良新城区国泰路和兴业路交会处	公寓
龙光玖龙郡	佛山	顺德区	顺德区大良顺番路与顺诚南路交会处	普通住宅、公寓
万科星都荟	佛山	顺德区	顺德区教育路东侧，龙洲公路北侧	商业
中海金玺公馆	佛山	顺德区	伦教大成围伦桂路以东、汇贤中学以北	普通住宅
路劲天隽汇	佛山	顺德区	容奇大道东、德胜河滨公园旁	普通住宅、别墅
顺德汽车产业园	佛山	顺德区	顺德区顺德立交桥旁	公寓、商铺
华侨城·欢乐海岸PLUS·蓝岸公寓	佛山	顺德区	欢乐大道 8 号	公寓
万科京都荟	佛山	顺德区	佛山新城 CBD 广佛线东平地铁站旁	商业
中交雅居乐剑桥郡	佛山	顺德区	乐从镇	普通住宅、商铺
中海云麓公馆	佛山	顺德区	龙江北华路与东华路交会处	普通住宅
旭辉雅居乐清樾	佛山	顺德区	顺德北滘镇潭州湾畔	普通住宅
碧桂园凤凰湾望江府	佛山	顺德区	顺德区容桂广东实验中学	普通住宅
顺德恒大江湾	佛山	顺德区	顺德区杏坛镇德富路西山小学旁	普通住宅
金茂碧桂园正荣府	佛山	顺德区	佛山大道南·沙良河公园旁	普通住宅、别墅
德江御府	佛山	顺德区	顺德区龙江镇丰华南路	普通住宅
龙悦江山	佛山	顺德区	龙江龙洲路与东华路交会处东侧	普通住宅
龙光天瀛	佛山	顺德区	顺德区大良新城德胜河旁	普通住宅、别墅
蓝光碧桂园锦泷湾	佛山	顺德区	顺德区均安新城凫洲河畔新华小学北	普通住宅、别墅、商铺

楼盘名称	城市名称	城区	地址	物业类型
信达·珑桂蓝庭	佛山	顺德区	顺德区容桂信合大厦旁	普通住宅
中交诚湾悦府	佛山	顺德区	顺德高新区智域城德富路	普通住宅
金地翠园	佛山	顺德区	顺德北滘新城华师附小旁	普通住宅
鸿坤·创智天地	佛山	顺德区	顺德大良东区南方智谷	商业
顺德自在城	佛山	顺德区	顺德高新区西部启动区杏坛二环旁	普通住宅
涛汇明日·鎏金湾	佛山	顺德区	顺德大良新城德胜西路9号	普通住宅、别墅
禹洲·朗廷湾	佛山	顺德区	顺德区勒流街道黄连黄中北路68号	普通住宅
华一星豪湾	佛山	顺德区	顺德区均安镇东堤南路22号	普通住宅
华侨城天鹅堡	佛山	顺德区	顺德区大良街道逢沙村欢乐大道8号	普通住宅
保利天寰	佛山	顺德区	岭南大道与荷岳路交会处南200米	普通住宅
中国铁建领秀公馆	佛山	顺德区	顺德区三乐路莘村公交站南侧	普通住宅
碧桂园水乡芳华	佛山	顺德区	顺德区杏坛镇河北路东北侧	公寓、商铺
荣盛·文博府	佛山	顺德区	顺德区杏坛镇顺德高新区德富路	普通住宅、商铺
上华智能智造产业园	佛山	顺德区	顺德区乐从镇上华工业区上华智能智造产业园	公寓、商铺
中国铁建凤语潮鸣	佛山	顺德区	顺德区大良东区欢乐海岸旁	普通住宅
金辉岭南云著	佛山	顺德区	大良东区海山北路顺峰小学旁	普通住宅
融创滨江粤府	佛山	顺德区	顺德区均安镇凫洲河畔（均安三桥旁）	普通住宅
中恒海晖城	佛山	南海区	南海区佛山西站旁桂丹路99号	普通住宅
合生君景湾	佛山	南海区	南海区南海区里水镇南盐公路名雅花园旁（北侧）	普通住宅
天晟海琴湾	佛山	南海区	南海区南海区丹灶镇金沙大桥南侧	别墅
祈福南湾半岛	佛山	南海区	南海区南海区仙湖度假区内（佛山市南海丹灶镇桂丹路）	普通住宅、别墅
碧桂园翡翠湾	佛山	南海区	南海区南海区西樵镇西岸新城区新城中路北101号	普通住宅、商铺
翠湖绿洲花园	佛山	南海区	南海区南海区罗村贵隆路1号	普通住宅
时代天境	佛山	南海区	南海区南海区里水镇洲村	普通住宅
誉江华府	佛山	南海区	南海区南海区九江镇江滨新区331号	普通住宅、别墅
和丰颖苑	佛山	南海区	南海区南海区仙湖度假区内	普通住宅
富力国际金融中心	佛山	南海区	南海区千灯湖金融高新区海五路28号	公寓、写字楼、商铺
保利紫山花园	佛山	南海区	南海区里水镇里水大道南53号	别墅

楼盘名称	城市名称	城区	地址	物业类型
奥园上林一品	佛山	南海区	南海区丹灶镇迎金一路1号	商铺
悦万城	佛山	南海区	南海区桂城南海大道北46号	普通住宅、商铺
宏宇景裕豪园	佛山	南海区	南海区南海大道与海八路交会处西南角	普通住宅
美立方花园	佛山	南海区	南海区狮山红星南路与科技北路交会处西侧	普通住宅
尚观嘉园	佛山	南海区	南海区罗村街道罗村大道中（光明小学旁）	普通住宅、自住型商品房
万科金色领域	佛山	南海区	南海区桂城街道佛平三路1号广佛线雷岗站A出口	商铺、商业
广佛新世界花园洋房	佛山	南海区	南海高新区高尔三路333号	普通住宅
名汇浩湖湾	佛山	南海区	南海区广佛新干线与虹岭路交会处	普通住宅
海逸桃花源记	佛山	南海区	南海区狮山镇松岗商业二道与桃园路交会处	普通住宅、公寓、商铺
国华新都	佛山	南海区	南海区大沥镇广佛路与太平大道交会处	普通住宅、商铺
保利紫山国际	佛山	南海区	南海区里水镇里水大道南53号	普通住宅
金沙半岛	佛山	南海区	南海区广佛高速沙涌出口上沙路	普通住宅
怡翠尊堤	佛山	南海区	南海区千灯湖金融高新区桂江立交北侧	普通住宅、公寓、写字楼、商铺
江山一品	佛山	南海区	南海区西樵北江大堤路6号（凤鸣圣堡旁）	普通住宅、别墅、商铺
保利珑门	佛山	南海区	南海区大沥广场商贸城内中央大街东侧	普通住宅、公寓、写字楼、商铺
恒福天悦花园	佛山	南海区	南海区狮山广云路303号（华立医院斜对面）	普通住宅、商铺
富丰君御	佛山	南海区	南海区桂城街道佛平四路1号	普通住宅、商铺
时代水岸	佛山	南海区	南海区金沙洲海北大道南	普通住宅
松晖名苑	佛山	南海区	南海区狮山镇松岗松石路1号	普通住宅
中旅银湾	佛山	南海区	南海区西樵西岸东区大道与凤鸣大道交会处	普通住宅、公寓、别墅
悦珑湖	佛山	南海区	南海区西樵二小东侧50米	普通住宅
保利诺丁山	佛山	南海区	南海区三山新城港口路与环岛南路交会处	普通住宅
东建锦绣龙湾	佛山	南海区	南海区西樵镇樵高路3号（江滨花园旁）	普通住宅
当代万国府MOMΛ	佛山	南海区	南海区海八路与一环交会处	普通住宅、别墅
宏宇天御江畔	佛山	南海区	南海区里水镇沙涌社区居民委员会上沙涌路37号	普通住宅

楼盘名称	城市名称	城区	地址	物业类型
珠水豪庭	佛山	南海区	南海区黄岐北环路138号	普通住宅
保利叶公馆	佛山	南海区	南海区千灯湖桂澜路虫雷岗地铁站旁	普通住宅
恒大悦府	佛山	南海区	南海区千灯湖金融高新区（桂和路与穗盐路交会处）	普通住宅、商铺
连城湾	佛山	南海区	南海区大沥镇盐步街道荣阳大街22号（海傍路旁）	普通住宅
恒大金名都	佛山	南海区	南海区里水镇里广路6-8号	普通住宅、共有产权房
保利茉莉公馆	佛山	南海区	南海区狮山科技西路（南海中央公园旁）	普通住宅
鸿业畔湖居	佛山	南海区	南海区狮山镇广佛新干线与虹岭路交界处	普通住宅、商铺
奥园观湖尚居	佛山	南海区	南海区东风水库旁	普通住宅、公寓
美的翰湖苑	佛山	南海区	南海区丹灶镇大金智地高端产业服务区建沙路西侧	普通住宅
香格里拉花园	佛山	南海区	南海区狮山镇松岗南国桃园	普通住宅、公寓、别墅
万科城市之光	佛山	南海区	南海区狮山镇光明新城罗村大道中	普通住宅、商铺
新城璟城	佛山	南海区	南海区狮山镇广云路和兴业路交界	普通住宅
富力西江十号	佛山	南海区	南海区九江江滨路镇政府旁（儒林广场东侧）	普通住宅
万冠广场	佛山	南海区	南海区里水镇里水大道中10号（艺术河畔旁）	普通住宅、写字楼、商铺
招商悦府	佛山	南海区	南海区九江镇沙龙路南金村委会地段	普通住宅、商业
时代家	佛山	南海区	南海区里水大道中56号南海区	普通住宅、商铺
力迅榕墅里	佛山	南海区	南海区里水碧湖路旗峰中学旁	普通住宅、别墅
恒大滨江御府	佛山	南海区	南海区九江镇江滨新区儒林中学旁	普通住宅
广佛新世界凯璟湾别墅	佛山	南海区	南海区国家高新区高尔夫路333号	别墅
时代领峰	佛山	南海区	南海区小塘三环东路11号	普通住宅、别墅
中海万锦世家	佛山	南海区	南海区狮山官窑瑶平路	普通住宅
德高信中央大道	佛山	南海区	南海区桂城街道融和路15号	公寓
龙光玖龙湖	佛山	南海区	南海区桂丹西路仙湖旅游度假区旁	普通住宅、政策房
西关九里	佛山	南海区	南海区穗盐西路佰德广场西侧	公寓
万科A32	佛山	南海区	南海区海八路南侧及平三路华翠北路之间	建筑综合体
碧桂园广佛上城	佛山	南海区	南海区佛罗伦萨小镇斜对面	普通住宅、商业
越秀星汇瀚府	佛山	南海区	南海区深海路与桂平路交会处	普通住宅

楼盘名称	城市名称	城区	地址	物业类型
万科尚都荟	佛山	南海区	南海区桂城街道季华东路北侧桂澜路东侧	普通住宅、商业
樵悦名居	佛山	南海区	南海区西樵镇樵金路187号	普通住宅、商铺
碧桂园·君临壹品	佛山	南海区	南海区九江镇九江大道中段北侧	普通住宅、商铺
国瑞华庭	佛山	南海区	南海区西樵碧霞一路7号	普通住宅、商铺
龙光玖御湖	佛山	南海区	南海区佛山西站地铁3号线首发站	普通住宅
碧桂园金辉坚果社区	佛山	南海区	南海区大沥镇禅碳路边（松岗大道南22号）	普通住宅、商铺
首创禧悦台	佛山	南海区	南海区狮山镇小塘三环西路旁	普通住宅、商铺
雅瑶绿洲星悦湾	佛山	南海区	南海区千灯湖中轴桂和路（南海碧桂园旁）	普通住宅、别墅
雅居乐新地	佛山	南海区	南海区狮山镇兴业路与红星路交会处	普通住宅
万科金域蓝湾Ⅱ	佛山	南海区	南海区桂城季华东路以南、半岛路以北、东平河旁	普通住宅
美的玖峰广场	佛山	南海区	南海区大沥广佛路九龙公园旁	普通住宅、公寓、商铺
保利天际	佛山	南海区	南海区海五路与锦园路交会处	公寓、写字楼
弘阳·时光天樾	佛山	南海区	南海区西樵镇听音湖旁锦湖大道东侧	普通住宅、别墅
广佛智能家居城	佛山	南海区	南海区岭南路86号广佛国际商贸城6号地块	商铺
广佛里智慧慢城	佛山	南海区	南海区里水幸福路	普通住宅、写字楼、商业
利嘉阁	佛山	南海区	南海区桂城街道夏东路17号（丽和苑旁）	普通住宅
龙光·天曜	佛山	南海区	南海区桂城街道平洲南港路北侧	普通住宅、商铺
时代天韵	佛山	南海区	南海区海景大道旁	普通住宅、公寓
佳兆业E立方	佛山	南海区	南海区盐步环镇北路	商业
合生悦公馆	佛山	南海区	南海区大沥博爱路以及禅炭路交界处	普通住宅
保利和悦滨江	佛山	南海区	南海区桂城东平路（半月岛湿地公园旁）	普通住宅
弘阳博爱湖壹号	佛山	南海区	南海区狮山博爱湖旁	普通住宅、别墅
佛山保利天悦	佛山	南海区	南海区桂城千灯湖地铁A出口	普通住宅、公寓、写字楼、商铺
时代招商天禧	佛山	南海区	南海区大沥镇太平大道	普通住宅
首创·禧瑞园著	佛山	南海区	南海区狮山镇博爱湖兴业路北	普通住宅
万科金域世家	佛山	南海区	南海区北一大道新二巷	普通住宅
奥园誉峰	佛山	南海区	南海区佛山总部中心西樵（樵北中学旁）	普通住宅

楼盘名称	城市名称	城区	地址	物业类型
阅海	佛山	南海区	南海区沿江北三路阅海销售中心	普通住宅
丽日坚美森林湖	佛山	三水区	三水区云东海大道森林公园东门南侧	普通住宅、别墅
御江南	佛山	三水区	三水区西南街道金泉大道3号（三水大桥桥南）	普通住宅、别墅
雍翠新城	佛山	三水区	三水乐平镇中心小学旁	普通住宅、自住型商品房
三水保利中央公园	佛山	三水区	三水区南丰大道西侧荷花世界旁	普通住宅
博雅滨江	佛山	三水区	三水区西南街道文锋西路花果山	普通住宅、商铺
欧雅右岸春天	佛山	三水区	三水区西南金太阳东侧碧雅路1号右岸花园	普通住宅
鸿安花园	佛山	三水区	三水区西南街道西青大道23号	普通住宅、商铺
汇信华府	佛山	三水区	三水区西南西青大道与北江大道交会处	普通住宅、公寓、商铺
盛凯尚城	佛山	三水区	三水区乐平镇乐华路29号	普通住宅、公寓、商铺
月亮湖颐景园	佛山	三水区	三水区大塘镇锦塘路东侧（原莱福水岸城邦）	普通住宅、别墅、商铺
保利云上	佛山	三水区	三水区云东海街道学海中路	别墅
瀚洋居	佛山	三水区	三水西南街道河口锦欣路2号	普通住宅
碧桂园翡翠山	佛山	三水区	三水区三水新城森林公园内	普通住宅、商铺
时代南湾	佛山	三水区	三水区北江新区西河路北侧	普通住宅
恒大郦湖城	佛山	三水区	三水区西南街道碧云路与锦河三路交会处西侧	普通住宅
旭辉城	佛山	三水区	三水区云东海街道南丰大道99号	普通住宅、商铺
通号·天聚广场	佛山	三水区	三水区西南街道三水新城鲁村路与颂和路交会处东北角	普通住宅、公寓、写字楼
三水冠军城	佛山	三水区	三水区健力宝南路与广海大道交会处	普通住宅
中昂翠屿湖	佛山	三水区	三水区白坭镇科技大道3号	普通住宅
恒大山水龙盘	佛山	三水区	三水区桂丹路仙湖度假区正门直行约500米	普通住宅、别墅
观景豪园	佛山	三水区	三水区西南兴达路11号	普通住宅
碧桂园奥斯汀	佛山	三水区	三水区西南街道锦江路及口岸大道交界处	普通住宅、公寓、商铺
新城招商誉府	佛山	三水区	三水区北江新城建设一路与建设大道交界处	普通住宅
广乐颐景园	佛山	三水区	三水区乐平镇礼仪大道111号	普通住宅、商铺
旭辉江山	佛山	三水区	三水区万达广场北500米	普通住宅、商住
恒大云东海	佛山	三水区	三水区云东海街道恒大云东海	普通住宅、别墅
三水坊	佛山	三水区	三水区健力宝南路与广海大道交会处	商铺
龙光碧桂园悦府	佛山	三水区	三水区乐平镇中心城区9号	普通住宅
龙光玖誉府	佛山	三水区	三水区乐平齐力大道北（乐平中心小学旁）	普通住宅
万科魅力之城	佛山	三水区	三水区芦苞大道新芦小学东门侧	普通住宅、别墅
碧桂园佛山双子星城	佛山	三水区	三水区三水新城高丰路与桃园西路交界处	普通住宅、公寓、写字楼、商铺
万顺华府	佛山	三水区	三水区乐平镇南边大道9号	普通住宅
金地艺境天成	佛山	三水区	三水区大塘新城	普通住宅、商铺
招商樾园	佛山	三水区	三水区北江新城区凤凰公园南侧	普通住宅、商铺
佛山恒大御澜庭	佛山	三水区	三水区大塘镇新城区兴泰路旁	普通住宅
浅水湾	佛山	三水区	三水区三水新城映海路三江水韵公园旁	普通住宅
美的峰境	佛山	三水区	三水区白坭镇科技大道5号	普通住宅、商铺
金融街·金悦府	佛山	三水区	三水区三水新城云庭大道7号	普通住宅、商铺
美的君兰庄园	佛山	三水区	三水区环鹿路与碧云路交会处	普通住宅、公寓、别墅
中南远洋·漫悦湾	佛山	三水区	三水区三水新城湖滨南路与映海路交会处	普通住宅、商铺
北大资源颐和博雅	佛山	三水区	三水区西南街道文锋西路5号花果山	普通住宅
宏信·优家	佛山	三水区	三水区大塘工业园兴唐路14-2号（兴唐路与开元路交会处）	公寓、商铺
三水奥园尚居	佛山	三水区	三水区南山镇漫江大道旁（南山镇政府旁）	普通住宅
远洋华远天骄	佛山	三水区	三水区三水新城映海路（碧香湖公园北侧）	普通住宅
创雄华府	佛山	三水区	三水区西南街道北江新区建设二路	普通住宅
华远远洋·海蓝城	佛山	三水区	三水新城映海路（华中师大附中旁）	普通住宅、商铺
恒大珺庭	佛山	三水区	三水区乐平镇新城路南	普通住宅
金科集美山水	佛山	三水区	三水区芦苞镇新昌奥特莱斯旁	普通住宅、别墅
景秀南湾公馆	佛山	三水区	三水区大塘镇永大西路87号	普通住宅
颐安天朗名庭	佛山	三水区	三水区西南街道建设一路10号	普通住宅
捷和广场	佛山	三水区	三水区城市主干道南丰大道	普通住宅
南山十二院	佛山	三水区	三水区南山镇东和路25号	公寓

楼盘名称	城市名称	城区	地址	物业类型
常乐府	佛山	三水区	三水区北江新区建设一路与建设大道交会处	普通住宅、商铺
禹洲朗悦	佛山	三水区	三水区乐平大道北	普通住宅、商铺
谊泰豪苑	佛山	三水区	三水区翠云路与鲁村路交叉路口东100米	普通住宅
富星半岛	佛山	高明区	高明区荷城街道高明大道东492号	普通住宅、别墅、建筑综合体
君御海城	佛山	高明区	高明区西江新城沿江路	普通住宅、公寓、建筑综合体
欧浦花城	佛山	高明区	高明区杨和镇杨西大道133号（皂幕山国家4A景区内）	普通住宅、别墅、商铺
江滨香格里	佛山	高明区	高明区西江新城秀丽河与丽江水廊交会处	普通住宅、别墅、商铺
碧桂园联丰天汇湾	佛山	高明区	高明区荷城西江新城怡乐路888号（沧江中学旁）	普通住宅、商铺
美的鹭湖森林度假区	佛山	高明区	高明区杨和镇高明大道对川路段	普通住宅、公寓、别墅
美的明湖	佛山	高明区	高明区西江新城明湖公园旁	普通住宅、别墅、商铺
招商熙园	佛山	高明区	高明区荷城街道沧江南路	普通住宅
恒大山湖郡	佛山	高明区	高明区泰康山风景区旁（广明高速明城出口）	别墅
龙光玖龙府（高明）	佛山	高明区	高明区杨西大道和三和路交界处	普通住宅
绿地·拾野川	佛山	高明区	高明区金谷朗公交站旁	普通住宅、别墅
佛山美的城	佛山	高明区	高明区杨西大道北和三和路的交会处、杨和镇政府旁	普通住宅
保利玥府	佛山	高明区	高明区西江新城荷富大道和丽景东路交会处	普通住宅
高明·中梁首府	佛山	高明区	高明区碧桂园峰会项目北侧	普通住宅

楼盘名称	城市名称	城区	地址	物业类型
龙光金辉优步学府	佛山	高明区	高明区荷城街道富湾小学旁	普通住宅
碧桂园·首座	佛山	高明区	高明区大成路8号	普通住宅
翡翠西江	佛山	高明区	高明区西江新城体育中心对面	普通住宅
金科·集美天辰湾	佛山	高明区	高明区高明大道与平山一路交会处	普通住宅
恒晖·星河雅居	佛山	高明区	高明区汽车客运站对面	普通住宅
中南滨江国际	佛山	高明区	高明区荷城荷香路	普通住宅
卓越金科集美江湾	佛山	高明区	高明区荷城街道大成路与宜兴街交会处	普通住宅
恒大滨江左岸	佛山	高明区	高明区明城镇高明大道以南平山一路道路以西	普通住宅
力高君熙府	佛山	高明区	高明区西江新城德恒菁英学校旁（凤凰路）	普通住宅
绿地熙江广场	佛山	高明区	高明区西江新城苏河路明湖公园东侧	普通住宅、公寓、写字楼、商铺
恒大西江天悦	佛山	高明区	高明区荷城街道富湾镇沿江路旁	普通住宅、商铺
绿地千浔溪山	肇庆	肇庆	肇庆市高要白土镇金广大道	普通住宅、公寓、别墅
恒大世纪梦幻城	肇庆	肇庆	肇庆市珠三角环线高速回龙出口	普通住宅、公寓、别墅、商铺
恒大御湖城	肇庆	肇庆	肇庆市四会市东城区景观大道	普通住宅
肇庆恒大翡翠华庭	肇庆	肇庆	肇庆市端州区端州一路蓝塘公交站旁	普通住宅、公寓、别墅
肇庆恒大御景湾	肇庆	肇庆	肇庆市高要区金利镇金马大桥北金福大道	普通住宅
富力尚悦居	江门	鹤山市	鹤山市龙口镇协华村委会龙护一队	普通住宅、商住
阳江富力湾	阳江	阳江	阳西县月亮湾度假区	普通住宅、别墅、商住

岭南天地怡廷

2019年 中国城市楼盘年鉴 典型项目

佛山 祖庙商圈 历史建筑 社区品质

岭南天地怡廷位于佛山市禅城区祖庙东华里中心地段，由佛山瑞安天地房地产发展有限公司开发，占地面积 11875 平方米，总建筑面积 7 万平方米。

项目地址：
佛山市禅城区祖庙燎原路南侧

开发商：
佛山瑞安天地房地产发展有限公司

建筑类型：
板楼、高层

主力户型：
98~160 平方米三居、四居

周边配套：
佛山市中医院、百花广场、祖庙、兆祥公园

参考价格：
待定

楼盘优势：
广佛线地铁站旁，临近祖庙商圈、季华商圈、桂城商圈。

专家点评 李启效·克而瑞佛山事业部负责人

作为佛山老城区的文旅综合体项目，岭南天地怡廷糅合岭南特色建筑文化与现代时尚元素，产品类型丰富，地段繁华热闹，周边配套众多，交通、医疗、教育等配套优势明显。

项目解析

【区域维度】

岭南天地位处祖庙东华里地段，是禅城的旧城中部，佛山文物古迹密集、规模宏大、传统风貌保留完整的历史文化街区。

随着佛山市中心土地资源日渐稀缺，祖庙片区待开发的土地资源更是寥寥无几，怡廷组团坐拥岭南站、岭南天地商业街等商业配套，推窗可见东华里古建筑群，下楼即可逛商场、漫步文化街区，享受充满烟火气的生活，周边毗邻铂顿城、普君新城、中医院等大批成熟配套，居住便利程度较高。

与此同时，项目公共交通配套完善，可便捷往返广佛，公交站、汽车站点均有，横跨广佛地铁祖庙站、普君北路双地铁站，3 站可抵达千灯湖，10 站可达广州荔湾。

【品牌维度】

项目由“上海新天地”的原班人马——瑞安房地产匠心打造，其于 2004 年成立，2006 年 10 月在香港联交所上市，内地总部设于上海，素有“旧城改造家”美誉，拥有二十多年丰富的城市更新经验。截至 2019 年 6 月 30 日，瑞安房地产旗下有 9 个处于不同开发阶段的项目，土地储备达 860 万平方米。

佛山岭南天地于 2007 年被瑞安房地产旗下 8 家子公司以 75.1 亿元联合竞得，刷新彼时广东总价纪录，楼面价约 5004 元 / 平方米，总投资超过 200 亿元。瑞安地产根据地块的优势进行规划设计，经过 12 年的雕琢，佛山岭南天地的区域价值随着配套不断完善而全面提升，成为佛山城市“名片”之一。

【口碑维度】

作为佛山历史文化风貌与城市脉络的传承者和记录者，佛山岭南天地的设计理念在地产界可谓颇具引领性，成为佛山楼市难得的佳作，更是广佛高端置业人群的优选。

项目已打造出东华嘉苑、东华轩、御苑、璟轩、尚苑、璟廷等多个组团，多次开盘几近告罄的销售佳绩，见证了其炙手可热的程度。本期推出的怡廷组团乃岭南天地住宅板块全新力作，规划为低密度舒适型产品，户户南向，凭借景观视觉互不遮挡、私密性高的 Y 形布局，备受市场期待。

【产品维度】

东西皆天地，岭南见风华。佛山岭南天地延续佛山的历史文化风貌与城市脉络，以祖庙、东华里、历史风貌区为发展主轴，用现代化的手法保护和改造片区内的 22 幢文物建筑，延续历史街巷，创造尺度适宜的开放空间，并充分运用骑楼、锅耳式山墙、瓦脊、雕花屋檐、蜿蜒街巷等岭南建筑特色，使佛山的历史文化风貌与城市脉络得以传承，并赋予其新的生命力。

同时，佛山岭南天地还充分挖掘佛山粤剧之乡、陶艺之乡、武术之乡、美食之乡等文化特色，引入各类文化设施及现代化设施，在保留历史建筑原有风情的基础上，注入现代时尚元素，让历史与现代元素和谐地融合，使其充满本土文化的独特韵味。

更多楼盘详情请扫码查看

2019 年惠州房地产市场总结

行业发展历程

一、城市概述

惠州，毗邻深圳、香港，北连河源市，东接汕尾市，西邻东莞市和广州市，是珠江三角洲中心城市之一 。辖惠城区、惠阳区、惠东县、博罗县和龙门县，设有仲恺高新技术产业开发区和大亚湾经济技术开发区两个国家级开发区。惠州是广东省的重点发展地区，经济发展迅速，成为珠三角东部新兴的工业化城市。

二、行业现状

近年来，各项利好落地惠州，再加上各个基础设施、环境的改善，惠州成为购房者的心头好。2019 年惠州楼市供应保持稳定，成交体量、价格上涨迹象显现，住宅存量高企，各区域市场分化明显，大亚湾、惠城和博罗为惠州市场主力。

得益于金山新城建设启动、广汕和赣深高铁接近通车、全力对接深圳示范区等利好，预计惠州楼市基本面会在 2020 年上扬，房价将有一般性上涨的可能。

三、政策环境

2016 年 10 月，惠州首次出台“限价令”，规定需按照“一房一价、明码标价”要求开展明码标价监制工作，到 2019 年 10 月，惠州各区域严格执行限价政策，全市住宅均价上涨控制有效，涨幅在 10% 以内。10 月“限价令”到期，限价区域性放松是事实，不排除出台限价相关政策，热门区域新房备案价或有持续突破的可能。

四、土地市场

2019 年惠州全年成交土地面积 237 万平方米，土地供应规模近 4 年保持平稳。2019 年惠州全年商住商服用地供应面积 342 万平方米，同比上涨 9%，城市规划升级，土地批量推出拉动土地供应面积小幅上涨。

五、房企布局

2019 年惠州购房政策宽松，加上湾区利好，品牌房企看好惠州前景，纷纷布局拿地。惠州主城区住宅需求持续释放，惠城仲恺热门规划片区预期较高，大亚湾和惠阳外溢承接深圳客户，博罗主要承接东莞外溢客户，均受到房企青睐。

六、房产行业发展历程

2017~2018 年，惠州购买力主要来自深圳，2019 年深圳政策放缓，条件符合的依旧选择深圳，惠州购买力则转为内地。

城市年度市场解读

一、本地新政

2019 年 1 月 21 日，惠州市住房和城乡建设局正式挂牌成立，不再保留市房产管理局。

2019 年 2 月 18 日，《粤港澳大湾区发展规划纲要》出台，惠州定位绿色化现代山水城市，生态担当；同时，全面对接深圳东进战略，对接广州东扩发展，加快创新平台建设。粤港澳大湾区规划纲要出炉，刺激春节后惠州楼市的快速回暖，直接表现便是楼市小阳春。

2019 年 3 月底，大亚湾区房管局发布《关于报送商品房宣传广告样式的通知》大亚湾楼市新政：宣传内容需审核，发布不实信息将被查处。

2019 年 4 月初，惠州市政府印发《惠州市惠城区房地产开发项目停车位租售管理办法》惠州新版停车位租售管理：小区未售车位禁止只售不租。

2019 年 5 月 17 日，惠州住建局发布《惠州市房地产开发企业信用管理办法（征求意见稿）》，在惠州市行政区域内从事房地产活动的房地产开发企业及其从业人员，都要被纳入房地产开发企业信用管理范围。其中，企业信用差将被列入失信黑名单。

2019 年 6 月 18 日，惠州市自然资源局发布《惠州市住宅项目配套教育设施建设管理试行办法（草案）》拟从源头入手规范社区教育配套建设，惠州新建住宅小区必须与配建学校首期同步交付使用。

2019 年 7 月，针对 2016 年 10 月 14 日惠州市发展和改革委员会与房管部门联合出台的《关于进一步规范商品房销售价格行为的通知》三年有效期到期一事，住房和建设局表态：坚持调控不放松。

2019 年 11 月 14 日，在惠州市住房和建设局的指导下，惠州市房地产业协会、市房地产中介行业协会发起成立了惠州市房地产行业自律促进委员会。首批 20 家企业现场签署《惠州市房地产行业自律公约》，承诺规范自身行为，诚信经营。

二、年度土地供应

2019 年，惠州市土地挂牌 304 宗，同比上升 31.6%；挂牌面积 922 万平方米，同比增加 32.51%。成交 258 宗，同比上升 32.31%，成交面积 802 万平方米，同比上升 23.71%，成交金额 285 亿元，同比上升 24.42%。回顾惠州这一年的“土拍大战”，上半年经营性用地供需同步保持在低位，整体供需规模回落；下半年土拍市场出现回温，三季度后多宗优质地块相继推出，房企活跃度逐渐被唤醒。

三、年度土地成交

2019 年，从土地成交结构来看，惠州工业用地成交 138 宗，同比上升 64.29%；成交面积 452 万平方米，同比上升 42.39%。

其他用地成交 19 宗，同比上升 58.33%；成交面积 100 万平方米，同比上升 90.73%。

经营性用地成交 101 宗，同比上升 2%；成交面积 250 万平方米，同比下降 10.16%。2019 年惠州经营性用地公开招拍挂成交地面价 9575 元 / 平方米，同比上升 31.74%；成交楼面价为 3711 元 / 平方米，同比上升 41.06%。

惠城区中心地位强化，而随着城市扩容的提速以及热门板块的发展，土地市场更加活跃，全年成交占地面积累计 82.42 万平方米，居各区县之首，占全市 33%；博罗县成交 45.64 万平方米，排名次之。

四、年度住宅供应

2019 年，一手住宅方面，佛山和惠州是大湾区九城中的住宅供应大户，房价对比相邻的广州和深圳都低不少，其中惠州更是不限购，吸引了不少购房者的青睐，新房市场供需趋于平衡，区域分化显著。

根据中原研究院 2019 年惠州数据来看，惠州供应套数为 171800 套，同比下降 8%；供应面积 1764.3 万平方米。

大亚湾新房供应面积占比最大，达到 24%；其次为博罗县，占比 19%；惠城区占比 18%，排名第三；除大亚湾外，其他区县供应均呈现下跌，其中惠阳区下跌幅度最大。

五、年度住宅成交

2019年，惠州新房成交房源147983套，较2018年下跌2.9%，新房成交量在粤港澳大湾区内地九城中排名第一。整体而言，2019年惠州楼市新房市场供需趋于平衡，区域分化更为显著，主城区表现稳健。

六、年度住宅存量

据研究机构数据，2019年惠州新房供应放缓，2019年供应比为1.15，回归平衡区间。截至12月底，最新库存为1518.36万平方米，同比上升20%，去化周期为10.65个月。预计2020年，惠州待供应货量为1974万平方米，尽管较前两年有所回落，但仍处于高位水平。据中原研究发展部推测，2020年潜在供应房企前十分别为碧桂园、新力、佳兆业、新城、合生、卓越、星河、雅居乐、华润、富力。

七、区域成交表现

2019年惠州新房市场区域分化更为显著，在成交的147983套中，大亚湾新房面积占比最大，达到23%；其次为惠城区，占比21%；惠阳区占比18%，排名第三；涨跌幅上，龙门、博罗涨势最高，而惠阳跌幅最大，达到25%。

八、成交结构表现

以面积划分，据乐有家成交数据显示，惠州的买房者更多选择60~120平方米的二居、三居。其中90~120平方米房源成交占比在新房中为56%。楼市的主流价格主要在0.75万~1.5万元/平方米，总价100万元以上的房子已经占四成。

以购房者性别和年龄划分，2019年惠州购房者性别中，男性占54%，相较2018年有小幅下降。而在购房者年龄方面，无论男女，21~30岁、31~40岁年龄段的购房者是购房市场的主力军；而41~50岁购房者较2018年小幅上涨。

从购房者城市占比划分，深圳占比54%，东莞占比15%，惠州占比21%。

九、成交项目排行

据世联行统计，2019年，惠州单盘销售金额TOP20中，龙光城、碧桂园太东公园商城、雅乐居花园、卓越东部蔚蓝海岸花园、棕榈岛度假村、新力花园、碧桂园十里银滩、星河丹堤花园、碧桂园·太东天樾湾、恒大龙郡花园、华润小径湾花园、星河盛世名居、碧桂园润杨溪谷、佳兆业·东江新城、富力南昆山温泉养生谷、德威江誉城、中骏柏景湾花园、碧桂园翡翠山、龙光玖龙府上榜，销售金额474.18亿元。龙光城以49.34亿元摘得魁首，碧桂园太东公园上城和雅居乐花园位列第二名、第三名。

在单盘销售套数方面，雅居乐花园以2561套勇夺冠军，平均每天卖出7套，而碧桂园太东公园上城和龙光城位列第二名、第三名。

十、成交房企排行

据世联行统计，在2019年惠州房企销售金额方面，碧桂园以249.87亿元位居榜首，平均每天销售6845万元，龙光地产和星河控股集团位列第二名、第三名。

十一、商业、公寓及办公

优房超·瑞城搜研究分析报告显示，2019年惠州商务公寓成交套数TOP10中，富力南昆山温泉养生谷、碧桂园盛汇、名巨新城、中洲理想仓、金融街巽寮湾、碧桂园润杨溪谷、凤凰国际商务中心、隆生金山湖中心、奥园领寓、家和十里水湾上榜。

写字楼方面，奥园领寓、力天时代财富广场、中惠国际大厦为成交套数榜单前三。

商铺方面，万林大厦、中海水岸城花园、奥园领寓为成交套数榜单前三。

十二、年度房价走势分析

据行业地产数据统计，2019 年惠州商品住宅成交均价为 10862 元 / 平方米，与 2018 年基本持平。据了解，2019 年以来惠州不少项目促销，可谓是百花齐放，层出不穷，优惠不断。各个月度环比波动保持在 4% 以内。

除龙门外，其他县区 2019 年新建商品住宅成交均价同比均有所上涨，涨幅不高于 4%。毗邻深圳的大亚湾区、惠阳区价格较高，惠城区次之，但亦突破 1.1 万元 / 平方米；而其他县区的均价均未过万元。

十三、市场预期

作为大湾区东部门户，惠州与大湾区核心城市协同发展，惠州受到全国各地客户的关注，惠州客户版图不断扩张，2019 年跨城效益更加明显，本地客户平均占比不足四成，省外客户占比逐年提高，惠州成大湾区外需流入最多的城市。

随着广汕和赣深高铁接近通车，预计惠州楼市基本面会在 2020 年上扬。惠州楼市影响最深的“一刀切”限价到期，2020 年或将容许局部热门区域房价微涨。

另外，土地拍卖模式维持当前政策概率较大；土地供应量将有所上涨，但涨幅有限；供应量上涨将有效刺激土地成交量上涨；拿地格局仍以外来品牌房企为主导。

数据来源：惠州房产信息网、惠州中原研究中心、乐有家研究中心、世联行、优房超 · 瑞城搜。

2019 年惠州房地产在售楼盘概览

楼盘名称	城市名称	城区	地址	物业类型
碧桂园山河城	惠州	惠阳区	惠阳经济开发区三和大道惠阳碧桂园山河城	普通住宅
牧云溪谷五期·云锦	惠州	惠阳区	惠阳区龙岗大道与长山路交会处	别墅
惠阳雅居乐花园	惠州	惠阳区	惠阳区淡水新桥村	普通住宅、别墅、商铺、建筑综合体
恒大棕榈岛	惠州	惠阳区	惠阳区高尔夫路	普通住宅、别墅
碧桂园太东公园上城	惠州	惠阳区	惠阳区大亚湾龙海二路与龙山十路交会处	普通住宅、商铺
碧桂园润杨溪谷	惠州	惠阳区	惠阳区沙田镇深汕高速淡水东出口左转	普通住宅、公寓、别墅
碧桂园太东天樾湾	惠州	惠阳区	惠阳区大亚湾中兴南路与中兴六路交会处	普通住宅
碧桂园湖光山色	惠州	惠阳区	惠阳区人民一路（金玉东方珠宝城旁）	普通住宅、别墅
荣佳国韵	惠州	惠阳区	惠阳区大亚湾龙山一路与西南大道交会处	普通住宅
碧桂园南站新城	惠州	惠阳区	惠阳区惠州南站（高铁站、地铁 14 号线）	普通住宅
德威花园城	惠州	惠阳区	惠阳区惠南大道与迎宾大道交会处	普通住宅、商铺
泰丰牧马湖	惠州	惠阳区	惠阳区大亚湾大道与龙海二路交会处	普通住宅
海伦堡海伦虹	惠州	惠阳区	惠阳区大亚湾澳头升平四路 16 号	普通住宅、商铺
实地常春藤	惠州	惠阳区	惠阳区惠南大道与联星路交会处	普通住宅、写字楼、商铺、建筑综合体
保利阳光城三期	惠州	惠阳区	惠阳区淡水内环路保利阳光城	普通住宅
博林腾瑞	惠州	惠阳区	惠阳区大亚湾龙海三路广外附设外语学校旁	普通住宅
碧桂园森林湖	惠州	惠阳区	惠阳区永湖镇S357 省道旁	普通住宅、公寓、别墅
金地天润自在城	惠州	惠阳区	惠阳区大亚湾龙海二路与龙山五路交会处	普通住宅
长通熙园	惠州	惠阳区	惠阳区淡水开城大道南 148 号	普通住宅、商铺
源通壹方水榭	惠州	惠阳区	惠阳区淡水内环路西侧（淡水河旁）	普通住宅
大中华幸福城	惠州	惠阳区	惠阳区大亚湾西区龙山一路 60 号	普通住宅、商业
新力珑湾	惠州	惠阳区	惠阳区御和路	普通住宅
惠州星河荣域	惠州	惠阳区	惠阳区淡水街道大埔村地段（惠州南站旁 300 米）	普通住宅
星河盛世名居	惠州	惠阳区	惠阳区白云新城内环路 20 号	普通住宅、商铺

楼盘名称	城市名称	城区	地址	物业类型
恒大悦龙台	惠州	惠阳区	惠阳区大亚湾西区龙海二路 47 号	普通住宅、商铺
新华联广场	惠州	惠阳区	惠阳区石化大道中 438 号	普通住宅
林间漫	惠州	惠阳区	惠阳区大亚湾西区龙海三路与龙山五路交会处	普通住宅
御城水都	惠州	惠阳区	惠阳区淡水街道云新大道 9 号（区政府北面）	普通住宅
仁和美地	惠州	惠阳区	惠阳区大亚湾西区石化大道中 516 号	普通住宅
融创玖樟台（备案名：融创臻园）	惠州	惠阳区	惠阳区行政服务中心旁	普通住宅、商铺
丰谷天玺	惠州	惠阳区	惠阳区大亚湾龙山一路与龙盛五路交会处	普通住宅、写字楼、商业
宏益公园里	惠州	惠阳区	惠阳区宏益一路 1 号	普通住宅
碧桂园十里银滩	惠州	惠东县	惠东县亚婆角海滨旅游度假区	普通住宅、公寓、别墅
万科双月湾	惠州	惠东县	惠东县稔平半岛平海镇双月湾度假区	公寓、别墅
惠州富力湾	惠州	惠东县	惠东县稔山镇大埔屯 X213 县道惠州富力湾	普通住宅、别墅
恒大雅苑二期	惠州	惠东县	惠东县平山街道平多路沙公凹 1 号	普通住宅
佳兆业山海湾	惠州	惠东县	惠东县稔山镇船澳村委亚婆角黄布角地段	公寓、别墅
富力尚悦居	惠州	惠东县	惠东县吉隆镇广汕路与环城路交会处	普通住宅、商铺
碧桂园·银滩花园	惠州	惠东县	惠东县惠深沿海高速小径湾出口	普通住宅
东旭鸿基·虹海金岸	惠州	惠东县	惠东县港口镇头围村西侧双月湾景区东山海	普通住宅、公寓、别墅
海伦堡·弘诚厚园	惠州	惠东县	惠东县平山街道百丘田	普通住宅、别墅
卓越御山海	惠州	惠东县	惠东县平海镇南门海	普通住宅、酒店式公寓
惠州恒大雅苑	惠州	惠东县	惠东县平山街道平多路沙公凹 1 号	普通住宅
新力花园（新力城）	惠州	惠城区	惠城区水口街道办皇冠路与清湖路交会处	普通住宅、别墅、商铺
海伦堡十里东江	惠州	惠城区	惠城区江南大道 16 号	普通住宅、别墅
海伦源筑	惠州	惠城区	惠城区仲恺沥林森林公园旁	普通住宅、公寓、别墅
禹洲嘉誉观澜	惠州	惠城区	惠城区仲恺六路旁	普通住宅
保利和悦华锦	惠州	惠城区	惠城区北站新城金泉路西	普通住宅、别墅
金裕·岭南院子	惠州	惠城区	惠城区大道 138 号	别墅

楼盘名称	城市名称	城区	地址	物业类型
龙光城	惠州	大亚湾开发区	大亚湾区西南大道88号龙光城	普通住宅、别墅、政策房、酒店式公寓
卓越东部蔚蓝海岸	惠州	大亚湾开发区	大亚湾西区石化大道66号	普通住宅、别墅
华润小径湾	惠州	大亚湾开发区	大亚湾开发区东霞涌小径湾（惠深沿海高速小径湾出口）	公寓
海伦堡爱ME城市	惠州	大亚湾开发区	大亚湾区澳头镇教育路旁（澳头第一小学旁）	普通住宅

楼盘名称	城市名称	城区	地址	物业类型
瀚柏·青柠时代	惠州	大亚湾开发区	大亚湾西区龙海二路（万达广场旁）	普通住宅
灿邦珑玥公馆	惠州	大亚湾开发区	大亚湾开发区中兴中路东侧	普通住宅
佳兆业东江新城	惠州	博罗县	罗阳区东江南岸	普通住宅、别墅
中洲·半岛城邦	惠州	博罗县	惠博大道	普通住宅
惠州恒大御府	惠州	博罗县	龙溪·汇金广场旁	普通住宅

虹海金岸

惠州　高层住宅　服务公寓　商业酒店

虹海金岸总建筑面积约 34 万平方米，规划有 8 栋高层、4 栋联排别墅，共 3082 户，采用流线型建筑设计，力求户户观海。规划滨海特色下沉式商业中心、3 栋星级酒店、3 栋酒店别墅及 7 栋海贝商业街，打造外海一站式度假项目。

专家点评 王世泰·城市人文学者、资深地产评论人

虹海金岸位于稔平半岛中的双月湾旅游度假区，占位粤港澳大湾区90分钟度假圈，配套与景观资源丰富。定位为高端滨海旅游度假项目——世界外海·虹海金岸，项目延续虹海湾系列产品外海度假风格，五年打磨，沉淀出新一期外海度假产品。

项目地址：

惠东稔山半岛港口镇双月湾旅游度假区

开发商：

惠东县宝安金岸房地产开发有限公司

建筑类型：

低层、高层、别墅

主力户型：

高层 48~86 平方米一居、二居

周边配套：

海龟自然保护基地、平海古城、海滨温泉度假区

参考价格：

约 11000 元 / 平方米起

楼盘优势：

虹海金岸地处惠东双月湾旅游度假区，拥有一线外海资源和八公里原生海岸线，以及双月湾、港口海龟保护基地、六百年平海古城等旅游景点。

项目解析

【区域维度】

虹海金岸项目位于惠州市惠东县双月湾旅游度假区，拥有“双湾三海”的世界奇观，可与世界景点墨西哥著名国际旅游城市坎昆（Cancun）相媲美；三面环海，风光旖旎，整体地貌狭长呈蛇形，左湾水平如镜，右湾波涛汹涌，两湾中间区域被海水灌满，形成一块红树林湿地，被誉为“广东的三亚”“中国的马尔代夫”。登临高处就能看到密丛低矮的红树林、银白细软的沙滩、此起彼伏的海浪和内外相依的海湾。

【品牌维度】

虹海金岸项目位于惠州市双月湾旅游度假区，惠东县港口镇东部，由北京市建筑设计研究院深圳院规划设计，东旭鸿基地产集团开发。项目于 2017 年荣获第十二届金盘奖“华南区最佳旅游度假项目”。

金盘奖是由业内著名地产专业杂志——《时代楼盘》举办的房地产设计类综合性大奖，是房地产界、地产设计行业内具有权威性的专业奖项。对广大自居投资置业者来说，购买“金盘奖”的产品，就表示拥有了具备高品质、保值升值空间和代表性的建筑精品。在一定程度上，“金盘奖”可被视为置业投资者购买自住房产和投资置业的风向标和指南。

【口碑维度】

虹海湾度假系列产品，从 2014 年虹海湾一期产品推售以来，就以“外海度假”而响彻广东地区，而在 2016 年推出的二期产品，延续了产品的高品质，吸引了全国滨海旅游及投资客户的关注。

在此历史发展基础之上，三期产品虹海金岸项目凭借着丰富的海景元素以及产品的规划升级、商业的配套升级，阐述了虹海湾系列度假产品“外海度假”理念的又一次升级；“定制世界的外海”，全新定制高端度假社区。

【产品维度】

虹海金岸项目高层建筑为现代风格，建筑立面以米白色真石漆结合石材，配以蓝色玻璃，分别代表沙滩与海洋，与周围环境融为一体。高层为 48~86 平方米一居、二居，180°~270° 超大观景阳台无遮挡看海。

流线型的建筑设计，保证高层住宅户户看海，拥有罕见的一线海景景观。距离海滩约 100 米，既不会离海滩过近、避免海风嘈杂，又能享有惬意的观海景观，亲海而不闹海。

从日渐稀缺的 48 平方米户型，到奢华居家的 86 平方米户型；从一居到二居，再到适合家庭度假的全方位空间，项目售卖的产品可称种类丰富、功能齐全。

【销售维度】

根据案场数据，虹海金岸 2019 年 8 月开盘，推出联排别墅 15、16、17、18 号楼（面积段为 113~118 平方米），公寓 3 号楼 A1/B 户、公寓 4 号楼 A1/B1/C 户型、住宅 5 号楼 A/D/D1/E/E1/F 户型（面积段为 48~86 平方米），共 1379 套。

成交均价方面，公寓为 12500 元 / 平方米，住宅 14500 元 / 平方米，别墅 36000 元 / 平方米，多数户型已有售出。

更多楼盘详情请扫码查看

龙光城

2019年 中国城市楼盘年鉴 典型项目

惠州 独栋大宅 高层洋房 公寓商铺

龙光城位于大亚湾坪山河西部片区，即大亚湾临深区域。项目总占地约 185 万平方米，建筑面积约 500 万平方米，总容积率 2.39，总体分南北两区开发，将打造成一个可以容纳 15 万人居住的大型社区。

专家点评 邓志旺·深圳职业技术学院房地产研究所所长

惠州龙光城位于深圳东进的经运地，享有惠阳中心区、大亚湾中心区、坪山新区及龙岗中心城周边配套，融各大区域为一体，是惠州著名的生活运营「大城」，将汇聚20万人在此享受新美好生活。

项目地址：
广东省惠州市大亚湾西区西南大道 88 号

开发商：
惠州市龙光房地产有限公司

建筑类型：
住宅、商业

主力户型：
92~143 平方米二居、三居

周边配套：
龙光城商业广场、聚龙山公园、滨河绿化带

参考价格：
约 19000 元 / 平方米

楼盘优势：
惠州龙光城地处大亚湾临深区域，拥有近 500 万平方米的庞大体量，社区一直保有良好的生活氛围和规划，是龙光重点布局城市项目。

项目解析

【区域维度】

龙光城位于粤港澳大湾区核心城市惠州的大亚湾，毗邻深圳坪山，更是深圳东进的首站，享受四通八达的便利交通优势和全学龄教育配套。龙光城从宜居、教育、商业出发，打造多元丰富配套社区，建成后将成为区域内繁华大生活区。

深圳东进，交通先行，这已是深圳官方、民间、学界的共识。《深圳建设先行示范区行动方案（2019~2025 年）》提出，将新改建十条战略通道、六条铁路、十四条城市轨道，加快构建东部陆海空一体综合交通新体系，并为粤港澳大湾区融城快速连接，打造成海陆空立体交通网络。大亚湾已然融城于深圳。

【品牌维度】

龙光地产是在香港上市的大型房地产开发企业，拥有国家房地产开发一级资质、国家房屋建筑工程施工总承包一级资质、国家物业管理一级资质，在 2019 年度中国百强房地产综合实力评选中排名第 23 位。龙光已在全国二十多个城市精心布局打造了 120 多个典型项目，目前已为百万业主提供了优质的人居服务。惠州是龙光重点布局城市之一，目前已有 8 个龙光典型项目在此落地。

【口碑维度】

作为区域内大盘，龙光城拥有近 500 万平方米的庞大体量，集大型商业街区、星级酒店、全学龄教育、环湖跑道及运动场馆等优质配套于一体，成为惠州著名的生活运营"大城"。项目引进的戴斯酒店为惠州大亚湾片区知名国际酒店品牌。项目建成后，将汇聚 20 万人在此共享美好生活。

凭借良好的生活氛围和社区规划，龙光城荣获"全国人居经典规划、建筑双金奖""2018 年度杰出配套楼盘奖""2018 年中国美好生活示范社区"等称号。

【产品维度】

项目总占地面积约 180 万平方米，建筑面积 500 万平方米，共分 24 期开发，住宅户数可超过 2.6 万户；主要由联排水景别墅、湖景别墅、园林景观洋房、高层小高层、公寓，以及商业风情街、会所、酒店、西区一中及相应配套公共设施等组成。

项目采用欧式建筑风格，并结合现代建筑的特点进行提炼、转化及修饰，力求营造出温馨宜人的居住特色。

建筑面积 148~155 平方米联排叠院，容积率仅 0.38，绿化率 30.31%，配备 2.0 新中式禅境园林、定制级新中式大门、550 米景观水系、中式叠石折桥，拥有 73 米奢阔大露台，阔景赏园。

全新高层升级产品——92~126 平方米全景品质三居、四居，园内跑道、无边际泳池等一应俱全。精装公寓 39~60 平方米，宜居宜商可办公，途家酒店式托管。

307 平方米观湖独栋大宅，约 180° 瞰景视野，参照百年法式城堡、双首层设计，前庭后院花园雅居，于天地之间静享惬意人生。

【销售维度】

据行业机构统计，2018 年，龙光以近 50 亿元的销售额夺得惠州销售金额第三名；2019 年上半年，再夺惠州整体销售金额第二名。2019 年上半年，龙光城以 35 亿元销售额再获惠州单盘销冠。2019 年全年，龙光以 102 亿元销售额获惠州区域第二名，龙光城单盘以 50 亿元的销售额荣获全年单盘销售冠军。

更多楼盘详情请扫码查看

2019 年深圳房地产市场总结

行业发展历程

一、城市概述

深圳，简称“深”，别称“鹏城”，是广东省下辖的副省级市、计划单列市、超大城市，国务院批复确定的中国经济特区、全国性经济中心城市和国际化城市，被誉为“中国硅谷”。全市下辖 11 个区，总面积 1997.47 平方公里。截至 2018 年末，常住人口 1302.66 万人，其中常住户籍人口 454.7 万人，常住非户籍人口 847.96 万人。实际管理人口超过 2000 万人，城市化率 100%。

深圳地处珠江三角洲前沿，是连接香港和中国内地的纽带和桥梁，在中国高新技术产业、金融服务、外贸出口、海洋运输、创意文化等多方面占有重要地位，在中国的制度创新、扩大开放等方面肩负着试验和示范的重要使命。深圳水陆空铁口岸俱全，是中国拥有口岸数量最多、出入境人员最多、车流量最大的口岸城市。

二、行业现状

2019 年几大政策落地，对深圳形成大利好，短期已经看到新房火爆、二手房成交破纪录、不限购产品整购、外地客扫货、外企纷纷拿地、产业进驻增加，全国资金看好深圳，深圳楼市在几个一线城市中走出了一波独立行情。

随着大湾区、先行示范区政策逐步落地，深圳城市投资价值显著提升，房地产价值与潜力仍会被看好，2020 年深圳楼市将“稳中有升”。

三、政策环境

2019 年深圳市场由三波政策拉动。第一波，2 月 18 日，粤港澳大湾区纲要出台，3~5 月成交量快速上升；第二波，8 月 18 日“先行示范区”概念落地，9~10 月成交量连续两月回升；第三波，“双十一”豪宅税取消，市场刺激明显。

四、土地市场

深圳 2019 年两次集中出让宅地，加之 11 月 6 宗限价宅地，再次明确了深圳市要控制房价的决心；然后是对 170 万套公住房建设的落地推进。此外，宝安、光明和东部坪山、大鹏土地供应都有增加，体现了在深圳市中心已经很难容纳更多人口的情况下，决策者有意加强西部的建设力度，全面发展。同时，深圳限竞价房越来越多，对房价有企稳作用。

五、房企布局

央企和国企积极在深圳拿地，2019 年 11 月的土拍中，国企集中亮相、拿下多块限价地块。此外，深圳下半年重启“双限双竞”模式拍地，说明国家还是要严控深圳楼市，从土地做起。

六、房产行业发展历程

打开深圳城市化进程的历史画卷，房地产行业一直扮演着先锋的角色。从全国土地第一拍到全国第一家物业公司，从全国第一间中介公司到全国第一栋商品房，从全国物业第一法到全国第一个业委会，从全国第一个小区会所到全国首个合资建筑师事务所、全国首个招标工程……过去 40 年，深圳地产业在居住、商业、工业、写字楼、旅游等领域打造了行业标杆，也向全国传播了先进的开发理念、规章制度、设计思想、物管精神。深圳城市化的进程，为房地产企业带来参与城市运营的机遇，而优秀的房地产企业也同样从多个角度推动了城市化的前行。

城市年度市场解读

一、本地新政

2019 年 2 月 18 日，《粤港澳大湾区发展规划纲要》出台，明確提出五方面战略定位，大量外地客看好深圳楼市发展前景，市场出现回暖转热的走势，购买力充足。

2019 年 8 月 18 日，《中共中央国务院关于支持深圳建设中国特色社会主义先行示范区的意见》公布，深圳再次被委以重任，这一次将直接迈向世界级城市。

2019 年 11 月 11 日，深圳调整“豪宅税”标准，同时满足住宅小区的容积率在 1.0 以上、单套建筑面积在 144 平方米以下的住房，满两年可免征增值税。交易税费大大降低，二手市场直接受益；宅税征收标准调整后，市场持续升温，二手房均价小幅上涨。整个 11 月，二手房成交量突破 8000 套，再创新高。

此外，12 月 12 日，官方宣布取消 2018 年出台的商务公寓“只租不售”限制，不仅新增了居住属性的公寓供应，也为旧改提供了便利，房企受益大 。实际上，政策调整前公寓市场热度已有明显提升，调整后亦会对市场有一定刺激。

二、年度土地供应

2019 年是深圳土拍大年，住宅出地数量多，土地供应明显增加。包括深汕合作区在内，2019 年成功出让 21 幅商住地块，其中居住用地 12 宗。

三、年度土地成交

2019 年 6 月、11 月，深圳迎来了两次大型的集中土拍，且都是住宅用地，仅 2019 年 6 月 24 日出让的 5 宗宅地即揽金 224 亿元；12 月，深圳一天又集中出让多块商业用地和住宅用地。

此外，11 月 15 日，深圳宣布将集中出让 35 块商业用地，达到 30 平方公里；12 月举行的全球招商大会现场签约额超过 5600 亿元，这在往年并不多见。

四、年度住宅供应

2019 年全年，深圳（不含深汕合作区）无论是预售面积、销售面积还是库存面积，都远强于 2018 年。乐有家研究中心数据显示，2019 年深圳预售 455.23 万平方米，环比上涨 24.55%；销售面积达 372.14 万平方米，环比上涨 27.25%。

从 2019 年月度预售情况来看，深圳全年预售了 45578 套一手住宅（不含深汕合作区），其中 6 月、9 月与 11 月是入市高峰期。此外，深汕合作区 12 月入市了两个一手住宅项目，预售套数 2016 套，面积达 17.22 万平方米。

五、年度住宅成交

根据深圳市规土委数据，2019 年全年，深圳成交房源 122164 套，较 2017 年上涨 22.6%，其中新房住宅成交 37884 套，二手房成交 84280 套。整体而言，2019 年深圳楼市为近 3 年来表现最活跃的一年。

六、年度住宅存量

库存方面，据研究机构数据，2019 年深圳库存面积 281.51 万平方米，环比下跌 18.75%，也是近 5 年来最低值。新房库存开始告急，去化周期不断回落，从年初的 12.4 个月到年底的 8.4 个月，10 月还一度跌到 6.9 个月；年末由于新房集中入市，库存稍有回升。

七、区域成交表现

2019 年深圳各区一手住宅成交量最大的依然是宝安与龙岗，即使 2019 年 6 月起龙华、坪山、光明及大鹏从龙岗、宝安中划分出来独立计数，也并未影响到这两大行政区的楼市霸主地位。宝安与龙岗两大区全年一手住宅成交量，占全市 61%。其中宝安成交 12105 套，环比上涨 4.7%；龙岗成交 11035 套，环比下跌 20.4%。

盐田 2019 年一手住宅市场有亮眼的表现，环比大涨 735.7%，成交 1922 套。这也是关内唯一一个新房成交比二手房多的行政区（二手住宅成交 1885 套）。随着 2020 年盐田地铁 8 号线的开通，将会为这里的楼市注入更多可能性。

八、成交结构表现

以面积划分，60~90 平方米户型最受欢迎；三居户型也备受购房者青睐，占比接近 5 成，二居位居其次，占比达 26%。

以单价划分成交结构，35% 的二手住宅成交均价在 5 万 ~7 万元 / 平方米，相比 2018 年下降 2 个百分点；29% 在 3.5 万 ~5 万元 / 平方米，相比 2018 年下降 1 个百分点。

九、成交项目排行

2019 年，深圳商品住宅销售金额 TOP10 项目合计销售 750.75 亿元，TOP10 门槛值为 51 亿元。排行榜前 5 位项目，销售金额均超 70 亿元，其中新锦安海纳公馆以 119.09 亿元荣登项目销售榜首位；第二名为万科星城，销售金额 98.91 亿元；深国际万科悦城紧随其后，以 80.09 亿元位居第三名。

住宅销售面积榜上，TOP10 项目合计销售面积为 138.82 万平方米，排行榜前五位项目销售面积均超过 14 万平方米。其中，万科星城以 22.76 万平方米的成绩荣登项目销售面积榜榜首，勤诚达正大城以 16.51 万平方米位列榜单第二，华强城以 14.71 万平方米位列第三。

十、成交房企排行

2019 年 1~12 月，深圳房地产销售业绩 TOP20 企业合计销售 2251.16 亿元，销售面积 TOP20 企业合计销售 369.88 万平方米。

其中，万科凭借项目和品牌优势，以 327.96 亿元、54.22 万平方米的销售业绩蝉联销售金额、销售面积双榜冠军；华侨城以 286.93 亿元、37.85 万平方米位居销售金额榜单第二名、销售面积榜单第三名；华润置地以 188.57 亿元位居销售金额榜单第三名；佳兆业、招商蛇口分别以 47.09 万平方米、25.83 万平方米位居销售面积榜单第二名、第四名。

十一、商业、公寓及办公

研究机构分析报告显示，2019 年一手商业的成交量为 91.21 万平方米，同比上涨 14.1%；成交均价为 65008 元 / 平方米，同比强势上涨 13.3%。二手商业全年成交面积为 28.68 万平方米，同比下降 19.8%，成交连续 3 年走低；价格受到成交下行的影响，仅能保持微幅的增长，保持 2013 年以来相对稳定的升幅。

商业方面，按照成交面积 TOP10 计算，共计成交 6905 套产品，成交面积达 476096 平方米，总成交额超 352.29 亿元。

根据深圳房地产信息网的监测，会展湾 · 南岸以 102247 平方米、2203 套摘取全市商业成交榜桂冠，市场参考价 51000 元 / 平方米；中洲湾以 53697 平方米、1263 套取得亚军排名，市场参考价 86000 元 / 平方米；招商太子湾商务广场位居季军，成交 50925 平方米、194 套，市场参考价 80000 元 / 平方米。

华润深圳湾瑞府以 741974 万元摘取全市商业成交金额榜桂冠，招商太子湾商务广场以 546364 万元取得亚军，会展湾 · 南岸以 472084 万元居于季军之位。

十二、年度房价走势分析

从二手房均价看，房价基本稳定；如果从2017年房价调控时计算，整体还是处在温和的上升通道。虽然新房价格官方4月之后不再公布，但从美联物业统计的报告可见，9月开始，新房价格也出现了上涨。具体到不同区域，诸如深圳湾、科技园、宝中、光明等，某些板块升幅相对可观。

十三、市场预期

土地方面，2019年深圳土地供应明显增加，11宗宅地吸引了100多家房企参拍，成交总金额高达390亿元，而这也意味着未来深圳的商品房供应也将有所增加。

供应方面，虽然刚需房源仍是市场主力，但受地价及上市区域因素影响，刚改房源占比将持续增加，进一步抬高置业门槛。

数据来源：深圳中原研究中心、克而瑞深圳、咚咚找房、乐有家。

2019 年深圳房地产在售楼盘概览

楼盘名称	城市名称	城区	地址	物业类型
大悦城·天玺壹号	深圳	宝安区	宝安区创业二路与建安一路交会处西北角（灵芝地铁站 A1 口）	普通住宅、公寓、写字楼
君成雍和园	深圳	宝安区	宝安区西乡前进路和西乡大道交会处东	普通住宅、公寓、写字楼、商铺、建筑综合体
山海上园二期	深圳	宝安区	宝安区大道铁仔山公园南门	普通住宅
松茂御龙湾	深圳	宝安区	宝安区碧海片区银田路与宝源路交会处	普通住宅、公寓、商铺
华联城市全景·和廷	深圳	宝安区	宝安区 27 区新安街道创业二路与公园路交会处	普通住宅
新锦安海纳公馆	深圳	宝安区	宝安区宝安大道与甲岸路交会处	普通住宅
领航城领誉	深圳	宝安区	宝安区西乡 107 国道与航城大道交汇处	普通住宅
前海卓越时代广场	深圳	宝安区	宝安区海天路 15 号，地铁 5 号线宝华站	写字楼
怀德峰景	深圳	宝安区	宝安区福永怀德南路与翠岗西路交会处	普通住宅
华丰前海湾二期	深圳	宝安区	宝安区兴业路与共乐路的交会处西侧（地铁 11 号线碧海湾站 A 出口）	普通住宅、公寓、商业
恒荣立方中心	深圳	宝安区	宝安区西乡大道与宝民二路交会处	写字楼
满京华云朗公馆	深圳	宝安区	宝安区西乡空港会展圈广深公路辅道旁	普通住宅、商铺
联建君钰府	深圳	宝安区	宝安区前进路沃尔玛旁	普通住宅、公寓、商铺
润科前海尚寓	深圳	宝安区	宝安区西乡街道洲石路与鹤州四路交会处西北侧	普通住宅、公寓、商铺
易尚中心	深圳	宝安区	宝安区甲岸南路与金科路交会处	写字楼、商铺
福城前海新纪元	深圳	宝安区	宝安区宝民一路与上川路交会处(107 国道出南头关两公里，107 国道旁)	普通住宅、公寓、建筑综合体
满京华云著	深圳	宝安区	宝安区松岗中心北区 107 国道与松福大道交会处	普通住宅
中粮创芯公园	深圳	宝安区	宝安区深创业二路与留仙一路交会处（地铁 5 号线兴东站 A 出口直行约 200 米	公寓、写字楼、商铺
保利达小行星	深圳	宝安区	宝安区新桥立交东侧（新玉路与新明路交会处）	公寓、写字楼、商铺
汇邦名都花园	深圳	宝安区	宝安区石岩镇水田村德政路	公寓、写字楼、商铺
富宏凤凰天誉	深圳	宝安区	宝安区西乡前进二路与宝田一路交会处	普通住宅
菁英－智慧领寓	深圳	宝安区	宝安区福永街道 107 国道东侧同和幼儿园东	公寓
唐商前海双悦	深圳	宝安区	宝安区广深公路与上星南路交会处	写字楼、商铺
万科星城	深圳	宝安区	宝安区上星南路与上星路交会处	公寓
德弘基·碧桂园·前海荟	深圳	宝安区	宝安区宝安大道和新安六路交叉口西南角	普通住宅、商铺
会展湾南岸	深圳	宝安区	宝安区会展新城展览大道与重庆路交会处（国际会展中心南侧）	公寓、写字楼、商业
前海观一	深圳	宝安区	宝安区创业二路与公园路交会处（地铁 5 号线灵芝站 C1 出口）	公寓
凤凰智谷大厦	深圳	宝安区	宝安区共和工业路（导航碧桂园凤凰国际智谷）	公寓
京基御景珑庭	深圳	宝安区	宝安区沙井西环路与新沙路交会处附近	普通住宅
卓越中寰	深圳	宝安区	宝安区沙井街道蚝乡路与环镇路交会处东南侧（万科翡丽郡北侧）	普通住宅、公寓、商业
松茂柏景湾	深圳	宝安区	宝安区前海宝源路西湾红树林公园旁	普通住宅
和谷金裕城	深圳	宝安区	宝安区广田路与龙山五路交会处	公寓、写字楼
嘉信云峰公馆	深圳	宝安区	宝安区石岩街道石环北路与横坑路交会处（大树林公园旁）	公寓
鹏展汇	深圳	宝安区	宝安区沙井中心路与北环路交会处(新桥街道办对面)	写字楼
会展湾中港	深圳	宝安区	宝安区宝安凤塘大道与会展中心北登录厅交会处	写字楼
欢乐港湾·海府一号	深圳	宝安区	宝安区海澜路与宝华路交会处	写字楼、商业
勤诚达大厦	深圳	宝安区	宝安区创业二路与新安三路交会处（5 号线洪浪北地铁站 A 口）	写字楼
汇智百盛家园	深圳	宝安区	宝安区松岗大道与福祥路交会处	普通住宅
阳基九方广场	深圳	宝安区	宝安区西乡大道与铁仔路交会处	公寓
卓越誉珑	深圳	宝安区	宝安区沙井街道蚝乡路与环镇路交会处东南侧（万科翡丽郡北侧）	商业
东海国际公寓	深圳	福田区	福田区深南大道 7888 号	公寓
深圳中心·天元	深圳	福田区	福田区北临深南大道、南接福华三路、东西分沿彩田路和金田路	普通住宅、公寓、写字楼、商业

楼盘名称	城市名称	城区	地址	物业类型
深业上城	深圳	福田区	福田区皇岗路与笋岗路交会处西北（原赛格日立厂房）	公寓
新天石厦花园	深圳	福田区	福田区石厦北二街与福民路交会处（福田区委西侧）	公寓、写字楼、酒店式公寓
深业中城	深圳	福田区	福田区红荔西路与农园路交会处东南侧	商铺、建筑综合体
宝树台	深圳	福田区	福田区燕南路与振中路交会处（地铁1号线科学站B出口）	普通住宅、公寓
中电迪富大厦	深圳	福田区	福田区振华路与华发北路交会处华强北桑达大厦对面	公寓
中洲滨海商业中心	深圳	福田区	福田区滨河大道与椰树路交会处	公寓、写字楼、建筑综合体、商业
深物业金领	深圳	福田区	福田区滨河大道与福田南路交会处	普通住宅
天健天骄南苑	深圳	福田区	福田区景田西路与商报路交会处	普通住宅
合正置地大厦	深圳	福田区	福田区香蜜湖街道侨香路与安托山六路交会处西北侧园区	普通住宅、写字楼、政策房
紫元元大厦	深圳	福田区	福田区滨河路与皇岗路交会处西南侧	公寓、写字楼、商业
佳兆业城市广场六期	深圳	龙岗区	龙岗区坂田科技城·坂雪岗大道与雪岗北路交会处	普通住宅、公寓、写字楼、建筑综合体
深房传麒尚林2期	深圳	龙岗区	龙岗区新生村新城大道与龙凤路交会处（世纪中学西500米）	普通住宅、别墅
麓园	深圳	龙岗区	龙岗区龙岗中心城黄阁北路（龙城高级中学东侧）	普通住宅、商铺
中骏云景府	深圳	龙岗区	龙岗区深汕公路与深汕高速交会处（沈海高速龙岗出口右拐200米）	普通住宅、商铺
平吉上苑二期	深圳	龙岗区	龙岗区平吉大道与彩姿南路交会处	普通住宅
金地龙城中央自在寓	深圳	龙岗区	龙岗区龙岗中心城龙岗大道与龙城南路交会处（地铁3号线龙城广场站A出口）	公寓、写字楼、商铺
大族云峰二期	深圳	龙岗区	龙岗区坂雪岗大道与永香路交会处	普通住宅、商铺
朗泓.龙园大观二期	深圳	龙岗区	龙岗区龙岗中心城新生路与龙岗福宁路交会处	建筑综合体
恒地悦山湖	深圳	龙岗区	龙岗区横岗街道办横一路	普通住宅
地铁锦上花园三期	深圳	龙岗区	龙岗区龙岗大道地铁3号线六约站A出口	普通住宅
英郡年华时光里	深圳	龙岗区	龙岗区龙岗大道丹竹头地铁站	别墅、建筑综合体
名居广场一伍号公寓	深圳	龙岗区	龙岗区龙岗大道和如意路交会处，地铁3号线爱联站西北侧	普通住宅、公寓、商铺
启迪协信深圳科技园	深圳	龙岗区	龙岗区大运新城青春路与龙飞大道交界处	公寓、商铺
钧濠·MIX Park	深圳	龙岗区	龙岗区布吉街道西环路与南环中路交会处，德兴花园对面	普通住宅、公寓、商业、建筑综合体
里城玺樾山	深圳	龙岗区	龙岗区吉华三联郊野公园	普通住宅
鹏华世家华府	深圳	龙岗区	龙岗区平湖中心广场东侧鹏华世家华府售楼处	商业
颐安都会中央三期	深圳	龙岗区	龙岗区地铁三号线大运站C出口	普通住宅、商铺
怡瑞达乐郡	深圳	龙岗区	龙岗区龙岗街道深汕路与乐园路交会处西侧	普通住宅
平湖佳兆业广场	深圳	龙岗区	龙岗区平湖新厦大道与惠华路交会处（西南侧）	普通住宅、商铺
T4 全时空间	深圳	龙岗区	龙岗区龙岗中心城黄阁北路与清林路交会处	建筑综合体
君胜熙珑山	深圳	龙岗区	龙岗区龙岗大道与龙平路交会处（香沙公园北侧）	建筑综合体
琳珠华庭	深圳	龙岗区	龙岗区龙翔大道与[illegible]路交会处	普通住宅、公寓
景华领峯	深圳	龙岗区	龙岗区布吉街道水径社区吉华路中段西侧	商铺
恒裕珑城	深圳	龙岗区	龙岗区龙岗路与公园路交会处八仙岭公园西侧	普通住宅、商铺
凯东吉祥悦府	深圳	龙岗区	龙岗区龙岗大道吉祥一路西侧	普通住宅、商业
银领公馆	深圳	龙岗区	龙岗区澜路与龙岗大道交会处	普通住宅
麟恒中心广场3期	深圳	龙岗区	龙岗区横岗镇龙岗大道与埔厦路交会处（地铁3号线六约站C出口）	建筑综合体
京基御景时代大厦	深圳	龙岗区	龙岗区大运新城黄阁路与阁溪二路交会处（龙岗中医院旁）	公寓、写字楼、建筑综合体
君华时代·君华天第	深圳	龙岗区	龙岗区龙凤路与富[illegible]路交会处	普通住宅
和成嘉业	深圳	龙岗区	龙岗区坂田杨美路与石青路交会处	普通住宅、商业
特发天鹅湖畔	深圳	龙岗区	龙岗区平湖街道东深公路转天鹅路	普通住宅
桑泰龙樾	深圳	龙岗区	龙岗区盐龙大道和上田路交会处（近地铁3号线新生站）	普通住宅
建信天宸	深圳	龙岗区	龙岗区龙岗大道地铁3号线塘坑站C出口	普通住宅、公寓
华晖瑞禧	深圳	龙岗区	龙岗区坂雪岗大道与永香路交会处东北角	普通住宅
昊龙华庭	深圳	龙岗区	龙岗区平湖新厦大道与惠华路交会处（西南侧）	普通住宅、商铺
颐安·都会中央五期	深圳	龙岗区	龙岗区龙岗大运新城龙飞大道与31号路交会处，地铁3号线大运站C出口	普通住宅、商铺、建筑综合体
世茂深港国际中心	深圳	龙岗区	龙岗区大运新城青春路（大运体育中心西门正对面）	建筑综合体

楼盘名称	城市名称	城区	地址	物业类型
仁恒公园世纪	深圳	龙岗区	龙岗区 3 号线大运站旁（龙岗 COCO PARK 对面）	普通住宅
仁恒梦公园	深圳	龙岗区	龙岗区龙岗大运龙平西路与愉龙路交会处	普通住宅
佳兆业未来时代大厦	深圳	龙岗区	龙岗区大运新城如意路与大运路交会处西北侧	公寓
京基御景半山	深圳	龙岗区	龙岗区宝荷路与宝荷路支线交叉口（宝荷欣苑西侧500米）	普通住宅、别墅
恒明 ONE	深圳	龙岗区	龙岗区龙平西路与爱心路交会处	公寓
卓弘星辰	深圳	龙岗区	龙岗区龙岗大道与横坪路交会处 (3 号线永湖站 A2 出口)	普通住宅
兰亭国际名园	深圳	罗湖区	罗湖区罗沙路与延芳路交会处（莲塘西岭下村）	普通住宅、商业
德弘天下华府	深圳	罗湖区	罗湖区文锦北路与田贝三路交会处	普通住宅、商业
信义金御半山 3 期	深圳	罗湖区	罗湖区地铁五号线百鸽笼站	普通住宅
深业东岭	深圳	罗湖区	罗湖区深南东路与沿河北路交会处（原黄贝岭村）	普通住宅
万科深南道 68 号	深圳	罗湖区	罗湖区深南东路和文锦路交界处西南侧	建筑综合体
招商中环	深圳	罗湖区	罗湖区地铁 7 号线、9 号线红岭北站	公寓、写字楼、建筑综合体
国速世纪大厦（推广名：国速中心）	深圳	罗湖区	罗湖区蔡屋围宝安南路地铁 16、18 号线（宝安南路与松园路交会处）	公寓、写字楼、商铺、建筑综合体
深南阳光大厦（推广名：阳光城天悦）	深圳	罗湖区	罗湖区春风路与南极路交会处东北角	公寓、写字楼、商铺
深业泰富广场	深圳	罗湖区	罗湖区笋岗梨园路与梅园路交会处	公寓、写字楼、商铺
传麒东湖名苑	深圳	罗湖区	罗湖区东湖街道布心路与爱国路交会处西南角	普通住宅
粤海城	深圳	罗湖区	水贝太白路与东昌路交会处	公寓、写字楼、商业
湾厦海境界二期	深圳	南山区	南山区蛇口后海大道与招商东路交会处东南角	建筑综合体
深圳湾 1 号	深圳	南山区	南山区东滨路与科苑大道交会处西北侧	普通住宅、公寓
宝能城	深圳	南山区	南山区留仙大道塘朗地铁站 D 出口（西行约 200 米）	普通住宅
塘朗城 TOWN 寓	深圳	南山区	南山区留仙大道南侧、南方科技大学对面，地铁环中线塘朗站 B 出口直达	普通住宅
豪方天际	深圳	南山区	南山区北环大道与南山大道交会处	写字楼
万科云城金街	深圳	南山区	南山区西丽留仙大道以南，茶光路以北，石鼓路以西，创研路以东	商铺
华润深圳湾瑞府	深圳	南山区	南山区滨海大道和科苑路交界处	普通住宅

楼盘名称	城市名称	城区	地址	物业类型
世茂前海中心	深圳	南山区	南山区前海深港合作区临海大道与兴海大道交会处	写字楼
深湾汇云中心	深圳	南山区	南山区深湾一路与白石四道交会处东北侧	公寓、写字楼、商铺、建筑综合体
前海金融中心	深圳	南山区	南山区桂湾区临海大道和桂湾三路交会处	公寓、写字楼、建筑综合体
华润前海大厦	深圳	南山区	南山区前海深港现代服务业合作区桂湾商务中心片区二单元 02 街坊（地铁 1 号线鲤鱼门出口 100 米）	写字楼
侨城坊（二期）	深圳	南山区	南山区华侨城侨香路 4080 号	公寓、写字楼
侨城一号广场	深圳	南山区	南山区侨香路与深云路交会处东北侧	建筑综合体
新天鹅堡三期	深圳	南山区	南山区华侨城北部、侨香路南侧	普通住宅
京基 · 御景峰	深圳	南山区	南山区留仙大道长岭陂地铁站 A1 出口	普通住宅、公寓
东关 · 乐尚林居	深圳	南山区	南山区同乐中山园路西侧	普通住宅
华侨城大厦	深圳	南山区	南山区华侨城中部汉唐大厦西侧，沃尔玛南侧，深南大道以北，兴隆西街以东	写字楼
华联城市中心	深圳	南山区	南山区南山大道与东滨路交会处西北侧	公寓、写字楼、建筑综合体、商业
华润万象府	深圳	南山区	南山区华润万象天地 · 诚品生活之上	公寓
华润前海中心 · 悦玺	深圳	南山区	南山区前海深港现代服务业合作区桂湾四路与梦海大道交会处	公寓、商业
招商湾玺	深圳	南山区	南山区邮轮大道西面、嘉海路北面	商业
金众 · 麒麟公馆	深圳	南山区	南山区西丽街道沁园二路资本市场学院南侧	普通住宅
颐湾府	深圳	南山区	南山区港城路与妈湾一路交会处	商业
海祥阁	深圳	南山区	南山区招商街道少帝路 18 号	普通住宅
合泰御景翠峰	深圳	盐田区	盐田区沙头角梧桐山隧道口南侧	普通住宅、公寓
佳兆业盐田城市广场三期（注册名：二期御景佳园）	深圳	盐田区	盐田区盐田街道洪安路与东海四街交会处	普通住宅
半山悦海花园	深圳	盐田区	盐田区沙头角梧桐山隧道口旁	普通住宅
首开龙湖天琅	深圳	盐田区	盐田区深盐路与梧桐路交会处盐田区委党校东侧	写字楼
蓝郡公馆	深圳	盐田区	盐田区沙头角街道沙深路西侧（沙头角口岸旁）	公寓
佳兆业 · 盐田城市广场二期【凌云】（注册名：一期御景佳园）	深圳	盐田区	盐田区盐田街道洪安路与东海四街交会处	普通住宅、商铺
悦千山雅园	深圳	盐田区	盐田区盐田港后方陆域北山道北面	普通住宅

楼盘名称	城市名称	城区	地址	物业类型
合景同创广场	深圳	盐田区	盐田区深盐路与临海路交会处	建筑综合体
中通明珠公馆	深圳	盐田区	盐田区盐田港后方陆域永安路与明珠大道交会处	写字楼
卓能雅苑	深圳	龙华区	龙华区布龙公路与油松路交会处西北角（华美丽苑北侧）	普通住宅、商铺
金亨利都荟首府二期	深圳	龙华区	龙华区新城民宝路与腾龙路交会处（梅龙路西侧）	普通住宅
鸿荣源壹成中心	深圳	龙华区	龙华区梅龙路与工业路交会处	普通住宅、写字楼、商铺
龙光・玖钻	深圳	龙华区	龙华区民治街道(长顺路与民旺街交会处，地铁4号线红山站）	公寓、写字楼、商铺
恒大时尚慧谷大厦	深圳	龙华区	龙华区福龙路北·羊台山森林公园旁	写字楼、商铺
融创智汇大厦	深圳	龙华区	龙华区龙胜路和景龙建设路交会处	公寓、写字楼、建筑综合体
阳基御龙山家园	深圳	龙华区	龙华区福城办事处福前路南侧	普通住宅、商铺
天玑公馆	深圳	龙华区	龙华区港铁四号线清湖北站（建设中）旁	普通住宅
新彩苑	深圳	龙华区	龙华区新区大道与宁远路交会处	建筑综合体
安宏基天曜广场	深圳	龙华区	龙华区新区大道与中梅路交会处	普通住宅、写字楼、商铺
华侨城创想大厦・云邸	深圳	龙华区	龙华区民塘路与白松二路交会处	公寓
宝泰雅苑	深圳	龙华区	龙华区民治梅陇路与中梅路交会处	普通住宅、政策房
中森・公园华府	深圳	龙华区	龙华区观湖街道坂澜大道与新樟路交会处	普通住宅、商铺
深国际万科和雅轩	深圳	龙华区	龙华区民治大道与民乐路交会处	建筑综合体
嘉霖微商大楼	深圳	龙华区	龙华区观光路与龙澜大道交会处东北侧	商业
同创华著	深圳	龙华区	龙华区人民路与民塘路交会处	普通住宅
华盛珑悦	深圳	龙华区	龙华区鸿尚路与东环一路交会处	公寓、写字楼
红山6979	深圳	龙华区	龙华区民繁路与民宝路交会处	商业
首创龙华中心	深圳	龙华区	龙华区建设路与清泉路交会处（龙华文化广场旁）	公寓、写字楼、商业
龙湖・春江天玺	深圳	龙华区	龙华区油松街道工业路和油松路交会处以北	普通住宅、写字楼、酒店式公寓、商铺
丰盛懿园	深圳	龙华区	龙华区观澜街道观兴东路	普通住宅
龙光玖誉府	深圳	龙华区	龙华区地铁4号线茜坑站地铁口（在建）	普通住宅
奥园峰荟	深圳	光明区	光明区公明南环大道与振兴路交会处	普通住宅、写字楼
绿地新都会	深圳	光明区	光明区光明大道与光明大街交会处	普通住宅、写字楼、商业
中粮云景广场	深圳	光明区	光明区松白路与金安路交会处（近公明汽车站）	写字楼、商铺
天汇城二期	深圳	光明区	光明区松白路地铁6号线公明广场站（在建中）旁	普通住宅、酒店式公寓、商铺、商业
勤诚达正大城	深圳	光明区	光明区光侨路与松白路交会处	普通住宅
龙光玖龙台	深圳	光明区	光明区光明大道和观光路交会处	普通住宅、公寓、商铺
星河天地	深圳	光明区	光明区光明大道(地铁6号线光明大街站在建中）	普通住宅
璟悦轩	深圳	光明区	光明区光明中心区振明路与公明东环大道交会处往北100米	公寓
华润置地公园九里花园	深圳	光明区	光明区薯田埔龟山公园南侧（规划通兴路与公明西环交界处）	普通住宅、商业
天汇城三期	深圳	光明区	光明区松白路地铁6号线公明广场站（在建中）旁	公寓
天峦湖	深圳	坪山区	坪山区比亚迪路转坪葵线公路大山陂水库东侧	普通住宅、别墅
心海城	深圳	坪山区	坪山区东环路与比亚迪路交会处	普通住宅、公寓、建筑综合体
奥园翡翠东湾二期	深圳	坪山区	坪山区三景中路与金牛东路交会处	普通住宅、商铺
深城投中心公馆	深圳	坪山区	坪山区坪山中心区行政二路（坪山实验学校对面）	普通住宅、公寓、商铺
财富城	深圳	坪山区	坪山区兰竹西路与长安二街交会处	普通住宅
泰禾中央广场	深圳	坪山区	坪山区坪山大道与荣昌路交会处	建筑综合体
深圳国际影视文化城	深圳	坪山区	坪山区金碧路353号东（睦茜矿山公园旁）	公寓、商铺
泰富华悦都会	深圳	坪山区	坪山区比亚迪路与新合路交会处以西	普通住宅
深城投中城花园	深圳	坪山区	坪山区坪山大道与深汕路交会处	普通住宅、公寓
富润・乐庭	深圳	坪山区	坪山区东纵路102号（东纵路与少新路交会处）	普通住宅
世茂粤湾壹号	深圳	坪山区	坪山区近沙湖地铁站（在建）	普通住宅
恒大城	深圳	坪山区	坪山区龙坪路与松坪路交会处西南侧	普通住宅、商铺
益田・益科大厦	深圳	坪山区	坪山区金牛路与燕子岭西路交会处西南侧	写字楼
承翰陶柏莉	深圳	大鹏新区	大鹏新区葵涌街道丰树山东路与石葵路交会处	普通住宅、别墅、商铺、建筑综合体
花样年家天下	深圳	大鹏新区	大鹏新区坪葵路和金葵西路交会处	普通住宅
保利香槟苑24季	深圳	大鹏新区	大鹏新区大鹏办事处鹏飞路与爱康路交会处南侧	普通住宅、商铺
保利金町湾	深圳	深汕合作区	深汕合作区汕马大道南侧（深汕高速长沙湾出口三公里）	别墅、酒店式公寓
深汕绿地中心	深圳	深汕合作区	深汕合作区深汕特别合作区管委会旁	公寓、写字楼、商业
振业时代花园	深圳	深汕合作区	深汕合作区鹅埠镇深汕大道与创强路交会处	普通住宅
深汕辉煌1号	深圳	深汕合作区	深汕合作区深汕大道与产业南路交会处	普通住宅

华润置地公园九里花园

- 2019年 -
中国城市楼盘年鉴
典型项目

深圳　公园美宅　地铁物业　品质装修

华润置地公园九里花园位于深圳市光明区马田街道薯田埔龟山公园南侧，项目建筑面积约 12.6 万平方米，约 3.53 的容积率，是低密纯粹公园住区。“九里”系列是华润置地高品质、高端产品象征。

专家点评　宋丁·中国综合开发研究院、旅游与地产研究中心主任

华润置地公园九里是「九里系」项目，是华润高端系产品，唯有具备低密度、一线景观资源、居住舒适、区域价值较高等特点的产品才可被称为「九里」。项目传承九里的高端品质和特点，精心铸造城市公园生活范本。

项目地址：
深圳市光明区薯田埔龟山公园南侧

开发商：
深圳市润朗房地产有限公司

建筑类型：
住宅、商业

主力户型：
95~125 平方米三居、四居

周边配套：
光明大仟里、嘉域荟、天虹商场、万乐百货

参考价格：
约 48300 元 / 平方米

楼盘优势：
华润置地公园九里花园生态环境优越，交通便利，自驾可享广深、南光、龙光等高速；附近还有地铁 6 号线经过，高铁方面有光明城站。

项目解析

【区域维度】

华润置地公园九里花园位于深圳市光明区，光明区据守粤港澳大湾区城市群腹地，位于穗深港产业轴之上，是深圳面向珠三角的桥头堡，助力深圳向北扩张的城市副中心。

借助大湾区时代红利以及“两城两带”规划，光明区以国际视野、全球眼光，打造创新共享、产城融合、智慧人文的“科学城”，打造光明创新型智造强区、现代化国际绿色城区，构筑区域性教育医疗和创新高地、高技术产业基地，向世界科创中心更迈进一步。作为深圳高新技术产业带重要一环，位于粤港澳大湾区和广深港澳科技创新走廊上的重要节点，光明区为“打造成为世界一流科学城和深圳北部中心”而不断努力。

【品牌维度】

华润集团是国务院国有资产监督管理委员会直接监管和领导的国有重点骨干企业之一，拥有七家香港上市公司，涉足大消费、大健康、城市建设与运营、能源服务、科技与金融五大领域，2019 年位列《财富》“世界 500 强”第 80 位。华润置地是华润集团旗下的地产业务旗舰企业，已经进驻境内外 74 个城市，正在开发项目超 280 个，在深圳已经打造幸福里、银湖蓝山、悦府、万象府、瑞府等经典项目，在城市中央商务区建设方面具有丰富经验。

【口碑维度】

“九里系”是华润置地高品质、高端产品象征。上海外滩九里、北京公元九里、苏州昆玉九里、重庆公园九里……九里所至，皆成精品。华润置地公园九里落子光明，秉承“九里系”血统，构筑城市公园生活范本。

【产品维度】

深圳罕有的标准化体系“润享家”园林落地本项目，以全龄化设计，带来“幸福回家路、环跑步道、分龄泳池、邻里会客厅、亲子乐园、多功能运动场所”六大社区场景，打造互动友好、舒适宜人并具有归属感的幸福社区。项目从业主所需的生活尺度，科学定制家的生活场景，带来“IMAX”级客厅、新“煮”义餐厨、人性化卧室、舒爽卫浴、阔景阳台、都市高效收纳体系六大居住空间解决方案，满足住户的生活舒适度。

项目严格秉承“匠心工程、用材严选、科学防水、贴心细节”四大精工住宅匠心法则，以对每一处用材和工艺细节的严苛把控，保障每一位业主的居家品质。将建筑、自然、艺术相融，建筑造型简洁现代、时尚大气；装配式住宅，整体定制构件，保障产品品质；室内雅装体系，品牌云集，以质感敬生活。

95~125 平方米精装公园大宅，将居家的私密性与景观的开敞性充分融合；两梯五户的舒适比例，满足住户的生活舒适度。

华润置地公园九里交通便利、生态良好，项目周边形成了五纵五横的城市密集路网，同时汇聚了双地铁口；从教育、医疗、生态、商业等配套方面来说，华润置地在光明的新项目必将受到市场关注。

更多楼盘详情请扫码查看

世茂深港国际中心

- 2019年 - 中国城市楼盘年鉴 典型项目

深圳 智能办公 大型商业 商务公寓

深圳世茂深港国际中心地处大运片区，占地面积 32.2 万平方米，建筑面积 136.45 万平方米。根据总体规划，该项目将建设成综合开发运营项目。

项目地址：

深圳大运新城青春路大运体育中心西门正对面

开发商：

深圳市世茂新里程实业有限公司

建筑类型：

高层、超高层

主力户型：

40~255 平方米公寓

周边配套：

大运公园、龙城公园，星河 COCO park、万科广场

参考价格：

约 50000 元 / 平方米

楼盘优势：

以国际超甲级写字楼为支点，借助优质国际教育资源，撬动深圳东部创新产业升级，驱动区域产学研创新网络发展。

专家点评 冯云廷·深圳职业技术学院房地产研究所所长

世茂深港国际中心集深港国际会议展览中心、深港青年合作创业中心、国际化学校、大型商业、办公、公寓等于一体，帮助深圳东部吸纳高端产业资源，推动深圳和香港深度合作，整合商业、科技、创新资源，加速深圳东部融入粤港澳大湾区。

项目解析

【区域维度】

项目位于深圳东部大运的核心商务区。大运新城被政府定义为全市国际高端教育引领、产学研一体化发展的重点区域，与深圳湾、前海、香蜜湖等区域同为深圳“六大城市新客厅”。而大运作为东部唯一城市新客厅，依托国际大学园，成为科技成果研发、转化基地；依托科创吸引人才、企业的进驻，打造成为创新产业、人才培训与国际交流的知识与智慧中枢。

世茂深港国际中心作为大运的“核心商务区”，是东部中心的商务封面，地标高塔的诞生将会给“中国硅谷”大运新城带来崭新城市面貌，未来也规划将引入至少 5 家“世界 500 强”企业总部，助推东部产业升级和深圳东西区域的协同发展并同时辐射莞惠。

【品牌维度】

世茂集团是一家国际化、综合性的大型投资集团，经过三十年的发展，在香港和上海分别拥有世茂房地产（00813.HK）及世茂股份（600823.SH）两家上市公司。三十年来，世茂集团覆盖香港、上海、北京、广州、深圳、杭州、南京、武汉、厦门等全球 100 余个城市，形成了多元化业务并举的“可持续发展生态圈”。世茂集团实践“成为行业引领者，打造百年世茂”的愿景，持续为客户在居住、生活、消费、商务、旅游等方面提供高层次的品质体验，与城市共成长，与人民同幸福。

【口碑维度】

世茂房地产聚焦粤港澳大湾区、长三角、京津冀、海西等国家战略城市群，土储面积达 6407 万平方米。世茂致力于打造有品质的生活场景，细分不同阶段用户的人居需求，用心雕琢，稳步提升产品力，打造覆盖全生命周期的住宅产品线。

世茂深港国际中心作为一个挑战建筑难度的代表性超级工程，是由全球六大殿堂级设计机构（贝尔高林、STACK、AS+GG、伍兹贝格、水石、CCD）首度携手呈现的匠心之作，整个项目旨在打造一站式生活方式，融合了全球商务、云端酒店、四维商业、国际学校、天誉公寓、国际会展、演艺中心、青少年活动中心、深港青年合创中心、城市绿地广场、机场服务中心等综合性复合功能，是世茂集团倾力打造的百年传世之作，将成为促进深港交流融合的发展平台、粤澳港大湾区的时代地标和建筑名片。

【产品维度】

在 136 万平方米建筑面积项目中，公寓仅有约 18% 的可售体量。世茂深港国际中心天誉公寓各楼栋环绕分散式布局，开阔楼间距，基本无相互遮挡；视野开阔，可欣赏大运中心或连绵的山景。1~4 栋是纯南向的板式楼，部分产品的客厅及主卧可观赏 270° 无遮挡景观。公寓外立面整体为简洁大气的公建化风格，配置的超白玻璃被称为“玻璃中的爱马仕”，能够显著提升塔楼的通透性和视野观感。

【销售维度】

世茂深港国际中心位于大运中心，2019 年 11 月 10 日首批主推商务公寓 1 栋 02/03 户型、2 栋 01/04 户型、5 栋 A 座面积区间 40~130 平方米共 462 套。案场数据显示，累计去化约 400 套（去化率约 90%），成交均价约 5 万元 / 平方米，多数明星户型秒光。

更多楼盘详情请扫码查看

粤海城

深圳　珠宝商圈　商务公寓　多元业态

粤海城位于深圳市罗湖区布心路与东昌路交会处，总占地面积约 9.7 万平方米，总建筑面积约 65 万平方米，是一个集工业文化遗址公园、高端写字楼、大型体验式 shopping mall、商务公寓于一体以珠宝为主题的多元商业综合体。

项目地址：
深圳市罗湖区东昌路粤海城悦艺术馆

开发商：
粤海置地（深圳）有限公司

建筑类型：
超高层

主力户型：
69~137 平方米二居、三居、四居

周边配套：
喜荟城、万象汇、水贝珠宝商圈、仙湖植物园

参考价格：
约 64000 元 / 平方米

楼盘优势：
粤海城位于水贝—布心商圈，项目临近三地铁，紧邻围岭山，东眺深圳水库、南望翠竹公园、西南遥望洪湖公园，景观资源得天独厚。

专家点评　王世泰·城市人文学者、资深地产评论人

粤海城以珠宝为主题，是集超甲级写字楼、大型体验式购物中心、商务公寓、工业遗存文化公园于一体的约65万平方米多元商业综合体，位于罗湖水贝—布心商圈，位置优越，交通便利临近三条地铁，拥有一湖三山三公园生态景观资源。

项目解析

【区域维度】

粤海城位于深圳市黄金珠宝产业聚集地水贝－布心商圈，在罗湖布心路与东昌路的交会处，临近三条地铁线，未来规划将接驳地铁 5 号线、7 号线太安站及 5 号线布心站，邻近 3 号线水贝站。立体交通网络快速通达城市内外，是集超甲级写字楼、大型体验式购物中心、商务公寓、工业遗存文化公园等于一体的约 65 万平方米珠宝主题多元商业综合体。

项目所在的罗湖区是深圳经济特区最早开发的城区，也是深圳市的中心城区之一，未来拟通过城市更新，累计投资 2500 亿元再建新罗湖。项目处于大梧桐新兴产业带的智谷，将联水贝片区，打造水贝—布心国际珠宝生态创意城区。

【品牌维度】

粤海城由粤海集团旗下粤海置地控股有限公司开发（股票代码 00124HK），粤海控股是广东省在境外规模较大的综合性企业集团，总资产逾 1000 亿港元，子公司逾 300 家，“广东省 500 强企业”，打造国际化国有资本投资公司，形成以水务、城市综合体、产业园及制造业为核心，金融为支撑的“3+1”板块格局。诸如广州天河城，香港、珠海、罗湖的粤海酒店，以及每天为 5500 万人口提供优质水资源的粤海水务等都是粤海旗下产业，服务于生活的方方面面，品牌知名度非常高。

【口碑维度】

粤海城项目在规划上颇具亮点。项目携手上海钻石交易所资源，打造延伸服务平台，并携手粤海旗下知名商业运营团队——天河城团队，以全新体验理念，倾力打造规划面积约 11.5 万平方米体验式购物中心。除此之外，项目规划有城市屋顶花园，大胆践行“缝合城市”设想，通过空中步廊系统连接围岭山，打造 24 小时全天候绿色自然综合体。同时，通过几大超前规划设计以及国企品牌实力，赢得广大购房者的关注与好评。2019 年，粤海城凭借优异的表现，荣获“2019 中国商业地产年度影响力综合体”称号。

【产品维度】

粤海城从自然和人文的角度出发，通过人性化的设计，为业主提供更加便捷和舒适的景观体验。在景观方面，项目西侧、北侧围岭山景环绕，并且在商业屋顶设有 24 小时登山廊道，无缝连接围岭公园，可随时贴近大自然；朝南可俯瞰深圳城市全景，东南侧面朝深圳水库、东湖公园景观，可谓览山观水。

项目西北地块规划 2 栋约 150 米高的公寓单位、2 栋 120 米高的办公单位，及 1 栋商业裙楼。商务公寓建筑面积 69~137 平方米二居、三居、四居，层高 3.05 米，整体采用标准 Z 字形的空间排布，增强了产品的采光及通透性，使大部分产品做到双面采光；纵目湖山盛景，匠造城市美好生活空间。

【销售维度】

粤海城项目首批产品为西北地块产品，于 2018 年 12 月获得预售资格并推出 1652 套房源，包含办公、公寓、商业产品。项目地理位置优越，拥有众多独特设计亮点、享国企知名品牌加持，推出即受到广大购房者的关注及支持，目前项目主力在售 37~137 平方米办公及商务公寓。

更多楼盘详情请扫码查看

2019 年中山房地产市场总结

行业发展历程

一、城市概述

中山，古称“香山”，广东省地级市，作为全国五个不设区的地级市之一，是珠三角中心城市之一、粤港澳大湾区重要节点城市、广东地区性中心城市之一，连续多年保持广东省第五的经济总量，并与顺德、南海、东莞一起被称为“广东四小虎”。作为粤港澳大湾区几何中心城市，中山将大力发展交通方面，并完成交通枢纽城市的定位。

中山常住人口 331.00 万人（2018 年），前身为 1152 年设立的香山县；1925 年，为纪念孙中山而改名为中山县。中山是国家历史文化名城，发祥于中山的香山文化是中国近代文化的重要源头，享有广东省“曲艺之乡”（粤剧）、“华侨之乡”的美誉。有旅居世界五大洲 87 个国家和地区的海外侨胞、港澳台同胞 80 多万人。

二、行业现状

在 2015 年以前，中山房地产市场构成相对单一，购买者基本以本地人为主，外地客户在中山投资房地产，大部分以亏损退场。中山曾经在 2011 年底颁布限价令，限价 5800 元 / 平方米，中山楼市立刻进入冰点。

2015 年年底，受深中通道动工影响，以深圳投资客为代表的外地客户涌进中山批量购房。一时间，中山临深区域房价翻倍仍被争抢，一些区域很长一段时间处于供货不足的情况。

2017 年 3 月 26 日，中山颁布首个“限购令”，政策并不算严格，但配合“限签令”让楼市开始回归理性。2018 年开始，中山再次转回本地客市场。据 2019 年机构数据，中山购房客户中，七成为中山本地人。

三、政策环境

中山现行购房政策较为宽松，随着融入粤港澳大湾区步伐的加快，在购房政策方面也有适当放宽。2019 年，中山对外地客户和港澳台人士购房方面的条件均有所放宽，但金融政策仍不乐观，首套房利率基本在 5.88% 左右。

目前中山的购房政策为，本地人限购三套，外地人限购两套，港澳台人士一套。二手房不限购。

四、土地市场

从 2017 年的土拍潮过后，中山土拍走向冷静。近年来，中山土地拍卖推出了多个新政策，包括限地价，竞人才，安置房建面，商住地自持，商品房现售，商住分离，成品住宅标准销售等。

中山土拍市场在 2017 年和 2018 年迎来高潮，目前中山楼面地价前十名地块基本均为这两年中产生。2018 年下半年开始，中山土拍市场变冷，多地块以“终止交易”告终。即使有地块成交，亦不复从前的热闹，这个情况一直持续到 2019 年。

五、房企布局

截至 2019 年，全国十强房企均布局中山。由于中山早年土地交易问题，很多地块掌握在私人手中，通过政府招拍挂的地块逐渐减少。目前进驻的品牌房企几乎在中山全域均有布局，其中市区最受青睐，但地块资源稀缺。同时，泛城区和临深片区（火炬开发区、南朗镇）亦较受关注。

由于中山地价越来越高，且很多地块在私人手上，因此，近两年中山频繁出现房企之间合作，或“地主”

与房企之间合作的情况，已然并非简单的买卖关系。

六、房产行业发展历程

早年，中山房地产市场以本地开发商为主，后来迎来了中海、万科等品牌房企，但中山楼市发展仍较为缓慢，一直被喻为珠三角城市的房价“洼地”。

此后，随着品牌房企的进驻，给购房者提供了更多选择。但整体而言，中山市场对于房企来说依然是艰难的，有不少房企甚至已经做好了退出中山市场的准备。

转折点来自 2015 年深中通道的动工，把中山推向了全国，房价从均价 6000 元 / 平方米左右推向 1.5 万元 / 平方米。高峰时期，中山多个楼盘售价冲上 1.8 万元 / 平方米，仍然一房难求。2019 年，万科中天西湾汇售价突破 3 万元 / 平方米，但这个项目位于翠亨新区（深中通道落脚点），且客户群体几乎以深圳客户为主。

2019 年中山楼市回归理性，“稳”是中山楼市的主基调，但随着粤港澳大湾区的融合与发展，中山市场近期再次受到了香港客户的关注。

城市年度市场解读

一、本地新政

2019 年 1 月 1 日起，中山出台新政，个人可自愿缴存并使用公积金贷款买房。

5 月份，港澳客户购房资格新增两个购房通道：一是提供半年社保或个税凭证加在职证明；二是在中山注册公司，其他人员购房限购政策不变。原有提供祖籍证明者可购买一套房的条件不变。

6 月 5 日，中山市住房和城乡建设局发布《关于全面推行存量房网签制度的通知》，明确 2019 年 6 月 1 日起中山市全面推行存量房（二手房）网签制度，实现存量房网签备案全覆盖，将经网签备案的房屋买卖合同作为办理不动产登记业务的依据。

6 月 24 日，中山住房公积金执行新政。内容包括：①公积金异地贷款增加申请人户籍地的家庭住房证明；②申请人家庭的征信报告显示正在还款的房产套数也计入申请人目前的住房套数。

7 月 10 日，中山市制定了《中山市闲置土地处置实施细则》（以下简称《细则》），于 2019 年 6 月 27 日起实施。

9 月 13 日，中山公积金贷款大调整。一手房贷款首付比例无论是一套还是二套，仍为两成首付。针对二手房方面，不同年限的楼龄对应的首付比例，可贷款年限也有所变化。

11 月 26 日，中山市公积金中心发布《关于对我市高层次人才、紧缺适用人才及全日制研究生购买首套自住住房实行贷款优惠政策征求意见的通知》。

12 月 22 日，中山市人社部门出台了《关于加强柔性引才工作的通知》，进一步明确了柔性引才的原则、主体、方式、补贴标准以及 8 大类引才对象等细则，为中山“重振虎威”提供强有力的政策支撑。

二、年度土地成交

2019 年中山市公共资源交易中心公开交易共计推出商住、商务地块 17 宗，共计 80.8 万平方米，同比 2018 年宗数下降 23%，面积上升 17%，平均出让楼面地价为 7334 元 / 平方米，同比上涨 58%。2019 年第四季度，中山连挂 10 宗商住用地，成交限价由之前的 8000 元 / 平方米涨至 15000 元 / 平方米。

据统计，2019 年推出商住、商务地块集中在四个区域，分别是西区有 3 宗，古镇 5 宗，石岐区 6 宗，翠亨新区 3 宗。

2019年中山成交商住、商务地块11宗，共计39.5万平方米，11宗地块总成交金额达1028338.20万元（折合102.83亿元），平均成交楼面地价6755元/平方米。此外还有，4宗土地中止交易，一宗土地流拍。

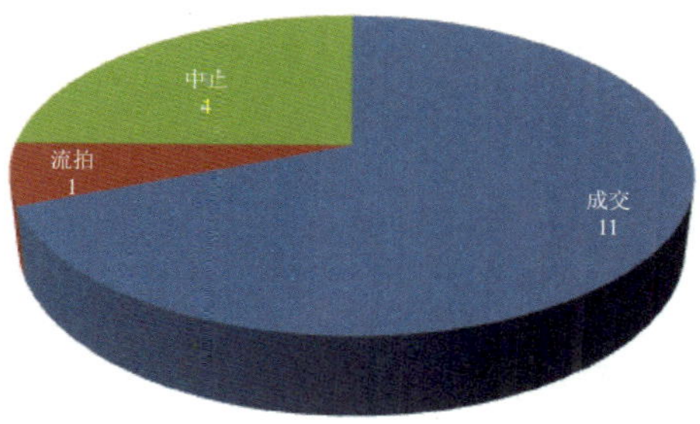

图2-18　2019年中山土拍成交情况

三、年度住宅供应

2019年住宅新增44232套，同比下降37%。整体来看，供求均呈下降趋势，以供应大降四成最为明显。在2019年中山市住宅新增各面积段占比中，100~120平方米面积段新增最多，占比40%。

从供求明细来看，中山24个镇区，南区、神湾镇、南头镇、阜沙镇、东升镇、沙溪镇、民众镇、大涌镇共计8个镇区出现了供过于求的趋势。

四、年度住宅成交

2019年中山市住宅成交63166套、694万平方米，同比套数下降3%，面积下降4%。

从月度住宅成交走势来看，2019年下半年月均成交6486套，同比上半年上涨60%，这是因为下半年中山市的住宅网签基本完全放开。2019年全年月均成交为5264套，月均面积57.83万平方米。

五、年度住宅存量

2019年中山市住宅库存65781套、753.64万平方米，同比减少14401套，大降18%。2019年上半年住宅库存波动较大，7月跌破6万套，10月达到70017套的全年最高点。基于第四季度限签政策的放松，库存逐渐降至6.5万套。

各镇区住宅库存，三乡镇以成交9061套排名第一，同比下降2%；坦洲镇以成交8158套排名第二，同比下降25%，火炬开发区以成交6380套排名第三，同比下降30%。

六、区域成交表现

据合富研究院（中山）数据，2019年中山各镇区住宅成交中，火炬开发区成交7982套排名第一，三乡镇成交6763套排名第二，坦洲镇成交6231套位列第三，排名TOP3的区域榜单中南部板块占两席。

各板块住宅成交中，南部板块连续两年排名第一，2019年南部板块成交21187套，占比33%；主城区成交14278套，占比23%；泛城区成交12390套，占比20%。

七、成交项目排行

据合富研究院（中山）数据，年度排名前15强的房企中，占据前三位的房企分别是雅居乐、碧桂园、保利。

雅居乐以网签6606套成为年度网签大户，主力项目是雅居乐新城、雅居乐剑桥郡。据乐居编辑不完全统计，雅居乐地产落子中山在售项目有8个，剑桥郡目前处于清货阶段。

碧桂园也不甘落后，以网签5311套，排名第二。主力项目是碧桂园凤凰城、碧桂园保利天启、碧桂园卓越协信天际。

保利则以网签4488套，跻身排名榜单前三。主力项目是保利中山林语、保利碧桂园领秀海、保利远洋领秀山。

单盘网签大户排名第一的是南朗镇约9千亩大盘“锦绣海湾城”，此项目分几期开发，目前在售第九期产品；紧随其后的是位于南区的碧桂园凤凰城网签2067套，项目开售以来就备受购房者关注，现售三期产品；雅居乐新城则以网签1841套排名第三。

八、 商业、公寓及办公

2019年中山市商业成交10760套，75万平方米，同比前一年套数比下降26%，面积下降26%。各镇区商业住宅成交中，沙溪镇成交1987套，排名第一；东区成交1214套，排名第二；港口镇成交921套，排名第三。

2019年各项目排行榜中，沙溪镇佳兆业·大都汇成交1808套，排名第一，排名第二的是东区越秀·星汇品峰成交690套，排名第三的是港口镇中海世纪荟，成交623套。

九、年度房价走势分析

2019年，中山一直在不停推出特价优惠。全市商品房预售备案均价约为14082元/平方米；全市住宅预售备案均价为12799元/平方米。

由于中山缺少官方数据，据机构统计，中山整体成交均价为1.3万~1.4万元/平方米，10月冲刺“金九银十”，且是2019年最后一个季度，各房企推出优惠力度更大，价格有所下降。

十、热点板块分析

2019年中山市各镇区住宅成交中，火炬开发区成交7982套，排名第一，三乡镇成交6763套，排名第二，坦洲镇成交6231套，位列第三。

火炬开发区作为临深片区的重要区域，受到本地客户与外地客户的关注。相比南朗，火炬开发区毗邻东区，可以快速享受市区生活配套，房价又比东区更实惠。而三乡和坦洲则是因为地理位置与珠海接壤，成交多以珠海客户为主。

十一、未来展望

在“房住不炒”基调下，中山楼市未来仍以“稳”为主。政策层面，中山目前购房政策并不算严厉，对外地客户不会造成太大影响。2020年，此前房企拿下的地块将陆续推进，供货量会比较充足。但由于整体市场仍以理性为主，且此前的积压网签基本已经解决，2020年成交量数据或有一定下降。

十二、市场预期

深中通道正在加快建设，中山被赋予了珠江东西两岸融合发展的支撑点、沿海经济带的枢纽城市、粤港澳大湾区的重要一极的新定位。未来，中山将从轨道交通、高速公路、干线交通和市政道路方面进行统一的梳理和谋划。在深中通道通车前的四年时间里，全市投入1500多亿元打造交通路网，同时也和周边城市的交通体系进行衔接。相信中山将会迎来稳步发展，待交通完善后将获得更大的机遇。

数据来源：合富辉煌研究院（中山）、中山中原策略研究中心。

2019 年中山房地产在售楼盘概览

楼盘名称	城市名称	城区	地址	物业类型
大信金座	中山	石岐区	石岐区莲员东路 2 号（莲塘路与莲员东路交会处）	公寓、办公、建筑综合体
大信·金马公馆	中山	石岐区	石岐区青溪路 86 号（富逸装饰广场侧）	公寓
华炬珑玥公馆	中山	石岐区	石岐区康华路金钻酒店旁	普通住宅
华发广场	中山	石岐区	石岐区中山二路 3 号	普通住宅
骏珑盛景豪园	中山	石岐区	石岐区景祥路 10 号	普通住宅
美林春天	中山	石岐区	石岐区岐峰路 6 号	普通住宅、别墅
美的公馆	中山	石岐区	石岐区景祥路 16 号	普通住宅
岐江壹号	中山	石岐区	石岐区中山二路岐江公园对岸	公寓
润达幸福汇	中山	石岐区	石岐区岐环路 9 号	普通住宅
顺景壹号院	中山	石岐区	石岐区起湾道 13 号	普通住宅
完美金鹰广场	中山	石岐区	石岐区孙文东路 28 号	普通住宅、公寓、建筑综合体
香滨水岸	中山	石岐区	石岐区华光路 91 号（中山二桥南侧大风车旁）	普通住宅、商铺
雅居乐江玥	中山	石岐区	石岐区青溪路 138 号（康华大桥西侧 300 米）	普通住宅
永成御景轩	中山	石岐区	石岐区青溪路 136 号	普通住宅
正德天水湖	中山	石岐区	石岐区民科东路 4 号（东明桥侧）	普通住宅、商铺
富元中润广场	中山	东区	东区中山五路华润万家东侧	公寓、办公
华鸿珑悦轩	中山	东区	东区兴文路 38 号（市一中西侧）	普通住宅
敏捷紫岭国际	中山	东区	东区中山五路 82 号	普通住宅、公寓、办公
时代云来	中山	东区	东区博爱路南三溪村东	普通住宅、商铺
盛湖轩	中山	东区	东区东苑南路 122 号	普通住宅
天奕国际广场	中山	东区	东区中山路与长江路交会处（海港城旁）	普通住宅、公寓、商铺、建筑综合体
万科金域中央	中山	东区	东区博爱七路 38 号	普通住宅
远洋世家	中山	东区	东区富嘉路 9 号	普通住宅
越秀星汇品峰天寰	中山	东区	东区博爱七路 12 号	公寓、建筑综合体
奕翠园	中山	东区	东区中山五路 11 号	普通住宅
紫马天赋	中山	东区	东区中山五路 2 号	公寓

楼盘名称	城市名称	城区	地址	物业类型
碧桂园凤凰城	中山	南区	南区中山三桥南（广珠西线高速南区出口旁）	普通住宅、别墅、商铺
碧桂园柏坦尼雅	中山	南区	南区城南五路 23 号	公寓、商铺
德商樾玺	中山	南区	南区永安二路 8 号	普通住宅
福晟天地	中山	南区	南区城南五路与双龙路交会处	普通住宅、别墅、商铺
合生帝景城	中山	南区	南区永安三路 6 号	普通住宅
天基叠彩领峰	中山	南区	南区永安三路 39 号	普通住宅
新力翡翠湾	中山	南区	南区先施二路与 105 国道交界处（中山三桥旁）	普通住宅
星光喜寓	中山	南区	南区日华路 8 号（永安广场旁）	普通住宅、商铺
中澳滨河湾	中山	南区	南区悦来南路 34 号	普通住宅
正邦华颢豪庭	中山	南区	南区城南一路 23 号	普通住宅
珠光御景雅苑	中山	南区	南区城南一路华业路 2 号	普通住宅
方直·彩虹公馆	中山	西区	西区广珠公路 3 号	普通住宅、别墅
海伦时光	中山	西区	西区翠景南路和博爱路交会处	普通住宅、商铺
合景招商·映月台	中山	西区	西区彩虹大道与翠虹路交界处	普通住宅
花海湾	中山	西区	西区岐环路 2 号	普通住宅
华盈四季蓝天	中山	西区	西区广丰大道 51 号	普通住宅、别墅
君御世家	中山	西区	西区富华道 45 号	普通住宅
美和馨苑	中山	西区	西区裕福二路 1 号	普通住宅
时代美宸	中山	西区	西区彗隆南路 15 号	普通住宅
天誉·虹悦 1925	中山	西区	西区翠沙路 38 号（彩虹绿洲西 300 米）	普通住宅、商铺
天明海怡湾	中山	西区	西区蓝波路 3 号	普通住宅
新长江顺心居	中山	西区	西区沙朗金港大道沙景路 2 号	普通住宅
心悦湾	中山	西区	西区广丰大道 41 号	普通住宅、别墅、商铺
雅居乐剑桥郡	中山	西区	西区翠景道（南）17 号	普通住宅、公寓
棕榈彩虹	中山	西区	西区翠沙路 23 号（五月花电影城旁）	普通住宅、公寓、别墅
中泰上境	中山	西区	西区金港路（西区休闲文化公园旁）	普通住宅、别墅
中庄翠庭	中山	西区	西区隆平路 10 号（彩虹酒店后面）	普通住宅
保利中山林语	中山	火炬区	火炬开发区憧憬路 7 号	普通住宅、别墅、商铺

楼盘名称	城市名称	城区	地址	物业类型
碧桂园盛世名门	中山	火炬区	火炬开发区中山港客运码头旁	普通住宅、商铺
东方名都	中山	火炬区	火炬开发区中山六路 60 号（实验中学旁）	普通住宅、别墅
德宝怡高花园	中山	火炬区	火炬区东江路 38 号（中山职业技术学院西北门对面）	普通住宅、别墅
福晟钱隆华府	中山	火炬区	火炬开发区世纪大道与神农路交会处	普通住宅
福晟钱隆湾畔	中山	火炬区	火炬开发区丰盛路 32 号	普通住宅
方直香山墅	中山	火炬区	火炬开发区东镇东二路 30 号	普通住宅
富逸城臻誉	中山	火炬区	火炬开发区孙文东路 688 号（长江北路与孙文东路交界处）	普通住宅
港航华庭	中山	火炬区	火炬开发区兴业路 36 号	普通住宅、商铺
广联博爵	中山	火炬区	火炬开发区中山六路 66 号	普通住宅
海伦堡千江阅	中山	火炬区	火炬开发区丰盛路 18 号	普通住宅、别墅
浩昌悦景湾	中山	火炬区	火炬开发区博爱七路	普通住宅、商铺
华鸿璟悦轩	中山	火炬区	火炬开发区博爱七路与景观路交会处	普通住宅、别墅
合强嘉时代	中山	火炬区	火炬开发区中山六路凯业街 13 号	普通住宅
金色年华	中山	火炬区	博爱七路辅路	普通住宅
君华硅谷	中山	火炬区	火炬开发区博爱七路	普通住宅、别墅
聚豪园	中山	火炬区	火炬开发区博爱七路 88 号	普通住宅、别墅
凯柏双子星	中山	火炬区	火炬开发区东镇大道 36 号	公寓
澜溪泮岛	中山	火炬区	火炬开发区康乐大道与东镇东一路交会处	普通住宅、商铺
美的悦府	中山	火炬区	火炬开发区科技东路 70 号	普通住宅
融创东城首府	中山	火炬区	火炬开发区置业路与沙边路交会处东北向约 150 米	普通住宅
深中国际装饰城	中山	火炬区	火炬开发区博爱路与逸仙路交会处	公寓、商铺
泰立泰瑞居	中山	火炬区	火炬开发区东镇东一路与九沙路交会处	普通住宅
万科中天西湾汇	中山	火炬区	火炬开发区马鞍岛	普通住宅
万豪丽影公馆	中山	火炬区	火炬开发区中山港大道与番中路交界处	公寓
星耀广场	中山	火炬区	火炬开发区东镇东一路 13 号（太阳城旁）	普通住宅、商铺
远洋新天地	中山	火炬区	火炬开发区博爱七路 123 号	普通住宅、商铺
裕龙君悦	中山	火炬区	火炬开发区同乐东路 5 号	普通住宅、商铺
中铭新达城	中山	火炬区	火炬开发区火炬路 8 号（中山港壹加壹旁）	普通住宅
碧桂园卓越协信·天际	中山	港口镇	港口镇艾美酒店北 500 米（中江高速港口出口东侧）	普通住宅
枫逸国际	中山	港口镇	港口镇港福路 19 号（港口镇中心幼儿园旁）	公寓、办公
富元港景峰	中山	港口镇	港口镇世纪西路 3 号（壹加壹旁）	普通住宅、商铺
敏捷领航公馆	中山	港口镇	港口镇港福路 31 号（湿地公园旁）	公寓、别墅、商铺
如愿居	中山	港口镇	港口镇木河迳东路 26 号	普通住宅
上乘世纪公园	中山	港口镇	港口镇世纪西路 1 号湿地公园旁	普通住宅
中海世纪荟	中山	港口镇	港口镇民主社区世纪东路 6 号	普通住宅、公寓
爱琴半岛	中山	三乡镇	三乡镇塘敢村沥金路 26 号（那州高速口旁）	普通住宅、商铺
碧桂园翰林世家	中山	三乡镇	三乡镇 105 国道三乡交警转盘右侧	普通住宅、别墅、商铺
碧桂园天悦府	中山	三乡镇	三乡镇 105 国道平东俱乐部旁	普通住宅
大翼御龙轩	中山	三乡镇	三乡镇大布村振兴路 68 号之二（畔山酒店对面）	普通住宅
鼎威花园	中山	三乡镇	三乡镇景观大道 33 号	普通住宅
德瑞花园	中山	三乡镇	三乡镇茅湾路茅湾牌坊处（G105 国道与 S268 交叉十字路口左转 300 米）	普通住宅
华发观山水	中山	三乡镇	三乡文华西路 222 号	普通住宅、别墅
骏璟峰	中山	三乡镇	三乡镇谷都大道 888 号	普通住宅、别墅
凯柏峰景	中山	三乡镇	三乡镇塘敢村那州高速出口旁	普通住宅、公寓
美好雍景台	中山	三乡镇	三乡镇温泉路中山温泉宾馆旁	普通住宅、别墅
畔山中心城	中山	三乡镇	三乡镇桂新路东侧约 40 米处	普通住宅、别墅、商铺
海棠郡	中山	三乡镇	三乡镇沙坦路 1098 号（广澳高速坦洲出口旁）	普通住宅
新城金樾岚庭	中山	三乡镇	三乡镇金谷大道 366 号	普通住宅
雅居乐万象郡	中山	三乡镇	三乡镇金涌大道万象郡销售中心	普通住宅
雅居乐珑玥	中山	三乡镇	三乡镇名座假日酒店东南（景观大道）	普通住宅、商铺
雅居乐锦城	中山	三乡镇	三乡温泉路（中山温泉正门南侧）	普通住宅、公寓
雅居乐·国宾道	中山	三乡镇	三乡镇振华路 35 号	普通住宅
云山汇景豪园	中山	三乡镇	三乡镇兴塘一路（G105 国道旁）	普通住宅、商铺

楼盘名称	城市名称	城区	地址	物业类型
钰海绿洲	中山	三乡镇	三乡镇谷都大道1308号	普通住宅、商铺
钰海佳园	中山	三乡镇	三乡镇谷都大道868号（105国道旁）	普通住宅、商铺
钰海美筑	中山	三乡镇	三乡镇谷都大道848号	普通住宅
御山风景	中山	三乡镇	三乡镇白石村文华西路228号	公寓
锦绣国际花城	中山	坦洲镇	坦洲镇环洲北路9号	普通住宅、别墅
尚都名苑	中山	坦洲镇	坦洲镇金源路35号	普通住宅
蔚蓝四季	中山	坦洲镇	坦洲镇环洲北路56号	普通住宅
祥圣富地	中山	坦洲镇	坦洲镇坦神北路(金斗湾客运站旁）	普通住宅
御城金湾	中山	坦洲镇	坦洲镇神农路8号	普通住宅、公寓
中澳春城	中山	坦洲镇	坦洲镇环洲南路131号	普通住宅、商铺
福晟钱隆御府	中山	沙溪镇	沙溪镇新濠南路670号（红木博览城对面）	普通住宅、商铺
华发四季	中山	沙溪镇	沙溪镇新濠路88号	普通住宅
佳兆业·大都汇	中山	沙溪镇	沙溪镇星宝路大道与云生路交会处	公寓、商业
龙光玖龙山	中山	沙溪镇	沙溪镇龙光环花园大街34号	普通住宅
名豪花园	中山	沙溪镇	沙溪镇宝珠东路77号（镇政府旁）	普通住宅
新力钰珑湾	中山	沙溪镇	沙溪镇象角村兴溪路105号	普通住宅
君汇尚品	中山	东升镇	东升镇兆益路7号	普通住宅、商铺
敏捷·贝斯小镇	中山	东升镇	东升镇坦背乾鑫鑫牛棒球场旁	普通住宅
雅居乐枫璟美地	中山	东升镇	东升镇坦背西二马路175号（105国道汽车旁）	普通住宅
东尚峰景	中山	东凤镇	东凤镇东阜三路1号	普通住宅
佛奥阳光花园	中山	东凤镇	东凤镇东海五路28号	普通住宅
龙光玖龙郡	中山	东凤镇	东凤镇东阜三路108号（和穗湿地公园旁）	普通住宅、商铺
南洲·潮汇湾	中山	东凤镇	东凤镇东堤路88号	普通住宅
逸湖半岛	中山	东凤镇	东凤镇东海四路3号	普通住宅、别墅
御景香江	中山	东凤镇	东凤镇东海一路6号	普通住宅
保利远洋领秀山	中山	五桂山	五桂山生态保护区（龙塘公园旁）	普通住宅、别墅
海伦堡青云台	中山	五桂山	五桂山长逸路南行2公里	普通住宅、别墅
三合院	中山	五桂山	五桂山长命水村长富花苑66号	普通住宅、别墅
中山泷珀花园	中山	五桂山	五桂山秀丽湖	别墅

楼盘名称	城市名称	城区	地址	物业类型
华鸿榄悦轩	中山	小榄镇	小榄镇竹源宝源路68号	普通住宅、商铺
龙光玖龙湾	中山	小榄镇	小榄镇民安南路与工业大道交会处	普通住宅
龙湖·春江紫宸	中山	小榄镇	小榄镇升平东路36号	普通住宅
龙山华府	中山	小榄镇	小榄镇龙山路68号（龙山公园对面）	普通住宅
敏捷东樾府	中山	小榄镇	小榄镇祥丰北路9号（建斌中学对面）	普通住宅
力高澜湖峰景	中山	黄圃镇	黄圃镇环山东路2号（黄圃公园旁）	普通住宅
蓝天金地	中山	黄圃镇	黄圃镇新丰北路63号	普通住宅
荔园新天地	中山	黄圃镇	黄圃镇新柳中路3号	普通住宅
樱雪蓝悦湾2期	中山	黄圃镇	黄圃镇兴圃大道西2号	普通住宅
中山恒大御府	中山	黄圃镇	黄圃镇新丰北路31号	普通住宅、商铺
融创月湾首府	中山	三角镇	三角镇和谐路	普通住宅、商铺
三角大信新都公馆	中山	三角镇	三角镇福源南路23号	公寓、办公
雅居乐·民森·迪茵湖小镇悦蓉花园	中山	三角镇	三角镇金三大道东23号	普通住宅、商铺
碧桂园·佳诚·城央首府	中山	横栏镇	横栏镇西口东路	普通住宅
锦江尚苑·城熟里	中山	横栏镇	横栏镇顺兴南路(壹加壹正对面）	普通住宅
鹿茵华庭	中山	横栏镇	横栏镇顺兴南路39号	普通住宅、别墅
泰禾金尊府	中山	横栏镇	横栏镇庆丰路1号（格林豪泰旁）	普通住宅
大信新都公馆	中山	阜沙镇	阜沙镇阜沙大道63号	公寓
福晟钱隆悦府	中山	阜沙镇	阜沙镇丰阜路2号	普通住宅
恒大御景	中山	阜沙镇	阜沙镇聚福街9号	普通住宅
华炬珑玥壹号	中山	阜沙镇	阜沙镇阜港西路29号（罗松小学旁）	普通住宅、商铺
盛迪嘉·光明1号	中山	阜沙镇	阜沙镇东阜公路21号一盛迪嘉光明花园	普通住宅、商铺
中山·融创城	中山	阜沙镇	阜沙镇阜港西路	普通住宅、商铺
纯水岸	中山	板芙镇	板芙镇金钟村锦绣路	普通住宅
富山御景	中山	板芙镇	板芙镇105国道与城南六路交会处	公寓、别墅
华立普罗旺斯庄园	中山	板芙镇	板芙镇滨江四路9号（文体公园旁）	普通住宅、别墅、商铺
佳兆业香山御府	中山	板芙镇	板芙镇芙中路与金钟路交会处	普通住宅
融创溪湾首府	中山	板芙镇	板芙镇白溪公交站（105国道旁）	普通住宅、商铺
盈悦豪庭	中山	板芙镇	板芙镇迎宾大道3号	普通住宅
水韵名门	中山	民众镇	民众镇民众大道106号（民众中学对面）	普通住宅

楼盘名称	城市名称	城区	地址	物业类型
泰丰凤凰源	中山	民众镇	民众镇众安大道 1 号（自然丰酒楼旁）	普通住宅
远洋山水	中山	民众镇	民众镇民众社区居民委员会俊景路 1 号	普通住宅
保利碧桂园领秀海	中山	南朗镇	南朗镇翠亨新区翠云路（珠海下栅检查站旁）	普通住宅、商铺
佳兆业·上品雅园	中山	南朗镇	南朗镇南湖路 1 号	普通住宅
锦盛恒富祥	中山	南朗镇	南朗镇岭南路 8 号	普通住宅、商铺
锦绣海湾城领寓	中山	南朗镇	南朗镇长平路 1 号京珠高速珠海下栅检查站旁（广珠轻轨翠亨站）	公寓
锦绣海湾城	中山	南朗镇	南朗镇京珠高速珠海收费站旁（广珠轻轨翠亨站旁）	普通住宅、别墅、商铺
文信朗庭	中山	南朗镇	南朗镇南岐南路与龙起路交界处（洋沙小桥旁）	普通住宅
雪松君华·天汇	中山	南朗镇	南朗镇翠亨新区翠亨大道（孙中山故居旁）	公寓
卓越·海畔山	中山	南朗镇	南朗镇翠亨村翠龙路 1 号	普通住宅
碧桂园·锦绣东方	中山	南头镇	南头镇南头大道东 38 号	普通住宅、商铺
大信领秀居	中山	南头镇	南头镇南城村（南头人力资源和社会保障局后）	普通住宅

楼盘名称	城市名称	城区	地址	物业类型
瀚康首府	中山	南头镇	南头镇南头大道中（南头轻轨站 500 米）	普通住宅、公寓
海雅缤纷城	中山	南头镇	南头镇高速口南侧（南头轻轨站旁）	普通住宅、公寓、办公
时光樾	中山	南头镇	南头镇穗西村尚朴路	普通住宅、商铺
同樾里	中山	南头镇	南头镇同福中路	普通住宅
御景名都	中山	南头镇	南头镇德业路 23 号	普通住宅
中荟城	中山	南头镇	南头镇月桂东路 24 号	普通住宅
龙光玖誉山	中山	神湾镇	神湾镇神湾大道中 219 号	普通住宅
龙光天琅湾	中山	神湾镇	神湾镇神彩虹路 23 号	别墅
时代南湾北岸	中山	神湾镇	神湾镇神湾大道旁	普通住宅、别墅、商铺
时代香海北岸	中山	神湾镇	神湾镇金凤路南	普通住宅、商铺
雅居乐星玥	中山	神湾镇	神湾镇神湾大道中 239 号	普通住宅
远洋繁花里	中山	神湾镇	神湾镇天嘉路 8 号（105 国道旁）	普通住宅、别墅
龙光天禧	中山	古镇镇	古镇东裕路 2 号	普通住宅
万科城	中山	古镇镇	古镇海洲广中江高速口旁	普通住宅、别墅
幸福华庭	中山	古镇镇	古镇同兴路（古镇轻轨站旁）	普通住宅
碧桂园世纪城	中山	大涌镇	大涌镇卓旗山旁	公寓

时代美宸

- 2019年 -
中国城市楼盘年鉴
典型项目

中山 房企 50 强 百亩大盘 艺术社区

时代美宸位于中山市西区港隆南路 16 号，由中山市金沙实业股份有限公司开发，占地面积约 73099.1 平方米，总建筑面积约 284380.74 平方米。

项目地址：

中山市西区港隆南路 16 号

开发商：

中山市金沙实业股份有限公司

建筑类型：

住宅、商业

主力户型：

86~139 平方米三居、四居

周边配套：

昌平小学、沙朗市场、市中医院、大信新都汇

参考价格：

均价约 14000 元 / 平方米

楼盘优势：

超 133333 平方米综合大盘首期，主城区配套成熟，路网发达，全屋国际品牌精装。

专家点评

丁保权 · 南方日报经营公司中山分公司总经理

时代美宸以其品质口碑成为西区置业的热门之选，而关键还在于项目位于主城区的成熟配套、便捷便利路网的优势，项目自身优秀的产品设计和高标准的精装交付更是加分项。

项目解析

【区域维度】

时代美宸位于中山西区彩虹北片区核心位置，临近 105 国道，项目距离中山城轨 2 号线隆平站（规划中）仅约 1 公里，距离中山北站约 9 公里，周边 105 国道、珠三角环线高速、北外环等高速路环绕，可直通中山各主要城区及珠三角各大城市，深中通道、港珠澳大桥创造一小时深港澳生活圈。

作为中山老牌主城区，西区彩虹北片区坐拥多个规划利好，距离华润万象城、华侨城欢乐海岸（规划中）约 3 公里、岐江新城（规划中）约 2 公里。政府着力打造西区健康养生基地、西区汽车城、商贸综合体等多个重点项目，靠近广丰旧改片区，未来将实现整个片区的全新提升。

【品牌维度】

时代中国控股有限公司成立于 1999 年，属于“中国民营企业 500 强”“中国财富 500 强”“中国房地产 50 强”，系香港联合交易所上市企业，现已成为中国优秀的城市发展服务商。目前投资的项目已覆盖近 20 个经济发达城市，共拥有 200 多个处于不同开发阶段的项目，为超过 60 万业主提供了高品质的生活居所及服务。

时代美宸是时代中国 19 年沉淀匠心打造的西区品质楼盘，项目从面世就受到业界及客户的广泛关注。从颇具匠心的小区规划、独有架空层泛会客厅、书吧、全年龄康体设施区，到全屋国际品牌精装交付，无一不展示着时代中国将艺术人文融入生活的设计用心，为西区甚至中山的客户带来罕有的居住体验及品质生活方式。

【口碑维度】

时代美宸坚持匠心工艺的初心，做好施工管理及品质管理，获得中山市住建系统“质量月”观摩工地的荣誉，是政府对项目品质的认可与赞同。

同时，根据合富研究院数据，时代美宸销售量一直保持在片区榜首的良好成绩，这离不开美宸自身的出色品质及优秀的国家一级资质的物业服务，让客户对于美宸的体验赞不绝口。

【产品维度】

时代美宸考虑业主的居住体验，匠造中轴园林景观设计，将绿化率做到 38%，让业主出门即可享受阳光大草坪、千平儿童乐园、社区定制泳池、多功能活动场等，让业主的品质居住体验得到明显提升。同时，独到的架空层书吧、康体设施，巧妙利用架空层的空间，为业主提供下楼即是的活动场地，真正将生活搬进社区，让每一个业主能够像主人一样舒适自在地享受美宸提供的生活便利和良好的邻里氛围。除了社区配套的关注，时代美宸也注重室内生活品质要求，全屋国际品牌的装修标准，给业主带来健康、品质的生活，将生活的品质追求当成生活习惯。

更多楼盘详情请扫码查看

雅居乐·剑桥郡

中山　地标大盘　名门学府　四通八达

雅居乐·剑桥郡位于中山市西区翠景南路 17 号，由中山雅居乐雍景园房地产有限公司开发，占地面积约 539000 平方米，总建筑面积约 1500000 平方米。

项目地址：
中山市西区翠景道(南)17 号

开发商：
中山雅居乐雍景园房地产有限公司

建筑类型：
洋房、公寓、商业

主力户型：
139~157 平方米四居

周边配套：
天悦城、吉之岛、岐江公园、中山一中铁城中学

参考价格：
荣曜约 1.1 万元 / 平方米、城家均价 1.6 万元 / 平方米

楼盘优势：
西区核心主干道交会处，自拥完善生活配套。

专家点评　丁保权·南方日报经营公司中山分公司总经理

雅居乐·剑桥郡凭借城区大盘的优势，一直是区域的置业优选，不论从交通、配套和自身规划，都拥有较好的优势，销售热度居高不下，价格不断上扬。

项目解析

【区域维度】

2019 年粤港澳大湾区规划发布，中山作为湾区西岸核心城市、世纪工程“深中通道”桥头堡，迎来重大利好。中山担任“东承西接”的角色，计划打造为珠江东西两岸融合发展支撑点。

随着粤港澳大湾区建设工作的逐步推进，中山的城市发展也将随之升级：高铁、轨道交通等规划如火如荼，深中通道预计 2023 年通车……作为中山主城区——西区的 150 万平方米，雅居乐·剑桥郡以其傲人的区位条件吸引湾区置业的购房者，占据博爱路、105 国道城市主干道，连接广珠西线，四通八达的交通网络畅达湾区各大核心城市。

【品牌维度】

雅居乐成立于 1992 年，是一家以地产为主，多元业务并行的综合性企业集团，以“一生乐活”品牌理念不断构筑美好人居。

深耕中山、布局全国的千亿实力房企雅居乐，在全国有三个“剑桥郡”高端住宅项目，位于中山的剑桥郡正是其中之一，因而甫一问世便收获高度关注。而随着项目规划、周边配套等信息的公示和落实，成功当选配套完善的城区大盘佼佼者。

【口碑维度】

2013 年项目首开，即引来 3000 人共同见证；2014 年，中山经历冷淡的市场环境与众多不利因素，雅居乐·剑桥郡逆市而上，斩获 8.9 亿销售额；2015 年，剑桥郡“荣曜”产品加推，2 小时卖光一栋楼，成交速度再度震惊中山，闯入单盘年度销售榜单前列；2017 年“城家”产品问世，微信开盘即去化 600 套。2018 年，中山西区网签 5711 套，其中剑桥郡就成交 1159 套，占比 20%，2019 年上半年依旧蝉联中山销冠。

六年“造城”，凭借着高性价比，雅居乐·剑桥郡成为屡开屡馨的“网红盘”。如此惊人的销售速度和成绩，刷新了中山楼市成交纪录；六年区域销冠的骄人业绩，足以印证雅居乐·剑桥郡深得客户信赖。

【产品维度】

历经六年“筑城”，凭借精心打造的“大城配套”，雅居乐·剑桥郡圈粉无数。剑桥郡会所精心规划大型恒温泳池、棋牌室、健身室等全功能生活配套；大城皇家园林打造中央水景，偌大的园林划分了中心水景、绿植、泳池、户外活动区等多个功能区，现已成熟兑现。广东省义务教育标准化公立示范学校——铁城小学、铁城中学，均开设 36 个班，2019 年皆已建成开学；铁城中学成功联手中山百年名校——中山一中，令雅居乐·剑桥郡同享誉满中山的优质教育资源。

【销售维度】

雅居乐剑桥郡自 2013 年项目首开，至今已销售超 8500 套，多年以来一直稳居城区销冠的位置，2019 年继续蝉联。这奠定了雅居乐·剑桥郡的市场地位，也使其从中山众多楼盘中脱颖而出，成为雅居乐中山区域的标志性大盘。

更多楼盘详情请扫码查看

2019年珠海房地产市场总结

行业发展历程

一、城市概述

珠海，为广东省下辖地级市、珠江口西岸核心城市、全国四大经济特区之一、粤港澳大湾区节点城市之一、省域副中心城市之一。港珠澳大桥通车后，珠海更是成为唯一能陆路连接港澳的内陆城市。截至2018年底，全市常住人口189.1万人，同比增速7.1%，广东省内排名第一。

珠海地处广东省中南部，东与香港、深圳隔海相望，南与澳门相连，西邻江门、北与中山接壤，设有拱北、九洲港、珠海港、万山、横琴、斗门、湾仔、珠澳跨境工业区等8个国家一类口岸，是珠三角中海洋面积最大、岛屿最多、海岸线最长的城市，素有“百岛之市”之称，同时也是“一带一路”沿线的重要节点城市。

二、行业现状

纵观珠海房地产市场，在知名房企密集布局的大背景下，市场供应量增大，产品类型也更加多样化，原本市场观望情绪弥漫，但在一系列政策利好加持之下，特别是放松人才入户、分区域放开限购及港澳台人士购房新政的出台，行业整体向好，各大开发商纷纷加快出货节奏，2019年全年销售总套数和总面积均创2016年以来新高。

三、政策环境

在“房住不炒”的核心理念之下，2019年珠海楼市平稳推进，购房政策基本保持不变，但针对一些特殊情况，做出一些调整或补充；购房资格得到优化，特别是放开非珠海户籍和港澳人士的相关条件限制，在很大程度上激发了置业热情，同时在安居房、保障房及土地拍卖等方面有所调整，在较大程度上刺激了珠海楼市复苏。

四、土地市场

从2019年全年的土拍情况来看，上半年珠海优质地块溢价率高达五成，唐家北围、西部中心城区、金湾航空新城等规划利好区域争夺激烈，拍卖会现场常现“龙虎斗”。而下半年的珠海则呈现出另外一番画风，唐家北围、高栏港区和斗门区等地块相继传来不断延期的消息，最终难逃终止出让或流拍的命运，其中唐家北围终止出让土地达七宗之多。

五、房企布局

从房企在珠海的土地储备情况来看，华发、龙光、时代等深耕珠海的知名房企依然加持土地，或者原本储备土地面积就很大，而许多开发商纷纷通过土拍的形式首次进驻珠海市场，包括鹏瑞、深圳天地源、金茂、世茂、宝龙、吉林天茂和复星等，其中珠海西区的航空新城、湖心路一线和唐家北围片区是房企重点布局的区域。

六、房产行业发展历程

与其他城市相比，珠海房地产业起步较晚，但发展较快，特别是近十年来，随着经济的发展以及横琴新区的规划建设和西部新城大开发，珠海的房地产行业发展迅速，既有华发、格力、世荣兆业等实力雄厚的本土开发商，也有深耕珠海的时代、万科、保利、龙光等全国知名开发商。此外，随着珠海城市配套的升级、人才战略的调整以及诸多利好的加持，珠海的成交规模、房价等都一路攀升，成为全国房地产市场的一个特殊案例。

城市年度市场解读

一、本地新政

2019年珠海购房政策基本保持不变，但针对一些特殊情况，有了一些调整和补充。比如，购房资格优化，珠海户籍单身者限购3套、已婚者以家庭为单位限购3套。非珠海户籍，在珠海大桥以西，二手房限购1套，无须社保和个税证明要求；在高新区，二手房限购1套，无须社保和个税证明要求。此外，港澳人士限购2套（珠海大桥东仅限购1套，珠海大桥西限购2套，但全市不可超过2套），等等。

从珠海2019年全年土拍成交方面来看，竞价政策做了较大调整，配建成为土拍成交常态，土地开发成本上升。

二、年度土地供应

2019年珠海国有建设用地总规模约为1245.09万平方米，其中供应住宅用地324.43万平方米，新增建设用地299.76万平方米，商服用地为221.18万平方米，交通运输用地156.27万平方米，公共管理与公共服务用地99.2万平方米。

三、年度土地成交

据不完全统计，2019年珠海共出让43宗商住、商业用地，成交31宗，终止出让11宗，流拍1宗，成交面积约259万平方米，成功揽金约434亿元。从各区的成交情况来看，金湾区以成交13宗地、114.8万平方米成交面积、185.6亿元的成交金额荣登珠海拍地大户，成交地块主要集中在航空新城。香洲区紧随其后，共成交地块8宗，成交面积41.7万平方米，成交金额136亿元，成交地块主要集中在唐家北围。

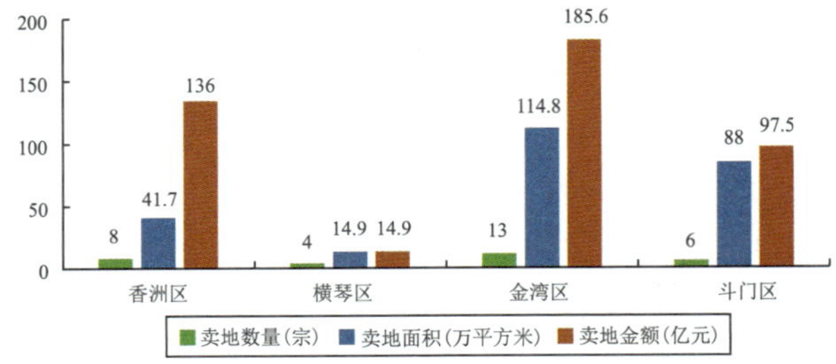

图2-19 2019年珠海四区商住、商业成交情况汇总

备注：横琴区数据包含保税区，金湾区数据包括高栏港区，香洲区数据包括高新区。

四、年度住宅成交

从珠海市预（售）专网的统计数据来看，2019年珠海商品房网签共61684套，环涨60%，网签面积共50.95万平方米，环比上涨100%。其中，住宅网签42579套，环涨133%，商业网签2987套，环涨42%，办公网签5745套，环跌28%。

表2-9 2014~2019年珠海网签数据一览表

（单位：套）

年份	住宅用房	商业用房	办公	其他	合计
2014	14203	536	103	26	14868
2015	29172	634	420	2108	32334
2016	56394	1446	2585	5936	66361
2017	10647	1399	4698	12212	28956
2018	17944	2087	7916	9995	37942
2019	42579	2987	5745	10373	61684

数据来源：珠海市商品房预（售）专网。

五、区域成交表现

从珠海各区域的住宅网签成交情况来看，西部城区仍为主力，成交量占全市的65%。其中，斗门区成交量最多，共18283套，占全市总成交量的近43%；其后是金湾区（含高栏港区），成交9780套，占全市总成交量约23%；再次为唐家区域，2019全年成交4346套，占全市总成交量约10%。

六、成交项目排行

从 2019 年珠海住宅网签排名前十的楼盘来看，有八个楼盘位于斗门区，一个楼盘位于金湾区，一个楼盘位于香洲南湾。其中，位于斗门的华发又一城排名第一，全年网签成交 1805 套；位于斗门的世荣翠湖苑排名第二，全年网签成交 1779 套；位于斗门的华发峰尚排名第三，网签成交 1648 套。

七、成交房企排行

从 2019 年众多房企珠海市场的成绩单来看，华发凭借项目和品牌优势，以约 227.81 亿元的销售总金额、7939 套的销售总套数以及约 82.79 万平方米的销售总面积荣获三榜冠军；时代中国以 3257 套的销售总套数和约 33.25 万平方米的总销售面积排名第二；世荣兆业以 2617 套的销售总套数和约 29.78 万平方米的总销售面积排名第三。

八、商业、公寓及办公

2019 年上半年，珠海商业类产品成交共计 2987 套，环比上涨 42%，成交总面积约为 21.75 万平方米，成交价 24381 元 / 平方米。相比于 2018 年，商业市场供销规模明显扩大，成绩喜人。而办公产品方面，2019 年珠海写字楼产品共计成交 5745 套，环比下跌 28%，成交总面积约为 41.64 万平方米，相较前一年同期下跌 21%，市场有萎缩迹象。

九、年度房价走势分析

根据中原地产的统计数据来看，2019 年珠海全市新房市场成交均价为 22789.76 元 / 平方米，同比上升约为 13.29%。从各月数据来看，2019 年 6 月出现全年的最高值，而 6 月恰是珠海各类产品网签量的最高峰，全年整体房价从 6 月小幅攀升到 22000 元 / 平方米后，基本就在此上下浮动，变化不大。

十、热点板块分析

从珠海全市来看，西区仍是关注度最高的区域。作为珠海楼市供货的主力军，斗门区域 2019 年表现抢眼，全市网签单盘排名前十的项目有八个在斗门区，其中尖峰南、湖心路一线和白蕉新城的多个项目年度成绩单都非常喜人。

同样位于珠海西区的金湾航空新城板块历来也是热门，汇聚时代、保利、华发、龙光、龙湖、中海、融创、中国铁建等众多知名开发商，金湾区同时也是 2019 年度珠海的商住地土拍最大户。

此外，“保十琴”区域也备受关注，随着“保十琴”一体化的推进和横琴新口岸建设的加快，在十字门片区和口岸服务区板块，多个项目在 2019 年度实现畅销。

最后，唐家片区也是珠海不能忽视的热门板块，特别是北围片区，2019 年度虽然有多宗地块出让被终止，但土拍总体成绩依然不能忽视，再加上深中通道建设和深珠通道规划出台，北围片区未来非常可期。

十一、未来展望

在“房住不炒”基调和“三稳”背景下，2020 年珠海楼市整体向好的趋势不可逆转，主城区的限购政策依然持续，而广大的珠海西区及横琴新区或有更进一步放开“限购”的可能。

在限价方面，珠海放开的可能性不大，但部分区域的个别热门项目有冲破限价的趋势。与此同时，价格限制或将重点偏向底价，但房价涨幅仍然将控制在一定范围之内。

当然，为推动经济持续快速发展，进一步提升城市竞争力，不排除人才政策继续发力，落户政策更加宽松的可能，未来也将更加乐观。

十二、市场预期

土地方面，由于 2019 年度珠海多宗土拍被终止，不排除 2020 年第一季度多宗土地集中出让的可能性，考虑到 2019 年 12 月珠海土拍的良好成绩和开发商们对珠海的一致看好，2020 年珠海土拍热度将延续。

供应方面，虽然珠海各区域的刚需房源仍是市场主力，但受地价上涨及区域交通等因素影响，改善型房源占比将持续增加，进一步抬高置业门槛。

成交层面，在多方面利好政策的加持下，珠海 2020 年将持续发力，上半年将出现一波小高潮，若限购限贷政策持续“放宽”，下半年“金九银十”成交量将非常可观，直至年底再现小高潮。总之，2020 年的市场预期整体向好，值得期待。

数据来源：珠海市商品房预（售）专网、珠海市自然资源局和合富（珠海）研究院。

2019 年珠海房地产在售楼盘概览

楼盘名称	城市名称	城区	地址	物业类型
中海环宇城	珠海	香洲区	香洲区前河北路 388 号（广珠轻轨前山站）	建筑综合体
格力海岸	珠海	香洲区	香洲区情侣北路 3333 号	普通住宅
中海银海湾	珠海	香洲区	香洲区情侣北路 299 号	普通住宅、别墅
中信红树湾	珠海	香洲区	香洲区前河西路 333 号	普通住宅
双水湾	珠海	香洲区	香洲区情侣中路 385 号	普通住宅
凤凰兰亭	珠海	香洲区	高新区软件园路 1 号南方创新科技大厦	普通住宅
城市东岸	珠海	香洲区	香洲区梅华路与情侣中路交会处（海天公园侧）	普通住宅、别墅
仁恒滨海半岛	珠海	香洲区	香洲区情侣北路半岛住宅区	普通住宅
蓝海金融中心	珠海	香洲区	香洲区前山明珠南路翠珠四街 51 号	写字楼
绿湖山庄	珠海	香洲区	香洲区珠海大道 1061 号（南屏中学旁）	普通住宅、商铺
九洲绿城·翠湖香山	珠海	香洲区	香洲区情侣北翠湖高尔夫球会内	普通住宅、别墅
世邦佰亚·燕都	珠海	香洲区	香洲区三台石路东侧与翠微东路北侧交会处	普通住宅、商铺、建筑综合体
惠景文园	珠海	香洲区	香洲区唐家湾镇白埔路 222 号（中山大学北门对面）	普通住宅
天一居	珠海	香洲区	香洲南湾南路 2991 号（湾仔口岸斜对面）	普通住宅
天宸	珠海	香洲区	香洲区情侣北路与梅华路交会处	普通住宅
惠景慧园	珠海	香洲区	高新区科技八路 288 号	普通住宅
碧桂园·濠月湾	珠海	香洲区	香洲区南湾南路 6002 号（湾仔中学斜对面）	普通住宅
万科红树东岸	珠海	香洲区	香洲区唐家湾金星路 228 号（留诗路西）	普通住宅
泰盈·玖悦湾	珠海	香洲区	香洲区唐家湾情侣北路前岛环路 1188 号	普通住宅
华发国际海岸	珠海	香洲区	湾仔中央商务区对面	普通住宅
悦澜山	珠海	香洲区	香洲区情侣北路契爷岭二街 36 号（每一间东北侧）	普通住宅
蔚蓝公馆	珠海	香洲区	唐家情侣北金月路 66 号	普通住宅
玖洲道	珠海	香洲区	香洲区九洲大道西 2108 号	普通住宅、建筑综合体

楼盘名称	城市名称	城区	地址	物业类型
江山赋	珠海	香洲区	香洲区九洲大道北侧白莲洞公园侧工村	普通住宅
龙光·玖龙汇	珠海	香洲区	香洲区保盛路与主工路交会处	公寓、写字楼
万科悦湾府	珠海	香洲区	香洲区情侣南路 158 号	别墅、写字楼
卓越·唐家墅	珠海	香洲区	香洲区唐家湾镇情侣北前湾五路 666 号	别墅
德昌盛景	珠海	斗门区	斗门区湖心路 1299 号	普通住宅
中邦·御珑湾	珠海	斗门区	斗门区白蕉镇白蕉大道旁（金碧丽江花园东侧）	普通住宅、别墅
家和城	珠海	斗门区	斗门区湖心路 1098 号	普通住宅、别墅
恒基五洲家园	珠海	斗门区	斗门区城南湖心路口	普通住宅、别墅
江南岸·随园	珠海	斗门区	斗门区白藤湖湖滨三区芭蕉园路	普通住宅、别墅
世荣作品壹号	珠海	斗门区	斗门区珠峰大道 1399 号	普通住宅
誉名都	珠海	斗门区	斗门区新青六路新伟中街 62 号	普通住宅
旭日华府	珠海	斗门区	斗门白蕉镇白蕉路 3968 号	普通住宅
金碧丽江东海岸	珠海	斗门区	斗门区湖心路口旁	普通住宅、商住
五洲东方墅	珠海	斗门区	斗门区井岸镇珠峰大道 1286 号	普通住宅、别墅
金地·格林泊乐	珠海	斗门区	斗门区白蕉镇禾益围虹桥三路北利河西岸	别墅
黄杨·明月轩	珠海	斗门区	斗门区井岸镇工业大道北	普通住宅、公寓、别墅
招商·依云水岸	珠海	斗门区	斗门区白蕉镇黄杨河东侧	普通住宅、商铺
华发峰尚	珠海	斗门区	斗门区白蕉路（省道 S272）东侧	普通住宅
藤业·翠湾	珠海	斗门区	斗门区湖心路白藤四路	普通住宅
恒裕江山汇花园	珠海	斗门区	斗门区南河路 99 号	普通住宅
万威森林园 2 期	珠海	斗门区	斗门区湖心路 1135 号	建筑综合体
华发依山郡	珠海	斗门区	斗门区黄杨河西侧	普通住宅
时代倾城双生花	珠海	斗门区	斗门区白蕉镇新环路 71 号	普通住宅、商铺
佳兆业·诚丰雅园	珠海	斗门区	斗门区乾务镇东澳村（珠海新徽实验学校旁）	普通住宅
龙光·玖龙湖	珠海	斗门区	斗门区白蕉龙德巷 32 号	普通住宅、公寓、商铺

楼盘名称	城市名称	城区	地址	物业类型
世荣翠湖苑二期	珠海	斗门区	斗门区珠峰大道 1699 号	普通住宅、商铺
海伦堡·香海里	珠海	斗门区	斗门区白蕉路（惠普智慧产业园对面）	普通住宅、公寓
珠光新城三期	珠海	金湾区	金湾区红旗中学旁	普通住宅
洲际豪庭	珠海	金湾区	金湾区平沙镇美平四号区	普通住宅、商铺
京华假日湾	珠海	金湾区	金湾区平沙镇升平大道北侧（平沙实验小学南侧）	普通住宅、公寓、商铺
东方润园	珠海	金湾区	金湾区红旗镇虹晖一路 39 号（中心广场东侧）	普通住宅
金地扑满城	珠海	金湾区	金湾区机场北路水泊围	普通住宅
华府骏景	珠海	金湾区	金湾区高栏港南港路 328 号	普通住宅、公寓
平沙九号广场	珠海	金湾区	金湾区平沙镇升平大道东 238 号	普通住宅
天庆·晋海岸	珠海	金湾区	金湾区金湾路与金海岸大道交会处	普通住宅
恒荣·格拉斯堡	珠海	金湾区	金湾区顺达路 88 号	普通住宅
中航花园	珠海	金湾区	金湾区西湖城区山湖海路 188 号	普通住宅、公寓、商铺、自住型商品房
龙光玖龙府	珠海	金湾区	金湾区航空新城体育公园旁	普通住宅
九洲保利天和	珠海	金湾区	金湾区西部中心城区机场东路（省道 S272）西侧	普通住宅、别墅、自持物业
恒大海泉湾花园	珠海	金湾区	金湾区平沙镇海泉湾度假区	普通住宅、别墅、酒店式公寓
时代山湖海·兼得	珠海	金湾区	金湾区湖滨路以南	普通住宅、政策房
畔山御海	珠海	金湾区	金湾区三灶安基路南侧（吉林大学珠海学院旁）	普通住宅、商铺
同裕·子悦山	珠海	金湾区	金湾区三灶镇机场西路 398 号	普通住宅、公寓
崇峰壹号院	珠海	金湾区	金湾区西湖片区金河东路北侧、金鑫路东侧	普通住宅、政策房
平沙奥园广场冠军城	珠海	金湾区	金湾区平沙镇升平大道中 128 号	普通住宅、商住、建筑综合体
碧桂园保利·海悦天境	珠海	金湾区	金湾区高栏港平沙新城汇海路东北侧、临善路东南侧	普通住宅
珠海星河传奇花园	珠海	金湾区	金湾区航空城星湾路 169 号	普通住宅、商铺
华融琴海湾	珠海	横琴新区	横琴新区环岛路	普通住宅
横琴华发广场	珠海	横琴新区	横琴新区都会道 531 号	普通住宅、写字楼、商铺
中国华融大厦	珠海	横琴新区	横琴新区兴澳路 9 号	写字楼、商铺
中国铁建大厦	珠海	横琴新区	横琴新区中央商务区金融岛	写字楼、酒店式公寓、商铺
横琴紫檀文化中心	珠海	横琴新区	横琴新区横琴大道北侧与艺文五道东侧交会处	建筑综合体
横琴金融传媒中心	珠海	横琴新区	横琴新区荣粤道东侧、汇通六路南侧、荣珠道西侧、汇通五路北侧	公寓、酒店式公寓
保利中心	珠海	横琴新区	横琴新区港澳大道	建筑综合体
横琴梧桐树大厦	珠海	横琴新区	横琴新区琴海东路 501 号	酒店式公寓、建筑综合体
珠江国际金融中心	珠海	横琴新区	横琴新区琴海北路与富琴道交会处	写字楼、建筑综合体、商业
利是达星际广场	珠海	横琴新区	横琴新区横琴大桥北（港珠澳大桥出口 200 米）	建筑综合体
中大金融中心	珠海	横琴新区	横琴新区十字门大道（汇通三路北侧）	公寓、写字楼
富力中心	珠海	横琴新区	横琴新区兴盛一路 128 号	写字楼、商铺
横琴金贸坐标	珠海	横琴新区	横琴口岸服务区	写字楼、商住、建筑综合体
华发悦府	珠海	横琴新区	横琴新区琴政路 589 号	普通住宅
中交汇通·横琴广场	珠海	横琴新区	横琴新区十字门大道与汇通二路交会处	建筑综合体
钜星汇商业广场	珠海	横琴新区	横琴新区横琴大道北侧，横琴国际网球场中心旁	公寓、写字楼、商铺、建筑综合体
中冶盛世国际广场	珠海	横琴新区	横琴新区福临道北侧、港澳大道南侧、濠江路北侧	普通住宅、写字楼、商铺
灏怡天揽	珠海	横琴新区	横琴新区环岛东路与安临路交会处	公寓
时代保利中环广场	珠海	横琴新区	横琴新区十字门中央商务区通航一路与银湾路交会处	普通住宅
斯越云谷	珠海	横琴新区	横琴新区十字门商务区·联峰路	公寓
湾区·星座	珠海	横琴新区	保税区天科南路东侧、宝顺路南侧	建筑综合体
横琴·湾区 1 号	珠海	横琴新区	横琴新区富邦道东侧、兴盛五路南侧、富国道西侧、兴盛三路北侧	建筑综合体
朗廷广场	珠海	横琴新区	横琴新区南湾大道与宝汇路交会处	写字楼、商业
龙光玖龙玺	珠海	横琴新区	横琴新区港澳大道及环岛东路交界处	普通住宅
璞醍海	珠海	横琴新区	横琴新区联澳路 1 号	写字楼
三一·南方总部大厦	珠海	横琴新区	横琴新区环岛东路东侧、联澳路南侧、都会道西侧、观澳路北侧	公寓、写字楼、建筑综合体
百家达国际广场	珠海	香洲区	香洲区宝湾路 791 号	商住
横琴万象世界	珠海	横琴新区	横琴新区横琴大道与开新三道交会处	写字楼
横琴财富中心	珠海	横琴新区	横琴新区兴盛五路	公寓、写字楼、建筑综合体
中冶逸璟公馆	珠海	横琴新区	横琴新区环岛北路北侧、千福道西侧、千寿道东侧	普通住宅
应来·君荟	珠海	横琴新区	横琴新区横琴国际网球场中心旁	公寓、写字楼

楼盘名称	城市名称	城区	地址	物业类型
华发悦天地	珠海	横琴新区	横琴新区琴政路589号	普通住宅
钰海帝景	珠海	香洲区	香洲区吉大街情侣南路50号	普通住宅
曦华园	珠海	香洲区	香洲区吉大街情侣南路22号	普通住宅
恒天国际大厦	珠海	香洲区	香洲区吉大街九州大道中（昌安酒店旁）	写字楼、建筑综合体
万科·石花66号	珠海	香洲区	香洲区石花西路66号	写字楼
仁恒滨海中心	珠海	拱北口岸	吉大街情侣南路1号（情侣南路与粤海东路交界处）	建筑综合体
中国中铁·诺德国际	珠海	拱北口岸	拱北片区白石路73号	普通住宅
华发山庄	珠海	拱北口岸	香洲区迎宾北路1033号	普通住宅、别墅
龙光·玖龙湾	珠海	拱北口岸	香洲区侨光西路489号（昌盛大桥东侧）	普通住宅
中安广场	珠海	拱北口岸	香洲区港昌路258号	写字楼、建筑综合体
隆福晶都	珠海	拱北口岸	香洲区侨光路226号	公寓、写字楼
森宇富通商务大厦	珠海	拱北口岸	拱北粤海中路2133号	写字楼
半山町	珠海	前山街道	香洲区前山梅花路303号	普通住宅
铂瑞湾	珠海	前山街道	香洲区前河北路988号（荣泰别墅旁）	酒店式公寓
朗峰公馆	珠海	前山街道	香洲区前山美晟横街188号	普通住宅
恒荣城市溪谷	珠海	老香洲	香洲区神前路99号	普通住宅
尚东领御	珠海	新香洲	新香洲区梅华西路与红山路交会处北面约150米处	普通住宅、别墅
御景龙湖	珠海	新香洲	新香洲区景晖路与健民路十字路口	普通住宅
恒裕·水墨兰亭	珠海	新香洲	新香洲区梅华西香榭路192号香山湖公园南（一中高中部东）	普通住宅、别墅
乐富里	珠海	新香洲	新香洲区明珠北路98号	普通住宅
珠海海印又一城	珠海	南屏镇	香洲区南湾北路海印又一城	商住
乐而居花园	珠海	南屏镇	香洲区珠海大道1068号（南屏中学对面）	普通住宅
华发·绿洋湾	珠海	香洲区	香洲区唐家湾情侣北路铜鼓街88号	普通住宅、公寓、别墅
香麓湾	珠海	香洲区	中心区凤凰山麓	酒店式公寓
华发四季峰景	珠海	香洲区	会展三路南侧、景秀三路东侧	普通住宅
中海南航·湾区国际	珠海	香洲区	·横琴北岸保税区·宝盛路737号	建筑综合体、商业
颐璟名庭	珠海	香洲区	科技创新海岸北围片区兴中路300号（轻轨站旁）	普通住宅
华发云谷	珠海	香洲区	科技创新海岸唐家北围片区兴中路西侧金湾二路东侧	普通住宅
岭秀城壹号	珠海	香洲区	香洲区迎宾南路东侧，岭南路南侧	普通住宅、别墅
惠景和园	珠海	香洲区	高新区金峰中路西侧（金盏路79号）	普通住宅
水岸华都花园	珠海	香洲区	香洲区南湾南路5001号	普通住宅、写字楼、商铺
绿景喜悦荟商务中心	珠海	香洲区	香洲区明珠北路明珠站西侧	普通住宅
新苏豪财富广场	珠海	香洲区	香洲区拱北港一路96号	公寓
大德世贸广场	珠海	香洲区	高新区科技创新海岸金峰北路与[illegible]路交会处	写字楼、酒店式公寓
铭泰城市广场	珠海	香洲区	香洲区紫荆路[illegible]科汇大厦旁	建筑综合体、商业
韵怡湾	珠海	香洲区	香洲区香埠路[illegible]2号	普通住宅
春暖花开花园	珠海	香洲区	香洲区神前10[illegible]号	普通住宅
万科翡翠中央	珠海	香洲区	高新区科技创新海岸	普通住宅
雅居乐国际花园	珠海	香洲区	高新区科技创新海岸	普通住宅
华发城建四季半岛	珠海	香洲区	香洲区景[illegible]路338号	普通住宅
首开龙湖·天钜	珠海	香洲区	高新区科技创新海岸	普通住宅
招商雍华府	珠海	香洲区	高新区新[illegible]路与兴南路交会处	普通住宅
保利茉莉公馆	珠海	斗门区	斗门区黄杨河畔东岸	普通住宅
汇景嘉园	珠海	斗门区	斗门区[illegible]腾晖路153号	普通住宅
融创云水观璟	珠海	斗门区	斗门区井岸镇尖峰山	普通住宅
广银大都会	珠海	斗门区	斗门区白蕉镇盛兴二路北[illegible]6号	普通住宅
招商·依云华府	珠海	斗门区	斗门区白蕉新城白蕉大道旁	普通住宅
珠海旭生文化广场	珠海	斗门区	斗门区富山工业区南安村[illegible]	普通住宅
誉诚花园	珠海	斗门区	斗门区[illegible]镇永福二路30[illegible]号（东第花园[illegible]）	普通住宅
时代水岸	珠海	斗门区	斗门区[illegible]南路19号	普通住宅
佳兆业·君汇上品	珠海	斗门区	斗门区[illegible]大道·[illegible]	普通住宅
世荣井岸大观	珠海	斗门区	斗门区井岸镇江[illegible]四路3[illegible]号	普通住宅
时代天韵	珠海	斗门区	斗门区白蕉镇桥湖南路与[illegible]路交会处	普通住宅
奥园金坭湾	珠海	斗门区	斗门区尖峰山西（东风[illegible]交站旁）	普通住宅
世荣尚观花园	珠海	斗门区	斗门区井岸镇西堤路[illegible]号	普通住宅

楼盘名称	城市名称	城区	地址	物业类型
龙光·玖龙山	珠海	斗门区	斗门区井岸镇尖峰山旁	普通住宅、公寓
中国铁建湖心公馆	珠海	斗门区	斗门区湖心路腾逸路南侧	普通住宅
诚丰荔园	珠海	斗门区	斗门区富山产业新城珠峰大道与五山大道交会处	普通住宅、商铺
华发又一城四期	珠海	斗门区	斗门区井岸镇水郡三路一号	普通住宅
建发玺园	珠海	斗门区	斗门区湖心路与湖中路交会处	普通住宅、公寓
金逸豪苑	珠海	斗门区	斗门区乾务镇珠峰大道 3206 号	普通住宅
佳兆业御金山四期	珠海	斗门区	斗门区黄杨大道 1902 号御金山花园	普通住宅、别墅
时代都荟大境	珠海	斗门区	斗门区湖心路以西、幸福河以北	普通住宅、公寓、别墅
晓江川雅园	珠海	斗门区	斗门区井岸镇西堤路 383 号	普通住宅、商铺
新金都·郡府	珠海	金湾区	金湾区三灶金岛路与虹阳路交界处	普通住宅、商业
奥园·天悦湾	珠海	金湾区	金湾区三灶华阳路与丹阳路交会处	普通住宅
海泉湾时光序	珠海	金湾区	金湾区海泉湾度假区内	普通住宅、别墅
中国铁建国际城	珠海	金湾区	金湾区金飞路 286 号（省科干校旁）	普通住宅、商铺、商业
碧桂园·珑悦	珠海	金湾区	金湾区红旗镇金荷路 394 号	普通住宅
龙湖龙光首开湖城大境	珠海	金湾区	金湾区航空城山湖海路和迎河西路的交叉路口	普通住宅
龙光·玖誉湾	珠海	金湾区	金湾区金河东路北侧、金城路东侧	普通住宅、别墅、商业
保利碧桂园海棠花园	珠海	金湾区	高栏港平沙新城汇海路东北侧、傍德路西北侧	普通住宅
德泰华庭	珠海	金湾区	金湾航空新城依云路 188 号（交金城路）	普通住宅、商业
佳兆业悦峰	珠海	金湾区	金湾区三灶镇金海岸大道 229 号	普通住宅
碧桂园·华发海湾壹号	珠海	金湾区	金湾区三灶镇丹阳四路	普通住宅
奥园阳光一号	珠海	金湾区	金湾区三灶镇机场西路 101 号	普通住宅
华府国际花园二期	珠海	金湾区	高栏港南水镇南港西路 328 号	普通住宅
融创云水观棠	珠海	金湾区	金湾区顺达路东侧、金水路南侧	普通住宅
恒隆御雅园	珠海	金湾区	金湾区金渠路 189 号(珠海城职院旁)	普通住宅
碧桂园·华发滨海天际	珠海	金湾区	金湾航空新城山湖海路	普通住宅
东西汇	珠海	横琴新区	横琴新区横琴大道南 50 米	写字楼、建筑综合体
永同昌时代广场	珠海	横琴新区	横琴新区濠江路北侧，开新七道西侧	写字楼
中保丨立方	珠海	横琴新区	香洲区保税区南湾大道南侧、宝利路西侧	公寓、写字楼
碧桂园·澳邻PARK	珠海	横琴新区	横琴新区港澳大道与开新七道交会处	公寓
方达成大厦	珠海	横琴新区	横琴新区荣粤道 188 号	写字楼
碧桂园·臻湾国际	珠海	横琴新区	保十琴超级总部基地	普通住宅
卓凡中心	珠海	拱北口岸	香洲区拱北侨光路 666 号	写字楼
利腾·金力湾	珠海	拱北口岸	香洲区九洲大道南侧富华里旁	普通住宅、公寓、写字楼
美盈时代公馆	珠海	拱北口岸	拱北侨光路北侧	公寓
诚丰圣诺大厦	珠海	前山街道	前山金鸡路与造贝路交会处	写字楼
优特绿城·桂语香山	珠海	老香洲	香洲区银桦路 102 号	普通住宅、写字楼、建筑综合体
建发·央璟	珠海	老香洲	新香洲春风路南侧	普通住宅
恒大珺睿	珠海	新香洲	香洲区迎宾北路 2111 号（电信大厦旁）	写字楼、商业
珠海信息港	珠海	高新区	高新区香山路 88 号	建筑综合体
锦绣四季花园	珠海	南屏镇	香洲区南屏珠海大道 3999 号	普通住宅
碧桂园·华发香洲府	珠海	南屏镇	香洲区珠海大道北侧沿江路（华发水岸旁）	普通住宅

华发广场

2019年 中国城市楼盘年鉴 典型项目

珠海　封面大盘　城市地标　叠景大宅

华发广场占位横琴金融岛 CBD，建筑面积约 70 万平方米，滨海综合体，集高端住宅、国际办公、特色商业于一体，打造横琴金融岛 CBD 大体量高端住宅、商业时尚和文化娱乐聚集区。

项目地址：
珠海市横琴新区都会道 531 号

开发商：
珠海琴发实业有限公司

建筑类型：
超高层

主力户型：
78~151 平方米二居、三居、四居

周边配套：
横琴口岸服务区、珠机城轨、华发国际网球中心

参考价格：
50000 元 / 平方米

楼盘优势：
项目占位横琴金融岛和横琴 24 小时通关口岸黄金交会点，背倚小横琴山，尊享 3.8 公里黄金海岸线，俯瞰珠澳万亿盛景，优享琴澳同城生活。

专家点评　李炳亮·知名媒体评论员、珠海左岸控股有限公司董事长

华发广场位处横琴口岸服务区和金融岛交会处，区域位置优越，直面一线澳门景观，是横琴新区不可多得的景观豪宅；户型采用78~151平方米二居、三居、四居单位设计，南北通透及双阳台设计，对港澳客户群体具有非常大的吸引力。

项目解析

【区域维度】

华发广场位于国家部署全球战略格局的黄金高地横琴，位居粤港澳大湾区核心枢纽，是唯一路桥连接港澳的自贸区，“经济特区、国家新区、自贸区”三区叠加政策红利高地，定位国际休闲旅游岛。依靠先天优势和国家战略，横琴正踏上高速发展的快车道。

从地理位置来看，华发广场位处横琴金融岛和横琴口岸黄金交会点，傲立金融岛头排席位；北临十字门中央商务区，南接口岸服务区，正面直对澳门，以 180 米全景尺度，俯瞰万亿琴澳盛景，以无可复制的封面地段，盛启横琴国际湾区生活；前瞻政策红利，未来前景无可限量。

通关方面，未来澳门莲花口岸将搬迁至横琴口岸，实行“两地一检，一次放行”新模式，通关将更加便捷。联澳隧道（规划中）就在项目一侧，经港珠澳大桥可直达香港，开启琴港澳一小时同城生活；珠机轻轨一期（拱北珠海站至横琴长隆站）亦全线打通。华发广场紧邻轻轨金融岛站，届时乘城轨再转乘高铁即可通达全国各大城市。

【品牌维度】

四十载匠心华发，深耕珠海，布局全国，以升级城市人居标准为己任，矢志不渝地重视对自身品牌的建设。而支撑华发品牌高美誉度的背后，是华发始终以匠心打磨自身的产品，以优异产品力在市场中赢得各方赞誉。

近年来，华发重点布局“保十琴”区域，更携手大横琴投资有限公司，以破题城市格局之势，助力横琴未来；以备受期待的匠心之作，铸就横琴封面物业，打造横琴典型作品，焕新理想人居。

【口碑维度】

华发广场紧邻横琴离岸金融岛，万亿资本汇聚，“世界 500 强企业”、港澳企业争相进驻。截至 2019 年年初，已有超 7000 家金融企业入驻，资产管理规模达 2.4 万亿元。横琴金融岛有望成为继上海陆家嘴之后的又一个国际金融中心。

作为城市的运营者和建设者，华发 40 载深耕珠海，铸就了一个个经典作品，赢得了良好的市场口碑。据统计，华发广场 40% 以上业主来源于港澳地区，其稀缺地段和奢阔景致，成为富豪资产配置优选。

【产品维度】

华发广场由五个地块组成，由 Aedas、香港嘉柏、加拿大 KFS 等国际知名设计机构联合设计，由奥雅操刀全龄段主题园林景观，融入现代、轻奢、专属理念，风雨连廊、天桥相连，一步一景。

华发、大横琴两大实力国企联袂打造，集高端住宅、特色商业、国际办公、文化娱乐于一体的大规模封面综合体；住宅地块总户数 1720 户，配置 78~151 平方米高性价比二居、三居、四居，户型方正，户户有景、南北通透，一线澳门全海景更被业界人士所称赞。

【销售维度】

根据亿翰智库数据统计，2019 年 1~12 月，华发广场累计热销近 55 亿元，年度上榜全国单盘销售业绩排行榜 TOP50，并同时问鼎珠海头名。

更多楼盘详情请扫码查看

华发绿洋湾

- 2019年 -
中国城市楼盘年鉴
典型项目

珠海　一线山海　白色沙滩　海居生活

华发绿洋湾位于唐家湾畔，是情侣路上同时拥有山、海、沙滩等稀缺自然景观的高端项目，U 字形半围合布局争取户户敞阔海景，斥巨资打造约 5 万平方米白沙滩也成为项目一大亮点。

项目地址：
珠海市香洲区唐家湾镇铜鼓街 88 号

开发商：
珠海华发实业股份有限公司

建筑类型：
公寓、高层、别墅

主力户型：
59~64 平方米公寓、161~191 平方米三居、515 平方米别墅

周边配套：
哈罗公学（建设中）、绿洋湾公园、海岸商业风情街

参考价格：
36000~40000 元 / 平方米

楼盘优势：
项目地处深珠通道（规划中）桥头堡，可享深珠两地生活；三面环山，全南向瞰海，自带约五万平方米白沙滩，自然环境资源丰富。

专家点评　唐铁军·珠海市房地产职业经理人俱乐部主席

华发绿洋湾是华发高端产品绿洋系的代表作，项目择址底蕴深厚的百年唐家湾，而且双向看海，又自带五万平方米的白沙滩，景观资源丰富，是珠海海景类豪宅的典型项目。

项目解析

【区域维度】

华发绿洋湾位处珠海唐家湾畔，这里作为珠海北部门户、未来的珠海城市级次中心，规划概念为“一心、一岛、两轴、三片”，片区规划分为滨海城市中心、淇澳生态绿岛、情侣路发展轴、港湾大道发展轴以及高新技术产业片、综合服务片、休闲旅游片等。

随着深中通道的加快建设和深珠通道规划的敲定，位于珠海主城区东北部的唐家片区一跃成为联系深圳等珠三角东岸地区的桥头堡，成为珠海未来城市发展的重要一极，潜力可期。

此外，唐家板块拥有珠海密集的大学园区，包括中山大学、北京师范大学、北京理工大学及北京师范大学和香港浸会大学联合学院等，同时，高新技术企业环绕，高素质人才云集，“港珠澳硅谷”已初具雏形，发展潜力势不可当。

【品牌维度】

在珠海，华发是一张名片，根本原因是华发多年来以升级城市人居标准为己任，矢志不渝地重视自身品牌建设；“一城珠海，半城华发”是珠海广大市民对于华发的朴素认知，“十个购房者，三个买华发”体现了大家对华发品牌的高度认可。

华发绿洋湾是华发继绿洋山庄后的又一绿洋系力作，沿袭绿洋山庄高端豪宅血统，汲取华发十几年豪宅产品精髓，以超越既往的匠心精神与定制中国高端阶层生活方式的魄力，在情侣路上的优质地段、不可复制的山海资源的基础上，创造一种全新的高端人居理念，为城市奉献高级别的居住审美和生活品位，成为珠海豪宅的典型之作。

【口碑维度】

华发绿洋湾处于天然半岛湾区之内，同时拥有珠海区域内罕见的山、海、岛、沙滩等自然资源；坐北朝南，三面环山，背山面海，视野开阔。自营销中心开放以来，华发绿洋湾便受到了来自全国各地客户的广泛认可。稀缺的地段、奢阔的景致，再加上华发的品牌影响，依靠老业主及业内人士口口相传，使得项目深受全国各地高端人士的追捧。

【产品维度】

华发绿洋湾由WATG操刀建筑设计，库珀·希尔操刀园林设计，整体顺应地形地势变化，自南向北，以大围合的方式向海敞开；三面环山，全南向瞰海，斥巨资打造约5万平方米白沙滩，与自然景观有机融合。波浪形建筑立面融合弧形阔景大阳台，拥立体海景入怀，园林景观与山海沙滩景观协调融洽。

为了融合地块构造及最大化的景观利用，华发匠心独具，将车库直接往上架空一楼，地下车库共两层，其中负一层与外侧地面同高，首层约6米架空，打造了159~191平方米三居、四居瞰海云邸，约515平方米长滩别苑，以及65~75平方米一房一厅海景公寓，可满足多种需求。

【销售维度】

根据合富辉煌研究院（珠海）的统计数据，截至2019年12月底，华发绿洋湾销售总额超15亿元，其中161~191平方米的大平层户型销售套数冠誉珠海。

更多楼盘详情请扫码查看

华发山庄

珠海　城央独墅　庄园生活　天然氧吧

华发山庄是华发奢藏级产品，因地制宜，复绿半山，通过仪式感十足的皇家浪漫园林，以超越既往的匠心精神与定制中国高端阶层生活方式的魄力，为城市奉献高级别的居住审美和生活品位。

项目地址：

珠海市香洲区迎宾北路 1033 号

开发商：

珠海华耀商贸发展有限公司

建筑类型：

别墅

主力户型：

495~1678 平方米四居、五居、六居

周边配套：

容闳幼儿园、奥特美会所、珠海女子中学

参考价格：

1800 万 ~4400 万元 / 套

楼盘优势：

项目雄踞珠海主城区中心位置，板障山森林公园三面环绕，独享城央半山、天然坡地和生态绿谷三重景观，而华发更联袂全球大师精心雕琢，以法式匠筑之城央独墅敬献世界湾区。

专家点评　梅东·澳门商报总编辑、澳门文化传媒联合会副会长

华发山庄位于珠海城区的一处山谷，三面环山，风景优美，此地北连香洲，南靠拱北，东接柠溪，西倚前山，地段优势非常明显。项目在园林设计上更是独具匠心，通过仪式感十足的皇家浪漫园林，还原出繁入静的庄园生活。

项目解析

【区域维度】

在粤港澳大湾区战略下，随着港珠澳大桥的通衢，珠海成为唯一连接深港澳的内陆城市，而香洲区则是珠海集行政、文体、商业等配套于一体的中心区，更是珠海人心中公认的置业优选地，华发山庄恰好位于香洲核心区域，备受关注。

四十年凝萃城央精华，华发山庄盘踞迎宾路，紧邻板樟山隧道，北连香洲，南通澳门，地理位置十分优越。从项目出发到达九洲港码头、拱北关口、横琴口岸、珠海机场等皆高效便捷，跨越港珠澳大桥可快捷抵达“购物天堂”香港，形成城市中央特有的、融汇世界的半小时生活圈；既能便捷通达世界，又能独享山体资源，没有压迫感，“出则繁华，入则宁静”，可充分感受“大隐于市”的悠闲。

【品牌维度】

“优 + 系”是华发高端系豪宅作品。作为珠海龙头房企，华发十年磨一剑，通过技术创新和产品研发，打造了“优 + 生活体系”，因地制宜地为珠海量身打造典型豪宅作品——华发山庄。

华发山庄作为高端豪宅圆梦者，汲取华发十几年产品精髓，以超越既往的匠心精神与定制中国高端阶层生活方式的魄力，开启一种全新的高端人居理念，为城市奉献高级别的居住审美和生活品位。

【口碑维度】

经过前期高层和小高层的沉淀，华发山庄得到了珠海高净值人士的广泛认可，同时亦深受来自全国各地客户的青睐。特别是稀缺性的别墅产品一经推出，凭借着城央稀缺地段、三面环山自然景观、不可再得的别墅产品属性和专属定制的匠心品质，立时成为高端人物对稀缺资源占有的优质之选。

【产品维度】

华发山庄以城央半山为依托，注重植被与绿色、山脉与森林，强调山水属性的同时，力求还原建筑初心，匠心打造了建筑面积 495~1678 平方米奢级藏品别墅，不仅在珠海市场稀缺难寻，放眼整个粤港澳大湾区也是颇为独特的。

在华发山庄规划之初，华发联袂美国 WATG、美国威尔逊、奥雅设计等全球大师团队全程参与，从整体布局到细节打造，以接近偏执的方寸考究，倾注建造者的灵感与坚持；在专业与技术的相互磨合中，以人本居住为源，历经数十次的自我颠覆与争论，不放过每一寸细节的研磨，终于铸就令人印象深刻的封面作品。

【销售维度】

根据克而瑞统计数据，截至 2019 年 12 月底，华发山庄销售近 50 套别墅产品，均价约 3000 万元 / 套，位列珠海千万级高端产品市场第一名。

更多楼盘详情请扫码查看

华发又一城

珠海　优质教育　河畔大盘　生态社区

华发又一城是珠海龙头国企华发集团旗下房地产板块上市公司华发股份深耕西部生态新城的典型项目，建筑面积约157万平方米旗舰教育大盘，以容闳国际幼稚园和容闳学校双配置，开启无忧“新城系”生活。

项目地址：
珠海市斗门区井岸镇环郡路88号

开发商：
珠海华郡房产开发有限公司

建筑类型：
高层

主力户型：
63平方米二居、94平方米三居

周边配套：
华发新天地商业街、容闳幼稚园、遵义五院

参考价格：
毛坯14000~15000元/平方米

楼盘优势：
位处港珠澳大桥西延线旁，双湖桥首站，交通便利；优享千亩省级湿地公园，自带华发新天地商业街和“双容闳、双实验”教育配套。

专家点评

杨东方·珠海市房地产经纪人协会会长

华发又一城是华发在珠海西区倾力打造的综合性大盘，无论商业配套还是教育配套都非常完善，更兼得千亩湿地公园环绕和尖峰山森林公园等配套，是不可多得的生态社区，而且户型配备多样，可满足不同年龄段的客户需求。

项目解析

【区域维度】

华发又一城定位为珠海西部生态新城高端住宅，坐拥尖峰山森林公园、千亩省级湿地公园、黄杨河等得天独厚的生态资源优势，西临新青工业产业园，有强大的产业支撑；与西部生态新城核心区金湾航空新城隔河相望，未来双湖桥通车后（预计2020年6月），项目距离航空城核心区仅5公里，能享受航空城核心公共配套设施，如金湾华发商都（建设中）、市民艺术中心（建设中）、公共文化中心（建设中）、金湾图书馆（已投入使用）等。此外，项目位于港珠澳大桥西延线旁，待全线贯通后，经港珠澳大桥可直达港澳，快享大湾区便利生活圈。

【品牌维度】

华发深耕珠海40载，以建筑理想家的理念，为珠海打造品质人居环境，矢志不渝地重视对自身品牌的建设，并在行业内提出“优+生活体系”，同时始终以匠心打磨自身的产品，凭借产品力在市场中赢得各方赞誉。华发更担纲城市建设者，肩负珠海西拓重任，以建筑面积约157万平方米旗舰教育大盘——华发又一城礼献西城，开启西部生态新城发展新篇章。

华发以城市运营的理念进行楼盘开发，采用配套先行的战略，打造约2.7万平方米的华发新天地商业街，推动尖峰南片区配套完善，项目又以“双容闳、双实验”教育配套为名片，成为尖峰南乃至西城片区名副其实的教育大盘，品牌影响力日趋扩大。

【口碑维度】

华发又一城作为华发进军珠海西区的首作，无论是项目自身的商业配套还是教育配套等，都走在珠海西部城区前列。自首期开盘到如今在售的第四期，一直都是珠海西区乃至整个珠海市场的热销项目，深受老业主追捧。在华发内部一直都存在“老带新”的传统，据统计，华发又一城项目老业主推介成交超四成，被广东省内外新老业主高度认可。

【产品维度】

华发又一城由华发建筑设计院全权负责产品设计，由奥雅操刀全龄段主题园林景观，以岛居湿地为主要规划理念，引入“泛会所”，倡导现代、舒适、健康、绿色的生活方式，打造都市、时尚、简约的商业街；互动性水景，入口聚集广场，活力开放外街，精致舒适内街，林下伞下休息平台，为业主提供宽阔又舒适的休闲场所。

在户型产品设计上，从人性化角度出发，尽可能拓展空间设计；62~159平方米二居、三居、四居设计，满足不同年龄、不同需求的业主居住需求，努力提升居住舒适感和幸福感。

【销售维度】

根据珠海市商品房预（售）专网的统计数据，2018年华发又一城年销售超800套，劲销约14亿元，问鼎2018年珠海西区销售冠军；2019年，华发又一城更不负众望，年销售超1700套，年销售额超22亿元，销售业绩再创新高。

更多楼盘详情请扫码查看

2019年
中国城市楼盘年鉴
典型项目

中国铁建国际城

珠海　学府环绕　公园大宅　智慧人居

中国铁建国际城择址金湾航空新城，总占地面积约 9.29 万平方米，总建筑面积约 19.8 万平方米，公建配套面积约 2.1 万平方米。项目由十五栋住宅、一栋商业建筑组成，分两期开发，是中国铁建匠心打造的典型高端社区。

项目地址：

广东省珠海市金湾区金飞路 286 号

开发商：

珠海西部铁建城开发有限公司

建筑类型：

高层、小高层

主力户型：

96 平方米三居、129 平方米四居

周边配套：

滨河公园、实验中学、幼儿园、六大商业服务中心

参考价格：

待定

楼盘优势：

粤港澳大湾区，航空新城片区，交通便利，全学龄段学府环伺，出门即公园，环境资源丰富，绿色智慧社区，五重台式景观设计，纯板楼户型。

专家点评

周奇润 · 珠海置力地产顾问机构董事

作为中国铁建于金湾航空新城倾力打造的国际城项目，不仅能优享航空新城众多高端配套，项目自身的绿色概念和智能社区理念也深得客户所推崇。

项目解析

【区域维度】

随着《粤港澳大湾区发展规划纲要》的发布以及《三年行动计划》的出台，珠海凭借得天独厚的区位优势和国家政策扶持，吸引众多知名企业抢先布局。本项目位于金湾航空新城，包含六大商业服务中心，即国际商务中心、产业服务中心、市民艺术中心、公共文化中心、奥体中心和青少年妇女儿童活动中心，粤港澳大湾区高阶生活形态初具雏形。

项目紧靠珠海大道，拥有三大桥、两轻轨、两地铁、一机场的立体交通网络，毗邻规划在建的广佛江珠城轨“金湾站”，交通可谓四通八达。出门即是稀缺的景观资源——滨河湿地公园，下楼即是小学；从幼儿园到高中，约 13 所全龄段学府环伺，共享优质教育资源。

【品牌维度】

中国铁建股份有限公司于 2007 年 11 月在北京成立，是国务院国有资产监督管理委员会管理的特大型建筑企业，也是我国乃至全球实力与规模都在前沿的特大型综合建设集团之一。中国铁建积极响应国家战略号召，从落子横琴再到布局珠海西部生态，大手笔助力珠海城市建设发展。由中国铁建匠心打造的国际城项目，始终秉承着建筑影响中国的理念，将国际城打造成为一个对人和自然充满关爱的建筑艺术品，启幕品质人居新篇章。

【口碑维度】

中国铁建永守初心，砥砺前行，秉承铁道兵精神，铸就无数传奇。在珠海，中国铁建更是建设了洪鹤大桥、香海大桥、金海大桥和鸡啼门特大桥等一大批基础项目，积极助力珠海交通升级，彰显央企实力和担当。截至目前，中国铁建投资规模累计超过 5700 亿元，业务涵盖高速公路、轨道交通、城市综合开发、房地产开发、矿产资源等，荣获包括“鲁班奖”在内的国内外数百项大奖。

【产品维度】

中国铁建国际城总占地面积约 9.29 万平方米，总建筑面积约 19.8 万平方米，绿化率 35%，综合容积率 1.96，公建配套面积约 2.1 万平方米。项目分两期开发，规划建设十五栋小高层、高层住宅和一栋集中商业。主推 96~129 平方米三居、四居，首批推售的产品更以二比二梯户比打造，尽显归家与居住的尊贵体验；纯板式结构，南北通透，阳光清风穿堂而入，卧室全飘窗设计，盛景一览无遗。

中国铁建国际城于繁华新城之上，不忘对自然的惬意向往。在园林设计上，以“百岛珠海”的城市景观形象作为原型，以锦簇花团精心打造“岛、水、花、林”四大绿化形象。在空间上，园区将“迎、娱、赏、闲、闹”五大主题，融入儿童游乐、亲子互动、会客洽谈、运动健身等功能空间，致力于打造一个伴有小城山水，归家即度假的城市生活新境界。

【销售维度】

中国铁建国际城于20[illegible]年12月2[illegible]日开放营销中心。

更多楼盘详情请扫码查看

广西壮族自治区

2019年南宁房地产市场总结

行业发展历程

一、城市概述

南宁是广西壮族自治区首府、北部湾城市群核心城市，国务院批复确定的中国北部湾经济区中心城市、西南地区连接出海通道的综合交通枢纽。截至2018年，全市下辖7个区、5个县，总面积22112平方千米，建成区面积372平方千米，常住人口725.41万人，城镇人口452.61万人，城镇化率62.4%。

南宁地处中国华南地区、广西南部，中国华南、西南和东南亚经济圈的接合部，是泛北部湾经济合作、大湄公河次区域合作、泛珠三角合作等多区域合作的交会点，也是中国面向东盟开放合作的前沿城市、中国—东盟博览会永久举办地、国家“一带一路”有机衔接的重要门户城市。

二、行业现状

在“房住不炒”基调下，2019年南宁房地产市场在稳健中前行。热门区域热度持续保持，成交量、供应量均呈现上扬趋势。城市发展前景看好，房企进驻意愿强，房企竞争进一步分化。

三、政策环境

2019年南宁并未出台重磅楼市调控政策，当然也有像吸引高级人才的购房补贴、商贷转公积金贷、严管全装修房等政策，不过，南宁土地、备案价等举措略有松动，在一定程度上刺激了楼市。

四、土地市场

2019年，南宁土地供应量略有上涨，流挂流拍现象少，房企拿地相对谨慎。数据显示，南宁供应土地80宗商住地，合计3993401.48平方米（工业用地、仓储用地除外），供应面积较去年上涨了13.69%。

五、房企布局

2019年，南宁房地产市场房企之间竞争激烈，部分一线房企“重仓”南宁，尤其是五象、凤岭南、兴宁东等置业热门区域。同样，部分广西区内房企挺进首府南宁，开启广西全域布局之路。

六、房产行业发展历程

南宁作为广西首府，与其他省会城市相比，发展相对落后，但在2003年东盟博览会举办之后，南宁发展渐起，又伴随东盟桥头堡、泛北部湾中心城市、广西自贸区、西部陆海新通道等国家级政策红利，城市发展势头迅速崛起，给房地产行业带来了发展机遇。广西区域内的购房者涌向南宁置业，并吸引了外地人来南宁安家置业、投资发展。

城市年度市场解读

一、本地新政

1. 高级人才的购房补贴

2019年5月，南宁市住房和城乡建设局下发《关于开展南宁市高层次人才购房补贴发放有关工作的通知（征求意见稿）》（以下简称《通知》），拟按照高层次人才认定的类别分类实施首次购房补贴，符合条件的A类人才为200万元，B类人才为120万元，C类人才予以60万元购房补贴，D类和E类人才分别予以40万元、20万元补贴。高层次人才购买的第一套住房，自购房补贴发放协议签订之日起满5年方可交易。

2. 商业贷款转公积金贷款

2019年8月，南宁住房公积金管理委员会下发《关于商业住房贷款转住房公积金贷款有关政策的通知》，规定从2019年8月19日起，只要是取得不动产证，且在南宁范围内属于首套首贷的市民，都有资格申请商转公，但须结清贷款。2019年12月底，商转公不用筹资还清商业贷款，可通过办理第二顺位抵押登记手续。

3. 广西全装修商品房新政出台

12月，广西住建厅印发了《关于规范全装修商品住宅工程质量管理的通知》(以下简称《通知》)，采取6大举措规范全装修商品住宅工程质量管理。《通知》自2020年3月1日起施行。

二、年度土地供应

据广西中原研究中心数据显示，2019年南宁“招拍挂”的出让计划中，计划出让商住用地5651亩，同比增长39%；计划出让工业用地2586亩，同比下降30%；计划出让仓储用地及经营性非住宅用地2357亩，合计同比增长37%。2019年南宁已经供地11676亩，完成率为110%。

三、年度土地成交

据乐居不完全统计，2019年南宁主城区共计出让经营性用地6860.4064亩(不含武鸣区成交与工业用地)，成交金额4627578.2380万元，出让土地89宗，产权移交总面积406500平方米。成交面积同比2018年上涨36.48%，成交金额同比2018年上涨62.42%。无论是从出让面积还是成交总价来讲，2019年的土地数据都远超2018年。

从区域成交情况看，良庆区总成交面积1906.7504亩，成交金额1490187.641万元，是当之无愧的“供粮大户”；江南区、西乡塘区、青秀区分别以1560.923亩、811.593亩、727.215亩成交面积紧随其后；邕宁区与兴宁区分别成交633.526亩、632.08亩。

四、年度住宅供应

从供应情况来看，2019年南宁共发出633张住宅预售证，新增供应面积11828732.16平方米，成交套数175068套，供应套数132473套，整体供求基本平衡。其中，良庆区与青秀区供应量最大，两个城区加起来占据供应的半壁江山，兴宁区和西乡塘区供应最少。其中，良庆区供应面积达4352623.11平方米，48532套。9月供应量达到全年峰值1459662.63平方米，14517套。

表2-10　2019年南宁各城区商品住宅新获预售证

区域	预售面积(平方米)	预售套数(套)
青秀区	2286644.48	22082
兴宁区	942065.28	11976
江南区	1973337.51	23113
良庆区	4352623.11	48532
邕宁区	1206758.25	12447
西乡塘区	1102529.67	14323
统计	11863958.3	132473

表2-11　2019年南宁1~12月商品住宅新获预售证

月份	预售面积(平方米)	预售套数(套)
1月	377070.2	2249
2月	210295.59	1743
3月	618085.67	5950
4月	900928.48	9134
5月	494428.39	8969
6月	429047.27	10835
7月	731732.92	9788
8月	731831.31	12011
9月	1459662.63	14517
10月	1232089.31	10895
11月	1227407.74	12401
12月	3451378.79	33981
统计	11863958.3	132473

五、年度住宅成交

2019年南宁商品住宅成交突破千万量级，达1153.93万平方米，同比上涨了18.47%；成交金额1325.70亿元，同比上涨24.14%；成交均价11489元/平方米，同比上涨4.79%。

六、年度住宅存量

克而瑞数据显示，2019年南宁商品住宅库存量为540.26万平方米，同比下降了18.83%，去化周期5.6个月，同比下降了31.48%。整体市场稳健，库存量较低。

七、区域成交表现

2019年南宁楼市成交量最大的区域仍是五象新区。据克而瑞广西片区监测数据显示，截至11月五象—龙岗板块、五象—五象南、五象—良庆大桥南三个板块商品房成交量已超100万平方米。其中，龙岗板块123.75万平方米、良庆大桥南106.22万平方米、五象南103.08万平方米。

八、成交结构表现

以成交面积划分，2019年南宁成交面积段以90~100平方米的中小户型为主，成交面积约216万平方米，其次分别是110~120平方米、120~130平方米，成交面积分别为197万平方米、186万平方米。这说明南宁市场刚需购买力比较强劲。当然，改善居住需求也有逐步上扬的趋势。

以单价划分，南宁商品住宅以10000~11000元/平方米的住宅为成交主力，占比达23%，其次是11000~12000元/平方米占比17.85%。

九、成交项目排行

克而瑞数据显示，2019年南宁商品房销售金额TOP20项目，单盘金额TOP20上榜门槛从2018年的14.54亿元提升至17.93亿元，比2018年多了3.4亿元，同比上涨23.36%。其中，保利领秀前城以50.12亿元一举拿下成交金额榜TOP1，檀府印象、龙光·玖誉城分别以34.43亿元、31.45亿元位列第二位、第三位。

2019年南宁商品房销售金额TOP20项目中，单盘面积TOP20上榜门槛从2018年的13.40万平方米提升至16.58万平方米，比2018年增加了3.18万平方米，同比上涨23.75%。其中，建工颐凭借37.75万平方米斩获成交面积榜TOP1。保利领秀前城、龙光·玖誉城分别以32.69亿元、30.78亿元位列第二位、第三位。

十、成交房企排行

克而瑞分析报告显示，2019年南宁商品房成交金额1600.88亿元、成交面积1465.25万平方米，同比分别上涨17%和14%。流量金额百亿房企扩容至4家，分别是龙光地产、大唐地产、阳光城、广西万科，此外世茂、大都、祥嘉、中南等房企首次冲入年度TOP20榜单。

2019年，TOP20房企成交金额1025.42亿元，在南宁房地产市场占有率达64%，同比提升6个百分点。在南宁逾百家房企中，20强占据超六成市场份额，市场集中度保持高位。

尽管头部房企强者恒强，但从榜单的后位竞争情况看，尤其是从第九位开始，各梯队的房企之间差距不大，较为平均，造成房企前后名次差距的往往仅1亿至2亿元。

十一、商业、公寓及办公

2019年南宁商办市场，去化压力大。具体来看，2019年南宁商业总供应面积81.4万平方米，11633套；总成交面积16.5万平方米，成交4408套。其中，江南区、良庆区成为供应的大户，分别供应 18.6 万平方米、17.6 万平方米。不过，从商业成交情况看主要集中在良庆区，成交面积高达 6.5 万平方米。

2019 年南宁办公总供应面积为 26.7 万平方米，2269 套；总成交面积 15.2 万平方米，1275 套。其中，供应量、成交量都主要集中在良庆区。

2019 年公寓供应面积 97.8 万平方米，19975 套；成交面积 40.5 万平方米，9140 套，成交均价为 10145 元 / 平方米。其中，成交以良庆区为主，其次是西乡塘、邕宁区。

表 2-12　2019 年南宁商办供应情况

区域	供应套数（套）	供应面积（万平方米）	成交套数（套）	成交面积（万平方米）
江南区	3043	118.6	154	0.9
良庆区	2795	17.6	1165	6.5
青秀区	745	6.4	246	1.1
西乡塘区	1779	9.6	349	1.9
兴宁区	2097	20	539	2.9
邕宁区	1174	9.2	539	3.2
合计	11633	81.4	4408	16.5

表 2-13　2019 年南宁办公供应情况

区域	供应套数（套）	供应面积（万平方米）	成交套数（套）	成交面积（万平方米）
江南区	0	0	29	0.3
良庆区	2002	22.1	895	10.3
青秀区	0	0	237	3
西乡塘区	0	0	27	0.7
兴宁区	0	0	61	0.4
邕宁区	267	4.6	26	0.5
合计	2269	26.7	1275	15.2

表 2-14　2019 年南宁公寓供应情况

区域	供应套数（套）	供应面积（万平方米）	成交套数（套）	成交面积（万平方米）
良庆区	8007	40.6	3757	15.5
西乡塘区	1263	6.1	1962	9
邕宁区	4615	24	1568	8.2
江南区	2028	9	1007	3.9
兴宁区	758	2.8	371	2.2
青秀区	3304	15.3	475	1.7
合计	19975	97.8	9140	40.5

数据来源：广西中原研究中心。

十二、年度房价走势分析

2019 年商品住宅成交均价为 11489 元 / 平方米，同比上涨 4.79%。2019 年南宁的商品住宅成交均价保持在 11000 元 / 平方米左右，克而瑞监测数据显示，房价峰值出现在 5 月份达到 11863 元 / 平方米；谷值则出现在 10 月份 10803 元 / 平方米，而这个谷值的出现是开发商开始以价换量，促回款所致。

十三、热点板块分析

2019 年南宁楼市整体市场较为稳健，但板块冷热情况不一。青秀区、良庆区等核心板块的热度不减，而江南区、西乡塘区、兴宁区等老城区市场温和，进入 9 月后只能降低首付门槛，边缘板块通过精改毛等方式获取成交量。

乐居分析板块的冷热程度可从开盘情况获悉，热门的板块蓄客能力强，开盘的次数则相应增多。据不完全统计，2019 年南宁楼盘共开盘次数达 112 次，其中良庆区开盘次数达 32 次，排在各大城区第一位；江南区紧随其后，开盘次数达 25 次；青秀区开盘次数达 17 次，排在第三；兴宁区开盘次数达 15 次；西乡塘开盘次数 13 次；邕宁区开盘次数 10 次。

十四、未来展望

在市场经济下行的大背景环境下，南宁房地产市场得益于国家级自贸区、强首府战略、放开限价等红利，2020 年无论是成交量还是成交价格，预计走势平稳。五象新区、凤岭南、兴宁东等几大板块区域价值较为看好。

十五、市场预期

政策方面，2020 年在“房住不炒”“因城施策”等大基调下，南宁楼市预计不会出台严苛的政策。

土地方面，高价地不会频繁出现，房企拿地较为谨慎，土地市场回归理性。当然，部分热门板块价值持续看涨。如在城市东扩红利下，凤岭南、兴宁东崛起；五象新区在自贸区加持下，仍然是房企必争之地，此外，2020 年将会有更多的房企参与到城市更新改建设中来。

市场方面，2020 年南宁房地产市场竞争会比较激烈，房企的利润空间进一步压缩，产品将回归居住属性。从目前情况看，区域分化、楼盘分化、房价分化进一步加剧，性价比高的楼盘将会受购房者青睐。单就价格而言，南宁房价不会出现大的波动，以稳为主。

数据来源：南宁市自然资源局、南宁市住房和城乡建设局、克而瑞广西片区、广西中原研究中心。

2019 年南宁房地产在售楼盘概览

楼盘名称	城市名称	城区	地址	物业类型
天池山 · 中脊	南宁	青秀区	青秀区仙葫大道中段 9 号	普通住宅、商铺
吉祥凤景湾	南宁	青秀区	青秀区凤岭北吉祥路 9 号	普通住宅
荣和悦澜山	南宁	青秀区	青秀区长虹路 5 号	普通住宅
保利领秀前城	南宁	青秀区	青秀区凤岭南路 16 号	普通住宅、别墅、商铺
万科城	南宁	青秀区	青秀区长虹路 7 号	普通住宅、公寓、商铺
南宁彰泰红	南宁	青秀区	青秀区青环路 82 号	普通住宅
保利君悦湾	南宁	青秀区	青秀区柳沙半岛荔滨大道 28 号	普通住宅
霖峰壹号	南宁	青秀区	青秀区佛子岭路 28 号	普通住宅、商铺、商业
荣和公园尊府	南宁	青秀区	青秀区凤凰岭路 1 号	普通住宅
华发国宾学府	南宁	青秀区	青秀区荔滨大道 6 号	普通住宅
荣和公园墅	南宁	青秀区	青秀区翠竹路 1 号	别墅
江山墅	南宁	青秀区	青秀区仙葫大道中 121 号	别墅
南宁常青藤	南宁	青秀区	青秀区长福路 16 号	普通住宅、商铺
美泉 1612	南宁	青秀区	青秀区凤岭北云景路 29 号	普通住宅、公寓、商铺
荣和公园大道	南宁	青秀区	青秀区凤凰岭路 16 号	普通住宅、写字楼
长岛 800 里香江	南宁	青秀区	青秀区仙葫大道 25 号	普通住宅、商铺
龙胤花园	南宁	青秀区	青秀区长福路 9 号	别墅
澜月府	南宁	西乡塘区	西乡塘区发展大道 53 号	普通住宅
奥园永和府	南宁	西乡塘区	西乡塘区永和路 19 号	普通住宅
绿地西城国际花都	南宁	西乡塘区	西乡塘区罗文大道 18 号	普通住宅、酒店式公寓
融创融公馆	南宁	西乡塘区	西乡塘区永和路 15 号	普通住宅
金科观天下	南宁	西乡塘区	西乡塘区罗文大道 6 号	普通住宅
金悦澜湾	南宁	良庆区	良庆区英华桥南百灵路 100 号	普通住宅、商铺
凯旋 1 号	南宁	江南区	江南区江南大道 1 号	普通住宅
海吉星 · 食博城	南宁	江南区	江南区壮锦大道 16 号	商铺
天健西班牙小镇	南宁	江南区	江南区智兴路 3 号	普通住宅
大都郡	南宁	江南区	江南区友谊路东一里 3 号	普通住宅
荣和公园里	南宁	江南区	江南区凤凰江畔仁和路 55 号	普通住宅

楼盘名称	城市名称	城区	地址	物业类型
金源一品江山	南宁	兴宁区	兴宁区秀厢大道 199 号	普通住宅
嘉和城	南宁	兴宁区	兴宁区昆仑大道 995 号	普通住宅、公寓、别墅、商铺
山渐青	南宁	兴宁区	兴宁区北面邕武路 20 号	普通住宅、公寓、别墅
奥园园著	南宁	兴宁区	兴宁区南梧路 6 号	普通住宅
国悦 · 九曲湾	南宁	兴宁区	兴宁区昆仑大道温泉路 19 号	普通住宅、别墅
南宁恒大华府	南宁	兴宁区	兴宁区金川路 9 号	普通住宅
国田 · 秋月蓝湾	南宁	良庆区	良庆区银海大道 822 号	普通住宅、公寓
万达茂	南宁	邕宁区	邕宁区良堤路 6 号	普通住宅、公寓、商铺
广源华府	南宁	良庆区	良庆区龙堤路 11 号	普通住宅
南宁恒大绿洲	南宁	良庆区	良庆区五象大道 333 号	普通住宅、商铺
天誉城	南宁	良庆区	良庆区五象大道 688 号	普通住宅、公寓、酒店式公寓、商铺
盛科城	南宁	良庆区	良庆区宋厢路 18 号	普通住宅、写字楼、商铺
合景香悦四季	南宁	良庆区	良庆区五象湖东风路	普通住宅、别墅、商铺
南宁宝能城	南宁	良庆区	良庆区平乐大道 35 号	普通住宅、商铺、建筑综合体
宝能城市广场	南宁	邕宁区	邕宁区龙岗大道 9 号	普通住宅、公寓、商铺
云星钱隆首府	南宁	良庆区	良庆区金龙路 8 号	普通住宅、公寓
合景天峻广场	南宁	邕宁区	邕宁区龙岗大道 2 号	普通住宅、公寓、酒店式公寓
大唐盛世	南宁	邕宁区	邕宁区龙祥路 38 号	普通住宅、商铺
江山御景	南宁	良庆区	良庆区龙堤路 51 号	普通住宅、别墅
光明城市	南宁	良庆区	良庆区那黄大道 108 号	普通住宅、商铺
中国铁建云景山语城	南宁	青秀区	青秀区凤景路 6 号	普通住宅、商铺
大唐臻观	南宁	青秀区	青秀区铜鼓岭路 5 号	普通住宅
新希望 · 大唐 · 锦悦青山	南宁	青秀区	青秀区柳园路东一里 1 号	普通住宅
华润置地 · 中山府	南宁	青秀区	青秀区中山路 229 号	普通住宅、公寓、商铺、建筑综合体
唐樾青山	南宁	青秀区	青秀区青环路 82 号	普通住宅
东方尊府	南宁	青秀区	青秀区高坡岭路 3 号	普通住宅
南宁彰泰凤岭江湾	南宁	青秀区	青秀区凤岭南滨江路	普通住宅

楼盘名称	城市名称	城区	地址	物业类型
桃源湖居	南宁	青秀区	青秀区桃源路 53 号(南湖小学对面)	普通住宅
新城·悦隽江山	南宁	青秀区	青秀区凤岭南滨江板块开泰路 178 号	普通住宅
千方百境	南宁	青秀区	青秀区吉祥路 1 号	公寓
凤翔台	南宁	青秀区	青秀区凤翔路 20 号	普通住宅、公寓、商铺
中国铁建凤岭国际城	南宁	青秀区	青秀区凤岭南路南侧	普通住宅、公寓、限竞房
荣和公园大道华府	南宁	青秀区	青秀区凤岭北枫林路 26 号	普通住宅
融创九熙府	南宁	青秀区	青秀区合坡路 18 号	普通住宅、公寓
龙光天曜	南宁	青秀区	青秀区开泰路 180 号	普通住宅、别墅、酒店式公寓、商业
荣顾书香门第	南宁	青秀区	青秀区建岭路 2 号	普通住宅、公寓
云星城	南宁	青秀区	青秀区古城路 6-11 号	公寓
天昌青山府	南宁	青秀区	青秀区东盟商务区桂花路 5 号	普通住宅
大都云锦	南宁	青秀区	青秀区云景路和高坡岭路交会处(南宁二中风岭校区旁)	酒店式公寓
威宁·金菊邻家广场	南宁	青秀区	青秀区凤岭北金菊路 2 号	公寓
荣和·金座	南宁	青秀区	青秀区凤岭北凤凰岭路 16 号	公寓
广源凤岭壹号院	南宁	青秀区	青秀区凤岭南路与经二路交会处	普通住宅
阳光城江山璟原	南宁	青秀区	青秀区柳沙国宾半岛柳园路 1 号	普通住宅
轨道御珑壹号城	南宁	青秀区	青秀区高坡岭路 36 号	普通住宅
荣和东站城市广场	南宁	青秀区	青秀区吉祥路凤岭北路口	普通住宅、公寓
翡翠时光	南宁	青秀区	青秀区青环路与原青巷路交叉路口	普通住宅
龙光·玖珑华府	南宁	青秀区	青秀区东葛路 117 号	普通住宅、公寓、商业
祥江墅	南宁	青秀区	青秀区蓉茉大道 84 号	别墅
招商·榕园	南宁	西乡塘区	西乡塘区高新二路 12 号	普通住宅、公寓
天健城	南宁	西乡塘区	西乡塘区新阳路 296-1 号	普通住宅、商铺
大嘉汇康悦	南宁	西乡塘区	西乡塘区北湖南路 32 号	普通住宅、商铺
华润置地万象华府	南宁	西乡塘区	西乡塘区北湖南路 23 号	普通住宅、商铺
中国铁建安吉山语城	南宁	西乡塘区	西乡塘区发展大道 66 号	普通住宅
招商·樾园	南宁	西乡塘区	西乡塘区相思湖北路 24 号	普通住宅、公寓、商铺
龙光玖誉湾	南宁	西乡塘区	西乡塘区可利路 88 号	普通住宅
荣和邕江华府	南宁	西乡塘区	西乡塘区江北大道石埠段 36 号	普通住宅
中梁柏仕公馆	南宁	西乡塘区	西乡塘区大学西路 9 号	公寓
大唐天悦	南宁	西乡塘区	西乡塘区安园东路 26 号	普通住宅、商铺
美的慧城	南宁	西乡塘区	西乡塘区秀安路 3 号	普通住宅、商铺
宋都江韵朝阳	南宁	西乡塘区	西乡塘区义忠街 44 号	普通住宅
奥园瀚林誉江府	南宁	西乡塘区	西乡塘大学东路 154 号	普通住宅
阳光城·檀悦	南宁	西乡塘区	西乡塘区友爱北路 5[illegible]号	普通住宅、商铺
云星创客园	南宁	西乡塘区	西乡塘区安吉大道 69 号	普通住宅、公寓、别墅、商铺
美的旭辉城	南宁	西乡塘区	西乡塘区秀安路 3-1 号	普通住宅
龙光水悦龙湾御江	南宁	西乡塘区	西乡塘区明秀西路 17[illegible]号	普通住宅
建发鼎华·北大珑廷	南宁	西乡塘区	西乡塘区北大北路 2[illegible]号	普通住宅、公寓
安吉大唐世家	南宁	西乡塘区	西乡塘区安阳路 6 号	普通住宅、公寓、商铺
人和公园溪府	南宁	西乡塘区	西乡塘区北湖北路 4[illegible]号	普通住宅
中昂国汇	南宁	江南区	江南区邕津路 6[illegible]号	普通住宅
绿地新里璞悦公馆	南宁	江南区	江南区三津大道 1[illegible]号	普通住宅
碧桂园公园壹号	南宁	江南区	江南区智兴路 9 号	普通住宅、商铺
万科悦江南	南宁	江南区	江南区邕津路 [illegible]8 号	普通住宅
精通瑞城	南宁	江南区	江南区光明南路 158 号	普通住宅、商铺
盛天领秀府	南宁	江南区	江南区光明北路 48 号	普通住宅、别墅
天健和府	南宁	江南区	江南区那洪大道 33 号	普通住宅
广汇名都	南宁	江南区	江南区白沙大道 37 号	普通住宅
彰泰新旺角	南宁	江南区	江南区那洪大道 37 号	普通住宅、公寓、商铺
盛天新希望锦悦江南	南宁	江南区	江南区白沙大道 128-8 号	普通住宅
云星钱隆御园	南宁	江南区	江南区光明北路 99 号	普通住宅
华润置地·西园悦府	南宁	江南区	江南区星光大道 33-1 号	普通住宅
龙光玖誉城	南宁	江南区	江南区白沙大道 57 号	普通住宅、商铺、建筑综合体
振业启航城	南宁	江南区	江南区友谊路吴圩路 33-1 号	普通住宅
龙光江南院子	南宁	江南区	江南区智和路 6 号	普通住宅、别墅、商业
中建·邕和府	南宁	江南区	江南区下津路 68 号	普通住宅、商铺
阿尔卑斯	南宁	江南区	江南区友谊路东一里 1-1 号	普通住宅

楼盘名称	城市名称	城区	地址	物业类型
悦桂绿地新世界	南宁	江南区	江南区吴圩镇明阳大道 17 号	普通住宅、公寓、别墅、商铺
山湖海上城	南宁	江南区	江南区空港经济区光明北路 36 号	普通住宅
威宁首府·德逸园	南宁	江南区	江南区留贤路 36 号	普通住宅
奥园瀚德棠悦府	南宁	江南区	江南区亭洪路 48 号	普通住宅、公寓、商铺
悦桂·融创樾湖居	南宁	江南区	江南区龙潭路 19 号	普通住宅、商铺
中南春风南岸	南宁	江南区	江南大道中段（清川大桥西侧）	普通住宅
轨道御水元筑	南宁	江南区	江南区福建路 39 号	普通住宅
凯旋 1 号上水湾	南宁	江南区	江南区白沙大道 8 号	普通住宅
大都公馆	南宁	兴宁区	兴宁区三塘南路(兴工路）90 号	普通住宅、别墅、商铺
中海九玺	南宁	兴宁区	兴宁区天狮岭路 1 号	普通住宅
南宁绿地城	南宁	兴宁区	兴宁区平云大道 88 号	普通住宅
华夏院子	南宁	兴宁区	兴宁区昆仑大道 499 号	普通住宅、别墅
大唐印象	南宁	兴宁区	兴宁区虹桥路 2 号	普通住宅
盛邦香颂	南宁	兴宁区	兴宁区南梧路 62 号	普通住宅
中海央墅	南宁	兴宁区	兴宁区天狮岭路 1 号	别墅
碧桂园时代城	南宁	兴宁区	兴宁区昆仑大道 496 号	普通住宅
叁仟悦	南宁	兴宁区	兴宁区合坡路 35 号	普通住宅
中鼎公园首府	南宁	兴宁区	兴宁区那况路 19 号	别墅、商业
嘉和城·芳华里	南宁	兴宁区	兴宁区昆仑大道 995 号	普通住宅、商业
万科第五园	南宁	兴宁区	兴宁区昆岭路与那况路交会处	普通住宅
万科金域中央	南宁	良庆区	良庆区平乐大道 16 号	普通住宅、别墅、商铺
南宁彰泰府	南宁	良庆区	良庆区良玉大道 30 号	普通住宅、商铺
五象湖·金玖世家	南宁	良庆区	良庆区 东风路 51 号	普通住宅
汉军冠江台	南宁	良庆区	良庆区五象大道 450 号	普通住宅、商铺
龙光天瀛	南宁	良庆区	良庆区平乐大道 26 号	普通住宅
合景叠翠峰	南宁	良庆区	良庆区玉洞大道 76 号	普通住宅
盛湖悦景	南宁	邕宁区	邕宁区新坡路 289 号	普通住宅
世茂·金科博翠江山	南宁	邕宁区	邕宁区蒲庙镇平沙路 9 号	普通住宅
金科·博翠天宸	南宁	邕宁区	龙华路与那造路交会处	普通住宅
南宁启迪东盟科技城	南宁	邕宁区	邕宁区永福路 33 号	普通住宅、公寓
龙光玖珑台	南宁	邕宁区	邕宁区江湾路 2 号	普通住宅、公寓、别墅、商铺
南宁彰泰郡	南宁	良庆区	良庆区金海路 27 号	普通住宅、商铺
祖龙 ACMALL	南宁	良庆区	良庆区银海大道 975-1 号	普通住宅、商铺
意洲嘉园盛景	南宁	良庆区	良庆区弘良路 21 号	普通住宅
檀府印象	南宁	良庆区	良庆区庆林路 17 号 / 庆安街 10 号 / 良坛路 10 号	普通住宅
御景山	南宁	良庆区	良庆区广艺路 5 号	普通住宅
龙光玖誉湖	南宁	良庆区	良庆区良庆大道 9 号	普通住宅、商铺
金科博翠山	南宁	良庆区	良庆区凤凰路 188 号	普通住宅
荣和五象学府	南宁	良庆区	良庆区金良路 26 号	普通住宅
荣和半山华府	南宁	良庆区	良庆区怡和路 1-1 号	普通住宅、商铺
华润置地悦年华·润府	南宁	良庆区	良庆区玉洞大道 70 号	普通住宅、商铺
蓝光雍锦澜湾	南宁	邕宁区	邕宁区石蚌街 16 号	普通住宅
南宁彰泰滨江学府	南宁	良庆区	良庆区玉凤路 1 号	普通住宅、商铺
中国锦园	南宁	邕宁区	邕宁区良堤路 8 号	普通住宅、公寓
万科金域滨江	南宁	邕宁区	邕宁区蒲庙镇江湾路 1-1 号	普通住宅
万科星都荟	南宁	良庆区	良庆区海德路 10 号	普通住宅、公寓、写字楼
南宁恒大悦龙台	南宁	邕宁区	邕宁区新邕路 7 号	普通住宅、商铺
建工城	南宁	良庆区	良庆区华安路 11 号	普通住宅、商铺
印象愉景湾	南宁	良庆区	良庆区那良路 16 号 / 那平路 18 号	普通住宅、商铺
新城·悦隽风华	南宁	邕宁区	邕宁区新邕路 3 号	普通住宅
中梁国宾熙岸	南宁	邕宁区	邕宁区茶柳街 6 号	普通住宅、商铺
盛邦珑悦	南宁	良庆区	良庆区良兴路 18 号	普通住宅
五象澜庭府	南宁	良庆区	良庆区那黄大道 129 号 / 坛泽路 1 号	普通住宅
中海哈罗学府	南宁	邕宁区	邕宁区龙岗大道以东、三合路以南	普通住宅
阳光 100 九个半岛	南宁	武鸣区	武鸣区武华大道中段	普通住宅
绿地东盟国际城	南宁	武鸣区	南宁东盟经济开发区里建大道与人民路交会处	普通住宅、别墅
雪松灵水小镇	南宁	武鸣区	武鸣区教育园区武华大道中段	普通住宅、公寓、别墅、商铺
江宇梦想小镇	南宁	武鸣区	南武城市大道中段，伊岭岩风景区旁(伊岭岩北 100 米）	普通住宅、别墅
招商十里云裳	南宁	武鸣区	中国·南宁·花花大世界国家 4A 级旅游度假区	普通住宅、商铺

楼盘名称	城市名称	城区	地址	物业类型
诗蓝春晓	南宁	武鸣区	广西东盟经济技术开发区上平路与珠山路交会处东南侧	普通住宅、别墅
万丰新新传奇	南宁	武鸣区	武鸣区标营区壮锦路与五彩路交会处	普通住宅
学府豪庭	南宁	武鸣区	东盟经济技术开发区宁武路27号二小旁	自住型商品房

楼盘名称	城市名称	城区	地址	物业类型
富鸣阳光城	南宁	武鸣区	武鸣区标营新区东环路（武鸣体育馆对面）	别墅
武鸣彰泰滨江学府	南宁	武鸣区	武鸣区壮武路体育馆旁	普通住宅
山湖海悦府	南宁	武鸣区	武鸣区广西－东盟经济技术开发区狮山路5号	普通住宅、自住型商品房

金科博翠天宸

- 2019年 -
中国城市楼盘年鉴
典型项目

南宁　生态宜居　水景住宅　品牌地产

位于南宁邕宁区龙华路与那造路交会处，由南宁金盛坤房地产开发有限公司开发，建筑面积 10333 平方米，占地面积 44999 平方米。

项目地址：
龙华路与那造路交会处

开发商：
南宁金盛坤房地产开发有限公司

建筑类型：
高层

主力户型：
95 平方米三居、128 平方米四居

周边配套：
邕宁第二小学、五象第三实验小学、邕宁民族中学

参考价格：
15000~16000 元 / 平方米

楼盘优势：
紧靠南宁母亲河邕江，江湾半岛内还规划新坡湖、团结湖、天潭湖、颜村渠景观水系，紧邻 2000 亩城市级生态公园灵龟山公园。

专家点评

杨盈盈·广西建设职业技术学院管理工程系，房地产团队带头人

金科博翠天宸瞰邕江旖旎风光，拥揽灵龟山等自然景观，天然氧吧得天独厚，人性化细节设计让业主居住得更舒适方便。项目打造95~128平三居、四居，户型舒适且南北通透。

项目解析

【区域维度】

历经十几年的发展，龙岗片区被赋予一个新的区域定位——“五象东”。五象东 CLD（中央居住区）价值渐显，城市基础设施建设日臻完善，服务功能逐步提升，五象东面貌焕然一新，呈现出一幅宜居宜业的城市画卷。

金科博翠天宸择址五象东，坐拥龙岗大道、江湾路、五象大道等三横两纵立体交通；汇集地铁 3 号线、地铁 4 号线（在建）、机场线（规划）及五象南高铁站（规划）等多维度立体交通；接驳龙岗大桥、三岸大桥、青山大桥、良庆大桥等，快速畅达全城；悦享万达茂商业综合体、4 家威宁邻家广场、8 万平方米宝能城市广场等优质商业配套。

项目周边的医疗、教育等配套设施正同步跟进。医疗方面，邕宁区人民医院龙岗新院已正式启用，南宁市儿童医院、邕宁区中医院相继落成；教育方面，区域内投入使用的学校有五象新区第三实验小学、民主路小学五象校区、江湾路小学、和合小学、龙岗北小学、邕宁高中等，引进了胡润·百强名校——哈罗礼德学校。

【品牌维度】

金科地产是一家从重庆起家的品牌房企，有 20 余年的发展史，跻身“2019 中国房地产开发企业 500 强”第 16 名、中国房产品牌价值 10 强。

金科 2016 年进入广西，发展迅速，短短 3 年多时间已布局了十余个项目，其中 7 个位于南宁。

金科博翠天宸背靠金科金字招牌，一问世便收获高度关注。南宁人自古有江滨情怀，在邕江畔居住是南宁人认可的高端居住生活方式，而金科博翠天宸正是凭借稀缺的滨江地段、品牌效应以及过硬的品质，赢得市场的好口碑。

【口碑维度】

金科博翠天宸项目归属金科高端住宅产品系——博翠，依托五象东地脉，尽享诸多区域内规划配套。项目临近邕江，一览百里秀美江景；紧邻约 2000 亩城市级生态公园——灵龟山公园，以及滨江公园、新坡湖公园、八尺江湿地公园、园博园、市政公园六大公园。

金科博翠天宸项目占地 34 亩，总建筑面积约 10 万平方米，由 6 栋江畔高层组成，精装交付，兼具山水的中庭园林，约 300 米环形跑道、约 1000 平方米阳光中庭、景观会客厅、全龄童享乐园等多重主题园林，满足全龄阶段休闲娱乐所需。

金科博翠天宸首期推出建筑面积 95~128 平方米三居、四居瞰江高层，户型舒适；128 平方米户型阳台达 2.2 米宽、7.2 米长，南北通透，拥有更宽的视野欣赏邕江美景。

【产品维度】

金科博翠天宸是金科“博翠”系产品的 PRO 版，升级后更具人性化。

项目全力建设 5G 智慧社区，与中国电信携手打造 5G 技术融合应用，糅合微软、阿里巴巴、海康威视三大科技巨头打造的物业闭合生态圈，配置智慧出行、智联家居和智慧安防体系，“秒级”刷脸、智慧安防、智联家具、集成访客通行、生活缴费、物业报事、生活商城等功能。

全新博翠系精装交付，打造全屋智能化设计，如在玄关处设置入户重物挂钩、主卧床头 USB 插座紧急呼叫按钮、全屋配置主流品牌、智能化接口等。

更多楼盘详情请扫码查看

新城悦隽风华

2019年 中国城市楼盘年鉴 典型项目

南宁　品牌地产　生态宜居　全装修房

新城悦隽风华位于新邕路3号，由南宁亿文房地产开发有限公司开发，建筑面积423333平方米，占地面积90049平方米。

项目地址：

南宁市邕宁区新邕路3号

开发商：

南宁亿文房地产开发有限公司

建筑类型：

高层

主力户型：

99平方米三居、115平方米四居、129平方米四居

周边配套：

万达茂、步云小学、步云中学、儿童医院

参考价格：

11000元/平方米

楼盘优势：

紧邻万达茂商业配套，城市快速路、地铁高铁等多维立体交通环绕。

专家点评 马盈盈 广西建设职业技术学院管理工程系房地产团队带头人

五象东商业、学校、环境、医疗等配套逐步兑现，新城悦隽风华为美式大都会设计，户型设计99-129平方米，户户朝南，居住空间舒适。

项目解析

【区域维度】

五象东被定位为南宁市级商业中心、五象新区商务次中心，以及城市四大副中心之一，近年来发展迅猛，如今已吸引众多品牌房企入驻，带动区域价值提升，助推区域的繁荣发展。

新城悦隽风华择址新邕路3号（万达茂旁），南靠龙岗交通大动脉新邕路，往龙岗大桥、良庆大桥、青山大桥、三岸大桥可快速抵达青秀区；过五象大道、玉洞大道直达五象总部基地；五象火车站、地铁4号线和机场专线等则构建起项目综合交通枢纽。

项目汇聚多个商业体。南宁万达茂已开业，宝能城市广场12万平方米商业MALL2019年3月动工；威宁·龙岗北邻家广场2019年5月封顶，加上75万平方米合景天峻广场商业综合体，吃喝玩乐购一站式繁华生活可期。

项目周边生态环境优美，滨江公园、灵龟山公园、山体公园（待建）、新坡湖公园（待建）、八尺江湿地公园（规划中）等紧密环绕。

片区内医疗配套、教育设施日臻完善。广西前海人寿医院、南宁市第二社会福利院、南宁市五象养老服务中心位于项目北侧。教育资源方面，步云小学（在建）与项目一路之隔，周围有步云中学（在建）、五象新区第二实验小学、龙岗小学，邕宁高级中学等。

【品牌维度】

据官网显示，新城控股集团1993年创立于江苏常州，现总部设于上海。经过26年的快速发展，成为住宅地产和商业地产的综合性房地产集团，连续十年位列中国房地产行业前20强。2019年3月，在由中国房地产协会联合易居发布的“2019中国房地产500强测评成果”中，新城位居“2019中国房地产开发企业综合实力10强”第8位。

新城控股进军广西短短两年即落地七子，南宁新城吾悦广场、新城悦隽江山、新城·悦隽风华等七星同耀，联袂共筑广西美好未来。

【产品维度】

项目占地98亩，容积率3.0，绿化率35%，2梯4户，共17栋楼，呈蝶形全朝南布局，楼体偏转20°，造就社区楼栋户户朝南格局；园林充分考量建筑与空间特点，形成“一环二核三轴”的景观布局；项目高质量装修标准交付，客厅、卧室均配送空调；户户配备南向阳台，通风采光俱佳，保证充足日照时长。项目主推95平方米三居、115平方米四居南北向双阳台设计，房间布局较为灵动，居住舒适感强。

【销售维度】

根据克而瑞广西片区发布的数据显示，2019年10月，新城悦隽风华以18084平方米、162套、20101万元的销售成绩，荣登邕宁区商品住宅成交面积、成交套数、成交金额“三冠王”。

进入第四季度以来，截至2019年11月30日，新城悦隽风华更以3.04亿元的销售金额在区域内脱颖而出，可以说是销售“大丰收”，战绩赫赫。

更多楼盘详情请扫码查看

贵州省

2019 年贵阳房地产市场总结

行业发展历程

一、城市概述

贵阳，是贵州省省会，也是全省政治、经济、文化、科教、交通中心和西南地区重要的交通通信枢纽、工业基地及商贸旅游服务中心。辖六区一市三县，四个国家级开发区，总面积 8034 平方公里，常住人口 480.2 万人。先后荣获“国家卫生城市”“国家生态文明城市”“中国避暑之都”“中国最佳表现城市”等 30 多项荣誉称号。

贵阳因位于境内贵山之南而得名，已有 400 多年历史。古代贵阳盛产竹子，以制作乐器“筑”而闻名，故简称“筑”，也称“金筑”。贵阳又称“林城”“筑城”，是连接“丝绸之路经济带”和“21 世纪海上丝绸之路”的重要门户、全国生态文明示范城市、全国重要的生态休闲度假旅游城市。

二、行业现状

纵观贵阳房地产市场，在此前两年全市房地产市场井喷，2019 年楼市逐渐冷却，全年成交量较大幅度下降，市场观望情绪开始弥漫，房企竞争压力激增。潮水退去，房企开始做“过冬”准备，相互间的博弈也逐步回归到产品力、营销力上，区位、配套优秀的楼盘与远郊楼盘呈现出两极分化的态势，老城区和观山湖区的置业门槛水涨船高，新的楼市格局正在形成。

三、政策环境

在“房住不炒”的理念及“因城施策”的指导方针下，2019 年贵阳楼市“稳”字当头，并未发布重磅政策调控楼市，但针对公积金贷款购房方面有所放松，土拍方面亦有政策试水，一定程度上加大了对楼市成交的刺激。

四、土地市场

2019 年贵阳商住类土地供应及成交均迎来爆发。即便如此，下半年起房企拿地更为谨慎。此外，远郊与核心区域地块价值两极分化严重，楼面价差距甚至可超过 5000 元 / 平方米。年底，贵阳商住类土地市场连续两个月创下年度成交金额新高，掀起 2019 年土拍高潮。

五、房企布局

从房企在贵阳的土地储备情况来看，开发商布局战略开始调整，远郊的清镇及修文受政策影响，且由于杠杆高、地货比高而受到青睐。此外，双核心土地依然受到房企重视。2019 年，贵阳依然有许多首入品牌房企，但部分布局往往转战到了远郊板块。

六、房产行业发展历程

与我国其他一、二线城市相比，贵阳房地产业起步较晚，且常住人口较少，房地产行业和市场基础较差。2013 年起，由于受到花果园、未来方舟等特大盘影响，市场遭到低价垄断，贵阳房地产市场发展一度处于滞后状态。2017 年起，特大盘逐渐收尾，大量需求开始转向，大型房企伺机而动，纷纷进驻，享受“补涨”红利。2019 年起“补涨”完成，部分需求提前消耗，市场开始下行。

城市年度市场解读

一、本地新政

1. 定向政策：限墅令，暂停别墅项目审批

2019 年 4 月，贵州省住建厅发布相关通知，要求“全省各级住房城乡建设主管部门自收到本通知之日起，立即暂停办理本行政区域内有关别墅项目审批手续；各施工图设计审查机构，暂停承接别墅项目施工图审查，对已承接的暂不出具审查意见，并及时报项目所在地住房城乡建设主管部门；各地住房城乡建设主管部门暂停办理别墅项目施工许可证。待国务院有关部门开展别墅清查工作后，再按有关清查要求和相关规定办理”。

2. 公积金新政：双职工家庭公积金缴存额度由 50 万元提升至 60 万元

2019 年 6 月 1 日起，贵阳市住房公积金贷款最高额度由原来的 50 万元调整为在贵阳市行政区域内（含铁路沿线）缴存住房公积金的单职工家庭缴存 50 万元、双职工家庭缴存 60 万元。

3. 公积金新政：取消二套住房公积金贷款时间限制，降低二手房住房公积金贷款最低首付款比例，调整贷款年限认定标准

2019 年 9 月 9 日起，贵阳市缴存职工家庭结清首套住房公积金贷款后，即可再次申请住房公积金贷款购买普通自住住房；缴存职工家庭第一次使用住房公积金贷款购买二手房的职工家庭，首付款比例不得低于 20%，为改善居住条件第二次申请住房公积金贷款购买二手房，首付款比例不得低于 30%；个人住房公积金贷款期限按照主贷人可贷年限进行计算。

二、年度土地供应

据贵阳市公共资源交易中心公开数据，2019 年，贵阳市供应商住类土地总量为 8541938.7 平方米，同比上涨 7.04%。10 月份，贵阳市商住类土地迎来供应高潮，单月供应 1932104.58 平方米。

根据贵阳市 2018 年住宅用地供应三年（2018~2020）滚动计划，2018~2020 年，贵阳市计划供应住宅用地 1942.2508 公顷，按照 2018 年、2019 年贵阳市住宅用地供应情况来看，2020 年贵阳市有望供应住宅用地超过 900 公顷，土地供应量呈现出逐年递增的趋势。

三、年度土地成交

据贵阳市公共资源交易中心公开数据，2019 年，贵阳商住类土地出让 9020964.69 平方米，同比大幅上涨 94.13%，出让金额高达 4926692.654 万元，同比大幅上涨 78.05%。其中，出让面积及金额均超过 2017 年、2018 年两年总和，创下近三年新高。

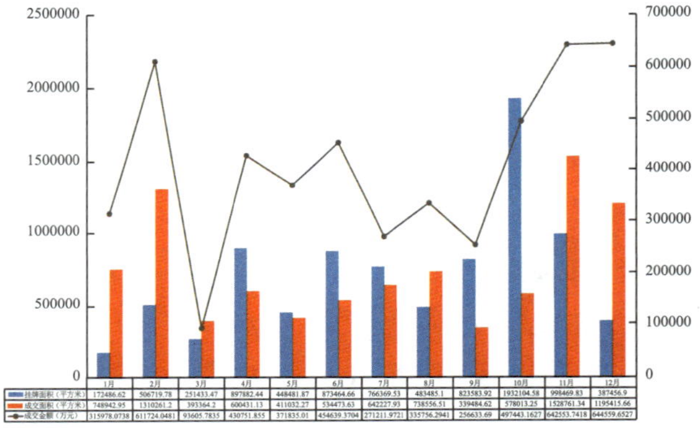

图 2-20　2019 年贵阳市商住类土地挂牌及成交走势

分区域看，2019 年花溪区成为贵阳商住土地市场“双冠王”，出让面积 1555041 平方米，出让金额 647006.3559 万元，均为贵阳市最高；分月份看，12 月份贵阳商住类土地出让金额再创新高，成为全年之最。

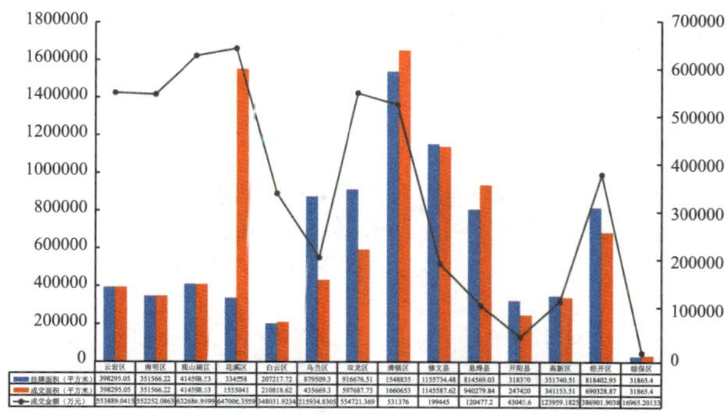

图 2-21　2019 年贵阳市各区域商住类土地挂牌及成交对比

四、年度商品房供应

据筑房网公开数据，2019 年，贵阳供应商品房总量为 13562510.09 平方米，11 月和 12 月迎来供应高峰，两个月供应商品房总量 4179470.24 平方米，占全年供应量的 30.82%。

五、年度商品房成交

据贵阳市统计局的公开数据，2019 年 1~11 月，贵阳商品房销售面积 916.57 万平方米，同比下降 6.5%，住宅销售面积 728.04 万平方米，同比下降 12.5%，商品房销售金额 966.64 亿元，同比上涨 6%，住宅销售金额 737.01 亿元，同比上涨 0.9%。

11 月贵阳市房屋成交数据较前两年同期均大幅下滑，仅为 87.87 万平方米，即便 12 月冲刺情况与往年相同，但全年成交量较大幅度下滑已成定局，据多个渠道数据估算，2019 年贵阳房屋成交量约 1000 万平方米。

六、成交结构表现

新房方面，据极速智讯数据统计，2019 年贵阳市成交主力户型为总价在 110 万 ~160 万元的三居户型。二手房方面，根据链家、安居客及二手中介的相关数据，2019 年贵阳二手房市场中成交主力户型为总价在 60 万 ~80 万元以及 100 万 ~150 万元的三居户型。

七、年度房价走势分析

据贵阳市统计局的公开数据，2019 年 1~11 月贵阳市商品房成交价较为平稳，而具体到住宅，则有所波动，但波动幅度不大，总体位于 1 万元 / 平方米左右。

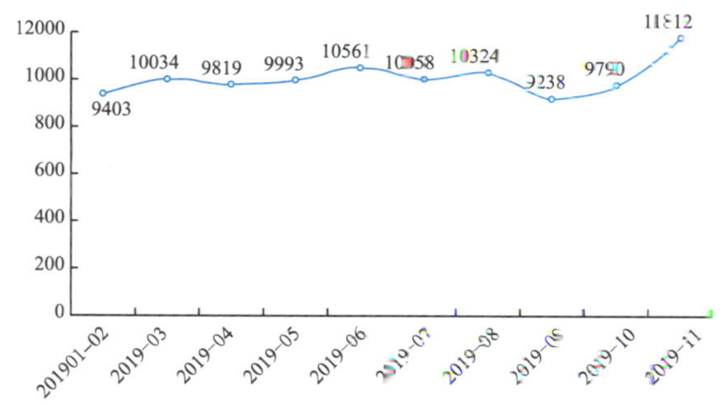

图 2-22　2019 年 1~11 月贵阳住宅销售均价走势

八、市场预期

基于综合政策、城建情况及以往经验，预计 2020 年贵阳楼市总体将会稳中回暖，成交量预计将略高于 2019 年，价格方面将出现两极分化的情况，核心区域预计成交均价在 13000~15000 元 / 平方米，周边区域则会在 5000~10000 元 / 平方米不等。

政策方面将延续当前较为宽松的态势，若 2 号线通车引领楼市大幅回暖，则可能有收紧政策出台。目前贵阳楼市基本面依然较为健康，出现重大调控的可能性不大。

数据来源：贵阳市政府、贵阳市公共资源交易中心、贵阳市统计局、极速智讯等。

2019 年贵阳房地产在售楼盘概览

楼盘名称	城市名称	城区	地址	物业类型
黄埔国际	贵阳	新花溪区	小河区黄河路 241 号黄埔国际	公寓、酒店式公寓
花溪碧桂园	贵阳	新花溪区	新花溪区孟溪路花溪碧桂园	普通住宅、别墅、商铺
贵阳国际汽配用品城	贵阳	新花溪区	新花溪区孟关乡贵阳汽贸城	公寓、商铺
北大资源缤纷广场	贵阳	新花溪区	小河区黄河路与浦江路交会处	普通住宅、别墅、商铺
美的 · 国宾府	贵阳	新花溪区	新花溪区甲秀南路与明珠大道交会处	普通住宅
万科花溪大都会	贵阳	新花溪区	新花溪区明珠大道与田园中路交会处（花溪区政府对面）	公寓、商住、商业
万科 · 大都会花样	贵阳	新花溪区	新花溪区盘江路与盘江南路交会处	普通住宅
贵高速 · 花溪 26°	贵阳	新花溪区	新花溪区田园南路与思杨路交会处	普通住宅、别墅
贵阳恒大文化旅游城	贵阳	新花溪区	新花溪区甲秀南路与思雅路交会处	普通住宅、别墅、商铺
金科 · 集美阳光	贵阳	新花溪区	新花溪区田园中路	普通住宅、公寓、商铺
美的 · 花溪院子	贵阳	新花溪区	新花溪区明珠大道 1 公里右转	普通住宅、别墅
碧桂园 · 印象花溪	贵阳	新花溪区	新花溪区政府旁(明珠大道与花桐路交会处）	普通住宅
悠活公园	贵阳	新花溪区	新花溪区田园南路西侧（中石油加油站旁边）	公寓、商铺
当代 MOMΛ 未来城	贵阳	新花溪区	新花溪区龙溪大道与花溪孟关大道交会处	别墅、商住
龙湖 · 景粼天著	贵阳	新花溪区	新花溪区甲秀南路与天河潭大道交会处西行 500 米	普通住宅、别墅
金科 · 中泰天境	贵阳	新花溪区	小河区浦江广场旁	写字楼
万豪滨江公馆	贵阳	新花溪区	新花溪区经开区三江口	公寓、商铺
麒龙 · 香林美域	贵阳	其他区	福泉市人民广场南侧	普通住宅、别墅、商铺
凯里富力东南府	贵阳	其他区	凯里市风情大道民族风情园西侧	公寓、别墅、写字楼、商铺、自住型商品房
中铁国际生态城	贵阳	龙里区域	双龙临空经济区中铁国际生态城	普通住宅
中铁国际旅游度假区白晶九号	贵阳	龙里区域	中铁国际旅游度假区白晶九号组团	别墅
碧桂园 · 龙城府	贵阳	龙里区域	贵龙大道与贵龙纵线交会处	别墅
贵阳恒大茶郡	贵阳	龙里区域	双龙航空港经济区万豪大道	别墅
金科龙里东方	贵阳	龙里区域	双龙万豪大道旁	普通住宅、别墅
融创九宸府	贵阳	龙里区域	双龙新区双龙航空港贵龙大道龙里新高中旁	别墅
渔龙半湾	贵阳	龙里区域	鱼梁河畔龙洞堡贵阳学院内	商铺、自住型商品房
清镇中央公园	贵阳	清镇市	清镇市云岭东路与红旗北路交会处	普通住宅、公寓
碧桂园 · 时代城	贵阳	清镇市	清镇市清镇东百马大道与巢凤大道交会处	普通住宅
四季贵州 · 椿棠府	贵阳	清镇市	清镇市西四季贵州金清大道与百马大道交叉路口	自住型商品房
碧桂园 · 百花里	贵阳	清镇市	清镇市职教城内	公寓、商铺、自住型商品房
蓝光 · 雍锦湾	贵阳	清镇市	清镇市滨湖东路与职教路交会处	商铺、自住型商品房
清鸥 · 教育天地	贵阳	清镇市	清镇市观山湖观清路中段	普通住宅、商铺
中国铁建国际城	贵阳	南明区	南明区太慈桥车水路 76 号	普通住宅
世纪南山	贵阳	南明区	南明区区南厂路 273 号（4 路、38 路公交车终点站）	普通住宅
经典天成云墅	贵阳	南明区	南明区龙洞堡市委党校对面	普通住宅、别墅、写字楼
花果园亚太中心	贵阳	南明区	南明区花果园中轴线、毗邻双子塔	写字楼
多彩贵州城 · 太极村	贵阳	南明区	南明区双龙航空港经济区龙洞堡	普通住宅、别墅、商铺、建筑综合体、自住型商品房
弘宇琉森堡	贵阳	南明区	南明区汤巴关路武警医院旁	别墅
太升国际	贵阳	南明区	南明区龙洞堡机场路中铁二局对面	写字楼、商铺、建筑综合体
保利凤凰湾	贵阳	南明区	南明区花溪大道北段（原贵阳电厂）	普通住宅、写字楼、商铺、建筑综合体
恒丰碧桂园 · 贵阳中心	贵阳	南明区	南明区瑞金南路 85 号（河滨公园旁）	公寓、自住型商品房
太阳谷国际康养生活社区	贵阳	南明区	南明区双龙航空港经济区	公寓
深高速茵特拉根小镇	贵阳	南明区	南明区贵龙大道与贵龙纵线交会处	别墅
中铁摩都娱购公园	贵阳	南明区	南明区双龙航空港经济区贵龙大道与中铁大道交会处	商铺、建筑综合体
左藏三库	贵阳	南明区	南明区艺校立交桥花溪大道 448 号	商铺
恒立南岳大院	贵阳	南明区	南明区南厂路（省军区旁）	普通住宅、写字楼
泰祥国际	贵阳	南明区	南明区富水南路与万东桥交会处	商铺
恒屹双子座	贵阳	南明区	南明区大理石路内前行 100 米	普通住宅
祥源 · 馨月港	贵阳	南明区	南明区贵惠路 177 号解放桥头河滨公园后门	普通住宅、建筑综合体

楼盘名称	城市名称	城区	地址	物业类型
首钢·贵州之光	贵阳	南明区	南明区油榨街10号	普通住宅、公寓、写字楼、商铺
中铁国际生态城·白晶17区	贵阳	南明区	双龙航空港经济区中铁国际生态城白晶谷19组团	别墅
碧桂园·星作	贵阳	南明区	市中心	普通住宅、商铺、建筑综合体
万科·翡翠滨江	贵阳	南明区	南明区解放西路中段	普通住宅、公寓、商铺
贵阳恒大南明御府	贵阳	南明区	南明区水口寺大桥26号（售楼部未开）	普通住宅、公寓、商铺、商住
龙缘·聚乐汇	贵阳	南明区	双龙航空港经济区机场路（首开紫郡正对面）	公寓、商铺、商住
铂悦府	贵阳	南明区	花果园1期22栋	普通住宅、公寓
宝能科技城	贵阳	南明区	双龙航空港经济区龙腾路口	普通住宅、公寓、酒店式公寓、商铺
翡翠山谷	贵阳	南明区	南明区见龙洞路	别墅、自住型商品房
学府黔城	贵阳	南明区	南明区富源中路31号	公寓、商铺、自住型商品房
青秀·楠庭	贵阳	南明区	南明区富源南路25号	普通住宅、商铺
WINDOW 世创	贵阳	南明区	中华南路与遵义路交会处（喜来登酒店对面）	公寓、商铺、商住、建筑综合体
中南·林樾	贵阳	南明区	南明区龙腾路与砂之船路交会处（奥特莱斯对面）	自住型商品房
青秀 2046	贵阳	南明区	南明区核心板块	普通住宅、公寓、商铺
敬山府	贵阳	南明区	南明区富源中路31号	公寓、自住型商品房、商业
鸿基君临天下	贵阳	云岩区	北京路与枣山路交会处（天怡豪生酒店正对面）	普通住宅、建筑综合体
中天未来方舟	贵阳	云岩区	云岩区水东路未来方舟	普通住宅、公寓、别墅、写字楼、酒店式公寓
大上海商贸城	贵阳	云岩区	云岩区新添大道南段302号	商住
金龙星岛国际	贵阳	云岩区	云岩区北京西路鸭江寨站（毗邻大众橡胶厂）	普通住宅、公寓、建筑综合体
万科城V立方	贵阳	云岩区	惠源路	公寓、商铺
中建华府	贵阳	云岩区	云岩区大营坡（紧邻云岩区政府）	普通住宅、公寓、写字楼、商铺
中央国际	贵阳	云岩区	云岩区百花大道240号	建筑综合体
贵园御景	贵阳	云岩区	改茶大道贵黄路北侧	普通住宅、酒店式公寓
贵阳恒大帝景	贵阳	云岩区	甲秀北路8号	普通住宅、公寓、商铺
贵旅大厦	贵阳	云岩区	北京路68号贵州饭店前	写字楼
熙山郡	贵阳	云岩区	云岩区三马片区	普通住宅
贵阳壹号	贵阳	云岩区	中华中路与中山东路交会处	商铺
万科·翡翠国际	贵阳	云岩区	中华北路	公寓

楼盘名称	城市名称	城区	地址	物业类型
贵阳富力华庭	贵阳	云岩区	云岩区三桥中坝	普通住宅
碧桂园·星荟	贵阳	云岩区	云岩区中坝路74号	自住型商品房
贵府	贵阳	云岩区	省府路（石板路）	商住
贵阳远洋风景	贵阳	云岩区	三马片区马三路与长岭南路交会处	自住型商品房
泰豪e时代	贵阳	贵安新区	贵安新区黔中大道中段	公寓、写字楼、商铺、商业
碧桂园·贵安1号	贵阳	贵安新区	贵安新区京安大道与百马大道交会处	公寓、商铺、建筑综合体
群升大智汇	贵阳	贵安新区	贵安新区花溪大学城思雅路（近白秀南路）	普通住宅、公寓、别墅、写字楼、商铺
中国铁建贵安山语城	贵阳	贵安新区	贵安百马大道与天河潭交会处	公寓、别墅、商铺
贵澳时代广场	贵阳	贵安新区	大学城思雅路与博士路交会处（贵州民族大学旁）	普通住宅、商铺
贵安第一城	贵阳	贵安新区	贵安新区夏云	商铺、商住、建筑综合体、自住型商品房
力天·优胜美地	贵阳	贵安新区	贵安新区大学城党武立交东侧	公寓、商铺
中国铁建·花语墅	贵阳	贵安新区	贵安新区百马大道与天河潭大道交会处	自住型商品房
保利春天大道	贵阳	乌当区	乌当区水东路（三贵御温泉	别墅、自住型商品房
保利公园	贵阳	乌当区	乌当区航天大道中段	普通住宅
保利香槟花园	贵阳	乌当区	乌当区航天大道中段	普通住宅
恒大都会广场	贵阳	乌当区	乌当区新添大道[illegible]华广场旁	商铺、建筑综合体
中天·吾乡	贵阳	乌当区	中环线旁（奶牛场）	普通住宅、别墅
永实御湖尚城	贵阳	白云区	云环路中段	普通住宅、商业
绿地新都会	贵阳	白云区	高新生态科技产业园	写字楼、酒店式公寓、商铺
贵阳俊发城	贵阳	白云区	北二环黑石头大桥旁（长坡岭国家森林公园南侧）	普通住宅、公寓
优品道–现代城	贵阳	白云区	白云区云环路中段优品城邦旁	普通住宅
梵华里	贵阳	白云区	金阳北路与云峰大道交会处（泉湖公园旁）	商铺
绿地·国际花都	贵阳	白云区	白云区白云北路马掌坡路542号	普通住宅、酒店式公寓
贵阳恒大未来城	贵阳	白云区	白云区云环中路中段	普通住宅、公寓、商铺
景融·南湖里	贵阳	白云区	白云区南湖路66号	普通住宅、别墅
绿地贵阳新里城	贵阳	白云区	白云区贵铝文体中心旁	公寓、商铺、自住型商品房
旭辉观云	贵阳	白云区	云潭北路泉湖公园旁	公寓、商住
金科金茂九华粼云	贵阳	白云区	南湖路与云环路相交位置	普通住宅、自住型商品房
资源睿成·紫境府	贵阳	白云区	白云区龙井路336号泉湖公园旁	公寓

楼盘名称	城市名称	城区	地址	物业类型
远大美域	贵阳	观山湖区	观山湖区长岭南路25号	普通住宅、别墅、商铺
恒大金阳新世界	贵阳	观山湖区	观山湖金朱路1号	别墅、商铺、自住型商品房
中铁逸都国际	贵阳	观山湖区	观山湖区云潭南路（贵州广播电视大学正对面）	普通住宅
恒大中央公园	贵阳	观山湖区	观山湖区金朱东路399号	普通住宅、别墅、写字楼、商铺
观府壹号	贵阳	观山湖区	观山湖区金阳北路378号（金阳北路与金朱东路交叉口）	普通住宅、别墅
云城尚品	贵阳	观山湖区	观山湖白金片区白金大道中段（原金苏大道）	普通住宅、公寓
贵州金融城	贵阳	观山湖区	观山湖区长岭北路	公寓、别墅、写字楼、建筑综合体
北大资源梦想城	贵阳	观山湖区	甲秀北路新火车北站正对面	普通住宅、别墅、写字楼、商铺
天一国际广场	贵阳	观山湖区	高新区长岭南路中段	普通住宅、写字楼
金利大厦	贵阳	观山湖区	观山湖区长岭南路和都匀路交叉口（高新区政府旁）	写字楼、商铺
滨湖俊园	贵阳	观山湖区	金阳高新区白鹭湖公园旁	普通住宅、公寓、写字楼、商住
广大城	贵阳	观山湖区	观山湖区金清大道中段	普通住宅
联合广场	贵阳	观山湖区	观山湖都匀路与百挑路交叉口	写字楼、酒店式公寓、商铺
贵阳富力中心	贵阳	观山湖区	观山湖区诚信北路	公寓、写字楼、商铺
中铁阅山湖	贵阳	观山湖区	观山西路与云潭北路交会处	普通住宅、别墅
中和宝霖广场	贵阳	观山湖区	金阳南路与金源街延伸段（华通汽车城对面）	普通住宅、公寓、写字楼、商铺
恒大中央广场	贵阳	观山湖区	观山湖区合肥路70号（北京西路与合肥路交会处）	普通住宅、公寓、商铺
麒龙商务港	贵阳	观山湖区	高铁北站阳关大道与210国道交会处	普通住宅、写字楼、商铺、商住、建筑综合体
鑫新国际	贵阳	观山湖区	高新区长岭南路和黔灵山路交会处	写字楼、建筑综合体
宇虹·万花城	贵阳	观山湖区	兴筑西路及宾阳大道交会处	普通住宅、商铺
江华·城市旅游综合体	贵阳	观山湖区	长岭南路与黔灵山路交会处	建筑综合体
贵阳地铁·湖山郡	贵阳	观山湖区	金朱西路地铁窦关站	普通住宅、公寓、酒店式公寓
麒龙贵州塔	贵阳	观山湖区	观山湖区八匹马	公寓、写字楼、商住
万科·翡翠天骄	贵阳	观山湖区	观山西路与诚信南路交会处	普通住宅、公寓
贵阳恒大滨河左岸	贵阳	观山湖区	观山湖区黔灵山路与兴义路交会处	普通住宅、公寓、商铺
万科理想城	贵阳	观山湖区	观山湖十二滩旁	普通住宅、公寓、别墅、商铺
富力新天地	贵阳	观山湖区	观山湖区八匹马转盘西北侧（观山湖公园西侧）	公寓、商铺、建筑综合体
北大资源梦想城·梦想天街组团	贵阳	观山湖区	观山湖区甲秀北路235号（贵阳北站正对面）	商铺
华润悦府	贵阳	观山湖区	观山湖区兴筑路88号	普通住宅、公寓、商铺
碧桂园·西南上城	贵阳	观山湖区	观山湖区宾阳大道与苏州路交会处	普通住宅、公寓、商铺
融创九樾府	贵阳	观山湖区	观山湖观山东路338号	普通住宅、写字楼
阳光城·启航中心	贵阳	观山湖区	观山湖区黔灵山路与包南线交会处（贵阳市公安局正对面）	公寓、写字楼
三千旅居酒店·富力新天地	贵阳	观山湖区	观山湖区八匹马核心区	公寓
碧桂园·云顶壹品	贵阳	观山湖区	金融北城	普通住宅、商铺
万科翡翠公园	贵阳	观山湖区	林城西路与宾阳大道交会处	商铺、自住型商品房
银海元隆·熙府	贵阳	观山湖区	奥体板块（云潭南路与兴筑路交会处）	公寓、写字楼、商铺、自住型商品房
万科新都荟	贵阳	观山湖区	观山湖区北京西路与金阳大道交会处（世纪金源旁）	普通住宅、商业
融创·玖境台	贵阳	观山湖区	国家高新技术产业开发区金阳科技产业园	公寓、商铺
中铁阅山湖云著	贵阳	观山湖区	观山湖区云潭北路与观山西路交会处	商住
万科麓山	贵阳	观山湖区	北京西路与合肥路交会处	普通住宅、公寓、商业
北大资源梦想城-1898国际公寓	贵阳	观山湖区	观山湖区贵阳北站正对面	公寓
保利·大国璟	贵阳	观山湖区	观山湖区兴筑西路（斗篷山公交车站旁）	自住型商品房
融创·玖境国际	贵阳	观山湖区	观山湖区地铁1号线（新寨站）	公寓
富力·麦古中心	贵阳	观山湖区	观山湖区金阳北路八匹马转盘旁	商铺
梦想城天街壹号组团	贵阳	观山湖区	观山湖区贵阳北站正对面	商铺

富力新天地

贵阳　品牌地产　配套成熟　交通便捷

2019年 中国城市楼盘年鉴 典型项目

富力新天地坐落于贵阳市观山湖区金阳北路八匹马，占地面积约 6.5 万平方米（不含绿轴），项目总建筑面积为 44 万平方米，共计规划 18 栋楼 6630 户。

专家点评　夏刚·贵州省房地产研究院副院长

富力新天地地处贵阳市观山湖区贵阳市政府旁总部CBD商圈，周边“世界500强”企业云集，3公里内商务配套丰富，“5.5米LOFT公寓，通过装修设计，可改成双层居住，深受年轻白领喜爱。

项目地址：
贵阳市观山湖区金阳北路 2 号

开发商：
贵阳园成置业有限公司

建筑类型：
高层、小独栋

主力户型：
44~48 平方米 LOFT、30~45 平方米 SOHO 公寓

周边配套：
观山湖公园，地铁 1 号线、2 号线（2 号线在建）

参考价格：
LOFT 公寓 12000 元 / 平方米

楼盘优势：
位于观山湖市政府旁总部 CBD 商圈，享双公园、双地铁，七星级品牌自营天力物业，44 万平方米商业综合体。

项目解析

【区域维度】

富力新天地位于贵阳市观山湖区金阳北路 2 号，毗邻地铁 1 号线林城西路站和 2 号线（在建中）林城西路站、观山西路站，紧邻金阳北路和观山西路主干道，1 公里范围内有约 26 条公交线路。项目紧邻两公园、三大商圈、多家 500 强名企及政务单位，投资性价比较高。

观山湖区是在全国西部大开发的战略政策下，由政府规划的西南部经济核心区，而富力新天地位于观山湖区八匹马重要区域，集政务、商务、旅游、文化于一体，将是贵阳乃至中国西南地区繁华的新中心。富力作为全国十强房企入驻观山湖八匹马，打造 44 万平方米商业，为区域提供更智能化、更舒适便捷的购物、居住及办公环境。

【品牌维度】

2005 年，富力地产于香港联交所主板上市（股票代码：2777），成为首家纳入恒生中国企业指数的内地房地产企业。布局全球超过 340 个项目，富力地产始终秉承“创建非凡，至善共生”的理念，已在全国 65 个城市开发了超百个地产项目，并从 2013 年起，陆续开拓马来西亚、美国、英国、澳大利亚及韩国等国的国际项目，开启了富力布局全球的海外时代。

不仅如此，富力 2017 年收购万达旗下 77 家酒店，成为全球最大的五星级酒店业主；2018 年销售额 1300 亿元，进军千亿房企，成为全球集住宅、商业、办公、酒店为一体的知名房企。

【口碑维度】

2019 年，富力集团成立 25 周年，随着富力西南区域公司于 3 月成立、富力集团西南区域西南城市展厅在 12 月开放，富力集团西南区域继续在集团“创建非凡，至善共生”理念下，布局“川渝云贵”西南四省，开启富力集团大西南区域的全新版图。

纵观富力集团由广州出发到开拓西南的这些年，所至之处，皆为一城精粹之地。富力在西南四省十六城全方位布局了六大产品系共 18 个项目。涵盖高端住宅、写字楼、酒店、商业及旅游地产等多元产业，筑就了一个又一个地标综合体和高品质住宅项目。

富力新天地是富力集团入黔第二个项目，秉持“美好生活运营商”的愿景，满足购房者对投资产品的需求。项目的发展潜力、周边配套、交通网络、约[illegible]万平方米中轴自然景观、物业服务，以及项目本身 5.5 米层高 LOFT 公寓等，均深受客户喜爱。

【产品维度】

在产品打造上，富力新天地是富力地产新天地系列商业项目在贵阳打造的大成之作。项目定位为集写字楼、商场、酒店、住宅、公寓于一体的城市综合体，自拥 44 万平方米集餐饮、娱乐、休闲等，打造一体化商业旗舰空间集群，满足不同类别人群的生活和娱乐需求。

在户型上，富力新天地推出建筑面积 44~48 平方米 LOFT 公寓，5.5 米的挑高空间，通过装修设计，还可以改成双层居住，深受年轻白领喜爱。

【销售维度】

案场数据显示，富力新天地项目首开仅用一个半月时间，完成了 2000 组客户认筹，首开即劲销 5 亿元，2018 年全年销售 32 亿元，成为贵阳市明星热销项目，受到市场广泛关注，奠定了新天地的市场地位。2019 年 12 月 30 日，富力新天地一期也正式交房。

更多楼盘详情请扫码查看

万科麓山

- 2019年 -
中国城市楼盘年鉴
典型项目

贵阳　低密社区　生态宜居　品牌地产

万科麓山位于云岩区与观山湖区咽喉地段、北京西路与合肥路交会处，临近世纪金源购物中心及国贸商圈，占地面积约 430000 平方米，建筑面积约 1050000 平方米。

专家点评

袁红·贵阳市房地产业协会会长

项目地处云岩区与观山湖区交界处，横跨北京西路与金阳南路，紧邻在建地铁2号线金鸭村站。作为2019年立新之作，麓山承载着推动区域更新、焕新城市美好人居的使命。

项目地址：

贵阳市观山湖区北京西路与合肥路交会处

开发商：

贵阳广晟鑫德房地产开发有限公司

建筑类型：

高层

主力户型：

89 平方米三居、115 平方米四居

周边配套：

地铁 2 号线（修建中）、宜家、印象城

参考价格：

首开 11800 元 / 平方米、第一次加推均价 12500 元 / 平方米

楼盘优势：

超 2 万平方米中庭园林景观，毗邻地铁 2 号线金鸭村站，签约贵阳市实验小学和实验二中。

项目解析

【区域维度】

万科麓山位于贵阳市三马片区北京西路与合肥路交会处，扼守观山湖区与云岩区重要交通咽喉。三马片区作为贵阳新老城区城市纽带，在政府大量资金投入与多项政策利好扶持下，将被打造成为贵阳市经济社会发展的纵深腹地，连接周边区域聚合发展的高端“城市走廊”。

在交通建设上，截至 2019 年 10 月，已明确启动 9 个三马片区路网建设项目，其中马王路、金阳大道延伸段、数博大道、同城路延伸段和 2 号路共 5 个项目已开始施工。

【品牌维度】

万科成立于 1984 年，1988 年进入房地产行业，迄今为止，万科集团已经历 35 年时光淬炼，是美好城市的建设者与美好生活的服务商。改革开放后，万科是第一个在深交所上市的房地产企业（全国第二个深交所上市公司），同时也是全国第一个年销售额破千亿的房地产企业。万科多年入围《财富》“世界 500 强”名单，2019 年万科排名世界第 254 位。

【口碑维度】

万科麓山面市以来，凭借优越的区位条件及配套价值，得到市场与购房者的高度认可。舒适的户型设计，优越的区位条件，优质配套的聚集，让万科麓山一跃成为贵阳楼市炙手可热的“红盘”。

【产品维度】

万科麓山围绕“一轴两核”打造“都市复合型生态社区”。“一轴”是充分利用小湾河支流自然景观资源规划建设滨河商业街；“两核”分别为毗邻贵阳地铁 2 号线金鸭村站（修建中）打造的地铁 TOD 商业，以及配备九年制一站式家门口的教育体系，规划两所幼儿园、一所小学和一所初中。项目还成功签约贵阳市实验小学和贵阳市第二实验中学。

规划超 2 万平方米全龄互动生态园林，以五重园林景观打造成一条“自然归家路”，让业主回家时便能享受尊贵的仪式感。为满足家人每个阶段的生活所需，万科麓山设置童梦童乐园、活力青年区、老年怡乐园、女性会所以及宽阔的归家门庭，让生活的不同阶段，都有浪漫的意趣。

万科麓山户型打破常规，从减少过道浪费、卧室空间创新设计等方面将空间重新规划，打造出 89 平方米三居双卫、115 平方米四居双卫全新产品，将每一平方米都充分利用，合理规划书房、健身房或儿童房，满足居者对生活的追求，全面考虑到家庭的全生命周期需求。

【销售维度】

2019 年，贵阳楼市迎来“窗口期”。在客户观望态度浓厚的整体市场背景下，2019 年 7 月，万科麓山打响“名利双收”第一炮，首开房源得到市场与购房者高度认可。2019 年 9 月，万科麓山更为购房者带来高性价比的新品户型，备受购房者喜爱。

2019 年 11 月，万科麓山这匹黑马再次突出重围，载誉加推首开热门户型，凭借品牌实力、区位优势、优质配套的加持深受购房者的喜爱。

更多楼盘详情请扫码查看

永实御湖尚城

2019年 中国城市楼盘年鉴 典型项目

贵阳　低密社区　生态宜居　品牌地产

永实御湖尚城位于白云区中环路189号，中环路与七一路交会处，紧邻白云区政府，占地面积约400000平方米，建筑面积约870000平方米。

项目地址：
白云区中环路189号中环路与七一路交会处

开发商：
贵阳合纵置业有限公司

建筑类型：
高层、洋房、商业

主力户型：
高层87~119平方米三居、四居，洋房130平方米四居

周边配套：
泰茂购物中心、白云区人民医院等

参考价格：
高层均价8400元/平方米、洋房均价10800元/平方米

楼盘优势：
项目位于白云区核心板块，坐享区域发展红利，周边配套成熟，出行便捷。

专家点评　舒波　贵阳晚报副总编辑

永实御湖尚城位于贵阳市白云区中环路中段，紧邻白云区政府，地理位置上形成"三中心一后花园"的独特优势，承接观山湖区外拓红利，板块发展潜力未来可期。

项目解析

【区域维度】

永实御湖尚城项目位于白云区泉湖板块核心，毗邻在建地铁2号线（预计2020年建成通车）换乘站七机路口站（约900米）以及白云区行政中心。泉湖板块是承接白云区核心区域与泉湖新城的重点改造区域，同时也是白云区政府重点打造的"五大商圈"之一。

交通建设方面，项目周边路网成熟，有云环路、云峰大道两大主干道可供通行。此外，白云区政府正着力建设泉湖片区路网，滨湖路、翡翠巷、园锦路、龙井路和诚信路北延线5条道路的建设正在进行中，建成后将进一步优化项目周边的路网条件。

【品牌维度】

永实集团成立于2006年，是一家港资控股的房地产开发企业。历经多年发展，永实集团房地产开发业务已拓展至长沙、贵阳、郑州、佛山等城市，城市更新项目储备已覆盖广州、深圳、珠海、清远等城市核心区域，在广州、贵阳、长沙、郑州、西安等城市成功收购了多个优质资产重组债权。

永实集团秉承着"为未来创造无限可能"的经营理念，坚持"热点城市、核心区域、精品楼盘"开发理念，快速发展，坚持实现"以广州为总部、进军全国房地产市场"的宏伟目标，成为全国具有突出影响力的大型房地产开发企业。

【口碑维度】

永实地产作为一家在全国具有突出影响力的大型房地产开发企业，以14年经验造就城市精品，足迹遍布广州、深圳、长沙、贵阳等城市的核心区域，海外业务拓展至越南河内、胡志明市等区域。永实御湖尚城作为永实地产进驻贵阳的首个项目，将以富有特色的建筑形式引导生活方式的进步，以品质带动人居升级，以远见与贵阳共成长。

项目首个住宅组团紫林府，凭借着项目优质的配套资源、产品"舒适人居华宅"的定位以及高绿化率的园林，奠定了市场良好口碑。

【产品维度】

永实御湖尚城紫林府组团定位为"贵阳市稀缺的低密度高品质生活大盘"，容积率仅1.13，绿地率34%。高绿化率、全绿植覆盖、特色植物选用，充分打造"步步皆景，四季花开"的园林景观。

项目规划有花园洋房、阔景高层、风情商业街等多种物业形态，户型设计上主推130平方米三居，客厅6.6米挑高设计，增加娱乐休闲的空间享受，客厅双阳台设计，大幅度提升采光通风；在保证空间利用率的情况下，也保证了各功能分区的隐私性，可谓同产品中的创新作品。

在园林规划设计上，永实御湖尚城充分考虑居民要求，在小区内打造专属运动场地，满足儿童嬉戏、老人活动、居民健身等多元需求。作为典型的低层、低密度、低容积率、高绿化率社区，永实御湖尚城为业主实现了真正意义上的品质生活。

【销售维度】

永实御湖尚城二期10~12栋，2018年1月5日首次开盘，主打户型建筑面积88平方米小三居和111平方米大三居。案场数据显示，当日到访客户约500组，推出房源205套，去化189套，去化率达到92%，成交均价7000元/平方米，去化金额约2亿元。

更多楼盘详情请扫码查看

海南省

2019年海口房地产市场总结

行业发展历程

一、城市概述

海口是海南省省会，国家“一带一路”建设支点城市、中国（海南）自由贸易试验区（港）核心城市。截至2018年末，全市常住人口230.23万人。

海口市地处海南岛北部，全市总面积3145.93平方公里，其中，陆地面积2284.49平方公里，海域面积861.44平方公里，海岸线136.23公里。海口气候舒适宜人，生态环境一流，常年位居生态环境部发布的全国168个地级及以上城市空气质量排名榜单之首，城市绿化覆盖率达43.5%，被世界卫生组织选定为中国第一个“世界健康城市”试点地。

二、行业现状

2018年4月海南出台一系列调控政策，以“壮士断腕”的决心严控房地产。全岛限购抑制需求，严厉限价，房地产市场量稳价跌趋势持续，2020年是海南自贸港建设启幕之年，新的市场环境将同时考验企业和政府的能力。

三、政策环境

据研究机构统计数据显示，2016~2018年，海南房地产市场经历了九次调控，在“房住不炒”的核心背景下，目前的房地产政策“十限加持”：限购、限转让、限商办、限面积、限中核城市、限高、限网签、限企业、限销售行为。海南自贸区发展利好精准实施持续发力，对房地产有一定的积极促进作用。

四、土地市场

2019年全省用地，住宅用地在棚改回迁房供应增多的带动下供应最多，实际商品住宅供应紧缩，商业用地次之，工业用地供应有较大提升；成交方面，商业用地与商办用地成交有较大提升，助力经济转型升级。

2019年海南三亚成交楼板价最高，海口次之，其余市县成交楼板价较低；供求主要集中在南北两极，虹吸效应显著；白沙、保亭供应用地无成交。

五、房企布局

海南楼市寒意持续，房地产企业普遍采取守势，大房企普遍战略性收缩，已有企业退出本地市场。土地定向供地成为目前主流供地方式，出让条件多重限制；在限宅环境下，住宅用地稀缺，土地利用开始进入产业及商业办公用地，对于拿地房企的资质、资金实力要求高。

六、房产行业发展历程

海南的自然环境和气候条件优越，无可复制的资源让这块热土更加珍贵。除此之外，自贸港的建设也会吸引更多人来海南投资。近5年内，海南省2017年商品房成交量最高，达到2292.61万平方米，自2018年实行全岛限购，政策严控下，商品房市场呈现量跌价涨趋势，成交量连续三年收缩，2019年半年度成交量更是遭遇“腰斩”——成交394万平方米，同比下滑57%，仅占2018年全年成交的28%。受房地产调控政策影响，2019年海南新房市场持续下滑，成交均价15728元/平方米，同比略微上涨。从整体上看，海南新房成交均价逐年上涨，但涨幅逐步缩小。

城市年度市场解读

一、本地新政

整体而言，海南房地产调控政策维持从严，转型支持同步推进。2019年，海南接连出台户籍和人才政策；

土地主要解决存量住宅用地问题；住房租赁市场强调支持和规范；进一步提高公积金使用力度。同时，自贸区（港）建设逐步推进，政府定向规划产业用地，房企迎来机会点。

二、年度土地供应

2019 年海南土地市场放量明显，供应总建筑面积 1241 万平方米，较 2018 年同比涨幅高达 152 %。

2019 年海口土地供销均有大幅提升，经营性用地供应建筑面积 597 万平方米，同比上年增长 58%，主要是由于江东新区建设和城区棚户区改造，供地增多。

三、年度土地成交

海南战略研究中心数据分析显示，2019 年海南土地市场成交楼板价 2838 元 / 平方米，成交金额 274 亿元，同比上涨 195 %；2019 年海口土地市场成交建筑面积 494 平方米，成交楼板价 2784 元 / 平方米。

海口 2019 年成交板块主要集中在西海岸新区、江东新区与城区中心片区，土地主要用于西海岸、江东新区的建设及棚改回迁。

四、年度住宅供应

海南中原战略研究中心数据分析显示，海口 2019 年住宅用地供销占比维持在 54%~56%，但其中绝大部分仍为棚改回迁房用地，商品住宅开发用地少之又少。

2019 年海口住宅供应 418.4 万平方米，同比上涨 24%，成交面积 393.05 万平方米，同比上涨 12%，均价 15433 元 / 平方米，同比微涨 0.5%。供应回暖，成交上行，均价略微上浮，整体市场处于平稳发展期。

五、年度住宅成交

海口商品住宅 2019 年呈现量价微跌状态，成交面积 310 万平方米，同比下滑 3 %，均价 15781 元 / 平方米，同比下滑 4 %。在房地产调控影响下，总体维持供过于求的状态。

六、年度住宅存量

截至 2019 年 12 月，海口商品住宅库存量 249 万平方米，占商品房整体的 66 %，以近半年的月均去化速度计算，去化周期为 10 个月，压力适中；从业态库存结构来看，商业和商务公寓去化压力较大。

七、区域成交表现

2019 年海口四大行政区共 46 个项目开盘，累计开盘 94 次，推出 19144 套房源，销售出 10990 套，成交率 57.4%。

其中秀英区总推量 11911 套，占总推量超 60%。很明显，开盘热度集中在该区域，但成交率 49%，从整体上看并不理想。

从成交率来看，秀英区同比下滑 15 个百分点，美兰区同比上涨 20 个百分点，龙华区同比上涨 29 个百分点，琼山区较 2018 年基本持平。

八、成交结构表现

从海口市商品住宅面积段成交套数占比情况看，现行市场主流户型为三居、二居户型，分别占比 44%、31%，主流面积段为 100~110 平方米。但受网签备案延缓滞后的影响，80 平方米以下成交套数占比最高。

自政府要求商品住宅备案价不得高于每平方米 17300 元以来，许多房企被迫重新备案才得以销售，所以现在市场上的成交主流总价段在 160 万 ~180 万元，其主流面积段为 100~110 平方米。

九、成交项目排行

2019 年海口商品住宅销售金额 TOP10 项目合计销售 184.93 亿元，排行榜前三位的项目销售金额均超 20 亿元，但较 2018 年有所下滑。碧桂园剑桥郡销售金额 27. 8 亿元，摘得榜首；第二名为恩祥新城北大华府，销售金额 25.54 亿元；金地自在城紧随其后，销售金额 23 亿元位居第三名。

住宅销售面积榜上，TOP10 项目合计销售面积为 111.96 万平方米，排行榜前三位项目销售面积均超过 14 万平方米。其中，恩祥新城北大华府以成交 17.56 万平方米的成绩荣登项目销售面积榜榜首，碧桂园剑桥郡以 15.99 万平方米位列榜单第二，金地海南自在城以 14.16 万平方米紧随其后位列第三。

十、商业、公寓及办公

从商品房供应结构来看，2019 年海口市商品房仍以住宅供应为主，但占比下滑至 78% ；86% 的成交集中在住宅，投资类产品需求占比仍有限。除住宅以外，2019 年海口商业、写字楼及商务公寓供应量占比 21%，其中商业占比 11%、写字楼占比 2%、商务公寓占比 8%。从成交量占比看，除住宅以外，商业占比 7%，其次是商务公寓，写字楼紧随其后。

十一、年度房价走势分析

海口市商品住宅成交均价在 2016~2018 年实现“三连跳”，涨幅达到 23%~43%，但持续上涨趋势在 2019 年发生转变，呈现量价微跌状态。成交方面，客量持续不足形势下，抢客竞争越发激烈，2019 年 10 月以来房企纷纷加大营销力度，但并未达到预期效果，“金九银十”风光早已不再；全年成交面积 310 万平方米，同比下滑 3%，均价 15781 元 / 平方米，同比下滑 4%，在房地产调控影响下，总体维持供过于求的状态。

根据国家统计局公布的 2019 年 1~12 月《70 个大中城市商品住宅销售价格变动情况》，环比数据显示，海口 11 月的房价环比下降，8 月环比持平，其余 10 个月均有不同程度上涨。其中，1 月和 5 月房价涨幅最高，为 1.2 个百分点。6 月其次，房价环比上涨 1.1%，7 月、10 月涨幅则为 1%。

十二、热点板块分析

从海口区域成交来看，跟随供应大趋势，秀英区为成交活跃度最高区域，占全市比例为 57%；其次为琼山区，这里品牌房企较多，主要依托融创等几大热销盘带动；龙华区最早开发，现已基本饱和，仅有美兰区处于供过于求状态，主要原因在于区域位置相对较偏、开发度低等。

成交情况比较好的项目有：恩祥新城北大华府、金地海南自在城、碧桂园中央半岛、绿地城、融创海口观澜湖壹号、观澜湖九里、碧桂园剑桥郡。

十三、未来展望

2020 年房价将继续保持平稳发展态势，价稳量降。随着房地产新时代的到来，消费者会更加关注住房品质，信赖品牌房地产企业提供的产品与服务，预计市场份额将向品牌房企集中。

十四、市场预期

传统土地市场招拍挂格局已发生新的改变，如定向供地成为主流，竞地门槛提高。

全岛限购让二级市场交投活跃度大大降低。商品住宅市场，在源头端已被遏制，商办类物业在“十限”环境下寻找新的机会和突破点。

短期内，“限”的政策不会解除，2020 年房价将保持稳步走势。

数据来源：海南中原战略研究中心

2019 年海口房地产在售楼盘概览

楼盘名称	城市名称	城区	地址	物业类型
恩祥新城北大华府	海口	秀英区	秀英区椰海大道与海榆中线交会处	普通住宅
滨海新天地	海口	秀英区	秀英区西海岸长滨二路	普通住宅、商业
金地海南自在城	海口	秀英区	秀英区长滨路 82 号	普通住宅
宝源花园三期	海口	秀英区	秀英区秀英大道 26 号	普通住宅
梦享 · 龙腾湾	海口	秀英区	秀英区西海岸滨海大道 266 号	普通住宅、商办、酒店式公寓、商业
海域阳光	海口	秀英区	秀英区滨海大道与长海大道交会处	普通住宅、商业
天地香格里庄园	海口	秀英区	秀英区滨海大道 256 号	别墅
绿地文化城	海口	秀英区	秀英区滨海大道长彤路南进 800 米	普通住宅、公寓
大华锦绣海岸	海口	秀英区	秀英区滨海大道 223 号	普通住宅、公寓、别墅
晨晖 · 玺樾	海口	秀英区	秀英区长滨五路 2 号	普通住宅
三弦慧府	海口	秀英区	秀英区西海岸长滨四路东侧三弦慧府	普通住宅
海南富地国际	海口	秀英区	秀英区西海岸长滨二路	商办、酒店式公寓、商业
远大购物广场	海口	秀英区	秀英区长海大道长滨西二街	公寓、商业
耀江西岸公馆	海口	秀英区	秀英区西海岸滨海大道滨海豪庭路 3 号	普通住宅、公寓、别墅
颐养公社	海口	秀英区	秀英区长滨西二路与长滨六路交会	普通住宅
中基美域	海口	秀英区	秀英区海榆中线 10 公里处西侧	普通住宅、别墅、酒店式公寓
海鑫城	海口	秀英区	秀英区南海大道与永万路交汇西南侧	普通住宅
星华海岸城	海口	秀英区	秀英区西海岸滨海大道与长滨六路交会处	普通住宅、别墅
城投海一方	海口	秀英区	秀英区向荣路北	普通住宅
长弘御墅	海口	秀英区	秀英区美华路 8 号	别墅、酒店式公寓、商业
首开美墅湾	海口	秀英区	秀英区西海岸滨海大道与粤海大道交会处西北角	普通住宅、别墅
广粤锦泰首座	海口	秀英区	秀英区西海岸长海大道与长滨四街交会处	商办
万花坊 · 铂金华府	海口	秀英区	秀英区凤凰花城美俗路 1 号	普通住宅
南海幸福汇	海口	秀英区	秀英区南海大道与粤海大道交会处	普通住宅、商业
宝龙城	海口	秀英区	秀英区西海岸长滨路与椰海大道交会处长影环球 100	普通住宅
雅居乐金沙湾	海口	秀英区	秀英区西海岸金沙湾	普通住宅、公寓、别墅
华侨城曦海岸	海口	秀英区	秀英区五源河体育场西侧	普通住宅
北辰府	海口	秀英区	秀英区西海岸长滨东十三街	普通住宅
博泰海畔澜廷	海口	秀英区	秀英区粤海大道 2 号	普通住宅
鲁能海蓝公馆	海口	秀英区	秀英区滨海大道 146 号	普通住宅、别墅、商业
世茂秀英里	海口	秀英区	秀英区丘海一横路 19 号	普通住宅、商业
金隅阳光郡	海口	秀英区	秀英区长流镇 1 号路	普通住宅
诚方创世纪广场	海口	秀英区	秀英区永万路与南海大道交会	商业
亨通 · 海秀花园	海口	秀英区	秀英区金福路 3 号德裕高尔夫旁边	普通住宅
华盛御品	海口	秀英区	秀英区长滨东五街 18 号	普通住宅
凤凰悦海	海口	秀英区	秀英区西海岸滨海大道 286 号	普通住宅
金城新天地	海口	秀英区	秀英区海秀大道南侧 152 号	普通住宅
绿地 · 新海岸	海口	秀英区	秀英区西海岸长滨西二街与长海大道交叉口	公寓
魁星月明山庄	海口	秀英区	秀英区风景路 36 号魁星观光园内	别墅
海口恒大美丽沙	海口	美兰区	美兰区海甸岛碧海大道 29 号	普通住宅、别墅、商业
碧桂园中央半岛	海口	美兰区	美兰区新埠岛江东新区旁	普通住宅、公寓、别墅
海南盛达景都	海口	美兰区	美兰区国兴大道 63 号	公寓
鸿洲江山	海口	美兰区	美兰区海榆大道 188 号	别墅
碧桂园滨江海岸	海口	美兰区	美兰区海甸岛和平桥	普通住宅、商办、商业
信达海天下	海口	美兰区	美兰区琼山大道 1-2 号	别墅、商业
望海国际广场	海口	美兰区	美兰区海秀东路 6 号	公寓、别墅
开维生态城	海口	美兰区	美兰区东海岸兴洋大道 181 号	普通住宅、别墅
亚特兰蒂斯	海口	美兰区	美兰区琼山大道 87 号	别墅
千江悦	海口	美兰区	美兰区椰海大道南渡江东岸	普通住宅
绿地城江东首府	海口	美兰区	美兰区海榆大道与新大洲大道交会处	普通住宅、公寓
海口华彩华寓	海口	美兰区	美兰区碧海大道 21 号	酒店式公寓

楼盘名称	城市名称	城区	地址	物业类型
美苑隆兴花园	海口	美兰区	美兰区国兴大道美苑路东侧	普通住宅
远东海岸	海口	美兰区	美兰区东海岸滨海旅游区东部林海二路	别墅
富力首府	海口	美兰区	美兰区国兴大道大英山东四路	普通住宅、商办
佳丰京艺湾	海口	美兰区	美兰区江东新区新大洲大道 681 号	普通住宅
海口和谐家园	海口	美兰区	美兰区五指山路 63-1 号	普通住宅
碧桂园半岛南湾	海口	美兰区	美兰区新埠岛新埠路	普通住宅
美林江畔	海口	美兰区	美兰区琼山大道 229 号	普通住宅、别墅、商业
恒大悦龙府	海口	龙华区	龙华区迎宾大道 236 号	普通住宅、公寓、别墅、商业
海南国贸城市花园	海口	龙华区	龙华区金贸中路海航国际广场南侧	普通住宅、别墅
海口湾 1 号	海口	龙华区	龙华区观海路 102 号	别墅、酒店式公寓
海口恒大外滩	海口	龙华区	龙华区渡海路 2 号	普通住宅、酒店式公寓、商业
喜盈门建材家具生活广场	海口	龙华区	龙华区龙昆南路与椰海大道交会处西侧	普通住宅、公寓、商办、商业
金盘名邸	海口	龙华区	龙华区龙昆南椰海大道与学院路交会处	普通住宅
观澜湖中央公园区	海口	龙华区	龙华区观澜湖大道 1 号	普通住宅
海口玉湾	海口	龙华区	龙华区湾世贸北路 19 号	普通住宅、别墅
海口观澜湖观邸二期	海口	龙华区	龙华区观澜湖国际高尔夫度假区	普通住宅
置地东方广场	海口	龙华区	龙华区滨海大道 97 号	酒店式公寓
逸龙广场	海口	龙华区	龙华区金龙路 15 号	商办、商业
东站国际商业广场	海口	龙华区	龙华区高铁东站旁	公寓、商办
海口华润中心	海口	龙华区	龙华区国贸三横路与金贸东路交叉口	普通住宅、公寓、商办
海垦广场	海口	龙华区	龙华区海秀中路 71 号	普通住宅、公寓、商办
观澜湖观园	海口	龙华区	龙华区羊山大道观澜湖	普通住宅
金地华府	海口	龙华区	龙华区金盘路南侧建设一横路与建设二横路之间	普通住宅、公寓
融创观澜湖公园壹号	海口	龙华区	龙华区羊山大道 39 号观澜湖旅游度假区	普通住宅、别墅
观澜湖观悦	海口	龙华区	龙华区观澜湖度假区	普通住宅、别墅
观澜湖九里	海口	龙华区	龙华区羊山大道 69 号	普通住宅、别墅
碧桂园剑桥郡	海口	龙华区	龙华区椰海大道 400 号	普通住宅、商业
观澜湖 · 上东区Ⅱ区	海口	龙华区	龙华区观澜湖大道 1 号	普通住宅
海航豪庭南苑	海口	龙华区	龙华区国兴大道 2 号	普通住宅、公寓、商办
金岛国际 2 期	海口	龙华区	龙华区迎宾大道 138 号	普通住宅
中国城五星公寓	海口	龙华区	龙华区龙昆南路中国城	公寓
龙昆悦城	海口	龙华区	龙华区龙昆南路 96 号	普通住宅
融创精彩天地	海口	龙华区	龙华区海秀东路 23 号	商办
合泰汇景	海口	龙华区	龙华区海秀中路 134 号	普通住宅
海湾花园	海口	龙华区	龙华区滨海大道北侧水产码头西 2 号	普通住宅、酒店式公寓、商业
观澜湖 · 澜墅	海口	龙华区	龙华区观澜湖旅游度假区	别墅
中盟椰海国际	海口	龙华区	龙华区城西镇仓峰路与育才路交叉口东侧 50 米	普通住宅
滨江世纪佳城北区	海口	琼山区	琼山区滨江西路 388 号	普通住宅、商业
正茂豪庭	海口	琼山区	琼山区椰海大道与东线高速交叉口东南侧	普通住宅、商业
滨江名苑	海口	琼山区	琼山区椰海大道与滨江路交会处	普通住宅
绿城 · 桃李春风	海口	琼山区	琼山区丽江路 11 号	别墅
南国威尼斯城	海口	琼山区	琼山区云龙镇云定路 88 号	普通住宅、别墅、酒店式公寓
中信台达国际	海口	琼山区	琼山区海榆东线 23 公里处	普通住宅、别墅、酒店式公寓
怡和湖城大境	海口	琼山区	琼山区红城湖路 21 至 2 号	普通住宅
新月南海嘉园	海口	琼山区	琼山区龙昆二横路 16 号	普通住宅
海口绿园仙民物流新城	海口	琼山区	琼山区仙民物流园区	商业
融创无忌海	海口	琼山区	琼山区机场西红旗大道 1-2 号	普通住宅
庆豪 · 万景峰	海口	琼山区	琼山区新大州大道 380 号	普通住宅
榕庄	海口	琼山区	琼山区云龙镇海榆北路 66-6 号	普通住宅、商业
城投 · 椰风水韵	海口	琼山区	琼山区椰海大道与滨江西路交会处	普通住宅
融创海口壹号	海口	琼山区	琼山区国兴大道勋亭路	普通住宅、商业

恩祥新城北大华府

2019年
中国城市楼盘年鉴
典型项目

海口　口碑项目　城南核心　宜居大盘

恩祥新城北大华府位于海口市秀英区椰海大道和永万路的交会处，由海南恩祥新城实业有限公司开发，建筑面积约 660000 平方米，占地面积约 190000 平方米。

专家点评

王崇标·海南省房地产招标采购协会副会长

项目紧跟海口「东进、南优、西扩、北拓、中强」的发展布局，如今，城南已经成为众品牌房企争抢的区域。恩祥地产以优质教育资源、成熟生活配套、品质人文住宅，打造千亩宜居大盘。

北大华府C区实景图

项目地址：

海口市秀英区椰海大道和永万路交会处

开发商：

海南恩祥新城实业有限公司

建筑类型：

住宅、商业

主力户型：

77~155 平方米一至四居、150~180 平方米独栋商铺

周边配套：

万达广场、北大附中附小、人民医院、秀英商圈

参考价格：

均价约 15500 元 / 平方米

楼盘优势：

恩祥地产再造宜居“大城”，距新晋城市商圈延长线，南靠 6000 公顷森林湿地公园，近高铁秀英站、海秀快速路等城市交通路网。

项目解析

【区域维度】

恩祥新城北大华府位于海口“南优”政策规划支持的发展板块，踞椰海大道品牌开发商汇聚之地、城南新晋城市商圈延长线，享受城南发展红利。项目扼守主城交通咽喉要地，地处椰海大道和永万路主干道交会处，近高铁秀英站、绕城高速、海秀快速路等交通路网；共享城南片区大城配套，与海南首个万达广场隔路相望，享受海南省人民医院、海南医学院第二附属医院等的医疗配套。

自 2018 年国家启动海南自贸区建设，海南投入打造全球最大自由贸易区，海口市作为试验区的核心经济功能区获益良多，而恩祥新城北大华府则是恩祥地产在海口城南片区重点打造的高端项目，未来区域价值可期。

项目在品牌、品质双重驱动下，树立城市品质生活新风尚，打造都市内“公园家”，在刚需置业人群中备受瞩目。

【品牌维度】

恩祥集团成立于 1993 年，总部位于北京。集团公司实力雄厚，产业规模覆盖教育、医疗、文化旅游、房地产、投资、能源等行业，是一家复合型集团企业。海南恩祥房地产开发有限公司隶属于恩祥集团，成立于 2005 年。恩祥地产进军海南市场后，先后开发了恩祥·紫园、恩祥·王府井生活广场。正在开发建设的恩祥·新城项目规划面积约 4100 亩，项目计划总投资 200 亿元，是集大型商业中心、旅游目的地、健康教育创意产业、传统文化及生态资源为一体的城市公园商业集群。项目配套有北京大学附属中学海口学校及国际部、北京大学附属小学海口学校、海南省北大附小幼儿园。

恩祥新城北大华府由沃尔美白金物业管家提供物管服务，服务超过百万业主，致力于提供贴心物业服务，成为业主生活的重要保障，颇受广大业主认可。

【口碑维度】

恩祥新城北大华府借助品牌力量加持，致力于为更多业主提供城市梦想居住地，共筑城市殊荣。

项目参照国内外优秀的公园住区模式，把人文大宅与城市公园有机组合设计，打造艺术与自然和谐共生、涵养生活气质、实现城市人文生活家的品质人居。外依海秀公园（规建中），内设主题园林，社区规划有多重园境，丰富社区生活同时提供邻里交流空间。

【产品维度】

在海口城南核心区，恩祥新城北大华府精心打造的“爆款户型”在刚需和旅居群圈粉无数。

城市人居的精致享受，自然需要匹配同样的品质细节。恩祥新城北大华府以人性化设计理念打造人文产品，针对城市家庭成长结构，在尺度开间、功能布局等方面精心设计，通过南向观景阳台、超大面宽客厅、向阳飘窗卧室等格局来配置舒适产品，为现代精英人士造就一方理想人居。

【销售维度】

据项目统计，恩祥新城北大华府 2019 年劲销近 1700 套，总金额约 30 亿元，成为海口市人气大盘。项目广受海口及各市县购房客户的喜爱，社区品质、建筑质量、户型设计均得到业主的一致好评。

更多楼盘详情请扫码查看

华侨城·曦海岸

海口　品牌地产　文旅地产　配套齐全

华侨城·曦海岸位于海口市西海岸五源河体育场西侧，由海南华侨城实业有限公司打造，建筑面积约 60 万平方米，总占地约 16.68 万平方米。

专家点评

王路·海口市房地产业协会秘书长

华侨城·曦海岸规划打造60万平方米都市文创生活区，涵盖住宅、LOFT商业、写字楼、大型商业等多元业态，满足不同客户的需求。建筑采用围合错落布局，约百米楼间距，具有良好的采光和观景视野。

项目地址：
海口市西海岸五源河体育场西侧

开发商：
海南华侨城实业有限公司

建筑类型：
高层、商业、办公

主力户型：
102~212 平方米三居、四居、五居

周边配套：
五源河体育场、海秀快速路、22 公里海岸

参考价格：
均价 16600 元 / 平方米

楼盘优势：
60 万平方米大盘，配备 6 万平方米叠景水系园林，规划 7.7 万平方米商业和儿童馆、海洋馆、美术馆（在建中），生活配套一应俱全。

项目解析

【区域维度】

华侨城·曦海岸位于海口市西海岸新区五源河体育场西侧，拥享“六纵六横一轨道二港口”立体化交通枢纽，600 米速达海秀快速路出入口，通达全市各大商圈，出行方便。项目与市政府为邻，周边有五源河体育场（一场十一馆）、四大公园环绕，更有省三甲医院、远大购物中心、国际会展中心、知名酒店群等配套加持，生活便利，吃喝玩乐购一应俱全。

借助海南自由贸易区（港）建设发展红利，依托海口西海岸新区“一轴一廊三核三片区”的区域整体结构规划，华侨城·曦海岸规划打造 60 万平方米都市文创生活区，其中包括 7.7 万平方米商业，海南三馆首发——2000 平方米美术馆、7000 平方米海洋馆、8000 平方米儿童馆（在建中），三大文化主题场馆，涵盖教育、文化、创意、艺术、美食、购物、娱乐、影院、电竞及服务等多种业态，为业主打造多重文化艺术体验空间，未来的华侨城·曦海岸或将成为西海岸新区的一张“新名片”。

【品牌维度】

华侨城是成立 30 余载的大型上市央企，全球主题公园集团 4 强、A 股上市企业，布局全国 50 余城，也是国务院国有资产监督管理委员会直管的大型中央企业之一。根据国家公园管理局发布的 2018 年世界主题公园权威研究机构 TEA 全球主题公园报告显示，华侨城集团以 4935 万人次蝉联全球主题公园集团四强，并保持亚洲第一的地位。目前已布局包括北京、上海、广东、深圳、香港、海口、三亚、武汉、天津等全国 50 余城市，品牌实力不容小觑。

【口碑维度】

万丈高楼，质量为先。华侨城作为著名的地产品牌企业，始终将建筑的质量放在首位，为置业者提供高质量、高品质的住宅产品。其承建商是中建五局和泰兴一建，其中中建五局为“世界 500 强”企业，具有房屋建筑工程施工总承建特级、房地产开发一级资质，位居“中国建筑总承建商 50 强”。此外，更有央企华森、美国希尔、开朴艺洲三大设计团队加持，使得华侨城·曦海岸项目在质量和品质上有了双重保障。

不仅如此，在装修方面，华侨城·曦海岸还配备了瑞士迅达电梯、美国科勒洁具、博洛尼橱柜、西班牙西蒙照明灯等品牌家装，注重每一个装修细节；反复推敲，真正做到了让购房者看得舒心、买得放心、住得安心。

【产品维度】

华侨城·曦海岸设计灵感来自深圳“天鹅湖”，公建化外立面，围合式布局，约百米楼间距，充分保证了每户都具有良好的观景面。社区内配备 6 万平方米叠景水系园林，提高了居住的舒适度。

户型设计上，通风采光效果好。102~105 平方米三居户型，餐、客厅一体化设计，不仅保证了空间的开放性，还有效提升了空间利用率。126 平方米四居户型，采用三开间朝南宽景大飘窗设计，主卧设置步入式衣帽间，展现主人生活品位；142~145 平方米四居户型，配备 7.2 米宽景阳台，将客厅与书房紧密相连，提高了观景视野；171~178 平方米五居户型，采用双景观阳台设计，配备 8~10 米景观大阳台，可以一览社区风景。

更多楼盘详情请扫码查看

2019年三亚房地产市场总结

行业发展历程

一、城市概述

三亚是海南省下辖地级市，位于海南岛的最南端，下辖崖州区、天涯区、吉阳区、海棠区。

1988年4月13日，撤销广东省海南行政区，设立海南省和海南经济特区；2010年1月4日，国务院发布《国务院关于推进海南国际旅游岛建设发展的若干意见》，至此，海南国际旅游岛建设正式步入正轨；2018年4月13日，中国国家主席习近平在庆祝海南建省办经济特区30周年大会上郑重宣布设立海南自由贸易港。

二、行业现状

尽管三亚房地产业发展时间不长，但与国内其他城市相比，三亚凭借自身得天独厚的优势以及海南国际旅游岛建设的政策推动，房地产业不断壮大，成为推动三亚国民经济增长和财政收入的重要支撑。

2019年上半年，三亚继续坚持实施严格的调控政策，调整投资结构，加大对房地产特别是一般住宅类项目的开发限制，并开展房地产市场专项整治，促进了房地产市场平稳健康发展。

从远期看，近年来，三亚城市品牌定位逐步上升，在自由贸易区建设的大背景下，房地产企业对现有项目未来估值较高，对三亚房地产市场发展前景持乐观态度。

三、政策环境

2019年是海南实施“全域限购”政策的第二年，房地产市场运行稳中有降，经济对房地产的依赖逐步降低。

在“房住不炒”的核心理念之下，2019年上半年三亚楼市平稳推进，但针对人才限购有些许放松，限价隐有松动，一定程度上加大了对楼市的刺激。

四、土地市场

2018年在政府强制推动“两个暂停”（暂停商业性开发土地出让、暂停审批新的房地产开发项目）背景下，海南土地供应锐减。

2019年土地市场热过楼市，第四季度开闸放量，传统的旺季8月、9月、10月、11月土地供应量连续四个月上升，但用地类型已从住宅用地为主变为以产业用地、商务办公用地为主。

五、房企布局

三亚房企拿地相对较为集中，显著特征是聚焦三亚总部经济及中央商务区，大悦城控股、华侨城、中冶置业、保利（海南）、成都万华等均在此区域拍得地块。

其次是向崖州湾科技城辐射，中国科学院南海海洋研究所、招商蛇口、南繁科技城等企业入驻开发。

六、房产行业发展历程

近年来，三亚凭借全国唯一的热带滨海旅游城市的独特身份，加之良好的自然资源和理想的人居环境，吸引岛内外游客来投资置业，房地产业发展迅速。

即便是在2008年全球金融危机背景下，三亚房地产开发投资、批准预算、销售面积、销售均价等指标仍迅速增长，形势一片向好。尤其是在2010年海南国际旅游岛获批前后，商品房销售和价格双双上涨。

快速发展的同时也伴随一些问题。在三亚房地产业不断发展壮大的过程中，出现了房地产业对经济增长影响较大、依赖程度高；房价增长过快；产品结构单一等亟须解决的问题，制约着三亚房地产业的持续健康发展。

2018年4月22日，海南出台限购政策，其商品住宅在原有限购政策基础上实施全域限购，限购力度之重前所未有。此后，海南房地产市场重回理性，经济对房地产的依赖程度也在逐步降低。2019年，在“因城施策”的大环境下，三亚针对人才限购或许有些许松动，但“房住不炒”的基本原则从未改变，楼市正平稳健康发展。

城市年度市场解读

一、本地新政

在全域限购背景下，2019年，三亚出台的房地产新政并不多，其中一部分影响相对较大。1月29日，海南鼓励引导存量商品住宅用地转型或退出；3月24日，海南鼓励盘活存量商品住宅用地；10月25日，海南基本取消本省（除三沙外）落户限制；11月14日，多措并举，重拳整治违法违规行为。

自全域限购以来，海南以壮士断腕的决心“挥别”房地产市场，海南楼市开始进入“寒冬”，之后出台的各项政策都与房地产限购息息相关。直至2019年10月，海南出台取消本省落户限制政策，一石激起千层浪，因为“能落户意味着就能买房”。

不过，虽然在人才限购政策方面或许有些许松动，但“房住不炒”的基本定位并未改变，海南将继续坚持做好房地产行业治理，同时继续开展房地产市场虚假宣传、违规销售专项整治行动，进一步整顿房地产市场秩序，促进房地产市场平稳健康发展。

二、年度土地供应

《三亚市2019年度国有建设用地供应计划》共计划供应国有建设用地56宗、365.87公顷。其中，拟以划拨方式供应19宗、101.83公顷，占土地供应总面积的27.83%；拟以“招拍挂”及协议方式出让37宗、264.04公顷，占土地供应总面积的72.17%。

按区域划分，海棠区22宗、195.28公顷，占计划供应总量的53.37%；吉阳区16宗、50.26公顷，占计划供应总量的13.74%；天涯区（含育才生态区）12宗、107.22公顷，占计划供应总量的29.31%；崖州区6宗、13.11公顷，占计划供应总量的3.58%。

三、年度土地成交

2019年1~11月，三亚共成交土地792435.97平方米，成交金额合计1468735万元，合计成交35宗地。值得注意的是，4月、5月、6月连续出现零成交。

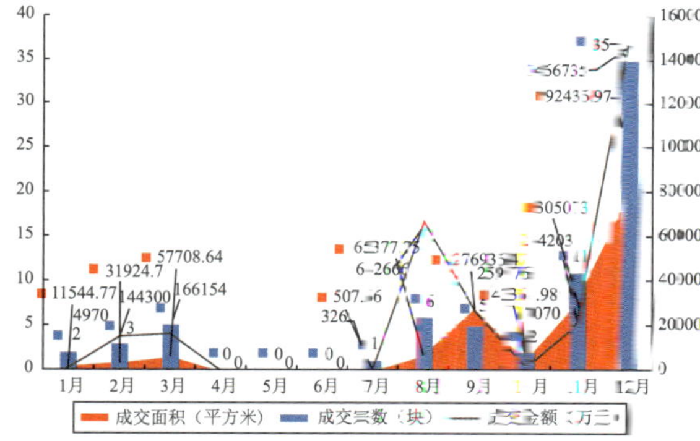

图2-23　2019年1~11月三亚市土地成交

成交区域方面，迎宾路堪称上半年的“头彩”，也将是未来房企一较高下的新区域。得益于三亚总部经济区及中央商务区规划的东风，迎宾路一带的发展势头难挡，土地得到进一步开发。仅2019年第一季度，迎宾路板块就成功出让了6宗商务金融用地，且单宗最高拍出2418万元人民币的“天价”，实现了海南自由贸易区（港）总部经济建设的开门红。

四、年度住宅供应

数据显示，三亚市 2019 年 1~12 月共下发 80 个预售证，预售房源共 16669 套，预售房源面积约 1682562.21 平方米。

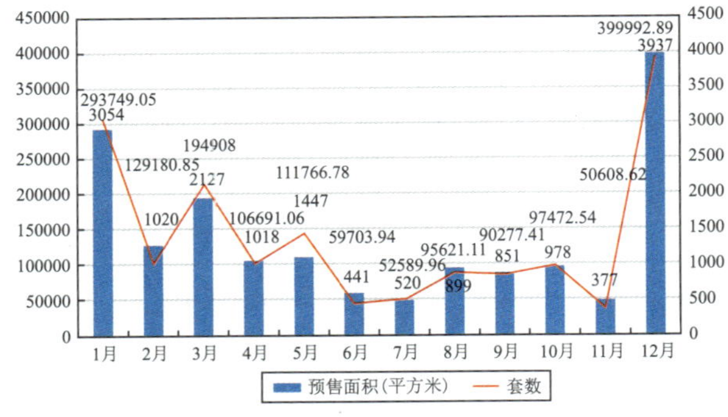

图 2-24　2019 年 1~12 月三亚拿证

五、年度住宅成交

官方数据显示，房地产市场经历了 2018 年的大幅下降后，2019 年延续颓势。前三季度，受到房地产调控的持续影响，房屋销售面积继续保持下行走势。根据纳入统计监测的房地产开发项目统计显示，全市房屋销售面积 100.85 万平方米，同比下降 48.2%。其中，商品住宅销售下降 49.6%；办公楼销售下降 31.9%；商业营业用房销售下降 62.2%；其他类型房屋销售增长 19.8%。

楼市总体遇冷，但不同区域表现有差异。以刚需为主的海口市逆市上扬，前 11 个月销售额不降反升 35.5%，代表旅游住宅地产的三亚市销售额暴跌 51.3%。

六、年度住宅存量

三亚市房地产交易中心数据表明，限购政策执行以来，三亚市商品房去库存速度慢了近 4 倍。

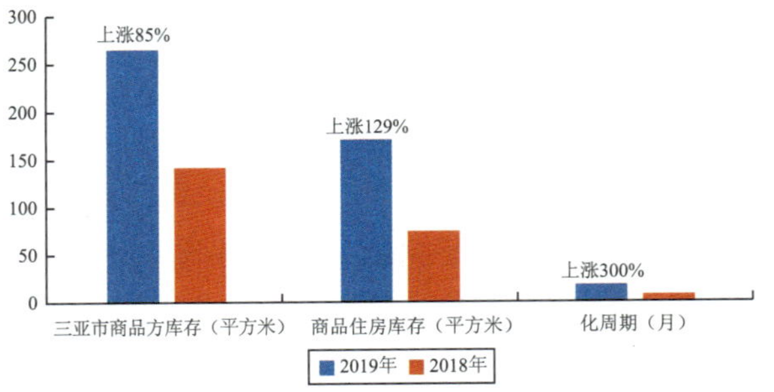

图 2-25　2019 年度库存存量同比

七、商业及办公

从土地性质来看，三亚挂牌的土地成交榜单中，几乎没有出现 70 年住宅用地的影子，大多是 40 年或 50 年的各类商业用地。

其中，商务金融用地占据相当大的权重，餐饮及其他商服用地次之。这些地块的成功出让，不仅给楼市带来新的变化，也许还将改写三亚城市发展格局。

表 2-15　2019 年上半年三亚挂牌土地成交一览表

序号	成交公示时间	地块编号	地块位置	土地用途	出让年限	土地面积（公顷）	成交价（万元）	受让单位
1	2019/6/10	SY2019-05	高新技术产业园控规 C11-1 地块	仓储用地	50 年	4.813744	7506	三亚财信通科技投资有限公司
2	2019/4/17	SY2019-04	三亚市吉阳区控制性详细规划 D-13 地块	零售商业用地	40 年	0.347908	1430	海南成大石油有限公司
3	2019/3/27	SY2019-03	吉阳区东岸单元（迎宾路总部商务启动区）控规 DA4-28-03	商务金融用地	40 年	1.05306	38200	上海申亚投资（集团）有限公司

序号	成交公示时间	地块编号	地块位置	土地用途	出让年限	土地面积（公顷）	成交价（万元）	受让单位
4	2019/3/27	SY2019-02	吉阳区东岸单元（迎宾路总部商务启动区）控规DA2-18-01A和DA2-18-01B	商务金融用地	40年	2.077252	56066	三亚亚龙湾开发股份有限公司
5	2019/3/27	SY2019-01	吉阳区东岸单元（迎宾路总部商务启动区）控规DA2-25-02A和DA2-25-02B	商务金融用地	40年	2.640552	71888	中交海洋投资股份有限公司
6	2019/2/1	SY2018-13	月川片区控规YC2-23-1地块	商务金融用地	40年	0.664377	48100	三亚海视鑫达置业有限公司
7	2019/2/1	SY2018-13	月川片区控规YC2-24-1地块	商务金融用地	40年	1.356147	48100	三亚海视鑫达置业有限公司
8	2019/2/1	SY2018-13	月川片区控规YC2-23-2地块	商务金融用地	40年	1.171946	48100	三亚海视鑫达置业有限公司
9	2019/1/31	SY2018-15	三亚市海棠湾C2片区控规D-04地块	其他商服用地	40年	0.28652	1150	三亚市海棠湾水稻国家公园开发有限公司
10	2019/1/31	SY2018-14	三亚市海棠湾C2片区控规D-01地块	餐饮用地	40年	0.848124	4350	三亚瑞兴水稻产业基地开发有限公司
11	2019/1/10	SY2019-01	天涯镇控规TY01-01-03地块	住宿餐饮用地	40年	0.867957	3820	三亚建鸿创嘉房地产开发有限公司
总计						16.127587	328710	

八、年度房价走势分析

事实上，在一系列严格的限购政策调控下，三亚房价并没有出现所谓的大跌，反而依旧呈小幅度缓慢上涨。

根据国家统计局公布的2019年1~11月《70个大中城市商品住宅销售价格变动情况》，三亚除1月份的房价环比持平，其余10个月均有不同程度的环比上涨。其中，4月份房价涨幅最高，为0.9个百分点。

九、热点板块分析

三亚迎宾路CBD启动区是关注度最高的区域，以凤凰海岸、月川、东岸、海罗四个片区为首期实施建设单元，按照中央、省委、省政府的总体部署实施，努力建设成为引领三亚国际旅游消费先行区、中国（海南）自由贸易试验区和展示中国风范、中国气派、中国形象的亮丽名片。

此外，崖州湾科技城的表现也颇为抢眼。作为海南十二个先导性项目之一，崖州湾科技城承担起历史使命，凝聚多方力量，致力打造成为陆海统筹、开放创新、产业繁荣、文化自信、绿色节能的先导科技新城。2019年5月，《三亚崖州湾科技城总体规划（2018~2035）》获海南省政府批准实施，依据规划，崖州湾科技城将全面建成国家深海海洋产业新区、滨海科技城深海创新中心，南繁科技城农业硅谷、国际种业中心、科教城产学研聚集地。

十、未来展望

首先，在“房住不炒”基调和“全域限购”背景下，海南近期公布了一系列重磅利好政策，不仅延续了“房住不炒”的政策基调，也释放了海南破除房地产路径依赖的强烈信号。2020年三亚的限售政策预计不会放开，限价政策方面，同样不会放松。

其次，海南产业升级“房地产＋”时代已经到来，房企纷纷转型，同时积极响应海南旅游产业发展，将房地产产业与文化旅游产业结合发展。

最后为推动经济持续快速发展，进一步提升城市竞争力，不排除人才政策继续发力、普及层次更加宽泛、人才购房政策更加宽松的可能。

十一、市场预期

土地方面，受“两个暂停”的持续影响，三亚的土地开发仍将控制供地数量和建设节奏。

价格方面，通过《70 个大中城市商品住宅销售价格变动情况》可见，三亚新房价格环比上涨 10 个月，预计 2020 年三亚市新建商品住宅价格的主基调仍然是稳中有升。

成交层面，受到房地产调控的影响，2020 年将延续 2019 年的平稳，但持续的人才政策会对购房起到一定的支撑作用。

此外，贷款放款时间延长、房贷利率不稳定等原因，或导致观望人群增加，销售速度有所放缓，库存量或将增加。

数据来源：国家统计局、三亚市房地产交易中心、全国公共资源交易平台（海南省）、海南省自然资源交易厅、《海南日报》《三亚日报》。

2019 年三亚房地产在售楼盘概览

楼盘名称	城市名称	城区	地址	物业类型
三亚清平乐西郡	三亚	吉阳区	吉阳区迎宾路 479 号	普通住宅、政策房
卓达东方巴哈马	三亚	吉阳区	吉阳区迎宾大道与凤凰路交会处	公寓
半岛蓝湾	三亚	吉阳区	吉阳区榆亚大道奥林匹克射击中心对面	普通住宅
三亚 · 恒大美丽之冠	三亚	吉阳区	吉阳区凤凰路 101-1 号	公寓
万科森林度假公园	三亚	吉阳区	吉阳区迎宾大道学院路落笔洞风景区	普通住宅、公寓、别墅
新奇世界 · 半山半岛	三亚	吉阳区	吉阳区鹿回头半岛	普通住宅、公寓、别墅
万科湖畔度假公园	三亚	吉阳区	吉阳区迎宾路中段	普通住宅
三亚水三千	三亚	吉阳区	吉阳区榆林湾红沙片区大茅河畔	普通住宅、商业
三亚棕榈滩	三亚	吉阳区	吉阳区榆亚大道 688 号	普通住宅、公寓
君和君泰 · 和园	三亚	吉阳区	吉阳区落笔洞路 53 号(琼州学院西侧)	普通住宅、政策房
亚龙湾壹号	三亚	吉阳区	吉阳区亚龙湾国家旅游度假区龙溪路	公寓、别墅
时分 · 亚龙湾	三亚	吉阳区	吉阳区动漫路 2 号（高铁站北侧 100 米）	公寓
三亚一山湖	三亚	吉阳区	吉阳区迎宾路中段 468 号	普通住宅、公寓
半岭温泉	三亚	吉阳区	吉阳区落笔洞风景区	别墅
泽华 · 上东海岸	三亚	吉阳区	吉阳区金鸡岭路与河东路交会处	普通住宅、商业
依山云锦	三亚	吉阳区	吉阳区迎宾路中段（大众 4S 店旁）	普通住宅
绿地 · 悦澜湾	三亚	吉阳区	吉阳区榆亚大道绿地悦澜湾营销中心	公寓、商业
凤岭悦澜	三亚	吉阳区	吉阳区凤凰路 79 号(白鹭公园对面)	公寓
三亚 · 星域	三亚	吉阳区	吉阳区荔枝沟路 178 号（体育馆正对面）	普通住宅、商业
复地 · 鹿岛	三亚	吉阳区	吉阳区鹿回头开发区半山半岛帆船港	公寓
华皓亚龙府	三亚	吉阳区	吉阳区城区东部约 25 公里的国道 233 线南侧	普通住宅、公寓、别墅、商业
铂悦亚龙湾	三亚	吉阳区	吉阳区亚龙湾国际旅游度假区龙塘路	别墅、政策房
半山香榭	三亚	吉阳区	吉阳区迎宾路中段大众 4S 店西侧	公寓
沁园春城	三亚	吉阳区	吉阳区荔枝沟路 75 号（农垦老干所西侧）	普通住宅
天悦湖畔	三亚	吉阳区	吉阳区海螺一路 58 号	普通住宅
津兰山水御墅	三亚	吉阳区	吉阳区迎宾路中段（上海大众 4S 店旁）	普通住宅、别墅、商业
公园 88 号	三亚	吉阳区	吉阳区凤凰路国家东岸湿地公园内	公寓
三亚兰园	三亚	吉阳区	吉阳区落笔洞路西侧南新横六路	普通住宅、商业
三亚国际传媒中心	三亚	吉阳区	吉阳区迎宾路三亚房地产服务中心西侧	商业
公园湖畔	三亚	吉阳区	吉阳区溪翠路（东岸湿地公园畔）	公寓
保利悦府	三亚	吉阳区	吉阳区荔枝沟片区迎宾路与落笔洞路交叉口	普通住宅、商业
悦菩提	三亚	吉阳区	吉阳区南新农场场部农场路 333 号	普通住宅
三亚新华联 · 奥林匹克花园	三亚	吉阳区	吉阳区榆亚路 557 号	普通住宅、公寓
三亚利泽海月	三亚	吉阳区	吉阳区迎宾路与新丰路交会处（中央子悦台对面）	普通住宅
华庭国际商务中心	三亚	吉阳区	吉阳区迎宾路与凤凰路交会处（月川中心新月路 1 号）	办公、商业
三亚恒大御府	三亚	吉阳区	吉阳区迎宾大道学院路 1 号	普通住宅
鹭湾汇	三亚	吉阳区	吉阳区祥和路三朋国际一楼鹭湾汇接待中心	普通住宅
紫云阁	三亚	吉阳区	吉阳区荔枝沟路 9 号	普通住宅
三亚 · 爱上山	三亚	吉阳区	吉阳区师部农场路与育新路交会处(爱上山积木岛)	公寓
鲁能三亚湾	三亚	天涯区	天涯区海坡国际度假区（海虹路以西、新城路以北）	普通住宅、公寓、别墅、商业
凤凰岛	三亚	天涯区	天涯区三亚湾路凤凰岛	公寓
三亚财富海湾	三亚	天涯区	天涯区三亚湾路 228 号	普通住宅
三亚 · 富春山居	三亚	天涯区	天涯区环岛高速新联出口处	普通住宅、别墅、商业
三亚 · 地中海湾	三亚	天涯区	天涯区海坡度假区中海路	公寓、商业
中交绿城 · 高福小镇	三亚	天涯区	天涯区天涯镇塔岭管区	普通住宅、公寓、别墅、商业
凤凰华庭	三亚	天涯区	天涯区凤凰路槟榔河旅游度假区内走 1000 米	普通住宅
天成中央海岸	三亚	天涯区	天涯区跃进路西段	公寓
珠江 · 俪豪	三亚	天涯区	天涯区解放路 1388 号（水城路 38 号）	普通住宅、公寓
中粮 · 红塘悦海	三亚	天涯区	天涯区三亚湾旅游度假区	普通住宅、商业

楼盘名称	城市名称	城区	地址	物业类型
洛克港湾	三亚	天涯区	天涯区三亚湾路与迎宾路交会处（海月广场旁）	公寓
万悦·新天地	三亚	天涯区	天涯区火车站东侧	商业
琥珀假日天地	三亚	天涯区	天涯区天涯区工业园路 9 号	公寓
碧桂园三亚郡	三亚	天涯区	天涯区三亚湾海田路	普通住宅
翠屏凤凰海岸	三亚	天涯区	天涯区水城路 16 号	普通住宅
崖州新城	三亚	天涯区	天涯区海榆西线公路西侧	公寓
三亚景园城	三亚	天涯区	天涯区凤凰路 159 号凯丰大酒店对面	公寓、商业
碧桂园海上大都会	三亚	天涯区	天涯区三亚湾路 190 号康年酒店左侧	普通住宅
怡康雅园	三亚	天涯区	天涯区解放四路冬都大厦旁	普通住宅
三亚湾红树林模块公寓	三亚	天涯区	天涯区中心凤凰路 155 号	普通住宅、公寓、别墅
万科海上大都会	三亚	天涯区	天涯区三亚湾路 190-1 号海上大都会左岸展厅	普通住宅、商业
东和福湾	三亚	海棠区	海棠区东线高速海棠湾土福出口	普通住宅
陶然湾·黄金泉	三亚	海棠区	海棠区海棠湾南田温泉旅游度假区神泉大道（东线高速藤桥出口处）	公寓、别墅
葛洲坝·海棠福湾	三亚	海棠区	海棠区海棠湾土福湾旅游度假区	公寓
长基听棠	三亚	海棠区	海棠区海棠湾南田温泉度假区（东线高速藤桥出口北 2 公里）	公寓、别墅
海棠华著	三亚	海棠区	海棠区海棠湾旅游开发区海棠北路 18 号	普通住宅、别墅
海棠花开	三亚	海棠区	海棠区海棠湾南田温泉旅游度假区神泉大道	普通住宅
碧桂园·齐瓦颂	三亚	海棠区	海棠区海棠湾海岸大道旁	公寓、别墅
龙棠大观	三亚	海棠区	海棠区海棠湾南田农场	普通住宅、公寓
君御	三亚	海棠区	海棠区海棠湾海棠北路 68 号	别墅
中交·海棠麓湖	三亚	海棠区	海棠区海棠湾湾坡路 108 号	别墅
华悦海棠	三亚	海棠区	海棠区海棠湾椰洲片区南田温泉度假城内	普通住宅、公寓
清凤海棠长滩	三亚	海棠区	海棠区东线高速海棠湾土福出口直行 800 米	普通住宅、公寓、别墅
联投·海棠韵	三亚	海棠区	海棠区龙海路联投海棠韵营销中心(距离免税店 1.8 公里）	普通住宅、公寓、别墅
艺海棠	三亚	海棠区	海棠区海棠湾海岸大道与林旺北路交叉口（东线高速林旺出口沿海岸大道直行约 2 公里）	普通住宅

楼盘名称	城市名称	城区	地址	物业类型
晋园	三亚	海棠区	海棠区海棠北路 100 号	别墅
恒大·养生谷	三亚	海棠区	海棠区海棠湾林旺南路	公寓、商业
三正海棠南洋小镇	三亚	海棠区	海棠区东线环岛高速海棠湾土福出口	公寓
融创海棠湾	三亚	海棠区	海棠区海棠湾环湖路 1 号融创海棠湾营销中心	别墅
海棠湾 8 号温泉公馆	三亚	海棠区	海棠区海棠湾南田温泉度假区（东线高速藤桥出口下往北 2 公里）	普通住宅、别墅
绿城·海棠潮鸣	三亚	海棠区	海棠区海棠湾林旺北路	普通住宅、别墅、商业
国寿嘉园·逸境	三亚	海棠区	海棠区海棠湾林旺南路国寿嘉园·逸境	公寓
海棠盛世	三亚	海棠区	海棠区海棠湾土福湾出口北侧约 500 米	普通住宅、别墅
海棠湾银海	三亚	海棠区	海棠区海棠湾海棠北路 28 号	别墅
三亚天骄·海棠湾	三亚	海棠区	海棠区南田温泉度假区	公寓、别墅
方大太阳城	三亚	海棠区	海棠区南田温泉旅游城内	普通住宅
海棠月色	三亚	海棠区	海棠区南田温泉度假区	普通住宅
国家海岸保利海棠二期	三亚	海棠区	海棠区海棠湾南部江林路与林旺大道交会处（301 医院斜对面）	普通住宅
融创一池半海	三亚	海棠区	海棠区海棠湾南田大道融创一池半海项目营销中心	普通住宅、别墅
航天云海台	三亚	崖州区	崖州区崖州湾创意新城	普通住宅
保利崖州湾	三亚	崖州区	崖州区政府斜对面	普通住宅
国瑞红塘湾	三亚	崖州区	崖州区红塘湾国家旅游度假区	普通住宅、别墅
北京城建海云府	三亚	崖州区	崖州区红塘湾旅游度假区	公寓、别墅
三亚·璞海	三亚	崖州区	崖州区崖州湾创意产业园 10 号路和 30 号路交会处	公寓
崖州湾·海昆顺达花园	三亚	崖州区	崖州区崖州大道 366 号	普通住宅、商业
雅居乐清水湾	三亚	陵水	陵水县英州镇清水湾大道海滨处	普通住宅、公寓、别墅
富力湾	三亚	陵水	陵水县香水湾旅游区 B 区	公寓、别墅
和泓清水湾·南国侨城	三亚	陵水	陵水县清水湾 223 国道北侧	别墅
信达怡海湾	三亚	陵水	陵水县国际旅游岛先行试验区滨海度假区	别墅
钻石海岸	三亚	陵水	陵水县清水湾赤岭风景区	普通住宅、公寓、别墅
Aloha 阿罗哈	三亚	陵水	陵水县清水湾大道以南	普通住宅、商业
中信·香水湾	三亚	陵水	陵水县香水湾 B 区	公寓、别墅

楼盘名称	城市名称	城区	地址	物业类型
绿城蓝湾小镇	三亚	陵水	陵水县清水湾国际旅游度假区 C 区	公寓、别墅
智汇城	三亚	陵水	陵水县英州镇英赤路（清水湾大道口向左）	公寓、别墅
合景 · 汀澜海岸	三亚	陵水	陵水县东黎安港	公寓、别墅
荣盛香水湾	三亚	陵水	陵水县香水湾 B 区（东线高速路 176 公里处香水湾互通出口）沿香水湾大道直行到海边	公寓、别墅
景业清水湾 3 号七期	三亚	陵水	陵水县英州镇清水湾大道卓美亚酒店旁	公寓、别墅
陵水乐龄中州国际酒店	三亚	陵水	陵水县城椰林南干道与滨河南路交会处	公寓
泰鑫花园	三亚	保亭	保亭县七仙岭大道东侧（七仙广场对面）	公寓、商业
那香山	三亚	保亭	保亭县呀诺达热带雨林景区旁	别墅
保亭庄园丽都	三亚	保亭	保亭县保兴东路南侧	公寓、别墅、商业
蓝城 · 山语泉	三亚	保亭	保亭县南二环路 1 号	普通住宅、公寓、别墅
龙湾 · 雨林谷	三亚	保亭	保亭县七仙岭国家森林公园内	别墅
双大 · 野奢世界	三亚	保亭	保亭县保兴西路延长线野奢世界国际旅游度假区	公寓
庄园御景	三亚	保亭	保亭县保兴东路(庄园豪都二期后面）	普通住宅
创基 · 长乐居	三亚	保亭	保亭县南环路东侧	普通住宅
壹山郡	三亚	保亭	保亭县响水镇	普通住宅
金祥 · 万卷山	三亚	保亭	保亭县响水镇金江农场 17 队	公寓、商业
南国雨林	三亚	保亭	保亭县南环路与桃源路道口	普通住宅、公寓
桃源居 · 御品	三亚	保亭	保亭县响水镇海榆中线 G244 国道旁	普通住宅
森林湖	三亚	五指山	五指山市三月三大道 333 号	普通住宅、公寓、别墅
泺海蝶泉湾	三亚	五指山	五指山市农垦实验中学对面	普通住宅、公寓、别墅
卓达山水青城	三亚	五指山	五指山市翡翠大道	普通住宅、商业
五指山 · 山水名城	三亚	五指山	五指山市理文路河南派出所旁	普通住宅、商业
五指山绿洲岛	三亚	五指山	五指山市环城西路西侧	普通住宅、公寓
懿品 · 香格里	三亚	五指山	五指山市迎宾干道（三月三大道）理文路一侧南行 500 米（政府公务员小区旁）	别墅
五指山檀溪	三亚	五指山	五指山市海渝北路教育局北侧檀溪边	普通住宅
清能 · 丽景湾	三亚	五指山	五指山市河南东路	普通住宅、公寓
六艺王宫	三亚	五指山	五指山市南圣镇	别墅
阳光雨林	三亚	五指山	五指山市水满乡政府西侧	普通住宅、公寓
翡翠经典花园	三亚	五指山	五指山市三月三大道 122-1#（市财政局旁）	普通住宅、公寓
溪林雅居	三亚	五指山	五指山市沿河北路与十曼桥交会处东行 500 米	普通住宅
金手指太阳谷温泉城	三亚	万宁	万宁市兴隆温泉旅游开发区兴[illegible]大道西侧	普通住宅、公寓
万宁国瑞城	三亚	万宁	万宁市新城镇区望海大道	普通住宅
金泰南燕湾	三亚	万宁	万宁市南燕湾旅游度假区	公寓、别墅
保利半岛 1 号	三亚	万宁	万宁市神州半岛旅游度假区	公寓、别墅
华凯南燕湾	三亚	万宁	万宁市南燕湾旅游度假区	别墅
石梅春墅	三亚	万宁	万宁市礼纪镇石梅湾旅游度假区兴梅大道 58 号	公寓、别墅
美好 · 龙沐湾	三亚	乐东	乐东县尖峰镇龙沐湾（西线高速尖峰路口下，龙沐湾国际旅游区）	普通住宅、公寓、别墅
龙栖湾温泉 1 号	三亚	乐东	乐东县九所新区[illegible]龙大道 9 号	普通住宅
龙栖湾 · 波波利海岸	三亚	乐东	乐东县九所新区龙栖湾旅游度假区	普通住宅、公寓、别墅
中和龙沐湾 · 海润源	三亚	乐东	乐东县佛罗镇龙沐湾国际度假区	公寓
龙栖湾 · 新半岛	三亚	乐东	乐东县九所龙栖湾	普通住宅、商业
中国铁建龙沐湾一号	三亚	乐东	乐东县龙沐湾国际旅游度假区 C 区	普通住宅
椰林阳光	三亚	乐东	乐东县城区沿江西路	普通住宅
麓鸣海	三亚	乐东	乐东县尖峰镇（尖峰互通下高速往尖峰方向两公里处）	普通住宅
鸿坤 · 理想海岸	三亚	东方	东方市解放东路与海榆西线交会处（高铁站旁）	普通住宅、商业
海东方	三亚	东方	东方市滨海北[illegible]海北路 18 号	普通住宅、公寓、别墅、商业
东方 · 山海湾	三亚	东方	东方市海榆西线火车站旁	普通住宅
海南东方锦绣蓝湾	三亚	东方	东方市三环路东侧，三环南路与[illegible]交会处	公寓
东方海郡	三亚	东方	东方市[illegible]西路与[illegible]环路交叉口	公寓
汇艺蓝海湾	三亚	东方	东方市三千直[illegible]西路东侧	普通住宅、商业
碧桂园海逸半岛	三亚	东方	东方市永安路[illegible]	普通住宅、商业
普天豪苑	三亚	儋州	儋州市滨海新区白马井镇干横六路	普通住宅
群升棋子湾	三亚	昌江	昌江县棋子湾旅游度假区北斗西[illegible]	公寓、别墅

时分亚龙湾

- 2019年 -
中国城市楼盘年鉴
典型项目

三亚 依山近海 度假优选 生活便利

时分亚龙湾位于海南省三亚市吉阳区亚龙湾动车站北侧，占地面积约 800061 平方米，建筑面积约 211130 平方米，共计 2042 户。

项目地址：

海南省三亚市吉阳区动漫路 2 号

开发商：

九龙苗圃有限公司、三亚中海俊有限公司联合开发

建筑类型：

高层、洋房

主力户型：

39~45 平方米一居、69 平方米二居、约 75 平方米三居

周边配套：

亚龙湾旅游风景区、亚龙湾动车站、新鸿港商圈

参考价格：

高层均价 27000 元 / 平方米、洋房价格待定

楼盘优势：

紧邻亚龙湾动车站、三亚汽车东站，交通便捷，周边生活配套齐全。项目蝶式美居户型充分体现了人与环境和谐共生的观念，户型使用率高。

专家点评

刘树国·三亚房地产协会秘书长

时分亚龙湾项目地理位置优越，周边众多优质景观资源环绕。户型设计不仅通风、采光俱佳，而且拓宽了观景视野，其中主推的75平方米左右户型配备大尺度弧形观景阳台，主卧采用观景窗设计，自然美景皆可尽收眼底，户型利用率高，私密性强。

项目解析

【区域维度】

时分亚龙湾位于海棠湾与亚龙湾双湾门户区域，坐拥环岛高速、迎宾路、榆亚路、环城路等城市主干道交通体系，交通便捷。凭借海棠湾与亚龙湾两地的地理环境优势，时分亚龙湾周边有龙湾天堂森林公园、野猪岛景区、蜈支洲岛景区等众多自然资源景观，风景秀美，居住环境舒适度高。

此外，社区内设有超过 5000 平方米的点式休闲会所，涵盖小区游泳池、中老年活动中心、业主餐厅等诸多配套；近 65000 平方米完整商业配套设施，涵盖大型餐馆、酒店、商业街、娱乐中心等，让业主在生活、购物、休闲之间自由切换，满足日常生活所需，在家门口即可享受逛街购物、休闲度假的一站式生活体验。

【品牌维度】

时分亚龙湾项目由三亚九龙苗圃开发建设有限公司和三亚中海俊投资置业有限公司联合投资开发，三亚中海俊投资置业有限公司隶属中科俊泰集团核心企业——北京中科俊泰投资有限公司。公司坚守高起点规划、高标准设计、高质量施工的理念，在大庆、北京、哈尔滨等城市均有房地产项目。

历经多次方案调整，颠覆传统设计，时分亚龙湾采用将建筑藏于景致，让景致美化建筑的设计理念，将建筑与自然风景相互融合；楼栋之间高低错落，社区园林绿化精致，其亲海典雅风格的创意展示在行业中吸粉无数，广受业主们青睐。

【口碑维度】

自成立起，三亚中海俊投资置业有限公司就致力于打造高品质湾区度假产品。依托总部品牌优势、技术支持以及南北通透、全明空间的创意性建筑设计模式，时分亚龙湾在行业内素有好评。项目承"竭力出精品"的企业宗旨，遵循"不欺骗、不隐瞒"的原则，从楼面设计到建材选取均严格把关，竭力做到让每一处细节都经得起考验，给予业主更多价值溢出。项目注重人文关怀，整体投入使用后，社区巴士也将开通，为业主出行提供多重选择。

值得一提的是，时分亚龙湾在推进智能生活的同时，还携手科技公司研发全智能物业系统，全面覆盖楼宇、车位、维修、预约、付费等诸多便捷服务，为每一位业主带来 24 小时不间断的管家服务，让家居生活更便捷、安全。

【产品维度】

时分亚龙湾在产品上采用"蝶式美学"设计，蝴蝶建筑外观以及良好的空气动力、恒温除湿等功能，成为时分亚龙湾区别于其他项目的最大特色，获得业内一片赞誉。楼体间采用"十字"通风路径，在实现节能的同时也提高了小区环境舒适度。

项目户型均具有全明通透、宽景、高利用率等特点，各式户型满足业主不同需求。其中主推的约 75 平方米户型，在有限空间内打造三居二卫一厨二厅的精致格局，舒适宜居，规划合理，通透流畅，简约大气。"小、全、美"是时分亚龙湾户型上的一大亮点，凭借这一特点，其产品在市场上备受追捧。

更多楼盘详情请扫码查看

龙栖湾·新半岛

2019年 中国城市楼盘年鉴 典型项目

乐东　生态宜居　品牌地产　一线海景

龙栖湾·新半岛位于海南省乐东县九所镇龙栖湾，项目总占地面积约 75.4 万平方米，其中包括 40 万平方米海域面积；一期占地面积约 84666 平方米，建筑面积约 83300 平方米，容积率 0.98，绿化率 40%。

项目地址：
乐东县九所镇龙栖湾·新半岛

开发商：
爱普地产、国祥文旅产业集团

建筑类型：
酒店、商业

主力户型：
59~63 平方米二居

周边配套：
南山旅游文化区、大小洞天、天涯海角

参考价格：
跃界（LOFT）35000 元 / 平方米、御澜别院 50000 元 / 平方米

楼盘优势：
龙栖湾·新半岛位于“大三亚”旅游经济圈内，交通便捷；内享三公里私家海岸，户型 270° 全境观海，户户观景层层听涛。

专家点评

刘权国·三亚房地产协会秘书长

龙栖湾·新半岛背山面海，充分展现了每层每户的观景效果。其中主推约59~63平方米二居户型，采用纯板楼设计，6米挑高，南北通透，户户瞰海，于家中即可观赏碧海蓝天，为住户打造舒适与情趣兼具的艺术空间。

项目解析

【区域维度】

龙栖湾·新半岛项目位于南中国“醉美”海湾——龙栖湾核心腹地，距三亚凤凰机场 55 公里、距三亚市区 65 公里，紧靠 G225 国道与 G98 环岛高速；西环高铁正式开通运营后，形成了“西环高铁 + 西线高速 + 中线高速”的交通网络枢纽，出行便捷无忧。与此同时，规划建设乐东至三亚快轨（在建中），这一举措把三亚西线的交通“经络”彻底打通，将大大缩短出行时间。

作为西线度假的首站，龙栖湾·新半岛背山面海，在文旅度假资源方面占有很大的优势。项目自身坐拥 40 万平方米海域资源，私享 3 公里海岸线，更有天涯海角、著名道教文化风景区大小洞天、三亚南山海上观音等 5A 级景区环伺周边；自然景观资源丰富且生态环境优良，使得龙栖湾·新半岛更具发展优势与吸引力，成为众多买房者关注的焦点。

【品牌维度】

龙栖湾·新半岛由爱普地产、国祥集团倾情巨献。爱普地产为国家一级房企、“中国房企 100 强”，以国企责任为己任，追求卓越、专注品质和细节；国祥仁康作为国祥文旅产业集团旗下的品牌，以强大的医疗团队提供私人医疗服务和医疗康复服务，为业主的生命健康保驾护航。双雄联袂，让龙栖湾·新半岛在每一个细节上都精益求精。

【口碑维度】

龙栖湾·新半岛坚持匠心打造，力求实现品质的全面均好。为寻求让建筑匹配海湾气质的建材，项目从沙滩和浪花中获取灵感，采用米白色真石漆、浅灰色石材，与景观相融合，打造海洋风情新建筑名片。室内设计在实用主义之上实现生活空间艺术化，以 6 米复式挑高升级居住舒适度，同时引进“中国物业 100 强”隆鑫物业，24 小时充分呵护业主的生活，提供 360° 周到服务。龙栖湾·新半岛俨然成为海居生活新选择。

值得一提的是，龙栖湾·新半岛位于“大三亚”旅游经济圈内，随着《大三亚旅游经济圈发展规划（2016~2030）》的出台，三亚、乐东、陵水、保亭走向抱团发展之路，区域价值被看好。而龙栖湾·新半岛秉持“以远见预见城市价值，以眼界卓识为客户创造价值”的理念，规划海景滨海公园，一栋酒店、四栋养生酒店及商业群、海上高尔夫、航海运动中心等多项配套，致力为业主打造高品质生活环境。

【产品维度】

在户型设计上，龙栖湾·新半岛的每一个产品都堪称经典。产品涵盖建筑面积 46.83~122 平方米跃界、御澜别院户型，采用纯板楼设计；6 米复式挑高，户户享 270° 环幕观海视角，南北通透，采光通风俱佳，居住舒适度高。其中主推的 59~63 平方米二居户型，配备阔绰阳台客厅与大宽度横厅观景面，足不出户即可观赏一线海湾景致；每个户型均拥有大面积赠送，得房率高。空间尺度合适，人性化规划，合理利用每一寸生活空间等诸多优点，使得龙栖湾·新半岛在行业内大放异彩，备受追捧。

更多楼盘详情请扫码查看

河北省

2019年石家庄房地产市场总结

行业发展历程

一、城市概述

石家庄是河北省省会，国务院批复确定的京津冀地区重要的中心城市之一，中国（河北）自由贸易试验区组成部分。截至2018年，石家庄辖八区、十一县，代管三个县级市，总面积14464平方千米，常住人口1095.16万人，城镇人口691.7万人，城镇化率63.16%。

石家庄地处华北地区、河北省中南部、环渤海湾经济区，是中部战区陆军机关驻地，也是国务院批准实行沿海开放政策和金融对外开放城市。京广、石太、石德、朔黄四条铁路干线交会于此，是中国铁路运输的主要枢纽之一。

二、行业现状

纵观石家庄房地产市场，2019年，同一区域的同类产品集中爆发，作壁上观、等待降价的“吃瓜”心理是大多购房者的写照，市场观望情绪弥漫，竞争压力激增。房企间的博弈逐渐转向产品和营销层面，这也逐步推动了一批优质楼盘面市，楼市区域热点也在不断转移。

三、政策环境

在“房住不炒”的核心理念之下，2019年石家庄楼市稳中向好，并未发布重磅政策调控楼市，但针对落户政策有了较大突破，率先打响全国零门槛落户“第一枪”，一定程度上加大了对楼市的刺激。此外，自贸区正定片区的批复，也为正定区域未来的发展注入一剂“猛药”。

四、土地市场

2019年土地市场多为新增和勾选供应成交，新增土地中净地供应增多，中心城区优质净地年末频频挂牌。此外，全国性房企也纷纷抓机会进驻石家庄，中铁建、当代置业、中海等房企拿地，也为2020年的房地产市场准备了充足的“粮草”。

五、房企布局

2019年首次在石家庄落子的品牌房企超过10家。中海、雅居乐、中铁建布局正定新区奥体中心板块，其中，中海还于12月在主城区二环内斩获一宗地，佳兆业布局正定县；当代置业则在栾城区拿地；成功进驻主城区的新房企有华远、中房、禹洲等。奥园等房企通过合作方式进军石家庄，孔雀城也在元氏斩获地块。

此外，保利、融创、万科、龙湖、远洋、金辉等“老面孔”也在持续深耕石家庄房地产市场。本土房企亦持续发力，润江、国赫、东胜、安联等纷纷获得新地块。

六、房产行业发展历程

1999~2019年，石家庄楼市的发展与城市的建设成长密切相关，发展规划好的区域往往房价也会占据高地，石家庄的房价已从最初不足1000元迈入2万元大关，上涨幅度超过20倍。2016年，石家庄房价水平首次破1万元，2017年，房价较2016年涨幅超过60%。接下来的三年，石家庄的调控政策从未有过放松，房价出现小幅度下滑，但整体仍保持平稳状态，符合政府提出的“健康平稳地发展房地产市场”这一主基调。

城市年度市场解读

一、本地新政

2019 年 3 月 1 日，石家庄出台零门槛落户政策，加速人口流入形成消费需求，辐射人口约 2400 万；河北自贸区正定片区正式挂牌，隐性利好下行期片区房地产市场，对正定片区带来新机遇；购房最高补贴 100 万元，支持人才引进促新兴产业发展，一定程度上吸引了优质人才，但吸附难度依然很大；住房公积金政策全面收紧，因公积金贷款占有率较低，实际影响不大；棚户区拆迁改造新政策落地，开发强度被严格限制，政府管控力度加大。

二、年度土地供应

2019 年石家庄市共挂牌土地 176 宗（不含工业用地、仓储用地），总面积达 6022696.64 平方米，约合 9034.04 亩。与 2018 年相比，挂牌总数同比下降了 19.6%。2019 年共有 154 宗总计 5385095.15 平方米土地成功出让，出让总金额约为 525.5587 亿元，相比 2018 年上涨了 8.9%，总成交土地面积约合 8077.6 亩。

供应面积从历年来看属于稳定水平。其中，长安区、正定（正定新区）供应土地数量最多，均为 30 宗，鹿泉区停拍土地数量最多，共有 6 宗地停拍。

三、年度土地成交

正定县（正定新区）成交土地 27 宗，面积 118.8143 万平方米，约合 1782.21 亩，成交面积占比 22%；长安区成交土地 26 宗，面积为 135.418 万平方米，约合 2031.27 亩，成交面积占比 25%。排在第三位的是栾城区，2019 年成交土地 19 宗，成交面积占比 16%。由此可见，2019 年，石家庄市热点区域为长安区、正定（正定新区）以及栾城区。

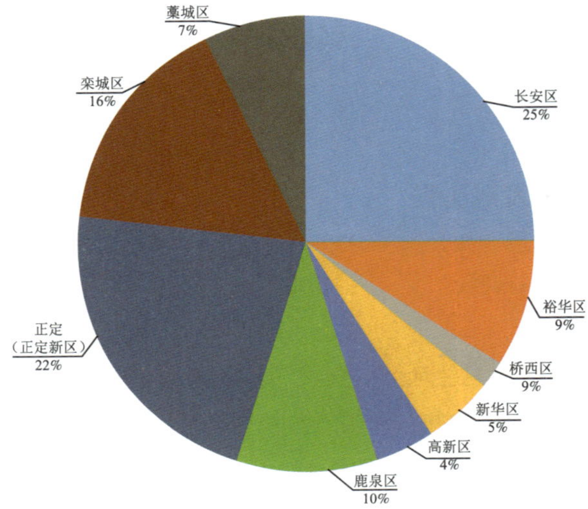

图 2-26　各区域成交土地面积比

四、年度住宅供应

2019 年石家庄普通住宅供应 417.62 万平方米，从供求规模来看，2016 年供求规模达到峰值，而后逐渐下降，但在 2019 年稍有回升；2019 年石家庄普通住宅供求比为 0.96，供求规模基本保持等量的状态。2019 年，虽然二级市场上半年取证时间较长，导致市场供应不足，但下半年却不负期望，进入供应高峰。

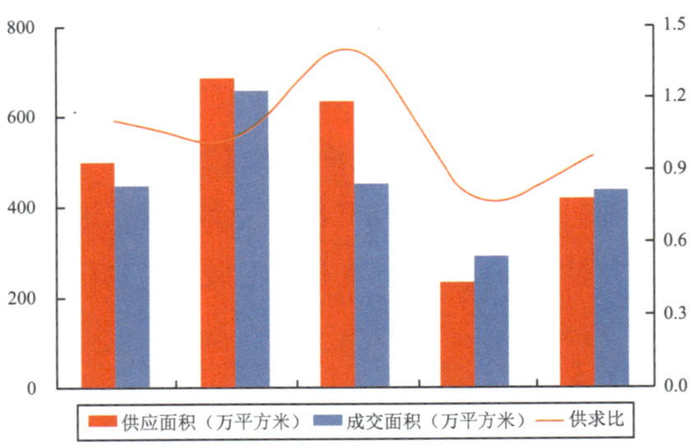

图 2-27　2015~2019 年石家庄普通住宅供求走势

五、年度住宅成交

2019 年石家庄普通住宅成交 436.43 万平方米，成交规模较 2018 年上涨 49%；成交价格 14981 元 / 平方米，较 2018 年下降 4%。从价格走势来看，成交均价明显划分为两个等级，在 2016 年大幅上涨，后保持稳步增长，但 2019 年度房价走势稍有回落，“以价换量”态势明显；2019 年 1 月价格进入低谷，而后迅速上涨，全年基本保持稳定，波动幅度不大。

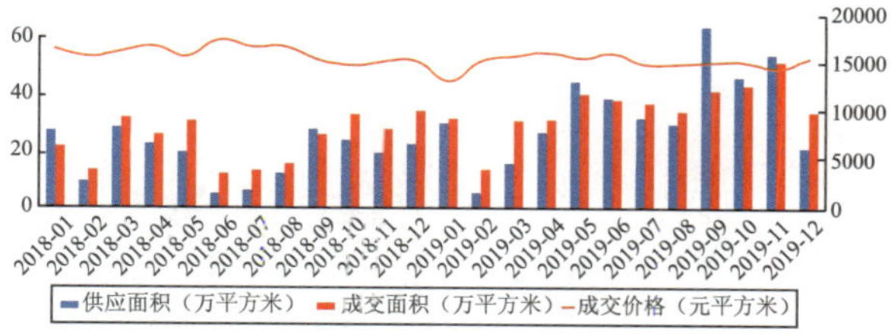

图 2-28　2018 年 1 月 ~2019 年 12 月石家庄普通住宅月度供求走势

六、年度住宅存量

2019 年石家庄普通住宅可预售库存面积 214.64 万平方米，去化周期为 6 个月（按近 12 个月去化速度 36.37 万平方米 / 月计算）；库存主要集中于鹿泉区、长安区和高新区，占全市库存的 46%；此外，鹿泉区、新华区及桥西区去化周期较长，去化速度较慢，其中鹿泉区去化周期为 10 个月。

七、区域成交表现

长安区供求规模位居首位，栾城区热度增幅最大。2019 年长安区普通住宅供应面积 60.47 万平方米，成交面积 80.91 万平方米，分别位居各行政区首位，供应面积占 2019 年全市普通住宅供应面积的 14%，较 2018 年增长 30%，成交面积占 2019 年全市普通住宅成交面积的 19%，较 2018 年增长 42%；其次成交面积集中在藁城区、高新区、裕华区及鹿泉区。

长安区住宅价格最高，正定、栾城、桥西价格波动最大。2019 年长安区普通住宅成交均价为 19121 元 / 平方米，价格较 2018 年持平，仍保持在各行政区首位；新华区、藁城区价格较 2018 年均有所增长，其中藁城区涨幅最为明显，较 2018 年上涨 15%；而桥西区、高新区、鹿泉区、栾城区、正定县及正定新区成交均价较 2018 年均有下降，其中正定县下降幅度最大，较 2018 年下降 17%。

八、成交结构表现

三居产品成住宅市场主力，三居、四居供小于求。2019 年石家庄普通住宅三居成交 2.25 万套，占总成交量的 62%，各行政区户型结构成交仍以三居室为主；2019 年刚需市场快速升温，房企为迎合客群向市场投入了较多紧凑型三居产品。

周边行政区套价接受度在 200 万元以下，中心城区套价接受度为 150 万 ~300 万元；2019 年石家庄普通住宅成交总价接受度较高集中在 100 万 ~150 万元，150 万 ~200 万元次之，主要分布于藁城区、高新区、鹿泉区三个区域；其次总价段为 100 万元以下，主要分布于高新区及栾城区；400 万元以上房源集中在中心城区，且成交规模不大；市场成交以低总价段需求为主。

与 2018 年相比，住宅成交结构特点呈“价格接受度降低，总价承受能力不变，居住功能要求增加”；其中住宅成交均价 1.4 万 ~1.6 万元 / 平方米占比由 8% 增加至 18%，1.6 万 ~1.8 万元 / 平方米占比由 32% 减少至 16%；100 万 ~150 万和 150 万 ~200 万套价产品成交为主，占比 58%，三居、二居产品仍系成交与需求主力。

九、成交项目排行

根据易居河北研究院的数据统计，2019 年成交金额最高的三个项目为融创中心、荣盛华府以及润德万科翡翠公园。从 TOP10 的成交情况来看，基本被品牌房企包圆，占据了绝对的市场份额。

表 2-16　2019 年石家庄普通住宅销售金额 TOP10

序号	住宅项目名称	行政区	销售金额市场占有率
1	融创中心	裕华区	8%
2	荣盛华府	长安区	5%
3	润德万科翡翠公园	桥西区	3%

序号	住宅项目名称	行政区	销售金额市场占有率
4	万科新都会	藁城区	3%
5	万科翡翠书院	长安区	3%
6	恒大御景半岛	长安区	3%
7	保利时光印象	藁城区	2%
8	融创臻园壹号	高新区	2%
9	绿地新里城区斯莱公馆	桥西区	2%
10	天山世界壹号	高新区	2%

表 2-17　2019 年石家庄普通住宅销售面积 TOP10

序号	住宅项目名称	行政区	销售金额市场占有率
1	融创中心	裕华区	7%
2	融创臻园壹号	高新区	4%
3	万科新都会	藁城区	4%
4	保利时光印象	藁城区	3%
5	融创城	栾城区	3%
6	恒大御景半岛	长安区	3%
7	润德万科翡翠公园	桥西区	3%
8	荣成华府	长安区	3%
9	万科翡翠书院	长安区	2%
10	绿地新里城西斯莱公馆	桥西区	2%

十、成交房企排行

2019 年，石家庄房地产销售金额 TOP5 分别为万科地产、融创中国、荣盛发展、保利发展、润江集团；石家庄房地产销售面积 TOP5 分别为融创中国、万科地产、保利发展、荣盛发展、润江集团。

其中，万科凭借项目和品牌优势，以 11.47% 的市场占有率荣登销售金额榜冠军，以 9.27% 的市场占有率位居销售面积榜第二名；融创中国以 9.74% 市场占有率位居销售金额榜单第二名，以 10.71% 市场占有率荣登销售面积榜单冠军。

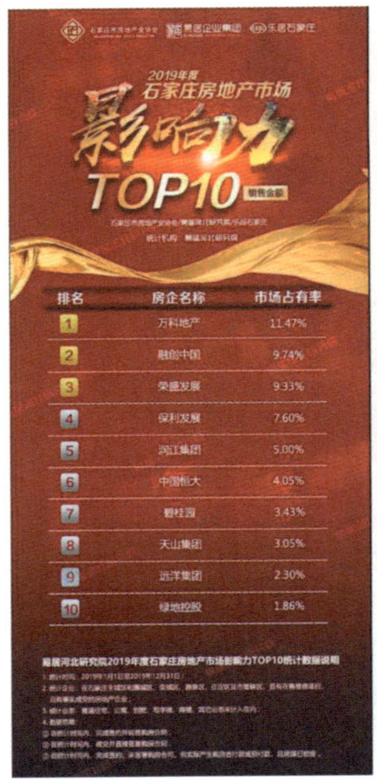

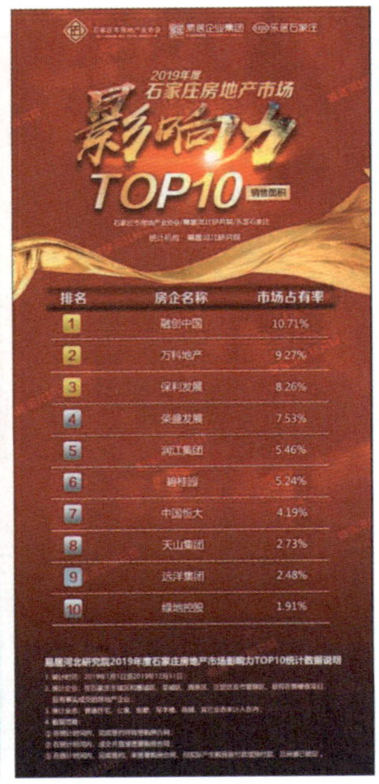

十一、商业、公寓及办公

公寓方面，市场低位运行、热点项目维持市场热度。2019 年石家庄公寓供应面积 55.61 万平方米，较 2018 年上涨 68%，成交面积 60.04 万平方米，较 2018 年上涨 31%；仅新华区成交均价较 2018 年上涨 27%，其他各区公寓成交均价较 2018 年均小幅下降。全市公寓市场供求比 0.93，呈现供小于求，部分热点项目带动成交，维持市场热度。

2019 年公寓供求集中在鹿泉区及长安区，供应占比达 58%，成交占比达 46%，成交主要分布在主城区及鹿泉区，成交占比达 84%，其中鹿泉区供应规模、长安区成交规模分别位居各行政区首位。

写字楼市场供大于求。2019 年石家庄写字楼供应面积 11.87 万平方米，成交面积 9.95 万平方米；写字楼成交均价 14151 元 / 平方米，环比 2018 年上涨 29%；全市写字楼市场供求比 1.19，呈现供大于求的态势，写字楼库存压力较大。2019 年写字楼供应集中在桥西区及鹿泉区，供应占比达 96%，成交主要集中在桥西区、长安区及高新区，成交占比达 77%；其中桥西区供求规模均居各行政区首位。

商业方面，2019 年，石家庄商铺新增供应 3.46 万平方米，成交面积 9.07 万平方米，供求比为 0.38，呈供不应求的态势；商铺成交均价 13427 元 / 平方米，较 2018 年下降 31%，下降趋势明显；全市商铺市场以消化既有库存为主，成交集中在桥西区、长安区和裕华区。2019 年商铺供应集中在桥西区及正定新区，供应占比达 99%，成交主要集中在主城区及藁城区、正定新区，成交占比达 94%。

十二、年度房价走势分析

2019 年 3 月，成交量和成交价格都出现了比较明显的起势，业内称之为“小阳春”，但热度很快便消退。下半年开始，开发商陆续推出了许多优惠活动，变相做低了成交价格。

具体来看，2019 年市场供应量得到释放，1~9 月成交水平与 2018 年齐平，预计年底成交量有望接近 400 万平方米的历史平均水平；价格方面，近郊板块热销刚需项目拉低全市均价，价格出现结构性降低；预计年底价格稳中有降。

十三、热点板块分析

长安区仍是关注度最高的区域。作为石家庄楼市供货主力军，长安区供求规模位居首位，2019 年普通住宅成交均价为 19121 元 / 平方米，与 2018 年持平，仍保持在各行政区首位。供应面积 60.47 万平方米，占比 14%，较 2018 年上涨 30%；成交面积 80.91 万平方米，占比 19%，较 2018 年上涨 42%。

2020 年，长安区仍有许多大项目将入市，如中海棉五旧厂地块、石钢西区地块、润江三职专地块等，热度将持续。

栾城区热度增幅最大。2019 年栾城区万科、碧桂园、融创、永威等多个品牌房企项目入市，供应面积 39.15 万平方米，占比 9%，较 2018 年上涨 291%；成交面积 39.97 万平方米，占比 9%，较 2018 年上涨 303%。

此外，正定新区仍是石家庄置业热点区域，供应面积 53.13 万平方米，占比 13%；成交面积 45.43 万平方米，占比 11%。

十四、未来展望

2020 年，整体成交规模及成交价格将保持稳定，品牌房企仍然占据绝对的市场份额，在市场上具有“定价权”。

主城区与新四区交界的近郊区域依旧是市场热点，也是房企拓张的重点，如装备制造园区、循环化工园区等。主城区重点关注长安区及环线，2019 年长安区的土地供应和市场成交规模都表现抢眼。此外，正定新区的热度依然不减，2020 年依旧有雅居乐、中铁建等众多新项目入市，值得关注。

十五、市场预期

土地方面，预计第一季度、第二季度供地有所缓和，第三季度、第四季度将依据供地计划完成程度集中供地。长安区、正定（正定新区）2019 年的土地供应和市场成交规模都十分抢眼，预计 2020 年热度将持续。

供应方面，中铁建、当代置业、中海等第四季度拿地房企的项目还未开盘，预计 2020 年也将带领新的一轮热潮，值得关注。此外，刚需房源仍将是市场主力。

成交层面，若无特别政策出台，市场成交预计趋于平均水平，不排除出现“小阳春”的可能。

数据来源：易居河北研究院。

2019 年石家庄房地产在售楼盘概览

楼盘名称	城市名称	城区	地址	物业类型
北城国际	石家庄	长安区	长安区建设大街与丰收路交叉口东行 500 米路北	普通住宅
秀水名邸	石家庄	鹿泉区	鹿泉区古城西路与植物园街交叉口西北角（秀水公园东门）	普通住宅
绿地中山公馆	石家庄	桥西区	桥西区胜利大街和中山路交会处东南角	普通住宅、公寓、写字楼、商铺
华普城	石家庄	桥西区	桥西区新华西路桥西区车管一所西行 500 米路南	普通住宅、商铺
幸福城	石家庄	桥西区	桥西区新华西路和中营大街交会处西北角	普通住宅、公寓
富贵城	石家庄	桥西区	桥西区新华西路与西二环北路交会处西行 150 米路北	普通住宅、商铺
鑫界王府	石家庄	桥西区	桥西区时光街与新石北路交会处西南角	普通住宅、别墅
东胜紫御公园广场	石家庄	桥西区	中山路与苑西街交叉口南行 400 米路西	公寓、写字楼、商铺、建筑综合体
燕港美域	石家庄	桥西区	桥西区槐安西路与时光街交会处西行 200 米路北	普通住宅、商铺
中交财富中心	石家庄	桥西区	中华大街与自强路交会处西行路南	写字楼
润德天悦城	石家庄	桥西区	桥西区胜利大街（107 国道）与仓丰路交叉口南行 500 米路西润德商贸城对面	普通住宅、写字楼
阿尔卡迪亚荣盛城	石家庄	桥西区	桥西区红旗南大街与南二环西路交会处南行 100 米路西	普通住宅、商铺
盛世御城	石家庄	桥西区	桥西区新石中路以南、新石南路以北、南二环与西二环两侧	普通住宅
华润中心	石家庄	桥西区	桥西区中山西路与中华南大街交会处东南角	公寓、写字楼、商铺
润兴公馆	石家庄	桥西区	桥西区友谊南大街与新石北路交叉口东南角	公寓
未来时间	石家庄	桥西区	桥西区中山路与中华大街西北角世纪大饭店西侧	公寓、写字楼
绿地中山里	石家庄	桥西区	桥西区大经街与中山路交叉口南行 200 米路西	商铺
润德万科翡翠公园	石家庄	桥西区	桥西区胜利大街仓丰路西南侧	普通住宅
恒大中央广场	石家庄	桥西区	桥西区中山路与平安大街交叉口西南角	公寓、写字楼、商铺
利航观棠	石家庄	桥西区	桥西区南二环与红旗大街交叉口南行 50 米路东	普通住宅

楼盘名称	城市名称	城区	地址	物业类型
众里景园	石家庄	桥西区	桥西区市东风路与槐安路交叉口北行 50 米路东（东风教育对面）	普通住宅
富力中心	石家庄	桥西区	桥西区建设大街与中山路交叉口南行 200 米路西	写字楼、商铺
绿地新里城西斯莱公馆	石家庄	桥西区	桥西区西二环与玉泉路交叉口西南	普通住宅
安联天颂	石家庄	桥西区	桥西区槐安西路与中华南大街交叉口东行 300 米路南	普通住宅
翡翠公馆	石家庄	桥西区	桥西区友谊大街与新石北路交叉口西南角	公寓、酒店式公寓
翰林国际	石家庄	桥西区	桥西区红旗南大街与汇平路交叉口	普通住宅
林荫大院	石家庄	新华区	新华区和平西路与泰华街交叉口西北侧、省人民医院西北侧	普通住宅、写字楼、酒店式公寓、商铺、建筑综合体
汇君城	石家庄	新华区	新华区石清路 88 号	普通住宅、公寓
石家庄阳光里	石家庄	新华区	新华区西三庄街与警安路交叉口西行 200 米路南	普通住宅
百岛绿城	石家庄	新华区	新华区植物园街与古城西路交会处东南侧	普通住宅
天河悦城	石家庄	新华区	新华区西二环与北二环交会处东北角	普通住宅、商铺
乾园燕熙台	石家庄	新华区	中华北大街与古城西路交叉口北行 200 米	普通住宅、别墅
熙悦园	石家庄	新华区	联盟路与农机街交叉口南行 200 米路西	普通住宅
新合作城市广场	石家庄	新华区	新华区合作路与泰华街交会处西南角	普通住宅、公寓、写字楼、商铺
祥云岸芷汀兰	石家庄	新华区	新华区西三庄大街与天翼路交叉口西行 200 米路南	普通住宅
西美花盛	石家庄	新华区	新华区和平西路与植物园街交叉口西北角	普通住宅、商铺、建筑综合体
尚宾城	石家庄	新华区	新华区中华北大街华林国际以东、红星街以西、联盟路以南、柏林南路以北	普通住宅、公寓、写字楼、商铺、建筑综合体
新合作城市广场领誉	石家庄	新华区	新华区泰华街与合作路交叉口	写字楼
林荫大院学舍	石家庄	新华区	新华区泰华街与市庄路东北，火车北站广场西侧	公寓
和西苑	石家庄	新华区	新华区和平路与西三庄大街交叉口北行 200 米路西	普通住宅
绿城诚园	石家庄	新华区	新华区和平路与植物园街交叉口北行 1000 米路西	普通住宅

楼盘名称	城市名称	城区	地址	物业类型
枫悦园	石家庄	新华区	新华区石清路与田庄街交叉口西北角	公寓
荣盛御府	石家庄	新华区	新华区北二环与景源街交叉口北行600米路东	普通住宅、写字楼、商铺
恒大中心	石家庄	新华区	新华区中山西路（77号）与公里街交叉口西北角	写字楼
假日风景	石家庄	新华区	新华区泰华街北城路交会处西南角	普通住宅、商铺
新华贸 MALL	石家庄	新华区	新华区中华北大街与新华路交叉口东行500米路南	商铺
中冶德贤华府	石家庄	新华区	新华区中华大街赵佗路交叉口东南角（赵佗公园东侧）	普通住宅
嘉实万科公园都会	石家庄	新华区	新华区中华大街与北二环交会处东行500米路北	普通住宅
润江新华壹号院	石家庄	新华区	新华区西三庄街与联盟路交叉口西南角（联盟路546号）	普通住宅
维多利亚时代	石家庄	裕华区	裕华区富强大街以东、塔南路以北	普通住宅
盛邦大都会	石家庄	裕华区	裕华区建设大街与东岗路交叉口以南，建设大街两侧	建筑综合体
晶彩中心小时代	石家庄	裕华区	裕华区塔南路与建通街交叉口西北角	公寓、写字楼、商铺
河北国际商会广场	石家庄	裕华区	裕华区仓丰路和建通街交叉口西北角	建筑综合体
帝王国际	石家庄	裕华区	裕华区建设大街与槐北路交叉口	普通住宅、公寓、写字楼
保利拉菲公馆朗菲园	石家庄	裕华区	裕华区体育南大街以东，塔南路以南，南二环东路以北	普通住宅
鸿昇广场	石家庄	裕华区	裕华区翟营大街49号（与槐安路交叉口南行100米路西）	写字楼
新鼎华府	石家庄	裕华区	裕华区仓丰路与裕翔街交叉口西南角	建筑综合体
中冶盛世广场	石家庄	裕华区	裕华区建华大街与塔南路交会处西南角	普通住宅、公寓、写字楼、商铺
东南智汇城	石家庄	裕华区	裕华区南二环与体育大街交会处东南	普通住宅、写字楼、商铺
融创中心	石家庄	裕华区	裕华区裕翔街与南二环交会处南行2000米以东	普通住宅
高远时光城	石家庄	裕华区	裕华区南二环建通街与仓丰路交会处向南500米	公寓
众美定制广场	石家庄	裕华区	裕华区建华大街南二环交会处以南	公寓、写字楼、酒店式公寓、商铺、建筑综合体
旭辉中睿府	石家庄	裕华区	裕华区南二环与建设大街交叉口南行800米	普通住宅、公寓、商铺
ICC 环球智汇中心	石家庄	裕华区	裕华区南二环与体育大街交会处东南角	写字楼
石家庄兰园	石家庄	裕华区	裕华区建华南大街与方兴路交叉口	普通住宅

楼盘名称	城市名称	城区	地址	物业类型
璀璨裕华园	石家庄	裕华区	裕华路与东二环交叉口西南角	普通住宅、公寓
融创中心学府	石家庄	裕华区	裕华区裕翔街与方兴路交叉口	普通住宅
旭辉中睿府4245新派公馆	石家庄	裕华区	裕华区建设大街与南二环交会处南行800米路西	公寓、商铺
东华国樾府	石家庄	裕华区	裕华区东二环和学苑路交叉口北行约400米路东	普通住宅
保利和光尘樾	石家庄	裕华区	裕华区塔南路与仓兴街交叉口北行50米路西	普通住宅
金地玺悦府	石家庄	裕华区	裕华区槐安路与翟营大街交叉口南行200米路西	普通住宅
勒泰中心	石家庄	长安区	长安区中山路与长征街东北角	公寓、写字楼、酒店式公寓
奥冠奥北公元	石家庄	长安区	长安区建华北大街与三教路交会处东行50米路南	普通住宅、公寓
瀚唐	石家庄	长安区	长安区北二环东路与体育北大街交会处北行1500米路西	普通住宅
真实桃园里	石家庄	长安区	长安区体育北大街与北二环东路交会处西北角	普通住宅、公寓、商铺
天洲视界城	石家庄	长安区	长安区北二环东路与十里铺西街交会处北行500米路东	普通住宅
恒大御景半岛	石家庄	长安区	长安区谈固大街北二环北行1000米路西	普通住宅、公寓、别墅、商铺
石家庄乐城国际贸易城	石家庄	长安区	长安区天山大街一路向北	公寓、商铺
华庭广场	石家庄	长安区	长安区和平东路与平安北大街交会处西行50米路南	普通住宅、写字楼、商铺
天海博雅盛世	石家庄	长安区	长安区东北二环交会处北行500米路东幸石家庄村	普通住宅、商铺
安联生态城	石家庄	长安区	长安区石兆街与石丰路交会处东南角	普通住宅
龙溪城	石家庄	长安区	长安区胜利北大街与石津灌渠交会处东北角	普通住宅
紫涵樾府	石家庄	长安区	长安区和平路与天山大街交叉口北行800米路西	普通住宅
高远森林城二期霖语	石家庄	长安区	长安区红星街与石津灌渠交叉口北行500米路东	普通住宅
半岛名邸二期	石家庄	长安区	长安区胜利北街与太平河交会处西南角	普通住宅
国赫天著	石家庄	长安区	长安区胜利北大街与王纺路交会处西行500米路北	普通住宅、公寓
广安云棠	石家庄	长安区	长安区东至圣门街北延，西至外环街，南邻光华路，北接华北路	普通住宅、公寓
瑞城广场	石家庄	长安区	长安区中山路沿线谈固东街至谈固大街	公寓、写字楼

楼盘名称	城市名称	城区	地址	物业类型
天海容天下	石家庄	长安区	长安区和平路与东二环交会处东行 800 米路南	普通住宅
荣盛华府	石家庄	长安区	长安区体育北大街与和平路交叉口西行 500 米路北	普通住宅、公寓、写字楼、商铺
锐拓长安颐园	石家庄	长安区	长安区北二环与胜利大街交叉口西行 1000 米路北	普通住宅、公寓、商铺
新源蜂巢	石家庄	长安区	长安区建设北大街与正东路交会处西北角（长安公园西门对面）	公寓、商铺
唐宫原著名邸	石家庄	长安区	长安区谈固大街与北二环交叉口东行 200 米路北	普通住宅
铂宫后海	石家庄	长安区	长安区胜利大街与翠屏路交叉口西行 1300 米路北	普通住宅
光华里悦公馆	石家庄	长安区	长安区光华路与电厂街交叉口北行 100 米路西	公寓
中房元泰广场	石家庄	长安区	长安区体育大街和平路交叉口西南	写字楼
远洋 7 号	石家庄	长安区	长安区北二环与高营大街交叉口西北角	公寓
保利国际广场	石家庄	长安区	长安区体育北大街与丰收路交叉口	写字楼
远洋晟庭	石家庄	长安区	长安区和平路与翟营大街交叉口北行 200 米路东	普通住宅、公寓
和平阳光苑	石家庄	长安区	长安区和平路与翟营大街交会处东南角	普通住宅
万科紫郡	石家庄	长安区	长安区建设大街与丰收路交叉口东行 400 米路南	普通住宅
长安万达广场	石家庄	长安区	长安区中山路与谈固大街交叉口	公寓
远洋新锐	石家庄	长安区	长安区东二环与和平路交叉口北行 500 米路东	公寓
翡翠书院小区	石家庄	长安区	长安区北二环与谈固大街交会处北行 800 米路东	普通住宅
荣盛中心	石家庄	长安区	长安区体育大街与和平路交叉口西行 500 米路北	公寓、写字楼
紫晶悦和中心	石家庄	长安区	长安区建华大街与和平路交会处东北角	普通住宅、公寓、写字楼、商铺
国仕花语	石家庄	长安区	长安区东二环与和平路交叉口西行 300 米路北	普通住宅、写字楼
奥园长安壹号	石家庄	长安区	长安区北二环与胜利大街交叉口（铁道大学）西行 500 米路北	普通住宅
旭辉长安府	石家庄	长安区	长安区东北二环	普通住宅
同祥城	石家庄	开发区	开发区中山东路(黄河大道）与祁连街交叉口北行 200 米	普通住宅、别墅、商铺
雍雅锦江	石家庄	开发区	开发区天山大街和学苑路交会处东北角	普通住宅

楼盘名称	城市名称	城区	地址	物业类型
想象国际	石家庄	开发区	开发区珠峰大街和珠江大道(槐安路）交会处东北角	普通住宅、写字楼、商铺
长江道壹号	石家庄	开发区	开发区长江大道(裕华路东延线）第一排	写字楼
燕港御灏府	石家庄	开发区	开发区槐安东路与天山大街交会处东南角	普通住宅
天山银河广场	石家庄	开发区	石家庄市高新区长江大道秦岭大街交叉口东南角	公寓、写字楼、商铺
红馆商务广场	石家庄	开发区	开发区天山大街与学苑路交叉口东北角	写字楼
九宫馆	石家庄	开发区	高新区珠江大道与天山大街交叉口东行 1000 米路南	普通住宅
富力城	石家庄	开发区	东至太行大街、西至昆仑大街、南至南二环东延线、北至学苑路	普通住宅
天山世界之门	石家庄	开发区	高新区天山大街与长江道交会处东南角	写字楼、商铺
星际未来城	石家庄	开发区	开发区长江大道与华山街交会处西北角	写字楼
保利茉莉公馆沁香园	石家庄	开发区	开发区和平路与京珠高速交会处东行 100 米路南	普通住宅
润都荣园	石家庄	开发区	高新区学苑路与封龙大街交叉口东南角	普通住宅
海纳光合谷	石家庄	开发区	开发区学苑路与祁连大街交叉口东北角	公寓
金盛悦府	石家庄	开发区	高新开发区昆仑南大街与漓江道交叉口西南角	普通住宅
磊阳天府	石家庄	开发区	开发区华山街与淮河道交叉口西北角	普通住宅、商铺
雅都园	石家庄	开发区	开发区封龙大街与金沙江道交会处东南角	普通住宅
瀚林小镇	石家庄	开发区	开发区南二环东延线与昆仑大街交叉口西北角	普通住宅
高远旭东城	石家庄	开发区	开发区太行大街与交段高路交会处西北角	普通住宅
天山依澜小区	石家庄	开发区	开发区学苑路与祁连大街交叉口西北角	普通住宅
中山尚郡	石家庄	开发区	高新区黄河大道（中山东路）与天山大街东行 100 米路北	公寓、写字楼
润江煦园	石家庄	开发区	高新开发区太行大街与金沙江路交叉口东南	普通住宅
润都御园	石家庄	开发区	开发区昆仑大街与北二环东延线交叉口西北角	普通住宅、商铺
融创臻园壹号	石家庄	开发区	开发区裕华路与阿里山大街交会处西南角	普通住宅

楼盘名称	城市名称	城区	地址	物业类型
东创铂悦府	石家庄	开发区	高新区南二环东延线以北，太行大街以东	普通住宅
世界 1 号	石家庄	开发区	高新区昆仑大街与长江大道交叉口西北角	普通住宅
同祥四季	石家庄	开发区	高新区辽河道 59 号	普通住宅
润江壹号	石家庄	开发区	昆仑大街与淮河道交叉口西北角	普通住宅
润都锦园	石家庄	开发区	湘江道以南，华山街西，峨眉街东	普通住宅、公寓、写字楼、商铺
正基九宸	石家庄	开发区	高新区天山大街与南二环东延交叉口南 1000 米路东	普通住宅
华远昆仑赋	石家庄	开发区	高新区昆仑大街与仓盛路交叉口西北角	普通住宅
石家庄宝能中心	石家庄	正定新区	正定新区新城大街与恒阳路交会处	公寓、写字楼
天山壹方中心	石家庄	正定新区	正定新区新城大道与临济路交叉口东南角	写字楼
绿城御河上院	石家庄	正定新区	正定新区体育大街滹沱河北岸东行 800 米	普通住宅
旅投福美十号院	石家庄	正定新区	正定新区华阳路与太行大街交叉口西北角	普通住宅
国金中心	石家庄	正定新区	正定新区新城大街与隆兴路交叉口东南角	公寓、写字楼、酒店式公寓、商铺
金科博翠园	石家庄	正定新区	正定新区省园博园旁（东门）	普通住宅
金辉优步大道	石家庄	正定新区	正定新区新城大道与华阳路交叉口东北角	普通住宅
天山翡丽公馆	石家庄	正定新区	正定新区 107 国道与恒山路交叉口西行 200 米路北	普通住宅
润江正定壹号院	石家庄	正定新区	正定新区曙光路与车站西街交叉口东北角	普通住宅
欧景云庭	石家庄	正定新区	正定新区新城铺镇迎宾路	酒店式公寓
天山国府壹号	石家庄	正定新区	正定新区太行大街与迎旭路交叉口	普通住宅
金辉中央云著	石家庄	正定新区	正定新区文庙街与东关街交叉口西行 500 米路北	普通住宅
金辉开元府	石家庄	正定新区	正定新区恒山东路与旺泉街交叉口	别墅
荣鼎嘉之汇	石家庄	正定新区	正定新区太行大街与迎旭路交叉口东南角	公寓、商业
天功颂园	石家庄	正定新区	正定新区园博园大街与正无路交叉口南行 100 米路东	普通住宅
远洋安联万和学府	石家庄	正定新区	正定新区太行大街与正无路交叉口西行 200 米路南	普通住宅
金科集美郡	石家庄	正定新区	正定新区太行大街与河北大道交叉口西北角	普通住宅

楼盘名称	城市名称	城区	地址	物业类型
润江府	石家庄	正定新区	正定新区北临华阳路，南至迎旭路，西临奥体街，东至天泽街	普通住宅
金地风华大境	石家庄	正定新区	正定新区太行大街与河北大道交叉口西北角	普通住宅
中海熙岸	石家庄	正定新区	正定新区滹沱河畔奥体中心西侧（正定新区太行大街与恒阳路交叉口西南角）	普通住宅
万科正定文化村	石家庄	正定新区	正定新区新城大道园博园北行约 300 米路西（地铁 1 号线福泽站 C 口向南约 100 米）	普通住宅
华润万橡府	石家庄	正定新区	正定新区新城二道与河阳路东行 1000 米路北（正定青少年宫对面）	普通住宅
石家庄碧桂园凤凰城	石家庄	周边县市	红旗大街与青银高速交会处南行 [illegible] 米路西	普通住宅、商铺
绿地海域鹿泉	石家庄	周边县市	温塘白鹿温泉内	普通住宅、别墅、商铺
富力西柏水镇	石家庄	周边县市	平山县西柏坡[illegible]高速出口	普通住宅、别墅
恒大悦龙台	石家庄	周边县市	元氏县姬村镇[illegible]山路一号	普通住宅
恒大十里温塘	石家庄	周边县市	温塘镇西柏坡高速温塘出口西行 3 公里	普通住宅、公寓
荣盛中山华府	石家庄	周边县市	平山县柏坡路与钢城路交叉口东[illegible]角	普通住宅
臻樾府	石家庄	周边县市	灵寿县北环路与牌楼街交叉口北[illegible]	普通住宅
碧桂园星钻	石家庄	周边县市	邯郸邯山区[illegible]路与南环路交叉口南行 1000 米路东	普通住宅
华远 海蓝和光	石家庄	藁城区	藁城区南二环东延线与新丰街（黄山大街）交叉口西北角	普通住宅
长安润江壹号	石家庄	长安区	长安区体育大街与丰收路交叉口东南角	普通住宅
万科未来城	石家庄	栾城区	栾城区石栾大街与栾武路交叉口西行约 800 米路北	普通住宅
碧桂园云樾风华	石家庄	栾城区	栾城区石栾大街与栾武路交叉口西行约 700 米路北	普通住宅
石家庄融创城	石家庄	栾城区	栾城区裕翔街与衡井线交叉口北行 1000 米路东	普通住宅
永威枫林上院	石家庄	栾城区	栾城区裕翔与衡井路交叉口东北角	普通住宅
栾州壹号	石家庄	栾城区	栾城区石栾大街与鑫源路交叉口西行 1000 米路南	普通住宅
南华城	石家庄	栾城区	栾城区裕翔街与衡井线交叉口东北角	普通住宅
万科新都会	石家庄	藁城区	藁城区南二环东延线与太行大街交会处东行 [illegible]00 米路北	普通住宅

楼盘名称	城市名称	城区	地址	物业类型
保利堂悦	石家庄	藁城区	藁城区东三环与槐安东路交叉口的东北侧	普通住宅
远洋福美瑾园	石家庄	藁城区	藁城区工业西路与站南街交叉口东南角	普通住宅
美的云熙府	石家庄	藁城区	藁城区市府路与昌盛街交叉口东行500米路南	普通住宅
保利时光印象	石家庄	藁城区	藁城区黄山大街丰产路交叉口西南角	普通住宅

楼盘名称	城市名称	城区	地址	物业类型
藁城天山熙湖	石家庄	藁城区	藁城区藁梅路（果王线）与兴华路交会处东南角	普通住宅
藁城润江翡丽华府	石家庄	藁城区	藁城区四明街与兴华路交叉口西南角	普通住宅
天河明郡	石家庄	栾城区	栾城区太行大街衡井线交叉口即至	普通住宅
瀚正御璟城	石家庄	栾城区	栾城区兴安大街与衡井线交叉口西北角（河北传媒学院西北）	普通住宅
栾城天山熙湖	石家庄	栾城区	栾城区宏达路与柴武大街交叉口	普通住宅

金地·玺悦府

石家庄　低密府邸　品质住区　配套齐全

金地·玺悦府于裕华核心区，是裕华区一环内罕有的一梯两户洋房住区，也是石门里少见的采用酒店式会所大堂入户的品质住区，独特 360° PLUS 全景化景观系统。

项目地址：
石家庄市裕华区槐安路与翟营大街交叉口西南角

开发商：
石家庄稳睿房地产开发有限公司

建筑类型：
小高层

主力户型：
118~142 平方米三居、四居

周边配套：
万达广场、空中花园、医大一院、世纪公园

参考价格：
22000 元 / 平方米

楼盘优势：
交通便捷，配套丰富，无论是购物、医疗还是上学、娱乐，都能很好地满足购房者的需求；低密度装配式住宅，在闹市中也能有一方宁静。

专家点评

张君花·石家庄广播电视台新闻综合频道地产行业总监

项目位于裕华区核心位置，各项配套设施齐全，构建一公里繁华生活圈；119~143平方米一梯两户大面宽三居、四居洋房品质府邸，是区域内稀缺产品。

项目解析

【区域维度】

“城市向上，裕见美好”。作为省会城市发展的重点区域，裕华区基础设施完善，经济快速发展，是石家庄政治、经济发达的首善之区。2019 年，金地集团在更高站位上，以前瞻性眼光布局省会，择址城市“富人区”，于裕华核心地段落子高端“名仕系”产品金地·玺悦府。

项目紧邻槐安路与翟营大街，两大主干道与南二环、建华大街、谈固大街形成“两横三纵”骨干交通线，毗邻地铁 3 号线（在建）、4 号线（规划），便捷交通路网，通达全城；二环快速路、新元高速直通机场，接轨世界生活。

项目位于万达广场商圈，紧邻世纪公园绿氧“仙境”，繁华与静谧兼得；河北地质大学、市 27 中、市 44 中，金马小学、神兴小学等学府环伺，营造人文书香氛围；邻近医大一院等医疗配套，24 小时护航家人健康。各项配套设施齐全，构建一公里繁华生活圈，定义“家的幸福半径”。

【品牌维度】

产品专家，匠心善筑。金地集团秉承“科学筑家，智美精工”的理念，32 载匠心筑家，以前瞻性的国际视野，布局全球 60 座城市，为中国超 60 万家庭提供标准化、系列化的住宅与社区商业产品，成为中国值得信赖的地产品牌之一。

2018 年金地集团首入石门，落子正定新区，凭借过硬的产品品质赢得市场广泛赞誉。2019 年金地集团实现金地风华大境、金地·玺悦府、隆投金地格林郡三盘联动，为城市层峰人士提供多元化的人居生活方式。未来，金地集团仍将以“科学筑家”为使命，秉持“引领人本生活”的产品理念，与城市同行，筑就美好生活。

【口碑维度】

作为目前裕华核心少有的新项目，金地·玺悦府首次面世，以实力与品质，受到广大客户的青睐，赢得了市场广泛赞誉。2019 年 11 月，金地石家庄产品推介会成功举行，现场数百名客户共同了解金地·玺悦府项目。金地·玺悦府占据槐安路万达旁核心位置，打造 119~143 平方米一梯两户大面宽三居、四居洋房品质府邸，是区域内稀缺产品，受到市场及客户交口称赞。

【产品维度】

金地·玺悦府汲取金地“名仕系”产品精髓，考究石家庄人的生活习惯，以科学的设计理念与产品意识，规划装配式绿色住宅；以 18% 低建筑密度及 35% 高绿地率，匠筑一席洋房低密府邸。一梯两户，高端住宅的标配，彰显尺度与品质；高配候梯厅，舒适美好，让出行更自在；公摊更低，给生活更多空间。4.2 米挑高酒店式入户大堂，精致灯具、高质墙面，演绎典雅生活。

项目采用新古典主义大都会风格，营造五重归家礼序，尊享生活仪式感；园区采用金地 360° PLUS 玩呗景观系统，设置自然学校、活力星球、氧气森林、大儿童乐园、能量环五大景观空间，打造沉浸式全龄互动园林。

此外，项目规划建筑面积 119~143 平方米大面宽三居、四居，敬启优雅人生。超 7 米大面宽阳台，采光充足，收藏全家人的理想生活。

更多楼盘详情请扫码查看

润江新华壹号院

石家庄 口碑项目 城市地标 内城豪宅

小区坐落于联盟路以南、西三庄街以西、联西街以东、蓝翼路以北，项目总占地46082平方米，建筑面积153954平方米，共规划12栋住宅楼及1栋两层配套公建。

项目地址：
石家庄市新华区西三庄街与联盟路交叉口西南角

开发商：
河北润浦房地产开发有限公司

建筑类型：
小高层

主力户型：
108~181平方米三居、四居

周边配套：
地铁3号线、北国超市益元店、水上公园

参考价格：
待定

楼盘优势：
位于二环内稀缺位置，紧邻地铁3号线，项目周围配套齐全，坐享一站式生活配套。

专家点评

纪珊珊·石家庄市房地产业协会秘书长

项目位于二环内稀缺位置，紧邻地铁3号线，交通便利，108~181平方米三居为主，满足改善人群的空间所需，周边生活类配套齐全，坐享一站式生活配套。

项目解析

【区域维度】

润江新华壹号院作为润江地产入主新华区首子，位于二环内稀缺位置，毗邻地铁3号线地铁口（在建），紧邻新华万达广场（规划中），距离水上公园约500米，直线距离一公里以内覆盖北国益元商圈，西苑小学、机场路小学、28中名校环绕，项目周边覆盖省二院、省人民医院、省中医院西院区等医疗配套，护航家人健康，坐享一站式生活配套。

【品牌维度】

2019年，润江地产加快区域深耕步伐，升级主城区战略，接连布局高新区、长安区、新华区等地。躬耕8载，润江以匠人之心开发建设了润江壹号、润江新华壹号院、润江翡丽公馆、润江府等20余个精品项目，竣工及在建施工面积300余万平方米，涉及住宅、工业产业园、商业综合体等多种物业类型，遍布石家庄主城区及“新四区”。打造院系、馆系、园系、府系、简昱系五大住宅产品体系，努力做了解石家庄、读懂石家庄人的美好生活服务商。

【口碑维度】

2019年10月，润江新华壹号院首次面市。以实力与口碑、品质与格调并进，使其在新华区的首次面市就备受瞩目，开盘当日劲销，掀起2019年新华区“红盘热销”的浪潮。因其产品、地段和配套所具有的优越性，项目一跃成为石家庄购房客户的优选，各产品目前处于火爆销售中。

【产品维度】

润江新华壹号院从居住者角度出发，不断尝试创造适宜人居的房型；典型如建筑面积108~181平方米全阳户型，在格局、层高、开间进深比、功能化升级等多方面反复打磨、精益求精。整个社区包含步入式会所、全龄段社交空间、约1000平方米的中心草坪和超900平方米的叠水湖等，全社区绿化覆盖率高达80%，真正实现了公园式的居住社区。

【销售维度】

案场数据显示，润江新华壹号院于2019年10月13日首次盛大开盘，到场客户超300组，历经4小时，首开热销5亿元，一天时间掀起热销狂潮，用实力上演了一幕楼市版“速度与激情”。作为润江地产首次进驻新华区的作品，润江新华壹号院将肩负本地房企的责任感和使命感，助力新华区实现新的跨越，焕新人居新体验。

更多楼盘详情请扫码查看

永威·枫林上院

2019年 中国城市楼盘年鉴 典型项目

石家庄　品牌地产　低密社区　精细住宅

永威·枫林上院位于裕翔街与衡井路交会处东北角。项目一期总占地 64211 平方米，总建筑面积 181728 平方米，规划建设 3 栋高层、5 栋洋房。

项目地址：

裕翔街与衡井路交叉口北行 200 米路东

开发商：

石家庄永森房地产开发有限公司

建筑类型：

小高层 、高层

主力户型：

83~118 平方米二居、三居

周边配套：

北国超市蓝山店、河北科技大学、楼底公园

参考价格：

8400 元 / 平方米

楼盘优势：

项目紧邻裕翔街，进入市区十分方便，交通顺畅。项目为全屋精装交付，可以省去装修的麻烦，价格在 1 万元以内，相对比较亲民。

专家点评

李水源·石家庄市房地产业协会党支部书记

项目位于城南主干裕翔街沿线，交通便利，83~118平方米精工小高层可满足不同置业人群的需求。

项目解析

【区域维度】

城市发展方向，把握时代脉搏。永威·枫林上院，以前瞻眼光择址石家庄裕华区正南，石家庄东南片区核心区位，承接主城区和栾城区，近享世纪公园、万达商圈、火车站等城市资源，汇聚商业、交通、休闲配套，紧邻民心河、交河交汇处，水光潋滟，风光旖旎。

千亿产城战略，驱动城市未来。石家庄先进装备制作基地，是京津冀产业专业平台之一、石家庄“4+4”产业格局重要一环，积极打造“千亿元基地国家级园区”。园区以通用航空、轨道交通、新能源汽车、生命健康四大战略性新兴产业为主，中国华电、中国中车等 8 家央企先后入驻，还有奇瑞新能源汽车等中国自主品牌代表。人才会聚，共筑科技高地。

【品牌维度】

用建筑读懂人居，用作品致敬城市。永威置业十数载精工历练，以深入骨髓的“精细化之道”匠心筑居，精耕中原，辐射全国；以精细化为立足之本，为城市贡献了翡翠城、东棠、五月花城、上和院等一个个经典人居作品。

精细永威，执着于每道工序毫厘的精准。经过多年研磨，永威以 12 重精工体系为标准，推行全国化战略布局，起步于郑州、深耕中原，现已拓展到西安、石家庄、苏州、海南等重点城市，匠造美好理想人居。

【口碑维度】

永威以精细化为立足之本，精雕细琢，以品质人居回馈业主，匠造理想美好生活；高标准的建材品质、建筑质量，观赏性与参与性兼得的园林景观，精致贴心的物业服务，成为永威享誉业界的精细化基因。

十四年来，永威已发展成为集房地产开发、建材、物业、门窗、园林、商业、教育于一体，产值超 100 亿元的多元化产业发展的集团式房地产开发企业。专业的开发能力及先进的企业经营理念，使永威在客户及同行业中形成了优秀的品牌形象与口碑，在社会上赢得了良好的声誉，荣获“中原地产十大领袖企业”“中国中部地产品牌 TOP10”等荣誉称号。

【产品维度】

永威·枫林上院作为永威进驻石家庄的开山之作，秉承精细化初心，带着对土地的敬畏和对人居的尊重，匠心营造低密品质宜居。约 18 万平方米新古典主义社区，墅质洋房适配精工小高层，朗阔楼间距、约 2.0 容积率，约 35% 绿化率，全面满足业主阳光、绿色、舒适生活诉求。项目在空间上悉心考量，于细节处精雕细琢；流畅动线动静分离，明厨明卫全明设计，双功能阳光宽厅、宽景阳台、全景落地窗与采光天井，将阳光清风牵引入室，臻享进阶人生。

【销售维度】

案场数据显示，永威·枫林上院 2019 年 9 月首次开盘，在高于周边竞品 500~1000 元每平方米的基础上，不追求高周转、坚持品质人居理念，实现销售额 1.4 亿元。作为永威地产首次进驻石家庄的作品，永威·枫林上院将一直秉承永威精细化理念，助力石家庄精细化品质的跨越，焕新人居新体验。

更多楼盘详情请扫码查看

碧桂园星钻

- 2019年 -
中国城市楼盘年鉴
典型项目

邯郸　高端典范　品牌实力　艺术格调

碧桂园星钻是碧桂园邯郸第八子，追随城市发展脚步，择址东环路旁，打造邯山区低密宜居典范。

专家点评　黄凌燕・乐居石家庄站执行总经理

碧桂园星钻依托碧桂园品牌实力，结合邯山区东南部板块目标客群，充分发挥潜力新区和高品质产品的核心价值，旨在打造高端、活力、格调、现代气质的理想人居。

项目地址：
邯山区东环路与南环路交叉口南行 1000 米路东

开发商：
邯郸市博思郡房地产开发有限公司

建筑类型：
中高层

主力户型：
105 平方米三居、125 平方米三居

周边配套：
美乐城、奥特莱斯（在建）、浙江商贸城、第一医院东区

参考价格：
待定

楼盘优势：
星钻作为邯郸星系产品首发，择址东环，畅享东环交通之便捷，城市发展方向之红利，户型设计之经典，旨在打造邯山区高端典型住宅。

项目解析

【区域维度】

碧桂园星钻是碧桂园邯郸第八子，择址东环路旁，打造邯山区低密宜居典范。项目扼守城市主干道东环路，双向八车道，四通八达，出行便利；紧邻美乐城商圈、浙江商贸城、华耀城商圈，以及正在建设的集轻奢购物、精致餐饮、儿童成长与配套、豪华影院、精品超市于一体的奥特莱斯，为业主提供更多居住之便利。

【品牌维度】

中国地产龙头企业碧桂园，秉承“给您一个五星级的家”的使命，携 27 载丰富房地产开发经验，截至 2019 年 7 月，已为超过 1200 个城镇带来现代化的城市面貌，打造超过 2000 个高品质项目，有超 400 万业主选择在碧桂园安居乐业。

邯郸碧桂园深耕邯郸 3 载，2019 年实现“九子同辉”的鼎盛局面，项目分布丛台区、高开区、邯山区、冀南新区以及武安市，开启邯城理想人居。碧桂园星钻依托碧桂园品牌实力，结合邯山区东南部板块目标客群；充分发挥潜力新区和高品质产品的核心价值，旨在打造高端、活力、格调、现代气质的理想人居。

【口碑维度】

碧桂园星钻项目选用新亚洲风格售楼处，该售楼处也是碧桂园集团新版售楼处，选用玻璃幕墙，突破常规形式。为了让邯郸市民见证有质有量的售楼处和精致的板房，项目施工严格，样板间更是按 1:1 比例真实还原。

从项目均衡池的净水工艺到建筑小品的施工打磨，严丝合缝、一丝不苟。项目开放当日，获得购房者高度称赞，同时也收获了当地友商的深度认可。

【产品维度】

针对 2.5 的社区容积率和新出台的国标限高，碧桂园星钻采用平铺的布局形式，以合理的楼间距设计，打造舒适怡人的社区环境。产品全部规划为 15~18 层的中高层产品，是目前邯郸在售楼盘中少数纯低密无高层产品的社区。

项目结合北方人居住习惯，将景观定义为带有时尚、现代、艺术感同时又给人轻松自然的生活氛围的“现代自然风格”，同时将儿童、老人活动场所及运动功能空间融入社区，打造自然健康的生活社区。

户型设计方面，凭借精心打造的示范区和经典户型，碧桂园星钻在刚需和刚改人群中圈粉无数；户型面积覆盖 90~140 平方米，足以满足刚需、改善人群的需求。户型设计上主推 125 平方米三居，南向三面宽，客厅配备超大景观阳台设计，充分享受惬意休闲生活。同时，所有户型精装交付，风格大气典雅。

【销售维度】

在邯郸市场逐渐转冷的情况下，在前期没有售楼处、没有沙盘的情况下蓄客，加之距离碧桂园星钻不足 1 公里的强势竞品持续降价，碧桂园星钻前期仍凭借过硬的品牌实力、专业的团队素质以及优秀的销售策略，最终实现示范区开放第二天开盘，并取得骄人业绩。这充分奠定了碧桂园在邯郸的市场地位，树立了客户认可度。

更多楼盘详情请扫码查看

2019 年秦皇岛房地产市场总结

行业发展历程

一、城市概述

秦皇岛是河北省省辖市，下辖海港、北戴河、山海关、抚宁区四个城市区和昌黎、卢龙、青龙满族自治县三个县及秦皇岛经济技术开发区、北戴河新区，陆域面积 7802 平方公里，海域面积 1805 平方公里。2018 年末全市常住人口 313.42 万人。

秦皇岛南临渤海，北依燕山，东接辽宁，西近京津，地处华北、东北两大经济区接合部，居环渤海经济圈中心地带。气候受海洋影响，夏无酷暑，冬无严寒，全市平均气温 11.1℃，是著名的滨海旅游康养城市。

二、行业现状

在秦皇岛践行西移北进、组团发展的区域规划理念的背景下，城市生活区也随之发生倾斜，楼盘片区分化明显。纵观秦皇岛房地产市场，房价保持高位运行，2019 年同比呈小幅上涨，新盘中改善和海景类产品居多，置业门槛水涨船高，产品去化率整体微降，部分热门楼盘以价换量，收效明显。

三、政策环境

秦皇岛紧随国家关于因城施策、分类指导的调控精神，按照房住不炒的原则，保持调控政策的稳定性和连续性，实现稳地价、稳房价、稳预期的调控目标；继续落实秦皇岛 2017 年印发的《关于进一步规范商品房销售行为的通知》，严厉打击房地产开发企业和中介机构违法违规经营行为。

四、土地市场

秦皇岛的土地市场价值以海岸线为基准，从南到北，随距离不断趋减，渤海湾沿线的海港区、北戴河区、昌黎县、山海关区、抚宁区的土地价值又按经济发展的程度趋减。在海港区的核心主城区土地市场不断紧缩的态势下，城市西部和北部热度日渐走高。依托生态环境和海资源优势，北戴河区和北戴河经济新区则是康旅度假项目的热门拿地片区。

五、房企布局

土地是房企的“口粮”，从房企在秦皇岛的土地储备情况来看，碧桂园、富力、华夏幸福等品牌房企继续扎根，深耕港城，并将视线向非主城区的县区扩张。除此之外，秦皇岛也迎来了绿城、东亚新华等“新朋友”，为北部、西部发展再添助力。本地房企方面，丰厚优质的土地储备就是竞争力、定心丸。

六、房产行业发展历程

秦皇岛是一座有山、有海、有河、有湿地、有长城的多元生态旅游城市，得天独厚的资源优势吸引了京津冀及东北人口流入，给房地产行业的发展提供了充实的市场基础。曾经的秦皇岛楼市走过粗放发展的阶段，在政府调控之下逐步趋稳。

近几年，受益于京津冀协同发展的红利，秦皇岛楼市进入了持续两年的补涨周期。而品牌房企的扎堆入驻，彻底改变了原始的“只盖房子”的房地产开发思路，以人文社群、文旅配套、全能物业形成品质增值，将秦皇岛的楼市拉入了新的竞争对话层级。

城市年度市场解读

一、本地新政

2019 年秦皇岛按照“房住不炒”的原则，继续执行原有的限购政策，对存量房的限购做出了进一步说明，明确补缴的纳税证明或社会保险不得作为购房有效凭证，对现役军人、非当地户籍大学毕业生、长期在本地工作生活的非当地户籍居民家庭、本市迁出的外地就学的学生、退休职工和煤炭经销企业户籍不在本市的员工等特殊人群购房做了明确规定，降低了购房门槛。

公积金政策方面简化了提取手续，下调了单缴职工贷款额度上限，调整了异地和二次购房的提取政策，呈现收紧趋向。

人才安居政策、限价商品房、保障性住房多措并举，为安家秦皇岛提供了更多可能。

二、年度土地供应

2019 年，秦皇岛城市区（海港区、山海关区、北戴河新区、开发区、抚宁区）计划国有建设用地供应总量 1346 公顷，其中，新增建设用地 1185 亩，存量建设用地 161 亩。

按供应结构来看，住宅用地 194 公顷，商服用地 566 公顷，工业仓储用地 365 公顷，公共管理与公共服务用地 75 公顷，交通运输用地 126 公顷，水域及水利设施用地 4 公顷，特殊用地 16 公顷。住宅用地计划供应量同比提升 32%。

据研究机构数据，2019 年秦皇岛土地供应约 220 公顷，较前一年同期下跌 44%。

三、年度土地成交

据不完全统计，2019 年秦皇岛住宅用地成交约 274 公顷，总建筑面积约 475 万平方米，成交土地总金额约 73.5 亿元。

从片区上看，海港区仍是当之无愧的成交大户，共成交 17 宗地块，总成交金额约 28.9 亿元；开发区、北戴河新区和抚宁区热度提升，溢价率随之上扬。

秦皇岛土拍市场在 2019 年年末呈现翘尾之势。12 月 27 日，5 宗地块集中入市，其中，德政街以南、规划一路以西、规划五路以北的地块拍出了 6680 元 / 平方米的近几年最高楼面价，引发市场关注。

四、年度住宅供应

据不完全统计，2019 年秦皇岛总住宅供应量为 23747 套，总面积约 248.2 万平方米，较 2018 年分别上涨 17% 和 15%。

其中，1 月、2 月份受节假日影响，市场进入传统淡季，月度供应量低位运行。3 月起，楼市进入小阳春，房企发力，月度供应量升至 2980 套，之后连月走低，7 月再次回归高位 3054 套；10 月月度供应量升至 4100 套，为 2019 年度新房供应量最多的月份。

五、年度住宅成交

据研究机构数据，2019 年秦皇岛城市区新建商品房成交总套数为 19097 套，成交总金额约为 272 亿元。成交走势与供应量高度呼应，成交套数比 2018 年上涨 18.9%。

由于房价高位运行，住宅成交分化明显，高性价比项目受追捧，热门新盘入市引发成交小高潮。

六、年度住宅存量

据研究机构数据，秦皇岛城市区商品房库存长期保持平稳态势。由于 2018 年底秦皇岛住宅集中供应，2019 年初去化压力稍增，但仍在合理健康的运行周期区间内，并保持了逐月下降的趋势。截至 2019 年 12

月，秦皇岛住宅库存面积约 191.62 万平方米，去化周期约 9.7 个月。

七、区域成交表现

从各区成交量来看，海港区新建商品房住宅成交量约为 11084 套，占秦皇岛总成交量的 58%。北戴河及北戴河新区约为 6296 套，占秦皇岛总成交量的 33%。二者完成了秦皇岛总成交量的九成。

从板块来看，主城区、西部、北部及北戴河均为热门板块，但目标置业群体类型差异性较大。

八、成交项目排行

据不完全统计数据，海港区的中交碧桂园 · 逅海、皓顺 · 琨御、秦皇岛万达广场、万科未来城二期、中冶德贤公馆，北戴河区的香邑澜湾，北戴河新区的孔雀城、远洋蔚蓝海岸、荣盛 · 戴河首岭，山海关区的富力金禧等项目销售情况较好，排名靠前。

而上述热门项目基本为全国性品牌房企或河北省品牌房企产品，由此可见，品牌房企与秦皇岛房地产市场之间形成了良性反馈——房企认可市场潜力，持续投入；市场认可房企价值，选择成交。

九、商业、公寓及办公

据不完全统计，秦皇岛 2019 年商业总供应面积约为 8.03 万平方米，办公总供应量约为 1.2 万平方米。

研究机构数据显示，秦皇岛办公及商业产品库存去化周期远高于 18 个月的合理去化周期上限值，库存压力较大。

十、年度房价走势分析

据不完全统计，截至 2019 年 12 月底，秦皇岛在售新盘约 96 个，其中住宅产品 65 个，海景产品 28 个，公寓及商业产品 3 个。待售楼盘约 11 个。商品房整体均价约为 12500 元 / 平方米，其中，住宅产品均价约为 10945 元 / 平方米，海景产品均价约为 15486 元 / 平方米。

从各月份数据来看，秦皇岛 2019 年整体房价呈小幅波动，变化不大。

根据秦皇岛统计局公布的 2019 年 1~11 月《住宅销售价格指数》，秦皇岛新建商品住宅价格环比上涨 1%，同比上涨 13.6%。全年来看，4 月环比涨幅最高，为 1.8 个百分点；其次为 1 月，涨幅为 1.7 个百分点；9 月涨幅最低，为 0.1 个百分点。

十一、热点板块分析

主城区板块发展成熟，配套完善，虽房价高企，但由于新盘稀缺，所以关注度一直较高。西部片区在市政府搬迁和交通发展的利好之下，逐渐成为港城置业新热点，房价水涨船高，追赶着主城区的脚步。北部片区房价相对较低，土储量大，是刚需置业的首选区域。市区内的金梦海湾板块、北戴河及北戴河经济新区是海景房集中板块，是旅居、康养、度假、投资的热门区域。

十二、未来展望

目前来看，秦皇岛的限购政策短期内不会全面放开，但可能进行微调。在推动经济持续快速发展、提升城市竞争力的需求下，不排除人才政策继续发力、惠及层次更加宽泛，落户政策更加宽松的可能。

2019 年全国范围内三、四线城市楼市大多因棚改紧缩而趋冷，但秦皇岛楼市有着不同于它们的发展动能，即环京的区域优势和海资源的环境优势。而诸多房企扎堆入驻秦皇岛，也表明了对秦皇岛房地产市场潜力的期待值。

虽然经过两年多的补涨，秦皇岛的房价早已今非昔比，呈现高位运行的态势，但就房价收入比来说，尚在比较合理的区间内，预计 2020 年热门项目的房价仍有上浮空间，而主城区外一些大体量项目的入市，或将拉低秦皇岛房价的整体水平，区域分化将继续加大。

供应方面，改善和旅居房源仍是本地市场主力，部分刚需置业需求可能向二手房挤压。

数据来源：中国土地市场网、秦皇岛统计信息网、秦皇岛市住房保障和房产管理局政务网、秦皇岛市公共资源交易网、秦皇岛市住房公积金网站。

2019 年秦皇岛房地产在售楼盘概览

楼盘名称	城市名称	城区	地址	物业类型
岸上澜湾	秦皇岛	海港区	海港区西港路与北环路交叉处北行200米	普通住宅
碧桂园首府	秦皇岛	海港区	海港区秦皇西大街与海阳路交叉口西南侧	普通住宅、商铺
博辉万象城	秦皇岛	海港区	海港区和平大街与西港口交叉口东南角	普通住宅
博维·美墅	秦皇岛	海港区	海港区先锋路以北、规划一路以西	普通住宅、别墅
博维·中央公园	秦皇岛	海港区	海港区和平大街与红旗路交叉口东北角	普通住宅、商铺
海碧台	秦皇岛	海港区	海港区金梦海湾河滨路160号	普通住宅
海悦公馆二期	秦皇岛	海港区	海港区河北大街西段(奥体中心对面)	普通住宅
海悦湾	秦皇岛	海港区	海港区建设大街与东港路交叉口北行	普通住宅
皓顺·琨御	秦皇岛	海港区	海港区河北大街西段燕山大学对面	普通住宅
宏扬铂郡	秦皇岛	海港区	海港区河北大街中段321号	普通住宅、商铺
华跃城	秦皇岛	海港区	海港区西港路50号(原耀华总厂院内)	普通住宅
金港玉湾	秦皇岛	海港区	海港区开滦路90号	普通住宅、商业
金梦海湾1号	秦皇岛	海港区	海港区山东堡立交桥东侧300米	普通住宅、公寓
金梦海湾8号	秦皇岛	海港区	海港区西浴场新澳海底世界路北100米	公寓
金梦海湾柒号香堤澜庭	秦皇岛	海港区	海港区金梦海湾七号地五区	普通住宅
金原国际商务大厦	秦皇岛	海港区	海港区河北大街与民族路交叉口	写字楼
九号别墅	秦皇岛	海港区	海港区长江东道与泰山路交会处西北角	普通住宅、别墅
蓝图·挚爱嘉园	秦皇岛	海港区	海港区杜庄镇原大道小学西侧	普通住宅
茂业中心	秦皇岛	海港区	海港区河北大街与文昌路交会处(燕山大学东侧)	公寓、写字楼、建筑综合体
秦皇岛恒大悦府	秦皇岛	海港区	海港区河北大街西段	普通住宅
秦皇岛万达广场	秦皇岛	海港区	海港区西港路以东、燕山大街南侧(原百姓市场)	普通住宅、公寓、商铺、建筑综合体
秦皇皓月城	秦皇岛	海港区	海港区海阳镇海阳改造片区	普通住宅、公寓、别墅、写字楼、商铺、建筑综合体
秦皇山水天城	秦皇岛	海港区	海港区东港北路与北二环交会处(原小张庄)	普通住宅

楼盘名称	城市名称	城区	地址	物业类型
珊瑚海	秦皇岛	海港区	海港区河北大街西段与滨海大道交会处	普通住宅
盛秦北苑	秦皇岛	海港区	海港区西港路与北港大街交会处东行200米	普通住宅
世纪港湾	秦皇岛	海港区	海港区秦皇东大街138号环岛与秦皇大街交叉口	商铺、建筑综合体
汤河铭筑	秦皇岛	海港区	海港区和平大街与西港路交会处	普通住宅
汤河庭院	秦皇岛	海港区	海港区秦皇东大街南侧，先锋路与新建路交叉口北行200米	别墅
万和天地	秦皇岛	海港区	海港区河北大街与西港路交叉口、汤河公园东侧	公寓
万科未来城二期	秦皇岛	海港区	海港区北港大街与民族北路交叉口西行约800米	普通住宅、洋房
星光大道	秦皇岛	海港区	海港区原耀华玻璃二区	普通住宅
兴龙九里桃源	秦皇岛	海港区	海港区民族北路以东，北港大街以北、揽月街以南	普通住宅、洋房
兴龙香玺海	秦皇岛	海港区	海港区奥体中心南侧、新奥海底世界西行200米	普通住宅、公寓、商铺
兴桐鑫城	秦皇岛	海港区	海港区兴民街防护绿地以北、兴登路公园绿地以东、规划路以南	普通住宅、自住型商品房
一方南岭国际·四街区	秦皇岛	海港区	海港区长江西道与南岭东路交叉口西北侧	普通住宅、商业
御品第一观	秦皇岛	海港区	海港区西浴场新澳海底世界西侧	公寓
在水一方	秦皇岛	海港区	海港区西港路81号	普通住宅
中交碧桂园·逅海	秦皇岛	海港区	海港区金梦海湾区域首旅京伦酒店东侧	普通住宅
紫金嘉府	秦皇岛	海港区	海港区民族路与北环路交叉口东南角	普通住宅
公园里	秦皇岛	开发区	开发区森林体育公园以北，华山北路、小汤河以西	普通住宅
金明国际财富中心	秦皇岛	开发区	开发区秦皇西大街与六盘山路交会处	写字楼、商铺
路能达国际汽车文化创意产业园	秦皇岛	开发区	开发区祁连山北路与102国道交叉口南100米	商铺、建筑综合体
天成熙墅	秦皇岛	开发区	开发区华山路以东、祁连山路以北	别墅
万通春江花月园	秦皇岛	开发区	开发区峨眉山北路与G102国道交叉口西南角	普通住宅

楼盘名称	城市名称	城区	地址	物业类型
曦城花语	秦皇岛	开发区	开发区长江道与昆仑山路交会处，秦皇岛市一中东1000米	普通住宅、洋房、别墅
中冶德贤公馆	秦皇岛	开发区	开发区珠江道14号	普通住宅、洋房
中冶德贤华府	秦皇岛	开发区	开发区恒山路以西、淮河道以南	普通住宅、洋房
保利海公园	秦皇岛	北戴河区	北戴河区G205国道与宁海道交叉口南行500米路东	普通住宅、商铺
碧桂园御府	秦皇岛	北戴河区	北戴河区联峰北路与北五路交会处北行800米	普通住宅、洋房
碧海景园	秦皇岛	北戴河区	北戴河区黄金海岸一纬路与二经路交叉口	公寓
富力和园	秦皇岛	北戴河区	北戴河区北戴河高铁站东2公里金城路南侧	普通住宅、洋房
海滨胜境	秦皇岛	北戴河区	北戴河区站南大街以南、戴河支路二十三以北、规划戴河三号路以东	普通住宅、洋房
华都驿郡	秦皇岛	北戴河区	北戴河区牛头崖镇太和寨村口（北戴河火车站西行1000米）	普通住宅
华贸国际公馆	秦皇岛	北戴河区	北戴河区北戴河滨海大道与联峰路交叉口	公寓
金龙·和玺	秦皇岛	北戴河区	北戴河区戴河镇站南大街与海北路交会处、北戴河火车站东行约500米	普通住宅、洋房
浅水湾别墅	秦皇岛	北戴河区	北戴河区北戴河滨海大道52号	别墅
太和小镇	秦皇岛	北戴河区	北戴河区北戴河火车站西约1500米	普通住宅、洋房
万科·米哈斯小镇	秦皇岛	北戴河区	北戴河区北戴河高铁站东约1500米，站南大街北侧	洋房、别墅
香邑澜湾	秦皇岛	北戴河区	北戴河区北戴河火车站东行1500米	普通住宅、别墅
阿那亚Aranya	秦皇岛	北戴河新区	北戴河新区黄金海岸中区沿海公路以东	普通住宅、洋房、公寓、别墅
保利观潮	秦皇岛	北戴河新区	北戴河新区戴河大街北侧，河北对外经贸职业学院西侧	公寓
保利和堂	秦皇岛	北戴河新区	北戴河新区保利森林高尔夫球会内（北戴河沿海路与L16省道交会处）	洋房、公寓
北戴河蔚蓝海岸	秦皇岛	北戴河新区	北戴河新区洋河入海口西200米	普通住宅、洋房、别墅、公寓
北戴河新区孔雀城	秦皇岛	北戴河新区	北戴河新区滨海新大道与文博路交会处西南	普通住宅、洋房、公寓
滨海湾	秦皇岛	北戴河新区	北戴河新区光明路与林海道交叉口	公寓
滨海新城	秦皇岛	北戴河新区	北戴河新区前进路与宁海道交会处(永安酒店西行350米）	普通住宅

楼盘名称	城市名称	城区	地址	物业类型
泊渡	秦皇岛	北戴河新区	北戴河新区光明路南、林海道西	普通住宅
博辉戴河国际	秦皇岛	北戴河新区	北戴河新区戴河大街（原前进路）南外国语学院对面	公寓
非常海	秦皇岛	北戴河新区	北戴河新区戴河大街与宁海道交会处	公寓
好莱坞魔法城	秦皇岛	北戴河新区	北戴河新区滨海新大道与抚南连接线交叉口	公寓、建筑综合体
恒搏网球小镇	秦皇岛	北戴河新区	北戴河新区沿海大道与昌黄路交叉口西行1000米	公寓
金洋戴河湾	秦皇岛	北戴河新区	北戴河新区205国道与宁海道交会处南行300米路西	普通住宅、洋房
孔雀庭院	秦皇岛	北戴河新区	北戴河新区黄金海岸一纬路南	普通住宅、洋房
临海听涛	秦皇岛	北戴河新区	北戴河新区宁海道与戴河大街交会处西行300米	公寓
龙华园	秦皇岛	北戴河新区	北戴河新区黄金海岸一经路中段	公寓
荣盛·戴河首岭	秦皇岛	北戴河新区	北戴河新区黄金海岸国际滑沙中心南行200米	洋房、公寓、别墅
荣盛·健康谷	秦皇岛	北戴河新区	北戴河新区滨海新大道D4段以西	公寓、别墅
荣盛·汤泉首岭	秦皇岛	北戴河新区	北戴河新区黄金海岸四纬路与二经路交会处	洋房、公寓、别墅
荣盛·一杯澜	秦皇岛	北戴河新区	北戴河新区南戴河国际娱乐中心东行3公里路南（原碧海蓝天度假村）	公寓、别墅
万科·拾光海湾	秦皇岛	北戴河新区	北戴河新区滨海大道与香海湾路交叉口	洋房、公寓、别墅
威尼斯水城	秦皇岛	北戴河新区	北戴河新区滨海新大道与赤洋路交叉口	公寓、别墅
夏都海岸	秦皇岛	北戴河新区	北戴河新区戴河大街南侧光明路与云海路交会处	公寓
紫澜香郡	秦皇岛	北戴河新区	北戴河新区戴河大街与宁海道交叉路口向北100米	公寓
富力金禧	秦皇岛	山海关区	山海关区老龙头路与正惠街交叉口	普通住宅
佳龙·白鹭岛	秦皇岛	山海关区	山海关区龙海大道乐岛东侧	普通住宅、公寓
金洋石河湾	秦皇岛	山海关区	山海关区石河东路（山海关区政府西侧）	普通住宅
山海景湾	秦皇岛	山海关区	山海关区重庆道与贵州道交会处	普通住宅、商铺
山海雅居	秦皇岛	山海关区	山海关区山海关老体育场	普通住宅、洋房
山海壹号	秦皇岛	山海关区	山海关区老龙头景区北行400米	普通住宅
碧桂园·静雅芳庭	秦皇岛	抚宁区	抚宁区金山大街与富强路交会处北行150米	普通住宅

楼盘名称	城市名称	城区	地址	物业类型
明星·朗樾	秦皇岛	抚宁区	抚宁区碧海路西侧，健康大街南侧	普通住宅
那畔·云起墅	秦皇岛	抚宁区	抚宁区戴河生态园北侧	普通住宅、洋房、别墅
洋河左岸	秦皇岛	抚宁区	抚宁区碧海路与洋河大街交叉口西行200 米	普通住宅
壹号公馆	秦皇岛	抚宁区	抚宁区金山大街新一中东行五百米	公寓、商铺
紫金湾·景泰	秦皇岛	抚宁区	抚宁区青云路以东，香营街以北，丹霞路以西	普通住宅、商铺
昌黎孔雀城	秦皇岛	昌黎县	昌黎县韩愈大街以南、规划九龙山路以西	普通住宅、洋房
金榭巴黎一碣石明珠	秦皇岛	昌黎县	昌黎县八里庄村南、规划碣石路东侧、汇文街北侧	普通住宅

楼盘名称	城市名称	城区	地址	物业类型
澜郡华府·名门	秦皇岛	昌黎县	昌黎县昌黎火车站广场东[illegible]00 米	普通住宅、商铺
上风上水·领地	秦皇岛	昌黎县	昌黎县华夏路与韩愈大街交会处西北角（新县医院斜对面）	普通住宅、商业
晟禾时代	秦皇岛	昌黎县	昌黎县燕山路与北三大街交叉口西南角	普通住宅、公寓
香槟小镇	秦皇岛	昌黎县	昌黎县碣阳大街汇文一中向西 300 米	普通住宅
宏屹国际城	秦皇岛	卢龙县	卢龙县龙城路康[illegible]西德街交叉口路西	普通住宅
壮业未来城	秦皇岛	卢龙县	卢龙县医院北[illegible]米	普通住宅
泰丰首府	秦皇岛	青龙县	青龙县燕山路青龙县政府东侧	普通住宅
兴龙凤凰城	秦皇岛	青龙县	青龙县兴龙广缘生活广场北侧	普通住宅

香邑澜湾

- 2019年 -
中国城市楼盘年鉴
典型项目

秦皇岛　品牌房企　口碑项目　城市地标

项目总体量20.4万平方米，分五期开发，其中一期已于2019年4月交付。项目为合院、洋房、小高层，当前在售为项目五区。

项目地址：

北戴河高铁站东行1500米站南大街与富强路交叉口

开发商：

秦皇岛和瑞房地产开发有限公司

建筑类型：

板楼、别墅、小高层

主力户型：

80~132平方米二居、三居、四居

周边配套：

树人中学、环保学院、北戴河印象公园

参考价格：

9800元/平方米

楼盘优势：

生活，悠闲自在。京津冀都市生活圈，城市和家任意切换。在这里，尽享一站式养生小镇和旅游度假生活圈。

专家点评

李静·秦皇岛市房地产开发协会秘书长

项目位于度假胜地，气候宜人，享有美丽海岸线的北戴河，是全国优质的度假疗养和健身康复中心。品牌带来硬性保证，隆基泰和品牌房企倾心巨制，全方位周到细致的物管为业主保驾护航。

项目解析

【区域维度】

北戴河距天津220公里，距北京280公里。随着津秦高铁的开通，北戴河至天津乘高铁仅需1小时，至北京仅需2小时。而2020年京秦高铁通车后，北京到秦皇岛乘高铁仅需1小时，北戴河成为名副其实的“京津后花园”，同时也真正地进入了京津一小时生活圈。

【品牌维度】

隆基泰和集团创立于1995年，集地产开发、商贸物流、智慧能源、文化旅游、城镇建设、物业服务、绿色建材、金融服务八大业务板块于一体。集团连续四年入选“中国企业500强”，连续三年入选“中国房地产开发企业50强”，始终以“和”文化的进取精神作为前行的动力，秉承“和城市共生长”的企业理念，致力于成为中国新型城镇化建设的主导力量。集团深耕京津冀特别是环雄安地区，在全国九大区域有所布局，成立至今已拥有160多个项目，成功跻身于全国品牌开发商行列。

香邑澜湾项目斥资打造全龄友好社区，整体“一核两翼”式配套布局，规划四方食馆、观澜客栈、不止书馆、陌上花坊、四时农场等生活、休闲组团式配套，利用九大友好主题呈现全年龄、全家庭、全季节、全需求的四全配套体系，全方位解决业主生活便利性的需求，同时兼具艺术文化色彩，实现一站式养生度假小镇。

【口碑维度】

自2010年进驻秦皇岛以来，隆基泰和累计已为7000余户业主圆梦安家。香邑澜湾项目分期规划，快速开发，凭借别墅、洋房等多元化产品和新亚洲风格建筑立面，成为区域内具有代表性的楼盘。

隆基泰和集团力争打造北戴河北部新城一站式的低密度复合型旅游度假小镇，择优选地，占据了北部新城区的优质地段。自2017年一区入市、2018年三、四区入市、2019年五区入市以来，项目已进入良性的滚动开发模式。目前项目五区在建在售，去化表现在区域内颇为抢眼。

【产品维度】

社区旨在打造城市难得的富氧墅区，包含合院别墅、墅境洋房。产品设计阶段，兼顾多重使用需求，拥有挑空客厅和超大面积的入户花园，11层电梯洋房产品利用大开间、短进深的布局，保证户型的功能性和实用性。

园林规划以中式文化为核心，结合了皇家园林社区的对称严谨，又汲取了私家园林的灵活紧凑，步移景异，层层深入。五重院落空间逐层展开，让业主归家路上感受到青山碧水的诗情画意，又彰显庭院深深的大宅风范，力求保证三季有景和四季常青。

【销售维度】

香邑澜湾项目自2017年5月开盘以来持续热销，凭借产品优势和全龄配套的附加值获得了业内和客户的一致认可。案场数据显示，2019年实现销售额近5亿元，成为城市西部地区又一典型楼盘。

有城市低密专家之称的隆基泰和在秦皇岛一直专注于低密产品的开发，从香邑溪谷的花园洋房、铂悦山的城市别墅，再到容积率仅为0.85的香邑澜湾一区蝶语墅，无一不是低密住区典范力作。

更多楼盘详情请扫码查看

2019 年唐山房地产市场总结

行业发展历程

一、城市概述

唐山为河北省地级市，位于河北省东部、华北平原东北部，南临渤海，北依燕山，毗邻京津，地处华北与东北通道的咽喉要地，总面积为 13472 平方千米。

截至 2018 年，唐山市下辖 7 个市辖区、3 个县级市、4 个县，另设有 5 个开发区，常住人口 793.58 万人。作为中国最早的工业城市，唐山长期以煤炭钢铁产量而自豪，这也是一直以来人们对这座河北名城最深刻的印象。

二、行业现状

从整体看，2019 年唐山商品房销售价格指数在全国 70 个大中型城市中保持相对稳定，整体市场发展趋势较稳；作为环渤海经济圈发展潜力较大城市之一，吸引了华润、富力、融创、中铁建、万科、碧桂园、恒大等众多知名房企入驻，一直为唐山房地产产业带来新的发展动力，不断提升唐山整体居住水平以及城市定位。

三、政策环境

2019 年唐山楼市发展平稳，为坚决贯彻“房住不炒”的核心理念，唐山市人民政府办公室于 2019 年 12 月 31 日印发《关于进一步加强市中心区（路南区、路北区、高新区）商品房销售管理的通知》，明确购房人购买新建商品住房，自网签之日起 42 个月内不得上市交易，使唐山成为全国第一个从网签开始计算限售时间的城市。

四、土地市场

2019 年唐山土地市场比较火热，住宅用地、工业用地在供应量及成交量方面都呈现上涨趋势。从 5 月开始，延续到 11 月，直到 11 月 14 日两宗“地王”产生，楼面地价达 9600 元 / 平方米，掀起 2019 全年的土拍高潮。

五、房企布局

随着城市发展战略的不断调整及更新，唐山房地产市场涌入众多一线品牌房企，中国铁建、融创、[illegible]洲等房企纷纷进驻，为唐山带来品质住宅。同时，融创在 2019 年多次拿地，将继续深耕唐山，为唐山购房者带来优质居住体验。

六、房产行业发展历程

近几年来，唐山房地产市场可谓大起大落。从 2016 年 10 月开始，唐山房价呈现上涨趋势，并于 2017 年上半年迎来高峰，主要是基于京唐城际铁路在“317 新政后”的持续发酵炒作，高涨幅引入一大批炒房客进入唐山市场，唐山的购买力也从本地的刚需群体转化为外地投资客增多。不过，应当看到的是，唐山从价格洼地成为投资热门城市，最主要还是基于优越的地理位置、完善的交通配套设施以及快速的经济发展，激发了投资者对唐山这座城市的青睐。

城市年度市场解读

一、本地新政

1. 公积金政策

从 2019 年 6 月 26 日起，借款申请人可贷款额度不超过借款申请人（及配偶）账户余额的 10 倍，借款人（及配偶）3 年内未提取过公积金的，贷款额度增加 20%。

2. 购房资格申请取消

2019 年 8 月 16 日房管局网签办公室发出通知，从 2019 年 8 月 16 日开始，不再上传和提交购房资格申请表，购房资格申请表作废。

3. 限售

为坚决贯彻“房住不炒”的核心理念，唐山市人民政府办公室于 2019 年 12 月 31 日印发关于进一步加强市中心区（路南区、路北区、高新区）商品房销售管理通知：明确购房人购买新建商品住房，自网签之日起 42 个月内不得上市交易，使唐山成为全国第一个从网签开始计算限售时间的城市。

二、年度土地供应及成交

2019 年度，唐山土地市场住宅用地、工业用地增加，商业用地减少，据不完全统计，市区主要用地监控共计成交 28 宗地块，其中最高成交楼面地价为 9600 元 / 平方米。

具体来看，住宅用地供应量为 880.74 万平方米，同比增加 24.62%；住宅用地成交为 617.27 万平方米，同比增加 19.12%。工业用地供应量为 4084.54 万平方米，同比增加 42%；工业用地成交为 3006.62 万平方米，同比增加 33.45%。商服用地供应量为 189.41 万平方米，同比减少 33.11%；商服用地成交为 134.02 万平方米，同比减少 38.85%。

三、年度房价走势分析

2019 年唐山整体房价呈现稳中上涨趋势。截至 2019 年底，路北区房价均价约 13749 元 / 平方米，路南区房价均价约 13478 元 / 平方米。国家统计局数据显示，唐山新建商品住宅销售价格涨幅一直位居前列，其中 11 月份新房价格环涨 1.9%，远超一线北、上、广、深，环比上涨幅度在 70 个大中型城市中与银川并列第一位。

四、热点板块分析

路南、路北区依旧为关注度较高的两大主城区，路北凤凰新城区域作为新起区域，无论是规划布局、房企入驻还是居住环境方面，都受到购房者的广泛青睐。与此同时，2019 年下半年的两宗“地王”也位于凤凰新城区域，所以未来的关注热度依旧会持续上涨。

路南区随着近两年品牌房企的不断加入以及城市配套的不断扩充完善，受到越来越多购房者的关注，不过目前可供求的房源并不多；融创、碧桂园京东区域在 2019 年拿到新地块，预计 2020 年逐一入市，也将为区域增加新的活力。

除市区两大区域外，曹妃甸区域关注度也逐渐增长，曹妃甸自贸区的成立带动了区域的快速发展，目前区域内恒大、富力、中国铁建、金隅等品牌房企也不断扩大版图，区域热度日渐提升。

五、未来展望

在坚持“房住不炒”的大环境下，唐山作为一匹黑马，新建商品房价格指数在 70 个大中型城市中保持相对稳定，市场整体呈现良性发展态势。2019 年底发布“限售”政策，或与房价上涨过快有关；通过政策调控，将着力抓好房地产市场稳控，遏制投机炒房，进一步维护房地产市场秩序，促进房地产市场平稳健康发展。

六、市场预期

从 2019 年新成交土地数量来看，未来唐山房地产市场供应量应该比较充足，虽然刚需置业一直是市场主力，但改善型刚需以及高端置业占比也将逐渐增加，融创、碧桂园京东北区域、天壤、华润置地等众多房企，也将为 2020 年唐山房地产市场开拓更多优质的居住项目。

数据来源：唐山市公共资源交易中心、唐山世联锐易。

2019年唐山房地产在售楼盘概览

楼盘名称	城市名称	城区	地址	物业类型
恒大御海天下	唐山	曹妃甸新区	曹妃甸新区曹妃甸新港大道于西港路交叉口	普通住宅
中国铁建海语昕居	唐山	曹妃甸新区	曹妃甸新区通海路以东、景明道以北（曹妃甸新城管委会东侧）	普通住宅
曹妃甸富力城	唐山	曹妃甸新区	曹妃甸新城新港大道与东海东路交叉口	普通住宅、别墅
合生·观唐帝景	唐山	曹妃甸新区	曹妃甸新区新城大道与行知路交叉口西行200米	普通住宅、公寓、商业
金隅·大成郡	唐山	曹妃甸新区	曹妃甸新区新港大道景山中学东行600米	普通住宅
君熙太和	唐山	丰南区	丰南区丰南惠丰湖（国丰维景国际大酒店东北侧）	普通住宅、别墅
唐山碧桂园天悦湾	唐山	丰南区	丰南区运河东路维景国际酒店东侧	普通住宅
禹洲嘉誉瀞湖	唐山	丰南区	丰南区友谊大街与二环路交叉口	普通住宅
荣盛锦绣阅山	唐山	丰南区	丰南区正泰街以南、西南环线以东、国丰大街以北、运河西路以西	普通住宅
和泓大成府	唐山	丰南区	丰南区正苑大街与运河西路交叉口丰南区政府西侧	普通住宅
中建城	唐山	丰润区	丰润区林荫路与公园道交叉口	普通住宅、商铺
碧桂园凤凰首府	唐山	丰润区	丰润区太平路与同庆道交会处东南侧	普通住宅
碧桂园凤凰城	唐山	丰润区	丰润区第一迎宾大道，远洋城北行，建设北路东侧	普通住宅
丰润万科金域华府	唐山	丰润区	丰润区幸福道与滨河北道交叉口	普通住宅
唐山金科集美郡	唐山	丰润区	丰润区建设北路与二环路北行2公里	普通住宅
中建府	唐山	丰润区	丰润区林荫北路与同庆道交界处	普通住宅
浭阳新都	唐山	丰润区	丰润区祥云道与润泽路交会处东南	普通住宅
缇香郡	唐山	丰润区	丰润区车轴山路东侧和平西道南侧	普通住宅
象屿正丰润唐悦府	唐山	丰润区	丰润区燕山南路	普通住宅、商铺
唐山碧桂园珑悦东方	唐山	丰润区	丰润新区北环东路与祥和路交叉口东侧（丰润区职教中心东侧500米）	普通住宅
万润府	唐山	丰润区	丰润区锦园北道与车站路交叉口（天宫寺塔公园西侧）	普通住宅
万科未来城	唐山	高新技术产业园区	高新技术开发区北郊枢纽站北行约600米	普通住宅、商铺
万科翡翠蓝山	唐山	高新技术产业园区	高新技术产业园区龙泽路与荣华道交叉口（常记家居北侧）	普通住宅
中国铁建·唐颂国际	唐山	高新技术产业园区	高新技术产业园区建设路与庆南道交叉口西侧（大陆海鲜西行100米）	普通住宅
融创·唐庭壹号	唐山	高新技术产业园区	高新技术产业园区建设路与龙华道交叉口西北角	普通住宅
凤城·凯旋公馆	唐山	高新技术产业园区	高新技术产业园区建设北路与庆北道交叉口	普通住宅、公寓、商铺
金洋澜湾	唐山	海港经济开发区	海港经济开发区繁荣大路与港民街交会处	普通住宅
中南拉唯那	唐山	海港经济开发区	海港经济开发区唐山湾国际旅游岛宾海景观道南	普通住宅、公寓、别墅
滨海首府	唐山	海港开发区	海港经济开发区繁荣大路与兴业大街南行200米	普通住宅
金岸红堡	唐山	路南区	路南区学院南路与青龙河交会处南行100米路，正东面为大南湖	普通住宅、商铺
水岸名都	唐山	路南区	路南区光明南路与和泰道交会处	普通住宅
新华联国花园	唐山	路南区	路南区南新道与卫国路交叉口	普通住宅、商铺
渤海豪庭	唐山	路南区	路南区新华道与友谊路交叉口东南角	普通住宅、写字楼、商铺
凤城天鹅湖庄园	唐山	路南区	路南区南新道与大里路交叉口东南角	普通住宅
万科翡翠观唐	唐山	路南区	路南区文化路以东、增盛路以西、国防道以南、南新道以北	普通住宅
仁恒公园四季	唐山	路南区	路南区南新道与大里路交叉口南行500米路东	普通住宅
红堡天邑	唐山	路南区	路南区学院南路青龙河桥西南侧	普通住宅
瑞宫·天屿湾	唐山	路南区	路南区学院南路青龙河畔	普通住宅
新城瑞府	唐山	路南区	路南区南新道与吉祥路西	普通住宅
融创·湖岸壹号	唐山	路南区	唐山南湖大道与复兴路交叉口南行800米	普通住宅
中裕北纬39度	唐山	乐亭县	乐亭县唐山国际旅游岛规划展馆东侧	公寓
绿城蓝湾小镇	唐山	乐亭县	乐亭县唐山湾国际旅游岛	普通住宅
中梁燕山壹号院	唐山	滦州市	滦州市文兴道南侧规划安康南道东侧	普通住宅
碧桂园天玺湾	唐山	迁西县	迁西县滦水湾公园北侧地块	普通住宅

楼盘名称	城市名称	城区	地址	物业类型
迁西荣盛锦绣观邸	唐山	迁西县	迁西县喜峰南路汽车客运站南侧	普通住宅、商铺、共有产权房
恒大桃花源	唐山	玉田县	玉田县玉龙湾滑雪场	普通住宅、商业
玉田万润城	唐山	玉田县	玉田县伯雍公园北侧	普通住宅
伯雍壹品	唐山	玉田县	玉田县伯雍东街与甘泉路交叉口（交警队对面）	普通住宅
碧桂园恋乡小镇	唐山	遵化市	遵化市兴旺寨乡	普通住宅、别墅
碧桂园·雍华府	唐山	遵化市	遵化市南二环与愚公路交叉口	普通住宅
水山樾城	唐山	开平区	开平区南新东道与陡河交会处	普通住宅、商铺
新天地鹭港	唐山	路北区	路北区鹭港 21 区与康馨雅苑之间	普通住宅
唐城壹零壹	唐山	路北区	路北区凤凰新城翔云道与友谊路的交会处东侧	普通住宅、别墅
新天地美域	唐山	路北区	路北区站前路与谊园道交叉口东行 50 米路北	商铺
恒大学庭	唐山	路北区	路北区长宁道与卫国路交叉口北行 300 米	普通住宅、写字楼、商铺
富丽国际花园	唐山	路北区	路北区站前路与南新道交会处东南侧	普通住宅、商铺
海航叠山院	唐山	路北区	路北区龙泽路与建华道交叉口沿建华道东行 200 米	普通住宅
梧桐府	唐山	路北区	路北区大里路与朝阳道交叉口北行 300 米	普通住宅
富力盛悦府	唐山	路北区	路北区凤凰新城龙华西道与友谊北路交叉口东北	普通住宅、商铺

楼盘名称	城市名称	城区	地址	物业类型
金隅冀东留唐	唐山	路北区	路北区北新道与河西路交叉口东南	普通住宅
水山兰园	唐山	路北区	路北区凤凰新城朝阳道和大里路交叉口	普通住宅
万科公园大道	唐山	路北区	路北区前路与南新道交会处南 500 米	普通住宅
碧桂园公园壹号	唐山	路北区	路北区缸窑路与西窑道交叉口西南处	普通住宅
钢城春邑	唐山	路北区	路北区新华东道与滨河路交叉口路北行 50 米	普通住宅、商铺
安联唐公馆	唐山	路北区	路北区长宁道与龙泽路交叉口东行 300 米	普通住宅
凤凰大都汇	唐山	路北区	路北区凤凰新城大里路与朝阳道交叉口东南角	普通住宅、商铺
新城澜樾府	唐山	路北区	路北区西电路与谊园道交叉口	普通住宅
唐山吾悦广场	唐山	路北区	路北区长宁道与学院北路交汇	普通住宅、公寓、商铺
唐山富力十号	唐山	路北区	路北区建设路与西山道交叉口西南	公寓
经典温哥华	唐山	路北区	路北区友谊路与龙华道交叉口西行 200 米	普通住宅
茂华金汇公馆	唐山	路北区	路北区友谊路与西山道交叉口东南角	公寓
梧桐大道	唐山	路北区	路北区大里路以西裕华道以南	普通住宅
金隅冀东金玉府	唐山	路北区	路北区北新道南侧益民街东侧	普通住宅
禹洲·凤凰府	唐山	路北区	路北区裕华道以南、光明路以东、友谊西辅路以西、朝阳西路以北	普通住宅

恒大御海天下

2019年 中国城市楼盘年鉴 典型项目

唐山　文旅大盘　热销大盘　城市地标

恒大御海天下位于曹妃甸生态新城区，由万亿恒大地产集团开发建设，项目总建筑面积829800平方米，总计容建筑面积113.47万平方米。

项目地址：
曹妃甸新港大道与西港路交叉口

开发商：
唐山恒瀚邑房地产开发有限公司

建筑类型：
高层、洋房、别墅、商业

主力户型：
48平方米一居，120平方米、135平方米三居

周边配套：
商业街、唐山一中、人民医院、华北理工大学

参考价格：
6800元/平方米起

楼盘优势：
曹妃甸自贸区旁，拥6.5公里私属海岸，斥资百亿打造九大成熟配套。

专家点评

刘超庚·燕赵都市报冀东版副总编辑

项目紧邻6.5公里南向海岸线，拥有很好的滨海景观体验，规划的产品线丰富，有高层、洋房、别墅、商业，加上整体户型朝南，主推的120平方米三居室户型，拥有大开间的客厅和海景阳台，是滨海度假或养老的不错之选。

项目解析

【区域维度】

恒大御海天下位于唐山市曹妃甸新城核心区域，北至新港大道，南靠渤海内湖，西接滨海大道，东邻通海路；属于京津唐一小时旅居生活圈，交通路网发达，毗邻京唐曹铁路曹妃甸港站。目前，京唐曹铁路动车提速后预计76分钟可到达北京，40分钟直达天津，让出行畅通无阻。

作为城市重点发展区域之一，“自贸区落户曹妃甸”将带来曹妃甸新城的快速发展与区域的转型升级，周边城市规划及商业配套亦逐年稳步推进，未来将有更多人将目光聚集于此。

【口碑维度】

恒大御海天下斥资百亿规划打造成熟配套，涵盖儿童三宝、四季戏水天地、森氧运动公园、特色城堡酒店、国际会议饮食中心、运动中心、滨水风情商街等，让业主足不出园即可满足各种需求。

首先，作为不可再生的海岸资源，项目拥有6.5公里长的南向海岸线，更为难得的是，围绕海岸线规划筑造亲水栈道、艺术银滩等景观设施；沙滩景观主打现代风格，由西向东，以“一带、两片、三轴、四区、八景”为核心，打造立体景观轴线，贯穿整个6.5公里私家海岸线。

其次，恒大御海天下业主的孩子，能享受优厚的教育资源，可入读北京景山学校曹妃甸分校，项目还规划自建国际双语幼儿园，周边有贺阳衡水一中唐山分校、唐山一中曹妃甸分校、华北理工大学、河北科技学院等，实现十五年一站式教育。

最后，众所周知，中国北方的海滨度假盘拥有很高的人气，而恒大御海天下作为唐山罕有的滨海度假大盘，更是成了人们印象中滨海置业的优选。

一方面，新型的“旅居需求”应时代进步而生，并且正在形成一种趋势，成为城市中产人群的新刚需；另一方面，很多人发现，在当下同质化严重的房地产行业，恒大御海天下拥有自身庞大的独特价值资源体系，不亚于其他度假、居住盘的自然气候条件和城市核心配套、生态滨海资源。

【产品维度】

恒大御海天下拥有48~121平方米瞰海高层、135~145平方米亲海洋房、110~114平方米临海别墅等产品，位置优越，占据瞰景视野，推窗即可尽揽园林美景与海天盛景，实现一种亲近自然的生活方式。

现主推产品为建筑面积120平方米瞰海高层和135平方米亲海洋房，格局经典方正，客厅轩敞明亮，南北通透，南向主卧设计，遵循北方起居习惯。宽景客厅方正阔朗，厨房、情景餐厅一线连通，同时结合不同成员和家庭阶段需求，预留可成长的多功能弹性空间。

主推的高层产品拥有品牌装修，打造恒大独享美学空间体系，严守41道工序、14项定点验收、10项工艺标准、8类成品保护标准和6000余项建造标准，保障住宅的卓越品质。

【销售维度】

根据案场数据，恒大御海天下首开即劲销1065套，2019年火热之势更是不可阻挡，截至2019年10月销售额已跨越20亿元大关。如此销售势头足以证明，恒大御海天下是被消费者认可的好房子。

更多楼盘详情请扫码查看

金隅 · 大成郡

唐山　品牌地产　建筑品质　坚实地基

大成郡是延续金隅品牌“郡系”大宅项目，金隅体系内的高端大宅。北京金隅集团属上市国企，先后开发建设项目 130 余个，产品涵盖普通商品住宅、高档别墅、商业地产等，具有丰富的房地产开发经验。

项目地址：

曹妃甸新城新港大道以南，青裳河以西

开发商：

唐山金隅盾石房地产开发有限公司

建筑类型：

板楼、小高层

主力户型：

81、89 平方米二居，104 平方米、121 平方米、130 平方米、142 平方米三居

周边配套：

新港国际商业广场、北京景山学校曹妃甸分校

参考价格：

均价 6800 元 / 平方米

楼盘优势：

曹妃甸区自贸区名校旁，金隅旗下“郡系”轻奢住宅产品。

专家点评

刘超庚 · 燕赵都市报冀东版副总编辑

项目位于曹妃甸新城核心区域，紧邻北京景山学校曹妃甸分校，地块整体性好，设计上打造连续性景观空间和景观序列；规划的产品均为小高层，加上整体户型方正，南北通透，日照条件好，是提升生活或旅居度假的优质之选。

项目解析

【区域维度】

金隅 · 大成郡位于曹妃甸新城核心区位，东侧毗邻青裳河，西邻北京景山学校曹妃甸分校，南侧规划为政府绿地公园，北接主干道新港大道，属于“京津唐 1 小时生活圈”，交通路网发达，毗邻京唐曹铁路曹妃甸东站。随着“自贸区”的落户，曹妃甸进入发展快车道，京唐曹铁路动车提速后，预计 80 分钟可到达北京，40 分钟直达天津。作为城市重点发展区域之一，曹妃甸的城市规划以及商业配套将逐年稳步推进，将会有更多人的目光聚集于此。

金隅冀东集团紧贴城市发展、择势而驻，为广大业主在曹妃甸新城打造一个轻奢住宅典型社区。

【口碑维度】

大成郡是延续金隅品牌“郡系”大宅项目，是金隅体系内的高端大宅。北京金隅集团属于上市国有企业，具备房地产一级开发资质，立足于北京，业务遍及天津、河北、内蒙古、山东、江苏、浙江、安徽等多个地区，先后开发建设项目 130 余个，产品涵盖普通商品住宅、高档别墅、商业地产等多类组合，具有非常丰富的房地产开发经验。

金隅盾石地产以打造优美文明的新型社区为整个项目的规划目的，体现“以人为本”的规划设计理念。项目总体概念定位为“花园式邻里庭院”，以“轴、院、点、线”的渐进手法营造“合而不围，畅而不透”的庭院空间，根据场地现状竖向高差，布置水景与绿化相结合的阶梯景观，共同加强整体的轴线空间。

金隅有着多年的开发经验，深知人们对于自然心生向往，所以，园林景观根据曹妃甸的地理气候特点，遵循生态性原则，绿化种植配合道路走向，营造出开合有致的景观空间。

园林景观设计由“一会所两环线三大主题景观节点”组成，其中会所内包含业主食堂、咖啡吧、书屋等。两环线指小区内圈的 360 米景观漫步道，外圈的 900 米动感跑道；三大主题景观指由景观漫步道串联在一起的“云影清松”“童之趣”“邻里客厅”三处主题景观节点。

小区自有商业配套主要为小区西南方向的一栋商业楼和临青裳河的业主会所，商业建筑面积 966 平方米，金隅将临河的商业配套提前规划建设，设置了业主食堂、咖啡吧、书屋等，让业主提前感受到社区氛围，真正实现配套先行的原则，为业主提供更舒适便捷的生活配套。

【产品维度】

项目占地面积 6.9 万平方米，总建筑面积 12 万平方米，产品整体为 11 层、局部 18 层的小高层，容积率 1.5，绿化率 30%。产品类型多样，共 996 户，十四栋住宅楼，其中两栋 18 层产品，户型为 81 平方米、89 平方米二居；一栋 12 层产品，其余为 11 层产品，户型为 92 平方米二居、102~142 平方米三居。小区户型方正且户户南北通透，最大楼间距近 72 米，最低楼间距也有近 40 米。

【销售维度】

2019 年项目开盘热销，轰动整个曹妃甸，受到消费者一致好评，带动后期加推产品量价齐升，目前在售产品二居、三居均可选择，投资、自住均可。

更多楼盘详情请扫码查看

金隅冀东·金玉府

2019年 中国城市楼盘年鉴 品质项目

唐山　建筑品质　坚实地基　依山傍水

金隅冀东·金玉府是延续金隅品牌“府系列”大宅项目，金隅体系内的高端大宅。位于大城山南，紧邻启新 1889 文化创意产业园，地质坚固。

项目地址：

路北区益民街以东、新华道以北、北新道以南

开发商：

唐山盾石房地产开发有限公司

建筑类型：

板楼、小高层、高层

主力户型：

约 92 平方米二居、127 平方米三居、155 平方米四居

周边配套：

万达广场、开滦医院、人民医院、唐山十一中

参考价格：

均价 13500 元 / 平方米

楼盘优势：

金玉府、享路北区核心区位，国企品牌打造的品质半山新中式大宅。

专家点评　刘超庚·燕赵都市报冀东版副总编辑

项目位于大城山南，紧邻启新1889文化创意产业园，历史人文气息浓厚，属于路北区市中心偏东区域，毗邻全新立交桥枢纽站，出行十分便利。项目方为国企开发商，在建材选择、工艺做法、指标上要求非常严格，是唐山难得的高品质住宅项目。

项目解析

【区域维度】

金隅冀东·金玉府位于北新道南侧，益民街东侧，北邻北新道、南接新华道，东邻河西路。距离万达仅 2 公里，沿新华东道可直达唐山火车站。公共配套方面，有十余条公交线路满足日常出行，同时还毗邻全新立交桥枢纽站。在生活配套方面，接壤启新文创博物馆商业街，临近企新购物广场、建国路步行街、万达广场商圈，全方位满足日常居住需求。

【口碑维度】

金隅冀东·金玉府是延续金隅品牌“府系列”大宅项目，属于金隅体系内的高端大宅。北京金隅集团属于上市国有企业，具备房地产一级开发资质，立足于北京，业务遍及天津、河北、内蒙古、山东、江苏、浙江、安徽等多个地区，先后开发建设项目 130 余个，产品涵盖普通商品住宅、高档别墅、商业地产等多类组合，具有非常丰富的房地产开发经验。在 2019 年沪深上市房企综合实力榜单中排名第九，投资价值排名第五。

项目地处唐山东部核心区域唐河右岸，紧邻大城山公园，依托大城山沿脉花岗岩地基，靠山揽水。与此同时，项目坐享唐山市政府文保局重点打造的启新 1889 水泥博物馆。在东部发展规划之下，金玉府依托卓越区位优势，未来升值潜力可期。

【产品维度】

金玉府总占地面积 4.8 万平方米，总建筑面积 17 万平方米，容积率 2.5，绿化率 35%，小区绿化不仅涵盖花卉、苗木、小品，更有独具特色的栈桥、水系，整个社区园林形成了一轴、一溪、五区格局，让业主真正感受到新中式园林之美。金玉府建设在大城山南麓，拥有其他项目无法比拟的高低落差景观带；因势制形，利用高差设置了新中式半山园林景观。

小区内的园林景观构架以溪水为主题，又根据不同区域采用不同的表现手法，分为五个景观主题：逐溪品谷、花溪闻谷、林溪听谷、幽静观谷、登溪望谷。整个园区内水系贯穿，景亭与石板小路连接，一步一景，如置身于公园当中。尤其值得一提的是，小区内还建设了木栈桥，从西边高地势而起，蜿蜒向东而下，连接两个高低落差的组团，为业主茶余饭后提供了优美的散步环境。

对比传统钢筋混凝土结构，金玉府选用造价成本远远高出普通住宅的高层装配式钢结构建筑，共十三栋，其中包括四栋装配式住宅，均为 18 层的小高层，面积段为 89~155 平方米，不仅绿色环保，抗震、品质性能也更高。金玉府以高成本付出，铸就唐山一流建筑，以国企标准，让业主住得安心、买得放心。

【销售维度】

项目 2019 年开盘之后，全年处于顺销期，2020 年增加推广预算，营销力度将会提升。

销售方面，2019 年项目产品量价齐升，自身价格小幅上涨，目前在售二居、小三居和大三居。2020 年预计加推新楼栋，增加可选择产品，稳步提升销量。

更多楼盘详情请扫码查看

禹洲·凤凰府

唐山　热销红盘　凤凰城心　典型之作

禹洲·凤凰府紧邻政府规划的市政公园，雍禧系为高端改善型住宅，项目产品规划也是以大平层豪宅为设计理念，整个小区满足全龄化功能需求、精神需求，致力打造全龄化生态乐居。

项目地址：
唐山市路北区裕华道与友谊西辅路交叉口

开发商：
唐山高屋房地产开发有限公司

建筑类型：
高层、类洋房、洋房

主力户型：
108 平方米、128 平方米、144 平方米、173 平方米三居

周边配套：
配建高级中学、唐山市青少年宫、唐山市中心医院

参考价格：
高层 17500 元 / 平方米、洋房 23000 元 / 平方米

楼盘优势：
禹洲·凤凰府项目坐拥青龙湖、人民公园双园自然资源，畅享八横十二纵交通路网，三大商圈及优质医教等成熟配套比邻，生活便利。

专家点评

刘超庚·燕赵都市报冀东版副总编辑

项目紧邻城市规划绿地，坐拥城市绿洲，项目宜居，有高层、洋房、类洋房，加上整体户型朝南，主推的144平方米三居室户型，拥有大开间的客厅和阔景阳台，是凤凰新城的优质之选。

项目解析

【区域维度】

项目位于唐山市重点规划的凤凰新城区域。凤凰新城是唐山的钻石地段，是市中心区具有良好地质结构的“黄金宝地”，是唐山市委、市政府为加快城市化和城市现代化进程、完善城市功能、提升城市品位、提高人民群众幸福指数而开发建设的新城区。

项目位于凤凰新城核心位置，东临友谊西辅路，西临光明路，北临裕华西道，南侧与规划市政公园近在咫尺，项目四至交通便利，配套完善。从交通方面来说，裕华西道、朝阳西道、翔云道和光明北路、友谊北路、大理北路六条道路纵横交错，是八横十二纵主要道路，周边 5 公里内有医院、教育、美食、购物等配套。

【配套维度】

项目半径 5 公里内爱琴海商圈、远洋城商圈、大润发商圈环伺，吃、住、玩、购全维度配套触手可及。项目周边医疗资源众多，如唐山市第二医院、华北理工大学附属医院、唐山市工人医院、唐山华夏中西医结合医院、燕京医院、唐山京都中医医院等，可就近解决业主的就医问题，为业主的健康提供全面保障。值得一提的是，项目周边的自然环境得天独厚，四周一山一湖两园（凰山、青龙湖、人民公园和青龙湖公园）以本项目为中心，形成环形的天然绿肺；不仅美化了区域景观环境，更净化了区域的水源和空气，让业主的生活更健康。

【产品维度】

禹洲地产以三大产品系服务客户，本项目属于雍禧系高端产品，标秉精奢，致敬唐山凤凰新城核心热土，以客户至上、品质至上、设计至上的原则为业主打造高品质社区。项目汲取王公府邸之规制，以山水、礼序、雅集、精奢四大造园技艺，师法中国皇家园林造诣的集大成者——避暑山庄，打造一环、一轴、一门、两苑、四园、十景的景观布局，将千百年来古人的造园精粹融于一园之中。

禹洲·凤凰府历经上百次的户型评审，全盘考虑风、光、声对住宅的重要性；凭借全明宽厅、三轴通透、270° 观景、南向四大面宽等产品特点，树立不可多得的人居典型。室内的每一寸空间都经过设计者的精心考量，力求每一平方米空间的优化利用。客厅、餐厅一体化布局，将居室宽度有效延展，大幅提升视野通透性。这样的布局不仅满足了一种奢侈的生活尺度关系，更是基于时代美学背景下都会家庭生活场景的深度表达。

【销售维度】

案场数据显示，禹洲·凤凰府 2019 年 11 月 24 日首开去化 330 套，去化率达 98%，劲销 8 亿元，奠定了禹洲·凤凰府项目的市场地位。

更多楼盘详情请扫码查看

河南省

2019年郑州房地产市场总结

行业发展历程

一、城市概述

郑州是河南省省会、中国中部地区重要的中心城市、特大城市、国家重要的综合交通枢纽、商贸物流中心、中原城市群中心城市。截至2018年，总人口1013.6万人，城镇化率72.2%，完成生产总值10143.3亿元。

郑州地处黄河中下游和伏牛山脉东北翼向黄淮平原过渡的交接地带，是华夏文明的重要发祥地，全国重要的铁路、航空、电力、邮政电信主枢纽城市，也是中国（河南）自由贸易试验区核心组成部分。

二、行业现状

综观郑州房地产市场，在调整政策下，2019年上半年出现小幅回暖迹象，下半年市场持续下行。郑州主城土地资源紧张，环郑热度不减，房企力争在市场下行周期中稳中扩张规模。同时，客户需求提升，三居室产品面积微变，刚需客户在注重产品功能性需求条件下，对舒适度、面积段需求空间发生转变。对房企来讲，产品品质提升成为核心竞争力。

三、政策环境

郑州在中部六省中政策环境趋同，属“四限城市”，短期内难有放松可能性。2019年，郑州房地产市场处于政策调整期，长效机制逐位落地，地块配建长租公寓、公积金上调贷款额度、拓宽租房落户条件等，以秉承短期经济发展不以房地产为依托的主基调，保持郑州房地产市场的平稳健康发展。

四、土地市场

2019年，郑州的土地市场可谓“跌宕起伏”。上半年，房企拿地热情不减，“多拿地、拿好地”、多房企竞拍成主流，高溢价率、“地王”等备受市场关注。下半年，随着市场降温，房企拿地愈加谨慎，流拍频现，土地成交遇冷。2019年底，郑州土地供应及热度有一定回升，但对于2019年整年的土地市场行情影响并不显著。

五、房企布局

据数据统计，郑州外来百强房企入驻达57家，TOP20房企全部在郑州聚齐。其中主城区房企进驻以郑东新区为主，环郑州进驻以荥阳为主。

2019年，TOP房企持续进驻，先后有4家房地产企业首次进驻郑州，其中不乏全国百强房企。

六、房产行业发展历程

近几年，郑州市房地产市场发展较快，尤其在2016年郑州获批国家中心城市后，房价经历了一轮较快涨势。中原经济区、航空港区、“一带一路”三大国家规划赋予郑州政策高地红利，让郑州迎来历史上千载难逢的发展良机；河南自贸区的获批更为郑州锦上添花。全国综合交通枢纽中心的地位、“米”字形高铁枢纽中心的站位、全国第一人口大省的省会城市、千万规模的人口基数、单核城市的格局，注定了郑州成为全国房地产的热点城市。

城市年度市场解读

一、本地新政

2019 年，在严格遵循政府稳市场、稳价格、稳预期的调控政策下，郑州政策微调，人才政策、租售同权等长效机制逐步建立。

公积金方面，2019 年 3 月，河南省直机关住房资金管理中心调整贷款额度，夫妻双方最高贷款额度调整为 80 万元，其他情况贷款额度调整为 60 万元。6 月，郑州市公积金调整 2019 年度住房公积金缴存基数和缴存比例；12 月，郑州市公积金提高夫妻双方最高贷款额度至 80 万元，并允许省外缴公积金的郑州本地人回来购房使用。

落户方面，7 月，郑州提出推送郑州市放宽落户政策方案，12 月，郑州放宽农业转移人口、参加城镇社保落户条件，增加租赁住房落户条件。

人才方面，郑州加大人才引进力度，基于人才生活补贴（最高 5.4 万元）和购房补贴（最高 1 万元）。

整体上来看，2019 年下半年郑州严格的调控政策有所松绑，对人才的吸引力进一步增强。公积金提额以及落户政策对郑州房地产市场有温和的刺激作用。

二、年度土地供应

2019 年，大郑州主城八区及环郑八区经营性用地共计土地供应 35803 亩，住宅用地占比 89%，商业用地占比 11%。2019 年郑州主城区土地供求量同比下滑明显，整体保持供求平衡状态，商办类型土地在占比上逐年走低，供地结构逐步优化。

郑州主城区土地稀缺，一级市场向城市外围扩散，环郑州成主力供应区域。据克而瑞数据统计，2019 年郑州市主城区供应土地 8508 亩，供应占比 23%；环郑州土地供应 27295 亩，供应占比 77%。

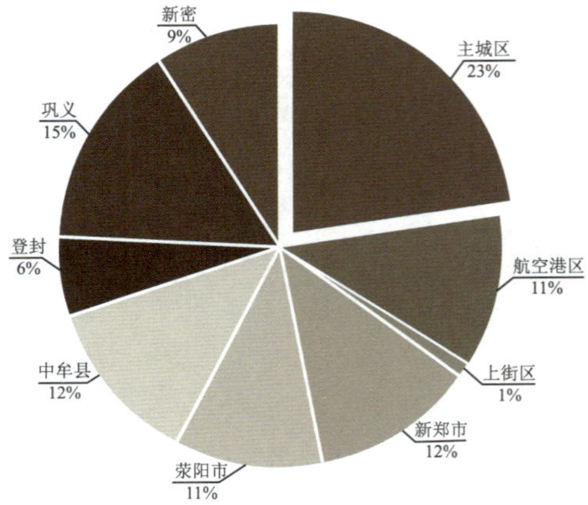

图 2-29　2019 年郑州城区各区域土地供应占比

数据来源：克而瑞 CRIC 系统。

三、年度土地成交

2019 年郑州主城区土地稀缺，环郑州成主力成交区域，量价方面，主城各区与环郑各区域分化明显，大郑州房地产市场框架逐步拉开。

据克而瑞数据统计，2019 年郑州市主城区土地成交 8210 亩，建筑面积 1677.49 万平方米，供应占比 27%，亩单价 903.78 万元，楼板均价 4423.44 元 / 平方米；环郑州土地成交 22218 亩，建筑面积 3112.76 万平方米，供应占比 77%，亩单价 227.83 万元，楼板均价 1626.19 元 / 平方米。

表 2-18　2019 年郑州市主城区土地成交一览表

区域		供应（亩）	成交（亩）
主城区		8508	8210
环郑州	航空港区	3772	2763
	上街区	283	324
	新郑市	4262	4445
	荥阳市	3829	3070
	中牟县	4470	4231
	登封	2123	891
	巩义	5455	4941
	新密	3101	1553
	合计	35803	30428

数据来源：克而瑞 CRIC 系统。

具体来看，2019 年郑州主城土地成交主要集中在金水区、管城区、高新区三个区域。环郑州区域土地成交主要集中在巩义、新郑市、中牟县。

四、年度住宅供应

据 CRIC 统计，2019 年大郑州范围商品住宅供应量 2326 万平方米，环比下降 6.5%。其中，郑州主城商品住宅供应 1048 万平方米，环郑州商品住宅供应 1278 万平方米。

五、年度住宅成交

2019 年，整体住宅成交不达预期，据 CRIC 统计，2019 年大郑州范围商品住宅成交量 1962 万平方米，环比下降 5.2%。其中，主城区域成交量为 1027 万平方米，环比上涨 11.5%，环郑区域成交量为 935 万平方米，环比下降 18.6%，受配套以及价格差缩减影响，客户回归主城意愿明显。

六、年度住宅存量

据克而瑞数据统计，库存方面，郑州主城区住宅虽成交量增长，但供过于求状态下第四季度出现存量及去化周期上升趋势。截至 2019 年 12 月，郑州主城区商品住宅库存量 682 万平方米，去化周期 10 个月，环比 2018 年 12 月 561 万平方米，去化周期 6.1 个月，存量上升，去化周期拉长。

七、区域成交表现

2019 年大郑州商品住宅销量 TOP20 项目，主城区项目入榜 16 个，环郑项目入榜 4 个，主城区入榜项目 70% 为刚需项目，环郑项目则以刚改及改善楼盘为主，价格依然成为客户置业关注的主要因素。

从各区域项目销量来看，高新区的上榜门槛较高，金额榜上榜门槛为 21.23 亿元，面积榜上榜门槛为 14.66 万平方米，成为八大主城区域模范，区域框架逐步被拉开，新老板块合并为区域发力，区域价值也被客户认可。

八、成交结构表现

以面积划分，2019 年大郑州高层物业均以刚需为主，主力成交面积段仍以 80~90 平方米的中小户型为主，80~90 平方米产品占比缩小，较 2018 年同比下降 13%。其中，主城区向 90~100 平方米产品偏移，环郑州向 90~110 平方米产品偏移。

另外，郑州主城区小面积洋房占比下滑明显，洋房产品逐步纯粹化，环郑州洋房产品整体变化不大，以 120~150 平方米为主流，100~120 平方米小面积洋房存在机会点。

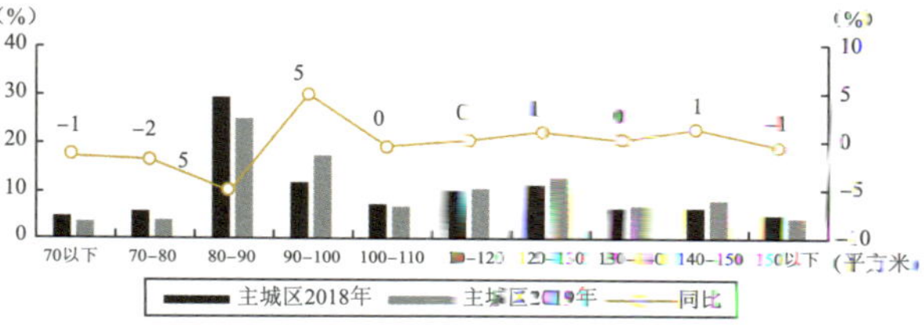

图 2-30　2018~2019 年郑州主城区高层产品面积段对比

九、成交项目排行

2019 年，大郑州商品住宅项目销售榜 TOP20 项目合计销售金额为 574.47 亿元，TOP20 门槛值为 21.51 亿元，较前一年提高 2.08 亿元。住宅销售金额榜中，排行前八位的项目销售金额均超 30 亿元。住宅销售面积榜 TOP20 项目合计销售面积为 459.23 万平方米，排行榜前五位项目销售面积均超过 25 万平方米。

其中，普罗理想国以销售金额 52.02 亿元、销售面积 33.63 万平方米位居金额榜第一名、面积榜第二名，康桥那云溪项目以销售金额 34.78 亿元、销售面积 36.01 万平方米位居金额榜第二名、面积榜第一名。这两个项目均为环郑热点大盘，在交通、配套、商业、教育等综合配套较好的情景下，多元产品价值为项目加分。

十、成交房企排行

2019 年，大郑州房地产销售业绩 TOP10 企业合计销售金额 1141.44 亿元，同比上涨 3%，排名前五位的企业均突破 100 亿元；销售面积 TOP10 企业合计销售 937.00 万平方米，同比略有上涨。

其中，碧桂园以 171.08 亿元、152.58 万平方米位居销售金额榜、销售面积榜双榜冠军；万科凭借项目和品牌优势，以 167.36 亿元、125.55 万平方米位居销售金额榜单第二名、销售面积榜单第三名，正商作为河南本土房企，以 165.54 亿元、145.93 万平方米位居销售金额榜第三名、销售面积榜第二名。

纵观近三年大郑州房企销售榜单，本土房企正商、建业、康桥、永威稳占榜单半壁城池。2019 年大郑州房地产销售金额 TOP10 房企，入榜本土房企数量不变，销售金额、销售面积占比均出现不同幅度的下滑。

十一、商业、公寓及办公

据克而瑞数据统计，郑州商业市场供应 50 万平方米，成交 43 万平方米，成交均价 18320 元 / 平方米，存量 412 万平方米，去化周期 124 个月。相比于 2018 年，郑州商业市场供应量缩减，成交量趋稳，去化周期居高不下，整体去库存为主，投资环境趋冷。

公寓方面，2019 年整体供应 175 万平方米，成交 102 万平方米，成交均价 11856 元 / 平方米，去化周期 32 个月。公寓持续供大于求，成交量趋于稳定，市场饱和度较高。

办公方面，2019 年郑州办公市场整体供应 34 万平方米，成交 41 万平方米，成交均价 15315 元 / 平方米，存量 155 万平方米，去化周期 90 个月。

十二、年度房价走势分析

2019 年，郑州主城商品住宅成交均价 14843 元 / 平方米，环郑商品住宅成交均价 8912 元 / 平方米。主城区 5 年复合增长率 11%，环郑 5 年复合增长率 6%。

主城区与环郑外溢区房价虽然均上涨，但主城区价格涨幅更为明显，价差逐渐拉大，环郑价格增长动力略显不足。

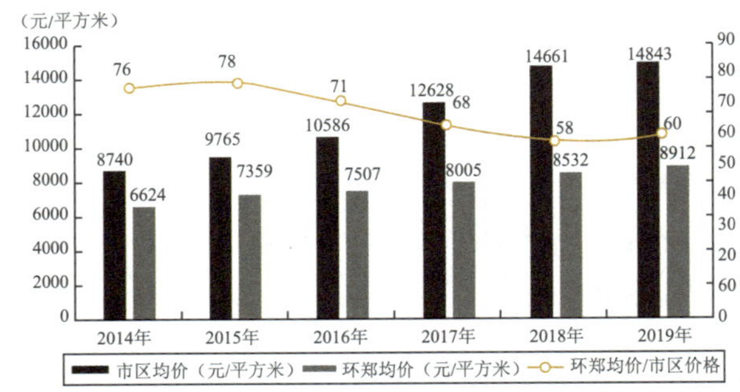

图 2-31　2014~2019 年郑州市区 & 环郑商品住宅价格分析

十三、热点板块分析

2019 年郑州市场持续下探，除郑东新区外，各区房价全部出现下跌，其中，惠济区最高跌幅超过 2000 元。阴跌、特价房频出不穷，部分楼盘更是开启直接降价，直接降价项目同比上涨 25%。

市场环境下，房企年度销售目标压力增大，以价换量成为主流现象，形式降价转为实质降价，降价幅度加大、范围扩大，以期提高年度目标完成率。2019 年典型房企大郑州销售目标综合完成率仅为 75%。

十四、未来展望

郑州大都市圈已然形成 ，高铁效应为都市圈发展注入活力，郑州作为河南的单核城市，虹吸效应明显，在市场下行周期中，郑州仍为战略优先级城市。

作为热门二线城市，近年来，郑州的城市规模不断外扩，经济发展进入快车道。经济的发展、城市定位的提高必然对房地产市场产生巨大影响。在“房住不炒”基调和“稳地价、稳房价、稳预期”的背景下，未来郑州的房地产市场将会是一个良好的态势。

十五、市场预期

在“房住不炒”和“因城施策”政策基调下，2020年郑州楼市有望向好，政策可能会温和放宽，市场成交活跃度将有所提升，销售面积同比可能实现小幅增长，但仍以保障刚需和改善性需求为重点，整体房价还是会以“稳”为主。

2020年，郑州土地供应或许将有所回暖，在一定程度上来满足市场合理需求，保持土地市场稳定供给。但稳地价、稳房价、稳预期依然是未来楼市调控重点。

2020年郑州房地产行业房企之间持续分流，在资金受限、销售承压的情况下，房企或将形成新的市场格局。

数据来源：CRIC克而瑞。

2019 年郑州房地产在售楼盘概览

楼盘名称	城市名称	城区	地址	物业类型
昌建君悦府	郑州	二七区	二七区嵩山路与南四环交会处东 200 米路南	普通住宅
二七鑫苑名城	郑州	二七区	二七区嵩山路与南三环交叉口向南两公里路东	普通住宅
公园 1872	郑州	二七区	二七区西四环萍湖路交会处向南约 1000 米	普通住宅、商铺
嘉业云阶公寓	郑州	二七区	二七区京广快速路与长江路交会处	公寓
金地正华漾时代	郑州	二七区	二七区大学路与南四环交会处向西 800 米	普通住宅
绿地滨湖国际城	郑州	二七区	二七区大学路与南三环交叉口向南 2000 米路东	普通住宅、公寓
名门橙邦	郑州	二七区	二七区大学路与长江路交会处	普通住宅、建筑综合体
融侨悦澜庭	郑州	二七区	二七区嵩山南路与南三环交会处南 2 公里路西	普通住宅、公寓、商铺
升龙城壹公馆	郑州	二七区	二七区航海路兴华南街交会处	公寓
升龙天玺	郑州	二七区	二七区大学路淮河路南 200 米	普通住宅
盛润运河城	郑州	二七区	二七区大学南路与鼎盛大道交会处东北角	普通住宅、公寓、商铺
钛合佳苑	郑州	二七区	二七区棉纺路建设路交会处（郑大一附院对面）	普通住宅
泰宏建业国际城	郑州	二七区	二七区大学南路与南三环交会处南 800 米路西	普通住宅、公寓
万科百荣荣寓	郑州	二七区	二七区大学路南四环交会处东南	写字楼、商铺
万科大都会	郑州	二七区	二七区大学南路与南四环交会处东南	普通住宅
鑫苑德润珺园	郑州	二七区	二七区南三环与行云路交会处东北角	普通住宅
鑫苑二七鑫中心	郑州	二七区	二七区大学南路与南四环交会处西南角	普通住宅、公寓、写字楼、商铺
旭辉正荣首府	郑州	二七区	二七区嵩山南路与南四环交叉口东南侧	普通住宅
亚新美好书苑	郑州	二七区	二七区奥玛路东、琴韵路南	普通住宅
亚新嵩山路新公馆	郑州	二七区	二七区嵩山路南三环交叉口向南 2000 米路西	公寓
亚星观邸	郑州	二七区	二七区嵩山南路与南三环交会处向南 300 米路东	普通住宅
亚星金运外滩	郑州	二七区	二七区南三环与工人路交会处西南角	普通住宅
亚星盛世云水居	郑州	二七区	二七区嵩山路与南三环交会处路东	普通住宅
亚星云水居	郑州	二七区	二七区嵩山路东，兴华南街西、环翠路北、寒山路南	普通住宅
阳光怡景花园	郑州	二七区	二七区航海路与郑密路交叉口西北角	普通住宅
郑州华侨城	郑州	二七区	二七区郑密路南三环向南 2000 米	普通住宅
郑州绿地城	郑州	二七区	二七区郑密路南三环向南 1500 米路西	普通住宅、公寓、写字楼
保利文化广场	郑州	高新区	高新区科学大道与银屏路交叉口	普通住宅、公寓、写字楼
碧桂园西湖	郑州	高新区	高新区农业路西三环（雕塑公园南侧）	普通住宅
大正水晶森林	郑州	高新区	高新区科学大道和须水河东路交叉口向南 500 米	普通住宅
东原阅城	郑州	高新区	高新区北邻米兰街、南邻宏达街、西邻西三环、东邻秋棠路	普通住宅
福晟谦祥钱隆城	郑州	高新区	高新区科学大道西三环西 800 米	普通住宅、公寓、写字楼、商铺
翰林国际城	郑州	高新区	高新区莲花街与长椿路交会处	普通住宅、写字楼、商铺
华瑞紫银华庭	郑州	高新区	高新区科学大道春藤路交叉口向东 50 米（地铁 1 号线郑州大学站 D 出口向东 400 米）	普通住宅、公寓
华润悦景湾	郑州	高新区	高新区科学大道与红松路交叉口北 1500 米	普通住宅
金辉优步花园	郑州	高新区	高新区莲花街与西四环交会处西 1500 米	普通住宅
金科城	郑州	高新区	高新区科学大道与月桂路南 100 米	普通住宅
康桥九溪天悦	郑州	高新区	高新区西三环开元路西 800 米	普通住宅
朗悦公园道 1 号	郑州	高新区	高新区雪松路与翠竹街交会处	普通住宅
朗悦公园道 1 号 V 公馆	郑州	高新区	高新区石楠路与国槐街西南角	普通住宅、公寓
朗悦公园府	郑州	高新区	高新区梧桐街雪松路交会处	普通住宅
美的翰悦府	郑州	高新区	高新区莲花街与红松路交叉口西南角	普通住宅
荣盛祝福花语水岸	郑州	高新区	高新区农业西路与西四环交会处北 500 米	普通住宅
融信朗悦时光之城	郑州	高新区	高新区科学大道与金柏路交会处西南角	普通住宅
盛悦府	郑州	高新区	高新区五龙口南路与桐柏路交叉口往西 500 米路北	普通住宅

楼盘名称	城市名称	城区	地址	物业类型
万锦熙岸	郑州	高新区	高新区双湖科技城科学大道与创新大道交会处北800米	普通住宅
万科城	郑州	高新区	高新区科学大道与西四环交会处	普通住宅、商铺
万科城湖心岛	郑州	高新区	高新区科学大道与红松路交会处向北700余米	普通住宅
五龙新城	郑州	高新区	高新区五龙口南路与冉屯东路交叉口	普通住宅、商铺
裕华满园	郑州	高新区	高新区莲花街与西四环交会处东北角	普通住宅
正弘青云筑	郑州	高新区	高新区科学大道与瑞达路交叉口西南角	普通住宅
正商湖西学府	郑州	高新区	高新区红梅街与川杨路交会处	普通住宅
郑州恒大城	郑州	高新区	高新区西三环北延与三全路交会处西约500米	普通住宅、商铺
奥兰和园	郑州	管城区	管城区城东路陇海路向南500米路东（近二里岗南街）	普通住宅
碧桂园名门时代城	郑州	管城区	管城区南四环与紫荆山路交会处南	普通住宅
富田城九鼎公馆	郑州	管城区	管城区南三环金岱路交会处	普通住宅、公寓、写字楼、商铺
富田城九鼎华府	郑州	管城区	管城区豫一路与祥和路交会处东南角	普通住宅
绿地花语城	郑州	管城区	管城区南四环与郑新快速路交会处向南1000米路东	普通住宅
绿都澜湾	郑州	管城区	管城区紫荆山南路与宇通路交会处（地铁2号线站马屯站）	普通住宅
绿都澜湾知了	郑州	管城区	管城区紫荆山南路与宇通路交会处	公寓、商铺
绿都紫荆华庭脉栋	郑州	管城区	管城区紫荆山路与南三环交会处（南环南，紫荆山路东西两侧）	普通住宅、公寓
融创城	郑州	管城区	管城区中州大道紫辰路交会处南500米	普通住宅
盛澳金尊府	郑州	管城区	管城区航海路与腾飞路交会处向南300米	普通住宅
世茂云尚城	郑州	管城区	管城区航海东路与城东路交会处	普通住宅
世茂云尚天地	郑州	管城区	管城区紫荆山路与航海东路交会处	普通住宅、公寓、商业
鑫苑国际新城	郑州	管城区	管城区紫荆山路和长江路交叉口向西500米路南	普通住宅
正商生态城	郑州	管城区	管城区郑新路与南水北调运河交会处路东	普通住宅、别墅
郑州永威城	郑州	管城区	管城区中州大道南三环向南500米路西	普通住宅、商铺
安纳西庄园	郑州	航空港区	航空港区郑港六路与郑港七街交会处东南角	普通住宅

楼盘名称	城市名称	城区	地址	物业类型
瀚海航城	郑州	航空港区	航空港区[illegible]路与思存路交叉口	普通住宅
航美国际智慧城	郑州	航空港区	航空港区薛店镇S102与暖泉路交叉口	普通住宅，公寓
和昌盛世城邦	郑州	航空港区	航空港区[illegible]陵路与兖州路交会处	普通住宅、商业
锦荣广场	郑州	航空港区	航空港区郑港四街与郑港四路交会处	公寓、写字楼
康桥林语镇	郑州	航空港区	航空港区四港联动大道与郑港三路交叉口向西1000米路北	普通住宅
融创空港宸院	郑州	航空港区	航空港区鄱阳湖路长安路西南	普通住宅
润丰聚尚	郑州	航空港区	航空港区世纪大道与薛店大道交会处西200米	普通住宅
山顶御景园	郑州	航空港区	航空港区郑港二街郑港二路	普通住宅
世航四合院	郑州	航空港区	航空港区四港联动大道与迎宾大道交会处向北1000米路西	别墅、公寓
万科美景魅力之城	郑州	航空港区	航空港区雍州路飞航路交会处	普通住宅、商铺
兴港和昌云著	郑州	航空港区	航空港区护航路与雍州路交叉口	普通住宅
兴港正商宇航铭筑	郑州	航空港区	航空港区太湖路与凌风街交会处（地铁2号线康平湖站C口）	公寓、商业
永威南樾	郑州	航空港区	航空港区郑港四路与郑港四街交会处	普通住宅
永威望湖郡	郑州	航空港区	航空港区华夏大道与望湖路交叉口东北角	普通住宅
御品蔚来云城	郑州	航空港区	航空港区鄱阳湖路与凌风街交叉口西南角	普通住宅
裕鸿国悦府	郑州	航空港区	航空港区华夏大道与云航路交会处	公寓、别墅
豫发白鹭源春晓	郑州	航空港区	航空港区郑港三路与郑港二街交叉口西南角	普通住宅
豫发国园玖号院	郑州	航空港区	航空港区郑港四街与[illegible]洋路交会处	普通住宅
豫发九棠府	郑州	航空港区	航空港区[illegible]河路与[illegible]杞路交会处	普通住宅
远洋中能荣府	郑州	航空港区	航空港区志洋路与生物科技二街交会处北300米	普通住宅
云瓴国际	郑州	航空港区	航空港区四港联动大道与郑港一路交叉口西侧	酒店式公寓、写字楼、商业
招商公园与湖	郑州	航空港区	航空港区[illegible]州大道与公园北一路交会处向东[illegible]00米	普通住宅
正弘中央公园	郑州	航空港区	航空港区郑港三路与郑港五街交会处	普通住宅
正商雅庭华府	郑州	航空港区	航空港区[illegible]航路与凌空街交会处向东200米	普通住宅

楼盘名称	城市名称	城区	地址	物业类型
郑州恒大未来之光	郑州	航空港区	航空港区领事馆区鄱阳湖路与荆州路交会处	普通住宅
中建滨水苑	郑州	航空港区	航空港区凌空街与桥航路交会处	普通住宅、商业
中建森林上郡	郑州	航空港区	航空港区护航路（郑港一路）与长安路（郑港二街交会处）	普通住宅
中能新誉	郑州	航空港区	航空港区 102 省道与解放大道交会处南 500 米	公寓、商业
碧源月湖	郑州	惠济区	惠济区文化路与开元路交会处向北 200 米路西	普通住宅、公寓、写字楼、商铺
德兴北尚	郑州	惠济区	惠济区大河路与丰业街交会处向北 300 米路东	公寓、商铺
丰乐奥体公馆	郑州	惠济区	惠济区三全路金杯路交叉口向东 280 米路北	普通住宅
富力建业尚悦广场 WOW	郑州	惠济区	惠济区中州大道与贾鲁河交会处西北角	公寓
国控碧桂园天澜	郑州	惠济区	惠济区天河路与大运河索须河交会处北 200 米	普通住宅
和昌林与城	郑州	惠济区	惠济区天河路与绿源路向西 300 米	普通住宅
和昌珑悦	郑州	惠济区	惠济区北三环与丰华路交会处西南角	公寓
锦艺四季城	郑州	惠济区	惠济区京广快速路与天河路交接处北 500 米路东	普通住宅、商业
绿地璀璨天城	郑州	惠济区	惠济区北三环与江山路交会处西北角	普通住宅、写字楼、商铺
美景麟起城	郑州	惠济区	惠济区文化路与英才街交会处西南角	普通住宅、公寓
谦祥福晟兴隆城	郑州	惠济区	惠济区兴隆铺路与沙口路交叉口东南角	普通住宅、商铺
融创城开中原宸院	郑州	惠济区	惠济区天河路开元路惠济区政府旁	普通住宅
融创瀚海大河宸院	郑州	惠济区	惠济区天河路以东、新兴路以南、幸运路以北	普通住宅
台隆合园	郑州	惠济区	惠济区南阳路弘润路交会处西北角	普通住宅
万科民安江山府	郑州	惠济区	惠济区北三环金杯路交会处向北约 500 米路西	普通住宅
万科民安云城	郑州	惠济区	惠济区开元路金河路交叉口向北约 1 公里	普通住宅
万科天伦紫台	郑州	惠济区	惠济区文化路与大河路交会处	普通住宅
旭瑞和昌花漾里	郑州	惠济区	惠济区南阳路兴隆铺路交叉口西 300 米	普通住宅
裕华会园	郑州	惠济区	惠济区江山路与滨河路交会处（高速惠济站北约 1000 米）	普通住宅
正商河峪洲	郑州	惠济区	惠济区江山路与沿黄快速路交会处西 1000 米路南	普通住宅
正商家河家	郑州	惠济区	惠济区天河路（京广快速路）与开元路交会处向西 1000 米	普通住宅
正商林语溪岸	郑州	惠济区	惠济区花园路与大河路交会处西北角	普通住宅、公寓
中海湖滨世家	郑州	惠济区	惠济区文化北路与大河路交会处西南角（惠济中央公园北邻）	普通住宅
保利海德公园	郑州	金水区	金水区中州大道与贾鲁河交会处西南角	普通住宅
碧桂园国控天誉	郑州	金水区	金水区中州大道与杨金路交会处东北	普通住宅
碧桂园天麓	郑州	金水区	金水区花园路与国基路交会处东 200 米路北	普通住宅
东方宇亿万林府	郑州	金水区	金水区杨金路与慧城环路交会处往南 300 米	普通住宅
福晟九州府	郑州	金水区	金水区中央大道与杨金路交会处向东	普通住宅
瀚海思念城	郑州	金水区	金水区国基路与渠东路交会处东南	普通住宅、商铺
瀚宇天悦城	郑州	金水区	金水区文化路与三全路交会处	普通住宅
鸿园	郑州	金水区	金水区东三环（原 107 辅道）与鸿宝路交会处向东 800 米	普通住宅、别墅
金誉府	郑州	金水区	金水区经八路与黄河路交叉口往南 100 米路西	普通住宅
锦艺金水湾	郑州	金水区	金水区文化路北段贾鲁河两岸	普通住宅、写字楼
康桥铂舍	郑州	金水区	金水区农业路与天明路交会处西南角	公寓
康桥东麓园	郑州	金水区	金水区东三环与杨金路交会处向西 500 米路南	普通住宅
美盛北龙台	郑州	金水区	金水区中央大道与杨金路交叉口	普通住宅
美盛教育港湾	郑州	金水区	金水区文化路与国基路交会处	普通住宅、公寓、商铺
名门翠园	郑州	金水区	金水区丰庆路与三全路交会处向西 100 米路北	普通住宅、洋房、公寓
名门天境	郑州	金水区	金水区农业路与中州大道交会处西 100 米	公寓
清华城	郑州	金水区	金水区中州大道与陇海快速路交会处西	普通住宅、公寓、写字楼、商铺
泉舜上城	郑州	金水区	金水区黄河路与南阳路交会处往东 100 米	普通住宅
融创金林金水府	郑州	金水区	金水区福元路与未来路交会处东南	普通住宅、公寓、商铺
融创中永中原大观	郑州	金水区	金水区中州大道与北三环交会处西南	普通住宅、公寓、商铺
泰山誉景	郑州	金水区	金水区花园路与北三环交会处东 100 米路北	普通住宅、公寓、写字楼

楼盘名称	城市名称	城区	地址	物业类型
腾威城	郑州	金水区	金水区郑汴路与英协路交叉口向南300米	普通住宅、公寓、写字楼、商铺
万科美景世玠	郑州	金水区	金水区黄河路南阳路向北100米	普通住宅
万科世曦	郑州	金水区	金水区农业路与京广快速路交叉口东北侧	普通住宅
鑫苑金水观城	郑州	金水区	金水区金水路与未来路交会处向北300米	普通住宅
正弘城丽汀公寓	郑州	金水区	金水区东风路与花园路交会处西南角	公寓
郑东龙湖一号	郑州	金水区	金水区杨金路与中州大道交会处东400米	普通住宅
中原大观星光IN	郑州	金水区	金水区中州大道与北三环交会处西北	公寓
中州府	郑州	金水区	金水区中州大道与金水路交会处向南200米路西	普通住宅
碧桂园翡翠湾	郑州	经开区	经开区航海路与前程大道交会处向东500米路南	普通住宅、别墅
碧桂园峰景	郑州	经开区	经开区航海东路与凤栖路向东200米路北	普通住宅
东熙汇	郑州	经开区	经开区航海东路与前程大道交会处西北角	公寓
金地滨河风华	郑州	经开区	经开区经开第十七大街与经南十二路交会处	普通住宅
金地名悦	郑州	经开区	经开区航海东路与凤栖路交会处	普通住宅
金辉滨河云著	郑州	经开区	经开区经开第十七大街以西、经开第十六大街以东、经南十三路以南、经南十四路以北	普通住宅、别墅
经开万锦城	郑州	经开区	经开区航海东路与经开第四大街交会处东北角	普通住宅、公寓、商铺
九龙新城	郑州	经开区	经开区新安路（南三环）与前程大道交会处500米路西	普通住宅、别墅
康桥美庐湾	郑州	经开区	经开区经开第十三大街与经南九路交叉口西北角	普通住宅
康桥悦蓉园	郑州	经开区	经开区经南十二路与经开第十九大街东北	普通住宅、别墅
泷悦华庭	郑州	经开区	经开区滨河国际新城经开第十七大街与经南十五路交会处	普通住宅
绿城明月滨河	郑州	经开区	经开区滨河国际新城经南十二路与经开第十七大街交会处	普通住宅
美景芳华	郑州	经开区	经开区经开第三大街南三环交会处西北角	公寓
青风公园	郑州	经开区	经开区经开第十七大街以东、经开第十八大街以西、经南十一路以南、经南十三路以北	普通住宅

楼盘名称	城市名称	城区	地址	物业类型
融侨雅筑	郑州	经开区	经开区经南九路与经开第十九大街交会处	普通住宅
拓丰祥和居	郑州	经开区	经开区南三环与第十五大街交会处南500米路西	普通住宅
万科溪望	郑州	经开区	经开区商都路凤凰大街向南500米	普通住宅
信保春风十里	郑州	经开区	经开区四港联动大道与经南十二大街交叉口西南角	普通住宅
亚新海棠公馆	郑州	经开区	经开区经南九路与经开十八大街交会处	普通住宅
阳光城檀悦	郑州	经开区	经开区航海东路与经开第一大街交会处向南200米	普通住宅、公寓
正商滨河铭筑	郑州	经开区	经开区经开十五大街与经南九路交会处	公寓、商铺
正商汇航佳苑	郑州	经开区	经开区航海东路与经开第十七大街交会处	普通住宅
正商汇航铭筑	郑州	经开区	经开区航海东路与东三环交会处向东1000米路北	公寓、商铺、商业
中海天悦府	郑州	经开区	经开区经南八路与华夏大道交会处	普通住宅
中海万锦公馆	郑州	经开区	经开区经南八路与华夏大道交会处	普通住宅
中建观湖国际	郑州	经开区	经开区经开第十五大街与南三环交会处	普通住宅
碧桂园凤凰湾	郑州	平原新区	平原新区滨湖大道与汉江路交叉口往西50米	普通住宅
凤湖梧桐湾	郑州	平原新区	平原新区雅鲁江路与昆仑山路交叉口	普通住宅
恒大金碧天下半城湖	郑州	平原新区	平原新区长江大道与太行大道交会处东南角	普通住宅
恒升1号庄园	郑州	平原新区	平原新区黄河大道与郑新大道（新107）交会处	别墅
华润置地平原府	郑州	平原新区	平原新区天山路与汉江路交会处	普通住宅
建业比华利庄园	郑州	平原新区	平原新区郑新大道平原大道交会处	普通住宅
蓝城桃源春晓二期燕庐	郑州	平原新区	平原新区平原大道与华山路交会处	洋房、别墅
蓝光凤湖长岛国际社区	郑州	平原新区	平原新区长江大道与中州大道北延线交会处向东500米	普通住宅
绿城凤湖玫瑰园	郑州	平原新区	平原新区滨湖大道与太行大道交叉口（凤湖生态公园旁）	普通住宅、别墅
绿地泰晤士新城	郑州	平原新区	平原新区平原大道与滨湖大道交会处东南角	普通住宅
泰禾中州院子	郑州	平原新区	平原新区中州大道与黄河大道交会处西100米	普通住宅、别墅
西西里传说	郑州	平原新区	平原新区平原大道与嘉陵江路交叉口路北	普通住宅、别墅

楼盘名称	城市名称	城区	地址	物业类型
正弘悦云棠	郑州	平原新区	平原新区中州大道与长江大道交会处向东500米	普通住宅
正弘悦云庄	郑州	平原新区	平原新区中州大道与长江大道交会处东50米	普通住宅
蓝光雍锦王府	郑州	平原新区	平原新区嘉陵江与华山路交叉口	普通住宅
中昂朗悦	郑州	平原新区	平原新区太行大道与平原大道交叉口西北角	普通住宅
和昌都汇广场	郑州	上街区	上街区济源路与金华路交会处西南角	普通住宅、公寓、商铺
理想名城	郑州	上街区	上街区许昌路与金华路交会处西南	普通住宅、商铺
森海正阳门	郑州	上街区	上街区中心路与金华路交叉口东南	普通住宅、公寓、商铺
上街碧桂园	郑州	上街区	上街区锦江北路与登封路交会处西	普通住宅
申颐鸿盛新城	郑州	上街区	上街区许昌路与洛宁路交会处	普通住宅
泰禾大城小院	郑州	上街区	上街区五云路与登封路交会处向西800米	普通住宅
万科民安三度湖山	郑州	上街区	上街区中原西路与文脉大道五云路交会处向西	普通住宅、别墅
亚星福邸	郑州	上街区	上街区金华路与丹江南路交叉口	普通住宅
亚星江南小镇	郑州	上街区	上街区许昌路与淮阳路交会处东100米	普通住宅、别墅
亚星上湖嘉园	郑州	上街区	上街区丹江南路与淮阳路路交会处南200米	普通住宅
郑西建业联盟新城	郑州	上街区	上街区淮阳路与丹江路交会处东南角	普通住宅
碧桂园双湖城	郑州	新郑市	新郑市双湖大道与龙湖大道（京广快速路）交会处东北角	普通住宅、公寓、写字楼、商铺
城南正荣府	郑州	新郑市	新郑市大学南路西泰山景区东侧	普通住宅、商铺
富田兴和湾	郑州	新郑市	新郑市祥云路与鸿鹄路交会处北200米	普通住宅
翰林华府	郑州	新郑市	新郑市泰山路与鸿鹄路交叉口南800米	普通住宅
翰林荣府	郑州	新郑市	新郑市郑新快速路泰山路西300米路北	普通住宅
浩创梧桐春晓二期	郑州	新郑市	新郑市郑新快速通道与黄金大道交会处向南300米路东	普通住宅
恒基水榭华城5期	郑州	新郑市	新郑市郑新快速路与双湖大道交会处向东2000米	普通住宅、别墅
红星天悦	郑州	新郑市	新郑市中华路与汇远路交叉口向西500米路南	普通住宅
华南城中园	郑州	新郑市	新郑市双湖大道与创新路交会处	普通住宅、别墅、商铺

楼盘名称	城市名称	城区	地址	物业类型
佳兆业悦峰	郑州	新郑市	新郑市文化路与中兴路交会处	普通住宅
金科御府	郑州	新郑市	新郑市中兴路与中华路交会处向北200米路西	普通住宅
九珑台	郑州	新郑市	新郑市郑新快速路与双湖大道交会处向东1000米路南	普通住宅
康桥九溪郡	郑州	新郑市	新郑市郑新快速路与双湖大道交会处向南100米路西	普通住宅
康桥那云溪	郑州	新郑市	新郑市阳光大道与鸿鹄路交会处	普通住宅
坤达江山筑	郑州	新郑市	新郑市紫荆山南路和新老107连接线交会处	普通住宅
龙湖锦艺城	郑州	新郑市	新郑市郑新快速路与双湖大道交会处东北角	普通住宅、公寓、别墅
龙湖天宸原著	郑州	新郑市	新郑市郑新快速路与绕城高速向南600米	普通住宅、别墅
美盛中华城	郑州	新郑市	新郑市中华路与107连接线交会处（华南城地铁站向南800米）	普通住宅
融侨美域	郑州	新郑市	新郑市紫荆山南路与阳光大道交会处东200米	普通住宅
新郑碧桂园	郑州	新郑市	新郑市中兴路与政通路交会处向北400米路东	普通住宅
新郑恒大悦龙湾	郑州	新郑市	新郑市郑新快速路与新村大道交会处东侧	普通住宅
雅居乐天域	郑州	新郑市	新郑市郑新快速路与祥和路交会处	普通住宅
阳光城丽景湾	郑州	新郑市	新郑市中华路与107连接线交会处（地铁二号线华南城站）	普通住宅
永丰乐城	郑州	新郑市	新郑市紫荆山路(鸿鹄路）与祥云路交会处	普通住宅、商铺
远洋风景	郑州	新郑市	新郑市龙湖大道与淮海路交叉口向南800米路西（中原工学院对面）	普通住宅
正弘新城	郑州	新郑市	新郑市中兴路与万福路交会处	普通住宅
正商公主湖	郑州	新郑市	新郑市郑新快速路与新村大道交会处	普通住宅
正商红河谷	郑州	新郑市	新郑市京广南路南（G107）与祥云路交会处向南100米路西	普通住宅
正商玖号院	郑州	新郑市	新郑市泰山路与紫荆山南路交会处	普通住宅
正商兰庭华府	郑州	新郑市	新郑市郑新快速路与祥云路交会处东南角	普通住宅
正商智慧城	郑州	新郑市	新郑市郑新快速路以西、绕城高速以北、南水北调以南、十八里河以东	普通住宅、别墅、商铺

楼盘名称	城市名称	城区	地址	物业类型
郑州孔雀城	郑州	新郑市	新郑市郑新快速路与 107 国道连接线交会处西南	普通住宅
郑州孔雀城公园海	郑州	新郑市	新郑市中华路与汇丰南路交会处西南角	普通住宅
中浩鸿鹄郡	郑州	新郑市	新郑市双湖大道和紫荆山南路（鸿鹄路）交叉口东南角	普通住宅
艾美中心	郑州	荥阳市	荥阳市中原西路京城路西南角	公寓
碧桂园龙城	郑州	荥阳市	荥阳市索河路与荥泽大道交会处东北角	普通住宅、别墅
碧桂园龙城天悦	郑州	荥阳市	荥阳市中原西路与荥泽大道交会处东北角	普通住宅
碧桂园思念翡翠城	郑州	荥阳市	荥阳市江山路与沿黄快速路西 4 公里处	普通住宅
碧桂园万山湖壹号	郑州	荥阳市	荥阳市万山湖景区	普通住宅
东润玺城	郑州	荥阳市	荥阳市中原西路与广贾路交会处	普通住宅
东原阅境	郑州	荥阳市	荥阳市西四环警官大道西南 3000 米	普通住宅、商铺
福晟南山府	郑州	荥阳市	荥阳市滨湖南路与碧园路交叉口西南侧	普通住宅
光明索河湾	郑州	荥阳市	荥阳市兴华路与汜河路交会处	普通住宅
国控云庭	郑州	荥阳市	荥阳市 310 国道与荥密路（郑西五环）交叉口东北侧	普通住宅
瀚宇天悦湾	郑州	荥阳市	荥阳市郑上路与万山路交会处西 300 米	普通住宅、别墅、写字楼、商铺
建海绿荫半岛	郑州	荥阳市	荥阳市广武路与郑上路交会处东南角	普通住宅、商铺
金地格林小城	郑州	荥阳市	荥阳市建设西路与绕城高速交会处西 600 米路北	普通住宅
绿城明月江南	郑州	荥阳市	荥阳市科学大道与荥泽大道交会处向南 1000 米路西	普通住宅
绿都元正望晴川	郑州	荥阳市	荥阳市中原西路塔山路交叉口东南角	普通住宅
清华忆江南	郑州	荥阳市	荥阳市江山路与沿黄快速路交会处西 4000 米路北	普通住宅
融信江湾城	郑州	荥阳市	荥阳市沿黄快速路与江山路交会处西	普通住宅、别墅
物华臻悦苑	郑州	荥阳市	荥阳市康泰路与紫荆路交会处西南侧	普通住宅
新城郡望府书院	郑州	荥阳市	荥阳市禹锡路与飞龙路交叉口东南侧	普通住宅
新田城（海豚湾）	郑州	荥阳市	荥阳市陇海快速路西至新田大道南行	普通住宅、公寓、商铺
新田城六期南山	郑州	荥阳市	荥阳市洞林湖风景区	普通住宅、别墅、商铺
永威山悦	郑州	荥阳市	荥阳市荥密路与中原西路交叉口东南	普通住宅、别墅
永威溪樾	郑州	荥阳市	荥阳市西南绕城高速豫龙站向西两公里（郑上路与荥泽大道交叉口路西）	普通住宅
永威逸阳溪畔	郑州	荥阳市	荥阳市南水北调生态走廊和科学大道交会处	普通住宅、别墅
裕华行园	郑州	荥阳市	荥阳市万山路与龙湾路交会处东南	普通住宅
正商博雅华庭	郑州	荥阳市	荥阳市塔山路与 310 国道交会处西北侧	普通住宅
郑西理想城	郑州	荥阳市	荥阳市中原西路与京城路交会处	普通住宅
郑西鑫苑名家	郑州	荥阳市	荥阳市郑上路与广武路交会处西南角	普通住宅、公寓、商铺
郑州碧桂园	郑州	荥阳市	荥阳市贾峪镇洞林湖风景区	普通住宅、别墅
郑州恒大健康城	郑州	荥阳市	荥阳市荥泽大道与达来西路交叉口	普通住宅
郑州恒大山水城	郑州	荥阳市	荥阳市连霍高速快速路西至新田大道南行洞林湖风景区	普通住宅、别墅
紫域澜庭	郑州	荥阳市	荥阳市郑上路与飞龙路交会处北 100 米荥阳新二中东侧	普通住宅
宝能莲湖一品	郑州	郑东新区	郑东新区博学路与商鼎路交叉口	公寓
宝能郑州中心	郑州	郑东新区	郑东新区高铁东站商鼎路与博学路交会处	公寓、写字楼、商业
保利珑熙	郑州	郑东新区	郑东新区众意路与丰毅路交会处东北	普通住宅
北龙湖金茂府	郑州	郑东新区	郑东新区朝阳路与九如东路交会处东 100 米	普通住宅、别墅
碧桂园生态城	郑州	郑东新区	郑东新区连霍高速与万三路（新 107）交会处往北 2000 米	普通住宅、别墅
碧桂园天琴湾	郑州	郑东新区	郑东新区七里河南路和明理路交会处东南角	普通住宅
碧桂园象府	郑州	郑东新区	郑东新区豫兴大道与锦绣路交会处西北角	普通住宅
碧桂园豫府	郑州	郑东新区	郑东新区云竹路与朝阳路交会处东南方向	普通住宅
鼎天东尚	郑州	郑东新区	郑东新区龙子湖博学路与薛店北街交会处东南角	普通住宅
东润城	郑州	郑东新区	郑东新区老鄩路与前程路交叉口东 1000 米	普通住宅
东望云朗	郑州	郑东新区	郑东新区金水东路与中山路交会处西南	公寓
冠景君悦湖	郑州	郑东新区	郑东新区众意路与朝阳路交会处向西 300 米路南	普通住宅
广电天韵	郑州	郑东新区	郑东新区东三环（107 国道）与姚桥路（北三环）交会处东北角	普通住宅

楼盘名称	城市名称	城区	地址	物业类型
国控东宸	郑州	郑东新区	郑东新区黄河南路与正光路交会处向东 50 米路南	公寓
瀚海观象	郑州	郑东新区	郑东新区豫兴大道与锦绣路交会处西北角（金水东路与锦绣路向北 2000 米）	普通住宅
河南卢森堡中心	郑州	郑东新区	郑东新区如意西路（金融）与龙湖中环路（商业）双主干道位置	公寓、写字楼、商业
恒大悦龙台	郑州	郑东新区	郑东新区龙湖外环路与龙翔八街交会处	普通住宅
华润新时代广场	郑州	郑东新区	郑东新区商鼎路与博学路交会处	公寓、商业、写字楼
汇泉博澳东悦城	郑州	郑东新区	郑东新区商都大道与前程路交会处	普通住宅
吉地澜花语	郑州	郑东新区	郑东新区郑开大道与贺庄路交叉口向南 300 米路	普通住宅
建业 LA VIE 半英里	郑州	郑东新区	郑东新区熊耳河路盛和街交叉口南 100 米	普通住宅、公寓、商业
建业新筑	郑州	郑东新区	郑东新区平安大道与文宗街交会处西北角	普通住宅、公寓、别墅
金领九如意	郑州	郑东新区	郑东新区九如路与朝阳路交会处西南角	普通住宅
锦雍水之郡	郑州	郑东新区	郑东新区姚桥路与德慧街交会处	普通住宅
康桥诸子庐	郑州	郑东新区	郑东新区如意西路朝阳路	普通住宅
蓝宝湖畔晓风	郑州	郑东新区	郑东新区博学路与薛夏北街交会处东北角	普通住宅
蓝城玫瑰园	郑州	郑东新区	郑东新区绿博大道与雁鸣路交会处西南角	普通住宅、别墅
美盛象湖 100	郑州	郑东新区	郑东新区郑开大道与凤栖街交会处东南角	公寓、商铺
名门樾府	郑州	郑东新区	郑东新区九如路与北三环交会处西南	普通住宅
茉莉公馆	郑州	郑东新区	郑东新区龙湖外环路与龙翔六街交会处	普通住宅
清华附中启迪郑东科技城	郑州	郑东新区	郑东新区龙湖中环路与龙源西四街交会处	公寓、写字楼、商业
荣盛华府	郑州	郑东新区	郑东新区九如路与朝阳路交会处	普通住宅
融创中原壹号院	郑州	郑东新区	郑东新区北龙湖如意东路朝阳路	普通住宅
上东国际	郑州	郑东新区	郑东新区金水东路与郑信路交叉口	公寓
万众顺和禧	郑州	郑东新区	郑东新区如意西路与龙湖中环路交会处	普通住宅
象湖里	郑州	郑东新区	郑东新区绿博大道与康庄路交会处东南角	普通住宅

楼盘名称	城市名称	城区	地址	物业类型
新田印象中心	郑州	郑东新区	郑东新区白沙组团郑开大道南侧、文华路北侧、清正路西侧、龙阳路东侧	公寓
星联岚溪府	郑州	郑东新区	郑东新区金水东路与中山路（原贺庄路）交会处向南 300 米	普通住宅
星联湾	郑州	郑东新区	郑东新区金水东路与雁鸣路交会处向南 900 米	普通住宅、别墅
星联御象湖	郑州	郑东新区	郑东新区金水东路与贺庄路交会处南 300 米	普通住宅
雅居乐御宾府	郑州	郑东新区	郑东新区如意东路与朝阳路交会处	别墅
英地金台府邸	郑州	郑东新区	郑东新区东风南路与永平路交会处西北角	普通住宅、商铺
英协生生银河居	郑州	郑东新区	郑东新区熊儿河路与相济路交叉口	普通住宅
永威森林花语	郑州	郑东新区	郑东新区金水东路与万三路交会处向南 800 米路西	普通住宅、商铺
永威上和院	郑州	郑东新区	郑东新区九如路与朝阳路交会处东 500 米路北	普通住宅
正弘臻筑	郑州	郑东新区	郑东新区朝阳路与龙腾三街东北角	普通住宅
正商善水上境	郑州	郑东新区	郑东新区平安大道东风南路向东 1000 米路南（东风渠熊耳河交会处）	普通住宅
正商书香铭筑	郑州	郑东新区	郑东新区金水东路与京港澳交会处东 1000 米路南（贾鲁河站）	公寓、商铺
正商祯瑞上境	郑州	郑东新区	郑东新区如意西路与丰股路交会处西 100 米路北	普通住宅
郑东商业中心	郑州	郑东新区	郑东新区商都路与农业南路交会处向东 200 米	公寓
郑州金融岛	郑州	郑东新区	郑东新区北龙湖北三环众意路	公寓、酒店式公寓
紫藤公馆	郑州	郑东新区	郑东新区郑开大道与郑信路交叉口向南 300 米路西	普通住宅
宝地中央湿地	郑州	中牟县	中牟县雁鸣大道与卫民路交叉口西 300 米路南	普通住宅、商业
碧桂园中央公园	郑州	中牟县	中牟县郑开大道与广惠街交会处向东 1 公里路北	普通住宅
建业电影小镇之橙园	郑州	中牟县	中牟县建业华谊兄弟电影小镇路北 200 米	普通住宅
金科博翠书院小镇	郑州	中牟县	中牟县绿博广惠街与琼花路交会处	普通住宅
金科天籁城	郑州	中牟县	中牟县郑开大道与锦荣路交会处向南 100 米路东	普通住宅
康桥香溪郡	郑州	中牟县	中牟县郑开大道与广惠街交会处西北角	普通住宅

楼盘名称	城市名称	城区	地址	物业类型
康桥香溪里	郑州	中牟县	中牟县广惠街与绿博大道交会处向南500米路东	普通住宅
路劲国际城	郑州	中牟县	中牟县商都大道人文路交叉口东北	普通住宅、商铺
路劲九郡	郑州	中牟县	中牟县文博路与新圃街交叉口向东200米	普通住宅
绿地香颂	郑州	中牟县	中牟县雁鸣大道与高尔夫路交会处西北角	别墅
绿都雁鸣叙	郑州	中牟县	中牟县雁鸣湖景区正北	别墅
名门紫园	郑州	中牟县	中牟县绿博大道人文路交叉口南300米路东	普通住宅、写字楼、商铺
普罗理想国	郑州	中牟县	中牟县郑开大道与雁鸣大道交会处	普通住宅、别墅
融创华夏观澜壹号	郑州	中牟县	中牟县绿博园绿博大道与广惠街交会处	普通住宅
万科长基云庐	郑州	中牟县	中牟县雁鸣大道与雁月大道交会处向西2公里	别墅
亚新美好天境	郑州	中牟县	中牟县商都大道与兴安街交叉口路南	普通住宅
亚新美好香颂	郑州	中牟县	中牟县绿博大道与屏华路交会处南300米	普通住宅
亚新美好艺境	郑州	中牟县	中牟县中央大道屏华路交叉口东北角	普通住宅
永威上和府	郑州	中牟县	中牟县雁鸣大道与连霍高速交叉口向北1000米	普通住宅、别墅
永威上和郡	郑州	中牟县	中牟县绿博大道与人文路交会处南1000米路东	普通住宅、建筑综合体
远洋万和四季	郑州	中牟县	中牟县琼花路与文通路交叉口向西200米	普通住宅
长基雁月湾	郑州	中牟县	中牟县雁鸣湖国家农业公园北邻	普通住宅、别墅
郑东碧桂园	郑州	中牟县	中牟县郑开大道与锦荣路交叉口向南300米	普通住宅
保利心语	郑州	中原区	中原区中原路与华山路交会处	普通住宅
风和朗庭	郑州	中原区	中原区金水西路沿线（嵩山路—秦岭路之间）	普通住宅
和昌湾景国际	郑州	中原区	中原区陇海路与西环交叉口东南角	普通住宅、公寓

楼盘名称	城市名称	城区	地址	物业类型
和润林湖美景	郑州	中原区	中原区西三环与建设路交会处北200米路东	普通住宅
华瑞紫韵城	郑州	中原区	中原区建设西路与长椿路交叉口南北两侧	普通住宅、公寓、写字楼、商铺
汇泉景悦城	郑州	中原区	中原区西三环与颍河路交会处	普通住宅
汇泉西悦城	郑州	中原区	中原区陇海路与西四环交会处（郑州市植物园向南500米路西）	普通住宅、写字楼、商铺
金水世纪城	郑州	中原区	中原区西站路（金水西路）与秦岭路交会处	普通住宅
锦艺国际轻纺城	郑州	中原区	中原区西四环与建设路交叉口西北角	普通住宅、公寓、写字楼
融创御湖宸院	郑州	中原区	中原区航海路桐柏路向南500米路东	普通住宅
融侨中晟悦城	郑州	中原区	中原区航海西路（郑少高速连接线）与西三环西5公里	普通住宅
融信望湖宸院	郑州	中原区	中原区西四环与陇海快速路交会处东南角	普通住宅
盛世卧龙城	郑州	中原区	中原区淮河路与伏牛路交叉口向南50米路西	普通住宅
世茂振兴璀璨熙湖	郑州	中原区	中原区陇海路与汇文路交会处向南600米	普通住宅
五建新街坊	郑州	中原区	中原区建设路与华山路交会处向西200米路北（地铁1号线西三环站出口）	普通住宅
阳光城丽景公馆	郑州	中原区	中原区中原路与西三环交会处东南	普通住宅、商铺
永威西郡	郑州	中原区	中原区陇海路与西四环交会处向北800米路西（郑州植物园对面	普通住宅、公寓
郑地璞园	郑州	中原区	中原区金水西路与秦岭路交会处	普通住宅
中晟 Park 公寓	郑州	中原区	中原区长江路与西三环交会处向西500米	公寓
中晟柒号院	郑州	中原区	中原区长江路与西三环交会处向西500米	普通住宅

碧桂园名门时代城

- 2019年 -
中国城市楼盘年鉴
典型项目

郑州　郑南核心　千亩大盘　装修三房

碧桂园名门时代城位于郑州市管城回族区京广路与豫一路交会处东南角，项目所在片区内政府规划用地约392万平方米，其中开发用地逾77万平方米，总建筑面积约248万平方米，首期共规划9栋高层。

项目地址：
郑州市管城回族区京广路与豫一路交会处东南角

开发商：
郑州中贯新城置业有限公司

建筑类型：
高层

主力户型：
89~115 平方米三居

周边配套：
地铁 2 号线、南水北调运河生态文化公园

参考价格：
均价约 12800 元 / 平方米

楼盘优势：
碧桂园大品牌保障，地处二七新区与商都新区交会核心区，地铁 2 号线、多商圈环绕，配套强劲。

专家点评　刘文良·郑州日报地产部主编

两大房企强强联合，共筑管南千亩大盘；近享地铁2号线、三中轴，织就立体交通；市政规划约21所学校，打造多龄教育体系；坐拥80万平方米商务商业，崛起南城新商圈；一河四公园，生态宜居社区；纯板式、宽楼距、成品房，成就「理想家」。

项目解析

【区域维度】

碧桂园名门时代城项目位于京广路与豫一路交会处东南角，二七新区与商都新区交会区域。从项目出发，沿紫荆山路或京广快速路，可直达紫荆山商圈与花园路；沿中州大道，直达郑东新区、经开区与高铁东站；沿京广快速路、大学路，可以直达二七万达广场。

商都新区作为南部新城区重要组成部分，是郑州南向发展的门户，将重点向南四环以南拓展产业及生活用地，着力构建生态型、现代化城市空间格局的郑州市区东南部城市副中心。四大主客站之一“小李庄站”的规划建设，也给南部片区发展注入强劲的动力，碧桂园名门时代城恰好地处郑州城市南北向发展主轴，占据郑州向南发展核心地带，未来将享受区域发展政策利好。

【品牌维度】

碧桂园集团作为“2019中国房地产开发企业500强”第3名，自2013年进入河南以来，短短6年时间，以匠心品质和贴心服务为18城、120多个项目的数万个家庭打造优质生活服务。

2019年，碧桂园集团战略择址南拓前沿阵地：商都新区与二七新区交会区域，打造河南区域千亩宏著“大城”——碧桂园名门时代城。项目从选址到建筑设计、产品规划，智慧生活系统、装标等方面全面升级，力求为中原人民建造一座高规格的理想城市家园，筑造管南千亩理想生活新版图。

【产品维度】

碧桂园名门时代城所在片区内政府规划用地约3920000平方米，项目整体开发用地面积约773333平方米，总建筑面积约248万平方米。

项目毗邻地铁2号线南四环站及十八里河站(已开通)，地铁口就在项目地块内；中州大道、京广南路、紫荆山路三条城市交通主干道，连接新老城区，打造城市快捷生活圈。

政府规划项目所在片区内教育用地约317926平方米，规划有1所高中、1所九年一贯制学校、3所初中、4所小学、12所幼儿园，教育资源丰富；项目自身规划有约80万平方米商务商业综合体，周边百荣商贸城等大型成熟商圈环绕，打造未来城南新商圈。

项目毗邻南水北调运河，站马屯明渠(规划中)从项目地块穿过；南水北调运河生态文化公园、南环公园双公园环伺，生态宜居。

项目规划建设纯板式住宅，楼间距舒阔宜居；户型为建筑面积约89平方米和建筑面积约115平方米舒适三居，高品质装修交付，省时省心；社区未来配备新风系统、地暖、智能门锁、三层中空玻璃等品质装标，静享理想人居。

【销售维度】

碧桂园名门时代城2019年10月27日首次开盘，吸引上千人到访售楼部，首推503套房源、均价12800元/平方米，1分钟内去化92%，首开告捷。11月9日7号楼二次加推，再次吸引上千人到访，当日去化93%。

项目开盘和加推的成功，无疑奠定了时代城在管南的地位。在千亩大盘云集的管南片区，在楼市唱衰的市场行情下，碧桂园名门时代城的脱颖而出，不仅增强了市场信心，同时也证明了碧桂园的品牌实力。

更多楼盘详情请扫码查看

锦艺金水湾

2019年 中国城市楼盘年鉴 典型项目

郑州　金水核心　千亩大盘　交通便利

锦艺金水湾位于金水区文化路北段贾鲁河两岸，由河南锦家置业有限公司开发，建筑面积2300000平方米，占地面积1466667平方米。

项目地址：

郑州市金水区文化路与连霍高速交会处

开发商：

河南锦家置业有限公司

建筑类型：

高层

主力户型：

120平方米三居、140平方米四居

周边配套：

地铁7号线、河南省中医院、丽水外国语学校

参考价格：

均价14500~15500元/平方米

楼盘优势：

项目邻近地铁，交通便利；商业、教育配套丰富；坐拥双河景观生态资源，环境宜居。

专家点评　李[illegible]　大河报房产事业部总监

锦艺金水湾位于金水北核心区域，坐享主城区成熟商圈，紧邻地铁7号线，是名副其实的地铁物业。项目占地面积1466667平方米，千亩大盘，规划全面，配建有40万平方米的旗舰商业，紧邻公立丽水外国语学校，周边资源丰富，配套强劲。

项目解析

【区域维度】

作为郑州重点发展的地区之一，金水区肩负着城市改革和进化等多项职能。区域目前发展成熟完善，而锦艺金水湾项目就位于郑州金水核心区，项目位于文化路与连霍高速交会处，贾鲁河畔，区域内规划有7号线(规划中)地铁经过，可通往郑东CBD、航空港区等核心板块；同时，紧邻文化路等交通主干道，可快速连通市区，出行便利。

【品牌维度】

20余年来，锦艺集团始终秉承"持续为社会创造价值"的企业使命，以卓越的产品力与品牌号召力，打造了众多有口皆碑的优质社区。

锦艺金水湾是锦艺集团重点打造的滨水住宅，项目配建有40万平方米商业综合体配套，一直是郑州北区红盘。从中原锦艺城、龙湖锦艺城，再到锦艺金水湾，锦艺开发的项目在郑州广受追捧，其产品号召力可见一斑。

【口碑维度】

锦艺金水湾依托主城区核心地段的优势资源和锦艺城全方位、全业态的旗舰商业，全力打造金水新商圈，为区域购房者提供全资源、多元化、多维度的高品质生活，一经面世，便吸引众多置业者关注。

【产品维度】

锦艺金水湾项目总占地面积约1466667平方米，总建筑面积约230万平方米，是集摩天人居、奢尚MALL、时尚寓所、轻奢住宅于一体的城市商业综合体，项目整体容积率约为3.5，绿化率约为30%。

项目配建的40万平方米旗舰商业——金水锦艺城，特邀美国Callison RTKL大师担纲设计，打造145米高商业地标建筑，紧邻地铁7号线(规划中)文化路龙门路站，零距离交通换乘。内部引进精品商超联合主力店、品牌儿童游乐场、高端健身会所等主力品牌入驻，更有300余意向品牌，未来或将形成郑北板块商业新封面。

生态资源方面，项目坐拥东风渠、贾鲁河景观资源，约3公里河景、104万平方米康体公园，舒适宜居。

项目自身规划配建有5所幼儿园，政府配建有2所小学及2所中学，项目内公办学校丽水外国语学校已经开始招生，并与拥有"小三甲"之一美誉的郑州七中共享优秀师资，丰富的教育资源备受业主好评。

项目目前主推建面约115~140平方米的三居、四居，南向开间，户型通透，全明空间，科学合理布局，打造舒适生活尺度，超大观景阳台，揽阅贾鲁河东风渠双河景观；主卧大套房设计，附带飘窗景观设置，全龄社区，满足不同成员、家庭阶段需求。项目配备有装修入户挑高大堂、德国蒂森克虏伯电梯、甲级钢木复合门、耐克指纹密码锁、CCW混凝土保温幕墙体系、地送新风系统等，29种精工匠造。

【销售维度】

锦艺金水湾凭借出色的人气和业绩，在郑州地产市场上出类拔萃。在2019年主城各区域地产项目销量排行榜上，住宅销售面积和销售成交额均取得不俗成绩，名列前茅。项目热销期间，营销中心平均一周接待客户约60[illegible]组，超高热度助推区域楼市销量增长。

更多楼盘详情请扫码查看

- 2019年 -
中国城市楼盘年鉴
典型项目

康桥美庐湾

郑州　SCDA 设计　生态湖居　精品力作

康桥美庐湾位于经开区第十三大街与经南九路交叉口西北角，占地面积约 27000 平方米，总建筑面积约 60000 平方米，规划建设 6 栋楼共 278 户；容积率 2.49，绿化率 35%。

专家点评　赵进京·河南省房地产业商会执行会长兼秘书长

康桥美庐湾落址郑州滨河国际新城，千亩蝶湖东岸，是康桥集团倾力打造的精品。项目享品牌地产加持，产品质量过硬，由世界知名建筑设计机构SCDA操刀设计，将中原建筑形态与国际创新理念相融合，打造名副其实的生态湖居环境。

项目地址：

郑州市经开区第十三大街与经南九路交叉口西北角

开发商：

郑州鑫茂房地产开发有限公司

建筑类型：

高层

主力户型：

175 平方米、234 平方米四居，212 平方米复式四居

周边配套：

蝶湖公园、地铁 3/11/14 号线、郑州七院

参考价格：

均价约 28500 元 / 平方米

楼盘优势：

康桥美庐湾项目位于郑州滨河国际新城，千亩蝶湖畔，是康桥集团着重打造的精品高端住宅项目。

项目解析

【区域维度】

滨河国际新城立足经济开发区核心，是连接老城区、郑东新区以及航空港区的重要枢纽，也是集休闲、旅游、商业、文化、教育为一体的城市中央休闲区(CLD)。区域内有一河(潮河)、两湖(蝶湖、荷湖)、三公园(蝶湖公园、荷湖公园、体育公园)，绿化率高，水域面积宽广，是名副其实的生态宜居之城，也是国际化新城，更是中原地区的对外形象窗口。

康桥美庐湾落址滨河国际新城，北与CBD对望，南与航空港相邻，区位优势尽显。项目毗邻水域面积宽广的蝶湖，周边有河湖生态长廊、蝶湖公园、荷湖公园、体育公园等，自然环境优越，生态宜居。

【品牌维度】

康桥集团从中原走向中国，历经17年发展，现已跻身"全国100强房企"。在注重企业发展的同时，把握中国社会发展态势，围绕传统地产开发主体，构建产业文旅、大服务两翼发展的全生命周期综合运营模式。

康桥集团深入考究城市、生活、空间的价值，沉淀"5+好房"品牌核心竞争力，从"景观、建工、物业、体验、研发"五大维度，凝练更具品质的高端产品；从住宅生态环境的要求到构建人文品质空间的追求，满足人们对美好生活的多维度需求。

【口碑维度】

康桥美庐湾项目是康桥集团集聚多年经验打造的高端住宅项目，由世界知名的建筑设计机构SCDA操刀设计，将中原建筑形态与国际创新理念相融合，营造宜居舒适的人居体验。项目一经推出便圈粉无数，成为郑州市场上颇具竞争力的高端住宅产品。

【产品维度】

康桥美庐湾紧邻千亩蝶湖，水域面积广阔，地理位置优越。项目总占地面积约2.7万平方米，总建筑面积约6万平方米，容积率为2.49，规划建设6栋临湖云墅，建筑面积180~230平方米，共计278户。

在户型设计上，康桥美庐湾汲取世界高端住宅营造标准，面宽约21米，并配比真正落地的设计；在保证建筑品质与美观度的同时，通过提升采光面，大幅增强居住舒适度，将卓越性能与生活质感兼收并蓄；打造270°巨幕视野，使建筑内外与自然无缝融合；客厅约6.3米双层挑空，采光充足。

在外部景观营造上，借助"一河两湖五公园"的自然生态，再融合"禅境、内敛、极适"的造园法则，借鉴度假酒店造景设计理念，整体营造出酒店度假式居住氛围，人居舒适度大大提升。

2018年8月，在香港揭晓的第九届"亚洲10大超级豪宅"奖项中，康桥美庐湾荣膺"亚洲最佳建筑设计豪宅"大奖。2019年11月，在由易居克而瑞研究中心与筑想科技共同举办的"产品'质'上——2019年中国房企产品力排行榜TOP100发布会"上，康桥湾系产品和康桥美庐湾项目分别荣膺"2019年顶级豪宅产品系TOP10"和"2019年中国十大作品"(居住类)两项大奖。

【销售维度】

案场数据显示，项目于2019年4月入市，5月开盘，首开售罄，去化率100%。在目前的市场情况下，仍以28500元/平方米的均价在3个月内实现三开三罄，成交额达到10亿元；在项目平销期间，仍始终保持高销量，成为区域人气单盘。

更多楼盘详情请扫码查看

2019年
中国城市楼盘年鉴
典型项目

名门翠园

郑州 金水主城 精品力作 城央大宅

名门翠园位于金水区三全路丰庆路口西北角；占地面积约 403341 平方米，建筑面积约 220 万平方米；住宅容积率 3.47，绿地率 30%；商业地块容积率 4.44。

项目地址：
郑州市金水区三全路丰庆路、索凌路交叉口

开发商：
河南圣鸿置业有限公司

建筑类型：
高层、洋房、公寓、商铺

主力户型：
106~130 平方米三居、153~176 平方米四居、29~42 平方米一居

周边配套：
郑州市政公园，河南省体育中心，地铁 3 号线、4 号线，宜家家居

参考价格：
住宅 17000 元 / 平方米左右、公寓 13000 元 / 平方米左右

楼盘优势：
项目地处金水核心，毗邻郑州市政公园、河南省体育中心和地铁 3 号线、4 号线（均在建），周边有多个商圈和学校汇集，享受成熟的商业和教育配套，区域价值可见一斑。

专家点评

王宁：河南广播电视台私家车 999《陪你去看房》主持人

名门翠园是名门地产继名门紫园后的又一精品力作，位于郑州金水北区成熟商圈，坐拥地铁3号线、4号线双地铁物业，涵盖高层住宅、洋房、公寓、商业等多样丰富业态，倾力打造220万平方米城市公园住区，规划全面，生态宜居。

项目解析

【区域维度】

名门翠园位于三全路丰庆路口，地处金水北区核心地段。金水区是郑州的政治、经济、文化、金融、信息中心，经济发达，交通便利，教育、生活等配套齐全，是城市资源的集中汇集地，靠近建设中的地铁3号线长兴路站、4号线北二十里铺站。项目紧邻52000平方米市政公园，周边还建有环湖跑道、景观长廊及观景台，并以鲜花、水景、密林、空间为元素打造城市街心公园。

【品牌维度】

名门地产是以房地产开发经营为主，涉及多领域的股份制企业。历经多年发展，名门地产的影响力现已逐步扩展至全国，所开发的名门翠园、名门紫园、名门樾府、名门天境、半山溪谷等项目赢得了市场广泛关注和赞誉。目前，该公司已由专业从事住宅地产的开发商，转型成为一个以郑州为中心、逐步布局全国的综合运营商。

【口碑维度】

名门翠园项目坐落于郑州市核心城区金水区北部，物业类型丰富，产品种类齐全。项目周边有多维立体交通、BLOCK商业街、宜家、yoyopark等商业以及郑州八中、优胜路小学等优质教育资源，郑州市政公园、金水区总医院、河南省中医院、惠济区人民医院等多项配套优势加持，生活氛围浓厚。项目凭借亮眼的去化成绩和良好的口碑，成为区域人气单盘。

【产品维度】

项目建筑面积约220万平方米，分多个地块开发，涵盖高层住宅、洋房、BLOCK商业、社区底商、平层及LOFT公寓等多种物业类型，产品类型齐全，规划业态丰富。

项目紧邻建设中的地铁3号线和4号线，地铁口直达公寓负一楼，方便快捷。目前，地铁3号线开通在即，而地铁4号线也在如火如荼地建设。未来，地铁全部开通后，该项目的业主可以轻松享受到地铁带来的便利和快捷。项目自带20万平方米商业，包含社区底商及BLOCK式商业等，能满足社区居民基本的购物、休闲和娱乐需求，还邻近河南省体育中心、宜家家居和惠济万达广场，商业配套齐全。

项目社区内部高层住宅和洋房楼栋高低不等，使得整个社区呈现一种层次式的递进；建筑采用ArtDeco建筑风格和新古典主义建筑风格的有机融合，三段式立面，主墙面以米黄色为主体，配以深咖色层次设计，基座用深色系石材，立面挺拔秀丽，典雅精致。项目在住宅的设计上注重细节刻画，在整体装饰上追求简洁大方的风格；项目的洋房整体色彩较为素雅，外立面选用石材和真石漆相结合的材质，表现力和立体感较强。无论是在视觉效果还是在建筑品质上，都力求打造一个令人赏心悦目的精品社区。

【销售维度】

案场数据显示，项目2018年在售产品以住宅为主，共计去化6000余套，全年总销售额高达60亿元以上，在2018年区域单项目销售成绩中位列前茅。

2019年，项目可售产品主要为公寓、商铺等投资性产品，累计销售逾2500套，创造了销售额近20亿元的年度佳绩；全年公寓销售率居高不下，在郑州市公寓销售排行榜中持续排名靠前。

更多楼盘详情请扫码查看

万科·盛德 世曦

郑州　主城核心　品牌地产　成熟配套

万科·盛德 世曦位于农业路与京广快速路交会处东北侧，由郑州盛德房地产开发有限公司开发，建筑面积165000平方米，占地面积33155平方米。

项目地址：
郑州市农业路与京广快速路交会处东北侧

开发商：
郑州盛德房地产开发有限公司

建筑类型：
高层

主力户型：
96平方米三居、142平方米四居

周边配套：
二七商圈，国贸商圈，地铁5号线、3号线

参考价格：
均价约18000元/平方米

楼盘优势：
项目的核心优势是地段，位于主城三环内，周边地铁5号线、3号线环绕，交通便捷，配套成熟丰富。

专家点评

王宁·河南广播电视台私家车999《陪你去看房》主持人

万科·盛德 世曦位于农业路金二环，是万科倾心打造的斯特恩美式大都会作品。项目坐拥金水区完善交通体系，地处城市资源汇集地，优质配套高度集中，成熟商圈环绕，医疗配套完善。项目内部公园式归家景观的打造也是诚意十足，户型设计合理舒居。

项目解析

【区域维度】

金水区是河南省委所在地，是全省的政治、经济、文化、金融、信息中心城区。区域经济繁荣、交通便利、设施先进、功能完善，拥有得天独厚的区位优势和优质的资源配套。

万科·盛德 世曦位于郑州主城金水核心区，地段优势明显，可享主城区三环内成熟配套资源。邻近农业路与京广快速路，并以项目为核心形成了“五横三纵二环双地铁”的多维立体交通网络，可高效快速通达全城。

【品牌维度】

多年来，万科打造了很多精品住宅，无论是在追求生活配套还是在细致服务上，都彰显着万科风范。

万科入郑7载，始终坚持品质打造，自高端改善作品万科美景世玠之后，再次布局城市中心，打造典型作品万科·盛德 世曦；无论是在生活场景方面，还是对产品的打造上，都堪称品质之作。

【产品维度】

万科·盛德 世曦项目总占地面积约33155平方米，总建筑面积约165000平方米，是万科暨世玠之后又一高品质城央项目，项目定位为舒适、宜居的高品质的成品房住区，主要由9栋高层组成，户型建面约89~142平方米，方正格局，没有浪费面积，满足不同家庭的住房需求。

项目承袭斯特恩新古典主义建筑风格，将经典造型风格和元素融入建筑，从细节造型体现新古典主义的美感；以居住舒适为目的，摒弃复杂线条，整体看来，楼体层次更加分明且庄重雄伟。

在景观规划设计方面，项目打造曲径通幽、公园式归家的景观动线，园区内汇聚中心花园、儿童天地、青年运动场等七大模块，无障碍设计、安全监护、友好照明等六大关怀，泉曦、涟漪、林涧、影丘四大主题公园，特别是影丘乐园及约1500平方米儿童生活区，整体设计诚意满满，给业主带来品质感社区体验。

据了解，万科·盛德 世曦项目采用装修交付，除了保持万科一贯的成品房施工系统，还针对世曦的产品定位，广泛应用国际品牌配备，如YKK系统窗、汉斯格雅、杜拉维特、能率热水器、智能洗碗机等。内部还设置五重降噪体系、八大装修系统，69个装修细节，给业主营造静谧舒适的居住环境。

除了产品的精心打造，万科·盛德 世曦周边城市配套更加丰富。周边1公里范围内有两条地铁，向南为5号线沙口路站，向东为3号线农业路站；5号线是郑州首条环形地铁线路，贯穿郑州整个中心城区，地铁3号线（在建中）农业路站距项目仅约800米，步行可达，轻松享受高效便捷出行。

项目位于城市资源丰富的金水核心区，商业配套比较完善。从项目出发，依托农业路与京广快速路等便捷交通路网，可顺抵大卫城、国贸360、熙地港等核心商圈，繁华生活触手可及。

医疗方面，全市28家三甲医院，金水区就有11家，占全市三甲医院近一半，而项目周边就有多达6家三甲医院，医疗服务配套齐全。

更多楼盘详情请扫码查看

永威·上和院

2019年
中国城市楼盘年鉴
品质项目

郑州　郑东新区　低密建筑　品质宜居

永威·上和院由永威置业开发，位于郑州市郑东新区北龙湖，朝阳路以北、九如东路以东，占地面积 47601 平方米，建筑面积 79225 平方米，容积率 1.66。

项目地址：
郑州市九如路与朝阳路交会处东 500 米路北

开发商：
永威置业集团有限公司

建筑类型：
洋房

主力户型：
190~360 平方米和院

周边配套：
东运河公园、熙地港、丹尼斯七天地

参考价格：
5.3 万 ~6.5 万元 / 平方米

楼盘优势：
永威集团联袂庄镇光、李玮珉等 5 位大师打造，位于北龙湖核心地段，精选知名品牌建材，以精细化筑造“上和系”高端代表作品。

专家点评

刘社·河南财经政法大学城市发展研究中心主任

永威·上和院占据郑东新区北龙湖核心，产品由五位设计大师共同创作，从建筑立面、空间环境、园林景观一一把关，将产品品质与空间私密性、细节人性化等相结合，无处不体现永威精细化品质，值得持续关注。

项目解析

【区域维度】

永威·上和院位于北龙湖核心地段，北龙湖以国家中部金融中枢为愿景，引进各类金融机构总部，打造集国际商务、文化教育、商业医疗于一体的国际都会区。

区域内规划东运河公园、如意中央公园等7座公园，约5600000平方米阔景水域；项目东邻约200000平方米体育公园，生态环境优良。

区域汇集了加拿大枫叶小熊幼儿园等优质教育资源，集纳了熙地港、丹尼斯7天地等成熟配套，未来更有龙湖新天地、龙湖北里(规划中)等商业中心落户，重塑中原人的商业体验。

【品牌维度】

永威，以精细化之道匠心筑居。14载深耕中原，履迹全国，秉承“营造城市居住新价值”的企业使命，充分发挥在精细化产品开发和运营方面的优势，专注于高端项目开发，致力于成为中国领先的城市运营商。经过十数载不懈努力，为近100000名业主提供精细化服务。

【口碑维度】

作为北龙湖市场受客户关注与期待的作品，永威·上和院自入市以来便受到市场与新老客户的强烈关注。4载潜心匠筑，现已实景呈现，项目产品一砖一瓦的精细化考量与匠心施工，受到了行业内外的赞誉。

【产品维度】

项目的核心产品亮点可用五大关键词概括，即大师联袂、四排规划、主题院落景观、品牌建材、奢阔户型。

大师联袂——为了呈现一种独特的风格与品位，永威特邀李玮珉、庄镇光、吕永中、谭精忠、琚宾五位大师执笔，对产品进行精细化设计，让产品更符合现代审美和居住标准。

四排规划——永威·上和院摒弃了价值最大化的五排布局，以四排布局保证更宽楼间距。在北龙湖地块限高24米的情况下，五排布局楼间距仅约22米，小于楼高，而改成四排布局，楼间距可增加约25%，最宽处楼间距达到约60米，最窄处亦为约28米，楼间距大于楼高，让每一户的采光得到充分保证。

主题院落景观——特邀庄镇光执笔设计，以院落组团的形式，规划“中央水苑+八大主题景观园林”，以自然为范本，为业主提供可赏景、可参与的景观视野。

品牌建材——永威·上和院从门窗砖墙等建筑用材到大堂、车库等公共空间，均优选上等材质；同时，汇聚比利时维纳博艮、日本YKK、德国施勒、意大利迪瑞、丹麦威卢克斯等知名品牌，严格把关，保证各个角落的品质感。

奢阔户型——永威·上和院规划12栋洋房，设计13种户型，将270°的客厅观景面(南向阳台+边厅阳台)与主卧空间相融，打造更符合人居的居住空间。

【销售维度】

永威·上和院自面市以来销售业绩喜人，项目案场数据显示，月均销售额约1亿元。在竞争激烈的北龙湖市场，成交均价表现较为优秀，成交客户满意度保持较高水准。

更多楼盘详情扫码查看

正商生态城

郑州 商都新区 品质大盘 低密社区

正商生态城位于郑州管城区郑新路与南水北调运河交会处路东，项目整体包括住宅地块、生态农业、商务用地等，是正商集团精心铸造的集高层、洋房、学校、商业街等为一体的综合品质大盘。

项目地址：
郑州市郑新快速路与南水北调运河交会处路东

开发商：
河南正商珑水置业有限公司

建筑类型：
高层、洋房

主力户型：
94~120 平方米三居、约 143 平方米四居

周边配套：
小李庄火车站、十七里河与南水北调运河

参考价格：
高层均价约 11000 元 / 平方米、洋房约 13000 元 / 平方米

楼盘优势：
首期匠造容积率约 2.49 的低密度社区，双河环绕，自成配套体系，区域内规划有多所学校以及百万方级商业等。

专家点评 刘文良·郑州日报地产部主编

正商生态城匠造大盘，规模浩大，多维交通，便捷畅达，项目位于十七里河、南水北调运河双河交会，坐享约5000米一线河景，坐拥约146666平方米滨河绿廊，五大公园环伺，多元业态打造百万平方米商业旗舰，文脉滋养区域配建多所学校。

项目解析

【区域维度】

正商生态城位置得天独厚，择址主城管南，位于郑新快速路(南水北调)以东、十七里河以南、绕城高速以北、京广铁路以西，紧邻规划中的小李庄火车站，周边拥享快速路、火车、高速、航空、地铁(规划中)等多维出行方式，生态上享有十七里河与南水北调运河天然优质河湾资源。

区域发展空间潜力较大。商都新区扮演着“东南城市副中心”的角色，对望管城区、航空港区，双城战略承接地，依托“郑许一体化”、小李庄火车站发展势能，是郑州向东南重点发展的新区之一。

周边配套设施齐全。除了得天独厚的生态环境之外，还有五大主题公园，区域内规划学校及百万平方米级商业，未来可期。

【品牌维度】

正商实力房企，25载9城90余盘，销售额与销售面积连续7年傲居郑州市前列。

从善水上境创写北龙湖豪宅装修标准惊艳中原，到斥资数亿元反哺已开发老旧社区；从实施首席品质官、首席客户经理机制，到匠造每一项目、不负矜贵土地，25年坚守品质初心。

【口碑维度】

据“河南日报”2017年8月22日专版报道，河南省人民政府发展研究中心原主任、党委书记王永苏曾称赞正商集团：“在郑州城市建设方阵中，正商既是排头兵，又是先行者、践行者、力行者，对建设美丽郑州、缔造品质人居生活功不可没。”

“为优秀人群创造品质生活”是正商初心坚守的方向和不断追求的企业使命，在产品升级、建材升级、景观升级、老社区改造升级等方面都得到了业主认可。

2016年，正商打响了一场“品质升级持久战”，如今已结出硕果。2018年，北龙湖成品交付豪宅正商善水上境，业主交口称赞，市场口碑双丰收。

【产品维度】

正商生态城首期打造容积率约2.49的低密社区，建筑面积94~120平方米观景高层，建筑面积104~143平方米的滨河洋房，并精研都市生活功能需求，将先进的设计理念引入到户型的动线、功能、观景和私密等细节中。

除五大主题公园外，区域内还规划多所学校以及百万平方米级商业等，后期将拥有体育公园、城市广场、十七里河公园、南水北调滨河公园、公交场站、社区服务中心、社区卫生服务中心、社区文化活动中心、公共停车场等公共配套，是实至名归的郑州东南品质滨河居住区。

【销售维度】

正商生态城首次开盘，轰动全城。项目案场销售数据显示，2019年10月20日首次开盘，当天共计推出500套房源，截至2019年10月20日，共售出480套，当天去化率达到96%。

2019年10月29日，正商生态城进行加推，开盘推出148套房源，当天去化率达到93%，市场反响热烈，再创销售佳绩。

正商生态城两次开盘均大获成功，成功奠定了项目的市场地位，生态大盘，实至名归。

更多楼盘详情请扫码查看

正商祯瑞上境

- 2019年 -
中国城市楼盘年鉴
典型项目

郑州　北龙湖心　低密洋房　匠心建造

正商祯瑞上境是正商“上境系”大成之作，坐落于北龙湖，项目占地面积约 68666 平方米，容积率 1.49，绿地率 35%。项目规划 23 栋 6 层纯低密洋房，社区内部配置有约 2600 平方米高端会所。

项目地址：
郑州市郑东新区龙腾一街与如意河西二街交叉口

开发商：
河南嘉瑞昌置业股份有限公司

建筑类型：
洋房

主力户型：
约 190 平方米四居、约 240 平方米五居

周边配套：
龙湖金融岛、约 560 万平方米北龙湖水域、七大环湖公园

参考价格：
均价约 45000 元 / 平方米

楼盘优势：
坐落于北龙湖，联袂三位国际设计大师，匠心建造纯低密洋房社区。

专家点评　刘文良·郑州日报地产部主编

正商祯瑞上境作为正商TOP系上境系的集大成之作，是「上境系」的样板和封面，也是北龙湖同岸体量大三方正均纯低密地块，由梁志天、孙虎、徐广伟三位大师匠心之作，并打造约6000平方米中央景观，区域罕有。

项目解析

【区域维度】

正商祯瑞上境地理位置优越，坐落于北龙湖限高约20米的核心腹地，落子如意运河左岸，北距金融岛不足500米，南与CBD遥相呼应，在四周无主干道的空间形态下出繁入静。

北龙湖作为郑州建设国家中心城市的先导区和示范区，也是郑州市重点发展区域，中国中部金融枢纽。约1.07平方公里的一岛之地，雄踞117家“世界500强”、68家“中国500强”企业，形成总部级全产业链金融生态圈。

除了约560万平方米的北龙湖水域，项目还坐拥七大环湖公园、近50%绿化率；区域内规划有多所学校，周边汇集五大商业中心、六星级酒店群、国际会议中心、卢森堡中心，生态环境良好，配套设施齐全。

【品牌维度】

正商集团是房地产开发一级资质企业，截至2018年，相继在九城开发90余个项目，累计开发建筑面积近3000万平方米，业主100万人。

2019年11月28日，在易居克而瑞研究中心和筑想科技主办的“产品‘质’上——2019年中国房企产品力排行榜TOP100发布会”上，正商集团凭借出色的产品实力荣获“2019年中国房企产品力TOP50”，正商上境系荣获“2019年顶级豪宅产品系TOP10”。

“上境系”是正商25年品质沉淀、集团TOP级作品。2016年开发了高端楼盘“善水上境”，此后又相继在北龙湖布局五座“上境”作品。“上境系”始终坚守品质匠心，为中原人筑造品质人居。

【口碑维度】

砥砺四年，上境系广受客户好评和业界认可。而正商祯瑞上境作为“上境系”的集大成之作，更是在高品质建造之上，联袂三位国际设计大师，再度实现自身突破。

【产品维度】

正商祯瑞上境项目占地约68666平方米，容积率1.49，绿地率35%，涵盖23栋6层纯低密洋房，并规划打造约2600平方米社区高端会所。

正商祯瑞上境联袂上海柏涛总建筑师徐广韦、山水比德创始人孙虎、国际著名室内设计师梁志天大师共同创作。户型设计上主推约190平方米四居和约240平方米五居，南北通透的餐厅、客厅，带装修双大堂设计，一梯一户，聚合知名装修品牌，努力为业主筑造出更理想的人居之所。

正商祯瑞上境周边有地铁4号线、6号线（建设中）和8号线、22号线（规划中）；水上交通在龙湖设有多个码头停靠点，包括私人游艇及用于公共交通的水上巴士、旅游船只，方便业主乘船上班、上学、购物。

【销售维度】

正商祯瑞上境位于郑州北龙湖核心区，项目案场销售数据显示，项目于2019年8月取得预售证，首次开盘推出156套，实现去化130余套，销售金额逾10亿元，去化率高达80%以上。

在北龙湖市场下行时，正商祯瑞上境逆市热销，2019年国庆单周劲销1亿元，10月17日再次加推房源48套，去化率达到90%以上，一举奠定了在北龙湖的市场地位。

更多楼盘详情请扫码查看

郑州恒大城

- 2019年 -
中国城市楼盘年鉴
典型项目

郑州　千亩大盘　湖畔美宅　生态宜居

郑州恒大城位于郑州市高新区西三环北延与三全路交会处西约 500 米，由郑州玖智房地产开发有限公司开发，三期占地面积约 59170 平方米，建筑面积约 264900 平方米。

专家点评　李飞·大河报房产事业部总监

郑州恒大城择址郑州市高新区，背靠「世界500强」恒大的金字招牌，为千亩大盘，云集全景生态、丰富配套，周边地铁1号线，交通方便。项目户型设计合理，承袭恒大23载成品住宅装修经验，着力打造舒适宜居的理想空间。

项目地址：
郑州市高新区西三环北延与三全路交会处西约 500 米

开发商：
郑州玖智房地产开发有限公司

建筑类型：
高层

主力户型：
79~144 平方米二居、三居、四居

周边配套：
地铁 1 号线、莲花公园、沉砂湖、郑州大学医院

参考价格：
均价约 15300 元 / 平方米

楼盘优势：
项目位于郑州市高新区成熟区，周边交通便利，配套丰富，生态资源优势明显，环境宜居。

项目解析

【区域维度】

郑州恒大城位于西三环北延和三全路交会处，项目择址“一心两翼”区域，区域内有地铁1号线(已通车)、4号线(在建中)经过，可快速通达全城。同时，邻近连霍高速、京广快速快速路，更有西三环、北环路等主干线，立体化交通出行方便。

郑州高新区是1991年国务院批准的第一批国家级高新区，是创新活跃、特色突出的升级发展新“尖兵”，致力于建设成为环境优美、生态宜居的科技城。而郑州恒大城择址之处，正是高新区繁华之所，交通便利，配套丰富。

【口碑维度】

郑州恒大城秉承恒大23载成品住宅装修经验，6000余条精工标准，800多家品牌合作，全球统一采购、统一配送，精雕细琢，将郑州恒大城的成品交付做到尽善尽美。

郑州恒大城的宜居美宅不但赢得了客户的赞誉，也获得了合作伙伴的广泛认可。行业机构数据显示，2019年郑州恒大城在单盘销售榜单上名列前茅，这与合作伙伴的大力支持密不可分。

【品牌维度】

背靠“世界500强”恒大的金字招牌，郑州恒大城一问世便收获高度关注。而随着户型、售价等信息的公布，项目又被冠以“优居优选”“网红户型”等称号，深受广大购房者的喜爱。

凭借精心打造的“网红户型”，郑州恒大城圈粉无数。备受青睐的79~144平方米二居、三居和四居，双阳台湖畔美宅，被冠以“阳光生活户”的美誉，受到市场的广泛追捧。

【产品维度】

郑州恒大城项目毗邻西三环北延、三全路、科学大道等城市主干道，周边地铁1号线(已开通)、4号线(在建)两条地铁环绕，门口公交S151可无缝对接地铁1号线。

项目周边配套资源完善。教育方面，有郑州大学实验小学和上海复旦中学托管的郑州恒大城中学；医疗方面，有郑州市中心医院高新区医院、京美医院，郑州恒大城三期项目西侧还规划有三级甲等医院。

除了项目自身配套的13万平方米商业综合体外，周边还有丹尼斯商圈、万达商圈，另有中国银行、交通银行、中国农业银行等金融机构，满足生活购物所需不成问题。

除了配套资源，项目还致力于打造宜居美宅，珍稀植被、静泊御湖、亭台廊道等景观诚意满满；10000平方米欧陆湖景园林、80000平方米莲花公园、400000平方米沉砂湖，为项目的生态环境提供了保障。

物业服务上，荣获“国家一级资质物业服务”的金碧物业声名卓著，依托22年物业管理服务经验，以业主需求为导向，提供全天候管家式服务，保障业主居住的舒心和放心。

【销售维度】

项目案场销售数据显示，项目自入市以来销售成绩斐然，月均销售额名列前茅；在竞争激烈的高新区市场，一直都获得购房者的高度认可，且一直保持着高水准的成交满意度。

更多楼盘详情请扫码查看

金科·集美晴洲

- 2019年 -
中国城市楼盘年鉴
典型项目

南阳　河景住宅　低密社区　生态宜居

金科·集美晴洲位于南阳市宛城区伏牛路与白河大道向西 1000 米，建筑面积约 195000 平方米，共计规划建设 1118 户；容积率 3.39，绿化率 35%，物业费 2.2 元 / 平方米 / 月，毛坯交付。

项目地址：
南阳市宛城区伏牛路与白河大道向西 1000 米

开发商：
南阳金上百世房地产开发有限公司

建筑类型：
高层

主力户型：
113~133 平方米三居、140 平方米和 159 平方米四居

周边配套：
白河湿地公园、恒大影城

参考价格：
均价约 11000 元 / 平方米

楼盘优势：
地处于南阳白河畔，紧邻公园、社区和市中心商圈，配套齐全，河景住宅，风景优越，生态宜居，符合现代人追求宁静、休闲的生活理念。

专家点评

刘文袁·郑州日报地产部主编

金科「集美系」产品落地宛城南阳，近邻32公里白河水域，「美好因河而来」，波光潋滟晴方好。在河之洲润南阳，项目着力打造「全龄化」运动社区，去化率一路飘红，问鼎南阳人气盘，口碑指数、产品力、销售力俱佳。

项目解析

【区域维度】

金科·集美晴洲是金科地产进驻河南南阳的首个项目，地处白河南畔一线白河观景地，风景旖旎，生态宜居。项目周边高端社区林立，交通、商业配套完善，教育资源丰富，与市中心繁华商圈仅一桥之隔，便于购物、休闲和娱乐。

项目靠近市第一人民医院、南阳医专第二附属医院、宛城中医院、南阳张仲景医院等多家医院，周边有恒大影城、万德隆超市等商业配套，还近邻多所学校，配套齐全，医疗、商业和教育资源都颇为丰富。

项目周边规划有多条快速通道，可快速通达主城区；周边还环绕有白河大道、雪峰路、长江路以及规划中的黄河路，共四条城市主干道，形成多维立体式交通风络。沿雪枫路向东行驶可快速到达兰南高速，沿长江路向东行驶即可在短时间内到达南阳机场，便利快捷。该项目与规划建设中的南阳高铁站距离较近，高铁通车在即，未来也可享受到高铁发展带来的区域红利。

【品牌维度】

项目一经入市就受到业界追捧，好评无数，以“美好因河而来”的宣传语迅速在市场上产生了广泛的传播效应，吸引了众多客户的目光，这也在一定程度上展现了项目的品牌号召力和影响力。项目采用新亚洲建筑风格，融合东方文化和西方建筑美学思路，户型设计南北通透、采光充足、分区合理、格局优越，彰显出高雅舒适的人居空间。

【口碑维度】

金科·集美晴洲开盘前一周，同区域竞品项目相继开盘；作为最后开盘的项目，金科·集美晴洲共推售512套房源，吸引超2500组客户到场购房，开盘仅1小时便全部清盘。随后加推的房源也迅速清盘，使其成为南阳市场上拿地6个月开盘、开盘6个月后清盘的优质项目，创造了令市场称赞的金科速度。

【产品维度】

项目内部设置多年龄层、多功能化的全龄活动项目和运动场地，还配备幼儿园、信报箱、快递柜、商业街、运动场地、健身设施、会所、老年文化中心、露天停车位、消防设施、社区养老及金融服务用房，创造出适合不同人群需求的趣味共享空间，营造美好和谐、充满活力的社区环境和生活氛围，以促进和鼓励人们到户外健身、娱乐、聚会、交流等。项目还在各个动区之间，通过景观小品、局部植物围合等造景手法，设置雅致休闲庭院，保证相对安静和私密的生活环境，营造静谧舒适的休闲漫步区域和景观会客空间，动静结合。

项目充分诠释了“居家更好，便利更好，邻里更好，健康更好，成长更好”的社区生活理念，一直以来都致力于打造全维功能社区，为社区居民创造更美好的生活环境，为居住者优越的都市生活品质保驾护航。

【销售维度】

案场数据显示，项目于2019年5月25日首开512套房源，共有2500组客户到场，开盘去化率达到100%。同年5~9月共加推412套房源，均已全部售完。

更多楼盘详情请扫码查看

2019年安阳房地产市场总结

行业发展历程

一、城市概述

安阳是河南省地级市，位于中国中北部、河南省最北部，总面积7413平方公里。截至2018年，安阳市辖四个区、一个县级市、四个县，常住人口517.6万人。安阳地处河南、山西、河北三省交界处，东接濮阳，西邻长治，南接鹤壁、新乡，北邻邯郸。

安阳是国家历史文化名城和豫、晋、冀三省交界地区区域性中心城市，是京津冀周边协同发展区城市，是河南省委、省政府支持建设的重要区域中心城市。

在恒大研究院发布的2019年中国城市发展潜力榜单中，安阳进入百强，名列第91位，属三档城市。

二、行业现状

综观2019年全国房地产市场，在一、二线城市楼市情况不乐观的情况下，三、四线城市受到的冲击更大，安阳也不例外。2019年安阳楼市下行压力逐渐加大，价格战成为当前众多房企竞争手段，竞争压力激增。

三、政策环境

2019年全国房地产调控政策高达415次，房住不炒、稳定房价仍是政策主路线。8月，安阳市出台了《安阳市住房公积金贷款管理办法》，进一步放宽贷款条件，为楼市提供宽松的政策环境。

四、土地市场

安阳近三年土地供应计划相对稳定。2018年起根据城市发展需要，住宅类用地需求呈上升态势，供地量达到高峰，政府通过净地出让、精准供地、网上交易三项措施，充分发挥土地供应政策在房地产市场中的调控作用。2019年，示范区、文峰区优质地块集中供应，刺激土地市场热度明显提升，多幅地块触及最高限价。

五、房企布局

从房企在安阳的土地储备情况来看，本土开发商仍是房产行业主力军，扎堆热点区域板块集中拿地，如多伦集团、润安集团、嘉洲地产、科邦实业等。2019年全年土拍成交单价最高的为润安九府项目地块，成交面积最大的地块是嘉洲地产在北关区的新地块（158亩），成交总价最高的是建业城三期地块（多伦集团投资），130亩总价高达4.2亿元。

六、房产行业发展历程

20世纪90年代末，安阳房地产业快速壮大，房地产业发展真正走向了市场，在迅猛发展的同时，其作为新兴产业的不成熟性和不完善性也逐渐凸显。2003年以后，房地产业在微观主体主导和宏观调控引导下朝着健康规范的方向快速发展。2010年、2011年，国家先后出台了“国十条”“国十一条”等措施，防控楼市过热、房价飞涨。随着国家楼市政策的收紧，安阳房地产业在发展过程中一直沉积的问题也爆发出来，遭遇了前所未有的困境。

在前期投资热潮中，市场出现供应量集中而吸纳量不足、商品房空置量攀升的局面，房地产业进入调整规范期。为减轻房地产去库存压力，2015年后，安阳市先后出台了一系列刺激市场需求的政策。统计数据显示，从2016年末起，全市商品房待售面积出现拐点，逐年减少。针对日渐攀升的房价，党的十九大报告强调“房子是用来住的，不是用来炒的”，坚持实施“分类调控、分城施策”的调控政策，安阳市陆续出台了若干稳定楼市的调控政策，随后，房地产业进入平稳发展阶段。

城市年度市场解读

一、本地新政

政府上调住房公积金贷款额度，进一步满足购房贷款需求。2019年8月22日，为更好服务安阳住房公积金缴存职工，安阳市修订出台了《安阳市住房公积金贷款管理办法》（以下简称《办法》）。《办法》对贷款最高限额进行了调整。夫妻双方均在安阳市及时足额缴存住房公积金6个月以上，安阳市区内购买自住住房，满足住房公积金贷款条件，最高贷款额度由原来的40万元提高到50万元；夫妻双方一方或单身人员及时足额缴存住房公积金的，住房公积金贷款单笔最高限额由原来的30万元提高到40万元。

二、年度土地供应

2019年，安阳全市国有建设用地的供应计划总量为167.8公顷。其中，住房用地计划供应147.7公顷，商服用地计划供应20.1公顷。

三、年度土地成交

截至2019年11月底，安阳市区共成交土地1617亩，共26宗，成交总金额37.4568亿元。成交面积和成交宗数最多的为示范区，共计14宗地，面积632亩；其中北关区成交4宗共447亩；文峰区成交3宗共136亩；龙安区成交4宗共302亩；殷都区成交1宗（水冶镇）共101亩；示范区成交14宗共632亩。

四、年度住宅供应

2019年12月，各区在售房源共计约6776套，相比11月增加896套；各区待售房源共计约15593套，相比11月减少2133套。

数据显示，文峰区（包含高新区）在售房源充足，紧随其后的是示范区、龙安区，同时三个区域待售库存房源也较多。北关区、殷都区房源相对较少。

五、年度住宅成交

安阳市近五年销售面积呈冷一热一冷趋势。2017年商品房销售情况良好，量价齐升，2018年起市场开始有所回落，截至2019年10月底，安阳全市累计销售签约面积约380万平方米，在全省排名第11位，相对2018年有明显回落，累计跌落24.4%，增长百分比位居全省第18名。

六、年度住宅存量

2019年1~10月市场存量充足，待售房源不断入市，竞争激烈，自2019年5月开始，市场待售房源明显增加，主要原因为多个新项目入市，如实地紫薇公馆、恒大未来城、建业通和府、天祥公园壹号、金和湾、元泰迎宾园等，市场下行压力加大。

目前安阳市内五区住宅存量约22000余套房源，按照年度去化380万平方米（包含二手房）的数据计算，安阳市年均去化新房房源13000套左右，考虑到市场下行压力，目前存量住宅去化周期为2~3年。

七、区域成交表现

示范区板块和文峰区板块仍属于热点区域。文峰区板块区位优势明显，品质项目较多，多数项目住宅销售火热。示范区板块属于安阳市重点发展区域，碧桂园、恒大、实地、建业、昌建金科等大品牌房企入驻，高端项目较多，随着区域内配套逐步成熟，客户认可度逐步攀升。

铁西板块包含殷都和龙安两大行政区，其中多数项目属于龙安区。铁西板块市场，相对于往年的冷清环节，2019年竞争非常激烈，前期土拍地块相继入市，密集度高，供货量短时间内爆发性增加，市场消化能力不对称。

八、成交结构表现

以面积划分，2019年安阳市的主力成交面积段以100~130平方米的户型为主，说明市场产品仍以满足刚需、刚改为主流，中等户型产品占据市场主力，部分洋房产品受到青睐。

九、成交项目排行

2019年开盘项目有26个，开盘次数为38次，开盘次数较多的项目有：建业桂园三期、碧桂园玺悦、汇富星港湾、中建七号院、利源迎宾壹号、嘉洲格林小镇、开祥公园壹号、嘉洲上悦、嘉洲清水湾等。

按区域划分，成交量较高的项目主要有：文峰区的嘉洲·格林小镇，月均销售超200套，成为超级流量大盘；北关区的建业城二期，自2018年11月开盘，截至2019年11月，去化率超90%；示范区的恒大未来城，开盘推售房源713套，实际销售约380套，去化率53.2%；铁西区的万和城，二期基本售罄，三期开启。

十、成交房企排行

2019年，安阳全市销售业绩TOP10企业中，本土房企首当其冲，嘉洲地产名下三个项目格林小镇、清水湾、华庭，均是流量刚需盘；纬地置业作为本土知名品牌，深耕区域多年，万和城项目连开三期，占据铁西区域半壁江山。同时，恒大和建业也凭借品牌优势，创下良好成交业绩。

十一、年度房价走势分析

数据显示，2019年11月，安阳房价连续四个月小幅下滑，其中北关区呈现小幅上涨趋势，其他各区微跌。截至2019年11月，安阳市区均价6780元/平方米，相比2019年10月，环比下滑1.94%；相比2018年11月，同比下滑6.16%。

2019年全市开盘项目26个，从开盘价格来看，高层毛坯系列产品中，以文峰区建业·世和府为价格高地，高层均价达10000元/平方米，其次为CBD湖附近安创·海棠湖畔，均价达到9000元/平方米，洋房毛坯系列产品中，以中建七号院、嘉洲上悦等为高点。

十二、热点板块分析

从开盘数据及成交结果来看，目前示范区及龙安区的市场竞争较大，供应量密集、供需失衡，客户分流十分严重，未来两大区域市场严峻。另外，文峰区价格持续抬升，市场同样严峻。未来，各大房企在拿地及定价方面将会更加谨慎。

十三、未来展望

在“房住不炒”基调和“三稳”背景下，安阳房价以维稳为主，加上房源去化周期长，下行压力大，房价暂时不会有较大幅度上涨。但热点区域土地成本上升，改善型住房需求增大，一些楼盘有涨价空间。

十四、市场预期

土地方面，第一季度供地热度依然不减，集中于示范区、文峰区热门板块；第二、第三季度供地有所减缓，第四季度将依据供地计划完成程度集中供地。

供应方面，随着政府城镇化进程加快，周边乡镇进城购房热度升温，刚需房源仍是市场主力，刚改房源占比将持续增加。

成交层面，下行压力加大，价格战成为当前众多房企的手段。

数据来源：盛励地产、安阳信息网。

2019年安阳房地产在售楼盘概览

楼盘名称	城市名称	城区	地址	物业类型
建业城	安阳	北关区	北关区平原路北段（安阳市实验中学北侧）	普通住宅、商铺
润安·枫景台	安阳	北关区	北关区中华路与人民大道交会处北500米路西	普通住宅、别墅、商铺
润安枫林台	安阳	北关区	北关区中华路与安漳大道交叉口西北角	普通住宅
元泰·中华园三期	安阳	北关区	北关区中华桥北路西	普通住宅
恒大绿洲六期	安阳	北关区	北关区人民大道与光明路交叉口东北角	普通住宅
上城公馆·北郡	安阳	北关区	北关区人民大道与朝霞路交会处	普通住宅
开祥御龙城	安阳	文峰区	文峰区文峰区朝阳与文仁街交叉口	普通住宅
国旅安阳城	安阳	文峰区	文峰区中华路836号	商铺
元泰·迎宾园	安阳	文峰区	文峰区文峰大道与光明路交叉口东南角(迎宾公园南邻)	普通住宅
汇富·星港湾	安阳	文峰区	文峰区文昌大道与光明路交叉口向东200米路南	普通住宅、商铺
中部易商谷	安阳	文峰区	文峰区平原路与南林高速交会处西南	建筑综合体
远博御湖宸院	安阳	文峰区	文峰区兴泰路与岳飞街交叉口东南角	普通住宅
建业世和府	安阳	文峰区	文峰区文峰大道与光明路交叉口（迎宾公园南）	普通住宅、别墅
光明嘉苑	安阳	文峰区	文峰区文明大道与光明路交叉口东南角	普通住宅、商铺
迎宾小公馆	安阳	文峰区	文峰区文峰大道与光明路交会处南50米路西	公寓
嘉洲上悦	安阳	文峰区	文峰区文昌大道与光明路交叉口向东500米	普通住宅
天悦华府	安阳	文峰区	文峰区岳飞街与光明路交会处	普通住宅
CBD安广铭著	安阳	文峰区	文峰区中华路与明福街交叉口向东300米	普通住宅、商业
中建柒号院·怡园	安阳	文峰区	文峰区岳飞街与盖津路交叉口东北角	普通住宅
嘉洲纯墅枫景	安阳	文峰区	文峰区文明大道与兴泰路交叉口西南处	普通住宅
安创·海棠湖畔	安阳	文峰区	文峰区文昌大道与朝阳路交叉口向北200米	普通住宅
合泰御园	安阳	文峰区	文峰区文昌大道与光明路向东300米路北	普通住宅

楼盘名称	城市名称	城区	地址	物业类型
中建·柒号院和园	安阳	文峰区	文峰区光明路与岳飞街交叉口向东500米路北	普通住宅、商业
嘉洲格林小镇	安阳	文峰区	文峰区中华路南段与安康大道交叉口西北角	普通住宅
豫大·香港城	安阳	文峰区	文峰区文昌大道与朝阳路交叉口	普通住宅
润安九府	安阳	文峰区	文峰区朝阳路文昌大道交叉口向北200米（330公园东侧）	普通住宅
大美城	安阳	文峰区	文峰区紫薇大道与朝霞路交会处	普通住宅、商铺、商住、建筑综合体
义乌城三期	安阳	文峰区	文峰区中华路与德隆街西南角	普通住宅、公寓、写字楼、商铺、商住、建筑综合体
伽南美地	安阳	文峰区	文峰区平原路与德隆街交叉口（实验小学东校区）南200米路西	普通住宅、别墅
班芙春天B区	安阳	文峰区	文峰区文峰区德隆街与东二路交叉口西北角	普通住宅、公寓、商业
东方明珠	安阳	文峰区	文峰区人民大道东段汽车东站东600米路南	普通住宅
安阳昌建金科澜境	安阳	文峰区	文峰区产业大道与卫龙湾路交会处	普通住宅、自持物业
佳田梧桐公馆	安阳	文峰区	文峰区光明路与文昌大道交会处向东800米路南	普通住宅
华富世家	安阳	文峰区	文峰区中华路与文明大道交叉口向东[illegible]00米路东	普通住宅、公寓、写字楼、商业
鹏睿国际广场·总裁公馆	安阳	文峰区	文峰区文峰大道永明路口南300米路东	普通住宅、公寓、写字楼、商铺、建筑综合体
开祥·公园壹号	安阳	龙安区	龙安区文明大道与槐花路交叉口西南角	普通住宅
众森·樾龙府	安阳	龙安区	龙安区文明大道与梅东路交叉口向西300米路南	普通住宅
阳光森林	安阳	龙安区	龙安区铁西路与安彩大道交叉口路西	普通住宅、商铺
紫薇壹号·西韵	安阳	龙安区	龙安区文峰大道与太行路交叉口东侧	普通住宅
万和城	安阳	龙安区	龙安区龙安区文明大道与梅东路交会处南500米路东	普通住宅
中农联·安阳国际农商城	安阳	龙安区	龙安区龙安区文昌大道与太行路交叉口南500米路东	商铺、商业
凯龙·沄枫	安阳	龙安区	龙安区梅东路和龙图街交叉口西北角（龙安区政府北）	普通住宅
嘉洲华庭三期	安阳	龙安区	龙安区梅东路南段龙安区政府对面	普通住宅、商铺

楼盘名称	城市名称	城区	地址	物业类型
金秋 · 华府	安阳	龙安区	龙安区安彩大道与钢花路交会处西北角	普通住宅
金秋 · 龙安府	安阳	龙安区	龙安区龙安区政府西北（昼锦中学北侧）	普通住宅
昼锦 · 锦泰苑	安阳	龙安区	龙安区钢花路与金华街交叉口东南角	普通住宅、商业
元泰 · 京华园	安阳	龙安区	龙安区铁西路与安彩大道交会处西北角	普通住宅
盛世嘉园	安阳	龙安区	龙安区文明大道与烟厂路交叉口西南角	普通住宅、商铺
金和湾	安阳	龙安区	龙安区文昌大道与钢花路交会处北300 米路东	普通住宅、商业、自持物业
建业花园里	安阳	龙安区	龙安区钢花路与祥云街交叉口东北角	普通住宅
锦瑞 · 一品	安阳	龙安区	龙安区文明大道与钢花路交叉口东北侧	普通住宅
尚书府	安阳	龙安区	龙安区安彩大道与梅东路交叉口东南角	普通住宅
财富港湾	安阳	殷都区	殷都区文明大道与中州路交叉口西北角	普通住宅、公寓、写字楼、商铺、商住、建筑综合体
华强城	安阳	开发区	开发区弦歌大道与朝阳路交叉口向北50 米	普通住宅
佳田 · 未来城丨和府	安阳	开发区	开发区弦歌大道与永明路交叉口东南角	普通住宅
空港新城	安阳	开发区	开发区中华路与长江大道交叉口西南角	普通住宅、建筑综合体
银杏广场	安阳	开发区	开发区东风路与海河大道交叉口七仙女环岛西北角	普通住宅、公寓、建筑综合体、商业、自持物业
紫御华府	安阳	开发区	开发区朝阳路与弦歌大道交叉口东南角	普通住宅、商铺、建筑综合体
嘉洲清水湾	安阳	示范区	示范区左辅路与龙山大道交会处东北角	普通住宅、商业
多伦天筑	安阳	示范区	示范区亚龙湾路与南一路交会处东南角	普通住宅
亚龙湾 · 东湖	安阳	示范区	示范区文峰大道与海兴路交叉口	普通住宅
建业桂园三期东府	安阳	示范区	示范区文峰东路与海兴路交叉口东南角	普通住宅
中信凤凰城	安阳	示范区	示范区示范区文明大道与光明路交叉口向东 1000 米	别墅
安阳恒大未来城	安阳	示范区	示范区高铁站南一路与亚龙湾路交会处	普通住宅、商铺
金秋 · 九里庭院三期耘璟	安阳	示范区	示范区示范区文峰大道与新安路交会处往南 500 米路东	普通住宅、别墅
建业壹号城邦	安阳	示范区	示范区文峰大道与辛瓦路交会处向北200 米	普通住宅
紫薇公馆	安阳	示范区	示范区文峰大道与新安路交叉口西南角	普通住宅
国泰嘉园	安阳	示范区	示范区文峰大道与崇义路交会处东北角(文峰桥东路北）	普通住宅
利源迎宾壹号	安阳	示范区	示范区文峰大道与辛瓦路交叉口东北角	普通住宅
凤凰城北岸	安阳	示范区	示范区文峰大道与辛瓦路交叉口东南角	普通住宅
荣盛华府	安阳	示范区	示范区文明大道与辛瓦路交叉口西南角	普通住宅
鼎胜 · 银河湾	安阳	示范区	示范区光明路与海河大道交会处东南角	普通住宅
建业 · 通和府	安阳	示范区	示范区高铁站南兴邺大道与亚龙湾路交会处	普通住宅
碧桂园 · 玺悦	安阳	示范区	示范区文峰大道与亚龙湾路西南角	普通住宅
蓝城 · 凤起宸鸣	安阳	示范区	示范区文峰大道与辛瓦路交叉口	普通住宅
汤阴建业森林半岛	安阳	汤阴	汤阴县中华路与夏都大道交会处东北角	普通住宅
建业公园里	安阳	汤阴	汤阴县金华路与夏都大道交会处	商住

豫大·香港城

2019年 中国城市楼盘年鉴 典型项目

安阳 东区核心 业态丰富 成熟社区

豫大·香港城位于安阳市文昌大道与朝阳路交会处东南角，地处文峰区核心位置，西近 CBD 商务中心，北邻安阳市新人民医院，周边在建项目众多，未来将是一个业态丰富的成熟区域。

项目地址：
安阳市文昌大道与朝阳路交会处东南角

开发商：
安阳市豫大房地产开发有限公司

建筑类型：
高层

主力户型：
96 平方米二居、117~143 平方米三居

周边配套：
安阳市新人民医院、CBD 公园、安阳市文体中心

参考价格：
均价 7000 元 / 平方米

楼盘优势：
项目位于安阳东区核心地带，新人民医院相邻，CBD 公园相伴，是目前安阳市东区罕有的全业态综合社区，交通便利。

专家点评 陈滢·乐居安阳站主编

豫大·香港城位于安阳市东区城市中轴线上，与市政府、CBD核心商圈近邻。项目配备有3000平方米商超，足不出户满足日常所需，是城市东区全力铸造的精品全业态社区。

项目解析

【区域维度】

豫大·香港城是豫大地产继豫大·家天下之后开发的又一全新之作，定位全业态综合社区。豫大地产是安阳市老牌开发商中的佼佼者，先后在安阳开发了唐宋家园、家天下、龙晟城市广场等项目，口碑颇为优越。无论是城市发展的战略性布局，还是项目落地执行，都遵循政府的号召。

交通配套方面，豫大·香港城位于安阳市东区城市中轴线上，北侧是城市主干道文昌大道，西侧朝阳路，与市城府、CBD核心商圈近邻相隔，无论是驾车出行还是乘坐公共交通都相当便利。此外，项目本身配备有3000平方米商超，足不出户便能满足日常所需。

项目占地逾15万平方米，总建筑面积340000平方米，地上规划有20余栋高层建筑，另有市政小学和3000平方米幼儿园坐落于项目内。项目被市政道路分割成6个地块，其中B区规划有地上11层的中高端商务酒店以及3000平方米的集中性商业农贸综合体，可满足业主多元化的购物和日常需求。

尤其值得一提的是，在D、F地块中间的市政公立小学。由于该项目所在片区没有相应的对口小学，该小学就将成为周边住户珍贵的教育资源。再加上该项目建设的3000平方米幼儿教育中心，将会给业主的子女们带来更为丰富的教育体验。

安阳的城市发展趋势是“东进、西优、南拓、北调”，以中华路为城市中轴，向南横向发展。豫大·香港城雄踞东区核心之地，把握城市发展脉搏；毗邻蝶映湖、文化艺术中心、体育中心、文体公园等休闲去处，与市城府、CBD核心商圈相邻，区位优势可谓相当明显。

【品牌维度】

豫大·香港城是豫大地产继豫大·家天下之后开发的又一扛鼎之作，项目位于东区朝阳路与文昌大道交叉口东南角（新人民医院旁），坐拥城东人居核心板块，是目前安阳市东区罕见的全业态综合社区。

豫大地产是安阳市老牌开发商中的佼佼者，以丰富的开发经验，全力铸造精品全业态社区。

【口碑维度】

豫大·香港城，严格遵循人文、雅致相结合的原则，充分利用公共绿化资源，打造大型生态花园，让业主尽享推窗见绿地的好景。整个绿地系统注重景观的层次性，真正做到步移景异，打造城市全景生态社区，体验高端品质人居。

【产品维度】

高性价比户型、精工筑家品质，是豫大·香港城项目的一大优势。建筑面积121~131平方米阔绰三居，户型设计方正合理，精心打造的起居室独具魅力，客厅及主要空间实现全明设计，在满足生活所需的基础上，使每个区域都享有足够大的空间。景观及朝向都精心考究，结合中央庭院的朝向，进一步提升居住环境的品质。

【销售维度】

豫大·香港城自销售以来，以高去化率迅速占领市场。截至2019年底，除部分小高层外，其余产品全部销售完毕，销售率达95%，被安阳媒体评为“安阳热销楼盘”。

更多楼盘详情请扫码查看

远博·御湖宸院

安阳　湖畔美居　CBD 中心　文体配套

远博·御湖宸院项目位于安阳市东区核心位置，兴泰路与岳飞街交叉口西南角，项目总占地面积 18555 平方米，地处城市中心地带，医疗、政务、金融、文化、信息等资源丰富。

专家点评

陈滢·乐居安阳站主编

远博·御湖宸院东邻三甲医院，西枕CBD公园，南有文体中心，占据核心区域珍贵资源。户型合理布局，公园伴左右，商圈环四周，医院在身后，文体锻心秀。

项目地址：
安阳市兴泰路与岳飞街交叉口西南角

开发商：
安阳市远博置业有限公司

建筑类型：
高层

主力户型：
137 平方米三居、143~170 平方米四居

周边配套：
新人民医院、CBD 公园、安阳市文体中心

参考价格：
均价 9000 元 / 平方米

楼盘优势：
项目位于安阳东区核心地带，新人民医院相邻，CBD 公园相伴。御湖而居，珍稀地段，环境优美，交通便利。

项目解析

【区域维度】

远博·御湖宸院项目位于安阳市东区核心位置，兴泰路与岳飞街交叉口西南角，项目总占地面积18555平方米，共计352套。项目做了高层加洋房的产品规划，其中高层5栋，洋房1栋。从地价、规划推断，是远博置业继光明嘉苑、中州嘉苑后较为高端的产品体系。

项目地处城市中心地带，文明大道、光明路、文昌大道、中华路四条主干道贯穿东西，连接南北，全方位交通枢纽，医疗、政务、金融、文化、信息等优势资源皆汇集于此。

从区域优势看，安阳市城市设计总体规划是以中华路和永明路为城市南北发展中轴线，CBD 处于中轴线的中心点位，周边汇集了万达SOHO、华富世家、义乌城等众多写字楼，未来也会成为安阳写字楼集中的区域。

区域内南北方向四条主干道分别为永明路、朝霞路、朝阳路、兴泰路。正在施工建设总长7.5 公里、总投资13 亿元的地下综合管廊项目，是安阳市第一个管廊项目，基本覆盖了本区域内所有主干道。

如果以北京、南京、西安三大古都为点来画一个三角形的话，那么，安阳市正好是这个三角形的中心。安阳机场项目目前已经启动，建成后将助推安阳成为发展要地。安阳行政规划到京津冀商圈后，开始提升城市形象及品质，迎宾馆、新人民医院在光明路的落成已经成为承接政府接待及医疗保障的重要一环。贯穿中国的京港澳高速，连接红色基地的南林高速，上下站口全部位于光明路上。光明路已然成为城市形象新的名片。远博·御湖宸院项目位于城市核心区域，项目品质可见一斑。

【品牌维度】

安阳市远博置业作为一匹房产黑马，“三年三盘”的开发及交房速度有口皆碑，凭美誉度立足于安阳。公司规模不断壮大，已然成为老百姓心中安阳本土房产开发企业的名片。

【口碑维度】

远博置业交房项目的口碑明显超出售卖预期。企业公益读书馆会员涵盖5000余家庭。作为一个新兴的本土房产开房企业，目标是盖老百姓买得起的好房子，口碑影响立竿见影。

【产品维度】

作为不动产销售产品，远博公司始终认为地段、物业、企业口碑才是购买的综合评定，尤其地段始终是不动产的首选要素，之后才是不动产物业及企业口碑的综合要素。而远博置业开发的小而美的项目，基本都是遵循着这一定律。

开盘发售臻品房源，建筑面积54~176平方米，以三居和四居设计为主，户型整体方正，多为三开间或四开间朝南，透风和采光性极佳。同时，部分房源还有双阳台，居住舒适度较高。这一纯新盘的入市，也将给整个东区带来新的置业选择。

更多楼盘详情请扫码查看

2019 年洛阳房地产市场总结

行业发展历程

一、城市概述

洛阳位于河南西部、黄河中游，因地处洛河之阳而得名，是国务院首批公布的历史文化名城和著名古都、省域副中心城市，也是中部地区重要的工业城市。截至 2019 年 1 月，洛阳下辖 1 个县级市、8 个县、6 个区。总面积 1.52 万平方公里，其中市区面积 803 平方公里。2018 年末，洛阳总人口 713.67 万人，常住人口 688.85 万人，城镇常住人口 396.57 万人。

二、行业现状

综观洛阳房地产市场，土地市场火热，房价稳步上涨，品牌房企不断进驻，市场热度不减，城市不断向周边扩张，更多的全国百强房企已经在争抢蛋糕。百舸争流、百家争鸣的局势正在逐步形成。

三、政策环境

洛阳的房地产政策一直比较温和。2019 年的政策，更多地体现在市场规范性方面。经适房的申购门槛更高、审核更严，商品房和保障性住房要求全装修，推动建立健全租售并举等，同时，进行房地产市场专项整治，创建一个更加规范、合理的房地产环境。

四、土地市场

洛阳市区的土地市场比较火热。碧桂园、金科、绿都、建业、旭辉等房企在洛阳的土拍市场上留下了浓墨重彩的一笔。碧桂园刷新了洛阳的土地成交纪录，成为总价、单价、楼面价三项纪录保持者。另外，县区的土地成交量也不容小觑。

五、房企布局

2019 年，较多外来房企和品牌房企通过不同模式进驻洛阳以及布局郊县，随着这些拿地项目的不断入市，房企之间将会形成新的格局。

六、房产行业发展历程

洛阳的房地产业起步较晚，前些年发展较为缓慢。近两年，洛阳城市基建如火如荼，各项利好政策叠加，洛阳的房地产业也是红红火火。随着洛阳“一中心六组团”战略的实施，各房企逐渐下沉到县区，带动了县区房地产的发展。

城市年度市场解读

一、本地新政

1. 洛阳经适房申购门槛变高，审核更严

新修订的《洛阳市经济适用住房认购条件》出台，于 2019 年 3 月 29 日实施，对人均住房面积、人均月收入、车辆拥有情况等条件进行调整。

2. 洛阳出新规，要求商品房和保障性住房必须全装修

洛阳积极有序推进成品住宅开发建设工作，全市新开工商品住宅和保障性住房（不含 4 层以下住宅及单套面积大于 200 平方米的住宅）全部按照成品住宅设计建设。

新开工建设的装配式住宅项目和推行绿色建筑的项目、酒店式公寓，也必须按成品住宅标准建设。

3. 洛阳市将推动建立健全租售并举的住房制度

《洛阳市住房承租人享受基本社会公共服务暂行办法》指出，要加快构建租购并举的住房制度，逐步实现住房承租人与房屋产权人享有均等的基本社会公共服务，保障城镇居民住有所居。

4. 洛阳市政府发文，洛阳市区国有土地级别与基准地价公布

房改房、经济适用房上市补缴土地出让金，自2019年9月1日起按新基准地价执行。《洛阳市人民政府关于公布市区国有土地级别与基准地价的通知》(洛政[2014]74号)同时废止。

5. 洛阳房地产市场进入专项整治稳控阶段

为进一步加强房地产市场管理，规范房地产市场行为，2019年8月1日开始，洛阳市住房保障和房产服务中心针对市区房地产市场销售存在的问题，开展为期半年的房地产市场专项整治活动，重点治理房地产开发企业违法违规行为。

6. 洛阳出台进一步规范房屋建筑和市政设施招投标行为的通知

按要求，严格落实招标人的主体责任；规范使用资格预审文件及招标文件示范文本；合理设定投标资格条件；严格资格预审工作的保密性；落实工程担保与保险制度；合理制定招标文件的否决条款；实行电子招投标的项目，取消招标文件(资格预审文件)收费；严格执行信息公开制度；实行招标投标失信联合惩戒机制，强化信用评价对招标投标活动的约束作用；进一步规范评标专家行为；规范投标人行为；加强监督处罚力度。

7. 洛阳全面放开城镇落户条件，租房即可落户

根据要求，洛阳市全面放开城镇落户条件。具体来说，本人在城镇实际居住、就学、就业的，即可向当地公安机关申请迁移落户；在当地暂时没有合法产权房屋的，可以将户口迁移至用工单位集体户、学校集体户或租赁房屋处社区公共户口。

二、年度土地供应

根据洛阳市公共资源交易中心有关数据统计，2019年洛阳中心城区全年土地总供应56宗(已除去重复挂牌出让的部分)共6354.591亩，比2018年土地供应总量5556.689亩上涨14.36%。

三、年度土地成交

洛阳公共资源交易中心的数据显示，2019年，洛阳市区共计成交地块47宗，出让面积约5962亩，成交金额超过160亿元。其中，商住地块成交量达33宗，出让面积约3230亩，金额逾150亿元。

从成交的区域来看，商住地块中，伊滨区以1143亩的成绩勇夺桂冠。

四、年度住宅供应

克而瑞研究中心数据显示，2019年，洛阳商品住宅供应量为25469套，供应面积为303.4万平方米，与2018年的20167套共227.5万平方米相比，分别增加了26.3%和33.4%。

五、年度住宅成交

克而瑞研究中心数据显示，2019年洛阳商品住宅共成交23342套房源，相比2018年的19047套，增加了22.5%。2019年洛阳商品住宅成交面积约272万平方米，相比2018年的230万平方米，增加了18.3%。

六、年度住宅存量

库存方面，克而瑞研究中心数据显示，截至2019

年 12 月底商品住宅存量 403.65 万平方米，去化周期约 17 个月。

七、区域成交表现

从各区成交量来看，住宅成交主力区域易主，2018 年成交面积最多的区域是洛龙区，2019 年变成了老城区。这得益于老城区近年来的不断崛起，大牌房企的不断进驻，单单一个道北片区就云集了碧桂园幸福里、保利林语溪、建业定鼎府等诸多楼盘，有着大量的集中供应，再加上区域的利好，房企的品牌效应让众多客户的目光汇集于此。

2019 年，洛龙区成为成交面积和成交套数的第二名；瀍河区紧随其后，位居第三名。

八、成交结构表现

以面积划分，2019 年 1 月到 7 月，洛阳的主力成交面积段为 120~140 平方米的较为宽敞的三居户型及四居户型，这一部分客户基本上是改善型客户。从 8 月到 12 月，主力成交面积段有所变化，转变成了 90~120 平方米的小三居户型为主，其次是 120~140 平方米的户型，但基本上都还是三居、四居产品。

这说明，一方面，随着时代的发展，洛阳市场的产品以满足刚需族、改善族为主流，三居当道，成为主要的成交户型，市场上的二居户型已经越来越少；另一方面，由于房价不断上涨，人们购买的户型越来越趋于紧凑，以降低总价和还款压力。

九、成交项目排行

2019 年，洛阳商品住宅销售金额 TOP15 项目合计销售 155.79 亿元，有 6 个项目销售金额超 10 亿元。其中恒大绿洲以 20.08 亿元的销售金额，稳居第一；第二名为建业定鼎府，销售金额 16.86 亿元；保利大都会紧随其后，以 16.80 亿元位居第三名。

住宅销售面积榜上，TOP15 项目合计销售面积为 157.32 万平方米，有 7 个项目销售面积超 10 万平方米。其中，恒大绿洲以 24.04 万平方米的成绩荣登项目销售面积榜榜首，建业定鼎府以 20.94 万平方米位列榜单第二名，保利大都会以 15.94 万平方米的销售面积位居第三名。

十、成交房企排行

2019 年，洛阳房地产销售业绩 TOP15 企业合计销售 187.52 亿元，销售面积 TOP15 企业合计销售 204.97 万平方米。

其中，建业地产深耕洛阳，项目遍布市区多个区域，以 52.85 亿元、59.62 万平方米的销售业绩蝉联销售金额、销售面积双榜冠军；中国恒大以 20.08 亿元、24.04 万平方米，位居销售金额榜单第三名、销售面积榜单第二名；绿都地产 2019 年不论是在土拍市场，还是在商品房销售方面，表现都十分亮眼，以 20.35 亿元、21.15 万平方米，取得销售金额榜单第二名、销售面积榜单第三名的优异成绩。

十一、商业、公寓及办公

克而瑞研究中心报告显示，2019 年，洛阳商业市场供应量 27.7 万平方米，成交量约 12 万平方米。相比于 2018 年，不论是在供应量还是在成交量方面，均有所增加。其中，伊滨区在供应方面，达到 12.3 万平方米，占比 44%，是商业供应主力区域。

2019 年，洛阳办公类产品供应量 13.3 万平方米，成交量约 14.5 万平方米，相较前一年均有所增加，尤其是在供应量方面。涧西区的供应量最大，为 6.1 万平方米；高新区的成交量最大，约 6 万平方米。

十二、年度房价走势分析

2019 年，洛阳商品住宅整体成交均价约 8943 元 / 平方米，与 2018 年的 7880 元 / 平方米相比，上涨了

13.5%。从2019年的数据来看，洛阳的房价整体处在一个上涨的态势。截至2019年12月，商品住宅成交均价9699元/平方米，环比上涨了11%，同比上涨了8%。

十三、热点板块分析

一方面，由于区域和地理位置的限制，洛阳老旧城区拆迁受限，有着大片净地等待开发的伊滨区，无疑即将成为供地的主力军。再加上现在伊滨区各项政策和利好逐步落实，各大品牌房企争相进驻，未来该区域发展可期。

另一方面，在“一中心六组团”的发展战略下，越来越多的房企进驻城郊及县区正成为一种趋势。

随着瀍涧大道、王城大道快速路、洛吉快速路的建成通车，洛阳最大规模的营庄立交、玻璃厂路高架的建成，道北区域将提速“融城”，利好道北及孟津区域发展。

偃师首阳新区是最新“萌动”的板块，万达广场将落户于此。310国道东延线、中州东路、九都路、滨河北路、古城路等一路向东，缩短了“融城”时间距离，这一区域发展值得期待。

随着城市框架的西移和轻轨的规划建设，加上目前已有的洛宜快速路、滨河北路等，让宜阳的交通优势更加凸显。如今，这里楼盘云集，全国品牌房企与本土实力房企争相进驻宜阳县城尤其是宜东新区，使得宜阳成为2019年的大热区域。

随着王城大道快速路主线通车，伊川滨河新区半个小时快速生活圈逐步形成；随着谷水综合交通枢纽、洛新快速通道的建设，新安也越来越便利。

十四、未来展望

在“房住不炒”的大方针下，政府多次强调不把房地产作为短期拉动刺激经济的手段，房地产发展总体平稳、健康、有序，因此，洛阳市场整体价格在政府的监控下，大致会保持一个较为平稳的态势。

十五、市场预期

就洛阳市场来看，土地市场释放量加大，一线房企城郊开发升温，城市快速交通设施大大改善。综上因素，2020年洛阳楼市将进入平稳盘整期。城市主城区之外的大热板块，楼盘集中，将会产生激烈的竞争。

随着城中村开发告一段落，老厂区改造开始，城郊开发四面“开火”，伊滨区的建设蒸蒸日上，明日新城将释放大量土地供开发商开发，购房者买房选择的余地较大。

数据来源：克而瑞研究中心、洛阳市公共资源交易中心。

2019年洛阳房地产在售楼盘概览

楼盘名称	城市名称	城区	地址	物业类型
洛阳正商城	洛阳	涧西区	涧西区龙裕路与蓬莱路交会处	普通住宅
路劲御城	洛阳	涧西区	涧西区华夏路与天中路交叉口	普通住宅
建业尊府	洛阳	涧西区	涧西区青岛路与孙石路交会处	建筑综合体
建业科技城	洛阳	涧西区	涧西区武汉路与蓬莱路交会处向西100米	普通住宅
洛阳北航科技园	洛阳	涧西区	涧西区九都西路与孙辛路交叉口	别墅、商业
全盛·天悦城	洛阳	涧西区	涧西区武汉南路与孙白路交叉口西南角	普通住宅、商铺
永邦大厦	洛阳	涧西区	涧西区中州西路与建设路交会处	公寓、写字楼、商铺
天泽璟园	洛阳	涧西区	涧西区西苑路与郑州路交会处西200米	普通住宅、商铺
中弘卓越城	洛阳	涧西区	涧西区武汉路与联盟路交会处	普通住宅
洛阳国家大学科技园	洛阳	涧西区	涧西区涧西区蓬莱路2号	写字楼
万众e家	洛阳	涧西区	涧西区华山路与310国道交会处	普通住宅、商铺
美景嘉园	洛阳	涧西区	涧西区滨河北路与丽新南路交会处	普通住宅
洛阳升龙城	洛阳	涧西区	涧西区珠江路与丽春路交叉口	普通住宅、写字楼、商铺
美景九悦山	洛阳	涧西区	涧西区青岛路与九都路交会处	普通住宅
中弘中央广场	洛阳	涧西区	涧西区九都路南昌路口西500米	普通住宅、公寓、写字楼、商铺
云峰国际	洛阳	涧西区	涧西区天津路与西苑路交叉口（牡丹广场西北角）	写字楼
名门半山溪谷	洛阳	高新区	高新区九都西路与青岛路交会处	普通住宅、别墅
西元国际	洛阳	高新区	高新区九都西路与青岛路交会处西200米	写字楼
美伦樸颂	洛阳	高新区	高新区天津路与九都西路交会处西200米路南	普通住宅、写字楼
瀛海19城	洛阳	高新区	高新区瀛洲路与河洛路交会处	普通住宅、公寓、写字楼、商铺、建筑综合体
中南广场	洛阳	高新区	高新区河洛路与丰润路交会处（大张超市对面）	普通住宅
古都又一城	洛阳	高新区	高新区孙辛路与河洛路交会处	普通住宅
天元中部自贸港	洛阳	高新区	高新区河洛路与卓飞路交会处	写字楼
绿都·王城里	洛阳	西工区	西工区王城大道与纱厂路交叉口东500米	公寓、商铺

楼盘名称	城市名称	城区	地址	物业类型
保利大都会	洛阳	西工区	西工区王城大道与纱厂路交叉口东2[illegible]0米路北	普通住宅
凯瑞国宝·红瞰	洛阳	西工区	西工区华山路与老310国道交叉口西500米	普通住宅、别墅
和昌·云庭	洛阳	西工区	西工区华山北路与汉宫路交会处	普通住宅、商铺
汉德九洲城	洛阳	西工区	西工区唐宫路玻璃厂路交叉口	公寓、商铺
港乾大厦	洛阳	西工区	西工区体育场路15号院东	写字楼
名门万象	洛阳	西工区	西工区九都路与[illegible]阳路交会处东南角（原单晶硅厂）	普通住宅、公寓、写字楼
天城一品	洛阳	西工区	西工区纱厂西路与涧河交会处	普通住宅、公寓、写字楼、商铺
大悦城	洛阳	西工区	西工区王城大道与纱厂西路交会处	普通住宅、写字楼、商铺
洛阳五洲国际工业博览城	洛阳	西工区	西工区310国道与衡山路交会处	商铺
保利林语溪	洛阳	老城区	老城区定鼎北路和状元红路交叉口	别墅
碧桂园幸福里	洛阳	老城区	老城区状元红路与[illegible]鸡沟路交叉口	普通住宅
建业·定鼎府	洛阳	老城区	老城区定鼎北路与状元红路交会处	普通住宅、商铺
香榭里兰溪	洛阳	老城区	老城区道北三路中铁隧道集团东50米	普通住宅、商铺
博勋水岸国际	洛阳	老城区	老城区定鼎立交桥东九都路与瀍河北路之间	普通住宅、公寓、写字楼、商铺、建筑综合体
熙园	洛阳	老城区	老城区定鼎路定鼎大桥北（新老城区政府对面）	普通住宅、商铺
九鼎国际	洛阳	老城区	老城区春都路与定鼎北路交会处	普通住宅、公寓、写字楼、商铺
洛阳宏进农副产品国际物流中心	洛阳	老城区	老城区定鼎北路与310国道交会处西北角	商铺
北辰香林	洛阳	老城区	老城区定鼎路与道北三路交叉口西500米路南	普通住宅
德和园	洛阳	老城区	老城区状元红路与经七路交叉口向东1[illegible]0米路西	普通住宅、写字楼、商铺
洛阳恒大绿洲	洛阳	瀍河区	瀍河区中州东路与[illegible]城路交叉口北200米路东	普通住宅
君河湾	洛阳	瀍河区	瀍河区滨河北路与[illegible]马营路交叉口	普通住宅、别墅、写字楼、商铺
建业·滨河珑府	洛阳	瀍河区	瀍河区启明路与滨河北路交叉口	普通住宅
百善·大同山庄	洛阳	瀍河区	瀍河区北环路与五洲路交会处	普通住宅、别墅、商铺

楼盘名称	城市名称	城区	地址	物业类型
建业·贰号城邦	洛阳	瀍河区	瀍河区中州东路与启明南路交叉口东南角	普通住宅
东悦城	洛阳	瀍河区	瀍河区启明南路与正骨北路交叉口东南角	普通住宅
地久艳阳天	洛阳	瀍河区	瀍河区九都路与启明南路口南100米	普通住宅
蓝湾印象	洛阳	瀍河区	瀍河区启明西路夹马营路口（洛阳东站向东200米）	普通住宅、公寓、商铺
中浩德·开元壹号	洛阳	洛龙区	洛龙区开元大道与长夏门街交会处	普通住宅、公寓、写字楼、商铺
河洛古城	洛阳	洛龙区	洛龙区中州东路与二广高速交会处东	商铺
蓝光·钰泷府	洛阳	洛龙区	洛龙区长夏门街与钱江路交会处	普通住宅
金科绿都·天宸	洛阳	洛龙区	洛龙区龙门大道与关林路交会处西南角	普通住宅
正大国际广场	洛阳	洛龙区	洛龙区洛阳市政府南侧，开元湖东西两侧	普通住宅、公寓、写字楼、商铺、建筑综合体
泉舜·万豪中心	洛阳	洛龙区	洛龙区洛阳市政府正对面	建筑综合体
中梁壹号院	洛阳	洛龙区	洛龙区厚载门街与伊洛路交叉口东南角	普通住宅
建业桂园·洛阳院望	洛阳	洛龙区	洛龙区开元大道与伊尹大道交会处	别墅
天鸿君邑	洛阳	洛龙区	洛龙区关林路与广利街交叉口	普通住宅
东方今典天汇中心	洛阳	洛龙区	洛龙区西苑桥南向西50米	普通住宅、公寓、写字楼
国宝花园别墅	洛阳	洛龙区	洛龙区王城大道与牡丹大道交会处西南	别墅
建业龙城	洛阳	洛龙区	洛龙区关林路与兴洛西街交会处	普通住宅、写字楼、商铺、建筑综合体
盛世新天地	洛阳	洛龙区	洛龙区永泰街与香山路交会处	普通住宅、商铺
大盟国际广场	洛阳	洛龙区	洛龙区开元大道与学府街交会处向西200米	普通住宅、公寓、写字楼
国宝大厦	洛阳	洛龙区	洛龙区开元大道与王城大道交会处	写字楼
中弘府邸	洛阳	洛龙区	洛龙区王城大道与五环街交会处	普通住宅、酒店式公寓
昌晟雅居	洛阳	洛龙区	洛龙区王城大道与关林路交会处东南角	普通住宅
英和紫悦府	洛阳	洛龙区	洛龙区龙门大道与古城路交会处向东800米	普通住宅、别墅
丽都名邸	洛阳	洛龙区	洛龙区金城寨街与伊洛路东南角	普通住宅、商铺
东陌映像	洛阳	洛龙区	洛龙区龙门大道与古城路交会处	普通住宅
碧桂园天誉	洛阳	洛龙区	洛龙区洛阳市王城大道与伊洛路交叉口	普通住宅、别墅

楼盘名称	城市名称	城区	地址	物业类型
香栀花园	洛阳	洛龙区	洛龙区龙门大道与通衢路交会处西北侧	别墅
香龙湾	洛阳	洛龙区	洛龙区顾龙路龙门北桥东北600米	普通住宅
伊电洛河悦	洛阳	洛龙区	洛龙区开元大道与宇文凯街交会处（瀛洲桥向西500米）	普通住宅
瑞江·花醍香域	洛阳	洛龙区	洛龙区滨河南路与西环路交会处向西5公里	普通住宅
湖滨美院	洛阳	洛龙区	洛龙区滨河南路洛宜交界西	普通住宅
壹号庄园	洛阳	洛龙区	洛龙区洛宜快速路与锦业一路交会处	别墅
长夏门湖园	洛阳	经开区	经开区古城路与长夏门街交会处	别墅
鼎盛国际	洛阳	经开区	经开区开元大道与忠义路交叉口东南角	公寓、写字楼、商铺
百度时代广场	洛阳	经开区	经开区开元大道与蔡伦路交会处	普通住宅、公寓、写字楼、商铺、建筑综合体
云星·钱隆誉园	洛阳	伊滨区	伊滨区孝文大道与枫叶路交会处	普通住宅
华耀城	洛阳	伊滨区	伊滨区司马光路与伊滨路交叉口东北角	普通住宅、公寓、建筑综合体、商业
华耀城·佳兆业水岸新都	洛阳	伊滨区	伊滨区伊滨路与司马光路交会处向东100米路北	普通住宅
绿都·洛阳府	洛阳	伊滨区	伊滨区光武大道与吉庆路交会处	普通住宅
建业·龙城东望	洛阳	伊滨区	伊滨区高铁大道与谭翟街交会处	普通住宅
锦艺·云锦天章	洛阳	伊滨区	伊滨区吉庆路与伊滨路交叉口	普通住宅
安泰山水华庭	洛阳	伊滨区	伊滨区孝文大道以东、玉溪西街以西、兰台路以南	普通住宅、商铺
伊水湾	洛阳	伊滨区	伊滨区白塔路与西棘街交叉口	普通住宅
翡翠庄园	洛阳	伊滨区	伊滨区开拓大道与白塔路交会处	普通住宅
香醍河畔	洛阳	伊滨区	伊滨区伊滨区与洛龙区交会处	普通住宅、别墅
天明城	洛阳	伊滨区	伊滨区洛偃快速通道与兴业西街交会处东100米	普通住宅
隆安东方明珠	洛阳	伊滨区	伊滨区开拓大道与新源路交会处西南角	别墅
中电银河湾	洛阳	伊滨区	伊滨区洛偃快速通道与开拓大道交会处东北角	别墅
宜阳君河湾	洛阳	宜阳县	宜阳县滨河北路与创业路交叉口	普通住宅
建业世悦府	洛阳	宜阳县	宜阳县洛宜快速通道与同力大道交会处	普通住宅
宜阳碧桂园	洛阳	宜阳县	宜阳县兴宜大道与合欢路交会处西北角	普通住宅

楼盘名称	城市名称	城区	地址	物业类型
绿城洛阳桃花源	洛阳	宜阳县	宜阳县洛宜快速通道东段	别墅
文兴水尚	洛阳	宜阳县	宜阳县洛宜快速通道引线与红旗路交叉口北	普通住宅、公寓
中骏雍景湾	洛阳	宜阳县	宜阳县洛宜快速路与合欢路交会处南150米	普通住宅
明筑 · 花溪渡	洛阳	宜阳县	宜阳县滨河北路与同力大桥交会处向西1.5公里	普通住宅、别墅
宜阳建业森林半岛	洛阳	宜阳县	宜阳县滨河南路与红旗路交叉口西600米路北	普通住宅、商铺
博泰 · 美庐湾	洛阳	宜阳县	宜阳县红旗路与洛宜快速路口	普通住宅
建业 · 洛邑府	洛阳	伊川县	伊川县滨河大道与高新五路交会处西100米	普通住宅
龙门一号	洛阳	伊川县	伊川县洛阳龙门国家湿地公园南50米处	普通住宅、别墅、写字楼、商铺
卢舍	洛阳	伊川县	伊川县王城大道南延长线与绕城高速交叉口南200米	酒店式公寓
湖语墅	洛阳	伊川县	伊川县洛栾快速通道与高新五路交会处向西200米	别墅
七彩龙都	洛阳	伊川县	伊川县王城大道南延长线与绕城高速交叉口	普通住宅、别墅
东展怡和园	洛阳	伊川县	伊川县滨河大道与长青路交会处	普通住宅

楼盘名称	城市名称	城区	地址	物业类型
洛阳恒大云湖上郡	洛阳	孟津县	孟津县小浪底大道与瀍源大道交会处东500米	普通住宅
融创凯瑞 · 河洛宸院	洛阳	孟津县	孟津县王城大道向北2公里	普通住宅
建业 · 大城小院	洛阳	孟津县	孟津县洛吉快速路与连霍高速交会处西侧	普通住宅
碧桂园山河城	洛阳	孟津县	孟津县定鼎北路向北3公里	普通住宅、别墅、商铺
东方今典 · 东方府	洛阳	孟津县	孟津县小浪底大道与瀍河大道交叉口	普通住宅
空港国际	洛阳	孟津县	孟津县华山北路与机场路交叉口南500米	公寓、商业
文乐山水上境	洛阳	孟津县	孟津县小浪底大道与瀍源大道交会处东200米	普通住宅
偃师建业森林半岛	洛阳	偃师市	偃师市迎宾路与洛河交会处东北角	普通住宅
偃师亚新橄榄城	洛阳	偃师市	偃师市槐新南路与伊洛路交叉口	普通住宅、公寓、别墅
城筑伊河源	洛阳	栾川县	栾川县陶湾镇陶冷路与328省道交会处	普通住宅、公寓、酒店式公寓、商铺
美景永宁府	洛阳	洛宁县	洛宁县翔梧路与滨河大道交会处	普通住宅、别墅
公园壹号	洛阳	洛宁县	洛宁县永宁湖北侧	普通住宅、商铺
嵩县碧桂园	洛阳	嵩县	嵩县伊东新区振兴路和永安东街交叉口路南	普通住宅、商铺
嵩县建业城	洛阳	嵩县	嵩县白云大道与天坛路交会处	普通住宅

建业洛邑府

- 2019年 -
中国城市楼盘年鉴
典型项目

洛阳　品牌地产　低密社区　潜力地段

建业洛邑府位于洛阳市伊川县滨河大道与高新五路交会处西 500 米，整个地块总占地面积约 7.3 万平方米，总建筑面积近 18.9 万平方米，是伊川区域内的品牌洋房项目。

专家点评

李飞·大河报房产事业部总监

建业首座伊川巨著府院洋房，容积率1.99的低密社区，每户超6米的大面宽厅堂，社区内多重智能安防。坐落伊川发展重心滨河新区的优质地段，北接洛南新区，南邻伊川县城。

项目地址：

洛阳市滨河大道与高新五路交会处西 500 米

开发商：

洛阳伊地房地产开发有限公司

建筑类型：

洋房、高层

主力户型：

135 平方米三居、143 平方米四居

周边配套：

生态湿地和滨河双公园、槐树里商街、仁大医院

参考价格：

6700 元 / 平方米

楼盘优势：

洛阳城南门户，伊川区域内的建业品牌洋房，全龄化社区、科技智能配套，社区配有 2000 平方米幼儿园以及建业品牌的优质物业体系。

项目解析

【区域维度】

项目位于洛阳南部重点发展区域伊川滨河新区，这里也是伊川向北发展与洛南新区衔接的桥头堡。洛阳城市规划近几年基本敲定，“一中心，六组团”的发展方向不变，其中伊川作为洛南重点组团，发展潜力巨大。

建业洛邑府项目北邻洛栾高速伊阙站，连接宁洛、二广、西南环高速，通达全城，伊阙站ETC免费通行，更加经济便利。

喧嚣的都市之中，盎然生机是可遇不可求之物。滉涧河湿地公园、潜溪河公园，伊河之畔规划42公里沿河景观带，项目享三大生态公园环绕，于天然氧吧中亲近自然。

【品牌维度】

建业住宅集团（中国）有限公司成立于1992年，由建业地产股份有限公司董事局主席胡葆森先生创建。公司创立至今，秉承“追求卓越，坚忍图成”的企业精神，立志为行业和民营经济的发展、民族的振兴、国家的富强做出贡献。基于“根植中原，造福百姓”的核心价值观，建业践行“省域化发展战略”，扎根河南，因此，业务模式所具有的独特性被中国房地产界称为“建业模式”。

建业集团是河南本土品牌房企、责任房企，多年来，深耕中原大地，初心不改，秉承“根植中原造福百姓”的核心价值观，以提高城市人居水平为己任。建业洛邑府定位洋房公园社区，是建业在伊川的首个作品。

【口碑维度】

建业集团始终将企业的使命与企业的发展融为一体，每进驻一个城市，都通过建筑作品打造一张新的城市名片。公司还与当地开发商一同提高城市的建设水准，为地方政府上缴更多税收，创造更多的就业机会。建业集团为中原城市化进程及社会全面进步所做的不懈努力，获得政府、专家、同行、客户、员工、投资人的一致认同。

【产品维度】

建业洛邑府将国风景观与洛阳本土文化巧妙结合，采用新中式风格，再现了移步变景的精妙小品；三重礼序、五进成府，把新中式园林原汁原味地呈现在古都洛阳。

建业TOP府系洋房产品，容积率1.99的低密社区，楼宇布局视野宽广，生活于此安静又安逸。社区内多重智能安防保障，社区外占据城市丰富资源，将生活美学植入现代建筑谱系。一梯两户设计，部分户型厅堂宽达6.6米，配以连通式阳台，彰显了府系尊贵，旨在打造高品质理想人居。

【销售维度】

根据开发商案场的统计数据，建业洛邑府于2019年11月23日首期一批开盘，共推出144套房源，当天近350组客户到场选房，58分钟全部售罄，去化率100%。首期一批开盘的成功，奠定了建业在伊川首个项目的市场地位。

7月20日入市，11月5日营销中心开放，11月16日产品发布会，11月23日开盘清盘，“建业速度”令行业瞩目。

更多楼盘详情请扫码查看

宜阳君河湾

洛阳　低密河景　全龄配套　生态宜居

宜阳君河湾位于宜阳县创业大道与滨河北路交会处，总占地面积约 14 万平方米，总建筑面积 37 万余平方米，集瞰河高层、花院洋房、现代公寓、五星级酒店多业态为一体。

项目地址：
洛阳市宜阳县创业大道与滨河北路交会处

开发商：
洛阳和熙置业有限公司

建筑类型：
高层、洋房

主力户型：
117~132 平方米三居、146~160 平方米四居

周边配套：
滨河景观长廊、香鹿山公园、绿地城市综合体

参考价格：
待定

楼盘优势：
北靠香鹿山森林公园，南邻滨河景观长廊，尽享湾居生活。项目配备温泉康体中心，涵盖五馆一池三中心，演绎洛水之畔的亲水人生。

专家点评

王宁·河南广播电视台私家车 999《陪你去看房》主持人

宜阳君河湾项目总占地14万平方米，总建筑面积37万余平方米，集瞰河高层、花院洋房、现代公寓、五星级酒店多业态于一体，紧依洛河，在城市山林间，追溯东方精髓，充分契合起、承、转、合的回家动线，畅享河湾焕新生活。

项目解析

【区域维度】

宜阳君河湾择址洛阳颇具发展潜力的宜东新区，南邻洛水，北依香鹿山。宜阳距离洛阳市中心城区约25公里，随着城市框架的西移，轻轨的规划建设，加上目前已有的洛宜快速路、滨河北路等，让宜阳的交通优势更加凸显。与此同时，政府改造现有洛宜铁路为洛宜城市轨道交通线路，连接轨道交通3号线主线，融入洛阳市轨道交通网络，进一步加强宜阳与洛阳市主城区的联系。项目目前享宜阳发展红利，后拥市中心醇熟繁华，尽享双城便利。

【品牌维度】

缘起洛水之畔的瀍壑朱樱，历经6载精筑，一座滨水“大城”俨然擎起在洛水北岸。君河湾深谙洛水的可贵和宜东新区的美好，并以此延续湾居样本。沿着潋滟洛水一路奔涌向西，紧跟着城市西进步伐，君河湾择宜阳新城再落一子，北靠香鹿山森林公园，南邻滨河景观长廊，于天赋沃土之上，再启人居华章。

【口碑维度】

洛阳市区君河湾项目，自入市以来备受关注。案场数据显示，其首次开盘即创下5亿元的销售佳绩。另据克而瑞数据，项目入市后连续几年，均稳居洛阳市商品住宅成交金额与成交面积销售榜前十名之列。与多个外来品牌房企分庭抗礼，共同位列洛阳房产市场的第一阵营。洛阳君河湾6年持续热销，以高品质赢得洛阳市民的高度认可。

从2013年的第一座临河观邸到2019年的第二座河畔花园，君河湾人将对洛河赤诚的爱深深地筑造进一个又一个高品质建筑中，让住在这里的业主也能同样感受到洛河跨越千年的魅力和风采。除客户的赞誉外，项目高品质的产品、成熟的配套等，也获得业内人士的广泛认可。

【产品维度】

作为河湾2.0迭代升级之作，宜阳君河湾在户型设计上，采用超大采光观景面，进一步提升室内采光面积，纵览洛河风光；项目配套先行，社区打造专属五星会所“五馆一池三中心”，“五馆”即游泳馆、健身馆、羽毛球馆、乒乓球馆、台球馆；“一池”即温泉泡池；“三中心”即医疗中心、儿童中心、国艺中心。践行“无龄感会活力社区”的定位及理念，毅造新一代河湾人居标准。

宜阳君河湾，花筑洋房5.6~7.2米阔景奢厅，25：35楼高楼间比，王者尊崇感不彰自显；瞰河高层户户赠送超大露台，让美景推窗可见，现代化的连廊设计，真正南北通透。

【销售维度】

宜阳君河湾项目营销中心于2019年10月19日正式对外亮相，历经不到2个月的时间，12月8日便应市开盘。根据开发商案场的统计数据，首次开盘当天推售3栋洋房共计58套，吸引了约200组高意向客户到访，开盘选房进行约45分钟时间即全部售出；开盘结束便应市加推洋房，启动新一轮认筹。首次开盘的大获全胜再一次奠定了君河湾的品牌形象和产品品质，其优越的环境和配套也获得了大众的广泛认可。

更多楼盘详情请扫码查看

中浩德·开元壹号

- 2019年 -
中国城市楼盘年鉴
典型项目

洛阳　洛龙热盘　黄金地段　优质教育

中浩德·开元壹号位于洛阳市开元大道与长夏门街交会处，总占地面积约 42 万平方米，建筑面积约 130 万平方米，是集住宅、公寓、商业、教育于一体的大型城市综合体。

项目地址：

洛阳市开元大道与长夏门街交会处

开发商：

洛阳浩德鑫置地有限公司

建筑类型：

住宅、公寓、商业

主力户型：

88 平方米二居，122 平方米、126 平方米三居

周边配套：

正大宝龙泉舜商圈、开元小学、新区人民医院

参考价格：

均价约 12000 元 / 平方米

楼盘优势：

项目扼守经开区与伊滨区桥头堡位置，“3+6+3”全学龄教育配套，据克而瑞数据统计，销售金额与销售面积连续多年位居洛阳市前列。

专家点评

王宁·河南广播电视台私家车 999《陪你去看房》主持人

中浩德·开元壹号，打造130万平方米人文城邦品质住区。扼守洛阳经开区与伊滨区桥头堡，交通便捷。以标准化管理为标尺，匠心打造国韵雅居，「一心一环五园」升级版园林景观，「3+6+3」全学龄教育配套，是有口皆碑的品质大盘。

项目解析

【区域维度】

中浩德·开元壹号扼守经开区与伊滨区桥头堡，是新区优质地段，开元大道、新伊大街、古城快速路交通纵横，四通八达。项目约130万平方米醇熟社区，以七大价值升级成为区域内不可多得的典范之作。

【品牌维度】

2010年，中浩德控股集团旗下的全资二级集团公司，中浩德地产集团正式成立。历经9年积累和沉淀，目前已成立浩德鑫置地、中浩德物业、中浩德商业、中浩德商贸、匠心景观绿化等子公司，以建筑品质、园林景观、物业服务、创新营销模式、绿色环保和人性化服务为品牌建设基石，着力打造中浩德·开元壹号。

【口碑维度】

作为中浩德地产的发轫之作，中浩德·开元壹号坚持“品质至上，文化为魂”的方针，以“文化第一，品质第一，艺术第一”为理念，九年砥砺，匠心筑城，让业主在此安居乐业。中浩德地产深谙打造洛阳人居的信念与韬略，怀揣着深入城市肌理的产品情怀，不断创新升级。五期产品“芸台”，为新中式国韵华宅，用伊河和万亩湿地公园作为背景，用“一心一环五园”的景观设计作为点缀，享受黄金地段与优渥资源的叠加，旨在成为洛龙区的品质居所。

【产品维度】

项目五期“芸台”采用连廊式大门，营造世族归家礼序；门庭赫奕，迎纳家族的荣归与兴盛。园林采用“一心一环五园”设计，商业休闲园、静谧阅读园、儿童活动园、老人休憩园、青年运动园，营造全龄化颐乐生活场。沿袭浑然大气的唐式风格，外立面由岩彩漆和石材相结合，以开元大道地标之姿，启鉴洛阳城市美学封面。

大型繁华商业在侧，约4.5米高挑空精装修入户大堂，国内知名品牌电梯，入户指纹密码锁，多层中空玻璃，让生活更智能更便利。作为洛阳优质的全龄化教育社区，55中幼儿园、开元小学，开元中学近在咫尺，打造“3+6+3”全学龄教育配套。

中浩德物业量身定制高端物业管理服务标准，给业主以尊贵的礼遇和美好的生活体验，赢得良好口碑和广泛赞誉。

【销售维度】

中浩德·开元壹号自入市以来就备受关注，销售成绩不俗。克而瑞统计数据显示，中浩德·开元壹号连续多年稳居洛阳市商品住宅成交金额与成交面积销售榜前十名之列。

其中，2016年位居洛阳市商品住宅成交金额与成交面积销售榜第3名。2017年再上新高度，凭借过硬实力提升至市区第2名，成绩骄人。2018年，项目热度不减，位列年度洛阳销售金额排行榜前三名。在2019年上半年洛阳市区房地产企业销售排行榜中，浩德鑫置地荣获销售金额第8名、销售面积第9名的好成绩。

更多楼盘详情请扫码查看

黑龙江省

2019 年哈尔滨房地产市场总结

行业发展历程

一、城市概述

哈尔滨是黑龙江省省会、副省级市、特大城市、中国东北地区中心城市之一，是东北北部交通、政治、经济、文化、金融中心，也是中国省辖市中陆地管辖面积最大、户籍人口居第三位的特大城市，地处中国东北平原东北部地区、黑龙江省南部，是国家重要的制造业基地。截至 2015 年，哈尔滨总面积 53186 平方千米，市辖区面积 10198 平方公里，常住人口 1066.5 万人。

哈尔滨地处东北亚中心地带，被誉为“欧亚大陆桥的明珠”，是第一条欧亚大陆桥和空中走廊的重要枢纽，也是中国历史文化名城、热点旅游城市和国际冰雪文化名城，是国家战略定位的“沿边开发开放中心城市”“东北亚区域中心城市”及“对俄合作中心城市”。

二、行业现状

随着哈尔滨楼市调控政策的逐步发酵和购买力的持续释放，加之金融政策收紧等影响，2019 年哈尔滨楼市在压力中韧性前行、稳中求进，房价一路稳步上涨。土地供应量的增加，推动多片区商品房上市量增加，竞争压力激增。加之新区政策利好，置业热点区域转移，哈尔滨楼市格局逐渐更新。

三、政策环境

在“房住不炒”的主旋律之下，2019 年哈尔滨房价在总体的调控中平稳上升，政策赋能步履不停，诸多利民政策从拿地、建筑、物业到人才方面不断释放，在一定程度上加大了对哈尔滨楼市的刺激。

四、土地市场

2019 年以来，房地产市场调控趋于常态化。融资窗口收紧、房贷制度改革等调控手段相继推出，但随着“因城施政，分类调控”的逐步贯彻实施和政策的逐步传导，在多方力量调控平衡下，哈尔滨土地市场并未受太大影响。

五、房企布局

2019 年 8 月，哈尔滨松北新区正式进入国家级新区、自由贸易试验区、高新区、经开区和行政区“五区政策叠加”的发展机遇期和窗口期，俨然已成为品牌房企厮杀的主战场，宝能城发集团、绿地集团、华润置地、汇智地产等品牌开发商均争相拿地，在公开的招拍挂市场上，土地交易更是屡屡出现高溢价成交，品牌房企的布局将助推区域热度的提升。

城市年度市场解读

一、本地新政

1. 土拍政策调整

2019 年 2 月 15 日，哈尔滨市政府针对哈尔滨市批而未供土地数量较大的现实，建立市本级建设用地指标资源库。

2. 房地产中介管理通知

2019 年 2 月 21 日，哈尔滨市政府制定并在全市范围内推行使用《房地产经纪服务合同（试行）》示范文本。其中包含“交易资金监管约定”等事项，载明代收代付客户交易资金存入的监管账户名称及账号，明确不得使用非专用监管账户存储划转交易资金等。

3. 哈尔滨 10 项公积金新政出台

2019 年 4 月 2 日，哈尔滨住房公积金管理中心连续出台十项便民举措，以改善职工居住条件、满足群众实际需求。

4. 新区惠民政策多项利好

2019 年 7 月 15 日，《哈尔滨新区（江北一体发展区）“惠民聚才”优惠政策（试行）》施行。哈尔滨出台惠民聚才政策涉及创业、供暖、旅游、公交、教育、人才公寓、高端人才入园入学等七个方面。

5. 住房公积金政策再调整

2019 年 8 月 7 日，按照哈尔滨市统计局《2018 年度哈尔滨市城镇非私营单位就业人员平均工资的公告》相关数据，调整哈尔滨 2019 年度职工住房公积金缴存基数上限。

6. 中国（黑龙江）自由贸易试验区获批

2019 年 8 月 26 日，中国（黑龙江）自由贸易试验区获批。黑龙江自贸区包括哈尔滨、黑河、绥芬河三个片区，在功能定位上，区域经济发展和国际角色就成了重中之重。哈尔滨片区集中在江北，主要分布在沿江的深哈合作产业园区、科技创新城、松浦片区、绥满（四环）高速以东及利民部分片区。

7. 黑龙江将发放 7.7 亿元用于租赁补贴

2019 年 9 月 16 日，根据国家四部委联合下发的《关于进一步规范发展公租房的意见》要求，黑龙江省住建部门计划今年发放租赁补贴 26.5 万户，发放资金 7.7 亿元，努力增强困难群众对住房保障的获得感、幸福感和安全感。

8. 哈尔滨新区将新增公办中小学校 33 所

截至 2019 年 10 月 29 日，哈尔滨市正在编制《中小学校布局规划 (2018~2035 年)》，到 2035 年，哈尔滨新区将新增公办中小学校 33 所，哈西、群力地区将调整增加 5 处教育用地，增加用地面积 13.4 万平方米。

9. 哈尔滨市发布《哈尔滨市治理违法建设工作实施方案》

2019 年 11 月 18 日，哈尔滨市住房和建设局下发了《关于全面推行房地产经纪及租赁业务网上房源核验工作的通知》。今后，房产中介发布出售或出租房源信息前，要通过哈市房地产经纪网上管理和服务平台进行房源核验，对于之前已发布的房源如未按期通过核验将全部予以下架。

10. 居住小区配套幼儿园规划建设

2019 年 12 月 3 日，哈尔滨市政府发布哈尔滨市居住小区配套幼儿园规划建设管理办法，要求幼儿园与居住小区首期项目同步规划、同步设计、同步建设，保证幼儿及时入园。

11. 黑龙江出台新政加强房地产市场监管，严重违规企业将被列入“黑名单”

2019 年 12 月 3 日，黑龙江省住房和城乡建设厅等 6 部门联合发布的《关于进一步加强全省房地产市场监管的通知》指出，今后黑龙江省房地产开发企业购置土地资金不能通过金融贷款或市场融资，违规者两年内不能参加土地招拍挂。

12. 哈尔滨南岗区学区入学调整

2019 年 12 月 30 日，哈尔滨南岗区教育局面向社会发布《南岗区 2020 年秋季入学小学招生预警提示》，此预警提示将于 2020 年 1 月 1 日起施行。预警提示中提出，“共有产权住房”不作为就近入学依据，2020 年

7月20日后再购房当年不能按学区入学等。

二、年度土地供应与成交

近年来，各大品牌房企纷纷入驻哈尔滨，在利好政策的加持下，地块的供不应求和激烈竞争，也促使土地价格节节攀升，哈尔滨土拍市场整体呈现上涨趋势，成交数据不断被刷新。

据乐居哈尔滨统计，2019年全年哈尔滨市供应住宅、商住、商业类用地共计85宗（其中11宗地块将于2020年1月成交）。2018年全年共计成交35宗，2019年成交62宗，同比上涨77%；2019年总成交面积288.3万平方米，总成交金额209亿元。

在62宗成交地块中，松北区表现最为亮眼，共成交土地29宗，总成交面积144.3万平方米，吸金100.3亿元，占2019年全年成交金额的48%；哈尔滨道外区与香坊区均以成交12宗地块的成绩紧随其后，共吸金65.7亿元。

三、年度住宅供应与成交

据不完全统计，2019年1~11月哈尔滨共成交商品房724.5万平方米，同比下降27.6%，在近5年成交数据中位列第四名。2017年为近5年成交量峰值，成交1117.4万平方米；2015年为近5年成交量最低值，成交637万平方米。易居哈尔滨公司市场部分析，自2018年9月7日哈尔滨出台限价、限预售政策以来，对新拿地商品房项目影响较大，直接影响2019年整体商品房供货量（2018年土地集中在下半年供应，商品房入市集中在2019年下半年），加之商品房价格持续走高等多方因素影响，导致市场表现力不足，成交量有所下滑。

四、年度房价走势分析

自2019年1月以来，哈尔滨的房价均价呈现平稳上涨趋势，总体来看，房价保持着升温的局面。国家统计局数据显示，2019年商品住宅成交规模与上一年同期相比大体持平，全国楼市市场调控趋于常态化，但哈尔滨房价上涨势头依旧强劲，2019年成交均价为11623元/平方米，同比上涨21.43%。

乐居哈尔滨统计数据显示，截至2019年12月25日，哈尔滨市各区域商品房成交均价皆有不同程度的上涨。以12月成交均价为例，道里区同比涨势最猛，为15824元/平方米，比2018年的12150元/平方米上涨了3674元/平方米，同比上涨29.51%。南岗区与松北区紧随其后，前者商品房成交均价涨幅3260元/平方米，同比上涨29.19%，后者商品房成交均价涨幅2264元/平方米，同比上涨22.35%。

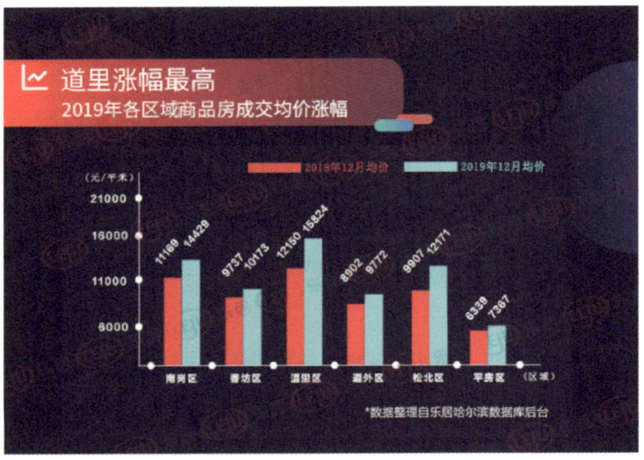

随着“因城施政，分类调控”的逐步贯彻实施，政策层面上中央“房住不炒”仍为主线，哈尔滨楼市成交不断萎缩，但是房价上涨势头依旧强劲。据乐居哈尔滨统计，各区域在售楼盘中，共有46个楼盘上调价格，各区域均有价格上调的楼盘，其中平房区楼盘调价率达100%。

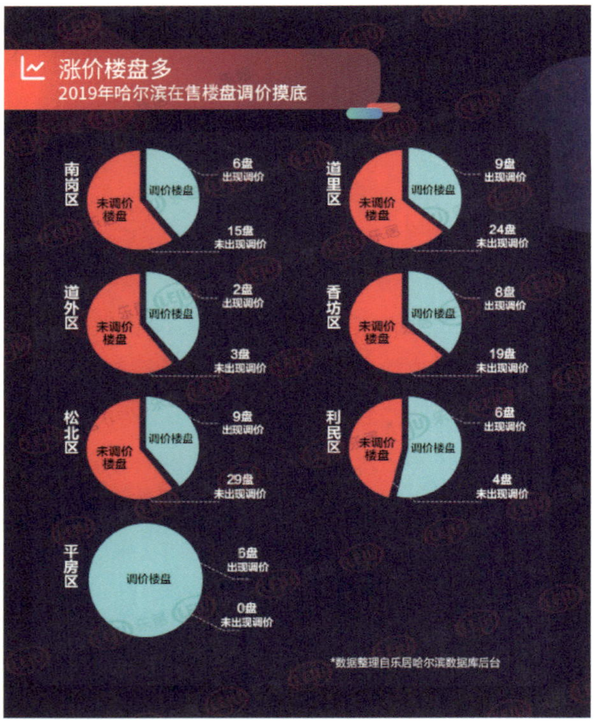

五、热点板块分析

2019年以来，在中央明确“稳地价、稳房价、稳预期”的目标定调下，行业整体规模增速较前两年明显放缓。据乐居哈尔滨统计，哈尔滨地产项目在8~11月期间，开盘加推次数较多。其中，松北区、道里区开盘加推次数最多，分别为17次与13次。2019年松北区共有18个新盘入市，成为全市销售主力。

松北新区作为哈尔滨重点发展区域，发展迅速，区位条件优越，战略地位重要，随着2019年8月30日中国（黑龙江）自由贸易试验区正式揭牌，哈尔滨新区也正式进入国际级新区、自由贸易试验区、高新区、经开区和行政区“五区政策叠加”的发展机遇期和窗口期。

在“一江居中，南北互动，两岸繁荣”口号等利好政策加持下，松北土地市场持续升温，地铁、学校、医院等市政配套也逐步投入建设使用，松北新区俨然已经成为哈尔滨市最具开发潜力的城市区域之一，各大品牌房企纷纷入驻，2020年发展如何更加值得期待。

六、未来展望

2019年成交土地集中在香坊区及松北区，2020年入市后，商品房成交区域也将集中于此。据易居哈尔滨公司市场部分析，根据2019年各区域土地成交楼面价，2020年成交均价预计会有小幅度上升。

在区域发展方面，未来五年哈尔滨新区将凭借“自贸区+国家级新区”的顶层设计，通过完善的基础设施配套、产业链条及营商环境以及低于发达城市的人力成本等优势，吸引资本和新兴产业流入哈尔滨，成为振兴东北战略中的重要组成部分。哈尔滨的新区将成为2020年的大热购房区域。

数据来源：乐居哈尔滨数据库后台、黑龙江省公共资源交易网、易居哈尔滨公司市场部。

2019 年哈尔滨房地产在售楼盘概览

楼盘名称	城市名称	城区	地址	物业类型
鲁商松江新城	哈尔滨	南岗区	南岗区南岗区学府路 368 号省农科院（哈达水果批发市场对面）	普通住宅、公寓、写字楼、商铺、建筑综合体
东方新天地	哈尔滨	南岗区	南岗区南兴街、绥化路、复旦路围合处（壹品心境后身）	普通住宅、写字楼、商铺、建筑综合体
学府 6 号公馆	哈尔滨	南岗区	南岗区南岗区延兴路与林兴路交会处	普通住宅、公寓、商铺
哈西骏赫城	哈尔滨	南岗区	南岗区哈双路与兴农大街交会处（336/363 公交首末站）	普通住宅、别墅
哈尔滨恒大珺庭三期	哈尔滨	南岗区	南岗区哈西中兴左街与绥化西路交叉口	普通住宅
华鸿金色柏林	哈尔滨	南岗区	南岗区南岗区南直路与长江路交会处	普通住宅、公寓
爱达·九溪	哈尔滨	南岗区	南岗区哈尔滨大街南兴街绥化路中兴左街	普通住宅、商铺
鲁商凤凰城	哈尔滨	南岗区	南岗区健兴路 29 号（跃兴街与健兴路交叉口）	普通住宅、建筑综合体
爱达·壹号	哈尔滨	南岗区	南岗区复旦街、哈西大街、同济街、兰州西路以西围合区域	普通住宅、商铺
爱达·尊御	哈尔滨	南岗区	南岗区哈尔滨大街、武威路、西站大街、和谐大道围合区域	普通住宅、酒店式公寓、商铺
西雅图水岸	哈尔滨	道里区	南岗区道里区兴江南路、顾新街、武威路合围处	普通住宅、商铺
华鸿·金色纽约	哈尔滨	南岗区	南岗区南岗区南直路与长江路交会处	普通住宅
龙创·新世纪	哈尔滨	南岗区	南岗区南岗开发区华山路与赣水路交会处	公寓、写字楼、商铺
华润置地·置地公馆	哈尔滨	南岗区	南岗区南岗区东方大街与发展大道交会处	公寓、商铺
爱达·晶品	哈尔滨	南岗区	南岗区高铁南街与齿轮路交会处（西站西出站口对面）	普通住宅、商铺
爱达·盛锦	哈尔滨	南岗区	南岗区和谐桥与铁顺街交会处（西客站以西 200 米，和谐桥南侧）	普通住宅、商铺
汇智中心	哈尔滨	南岗区	南岗区东方大街与丽江路交会处（西客站北广场旁）	公寓、商铺、建筑综合体
鲁商·铂悦公馆	哈尔滨	南岗区	南岗区南岗区学府路 368 号、哈达市场对面	公寓
纽约纽约 BABY	哈尔滨	南岗区	南岗区长江路与南直路交会处	公寓
鲁商·悦未来	哈尔滨	南岗区	南岗区健兴路、健平路、科研路、征仪路围合区域	普通住宅、商铺

楼盘名称	城市名称	城区	地址	物业类型
恒祥枫丹郡	哈尔滨	道里区	道里区群力第六大道与朗江路交会处	普通住宅、商铺
宏润·翠湖天地	哈尔滨	道里区	道里区群力大道与丽江路交会处	普通住宅、别墅、商铺、建筑综合体
富力江湾新城	哈尔滨	道里区	道里区友谊西路与通达街交会处	普通住宅、写字楼、建筑综合体
星光耀广场	哈尔滨	道里区	道里区群力大道与三环路交会处（西邻阳明滩大桥）	公寓、商铺、建筑综合体
财智公馆	哈尔滨	道里区	道里区河松街河山街交会处	普通住宅、商铺
招商贝肯山	哈尔滨	道里区	道里区友谊西路、丽江路、群力第二大道、水系围合区域	普通住宅、别墅、商铺
中海寰宇天下	哈尔滨	道里区	群力第六大道与朗江路交会处（第六大道与第五大道之间）	普通住宅、公寓
玫瑰湾·珑岸别墅	哈尔滨	道里区	道里区群力第七大道与丽江路交会处（雨阳公园旁）	别墅
龙玺壹号	哈尔滨	道里区	道里区友谊路二道街交会处	普通住宅
绿地中央广场	哈尔滨	道里区	道里区机场路与融江路交会处	普通住宅、公寓、商铺
哈尔滨恒大御府	哈尔滨	道里区	道里区乡政街与顾新街交会处	普通住宅、公寓、商铺
恒大悦府	哈尔滨	道里区	道里区北至顾新路、南至铁顺街、西至职工街、东至乡政街	普通住宅
里普利广场	哈尔滨	道里区	道里区群力第二大道与阳明滩二道交会处	公寓、写字楼、建筑综合体
保利天珺	哈尔滨	道里区	道里区友谊西路与朗江路交会处	普通住宅
璞悦湾	哈尔滨	道里区	道里区群力大道与龙柏路交会处	普通住宅
中海·时代	哈尔滨	道里区	道里区群力第六大道与天平西路交叉口	普通住宅
华润置地·崑崙御	哈尔滨	道里区	道里区群力第六大道至天平西路左转 100 米	普通住宅
融创·御湖宸院	哈尔滨	道里区	道里区太平湖畔	别墅
桐楠格·万科公园大道	哈尔滨	道里区	道里区群力新区四方台大道 525 号	普通住宅
保利·天悦一期	哈尔滨	道里区	道里区东阳路与秦岭路交会处	普通住宅、商铺
汇龙·澜湾九里	哈尔滨	道里区	道里区群力第五大道与青山路交叉口	普通住宅、商业
万科·滨江大都会	哈尔滨	道里区	道里区群力第一大道、朗江路、友谊西路、阳明滩大道合围处	公寓、酒店式公寓

楼盘名称	城市名称	城区	地址	物业类型
金地·名悦	哈尔滨	道里区	道里区群力第六大道与青山路交会处	普通住宅、商铺
江城国际	哈尔滨	道里区	道里区群力大道107号（远大购物广场黑天鹅电器对面）	公寓、酒店式公寓
华润置地·崑崙御Ⅱ期	哈尔滨	道里区	道里区群力第五大道与秦岭路交会处	普通住宅
哈尔滨华南城	哈尔滨	道外区	道外区团结镇长江路与四环交会处	普通住宅、商铺
好民居怡江湾	哈尔滨	道外区	道外区东北新街与通港街交会处	普通住宅
宝宇·天邑环球港	哈尔滨	道外区	道外区大新街278号（南起南马路，北至北环路，东起景阳街）	普通住宅、商铺
华南城紫荆名都	哈尔滨	道外区	道外区华南中路南侧	普通住宅、商铺
锦绣东润御景	哈尔滨	道外区	道外区天恒大街与黄家崴子路交叉口向北100米	普通住宅
金瑞林城瑞园	哈尔滨	香坊区	香坊区通乡街191号	普通住宅
尚东辉煌城	哈尔滨	香坊区	香坊开发区长江路与禧龙大街交会处（禧龙大市场东侧）	普通住宅、政策房、商铺
会展城上城·星御	哈尔滨	香坊区	香坊区长江路与禧龙大街向东600米路南	普通住宅、酒店式公寓、商铺、建筑综合体
远创樾府	哈尔滨	香坊区	香坊区公滨路与化工路交会处	普通住宅、商铺
新松·茂樾山	哈尔滨	香坊区	香坊区长江路与香福路交会处南800米路东（距会展中心约3公里）	普通住宅、公寓、写字楼、商铺
东鸿·艺境	哈尔滨	香坊区	香坊区长江路与香福路交会处	普通住宅、商铺、建筑综合体
汇智五洲城三期	哈尔滨	香坊区	香坊区长江路与香福路交会处东行800米	写字楼、商铺、建筑综合体
金源蓝城	哈尔滨	香坊区	香坊区香福路与哈成路交会处（哈成路前行金源蓝城售楼处）	普通住宅、写字楼、商铺
万科·招商城市之光	哈尔滨	香坊区	香坊区进乡街高架桥与三环快速路之间	普通住宅
香湾青城	哈尔滨	香坊区	香坊区通乡街2号	普通住宅
融创·四季印像	哈尔滨	香坊区	香坊区文景二道街文景花园对面	普通住宅、商铺
上和树	哈尔滨	香坊区	香坊区哈平路104号	普通住宅
恒隆华府	哈尔滨	香坊区	香福路与香农街交会处（永泰购物中心对面）	普通住宅
哈尔滨恒大中央广场	哈尔滨	香坊区	香坊区电碳路6号	普通住宅
华润置地·紫云府Ⅱ	哈尔滨	香坊区	香坊区通乡街与松海路交会处	普通住宅、商铺
南亭印象	哈尔滨	香坊区	香坊区果园街和巴安里街交会处	普通住宅
润禾·香都城	哈尔滨	香坊区	香坊区联草街与萱草街交汇（民生大厦旁）	普通住宅、商铺
哈尔滨恒大时代广场	哈尔滨	香坊区	香坊区公滨路与香福路交会处	普通住宅、公寓、商铺、建筑综合体、自住型商品房
融创城·领域	哈尔滨	香坊区	香坊区电碳路（进乡街附近）	普通住宅、商铺
鼎苑·明居	哈尔滨	香坊区	香坊区和平二道街与民生头道街交会处	普通住宅、商铺
融创·御园	哈尔滨	香坊区	香坊区公滨路与香土路（规划中）交叉口	普通住宅
华润置地·熙云府	哈尔滨	香坊区	香坊区果园街与埠南街交会处	普通住宅、商铺
汇龙·拾光里	哈尔滨	香坊区	香坊区油坊街与通天街交会处	普通住宅
新松·樾尚	哈尔滨	香坊区	香坊区长江路与香福路交会处向南600米路东	普通住宅
御湖壹号	哈尔滨	香坊区	香坊区长江路会展中心东7千米	普通住宅
金色江湾	哈尔滨	松北区	松北区松北大道与世茂大道交会处	普通住宅
松浦观江国际	哈尔滨	松北区	松北区一道外20道街过桥100米处	普通住宅、别墅
恒祥御景	哈尔滨	松北区	松北区中源大道（三环）北侧，哈尔滨大剧院正对面	别墅
哈尔滨融创文旅城	哈尔滨	松北区	松北区北至中源大道、东至宏源街、南至世茂大道、西至规划路	普通住宅、别墅、酒店式公寓、商铺
金河湾壹号	哈尔滨	松北区	松北区江湾路与天翔街交会处	平层住宅
富力城三期	哈尔滨	松北区	松北区中源大道5599号（东北虎林园东100米）	普通住宅、别墅、商业
保利水韵长滩五期和墅	哈尔滨	松北区	松北区龙川路与江都街交会处	别墅
墅公馆	哈尔滨	松北区	松北区龙盛路1333号	普通住宅、别墅
观澜居	哈尔滨	松北区	松北区世茂大道88号（阳明滩大桥下桥左转即是）	普通住宅
恒健橘子郡	哈尔滨	松北区	松北区中源大道与江平街交会处	别墅
中亚千企	哈尔滨	松北区	松北区松北大道与龙轩路交会处，松北第一村酒店后身	普通住宅、别墅、写字楼、商铺
大正臻园	哈尔滨	松北区	松北区江安街与龙轩路交会处	普通住宅
绿地·新里海德壹号	哈尔滨	松北区	松北区丁香大道（商业大学东侧）	普通住宅、公寓、别墅
碧桂园·华美上城	哈尔滨	松北区	松北区松浦大道与中源大道交会处（北行200米）	普通住宅、公寓、商铺
融创观澜壹号	哈尔滨	松北区	松北区智谷一街868号	普通住宅、别墅
保利观澜3	哈尔滨	松北区	松北区龙轩路与江平街交会处	普通住宅
汇宏金融港	哈尔滨	松北区	松北区科技一街与创新路交会处	商铺

楼盘名称	城市名称	城区	地址	物业类型
北岸观江国际	哈尔滨	松北区	松北区祥安北大街与龙川路交叉口（松北区医大四院对面）	普通住宅
中海·和院	哈尔滨	松北区	松北区祥安北大街与龙川路交会处（有色大厦）西200米	普通住宅、别墅
中盟首府	哈尔滨	松北区	松北区世茂大道、创新三路、科技五街交会处（万达城对面）	普通住宅、别墅
华润置地·万象府	哈尔滨	松北区	松北区中源大道与祥安南大街交会处	普通住宅
磐石·金江悦	哈尔滨	松北区	松北区龙川路1298号（龙川路与江平街交叉口）	普通住宅、别墅、商铺
坤腾·理想城	哈尔滨	松北区	松北区松浦大道2288号	公寓、写字楼
鑫丰云筑	哈尔滨	松北区	松北区龙轩路与江都街交会处	普通住宅
汇智悦景湾	哈尔滨	松北区	松北区南京路与利民东一大街交会处	普通住宅
龙福家园	哈尔滨	松北区	松北区南京路6号	普通住宅
恒泰·悦璟府	哈尔滨	松北区	松北区绕城高速与松浦大道交会处	普通住宅
融创建荣·松江宸院	哈尔滨	松北区	松北区滨水大道波塞冬海洋王国南	普通住宅
哈尔滨宝能城	哈尔滨	松北区	松北区世贸大道与智谷四街交会处	普通住宅、公寓、写字楼、商铺
汇智环球金贸城	哈尔滨	松北区	松北新区中源大道与浦南大街交叉口（迪卡侬东侧）	普通住宅、公寓、酒店式公寓
绿地东北亚国博城	哈尔滨	松北区	松北区中源大道与松浦大道交会处	普通住宅、自住型商品房
地恒托斯卡纳	哈尔滨	利民区	利民区利民大道东侧（杉杉奥特莱斯前行500米，顺迈医院斜对面）	普通住宅、公寓

楼盘名称	城市名称	城区	地址	物业类型
公元天下	哈尔滨	利民区	利民区北京西路与沈阳大街交会处	普通住宅、酒店式公寓
君豪新城	哈尔滨	利民区	利民区利民大道西侧	公寓、写字楼、酒店式公寓、商铺
松北凤栖湖	哈尔滨	利民区	利民区新区学院路8[illegible]8号	普通住宅、别墅
汇宏时代广场	哈尔滨	利民区	利民区利民大道与杉杉路交会处（杉杉奥特莱斯旁）	普通住宅、公寓、商铺
大都会新天地五期	哈尔滨	利民区	利民区利民大道与西宁西路交叉口	普通住宅
龙湾·园著	哈尔滨	利民区	利民区项目位于永夫路、利民东一大街、规划路围合处	普通住宅、自住型商品房
华居·水木天成	哈尔滨	利民区	利民区师范大学（江北校区）东侧	普通住宅
国翠园	哈尔滨	利民区	利民区利民大道[illegible]号	别墅、自住型商品房
轩玲御泉谷	哈尔滨	阿城区	阿城区大尔加庄园旁	普通住宅、别墅
哈尔滨恒大城	哈尔滨	阿城区	阿城区金都大街与阿勒楚喀路交会处	普通住宅、商铺
融创·达仁印象宸院	哈尔滨	阿城区	阿城区东环大街与阿勒楚喀路交会处西南角	普通住宅
国际花都	哈尔滨	平房区	平房区普惠大道与哈南七路交会处	普通住宅、别墅
凯盛源·玖郡	哈尔滨	平房区	平房区哈南七路与普惠大道交会处	别墅
绿地·香堤九里	哈尔滨	平房区	平房区哈南十五路与哈南第六大道交会处	普通住宅、公寓
哈南万达广场	哈尔滨	平房区	平房区哈南第八大道与哈南九路交会处	普通住宅、别墅、建筑综合体

富力江湾新城

- 2019年 -
中国城市楼盘年鉴
典型项目

哈尔滨 品牌地产 高端产品 城市地标

富力江湾新城位于哈尔滨市道里区友谊西路与河鼓街交会处，由富力（哈尔滨）房地产开发有限公司开发，建筑面积近94万平方米，占地面积约12万平方米。

专家点评

储汐雯·新浪黑龙江总经理

富力江湾新城占据松花江南岸黄金地段、城市黄金走廊友谊路之上，是富力集团为哈尔滨打造的全新地标建筑。

项目地址：
哈尔滨市道里区友谊西路660号

开发商：
富力（哈尔滨）房地产开发有限公司

建筑类型：
高层、超高层

主力户型：
215~249平方米三居、四居

周边配套：
顾乡公园、音乐公园、太阳岛、冰雪大世界

参考价格：
均价25000~28000元/平方米

楼盘优势：
富力江湾新城位于松花江南岸，由富力中心、富力广场和11栋观江豪宅“外滩壹号”组成，融全维业态于一身，打造哈尔滨的城市会客厅。

项目解析

【区域维度】

富力江湾新城位于哈尔滨市道里区友谊西路与河鼓街交会处，项目占据松花江南岸黄金区位。周边公交路线便捷，32路、113路、29路、71路、201路、225路、117路（音乐广场下车）等可供选择，全方位立体交通，方便出行。

【口碑维度】

富力集团成立于1994年，是一家集房地产设计、开发、施工、工程监理、销售、物业管理于一体的大型房地产开发企业，于2005年在香港联合交易所上市。经过20多年耕耘，富力集团在进驻每一座城市时，都以匹配城市发展诉求为宗旨，立足城市运营的战略高度，为当地房地产市场注入先进的开发理念。

富力地产首次进驻哈尔滨时，为哈尔滨打造了一张城市名片——富力江湾新城，定位为一线观江城市综合体。项目注重品质与细节，让业主所见即所得，主推215~249平方米三居、四居，得到了冰城百姓的高度认可。

2019年上半年，富力地产累计实现权益合约销售总金额602.2亿元，同比稳步增长6%。销售面积约551.68万平方米，同比增长25%。

在克而瑞发布的《2019年上半年中国房地产企业销售TOP200排行榜》中，富力权益销售金额名列行业第15位。作为综合型房地产开发企业，富力集团秉持“为城市造标杆，为社会添美好”的发展理念，历经25年发展，如今已成为以房地产开发为主营业务，同时在酒店发展、商业运营、文体旅游、互联网产贸、医养健康、物业服务、设计建造及创新服务平台等领域多元发展的综合性集团。在高端酒店行业，富力集团与国际酒店品牌展开合作，在2017年以199.06亿元收购万达集团旗下77家城市酒店的全部股权后，一举晋升为全球最大豪华酒店业主。

从2008年起，富力集团将目光转向全国商业地产领域，十余座“盈系列”摩天写字楼拔地而起，时至今日已打造了超40栋超甲级写字楼，23个集写字楼、商场、酒店、住宅、公寓于一身的城市综合体。

【产品维度】

富力江湾新城规划为公建与住宅两部分。住宅建筑面积215~435平方米，公建部分包含了写字楼、酒店、购物中心等，住宅生活、办公商业两相宜。其中，270米高的主塔T1栋写字楼将引入万豪旗下的国际顶级酒店——丽思卡尔顿，成为东北区域第一家、大中华区域第八家丽思卡尔顿酒店，将为来自全球各界高端人士提供尊贵服务享受。

项目自身配套富力江湾新城会所，近4500平方米的会所动静分离，为运动爱好者量身打造的模拟高尔夫球场、瑜伽室、健身房、恒温泳池，休闲娱乐的书吧、亲子娱乐空间SPA会馆等一应俱全。更有独创的冬日温室花园，让业主在寒冷冬日也能被绿意笼罩。

同时，由富力集团倾心打造、总建筑面积约11万平方米的富力广场，将作为冰城高端购物中心与哈尔滨人见面。富力广场汇聚了一线奢侈潮品、休闲娱乐、购物、餐饮等业态，将为冰城人提供观江购物新体验。

更多楼盘详情请扫码查看

华居·水木天成

2019年 中国城市楼盘年鉴 典型项目

哈尔滨　口碑楼盘　新区热盘　改善住区

华居·水木天成位于哈尔滨师范大学松北校区东侧，由哈尔滨华居置业有限公司开发，一期建筑面积约16万平方米，占地面积约5.4万平方米。

项目地址：

哈尔滨师范大学松北校区东侧

开发商：

哈尔滨华居置业有限公司

建筑类型：

高层、小高层

主力户型：

80~150平方米一居、二居、三居

周边配套：

顺迈医院、杉杉奥特莱斯、地铁5号线（规划）

参考价格：

一期9000元/平方米、二期9500元/平方米

楼盘优势：

位于新区核心位置，由哈尔滨口碑企业打造的三大商圈环伺新中式社区。

专家点评

刘大成·哈尔滨市房地产职业经理人协会会长

华居·水木天成项目体量较大，改善定位较为明显，打造传统改善住宅。项目将中式园景和建筑倾力展现，为冰城百姓带来全新的人居风尚。

项目解析

【区域维度】

华居·水木天成落子哈尔滨新区，自2004年起，该区域即承载着“一江居中、两岸繁荣”“打造哈大齐工业走廊”的战略构想。今天的哈尔滨新区，行进在哈尔滨腾飞的前沿，已成为城市价值潜力新引擎。区域内交通枢纽锋速互动，松北大道、世茂大道、三环路等多条主干道联通市内各区；生态宜居太阳岛、哈尔滨极地馆、金河湾湿地公园、冰雪大世界等旅游资源环绕，给予人们向往的低密生活。同时，紧邻哈尔滨大学城商圈，涵盖哈尔滨师范大学、黑龙江建筑学院和黑龙江财经学院等高等学府。万千资源汇聚于此，华居·水木天成尽享新区繁华配套。

【品牌维度】

华居置业深耕地产多年，作为哈尔滨本土房企，对哈尔滨人文风情有着深刻的了解。作为哈尔滨品质人居项目，水木清华一直广受置业者青睐。如今，华居置业新作——华居·水木天成项目将延续“水木”品牌，打造低密改善住宅。

华居·水木天成入市以来，凭借优质的户型设计，在市场上圈粉无数。典型如广受青睐的建筑面积约99平方米标准南北两室户型、建筑面积约120平方米方正三居户型，做到了全明空间，是区域内少有的功能性优质户型。

【口碑维度】

华居置业自成立以来深耕黑龙江，在产品品质上坚守匠心、精细打磨，在物业服务上温暖贴心、感动业主，为冰城百姓提供精工产品和悉心服务，成为冰城口碑楼盘。

华居·水木天成从开盘到加推，每一次楼盘销售信息的释放都成为冰城楼市关注的热点。开盘即售罄，验证了哈尔滨购房者对居住品质的提升、对改善生活的向往，而源源不断的认筹量更是华居·水木天成项目口碑的又一次印证。

【产品维度】

华居·水木天成采用新中式园林及建筑风格，汲取古代园林和建筑读本《园冶》，效法皇家开山理水的造园手笔，将本土文化融入其中。华居·水木天成园林设计以游泳池为景观中心，采用三轴、五进、七境、九园等高规制的园林构架，呈现出新中式园林美学。

项目精心规划八大天字系组团“天成、天璞、天禧、天悦、天瑞、天宸、天聚、天著”。目前A区住宅在售，产品类型分为高层及小高层住宅，在售建筑面积96~[illegible]平方米住宅产品，户型有一居、二居、三居可选，起价9000元/平方米，预计2020年底交房。

【销售维度】

2019年6月，地处哈尔滨新区繁华商圈周边的华居·水木天成项目正式进入大众视野，入市便吸引众多购房者目光。时隔两月，项目于2019年8月25日迎来首次开盘，首批房源非常紧俏；短短两个小时，首开450套房源全部售罄，华居·水木天成用事实奠定了市场地位。后续加推的住宅新品，更是得到了众多购房者的赞誉；无论是建筑品质、地理位置，还是方正合理的户型，华居·水木天成在很多方面都被购房者打了“高分”。

更多楼盘详情请扫码查看

华南城紫荆名都

哈尔滨　品牌企业　配套完善　刚需优选

华南城紫荆名都位于哈尔滨市长江路与华南中路交会处（华南城招商中心），占地面积约 140000 平方米，建筑面积约 420000 平方米，共计规划 25 栋楼 2980 户。

项目地址：

哈尔滨市长江路与华南中路交会处

开发商：

哈尔滨华南城有限公司

建筑类型：

小高层、高层

主力户型：

86 平方米二居、128 平方米三居

周边配套：

会展商圈、永泰城商圈、华盛奥特莱斯、谜城

参考价格：

高层 5980 元 / 平方米

楼盘优势：

华南城紫荆名都由品牌企业开发建设，项目自身配套齐全，得房率高。

专家点评　张蕊·《新晚报》房地产编辑室主任编辑

华南城紫荆名都依托哈东新区的区域发展潜力，未来周边将建有国际金融大厦、商务写字楼等项目，这些项目的建成会成为华南城紫荆名都发展的重要推动力，同时也将对哈尔滨的商业等级和影响力有一定的促进作用。

项目解析

【区域维度】

华南城紫荆名都位于哈尔滨市哈东新区华南中路以南。哈东发展潜力值得期待，未来长江路两侧的商业比例将高达70%，项目所在区域还将建有农垦总部基地、北大荒商贸集团、北大荒科技大厦、哈尔滨农业银行行政总部等行政办公机构，它们的建成将对区域价值的提升产生影响。

项目地处华南城商贸城市综合体内部。北邻华南城内部政府规划公园及公交总站，近享绿色环境及景观优势的同时，也为业主的出行提供了便利的条件。华南城紫荆名都周边建有幼儿园、哈尔滨市第二实验学校小学部和初中部，保障了就近入学的便利性，同时也为业主子女提供了优质的教育资源。

华南城紫荆名都周边拥有52路、68路、388路、386路、356路等公交线路，邻近阿什河生态风景长廊、红利庄园、薰衣草庄园、伏尔加庄园、美丽岛水世界等景观以及会展商圈、永泰城商圈、华盛奥特莱斯、香港皮草城、迷城等城市配套。

作为哈市东部地区重要的功能性城市节点，哈尔滨华南城将陆续投入开发建设，而华南城紫荆名都旨在打造哈东品质宜居生态住宅区，努力升级与改造区域的居住舒适度。

【品牌维度】

华南城紫荆名都由华南城控股有限公司投资建设。华南城集团是一家在香港联合交易所上市的综合商贸物流企业(香港上市股份代号：1668HK)，2002年5月在香港注册成立，是中国“综合商贸物流中心”规划、建设和运营的先行者，致力于开发建设集多个产业门类于一体的现代综合商贸物流基地。

【口碑维度】

华南城紫荆名都建造标准高，楼盘品质好，同时，依托品牌开发商建设，让客户从购房到入住全程放心。项目凭借价格和配套优势跻身哈东地区高性价比楼盘，成为购房者心中的刚需优选。

【产品维度】

华南城紫荆名都总住宅建筑面积近30万平方米，共由25栋板式高层所组成，总户数2980户。一梯两户，每栋楼均采用入户大堂式设计。所有户型都是南向大面宽式设计，充分保障了采光、观景的整体效果；层高2.9米，与南向楼间距在65~100米之间，在保证私密性的同时形成户户观景的效果。

与此同时，项目通过平面形式构图、小品构筑、局部增加剪形植物以及公共花园、全年龄活动区、宅间休闲空间的打造，形成低成本、高品质的住宅社区。有公共空间、私密庭院、宅前绿化的形态定位，营造便捷、精致、丰富多样的欧式景观空间。

【销售维度】

根据案场数据统计，自2018年首次开盘至2019年末，项目销售金额累计已超过10亿元大关，创造了哈尔滨东部区域的销售佳绩。未来，华南城紫荆名都将继续冲刺更高的销售额，努力在哈东区域续写辉煌的销售篇章，同时持续为改善哈东区域人民居住条件贡献自己的一份力量。

更多楼盘详情请扫码查看

纽约纽约BABY

2019年 中国城市楼盘年鉴 典型项目

哈尔滨　二环以内　精品小户　超高配套

纽约纽约 BABY 位于二环城心，南岗会展中心旁，南岗区长江路与南直路交会处，由北京华鸿基业集团开发，建筑面积 21 万平方米，占地面积 3.95 万平方米。

项目地址：
哈尔滨市南岗区长江路与南直路交会处

开发商：
哈尔滨华鸿世贸房地产开发有限公司

建筑类型：
塔楼、超高层

主力户型：
30~70 平方米一居、二居，33~55 平方米 LOFT

周边配套：
双地铁、虹桥中小学、世贸、农博、华鸿欢乐城

参考价格：
精装 15000 元 / 平方米

楼盘优势：
地处哈市二环内，紧邻世贸、农博、华鸿欢乐城，紧邻规划地铁 3 号线、6 号线，虹桥中小学，30~70 平方米精装小户型。

专家点评　桑洪·黑龙江省房地产商会会长

纽约纽约BABY作为中国·哈尔滨贸易中心CBD版图中的独立组团，所处位置优越，周边设施完善、交通便利，配套齐全，将成为高品质现代人居环境和工作环境的首选。

项目解析

【区域维度】

纽约纽约BABY位于哈尔滨南岗区二环以内，世贸、农博、华鸿欢乐城旁，地处城市繁华地段，商圈环绕。交通便利，项目周边规划地铁3号线、6号线。周边企事业单位、政府机关单位、外资企业、金融机构和品牌商业及生活设施云集，配套虹桥中小学校等，规划打造中国·哈尔滨世界贸易中心，是哈尔滨配套较为成熟的区域。

【品牌维度】

北京华鸿基业投资(集团)有限公司(以下简称"华鸿基业集团")是全国工商联直属会员、中国企业联合会理事、世界贸易中心协会农业委员会创始单位，主要业务包括城市CBD投资开发与运营、国际农业产业与贸易发展、产业投资与金融控股、科技创新四大产业集群。

2015年，华鸿基业集团与世界贸易中心协会携手，合力打造中国哈尔滨世界贸易中心。150亿元投资、200万平方米规模，华鸿基业集团巨造中国哈尔滨世界贸易中心、中国哈尔滨国际农业博览中心、中国哈尔滨华鸿欢乐城三大中心。项目涵盖六大主题乐园、四大主题风情商街、"世界500强"OFFICE区域总部写字楼集群、三座超五星级酒店集群等国际配套。

纽约纽约BABY为中国哈尔滨贸易中心CBD版图中的独立组团，包括纽约4号、纽约5号、纽约6号，3栋平层小户以及纽约7号——1栋70年产权的LOFT公馆。

【口碑维度】

纽约纽约BABY，是专为广大喜爱"华鸿金色莱茵"的哈尔滨精英们打造的30~70平方米精装小户。建筑规划为超高层设计，全部采用国际流行的玻璃幕墙为外立面，形象和档次媲美5A级写字楼，不仅给人们带来了视觉与精神上的舒适感，同时也呼应着这座城市潮流、现代的气息。因空间使用多元、户型精致方正实用，商用居住两宜，项目获得了良好的印象及口碑，深受哈尔滨年青一代的喜爱。

项目依托以哈尔滨世界贸易中心、哈尔滨国际农业博览中心、哈尔滨华鸿欢乐城三大核心为主体的东北亚CBD中心，使项目价值全面凸显，获得市场的广泛关注。

【产品维度】

作为CBD中配套设施完善，同时紧邻商圈的精品小户型，纽约纽约BABY是秉承华鸿金色莱茵十年匠心品质打造的第二个"曼哈顿"美式生活区。拥有超千平方米入户大堂设计，11部高速电梯，皆以五星级酒店标准，为购房者打造美式品质生活。

首发产品推出30~70平方米精装小户型——纽约6号，主推39平方米一居户型，全屋选用国内外品牌精装，民水民电，另设有YO-TIME云尚会所，3层挑高为住户提供更为宽丰的空间体验。

同期推出33~55平方米LOFT产品——纽约7号LOFT公馆，配设有空中白金会所。主推33平方米LOFT户型，70年产权，户型方正、功能分区合理，空间利用率高，同时紧邻虹桥中小学校，可以为业主子女提供更好的教育环境。

更多楼盘详情请扫码查看

湖北省

2019年武汉房地产市场总结

行业发展历程

一、城市概述

武汉是湖北省省会、中国中部地区的中心城市。截至2018年，全市常住人口1108.1万人，城镇常住人口889.69万人，城镇化率80.29%，是中部六省唯一的副省级市和特大城市。

武汉地处江汉平原东部、长江中游，世界第三大河长江及其最大支流汉江在城中交会，形成武汉三镇（武昌、汉口、汉阳）隔江鼎立的格局，素有“九省通衢”之称，是中国内陆最大的水陆空交通枢纽和长江中游航运中心、华中地区唯一可直航全球五大洲的城市。

二、行业现状

综观2019年武汉房地产市场，主城区刚需盘持续火热，远城区新房供应量走高，楼盘销售两极分化加剧，高性价比新盘备受热抢并逐渐清盘，市面上毛坯盘增多，房企之间博弈逐渐回归到产品力和营销力上，主城区置业门槛水涨船高，远城区渐成热门的全新的楼市格局已形成。

三、政策环境

2019年4月国家发改委印发《2019年新型城镇化建设重点任务》，明确大城市全面放开落户限制，提及“收缩型城市”，城市格局由“均衡发展”向“大国大城”方向发展。各梯队城市纷纷布局抢人策略，武汉进一步放宽落户门槛，取消积分落户年度数量限制。

四、土地市场

2018年3月，武汉土地交易市场首度公开采用“用地预申请”模式，定向拿地正式公开透明化。2019全年推地节奏较为平稳，年中首迎土拍小高潮，此后土地供应规模继续扩大，并在第四季度达到高潮，东湖高新、黄陂等多个板块楼面地价被刷新。

五、房企布局

从房企在武汉土地储备情况来看，近两年武汉楼市供应充足，房企间竞争压力增大，民营企业积极抢夺市场，联合拿地、合作开发成趋势，多家企业以不同方式首进武汉，“江湖”频现新面孔。

六、房产行业发展历程

1996年武汉正式实施住房公积金抵押贷款，1998年武汉推行房改，商品房逐渐进入市民视野，至今已20余年，武汉这座城市也日新月异。20余年间，武汉从三镇时代走向长江时代，全国品牌房企悉数进驻武汉，与这座城市同生存、共进步，跟上大武汉国际化、现代化、生态化的脚步，房企也逐渐实现从“地产开发商”到“城市运营商”再到“美好生活服务商”的转变，城市与地产紧密结合又双赢。

城市年度市场解读

一、本地新政

1. 降低落户门槛

2019年，武汉再度放宽学历落户和投靠落户，并取消积分落户年度数量限制，意味着将来会有更多人口有武汉户籍，具备武汉购房资格。

2. 取消二套房面积认定标准

9 月 24 日，武汉市推出《武汉新建商品房住房公积金个人住房贷款实施细则》和《武汉存量房住房公积金个人住房贷款实施细则》，新增取消二套房面积认定标准，合理释放武汉改善型置业需求，适度减轻二套房业主的还款压力。

3. 限价放松

中原地产分析报告显示，截至 11 月底，2019 年武汉新房市场共计有 187 个项目备案价格上涨，备案均价已实现普涨，限价放松是常态，但超过一半项目涨幅控制在 5% 以内。

二、年度土地供应

2019 年 1~11 月武汉房地产开发用地供应 186 宗（含出让、租赁和还建用地划拨），总面积 831.28 公顷，同比减少 38.21%；其中，住宅用地供应 129 宗，总面积 714.43 公顷，同比减少 31.12%。

中原地产分析报告显示，从各区土地成交情况看，东西湖、东湖高新、沌口、蔡甸和新洲成交土地建面居前五；主城区硚口、汉阳、青山、武昌土地成交量较 2018 年有大幅提升，涨幅高达 160% 以上。

三、年度土地成交

中原地产分析报告显示，2019 年武汉土地市场供需两旺，量价齐升，全面供应建面 3630.69 万平方米，同比上涨 13.06%；成交建面高达 3511.69 万平方米，同比增长 21.24%；东西湖土地建面成交最高，达 435.75 万平方米。武汉主城区土地成交建面显著增加，共成交 1937.96 万平方米，同比增加 26.46%；东湖高新、黄陂等多个板块楼面地价被刷新。

四、年度住宅供应

2019 年 1~11 月武汉新建商品房批准预售 239158 套，批准预售面积 2699.06 万平方米，环比增长 22.50%，同比增长 0.37%。其中，新建商品住房批准预售 198717 套，批准预售面积 2295.96 万平方米，环比增长 24.29%，同比增长 0.80%。住房租赁试点企业 87 家，租赁试点项目 32 个。

五、年度住宅成交

2019 年 1~11 月武汉新建商品房销售 217016 套，销售面积 2345.78 万平方米，环比增长 11.96%，同比增长 21.61%。其中，新建商品住房销售 188171 套，销售面积 2106.28 万平方米，环比增长 11.79%，同比增长 33.08%。

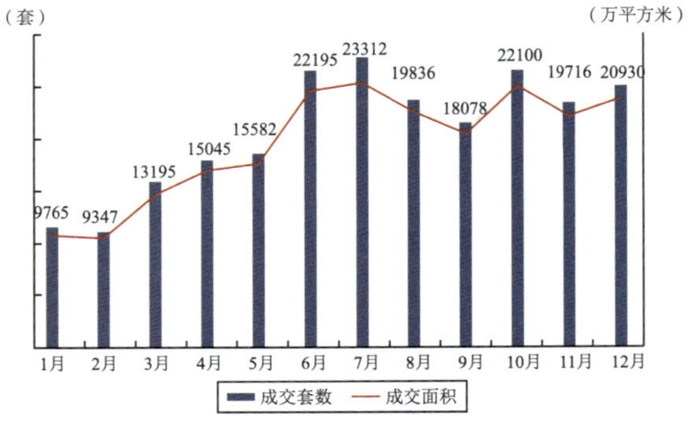

图 2-32　2019 年武汉市商品住房月度成交情况

从第二季度开始，武汉楼市成交量一路上涨，6 月、7 月成交表现较为显著，均突破 2 万套大关，7 月成交量达到 23312 套，创下成交高峰；8 月、9 月成交情况有所回落，楼市进入短暂休整期；10 月成交量再次上涨，至 12 月成交量突破 2 万套。

六、年度住宅存量

2019 年 1~11 月武汉存量房成交 96084 套，成交面积 964.36 万平方米，环比增长 10.06%，同比增长 26.85%。其中，存量住房成交 90311 套，成交面积 847.39 万平方米，环比增长 10.72%，同比增长

25.91%。

根据房管网备案数据，截至2019年底，武汉的库存量为2002万平方米，库存去化周期由2018年底的10.7个月缩短至9个月，处于正常范围。

七、区域成交表现

从主城区和远城区两个维度看，主城区备案成交共118159套，远城区备案成交共90942套，主城区明显高于远城区，一改前期被碾压趋势，得益于洪山区、东湖高新区等热门区域供应充足。

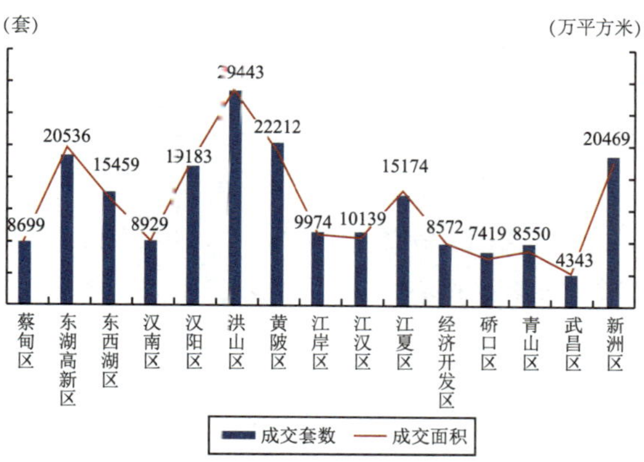

图2-33　2019年武汉市各区成交情况

从各区的备案成交数据上看，洪山区以29443套成交稳居榜首，东湖高新区、黄陂区和新洲区商品住房成交量均破2万套。

八、成交结构表现

中原地产分析报告显示，建面约100~120平方米刚需刚改产品为市场成交主力，建面约140平方米以上户型受改善需求影响成交占比增加，同比增加4个百分点。三居仍是楼市成交主力，占比高达68%，四居以上及别墅产品成交占比同比上涨2.9个百分点。

均价约14000元/平方米以上商品住房成交占比达32.2%，同比增加24.4个百分点，均价约7000元/平方米以下商品住房成交占比仅12.7%，同比大幅减少。2019年武汉楼市总价150万元以下产品大幅减少21.5个百分点，总价200万~400万元之间产品成交占比同比增加12.6个百分点。

九、成交项目排行

根据CRIC武汉数据中心统计，武汉2019年商品住宅销售金额TOP20项目合计销售782.2亿元，排行榜前九位的项目销售金额均超40亿元，其中远洋东方境世界观住宅项目以67.8亿元销售金额登榜首；第二名为华侨城原岸，销售金额59.6亿元；金科城紧随其后以50.8亿元的销售额位居第三名。

根据CRIC武汉数据中心统计，武汉2019年商品住宅成交套数排行榜中，孔雀城航天府以3550套成交量居首，武汉恒大科技旅游城以3522套成交量紧随其后，第三名为武汉恒大时代新城，成交套数2687套。

十、成交房企排行

根据CRIC武汉数据中心统计，2019年武汉房企全口径销售榜TOP20中，保利发展控股以全口径销售金额239.3亿元居首位；其次为万科地产，全口径销售金额228.9亿位；排名第三位的是中建三局地产，全口径销售金额161.2亿元。

根据CRIC武汉数据中心统计，2019年武汉房企操盘销售榜TOP20中，万科地产以操盘金额228.9亿元居首，保利发展控股以224.0亿元的操盘金额次之，中建三局地产以145.4亿元的操盘金额位居第三名。

十一、商业、公寓及办公

中原地产分析报告显示，受经济增速放缓，商业市场承压，2019年商业成交量大幅下滑，成交面积同比减少31.9%，成交均价同比上涨3.97%。

2019年写字楼成交持续下滑，共94.61万平方米，同比下降32.91%，甲级写字楼成交带动整本均价小幅微涨 1.05%。

2019 年 1~11 月武汉商业销售前十楼盘中，远洋东方境世界观以 6.18 亿元登榜首。在武汉写字楼销售前十楼盘中，中南欢乐汇以 9.13 亿元居成交金额首位。

十二、年度房价走势分析

根据 CRIC 武汉数据中心统计，2019 年武汉商品住宅整体成交均价在 15062 元 / 平方米左右。从各月份数据来看，整体房价呈小幅波动，变化不大。

中原地产分析报告显示，2019 年武汉均价 20000 元 / 平方米以下刚需盘为楼市主力军，推售量大，整体去化率维持在 75% 左右，单价 20000 元 / 平方米以上项目整体去化率呈阶梯式下滑。

十三、热点板块分析

洪山区仍是关注度最高的区域，2019 年商品住房备案成交 29443 套居首位，其次为东湖高新区，2019 年商品住房备案成交 20536 套紧随其后，这两个区域都为刚需和改善置业热门区域。

洪山区近年来利好不断，地铁 5 号线在建，三甲医院和优质教育加持，保利、东原、万科、中建、龙湖等知名品牌房企相继入驻开发，改善人居水平同时带来全新配套。

武汉东湖新技术开发区，简称“东湖高新区”，别称“中国光谷”，是全国第二个国家自主创新示范区，下辖八大产业园区，集聚了 42 所高等院校、56 个国家及省部级科研院所、66 名两院院士、20 多万专业技术人员和 80 多万在校大学生，是武汉新晋热门区域。

2019 年武汉远城区商品住房成交量持续上涨，新洲区和黄陂区商品住房成交破 2 万套。伴随着基建升级、规划出炉、配套相继落地，远城区逐渐成为热门。

十四、未来展望

在“房住不炒”基调和“三稳”背景下，2020 年武汉的限售政策预计不会提档升级，但亦暂时不会放开。限价政策方面，同样不会放开，部分区域有放松限价的趋势。中原地产分析报告显示，截至 11 月底，2019 年武汉新房市场共计有 187 个项目备案价格上涨，限价放松是常态，超过一半项目涨幅控制在 5% 以内。

武汉楼市区域间成交去化冷热不均或成常态，部分区域或将进入供大于求的状态，商品住宅的去库存周期或将拉长。为推动经济持续快速发展，进一步提升城市竞争力，或可能出台更为宽松的落户政策，吸引高尖端人才，营造更好的营商环境，积极招商引资。

十五、市场预期

土地方面，预计 2020 年武汉土地市场供求两旺。

住宅供应方面，刚需房源仍是市场主力，改善需求进一步释放。根据中原地产研究分析，预计 2020 年武汉新房供应量将达 2990 万平方米，成交量维持在 2300 万平方米左右；库存去化周边或于 2020 年 8 月达到 14 个月，2020 年 9 月底或 10 月初调控政策走向宽松可能性大；对比 2019 年备案去化面积，武汉部分区域进入供大于求的状态。

数据来源：CRIC 武汉数据中心和湖北中原数据。

2019年武汉房地产在售楼盘概览

楼盘名称	城市名称	城区	地址	物业类型
百瑞景中央生活区五期	武汉	武昌	武昌区武珞路586号	普通住宅
复地东湖国际	武汉	武昌	武昌区中北路147号（原武重工厂）	普通住宅
湖北创投大厦	武汉	武昌	武昌区欢乐大道一号（地铁4号线岳家嘴站D出口）	办公、商业
万盈国际	武汉	武昌	武昌区友谊大道与才茂街交会处	普通住宅、办公、建筑综合体、商业
君临国际	武汉	武昌	武昌区徐东大街5号	建筑综合体
万达御湖壹号	武汉	武昌	武昌区中北路171号（中北路与东沙大道交会处）	普通住宅
融创中心武汉壹号院	武汉	武昌	武昌区沙湖大道与公正路交会处	普通住宅、办公
联投中心	武汉	武昌	武昌区和平大道、临江大道与新生路交会处	普通住宅、办公
佳兆业广场天御	武汉	武昌	武昌区武珞路336号	普通住宅
越秀星悦峰	武汉	武昌	武昌区中北路与秦园东路交会处	公寓、商业
汉街总部国际万达尊	武汉	武昌	武昌区中北路171号周家大湾车站武汉中央文化区展示中心	办公
华宇旭辉大厦	武汉	武昌	武昌区中山路338号	办公
绿地铂瑞公馆	武汉	武昌	武昌区和平大道750号（原武昌车辆厂）	酒店式公寓
保利江锦	武汉	武昌	武昌区铁机路与临江大道交会处	普通住宅
融侨星域	武汉	武昌	武昌区临江大道与铁机路交会处	酒店式公寓
融侨滨江城|天域|美域	武汉	武昌	武昌区和平大道铁机路	普通住宅
大华滨江天地三期铂金瑞府	武汉	青山	青山区建二园林路15号（临江大道与园林路交会处）	普通住宅
中冶39大街	武汉	青山	青山区建设三路与旅大街交会处	普通住宅
联泰滨江中心江寓	武汉	青山	青山区临江大道与建设四路交会处	公寓
海伦国际	武汉	青山	青山区武东中路（武东中学附近）	普通住宅、别墅
招商一江璟城	武汉	青山	青山区和平大道建设六路（红钢城建七消防大队对面）	普通住宅、建筑综合体
宝业中心	武汉	青山	青山区建设一路与建港南街交会处	公寓、办公、商业
吾行里IEC国际智能中心	武汉	青山	青山区和平大道与建设二路交会处	办公
御江壹品青山印	武汉	青山	青山区建设二路与抚顺街交会处	普通住宅
南湖九玺	武汉	洪山	洪山区南湖雄楚大道与幸福路交会处向南200米	普通住宅、别墅
静安上城	武汉	洪山	洪山区南湖静安路8号（晒湖旁）	普通住宅
南湖半岛	武汉	洪山	洪山区南湖北岸特1号	普通住宅
清江锦城	武汉	洪山	洪山区张家湾街烽胜路55号（烽胜路和白沙四路交会处）	普通住宅、公寓、办公、商业
东湖楚天府	武汉	洪山	洪山区八一路34号（武汉大学对面）	普通住宅
保利城	武汉	洪山	洪山区团结大道与铁机路交会处	普通住宅、公寓
福星惠誉东湖城四期拾景	武汉	洪山	洪山区东湖园林路169号	普通住宅
爱家名校华城	武汉	洪山	洪山区白沙洲大道5号	普通住宅、酒店式公寓
楚天都市沁园	武汉	洪山	洪山区白沙洲烽胜路黄家湖正北岸（三环线烽胜路出口）	普通住宅
杨春湖畔	武汉	洪山	洪山区友谊大道1383号	普通住宅
金地自在城金地广场	武汉	洪山	洪山区地铁四号线仁和路（团结大道与仁和路交会处）	公寓、办公、商业
融创智谷	武汉	洪山	洪山区文化大道555号（三环线与文化大道交会处）	公寓、办公
揽胜公园	武汉	洪山	洪山区南湖大道与狮子山北路交会处	普通住宅、办公、商业
保利上城	武汉	洪山	洪山区白沙洲大道与武金路交会处	普通住宅、办公、商业
保利城SOHO中心	武汉	洪山	洪山区团结大道铁机路交叉口	公寓、办公
保利新武昌	武汉	洪山	洪山区白沙洲烽胜路与八坦北路交会处（烽胜路以东、八坦北路以北）	普通住宅
世茂云锦玉海园	武汉	洪山	洪山区白沙五路长征二路公交站旁	普通住宅
鄂旅投书院世家	武汉	洪山	洪山区白沙洲大道黄家湖大学城斜对面（南宝二道武昌路小学分校旁）	普通住宅、别墅
东原启城	武汉	洪山	洪山区白沙五路与烽胜路交会处	普通住宅
新城阅璟台	武汉	洪山	洪山区青菱乡建设村丽水路与南郊路交会处	普通住宅
金科城	武汉	洪山	洪山区仁和路38号	普通住宅
首开&华侨城&金茂|东湖金茂府	武汉	洪山	洪山区杨春湖路与和谐路交会处	普通住宅

楼盘名称	城市名称	城区	地址	物业类型
保利大都会	武汉	洪山	洪山区雄楚大道与卓刀泉南路交会处（百年华师旁）	普通住宅
华侨城原岸	武汉	洪山	洪山区欢乐大道228 号（生态运动公园旁）	普通住宅、别墅
创客广场	武汉	洪山	洪山区雄楚大道958 号	公寓
城投瀚城璞岸	武汉	洪山	洪山区雄楚大道450 号	普通住宅、别墅
美好长江首玺	武汉	洪山	洪山区青菱街南郊路与丽水西路交会处	普通住宅、商业
亿德光谷先锋	武汉	洪山	洪山区光谷创业街20 号	公寓
新力城	武汉	洪山	洪山区南郊路与三环交会处	普通住宅
旭辉华宇江悦府	武汉	洪山	洪山区南郊路与丽水路交会处	普通住宅、商业
正商金域世家	武汉	洪山	洪山区白沙五路与青菱西路交会处	普通住宅
旭辉 · 江山境	武汉	洪山	洪山区南郊路与建群一路交会处（鲁巷实验小学建和分校正对面）	普通住宅
金茂国际公寓	武汉	洪山	洪山区黄鹤路与明德路交会处（杨春湖地铁站旁）	公寓
金地·保利·褐石公馆	武汉	洪山	洪山区白沙五路与青菱西路交会处	普通住宅、别墅
加州橘郡	武汉	江夏	江夏区江夏大道77 号（武汉外校美加分校旁）	别墅
江南新天地	武汉	江夏	江夏区文化大道鹏湖公园站	普通住宅
滨湖壹号	武汉	江夏	江夏区藏龙大道与谭湖路交会处	普通住宅、公寓
长投绿城兰园	武汉	江夏	江夏区藏龙岛栗庙路 12 号（湖北美院对面）	普通住宅、商业
泊樾府	武汉	江夏	江夏区庙山经济开发区江夏大道汤逊湖山庄	普通住宅、别墅
武汉雅居乐花园	武汉	江夏	江夏区江夏大道 37 号	普通住宅、别墅
中锐滨湖尚城	武汉	江夏	江夏区腾讯大道与金龙大街交会处（腾讯武汉研发中心）	普通住宅
碧桂园天玺湾	武汉	江夏	江夏区江夏大道明泽路（汤逊湖畔）	普通住宅、别墅
光谷青年汇	武汉	江夏	江夏区光谷大道与藏龙北街交会处（武汉传媒学院正对面）	建筑综合体
招商东城华府	武汉	江夏	江夏区富士康西路与梁山头交会处	普通住宅
路劲时代城	武汉	江夏	江夏区五里界锦绣大道	普通住宅、酒店式公寓
新长江林肯国际城	武汉	江夏	江夏区金口大道与凤凰台街交会处	普通住宅、建筑综合体
五矿万境水岸	武汉	江夏	江夏区大桥新区豹子山街与山湖路交会处	普通住宅、别墅

楼盘名称	城市名称	城区	地址	物业类型
清江山水九程	武汉	东湖高新	东湖高新区光谷软件园中路 10 号（南湖大道与民族大道交会处）	普通住宅
光谷汇金中心	武汉	东湖高新	东湖高新区金融港路 18 号	办公
联投花山郡	武汉	东湖高新	东湖高新花山生态新城花城大道 1 号（严西湖大桥下桥处）	普通住宅、别墅
保利时代	武汉	东湖高新	东湖高新区关山大道 332 号（新竹路与关山大道交会处）	普通住宅、办公、商业
现代光谷世贸中心	武汉	东湖高新	东湖高新区光谷大道 41 号（地铁 2 号 1000 米）	公寓、办公、商业
国创光谷上城	武汉	东湖高新	东湖高新区高新大道与教育中路交会处（光谷九小旁）	普通住宅、别墅
北大资源莲湖锦城	武汉	东湖高新	红莲湖大道（红莲湖国际高尔夫球场旁）	普通住宅、别墅
红枫金座	武汉	东湖高新	东湖高新区关山大道 388 号（武汉职业技术学院对面）	建筑综合体
国采光立方	武汉	东湖高新	东湖高新区高新大道与光谷六路交会处（东湖高新管委会东侧）	普通住宅、别墅
亿达光谷大观	武汉	东湖高新	东湖高新区花城大道 9 号（软件新城公交站旁）	普通住宅、别墅
光谷悦城	武汉	东湖高新	东湖高新区光谷一路与高新二路交会处	普通住宅
中建光谷之星	武汉	东湖高新	东湖高新区高新大道与光谷六路交会处	普通住宅、办公、酒店式公寓、商业
中建大公馆	武汉	东湖高新	东湖高新区关山大道与南湖大道交会处北行 140 米	普通住宅
奥山光谷世纪城	武汉	东湖高新	东湖高新区高新大道与驿山南路交会处	公寓、酒店式公寓
光谷万科中心	武汉	东湖高新	东湖高新区光谷雄楚大道 1008 号（关山中学旁）	公寓、办公
泛悦城	武汉	东湖高新	东湖高新区关山口关山大道与珞喻路交会处（华中科技大学正对面）	普通住宅、办公、建筑综合体
泷悦华府	武汉	东湖高新	东湖高新区关山大道与高新大道交会处（武汉市东湖开发区人民检察院旁）	普通住宅
光谷金融中心	武汉	东湖高新	东湖高新区高新大道 666 号光谷三路与高新大道交会处	办公、商业
琨瑜府	武汉	东湖高新	东湖高新区关山大道与光谷创业街交会处	普通住宅、办公、商业
北辰光谷里	武汉	东湖高新	区东湖高新中国光谷关山大道光谷天地旁	别墅、办公、酒店式公寓、商业
光谷未来城	武汉	东湖高新	东湖高新区高新二路与光谷一路交会处	普通住宅、别墅、商业

楼盘名称	城市名称	城区	地址	物业类型
碧桂园生态城东境	武汉	东湖高新	东湖高新区花山生态新城（花山大道与花城大道交会处）	普通住宅
绿地光谷中心城	武汉	东湖高新	东湖高新区政务服务中心南 300 米	普通住宅、办公、酒店式公寓、商业
联投光谷瑞园	武汉	东湖高新	东湖高新区花山大道与大长山路交会处	普通住宅
世界城香榭丽舍	武汉	东湖高新	东湖高新区光谷步行街关山大道口	普通住宅
光谷澎湃城奥山府	武汉	东湖高新	东湖高新区光谷三路与高新三路交会处（奥体中心东侧 500 米）	普通住宅、别墅
正荣紫阙台	武汉	东湖高新	东湖高新区南湖大道 208 号（软件园旁）	普通住宅、商业
光谷创新天地	武汉	东湖高新	东湖高新区光谷六路与神墩一路交会处	普通住宅
合景梧桐四季	武汉	东湖高新	东湖高新区梧桐湖新城逸升大道与鲊洲十三路交会处（东湖高新科技创意城旁）	普通住宅、别墅
光和创谷	武汉	东湖高新	东湖高新区高新大道与驿山南路交会处（湖北省科技馆新馆对面）	公寓
国采公寓	武汉	东湖高新	东湖高新区高新大道与光谷六路交会处（东湖高新管委会旁）	公寓
碧桂园云境	武汉	东湖高新	东湖高新区高新二路（省奥体中心东行约 800 米）	普通住宅、别墅、商业
华生地产金珠港湾	武汉	东西湖	东西湖区金银湖南街特 8 号	普通住宅、酒店式公寓
恋湖家园	武汉	东西湖	东西湖区金山大道环湖路 8 号	普通住宅
武汉客厅	武汉	东西湖	东西湖区金银潭大道与宏图路交会处	办公
万丰丰泽园	武汉	东西湖	东西湖区马池北路与环湖路中路的交会处（常青花园西侧）	普通住宅
天纵半岛蓝湾	武汉	东西湖	东西湖区宏图大道与银潭路交会处（地铁 3 号线宏图大道 D 出口旁）	普通住宅
地铁时代常青城	武汉	东西湖	东西湖区金银潭大道 43 号常青车辆段	普通住宅、商业、建筑综合体
美联德玛假日三期	武汉	东西湖	东西湖区黄狮海东路与啤砖路交会处（径河旁）	普通住宅
金湖听语	武汉	东西湖	东西湖区金银湖南一街与环湖西路交会处	普通住宅、别墅
佳柏现代城	武汉	东西湖	东西湖区东西湖大道与四明路交会处	普通住宅、公寓
中建壹品澜湾	武汉	东西湖	东西湖区沿海赛洛城南路（北大附中以南）	普通住宅
金银湖 1 号院	武汉	东西湖	东西湖区金银湖环湖路 59 号	普通住宅、别墅
文一云水湾	武汉	东西湖	东西湖区朝阳路与临空港大道交会处	普通住宅
融创观澜府	武汉	东西湖	东西湖区地铁 3 号线延长线二雅路站旁（在建中）金山大道以北、黄狮海以西	普通住宅、别墅、商业
卧龙东方郡	武汉	东西湖	东西湖区金南一路（于方马城对面）	普通住宅
立方时空	武汉	东西湖	东西湖区东西湖大道与三秀路交会处（轻轨 1 号线汉五环大道站约 400 米处）	普通住宅
中南熙悦	武汉	东西湖	东西湖区东西湖新城一路与经二路交会处（东西湖会议中心旁）	普通住宅
庭瑞新汉口	武汉	东西湖	东西湖区汉口马池路轻工业大学旁	普通住宅
恒大城悦湖公馆	武汉	东西湖	东西湖区金银湖环湖路 43 号	公寓
白金壳子	武汉	东西湖	东西湖区宏图大道与银潭路交会处（地铁 2 号线、3 号线、8 号线宏图大道站 D 出口）	公寓
美联奥林匹克花园五期	武汉	东西湖	东西湖区奥园西路 2 号（地铁 2 号线金银潭站[illegible]城旁）	普通住宅
金地悦海湾	武汉	东西湖	东西湖区三店中路与三店东路交会处（黄狮海畔）	普通住宅、商业
电建地产·洛悦御府	武汉	东西湖	东西湖区三店大道与黄狮海东路交会处（武汉为明学校旁）	普通住宅、公寓、商业
碧桂园海昌克拉公馆	武汉	东西湖	东西湖区金银潭大道 96 号（极地海洋世界旁）	公寓、商业
合一星光天地	武汉	东西湖	东西湖革新二道与七雄路交会处	公寓
佳兆业悦府	武汉	东西湖	东西湖三店大道与轨道交通 1 号线交会处（三店站 A 出口）	普通住宅
金地北辰阅风华	武汉	东西湖	东西湖区奥园东路金银潭永旺旁	普通住宅
招商公园 1872	武汉	汉阳	汉阳区江城大道与墨水湖南路交会处（墨水湖畔）	普通住宅、别墅
阳光城檀悦	武汉	汉阳	汉阳区墨水湖北路与星火路交会处（武汉[illegible]厂旁）	普通住宅
国博新城	武汉	汉阳	汉阳区国博大道与四新南路交会处（3 号线国博中心南站旁）	普通住宅
王家湾中央生活区	武汉	汉阳	汉阳区汉阳大道老交警所西侧	普通住宅
广电兰亭盛荟	武汉	汉阳	汉阳区江堤中路三中旁	普通住宅、别墅、酒店式公寓、商业、建筑综合体
新阳广场·青春赞	武汉	汉阳	汉阳区四新大道与江城路交会处（地铁 3 号线四新大道站 A 出口）	公寓、办公、商业

楼盘名称	城市名称	城区	地址	物业类型
凯德悦湖	武汉	汉阳	汉阳区汉阳大道与知音湖大道交会处（知音湖大道 300 号）	普通住宅
复地海上海	武汉	汉阳	汉阳区建港路 1 号	普通住宅
中铁金桥公馆	武汉	汉阳	汉阳区四新大道与连通港路交会处西北角（江城大道以东）	普通住宅
万科新世纪翡翠滨江	武汉	汉阳	汉阳区琴台大道与德才路交会处	普通住宅
绿地悦澜湾	武汉	汉阳	汉阳区四新北路 601 号（武汉三中斜对面）	公寓、商业
纽宾凯汉 city 汉棠	武汉	汉阳	汉阳区芳草路与四新北路交会处（墨水湖以南）	普通住宅、公寓
保利香颂	武汉	汉阳	汉阳区龙阳大道与四新大道交会处(地铁 3 号线四新大道站）	普通住宅、公寓、别墅
兴华御水澜湾	武汉	汉阳	汉阳区墨水湖南路与连通岗西路交会处	普通住宅、别墅
钰龙旭辉半岛	武汉	汉阳	汉阳区麒麟路 1 号（墨水湖北路与汉桥路交会处）	普通住宅
汉水新城中法印象	武汉	汉阳	汉阳区王家湾西琴台大道延长线（中法友谊大桥旁）	普通住宅
恒大翡翠华庭	武汉	汉阳	汉阳区四新南路和连通港西路东南角	普通住宅、公寓
中核时代广场	武汉	汉阳	汉阳区江城大道与梅林四街交叉口东南角（中医院斜对面）	普通住宅
世茂锦绣长江 W+	武汉	汉阳	汉阳区武汉滨江大道 188 号	办公、商业
碧桂园晴川府	武汉	汉阳	汉阳区武汉滨江大道 186 号（晴川阁南行约 800 米）	普通住宅、公寓
卧龙墨水湖边领墅	武汉	汉阳	汉阳区江城大道与墨水湖南路交会处（墨水湖南岸）	别墅
四新天祥广场	武汉	汉阳	汉阳区江城大道与四新大道交会处	公寓
佳兆业滨江里	武汉	汉阳	汉阳区琴台大道古田桥旁（琴台大道郭家湾车站附近）	商业
保和墨水湾湖境廷	武汉	汉阳	汉阳区江堤中路与三里坡路交会处（墨水湖东岸）	别墅
青年说	武汉	汉阳	汉阳区龙阳大道与四新大道交会处（地铁 3 号线四新大道 D 出口 200 米左右）	公寓、商业
城投四新之光	武汉	汉阳	汉阳区四新南路与连通港西路交会处（子期路以东）	普通住宅
越秀星悦湾畔	武汉	汉阳	汉阳区四新北路与江堤中路交会处	公寓
万科金域国际	武汉	汉阳	汉阳区汉阳大道与江城大道交会处（地铁 4 号线五里墩站 C 出口）	普通住宅、办公、商业

楼盘名称	城市名称	城区	地址	物业类型
远洋东方境世界观	武汉	汉阳	汉阳区钟家村地铁站 B 出口旁	普通住宅、公寓、办公、商业
招商樾望	武汉	汉阳	汉阳区四新北路与芳草路交会处（麦德龙旁）	普通住宅、别墅
地铁盛观尚城	武汉	汉阳	汉阳区地铁 3 号线汉阳客运站 C 出口	普通住宅
武汉龙湖春江彼岸	武汉	汉阳	汉阳区晴川大道与两湖路交会处（建港路地铁站）	普通住宅、商业
滨江金茂府	武汉	汉阳	汉阳区晴川大道与两湖路交会处	普通住宅
保利星河九洲	武汉	汉阳	汉阳区汉阳大道永安堂地铁站 C 出口	普通住宅
越秀汉阳星汇云锦	武汉	汉阳	汉阳区新二环启动区 | 晴川大道与洲头五路交会处	普通住宅
恒韵府	武汉	汉阳	汉阳区汉阳大道与江城大道交会处(四号线五里墩站 D 出口）	建筑综合体
禹洲 · 朗廷元著	武汉	汉阳	汉阳区太子湖北路 288 号（经开永旺旁）	普通住宅、办公
四新中央生活区	武汉	汉阳	汉阳区江城大道与四新北路交会处	普通住宅、商业
弘阳印月府	武汉	汉阳	汉阳区墨水湖南路与江堤中路交会处	普通住宅
远洋东方境世界观蓝珀公馆	武汉	汉阳	汉阳区翠微路 20 号	公寓
保利庭瑞阅江台	武汉	汉阳	汉阳区琴台大道与玉龙路交会处	普通住宅
现代天外天小镇	武汉	经济技术开发区	经济技术开发区军山街长山特 1 号	普通住宅、别墅
海滨城 2 期丽港新都	武汉	经济技术开发区	经济技术开发区后官湖大道海滨城路 1 号	普通住宅
海伦小镇	武汉	经济技术开发区	经济技术开发区小军山经开大道特一号（四环线与汉洪高速交会处）	普通住宅、别墅
碧桂园泰富城	武汉	经济技术开发区	经济技术开发区蔷薇路（永旺 A 馆 10 号门对面）	公寓、商业
港湾江城	武汉	经济技术开发区	经济开发区万家湖中路以东沌口路以南（沌口路和万家湖中路交会处）	普通住宅
龙台二期桃源	武汉	经济技术开发区	经济开发区后官湖大道枫树一路	普通住宅、别墅
联投半岛	武汉	经济技术开发区	经济开发区车城西路与车城大道交会处（神龙小学旁）	别墅
鑫聚温莎半岛	武汉	经济技术开发区	汉阳经济开发区知音湖畔（天鹅湖大道与温莎半岛路交会处）	别墅
庭瑞 U-ME	武汉	经济技术开发区	经济开发区太子湖北路东方高尔夫球场正对面	公寓
金色港湾 MIMI 空间	武汉	经济技术开发区	经济技术开发区主干道东风大道与车城大道交会处	公寓

楼盘名称	城市名称	城区	地址	物业类型
武汉建工科技中心	武汉	经济技术开发区	经济技术开发区沌阳大道 409 号（地铁 3 号线沌阳大道站旁）	办公
东合发展中心	武汉	经济技术开发区	经济技术开发区东风二路	办公
碧桂园麓湖郡别墅	武汉	经济技术开发区	经济技术开发区枫树四路与枫树北路交叉口（开发区四中对面）	别墅
新城·庭瑞·君悦观澜	武汉	经济技术开发区	沌口经济技术开发区纱帽正街	普通住宅、别墅、商业
印江山	武汉	经济技术开发区	经济技术开发区川江池一路 1 号	普通住宅
碧桂园凰城悦山湖	武汉	经济技术开发区	经济技术开发区马影河大道 16 号线（在建中）马影河站旁	普通住宅、商业
越秀逸境	武汉	经济技术开发区	经济技术开发区全力一路与后官湖南路交界处	普通住宅
南益名士公馆	武汉	经济技术开发区	经济开发区全力北路与枫树六路交会处	普通住宅
洺悦芳华	武汉	经济技术开发区	经济技术开发区芳草一路 15 号（汉阳客运站 C 出口）	普通住宅
奥山经开澎湃城－住宅奥山府	武汉	经济技术开发区	经济开发区军山大道朱山三路旁	普通住宅、公寓、别墅
幸福湾	武汉	江岸	江岸区解放大道与堤边路交会处（轻轨 1 号线滕子岗站）	普通住宅
富强天合熙园	武汉	江岸	江岸区后湖大道（江岸区检察院旁）	普通住宅、公寓
立城中心	武汉	江岸	江岸区后湖大道与塔子湖东路交会处（长投海德公园旁）	办公
绿地汉口中心	武汉	江岸	江岸区金桥大道与华泰路交会处（武汉市民之家南门）	公寓
美联联邦生活区二期城仕	武汉	江岸	江岸区兴业路与文博路交会处（华中图书交易中心对面）	普通住宅、商业
盛景天地盛景国际	武汉	江岸	江岸区竹叶山转盘旁发展大道 525 号	普通住宅
华发外滩首府	武汉	江岸	江岸区中山大道永泰路口（滨江苑旁）	普通住宅
汉口派	武汉	江岸	江岸区解放大道与后湖大道交会处	普通住宅
二七星城	武汉	江岸	江岸区后湖大道与建设大道延长线交会处（汉口城市广场正对面）	普通住宅
外滩柒号	武汉	江岸	江岸区沿江大道与三阳路交会处（三阳路 8 号）	公寓
绿城武汉黄浦湾	武汉	江岸	江岸区沿江大道与分金街交会处	普通住宅
百步亭现代城	武汉	江岸	江岸区解放大道与百步亭花园路交会处	公寓
伟鹏万科御玺滨江	武汉	江岸	江岸区二七滨江商务区核心区（中山大道旁）	普通住宅
仁恒公园世纪	武汉	江岸	江岸区健身路与兆瑞大道交会处（市民之家旁）	普通住宅
美联中心	武汉	江岸	江岸区兴业路与中一路交会处（金桥公园旁）	公寓
京汉城市广场	武汉	江岸	江岸区京汉大道与球场街交会处（大智路地铁 3、F 出口）	商业
融创融汇广场	武汉	江岸	江岸区三阳路与解放大道交会处	办公
中信泰富滨江金融城	武汉	江岸	江岸区滨江国际商务区中信泰富滨江金融城	普通住宅、公寓
武汉天地云廷 II	武汉	江岸	江岸区沿江大道与黄浦大街交会处	普通住宅
华宇旭辉星空	武汉	江岸	江岸区后湖大道与十一路交会处（十一路地铁站 C 出口旁）	普通住宅、公寓
ICC 武汉环贸中心	武汉	江汉	江汉区青年路 39 号（长江大道与建设大道交会处）	办公
菱角湖壹号	武汉	江汉	江汉区长江日报路与菱角湖路交会处（地铁 3 号线菱角湖站旁）	普通住宅、公寓
CBD 楚世家	武汉	江汉	江汉区中央商务区建设大道 181 号（海军工程大学对面）	普通住宅、办公、酒店式公寓、建筑综合体
顶琇国际城	武汉	江汉	江汉区发展大道与唐家墩路交会处	普通住宅
越秀国际金融汇	武汉	江汉	江汉区精武路 1 号（新华路体育场对面，近地铁 2 号线中山公园站）	普通住宅
远洋心汉口	武汉	江汉	江汉区常青路与发展大道交会处（汉口火车站附近）	公寓
华发中城荟	武汉	江汉	江汉区青年路与淮海路交会处	普通住宅
泛海国际碧海园	武汉	江汉	江汉区武汉中央商务区淮海路中段（地铁王家墩商务区站附近）	普通住宅
汉口新界·5 号公馆	武汉	江汉	江汉区航空路 26 号	普通住宅、公寓、办公、商业
泛海国际芸海园	武汉	江汉	江汉区武汉中央商务区淮海路中段（体育公园旁）	普通住宅
壹号天地	武汉	江汉	江汉区新华路与长江日报路交会处（3 号线菱角湖站 D 出口前行 150 米）	商业
新港长江府	武汉	江汉	江汉区沿江大道 69 号（长航大厦旁）	普通住宅
阳光城央座	武汉	江汉	江汉区建设大道与香港路交会处	普通住宅
远洋心汉口商业	武汉	江汉	江汉区常青路与发展大道交会处（汉口火车站附近）	商业
西北湖壹号御玺湾	武汉	江汉	江汉区长江大道与黄孝西路交会处	普通住宅、别墅、商业
双玺中心	武汉	江汉	江汉区青年路与西北湖路交会处	公寓

楼盘名称	城市名称	城区	地址	物业类型
世纪中心	武汉	江汉	江汉区沿江大道与民生路交会处	办公、酒店式公寓、商业
远洋万和四季	武汉	江汉	江汉区常超街与常展里交汇在一期御峰的南面	普通住宅
绿地汉正中心	武汉	江汉	江汉区沿河大道 1 号	办公
远洋心汉口 SOHO	武汉	江汉	江汉区汉口发展大道与常青路交会处	建筑综合体
新华壹号	武汉	江汉	江汉区建设大道与新华路交会处	普通住宅、公寓、建筑综合体
同馨花园雍豪府	武汉	硚口	硚口区解放大道 582 号（蓝天宾馆对面）	普通住宅
天宇万象国际 2 期	武汉	硚口	硚口区古田二路与长升路交会处（长丰小学对面）	普通住宅、公寓
招商江湾国际商业	武汉	硚口	硚口区解放大道与古田二路交会处（距离古田二路轻轨站 900 米）	商业
中建御景星城	武汉	硚口	硚口区解放大道轻轨 1 号线太平洋站 B 出口旁	普通住宅、建筑综合体
千禧城	武汉	硚口	硚口区解放大道轻轨一号线古田三路站北出口	普通住宅、建筑综合体
网商总部大厦	武汉	硚口	硚口区解放大道与古田二路交会处（轻轨 1 号线无缝对接）	办公、商业、筑综合体
新世界中心办公	武汉	硚口	硚口区解放大道 634 号	办公、建筑综合体
美好名流汇二期	武汉	硚口	硚口区解放大道辛家地中百仓储旁	普通住宅
兴华尚都国际	武汉	硚口	硚口区汉西北路 36 号（地铁 3 号线双墩站旁）	普通住宅
时代新世界	武汉	硚口	硚口区建设大道与汉西路交会处（地铁 3 号线双墩站附近）	普通住宅、办公
美好香域花境	武汉	硚口	硚口区古田二路与广华路交会处（蓝焰油气古田二路加油站对面）	普通住宅
凯景国际大厦	武汉	硚口	硚口区古田二路特 8 号	办公
金地悦江时代	武汉	硚口	硚口区古田二路凯德广场南向约 400 米	普通住宅
新华尚水湾	武汉	硚口	硚口区沿河大道 519 号（麦德龙旁）	普通住宅
龙湖 东湖高新 春江郦城	武汉	硚口	硚口区长丰大道与古田二路交会处	普通住宅、公寓、办公、商业
云尚武汉国际时尚中心	武汉	硚口	硚口区中山大道与多福路交会处	建筑综合体
金地悦江时代 G 公寓	武汉	硚口	硚口区沿江大道	公寓
鼎鑫摩卡小镇	武汉	黄陂	黄陂区盘龙城经济开发区露甲山路 3 号	普通住宅
F、天下	武汉	黄陂	黄陂区盘龙城经济开发区巨龙大道 196 号（地铁 2 号线巨龙大道 D 出口）	别墅
泰合四千院	武汉	黄陂	黄陂区木兰湖旅游度假区内	别墅
木兰水天	武汉	黄陂	黄陂区木兰湖畔	别墅
汉口北卓尔生活城	武汉	黄陂	黄陂区盘龙城汉口北大道特 1 号	普通住宅
联投汉口郡	武汉	黄陂	黄陂区汉口北大道特 9 号	普通住宅
新纪元艺墅庄园	武汉	黄陂	黄陂区五七路北（农耕年华隔壁）	别墅
盘龙理想城	武汉	黄陂	黄陂区盘龙城经济开发区巨龙大道 56 号（下岱黄高速右行）	普通住宅
天汇龙城	武汉	黄陂	黄陂区盘龙城巨龙大道 90 号	普通住宅
汉北玺园	武汉	黄陂	黄陂区汉口北大道东端南侧（胜海）	普通住宅、酒店式公寓
万博玖珑湾	武汉	黄陂	黄陂区盘龙城汤仁海湖东旁	普通住宅、商业
尚璟瑞府	武汉	黄陂	黄陂区临空新城兴龙路与宋家岗东路交会处（2 号线航空总部站 700 米处）	普通住宅
兰江公园里	武汉	黄陂	黄陂区盘龙经济开发区汤云海路特 1 号	普通住宅、酒店式公寓
合融 · 清华源	武汉	黄陂	黄陂区钓台道与木兰大街交会处（客运中心旁）	普通住宅
长江凯旋城	武汉	黄陂	黄陂区汉施大道与发展路交会处	普通住宅
空港中心	武汉	黄陂	黄陂区盘龙城经济开发区巨龙大道宾连路与景云路交会处（地铁 2 号线航空总部站）	别墅、办公
御湖园	武汉	黄陂	黄陂区解放大道延长线汉口北新时空路特 1 号（滠口中学旁）	普通住宅
金阳南山里	武汉	黄陂	黄陂区盘龙大道与甲宝山路交会处	普通住宅、公寓
保合太和	武汉	黄陂	黄陂区盘龙大道与汤仁海路交会处（地铁 2 号线盘龙城站出口处）	普通住宅
汉口御江澜庭	武汉	黄陂	黄陂区汉施公路与发展路交会处（汉施公路发展路下车即达）	普通住宅、商业
中南拂晓城	武汉	黄陂	黄陂区川龙大道与天阳路交会处（奥特莱斯北侧）	普通住宅、公寓
尚璟瑞府商业	武汉	黄陂	黄陂区临空新城兴龙路与宋家岗东路交会处（航空总部站 700 米处）	商业
翰林公馆	武汉	黄陂	黄陂区巨龙大道黄陂一中旁	普通住宅、商业
北辰蔚蓝城市	武汉	黄陂	黄陂区川龙大道与后湖北路交会处（奥特莱斯北侧）	普通住宅、公寓、别墅、办公、商业
山海观	武汉	黄陂	黄陂区盘龙大道汤云海路（地铁 2 号线盘龙城站 B 出口附近）	普通住宅、别墅

楼盘名称	城市名称	城区	地址	物业类型
天纵云湖湾	武汉	黄陂	黄陂区川龙大道与后湖北路交会处	普通住宅
南山十里星空	武汉	黄陂	黄陂区盘龙城经济开发区华云路以南，宋家岗东路以东	普通住宅
空港中心B座公寓	武汉	黄陂	黄陂区盘龙城地铁2号线航空总部站空港中心	公寓、酒店式公寓
空港中心D区商墅	武汉	黄陂	黄陂区临空新城地铁2号线航空总部站	别墅
五矿澜悦云玺	武汉	黄陂	黄陂区盘龙城经济开发区华云路以南，宋家岗路以东	普通住宅、别墅
融侨方圆	武汉	黄陂	黄陂区川龙大道环后湖北路与临空东街交会处	普通住宅、商业
德成红墅	武汉	黄陂	黄陂区盘龙城巨龙大道39号	别墅
临空香廷	武汉	黄陂	黄陂区临空新城（地铁2号线航空总部站）	普通住宅
金辉优步湖畔	武汉	黄陂	黄陂区环后湖北路与飞虹街交会处向北500米	普通住宅
清能正荣府	武汉	黄陂	黄陂区胜海大道与汉口北大道交会处	普通住宅
中建壹品澜郡	武汉	黄陂	黄陂区川龙大道与环后湖北路交会处东向200米（奥特莱斯以北）	普通住宅
南德长江城	武汉	黄陂	黄陂区长江新城梅教街高车站旁	普通住宅
大华公园华府	武汉	黄陂	黄陂区盘龙大道后湖大桥北	普通住宅
天熙楚世家	武汉	黄陂	黄陂区前川街双凤大道双凤公园旁	普通住宅
世茂龙湾	武汉	蔡甸	蔡甸区知音湖大道289号	普通住宅
观湖园2期	武汉	蔡甸	蔡甸区知音湖大道蔡甸区政府对面	别墅
武汉中国健康谷	武汉	蔡甸	蔡甸区汉阳大道与五贤路交会处（同济医院中法院区旁）	普通住宅、公寓、商业
依山龙郡	武汉	蔡甸	蔡甸区成功大道与茂兴路交会处（蔡甸区幼儿园对面）	普通住宅
绿地美湖	武汉	蔡甸	蔡甸区知音湖大道与天鹅湖大道交会处	普通住宅、别墅、商业
中核·锦城	武汉	蔡甸	蔡甸区汉阳大道地铁4号线凤凰山地铁口旁	普通住宅
三和剑桥城	武汉	蔡甸	蔡甸区蔡甸大街与西环路交会处（汉阳一中旁）	普通住宅
龙庭华府	武汉	蔡甸	蔡甸区汉阳大道与汉江路交会处（沿汉江路北行300米）	建筑综合体
三和名仕城	武汉	蔡甸	蔡甸区中法生态新城汤家台特1号（襄河堤旁）	普通住宅

楼盘名称	城市名称	城区	地址	物业类型
光华御江湾	武汉	蔡甸	蔡甸区工农路与茂林路交会处、光华欣苑旁	普通住宅
福集华府	武汉	蔡甸	蔡甸区大集街大集新城（大集政府对面）	普通住宅
武汉院子	武汉	蔡甸	蔡甸区东风大道以西八爹湖北岸	别墅
天屿湖	武汉	蔡甸	蔡甸区天屿湖	普通住宅、别墅
华中文谷知音盛棠	武汉	蔡甸	蔡甸区知音湖大道与五贤路交会处	别墅
金地中法仟佰汇	武汉	蔡甸	蔡甸区汉阳大道与三贤北路交会处（欧尚超市旁）	普通住宅、公寓、办公、商业
碧桂园忆西湖	武汉	蔡甸	蔡甸区三贤街合丰村西湖畔	别墅
万龙中心	武汉	蔡甸	蔡甸区汉阳大道中核世纪广场旁	公寓、酒店式公寓
状元府	武汉	蔡甸	蔡甸区蔡甸大街与公园路交会处	普通住宅、商业
朗诗西海岸	武汉	蔡甸	蔡甸区天鹅湖二道后官湖畔	普通住宅、商业
中建锦绣双城	武汉	蔡甸	蔡甸区蔡甸大街与西环路交会处（汉阳一中斜对面）	普通住宅
越秀翰悦府	武汉	蔡甸	蔡甸区莲花湖大道与蔡北路交会处（莲花小区旁）	普通住宅
力高雍湖湾	武汉	蔡甸	蔡甸区知音湖大道文岭村公交站旁（原凤翔马度假村）	别墅
泰禾知音湖院子	武汉	蔡甸	蔡甸区中法生态城知音湖大道（临环湖绿道）	普通住宅
振泰汪集豪庭	武汉	新洲	新洲区汉新公路汪集公交站往邾城方向2[illegible]米	普通住宅
德雅国际城	武汉	新洲	新洲区阳逻风情大道[illegible]号	普通住宅
绿城桃李春风	武汉	新洲	新洲区阳逻经济开发区管委会	普通住宅
国瑞新港广场	武汉	新洲	新洲区阳逻街汽渡路（阳逻街道办事处旁）	普通住宅
孔雀城｜大悦城控股·问津兰亭二期	武汉	新洲	新洲区问津新城花朝大街与[illegible]林路交会处	普通住宅
红星天铂	武汉	新洲	新洲区柴泊大道与外环东路交会处（新洲一中往东3[illegible]0米）	普通住宅、别墅、酒店式公寓
新力金沙湾	武汉	新洲	新洲区阳逻经济开发区平江大道与汉施公路交会处（地铁21号线阳逻站C出口旁）	普通住宅
华发峰尚	武汉	新洲	新洲区阳逻经济开发区潘庙四路与潘庙大道交会处	普通住宅、公寓、商业
北辰孔雀城航天府	武汉	新洲	新洲区武汉国家航天产业基地	普通住宅
新影华翔城	武汉	新洲	新洲区双柳陶家大湖畔（湖北大学阳逻校区向南两公里）	普通住宅

楼盘名称	城市名称	城区	地址	物业类型
南德泊湖澜岸	武汉	新洲	新洲区汉施大道与泊南路交会处	普通住宅、公寓
华发阳逻金茂逸墅	武汉	新洲	新洲区柴泊大道旁（思源实验学校对面）	普通住宅、酒店式公寓
恒大金碧天下	武汉	武汉周边	光谷东红莲湖度假区金碧大道	普通住宅、公寓
祥云春晓	武汉	武汉周边	葛店开发区创业大道与润阳路交会处	普通住宅
紫菱东岸	武汉	武汉周边	光谷东葛店高新大道特一号（地铁/城铁双轨站葛店南站斜对面）	普通住宅、别墅
信基丽池	武汉	武汉周边	光谷东红莲湖新城区金碧大道与红莲湖大道的交会处	普通住宅、别墅
鄂旅投御合院	武汉	武汉周边	光谷东红莲湖旅游度假区（恒大世纪旅游城旁）	普通住宅、公寓、别墅
联发红墅东方	武汉	武汉周边	光谷东红莲湖旅游度假区	普通住宅
联发国际度假区	武汉	武汉周边	光谷东红莲湖旅游度假区	别墅
龙庭首府	武汉	武汉周边	鄂州市杜山镇路口街	普通住宅
鄂州恒大首府	武汉	武汉周边	鄂州市鄂城区司徒路华森中学斜对面	普通住宅、别墅
万科五彩城	武汉	武汉周边	葛店经济开发区创业大道与湖滨大道交会处	普通住宅、商业
合景悦湖四季	武汉	武汉周边	光谷东红莲湖旅游度假区（湖北省国际水上运动训练竞赛基地南侧旁）	普通住宅、别墅
中梁九号院	武汉	武汉周边	黄冈市黄州区新港大道与中环路交会处（黄州区一中对面）	普通住宅
联投湖境	武汉	武汉周边	光谷东梧桐湖新城	别墅
融创宏泰融公馆	武汉	武汉周边	伍家岗区东站路与桔乡路交会处（三峡物流园对面）	普通住宅、办公
绿地梓湾国际康养度假区	武汉	武汉周边	咸宁市咸安区贺胜桥镇贺胜村滨湖大道（梓山湖北大邦实验学校约 700 米处）	普通住宅
富力金禧悦城	武汉	武汉周边	文昌大道特 1 号	普通住宅、共有产权房
维纳春天	武汉	武汉周边	中国光谷国家级葛店开发区聚贤路与广场路交会处（中百仓储对面）	普通住宅
武汉锦绣香江	武汉	武汉周边	武汉光谷高新大道紫菱湖畔	普通住宅、别墅
联投水乡小镇	武汉	武汉周边	光谷东凤莲大道梧桐湖新城（华中师范大学梁子湖校区旁）	普通住宅
孔雀城江澜赋	武汉	武汉周边	咸宁市江澜赋营销中心（嘉鱼县 102 省道附近）	普通住宅
新城汇隽	武汉	武汉周边	光谷东葛店经济开发区电商大道与陶塘大道交会处	普通住宅

楼盘名称	城市名称	城区	地址	物业类型
新城·悦隽	武汉	武汉周边	孝感市东城区乾坤大道与福源路交会处	普通住宅
联投梧桐郡悦园	武汉	武汉周边	光谷东梧桐湖新城梧桐湖酒店	普通住宅
汉南天地	武汉	汉南	汉南区纱帽正街与滨河大道交会处（新人民医院西行 200 米）	普通住宅
武汉绿地城	武汉	汉南	汉南区马影河大道（汉洪高速汉南出口处）	普通住宅、公寓、别墅
新长江香榭澜溪	武汉	汉南	汉南区兴城大道与汉南大道交会处（薇湖旁）	普通住宅、公寓
锦深汉南公馆	武汉	汉南	汉南区兴城大道与兴一路交会处	普通住宅
碧桂园凤凰湾	武汉	汉南	汉南区纱帽正街马影河东侧	普通住宅、商业
华发·中城峰景湾	武汉	汉南	武汉市汉洪高速汉南收费站出口（地铁 16 号线马影河站）	普通住宅、商业
江城之门	武汉	武昌	武昌区临江大道与下新河后街交会处	办公
沙湖九玺	武汉	武昌	武昌区公正路 29 号（湖北省国土资源厅旁）	普通住宅、办公
洪山公馆	武汉	武昌	洪山区民主路（洪山广场及洪山体育馆旁）	普通住宅
融创望江府	武汉	武昌	武昌区解放路南（鹦鹉洲长江大桥桥头）	普通住宅、公寓、办公、商业
博译名门	武汉	武昌	武昌区武汉大道麦德龙超市以南	普通住宅
梧桐花园	武汉	武昌	武昌区白沙洲大道与安鑫路交会处	普通住宅、商业
绿地海珀·滨江	武汉	武昌	武昌区和平大道 750 号（原武汉车辆厂）	普通住宅
方园	武汉	青山	青山区工业路与黄州街交会处	普通住宅
大华锦绣时代	武汉	青山	青山区和平大道与建设二路交会处	普通住宅
奥园滨江国际	武汉	青山	青山区冶金大道与工业路交会处（和平公园正对面）	普通住宅、办公
御江壹品青山樽	武汉	青山	青山区临江大道与抚顺街，建设三路交会处	普通住宅、商业
城投秀水青城	武汉	青山	青山区建设十一路青宜居车站旁	普通住宅
万科云城	武汉	洪山	洪山区白沙洲大道与八坦路交叉口（杨泗港大桥武昌桥头）	普通住宅、公寓、办公
中建铂公馆	武汉	洪山	洪山区白沙洲大道与八坦路交叉口	普通住宅
景瑞天赋滨江	武汉	洪山	洪山区南郊路与三环线交叉口	普通住宅
中建福地星城·星樾	武汉	洪山	洪山区雄楚大道与珞狮南路交会处	普通住宅

楼盘名称	城市名称	城区	地址	物业类型
南益名悦华府	武汉	洪山	武汉市洪山区青菱新城南郊路与建阳四路交会处以东	普通住宅
翰林尚苑	武汉	洪山	文化大道地铁7号线新路村站	普通住宅
融创·珞瑜路95号	武汉	洪山	洪山区珞喻路与卓刀泉北路交会处（地铁2号线广埠屯地铁站H出口）	普通住宅
万科新都会	武汉	洪山	洪山区丁字桥路与岭南路交会处	普通住宅
天下南湖湾	武汉	洪山	洪山区珞狮南路310号（省种子管理局旁）	普通住宅、公寓
邻湖壹方	武汉	洪山	洪山区和谐路与黄鹤路交叉口（武汉站旁）	公寓
富强天惠园	武汉	洪山	洪山区白沙洲四坦路特1号	普通住宅、商业
德成DE未来港	武汉	洪山	洪山区青菱都市产业园南郊路8号	办公
朗诗熙华府	武汉	洪山	洪山区杨园南路与北洋桥路交会处	普通住宅
新力雅园	武汉	洪山	洪山区长海路（武汉市长虹中学旁）	普通住宅
鄂旅投珞珈国际	武汉	洪山	洪山区珞珈山路190号（洪山中学旁）	公寓、别墅、办公、酒店式公寓
花样年锦绣城	武汉	洪山	洪山区杨泗港大桥与新武金堤路交会处	公寓
碧桂园碧乐城	武汉	洪山	洪山区珞狮南路与南湖大道交会处	普通住宅、公寓、酒店式公寓、商业、建筑综合体
万科保利理想城市	武汉	洪山	洪山区南郊路与杨林三路交会处	普通住宅、商业
旭辉都会山	武汉	洪山	洪山区白沙洲大道与丽水路交会处地铁5号线南三环站（在建中）旁	普通住宅、商业
保利爱尚里	武汉	洪山	洪山区北洋桥西路与才汇巷交会处	普通住宅
万科保利联投理想星光	武汉	江夏	江夏区武汉军运村南岸黄家湖大道近地铁8号线	普通住宅
鑫苑藏龙世家	武汉	江夏	江夏区五里界锦绣大道	普通住宅、别墅
万豪世纪天街－欧亚达江夏店	武汉	江夏	江夏谭鑫培路万豪世纪天街营销中心	商业
武汉恒大科技旅游城	武汉	江夏	江夏区武汉恒大科技旅游城	普通住宅、公寓、别墅
保利和光晨樾	武汉	江夏	江夏区白沙洲大道东风小学旁	普通住宅、别墅、商业
鹏湖湾	武汉	江夏	江夏区文化大道长江工程职业技术学院正对面	别墅、办公
建发·金茂｜玺悦	武汉	江夏	江夏区黄家湖畔军运村南1公里近地铁8号线	普通住宅、别墅、自住型商品房、自持物业
江夏天地	武汉	江夏	江夏区文化大道与十字岭街交会处	公寓、别墅
金融街金悦府	武汉	江夏	江夏区珞狮南路延长线文化大道与环湖路交会处	普通住宅、别墅
武汉军运村	武汉	江夏	江夏区黄家湖大道地铁3号线军运村站	普通住宅
武地融创金麟壹号	武汉	江夏	江夏区金口街	普通住宅
中建·汤逊湖壹号别墅（凡尔赛）	武汉	江夏	江夏区汤逊湖红旗岛	别墅
武地融创锦上公馆	武汉	江夏	江夏五里界锦绣大道	普通住宅、别墅
江夏府	武汉	江夏	江夏区纸坊土华街	普通住宅、商业
阳光100凤凰街	武汉	江夏	江夏区纸坊东站正对面	普通住宅、别墅、商业
武汉星光	武汉	江夏	江夏区星光大道与武昌大道的交会处	公寓、商业
武汉融创城	武汉	江夏	江夏区黄家湖大道地铁3号线军运村站	普通住宅
欧亚达云庭	武汉	江夏	江夏区文化大道与新华街交会处	公寓、酒店式公寓
红松·幸福里	武汉	江夏	江夏区江夏大道明泽街（碧桂园天玺湾对面）	公寓
青年公社	武汉	江夏	江夏区庙山金龙大街（金龙大街汽车公园对面）	公寓
经发 龙湖·云峰原著	武汉	江夏	江夏区大花山户外运动中心对面	普通住宅、别墅
美的·君兰半岛	武汉	江夏	江夏区黄家湖大道地铁3号线黄家湖地铁小镇站正对面	普通住宅、商业
龙湖·紫都城	武汉	江夏	江夏区江夏客厅站（地铁7号线）	公寓、商业
光谷国际人才港	武汉	东湖高新	东湖高新区高新大道与高科园二路交会处	办公、商业
绿城·凤起乐鸣	武汉	东湖高新	东湖高新区花山生态新城花城北路与双谷路交会处	普通住宅、别墅
平安御苑	武汉	东湖高新	东湖高新区民族大道336号三龙岛路口（汤逊湖地铁站旁）	普通住宅
当代·铭山筑	武汉	东湖高新	东湖高新区光谷三路66号（地铁11号线生物园站E出口北行约300米处）	别墅
联投阅湖堂前	武汉	东湖高新	东湖高新区凤莲大道梧桐湖新城（华中师范大学梧桐湖校区旁）	普通住宅
龙湖·中锦光谷城｜香颂	武汉	东湖高新	东湖高新区光谷四路与神墩三路交会处	普通住宅、公寓、办公、商业
武地&建发·玺院	武汉	东湖高新	东湖高新区花山生态新城花山大道与大长山路交会处	普通住宅、别墅
中粮光谷祥云	武汉	东湖高新	东湖高新区光谷三路与神墩三路交会处	普通住宅、别墅
国采中心	武汉	东湖高新	东湖高新区高新大道与光谷六路交会处（东湖高新管委会旁）	办公

楼盘名称	城市名称	城区	地址	物业类型
碧桂园·云玺	武汉	东湖高新	东湖高新区光谷中心城光谷六路（光谷外校北侧约300米）	普通住宅、别墅
当代云谷	武汉	东湖高新	东湖高新区高新四路与佛祖岭二路交会处	普通住宅、公寓
中建星光城	武汉	东湖高新	东湖高新区光谷三路以东、三星巷以北、何流路以南、孟新路以西	普通住宅、商业
新城璞樾门第	武汉	东湖高新	东湖高新区光谷四路与流芳园横路交会处	普通住宅、别墅
湾郡北岸公馆	武汉	东湖高新	东湖高新区华师园路与保利北路交会处	别墅
恺德·光谷壹号公馆	武汉	东湖高新	东湖高新区高新大道与光谷五路交会处	办公、酒店式公寓、商业
碧桂园光谷十里春风	武汉	东湖高新	东湖高新区光谷四路与大吕路交会处	普通住宅
光谷学府	武汉	东湖高新	东湖高新区高新二路与高科园路交叉口东北100米（光谷外国语学校对面）	普通住宅、别墅
光谷崇文中心	武汉	东湖高新	东湖高新区高新大道与光谷六路交会处（地铁11号线光谷6路站）	公寓
旭辉·千山凌云	武汉	东湖高新	东湖高新区新二路与光谷大道交会处	普通住宅、商业
世界城创世界	武汉	东湖高新	东湖高新区神墩三路与驿山南路交会处	公寓、建筑综合体
武汉美桥富力广场	武汉	东湖高新	东湖高新区光谷五路与神墩三路交会处	公寓、办公
碧桂园生态城·浅月湾152墅	武汉	东湖高新	东湖高新区花山大道以西、春和路以北	别墅
纽宾凯·麓院	武汉	东湖高新	东湖高新区花山生态新城	普通住宅
交投华园	武汉	东湖高新	东湖高新区花山生态新城花城大道与庆珪路交会处	普通住宅、别墅
力高雍华年	武汉	东湖高新	东湖高新区光谷四路与神墩三路交会处	商业、商业
中建壹品澜荟	武汉	东西湖	东西湖区环湖路与银柏路交会处	普通住宅、公寓、办公、商业、建筑综合体
天赐金龙城	武汉	东西湖	东西湖区径河路与张柏路交会处	普通住宅
青青佳园	武汉	东西湖	东西湖区金银潭大道6号（金银潭大道与将军一路交会处）	普通住宅
金拓·银湖时代	武汉	东西湖	东西湖区金银湖马池中路（马池小学旁）	普通住宅
网安·合寓	武汉	东西湖	东西湖区临空港大道与塔西路交会处	公寓、办公
花样年旭辉碧云天	武汉	东西湖	东西湖区环湖三路与董家墩路交会处	普通住宅
华发四季	武汉	东西湖	东西湖区轻轨1号线三店站旁	普通住宅
东原·阅境	武汉	东西湖	东西湖区三店西路与吴新干线交叉口	普通住宅
新城桃李郡	武汉	东西湖	东西湖区轻轨1号线三店站D出口	普通住宅
奥山汉口澎湃城	武汉	东西湖	东西湖区临空港大道与三店西路交会处	普通住宅、公寓
汉口道6号	武汉	东西湖	东西湖区金银湖办事处（环湖二路6号）	普通住宅、公寓、建筑综合体
江樾云著	武汉	东西湖	东西湖区轻轨1号线五环大道站旁	普通住宅
首开光明国风上观	武汉	东西湖	东西湖区三店北路与径吴路交会处（轻轨1号线径河站东侧）	普通住宅、商业
武地＆华发·时光	武汉	东西湖	东西湖区泾河街七彩北路以东、三店南路以南	普通住宅、商业
地铁时代云上城	武汉	东西湖	东西湖区三金潭车辆段（地铁8号线金潭路站C出口）	普通住宅
海伦堡汉江府	武汉	东西湖	东西湖区革新大道与兴工十路交会处	普通住宅、别墅
江悦兰园	武汉	东西湖	东西湖区金山大道北、新城十二路东	普通住宅
中国铁建江语城	武汉	东西湖	东西湖区金山大道与新城十二路交会处	普通住宅
九坤·五环壕城	武汉	东西湖	东西湖区团结街与四明路交会处	普通住宅、商业
富力西溪悦居	武汉	东西湖	东西湖区金银湖环湖中路与环湖四路交会处	普通住宅、公寓
北辰金地漾时代	武汉	东西湖	东西湖区金山大道与新城十二路交叉口（地铁6号线富民南路站）	普通住宅
欧亚达云栖	武汉	东西湖	东西湖区东西湖大道和十全路交叉口	公寓
舵落口广场商业	武汉	东西湖	东西湖区107国道轻轨1号线额头湾站旁	商业、商业
武汉英赫当代城MOMΛ	武汉	东西湖	东西湖区临空港大道（京东方产业园对面）	普通住宅、商业
自贸环球公馆	武汉	东西湖	东西湖区综合保税区高桥二路特1号	公寓
汉阳城二期云顶	武汉	汉阳	汉阳区鹦鹉大道与拦江路交会处	普通住宅、公寓、商业
纽宾凯city+	武汉	汉阳	汉阳区汉阳大道与赫山路交会处	公寓
九州通健康城	武汉	汉阳	汉阳区龙阳大道九州通集团旁（3号线龙阳村站D出口）	公寓、办公
远洋·归元MAX	武汉	汉阳	汉阳区鹦鹉大道与翠微路交会处	公寓
电建地产·洺悦江湾	武汉	汉阳	汉阳区老关路与拦江堤路交会处（国博中心旁）	普通住宅

楼盘名称	城市名称	城区	地址	物业类型
兰亭大境	武汉	汉阳	汉阳区沌口路地铁6号线老关村站东侧	普通住宅、公寓、办公、商业
江御	武汉	汉阳	汉阳区滨江大道与拦江路交会处西南角	普通住宅
绿城金地凤起听澜	武汉	汉阳	汉阳区晴川大道与四新南路交叉口西100米	普通住宅、别墅
招商·江山和樾	武汉	汉阳	汉阳区长江主轴汉阳滨江（老关路与四新南路交会处）	普通住宅
融创．武汉1890	武汉	汉阳	汉阳区琴台大道特1号（售楼部待开放）	普通住宅
新昕广场	武汉	汉阳	汉阳区龙阳大道与四新大道交会处(新区公园旁）	普通住宅、公寓
保利·星宸	武汉	汉阳	汉阳区二环琴台大道古田桥头堡	普通住宅
纽宾凯汉city总部壹号N+ Hotel公寓	武汉	汉阳	汉阳区汉阳大道与永丰路交会处	公寓
葛洲坝武汉紫郡兰园	武汉	经济技术开发区	经济技术开发区国博中心南（6号线老关村地铁站旁）	普通住宅、公寓、商业
万科翡翠玖玺别墅	武汉	经济技术开发区	经济技术开发区太子湖路武汉体育中心旁（足球公园正对面）	别墅
嘉地珑墅	武汉	经济技术开发区	经济技术开发区东风大道与神龙大道交会处（中百仓储旁）	别墅
武地电建汤湖观筑	武汉	经济技术开发区	经济技术开发区车城东路与沌口路交会处(汤湖公园旁）	普通住宅
中建壹品澜庭	武汉	经济技术开发区	经济技术开发区经开大道与枫林三路交会处	普通住宅
经开官湖澜岸	武汉	经济技术开发区	经济技术开发区后官湖大道与枫树三路交会约200米处	普通住宅
华中中交城	武汉	经济技术开发区	经济技术开发区春晓路与蔷薇路交会处（经开永旺旁）	公寓
武汉恒大时代新城	武汉	经济技术开发区	经济技术开发区马影河大道88号	普通住宅
武地电建·君樾府	武汉	经济技术开发区	经济技术开发区智慧生态城，经开大道地铁16号线川江池站旁（在建）	普通住宅
智慧长江青年城	武汉	经济技术开发区	经济技术开发区四环线与汉洪高速交会处（设法山路川江池边）	普通住宅
北辰经开优+	武汉	经济技术开发区	经济技术开发区智慧生态城设法山路与川江池一路交会处	普通住宅、商业
美好长江院子	武汉	经济技术开发区	经济技术开发区新滩合作区美好长江院子	普通住宅、别墅
星河2049	武汉	江岸	江岸区温馨路与景秀街交会处	普通住宅

楼盘名称	城市名称	城区	地址	物业类型
汉悦府坤璟	武汉	江岸	江岸区后湖大道188号（汉口城市广场对面）	普通住宅
塔尖观邸	武汉	江岸	江岸区金桥大道与兴业南路交会处	普通住宅、公寓、商业
中海澳门佳园	武汉	江岸	江岸区澳门路与解放大道交会处	普通住宅
力腾乐荟	武汉	江岸	江岸区发展大道与黑泥湖交叉路口	公寓
汉口幸福万象	武汉	江岸	江岸区后湖大道与建设大道交会处	公寓
华润万象城幸福里	武汉	江岸	江岸区建设大道与台北路交会处	普通住宅、办公、商业
星湖湾	武汉	江岸	江岸区后湖大道与中一路交会处（3号线中一路站出口处）	普通住宅
百步亭和谐里	武汉	江岸	江岸区和谐大道555号（市民之家附近）	普通住宅
幸福时代大家	武汉	江岸	江岸区后湖大道与百步亭路交会处	普通住宅
华发外滩荟	武汉	江岸	江岸区鄱阳街4号	普通住宅
君荟天地	武汉	江汉	江汉区姑嫂树路29号东侧（地铁6号线石桥站E出口）	普通住宅
卓尔国际中心	武汉	江汉	江汉区建设大道588号	办公
葛洲坝龙湖江宸	武汉	江汉	江汉区青年路（范湖地铁站H出口）	公寓、办公
远洋汉口中心	武汉	江汉	江汉区发展大道与常青路交会处	公寓、办公
中海万松九里	武汉	江汉	长江大道（青年路段）与雪松路交会处	普通住宅、办公、商业
武建中心·富强国际	武汉	江汉	江汉区水利北路与范湖路交会处	办公
华发中城荟|中央首府	武汉	江汉	江汉区淮海路与水利北路交会处	普通住宅、公寓、商业
翡翠中心·润玺	武汉	硚口	硚口区古田二路与长丰大道交会处	普通住宅
禧悦	武汉	硚口	硚口区武胜路与沿河大道交会处	普通住宅、公寓
华生城首府	武汉	硚口	硚口区园博大道与长丰大道交会处	公寓、建筑综合体
武地·汉樾台	武汉	硚口	硚口区古田四路与长安路交叉口西侧（湖北警官学院北区旁）	普通住宅
武地万科万维天地	武汉	硚口	硚口区解放大道太平洋轻轨站	普通住宅
复星外滩中心	武汉	硚口	硚口区友谊南路与汉正街交会处	普通住宅、公寓、办公
融创一江源	武汉	硚口	硚口区解放大道与水厂二路交会处	普通住宅
长江青年城	武汉	黄陂	黄陂区盘龙城经济开发区汉口北大道88号	普通住宅
金川·纯水岸	武汉	黄陂	黄陂区甲宝山路9号（罗[illegible]谷寺）	普通住宅

楼盘名称	城市名称	城区	地址	物业类型
天纵·御府	武汉	黄陂	黄陂区盘龙城经济开发区岱黄高速以西、盘龙一路以东（天纵城广场对面）	普通住宅
前川中梁首府	武汉	黄陂	黄陂区黄陂春天旁	普通住宅
南德国际城学府里	武汉	黄陂	黄陂区百泰路与百兴路交会处（黄陂区实验小学对面）	普通住宅
中城新时代	武汉	黄陂	黄陂区宋家岗东路与景云路交会处（地铁二号线航空总部站前行50米）	普通住宅、公寓、别墅
华发越秀悦府	武汉	黄陂	黄陂区庆云路与航城东路交会处（地铁2号线航空总部站旁）	普通住宅
武汉诺德逸园	武汉	黄陂	黄陂区横店街环后湖北路以北、临空东街以东	普通住宅
百秀城	武汉	黄陂	黄陂区百秀街百秀城	普通住宅、商业
天纵御景湾	武汉	黄陂	黄陂区川龙大道与后湖北路交会处	普通住宅
帝大·御璟城	武汉	黄陂	黄陂区盘龙大道47号（百联奥特莱斯正对面）	普通住宅
交投合盛嘉园	武汉	黄陂	黄陂区天阳路与临空东街交会处	普通住宅、商业
万可后海	武汉	黄陂	黄陂区新十公路（解放大道延长线）汉口北中心幼儿园旁	公寓、商业
汉北怡景园	武汉	黄陂	黄陂区武湖大道与梅教街交叉口西北	普通住宅
F水星城	武汉	黄陂	黄陂区盘龙城经济开发区巨龙大道下集（盘龙理想城旁）	普通住宅
恒达盘龙湾梅苑	武汉	黄陂	黄陂区盘龙城盘龙大道58号	普通住宅
天纵·时代城	武汉	黄陂	黄陂区轨道交通1号线汉口北轻轨站A出口向北前行200米	普通住宅
武建·龙樾上城	武汉	黄陂	黄陂区临空新城地铁2号线宋家岗A出口旁	普通住宅、别墅
城投·大桥龙城	武汉	黄陂	黄陂区盘龙城经济开发区龙港大道8号	普通住宅
奥山·首府	武汉	蔡甸	蔡甸区奓山街常福大道与黄星大道交会处	普通住宅、别墅
德信江南大院	武汉	蔡甸	蔡甸区莲花湖大道与公园路交会处	普通住宅
光明府	武汉	蔡甸	蔡甸区九康大道与常禄大街交会处	普通住宅
正商书香华府	武汉	蔡甸	蔡甸区茂兴路与下独山南路交会处	普通住宅、商业
碧桂园学府壹号首座	武汉	蔡甸	蔡甸区蔡甸大街180号碧桂园学府壹号营销中心	酒店式公寓、商业
金地中核格林格林	武汉	蔡甸	蔡甸区蔡甸街新天大道与中核三路交会处	普通住宅

楼盘名称	城市名称	城区	地址	物业类型
景瑞·天赋半岛	武汉	蔡甸	蔡甸区五贤路西50米后官湖湿地公园旁	别墅
越秀博悦府	武汉	蔡甸	蔡甸大街以北，幸福路中学旁，原武汉长江钢丝绳厂	普通住宅
交投逸景天宸	武汉	蔡甸	蔡甸区常福大道与云龙三路交会处	普通住宅、别墅
荣盛华庭	武汉	蔡甸	蔡甸区蔡甸大街与西环线交会处	普通住宅、商业
中海尚璟	武汉	蔡甸	蔡甸区莲花湖大道与文兴路交界处（近汉阳一中）	普通住宅
花博汇·桃李春风	武汉	蔡甸	蔡甸区知音湖大道花博汇旁	公寓
中国铁建知语城	武汉	蔡甸	蔡甸区临嶂大道与成功大道交会处	普通住宅
孔雀城航天府	武汉	新洲	新洲区武汉国家航天产业基地平江大道延长线	普通住宅
洺悦华府	武汉	新洲	新洲区阳逻开发区京东大道与五一南路交会处	普通住宅
阳逻金茂悦	武汉	新洲	新洲区阳逻之心柴泊大道旁	普通住宅、商业
佳运环湖花园	武汉	新洲	新洲区阳逻街环湖路1号（平江路与环湖路交会处）	普通住宅、商业
华发中城中央公园	武汉	新洲	新洲区柴泊大道与阳靠路交会处	普通住宅、别墅、酒店式公寓
阳逻万达广场·御江	武汉	新洲	新洲区柴泊大道与机场路交会处向南300米	普通住宅、别墅、商业
东原朗阅	武汉	新洲	新洲区地铁21号线阳逻站A出口400米（平江大道及汉施公路交会处）	普通住宅
中交香颂	武汉	新洲	新州区汪集街道汉施公路与荣生路交会处	普通住宅
华发未来城	武汉	新洲	新洲区阳逻开发区淘金山路	普通住宅
湖景雅苑	武汉	新洲	新洲区阳逻风情大道柴泊湖旁（金色港湾对面）	普通住宅、商业
上坤绿城三期	武汉	新洲	新洲区邾城街衡州大道320号（衡州大道与博物大道正交会处）	普通住宅
佳阳翠湖里	武汉	新洲	新洲区平江大道以西（口岸联检大楼旁）	普通住宅
华星龙腾国际	武汉	新洲	新洲区龙腾大道与新道公路交会处（龙腾大道新道路口站约250米处）	普通住宅
百瑞景滨江生活区	武汉	新洲	新洲区阳逻街平江大道以北	普通住宅、商业
学林·博雅天城	武汉	新洲	新洲区江夏大街32号	普通住宅
玉水金苑	武汉	新洲	新洲区阳光北路911路	普通住宅
曦地港CITY ON	武汉	新洲	新洲区阳逻经济开发区圆梦南路柴泊湖东岸	普通住宅、公寓

楼盘名称	城市名称	城区	地址	物业类型
祥和喜盈门	武汉	新洲	新洲区齐安大道与西陵大街交会处	普通住宅
碧桂园桃李东方	武汉	新洲	新洲区邾城街144号（新洲一中西侧约400米）	普通住宅
武汉诺德逸都	武汉	新洲	新洲区阳逻之心·观湖路蓝玉项链公园旁	普通住宅、商业
宝业星毓府	武汉	新洲	新洲区阳逻之心柴泊大道与阳靠路交会处南行500米（蓝玉生态公园以西）	普通住宅、公寓、商业
泊湖天下一期	武汉	新洲	新洲区阳逻之心柴泊湖东岸环湖路	商业
孔雀城|大悦城控股·问津兰亭三期	武汉	新洲	新洲区古城大道与水韵大道交会处	普通住宅
孔雀城十里湖光	武汉	武汉周边	团风县迎宾大道与长河北路交会处	普通住宅、别墅
金辉城	武汉	武汉周边	武汉临空经济区·汉孝城际高铁闵集站	普通住宅
花样年·花郡（光谷）	武汉	武汉周边	葛洪大道与广场西路交会处（葛店高新区管委会斜对面）	普通住宅
鄂州中梁·佳兆业·壹号院	武汉	武汉周边	鄂州迎宾大道与马鞍山路交会处	普通住宅、别墅、商业
雅居乐·锦城	武汉	武汉周边	荆州市北京西路与武德路交会处	普通住宅、公寓、商业
香山城市广场	武汉	武汉周边	十堰市茅箭区浙江路与京东路交叉口	商业
华润华发梧桐湖国际社区	武汉	武汉周边	中国光谷梧桐湖新城凤凰大道与双湖大道交会处	普通住宅、别墅
中建壹品澜悦	武汉	东湖高新区	东湖高新区葛店南站高新大道与湖滨大道交会处（奥特莱斯旁）	普通住宅、公寓、商业
中海·锦城国际	武汉	武汉周边	葛店开发区高新大道与发展大道交会处（葛店南站旁，地铁11号线上）	普通住宅
随州城际空间站	武汉	武汉周边	城南高铁政务新区绕城南路城南高铁站站前广场	普通住宅、办公、酒店式公寓
华发华润梧桐湖国际社区	武汉	武汉周边	鄂州市梁子湖区梧桐湖新城凤凰大道与双湖大道交会处	普通住宅、别墅
鼎龙·天海湾	武汉	武汉周边	湛江徐闻市经济开发区湾前路1号	普通住宅、公寓、别墅
金辉·楚樾云著	武汉	武汉周边	荆州市沙市区塔桥北路106号	普通住宅
万科橙	武汉	武汉周边	创业大道与葛洪大道交会处	普通住宅
花样年·香门第	武汉	东湖高新区	东湖高新区创业大道与人民东路交会处（葛仙湖北岸）	普通住宅、别墅
金色湖畔	武汉	武汉周边	葛店开发区创业大道与环湖路交会处	普通住宅
奥海水岸星城	武汉	武汉周边	光谷东葛店创业大道紫菱湖畔	普通住宅
光谷新都	武汉	武汉周边	鄂州市华容区葛店南站南500米	普通住宅
九尊上苑	武汉	武汉周边	恩施虎民路松树坪	普通住宅、别墅、商业
中建状元府	武汉	武汉周边	葛店经济开发区春风路与学府路交会处	普通住宅、商业
随州恒大名都	武汉	武汉周边	随州市城东新区迎宾大道与文帝大道交会处	普通住宅
金地·城与城|棠境	武汉	武汉周边	葛店经济开发区创业大道与湖滨路交会处	普通住宅
龙船天街	武汉	武汉周边	利川市滨江南路1号	建筑综合体
宜昌恒大名都	武汉	武汉周边	宜昌市夷陵区东方大道与东城大道交会处	普通住宅、商业
和润金银湾	武汉	武汉周边	嘉鱼县发展大道95号	别墅、商业
黄石恒大名都	武汉	武汉周边	黄石市圣明路与[illegible]本大道交会处（鄂东医疗中心对面）	普通住宅
宜昌恒大林溪郡	武汉	武汉周边	宜昌市西陵二路与汕头路交会处（三峡大学旁）	普通住宅
蓝城·春风江南	武汉	武汉周边	光谷东还地桥镇	别墅
锦绣香江三十二院	武汉	武汉周边	武汉光谷高新大道紫菱湖畔	普通住宅、别墅
梓山湖恒大·养生谷	武汉	武汉周边	梓山湖新城梓山湖大道与滨湖大道交会处	普通住宅、别墅
武汉恒大文化旅游城	武汉	武汉周边	光谷东红莲湖旅游度假区红莲大道6号	普通住宅、别墅
航城丽都	武汉	汉南	汉南区兴城大道与汉南大道交会处	普通住宅
武汉蓝光雍锦天府	武汉	汉南	汉南区纱帽正街	普通住宅、商业
兰亭风华	武汉	汉南	汉南区马影河大道汉南高速出口	普通住宅
铂悦中心	武汉	汉南	汉南区兴城大道以北与纱帽正街以东交会处	公寓
星悦湾	武汉	汉南	汉南区兴城大道与月亮湾路交会处西200米（汉南一中斜对面）	普通住宅
江景湾	武汉	汉南	汉南区兴城大道与兴一路交会处（汉南一中旁）	普通住宅
绿地咸宁城际空间站	武汉	武汉周边	咸宁市咸安区高铁北站站前广场	普通住宅、办公、酒店式公寓、商业
融创澜岸大观	武汉	武汉周边	鄂州滨湖南路（洋澜湖旁）	普通住宅
天河孔雀城	武汉	武汉周边	孝汉大道[illegible]新城	普通住宅、别墅
当代拾光里	武汉	武汉周边	孝感市孝南区107国道与黄香路交会处往东800米	普通住宅
金地·城与城|艺境	武汉	武汉周边	光谷东[illegible]大道与大湾路交叉口（奥特莱斯旁）	普通住宅、商业
实地·黄冈蔷薇国际	武汉	武汉周边	黄冈市黄州区黄冈大道新[illegible]幼旁	普通住宅、商业
中建葛店之星	武汉	武汉周边	葛店经济开发区高新大道与春风路交会处	普通住宅

碧桂园光谷十里春风

2019年 中国城市楼盘年鉴 典型项目

武汉　光谷中心　房企龙头　生态宜居

碧桂园光谷十里春风位于湖北武汉光谷四路与大吕路交会处，系碧桂园与 TCL 联合开发的项目，由碧桂园负责开发、销售、交付、维保修；占地面积 102117 平方米，建筑面积 224657 平方米，规划 1818 户。

项目地址：
武汉市光谷四路与大吕路交会处

开发商：
TCL 科技产业园（武汉）有限公司

建筑类型：
高层、叠拼、洋房

主力户型：
高层 109~120 平方米三居、叠拼 136~150 平方米四居

周边配套：
地铁 11 号线、T2 有轨电车、豹子溪公园

参考价格：
高层 18000 元 / 平方米

楼盘优势：
光谷中心城生态宜居板块，毗邻豹子溪生态长廊，三面环公园，270° 全景景观视野。

专家点评　张涛・武汉市房地产开发协会副秘书长

碧桂园光谷十里春风产品多样化，搭配低容积率，将人文与自然园景艺术融合，兼顾功能与美观的建筑细节，为光谷中心城带来全新的舒适人居。

项目解析

【区域维度】

碧桂园光谷十里春风位于光谷中心城生态宜居板块，毗邻光谷生态主轴“豹子溪生态长廊”。2018 年，东湖高新技术开发区以 9.7% 的 GDP 增速排全市第一。从光谷广场 1.0 到关山大道 2.0，再到光谷中心城3.0 时代，光谷中心城承担起城市主中心功能，并定位为中国光谷TBD——高科技商务中心。光谷TBD重点引进金融机构、企业总部、商务办公、商业娱乐、高档居住，并参考美国芝加哥式的小街区、高密度路网城市街区，旨在打造服务中部、辐射全国、面向世界的城市样板。

【品牌维度】

背靠碧桂园金字招牌，依托CRM系统百万级业主画像，携27年造城经验，从内环滨江豪宅晴川府到全新产品“春风系”，碧桂园为改善光谷中心城人居品质而来。“春风系”定位高端人居产品，对自身有着近乎苛刻的标准：占据城市核心区或未来城市发展方向的地段，坐揽优沃的自然资源和完善的配套体系，并以现代艺术、自然园林等产品观，打造符合未来人居潮流与范本的居住空间。碧桂园光谷十里春风正是以中心城核心地理位置，拥揽丰厚的园林绿化资源与景观视野，成为重要人居项目。

【口碑维度】

在光谷中心城整体住宅供地仅约30%的土地上，碧桂园光谷十里春风以人性化的居住体验为第一要素，以客户居住舒适度为第一标准，将社区规划为区域内少见的小高层产品，还原270°全景景观视野，项目三面环公园。在建筑立面上，楼体采用类公建化设计，在立面造型和设计上进行创新，楼栋南面阳台采用铝合金栏杆，安全性能高的同时兼具美观性，竭力为客户打造舒适、安全的居家环境。

同时，碧桂园多次携手区域内企事业单位举办马拉松、体育节等活动，努力实现企业效益和社会效益的双丰收。

【产品维度】

碧桂园光谷十里春风以欧洲著名街区——肯辛顿街区为蓝本，匠心打造2.2容积率的低密墅区，全人车分离设计，得房率近80%，超30%绿化率，尽可能扩大绿化面积，营造舒适的居住环境。在建筑和景观设计上，力邀上海霍普建筑设计及EADG泛亚国际景观亲自操刀。十里春风规划了舒适的人口密度，实现真正意义上的体验感与舒适感升级。

主推建筑面积109~141平方米高层洋房，建筑面积136~150平方米叠拼别墅，在叠拼设计上以三面宽叠加形成六面宽格局，开间尺度适宜，保障充足采光，以高品质的细节呈现打动人心。高得房率延展了每一户的景观资源，保证每一寸居住空间的尺度，更充分考虑空间美学，优化居住体验，以中央宽景阳台满足业主拥抱阳光、绿树与鸟语花香的需求。

【销售维度】

碧桂园光谷十里春风位于光谷中心城南部，属于片区内生态宜居板块。2019年9月27日首次开盘，吸引了近400名客户到场选房，去化率达85%。在地理位置无优势及周边竞品持续大量供货的双重困阻下，光谷十里春风凭高品质、高服务带来人居升级，开盘去化率依旧同于区域内其他竞品楼盘，更好地奠定了项目的市场地位。

更多楼盘详情请扫码查看

景瑞天赋滨江

- 2019年 -
中国房产楼盘年鉴
上榜项目

武汉　生活美宅　城市地标　口碑项目

景瑞天赋滨江位于武汉市洪山区三环线与南郊路交叉口向东约 600 米，项目占地面积约 10.7 万平方米，建筑面积约 58 万平方米，规划 3312 户。

项目地址：
武汉市洪山区三环线与南郊路交叉口向东约 600 米

开发商：
武汉盈锦嘉园房地产开发有限公司

建筑类型：
小高层、高层、超高层

主力户型：
95~141 平方米三居、四居

周边配套：
居然之家，青菱 · 西岸，地铁 5 号线、12 号线

参考价格：
均价约 14000 元 / 平方米

楼盘优势：
武昌滨江带南部核心，品牌开发商，定制生活美宅，周边配套齐全。

专家点评

张涛 · 武汉市房地产开发协会副秘书长

作为精研住宅定制的开发商，景瑞择址武昌滨江带南部核心，实力打造生活美宅，充分考量业主的需求，将95平方米小三居做两卫设计，功能性强，区域内少有。

项目解析

【区域维度】

景瑞天赋滨江择江而生，发轫长江主轴门户区，地跨武昌滨江南部核心区域，北面为武昌滨江商务区，南面为黄家湖大学城，西面与汉阳滨江商务区一江之隔，以滨江峰筑，点睛主轴门廊。丰沛园林资源规划，与长江湿地景观带比肩而立，右邻青菱湖环湖绿道，背靠西岸生态旅游区，享尽长江主轴资源优渥。

项目拥有“四纵三横两轨”的立体交通网络体系。四纵为白沙洲大道、珞狮南路、武金堤路、南郊路；三横为三环线、杨泗港长江大桥、二环线；两轨为地铁5号线、12号线。待两条地铁全线通车后，未来公交、自驾出行均非常方便，可速达武汉三镇。

【品牌维度】

景瑞地产1993年成立于上海，2013年港股上市(股票代码：1862.HK)，2015年转型为定制生活服务商。自成立以来，荣揽160多项住宅大奖，连续多年获得由行业协会颁发的“中国房地产开发企业100强”“中国房地产百强运营效率10强”“中国房地产开发企业品牌价值”等荣誉。

2017年9月景瑞地产首进武汉，相继拿下景瑞天赋滨江、景瑞天赋半岛、蔡甸079地块等项目，表明了景瑞地产深耕武汉的决心。其中天赋滨江项目引入景瑞旗下高品质产品——天赋系，塑造滨江定制生活之美。

【口碑维度】

在项目规划前期，景瑞天赋滨江通过几十位置业顾问田野式走访，了解购房者的需求及痛点——园林景观少、买房全靠想象、减配成风等，致力打造顾问式产品，将示范区、园林景观、社区内部配套及样板间一气呵成，实景呈现，真正做到了“所见即所得”；不仅从未减配，反而做了加法。

项目提供两种差异化的装修风格定制——深色系“檀心”主打沉着稳重木檀色；浅色系“和光”推崇柔和阳光本原色，满足不同的生活向往，让定制美学于心处升华。

【产品维度】

在整体建筑风格上，项目采用庄重大气的“现代典雅”立面设计。墙体采用米白、米黄两种色彩的真石漆，跳色深灰色，整体颜色稳重。简约现代风格，与社区景观融为一体。

在设计上，采用“全围合式”社区的居住理念，以15栋建筑环抱园林景观，涵盖一街、双园、三厅、四花园和多项人性化设计，如约4万平方米双肺鲜氧园林、全动场地配休憩场所等，于细节中彰显品质服务。

在户型上，打造95~141平方米舒适三居、四居，其95平方米小三居，南北通透，双卫设计，功能性强，开盘即罄，其他110~141平方米户型也各具特色，广受好评。

【销售维度】

景瑞天赋滨江位于武汉市武昌南滨江区域，2019年第一季度入市，先后经历5次开盘，成绩斐然。根据实场数据，4月16日首推248套房源，于当当日去化86%，95平方米三居两厅两卫户型开盘即罄，成交面积2.36万平方米，成交总金额约3.4亿元；其后又再经四次加推，当日去化率均在90%以上，最高达100%，2019年成交总金额近20亿元。

景瑞天赋滨江作为景瑞地产首入武汉的项目，五开五捷，深受江城人民喜爱，奠定了市场地位，同时也为2020年的二期销售打下坚实的基础。

更多楼盘详情请扫码查看

新影华翔城

2019年 中国城市楼盘年鉴 典型项目

武汉 新洲阳逻 一线湖景 生态宜居

新影华翔城位于武汉市新洲区阳逻街湖北大学校区向南 2 公里，项目一、二期占地面积 133326 平方米，总建筑面积 408746 平方米，住宅共计 2485 户。

项目地址：

武汉市新洲区阳逻街湖北大学校区向南 2 公里

开发商：

湖北三峡华翔集团、中央新影集团

建筑类型：

高层 、洋房

主力户型：

83~120 平方米三居、129~135 平方米四居

周边配套：

陶家大湖、佳阳摩尔城、阳逻中心医院、阳逻线

参考价格：

高层 6820 元 / 平方米、洋房 7130 元 / 平方米

楼盘优势：

地处华中文化产业园，享长江新城与航天产业新城双规划利好，区域内集文旅、新媒体产业、艺术商业、生态居住为一体的大型城市综合体项目。

专家点评 袁虹霞 · 长江商报地产事业部总监

新影华翔城地处武汉东部新城阳逻，百万平方米大盘涵盖多种业态，产业与住宅融合，搭配区域优越的湖景资源，实力诠释宜居乐业。

项目解析

【区域维度】

新影华翔城地处武汉阳逻华中文化产业园。在湖北"十三五"文化产业发展规划中，华中文化产业园作为省市区三级重点项目，将充分利用"互联网 +"，引导传统文化传媒行业加快转型升级，建成后将成为"中国新媒体影视产业的聚集区与策源地""华中新媒体影视文化技术创新及体验引领区""智能时代产城融合生态宜居地"，获得政府支持。

目前，区域内交通及配套利好正在崛起。江北快速路已通车，直达汉口核心区；地铁阳逻线已通车，地铁新港线及新港长江大桥已确定2019年底开工建设；阳逻大桥（已通车）、光谷长江大桥，半小时可通达武昌、光谷生活圈。

【品牌维度】

湖北三峡华翔集团脱胎于宜昌三峡工程附属项目，企业拥有具备国际国内投资、运营、开发、管理经验的高效管理团队，并具备国家二级开发资质。2005年伊始便与融侨集团强强联合，致力于一系列滨江高端住宅的开发，并在市场和口碑上获得双重高度认可。

华翔集团联手文化产业巨匠新影集团，于武汉打造一处产城融合历史的项目——华中文化产业园。新影华翔城作为华中文化产业园住宅板块首期，享受华中文化产业园带来的千亿元级配套。

项目低密滨湖，将全面升级区域亲水人居水平，同时规划近30万平方米五彩商业小镇、22万平方米大型儿童主题乐园及九年一贯制学校，建成后将彻底改变阳逻的商业格局、教育格局、文化格局和旅游格局，为区域导入大量人口红利。

【口碑维度】

品牌物业是品质生活的标配，新影华翔城深谙物业服务的重要性，精选华翔集团旗下一级资质物业——华翔物业，全天候安保巡逻、可视对讲、小区监控系统、园林景观维护等匠心服务体系，都将点滴落到实处，把业主的需求放在第一位，为业主护航美好生活。

【产品维度】

新影华翔城自身有诸多优势。三面环530万平方米陶家大湖，拥有18公里湖岸，270° 高颜值湖景资源，东侧坐拥享誉"世外仙境"的涨渡湖湿地公园，居住氛围宜人。

在产品力上，新影华翔城以高端豪宅的尺度，打造星级标准双入户大堂。在社区规划方面，彻底贯彻人车分流，保障业主及家人、孩子在社区内玩耍的舒适性及安全性，也减少了噪声和空气的污染。

在户型方面，建面约83~140平方米高层及洋房产品，满足全龄段置业需求。

【销售维度】

新影华翔城自2018年11月25日一期首开至2019年11月10日，历经九次开盘、九次售罄，总销售金额超过12亿元，总计销售套数已超过1600套，在区域内持续逆市飘红，销售业绩一直在阳逻名列前茅。

更多楼盘详情请扫码查看

实地·黄冈蔷薇国际

黄冈　城市地标　智慧美宅　品质宜居

实地·黄冈蔷薇国际位于湖北省黄冈市黄州区黄冈大道西侧，由百强房企实地集团开发，项目总建规划约 70 万平方米，首期开发地块规划 2936 户。

项目地址：

黄冈市黄州区黄冈大道西侧

开发商：

黄冈实创置业有限公司

建筑类型：

高层

主力户型：

97~136 平方米三居、四居

周边配套：

黄冈西站、市妇幼保健院、奥特莱斯（规划中）

参考价格：

均价约 6000 元 / 平方米

楼盘优势：

约 70 万平方米全配智慧大城，邻黄冈西站，半小时享武汉双城生活圈和城北高新区。

专家点评

徐国斌　武汉市规划研究院高级规划师、美国 UIC 大学访问学者、国家注册规划师

实地集团择址环汉城市力作，八大景观园林、三大城市漫步广场、人—家—社区全场景智慧化等细节，为本地业主带来新的高科技居住体验。

项目解析

【区域维度】

实地·黄冈蔷薇国际地处城北高新区，黄冈大道与华海大道交会处。黄冈大道北连黄冈收费站，出收费站即有武鄂、武英、大广、沪蓉、福银等七条高速，纵贯南北，走武鄂高速可到楚河汉街、中南路、徐东等武汉市中心核心商圈。

黄冈大道南连新港北路，串联老城区和核心商圈，门前多条公交线路汇集，距黄冈西站、市妇幼保健院仅一站路；毗邻高铁黄冈西站，畅达“8+1”城市圈，半小时可到武汉站，实现无缝换乘；区域将承接光谷东扩进程中高新科技产业的腾飞转移。

【品牌维度】

地产百强实地集团2006年源起广州，13年布局27城。实地集团致力于将科技的探索创新以人居业态为依托，运用到生活的方方面面，把科技与人文连接，重构人们对于自身与居住空间关系的认知。

实地·黄冈蔷薇国际是实地集团于黄冈打造的70万平方米全配智慧大盘，为本地居住业态注入了新的活力，带来不一样的人居体验。作为环武汉城市黄冈，北接新洲，南与光谷东仅长江之隔，在产业联动的同时改善人居。

【口碑维度】

实地·黄冈蔷薇国际自面世以来就备受关注，示范区开放当日来访超千人，二十余家媒体聚焦报道。

用实力诠释价值，2019年，实地地产及实地·黄冈蔷薇国际先后荣膺多项大奖，包括由乐居武汉颁发的“环汉城市群价值标杆典范楼盘奖”、中国房地产TOP10研究组颁发的“2019中国房地产100强企业”“2019中国房地产公司品牌价值30强”“2019中国房地产住宅开发专业领先品牌价值10强智慧人居”，亿翰智库颁发的“2019中国房企品牌价值中国房地产企业品牌运营能力20强”等。

【产品维度】

实地·黄冈蔷薇国际由新加坡团队设计，延伸活字印刷概念、卷轴式建筑。社区内部规划有八大景观园林，三大城市漫步广场，形成多层次立体化景观，完善海绵城市生态建设，诠释四季缤纷的园林美学。

项目采用纯人车分流模式，绿化率高达40%，约50~100米阔绰楼间距，尽揽四季美景。项目构建SLS智慧人居体系，自营四大全生命周期配套（家有健康、海绵创课学堂、贝瑞母婴店和逗号便利店），实现人—家—社区无缝全场景智慧化体验，为黄冈本地居民带来了全新的智慧人居生活。

项目配备从幼儿园至初中的12年教育配套，距离实验小学万福校区约1公里，兴黄小学、兴黄中学将于2020年开建。项目2公里范围内，新市妇幼医院即将投入使用，奥特莱斯商旅综合体已规划并即将开工建设。项目周边交通、商业、教育、医疗等全方位配套日渐成熟。

【销售维度】

根据案场数据，2019年11月3日，实地·黄冈蔷薇国际首开1号楼，500组客户摇号争抢，黄冈日报等20余家媒体争相报道，当日售罄；11月30日载誉加推2号楼，再掀一场“抢房”热潮，单月内二开二罄，销售业绩跻身前列！

更多楼盘详情请扫码查看

湖南省

2019年长沙房地产市场总结

行业发展历程

一、城市概述

长沙是湖南省省会、长江中游地区重要的中心城市。截至2018年，长沙常住人口815.47万人，城镇化率77.59%，地区生产总值11003.41亿元。

二、行业现状

综观2019年长沙房地产市场，多个片区楼盘加大推货量，房企之间的竞争压力激增，但购房者观望情绪弥漫，楼盘销售两极分化局面明显。楼市限购政策持续收紧并无放松迹象，客户逐渐被消化，市场成交乏力。

三、政策环境

长沙政策调控的严厉程度在全国二线城市中名列前茅。在“房住不炒，因城施策”的楼市主基调下，2019年长沙楼市并无大政策的变动，主要针对限购区内二套房购买资格及商品房平均利润率做了调整。

四、土地市场

2019年，长沙土地市场放量明显，下半年回温也很明显，供销量稳定攀升，宅地占比近半，流拍率处于低位，限价地块的住宅限价部分攀升。

城市年度市场解读

一、本地新政

1. 网签满6年可购买二套房

2019年11月，长沙市住建局的一份会议纪要显示，在长沙限购区域内，第一套房网签达6年，可拥有购买第二套房的资格。

2. 明确商品住房平均利润率为6%~8%

2019年12月，长沙市发改委官网发布长发改价调〔2019〕296号文，明确了长沙市商品住宅价格由成本加利润加税金构成，其中平均利润率为6%~8%。

二、年度土地供应

2019年长沙整体土地市场供应948万平方米，较2018年全年供应上涨25%。

三、年度土地成交

2019年，长沙土地成交906万平方米，较2018年成交上涨29%；流拍率为3.4%，较2018年流拍率下跌1.8个百分点。

四、年度住宅供应

2019年1~11月长沙累计新增住宅905万平方米，同比增长3%。

五、年度住宅成交

2019年1~11月，长沙住宅累计成交852万平方米，同比上涨10%，市场平稳；上半年成交量不如下半年。受到5月、6月供应井喷的影响，6月成交也迎来大幅上涨，下半年市场成交量波动较小，“金九银十”平淡度过，传统销售旺季不再。值得一提的是，2019年以来，长沙月度楼盘开盘成交率基本维持在60%上下，“日光盘”现象相较于此前大大减少。

六、年度住宅存量

库存方面，相关机构数据显示，长沙库存面积整体呈上升趋势，截至2019年11月底，库存面积达1015万平方米，出清周期保持在10~12个月之内。中原2019年11月楼市数据显示，长沙11月住宅整体供求比为1.2，内五区住宅市场已连续4个月呈现出供过于求的状态。进入12月，受年终冲刺业绩的影响，长沙住宅市场供应量继续放大，成交情况略微上升，但依然显得动力不足，短期去化压力或持续加大。

七、区域成交表现

雨花区、岳麓区仍是市场供销主力区域，两区供应占比74%，成交占比71%，同比提升10个百分点，比重进一步加大，2019年度热点片区（武广、梅溪湖、滨江、麓谷等）集中在两区，“明星项目”频频发声。

八、成交结构表现

限购政策持续，“房票”紧张未得到缓解，110~144平方米以上产品成交占比持续上涨，面积90平方米以下产品吸引力持续下降，市场占比被压缩至一成；政策持严之下，可选范围内客户趋向于一步到位，面积120平方米以上产品占比近五成。

九、成交项目排行

相关机构数据显示，2019年前11月，长沙房地产商品住宅项目销售面积TOP10分别是阳光城尚东湾、万科金色梦想、龙湖春江郦城、绿地长沙城际空间站、万科魅力之城、恒基旭辉湖山赋、北辰三角洲、明昇壹城、长房东旭国际和中建璟和城。其中阳光城尚东湾凭借77.24万平方米的销售面积和68.77亿元的销售金额登顶榜首。

十、商业、公寓及办公

2019年长沙商业供过于求，成交走低，竞争压力持续加大。1~11月累计供应258万平方米，同比增幅49%，成交131万平方米，同比下跌14%；供销比1.97，市场全年处于供大于求的状态，竞争持续加压。因供大于求，库存面积持续增加；截至11月底，长沙商业库存面积高达1334万平方米，出清周期延长至107个月。

办公方面，市场愈发低迷，成交依赖大宗交易。1~11月长沙写字楼市场累计供应6万平方米，同比降低74%，成交9万平方米，同比降低51%，市场处于低迷状态，去化困难；供应端集中在洋湖垸、麓谷板块，成交端依靠长房东云台、弘坤滨江大宗交易支撑。

商业公寓方面，供销比1.85，成交量同比持平；2019年陷入竞争红海，单项目去化放缓。1~11月长沙商业公寓市场累计供应199万平方米，同比增长66%，成交108万平方米，同比下跌6%，供销比从1.18攀升至1.85，剪刀差加大，持续有新项目入市，而成交量与2018年基本持平，单项目去化速度放缓。

商铺方面供过于求、成交减半，市场遇冷，去化困难。1~11月长沙商业商铺市场累计供应52万平方米，同比增长27%，成交15万平方米，同比减半；供销仍旧以社区商业为主，芙蓉万国城MOMA、佳兆业云顶梅溪湖、保利天禧等项目去化较理想。

十一、年度房价走势分析

2019年前11月，长沙商品住宅整体成交均价在10689元/平方米。从各月份数据来看，整体房价呈小幅波动，变化不大。

十二、热点板块分析

2019年长沙热门板块主要为星沙板块、麓谷板块、梅溪湖板块、高铁会展板块、滨江新城板块、洋湖板块。

星沙板块是2019年热点片区，区域发展进入升级换代快车道；产业转型，发展楼宇经济，打造“立”起来的星沙；城市配套快速落地，一、二级市场关注度高。低价老盘接近售罄，新项目入市后价格断层攀升，供求关系逆转，预计2020年竞争愈加激烈；封闭型市场将被打破，未来竞争集中在茶塘。

麓谷板块是成熟产业板块，开发商进驻意愿强，但规划单一，配套缺失；一级市场供销热带动二级市场高频加推，万科金色梦想成为区域年度网红盘。片区成交楼面价集中在4000元/平方米，限价集中在8500~9500元/平方米；网红盘炒热区域，产业、品牌房企2019年扎堆进驻。新项目多为精装，产业人口“房票”短时间难以大幅增加，预计2020年进入去化攻坚战，厮杀激烈。

梅溪湖板块为品质性价比板块；一期进入尾声，二期健康产业先行，配套规划齐全，未来前景好。一期出让土地利润空间较2018年小幅提升，供应进入尾声；二期限价较一期有所下调。量价表现好，品质和价格均衡看重；未来竞争方向西移，集中在一、二期交界处。

高铁会展板块，板块价值陆续兑现中，未来向东发展；品牌大盘云集，处于热点片区中的价格洼地。供销一骑绝尘，时隔一年重回巅峰，供销同比增加五成以上；明星项目热销助推板块热度。

滨江新城板块，土地供应愈加稀缺，卓越中寰、龙湖春江郦城火爆热销，片区热度持续；未来住宅项目集中在北区，预计热度将北移与滨水新城承接。

洋湖板块，城市配套落实速度加快，板块价值快速兑现，是长沙三大高地价板块之一；南片土地储备充足，未来竞争优势凸显。2019年片区住宅缺货，价格洼地迅速填平，房价弯道超车，短时间购房者难以接受，未来预计进入提质高价盘认可时期。

十三、未来展望

在房住不炒的楼市基调下，长沙楼市政策历来都是非常严厉的，因此，预判未来政策再调控升级的可能性或许不大。2019年以来，长沙市场持续降温，观望情绪浓厚，进入2020年，如果长沙市场政策没有释放积极的信号，成交情况或许没有2019年乐观，因为拥有“房票”的人少之又少。再加之部分限价高于目前市场价的项目入市，客户接受度也许不高，市场成交的两极分化现象持续。价格方面，或有略微上浮，因为限价地块的住宅部分限价悄然上升，2020年集中入市或对房价造成小幅波动。

十四、市场预期

2019年长沙土地市场大放量，预计在2020年将会有一大波新盘入市，对于房企而言市场竞争激烈。同时，2019年限价地块价格悄然攀升，购房者的接受度有多高，还需接受市场的考验。新房市场方面，无论是供销还是价格，依然以平稳为主，在政策不变的形势下，客户池缩小，客户选择面变宽，观望情绪加重，销售两极分化的局面或将继续加剧。不排除在市场成交量持续走低的情况下，今年长沙市场“改善性”需求释放出积极信号，但“维稳”主旋律不变。

数据来源：湖南中原战略研究中心。

2019 年长沙房地产在售楼盘概览

楼盘名称	城市名称	城区	地址	物业类型
保利东郡	长沙	长沙县	长沙县高铁会展新城黄江大道南侧	普通住宅
保利香槟国际	长沙	长沙县	长沙县万家丽北路与湘龙路交会处往西 300 米	普通住宅、公寓、别墅、商铺
碧桂园翘楚棠	长沙	长沙县	长沙县万家丽路与星联快速路交会处往西 100 米	普通住宅、公寓、别墅、商铺
财汇新天地	长沙	长沙县	长沙县榔梨街道黄兴大道与福中道交会处	普通住宅
楚天世纪城西苑	长沙	长沙县	长沙县星沙大道与漓湘路交会处	普通住宅
东方美地	长沙	长沙县	长沙县人民东路与黄兴大道交会处	普通住宅、商业
福天星中心	长沙	长沙县	长沙县人民东路与黄兴大道交会处西南角	普通住宅、酒店式公寓、商铺
橄榄城牛津欢乐广场	长沙	长沙县	长沙县盼盼路与东四线交会处西南角	普通住宅、别墅
海伦春天	长沙	长沙县	长沙县开元东路与黄兴大道 218 号	普通住宅
豪都新天地	长沙	长沙县	长沙县漓湘东路与长桥路交会处	普通住宅、商铺
合能枫丹新里	长沙	长沙县	长沙县西霞路与滨湖西路交会处西南角	普通住宅
和泓桃李春风	长沙	长沙县	长沙县机场大道与金阳大道交会处	普通住宅、别墅
华远·海蓝郡（长沙）	长沙	长沙县	长沙县泉塘街道枫树路 308 号	普通住宅、公寓、商铺
华远碧桂园海蓝城	长沙	长沙县	长沙县远大路与东十一路交会处南行 200 米	普通住宅、公寓、别墅、商铺
佳俊万家府	长沙	长沙县	长沙县万家丽北路一段 107 号	普通住宅、公寓、酒店式公寓、商铺
金地艺境	长沙	长沙县	长沙县安沙镇春建路	普通住宅、别墅
金科时代中心	长沙	长沙县	长沙县板仓南路与向阳路交会处西北角	普通住宅、公寓、写字楼
君合新城玺樾	长沙	长沙县	长沙县黄兴大道与映霞路交会处西北角	普通住宅、公寓
昆仑和府	长沙	长沙县	长沙县暮云中意二路 888 号	普通住宅、别墅
敏捷珑玥府	长沙	长沙县	长沙县东十路与远大路交会处东南角	普通住宅、公寓、别墅
日盛湖湘花苑	长沙	长沙县	长沙县人民东路与东十路交会处	普通住宅、公寓、商铺
荣盛花语城	长沙	长沙县	长沙县万家丽北路与星沙联络线交会处往北 500 米	普通住宅、商铺
深业睿城	长沙	长沙县	长沙县开元东路与东六路交会处东南角	普通住宅、公寓、商铺
盛地东方芯府	长沙	长沙县	长沙县开元路与蓝天大道交会处	普通住宅、商业
松雅湖壹号	长沙	长沙县	长沙县长沙经济技术开发区星沙大道与特立路交会处	普通住宅、商业
湘域芯城	长沙	长沙县	长沙县人民东路与东四线交会处西北角	普通住宅、公寓、写字楼、酒店式公寓
新城悦隽	长沙	长沙县	长沙县开元路与东九路交会处东北角	普通住宅、公寓
星城春晓	长沙	长沙县	长沙县湘龙街道滨湖西路 28 号	普通住宅
星雅美辰	长沙	长沙县	长沙县万家丽路与湘龙路交会处	普通住宅、商铺
旭辉美的东樾城	长沙	长沙县	长沙县开元路与东九路交会处北行 260 米	普通住宅
浔龙河长沙院子	长沙	长沙县	长沙县浔龙河生态艺术小镇黄兴大道与田汉大道交会处	普通住宅
永宏万家里	长沙	长沙县	长沙县万家丽北锦绣路与石塘路交会处往北前行 100 米	普通住宅
云栖国际	长沙	长沙县	长沙县黄兴镇绕城高速与湘府东路交会处	普通住宅
运达锦绣广场	长沙	长沙县	长沙县万家丽北特立路与锦绣路交会处	普通住宅、公寓、商铺
长沙新城吾悦广场	长沙	长沙县	长沙县星沙街道望仙东路 489 号	普通住宅
长沙雅居乐新地	长沙	长沙县	长沙县远大路与东四路交会处	普通住宅、公寓、商铺
中安善化国际	长沙	长沙县	长沙县万家丽北 107 国道与毛塘大道交会处	普通住宅
中梁星都荟	长沙	长沙县	长沙县开元路与长龙路交会处北行 300 米	普通住宅
紫华郡	长沙	长沙县	长沙县漓湘路与远大路的交会处东南角	普通住宅
恒大江湾	长沙	芙蓉区	芙蓉区远大路浏阳河东 200 米	普通住宅、公寓、酒店式公寓、商铺
辉煌国际城	长沙	芙蓉区	芙蓉区远大路与浏阳河交会处东北角	普通住宅、公寓
金茂建发观悦	长沙	芙蓉区	芙蓉区人民东路与滨河路交会处	普通住宅
龙湖碧桂园天宸原著	长沙	芙蓉区	芙蓉区人民东路与滨河路交会处	普通住宅、别墅
南益名士豪庭	长沙	芙蓉区	芙蓉区远大路与滨河路交会处	普通住宅、公寓、商铺
壹廷中央府院	长沙	芙蓉区	芙蓉区蓉园路 77 号	普通住宅
中交中央公园	长沙	芙蓉区	芙蓉区人民东路与望龙路交会处西南角	普通住宅、公寓、别墅、写字楼

楼盘名称	城市名称	城区	地址	物业类型
北辰三角洲	长沙	开福区	开福区湘江北路三段 1200 号	普通住宅、公寓
财富名园	长沙	开福区	开福区 319 国道与万家丽北路交会处西南角西湖楼斜对面	普通住宅
创远湘江壹号	长沙	开福区	开福区湘江北路与创远路交会处	普通住宅，别墅
东原麓·印长江	长沙	开福区	开福区福元路与锦绣路西南角	普通住宅、商业
公园九号	长沙	开福区	开福区东风路 9 号	普通住宅
恒大揽湖苑	长沙	开福区	开福区开福大道青竹湖太阳山公园旁	普通住宅
恒大清澜苑	长沙	开福区	开福区网船班路 3 号	普通住宅
恒大御景半岛	长沙	开福区	开福区金马路 61 号	普通住宅、公寓
恒大御景天下	长沙	开福区	开福区芙蓉北路与高冲路交会处西南角	普通住宅、商铺
恒大悦湖商业广场	长沙	开福区	开福区万家丽路与归心路交会处	普通住宅、公寓
恒基旭辉湖山赋	长沙	开福区	开福区兴联路 768 号	普通住宅、别墅、商铺
恒泰湘壹府	长沙	开福区	开福区开福大道与星月路交会处西南角	普通住宅
鸿邦国际城	长沙	开福区	开福区芙蓉北路 1367 号	普通住宅、公寓
金辉优步湖畔	长沙	开福区	开福区双河路楚家湖东岸	普通住宅、公寓、别墅
金色溪泉湾	长沙	开福区	开福区万家丽路与浏阳河大桥交会处东北角	普通住宅、别墅、商铺
凯乐国际城	长沙	开福区	开福区湘江大道 326 号开福寺以南 500 米	普通住宅
理想智慧大厦	长沙	开福区	开福区洪山路 289 号	普通住宅
绿城青竹园	长沙	开福区	开福区高尔夫路 222 号	普通住宅、别墅
绿地海外滩	长沙	开福区	开福区湘江北路与高冲路交会处东南角	普通住宅、写字楼、商铺
融创城	长沙	开福区	开福区开福大道与汤家湖路交会处	普通住宅
润和国际广场	长沙	开福区	开福区芙蓉北路与福元西路交会处	普通住宅、公寓、商铺
深业堤亚纳湾	长沙	开福区	开福区北二环一段 169 号	普通住宅、别墅、商铺
天健城	长沙	开福区	开福区开福寺路东段与芙蓉中路交会处	普通住宅、公寓、写字楼
万境潇湘	长沙	开福区	开福区湘江北路与鹅秀路交会处	普通住宅、别墅
威尔士春天	长沙	开福区	开福区万家丽北路 212 号	普通住宅、公寓
湘江东苑	长沙	开福区	开福区裕城路与兴隆路交会处	普通住宅
新城和樾	长沙	开福区	开福区芙蓉北路与高冲路交会处东南角	普通住宅、商铺

楼盘名称	城市名称	城区	地址	物业类型
新力紫园	长沙	开福区	开福区三一大道与陡岭路交会处	普通住宅、商铺
幸福考拉 789	长沙	开福区	开福区芙蓉北路与北二环交会处东南角	普通住宅
阳光城檀悦	长沙	开福区	开福区中山路 48 号	普通住宅、公寓
长房雍景湾	长沙	开福区	开福区盛世路与开福大道交会处西北角	普通住宅
中铁置业水映加州	长沙	开福区	开福区太阳山路 688 号	普通住宅、别墅
珠江好世界	长沙	开福区	开福区福元西路 99 号	普通住宅
卓越青竹湖	长沙	开福区	开福区开福大道与星月路交会处	普通住宅、别墅
北辰中央公园	长沙	天心区	天心区湘府路与书香路交会处往南 500 米	普通住宅、公寓、别墅
碧桂园公园壹号	长沙	天心区	天心区芙蓉南路四段 1101 号	普通住宅、别墅
博林云栖	长沙	天心区	天心区新姚北路 399 号	普通住宅
东能华府	长沙	天心区	天心区湘府路与书香路交会处向南 500 米	普通住宅、别墅
佛奥康桥水岸	长沙	天心区	天心区团结路与暮南路交会处	普通住宅、商铺
福晟·兴汝金城	长沙	天心区	天心区芙蓉南路与时代阳光大道交会处	普通住宅
福晟克拉国际	长沙	天心区	天心区友谊路 958 号	普通住宅、酒店式公寓
福晟钱隆公馆	长沙	天心区	天心区暮云大道与市[illegible]路交会处	普通住宅
福天藏郡	长沙	天心区	天心区芙蓉南路与高云路交会处（美星城西片区）	普通住宅
和泓融成府	长沙	天心区	天心区万家丽路与中意二路交叉口东北角	普通住宅、别墅
恒泰芙蓉悦府	长沙	天心区	天心区芙蓉南路与创业路交会处	普通住宅、公寓
弘阳时光里	长沙	天心区	天心区新韶路与刘家冲路交会处	普通住宅、公寓
金谷豪庭	长沙	天心区	天心区芙蓉南路四段 168 号	普通住宅
锦天金岸雅苑	长沙	天心区	天心区书院南路 539 号	普通住宅、公寓
君合天玺	长沙	天心区	天心区书院南路 183 号	普通住宅、公寓
凯富南方鑫城	长沙	天心区	天心区芙蓉南路生态动物园南 2 公里	普通住宅
蓝湾国际广场	长沙	天心区	天心区南湖路与书院路交会处东北角	普通住宅、公寓、写字楼、商铺
龙湖春江悦茗	长沙	天心区	天心区湘府路与新开铺路交会处东北角	普通住宅、公寓
麦芒国际	长沙	天心区	天心区杉木冲路与五[illegible]路交会处东南角	普通住宅、公寓

楼盘名称	城市名称	城区	地址	物业类型
荣盛花语书苑	长沙	天心区	天心区书院南路与经贸路交会处	普通住宅、公寓
水墨林溪苑	长沙	天心区	天心区云峰路58号	普通住宅、公寓
天鸿中央大院	长沙	天心区	天心区竹塘西路180号	普通住宅、公寓、写字楼、商铺
万科紫台	长沙	天心区	天心区南二环与湘江路交会处东南角	普通住宅
文景领秀	长沙	天心区	天心区友谊西路和书院南路交会处东南角	普通住宅、公寓、建筑综合体
新力铂园	长沙	天心区	天心区天心区湘江中路与殷家冲路交会处往东200米	普通住宅
鑫远翡丽郡	长沙	天心区	天心区芙蓉路与杉木冲路交会处	普通住宅、公寓、商铺
鑫远悦时代	长沙	天心区	天心区芙蓉南路二段368号	普通住宅
鑫远紫樾香山	长沙	天心区	天心区桂花坪路与广场西路交会处东南角	普通住宅
旭辉华宇南宸府	长沙	天心区	天心区万芙中路与桂花坪路交叉口南120米	普通住宅、公寓
阳光城檀府	长沙	天心区	天心区黄兴南路与劳动西路交会处	普通住宅、公寓
怡海星城	长沙	天心区	天心区芙蓉南路与万家丽路交会处东南角	普通住宅、自住型商品房
印湘江	长沙	天心区	天心区新韶西路399号	普通住宅
长沙大唐印象	长沙	天心区	天心区芙蓉南路与老甫冲路交会处	普通住宅、别墅
长沙美的梧桐庄园	长沙	天心区	天心区芙蓉南路与老甫冲路交会处东北角	普通住宅
中建江山壹号	长沙	天心区	天心区湘江中路与橘洲湾路交会处	普通住宅、公寓、别墅
中悦领秀城	长沙	天心区	天心区芙蓉南路四段1109号	普通住宅
卓越江岸	长沙	天心区	天心区书院路与都江路交会处	普通住宅、公寓
奥莱城	长沙	望城区	望城区湘江新区雷锋大道558号	普通住宅、公寓
澳海谷山府	长沙	望城区	望城区澳海路与黄金大道交会处	普通住宅
澳海澜庭	长沙	望城区	望城区银星路与黄金大道交会处	普通住宅、商铺
澳海望洲府	长沙	望城区	望城区普瑞大道与沿河路交叉口西南角	普通住宅、别墅
碧桂园高尔夫花园	长沙	望城区	望城区雷锋大道与黄金西路交会处西北侧	普通住宅
碧桂园御园	长沙	望城区	望城区雷锋大道与月亮岛路交会处	普通住宅
才子城	长沙	望城区	望城区高塘岭大道与喻家坡路交会处东北角	普通住宅、公寓、写字楼、建筑综合体
春晖花园	长沙	望城区	望城区永通大道二段800号	普通住宅

楼盘名称	城市名称	城区	地址	物业类型
大汉汉府	长沙	望城区	望城区雷锋大道与月亮岛路交会处西行约200米	普通住宅
大汉汉园	长沙	望城区	望城区雷锋大道999号	普通住宅、别墅
帝辰金缇水郡	长沙	望城区	望城区湘江大道与丁江路交会处	普通住宅、商铺
房聚云台府	长沙	望城区	望城区雷锋大道与金星大道交会处	普通住宅、商铺
富基世纪公园	长沙	望城区	望城区普瑞大道二段888号	普通住宅
富兴悦府	长沙	望城区	望城区雷锋大道与普瑞大道交汇东北角	普通住宅、酒店式公寓、商铺
光明碧桂园·培文府	长沙	望城区	望城区雷锋大道与月亮岛路交会处西行约500米	普通住宅、别墅
鸿海公园里	长沙	望城区	望城区马桥河路与同心路交会处西北角	普通住宅
华润桃源里	长沙	望城区	望城区雷锋东路与小河湖东路交会处	普通住宅、别墅
嘉宇北部湾	长沙	望城区	望城区湘江北路与445乡道交叉口西北角	普通住宅、公寓、别墅、写字楼、商铺
金地三千府	长沙	望城区	望城区雷峰大道与银星路交会处西南角	普通住宅、别墅
金地自在城	长沙	望城区	望城区雷峰大道与银星路交会处西南角	普通住宅
金富星悦汇	长沙	望城区	望城区黄金东路与月亮岛路交会处北100米	普通住宅、酒店式公寓
凯尔花缇紫郡	长沙	望城区	望城区雷锋大道与同心路交会处往西100米	普通住宅、商业
朗诗麓岛	长沙	望城区	望城区雷锋大道与望府路交会处东南角	普通住宅、别墅
联诚雅郡	长沙	望城区	望城区雷锋大道与雷锋东路交会处	普通住宅
绿城高尔夫小镇兰园	长沙	望城区	望城区黄金西路龙湖高尔夫球场内	普通住宅
美的翰城	长沙	望城区	望城区雷锋大道与星月路交会处东南角	普通住宅、公寓、商铺
美来美城市广场	长沙	望城区	望城区芙蓉北路林科大涉外学院斜对面	普通住宅、商铺、建筑综合体
明发国际城	长沙	望城区	望城区金星大道与月亮岛路交会处东南角	普通住宅、公寓、写字楼、商铺
南璟滨江书苑	长沙	望城区	望城区湘江北路与京阳大道交会处往北300米	普通住宅
润和滨江府二期	长沙	望城区	望城区月亮岛路与樟木路交会处	普通住宅、公寓、商铺
润和滨江广场	长沙	望城区	望城区金星北路与绕城高速往北265米	普通住宅、公寓、写字楼
润和谷山郡	长沙	望城区	望城区雷锋大道与黄金大道交会处东南角	普通住宅、别墅、酒店式公寓

楼盘名称	城市名称	城区	地址	物业类型
润和山水郡	长沙	望城区	望城区雷锋大道与黄金东路交会处	普通住宅
润和湘江天地	长沙	望城区	望城区潇湘大道与月亮岛路交会处	普通住宅、公寓、商铺
润和紫郡	长沙	望城区	望城区普瑞大道与黄金大道交会处	普通住宅、公寓、别墅、商铺
三润城	长沙	望城区	望城区月亮岛路与谷山路交会处	普通住宅
时代年华	长沙	望城区	望城区雷锋大道与黄金大道交会处东北角	普通住宅、公寓、商业
时代倾城·遇见	长沙	望城区	望城区银杉路与银星路交会处西南角	普通住宅、商铺
顺舟旺城	长沙	望城区	望城区月亮岛街道银星路与桑梓二路交叉口	普通住宅、商铺
湾田望江府	长沙	望城区	望城区雷锋大道与连江路交会处东南角	普通住宅、别墅
万润滨江天著	长沙	望城区	望城区银杉路与普瑞大道交会处东南角	普通住宅
新城国际花都	长沙	望城区	望城区雷锋大道与银星路交会处	普通住宅、写字楼
新华联梦想城	长沙	望城区	望城区银星路与黄金大道交会处	普通住宅、商铺
长房星珑湾	长沙	望城区	望城区同心路与马桥河路东北角	普通住宅、商铺
长高圆梦佳苑	长沙	望城区	望城区金星大道与月亮岛路交会处	普通住宅、公寓
长燃润和天地	长沙	望城区	望城区潇湘北路与普瑞大道交会处	普通住宅、公寓、写字楼、商铺
长沙亿达智造小镇	长沙	望城区	望城区金星大道与郭亮路交会处西北角	普通住宅
正荣财富中心	长沙	望城区	望城区望城大道与望府路交会处	普通住宅、公寓、建筑综合体
中粮鸿云	长沙	望城区	望城区雷锋大道与黄金大道交会处西北角	普通住宅
珠江东方明珠	长沙	望城区	望城区金星大道与银星路交会处西南角	普通住宅、别墅、商铺
奥园誉景华府	长沙	雨花区	雨花区时代阳光大道与万家丽路交会处往东330米	普通住宅
保利城	长沙	雨花区	雨花区时代阳光大道与万家丽路交会处往东300米	普通住宅、别墅
保利大都汇	长沙	雨花区	雨花区劳动路与马王堆南路交会处	普通住宅
保利茉莉公馆	长沙	雨花区	雨花区万家丽路与香樟路交会处西北侧	普通住宅、公寓
博长山水香颐	长沙	雨花区	雨花区时代阳光大道与万家丽路交会处以东	普通住宅、公寓
才子嘉都	长沙	雨花区	雨花区时代阳光大道与万芙路交会处	普通住宅、公寓
高峰璟麟府	长沙	雨花区	雨花区香樟路与圭塘路交会处东南角	普通住宅、公寓、商铺
合能枫丹丽舍	长沙	雨花区	雨花区体院路与白沙路交会处东南角	普通住宅、公寓、商铺

楼盘名称	城市名称	城区	地址	物业类型
恒大上林苑	长沙	雨花区	雨花区金海路与万芙路交会处西南角	普通住宅、公寓
环亚高铁芯城	长沙	雨花区	雨花区杜花路与体院路交会处往东100米	普通住宅、公寓、商铺、建筑综合体
建发央玺	长沙	雨花区	雨花区韶山中路与黄土岭路交会处西南角	普通住宅、公寓、商铺
金地铂悦	长沙	雨花区	雨花区汇金路与黄谷路交会处东南角	普通住宅、公寓
金科集美天辰	长沙	雨花区	雨花区荷叶冲路与林科路交会处	普通住宅
金轮星光名座	长沙	雨花区	雨花区香樟路与黎托路的交会处	普通住宅、公寓、写字楼、商铺
绿地新都会	长沙	雨花区	雨花区万家丽南路与环保大道交会处西南角	普通住宅、公寓、建筑综合体
美洲故事	长沙	雨花区	雨花区万家丽路与湘府东路交会处东北角	普通住宅、公寓
明昇壹城	长沙	雨花区	雨花区劳动路与[illegible]路交叉口西北角	普通住宅、别墅、建筑综合体
鹏程府	长沙	雨花区	雨花区人民路王公塘街152号	普通住宅
平吉上苑	长沙	雨花区	雨花区体院路与[illegible]路交会处	普通住宅
融信澜悦	长沙	雨花区	雨花区湘府路与万芙路交会处往西300米	普通住宅
世茂璀璨天城	长沙	雨花区	雨花区树木岭路345号	普通住宅、公寓、商铺
天际藏玉	长沙	雨花区	雨花区万家丽中路三段425号	普通住宅
天晟海拔东方	长沙	雨花区	雨花区木莲冲路58号	普通住宅
万科金色麦田	长沙	雨花区	雨花区圭塘路498号	普通住宅、公寓
万科魅力之城	长沙	雨花区	雨花区劳动东路与花侯路交会处东侧	普通住宅
五矿万境蓝山	长沙	雨花区	雨花区汇金路与黄谷路交会处	普通住宅、别墅
潇湘名城	长沙	雨花区	雨花区万家丽中路二段295号	普通住宅、商业
欣隆居	长沙	雨花区	雨花区湘府路与[illegible]园路交会处西南角	普通住宅、公寓、商铺
新世界柏樾	长沙	雨花区	雨花区东二环与长沙大道交会处向南200米	普通住宅、公寓、商铺
阳光城尚东湾	长沙	雨花区	雨花区长沙大道与京珠高速交会处(东北向百详村之北)	普通住宅、商铺
运达中央广场	长沙	雨花区	雨花区长沙大道与[illegible]沙湾路交会处西北角	普通住宅
长房半岛蓝湾	长沙	雨花区	雨花区湘府东路与万家丽路交会处东行600米	普通住宅、别墅
长房东旭国际	长沙	雨花区	雨花区[illegible]东路与花侯路交会处西北角	普通住宅、建筑综合体
长房明宸府	长沙	雨花区	雨花区时代阳光大道明德洞井中学东侧	普通住宅

楼盘名称	城市名称	城区	地址	物业类型
长房平和墅	长沙	雨花区	雨花区湘府东路与万家丽路交会处东600米	普通住宅、别墅
长沙城际空间站	长沙	雨花区	雨花区花侯路与曲塘路交会处	普通住宅、公寓、写字楼、商铺
正荣悦玺	长沙	雨花区	雨花区东二环与石坝路口交会处东南角	普通住宅、公寓
中国铁建18公馆	长沙	雨花区	雨花区韶山路与井湾路交会处	普通住宅
中海珑悦府	长沙	雨花区	雨花区韶山南路与汇金路交会处西南角	普通住宅、公寓
中建嘉和城	长沙	雨花区	雨花区时代阳光大道与万家丽路交会处往东200米	普通住宅、公寓、写字楼、商铺、建筑综合体
中建嘉和城凤凰台	长沙	雨花区	雨花区时代阳光大道与林科路交会处	普通住宅
中建璟和城	长沙	雨花区	雨花区万家丽南路与金海路交会处	普通住宅、商铺
中天星耀城	长沙	雨花区	雨花区体院路与木莲东路交会处	普通住宅、公寓
奥克斯中心	长沙	岳麓区	岳麓区洋湖垸潇湘南路与长湾路交会处西北角	普通住宅、公寓、写字楼、商铺
保利海德公园	长沙	岳麓区	岳麓区咸嘉湖路胜家雅苑旁熊家湾巷1号	普通住宅、公寓
保利天禧	长沙	岳麓区	岳麓区岳麓大道与潇湘北路交会处西南角	普通住宅、公寓
北辰时光里	长沙	岳麓区	岳麓区长望路与岳华路交会处	普通住宅、公寓
碧桂园荟隽棠	长沙	岳麓区	岳麓区岳麓大道与汇智路交会处西北角	普通住宅
滨江一号	长沙	岳麓区	岳麓区银杉路与谷山路交会处西北角	普通住宅、别墅
达美溪湖湾	长沙	岳麓区	岳麓区梅溪湖环湖路798号	普通住宅、别墅
恩瑞御西湖	长沙	岳麓区	岳麓区金星路与枫林路的交会处东北侧	普通住宅、写字楼、酒店式公寓
福晟翡翠湾	长沙	岳麓区	岳麓区环湖路与近湖九路交会处	普通住宅、公寓
富力十号·柒公馆	长沙	岳麓区	岳麓区洋湖湘浦路与滨柳路交会处	普通住宅、公寓、别墅、写字楼
光明E城	长沙	岳麓区	岳麓区银杉路与长望路交会处	普通住宅、公寓、写字楼
和顺洋湖壹号	长沙	岳麓区	岳麓区洋湖湿地公园二期主入口斜对面	普通住宅、公寓、商铺
恒大半山悦府	长沙	岳麓区	岳麓区巡抚西路与山泉路交会处	普通住宅、别墅
恒大文化旅游城	长沙	岳麓区	岳麓区潭州大道二段528号	普通住宅、商铺
华润琨瑜府	长沙	岳麓区	岳麓区梅溪湖映日路与平川路交会处	普通住宅、商铺
华申·阳光城·未来悦	长沙	岳麓区	岳麓区洋湖路洋湖湿地公园南大门正对面	普通住宅、公寓
惠天然梅岭国际	长沙	岳麓区	岳麓区看云路108号	普通住宅

楼盘名称	城市名称	城区	地址	物业类型
佳兆业天御	长沙	岳麓区	岳麓区环湖路与近湖六路交界处	普通住宅
佳兆业云顶梅溪湖	长沙	岳麓区	岳麓区环湖路488号	普通住宅
建发央著	长沙	岳麓区	岳麓区梅溪湖映日路以东、雪松路以北	普通住宅
建工象山国际	长沙	岳麓区	岳麓区象嘴路与含浦大道交会处西北角	普通住宅、商铺
江山帝景	长沙	岳麓区	岳麓区含浦大道学士路99号含浦大道与南二环交界口	普通住宅、公寓、别墅、商铺
金地中交麓谷香颂	长沙	岳麓区	岳麓区岳麓大道以北、旺龙路以西	普通住宅
金恒银杉里	长沙	岳麓区	岳麓区观沙岭街道长望路与岳华路交会处东北角	普通住宅、商业
金辉优步花园	长沙	岳麓区	岳麓区岳麓大道与杜鹃路交会处西北角	普通住宅
金茂湾	长沙	岳麓区	岳麓区梅溪湖路276号	普通住宅、公寓、商铺
金侨风华府	长沙	岳麓区	岳麓区东方红路与金湖路交会处	普通住宅
金鹰玖珑山	长沙	岳麓区	岳麓区雷锋大道与尖山路交汇处西北角	普通住宅、别墅、商铺
九龙领仕汇	长沙	岳麓区	岳麓区麓南含浦香格里拉大道与长潭西线交界处西北角	普通住宅、别墅
蓝光雍锦半岛	长沙	岳麓区	岳麓区大王山湘江畔潇湘南大道与虹山路交会处往南500米	普通住宅、别墅、商铺
龙湖春江郦城	长沙	岳麓区	岳麓区银杉路与茶子山路交会处东南角	普通住宅
龙湖湘江星座	长沙	岳麓区	岳麓区长川路与东方红路交会处（高新区公安分局西侧）	普通住宅、公寓
龙湖新壹城	长沙	岳麓区	岳麓区洋湖国际新城先导路与湘浦路交会处西南角	普通住宅、公寓、写字楼
梅溪湖玺悦	长沙	岳麓区	岳麓区梅溪湖国际新城博学路与泉水路交会处	普通住宅
梅溪华府	长沙	岳麓区	岳麓区雪松路与映日路交会处东南角	普通住宅、公寓
梅溪盛荟	长沙	岳麓区	岳麓区枫林路与麓云路交会处西北角	普通住宅、商铺
梅溪正荣府	长沙	岳麓区	岳麓区秀峰路与梅浦联络线交会处	普通住宅
美的麓府	长沙	岳麓区	岳麓区金南路与欣盛路交会处东北角	普通住宅
梦想枫林湾	长沙	岳麓区	岳麓区枫林三路与麓云路交会处	普通住宅、公寓
梦想新天地	长沙	岳麓区	岳麓区梅溪湖纳秋路26号	普通住宅、公寓、商铺
南山梅溪一方	长沙	岳麓区	岳麓区雪松路与映日路交会处	普通住宅
南山十里天池	长沙	岳麓区	岳麓区云栖路556号	普通住宅、别墅、商铺

楼盘名称	城市名称	城区	地址	物业类型
山水英伦	长沙	岳麓区	岳麓区枫林三路涉外经济学院以西300米	普通住宅、别墅
深业鹭栖府	长沙	岳麓区	岳麓区景园路与周家湾路交会处东北角	普通住宅、商铺
晟通牡丹舸	长沙	岳麓区	岳麓区梅溪湖国际新城环湖路777号	普通住宅、商业
铁建京师璟台	长沙	岳麓区	岳麓区含浦大道与洋湖大道交会处	普通住宅、商业
通号岭绣苑	长沙	岳麓区	岳麓区岳麓大道与汇智路交会处东北角	普通住宅
万科金色梦想	长沙	岳麓区	岳麓区东方红中路地铁6号线和馨园站出口	普通住宅、公寓、商铺
万科里金域国际	长沙	岳麓区	岳麓区潇湘北路与安居路口交会处西北角	普通住宅、商铺
万象府台	长沙	岳麓区	岳麓区金星路与佑母塘路交会处西北角	普通住宅、公寓、写字楼、商铺
湘熙水郡	长沙	岳麓区	岳麓区洋湖大道与潇湘大道交会处	普通住宅、公寓、商铺
潇湘奥林匹克花园	长沙	岳麓区	岳麓区岳麓大道与旺龙路交会处西北角	普通住宅
旭辉都会山	长沙	岳麓区	岳麓区枫林二路与金星路交会处（地铁金星路站4号出口处）	普通住宅
映客龙湖·璟翠中心	长沙	岳麓区	岳麓区洋湖大道与罗鼓塘路交会处东南角	普通住宅、公寓

楼盘名称	城市名称	城区	地址	物业类型
永实蔷薇国际	长沙	岳麓区	岳麓区联丰路398号	普通住宅、公寓
远洋外滩壹号	长沙	岳麓区	岳麓区滨江景观大道与佑母塘路交会处	普通住宅、公寓、商铺
长房时代小镇	长沙	岳麓区	岳麓区岳麓大道与麓谷大道交会处东北角	普通住宅、公寓、商业
长房云西府	长沙	岳麓区	岳麓区岳麓大道与望青路交会处东北角	普通住宅、公寓、商铺
振业城	长沙	岳麓区	岳麓区梅溪湖北路与雷锋西大道交会处西南角	普通住宅、别墅
正荣梅溪紫阙台	长沙	岳麓区	岳麓区梅溪湖路2[illegible]6号	普通住宅
中海熙湾	长沙	岳麓区	岳麓区梅溪湖南岸环湖路与景观绿轴交会处西北角	普通住宅、别墅
中海阅江府	长沙	岳麓区	岳麓区先导路与[illegible]育路交会处西南角	普通住宅、公寓、商铺
中海阅麓山	长沙	岳麓区	岳麓区连塘路与周家湾路交会处东南角	普通住宅
中建梅溪湖中心	长沙	岳麓区	岳麓区梅溪湖北三十段	普通住宅、公寓、写字楼、商铺
中梁云麓传奇	长沙	岳麓区	岳麓区谷苑路与[illegible]高路交会处东南角	普通住宅、商铺
珠江颐德公馆	长沙	岳麓区	岳麓区洋湖湿地公园潇湘南路与[illegible]路交会处	普通住宅、别墅
卓越中寰	长沙	岳麓区	岳麓区含光路与[illegible]山路交会处	普通住宅、公寓、别墅

长房·东旭国际

2019年 中国城市楼盘年鉴 典型项目

长沙 高铁新城 地铁沿线 宜居住宅

长房·东旭国际处于高铁会展新城较为核心的区域，占地面积约179500平方米，建筑面积约683200平方米，容积率3.68，绿化率约40%，规划有品质住宅、精品公寓、社区底商、集中商业等多元业态形式。

专家点评 陆劲·易居企业集团克而瑞数据业务事业部湖南区域总经理

2019年高铁板块「五开五清」项目，南城购房者最想上车的名单之一。高铁效应、地铁拉动、万人社区，本土品牌护航当属板块内最具升值潜力项目。

项目地址：
长沙市雨花区劳动东路与花侯路交会处西北角

开发商：
长沙市东旭置业有限公司

建筑类型：
住宅、商业、公寓

主力户型：
98~193平方米三居、四居、五居

周边配套：
地铁2号线、4号线，沙湾公园、枫树山小学（规划名）

参考价格：
住宅毛坯均价9700元/平方米

楼盘优势：
地处高铁新城腹地，保利Mall、山姆会员店等成熟商业棋布，项目北面枫树山小学（规划名）、长郡双语雨花中学（规划名）仅一路之隔。

项目解析

【区域维度】

长房·东旭国际坐落于“国家新枢纽”“长沙新名片”的高铁会展新城，作为未来长沙东南新门户，是湖南省战略下重点发展区域。目前，高铁会展新城从规划到现在经过了10年蜕变，区域发展规划和配套正在飞快地兑现与成熟。片区三大国际中心——长沙国际体育中心、长沙国际会展中心、长沙国际会议中心将陆续建成(长沙国际会展中心已建成并投入使用)，为片区带来大量人流、带动经济的发展，区域价值潜力无限。

项目位于劳动东路与花侯路交会处西北角，距离高铁南站、磁悬浮站约1.2公里，距地铁4号线(粟塘站)约400米、地铁2号(沙湾公园站)约1.3公里，交通和区位优势优渥。三大“国际中心”共同形成高品质国际生活圈。以项目为原点向外扩散5公里范围内，已经开业且运行成熟的有雨花吾悦广场、保利mall、山姆会员店、天虹ccmall、欧亚达家建材居广场、运达中央广场、高桥大市场等，成熟繁华商业咫尺可享。

2019年5月，长沙市雨花区人民政府同意长房·东旭国际项目小学阶段学区明确为项目北面小学教育用地粟塘小学(规划名)，并同意该小学引进枫树山教育品牌。

【口碑维度】

长房集团经过15年的蓬勃发展，已成为湖南省内颇具影响力的地产企业集团，2016~2019年连续4年蝉联“中国房地产100强企业”及“中国房地产年度十大社会责任感企业”双百强奖项，目前集团已开发项目60余个。长沙地产圈内“买好房，找长房”一直在广为流传！长房·东旭国际无论是案场接待还是物业服务，都是按照星级标准严格要求，为客户营造尊荣、舒适的氛围。在赢得客户的心的同时，更收获了合作方及同行的广泛认可，荣获“2018年年度榜样楼盘”“年度典范高端住宅”“2018年长沙人气楼盘”“2018年度湖湘楼市影响力典范楼盘”等荣誉。

【产品维度】

长房·东旭国际社区内采用人车分流设计，住宅产品台地抬高5米，构筑泛会所架空层，隔绝低层噪声污染，将建筑与景观融合，为业主营造休闲舒适的社区氛围。6米挑高入户大堂和车库精装大堂，敞亮开阔。社区园林易稿数次，潜心斟酌中魂西技，打造四季风情园林，用生态妆点生活之美。

长房·东旭国际将架空层功能主体化，除了增加休闲空间以外，还将增设童趣天地、阳光书屋等，致力于打造全龄化社群交流互动平台，提供成长、聚会、健身、书吧、分享等交流空间，为东旭社群提供尊崇高贵的生活体验。

【销售维度】

据案场数据显示，长房·东旭国际2018年10月首开推470套房源，吸引1700多组客户认筹，开盘解筹率达96%，11月趁热加推856套房源，吸引1800多组客户认筹，开盘解筹率达99%。2019年5~7月二期新品上市，五次开盘均为100%售罄。

自2018年项目首开至2019年7月历时8个月零6天，完成了15栋住宅2633套全部售罄的创举，刷新长房自身记录的同时，也是雨花区开盘流程示范项目。

更多楼盘详情请扫码查看

恒基旭辉湖山赋

长沙　法式风情　生态宜居　低密墅区

恒基旭辉湖山赋处于开福北核心片区，占地面积约 51333 平方米，建筑面积 1100000 平方米，项目分六期开发，包括别墅、高层、小高层及部分商业。

项目地址：

长沙市开福区兴联路 1606 号

开发商：

旭辉集团、恒基兆业

建筑类型：

高层、小高层、别墅

主力户型：

96~165 平方米三居

周边配套：

鹅羊山公园、苏托垸湿地公园、麓山高岭实验学校

参考价格：

毛坯住宅 7300~7500 元 / 平方米

楼盘优势：

容积率约 1.76，绿地率 40.13%，引进九年一贯制长沙麓山国际实验学校湖山赋分校及两所幼儿园，业主子女可享受 12 年一站式配套入学便利。

专家点评

陆劲·易居企业集团克而瑞数据业务事业部湖南区域总经理

双品牌房企打造，项目所处环境舒适宜居，加上楼盘品质加持，2019年去化逾20万平方米，带动开福区秀峰板块热度。

项目解析

【区域维度】

恒基旭辉湖山赋位于金霞副中心的高岭组团、城北主干道兴联路上，属于继伍家岭商圈、万国城商圈之后开福商圈3.0核心位置。

2018年，《开福区发展规划大纲》提出了提升金霞组团为城市副中心等战略，抬升了金霞片区在整个城市功能布局中的地位。金霞副中心有三大显著的配套支撑，即1034商业地块、高岭枢纽（新汽车北站）和银星路、兴联路过江通道，商业和交通枢纽助力，发展前景可期。

恒基旭辉湖山赋西北侧是规划中的城北交通枢纽所在地，承接汽车北站客货运主体功能，服务区域内物流产业发展。城北枢纽将是长沙市重大项目工程。

而投资59亿元的银星路、兴联路过江通道预计2023年1月完工，届时将串联高铁西城、月亮岛文旅新城，以及开福北、高岭枢纽等城北重要片区，连通高铁长沙西站和高岭枢纽两大综合交通枢纽。

恒基旭辉湖山赋地处城市北拓桥头堡位置，城市副中心价值兑现优势凸显，升值空间广阔，前景可期。

【口碑维度】

恒基旭辉湖山赋项目由香港豪宅专家恒基兆业携手旭辉集团共同打造。恒基地产集团由李兆基博士创立于1976年，1981年在香港上市，拥有近40年地产开发经验，在长沙开发的恒基凯旋门项目以高品质港式奢宅形象深入人心。

旭辉地产成立于2000年，2012年于香港上市。成立20年，集团业务遍布中国内地70余个大城市及中国香港、日本，累计开发项目近420个，跻身“中国房地产开发企业500强”榜单第14位。入湘12载，12盘亮相，构筑“有温度”的湖湘人居生活。

恒基旭辉湖山赋荣膺“第12届金盘奖室内评选年度最佳售楼空间奖”“第13届金盘奖年度最佳预售楼盘奖”，足以证明行业内对于恒基旭辉湖山赋的认可。

【产品维度】

旭辉承袭湖湘文脉内涵，融合法式风情，匠心打造恒基旭辉湖山赋。产品本身兼顾板楼舒适性与功能性，户户皆方正，全面积段产品的设置更是满足不同家庭的居住需求。

建面约125平方米户型配备双阳台，阳台、客厅、餐厅动线相连，增大公共空间实用性；主卧套房设计，带独立卫生间和衣帽间，生活起居方便。建面约143平方米户型为两梯两户纯板楼，有约6.3米阳台，成长型大横厅，可随家庭成员年龄变化灵活调整空间格局。

社区内部是40.13%绿地率的呈现，中心景观轴贯穿，花溪环绕、银杏巷、樱花巷悦享四季，配置环形跑道、夜光系统。高层区有约6000平方米中心全龄全景园林，设计婴儿启蒙、儿童成长、长者关怀等区域，覆盖各个年龄段不同的人居需求。

【销售专区】

克而瑞数据显示，恒基旭辉湖山赋项目2018年12月首次开盘，12个月即成交逾2300套，成交金额突破22亿元，在开福北颇为抢眼。中原地产数据显示，恒基旭辉湖山赋项目获得2019年9月开福区商品住宅销售面积榜第1名、2019年10月长沙市内五区别墅销售面积榜第1名。2019年1~11月，仅11个月即刷新开福区域内年度销量峰值历史纪录。

更多楼盘详情请扫码查看

绿城·青竹园

长沙 青竹湖畔 高端墅区 低密豪宅

绿城·青竹园坐落于长沙市开福区青竹湖畔，占地面积约130万平方米，目前主推建面137~302平方米中式合院，488~1200平方米法式别墅。

专家点评 陆劲·易居企业集团克而瑞数据业务事业部湖南区域总经理

14年深耕湖湘，于城北以高端中式合院传承千年文脉；25年绿城经验，于居住倾注的是百年建筑的实力品质。

项目地址：
长沙市开福区青竹湖镇高尔夫球场路222号

开发商：
湖南青竹湖国际商务社区开发有限公司

建筑类型：
别墅、合院

主力户型：
137~302平方米合院、488~1200平方米别墅

周边配套：
青竹湖湘一外国语学校、27洞青竹湖高尔夫球场

参考价格：
合院370万~620万元/套、别墅800万~2800万元/套

楼盘优势：
长沙城北青竹湖片区低密度、高品质生活住区，以不可复制的自然资源、品质卓越的建筑和丰富内敛的情怀，成为名副其实的豪宅。

项目解析

【区域维度】

绿城·青竹园坐落于长沙市开福区青竹湖畔，距长沙市核心商业区约15公里，周边有开福大道、芙蓉北路、东二环、中青路、湘江北路、青竹湖大道、高尔夫大道，回家路上都是景观大道。区域内还有军民融合科技城、文创产业孵化园、平瑞医药电商产业园三大项目集中开工。

教育配套方面，周边有青竹湖湘一外国语学校、湘一立信实验学校、湘郡长德、师大附中等学校相伴；医疗配套方面，有泰和医院、长沙市第八医院分院两大医疗健康机构坐镇。

项目拥有独特的自然景观配套，紧邻约530万平方米的太阳山森林公园、约120万平方米的27洞原山地高尔夫球场、黑麋峰风景区、鹅羊山森林公园等城市少有的自然资源。

【口碑维度】

绿城·青竹园项目十多年前进入湖湘，不断迭代，以法式、英式、意式、中式等多样风格，打造一批又一批的高端低密产品，逐渐成为湖湘人居典型，受到城市高端阶层的认可。

2014年9月24日，"亚洲十大超级豪宅"榜单将正式揭晓，绿城·青竹园项目荣膺"亚洲十大超级豪宅"称号，该榜单由世界经理人集团、《世界企业家》杂志主办，世界地产研究院等机构联合编制并发布。这是绿城·青竹园对城市的献礼，成为湖湘高端住宅圈里的一个"里程碑"事件。

今天，在湖湘人居不断求新求变的浪潮中，绿城·青竹园以自身的影响力和契合时代的新作品持续满足市场需求，于2019年推出"用美丽建筑诠释的美好生活"的中式合院。

【产品维度】

在新一代的中式合院中，绿城·青竹园传承古典建筑精髓，取名"云栖桃源"，意指"云栖山水间，诗酒种桃源"的诗意人生，开放了约5000平方米的中式样板示范区，令湖湘瞩目。

绿城·青竹园认为，中式之美在于中国传统的门第修为和院子里的山水，所以，云栖桃源的面世将中国的传统美学一以贯之，发扬光大。六境空间九品园艺，静享江南名园之美。此外，还附加"三进两院"的居所格局，东方重楼合院等元素，于一石一纹、一草一木、一窗一门中，营造庭院里山水中国的诗情和意境。

可以说，绿城·青竹园对每一代产品的定义和审美都是严苛、独特的。项目此次将长沙老城的建筑肌理与风雅八坊、绿城中式十二道工艺相融合，力求打造属于长沙人户户独门独院的中式合院。

【销售维度】

克而瑞数据显示，绿城·青竹园连续八年蝉联长沙独栋别墅销售冠军，2017年绿城·青竹园桃李春风中式合院创造"日光"业绩，2019年6月云栖桃源样板区开放当月再创单月劲销1.8亿元的佳绩。

在政策环境引导下，低密产品已成为市场稀贵产品。云栖桃源作为全新迭代中式合院，深入湖湘人文精粹，造就经典诗意院居。

更多楼盘详情请扫码查看

阳光城·尚东湾

长沙　高铁新城　浏阳河畔　生态大盘

阳光城·尚东湾集休闲娱乐、商务金融、居住、教育为一体，总建筑面积约 330 万平方米，是“中国地产 15 强”阳光城集团在高铁新城打造的超大规模城市综合体。

效果图

效果图

效果图

项目地址：

长沙市雨花区长沙大道 789 号

开发商：

长沙中泛置业有限公司

建筑类型：

住宅、商业

主力户型：

约 100~180 平方米三居、四居

周边配套：

浏阳河风光带、高铁南站

参考价格：

高层住宅均价 8500 元 / 平方米

楼盘优势：

阳光城·尚东湾位于长沙多位一体交通便利的高铁新城，交通、教育、景观、商业设施完善，产品类型多样化，涵盖刚需、改善等多种房源，性价比相当高。

专家点评

陆劲·易居企业集团克而瑞数据业务事业部湖南区域总经理

高热度板块高热度项目，高铁新城购房者「二手」名单之一，拥有高铁、景观资源、学校、品牌等优势。克而瑞数据显示，阳光城·尚东湾蝉联房企项目排行榜——长沙九区县2019年1~10月成交面积、金额、套数月度「三冠王」。

项目解析

【区域维度】

阳光城·尚东湾位于长沙高铁新城片区。作为中部地区区域性重要交通枢纽，京广、沪昆、渝厦三条高铁大动脉交会于此，片区被重点打造为长沙城市副中心、辐射长株潭城市群的城市商务中心，蓬勃发展之势一城共睹。

在交通选择上，享地铁2号线长沙大道站、高铁南站、黄花机场、7条公交线路便利，京港澳高速、机场高速路网连通全国；在景观资源方面，毗邻约2000米浏阳河风光带和约27万平方米合丰滨河公园（规划中），周边还有东湖湿地公园（在建中）、平阳生态乐园（在建中）、潭阳滨江乐园（规划中）、花候新市民公园。在教育资源方面，有长塘里阳光小学、长沙市一中雨花新华都学校等学府环伺；在商业方面，自建52万平方米集中商业和8万平方米社区底商（规划中），周边保利MAll、天虹CC、运达中央广场等商业日渐成熟。

【口碑维度】

阳光城集团于2019年度先后荣获“2019中国房地产开发企业15强”“2019年度最具投资价值房企”“2019中国房地产公司品牌价值10强”“中国房地产企业产品力10强”等荣誉，并连续6年蝉联“中国年度最佳雇主”。

约330万平方米体量，成就了阳光城·尚东湾独特的大盘魅力。入湘3年以来，阳光城集团始终坚持缔造品质生活的使命，无论是外部配套还是内部规划，阳光城集团以更懂长沙人的习惯与心思，为业主提供多方位生活保障，收获业主的认可。

克而瑞数据显示，阳光城湖南区域公司荣膺2019年1~10月长沙九区县商品住宅房企排行榜成交面积榜冠军、销售金额榜冠军。阳光城·尚东湾每一次新品入市，总会引起市场的强烈反响。在长沙副中心价格不断攀高的情况下，阳光城·尚东湾依然保持均价8500元/平方米、毛坯交付的标准，其性价比得到购房者的普遍肯定。

【产品维度】

阳光城集团自2016年入湘以来，三年五盘，持续向市场输出不同组团的优质住宅产品。阳光城·尚东湾此前已推出过青云苑、“蜜桃”“蓝莓”“青柠”等组团，今年更进一步，推出一线浏阳河景、学府环伺的凌云组团、愉景湾组团。

阳光城·尚东湾凭借其超大体量综合体、多位一体交通，名校、景观、商业齐全等优势，在配套日趋成熟的高铁新城拥有一席之地；同时，项目以规范化的管理和高标准的要求，着眼于细微，积极为业主创造秩序井然、舒适安居的生活环境，促进业主生活品质全方位提升。

目前，阳光城·尚东湾在售建面约100~[illegible]平方米的瞰景住宅，以三房正宜居的户型、多开间朝南的阳光起居规划、双套间式卧室布局、景观视野开阔的大阳台设计等特色，入市以来广受购房者喜爱。

【销售维度】

克而瑞数据显示，2019年1~10月，阳光城·尚东湾单项目以成交金额约62.47亿元、成交面积约71.46万平方米的成绩蝉联长沙九区县房企项目楼市成交面积、金额、套数月度“三冠王”。

更多楼盘详情请扫码查看

卓越中寰

长沙　滨江新城　金融之心　墅区高层

卓越中寰项目占地面积约 9.2 万平方米，总建筑面积约 42 万平方米，容积率 3.5，绿化率约 35%，由住宅、公寓、别墅、商业等形态组成。

项目地址：

长沙市岳麓区潇湘北路与含光路交会处西北角

开发商：

湖南绿岛明珠房地产有限公司

建筑类型：

别墅、高层、公寓、商业

主力户型：

110 平方米三居、142 平方米四居

周边配套：

湖南金融中心、FFC、3 纵 12 横路网、地铁 4 号线

参考价格：

14300 元 / 平方米

楼盘优势：

项目位于滨江新城金融中心处，相邻湘江财富金融中心（FFC），周边写字楼林立，各银行金融机构扎堆，畅享 3 纵 12 横路网，6 条过江通道。

专家点评

陆劲·易居企业集团克而瑞数据业务事业部湖南区域总经理

卓越中寰是滨江热点项目，滨江板块的产品稀缺性及市场对品质的追求，形成了项目「七开七捷」，屡次开盘累计超三倍认筹人数，区位优势助力项目热销。

项目解析

【区域维度】

湘江新区是中国第12个、中部地区首个国家级新区，也是推动长沙在更高起点上融入“一带一路”和长江经济带等国家战略的重要平台。区域划分包括梅溪湖在内的五大板块，其中滨江板块因湖南金融中心落定而备受瞩目，享有“长沙陆家嘴”之称。

卓越中寰地处滨江新城金融中心位置，隔街对望湘江FFC、凯德壹中心，周边拥簇渔人码头、凤巢游艇码头、湘江玖号、基金小镇等众多体验式商业。截至2019年第四季度，片区内已入驻金融机构以及配套企业352家，不乏民生银行、广发银行、浦发银行、农业银行、长沙银行、平安银行、东莞银行、三湘银行等银行巨头；交通上畅享3纵12横路网，6条过江通道可快速往返东西主城，距地铁4号线茶子山站仅约50米，属地铁上盖项目，未来周边还规划有东西走向的地铁9号线，出行路网通达，地理位置优势日益凸显。

【口碑维度】

卓越集团连续15年入选“中国蓝筹地产企业”，中国商业地产综合实力TOP3，在“2019中国房地产开发企业500强”榜单中位列TOP50。集团秉承卓越美学的开发理念，以塑造精品项目著称，入湘15年先后开发了含卓越中寰在内的8个优质项目。

别墅开发方面，卓越集团在长沙已开发建成卓越麓山别墅、卓越千山里、卓越青竹湖等别墅类高端盘，而卓越中寰定位为滨江新城城市墅质住区。项目联袂央企中国建设第三工程局有限公司承建，采用铝合金模板浇筑技术等创新手段，打造集合别墅、高层、公寓、商业建筑群等高规格业态规划的城市综合体。

【产品维度】

卓越中寰雄踞滨江A3地块，后续住宅用地已经不多。作为区域内少有的在售高端住宅，项目聘请梁黄顾建筑师(香港)事务所、GBD杜文彪两大知名事务所携手设计，以大师手笔，精技造园，巧用地块如山与谷的天然优势，引入“都市森林”设计概念，贯彻卓越美学，打造为建筑与自然共生的国际艺术住区，并与建面约1.6万平方米的茶山公园无缝衔接，卓著滨江人居秘境。

在户型设计上，项目主推建筑面积约110平方米、142平方米墅区瞰景高层，全面遵循大面宽、小进深、动静分区、功能完善的原则，空间兼具私密性与收纳功能，并全屋定制六大全装体系；相比同面积段产品实用性强、得房率更高，更符合现代人居居住美学。

【销售维度】

2019年2月23日，卓越中寰营销中心正式开放，共引来两千多批次的慕名者到访。克而瑞数据显示，项目于2019年4月3日首开，截至2019年12月23日，累计七次开盘，并实现七开七捷的销售业绩。目前，项目住宅已收官，公寓产品即将入市。

其中，2019年12月23日第七次开盘，推出3号栋最后一栋住宅238套房源，依旧吸引了数倍认筹量客户到场选房，当天即完成全部去化。七开七捷的销售业绩奠定了卓越中寰滨江的地位，也再次印证了卓越的品牌实力和匠心品质。

更多楼盘详情请扫码查看

碧桂园翘楚棠

2019 中国城市楼盘年鉴 专题项目

娄底 棠系中式 品质社区 品牌房企

碧桂园翘楚棠是碧桂园在娄底的第五个项目，总建筑面积37万平方米，容积率3.0，规划建设16栋带装修揽景高层、12栋带电梯览景华宅、1栋带装修商服产品，符合社会翘楚人士对静谧纯居社区的需求。

项目地址：

娄底市娄星南路与静安街交会处

开发商：

娄底众园房地产开发有限公司

建筑类型：

高层

主力户型：

116~146平方米三居至四居、约176平方米叠拼

周边配套：

城南中学、孙水公园、高铁站、尖山寨自然保护区

参考价格：

7300元/平方米

楼盘优势：

碧桂园新中式人文华宅项目，以中式风格凸显东方意趣，是文化底蕴浓厚的高质量智慧社区。

专家点评 陆劲·易居企业集团克尔瑞数据业务事业部湖南区域总经理

碧桂园翘楚棠是娄底首座「棠」系新中式作品，盘踞娄星南路、静安街两大交通要道，紧随城市发展脉络。区位价值、完善配套及棠系产品等诸多硬件设施，赢得市场的认可和青睐。

项目解析

【区域维度】

碧桂园翘楚棠盘踞娄主城市交通要道，北邻孙水河、孙水公园，南享尖山寨自然保护区。项目位于城南板块，五江碧桂园城市广场、万程商业广场、人文学院等城南商圈环绕，举步万象；距离凯旋大酒店约2.5公里，中国建设银行、中国农业银行、长沙银行、中国工商银行等均在2.5公里范围内。

【品牌维度】

碧桂园为“世界500强”企业，成立于1992年。截至2019年，已在全球布局超2000个高品质项目，有超400万业主在碧桂园安居乐业。碧桂园是为全世界创造美好生活产品的高科技综合性企业。碧桂园及其创始人热衷扶贫公益，截至2019年12月，碧桂园集团及其董事会主席杨国强、联席主席杨惠妍为全社会捐款累计超过55亿元，累计直接受益人数超36万人次。

【口碑维度】

碧桂园“棠系”经典力作，用心不一般。项目展示区借鉴书院的空间格局，打造四进空间礼序，营造四重景观体验。

一进“山门造势”，30多米的大门，气势磅礴，呈现书院空间结构，穿梭其中的细条装饰柱，倒影在层层跌水中，形象地表现出山为源、水为镜、院迎礼的含义。二进“画院相承”，运用中国传统造园手法，模拟大自然中的美景，结合禅宗理念在景观层次的解读，把建筑、山水、植物融为一体。三进“水院相合”，集合水、瀑、山、树等自然元素，还原书院居山清水秀之地，幽静云深之处，营造恬静雅逸的意境感受，巧妙地利用自然的景观而非雕梁画栋的硬质墙体，提升空间的气场与品质。四进“禅院相迎”，售楼部采用的是中式建筑风格中的禅院体系，整个外观气魄恢弘，给顾客一种威严肃穆的感觉，让客户不自觉身融其境。

【产品维度】

娄底碧桂园翘楚棠以中式风格凸显东方意趣。项目借鉴“湖湘书院机理”灵感，打造合院式布局，“拾级而上，五进四合，山为源，水为镜，院引礼”，一进一重景，一进一重礼。碧桂园集团凭借多年的高质量楼盘筑造经验，创新“棠系”户型，灵活利用每一寸空间，打造恬逸人居。主打建筑面积116~146平方米览景华宅，带装修、中央空调等智能配套交付。

“君子之待，润物无声”。好物业带来好生活，碧桂园物业服务涵盖住宅、商业中心、写字楼、公园、市政等多种业态，获得英国标准协会(BSI)核发的质量管理体系ISO认证。碧桂园物业始终以业主需求为导向，提供多样及专业的服务，令业主安枕无忧。

翘楚棠作为碧桂园湖南省重点项目，园林由区域设计管理部全心投入打造，在布局上延续中式丰富礼序，打造棠系新中式园林。通过对美好环境的营造，结合高尚物业服务，为当下精英人群创造代表性的生活方式。

更多楼盘详情请扫码查看

2019年永州房地产市场总结

行业发展历程

一、城市概述

永州，雅称“潇湘”，为湖南省地级市，是国家森林城市、国家历史文化名城。位于湖南省南部，潇、湘二水汇合处，下辖二区九县，总面积22441平方千米。2018年常住人口545.21万人。自公元前124年始置泉陵侯国以来，永州已有2100多年的建制史。

境内通过湘江北上可抵长江，南下经灵渠可通珠江水系，自古以来便是重要的交通要塞，是湖南通往广西、海南、粤西及西南各地的门户。2018年全年实现地区生产总值1805.65亿元，比上年增长7.8%。

二、行业现状

就湖南省而言，房地产市场继续调整，商品房销售面积下降，房地产用地出让均价下跌，房地产贷款增速放缓。但永州房地产开发投资仍然增长较快，2019年外来房企品牌，如碧桂园、万达、金科、雅士林、顺祥、溯禾等纷纷抢滩入驻，住宅房价基本稳定在6000~7000元/平方米，最高价约8300元/平方米，市场总体平稳。

三、政策环境

2019年，全国房地产市场运行的政策环境仍然偏紧，中央聚焦房地产金融风险，坚持住房居住属性，不将房地产作为短期刺激经济的手段。在此背景之下，2019年永州市场主管部门积极推进机构改革，狠抓市场监管，努力规范房地产市场，同时加强住房保障，旧城改造、租售并举等政策也在平稳推进。

四、土地市场

2019年永州土地市场成交宗数减少，成交面积大幅上升，大宗地块成为2019年市场交易主流，受到市场追捧。土地成交金额及成交均价呈几何倍数增长，项目土地开发成本大幅拉升。

五、房企布局

近两年来，永州楼市价格的上涨使地产开发有了一定的利润空间，各大地产商争先进入永州市场，同时也有本地知名房产企业“走出永州，跨越湘桂”。总体而言，永州房地产市场在2019年发生了一个显著的变化：由于地价上涨，由以本土房企为主导变为以外来企业为主导。

六、房产行业发展历程

2003年，永州第一个商品房项目舜德花园面世，直到两年之后，第一个电梯房项目中亚家园才出现。此后，永州房地产市场跟随国内楼市的脚步稳定增长，不断出现外来开发商的踪影。从2010年开始，永州房价开始进入相对快速的上涨期，2016年下半年至2018年上半年，更是跟随全国房地产市场经历了一轮高涨。2018年下半年至2019年，市场调整期房价持续上涨动力不足，过快上涨势头得到遏制，住房价格保持总体平稳。

城市年度市场解读

一、本地新政

永州市于2018年11月30日24时起正式停止购房契税补贴和农民购房补贴政策，主要涵盖两方面内容，即停止农民购房补贴政策和停止对购买新建商品房的契税财政补贴政策。此举对 2019 年永州楼市影响较大，但 2019 年永州并未颁布有关楼市的重大新政。

二、年度土地供应

2019 年永州全市国有建设用地的供应计划总量为 1600.83 万平方米。其中，住房用地计划供应 549.83 万平方米，包含商品住房用地计划供应 474.64 万平方米，其中中小套型商品住房计划用地 272.14 万平方米，占了五成。

表 2-19　2019 年永州市国有建设用地供应计划表

用途区县	合计		商服用地	工矿仓储用地	住宅用地						公共管理与服务用地	交通运输用地	水域及水利设施用地	特殊用地
					小计		廉租房用地	经济适用房用地	商品房用地	其他用地				
		其中新增				其中新增								
合计	1600.83	786.41	204.17	14.43	549.83	182.11	10.00	0.02	474.64	65.17	244.99	269.58	6.78	11.05
市本级	488.28	95.81	55.02	72.40	256.86	42.62	0.00	0.00	236.63	20.23	39.17	62.02	0.00	2.81
祁阳县	116.26	67.22	14.93	35.26	31.47	5.67	0.00	0.00	23.43	8.04	18.83	15.77	0.00	0.00
东安县	69.28	54.78	11.14	7.00	30.16	15.40	0.00	0.00	23.33	6.83	10.98	0.00	0.00	0.00
双牌县	69.56	31.13	0.85	28.10	17.01	16.48	0.00	0.00	10.60	6.41	16.46	1.78	0.00	5.36
道县	119.75	77.88	15.58	19.40	70.82	28.95	0.00	0.00	70.82	0.00	6.71	7.24	0.00	0.00
江永县	54.66	27.38	3.97	15.83	15.81	0.00	0.00	0.00	13.88	1.93	16.05	3.00	0.00	0.00
宁远县	276.94	201.47	43.32	18.24	31.96	12.15	0.00	0.00	29.82	2.14	90.49	92.34	0.59	0.00
蓝山县	98.21	81.36	9.70	29.45	35.15	23.92	0.00	0.02	30.83	4.30	18.70	0.00	2.33	2.88
新田县	131.49	124.84	31.74	28.66	35.42	33.56	10.00	0.00	25.42	0.00	2.00	33.67	0.00	0.00
江华瑶族自治县	176.40	24.54	17.92	50.09	25.17	3.36	0.00	0.00	9.88	15.29	25.60	53.76	3.86	0.00

表 2-20　2019 年永州市各类住房用地情况

类别 区县	合计		廉租房用地	经济适用房用地	商品房用地			其他住宅用地				
					小计		中小套型商品住房（含限价房）用地	小计		公共租赁房用地	棚户区改造用地	安置房用地
		其中新增				其中新增			其中新增			
合计	549.83	182.11	10.00	0.00	474.64	166.41	272.14	65.19	15.70	12.82	27.00	25.37
市本级	256.86	42.62	0.00	0.00	236.63	42.62	110.06	20.23	0.00	0.00	12.97	7.26
祁阳县	31.47	5.67	0.00	0.00	23.43	5.67	14.25	8.04	0.00	0.00	8.04	0.00
东安县	30.16	15.40	0.00	0.00	23.33	15.40	10.23	6.83	0.00	0.00	2.44	4.39
双牌县	17.01	16.48	0.00	0.00	10.60	10.60	10.60	6.41	5.88	0.00	1.62	4.79
道县	70.82	28.95	0.00	0.00	70.82	28.95	30.89	0.00	0.00	0.00	0.00	0.00
江永县	15.81	0.00	0.00	0.00	13.88	0.00	9.35	1.93	0.00	0.00	1.93	0.00
宁远县	31.96	12.15	0.00	0.00	29.82	10.01	25.50	2.14	2.14	0.00	0.00	2.14
蓝山县	35.15	23.92	0.00	0.00	30.83	19.60	18.54	4.32	4.32	4.30	0.00	0.02
新田县	35.42	33.56	10.00	0.00	25.42	33.56	32.84	0.00	0.00	0.00	0.00	0.00
江华瑶族自治县	25.17	3.36	0.00	0.00	9.88	0.00	9.88	15.29	3.36	8.52	0.00	6.77

三、 年度土地成交

2019 年 1~12 月，永州市共挂牌成交住宅、商业（商服）、商住类用地 147 宗，成交面积 3683705 平方米，共 5525.6 亩，成交总额 1460003 万元。其中，中心城区（冷水滩区、零陵区、经开区）挂牌成交 17 宗，成交面积 807531 平方米，共 1211.3 亩，成交总额 328668 万元，成交均价合每亩 271.3 万元。

四、年度住宅供应

2019 年，永州主城区（冷水滩区、经开区）住宅供应量为 14467 套，总供应面积 173.16 万平方米，同比 2018 年分别增长 18.7% 和 13.1%。

五、年度住宅成交

据公开的网签数据，2019 年永州主城区（冷水滩区、经开区）住宅共成交 7230 套，总成交面积约 89.16 万平方米，同比 2018 年分别大幅下降 42.8% 和 43.9%。

2019 年供应量走高，成交走低，供求关系明显不合理，市场严重供过于求，加剧了库存量。

六、年度住宅存量

库存方面，目前永州主城区（冷水滩区、经开区）新建商品住宅库存约 1.3 万套，较年初的 1.05 万套有所增加，增幅约 23.8%。按 2019 年月平均成交量计算，当前永州主城区（冷水滩区、经开区）商品住宅出清周期约为 21.6 个月，较 2018 年末有大幅拉长。

七、区域成交表现

从各板块成交量来看，东部新城、滨江新城板块为主力，成交量占主城区的 43%。

就目前的新盘分布来看，滨江新城板块将持续发力，目前该板块有超过十个楼盘在建在售，其中包括湖禾·荷园悦府、林馨苑、玛珂里、中建信和文旅综合体这样的大型在建新项目，将不断给滨江新城输送新鲜血液。

东部新城则主要依靠岳麓青城·万达广场、碧桂园·黄金时代两大楼盘带动，拉高了该区域的成交量。

八、成交结构表现

以面积划分，2019年的主力成交面积段仍以110~130平方米的户型为主，几乎占到70%，产品以满足刚需、刚改为主流。

不过，鉴于主城区，尤其是河东新建商品房房价居高不下，一些新开工的楼盘，在户型产品规划上增加了一些100平方米以下的小户型。未来两年，80~100平方米的中小户型成交比重会有所增加。

九、成交项目排行

2019年，永州主城区（冷水滩区、经开区）住宅网签销售套数榜上，岳麓青城·万达广场、雅士林·湘府、中大·星河湾分列前三，网签套数分别为1594套、895套和433套。排行榜前三位项目销售套数占总成交套数的41%。

十、成交房企排行

以项目数量论，碧桂园（在售在建项目11个）、宏一地产（7个）、顺祥集团（3个）、万达（2个）在永州项目较多，体量较大，销售情况良好，成交量相对可观。

十一、商业、公寓及办公

经有关部门调查，永州市中心城区的非住宅商品房开发的总面积达458万平方米，库存量为290万平方米，其中，冷水滩区库存量约为139万平方米，零陵区约为115万平方米，经开区约为36万平方米。

十二、年度房价走势分析

2019年永州主城区（冷水滩区、经开区）整体成交均价为6542元/平方米。从各月份数据来看，整体房价会随成交区域有较大波动，其中9月、10月均价超过7000元/平方米，这两个月正是岳麓青城·万达广场集中网签的时间，目前该项目的网签成交均价为7842元/平方米，远远超过同区域楼盘，为目前主城区网签均价最高的新盘。

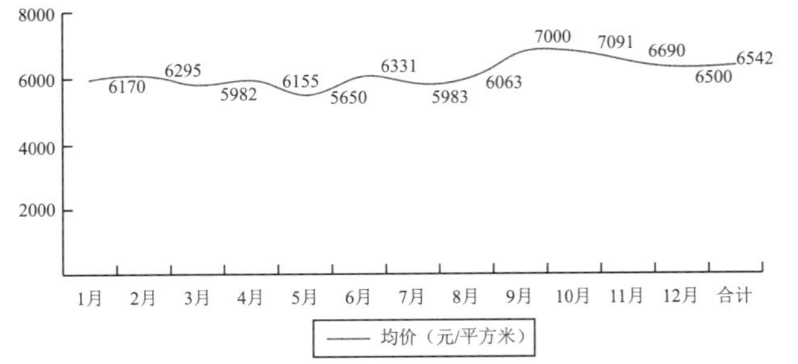

图2-34 2019年永州市房价走势图

十三、热点板块分析

滨江板块无疑是2019年关注度最高的区域。从永州大道改造通车到九嶷大桥全线通车，再到新政务中心投入运行，无一不证明着滨江新城的崛起腾飞。在永州两城联融的城市发展大趋势下，开发商也纷纷聚集于此开发新盘。

此外，经开区板块随着一系列优质楼盘的推出，也成为热门板块，未来可期。

十四、未来展望

永州城区的人文、生态、水资源优势在湘南地区是比较突出的，在中央提倡的加快推进生态文明建设的大时代背景下，在政府主导的城市进程和城镇化率的有效推进中，未来几年永州的生态优势将会助力永州城市发展，实现弯道超车的发展路径，永州房地产行业或将搭上这个时代顺风车，迎来很大的发展空间。

数据来源：永州市国土资源网上交易系统、永州市住房保障服务中心。

2019 年永州房地产在售楼盘概览

楼盘名称	城市名称	城区	地址	物业类型
永州古玩市场	永州	冷水滩区	冷水滩区河西凤凰路与湘跃路交会处	普通住宅、商铺
城市绿岛	永州	冷水滩区	冷水滩区河西凤凰园中心花坛	普通住宅、商铺
滨江豪园新城	永州	冷水滩区	冷水滩区河东清桥路 13 号	普通住宅、商铺
江南幸福里三期	永州	冷水滩区	冷水滩区珊瑚东路与月岩路交会处东北角	普通住宅、商铺
中央新城	永州	冷水滩区	冷水滩区河西火车站站前区潇湘大道旁	普通住宅、商铺、建筑综合体
永州 1 号	永州	冷水滩区	冷水滩区永州市政府东南边	普通住宅、商铺、商住、建筑综合体
宏一·珊瑚海	永州	冷水滩区	冷水滩区珊瑚路新火车站前 300 米	普通住宅、商铺
永州才子佳苑	永州	冷水滩区	冷水滩区新火车站传芳路与站前南路东北角	普通住宅、商铺
永州书香名邸	永州	冷水滩区	冷水滩区传芳路以西与西区路以北交会处（新四中南大门往西 50 米）	普通住宅、商铺、商住、建筑综合体
博诚·春江壹号	永州	冷水滩区	冷水滩区湖塘路与春江路交会处	普通住宅、商铺
宏一·加州小镇	永州	冷水滩区	冷水滩区永州大道东侧烟草局斜对面	别墅、商业、洋房
愿景国际广场	永州	冷水滩区	冷水滩区政府斜对面、永州职业技术学院（老农校）正对面	普通住宅、商铺
湘江美郡	永州	冷水滩区	冷水滩区长丰大道与金水路交会处	普通住宅、商铺、建筑综合体
麒麟公馆	永州	冷水滩区	冷水滩区湘永路与永州大道交会处(市委向东 1200 米)	普通住宅、商铺、建筑综合体
中邦世纪广场	永州	冷水滩区	冷水滩区湘永路与双洲路交会处	普通住宅、公寓、写字楼、商铺、建筑综合体
金盘世界城	永州	冷水滩区	冷水滩湘江东路(滨江公园)	普通住宅、写字楼、公寓、商铺、建筑综合体
佰乐福新农贸商业广场	永州	冷水滩区	冷水滩区零陵北路 255 号	普通住宅、写字楼、商住、商业
佳信·御珑湾	永州	冷水滩区	冷水滩区宋家洲南湘江西路	普通住宅、别墅
十里江湾	永州	冷水滩区	冷水滩区湘江西路与南甸路交会处	普通住宅、别墅
鸿腾御景	永州	冷水滩区	冷水滩区梧桐路与紫金路交会处	普通住宅、商住商业、洋房
春江·帝景湾	永州	冷水滩区	冷水滩区湖塘路与春江路交会处	普通住宅、商铺
丽水琴湾	永州	冷水滩区	冷水滩区永州大道与城南大道东交会处	普通住宅、写字楼、商铺
江御公馆	永州	冷水滩区	冷水滩区进贤路与桐木井路交会处	普通住宅、建筑综合体

楼盘名称	城市名称	城区	地址	物业类型
正道天年半山公馆	永州	冷水滩区	经济技术开发区梓塘路 199 号	普通住宅、商铺
永州大市场	永州	冷水滩区	冷水滩区零陵北路与九嶷大道交会处	普通住宅、商铺、商住、建筑综合体、商业
中大·星河湾	永州	冷水滩区	冷水滩珍珠路与紫霞路交会处（剑桥实验中学旁）	普通住宅
江湾半岛	永州	冷水滩区	冷水滩区九嶷山学校三对面	普通住宅、公寓
红太阳·江岸花城	永州	冷水滩区	冷水滩区育才路与湘江东路交会处东南角（原电力花园斜对面）	普通住宅、商铺
万商红·御景中央	永州	冷水滩区	冷水滩区永州大道与李达大道交会处	普通住宅、商铺
金色旺角	永州	冷水滩区	冷水滩区凤凰园香江路与紫霞路交会处	普通住宅、商铺
紫霞御苑	永州	冷水滩区	冷水滩珍珠路与紫霞路交会处西南角	普通住宅、商铺
倚山瑞府	永州	冷水滩区	冷水滩区零陵南路东侧(瑶湖小学旁	普通住宅
雅士林·湘府	永州	冷水滩区	冷水滩区永州大道西侧	普通住宅、商铺、商业
永州碧桂园·新都荟	永州	冷水滩区	冷水滩梧桐路与传芳路交会处	普通住宅、商铺
岳麓青城·万达广场	永州	冷水滩区	冷水滩区永州大道与中兴路交会处（妇幼保健院斜对面）	普通住宅、商业
水映香山	永州	零陵区	零陵区潇水东路与香零山路交会处（十一中斜对面）	普通住宅
书香府邸	永州	东安县	东安县天成实验学校东侧	商业
潮禾·荷园悦府	永州	冷水滩区	冷水滩区湘江新城永州大道西侧（加州小镇旁）	普通住宅
宏一城市广场	永州	冷水滩区	冷水滩区[illegible]大道与梧桐路交会处	公寓、别墅、建筑综合体
嘉信悦城	永州	冷水滩区	冷水滩区[illegible]路与毛里山路交会处	普通住宅
海湘华府	永州	冷水滩区	冷水滩区零陵南路一朱家[illegible]广场旁	普通住宅
碧桂园·天玺湾	永州	冷水滩区	冷水滩区[illegible]江西岸·曲河[illegible]旁	普通住宅、公寓、商铺、商业、自持物业
海湘学府	永州	冷水滩区	冷水滩区[illegible]湖塘路弘文学校旁	普通住宅、商铺
翰林苑二期	永州	零陵区	零陵区[illegible]宗元路与芝山大道交会处（永州市一中大门对面）	公寓、写字楼、商铺、商住、建筑综合体
苏通国际新城·玫瑰苑	永州	零陵区	零陵区[illegible]路与芝山[illegible]交会处	普通住宅、建筑综合体
红星国际广场	永州	零陵区	零陵区[illegible]阳明大道与[illegible]路交会处	普通住宅、商住

楼盘名称	城市名称	城区	地址	物业类型
水墨兰庭	永州	零陵区	零陵区芝山北路（一中往汽车总站方向 300 米）	普通住宅、公寓
创发城 · 零陵郡	永州	零陵区	零陵楼东 200 米怀素公园对面潇水中路与徐家井路交会处	普通住宅、公寓、别墅、写字楼、政策房、商铺、建筑综合体
零陵古城	永州	零陵区	零陵区萍阳南路柳宗元文化旅游区旁	普通住宅、别墅、商铺
香零公馆	永州	零陵区	零陵区阳明大道（十一中旁）	普通住宅、公寓、商业、建筑综合体
零陵 · 珊瑚海	永州	零陵区	零陵区阳明大道东侧（花样年华对面）	普通住宅
苏通国际新城	永州	零陵区	零陵区芝山北路与黄盖路交界处	普通住宅、商铺
金科 · 桃李郡	永州	零陵区	零陵区芝山北路一中旁（原乐堡夜市）	普通住宅
日升 · 壹方中心	永州	零陵区	零陵区芝山北路与日升西路交会处（七里店小学旁）	普通住宅
顺祥金街	永州	零陵区	零陵区芝山北路与迴龙塔路交会处（零陵汽车站出站口对面）	公寓、商铺、商业
祁阳金沙湾	永州	祁阳县	祁阳县金盆西路县政府向西 300 米	普通住宅、商住
翰林御景	永州	祁阳县	祁阳县陶铸路 508 号（原祁阳氮肥厂）	普通住宅、公寓、商铺
湘江壹号	永州	祁阳县	祁阳县县政府往西 800 米（金盆西路与栖霞路交会处）	建筑综合体
祁阳步步高 · 新天地	永州	祁阳县	祁阳县滨湖路与椒山北路交会处	普通住宅、商铺
祁阳宏一 · 珊瑚海	永州	祁阳县	祁阳县银岭路与栖霞路交会处（明德小学西侧）	普通住宅
明德学府	永州	祁阳县	祁阳县银岭路明德小学西侧	普通住宅
孝德 · 荣尊府	永州	祁阳县	祁阳县平安西路公安局往西 600 米（杨梅湖公园对面）	普通住宅、商铺
宏一 · 祁山公馆	永州	祁阳县	祁阳县银岭路与长虹路交会处（地税局旁）	普通住宅、商铺
顺祥郡	永州	祁阳县	祁阳县万联超市德克士旁	普通住宅、商铺
铜锣湾杨梅湖新城	永州	祁阳县	祁阳县平安西路与栖霞路交会处东南角	普通住宅、别墅、写字楼、商铺、建筑综合体、商业
中央一品	永州	祁阳县	祁阳县金盆西路与长虹路交会处（新中医院正对面）	普通住宅
凯盛花园	永州	祁阳县	祁阳县经开区长流路与渡香路交会处（凯盛鞋厂后）	普通住宅、商铺
金印豪庭	永州	宁远县	宁远县九嶷南路与宁嘉公路交会处	普通住宅
世纪汇	永州	宁远县	宁远县毛家饭店一楼	普通住宅、商铺
莲花壹号公馆	永州	宁远县	宁远县泠江路原公安局地块（实验小学旁）	普通住宅、商铺

楼盘名称	城市名称	城区	地址	物业类型
东方丽都	永州	道县	道县工业大道与东洲北路交会处	普通住宅、公寓、商铺
锦绣花园	永州	道县	道县道州北路中国人民银行对面	普通住宅
海湘城	永州	道县	道县道州南路（敦颐学校正对面）	普通住宅、公寓、商铺
金帆凯旋国际	永州	道县	道县道州北路（和一大酒店斜对面）	普通住宅
锦绣乾城	永州	道县	道县道州工业大道往东 500 米	普通住宅、公寓、商业
福宁五金建材物流园	永州	道县	道县道州南路与兴隆路交界西北角	商铺
道州逸品潇湘	永州	道县	道县道州北路与湘源路交会处（和一酒店对面）	普通住宅
展鹏 · 道州陶瓷建材城	永州	道县	道县道州南路与兴隆路交界处西南角	普通住宅
城南学府	永州	道县	道县道州南路与潇水南路交会处	普通住宅
中央名邸 . 汇金时代	永州	道县	道县湘源大道与潇水北路交会处	普通住宅、商业
华申滨江国际新城	永州	东安县	东安县同心路以南	普通住宅、商铺
潇湘第一城	永州	东安县	东安县白牙市镇东安大道与官田路交会处	普通住宅、公寓、商铺、商业
园丁花苑	永州	东安县	东安县东安大道(新党校对面)	普通住宅、商铺、商业、建筑综合体
万兴雅苑	永州	东安县	东安县东安火车站站前大道	普通住宅、商铺
新瑞 · 舜德佳苑	永州	东安县	东安县舜德路舜德学校（新四小）东侧 200 米	普通住宅
水岸兰庭	永州	东安县	东安县沿江西路水上乐园对面	普通住宅
滨江 · 幸福湾	永州	东安县	东安县沿江西路	普通住宅
徐福 · 御澜府	永州	东安县	东安县东安舜德学校前行 30 米	普通住宅、商铺、建筑综合体
恒惠 · 春天里	永州	东安县	东安县宝田路舜德大桥西（四小旁）	普通住宅
东安碧桂园	永州	东安县	东安县官田北路与广源路交会处	普通住宅
梦成 · 东安府	永州	东安县	东安县东安大道与仁廉路交叉口往舜皇大道方向 50 米	普通住宅
东安徐福 · 桃花源	永州	东安县	东安县天成实验学校旁	普通住宅、商铺、商业
望江府	永州	东安县	东安县站前大道与东安大道交会处（天诚学校对面）	普通住宅、商铺
逸品蓝山	永州	蓝山县	蓝山县南平东路	普通住宅
湘源壹号	永州	蓝山县	蓝山县南平东路交警队往东 500 米（畜牧局对面）	普通住宅
金盘 · 蓝山城	永州	蓝山县	蓝山县东方大道和平汽车站西侧	自住型商品房

楼盘名称	城市名称	城区	地址	物业类型
金湖水岸	永州	江华县	江华瑶族自治县江华城西新区金牛大道	普通住宅、商铺、商业
双龙·幸福城	永州	江华县	江华瑶族自治县沱江镇冯乘路570号（原双龙纸业）	普通住宅、别墅、商铺
一方泷台	永州	江华县	江华瑶族自治县江华大道国土局旁	普通住宅、商铺
江华新城	永州	江华县	江华瑶族自治县江华大道西段（火车站斜对面）	普通住宅
瑶都碧桂园	永州	江华县	江华瑶族自治县江华神州瑶都大酒店旁	普通住宅、商铺
江华宏一·珊瑚海	永州	江华县	江华瑶族自治县萌渚路与滨江大道交会处	普通住宅
一方·龙悦台	永州	江华县	江华瑶族自治县瑶都大道祥龙城市花园北侧	普通住宅
瑶族古镇	永州	江华县	江华瑶族自治县江华大道与瑶族大道交会处（江华火车站至江华大道第一个一字路口）	商铺、商住、自住型商品房
盛世龙岸	永州	新田县	新田县天马路与公园路交会处	普通住宅
新城国际	永州	新田县	新田县新汽车站出站口旁（党校对面）	普通住宅
中府国际广场	永州	新田县	新田县龙泉镇秀峰街与工农路交会处	普通住宅、写字楼、商铺
开元·怡华城	永州	新田县	新田县怡华路（[illegible]学校旁）	商业
润兴·首府	永州	新田县	新田县新汽车站[illegible]200米	商铺、建筑综合体、商业
华农小镇	永州	新田县	新田县新嘉大道与公园西路交会处（孝文化公园旁	普通住宅、别墅、公寓、商铺、商住
华诚·诺金央宸	永州	新田县	新田县双碧街政务中心斜对面	普通住宅、写字楼、商业

城市绿岛

- 2019年 -
中国城市楼盘年鉴
典型项目

永州　中大地产　城市绿岛　省级园林

城市绿岛是永州市中大房地产开发有限公司的匠心力作，是永州市中心城区被评为“省级园林式小区”的项目。城市绿岛努力保留了60年原生香樟林，以幽然清风呈现永州多重春天。

专家点评　严政南·《永州楼市》总策划

城市绿岛开发已十年有余，十年之间，口碑未减，大境已成。坐享凤凰园成熟地脉，园林步步升级。E栋「天玺」N+N创变户型，赠送率高达34%，85米楼间距，阳光清风不请自来；与「农校」永州工程信息学院一墙之隔，才出家门，就入校门。

项目地址：
永州市冷水滩区凤凰园中心花坛

开发商：
永州市中大房地产开发有限公司

建筑类型：
高层

主力户型：
100~140平方米三居、四居

周边配套：
永州职业技术学院、区政府广场、步步高超市

参考价格：
E栋均价7200元/平方米

楼盘优势：
湖南省级园林式小区，规划85米阔绰楼距，设置架空层全龄泛会所，与“农校”永州工程信息学院一墙之隔。

项目解析

【区域维度】

永州市中大房地产开发有限公司高瞻远瞩，择址冷水滩区紫霞路与凤凰路交会处，重金开发了“城市绿岛”项目；地处凤凰园中心城标，立体交通，畅达八方。

聚林成岛，是为“绿岛”。在城市之中打造一处市民的诗意栖居地，是城市绿岛的开发理念。项目秉承绿色、生态、可持续发展理念，保留了60年原生香樟林；25万平方米英式园林社区，景观绿化达40%以上。此外，城市绿岛与逾13万平方米生态“农校”永州工程信息学院仅一墙之隔，相映成趣。

城市绿岛底层全架空，在架空层内设计了不同景观及运动休闲场所，既能引风景入室，又能让架空层泛会所成为业主的“第二家庭空间”。中央湖景连接观水亭台、凌波木栈道等景观组团，“人”与“景”相辅相成，让人走到自然中来，让自然回归到人的生活中去。“和谐零距离，邻里一家亲”，城市绿岛携手中大物业管家，进行封闭管理。人脸识别系统、社区直饮水系统、智能安防系统、车辆识别系统，让业主尽享生活尊荣。

【品牌维度】

中大地产集房地产开发、物业管理等于一身，多年来致力于城市美好人居建设，筑就了长沙森林城、永州城市绿岛等项目。其中，城市绿岛2008年被永州市房交会组委会授予“永州市房地产最具影响力楼盘”，并荣获“2010年度永州十大名盘”“2012年度永州生态宜居典范楼盘”等称号。2018年，被湖南省住房和城乡建设厅评定为“省级园林式小区”，在腾讯房产“2018永州楼市总评榜”中，获得“好口碑奖”与“2018年度永州房地产十大名盘”。2019年，被永州首届网络房交会组委会评定为“生态宜居楼盘”，中大地产获评“2019年扶贫帮困众筹明星企业”。

城市绿岛携手中大物业自营品牌，旨在为业主营造安全、舒适的自由空间，为上流阶层定制高端品质生活。2014年，中大物业被永州市物业管理协会授予“‘创国卫建优美物业小区’竞赛活动先进单位”；2015年被永州市房产局授予“创建国家卫生城市先进单位”。2018年，城市绿岛被永州市冷水滩区人民政府办公室授予“绿色小区”荣誉称号。

【口碑维度】

“十年树木，百年树人”，十载春秋，木已成林。2018年，城市绿岛被湖南省住建厅评定为“湖南省园林式小区”。10年深耕，城市绿岛愈加重视产品品质的提升和美好生活方式的落地，已成长为冷水滩区凤凰园板块的“经典地产”和“上乘人居建筑”。

【产品维度】

城市绿岛在售三期项目“天玺”，在园林设计方面再度升级；128米环形步行栈道、五层台地水系景观、欧陆新古典园林，再筑醇美花园。此外，开发公司放弃建设一栋楼，将三期的楼间距拉大到85米以上；阳光通透，名花异草种植其间，还天地于自然。三期100~140平方米“N+1+1”全明户型，每户均有1~3个观景阳台，每个卧室都带有步入式飘窗，34%高赠送率。

更多楼盘详情请扫码查看

东安徐福·桃花源

2019年 中国地方楼盘年鉴 典型项目

永州　区域热盘　人气红盘　城市门户

东安徐福·桃花源是徐福集团在东安的第七城，匠心选址东安门户，地处城东行政区，坐享千亿级城市基建配套，位于东安大道北侧、环城东路西侧，与千年紫水、东滩公园隔路相望。

项目地址：

中国东安天成实验学校旁

开发商：

永州阳光御江苑房地产开发有限公司

建筑类型：

高层

主力户型：

108~180 平方米三居、四居、五居

周边配套：

天成实验学校、东安高铁站、紫水湿地公园

参考价格：

一期均价 4200 元 / 平方米

楼盘优势：

坐拥超 20000 平方米江南山水园林，约 3000 平方米中式古镇商业街，近邻青少年图书馆。

专家点评

唐富平·乐居永州站主编

宽境户型，高达25平方米拓展空间，楼距超百米，户户瞰园林。遵循正统园林建造技法，打造2万平方米江南园林。业主专属图书馆内含5万余册藏书；斥资百万引入一水幕电影，已成为城市新名片。

项目解析

【区域维度】

项目匠心选址东安门户，地处城东行政区，坐享千亿级城市基建配套，位于东安大道北侧、环城东路西侧，与千年紫水、东滩公园隔路相望。

东安徐福·桃花源项目占地68亩，以陶渊明的《桃花源记》为台本，倾力打造了超20000平方米的江南山水园林，一山四水、八园十二景。项目入口处则秉承皇家行宫园囿，斥巨资打造王府门楼、江山照壁、汉白玉御道、镜水湖面等，重现四水归堂、五进归家的皇族礼序。

教育方面，项目紧邻东安知名私立学校——天成实验学校，多年来，其小学部、初中部优秀率位居全县第二名，高中部优秀率位居全县第一名，是当之无愧的“东安明星学校”。

生态资源方面，与紫水河、东滩公园、海竹山仅一路之隔，推窗见景、信步可达；1公里范围内更有包括独秀岭森林公园在内的四大公园，环抱自然，生态绿心。

生活配套方面，社区规划了约3000平方米中式古镇商业街，建筑风格独特、业态规划丰富，大大满足了小区家庭住户的日常购物所需。另外，东面规划超6万平方米大型商业体，与南边的高铁商业群体共同构成项目所在东安新城的中心商业圈。

打造全年龄运动社区，童梦乐园、桃园戏台、长者休闲会所、健身中心、桃花源图书馆等，后者作为东安县图书馆桃花源分馆，占地面积约200平方米，藏书高达5万余册。内设有借阅区、阅读区、饮品区等功能分区，定时为读者免费提供茶点。

交通方面，项目位于东安城的门户、东安大道与环城东路十字路口交会处，东安大道双向八车道规划，向西贯穿东安老城区，短时畅达全城；向东是冷东公路直通冷水滩，驱车不久便可尽享市区繁华。向南1公里即东安高铁站，无缝接驳北上广深。

【品牌维度】

徐福集团历经30年峥嵘历程，地产、物业、商超、电器四业并举，格局磅礴。深耕湖南10载10城，以“为精品而生”的理念，驱动湖南人居品质不断向前。项目屡次荣获“省市十大优秀园林奖”“市民最喜爱楼盘奖”“十佳楼盘奖”“最佳品质楼盘奖”等殊荣。徐福集团秉承“交付区品质卓越示范区”标准，立志百年企业，与时代共迈进。

集团旗下设有四大房地产经营子公司，进行项目全程运营管理服务，拥有专业的物业管理团队——福物业自营品牌，具备国家一级物业资质，获评“2019中国物业服务100强企业”。设立“福式”服务理念，专注高端品质生活，服务超20000位业主，提供前期介入、入伙交楼、日常管理等一系列物业管理服务。

【口碑维度】

项目打造108~180平方米江园双景大宅，主要包括108平方米、122平方米、143平方米、180平方米四个户型，通过30项产品设计升级，拥有高赠送使用面积，部分户型可达到100%的使用率。小区以围合式布局规划，户户俯瞰园林美景，堪称“国粹级中式园林”，雕刻属于东安人的专属资产。

更多楼盘详情请扫码查看

中大星河湾

- 2019年 -
中国城市楼盘年鉴
典型项目

永州　湖居生活　城市封面　智慧社区

中大星河湾占据城市核心区位，比邻城市主干道珍珠路、紫霞路，多维立体交通、通达四方。项目为冷水滩区政府、火车站、步步高核心商圈聚集之地，勾勒出集优质生活、高端商务、行政教育于一体的生活版图。

项目地址：
永州市冷水滩区珍珠路与紫霞路交会处东南角

开发商：
永州市中大实业发展有限公司

建筑类型：
高层

主力户型：
120~150 平米四居、五居

周边配套：
区政府商圈、火车站商圈、剑桥实验学校

参考价格：
一期均价 5900 元 / 平方米

楼盘优势：
超 10000 平方米中心景观湖景，4.0 智慧型社区，周边配套成熟齐全。

专家点评

文开森·永州市房地产行业发展联合会秘书长

项目地处城市核心区位，位于火车站商圈、冷水滩区政府两大商圈聚合的核心腹地，楼盘规划设计理念高端，规划了近10000平方米中央内湖，双层观景，并引入高端智慧社区的设计理念、十大核心科技系统，为项目创造高端价值。

项目解析

【区域维度】

中大星河湾占据城市核心区位，西邻城市主干道珍珠路，北邻紫霞路，多维立体交通、通达四方。项目为区政府商圈、步步高商圈、火车站商圈三个城市级核心商圈聚集之地，聚合政务区配套、商业消费圈、优质教育配套等三大中心的优质资源，勾勒出集居住生活、商业配套、行政教育于一体的生活版图。

【品牌维度】

项目设计融入科技理念，匠造前瞻高端品质住宅社区，目标客群为城市高端改善客户，倡导一种全家共享的美好生活形态。较之市场现有产品，项目在建筑、配套、产品和教育四个方面均有较大改善和提升，为城市精英家庭打造健康、丰富的生活方式；不仅为精英人士提供完善住所，更全方位配套都市精英的活力生活。

项目采用经典法式建筑风格。屋顶精致的老虎窗，高贵别致，仿佛置身于皇家宫殿；外立面局部使用干挂石材，墙体浮雕，方寸之间尽显纯粹高贵。六栋接近100米高的法式风格高层建筑群，令人过目不忘。

【口碑维度】

永州中大实业发展有限公司是一家业务多元化的集团公司，业务范围涵盖地产、物业、特种水泥等。开发房地产面积达数百万平方米，开发建设的多个楼盘以其匠心品质，深受市场和客户的青睐。与此同时，公司为贫困学子和乡村公益捐款达600多万元，为支持社会主义新农村建设及教育做出了贡献。

【产品维度】

中大星河湾将智能科技植入住宅及社区，倾力打造智慧生活4.0，从规划、社区、安防、产品等角度全方面构建智慧人居标准，核心为智能安防系统、可视对讲门禁系统、智能感应停车系统、防盗子母门、高科技静脉锁入户、社区WiFi覆盖、社区直饮水系统、节能隔音门窗系统等十大核心科技系统。

在景观设计上，斥巨资打造约10000平方米下沉式中心内湖，集观景休闲、健身娱乐于一体。社区以欧式风情园林为范本，引天然活水造景，将休闲广场、花坛、台阶、雕塑、植被、流水、欧式廊亭等丰富元素点缀其中。

户型设计上侧重精致实用，为不同精英人士量身定制丰富户型。100~180平方米奢华户型空间，超大赠送面积，全明通透、双阳台、转角飘窗，有限面积内缔造更多灵动空间。

与此同时，住宅首层采用全架空设计，根据不同的主题功能区，设置健身室、棋牌室、儿童游乐场、阳光书吧等，同时规划不同主题的室内景观，打造休闲泛会所。地面无车的人车分流设计，将行车隐入地下，把地面空间、安静安全还给生活。

【销售维度】

案场数据显示，中大星河湾2019年4月8日首次开盘，共推出690套房源，吸引了近900组客户到场选房，当天即售出500套，销售额约4亿元。开盘大获成功，奠定了中大星河湾的市场地位。此后热销阶段，销量一路飘红，年度销售目标提前达成，实现了销售业绩和客户口碑的双丰收。

更多楼盘详情请扫码查看

吉林省

2019年长春房地产市场总结

行业发展历程

一、城市概述

长春是吉林省省会、副省级市、东北亚经济圈中心城市、国务院批复确定的中国东北地区中心城市之一和重要的工业基地。截至2018年，全市户籍总人口为751.3万人。其中，市区人口441.5万人，城镇化率58.8%。

长春地处中国东北地区，是著名的中国老工业基地，是新中国最早的汽车工业基地和电影制作基地，有“东方底特律”和“东方好莱坞”之称，同时还是新中国轨道客车、光电技术、应用化学、生物制品等产业发展的摇篮，诞生了著名的中国一汽、长春电影制片厂、长春客车厂、中科院长春光机所、中科院长春应化所、长春生物制品研究所。

二、行业现状

综观长春房地产市场，2019年上半年市场异常火热，下半年随着需求的不断透支，市场逐渐降温，呈现供大于求的态势。压力之下，房企之间的博弈回归到产品力、营销力上，市场两极分化加剧，形成新一轮的库存周期。2019年市场整体成交仍以刚需为主，同时兼顾首改及改善需求。

三、政策环境

2019年长春贯彻中央“房住不炒”基调，房地产行业保持健康平稳的发展态势，并未发布重磅政策调控楼市，主要围绕提高审批效率、规范市场秩序展开。

四、土地市场

综合来看，长春土地市场供需量价均有所上涨，四环以及绕城高速区域为拿地集中区，棚改地块数量有所增加，优质土地较为稀缺。2019年下半年土地市场供应放量，9月达到峰值。对于优质地块，各品牌开发商表现活跃，积极补仓。2019年底土地收官战，华润、保利、龙湖上演抢地大战，龙湖成功进驻长春，华润再次高价拿地。

五、房企布局

从房企在长春的土地储备来看，品牌开发商战略有所调整，积极进驻长春，如碧桂园现身土拍现场并拿地，招商、旭辉、龙湖首次进驻长春。从拿地位置来看，品牌开发商依旧看好长春北湖以及南城。

六、房产行业发展历程

长春房地产行业发展以2000年为分水岭。2000年以前，行业格局为少量本土房企开发商品房和福利分房并存；进入2000年，长春彻底停止福利分房，同时，万达、中海、万科等头部房企陆续登陆，行业正式进入市场化时代。此后20年，作为省会城市，长春城区规模不断扩大，人口持续导入，为房地产行业发展创造了充分机会，也使得整个行业进入了高速发展的快车道。

城市年度市场解读

一、 年度土地供应

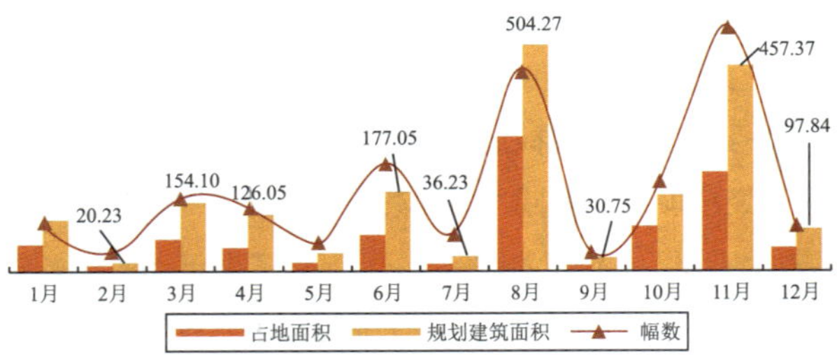

图 2-35　2019 年长春市经营性土地市场各月公告量走势（万平方米）

2019 年经营性用地公告用地面积为 1012.08 万平方米，同比上涨 70.38%，建筑面积为 1931.39 万平方米，同比上涨 67.54%。共计公告 107 幅，其中，商住用地 84 幅，建筑面积为 1682.84 万平方米，同比上涨 81.52%；商办 23 幅，建筑面积为 248.54 万平方米，同比上涨 10.12%。

2019 年经营性用地供地量经过连续 5 年上涨后，达到近 5 年来最高；供地主要集中在城市环城路外新开发的莲花山区、长德区等区域，老城区以棚户区土地为主。8 月和 11 月为土地上市高峰，第一、第二季度处于平稳期。8 月的经营性土地供应量达到年度峰值，其中，净月区 15 幅，占地面积 221.53 万平方米；莲花山区域 5 幅，占地面积 63.44 万平方米。

二、年度土地成交

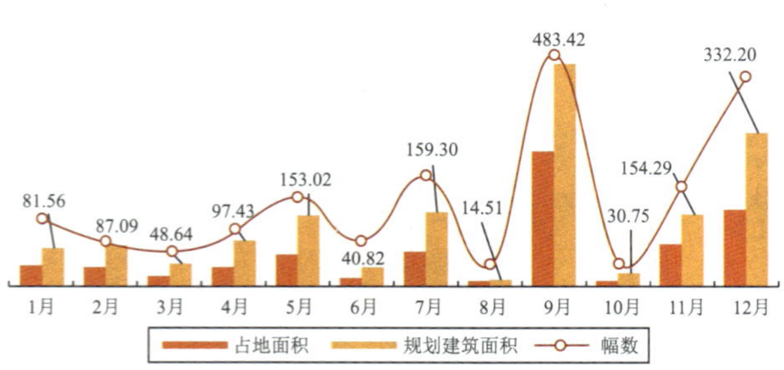

图 2-36　2019 年长春市经营性土地市场各月公告量走势（万平方米）

2019 年经营性成交用地占地面积为 901.55 万平方米，同比上涨 93.73%，建筑面积为 1683.02 万平方米，同比上涨 87.77%，共计 93 幅。其中，商住用地建筑面积为 1513.61 万平方米，同比上涨 117.84%，共计 79 幅。

2019 年经营性土地成交量大幅上涨，很好地缓解了前几年土地准备不足现象。土地上市量随着城市布局而逐渐呈现外围化，虽然政府提高了土地底价，但优质地块仍被各大品牌企业所争抢。

经营性土地 9 月成交量激增，主要是净月区和莲花山区推出大量土地，市内用地稀缺，逐渐外围化，净月区推出大量商服用地，以加快区域配套完善。长德开发区和莲花山区土地逐渐放量，政府积极布局新区发展，引导人口流入快速发展区域。

2019 年土地成交价格与 2018 年相比较为平稳，溢价率持续下降；商住用地成交楼板价 2820 元 / 平方米，同比上涨 0.89%；溢价率 6%，同比下降 79.87%，政府调价后，土地溢价率得到了有效的控制。整体来看，土地市场需求旺盛，房企拿地积极，虽然土地底价提高，但竞拍地块仍不在少数，最高商住用地楼板价为 6606 元 / 平方米。

三、年度住宅供应

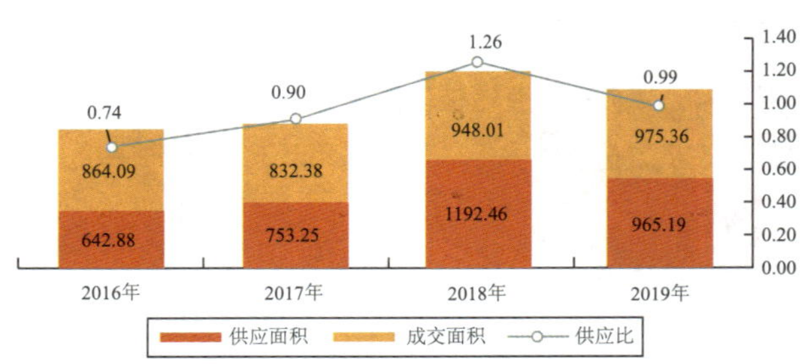

图 2-37　2016~2019 年长春市住宅供求数据对比（万平方米）

2019 年住宅市场供求比 0.99，供求局势相对缓和。住宅市场销售情况偏好，成交量大于供应量。2019 年住宅供应量为 965.19 万平方米，同比下降 19.06%。成交量为 975.36 万平方米，同比上涨 2.89%，市场供求整体保持平稳发展态势。2019 年住宅全年均价为 9756 元 / 平方米，同比上涨 13.05%。2019 年住宅市场供应面积环比有所下降，整体供求局势趋于缓和，市场发展整体保持平稳。

四、年度住宅存量

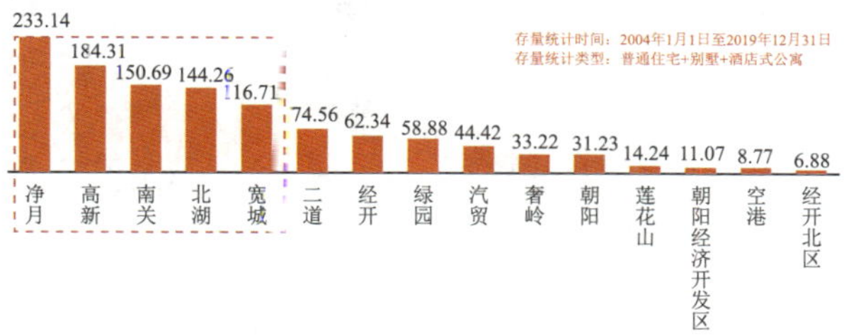

图 2-38　2019 年底长春市底商品住宅可售存量（万平方米）

克而瑞数据决策系统中存量显示，从 2004 年至 2019 年底，全市范围内累计可售总量为 1174.73 万平方米，累计可售住宅剩余套数 100354 套。按照近 12 个月月均去化 81.28 万平方米计算，这些存量房源的消化周期是 14.45 个月，去化周期减少了 0.55 个月。

主城区中，净月区、高新区、南关区、北湖区和宽城区整体住宅存量较大，超过 100 万平方米，但成交量也较大。北湖区 2019 年供应及成交均超过 100 万平方米，整体呈现供小于求的趋势，主要还是以去化为主，经开北区、二道区、绿园区和汽贸区在售项目较少，区域内新增土地供应少，导致上市项目减少。

五、区域成交表现

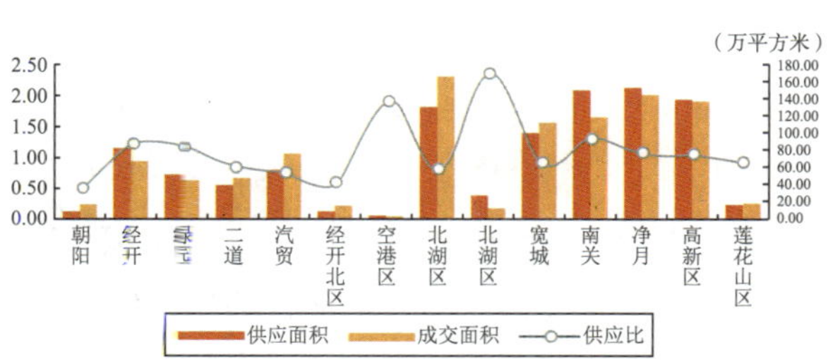

图 2-39　2019 年长春市商品住宅各区域供求走势（万平方米）

从整体的成交数据来看，北湖区、净月区、高新区、南关区和宽城区都超过百万平方米，其中北湖区和宽城区表现出供不应求的态势。作为长春市区传统的热销区域表现依然比较活跃，预计 2020 年成交将会表现良好。

北湖区、净月区、高新区、南关区和宽城区表现了较强的需求，成交量均达到了 100 万平方米以上，各区较 2018 年成交量上涨明显。从各个区域价格情况图中可见，净月区是最高区域，净月区、南关区、高新区、朝阳区四个区域均价超过 1 万元。以市场热点区域为主，成交均价与往年相比均有比较明显上涨。全年成交均价在 9000 元 / 平方米以下的包括北湖区、经开北区、莲花山区、绿园区、宽城区五个区域，其中北湖区内大量集中备案项目北湖春天、君悦豪庭、中航御湖天城，拉低了区域整体价格。

净月区作为市场热点区域，2019 年成交均价首次突破 1 万元，成为全市房价最高的区域。

六、成交结构表现

表 2-21　2019 年长春市商品住宅市场面积及总价表现

面积/总价	70万以下	70–80万	80–90万	90–100万	100–110万	110–120万	120–130万	130–140万	140–150万	150–160万	160万以上	面积段小计	面积段占比
70平以下	5907	263	253	3	0	0	0	0	0	0	0	6426	7%
70–80平	2440	546	441	415	37	0	0	0	[illegible]	0	0	3879	4%
80–90平	6477	6220	5917	2205	1144	[illegible]	163	3	[illegible]	0	0	22676	24%
90–100平	4253	809	3333	2348	1559	[illegible]	1105	[illegible]		0	0	15735	17%
100–110平	1875	726	1081	1826	1535	[illegible]	882	[illegible]	[illegible]	[illegible]	51	10535	11%
110–120平	552	177	367	1224	2684	[illegible]	917	[illegible]	[illegible]	[illegible]	264	9930	10%
120–130平	454	62	195	356	739	[illegible]	819	805	[illegible]	[illegible]	1329	7182	8%
130–140平	357	13	147	124	335	[illegible]	568	524	[illegible]	[illegible]	2291	6558	7%
140–150平	220	16	25	55	67	[illegible]	[illegible]	[illegible]	[illegible]	[illegible]	2704	4974	5%
150–160平	126	5	7	45	38	[illegible]	78	[illegible]	[illegible]	46	706	1299	1%
160平以上	132	28	9	6	55	[illegible]	85	[illegible]	[illegible]	[illegible]	5043	5710	6%
总价段小计	22791	8866	11777	8607	8192	[illegible]	[illegible]	2523	[illegible]	[illegible]	12387	94904	100%
总价段占比	24%	9%	12%	9%	9%	[illegible]	[illegible]	4%	[illegible]	[illegible]	13%	100%	100%

数据来源：长春中原研究中心与政府数据。

现阶段城市级客户对 80~90 平方米住宅产品的需求仍较为充盈，占比 24%，市场仍体现出较为明显的刚需性。另外，90~120 平方米需求较多，改善类客户容量逐渐增多。

总价方面，120 万元以下的总房款是客户接受度最高的区段，剔除低价置业影响，大多客户能接受 80 万 ~90 万元的总价。

七、 成交项目排行

2019年度
成交金额TOP10
长春市楼盘

排名	企业名称	成交金额(亿元)
1	融创洋浦壹号	28.15
2	中铁城	24.17
3	华润置地崑崙御	19.98
4	地铁万科西宸之光	19.76
5	宝裕悦兰湾	19.18
6	中海盛世城	18.38
7	力旺康城	17.20
8	万龙银河城西区	16.60
9	阳光美湖天地	15.83
10	万科城	15.34

2019年度
销售面积TOP10
长春市楼盘

排名	企业名称	销售面积(万平)
1	融创洋浦壹号	29.80
2	中铁城	25.07
3	盛世北湖春天	21.34
4	万龙银河城西区	20.26
5	地铁万科西宸之光	19.87
6	宝裕悦兰湾	18.34
7	阳光美湖天地	18.28
8	新星宇广场	17.06
9	中海盛世城	16.87
10	华大城	15.81

数据说明：全属性数据。

融创洋浦壹号、中铁城、华润置地崑崙御名列 2019 年度长春成交金额前三位，融创洋浦壹号、中铁城、盛世北湖春天名列 2019 年度长春销售面积前三位。其中，融创洋浦壹号项目 2019 年度累计实现总销金额约 28.15 亿元，累计实现总销面积约 29.80 万平方米。截至 2019 年 12 月 31 日，项目年度销售占经开区商品房市场份额近 35%，项目市场份额持续稳固。2019 年 12 月，项目整体销售金额及销售面积均实现同步增长，新增销售金额约 3.32 亿元，新增销售面积约 3.83 万平方米。

八、成交房企排行

表 2-22　2019 年长春市地产企业销售金额流量排行榜

排名	企业名称	成交金额（亿元）
1	万科企业股份有限公司	113.48
2	吉林大众置业集团有限公司	72.18
3	中国海外发展有限公司	63.03
4	华润置地有限公司	60.81
5	中国恒大集团	52.58
6	新星宇建设集团有限公司	49.59
7	长春市万龙房地产开发有限责任公司	39.23
8	保利发展控股集团股份有限公司	37.25
9	融创中国控股有限公司	35.21
10	中铁置业集团有限公司	33.34

表 2-23　2019 年企业销售面积流量排行榜

排名	企业名称	销售面积（万平方米）
1	万科企业股份有限公司	93.39
2	吉林大众置业集团有限公司	75.18
3	中国恒大集团	58.94
4	中国海外发展有限公司	57.13
5	新星宇建设集团有限公司	54.65
6	长春市万龙房地产开发有限责任公司	47.65
7	华润置地有限公司	47.36
8	融创中国控股有限公司	35.25
9	中铁置业集团有限公司	34.56
10	保利发展控股集团股份有限公司	34.23

2019 年长春万科领跑全市，本土企业大众置业名列第二位，其次为中海、华润；万龙、新星宇凭借多盘布局、刚需快销成为本土企业的代表；恒大转战城市外围区域。

九、商业、公寓及办公

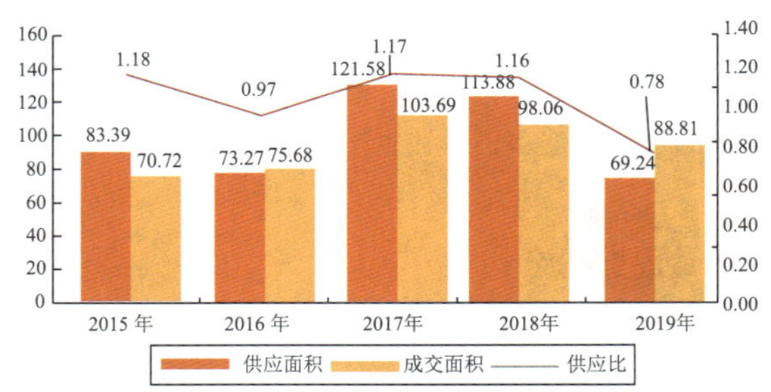

图 2-40　2015~2019 年办公供求数据对比（万平方米）

2019 年全年商业供应 69.24 万平方米，同比下降 39.2%。成交面积 88.81 万平方米，同比下降 9.43%。

商业成交量南关区最高，仅高新区与莲花山区供过于求。2019 年商业年供求比下降至 0.78，近三年首次处于供小于求的状态。其中，整体商业的成交以及供应规模也连续三年出现下滑现象。

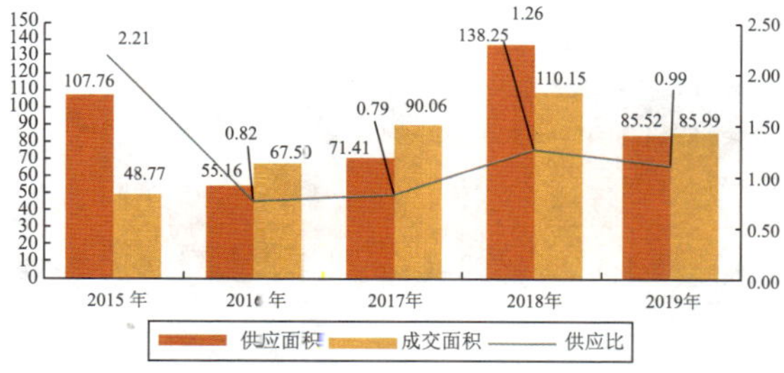

图 2-41　2015~2019 年办公供求数据对比（万平方米）

2019 年长春办公供求双降，供求比由 1.26 下降至 0.99。办公市场供应面积 85.52 万平方米，同比下降 38.14%；成交量为 85.99 万平方米，同比下降 21.93%。2019 年办公市场长春各区域中，南关区和净月区供应量最大，其中南关区供应面积为 36.26 万平方米，占总体供应量的 42.40%；其次是净月区，供应量达到了 18.01 万平方米，占比 21.06%。两个区域总计占比 63.46%。南关区 2019 年办公市场大幅增加，其中鸿泰瑞景供应 12.05 万平方米，希派创意城以及钜城国际供应均在 7 万平方米左右，三个项目总计供应 26 万平方米，占区域办公总供应的 72%。

十、年度房价走势分析

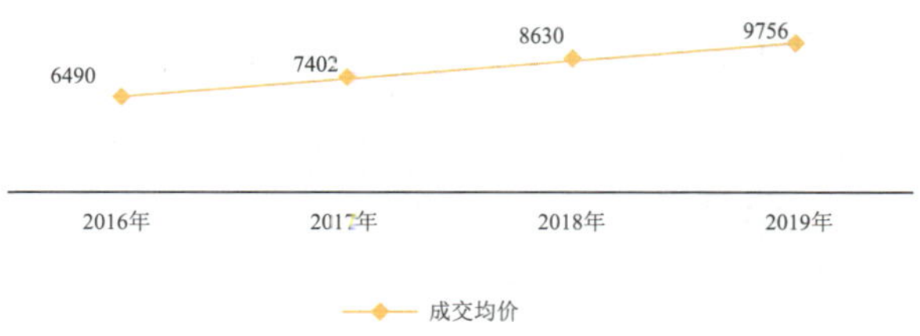

图 2-42　2016~2019 年价格对比（元 / 平方米）

2019 年住宅全年均价为 9756 元 / 平方米，同比上涨 13.05%。长春价格上涨一方面受中高端、高端项目的带动，另一方面受精装溢价影响。从 2 月开始，长春房价从 8000 元 / 平方米持续上涨，7 月每平方米市场价格破万元，比后维持在此水平，上涨动力不足。

十一、未来展望

一个稳定的楼市无疑是长春经济的一颗“定心丸”，综合长春现状及因城施策的指导思想，长春短期内不会出台严厉的限价政策。

2019 年 7 月，长春成为中央财政支持住房租赁市场发展试点城市之一，9 月发布《关于进一步培育和发展住房租赁市场的实施意见》，而后几个月再无重大动作。但试点工作的开展势在必行，预计 2020 年长春或将出台租赁市场实质落地政策，如拿地强制配置租赁住房指标（如人才公寓等形式）等，租赁市场或将迎来利好。

十二、市场预期

土地方面，伴随着城市内优质地块的减少，未来土地成交将呈现更加激烈的抢拍，2020 年楼面地价将持续走高。随着城市内供地日渐稀缺，预判 2020 年土地供应仍将集中在四环外城市边缘地块。

2020 年长春地方出台限制性政策的可能性非常小，整体市场调控仍然以稳房价为主；强调住宅的居住属性，进一步分离学区与房屋的捆绑关系。作为多学区划分的试点城市，预计将会有更多关于学区的政策出台。

供应方面，80~90 平方米标准二居产品仍为市场主力，未来首改与改善需求将持续释放。长春市场三居的比例将会持续增加，大客厅、大面宽将会是市场房型设计主流。

成交层面主要集中在北湖、净月、南关、高新等区域。供应量稳步上涨，主要集中在北湖、高新、宽城等区域，此外长春周边的区域供应量将大增，如大岭、奢岭、范家屯、合隆、卡伦、新立城水库等区域。产品方面，刚需依旧占据市场主力，改善型需求将进一步释放。

2020 年长春市场预计将延续 2019 年比较合理、健康的市场环境，量价或将小幅上涨，依旧以去库存为主，去化周期会在合理的范围内。2020 年市场销售压力会增加，中小房企面临较大生存压力。

数据来源：克而瑞、中原数据。

2019 年长春房地产在售楼盘概览

楼盘名称	城市名称	城区	地址	物业类型
奥体玉园	长春	北湖科技开发区	北湖科技开发区中科大街与光机路交会处北行 500 米（奥体中心南侧）	普通住宅
澳海澜郡	长春	北湖科技开发区	北湖科技开发区中科大街与光机路交会处	普通住宅、别墅
北湖吾悦广场	长春	北湖科技开发区	北湖科技开发区北远达大街与明斯克路交会处	普通住宅、建筑综合体
北湾新城	长春	北湖科技开发区	北湖科技开发区北远达大街与明斯克路交会处	普通住宅
恒大北湖印象	长春	北湖科技开发区	北湖科技开发区高新北区盛北大街与明斯克路交会处	普通住宅
华润置地公元九里	长春	北湖科技开发区	北湖科技开发区和安街与大学城路交会处	普通住宅
万科溪望	长春	北湖科技开发区	北湖科技开发区大学城路与湖畔街交会处	普通住宅
新大普罗旺斯	长春	北湖科技开发区	北湖科技开发区明斯克路与盛德大街交会处	普通住宅
新星宇诗书世家	长春	北湖科技开发区	北湖科技开发区远达大街与锦普路交会处	普通住宅
新星宇之悦	长春	北湖科技开发区	北湖科技开发区中科大街与广汇路交会处	普通住宅
中国铁建西派唐颂	长春	北湖科技开发区	北湖科技开发区湖畔街与中盛路交会处	普通住宅、别墅
中海龙玺	长春	北湖科技开发区	北湖科技开发区盛北大街与龙湖大路交会处	普通住宅、别墅
中海尚学府	长春	北湖科技开发区	北湖科技开发区长春工业大学北湖校区北侧（大学城路与盛北大街交会处北行 200 米）	普通住宅
中海盛世城	长春	北湖科技开发区	北湖科技开发区北远达大街与宽达路交会处东行 200 米	普通住宅
卓扬北湖湾	长春	北湖科技开发区	北湖科技开发区远达大街与龙湖大路交会处	普通住宅
东安开运公馆	长春	朝阳区	朝阳区开运街与电台街交会处	普通住宅、公寓
国信南湖别墅	长春	朝阳区	朝阳区长影博物馆东侧 100 米	别墅
万达文华公馆	长春	朝阳区	朝阳区红旗街万达广场对面	普通住宅
万科柏翠园	长春	朝阳区	朝阳区南湖新村中街 999 号南湖中街与繁荣路交会处	普通住宅
万科柏翠阅湖	长春	朝阳区	朝阳区湖光路与富强街交会处	普通住宅
吴中尚玲珑	长春	朝阳区	朝阳区前进西街与繁荣北路交会处	普通住宅
长春壹号院	长春	朝阳区	朝阳区繁荣路与前进大街交会处	普通住宅
中东红街	长春	朝阳区	朝阳区红旗街与建工南路交会处北 500 米	公寓、写字楼、建筑综合体
德辉首府	长春	二道区	二道区远达大街乾安路与新荣街交会处	普通住宅
红大汇诚	长春	二道区	二道区远达大街与河东路交会处东行 200 米	普通住宅
金色橄榄城三期	长春	二道区	二道区吉林大路与洋浦大街交会处	普通住宅
力旺康城	长春	二道区	二道区东环城路与伊通河交会处	普通住宅
龙腾香格里	长春	二道区	二道区东环路与乾安路交会处北行 50 米右转	普通住宅
垠禄新界	长春	二道区	二道区自由大路与临河街交会处南行 100 米	普通住宅、公寓
远创金泽锦城	长春	二道区	二道区东环城路与河东路交会处	普通住宅
高新慧园	长春	高新区	高新区超强街与创意路交会处	普通住宅
高新君园	长春	高新区	高新区超强大街与睿智路交会处	普通住宅
硅谷 office	长春	高新区	高新区硅谷大街与佳园路交会处	公寓、写字楼
恒大名都	长春	高新区	高新区超达大路与开运街交会处	普通住宅
华润置地凌云府	长春	高新区	高新区超强街与宜居路交会处南行 500 米	普通住宅
华润置地长安里	长春	高新区	高新区宜居南路与超然街交会处	普通住宅
嘉惠燕京府	长春	高新区	高新区超达大路与创建街交会处	普通住宅
金地风华筑	长春	高新区	高新区超凡大街与宜居南路交会处南行 200 米	普通住宅
金越逸墅蓝湾	长春	高新区	高新区南四环与超凡大街交会处	普通住宅
居然世界里	长春	高新区	高新区硅谷大街与锦湖大路交会处	普通住宅
绿地城	长春	高新区	高新区超凡大街与宜居路交会处西行 500 米	普通住宅、建筑综合体
南郡瀚府	长春	高新区	高新区超越大街与宜居路交会处	普通住宅
融创御湖宸院	长春	高新区	高新区超凡大街与锦湖大路交会处	普通住宅、别墅
天安豪园	长春	高新区	高新区硅谷大街 661 号（硅谷大街与前进西街交会处）	普通住宅、别墅
天茂湖峰璟小镇	长春	高新区	高新区超强街与宜居路交会处	普通住宅、别墅

楼盘名称	城市名称	城区	地址	物业类型
吴中姑苏院	长春	高新区	高新区超强东街与创意南路交会处	普通住宅
吴中桃花源	长春	高新区	高新区超凡大街与越达路交会处	普通住宅
新星宇和悦三期书香门第	长春	高新区	高新区硅谷大街与超达大路交会处南行 800 米（高新益田喜来登南侧）	普通住宅
新星宇裕府	长春	高新区	高新区光谷大街与永新路交会处	普通住宅
新星宇樾府	长春	高新区	高新区新永新路以北，达新路以南	普通住宅
信达万科翡翠学院	长春	高新区	高新区超凡大街与创意路交会处	普通住宅、别墅
阳光硅谷	长春	高新区	高新区硅谷大街与荷园路交会处	公寓
阳光美湖天地	长春	高新区	高新区宜居路与超群街交会处	普通住宅
益田翠堤悦府	长春	高新区	高新区硅谷大街与超达路交会处	普通住宅
垠禄倚澜观邸	长春	高新区	高新区硅谷大街与飞跃路交会处南行 300 米	普通住宅、公寓
御翠湾	长春	高新区	高新区宜居路 349 号（超凡大街与宜居路交会处）	普通住宅、别墅
大众置业悦榕湾	长春	经开北	经开区远达大街望龙桥北 200 米	普通住宅、别墅
中海寰宇天下	长春	经开北	经开区远达大街快速路与长新东路交会处北行 1000 米	普通住宅、公寓
碧桂园星钻	长春	经开区	经开区大连路锦州街交会处（东方广场小学东行 100 米）	普通住宅
大众置业臻园	长春	经开区	经开区自由大路与苏州北街交会处	普通住宅
恒大帝景	长春	经开区	经开区洋浦大街与大连路交会处	普通住宅
嘉惠九里	长春	经开区	经开区吉林大路与天水街交会处	普通住宅
嘉惠美院	长春	经开区	经开区浦东路与兰州街交会处	普通住宅
良品柏宏筑福里	长春	经开区	经开区北远达大街望龙桥北行 100 米	普通住宅
六合一方	长春	经开区	经开区东方广场东 300 米，吉林大路与长石公路交会处	普通住宅
融创洋浦壹号	长春	经开区	经开区洋浦大街与大连路交会处北行 400 米	普通住宅
融汇悦府	长春	经开区	经开区北海路与仙台大街交会处	普通住宅、公寓、写字楼
中国铁建西派府	长春	经开区	经开区洋浦大街与合肥路交会处	普通住宅
保利和光尘樾	长春	净月区	净月区净月临河街与天青路交会处	普通住宅
保利净月和府	长春	净月区	净月区天泽大路与聚业大街交会处南行 200 米	普通住宅、别墅
保利堂悦	长春	净月区	净月区金河街与银湖路交会处（华桥外院东行 2 公里）	普通住宅、别墅

楼盘名称	城市名称	城区	地址	物业类型
大众置业春江明月	长春	净月区	净月区净月大街与天泽大路交会处	普通住宅
大众置业长春院子	长春	净月区	净月区净月大街与天泽大路交会处	别墅
动漫小镇	长春	净月区	净月区新成大街与柳莺西路交会处	普通住宅
富得林曼哈顿中心	长春	净月区	净月区临河街与丙二一一路交会处	写字楼
国信净月别墅	长春	净月区	净月区聚业大街与永顺路交会处南行 200 米	普通住宅、别墅
国信净月府	长春	净月区	净月区永顺路与聚业大街交会处南行 200 米	普通住宅
国信南山	长春	净月区	净月区净月大街南延线 16 公里处	普通住宅、别墅
国信南山翰林府	长春	净月区	净月区长清公路 13 公里处	普通住宅
恒大净月公馆	长春	净月区	净月区聚业大街与[illegible]竹西路交会处西行 200 米	普通住宅、公寓、别墅
红星观棠源筑	长春	净月区	净月区长清公路 4 公里处	普通住宅
华润置地昆仑御	长春	净月区	净月区生态西街与丙四一五路交会处	普通住宅
华润置地万象府	长春	净月区	净月区生态广场东南四环路与百[illegible]街交会处	普通住宅
华盛净月壹号	长春	净月区	净月区净月大街与福场路交会处东行 500 米	普通住宅
华西御园	长春	净月区	净月区福祉大路与擎天树街交会处	普通住宅
金盛逸品	长春	净月区	净月区长清公路与奢新北路交会处（14 公里处，长春建筑学院对面）	普通住宅
龙腾静月里	长春	净月区	净月区锦竹三路与紫荆街交会处	普通住宅
鹿鸣谷净月潭	长春	净月区	净月区长清公路 8 公里处	普通住宅、别墅
明宇金融广场	长春	净月区	净月区生态大街与云合路交会处（麦德龙北侧）	公寓、写字楼
魔力 PARK	长春	净月区	净月区新城大街与天富北路交会处（农大西门）	普通住宅、公寓
睿德上品	长春	净月区	净月区生态东街与福祉大路交会处东行 200 米	普通住宅
晟鑫康诗丹郡	长春	净月区	净月区聚业大街与永顺路交会处向北 100 米	普通住宅、别墅
万科班芙花园	长春	净月区	净月区净月大街 4636 号	普通住宅、别墅
万科翡翠公园	长春	净月区	净月区生态东街与天富路交会处	普通住宅
万科月潭湾	长春	净月区	净月区天泽大路与聚业大街交会处	普通住宅
伟峰东域	长春	净月区	净月区雪花街以东、郁金香街以西、永顺路以南、天泽大路以北	普通住宅、别墅

楼盘名称	城市名称	城区	地址	物业类型
亚泰华府	长春	净月区	净月区生态大街与福祉路交会处南行 500 米	普通住宅、别墅
亚泰山语湖	长春	净月区	净月区新城大街与天泽大路交会处东行 500 米	普通住宅、别墅
智荟街	长春	净月区	净月区临河东街与天成路交会处	商业
中海阅麓山	长春	净月区	净月区聚业大街与永顺路交会处	普通住宅、别墅
豪邦四季经典荣域	长春	宽城区	宽城区基隆北街与新月路交会处	普通住宅
豪邦四季中央	长春	宽城区	宽城区青年路与农安南街交会处	普通住宅、公寓
恒大城	长春	宽城区	宽城区青年路与北环城路交会处	普通住宅
恒大江湾	长春	宽城区	宽城区河堤西路与北环城路交会处	普通住宅
华大城	长春	宽城区	宽城区小南街 60 号（小南街以东、北环城路以南）	普通住宅
华方状元府	长春	宽城区	宽城区青年路与装备大路交会处	普通住宅
华源公园 1 号	长春	宽城区	宽城区凯旋路与北环城路交会处北行 500 米	普通住宅
剑桥春雨	长春	宽城区	宽城区长新街与团山街交会处	普通住宅
金地名悦	长春	宽城区	宽城区台北大街与天光路交会处	普通住宅
京誉府	长春	宽城区	宽城区凯旋路与北环城路交会处北行 500 米	普通住宅
力旺新大麓	长春	宽城区	宽城区建大路与兴铁街交会处（吉林建筑科技学院西门旁）	普通住宅
米澜国际	长春	宽城区	宽城区北环城路与农安北街交会处	普通住宅
万龙台北明珠	长春	宽城区	宽城区凯旋路与台北大街交会处	普通住宅、公寓
万龙银河城北区	长春	宽城区	宽城区海尔大道与甲五路交会处	普通住宅
万隆京学府	长春	宽城区	宽城区合隆镇万隆广场欧亚超市南行 50 米	普通住宅
万盛珑玺	长春	宽城区	宽城区宽城小南街与北环城路交会处	普通住宅
万星北城上院	长春	宽城区	宽城区装备大路与建业大街交会处南行 200 米	普通住宅、别墅
新星宇摩登公园	长春	宽城区	宽城区宽城凯旋路与铁北二路交会处西行 50 米	普通住宅
幸福美郡	长春	宽城区	宽城区北青年路司法警官学校北侧	普通住宅
亚泰 IN 拾光	长春	宽城区	宽城区胜利公园北侧，嫩江路与白菊路交会处（联合书城对面）	公寓
英伦小镇	长春	宽城区	宽城区北环城路 5961 号，北环城路与菜市北街交会处	普通住宅

楼盘名称	城市名称	城区	地址	物业类型
雨润星雨华府	长春	宽城区	宽城区雨润大路 777 号（新光复路市场对面）	普通住宅
兆丰青年路玖号	长春	宽城区	宽城区长农公路与装备大路交会处（兰家镇政府斜对面）	普通住宅
中东港	长春	宽城区	宽城区北人民大街与北三环交会处	公寓、建筑综合体
澳海富春山居	长春	莲花山生态旅游度假区	莲花山生态旅游度假区东吉林大路与林溪大街交会处南行约 900 米	普通住宅、别墅
恒大御水庄园	长春	莲花山生态旅游度假区	莲花山生态旅游度假区东吉林大路与林溪大街交会处南行 1.5 公里	普通住宅、别墅
力旺孔雀林	长春	莲花山生态旅游度假区	莲花山生态旅游度假区龙双公路与莲花山大路交会处南行 400 米	普通住宅、别墅、商业
世茂莲花山小镇	长春	莲花山生态旅游度假区	莲花山生态旅游度假区龙双公路 14888 号	普通住宅、别墅、商业
大众置业湖滨公园壹号	长春	绿园区	绿园区西环城路与南阳路交会处西行 900 米	普通住宅
华瀚四季花园	长春	绿园区	绿园区西安大路与春城大街交会处南行 400 米	普通住宅、商铺
万龙银河城西区	长春	绿园区	绿园区富民大街与西四环交会处	普通住宅
香港城	长春	绿园区	绿园区迎宾路以北、西环城路以西、四季青市场以南	普通住宅、公寓
新星宇和锦西象府	长春	绿园区	绿园区皓月大路与西四环交会处南行 400 米	普通住宅
远创紫樾台	长春	绿园区	绿园区青年路与青林路交会处	普通住宅
中海景阳公馆	长春	绿园区	绿园区南阳路与乙三路交会处，绿地上海城西行 800 米	普通住宅
宝裕悦兰湾兰锦	长春	南关区	南关区南关区临河街与福祉大路交会处	普通住宅
保利金香槟	长春	南关区	南关区人民大街与南四环交会处（市政府以东）	普通住宅、公寓、写字楼
保利天誉	长春	南关区	南关区谊民路与南湖中街交会处	普通住宅
保利溪湖林语	长春	南关区	南关区芳草街与锦湖大路交会处	普通住宅、别墅
碧桂园云鼎	长春	南关区	南关区盛世大路与芳草街交会处	别墅
大众置业理想城市	长春	南关区	南关区临河街与福祉大路交会处	普通住宅、别墅
国盛南域枫景	长春	南关区	南关区南四环路与芳草街交会处	普通住宅、别墅
鸿泰瑞景	长春	南关区	南关区华新街与谊民路交会处	公寓、写字楼
华润橡树湾六期	长春	南关区	南关区南湖中街与金宇大路交会处	普通住宅
华润置地橡尚公馆	长春	南关区	南关区华远路与南湖中街交会处	公寓、商业

楼盘名称	城市名称	城区	地址	物业类型
华润紫云府	长春	南关区	南关区金宇大路与前进大街交会处南行500米	普通住宅
钜城国际中心	长春	南关区	南关区金宇大路与新明街交会处	普通住宅、公寓
兰溪学府	长春	南关区	南关区福祉大路与丙十六交会处南行100米	普通住宅
力旺弗朗明歌三期	长春	南关区	南关区南环城路与彩织街交会处	普通住宅、别墅
龙首壹号院	长春	南关区	南关区盛世大路与芳草街交会处东行200米	普通住宅
绿地中央墅	长春	南关区	南关区前进大街与南四环交会处	别墅
南溪虹著	长春	南关区	南关区南四环路与彩织街交会处	普通住宅
青云	长春	南关区	南关区南关金宇大路与新明街交会处	普通住宅
瑞邦城市广场	长春	南关区	南关区南环城路与华新街交会处西行50米	公寓、写字楼
润德锦城	长春	南关区	南关区金宇大路与南湖中街交会处南行500米	普通住宅
万科翡翠滨江	长春	南关区	南关区东莱北街与永宁路交会处	普通住宅
万科新都会	长春	南关区	南关区金宇大路与泰春街交会处南行400米	普通住宅
希派自由寓	长春	南关区	南关区南湖中街与华惠路交会处	写字楼、酒店式公寓
新星宇广场南熙府	长春	南关区	南关区亚泰大街与南三环交会处	普通住宅
新星宇和润上邻	长春	南关区	南关区南湖中街与金宇大路交会处	普通住宅
壹湖国际	长春	南关区	南关区华庆路与新明街交会处	普通住宅
云湖府邸	长春	南关区	南关区南部新城锦湖大路与芳草街交会处	普通住宅
长春国际金融中心	长春	南关区	南关区人民大街与解放大路交会处	写字楼、建筑综合体
长春远大购物广场	长春	南关区	南关区南湖中街与华远路交会处	普通住宅、建筑综合体、商业
中顺南苑	长春	南关区	南关区南四环路与南湖中街交会处	普通住宅
保利熙悦	长春	汽贸区	汽贸区乙二街与丙七路交会处	普通住宅
保利中央广场	长春	汽贸区	汽贸区西湖大路与创意南路交会处	公寓
车城万达广场	长春	汽贸区	汽贸区西湖大路与腾飞大路交会处	普通住宅、公寓、写字楼、建筑综合体
大洲国际	长春	汽贸区	汽贸区东风大街与和谐大路交会处	写字楼
地铁万科西宸之光	长春	汽贸区	汽贸区西湖大路与富民大街交会处[illegible]300米	普通住宅
恒大首府	长春	汽贸区	汽贸区腾飞广场东，腾飞大路与兴安街交会处	普通住宅
中铁城	长春	汽贸区	汽贸区西四环路与富民大街交会处[illegible]行	普通住宅
中铁逸湖	长春	汽贸区	汽贸区富民大街与西四环交会处	普通住宅
国信山河府	长春	长白山池北区	长白山保护开发区二道白河镇	普通住宅
恒大花溪谷	长春	长春周边	长春西富民大街与乙十六路交会处	普通住宅
金丰御水国际传媒大厦	长春	长春周边	长春经济开发区金汇大路688号	公寓、写字楼
万科松花湖国际度假区四季小镇	长春	长春周边	吉林市丰满区青山大街888号	普通住宅
长春恒大文化旅游城	长春	长春周边	公主岭经济合作区富民大街1[illegible]号	普通住宅、公寓

保利·净月和府

2019年 中国城市楼盘年鉴 典型项目

长春　品牌房企　环境宜居　品质改善

保利·净月和府位于长春市净月区天泽大路与聚业大街交会处南行300米。项目占地面积79378平方米，建筑面积119067平方米，容积率1.49。

项目地址：

长春市净月区天泽大路与聚业大街交会处南行300米

开发商：

保利（长春）恒富房地产开发有限公司

建筑类型：

别墅、小高层

主力户型：

108~160平方米三居

周边配套：

净月潭森林公园、长影世纪城

参考价格：

小高层9800元/平方米起

楼盘优势：

“世界500强”旗下核心企业打造，位于长春生态宜居区域净月区，生态环境优越；低容积率，小区居住舒适度高。

专家点评　马峻岭·知名广播节目《小马哥购房帮》出品人

保利·净月和府小高层建面约108~160平方米三居产品，户型主要区别集中在客厅开间上，4.0~6.8平方米可以满足不同购房人群对于客厅的需求。在天泽大路这个净月区开发火热的区域，项目的销售价格也具有较大竞争优势。

项目解析

【区域维度】

保利·净月和府位于长春市东南部创新型生态城净月区，占据净月优质生态资源5A级国家景区净月潭森林公园。周边多轨道交通，项目东侧约3000米为轻轨3号线长影世纪城站，线路可直达火车站，出行便利。此外，项目距离地铁6号线规划地铁站点约800米，该地铁线路已在建设中，可通往欧亚卖场、南湖中街等，途经净月区、南关区、汽开区三个城区，由南至西贯穿城市。项目毗邻远洋奥特莱斯、迅驰广场等多个商圈，可享购物、休闲一站式体验。

【品牌维度】

保利发展作为中国保利集团控股的大型中央企业，是国内较早从事不动产投资开发的企业之一，具备国家一级房地产开发资质，连续八年荣膺中国房地产行业领导公司品牌，2019年福布斯“世界500强”第245位。保利发展以“美好生活同行者”为全新的品牌理念，通过延展不动产的全产业链，有效整合行业生态系统资源，旗下建筑、物业、代理、资产经营等业务遍布全球一百多个城市，资产已突破万亿元。

【口碑维度】

保利·净月和府一期上市后引发全城客户追捧。项目以高端展示标准及自身独特价值，实现开盘后持续热销的态势，深得购房者及地产业界人士的认可与赞许。在工程上，项目始终以高标准、全透明的要求面向购房者，定期进行工程进度播报及展示；在服务上，始终坚持客户至上，销售与物业服务始终如一，赢得业主的信赖及认可。

【产品维度】

保利·净月和府是保利“和系”高端作品的代表作。“和系”作品源于“和者筑善”的保利品牌理念，汲取“自然和美、亲情和院、和基金、和乐中国、和你成长”的五个“和”的精神营养，是保利发展“和”文化精髓在产品端的匠心体现。

项目采用了新东方的建筑风格，外立面大部分采用高端干挂石材，局部使用真石漆和质感涂料，使得项目颇具当代东方气质。在建筑塑造中采用横平竖直的表现形式，使其具有丰富的视觉效果与底蕴内涵。

项目小高层为108~160平方米全面积改善户型。小高层区域利用长楼间距，打造出“和月九境”诗意园林、分年龄层的儿童娱乐设施、成人康体空间、邻里会客空间等多重功能场景，为业主提供充足的休闲娱乐空间。产品户型端经过多轮研讨，打造人性化产品，敞阔大三居设计，满足客户生活中多重需求。

别墅产品共计74套，0.6的低容积率，居住氛围恰到好处；既可享受私密的生活，同时又不会过于冷清。产品10米面宽设计，足以媲美平层产品的采光，加以三层豪华主卧和高挑空，足以满足高端客户对于仪式感的需求。同时，每户100平方米左右的花园赠送，以及高利用率的地下空间，让业主尽享品质生活。

【销售维度】

案场数据显示，保利·净月和府2019年6月首开，推售222套房源、去化201套，去化率91%。续销期间，项目热度不减，半年累计实现销售额6.8亿元，一期推货去化率达88%，成为净月天泽大路板块热门楼盘之一。

更多楼盘详情请扫码查看

保利·天誉

长春　南部新城　改善大盘　品牌地产

保利·天誉位于长春市南关区南湖中街与谊民路交会处，项目占地面积约 74200 平方米，建筑面积约 133000 平方米，容积率 1.3。

项目地址：
长春市南关区南湖中街与谊民路交会处

开发商：
保利发展控股集团长春公司

建筑类型：
多层、小高层

主力户型：
148 平方米三居、168 平方米三居、188 平方米四居

周边配套：
友谊公园、吉林省图书馆、长春市群众艺术馆

参考价格：
均价 14500 元 / 平方米

楼盘优势：
“世界 500 强”企业旗下项目，位于长春市政府板块，周边商业、教育、医疗、文体配套完善。

专家点评

史高龄·克而瑞长春机构总经理

保利·天誉位于南部新城，自项目拿地伊始便备受关注。项目整体定位纯高端项目，户型面积段以大面积为主，项目整体容积率仅1.8，舒适度较高。项目周边公共配套较多，区域价值较高。

项目解析

【区域维度】

保利·天誉项目位于南关区南部新城板块，南湖中街与谊民路交会处。周边多个行政机构分布、多种金融业态集结，是长春重点发展的区域。项目享受板块规划政策利好，发展潜能较大。

项目附近有双轨道交通，出行便利；七大公园围绕，被称为“公园里”的项目；商业配套齐全，城市地标级建筑齐聚。保利·天誉项目囊括了一系列城市级配套资源，更占据着区域内优越的地理位置和高品质的建筑形态。

【品牌维度】

保利发展作为中国保利集团控股的大型中央企业，是国内较早从事不动产投资开发的企业之一，具备国家一级房地产开发资质，连续八年荣膺中国房地产行业领导公司品牌，2019年福布斯“世界500强”第245位。保利发展以“美好生活同行者”为全新的品牌理念，通过延展不动产的全产业链，有效整合行业生态系统资源，旗下建筑、物业、代理、资产经营等业务遍布全球一百多个城市，已达万亿元量级。

【口碑维度】

2007年保利进驻长春，承载着“振兴东北，筑善长春”的家国情怀，积极探寻长春城市发展规律。从高新区的保利罗兰香谷、南部新城保利林语、汽开区的保利拉菲公馆，到如今净月区的保利净月和府、保利和光尘樾，公司一直以城市开拓者的姿态推动着区域发展，不断改善长春人居环境，也收获了良好的市场口碑。

项目始终坚守匠心品质，在质量上严格把关，让客户感受到保利的品牌实力，同时也收获了同行的认可。项目定位高端，吸引众多长春精英人群，打造满足圈层人群所需的纯粹生活氛围。

【产品维度】

保利·天誉属于保利“天字系”产品，是保利潜心打造的城市高端人居作品。保利“天字系”产品在选址与打造方面，都拥有更为严苛的标准。每座“天字系”都择址城市繁荣之地，占据城市优质资源，致力于用出众的产品主义精神、敏锐的产品趋势洞察，契合高端人群文化传承和财富沉淀的诉求，打造满足精英人士心灵追求的居住空间。

保利·天誉1.8的容积率，属于城市中高端、低密度社区，规划有12~13层小高层及8~9层洋房。园林规划采用高标准设计要求，门为礼、轴为卷、廊为境、墙为序、庭为和”五进园林，让业主可以体验到“中而不古，奢而不繁”的新中式园林景观。

在户型设计上，设计有建面约148平方米、168平方米、188平方米平层洋房及274~374平方米层跃，大开间设计，使室内采光面积大大增加；餐厨一体化设计，在提升空间利用率的同时保障了各个功能区布局合理，可谓面积、产品、户型方面的创新之举。

【销售维度】

案场数据显示，保利·天誉项目于2019年[illegible]月27日首次开盘，短期内一期售罄，全年销售额达11亿元。此外，项目二期于2020年初开盘。

项目一期首开取得骄人的业绩，奠定了保利·天誉在高端住宅市场中的地位，也开启了长春高端住宅市场的新篇章。

更多楼盘详情请扫码查看

长春恒大文化旅游城

· 2019年 ·
中国城市楼盘年鉴
典型项目

长春　文旅项目　舒适宜居　品牌房企

长春恒大文化旅游城位于长春市公主岭经济合作区富民大街 1777 号，投资方为恒大旅游集团。项目占地面积约 7483000 平方米，首期住宅建筑面积约 527203.2 平方米，容积率约为 2.1。

项目地址：

长春市公主岭经济合作区富民大街 1777 号

开发商：

公主岭水世界旅游开发有限公司

建筑类型：

小高层、高层

主力户型：

82~93 平方米二居、97~136 平方米三居、49~71 平方米公寓

周边配套：

规划建设八国温泉城、国际会议中心等

参考价格：

约 7000 元 / 平方米

楼盘优势：

世界 500 强恒大在长春倾心打造的以“水世界”为主题的文旅大盘。项目集文化、休闲、娱乐、旅游、商业、居住等功能于一体。

专家点评

史嵩龄·克而瑞长春机构总经理

长春恒大文化旅游城纯文旅项目产品稀缺，长春—公主岭协同化发展逐步推进中，坐享政策红利，颇具发展潜力。在长春目前的市场环境下，其价格明显低于长春市区的住宅类型产品，可作为资产保值的选择之一。

项目解析

【区域维度】

长春恒大文化旅游城位于长春市西部新城板块，是长春同城协作发展“三区六园、一带一环”的重要节点区域。随着长春—公主岭“同城一体化”的逐步推进，城建配套和建设进程将加速。在其他生活配套方面，政府也做出了明确的规划，将全面带动教育、医疗、商业的发展。双城一体化的发展，未来必将有大批量产业功能和人口导入，长春恒大文化旅游城将迎重大发展机遇。

目前，高铁、高速、轨道、快速路网于此密集交会，形成东北地区重要的交通枢纽。区域内规划中的地铁2号线延长线可与高铁、快速路及高速公路无缝衔接。项目从首批交房之日起，将开通业主巴士，从长春恒大文化旅游城出发，最后抵达南湖大路轻轨终点站，接驳轻轨站等城市交通枢纽。此外，项目还毗邻东北地区重要的交通枢纽长春西站、公主岭站。

【品牌维度】

长春恒大文化旅游城由“世界500强”企业集团恒大集团旗下——恒大旅游集团倾力打造。恒大旅游集团作为恒大集团的两翼之一，专注文化旅游项目的开发和运营，致力于构建全方位文化旅游综合体版图，着重打造“恒大童世界”和“恒大水世界”两大拳头产品，同时打造全球人向往的文化旅游胜地“中国海南海花岛”。

【口碑维度】

恒大集团秉承“民生地产”理念，在中国280多个城市拥有810多个项目，与全球860多家知名企业战略合作，实施精品战略，打造高品质、高性价比产品，开创了“全精装修交楼”和“无理由退房”两大举措，让600多万业主实现宜居梦想。

2010年，恒大集团落子长春，成立恒大地产集团吉林公司。9年时间，服务超10万长春客户，吉林恒大已经成为吉林省房地产市场中举足轻重的品牌之一。

2018年，恒大旅游集团首进长春，成立恒大旅游集团东北公司吉林水世界项目，打造的长春恒大文化旅游城是集文化、休闲、娱乐、旅游、商业、居住等功能于一体的大型文旅项目。

【产品维度】

长春恒大文化旅游城是恒大旅游集团在长春打造的首个水世界项目，其产品的一大优势在于其强大的配套。

长春恒大文化旅游城汇聚全球知名设计师，打造总建筑面积逾144万平方米，涵盖恒大水世界、八国温泉城、婚礼庄园、冰雪世界、美食街、国际会议中心、现代博物馆群、运动中心及饮食中心、国际会展中心及欧式城堡酒店等丰富业态，是集游乐、文化、休闲、商业、旅居于一体的世界文化旅游胜地。项目择址长春市西部新城板块，重构长春政治经济生态圈，铸就具有影响力的生态、休闲和宜居新城。

【销售维度】

长春恒大文化旅游城2019年10月7日首次开盘，共计推出5000余套房源，认筹仅用20天，吸引了近12000组客户到场选房，开盘当天销售额约32亿元，去化率高达98%。10月23日，项目趁热销之势再度加推560套房源，蓄客仅4天，吸引1000余组客户到访，完成销售额近4亿元，去化率高达95%。

如此业绩，让长春恒大文化旅游城提前锁定“年度红盘”的席位；它凭借的不仅是自身良好的产品力，更有着长春市民对恒大品牌的认可。

更多楼盘详情请扫码查看

豪邦·四季经典荣域

2019年 中国楼市楼盘年鉴 典型项目

长春　品质楼盘　电梯洋房　双区配套

豪邦·四季经典荣域位于宽城区基隆北街与新月路交会处，占地面积约 2.1 万平方米，建筑面积约 2.66 万平方米，产品涵盖 6 栋 4~6 层多层电梯洋房，规划 252 户。

项目地址：
长春市宽城区基隆北街与新月路交会处

开发商：
长春豪邦房地产开发集团有限公司

建筑类型：
多层

主力户型：
86 平方米二居、126 平方米三居

周边配套：
住邦城市广场、欧亚超市、砂之船（中东）奥莱

参考价格：
约 10000 元 / 平方米

楼盘优势：
豪邦·四季经典荣域位于绿园区与宽城区交会处的优越位置，享双区资源。作为长春老城区，区域配套成熟，生活氛围浓厚。

专家点评　李嘉雪·中国网吉林总经理

豪邦地产在长春具有良好的口碑，近几年深耕北城，不断推出高品质产品，圈粉无数。豪邦·四季经典荣域是长春三环内少有的电梯洋房，产品覆盖二居、三居，性价比较高。

项目解析

【区域维度】

曾经的宽城区，无论是整体环境还是区域资源来源，对于全国性大型房企的吸引力都很有限。近几年，随着宽城区的快速发展，快速路、地铁1号线、轻轨8号线贯通运行，宽城万达、砂之船（中东）奥莱、麦德龙、迪卡侬等大型商业相继开业，为宽城区的楼市带来利好。

豪邦集团扎根北城，与城市共成长。豪邦·四季经典荣域地处长春老城区，区域配套成熟，生活氛围浓厚，项目更为区域打造了纯粹电梯洋房产品；位于基隆北街与新月路交会处，占据绿园区与宽城区交会处的优越位置，距西安广场仅3.7公里。周边未来有轻轨4号线延长线，直达城市各大区域，同时还有数条公交线路，交通便捷，出行方便。

【品牌维度】

豪邦地产是“中国地产500强”之一。作为长春本土地产企业，多年来深耕北城，在长春有良好的行业口碑。豪邦地产先后开发建造了新月花园、四季台北、四季风采、蓝调倾城、四季经典、缇香公馆、四季中央等小区，总体开发量已经超过100万平方米。

凭借北城难得的洋房产品，豪邦·四季经典荣域成为北城高端人群的改善之选。产品建面约86~136平方米，户型格局方正，南北通透。备受青睐的建面约126平方米户型，三室两厅两卫设计，满足不同阶段的购房需求，保证每个家庭成员都有自己的独立空间，适合二孩家庭及三代同堂。南向4.4米大开间客厅，视野开阔明亮。

【口碑维度】

长春楼市百花齐放，豪邦在众多开发商中脱颖而出、占据一席之地，终极秘诀就是品质。作为长春本土地产公司，豪邦从规划到建筑都遵循严格标准，在施工过程中从不偷工减料。品质所见，经得起时间的考验，更经得起客户的检验。

除了客户的赞誉，豪邦在地产行业内也受到诸多赞誉、斩获无数嘉誉，多年来曾荣获“中国地产500强”“长春市百强民营企业”“吉林省名企名店”“长春公众最佳口碑单位”“诚信企业”“最受大家喜爱的楼盘”等殊荣。

【产品维度】

豪邦·四季经典荣域作为豪邦四季经典的收官之作，从产品规划到园林设计皆几经斟酌，力求打造北城难得的多层电梯洋房。豪邦·四季经典荣域占地面积2.1万平方米，建筑面积2.66万平方米，1.1~1.2低容积率，绿化率28%，6栋4~6层多层电梯洋房，带给北城人纯正的洋房生活。

在户型设计上，项目考虑长春人居习惯，南北通透，动静分区，在确保各个功能分区私密性的基础上，尽可能提升室内采光面积，餐厅、客厅、厨房一体化设计，在增强室内空间感的同时，更有效提升了空间利用率。

【销售维度】

楼盘案场统计数据显示，项目2019年9月16日开盘当天推出全部货量，共240套，吸引了近300组客户；当日销售170套房源，当月去化率高达85%，成交金额2亿元。

从项目入市、开盘、热销到清盘，短短几个月时间，豪邦再一次用事实证明了品牌的力量。

更多楼盘详情请扫码查看

恒大花溪谷

- 2019年 -
中国城市楼盘年鉴
典型项目

长春　宜居大盘　品牌房企　品质保障

恒大花溪谷位于公主岭市富民大街与乙十六路交会处。项目首期总占地面积约 80 万平方米，总建筑面积约 149 万平方米。项目首开占地面积约 23 万平方米，建筑面积约 35 万平方米。

项目地址：

公主岭市富民大街与乙十六路交会处

开发商：

公主岭弘盛房地产开发有限公司

建筑类型：

多层、小高层、高层

主力户型：

58 平方米一居、82~100 平方米二居、130~140 平方米三居

周边配套：

欧亚卖场、车城万达

参考价格：

高层均价 7300 元 / 平方米

楼盘优势：

“世界 500 强”旗下核心企业，位于长春潜力板块，与长春西湖公园为邻，邻近西客站、欧亚卖场、车城万达三大生活圈。

专家点评

史嵩龄·克而瑞长春机构总经理

作为恒大在长春首个上市销售的宜居项目，恒大花溪谷在长春市场得到了充分的认可。项目与长春直线距离约2.3公里，产品类型以及面积段可选择性较大，居住体验感更好，颇具性价比。

项目解析

【区域维度】

恒大花溪谷项目位于公主岭市富民大街与乙十六路交会处，占据大岭新区重要位置。项目邻近长春西湖公园、长春国际汽车公园与新凯河景观资源，邻近西客站、欧亚卖场、车城万达三大生活圈，享受成熟完善的商业配套。高铁、地铁、西四环路在侧，拥有多维交通路网。

随着长春与公主岭“同城一体化”政策的推进，政府着力发展同城巴士、轨道交通等城际互联交通系统，由长春市按照同城化目标，把公主岭市纳入新长春规划，统一制定产业招商引资优惠政策；省、市对重点产业类项目给予支持，汇集四大实体经济产业，汽车、电子信息、医药、机械制造四个主导产业，区域经济发展活力将逐步显现。

【品牌维度】

恒大集团是以民生地产为基础，文化旅游、健康养生为两翼，新能源汽车为龙头的“世界500强”企业集团。恒大地产秉承“民生地产”理念，在中国280多个城市拥有810多个项目，与全球860多家知名企业战略合作，实施精品战略，打造高品质、高性价比产品，“全精装交楼”和“无理由退房”两大举措堪称深入人心，让600多万业主实现宜居梦想。

2010年，恒大集团落子长春，成立恒大地产集团吉林公司。9年时间，服务超10万长春百姓，吉林恒大已经成为吉林省房地产市场中举足轻重的品牌之一。

【口碑维度】

一直以来，恒大从工程质量、装修品质、物业配套及房价浮动等方面都给予客户有利的保障。旗下物业公司——金碧物业是通过ISO9001-2000版质量管理体系认证的企业。金碧物业不断升级“精品物业管理标准”，以其鲜明的三大特色鹤立全国物业管理行业，始终贯彻“急业主所急，想业主所想，全心全意为业主服务”的质量方针，执行“过程与结果双满意”的工作宗旨，推出“1530”服务，凸显标准化管理和人性化关怀。

【产品维度】

恒大花溪谷精研产品，追求品质，致力于为长春购房者设计更舒适的好房子。在整体建筑设计方面，建筑流线上融入了更多人性化的元素，而且更加注重北方地域的采光需求，楼体错落排布，南北方向更加合理；充足开阔的楼间距，减少不必要的阳光阻碍物，达到良好的采光效果。

在户型设计上，项目户型以方正、南北通透为主，同时结合了南方户型产品功能分区合理等特点，进一步优化户型，使产品更符合北方人的居住习惯，将新理念、新技术、新材料与传统的居住要求有机结合。为满足不同购房者的需求，恒大花溪谷规划了高层、小高、洋房产品，增加了项目户型的多样性，为购房者提供多种选择。

【销售维度】

案场数据显示，恒大花溪谷2019年9月28日开盘，首次共推出约3000套房源，广受市场关注，开盘当日去化率达88%。作为纯新区域的纯新项目，能取得如此成绩，堪称长春楼市现象级事件。11月24日项目加推二期产品，其中小面积段产品全部去化，再次成为楼市焦点。

更多楼盘详情请扫码查看

力旺·孔雀林

长春　品牌房企　品质改善　山居项目

力旺·孔雀林位于莲花山龙双公路与莲花山大路交会处南行 400 米，项目占地面积约 239111 平方米，建筑面积约 260630 平方米，容积率约为 1.09。

专家点评

李嘉雪·中国网吉林总经理

力旺·孔雀林是长春少有的品质山居项目，在产品设计上，规划有合院、联排、叠拼、洋房等多种产品，满足各个群体的居住需求，打造多元化邻里社区。

项目地址：

长春市莲花山龙双公路与莲花山大路交会处南行 400 米

开发商：

吉林省力旺精成房地产开发有限公司

建筑类型：

合院、联排、叠拼、洋房

主力户型：

127 平方米叠拼、230 平方米合院

周边配套：

规划河岸沙滩、杨丽萍温泉艺术酒店、环山步道

参考价格：

约 9000 元 / 平方米

楼盘优势：

力旺·孔雀林位于长春莲花山，拥有优质的生态环境，依山地而建，与山谷、森林共荣共生。

项目解析

【区域维度】

力旺·孔雀林位于莲花山生态旅游度假区，自然生态环境良好，拥有独具特色的冰雪、温泉、冷泉资源，生态休闲度假旅游产业发展潜力巨大。目前已经建成并运营长春市规模较大的天定山滑雪场，总占地面积64万平方米，成为东北冬季冰雪旅游度假新选择。

莲花山生态旅游度假区距长春龙嘉国际机场5公里，距长春市中心15公里，是国内距中心城区和国内空港较近、规模较大的生态区。力旺·孔雀林位于莲花山国际休闲度假区，依托自然资源构建60万平方米原生态森林小镇；联袂艺术家杨丽萍，引进杨丽萍温泉艺术酒店，超五星标准，将成为区域高端居住代表之作。

【品牌维度】

力旺集团有限公司于2001年2月在长春市设立，目前已发展为涉及地产开发、科教文化、商贸运营、能源投资四大业务领域的企业集团，已开发力旺康城、力旺广场、长春壹号院、力旺弗朗明歌等优秀作品，引进舌尖中国、太阳树超市等，受到广泛认可。集团还投资打造吉林省优质的基础教育资源——长春吉大附中力旺实验学校，在教育领域取得公认的成就。10余年来，力旺地产践行“地产+”理念，为数万户业主提供了高品质服务，为长春城市建设做出了自己的贡献。

【口碑维度】

作为本土开发企业，力旺将一腔热忱全部奉献给故土，也得到了春城热情的回馈与认可。克而瑞数据显示，2016年至2018年，力旺康城连续3年取得长春市销售前三甲的优异业绩，成为长春市瞩目的销售明星盘。

力旺物业首创巴特勒物业服务模式，是高端物业服务的明星物业品牌；力旺地产在售项目，老业主推介、再次购买比例，长期高于市场平均值，在长春市场树立了良好的口碑，品牌影响力较高。

【产品维度】

力旺·孔雀林以“自然共生、山谷文化、养生服务、低密院落”为规划内核，32万平方米林地围绕，重金改造蒋家河，打造约3万平方米花海、欢乐海岸沙滩、生态湿地千米河岸公园。建设800米中央溪谷核心景观，3公里环形慢跑道、林间木栈道，与林地的宁静幽远有机结合。星空帐篷营地、孔雀广场纯白教堂、孤独的揽峰塔等景点将成为打卡圣地。依托珍贵的自然资源，力旺·孔雀林将为城市带来纯正的山居作品。

项目规划有建面约80~270平方米的山谷院落，依山而建，设计合院、联排、叠拼、洋房等多种产品，多元化房型面积，包容多种生活场景。开门见山，院藏天地，在自然的偏爱中感悟生活的真谛。

【销售维度】

案场数据显示，力旺·孔雀林2019年10月开盘，首次开盘销售230套，销售额2.8亿元。项目开盘吸引了上千组客户关注，在莲花山房地产市场形成了较大影响力。

力旺·孔雀林项目依托莲花山板块生态优势及品牌运营能力，开启长春山地生活新一页，提升了城市人居标准，为长春人居创造新价值。

更多楼盘详情请扫码查看

- 2019年 -
中国城市楼盘年鉴
典型项目

万科·溪望

长春　长春新区　生态宜居　品牌地产

万科·溪望项目位于长春新区——北湖科技开发区大学城路与和安街交会处，占地面积约 130158 平方米，建筑面积约 283857 平方米，容积率为 1.8。

项目地址：
长春市北湖科技开发区大学城路与和安街交会处

开发商：
长春万科万铭房地产开发有限公司

建筑类型：
小高层

主力户型：
80 平方米二居、95~112 平方米三居

周边配套：
北湖湿地公园、欧亚北湖购物中心、吾悦广场

参考价格：
均价 12300~13000 元 / 平方米

楼盘优势：
北湖科技开发区英才板块，距地铁 8 号线约 800 米，邻北湖湿地公园，户型性价比较高。

专家点评　李嘉雪·中国网吉林总经理

万科·溪望位于长春新区重点发展板块，周边生活配套成熟，舒适宜居。万科·溪望在户型设计上细致用心，每个户型均为动静分区，配备独立玄关、独立家政间，厨房、餐厅、客厅一体式设计方便实用，提高空间利用率。

项目解析

【区域维度】

万科·溪望位于北湖科技开发区英才板块，距离地铁8号线约800米，西邻北湖湿地公园。

北湖科技开发区作为长春新区的四大开发区之一，自获得国家批复以来，一直保持快速发展之势。2019年初，华为研究院及创新中心、冰岛生物医药等重大战略项目已落位长春新区。2019年11月22日，长春新区与34个重大产业项目集中签约，金额达1217.6亿元。

伴随着北湖科技开发区的快速发展，区域各项配套逐步落地并投入使用，品牌开发商争相进驻。万科的进驻为区域楼市注入活力，也进一步改善区域人居水平。

【品牌维度】

万科2001年进驻长春，19年来在百姓居住条件改善、城市品位提升、助推长春经济发展等方面做出了突出贡献。从"三好住宅"到"四有社区"，再到"V盟生态圈"，不管市场怎么变，万科始终把客户需求作为公司运营坚守的底线。无论是产品设计还是物业服务，都赢得了众多业主的信赖和认可。

万科·溪望是长春万科入驻北湖新区的首个项目，同时也是长春万科首个"未来系"项目。在整个城市都趋于研发"大户型"之时，万科·溪望推出性价比较高的刚改"LDK"户型，将面积段控制在78~112平方米之间；在满足刚改家庭需求的同时，为业主释放了更多空间，产品一经推出便受到客户的追捧，也成为北湖区域内的明星产品。

【产品维度】

万科·溪望项目整体分为A、B两个地块，A地块是高端住宅区，旨在打造成为一个契合时代脉搏的"开放式复合功能公园社区"。"开放式复合功能公园社区"将由"活力生活，公园社区""复合功能，多元空间""开放融合，智享时代"三个生活场景构成。该设计力求突破社交与生活的界限，加强人与人、人与空间的互动交流，让社区承载更多生活场景。

万科·溪望在景观规划上遵循"外动内静"的设计理念，园区内部以横、纵两大中轴主景观带贯穿，楼栋之间设置8大景观组团小品点缀，高密度绿化，园区内设有公共休闲空间，以促进区内邻里共融，为居民提供充满生机的休闲场所，倡导生态的宜居生活。

此外，2019年长春施行限价政策，不少开发商为了节省工程成本都在做"减法"，但万科·溪望却在为老百姓做"加法"，所有产品都设有独立储物间、洗衣间，卫生间全部做到"干湿分离"，为业主生活增添便利，时刻为居住者的体验感和舒适度考虑。这一设计受到购房者一致好评，颇受市场关注，获得大批量业主的认可，万科"老带新"比重不断提升。

【销售维度】

案场数据显示，万科·溪望项目首开共推出752套房源，开盘当天去化555套，销售金额达6.22亿元，去化率73.8%，完成首进北湖品牌落地，树立了良好的市场口碑。

项目开盘后依旧保持较高热度，稳居北湖销售榜前列。克而瑞数据显示，2019年11月，万科·溪望连续两周夺得长春市销售套数、销售面积、销售金额"三料冠军"。

更多楼盘详情请扫码查看

万科柏翠阅湖

2019年 中国城市楼盘年鉴 典型项目

长春　改善大盘　品牌地产　宜居住宅

万科柏翠阅湖位于湖光路与富强街交会处，开发商为长春汇鑫房地产开发有限公司，项目占地面积约 12900 平方米，建筑面积约 52000 平方米。

项目地址：

长春市朝阳区湖光路与富强街交会处

开发商：

长春汇鑫房地产开发有限公司

建筑类型：

小高层

主力户型：

117 平方米、138 平方米、168 平方米三居

周边配套：

欧亚卖场、力旺广场、红旗街万达、南湖公园

参考价格：

均价 16400 元 / 平方米

楼盘优势：

“世界 500 强”旗下项目，项目周边商业、教育、医疗、文体配套完善，更有城市级名片南湖公园相伴。

专家点评　马峻岭・知名广播节目《小马哥购房帮》出品人

万科柏翠阅湖位于长春老城区朝阳区，择水而居倚湖而望，项目量身定制北向观湖窗，打破了长春湖居固化模式，为业主带来全新湖居生活。

项目解析

【区域维度】

万科柏翠阅湖位于长春市朝阳区的成熟区域。朝阳区人口占长春市总人口的14%，2018年地区GDP总量吉林省排名第一。项目生活机能和配套十分完善，北侧约600米便是规模仅次于北京颐和园的全国第二大城市公园南湖公园；毗邻吉林省第二实验学校，教育资源优质；邻近红旗街万达广场、欧亚卖场，商业繁华。周边还有前卫医院、吉林省第二人民医院、省医院、省中医院等医疗配套。项目建成后将进一步提升周边区域整体居住档次，改善百姓居住环境，提供优质生活体验。

【品牌维度】

万科2001年进驻长春，19年来在百姓居住条件改善、城市品位提升、助推长春经济发展方面做出了突出贡献。不管市场怎么变，万科始终把客户需求作为公司运营坚守的底线。无论是产品设计还是物业服务，都赢得了众多业主的信赖和认可。

万科柏翠阅湖与柏翠园紧紧相邻，两项目各具优势；“柏翠双子”产品互补，同享区域的优越地理环境、便捷的生活圈以及高端产品带来的圈层效应。随着万科柏翠阅湖户型、样板间及售价等信息的释放，对市场及购房者造成强烈的心理冲击，一度成为长春改善市场的新风向。

万科柏翠阅湖以工匠精神打磨产品，不仅延承了柏翠园的品质，更代表了城市成熟区域珍贵资产。项目个性化定制北向观湖窗，产品一经亮相，便获得业内以及购房者的赞誉。

【口碑维度】

万科柏翠阅湖在传承柏翠高端血脉的同时，严格执行品质升级标准，对施工细节精细管理，对园区内外环境进行跟进处理，并细致展示样板间的各个细节，得到购房者与当地媒体的称赞。

在物业方面，万科柏翠阅湖强化物业服务升级，注重业主生活细节，提升保安、保洁、保修等基础服务。不管是人员还是设备，均采取现代化、精细化管理，更增加人性化管家等专属服务，受到客户的广泛赞誉。

【产品维度】

万科柏翠阅湖整体项目采用新中式建筑风格，产品规划建面约117~168平方米。项目采用三玻窗，严谨的施工工艺充分体现责任和担当。装配的立式充电桩、智能马桶等智能设备更是表达出对未来美好生活的期望。

万科柏翠阅湖注重生活方式的营造。通过观湖平台、北向观湖体验、全程三钥匙进入系统以及园区景观等方面，从业主生活的角度出发，打造舒适宜居、人性化、智能化的生活方式。

【销售维度】

案场数据显示，万科柏翠阅湖项目首开一期产品，2019年10月25日，首次开盘共推出全部106套房源，共计去化85套，去化率80.2%，成交面积1.1万平方米，成交金额1.8亿元，成交均价16400元/平方米。

在长春目前的市场上，如此业绩足以证明万科强大的品牌实力及客户口碑。

更多楼盘详情请扫码查看

万科翡翠滨江

- 2019年 -
中国城市楼盘年鉴
典型项目

长春 品牌地产 水景住宅 品质宜居

万科翡翠滨江位于南关区东莱北街与永宁路交会处，项目占地面积约 46000 平方米，建筑面积约 250000 平方米。

专家点评

马峻岭·知名广播节目《小马哥购房帮》出品人

万科翡翠滨江为长春市场少有的邻河项目，且项目位于长春市二环内，地段及配套完善。近两年，在政府大力整改伊通河的整体环境以及水质后，小区的宜居程度再度提升。

项目地址：
长春市南关区东莱北街与永宁路交会处

开发商：
金都信达置业有限公司

建筑类型：
高层、超高层

主力户型：
88 平方米二居、108 平方米三居

周边配套：
伊通河、地铁 3 号线、东北师范大学东安实验学校

参考价格：
均价 13500 元 / 平方米

楼盘优势：
“世界 500 强”旗下项目，与长春母亲河伊通河为邻，周边商业、教育等配套完善。

项目解析

【区域维度】

万科翡翠滨江位于长春市城市中心区域，邻近长春母亲河伊通河，居住舒适度较高，距轻轨交通3号线、4号线仅约800米。东部快速路、北部快速路、亚泰大街快速路均位于项目周边，城市配套齐全。

得益于长春实施的“单中心+放射线+环状”结构发展，城市中心的优势得到更多发挥。在城市边缘地区面临公共设施配建动力不足、土地价值提升缓慢等问题时，中心区域则一直保持着强大的吸引力，城市单中心的趋势不断强化。

【品牌维度】

万科企业股份有限公司成立于1984年，始终坚持为“普通人提供好产品、好服务”；通过自身努力，为满足人民对美好生活的各方面需求，做出力所能及的贡献。2018年，公司将自身定位进一步迭代升级为“城乡建设与生活服务商”，所搭建的生态体系已初具规模。

在住房领域，公司始终坚持住房的居住属性，坚持“为普通人盖好房子，盖有人用的房子”，在巩固住宅开发和物业服务固有优势的基础上，业务已延伸至商业、长租公寓、物流仓储、冰雪度假、教育等领域，为更好地服务人民美好生活需要、实现可持续发展奠定了良好基础。

作为万科翡翠滨江高端系列落户长春的首个项目，万科翡翠滨江一问世便聚焦市场热度，吸引向往城市中心滨水品质生活的客户的关注，一度成为房产市场的新风向。项目以爆款户型、滨水人居、精工品质、智能家居吸引众多刚需及改善客群青睐，首期上市后85~140平方米各主力户型全面去化，销售业绩长期位于长春市地产市场前列。

【口碑维度】

万科翡翠滨江项目响应政府号召、改变城市界面，比如，2019年夏季在伊通河畔举办小王子主题文化节等。在改变城市界面的同时，项目还吸引了大量外部城市客户到访参观，为长春城市“流量”提升做出贡献。

项目为区域打造缤纷里商业及1万平方米拾光公园，并根据业主需求进行招商、建立贴合性配套，获业主高度评价。通过优秀的产品、服务及配套，项目实现零投诉，在区域内树立了良好口碑。

【产品维度】

万科翡翠滨江位于南关区东莱北街与永宁路交会处，拥有自持商业综合体、全龄教育、优质生态河景、双轨交通等全配套资源。

在户型设计上，项目主推140平方米无限系产品，可根据需求完成户型之间的变换。3.6米面宽主卧，南向飘窗设计，让整个空间更加立体细腻；南向7.2米开间的客厅，扩大了整体采光面，卫生间干湿分离的设计提升空间灵动性。一种户型四种变化，赋予产品更多可能。

【销售维度】

案场数据显示，万科翡翠滨江项目继2018年首开后持续热销，2019年上半年备案金额达8.9亿元，成交均价突破12300元/平方米，较年初上涨约1057元/平方米。截至2019年11月，项目年初住宅库存已去化97%，年度成交金额突破12亿元。如此业绩，足见万科的品牌实力以及良好的客户口碑。

更多楼盘详情请扫码查看

吴中姑苏院

长春　生态宜居　苏式园林　品质改善

吴中姑苏院位于长春市高新区，占地面积约 39476 平方米，建筑面积约 87334 平方米，产品涵盖 7 栋电梯洋房和 2 栋小高层，规划 434 户。

项目地址：

长春市高新区超强东街与创意南路交会处

开发商：

长春汇鼎房地产开发有限公司

建筑类型：

多层、小高层

主力户型：

107 平方米三居、162 平方米四居

周边配套：

欧亚卖场、活力汇、吉林大学南校区

参考价格：

小高层 13000 元 / 平方米、洋房 15000 元 / 平方米

楼盘优势：

吴中姑苏院是所在区域内为数不多的低密地块，传承 2500 年姑苏风雅，呈现江南园林景观；邻近活力汇、欧亚卖场两大购物中心，两纵三横路网出行方便。

专家点评

王鹰·易居黑吉区域总经理

吴中姑苏院占据高新区成熟区域，项目园区沿袭吴中苏式园林风格；精心规划设计大三居、大四居小高层、洋房产品，满足成长型家庭需求。装修上，从生活场景、智能科技、人本细节等方面出发，为高新区带来全新人居体验。

项目解析

【区域维度】

“高端人文”一直是高新区的标签，产业园集中、生态环境优质，又连接朝阳区和汽开区，是长春楼市发展热点区域之一。

经过20多年的发展，高新区逐渐形成了以汽车、光电子、高端服务业为主的区域经济增长模式，地区生产总值突破千亿元。区域兼具政策红利与产业优势，目前已吸引大众、一汽等“世界500强”投资企业50余家；高新区还是国家科技服务业区域试点、国家文化与科技融合示范基地，建设了12个特色文化产业园区，大规模高精尖智慧人群集聚于此。

近几年，随着慧谷、尚德、慧仁三所重点学校的建立，高新区楼市发生着翻天覆地的变化。吴中姑苏院作为区域内改善型楼盘，以浓郁的苏式风格提升了高新区的人居文化及美学内涵。

【品牌维度】

27年来，吴中地产秉承“建筑中国精神”的品牌理念，因地制宜、精雕细琢，打造出苏州太湖黄金水岸、苏州太湖山庄等多个经典中式项目，被客户誉为“园林专家”。

2008年，吴中地产从江苏进驻长春，打造的第一个项目为吴中印象，亭台楼阁、飞檐翘角，浓厚的江南韵味满足了北方人对江南的深深向往。11年来，吴中地产一直以江南特色为标签，先后开发与建设吴中印象、吴中家天下、吴中北国之春、吴中天悦、吴中天玺、吴中广场、吴中桃花源、吴中姑苏院、吴中尚玲珑等项目，每个项目皆是精品之作。

吴中姑苏院承袭吴中地产27年园林大成，以改善之姿一经问世便收获高度关注，开盘后又被冠以“园林胜品”“改善佳作”等称号，受到购房者的青睐。

【口碑维度】

吴中姑苏院精心打磨产品。园林打造方面，特邀请三位苏州非遗大师远赴长春，精琢花街铺地、砖细石雕、景石假山等园林文化细节，为呈现纯正的苏式园林不惜时间及成本，呈现后的示范区景观获得广大购房者较高的评价。在装修上，吴中姑苏院为改善人群打造高规格装修，以高端配置让购房者享受真正的品质生活。

【产品维度】

吴中姑苏院容积率仅为1.5，以吴门四家名画为主题，打造“一轴三区十景”的纯美苏园秘境，将姑苏千年闻名于世的园林文化融入业主生活，让业主身在北方也能感受到江南的景观及居住体验，构筑区域内标志性的纯质低密高端改善社区。

在户型上，设计有建筑面积107~385平方米的小高层与洋房，注重圈层社交化场景，打造区域内少见的阔尺宽厅，使室内采光面积大大增加；餐厨客一体化设计在提升空间利用率的同时，也确保了各个功能分区的私密性。根据全家庭成员的需求，打造动静相谐的居住体验，更以全功能型空间，在同面积段产品中脱颖而出。

【销售维度】

根据案场数据，吴中姑苏院于2019年8月19日开盘，共推出258套房源，吸引300多组客户到场，现场销售氛围火爆。在高端改善楼盘频出的长春市场，吴中姑苏院受到了客户的高度认可。

更多楼盘详情请扫码查看

新星宇·诗书世家

长春 长春新区 本土房企 低密社区

新星宇·诗书世家位于长春新区北湖科技开发区远达大街与锦普路交会处，占地面积约 82387 平方米，建筑面积约 191604 平方米，容积率为 1.8。

项目地址：

长春市北湖科技开发区远达大街与锦普路交会处

开发商：

长春市呈沅奥创房地产开发有限责任公司

建筑类型：

多层、小高层

主力户型：

89~115 平方米三居、135 平方米四居

周边配套：

北湖湿地公园、欧亚北湖购物中心、吾悦广场

参考价格：

均价 12500 元 / 平方米

楼盘优势：

北湖科技开发区英才板块，邻近北湖湿地公园，配套成熟，户型性价比高。

专家点评 王鹰·易居黑吉区域总经理

新星宇·诗书世家位于国家级新区长春新区，教育、交通、商业等配套日益完善，区域具有较大发展空间。项目是新星宇地产「世家系」1号作品，品质高，颇受市场认可。

项目解析

【区域维度】

新星宇·诗书世家位于北湖科技开发区远达大街与锦普路交会处。项目距离九年一贯制学校吉大英才学校约300米，距轻轨8号线约600米，出行更便捷；距国家4A级景区北湖湿地公园约1500米。此外，项目周边有欧亚北湖购物中心、北湖吾悦广场、龙翔商务中心三大商圈。总体而言，项目周边各项生活配套完善，未来可满足业主日常生活所需。

北湖科技开发区作为长春市四大开发区之一，自获得国家批复以来，一直保持快速发展之势。近两年，北湖的人居生活配套逐步落实，全国型品牌开发企业争相进驻，带动了区域整体产品和服务品质提升，增加了区域居住的便捷与舒适指数。

【品牌维度】

新星宇建设集团有限公司是集地产开发、工程建设、产业化、物业管理、商业服务、金融投资六大板块于一体的全产业链企业集团，为“中国民营企业500强”。新星宇地产是新星宇集团旗下全资子公司，其前身为1991年成立的长春星宇集团房地产开发有限责任公司。2001年，经国家建设部批准，成为国家一级房地产开发资质企业。

新星宇地产以“幸福生活运营商”为企业使命，主营业务包括房地产开发、商业地产开发、境外房地产开发等，年开发体量达100万平方米以上，土地储备量超1000万平方米。

【口碑维度】

新星宇集团先后承建了国家、省、市重点工程100余项，其建筑经验丰富，品质久经考验。新星宇·诗书世家作为新星宇集团“世家系”开山之作，工程品质和建材用料都有相应的升级，比如采用190厚混凝土空心砌块、A级高分子凝能保温板等。将品质筑家、文化筑家、礼序筑家的理念深度延展，秉承“TOP”系精装标准，为北湖区域打造诗意人文居所。

【产品维度】

项目容积率仅为1.8，属于低密社区。聘请迈恩国际担任设计，参照故宫的轴线规划，取意东方院落的精髓，秉承五进归家礼序。在整体建筑风格上，打造新中式住宅社区，外立面三段式设计，屋顶部分使用深咖木色真石漆，并融入金属铝板；楼身使用米白色真石漆材质，基座使用质感真石漆和进口石材，建筑整体形象更显大气、庄重。

项目为带装修交付，目前已确定雷士照明、吉林森工、恒洁卫浴、老板厨具、美标等一线品牌。物业服务单位是新星宇集团旗下国家一级资质物业赢时物业，配备“小赢管家”线上物管平台，提供全天候管家级服务，满足业主服务需求、保障业主居住无忧，让业主尊享无微不至的关怀和照顾。

【销售维度】

新星宇·诗书世家位于长春新区长春北湖科技开发区。案场数据显示，项目2019年8月28日首次开盘共推出238套房源，吸引了近400组客户到场选房，当天即售出220套，销售额约2.98亿元，去化率92.4%。2019年9月27日项目二次开盘，198套加推房源成交187套，去化率达94.4%，成交金额2.6亿元。

首次开盘为项目寻找到机会，二次加推开盘奠定了诗书世家区域内的市场地位。在2019年下半年北湖楼市中，该项目的优势较为突出。

更多楼盘详情请扫码查看

中海·龙玺

长春　品牌地产　长春新区　品质改善

中海·龙玺位于长春新区盛北大街与龙湖大路交会处。项目占地面积 77000 平方米，建筑面积 180000 平方米。

项目地址：

长春市北湖科技开发区盛北大街与龙湖大路交会处

开发商：

长春中海地产有限公司

建筑类型：

合院、多层、高层

主力户型：

108 平方米三居、147 平方米四居

周边配套：

北湖湿地公园、中日联北湖分院、地铁 8 号线

参考价格：

高层 11000 元 / 平方米、洋房 12000 元 / 平方米

楼盘优势：

中海·龙玺位于国家级新区北湖科技开发区，区位发展潜力巨大；中海地产品牌口碑；高层精装产品力升级；户型布局精巧、舒适实用。

专家点评

马峻岭·知名广播节目《小马哥购房帮》出品人

中海·龙玺是中海在北湖「三驾马车」的头马，是区域内少有的高端住宅项目。项目位于北湖成熟板块，以低密住宅为主，配以少量的高层建筑，高层视野好，洋房及合院密度低。

项目解析

【区域维度】

中海·龙玺项目位于长春新区北湖科技开发区，其主体位于长春东北侧，是长吉图开发开放先导区的重要组成部分。区域内轨道交通丰富，2018年9月通车的北湖快轨，直接连通地铁1号线，便捷通达北湖各区域；即将动工的地铁7号线，更将区域与城市紧密连接。项目周边有欧亚北湖购物中心、龙翔商务中心、新城吾悦广场三大商圈，紧邻东师明达、北湖十一高等学校。北湖湿地公园、奥体中心体育公园在旁，同时毗邻甲等医院吉林大学中日联谊医院北湖分院，区域配套成熟。

【品牌维度】

长春中海地产是中海地产集团所属的全资子公司，公司成立于2002年12月25日，是中海地产集团在内地地产线的第6家地区公司。公司成立17年以来，一直以匠心品质筑就春城幸福人居。

凭借中海地产自身品牌影响力，同时依托中海深耕春城的口碑，中海·龙玺一经问世便收获高度关注，成为北湖新区深受改善购房人群喜爱的楼盘。项目在一直主打刚需的区域，推出中海系高端产品系，使区域改善购房需求得到释放，成为市场热点。

中海在开发方面始终聚焦改善型住宅产品。从中海紫金苑、中海莱茵东郡到中海南湖1号，再到如今的中海·龙玺，打造了具有长春市特色的多座高端精品项目，无不受到城市精英的追捧，其产品号召力可见一斑。

【口碑维度】

作为央企，中海以工程起家，通过“过程管理、层层把控、七重质检”，赢得了精工中海的高度评价。另外，以承建业务见长的中海，对建筑细节和质量一直保持着苛求的态度。比如，在建造过程中，对石材编号、拼缝的特殊处理；小区内的景观石，每一块都需要根据周边的乔木进行不同的搭配和挑选；等等。作为中海的高端改善项目，中海·龙玺严控工程质量，不断提升产品品质，力求做出行业内有口皆碑的好产品。

【产品维度】

中海·龙玺主打高端改善，二期合院更是不惜工本，全部升级为双拼形式，是空间仪式和居住体验感的双重升级。两户为邻，加大合院产品的楼间距，保证每户充分的日照时长和空气流通度，享受更多的园林绿植景观。

项目高层根据户型空间特点，结合业主生活需求，由国内知名室内设计师主笔，优选轻奢风格设计方案，并精选国内一线大品牌建材，充分保障室内空间的功能性、舒适性和环保性。

【销售维度】

据项目案场数据统计，中海·龙玺2018年5月9日首期开盘，当日成交额3.97亿元，同时一期105套合院全部售罄。10月20日，中海·龙玺二期10栋约700套房源新品加推上市，截至2018年11月底，项目累计销售房源1500套，销售金额达26亿元；半年时间，项目整体去化率达53%。2019年3月，中海·龙玺项目在没有开盘、加推节点的情况下月销售额突破3亿元，延续了2018年的热销态势。

项目两期产品、两次开盘均受到消费者的追捧，更加奠定了中海·龙玺项目在北湖新区改善产品市场中的地位，成为北湖颇受关注的楼盘。

更多楼盘详情请扫码查看

中海·盛世城

长春　长春新区　品牌房企　舒适宜居

中海·盛世城位于北湖科技开发区宽达路与北远达大街交会处东行 200 米。项目占地面积 420000 平方米，建筑面积 870000 平方米。

项目地址：

长春市宽达路与北远达大街交会处东行 200 米

开发商：

长春海胜房地产开发有限公司

建筑类型：

高层、小高层、叠拼

主力户型：

88 平方米二居、115 平方米三居

周边配套：

北湖湿地公园、欧亚北湖购物中心、吾悦广场

参考价格：

高层 11500 元 / 平方米

楼盘优势：

“世界 500 强”旗下企业，项目位于长春新区龙翔广场板块，生活配套成熟；户型设计上，各空间尺度恰到好处，满足成长家庭生活所需。

专家点评　马峻岭·知名广播节目《小马哥购房帮》出品人

项目自上市便热销，整体配套完善，周边有商业综合体、医院、学校等公共配套设施。项目88~108平方米的二居及小三居产品，整体户型设计合理，总价较低，适合新婚夫妻以及三口之家的置业需求。

项目解析

【区域维度】

中海·盛世城位于长春新区门户位置。长春新区是国务院批准成立的第17个国家级新区，是城市发展重点区域，承接了国家实施“长吉图战略”的重要历史使命。长春新区规划面积499平方公里，建成后将成为集新兴产业、高端制造业、生活服务业于一体的国际化、现代化中心城区和生态旅游休闲区。

中海·盛世城邻近长春新区龙翔商务圈、欧亚北湖购物中心、北湖新城吾悦广场三大商业，周边拥有明达学校、十一高北湖学校、高新第一实验幼儿园等学校资源，生活配套完备。

【品牌维度】

中海地产隶属于中国建筑集团有限公司，1979年创立于香港，1992年在香港联交所上市，2007年入选香港恒生指数成份股。公司拥有40年房地产开发与不动产运营管理经验，累计开发项目超过500个。

长春中海地产是中海地产集团所属的全资子公司，公司成立于2002年12月25日，现注册资本1亿元，是中海地产集团在内地地产线的第6家地区公司。公司成立17年以来，一直以匠心品质筑就春城幸福人居。

中海·盛世城的热销离不开长春中海品牌背书。2017年，中海以先见性的眼光落子北湖科技开发区，接连拿地8宗，震撼春城；2018年北湖项目的热销助力长春中海销售业绩破百亿元，实现百亿里程碑，让春城人民再一次记住中海。

【口碑维度】

央企背景、三大评级机构的强大融资能力、行业低区间资产负债率、深耕长春积累下的良好信誉，这些因素共同构筑了长春中海的卓越口碑。中海·盛世城销售展示阳光、细致，为客户描绘真实的生活场景，项目客户满意度评分长久以来位居集团前列，近30%的“老带新”成交比例更是中海·盛世城口碑的有力证明。

【产品维度】

中海·盛世城以新亚洲风格作为设计基础，建筑整体比例与中轴对称遵循新中式的设计原则，运用简洁的几何形体作为切入点，打造具有本土性的现代新亚洲风格建筑，“简洁大气，经典雅致”是盛世城建筑的主要气质。

在户型设计上，中海·盛世城主推115平方米三居室。3.8米主卧开间，南北四飘窗设计，充分保证室内通风和采光；餐厨一体化设计在提升空间利用率的同时，也确保各功能区分区私密性；面积设计精巧，各空间尺度恰到好处，满足成长家庭生活所需。

【销售维度】

案场数据显示，中海·盛世城2018年5月首开，首开销售408套住宅、共计4.2亿元，2018年全年销售额达20.9亿元。2019年，面对长春市场整体下行的压力，中海·盛世城表现优异，据项目统计，截至2019年11月，项目年度销售额已超过18亿元。据克而瑞数据统计，2019年项目销售金额位列北湖区域第一名。

在一年半的销售周期内，中海·盛世城累计销售住宅3059套，月均销售170套，其受欢迎程度可见一斑。

更多楼盘详情请扫码查看

中海·尚学府

长春　长春新区　品牌地产　生态宜居

中海·尚学府位于北湖新区长春工业大学北湖校区北侧，盛北大街与大学城路交会处北行 200 米。项目占地面积约 37.2 万平方米，容积率 2.5。

项目地址：
长春市盛北大街与大学城路交会处北行 200 米

开发商：
长春中海地产有限公司

建筑类型：
院落、多层、高层

主力户型：
88 平方米二居、110 平方米三居、125 平方米三居

周边配套：
北湖湿地公园、欧亚北湖购物中心、吾悦广场

参考价格：
均价 11000 元 / 平方米

楼盘优势：
中海品牌，位于长春新区，紧邻快轨 8 号线，多个商场围绕，周边配套成熟。

专家点评　王鹰·易居黑吉区域总经理

中海·尚学府汇集北湖新区多所学府、北湖快轨及中海品牌三大要素，项目基础属性过硬。周边日常生活配套与其他区域成熟度

项目解析

【区域维度】

中海·尚学府位于国家新区北湖科技开发区。国家新区是由国务院批准设立、承担国家重大发展和改革开放战略任务的综合功能区，长春新区是2016年2月3日获批成立的第17个国家级新区。

长春新区是长吉图开发开放先导区的重要组成部分，也是推进“一带一路”建设、加快振兴东北老工业基地的重要举措。长春新区规划面积499平方千米，建成后将成为集新兴产业、高端制造业、生活服务业于一体的国际化、现代化中心城区和生态旅游休闲区。

【品牌维度】

中海地产隶属于中国建筑工程总公司。历经40年的品牌践行，中海地产已建立了住宅开发、城市运营、创意设计及现代服务三大产业群。企业连续16年获中国蓝筹地产企业和中国房地产行业领导品牌。公司旗下项目累计荣获“詹天佑大奖——优秀住宅小区奖”58项、中国建筑工程“鲁班奖”7项、国际地产奖(International Property Awards)18项。

中海地产长春公司是中海地产旗下内地第6家全资子公司。成立17年来，先后开发运作20个楼盘，覆盖净月、朝阳、南关、绿园、经开、高新、北湖科技开发区等多个城区，开发面积近1000万平方米，拥有业主5万户、15万余人。2018年公司年度销售额达100亿元。

【口碑维度】

在北湖飞速发展的当下，诸多全国知名房企涌入，而作为北湖人居的开拓者，中海地产一直助推着区域人居发展。中海·尚学府是基于北湖中海龙玺、盛世城成功开发经验，以升级产品的生活理念为核心打造的中海高端“大城”作品，自推出便备受关注。智装标准、园林景观、生态环境、周边配套，再加上升级迭代的产品空间，使项目成为片区内品质楼盘。

项目享受新区配套，紧邻轻轨8号线，一站抵达吉大英才学校，两站抵达北湖公园，三站抵达龙翔商圈；周边有北湖吾悦广场(建设中)、欧亚北湖购物中心(建设中)两大商场，距离奥体中心约2公里。

【产品维度】

中海·尚学府项目采用新现代建筑风格，运用求简去繁的设计手法，融入古典建筑的典雅和现代建筑的简洁。在园区景观设计方面，依托新区优势，旨在打造创新、绿色健康、人文宜居的轻奢版花园社区。通过贯穿整个园区的双十字景观主轴，配合有序列的景观水景、分龄儿童嬉戏的活动场地、楼宇间的景观小品、健身休闲的娱乐设施等，营造出有秩序、自然、时尚的景观花园。

项目规划建筑面积约290平方米院落产品，建筑面积约88~110平方米智装高层与建筑面积约105~125平方米多层，通过打造高标准智能优装的五大空间体系，构建区域产品迭代的百万平方米人居升级之作。

【销售维度】

案场数据显示，中海·尚学府2018年10月29日开盘至2018年底，实现8亿元销售金额。2019年项目院落、多层、高层全系产品持续加推，一直保持热销的态势，克而瑞数据显示，中海·尚学府在2019年度北湖区域销售金额榜单中排名位居前三，成为北湖区域深受购房者追捧的楼盘之一。

更多楼盘详情请扫码查看

中海·阅麓山

- 2019年 -
中国城市楼盘年鉴
典型项目

长春　品牌地产　高端改善　生态宜居

中海·阅麓山位于净月区聚业大街与永顺路交会处南行300米。项目占地面积约13万平方米，建筑面积约22万平方米，容积率1.7，共计规划1418户。

项目地址：

长春市净月区聚业大街与永顺路交汇处南行300米

开发商：

长春中海地产有限公司

建筑类型：

别墅、多层、小高层

主力户型：

118平方米、129平方米三居，168平方米四居

周边配套：

麦德龙、迪卡侬、影世纪城、净月潭森林公园

参考价格：

小高层13700元/平方米、洋房14000元/平方米

楼盘优势：

中海·阅麓山是由中海地产打造的山麓系作品，位于长春生态宜居区，生态环境优越。UF+空间迭代系统，为不同的家庭配置不同的模块，颇为人性化。

专家点评

李嘉雪·中国网吉林总经理

「山麓系」是中海高品质的体现。中海·阅麓山是长春少有的以艺术为卖点的项目，设计风格参照以莫奈为代表的印象派，实现风格上的独树一帜。户型设计也是项目的一大亮点，所有户型均有家政间，卧室均有飘窗。

项目解析

【区域维度】

中海·阅麓山位于净月区，属于长春市的生态宜居区。早在2012年，净月高新区由省级高新区跃升为国家级，是国家发展战略下的城市重点发展区域，许多先行于城市发展的规划和建筑都在净月。尤其是聚业大街和天泽大路，周边汇聚了众多地标场馆，如吉林省科技馆、吉林省博物院、吉林省自然博物馆等，这些都代表了净月的发展高度。

中海·阅麓山择址天泽大路板块，净月潭生态资源在侧，净月EBD、大学城等商圈环绕，文化、商业、旅游等高端配套齐全。

【品牌维度】

长春中海地产是中海地产集团所属的全资子公司。公司成立于2002年12月25日，现注册资本1亿元，是中海地产集团在内地地产线的第6家地区公司。

公司成立以来，一直以匠心品质筑就春城幸福人居，项目落子长春各个区域，先后开发了百万大盘国际社区寰宇天下，南部区域的水岸春城、水岸馨都、兰庭、净月华庭、凤凰熙岸，中部和西部的金域中央、凯旋门、景阳公馆，北湖区域中海龙玺、盛世城、尚学府。同时，还打造了高端精品项目南湖1号、莱茵东郡、紫御华府、紫金苑等。中海·阅麓山是长春中海打造的全新作品。

【口碑维度】

作为央企，中海以工程起家，通过“过程管理、层层把控、七重质检”，赢得了精工中海的评价。另外，以承建业务出身的中海，对建筑细节和质量一直保持着苛求的态度。比如，在建造过程中，对石材编号、拼缝的特殊处理，阳角45°切面；在景观打造上，小区的每棵树都需要提前半年预订，在种植前还需要对其形状、大小等进行筛选，种植时还要对土地进行调整，以合适的角度种下；小区内的景观石，每一块都需要根据周边的乔木进行不同的搭配和挑选。

作为中海的高端改善项目，中海·阅麓山要做的就是提高工程质量，提升产品品质，做出行业内口碑好的产品，不辜负业主期望。

【产品维度】

中海·阅麓山规划15栋城市院落、10栋洋房、10栋小高层，建面约118~470平方米，定位为高端改善社区。

联排别墅是中海地产山麓系的创新产品，仅72套，产品设计为3+2层。联排别墅拥有环幕光学立面、九米横厅系统、双首层创新等六大创举，为业主提供更加舒适的居住感受。洋房采用创新型横向空间，突破常规，超大采光面让室内充满阳光。其中，149平方米户型约14米南向面宽，三开间朝南，7米横厅，可分可合。小高层亦采用创新型横向空间、泛中心全屋格局、“9A+智慧”精工体系，同时赠送超大面积空间，产品性价比高，深受购房者的认可。

【销售维度】

中海·阅麓山2019年6月28日开盘。案场数据显示，开盘当日销售额达8亿元，至2019年11月底，项目实现15亿元销售金额，其中洋房去化率达到90%。

更多楼盘详情请扫码查看

万科松花湖国际度假区·四季小镇

2019年 中国地产楼盘年鉴 典型项目

吉林　品牌地产　度假休闲　生态宜居

万科松花湖国际度假区·四季小镇位于吉林市丰满区青山大街 888 号，占地面积约 850000 平方米，建筑面积约 800000 平方米，总户数 1899 户。

专家点评

马峻岭·知名广播节目《小马哥购房帮》出品人

万科松花湖国际度假区·四季小镇不仅是传统意义上的居住区，还兼具旅游属性，春踏青、夏避暑、秋赏叶、冬滑雪，四季皆景。项目产品范围33~120平方米，满足不同人群的购买需求。

项目地址：
吉林市丰满区青山大街 888 号

开发商：
吉林松花湖置业有限公司

建筑类型：
小高层、洋房、联排别墅

主力户型：
33 平方米一居、108 平方米三居

周边配套：
大青山、北美风情商业街、山体运动公园

参考价格：
均价 7000 元 / 平方米

楼盘优势：
项目拥有丰富的山体资源，松花江水自西向东蜿蜒环绕，生态环境舒适宜居。自配风情商业街、五星级西武王子大酒店、山体运动公园等配套。

项目解析

【区域维度】

万科松花湖国际度假区·四季小镇坐落于“雾凇之都”北国江城吉林市，地处滑雪天堂——万科松花湖国家度假区内。项目距吉林市中心约15公里，距离长春市龙嘉国际机场车程约1小时。

万科松花湖国际度假区·四季小镇以冰雪度假为主线，拥有5条国际雪联认证的专业雪道，2017~2019年连续三年斩获年度“中国最佳滑雪场”称号，客流量突破55万人次，连续三年客流涨幅近38%。项目建设有200米的风情商业街、五星级西武王子大酒店、LSR儿童村、山体运动公园、青山公寓……在冰雪娱乐板块之外，项目还努力呈现人们对优质生活的更多期盼．春采芳华、夏游林间、秋驰山中、冬娱冰雪……在这里，一年四季皆可与大自然亲密接触。

【品牌维度】

近年来，万科集团除在商业地产、物流地产、长租公寓、教育、养老等行业有着优异的表现之外，更注重冰雪运动产业的建设。万科在2011年9月与吉林市政府签署战略合作协议开发该项目，开发周期预计7~8年。截至2019年11月，已有1090名业主，除长吉两地外，还有不少业主来自哈尔滨、沈阳、杭州、武汉等地及北上广深等一线城市，同时不乏港澳台同胞及外国友人。

万科松花湖国际度假区·四季小镇由万科倾力打造，融汇万科多年精工技术，聘请国际知名设计师设计。它不仅仅是普通住宅，更通过“5+2”都市生活度假圈的全新打造，努力呈现全新的居住理念，让人们可以真正感受周末与家人安静和谐共度的亲密美好时光。

【口碑维度】

凭借一如既往用心、细心的态度，万科产品历来为人所称道，而四季小镇更是其中升级之作，处处可见开发商的满满诚意。

项目依照山体走势而建，尽可能让每一位住户都可以感受到青山美景。度假区的自然美景，和谐宁静的美好时光，北美风格的和谐建筑，高负氧离子的纯净空气，让每一位入住的业主感受浓浓的幸福感。

【产品维度】

万科松花湖国际度假区·四季小镇拥有北方独特的自然资源：夏季平均气温21℃，是天然的避暑胜地；冬季银装素裹，又是滑雪爱好者的天堂。

项目为超低密度住宅，容积率仅为1.5，园区绿化面积30%以上，同时依靠200万平方米的自然青山风景，让业主真正感受到零距离接触自然的和谐美好。

产品建筑面积为33~120平方米，百变面积区间、不同户型设计，满足不同业主需求；产品带装修交付，更让业主感受到万科品质。项目物业为北京万科物业。

项目“耐心细心24小时服务”理念，一直都是万科物业遵循的方向。目前三期产品均为现房销售，业主无须担心样板间和交付产品的差距

【销售维度】

万科松花湖国际度假区·四季小镇自2015年以来已经持续开发三期，一期、二期已售罄，每一期上市，都受到来自长春、吉林客户及各路滑雪爱好者的追捧。

更多楼盘详情请扫码查看

江苏省

2019 年南京房地产市场总结

行业发展历程

一、城市概述

南京是江苏省会城市、副省级市、南京都市圈核心城市。截至 2018 年，全市常住人口 843.62 万人，城镇人口 695.99 万人，城镇化率 82.5%，是长三角及华东唯一的特大城市。

南京地处中国东部、长江下游、濒江近海，是长江国际航运物流中心，长三角辐射带动中西部地区发展的国家重要门户城市，也是东部沿海经济带与长江经济带战略交会的重要节点城市。

二、行业现状

综观南京房地产市场，在多片区上市量井喷的大背景下，楼盘销售两极分化加剧，市场观望情绪弥漫，竞争压力激增。潮水之下，房企之间的博弈逐步回归到产品力、营销力的较量上，推动一批优质楼盘先后面市，部分片区置业门槛水涨船高，一个全新的楼市格局已经形成。

三、政策环境

在“房住不炒”的核心理念之下，2019 年上半年南京楼市平稳推进，并未发布重磅政策调控楼市，但针对人才限购有些许放松，限价隐有松动，安居、土拍等方面亦有所调整，在一定程度上加大了对楼市的刺激程度。

四、土地市场

2019 年第二季度起，优质地块集中供应刺激土地市场热度明显提升，溢价率快速上扬。此后，土地供应规模继续扩大，供地态度由收紧向放松过渡，多幅地块触及最高限价。至年中再次迎来地块集中出让，掀起 2019 年上半年土拍高潮。

五、房企布局

从房企在南京的土地储备情况来看，部分开发商布局战略有所调整。2019 年上半年，南京不仅迎来外来房企入驻，也有一些房企离开深耕片区，转战其他板块，还有一些“老朋友”辗转多年后又重新杀回南京。

六、房产行业发展历程

与我国其他一些城市相比，南京房地产业起步较晚，但南京市人口密度较高，特别是城墙范围内的老城区，人口密度甚至超过了北京，加上老城改造和新城开发步伐的加快等，给南京房地产行业的发展提供了充实的市场基础。特别是 1998 年以来，南京通过彻底停止实物形式分房，让市场成为商品房屋资源配置的唯一手段，使得房地产业在生产、流通以及物业管理等各环节都得到了较快的发展。

城市年度市场解读

一、本地新政

1. 限购局部放松，维稳郊区楼市发展

2019 年 6 月，高淳确定放松限购，以下两种情况的外地人也能在高淳买房：在南京有居住证；提供南京用工劳务合同和营业执照复印件。

2. 土拍竞价政策微调，土地开发成本上升

南京于 2019 年 7 月 3 日迎来 2019 年下半年首场土拍，部分地块竞价政策有所调整：竞价达到最高限价后停止，改为竞拍人才房建筑面积，面积最多者竞得；人才房建成后需无偿移交。

二、年度土地供应

2019 年，南京全市国有建设用地的供应计划总量为 2910 万平方米。其中，住房用地计划供应 790 万平方米，包含商品住房用地计划供应 590 万平方米，其中中小套型商品住房计划用地占了七成。

2019 年上半年全市供应土地总建面 856.7 万平方米，同比上涨 17.6%；其中商品住房的总供应面积约达 301 万平方米，完成 2019 全年目标的 51%。

三、年度土地成交

2019 上半年，南京成交土地总面积 329.2 万平方米，同比上涨 8.7%；成交土地总金额约为 528.56 亿元，同比上涨 26.7%。此外，土地平均溢价率为 27.09%，几近前一年的三倍之多，但达到最高限价地块仅有 10 宗，同比有所减少。

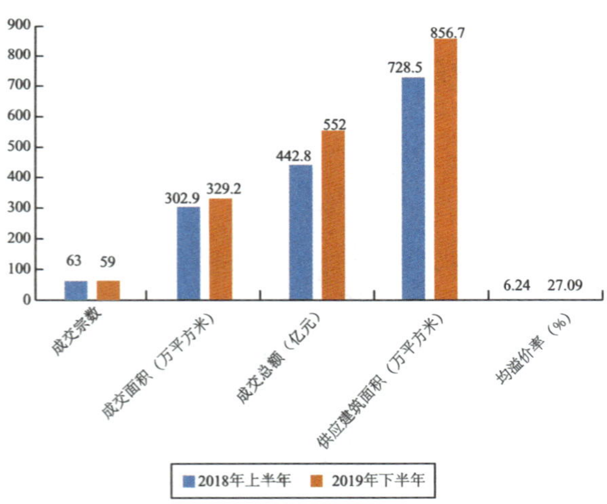

图 2-43　2019 年上半年南京土地市场同比数据

具体来看，南京主城区共成交 41 宗地块，总成交金额 466.25 亿元，高淳、溧水共成交 18 宗地块，成交总金额 62.3 亿元。

四、年度住宅供应

2019 年上半年，南京住宅供应量为 34965 套，总供应面积约 389.9 万平方米，环比 2018 年下半年分别下跌 18.6% 和 19.5%，但与 2018 年同期比较，则分别上涨 35.5% 和 29.7%。

其中，2019 年 2 月、3 月受节假日影响，市场进入传统淡季，2 月月度供应量跌至千套以下。直到“银四月”，新房供应量迎来爆发，环比 3 月大涨 270.2%，供应量冲至 7522 套的高位。

到 5 月，住宅供应量年内首次突破 8000 套，而 6 月则依靠房企年中“冲刺”，冲至近 1 万套的高位，成为南京 2019 年上半年新房供应量最多的月份。

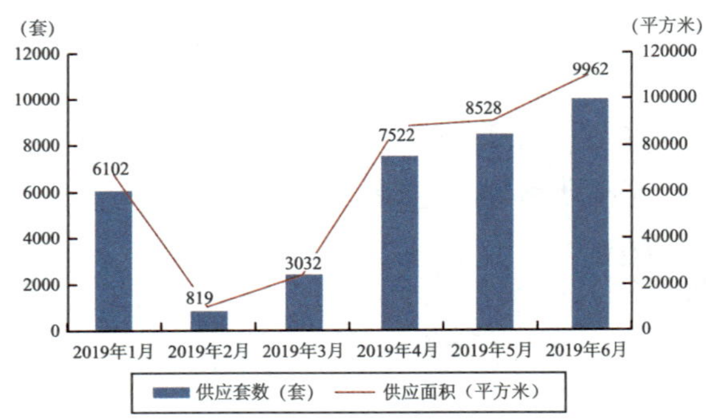

图 2-44　2019 年上半年南京各月份供应套数及供应面积

五、年度住宅成交

有关研究机构数据显示，2019 年上半年，南京纯住宅共成交 32987 套房源，环比 2018 下半年下降 1.4%，但较前一年同期大涨 21.7%。2019 年上半年纯住宅总成交面积约 367.1 万平方米，环比 2018 年下半年下跌 5.3%，同比则上涨 20.7%。

成交走势与供应量高度呼应。2018 年底，为冲刺

年终业绩，不少楼盘纷纷“抢跑”，推动1月成交小高潮到来，单月成交5359套。2月新房供应量急转直下，导致成交数据大幅缩水，环比下滑63%。

3月，楼市“小阳春”到来，纯新盘扎堆入市，部分“房荒”片区爆发上市潮，推动成交量大涨227%。此后成交全面回暖，4~6月上市量逐月攀升，从7000套上涨至近1万套，市场供求比也在后3个月达到最高1.47的高度，明显供过于求。

六、年度住宅存量

库存方面，有关研究机构数据显示，目前全市新建商品住宅库存近3.95万套，较2018年初的4.2万套有所下降。

按近6个月平均成交量计算，当前全市商品住宅出清周期约为8.6个月，较2018年末有所拉长。

七、区域成交表现

从各区成交量来看，两江板块仍为主力，成交量占全市的60%。江宁区成交量最多，共成交7086套，占全市总成交量的27%，其后依次为浦口区和栖霞区，分别占比23%和17%。

就板块分析，城北板块持续发力，成交近5000套，仅次于两江板块，远高于城中、仙林等其他区域。

与2018年同期相比，江宁、城南及仙林板块成交量受上市量增长影响，增幅较为明显，其中城南板块中海城南公馆、和峰南岸、龙湖天钜等新盘上市带动成交量同比大涨432%。

八、成交结构表现

以面积划分，2019年上半年的主力成交面积段仍以80~100平方米的中小户型为主，但较2018年同比微降3%；100~120平方米户型占比提高2%，120~144平方米大户型的面积段占比则提升了7%。这说明，南京市场的产品仍以满足刚需、刚改为主流，中小户型产品仍占据市场主力。

以单价划分成交结构，20000元/平方米以上的住宅仍为成交主力，占比超过六成，且较2018年同期占比提高16个百分点；7000~12000元/平方米、12000~18000元/平方米两个单价段占比较2018年同期降低7个百分点以上。

九、成交项目排行

2019年前6个月，南京商品住宅销售金额TOP20项目合计销售405.48亿元，同比上涨10.1%，TOP20门槛值为11.78亿元。排行榜前五位的项目销售金额均超过25亿元，其中绿地华侨城海珀滨江凭借去年两次开盘销售的佳绩，以41.32亿元荣获项目销售榜第一名；第二名为中铁建青秀城，销售金额28.86亿元；翡翠天际紧随其后，以28.84亿元位居第三名。

住宅销售面积榜上，TOP20项目合计销售面积为170.59万平方米，同比上涨3.24%，排行榜前三位项目销售面积均超过11万平方米。其中，空港新都孔雀城凭借半年开盘四次共20.22万平方米的成绩荣登项目销售面积榜榜首，中交荣域以11.84万平方米位列榜单第二名，绿地华侨城海珀滨江以11.79万平方米紧随其后，位列第三名。

2019年上半年，南京商品住宅销售套数TOP20项目合计销售13214套，同比下跌7.22%。其中，空港新都孔雀城项目以1400套名列项目销售套数排行榜首位，表现突出；中交荣域以946套名列第二位；中海燕矶听潮紧随其后，以301套名列第三位。

十、成交房企排行

2019年1~6月，南京房地产销售业绩TOP20企业合计销售510.89亿元，销售面积TOP20企业合计销售190.9万平方米。

其中，万科凭借项目和品牌优势，以 100.37 亿元、31.25 万平方米的销售业绩蝉联销售金额、销售面积双榜冠军；保利发展以 66.35 亿元、20.91 万平方米位居销售金额榜单第二名、销售面积榜单第四名；绿地控股以 57.61 亿元位居销售金额榜单第三名；银城地产、华夏幸福分别以 23.03 万平方米、22.21 万平方米位居销售面积榜单第二名、第三名。

十一、商业、公寓及办公

有关研究机构分析报告显示，2019 年上半年，南京商业市场供应 41.72 万平方米，成交 30.26 万平方米，成交价 24381 元 / 平方米。相比于 2018 年，2019 年上半年商业市场供销规模萎缩明显。

公寓方面，6 个月共计成交 58853 套产品，成交面积达 339370 平方米，总成交额超 70.36 亿元。在所有板块中，浦口板块、城北板块、河西板块、城南板块公寓分别以 2248 套、1112 套、892 套、833 套的成交量占据前四名。

2019 年上半年，南京写字楼成交面积为 236701 平方米，相较前一年同期上升 18.2%。销售热点由价格高位区域转移至江宁区，受该区域热点盘成交价格影响，截至目前，整体写字楼均价约为 15219 元 / 平方米，相较于 2018 年同期下降 12%。

十二、年度房价走势分析

2019 年上半年，南京新房整体成交均价在 22624 元 / 平方米。从各月份数据来看，整体房价呈小幅波动，变化不大。

根据国家统计局公布的 2019 年 1~6 月《70 个大中城市商品住宅销售价格变动情况》，环比数据显示，南京仅 2 月的房价环比持平，其余 5 个月均有不同程度上涨。其中，1 月和 5 月房价涨幅最高，为 0.8 个百分点；4 月其次，房价环比上涨 0.5%；3 月、6 月涨幅则为 0.1%。

十三、热点板块分析

两江板块仍是关注度最高的区域。作为南京楼市供货主力军，江北板块共 27 盘加推，上市量高达 9257 套，创 2019 年上半年板块上市量最高纪录；40 次开盘去化率达到 100%，3 次加推去化率 100%，20 次加推去化八成以上，成交热度可见一斑。

2019 年上半年，江宁共 17 家楼盘加推 26 次，出货量达 4081 套。其中，共 12 次加推摇号，中签率最低仅为 7.14%。从目前的去化数据来看，26 次加推有 9 次去化达 100%，板块内最低去化约为三成。

此外，河西板块 2018 年上半年的表现也颇为抢眼。作为“宇宙中心”，河西每次开盘都备受瞩目，次次加推需要摇号，最低中签率为 3.1%，其他加推中签率均在 10% 以下。从目前的去化数据来看，河西所有开盘去化率均达到 100%。

十四、未来展望

在“房住不炒”基调和“三稳”背景下，南京下半年的限售政策预计不会提档升级，但亦暂时不会放开。限价政策方面，同样不会放开，但部分区域个别高价楼盘有冲破限价的趋势。与此同时，价格限制或将重点偏向底价，房价涨幅将控制在一定范围内。

此外，为推动经济持续快速发展，进一步提升城市竞争力，不排除人才政策继续发力、惠及层次更加宽泛，落户政策更加宽松的可能。

十五、市场预期

土地方面，由于第二季度供地规模较大，预计下半年中，第三季度供地有所缓和，第四季度将依据供地计划完成程度集中供地。考虑到市场主体对后市预期良好，预计此前的竞拍热度仍将延续。

供应方面，虽然刚需房源仍是市场主力，但受地价及上市区域因素影响，刚改房源占比将持续增加，进一步抬高置业门槛。

成交层面，上半年“金三银四”表现亮眼，若无特别政策出台，下半年“金九银十”成交量仍将维持传统旺季特色。

此外，下半年贷款放款时间延长，利率上浮，或导致观望人群增加，销售速度有所放缓，库存量或将增加。

数据来源：南京网上房地产、金丰石。

2019 年南京房地产在售楼盘概览

楼盘名称	城市名称	城区	地址	物业类型
钟山国际高尔夫	南京	玄武	玄武区环陵路 7 号（紫金山东麓）	别墅
苏宁钟山朝阳府	南京	玄武	玄武区玄武大道与太龙路交会处	普通住宅、别墅
美林墅	南京	玄武	玄武区玄武大道 90 号	别墅
星河国际	南京	玄武	玄武区恒嘉路与华跃路交会处	普通住宅
中南魔力月光广场	南京	玄武	玄武区仙鹤门三号路以南	公寓
玄武湖金茂广场御景华府	南京	鼓楼	鼓楼区中央路 201 号	普通住宅、写字楼、商铺
苏宁睿城	南京	鼓楼	鼓楼区汉中门大街 301 号（清江路与集庆门大街交会处）	写字楼、酒店式公寓
长江峰景	南京	鼓楼	鼓楼区中山北路 645 号部队院内	普通住宅、写字楼
深业滨江上城	南京	鼓楼	鼓楼区龙江路 30 号（龙江路与江边路交会处）	普通住宅、写字楼、酒店式公寓、商铺
中冶盛世滨江	南京	鼓楼	鼓楼区龙江路与郑和中路交会处（原南京西站向西 100 米）	普通住宅、酒店式公寓
花样年喜年中心	南京	鼓楼	鼓楼区中央北路河路道 1 号（生产资料市场往里 300 米）	公寓、写字楼、商铺
当代万国府 MOMΛ	南京	鼓楼	鼓楼区热河南路与淮滨路交叉口西北方向 100 米	普通住宅、商铺
南京越洋国际商务中心	南京	鼓楼	鼓楼区国际服务外包产业园，清江南路	写字楼
葛洲坝招商紫郡兰园	南京	鼓楼	鼓楼区和燕路 55 号（地铁 3 号线小市站东 500 米）	普通住宅、建筑综合体
龙湖春江紫宸	南京	鼓楼	鼓楼区江边路以西 1 号（建宁路与江边路交会处，天妃宫小学旁）	普通住宅
中海桃源里	南京	鼓楼	鼓楼区姜家圩路与淮滨路交会处	普通住宅
电建中储泛悦城市广场	南京	鼓楼	鼓楼区中央北路与幕府南路西（地铁 3 号线小市站 700 米）	普通住宅、写字楼、商铺
恒大滨江	南京	鼓楼	鼓楼区中山北路与江边路交会处（中山码头对面）	普通住宅、公寓
仁恒桃园世纪	南京	鼓楼	鼓楼区热河南路与白云亭路交会处	普通住宅、别墅
绿地紫金中心	南京	鼓楼	鼓楼区湖南路与中山北路交会处	普通住宅、公寓、商铺
中海滨江 U-LIVE	南京	鼓楼	鼓楼区新兴路与复兴街交会处	写字楼、酒店式公寓、商铺
金轮峰华	南京	鼓楼	鼓楼区新街口中山路	公寓、商铺
葛洲坝阳光城鼓印兰园	南京	鼓楼	鼓楼区安怀村路	普通住宅
世茂璀璨滨江	南京	鼓楼	鼓楼区下关区宝善小区	普通住宅、商业
证大阅江府	南京	鼓楼	鼓楼区建宁路与江边路交会处（07-09 地块）	酒店式公寓
大地伊丽雅特湾	南京	栖霞	栖霞区和燕路 329 号	普通住宅
高科荣境	南京	栖霞	栖霞区仙林大道与经天路交会处（2 号线经天路站对面 200 米）	普通住宅、别墅
苏宁名都花园	南京	栖霞	栖霞区和燕路东侧合班村 69 号（迈皋桥国土资源所北侧）	普通住宅、公寓
复地御钟山	南京	栖霞	栖霞区马群街 2 号	普通住宅
金浦御龙湾	南京	栖霞	栖霞区和燕路 390 号（邻近晓庄加气站、对面即大地伊丽雅特湾）	普通住宅、商铺
高科中心	南京	栖霞	栖霞区仙林街道文范路以南、学津路以西	写字楼
嘉誉山	南京	栖霞	栖霞区兴贤路 19 号	普通住宅、商铺
中国铁建青秀城	南京	栖霞	栖霞区迈尧路与经五路交会处（红太阳装饰城北门对面）	普通住宅、商铺
电建地产海赋尚城	南京	栖霞	栖霞区燕子矶街道经五路 32 号（经五路与神农路交会处）	普通住宅、商铺
中电颐和府邸	南京	栖霞	栖霞区华飞路 1 号	普通住宅、公寓
招商 1872 i-park 公寓	南京	栖霞	栖霞区迈皋桥街道经五路与黄河路交会处	普通住宅、商业
翠屏水晶广场	南京	栖霞	栖霞区新港大道 88 号	公寓、写字楼
中垠紫金观邸	南京	栖霞	栖霞区中山门大街 698 号	普通住宅、公寓、别墅
南京万达茂	南京	栖霞	栖霞区仙林大道与守敬路交会处	普通住宅、公寓、写字楼、商铺
电建洺悦府	南京	栖霞	栖霞区迈化路 611 号	普通住宅、别墅
高科紫微堂	南京	栖霞	栖霞区仙林大道与经天路交会处（经天路地铁站南侧）	普通住宅
华侨城翡翠天域	南京	栖霞	栖霞区工农路与疏港大道交会处	普通住宅、商铺
融信世纪东方	南京	栖霞	栖霞区仙林街道经天路与广志路交会处	普通住宅
万象天地九悦	南京	栖霞	栖霞区燕子矶新城栖霞大道与燕城大道交会处	普通住宅、商铺、商住
峰汇中心	南京	栖霞	栖霞区金尧路与翠林南路交会处	商业

楼盘名称	城市名称	城区	地址	物业类型
创源龙樾	南京	栖霞	栖霞区龙潭街道府前路 8 号	普通住宅
中海燕矶听潮	南京	栖霞	栖霞区燕子矶新城经五路与太新路交会处	普通住宅、商铺
中骏东原璟阅	南京	栖霞	栖霞区龙潭街道龙靖线与鱼场路交叉口 370 米	普通住宅、商铺
绿地万科云都会	南京	栖霞	栖霞区地铁 2/4 号线金马路站高铁紫金山东站	公寓、写字楼、商铺
正荣悦东府	南京	栖霞	栖霞区金港南路与平港路交会处	普通住宅
碧瑶花园	南京	建邺	建邺区乐山路 189 号	普通住宅
紫辉时代广场	南京	建邺	建邺区江东南路 220 号	普通住宅、写字楼、商铺
宏图上水云锦	南京	建邺	建邺区云锦路与怡康街交界处、兴隆大街地铁站向东 200 米	普通住宅、商铺
华新城	南京	建邺	建邺区巴山路 33 号	普通住宅
德基世贸壹号	南京	建邺	建邺区河西 CBD 中心庐山路 198 号	公寓、写字楼
涵碧楼	南京	建邺	建邺区汉中门大街与扬子江大道交会处	公寓
涟城	南京	建邺	建邺区怡康街与西城路交会处向西 160 米	普通住宅、公寓、别墅、写字楼、酒店式公寓
南京环球贸易广场	南京	建邺	建邺区河西大街与江东中路交会处	写字楼、商铺
升龙汇金中心	南京	建邺	建邺区江山大街以南，江东南路与恒河路间	公寓、写字楼
首创立方	南京	建邺	建邺区地铁二号线天迈广场油坊桥站	公寓、写字楼、酒店式公寓
升龙桃花园著	南京	建邺	建邺区江心洲葡园路	别墅、建筑综合体
正荣中心	南京	建邺	建邺区河西南江东南路与吴侯街交会处	普通住宅、商住
世茂天誉	南京	建邺	建邺区集庆门大街与江东中路交会处，南京地铁 2 号线集庆门大街站、金鹰世界正对面	普通住宅、公寓、商住
仁恒江湾世纪	南京	建邺	建邺区中新南京生态科技岛环岛东路 6 号	普通住宅、酒店式公寓、建筑综合体
建邺吾悦广场	南京	建邺	建邺区江东中路与江东门北街交会处，河西万达旁，金盛国际家居正对面	酒店式公寓、商住
龙湖时代上城	南京	建邺	建邺区河西大街与云龙山路交会处	公寓、商铺
金奥诺阁雅 LOFT（缤润汇）	南京	建邺	建邺区楠溪江东街 85 号	公寓、酒店式公寓
南京青奥村	南京	建邺	建邺区青奥南路 9 号	公寓
华润置地鱼嘴润府	南京	建邺	建邺区双闸街道	普通住宅
华侨城天鹅堡	南京	建邺	建邺区扬子江大道与吴侯街交会处	普通住宅
石林云城	南京	雨花台	雨花台区凤集大道 6 号	普通住宅、别墅、商铺
南京城际空间站	南京	雨花台	雨花台区南京南站北广场，绿都大道向[illegible]米处	公寓、写字楼、商铺、商住
证大喜玛拉雅	南京	雨花台	雨花台区金阳东街与明城大道交会处 100 米（南京南站南广场）	写字楼、酒店式公寓、商铺、商住
金轮星立方	南京	雨花台	雨花台区南京高铁南站北广场东侧（高铁北售楼处）	写字楼、商铺
中交锦致	南京	雨花台	雨花台区明城大道与[illegible]大道交会处	普通住宅、商铺
建发紫悦广场	南京	雨花台	雨花台区安德门大街地铁 1 号线天隆寺站 2/3 号口	公寓、写字楼、商铺
星叶欢乐城	南京	雨花台	雨花台区三山[illegible]路与[illegible]风路交会处西南侧	普通住宅、商业
南京大名城紫金九号	南京	雨花台	雨花台区宁双路与铁[illegible]工业园路交会处	普通住宅
云树公馆	南京	雨花台	雨花台区丁墙路与明发大道交会处（明发商业广场东侧）	公寓、写字楼、商铺
绿城云栖玫瑰园	南京	雨花台	雨花台区岱山东路与岱山南路的交叉口	普通住宅、别墅
富力星光里	南京	雨花台	雨花台区板桥新城新[illegible]大道与华兴路交会处	公寓、商铺
中海城南公馆	南京	雨花台	雨花台区华新路以南，龙西路以北	普通住宅、写字楼、商业
花语江南	南京	雨花台	雨花台区兴隆大街与[illegible]台南路交会处	普通住宅
电建洺悦华府	南京	雨花台	雨花台区岱山东路与岱山北路交界处向南 300 米	普通住宅
和峰南岸	南京	雨花台	雨花台区岱山中路与岱山北路交会处	商住、商业
南京雨花吾悦广场	南京	雨花台	雨花台区板桥新城新[illegible]大道金地体育公园 1 号	公寓、商铺
龙湖天钜	南京	雨花台	雨花台区华新路与纵七路交会处	普通住宅
天合广场	南京	雨花台	雨花台区双台南路 1[illegible]6 号	写字楼
德轩置业中心	南京	雨花台	雨花台区牡丹江街与凤台南路交会处（万达光明城市东 800 米）	写字楼、商业
世茂璀璨睿湾	南京	雨花台	雨花台区岱山东路北延线与吴山路交会处	普通住宅
万科安品园舍	南京	秦淮	秦淮区安品街 86 号	别墅
泰禾南京院子	南京	秦淮	秦淮区中山南路与集庆路交会处	别墅、商铺
金陵凤栖园	南京	秦淮	秦淮区龙蟠中路 3[illegible]号（瑞金路金润发对面）	普通住宅

楼盘名称	城市名称	城区	地址	物业类型
雅居乐长乐渡	南京	秦淮	秦淮区剪子巷 35 号老门东西侧 30 米	别墅
金鼎湾如院	南京	秦淮	秦淮区鼓楼中山北路 279 号（虹桥中心 2 期西侧）	普通住宅
诚通龙蟠汇	南京	秦淮	秦淮区龙蟠中路 526 号通济产业园	公寓、写字楼、商铺
汉中公馆	南京	秦淮	秦淮区汉中路与汉西门大街交会处	公寓、别墅、写字楼
金鼎湾状元府	南京	秦淮	秦淮区鼎新路 88 号	别墅
冠城大通蓝郡	南京	六合	六合区雄州南路 333 号、地铁 S8 号线龙池站	普通住宅
龙海骏景	南京	六合	六合区雄州街道冶浦路 99 号	普通住宅、商铺
石林中心城	南京	六合	六合区宁六路与龙池路交会处	普通住宅
金牛湖半岛	南京	六合	六合区金牛湖风景区（金江公路）	公寓、别墅
荣鼎幸福城	南京	六合	六合区方州路 199 号	普通住宅
君悦花园	南京	六合	六合区大厂浦六南路 8 号	普通住宅、商铺
六合万达广场	南京	六合	六合区雄州西路与龙津南路交会处（地铁 S8 号线雄州站 2 号出口）	公寓、商铺
荣盛鹭岛荣府	南京	六合	六合区龙池湖畔西侧	普通住宅
东骏悦府	南京	六合	六合区龙池街道莉湖西路 31 号	普通住宅、公寓、商铺
郦湖美墅	南京	六合	六合区宏湖路 1 号	别墅
嘉恒有山	南京	六合	六合区金牛湖街道通河路 9 号	普通住宅
云梦尚品	南京	六合	六合区程桥街道荷青路 5 号	普通住宅
保利荣盛合悦	南京	六合	六合区江北大道快速路与龙华东路交会处	普通住宅、别墅
中海棠城公馆	南京	六合	六合新城区府东路北（励志学校旁）	普通住宅
荣耀府	南京	六合	六合区金牛湖街道茉莉花路 77 号	普通住宅
荣盛昱龙府	南京	六合	六合区江北大道西侧（S8 龙池地铁站 1 号出口）	普通住宅
弘阳时光山湖	南京	六合	六合区金牛湖街道博文路 35 号	普通住宅
茉里	南京	六合	六合区茉莉花路与长金路交会处向南 200 米	普通住宅
南京恒大养生谷	南京	六合	六合区金牛湖风景区金牛湖地铁站东侧	普通住宅
远洋棠悦山水	南京	六合	六合区金牛湖街道经十路与纬二路交会处	普通住宅
万江共和新城	南京	浦口	浦口区浦珠路 139 号	普通住宅

楼盘名称	城市名称	城区	地址	物业类型
苏宁威尼斯水城	南京	浦口	浦口区柳州路 198 号	普通住宅、商铺
大华锦绣华城	南京	浦口	浦口区浦珠北路 59 号（桥北家乐福旁）	普通住宅、别墅、商铺
国信自然天城	南京	浦口	浦口区江浦街道沿山东路 188 号	别墅
山河水花园	南京	浦口	浦口区汤泉镇假日路 8 号	别墅
山水云房	南京	浦口	浦口区浦珠北路 126 号	普通住宅、别墅
北江锦城	南京	浦口	浦口区珠江镇雨山西路 89 号（南京审计学院南侧）	普通住宅
佛手湖森林庄园	南京	浦口	浦口区珍七路 1 号	别墅
金基九月森林	南京	浦口	浦口区江浦街道象山路 29 号	别墅
珍珠泉 9 号	南京	浦口	浦口区珍珠街 178-1 号	别墅
融侨观邸	南京	浦口	浦口区江浦街道白马路 88 号	普通住宅、别墅
浦泰和天下	南京	浦口	浦口区江山路 9 号	普通住宅、商铺
帝景观云	南京	浦口	浦口区顶山街道吉庆路 6 号纬三路隧道口	普通住宅、别墅、商铺
雅居乐滨江国际	南京	浦口	浦口区江浦街道天浦路 90 号	普通住宅
江岸景城	南京	浦口	浦口区乌江镇故居路 8 号（东至驷马河路、西至驷马山河）	普通住宅、商铺
正源尚峰尚水	南京	浦口	江北新区浦口汤泉街道楚韵花香景区旁	别墅
东方万汇城	南京	浦口	浦口区浦口大道 9 号	公寓、写字楼、建筑综合体
观山悦	南京	浦口	浦口区顶山街道定向河路与浦珠路交会处	普通住宅
融创桃花源	南京	浦口	浦口区佛手湖路、珍七路 9 号（珍珠泉旅游度假区佛手湖畔老山国家森林公园内）	普通住宅、别墅
扬子科创总部基地	南京	浦口	浦口区浦珠路 66 号	写字楼、酒店式公寓、商铺、商住
明发财富中心	南京	浦口	浦口区江浦总部大道（邻近东方万汇城）	写字楼
明发香山郡	南京	浦口	浦口江浦街道沿山大道与财八路交叉口（万科金色半山东侧）	普通住宅
星智汇商务花园	南京	浦口	江北新区星火路 19 号	写字楼
通宇林景紫园	南京	浦口	浦口区东至七里桥北路、南至规划道路、西至规划道路、北至规划道路	普通住宅、商铺
通宇林景兰园	南京	浦口	浦口区顶山街道七里桥北路西侧 3 号	普通住宅

楼盘名称	城市名称	城区	地址	物业类型
中交锦兰荟	南京	浦口	浦口区江浦街道环城西路与华山路交会处	普通住宅、商铺
力标赞城	南京	浦口	浦口杨柳路与台南路交会处	普通住宅、商铺
三金鑫宁府	南京	浦口	浦口区珠泉西路与江淼路交会处	普通住宅
大华锦绣时代	南京	浦口	浦口区沿江街道浦洲路南侧、南浦路东侧（江岸水城东门对面）	普通住宅
金象朗诗红树林	南京	浦口	浦口区江山路 6 号	普通住宅、商铺
中建国熙台二期	南京	浦口	浦口区江浦街道康浦路与康安路交会处	普通住宅
保利云禧	南京	浦口	浦口区建设路与巩固路交会处（地铁 10 号线雨山路站 5 号出口旁）	普通住宅
金隅紫京叠院	南京	浦口	浦口区黄山岭路与狮山路交会处	普通住宅
国资江山荟	南京	浦口	江北新区海桥路 9 号	普通住宅
明发国际中心	南京	浦口	浦口区园创路与浦滨路交会处	写字楼、酒店式公寓、商铺、商住
明发阅山悦府	南京	浦口	浦口区沿山大道与浦口大道交会处	别墅
恒大溪山公馆	南京	浦口	浦口市民中心向北 200 米	普通住宅、别墅
北京城建西华龙樾	南京	浦口	浦口区城樾路 8 号（南京市浦口区市民中心东北侧 200 米）	普通住宅
悦风华	南京	浦口	江北新区研创园旁江淼路 65 号（浦口区中心医院旁）	普通住宅、别墅
弘阳燕澜七缙	南京	浦口	浦口区泰冯路 77 号	普通住宅、公寓
荣盛锦绣澜山	南京	浦口	浦口区沿江街道泰冯路 79 号	普通住宅、公寓、商铺
星悦城	南京	浦口	浦口高新开发区星火路与汇贤路交会处（地铁 3 号线星火路站 3 号口向北约 100 米）	公寓、写字楼
中建国熙公馆	南京	浦口	浦口区安浦路 71 号	普通住宅、商铺
通宇林景博园	南京	浦口	浦口区泰山街道东大路以南、泰山中路以东	普通住宅、别墅
宝隆时代广场	南京	浦口	浦口区新浦路与康盛路交界处	写字楼、商铺
银城颐居悦见山	南京	浦口	浦口区江浦街道揽月路与白马路交会处	普通住宅、别墅
金辉白马云著	南京	浦口	江北新区白马路与孝祥路交叉口	普通住宅
通宇林景尊园	南京	浦口	江浦区新浦路南侧，紧邻宝隆时代广场	普通住宅
恒通国际	南京	浦口	浦口区行知路 6 号	别墅、写字楼
世茂璀璨江山	南京	浦口	浦口区江浦街道光固路 2 号	普通住宅
江山大境	南京	浦口	浦口区浦云路与棠云路交会处	普通住宅、别墅
印悦府	南京	浦口	江北新区江北大道与永康路交会处	普通住宅、商铺
通宇林语山墅	南京	浦口	浦口区七里路与沿山大道交会处	别墅
仁恒凤凰山居	南京	浦口	浦口区山水大道 3 号	别墅
中海原山	南京	浦口	浦口区团结路与建设路交会处	普通住宅
林景象山墅院	南京	浦口	浦口区江浦街道[illegible]路 89 号	别墅
中建熙元府	南京	浦口	江北新区狮山路	普通住宅、商业
扬子江金茂悦	南京	浦口	江北新区七里河大街与横江大道交会处	普通住宅
明发银河城	南京	浦口	高新技术开发区[illegible]路 11 号	写字楼
金地风华国际	南京	浦口	浦口区浦滨路东 150 米	普通住宅
悦江府	南京	浦口	浦口区珠泉西路与江淼路交会处	普通住宅、商铺
中海左岸澜庭	南京	浦口	浦口区江北核心区青奥体育公园旁	普通住宅
雅居乐雅尊府	南京	浦口	浦口区江浦街道地铁 10 号线龙华路站旁	普通住宅
颐和九里	南京	浦口	浦口区海峡大道与海桥路交会处	普通住宅
招商雍宁府	南京	浦口	浦口区建设路与雨山西路交叉口	普通住宅
江畔国际	南京	浦口	浦口区大桥北路 20 号	普通住宅
佳源玖棠府	南京	浦口	江北新区浦云路与卓越路交会处	公寓、写字楼、商住、商业
路易庄园	南京	浦口	浦口区雨花[illegible]89 号	别墅
新城金樾府	南京	浦口	浦口区新浦路与康安路交会处（大润发对面）	普通住宅
弘阳尚上悦苑	南京	浦口	浦口区浦珠北路与华江路交界处	普通住宅、商业
江畔都会上城	南京	浦口	江北新区丰浦路以北、浦滨路以东	普通住宅、公寓、商业
悦辰府	南京	浦口	江北核心区广西埂大街与迎江路交叉口	普通住宅
润辰府	南京	浦口	江北核心区七里河大街与江北快速大道交会处	普通住宅
中城花园塞纳名邸	南京	溧水	溧水县经济开发区机场路 8 号	普通住宅
琴韵华庭	南京	溧水	溧水县经济开发区机场路	普通住宅
卧龙湖风情小镇	南京	溧水	溧水县[illegible]湖大道 1 号（宁杭高速溧水北出口左转 300 米）	公寓、别墅
宏进锦绣家园	南京	溧水	溧水县永阳镇秦淮[illegible]路 9[illegible] 号	普通住宅

楼盘名称	城市名称	城区	地址	物业类型
世纪天城	南京	溧水	溧水区经济开发区团山路 1 号	别墅
凤凰小镇	南京	溧水	溧水区洪蓝镇天生桥路 218 号	普通住宅、别墅
溧都桂苑	南京	溧水	溧水区金牛北路 666 号（天生桥风景区东）	别墅
创维宏悦府	南京	溧水	溧水县团山西路 26 号	普通住宅
橡树城	南京	溧水	溧水区经济开发区红光东路 8 号	普通住宅
汇泽中心	南京	溧水	溧水区宝塔路 99 号（中山河南）	公寓
喜之郎丽湖湾	南京	溧水	溧水区开发区秀山路与淳溧路交会处	普通住宅
天生御景	南京	溧水	溧水区洪蓝镇凤凰井路 26 号（天生桥风景区对面）	别墅
藏珑谷山庄	南京	溧水	溧水县经济开发区乌夏路 88 号	公寓、别墅
金山府	南京	溧水	溧水县东屏镇金山路 95 号	别墅
康利华府	南京	溧水	溧水县致远路 68 号	普通住宅
东屏湖 9 号	南京	溧水	溧水区东屏镇金山路 9 号	别墅
福晟庭院	南京	溧水	溧水洪蓝金牛北路 369 号	别墅
万景佳苑	南京	溧水	溧水经济开发区红光路（喜之郎对面）	普通住宅、商铺
海伦国际	南京	溧水	溧水区中大街 81 号（宏泰大酒店对面）	普通住宅
溧水万达广场	南京	溧水	溧水区永阳镇仪凤南路 70 号	普通住宅、公寓、商铺
金都华府	南京	溧水	溧水区经济开发区马场路 6 号	普通住宅
三金祥云	南京	溧水	溧水区天生桥大道与石燕路交会处	普通住宅
北大资源颐和翡翠府	南京	溧水	溧水区永阳街道琉璃路 66 号	普通住宅、别墅
颐居朗诗紫熙府	南京	溧水	溧水天生桥大道与琴音大道交会处	普通住宅
卓越景枫蔚蓝郡	南京	溧水	溧水区石燕路 6 号（机场路与石燕路交会处）	普通住宅
禹洲中粮都会 09	南京	溧水	溧水区机场路与薛李路交会处	普通住宅
建发央誉	南京	溧水	溧水区南部新城万达广场东（石燕路与幸庄路交会处）	普通住宅、商铺
远洋万和四季	南京	溧水	溧水区溧水经济开发区创业路 99 号	普通住宅、商铺
金轮翠雍华庭	南京	溧水	溧水经济开发区创业路 139 号	普通住宅、商铺
望景名府	南京	溧水	溧水区天生桥路与凤凰井路交叉口向南约 400 米	普通住宅、别墅
君兰苑	南京	溧水	溧水区高山路 1 号	普通住宅、商业
弘阳金辉时光悦府	南京	溧水	溧水区南京工业大学浦江学院南侧	普通住宅
佳兆业悦峰府	南京	溧水	溧水城南秦淮源公园旁	普通住宅
万科未来城	南京	溧水	溧水开发区星河路以东、团山东路以南	普通住宅
银城孔雀城天荟	南京	溧水	溧水区华桥路 188 号	普通住宅
东方曼园	南京	高淳	高淳区淳溪镇慢城大道 68 号（高淳新体育中心北侧）	普通住宅
双湖星城	南京	高淳	高淳经济开发区松园南路 18 号	普通住宅
高淳雅居乐花园	南京	高淳	高淳区淳溪镇双高路北侧（高淳体育中心东侧）	普通住宅、商铺
海尔产城创双湖壹号公馆	南京	高淳	高淳区芜太路与双湖路交会处	普通住宅、别墅
花样年花郡	南京	高淳	高淳区双高路与桃园南路的交会处，双高路 50 号	普通住宅
万悦城	南京	高淳	高淳新区医院对面	普通住宅
垠领城市街区	南京	高淳	高淳区东坝镇振兴路 180 号、胥溪路 9 号	普通住宅
五洲万家广场	南京	高淳	高淳区芜太路与北漪路交会处	普通住宅
融创中南御园	南京	高淳	高淳区武家嘴湿地公园南侧（芜太路与水阳江路交会处）	普通住宅
东方公馆	南京	高淳	高淳区淳溪镇双湖南路 1 号	普通住宅
中交荣域	南京	高淳	高淳区凤山西路与丹阳湖北路交会处	普通住宅、别墅
紫晶美域	南京	高淳	高淳区芜太公路与双高路交会处（体育中心斜对面）	普通住宅
高淳宝龙广场	南京	高淳	高淳区淳溪镇学山北路 272 号	普通住宅、商铺
卓越浅水湾	南京	高淳	高淳区湖滨大道与戴村路交会处	普通住宅、别墅
金轮水映华庭	南京	高淳	高淳区芜太路与新塘路交会处	普通住宅
平澜府	南京	高淳	高淳区湖滨大道与励志路交叉口（湖滨广场北面）	普通住宅、别墅
金茂逸墅	南京	高淳	高淳区淳溪街道康乐路 277 号	普通住宅、商铺
美临香逸	南京	高淳	高淳区淳溪镇双湖路 5 号	普通住宅
高淳雅园	南京	高淳	高淳区淳溪镇淳兴路 29 号	普通住宅
锦颂华府	南京	高淳	高淳区淳溪镇汶溪路 318 号	普通住宅
高淳孔雀城湖畔澜庭	南京	高淳	高淳区湖滨大道以西、濑渚路以南	普通住宅
麒麟山庄	南京	江宁	江宁区中山门外麒东路 588 号	普通住宅、别墅、自住型商品房
鸿信云深处	南京	江宁	江宁区东山街道神凤路 1169 号（上坊天云湖横山水库东侧）	别墅

楼盘名称	城市名称	城区	地址	物业类型
翠屏湾紫台	南京	江宁	江宁区将军山韩府路18号	普通住宅、别墅
瑞安翠湖山	南京	江宁	江宁区牛首大道121号	公寓、别墅
万科金域国际	南京	江宁	江宁区同夏路24号	普通住宅、公寓
九龙湖别墅	南京	江宁	江宁区秣陵街道清水亭西路188号	别墅
汤城东郡广场	南京	江宁	江宁区汤山新城圣汤大道1号（汤山公馆对面）	公寓、酒店式公寓、商住
瑞景叶泊蓝山	南京	江宁	江宁区谷里街道丹阳大道111号	别墅
牧龙原墅	南京	江宁	江宁区滨溪大道1000号	别墅
南京九间堂	南京	江宁	江宁区康厚路10号	别墅
富力水街坊	南京	江宁	江宁区麒麟科技创新园东麒路666号	公寓、商铺
富力十号郦墅	南京	江宁	江宁区麒麟街道东麒路277号	别墅、商住
恒建金陵美域	南京	江宁	江宁区湖熟街道灵顺北路211号	普通住宅
景枫你山	南京	江宁	江宁区弘景大道3888号	别墅
沣麟公园壹号	南京	江宁	江宁区麒麟街道智汇路267号	公寓、写字楼
龙湖春江郦城	南京	江宁	江宁区市民中心旁（新亭路以南、竹山路以西）	普通住宅、别墅、酒店式公寓
碧桂园湖光山色	南京	江宁	江宁区正方大道谷里水库旁	别墅
星叶枫庭	南京	江宁	江宁区麒麟街道泰盈路1号	普通住宅、商铺
绿城南京桃花源	南京	江宁	江宁区汤山街道麒麟门大道6699号	别墅
蓝天星港	南京	江宁	江宁区禄口信诚大道与来凤路交叉口（百利广场旁）	普通住宅
鲁能泰山7号院	南京	江宁	江宁区高新园弘景大道以西、格致路以南	别墅
蓝光睿创新筑	南京	江宁	江宁区麒麟科创园智汇路与南湾营街交会处	普通住宅
熙悦	南京	江宁	江宁区麒麟中心区域，有轨电车南湾营街站旁	普通住宅
融侨观澜	南京	江宁	江宁区东山街道龙昌路50号	普通住宅
中南上悦城	南京	江宁	江宁区天靖路以南、上高路以西	普通住宅
葛洲坝融创紫郡府	南京	江宁	江宁区双龙大道与云台山河路交会处	普通住宅、别墅
银城旭辉上淮铂悦府	南京	江宁	江宁区明远路与敏轩街交会处	普通住宅
五矿澜悦栖原	南京	江宁	江宁区双龙大道与学林东路交会处西北角	普通住宅、别墅
银城旭辉云台天境	南京	江宁	江宁区云台山河路1号	普通住宅
五矿澜悦方山	南京	江宁	江宁区方山板块吉印大道与诺艺路交会处	普通住宅、别墅
绿地理想城	南京	江宁	江宁区秣陵街道高塘路39号	普通住宅、公寓、酒店式公寓、商铺
美的雍翠园	南京	江宁	江宁区吴楚西路与横云北路交会处	普通住宅
中南棉花塘	南京	江宁	江宁区空港枢纽经济区彗秀路以北、乾清路以西	商铺
誉峰苑	南京	江宁	江宁区九乡河东路与三[illegible]路交会处	普通住宅
远洋山水	南京	江宁	江宁区秣周西路33号	普通住宅、酒店式公寓
绿城深蓝	南京	江宁	江宁区宏运大道14[illegible]号	普通住宅
梁台煦府	南京	江宁	江宁区湖熟街道润湖大道39[illegible]号	普通住宅、别墅
红豆香江华庭	南京	江宁	江宁区禄口街道永欣大道11号	普通住宅、商铺
融信城市之窗	南京	江宁	江宁区双龙大道与吉印大道交会处	写字楼
山与墅	南京	江宁	江宁区汤山街道阳明路99号	别墅
汤山玉兰公馆	南京	江宁	江宁区汤山街道上善路8号	普通住宅
中骏融信雍景台丨承露园	南京	江宁	江宁区禄口信诚大道与晋禄路交会处	普通住宅、酒店式公寓、商住
恒大林溪郡	南京	江宁	江宁区禄口街道鸣鹤路1号	普通住宅
融创玖溪桃花源	南京	江宁	江宁区横溪街道甘泉湖社区兆溪路1号	别墅
绿地缤纷荟	南京	江宁	江宁区滨江开发区地秀路与丽文路交会处	公寓、商铺
琉金街区	南京	江宁	江宁区禄口信诚大道以北、王振路、规划[illegible]以西、[illegible]斯特莱斯城斜对面	商业
保利金地湖光晨樾	南京	江宁	江宁区月华路与端拱路交会处（梅龙湖西岸）	普通住宅、别墅、商铺
都荟天地城	南京	江宁	江宁区南站创新路与[illegible]路交会处	普通住宅、公寓、商业
璟悦名邸	南京	江宁	江宁区东山街道永胜路18号（永胜路与天[illegible]路交界处右侧）	普通住宅、写字楼、商业
帝景天誉	南京	江宁	江宁区双龙大道30[illegible]号（3号线秣周东路站旁）	别墅
元枫国际	南京	江宁	江宁区双龙大道与胜太路交会处	写字楼
武夷凌云公馆	南京	江宁	江宁区宏运大道18[illegible]号（双龙大道地铁站1号出口）	普通住宅、公寓、写字楼
美的建发润锦园	南京	江宁	江宁区知行路58号	普通住宅、商铺
东城金茂悦Ⅱ期	南京	江宁	江宁区文靖东路88号	普通住宅、商铺

楼盘名称	城市名称	城区	地址	物业类型
朗诗玲珑郡	南京	江宁	江宁区东山街道石麟路 109 号	普通住宅
Mix 悦享家	南京	江宁	江宁区南站宏运大道 1468 号绿城深蓝隔壁	酒店式公寓
碧桂园泊云间	南京	江宁	江宁区地铁 3 号线秣周东路站向东约 700 米（游府西街小学东侧）	普通住宅
碧桂园若水雅苑	南京	江宁	江宁区汤山街道上善路 1 号	普通住宅
旭辉银城东泉名邸	南京	江宁	江宁区汤泉路与若水路交会处	普通住宅
21 世纪太阳城银座	南京	江宁	江宁区双龙大道 1539 号	普通住宅
江宁金茂悦	南京	江宁	江宁区东山街道万安西路与新润路交会处	普通住宅
深业青麓上居	南京	江宁	江宁区东山街道武城路 66 号	普通住宅
招商正荣东望府	南京	江宁	江宁区九乡河东路与四望路交会处(南大和园向南 1 公里）	普通住宅、公寓
富力十号往来	南京	江宁	江宁区麒麟街道东麒路 277 号	别墅、商住

楼盘名称	城市名称	城区	地址	物业类型
都会四季西区	南京	江宁	江宁区莱茵达路与科建路交会处	普通住宅
招商名筑	南京	江宁	江宁区万安东路 28 号	普通住宅
都会学府	南京	江宁	江宁区东山街道龙昌路 7 号	普通住宅
上东逸境	南京	江宁	江宁区龙昌路与武成路交会处	普通住宅
阳光城文澜府	南京	江宁	江宁区麒麟街道四望路与福宁路交会处	普通住宅
金长城国际大厦	南京	江宁	江宁区秣陵街道双龙大道 1198 号	写字楼、酒店式公寓
汤山温泉康养小镇	南京	江宁	江宁区汤山美泉路 9 号	普通住宅、商业
武夷绿洲商业广场	南京	江宁	江宁区天元中路 99 号	酒店式公寓
都会四季东区	南京	江宁	江宁区科建路 666 号	普通住宅
淳东花园	南京	江宁	江宁区淳化街道东月桥路 37 号	普通住宅

华侨城天鹅堡

2019年 中国城市楼盘年鉴 典型项目

南京 | 口碑项目 | 城市地标 | 改善之选

华侨城天鹅堡项目位于南京市建邺区河西南部鱼背地块，项目住宅总建筑面积约为 19 万平方米，物业公司为华侨城物业。

项目地址：

南京市建邺区双闸街道

开发商：

南京华侨城置地有限公司

建筑类型：

小高层、高层

主力户型：

160~285 平方米四居

周边配套：

112 万平方米综合体欢乐滨江、鱼嘴湿地公园

参考价格：

均价 36950 元 / 平方米

楼盘优势：

河西南江景楼盘，北邻长江夹江及江心洲，西起南京鱼嘴湿地公园，东至南京国际青年文化公园。坐拥一线江景，可远眺南京眼、双子塔等城市地标。

专家点评

吴翔华·南京工业大学天诚不动产研究所所长、研究员

华侨城天鹅堡作为一线滨江大盘，可远眺长江景观，主力打造大平层产品，比较适合改善及高端改善的置业需求。对于现阶段的河西南来说，不失为改善型作品的典型之作。项目拥有百万平方米欢乐滨江综合体，区别于南京其他住宅产品的独特竞争力。

项目解析

【区域维度】

华侨城天鹅堡坐落于文旅商业综合体华侨城欢乐滨江项目内，位于河西新城南部，东起南京国际青年文化公园，西至鱼嘴湿地公园，南邻扬子江大道，沿长江夹江1.7公里岸线，与新加坡生态科技岛隔江相望，拥有一线长江稀缺景观资源。同时，坐拥扬子江快速路及轨道交通M9换乘点，夫子庙、新街口、百家湖等成熟商圈均可快速到达，交通便捷。

长三角城市群作为世界第六大城市群，是世界经济的热点区域之一，在国家“一带一路”倡议和“长江经济带”战略中起着举足轻重的作用。南京作为长三角核心城市和特大城市之一，担负着承东启西的支点作用，而河西新城将是南京主城区的延续和升华，规划成为华东地区继上海陆家嘴后的第二大中央商务区(CBD)，在全市版图中将扮演十分重要的角色。华侨城欢乐滨江项目将改善河西缺乏高品质休闲旅游目的地的现状，为河西注入城市活力，提升城市形象。

【品牌维度】

从早年开发的深圳波托菲诺到近几年来的天鹅堡系列，再到上海华侨城苏河湾，华侨城出品的地产项目总是因为超前的整体规划与丰富完备的配套设施为高端客户群所津津乐道。华侨城天鹅堡一问世便收获高度关注，随着户型、售价等信息的公示，又被冠以“高端改善之选”“河西一线滨水豪宅”等称号，引发市场强烈关注。

【口碑维度】

下楼即享超百万平方米都市文旅综合体华侨城欢乐滨江、一线滨江稀缺景观资源，这是华侨城天鹅堡区别于南京其他住宅产品的独特竞争力，再加上匠心打造的奢阔居住品质和河西南区域较高精装配置，构成了开盘热销的多维密钥，受到业内业外人士追捧，圈粉无数。

【产品维度】

对于像南京这样的内陆城市而言，江景是一种十分稀缺的自然资源。而华侨城天鹅堡项目楼栋沿滨江风光带分布，项目主力户型面积段为160平方米至285平方米，定位高端客群，为河西南真正意义上的江景豪宅。

主推的228平方米户型，4室2厅2卫的设计加上3.15米层高，让空间的尺度与品质感共存，270°瞰江观景大阳台则将雅致奢华表露无遗，开放式的客厅餐厅一体结构，为家庭的欢聚派对时刻腾出灵活的社交空间，LOWE-E双层玻璃强化居家舒适度。

超百米楼间距带来生活与自然的平衡，社区多重景观轴线兼顾了美观与实用，1+5-3出行体系、15+社区配套、超百万平方米都市文旅综合体华侨城欢乐滨江，华侨城天鹅堡一经面市便引起市场轰动，其产品力可见一斑。

【销售维度】

根据案场数据，2019年8月30日，华侨城天鹅堡首开480套房源，参与摇号开盘客户2394组，中签率约20%，开盘当日基本售罄，去化率高达99%，成交金额32亿元。而11月13日的二次加推，240套房源成功吸引了约2400组客户参与摇号，中签率低至10%，约9组客户抢购一套房源，开盘当日全部售罄，去化率达到惊人的100%，成交金额15.9亿元。

2019年的南京新房市场，相比往年的火热似乎平静了许多，热销盘越来越少，买房人也越来越趋于理性。而天鹅堡项目两次开盘热销，验证了华侨城强大的品牌号召力与项目本身不俗的产品实力。

更多楼盘详情请扫码查看

世茂天誉

- 2019年 -
中国城市楼盘年鉴
典型项目

南京　河西中部　城市地标　服务公寓

由世茂集团开发，建筑面积约 77 万平方米，为河西中部地标性商业综合体及住宅项目，整体包括约 300 米写字楼、3 栋 45 层住宅、约 260 米 65 层酒店服务式公寓、国际酒店以及世茂国际广场。

项目地址：
南京市建邺区云锦路 139 号

开发商：
南京世茂新领航置业有限公司

建筑类型：
高层

主力户型：
165 平方米三居、210 平方米四居、215 平方米四居

周边配套：
万达广场、金鹰世界、乐基广场

参考价格：
前期住宅均价 45000 元 / 平方米、公寓均价 40000 元 / 平方米

楼盘优势：
位于中国第九大富人区河西中部，南京核心地段，囊括住宅、公寓、商业、写字楼、酒店等业态，为南京城市地标综合体。

专家点评　马乐乐·南京市房地产学会理事

世茂天誉填补了上江东商贸区的「C位」，有别于新街口的典型单核，江东商贸区将形成集商业、办公、文旅、餐饮休闲、生活居住等多种复合功能于一体的城市中心，迸发出真正属于新一线城市的气质。

项目解析

【区域维度】

世茂天誉项目位于河西江东商务商贸中心。河西新城将被打造为以金融、商务、商贸、会展、文体五大功能为主的南京城市新中心，目前已成为南京现代化和国际化的名片，并同时推动南京完成由特大型城市向世界级城市框架的转变。

江东商贸区是河西新城贯通南北的中心，将打造成泛长三角区域金融中心的核心功能集聚区。江东商贸区所在之处是河西新城的中心，而天誉所处的正是江东商贸区的核心。

【品牌维度】

作为一家大型投资集团，世茂拥有两大上市公司。30年来，世茂致力于成为中国领先的生活服务商，携手海内外近百座城市、打造近300个臻品项目，26家国际品牌酒店、72家自主品牌酒店、48座商业项目、7个主题娱乐项目，为超过70万业主提供物业服务，构建“可持续发展生态圈”。

【口碑维度】

世茂30年，是一段写满了成长的旅程，一段象征着传承的丰碑；携手全球近100个城市，以多元业务战略布局海内外，形成多元化业务并举的“可持续发展生态圈”，引领城市发展更新，助力用户高层次的品质体验。一直以来，世茂不负初心，锐意开拓，为城市与生活带来生生不息的生命力。

2003~2019年，世茂深耕南京15年，一直扮演着城市进化先行者的角色；15年来，世茂一直走在探索前沿，布局住宅、商业、办公、酒店等多个领域，以璀璨十二子敬献千年南京。

世茂以具有先见性的眼光和宏阔视野，“在别人看不到的时候看到”。从世茂外滩新城，为下关老城区带来了城市更迭；到世茂海峡城，以先驱性见证河西新城市中心的崛起；又到世茂城品，重构着南京人的生活方式；再到世茂天誉，打造南京兼具格局尺度与艺术审美的未来生活。

【产品维度】

项目位于河西国家级中央商务区，以近77万平方米天际塔尖视角“望见未来”，筑造集摩天写字楼、Shopping Mall、天际住宅、洲际行政公馆、国际酒店、服务式公寓于一体的南京城市核心地标综合体。

其中，商业部分邀请全球知名的建筑设计事务所伍兹贝格，让各个功能区之间无缝衔接，打造融合体验与数字科技的南京世茂国际商业中心。商业部分将金陵八景垂直重构成九个维度的露天空间，获得“建筑界的奥斯卡——ASIA PACIFIC PROPERTY AWARDS”大奖。

住宅部分聘请奥雅纳公司为建筑顾问，倾力打造3栋45层的城市天际住宅。公寓部分打造为超高层酒店服务式公馆“世茂洲际天誉公馆”，建筑面积约65~260平方米，由洲际酒店提供顾问管理服务。

【销售维度】

世茂天誉住宅1号楼于2018年末开盘，现已全部售罄。克而瑞数据显示，世茂天誉公寓的成交额，在河西公寓成交总金额中的占比超过60%。

更多楼盘详情请扫码查看

万科安品园舍

- 2019年 -
中国城市楼盘年鉴
典型项目

南京 | 主城中心 | 新街口旁 | 天地入园

万科安品园舍以园为中心，产品建筑面积约 460~680 平方米。项目整体采用南京官式建筑风格，以“宅园一体”的建筑形式打造底层围合式院落，力求为居住者带来“天地入园”的居住体验。

项目地址：
南京市秦淮区安品街 86 号

开发商：
南京恒越置业有限公司

建筑类型：
住宅

主力户型：
建筑面积 460~680 平方米现代中式合院

周边配套：
新街口商圈

参考价格：
均价 55000 元 / 平方米

楼盘优势：
承接朝天宫，秦淮河风光带景观；主城正心，新街口直线距离 1.5 公里；根植于中国传统“宅园”关系，打造主城之内底层围合式现代中式宅园。

专家点评

李汇丰 · 南大文化传媒房产研究中心主任

万科安品园舍充分考虑了项目本身与南京城市建筑的融合，在引入江南传统建筑元素的同时，也兼顾了现代人居理念。在空间布局上，项目给出了更多留白，让居住者可以根据自我需要和喜好去填充，整个风格extended自然。

项目解析

【区域维度】

万科安品园舍项目位于南京市主城中心区的西南部，老城南水西门的东侧，是《南京老城南历史城区保护规划与城市设计》中已经确定的历史文物背景街区，连接着朝天宫和秦淮河风光带的重要景观节点。

朝天宫—仓巷—安品街，主城文脉延伸之地。我国古典名著《儒林外史》中便多次提及到仓巷，将之形容为“人文萃聚之区也，冶山之气钟毓所凝，户列簪缨，家兴弦诵”。至清代，传说此处有按品级所建的官员住宅群，故称为“安品街”。

自古以来，老城南地区就是南京城历史文明的发源地，南京也有着“居城南为尊贵”的栖居传统。城南的文化遗产众多而且分布密集，目前仍有保存较为完整的明清历史街区；格局依旧，风貌尚存，街巷肌理清晰。

【品牌维度】

万科企业股份有限公司成立于1984年，经过30余年的发展，已成为国内领先的城乡建设与生活服务商，公司业务聚焦全国经济最具活力的三大经济圈及中西部重点城市。2016年公司首次跻身《财富》“世界500强”，位列榜单的第356位，2017年、2018年、2019年接连上榜，分别位列榜单的第307位、第332位、第254位。

【口碑维度】

放眼整个南京核心城区，现代中式围合庭院建筑已是珍稀之品；将中国古典园林的生活方式转译为当代城市生活，加上万科品牌的匠心打造，可谓是主城“藏品”级别产品。

【产品维度】

万科安品园舍项目总计86套。分为“小园”“中园”“合园”三种产品类型，其中“小园”56套、“中园”4套、“合园”24套。建筑设计参考苏州残粒园的游园动线，以“宅邸+园林”的形式打造“可游可居”的理想城市生活模式。项目采用紫铜官式门头、超白洞石以及枫丹白露天然石材外立面、汉白玉地铺等，表达庄严典雅的建筑底蕴。

万科安品园舍项目的设计以山水纹水景塑造视觉焦点，加强界定三进空间感受，让人文、建筑、绿色融为一体。于青瓦、白墙，在坡檐的起伏下，将中国理想居住形式“宅”与“园”融为一体，身在园中，街巷有序，四时流转。

项目整体建筑风格为全内向围合型院落，统一檐口和围墙高度，同时，坡屋顶建筑组合与院落的错落排布，形成变化丰富、错落有致的屋顶肌理与庭院空间，每户庭院空间明亮舒适。可以说是主城中难得的“有天有地有院子”的高端住宅。

万科安品园舍项目立足民国官式建筑风格，理水、造园、御景、叠石，大隐隐于市，打造当代南京“天地入园”的城市园林。

【销售维度】

万科安品园舍项目目前所售户型建筑面积为460~680平方米，总价段为2500万~4000万元。作为南京市高端住宅项目，2019年项目共计签约20余套，创造了2019年全市范围内2500万元起住宅项目的销售记录。

更多楼盘详情请扫码查看

新江北孔雀城

2019年 中国城市楼盘年鉴 典型项目

南京　一步北站　轻轨到家　宜居宜业

新江北孔雀城坐落于与江北新区一河之隔的来安产业新城，滁宁城际（南京地铁 S4）两站直达即将建设的南京北站，目前主推的是六期珑玺印象组团。

项目地址：

南京市江北来安新城 104 国道旁、汉河桥头堡

开发商：

来安裕泰房地产开发有限公司

建筑类型：

高层

主力户型：

87~108 平方米三居

周边配套：

4A 景区景华生态园、汉河第二小学、南医大二附院

参考价格：

总价 68 万元起，具体一房一价

楼盘优势：

珑玺印象距宁滁轻轨汉河新城站约 1000 米，两站达南京北站，珑玺印象打造五重景观体系、全龄优雅社区、国家一级物业、匠筑全明户型。

专家点评　张辉·南京房地产业协会秘书长

长三角一体化规划纲要提出推进顶山—汉河一体化建设，叠加滁宁城际铁路开工、南京北站建设、徐淮盐高铁通车等利好，新江北孔雀城面临多重机遇，区域升值潜力、规模品牌、造城规划、创新品质、房价洼地，造就了新江北孔雀城的高性价比。

项目解析

【区域维度】

新江北孔雀城位于国家级产城融合示范区来安新城，与南京江北新区一河之隔。项目地处滁宁跨界合作发展示范区——顶山—汉河区，这里是南京都市圈西北区交通枢纽的门户点，承接南京产业转移，重点打造新型显示、新能源及汽车零部件、智能制造装备三大产业集群；项目毗邻南京北站，距离仅8公里，驾车行程15分钟。

新江北孔雀城所在区域规划轻轨、公交、国道、高速公路、高铁五维立体交通，一站南京，通达全国。区内将规划十九大生态主题公园、三十大教育配套、十三大医疗配套、五大商业配套、十大休闲配套等五大城市配套体系，是集高端商务、现代贸易、宜居配套、产业融合、魅力生态于一体的宜居宜业新板块。

【品牌维度】

孔雀城创立于2003年，历经16载发展，已由区域性住宅品牌发展为中国核心城市周边颇具号召力的生态宜居社区品牌，为不同年龄客群定制优质居住方案，满足不同家庭的居住、度假、养老需求。

孔雀城住宅集团2012年起布局全国，已将生态宜居社区引入中国51座城市和地区。孔雀城始终以打造“生态、宜居社区”为使命，倡导尊重自然、健康宜居的社区建设理念。

【口碑维度】

孔雀城品牌拥有16年开发经验，新江北孔雀城作为孔雀城进入南京的始发作品，2016~2018年销售套数、销售面积在区域内名列前茅。

项目在业主间有口皆碑。房屋交付期间，业主对小区的房屋质量非常认可，对小区配套、绿化及物业的满意度也相当高。

新江北孔雀城致力于做优质工程，树品牌形象，高标准严要求。综合容积率2.0，绿化率超过30%，宽敞楼距，超高舒适度。一线品牌建材，高品质建筑标准，让客户真正放心、安心。

【产品维度】

截至2019年，项目已推出八期，分别是一期天赋澜湾、二期天赋澜湾北区、三期学府印象、四期澜庭印象、五期悦天宸、六期珑玺印象、七期珑悦印象和八期珑璟。

2019年12月起，项目主推售的是六期珑玺印象，为建筑面积约82~108平方米的地铁观景高层。该组团位于来安新城核心，步行1公里便可抵达汉河新城站点，三站直达南京北，驾车约 12 公里也可达南京北站。多维交通立体覆盖，无缝换乘畅达主城北。

与此同时，项目打造多重园林景观，尊享国家一级物业，全明户型设计灵动，高空间利用率让业主更觉物超所值。

【销售维度】

得益于地理位置和产品自身品质上的优势，新江北孔雀城的市场认可度颇高。根据案场数据，2016年12月，孔雀城城市品牌馆开放，2017年3月首开吸引4600组客户、争抢772套房源，6月连续两次开盘、放出1470套房源。11月，开盘418套，当月售罄。根据南京住房保障和房产局主管的“南京网上房地产”数据统计，2019年12月，孔雀城南京分公司销售突破80亿元，新江北孔雀城劲销56亿元。

更多楼盘详情请扫码查看

2019年南通房地产市场总结

行业发展历程

一、城市概述

南通是江苏省地级市，位于江苏东南部，长江三角洲北翼。截至2018年末，南通市常住人口达731.00万人，其中，城镇人口达到490.50万人，增长1.69%，城镇化率67.1%，比2017年提高1.07个百分点。值得一提的是，截至2014年，南通人口平均寿命达80.71岁，百岁寿星多达1031位 。

南通“据江海之会，南北之喉”，处于沿海经济带与长江经济带T型结构交会点和长江三角洲洲头，隔江与上海、苏南灯火相邀，北接广袤的苏北平原，通过铁路与欧亚大陆桥相连；从长江口出海可通达中国沿海和世界各港。

二、行业现状

综观南通房地产市场，“十二五”以来，南通市地区生产总值及第三产业增加值持续增长，增速平稳放缓，年均增速分别为10.9%、14.6%；房地产业增加值年均增速为14.7%，增幅波动较大。随着城市发展规划，尤其是接轨上海、中央创新区、地铁以及商业发展的利好频出效应，城市周边交通、医疗、教育等配套设施逐步完善，城市宜居魅力凸显，为房地产业进一步发展创造有利环境。

三、政策环境

在“房住不炒”的核心理念之下，2019年上半年南通楼市平稳推进，并未发布重磅政策调控楼市，但在下半年连环颁发重磅楼市新政，稳定楼市。针对低价商品房做了“5年限售”，同时针对二手房中介市场做了严格规范，在一定程度上加大了对楼市调控的力度。

四、土地市场

2019年南通共计成交197宗经营性住宅地块，揽金590亿元。从区域来看，海安、启东成2019年土拍“人气王”，前者成交52宗、138万平方米，位居第一名；启东成交50宗、155万平方米位居第二名；南通市区仅成交19宗住宅用地。多宗重磅地块于2019年下半年集中爆发，且首次出现“现房现售”与“封顶销售”地块，最高楼面价为1840[illegible]元/平方米。

五、房企布局

从房企在南通的土地储备情况来看，部分南通“老朋友”选择继续深耕，不吝拿地，且屡创区域新高。同时，也有不少新晋开发商首次入驻，如大悦、荣盛、荣润、美的、融信等。整体而言，房企于县区通州、海门、海安、如皋的拿地热情高涨。

六、房产行业发展历程

与周边其他城市相比，南通房地产业起步较晚，但是从2015年开始，受规划利好刺激，整体市场热度较高，销售均价也不断攀高：从2015年的7706元/平方米到2019年的18591元/平方米，增长141.25%。成交量方面，2016年为峰值，南通市区住宅销售396万平方米。得益于长三角一体化利好，开发企业以及购房者对楼市均信心满满，看好未来的发展。

城市年度市场解读

一、本地新政

2019年10月，南通放宽人才落户条件。具有全日制大专及以上学历的应往届高校毕业生，取消住房就业等限制，人才落户零门槛。同时，针对落户的人群，南通还出台相关福利政策。

2019 年 12 月 25 日，南通市人民政府发布通知，对市区销售价格大幅低于周边同类产品的新建普通商品住房项目实施限制转让措施，购房人自取得不动产权证之日起，满五年后方可转让登记。限制转让的楼盘认定由辖区政府（管委会）申请，报市房地产工作领导小组审议确定。

同日，市住建局官网发布《关于印发〈进一步推动市区房地产市场平稳健康发展的实施办法〉的通知》。一是进一步加强土地出让管理；二是实行普通商品房价格备案差别化指导；三是强化成品住宅室内装修监管；四是强化商品房交付后物业管理服务；五是进一步完善稳地价与稳房价联动机制。

26 日，南通出台重磅新政，市区人才优先购房。热点楼盘提供 30% 房源。对新取得预（销）售许可的热点楼盘，房地产开发企业应在项目当期价格备案后预（销）售许可前，随机抽取不少于项目当期预（销）售许可销售套数的 30% 作为人才优先购房的房源。

此外，南通对房地产经纪机构动真格，不良信用记录累计超过 2 次或存在重大失信行为的经纪服务人员，列入失信人员名单并在网上通报和公示，并取消持证经纪服务人员存量房买卖网上签约资格。各房地产经纪机构不得聘用被列入失信人员名单的经纪服务人员从事房地产经纪服务，限制从业 2 年。规定从 2020 年 1 月 1 日试行。

二、年度土地成交

据乐居南通不完全统计，2019 年南通共计成交 197 宗经营性住宅地块，揽金 590 亿元。从区域来看，海安、启东成 2019 年土拍“人气王”，海安发力共成交 52 宗、188 万平方米，位居第一名；启东成交 50 宗、155 万平方米，位居第二名。南通市区仅成交 19 宗住宅用地。

政府推地速度稍有减缓，上半年主要集中在海门、启东、通州、如皋等区域，而下半年热点地块集中爆发，首次出现“现房现售”与“封顶销售”地块，最高楼面价 18406 元 / 平方米。

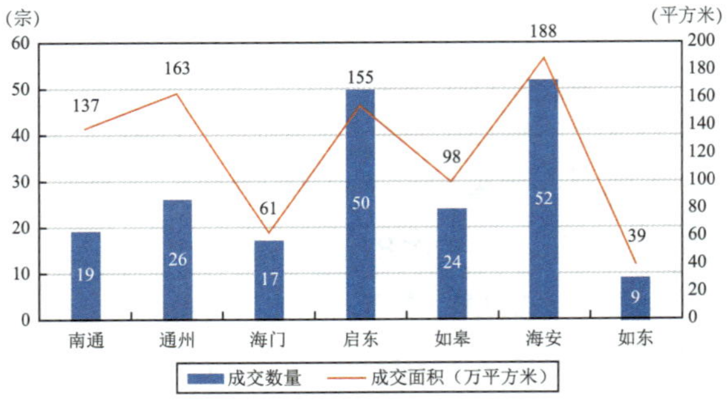

图 2-45　2019 年南通成交地块分布图

三、年度住宅供应及成交

据研究机构数据，2019 年南通市区商品住宅整体呈供不应求态势，供应量 301.3 万平方米，环比下降 19.35%；成交方面共计 344.93 万平方米，环比增长 38.23%，连续三年成交量稳步增长。根据 2014~2019 年供求差估算，目前市区已推出商品房住宅库存约为 26 万平方米，仅需 1.15 个月即可全部去化。

四、区域成交表现

从区域来看，开发区发展势头迅猛，成交 10759 套全市领跑，占比 58.28%，受到本地及环沪外地购房者的青睐；其次是港闸区成交 4142 套、占比 22.43%；紧随其后的是崇川区成交 3560 套、占比 19.28%

五、成交结构表现

以面积划分，2019 年成交主面积段为 100~140 平方米，此类面积段为改善型客户首选；目前少有新项目最小面积设置在 100 平方米以下，再加上目前南通市场房价较高，阻挡了很大部分刚需型客户，新房逐渐向改善型客户倾斜。

具体各面积段的成交情况为：100 平方米以下户型段成交面积 47.86 万平方米，100~120 平方米户型段成交面积 103.29 万平方米，120~140 平方米户型段成交面积 100.78 万平方米，140~160 平方米户型段成交面积 50.22 万平方米，160~180 平方米户型段成交面积 23.81 万平方米，180~200 平方米户型段成交面积 11.34 万平方米，200 平方米以上户型段成交面积 7.63 万平方米。

六、成交项目排行

2019 年 1~12 月，南通市区商品房成交套数 TOP10 项目合计销售 9434 套。其中春风南岸项目以 2069 套位列项目销售排行榜榜首，表现突出；绿地新里城项目以成交 1591 套位居第二名；万科翡翠公园以 963 套销售套数位居第三名。

按照区域来看，绿城兰园上半年集中备案，并以 754 套成交量夺港闸区全年成交套数榜榜首；远创东樾因区位优势且密集式加推，以 1109 套成崇川区套数榜冠军；创丰南岸以 2069 套备案量领跑开发区及全市区套数榜。在 TOP10 榜单中不乏今年刚入市纯新楼盘，一经开盘去化较好。

七、商业、公寓及办公

有关研究机构分析报告显示，2019 年 1~12 月南通商业市场供需基本平衡，其中供应 18.41 万平方米与 2018 年基本持平；成交 17.99 万平方米，环比减少 23%，为近 6 年最低位；成交均价为 24222 元 / 平方米，环比上涨 12.5%。

从全年的成交情况看，整体呈逐月下降趋势，月均去化 1.5 万平方米，下半年大多数月份去化处在均值以下。月度供应量起伏较大，其中 9 月和 11 月供应量陡然上升，主要是因为红星天铂商业街和绿地新都会商业集中供应。港闸区华润中心集中备案 519 套，以绝对优势取得榜首，港闸区商业项目占据 TOP10 半壁江山，崇川区四个项目上榜。

办公方面（含公寓），2019 年供应 25.[illegible]9 万平方米，环比下降 30.2%，持续下降成为 6 年最低值；办公成交 29.23 万平方米，环比下降 36.51%，成交均价连续 5 年上涨，2019 年成交均价 10842 元 / 平方米，环比 2018 年上涨 6.26%。崇川王城星光域以 373 套成交量位居办公 TOP 榜第一名，港闸区有三项目上榜占去一半，分别为银洲喜悦荟成交 315 套、位居第二名；华润中心成交 194 套、位居第四名；万达广场成交 148 套、位列第六名；堤调商业中心以及南通赛格时代广场分别位居第九名、第十名。

八、年度房价走势分析

2019 年，在“房住不炒”的大基调下，南通房价稳中有升。整体成交均价 15476 元 / 平方米，环比上升 0.9%，同比上升 13.93%。

各区成交均价方面，2019 年全年，崇川区最高 19219 元 / 平方米，最低 17118 元 / 平方米，相差 2101 元 / 平方米；港闸区最高 15842 元 / 平方米，最低 13395 元 / 平方米，相差 2447 元 / 平方米；开发区最高 15960 元 / 平方米，最低 12367 元 / 平方米，相差 3593 元 / 平方米；通州区最高 11433 / 平方米，最低 9441 元 / 平方米，相差 1992 元 / 平方米。

九、热点板块分析

港闸区以及开发区是南通关注度最高的区域。作为南通楼市供货主力区域，港闸区共有 13 楼盘进行 24 次推售，圆融 · 玺悦、君兰天悦、万濠禧园、龙湖 · 天宸原著、融创盛和 · 九里桃原均为 2019 年首开纯新盘。

开发区共 15 楼盘、领 37 张商品房预售证。开发区作为 2019 年南通楼市的主力军，房价持续稳中有涨。其中，春风南岸共领 10 次销许，对比年初，涨幅达 10%，为南通楼市领销许次数及涨幅“双料冠军”楼盘。

此外，开发区2019年全年的表现尤其突出，可谓“后来者居上”，不少楼盘一经推出就备受瞩目。其中，春风南岸、绿地新里城、万科翡翠公园全年成交套数处于市区前三甲，均来自开发区。

十、未来展望

在“房住不炒”基调和“三稳”背景下，南通房地产市场上半年整体趋稳，商品房成交量及成交均价均略有提升。下半年推出“低价房限售5年”的政策，政策红线一再收紧。预计2020年房价不会出现大幅上涨，将控制在一定的范围内。

此外，为推动城市经济持续发展，进一步提升竞争力，不排除人才政策继续发力、惠及层次更加宽泛，落户政策更加宽松的可能。

十一、市场预期

南通整体城市布局全面提速，中创区持续火热，大房企拿地进入厮杀，南通市场预期被外部持续看好。但在政策层面“稳”字当头，为“稳地价”“稳房价”，政府会接连出招。

供应层面，近几年南通市区土地供应逐年减少，带动供应量有所下滑，2019年多宗土地成交限制销售节点，预计未来供应持续放缓，目前市场库存较小，成交量也会随之下降。

价格层面，由于南通土地成交楼面价持续上涨，在2019年成功破万元，“面粉影响面包”，这些项目必然会高价入市，预计部分高价项目集中入市，楼市价格将保持坚挺。

宏观环境层面，因南通2019年利好政策频出，且进一步放宽落户条件，随着后期机场地址敲定，北沿江高铁通车，以及地铁正式运营等，或进一步促成新一波的楼市高潮。

数据来源：克而瑞、南通市国土资源局。

2019年南通房地产在售楼盘概览

楼盘名称	城市名称	城区	地址	物业类型
红星·天铂	南通	崇川区	崇川区青年路北、通富路东	普通住宅
珑府	南通	崇川区	崇川区钟秀路与孩儿巷交界处	普通住宅
远创樽樾	南通	崇川区	崇川区市公安局北、通京大道西、教育路南	普通住宅、别墅
雅居乐·鑫基中央公馆	南通	崇川区	崇川区濠西路西、通吕运河南	普通住宅
远创东樾	南通	崇川区	崇川区世纪大道北、通富北路东	普通住宅
崇川金茂府	南通	崇川区	崇川区曹公河南、城山路西	普通住宅
仁恒公园世纪	南通	崇川区	崇川区世纪大道与太平路交界处	普通住宅、别墅
中海铂樾荟	南通	崇川区	崇川区青年路与校西路交会处	商业
绿城·诚园	南通	崇川区	崇川区洪江路与通富北路交会处	普通住宅
北翼玖玖广场	南通	港闸区	港闸区工农北路与江海大道交界处	公寓、商铺
万科翡翠东第	南通	港闸区	港闸区长泰路与新华路交叉口	普通住宅
圆融堤调	南通	港闸区	港闸区永怡路与通宁大道交会处	写字楼、商铺
万象广场	南通	港闸区	港闸区北大街与永和路交会处	写字楼
静海府	南通	港闸区	港闸区工农北路西、永和路北	普通住宅
喜悦荟	南通	港闸区	港闸区石桥路与永和路交会处	公寓、写字楼
融创盛和·九里桃源	南通	港闸区	港闸区工农北路与永兴大道交会处	普通住宅
万濠禧园	南通	港闸区	港闸区江海大道与长青路交会处北	普通住宅
圆融玺悦	南通	港闸区	港闸区永兴大道与长泰路交叉口	普通住宅
龙湖天宸原著	南通	港闸区	港闸区永怡路与长青路交会处	普通住宅
君兰天悦	南通	港闸区	港闸区永兴大道南、资生路西	普通住宅
江山鼎	南通	开发区	开发区源兴路566号	普通住宅、别墅、商住
江上院子	南通	开发区	开发区苏通园区江成路1090号	别墅
南通绿地新里城	南通	开发区	开发区复兴东路与龙腾路交叉口	普通住宅、别墅
海上传奇	南通	开发区	开发区苏通科技产业园区苏通路与海纳路交会处	普通住宅、别墅
万科有湖	南通	开发区	开发区上海路10号（星湖101往西200米）	别墅

楼盘名称	城市名称	城区	地址	物业类型
江景瑞园	南通	开发区	开发区苏通科技产业园江嘉路33号（江嘉路与海伦路交会处）	普通住宅、别墅
九溪源著	南通	开发区	开发区苏通科技产业园区江成路与海伦路交会处	普通住宅
万科翡翠公园	南通	开发区	开发区复兴东路与龙腾路交会处（永旺梦乐城往东300米）	普通住宅
枫丹酩悦	南通	开发区	开发区苏通科技产业园海维路与苏通路交会处	普通住宅
春风南岸	南通	开发区	开发区通盛大道与龙腾路交叉口向东约200米	普通住宅、别墅
崇州府	南通	开发区	开发区科兴路与[illegible]路交会处	别墅
金科醇墅	南通	开发区	开发区乐城路与[illegible]路交会处	别墅
林肯公园	南通	开发区	开发区宏兴东路与龙腾路交会处	普通住宅
时光漫城	南通	开发区	开发区景风路与[illegible]路交会处	普通住宅
世茂云锦	南通	开发区	开发区新景路东、[illegible]路北	普通住宅、商铺、商业
南通和风雅颂	南通	开发区	开发区复兴东路和[illegible]路交叉口	普通住宅
恒大林溪郡	南通	开发区	开发区苏通科技产业园苏通路西与海伦路南交会处	普通住宅
富力院士廷	南通	通州区	通州区世纪大道东侧与钟秀东路交会处	普通住宅
观澜台	南通	通州区	通州区牡丹江路东、南湖路北	普通住宅
湖山源著	南通	通州区	通州区牡丹江路与南湖东路交会处（碧桂园天玺湾东侧）	普通住宅、别墅
卓越万科新都会	南通	通州区	通州区张园路以北、延寿以南（红西幼儿园西侧）	普通住宅
玖熙墅	南通	通州区	通州区尚德路与青河路交会处（五一小学园对面）	普通住宅
合景红星紫御四季	南通	通州区	通州区希望路与通吕公路交会处	普通住宅、别墅、商铺
中南·珑悦	南通	通州区	通州区世纪大道与枫林路交会处	普通住宅
招商新城雍景湾	南通	通州区	通州区朝霞东路1号	普通住宅
碧桂园天悦	南通	通州区	通州区川姜镇金川大道南、华欣路与江海路交界处	普通住宅、商铺
紫宸府	南通	通州区	通州区金沙街道航秀山路东侧、[illegible]桥路南侧	普通住宅

楼盘名称	城市名称	城区	地址	物业类型
德诚翠珑湾	南通	通州区	通州区通扬南路与江平路北交会处（原老粮站）	普通住宅
金地繁茂里	南通	通州区	通州区金沙街道希望路东侧、虹西巷南侧	普通住宅
晨鸣观海华苑	南通	通州区	通州湾示范区长江路与珠海路交叉口东南侧	普通住宅
春溪集	南通	通州区	通州区扬子江路与太湖东路交叉口	普通住宅
弘阳建都时光樾	南通	通州区	通州区锡通园区锡通大道与 336 省道交会处	普通住宅
荣盛金溪府	南通	通州区	通州区崇德路与杏园路交会处	普通住宅
卓越悦宸	南通	通州区	通州区金洲路与张园路交会处	普通住宅
海湾壹号	南通	海门市	海门市港新区发展大道 1 号	普通住宅、公寓、别墅
雅居乐·万科中央公园	南通	海门市	海门市珠江路与东海路交会处南 200 米	普通住宅
万科翡翠甲第	南通	海门市	海门市长江路与汇智路交会处	普通住宅
江海都会	南通	海门市	海门市海兴路第一实验小学南 50 米	普通住宅
长江印	南通	海门市	海门市长江路与恒昌路交会处（江海公园向南 800 米）	普通住宅
保利云禧	南通	海门市	海门市长江路东洲仁恒学校(规划中）南侧	普通住宅
公园里	南通	海门市	海门市南海路南、富江路东	普通住宅
中南湖光映月	南通	海门市	海门市上海路与黄浦江路交会处	普通住宅
水岸观澜苑	南通	海门市	海门市江海路东、秀山路南	普通住宅、商业
雍锦星洲湾	南通	海门市	海门市人民东路 699 号（东洲小学开发区校区旁）	普通住宅、别墅、商业
奥体新城	南通	海安市	海安市永安南路与安平路交会处西北侧	普通住宅
如皋·星雨华府	南通	如皋市	如皋市惠政路与府西路交会处	普通住宅、商铺
江中世纪城	南通	如皋市	如皋市万寿路 66 号（紧邻如皋中学）	普通住宅
碧桂园龙游湖	南通	如皋市	如皋市海阳北路城北市场向北 200 米（长寿集团对面）	普通住宅、别墅、商铺
碧桂园颐和樾园	南通	如皋市	如皋市福寿东路与仙鹤路交会处（奥体北侧）	普通住宅、别墅、商铺
新城悦隽时代	南通	如皋市	如皋市福寿路与万寿路交界处，大润发东侧	普通住宅
滨江曙光之星	南通	如皋市	如皋市新城吾悦广场南	普通住宅
海伦堡·东皋府	南通	如皋市	如皋市沈海高速东陈出入口往西 200 米	普通住宅、别墅、商铺
紫云集	南通	如皋市	如皋市万寿南路与中央大道交会处南	普通住宅
如皋中南熙悦	南通	如皋市	如皋市惠政路与万寿路交会处	普通住宅
阳光城·海悦府	南通	启东市	启东市华石路与锦绣路交叉口	普通住宅、别墅、商铺
融创海上桃源	南通	启东市	启东市崇明岛江申南路北首（与沿江路交叉口）	普通住宅、别墅
蝶湖世界湾	南通	启东市	启东市世纪大道与建设路交会处	普通住宅
悦湖四季	南通	启东市	启东市建设南路靠近世纪大道（吾悦广场对面、南苑中学南侧）	普通住宅
恒大海上威尼斯	南通	启东市	启东市崇启大桥东圆陀角度假风景区	普通住宅
鹤城碧桂园	南通	启东市	启东市吕四港镇陈涛路港润发斜对面	普通住宅
苏建新天地	南通	如东县	如东县掘港镇人民南路 309 号	普通住宅
祥生翰林府	南通	如东县	如东县富春江路与太行山路交会处	普通住宅、别墅
碧桂园东洲壹号院	南通	如东县	如东县掘港镇金沙江路 1 号	普通住宅、商铺
丽景湾 PLUS	南通	如东县	如东县钟山路与渭河路交会处（新中医院西北侧约 600 米）	普通住宅
三盛璞悦府	南通	如东县	如东县掘港镇龙腾路与解放路交界处	普通住宅
碧桂园十里江山	南通	如东县	如东县金沙江路北侧、掘苴河西岸	普通住宅

绿地长岛

南通 名企打造 高端文旅 岛居生活

绿地长岛位于崇明岛，是绿地集团斥巨资，以大融合理念打造的集生态自然与休闲旅游、滨水度假生活于一体的长三角旅居养旗舰大盘。

项目地址：
南通市启东新村沙北侧

开发商：
启东崇和置业有限公司

建筑类型：
洋房、别墅、公寓

主力户型：
75平方米二居、95~105平方米三居

周边配套：
香榭花堤欧洲街、高尔夫学院、游艇码头、马场

参考价格：
洋房约12800元/平方米、别墅约22000元/平方米起

楼盘优势：
项目由老牌房企绿地开发，择址生态大岛崇明岛周边，拥有宜居的生态环境，配备一系列高端文旅配套，置业潜力大。

专家点评

苗乐如·中国房地产协会名誉副院长

绿地长岛是环沪楼市大盘，坐拥长三角规划利好，集旅、居、养为一体，多样化的产品辅以一系列高端文旅配套，建筑风格特色鲜明，一站式生活便捷，预计开发周期为10年，未来置业潜力将会逐步兑现。

项目解析

【区域维度】

绿地长岛所处“崇明东平—江苏海永—江苏启隆城镇圈”，已被列入上海城镇圈协同规划(《上海市崇明区总体规划暨土地利用总体规划(2016~2040)》)，G40沪陕高速、规划中的北沿江高铁、S7沪崇高速以及已经开建的崇明轨交线让项目与上海紧密相连，未来多方面享受上海规划利好，区域价值将迎来全方位跃升。

长三角规划作为国家级战略规划，对整个上海及环沪楼市都产生了深远的影响。在规划中，崇明岛未来将升级为世界级生态大岛。依托崇明岛的生态宜居优势，绿地长岛为项目的未来做了一整套完整的规划，让项目在享有自然生态环境的同时，也能拥有便捷的生活。

项目预计开发周期为10年，绿地长岛先落实了商业和医疗配套，随后万国风情欧洲街、高尔夫学院、游艇码头、马场、四季花海、四季牧歌、星级酒店等也相继落地，老年人的闲庭阔步、中年人的日常休闲、青年人的购物需求、小朋友的游乐玩耍等均囊括其中，“全家庭”“全龄段”“全能化”配套可以说是名副其实。未来的绿地长岛，将形成闭环式的居住空间，自成一个生活体系圈。

【品牌维度】

“让生活更美好”，是绿地28年来一直在坚持的理念。布局四大洲十国百余城，绿地的名字早已在世界范围内被广泛认可。作为一家全球经营的多元化企业集团，绿地连续多年位列《财富》“世界500强”，2019年位列榜单第202位。

同时，作为一家上海老牌房企，绿地集团在上海的物业形态多种多样，无论是传统的住宅还是商办、综合体项目，绿地都有相当成熟的开发经验。深耕上海28年，绿地在上海及周边地区积累了大量的客户资源与良好的客户口碑。绿地长岛正是由绿地斥巨资打造的长三角旅居养旗舰大盘，在面世之初就已经拥有明星效应；长岛项目势必将代表绿地，在环沪楼市留下浓墨重彩的一笔。

【销售维度】

2015年一入市，绿地长岛就成为了整个环沪乃至整个上海的焦点，市场反响热烈。截至2019年底，项目已累计销售238亿元，而亿翰智库数据显示，2017年单年销售额突破100亿元，以107亿元成为当年环沪楼盘销售冠军，全国销售额第二名。

绿地长岛以其多样化的产品和与之相配的高端文旅配套，得到了市场的广泛认可，无论是院落还是别墅、洋房或者独栋，都得到了业内和购房者的肯定。截至2019年12月，项目已有2万多名业主入住，在业主群中广受好评。

【产品维度】

绿地长岛产品的多样化，给予各个需求段的购房者更多的选择，满足不同置业群体的购房需求。其中精致洋房总价91万元起，典型的小面积低总价，投资租赁租住皆可。其余精装洋房、庄园独栋、湿地美墅等产品风格各异，同样深受市场好评。

更多楼盘详情请扫码查看

融创江语海

- 2019年 -
中国城市楼盘年鉴
典型项目

南通　环沪文旅　滨海度假　品牌托管

融创江语海位于长三角旅游度假目的地——启东圆陀角旅游度假区，由南通启仁置业有限公司开发，占地面积约 30.74 万平方米，总建筑面积 52.24 万平方米。

项目地址：

南通市启东圆陀角旅游度假区圆陀角大道

开发商：

南通启仁置业有限公司

建筑类型：

高层

主力户型：

81~90 平方米二居、106 平方米三居

周边配套：

黄金海滩、碧海银沙、湿地公园、郁金香公园

参考价格：

均价约 9500 元 / 平方米

楼盘优势：

项目地处长江、黄海、东海三水交汇处，拥揽约 5.5 公里可开发海岸线，以高标准服务，筑就高品质、全维度、全方位的滨海度假社区。

专家点评　张永岳·易居研究院院长

融创深刻洞悉滨海度假现状，在拥有约5.5公里可开发黄金岸线的启东圆陀角度假区，打造融创江语海，重塑滨海度假生活。作为融创2019全新滨海度假品质之作，融创江语海符合市场对一个理想旅居项目的定义，在滨海文旅市场上占据重要席位。

项目解析

【区域维度】

融创江语海择址启东圆陀角旅游度假区，长江、黄海、东海三水交汇处，周边共享圆陀角区域度假大配套，包括约800万平方米碧海银沙、约1333333平方米海滩、约8万平方米五国风情温泉小镇、海景度假酒店、渔人码头、湿地公园等。项目拥揽优质天然的海岸线及自然生态资源，森林覆盖率约35%、绿化覆盖率约42%，气候宜人。

随着长三角一体化进程的推进，启东全面融入上海大都市生活圈，更成为接轨上海的桥头堡，这也让启东成为长三角区域短途游的“新宠”。目前，崇启长江大桥、G40高速、宁启铁路已建成，未来规划有北沿江高铁、南通新机场等全维交通，让启东成为辐射全国乃至世界游客的度假胜地。

【口碑维度】

融创江语海作为融创2019全新滨海度假生活价值体系——“假日+”计划首发作品，提出了全新“假日+”服务体系；从“邻享+”“融享+”“悠享+”三大维度，打造居住者美好度假生活的归心处。

同时，融创江语海联合斯维登集团，量身打造“安心管家”服务。全程一站式房屋托管，享有全年定期房屋维护服务，管家时时看顾，全方位保养维护。业主中心，结合智能锁箱服务，通过智能化移动管控后台，让业主时刻掌控房源空置、出租状况及线上结算租金等，尽享安心便捷假日生活。此外，业主可享特有的叠加交换入住服务体验，共享美好度假。

【品牌维度】

品牌融创，16年砥砺深耕，聚焦全国七大区域，于120座城市打造632个高端精品项目，包括代表融创中国“定制而不复制”理念的两大TOP系：“壹号院系”“桃花源系”产品，被誉为中国高端精品楼盘的典型之作。

2015年，融创进驻海南，拉开了缔造滨海度假高端社区的序幕。5年来，布局澄迈、海口、三亚等九大城市，打造了二十余座高端精品项目。

但是，融创对于滨海美好的期待不止于此。2019年，融创汇聚滨海度假精品项目的开发经验，构建全新滨海度假生活价值体系——“假日+”计划，开创滨海度假新标准，启幕度假新时代。

【产品维度】

融创江语海是“慢享生活，推窗见海”的海居新作，占据着滨海资源的位置优势，户户推窗享不同景致。

同时，打造“假日+”全维配套体系，为业主匠心安排九大全维复合功能住区配套体系，满足居者度假生活所需。七大业主专享特色配套，为业主构建私属的滨海度假生活。

项目规划有约2000平方米社区沙滩、约425平方米天际会所、约1200平方米室外泳池、约300平方米轻吧、约4000平方米果岭推杆体验场、社区农场、影院、业主餐厅、药房、超市等配套设施。下楼就是精彩万分的度假场，开启全家享受的度假模式，实现“5+2”的理想生活模式，启幕长三角度假新时代。

更多楼盘详情请扫码查看

2019年苏州房地产市场总结

行业发展历程

一、城市概述

苏州是国务院批复确定的国家历史文化名城，也是国家高新技术产业基地、长江三角洲重要的中心城市之一。

苏州市下辖6个区、代管4个县级市，总面积8488.42平方公里，2019年末全市常住人口1072.17万人，其中城镇人口815.39万人，全市户籍人口703.55万人。

苏州是中国首批24座国家历史文化名城之一，有近2500年历史，是吴文化的发祥地之一，有“人间天堂”的美誉。苏州园林是中国私家园林的代表，拙政园、留园、网师园、环秀山庄、沧浪亭、狮子林、艺圃、耦园、退思园9个古典园林被联合国教科文组织列入《世界文化遗产名录》。此外，苏州也被世界遗产城市组织授予了全球首个“世界遗产典范城市”称号。

二、行业现状

2019年苏州楼市跌宕起伏，上半场的过热引发全国关注，下半场在调控加码后呈现出冰与火之势。2019年苏州有大量新盘集中入市，楼盘销售两极分化趋势较为明显，楼盘之间竞争压力激增。成交均价方面则有略微上涨。从套均成交户型来看，苏州目前基本处于首次改善市场，大多以三居面积为主。

三、政策环境

2019年5月11日，苏州市政府发布通知，对苏州园区全域、苏州新区部分重点区域商品住房实施3年限售，对苏州工业园区全域二手住房实施5年限售。

5月16日，园区管委会贯彻落实“5·11新政”，将新购住房“五年一学位”政策调整为“九年一学位”。

2019年7月24日，苏州市人民政府再次发布通知升级限购，扩大限售区域，要求非苏州户籍人士需在3年内连续缴纳2年社保才可购房。苏州六大区域实施新房3年限售，二手房5年限售。

四、土地市场

据苏州乐居统计，苏州市区（含吴江）2019年共计成功出让商品住宅用地（含商住）7[illegible]宗，总成交面积478.40万平方米，总成交金额1180.56亿元。相比2018年土地市场的“流拍频现”，2019年土地市场冷热不均现象严重，部分区域刷新了楼面价，也有部分区域多数地块以底价成交。

五、房企布局

近年来，苏州新进房企数量呈爆发式增长，外来房企普遍看好苏州市场。据苏州乐居不完全统计，2016年以来共有逾40家房企首进苏州，仅2019年就达到9家，融信、陆家嘴、金融街、首居地产、首创置业纷纷在苏州拿地。同时，老牌房企进一步深耕苏州，市场开拓至苏州四县市，旭辉、招商蛇口、新城是典型代表。

城市年度市场解读

一、年度住宅供应

2019年，苏州住宅供应量为[illegible]5647套，总供应面积约767.35万平方米。

相较而言，上半年供应有所放缓，6 月迎来最高峰，达到 5924 套。下半年供应量明显增加，11 月住宅供应量年内首次突破 9000 套，12 月达到 2019 年全年最高值，为 9285 套。

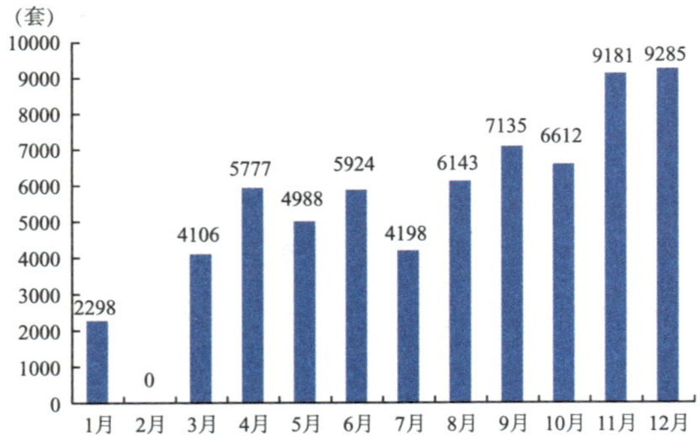

图 2-46　2019 年苏州市年度住宅供应量

二、年度住宅成交

克而瑞数据显示，2019 年全年，苏州住宅成交 67073 套房源，环比 2018 年全年上涨 26%。住宅总成交面积约 787.4 万平方米，环比 2018 年上涨 25%。

苏州 2019 年成交量较高的月份为 4 月、5 月、6 月、7 月和 12 月，成交套数均在 6000 套以上，其中 4 月成交量最高，为 7661 套。随着 7 月下旬新政的发布，8 月成交有了明显下滑，仅有 4785 套。

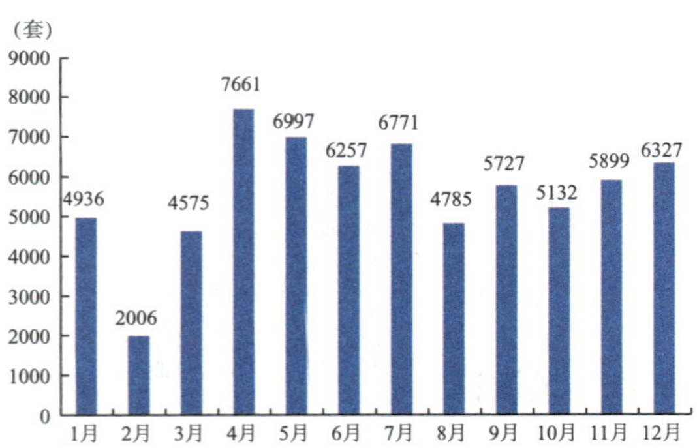

图 2-47　2019 年苏州市住宅年度成交量

三、年度住宅存量

库存方面，商品房销售网上管理系统显示，截至 2020 年 1 月 8 日，全市商品房可售房源为 115979 套，可售房源面积为 12987100.6810 平方米。其中，住宅可售房源为 44568 套，可售房源面积为 6189839.83 平方米。

四、区域成交表现

从各区域成交量来看，2019 年吴江区成交量最多，共计 26689 套，占全市总成交量的 39.7%；吴中区次之，占比 19%；姑苏区成交量最少，仅 2474 套，主要与本区域可售房源较少有关。

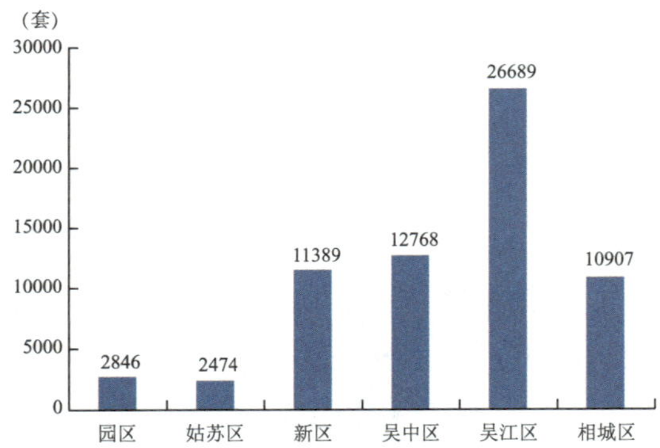

图 2-48　2019 年苏州市各区域年度成交量

五、成交项目排行

克而瑞数据显示，2019 年苏州商品住宅销售金额 TOP10 项目合计销售 370.40 亿元，TOP10 门槛值为 29.09 亿元。排行榜前 8 位的项目销售金额均超过 30 亿元，其中科技城金茂府以 49.05 亿元荣获项目销售榜第一名，姑苏裕沁庭锦苑以销售金额 48.70 亿元荣获第二名，半岛印象花园紧随其后，以 47.88 亿元位居第三名。

住宅销售面积榜上，TOP10 项目合计销售面积为 165.62 万平方米，排行榜前 2 位项目销售面积均超过 20 万平方米。其中，半岛印象花园凭借半年开盘 5 次共 22.03 万平方米的成绩荣登项目销售面积榜榜首，姑苏裕沁庭锦苑、华润万象府紧随其后。

六、成交房企排行

2019年，苏州大市（含四县市）有11家房企销售业绩突破百亿元，分别为碧桂园、招商蛇口、绿地控股、新城控股、万科地产、正荣集团、旭辉集团、禹洲集团、首开股份、广电地产、世茂房地产。其中，碧桂园以354.34亿元的销售金额拔得头筹，招商蛇口以232.13亿元的销售金额位列第二名；绿地控股以182.57亿元的成绩位列第三名。

七、年度房价走势分析

2019年苏州新房整体成交均价为21567元/平方米，从各月份数据来看，整体房价呈小幅波动，变化不大。

克而瑞数据显示，仅3月均价低于20000元/平方米，为19797元/平方米。其中12月成交均价最高，为24304元/平方米。

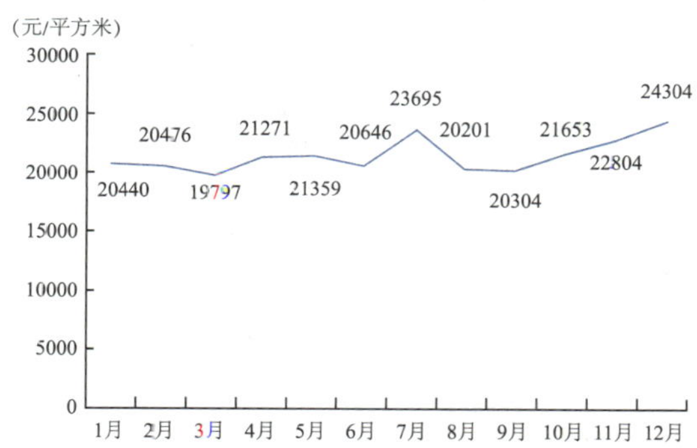

图2-49　2019年苏州市新房成交均价

八、热点板块分析

苏州2019年有四大板块成为热门，分别是青剑湖板块、甪直板块、运东板块和狮山板块。

青剑湖板块位于园区北部，该板块内入市项目销量均比较好，主要原因有两点：其一，园区长期处于房荒状态，青剑湖板块目前在园区房源供应量最大，2019年龙湖、中海、颐居地产、碧桂园等项目集中入市，吸引了大量关注。其二，区域发展趋势较好，龙湖天街的入驻，使得区域配套进一步完善。

狮山板块地处新区南部，交通发达，轻轨1号线、3号线均经过此板块。除此之外，该板块内集聚龙湖时代天街、金鹰等大型商业，名校、景观、医疗资源丰富。

甪直板块和运东板块分别位于吴中区和吴江区，两个板块的共同之处在于离园区较近，同时房价比较偏刚需，2019年两个板块的大多数楼盘入市后得到了热销。

九、未来展望

在“房住不炒”定位下，2019年苏州市政府相继出台政策，及时稳住了市场的“浮躁风”，通过下半年在土地市场、新房市场、二手房市场多管齐下的调控，苏州楼市进入了稳健发展状态。

2020年，苏州市政府加大人才引进，放宽落户条件，为苏州的发展注入了新的力量，一方面，在长三角一体化、自贸区等规划利好下，苏州会将得到更大的发展，苏州楼市也将迎来新的发展动力；另一方面，苏州楼市调控将持续发力，更加平稳健康地发展或将是苏州楼市未来的主旋律。

数据来源：克而瑞。

2019 年苏州房地产在售楼盘概览

楼盘名称	城市名称	城区	地址	物业类型
苏高新见山独栋	苏州	高新区	高新区建林路和马涧路延伸段（白马涧龙池景区北）	别墅
楠香雅苑	苏州	高新区	高新区永旺东（中环北线与安杨路交会处）	普通住宅、别墅
首开金茂熙悦	苏州	高新区	高新区中环西线与通浒路交会处（浒墅关大润发北面）	普通住宅
合著花园（科技城金茂府）	苏州	高新区	高新区科技城医院东，嘉陵江路与武夷山路交会处	普通住宅、别墅
禹洲 · 嘉誉山	苏州	高新区	高新区通安镇真北路与真山路交会处	普通住宅
旭辉宽阅雅苑	苏州	高新区	高新区文昌路与大同路交会处	普通住宅
苏悦湾	苏州	高新区	高新区虎噱路与北津西路交会处	普通住宅
璞玥风华	苏州	高新区	高新区安杨路 99 号	普通住宅
锦绣澜山峰誉庭	苏州	高新区	高新区浒墅关镇桑苑路 981 号	普通住宅
洛克公园	苏州	高新区	高新区浒墅关桑园路与北津东路交叉口	普通住宅
新澎湃国际社区	苏州	高新区	高新区真北路与中唐路交会处	普通住宅
运河与岸	苏州	高新区	高新区桑园路与北津东路交叉口	普通住宅
弘阳上熙名苑	苏州	高新区	高新区浒墅关大道与名蓝街交会处	普通住宅
浅山风华	苏州	高新区	高新区通安真山路南侧规划路东侧	普通住宅
龙湖中锐景粼天著花园	苏州	高新区	高新区白马涧景区华山路与建林路交会处东 300 米	普通住宅、别墅
CHINA 山水樾澜庭	苏州	高新区	高新区狮山街道珠江路与金山东路交叉口	普通住宅、别墅
上瑞阁	苏州	高新区	高新区珠江路与向阳路交叉口	普通住宅
首开棠前如苑	苏州	高新区	高新区科技城青城山路与通墅路交会处	普通住宅
中海上贤府（备案名：上贤雅苑）	苏州	高新区	高新区竹园路与黄埔街交会处	普通住宅
中南春风南岸	苏州	高新区	高新区浒墅关虎噱路与浒桥路交会处	普通住宅
保利月映庭	苏州	高新区	高新区狮山街道玉山路南、运河路西	普通住宅
白塘壹号	苏州	工业园区	工业园区白塘路 1 号（南施街与沈浒路交会处）	普通住宅、别墅
东方之门	苏州	工业园区	工业园区星港街 199 号（金鸡湖湖滨新天地正西面）	普通住宅、写字楼、酒店式公寓、商铺

楼盘名称	城市名称	城区	地址	物业类型
天著	苏州	工业园区	工业园区夷浜路 89 号	普通住宅、别墅
融创苏州桃花源	苏州	工业园区	工业园区独墅湖北高和路南（高尔夫花园公交站南 500 米）	别墅
世茂铜雀台别墅	苏州	工业园区	工业园区石莲街 2 号	别墅
华谊兄弟艺术家村	苏州	工业园区	工业园区阳澄湖半岛慈云路与柳云路交会处	别墅
华琚花园	苏州	工业园区	工业园区旺墩路北、津梁街东	普通住宅
共耀路 68 号	苏州	工业园区	工业园区中新大道东与钟南街交会处以南（苏州奥体中心旁）	普通住宅
中海上园湾	苏州	工业园区	工业园区星湖街与唯澄路交会处以东（青剑湖学校旁）	普通住宅
星翠澜庭	苏州	工业园区	工业园区东兴路与宏业路交会处	普通住宅
中铁建花语江南	苏州	工业园区	工业园区万寿街 88 号	普通住宅
泊云庭	苏州	工业园区	工业园区金鸡湖大道与星塘街交会处	普通住宅
云栖安缦	苏州	工业园区	工业园区唯亭街道亭青街与唯观路交会处	别墅
龙湖熙上	苏州	工业园区	工业园区唯澄路南、亭谊街东	普通住宅
音昱水中天	苏州	工业园区	工业园区阳澄环路 199 号	别墅
颐和公馆	苏州	工业园区	工业园区唯澄路北侧、亭青路西侧	普通住宅
仁恒海和云庭	苏州	工业园区	工业园区港田路 558 号（钟南街东、港田路北）	普通住宅
太湖上景花园	苏州	吴中区	吴中区太湖国家旅游区环太湖大道 138 号（蒯祥公园西侧 500 米）	别墅
凤栖梧桐	苏州	吴中区	吴中区经济开发区郭巷街道环湖路西通达路东侧（近运动公园）	普通住宅、别墅
石湖天玺	苏州	吴中区	吴中区北溪江路与溪秀路交会处（石湖华城南）	普通住宅
太湖临湖湾	苏州	吴中区	吴中区临湖镇腾飞路 605 号	别墅
苏州世茂石湖湾	苏州	吴中区	吴中区友新路 99 号（友新路与石湖西路交会处往南 300 米）	普通住宅、别墅
国领花园	苏州	吴中区	吴中区东方大道与郭渔路交会处（独墅湖生态公园北）	别墅
太湖御王府	苏州	吴中区	吴中区金庭镇林屋路 318 号	别墅

楼盘名称	城市名称	城区	地址	物业类型
中航樾园	苏州	吴中区	吴中区玉山路 866 号	别墅
建屋吴郡半岛	苏州	吴中区	吴中区吴郡路 318 号（永旺梦乐城南约 50 米）	普通住宅
鲁能地产 吴蠡雅苑	苏州	吴中区	吴中区吴中大道与长蠡路交会处	普通住宅
融创苏州壹号院	苏州	吴中区	吴中区太湖新城东太湖路与永旺路(吴郡路）交会处	普通住宅
保利独墅	苏州	吴中区	吴中区独墅湖西墅岛路南、东方大道东侧	普通住宅
苏州绿城春江明月	苏州	吴中区	吴中区长江南路与七子路交会处	普通住宅
国瑞熙墅	苏州	吴中区	吴中区竹园路与中环西线交会处（金枫路地铁口马路对面）	普通住宅、别墅
首开如院	苏州	吴中区	吴中区太湖西路 188 号（太湖西路与龙西路交会处）	普通住宅、别墅
泰禾金尊府	苏州	吴中区	吴中区东方大道与郭新东路交会处	普通住宅
上坤狮山四季	苏州	吴中区	吴中区苏福路与塔园路交叉口	普通住宅、别墅
旭辉和庭	苏州	吴中区	吴中区甪直大道与虹港路交会处	普通住宅
蔚蓝四季花园	苏州	吴中区	吴中区太湖度假区管委会旁，香山路与蒯祥路交会处	普通住宅
观澜府	苏州	吴中区	吴中区太湖度假区香山实验小学北侧	普通住宅
合景泰富未名园映月台	苏州	吴中区	吴中区临湖镇前青街 299 号（吴中大道西）	普通住宅
姑苏金茂悦（地名：嘉茂悦花园）	苏州	吴中区	吴中区木渎镇金枫路与竹宾路交叉口	普通住宅
金辉悠步临湖	苏州	吴中区	吴中区临湖渡村路与东山大道交会处	普通住宅
雁归来院	苏州	吴中区	吴中区金庭镇林屋路 268 号（西山岛林屋洞景区旁）	别墅
花样年碧螺湾	苏州	吴中区	吴中区香山路与烟波路交会处往东 50 米	别墅
中铁诺德姑苏上府	苏州	吴中区	吴中区花苑东路北侧、长石路西侧	普通住宅
旭辉公元系萃庭	苏州	吴中区	吴中区子胥路北侧、孙武路东侧	普通住宅
旭辉公元系弘庭	苏州	吴中区	吴中区茅蓬路南侧、孙武路西侧	普通住宅
奥园观云悦苑	苏州	吴中区	吴中区浦庄大道与联东路交会处	普通住宅
新力云语铂园	苏州	吴中区	吴中区太湖度假区天镜路与后塘路交会处	普通住宅
龙湖首开湖西星辰	苏州	吴中区	吴中区东方大道与通达路交会处	普通住宅
江南运著	苏州	吴中区	吴中区太湖新城东太湖路与塔韵路交会处	普通住宅

楼盘名称	城市名称	城区	地址	物业类型
旭辉都会上品花园	苏州	吴中区	吴中区苏福路与塔园路交会处往南 20 米	普通住宅
阳光城檀苑	苏州	吴中区	吴中区石湖西路与长蠡路交会处	普通住宅
旭辉和风	苏州	吴中区	吴中区金鸡湖大道东 3 公里（吴中区甪直镇汇凯路南侧、经三路东侧）	普通住宅
路劲甪澄时光花园	苏州	吴中区	吴中区甪直镇甫澄北路 3 号	普通住宅
龙湖大境天成	苏州	吴中区	吴中区孙武路与尹塘路交会处	普通住宅
印江南花园	苏州	吴中区	吴中区甪直镇海藏西路与经三路交会处	普通住宅
天鹅港华庭	苏州	吴中区	吴中区太湖新城中央商务区苏州湾北面地铁 1 号口处	普通住宅
佳兆业和光雅院	苏州	吴中区	吴中区木渎镇新华路 108 号	普通住宅、别墅
临澜墅	苏州	吴中区	吴中区临湖镇银藏路北侧、苏东运河东侧	普通住宅
水韵花都	苏州	相城区	相城区华元路北、织锦路西、春申湖路南（活力岛北侧）	普通住宅
中赫玫瑰园	苏州	相城区	相城区钓鱼台路 1 号	普通住宅、别墅
万宇名都花园	苏州	相城区	相城区庆元路与嘉和路交会处（相城游泳馆东边 100 米处）	普通住宅
姑苏裕沁庭锦苑	苏州	相城区	相城区广济北路与玉成路交会处	普通住宅、别墅
华润橡树湾花园四期	苏州	相城区	相城区元和街道建元路 1588 号	普通住宅
环秀湖花园	苏州	相城区	相城区地铁二号线骑河站向南 100 米	普通住宅、别墅、写字楼、商铺、建筑综合体
当代万国墅 MOMA	苏州	相城区	相城区澄阳路与泰元路交会处	普通住宅、别墅
东原千浔	苏州	相城区	相城区黄桥街道华元路北、旺盛路西	普通住宅
姑苏铭著	苏州	相城区	相城区人民路与润元路交会处往东 500 米）	普通住宅
恒大珺睿庭	苏州	相城区	相城区苏虞张公路与漕湖大道交会处西 600 米	普通住宅
苏州恒大悦珑湾	苏州	相城区	相城区春兴路与方桥路交会处	普通住宅
雅戈尔织金华庭	苏州	相城区	相城区春申湖西路与织锦路交会处	普通住宅
雅居乐新乐府	苏州	相城区	相城区经济开发区澄云路西、蠡塘河路南	普通住宅
建发泱誉	苏州	相城区	相城区高铁新城青龙港路 16 号（青龙港路与[illegible]远路交会处、苏州大学实验学校正对面）	普通住宅
禹洲招商拾鲤	苏州	相城区	相城区北桥街道凤湖路东、大圩娄路北	普通住宅、别墅

楼盘名称	城市名称	城区	地址	物业类型
国展和昌芳草庭	苏州	相城区	相城区翡翠路与珍珠湖路交会处	普通住宅
海玥名都	苏州	相城区	相城区安元路888号	普通住宅
芯城汇芯光里	苏州	相城区	相城区澄阳路与南天成路交叉口（苏州北站向东200米）	公寓、酒店式公寓、商铺、住宅
逅湾花园	苏州	相城区	相城区虎丘湿地公园北华元路与通湖路路口	普通住宅、别墅
悦珑雅苑	苏州	相城区	相城区御窑路1699号	普通住宅
建发阳光城璞悦	苏州	相城区	相城区澄阳路与新燕大道交会处	普通住宅
芯城汇盛昱	苏州	相城区	相城区南天成路与澄阳路交会处（高铁新城核心区）	普通住宅
美的云筑	苏州	相城区	相城区高铁新城青龙港路与相城大道交会处	普通住宅
朗诗蔚蓝广场	苏州	相城区	相城区南天成路与修远路交会处	公寓、写字楼、酒店式公寓、商铺
苏州紫珺兰园	苏州	相城区	相城区富元路地铁站旁	普通住宅
九龙仓天曦	苏州	相城区	相城区湘洲路与顺贤路交会处	普通住宅、别墅
四季和鸣雅园	苏州	相城区	相城区文灵路东兴盛路北	普通住宅
东原阅境	苏州	相城区	相城区相城大道与康元路交叉口（向东100米）	普通住宅
中赫玫瑰园丨桃源里	苏州	相城区	相城区渭塘镇钓鱼台路8号	别墅
锦上和风华苑	苏州	相城区	相城区安元路与织锦路交叉口	普通住宅
禹洲嘉誉风华	苏州	相城区	相城区望亭镇摇车河以西	普通住宅
荷岸晓风花园	苏州	相城区	相城区文灵路999号（地铁4号线张庄站）	普通住宅
天房美瑜	苏州	相城区	相城区虎丘湿地公园东，活力岛西（阳澄湖西路）	普通住宅、别墅
宽泰铂园	苏州	相城区	相城区相城大道与康元路交会处	普通住宅
新湖明珠城	苏州	吴江区	吴江区江陵西路1888号	普通住宅、别墅
橡逸湾	苏州	吴江区	吴江区盛泽镇舜湖西路与西二环路交会处（原皇家领誉售楼处）	普通住宅
苏州湾壹号	苏州	吴江区	吴江区顾家荡路南，高新路北（湖光路两侧）	普通住宅
天鸿国际花园	苏州	吴江区	吴江区盛泽市场西路599号	普通住宅、别墅、写字楼、酒店式公寓、商铺
鑫控锦源	苏州	吴江区	吴江区梅石路与体育路交会处（吴江公园西南约1000米）	普通住宅、别墅
苏州湾天铂	苏州	吴江区	吴江区开平路与夏蓉街交会处	普通住宅
绿地太湖东岸花园	苏州	吴江区	吴江区苏州湾大道与东太湖大道交会处	普通住宅、酒店式公寓
悦棠湾花苑	苏州	吴江区	吴江区盛泽镇中心大道与南环交会处（禧云龙酒店对面）	普通住宅
富都花园	苏州	吴江区	吴江区震泽八都铜七线与贯南一路交会处	普通住宅、别墅、商铺
招商雍雅苑	苏州	吴江区	吴江区长安路与芦荡路的交会处	普通住宅
新城十里锦绣	苏州	吴江区	吴江区盛泽经济开发区镇政府西，盛南线与永平路交叉口向西100米	普通住宅
禹洲雍泽府	苏州	吴江区	吴江区盛泽镇澜溪二路与绸都大道交会处	普通住宅
云溪四季	苏州	吴江区	吴江区汾湖高新区（黎里镇）北京路1号	普通住宅
翡翠河滨雅院	苏州	吴江区	吴江区江陵东路与运东大道交会处	普通住宅、别墅
半岛印象花园	苏州	吴江区	吴江区东太湖大道与夏蓉街交会处	普通住宅
悦隽花园	苏州	吴江区	吴江区震泽北麻漾西新中路与永宁路交会处	普通住宅、别墅
上湖名著	苏州	吴江区	吴江区汾湖高新区洋砂路9号	普通住宅
龙光玖誉湾花园	苏州	吴江区	吴江区汾湖东港路与芦莘大道交会处	普通住宅
望月湾雅舍	苏州	吴江区	吴江区平望通运北路297号	普通住宅
当代MOMΛ大湖上品	苏州	吴江区	吴江区平望镇百盛路与莺脰湖路交会处	普通住宅、别墅
中骏云景台	苏州	吴江区	吴江区平望平东路与百盛路交会处	普通住宅
大运河府	苏州	吴江区	吴江区运东大道111号	普通住宅
万和悦花园	苏州	吴江区	吴江区桃源镇华盛大道2188号	普通住宅
缤纷桃李花园	苏州	吴江区	吴江区庞杨路1939号	普通住宅
四季春晓	苏州	吴江区	吴江区运河北路与吉市西路交叉口	普通住宅
新希望锦麟府	苏州	吴江区	吴江区运东大道以东、湖心西路以南	普通住宅、别墅
联发颂棠雅庭	苏州	吴江区	吴江区吉市西路与运东大道交叉口	普通住宅
观澜天境花园	苏州	吴江区	吴江区汾湖高新区政府北侧	普通住宅、别墅
豪门府邸	苏州	吴江区	吴江区平望镇康桥路88号	普通住宅
光明光樾华庭	苏州	吴江区	吴江区汾湖经济技术开发区新友路与越秀路交会处	普通住宅

楼盘名称	城市名称	城区	地址	物业类型
国风云樾花园	苏州	吴江区	吴江区汾湖高新区临湖大道与友东路交会处	普通住宅
中旅名门府	苏州	吴江区	吴江区体育路与秋枫街交会处	普通住宅
中旅运河名著	苏州	吴江区	吴江区运东大道与庞山路交会处	普通住宅
佳兆业湖心溪岸	苏州	吴江区	吴江区（同里镇）湖心西路、庞山路交叉口西南侧	普通住宅
暨阳府	苏州	张家港	张家港市港城大道与旺西路交会处	普通住宅
张家港智慧科学城	苏州	张家港	张家港市华昌路与长兴中路交会处	普通住宅、商业、写字楼
苏州星光耀广场	苏州	姑苏区	姑苏西环延伸段与虎池路交会处（美佳超市附近）	普通住宅、写字楼、酒店式公寓
南门世家	苏州	姑苏区	姑苏区南门路南，领秀江南小区西，护城河边上	普通住宅、商铺
海胥澜庭	苏州	姑苏区	姑苏区桐泾路西、劳动路南（中国农业银行斜对面）	普通住宅
泰禾华发姑苏院子	苏州	姑苏区	姑苏区西园路与桐泾北路往西 100 米	普通住宅、别墅
当代苏洲府 MOMΛ	苏州	姑苏区	姑苏区阊胥路与景德路交会处	别墅
绿都姑苏雅集	苏州	姑苏区	姑苏区人民路泰华东楼南侧	别墅

楼盘名称	城市名称	城区	地址	物业类型
北园府	苏州	姑苏区	姑苏区北园路与大唐家巷交会处（拙政园东	别墅
阳光城·平江悦	苏州	姑苏区	姑苏区人民路，万达旁	住宅、写字楼、商铺
华发公园首府	苏州	姑苏区	古城区桐泾南路与胥江路交会处	普通住宅
银城原溪	苏州	姑苏区	姑苏区虎丘路北、玖园东	别墅
姑苏樾	苏州	姑苏区	姑苏区玻纤路南北两侧	普通住宅
浅棠平江花园	苏州	姑苏区	姑苏区平江新城	普通住宅
天房吴侬里	苏州	姑苏区	姑苏区人民路西，泰华商场东	别墅
绿都苏和雅集	苏州	姑苏区	姑苏区西园路与西环高架交会处往西 500 米（靠大运河 [illegible]	普通住宅
朗诗澄园	苏州	姑苏区	姑苏区玻纤路 58[illegible]号	普通住宅、别墅
华发公馆	苏州	姑苏区	姑苏区[illegible]塘东街与[illegible]西路交会处	别墅
中骏天荟	苏州	姑苏区	姑苏区人民路润[illegible]路交会处	普通住宅
燕回平门里	苏州	姑苏区	姑苏区廖家巷 1[illegible]号	别墅
海月平江	苏州	姑苏区	姑苏区明清路以东、[illegible]益路以北	普通住宅
永威姑胥府	苏州	姑苏区	姑苏区友新路[illegible]号	普通住宅、公寓

海玥名都

- 2019年 -
中国城市楼盘年鉴
典型项目

苏州　宜居板块　智慧社区　健康住宅

海玥名都（备案名：水岸名都花园）位于苏州市相城区安元路888号，由上海建工房产有限公司投资，开发商为苏州恒翌房地产开发有限责任公司，建筑面积415521.39平方米，占地面积115943平方米。

项目地址：

苏州市相城区安元路888号

开发商：

苏州恒翌房地产开发有限责任公司

建筑类型：

高层、多层

主力户型：

118平方米、145平方米、166平方米三居，125平方米四居

周边配套：

繁花中心、苏州外国语学校、苏州第二图书馆

参考价格：

装修高层均价28680元/平方米

楼盘优势：

海玥名都地处中央公园板块，周边配套完善，项目紧邻轨道交通4号线，主打健康智慧社区。

专家点评

缪伟民·苏州日报报业集团地产融媒中心总经理

中央公园板块未来发展潜力可期，海玥名都是板块内较为典型的改善楼盘，主打的健康智慧社区可满足现代人对健康和人居的需求。

项目解析

【区域维度】

海玥名都位于苏州相城区中央公园板块，该板块是目前相城重点打造的中央生活区，以生态湿地、水乡田园为基地，将自然与城市融合，板块宜居度较好。

板块内目前正在运行的大型配套有轨道交通4号线、中环快速路、繁花商圈、苏州外国语学校相城校区、相城实验中学、相城区人民医院、苏州第二图书馆等。

正在落实的规划有轨道交通7号线、轨道交通8号线、苏州第二工人文化宫、春申湖快速路、苏州市妇幼保健院等，海玥名都项目所在区域利好显著。

【品牌维度】

上海建工集团曾承建我国许多著名地标建筑，如国家大剧院、广州塔、上海东方明珠、上海东方大厦、苏州东方之门、湄公河大桥、中国驻美国大使馆。截至2019年11月，上海建工已获得过110座鲁班奖、53座詹天佑奖。

而上海建工房产有限公司正是上海建工集团旗下公司，拥有国家一级房地产开发企业资质，上海房地产行业是较早通过ISO9001质量管理体系认证的企业之一。曾获得国家建设部授予的“销售‘放心房’表彰企业”称号。

近年来，上海建工房产先后开发了徐汇·龙兆苑、佳龙花园、上海滩·新昌城、海尚佳园、建工汇豪商务广场、上海建工嘉定工业园、南京海玥名都、徐州海玥南山、南京海玥万物等一大批优质楼盘和商务楼项目。

【产品维度】

海玥名都产品有一大特点，为健康智慧社区。

海玥名都主打健康智慧社区。项目将多维安防系统、健康体系、“小玥”智能语音管家系统融入业主生活之中，提升业主的居住体验。无论从舒适度、便捷度还是安全度来说，都是可以打高分的项目。

值得一提的是，苏州海玥名都先后通过“中国绿色建筑三星认证”，“美国Well健康建筑认证”（目前3号楼已获得美国Well健康住宅预认证），“英国Bream绿色建筑认证”三证合一的住宅项目。

【销售维度】

海玥名都自2019年6月首次开盘以来，每月都保持着较高的销售额，一期100平方米以下小户型房源现已全部售完，目前在售房源均为100平方米以上房源。单看销售数量，似乎还不能完全体现项目的热销程度，但若从板块内楼盘数量和价格的角度来看，便能从中发现端倪。

截至2019年12月，中央公园板块在售项目和地块总数已有十余个，且房源均以改善为主。海玥名都由于项目“高标准装修+科技健康住宅”的定位配置，售价略高于周边项目。但在如此大的行业竞争下，海玥名都销售额还能维持稳定增长，实属不易，也很好地反映了海玥名都在苏州的口碑和质量被购房者所信赖。

更多楼盘详情请扫码查看

恒大珺睿庭

2019年 中国城市楼盘年鉴 典型项目

苏州 品牌地产 中央公园 低密社区

恒大珺睿庭位于苏州市相城国家经济技术开发区，中央公园、中日智能制造协同创新区核心交汇区，由苏州吴相置业有限公司开发，占地面积约 233628 平方米，建筑面积约 566001 平方米，共计 3149 户。

项目地址：

苏州市相城经开区昌南路五星路路口向东 50 米

开发商：

苏州吴相置业有限公司

建筑类型：

洋房、小高层、高层

主力户型：

124 平方米三居、134 平方米四居

周边配套：

漕湖商业街（拟命名：永昌水街）、圆融广场

参考价格：

19000~24000 元 / 平方米

楼盘优势：

恒大珺睿庭所在区域内景观资源丰富，并享地铁 2 号线、4 号线、7 号线（环评中），中环快速路，苏虞张，高铁苏州北站等交通配套。

专家点评

缪伟民·苏州日报报业集团地产融媒中心总经理

作为一家具有强烈社会责任感的企业，恒大历来注重产品质量与企业形象，首入苏州开发的恒大珺睿庭，占据相城中央公园有利位置，在总结恒大以往开发经验的基础上，注入了全新居住理念，是一个划时代意义的理想人居。

项目解析

【区域维度】

恒大珺睿庭位于相城国家经济技术开发区，中央公园、中日智能制造协同创新区核心交汇区，毗邻城市主脉广济北路、中环北线，与高铁苏州北站处于刚刚好的距离。立体多维交通路网，满足业主日常生活中的各和出行需求。

据悉，相城中央公园已被纳入苏州市2035年总体规划，将成为环苏州地区休闲旅游基地、苏州市域综合性郊野公园、相城区品质生活展现区。总面积21.7平方公里的相城中央公园相当于纽约中央公园的6倍大，堪称“城市绿肺和宜居胜地”。

相城中央公园建成后，还将设两个集散中心和一个行政管理中心，且两个集散中心都与轨道交通紧密相关。在商业配套方面，该板块现有苏州高铁新城圆融广场、漕湖邻里中心，未来将新增吾悦广场、大悦春风里。

另外，项目北侧规划了一个由政府主导的大型商业配套，建筑面积达12万平方米。据悉，项目北侧还将规划地上面积约2万平方米的漕湖商业街(拟命名：永昌水街)，西北方位同时设有一站式学区，华师大合作九年制漕湖学校、漕湖幼儿园。

【品牌维度】

中国恒大集团2016年首次入榜“世界500强”，在3年时间内从第496名跃升至第138名，成为“世界500强”排名提升较快的企业之一。

恒大地产连续7年被评为“中国房地产企业10强”，连续5年位列“中国房地产品牌价值10强”，连续4年获评“中国蓝筹地产”，同时也是“中国十佳品牌开发商”。

【口碑维度】

恒大地产在中国280多个城市拥有810多个项目，实施精品战略，打造高品质、高性价比产品。

恒大珺睿庭是相城中央公园板块的全装修洋房社区，拥有英国BREEAM豪宅专属认证。不仅如此，恒大珺睿庭物业还是受到金钥匙联盟认证的金碧物业，为业主打造全方位服务系统，给每个业主带来家人般的关怀。

金碧物业系恒大地产旗下公司，是较早拥有国家一级物业管理资质的企业之一，多次荣获“中国特色物业服务领先企业”“中国物业服务百强企业”等荣誉称号。

【产品维度】

恒大珺睿庭分两期开发，一期共规划9栋高层、22栋洋房，容积率仅为1.6，楼间距70米起。

项目总体设计为南低北高，社区采用欧式建筑风格，洋房立面以石材为主，结合少量真石漆；高层以石材为基座，配合立面真石漆，均为豪宅标配。同时，项目规划约18万平方米的法式宫廷园林群，东西南北有四个景观带。

恒大珺睿庭系全装修项目，每一套房都沿袭恒大9A精工体系，采用优选品质材料，搭配方正通透的厅室，营造出一种温馨别样的居住氛围。

项目尊贵双入户大堂设计，目前在售四种户型，建筑面积124~137平方米，做到了多开间朝南，室内采光良好，各功能区布局合理，南北通透，尽可能提升空间利用率。

更多楼盘详情请扫码查看

- 2019年 -
中国城市楼盘年鉴
典型项目

恒大悦珑湾

苏州　品牌地产　品质住区　生态宜居

恒大悦珑湾位于苏州市相城区黄埭镇春秋路与方桥路交会处，由苏州恒大房产开发有限公司开发，占地面积约85935平方米，建筑面积约257750平方米，共计1371户。

项目地址：
苏州市相城区黄埭镇春秋路与方桥路交会处

开发商：
苏州恒大房产开发有限公司

建筑类型：
多层、小高层、高层

主力户型：
100平方米、134平方米三居，146平方米四居

周边配套：
黄埭中翔商贸广场、春申湖公园、黄埭中学

参考价格：
20000~24000元/平方米

楼盘优势：
项目产品优势明显，不仅拥有多个景观组团的园林盛景，还配备全龄儿童游乐区、欧式城堡主题商业街、品质休闲会所等社区配套。

专家点评

周云·苏州科技大学土木工程学院教授、房地产研究所所长

恒大悦珑湾周边现有荷塘月色、黄桥梅花园、花卉园、春申湖公园，生态环境良好，社区规划有品质会所、城堡街区，加之以苏绣配色理念筑造的欧式园景，给人们带来别样的居住体验。

项目解析

【区域维度】

恒大悦珑湾位于苏州市相城中央公园板块，不仅拥有荷塘月色湿地公园、苏州中国花卉植物园、春申湖公园等生态景观资源，而且交通便利，商业发达。

交通方面，项目与轨交2号线、4号线及规划中的7号线站点均相距不远，业主可通过接驳巴士转乘至各站点，且项目邻近G312、苏虞张快速路、中环等城市干线，接驳广济北路、人民路等城市主干道，自驾出行便利。

商业配套方面，恒大悦珑湾毗邻中翔生活广场，向西通过中环快速路可到达新区永旺宜家商圈，向东邻近高铁新城圆融商圈。在现有的商业配套基础之上，未来还将新增吾悦广场、中粮大悦春风里，满足业主全方位消费需求。

此外，相城中央公园已被纳入苏州市2035年总体规划，将是环苏州地区休闲旅游基地、苏州市域综合性郊野公园、相城区品质生活展现区。凭借这个优势，苏州恒大悦珑湾称得上是隐匿于城市“绿肺”中的社区。

【品牌维度】

恒大集团是集地产、金融、健康、旅游及体育为一体的“世界500强”企业，实力雄厚，总资产达万亿元。恒大集团在2019《财富》“世界500强”中位居第138位。在“2019中国民营企业500强”位居第5位。

恒大地产作为恒大集团旗下房地产开发公司，秉承“民生地产”理念，在我国280多个城市拥有810多个项目，是无可争议的龙头房企。

【口碑维度】

恒大集团一直以“质量树品牌，诚信立伟业”为企业宗旨，多次被评为“中国房地产企业10强”“中国房地产品牌价值10强”“中国蓝筹地产”，是当之无愧的“中国十佳品牌开发商”。

苏州恒大悦珑湾拥有浑然天成的生态湖湾——春申湖，社区内打造了“融情于景，和谐共生”的人文环境与优雅舒适的欧陆园景，小区景观绿植全部采用有机生态养护，环保用药养护每一处草木，营造安全健康居住环境。

在苏州恒大悦珑湾，业主可享国家一级物业管理资质金碧物业提供的优质体验——联盟国际金钥匙，24小时礼宾服务。恒大悦珑湾物业秉承“1530”（1分钟接电话、5分钟上门、30分钟为业主或住户解决问题）服务理念，切实提供全方位周到服务。

【产品维度】

苏州恒大悦珑湾规划建设8栋观景高层、3栋阔景高层、8栋滨水洋房、1栋综合楼，容积率2.0，建筑密度仅为22.71%。

除住宅楼外，社区内还规划有中央水景、亲水平台、多个景观组团、休闲公园、全龄儿童游乐区、欧式城堡主题商业街、品质休闲会所、品质塑胶跑道、沿河景观步道等。

就各栋住宅楼布局而言，排布科学合理，确保户户采光充足，户型全为方正通透、大面宽设计，超宽视野，大尺寸阳台，空间更显大气尊贵。

更多楼盘详情请扫码查看

2019年 中国城市楼盘年鉴 典型项目

绿都苏和雅集

苏州 姑苏古城 江南人文 低密墅区

绿都苏和雅集位于姑苏区京杭运河板块，西园路 888 号，毗邻寒山寺；由绿都地产开发，占地面积为 41545 平方米，建筑面积为 89052 平方米。

项目地址：

苏州市姑苏区西园路 888 号

开发商：

绿都地产

建筑类型：

多层

主力户型：

160 平方米四居、144 平方米三居

周边配套：

运河景观带公园、体育中心、石路天虹、观前街

参考价格：

别墅总价 550 万 ~1500 万元 / 套

楼盘优势：

绿都苏和雅集地处姑苏区京杭运河板块，依傍世界名胜寒山寺，独具古韵人文；三大商圈，名校环伺，低密墅区，高端品质人居。

专家点评 杨建国 · 苏州市房地产行业协会副会长

绿都苏和雅集拥有不可复制的稀缺景观资源，在产品打造上具有江南独特的建筑风骨。同时项目又将古城的商业繁华与自然人文相结合，纯正的低密度墅质社区，居住舒适度非常高。

项目解析

【区域维度】

绿都苏和雅集是雅集系的又一高端力作。出于对地块价值的考量以及古韵人文的热衷，项目择址苏州市姑苏区西园路888号，以环抱古城之姿，立足城市核心。

姑苏区是全国唯一一个国家历史文化名城保护区，2500年吴文化历史发源地，拥有特色的街巷文化，生活氛围浓厚。沿着西园路，穿过一条两侧是小店铺和老字号的古朴街道，满是老苏州的熟悉味道。

作为一座既有历史文化积淀，又有现代化优质资源聚集的文化古城，项目所处的京杭运河板块也拥有苏州独有的粉黛桥水的宜居条件；顺应天时，更占据地利之胜。西面流经苏州京杭大运河上塘河段，南面依傍中国十大名寺之一的寒山寺；受狮山、观前街、石路三大商圈辐射，项目周边配套商超一应俱全，还有多所医院及学校等，生活宜居度较高。

【品牌维度】

绿都地产成立于2002年，具有国家房地产开发一级资质，至今已有17年的开发历史。总部位于上海，是上市公司宇通集团旗下地产板块的全资子公司，涵盖城市精品住宅、商业运营管理、社区运营服务三大业务。

截至2019年，绿都地产已布局16城，累计开发40多个房地产项目，总开发面积逾1000万平方米。近年来，绿都地产已获得“中国房企发展潜力10强”“中国绿色地产30强”“中国绿色地产运营典范5强”“第14届金盘奖江苏赛区年度最佳别墅奖”等多项殊荣。

由绿都地产在苏州市姑苏区核心区域打造的两个雅集系列产品，是典型的城市级臻品案例。其中之一绿都苏和雅集，是苏州高端豪宅的代表项目之一，以高端品质为客户带来全新的墅居体验。

【口碑维度】

绿都地产自成立以来，一直秉承“专筑客户价值”的企业核心理念，以价值创新为追求，致力于成为区域领先的中高端品牌开发商。17年来，公司坚持“品牌+产品+服务”驱动，以价值创新为追求，持续提升产品研发设计能力，打造出令人赞叹的城市人居精品。

2018年，根据第三方咨询公司赛惟咨询对全国10万户绿都住宅业主的调查，绿都地产客户满意度高达88%，位列行业TOP1，高于行业总体满意度17个百分点，其中销售服务、物业服务满意度分别高达92%、91%，产品、服务各项满意度均处于行业较高水平

【产品维度】

项目整体设计根据姑苏文化特点，以《遂初园》为蓝本，提取门第+层进厅堂+园林的宅园一体的居住模式，通过现代景观手法转译为当代诗意园居生活居住模式，形成“一街三巷、一巷四坊”的景观结构。绿都苏和雅集总建筑面积4.5万平方米，容积率为1.1，多层电梯叠加别墅，建筑面积约144~289平方米。

主户型方面，项目主推建筑面积约160平方米的中叠产品，约9.8米面宽、上下六开间朝南、约6.5米的大横厅、南向双阳台等设计为苏州少见，尤其在寸土寸金的姑苏区，更是十分稀缺。

更多楼盘详情请扫码查看

天鹅港·华庭

- 2019年 -
中国城市楼盘年鉴
典型项目

苏州　品牌地产　品质人居　户型方正

天鹅港·华庭位于江苏省苏州市吴中区吴中太湖新城中央商务区，占地面积约 29678 平方米，建筑面积约 58949 平方米，共计 387 户。

项目地址：

苏州市吴中太湖新城东太湖路南、天鹅港大街西

开发商：

苏州富景房地产开发有限公司

建筑类型：

多层、高层

主力户型：

115 平方米三居、129~142 平方米四居、203 平方米五居

周边配套：

吴中永旺梦乐城、太湖新城三甲医院（在建）

参考价格：

单价 24642~32746 元 / 平方米

楼盘优势：

由两大品牌房企合力打造，自带五星级及以上国际酒店和 4.6 万平方米的配套商业，毗邻地铁站与中环快速路，板楼，格局方正，采光充足。

专家点评

杨建国·苏州市房地产行业协会副会长

TOD规划颇具前瞻性，这也意味着其所在的区域将成为城市未来发展重心。作为富力与合景泰富联袂打造的36万平方米TOD生态城市住区，天鹅港·华庭具有区位、交通、环境等多重优势。

项目解析

【区域维度】

天鹅港·华庭项目位于苏州市吴中太湖新城中央商务区，南邻太湖水，背靠七子山脉，依托太湖原生态的自然风景，规划有完善的商业(现有永旺梦乐城吴中店)、教育、公园配套。

项目所在的吴中太湖新城将聚集包括华为、腾讯等在内的约300余家大规模企业，拥有20所学校、1家国家级三甲医院、JW万豪酒店，以及约30万平方米地下商业空间。值得称道的是，该地下商业空间实现了地上景观与轨交的无缝衔接。

板块在目前两条高速、两条高架的基础上，还将建设两条湖底隧道，打造以轨交7号线为主导的立体交通网络，提升居民出行便利度及幸福感。

【品牌维度】

富力集团综合实力持续位居国内房地产开发企业排行榜前列，连续9年被行业协会授予“中国房地产开发企业综合实力10强”“中国房地产开发企业10强”荣誉称号，已进驻国内外超过140个城市和地区，累计拥有超过420个精品项目，口碑颇佳。

合景泰富集团具有国家开发一级资质，作为在香港联交所主板上市的房企，至今市值已经超过400亿元，荣膺“中国房地产开发企业综合发展10强”称号。

苏州天鹅港·华庭是富力联手合景泰富打造的吴中太湖新城CBD新名片，也是苏州的一座颇具知名度的高端居住社区。

【口碑维度】

富力秉承“紧贴城市脉搏，构筑美好生活”的发展战略，深耕江苏6年、布局多个城市；从无锡一路走到南通，再到镇江以及苏州，累计开发十余个项目。

富力在江苏步步为营，布局打造美好生活，踏踏实实地做好刚需、改善型产品，特别是在一些城市，项目因地制宜、质量上佳，获得刚需和改善人群的好评。

天鹅港·华庭是富力在苏州推出的首个产品，系为吴中太湖新城量身打造；无论是售楼处还是样板间公开，都吸引了苏州行业内外人士争相前来一睹风采。

【产品维度】

天鹅港·华庭位于吴中太湖新城东太湖路南侧、挹紫街西侧，用地面积29678平方米，总建筑面积84918平方米，规划14幢楼，包括10幢5~6层的多层、4幢16~21层的高层，整体呈北高南低的形态。

楼间距达到40米，且各栋建筑采用行列式布局，既能让景观共享，实现户户有景，又能增加采光。

户型设计方面，天鹅港·华庭一共有4种户型，其中高层建筑面积115~142平方米，多层建筑面积203平方米。总体而言，户型都具有方正的格局，板楼住宅属性使其比一般住宅产品的得房率高；三开间或四开间朝南布局，可保证良好的日照，增强室内自然通风与采光，使室内环境的舒适性得到明显改善。

整体上看，在所属区域内，天鹅港·华庭居住舒适度更高，设计也更具特色，较适合一步到位的置业需求。

更多楼盘详情请扫码查看

旭辉·都会上品

2019年 中国城市楼盘年鉴 主推项目

苏州　品牌地产　装修交付　全龄社区

旭辉·都会上品位于苏州市吴中区苏福快速路与晋福桥路交会处，由旭辉江苏区域集团苏州城市公司开发，项目占地面积约46614平方米，建筑面积约130154平方米，共计968户。

项目地址：
苏州市吴中区苏福快速路与晋福桥路交会处

开发商：
旭辉江苏区域集团苏州城市公司

建筑类型：
高层、小高层

主力户型：
95平方米三居、113平方米三居

周边配套：
美罗泉屋、金鹰、龙湖、绿宝、红星、山姆

参考价格：
均价26300元/平方米

楼盘优势：
旭辉·都会上品位于狮山生活圈，拥有“三环三轨、两纵两横”的立体交通网；项目户型建筑面积约95~113平方米，加上赠送面积，得房率高达90%。

专家点评　申绍杰·苏州大学建筑学院建筑系主任、建筑学教授

旭辉·都会上品楼间距高达78米，不用担心遮挡问题。其主推的建筑面积约95平方米户型做到三室两厅一卫，采光充足、动静分离、功能区规划合理，约6.8米的大尺度阳台，可作晾晒与休闲之用，居住舒适度高。

项目解析

【区域维度】

旭辉·都会上品位于狮山生活圈内，拥有“三环三轨、两纵两横”的立体交通网，出门即上环线，通达全成；目前区域内轨道交通1号线已运行，3号线和5号线将陆续开通，方便换乘。项目距离狮山核心商圈仅3.9公里左右，自驾数公里可到达龙湖天街、金鹰、绿宝广场、美罗全屋等大型商业综合体。

近年来，狮山板块俨然成为苏州颇具爆发力的经济增长极，发展可比肩园区。尤其是在2014年以后的几年时间内，包括龙湖时代天街、金鹰国际在内的多个大型配套相继入驻，板块价值快速提升；未来狮山还将迎来总面积近2.2平方公里的百亿元级智慧工业园区落户，在辐射范围内的旭辉·都会上品也将享受诸多红利。

【品牌维度】

旭辉集团2000年成立于上海，其控股股东旭辉控股集团2012年在香港主板整体上市，是以房地产开发为主营业务的综合性大型企业集团，2018年全年销售合同金额突破1500亿元，在行业协会公布的数据中，位列全国TOP14。

19年来，旭辉始终秉承“用心构筑美好生活”的使命，始终追求“有质量的发展”。目前，集团业务遍布中国内地70余个大城市及中国香港、日本，累计开发项目近420个，服务近25万业主。在住宅产品上，其设有铂悦、江山、赋、府、公元、城六条产品系，为不同需求的客户打造适合的产品。

【口碑维度】

旭辉江苏区域集团下设苏州、南京、徐州、苏南四个城市公司，从2006年入驻至今，已深耕江苏13载。从刚需到改善，江苏旭辉以稳健又快速的步伐打造28个项目，遍布苏州各主流区域，从铂悦府、铂悦犀湖到吴门府、宽阅，一次又一次创造佳绩。

苏房网数据显示，2016年，苏州旭辉卫冕苏州楼市销售总金额冠军，并成为苏州历史上首家百亿房企；2017年，苏州旭辉再破百亿并蝉联苏州主城区销冠。同年，铂悦犀湖项目获得“亚洲宜居住区奖”、2016“园冶杯”（专业组）地产园林奖金奖。2018年，苏州旭辉铂悦府荣获“中国土木工程詹天佑奖优秀住宅小区金奖”；2019年，旭辉和风花园荣获“第十四届金盘奖”“年度最佳预售楼盘奖”“年度最佳售楼空间奖”，旭辉和庭荣获“第十四届金盘奖”“年度最佳住宅奖”“年度最佳售楼空间奖”。

【产品维度】

旭辉·都会上品项目总建筑面积约13万平方米，规划4幢高层、8幢小高层。社区内部楼间距可达78米，视野开阔，日照充沛。项目不仅延续了旭辉有口皆碑的品质，更是把全龄化理念融入项目设计中。社区内规划有约450米的健康跑道、养老体验馆等，能满足不同年龄阶段业主的生活需求。

建筑面积约113平方米户型，格局方正、设计合理，做到了三室两厅两卫，空间利用率高；双卫设计，主卧带独立卫浴，私密性与舒适性俱全；南向双开间阳台，提高室内采光和通风条件；U型厨房设计，利于日常烹饪。

更多楼盘详情请扫码查看

旭辉和风

- 2019年 -
中国城市楼盘年鉴
典型项目

苏州　品牌地产　智慧住宅　户型方正

旭辉和风位于苏州市金鸡湖大道东3公里，占地面积约45112平方米，建筑面积约99246平方米，共计881户。

项目地址：
苏州市吴中区甪直镇东五谷路298号

开发商：
苏州和明置业有限公司

建筑类型：
高层

主力户型：
100~101平方米三居、105平方米三居、125平方米四居

周边配套：
南山维乐城、叶圣陶实验小学、甪直人民医院

参考价格：
单价约22800元/平方米

楼盘优势：
项目定位成长型社区，产品户型设计科学合理，全部为三开间朝南，每户均有宽景阳台、飘窗。从区位来看，项目邻近园区，地段优势明显。

专家点评　杨建国·苏州市房地产行业协会副会长

在同价位的产品中，旭辉和风无论是在社区规划、景观打造、户型设计，还是在装修品质上都处于较高水平。其在景观打造上突破了空间桎梏，带状景观设计在增强空间趣味性与流动性的同时，沟通了社区各个场域，让生活回归自然。

项目解析

【区域维度】

旭辉和风位于园区东，吴中区甪直板块，沿着金鸡湖大道、甪直大道可直达园区。甪直作为园区湖东CBD、高教区板块的后花园，是园区向东发展战略的必经之路，也是园区重要的外溢板块。

距离旭辉和风约3公里的园区桑田岛有“苏州硅谷”之称，除了有华为、苹果等知名企业进驻外，还有纳米城、苏州生物产业园等集聚于此。这些产业的定位及布局，注定了桑田岛未来将云集众多高端人才。

此外，甪直板块本身在产业导入、人才引进、配套升级等方面投入较大，亦取得了不少成果。

甪直板块立体交通网络初步形成，区域内甪直大道向西直达园区金鸡湖大道、中环东线。规划中的苏州轨道交通6号线未来将延伸至甪直，旭辉和风距离长虹路站约1公里；地铁6号线与1号线、2号线、3号线、4号线、7号线均可实现换乘，届时业主能快捷往来于苏州各区。甫澄路作为区域内重要的南北向主干路，向南与苏沪高速（绕城南线）相连，向北与苏昆太高速相连，可快速通达昆山、上海等长三角周边城市。

同时，板块内的商业配套也在逐步完善。旭辉和风与甪直大型商业体南山维乐城相距约700米，附近另有两大商业综合体待建。

【品牌维度】

旭辉集团是一家以房地产开发为主营业务的综合性大型企业集团，目前集团业务遍布中国内地70余个大城市及中国香港、日本，累计开发项目近450个，服务近30万业主。而旭辉江苏区域集团已有苏州、南京、徐州、苏南四个分公司，从2006年入驻至今，已深耕江苏13载。

2018年旭辉集团销售规模突破1500亿元，在行业协会发布的年度数据中，跻身“2019年中国房地产开发企业500强”榜单第14名。

【口碑维度】

2015年，旭辉推出高端产品线“铂悦系”，仅在苏州就打造了苏州铂悦府、铂悦犀湖两大精品项目，取得不俗业绩，并在业界和客户中享有良好的口碑。

旭辉和风凭借优质的产品与完善的服务，获得了购房者的高度关注，业内也对其赞誉有加。2019年11月，旭辉和风在“第十四届金盘奖”评选中荣获“年度最佳预售楼盘奖”和“年度最佳售楼空间奖”。

旭辉和风交付后，将由旭辉旗下永升服务为业主提供全程服务。其作为港交所主板上市企业，拥有一级资质且享有良好声誉。

旭辉和风由4栋17层高层、4栋18层高层、1栋27层高层和2栋30层高层疏朗排布而成，容积率为2.2，绿化率大于37%，全装修成品交付。

项目户型建筑面积101~126平方米。其中，101平方米为三室两厅一卫，105平方米为三室两厅两卫，126平方米为四室两厅两卫。通过科学合理的设计，旭辉和风所有产品均做到了格局方正、三开间朝南、双开间宽景阳台，不仅采光充足，空间利用率也较高。

更多楼盘详情请扫码查看

阳光城·平江悦

苏州　精装 LOFT　姑苏地标　九米挑高

阳光城·平江悦是由阳光城集团开发的商业综合体公寓楼项目，位于苏州市姑苏区平江新城商圈，建筑面积 530000 平方米，占地面积 80000 平方米。

项目地址：
苏州市姑苏区莲升路 777 号

开发商：
阳光城集团

建筑类型：
公寓、商业

主力户型：
23 平方米一居、49 平方米二居

周边配套：
轨道交通 2 号线、4 号线，平江万达，苏州火车站

参考价格：
公寓均价约 18000 元 / 平方米

楼盘优势：
阳光城·平江悦是阳光城集团的华东地标作品，约 9 米挑高的公寓不仅使用面积更大，且动静分区合理，具备更强的功能性。

专家点评

杨建国·苏州市房地产行业协会副会长

创新设计9米挑高LOFT公寓，这在整个姑苏区都十分少见。阳光城·平江悦的多功能户型设计从整个苏州公寓市场上来说也是一大重要革新。

项目解析

【区域维度】

阳光城·平江悦位于苏州市姑苏区平江新城。区域内交通发达，集铁路、公路、高速公路、高速铁路、轨道交通等诸多重大交通基础设施于一身，有沪宁高速公路、312国道、227省道(东环路)、苏虞张连接线等对外交通干线，沪宁高速公路城区入口和苏州火车站、汽车北站均位于本区；地铁1号线、2号线、4号线纵向贯穿，出行便捷。

生活配套方面，平江万达广场、城市生活广场、义乌国际商贸城、苏宁广场、四大行政中心(苏州市政务服务中心、公共资源交易中心、公积金中心、社保基金中心)、苏州大学附属第一医院总院等集中分布。

【品牌维度】

阳光城·平江悦是“世界500强”阳光城开发的商业综合体项目。从扎根福建到布局全国，阳光城逐渐从百亿企业扩张到千亿规模，以高速度实现了高质量的成长。其官网数据显示，截至2018年末，阳光城实现销售金额1628亿元，布局全国28大区域近100座城市，打造了近300个精品项目；土地储备超4400万平方米，储备货值5500亿元，总资产规模达2634亿元，在行业协会发布的年度数据中，其综合实力位列“中国地产15强”。

多年来，阳光城在苏州打造了平江悦、丽景湾、丽景湾PLUS、愉景湾、阳光天地及檀悦等项目，以优质的生活服务与匠心品质持续深耕苏州。

【口碑维度】

17年深耕细作，阳光城始终践行着“用心服务，共享阳光”的品牌宗旨，以优越的品质与贴心的服务为业主筑造理想中的家。集团官网数据显示，阳光城物业在2013~2018年多年蝉联“中国物业服务百强企业”和“中国物业服务百强企业成长性10强”，荣膺“2018年中国物业专业化运营领先品牌企业”“2018中国物业管理企业品牌价值20强”“2018年中国物业服务百强满意度领先企业”。

【产品维度】

项目主力户型是建筑面积约49平方米的“双钥匙”户型，分为上下两层，皆为独立套间；约5.6米大面宽、4.5米挑高设计，将约49平方米的公寓延伸为约86平方米的实际可用空间，改造后可实现两室两厅两卫一厨的“双钥匙”户型。另一主力户型是建筑面积约23平方米的热销Mini寓，一室一厅一卫设计，小而精巧；4.5米挑高设计，容纳动静两层分区，一层生活区，方便会客与用餐，二层个人私密空间，方便学习与休息，也是颇受年轻人喜爱的一款户型。

【销售维度】

据克而瑞统计的“2019年1~11月全国公寓成交套数排名”数据，阳光城·平江悦以3049套的成交套数位列全国第三名，是苏州公寓住宅成交套数、面积的“双冠王”。

来自案场的展板详细记录了阳光城·平江悦的五次开盘热销，充分诠释了市场对于项目的认可。2018年12月，阳光城·平江悦首次开盘，当日热销416套，签约额2.0[illegible]亿元，去化率达96%。2019年1月，项目二度开盘，当日热销292套，签约额2亿元，去化率达95%；春节期间，首创苏州电话选房活动，热销306套，签约额2亿元，去化率达93%；3月，平江悦热销203套，签约额1.[illegible]亿元，去化率达92%；5月，1号楼首发，当日热销2[illegible]3套，签约额1亿元，去化率达9[illegible]%。

更多楼盘详情请扫码查看

禹洲·嘉誉山

- 2019年 -
中国城市楼盘年鉴
典型项目

苏州　品牌地产　现房销售　户型方正

禹洲·嘉誉山位于北新区中环西线和真山路交会处，由苏州禹洲轩溢房地产开发有限公司开发，占地面积约100000平方米，建筑面积约290000平方米，共计2148户。

项目地址：
苏州市高新区通安镇真北路与真山路交会处

开发商：
苏州禹洲轩溢房地产开发有限公司

建筑类型：
多层、高层

主力户型：
89平方米三居、117平方米四居、125平方米四居

周边配套：
永旺、宜家、中环、大阳山、真山

参考价格：
高层均价18500元/平方米、洋房均价22000元/平方米

楼盘优势：
禹洲·嘉誉山毗邻中环，轨道交通3号线（2019年底开通）和6号线（规划中）；其推出的89平米户型设计人性化，总价200万元左右，准现房销售。

专家点评

申绍杰·苏州大学建筑学院建筑系主任、建筑学教授

禹洲·嘉誉山楼幢分布为南低北高格局，保证每一户的采光效果。其主推的89平方米样板间户型较为方正，做到了三开间朝南、三室两厅一卫设计，南北通透，可利用面积较高。

项目解析

【区域维度】

禹洲·嘉誉山位于苏州市北新区中环西线和真山路交会处，东临京杭运河、南邻大阳山国家生态公园，西靠科技城。项目与苏州"金腰带"——中环紧密相连，可通过中环西线北延段直达中环，自驾交通形成30分钟生活圈。

高新区作为苏州的重要"西翼"，有"科技人文新天堂，真山真水园中城"之称，区域依托得天独厚的山水生态资源，将现代产业、现代城市和真山真水的生态进行融合，成为"青山清水新天堂"的实践地。禹洲·嘉誉山正是坐落于此，项目毗邻大阳山、真山、树山，周边还有宜家、永旺、迪卡侬和大润发等大型商业配套。

【品牌维度】

禹洲集团1994年成立于厦门，2009年在香港联合交易所上市。经过25年的发展，目前位居"中国房地产40强"，布局京津冀、长三角、海西、粤港澳大湾区、华中、西南六城市群，形成了集房地产开发、酒店运营管理、商业运用、金融、物业管理、贸易等为一体的多元化布局。

2016年，禹洲地产正式进驻苏州。在13个月的时间内，沿着苏州"一横一纵"的发展轨迹快速布局落子。2018年6月，苏州禹洲"禹时代，创无限"品牌发布会启幕，携8个楼盘集中亮相，惊艳苏州。2019年，苏州禹洲的版图又扩张至无锡和常熟。3年布局10个项目，苏州禹洲凭借禹洲·嘉誉山、禹洲嘉荟星岛等项目获得了市场的认可，并在2019年10月底实现签约额破100亿元，成为禹洲地产第一个突破100亿元的城市公司。

【口碑维度】

过去3年，禹洲地产苏州公司迅速在行业内打响知名度，快人一步获得客户的信任和肯定。禹洲·嘉誉山为准现房销售，让客户所见即所得；虽是首置产品，但社区内部设置了室外会客厅、近10000平方米的阳光大草坪、约400米的健康环形跑道、3~12岁儿童游乐场、全年龄段健身配套等设施，满足不同年龄段的业主需求。

禹洲·嘉誉山一期605套房源于2019年6月交付，集中交付了602套，来现场的客户实现了100%交付。

【产品维度】

禹洲·嘉誉山总建筑面积约29万平方米，由9栋11层洋房和5栋18层高层组成。社区内部楼幢呈现南低北高格局，洋房和高层错落分布，视野开阔，日照充沛。项目将新古典主义艺术与中式建筑风格融合，颜值颇高。

案场数据显示，2018年9月25日嘉誉山首次开盘，所推出的343套房源去化近九成。此后，它每一次开盘的成绩都能吸引整个区域关注。截至2019年12月初，其所剩房源已不足100套。在克而瑞公布的2019年1~11月新区商品住宅项目销售TOP10榜单中，禹洲·嘉誉山以28.88亿元荣登金额榜TOP3，以总计销售1535套、总计销售面积15.29万平方米的成绩荣登"双冠王"。

禹洲·嘉誉山建筑面积约89平方米的户型，设计合理，做到了三室两厅一卫，空间利用率高。建筑面积约125平方米的样板间则做到了四居，可实现三代同堂；三开间朝南，约10米南向面宽，户型全明通透。整体来看，项目居住的舒适度较高。

更多楼盘详情请扫码查看

张家港智慧科学城

苏州　品牌地产　改善宜居　核心板块

张家港智慧科学城位于张家港市高新区，由中国金茂负责开发建设，规划面积约 1136 万平方米，首期取得 7 宗土地，总建筑面积约 105 万平方米，包含 3 个住宅项目和 1 个商业项目。

项目地址：

苏州市张家港市杨舍镇华昌路与长兴中路交会处

开发商：

中国金茂

建筑类型：

高层、小高层、商业（自持）

主力户型：

111 平方米、128 平方米三居，140 平方米、167 平方米四居

周边配套：

万达广场、览秀城（在建）、希尔顿酒店

参考价格：

待定

楼盘优势：

张家港智慧科学城位于张家港高新区，是未来张家港“一核双副”城市格局中“一核”的核心。项目包含小高层、高层等多种建筑类型，未来发展潜力大。

专家点评

申绍杰·苏州大学建筑学院建筑系主任、建筑学教授

张家港高新区近年发展迅速，区域内的张家港智慧科学城更是进一步完善了该区域的多重配套。

项目解析

【区域维度】

张家港智慧科学城位于张家港重点打造的高新区，未来该区域将成为高科技、创新产业的基地孵化器。目前，区域内已集聚高新技术企业近200家，同时周边集聚着江苏科技大学等四所大专院校，高精尖人才集聚。

根据高新区总体规划，张家港智慧科学城正好位于集商、住、娱、产、学、研为一体的城市“新中心”核心地带，涵盖了“港城之心”——沙洲湖CBD、“沙洲之眼”——南横套RBD两大板块，未来将包含商业综合体、酒店、文化中心、商务楼、公园等多种业态。

同时，项目所在位置是港城二环内较少的可供整体开发运营的板块。未来，三环快速路通车后，项目正好立于城市黄金中轴——东二环和张杨路的十字中心位置，正在规划的轨道交通1号线和2号线也将经过该区。可以说，张家港智慧科学城是一个宜居、宜业、宜学、宜游的现代化城区。

值得一提的是，张家港智慧科学城占据了张家港高新区一半的面积。

【品牌维度】

中国金茂控股集团有限公司(以下简称“中国金茂”)是“世界500强”企业之一，是中国中化集团有限公司旗下房地产和酒店板块的平台企业，于2007年8月17日在香港联合交易所主板上市，是香港恒生综合指数成份股之一。

2005年以来，“金茂”品牌已连续15次入围“中国500最具价值品牌榜”。中国金茂以上海金茂大厦闻名全国，项目遍及北京、上海、广州、深圳、杭州、苏州、南京等全国重点一二线城市，布局全国六大区域、近50座城市、近20个城市运营项目，旗下包含以府悦墅三大高端产品系为代表的住宅产品、以金茂览秀城为代表的品牌商业、希尔顿丽思卡尔顿等国际五星级酒店……是中国著名城市运营商之一。

【口碑维度】

中国金茂旗下府系产品2018~2019年多次入选“中国房企产品品牌价值TOP1”，同时，通过出色的城市运营能力，金茂还多次荣获“中国城市运营商TOP1”。金茂也是中国房地产行业绿色认证数量较多的企业。

【产品维度】

张家港智慧科学城住宅产品主打两大系列，即“府系”和“悦系”。同时，项目规划有集餐饮、零售、亲子、运动、娱乐等为一体的大型综合性高端商业——建筑面积约20万平方米的金茂览秀城，且将建造一座超220米的超高层地标建筑和一座五星级酒店(规划希尔顿或同档次品牌)，可以说是在张家港打造的“城中城”。

府系是金茂旗下高端改善系列之一，项目总建筑面积约38万平方米，产品面积段122~205平方米。主打古典园林设计，整体建筑风格延续金茂传统的新古典风格。府系产品内部配有金茂经典的十二大科技系统，包括地源热泵、毛细管网恒温、新风恒湿恒氧等。

悦系产品总建筑面积约14万平方米，产品面积段98~128平方米，建筑风格更为现代，更适合中青年的生活方式，社区风格也以简约现代为主。房源均为装修高层，装修品牌包含日立(或同档次品牌)中央空调、高仪(或同档次品牌)花洒、博世及方太(或同档次品牌)系列厨具等，居住舒适度较高。

更多楼盘详情请扫码查看

2019 年无锡房地产市场总结

行业发展历程

一、城市概述

无锡是江苏省地级市，简称“锡”，古称“新吴”“梁溪”“金匮”，被誉为“太湖明珠”。无锡市辖 5 个区及 2 个县级市，全市总面积 4627.47 平方公里。截至 2018 年末，全市常住人口 657.45 万人，城镇常住人口 501.50 万人，城镇化率 76.28%。

无锡市位于长江三角洲平原腹地、江苏南部、太湖流域的交通中枢，京杭大运河从中穿过。北倚长江，南濒太湖，东接苏州，西连常州。自古就是鱼米之乡，素有“布码头”“钱码头”“窑码头”“丝都”“米市”之称，是中国国家历史文化名城。无锡是中国民族工业和乡镇工业的摇篮，是苏南模式的发祥地。作为长江三角洲江湖间走廊，无锡是长江经济带、长江三角洲城市群的重要城市，也是苏锡常都市圈核心地带。

二、行业现状

2019 年，无锡房地产市场呈前高后低态势，年底逐步回归理性，整体发展稳中有进。当前，随着地价的走高和限价倒挂楼盘的减少，房价整体上升势不可当，加上土地市场的降温，购房者观望态度明显。

地价成本的提高、高价市场的来临，也推动无锡房企更加注重产品附加值，以获得购房者青睐，科技、绿色、成品住宅等改善型品质楼盘逐渐成主流。

从区域上来说，2019 年无锡房地产市场各区域发展相对均衡，地价纷纷迈入万元时代，板块冷热不均，乡镇板块崛起，总体而言发展向好。

三、政策环境

2019 年，无锡继续加大力度实现“稳地价、稳房价、稳预期”目标，保持房地产市场的健康平稳发展，同时，无锡也正式进入“一城一策”时间，调控更加精准；进一步降低落户门槛、公积金新政限制贷款标准、商品住宅价格备案细则实行等一系列具体政策的实施，都对无锡房地产市场起到了积极、稳定的作用。

四、土地市场

2019 年，无锡的土地市场发展进入新时代，每个区域都推出优质的地块来吸引优质开发商，扩容趋势明显。从宏观来看，无锡的土地市场正在逐渐趋于理性，竞自持、最高限价、摇号等手段也进一步稳定了无锡的一级市场。

五、房企布局

从实际拿地情况来看，房企围绕核心发展板块的布局力度明显加强。在无锡房价已经涨到一定高度的情况下，多家老牌房企持续布局深耕，开疆扩土速度较快；新进房企相继试水，派系亦来分羹，多元化趋势明显。

六、房产行业发展历程

在长三角，无锡人均居住面积高于其他城市，全国前十强的房企全部进驻无锡，土地市场供需基本平衡。回首无锡房产行业发展，市场总体保持平稳状态，市场预期也在发生积极变化。一是住房成交面积增速放缓，二是住房成交价格总体平稳，三是住房市场预期渐趋理性。随着“因城施策，分类调控”的逐步贯彻实施，市场调控将更为精准，百姓预期更趋理性。

城市年度市场解读

一、本地新政

1. 公积金收紧，个人最高贷款额度缩减为 30 万元，夫妻双方最高贷款额度缩减为 60 万元

表 2-24　无锡市公积金新政前后对比

类别	新政前	新政后
首付比例	首套首付不低于 20%； 二套首付不低于 40%。 （江阴、宜兴二套首付 20%）	首套首付不低于 20%； 二套首付不低于 40%。 （江阴、宜兴二套首付 20%）
贷款划分	认房不认贷	认房且认贷
贷款最高额度	个人最高 50 万元 夫妻最高 80 万元	个人最高 30 万元 夫妻最高 60 万元
贷款一般额度	贷款额度一般为缴存余额的 10 倍 （符合条件的，缴存额度不足也可贷到最高额度）	贷款额度与缴存年限、缴存余额挂钩 缴存 24 个月以下，额度为余额 5 倍 缴存 24~36 个月，额度为余额 7 倍 缴存满 36 个月，额度为余额 10 倍 （符合条件的，同样按上述缴存年限划分，分别贷到最高额度的 50%、70%、100%）

2. 土拍竞价政策调整，成品住宅比例成必要条件

自从设置 18000 元 / 平方米的最高限价之后，无锡达到最高限价后的竞拍规则已从原先的摇号变为竞自持面积。2019 年 9 月 4 日，蓝城以 450 平方米自持面积摘得梁溪区太湖广场 E 地块，无锡首宗自持地块诞生。此外，该地块也是无锡首宗全成品房建造要求地块。

此外，无锡为了杜绝毛坯住宅材料的二次浪费，积极推行成品房建设；到 2025 年底，建筑产业现代化建造方式成为主要建造方式。全市建筑产业现代化施工的建筑面积占同期新开工建筑面积的比例、新建建筑装配化率均达到 50% 以上，装饰装修装配化率达到 60% 以上，新建成品住房比例达到 50% 以上。

二、年度土地供应

根据无锡政府官网信息，2019 年计划出让商品住宅用地 180 公顷。而从目前土地出让总面积来看，2019 年成交总面积高达 236.65 万平方米，远超计划面积。

三、年度土地成交

表 2-25　2019 年无锡市土地市场表现（仅商住地块）

类别	成交金额（亿元）			成交量（万平方米）			成交均价（元 / 平方米）		
	2019 年	2018 年	同比（%）	2019 年	2018 年	同比（%）	2019 年	2018 年	同比（%）
上半年	209.84	177.09	18	107.43	86.50	24	1090[illegible]	9586	14
下半年	248.92	156.55	59	129.23	103.93	19	1011[illegible]	7197	41
总体	458.76	333.64	38	236.65	190.43	24	10461	8294	29

2019 年全年，无锡涉宅地块成交 34 幅，成交面积达约 236.65 万平方米，同比上升 24%，共吸金 458.76 亿元，成交金额同比上升 38%。土地成交均价达 10461 元 / 平方米，同比上涨 29%。各项数据均比 2018 年有大幅上升。住宅类土地需求旺盛，说明土地供给仍然紧张，尤其在 2019 年上半年，开发商频频抢拍，最高溢价率达 79.39%。

从无锡五大区域的表现来看，滨湖区成交面积和成交金额独占鳌头，领跑五区，楼面均价超过万元，达到了 13199 元 / 平方米。新吴区土地市场表现也是可圈可点，涉宅地块成交数量第一，成交金额达 122.44 亿元，仅次于滨湖区。

表 2-26　2019 年无锡各区涉宅地块出让情况

区域	地块数量	地块面积（万平方米）	总金额（亿元）	成交均价（元 / 平方米）
滨湖区	9	87.14	185.15	13199
梁溪区	3	7.20	18.33	13431
惠山区	6	31.45	64.65	9597
新吴区	11	70.30	122.44	8721
锡山区	5	40.57	65.19	8742
总计	34	236.65	458.76	10461

四、年度住宅供应

克而瑞数据显示，2019 年无锡商品住宅的供应面积为 627.98 万平方米，同比 2018 年下降 16%；供应套数为 50635 套，同比下降 20%。

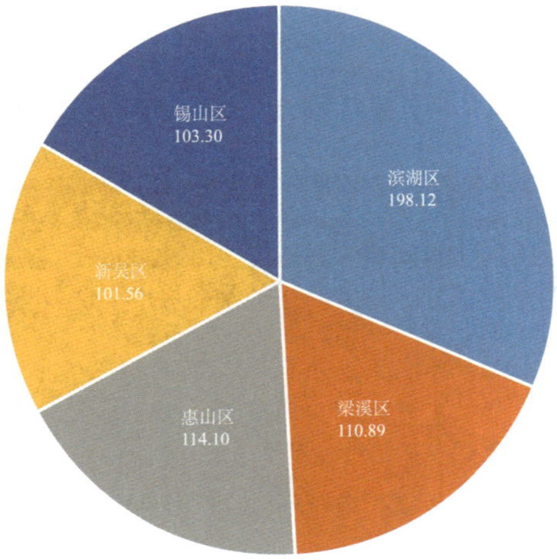

图 2-50　2019 年无锡市楼市各区商品住宅供应面积一览（万平方米）

按区域来看，滨湖区供应凶猛，无论是供应面积还是套数都是全市第一名，同时供应面积占全市供应面积的 32%。按月份来看，6 月是供应高峰期，供应面积达 82.76 万平方米。

五、年度住宅成交

表 2-27　2018、2019 年无锡市住宅成交量

年份	供应面积（万平方米）	供应套数（套）	成交面积（万平方米）	成交套数（套）	成交均价（万平方米）	成交金额（亿元）
2018	750.89	62987	779.72	64896	15234	1187.84
2019	627.98	50635	682.80	56028	17879	1220.82
同比（%）	-16	-20	-12	-14	17	3

2019 年无锡商品住宅成交金额达到 1220.82 亿元，同比 2018 年增长了 3%，无锡房地产市场千亿量级仍在持续增长，但这种增长更多得益于价格的提升。除成交金额以外，无锡商品住宅成交面积为 682.80 万平方米，同比 2018 年降低了 12%；成交套数为 56028 套，同比 2018 年降低了 14%。

克而瑞数据显示，2019 年 1~12 月，无锡商品住宅成交最为突出的是 6 月，成交面积达 88.22 万平方米；其次是 9 月，成交面积达 82.61 万平方米。

从 1~12 月的成交套数来看，6 月的表现更为惊人，商品住宅成交套数达 7177 套，是各月之中唯一破“7000”的月份。

六、年度住宅存量

库存方面，克而瑞数据显示，2019 年 1~11 月无锡新建商品住宅库存近 4.98 万套，库存量为 583.3 万平方米，按近 6 个月平均成交量计算，去化周期为 10.3 个月。

七、区域成交表现

按区域来看，滨湖区不愧是无锡的置业热土，以 187.69 万平方米的成交面积及 13587 套的成交套数稳居全市五区之首。紧随其后的则是以刚需置业为主的惠山区，其后依次是锡山区、新吴区、梁溪区。

表 2-28　2019 年无锡市各区商品住宅成交一览

区域	供应面积（万平方米）	供应套数（套）	成交面积（万平方米）	成交套数（套）	成交均价（元/平方米）	成交金额（亿元）
滨湖区	198.12	14350	187.69	13587	23273	436.80
梁溪区	110.89	9489	110.17	9631	18620	205.14
惠山区	114.10	9816	145.26	12691	14054	204.14
新吴区	101.56	8641	112.20	9513	15797	177.24
锡山区	103.30	8339	127.49	10606	15492	197.51

八、成交结构表现

以面积划分，2019 年 1~10 月的主力成交面积段以 90~120 平方米的改善户型为主，达到 231.89 万平方米；其次则是 120~144 平方米的大户型，成交面积为 203.68 万平方米，说明无锡整体市场以改善型购房需求为主。

以客群划分，2019 年 11 月按购买对象分析，无锡

市区购房所占比例为59.24%，这一数据在2019年商品住宅成交较旺的3月、4月、6月、9月、10月分别是52.05%、57.62%、62.90%、59.81%、57.85%，充分说明本地购买力强劲，本地客户群是支撑市场成交量的主力。

九、成交项目排行

表2-29　2019年无锡商品住宅成交面积TOP10楼盘

排名	项目名称	区域	成交面积（万平方米）	成交均价（元/平方米）
1	无锡融创文化旅游城	滨湖	29.57	20239
2	建发玖里湾	锡山	20.98	18516
3	中海寰宇天下	新吴	16.89	15913
4	无锡时代城	惠山	16.48	13027
5	万科观湖礼著	新吴	15.89	18302
6	华润江南府	锡山	14.91	15820
7	绿地天空树	滨湖	14.44	21090
8	弘阳昕悦棠	惠山	13.58	11928
9	惠山国际社区	惠山	12.91	12685
10	世茂璀璨时光	梁溪	11.99	15330

无锡融创文化旅游城几乎霸占了每个月的成交排行榜，2019年平均每天卖出约7套房，总计全年卖出29.57万平方米，总金额达59.84亿元；无论是在成交面积TOP10榜单，还是在成交金额TOP10榜单中，该项目都一骑绝尘，远超第二名。

表2-30　2019年无锡商品住宅成交金额TOP10楼盘

排名	项目名称	区域	成交金额（万元）	成交均价（元/平方米）
1	无锡融创文化旅游城	滨湖	59.84	20239
2	建发玖里湾	锡山	38.84	18516
3	绿城凤起和鸣	滨湖	31.61	32749
4	绿地天空树	滨湖	30.45	21090
5	万科观湖礼著	新吴	29.08	18302
6	中海寰宇天下	新吴	26.88	15913
7	融创·运河壹号府	梁溪	26.73	22404
8	蠡湖金茂府	滨湖	26.58	31728
9	金科蠡湖	滨湖	24.65	23137
10	中锐·星公元	滨湖	24.0[illegible]	3[illegible]368

从以上两个榜单中不难看出，无锡楼市的成交结构正逐渐向改善型主力转变，购买力增强的同时，绿城、金茂、万科等品牌房企仍旧牢牢占有一席之地。

十、成交房企排行

在2019年1~11月的无锡房企商品房销售排行榜中，融创中国、万科地产、龙湖集团分列销售金额榜及面积榜前三位。

从房企销售表现来看，龙头房企保持高速发展，销售金额快速增长，头部房企排名稳固。中部房企排名微调，融创1~11月累计销售业绩已突破[illegible]39亿元，市场集中度超12%，遥遥领先，行业寡头特征明显。

十一、年度房价走势分析

由于土地市场的升温，高价地项目不断入市，限价倒挂楼盘越来越少，以及改善型置业成为购房主力，无锡商品住宅的成交均价在2019年再一次大幅上扬。

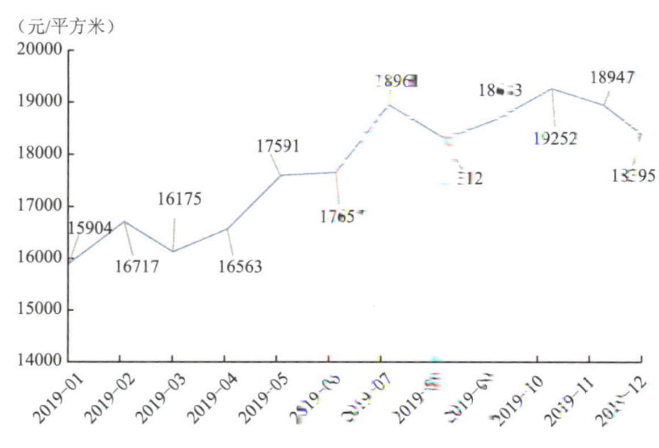

图2-51　2019年1~12月无锡市商品住宅成交均价

克而瑞数据显示，2019年无锡商品住宅成交均价为17879元/平方米，同比2018年上浮[illegible]7%。从区域来看，滨湖区不愧是无锡市的置业高地，以23273元/平方米的成交均价力压其余区域。

从涨幅来看，新吴区成为2019年最大赢家，以15797元/平方米的均价，同比上浮19%，成为五区之中“翻身”最明显的区域；其次是滨湖区，均价同比2018年上浮18%；然后是惠山区，均价同比上浮17%。

十二、热点板块分析

滨湖区仍是关注度最高的区域。作为无锡楼市供货主力军，从各区域开盘推新的数量来看，滨湖区以79次推新次数成为2019年楼盘开盘加推最活跃的区域；新吴区以60次推新频次位居第二名；惠山区以55次紧追其后，位居第三名。

在2019年，共有47个楼盘“新面孔”亮相无锡新房市场，为整个房地产市场注入了“新鲜血液”。其中滨湖区共有15个纯新盘入市，占全市的32%，更加凸显滨湖区的置业热门与房企战略重心地位。

虽说滨湖区一直是“高价”地，但区域内改善房源的消化速度也相当惊人。于1月开盘的龙湖蠡湖天著位于蠡湖新城板块，目前在清盘中；于9月首开的北控雁栖湖作为北控首进无锡开发打造的产品，短短3个月4次开盘，场场热销。

十三、未来展望

在“房住不炒”的基调下，2020年的无锡市场不会有太大的变化，主要还是以稳健为主。

在中央经济工作会议和全国住建工作会议精神指引下，无锡楼市会继续坚持“房住不炒、因城施策”，努力实现“稳地价、稳房价、稳预期”目标，尤其是在防风险保稳定上会加大力度；在防范金融风险的同时，面对百盘集中交付的新情况，会在保证质量、按期交付、维护社会稳定上多做工作。

同时，预计2020年无锡将迎来一波品质楼盘集中上市，可能在供应量和均价方面会有一定的合理增长与上浮。

此外，无锡已经正式进入“一城一策”时间，视城市发展、经济发展、房地产市场发展等各方面情况，不排除在人才引进、公积金等政策方面有微调的可能性。

十四、市场预期

土地方面，2019年无锡依据供地计划超额完成涉宅地块供地，第四季度末土地市场已经出现回暖倾向，根据此前2016~2019年的市场规律，预计2020年上半年将迎来一波回暖。

供应方面，随着本地客户群成为购房主力，改善型需求明显增加，房企更加注重中大户型的住宅产品开发，置业门槛明显提升，90平方米以下刚需型住宅产品将逐渐消失。

成交层面，预计2020年无锡楼市将呈现“先扬后抑”的格局，春节后成交或将迎来一波明显上升，下半年或将有所降温。

房价方面，2019年无锡地价逐步提升，一批高价地项目2020年即将入市，预计市场价格还将继续上浮，购房者初期观望态势明显，后期将逐渐适应新房价水平。

数据来源：无锡统计局、克而瑞、乐居统计。

2019 年无锡房地产在售楼盘概览

楼盘名称	城市名称	城区	地址	物业类型
万科金域缇香	无锡	新吴区	新吴区长江北路与宏源路交会处东南侧	普通住宅、别墅、商铺
融创枫丹御园	无锡	新吴区	新吴区鸿山至德大道与三让路交会处	普通住宅、别墅
达安上品花园	无锡	新吴区	新吴区金城东路与新友路交会处西侧	普通住宅、商铺
国信璞园	无锡	新吴区	新吴区金城东路与春华路交叉口	普通住宅
裕沁湖畔庭	无锡	新吴区	新吴区太科园菱湖大道与秀景路西北侧	普通住宅、别墅
富力城	无锡	新吴区	新吴区金城东路与行创四路交界处（居然之家旁）	普通住宅、商铺
无锡中海寰宇天下	无锡	新吴区	新吴区金城路与春华路交会处	普通住宅、商铺
吉宝季景铭邸	无锡	新吴区	新吴区机场路以东、江溪路以南、锡士路以西、江华路以北	普通住宅、别墅、商铺
吴樾东方	无锡	新吴区	新吴区金城路与梅东河交叉口西南侧	普通住宅、商铺
宝龙世家	无锡	新吴区	新吴区长江南路与新华路交会处	普通住宅、商铺
万科观湖礼著	无锡	新吴区	新吴区秀景路与国信支路交会处	普通住宅
奥体紫兰园	无锡	新吴区	新吴区锦鸿路以北、飞凤路以西、经十二路以东	普通住宅、商铺
路劲梅都府	无锡	新吴区	新吴区泰伯大道与梅西路交会处西侧 200 米	普通住宅
太湖雍华府	无锡	新吴区	新吴区太科园板块菱湖大道和清晏路交界处	普通住宅、商铺
华润公元九里	无锡	新吴区	新吴区南长街旁、塘南路与永乐路交会处	普通住宅、别墅
融创长江映	无锡	新吴区	新吴区机场路与江溪路交会处	普通住宅、别墅
金科中心	无锡	新吴区	新吴区太湖大道与长江北路交叉口	普通住宅
龙泽半岛逸湾	无锡	惠山区	惠山区玉祁平湖城（平湖路与曙光路交叉口）	普通住宅
公园悦府	无锡	惠山区	惠山区经济开发区惠源路 789 号	普通住宅
藕乐汇生活广场	无锡	惠山区	惠山区藕塘大道东侧、园区北路北侧	普通住宅、酒店式公寓、商铺
香缇半岛	无锡	惠山区	惠山区盛岸路洋溪公园城内	普通住宅、别墅
锦翠嘉苑	无锡	惠山区	惠山区玉祁镇唐平路洛洲路（唐平湖旁）	普通住宅
龙世西湖湾	无锡	惠山区	惠山区玉祁街道民主路东、振祁路西	住宅

楼盘名称	城市名称	城区	地址	物业类型
太平洋城中城	无锡	惠山区	惠山区惠山大道与天一路交会处东南侧	普通住宅、公寓、商铺
阳光 100 阿尔勒	无锡	惠山区	惠山区北环路与新锡澄路交叉口	普通住宅、商铺
玉麒会	无锡	惠山区	惠山区玉祁街道湖西路与锡玉路交叉口北侧	别墅
时代城	无锡	惠山区	无锡市惠山区上伟路与香缇路交会处	普通住宅、自住型商品房
龙湖天宸原著	无锡	惠山区	惠山区惠山新城惠清路与堰新路交会处	普通住宅、别墅
美的国宾府	无锡	惠山区	惠山区天一路南侧、惠山大道西北侧	普通住宅
弘阳昕悦棠	无锡	惠山区	惠山区前洲镇万寿路与站北路交叉口东南侧	普通住宅、商铺
奥凯洺悦府	无锡	惠山区	惠山区洛宁城铁惠山站前	普通住宅、商铺
茂瑞府	无锡	惠山区	惠山区洛社新城[illegible]大道与[illegible]中路交叉口东北侧	普通住宅
龙湖天钜	无锡	惠山区	惠山区惠山新城[illegible]源路与启航路交会处往东 200 米	普通住宅
碧桂园南光城	无锡	惠山区	惠山区洛南大道与永辉路交会处	普通住宅
金科集美壹品	无锡	惠山区	惠山区盛丰路与[illegible]大道交会处	普通住宅
耘林生命公寓洋溪华庭	无锡	惠山区	惠山区钱桥街道 S342 南侧、[illegible]路东侧	普通住宅
融创西羲里	无锡	惠山区	惠山区洛社镇惠州大道与新[illegible]路交会处	普通住宅
融创惠山映	无锡	惠山区	惠山区惠景路与创泽路交界处	普通住宅、商铺
红星天铂	无锡	惠山区	惠山区洛城大道与新[illegible]路交会处	普通住宅
碧桂园都荟	无锡	惠山区	惠山区凤宾路与林新路交叉口	普通住宅
德信云溪名著	无锡	惠山区	惠山区西[illegible]路与天丰路交会处	普通住宅
寺头家园	无锡	惠山区	惠山区惠山大道与云锦路交会处西北方向	普通住宅
华夏世纪锦园	无锡	锡山区	锡山区锡东大道与胶阳路交会处	普通住宅、别墅、商铺
栖霞东方天郡	无锡	锡山区	锡山区东北塘镇东亭北路与[illegible]六路交界处	普通住宅
昕湖坊	无锡	锡山区	锡山区鹅湖镇甘露路与寻溪路交会处东北侧	普通住宅、别墅、商铺

楼盘名称	城市名称	城区	地址	物业类型
华夏东城一品	无锡	锡山区	锡山区安镇镇高铁站商务区锡沪路与锡东大道交叉口东北侧	普通住宅、商铺
万业观山泓郡	无锡	锡山区	锡山区锡东新城锡沪路与东翔路交界处	普通住宅、别墅、商铺
金域香颂	无锡	锡山区	锡山区锡沪路与人民路交叉处	普通住宅、商铺
康诗丹郡	无锡	锡山区	锡山区广源路（靠近学前东路）	普通住宅、公寓、别墅
鸿景雅园	无锡	锡山区	锡山区锡北新锡沙路与泉山路交会处	普通住宅
玫瑰香堤家园	无锡	锡山区	锡山区东北塘芙蓉五路与锦旺路交界处	普通住宅、别墅
恒大御澜湾（阳光福邸）	无锡	锡山区	锡山区春塘路与承塘路交会处	普通住宅
红豆天一华府	无锡	锡山区	锡山区锡沪路北老柏庄路西	普通住宅、商铺
百和国际花园	无锡	锡山区	锡山区高铁商务区和祥路北与弘业路东交叉口东侧	普通住宅
蓝光雍锦园	无锡	锡山区	锡山区经济开发区二泉东路北、团结大道东	普通住宅、商铺
华润江南府	无锡	锡山区	锡山区经济开发区红星美凯龙东、宜家购物中心东	普通住宅、别墅
龙湖九墅	无锡	锡山区	锡山区友谊路与锡沪路交叉口	普通住宅、商铺
中洲花溪樾	无锡	锡山区	锡山区鹅湖甘虞路与衡芳路交叉口东北侧	普通住宅、别墅
恒大观澜府	无锡	锡山区	锡山区东北塘东亭路与芙蓉四路西南角。	普通住宅、酒店式公寓
无锡恒大翡翠公园	无锡	锡山区	锡山区二泉东路与坊达路交会处	普通住宅
MOMΛ春风湖上	无锡	锡山区	锡山区鹅湖镇衡芳路与景园路交叉口（荡口古镇东大门）	普通住宅、别墅
建发玖里湾	无锡	锡山区	锡山区锡东新城和祥路与山河路交会处(映月湖公园旁）	普通住宅、别墅
宛溪雅居	无锡	锡山区	锡山区联福路与大成路交会处向东90米处	别墅
碧桂园金茂悦山	无锡	锡山区	锡山区锡北镇泾声路与政丰路交叉口西北侧	普通住宅、别墅
玺悦珑庭	无锡	锡山区	锡山区东亭街道东亭路与春新路交叉口西北侧	普通住宅
美的中骏雍景湾	无锡	锡山区	锡山区东港联群路与东港大道交会处	普通住宅
无锡海尔创智谷	无锡	锡山区	锡山区新华路与兴越路交会处	普通住宅、写字楼、酒店式公寓、建筑综合体、商业
玖里映月	无锡	锡山区	锡山区东翔路北、弘业路东	普通住宅
恒泰悦璟府	无锡	锡山区	锡山区友谊北路与锡港路交界处	普通住宅

楼盘名称	城市名称	城区	地址	物业类型
绿城诚园	无锡	锡山区	锡山区新光路与新明路交会处	普通住宅
铂悦名邸	无锡	锡山区	锡山区育才路与新羊大道交会处	普通住宅
天安曼哈顿	无锡	滨湖区	滨湖区湖滨路809号（太湖大道与湖滨路交叉口东南侧）	普通住宅
观山名筑	无锡	滨湖区	滨湖区高浪路与南湖大道交会处以东（由华清路向西300米）	普通住宅、别墅，商铺
阿维侬庄园	无锡	滨湖区	滨湖区马山十里明珠堤与梅梁路交叉口向西200多米	普通住宅、别墅
圣园	无锡	滨湖区	滨湖区太湖国家旅游度假区梅梁东路南侧	普通住宅、别墅
弘阳三万顷丨小别	无锡	滨湖区	滨湖区国家旅游度假区环山东路8号（燕尾洞旁）	别墅
栖霞栖园	无锡	滨湖区	滨湖区香雪路与渔港路交叉口的西北侧	普通住宅、别墅
华润悦府	无锡	滨湖区	滨湖区湖滨路与梁溪路交叉口西南角（南为建工大厦）	普通住宅
海岸城·郦园	无锡	滨湖区	滨湖区观山路与观顺路交会处（市民中心旁）	普通住宅
荣悦湾	无锡	滨湖区	滨湖区渔港路与观湖路交界处	普通住宅、别墅
朗诗新郡	无锡	滨湖区	滨湖区高浪路与贡湖大道交会处东南侧（金匮公园东侧）	普通住宅
太湖瑞仕花园	无锡	滨湖区	滨湖区环太湖公路与渔港路交叉口东南侧	普通住宅、别墅
宝能城	无锡	滨湖区	滨湖区太湖新城吴都路和观顺道交会处	普通住宅、写字楼，商铺
富力十号	无锡	滨湖区	滨湖区太湖新城高浪路与立信大道交会处	普通住宅、别墅
无锡融创文化旅游城	无锡	滨湖区	滨湖区蠡湖大道与具区路交界处	普通住宅、商铺、商墅、写字楼、公寓、酒店
雅居乐中央府	无锡	滨湖区	滨湖区太湖新城观山路与贡湖大道交叉口东南侧	普通住宅、写字楼、酒店式公寓、商铺
澜岸铭邸	无锡	滨湖区	滨湖区高浪路与金石路交叉口东北侧	普通住宅
蠡湖瑞仕花园	无锡	滨湖区	滨湖区东至蠡溪路南至陆典桥浜（西至隐秀路北至陆典路）	普通住宅
栖霞栖庭	无锡	滨湖区	滨湖区太湖大道与湖滨路交叉口	普通住宅
蠡湖金茂府	无锡	滨湖区	滨湖区金城西路与金水路交叉口西北侧	普通住宅、别墅
中锐星公元	无锡	滨湖区	滨湖区太湖新城贡湖大道与塘铁桥路交会处	普通住宅、别墅
绿地天空树	无锡	滨湖区	滨湖区蠡湖大道与具区路交会处（华莱坞南侧）	普通住宅、公寓、商铺

楼盘名称	城市名称	城区	地址	物业类型
香槟壹号	无锡	滨湖区	滨湖区锡宜公路与振胡路交叉口东南角	普通住宅
绿城凤起和鸣	无锡	滨湖区	滨湖区立信道与和风路交会处	普通住宅、商铺
中海英伦观邸	无锡	滨湖区	滨湖区胡埭镇人民路与胡山路交叉口西北侧	普通住宅
万科翡翠东方	无锡	滨湖区	滨湖区吴都路与南湖大道交叉口西北侧	普通住宅
信义山水嘉庭	无锡	滨湖区	滨湖区状元路与学府路交叉口西南侧	普通住宅
金轮湖晓兰庭	无锡	滨湖区	滨湖区十里明珠堤与霞光路交叉口西北侧	别墅
万科尊鹏云著	无锡	滨湖区	滨湖区太湖新城板块五湖大道东侧、新园路西侧、周新路南侧、大通路北侧	普通住宅
康桥府	无锡	滨湖区	滨湖区梁溪路与青祁路交叉口东南侧	普通住宅、别墅
雅居乐旭辉藏珑府	无锡	滨湖区	滨湖区梁溪路与蠡溪路交叉口西北侧	普通住宅、商铺
金科蠡湖	无锡	滨湖区	滨湖区金城西路与蠡湖大道交会处	别墅、高层
万科翡翠之光	无锡	滨湖区	滨湖区太湖新城和畅路与贡湖大道交会处东南侧	普通住宅
龙湖天璞	无锡	滨湖区	滨湖区太湖新城立信大道与周新路交会处	普通住宅、酒店式公寓、商铺
龙湖蠡湖天著	无锡	滨湖区	滨湖区蠡湖新城太湖大道与环湖路交叉口往西200米（蠡湖之光对面）	普通住宅、别墅
太湖金茂逸墅	无锡	滨湖区	滨湖区新八路与南横街交叉口东南侧	普通住宅、别墅
北控雁栖湖	无锡	滨湖区	滨湖区胡埭镇人民路与胡埭路交叉口东北侧	普通住宅、商铺
华君湖湾花园	无锡	滨湖区	滨湖区陆马公路与常乐路交叉口西北侧	普通住宅、别墅
新力朗诗熙华府	无锡	滨湖区	滨湖区山水东路与许舍路交叉口西南侧	普通住宅、别墅
绿城无锡桃花源	无锡	滨湖区	滨湖区缘溪道与新八路交会处	别墅
无锡融创壹号院	无锡	滨湖区	滨湖区吴都路与万顺道交叉口西南侧	普通住宅、别墅
路劲蠡湖庄园	无锡	滨湖区	滨湖区中南西路369号	别墅
新力帝泊湾	无锡	滨湖区	滨湖区胡埭镇人民东路与刘闾路交会处	普通住宅
茂业天地观园	无锡	梁溪区	梁溪区太湖广场清扬公园旁（茂业百货北侧）	普通住宅、酒店式公寓
无锡世界贸易中心	无锡	梁溪区	梁溪区清扬路与太湖大道交叉口东南侧	普通住宅、写字楼、酒店式公寓、商铺

楼盘名称	城市名称	城区	地址	物业类型
保利达江湾城	无锡	梁溪区	梁溪区崇安工运路与解放北路交会处，胜利门解放北路20号（农业银行对面）	普通住宅
保华旺苑	无锡	梁溪区	梁溪区五爱路与迎龙路交会处	普通住宅、公寓、商铺
绿地西水东	无锡	梁溪区	梁溪区振新路与学前西路交会处（西水东商业街）	普通住宅、商铺
小天鹅望山院墅	无锡	梁溪区	梁溪区盛岸西路与钱皋路交会处东南侧	普通住宅、别墅
无锡科技城	无锡	梁溪区	梁溪区北塘汇海西路388号	普通住宅、商铺
彩旸香江	无锡	梁溪区	梁溪区永乐东路与向阳路交会处（[illegible]航饭店旁）	普通住宅、别墅、酒店式公寓
吉宝凌云峰阁	无锡	梁溪区	梁溪区锡澄路与[illegible]丰路交会处	普通住宅
恒大悦珑湾	无锡	梁溪区	梁溪区吴桥西路与通惠西路交会处	普通住宅、商铺
中洲崇安府	无锡	梁溪区	梁溪区锡沪东路与广和路交会处（[illegible]2号线广益站[illegible]号出口）	普通住宅、商铺
融侨悦府	无锡	梁溪区	梁溪区江海路与广益路交会处西北侧	普通住宅
融创运河壹号府	无锡	梁溪区	梁溪区塘[illegible]路[illegible]号	普通住宅
融创大塘御园	无锡	梁溪区	梁溪区凤宾路西侧、广石路南侧	普通住宅
启迪协信梁溪本源	无锡	梁溪区	梁溪区江海路北侧、会岸路西侧	普通住宅
锦熙府	无锡	梁溪区	梁溪区中山路与凤翔路交叉口东南侧	普通住宅
绿地·观澜湾	无锡	梁溪区	梁溪区县前西街与解放西路交叉口西北侧	普通住宅、公寓，商铺
无锡国美南长华府	无锡	梁溪区	梁溪区太湖大道与通扬路交会处东南侧	普通住宅、公寓、商铺
保利融侨时光印象	无锡	梁溪区	梁溪区锡虞[illegible]与[illegible]桥港路交叉[illegible]	普通住宅、商铺
世茂璀璨时光	无锡	梁溪区	梁溪区锡沪路与通江大道交叉口东北侧	普通住宅、商业
华发首府	无锡	梁溪区	梁溪区南湖大道与金石路交叉口东北侧	普通住宅、别墅
万科运河传奇	无锡	梁溪区	梁溪区南长街与[illegible]务路交叉口西南侧	普通住宅
绿地西水晶舍	无锡	梁溪区	梁溪区新[illegible]路与广惠路交叉口东南侧	普通住宅
华侨城运河湾	无锡	梁溪区	梁溪区兴源路与金城高架交会处	普通住宅
圆融广场	无锡	梁溪区	梁溪区锡[illegible]路与江海路交叉口东南侧（地铁[illegible]号线三丰站）	普通住宅、商业
富力山	无锡	梁溪区	梁溪区运河西路与金城东路交会处	普通住宅
保华敔山湾	无锡	江阴市	江阴市敔山湾板块长山大道39号	普通住宅、商铺

楼盘名称	城市名称	城区	地址	物业类型
江阴恒大帝景	无锡	江阴市	江阴市毗陵路与澄南路交会处	普通住宅、酒店式公寓
江阴蓝光雍锦源	无锡	江阴市	江阴市新桥镇新郁路南、花园路西侧	普通住宅
银城长江赋	无锡	江阴市	江阴市城东街道创新大道与延陵东路交叉口东北侧	普通住宅
江阴星河国际	无锡	江阴市	江阴市滨江东路与东外环路交会处	普通住宅、写字楼、酒店式公寓、商业
江阴中央美墅	无锡	江阴市	江阴市福民路东侧、康乐东街北侧	别墅
弘阳昕悦府	无锡	江阴市	江阴市澄杨路与季庄路交叉口	普通住宅
长和新天地广场	无锡	江阴市	江阴市新永安路东、长寿路南、长寿河西	普通住宅、商铺
弘阳通银棠樾锦园	无锡	江阴市	江阴市澄杨路与季庄路交会处东侧	普通住宅
宜兴恒大溪隐府	无锡	宜兴市	宜兴市宜城位于西、北东三面均至大溪河，南侧隔河与市体育中心毗邻	普通住宅、别墅
碧桂园湖悦天境	无锡	宜兴市	宜兴市太湖大道与新源路交会处	普通住宅
朗诗新都府	无锡	宜兴市	宜兴市城西板块庆源大道路与阳泉西路交会处	普通住宅
宜兴恒大花溪小镇	无锡	宜兴市	宜兴市远东大道南侧、科技大道东侧	普通住宅、别墅
宜兴恒大悦龙台	无锡	宜兴市	宜兴市城西氿西路与雁行路交会处西 200 米	普通住宅、商铺
四季印象	无锡	宜兴市	宜兴市官林镇官林国际大酒店东虹路北 200 米	普通住宅、别墅
海伦堡竺溪府	无锡	宜兴市	宜兴市周铁镇周前路与仁华大道交会处（周铁中学对面）	普通住宅、别墅
天宸悦府	无锡	宜兴市	宜兴市陶都路与川埠西路交会处往西 200 米	普通住宅、别墅
宜兴恒大翡翠华庭	无锡	宜兴市	宜兴市太湖大道与新源路交会处西侧	普通住宅、商铺
恒大珺睿府氿玺	无锡	宜兴市	宜兴市庆源大道与东氿大道交会处向东约 300 米	普通住宅、商铺
海伦堡海伦湾	无锡	宜兴市	宜兴市宜官公路南侧与钱墅荡路东侧交叉口	普通住宅
恒大云湖上郡	无锡	宜兴市	宜兴市芳桥街道阳山荡风景区往南约 300 米	普通住宅、商铺

保利融侨时光印象

无锡　崇安主城　三水双园　品牌房企

保利融侨时光印象位于锡虞路与桐桥港路交叉口，属于无锡主城梁溪区崇安板块。项目占地面积超 10 万平方米，建筑面积约 32 万平方米，打造有高层、小高层、洋房产品，自带沿街商业及幼儿园。

项目地址：

无锡市梁溪区锡虞西路与广南路交会处东南侧

开发商：

无锡融利房地产开发有限公司

建筑类型：

高层、小高层、洋房

主力户型：

95 平方米、110 平方米三居，125~137 平方米四居

周边配套：

沃尔玛山姆会员店、广益哥伦布、无锡二院东院

参考价格：

高层 17000 元 / 平方米、小高层 18500 元 / 平方米

楼盘优势：

无锡主城项目，毗邻三水双公园，自然资源丰富。周边配套完善，交通路网发达。保利央企品牌加持，销售成绩在广益板块颇为耀眼。

专家点评

沈河·无锡房地产业协会副会长兼秘书长

在交通便捷、商业繁华的主城崇安板块核心位置，在「三水双公园」环境稀缺地段，保利融侨时光印象倾力打造95~137平方米品质三居，它不仅是一个高性价比的品质楼盘，也把新时代的[illegible]

项目解析

【区域维度】

保利融侨时光印象立于梁溪区崇安板块，即以前的崇安区，自古以来就是无锡市的中心城区。项目坐拥广益商圈、崇安寺商圈、火车站商圈等无锡市核心商圈，地铁8号线(规划中)近在咫尺，可通往无锡各个区域。同时，毗邻地铁2号线，快速通达内环东、太湖大道等城市枢纽道路，出行十分便利。

保利融侨时光印象所在区域作为主城区为数不多的规划板块，未来将以产业示范、商贸中心的姿态服务区域整体再升级。

【品牌维度】

保利融侨时光印象是由保利发展和融侨集团联合打造的明星项目，并由央企保利发展操盘销售。2009年，保利地产首次进入无锡，先后成功开发了保利香槟国际、保利中央公园两个项目，赢得了良好的市场口碑。

保利融侨时光印象是保利集团在无锡打造的第三个项目，一经面世就赢得了客户的广泛关注。项目内部及周围拥有三条自然水系和两个政府规划的大规模湿地公园，这样“三水双公园”的优质自然与景观资源，使项目无愧无锡“绿芯人居范本”的称号。

未来，随着新塘河湿地公园的竣工，得益于正在建设的全国仅有两家的沃尔玛山姆会员店，这一区域将刷新无锡购物娱乐的新高度，成就无锡生活配套新范本。

【口碑维度】

“保利香槟国际”与“保利中央公园”的成功，为保利发展在无锡赢得了客户的赞誉。作为央企领军企业，保利集团一向以“品质”作为企业发展的前提，施工过程中拒绝一切“偷工减料”，不仅从未减配，时光印象还在不断为每一套房子做着“加法”，只为给业主呈现更加完善的未来生活居所。

保利融侨时光印象的默默付出，不仅赢得客户一致好评，也获得了合作伙伴的广泛认可。2018年，保利融侨时光印象荣获“无锡年度人气楼盘”与“无锡年度畅销楼盘”等多项殊荣，2019年斩获“国家绿色建筑星级”荣耀。

【产品维度】

保利融侨时光印象的社区以滨水生态引导健康生活方式，采用“礼”“序”“和”“境”的设计结构，为全区创造了清晰的空间布局，营造了丰富的体验感受。

建筑风格上，项目住宅立面采用目前国际建筑界备受推崇的新亚洲建筑风格，把亚洲元素植入现代建筑，将传统意境和现代风格对称运用，以此达到优秀的展示效果，从而打造锡城新封面，崇安新印象。

【销售维度】

案场数据显示，保利融侨时光印象2018年5月20日首次开盘，首开劲销3.6亿元，创下板块内“蓄客速度、销售面积、销售套数、销售金额”四项“全优”成绩。2018年的热销奠定了保利融侨时光印象在主城区域市场中的地位。2019年上半年，已推货量实现去化超过80%。

更多楼盘详情请扫码查看

2019 年徐州房地产市场总结

行业发展历程

一、城市概述

徐州是江苏省地级市，地处江苏省西北部、华北平原东南部、长江三角洲北翼，京杭大运河从中穿过，陇海、京沪两大铁路干线在徐州交会，素有“五省通衢”之称。

徐州是国家综合交通枢纽和风景旅游城市，华东重要门户城市，华东地区重要的经济、科教、文化、金融、医疗和对外贸易中心。

徐州总面积 11258 平方公里，市区面积 3037 平方公里。徐州是国家“一带一路”重要节点城市、淮海经济区中心城市、长三角北翼重要中心城市。截至 2018 年，全市常住人口 880.20 万人，城乡人均居住建筑面积为 50.9 平方米。

二、行业现状

随着徐州中心城市功能的增强和吸附作用的提升，有望吸引更多淮海经济区的人口流入徐州。两大人流汇聚，徐州人口增长的速度和规模将会成为决定徐州楼市进一步发展空间的关键。

三、政策环境

徐州 2019 年并无房地产新政颁布，目前实施的仍为 2018 年所颁布的限卖政策：市区户籍居民家庭拥有二套住房及以上，非市区户籍居民家庭拥有一套住房及以上的，商品住房自权属登记之日起未满 3 年或者新建商品房买卖合同网备时间未满 6 年的，不得上市交易。

四、土地市场

云龙区、新城区作为 2019 年徐州楼市的热门区域，土地供应仅有 5 宗，与区域热度严重不符；尤其是新城区，近年来市场火热，房源供不应求，在 2018 年仅有 1 宗涉宅用地出让，而 2019 年出让的 5 宗地块可以说稍微缓解了区域的房荒状态。其余区域出让土地均在 10 宗上下，比较平均。

五、房企布局

从房企在徐州的土地储备情况来看，部分开发商布局战略有所调整。2019 年，徐州迎来多家大牌房企入驻，地产十强均入驻徐州。

六、房产行业发展历程

与我国其他一些城市相比，徐州房地产业起步较晚，但徐州市人口密度较高，加上老城改造和东扩南进开发步伐的加快等，给徐州房地产行业的发展提供了充实的市场基础。

城市年度市场解读

一、本地新政

2019 年 6 月 1 日，徐州试行个人住房公积金组合贷款，试行期间，职工办理组合贷款必须符合以下条件：购买商品住房或存量房（二手房）为唯一套住房；首次使用住房公积金。

试行期间，已付清全款的商品住房、存量房（二手房）、“商转公”贷款及异地贷款不得办理组合贷款。

9月26日，徐州与淮海经济区其他九市签订了《淮海经济区核心城市住房公积金贷款合作协议》，跨越了四个省份实现了公积金的互通互认互贷。

二、年度土地供应

2019年徐州市计划供地总量约为49406亩。其中，计划划拨供地13404亩，占供地总面积的27.13%。排定2019年全市经营性用地出让规模21590亩，占计划供地总面积的43.7%。其中，商服用地4839亩，占比为9.79%；居住用地16751亩，约占总供应量的33.90%。

按区域划分看，徐州市中心城区14870亩，铜山区5126亩，贾汪区5527亩，丰县4440亩，沛县3784亩，睢宁县3764亩，邳州市4689亩，新沂市7207亩。

三、年度住宅供应

2019年，徐州（包含贾汪区）共发出318张预售证，共计92833套房源入网。11月预售证领取数量最高，达40张，1月、4月、6月、8月、9月、12月也都是预售证领取的高峰时间。

此外，11月也是入网套数最多的一个月，高达13564套，2月的预售证数量和入网套数都是全年最低值。

从各区分布情况来看，徐州市区领取了148张预售证，铜山区80张、贾汪区90张预售证。贾汪区2019年入网套数在全市总数中占比最高，达到27%；其次是铜山区15241套，占总额的24%。

四、年度住宅成交

据数据研究机构的统计，在徐州（含贾汪区和铜山区）1~12月住宅销售面积、销套数方面，10月的成绩比较亮眼，总计销售7141套房源，共830037.33平方米。

整体来看，下半年的整体销售面积和套数相较上半年涨幅比较明显，从6月开始就进入了平稳增长期。

五、年度住宅存量

据研究机构数据，截至2019年末，全市新建商品住宅库存近3.95万套，较年初的4.2万套有所下降。

按近6个月平均成交量计算，当前全市商品住宅出清周期约为8.6个月，较2018年末有所延长。

六、区域成交表现

整体成交方面，通过对2018年和2019年两年的数据对比发现，2019年呈现明显涨幅，销售成交套数增长了2605套，涨幅4.3%；销售成交面积增长了478167.5平方米，涨幅为6.9%。

在徐州各区的销售数据对比中，铜山区是成交量最大的区域，共计17352套，占总销售套数总额的27.5%，经济开发区因楼盘较少，推盘套数、销售面积、销售套数都为最低。

七、成交项目排行

2019年，徐州商品住宅销售金额TOP20项目中，排行榜前五位中仅有两项目销售金额超20亿元，其中红星云龙金茂悦凭借三次开盘销售佳绩，以23.7亿元荣获项目销售榜第一名；第二名为限价壹万象府，销售金额21.16亿元；绿地莫兰迪公馆紧随其后，以19.96亿元位居第三名。

住宅销售面积榜上，恒大潘安湖生态小镇以25.5万平方米的成绩荣登项目销售面积榜榜首，绿地运河小镇以22.85万平方米位列榜单第二名，限价壹万象府以18.99万平方米紧随其后，位列第三名。

2019 年，徐州商品住宅销售套数 TOP20 项目合计销售 26430 套，其中，绿地运河小镇项目以 2039 套位列项目销售套数排行榜首位，表现突出；恒大潘安湖生态小镇以 1925 套位居第二名；美的东湖天城销售 1564 套，位居第三名。

易居企业集团·克而瑞

2019年度徐州市房企全口径销售金额排行榜TOP20

中国房地产数据应用服务商

排名	企业名称	销售金额（亿元）
1	万科地产	90.05
2	华润置地	57.99
3	美的置业	57.52
4	绿地控股	44.60
5	保利发展	44.43
6	中南置地	42.88
7	荣盛发展	40.94
8	中骏集团	37.96
9	弘阳地产	32.59
10	中国金茂	31.57
11	水利地产	29.54
12	金地商置	26.33
13	碧桂园	25.90
14	红星地产	25.64
15	旭辉集团	23.86
16	融创中国	23.74
17	中海地产	19.71
18	正荣集团	18.06
19	新盛投资	16.73
20	华宇集团	16.62

数据说明

1. 项目属性：只包含普通住宅、别墅属性产品的销售数据，保障房、动迁安置房等的销售数据不予计入，物业租赁、物业服务等产生的收益数据不予计入。
2. 区域范围：仅含徐州泉山区、云龙区、鼓楼区、经济开发区和铜山区数据。
3. 数据来源涉及的销售金额数据均为合同签订备案数据。
4. 时间跨度如无特殊说明，其统计时间段均为 2019.1.1 至 2019.12.31。

本榜单采用企业集团连同合营公司及联营公司所有项目业绩的累计值，不考虑权益和操盘。

免责声明：上述榜单具有一定统计维度属性，仅供市场分析与研判参考，不承担任何营销策略导向与商品房买卖风险；克而瑞 2019 年度徐州楼市房企排行榜由克而瑞徐州机构发布，未经授权任何机构或个人不得擅自修改或片面发布榜单内容。

联合发布 乐居徐州 徐州极房网

易居企业集团·克而瑞

2019年度徐州市房企权益销售金额排行榜TOP20

中国房地产数据应用服务商

排名	企业名称	销售金额（亿元）
1	万科地产	65.29
2	华润置地	54.01
3	绿地控股	44.60
4	美的置业	44.00
5	中骏集团	36.64
6	荣盛发展	36.09
7	弘阳地产	24.37
8	中南置地	19.26
9	保利发展	17.84
10	中国金茂	16.18
11	红星地产	15.38
12	融创中国	14.91
13	世茂房地产	14.90
14	新盛投资	14.73
15	中梁控股	13.76
16	苏宁置业	13.08
17	武汉金林	12.87
18	旭辉集团	11.93
19	大盛建设	11.83
20	新城控股	11.66

数据说明

1. 项目属性：只包含普通住宅、别墅属性产品的销售数据，保障房、动迁安置房等的销售数据不予计入，物业租赁、物业服务等产生的收益数据不予计入。
2. 区域范围：仅含徐州泉山区、云龙区、鼓楼区、经济开发区和铜山区数据。
3. 数据来源涉及的销售金额数据均为合同签订备案数据。
4. 时间跨度如无特殊说明，其统计时间段均为 2019.1.1 至 2019.12.31。

本榜单采用的权益销售业绩为企业在其投资的所有房地产项目按权益份额计算的总销量。

免责声明：上述榜单具有一定统计维度属性，仅供市场分析与研判参考，不承担任何营销策略导向与商品房买卖风险；克而瑞 2019 年度徐州楼市房企排行榜由克而瑞徐州机构发布，未经授权任何机构或个人不得擅自修改或片面发布榜单内容。

联合发布 乐居徐州 徐州极房网

此外，2019 年权益 50 亿元房企数量相比 2018 年同期增加 1 家至 2 家，20 亿元规模的房企数量达 7 家，同比 2018 年同期增加 2 家。在市场规模扩大的背景下，新增 20 亿元房企数上涨。

TOP5 房企中，除中骏外，均为深耕徐州超过 7 年的 50 强房企。其中，华润凭借和平路万象府、华润昆仑御等项目的热销，2019 年权益销售金额榜名次攀升至第二名，同时销售金额突破 50 亿元大关。中骏虽入徐仅两年有余，但势头迅猛，短短一年即上升 11 个位次至第五名。

万科作为徐州的“大户”，虽入徐时间不是最久，但项目最多，独立操盘及参与的项目仅市区就接近 20 个。自 2012 年进驻徐州以来，万科的年度销售额始终稳居全市前三，2018 年、2019 年更是蝉联销冠，也成为近两年唯一一个权益销售额突破 60 亿元的房企。

八、年度房价走势分析

据数据研究机构统计，徐州（含贾汪区和铜山区）1~12 月住宅价格呈现缓增趋势，1 月均价 9709 元 / 平方米，12 月均价 11889 元 / 平方米，环比上涨 22.45%。

从 6 月起，徐州房源均价均高于 10000 元 / 平方米，且一直呈现上升趋势。全年最高均价出现在 12 月，也是全年集中开盘量最大的月份。

根据国家统计局公布的 2019 年《70 个大中城市商品住宅销售价格变动情况》，环比数据显示，徐州房价全年保持上涨态势，截至 11 月，徐州新房价格已连续上涨 46 个月。

九、市场预期

土地方面，2018 年 6 月，徐州国土局公布了徐州市区 2018~2020 年三年的住宅供地计划。

表 2-31　2018~2020 年徐州市区住宅土地供应计划方案

单位：亩

年份	泉山区	鼓楼区	云龙区	铜山区	贾汪区	合计
2018	1492	2828	2340	2060	2202	10922
2019	1500	2110	2070	2079	2776	10535
2020	1850	2690	1460	2033	1908	9941
总计	4842	7628	5870	6172	6886	31398

根据对以往供地计划进行盘点，2018~2019 年徐州有较多的土地积压。计划中的六个区域、59 宗、17726 亩地，若在 2020 年全部推出，相当于每个月至少有 4~5 宗土地入市，或促使 2020 年成为土地市场的爆发之年。

供应方面，虽然刚需房源仍是市场主力，但受地价及上市区域因素影响，刚改房源占比将持续增加，进一步抬高置业门槛。

数据来源：克而瑞徐州机构、南京网尚研究机构。

2019 年徐州房地产在售楼盘概览

楼盘名称	城市名称	城区	地址	物业类型
美的乐城	徐州	鼓楼区	鼓楼区下淀路 252 号(原煤机厂位置)	普通住宅、商铺
德信君宸	徐州	鼓楼区	鼓楼区黄河北路与苏堤北路交叉口	普通住宅
泽信公馆	徐州	鼓楼区	鼓楼区襄王路西侧(龟山景区对面)	普通住宅
四季连城 · 拾光	徐州	鼓楼区	鼓楼区西三环玉潭实验学校西约 200 米	普通住宅
鼓楼紫云府	徐州	鼓楼区	鼓楼区天齐南路 5 号(万科城东侧)	普通住宅、别墅
四季连城 · 锦宸	徐州	鼓楼区	鼓楼区西三环玉潭实验学校西 200 米	普通住宅
四季连城 · 望悦	徐州	鼓楼区	鼓楼区西三环玉潭实验学校西 200 米	普通住宅
旭辉美的天阙	徐州	鼓楼区	鼓楼区中山北路与黄河北路交叉口(原老物资市场)	普通住宅
新城玖珑湖	徐州	鼓楼区	鼓楼区马场湖路 30 号	普通住宅
徐州中南中山府	徐州	鼓楼区	鼓楼区北三环与华润路交会处	普通住宅
海玥南山	徐州	泉山区	泉山区三环南路西，毗邻万悦城项目	普通住宅、别墅
华润置地崑崙御	徐州	泉山区	泉山区欣欣路与长安路交会处北行 100 米	普通住宅
玖玺	徐州	泉山区	泉山区淮海西路北，矿山东路西(金鹰二店北 700 米)	普通住宅
鱼先生的时代	徐州	泉山区	泉山区西三环与北三环交会处北 100 米	普通住宅
淮海时代公馆	徐州	泉山区	泉山区人民广场商圈	公寓、商铺
星湖尚苑	徐州	泉山区	泉山区纺织东路与煤建一街交会处	普通住宅
中海 · 铂悦府	徐州	泉山区	泉山区北京路与翟南路交会处向西 100 米(南山庭院对面)	普通住宅
万科翡翠之光	徐州	云龙区	云龙万达东约 1300 米	普通住宅
林安 · 智慧产业小镇	徐州	云龙区	云龙区郭庄路与汉源大道交会处	普通住宅、写字楼、商铺
富春山居	徐州	云龙区	云龙区三环东路与徐海路交会处向北 200 米(五山公园旁)	普通住宅、商铺
红星 · 云龙金茂悦	徐州	云龙区	云龙区和平路与东三环交会处	普通住宅
大发通银 · 融悦府	徐州	云龙区	云龙区三环东路东，民富西路北，备战路西	普通住宅
淮海国际博览城	徐州	云龙区	云龙区汉源大道东奥体路与紫金路交会处	普通住宅、写字楼、商铺

楼盘名称	城市名称	城区	地址	物业类型
金龙湖广场	徐州	金山桥	金山桥开发区龙湖西路 1 号(金龙湖西岸)	普通住宅、公寓
金色年华	徐州	金山桥	金山桥开发区徐海路高铁站北(奔驰之星东 200 米)	普通住宅、商铺
美的 · 东湖天城	徐州	金山桥	金山桥开发区彭祖大道与高新路交会处(时代城东侧 200 米)	普通住宅、商铺
弘阳璞樾门第	徐州	金山桥	金山桥开发区和平大道与鲲鹏路交会处	普通住宅
东湖悦府	徐州	金山桥	金山桥开发区高铁商务区和平路旁(高新路与彭祖大道交会处)	建筑综合体
华润置地公元九里	徐州	金山桥	金山桥开发区高新路东	普通住宅
云龙湖 · 峰荟	徐州	铜山区	铜山区矿大南湖校区南大学路西	普通住宅、别墅
港利上城国际	徐州	铜山区	铜山区三环北路北侧，天齐北路东 300 米	普通住宅
中骏 · 柏景湾	徐州	铜山区	铜山区北京南路铜山公安局北侧	普通住宅
颐居 · 隐山观湖	徐州	铜山区	铜山区华山路与凤湖路交会处南 100 米路西	普通住宅
凤凰源著	徐州	铜山区	铜山区珠江路与银山路交会处(凤凰山生态景区南)	普通住宅
美的雍翠园	徐州	铜山区	铜山区长江路与嵩山路交会处(九州大学东)	普通住宅
娇山府	徐州	铜山区	铜山区华山路与凤湖路交会处向北 200 米路东	普通住宅
绿地湖语墅 · 尊樾	徐州	铜山区	铜山区华山路与凤湖路交会处(地铁 3 号线钱江路站)	普通住宅
保利万科 · 时代之光	徐州	铜山区	铜山区秦洪立交桥向北约 300 米(310 国道东侧)	普通住宅
千禧城	徐州	铜山区	铜山区闽江路以南，银山路以东、漓江路以北	普通住宅
银城 · 致享城	徐州	铜山区	铜山区银山路与华山路交会处	普通住宅、商铺
上水璞园	徐州	铜山区	铜山区棠张镇棠马路西双井村东(原双井村地块)	普通住宅
楚河 · 金茂府	徐州	铜山区	铜山区嵩山路与彭祖路交会处	普通住宅、别墅
中和南院	徐州	铜山区	铜山区湘江路 7 号(铜山中医院西 600 米路南)	普通住宅、别墅
蓝城沁园	徐州	铜山区	新城区大龙湖南 3 公里(海棠路棠张中心中学对面)	普通住宅

楼盘名称	城市名称	城区	地址	物业类型
珍宝岛·领寓	徐州	铜山区	铜山区长安路与珠江路交会处（高新区管委会东侧）	公寓
华美悦澜湾	徐州	铜山区	铜山区三环北路与平山路交叉口东北	普通住宅
保利万科·和光城悦	徐州	铜山区	铜山区秦洪桥北约300米（310国道东侧）	普通住宅
梧桐公馆	徐州	铜山区	铜山区凤凰山公园南侧	普通住宅
盛业和园	徐州	铜山区	铜山区茅村镇老104国道东一圆盘道南188米	普通住宅
中骏·汇景城	徐州	铜山区	铜山区大学路与珠江路交口东南侧	普通住宅
春秋九里府	徐州	铜山区	铜山区华美和园四期北（徐矿集团总院庞庄分院斜对面）	普通住宅
欢GO街区	徐州	铜山区	铜山区大学路东侧，近湘江路	普通住宅、公寓、商铺
龙腰山居	徐州	铜山区	铜山区华山路6号	普通住宅
美的·天誉	徐州	铜山区	铜山区云龙湖南大学路与珠江路交会处	建筑综合体、商业
奥园玖珑天境	徐州	铜山区	铜山区北京路与万达路交会处，北京路以西，连霍高速以南	普通住宅、公寓
弘阳凤鸣府	徐州	贾汪区	铜山区贾汪凤鸣海风景区（鸿福路与凤鸣路交会处）	普通住宅、别墅
徐州吾悦广场	徐州	贾汪区	贾汪区泉城路与煤源路交会处南300米	普通住宅、商铺
中钰·月亮湖壹号	徐州	贾汪区	贾汪区徐贾快速路与鹏程大道交会处向东一公里	普通住宅
恒大潘安湖生态小镇	徐州	贾汪区	贾汪区利大路东侧湖北路南侧	普通住宅
禹洲鹭湖朗廷	徐州	贾汪区	贾汪区徐贾快速通道以东，310国道（连天线）以南	普通住宅
蓝光·锦澜府	徐州	贾汪区	贾汪区工商街与巨乐巷交叉口向西100米	普通住宅
蓝光云锦里	徐州	贾汪区	贾汪区将军大街与专望大道交会处	普通住宅
融创·领地凤鸣桃源风雅颂	徐州	贾汪区	贾汪区泓福路以南、东二街以东、汉马路以西、鲁尔大道南侧	普通住宅
中昂·博观	徐州	贾汪区	贾汪区星光大道与佳云路交会处	普通住宅
大华·潘安湖首府	徐州	贾汪区	徐州潘安新城星光大道静心公园西侧（江苏师范大学科文学院西侧）	普通住宅
永泰锦园	徐州	新城区	新城区太行路以东、新元大道以西	普通住宅
弘阳·大都会	徐州	新城区	新城区新元大道与太行路交会处	普通住宅

华润置地公元九里

徐州　实力央企　生态宜居　东湖新城

华润置地公元九里位于城市“东进”的发展方向高新路上，由品牌央企华润置地开发，建筑面积约 260000 平方米，占地面积约 84934 平方米。

项目地址：

徐州市经济开发区高新路东

开发商：

徐州铭圣房地产开发有限公司

建筑类型：

小高层、高层

主力户型：

90~140 平方米三居

周边配套：

美的广场、环球港、宜家、奥特莱斯、迪卡侬

参考价格：

首开均价 11800 元 / 平方米

楼盘优势：

项目紧邻东湖，独享一线湖景资源，医疗、教育配套丰富；规划中双线地铁交汇换乘站近在咫尺，尽收地铁红利。

专家点评

季有国·克而瑞徐州机构总经理

项目位于徐州发展东拓战略下的东湖新城板块，与城东、高铁及奥体三大热门板块相邻，而华润此次把全球第十六座「九里系」高端产品带入该板块，正是看中了未来的发展机会，同时华润也必将为徐州带来高品质作品。

项目解析

【区域维度】

华润置地公元九里位于城市“东进”的发展方向高新路上，北连和平路城市发展主轴线，南接昆仑大道，近邻高铁站、徐州市政府，坐享新城区商圈、万达商圈、高铁商务区商圈。邻近规划中的双线地铁交汇换乘站，尽收地铁红利，同时紧邻东湖、独享一线湖景资源，未来更将受益于约905333平方米东湖风景区的规划及扩建。

作为徐州重点发展的新城之一，东湖新城板块内生态以东湖为核心水景，搭配大湖水库、医药产业园等，形成多个宜居组团。

【口碑维度】

华润置地进入徐州已有十年，匠造出悦府、华润橡树湾、华润凯旋门、华润崑崙御、鼓楼紫云府、万象府、华润置地公元九里七座优质楼盘。

5年前，华润橡树湾落子云龙区核心地段，地处新城中心，是城市主流发展的交会地。此举打响了城东人居高度的“攻坚战”，见证了城东日新月异的发展，其物业及住宅品质在徐州已俘获一大批业主的心。

5年后，和平路万象府再度引爆了徐州市场，点燃了徐州人对于人居新的向往。该项目位于经济开发区和平路与振兴大道交会处，属东区热门区域，片区升值潜力大，常出现上千买房人“陪跑”的场景。

可以说，这七座大盘真正兑现了华润置地“品质给城市更多改变”的品牌承诺，为更加美好的徐州贡献颇丰。

华润物业加持，也是华润项目的一大加分项。官网数据显示，华润物业具有国家一级物业管理企业资质，为中国物业管理协会常务理事单位、四川省房地产协会副会长单位，目前物业服务项目500余个，服务面积超1亿平方米。20载践行，换来了华润客户的认可和良好市场口碑。

【产品维度】

华润置地公元九里作为华润置地在徐州首个“九里系”作品，自身价值厚重，项目规划以18~27层小高层、高层为主，容积率2.4，是区域内难得的低密湖居住宅。

项目引入行业标准的五级MORE+空间系统以及EPLUS精装系统，小区内园林分成三大地块，分别独立成主题，采用围合式布局、中央景观，显著提升观景和活动空间。户型设计上采用大面宽采光、联景尺度阳台，三居、四居升级改善适配，动静分区、生活动线划分明确，高效利用空间，功能性更加齐全。

【销售维度】

华润置地公元九里景观示范区于2019年11月30日开放，12月5日领取预售证，首开A地块的1号楼、2号楼、3号楼、5号楼、6号楼及B地块的8号楼、9号楼、11号楼、12号楼，均为2梯4户、1个单元。1号楼总高23层，2号楼、3号楼总高27层，5号楼、11号楼总高18层，6号楼、12号楼总高20层，8号楼、9号楼总高25层，共计812套房源，首开均价11800元/平方米；户型建筑面积90~140平方米，精装交付。

华润置地公元九里产品优势明显，特别是在整体供不应求的东区，其市场地位更加突出，将成为不少购房者心目中的优选。

更多楼盘详情请扫码查看

2019 年盐城房地产市场总结

行业发展历程

一、城市概述

盐城为江苏省地级市，地处中国东部沿海地区、江苏省中部、长江三角洲城市群北翼。全市地势平坦，河渠纵横。盐城下辖三区五县一市，全市土地总面积 16931 平方千米，其中沿海滩涂面积 4553 平方千米，拥有江苏唯一的世界自然遗产中国黄（渤）海候鸟栖息地。2018 年户籍人口 826.15 万人。

盐城海陆空交通便捷，基本形成高速公路、铁路、航空、海运、内河航运五位一体的立体化交通运输网络。南洋国际机场、盐城大丰港区和滨海港区成为国家一类开放口岸，盐城市成为同时拥有空港、海港两个一类开放口岸的地级市；同时也是“京沪东线”的重要节点，是国家沿海发展和长三角一体化两大战略的交会点。

二、政策环境

在“房住不炒”的核心理念之下，2019 年盐城楼市平稳推进，并未发布重磅政策调控楼市，市住建局严令因地制宜，按照“一城一策”要求，认真抓好贯彻落实，进一步规范房地产市场秩序，促进房地产市场平稳健康发展。

三、土地市场

2019 年土拍市场跌宕起伏，土地成交总面积达近 4 年新高，环比上涨 33.9%。尤其是在下半年，优质地块集中供应刺激土地市场热度明显提升，城东、城南板块土拍热情高涨，溢价率快速上扬。至第四季度再次迎来地块集中出让，掀起土拍高潮。

四、房企布局

2019 年，在“房住不炒”的总基调下，房地产行业总体稳中趋缓，即便不少房企迫于楼市环境下行的压力，放缓投资节奏，但从外来房企入盐拿地的情况来看，品牌开发商依旧积极抢滩盐城市场，而且不少房企都在加速新地块的开发。

五、房产行业发展历程

近几年，盐城市房地产业一直稳步前行，并积极带动相关产业的发展。2016 年下半年至 2017 年上半年楼市火热，买房靠抢，但随着政策调控步入“深水区”以及市场需求过度透支，下半年市场逐渐降温。2018 年，在中央宏观调控不放松，租售同权、房地产税、贷款政策向严的大背景下，盐城大交通構建、产业建设、城镇化进程加速、棚改工程推进等利好不断，但房价高位运行，观望情绪渐浓。2019 年，在“房住不炒”的总基调下，在各种城市经济建设的基础上，土拍不断，房地产行业稳中求进。

城市年度市场解读

一、年度土地供应

2019 年盐城市区居住用地供应 188 万平方米，建面 475 万平方米，环比上升 95%。

二、年度土地成交

2019 年盐城市区居住用地成交 176 万平方米，建面 472 万平方米，环比上升 90%，平均楼面价 2665 元 / 平方米，环比下降 19%。

三、年度住宅供应

2019 年盐城市区商品住宅供应 298 万平方米，环比下降 25%。

四、年度住宅成交

据研究机构数据，2019 年累计成交 293 万平方米，环比下降 4%；成交均价 10335 元 / 平方米，环比上涨 5%；成交总金额 303 亿元，环比持平。

五、年度住宅存量

库存方面，据研究机构数据，截至 12 月底，盐城市区商品住宅可售存量 312 万平方米，去化周期 12.1 个月（按近 3 个月月均去化量计算）。市区可售存量比 2018 年增加 5%，增幅较小，目前市场以去库存为主。

六、区域成交表现

城南继续一马当先，量价并进，均居全市首位，均价达到 12400 元 / 平方米；第二位为河东，成交量突破 70 万平方米；其他板块成交量相当，在 30 万平方米左右。

七、成交结构表现

2019 年成交面积段中，120~130 平方米占比 21.5%，110~120 平方米占比 20.7%，100~110 平方米占比 14.9%，100~130 平方米合计占比 57.1%。

与 2018 年成交结构相比，110 平方米以下减少 6.9%，110~130 平方米增长 5.7%，130 平方米以上增长 1.3%。

八、成交项目排行

2019 年销量最大的是红星爱琴海，10.7 万平方米；销售金额最高的是中海万锦公馆，为 11.1 亿元。

九、成交房企排行

本地房企通银集团荣获销售面积、套数、金额三项第一；销售面积排在第二名的是碧桂园，成交面积 21.8 万平方米；第三名是中梁，成交面积 17.1 万平方米。

销售金额第二名为碧桂园，总销额 22.8 亿元；第三名是中海，总销额 20.1 亿元。

十、商业、公寓及办公

商业成交 3196 套，成交面积 26.74 万平方米；办公、公寓约售出 2028 套，成交面积 21.64 万平方米。

十一、年度房价走势分析

2019 年全年供求平稳，月度供求比围绕 1.0 小幅波动，全年供求比 1.02，成交均价围绕 10300 元 / 平方米小幅波动，市场整体运行平稳谨慎。

十二、热点板块分析

城南、河东依然是购房热点板块，合计成交量占全市 52%，但河东表现弱于 2018 年，是 2019 年唯一出现价格负增长的板块；城中、高新区成交量涨幅最大；城中、城北价格涨幅最大。

十三、市场预期

从 2019 年整体市场表现来看，量价趋于平稳，短期较难出现较大幅度变化。年末诸多利好兑现，高架三期通车、高铁站投入运营、徐宿淮盐高铁开通，2020 年盐通高铁即将通车，盐城融入上海“一小时经济圈”。如果说 2019 年盐城楼市是扎实的筑基之年，那么，2020 年楼市或是新的开拓之年。

数据来源：盐城市住房和城乡建设局、同步市场研究中心。

2019年盐城房地产在售楼盘概览

楼盘名称	城市名称	城区	地址	物业类型
月湖花城	盐城	盐渎	盐渎区世纪大道与盐马路交会处	别墅
金庭苑	盐城	盐渎	盐渎区西环路东进路口	别墅
悦达·悦珑湾	盐城	盐渎	盐渎区开放大道与东进路交会处（悦达总部北侧）	普通住宅
中江嘉城	盐城	盐渎	盐渎区开放大道13号（青年路与开放大道交会处）	普通住宅
豪德广场	盐城	盐渎	盐渎区青年东路57号（青年东路与文港路交叉口）	酒店式公寓、商铺
国园壹城	盐城	盐渎	盐渎区建军东路与范公路交会处向南50米（火车站路西）	普通住宅
中海天钻	盐城	盐渎	盐渎区戴庄路东、利民河北	普通住宅
中南世纪城佳期漫	盐城	城南新区	城南新区解放南路288号	普通住宅、公寓、写字楼、商铺
锦盛豪庭·南郡	盐城	城南新区	城南新区海阔路与戴庄路交会处	普通住宅、公寓、商铺
锦城丽景	盐城	城南新区	城南新区盐渎路与职教园景观大道交会处	普通住宅、商铺
龙泊湾	盐城	城南新区	城南新区人民路与聚亭路交会处	普通住宅、商铺
凤凰文化广场	盐城	城南新区	城南新区解放南路245号	普通住宅、写字楼、商铺、建筑综合体
金融城	盐城	城南新区	城南新区世纪大道人民路口	普通住宅、写字楼
凤凰汇·紫园	盐城	城南新区	城南新区戴庄路与新都路交会处（紫薇花园东园南侧）	普通住宅、别墅、商住
日月星城	盐城	城南新区	城南新区解放南路与盐渎路交会处向西800米	普通住宅
荣悦华府	盐城	城南新区	城南新区南环路与康居路交会处	普通住宅、商铺
晶都悦府	盐城	城南新区	城南新区戴庄路23号（植物园东侧）	普通住宅、别墅、商铺
通银·天御	盐城	城南新区	城南新区蓝海路与串场河交会处（敬贤路实验学校东北侧）	普通住宅、别墅
兴邦·中央公园	盐城	城南新区	城南新区康居路与蓝海路交会处	普通住宅
碧桂园·天境	盐城	城南新区	城南新区开放大道与东进路交会处（盐渎公园东）	普通住宅、商铺
通达·国宾府	盐城	城南新区	城南新区城南阅海路北、康居路东侧	普通住宅、别墅
万科悦达·翡翠云台	盐城	城南新区	城南新区胜利路与南环路交界处	普通住宅、商铺、商住
世茂璀璨星河	盐城	城南新区	城南新区学海路与八营路交会处	普通住宅、别墅、商铺

楼盘名称	城市名称	城区	地址	物业类型
通银·云璟	盐城	城南新区	城南新区解放南路与南港路交会处	普通住宅、商铺
中海·万锦公馆	盐城	城南新区	城南新区康居路与学海路交会处	普通住宅、商铺
太和名苑	盐城	河东	河东区黄海东路北与希望大道（待延伸）东交会处	普通住宅、商铺
盐城涌鑫中心	盐城	河东	河东区新都东路31号	写字楼
绿地·滨湖城	盐城	河东	河东区环保大道与经六路交会处	普通住宅、别墅、共有产权房
伯乐达城市御墅	盐城	河东	河东区建军东路与希望大道交会处	普通住宅、别墅、商铺
悦达·十里香溪	盐城	河东	河东区世纪大道与嵩山路交叉口	普通住宅、别墅
城东一号	盐城	河东	河东区希望大道与新都路交会处	普通住宅、公寓、商铺
馥桂名居	盐城	河东	河东区世纪大道东路69号（市三小对面	普通住宅、商铺
力拓悦城	盐城	河东	河东区亭湖大道与南机场路交会处	普通住宅、写字楼、商住
梧桐墅	盐城	河东	河东区天山路5号	普通住宅
碧桂园·天玺	盐城	河东	河东区新河路与长亭路交会处（亭湖区政府西500米）	普通住宅、别墅、商铺
京师·学院山	盐城	河东	河东区新都路与东环路交界处	普通住宅、商住
荣润·麒麟府	盐城	河东	河东区亭湖医院东、景山中学西	普通住宅、别墅、商铺
德惠尚书房·锦苑	盐城	河东	河东区青年东路北侧，经五路东侧（景山中学与解放路小学之间）	普通住宅、酒店式公寓
盐城创客城	盐城	河东	河东区世纪大道东路27号	商铺
保利·紫荆公馆	盐城	河东	河东区青年东路与跃进路交会处（景山中学斜对面）	普通住宅
恒大·悦澜湾	盐城	河东	河东区纬二路北、跃进路东（景山中学东南侧）	普通住宅
碧桂园·世纪云谷	盐城	河东	河东区世纪大道与东环路交会处（在建妇幼保健院西侧）	普通住宅、商铺
中南·熙悦	盐城	河东	河东区月樹路与洪湖路交会处	普通住宅
保利·罗兰春天	盐城	河东	河东区盐城·亭湖·解放路小学旁（文射路与洪湖路交会处）	普通住宅、商铺
盐海琥珀湾	盐城	河东	河东区建军东路与长亭路交会处（中国银行向北约500米）	普通住宅、商铺
万科悦达·翡翠国际	盐城	河东	河东区青年东路与泰山中路交会处	普通住宅

楼盘名称	城市名称	城区	地址	物业类型
中梁 · 首府壹号	盐城	河东	河东区建军路与天山路交会处北 100 米（在水一方家园旁）	普通住宅
城东宝龙广场	盐城	河东	河东区松江路与五台山路交会处	普通住宅
中韩（盐城）悦达汽车智创园	盐城	河东	河东区新都东路 29 号（黄山路向南 200 米）	别墅
中船 · 翠湖名邸	盐城	河东	河东区黄山路与清溪路交会处（东亭湖公园东侧）	普通住宅
丰盛 · 名望府	盐城	城西南	城西南区蓝海路与开创路交会处	普通住宅、别墅
御景湾	盐城	城西南	城西南区神州路与纬九路交界处	普通住宅
钱江绿洲	盐城	城西南	城西南区开创路与纬十四路交会处（润都公园南）	普通住宅、商铺
盛世明都	盐城	城西南	城西南区神州路与纬九路交界处	普通住宅、商住
创元金域华府	盐城	城西南	城西南区新创路 2 号	普通住宅、别墅、酒店式公寓、商铺
怡和园 · 幸福里	盐城	城西南	城西南区开创路 88 号（润都公园对面，开创路与海洋路交会处东南角）	普通住宅、酒店式公寓、商铺、建筑综合体
悦达 · 西郊庄园	盐城	城西南	城西南区西高速出口，大马沟生态公园西侧	别墅
碧桂园凤凰城	盐城	城西南	城西南区开创路与海阔路交会处	普通住宅、别墅、商铺
南国裕墅	盐城	城西南	城西南区神州路 156 号	别墅、商铺
新城吾悦广场	盐城	城西南	城西南区开创路与海洋路交会处	普通住宅、商业
观棠府	盐城	城西南	城西南区盐枕路与厚德路交会处（丽都公园旁）	普通住宅
中鹰 · 黑森林花园	盐城	城西南	城西南区西环路与开元路的交会处	普通住宅
同曦鸣城	盐城	城中	城中区剧场路 19 号	酒店式公寓、商铺、建筑综合体
集云 · 文泽府邸	盐城	城中	城中区人民路与黄海路交界处（原老工学院地块）	酒店式公寓、商铺、建筑综合体
万泰时代城	盐城	城中	城中区开放大道与黄海路交界处	普通住宅
杰仕豪庭铂公馆	盐城	城中	城中区沿河中路（建军路金鹰广场南侧）	普通住宅、公寓、酒店式公寓
紫御府	盐城	城中	城中区建军路新世界百货、大润发超市、先锋岛斜对面	商铺

楼盘名称	城市名称	城区	地址	物业类型
东辰大厦	盐城	城中	城中区建军路与范公路交会处（新四军纪念馆东侧）	公寓、写字楼、酒店式公寓
城投凤凰汇 · 天辰府	盐城	城中	城中区青年路与人民路交会处（盐渎公园北门对面）	普通住宅、商铺、商住
通银 · 天璟	盐城	城中	城中区腾飞路与体西路交会处	普通住宅、商铺
中庚 · 香城云开	盐城	城中	城中区人民路与海纯路交会处向东 200 米	普通住宅、商铺
朗达壹号院	盐城	城西	城西区青年西路 118 号	普通住宅、别墅
港湾明珠	盐城	城西	城西区新洋港大道南侧、东仓路西	普通住宅、政策房
大公馆	盐城	城西	城西区西环路与腾飞路交界处	普通住宅、酒店式公寓、商铺
通银 · 森林公馆	盐城	城西	城西区宝兴路与青年路交界处	别墅
荷塘月色	盐城	城西	城西区振兴路 88 号	别墅
振兴嘉园	盐城	城西	城西区振兴路东（张庄派出所对面）	普通住宅
港湾明珠北苑	盐城	城西	城西区西环路盐兴路交会处北侧	普通住宅、商铺
悦隽时代	盐城	城西	城西区青年西路 88 号	普通住宅、公寓、别墅、商铺
石榴 · 盐渎院子	盐城	城西	城西区东进路与宝兴路交会处	普通住宅
中梁 · 盐督府	盐城	城西	城西区青年路与经二路交会处向南 800 米	普通住宅、商铺
通银 · 森林红郡	盐城	城西	城西区青年路高架与宝兴路交会处	普通住宅、商铺
金辉 · 优步花苑	盐城	城西	城西区青年路与华锐路交会处（向南约 1000 米）	普通住宅
奥园公园悦府	盐城	城西	城西区凤凰南路与世纪大道交会处	普通住宅
星河晨光	盐城	城北	城北区开放大道 159 号	普通住宅、商铺
申鑫名城	盐城	城北	城北区新洋经济区境内（开发大道西侧、新洋路北侧）	普通住宅、商铺、商住
嘉业上郡	盐城	城北	城北区北环路与绿城路交会处	普通住宅
德惠 · 尚书府	盐城	城北	城北区新风路南、兴城路西（新洋第二实验学校北侧）	普通住宅、酒店式公寓
通银 · 红堡庄园	盐城	城北	城北区北环路与兴城路交会处东侧（新洋路实验学校对面）	普通住宅、商铺
爱琴海国际广场	盐城	城北	城北区开放大道与北环路交界处	普通住宅、商铺、建筑综合体

中海天钻

2019年 中国城市楼盘年鉴 典型项目

盐城　区域热盘　口碑项目　城市地标

中海天钻位于世纪大道与戴庄路交界处，由中海宏洋地产（盐城）有限公司开发，建筑面积 142907 平方米，占地面积 51781 平方米。

项目地址：
盐城市城南新区世纪大道与戴庄路交界处

开发商：
中海宏洋地产（盐城）有限公司

建筑类型：
小高层

主力户型：
145 平方米三居、186 平方米三居

周边配套：
聚龙湖商业圈、串场河小学、盐城中学

参考价格：
均价 25000 元 / 平方米

楼盘优势：
处于盐城城南新区的盐渎板块，周边相邻聚龙湖商业区、金鹰购物中心、欧洲风情街、盐渎明城、串场河小学、盐城中学。

专家点评

郑玲玲·乐居盐城站主编

中海天钻位于盐城新兴城区城南的核心区位，坐拥聚龙湖商圈、水街串场河风光带等成熟配套资源，更汇聚高品质教育体系，自配万平商业街，以现代之形复写东方之意的新中式大宅，刷新盐城高端人居标准。

项目解析

【区域维度】

项目处于盐城城南新区的盐渎板块，具体坐落于世纪大道与戴庄路交界处的东北地块，坐拥不可复制的土地资源。项目紧邻串场河小学、盐城中学，双学府环伺，学风氛围浓郁。

项目毗邻金融城、宝龙城市广场、水街等醇熟配套；坐拥盐通沪高铁（建设中），生活从容便捷。

城南新区是盐城市行政中心所在地，按照政府总体规划要求，区域未来将成为拥有100万人口的新兴城区，并成为盐城市新兴的集行政、文化、教育、商业、居住于一体的重点板块。

【品牌维度】

中海地产是中国内地较早从事房地产开发的企业之一。40年风雨兼程，7253亿港元总资产，超过70个业务覆盖城市，逾600个精品住宅，超700个在管物业，42栋甲级写字楼，13家购物中心，12家星级酒店，共同见证了中海的成长历程。

40年来，中海研发推出五代住宅精品，在内地、港澳、纽约、悉尼、新加坡累计开发项目600余个，完成开发建造面积超1.5亿平方米。

【口碑维度】

项目总占地面积约51781平方米，总建筑面积约142907平方米，容积率2.0，建筑密度约为25%，绿化率38%，项目总住户约550户。中海天钻是目前盐城市少有的低密度高尚社区，通过科学的楼座排布，给业主提供更大的绿地空间，让业主的生活更加舒适。共建12栋高层、5栋商业、1栋幼儿园，小区空间采用西低东高，南北纵轴与东西横轴相互交错的方式，结合组团的景观绿化，使得小区空间刚柔相济，丰富多彩。

除此之外，天钻荣获“二星级绿色建筑设计标识证书”，这是天钻注重产品品质、贯彻环保住宅开发理念的表现，更是中海地产积极履行社会责任的体现。

【产品维度】

作为天钻系豪宅的进阶作品，项目楼栋均处于园区轴心位置；站在城市中轴之上，占据上佳景观优势，360°环景，一整条景观中轴贯穿，每扇窗都能感受到浓郁的自然风光。同时，针对不同家庭结构，创作四大户型，分别为适合一家三口生活的145平方米和165平方米户型、适合二孩家庭的186平方米户型和三代同堂也不拥挤的215平方米户型，让城市资源分配者，依据自身及家庭成员所需，选择更为适宜的居住方式。

项目近享盐渎、聚龙湖两大公园，取法新中式景观园林美学，六进礼制中轴之上，打造比肩皇家园林的私人庭院；全冠移植价值200万元的日本黑松，营造充满仪式感的尊贵体验。高端物业标准，英式管家服务体系，为业主定制专属尊享服务。

【销售维度】

案场数据显示，早在2018年，天钻即成就了开盘成交额2亿元的惊人成绩。随后，返乡潮来临，不少在各大城市打拼的盐城游子，在见识过大城市的优质项目之后，也被中海天钻的品质所吸引，促成了项目日销8套的佳绩。

在2019年上半年，中海天钻在盐城的关注度依然不减，每月持续稳健地增加新业主。据有关房产部门备案数据，中海天钻成为2019年上半年盐城300万元以上总价房源销售金额第一名。

更多楼盘详情请扫码查看

2019 年扬州房地产市场总结

行业发展历程

一、城市概述

扬州为江苏省地级市，是长江经济带重要组成部分、南京都市圈成员城市和长三角城市群城市。截至 2018 年，全市常住人口 453.1 万人，城镇化率 66.05%，历史悠久，文化底蕴深厚。

扬州位于江苏省中部、长江与京杭大运河交汇处，有“淮左名都，竹西佳处”之称，又有着“中国运河第一城”的美誉。扬州下辖邗江区、广陵区、江都区三个市辖区和宝应县，代管高邮、仪征两个县级市。

二、行业现状

近两年来，扬州土地供应量加大、地价攀升，直接导致限价盘的绝迹和新房价格的连续上涨，改善盘已占据市场主流。然而，前两年的火爆市场提前透支了大批购买力，且缺乏大规模棚改拆迁的支持，目前扬州房地产市场观望情绪浓厚，不少新盘已经陷入去化难题，竞品楼盘之间竞争加大。

三、政策环境

在“房住不炒”的核心理念之下，2019 年扬州楼市平稳推进，并未发布重磅政策调控楼市，仅在下半年对公积金使用政策做了略微调整。公积金政策的调整在一定程度上刺激了部分人群的购房欲望，对刚需来说，也是一个不容忽视的利好。但公积金限额提高，并不能明显带动市场成交，楼市下行趋势下，大多数人依然选择观望。

四、土地市场

2019 年第一、第二季度，扬州主城几乎没有大规模土地供应，只有零散涉宅地块挂牌上市。进入第三、第四季度，土地市场供应量明显加大，尤其是年底，一周内就有 42 幅地块集中上市等待拍卖，但多数地块因位置欠佳并未掀起太大水花，略显平淡。

五、房企布局

从近年扬州土拍、各大房企土地储备来看，部分开发商布局战略有所调整。上半年，碧桂园结束“农村包围城市”政策，正式进入主城拿地独立开发；下半年，扬州本土老牌房企新能源崛起，连夺三块地，重新杀回新房市场。与此同时，龙湖、远洋也首次进入扬州，分别在东南片区、广陵产业园布局，引发市场关注。

六、房产行业发展历程

与其他三、四线城市相比，扬州房地产业起步较晚。2017 年之前，扬州新房市场长期处于冷淡状态，即便是主城发展较为成熟的西区，新房均价也只有逾 8000 元 / 平方米，市民普遍缺乏房产投资意识，对房地产市场缺乏关注。2017 年后，在“去库存”背景下，扬州大力推行棚改政策，地价不断刷新，外地投资客涌入，大大刺激了扬州市民，为当地房地产行业的发展提供了市场基础。

城市年度市场解读

一、本地新政

2019 年 9 月底，市住房公积金管理中心发布通知，将扬州住房公积金贷款最高限额从 35 万元恢复至 50 万元，将住房公积金贷款还贷能力系数由目前的 0.3 上调为 0.5。12 月中旬，扬州再次发布公积金新政，可逐月提取住房公积金偿还商业性个人住房贷款，目前扬州已有 6 家银行跟进。

二、年度土地成交

2019 年，扬州市区一级土地市场共成交 53 宗国有建设用地，其中市区范围内（不含乡镇）成交涉宅地块共 24 宗，成交总金额 183.44 亿元，出让面积约 255.01 万平方米，环比去年下降 27.7%。

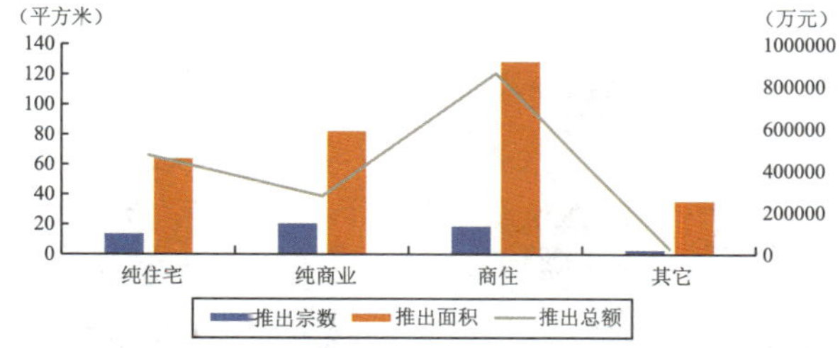

图 2-52　2019 年扬州土地市场成交情况

三、年度住宅供应

据金刚石数据，2019 年，扬州住宅供应量为 14949 套，总供应面积约 178 万平方米，与 2018 年相比，分别下降了 48.7% 和 47.8%。

图 2-53　2019 年扬州各月份供应套数及供应面积

1~9 月，扬州新房市场基本处于供不应求的局面，上半年 2 月、3 月和下半年 8 月、9 月供应套数均处于较低水平。而进入 10 月，扬州多家纯新盘入市，供应量大幅上升，扭转了供需关系，扬州楼市开始进入供大于求的阶段。

四、年度住宅成交

金刚石数据显示，2019 年，扬州市区商品住宅共成交 23531 套，总面积约 277 万平方米，但该数据并未统计现房销售楼盘，存在一定误差。综合汇扬同策数据来看，2019 年扬州市区商品住宅累计成交 300.41 万平方米（含现房销售），同比下降 4.3%。

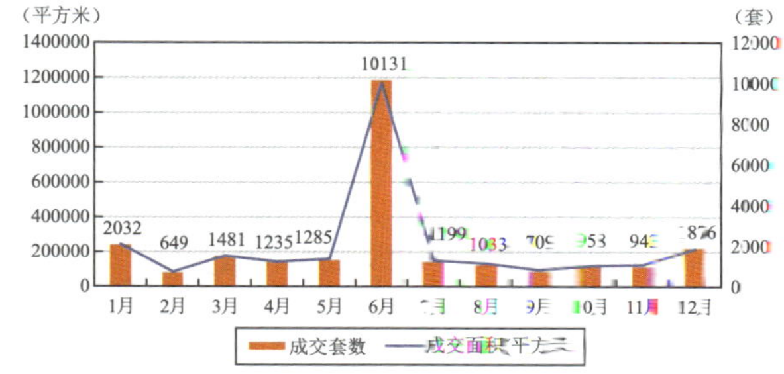

图 2-54　2019 年扬州各月份成交套数及成交面积

总体来看，2019 年扬州新房市场成交还算平稳，单月成交量基本稳定在 1000~1200 套左右。值得注意的是 6 月，成交量一下从 1200 多套上升至 10000 多套，远超出平均值。

五、年度住宅存量

库存方面，金刚石数据显示，目前全扬州新建商品住宅库存 7034 套，较年初的 15616 套有所下降。

按近 6 个月平均成交量计算，当前全市商品住宅出清周期约为 5.87 个月，较 2018 年末有所拉长。

六、区域成交表现

从各区成交量来看，东区、西区仍为主力，成交量占全市的 65%。东区成交量最大，约占全市的 33%；其次是西区和北区，占比分别约为 32%、25%，其中广陵新城、东南片区、西区新城、甘泉、槐泗等板块之表现不俗，新房市场热度较高。

与2018年同期相比，东区、西区、北区成交量均有大幅度下滑，唯独南区成交量猛增，环比上涨54.59%，综合分析原因，可能与禹洲嘉誉风华、万科未来之光、九龙湾树人园等限价刚需盘的热销有关。

七、成交结构表现

以面积划分，2019年扬州新房市场的主力成交面积段以120~144平方米的改善型为主，总成交量达5860套，占比37.9%；其次是90~120平方米的刚改类房源，总成交量5658套，占比36.6%；144平方米以上的终极改善型产品占比有所上升，占比13.6%；占比最少的是90平方米以下的纯刚需户型，仅有11.9%。扬州新房市场已进入改善时代。

八、成交项目排行

2019年，扬州商品住宅销售金额TOP20项目合计销售252.7亿元，同比下降9.3%，TOP20门槛值为6.8亿元，排行榜前十位的项目销售金额均超10亿元。其中江都区晟地润园以37.3亿元荣获项目销售榜第一名；第二名为江都区金鹰新城市中心，销售金额27.4亿元；老城区天瑞府以16.5亿元位居第三名。

住宅销售面积榜上，TOP20项目合计销售面积为209.3万平方米，同比上涨1.1%，排行榜前三位项目销售面积均超过10万平方米。其中，江都区晟地润园凭借43.5万平方米的成绩荣登项目销售面积榜榜首；江都区金鹰新城市中心以29.9万平方米位列榜单第二名；江都区荷塘月色成交12万平方米，位列第三名。

2019年，扬州商品住宅销售套数TOP20项目合计销售18026套，同比下跌2%。其中，江都区晟地润园项目以3849套位列项目销售套数排行榜首位，表现突出；江都区金鹰新城市中心以2518套位居第二名；江都区荷塘月色销售1082套，位居第三名。

九、成交房企排行

2019年，扬州房地产销售业绩TOP20企业合计销售274.6亿元，销售面积TOP20企业合计销售226万平方米。

其中，晟地集团凭借突出成绩，以37.3亿元、43.5万平方米的销售业绩蝉联销售金额、销售面积双榜冠军；佳源集团以30.6亿元、21.2万平方米位居销售金额榜单第二名、销售面积榜单第三名；金鹰国际集团以37.4亿元、29.9万平方米位居销售金额榜单第三名、销售面积榜单第二名。

十、商业、公寓及办公

润扬同策及金刚石数据显示，2019年，扬州商业市场供应10.5万平方米，成交4.6万平方米，成交价为14125元/平方米。相比2018年，今年扬州商业市场供销规模萎缩明显。

公寓方面，2019年共计成交1009套产品，成交面积7.8万平方米，总成交额10.1亿元。在所有板块中，东区、西区、北区公寓分别以554套、371套、65套的成交量占据前三名。

十一、年度房价走势分析

2019年，扬州新房整体成交均价约12408元/平方米。从各月份数据来看，整体房价呈平稳上涨趋势。

根据国家统计局公布的2019年1~11月《70个大中城市商品住宅销售价格变动情况》，扬州全年房价环比均有不同程度上涨，其中，1月、7月、8月、9月房价涨幅均超过了1个百分点，其余月份涨幅也都在0.4%以上。

十二、热点板块分析

东区、西区仍是关注度最高的区域。作为扬州楼市供货主力军，2019 年东区、西区商品住宅供应总量 8747 套，占比 58.5%，总成交量达 9198 套，占比达 57.2%。

从单个项目的销售成绩来看，东区、西区楼盘包揽了成交金额榜的前五名，分别为：东区天瑞府、西区万达西区 CLASS、东区 SM 水岸云庭、东区佳源珑境、西区恒大华府。截至 2020 年初，SM 水岸云庭、恒大华府已全部清盘，佳源珑境也只剩下少量尾盘在售，区域热度可见一斑。

此外，北区 2019 年的表现也颇为抢眼，区域内凤凰水岸花苑、瘦西湖花园、奥园观湖尚居、侨城里等多个项目都是新房市场上的热销楼盘，每次开盘加推都会引起买房人的强烈关注。

十三、未来展望

在“房住不炒”基调和“三稳”背景下，2020 年扬州的“三年限售”政策预计不会提档升级，但亦暂时不会放开。限价政策方面，同样不会放开，受土地价格走高、改善盘陆续上市等因素影响，主城新房价格仍将处于稳定上涨通道，下跌可能性不大。但不排除个别楼盘出于快速去化考虑，会推出较大幅度的优惠活动。

十四、市场预期

土地方面，由于 2019 年底扬州主城供地规模较大，且多数地块均为底价成交，热度有所降低。预计 2020 年上半年不会有大规模土地挂牌入市，下半年将依据供地计划进行集中出让，位置、配套俱佳地块的成交楼面价破 8000 元 / 平方米问题不大，但主城边缘地块底价成交的可能性仍然很大。

供应方面，绝大多数 2019 年下半年拿地的项目都将入市，改善类房源仍是市场主力。受地价及二市区域因素影响，限价刚需房源占比将持续压缩，主城置业门槛进一步抬高。

成交层面，均价 13000 元 / 平方米左右的限价盘销售几乎不成问题，但各改善楼盘之间竞争则会加剧，库存量或将增加，销售压力加大，个别楼盘可能会面临严重的去化难题。

数据来源：金刚石、润扬同策数据，主乐居统计。

2019年扬州房地产在售楼盘概览

楼盘名称	城市名称	城区	地址	物业类型
恒大翡翠华庭	扬州	广陵区	广陵区运河东路与安林路交会处	普通住宅、公寓
天瑞府	扬州	广陵区	广陵区渡江南路与江阳路交会处（原亚星客车厂）	普通住宅
碧桂园陵江府	扬州	广陵区	广陵区江都南路与七里河路交会处	普通住宅、商业
佳源桂府	扬州	广陵区	广陵区运河北路与安康路交会处	普通住宅
宏云东悦府	扬州	广陵区	广陵区开发东路与秦邮路交会处	普通住宅、商铺
佳源珑境	扬州	广陵区	广陵区健民路与福康路交会处（城庆广场南）	普通住宅、商铺
德辉天玺湾	扬州	广陵区	广陵区临江路与鼎兴路交会处	普通住宅
三金广陵铭著	扬州	广陵区	广陵区人民路与朱家河交会处	普通住宅
万科时代风华	扬州	广陵区	广陵区万福路与京杭北路交会处	普通住宅
恒大悦珑湾	扬州	邗江区	邗江区洛家西路与芳甸路交会处	普通住宅、别墅、商业
凤凰水岸花苑	扬州	邗江区	邗江区凤凰桥街1号	普通住宅
蜀冈金地	扬州	邗江区	邗江区邗江北路与蜀冈西路交会处	普通住宅
万科时代之光	扬州	邗江区	邗江区树人高中正北侧	普通住宅
佳源玖珑湾	扬州	邗江区	邗江区兴城西路与国展路交会处东南角（西郡188南）	普通住宅、商业
中海华樾	扬州	邗江区	邗江区邗江路与开发路交会处（万达斜对面）	普通住宅
瘦西湖花园	扬州	邗江区	邗江区瘦西湖路与江平东路交界处(梅岭小学花都汇校区北侧）	普通住宅、商业
绿地健康城	扬州	邗江区	邗江区真州北路与体育公园路交会处	普通住宅、商业
侨城里	扬州	邗江区	邗江区东至瘦西湖路、南至学士路、北至启扬高速	普通住宅、商业
美的禹洲国宾府	扬州	邗江区	邗江区江阳路与邗江路交会处向南100米	普通住宅

楼盘名称	城市名称	城区	地址	物业类型
天山国宾壹号	扬州	邗江区	邗江区扬子江北路与甘泉大道交会处向西1500米	普通住宅、商业
万达·西区CLASS	扬州	邗江区	邗江区润蜀路西侧、平山堂西路两侧	普通住宅、商业
星地雅苑	扬州	邗江区	邗江区扬州市邗江区开发西路188号	普通住宅、商业
万科第五园	扬州	邗江区	邗江区瘦西湖景区扬子江北路与鉴真路交会处	别墅
九龙湾树人园	扬州	邗江区	邗江区扬子江路与毓秀路交会处西南角	普通住宅
宝能睿城	扬州	邗江区	邗江区扬子江北路汽车城向北500米（创智湖畔）	普通住宅
佳源西峰玖墅	扬州	邗江区	邗江区邗江北路与台扬路交会处（蜀冈生态体育公园北侧）	普通住宅、别墅
瘦西湖院子	扬州	邗江区	邗江区扬子江路与念四桥路交会处(瘦西湖西门对面）	普通住宅、别墅、商业
中信泰富锦园	扬州	邗江区	邗江区扬子江南路与吴州西路交会处	普通住宅、别墅
芳甸	扬州	邗江区	邗江区扬州市润扬南路888号（润扬湿地森林公园内）	别墅
禹洲扬子嘉誉风华	扬州	邗江区	邗江区扬子江南路树人学校北侧	普通住宅、公寓
恒大御湖郡	扬州	江都区	江都区大桥镇大宜南路66号	普通住宅、商业
金奥文昌公馆	扬州	江都区	江都区文昌东路999号	普通住宅
恒大桃源天境	扬州	仪征市	仪征市红旗路与东园路交会处	普通住宅
园博村桃李春风	扬州	仪征市	仪征市汉金大道与天池路交会处（省博园北侧）	别墅
绿地城际空间站	扬州	仪征市	仪征市天宁大道与解放东路交会处东北角	普通住宅、商业
绿地万和城	扬州	高邮市	高邮市兴欣路与关河西路交会处	普通住宅
万科美的翡翠云台	扬州	高邮市	高邮市通湖路与东园路交会处	普通住宅、商业
金奥金帆中心	扬州	高邮市	高邮市海潮东路与G233交会处	普通住宅、商业

中信泰富锦园

- 2019年 -
中国房地产年鉴
典型项目

扬州 | 南区新城 | 低密社区 | 口碑项目

中信泰富锦园由中信泰富地产打造，位于扬州南区新城扬子江南路与吴州西路交会处，占地面积约 307700 平方米，建筑面积约 470000 平方米，容积率约 1.1。

项目地址：
扬州市扬子江南路与吴州西路交会处

开发商：
美锦（扬州）置业有限公司

建筑类型：
洋房、别墅

主力户型：
171~187 平方米叠墅、275~372 平方米双拼

周边配套：
三湾湿地公园、扬子津古渡公园、南部体育公园

参考价格：
叠墅总价 340 万元 / 套起、双拼总价 750 万元 / 套起

楼盘优势：
中信泰富锦园由中信泰富地产匠心打造，位于扬州南区新城，周边公园环绕，景观资源密集，是主城区少见的低密度、高品质别墅社区。

专家点评

李汇丰·南大文化传媒房产研究中心主任

高端住宅和居住价值命题这几年非常流行，纵观国内外各大豪宅，自然资源愈发受到重视，既有城市的便捷又兼具自然的柔软，因此被无数高端人士追逐。单从这一点来看，中信泰富锦园就有可圈可点之处，该项目为扬州高端住宅的典型之作。

项目解析

【区域维度】

中信泰富锦园位于扬州南区新城核心区域，区域内有多条城市主干道、快速路、国道及高速通过，可快速通达主城各区域及周边城市，交通发达，出行便捷。

楼盘生态环境优越、配套成熟，被三湾湿地公园、南部体育公园、扬子津生态中心等多个公园环绕，南侧就是即将开业的新城时代商业广场、即将启动建设的玖龙湖医养健康城，既远离闹市的喧嚣，又不乏基本的生活配套。

作为扬州官方重点发展区域，近年来南区的商业、医疗、教育、公园配套不断完善，各项利好陆续落地，区域的生态水平和居住环境进一步提高，“科教人文”定位也愈发显著。

【品牌维度】

中信泰富地产以中信泰富总部的实力为依托，凭借雄厚的资金保障与强大的资源整合能力，以“中信泰富（中国）投资有限公司”为平台统一管理中信泰富在中国内地的房地产开发业务。经历多年发展和不懈努力，立足上海、辐射全国，致力于为客户提供物超所值的产品和服务，创造超越建筑本身的理想生活方式。除地产开发之外，中信泰富地产还着力发展商业资产运营与物业管理服务，并不断吸收先进的运营及管理理念，力争将地产开发、商业运营和物业管理做到专业和一流。

【口碑维度】

自进入扬州以来，中信泰富地产先后开发了锦苑、嘉境等多个热销楼盘，长期坚持打造品质住宅，收获了扬州人的一致好评。2017年，中信泰富强势进驻扬州南区，匠心打造扬州少有的低密度人居别墅项目锦园，空间尺度奢侈，社区景观别致，用料选材讲究，一亮相便深受扬州高端圈层青睐，关注度非常高。

【产品维度】

中信泰富锦园分五期开发，仅规划了双拼别墅、联排别墅、叠加别墅、洋房产品，容积率低至1.10。楼盘东临古运河，是扬州难得一见的大型低密度别墅社区。

项目遵从土地自然走势，根据三面环水的原生环境，利用多层次水系滨水生态湿地公园，打造五重景观四季美景；社区内景观设计所占比例，可支撑锦园自成一座生机盎然的扬州园林。

公开两年多来，中信泰富锦园精研匠心，细细打磨居住体验，从一期联排到四期洋房、叠墅，多个产品户型都十分优质，显示出了豪门阔府的大格局和非凡气度，赢得了众多高净值人群的关注和喜爱。

中信泰富锦园自带中信书吧、室内恒温泳池、高端会所等多项内部配套，楼盘融合现代建设技艺，配备五重智能安防系统，为业主生活保驾护航。

2019年10月，中信泰富锦园正式加盟金钥匙国际联盟，在原有的高品质服务上引入更多国际化理念，致力于构建更贴合圈层的高端人居享受。

【销售维度】

公开两年多来，中信泰富锦园一直是扬州买房相争的大热红盘。项目规划的1000套洋房房源一年内全部售罄。2019年三月，项目叠墅首次开盘，截至2019年底已火爆销售120套，成为扬州高端别墅项目中的爆款。扬州房管局数据显示，项目首开至今累计销售额已达20.7亿元。

更多楼盘详情请扫码查看

江西省

2019 年南昌房地产市场总结

行业发展历程

一、城市概述

南昌是江西省会，全省政治、经济、文化中心。截至 2018 年，全市常住人口 555.86 万人，城镇人口 411.64 万人，城镇化率 74.1%。

南昌地处江西中部偏北，赣江、抚河下游，濒邻我国第一大淡水湖鄱阳湖西南岸。东连余干、东乡，南接临川、丰城，西靠高安、奉新、靖安，北与永修、都昌、鄱阳三县共鄱阳湖，南北最大纵距约 121 公里，东西最大横距约 108 公里，总面积约 7402 平方公里。

二、行业现状

综观南昌房地产市场，2019 年楼市从年初的“小阳春”到下半年的急转直下，两极分化历年少见，楼盘去化压力大。但是仍然可以看到，整个楼市个盘分化明显，品牌强、地段优、产品好的房子备受追捧。而不具备优势的楼盘，要生存要去化，最终靠的还将是性价比。

三、政策环境

2019 年 8 月，南昌市房管局发布了《关于进一步规范市区“三限房”销售行为的通知》。与 2018 年发布的《关于市区“三限房”优先满足本市户籍无自有住房的成年居民销售的操作办法》相比，新增了很多细节性的条款，如摇号方案更加详尽：凡是在土地出让过程中明确为“限房价、竞地价”的商品住宅项目，在新规定下，都必须采取新摇号方式，且申请人应是南昌户籍且在城区无自住住房的成年居民。

四、土地市场

2019 年南昌的土地市场，上半年“小阳春”闪现，但随着房地产调控收紧，下半年土地市场降温明显，低溢价率、底价成交、流拍频现，房企拿地也更为谨慎。整体来说，2019 年，南昌土地市场进入冷静期，房企拿地归于理性。

五、房企布局

2019 年南昌市的土地储备（公开招拍挂拿地、占地面积）中，绿地、碧桂园、中骏、联发、万科位居前五名，合计拿地占地面积近 158 万平方米。值得一提的是，在拿地成本高企以及融资难背景下，国企拿地成为新看点，红谷滩城投、南昌县城投、新旅、临空、国资等南昌房企拿地占地面积均位居前二十名。

从江西的土地储备（公开招拍挂拿地、占地面积）看，绿地、碧桂园、东投、世纪海通、嘉福位居前五名，合计拿地占地面积近 395 万平方米，房企的领头效应愈发明显。值得一提的是，本土房企东投、世纪海通、嘉福、润达、新旅、中奥、洪大发展强势，广泛布局。

六、房产行业发展历程

南昌房地产业起步较晚，但发展较快，加上旧城改造和新城开发步伐的加快等，给南昌房地产行业的发展提供了充实的市场基础。特别是 1998 年以来，南昌通过彻底停止福利分房，让市场成为商品房屋资源配置的唯一手段，使得房地产业在生产、流通以及物业管理等各环节都得到了较快的发展。

城市年度市场解读

一、本地新政

1. 维修基金交存新规施行

2018年11月底，南昌市公布《南昌市住宅专项维修资金管理若干规定》，公告显示，该规定自2019年3月1日起施行。

维修资金交存标准为：未配置电梯的商品住宅按55元/平方米交存；配置电梯的商品住宅按100元/平方米交存；非住宅按130元/平方米交存。

调整后的交存标准自2019年3月1日起执行，《商品房买卖合同》签订日期在2019年3月1日之前的，仍按原交存标准交存。

2. 三限房新政：新增摇号选房

8月5日，南昌市房管局发布了《关于进一步规范市区“三限房”销售行为的通知》(以下简称《通知》),《通知》对南昌市“三限房”销售行为进行了进一步规范。

《通知》要求：除商品房销售规定要求的公示内容外，应增加公示《摇号选房方案》《住房公积金贷款项目准入预审告知书》、当期所有可售房源情况(套数、户型、面积、价格)、当期申购登记开始时间及截止时间(登记时限不少于10日)、“三限房申购”登记平台网址二维码等信息。

二、年度土地供应

2019年，南昌市本级(不含赣江新区、新建区、南昌县、安义县、进贤县)商服、商品住宅用地供应计划共5516亩。截至12月底，南昌市本级土地成交2758.1919亩，完成年度计划的50%。

三、年度土地成交

2019年，南昌市(含赣江新区，不含安义县、进贤县。下同)土地成交总面积共375.7万平方米，同比下降29.21%；成交总金额363亿元，同比上涨0.6%。

具体来看，南昌市2019年共成交经营性用地93宗，其中南昌县成交31宗，成交总金额约96.48亿元；老城区(西湖区、东湖区、青山湖区、青云谱区)土地出让仅26宗，面积约1042亩，约占总出让面积的17%。

表2-32 2019年1~12月南昌市每月土地成交数据

时间	出让土地(宗)	出让面积(亩)	出让金额(万元)
1月	3	347.3795	240783
2月	3	189.17	67892
3月	4	385.8065	348087
4月	11	690.5937	378173
5月	15	395.2375	246742
6月	7	354.905	252148
7月	3	438.9819	389560.6839
8月	13	520.6536	127523
9月	5	293.1027	200107.99
10月	6	533.334	349161.55
11月	12	857.079	567854.11
12月	11	688.3705	462054.63
合计	93	5694.6139	3630086.964

四、年度住宅成交

2019年南昌市(不含南昌县、新建区，下同)新房网签53199套，网签面积约630.44万平方米，二手房网签27308套，网签面积约260.35万平方米。相较2018年，南昌市新房网签微涨3.8%，成交面积同比上涨9.84%。从2011~2019年南昌新房成交数据来看，2019年新房成交居第五位，仅高于2011年、2012年、2013年及2018年。

通过2019年1月、12月南昌住宅成交均价对比，可以直观地看到，南昌市住宅成交均价上涨 4.25%。另外，南昌市大部分区域住宅成交均价都有所上涨，其中，以东湖区上涨幅度最大，为 14.75%。反之，红谷滩区住宅均价却大幅下跌，跌幅超两成。

表 2-33　南昌市 2019 年 1 月与 12 月住宅成交价变动情况

序号	区域	1 月住宅成交均价（元 / 平方米）	12 月住宅成交均价（元 / 平方米）	变动情况（%）
1	东湖区	17142	19671	14.75
2	湾里区	9429	10476	11.10
3	经开区	12319	13261	7.65
4	青山湖区	14142	14832	4.88
5	桑海区	5123	5336	4.16
6	西湖区	18043	18776	4.06
7	九龙湖区	15228	15629	2.63
8	高新区	15428	15328	-0.65
9	青云谱区	12857	12746	-0.86
10	红谷滩区	24428	19137	-21.66
	南昌市	14463	15078	4.25

五、区域成交表现

2019 年南昌市各区域成交面积中，九龙湖成交面积约 143.01 万平方米，占全年的 22%，稳居南昌市区域成交第一名的宝座；经开区、高新区及青云谱区并列第二名，各占全年的 13%。

成交房价方面，红谷滩区以 20291 元 / 平方米的住宅成交均价，立于南昌楼市区域住宅成交均价之巅。另外，老城区依然是南昌的房价高地，东湖区、西湖区以 19066 元 / 平方米、18981 元 / 平方米的住宅成交均价，仅次于红谷滩区，但青山湖区、青云谱区与之还存在一定差距。

从南昌各区域住宅成交均价可知，南昌最高住宅成交均价（红谷滩区）与最低住宅成交均价（桑海区）相差达 15065 元 / 平方米。

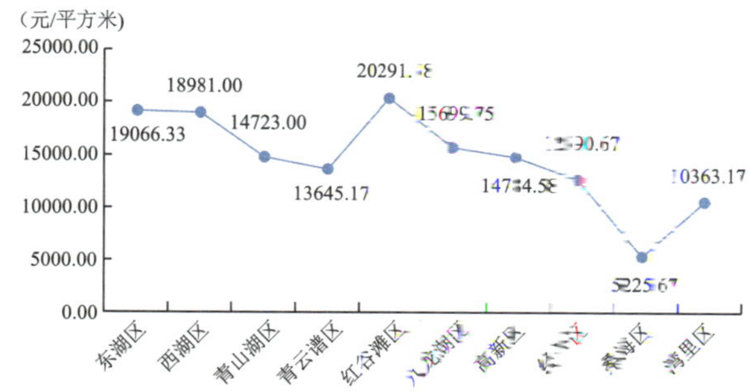

图 2-55　2019 年南昌市各区域住宅成交均价

六、成交项目排行

2019 年，南昌商品住宅销售金额 TOP20 项目合计销售 436.57 亿元。排行榜前五位的项目销售金额均超 25 亿元，合计销售额约 130 亿元。其中，华侨城万科世纪水岸以 50.28 亿元荣获项目销售榜第一名；第二名为融创文旅城，销售金额 40.67 亿元，新力城紧随其后，以 36.16 亿元位居第三名。

七、成交房企排行

2019 年，南昌房地产销售业绩 TOP20 企业合计销售 974.72 亿元。新力、万科、绿地、保利、恒大位居前五名，合计销售额近 564 亿元。其中，本土明星房企新力依然“独占鳌头”，以 246.59 亿元的销售业绩蝉联销售金额榜冠军；万科以 90.03 亿元位居销售金额榜单第二名；绿地以 86.35 亿元位居销售金额榜单第三名；保利、恒大分别以 80.03 亿元、60.71 亿元位居销售金额榜单第四名、第五名。

八、年度房价走势分析

2019 年，南昌新房整体成交均价约 15078 元 / 平方米。从各月份数据来看，整体房价呈小幅波动，变化不大。从南昌市每月住宅成交均价来看，整体随市场波动大。上半年，住宅均价波动幅度较小，呈微涨之势，至 8 月住宅均价达到顶峰，为 15944 元 / 平方米。之后，住宅均价逐渐回落，且涨幅一直处于下降状态。

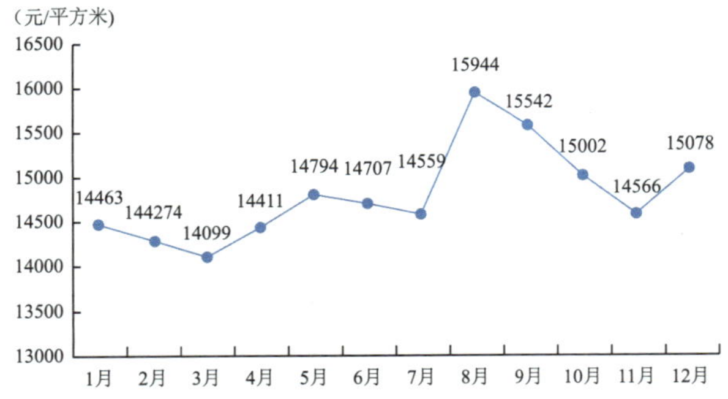

图 2-56　南昌市 2019 年 1~12 月住宅均价

九、热点板块分析

红谷滩区依然是南昌关注度较高的区域，2019 年红谷滩区共有 18 个纯新盘入市，其中红角洲联泰天禧和华润万象城悦府万人争抢，一房难求；九龙湖新盘供应量大增，共有 12 个纯新盘入市，物业类型以改善类大平层和洋房为主。

南昌县是 2019 年的供货主力，全年共开盘 53 次，推出纯新盘共 15 个，房源以刚需高层为主。象湖滨江板块以不限购、性价比高等优势，受到不少异地刚需购房者的青睐。

十、市场预期

2020 年上半年，可能延续 2019 年的两极分化，热门区域市场更热，冷门区域市场更冷。楼盘去化周期延长，库存去化压力大。

供应方面，受地价及上市区域因素影响，热门区域刚改房源占比将持续增加，进一步抬高置业门槛；冷门区域依然主打刚需房源，以性价比争夺市场。

土地方面，由于市场的不确定性及房企资金收紧，2020 年房企拿地将更理性，联合拿地或成主流。

数据来源：南昌市房产管理局。

2019 年南昌房地产在售楼盘概览

楼盘名称	城市名称	城区	地址	物业类型
阳光城青山湖大境	南昌	青山湖区	青山湖区青山湖大道 1333 号（市政公用广场旁）	普通住宅、别墅、公寓
文一锦门香溪南岸	南昌	青山湖区	青山湖区高新大道与解放东路交会处	普通住宅
万科红墅	南昌	青山湖区	青山湖区城南大道 2799 号	普通住宅、别墅、商铺
南昌中大府	南昌	青山湖区	青山湖区罗家集镇龙竹路 555 号（古镇大厦旁）	普通住宅、别墅
龙居东郡	南昌	青山湖区	青山湖区高新大道与解放东路交会处	普通住宅、商铺
青山湖万象汇	南昌	青山湖区	青山湖区北京东路与高新大道交会处	普通住宅、建筑综合体
新力弘阳府	南昌	青山湖区	青山湖区上海路与北京东路交会处	普通住宅、商铺
南昌中大景	南昌	青山湖区	青山湖区罗家中路与罗家一路交会处	普通住宅
煌盛中央都荟	南昌	青山湖区	青山湖区罗家中路与罗家一路交会处	普通住宅
绿滋肴庙街	南昌	青山湖区	青山湖区解放东路 1919 号	公寓、商铺
阳光城蓝光文澜府	南昌	青山湖区	青山湖区东升大道与昌运路交叉口西北 50 米（胡家小学西南门正对面）	普通住宅
万科白鹿书院	南昌	青山湖区	青山湖区顺外路与东升大道交界处（万科城小学旁）	公寓、写字楼、商铺
新利珑庭	南昌	青山湖区	青山湖区青山湖大道 888 号（燕鸣路与青山湖大道交会处）	公寓、商业
国贸天成	南昌	青山湖区	青山湖区航空路以东、新溪桥北路以北	普通住宅
南昌中大煌盛	南昌	青山湖区	青山湖区罗家西路与罗家二路交会处	普通住宅
联发时代天骄丨8号公馆	南昌	青山湖区	青山湖东岸市政公用广场以东 500 米	普通住宅、公寓
保利洪都里	南昌	青云谱区	青云谱区新溪桥东二路 99 号（洪都公园旁）	普通住宅、商铺
万科洪坊1951	南昌	青云谱区	青云谱区新溪桥南一路 77 号（洪都南大道与井冈山大道交会处西侧）	普通住宅、公寓、写字楼、商铺、建筑综合体
绿都新力青云府	南昌	青云谱区	青云谱区博学路南昌三中门口	普通住宅、公寓
保利和光	南昌	青云谱区	青云谱区城南大道与墅溪路交会处向西 300 米	普通住宅
江铃新力臻园	南昌	青云谱区	青云谱区迎宾北大道与江铃西二路交会处	普通住宅、公寓
新力睿园	南昌	青云谱区	青云谱区墅溪路与上海南路交会处向南 200 米	普通住宅
中大弘阳	南昌	青云谱区	青云谱区施尧路与江铃西四路交会处（象湖隧道东口）	普通住宅、商铺
新力鸿园	南昌	青云谱区	青云谱区广州路与城南大道交会处	普通住宅
星悦汇	南昌	青云谱区	青云谱区洪城路与十字街交会处（王家井南）	公寓、商业
美的新力公园天下	南昌	青云谱区	青云谱区昌南大道 3366 号（八大山人梅湖景区北门）	普通住宅
新力尊园	南昌	青云谱区	青云谱区广州路与博文路交会处北 350 米（洪都飞机跑道内）	普通住宅、公寓
融创雪个庭	南昌	青云谱区	青云谱区焕章南路与子真路交叉口（梅湖景区花博园西门旁）	普通住宅
青云公馆	南昌	青云谱区	青云谱区建设路 333 号（抚河南路与建设路交会处）	普通住宅
华宸龙隐山	南昌	新建区	新建区乐化镇龙隐路 599 号（105 国道蛟桥收费站前行 600 米）	别墅
云南城投集团汀兰湖	南昌	新建区	新建区温泉[illegible]大道 3 号（昌樟高速金燕国际温泉站、生米出口）	普通住宅、别墅
众森红谷一品御府	南昌	新建区	新建区会展路以西黄家湖东路 1566 号	普通住宅
保利蓝海嘉居三期瑞园	南昌	新建区	新建区 320 国道与物华南路交会处往南 200 米	普通住宅、商铺
江铃时代城	南昌	新建区	新建区九龙湖新区明月山大道 1585 号	普通住宅
哈佛园	南昌	新建区	新建区霁[illegible]路 888 号	普通住宅、商铺
绿创中心	南昌	新建区	新建区武功山大道 2069 号	公寓、别墅
华润紫云府	南昌	新建区	新建区舒[illegible]路 163 号（长堎大道与子实路交会处）	普通住宅、商铺
信邦龙湖时代	南昌	新建区	新建区九龙湖皇城新区龙兴大街 3677 号（龙兴大街与科技三路交会处）	普通住宅、商铺
新力禧园	南昌	新建区	新建区九龙湖新城龙兴大街与百丈山大街交会处	普通住宅、别墅、商铺
融创前湖道	南昌	新建区	新建区拓展路 198 号（前湖大道与长征西路交会处）	普通住宅
南昌新建吾悦广场	南昌	新建区	新建区长堎镇长堎大道 666 号（与子实路交会处西南角）	建筑综合体
红星桃花源筑	南昌	新建区	新建区温泉南大道 88 号	普通住宅、别墅
泰禾南昌院子	南昌	新建区	新建区[illegible]湖路 88 号	普通住宅、别墅
淘鑫未未来	南昌	新建区	新建区九龙湖裕泰路与璜[illegible]山路交会处	普通住宅、公寓

楼盘名称	城市名称	城区	地址	物业类型
新力城	南昌	新建区	新建区九龙湖西龙兴大街与茅山路交会处	普通住宅、公寓
金地金茂正荣悦风华	南昌	新建区	新建区长富大道与欣悦湖交会处（新建文化中心旁）	普通住宅、别墅
新建城	南昌	新建区	新建区昌西大道与祥云大道交会处	普通住宅
中海湖心半岛	南昌	新建区	新建区长富大道西欣悦湖畔	普通住宅
市政绿城桂语江南	南昌	新建区	新建区望城新区贤德路 188 号	普通住宅
红星中奥九龙都会	南昌	新建区	新建区武功山大道与永强路交会处	普通住宅、公寓、写字楼、商铺
海伦广场	南昌	新建区	新建区龙兴大街与玉壶山大道交会处	普通住宅、公寓、写字楼
金龙湾小镇	南昌	新建区	新建区小平小道（陆军学院对面）	普通住宅、酒店式公寓、写字楼、购物中心
慧谷智立方	南昌	新建区	望城新区璜源山路 199 号	普通住宅、公寓
南昌恒大悦龙台	南昌	新建区	新建区霁亭路 999 号	普通住宅
海玥珑府	南昌	新建区	新建区文峰路 369 号	普通住宅
金地源青年城	南昌	新建区	新建区璜源山路与裕泰街交会处	公寓、商业
鸿海城	南昌	新建区	新建区九龙湖西龙兴大街与白马山路交会处	普通住宅、公寓
龙湖春江悦茗	南昌	新建区	新建区长富大道 777 号	普通住宅
军隆御景城	南昌	桑海经济技术开发区	桑海经济技术开发区神农大道与国药交会处	普通住宅
磨盘山 8 号	南昌	湾里区	湾里区磨盘山南路 8 号（双马石路）	普通住宅
香逸熙园	南昌	湾里区	湾里区红湾公路 866 号（红湾公路与西外环绕城公路交会处）	普通住宅、别墅、商铺
保利半山温泉谷	南昌	湾里区	湾里区红湾大道 66 号（湾里风景区内）	普通住宅、公寓、别墅、五星级酒店
合一中央城	南昌	湾里区	湾里区规划三路以北、招磨一路南侧、磨盘山北路东侧	普通住宅、公寓、商铺
宏泰四季花城	南昌	湾里区	湾里区红湾大道 999 号	普通住宅、公寓、别墅、商铺
中煤凯旋湾	南昌	湾里区	湾里区磨盘山南路 8 号（磨盘山南路与幸福北路交会处）	普通住宅
金佳云舒花城	南昌	湾里区	湾里区天宁西路 666 号，南昌射击中心西行 500 米	普通住宅、别墅
中华情优山美地	南昌	湾里区	湾里区鹿聚路 188 号	普通住宅
恒茂未来都会	南昌	湾里区	湾里区天宁西路 888 号	普通住宅
南昌恒大林溪府	南昌	湾里区	湾里区射击中心北侧路口红绿灯与天宁路交叉口北侧	普通住宅、商业
海玥名邸	南昌	湾里区	湾里区射击中心路 99 号	普通住宅
远洋天骄	南昌	湾里区	湾里区九湾新城天宁路 66 号	公寓、别墅、商铺

楼盘名称	城市名称	城区	地址	物业类型
阳光城丽景湾	南昌	湾里区	湾里区招贤大道与蔬菜路交会处（西外环出入口）	普通住宅、商铺
远洋天著	南昌	湾里区	湾里区九湾新城幸福路 168 号	普通住宅、别墅
红星九湾天铂	南昌	湾里区	湾里区天宁东路与梅岭大道交会处	普通住宅、建筑综合体
保利莱茵水岸	南昌	湾里区	湾里区红湾大道 66 号	公寓
佳源公园一号	南昌	湾里区	湾里区招贤大道与磨盘山南路交会处（岭秀湖公园南面）	普通住宅、公寓
弘阳时光里	南昌	湾里区	湾里区招贤镇青松街以北、下泽路以东、豫章好人家以西	普通住宅、商铺
嘉圆悦山居	南昌	湾里区	湾里区天宁西路以南，绿苑路以西，磨里山公园旁	普通住宅
蓝城十里风荷	南昌	湾里区	湾里区七彩路 199 号	别墅
九洲华府	南昌	湾里区	湾里区翠岩路 169 号	普通住宅
龙森山居	南昌	湾里区	湾里区磨盘山南路 58 号	别墅
碧桂园正荣湾棠	南昌	湾里区	湾里区双马石路与陈家路交会处	普通住宅
赣电贵府	南昌	湾里区	湾里区银杏路与红枫路交会处	普通住宅、商业
新旅明樾堂	南昌	湾里区	湾里区政府旁（岭秀湖公园正西面）磨盘山南路 51 号	普通住宅、别墅、五星级酒店
新力洲悦	南昌	西湖区	西湖区朝阳新城云锦路 756 号	普通住宅
世茂大观	南昌	西湖区	西湖区朝阳新城桂殿路 266 号（与老洲街交会处）	普通住宅、别墅
天虹品上中心	南昌	西湖区	西湖区朝阳新城九洲大街 666 号（抚生南路与九洲大街交会处）	普通住宅、公寓、写字楼、建筑综合体
新力中心	南昌	西湖区	西湖区朝阳新城金环路 300 号（朝阳大桥头）	写字楼
滨江明珠	南昌	西湖区	西湖区朝阳洲北路 333 号（滨江一号对面）	普通住宅
蓝光雍锦王府	南昌	西湖区	西湖区朝阳洲云飞路 777 号（与丹桂路交会处）	普通住宅、别墅
朝阳时代广场	南昌	西湖区	西湖区朝阳新城抚生南路 1618 号	公寓、写字楼
中骏尚城	南昌	西湖区	西湖区朝阳新城永富路 666 号	普通住宅、公寓、商铺
绿地朝阳中心	南昌	西湖区	西湖区沿江南大道 1979 号（沿江南大道与灌婴路交会处）	普通住宅、公寓、写字楼、商铺
南昌恒大金碧华府	南昌	西湖区	西湖区朝阳新城九洲大街 1188 号（与桃花南路交会处、动物园对角）	普通住宅
绿地象南中心	南昌	西湖区	西湖区象山南路 178 号（江西赣剧院旁）	普通住宅、公寓、写字楼、建筑综合体、商业
正荣西湖紫阙台	南昌	西湖区	西湖区团结路与西河滩巷交会处	普通住宅

楼盘名称	城市名称	城区	地址	物业类型
华侨城万科·世纪水岸	南昌	西湖区	西湖区云锦路1888号	普通住宅、公寓、商业、别墅
国贸天峰	南昌	西湖区	西湖区朝阳新城桃花南路与水厂路交会处	普通住宅
绿滋肴潮阳里	南昌	西湖区	西湖区云锦路与银环路交会处（西湖万达对面）	公寓、写字楼、商铺
硕丰西湖里	南昌	西湖区	西湖区芳湖路与金沙三路交会处	普通住宅、别墅
新力榕园	南昌	西湖区	西湖区大脊路169号（朝阳立德中学旁）	普通住宅、商铺
名城紫金轩	南昌	西湖区	西湖区朝阳新城桃花南路与云卿路交会处	普通住宅
年代星辰商业广场	南昌	西湖区	西湖区孺子路与船山路交会处	公寓、商铺、建筑综合体、商业
南水玖悦府	南昌	西湖区	西湖区灌婴路1258号	普通住宅
阳光城大发西江悦	南昌	西湖区	西湖区云天路与丹桂路交会处（在建地铁4号线云天路站）	普通住宅
南旅嘉福里	南昌	西湖区	西湖区绳金塔历史文化街区	普通住宅、公寓、商铺、商业
南昌恒大城	南昌	南昌县	南昌县象湖新金沙三路与汇仁大道交会处	普通住宅、商业
星洲国际	南昌	南昌县	南昌县莲塘中大道199号（原手拖厂）	普通住宅
江铃瓦良格	南昌	南昌县	南昌县迎宾中大道与银三角立交桥交会处西北角	普通住宅、别墅
金域华府	南昌	南昌县	南昌县高新南大道116-119号	普通住宅、商铺
煌盛中央公园	南昌	南昌县	南昌县迎宾大道1298号（煌上煌总部原址）	普通住宅、商铺
新力象湖湾	南昌	南昌县	南昌县象湖路与抚生西路交会处（新洪城大市场旁）	普通住宅、商铺
上峰景城	南昌	南昌县	南昌县澄湖东路与小兰北路交会处(正荣大湖之都南面)	普通住宅、商铺
力高澜湖御景	南昌	南昌县	南昌县抚生路与东岳大道交会处（莲塘一中东新校区往东200米）	普通住宅、公寓、商铺
力高君御世家	南昌	南昌县	南昌县翠林南路与105国道交会处往东500米	普通住宅、商铺
南昌恒大珑庭	南昌	南昌县	南昌县振兴大道与澄湖东路交会处	普通住宅
美的悦江府	南昌	南昌县	南昌县沿江南大道与银湖三路交叉口（九龙湖过江通道南）	普通住宅、公寓、商铺
富力金禧悦城丨铂悦	南昌	南昌县	南昌县象湖新城抚生西路与汇仁大道交会处往东500米	普通住宅
鸿海万科天空之城	南昌	南昌县	南昌县迎宾中大道与富山五路交会处（莲塘大润发旁）	普通住宅、商铺
银城江畔	南昌	南昌县	南昌县象湖新城东莲路与东祥路交会处	普通住宅

楼盘名称	城市名称	城区	地址	物业类型
新力星塘湾	南昌	南昌县	南昌县316国道与[illegible]河西路交会处	普通住宅、公寓、别墅
龙湖煌盛春江天玺	南昌	南昌县	南昌县象湖新城[illegible]路与象湖二路交会处	普通住宅、商铺
正和溪岸	南昌	南昌县	南昌县富山大道369号（迎宾大道莲西路口）	公寓
九颂山河时代城	南昌	南昌县	南昌县安宝大道与万寿湖路交会处（银三角迎宾中大道399号）	普通住宅、商业
红星中奥广场	南昌	南昌县	南昌县象湖滨[illegible]大道与抚生西路交会处	普通住宅、酒店式公寓、建筑综合体
新旅明樾湾	南昌	南昌县	象湖新城沿江[illegible]南昌县道与汇仁大道交界处往[illegible]米	普通住宅
凯宇海德公园	南昌	南昌县	南昌县沿江快速路与东岳大道交会处（新洪大旁）	普通住宅、公寓、商业
新力上园	南昌	南昌县	南昌县金沙大道与绿新路交会处（新力都荟旁）	普通住宅
煌盛熙岸公园	南昌	南昌县	南昌县东莲路与东祥路交会处	普通住宅、商铺
美的花湾城	南昌	南昌县	南昌县青山[illegible]寺西大道东（江西传媒学院斜对面）	普通住宅、商铺
世茂泰禾江南院子	南昌	南昌县	南昌县迎宾[illegible]大道999号翠林[illegible]	普通住宅、别墅
力高君誉城	南昌	南昌县	象湖新城东[illegible]大道与东新二路交会处	普通住宅、商铺
锦尚天域	南昌	南昌县	南昌县东岳大道与东祥路交会处	普通住宅、公寓、商业
滨江上品	南昌	南昌县	南昌县赣江[illegible]仁大道与河[illegible]交会处	普通住宅
绿地悦滨江	南昌	南昌县	南昌县抚生三路与沿江南大道交会处	普通住宅
润永通悦港城	南昌	南昌县	南昌县富山[illegible]道[illegible]溪河旁	普通住宅、商业
朝阳金地	南昌	南昌县	南昌县抚生三路与东岳五路交会处	普通住宅、公寓
富力银禧悦城	南昌	南昌县	南昌县象湖新城抚生西路与汇仁大道交会处（往东500米）	普通住宅
正荣悦澜湾	南昌	南昌县	南昌县振兴大道与莲西路交会处（与在建振兴大道地铁站约500米）	普通住宅
鸿海沁园	南昌	南昌县	南昌县莲[illegible]以[illegible]，万寿湖路[illegible]	普通住宅
鸿海润园	南昌	南昌县	南昌县莲[illegible]以南，万寿湖路以东	普通住宅
美高东郊紫园	南昌	南昌县	南昌县[illegible]镇[illegible]昌万公路[illegible]00米	普通住宅
鸿海满园	南昌	南昌县	南昌县[illegible]路与[illegible]花西路交会处	普通住宅
力高君誉滨江	南昌	南昌县	南昌县[illegible]滨江东莲路以[illegible]河[illegible]以东	普通住宅
幸福誉品	南昌	南昌县	南昌县[illegible]路以东，象湖五[illegible]南	普通住宅

楼盘名称	城市名称	城区	地址	物业类型
鸿海水岸之城	南昌	南昌县	南昌县迎宾中大道与汽车大道交会处西南方（瓦良格西侧）	普通住宅
江旅玉湖国际	南昌	南昌县	南昌县小蓝经济技术开发区富山一路1116 号（玉湖公园旁）	公寓、商业
贤湖澜景	南昌	东湖区	东湖区二七北路738 号（贤士湖畔）	普通住宅、公寓
中海寰宇天下	南昌	东湖区	东湖区青山北路100 号（英雄大桥沿江大道北行 900 米）	普通住宅
南昌苏宁檀悦	南昌	东湖区	东湖区北京西路 69 号	普通住宅、建设综合体
金投铂翠中央	南昌	东湖区	东湖区中大路以东、安山路以南	普通住宅、商业
中金中心阅璟台	南昌	东湖区	东湖区青山南路169 号	普通住宅、公寓
新城公馆	南昌	东湖区	东湖区三经路以东、四经路以西、上沙窝路以北	普通住宅
江旅都市方舟	南昌	东湖区	东湖区福州路 28 号（福州路体育馆旁）	公寓、酒店式公寓、商铺、商业
碧桂园城央书院	南昌	东湖区	东湖区二七路与福州路交会处	普通住宅、公寓
江湾豪庭	南昌	东湖区	东湖区证券街 300 号	普通住宅
中节能国际中心	南昌	高新开发区	高新开发区昌东大道 7199 号（艾溪湖二路南侧）	公寓、写字楼、商铺
新力时代广场	南昌	高新开发区	高新开发区艾溪湖北路（艾溪湖湿地公园北门正对面）	普通住宅、公寓、写字楼、商铺、建筑综合体
南昌恒大御澜府	南昌	青山湖区	青山湖区沿江北大道与京东大道交会处东南角	普通住宅、商业
蓝光雍锦半岛	南昌	高新开发区	高新开发区创新一路 1188 号（与紫阳大道交会处往南50 米）	普通住宅
联发时代天阶	南昌	高新开发区	高新开发区高新大道 588 号（高新大道与火炬大街交叉口）	普通住宅、公寓、商铺
华邦观湖别院	南昌	高新开发区	高新开发区瑶湖湿地公园旁	普通住宅、别墅、商铺
力高悦景台	南昌	高新开发区	高新开发区瑶湖新城航空城大道与翔鹰路交会处	普通住宅
华勤湖畔花园	南昌	高新开发区	高新开发区瑶湖东大道与麻中街交会处	普通住宅
鸿海高新中心·溪园	南昌	高新开发区	高新开发区高新七路与火炬三路交会处（外国语学校正对面）	普通住宅、公寓、建筑综合体
青花东岸	南昌	高新开发区	高新开发区紫阳大道（艾溪湖东站地铁 3 号口）	公寓、写字楼、商铺
新力水投锦瑶府	南昌	高新开发区	高新开发区瑶湖新城航空城大道与翔鹰路交会处	普通住宅
力高雍湖国际	南昌	高新开发区	高新开发区艾溪湖东岸艾溪湖北路与昌东大道交会处	普通住宅、公寓、商铺

楼盘名称	城市名称	城区	地址	物业类型
新力渥园	南昌	高新开发区	高新开发区艾溪湖四路与创新二路交界处（近南师附小）	普通住宅
弘阳中梁时光天樾	南昌	高新开发区	高新开发区航空路以东、紫阳东大道以北	普通住宅
联发·万科海上明月	南昌	高新开发区	高新开发区艾溪湖北路与创新二路交会处	普通住宅
万科海上之光	南昌	高新开发区	高新开发区艾溪湖北路与艾溪湖西路交会处	公寓、写字楼
东汇后海	南昌	高新开发区	高新开发区京东大道与火炬四路交会处（新城吾悦广场旁）	公寓、商业
绿地国际博览城	南昌	红谷滩区	红谷滩区九龙湖九龙大道 1177 号	普通住宅、别墅、公寓、写字楼、商铺
南昌铜锣湾广场	南昌	红谷滩区	红谷滩区八一桥头庐山南大道 369 号（房管局正南面）	普通住宅、别墅、写字楼、商铺、建筑综合体
中央香榭	南昌	红谷滩区	红谷滩区红角洲丰和南大道 1888 号（南航北门以南100 米）	普通住宅、别墅
和昌·红谷滩8 号	南昌	红谷滩区	红谷滩区会展路与沙井路交会处	公寓、建筑综合体
明园九龙湾	南昌	红谷滩区	红谷滩区新区海宝街 99 号（国体中心西侧）	普通住宅、写字楼、商铺、建筑综合体
南昌融创文化旅游城	南昌	红谷滩区	红谷滩区九龙湖新区九龙大道东侧	普通住宅、别墅、酒店式公寓、商铺、建筑综合体
红谷瑞仕城际广场	南昌	红谷滩区	红谷滩区九龙湖新区西站大街与龙虎山大道交叉口西北角	普通住宅、公寓、商铺
保利中心	南昌	红谷滩区	红谷滩区八一桥头赣江北大道 1 号（格兰云天酒店西侧）	写字楼、商铺
星河汇	南昌	红谷滩区	红谷滩新区丰和中大道 1333 号（丰和中大道与雅苑路交会处）	公寓、写字楼、商铺
恒天时尚中心	南昌	红谷滩区	红谷滩新区赣江南大道 1566 号（与西站大街交会处，国体中心旁）	公寓、写字楼、商铺
新力龙湾	南昌	红谷滩区	红谷滩区九龙湖新区龙兴大街 3888 号（明月山大道与龙兴大街交会处）	普通住宅、别墅
新力铂园	南昌	红谷滩区	红谷滩区达智路 6 号（学府南大道与九江街交会处）	普通住宅、别墅
江西互联网金融产业园（博能金融中心）	南昌	红谷滩区	红谷滩新区金融大街 777 号	写字楼
新力东园	南昌	红谷滩区	九龙湖区龙虎山大道与上饶大道交会处	普通住宅、公寓、商铺
力高凤凰新天	南昌	红谷滩区	红谷滩区丰和北大道 366 号	公寓、写字楼、商铺
九龙湖金茂悦	南昌	红谷滩区	红谷滩区九龙湖阁皂山大道与上饶大街交会处北侧	普通住宅、商铺

楼盘名称	城市名称	城区	地址	物业类型
富力华庭	南昌	红谷滩区	红谷滩区春晖路与江报路交会处(红谷滩世茂广场以西30米)	普通住宅、公寓、别墅、商铺
首地蓝天熙郡	南昌	红谷滩区	红谷滩区九龙湖新区龙虎山大道77号	普通住宅、公寓、酒店式公寓、商铺
新旅明樾台	南昌	红谷滩区	红谷滩区九龙湖龙虎山大道与上饶大街交会处往西50米	普通住宅、公寓、酒店式公寓、商铺
华润万象城悦府	南昌	红谷滩区	红谷滩区红角洲片区红谷南大道以东、前湖大道以北	普通住宅、写字楼、公寓、商铺、建筑综合体
九颂中心	南昌	红谷滩区	红谷滩区赣江北大道198号(江西省文化中心旁)	写字楼、商业
恒锦玖珑时代广场	南昌	红谷滩区	九龙湖区上饶大街与圭峰大道交会处	公寓、写字楼、酒店式公寓、商铺
碧桂园中江·温泉城	南昌	红谷滩区	红谷滩区九龙湖地铁2号线大岗站(万达茂南)	普通住宅、公寓、
众邦 MOHO 国际	南昌	红谷滩区	红谷滩区九龙湖西站大街以南、婺源路以东	公寓
新力江悦	南昌	红谷滩区	红谷滩区九龙湖景德镇街与雅瑶路交会处	普通住宅
东投新力樾悦	南昌	红谷滩区	红谷滩区九龙湖景德镇街与城运路交会处	普通住宅
新旅明樾府	南昌	红谷滩区	红谷滩区九龙湖西客站南广场对面(龙兴大街669号)	普通住宅
金科集美九龙湖	南昌	红谷滩区	红谷滩区九龙湖新区龙虎山大道与回龙路交会处(万达茂西侧)	普通住宅、商铺
中奥滨江 one	南昌	红谷滩区	红谷滩区九龙湖上饶大街与雅瑶路交会处	普通住宅、公寓、商铺
方大中心	南昌	红谷滩区	红谷滩区赣江北大道1516号	公寓、商业
宸悦江语院	南昌	红谷滩区	红谷滩区九龙湖阁皂山大道与新华路交会处	普通住宅、商业
金色广场	南昌	红谷滩区	红谷滩区茶园街888号	公寓、写字楼
巨汇名住	南昌	红谷滩区	九龙湖西客站东面圭峰大道618号	公寓、写字楼
西站华府	南昌	红谷滩区	红谷滩区西站大街2277号西站华府	普通住宅、写字楼、商业
深蓝广场	南昌	红谷滩区	红谷滩区红谷南大道2866号	别墅
联泰滨江中心	南昌	红谷滩区	红谷滩区红角洲赣江南大道与岭北二路交会处	公寓
融创玖玺台	南昌	红谷滩区	红谷滩区九龙湖赣江南大道与南龙蟠街交会处	别墅
融创红城投赣江府	南昌	红谷滩区	红谷滩区九龙湖南龙蟠街1368号	普通住宅
万科时一区	南昌	红谷滩区	红谷滩区庐山南大道与凤凰北大道交会处	公寓、写字楼
中国铁建青秀城	南昌	经济技术开发区	经济技术开发区梅林大街1256号(梅林大街与日修路交会处)	普通住宅、商铺

楼盘名称	城市名称	城区	地址	物业类型
庞大领航	南昌	经济技术开发区	经济技术开发区经开大道2838号(昌北大道与经开大道交会处)	公寓、写字楼、商铺
城泰枫华天成	南昌	经济技术开发区	经济技术开发区经开大道2[illegible]88号(日修路与昌北大道交会处)	普通住宅
世纪乐活公元城二期	南昌	经济技术开发区	经济技术开发区榆林路800号(白兰路与榆林路交会处西北侧)	普通住宅
公园壹号	南昌	经济技术开发区	经济技术开发区玉屏东大街288号(环球公园旁)	普通住宅
经开正荣府	南昌	经济技术开发区	经济技术开发区青荆路303号(南昌十中经开校区[illegible]约400米)	普通住宅
南昌恒大时代之光	南昌	经济技术开发区	经济技术开发区孔目湖大街(地铁1号线孔目湖站4号出口)	普通住宅、商业
中海阳光玫瑰园	南昌	经济技术开发区	经济技术开发区皇姑路1699号(皇姑路与双港东大街交会处往北100米)	普通住宅、商铺
万科玖里	南昌	经济技术开发区	经济技术开发区庐山南大道188号	普通住宅、公寓、商铺
金科集美阳光	南昌	经济技术开发区	经济技术开发区双港西大街与海棠北路交会处往北	普通住宅、商铺
新力澜湾	南昌	经济技术开发区	经济技术开发区皇姑路与英雄大道交会处	普通住宅
金科博翠天下	南昌	经济技术开发区	经济技术开发区105国道芦[illegible]附近	别墅
中海锦城	南昌	经济技术开发区	经济技术开发区青岚大道1999号	普通住宅、商铺
优乐汇	南昌	经济技术开发区	经济技术开发区广兰大道与黄家湖西路交会处(江西理工大学旁)	酒店式公寓、建筑综合体
金科集美天宸	南昌	经济技术开发区	经济技术开发区海棠北路11[illegible]号	普通住宅
绿地新里城名仕公馆	南昌	赣江新区	赣江新区儒乐湖新城金水大道2333号	普通住宅、酒店式公寓
绿地儒乐星镇	南昌	赣江新区	赣江新区儒乐湖新城·金水大道2333号	普通住宅、公寓
赣江绿地中央广场	南昌	赣江新区	赣江新区儒乐湖新城金水大道[illegible]28[illegible]号	公寓、写字楼、商业
绿地安南小镇	南昌	安义县	安义县龙津大道1号	普通住宅、别墅
中奥天玺	南昌	安义县	安义县解放大道与建设西路交会处(县政府旁)	普通住宅、商业
安义中梁首府	南昌	安义县	安义县龙[illegible]学校向东300米([illegible]府大道与建设[illegible]路交会处)	普通住宅
滨湖小镇	南昌	进贤县	进贤县[illegible]路旁	普通住宅
九颂康瑞|和园	南昌	进贤县	进贤县[illegible]新区青阳大道与[illegible]士三路交会处	普通住宅

富力华庭

- 2019年 -
中国城市楼盘年鉴
典型项目

南昌　品牌房企　地铁沿线　区域中心

富力华庭位于南昌市红谷滩春晖路与江报路交会处，红谷滩世茂广场以西 30 米，由南昌富力智盛置业有限公司开发，建筑面积 176601 平方米，占地面积 36351 平方米，规划户数 480 户。

专家点评　熊挺·南昌晚报房产部主任

富力华庭位于寸土寸金的红谷滩中心区，周边配套资源丰富成熟，项目的产品户型、社区配套、物业管理等方面，都是为高端改善人群量身打造的，对有改善需求的置业者而言是个不错的选择。

项目地址：

南昌市红谷滩春晖路与江报路交会处

开发商：

南昌富力智盛置业有限公司

建筑类型：

高层、别墅、公寓

主力户型：

公寓 48~100 平方米一居、二居、三居，高层 141~170 平方米三居

周边配套：

地铁 2 号线、世茂广场、秋水广场

参考价格：

均价 23000 元 / 平方米

楼盘优势：

项目位于红谷滩中心区，板块内稀缺的新房住宅产品；距离南昌地铁 2 号线红谷中大道站约 200 米，一路之隔为世茂广场等多个商业广场，周边配套十分强大。

项目解析

【区域维度】

富力华庭位于南昌红谷滩CBD核心地段，历经近20年的发展之后，红谷滩已经成为南昌的一张城市名片，拥有众多都市摩天建筑群和商业地标以及雄厚的商务基础和丰富的配套资源。

项目位于红谷滩中心区，周边拥有密集的市政配套资源，如南昌市政府、行政服务中心、秋水广场等。4.28平方公里的范围内，汇聚超20座高于200米的商务地标和十五大城市综合体，周边还拥有江西绝大部分的金融企业和银行总部，是南昌的“黄金十字”。

此外，富力华庭周边商场林立，汇聚了世茂广场、红谷滩万达、铜锣湾广场等商业综合体。项目距离南昌地铁2号线红谷中大道站约200米，往东 500 米即是赣江风光带，往南 800 米就是红谷滩地标秋水广场。

【品牌维度】

富力集团(香港联合交易所上市编号：2777)成立于1994年，总部在广州，注册资金8.06亿元，集房地产设计、开发、工程监理、销售、物业管理、房地产中介等业务于一体，拥有国家建设部颁发的一级开发资质、甲级设计资质、甲级工程监理资质、一级物业管理资质及一级房地产中介资质，是中国综合实力较强的房地产企业之一。

2005年，富力集团仅用11年的时间就完成了赴港上市，成为内地首家在香港主板上市的房企，同时也是首家被纳入恒生中国企业指数的内地房地产企业，在2018年还荣获了“金港股最具价值房地产公司”大奖。

从2005年 到2019年，富力连续15年蝉联“中国地产综合实力十强”荣誉称号。

2016年，富力集团首次进入江西，拍下南昌象湖新城两宗优质地块，打造富力金禧悦城、富力银禧悦城。2017年，富力集团拍得红谷滩CBD核心商务区地块，即为富力华庭。截至2019年底，富力入赣三年，布局五城十盘，证明了富力集团的雄厚实力，也表明了富力深耕江西的决心。

【产品维度】

富力华庭总规划13.8万平方米，由 4 栋花园叠墅、5 栋高层住宅(含2栋还建住宅)、2栋超高层办公公寓楼以及沿街风情商业组成，以高端住宅和高端公寓为主，规划有927个停车位(地下820个、地上107个)，车位配比超过1:1，绿地率35%。

项目采用商业和住宅分组团开发理念，其中商业规划为沿街商铺与两栋公寓，打造成高端办公休闲娱乐聚集地；沿街商业围绕春晖路、江报路，形成长约500米的商业街。在春晖路一侧(即办公楼一侧)设置商业内街，充分满足办公区的休闲娱乐等商业需求，形成浓郁的商业氛围。住宅部分高低搭配，保证每户的采光通风效果，同时也能获得更加宽广的视野。

【销售维度】

富力华庭于2019年1月18日首开公寓房源，凭借区位、交通、配套等优势，受到市场热捧，销售火爆，前期公寓基本售完。截至2019年12月，项目主推141~170平方米住宅产品，预计后期还将加推公寓产品。

更多楼盘详情请扫码查看

国贸天峰

南昌　朝阳新城　改善住宅　城市一环

国贸天峰位于江西省南昌市西湖区朝阳新城桃花南路与水厂路交会处，由南昌国贸地产有限公司开发，项目占地面积45871平方米，建筑面积129540平方米，总户数686户。

项目地址：
南昌市西湖区朝阳新城桃花南路与水厂路交会处

开发商：
南昌国贸地产有限公司

建筑类型：
高层

主力户型：
130~155平方米四至五居

周边配套：
象湖湿地公园、西湖万达广场、地铁4号线

参考价格：
均价14500元/平方米

楼盘优势：
项目位于朝阳新城，周边交通、商业、学校等配套齐全，产品为毛坯交付，户户通透采光，得房率高。

专家点评　陶满德·国家住建部房地产估价与经纪专家

国贸天峰是南昌少有的纯改善毛坯住宅项目，且位于配套齐全的朝阳新城，对有改善需求的购房者而言是个不错的选择。

项目解析

【区域维度】

朝阳新城东依象湖，西临赣江，桃花河穿城而过，与红谷滩新区隔江相望，与老城区无缝衔接，是南昌市老城区八一广场中心与新城区红谷滩中心之间的枢纽位置，通过城市黄金一环线九州高架，可以快速到达城市新、老中心。

国贸天峰项目位于水厂路与桃花南路交会处，南昌市一环南向段，朝阳新城与西湖区老城区交会处，拥享朝阳新城、华侨城、洪城三个板块的向心力。项目北通灌婴路，南连九州高架，西接沿江快速路，东近桃花南路城市主干道。

在公共交通方面，地铁4号线正在修建中，连通高新、朝阳、红谷滩，预计2021年底全线通车，项目距离最近的灌婴路口站步行距离约1.1公里。另外，距离项目500米处有朝阳公交枢纽工程，截至2019年底，部分公交线路已开通，后期预计开通8条始发线路共计960班次，出行更加快捷便利。

【品牌维度】

国贸地产有限公司是国贸集团旗下的全资子公司，而国贸集团股份有限公司是一家资产规模达千亿元的国有控股上市公司，系厦门国贸集团两大支柱产业之一。公司创立于1987年，至今已有32年的开发经验，为中国最大的500家集团企业和"中国上市公司100强"。

国贸地产2010年入驻南昌，先后在朝阳开发了国贸天琴湾、国贸阳光、国贸春天、国贸蓝湾以及老城中心的国贸天悦等一系列高品质住宅项目。国贸天峰是国贸天字系第3号人居典范之作，结合之前所积累的丰富开发经验，对产品不断更新不断优化，在项目规划、户型设计、园林景观等方面都做了全方位的升级和改善。一直以来，国贸开发的所有项目均凭借其精益求精的品质以及优异的户型结构等，受到了市场的认可和追捧。

【口碑维度】

国贸天峰是国贸地产在南昌开发的第6个项目。国贸地产秉承"建筑从心开始"的建筑理念，凭借对匠心品质的坚守，对户型的精雕细琢，对工艺的精益求精，赢得广大南昌人民的青睐。

【产品维度】

国贸天峰是南昌区域"天字号"系列的第三个精品产品，小区共由6栋小高层与3栋高层组成，致力于打造纯改善大户型，面积段为130、140平方米、147平方米、155平方米。小区容积率低至2.2，多为18层两梯两户的小高层，拥有50~60米的宽阔楼间距，真正做到层层有采光、户户皆通透，居住舒适度高。

项目产品为毛坯交付，可塑性强，业主可以根据自己的风格装修，真正实现改善生活的目的。户型为3+1、4+1朝南多功能房设计，11米大朝南面宽，82%高得房率，产品户型通透合理，适合居住；一步到位，避免换房高昂成本，真正提高居住舒适度。

【销售维度】

国贸天峰自开售以来就备受客户青睐，截至2019年12月，小高层房源基本售罄，剩余房源为5号楼与10号楼的131~140平方米景观房源，可览象湖风光，销售均价14500元/平方米左右。2019年底推出商铺产品，建筑面积为35~110平方米左右的单层底铺。

更多楼盘详情请扫码查看

鸿海高新中心·溪园

2019年 中国城市楼盘年鉴 典型项目

南昌　低密社区　双铁环绕　一线湖景

鸿海高新中心·溪园位于江西省南昌市高新开发区高新七路888号，由江西济博置业有限公司开发，建筑面积254944平方米，占地面积87620平方米，规划户数636户。

项目地址：
南昌市高新开发区高新七路888号

开发商：
江西济博置业有限公司

建筑类型：
高层、洋房

主力户型：
89~124平方米三居、四居

周边配套：
南昌外国语学校，南昌三中，地铁3号线、4号线

参考价格：
均价16000元/平方米

楼盘优势：
位于高新区中心位置，邻近艾溪湖湿地公园，高新外国语学校、南昌三中双名校环绕，距离地铁近，周边大型商业配套成熟。

专家点评

国际城位于北京市顺义主城区

鸿海高新中心·溪园位于区域中心区，周边各种配套基本成熟，而其89~124平方米的产品，也很好地迎合了市场刚需和改善的需求。

项目解析

【区域维度】

高新区是国家级经济开发区，也是南昌经济主战场。近年来，大量国内外一流企业的入驻及中高端人才的涌入使得高新区的价值迅速飙升，势不可当。

鸿海高新中心·溪园位于南昌高新区核心区，紧邻京东大道和火炬三路十字中心，坐拥区域优越资源：四纵七横交通路网，距离地铁3号线约1公里，距4号线约1.4公里；高新外国语学校、南昌三中艾溪湖校区就在项目旁边；600米直达艾溪湖公园，环境宜人；周边商业配套成熟，1公里内就有大型商业新城吾悦广场；项目自身配套有25万平方米综合体，一站式吃喝玩乐购，真正实现了“不出家门嗨购世界”。

【口碑维度】

鸿海地产是江西本土新兴的大型房企，始于2008年，深耕房地产行业10余载，立足南昌，布局九江、赣州、上饶、长沙、株洲、郴州等城市，强强联手万科、碧桂园等龙头房企开发众多精品楼盘。

鸿海地产以“创造精品价值，筑就城市经典”为愿景，用一个又一个的城市经典见证着城市的每一步变迁。同时，鸿海地产集团也担任江西省地产协会执行会长单位，加入江西地产头部阵营。

鸿海高新中心·溪园面世以来，深受市场客户的认可，开盘基本售罄，呈现供不应求的情况。小区物业是万科物业，具有国家一级物业资质，贴心物管服务，客户认可度高。

【产品维度】

整个项目建筑面积约25万平方米，分为南、北两个地块，北面地块以商业为主，鸿海集团将其规划打造成为一站式新都会综合体；南地块以住宅为主，项目由3栋洋房、9栋小高层、5栋高层、2栋商住楼组成。

项目产品多样化，高层建筑布局为新版式结构，户型为89~119平方米左右，首付低、压力小，非常适合刚需客户；而对于改善客户，本案小高层及洋房产品为124平方米左右，三居及四居设计对于现代生活中的三代同堂而言再合适不过，并且户型方正，南北通透，彰显大气格调。

商业公寓方面，项目主推38~56平方米湖景LOFT公寓，商业将引进大型品牌超市、影院、酒店、高档餐饮、高档运动会馆、休闲娱乐等，为业主提供更便利的生活方式，并且配备2500平方米的公立幼儿园。

项目建筑立面风格偏现代简约，运用硬朗的线条及大量玻璃面处理，给人以清爽自然的感觉。屋顶采用大挑檐平顶，仿佛古人佩戴的官帽，给人儒雅、平和之感。

项目销售价格严格按照一房一价政府规定实施，令客户买得更加安心。

【销售维度】

鸿海高新中心·溪园2019年4月首次开盘，备受市场客户青睐，截至2019年10月，前期推售高层及小洋楼已全部售罄，热销全城。同时，南地块公寓仅使用半个月的蓄客期，开盘时实现约80%的去化率，再一次证明房产市场依旧处于火爆状态。

2019年末，项目再迎大批次供货，北区全新公寓产品11月面世，南区住宅小洋楼产品也推出4栋，再次掀起销售热潮。

更多楼盘详情请扫码查看

华侨城万科·世纪水岸

2019年
中国城市楼盘年鉴
民生项目

南昌　品牌房企　大型文旅　一线湖景

华侨城万科 · 世纪水岸位于南昌市西湖区朝阳新城云锦路 1888 号，由华侨城与万科强强携手打造，项目占地约 620 万平方米。

专家点评

鄢玫 · 江西日报广告部主任

华侨城万科 · 世纪水岸位于南昌热门区域朝阳新城，横跨南昌一环、二环线，项目无论是自身配套还是周边配套都颇为强大，从一入市就在南昌新房市场掀起了一阵热潮。

项目地址：
南昌市西湖区朝阳新城云锦路 1888 号

开发商：
华侨城（南昌）实业发展有限公司

建筑类型：
高层、小高层、洋房、别墅

主力户型：
89~167 平方米三居、四居

周边配套：
站前路小学、万达广场、三医院、象湖公园

参考价格：
均价 19000~21000 元 / 平方米

楼盘优势：
项目周边快速路环绕，紧邻象湖湿地公园，自带站前路小学华侨城校区资源。

项目解析

【区域维度】

华侨城万科 · 世纪水岸坐落于南昌市西湖区朝阳新城，该板块是南昌市按世界级标准规划的城市新区，先后由美国、澳大利亚、新加坡专家配合国内知名同济规划设计院、南昌城市规划设计研究院共同规划打造，华侨城万科 · 世纪水岸刚好就位于朝阳新城象湖西岸，华侨城携手万科构建约9000亩含象湖景区超大型文旅滨水综合体。

【品牌维度】

华侨城集团是国务院国资委直接管理的大型中央企业，1985年诞生于改革开放的前沿阵地深圳；控股华侨城A、康佳集团、华侨城亚洲、云南旅游等多家上市公司，是国家首批文化产业示范基地，资产规模已突破3000亿元，连续5年雄踞“全球主题公园集团四强”榜单。

万科1984年成立于深圳，1988年进入房地产行业。作为专业的房地产开发商，在34年间布局全球71个大中城市，包括65个中国内地城市及中国香港，以及新加坡、伦敦、纽约、旧金山和西雅图。

万科集团是“世界500强”企业，2017年再度上榜，位列榜单第307位，同年销售金额达5299亿元。万科在全球累计服务业主数量超过500万，相当于整个南昌市的人口数量。

【产品维度】

华侨城万科 · 世纪水岸占地约9300亩(含象湖景区)，根据规划方案，后期规划可能会有“都会绿岛、灵感舞台、水岸长汀、西岸艺廊、书海泛舟、栖芯居筑”六大维度板块及二十余个精品文旅项目，为南昌呈现先进的城市滨水文化旅游度假区。

项目将“有机生长”融入总体规划布局中，先从城市关键节点入手，如道路交会节点、公共绿地等，留出足够的广场空间，界定规划中的开放、舒展的基调。总体规划呈现西高东低的城市天际线效果，结合象湖景区的万寿塔等借景元素，体现出建筑与自然的相互交融。

整个项目住宅分为6期，按照板块划分别进行打造，截至2019年12月，项目前三期已经全部售罄，后期产品陆续推出中，涵盖高层、洋房、别墅，高层户型89~135平方米三居、四居，小高层147~167平方米四居，后期还会推出别墅产品；项目销售价格严格按照一房一价政府规定实施，令客户买得更加安心。

【销售维度】

案场数据显示，华侨城万科 · 世纪水岸于2018年8月首次开盘，备受市场客户青睐，首次开盘全部售罄。2019年11月初，项目再迎大批次供货，首次推出89平方米小三房产品，去化率达到80%以上，再次掀起销售热潮。

南昌市房管局以及网签公布的信息显示，项目以全年销售50.28亿元的成绩勇夺2019年南昌市项目销售金额排行榜首位置，成为全民追捧的明星楼盘项目。

更多楼盘详情请扫码查看

金科·博翠天下

南昌　品牌地产　湖山别墅　生态宜居

金科·博翠天下位于江西省南昌市新建区 105 国道旁，由金科地产集团股份有限公司开发，项目占地面积 223565 平方米，建筑面积 208136 平方米，绿化率 50%，容积率 0.86，总户数 1192 户。

项目地址：

南昌市新建区 105 国道旁

开发商：

金科地产集团股份有限公司

建筑类型：

别墅

主力户型：

123~195 平方米四居、五居

周边配套：

梅岭风景区、盈石 IM 广场、经开区医院

参考价格：

150 万 ~420 万元 / 套

楼盘优势：

项目近邻 105 国道，背靠梅岭国家森林公园，生态条件优越；项目容积率低、绿化率高，景观视野阔绰。

专家点评　熊挺·南昌晚报房产部主任

金科·博翠天下遵循东方传统美学，将东方院落文化融入小区布局中，与自然静谧相融，打造出宜居山水院墅。

项目解析

【区域维度】

金科·博翠天下位于江西省南昌市新建区105国道旁，邻近国家级战略新区赣江新区，背靠梅岭国家森林公园，生态资源、景观文化资源丰富。项目距离红谷滩约11.2公里，通过枫生快速路，与红谷滩无缝对接，形成“15分钟生活圈”。同时，项目周边昌九城际铁路、昌九高速、105国道、轨道交通等立体交通路网环绕，可快速通达全城核心区域。

【品牌维度】

金科集团成立于1998年，源于重庆，辉煌全国，21载发展，布局全国23省市、430余项目；集团总资产达2000多亿元，连续多年荣获“中国企业500强”。

2019年8月7日，由亿翰智库主办的“2019中国房企百强峰会”在上海举行，金科凭借强大的实力、专业的运营能力以及优异的产品力，荣登“2019年度中国房地产企业产品力10强”。同时，金科“博翠系”荣登“2019年度中国房地产企业产品品牌15强”，得到行业权威的一致认可。

金科应时代审美的市场需求，集金科20余年东方人居修为之大成，把过去对东方人居的实践，从项目战略转为产品战略，系统打造了琼华、博翠、集美三大产品线，并构建全新三大产品线琼华系、博翠系以及集美系。一直以来，金科执着于品质，始于匠心而不止于匠心，认真打磨每一套户型，先后获得意大利“A”设计大奖、世界建筑节景观大奖、中国《时代楼盘》金盘奖，在业内被称为“中国住宅产品专家”。

【口碑维度】

2017年金科地产首进江西，深耕两年，布局七城十二子。金科·博翠天下是金科布局江西的第一座博翠系高端别墅产品，凝聚金科21载山地建墅修为与经验，遵循东方传统美学，将东方文化融于建筑的毫厘之间，打造新中式湖山低密墅居，品质受到市场的好评。

【产品维度】

金科·博翠天下占地约223565平方米，总建筑面积约208136平方米，一至三期规划36栋双拼别墅、27栋叠拼别墅，整个项目容积率仅0.86，绿化率高达50%；约23米楼栋距，营造一半自然、一半建筑的社区格局。

产品主要为建筑面积123~141平方米城市叠墅和约195平方米湖山双拼别墅。双拼别墅拓展后可实现5层格局，约5.7米挑高地下室、约10.5米客厅大面宽，致敬人生大格局；叠墅下叠可拓展4层格局，近百平方米地下空间，约9.7米大面宽横厅，全卧朝南，景观与阳光尽收。

金科·博翠天下强调礼序，在总规划上，以低容积率、更宽楼间距和更具包容性的排列方式，造就整体布局的仪式感。金科深谙东方世家情怀，以中轴对称、三进院落实现项目的归家礼制，筑就中国厅堂；遵循东方建筑形制，以大门为焦点，并以显赫端仪的门第礼序敬重世家生活。

【销售维度】

截至2019年12月，金科·博翠天下新品半山坡地墅火热销售中。凭借错落有致的退台坡地布局和阔绰的景观视野等优点，产品赢得市场好评，销售火爆。

更多楼盘详情请扫码查看

美的新力·公园天下

南昌　品牌房企　梅湖景区　地铁沿线

美的新力·公园天下位于南昌市青云谱区昌南大道，占地面积 9 万平方米，建筑面积 28 万平方米，容积率 2.5，绿化率 35%，共规划 2000 户。项目由美的置业和新力地产联合开发，产品类型有高层、小高层和洋房。

项目地址：
南昌市青云谱区昌南大道 3366 号

开发商：
南昌市地美房地产开发有限公司

建筑类型：
高层、小高层、洋房

主力户型：
89~129 平方米三居、四居

周边配套：
地铁 3 号线、八大山人广场、梅湖景区

参考价格：
均价 13500 元 / 平方米

楼盘优势：
项目由美的和新力强强联手打造，位于地铁 3 号线附近，紧邻八大山人广场、梅湖景区和象湖湿地公园，生态环境好，周边生活配套成熟。

专家点评　胡江·江南都市报房产周刊主编

美的新力·公园天下位于梅湖景区附近，生态条件良好，产品涵盖高层和洋房，得房率高，户型面积偏刚需，非常适合首次置业的购房者。

项目解析

【区域维度】

美的新力·公园天下位于南昌市繁华核心地段迎宾大道，项目东北是繁华的老城区，生活、教育、商业等配套成熟；西侧是城市资源高地朝阳新城，西面紧邻南昌绿肺象湖湿地公园，生态环境好，非常宜居。

项目周边配套资源丰富，除了八大山人梅湖景区、象湖湿地公园、花博园等自然资源外，还有沃尔玛、家乐福、华润万家、麦德隆等大型商超，更有武警江西总队医院、九四医院、骨科医院、省皮肤医院等医疗配套。此外，项目南面为昌南大道，邻近地铁3号线及快速公交线路(BRT)，交通便捷。

【品牌维度】

美的新力·公园天下由美的置业和新力地产强强联手打造，沿用新力的物业、园林设计，且在新力的基础上进行升级，并严格按照美的精工建筑品质进行施工。户型设计更加合理，得房率高，还享有美的5M智慧升级系统等。

【口碑维度】

美的置业紧跟国家新型城镇化进程，实施“聚焦区域深耕，均衡城市布局”战略。截至2018年，在珠三角、长三角、长江中游、环渤海、西南五大核心经济区，覆盖全国十一省、一自治区、三十八市及一直辖市，布局超200个精品项目。2019年，美的置业位列由全国工商联、青海省人民政府共同颁发的“中国民营企业500强房地产业榜”前30强；荣获“中国房开企业500强”第35名以及“2019中国房地产开发企业综合发展10强”等荣誉，并在2018年获得全国智标委智慧居住区分技术委员会颁发的“国家智能居住区标准创制基地”称号，是智慧地产知名品牌。

新力物业是“中国百亿百强房企”新力控股旗下物业服务公司，是国内新锐的高端精细化物业管理服务提供商，被中国房地产业协会评定为“2018中国物业管理企业综合实力100强”“2019年度最佳物业服务运营商”。公司成立于2011年，截至2019年末，新力物业已布局江西、江苏、湖北、湖南、广东等五省12座城市、逾60个项目，合同管理面积超1400万平方米。

【产品维度】

项目总占地面积89966平方米，总建筑面积287735平方米，绿地率35%，容积率2.5，规划总户数2000户。项目采用南低北高的排布方式，分为三块地块开发建设，共规划了27栋住宅，由10栋高层、4栋小高层、13栋洋房组成。小区自带约2200平方米商业和2600平方米幼儿园，以满足小区业主日常需求。小区共规划了1876个车位，其中地上181个、地下1695个，基本做到了1:1的配比，可满足业主的停车需求。

户型由89~122平方米三居以及129平方米四居组成，户户朝南，高低错落，居住舒适。户型方正通透，通风效果好，动静分区明显，空间利用率高，改善及刚需一族均可参考置业。

【销售维度】

案场数据显示，美的新力·公园天下项目于2019年7月13日首开入市，开盘去化接近30%，受到周边区域客户的青睐。2019年8月13号楼加推入市，10月加推10号楼，均取得了较好的销售业绩。美的、新力两大房企重力合作，在南昌房地产市场获得了广泛认可。

更多楼盘详情请扫码查看

新力东园

- 2019年 -
中国城市楼盘年鉴
典型项目

南昌　高绿化率　双铁周边　西站商圈

新力东园位于南昌市九龙湖区龙虎山大道 1366 号，由南昌新铭房地产开发有限公司开发，建筑面积 239235 平方米，占地面积 112316 平方米，规划户数 1587 户。

专家点评　宗剑雄·江西晨报副总经理

新力东园是新力高标准高水平打造的项目，户型设计合理、全明通透，容积率低，景观绿化好，居住舒适度高，加上九龙湖成熟配套的加持，非常受市场欢迎。

项目地址：
南昌市九龙湖区龙虎山大道与上饶大街交会处

开发商：
南昌新铭房地产开发有限公司

建筑类型：
高层、公寓

主力户型：
110~142 平方米三居、四居

周边配套：
南师附小、沃华 W 广场、南昌西站、地铁 2 号线

参考价格：
均价 16200 元 / 平方米

楼盘优势：
位于九龙湖中心，近地铁 2 号线，享南昌西站商圈及九龙湖成熟配套，邻虎形山湿地公园，近外国语和南师附小，九境园林，高水准物业。

项目解析

【区域维度】

九龙湖新城是目前南昌具有空间发展优势和政策导向优势的核心城区，政府斥资千亿元打造，是南昌城市当前发展的重拳区域，也是当之无愧的城市发展主角区域。目前已入主的有江西省政府、西客站、国体中心、融创文化旅游城、绿地国际博览中心等各类重量级资源配套。在交通方面，除了高铁西客站外，还有双向 12 车道加 8 车道的立体交通体系以及地铁 2 号线、4 号线。

新力东园位于九龙湖新城中心地段，距南昌西客站、长途汽车站仅 2.1 公里，辐射商圈有新宇盛世广场、沃华 W 广场、瑞士城际广场、绿地国博城等。教育配套有外国语中学、南师附小及各大幼儿园等，公园配套则有虎形山湿地公园等。

【品牌维度】

新力控股由一家江西本土房企，以不足 10 年的时间迅速发展崛起，由中国房地产业协会、上海易居房地产研究院中国房地产测评中心发布的“2019 年度中国房地产开发企业 500 强”榜单显示，新力地产成功跻身“2019 年度中国房地产开发企业 500 强”第 39 位，发展速度远超同业。

2017 年新力地产总部迁至上海，完成珠三角区域、长三角区域、中部区域、西部区域全国性布局，短短 9 年时间，在全国 32 个城市开发的项目数量已达 100 多个。同时，也正式于 2019 年 11 月 15 日在香港股票交易所上市，股票代码为 2013.HK。

【口碑维度】

新力地产的本质在于对“匠心品质”理念的严格恪守和不断追求。迄今为止，新力所到之处，开发的项目往往都是当地市场上的热销盘；“比好更好”，把“让居者有其屋”变为“让居者优其屋”，是新力地产和其他新兴房企拉开差距的原因所在。

新力东园是基于新力品牌、九龙湖区域和高端改善型住宅这三个维度之上的一次升级换代式的产品，在选址、建筑规划、园林设计、户内外空间打造等方面均代表了新力园系的高水准。它不但是九龙湖区域经历五年发展期之后的区域升级力作，更是集核心地段、景观资源、高端圈层、户内空间、高端物业于一体的高端人居作品。

【产品维度】

新力东园总占地面积 112316 平方米，分两期开发。一期由 11 栋高层组成，产品户型面积从 110 平方米到 140 平方米不等，全部为新力高端定制的装修成品三居、四居；中间户做到了全通透设计，配备中央空调、地暖、新风系统。

新力东园是新力“园系”产品中的升级产品，社区最大楼间距达到了 80 米，绿化率近 40%，容积率仅为 2.09，接近于洋房社区的容积率，视野非常开阔，景观优渥。社区园林采用新亚洲风格的皇家园林布局，和新力住宅悦系产品——新力洲悦的皇家园林为同款设计，中心大草坪的设计，完全是以豪宅住区的园林标准来建造。

【销售维度】

案场数据显示，新力东园 2018 年 6 月 30 日首次开盘，开盘当日实现约 90% 的去化率，大获成功，奠定了新力东园的市场地位。截至 2019 年 6 月，仅用一年时间，项目一期 11 栋高层就全部去化完毕。2019 年 10 月，新力东园正式加推二期房源，当月即售完，截至 2019 年 12 月，仅剩一栋住宅在售。

更多楼盘详情请扫码查看

新力洲悦

2019年 中国城市楼盘年鉴 典型项目

南昌　悦系豪宅　超大平层　高绿化率

新力洲悦位于南昌市西湖区云锦路756号，占地面积41658平方米，建筑面积57248平方米，容积率1.33，绿化率70%，规划总户数127户；项目为新力置地首个悦系产品，均为建筑面积310~610平方米大平层。

项目地址：

南昌市西湖区云锦路756号

开发商：

江西新力置地投资有限公司

建筑类型：

高层

主力户型：

310~410平方米五居、610平方米六居

周边配套：

地铁4号线、朝阳公园、万达广场、站前路小学

参考价格：

均价37000元/平方米

楼盘优势：

新力地产第一个TOP“悦系”住宅，地处朝阳新城EBD中心区域，地铁、公园、商业、学校等配套齐全；内部六维园林景观，70%的高绿化率，新力物业英式管家服务。

专家点评

胡江·江南都市报房产周刊主编

新力洲悦是新力地产在南昌高标准高水平打造的豪宅项目，均为大平层产品，配合高绿化率、高定装修、高级会所、皇室物管等，为南昌乃至江西为数不多的豪宅产品。

项目解析

【区域维度】

一座城市的发展，离不开核心板块的发力。朝阳洲作为南昌中轴板块，兼得老城中心、发展中心之利，整个朝阳洲与其他区域在“共融共通”之中共同推动城市发展。

新力洲悦位于朝阳新城中心位置，坐拥便利交通资源，朝阳大桥、南昌大桥、生米大桥，与红谷滩无缝对接；九洲高架、象湖隧道直接缩短与周边区域距离；地铁4号线（在建）、5号线（规划），全方位通达城市各处；以朝阳公园、中心公园、滨江公园、象湖生态之利成就城市宜居板块，并近享万达、天虹、绿滋肴、大悦城（规划）等商业繁华，为生活添色加彩。

【品牌维度】

新力控股由一家江西本土房企，以不足10年的时间迅速发展崛起，由中国房地产业协会、上海易居房地产研究院中国房地产测评中心发布的“2019年度中国房地产开发企业500强”榜单年度显示，新力地产成功跻身“2019年度中国房地产开发企业500强”第39位，发展速度远超同业。

在过去的几年中，新力地产捧获多项大奖：“2018中国房地产开发企业品牌价值50强”“2017年荣获中国房地产开发企业品牌价值华中10强”“2017中国房地产开发企业100强”“2017中国房地产开发企业区域运营10强”。

2017年新力地产总部迁至上海，完成珠三角区域、长三角区域、中部区域、西部区域全国性布局，短短9年时间，在全国32个城市开发的项目数量已达100多个。

【口碑维度】

新力洲悦是南昌真正意义上与世界比肩的居所，将高定私密的居住理念融入建筑的每寸肌理，每一处定制服务皆精准到秒。新力洲悦以其精细的产品细节以及尊崇服务体验赢得客户高度认可和地产同行的衷心称赞，从某种意义上讲，新力洲悦改变了南昌豪宅的开发标准，为南昌豪宅的发展指引了新的方向。

【产品维度】

新力洲悦位于朝阳洲，是新力地产旗下TOP系产品。新力洲悦仅打造有3栋高层建筑，共计127套大平层产品。社区内部配备有凡尔赛式宫廷园林，绿化率高达70%；亿元级悦CLUB会所，集萃SPA、室内高尔夫、泳池等十五大服务设施；英国皇室物业管家服务，高定标准令人心悦诚服。

新力洲悦的大平层产品，继承了帕拉迪奥圆厅别墅精神内涵，十字平面布局严谨对称，强调“无所不在的礼序，让精神得以安居”。这种“十字形”的平面规划，将功能空间划分成礼仪区、社交区、家庭活动区与休息区四个区域，每个区域保持着极好的独立性，避免了不同空间互相干扰。

新力洲悦集合国际设计师团队打造“芬迪、阿玛尼、半岛”三种风格装修标准，与全球经典建筑甄选同等高定装修品牌，以前沿的艺术美学演绎尊贵人士的世界悦享。

【销售维度】

新力洲悦于2015年7月首次开盘，一经面市便深受华中市场客户青睐。作为华中千万级大平层豪宅，销售业绩非常优秀，一度创下顺销期月销5000万元的佳绩。截至2019年底，新力洲悦已基本售罄，仅剩余几套房源在售。

更多楼盘详情请扫码查看

正荣·悦澜湾

- 2019年 -
中国城市楼盘年鉴
典型项目

南昌　品牌房企　地铁沿线　低密社区

正荣·悦澜湾位于南昌市南昌县振兴大道与莲西路交会处，由南昌正荣（新加坡）置业有限公司开发，建筑面积 162214 平方米，占地面积 55634 平方米，规划户数 1172 户。

项目地址：

南昌市南昌县振兴大道与莲西路交会处

开发商：

南昌正荣（新加坡）置业有限公司

建筑类型：

高层

主力户型：

89~113 平方米三居

周边配套：

地铁 3 号线、快速公交 2 号线、昌南客运站

参考价格：

均价 13000 元 / 平方米

楼盘优势：

项目紧邻南昌老城区，邻近八大山人生态公园，现代外国语学校、莲塘一中等学校环绕，距离地铁 3 号线约 500 米，周边大型商业配套成熟。

专家点评

熊挺·南昌晚报房产部主任

正荣·悦澜湾位置相对不错，位于莲塘板块比较中心处，周边配套成熟，距离3号线约500米，交通便利，尤其受到南昌县购房者的重点关注。

项目解析

【区域维度】

正荣·悦澜湾位于南昌县莲西路与振兴大道交会处，同时享有老城区和莲塘板块的两大醇熟生活区域。

项目坐拥板块内“三横两纵一地铁”的便捷交通路网，以及3公里一站式优质生活圈，距离地铁3号线振兴大道站约500米，可去往老城区八一广场、高新片区。同时，3号线途经已经开通运行的地铁1号线、2号线换乘站，可通达全城。

迎宾北大道与莲塘北大道两条城市主干道建于项目东西两侧，通过南面振兴大道及多条辅路，可连接板块内多条城市快速路，如汇仁大道与澄湖北大道，区位优势十分明显。另外，项目楼下就是BRT城市快速公交、长途客运汽车、公共汽车、出租车综合交通枢纽，实现了全城互通，为出行节约了宝贵时间。

【口碑维度】

正荣地产成立于1998年，是一家大型综合性房地产开发商，于2018年在香港联交所挂牌上市，股票代码06158.HK。截至目前，已投资布局长三角、环渤海、中部、西部、海西、珠三角等六大区域，落子上海、南京、南昌等32座城市，开发运营精品项目约200个，土地储备面积约2600万平方米。

立足“改善大师”的品牌定位，正荣地产以优质的产品和服务赢得了各界的尊重和赞誉。2019年，在亿翰智库发布的“2019年度中国房企综合实力200强”评选中，正荣位居“全国房企综合实力20强”。此外，还获得“2019中国房地产上市公司综合实力20强”“2019中国房地产上市公司H股10强”以及“2019中国房地产上市公司经营绩效5强”等荣誉。

正荣在江西共计开发运营30余个精品项目。2018年南昌市房信网数据显示，正荣在南昌住宅成交总金额和住宅销售总面积两项榜单中均位列前三甲。

【产品维度】

正荣·悦澜湾项目占地5.56万平方米，总建面约16.23万平方米，规划绿化率约35%；根据用地条件规划，方正有序地依次排布13栋21层至25层的小高层。为充分保障每一户人家的通风和采光效果，栋与栋之间的楼间距达到约47米，这个距离相当于一栋20层楼的总高。

最难能可贵的是，项目社区容积率约2.19，是莲塘板块内密度较低的人居社区。项目总户数1172户，规划地下车位1166个，车配比将近1:1，充分满足小区内住户的停车需求，规避了大部分小区存在的停车难问题。

社区整体外立面造型采用现代风格，应用古典建筑的三段式突出建筑体量关系。裙房部分采用颜色较深的涂料，住宅上部采用浅米色涂料，整体强调竖向线条，并结合简洁的横向线条，塑造简约的立面风格。设计同时注重建筑细节，彰显“高贵大气”之风；造型丰富而有特色，强调小区的整体感官。

项目户型为89平方米、113平方米大三居设计，低首付、压力小、功能全，整体户型南北通透，通风效果好，客厅两卧三开间朝南的设计，使采光面更宽阔，方正敞亮。客餐厅分区设计，功能分布合理，利用率非常高。主卧套房设计，私密性强。

【销售维度】

正荣·悦澜湾2019年9月首次开盘。南昌县房管局数据显示，首期开盘时实现约80%的去化率，再一次证明当地房产市场依旧处于火爆状态。

更多楼盘详情请扫码查看

嘉福原山著

- 2019年 -
中国城市楼盘年鉴
典型项目

赣州　高绿化率　生态宜居　品牌地产

嘉福原山著位于江西省赣州市赣县区梅林湿地公园旁，由赣州嘉福实业有限公司开发，占地面积 132243 平方米，建筑面积 389482 平方米，总户数 2105 户。

项目地址：
赣州市赣县区梅林湿地公园旁

开发商：
赣州嘉福实业有限公司

建筑类型：
高层、别墅

主力户型：
高层 126~142 平方米三居、四居，别墅 140~150 平方米四居

周边配套：
梅林湿地公园、新中医院、思源实验学校

参考价格：
均价 8700 元 / 平方米

楼盘优势：
项目地处赣县区城北新区核心区域，周边配套有梅林湿地公园、新中医院、思源实验学校等，居住便利舒适。

专家点评

鄢玫·江西日报广告部主任

嘉福原山著项目依山就势，不破坏原有的地势风貌，营造一个和谐的高绿化率社区，舒适感十足，项目周边公园、医院、学校、商业等配套比较齐全。

项目解析

【区域维度】

嘉福原山著地处城北新区的核心区域，位于赣南大道(城南大道)、贡江北大道两条城市主干道交叉处。项目东边一路之隔为占地15万平方米的梅林湿地公园，南向规划建设两处总面积共12万平方米的商业综合体，马路对面就是新中医院、思源实验学校，周边配套资源丰富。

【品牌维度】

嘉福地产集团成立于1993年，是一家以房地产开发、运营和管理为核心业务的多元化、综合性集团公司。26载砥砺前行，嘉福地产集团以品质筑城，以匠心传承，足迹遍布江西、福建、山东、江苏等省份，已发展成为区域内知名的房地产综合性开发企业。

2018年嘉福地产集团全面改革，踏上了“二次创业”征程，并确定了“5年1000亿元50强”的“515”战略目标，实施“深耕江西，布局全国”战略，以江西为根据地，择机进入海峡西岸、粤港澳大湾区；主要布局三、四线城市，逐步进入弱二线和环一、二线城市。集团坚定不移实施战略深耕模式，进入一个城市即深耕一个城市，打造城市品牌形象，成为城市品质生活的营造者，给人民群众带来更多获得感、幸福感。

【口碑维度】

凭借产品开发能力及优质房地产项目，嘉福已在赣州树立起良好的品牌形象，并获得多个奖项及荣誉，如中国房地产人居环境最佳范例奖、中国赣州地产风范大奖、江西省物业管理示范项目、赣州市优质建设工程奖、赣州市年度最佳品质楼盘、赣州市魅力园林化居住区、赣州市最具影响力品质楼盘、赣州市年度影响力品质大盘奖、赣州市创业孵化示范基地等。克而瑞地产研究中心公布的数据显示，嘉福地产凭借突出的品牌实力以及经营业绩，排名“2019年上半年中国房地产企业销售榜单”第159位。

【产品维度】

项目总占地面积132243平方米，容积率2.3，绿地率51%，建筑密度25%，总建筑面积389482平方米，由12栋高层、44栋湖畔叠墅、25栋原著合院、6栋山顶合院以及配套幼儿园、社区商业组成，总户数2105户。高层采用Art Deco建筑风格，高端典雅；叠墅、合院采用新亚洲建筑风格，山环水抱，生态宜居。社区采用人车分流，共有车位2375个，停车便捷。

项目在尊重保留原山地貌的前提下，依山就势，高层产品设计在地势较高处，在坡向与坡度皆宜处设计合院、叠墅。高层组团通过高差的变化，减少了对天际线的影响；高层与叠墅合院的相互穿插，突出了建筑融入山体的目的，形成全新山水格局的独特设计。

小区通过山体建筑、高低落差，打造森林峡谷园林体系，共规划坡地公园、街心公园、台地公园、溪谷公园、镜面公园五大公园体系，居住舒适。

【销售维度】

现场数据显示，嘉福原山著2018年3月首次开盘，备受市场客户青睐，开盘楼栋当日即售完；2018年加推7次，次次售罄，年度签约近10亿元。2019年，项目热销势头不减，剩余高层已经全部售罄。

2019年末，项目推出唯一一栋精装高层9号楼，以嘉福引以为傲的装修标准匠心打造，深受市场欢迎。

更多楼盘详情请扫码查看

美的·君兰半岛

2019年 中国城市楼盘年鉴 典型项目

赣州　品牌地产　户型方正　智能社区

美的·君兰半岛位于赣州市东江源大道与香江大道交会处，由赣州鑫群置业有限公司开发，建筑面积 380000 平方米，占地面积 120000 平方米，规划户数 2542 户。

项目地址：

赣州市东江源大道与香江大道交会处

开发商：

赣州鑫群置业有限公司

建筑类型：

高层、洋房

主力户型：

90~136 平方米三居、四居

周边配套：

厚德书院、天骄小学、天骄中学、赣州理工大学

参考价格：

均价 10600 元 / 平方米

楼盘优势：

项目位于经开区中心位置，邻近厚德书院、天骄小学、天骄中学、理工大学；周边交通便利，立体交通网络，能快速通达全城。

专家点评 宗剑雄·江西晨报副总经理

项目位于赣州市经开区中心位置，周边生活配套比较成熟，居住条件较好，小区规划有高层和洋房，可满足刚需和改善需求。

项目解析

【区域维度】

美的·君兰半岛占位赣州中心城区西城区，地处东江源大道与香江大道交会处，系章江新区、老城区、经开区三区交会处，也是赣州文化、居住和商务核心交会之地。区域承接老城区的完善配套及深厚人文底蕴，凭借区域优势、便捷交通、丰富资源以及高科技产业集群，成为赣州生态宜居胜地。

【口碑维度】

美的置业深耕赣闽区域3载，坚持城市深耕细作、项目稳步推进，先后布局南昌、九江、上饶、赣州、泉州、南安6个城市，打造16个精品项目，赢得广大业主的高度认可。2018年8月，美的置业集团进驻千年宋城——赣州，打造高端智慧城居精品美的·君兰半岛，项目以低容积率、高绿化率、高得房率等优势，深受购房者好评。

【产品维度】

项目总建筑面积约38万平方米，总户数约2530户，容积率为2.5，由19栋21~33层的高层、9栋11层的小高层以及1栋社区用房、1栋幼儿园组成。户型为90~136平方米三居、四居。所有楼栋坐北朝南、户型方正、南北通透，大开间景观阳台，保证每一户都拥有上佳的观景效果。

小区绿化率35%，园林采用现代中式风格，运用中国古典园林经典造园手法，把植物与其他景观要素有机结合，增强中式韵味。同时，小区内部还规划运动健身区和环绕小区园林的健康慢跑道，下楼就可以健身。

小区整体采用半围合式布局，保证住宅住户充分享受内部景观资源，南面布置低矮洋房建筑，北面布置高层建筑。内部建筑分布错落有致，间距合理，在提升景观视野的同时也能保证项目丰沛的采光日照时间，同时也让整个建筑更具有层次感。

小区建筑外立面设计上，采用简洁的现代风格，彰显都市感和现代感；强调竖向线条的色彩分割和纯粹抽象的集合风格，凝练硬朗，营造挺拔的社区形象。

小区规划6个人行出入口及3个车行出入口，设计以人为本，实行人车分流，机动车直接入地库，不进入小区组团内；每户都可以做到电梯入库，十分方便。

整个小区实现云智慧管理，云智慧管理平台、业主、物业三方互联，八大智能安防系统为住户保驾护航，周界防盗报警系统及电子巡更系统为整个小区提供安全防护；车行入口车牌自动识别系统，让业主每一次出行都很安心。云视频监测小区重要公共区域，消除安全隐患，每个单元门都设置监测系统，刷卡入户，保障安全。电梯实现五方通话系统，小区实行智能一卡通系统，门禁、缴费、预约等足不出户就能轻松搞定。同时，小区内公共区域无线WiFi覆盖，让生活更科技智能。

【销售维度】

美的·君兰半岛于2019年2月首次开盘，备受市场客户青睐，在销售业绩方面表现出色。赣州房产管理局数据显示，在2019年8~10月三个月期间，美的·君兰半岛连续创造破亿元佳绩，热销全城。

更多楼盘详情请扫码查看

阳光城·檀府

宜春　低密社区　大型商超　一线江景

阳光城·檀府位于宜春市秀江东路沁园小学旁，是由“世界500强”阳光控股旗下“中国地产20强”阳光城集团打造的高品质项目，占地面积168000平方米，建筑面积440000平方米，规划户数1056户。

项目地址：

宜春市秀江东路沁园小学旁

开发商：

宜春中冶天工秀江置业有限公司

建筑类型：

高层、洋房、别墅

主力户型：

104~135平方米三居、四居

周边配套：

沁园小学、秀江、万达广场、天虹商场

参考价格：

均价6500~7500元/平方米

楼盘优势：

秀江之畔、一线江景，毗邻万达广场、天虹商场，近享宜阳中学、沁园小学等众多教育资源。

专家点评　鄢玫·江西日报广告部主任

阳光城·檀府位于宜阳新区，周边商业、教育、公园等各种配套资源齐全，生活便利，项目产品丰富，含高层、洋房和别墅，无论是刚需还是改善，都可以在此安家置业。

项目解析

【区域维度】

阳光城·檀府位于宜春宜阳新区市府东侧，依托秀江之畔，尽揽一线江景。项目距宜春高铁站仅2.3公里，接驳宜阳大道、锦绣大道、秀江东路等便捷路网，毗邻万达广场、天虹商场，更有博园、市政公园、多胜楼等历史悠久的人文胜景环绕，近享宜阳中学、沁园小学等众多教育资源，周边配套资源完善，出行便利程度高；既享新城发展利好，又享城市成熟配套。

【品牌维度】

阳光城集团为“世界500强”阳光控股投资的全国品牌房企，凭借快速发展跃居“中国房地产开发企业500强”第20位，年度销售额超1000亿元；历经24载风雨征程，项目品质在业内有口皆碑，一度引领市场方向，对购房者的号召力可见一斑。依托阳光城品牌美誉背书，阳光城·檀府自开盘便持续热销、备受追捧，成就宜春实力红盘。

【口碑维度】

成大事者，必然精于每一处细节。源于对城市建筑肌理的整合及对园林景观布局的宏观考量，阳光城·檀府斥巨资打造园林示范区，并摘得由国际绿色建筑与住宅景观协会、亚洲园林协会、园冶杯风景园林国际竞赛组委会颁发的“2018年度园冶杯专业大奖”。这一奖项的归属，是对宜春阳光城·檀府专业的肯定，而连续两年位居宜春房地产销售榜单的前列，是市场对阳光城·檀府品质与实力的广泛认可。无论是产品的匠心细节，还是案场团队的卓越服务力，都彰显了阳光城·檀府的用心；几度热销，实至名归。

【产品维度】

阳光城·檀府作为阳光城集团高端产品系——檀府系产品，首入宜春，引入改善系“洋房里”规划理念，奢造约44万平方米新中式府院低密度社区。项目以江南坊巷为型，以新中式精髓礼序为制，打造多庭院布局，锻造独特新中式府院产品，精研宜春深厚历史底蕴，精心打造“宜春城市封面”。

项目位于宜春秀江旁，一线江景资源，社区包含14栋洋房、15栋高层、102套别墅和83套商铺产品。在精筑高端的洋房与高层产品的基础之上，又倾力打造全新升级作品——阳光城·檀府“院墅”，以“择址观、人文观、庭院观、空间观、居住观”五大观点革新传统院墅生活。

项目产品高层主力面积段为104~128平方米、洋房面积段113~145平方米，别墅面积段143~165平方米，产品类型及户型多样，可供选择性大。

【销售维度】

案场数据显示，宜春阳光城·檀府2018年3月5日首次开盘，推出高层产品即开即罄。2019年4月推出高端产品别墅“韩愈的院子”，样板房开放当天吸引上千组客户到场参观，一经推出，即刻售罄。2019年8月推出83套底商产品，60天销售80套，截至2019年10月，整盘住宅已完全售罄，在销2600套，总销售额超25亿元。阳光城·檀府一直延续屡于售罄的火热业绩，奠定稳定的市场地位，走在宜春房地产销售排行榜的前列。

更多楼盘详情请扫码查看

2019 年九江房地产市场总结

行业发展历程

一、城市概述

九江是江西省区域中心城市之一、昌九一体化双核城市、环鄱阳湖城市群副中心城市、长江中游区域中心港口城市、赣鄂皖湘区域性现代化中心城市。截至 2018 年，全市常住人口 489.68 万人，城镇人口 270.65 万人，城镇化率 37.54%，是一座有着 2200 多年历史的江南文化名城。

九江是中国首批五个沿江对外开放城市之一、江西唯一的国际贸易口岸城市，九江港是长江流域十大港口之一、国家一类口岸。

二、行业现状

回看九江房地产市场，在城市向西发展、新区供货量井喷大背景下，楼盘销售冰火两重天，整体楼市观望情绪弥漫，竞争压力激增。浪潮推动下，诸多房企逐步回归到产品力、营销力的打磨上，新一批的优质楼盘先后入市，八里湖新区置业门槛水涨船高，一个全新的楼市格局已然开启。

三、政策环境

在“房住不炒”的核心理念之下，2019 年九江楼市平稳推进，并未发布重磅政策调控楼市，但房贷利率的下调，在一定程度上加大了对楼市的刺激。

四、土地市场

全年优质地块频出，热度主要集中在 5 月到 10 月期间，优质地块的集中供应刺激土地市场热度明显提升，溢价率快速上扬。而 11 月、12 月土地市场热度明显下滑，多地底价成交。

五、房企布局

从房企在九江的土地储备情况来看，诸多房企选择继续深耕九江，也不乏优质房企首次入驻。从整体布局来看，更多房企选择多子联动，或合作拿地开发。从区域销售情况来看，更多房企偏向选择八里湖新区与濂溪区。

六、房产行业发展历程

九江市整体经济发展速度与人口增长速度较为迟缓，城市化进程也相对缓慢，房地产行业起步较晚，但在棚改货币化安置政策实施的推动下，市场开始快速发展，城市建设也随之快速推进，九江房价一并跟随水涨船高，涨价幅度最高超两倍之多。后又因棚改货币化安置政策的结束，市场需求造血不足，楼市逐步趋于稳定，购房热潮已然褪去。

城市年度市场解读

一、本地新政

1. 学区房政策调整，一套房三年内只能作为一个家庭的入学依据

一套城区房产在三年之内（计算时间从适龄儿童少年入学当年 6 月 30 日开始）只作为一个家庭适龄儿童、少年在公办义务教育学校入学的依据；三年之内另一个家庭再次以该套房产作为公办义务教育入学依据的适龄儿童、少年，由当地教育行政部门依据其实际居住地相对就近统筹安排义务教育学位。

2. 在九江购房的大学生购房最高可获数万元补贴

自 2018 年 6 月 14 日及之后新引进的全日制大专及以上毕业生在（九江）工作一年以上的人才，以申请人实际缴纳首套住宅的契税为标准，最多不超过 3 万元。已享受安家费的人才，不再重复享受购房补贴。

二、年度土地成交

2019 年九江市成交土地总面积 100.24 万平方米，同比增长 1.1%；成交土地总金额约为 65.1924 亿元，同比上涨 16.21%。此外，土地平均溢价率为 27.09%，单地块最高成交楼面价 10153.95 元 / 平方米，刷新历史最高楼面价，单地块最高成交总价为 6.96 亿元。

2019 年土拍成交地块已开工建设项目 18 个，其中已开盘项目 6 个，拿地至动工到开盘周期最短项目用时为 168 天。

三、年度住宅供应

2019 年九江住宅供应量为 31996 套，总供应面积约 333.54 万平方米，非住宅供应量为 10939 套，供应面积约为 52.98 万平方米。

其中，2 月、3 月份受节假日影响，市场进入传统淡季，2 月月度供应量跌至千位以下。直到“银四月”新房供应量开始有所回升，5 月继续回落后开始稳步增长，12 月增长至最高峰，供应量冲至 5390 套的高位。

四、年度住宅成交

研究机构数据显示，2019 年九江纯住宅共成交 30214 套房源，同比下降 5.84%。纯住宅总成交面积约 361.1 万平方米，非住宅成交 8737 套，非住宅总成交面积约 59.37 万平方米。

2019 年“金九银十”九江住宅成交达到小高潮，10 月单月成交 3522 套。11 月、12 月住宅成交量急转直下，12 月单月成交量仅 1880 套，成为 2019 年九江住宅成交量最低月份。

从住宅供应量来看，12 月住宅供应量为 2019 年峰值，而成交量却为低谷，更多的成交数据需要等到 2020 年 1 月结束后才能见真章。

五、年度住宅存量

库存方面，据研究机构数据，年末全市新建商品住宅库存近 15319 套，较 2019 年初的 18113 万套有所下降。

按近 6 个月平均成交量计算，当前全市商品住宅出清周期约为 6.2 个月。

六、区域成交表现

从各区成交量来看，柴桑区成交量最多，共 9010 套，占全市总成交量的 30%。

从成交量增长速度来看，八里湖新区增速明显，单盘成交量平均值为全市最高。而作为老城区的浔阳区新房项目量较少，成交量依旧呈现颓势。

七、成交房企排行

2019 年九江商品住宅销售金额 TOP10 房企合计销售 183.61 亿元。排行榜前四位的房企销售金额均超 20 亿元，其中联发集团凭借八里湖新区四子联动共同发力，以 36.55 亿元荣获九江房企销售榜第一名；第二名为碧桂园集团，九子联城深耕九江，2019 年销售金额 28.82 亿元；保利发展紧随其后，以 22.33 亿元位居第三名。

八、年度房价走势分析

2019 年九江新房住宅整体成交均价为 7054 元 / 平方米。从各月份数据来看，整体房价呈上升趋势，在 11

月达到高峰，新房住宅成交均价达 7655 元 / 平方米。

根据国家统计局公布的 2019 年 1~11 月《70 个大中城市商品住宅销售价格变动情况》，环比数据显示，九江 1~11 月的房价环比均呈现上涨态势，平均环比增长值为 0.64%。其中，6 月、8 月、10 月房价涨幅最高，均为 0.8 个百分点。11 月涨幅最低，房价环比上涨 0.3%。

九、市场预期

土地方面，由于 2019 年供地规模较大，预计 2020 年初供地会有所缓和。考虑到市场主体对后市预期良好，预计竞拍热度仍将延续。

供应方面，虽然刚需房源仍是市场主力，但受地价及上市区域因素影响，刚改房源占比将持续增加，进一步抬高置业门槛。

成交层面，2019 年“金九银十”表现亮眼，但年底成交量有所下滑，若无特别政策出台，2020 年成交量可从返乡置业季看出端倪。

此外，各片区上市项目量增加，各房企竞争形势激烈，或导致观望人群增加，销售速度有所放缓，库存量或将增加。

数据来源：九江市房地产信息网、江西省国土资源交易中心、国家统计局。

2019 年九江房地产在售楼盘概览

楼盘名称	城市名称	城区	地址	物业类型
阳光城愉景湾	九江	开发区	开发区浔阳西路与长江大道交会处	普通住宅、公寓、商铺
九江中联城	九江	开发区	开发区抗洪大道西侧、浔阳西路南侧	普通住宅
九江印	九江	开发区	开发区城西港区九瑞大道与通港东路、赛湖路合围处	普通住宅
中骏·雍景湾	九江	开发区	开发区浔阳西路与抗洪大道交会处	普通住宅
远洲·九悦湾	九江	开发区	开发区九瑞大道北侧、沙阎北路东侧	普通住宅、公寓、商住
广隆星澜湾	九江	开发区	开发区浔阳西路与长江北路交会处	普通住宅
滨江凯旋城	九江	开发区	开发区长江大道与浔阳西路交会处	普通住宅
九龙贵宾府	九江	开发区	开发区九瑞大道59-7号	公寓
九江金鹏城	九江	八里湖新区	八里湖新区兴城大道与长虹大道交会处	普通住宅、公寓、写字楼、商铺
保利八里翡翠	九江	八里湖新区	八里湖新区八里湖大道,香蒲路以南、水葵路以北、恒水路以西	普通住宅、别墅
昌群湖滨广场	九江	八里湖新区	八里湖新区长虹大道与财富大道交会处	公寓、写字楼
托斯卡纳小镇	九江	八里湖新区	八里湖新区八[illegible]（原八桂路）以[illegible]	普通住宅
碧桂园联发浔阳府	九江	八里湖新区	八里湖新区市[illegible]、市一小旁	普通住宅
融创政务壹号	九江	八里湖新区	八里湖新区市[illegible]、九江小学旁	普通住宅、公寓、商铺
联发君悦湖	九江	八里湖新区	八里湖新区八里湖大道与永宁大道交会处	普通住宅、商铺、自持物业
联发新旅君悦江山	九江	八里湖新区	八里湖新区[illegible]财富大道、东至[illegible]公司、南至尚[illegible]	普通住宅
嘉圆·悦湖居	九江	八里湖新区	八里湖新区[illegible]府旁（新一中正[illegible]）	普通住宅、商业
中辉御龙湾	九江	八里湖新区	八里湖新区[illegible]湖大道以北、[illegible]大道以西	普通住宅
碧桂园九珑山	九江	八里湖新区	八里湖新区[illegible]大道与尚德路交会处（市委党校[illegible]）	普通住宅

九江富力尚悦居

2019年
中国城市楼盘年鉴
典型项目

九江　区域热盘　口碑项目　城市地标

富力地产 24 载匠心积淀，布局全国 69 城，以大匠精工筑就万千幸福家庭。2018 年，浔阳江上，富力尚悦居以富力开山之姿幸会九江，焕新老城生活，悦启一江盛世。

项目地址：
九江市浔阳区滨江东路琵琶亭斜对面

开发商：
九江富力房地产开发有限公司

建筑类型：
洋房、小高层

主力户型：
100 平方米、121 平方米三居

周边配套：
琵琶亭、浔东幼儿园、浔阳小学、白水湖公园

参考价格：
均价 7600 元 / 平方米

楼盘优势：
项目占据交通要道，近滨江路，坐享浔阳老城区的醇熟配套，周边生态环境与人文景观配套齐全。

专家点评

李察·乐居九江站主编

富力尚悦居由千亿房企富力地产倾力打造，也是富力首次进驻九江的项目，以一席「浔阳江上，匠心奢筑」的人居臻品，执掌城市繁华发展所向，致敬这座城市的中坚力量，为九江俊杰礼献一张品质生活入场券。

项目解析

【区域维度】

天地本源，时代向上，尚者，是一种登顶之后的豁然开朗，是一种奔腾向上的凝聚之力。一座蓬勃发展的城市，少不了比肩天际的登峰执着，身处繁盛的都市，向上成为一城兴旺潜移默化的力量，为城市菁英铺就一条与未来交织的轨道。

富力尚悦居选址九江市老城核心地块浔阳区浔东方向，九江长江大桥以东，滨江东路南面，琵琶亭斜对面，占据交通要道、四通八达，湖景风光优美。项目位于"一湖两翼"的右翼上，紧贴核心商业区和公共服务区，地块周边均为住宅用地及部分公园绿地，适合打造优质的、配套完善的人居住宅。

【品牌维度】

自1994年成立以来，富力地产连续获得了由行业协会、专业机构和知名媒体等评选的"2003年度广东100强民营企业"第五名、房地产行业第一名、"中国房地产品牌企业"等多项殊荣。

富力的成功，很主要的因素在于深切地理解业主的需求，顺应了城市发展的需要，借势通过旧城区改造所获得的发展机会实现迅速成长。倾尽心思与心血，从细节出绩效，富力换来客户的认同与赞赏，从而建立了自己的金质品牌。

【口碑维度】

富力尚悦居由全国十强企业富力地产打造，精工匠筑，敬献浔城，以开山之姿幸会九江，旨为改变九江人居格局而来。阅尽世界风华之后，择一时代人居臻品进阶人生，是九江城市精英的共同追求。

富力在九江的口碑，在于富力物业的"六心"服务。富力地产携尚悦居产品系入驻九江、打造高端华宅，其物业水准亦是华宅中的典范，由隶属于富力地产的富力物业服务集团倾力提供。

迄今为止，富力物业在全球各地拥有超7500万平方米的服务面积、18000名专业服务人员、175个服务项目，其特有的"6心"服务体系，获得全球超120万业主的认同与赞誉，使之成为当之无愧的"世界500强"。

【产品维度】

时代在变，城市在变，九江人对生活品质的追求，也在不断新生蝶变。悦于时代，重构当代人居生活之美，打造升级品质的栖居之境，成为富力尚悦居不懈的追求。

建面100~121平方米江景三房，户型方正，进门玄关设计，悦享高效生活；尺度私密，居家卧室与客卧合理分区，彰显私密生活品质；尺寸舒适，双卧朝南，大面宽短进深，通透采光佳；浩瀚盛景，三卧飘窗设计，览景观江；尊崇主卧，自带卫生间，私密性高。

【销售维度】

案场数据显示，九江富力尚悦居项目自2018年6月30日开盘至今，销售一路火爆，特别是2019年8月以来，每月均劲销100套以上，单月销售超亿元，目前所剩房源不多。

2019年，住宅全年去化率达到74%，成交金额近3亿元，如此数据无疑是客户对九江富力尚悦居价值的肯定。

更多楼盘详情请扫码查看

祥生中城·君临府

九江　品牌地产　户型方正　智能社区

祥生中城·君临府位于江西省九江市永修县湖东新区县二中旁，由江西中城祥生地产开发有限公司开发，占地面积 80000 平方米，建筑面积 210000 平方米，总户数 1099 户。

项目地址：
九江市永修县湖东新区县二中旁

开发商：
江西中城祥生地产开发有限公司

建筑类型：
高层、别墅

主力户型：
100~233 平方米三居至七居

周边配套：
永修县第二中学、永修县铜锣湾广场、湖东医院

参考价格：
均价 6300 元 / 平方米

楼盘优势：
项目位于湖东新区政经中轴，内外部配套资源齐全；户型方正，全明通透；九大科技智能系统，生活舒心便利。

专家点评　陈满德·国家住建部房地产估价与经纪专家

祥生中城·君临府是祥生地产进军永修县的首个项目，地理位置优越，产品涵盖高层、别墅，刚需和改善购房人群都能找到合适的房源。

项目解析

【区域维度】

祥生中城·君临府位于永修县湖东新区政经中轴线开发大道上，紧邻永修县第二中学，东北为大型建材市场五洲城，南面规划为居住用地，西南方向为市政公园，向西可达永修老城区、白莲湖公园、昌九高速路口，周边城市道路设施完善，交通便捷。

【品牌维度】

祥生集团20世纪80年代初创立于浙江诸暨，历经35年发展，业务遍及浙江、江苏、安徽、上海、江西、湖北、湖南、福建、贵州、辽宁和山东等20余省50余城。在住宅地产领域，祥生以“匠心质造”为产品研发精髓，创立了“大城春晓、悦说新语、府樾同辉”等六大住宅产品线，并通过产品的不断升级，引导市场消费观念的转变，着力打造和提升企业的产品力。

2019年3月20日，由中国房地产业协会、上海易居房地产研究院中国房地产测评中心联合主办的“2019年度中国房地产500强”测评成果发布会在北京成功举办。祥生地产集团凭借综合实力，成功跻身“中国房地产500强”，荣登榜单第28位，并名列“2019中国房地产开发企业经营效益3强”。

【口碑维度】

30多年来，祥生配合中国的城市化进程，在改革开放的大潮中乘风破浪、锐意进取，实现了一次又一次跨越式发展，并从城市品质住宅筑造商成功转型为幸福生活运营商。祥生地产以“规模与品质双优”为发展目标，从改善客户的需求出发创新产品，坚定“匠心质造”的产品研发态度，贴合市场需求，深度打磨产品体系，推出更符合现代人居幸福生活的产品与服务，深受客户认可。

【产品维度】

祥生中城·君临府占地面积约8万平方米，总建筑面积约21万平方米，由8栋超高层、34栋联排别墅和1.9万平方米社区底商组成。项目规划总户数约1100余户，车位约841个，并设计了两个主出入口，分别位于西面的龙岗大道以及东面的建华路。项目以绿色建筑一星级为建设目标，通过总体规划和建筑单体优化设计，优先采用低投高效的被动式技术，与周边生态系统取得动态平衡，节约资源、减少排放，提高居者的环境舒适性，同时将绿色环保的理念贯穿到项目设计、施工、运营的全寿命周期。

项目采用新亚洲现代风格，建筑布局均衡，同时以杭派园林为蓝本，融入中国传统造园精神，打造中轴对称式五重立体景观，构[illegible]舒适的栖居之所。社区引入“趣生活”全生命周期服务体系，内部设置有七彩跑道、亲水平台，营造出移步换景的景观盛宴，同时配备四点半课堂、幸福书吧、童趣广场、室内健身会所、健康跑道、球场、老年沙龙、康体广场等众多专属配套。

【销售维度】

祥生中城·君临府2018年10月首次开盘，受到了修水以及周边地区购房者的青睐，销售业绩长红。截至20[illegible]年12月，前期推售高层、洋房已基本售罄，仅剩少量别墅产品在售。

辽宁省

2019年沈阳房地产市场总结

行业发展历程

一、城市概述

沈阳别称盛京、奉天，是辽宁省省会、副省级市、特大城市、沈阳都市圈核心城市，国务院批复确定的中国东北地区重要的中心城市、先进装备制造业基地。截至2018年，全市下辖十区两县、代管一个县级市，总面积1.3万平方公里，常住人口831.6万人，城镇人口673.6万人，城镇化率81%，是东北唯一的特大城市。

沈阳地处中国东北地区、辽宁中部，位于东北亚经济圈和环渤海经济圈的中心，是东北亚的地理中心，长三角、珠三角、京津冀地区通往关东地区的综合交通枢纽，“一带一路”向东北亚、东南亚延伸的重要节点。

二、行业现状

2019年，沈阳新建商品住宅均价全面过万元，市场改善型产品迭代，先后入市。各大楼盘更倾向于产品力较量，纷纷打出“高端”“改善”标签。

近3年来，沈阳土地价格上涨，给房企更多空间和压力打磨产品，推动一批优质楼盘入市，不少楼盘引入全新产品系，并依托企业优势资源，丰富购房者的选择。

三、政策环境

在“房住不炒”的核心理念之下，2019年沈阳楼市平稳推进，并未发布重磅楼市政策，限购限售令仍在执行，但在人才购房补贴细则上做出修改，在一定程度上吸引了人才入驻。同时，在公积金、区域学校规划、沈抚新区建设等方面加强了政策引导，加大了对楼市的刺激。

四、土地市场

2019年沈阳土地市场交出了一份亮眼的成绩单。全年成交数量、成交面积、居住用地的成交均价创新高，尤其上半年，多家房企土地储备告急，推动土地市场升温，多幅地块触顶最高限价。土地流拍数量在2019年明显减少。

区域方面，土地市场成交主力集中在三环至四环。沈北区、浑南区、铁西经开区仍然是“供地大户”，与新建商品住宅市场的情况基本吻合。

五、房企布局

2019年，房企为储备货量，眼光不只在聚焦在“中心城区”，纷纷向城市外围拓展。也有不少房企向沈阳周边城市下沉。此外，2019年沈阳多个产业地产项目落地；地价走高状态下，房企间“抱团取暖”合作开发的案例也有所增多。

六、房产行业发展历程

沈阳房地产市场启动于20世纪80年代，90年代得以壮大。1992年，沈阳房改全面启动，住房公积金制度开始推行。此后，随着“安居工程”的全面推进，房地产业急剧增长，局部地区的市场一度呈现混乱局面，并出现了较为明显的房地产泡沫，1993年底的宏观经济调控政策出台，投资增长率大幅回落，直至此后的五年低迷。

1993年，万科进入沈阳，它的出现也为此后的房地产行业提供了参照。不过由于资金的限制，产品多以小户型为主，购房人多以旧更新、棚户区改造拆迁为主。

1998年，沈阳正式实施住房分配货币化，房地产走上商品化道路。2003年，振兴东北老工业基地战略实施后，房地产市场进入了规模扩大、发展高速的新阶段。2004年到2013年的10年间，是沈阳房地产市场发展最快最好的10年，不仅投资额屡创新高，销售也稳步增长，即使是在2008年全国市场低迷的大环境下，也未出现大起大落，被国家住建部誉为“全国最好的房地产市场之一”。

2014年至今，沈阳房地产市场稳步上升，城市核心不断外扩，购房需求外溢，三环至四环之间已逐渐成为楼市主力军。

城市年度市场解读

一、本地新政

2019年沈阳主要在沈抚新区建设、公积金、人才购房补贴、区域学校规划、地铁等方面加强了政策引导，其中沈抚新区成为全年发展重点的板块之一。具体重点政策如下：

1月，辽宁省政府下发了《辽宁省人民政府关于加快落实<沈抚改革创新示范区建设方案>的实施意见》，出台40项举措加快推进沈抚改革创新示范区建设，同时“全面推进沈抚改革创新示范区建设”正式写入《2019年辽宁省政府工作报告》。

6月，沈阳住房公积金个人住房贷款流动性调节系数改为0.9，住房公积金个人贷款最高限额由32万元调至36万元。另外，统一提取住房公积金个人账户核算标准从“账户定期余额”调整为“账户存储余额”，相当于可提取的钱变多了。

7月，沈阳市印发《关于沈阳市高校毕业生和高新技术企业人才首次购房补贴有关政策的补充通知》，对此前发布的首次购房补贴政策的部分细则进行了补充和修改。

二、年度土地供应

《沈阳市2019年国有建设用地供应计划》指标显示，2019年度沈阳市内九区国有建设用地供应总量中，住宅用地454.7公顷，商服用地141.5公顷。

2019年，沈阳土地实际供应经营性用地97宗，总面积约692万平方米，其中居住用地79宗，总供应面积约589万平方米；商业用地总供应约103万平方米。

三、年度土地成交

据乐居统计，2019年沈阳土地市场招拍挂出让经营性用地84宗，总成交面积553万平方米，平均楼面单价4431元/平方米，总成交金额452亿元。

其中，居住用地73宗，总成交面积516万平方米，居住用地平均楼面单价4971元/平方米，总成交金额446亿元。

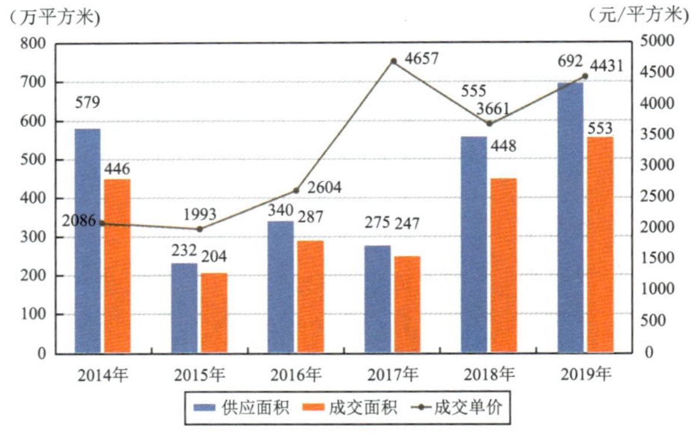

图2-57 2014~2019年沈阳市经营性用地供销及价格

四、年度住宅供应

据新峰大数据统计，2019年全年，沈阳新建商品住宅累计新增供应约1535万平方米，批售比为0.9，总体来看供小于求。去化周期约14个月（不含查封12个月），房价仍处于上行动力区间。

其中，2019年第5周、第6周，受节假日影响，市场进入传统淡季，供应量挂零，而后进入回暖期。到了第26周，新房供应量迎来大爆发，第39周供应量冲刺至最高点，单周供应量超过80万平方米，成为2019年沈阳全年新房供应量最多的一周。

五、年度住宅成交

据新峰大数据统计，2019年全年，沈阳新建商品房成交面积约1874万平方米，比2018年同期（1647万平方米）增加14%。新建商品住宅累计成交面积约1703万平方米，比2018年同期（1421万平方米）增加20%，累计成交套数约168995套。

六、年度住宅存量

库存方面，据中原研究部、RDAS数据，截至2019年12月末，沈阳可售商品住宅库存量约1713万平方米。按近12个月平均成交量计算，全市商品住宅去化周期为12.7个月。

此外，别墅产品的库存面积约188万平方米，去化周期最大，为27.8个月，洋房产品的库存面积约191万平方米，去化周期最短，仅为8.3个月。

七、区域成交表现

据新峰大数据统计，从各区成交面积来看，浑南区成交面积最多，约443.13万平方米，约占全市销量的26%。沈北新区和于洪区位列面积榜单第二名、第三名，销售面积分别为380.96万平方米和221.1万平方米。

从各区成交套数来看，沈北新区成交套数最多，累计成交40550套，约占全市总套数的24%。浑南区和于洪区位列套数榜单第二名、第三名，销售套数分别为38351套和22761套。

八、成交结构表现

据新峰大数据统计，从产品上来看，180~220平方米户型销量大增47%，成交结构逐渐向改善型产品倾斜，其中沈阳星河湾、龙湖九里晴川、金地峰汇、龙湖双珑原著、中海半山华府等项目成交居首。

从物业类型来看，全市洋房产品成交18029套，同比2018年（9004套）翻倍，融创观澜壹号、万科西华府、金地樾檀山、融创城、远洋仰山、信达万科城、集美万象、沈阳雅居乐花园销量皆在400套以上。

另外，别墅产品成交4157套，同比2018年（3433套）增加21%，龙湖九里晴川、金辉江山云著、首创禧瑞长河、新希望紫檀山、孔雀城、龙湖天玺、龙湖舜山府、金地樾檀山、龙湖双珑原著、沈阳碧桂园成交居前。

九、成交项目排行

2019年是改善型需求出手的爆发年，高品质楼盘成交火热，特别是品牌房企的优质项目受到购房者的追捧。

据新峰大数据统计，2019年沈阳新建商品住宅销售面积和销售套数两大榜单中，融创观澜壹号表现突出，以40.38万平方米的销售面积和4014套的套数荣获双榜榜首。

面积榜单中，排名前五的项目销售面积均超过30万平方米，第二名为中海城，销售面积约36.76万平方米，孔雀城紧随其后，以36.31万平方米位居第三名，融创城和华发全运首府位列第四名、第五名，销售面积分别为35.25万平方米和33.73万平方米。

套数榜单中，前五名分别为融创观澜壹号（4041套）、孔雀城（3701套）、融创城（3680套）、中海城（3521套）和华发全运首府（3375套）。

十、成交房企排行

2019年沈阳楼市量价齐升，房企纷纷出现业绩一上再升的局面，提前、超额完成销售任务是房企的关键词。

据新峰大数据统计，2019年，房企前20强总销售面积（1002万平方米），占全市200多备案房企总销量（1703万平方米）的59%，市场集中度较高，上市公司引领土地和楼盘市场。

万科凭借项目和品牌优势，以117.23万平方米的销售面积和10556套销售套数蝉联销售面积、销售套数双榜冠军，与2018年持平；中海以100.05万平方米和8723套位居销售面积榜单第二名、销售套数榜单第三名；融创以97.24万平方米和9804套位居销售面积榜单第三名、销售套数榜单第二名。

十一、商业、公寓及办公

据沈阳中原研究部统计，集中式商业“开店潮”褪去，市场趋于平淡、进入存量改造升级阶段，但知名品牌下沉速度加快，逐渐形成网红趋势；商铺市场整体呈现供不应求态势，价格波动上涨；沈北区、浑南区、铁西区及于洪区为供求热点区域，四环以内成交价格整体过万元；小面积商铺市场需求量大，30平方米以下为成交主力；去化周期86.6个月，库存量仍较大；中海城占据销售数据双榜首，新南站城市广场次之。

2019年全市公寓市场近几年成交量呈下降趋势，价格小幅上涨，供应量激增，导致库存上涨，去化周期延长至51个月，全市公寓活跃区域为和平区、皇姑区和浑南区；供应加剧，库存高居不下，市场持续低迷。

2019年写字楼供销量同比均下降，价格维稳，市场整体下行，其中浑南区和沈河区为活跃区域，全市供应量有限，以去库存为主，整体库存压力巨大，库存主要集中在和平区和沈河区。

十二、年度房价走势分析

2019年是沈阳楼市单价“破万”元年，据新峰大数据统计，2019年全年，沈阳新建商品房成交均价约10546元/平方米，比2018年同期（9630元/平方米）上涨9.5%（未含团购费）。

沈阳新建商品住宅的成交均价约11029元/平方米，比2018年同期（10399元/平方米）上涨6%（未含团购费）。

整体来看，房价呈小幅上涨，波动较小。而面对上涨的房价，对于生活品质有要求的购房者还是一如既往地买单，但是对于刚需而言，可选的空间正在逐步缩小，甚至出现有的购房者持币待购也买不到合适房子的情况。

十三、热点板块分析

据新峰大数据统计，道义、全运、铁西经开区三大板块持续发力，销量蝉联再度前三甲，其中道义板块成交面积达到了350.29万平方米，成交套数37391套，超过了全运、铁西经开区销售面积之和。全运板块成交面积约236.95万平方米，成交套数19644套，铁西经开区成交面积约135.44万平方米，成交套数14258套。

十四、未来展望

在“房住不炒”基调和“三稳”背景下，沈阳“限购、限售、限价”政策仍将持续，预计2020年放松或加紧概率较小，同时，强调经济支持、人才引进。

比较值得期待的几个板块，除了以往的热点沈北、浑南，还有在板块规划或者地铁规划红利的带动下引起市场关注的，比如皇姑的首府新区和新沈飞板块、铁西经开区的中德园、于洪的南阳湖板块等。当然，2019年集中在三环到四环成交的土地也将成为市场的主力，环线均价将是今年楼市的一大看点。

十五、市场预期

2020 年沈阳楼市将继续保持平稳上升的局面，在市场利好预期下，成交量和价格都将继续小幅稳步上升。同时，也不排除市场在某些政策红利的刺激下，某些区域、板块出现第二轮的快速上涨。

据沈阳中原研究部预计，2020 年沈阳市场供应维稳，与 2019 年基本持平，成交面积回落至正常水平，在 1400 万 ~1500 万平方米之间，价格涨幅预计 8%~10%，但涨幅放缓；一南一北，一老一刚，区域差异持续扩大，热门板块热度不减；改善时代全面开启，功能性需求持续增加；存量及去化周期维稳；品牌房企优势更加明显。

数据来源：新峰地产大数据信息系统、沈阳中原研究发展部、RDAS。

2019 年沈阳房地产在售楼盘概览

楼盘名称	城市名称	城区	地址	物业类型
龙之梦畅园	沈阳	大东区	大东区滂江街 62 号	普通住宅
世茂世博青青小镇	沈阳	浑南区	浑南区伯官大街与沈通路交会处	别墅
亿达玖墅	沈阳	浑南区	浑南区双园路 116 号	别墅
上置香岛原墅	沈阳	浑南区	浑南区李相新城香岛原墅国际社区	别墅
富海澜湾半岛	沈阳	和平区	和平区长白南路 330 号	普通住宅
新世界·名汇	沈阳	和平区	和平区南京南街与中华路交会处（地铁 1 号线太原街站 C 出口）	公寓
中海寰宇天下	沈阳	皇姑区	皇姑区昆山西路 75 号	普通住宅、公寓
荣盛锦绣观邸	沈阳	浑南区	浑南区浑南东路建筑大学东行 2 公里	普通住宅
绿城·沈阳全运村	沈阳	浑南区	浑南区沈中大街 101-1 号	普通住宅、别墅
浦江御景湾	沈阳	浑南区	浑南区绮霞街 6 号	普通住宅
国际软件园	沈阳	浑南区	浑南区沈本大街 860-1 号	写字楼
浦江苑御品	沈阳	浑南区	浑南区临波路 18 号	普通住宅
富力国际别墅	沈阳	浑南区	浑南区凤凰大街 77 号	别墅
文华街三号院	沈阳	浑南区	浑南区文华街 3 号	普通住宅
越秀岍湖郡	沈阳	沈北新区	沈北新区蒲北路 6 号	别墅
沈阳雅居乐花园	沈阳	沈北新区	沈北新区道义南大街蒲南路 1 号	普通住宅、商铺
汇置尚都	沈阳	沈北新区	沈北新区辽宁大学新校区北行 500 米	普通住宅、别墅、公寓、商业
首开国风润城	沈阳	沈北新区	沈北新区虎石台南大街 57 号	普通住宅
荣盛盛京绿洲	沈阳	沈北新区	沈北新区蒲丰路 38 号	普通住宅
皇家御湾	沈阳	沈北新区	沈北新区蒲河路 5 号	普通住宅
亚泰城	沈阳	沈北新区	沈北新区蒲河大道 22 号	普通住宅
步阳江南甲第	沈阳	沈北新区	沈北新区道义南大街 22 号	普通住宅、公寓
龙湖·滟澜山|尘林间	沈阳	沈北新区	沈北新区实园街 9 号	别墅
荣盛香缇澜山	沈阳	沈北新区	沈北新区蒲南路 9 号	普通住宅、别墅、商铺
龙湖·九里晴川	沈阳	沈北新区	沈北新区蒲丰路 49 号	普通住宅、别墅
荣盛坤湖郦舍	沈阳	沈北新区	沈北新区蒲南路 11 号	普通住宅、商铺
碧桂园·莫奈小镇	沈阳	沈北新区	沈北新区辉山经济开发区碧桂大街 10 号（世博园西北侧）	普通住宅、别墅

楼盘名称	城市名称	城区	地址	物业类型
银河丽湾	沈阳	沈河区	沈河区沈水路 600 号	普通住宅
中房上东花墅 7.3 期洋房	沈阳	沈河区	沈河区东陵路 18 甲	普通住宅
茂业金廊壹号	沈阳	沈河区	沈河区青年大街 185 号	公寓
佳兆业中心	沈阳	沈河区	沈河区青年大街 173 号	写字楼
青建明清册	沈阳	苏家屯区	苏家屯区桃花源路 10 号（白清寨自然保护区明清册旅居区）	别墅
华府丹郡	沈阳	苏家屯区	苏家屯区南京南街 1009 号银杏路体院北门	普通住宅
碧桂园·九英里	沈阳	苏家屯区	苏家屯区丁香街与沙柳路交会处南行 800 米	普通住宅
恒大名都	沈阳	苏家屯区	苏家屯区南京南街 1001 号	普通住宅
奥园国际城	沈阳	苏家屯区	浑河新城南京南街 1188 号	普通住宅
泰盈十里锦城	沈阳	苏家屯区	苏家屯区雪莲街 107 号	普通住宅
碧桂园银河城	沈阳	于洪区	于洪区汪河路与大通湖街交叉口北 100 米（玛丽蒂姆酒店东侧）	普通住宅、别墅、商铺
宏发天琴湾	沈阳	于洪区	于洪区南阳湖街 148 号	别墅
恒大绿洲	沈阳	于洪区	于洪区南阳湖大街 168 号	普通住宅
瑞士风情小镇三期	沈阳	于洪区	于洪区吉力湖街 240 号	普通住宅
宏发英里	沈阳	于洪区	于洪区浑河北岸南阳湖街与细河路交会处	普通住宅
中海城	沈阳	于洪区	于洪区西江街与白山路交会处	普通住宅
沈抚万科城市之光	沈阳	沈抚新区	沈抚新区中兴街 77 号	普通住宅
沈阳金地·时代风华	沈阳	铁西区	铁西区卫工街劳动公园旁（铁西区卫工街与南十一路交会处）	普通住宅、商铺
富力尚悦居	沈阳	大东区	大东区望花立交桥北 700 米（金山路与望花北街交会处西北角）	普通住宅
南华中环广场	沈阳	大东区	大东区东中街大悦城东侧，东中街商业区	普通住宅
颐盛壹号公馆	沈阳	大东区	大东区东边城街与津桥路交会处（龙之梦购物中心西侧）	普通住宅
旭辉东樾城	沈阳	大东区	大东区劳动路沈阳职业技术学院南侧（115 终点站旁）	普通住宅、别墅、商铺

楼盘名称	城市名称	城区	地址	物业类型
碧桂园珑悦	沈阳	大东区	大东区东陶路与联合路交会处	普通住宅
金地悦城大境	沈阳	大东区	大东区东望街 2 号	普通住宅、商铺
保利中粮 · 堂悦	沈阳	大东区	大东区生产路与柳林一街交会处（职业学院南行 50 米）	普通住宅
中粮花熙祥云	沈阳	大东区	大东区望花中街与生产路交会处东行 1500 米（职业技术学院东南侧）	普通住宅
沈阳龙湖 · 春江天玺	沈阳	大东区	大东区东建街 22 号	普通住宅
美的 · 东堂	沈阳	大东区	大东区东站街道联合路东轩兴路南	普通住宅、别墅
华润幸福里	沈阳	和平区	和平区南京南街与长白五路交会处西南侧、长白大润发西侧	普通住宅
顶盛国际花园	沈阳	和平区	和平区南京南街 1028 号	普通住宅
积水住宅裕沁府	沈阳	和平区	和平区吉安路 42 号	普通住宅
保利茉莉公馆	沈阳	和平区	和平红椿路 38 号	普通住宅
九洲御府	沈阳	和平区	和平区胜利南街 888 号	普通住宅
和平上河城	沈阳	和平区	和平区胜利南街 805 号	普通住宅、商铺
新世界 · 名铸湾畔	沈阳	和平区	和平区南三好街 9 号	别墅
格林玫瑰湾	沈阳	和平区	和平区长白三街 6 号	普通住宅
中冶上和郡	沈阳	和平区	和平区仙岛南路 39 号	普通住宅
尚景新世界	沈阳	和平区	和平区香港路	普通住宅、商铺
新世界丰盛商务大厦	沈阳	和平区	和平区三好街 136 号	5A 甲级写字楼、商铺
沈阳城开中心	沈阳	和平区	和平区太原南街 7 号	公寓、写字楼
佳兆业 · 悦峰	沈阳	和平区	和平区长白南路 338 号	普通住宅、商铺
新世界 · 卓铸	沈阳	和平区	和平区香港南路 201 号	普通住宅
和泓长白府	沈阳	和平区	和平区长白二街与长白中路交会处	公寓、商铺
中海和平之门 Ghouse	沈阳	和平区	和平区长白南路 339 号	普通住宅、商铺、公寓
万科翡翠滨江	沈阳	和平区	和平区领事馆路 1 号	普通住宅
沈阳中梁学府壹号	沈阳	和平区	和平区胜利大街与南十一马路交会处	普通住宅、商铺
九洲御峰	沈阳	和平区	和平区胜利大街与南八马路交会处	普通住宅
华润置地 | 万象云玺	沈阳	和平区	和平区南京南街与长白北路交会处	商业
碧桂园御玺	沈阳	和平区	和平区辽宁省妇幼保健院北行 20 米	普通住宅
碧桂园御品	沈阳	和平区	和平区博龙大厦西行 500 米	普通住宅
恒大天鹅湾	沈阳	和平区	和平区长白岛秀岛路 300-20 号	别墅

楼盘名称	城市名称	城区	地址	物业类型
恒大世界城	沈阳	和平区	和平区南京北街与市府大路西交会处北侧	普通住宅
九洲御玺	沈阳	和平区	和平区胜利南街 888 号	普通住宅
艾格尔 · 丽晶公馆	沈阳	皇姑区	皇姑区黄河北大街 108 号	普通住宅
荣盛城 · 锦绣御府	沈阳	皇姑区	皇姑区梅江街与文大路交会处西南侧	普通住宅
金地悦峰	沈阳	皇姑区	皇姑区崇山路与鸭绿江街交会处北行约 600 米，鸭绿江街西侧	普通住宅
保利大都会	沈阳	皇姑区	皇姑区北陵大街 17 号	普通住宅
华润 · 崑崙御	沈阳	皇姑区	皇姑区三台子黄河北大街与松山路交会处	普通住宅
华润置地翡翠城 · 熙府	沈阳	皇姑区	皇姑区黄河北大街青城山路口西行 100 米	普通住宅
中粮隆玺祥云	沈阳	皇姑区	皇姑区黄河北大街 52 号	普通住宅
大都会 · 公元	沈阳	皇姑区	皇姑区怒江街与崇山路交会处北行 500 米，老辽大北侧	普通住宅、公寓、商铺
美的瀚悦府	沈阳	皇姑区	皇姑区七星大街 36 号（沈阳师范大学东门）	普通住宅
世纪学府	沈阳	皇姑区	皇姑区淮河街 1[illegible] 号	普通住宅
郡源 · 悦城	沈阳	皇姑区	皇姑区黄河北大街 286 号	普通住宅、公寓
金科 · 集美天城	沈阳	皇姑区	皇姑区文大路与淮河街交会处	普通住宅
华润置地旗下紫云府 · 悦里	沈阳	皇姑区	皇姑区崇山东路与鸭绿江东街交会处（长客天购原址旁）	公寓
万科首府未来城	沈阳	皇姑区	皇姑区鸭绿江街 7 号	普通住宅、商铺
旭辉 · 公元	沈阳	皇姑区	皇姑区鸭绿江东街与银山路交会处北行约 50 米	普通住宅
荣盛颐和名郡	沈阳	皇姑区	皇姑区梅江街与宁山路交会处	普通住宅、商铺
美的瀚堂	沈阳	皇姑区	皇姑区黄河北大街与万山路交会处北行 800 米	普通住宅、别墅
伯爵源筑	沈阳	浑南区	浑南区新优街 5 号	普通住宅
新希望紫檀山	沈阳	浑南区	浑南区东陵东路 8[illegible] 号（距鸟岛仅 1[illegible] 米）	别墅
首创光和城	沈阳	浑南区	浑南区沈中大街 25 号、沈中大街与三块河南路交会处东南侧	普通住宅、商铺
浑河国际城	沈阳	浑南区	浑南区红椿路 8 号（南京南街与红椿路交会处）	普通住宅
月星城央华墅	沈阳	浑南区	浑南区沈中大街一号（地铁 2 号线白塔河站）	普通住宅、写字楼、酒店式公寓、商铺

楼盘名称	城市名称	城区	地址	物业类型
金地艺境	沈阳	浑南区	浑南区东沈河新立堡桥向南 1000 米（浑河南岸）	普通住宅、别墅
小石城九颂大院	沈阳	浑南区	浑南区沈营大街与全运路交会处	别墅
其仕盛和祥	沈阳	浑南区	浑南区浑南中路 60 号	普通住宅
万锦香樟树·云墅	沈阳	浑南区	浑南区金阳街 19 号	普通住宅、别墅
万锦红树湾	沈阳	浑南区	浑南区全运五路与智慧大街交会处西南侧（沈阳行政中心西 100 米）	普通住宅、商铺
亿博隆河谷	沈阳	浑南区	浑南区白塔街 26 号	普通住宅、别墅
绿地海域香庭	沈阳	浑南区	浑南区白塔河路与智慧大街交会处南行 300 米（紧邻中央公园）	普通住宅、别墅
沈阳星河湾	沈阳	浑南区	浑南区白塔河二路 120 号	普通住宅
益华·御才湾	沈阳	浑南区	浑南区新明街 1 号	普通住宅
积水裕沁听月轩	沈阳	浑南区	浑南区东陵区全运五路 105 号全运南路南侧	普通住宅、别墅
保利白沙林语	沈阳	浑南区	浑南区玄菟路 580 号	普通住宅
保利紫荆公馆	沈阳	浑南区	浑南区智慧四街 16 号	普通住宅、公寓
沈河府	沈阳	浑南区	浑南区南堤东路 1 号	普通住宅
招商局大厦	沈阳	浑南区	浑南区营盘北街 7 号	写字楼、商铺
恒大滨江左岸	沈阳	浑南区	浑南区浑南中路 50 号	普通住宅
新南站城市广场	沈阳	浑南区	浑南区创新路 518 号	公寓
信达万科城	沈阳	浑南区	浑南区白塔三街 23 号	普通住宅
金地樾檀山	沈阳	浑南区	浑南区浑南西路麦德龙超市南行 500 米	普通住宅、别墅、商铺
恒大中央广场	沈阳	浑南区	浑南区白塔河二路与沈本大街交会处	普通住宅
华润置地·长安里	沈阳	浑南区	浑南区长安街 9 号（长安桥南300米）	公寓
万科翡翠四季	沈阳	浑南区	浑南区沈营大街 66 号	普通住宅
城建万科翡翠书院	沈阳	浑南区	浑南区长青南街与汇泉东路交会处	普通住宅
远洋·仰山	沈阳	浑南区	浑南区创新路 10 号	普通住宅、商铺
沈阳龙湖·天璞	沈阳	浑南区	浑南区长安街 7 号	普通住宅、别墅
金辉江山云著	沈阳	浑南区	浑南区新运河路 80 号	普通住宅、别墅
中海天誉	沈阳	浑南区	浑南区高深东路 7 号	普通住宅
恒大盛京世家	沈阳	浑南区	浑南区香堤路 199 号	普通住宅、商铺
华发全运首府	沈阳	浑南区	浑南区创新路 516 号（沈阳新南站西侧 800 米）	普通住宅
华润置地·悦玺	沈阳	浑南区	浑南区浑南中路与天坛南街交会处	公寓
万达公园 ONE	沈阳	浑南区	浑南区全运路 70 号	普通住宅、商铺、建筑综合体
名仕金融中心	沈阳	浑南区	浑南区全运路 105 号	公寓
新希望·锦麟河院	沈阳	浑南区	浑南区东陵东路 88 号	别墅
沈阳禹洲广场	沈阳	浑南区	浑南区天坛南街 8 号	写字楼、酒店式公寓、商铺
碧桂园·公园印象	沈阳	浑南区	浑南区创新路 33 号	普通住宅、别墅、商铺
集美万象	沈阳	浑南区	浑南区创新路与羊安三街交会处	普通住宅、商铺
市府·和鸿广场	沈阳	浑南区	浑南区全运三路 99 号	公寓、写字楼、商铺
中海半山华府	沈阳	浑南区	浑南区沈本大街与全运路交会处（西南侧）	普通住宅
中旅万科城	沈阳	浑南区	浑南区双园路 36 号	普通住宅、商业
万科翡翠臻园	沈阳	浑南区	浑南区高深路与白塔二街交会处	普通住宅
府城名著	沈阳	浑南区	浑南区全运五路 318 号	普通住宅、别墅
云尚天成	沈阳	浑南区	浑南区天成街 6 甲号	公寓
富禹·依云澜汇	沈阳	浑南区	浑南区沈本一街与白塔河二路交会处	普通住宅、商铺
龙湖·双珑原著	沈阳	浑南区	浑南区农大东行 800 米	普通住宅
沈阳龙湖·舜山府	沈阳	浑南区	浑南区全运五路与聚宾街交会处	普通住宅
保利·和光尘樾	沈阳	浑南区	浑南区浑南中路 56 号	普通住宅、商铺
苏富特软件园	沈阳	浑南区	浑南区上深沟村 861-17 号 3 门（沈阳国际软件园 B7 东 100 米）	写字楼
沈阳恒大四季上东	沈阳	浑南区	浑南区沈中大街与全运五路交会处	普通住宅
首创禧瑞长河	沈阳	浑南区	浑南区东陵东路 77-1 号	别墅、商铺
融创盛京宸院	沈阳	浑南区	浑南新区创新路 278 号	普通住宅、商铺
世茂国风盛京	沈阳	浑南区	浑南区伯官北大街与沈通线交会处	别墅
天惠国际公寓	沈阳	浑南区	浑南区浑南西路 5 号	公寓
保利·山语墅	沈阳	浑南区	浑南区奥莱旁双园路 108 号	别墅
绿城·映月	沈阳	浑南区	浑南区沈中大街市政府对面	酒店式公寓
恒大珺睿府	沈阳	浑南区	浑南区沈中大街与莫子山路交会处	普通住宅
中海·润山府	沈阳	浑南区	浑南区桃仙四街与全运五路交会处	普通住宅、商铺

楼盘名称	城市名称	城区	地址	物业类型
三盛颐景御园	沈阳	沈北新区	沈北新区蒲丰路42号	普通住宅、别墅
坤博幸福城	沈阳	沈北新区	沈北新区沈北路108号	普通住宅、公寓
华海蓝境	沈阳	沈北新区	沈北新区道义三街与正良二路交会处西北侧	普通住宅、商铺
富力·星月湾	沈阳	沈北新区	沈北新区沈北路208号（东北育才双语学校东侧）	别墅
沈阳恒大汇鑫山庄	沈阳	沈北新区	沈北新区蒲河新城蒲北路10号	别墅
融创观澜壹号	沈阳	沈北新区	沈北新区蒲南路13号	普通住宅、商铺
沈阳富力院士廷	沈阳	沈北新区	沈北新区蒲河大道98号尚柏奥莱旁	普通住宅、别墅
金沙巴黎花园	沈阳	沈北新区	沈北新区七星大街27号盛京桥南	普通住宅
中粮锦云天城	沈阳	沈北新区	沈北新区蒲园路与梅江东二街交会处	普通住宅
沈北时代广场	沈阳	沈北新区	沈北新区时空东街与蒲田路交会处（地铁二号线蒲田站西走200米）	公寓
中国铁建·御水澜湾	沈阳	沈北新区	沈北新区蒲南路19号	普通住宅
北汤国际温泉小镇	沈阳	沈北新区	沈北新区杭州路189号	普通住宅、别墅
首开·如院	沈阳	沈北新区	沈北新区正良一路28号	普通住宅
沈北吾悦广场	沈阳	沈北新区	沈北新区蒲河大道与七星西街交会处	普通住宅、商铺
沈阳恒大绿茵小镇	沈阳	沈北新区	沈北新区辉山大街与蒲河路交会处东行1500米	普通住宅、商铺
太湖·国府壹号	沈阳	沈北新区	沈北新区道义北大街蒲河路6号	普通住宅、商铺
中海·望京府	沈阳	沈北新区	沈北新区正良二路与京沈西二街交会处	普通住宅、商铺
华宇中金河御雅院	沈阳	沈北新区	沈北新区沈北路56号	普通住宅、别墅、商铺
沈阳富力盛悦府	沈阳	沈北新区	沈北新区蒲丰路与地坤湖街交会处	普通住宅、商铺
汇置尚岛	沈阳	沈北新区	沈北新区蒲河路31号	普通住宅、公寓
祥联大河铭著	沈阳	沈北新区	沈北新区蒲茂路1号	普通住宅
沈阳恒大时代新城	沈阳	沈北新区	沈北新区蒲田路与地坤湖街交会处	普通住宅
保利达翠堤湾	沈阳	沈河区	沈河区东陵路与二环路交会处南侧（沈水东路西侧）	普通住宅、别墅、商铺
宝能GFC	沈阳	沈河区	沈河区青年大街268号（北方图书城原址）	普通住宅
越秀星汇云锦	沈阳	沈河区	沈河区南塔街129巷	普通住宅、商铺
其仕和悦	沈阳	沈河区	沈河区方家栏路（方家栏公园旁）	普通住宅
富力国金中心	沈阳	沈河区	沈河区友好街7号	公寓、写字楼
五矿·沈河金城	沈阳	沈河区	沈河区文化东路20号（原省图书馆东行300米）	普通住宅
金地·宸颂	沈阳	沈河区	沈河区万寿寺街20号	普通住宅、商铺
金地峰汇	沈阳	沈河区	沈河区五爱街与文萃路交会处南行50米	普通住宅、别墅
银基观澜庭	沈阳	沈河区	沈河区沈水路608号	普通住宅、别墅
旭辉铂宸府	沈阳	沈河区	沈河区团结路59号	普通住宅、公寓
五矿·新里	沈阳	沈河区	沈河区文化东路20号（原省图书馆东行300米）	公寓
龙湖·天奕	沈阳	沈河区	沈河区文化路83号	普通住宅
美的君澜	沈阳	沈河区	沈河区北京街7号（卓展购物中心北侧）	普通住宅
会展壹号	沈阳	苏家屯区	苏家屯区南京南街1008号（南京街和三环交会处）	普通住宅、商铺
艾格尔·满融公馆	沈阳	苏家屯区	苏家屯区迎春北街86号（绕城高速与迎春北街交会处西南侧）	普通住宅
孔雀城新京学府	沈阳	苏家屯区	苏家屯区中央大街西银栗路北	普通住宅、别墅、商铺
万科·明日之光	沈阳	苏家屯区	苏家屯区胜利南大街43-5号	普通住宅
澳海·南樾府	沈阳	苏家屯区	苏家屯区南京南街与银杏路交会处（沈阳新南站旁）	普通住宅
华润置地·公元九里	沈阳	苏家屯区	苏家屯区南京南街与金钱松东路交会处东南部（体育学院南行100米）	普通住宅
沈阳恒大文化旅游城	沈阳	苏家屯区	苏家屯区沈本大道与佳园路交会处	普通住宅、商铺
荣盛锦绣天地	沈阳	铁西区	经济技术开发区沈辽西路136号	普通住宅、公寓
中恒广场	沈阳	铁西区	铁西区兴华街十马路交会处	公寓、写字楼、商铺
华润置地·二十四城	沈阳	铁西区	经济技术开发区沧海路8号	普通住宅
万科圣丰翡翠之光	沈阳	铁西区	铁西区齐贤北街32号	普通住宅、商铺、公寓
万科西华府	沈阳	铁西区	铁西区昆明湖街39号（地铁一号线张士地铁口南行300米）	普通住宅
沈阳美的时代城	沈阳	铁西区	铁西区开发大道四号街地铁A出口	普通住宅、公寓
龙湖·天宸原著	沈阳	铁西区	铁西区沈新路与洪湖一街交会处	普通住宅、别墅
旭辉·雍禾府	沈阳	铁西区	铁西区北二中路与保工北街交会处西行200米	普通住宅、别墅
融创城	沈阳	铁西区	经济技术开发区沈辽路183号	普通住宅、商铺
华润置地·万象府	沈阳	铁西区	铁西区北二路区委区政府旁	普通住宅

楼盘名称	城市名称	城区	地址	物业类型
华润置地·净月台	沈阳	铁西区	铁西区星海路与昆明湖街交会处	普通住宅、别墅
中南·玖熙墅	沈阳	铁西区	铁西区沈新路 105 号	普通住宅、别墅、商业
中南旭辉·和樾	沈阳	铁西区	铁西区北一西路 66 号	普通住宅、别墅
保利云禧	沈阳	铁西区	铁西区北二西路与北启工街交会处	普通住宅、商铺
万科翡翠新都会	沈阳	铁西区	铁西区重工北街与北一西路交会处	普通住宅、商业、公寓
金科中南·集美尚景	沈阳	铁西区	铁西区十号路（七号街地铁口南约 500 米）	普通住宅
阳光城·璞悦	沈阳	铁西区	铁西区云峰街与南九东路交会处	普通住宅、商铺
中南·紫云集	沈阳	铁西区	铁西区建设中路与景星街交会处北行 50 米	普通住宅、商业
中梁首府	沈阳	铁西区	经济技术开发区星海路与昆明湖街交会处	普通住宅、商铺
招商·曦城	沈阳	铁西区	铁西区地铁 1 号线四号街站 A 出口	普通住宅、别墅
阳光城·未来悦	沈阳	铁西区	铁西区肇工街与勋业一路交会处	普通住宅、别墅
富禹·盛京学府	沈阳	铁西区	铁西区花海路与大明湖街交会处	普通住宅
荣盛和悦名邸	沈阳	铁西区	经济技术开发区沈辽西路 132 号	普通住宅、商业
雅居乐·华宇·雅华香颂	沈阳	铁西区	铁西区浑河六街 6 号	普通住宅
首创禧悦大观	沈阳	铁西区	铁西区北二西路 51 号	普通住宅、商铺
宝时跃墅	沈阳	铁西区	铁西区北启工街 31 甲号	公寓
中瑞·峰尚公馆	沈阳	铁西区	铁西区沈辽东路与兴工街交会处	普通住宅、商铺
正轩悦堂	沈阳	铁西区	铁西区南七东路 11 号	普通住宅
首创禧悦大境	沈阳	铁西区	铁西区肇工南街 19 号	普通住宅、商铺
沈阳恒大林溪郡	沈阳	铁西区	经济技术开发区地铁 3 号线细河幽谷站旁	普通住宅
万科中德国际社区	沈阳	铁西区	铁西区沈阳中德产业园中央生活区	普通住宅、商业
卓尔沈阳客厅	沈阳	于洪区	于洪区元江街 20-1 号（白山路丁香湖大道交会处）	普通住宅、公寓、酒店式公寓、商铺
意大利风情小镇	沈阳	于洪区	于洪区广业西路 11 号（重工街大成桥下西行 1000 米）	普通住宅、商铺
玉祥明居	沈阳	于洪区	于洪区松山西路 92 号	普通住宅
美的城	沈阳	于洪区	于洪区赤山路与滨江街交会处	普通住宅
富禹·依云温泉小镇	沈阳	于洪区	于洪区红兴路 804 号（蒲河西岸，临 304 国道）	普通住宅、别墅
格林木棉花	沈阳	于洪区	于洪区西江街 221 号（西江街与松山路交会处北）	普通住宅
中瑞·北欧云墅	沈阳	于洪区	于洪区汪河路 170 号	普通住宅
宏发英里蓝湾	沈阳	于洪区	于洪区南阳湖街 148 号	普通住宅、商铺
万科翡翠公园	沈阳	于洪区	于洪区迎宾路街道西湖街	普通住宅、商铺
保利观唐	沈阳	于洪区	于洪区怒江街北青城山路南（方溪湖旁）	普通住宅
保利海德公园	沈阳	于洪区	于洪区沈辽路与大明湖街交会处	普通住宅
金辉优步湖畔	沈阳	于洪区	于洪区重工北街与昆山西路交会处南行 300 米	普通住宅
悦时光	沈阳	于洪区	于洪区怒江北街与千山西路交会处西行 700 米	普通住宅
融公馆	沈阳	于洪区	于洪区西江北街 82 号	普通住宅、别墅、商铺
华润置地·八号院	沈阳	于洪区	于洪区赤山路南侧赤山路与西江街交会处东行 500 米	普通住宅
恒大悦龙台	沈阳	于洪区	于洪区红旗台板块广业西路东北食品城南侧	普通住宅、商铺
碧桂园银亿·大城印象	沈阳	于洪区	于洪区怒江北街辉山西路 252 号	普通住宅、商铺
招商·雍景湾	沈阳	于洪区	于洪新城细河南路与南阳湖二街交会处	普通住宅、别墅、商铺
美的盛堂	沈阳	于洪区	于洪区汪河南路 1 号	普通住宅、别墅
中港城·永安嘉苑	沈阳	于洪区	于洪区洪源路 10 号	普通住宅、商铺
恒大盛京珺庭	沈阳	于洪区	于洪区西江北街与青城山路交会处北 500 米	普通住宅
旭辉璟宸府	沈阳	于洪区	于洪区南阳湖二街细河路交会处	普通住宅、别墅、商铺
富禹·依云蓝湾	沈阳	于洪区	于洪区黄海路与巢湖街交会处南行约 700 米	普通住宅、商铺
诺德·阅香湖	沈阳	于洪区	于洪区向山北路阅香湖公园南侧	普通住宅、别墅、商铺
绿地·新里城	沈阳	于洪区	于洪区赤山路 72 号	普通住宅、别墅
龙湖·九里颐和	沈阳	于洪区	于洪新城云龙湖街与细河南路交会处	普通住宅、商铺
民安·海逸康城	沈阳	于洪区	于洪区西江北街与青城山路交会处（沿青城山路东行约 200 米）	普通住宅
万科四季花城大家	沈阳	于洪区	于洪区北二环怒江街四季花城北侧	普通住宅、商铺
汇置尚樾	沈阳	于洪区	于洪区宁江街 30 号	普通住宅
沈抚中南·熙悦	沈阳	沈抚新区	抚顺经济开发区翔宇路 3 号	普通住宅、商铺
澳海·白沙岛	沈阳	沈抚新区	沈抚新区玄菟路与金枫街交会处（乌岛南）	普通住宅、公寓、商业
沈抚恒大·养生谷	沈阳	沈抚新区	沈抚新区中兴街与枫林路交会处	普通住宅、别墅、商铺

富力国金中心

沈阳 北站 CBD 配套完善 板楼公寓

富力国金中心项目位于沈阳市沈河区北站 CBD 友好街 7 号，占地面积约 2.9 万平方米，总建筑面积约 37.8 万平方米，计容建筑面积达 29.3 万平方米，项目由两栋 34 层甲级写字楼、三栋 44 层的带装修智能板楼公寓组成。

专家点评 王一翔 · 同源机构市场总监

富力国金中心位于北站CBD核心位置，地段优势明显，商业、生活、交通等配套丰富，产品商务属性较好，属于城市资源型产品，以城市精英、商务投资等客群为主。

项目地址：
沈阳市沈河区友好街 7 号

开发商：
沈阳恒金房地产开发有限公司

建筑类型：
公寓、写字楼

主力户型：
105 平方米二居、159 平方米三居

周边配套：
沈阳北站、地铁 2 号线、华府天地、惠工广场

参考价格：
16000~19000 元 / 平方米

楼盘优势：
项目落子城市中心，拥有完善的工作及生活配套，自持商业近 2.6 万平方米，可同时满足精英阶层、投资客户群、集团公司等的办公需求。

项目解析

【区域维度】

富力国金中心项目位于沈河区北站CBD内，享有商业、生活、交通等成熟配套。北站CBD更是汇集众多金融机构、政府行政机构，是沈阳市的"心脏"和金融发动机。

交通配套上，多条公交线路环伺，惠工广场南附近有105、253、262、294、328、800等公交线路，惠工广场北附近有203、267、399等公交线路。此外，项目邻近地铁2号线金融中心地铁站B口，出行十分便捷。

商业配套上，项目邻近中街、北站、市府三大商圈。涵盖中街恒隆广场、盾安新一城、商业城、春天、兴隆大家庭、华府天地、金融中心购物广场、卓展购物中心、市府恒隆广场、华强金廊广场、万象城等商业。

招商银行、中国农业银行、中国建设银行等国有银行，盛京银行、大连银行、营口银行等地方银行，各大投资及金融机构坐落于此，沈阳市沈河区区政府、辽宁省中级人民法院、沈阳市工商局等行政机构，奉天银座、新地中心、华府天地、财富中心、新华国际等写字楼也位于项目附近。

【品牌维度】

富力地产于1994年成立，2005年在香港港交所成功上市。目前，富力地产已形成全球性布局，2005年至2009年连续5年蝉联国家统计局评选及公布的"中国房地产企业综合实力第一名"，荣登"2018年度中国房地产开发企业综合实力4强"。

【口碑维度】

截至2019年上半年，富力集团拥有权益土地储备可售面积超6100万平方米，企业总资产达4055亿元，2018年销售规模逾1300亿元，为超过100万人提供高品质产品和服务。20多年来，富力秉承"紧贴城市脉搏，构筑美好生活"的发展战略，凭借稳健的综合实力，荣登"2019年中国民营企业500强"榜单，并入选"中国民营企业服务业100强"。

【产品维度】

富力国金中心项目由两栋34层甲级写字楼、三栋44层的带装修智能板楼公寓组成。公寓建筑面积为60~268平方米，共规划766户，项目拥有自持商业近2.6万平方米，将打造成艺术感官商业街区，同时满足城市精英阶层、商务投资客群、集团公司等的办公需求，定位于具有国际标准、彰显城市风貌的时代力作。

作为沈阳楼市上少有的板楼公寓产品，富力国金中心摒弃了多梯多户的点式楼结构所带来的利润，而选择2梯2户、3户、4户的板楼公寓产品，让业主享受私密自如切换的生活办公环境。

在商业部分中，该项目配备了业主会所。首层设有VIP会客室，内置雪茄吧、红酒屋等，上层设有SHOW ROOM，为定制化的休闲娱乐空间。富力国金中心还配备私密的专属空间，如SPA会馆、屋顶花园及玻璃幕墙空境游泳池等，都市会客厅功能丰富多样。

【销售维度】

案场数据显示，2018年11月30日富力国金中心首开，共推出公寓房源766套，并于2019年7月推出"5030金融置业计划"及"国金会招募计划"，市场反响良好，成为沈阳高品质公寓市场的热销楼盘，并于当年9月创下单月销售额突破1亿元的销售业绩，刷新沈阳房产市场公寓产品新认知。

更多楼盘详情请扫码查看

华宇中金河御雅院

- 2019年 -
中国城市楼盘年鉴
典型项目

沈阳　强强联合　刚改产品　配套成熟

华宇中金河御雅院位于沈阳市近年备受市场认可的沈北新区内，东、北为南小河，西侧为青杨林公园，由华宇地产与嘉城地产联合打造，总占地面积约4.4万平方米，总建筑面积约10万平方米。

项目地址：
沈阳市沈北新区沈北路56号

开发商：
沈阳嘉城房地产开发有限公司

建筑类型：
高层、洋房、叠拼

主力户型：
85~88平方米二居、110~130平方米三居

周边配套：
朝阳一校、七中、迪卡侬、沈北盛京医院、180路

参考价格：
高层8100元/平方米、叠拼14000元/平方米

楼盘优势：
项目位于城市宜居区域、市场关注度较高的热点板块，集公园生态与学府人文等优势于一身，产品设计与初改等中产阶层相契合。

专家点评　张锦桥·辽宁省广告学院副院长

该项目实现了对中韵风情品质建筑与85~130平方米主流面积段的良好把控，带有飘窗等空间设计，经得起置业客户及未来居者的考究眼光，也唤醒了沈阳人心底的诗和远方。

项目解析

【区域维度】

沈北新区是沈阳发展的经济增长极，位于城市纵轴之上、北金廊之首。沈北新区是沈阳十大市辖区之一，被誉为“城市发展第三极”“沈阳主城价值潜力区”，自然资源丰富，坐拥蒲河生态走廊、七星山、棋盘山风景名胜，更有各大主题公园环绕，是全国生态示范区、中国特色旅游之乡，居住舒适度位居前列。

同时，区内交通路网四通八达，地铁2号线及多条公交线路紧密衔接，无论是通往市中心还是通往其他区域均十分便捷，是集“城市河岸生态稀缺地”“都市微度假娱乐区”“新型企业商务办公CBD”“大学城教育旗舰聚集地”“多商圈融合的休闲购物地”为一体的都市生态宜居区，增值潜力较大。

近两年来，沈北房地产市场的销量和价格均在不断上涨。行业数据显示，销售均价已从2012年的3000元/平方米涨到现在的9000元/平方米。2018年，沈北成交量仅次于浑南，位居全市第二。

【品牌维度】

项目由华宇集团与嘉城集团在沈北新区联手打造。华宇集团2018年荣获“中国房地产品牌价值20强”“中国房地产100强企业”，开发经验十分丰富，项目遍布重庆、成都、杭州、西安、沈阳、苏州、天津等22个城市及北美市场，开发规模逾2100万平方米。

辽宁嘉城实业集团是一家总部设立于沈阳的业务多元化的大型企业集团，旗下拥有18家分公司、6家房地产开发公司，经营业务涉及房地产、建筑工程、商业运营、金融投资、医疗养老、实业投资六大板块。截至2017年底，集团总资产逾100亿元，先后开发了中金启城、中金河御、中金泓府等品质项目。

两大房企的强强联合，既保障了项目的整体品质，又确立了项目在区域内的产品价值。

【口碑维度】

华宇地产2011年荣获“中国房地产诚信企业”，具有国家一级房地产集团资质、一级建筑施工资质、一级物业服务资质，先后荣获“詹天佑土木工程奖”“广厦奖”等诸多殊荣；截至2019年，连续8年被评为“企业信用评价AAA级信用企业”。嘉诚地产始终秉承着责任筑造理想家的开发理念，在沈开发的项目备受业内与业主的好评。

【产品维度】

华宇中金河御雅院总占地约4.4万平方米，总建筑面积约10万平方米，规划15栋楼，由小高层、花园洋房、叠拼别墅组成，容积率1.8，绿化率35%。

在园林设计上，采用具有东方文化的皇家园林——乾隆花园的设计元素，利用时尚简约的设计理念演绎皇家园林的国脉礼序、东方神韵以及家国风范，充分借鉴了皇家园林五进归家的设计理念，通过一进镜堂前、二进府门阁、三进御书院、四进九区巷、五进府院居的仪式感提升园区品质。

【销售维度】

项目于2019年11月3日开盘。北方进入11月之后，受天气的制约与传统消费习惯影响基本进入行业淡季，但项目经过短短一个月的筹备，就实现了首开货源去化超80%的良好业绩，得到市场认可。

更多楼盘详情请扫码查看

融创观澜壹号

沈阳 蒲河南岸 学府相伴 品质舒居

融创观澜壹号位于沈北新区蒲河南岸蒲南路 13 号，由融创集团沈阳分公司开发建设，建筑面积约 985589 平方米，占地面积约 162267 平方米。

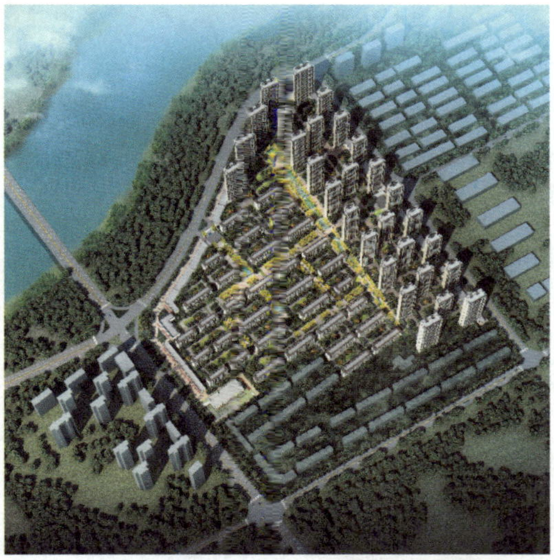

项目地址：

沈阳市沈北新区蒲南路 13 号

开发商：

吉宝城镇开发（沈阳）有限公司

建筑类型：

高层、洋房

主力户型：

112 平方米三居

周边配套：

尚柏奥特莱斯、地铁 2 号线、盛京医院、沈北中医院

参考价格：

洋房 12000 元 / 平方米

楼盘优势：

融创沈阳壹号系首部作品，融创秉承匠心品质，打造智慧装修住宅，以大美园林、优越物业及归心服务，使得该项目热度持续不减。

专家点评 张琦 · 戴德梁行东北区董事总经理

沈阳融创观澜壹号坐拥沈北新区优质景观、医疗、商业、教育等资源，以细致考究的生态设计理念献礼城市北部美好居所，构筑理想的人居栖息地。

项目解析

【区域维度】

融创观澜壹号位于沈北蒲河岸畔，自然资源优越，区域内约2500平方公里的蒲河，以其丰沛的生态资源、秀美的自然风景，成就宜居之所。融创观澜壹号项目选址于此，开启河畔栖居的美好时代。

交通上，地铁2号线、3号线(规划中)贯穿沈北，出行方便。此外，吾悦广场、万达广场等商业规划，营造出浓郁的商业氛围。项目近邻沈阳市第七中学(沈北分校)、朝阳一校沈北分校教育集团东校区，教育资源完善。

项目自推出以来，凭借强大的产品力赢得行业与市场赞誉，在沈北区域品牌开发商齐聚的市场环境下，屡次获得销售佳绩。

【口碑维度】

自推出以来，融创观澜壹号始终将产品品质和客户体验作为重点，从区域环境、园林景观、户型设计、装修品质及物业服务等多个维度倾力营造，以硬实力、真品质不断提升用户信心。

特别是融创观澜壹号以“匠心精神”为出发点，多次举行工地开放日暨总经理见面日活动，让业主零距离体验“家”的美好，一切细节得以眼见为实，无惧检验的精工品质与建筑细节赢得口碑与人心。

值得一提的是，融创观澜壹号还以社群为纽带，连接业主与客户，激活社区的活力和家的美好。乐活社、海贝社、枫叶社、多彩社，四大社群活动异彩纷呈，从每月业主喜辰会到本溪水洞一日游，再到业主足球赛，融创观澜壹号致力以更丰盈的精神内涵连接业主，成为观澜壹号口碑相传的重点因素。

【产品维度】

融创观澜壹号从建筑的线条砖瓦到窗户与墙体的比例，从地下车库的装修到单元入户厅堂再到室内装修的格局与品质，从物业服务人员专业的培训到“归心”社区圈层活动的设计，都无愧为壹号系作品。

建面84~114平方米观澜高层、112~141平方米揽境洋房，遵循融创壹号系户型设计标准。同时，结合沈阳人居习惯，宽阔有度的户型设计，兼顾功能性与舒适度，带装修舒居体系配合中央空调与新风系统，人性化的服务和温度，多元化的社区链接，点亮家的幸福未来。

【销售维度】

从2018年到2019年融创观澜壹号不断刷新销售业绩，在激烈的市场竞争中脱颖而出。2018年10月，该项目首次开盘，即吸引业内强力关注。进入2019年，融创捐建朝阳一校沈北分校教育集团东校区的消息传出，2019年3月14日，学校正式破土动工，在此利好之下，2019年3月16日融创观澜壹号销售业绩随之全面爆发。

据新峰大数据统计，2019年1~11月，融创观澜壹号以销售套数3910套、销售面积39.26万平方米，位居沈阳新建商品住宅销售排行榜第一名。在激烈的市场竞争中，融创观澜壹号取得如此业绩，更加印证了项目过硬的产品实力。

更多楼盘详情请扫码查看

沈北吾悦广场

- 2019年 -
中国城市楼盘年鉴
典型项目

沈阳　自持商业　双地铁口　投资优选

沈北吾悦广场位于沈北新区蒲河大道与七星西街交会处，由沈阳亿博房地产开发有限公司开发，建筑面积约 99.5 万平方米，占地面积约 25.7 万平方米。

专家点评

王一翔·同源机构市场总监

沈北吾悦广场是新城控股入沈的首个项目，恰当时机落址沈北热点区域，生态环境舒适、生活配套完善，户型设计合理，开局迎「开门红」，从产品、商业资源等方面来看，具备一定的市场竞争力。

项目地址：

沈阳市沈北新区蒲河大道与七星西街交会处

开发商：

沈阳亿博房地产开发有限公司

建筑类型：

高层、洋房

主力户型：

79 平方米二居、89~110 平方米三居

周边配套：

地铁 2 号线、盛京医院、花海、清华万博

参考价格：

一期 7442 元 / 平方米、二期 8115 元 / 平方米

楼盘优势：

雄踞城市规划轴心，占位双地铁口，自建 22 万平方米商业旗舰，毗邻千亩花海，近蒲河生态廊道、七星公园，教育、医疗配套完善。

项目解析

【区域维度】

沈北吾悦广场位于沈北新区核心商贸区，东临千亩花海景观生态区，邻近蒲田路、蒲河路双地铁站，联动城区各大主力商圈，出行较为便捷。盛京医院沈北院区位于项目不远处，区域15所高校环伺，教育、医疗配套完善。

历经10余年的飞速发展，沈北新区交通、教育、医疗等配套日趋完善，已逐步成为沈阳城市功能向北拓展的重要区域、"建设国家中心城市"目标的重要组成部分。

【品牌维度】

作为新城控股全国布局的第93座吾悦广场，项目旨在填补沈北新区体验式商业空白，带动周边居民消费升级，一经面市就受到政府及各界的高度关注。

沈北吾悦广场依托新城控股品牌影响力，以一系列紧凑营销节奏配合，180天内迅速完成千人招聘、奠基仪式、品牌发布会、区域发展论坛、售楼处开放、品牌签约大会等重大节点动作，快速实现品牌落地。2019年5月1日营销中心开放，吸引万人到访，创沈北新区乃至沈阳市楼市佳话。随着住宅、商业接连首开，销售业绩更是一路飘红，受到社会各界的关注。

【口碑维度】

27载城市深耕，"吾悦"产品系深谙品质是建筑的核心，作为区域典型项目，更是坚持将工程质量和安全放在第一位。住宅底商花田巷以鲜花、盛京民俗文化衍生业态为特色，作为未来沈北特色旅游商业，被沈北新区政府授予"沈阳首创文旅风情商业街"称号。

沈北吾悦广场一路走来，受到市场及客户的广泛赞誉，荣获"2018年新秀楼盘"称号。在匠筑理想居所的同时，开发商始终秉承"让幸福变得简单"的企业宗旨，以100%客户满意度为目标，守护生活中的点滴愉悦。

【产品维度】

沈北吾悦广场集22万平方米体验式购物中心、新中式人文府邸、"盛京新天地"风情商街、花田巷主题商业街于一体。"盛京新天地"溯源盛京古都传统民俗文化，打造芳华绝代、盛京故事、左岸繁花三大主题商业街。花田巷商街借势花海资源，定位沈北特色文旅商业，受到市场及客户认可。

住宅系吾悦华府秉承东方建筑精髓，并结合地貌特征，匠心打造"三进四苑二十四景"国风雅境园林，呈现一进府门、二进中庭、三进宅门的的三重礼序，塑造归家的尊贵和仪式感。户型上主推建面约89~110平方米三居室，南向三面宽，超6米宽厅，使室内采光面积充足，同时也确保了各个功能分区的私密性。

【销售维度】

案场数据显示，沈北吾悦广场商业2019年5月25日首开，成交金额约2.86亿元，去化率超90%。住宅6月23日首开，共推出928套房源，吸引近900组客户到场选房，销售房源819套，成交金额约5.64亿元，去化率高达88.3%。双首开8.5亿元的销售业绩，一举奠定其"红盘"地位。

截至2019年11月，项目开盘仅6个月，已受到市场和客户的高度认可。据新峰大数据地产机构统计，项目7月单盘销售套数居沈阳全市首位，2019年1~11月总销售面积和金额均位列沈北新区前四名。

更多楼盘详情请扫码查看

沈阳富力盛悦府

沈阳　道义板块　全盛配套　西技中魂

沈阳富力盛悦府项目由富力地产开发，位于沈北新区蒲丰路与地坤湖街交会处，占地面积约 99672 平方米，建筑面积约 383263 平方米，小区建筑类型以高层、洋房为主。

项目地址：

沈阳市沈北新区蒲丰路与地坤湖街交会处

开发商：

沈阳富沣地产开发有限公司

建筑类型：

高层、洋房

主力户型：

99 平方米、118 平方米三居

周边配套：

地铁 2 号线、尚柏奥莱、雨田中学、沈北盛京医院

参考价格：

高层 7200 元 / 平方米

楼盘优势：

项目位于沈北新区蒲河商圈，周边多元配套立林，毗邻地铁 2 号线蒲河路站，与雨田实验学校一路之隔。

专家点评　王一翔·同源机构市场总监

沈北新区刚需盘，区域房价上涨周期中价格相对较低，性价比较高的项目。依蒲河而立，周边配套较为完善，内含高层和洋房两大产品系，主推南向双卧三居室，备受市场欢迎。

项目解析

【区域维度】

沈阳富力盛悦府项目位于沈北新区发展地带，沈北新区是经国务院批准的第四个国家级经济开发新区，区域内百业盛兴，多元配套高速兑现，众多大型房企纷纷抢驻，成就沈北价值全盛时代。

项目周边配套成熟，近邻吾悦广场、尚柏奥莱，道义大学城商圈以及积家购物中心、华强城，丰盛商业配套林立，打造便捷购物体验。除各大商圈外，还有方特公园、七星海世界等文旅配套。项目与雨田实验学校一路之隔，毗邻地铁2号线蒲河路站，周边拥有十余条公交线路，快速通达全城。

【品牌维度】

富力集团成立于1994年，总部位于广州，经过20余年高速发展，已成为以房地产开发为主营业务，同时在酒店发展、商业运营、文体旅游、互联网产贸、医养健康、物业服务、设计建造及创新服务平台等领域多元发展的综合性集团。2005年，富力于香港联交所主板上市（股票代码：2777），成为首家纳入恒生中国企业指数的内地房地产企业。

富力地产已形成全球性布局，2005年至2009年连续5年蝉联国家统计局评选及公布的“中国房地产企业综合实力第一名”，荣登“2018中国房地产开发企业商业地产综合实力4强”。在富力的建筑族谱中，“府系”位列高端产品系，沈阳富力盛悦府承袭富力府系血统，对标府邸精髓，结合当代艺术审美，革新东方府韵文化。

【口碑维度】

截至2019年上半年，富力集团拥有权益土地储备可售面积超6100万平方米，企业总资产达4055亿元；2018年销售规模逾1300亿元，为超过100万人提供高品质产品和服务。

从广州起步，富力的业务已拓展至北京、上海、天津、海南、太原等全国各核心城市及潜力地区，并自2013年走向世界，拉开布局全球的序幕。

富力集团凭借稳健的综合实力，荣登“2019年中国民营企业500强”榜单，并入选“中国民营企业服务业100强”。

【产品维度】

富力盛悦府全盘容积率约为1.94，力求为业主打造区域内少有的低密宜居社区。项目秉承礼序空间营造法以及府系归家动线，在营造浓郁的府邸仪式感的同时，实现社区内多元价值的共融。

在户型设计上主推99平方米和118平方米三居室，贴心的南向双卧室配置，不仅营造了三面采光的明媚效果，同时也让居住体验更为舒适。宽敞的客厅衔接风情阳台，既可以拓展客厅的空间尺度，也可以为生活承载更多风景。如此充满匠心设计的产品，可谓区域内同面积段户型产品的宜居之选。

【销售维度】

2019年10月27日富力盛悦府迎来首次开盘，共推出房源650套，吸引近1500组客户到场选房。根据案场数据，选房当天即售出501套房源，销售额约3.2亿元，去化率高达93%。在随后的二次加推中，顺利成交235套，当日更是完成6.3亿元的销售业绩。2019年10月，新房项目销售金额和面积两大榜单中，富力盛悦府凭借优异业绩向市场呈交了满意的答卷，谱写了富力盛悦府在沈阳市场的业绩佳话。

更多楼盘详情请扫码查看

沈阳恒大盛京世家

- 2019年 -
中国城市楼盘年鉴
典型项目

沈阳　河景美宅　生态居所　低密社区

沈阳恒大盛京世家地处浑南区白沙岛，总占地面积约 33 万平方米，总建筑面积约 51 万平方米，紧依伯官大桥、邻近轻轨 5 号线，交通便捷，享有浑河、东陵公园、世博园、鸟岛等优质生态资源。

专家点评　张琦·戴德梁行东北区董事总经理

恒大盛京世家项目位于白沙岛东部，坐拥盛京之东，尽享静谧水岸和天然森景，以现代全景域的高品质设计格调打造沈抚新区生态颐养美宅。

项目地址：

沈阳市浑南区香堤路 199 号伯官大桥东南侧

开发商：

沈阳颐和城地产开发有限公司

建筑类型：

高层、洋房

主力户型：

83 平方米二居、128 平方米三居

周边配套：

轻轨 5 号线，168 路、385 路、386 路等公交线路

参考价格：

高层 8500 元 / 平方米、洋房 10000 元 / 平方米

楼盘优势：

项目位于省重点开发区域沈抚新区，邻近浑河岸，一线河景，签约七中、文艺二校沈抚校区合作建校。

项目解析

【区域维度】

恒大盛京世家位于浑南区白沙岛东部，项目北至香堤路，紧邻白沙岛滨河休闲公园，与棋盘山别墅区共享浑河美景；项目南侧紧邻白沙岛滨河休闲公园，西侧为区域主干路伯官大街，可直达鸟岛、世博园，连通沈棋路与浑南大道城市两大主干道，周边现有轻轨5号线，并规划了地铁9号线东延长线；项目东侧为金紫街，连通浑南大道主干道。

项目位于沈抚新区所规划的文化创意岛、生态城市示范区范围内，周边自然资源丰富、配套资源密集，为宜居、颐养区域。

【品牌维度】

恒大集团是以民生地产为基础，文化旅游、健康养生为两翼，新能源汽车为龙头的“世界500强”企业集团。从 2009 年起开始尝试多元化发展，通过组建庞大的调研团队，在多个领域、多个产业进行了大量调研、投入、探索和实践。

恒大地产在中国280多个城市拥有810多个项目，与全球860多家知名企业战略合作，实施精品战略，打造高品质、高性价比产品。精雕细琢每一个细节，匠心研磨每一道工序，住宅部分“全精装修交楼”，让600多万业主实现宜居梦想。从知名到驰名，是品牌深度的延伸。

【口碑维度】

截至2019年7月，恒大总资产2.1万亿元，年销售规模超6000亿元，累计纳税超2400亿元、慈善捐款超148亿元，员工14万人，每年解决就业260多万人，“世界500强”排名第138位。2017年恒大总资产已达1.76万亿元，年利税790亿元。

到2020年底，恒大将实现总资产3万亿元，年销售规模8000亿元，年利税1500亿元，或进军世界百强企业。作为中国领先的房地产企业，中国标准化运营的精品地产领导者，恒大开发的楼盘采用低碳与环保技术设计建造，在中国十大房地产企业里价格低、品质好，性价比高，被很多老百姓誉为“民生地产”。

【产品维度】

恒大盛京世家项目总占地面积约33.16万平方米，总建筑面积约51.39万平方米，综合容积率1.55，绿地率不小于35%，力求为业主打造低密度宜居社区。其中住宅占地面积约13.69万平方米，在户型设计上主推高层83平方米二居室，户型方正，南向双卧，互不干扰，主卧自带飘窗，客厅赏景开阔，厨房连接阳台，洗衣、储物都很便捷。洋房128平方米三居室，南北双向卧室，居住舒适度高，通透格局，通风、采光较好，L型厨房布置，明厨设计，充分利用空间；观景阳台，视野开阔，美景一览无余。

产品实行全屋装修交付，在各管理环节上严把质量关，将6000余条“精品标准”贯穿于项目设计、施工、监理、验收等整个流程。项目配套规划会所建筑面积约976.3平方米，商业建筑面积约1.61万平方米，力求打造奢适、便捷、惬意的生活环境。

【销售维度】

案场数据显示，2018年6月30日恒大盛京世家迎来首次开盘，认筹1061组客户，开盘当天销售约4.06亿元，销售房源397套，成为棋盘山区域热门楼盘。

更多楼盘详情请扫码查看

沈阳恒大四季上东

2019年 中国城市楼盘年鉴 典型项目

沈阳 | 自贸区内 | 新市府旁 | 低密社区

沈阳恒大四季上东项目坐落于浑南区沈中大街与全运五路交会处，项目位于自贸区内，邻近新市府。占地面积约 76 万平方米，建筑面积约 98.6 万平方米，1.2 超低容积率，产品主要以小高层、洋房为主。

项目地址：
沈阳市浑南区沈中大街与全运五路交会处

开发商：
沈阳盛业置业有限责任公司

建筑类型：
小高层、洋房

主力户型：
130 平方米三居、150 平方米四居

周边配套：
四馆四厦、三大公园、奥体商圈、东北国际医院

参考价格：
洋房 17800 元 / 平方米

楼盘优势：
项目与新市府一路之隔，纵享城市新中心资源，外部交通、商业、文化中心等资源齐聚，内部园林、湖景、名树、繁花等低密景致怡人。

专家点评 张琦 · 戴德梁行东北区董事总经理

恒大四季上东位于沈阳大热的新市府板块，项目融合低密度园景设计和全龄层社区配套，秉承新式建筑理念，规划叠水大湖、雅致园林、自有商业、业主会所、幼儿园等，自有配套齐全，是新市府自贸区理想居所。

项目解析

【区域维度】

恒大四季上东位于沈阳新市府板块，项目北通青年大街，南至桃仙机场，周边高铁、机场、快速路、地铁2号线、公交等六维立体交通网络遍布。北侧紧邻白塔商圈、奥体商圈，商业氛围醇熟，东邻莫子山体育公园、西近中央公园，还有设施完备的白塔公园。

另外，辽宁省图书馆、博物馆、科技馆、档案馆、沈阳市规划大厦、艺术大厦、环保大厦、地铁大厦、中国医科大学第一医院，以及十二年一站式教育名校等汇集于此，打造一站式齐备的生活配套。该项目在区位、资源、配套和产品等方面都具有很高的内在价值，是当前浑南楼市的宜居之选。

【品牌维度】

恒大地产在中国280多个城市拥有810多个项目，与全球860多家知名企业战略合作，实施精品战略，打造高品质、高性价比产品。精雕细琢每一个细节，匠心研磨每一道工序，住宅部分“全精装修交楼”，让600多万业主实现宜居梦想。

2007年，恒大地产以沈阳为桥头堡，开始在辽沈大地布局谋篇。截至2019年11月30日，深耕辽宁13载，创下11城59盘的好成绩。此间，辽宁恒大荣获“沈阳十大品牌地产”“最具影响力楼盘”“国际化城市标志性楼盘”等百余项大奖，树立了辽沈人居新风向。

【口碑维度】

恒大地产历经20余载的风雨征程，秉持“质量树品牌，诚信立伟业”的企业宗旨，以科学的前瞻性和高效的执行力，创造出独树一帜的辉煌成就。恒大地产始终坚持将“以人为本”作为核心，实施精品战略，匠心打造品质人居，致力于给消费者创造品质与性价比兼备，建造物质生活与品质生活并重的理想人居。

恒大地产实施标准化运营模式，历经多年研究发展完善，以9A精工体系缔造卓越全装修人居产品。2019年，恒大集团凭借稳健的综合实力，荣登《财富》“世界500强”第138位。

【产品维度】

沈阳恒大四季上东全盘容积率约为1.2，是新市府板块中轴境脉上少有的低密度公园之家。在户型设计上主推建筑面积约130平方米三居室和150平方米四居室，全明户型，各区功能明晰，通风采光较佳；南向大面宽客厅，观景视角开阔。入户花园设计，让业主从进门那一刻，便开始享受清新舒雅；餐厅客厅通透一线，全明设计气韵贯通，主卧朝南，带有独立卫生间，私密性较强。如此精工匠心之品质，是新市府板块难得的宜居之选。

【销售维度】

2018年6月30日，沈阳恒大四季上东首次开盘，开盘现场十分火爆。根据案场数据统计，当日共计推出790套品质房源，吸引近700组客户到场选房，当天即售出469套房源、总销售额约9.35亿元，去化率高达59.4%，一举成为新市府板块热销楼盘，轰动全城。

更多楼盘详情请扫码查看

太湖·国府壹号

- 2019年 -
中国城市楼盘年鉴
典型项目

沈阳　优质教育　地铁沿线　配套齐全

太湖·国府壹号位于沈阳市沈北新区道义板块核心位置，由沈阳百益龙地产有限公司开发，建筑面积约 149327 平方米，占地面积约 65600 平方米。

专家点评 张琦·戴德梁行东北区董事总经理

作为本土房企，百益龙集团深耕道义10余载，秉承时代匠心，以低密度、高绿化、邻名校的全域化配套优势，打造太湖·国府壹号，成为沈阳城市北部典型学府美宅。

项目地址：
沈阳市沈北新区道义北大街蒲河路 6 号

开发商：
沈阳百益龙地产有限公司

建筑类型：
洋房、高层、小高层

主力户型：
79~84 平方米二居、102~165 平方米三居

周边配套：
南京一校沈北分校、盛京医院沈北分院、吾悦广场

参考价格：
洋房 9800 元 / 平方米、高层 8500 元 / 平方米

楼盘优势：
拥享名校双学区，地处道义大街与蒲河大道交会处，打造低密洋房住区，在户型设计、建筑材料、物业品质等方面都实现了提升。

项目解析

【区域维度】

沈北新区发展主要围绕两条路，即道义大街和蒲河大道，太湖国府壹号地处两条发展主线的交会处，沈北道义板块核心位置。

项目北侧蒲丰路连通道义大街，直达盛京医院沈北院区和吾悦广场，东侧邻近红星美凯龙，且连通2号线蒲河路地铁站及人杰湖地铁站，可直达市内各大商圈，东北3公里为方特，七星海世界旅游资源丰富。5公里范围内，交通、医疗、教育、购物、休闲、娱乐配套一应俱全。

【品牌维度】

太湖·国府壹号是百益龙集团继太湖明珠花园二期之后又一力作，百益龙集团是一家集房地产开发、不动产管理、医疗美容、香料化工等行业于一体的多元化大型民营企业，曾多次荣获“沈阳优秀企业”的称号。

集团于2007年进军沈阳房地产开发，10余年时间里，一直致力于助力沈北新区发展，以“百益为民，百善筑家”为企业理念，始终坚守“谋事尽善尽美，造城全心全意”的企业文化，打造区域人居新典型。

【口碑维度】

百益龙地产深耕沈北多年，打造了绿茵湖畔、太湖国际花园、太湖明珠花园等多个精品住宅项目。多年来口碑相传，树立了良好的企业形象，也是少有的实现零负债、零投诉的开发企业，成为沈北楼盘的典型。

百益龙地产曾多次荣获“信用评价AAA级企业”“东北本土地产十大品牌企业”“沈阳高性价比楼盘”等奖项。如今，百益龙地产携太湖·国府壹号再度起航，在沈北道义板块，为置业者提供更多样化、更丰富、更有品质感的产品。

【产品维度】

太湖·国府壹号规划建设以洋房为主，集高层、小高层、沿街商铺为一体的商住综合体项目。项目在配套升级、户型设计、园林绿化、物业服务、品牌塑造等多个方面持续发力，携手南京一校沈北分校再度革新沈北品质优居，加持公立幼儿园、南昌中学（规划中），实现十二年一站式教育体系。

项目园区容积率为1.8，绿化率高达35%，推出79~165平方米府院电梯洋房、83平方米峰景高层、84平方米瞰景电梯洋房，面积区间大，可选择范围广。

建筑外墙统一采用高成本的液态理石漆，更高成本、更高品质，园区大门采用铝板线条设计大气恢宏，智能入园门锁，提升整体管理，从设计规划到选材建造上比以往都实现了全面提升。园区整体规划设置地下停车场，实现人车分流，园区高层小高均在最北侧一排，整体南向无遮挡，楼间距最大可达40米。

项目打造全龄低密洋房社区，为一度以刚需为主的道义板块带来全新的改善产品。

【销售维度】

案场数据显示，太湖·国府壹号首开推出300余套房源，开盘总销售额达3亿元，吸引了大批购房者及业内人士的关注。继首开告捷，项目势头不减，单周来访量多次名列道义板块项目前列。据新峰大数据统计，项目于2019年9月第三周，取得了全市销售面积前三名的好成绩，愈发证明了项目自身价值与魅力。

更多楼盘详情请扫码查看

万达公园ONE

2019年 中国城市楼盘年鉴 典型项目

沈阳　万达广场　都会艺术　学府美宅

万达公园 ONE 项目位于辽宁省沈阳市浑南区全运新市府板块，项目占地面积约 13.68 万平方米，总建筑面积约 41.5 万平方米，其中地上建筑面积约 32.5 万平方米，其余为地下。

项目地址：
沈阳市浑南区全运路与智慧三街交会处北行 200 米

开发商：
沈阳全运万达广场投资有限公司

建筑类型：
小高层、高层

主力户型：
110~129 平方米三居、143 平方米四居

周边配套：
万达广场、地铁 2 号线南延线、自贸区、中央公园

参考价格：
15200 元 / 平方米

楼盘优势：
位于全运核心板块，自身配套万达广场商业中心，周边毗邻自贸区、辽宁省图书馆、省科技馆、省档案馆及地铁站 2 号线南延线（在建）。

专家点评　张琦 · 戴德梁行东北区董事总经理

万达公园ONE作为领誉全运板块一站式新都市宜居著作，项目承袭世界ONE系品质，将都会艺术和人文雅居深切交融，尽揽新中心之上的繁然与繁华。

项目解析

【区域维度】

万达公园ONE正踞新市府核心区域、中央公园旁，不仅城市资源丰富，更拥有较大的发展潜力；享新市府、地铁、轻轨、三大公园、浑南大学城等各项配套利好，备受瞩目的自贸区亦坐落于此；毗邻文化气息浓郁的“四馆三厦”，更让这里成为城南的中央艺术生活区，是打造都会生活主场的重要元素。

如今，沈阳城市中心不断南移，政务、经济、文化、教育、生态各类资源相继迁入、落成，沈阳新中心的权柄在此划定。随着地铁2号线南延线的开工，两横三纵的便捷交通路网也将形成。在最新发布的浑南高品质生活区规划中，浑南新区全新规划了19所重点中小学校，而项目自身配套幼儿园、教育研究院附属小学、北京师范大学附属中学，整体教育质量在浑南新城名列前茅。如今，更有全运万达广场商业加持，填补区域空白，新的生活中心也将形成，全运新市府板块的成长、成熟有目共睹，同时也让这片土地被公认为是具有期望的城市发展新高地。

【品牌维度】

万达公园ONE是万达集团的城市焕新之作。2019年，万达以城市向南发展为契机，并利用大商业开业年为基础不断造势，同时以万达广场的城市繁华传承精神，制造全城事件营销，从而成功输出“万达就是城市中心”的概念，并以沈阳古建筑地标剪影为主，讲述项目自身的商铺产品、传递八门对八街的故事，实现产品溢价的全面热销，进一步巩固了万达品牌在浑南全运的强势表现。

【口碑维度】

入沈18载，万达集团更懂沈阳这座城市的发展动向及沈阳人的宜居需求，联手中建八局打造的万达公园ONE项目，积淀着丰富的文化内涵与精工匠心。从园区的规划到产品的设计，从宜居生活的打造到艺术精神的注入，万达公园ONE以城市发展的战略性高度，契合浑南区域的发展规划，诠释着这里的生活艺术魅力；这是一次勇敢的跨界尝试，更是一种城市艺术的延伸。

万达公园ONE项目以艺术精神为内核，从“造房子”转为“造生活”，把人文关怀融入到细致入微的产品中。未来，在全运这片土地上，万达公园ONE既可以折射出这座城市的文化传统与人文精神，又能诠释关于生活美的概念。

【产品维度】

万达公园ONE项目整体楼间距较大，保证了较好的采光和景观视野，庭院南北楼间距最大可达100米，东西间距可达88米，带装修双大堂，优质涂料材质。秉承精益求精的匠心态度，项目将植物与建筑材质互相搭配，提炼艺术形象并植入景观中，营造精致的艺术生活氛围。

户型上主推建面约120平方米三室两厅两卫，大面宽、短进深、全明户型，舒适度较高；优雅主卧套房、步入式衣帽间，尊享惬意生活；露台与飘窗设计，悦享美好时光。

【销售业绩】

案场数据显示，2019年项目开盘去化率100%，项目年销售额24亿元，总计销售套数1250套，销售面积约153520平方米。

更多楼盘详情请扫码查看

新世界商业中心

- 2019年 -
中国城市楼盘年鉴
典型项目

沈阳　太原街上　LEED 金奖　绿色办公

新世界商业中心位于中华路与南京南街交会处，建筑面积约 52128.3 平方米，由沈阳新世界新汇置业有限公司开发，全面打造 5A 甲级商务写字楼。

专家点评

张琦 · 戴德梁行东北区董事总经理

项目将现代化设计和人性化管理多元融合，配合其得天独厚的交通占位，为太原街板块引入新一代升级型商办楼宇。

项目地址：

沈阳市和平区中华路 61 号

开发商：

沈阳新世界新汇置业有限公司

建筑类型：

写字楼

主力户型：

180~460 平方米

周边配套：

地铁 1 号线、4 号线（在建）、新世界百货、中山公园

参考价格：

租金 1260 元 / 平方米 · 年

楼盘优势：

位于太原街商圈核心，双地铁覆盖，荣获美国 LEED-CS 金级预认证，实力港企匠心打造，地标级商务平台。

项目解析

【区域维度】

新世界商业中心地处太原街商圈核心，汇集了沈阳主城区优势资源，商务集群、商业圈等。交通配套上，项目邻近城市级交通枢纽沈阳站，地铁1号线、在建中的地铁4号线双地铁覆盖，立体交通网络，项目附近有10余条公交线路和机场专线，公共交通出行较为方便。

商业配套上，万达广场、中兴商厦、百盛等多家大型商场位于项目附近；中国银行、中国工商银行、中国建设银行、中国农业银行等多家金融机构环伺；多座星级酒店云集，完善精英商旅需求，营造成熟商务氛围。新世界商业中心择址于此，可享受便捷的购物、休闲、娱乐、商务、出行等配套。

【品牌维度】

新世界中国精耕沈阳20余载，打造大型住宅社区新世界花园，集博览馆、五星级酒店、写字楼、K11购物艺术中心、服务式公寓等业态于一体的大型居住、商业类综合体项目。新世界商业中心作为新世界中国匠心筑沈的又一商务力作，从设计规划到施工打造均做到精益求精。绿色建筑、高效配置、智能安防、贴心物业，成就太原街5A甲级商务地标，引领着商务综合体的新方向。

【口碑维度】

新世界商业中心写字楼作为新世界商业中心综合体的二期项目，自动工之日起便受到众多商务人士的关注及期待。2019年，项目整体亮相，以同步国际的前沿商务办公理念、卓越空间品质、优质物业服务等赢得业内赞许，成为沈阳商务写字间市场的又一热点项目。

【产品维度】

新世界中国作为商界翘楚，凝聚多年商业开发经验，具有比肩国际的开发运营理念。在建造新世界商业中心项目时，广泛应用新技术、新产品、新材料与新工艺，精工打造国际化精品写字楼，并以此荣获美国LEED-CS金级预认证。注重节能、节水、减少二氧化碳排放、净化空气等绿色环保举措，致力于提高室内办公品质，缔造人性化商务环境。

项目主体由刘荣广伍振民建筑师事务所（香港）有限公司担纲设计，采用高端科技与品质建材，精研施工，打造现代化商务写字楼。标准层面积区间约180~460平方米，楼层最大面积约2100平方米，可自由组合，全面满足不同规模的商企办公需求。项目内部配有两个公共会议室，方便驻厦业主使用；每层均设置茶水间，提升人性化办公环境；六层设有户外屋顶花园，营造自然、生态的办公环境。

硬件设备上，新世界商业中心引进中央空调、新风系统，清新空气，冷暖相宜，营造舒适健康办公环境；全楼共计配备12部高速电梯，高低分区，科学配比，缩短候梯时间，提供高效商务保障；首层大堂设置智能先进速通门，有效避免闲杂人员进入，保障驻厦安全；地下车库设置停车指引功能，智能引导，方便快捷。多项智能硬件设备，前沿打造安全、高效的商务平台。

更多楼盘详情请扫码查看

雅居乐·华宇·雅华香颂

沈阳　中法城内　新法式风　低密住区

雅居乐·华宇·雅华香颂位于沈阳市铁西经济开发区，由沈阳雅颂房地产开发有限公司开发，项目总建筑面积约 71085 平方米，总用地面积约 30704 平方米。

专家点评　三一翔·同源机构市场总监

由雅居乐、华宇两大全国性房企联合开发，打造新法式品质建筑、低密宜居社区。该项目的进驻，打破了片区内居住的产品格局，有望提升区域生活品质。

项目地址：

沈阳市铁西区浑河六街 6 号

开发商：

沈阳雅颂房地产开发有限公司

建筑类型：

洋房、高层

主力户型：

85 平方米二居、99 平方米三居

周边配套：

地铁 3 号线（规划）、财富广场、杉杉奥特莱斯

参考价格：

高层 8000 元 / 平方米、洋房 10000 元 / 平方米

楼盘优势：

位于铁西新区中央生活区，坐落于中法生态城，邻近浑河、奥莱商圈、悦荟广场、财富广场等，打造低密度高绿化率园区。

项目解析

【区域维度】

雅居乐·华宇·雅华香颂位于铁西经济开发区，周边已成为以生态旅游产业为支柱，集中法国际创业中心、高端服务业聚集区、生态商住区、生态产业区于一体的铁西新区生态核心生活区。沈辽路高架，地铁 1 号线、地铁 3 号线(规划中)，绕城高速四大快线通达，杉杉奥特莱斯等生活配套的强势入驻、滨河生态走廊的进一步延伸，都将助力铁西新区成为城市新宜居腹地。

近年来，沈阳对于经济技术开发区配套完善也给予了大力支持。在交通、教育、医疗等各个方面，经济技术开发区都实现了三大飞越，带动整个城西经济迅速发展。

【品牌维度】

品牌的实力是区域发展的加持，也是住宅品牌的保障。该项目由雅居乐与华宇携手开发，两大房企强势携手，以品牌实力为项目做出价值与品质的背书。

市场上形形色色的房地产产品系里，有些希望走得更快，有些则希望走得更远。而它们的相同点之一是，大多以量身定制的方式，将城市精神和地段文脉融会贯通，成为一种建筑符号。华宇地产也是如此，它旗下的每一个产品系，都是独一无二、难以复制的存在，旗下四大产品系无一不赢得业界的良好口碑和客户尊崇。

【产品维度】

雅居乐·华宇·雅华香颂项目择址中法生态城，邻河而建，周边公园环伺，快线通达。凭借仅 1.7 的低容积率，以沈阳市场少有的低密度布局和典雅精致的苑区规划，倾心打造品质生态洋房。

项目融合盛京风韵和法式新典雅建筑风格，兼具景观与休闲功能，一轴两翼、全龄化的园林营造理念，致力打造贯穿生活的诗意园林盛景。简约新法式的建筑风格，以典雅、庄重的形态特征闻名，以简单流畅的线条，勾勒出隽秀挺拔、矜贵典雅的建筑气质。项目配套是新古典风格浪漫的园林景观，一步一景，倾力打造出舒适的低密度、高品质生态人居环境。

在贴合实用的基础上，开发商特聘请上海著名景观设计公司——英斯弗朗团队，亲临项目实地考察，深入调研业主需求，从日照时长、动线排布、空间规划、建筑风格等多维度考量，打造多种高性价比户型。产品面积段 88~118 平方米洋房与 80~85 平方米高层科学搭配，户型布局精巧，大面宽、短进深、高采光，兼具实用功能性与高性价比，以满足不同置业者舒享品质的需求，让业主既能感受到归家的仪式感，又能享受移步异景的自然。

【销售维度】

开发商统计数据显示，雅居乐·华宇·雅华香颂项目营销中心及示范区于 2019 年 11 月 2 日对外开放，开放一星期内就有约 1000 组客户到访，购房热情高涨。该项目于 2019 年 11 月 27 日正式首开，推出高层和洋房产品，首开劲销破 2 亿元，成为铁西经开区当红热盘。

更多楼盘详情请扫码查看

阳光城·未来悦

- 2019年 -
中国城市楼盘年鉴
典型项目

沈阳　二环以里　区域标杆　配套齐全

阳光城·未来悦位于铁西老城区工人村板块，肇工街与勋业一路交会处，正对劳动公园西门；占地面积约 58998 平方米，建筑面积约 179982 平方米，共计规划 22 栋楼 1126 户。

专家点评

张琦·戴德梁行东北区董事总经理

阳光城·未来悦产品覆盖面广，包含叠拼、洋房和高层，配合低容积，将人文、园景和建筑倾力展现，为工人村板块带来全新的人居改变。

项目地址：

沈阳市铁西区肇工南街 98 甲号

开发商：

沈阳光盛恒荣房地产开发有限公司

建筑类型：

洋房、高层、叠拼

主力户型：

87 平方米二居、104~139 平方米三居

周边配套：

劳动公园、铁西广场、龙之梦大都汇、于洪广场

参考价格：

高层 14500 元 / 平方米、叠拼 250 万 ~380 万元 / 套

楼盘优势：

“世界 500 强”旗下核心企业、“2019 中国房地产开发企业 500 强”TOP15，地处铁西二环内，五大公园、四大商圈，低密社区、得房率高。

项目解析

【区域维度】

阳光城·未来悦位于铁西二环、劳动公园、工人村板块，邻近建设大路、沈辽路、保工街、重工二环路；3.5公里范围内双地铁站覆盖，1公里范围内有26条公交线路。项目邻近五大公园、四大商圈、多所医院及学校等配套，生活宜居度较高。

作为沈阳市老工业基地、重点发展老城区之一，铁西区牵引着沈阳整体工业发展方向，而阳光城·未来悦所在的劳动公园工人村板块，是见证了共和国工业腾飞的重要板块。作为承载工人村未来的品牌房企，阳光城肩负着焕新工人村的重要使命，为区域打造更高标准的品质住宅。

【品牌维度】

“世界500强”旗下核心企业、“2019中国房地产开发企业500强”第15位，24载布局全国28大区域。2018年，阳光城集团开疆拓域，首进辽宁，迄今已下五子。进入沈阳的两年时间里，阳光城集团不断以精品策略，刷新沈阳人居高度。

如今，阳光新作——阳光城·未来悦项目，地处铁西区主城央心，打造低密住宅，助力工人村板块向高端改善迈进。

凭借精心设计打造的“超高得房率”户型，阳光城·未来悦入市以来，在市场上圈粉无数。备受青睐的建筑面积约87平方米标准南北二居户型，入市即备受热捧，火速告急；建筑面积约104平方米双南卧户型，做到了三室两厅两卫，成为区域内罕见的功能性优质户型。

【口碑维度】

阳光城·未来悦全面贯彻“品质101”制度，让客户从购房到房屋交付入住全程无忧。在每一环节，客户如有疑问，均可反馈给开发商或拨打品质101热线，阳光城将第一时间帮助客户解决问题，做到客户至上。

【产品维度】

在产品打造上，阳光城·未来悦有别于传统住区。针对2.0的社区容积率，项目放弃传统普宅社区，打造别墅、洋房、高层高品质低密社区。提炼英伦公园情景，打造一廊六园景观设计，园区内设置阳光跑道、多处水系、全龄活动休闲区、室外会客厅等，满足人居多重体验。

在户型上，叠拼产品主推建筑面积约139平方米的下叠产品，南向超大六面宽，室内全面采光；高挑空设计，空间可翻倍享受；私家车位直通入户；预留电梯井，客户可以自行打造私家电梯，可谓是同面积段户型产品的创新之举。

【销售维度】

阳光城·未来悦项目用不到一个月的时间，完成了从案名发布到项目首开一系列动作，创造了沈阳市场从入市到开盘节奏较快的项目；2019年年中首开，当天共推出234套房源，开盘当日去化率达86%，首开认购2.8亿元；截至2019年10月31日，不到四个月时间，项目已完成8.7亿元销售金额。

开盘大获成功，奠定了未来悦的市场地位。2019年9月，阳光城·未来悦连续三周荣获区域市场销售业绩TOP10，领跑区域楼市销量。

更多楼盘详情请扫码查看

越秀星汇云锦

沈阳　沈阳中轴　生态宜居　改善住宅

越秀星汇云锦位于沈河区南塔街 129 巷，项目择址沈河中轴，傲踞浑河北岸，一期已经全部售罄，二期总占地面积约 8.2 万平方米，总建筑面积约 29 万平方米。

项目地址：
沈阳市沈河区南塔街 129 巷

开发商：
沈阳越秀地产有限公司

建筑类型：
高层、小高层

主力户型：
127 平方米三居、185 平方米四居

周边配套：
文萃小学、沈阳市第七中学分校（规划中）

参考价格：
一期 17000 元 / 平方米、二期 22000 元 / 平方米

楼盘优势：
周边围绕三好、奥体、五爱等三大商圈，K11 购物中心、万象城等城市级品牌商厦林立，浑河、五里河公园等自然资源比邻。

专家点评

张琦 · 戴德梁行东北区董事总经理

沈阳越秀星汇云锦坐落于浑河北岸，项目将现代建筑理念与传统中式设计巧妙配合，以"教育+自然"，匠心[illegible]，构筑沈阳人心中的理想华宅。

项目解析

【区域维度】

越秀星汇云锦傲踞沈阳城市央心中轴，坐拥浑河北岸，占据浑河黄金河岸线。众所周知，沈阳目前的发展核心主要以南北金廊、东西银带为主，构筑成大十字型的空间格局。越秀星汇云锦位于金廊银带的交会处，地理位置优越，既拥有金廊的繁华便捷，又尽享银带的生态景观。

在交通配套方面，项目毗邻二环，可以便捷快速地到达沈阳各个区域，新城区老城区随意切换，通达沈阳全域。

在商业配套方面，星汇云锦坐拥三好、奥体、五爱等三大商圈，K11 购物中心、万象城等城市级品牌商厦林立，浓厚的商业氛围、多元的购物选择，可满足全年龄人群对于购物的不同需求。

在教育配套方面，项目旁规划新建的沈阳市第七中学，百年优质学府，引进先进教育理念，名师全维度教学方式。

在环境配套方面，星汇云锦邻近五里河公园，与南塔公园、植物标本公园、科普公园、水源地五大公园生态环抱，生态环境较好。

【品牌维度】

越秀星汇云锦背靠国有品牌开发商越秀地产的雄厚经济实力与卓越的品牌口碑，从开发伊始就备受行业专家的关注。

越秀地产经过36年的改革发展，始终坚守"成就美好生活"品牌使命，践行"商住并举"发展战略，发挥"开发+运营+金融"高端商业模式独特竞争优势，先后开发200多个高品质住宅项目，成就全国具有实力的高端品牌开发商之一。

2011年，越秀地产进驻沈阳，落子一河两岸，打造一线河景大宅——越秀星汇云锦。

【口碑维度】

越秀星汇云锦集越秀地产36年地产经验之大成，凭借雄厚的品牌实力、严苛高超的造园技艺及园林景观的呈现，一经面世就受到了众多行业大咖与购房者的广泛认可与高度关注。

该项目的园林景观示范区，特邀知名景观机构——山水比德的大师匠造，"一轴六园一环"布局融情入景，以现代的造园手法诉说古人的居住理想，让客户亲眼感受"未来"园区生活，受到购房者高度赞赏，同时收获市场与行业一致优秀口碑。

【产品维度】

越秀星汇云锦实力打造生态低密河景社区。考虑到东北季节风势走向，项目整体依地势南偏东21°进行排列，由此为业主带来更长的日照时间。

在规划建设上，越秀星汇云锦根据不同年龄需求，打造专属老人、青年、儿童活动区域，从而实现全龄化多元社区价值。

在户型设计上，越秀星汇云锦通透灵动的布局，尺度宽境客厅、优雅多功能餐厅布局，完美契合人体居住工学，打造精筑生活美学空间。

【销售维度】

2019年三月18日，越秀星汇云锦加推告罄，总销售额达5亿元，领跑区域销售排名；8月25日，项目再次加推，再度售罄。根据RDAS云数据统计结果，9月，星汇云锦销售金额排名全市第四位。在区域内大品牌开发商林立的时代，不少项目因同质化、大户型、单价高的激烈竞争而导致去化困难，越秀星汇云锦以独特的产品优势，让其成为区域内具有竞争力、品牌力的全资源价值红盘。

更多楼盘详情请扫码查看

中海·半山华府

- 2019年 -
中国城市楼盘年鉴
典型项目

沈阳　新市府上　改善住宅　配套丰富

中海·半山华府位于浑南新市府板块内、四馆四厦旁，享有丰富城市配套。占地面积约 18 万平方米，建筑面积约 35 万平方米，产品规划为面积约 108~150 平方米的小高层和 130~185 平方米的洋房。

专家点评　张琦·戴德梁行东北区董事总经理

中海·半山华府优享新市府全景配套资源，将典雅建筑风格同现代社区理念相交融，打造双低密业态产品，构筑气质华宅，献礼城市艺术。

项目地址：

沈阳市浑南区金运街与全运一东路交会处

开发商：

沈阳中海海嘉房地产开发有限公司

建筑类型：

小高层、洋房

主力户型：

128~135 平方米三居、155~185 平方米四居

周边配套：

四馆四厦，轻轨 1 号线、2 号线，全运万达广场

参考价格：

16000~20000 元 / 平方米

楼盘优势：

中海·半山华府位于新市府板块，容积率仅为 1.9，绿化率高达 30%，园区内设有北方少见的立体园林景观，同享约 2000 平方米的泳池健身会馆。

项目解析

【区域维度】

沈阳浑南新市府板块定位高端居住区，汇集丰富的生活配套与优质资源。新市府、自贸区双驱动，滋生出欣欣向荣的城市新中心。如今的新市府板块集合了区域多项资源利好，集政经、商贸、科技、人文于一体，成为沈阳新的行政中心、科技中心、文化中心和交通枢纽。

人文方面，四馆四厦等省级配套资源齐聚；教育方面，区域内原有北京师范大学附属中小学，未来区域教育资源可期；交通方面，拥有集“公交、高速公路、高铁、轻轨、地铁、机场”于一体的六维交通网络；医疗方面，目前区域内汇集了医大一院浑南国际医院、东北国际医院等，更云集国内一线品牌开发商，高品质项目荟萃，是沈阳高端置业者的优选之地。

【品牌维度】

中海地产隶属中国建筑集团有限公司，1979年创立于香港，1992年在香港联合交易所上市，2007年入选恒生指数成分股。历经40年的发展，截至2019年9月，业务遍及伦敦、悉尼、港澳及内地的76座城市，累计开发项目超过600个，完成开发建造面积超1.5亿平方米。截至2019年9月，中海地产品牌价值高达910亿元，2004~2018年，连续15年入选“中国蓝筹地产”企业；2004~2019年，连续16年当选“中国房地产行业领导品牌”。

【口碑维度】

2019年上半年，中海的核心净利润率达22.5%，股东应占净利润213亿元，成为行业翘楚。中海地产经过多年的发展，目前形成了三大产业群，包括住宅开发产业群、城市运营产业群、创意设计及现代服务产业群。

2007年，中海地产登陆沈阳，目前在沈投资项目10余个，物业类型涵盖高层、小高层、多层、洋房、联排别墅及商业地产等。中海始终秉承“诚信卓越，精品永恒”的品牌理念，携国际开发建筑经验，更以城市建设者的高度，参与城市建设，赢得了良好的市场口碑和品牌影响力。

【产品维度】

中海·半山华府建筑面积约35万平方米，容积率1.9，绿化率30%以上。项目科学规划建面约130~185平方米洋房、建面约108~150平方米小高层双低密业态，以现代典雅建筑风格彰显品质楼盘气质，打造多重台地立体园林景观。精选十五大国际品牌，四重装修标准升级、三步建筑工法保障，打造中海地产迭代精装产品。项目自带约2000平方米泳池健身会馆、国际半标恒温泳池，引进美国力健品牌器械，打造迎合城市高净值人群的圈层会晤地。

【销售维度】

瑞达思数据显示，2019年1~10月中海·半山华府销售金额约40亿元，位居沈阳新房销售榜单TOP1；累计销售面积约30万平方米，共热销2000余套房源，单月销售额实现从1月8000万元到6月8亿元的突破，平均每天营销额达1333万元，累计到访量近10000人，成为沈阳市场上当之无愧的“楼市黑马”。

更多楼盘详情请扫码查看

中海·和平之门

沈阳　长白板块　宽景舒居　配套丰富

中海·和平之门六期 G HOUSE 天际项目，落址长白岛，源自 57 街，占地面积约 8.5 万平方米，建筑面积约 22 万平方米，由 8 栋高层和 3 栋 18 层以下的高层组成，打造建面约 90~178 平方米 G HOUSE 平层产品。

效果图

效果图

项目地址：
沈阳市和平区南京南街与长白南路交会处

开发商：
沈阳中海鼎业房地产开发有限公司

建筑类型：
高层

主力户型：
118 平方米、134 平方米三居

周边配套：
地铁 9 号线、4 号线（在建）、山姆会员店

参考价格：
21000 元 / 平方米

楼盘优势：
项目落址长白岛门户板块，集 MALL 体验式商街、TOWER 国际写字楼、SOHO 公寓、PARK 漫步式景观及 CLUB 圈层场所于一体。

专家点评
张琦·戴德梁行东北区董事总经理

中海·和平之门项目秉承品牌匠心，以宽景舒居、精筑内涵和优势占位，打造漫步即享的住宅综合体，领誉长白板块，塑造浑河南岸人文优居典型。

项目解析

【区域维度】

随着“一河两岸”与“二环南移”等政策的相继落实，长白岛板块热度不断提升。中海·和平之门G HOUSE天际位居长白岛门户板块，可享受到区域内丰富配套。生态方面，长白岛10公里环岛水系与5.5公里内河构成双河景，长白岛森林公园、沈水湾公园等营造宜居氛围。交通方面，地铁9号线、4号线（在建）长白南站位于项目附近，出行较为便捷。商业方面，毗邻山姆会员店，项目自带22万平方米商业综合体以及对标纽约57街的国际酒店级公寓、150米国际写字楼，可满足业主日常生活所需。

【品牌维度】

中海地产1979年成立于香港，1992年上市，历经40载，业务遍布港澳地区及内地70余个城市以及美国、英国、澳大利亚、新加坡等多个国家和地区，有住宅开发、城市运营、创意设计及现代服务三大产业群。2004~2018年，连续15年入选“中国蓝筹地产”企业；2004~2019年，连续16年当选“中国房地产行业领导品牌”；2018年，中海地产品牌价值达722.56亿元。

【口碑维度】

2007年，中海地产登陆沈阳，从33亿元南踞长白岛到2009年先后以70亿元北囤荷兰村、西进车辆厂，再到2013年以55亿元先后摘得浑南新城和长白岛地块，新增中海康城和中海和平之门项目，逐渐形成了三方布局、十盘联动的恢宏气势。此外，中海2017年以4亿元摘得浑南新城地块中海天誉项目，2018年以21亿元摘得浑南新区沈本路西地块，2019年3月以15.59亿元成功摘得沈北地块，截至2019年12月，在沈投资项目12个，总投资约650亿元，中海品牌的影响力在沈阳得到了进一步彰显。

开发商公告显示，2016年，中海地产在沈阳实现销售面积71万余平方米、销售总套数6680余套、销售额57亿元。2017年，中海地产以80余万平方米的销售面积，9777余套房源的销售总套数和67.7亿元的销售额，在沈阳新建商品住宅三项销售指标综合排名中位居前列。

【产品维度】

中海和平之门6期G HOUSE天际项目住宅容积率1.96，由8栋高层和3栋18层以下的高层组成。项目整体采用人车分流设计，共设两个人行主出入口，分别为北门及西门，另南侧设有防尾随出入口，方便交通出行。整体为带装修设计，产品面积区间为90~178平方米，主力户型为118平方米功能三居和136平方米舒适三居产品，整个园区采用大楼间距设计，高低错落式排布，采光效果较好。

【销售维度】

案场数据显示，中海和平之门项目2014年入市，六年来屡创佳绩，累计销售套数约12000套。作为沈阳中海高端楼盘的代表之作，中海和平之门的精工品质一直受到业内以及广大市场的认可和赞誉；入市以来，不仅见证了长白岛板块价值的攀升，自身产品也在不断升级。

继五期棠颂新品热销后，中海再度发力，特推出中海和平之门建筑面积约200万平方米“大城”作品——G HOUSE天际。2016年至今，每年的单盘销售额均超过30亿元，2019年累计销售约1500套，销售额34亿元，稳居同类市场前列。

更多楼盘详情请扫码查看

中粮锦云天城

- 2019年 -
中国城市楼盘年鉴
典型项目

沈阳　沈北新区　品质大盘　近邻地铁

中粮锦云天城位于蒲园路与七星二街交会处，总占地面积约 17 万平方米，总建筑面积约 42 万平方米。项目共规划了 49 栋住宅楼，其中高层 21 栋、洋房 28 栋，整个地块共分为 2 期开发建设。

专家点评　张琦·戴德梁行东北区董事总经理

中粮锦云天城臻选北城谧境，依托邻名校、近娱心的双重禀赋，打造「一环两轴三庭四园」的园林景观，呈现「锦云系」匠心美学园林，再次定义精粹宜家之所。

项目地址：

沈阳市沈北新区七星二街 9 号

开发商：

沈阳和坤房地产开发有限公司

建筑类型：

高层、洋房

主力户型：

79 平方米二居、96~115 平方米三居

周边配套：

盛京医院沈北院区、道义商圈、吾悦广场（在建）

参考价格：

高层 8500~9000 元 / 平方米、洋房 11500 元 / 平方米

楼盘优势：

择址沈北大学城与蒲河自然生态核心板块，紧邻雨田实验学校（沈北校区），一公里生活半径辐射大学城商圈、道义商圈、奥莱商圈等。

项目解析

【区域维度】

中粮锦云天城位于沈阳市沈北新区。沈北新区是沈阳市十大建成区之一，地处沈阳北郊、沈阳城市的纵轴之上，是从沈阳通往长春、哈尔滨等东北大型城市的必经之路，交通地位重要性不言而喻。沈北新区先后荣获全国生态示范区、中国名优食品产业基地、中国特色旅游之乡等，有巨大的发展潜力。

沈北新区作为沈阳市的重点发展区域，因辖区内拥有良好的自然环境、便捷的交通、迅速发展的教育配套和商业配套，成为沈阳市民换居和外地来沈居民的置业优选区域，房地产行业增值潜力较大。

【品牌维度】

中粮锦云天城项目隶属中粮集团旗下属上市公司——大悦城控股。中粮集团在2018年《财富》"世界500强"排行榜位列第122名。作为与新中国同龄的国有企业，中粮集团历经70年发展，是立足中国的国际一流粮食企业，是全球布局、全产业链、拥有大市场和发展潜力的农业及粮油食品企业，也是集贸易、加工、销售、研发于一体的投资控股公司。

房地产开发业务是中粮集团的三大主营业务之一。中粮集团是国资委确认的16家"以房地产与开发经营为主"的央企之一，旗下的大悦城控股(000031.SZ)为主营地产经营的集团公司，业务覆盖商业地产、住宅地产、酒店、写字楼、旅游地产及区域综合开发业态。

目前，大悦城控股已成功开发了众多高品质商业和住宅项目，并大力发展以大悦城购物中心为核心的城市综合体。

【口碑维度】

大悦城控股为深圳上市公司协会第一届理事会单位，并且为中国主板上市公司最佳董事会(50强单位)，荣获博鳌论坛2017年度中国地产风尚"中国具价值地产上市企业"和"中国年度社会责任房地产企业"两项大奖，旗下"云系列"产品荣获了"2013年度中国房地产地方项目品牌价值10强"第2名。

"中粮地产重组大悦城获批"成为2018年12月最受业内关注事件，2019年1月大悦城控股入选国务院国有资产监督管理委员会国企改革"双百行动"名单，公司改革意愿及发展潜力得到认可。

【产品维度】

中粮锦云天城总占地面积约17万平方米，总建筑面积约42万平方米，容积率为2.5，绿化率高达35%。项目共规划了49栋住宅楼，其中高层21栋、洋房28栋。整个地块共分为2期开发，现一期产品已经全部销售完毕，锦云二期产品规划共计分为2.1期和2.2期、8栋高层和18栋洋房，高层面积段为79~106平方米，洋房面积段为90~138平方米。

中粮不忘初心，在整个园区的设计中，依旧坚持低密度、高绿化的初衷，将大美之简的理念贯彻其中，充分体现距离有隐、氛围有静的意境，营造"门开芳杜径，室距桃花源"的氛围，将精细铸就经典、品质成就未来的理念充分运用到项目中。

【销售维度】

项目于2019年2月22日开盘，按照产品类型分批上市，备受市场关注和客户的认可。案场数据显示，项目每次开盘基本当日售罄，一期产品共计2164套房源已全部清盘。

更多楼盘详情请扫码查看

2019年鞍山房地产市场总结

行业发展历程

一、城市概述

鞍山简称"鞍"，是辽宁省省辖市、特大城市、第三大城市，是国务院批准的具有地方立法权的较大城市、沈阳经济区副中心城市，因市区南部一座形似马鞍的山峰而得名。

鞍山地处环渤海经济区腹地、辽东半岛中部，位于沈大黄金经济带的重要支点，是辽宁中部城市群与辽东半岛开放区的重要连接带。

鞍山是东北地区最大的钢铁工业城市、新中国钢铁工业的摇篮、中国第一钢铁工业城市，有着"共和国钢都"的美誉。因盛产岫玉，故而又有"中国玉都"之称。

鞍山亦是中国综合实力30强城市、中国优秀旅游城市、国家森林城市、国家卫生城市，拥有世界第一玉佛、亚洲著名温泉和国家名胜千山。

二、行业现状

综观全国地产市场，鞍山甚至整个东北地区仅为大市场下的小缩影，风险既有，机遇共存。换言之，鞍山房地产市场属于犹存机会型城市。

三、政策环境

房交会优惠政策频次减少，在楼市的调控下，鞍山房价持续稳定，楼市火热程度大减，处于买方市场，有更大的溢价空间。

四、土地市场

从近年成交土地情况看，鞍山市传统区域内供应量较小，长期库存土地开发是新增项目的明显特征。新成交土地呈现单块土地面积小、成交溢价率低的特点。

五、房产行业发展历程

鞍山市商品房从2002年开始起步销售，一直到2005年，商品房销售企业数由1家迅速发展到40家，但2006年商品房开盘企业数骤减至7家，同年，鞍山市生产总值也出现近年来的首次下滑。

从2015年起，鞍山市的房价已经大幅上涨，步入2018年后，整体房价趋于平稳，部分区域小幅回调。自2018年10月起，鞍山库存开始回升，慢慢转变为买方市场，议价空间明显变大，市场整体呈现购房刚需有限的特点，直接导致2019年上半年鞍山房价跌大于涨的局面。

城市年度市场解读

一、整体市场特点

2015~2018年连续四年，在不考虑长期库存的情况下，每年新增供应均小于本年去化量，2019年在持续去库存的状态下，供需关系逐渐趋于平稳，品质类需求攀升，品牌需求旺盛，小高层及洋房产品供货增加，"趋改善"成为城市地产方向，市场整体趋向稳定良性发展。

二、年度新盘成交榜

据新峰数据，2019年，鞍山高新区表现亮眼，共有五盘上榜全市销售数量前十，铁东区前三占据全市前十其二，来自铁东区的鞍山富力城全年销售 655 套、排名首位，万科城市之光和万科金域华府分列第二位、第三位。

	案名	区域	成交总价（万元）
1	富力城	铁东区	59210
2	万科城市之光	铁西区	51503
3	万科金域华府	铁东区	48447
4	中建俊公馆	高新区	36945
5	高新万科城	高新区	36579
6	新世界朗怡居	高新区	30772
7	皇冠壹品	高新区	28924
8	爱家皇家花园	铁东区	26031
9	宝居朗庭国际	铁西区	25703
10	佳兆业君汇上品	高新区	23186

数据来源：新峰数据。

2019年鞍山房地产在售楼盘概览

楼盘名称	城市	城区	地址	物业类别
鞍山恒大名都	鞍山	高新区	高新区鞍千路（一中旁）	普通住宅、商铺
百年世家	鞍山	高新区	高新区越岭路北万科城东	普通住宅
高新万科城	鞍山	高新区	高新区鞍千路631号	普通住宅
海诺首府	鞍山	高新区	高新区千山中路201号（海诺集团原址）	普通住宅
皇冠壹品	鞍山	高新区	高新区高新区越岭路31号	普通住宅、别墅
佳兆业君汇上品	鞍山	高新区	高新区鞍千路650号	普通住宅、商铺
金第嘉园	鞍山	高新区	高新区越岭路155号	普通住宅
澜湾香墅	鞍山	高新区	高新区万水河南路503号	普通住宅、别墅
美林东盛园	鞍山	高新区	高新区华润橡树湾西北侧	普通住宅
瑞城御园3期	鞍山	高新区	高新区千山东路与鞍千路交叉口鞍千路902号（新一中南）	普通住宅
盛仕豪庭	鞍山	高新区	高新区越岭路40号（科技路与临清街交会处）	普通住宅
新世界朗怡居	鞍山	高新区	高新区科技路61号	普通住宅
新世界朗悦居	鞍山	高新区	高新区科技路71号	普通住宅
中建俊公馆	鞍山	高新区	高新区千华街368号	普通住宅
海城碧桂园	鞍山	海城市	海城市铁西开发区滨河北路435号	普通住宅、别墅
鞍山凤凰城	鞍山	立山区	立山区建国东路（孟泰公园正门东行）	普通住宅、商铺
鞍山恒大绿洲	鞍山	立山区	立山区胜利北路（64路终点站）	普通住宅
北国知春	鞍山	立山区	立山区莘华路79号	普通住宅
滨江理想华庭	鞍山	立山区	立山区胜利北路万水河南岸	普通住宅
大德广场	鞍山	立山区	立山区双山路70号	普通住宅、公寓
东山怡景	鞍山	立山区	立山区莘华路35号	普通住宅
東山壹号院	鞍山	立山区	立山区孟泰公园内南侧	普通住宅
恒威滨江国际	鞍山	立山区	立山区胜利路沙河大桥东南侧，原立山沙河水厂地块	普通住宅
佳兆业水岸悦府	鞍山	立山区	立山区万水河北岸	普通住宅
立山华府	鞍山	立山区	立山区建国东路	普通住宅
上峰景城	鞍山	立山区	立山区园林大道2[illegible]0号	普通住宅
盛景丽苑	鞍山	立山区	立山区曙光路东、千山街南（原三高中）	普通住宅
时代悦府	鞍山	立山区	立山区立山广场胜利路（铂尔曼大酒店南侧）	普通住宅、公寓
唐盛·家和天下	鞍山	立山区	立山区曙光路与双山路交会处	普通住宅
颐和城	鞍山	立山区	立山区鞍千路16[illegible]号（卧龙山东侧）	普通住宅、别墅、商铺
御景湾	鞍山	立山区	立山区立山区羊草庄路41号	普通住宅
紫云·东方之珠	鞍山	立山区	立山区园林大道[illegible]39号	普通住宅
紫云沁园春	鞍山	立山区	立山区鞍千路1[illegible]号	普通住宅
清水湾梧桐墅	鞍山	千山区	千山区千山中路[illegible]09号（清水湾[illegible]温泉原址）	别墅
中骏汤泉香墅	鞍山	千山区	千山区鞍海路9[illegible]号	别墅、商铺
中冶玉峦湾	鞍山	千山区	千山区千山中路702号	普通住宅、别墅、商铺
爱家华府	鞍山	铁东区	铁东区汇园路与解放东路交会处	普通住宅、商铺
爱家皇家花园	鞍山	铁东区	铁东区汇园路与解放东路交会处东北方向（湖南公园南侧）	普通住宅、商铺
鞍山东亚第一城四五期	鞍山	铁东区	铁东区长明山街[illegible]号	普通住宅、商铺
鞍山富力城	鞍山	铁东区	铁东区万和街与万华街交会处	普通住宅、别墅
鞍山红星国际广场	鞍山	铁东区	铁东区建国南路821号（华育学校西侧、两馆原址）	普通住宅、公寓、商铺
鞍山华润幸福里	鞍山	铁东区	铁东区园林路与解放路交会处（交警支队斜对面）	普通住宅
鞍山上海城	鞍山	铁东区	铁东区建国大道770号	公寓、商铺
巴黎花园	鞍山	铁东区	铁东区烈士山[illegible]站斜对面	普通住宅
鼎龙花园	鞍山	铁东区	铁东区解放东路351号（解放东路与莘英路交会处）	普通住宅
东景美林	鞍山	铁东区	铁东区湖南汇园北路（玉佛山脚下、万泰北侧）	普通住宅、别墅
东山艺境	鞍山	铁东区	铁东区湖南莘英路隧道口南	普通住宅
富力凯旋门	鞍山	铁东区	铁东区园林路与新华街交会处（原市体育场）	普通住宅

楼盘名称	城市	城区	地址	物业类别
公园1953 · 公园墅	鞍山	铁东区	铁东区解放东路YOYO公园东侧万华金街南	普通住宅、别墅
华润置地广场	鞍山	铁东区	铁东区建国路48号火车站南侧	普通住宅、公寓、商铺
佳信茂林府	鞍山	铁东区	铁东区园林大道661号绿之源小区东侧	普通住宅
万科金域华府	鞍山	铁东区	铁东区湖南街202号	普通住宅
永缗桃源	鞍山	铁东区	铁东区万华街72号	普通住宅
云景中心	鞍山	铁东区	铁东区湖南街16号（佳泰乐超市对面）	普通住宅
鞍山苏宁置业	鞍山	铁西区	铁西区人民路81号（原裕华商场地块）	商铺
鞍山星雨华府	鞍山	铁西区	铁西区达道湾经济开发区通海大道290号	普通住宅、别墅、商铺
鞍山置地新城	鞍山	铁西区	铁西区九道街253号（电大对面）	普通住宅
宝居朗庭国际	鞍山	铁西区	铁西区交通路南永乐公园西（六中对面）	普通住宅、商铺
保利四方	鞍山	铁西区	铁西区四方台路9号	普通住宅
富甲天下	鞍山	铁西区	铁西区人民路260号（原师范学院）	普通住宅
宏发石榴	鞍山	铁西区	铁西区九道街与四方台路交会处（化纺厂北侧）	普通住宅
泓宇富雅豪庭	鞍山	铁西区	铁西区三道街193号（解放西路与三道街交会处）	普通住宅
泓宇中央一品	鞍山	铁西区	铁西区三道街东、民生路南	普通住宅
华川爱丁堡	鞍山	铁西区	铁西区九道街590号	普通住宅
金府银座	鞍山	铁西区	铁西区三道街62号（市妇儿医院正东）	普通住宅、商铺
万贯国际博览中心	鞍山	铁西区	铁西区老二轧交通岗东南角	商铺、建筑综合体
万科城市之光	鞍山	铁西区	铁西区体育街与大陆街交会处	普通住宅
万科金域国际	鞍山	铁西区	铁西区体育街31号（永乐公园南侧）	普通住宅、商铺
兴盛国际	鞍山	铁西区	铁西区人民路与兴盛路交会处（铁西区委对面）	普通住宅

鞍山富力城

- 2019年 -
中国城市楼盘年鉴
典型项目

鞍山　区域核心　居住典范　优质教育

鞍山富力城位于铁东区湖南板块，万和街与万华街交会处，地处城市主城区，周边配套成熟。项目总占地约51万平方米，总建筑面积约130万平方米，计划总投资额65亿元，共分六期开发建设。

项目地址：

鞍山市铁东湖南万和街与万华街交会处

开发商：

鞍山恒营房地产有限公司

建筑类型：

别墅、多层、小高层、高层

主力户型：

85平方米二居、100~135平方米三居、135平方米四居

周边配套：

鞍山实验中小学、东山风景区

参考价格：

二期高层5500元/平方米、洋房7500元/平方米

楼盘优势：

鞍山富力城是鞍山罕有的融合了别墅、住宅、酒店、商业、教育、医疗、文体产业等于一体的百万平方米大盘。

专家点评

贺化·大连市房地产业协会秘书长

富力地产的造城经验足以为鞍山富力城的项目品质背书。富力地产秉承着缜密的商业思维和独特战略布局，多年来致力于选择区域内优质地块，打造"城中之城"，将推动区域市场热度提升。

项目解析

【区域维度】

湖南板块是鞍山城市人居优选区域。21世纪初期由于其优越的地理位置和自然环境，满足高端人群"进享繁华，退守宁静"的生活理念，逐渐被定位为鞍山富人区。随着多年的高端居住沉淀，片区已成为鞍山市品质住区典范，拥有较为突出的景观和配套优势。

湖南片区居民的生活品质较高，普遍追求高品质的休闲娱乐生活方式。片区配套服务设施功能完善，满足吃、住、行、游、购、娱等需求。同时，着重营造"亲商、重商、富商"的诚信投资环境，吸引了众多成功人士以及外商在此居住、发展，片区发展空间和投资前景可期。

【品牌维度】

富力集团创立于1994年，经过25年卓越发展，集团总资产达3600亿元人民币，以"紧贴城市脉搏，构筑美好生活"的品牌理念，致力于成为国际领先的美好生活运营商。目前，富力集团已经进驻国内外超过130个地区，打造340个精品项目，为130万人提供高品质的产品和服务。而鞍山富力城是富力地产进入鞍山的第二个作品，富力集团的强大品牌力给予客户很大的信心。

富力地产于2017年进驻鞍山，2018年又斥巨资在铁东区湖南区域打造百万平方米的人文品质大盘富力城，为鞍山打造城市新城区；无论是园林质量、物业服务还是社区配套等方面，都可代表鞍山楼盘的较高品质。许多在北上广深一线城市发展的鞍山市民返乡置业时，往往会重点考虑富力产品，足见富力品牌在一线城市客户中树立的地位。

【口碑维度】

富力地产进入钢城时间不长，但已在房企林立的市场中拥有颇为显著的品牌影响力。

富力地产秉承着缜密的商业思维和独特战略布局，多年来致力于选择区域内优质地块，打造"城中之城"，将推动区域市场热度提升；可以预见，富力城的发展也将带动整个湖南区域经济价值的开拓。

【产品维度】

富力城是由富力地产集团投资65亿元，在鞍山开发建设的首个新中式府院"城中城"。项目占地51万平方米，总建筑面积130万平方米，分六期开发建设，将打造成为鞍山第五个"居住主区"，也是鞍山市罕有的融合了别墅、住宅、酒店、商业、教育、医疗、文体产业于一体的百万平方米大盘。项目配套涵盖独立购物中心、商街主题餐饮、分散性配套商业、酒店式公寓、五星级酒店，为业主实现全享式业态生活模式。

【销售维度】

富力地产于2017年进驻鞍山，首个项目是位于鞍山铁东区老体育场位置的豪宅富力凯旋门，云集鞍山高端圈层，套均价都在100万元以上，市场均价达到9000元每平方米。

2018年，鞍山富力城于8月26日开盘，案场数据显示，首日销售额便已突破5亿元，助富力地产在鞍山实现年销售业绩从5亿元到10亿元的提升。

鞍山富力城于2018年8月26日开盘，根据新峰机构统计，2018年全年销售业绩位列鞍山市前三名，2019年，网签备案销售金额达5.9亿元，夺得鞍山市销售金额冠军；进入鞍山两年时间，即领跑鞍山市场。

更多楼盘详情请扫码查看

佳兆业水岸悦府

- 2019年 -
中国城市楼盘年鉴
典型项目

鞍山　区域核心　滨河大盘　高尚人居

佳兆业水岸悦府是佳兆业地产集团在鞍山打造的又一座滨河大盘，通过灵动的比例造型和体量穿插的运用，营造简洁、明快、时尚的建筑形象，营造自然之境的地标性建筑群落。

项目地址：
鞍山市立山区万水河北岸水岸华府西侧

开发商：
佳兆业地产鞍山有限公司

建筑类型：
小高层、高层

主力户型：
85 平方米、94 平方米二居，107 平方米、117 平方米三居

周边配套：
万水河公园、孟泰公园、大润发超市

参考价格：
高层 4000~4400 元 / 平方米、小高层 4400~4800 元 / 平方米

楼盘优势：
上市房企，万水河畔升级世作，汇全国同系产品精粹，一轴 21 景情景园区，演绎四水归堂尊荣。经典二居、舒适三居，360° 低密生态生活。

专家点评 贾广葆·大连市房地产经济学学会副秘书长

佳兆业水岸悦府不仅是鞍山不可多得的高尚人居品质佳作，更成为区域商业核心，为区域吸引大量人流，全面带动区域崛起，未来水岸悦府也将坐享板块崛起鸿利，坐拥丰富的溢价空间，升值潜力不可小觑。

项目解析

【区域维度】

2009年，鞍山市政府提出"千山万水百湖城，建设宜居创业发展新鞍山"的概念，随后，42家国内外知名企业签约鞍山，"万水千山百湖城"主题地产概念就此形成。

鞍山多山少水的自然资源状况众所周知，而万水河作为鞍山市政府重点发展区域，标签性质显著。作为鞍山唯一的内河，万水河的发展不可预期；对于鞍山而言，万水河的意义不仅是一条内河，更是鞍山生态完善的象征。

【品牌维度】

佳兆业集团是中国大型综合性投资集团，旗下拥有20多家集团及专业公司，分公司超100家，员工数超14000人，总资产超2200亿元。依托六大上市平台，业务已覆盖京津冀协同发展区域、粤港澳大湾区、长江经济带等主要经济区域，进驻全国超50个重要城市。2019年，佳兆业地产板块销售额首次突破千亿元，再创历史新高。

自成立以来，佳兆业积极履行社会责任，集团赞助超过60个慈善公益项目，捐资近6亿元。集团于2011年5月成立了佳兆业公益基金会，并设立了"佳兆业白衣天使关爱基金""佳兆业玉树助学基金""佳兆业环卫工关爱基金"，搭建起"三金一会"的公益平台，通过常态化、制度化、标准化的运作机制，利用佳兆业本身的品牌影响力，以实际行动不断推动着公益事业的发展。

未来，佳兆业集团将加速实现现代卓越企业的跨越，以可持续的高效运营和快速增长的态势，矢志成为中国领先的大型综合性投资集团。

【口碑维度】

佳兆业守望鞍山高尚人居区万水河畔，打造低密度滨河大盘佳兆业水岸悦府，规划鞍山乃至辽宁特有的生态社区，外有滨河公园，内有慢跑步道，可称为鞍山高尚人居的品质佳作。

【产品维度】

佳兆业水岸悦府是佳兆业地产集团在鞍山打造又一座滨河大宅，规划用地7万平方米，建筑面积14万平方米，为低密度封闭式小区。通过灵动的比例造型和体量穿插的运用，营造简洁、明快、时尚的新古典建筑形象，营建自然之境的地标性建筑群落，给居住者轻松惬意的感官享受，使之成为城市的一道亮丽风景；园林八大亮点景观分布在小区各个宅间，打造长约1公里的慢跑道，既有休闲娱乐、学习阅读、健康运动，又有邻里交流和户外会客区域。这将是一个融入文化、丰富精神世界、拥有健康生活的现代人文社区。

项目南向万水河北路，毗邻万水河公园又南向邻水。万水河为流经鞍山市内唯一的一条河流，景物清雅，既得卜居风景之利，又有城市之畔的交通便利，直通城市中心以及各大商圈，与鞍山市政府、鞍山站、鞍山西站等城市枢纽相距不远，生活配套资源丰富。

【销售维度】

案场数据显示，佳兆业水岸悦府2019年9月22日开盘，开盘当天销售火爆，首推100套房源当天全部售罄，后应势加推房源，截至12月，首开部分楼座销售接近尾声，2020年计划加大房源供货量，满足市场消费者购房需求。

更多楼盘详情请扫码查看

2019 年大连房地产市场总结

行业发展历程

一、城市概述

大连地处黄渤海之滨，辽东半岛南端，三面环海，群山相拥。陆域国土面积 1.37 万平方公里，海域面积 2.9 万平方公里，常住人口 700 万人，是我国北方沿海重要的中心城市、港口及风景旅游城市，素有“北方明珠”之称。

二、行业现状

大连房地产市场或转向买方市场，城市向北外扩，热点板块动力储备较好，品牌房企市场份额不断增加，开发商利润被压缩，产品入市节奏放缓，地块流拍现象频现，热销板块的热点项目经过近两年的快速去化，出现了断货、尾盘的现象，市场整体趋稳。

三、政策环境

2015~2017 年政策宽松，以去库存为主；2018 年 3 月“限购限售”政策出台，调控相对收紧。2019 年政策在延续 2018 年限购、限售政策的基础上，推出了限价措施，整体与国家“一城一策”相吻合，以房地产市场稳定为目标。

四、土地市场

随着房地产政策调控及房企融资管控的持续收紧，限价政策后，一级市场持续降温。随着大连市内主城区地块供应紧缺，短期仍以外延试探性放地为主，同时也为旅顺等边远城区的发展创造更多机会。

五、房企布局

随着房产政策调控及房企融资管控的持续收紧，大连土地市场持续降温，未来随着市内地块供应紧缺，旅顺等价值低洼区域将成为更多房企的聚焦地，部分区域或板块的“真空”状态将被打破。

六、房产行业发展历程

1998 年，国务院颁发了具有房改里程碑意义的 23 号文，提出“停止住房实物分配，逐步实行住房分配货币化”和“建立和完善以经济适用住房为主的住房供应体系”，至此，中国轰轰烈烈的房改拉开了帷幕。

此后 20 多年间，大连房地产市场的发展也快速地完成了从萌芽初露到百花齐放，到成熟壮大，再到跨越式大发展的一系列翻天覆地的变化。无论是大连居住产品质量、风格、文化内涵、配套，还是房企的品牌建设、营销手段等，都完成了华丽转身，其中住区的变迁是这十多年的重头戏。

随着大连中心区域土地放量的逐渐减少，人们的居住版图发生了明显的外延，一路向西向北，一次大规模的迁居行动在大连上演。尤其是甘井子区作为主要的人口导入区，新开发了机场新区、西山区域、华南泉水住区、高新园区等多个大型居住区域，它们与金州新区中的开发区、金州这两个工业导入区以及开放后的旅顺口区和近两年新崛起的普湾新区，共同承载着大连城市的宜居重任。

发展至今，大连这座宜居之城的魅力已经为全省全国甚至是全世界所认可。“城市全域化”顺利实施后大连房地产市场发展的大手笔更是以《大连 2049 城市愿景规划》为依托，完整勾勒出了一幅璀璨新生活的完美蓝图，等待世人阅读。

城市年度市场解读

一、本地新政

2019 年 1 月 8 日，大连市政府发文调整市内四区房地产用地挂牌出让有关政策措施，改变了“一刀切”的强制条款。具体包括：完善土地出让底价调节机制，合理确定与市场走向和预期吻合的土地出让底价；调整土地挂牌交易竞价方式，规定当溢价率超过出让起始价的 49% 后，转为竞配建租赁住房面积；适当调整住宅开发项目的商业配比。

2019 年 2 月 1 日起，《大连市户籍管理若干规定》实施，取消了计划生育扣减分指标，实行落户与计划生育完全脱钩。6 月 11 日，《大连市人才住房保障实施细则》出台。

7 月 18 日起，大连实施商品房价格指导，一级土地市场反应明显，主要体现在溢价率降低、参与房企减少、竞拍轮次减少等方面；在二级新房市场，成交量呈下降态势，购房者观望、退市现象频现，由于价格过高导致购买力不足的现象更加突出；在三级二手房市场，暂未出现房价倒挂现象，量价表现较为平稳。

二、年度土地供销

据数联天下统计，2019 年，除工业用地外，大连土地市场累计供应量达 564.47 万平方米，累计成交量为 517.97 万平方米。其中，5 月成交均价最高，达 15493 元 / 平方米；11 月成交均价最低，仅为 2052 元 / 平方米。

随着房地产政策调控及房企融资管控的持续收紧，一级市场降温持续，市内地块供应紧缺，短期仍以外延试探性放地为主，边缘城区供应宗地面积较大、总价低，受房企重视，年底土地供应放缓，各房企拿地态度转淡。

三、年度新房市场

据数联天下统计，2019 年，大连商品房成交套数总计 54496 套，同比上涨 10.02%；商品房成交均价达 15589 元 / 平方米，同比上涨 0.43%。

四、年度普通住宅市场

据数联天下统计，2019 年，大连普通住宅市场累计供应量达 480.7 万平方米，累计成交量达 513.33 万平方米；累计成交套数总计 47281 套，同比上涨 0.85%；整体成交均价约为 15350 元 / 平方米，同比下降 0.32%。其中，2 月成交均价最高，达 17272 元 / 平方米；8 月成交均价最低，达 14527 元 / 平方米。

受限购政策影响，热点项目整体集中在边缘城区，年底商品住宅市场供销双涨，供销面积均高于 2018 年同期。

五、年度酒店式公寓市场

据数联天下统计，2019 年，大连酒店式公寓市场累计供应量达 57.27 万平方米，累计成交量达 67 万平方米；累计成交套数达 8905 套，同比下降 3.09%；整体成交均价约为 15869 元 / 平方米，同比下降 4.3%。其中，7 月成交均价最高，达 17040 元 / 平方米；11 月成交均价最低，达 14525 元 / 平方米。

六、年度别墅市场

据数联天下统计，2019 年，大连别墅市场累计供应量达 19.4 万平方米，累计成交量达 28.33 万平方米；累计成交套数达 1847 套，同比下降 0.7%；整体成交均价约为 21674 元 / 平方米，同比上涨 12.8%。其中，2 月成交均价最高，达 29873 元 / 平方米；10 月成交均价最低，达 15983 元 / 平方米。

七、年度办公市场

据数联天下统计，2019 年，大连办公市场累计供应量达 5.17 万平方米，累计成交量达 0.83 万平方米；累计成交套数达 50 套，同比下降 86.56%；整体成交均价约为 10707 元 / 平方米，同比下降 32.25%。

分析师表示，大连受办公市场租赁为第一需求因素影响，办公产品供需失衡，成交量长期低位运行。

八、年度商铺市场

据数联天下统计，2019 年，大连商铺市场累计供应量达 44.22 万平方米，累计成交量达 23.83 万平方米；累计成交套数达 1734 套，同比下降 2.86%；整体成交均价约为 21549 元 / 平方米，同比上涨 16.36%。

九、年度商品住宅存量

数联天下数据显示，受年底项目集中入市影响，大连楼市商品住宅市场存量面积增加。截至 2019 年 12 月末，大连楼市商品住宅市场活跃项目存量为 763 万平方米，去化速度放缓。

受政策及价格影响，全市区域成交量分化加剧。其中，金普新区供销持续高位，去化速度依然较快；甘井子区作为成交主力支持板块，带动区域热度升温，去化周期为 13 个月；西岗区存量最少，为 16 万平方米，但受限购政策的深化影响，去化压力较大，为 34 个月；中山区存量多为公寓产品，不受限购影响，但受区域价格影响，去化压力仍存在。

十、知名房企土地储备

数联天下数据显示，截至 2019 年 12 月，华润置地土储最多，为 162 万平方米，去化年限为 9 年；中国铁建土储最少，仅为 18 万平方米，去化年限为 4 年。

整体来看，各品牌房企投资拿地趋于理性，加之市场当前处于下行阶段，各房企加快去化，增加营销手段，年底前加快项目回笼资金，为 2020 年的开年营销打好基础。

注：数据截止日期为 2019 年 12 月 31 日。

数据来源：数联天下，旅顺口区因网站系统升级暂无数据更新，金普新区不含普湾新区。

2019 年大连房地产在售楼盘概览

楼盘名称	城市名称	城区	地址	物业类型
保利梧桐语	大连	甘井子区	甘井子区虹城路与辛萍街交会处北侧	普通住宅、公寓
保利西山林语	大连	甘井子区	甘井子区红旗中路225 号	普通住宅、别墅
碧桂园 · 红旗谷	大连	甘井子区	甘井子区旅顺中路红旗谷高尔夫球场畔	别墅
城家	大连	甘井子区	甘井子区大连湾街道恒大港湾西侧	普通住宅
大连港天下粮仓	大连	甘井子区	甘井子区钻石海湾甘井子公园南侧	普通住宅
福佳新城	大连	甘井子区	甘井子区振兴路两侧	普通住宅、别墅
观贤别墅	大连	甘井子区	甘井子区圣林街 12 号	别墅
广泽中心	大连	甘井子区	甘井子区华东路与中华西路交会处	公寓
恒大港湾	大连	甘井子区	甘井子区俪泊街与秀泊街交会处西侧	普通住宅、商业
恒峰天泉小镇	大连	甘井子区	甘井子区水泥街 1 号	普通住宅
宏都熙景	大连	甘井子区	甘井子区华南广场二十三中学北侧	普通住宅
华润 · 二十四城	大连	甘井子区	甘井子区工业大学北	普通住宅
华润置地大连湾	大连	甘井子区	甘井子区振兴路与佳宝路交会处	普通住宅、公寓
三鼎春天	大连	甘井子区	甘井子区机场新区明珠路	普通住宅
三合庭苑	大连	甘井子区	甘井子区大连湾街道福艺北园	普通住宅
泰达慧谷	大连	甘井子区	甘井子区生态科技创新城	普通住宅、别墅
万达 · 体育新城	大连	甘井子区	甘井子区 西北路与岭西路交叉口	普通住宅
万科 · 翡翠都会	大连	甘井子区	甘井子区岚岭路与西北路交会处	普通住宅
万科八栋墅	大连	甘井子区	甘井子区商城花园街 2-12 号	普通住宅、别墅
万科大家	大连	甘井子区	甘井子区东纬路103 号	普通住宅
新希望 · 锦麟玖玺	大连	甘井子区	甘井子区西南路与海口路交会处	别墅
耶鲁时区	大连	甘井子区	甘井子区大连生态科技创新城	普通住宅
颐和陆号	大连	甘井子区	甘井子区营城子医院北	普通住宅
屹辰优生活	大连	甘井子区	甘井子区姚工街205 号	公寓、商业
益丰乾城	大连	甘井子区	甘井子区大连湾街道金前路	普通住宅、公寓
宇圣明珠	大连	甘井子区	甘井子区大连湾街道滨海路	普通住宅
招商公园1872	大连	甘井子区	甘井子区体育中心南侧岚岭路与新山东路交会处	普通住宅

楼盘名称	城市名称	城区	地址	物业类型
招商海德公园	大连	甘井子区	甘井子区新山东路与岭西路交会处	普通住宅
中国铁建海语城	大连	甘井子区	甘井子区钻石港湾北岸生活区东方路南侧	普通住宅、商业
中国铁建山语城	大连	甘井子区	甘井子区辛博街701 路终点站	普通住宅、商业
中海公园上城	大连	甘井子区	甘井子区西北路与川岭路交会处东行	普通住宅
中海万锦公馆	大连	甘井子区	甘井子区岭西路体育中心东侧	普通住宅、商业
中华城 领汇	大连	甘井子区	甘井子区岚岭路北侧，体育中心东	普通住宅、公寓
中体九号院别墅	大连	甘井子区	甘井子区西郊国家森林公园（原大连西郊度假村）	别墅
大连大华锦绣华城	大连	高新区	高新区高新园区理工北	普通住宅、别墅
大连龙湖阳光城云峰原著	大连	高新区	高新区黄浦路与前黄线交会处	普通住宅、别墅
国宝星月湾	大连	高新区	高新区龙王塘轻轨站对面	普通住宅
恒大云玺	大连	高新区	高新区跨海大桥西段下桥处西行	普通住宅、别墅、商业
蓝城凤起朝鸣	大连	高新区	高新区旅顺南路橡树庄园南侧	别墅
龙湖舜山府	大连	高新区	高新区万达广场沿学子街北行	普通住宅
南海壹号	大连	高新区	高新区凌水湾中部总部经济基地	普通住宅、商业
万科滨海大都会	大连	高新区	高新区七贤路与七贤西路交叉口东侧	普通住宅、公寓
万科翡翠春晓	大连	高新区	高新区旅顺南路樱花园旁	普通住宅
万科樱花园	大连	高新区	高新区旅顺南路樱花园旁	普通住宅、公寓、别墅、商业
未名山壹号楼	大连	高新区	高新区凌水湾七贤东路万达广场南侧	普通住宅
小蓬莱	大连	高新区	高新区小平岛路 39 号	别墅
亿达观山墅	大连	高新区	高新区金川南路 20 号	普通住宅
亿达河口湾	大连	高新区	高新区河口地铁站南侧	普通住宅
亿海贤府	大连	高新区	高新区七贤路与南滨路交会处	普通住宅
中海云麓公馆	大连	高新区	高新区五一路与西南路交会处，原育马场地块	普通住宅
中铁诺德滨海花园	大连	高新区	高新区聚贤路 108 号	普通住宅、商业
保利金地 · 湖光山语	大连	金州新区	金州新区铁山中路与湾里街交会处北行 1 公里	普通住宅、公寓、别墅
保利堂悦	大连	金州新区	金州新区东方一号路西侧	普通住宅

楼盘名称	城市名称	城区	地址	物业类型
保亿和院	大连	金州新区	金州新区金石滩紫藤街65号	别墅
保亿丽景山	大连	金州新区	金州新区金石滩紫藤街65号	普通住宅、别墅
碧桂园御州府	大连	金州新区	金州新区东方一号路西侧	普通住宅、商业
大连海湾城	大连	金州新区	金州新区滨海新区2号地	普通住宅
大连金石滩鲁能胜地	大连	金州新区	金州新区金石滩国家旅游度假区金石路	普通住宅、别墅、商业
大连开发区万达广场	大连	金州新区	金州新区辽河西路117号	公寓、商业
富力东堤湾畔	大连	金州新区	金州新区小窑湾国际商务区	普通住宅、别墅、商业
光伸·玺樾	大连	金州新区	金州新区金石滩武夷路（北马山庄西侧）	普通住宅、别墅
瀚林府	大连	金州新区	金州新区金马路与鞍山街交会处	普通住宅、公寓、商业
恒大公园大道	大连	金州新区	金州新区滨海大道与赤峰街交会处	普通住宅
恒大雅苑	大连	金州新区	金州新区五一路通世泰站北侧	普通住宅
红星首府	大连	金州新区	金州新区滨海路红星海社区岚谷东侧	普通住宅、公寓
鸿玮澜山三期尊岳	大连	金州新区	金州新区大黑山风景区入口鸿玮澜山轻轨站北	普通住宅
华润置地海上东方	大连	金州新区	金州新区金石路与紫藤街交会处	普通住宅、别墅
佳兆业山海湾	大连	金州新区	金州新区金石滩滇池西路231号	别墅
佳兆业壹号	大连	金州新区	金州新区自贸区金港学校西侧	普通住宅
佳兆业悦璟	大连	金州新区	金州新区五一路与国防路交会处南	普通住宅
金宸联郡	大连	金州新区	金州新区金港路与金泉路交会处	普通住宅
金科金弘基·集美郡	大连	金州新区	金州新区双D港数字湖公园北岸	普通住宅
金马杰座	大连	金州新区	金州新区金马路与鞍山街交会处南	公寓
金湾十里海	大连	金州新区	金州新区小窑湾国际商务区3地块A区	普通住宅
力标城市首府	大连	金州新区	金州新区永安大街金州妇幼保健医院北侧	普通住宅、公寓
连大文润金宸	大连	金州新区	金州新区胜利路与同济路交会处	普通住宅
隆昌世家	大连	金州新区	金州新区铁山西路33号	普通住宅
绿地·香树花城	大连	金州新区	金州新区小窑湾国际商务区金石路	普通住宅
摩墅公馆	大连	金州新区	金州新区金马路108号老工商原址	公寓
乾豪·新天地	大连	金州新区	金州新区三路公交车双D港终点站	公寓、别墅、商业
乾豪大美寨子沟	大连	金州新区	金州新区湾里街与辽河中路交会处（东城国际北侧）	普通住宅、别墅

楼盘名称	城市名称	城区	地址	物业类型
融创海逸长洲	大连	金州新区	金州新区振兴路与滨海路交会处东行	普通住宅、商业
山顶道壹号	大连	金州新区	金州新区辽河中路与疏港大道交会处（滨河公园西岸）	别墅
山河滨海花园	大连	金州新区	金州新区黄海东路山河园12号	普通住宅
天誉湾	大连	金州新区	金州新区滨海大道与海滨路交会处	普通住宅
万科城	大连	金州新区	金州新区先进街道三一路354号	普通住宅
万科翡翠之光	大连	金州新区	金州新区国防路与巨济路交会处	普通住宅
万科未来之光	大连	金州新区	金州新区开发区辽三东路与卧龙东区主交会处	普通住宅
一方五合院	大连	金州新区	金州新区湖居路	普通住宅、别墅
英郡年华	大连	金州新区	金州新区金石滩紫薹西街金石厂产业园	普通住宅
御栖湖	大连	金州新区	金州新区双D港王街与辽河东路交会处	别墅
招商雍景湾	大连	金州新区	金州新区金州东方一号路	普通住宅
中港路花园	大连	金州新区	金州新区中港南路	普通住宅
中梁观澜壹号院	大连	金州新区	金州新区东方一号路西侧，金海国际社区西侧	普通住宅
自然天城	大连	金州新区	金州新区五一路393号	普通住宅
大连华发新城	大连	旅顺口区	旅顺口区兴发路193号	普通住宅、公寓、商业
俄罗斯小镇	大连	旅顺口区	旅顺口区北海街道南富路364号	普通住宅、别墅
枫阳万嘉	大连	旅顺口区	旅顺口区太阳沟[illegible]街	普通住宅
国合锦城	大连	旅顺口区	旅顺口区三涧堡街道办事处旁	普通住宅
华润置地·幸福里	大连	旅顺口区	旅顺口区启明路（姜水路）与新城大街（郭水路）之间	普通住宅
仁和鑫苑	大连	旅顺口区	旅顺口区水师营寺沟街道	普通住宅
世茂国风龙院	大连	旅顺口区	旅顺口区九三路与五一路交会处	别墅
亿达第一郡壹号第	大连	旅顺口区	旅顺口区新城大街747号	普通住宅
亿达云山墅	大连	旅顺口区	旅顺口区金川南路	普通住宅、别墅
隐岭八十泉	大连	旅顺口区	旅顺口区旅顺南路与郭水路交会处塔河湾快轨站对面	普通住宅、别墅
御河尚院	大连	旅顺口区	旅顺口区轻轨12号线旅顺站斜对面	公寓
远洋山麓春秋	大连	旅顺口区	旅顺口区启新街青山园地段	别墅
悦安居	大连	旅顺口区	旅顺口区学城路大连外国语学院北门	普通住宅
中庚香海金鼎	大连	旅顺口区	旅顺口区旅顺开发区江西镇潘家村	普通住宅、商业

楼盘名称	城市名称	城区	地址	物业类型
中庚香海壹品	大连	旅顺口区	旅顺口区南路塔河湾	别墅
中铁春风十里	大连	旅顺口区	旅顺口区老虎尾景区盐柏路	普通住宅、别墅、商业
中铁琥珀湾	大连	旅顺口区	旅顺口区铁山街道太阳桥南侧	普通住宅、别墅
金悦湾	大连	普兰店	普兰店区湾南路与裕湾街交会处	普通住宅、别墅
清云观海	大连	普兰店	普兰店区皮口街道草市街	普通住宅
万科海上传奇·莫亚小镇	大连	普兰店	普兰店区滨海路长店堡段	普通住宅、公寓、别墅、商业
恒大帝景	大连	沙河口区	沙河口区南松路南、锦江路西	普通住宅、公寓、商业
摩登公园	大连	沙河口区	沙河口区富民广场辽师北院后身	普通住宅
万科大都会星海	大连	沙河口区	沙河口区会展路 55 号附近	公寓
万科翡翠书院	大连	沙河口区	沙河口区新生路刘家桥小学对面	普通住宅、商业
星海融汇	大连	沙河口区	沙河口区胜利路南北两侧，西起太原街，东至劳动公园	普通住宅、公寓、商业
星海长岛	大连	沙河口区	沙河口区会展路与太原街交会处	普通住宅、商业
旭辉家墅	大连	沙河口区	沙河口区新生路与西北路交会处	别墅
一方大连城堡	大连	沙河口区	沙河口区滨海西路 596 号	普通住宅
御园	大连	沙河口区	沙河口区富民路辽师北院后	普通住宅
保利熙悦	大连	西岗区	西岗区英雄纪念公园北	普通住宅、别墅、商业
大连融创壹号院	大连	西岗区	西岗区疏港路沿海街	住宅、公寓、别墅、商业
汇智云顶	大连	西岗区	西岗区胜利路与茂田巷的交会处	公寓
龙湖·唐宁ONE	大连	西岗区	西岗区胜利路与新开路交会处	普通住宅
外滩七号	大连	西岗区	西岗区长江路 495 号	公寓、商业
星海绿山城 D 区	大连	西岗区	西岗区东北路与胜利路交会处（解放军 210 医院西侧）	公寓
远洲国际城	大连	瓦房店	西岗区世纪广场西长春路以北	普通住宅、商业
悦泰福里	大连	西岗区	西岗区北岗桥东侧	普通住宅
保利·天禧	大连	中山区	中山区港浦路与港东八街交会处	普通住宅、别墅、公建、公寓
碧桂园东港国际	大连	中山区	中山区长江东路与港东二街交会处	公寓
碧桂园桃源	大连	中山区	中山区解放路与滨海路中段交会处	普通住宅
大连绿地中心	大连	中山区	中山区毗邻夏季达沃斯会场	公寓、商业
国合锦府	大连	中山区	中山区港隆路 145 号	普通住宅
国泰港汇中心	大连	中山区	中山区普照路 50 号	公寓、商业

楼盘名称	城市名称	城区	地址	物业类型
海韵华府	大连	中山区	中山区华乐街 229 号	普通住宅
恒大·时代峰汇	大连	中山区	中山区人民东路 11A 号	公寓
恒大城市之光	大连	中山区	中山区港隆路与港东五街交会处	公寓
恒大明秀庄园	大连	中山区	中山区秀月街 345 号	普通住宅
恒大四季上东	大连	中山区	中山区华乐广场东侧	普通住宅
华润半山悦景二期	大连	中山区	中山区解放路景山街 86 号	普通住宅
金地保利·御中南	大连	中山区	中山区中南路女骑警基地东侧	普通住宅、别墅
凯丹公馆	大连	中山区	中山区地铁 2 号线会议中心站 A 出口处	公寓
凯伦港湾中心	大连	中山区	中山区港湾广场五五路 1 号	办公
绿城九龙仓桃源里	大连	中山区	中山区解放路桃源街不朽巷	普通住宅
明秀山景	大连	中山区	中山区解放路秀月街	普通住宅、公寓
磐海	大连	中山区	中山区人民路 66 号	公寓、办公
首开·铂郡	大连	中山区	中山区鲁迅路与春海街交会处	普通住宅
万科誉澜道	大连	中山区	中山区凯丹广场东侧	普通住宅
万科中山五号	大连	中山区	中山区中山广场上海路与同兴街交会处	公寓
维多利亚公馆	大连	中山区	中山区港兴路 58 号	普通住宅
新世界·名泷	大连	中山区	中山区人民路 41 号	公寓、商业
新星洲际公馆	大连	中山区	中山区港隆路与港东一街交会处	普通住宅、公寓
星光耀	大连	中山区	中山区港隆路 21 号	公寓
秀月麒林·万花府	大连	中山区	中山区解放路桃源街秀月桥北侧	普通住宅
雅荟庭	大连	中山区	中山区人民路 66 号	酒店式公寓、商业
御东港	大连	中山区	中山区港盛路 61 号	普通住宅
中庚当代艺术	大连	中山区	中山区港隆路 D16、D17、H02、H07 地块	普通住宅
中国铁建国滨苑	大连	中山区	中山区港东八街海之韵公园原址	普通住宅、公寓
中海海港城	大连	中山区	中山区人民路港湾广场旁	公寓、商业
中海星钻	大连	中山区	中山区疏港路上桥口北侧	公寓
中信丰悦城	大连	中山区	中山区港湾街 6 号	普通住宅
紫御东方	大连	中山区	中山区滨海北路	普通住宅、公寓

保利·天禧

大连　品牌房企　紧邻地铁　一线海景

保利·天禧处于东港商务区，距离大连达沃斯国际会议中心约 3 公里。整体规划占地 34.3 万平方米，规划建筑面积 120 万平方米，是东港区域内一线看海的 70 年产权城市综合体项目。

项目地址：
大连市港浦路与港东八街交会处，达沃斯东行三公里

开发商：
大连保利东港房地产开发有限公司

建筑类型：
高层、洋房、别墅、公建、公寓

主力户型：
88~95 平方米二居、98~134 平方米三居、150 平方米四居

周边配套：
地铁 2 号线、配套学校、威尼斯水城

参考价格：
高层均价 23000 元 / 平方米、洋房均价 26000 元 / 平方米

楼盘优势：
保利·天禧全新力作"大连之玺"，尽享百万"大城"醇熟配套，拥揽全盛东港。匠心深耕建面 88~123 平方米人居著作，布局合理。

专家点评

柳毓·大连新闻传媒集团《大连晚报大楼市》主编

作为全国一线开发商，保利做产品的用心和专业程度已受到市场广泛认可，而项目所在的东港商务区，是大连发展的中心区域、政府重点打造的核心商务区。项目拥有丰富的产品线，占据整个东港核心位置，一线海景资源、珍贵的土地资源。

项目解析

【区域维度】

东港历经 10 余载的时光积淀，多维配套现已全盛绽现。达沃斯会议中心、音乐喷泉、凯丹广场、五星级酒店等醇熟配套，畅享国际生活方式。

【品牌维度】

保利发展作为央企行业排头兵，以城市运营商姿态，助力大连城市发展。保利自 2010 年进驻大连以来，跟随城市发展脉动，实现全域化布局，秉承"和者筑善"品牌理念，每一次出手都令业界颇为关注，为滨城百姓带来理想之居。保利发展深耕东港数载，匠心规制百万平方米海居"大城"；万人大社区下，醇熟生活悦然开启。生活配套成熟齐备，满足日常生活所需。

【口碑维度】

保利·天禧作为保利发展深耕东港之作，自面市以来，一直受到社会各界的广泛关注和深切期待。保利精工品质、东港瞰海区位、国际商务区繁华映衬、舒适宜居生活氛围等皆见证其品质。

【产品维度】

保利·天禧四期项目总占地面积 5.55 万平方米，建筑面积 36.43 万平方米，享有东港稀缺的 70 年产权地块，同时也是保利·天禧 120 万平方米海居蓝图的收官之作。

其中，四期主打精致小户型，88~150 平方米的二居、三居、四居产品。所有户型均为南北通透的方正布局，产品包括 88 平方米的轻奢二居室，98 平方米、101 平方米、123 平方米的幸福三居，全部精装修交付，小面积多功能户型中山区少有。

东港商务区共计规划三块小学用地、两块中学用地。在保利·天禧项目 02 地块的东港第三小学，已于 2019 年 9 月 1 日开学，与东港第一小学进行分年级教学，保利·天禧业主可在距家 1 公里范围内享受到优质的中小学配套资源。东港二小与东港中学也已经开建。

四期整个景观以钻石为主题，将空间区域进行折线切割，形成简洁、纯净、硬朗的视觉体验。整个小区的景观可分为三层：第一层为整个园区的主入口——钻石门厅，将园区入口打造为钻石型，象征稀缺与珍贵，与整个园林的"钻石"主题相辉映，同时营造业主归家的高贵仪式感；第二层璀璨大道，由此进入园区，道路两旁修建钻石形园林小品，在阳光下散发出耀眼光芒，提升整个园区的品质与尊贵感；第三层闪耀会客长廊，坐落在园区正中央位置，可供业主饮茶、下棋、纳凉等日常消遣，同时更为业主走亲会客提供便捷。

【销售维度】

保利·天禧作为东港住宅品质产品之一，自问世以来广受市场追捧，多次荣膺殊荣，"潮起中山""东港不设防""东港开海"等阶段"战役"均创市场销售佳绩。自全新力作大连之玺面世以来，更是多次刷新销售榜单。

根据 2019 年案场更新数据，保利·天禧全案共销售 1194 套，截至 2019 年 10 月 30 日，项目总销售额已达到 22 亿元，11 月后项目四期产品全盘加推，更是创造了 13 亿元的销售成绩，令行业颇为瞩目。

更多楼盘详情请扫码查看

大连融创壹号院

- 2019年 -
中国城市楼盘年鉴
典型项目

大连 品牌房企 瞰海产品 配套完善

大连融创壹号院位于西岗区疏港路，由大连达连房地产开发有限公司开发，是融创在东北的首座壹号院。

专家点评

柳毓·大连新闻传媒集团《大连晚报大楼市》主编

从北京到上海、从重庆到郑州、从西安到天津，都能看到融创壹号院的身影。作为东北首个壹号院项目，大连融创壹号院立足于城市核心资源、西岗稀缺地块，必将成为经典之作。

项目地址：

大连市西岗区疏港路沿海街

开发商：

大连达连房地产开发有限公司

建筑类型：

住宅、公寓、别墅、商业

主力户型：

87 平方米、95 平方米二居，121~158 平方米三居，199 平方米四居

周边配套：

青泥洼、人民路、香炉礁、东港四大商圈

参考价格：

首期均价 23000 元 / 平方米

楼盘优势：

大连三面环海，项目距离海边仅约 30 米距离。融创倾注的每一座壹号院，承载城市高净值人群的人居理想，实现美好生活的更多可能。

项目解析

【区域维度】

大连融创壹号院不仅拥有城市核心湾区资源，所处西岗区作为城市行政中心，在城市发展功能上也更为全面；不仅是众多“世界500强”企业投资兴业青睐的区域，也是全市优质公共服务设施所在地。

【品牌维度】

壹号院系作为融创TOP级产品系，以融创中国“全国优势布局和高端精品”发展战略为背书，自2011年第一座壹号院面世以来，从北京到上海、从西安到郑州，每座壹号院都成为独特的城市封面，并将中国高端住宅推向全球序列。

大连融创壹号院为全国第26座壹号院，也是融创在东北的首座壹号院。以湾区及生活资源的占有、定制而非复制的瞰海产品打造，融汇室内设计大师心血，面向大连的塔尖人群，构建国际化湾区生活综合体。

【口碑维度】

融创大连秉持“至臻致远”的品牌理念，尊重每一块厚土，因地制宜，用心深研，以多样化的产品来满足不同客户的需求。在前瞻城市发展、完善居住版图的同时，融创大连更专注于深研人居迭代的需求和土地价值，并将更多成熟的产品系带到大连。

融创进入大连三年，在此期间已先后开发了100万平方米滨海舒居海逸长洲、东方墅院御栖湖以及现在的大连融创壹号院。从这些项目中，可以清晰得见融创品牌对大连人居生活的深刻洞察与理解。

【产品维度】

定制而不复制，使每一座壹号院都成为时代的作品。大连融创壹号院是总建筑面积约68万平方米的大型综合体项目，涵盖住宅、商业、公寓、办公等多种业态。北向坐揽浩瀚海景，南向对望都市天际，通过室内空间的动静分区切换，视野和私密性都得到了保障。餐厅客厅一体化，让起居空间的互动性和功能性得到了提升。

项目特聘国际知名SLD梁志天设计匠心帷幄，呈现与世界审美匹配的美学格调。园林方面，特聘请TOPO建筑环境设计公司创始人、景观设计大师庄镇光先生进行景观设计。约1公里滨海栈道、6个花园广场、10万平方米绿化景观、约50种植物……“观云海，居天地，品滋味，游于艺”，匠心独运的园林景观，为业主构筑身心栖息的港湾。

而作为市场同时具备“70年住宅产权”“非填海地块”“一线海景”三大特征的瞰海大宅，大连融创壹号院有别于市面上同类产品，产品的景观视野强调“瞰海不如看湾”，对比纯海景的一片空洞，客厅窗户与海景的融合性更好，亲海近海视野佳，视线底部无陆地感。

【销售维度】

项目于2019年10月1日启动百年城、罗斯福、和平广场三大城市外展，10月13日位于大连富丽华大酒店东楼3楼的城市展厅正式开放，2019年11月9日开放生活体验馆，首期主力瞰海大宅产品现已发售。

显于时代，隐于时光。北京、上海、大连，每一座壹号院都在显与隐的相互转换中，实现高净值人群对豪宅生活的真正向往。这是融创壹号院的独有基因，也是大连融创壹号院的热销秘诀。

更多楼盘详情请扫码查看

富力东堤湾畔

大连　区域核心　一线海景　优质教育

富力东堤湾畔位于小窑湾国际商务区，由大连恒湾房地产开发有限公司开发，打造繁华之中的诗意栖居；占地面积 40 万平方米，建筑面积 80 万平方米，投资约 50 亿元。

项目地址：

大连市小窑湾核心区域滨海路

开发商：

大连恒湾房地产开发有限公司

建筑类型：

高层、洋房、叠拼

主力户型：

83 平方米二居，103 平方米、117 平方米、123 平方米、125 平方米三居

周边配套：

规划优质教育园区、维特奥医院、澳东世纪商圈

参考价格：

洋房约 10300 元 / 平方米，高层约 8900 元 / 平方米

楼盘优势：

小窑湾区域核心位置、千亿富力值得信赖，同时集纳珍希山海自然景观、24 中优质教育园区，一线南向海更是殊为难得。

专家点评　贺华·大连市房地产业协会秘书长

项目与东港商务区隔海相望，未来大连海底隧道开通后，将与东港商务区连为一体；位置、环境优越，空气清新，生态宜居，生活配套交通等设施齐全，环境颇佳。整体而言，性价比高，具有竞争力。

项目解析

【区域维度】

富力东堤湾畔位于小窑湾国际商务区，该区域定位为大连新市区中心区、大连城市副中心、东北亚国际航运中心港航服务核心功能区、区域性金融中心集聚高地、生态宜居新城。区内分为七个功能区，分别是中央商务区、行政办公区、中心商业区、创意创智区、生态居住区、港航服务区、滨海休闲区。

项目北依大黑山，南临黄海，西侧毗邻双D港产业园区和大窑湾港区，东侧连接金石滩国家旅游度假区，而富力东堤湾畔位于小窑湾核心区域，享一线南向海珍稀资源，地理位置绝佳。得益于金普新区、自贸区及小窑湾国际商务区的良好发展势头，富力地产致力于将富力东堤湾畔打造成开发区都市化滨海生活区。

【品牌维度】

富力集团创立于1994年，经过25年卓越发展，集团总资产达3600亿元，以“紧贴城市脉搏，构筑美好生活”的品牌理念，致力于成为国际领先的美好生活运营商。目前，富力集团已经进驻国内外超过130个地区，打造340个精品项目，为130万人提供高品质的产品和服务。而富力东堤湾畔是富力集团进入大连的第一个作品，富力集团的强大品牌力，给予客户很大的信心。

【口碑维度】

富力东堤湾畔80万平方米都会海岸生活特区，涵盖住宅、公寓、商业及酒店、写字楼等配套，开建社区食堂及学校等生活配套，真正成就一湾假日、一湾繁华的度假蓝图，吸引无数客户奔向这片美好的海岸。

从项目出发，西行不久即可到达澳东世纪商圈，世纪华联超市、大地影城、肯德基等生活业态一应俱全；周边配套有维特奥医院、盛京医院，大连市24中优质教育园区则可为业主子女的未来保驾护航。

【产品维度】

富力东堤湾畔致力于打造具有人性化的居住环境，建筑手法及工艺细致考究，满足了现代中产阶级对生活品质的追求。低容积率住宅设计让每栋建筑循景而生，在使公共空间得到释放的同时，享受更多阳光与风景。同时，项目注重居住的私密性与舒适性，让家的归属感与温暖扑面而来。

秉承对艺术和美学的另一种诠释，富力东堤湾畔努力打造繁华之中的诗意栖居。海岸洋房双南卧室，约3.5米卧室开间引清风入卞，四处飘窗赠送，生活时刻与阳光为伍；主卧套房，超大赠送；以舒适的格局与功能分区，诠释着恰到好处的空间法则。

83~125平方米瞰海高层，给予更多选择空间，二优雅从容中享受舒适私密生活。双南卧室通透舒适，功能次卧，于方寸之间，充盈幸福时光。春有百花秋有月，夏有海风冬有雪，推窗即可欣赏到四季的不同美景。

【销售维度】

20[illegible]年5月13日，营销中心亮相，22日即有约300组客户提前48小时连夜排队，开盘当日5小时540套房源全清，劲销4.47亿元，随后每次加推都取得不俗成绩，并以多重价值赢得了市场和客户认可。加之天然的海岸资源，使这里成为宜居价值新高地。

更多楼盘详情请扫码查看

佳兆业悦璟

- 2019年 -
中国城市楼盘年鉴
典型项目

大连 主城配套 品牌精装 美好物业

佳兆业悦璟位于金州五一路与国防路交会处南300米，由大连世展房地产开发有限公司开发，项目占地面积24334平方米，建筑面积116907平方米。

项目地址：
大连市金州五一路与国防路交会处南300米

开发商：
大连世展房地产开发有限公司

建筑类型：
高层、洋房

主力户型：
85平方米二居、120平方米三居

周边配套：
新玛特、福佳、安盛三大商圈、新机场（在建）

参考价格：
待定

楼盘优势：
新玛特、福佳、安盛三大商圈环伺、主城区成熟配套，享新机场发展红利，即将开通的地铁13号线五一路站就在家门口，品牌精装交付。

专家点评 贾广葆·大连市房地产经济学学会常务副秘书长

佳兆业悦璟位于金州主城区稀缺核心地段，既享主城区成熟配套，又享金州新机场商务区发展红利。即将开通的地铁13号线五一路站就在项目处，且品牌精装交付，优势突出。

项目解析

【区域维度】

悦享城芯，多面生活。佳兆业悦璟列席金州主城区核心地段，既享主城区成熟配套，又享金州新机场商务区发展红利。项目构筑约2公里醇熟生活圈，新玛特、福佳、安盛三大商圈环伺，吃喝玩乐购，满足一站式生活需求；距地铁13号线(规划中)五一路站约1.6公里，距沈大高速口约900米，约1公里内有7条公交线路，全域畅行无阻，繁华顷刻即享。项目周边二甲医院等医疗机构完备，呵护全家健康。幼儿园、小学、初中，全龄精英教育，助力孩子成才。国家3A级景区、金州体育场、阿尔滨水上乐园等休闲配套在侧，丰富闲暇时光。

【品牌维度】

佳兆业集团控股有限公司，成立于1999年，总部位于香港，2009年12月在香港联交所成功上市，股票代码1638.HK。

佳兆业集团是中国大型综合性投资集团，旗下拥有20多家集团及专业公司。目前，佳兆业业务已覆盖京津冀协同发展区域、粤港澳大湾区、长江经济带等主要经济区域，进驻全国超50个重要城市。在亿翰智库发布的中国房企综合实力及品牌价值榜单中，佳兆业荣获中国房企品牌价值TOP16、中国房企综合实力TOP27等多项殊荣。

佳兆业集团始终站在城市综合产业运营者的高度，以“专业、创新、价值、责任”为企业核心价值观，以远见全球的视野和矢志不移的创新精神，从集约智能、绿色低碳、品质服务等多重角度关注中国城市化的发展，在推动产业升级、促进城市发展、提升城市价值等方面做出了积极贡献。

【口碑维度】

佳兆业美好集团建基于深圳，1999年成立，2018年12月6日在香港联交所成功上市，股票代码2168.HK。20载布局全国近50个重要城市，服务涵盖中高端小区、商业物业、写字楼、体育馆等。荣获国家物业服务一级资质企业、ISO9001质量管理体系认证，连续多年获中国物业服务百强企业称号，品牌估值28亿元。

在中国物业管理协会发布的中国物业服务百强企业榜单中，佳兆业物业荣获中国物业企业综合实力第12名，这凝聚着社会各界对佳兆业美好品牌的充分信赖。佳兆业悦璟拥有更好的品牌实力，更核心地段，更优质的项目品质，尊享佳兆业美好金牌物业护航，给予业主24小时×365天管家式贴心服务。

【产品维度】

佳兆业悦璟精研空间修为，放大生活的尺度，打造建面85~120平方米精装高层，品牌交付，尽显生活优雅。其中约85平方米两室两厅产品，全屋采光、双南卧、三面宽、客厅自带观景阳台设计，让全家四季悦享充沛采光和醉美园林景色。约120平方米三室两厅两卫产品，贴心设计主卧套房、独立餐厅、观景阳台、通透格局、动静分区，满足三口之家或二孩家庭对于生活的全部想象。

同时，项目凝练“一轴、一环、两街、四区”的造园理念，从中心景观带到商业步行街，再到儿童活动区，娱乐、散步、亲子互动皆宜；全龄景观，四季皆景，承载生活万般诗意。

更多楼盘详情请扫码查看

金石滩鲁能胜地

2019年 中国城市楼盘年鉴 典型项目

大连　养生度假　海景资源　通透宜居

大连金石滩鲁能胜地是鲁能依托十里海岸所打造的300万平方米海岸生活目的地。项目由大连鲁能置业有限公司开发，项目占地面积300万平方米，建筑面积210万平方米，为城市带来滨海度假生活新方式。

项目地址：
大连市金石滩轻轨总站北侧西行500米

开发商：
大连鲁能置业有限公司

建筑类型：
洋房、别墅

主力户型：
100~140平方米洋房、122平方米别墅

周边配套：
金石实验小学、大商新玛特、金石滩医院

参考价格：
洋房10000元/平方米、别墅13000元/平方米

楼盘优势：
稀缺的金石滩5A景区自然资源，坐拥鲁能“十星”丰富配套，属于区域优质产品，打造“300万平方米海岸目的地”。

专家点评

柳毓·大连新闻传媒集团《大连晚报大楼市》主编

大连金石滩鲁能胜地自规划伊始，便以城市建设者的身份将鲁能精神融入规划之中，保护自然生态资源，崇尚全龄健康发展，关注体育社区人文，构筑娱乐度假功能，探寻智慧生活未来，以此匠心匠造鲁能胜地之「大城」。

项目解析

【区域维度】

金石滩鲁能胜地位于国家5A级风景区金石滩核心区域，毗邻小窑湾自贸区，邻近快轨3号线金石滩总站。

该区域是大连重点发展的区域之一，地处自贸区后花园。域内国家5A级景区核心海岸，拥享一里黄金海岸，是不可多得的滨海养生度假地。在中心繁华之处享滨海自然生态生活，集舒居与便利于一体，实现湾区资源与城市资源共享的度假梦想。

【品牌维度】

在鲁能集团发布的“生态优先，绿色发展”战略中，大连和海南是鲁能全国战略体系下的两大主角，以鲁能胜地为核心的鲁能千亿级文旅集群落户大连，代表着“海南过冬，大连避暑”的鲁能“一南一北”度假生活体系得以圆满呈现。由此，大连将突破传统区位的限制。

金石滩鲁能胜地深耕金石滩10余年，践行央企责任，打造300万平方米旅居目的地。聚焦“生态、健康、运动、娱乐、科技”五大维度，保护自然生态资源，崇尚全龄健康发展，关注体育社区人文，构筑娱乐度假功能，探寻智慧生活未来。

【口碑维度】

金石滩鲁能胜地多条产品线并驾齐驱，打造金石滩优质产品，在投资和养老客群中圈粉无数，并推出“美好生活”的健康生活理念，荣获良多美誉。

金石滩鲁能胜地践行央企责任，积极响应国家政策号召，在工程上杜绝偷工减料，减少面积。由鲁能打造的泰山7号产品，在市场上获得一致好评。

【产品维度】

鲁能匠心打造泰山7号产品系，100~140平方米景区洋房、122平方米海岸别墅。1.0低容花园洋房，产品以褐石建筑风格打造，融入“体育+洋房”概念，精彩诠释鲁能健康生活理念。122平方米海岸叠拼别墅，浪漫法式风格打造，十字中厅设计，室内空间礼序井然，独立的主卧套房设计，私密尊贵，双南向露台赠送，令生活更亲近大自然。

鲁能泰山9号欧式低密住区，70年大产权，高达1:4的住配比，“三大分区、七大组团”营造欧式生活氛围，增加居住私密性与归属感。102平方米、125平方米洋房，空间功能分区细化，全明方正户型，开阔舒适，运筹帷幄大家风范。起居室南接观景阳台，拥揽徐徐清风，卧室飘窗设计，尽享阳光宠爱。独立主卫，人性化设计，尽显奢华品质。

【销售维度】

大连金石滩鲁能胜地2019年销售30亿元，问鼎大连市房企销量前三名。连续三年销售套数、面积总数于大连排名第一，连续三年销售额达到20亿元，累计销售总额近100亿元，业主10000人左右，累计交付8000户。鲁能胜地项目也是金石滩区域内第一个进入大连市前三名的项目，奠定了在金石滩首屈一指的地位，同时拉动了区域板块价值的提升。城市产业新格局已逐步呈现，金普新区已然成为大连未来产业集中、科技领先、人才聚集的重要发展区域。

更多楼盘详情请扫码查看

凯丹公馆

大连　地铁入户　自带商超　优质教育

凯丹公馆位于大连市中山区港隆路52号，由凯丹置地（大连）有限公司开发，占地面积66000平方米，建筑面积320936平方米。

项目地址：
大连市中山区港隆路52号

开发商：
凯丹置地（大连）有限公司

建筑类型：
高层

主力户型：
90平方米、115平方米二居，105平方米、180平方米三居

周边配套：
东港一小、东港中学，地铁2号线；公交16路、47路等

参考价格：
20000~21000元/平方米

楼盘优势：
欧洲开发商，全境外设计师团队打造，鱼鳞式玻璃幕墙，5000元/平方米精装标准，地铁直接入户，10万平方米凯丹商场下楼即逛。

专家点评　贾广葆·大连市房地产经济学学会常务副秘书长

立体的交通，便捷的购物，优质的教育，凯丹公馆致力于呈现给业主的不仅是房子，而是一种生活方式。作为东港商务区地标建筑，地铁通道直达，东港大型高端购物中心——10万平方米凯丹广场下楼即享。

项目解析

【区域维度】

大连凯丹公馆位于大连市中山区人民路沿线的东港商务区板块，地铁2号线会议中心站A出口即是。大连达沃斯会议中心在侧，紧邻大连国际会议中心；不仅是大型会议演出中心，夏季达沃斯论坛也择址于此，财富精粹，汇集一堂；毗邻亚洲第二大音乐喷泉广场，畅享亲海式观景台平台，俯瞰东方威尼斯水城。

大连东港商务区作为主城区唯一集金融、商务、会议、旅游、文化和休闲娱乐于一体的高端商务区，是大连城市发展的重点区域和新亮点，而凯丹公馆立于区域中心，尽享资源富集所带来的诸多优势。

【品牌维度】

凯丹国际集团是欧洲地区具有实力的投资集团，是中东欧商业地产行业的上市企业，发展势头迅猛，资本雄厚，多年来一直致力于在欧洲及亚洲地区，从事房地产专业的开发及运营。凯丹国际旗下的凯丹置地中国是由凯丹置地全资拥有的位于荷兰的国际投资公司，在阿姆斯特丹泛欧证券交易所和特拉维夫证券交易所上市。该集团在40多个国家积极开展多种投资项目，更拥有近25年的丰富的商业地产开发经验。自2005年首度进入中国市场之后，历经多年发展，已然成为当下颇具实力与群众认可的外资开发商。

【口碑维度】

对于高品质、高细节、高配套人文居住社区的执着，是凯丹国际全面布局中国城市居住品质升级战略的重中之重。

凯丹国际曾先后在沈阳、西安、成都等地区，与香港泰盈地产集团共同开发建设了多个成功个案，使凯丹品牌在中国市场上日渐深入人心。

大连这座北方的海港城市，在沿海开放的大环境下，经济保持高速运作的同时，也拥有了海纳百川的博纳精神，吸引着诸多舶来的外资企业投入到大连的建设中，带来了众多异域建筑落地生根。凯丹国际深切感受到这座城市人文精神的魅力，于是择址大连东港国际商务区核心地带，打造10万平方米商业综合体凯丹广场、国际五星级酒店辉盛阁以及突破传统商务格局的SOHO写字楼、精奢鱼鳞式建筑凯丹公馆。在夜以继日的努力下，上述佳作一一呈现在众人眼前，现代高端城市综合体由此落座。

【产品维度】

凯丹公馆采用鱼鳞式的全玻璃幕墙设计，在低碳节能的同时，扩大室内采光角度，使居住空间更加明亮，视野更加开阔；90~180平方米产品的规划设计，拥有3.3米层高全面升级的居住舒适度；全装修成品交付，区域难寻的欧式风格，由全球多家知名室内设计工作室联袂打造；地铁入户，让出入家门零距离；五星级酒店式的物业服务，全面提升生活品质；择址东港商务区核心坐标，立足于10万平方米凯丹广场之上，实现足不出户、电梯直达商场，享受非同寻常的便捷生活。

【销售维度】

2019年，凯丹公馆C2楼持续热销，去化率达90%左右，C1楼加推，去化率达52%；C3楼加推，去化率达100%。整个2019年，凯丹公馆的销售金额共计4.05亿元，售出169套，销售面积17336.38平方米。

更多楼盘详情请扫码查看

龙湖·舜山府

大连　学府环绕　五维园林　智慧服务

龙湖·舜山府位于大连高新区学子街的繁华中轴上，项目整体占地面积约为 47000 平方米，建筑面积约为 160000 平方米，容积率约 2.8，绿化率 30%。

项目地址：

大连市高新万达广场沿学子街北行约 1.5 公里

开发商：

大连恒瑞房地产开发有限公司

建筑类型：

高层、洋房

主力户型：

高层 111~135 平方米三居、洋房 123~145 平方米三居

周边配套：

万达商圈、跨海大桥、地铁 1/7 号线、大连市第十七中学

参考价格：

高层均价 19000 元 / 平方米、洋房均价 25000 元 / 平方米

楼盘优势：

城市中心繁华地段，人文学府环绕，自然资源丰盛。区内打造生态湖景音乐喷泉，代建 6000 平方米山体公园，五维园林景观及智慧服务为行业典范。

专家点评

贾士菜·大连市房地产经济学学会常务副秘书长

龙湖·舜山府屹立于高新学子街的繁华中轴，是高新发展的风向标地，依托学子街浓厚醇熟的人居氛围，加之周边繁华商圈环伺，在繁华和宁静中找到一种恰如其分的平衡。

项目解析

【区域维度】

项目位于大连市高新区万达广场沿学子街北行1.5公里，雄踞城市黄金廊道核心之上，南接高新主干道黄浦路，北承西部通道，东西连横“一轴三带”（以广贤路——高新技术产业带、黄浦路——都会政经商业带、滨海路至跨海大桥——城市景观资源带三大板块为核心），距星海湾大桥约3公里，近邻地铁1号线、7号线（规划中）及202快轨等多条城市级轨道交通，形成密织立体路网，以一桥多轨的多维交通畅达全城，堪称大连西部区的“交通之芯”。

【品牌维度】

大连龙湖·舜山府始终以“善待你一生”为初心，改善置业需求不断升级产品及服务体系，专注为客户提供更好的人居体验。作为龙湖地产城市山居之作，自诞生之日即承袭龙湖高贵豪宅血统，将之前的“五重景观”升级为“五维园林”；“五重”与“五维”一字之差的背后是龙湖更多的努力与付出，也是龙湖在生态、健康、交融、精筑与人文之上，对景观的重新思考与打磨。项目兼得城市繁华与自然的黄金地脉，龙湖·舜山府销量早已突破1000套，成为高级知识分子改善型客户的风靡之选。

【口碑维度】

大连龙湖·舜山府承袭“中国别墅专家”“园林大师”“智慧服务”的优质基因，以品质为基石，以卓越的产品力为核心竞争力，以品牌力为后盾，成为高新核心一颗熠熠生辉的明珠。作为媒体持续聚焦、业内热烈关注、客户口耳相传的城市中心山湖府邸，龙湖·舜山府从面积、户型产品的单一改善，进化成环境、配套、社区自然环境及邻里氛围的全维度居住理念。随着高新城心板块的住宅土地供应日益稀少，龙湖·舜山府已成为板块里难能可贵的山湖人居封面，更凭借居高不下的成交量成为城市热盘，赢得“高知”改善型客户的抢藏。

【产品维度】

龙湖·舜山府作为龙湖TOP级“山府系”山居巨著，是集合了龙湖25年高端改善经验的战略升级力作。项目以度假生活为精神肌底，构建全新理念的山水主义美学园林，如“一园一带、两台八庭四进”的景观庭院；不吝惜成本，打破常规，进行户型的优化升级。云台主打情景营造，氛围宁静私密；山台主打功能需求，偏邻里交流及休闲活动；根据业主自己的喜好，可在园区内自由穿梭。

项目代建约6000平方米山体公园，是园区的生活绿肺，在为业主提供休闲健身的便利之余，也让自然绿意流淌为一体。闲来沿爬山步道蜿蜒而上，两侧绿树成荫，不仅是父母的养生名境，也是孩子们的自然运动场、青年的天然健身房。建筑面积约111~145平方米山湖三居，以精工美学艺筑，营造生活空间，完善功能格局，满足全龄家庭生活需求，美好人生一步到位。

【销售维度】

根据案场数据，全案总套数1194套，截至2019年10月30日，项目整体销售破1000套，总销售额22亿元。

更多楼盘详情请扫码查看

龙湖阳光城·云峰原著

- 2019年 -
中国城市楼盘年鉴
典型项目

大连　品牌房企　纵揽山海　通透五明

龙湖集团与阳光城集团在大连市高新园区天地软件园板块联手打造，占地面积21万平方米，涵盖高层、洋房及别墅产品。小高层容积率2.41，别墅容积率0.59。

专家点评

贾广葆·大连市房地产经济学学会常务副秘书长

龙湖阳光城·云峰原著坐落高新山体资源，两座自然主题公园，三座天然水源地，数公里海岸线，峰峦叠嶂，纵览山海，名副其实的高新宜居大盘。

项目地址：

大连市高新园区黄浦路与前黄线交会处

开发商：

大连龙湖泽迎置业有限公司

建筑类型：

高层、别墅

主力户型：

120平方米三居、81平方米叠拼

周边配套：

辽宁师范大学附属中学、嘉慧橡树外国语学校、地铁12号线

参考价格：

高层14000~15000元/平方米

楼盘优势：

项目位于大连天地软件园板块，区域发展迅速，教育、商业、公交配套完善。高层户型全明南北通透，别墅产品格局方正，赠送空间大。

项目解析

【区域维度】

龙湖阳光城·云峰原著项目位于飞速发展的高新园区大连天地板块，随着大连市西拓北进的全域城市化发展，目前区域内已拥有“世界500强”企业120余家(IBM、埃森哲、华信、华录等)，“全国100强企业”60余家。

高新园区对大连市的GDP增长做出了巨大贡献。2018年，高新区GDP高达306.4亿元，同比增幅7.5%，傲领大连。未来，大连天地板块将继续践行整个区域经济发展的步伐，带动周边经济快速扩张。项目周边紧邻高新区仅剩的100万平方米待开发产业地块，大连市政府已经拟定相关医疗及商业配套进行开发建设。

20年间，高新园区整体的城市界面和基础设施建设已经堪比于中山主城区，未来发展潜力可期。大连天地板块位于飞速发展的高新区的核心位置，占据区域内不可复制的山海景观资源，保证了云峰原著高端舒适的居住体验和较好的升值潜力。

【品牌维度】

龙湖集团1993年创建于重庆，发展于全国，是一家专注于产品和服务品质的专业地产公司。2009年在香港联合交易所主板上市。

龙湖秉承“善待你一生”的经营理念，以优质的产品和服务赢得了股东、客户、合作伙伴以及业内同行的尊重和赞誉，集团先后获得“中国房地产企业综合实力10强”“中国最具影响力企业”“企业信用评价AAA级信用企业”等国家和行业组织权威认证，多次入选“福布斯亚太区最佳上市公司世界500强企业”。

【口碑维度】

在房地产市场，龙湖集团有着“中国别墅专家”“园林大师”“钻石物业”的美誉，而在中国别墅的发展史上，更有“万墅朝宗见龙湖”一说。迄今为止，龙湖在全国打造了超过35种风格，逾4万套别墅，在客户和业内都具有良好口碑。

【产品维度】

龙湖阳光城·云峰原著项目周边三大公园环抱(低碳公园、运动公园、山体公园)，拥有三大淡水水源地(凌水水库、老座山水库、龙王塘水库)，旨在打造宜居生态大盘。目前在售高层89平方米和120平方米两种户型，别墅分上叠、下叠和联排三种户型。

其中，89平方米和120平方米户型均为一梯两户产品。89平方米户型，三室两厅一卫，全明通透，户型方正，独立分区，是市面上稀缺产品，深受区域内刚需客户喜爱；120平方米户型，三室两厅两卫，五明通透，户型方正，享受清新自然生活。别墅产品容积率低，园区活动空间大，户型方正，区域分明，受到改善型客户认可。

【销售维度】

项目销售火爆，根据新峰机构统计，2018年11月龙湖阳光城·云峰原著单盘销售套数、面积排名第一，并以突破6亿元的傲人成绩问鼎高新，销冠大连。截至2019年12月，89平方米户型处于清盘状态，房源所剩无几，120平方米户型余量不足，叠拼别墅和联排别墅库存颇为紧张。

更多楼盘详情请扫码查看

绿城大连深蓝中心

2019年 中国城市楼盘年鉴 典型项目

大连　位置优越　智能人居　品牌精装

绿城大连深蓝中心位于大连市沙河口星海湾金融商务区核心，建筑面积约为 117000 平方米，是绿城中国二代高级精装公寓产品，坐拥金融、商务、购物、文化、旅游等全方位生活配套。

项目地址：
大连市沙河口区高尔基路和平广场南

开发商：
大连绿城房地产开发有限公司

建筑类型：
公寓

主力户型：
186 平方米三居、271 平方米四居

周边配套：
星海湾商圈、星海广场、和平广场

参考价格：
27500 元 / 平方米

楼盘优势：
绿城大连深蓝中心由 3 栋超高层精装公寓组成，全产品系采用一线品牌精装，应用智能化家居，契合大连高端人士对居家的尊崇追求。

专家点评　贾广葆・大连市房地产经济学学会常务副秘书长

作为绿城第二代高级高层公寓，绿城大连深蓝中心延续并提升绿城一贯的高端形象，项目位于沙河口星海湾金融商务区，毗邻星海广场、和平广场，坐享大连市中心不可再生的城市资源。

项目解析

【区域维度】

绿城大连深蓝中心项目位置十分优越，位于星海湾商务区核心星海广场以东，北依和平广场，步行一小段路即可到达海边，距火车站仅2公里，和平广场公交枢纽站也能带来21条公交线路的交通配套支撑。

【品牌维度】

作为理想生活综合服务商，绿城中国历经多年发展，进驻28省100余座城市，营造600余个美丽家园。深蓝中心由绿城中国投资开发，是绿城中国进入东北市场的首个项目。自2008年至今，从绿城大连深蓝中心、绿城大连深蓝国际到桃源里，大连绿城持续为大连人民呈现美好人居生活，营造大连理想人居。

【口碑维度】

绿城中国25 年来始终坚持以人为本，聘请绿城服务为业主提供专业而全面的园区服务，得到了业主的一致认可，而桃源里更因丰富的园区活动及精致周到的服务，获得业主一致好评。绿城品质深受社会各界成功人士认可。

深蓝中心凭借绿色建筑、智能化人居及不断完善、精益求精的服务得到业主好评。在绿城，交付不是终点，而是美好生活的开始，从“寻年味”“邻里节”等邻里活动，到为孩子开展的“海豚计划”；从关怀老人的“长者服务”“红叶行动”，到专门举办的观影节、生日会等，深蓝中心用园区服务用心获得业主的一致认可。

【产品维度】

绿城大连深蓝中心总建筑面积约11万平方米，是绿城第二代高级高层公寓产品，由3栋超高层精装修公寓组成。产品主要为约180~260平方米尊贵系列、400~700平方米奢华系列；空间格局方正，南北向通透设计，保证了通风、采光效果，高层稀缺约3.15米层高，并实现电梯独立入户，三梯两户更显尊贵。

设计上，延续并提升绿城一贯的高端形象，将规划、建筑、室内景观设计柔和，通过理念的升华和技术上的突破精心打造高端产品，追求更加温馨的人居环境。同时，在建设过程中，充分调动周边资源，于规划设计阶段即引入可持续发展理念，并与“节能、减排、低碳”的前沿理念同步，成功获得“东北地区公共建筑类国家三星级绿色建筑设计”标识。

绿城大连深蓝中心采用精装修交付，从园区入口到住宅大厅，从一层的大堂到电梯的前室，再到室内空间、阳台，全程设置灯光、豪华装修，处处体现精细化的产品理念。

【销售维度】

绿城大连深蓝中心位于星海湾CBD核心地段。项目2010年开盘，至2012年，销售金额、销售面积连续3年在大连高端豪宅市场名列前茅。大连高端客户及业主的认可源于产品和服务体验，深蓝中心引入全方位绿城服务体系，让业主可以切身感受到精致服务带来的生活品质的提升。在产品方面，凭借绿色建筑、智能化建筑人居科技应用全方位满足高端人居需求，进一步提升业主生活体验。

更多楼盘详情请扫码查看

绿城九龙仓大连桃源里

- 2019年 -
中国城市楼盘年鉴
典型项目

大连　倚山瞰海　醇熟配套　优质物业

绿城九龙仓大连桃源里位于城央繁华地段——老中山解放路，由绿城、九龙仓携手打造，占地面积约 85000 平方米，低密度品质住区。

项目地址：
大连市中山区解放路桃源街不朽巷 27 号

开发商：
大连九龙仓绿城置业有限公司

建筑类型：
小高、高层、洋房、别墅

主力户型：
高层 248 平方米四居、洋房 250 平方米四居

周边配套：
40 万平方米山体公园、青泥洼商圈、桃源小学

参考价格：
高层均价 24000 元 / 平方米、洋房均价 35000 元 / 平方米

楼盘优势：
桃源里位于老中山繁华之地，积淀绿城 25 载营造经验，历经 7 年洗礼，醇熟盛境完整呈现。所有产品一字排布，拾级而上，互不遮挡。

专家点评　杜辉·辽宁省委省政府咨询委员、博导

绿城九龙仓大连桃源里位于主城区解放路繁华地段，百年青泥洼商圈，生活配套成熟；背面环山，二居三居，适合常驻家庭，属于成熟社区稀缺楼盘。

项目解析

【区域维度】

百年“城心”始终与中山密切相连。老中山解放路记录了大连悠久的城市文脉，饱藏了大连的城市人文风骨，而绿城九龙仓·桃源里就择址中山情怀深处，营造城市高品级理想人居。

桃源里位于老中山解放路，位于解放路与景山公园的交界地带，三面环山，负氧离子充足，是城市中难得的天然绿色氧吧。同时，项目交通便利，通过城市主干路解放路、石葵路和八一路，项目毗邻桃源商圈，约5公里直达青泥洼商圈，拥享丰富教育资源及医疗资源；三山环绕，前观都市繁华，回望灵犀自然。倚山瞰海，俯仰中山，白云落处，背海向城，尽览繁华中山。

【品牌维度】

作为理想生活综合服务商，绿城中国历经多年发展，已进驻 28 省、100 余座城市，营造 600 余个美丽家园。大连绿城自 2008 年成立以来，从绿城大连深蓝中心、绿城大连深蓝国际到桃源里，持续为大连人民呈现美好人居生活；桃源里砥砺 7 年，项目全情交付，醇熟盛境完整呈现，双泳池、双会所，园区生活服务配套日益完善，缤纷的全龄社群活动及邻里生活画面，构筑成为老中山不间断的美好生活故事。

【口碑维度】

绿城中国25 年来始终坚持以人为本，聘请绿城服务为业主提供专业而全面的园区服务，得到了业主的高度认可与忠诚，而桃源里更因丰富的园区活动及精致周到的服务，获得业主一致好评。绿城品质深受社会各界成功人士认可。

在绿城，交付不是终点，而是美好生活的开始。从“寻年味”“邻里节”等邻里活动，到为孩子开展的“四点半学堂”；从关怀老人的“长者服务”“红叶行动”，到专门举办的观影节、生日会等，桃源里让每位业主都能享受到园区美好生活服务。

【产品维度】

桃源里作为大连绿城经典产品，四次获得绿城中国最佳品质奖，傲居大连市高端住宅市场。建筑面积 228~319平方米中山平层官邸，以法国凡尔赛宫为摹本，营造 3~4 层低密建筑；外立面采用经典三段式结构，强调中轴对称，再现法式建筑的秩序之美。德国莱姆石作为墙体外立面色泽淡雅，历久弥新，呈现出古典宫殿的雍容尊贵感。建筑面积约 248 平方米圆厅平墅，作为大连绿城第一个二代高层产品，被誉为大连豪宅经典。圆厅平墅外立面采用卡拉麦里金石材，并使用暖色系一体板干挂技术，建筑立面辅以 LOW-E 玻璃，墙体最高达成 0.61 黄金比例，增加立面视觉通透性，前后无遮挡，达到户户看山，处处观景的视觉效果。

【销售维度】

桃源里位于老中山核心地段，根据案场数据，在项目各类户型中，500万元以上级别产品成交量持续保持高位。

更多楼盘详情请扫码查看

首开·铂郡

2019年 中国楼市楼盘年鉴 典型项目

大连　五明户型　配套成熟　高知圈层

首开·铂郡位于中山东港商务区 15 号凯丹广场南侧东行约 200 米，由大连中嘉房地产开发有限公司开发，占地面积 51000 平方米，建筑面积 177000 平方米。

项目地址：
大连市中山东港商务区 15 号凯丹广场南侧东行约 200 米

开发商：
大连中嘉房地产开发有限公司

建筑类型：
高层

主力户型：
146 平方米三居、162 平方米三居、196 平方米四居

周边配套：
东港中学、东港第一小学、凯丹广场、地铁 2 号线

参考价格：
24800 元 / 平方米

楼盘优势：
70 年产权，非填海地块；现房实景，配套成熟；毗邻东港中学（规划中）、东港第一小学，园区内东港第一幼儿园；紧邻地铁，户型方正。

专家点评

贺华·大连市房地产业协会秘书长

首开·铂郡位于大连东港[illegible]商务区，北望大海，南邻绿山，地理位置十分优越。周边除了高档新区，就是成熟居住区，生活配套十分完善。从项目自身看，规划设计和建设品质均属上乘，是城市白领阶层或经济条件优裕家庭所青睐的居住区。

项目解析

【区域维度】

东港商务区作为集金融、商务、会议、旅游、文化和休闲娱乐于一体的高端商务区，拥有30余家世界名企、10余家超五星酒店、大型购物中心、国际邮轮母港、音乐喷泉广场、达沃斯会议中心、游艇码头、跨海大桥、滨海木栈道……集合诸多优势价值于一体，成为大连深具潜力的CBD商圈。

首开·铂郡立足中山东港，拥享商业、生活、教育配套；项目自带2000平方米公立幼儿园，毗邻东港第一小学，并作为东港小学教育集团紧密共建的开发商以及指定社会实践活动基地，为业主提供优质教育资源，规划中的东港中学屹然在侧，让教育无缝对接，让孩子成长无忧；紧邻地铁2号线、201等多条公交线路，通达全城；高绿化园林将自然与居所巧妙融合，筑造花园里的精工大宅。

【品牌维度】

首开地产系北京市属国有大型企业集团，开发实力居全国前列。首开集团先后开发了西罗园小区、方庄等楼盘，并承建了亚运村、奥运村、国家体育馆、五棵松篮球馆、冬奥会速滑馆等，同时也肩负着对故宫进行修缮及日常维护的工作。

首开地产立足北京，放眼全国；30余载，覆盖超20城。进驻大连开山之作——首开·铂郡，是以国匠京工之实力打造的高端住宅社区，为滨城城市化建设注入了新的血液。同时，首开大连城市公司不忘初心，积极投身社会公益及教育事业，与东港小学教育集团、东港第一幼儿园紧密共建，多次赞助举办校园运动会等活动，并捐赠学习物资，为教育事业出资助力，以实际行动践行国企社会责任。

【口碑维度】

首开·铂郡自开盘以来，收获了同行及业主们的一致赞誉。无论是在商业、生活、教育配套、园林打造上，还是在产品户型的设计上，都体现出强烈的人性化特点，实用性与功能性巧妙结合，充分考虑业主的居住感受。

首开·铂郡物业服务由北京燕侨物业实力担当，拥有物业管理一级资质，获得“全国物业管理品牌企业”“中国物业管理公司100强”等多项荣誉称号。整个园区采取全封闭式管理，门禁系统、可视对讲系统、24小时巡更系统，守护业主生活。

【产品维度】

首开·铂郡以国匠京工实力打造高端幸福人居，以精致园林为业主营造绿意满目，精心打造7000平方米中心花园以及320平方米台地花园，依地势落差排布珍贵树种，步移景异；一梯二户的设计保障私密性与安全性；建面约146平方米、162平方米大三居，五明户型，南北通透，厨房位置独立，避免室内潮湿及油烟，主卧套房设计，私密而独立，大面宽客厅，从容聚客，窗景绝佳；建面约196平方米大四室，5.2米超宽景客厅，双套房设计，主卧超阔绰尺度，独立衣帽间设计，卫生间客卫干湿分离，全明采光。

更多楼盘详情请扫码查看

- 2019年 -
中国城市楼盘年鉴
典型项目

万科·誉澜道

大连　立体路网　优质学府　户型通透

万科·誉澜道位于大连的城市封面东港商务区，邻近凯丹购物广场，占地面积 42400 平方米，建筑面积 99558 平方米，容积率 3.92。

项目地址：
大连市凯丹广场东侧约 670 米

开发商：
大连奥泰置业有限公司

建筑类型：
高层

主力户型：
155 平方米四居

周边配套：
东港小学、凯丹广场、东方水城、地铁 2 号线

参考价格：
高层约 26500 元 / 平方米

楼盘优势：
占据城市珍贵资源，坐享东港醇熟地脉，左右中山，东港稀有的方正四居产品，70 年产权纯住宅属性，打造“亲海而不临海”的宜居住宅。

专家点评　杜辉·辽宁省委省政府咨询委员、博导

万科·誉澜道位于大连市东港商务区，紧邻凯丹商圈，配套醇熟，出行地铁，交通路网四通八达。品质精益求精，户型通透，采光上佳，值得关注。

项目解析

【区域维度】

万科·誉澜道位于大连主城核心区域东港，占据城市繁华资源，近享凯丹广场、时代广场、15库创意园、东方水城等商业配套。项目近邻地铁2号线，畅享9横25纵1环路网，形成多重立体交通路网。

伴随着“将大连建设成东北亚国际航运中心”的政策引导，政府斥2000亿元巨资重点打造的东港商务区日渐成型，与大连城市传统中心青泥洼商圈、中山广场及人民路中央商务区逐渐融为一体，成为大连乃至东北的现代化国际前沿社区和城市会客厅。而万科·誉澜道作为东港区域70年产权、非填海区域的项目，其价值空间有目共睹。

【品牌维度】

35年筑居经验积淀，万科已成为国内领先的城乡建设与生活服务商。万科·誉澜道作为万科入驻东港的第一个项目，自问世以来便收获高度关注。项目始终关注产品品质、居住体验，在东港收获良多美誉。

万科·誉澜道推出的两期产品均成为东港区域热门产品，在售的70年产权非填海区域、建筑面积约155平方米寰幕四居，更因其黄金地段、人性化设计、四居空间等优势，为众多购房者所推崇。

【口碑维度】

万科·誉澜道二期155平方米寰幕四居自面世以来，以其独特的魅力，得到了市场和人们的喜爱，一跃成为东港热盘。从关注热度、来访客户数量、转化率、成交量、媒体宣传度等角度来看，万科·誉澜道无疑是2019年东港爆款项目，155平方米寰幕宽境户型也凭借舒适度和品质感收获业界和购房者好评。

万科·誉澜道十分重视细节，让购房者从进入营销中心开始，到样板间参观、产品工艺工法解读，直至最终离开项目，每一个环境都能感受到项目对客户体验的全方位关注。

【产品维度】

随着时代演变，居住需求不断提升，产品亟须更迭。万科·誉澜道精研大连人居生活习惯、家庭结构、成长需求、居住感受，在155平方米寰幕四居的空间里打造舒适宜居宽境，赋予空间性能上的变革，满足居住者对生活的美好想象。

约13.5米敞阔开间，兼顾休闲娱乐、运动健身、文玩闲趣等功能；约6.8米宽客厅，会客宴请从容体面，生活空间敞亮开阔。主卧独立套房式设计，轩朗空间里享私密时光。作为万科匠造之作，155平方米户型兼顾城市的繁华与安静，又具有先锋、前卫、艺术的气质。

【销售维度】

2019年7月13日，万科·誉澜道二期样板间开放，吸引上百组客户前来品鉴。7月26日，二期“寰幕155”产品盛大开盘，首开劲销6亿元，取得了不俗的成绩。用实力得到了客户与市场的一致认可，无愧为东港住宅楼市新热点。

更多楼盘详情请扫码查看

亿达·河口湾

2019年 中国城市楼盘年鉴 典型项目

大连 智慧社区 湾区生活 一线海景

亿达·河口湾占据大连市高新园技术产业园区核心，占位城市一线南向海岸，擘画150万平方米大盘，打造中国产城融合新地标。

项目地址：

大连市高新园区河口地铁站南行200米

开发商：

大连软件园荣泰开发有限公司

建筑类型：

高层、洋房、公寓

主力户型：

89平方米二居、119平方米三居、152~164平方米四居

周边配套：

高新一中、万达商圈、地铁1号线、跨海大桥

参考价格：

均价250000元/平方米

楼盘优势：

占据新城核心、拥享南向海湾，高新一中毗邻、商圈无缝连接，享地铁、跨海大桥立体路网、5万平方米城市滨海公园等，打造八大中心配套。

专家点评

贺华·大连市房地产业协会秘书长

项目从生活配套看，交通便利，小区出门200米即到地铁站口。同时，轻轨线、跨海大桥等多条线路汇聚。教育方面，自身配套有12年一体化优质教育，商业配套齐全。亿达·河口湾不愧是亿达集团以35年的开发经验，倾力打造的精品小区。

项目解析

【区域维度】

大连高新技术产业园区1991年3月经国家批准建立，是首批国家级高新技术产业开发区之一。依托国家及政府政策的大力扶持，高新园区20余年蓬勃发展，云集无数“世界500强”企业、吸引来自全球各地的高精尖技术人才，已经成为首屈一指的城市经济动力引擎。

亿达·河口湾位于高新园区核心区位，拥有自然、交通、教育、产业等多维度优势，与大连市高新园区管委会紧紧相邻，形成了八大中心生活配套。

【品牌维度】

亿达中国控股有限公司（股票代码：3639.HK）1984年成立于大连，30余年来稳扎稳打，完成了从宾城至全国的业务版图扩张。2014年6月27日在香港联合交易所主板上市，是集园区开发、园区运营、工程建设、物业管理等业务于一体的综合性集团化企业。

秉承“以产促城、产城融合、协调发展、共创价值”的运营理念，自1998年开始，亿达中国先后开发和运营了大连软件园、大连生态科技创新城、武汉软件新城、上海亿达北虹桥创业城、长沙梅溪湖创新中心等30余个园区项目，凝聚了包括80余家“世界500强”企业在内的众多企业客户与合作伙伴，成为国内当之无愧的商务园区运营专家。同时，在“母城”的土地上，亿达贡献了50余个精品人居项目，始终把居住的舒适性和生活的品质感视为优先考量；亿达品质已经成为“专有名词”，深深扎根于大连人心中。

【口碑维度】

亿达始终秉持开创的身份与思维，不断实现自我突破；1998年的亿达广场、2000年的亿达世纪城、2011年的亿达春田等，作为亿达前三代人居产品，在建筑品质与物业服务、景观配套、产城融合等各个方面成绩卓著。

2018年，亿达·河口湾作为亿达第四代旗舰产品应运而生，占据城市珍稀一线南向海岸。亿达引入世界三大湾区、生活经验，打造八大中心生活配套、300米生活圈，5分钟步行理念。自开盘以来持续热销，成为大连的流量红盘之一，获得城市和购房者的一致赞许。开发商统计信息显示，成交业主本科学历及以上占比88%，堪称大连高素质智慧社区。

【产品维度】

亿达·河口湾以纽约上东区为蓝本，呈现城市罕有的大公园住区，打造新中式典雅建筑及主题化景观园林。150万平方米人居大盘，涵盖住宅和公寓两大类居住产品形态，满足从刚需居住到高端改善的多样化需求。

其中，住宅设计建筑面积约89~164平方米二居到四居丰富的产品线，格局方正，南北通透，阔赏城市一线海景；建面约28~50平方米一线海岸四维公寓，毗邻5万平方米城市滨海公园；白领精英公寓、创客空中商铺、海岸奢景酒店、投资行家专享四大类产品的打造，更加开放、多元，更有活力。

更多楼盘详情请扫码查看

中国铁建·海语城

- 2019年 -
中国城市楼盘年鉴
典型项目

大连　花园洋房　便捷交通　配套完善

中国铁建·海语城位于大连市甘井子区钻石海湾北侧生活区东方路南侧，由中铁建（大连）置业有限公司开发，占地面积155000平方米，建筑面积262500平方米。

项目地址：
大连市甘井子区钻石海湾北侧生活区东方路南侧

开发商：
中铁建（大连）置业有限公司

建筑类型：
洋房、小高层、高层

主力户型：
125平方米三居、135平方米四居

周边配套：
金家街快轨站、第四人民医院、钻石湾滨海公园

参考价格：
纯洋房23500元/平方米

楼盘优势：
位于钻石港湾北岸生活区，尽享湾区发展前景。周边各类公共交通汇集，建设中的地铁、海底隧道让出行更便捷，畅达主城各大中心。

专家点评　贺华·大连市房地产业协会秘书长

中国铁建·海语城周边皆为成熟社区。商业方面，西有华南商圈、金三角华联，南有香炉礁商圈，教育方面，附近有大连市第八十中学、小学等，医疗方面有市立四院。随着地铁5号线、海底隧道等贯通，该项目将成为理想的居住区。

项目解析

【区域维度】

“钻石港湾”位于大连核心区域，也是大连热点发展区域。2008年，大连市政府提出了“一湾两岸”理念，将大连湾南北两岸有机结合在一起，合力打造成为城市的“公共生活内湾”，后来，这个区域被统称为“钻石港湾”。

中国铁建·海语城位于钻石港湾北岸，在东方路和东北快速路交会处的东南方，北靠金家街，西邻金三角，南侧为绿地及学校，是大连传统居住区，也是东北特钢旧址，在老一辈大连人中可谓无人不知晓。同时，项目与海边有着恰到好处的距离，亲近又不靠近；不仅是真正意义上的城市核心，也是城央难得一遇的宜居地段。

2019年，钻石港湾进入高速发展通道。统领大连城市设计试点的龙头项目《大连市总体城市设计》提出“一脉连城，九湾九品”概念，钻石湾的城市设计定位为“船泊百年蓝湾、千里绿岸连城”，发展目标是“集港航服务、商务金融、创新产业、文化旅游于一体的城市中心”。该地区将成为引领大连全域城市化的核心引擎，未来还将形成一湾两岸空间格局，是展示大连城市形象的新标志性区域。

【品牌维度】

中国铁建是中国乃至全球范围内颇具实力和规模的特大型综合建设集团之一，属于“世界500强”企业。历经数十载风雨砥砺，中国铁建形成了以“诚信创新永恒，精品人品同在”为核心价值观的卓越文化，肩负大国央企的使命感与责任感，为国家基础建设、城市经济发展和品质人居建设，作出了卓著贡献。

中国铁建深耕大连30载，铸造了大连地铁、会展中心、星海湾大桥等大连诸多城市名片。从全国地标、城市名片到国匠筑家，中国铁建·海语城以高品质为坚定目标，以高标准为建筑准则，以坚实的品质著称东港，国匠精工赢得青睐，品质兑现夯实信心，展现了国匠央企的不凡实力。

【口碑维度】

生活在中国铁建·海语城即是生活在城市核心，在交通、教育、医疗、购物等生活配套方面享有先天优势；地铁、海底隧道在建，打通城市级动脉，联动一湾两岸，更让湾区发展实现质的飞跃。

项目邻近钻石湾恒远小学、大连市第八十中学分校，距钻石海湾海岸线仅1.5公里，坐拥钻石港湾5.5公里的滨海体验带。这个距离符合国际湾区公认的豪宅选址特点，既可避免近海居住的诸多忧虑，也可缔造惬意舒适的近海生活。

“语系”是中国铁建著名产品线之一，定位于“城市中心花园社区，追求舒适居住”，城市核心稀缺地段、交通便利、低密度花园社区、丰富配套是“语系”的代名词，“语系”同时也以宜居、品质著称。

更多楼盘详情请扫码查看

中国铁建·山语城

- 201[illegible]年 -
中国城市楼盘年鉴
典型项目

大连　西部核心　依山傍水　生态宜居

中国铁建·山语城位于大连市甘井子区辛博街1号，由大连京信置业有限公司开发，占地面积62000平方米，建筑面积175000平方米。

项目地址：
大连市甘井子区辛博街1号

开发商：
大连京信置业有限公司

建筑类型：
高层、洋房

主力户型：
96平方米三居、120平方米四居

周边配套：
钟楼山公园、牧城水库滨湖公园、诺维溪谷商业街

参考价格：
13500元/平方米

楼盘优势：
项目位于生态科技创新城、国际商务城、体育新城三城交会核心，顺应城市发展布局，扼守繁华未来。

专家点评　贺华·大连市房地产业协会秘书长

项目依山而建，山坡向阳，北高南低，符合传统居住选址理念。户型从两室到四室，分精装修和清水房两种，丰富了购房者的选择。项目配套齐全，成为希望避开城市喧嚣、认真品味生活、尽情享受自然的人们的理想居住地。

项目解析

【区域维度】

大连市甘井子区生态科技创新城，总规划面积106平方公里，是大连市重点项目、中央批准的第四个国家级自主创新示范区，与北京中关村、上海张江高科、武汉东湖中国三大“硅谷”同级，是融合了生态、科技、创新及良好人居环境的国际一流新城区。其中规划了国际商务城、医疗健康城、研发设计产业园、金融商务中心、新能源材料环保产业基地、航旅产业基地等。

目前已投入使用的有国际现代服务产业基地、跨境电商产业园、高水准的国际学校、双语幼儿园、高端住宅区、商业街等设施，区域内已有1000多家企业入驻。随着生态科技城的发展，将不断扩大完善到中国铁建·山语城项目所在位置，使这里成为大连少数的大型产业和居住共同发展的区域，未来升值潜力可期。

中国铁建·山语城位于生态科技创新城核心板块，南侧紧邻钟楼山公园，东侧邻近北京语言大学附属高中，南侧跨过旅顺北路即为牧城水库滨湖公园，湖景优美植被茂密，是旅顺北路上一道靓丽的风景线。项目所在区域是甘西城市发展的重要位置，项目向内承接成熟机场片区大环境，向外承接科技生态创新城和空港商务区的发展利好。

【品牌维度】

中国铁建是中国乃至全球范围内颇具实力和规模的特大型综合建设集团之一，属于“世界500强”企业。历经数十载风雨砥砺，中国铁建形成了以“诚信创新永恒，精品人品同在”为核心价值观的卓越文化，肩负大国央企的使命感与责任感，为国家基础建设、城市经济发展和品质人居建设，作出了卓著贡献。

中国铁建深耕大连30载，铸造了大连地铁、会展中心、星海湾大桥等大连诸多城市名片。从全国地标、城市名片到国匠筑家，中国铁建·山语城以高品质为坚定目标，以高标准为建筑准则，以坚实的品质著称甘西，国匠精工赢得青睐，品质兑现夯实信心，展现了国匠央企的不凡实力。

【口碑维度】

中国铁建·山语城在区域内拥有很高的美誉度，无论是在社区整体规划、建筑打造、建材甄选方面，还是在产品的研磨上，都力求精益求精。项目占据甘西山海双景观资源，与钟楼山公园、东南山公园咫尺相依。天然氧区立体环绕，与社区五重园林景观相得益彰，营造生态健康的生活方式。自然景观、便捷交通，周边教育、医疗、购物配套丰富多元……品质价值有口皆碑。

【产品维度】

项目内有自建的公立幼儿园，园区内有自建的1万平方米商业街，将引入众多生鲜超市、美容美发、洗浴、餐饮等业态。园区内地势南低北高，原始地貌即为向阳坡地，阳光充沛，建筑密度低。这样的环境符合中国铁建·山语城系列产品的定位：依山傍水之家，与自然亲密接触，远离城市的喧嚣，品味生活享受自然。依山而建，尊重原有地形，打造优质的坡地景观；低容积率、高绿化率，现代简约建筑风格，营造活力、浪漫、阳光灵动的滨山城市生活，远离喧嚣又享有便捷。

更多楼盘详情请扫码查看

中国铁建·国滨苑

- 2019年 -
中国城市楼盘年鉴
典型项目

大连　地铁上盖　学府环绕　全明通透

中国铁建·国滨苑位于大连市中山东港商务区长江东路 190 号，由中国铁建大连创富房地产开发有限公司开发，占地面积 4.35 万平方米，建筑面积 22.8 万平方米。

项目地址：

大连市中山东港商务区长江东路 190 号

开发商：

中国铁建大连创富房地产开发有限公司

建筑类型：

高层

主力户型：

81 平方米、92 平方米二居，132 平方米、147 平方米三居

周边配套：

凯丹广场、威尼斯东方水城、滨海木栈道

参考价格：

住宅 25000 元 / 平方米、公寓 22000 元 / 平方米

楼盘优势：

项目位于东港正席非填海地块，现房实景、地铁上盖、学府环绕、万平园林、百米楼距；四大经典户型产品，全明通透，打造东港高端舒适居住区。

专家点评　杜辉·辽宁省委省政府咨询委员、博导

中国铁建·国滨苑定位东港稀缺地段，户型大小契合大众需求，视野开阔，物业服务周到，社区学校商服配套逐步完善，是东港社区适于居住的产品。价位依然具有上升空间，与周边产品相比具有适居性优势。

项目解析

【区域维度】

东港商务区位于大连市中山区人民路CBD延伸线，由大连市政府重点打造，规划功能集商务、金融、总部办公、娱乐、文化、体育、旅游、休闲、居住为一体，吸引全球、全国诸多知名开发商进驻；达沃斯会议中心、音乐喷泉广场、威尼斯东方水城、滨海木栈道……云集数不胜数的优势价值，无论是经济、旅游还是居住、教育，都占据着城市资源的重要一席，东港商务区已然成为大连崭新的城市封面。

中国铁建·国滨苑位于东港商务区海之韵公园原址，地铁上盖物业，一站连接凯丹购物中心、人民路、青泥洼桥和西安路等商圈，与大连火车站、周水子国际机场无缝接驳；周边学府环绕，社区内建有2000平方米公立幼儿园，东港第一小学、第三小学及东港中学举步即至。

东港代表着大连经济发展、文化旅游、城市人居的高水准，随着区域建设日益完善，未来价值更加可期。

【品牌维度】

中国铁建是中国乃至全球范围内颇具实力和规模的特大型综合建设集团之一，属于“世界500强”企业。历经数十载风雨砥砺，中国铁建形成了以“诚信创新永恒，精品人品同在”为核心价值观的卓越文化，肩负大国央企的使命感与责任感，为国家基础建设、城市经济发展和品质人居建设，作出了卓著贡献。

中国铁建深耕大连30载，铸造了大连地铁、会展中心、星海湾大桥等大连诸多城市名片。从全国地标、城市名片到国匠筑家，中国铁建·国滨苑以高品质为坚定目标，以高标准为建筑准则，以坚实的品质著称东港，国匠精工赢得青睐、品质兑现夯实信心，展现了国匠央企的不凡实力。

【口碑维度】

中国铁建·国滨苑项目在区域内拥有较高美誉度，无论是在社区整体规划、建筑打造、建材甄选方面，还是在产品的研磨上，都力求精益求精。

规划经典户型产品，全部全明通透，为业主的居住体验和感受，周全考虑每一个细节；建筑通体采用干挂石材和LOW-E双层玻璃打造，高端精装修标准、一线大品牌选材，居住的舒适度不断展现；地铁上盖、学府环绕、超大楼距、万平园林，商圈云集……品质价值有口皆碑。

【产品维度】

秉持“以人为本”和“山海舒居”的理念，中国铁建·国滨苑打造4万平方米私家花园，实现100米超大楼间距，百余种名贵树植全冠移植，入住即可享受丰茂园景。产品的打造注重空间尺度与舒适性；建面约81平方米全明二居，实现南向三开间，每一个空间皆有明媚光照；建面约92平方米全明通透二居尺度方正，同面积段产品东港罕有，近18平方米宽绰客厅阔赏美景；建面约132平方米景观三居，270°采光全明空间，平墅式中轴布局、奢华主卧、4.2米开间客厅，更多动人之处不胜枚举。

更多楼盘详情请扫码查看

中梁·观澜壹号院

2019年 中国城市楼盘年鉴 典型项目

大连　上市房企　稀缺海景　低密洋房

中梁·观澜壹号院位于大连市金州区金海国际花园西侧，由中梁控股集团大连梁翰房地产开发有限公司开发，占地面积 67300 平方米，建筑面积 109600 平方米。

项目地址：
大连市金州区金海国际花园西侧

开发商：
大连梁翰房地产开发有限公司

建筑类型：
小高层、洋房、公建

主力户型：
78 平方米、89 平方米二居，95 平方米、108 平方米三居

周边配套：
龙王庙小学、新玛特商圈、金州区人民医院

参考价格：
一期清水房 8585 元 / 平方米

楼盘优势：
位于金州湾国际机场商务板块，紧邻渤海大道，品牌上市房企筑造王府新中式建筑风格，全龄户型、清水交付，低总价高品质瞰海洋房。

专家点评

杜辉·辽宁省委省政府咨询委员、博导

作为品牌房企中梁落子大连的第一盘，项目以传统居住文化艺术与现代居住概念相结合，在匠心打造，配套、户型等方面都考虑周到，对刚需、刚改客户来说，很有吸引力。

项目解析

【区域维度】

大连金普新区地处大连市中南部，是东北三省地区第一个国家级新区，区域内在建金州湾国际机场是大连市政府重点打造的海上机场，建成后将带动该区域乃至全城的物流、贸易、酒店、商业、旅游业等各领域快速发展，进而增加金州投资潜力，吸引更多产业进驻，同时也将提供大量就业岗位，刺激经济增长，促进当地政府税收，由此使得更多预算被用以发展城市建设，让百姓坐享发展红利。

随着政府宏观战略和重点发展方向，新机场商务区板块势必成为引领金州发展潜力的全新引擎。

中梁·观澜壹号院位于金州老城区和新机场商务区板块交会处，坐拥广阔发展潜景及老城醇熟底蕴。生活圈内囊括安盛购物广场、瑞百购物广场、金州第一人民医院、向应公园等，日常生活非常便捷；驱车不久即可抵达开发区和华南商圈，美好万象尽在咫尺。

【品牌维度】

中梁控股在中国房地产开发企业中发展速度较快，具有较高的发展潜力、运营能力、融资能力等，在2019年获得由中国房地产业协会、上海易居房地产研究院和中国房地产测评中心联合评测发布的“中国房地产开发企业综合实力20强”称号，在全国20多个省市的130余座城市成功开发了近400个项目。中梁·观澜壹号院是中梁控股集团初入大连的著作，是倾力打造的区域品牌宜居项目。

【口碑维度】

坚实品质，有口皆碑。中梁·观澜壹号院在区域内广受青睐与好评，在各方面严苛把关。在建筑工艺上，中梁选用高标建材，质量过关有保障。在施工工艺上，力求精益求精，如在购房过程中最常出现的防水质量上做了精细化工艺提升，在交付使用前要经过两次以上的闭水测试，并且每次防水测试时间不低于24小时。

项目采用自持物业品牌——国家二级资质物业服务公司中梁物业，以物业服务专家、资产服务专家、社区氛围营造专家以及资源整合专家的“四大专家”服务模式为业主提供专业服务。同时，凭借24小时电子监控、安保人力定时轮班社区巡查、访客车牌识别、电梯多方对讲及园区一卡通门禁多重智能安防系统，24小时持续守护业主生活。

【产品维度】

中梁·观澜壹号院汲取乾隆花园的鸿院规制，借鉴其“五进院落”的空间结构形式和院落特征，同时仿制恭王府的景观构建，规划了五个相对独立的院落式组团，打造拥有独立院门、宅门的围合院落，每一个院落皆可称为一个小型园林。整个示范区划分为山复水转、层层叠叠的自然空间，总体布局别具一格。一进院停车落客，对仗国槐排列，以示欢迎；二进院彰显气势与尊贵；三进院探静谧园境；四进院扩大气尺度；五进院可游览可休憩。

除了总体布局，园林的游览动线既自然流畅，又结合景观、有收有放，景与景之间过渡自然，让回家的每一步都有不同的别致风景。

更多楼盘详情请扫码查看

内蒙古自治区

2019 年呼和浩特房地产市场总结

行业发展历程

一、城市概述

“呼和浩特”是蒙古语音译，意为“青色的城”，是内蒙古自治区首府，全区政治、经济、文化和金融中心，国家创新试点城市和中国经济实力百强城市，被誉为“中国乳都”。全市总面积 1.72 万平方公里，常住人口 294.5 万人，是以蒙古族为主体，汉族占大多数，回族、满族、达斡尔族、鄂温克族等 41 个民族聚居的城市。

现辖四区、四县、一旗和一个国家经济技术开发区。呼和浩特北依大青山，南濒黄河水，地形东北高、西南低，地势平缓，市区平均海拔 1050 米。属中温带干旱半干旱大陆性季风气候，年平均气温 8℃左右，年平均降水量 337~418 毫米，四季变化明显，气候宜人。

二、行业现状

2019 年，呼和浩特楼市一直保持相对火热的状态，新建商品住宅均价全面过万元。在政策利好、市场稳定的大环境下，土地市场和成交市场全年都保持可观的成交量，总量高居近 5 年成交榜首。众多大牌房企争相拿地入市，改善房源逐步成为主流。

三、政策环境

2019 年全国性政策以调控为主，稳字当头，限制商业性个人住房和二套住房，为中小城市引进人口。而从呼和浩特出台的政策来看，基本以便民、利民为主，放宽居民的购房资格，减少居民的购房压力。

四、土地市场

2019 年共挂牌出让 105 宗地块，共挂牌出让 5936.216 亩；在近 4 年，出让地块数及出让面积均位于首位。随着政府调控愈加严格，各大房企拿地逐渐趋于理性，流拍土地数量增多。本年度土拍共计流拍 42 宗，占总挂牌出让土地的 40%。

2019 年土地放量重点倾斜新城区，共出让土地 37 宗，占全市数量的 64%；出让面积也值得一提，高达 141 万平方米。预计 2020 年新城区将成为各大名企“主战场”。

五、房企布局

2019 年下半年，呼和浩特新城区东北城区，大型地产企业蜂拥而至，目前已有恒大、富力、中海、华润、金地、泽信、东河院子等几大品牌房企进驻。而随着 2019 年底呼和浩特市地铁 1 号线通车和呼和浩特—北京高铁通车，将吸引更多的品牌开发商来此谋篇布局。

六、房地产行业发展历程

与我国其他一些城市相比，呼和浩特房地产业起步较晚。呼和浩特市人口密度较低，加上老城改造和新城开发步伐的加快，给房地产行业的发展提供了充实的市场基础。2015 年恒大入驻呼和浩特，其后各大品牌开发商接连进驻，至今，呼和浩特房地产市场稳步上升，城市核心不断外扩，购房需求外溢，二环外已逐渐成为楼市主力军。

图 2-58　呼和浩特市地产业发展历程

城市年度市场解读

一、本地新政

2019 年 1 月 14 日，《内蒙古自治区人民政府办公厅关于全面放开城镇落户限制深化户籍制度改革的实施意见》发布。

3 月 28 日，内蒙古自治区政府公布新修改的《内蒙古自治区房产税实施细则》，规定房产税按年征收，每半年缴纳一次。

4 月 16 日，呼和浩特市对房地产等 7 个领域开展专项治理。

4 月 20 日，《呼和浩特市大学毕业生安居工程（试点）实施办法》发布，规定大学毕业生购房价格按市场价格的 50% 确定，首付比例最低按 20% 支付。

7 月 11 日，呼和浩特住房公积金缴存基数调整月缴存额上限为 4242 元；下限为 590 元。

二、年度土地供应

呼和浩特市公共资源交易中心数据显示，2019 年呼和浩特市以挂牌方式出让 105 宗国有建设用地使用权，成交 63 宗、流拍 42 宗。

呼和浩特挂牌土地总量为 395.75 万平方米。随着政府调控愈加严格，各大房企拿地逐渐趋于理性，流拍土地数量增多。

三、年度土地成交

2019 年，呼和浩特土地成交 63 宗，房企圈地超 158 亿，成交面积 222.91 万平方米，成交总额 158.26 万元。

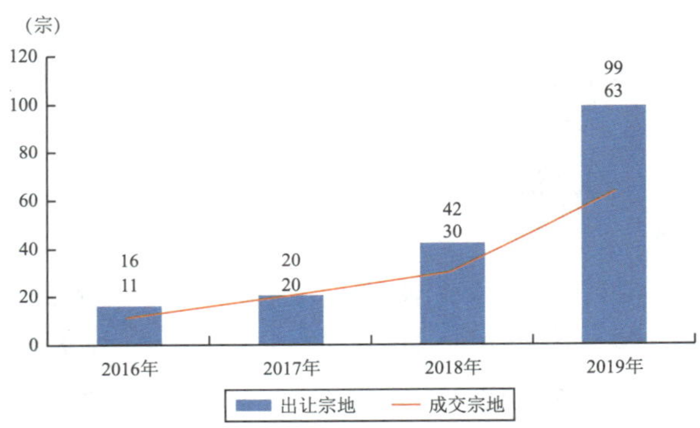

图 2-59　2016~2019 年呼和浩特市出让宗地、成交宗地直观图

2016~2019 年，呼和浩特市土地市场无论是出让宗数还是成交宗数，均呈现出稳中有升的趋势，2019 年土地市场出让宗数达到五年内的最高点；成交公示 8 次，共成交 63 宗土地，包括 41 宗住宅兼商业用地、2 宗纯住宅用地、5 宗商业用地、8 宗科研用地、3 宗工业用地、1 宗物流仓储用地、1 宗教育用地、1 宗加油加气站用地和 1 宗娱乐用地。

随着政府调控愈加严格，各大房企拿地逐渐趋于理性，流拍土地数量增多。2019 年度土拍共计流拍 42 宗，占总挂牌出让土地 40%。

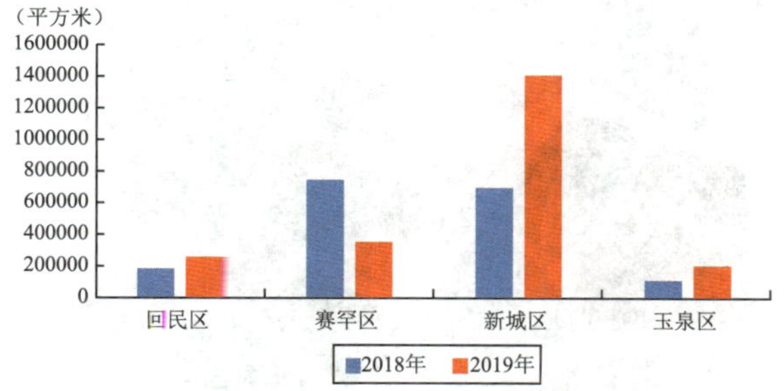

图 2-60　2018~2019 年呼和浩特市各区域拿地面积分布

四、年度住宅供应

2019 年呼和浩特全市各类用地出让 105 宗，共计 395.75 万平方米（约 5936 亩）；其中住宅用地共计出让 76 宗，共计约 313.15 万平方米。2019 年呼和浩特全市住宅新增供应量约 295.4 万平方米，住宅库存量约 502.8 万平方米（包含取证未售和未取证未售）。

五、年度住宅成交

2019 年呼和浩特新建商品房成交套数共计 48005 套，与 2018 年 1~11 月份的 44763 套相比，环比上涨 7.24%。其中，新建商品住宅成交套数为 36802 套，与 2018 年 1~11 月份的 33405 套相比，环比上涨 10.17%。

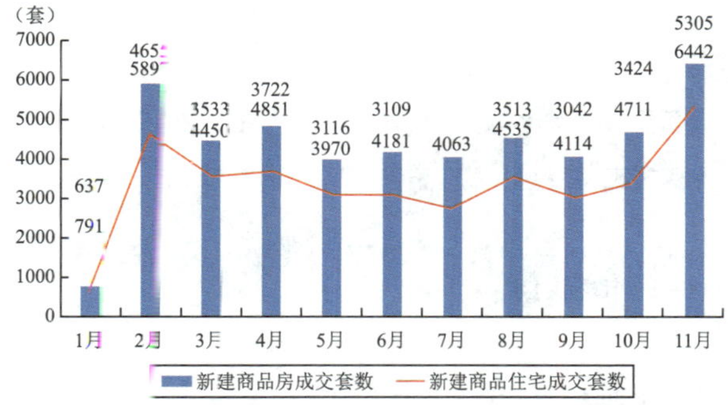

图 2-61　2019 年前 11 个月呼和浩特市新建商品住宅成交套数在新建商品房成交总量中所占比例直观图

2019 年新建商品住宅成交面积 446.45 万平方米，环比上涨 13.47%。

图 2-62　2019 年呼和浩特市新建商品住宅同比成交面积

除此之外，2019 年 1~11 月，呼和浩特二手房成交面积 232.61 万平方米，同比上涨 1.58%；成交套数 26745 套，同比上涨 4.09%。其中，二手住宅成交面积 220.32 万平方米，同比上涨 1.06%；成交套数 25463 套，同比上涨 3.24%。

六、年度住宅存量

2019 年呼和浩特住宅库存量约 502.8 万平方米（包含取证未售和未取证未售），其中取证未售库存量约 89.1 万平方米，去化周期（按照 12 个月均线计算）约 3.7 个月。

七、区域成交表现

2019 年，呼和浩特土地成交 63 宗，房企圈地超 158 亿元，地面价约为 7098.77 元/平米；成交面积 247.13 万元平方米，成交金额 147.89 亿元。全市住宅用地共计成交 41 宗，共 131.34 万平方米，其中赛罕区成交 2 宗，共 12.37 万平方米；新城区成交 26 宗，共 113.91 万平方米；回民区成交 10 宗，共 37.85 万平方米；玉泉区成交 3 宗，共 17.71 万平方米。成交楼面价最高的区域是赛罕区，为 5218 元/平方米；排名第二位的是新城区为 3180 元/平方米；排名第三位的是回民区，为 2941 元/平方米。

八、成交项目排行

2019 年呼和浩特全市住宅新增供应量约为 295.4 万平方米；成交量约 290.6 万平方米，成交均价约 11484 元 / 平方米。排行榜前三位的项目销售金额均超 20 亿元，其中亿利生态城以 27.34 亿元荣获项目销售榜第一名；第二名为中海 · 铂悦府，销售金额 26.32 亿元；呼和浩特恒大城紧随其后以 21.29 亿元位居第三名。

九、成交房企排行

在 2019 年呼和浩特房企排行中，恒大集团以 50.16 亿元成交金额一举夺魁，金地集团全年成交 30.2 亿元排名第二位，其中金地名京作为首个落地项目，2019 年 11 月 2 日首开 1500 余套房源悉数售罄，以 15.6 亿元的傲人成绩，刷新了青城楼市历史上的多项最高纪录。

2019 年，新项目大多集中在赛罕区，中海铂悦府、亿利生态城、金地名京、绿城润园等项目体量均在千套以上，各项目基本完成去化。

表 2-34　呼和浩特市商品住宅 2019 年度房企排名

排名	企业名称	成交总额（亿元）	市场占有率
1	恒大地产呼和浩特公司	50.16	15%
2	内蒙古华耀房地产开发有限公司	30.2	9%
3	内蒙古筠泰君安房地产开发有限公司	27.34	8%
4	呼和浩特市宏洋地产有限公司	26.32	8%
5	绿城管理公司	20.92	6%
6	呼和浩特华润房地产开发有限公司	20.43	6%
7	富力地产呼和浩特公司	17.37	5%
8	内蒙古巨华地产	16.44	5%
9	内蒙古鹏盛房地产	14.77	4%
10	呼和浩特城发益晟房地产开发有限公司	14.59	4%

图 2-63　2019 年呼和浩特市成交房企分布图

十、未来展望

2019 年呼和浩特陆续出台落实了一系列便民政策，促进了房地产市场健康平稳发展，从相关政策法规来看，未来将会在相当长的一段时间内产生持续且深远的影响。

展望 2020 年，呼和浩特楼市分化将愈趋激烈，“红者自红”，成交量整体将依旧保持 2019 年火热势头。房价方面，新房住宅成交均价预计将维持稳中微升的态势。考虑到城市政策以持稳为主，2020 年的呼和浩特楼市将继续平稳向前。

十一、市场预期

土地方面，由于 2019 年供地量较大，流拍率也较高，预计 2020 年前半年供地有所缓和，根据市场情况，后半年有可能集中供地。

成交层面，受众多房企集中入市的影响，2020 年将延续 2019 年的火热。同时，2019 年落户购房政策全面放开激发市场买卖情绪，2020 年预期购房热情会相对平稳，品牌房企集中区域会形成联动、稳定房价，购房者可慢慢挑选合适的新房和二手房，但也需要密切关注政策及市场的进一步动向。

数据来源：呼和浩特市统计局、呼和浩特市公共资源交易监督管理局、呼和浩特市住房保障和房屋管理局。

2019 年呼和浩特房地产在售楼盘概览

楼盘名称	城市名称	城区	地址	物业类型
宇生·如意湾	呼和浩特	如意开发区	如意开发区海东路与东二环交会处往东 800 米路北	普通住宅
国际金融大厦	呼和浩特	如意开发区	如意开发区新华东街 18 号	写字楼
万铭总部基地	呼和浩特	如意开发区	如意开发区如意和大街与科尔沁南路交会处	公寓、写字楼、商铺
新华联雅园	呼和浩特	如意开发区	如意开发区腾飞南路 65 号	普通住宅、商铺
低碳大厦	呼和浩特	如意开发区	如意开发区新华东街与科尔沁南路交会处西南角	写字楼、商铺
华茂名居	呼和浩特	如意开发区	如意开发区呼和浩特市政府对面	普通住宅、公寓、写字楼、商铺
伊泰华府世家	呼和浩特	如意开发区	如意开发区四纬路如意大桥东 200 米路北	普通住宅
金泰中心	呼和浩特	如意开发区	如意开发区如意广场南侧	普通住宅、写字楼、建筑综合体
御苑	呼和浩特	如意开发区	如意开发区自治区政府北，五纬路南	别墅
东区国际	呼和浩特	如意开发区	如意开发区四纬街与远径二路交会处北	普通住宅、公寓、别墅、写字楼、商铺、建筑综合体
碧龙江畔	呼和浩特	如意开发区	如意开发区内蒙古党政大楼南侧	普通住宅、公寓
泽信青城	呼和浩特	如意开发区	如意区如意和大街呼和浩特海关东侧	普通住宅、写字楼、商铺
东岸国际	呼和浩特	如意开发区	如意开发区东五纬街 18 号	普通住宅
麦迪逊花园	呼和浩特	如意开发区	如意开发区腾飞路党政办公区公交总站南 50 米	普通住宅、公寓、别墅
伊泰华府云玺	呼和浩特	如意开发区	如意开发区如意和大街伊泰华府世家	普通住宅
金隅环球中心	呼和浩特	如意开发区	如意开发区腾飞路 51 号（自治区政府斜对面）	公寓、写字楼、商铺
呼和浩特恒大城	呼和浩特	新城区	新城区展东路与爱民街交会处向北 100 米路东	公寓
东河院子	呼和浩特	新城区	新城区成吉思汗大街与东二环交会处东北角	普通住宅、别墅
集通中朵城	呼和浩特	新城区	新城区北二环与东河交会处向东 500 米路北（新妇幼保健医院东南侧）	普通住宅
亲亲尚城	呼和浩特	新城区	新城区成吉思汗大街与兴安北路交会处西 200 米	普通住宅、公寓、
元福城	呼和浩特	新城区	新城区通道北路与北二环交会处元福大酒店	普通住宅、写字楼、建筑综合体
元泰汗府	呼和浩特	新城区	新城区成吉思汗大街与兴安北路交会处以东 500 米	普通住宅
舜和慢城	呼和浩特	新城区	新城区成吉思汗大街与东河交会处北 200 米	普通住宅、写字楼、商铺
金茂中心	呼和浩特	新城区	新城区哲里木路与成吉思汗大街交会处	写字楼、商铺
名都和景	呼和浩特	新城区	新城区腾飞北路与成吉思汗大街交会处西南	普通住宅、公寓、别墅、酒店式公寓、商铺
富恒东 MALL 中心	呼和浩特	新城区	新城区海拉尔东街火车东站北侧	公寓
鑫和银座	呼和浩特	新城区	新城区海西路气象局对面	建筑综合体
中交上东国际	呼和浩特	新城区	新城区海拉尔东路和科尔沁北路交会处东南角，火车东站向北 600 米	普通住宅、公寓、商铺
兴泰东河湾	呼和浩特	新城区	新城区海东路与腾飞路交会处西南角	普通住宅
太伟方恒广场	呼和浩特	新城区	新城区新华东街 85 号	普通住宅、公寓、写字楼
北国风光天建城	呼和浩特	新城区	新城区成吉思汗大街与兴安北路交会处往东约 300 米路北	普通住宅、公寓、建筑综合体
盛世名筑	呼和浩特	新城区	新城区北二环与兴安北路交会处	普通住宅、商铺
坤和尚寓	呼和浩特	新城区	新城区哲里木路内蒙古工业大学对面坤和爱尚街	公寓
巨华·紫光园	呼和浩特	新城区	新城区海拉尔东街与丁香路交会处	普通住宅、公寓、写字楼、商铺
水岸小镇	呼和浩特	新城区	新城区东河与新华东街交会处东北角	建筑综合体
滨海左右城	呼和浩特	新城区	新城区成吉思汗大街新城区政府西侧	普通住宅
自由里	呼和浩特	金川开发区	金川开发区金海路公交总站西 150 米路北	普通住宅、公寓、商铺
金川国际	呼和浩特	金川开发区	金川开发区汇金道与 110 国道交会处，亿阳汽车城北转盘西 100 米	写字楼、酒店式公寓、商铺、建筑综合体
碧水蓝山	呼和浩特	金川开发区	金川开发区亿阳汽车城以西 500 米路北	普通住宅
东方国际城	呼和浩特	金川开发区	金川开发区金山大道与黄金道交会处路南	普通住宅、公寓、建筑综合体
呼和浩特永泰城	呼和浩特	赛罕区	赛罕区南二环与后巧报路交会处南 300 米	普通住宅、公寓、写字楼、酒店式公寓
陶然雅居	呼和浩特	赛罕区	赛罕区大学城南 600 米（110 国道南侧）	普通住宅
鹏欣金游城	呼和浩特	赛罕区	赛罕区南二环路与丰州路交会处西南角	公寓、商铺
元和国际	呼和浩特	赛罕区	赛罕区金桥区金桥路与乌尼尔东街交会处	公寓

楼盘名称	城市名称	城区	地址	物业类型
金隅丽港城	呼和浩特	赛罕区	赛罕区南二环与丰州南路交会处向南500米路西	普通住宅、商铺
博尔顿广场	呼和浩特	赛罕区	赛罕区乌兰察布东街与展览馆东路交叉路口西北角	普通住宅、商铺、建筑综合体
巨华开心果	呼和浩特	赛罕区	赛罕区东影南路与南二环交会处西南角	普通住宅、公寓、写字楼、商铺、建筑综合体
金宇星城	呼和浩特	赛罕区	赛罕区兴安南路与惠民街交会处西北角	普通住宅
荷塘月色	呼和浩特	赛罕区	赛罕区银河南街东段（内蒙古党校西侧）	普通住宅
云中盛景	呼和浩特	赛罕区	赛罕区东二环南延长线巴彦塔拉南路与保全庄街交会处西南角	普通住宅、商铺
学府领地	呼和浩特	赛罕区	赛罕区三十六中南门	普通住宅、公寓、写字楼、商铺、
坤源名居	呼和浩特	赛罕区	赛罕区大学西路与呼伦南路交会处西北角（名都中央广场家乐福斜对面）	普通住宅、公寓、写字楼、商铺、建筑综合体
南麓雅筑	呼和浩特	回民区	回民区巴彦淖尔路与北二环交会处西200米路北	普通住宅、商铺
阳光宜居	呼和浩特	回民区	回民区新华西街与西二环交会处东北角	普通住宅
MINI 公馆	呼和浩特	回民区	回民区海西路与青山巷交会处	公寓
冠丰新家园	呼和浩特	回民区	回民区政府对面	普通住宅、公寓、写字楼、酒店式公寓、商铺、建筑综合体
城发绿园	呼和浩特	回民区	工农兵路以西、防风林南街以南、乌里沙河以东、海西路以北	普通住宅、公寓、商铺
铁骑华府	呼和浩特	回民区	回民区新华西街自来水公司西	普通住宅、公寓、商铺、建筑综合体
中铁诺德龙湾	呼和浩特	回民区	回民区成吉思汗大街与西二环交会处东北角	普通住宅
水岸新巢	呼和浩特	回民区	回民区大庆路与果园西路交会处（车站西街8号）	普通住宅
金海国际五金机电城	呼和浩特	回民区	回民区西二环路18号（西二环与海西街交会处东北角）	公寓、写字楼、商铺
寓见未来	呼和浩特	回民区	回民区西二环与光明西街交会处向东600米路南	公寓
万博华景	呼和浩特	回民区	回民区成吉思汗大街西段 万达广场对面	普通住宅
时光城	呼和浩特	回民区	回民区成吉思汗大街盐站西路以东规划一路以北	普通住宅
蓝爵	呼和浩特	回民区	回民区攸攸板镇林场南路中段路北	普通住宅、商铺
浩鑫广场	呼和浩特	回民区	回民区回民果园东路东侧	建筑综合体
惠丰广场	呼和浩特	玉泉区	玉泉区石羊桥路与吕祖庙街交会处（青城公园西门对面）	普通住宅、公寓、写字楼、商铺
俪城	呼和浩特	玉泉区	玉泉区石羊桥十字路口南500米路西	
富贵国际	呼和浩特	玉泉区	玉泉区鄂尔多斯大街观音庙对面	普通住宅、公寓、写字楼、酒店式公寓、
大东新城	呼和浩特	玉泉区	玉泉区西二环与南二环交会处西土默特六桥北	普通住宅
鼎盛国际	呼和浩特	玉泉区	玉泉区锡林南路与世纪18路交会处	普通住宅、公寓
城市桂冠	呼和浩特	玉泉区	玉泉区鄂尔多斯大街与石羊桥路交会处	
筑城内蒙古国际婚庆用品城	呼和浩特	玉泉区	玉泉区昭君路与南二环交会处西800米路北	写字楼、酒店式公寓、商铺
桃花岛	呼和浩特	玉泉区	玉泉区南二环快速路范家营路口向南300米	普通住宅、商铺
怡景萃华林二期	呼和浩特	玉泉区	玉泉南二环与云中路交会处	普通住宅、公寓
金宇新天地	呼和浩特	玉泉区	玉泉区鄂尔多斯大街与锡林南路交会处西南角	普通住宅、公寓、写字楼、商铺、建筑综合体
水岸青城	呼和浩特	玉泉区	玉泉区鄂尔多斯西街食品公司西500米路南	普通住宅
内蒙古华美汽配城	呼和浩特	玉泉区	玉泉区南二环与西二环交会处往东500米路南	商铺
正大广场	呼和浩特	玉泉区	玉泉区云中路与南二环交会处西北角，玉泉区法院东侧	公寓、商铺、建筑综合体
黄金海岸	呼和浩特	金桥开发区	金桥开发区管委会南行500米	普通住宅、公寓、写字楼
千家和泰欣家园	呼和浩特	金桥开发区	金桥开发区滨河南路乌尼尔西街	普通住宅、商铺、
华福家苑	呼和浩特	金桥开发区	金桥区金桥日报社河拉塔大街东段 日报社向东第三个红绿灯路南）	普通住宅、商铺
香榭花堤	呼和浩特	金桥开发区	金桥区忽必烈路以西、金桥南五路以东、世纪十六路以北	普通住宅、别墅
利佰佳国际公寓	呼和浩特	金桥开发区	金桥区昭乌达路与包头东街交会处东北角	公寓、写字楼
水晶城	呼和浩特	土默特左旗	土默特左旗察素齐镇工农兵路与草原街交会处300米路东水晶城社区	普通住宅、别墅、商铺
颐高电商云谷水岸	呼和浩特	和林格尔新区	和林格尔新区国家级新区和林格尔县经济开发区内，位于企业总部南300米	普通住宅、公寓、别墅、商铺、建筑综合体
云洲熙府	呼和浩特	和林格尔新区	和林格尔新区云计算基地湿地公园北侧	普通住宅、商铺
巨华世纪城融城百汇	呼和浩特	回民区	回民区成吉思汗东街与丁香路交会处西南角	普通住宅、商业

楼盘名称	城市名称	城区	地址	物业类型
众惠国际	呼和浩特	玉泉区	玉泉区石羊桥南路与三里营街交会处向南 100 米路西	普通住宅、公寓
观山悦	呼和浩特	如意开发区	如意开发区内蒙古自治区党政机关办公大楼南 300 米	普通住宅
中朵中心	呼和浩特	如意开发区	如意开发区内蒙古自治区政府北 200 米	公寓、写字楼、建筑综合体
乌兰财富中心	呼和浩特	如意开发区	如意开发区东二环与如意和大街交会处东南角	公寓、写字楼
学府公馆	呼和浩特	如意开发区	如意开发区如意路与二纬路交会处	公寓、商铺
奈伦国际 C 座公寓	呼和浩特	新城区	新城区东影北路奈伦国际（摩尔城北 200 米）	公寓
华润置地幸福里	呼和浩特	新城区	新城区内蒙古妇幼保健院新址东北 300 米	普通住宅
海东慢城	呼和浩特	新城区	新城区哈拉沁路与海东路交会处东南角	普通住宅、公寓、商业
金悦中心	呼和浩特	新城区	新城区海东路与万通路交会处西南侧（新汽车站旁）	普通住宅、公寓、商铺
水岸十里	呼和浩特	新城区	新城区机场高速与科尔沁快速路交会处东 500 米（师大鸿德学院东侧）	普通住宅
鼎盛华广场四期	呼和浩特	新城区	新城区海东路，润宇家居以东 500 米路南	普通住宅
呼和浩特碧桂园	呼和浩特	新城区	新城区成吉思汗大街与气象局西路交会处向北 200 米	普通住宅
盛世国际	呼和浩特	新城区	新城区兴安北路与北二环快速路交会处北侧	普通住宅、公寓、酒店式公寓、商铺
华润置地润府	呼和浩特	新城区	新城区哈拉沁路以东、40 米规划路以北	普通住宅
鼎盛华·超级乐福公社	呼和浩特	新城区	新城区海东路润宇家居以东 500 米路南	酒店式公寓
科宇世纪苑	呼和浩特	新城区	新城区北二环与兴安北路交会处西北 200 米	普通住宅
富力尚悦居	呼和浩特	新城区	新城区北二环红山街以南	普通住宅
伊泰华府晴翠	呼和浩特	新城区	新城区景苑街与丰州北路交会处东北方向	普通住宅
中海河山系	呼和浩特	新城区	新城区天骄路与丰州北路交会处（三中分校北侧、内蒙古妇幼西侧）	普通住宅、商铺、
方恒·尚御府	呼和浩特	新城区	新城区新华东街 85 号	普通住宅
尚学	呼和浩特	新城区	新城区昭乌达路与东落凤街交会处(原房产局南侧、劝业商场北）	普通住宅、公寓、
巨能澳东	呼和浩特	金川开发区	金川开发区 110 国道新东方烹饪学校西 200 米	普通住宅

楼盘名称	城市名称	城区	地址	物业类型
金刚小区	呼和浩特	金川开发区	金川开发区鄂尔多斯西街与金川汇金道交会处往东 150 米路南	普通住宅、商业
创联绿城·玖悦府	呼和浩特	赛罕区	赛罕区机场辅路南侧（内蒙古文联东 100 米）	普通住宅
中海·铂悦府	呼和浩特	赛罕区	赛罕区展览馆东路以东、南二环路以南	普通住宅
融创鹏辉·玉兰天宸	呼和浩特	赛罕区	赛罕区保全街与古楼中路交会向南 300 米处	普通住宅
绿城·润园	呼和浩特	赛罕区	赛罕区鄂尔多斯大街与展览馆东路交叉口西南侧	普通住宅
秋实学院里	呼和浩特	赛罕区	赛罕区兴安南路与文明街交会处西 200 米	普通住宅、自住型商品房
呼和浩特亿利生态城	呼和浩特	赛罕区	赛罕区呼伦贝尔南路与银河北街交会处路东	普通住宅
紫荆墅	呼和浩特	赛罕区	赛罕区机场路 9 号	别墅
朗怡公馆	呼和浩特	赛罕区	赛罕区保全庄农贸市场北门东侧	公寓、商铺
金地江山风华	呼和浩特	赛罕区	赛罕区呼伦贝尔南路与帅家营路交会处	普通住宅、别墅
万正·学苑公寓	呼和浩特	赛罕区	赛罕区东二环与学苑东街交会处往东 300 米处	普通住宅、公寓、写字楼、酒店式公寓、建筑综合体
凯旋教育广场（丰州大厦店）	呼和浩特	赛罕区	赛罕区东二环内新华大街以南丰州路与乌兰察布路交会处（东北角）	公寓、商业
融创瀚海壹号	呼和浩特	赛罕区	赛罕区科尔沁快速路与保全街交会处路北	普通住宅、公寓、商业
万锦云玺	呼和浩特	赛罕区	赛罕区东影南路以东、滨河北路以北	普通住宅
卓远长乐 SOHO	呼和浩特	赛罕区	赛罕区东影南路与乌兰察布路交会处嬉水广场对面	公寓
银都福邸	呼和浩特	赛罕区	赛罕区锡林公园东,呼伦贝尔南路与银河北街交会处向北 200 米路西	普通住宅、商铺
梧桐公馆	呼和浩特	赛罕区	赛罕区南二环与锡林南路交会处东 800 米路南	公寓
中实·玺樾府	呼和浩特	赛罕区	赛罕区古楼中路以西、保全庄街以北	普通住宅、商铺
万锦领秀二期	呼和浩特	赛罕区	赛罕区呼伦贝尔南路与世纪六路交会处向西 300 米路北万锦领秀售楼部	普通住宅
深商投印象新城	呼和浩特	赛罕区	赛罕区学苑西街与制片厂西巷交会处东北侧	普通住宅、公寓、商铺、建筑综合体
振华广场	呼和浩特	回民区	回民区北邻乌兰恰特西街与锡林郭勒北路交会处	公寓、商铺、建筑综合体
海亮花生小镇	呼和浩特	回民区	回民区锡林南路五四商城北	商铺

楼盘名称	城市名称	城区	地址	物业类型
金海壹中心	呼和浩特	回民区	回民区海西街与西二环交会处	公寓、写字楼
恒大翡翠华庭	呼和浩特	回民区	回民区成吉思汗大街与工农兵路交会处	普通住宅、公寓、酒店式公寓
呼和浩特富力华庭	呼和浩特	回民区	回民区成吉思汗大街与乌里沙河交会处	普通住宅、商铺
呼和浩特祥生·东方樾	呼和浩特	回民区	回民区成吉思汗大街与巴彦淖尔北路交会处	普通住宅、自住型商品房
绿蒙国泰广场	呼和浩特	回民区	回民区光明路与巴彦淖尔路交会处西北角50米路西	公寓、商铺
慧谷臻园	呼和浩特	回民区	回民区成吉思汗西街与林场南路交会处	普通住宅、自住型商品房
亿信国贸大厦	呼和浩特	回民区	回民区中山路青城公园北门西侧50米处	公寓
红番区	呼和浩特	玉泉区	玉泉区滨河北路与云中路交会处	商铺
金地名京	呼和浩特	玉泉区	玉泉区巴彦淖尔南路与南二环交会处南行500米	普通住宅
巨华·融华汇	呼和浩特	玉泉区	玉泉区南二环与昭君路交会处向西500米路南，市第一医院西侧	公寓、商业
香林郡	呼和浩特	玉泉区	玉泉区呼和浩特市六中南侧、南茶坊往南500米路东	普通住宅、公寓
天福·九熙府	呼和浩特	玉泉区	玉泉区南二环与巴彦淖尔路交会处路北	普通住宅、公寓、商业
万锦融城	呼和浩特	玉泉区	玉泉区锡林南路与世纪五路交会处	普通住宅
华美创客公园	呼和浩特	玉泉区	玉泉区南二环与西二环交会处东500米路南	普通住宅、公寓、商铺
玖都公馆	呼和浩特	赛罕区	赛罕区公检法北侧北京四中旁	公寓
天赋林溪三期	呼和浩特	金桥开发区	金桥开发区金桥四路与世纪大道交会处	普通住宅、公寓、商铺
岭寓	呼和浩特	金桥开发区	金桥开发区呼伦贝尔南路与包头大街交会处东南角	公寓
云谷墅	呼和浩特	金桥开发区	金桥开发区往南现代农业示范基地南边（102省道安达驾校旁边）	普通住宅、别墅、商铺
城投玉岳	呼和浩特	其他	鄂尔多斯市伊金霍洛旗横八路与滨海路交会处西北角	普通住宅
锦绣华城	呼和浩特	其他	杜尔伯特东大街与泰昌南路交会处，广电大厦东800米	普通住宅
赤峰恒大华府	呼和浩特	其他	赤峰市万达广场南侧赤峰学院北门	普通住宅
富力公主湾	呼和浩特	其他	新山市新加坡对岸新柔长堤旁	普通住宅
卓达香水海北中海二期	呼和浩特	其他	威海市文登区南海新区金海路与海韵路交会处东北	普通住宅
通辽恒大城	呼和浩特	通辽市	通辽市科尔沁区科尔沁大桥（南桥）东侧南500米	自住型商品房
通辽富力·尚悦居	呼和浩特	通辽市	通辽市创业大道与叫来河大街交会处东侧	普通住宅
通辽富力城	呼和浩特	通辽市	通辽市新城区清河大街与建国北路交会处前行900米	普通住宅
国瑞华苑	呼和浩特	土默特左旗	土默特左旗白庙子镇中心学校对面	普通住宅、共有产权房
金地雅苑	呼和浩特	土默特左旗	土默特左旗察素齐镇草原街与工农北路交会处	普通住宅
呼和浩特经济技术开发区沙尔沁新区一期项目	呼和浩特	和林格尔新区	和林格尔新区沙尔沁工业区	普通住宅、别墅
御景花园	呼和浩特	和林格尔新区	和林格尔新区城关镇三中东侧	普通住宅
呼和浩特恒大养生谷	呼和浩特	和林格尔新区	和林格尔新区金盛路与支一路交会处	普通住宅
恒大金融小镇	呼和浩特	和林格尔新区	和林格尔新区盛乐北街与云鹏街交会处（管委会南）	普通住宅、写字楼
金融世家	呼和浩特	和林格尔新区	和林格尔新区云鹏街与盛学北路交会处	普通住宅
家和九号	呼和浩特	托克托县	托克托县东新区	普通住宅、商铺
云中一品	呼和浩特	托克托县	托克托县黄河大街新县医院对面	普通住宅
乌兰察布恒大名都	呼和浩特	乌兰察布市	乌兰察布市集宁新区霸王河生态大桥向东400米路南	普通住宅、酒店式公寓
兴永城	呼和浩特	乌兰察布市	乌兰察布市兴和县城关镇兴和大道北侧永泰路西	普通住宅、别墅
察哈尔银座广场	呼和浩特	乌兰察布市	乌兰察布市集宁新区察哈尔大街与工农路交会处（三羊开泰东北角）	普通住宅
乌兰察布万达广场	呼和浩特	乌兰察布市	乌兰察布市集宁区泰昌南路与察哈尔东路交会处北行200米	普通住宅、商铺
众邦·皇苑	呼和浩特	乌兰察布市	乌兰察布市集宁新区核心区域，位于工农南路和杜尔伯特东街交会处	普通住宅
金宜·百福四季	呼和浩特	乌兰察布市	乌兰察布市集宁新区城市主干道工农南路与世纪大道的交会处	普通住宅、建筑综合体
乌兰察布恒大珺庭	呼和浩特	乌兰察布市	乌兰察布市新区怀远南路与世纪路交会处向北200米路西	普通住宅
中朵御墅	呼和浩特	乌兰察布市	乌兰察布市集宁老城区博远星海酒店南侧500米处	普通住宅、别墅
乌兰察布富力湾	呼和浩特	乌兰察布市	乌兰察布市集宁区人民政府东侧100米	普通住宅、商铺、自住型商品房
新都汇·中央公馆	呼和浩特	巴彦淖尔市	巴彦淖尔市水源街杨雅鞋业正对面	公寓

鼎盛华超级乐福公社

- 2019年 -
中国城市楼盘年鉴
典型项目

呼和浩特　共享社区　四大商圈　一环核心

鼎盛华超级乐福公社位于新城区海东路润宇家居以东 500 米路南，总建筑面积约 56000 平方米，共计规划 1 栋楼 593 户。

项目地址：
呼和浩特市新城区海东路润宇家居以东 500 米路南

开发商：
内蒙古鼎盛华房地产开发有限公司

建筑类型：
高层

主力户型：
50 平方米、70 平方米、102 平方米公寓

周边配套：
滨海商圈、润宇商圈、长乐宫商圈、万达商圈

参考价格：
待定

楼盘优势：
项目开发商被呼和浩特市政府评为“二十强民营企业”“管理先进企业”“诚信企业”等，地处呼和浩特市新城区一环内，比邻鼎盛华商业街和四大商圈。

专家点评

高雄齐·内蒙古房产服务行业协会会长

鼎盛华超级乐福公社公寓产品打破传统公寓建筑理念，构建以人为本的「空中四合院」，倾力打造艺术新生活共享社区，为新城区带来全新的人居改变，对年轻购房者颇具吸引力。

项目解析

【区域维度】

鼎盛华超级乐福公社位于新城区兴安北路与海拉尔东路交会处，润宇建材向东200米。项目北侧为海拉尔大街、海东路高架桥，向南直贯白塔机场，向西可达西二环。项目南侧为东库街，西侧是南北纵向的兴安北路，沿兴安北路向北2公里可达阿尔泰游乐园，再向北行驶1公里可达北二环快速路。除此之外，项目周围有多路公交车，出行方式多样。

新城区是呼和浩特市重点发展地段，城区建设稳步推进，城区面貌日新月异，多类优质城市资源富集于此，居住设施日益成熟。随着城区建设的不断推进，未来该区域将拥有更为广阔的发展前景。

作为进入呼和浩特市共享社区理念的房企，鼎盛华超级乐福公社肩负着打造青城价值人居新坐标的重要使命，为区域开启时代人居新潮流。

【品牌维度】

内蒙古鼎盛华房地产开发有限公司先后在呼和浩特市和海南三亚市成功开发了内蒙古龙海大厦、八一市场、聚龙公寓、波士名人国际、玉海国际公寓及鼎盛华世纪广场等项目，在十几年里取得了令人瞩目的成绩，得到了政府及业界的称赞。公司先后被自治区和呼和浩特市政府评为“二十强民营企业”“管理先进企业”“诚信企业”等。

【口碑维度】

鼎盛华超级乐福公社是继鼎盛华广场之后的又一力作。项目开发商主打高品质住宅，呼和浩特新城区鼎盛华广场早已为呼和浩特市民所熟知，一直备受购房者广泛认可。

鼎盛华广场项目整体分五期开发。现项目一期为业态较为成熟的家居建材市场(原红星美凯龙)、自持11万平方米的鼎盛华之家，深受青城人民的青睐。超级乐福公社属于项目二期，楼上1.6万平方米LOFT公寓已出售完毕，目前在售1~5层LOFT公寓。

项目三期以住宅为主，同样全部售完，四期为售楼处南侧的A、B地块，目前在售，五期为售楼处北侧，产品形式待定。自鼎盛华广场开售以来，一直深受青城人民的信赖，开盘即售罄，到访售楼部的人络绎不绝。

【产品维度】

在产品打造上，超级乐福公社打破传统公寓建筑理念，规划以人为本的空中四合院，打造超大活动空间与全息化、智能化、人性化物业服务社区。三处公共交流室内广场、多个休闲共享区和儿童娱乐区，给予年轻人开放的社交平台、给孩子到此结识伙伴的机会。公寓产品的一大特点是无浪费空间，家具均为定制，每层设有公共厨房和洗衣房，为家中节省空间，亦可免去油烟侵扰。

在户型上，高层产品主推建筑面积约50平方米、70平方米、102平方米LOFT公寓产品，拥有挑高设计、独具匠心的社交区域和独具一格的通风采光顶盖，彻底实现了室外场景室内化。产品还有三类装修档次供自由选择。

更多楼盘详情请扫码查看

呼和浩特碧桂园

呼和浩特　城北核心　品牌房企　智慧社区

呼和浩特碧桂园位于二环内，成吉思汗大街与气象局西路交会处向北 200 米，北望大青山；占地面积约 43455 平方米，建筑面积约 129675 平方米，共计规划 834 户。

专家点评

高雄齐·内蒙古房产服务行业协会会长

2019年新城区区域大热，新房商品住宅市场品牌开发商蜂拥而至，呼和浩特碧桂园甄选城市核心地段，紧邻地铁2号线体育馆站，周边配套成熟。

项目地址：

呼和浩特市成吉思汗大街与气象局西路交会处向北 200 米

开发商：

内蒙古碧城房地产开发有限公司

建筑类型：

洋房、高层

主力户型：

105 平方米三居、123 平方米三居、146 平方米四居

周边配套：

阿尔泰游乐园、成吉思汗峡谷公园、天骄医院

参考价格：

10888 元 / 平方米

楼盘优势：

项目择址呼和浩特市热门板块新城区，采用双入户大堂和大面宽等符合北方人居住特点的设计，并赠送部分露台，是颇具产品价值的诚意之作。

项目解析

【区域维度】

呼和浩特碧桂园位于成吉思汗大街与气象局西路交会处向北200米。成吉思汗大街是城市发展的重点道路，贯穿整个市区的东北部地区，是城市未来发展的重要枢纽。项目紧邻地铁2号线，北接主城区，四通八达的出行线路，构筑起多维度立体交通路网。

呼和浩特城市东部历来以优质的生态资源著称。城市上风口，且无工业排放，周边有大青山野生动物园、扎达盖公园、滨河公园、北郊公园、公主府公园、成吉思汗广场、成吉思汗峡谷公园、阿尔泰游乐场8座公园环伺，优享天然大氧吧。

如今，呼和浩特东北片区人文气息浓厚，项目周边有鼎奇国际双语幼儿园、成吉思汗小学、青山小学、实验小学、呼和浩特市十四中以及名列全市前茅、屡屡被评为优秀学校的民办小学——苏虎街小学分校；内蒙古工业大学、内蒙古财经学院、内蒙古体育学院、内蒙古武警学院、内蒙古广播电视学院高校学府围绕。

【品牌维度】

碧桂园1992年成立于广东顺德，2013年跨入千亿房企行列，2017年首次入选《财富》“世界500强”榜单，排名第467名；2018年排名353名；到2019年，排名已升至第177名，三年间排名跃升了290位。碧桂园创业27年间，实现了体量和质量双提升，排名的突飞猛进让市场瞩目。

二十七载风雨砥砺，碧桂园足迹遍布北京、江苏、广东、湖南等众多地区的1100余个城镇，拥有2000余个项目、服务超400万业主，为数百万业主实现了优居梦想。

【口碑维度】

项目作为碧桂园在呼和浩特市打造的开篇之作，甫一亮相便惊艳四方，在青城人民中收获了很高的品牌认同感。在产品发布会及示范区开放之际，现场人气爆棚，青城人民对碧桂园的进入充满了期待。

【产品维度】

呼和浩特碧桂园毗邻地铁2号线体育馆站、体育场站，总占地约43453平方米，总建筑面积约13万平方米，规划8栋住宅，其中1栋15层，2栋18层，5栋33层的高品质电梯洋房，容积率仅为2.5。

户型区间100~140平方米，布局精巧，大面宽、短进深、高采光，兼具实用功能性与高性价比，以满足不同置业者的晋级城市、舒享品质的需求。项目以碧桂园深厚产品修为，打造东方美学高端圈层品质社区。

在规划布局上，项目于和谐统一中求变化。外部有“五进”式礼序和景观；苑区内部，则由享誉业界的碧桂园园林景观团队从匠心细微处探究品质，将立体地形设计融入其中，结合地块与呼和浩特气候、风向等因素，因地制宜营造坡地，将水系、山石、建筑风格整合归一，并引入各类植物、树种，产生多层次、多变化、自然流畅的园林景观。通过远、中、近景观的匀称分布，将自然生态融入生活。

在建筑工艺上，项目采用了先进的新建造科技SSGF体系，融合十几种新建筑技术，有效改善房屋渗水、墙体空鼓、空间浪费、安全性低四大“顽疾”，减少空间浪费，为业主提供更安全、更精灵、更环保的居所。

更多楼盘详情请扫码查看

金地江山风华

呼和浩特　城南核心　口碑项目　品牌房企

金地江山风华位于呼伦南路与滨河路交汇处，南连和林格尔新机场，北接主城区；占地面积约 292627 平方米，建筑面积约 1003177 平方米，共计规划 6500 户。

项目地址：
呼伦贝尔南路与帅家营路交会处

开发商：
内蒙古华耀房地产开发有限公司

建筑类型：
洋房、高层、叠墅

主力户型：
90 平方米二居、105~130 平方米三居、140~160 平方米四居室

周边配套：
凯元广场、维多利万悦城、呼和浩特市第一医院

参考价格：
待定

楼盘优势：
紧邻在建地铁 2 号线帅家营站，小黑河景观带、四大商圈，低密社区、得房率高。项目打造河景高层、电梯洋房、院落叠墅等多元产品。

专家点评　高雄齐·内蒙古房产服务行业协会会长

金地江山风华户型方正，处于三横五纵立体交通网之内，快速交通无忧畅达城市南北，距离地铁2号线帅家营站点较近，交通便捷，品质好，物业是一级资质企业，值得信赖！

项目解析

【区域维度】

金地江山风华位于呼和浩特市呼伦南路与滨河路交会处，地铁2号线在此设站，南连和林格尔新机场，北侧的锡林公园绿地面积19.8公顷，占整个公园的66%。于小黑河、大黑河之间，藏纳山意水景，是城市自然富氧地带。坐拥城市发达路网，凯元广场、邻里荟购物中心、维多利万悦城等繁华商圈触手可及；于社区内，更自建多元休闲会所、风情商业街，生活宜居度高。

赛罕区是连接主城与新区的桥头堡，随着和林格尔新区、新机场、金桥开发区等城市利好相继落实，将不断推动赛罕区未来发展，顺应呼和浩特市的全新城市升级。

【品牌维度】

从美国西海岸到深耕大中国，从欧陆庄园精神到新世家品格，金地集团31年房地产开发运营历史，覆盖中国七大区域54座城市，版图还拓展到了美国东西海岸8座城市。

从1988年到2018年的30年里，金地始终坚持以“科学筑家，智美精工”的产品理念，为中国超过60万户家庭提供标准化、系列化的住宅与社区商业产品，赢得了“理科金地”的称号。2018年12月，金地集团掷金20亿元落子呼和浩特市城南区域，竞得赛罕区帅家营宗地和玉泉区范家营远鹏宗地。2019年双盘入市，引发市场热烈反响，掀起呼和浩特市叠墅、洋房热潮。

金地物业是全国三甲物业，以“精品服务，真情关爱”为理念，以“531”的标准为业主全程护航，即：接听到业主电话5分钟之内到达现场，30分钟内解决问题，解决不了的问题1天之内给业主提出解决方案，为业主提供全年无休的无间断服务，同时为业主贴心配备了私人管家，真正做到住得舒心、安心、省心。

【口碑维度】

自入驻呼和浩特市以来，金地“名仕系”“风华系”产品接连大卖，备受呼和浩特购房者青睐，牢牢占据楼市的“热搜榜”，两大新品亦证实了金地强大的品牌号召力以及青城人民对于金地品质的信赖。

【产品维度】

在产品打造上，金地江山风华秉承金地集团精工匠心精神，打造河景高层、电梯洋房、院落叠墅等多元产品。建筑面积90~160平方米瞰景精工华宅，户型方正，南向三洋开间，室内全面采光；高挑空设计，还有赠送飘窗面积，空间可翻倍。

社区内五重园林景观，采用景观十字轴设计手法，主景观两侧配以草坪、灌木、大中小三类乔木，使得景观错落有致。高层环抱洋房，错落式楼座布局，层次分明打造低密度墅境居住区。在建筑设计方面，博采众长，将传统中式风格融入建筑主体的细微之处，辅以西方美学的元素，打造出与呼和浩特的城市风貌相得益彰的风格建筑。

更多楼盘详情请扫码查看

融创瀚海壹号

2019年 中国城市楼盘年鉴 典型项目

呼和浩特 双河环绕 品牌地产 生态宜居

融创瀚海壹号选址城市中轴之上，由内蒙古融臻房地产开发有限公司开发，总建筑面积 189174 平方米，总占地面积 69687 平方米，共计规划 16 栋楼 829 户。

项目地址：
呼和浩特市赛罕区科尔沁快速路与保全街交会处路北

开发商：
内蒙古融臻房地产开发有限公司

建筑类型：
小高层、高层

主力户型：
135 平方米三居、165 平方米五居

周边配套：
呼和浩特城市文化客厅、蒙古族实验学校、小黑河景观带、大黑河

参考价格：
小高层 14700 元 / 平方米、高层 14700 元 / 平方米

楼盘优势：
西望 20 万平方米城市客厅“青城之眼”，比邻十五年一贯制蒙古族实验学校，大小黑河生态环绕。

专家点评

蒋忠贵·内蒙古晨报社长助理

融创瀚海壹号紧邻十五年一站式的蒙古族实验学校，全方位配套，百步生活圈令休闲、就医等均颇为便捷，是购房不错的选择。

项目解析

【区域维度】

融创瀚海壹号项目选址城市中轴之上，位于赛罕区，东临科尔沁快速路、南临保全街、西侧为阿荣街，周边99、109、121、206、社区11号线等多条公交线路途经项目。西望20万平方米城市客厅“青城之眼”，周边汇集大黑河、小黑河、五彩园、敕勒川公园、垣文化公园等配套。

赛罕区是首府“东优南拓、西联北控”城市发展空间布局、重塑产业经济地理的重要一环。在“东优”之下，除了政策优势，赛罕区无论在经济发展、房价及交通生活配套等方面，都有明显的优势。

【品牌维度】

融创中国成立于2003年，自成立以来一直坚持地产核心主业，围绕“地产+”全面布局。经过十六载的稳健发展，融创地产在全国布局八大区域，覆盖一线、环一线及核心城市96座共459余个高端精品项目。融创中国以“至臻，致远”为品牌理念，致力于通过高品质的产品与服务，整合高端居住、文旅、文化、商业配套等资源。目前，融创中国在行业中颇具竞争优势，并成为受到顾客高度认可的中国家庭美好生活整合服务商。

【口碑维度】

融创的口碑与成绩，都是靠着其独到的匠心，在时间的沉淀中慢慢积攒下来的。从北京壹号院、北京西山壹号院、滨江壹号院到苏州壹号院……融创凭借高端精品的筑造履历，八大品质服务体系、成熟而完善的高端体系能力，从善待到厚爱，全面满足高净值家庭需求，用事实证明自己的实力。

作为融创进入呼和浩特市的第二个项目，融创瀚海壹号的销售成绩丝毫不逊色融创鹏辉·玉兰天宸这个首落项目。与此同时，凭借融创鹏辉·玉兰天宸的良好口碑，融创瀚海壹号为自己树立了更优质的项目形象。

【产品维度】

融创瀚海壹号项目总占地面积69687平方米，总建筑面积189174平方米，在内部配套和建筑方面下足了功夫，如在社区内部设有入户水景、归家大堂、下沉式庭院以及童玩荟、邻里荟、萌宠荟等休闲主题场所。

项目园区容积率为1.99999，绿化率为35%，小区园林精选优质草皮，种植多重灌木、乔木绿植，以舒适居住美学打造阳光活动草坪。

内部采用全人车分流模式，社区环境优美，现代学院风格浓厚，规划135~165平方米宽景大宅，项目建筑以玻璃、铝板和石材结合，层高3米，窗户距离地面仅30公分，给业主视野宽阔的落地窗效果。

项目过硬的产品力体现在诸多方面。以建筑面积约165平方米五居室为例，户型方正，环形流畅动线设计，横厅约7.0米、甲板设计观景大开间，餐房厨厅起居室一体化设计，主次卧兼备衣帽间，功能设置和细节创造了优于空间尺度的体验。

更多楼盘详情请扫码查看

云洲熙府

呼和浩特　水景住宅　配套齐全　宜居养老

云洲熙府位于呼和浩特市和林格尔新区核心，由内蒙古和盛置业有限公司开发，地上建筑面积约 80 万平方米，地下建筑面积约 20 万平方米，容积率 1.02，绿化率 35%。

项目地址：
金盛路和林格尔新区管委会西侧 800 米，云栖公园北侧

开发商：
内蒙古和盛置业有限公司

建筑类型：
别墅、洋房、高层

主力户型：
86 平方米二居、114 平方米三居

周边配套：
云栖公园、大连枫叶国际学校

参考价格：
洋房 9700 元 / 平方米、高层 8700 元 / 平方米

楼盘优势：
500 亩原生态湿地，20 平方公里生态走廊环绕，二期颐园全精装电梯洋房，拎包入住。3.5 万平方米社区配套，开启内蒙古贤者文化养生智慧社区。

专家点评 高雄齐·内蒙古房产服务行业协会会长

和林格尔新区作为自治区全力支持的发展区域，未来的板块升值潜力较大。云洲熙府不仅自身配套齐全，而且区域发展潜力较大，是呼和浩特市养生养老的宜居社区。

项目解析

【区域维度】

和林格尔新区位于内蒙古自治区首府呼和浩特市东南部，南临黄河，北拥草原，是呼包鄂榆城市群的核心区，云洲熙府就位于和林格尔新区的核心区位置。

项目东侧是和林格尔新区主轴线——金盛快速路，顺接高铁东站，连通南三环、滨河路、南二环等市区交通主干道，四枢交会，高架直通市中心，可直达各大商圈。南侧紧邻500亩原生态湿地云栖公园，机场快速、机场高速等多条快速路可达建设中的盛乐国际机场。

云洲熙府是呼和浩特市贤者文化养生智慧社区，近3.5万平方米的社区配套，医养、餐饮、休闲娱乐全部囊括。

【品牌维度】

内蒙古和盛置业有限公司成立于2011年6月23日，秉承“同德、同心、同道、同行、同享、同利”的企业文化，深耕青城近10年，用实际行动摸索出一套符合内蒙古的运营理念，在产品研发、市场营销、产权办理、物业服务以及品牌建设等多个环节取得优异成绩，现已成为呼和浩特市乃至内蒙古自治区优秀的城乡建设与生活服务商。

内蒙古和盛置业有限公司坚守提供美好生活方式的初衷，致献精彩生活，同时也积极融入和林格尔新区的开发建设中。由和盛置业建设的呼和浩特“中国云谷”综合办公楼，面向入驻云计算园区的企业办公需求，现为呼和浩特和林新区的管理委员会办公楼，也是呼和浩特地区品质、服务、功能、配套齐全的综合型办公楼。

【口碑维度】

2006年，和盛核心团队成功开发内蒙古地区高端住宅项目东岸国际。项目独树一帜的格调和品质备受业内及业主的高度称赞，成为呼和浩特市高端住所。承载着对新时代和未来人居的美好向往，云洲熙府应运而生，成为和盛人继东岸国际后的又一力作。

【产品维度】

云洲熙府地上建筑面积约80万平方米，地下建筑面积约20万平方米，容积率1.02，绿化率35%，一期福洲88栋大院小独栋别墅全部售罄；二期颐园规划以洋房、高层为主，户型面积为50~115平方米。

项目二期总建筑面积24万平方米，容积率1.64，绿地率36%。云洲熙府项目自身配备四大康养配套、八大文化配套，包括乐龄学院、医养中心、健康数据中心、养生食堂、乐龄礼堂、代际亲子幼儿园、静修阁等，56项智能精装，近10万平方米区域商业中心等全优配套，创立内蒙古贤者文化养生智慧社区。

云洲熙府风雨连廊贯穿全社区整个项目，在任何一幢洋房的任何一个单元，出门都有风雨连廊连接，整个屋顶系统可以为业主遮阳、避雨。项目配合北方人居住的需求，对连廊进行了大幅度的优化升级，采用全玻璃幕墙封闭式处理，结合转角将连廊做成景观。

【销售维度】

云洲熙府2016年10月首开一期大院小独栋别墅福洲，2018年售罄，2018年11月推出二期颐园，首开300套房源，截至2019年11月中旬，总销售额已达6亿元，项目优质的产品及齐全的配套吸引了众多购房者及业内人士的关注。

作为和林格尔新区的实力大盘，云洲熙府的来电咨询量及到访量均位于区域前列，云洲熙府也用自身优质的产品，证明了自己的实力。

更多楼盘详情请扫码查看

中朵中心

呼和浩特　绿色建筑　双钥匙LOFT　智能精装

中朵中心位于如意核心区，与蒙古自治区政府北200米，占地面积4万平方米，总建筑面积约13.5万平方米。产品设计为公寓、写字楼、商业，是由五栋塔楼和一个中庭花园组成的高端城市商业综合体，共1514户。

项目地址：
呼和浩特市如意开发区内蒙古自治区政府北200米

开发商：
内蒙古中朵置业有限公司

建筑类型：
公寓、写字楼、建筑综合体

主力户型：
50平方米公寓

周边配套：
万达广场、内蒙古自治区政府、呼和浩特市政府

参考价格：
均价17000元/平方米起

楼盘优势：
中朵中心由呼铁、中建、中朵三方联手打造，综合强企实力，是集智能写字楼、云端会所、立方公寓、艺术空间、精品商业为一体的综合社区。

专家点评

蒋忠贵·内蒙古晨报社长助理

从区位上看，中朵中心作为腾飞路的稀缺土地，升值潜力巨大，在产品方面，双钥匙LOFT公寓上下两层独立入户，拥有多重生活选择，精装交付，性价比高。

项目解析

【区域维度】

中朵中心位于赛罕区腾飞南路和五纬路交叉口，内蒙古自治区政府向北200米，地处两级政务中心核心区域，与如意东河景观带隔路相望。公寓周边交通便利，临近地铁1号线、白塔飞机场、火车站、客运东站，还有近10条公交路线，立体交通网畅达全城。

如意核心区域属于政府政务中心，城市都会的聚焦点，坐拥自治区党政办公大楼。百亿绿色资本尽心打造集文化创意、休闲娱乐、商务金融、高新科技等功能为一体的首府商政文化中心，具备明显的发展优势。

【品牌维度】

中朵中心由呼铁、中建、中朵三方联手打造，综合强企实力，承载了各类人才对于建筑的梦想以及建设者对质量、品质的卓越追求。其中，中朵集团作为内蒙古绿色建筑产业运营商，以绿色建筑研发设计、装配式建筑、城市运营服务、科技物业为主营业务板块，是呼和浩特市能够覆盖全产业链条的绿色建筑产业运营商和绿色科技型企业。而中交一公局第一工程有限公司是“世界500强”企业中国交通建设股份有限公司的三级法人单位，是AAA级资信企业。从最初的定位、设计到区域规划，再到开发运营，中朵中心一直以实力对话市场。

【口碑维度】

中朵中心双钥匙LOFT公寓的诞生，刷新了呼和浩特市对于品质公寓的认知，让土地弥足珍贵的如意开发区也诞生了精品公寓。双钥匙LOFT公寓一经入市，便深受呼和浩特市人民青睐，堪称“上下两层独立入户，一证两套”的网红产品项目。

【产品维度】

公寓上下两层独立入户，双层空间体验，两个入户门，真正实现互不干扰、互不影响，私密性更强，安全系数更高；实用面积超100平方米，利用率高。双钥匙LOFT公寓以同样的面积，拥有多重生活选择。一层办公区、二层自住区，工作生活一举两得；项目引入智能家居，室内布局简约大气，分区合理，动线流畅，通过对内部空间及家居的打造，实现单一空间功用多样化，打造多变自由精装空间；对于两代人居住，上下分层，生活更为舒心自在。

在户型设计上，5.48米层高设计，打破传统公寓4.2米的常规设定，高出整整1.28米，让上下空间实现多元组合，避免压抑和呆板，更为未来生活预留更多灵活置换的空间。2.6米的飘窗，采光通风效果俱佳，让空间在一天中的任何时候都能享受到日光的沐浴。

在建筑方面，中朵中心采用世界先进的自然光运用、水循环处理系统、风能调控等，全面运用装配式技术，打造绿色环保的低碳建筑，为人们提供健康、舒适的居住空间，并在类豪宅龙湖物业智慧服务标准下，使社区实现24小时智能化管理。在建筑上，清水立面，还原建筑本质之美，打造中央恒温景观，为业主搭建四季的“绿洲”。除此之外，在精装的基础上同时融入智能组件概念，包括全屋WiFi、灯光智能模式、智能门锁、报警安防系统等十余种功能。

更多楼盘详情请扫码查看

2019 年包头房地产市场总结

行业发展历程

一、城市概述

包头市是内蒙古自治区的经济中心之一。截至 2018 年，全市常住人口 288.87 万人，城镇人口 241.41 万人，城镇化率 83.57%，是中国境内以冶金、稀土、机械工业为主的综合性工业城市，是中国重要的基础工业基地和全球轻稀土产业中心，被誉称“草原钢城”“稀土之都”。

包头位于内蒙古自治区西部，北与蒙古国接壤，南临黄河，东西接土默川平原和河套平原，是连接华北和西北的重要枢纽，是国家、内蒙古自治区对外开放的重点发展地区，是呼包银经济带、呼包鄂城市群的中心城市。

二、行业现状

纵观包头房地产市场，品牌房企在 2019 年依然保持着深耕鹿城的强劲发展势头，带动了包头市六区上市量井喷，楼市竞争压力激增；购房者面对更多选择，观望态度弥漫。房企之间的博弈逐步回归到产品力、营销力的较量上，推动了一批优质楼盘先后面市，老城区辉煌依旧，新城区强势崛起，一个全新的楼市格局已经形成。

三、政策环境

2019 年包头坚持“房住不炒”的定位，房地产开发项目规模扩大，新建商品房供应速度加快，新建商品房销售稳中有降，抑制房价过快上涨工作成效良好，强化房地产市场监管和整顿。包头市全力构建房地产市场健康发展长效机制，全面强化市场监管，优化市场结构，全市房地产市场保持了平稳发展、持续向好的态势。

四、土地市场

包头市 2019 年全年共成交 78 宗土地，其中第一季度成交 19 宗、第二季度成交 18 宗、第三季度成交 22 宗、第四季度成交 19 宗。下半年土地供应增加，土地市场热度高于上半年，溢价率小幅上扬。

五、房企布局

从房企在包头的土地储备情况来看，2019 年包头市迎来了一些“新朋友”，世茂集团同万科一样首进内蒙古、落子包头。与此同时，也有一些“老朋友”离开深耕片区，转战其他板块，比如富力地产、碧桂园集团、中铁建、保利地产、方兴地产。各大品牌房企在美丽鹿城上演群雄逐鹿、百家争鸣。

六、房产行业发展历程

包头市作为“草原钢城”，房产行业与工业发展历程息息相关，包钢集团所在的昆都仑区与一机集团所在的青山区人口密度较高，近年来，老城改造和新城开发步伐的加快给包头房地产行业的发展提供了充实的市场基础。在市场经济环境下，包头市出台了政府财政补贴购房、减免有关税费、举办房交会等一系列组合暖市政策和措施，进一步确保房地产业的稳定发展。目前的房地产市场供应充裕，总供给量完全能满足城市发展和人民生活水平提高的住房需求，房地产市场在动态中实现了总体平衡，价格也相对平稳。购房者越来越注重住宅品质，住宅的科技含量明显增加。

城市年度市场解读

一、本地新政

“包头市商品房预售资金监管平台”上线，确保商品房预购房款“专户存储，专款专用”，确保了预售资金流向更加透明，标志着包头初步建立了一套较为完善的预售资金监管制度。

调整了住房公积金的使用政策，职工个人首次申请住房公积金贷款，购房提取金额与贷款之和调整为35万元，二次公积金贷款被收紧，二次使用公积金贷款首付比例则由之前的30%提高到了50%。

包头市不动产登记中心确定了“一窗受理，集成服务”工作的思路和模式，创新六项服务，业务运行平稳顺畅，获百姓好评。

二、年度土地供应

2019年，包头市供应土地141宗，其中住宅44宗，占比31.21%，在三成以上。包头全市国有建设用地的供应计划总量为867万平方米。其中，住房用地计划供应207万平方米，占比23.88%。

三、年度土地成交

2019年，包头市成交土地80宗，其中住宅20宗，占比25%。包头全市成交总面积567.4万平方米，同比上涨32.6%；成交土地总金额约为66.50亿元，较2018年同期下降了18.79%。

具体来看，包头市六区共成交64宗地块，总成交金额65.12亿元，其中，青山区成交8宗，昆都仑区成交16宗，稀土高新区成交7宗，九原区成交15宗，东河区成交6宗，石拐区成交12宗。

从包头市六区成交土地的用途来看，2019年包头市主要城区共成交住宅用地19宗。其中，昆都仑区2宗，成交金额约为8.29亿元；青山区3宗，成交金额约为4.78亿元；东河区4宗，成交金额约为5.94亿元；九原区3宗，成交金额约为19.2亿元；稀土高新区3宗，成交金额约为5.43亿元；石拐区4宗，成交金额约为1.87亿元。

图2-64　2018~2019年包头市六区住宅用地成交金额汇总

四、年度住宅供应

2019年，包头住宅供应量为30705套，同比下降3.47%。其中，昆都仑区3658套，青山区6510套，东河区8184套，九原区5981套，稀土高新区6372套。东河区位居榜首，获证住宅套数同比上涨81.79%；稀土高新区获证住宅套数同比上涨272.2%，涨幅最大；昆都仑区、九原区同比降幅较大，分别下降57.52%、36.73%。

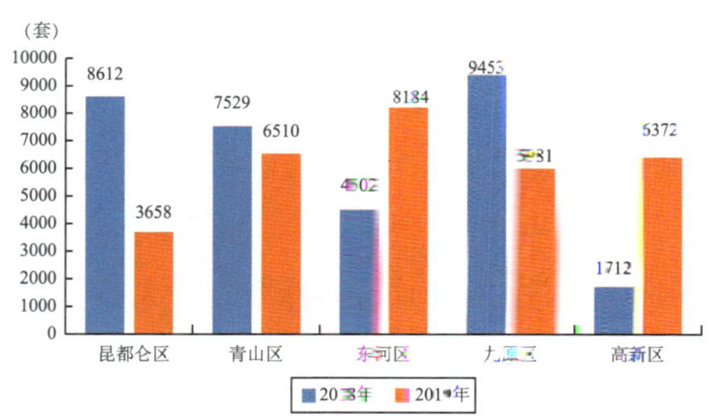

图2-65　2018~2019年包头市五区住宅房源获预售证套数

五、年度房价走势分析

2019年，包头新房整体成交均价在7212元/平方米。从各月份数据来看，整体房价呈小幅波动，变化不大。

根据国家统计局公布的2019年1~11月《70个大中城市商品住宅销售价格变动情况》，环比数据显示，包头仅6月份的房价环比下降，其余10个月均有不同程度上涨。其中，9月份房价涨幅最高，环比上涨1.1%；3月份、4月份其次，环比分别上涨0.8%、0.7%。

六、热点板块分析

昆都仑区以土地成交16宗重铸老牌城区辉煌，九原区以土地成交14宗巩固新星地位，石拐区以土地成交12宗强势续写异军突起的板块传奇。从住宅用地的成交宗数来看，石拐区位列第一名，从2018年的0宗到2019年的4宗，石拐区强势占领鹿城土地市场，成为包头市当红板块。

七、未来展望

2019年1~11月，各地出台的房地产调控政策达554次，比2018年同期增加了30%。包头市2020年将继续坚持“房住不炒”基调，“因城施策”保障房产市场健康运营。作为三线城市，包头市急需引进高层次人才，鼓励各类人才创业创新。为有效解决包头引进高层次和紧缺急需人才的过渡性住房需求，包头市分批次供配租人才公寓。人才政策的落地，最直接的影响是人口的增长。包头市加入“抢人大战”，未来必将实现人才和城市共同发展，增强城市活力，带动城市更新。

八、市场预期

土地方面，2019年全国300城市土地供应同比微增，一、二线城市供应走高，三、四线城市供求两端同比下滑。品牌房企2019年在包头依然保持扩张版图的趋势，2020年包头市土地市场将延续分化趋势，在需求的带动下，供应量可能会有所增长。

预计刚需房源仍是市场主力，但受地价及上市区域因素影响，刚改房源占比将持续增加，进一步抬高置业门槛。

数据来源：包头市住房和城乡建设局网站及包头市公共资源交易中心网站。

2019年包头房地产在售楼盘概览

楼盘名称	城市名称	城区	地址	物业类型
滨河商街	包头	滨河新区	滨河新区民馨路	商业
澜湖·璞园	包头	滨河新区	滨河新区沼南大道与红旗大道交会处，南100米	普通住宅、商业
伊泰·华府荟	包头	滨河新区	滨河新区北师大附校东北500米处	普通住宅
正翔滨河	包头	滨河新区	滨河新区创业大街和文昌路交会处往南500米	普通住宅
保利·体育庄园	包头	东河区	东河区南海湿地公园西	别墅
东方壹号院	包头	东河区	东河区青山路新包一中西200米	普通住宅
东河吾悦和府	包头	东河区	东河区北梁腾空区	普通住宅
东河新城吾悦广场	包头	东河区	东河区北梁腾空区	商业、自持物业
方兴麓城壹号	包头	东河区	东河区环城路与耐火厂路交会处	普通住宅
富力院士廷	包头	东河区	东河区青山路包一中新校址北80米	普通住宅
富悦城	包头	东河区	东河区巴彦塔拉大街璟华苑105号底店	普通住宅
恒大翡翠华庭	包头	东河区	东河区巴彦塔拉大街与建材巷交会处	普通住宅
锦绣南海城·爱丽舍花园	包头	东河区	东河区南海湿地公园东侧，南绕城公路北侧	普通住宅、别墅
蓝泽大金城	包头	东河区	东河区巴彦塔拉大街116号	普通住宅、建筑综合体、商业
顺鑫美域	包头	东河区	东河区南海湖正北	普通住宅
顺鑫望潮苑	包头	东河区	东河区南海湖正北	别墅
维多利摩尔城	包头	东河区	东河区巴彦塔拉大街与工业路交会处	普通住宅、公寓、商业
中国铁建·景晟学府	包头	东河区	东河区青山路新包头一中南100米	普通住宅
滨海名都二期	包头	高新区	高新区友谊大街与幸福南路的交叉口	普通住宅、商业
方兴府	包头	高新区	高新区民族东路与校园路交叉口向南30米路西	普通住宅
君悦府	包头	高新区	高新区富强南路与新光东路交会处东南角	普通住宅
鹿城上院	包头	高新区	高新区新光东路13号（富强路口）	普通住宅、商业
诺德国际花园	包头	高新区	高新区友谊大街16号，赛汗塔拉西侧	别墅、办公
日月天地广场	包头	高新区	高新区新光东路1号高新一中对面	普通住宅、商业
中梁·首府壹号院	包头	高新区	高新区河拉坦汗大道与幸福南路交会处	普通住宅
奥林·禾苑	包头	九原区	九原区文化路与新园路交会处	普通住宅、别墅
邦成·宫园墅	包头	九原区	九原区赛汗塔拉东门南800米（经一路与纬六路交叉口）	普通住宅、别墅
包头恒大未来城	包头	九原区	九原区新市府东北角九原区政府北侧	普通住宅
碧桂园凤凰天域	包头	九原区	九原区青山路与世纪北路交会处向北200米	普通住宅
富力城	包头	九原区	九原区建华南路国际会展中心南100米	普通住宅、公寓、办公、商业
恒大帝景	包头	九原区	九原区新市府东北角九原区政府北侧	普通住宅
中海·铂悦公馆	包头	九原区	九原区万达向南200米	普通住宅、别墅
中海·河山郡	包头	九原区	九原区青山路与经九路交会处	普通住宅
中慧新城	包头	九原区	九原区市政府北，世纪大道与安平路交会处	普通住宅、政策房
包头昆区吾悦广场（商铺）	包头	昆都仑区	昆都仑区稀土大街与林荫路交会处	商业
包头昆区吾悦华府	包头	昆都仑区	昆都仑区林荫南路与校园南路交叉口	普通住宅
富力华庭	包头	昆都仑区	昆都仑区民族东路与兵工路十字路口西20米	普通住宅
馥室成双	包头	昆都仑区	昆都仑区黄河大街与白云路交会处	普通住宅
恒大天悦	包头	昆都仑区	昆都仑区黄河大街与白云路交会处	公寓
华发新天地	包头	昆都仑区	昆都仑区阿尔丁大街60号（包钢一中北侧）	公寓、商业
华悦府	包头	昆都仑区	昆都仑区阿尔丁北大街与青年路交会处东南角	普通住宅、公寓、商业
锦尚国际	包头	昆都仑区	昆都仑区民族东路与青山路交会处以北700米	普通住宅、公寓、别墅
骊驰康养	包头	昆都仑区	昆都仑区市府西路与少先路交叉口西北角	公寓
禧瑞都·御苑	包头	昆都仑区	昆都仑区友谊大街与三八路交叉口南500米	普通住宅、商业
中冶世家	包头	昆都仑区	昆都仑区林荫南路科技大学西门对面	普通住宅
叠峰翠谷	包头	青山区	青山区建设路与万青路交叉口东南角（供电局对面）	普通住宅

楼盘名称	城市名称	城区	地址	物业类型
方兴·山屿湖	包头	青山区	青山区银海路以西景观河公园对面	普通住宅
富华公馆	包头	青山区	青山区民主路与科学路交会处	普通住宅
青福新城	包头	青山区	青山区民族东路与110 国道交叉口东1000 米	普通住宅、商业、建筑综合体
松石·御景江山	包头	青山区	青山区 110 国道与赛罕路西北角	普通住宅、商业
万郡大都城	包头	青山区	青山区文化路与四道沙河交会处	普通住宅
万科中央公园	包头	青山区	青山区青山路与建华路交会处西北角（奥体公园北侧）	普通住宅
阳光上城	包头	青山区	青山区民族东路北段，高架桥东侧	普通住宅
正翔国际	包头	青山区	青山区钢铁大街与富强路交会处	酒店式公寓、建筑综合体
中城·国际城	包头	青山区	青山区装备制造产业园区望湖路 3 号	普通住宅、别墅、商业、建筑综合体
中环悦府	包头	青山区	青山区呼得木林大街与少先路交叉口东 300 米	普通住宅
富力山	包头	石拐区	石拐区喜桂图新区	普通住宅、公寓、别墅、商业

富力院士廷

包头　品牌地产　御湖华庭　双学区房

富力院士廷位于包头市东河区青山路包一中新校址北 80 米，由包头市富润房地产开发有限公司开发，建筑面积 35 万平方米。富力院士廷新中式大宅实现品质生活梦想，为包头市民打造舒适宜居的居住空间。

项目地址：

包头市东河区青山路包头市第一中学新校址向北 80 米

开发商：

包头市富润房地产开发有限公司

建筑类型：

高层、小高层

主力户型：

115 平方米三居、124 平方米三居

周边配套：

维多利新天地、包头市第一中学新校址、公园路小学分校

参考价格：

约 7000 元 / 平方米

楼盘优势：

富力院士廷择址包头东河北梁核心区域，于得天独厚之处，绘就未来美好生活蓝图，力造城市精英所艳羡的宜居“至地”。

专家点评

杨海珍 · 包头电视台产业经营中心副总经理

践行品牌房企的社会责任，贯彻“教育先行”的开发理念，富力集团无疑是包头房地产市场上的一颗明珠。富力院士廷的开发填补了重点学校区域人文居所的空白。

项目解析

【区域维度】

项目位于包头市东河区北梁腾空区，该区域是国家级工程重点发展区域，也是包头市政府近年来大力投资开发的重点老城区。项目紧邻包头市主干线青山路，可快速通往包头市各个区域，出行便利程度较高。

作为包头市重点发展的老城改造区，该区域以教育先行为发展策略，片区内建设有公园路小学富力校区、包头市第一中学新校址，同时引入吾悦广场、包头市中心医院北梁分院等优质配套。作为老包头的核心发源地，该片区也代表着包头市整体城市发展的方向。

【品牌维度】

包头富力院士廷项目是富力集团在包头打造的第三个精品项目。自2013年富力集团进入包头以来，从旗舰大盘富力城开始，到优质生活缔造者富力华庭，再到打造书香门第的富力院士廷，在一定程度上代表了包头市品牌房产的发展风向。

优质刚需改善人文居所、双重点学府优质配套、便利的地理位置，使项目自面市以来，就吸引了包头房地产市场的关注。作为项目王牌户型的116平方米舒适改善三居及83平方米精致刚需二居产品更是圈粉无数，首开9栋楼，以上两种产品近乎清盘，成为北梁腾空区后续进驻品牌房企的户型参照依据之一。

【口碑维度】

富力院士廷除了保证自身产品的建设工作外，还与政府签订了《公园路小学富力校区合作框架协议》，该协议的签订是富力集团作为“地产教育专家”的重要一步，斥资5000万元建设的公园路小学富力校区将进一步提升每一位客户的利益。

【产品维度】

富力院士廷是富力集团在包头打造的第一个新中式项目。考虑到项目所在地的历史人文意义、所拥有的优质教育配套资源以及富力集团“教育先行”的开发理念，项目在楼体造型风格、外部展示面颜色搭配、园林景观设计等多方面，都充分体现了中式人文特色。项目的宽楼间距设计，为客户未来的生活打造了更为舒适独立的生活空间，而新中式风格更是被后续进驻的品牌房企所学习，使整个片区塑造了“中式人文生活圈”的整体形象。

户型设计上，主推的83平方米精致刚需二居和116平方米舒适改善三居产品，都体现了对空间的充分利用，“连廊”户型更是让户户南北通透得以实现，无疑成为户型设计的典型。

【销售维度】

案场数据显示，从2018年6月23日项目售楼部开放、700组客户到访，到2018年7月7日销售展示中心开放、1200组客户到访，再到同年8月4日项目开盘取得3.5亿元销售业绩，短短4个月项目销售额达到10亿元，富力院士廷的出现，刷新了北梁腾空区给市场留下的印象。

2019年，富力院士廷继续保持“黑马”本色，再度刷新了2018年创造的10亿元业绩。

更多楼盘详情请扫码查看

骊驰康养公馆

包头　国际标准　星级酒店　养老公寓

骊驰康养公馆位于包头市昆区市府西路与少先路交叉口西北角，由包头市万嘉房地产开发有限责任公司开发，建筑面积 72000 平方米，占地面积 7800 平方米，打造国际标准养生养老综合体。

项目地址：

包头市昆区市府西路与少先路交叉口西北角

开发商：

包头市万嘉房地产开发有限责任公司

建筑类型：

公寓

主力户型：

64 平方米一居、72 平方米二居、90 平方米三居

周边配套：

苏宁广场、万达广场、包百商超、北京华联

参考价格：

约 13000 元 / 平方米

楼盘优势：

从设施到服务，从外观到本质，骊驰康养国际标准养生养老公馆在很多方面都让人耳目一新。

专家点评　杨海珍·包头电视台产业经营中心副总经理

骊驰康养公馆将国际养老服务理念及标准引入本土，适老智能床、可升降马桶、防滑地砖、匠心细节设计为鹿城长者们提供了多彩的退休生活。

项目解析

【区域维度】

骊驰康养公馆是由万嘉地产与德国高端康养服务机构联合打造的国际标准养老商业综合体项目，将国际养老服务理念及标准引入本土；通过整合优质的养生、养老、医疗等资源，力求提高退休长者生活品质，营造有星级养老服务的家。

骊驰康养公馆地理位置优越，地处包头城市核心，紧邻昆区政府，距第一大街——钢铁大街仅200米，比邻昆都仑区周边成熟配套，八一公园、阿尔丁植物园、友谊公园，三大公园环伺，紧邻希望广场、阿尔丁广场、世纪广场、友谊广场、银河广场等活动中心以及茂业商圈、苏宁商圈等商圈。

项目总建筑面积7.2万平方米，占地面积7800平方米；分A、B两座，A座17层，B座25层，层层互通，服务共享，集五星级长者康养公馆、幼儿教育及康养酒店于一体，在鹿城核心地段缔造包头城市新地标。

【品牌维度】

骊驰康养公馆项目由包头本土实力开发商万嘉地产开发，至今已有20余载房地产开发经验，开发项目有被评为“包头市明星楼盘”的日月华庭及日月豪庭小区、日月新天地、日月迪拜大酒店等。

骊驰康养公馆曾荣获“包头市重点项目及最具投资价值奖”。项目以包头市庞大养老需求为支撑，打造国际标准养生养老商业综合体，并在传统住宅基础之上加入适老功能、养老功能、医疗功能、娱乐功能，提高鹿城长者退休生活品质，给予他们一个有星级养老服务的家。

【口碑维度】

骊驰康养公馆整体以五星级酒店标准建造，外观由美国NBBJ公司设计，主体为框架结构，抗震10级，外立面采用大面积LOW-E玻璃和石材线条，美观且有质感；冬暖夏凉，隔音隔热，防紫外线，尽可能提高居住舒适度。项目内部共配有11部电梯、两个酒店式大堂，采用中央空调制冷、地暖制热。

骊驰康养公馆整体装修设计由全球知名的CCD设计公司设计，以星级酒店的轻奢质感结合居家的舒适温馨为整体设计格调，所用材料均符合国家环保标准，让品质感与居家感实现舒适融合。

【产品维度】

骊驰康养公馆打造60~110平方米酒店式养老住房，房间疏阔且无拥挤压抑感，能够给予长者轻松愉悦、舒适便捷的良好居住体验。3.6米的层高以及大落地窗，将阳光尽可能引入房间，给喜欢晒太阳的长者以更大的舒适性。

房间以暖色为主，房间、走廊及公共活动区域均采用无障碍地面设计，没有任何挡水台、门槛等障碍物，以防老人绊倒；木质地板也能够缓解老人摔倒所造成的二次伤害。

屋内共设有四个SOS报警系统，分别在床头、沙发和卫生间。如果老人有任何需要，可以随时呼叫，24小时值班秘书立刻到达。室内采用中央空调制冷、地暖制热，供暖期长达7个月，使长者更适应换季温差。

为提高居住者睡眠质量，房间内标配德国整床进口的高品质智能适老床。为方便长者生活，可升降梅花桌、可升降马桶、防滑地砖、无障碍扶手等适老设施一应俱全，将养老生活的品质感体现得淋漓尽致。

更多楼盘详情请扫码查看

伊泰·华府荟

2019年 中国城市楼盘年鉴 典型项目

包头 品牌房企 口碑项目 城市地标

伊泰·华府荟位于包头市滨河新区北师大附校旁，由伊泰置业（包头）有限责任公司开发，建筑面积450000平方米，占地面积160000平方米。项目分三期开发，共计规划2800户。

项目地址：
包头市滨河新区北师大附校东北500米处

开发商：
伊泰置业（包头）有限责任公司

建筑类型：
小高层、商业

主力户型：
115平方米三居、129平方米三居

周边配套：
九原万达广场、滨河购物广场、北京师范大学附属学校

参考价格：
5500~6400元/平方米

楼盘优势：
“中国500强”旗下核心企业，伊泰置业13载峥嵘，匠心始终。打造45万平方米生态住区，12年制北京师范大学附属学校全优教育，再造鹿城人居梦想。

专家点评

周旭·包头日报社出版中心主任

由「中国500强」旗下核心企业伊泰置业匠心打造，毗邻北师大附中全优教育资源，相关配套设施全面完善，45万平方米生态住区加持，宜居宜业区位优势集于一身，已然成为鹿城高端品质 [illegible]

项目解析

【区域维度】

项目位于滨河新区，北邻新都市政务区，是集旅游度假、高效农业、环保产业、综合教育于一体的新兴城区，也是继青昆两区、新都市区后的第四价值洼地，包头新发展时代的第一生态宜居板块。新区已投资近100亿元，打造以呼、包、鄂“金三角”为中心区域的“草原硅谷”。随着各类劳动密集型和科技型企业的入驻，区域人口激增，相关配套设施也全面完善，是包头市核心打造的宜居宜业生态新区，发展辐射整个包头及周边地区。

【品牌维度】

伊泰置业是中国500强企业——内蒙古伊泰集团旗下专业从事房地产投资、开发和经营的全资子公司，业务覆盖鄂尔多斯、呼和浩特、包头、成都、海口、唐山等四大省市、六座城市，逐步构建以鄂尔多斯为发展起点，以呼和浩特市、包头及整个内蒙古地区为重点，以主业覆盖地区为点状支撑辐射全国的战略版图。公司开发的“伊泰华府岭秀”“伊泰华府世家”“伊泰天骄”等高端豪宅项目，受到业界和客户的高度认可，充分展现伊泰置业高品质地产品牌形象。

伊泰置业13载峥嵘，匠心始终，2019年首进包头，择址景观优美的滨河新区，汇聚众多“华府”系作品经验，打造45万平方米生态住区。伊泰·华府荟项目邻近12年制全优教育——北京师范大学附属学校，户型面积为115~148平方米。

【口碑维度】

伊泰·华府荟为包头高新区重点招商引资项目，该项目总投资约20亿元，项目的建设不仅可以改善周边居住环境，提升滨河新区的城市地位，拉动社会投资，还能带动区域经济的发展和城市品位的提升，对于改善高新区投资环境，增加地方财政收入，解决就业及推动高新区经济增长有着重要作用。

伊泰置业特别注重工程质量，视其为企业发展的“生命线”。2019年，伊泰置业举办了各类区域发展论坛，为滨河新区的发展出谋献策，同时举办大型公益健康活动，捐赠自闭症儿童，为包头公益事业做出应有的贡献，赢得社会各界的好评。

【产品维度】

伊泰·华府荟总建筑面积45万平方米，项目整体容积率为2.29，规划总户数约2800户，打造现代新亚洲轻奢风格，建筑密度为22%，绿地率为40%。项目分三期开发，社区配有2.3万平方米全业态商业街，近3万平方米国际双语幼儿园，聘请国际知名的加拿大DGBK设计公司，规划了十大奢阔主题景观，打造包头绿色、时尚、国际化的优质住宅项目，传递有品位、有温度的居住理念。

【销售维度】

案场数据显示，2019年9~10月，项目累计开盘三次，到访客户达2000组以上；累计推出900套房源，一经推出就全部售罄，热销8亿元，成为包头房地产市场的一匹黑马。

在滨河新区这样的非热点区域，伊泰置业取得如此成交业绩，令业内同行及媒体刮目相看。成绩的背后是伊泰置业多年积淀的品牌口碑及匠心理念，也源于客户对伊泰置业产品的高度信任和追捧。

更多楼盘详情请扫码查看

宁夏回族自治区

2019年银川房地产市场总结

行业发展历程

一、城市概述

银川市是宁夏回族自治区首府，面积9025.38平方公里，建成区面积170平方公里，下辖兴庆区、金凤区、西夏区、永宁县、贺兰县和灵武市。2018年末全市总人口225.06万人。先后荣获全国文明城市、国家历史文化名城、国家生态园林城市、全国幸福城市、中国旅游休闲示范城市、国际湿地城市、中国领军智慧城市等殊荣。

银川位置“不东不西”，是古丝绸之路商贸重镇，沿黄城市群核心城市，宁蒙陕甘毗邻地区中心城市，中蒙俄、新亚欧大陆桥经济走廊核心城市，是国家向西开放的窗口。气候“不冷不热”，平均气温8℃，空气优良天数居西部首府城市前列。海拔“不高不低”，平均海拔为1100~1200米。

二、行业现状

纵观银川房地产市场，在品牌房企加足马力的进驻和新项目“下饺子”般入市的背景下，银川楼盘销售普遍向好，刚需族购房热情高，房价整体呈现稳中向上趋势。潮水之下，部分片区置业门槛水涨船高，土地市场被刺激，房企之间的博弈从产品蔓延到营销，推动一批优质楼盘先后面市。

三、政策环境

在“房住不炒”的核心理念之下，2019年银川楼市平稳推进，并未发布重磅政策调控楼市，但楼市监管力度加大，预防风险的举动明显，同时，人才引进政策频出，住房补贴等政策处于开始阶段，一定程度上加大了对银川楼市的刺激。

四、土地市场

2019年第一、第二季度土地市场平稳，供地量收紧，第三、第四季度集中供应多宗优质地块，供地放松，土地市场先抑后扬，逐渐火热。其中，10月土地市场交易达到巅峰，多宗地块交易掀起高关注，12月落幕地块交易竞争火热，掀起2019年下半年土拍最后的高潮。

五、房企布局

从房企在银川的土地储备情况来看，部分开发商布局战略有所调整。2019年，银川不仅迎来外来房企入驻，本地房企也不乏新动作，部分房企项目销售进入尾声，新动作却还没有展开。

六、房产行业发展历程

与大部分城市相比，银川房地产业起步较晚，人口密度低，但独家的地理位置和环境特点，让银川这个城市拥有了“移民城市”的特色，加上老城改造和新城开发步伐的加快，为银川房地产行业的发展提供了充实的市场基础。1998年以来，逐渐停止的实物形式分房，让市场成为商品房屋资源配置的唯一手段，使得房地产业在生产、流通以及物业管理等各环节都得到了较快的发展。

城市年度市场解读

一、本地新政

1. 整顿市场乱象，加强监管力度

2019年，银川住建局多次联合市场监督、综合执

法部门开展房地产行业专项检查，对于房地产企业的经营资质、是否按规定将资金存入监管账户、虚假广告、未取得资格提前预售、“零首付、首付贷”等行为进行严厉打击。同时，贺兰县发布《关于防范房地产市场风险及完善住房保障体系的若干意见（试行）》，永宁县发布《永宁县商品房预售资金监管实施细则》。与此同时，贺兰县废止《关于促进房地产市场平稳健康发展的若干意见》（贺政办发〔2016〕10号）文件，银川楼市去库存的政策逐渐失去功能。

2. 人才引进政策不断升级发力

2019年6月，银川市人才工作领导小组出台了《关于做好银川市凤城系列人才评选工作的指导意见》《银川市“人才小高地”建设工程实施办法》《银川市学术技术带头人储备工程实施办法》《银川市人才工作目标责任制考核办法》等一系列人才政策配套措施，并启动相应的申报评选工作，向本地人才发出“招募令”；10月银川市出台《关于进一步优化人才发展环境助推高质量发展的十一条措施》；11月10日，银川市启动创新型大学生宜居工程申报工作，符合条件的过渡期大学生可申请低租金人才公寓，已经就业创业的创新型大学生可申请人才公寓、生活补贴、住房补贴或共有产权房四项政策中的一项保障政策。

二、年度土地供应

2019年银川住宅类土地供应面积298.4万平方米。

三、年度土地成交

2019年，银川市共交易住宅类土地44宗，总交易面积248.1万平方米，总吸金66.6亿元。其中，商住属性土地交易42宗，交易面积239. 8万平方米，交易额63.8亿元，土地楼面均价1438元/平方米，价格同比下降16%。

其中，供地大户金凤区2019年完成交易的住宅类土地共13宗，交易面积107.6万平方米，总地金44.4亿元。

这一年，银川土地最高楼面价、单宗地成交额以及最高溢价率纪录均被刷新，4718元/平方米、97869万元和115%三项数据成为银川土地市场三座新高峰。

四、年度投资开发

2019年，全市房地产开发完成投资同比下降6.7%，降幅比上半年收窄7.5个百分点，占全市固定资产投资的比重为32.2%，下拉全市投资增速2.2个百分点。从投资结构看，住宅投资同比下降3.2%，办公楼投资同比下降43.0%，商业营业用房投资同比下降34.3%，其他投资同比增长21.0%，分别占房地产投资比重69.7%、1.9%、12.1%和16.3%。

五、年度住宅成交

2019年，银川商品房销售面积679.38万平方米，实现销售额437.51亿元，同比增长10.9%和21.5%，增幅比上年同期分别提高7.9、4.7个百分点。

从销售形式看，期房销售面积546.15万平方米，实现销售额372.94亿元，同比分别增长32.9%和48.3%，分别占全市销售面积和销售额的80.4%和85.2%；现房销售面积133.23万平方米，实现销售额64.57亿元，同比下降34.0%和40.5%。

住宅销售面积606.16万平方米，实现销售额390.37亿元，同比增长14.5%和32.0%；其他房屋销售面积31.02万平方米，实现销售额10.79亿元，同比增长36.1%和28.7%。

六、年度住宅存量

数据显示，截至12月底，银川市待售面积600.97万平方米，比上年同期增加14.84万平方米，同比增长2.5%。其中：住宅待售面积217.18万平方米，比上年同期减少 8.00 万平方米，同比下降 3.6%，占全市待售面积总量由上年同期的 38.4% 降为 36.1%。

七、商业、公寓及办公

2019 年银川办公楼销售面积 10.28 万平方米，实现销售额 6.64 亿元，同比下降 41.6% 和 55.3%；商业营业用房销售面积 31.92 万平方米，实现销售额 29.71 亿元，同比下降 26.2% 和 27.5%。

同时，办公楼、商业营业用房和以车库为主的其他待售面积分别为 67.64 万平方米、203.50 万平方米、112.65 万平方米，同比分别增长 12.7%、3.8%、7.4%，占全市待售面积总量由上年同期 61.6% 升为 63.9%，去库存压力大。

八、年度项目成交排行榜

2019 年，银川项目成交整体向好。机构数据统计，成交排名前十项目占银川市总成交量的 41%，且多个项目突破年度成交 10 万平方米的门槛。

数据显示，成交前五的项目中，四个项目在金凤区，一个位于兴庆区。其中，中海国际社区 2019 年总成交 3064 套，销售额 23.8 亿元；银川绿地城厚积薄发，全年成交排名第二位，总成绩 1205 套，销售额 11.2 亿元；万科城市之光年度成交 1008 套，成交额 8.5 亿元；万科翡翠公园成交 982 套，成交额 12.6 亿元；金域蓝湾 · 耀徕成交 946 套，成交额 6.6 亿元。

九、年度房价走势分析

机构数据显示，2019 年，银川市三区两县住宅成交均价 6808 元 / 平方米，同比上涨 16%。

另外，根据国家统计局发布的 70 城房价数据，2019 年银川新房房价环比连续上涨 12 个月，截至 2020 年 1 月，银川新房这一轮连涨趋势已经持续了 33 个月。8 月、9 月和 11 月是银川新房房价环比涨幅最高的三个月，其中，11 月银川新房价格环比上涨 1.9%，不仅刷新了 2019 年银川新房价格环比最高涨幅，更是领跑当月全国房价涨幅。

从新房价格分类数据来看，这一年，银川较大面积和较小面积新房价格涨幅波动较大。数据显示，90 平方米以下小面积新房 1 月价格环比下跌 0.3%，一月环比上涨 2%；144 平方米以上大面积新房 7 月价格环比下跌 0.4%，紧接着 8 月就环比上涨 2.1%。

十、热点板块分析

2019 年，金凤区依然是银川住宅市场的热门板块。根据银川统计局数据显示，2019 年，全市完成房地产开发投资 275.36 亿元，其中，金凤区完成房地产开发投资 136.77 亿元，占总投资的近 50%，成为银川市当之无愧的热门区域。

另外，据银川乐居不完全统计，2019 年银川新增住宅项目约 26 个，其中，金凤区新增 15 盘，7 盘位居城北，2 盘位居城中，6 盘位居城南。金凤区集中了天山、世茂、华远旭辉、万科、滨海等一批大品牌房企主力军，产品项目以高端改善住宅为主。

十一、未来展望

在“房住不炒”基调和“三稳”背景下，2020 年，市场走势相较于 2019 年会更为平稳。2019 年，政策的监管倾向明确，房地产开发环节把控逐渐严格，政策角度的收紧趋向明显，而维稳或将成为 2020 年银川楼市的关键词。

十二、市场预期

土地方面，2019 年供地规模不小，预计 2020 年，土地供应会进入缓和期，土地竞争也会更趋理性，本地房企的拿地热情依然会较高。

供应方面，刚改善房源是市场主力，但受地价及区域价格的影响，刚需房源占比或将有一定的增加。另外，受库存影响，2020年改善房源供应或有降低。

价格方面，2019年银川交易土地多集中在城区周边，溢价现象减少，拿地成本保稳。此外，新增地块周围的项目也多以刚需为主，价格普遍亲民。2020年的新项目虽然相较于周边成本有所提高，但依然受困于地段和配套的局限，涨价空间有限，预计2020年银川房价涨幅较2019年有所回落。

数据来源：银川统计局、银川思源房地产服务公司数据。

2019 年银川房地产在售楼盘概览

楼盘名称	城市名称	城区	地址	物业类型
兴庆华府	银川	兴庆区	兴庆区燕庆路与银横路交会处	普通住宅、公寓、写字楼、商铺
中房玺云台	银川	兴庆区	兴庆区民族北街蓝泰广场向北 500 米	普通住宅、公寓、写字楼、商铺
银川融创城	银川	兴庆区	兴庆区新华东路与友爱路交会处	普通住宅、商铺、建筑综合体
金侨华府	银川	兴庆区	兴庆区胜利南街以西，林业学校南侧，新汽车站西门对面	普通住宅、写字楼、酒店式公寓
璞悦湾	银川	兴庆区	兴庆区石油城银横路以南，孔雀湖以西，银古路以北	普通住宅、商铺
紫金城	银川	兴庆区	兴庆区清和街与宝湖路西南交会处	普通住宅、写字楼
清苑尚景	银川	兴庆区	兴庆区凤凰南街与民族南街交会处（十二中西侧）	普通住宅
建元鹿先生的洋房	银川	兴庆区	兴庆区上海东路与丽景北街交会处向东 200 米	普通住宅、公寓、商铺
富地清华府	银川	兴庆区	兴庆区长城路与利民街交会处	普通住宅、写字楼、商铺
银川恒大天宸	银川	兴庆区	兴庆区丽景北街与海宝路交会处向东 600 米	普通住宅、商铺
京能凤凰尚筑	银川	兴庆区	兴庆区天平北街京能天下川小区西门	普通住宅
天山海世界·黄河明珠	银川	兴庆区	兴庆区滨河黄河大桥以北，黄河以东，滨河旅游大道以西	普通住宅、公寓、别墅、商铺
兴庆天山熙湖	银川	兴庆区	兴庆区大连路与虹桥路交会处向东 300 米	普通住宅
吉泰璞樾台	银川	兴庆区	兴庆区贺兰山路与民族北街交会处	普通住宅、商铺
北塔书院	银川	兴庆区	兴庆区民族北街玺云台北区东侧（景博学校旁）	普通住宅、公寓
碧桂园天誉	银川	兴庆区	兴庆区解放街与友爱路交会处向东 50 米	普通住宅
鹿先生 3 期	银川	兴庆区	兴庆区丽景北街满春家园向南 200 米	普通住宅、公寓、商铺
万科城市之光	银川	兴庆区	兴庆区北京东路与友爱街交会处向东 500 米	普通住宅
碧桂园·幸福印记	银川	兴庆区	兴庆区清和南街武警医院向南 600 米	普通住宅
吉泰·紫樾台	银川	兴庆区	兴庆区友爱路与海宝路交会处向东 300 米	普通住宅、商铺
融创·枫丹壹号	银川	兴庆区	兴庆区北塔湖东·海宝路与丽景街交会处	普通住宅、商铺
云鼎雅苑	银川	兴庆区	兴庆区海宝路与中山北街交会处（金三角加油站西侧）	普通住宅
澳海熙和府	银川	兴庆区	兴庆区宝湖路和清和街交会处	普通住宅
香溪美地	银川	金凤区	金凤区宁安大街与宝湖西路交会处	普通住宅
未来城四期	银川	金凤区	金凤区上海路与福州北街交会处	普通住宅
吉泰润园	银川	金凤区	金凤区上海西路与亲水大街交会处（陶然水岸北侧 500 米）	普通住宅
宝湖天下	银川	金凤区	金凤区正源南街以东，宝湖西路以北，宝湖公园西侧	普通住宅、别墅
悦海湾	银川	金凤区	金凤区亲水大街西侧，阅海东岸	普通住宅、公寓、写字楼、建筑综合体
花样年华南区	银川	金凤区	金凤区关三街（良田新百大卖场南 100 米）	普通住宅
绿地凤凰城	银川	金凤区	福州北街与上海路金凤区交会处向北 1000 米	普通住宅、商铺
银川国奥村	银川	金凤区	金凤区宁安大街和宝湖路交叉口东南角	普通住宅、别墅、商铺
银川绿地城	银川	金凤区	金凤区贺兰山路与亲水北大街十字西北角	普通住宅
幸福枫景	银川	金凤区	金凤区贺兰山路以南，亲水大街以西	普通住宅、别墅、商铺
御景湖城	银川	金凤区	金凤区亲水大街与湖畔路交会处向东 200 米	普通住宅、商铺
建发枫林湾	银川	金凤区	金凤区宁安大街与盈南巷交会处	普通住宅、公寓、商铺
金域蓝湾·耀徕	银川	金凤区	金凤区凤凰南街与六盘山路交会处向西 300 米	普通住宅
金地花园	银川	金凤区	金凤区福州南街与黄河路交会处北侧	普通住宅、写字楼、商铺
领世湖城	银川	金凤区	金凤区银盛路领世湖城	普通住宅、公寓、写字楼
建发大阅城涉外公寓	银川	金凤区	金凤区贺兰山路与正源北街交会处向北 800 米	普通住宅、公寓、写字楼、商铺
宝湖锦都	银川	金凤区	金凤区宝湖路与塔渠街交会处向南 200 米	普通住宅
天嘉人和里	银川	金凤区	金凤区北京路与满城街交会处向北 200 米	普通住宅、公寓
颐和香醍湾	银川	金凤区	金凤区长城路与凤翔街交会处	普通住宅、公寓、别墅
金凤天山熙湖	银川	金凤区	金凤区亲水大街与长城路交会处向南 150 米	普通住宅
世茂悦海国际社区·悦玺	银川	金凤区	金凤区正源街与沈阳路交会处	普通住宅、别墅
军安家园	银川	金凤区	金凤区六盘山路与李银路交会处南 1000 米明德小学西侧	普通住宅、政策房

楼盘名称	城市名称	城区	地址	物业类型
天山 · 国宾壹号	银川	金凤区	金凤区金凤十街与金凤十六路交会处南	普通住宅、别墅
碧桂园 · 山海湾	银川	金凤区	金凤区亲水北大街，绿博园对面	普通住宅
碧桂园 · 翡翠湾	银川	金凤区	金凤区六盘山路与凤凰街交会处往西 600 米	普通住宅、商铺
碧桂园 · 嘉誉里	银川	金凤区	金凤区长城路与福州路交会处东南侧	普通住宅
中梁御府	银川	金凤区	金凤区凤凰街与六盘山路交会处向西 200 米	普通住宅、商铺
泰安世家	银川	金凤区	金凤区长城路与通达街交会处向南 200 米	普通住宅
世茂 · 悦海院子	银川	金凤区	金凤区后海路与民悦街交会处（市民大厅正东侧）	普通住宅、别墅、自住型商品房
汇融 · 静园	银川	金凤区	金凤区亲水大街与亲宁巷交会处	普通住宅
万科翡翠公园	银川	金凤区	金凤区宝湖中路与宁安大街交会处	普通住宅、别墅、商铺
悦海 · 天润府	银川	金凤区	金凤区北京中路以北 文化城以西	普通住宅、商铺
华远旭辉 · 江南赋	银川	金凤区	金凤区培华路与亲水街十字交会处向西 300 米	普通住宅、别墅
中海铂悦公馆	银川	金凤区	金凤区凤凰街与六盘山路交会处向西 1000 米	普通住宅
中海悦府	银川	金凤区	金凤区贺兰山路新九中旁	普通住宅
万科锦宸	银川	金凤区	金凤区正源北街与贺兰山路交会处(自治区人民医院东侧)	普通住宅、别墅
世茂悦海里	银川	金凤区	金凤区大连路与民悦街交会处向北 500 米（市民大厅正东侧）	普通住宅、公寓、写字楼、商铺
嘉悦城	银川	金凤区	金凤区通达南街与宝湖路交会处	普通住宅、公寓、写字楼、酒店式公寓、商铺、建筑综合体、自住型商品房
天山国府壹号	银川	金凤区	金凤区满城北街与培华路交会处向东 200 米	普通住宅
万科理想城	银川	金凤区	金凤区彩云街与凤翔街交会处	普通住宅
澳海雍宁府	银川	金凤区	金凤区贺兰山路与通达街交会处	普通住宅
鲁银 · 泷玺	银川	金凤区	金凤区宝湖路与康银巷交会处向南 500 米处	普通住宅
舜天嘉园	银川	西夏区	西夏区文萃南街 233 号	普通住宅、商铺
国购名城	银川	西夏区	西夏区文昌北街与学院西路交会处	普通住宅、公寓、商铺
建发兴洲花园	银川	西夏区	西夏区学院路与丽子园街交会处	普通住宅、商铺
西萃芳庭	银川	西夏区	西夏区黄河路与文萃街交会处向北 100 米	普通住宅
润发兰庭	银川	西夏区	西夏区老火车北侧（兴州北街与贺兰山路交会处）	普通住宅
澳海 · 御山府	银川	西夏区	西夏区北京西路北侧	别墅
银子湖水都	银川	永宁县	永宁县望远双庆路与唐徕渠交会处	普通住宅、商铺
民生城	银川	永宁县	永宁县六盘山路以南李银路与双庆路交会处	普通住宅
庆丰御锦湾	银川	永宁县	永宁县六盘山路与金凤十三街交会处向南 800 米	普通住宅
三沙源景舍	银川	永宁县	永宁县永宁快速通道西侧	普通住宅、别墅
芙蓉古城	银川	永宁县	永宁县观湖路与宁昌街交会处鹤泉湖湿地公园旁	别墅
银川院子	银川	永宁县	永宁县正源南街高铁银川东站旁	别墅
泰和地中海	银川	贺兰县	贺兰县德胜西路与唐徕渠交会处	普通住宅、别墅
月湖名邸	银川	贺兰县	贺兰县桃源路月湖名邸 1 号	普通住宅、商铺
宝庆国际花园	银川	贺兰县	贺兰县 109 国道以西，光明西路以南（贺兰县新建客运汽车站斜对面）	普通住宅、公寓、别墅、商铺
长城惠兰园	银川	贺兰县	贺兰县桃林南街和利民路交会处	普通住宅
美茵湖城	银川	贺兰县	贺兰县 109 国道与纬一路交会处（北绕城高速路口向北 800 米）	普通住宅
月湖荣庭	银川	贺兰县	贺兰县富兴北街与纬二路交会处	普通住宅
中城 · 奥莱小镇	银川	贺兰县	贺兰县正源北街与园艺路交会处向东 1000 米	普通住宅、公寓、别墅
翡翠中央	银川	贺兰县	贺兰县德胜 109 国道与丰庆路交会处西北角	普通住宅
君临天下	银川	贺兰县	贺兰县虹桥路与大连路交会处	普通住宅、商铺
银大蔚未来	银川	贺兰县	贺兰县意湖路与贺立公路交会处西侧	普通住宅
天鹅湖小镇东区	银川	贺兰县	德胜商住区贺兰山路与虹桥路交会处东北角	普通住宅
金盛阅景	银川	贺兰县	贺兰县德胜西路(八号）与 109 国道交会处(枸杞馆对面）	普通住宅
海亮滨河壹号	银川	贺兰县	贺兰县海宝公园北侧	普通住宅
银川恒大御景半岛	银川	贺兰县	贺兰县贺兰山路与民族街交会处向西 200 米艾依河北岸	普通住宅
派胜沁园	银川	贺兰县	贺兰县虹桥路与富民路交会处向东 150 米	普通住宅、商铺
新思维幸福小城	银川	贺兰县	贺兰县大连路与友爱路交会北行 200 米	普通住宅、别墅、自住型商品房

楼盘名称	城市名称	城区	地址	物业类型
中房悦然居	银川	贺兰县	贺兰县虹桥路与沈阳路交会处向南400米（宁夏交通学校对面）	普通住宅
虹桥御景	银川	贺兰县	贺兰县大连路与虹桥路交会处向西100米	普通住宅、商铺
公园华府	银川	贺兰县	贺兰县贺兰山东路与天平街交会处东北角处	普通住宅
贺兰碧桂园	银川	贺兰县	贺兰县109国道与桃源路交会处	普通住宅
凤凰华府	银川	贺兰县	贺兰县贺兰山路与凤凰街交会处西北角	普通住宅、政策房、商铺
万科翡翠湖望	银川	贺兰县	贺兰县虹桥街与贺兰山路交会处向北300米	普通住宅
绿城·桃李春风	银川	贺兰县	贺兰县正源街与北绕城交会处向北600米	普通住宅、别墅
正丰·海德家园	银川	贺兰县	贺兰县唐徕渠与大连路交会处东北角	普通住宅
民生·兴庆府2号院	银川	贺兰县	贺兰山路与虹桥路贺兰县交会处向西100米	普通住宅
金宇凤徕湾	银川	兴庆区	兴庆区六盘山路与凤凰街交会处东南角	普通住宅、商铺、自住型商品房
吾悦和府	银川	兴庆区	兴庆区银通路与友爱街交会处东行300米	普通住宅

金域蓝湾·耀徕

- 2019年 - 中国城市楼盘年鉴 典型项目

银川　生态宜居　口碑项目　区域热盘

金域蓝湾·耀徕项目位于银川市金凤区城南七子连湖畔，由宁夏德融房地产开发有限公司开发，建筑面积 323000 万平方米，占地面积 107900 平方米。

项目地址：
银川市金凤区凤凰街与六盘山路路口交会处向西 300 米

开发商：
宁夏德融房地产开发有限公司

建筑类型：
高层

主力户型：
120 平方米三居、130 平方米四居

周边配套：
七子连湖、唐徕公园、银川中医院（在建）

参考价格：
一标段 5500 元 / 平方米、二标段 6300 元 / 平方米

楼盘优势：
位于七子连湖边，临近唐徕公园，相邻新华商圈、宝湖商圈。

专家点评

邓宇·宁夏大学房地产研究所副所长、教授

金域蓝湾·耀徕项目是金凤区城南区域的主力项目之一，项目产品兼具刚需和改善的双重属性，不仅为银川的改善客提供了更多的选择，也为银川的刚需族带来了买房机遇。同时，项目经典的户型设计实力，印证着开发商「高性价比」的承诺。

项目解析

【区域维度】

金域蓝湾·耀徕项目位于金凤区城南。2012年，银川政府提出给予金凤区南部优先开发策略，致力于将该区打造成"银川城市中央居住区"。该区域坐拥2666666平方米七十二连湖，生态环境良好；区域内有宝湖路、六盘山路、南绕城高速等交通干道，架起了城南交通的主要脉络；区域内规划了11所小学、5所初中，银川市中医院新建项目已经封顶，并且已经规划大型商业……城南开始蜕变成为覆盖多元化业态的城市副中心、一个适宜居住的CLD中央生态居住区。

【品牌维度】

宁夏德融房地产开发有限公司于2011年5月13日注册成立，公司积极实施品牌战略，秉承"德被四方，融懿天下"的企业理念和"以人为本，以德为基，融合共赢"的企业价值观，坚持"产品是品质和诚信融合"的经营方针，视诚信为企业的生命。公司创新经营理念，完善住宅使用功能，营造绿色、环保、和谐的人居环境，打造有特色、有生命力的精品楼盘；实行项目建设管理"四制"，明确项目法人单位的责任，选择高资质、高水平的策划、设计、监理、施工单位进行建设项目的策划、设计、监理和施工。同时，还将宁夏中石油职工住房作为精品商品房来建设，狠抓质量管理，完善配套建设，为刚需群体营造理想家园，共享改革发展成果。

【口碑维度】

金域蓝湾·耀徕项目位于银川市城南板块，其开发商宁夏德融房地产是早期进军城南区域的开发商之一，也是目前该区域内为数不多的本地房企之一。项目2018年9月第一批次开盘，2019年8月第二批次开盘，两次开盘现场均"人满为患"，颇受银川购房者的青睐。

此外，在追求和促进经济发展的同时，宁夏德融房地产还注重社会效益，致力于造福百姓、服务商户事业，以高性价比打造好产品。其着力打造的金域蓝湾品牌，经过多年积累，已成为银川城南区域热销的项目之一。

【产品维度】

金域蓝湾·耀徕总建筑面积32.3万平方米，项目总规划2046户，是一个超万人的大型生态居住社区。项目主打105~172平方米高层产品，兼顾刚需和改善两种购房需求，户型优势较为突出。105平方米三居室，户型方正，南北通透，空间使用率高，在刚需产品中实属佳品，是深受银川刚需购房者喜爱的户型之一。此外，小区采用坡地式园林景观设计，高低起伏，做到了四季有景、步步是景的效果，使得小区线条分明，贴近大自然。

【销售维度】

金域蓝湾·耀徕共规划建设22栋住宅楼，分三批次开发销售。据宁夏德融房地产公布的销售数据显示，2019年8月17日项目二批次开盘，推售455套房源，吸引了近1000组客户到场选房；认购414套，总解筹率90%，劲销3.5亿元。截至2019年底，一批次房源已全部售罄，二批次在售房源去化率达93%，三批次房源2020年开售。从销售数据来看，金域蓝湾·耀徕已是银川市城南区域热销的项目之一。

更多楼盘详情请扫码查看

天山国府壹号

· 2019年 ·
中国城市楼盘年鉴
主题项目

银川 生态宜居 品牌项目 区域热盘

天山国府壹号项目位于银川市金凤区满城北街与培华路交会处向东 100 米，由银川天山置业有限公司开发，建筑面积 182119 平方米，占地面积 109222 平方米。

项目地址：
金凤区满城北街与培华路交会处向东 100 米

开发商：
银川天山置业有限公司

建筑类型：
洋房

主力户型：
130 平方米、145 平方米、170 平方米三居

周边配套：
阅海湾 CBD、阅海湖、银川九中

参考价格：
8200~9500 元 / 平方米

楼盘优势：
隶属城北阅海湾 CBD 板块，临近阅海湖湿地公园、典农河、金凤万达商圈。

专家点评

邓宇·宁夏大学房地产研究所副所长、教授

天山国府壹号是天山集团进驻银川的第五个高阶改善产品，同时也是天山水系洋房产品中的迭代升级之作。产品以一脉、两翼、三路、五进的格局打造，将水系洋房特点尽显无疑，是城北高端改善的项目置业首选择。

项目解析

【区域维度】

天山国府壹号位于金凤城北，银川九中旁。自2003年银川市政府北迁以来，城北便进入高速发展期。先天优势方面，该区域坐拥典农河阅海湖，湖泊水系资源丰富生态环境良好。交通方面区域内贺兰山路、亲水大街、满城街等交通主干道四通八达。同时，为打通城北交通路网，银川中北部城市综合改造工程已相继开始施工。配套方面，近年来，随着阅海湾商务中心、丝路经济园、自治区人民医院、北京师范大学银川学校等多项重大工程及基础配套设施的开发落成，银川城北湿地生态居住区建设不断提速。

【品牌维度】

2019年9月19日，天山房地产开发集团有限公司凭借强劲的竞争力，荣获“2019中国房地产开发企业品牌价值100强”“2019中国房地产开发企业品牌价值华北10强”。天山集团深耕河北，历经39年发展，产业已遍布京津冀、香港、上海、山东、陕西、宁夏、江苏等十多个省市、地区，并落子新加坡等海外国家。2010年，天山发展（控股）有限公司于香港联合交易所主板上市，经营规模和综合实力稳居行业前列。在房地产市场中创造一个个销售佳绩的同时，企业品牌与业主口碑也屡创佳话，品牌价值在不断积累中稳步攀升。

【口碑维度】

天山集团2016年进驻银川，先后推出五大项目，其中包括两个水系洋房产品——天山熙湖、银川首个合院项目天山国宾壹号，以及宁夏庆祝新中国成立60周年重点项目天山海世界黄河明珠，2019年阅海板块的全新升级作品天山国府壹号。天山熙湖作为天山的明星产品，承担排头兵的角色、打开银川市场，自2017年开盘以来，便成为金凤区、兴庆区的热销项目。随着天山国宾壹号于2018年推出，凭借独有的合院产品和优质地段，将天山的品牌实力和口碑推向新高度。2019年天山国府壹号面市，天山集团已是银川房地产市场不可或缺的存在。

【产品维度】

天山国府壹号项目总建筑面积182119平方米，共23栋洋房，其中22栋商住楼、1栋9班双语幼儿园，沿培华路和景观路布置1层至2层商业。社区整体设计秉承一脉、两翼、三路、五进规制格局，“两边高、中间低”以一脉中轴水系界分东西两园，环社区水系建有一条亲水步道以及一条环湖跑道，内湖两端设两座水上观景亭，园林规划儿童游乐、亲子互动、长者颐养、访客会谈、邻里交流五重功能区。户型以130平方米、145平方米、170平方米三居为主，设计方正，南北通透，全明大开间，一经面世，便吸引了众多购房者。

【销售维度】

天山国府壹号于2019年10月13日开盘。作为银川城北九中板块罕有的水系洋房项目，一经开盘便成为城北高端改善产品中独有的存在。项目总规划房源865套，首次开盘洋房128套，做到了开盘即售罄。随后连续加推了23号楼，解筹率达到85%以上。项目自开盘以来，销售捷报频传，当前已是银川城北区域热销项目之一。

更多楼盘详情请扫码查看

山东省

2019年济南房地产市场总结

行业发展历程

一、城市概述

济南是山东省省会、副省级市、济南都市圈核心城市、国务院批复确定的环渤海地区南翼的中心城市。截至2018年，全市下辖十区两县，总面积10244平方千米，建成区面积561平方千米，常住人口746.04万人，城镇人口537.89万人，城镇化率72.1%。

济南地处中国华东地区、山东中西部、华北平原东部边缘，是山东半岛城市群核心城市，北连首都经济圈、南接长三角经济圈，东西连山东半岛，是环渤海经济区和京沪经济轴上的重要交会点，环渤海地区和黄河中下游地区中心城市之一。

二、行业现状

2019年，济南房地产市场走势基本平稳。8月开始，市场出现一定降温。与此同时，济南市场整体库存基本平衡，但区域库存分化明显。

三、政策环境

在“房住不炒”的核心理念之下，2019年济南楼市平稳推进，并未发布重磅政策调控楼市，针对人才落户门槛有所降低，《关于规范全市新建商品房委托销售行为的通知》坚决打击查处承销机构变相收取购房人佣金，向购房人收取“团购费、入会费、诚意金、服务费、电商费”等不计入房款费用的行为，对楼市有一定程度的刺激。

四、土地市场

2019年上半年，多宗土地进入多轮甚至百轮竞价，土地溢价率不断上升，四宗土地走入竞配建政府储备性安置房环节，但从7月开始，土地交易市场再次进入底价成交的常态，甚至出现多宗地块出让终止和流拍的情况。

五、房企布局

从房企在济南的土地储备情况来看，部分开发商布局战略有所调整。历城区、高新区成房企聚集地，有中粮、鑫都等新朋友入驻，也有房企转战其他板块。历下区、历城区楼面均价破万元，华南、中骏、汇统、中建、鑫苑、金地、海信等房企均在此摘地，众多知名房地产项目将在此集中亮相。

六、房产行业发展历程

从1950年《济南市都市计划纲要》的出台，到1980年济南发布首个经国务院正式批复的城市总体规划，再到1996年济南“总规”提出区域中心城市定位，济南这座城市不断“长大”。2003年，济南“东拓、西进、南控、北跨、中疏”城市空间发展战略十字方针确定，16年时间里，“东拓”“西进”照进现实，长清大学城、济南西站、CBD、唐冶、新东站、彩石等片区以日日新的建设速度发展壮大。

城市年度市场解读

一、本地新政

1.人才落户门槛降低

2019年8月5日，济南市人民政府网站挂出《济南市人民政府关于进一步做好促进就业创业工作的实施意见》政策解读，其中提到“落户零门槛”：具有国家承认的专科及以上学历人员，或初级以上专业技术职务资格，或四级以上职业资格的人员，凭有效身份证件、学历证明或技术技能资格证明即可“零门槛”落户，大专落户济南不再“卡”社保。

2. 大力规范市场秩序

2019 年 12 月 5 日，济南市住房城乡建设局印发《关于规范全市新建商品房委托销售行为的通知》，明确要坚决打击查处承销机构变相收取购房人佣金，向购房人收取“团购费、入会费、诚意金、服务费、电商费”等不计入房款费用的行为，存在违法违规行为且拒不整改的企业，将被暂停网签、中止销售并记入企业不良行为诚信档案，情节严重的列入黑名单。

二、年度土地供应

2019 年，济南市供应住宅、商业商务及文化用地共计 138 宗（其中 3 宗于 2020 年 1 月成交），总面积 5752470.4 平方米，折合约 8629 亩，其中居住（含商住混合）地块 94 宗，共计约 6104 亩。

三、年度土地成交

2019 年，济南市共成交住宅、商业商务及文化用地 127 宗（其中 3 宗为 2018 年供应土地），总面积 5348107.8 平方米，折合约 8022 亩，成交总金额 6100395.43 万元。其中，居住（含商住混合）地块 87 宗，共计约 5661 亩，成交总金额约 5334897.43 万元；商业商务（不含商住混合）地块 38 宗，面积约 1880 亩；文化用地 2 宗，约 481 亩。2019 年济南流拍土地 11 宗。

2019 年土地成交量为近 5 年最低，土地市场受二级下行影响明显。从成交土地结构来看，未来王舍人片区、奥体中路、白马山、章锦—彩石片区为市场新增供应较多的片区，从容积率来看，2.0 左右容积率为主要成交，仅在章锦—彩石片区和白马山附近有少量低容积率土地，未来这两个片区为市场主力新增改善产品区域。

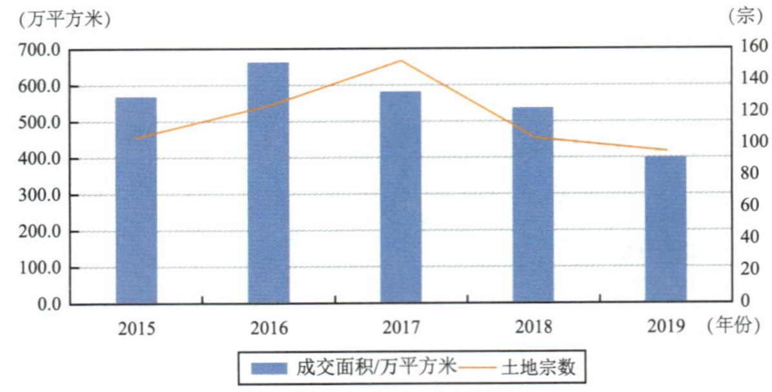

图 2-66　2015~2019 年济南土地成交面积及宗数

四、年度住宅供应

针对 2019 年住宅供应量，有业内人士表示，以 3 的容积率来算的话，约有 1200 万平方米住宅进入市场。考虑到一些低密度的洋房别墅等，会有 1000 万平方米左右的普通住宅进入市场，相对于对土地的需求来说，2019 年住宅用地供应量总体平衡偏紧张。截至 12 月初，雪山、张马、孙村等东部片区土地供应及土地成交最多，未来可能会形成新的城区。

五、年度住宅成交

综合近 5 年的成交数据来看，济南商品房成交量整体呈下降趋势。以 2016 年为分水岭，2016 年之前，年度成交套数增长迅速，2016~2018 年呈下降趋势，并逐年递减，2019 年略有回升。

根据备案数据统计，2019 年全年济南市新建商品房成交量总计为 137699 套。其中住宅共 80646 套，地下室共 35021 套，商业用房 7400 套，车库 5814 套，办公 7631 套，公寓 244 套，厂房 271 套，其他 1265 套。

2019 年济南商品房成交整体平稳，除上半年出现短暂“小阳春”外，其余月份成交量仅有小幅波动。其中 4 月成交量最高，共有 14607 套，另外受春节假期等因素的影响，2 月共成交 5417 套，为全年最低值。

“金三银四”通常是房企销售的重要节点，另外，受金融政策、需求释放、落户、推盘量等多重因素影响，2019 年 3 月商品房成交量大幅上升，并在 4 月达到全年的峰值。但进入 2019 下半年以来，鉴于政策环境整体偏紧，且济南楼市迎大量的新盘入市，开发商之间竞争激烈，购房者观望情绪加重，市场成交表现整体平稳。其中 9 月为下半年的小转折，短暂性上涨后迅速回落，10 月至 12 月逐渐回暖。

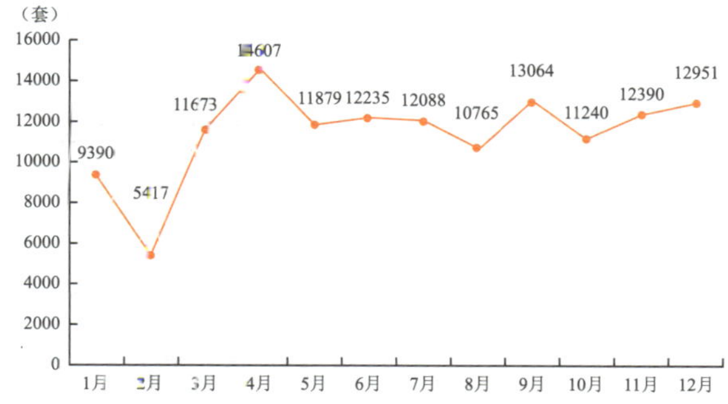

图 2-67　2019 年济南市商品房月度成交走势

六、区域成交表现

在成交金额 TOP10 的项目中，历城区依然一马当先，有 7 个项目上榜，历下、市中和高新区分别有 1 个项目。不难发现，上榜的项目中，刚需盘占据了半壁江山。

从开盘加推来看，2019 年度历城区 41 个项目 127 次开盘加推约 18035 套房源，远超其他区域，其中历城区潘田片区、王舍人、雪山、唐冶片区为市场主力成交区域。

表 2-35　2019 年济南市七区楼盘成交情况

区域	成交面积（平方米）	成交套数（套）
槐荫	50.86	3941
历下	62.53	4485
天桥	23.77	2085
高新	62.04	4621
历城	284.54	23340
长清	56.16	4571
市中	55.00	4324

七、成交项目排行

据克而瑞数据显示，2019 年度济南楼市新房项目成交榜单中，成交金额最多的是历城区的融创文旅城项目，以 123.59 亿元的成交金额稳坐榜首，紧随其后的是历城区的另一个超级大盘——中海华山珑城项目，成交金额为 108.34 亿元。获得季军的是历下区的银丰玖玺城项目，成交金额为 43.22 亿元，虽位居第三名但与中海的成交金额差了约 65 亿元。

另外，中新锦绣天地、万科山望、中新国际城、劝学里、新城香溢华庭、天鸿公园大道、玖唐府项目也跻身前十。不难发现，融创文旅城项目和中海华山珑城项目的成交金额几乎占据了上榜所有项目成交金额的一半，“头部房企”时代或已到来。

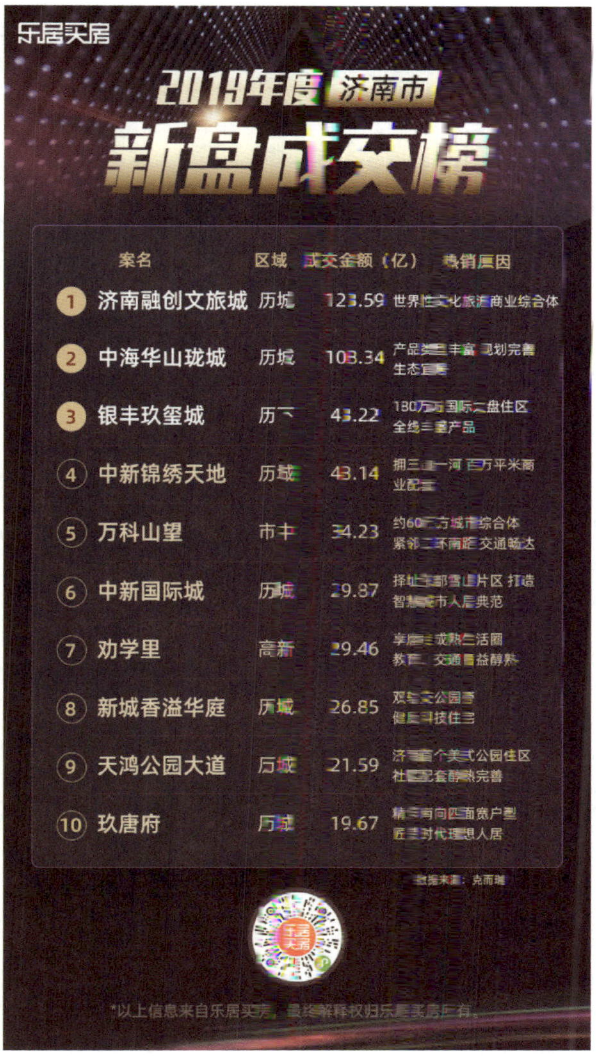

八、年度房价走势分析

2019 年上半年，全市商品住宅的套均总价为 176 万元（包含章丘和济阳），套均面积 126 平方米，但从具体项目来看，不同区域和品质的项目面积和总价的差异较大，分化明显。

根据国家统计局公布的 2019 年 11 月《70 个大中城市商品住宅销售价格变动情况》，山东纳入统计的四个城市中，济宁、烟台新房房价继续上涨，济南新房四连降，其中，济南 11 月环比下降 0.7%，同比上涨 2.1%；在二手房市场，济南、青岛再次出现降价，其中，济南 11 月环比下降 0.6%，同比下降 1.3%，连续 8 个月出现降价现象。

九、未来展望

在“房住不炒”基调和“三稳”背景下，济南 2020 年的限售政策预计不会提档升级，但亦暂时不会放开，2020 年楼市依然会是调整状态。

此外，为推动经济持续快速发展，进一步提升城市竞争力，不排除人才政策继续发力、惠及层次更加宽泛，落户政策更加宽松的可能。

十、市场预期

2020 年房地产“量跌价稳”是大概率事件，从季度间变动趋势来看，“小阳春”期间或有小幅回升，2020 年第一季度销售增速或延续 2019 年第四季度的走弱态势，第二季度开始边际回升，第三、第四季度持续上行，全年整体呈现“前低后高”走势；从政策方面来看，市场仍然以稳为主，2020 年房地产销售整体仍将保持平稳。

从济南热点项目区域来看，新东站片区、张马屯片区、雪山片区、唐冶片区仍是供应大区，刚需盘价格预计与 2019 年持平，市中白马山片区属于价值洼地，意向购房人群也可以关注。

数据来源：济南住宅与房地产信息网、济南公共资源交易中心、济南克而瑞。

2019 年济南房地产在售楼盘概览

楼盘名称	城市名称	城区	地址	物业类型
蓝光·雍锦半岛	济南	市中区	市中区经十路与阳光新路交会处南行2公里	别墅
济南鲁能领秀城	济南	市中区	市中区舜耕路与二环南路交叉口	普通住宅
中海国际社区	济南	市中区	市中区二环南路与阳光新路交会处南行约 800 米	普通住宅、公寓、别墅、商业
绿地中心	济南	市中区	市中区共青团路以北、顺河高架桥以东	公寓、办公、商业、建筑综合体
鲁能漫山香墅·麓府	济南	市中区	市中区舜耕路南首领秀城内泉子山下	别墅
华润城·仰山	济南	市中区	市中区舜耕路与二环南路交会处东行2公里路北	别墅
融汇城	济南	市中区	市中区二环西路与刘长山路交会处	普通住宅、公寓、商业、建筑综合体
国华新经典	济南	市中区	市中区兴济河以北、蝎子山以南、兴隆村以西、鲁能训练场北	普通住宅
绿地国际城	济南	市中区	市中区济微路与文庄路交叉口南行100 米路东	普通住宅
四建美林花园	济南	市中区	市中区舜德路 1 号舜世路与舜德路交会处西南角	普通住宅
恒大睿城	济南	市中区	市中区济南大学西300 米（市中区二环南路和南辛庄西路交会处西行 200米）	普通住宅、公寓
领秀城贵和金街	济南	市中区	市中区舜耕路与二环南路交会处	公寓、办公、酒店式公寓、商业
绿地新里城	济南	市中区	市中区英雄山路与二环南路交会处南行 1.5 公里（省电科院对过）	普通住宅
万科悦峰中心	济南	市中区	市中区八一立交桥西南角	办公
华润置地公元九里	济南	市中区	市中区二环南路与小姑山路交会处北行	普通住宅
旭辉银盛泰·博观山悦	济南	市中区	市中区旅游路阳光舜城内天泰太阳树东临	普通住宅
绿地国际城·佳荷明都	济南	市中区	市中区文庄路与104 国道交会处	普通住宅
万科山望	济南	市中区	市中区英雄山路与二环南路交会口向南 1800 米路西	普通住宅
领秀 e 中心	济南	市中区	市中区二环南路与舜耕路交会处向南300 米路东	办公
融汇城·锦绣里	济南	市中区	市中区二环西路与刘长山路交会处(刘长山路与拥军路交会处南行1000米)	普通住宅
中南樾府	济南	市中区	市中区郎茂山路与二环南路交会处东北角	普通住宅
鲁能美丽汇	济南	市中区	市中区鲁能领秀公馆（领秀城贵和南行2000 米）	公寓、办公、商业
中骏天誉	济南	市中区	市中区刘长山路与南辛庄西路交会西行300米	普通住宅
融汇爱都·紫麟台	济南	市中区	市中区领秀城生活区旁、南北康片区对面	别墅
黄金时代广场	济南	历下区	历下区经十路9999号	公寓、办公
世茂国际广场	济南	历下区	历下区黑虎泉北路187号（解放阁以北300米）	办公、酒店式公寓、建筑综合体
黄金·山水郡	济南	历下区	历下区旅游路南浆水泉西路	普通住宅、商业
舜兴东方	济南	历下区	历下区经十路与洪山路交会处南 300米（山东省博物馆南）	普通住宅
金羚开元府	济南	历下区	历下区燕子山西路50 号	普通住宅
大华紫郡	济南	历下区	历下区奥体中心南3.6 公里龙鼎大道西侧	别墅
万科华艺金域华府	济南	历下区	历下区经十路与凤山路交叉口北行约400 米	普通住宅、商业
济南恒大龙奥御苑	济南	历下区	历下区龙鼎大道全运村南	普通住宅
中建·国熙台	济南	历下区	历下区解放路与山大路交会处西行100 米	普通住宅
名悦山庄	济南	历下区	历下区旅游路转山隧道东 30 米路南	普通住宅、别墅
华润中心	济南	历下区	历下区经十东路华润万象城	建筑综合体
旭辉银盛泰·金域蓝山	济南	历下区	历下区凤山路东侧、兴港路北侧	普通住宅
绿地 IFC 中央公馆	济南	历下区	历下区解放东路与茂陵山三号路交会处北行 200米	普通住宅、公寓、酒店式公寓、商业、建筑综合体
黄金·国际广场	济南	历下区	历下区经十东路以南、转山西路 2 号（北首路东）	办公、建筑综合体
和昌水发·新悦广场	济南	历下区	历下区奥体西路与花园东路交会处西北侧（在建地铁 R3 线盛福庄站出口）	公寓、办公、商业
翡翠大观	济南	历下区	历下区花园路与奥体西路交会处向西366 米	普通住宅、商业
祥泰·天泽府	济南	历下区	历下区威海经区大庆路与海埠路交会处	普通住宅

楼盘名称	城市名称	城区	地址	物业类型
齐鲁・百老汇	济南	历下区	历下区解放东路东段省立医院东院往西 300 米路北	公寓、办公、商业
万科大都会	济南	历下区	历下区礼耕路与茂岭三号路交会处	普通住宅
华润置地广场	济南	历下区	历下区工业南路与茂岭二号路交叉口	普通住宅、公寓、办公、商业
万科翡翠公园	济南	历下区	历下区奥体西路和康虹路交会处，万科城市会客厅	普通住宅
龙湖・天璞	济南	历下区	历下区奥体西路与解放东路交会处北 100 米	普通住宅
璟园	济南	历下区	历下区凤山路东侧兴港路南侧	普通住宅
华润置地昆仑御	济南	历下区	历下区工业南路与化纤厂路东南	普通住宅
银丰玖玺城	济南	历下区	历下区经十路与凤凰路交会处	普通住宅
招商・公园1872	济南	历下区	历下区解放东路与奥体西路交会处西行约 100 米路北	普通住宅
仁恒公园世纪	济南	历下区	历下区奥体西路与解放东路交叉口路西	普通住宅
奥体・金茂府	济南	历下区	历下区经十路与凤凰路交会处东北侧	普通住宅
路劲中和广场	济南	历下区	历下区经十路与转山西路交会处东南	公寓、商业
复星国际中心	济南	历下区	历下区姚家东路与解放东路交会处西行北临	普通住宅
中信泰富・济南尊	济南	历下区	历下区工业南路与奥体西路交会处西南	普通住宅
海尔地产天玺	济南	历下区	历下区花园路与化纤厂路交会处	普通住宅
龙湖・CBD光年	济南	历下区	历下区奥体西路与坤顺路交叉口北 100 米	公寓
大华龙悦	济南	历下区	历下区龙奥北路与舜义路交叉口	公寓、酒店式公寓、商业
铂悦・凤犀台	济南	历下区	历下区凤山路与兴港路交会处	普通住宅
建邦财富中心	济南	历下区	历下区经十路奥体西侧、万象城对面	办公、建筑综合体
绿地华隆金座	济南	历下区	历下区工业南路与正丰路交叉口北行 200 米	公寓
绿城・济南兰园	济南	历下区	历下区奥体中路与中林路交会处往东 800 米	普通住宅
永大颐和园	济南	历城区	历城区经十路邢村立交桥西侧建筑大学东临	普通住宅
天鸿万象新天	济南	历城区	历城区刘志远路与工业北路交叉口北临（工业北路 63 号）	普通住宅
济南恒大城	济南	历城区	历城区工业北路 58 号	普通住宅、公寓
九英里颢苑	济南	历城区	历城区经十路 511 号	别墅

楼盘名称	城市名称	城区	地址	物业类型
金桥国际	济南	历城区	历城区洪家楼二环东路和花园路交会处向北 50 米	公寓、办公
和润幸福城	济南	历城区	历城区唐冶新区经十东路与唐冶西路交会处西北侧	普通住宅
祥泰城	济南	历城区	历城区工业北路幸福柳广场西侧	普通住宅
河泰・优山美郡	济南	历城区	历城区世纪大道与凤鸣路交叉口往北 700 米	普通住宅、商业
中海・华山珑城	济南	历城区	历城区小清河北路和二环东路交会处东北部	普通住宅、公寓、别墅、商业
绿地城	济南	历城区	历城区体育中心对面	普通住宅、公寓
路劲・东城	济南	历城区	历城区北园大街与二环东路交叉口西南角	普通住宅
鑫苑・鑫中心	济南	历城区	历城区花园路与华信路交会处，银座华信店旁	普通住宅、公寓、商业、建筑综合体
龙山・希思庄园	济南	历城区	历城区蟠龙山国家森林公园北麓	普通住宅、别墅
温泉公馆	济南	历城区	历城区机场路与温泉路交会处（济钢温泉度假村东临）	别墅、办公
景和山庄	济南	历城区	历城区经十东路与凤鸣路交界处山东建筑大学东邻	普通住宅
中新国际城	济南	历城区	历城区世纪大道与凤鸣路交会处东行八百米路北（体育学院北门）	普通住宅、建筑综合体
加州・东部世界城	济南	历城区	历城区机场路与虞山大道交会处往东 1000 米	普通住宅、别墅、办公、商业、建筑综合体
鲁能泰山 7 号	济南	历城区	历城区世纪大道与龙凤山路交界处北行 500 米	普通住宅
龙湖春江郦城	济南	历城区	历城区经十与韩仓河西路交界口路北	普通住宅、商业
中新・锦绣天地	济南	历城区	历城区世纪大道与凤鸣路交会处东行 500 米（体育学院北门正对面）	普通住宅
万科海右府	济南	历城区	历城区奥体中路与工业北路交会处南行 500 米路东	普通住宅、别墅
翡丽公馆	济南	历城区	历城区新东站片区工业北路与凤凰路交会处	普通住宅
唐冶院士谷	济南	历城区	历城区唐冶西路与世纪大道交会处以西	公寓、别墅、办公
中铁城	济南	历城区	历城区蟠龙山森林公园以北、经十东路以南、旅游路以北	普通住宅、别墅
济南融创文旅城	济南	历城区	历城区经十东路与凤鸣路交会处东南角（山东建筑大学南门对面）	普通住宅
东 8 区・企业公园	济南	历城区	历城区世纪大道以北、唐冶中路以东、贞观街以南、唐冶山北侧	公寓、别墅、办公

楼盘名称	城市名称	城区	地址	物业类型
荣盛华府	济南	历城区	历城区郭董路与虞山大道交会处北行200米	普通住宅
帝华广场	济南	历城区	历城区经十东路唐冶立交桥北行400米	公寓、办公
碧桂园CLD凤凰首府	济南	历城区	历城区山师大附中幸福柳分校北侧	普通住宅、别墅
荣盛时代首府	济南	历城区	历城区全福立交桥西北角	普通住宅
玖唐府	济南	历城区	历城区唐冶新区龙凤山路以东、唐冶西路以西、贞观街南侧	普通住宅
中海御景台	济南	历城区	历城区华山片区东部位置卧牛山路以东，卧中路以西	普通住宅
鲁商凤凰广场	济南	历城区	历城区经十路与唐冶中路交会处西北角	商业
新城香溢华庭	济南	历城区	历城区山师大附中幸福柳分校北侧	普通住宅
万科翡翠山语公馆	济南	历城区	历城区唐冶兴元街与围子山路交会处、历城二中(新校区)对面	普通住宅、别墅
旭辉银盛泰·星瀚城	济南	历城区	历城区凤鸣路与飞跃大道交会处东北角	普通住宅
祥泰城·鼎峰	济南	历城区	历城区工业北路幸福柳广场西	普通住宅
龙湖景粼原著	济南	历城区	历城区世纪大道与围子山路交界路口	普通住宅、别墅
观山壹号院	济南	历城区	历城区经十东路省科学院西临	普通住宅
天鸿公园大道	济南	历城区	历城区工业北路东段	普通住宅、商业
万科正荣·天宸	济南	历城区	历城区开源中路以北、幸福柳路以东（规划中奥体中路延长线以东）	普通住宅
济南魅力之城	济南	历城区	历城区工业北路与张马大街交会处北行1000米	普通住宅
温泉小镇·温泉郡	济南	历城区	历城区温泉路与温泉中路交会处以东	普通住宅、别墅
龙湖·九里晴川	济南	历城区	历城区体育公园东临	别墅
公园学府	济南	历城区	历城区响泉路与张马大街交会处	普通住宅
金地越秀·凤鸣艺境	济南	历城区	历城区凤鸣路与飞跃大道交会处东行600米路北	普通住宅、别墅
和润尚东企业公馆	济南	历城区	历城区唐冶新区世纪大道与唐冶东路交会处北400米路西	公寓、办公
雪山·金茂逸墅	济南	历城区	历城区飞跃大道与凤鸣路交叉口东行300米路北	普通住宅、别墅
正荣悦棠府	济南	历城区	历城区开源中路以北、幸福柳路以东	普通住宅、公寓、商业
中海·云著	济南	历城区	历城区二环东路将军路石门小区对面	普通住宅、商业
唐冶新城悦隽风华	济南	历城区	历城区唐冶历城二中新校区东（围子山路与兴元街交会处）	普通住宅
保利·和唐悦色	济南	历城区	历城区唐冶新区龙凤山路与飞跃大道交会处	普通住宅、别墅
时代公馆	济南	历城区	历城区碧桂园CLD凤凰首府北800米	普通住宅
远洋·天著春秋	济南	历城区	历城区围子山路与世纪大道交会处北1000米	普通住宅、别墅
海潮汇	济南	历城区	历城区唐冶中路以东、兴元街以南	公寓、办公、商业
中海珑湾	济南	历城区	历城区二环东路与小清河北路交会处北行900米	普通住宅
锦悦府	济南	历城区	历城区张马大街（规划）与开源中路（规划）交会处	普通住宅
璟樾	济南	历城区	历城区奥体中路北延长线北（规划中）西侧、白泉华山西道（规划中）南侧	普通住宅、商业
电建洺悦府	济南	历城区	历城区祝舜路与三言中路交叉口	普通住宅
高铁城	济南	历城区	历城区唐冶片区真现街以南，唐冶三路以东、世纪大道以北	普通住宅、公寓、办公
华皓053e	济南	历城区	历城区唐冶新区世纪大道与围子山路交会处西南角	公寓、商业、建筑综合体、商业
融创东山府	济南	历城区	历城区经十路与春龙路交会处南行200米	普通住宅
旅游路金茂府	济南	历城区	历城区经十路以南，旅游路以北、港西路以东	普通住宅、商业
路劲中心	济南	历城区	历城区二环东路与北园大街交会处西南角	公寓
阳光100国际新城	济南	槐荫区	槐荫区阳光新路与卧龙路交会处	普通住宅
蓝石大溪地	济南	槐荫区	槐荫区经十西路2999号	普通住宅、别墅
西城济水上苑北区	济南	槐荫区	槐荫区腊山河西路与德州路交会处西100米路北	普通住宅
金科城	济南	槐荫区	槐荫区政府西（经十路与齐鲁大道交会处）	普通住宅
恒大翡翠华庭	济南	槐荫区	槐荫区威海路与滨州路交会处北行（100米）	普通住宅、公寓
西城·西进时代中心	济南	槐荫区	槐荫区齐鲁大道以西经十路与日照路中间	办公、商业、建筑综合体
济南恒大财富中心	济南	槐荫区	槐荫区淄博路与威海路交会处	办公
财富壹号	济南	槐荫区	槐荫区经一路与二环西路交会处东南	普通住宅、公寓、商业
恒大御峰	济南	槐荫区	槐荫区青岛路与腊山河东路交会处	普通住宅、商业

楼盘名称	城市名称	城区	地址	物业类型
龙湖天琅	济南	槐荫区	槐荫区张庄路与匡山小区中路交界口南100米路东（广友茶城南临）	普通住宅
新城·领寓	济南	槐荫区	槐荫区经十路与腊山北路交会处西行200米	公寓、酒店式公寓、商业
恒大金碧新城四期观澜国际	济南	槐荫区	槐荫区西客站片区威海路与潍坊路交叉口	公寓
绿地欢乐颂	济南	槐荫区	槐荫区党杨路与刘长山路交会处东南侧	公寓
中建·锦绣广场	济南	槐荫区	槐荫区齐鲁大道与青岛路交会处	普通住宅、办公、商业
杨柳春风	济南	槐荫区	槐荫区西部新城西客站片区顺安路和青岛路交会处	普通住宅、公寓、别墅、办公、商业
璀璨悦府	济南	槐荫区	槐荫区二环西路与美里路交叉口西行700米路南	普通住宅
海那城洋房世家	济南	槐荫区	槐荫区西二环美里路555号海那城	普通住宅
地平西棠甲第	济南	槐荫区	槐荫区西二环与张庄路交会处西行200米（宜家西邻）	普通住宅、商业
中骏尚城	济南	槐荫区	槐荫区西客站、长途汽运西站、公交枢纽南100米路西	公寓
中建锦绣首府	济南	槐荫区	槐荫区青岛路与顺安路交会处	普通住宅、别墅
财富时代广场	济南	槐荫区	槐荫区经十路二环里舜和酒店西	公寓、办公
旭辉银盛泰·瑞锦台	济南	槐荫区	槐荫区经十路25299号（市立五院西行约700米）	普通住宅
三庆御园	济南	槐荫区	槐荫区西客站齐州路与兴福寺路交会处（西客站东广场北行100米路西）	普通住宅
保利中科创新广场	济南	槐荫区	槐荫区山东省会大剧院南临	公寓
保利熙悦	济南	槐荫区	槐荫区经十路槐荫区政府北临	普通住宅
畅和苑	济南	槐荫区	槐荫区青岛路与腊山河西路交会处西侧	公寓、商业
善能大厦	济南	槐荫区	槐荫区腊山河西侧，经十路北侧	办公
慢城金街	济南	槐荫区	槐荫区腊山河西路与青岛路交会处东北侧	公寓
远大购物广场	济南	槐荫区	槐荫区威海路和潍坊路东南夹角	公寓、商业
恒大绿洲	济南	长清区	长清区大学路6577号	普通住宅
中建瀛园	济南	长清区	长清区大学城科技园区紫薇路山东艺术学院南临	普通住宅、别墅
建邦·原香溪谷	济南	长清区	长清区大学科技园海棠路5555号	普通住宅、别墅
中建长清湖	济南	长清区	长清区大学科技园区芙蓉路与海棠路交会处	普通住宅、别墅
中建长清湖·瑜园	济南	长清区	长清区大学科技园区芙蓉路与海棠路交会处	别墅
山东高速绿城兰园	济南	长清区	济南市长清区紫薇路中段	普通住宅
银丰南山墅	济南	长清区	长清区峰山路南段交警大队南800米路东	普通住宅、别墅、商业
汇侨城	济南	长清区	长清区经十西路17888号	普通住宅
畅博尚都	济南	长清区	长清区经十西路与玉符街交会处	普通住宅
济水别苑	济南	长清区	长清区大学路和紫薇路交会口向南300米	普通住宅
天风云墅	济南	长清区	长清区紫薇路与丁香路交会处（园博园南门东临）	普通住宅、商业
济南阳光城丽景公馆	济南	长清区	长清区刘长山路延长线地铁R1线赵营站西北400米	普通住宅
庞大城	济南	长清区	长清区经十西路9191号	公寓、别墅、办公、酒店式公寓、商业
中力·御清苑	济南	长清区	长清区玉皇山路与张桥三号路交会处	普通住宅
招商雍和府	济南	长清区	长清区文昌东路以东、大彦街以南、凤凰山以西	普通住宅、别墅
雅居乐锦城	济南	长清区	长清区五峰路与龙泉街交会处	普通住宅
长清世茂广场	济南	长清区	长清区文昌路与清河街交会处西北角	普通住宅
中骏雍景府	济南	长清区	长清区通发大道创促大厦东临	普通住宅
济高观山悦	济南	长清区	长清区创新谷片区海棠路轻轨西侧	普通住宅
海尔产城创云世界	济南	天桥区	天桥区南至北园大街、北至清河南路，东至历黄路、西至顺河高架路	普通住宅、公寓
金科·澜山公馆	济南	天桥区	天桥区济泺路与标山南路交会处（缤纷五洲东临）	普通住宅、公寓、商业、建筑综合体
三箭·瑞景苑	济南	天桥区	天桥区二环北路南侧、药山北侧	普通住宅
海信九麓府	济南	天桥区	天桥区二环西路与二环北路交会处东南角	普通住宅
恒大滨河左岸	济南	天桥区	天桥区小清河北路与水屯路交会处	普通住宅、公寓
锦绣华府	济南	天桥区	天桥区北园大街与三孔桥街交会处（鲁能康桥对面）	普通住宅、商业
荣盛国际高尔夫温泉小镇	济南	天桥区	天桥区北绕城高速与308国道交叉口北（原国科国际高尔夫）	普通住宅、别墅
海信云创中心	济南	天桥区	天桥区二环西路以东、蓝翔中路以北、绕城高速以南	公寓、办公
世茂天悦	济南	天桥区	天桥区西工商河路与天成路交会处	公寓、酒店式公寓、商业、建筑综合体

楼盘名称	城市名称	城区	地址	物业类型
东山美郡	济南	章丘区	章丘区桃花山路与双山北路交叉口（东山小学东临）	普通住宅、别墅
中国中铁·诺德名城	济南	章丘区	章丘区世纪大道南章丘新政务区西临、世纪大道路南	普通住宅
重汽·莱蒙湖	济南	章丘区	章丘区圣井镇经十东路章丘收费站向东两公里处路南	普通住宅、别墅
章丘鲁能公馆	济南	章丘区	章丘区新四中北临（石河街与唐王山东路交会处）	普通住宅、商业
中骏·柏景湾	济南	章丘区	章丘区世纪大道东、山大新址北	普通住宅、别墅
紫郡山庄	济南	章丘区	章丘区经十东路与章莱路交会处南行6公里	别墅
蓝海领航	济南	章丘区	章丘区经十东路蓝海领航电子商务产业园	普通住宅、公寓、别墅、办公、商业、建筑综合体
新城和昌·湖畔樾山	济南	章丘区	章丘区世纪大道与S244省道交会处东北角	普通住宅、别墅
力高·君御华府	济南	章丘区	章丘区百脉泉东约1000米（龙泉路和石河街交会处）	普通住宅
中康绿城百合花园	济南	章丘区	章丘区世纪西路与福康路交会处实验中学西门对面	普通住宅、别墅
中麓府	济南	章丘区	章丘区唐王山路与绣水大街交会处	普通住宅、商业
玖珑府	济南	章丘区	章丘区唐王山路与绣水大街交会处东300米路北	普通住宅
黄金生态城	济南	章丘区	章丘区百脉泉公园北门东行100米路北	普通住宅
众美书香华府	济南	章丘区	章丘文博路齐鲁师范学院对面	普通住宅
三盛璞悦府	济南	章丘区	章丘区双山北路与绣水大街交会处东行300米路南	普通住宅、别墅
融创清照府	济南	章丘区	章丘区双山北路与绣水大街交会处东行500米路北	普通住宅、别墅
百脉悦府	济南	章丘区	章丘区唐王山路与石河街交会处（新四中旁）	普通住宅、别墅、商业
龙山东苑	济南	章丘区	章丘区龙山街道办事处驻地西曹村东临	普通住宅
山能智城	济南	章丘区	章丘区经十东路山东大学龙山校区正南	公寓
世茂山钢国风源墅	济南	章丘区	章丘区工业北路与省道244交会处东南九路15555号	普通住宅、别墅
鑫苑御泉湾	济南	章丘区	章丘区世纪西路与福安路交会处东200米路南	普通住宅、别墅
泰悦盛景	济南	章丘区	章丘区圣井街道办事处经十东路14111号	普通住宅、别墅
国悦瑞府	济南	章丘区	章丘区工业四路与世纪大道交会处南行200米路东	普通住宅

楼盘名称	城市名称	城区	地址	物业类型
海信泮山	济南	章丘区	章丘区新四中东临50米	普通住宅
三盛璞悦湾	济南	章丘区	章丘区世纪东路与山泉路交会处西南角	普通住宅
中铁·逸都国际	济南	高新区	高新区旅游路15399号（旅游路与凤凰路交会处东侧）	普通住宅
重汽·翡翠雅郡	济南	高新区	高新区经十东路孙村立交桥北行800米，春晖路与科创路交叉路口东行（彩虹湖公园北临）	普通住宅、商业
三盛·国际公园	济南	高新区	高新区旅游路南奥体东	普通住宅
海信贤文世家	济南	高新区	高新区工业南路以北、奥体中路以西	普通住宅
高新绿城·玉兰花园	济南	高新区	高新区舜华南路与旅游路交会处	普通住宅
华皓英伦联邦	济南	高新区	高新区舜华南路与旅游路交会处	普通住宅
金汇·瀚玉城	济南	高新区	高新区旅游路与舜华南路交会处向南300米	普通住宅、商业
海信·贤文中心	济南	高新区	高新区工业南路与奥体中路交会处	公寓、办公
中铁·银座尚筑	济南	高新区	高新区旅游路15099号（旅游路与凤凰路交会处）	公寓
汉峪海风	济南	高新区	高新区凤凰路与旅游路交会处东200米	普通住宅
龙湖·奥东11号	济南	高新区	高新区经十路与舜义路交会处	公寓、办公
金科东方博翠	济南	高新区	高新区旅游路与凤凰路交会处南800米路东	普通住宅
创新谷晶格广场	济南	长清区	长清区海棠路8366号	办公
银丰科技公园	济南	高新区	高新区舜泰广场北侧舜华路东侧大山坡公园以南	公寓、别墅、办公
融创望岳府	济南	高新区	高新东区春晖路与科创路交会处向东50米路北	别墅
保利和光山语	济南	高新区	高新区旅游路与凤凰南路交会处南300米	普通住宅
碧桂园凤凰中心	济南	高新区	高新区奥体中路约283米（舜义路77号）	办公
泰禾济南院子	济南	高新区	高新区旅游路与凤凰路交会处南行800米	别墅
万科如园	济南	高新区	高新东区科新路与春暄路交会处	别墅
中铁·逸都阅山	济南	高新区	高新区旅游路与凤凰路交会处东行100米	普通住宅
劝学里	济南	高新区	高新区飞跃大道与围子山路交会处东北侧	普通住宅
龙湖春江彼岸	济南	高新区	高新东区科航路与春暄路交会处	普通住宅

楼盘名称	城市名称	城区	地址	物业类型
海信彩虹谷	济南	高新区	高新区春晖路与科创路交叉口西行700 米	普通住宅、自住型商品房
金茂墅	济南	高新区	高新东区春晖路与科新路交会处西行100 米	普通住宅、别墅
龙湖舜山府	济南	高新区	高新区旅游路与凤凰路交叉口往南800 米	普通住宅
中海云麓公馆	济南	高新区	高新东区科新路与春晖路交会处西行800 米	普通住宅
中垠御苑	济南	高新区	高新区花园路与金达路交会处北行200 米	普通住宅
绿地华彤苑	济南	高新区	高新区奥体中路与康虹路交会处	普通住宅
中垠广场	济南	高新区	高新区工业南路与舜华路交叉口东南角	公寓、办公、建筑综合体
东亚尚城国际	济南	高新区	高新区经十东路大正路北行 800 米	公寓
泰禾禾悦广场	济南	高新区	高新区经十路以南、凤凰路以东	公寓、办公、商业
逸家公馆	济南	高新区	高新区龙奥北路与舜义路交会处	公寓
帝华北岸新城	济南	济阳区	济阳区新元大街与银河路交叉口	普通住宅
四建金海福苑	济南	济阳区	济阳区新元大街与银河路交会处西南角	普通住宅、办公、商业
济南世茂摩天城	济南	济阳区	济阳区城西部，澄波湖南	普通住宅、别墅、商业、建筑综合体
融创·澄波府邸	济南	济阳区	济阳区开元大街与澄波湖东路交叉口西南角	普通住宅
力高未来城	济南	济阳区	济阳区经二路纬二路交会处西北角	普通住宅、公寓
祥生西江樾	济南	济阳区	济阳区新元大街与澄波湖路交会处	普通住宅
绿城·荷畔春风	济南	济阳区	济阳区新元大街与华阳路交会处东行2 公里（黄河健身公园往西 800 米路北）	普通住宅
万科时代之光	济南	济阳区	济阳区 G220 与同德街交会处东行100 米路北	普通住宅
绿地国际博览城	济南	济阳区	济阳区先行区省人力资源中心北行500 米路东	普通住宅

楼盘名称	城市名称	城区	地址	物业类型
中再凤凰城	济南	商河县	商河县彩虹路与商西路交叉口	普通住宅
红星天铂	济南	商河县	商河县商中路与银河路交会处商河二中对面（原西三里片区）	普通住宅、公寓、酒店式公寓、商业
北纬 37° 康旅示范小镇	济南	商河县	商河县花博会东侧	普通住宅、自住型商品房
长青·艺墅	济南	商河县	商河县银河路与滨河路交会处（西部新城）	普通住宅、别墅
商河碧桂园公园上城	济南	商河县	商河县滨河路以东、文昌街南 100 米	普通住宅
腾跃苑	济南	平阴县	平阴县黄河路与北山南街交界口西北角（县医院对面）	普通住宅
卓亚·香格里	济南	平阴县	平阴县锦东新区	普通住宅、别墅
碧桂园·云玺台	济南	平阴县	平阴县云翠大街与五岭路交会处南约100 米路东	普通住宅
碧桂园泉都汇	济南	齐河县	齐河县欧乐堡斜对面（309 国道南侧）	普通住宅、公寓、别墅
中骏雍景湾	济南	齐河县	齐河县纬二十路与黄河大道交会处南行 200 米路东	普通住宅
保利城	济南	齐河县	齐河县黄河国际生态城内	普通住宅、公寓、别墅
新城玺樾	济南	齐河县	齐河县泉城欧乐堡西临（309 国道与古城大道路口往北1000 米）	普通住宅、别墅
力高雍泉府	济南	齐河县	齐河县 308 国道与济南绕城高速齐河东收费站西 100 米路南	普通住宅、别墅
东盟国际生态城	济南	齐河县	齐河县黄河大桥西邻、309 国道以南	普通住宅、别墅
安德湖小镇	济南	齐河县	齐河县黄河大道与309 国道交会处	普通住宅、公寓、别墅
新城悦隽	济南	齐河县	齐河县齐晏大街与顺德路交会处东行200 米路北	普通住宅
恒大金碧天下	济南	莱芜区	莱芜区雪野湖风景区环湖路 7 号	建筑综合体
绿城桃花源	济南	莱芜区	莱芜区雪野湖旅游度假区环湖东路 9号	别墅
绿地雪莱小镇	济南	莱芜区	莱芜区京沪高速雪野收费站向东 2 公里	普通住宅、别墅
莱芜碧桂园天樾	济南	莱芜区	莱芜区龙潭大街316 号六区对面（滨河小学西侧）	普通住宅

复星国际中心

2019年 中国城市楼盘年鉴 典型项目

济南　城市地标　业态丰富　CBD 核心

复星国际中心项目规划东至绸带公园，北临五顶茂陵公园，西至华阳路，南至解放东路，占地面积约 15 万平方米，总建筑面积约 70 万平方米，共分为 9 个地块，其中 A1~A4 为商办地块，B1~B5 为住宅地块。

项目地址：
济南市历下区姚家东路与解放东路交会处西行北临

开发商：
山东复地房地产开发有限公司

建筑类型：
高层、小高层

主力户型：
125~145 平方米三居、四居

周边配套：
绸带公园、五顶茂岭公园、山东省立医院东院

参考价格：
29000 元 / 平方米

楼盘优势：
项目择址济南 CBD 中央商务区，规划约 70 万平方米大体量，涵盖写字楼、商业、公寓、住宅等多种业态，形成 24 小时闭环的幸福生态圈。

专家点评

李景体·济南日报地产事业中心总经理

复星历经20多年的发展，目前旗下产业已遍及全球诸多地标城市，复星国际中心项目择址济南中央商务区，未来或将成为影响济南经济格局的驱动力量。

项目解析

【区域维度】

济南CBD中央商务区发展定位为区域总部基地、金融保险业中心、高端商务商贸聚集区以及集高端服务中心、专业培训中心、文化产业中心、创业产业聚集中心等功能于一体的城市标志区，将开启济南CBD 4.0时代。

复星国际中心项目屹立于济南中央商务区之内，南至解放东路，西至华阳路，东部紧接“山泉湖河城”五塔核心区。在环境上，距五顶茂岭山咫尺之间，周边有绸带公园、圭山公园等多个公园可供健身散步，同时还有博物馆、美术馆等，文娱资源配备齐全。

在交通上，CBD“四线七站”(规划中)的轨道交通网络，M1、M3、R3(规划中)贯穿其中；“四横四纵”的BRT公交走廊，2.2公里地下内环快速路及约200万平方米地下交通空间，凝结城市速度。

【品牌维度】

复星国际创立于1992年，2007年在香港联交所主板上市(00656.HK)。复星植根中国，深耕健康、快乐、富足领域，为全球家庭客户提供高品质的产品和服务。

集团以尊重城市特性为基础，汇聚并导入全球各类优质产业资源，致力于为城市提供“产城融合”解决方案，为产业企业提供智慧运营服务，为家庭提供幸福生活空间产品；助力区域产业发展、驱动城市更新，推动产业、城市与人的和谐共生。

迄今，复星积极围绕国家重点区域战略，已实现全国25座城市深耕布局，匠心打造数十个线下时尚地标和城市文化名片。未来，复地将坚持“蜂巢城市”理念，以产城融合模式与城市共成长，为亿万家庭客户提供持续不断的幸福场景体验和服务，致力于成为全国蜂巢城市智造家和幸福场景营造家。

【产品维度】

按照相关设计方案，济南CBD未来将建设象征“山、泉、湖、河、城”的五座地标性塔楼，被称为济南CBD的“五指山”，而五指山之“湖”，便是由复星国际中心项目打造。

复星国际中心项目总建筑面积约70万平方米，共分为9个地块，其中A1~A4为商办地块，是由“湖”主题超塔领衔的金融商办片区；B1~B5为项目的住宅地块，打造海派精工公园住区。具体业态方面，除260米的地标写字楼“湖”以外，还包括约8万平方米的总部办公产品、约3万平方米的时尚潮流购物中心及主题商街、约10万平方米的公寓、17万平方米的海派精工住区等。

【销售维度】

2017年9月1日，复星以29.5亿元摘得济南CBD的9宗地块，案名为复星国际中心，由复星旗下地产平台复地集团开发。

项目立足齐鲁高端家庭，匠造高品质人居住宅。配备2300平方米高端恒温泳池健身中心、多功能室内运动馆等生活设施，配套餐饮、商务聚会活动空间，并聘请国际品牌提供贴心管理服务，打造城市度假般的生活。另外，项目打造可视对讲系统、智能控制系统、智能安防系统三大系统，将全屋智能化系统作为交付标准，以满足品质家庭挑剔的鉴赏力。

更多楼盘详情请扫码查看

济南世茂宽厚里

济南 | 城市地标 | 文化街区 | 特色商街

济南世茂广场北依泉城路，南至黑虎泉西路，东靠黑虎泉北路。济南世茂宽厚里是世茂广场的重要组成部分，先后荣获全国首个摩拜街区、济南首家夜休闲文化旅游街区、中国商旅文产业发展示范街区等多项殊荣。

项目地址：

济南市历下区黑虎泉北路 187 号

开发商：

济南世茂置业有限公司

建筑类型：

商业

主力户型：

40~200 平方米

周边配套：

济南世茂广场、恒隆广场、贵和购物中心

参考价格：

30000 元 / 平方米起

楼盘优势：

网红打卡地，购物中心环伺；醇熟运营，老街蝶变新生；文化宽厚里，老字号匠心传承；荣膺“济南首家夜休闲文化旅游街区”。

专家点评

李钢·中国建设政研会理事、高级政工师

世茂集团重视项目品质打造，质量把控严，整个项目各项配套设施齐全，集团把「以业主为中心」放在首位，在业界赢得了良好的声誉。

项目解析

【区域维度】

济南世茂国际广场北依金街泉城路，南至黑虎泉西路，东靠黑虎泉北路，占地面积约12万平方米，总建筑面积约40万平方米。项目坐拥400年商道泉城路，无论本地还是外地游客，这里都可被称为消费优选之地。世茂国际广场项目涵盖济南世茂宽厚里、世茂大厦、世茂珑寓、世茂购物中心等业态，汇聚城市政治中心、文化中心、金融中心、旅游中心、商业中心五大势能。

【品牌维度】

世茂集团是一家国际化、综合性的大型投资集团，经过三十年的发展，在香港和上海分别拥有世茂房地产(00813.HK) 及世茂股份(600823.SH) 两家上市公司。集团总资产规模约4160亿元，可售货值超10500亿元。

三十年来，世茂集团业务覆盖香港、上海、北京、广州、深圳、杭州、南京、武汉、厦门等全球100余个城市，版图涉及地产、酒店、商业、主题娱乐、物管、文化、金融、教育、健康、高科技、海外投资等领域，形成了多元化业务并举的“可持续发展生态圈”。

世茂集团实践“成为行业引领者，打造百年世茂”的愿景，持续为客户在居住、生活、消费、商务、旅游等方面提供高层次的品质体验，与城市共成长，与人民同幸福。

【口碑维度】

根据世茂集团统计数据，济南世茂宽厚里自2016年开业以来，街区日均客流8万~10万人次，近500家品牌商家醇熟运营。“南有宽窄巷，北有宽厚里”，作为集文化、旅游、商业于一体的中国商旅文示范街区，济南世茂宽厚里融合济南历史文化原色和现代潮流元素，已成为泉城文旅网红“打卡地”。

济南世茂宽厚里在整体和谐的运营基调上，探索彰显品牌个性化的发展模式，让走进商街的游客不仅有景可看，还有各种新奇、有趣的体验可以驻足流连。美食、小吃、手工艺品应有尽有，为游客提供了集中而合理的消费场所。

【产品维度】

济南世茂宽厚里产品主力面积为40~200平方米，主要功能分布为知名餐饮、商务休闲、旅游配套。作为具有古特色的文化商街，历经四年成熟运营，济南世茂宽厚里已然成为济南的“上海新天地”，是济南城市中央不可多得的特色商街。

自开街至今，成功吸引了500多家商家入驻，既有超意兴、颜家菜、孟洛川、同盛永这样的老字号，也不乏花儿姐与战哥、奶奶的美食、连音社等“新网红”，囊括百年老字号饭庄、风情手工艺、民俗小吃等丰富业态，拥有日均近10万人次的高端消费客流。

与此同时，建筑面积40~200平方米的灵活面积段，也让不同的准业主有更丰富的选择，投资自用两相宜。

在济南各大商圈日益成熟的环境里，有品牌和实力做背书，可以让客户对项目品质和未来更有信心。济南世茂宽厚里通过对文化资源的借用、创意玩法的引入，提升文旅品位、丰富商街业态、增强内容吸引力，拓展文旅发展空间。自诞生之初，就集合众多优势资源，加之清晰的运营思路加持，累积了巨大的发展潜力，备受商业市场关注。

更多楼盘详情请扫码查看

建邦·原香溪谷

20[illegible]年 中国城市楼盘年鉴 典范项目

济南　口碑项目　品牌地产　生态宜居

建邦原香溪谷位于长清大学科技园核心区，大学城海棠路5555号，由济南建邦置业有限公司开发，占地面积379000平方米，总建筑面积660000万平方米。

项目地址：
长清大学城海棠路5555号、R1线园博园站西南侧

开发商：
济南建邦置业有限公司

建筑类型：
别墅、洋房、小高层、高层

主力户型：
120平方米三居、135~166平方米四居、190~420平方米别墅

周边配套：
R1线、园博园、山东省立医院长清分院、大学城商业街

参考价格：
均价11000元/平方米

楼盘优势：
周边高校林立，人文气息浓厚，临近园博园，依山傍水，醇熟配套满足业主生活所需。

专家点评

贺启广·资深媒体人《几楼》传媒公司总经理

长清大学科技园区未来生态大盘，开发已三年，交通、配套不错，一站式教育，[illegible]划。再加上园博园的生态配套，紧邻大学城，书香熏陶，可称得上片区内优质楼盘。

项目解析

【区域维度】

建邦原香溪谷位于济南市长清大学城丁香路与海棠路交叉口，东临园博园景观湖，南依凤凰山；周边高校林立，西邻交通学院宿舍区，北临山东交通学院。项目占地面积379000平方米，总建筑面积660000平方米，小区毗邻第七届中国（济南）国际园林花卉博览会的主展区——济南园博园，依山面水，周围绿色环绕，景色宜人。

项目配备济南大学城原香美术馆、原香下午茶咖啡馆、开心农场，紧邻济南第九人民医院、华谊兄弟影视城，周围配套一应俱全。小区出门可乘坐轨道交通1号线，通过四条主干道（104国道、经十西路、绕城高速、京沪高速）与市中心连接。另外，还可以乘坐济长巴士1路、2路、K301、K302、20等路公交车到达市区，交通便捷。

【品牌维度】

建邦原香溪谷是济南建邦置业有限公司深耕济南的代表作，公司成立于2004年7月29日，是由北京建工集团在山东投资的国有房地产开发公司。随着企业品牌的树立和品牌化扩张战略举措的实施，北京建工集团大力拓展京内外房地产市场，逐步形成了立足北京，以长三角、珠三角、环渤海、西北重镇为核心区域的全国战略布局。北京建工集团目前在北京、上海、济南、苏州、宜兴、西安等地均投资成立了房地产开发公司。

济南建邦置业有限公司在环渤海区域致力于中高端小区项目的开发，自2004年成立至今开发了京鲁山庄、原香溪谷项目，并成立了自有物业济南邦盛物业管理有限公司，打造覆盖环渤海区域的知名开发企业。

【口碑维度】

建邦原香溪谷二期新品小高层首开后售完，得到购房者认可，见证了北京建工地产强大的实力和号召力，以及购房者对北京建工地产品质的信赖。北京建工累计获得96项鲁班奖、74项国家优质工程奖，在北京市属建筑国企中名列前茅。北京建工地产始终奉行"讲团队协作、讲精品创造、讲管理创新、讲社会奉献"的团队作风和"以德为先"的用人原则，忠实践行着诚信经营理念，肩负国企的社会责任，打造精品优质工程，营造和谐社区。

【产品维度】

建邦原香溪谷项目由合院别墅、花园洋房、高层住宅组合而成，二期新品以120~166平方米奢阔尺度，打造大格局居所。阔绰三居和舒适四居，满足"大"梦想，南向四面宽洋房，约14米大南向面宽，全明人性化设计、大开间短进深，保证了室内空间的丰富阳光；建筑面积约120平方米户型，绘制三代同堂理想生活，满足三代人居需求。

建邦原香溪谷园区内成树造园，六重立体园林、八大主题园区，全方位、多区域打造休闲健身场所。项目由纯正意大利托斯卡纳风格花园洋房、精品别墅以及12000余平方米的风情商业街和幼儿园组成，再现托斯卡纳原香小镇风貌，是一个充满异域风情的大型高端艺术生态社区。

更多楼盘信息请扫码查看

力高未来城

济南　黄河以北　济阳核心　生态宜居

力高未来城项目由上市港企力高集团（股票代号 1622.HK）开发，位于济阳县老城区纬二路与经二路交会处。项目内部规划建筑面积约 140 万平方米住宅、约 30 万平方米商业配套。

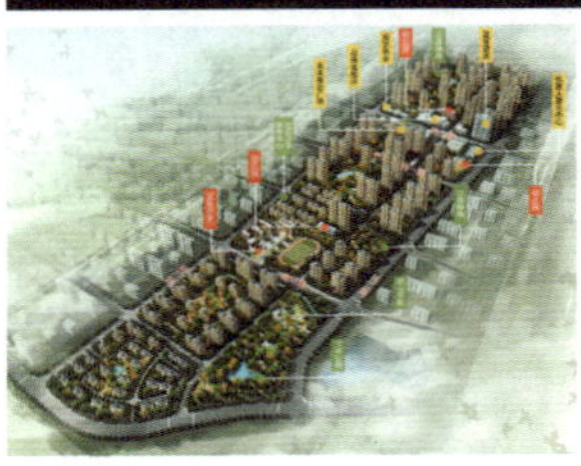

项目地址：
济阳经二路、纬二路交会处西北角

开发商：
山东力高凯力房地产有限公司

建筑类型：
高层、小高层

主力户型：
80~140 平方米三居、四居

周边配套：
K921 路公交、银座商城、医疗服务中心（规划中）

参考价格：
高层 7100 元 / 平方米起

楼盘优势：
择址济阳县老城区，享受主城区的全系配套，以约 200 万平方米体量，打造集生活、教育、医疗、购物、文化等多种功能于一体的复合型综合体项目。

专家点评

程道平·山东师范大学城市与房地产研究中心主任、教授

力高未来城项目位于济阳老城区，城市主干道纬二路贯穿项目中心，坐拥「两纵三横」交通路网，项目自建3所公园、配建3所幼儿园和1所小学，打造全功能生活「大城」。

项目解析

【区域维度】

2017年末，力高地产棋落济阳，以“焕新济阳主城”的使命，实力打造力高未来城项目。

项目雄踞济南新旧动能转换核心居住区，也是济阳县政府重点改造升级片区；规划体量近200万平方米，项目内部规划约140万平方米品质住宅，约30万平方米商业配套。项目集生活、教育、文化、娱乐、医疗购物于一体，加持人工智能，以“全功能、高品质、复合型”的造城理念，定义济阳主城全新未来。

成熟的社区配套是衡量一个楼盘未来生活质量的标准，同时也是资源齐全的大盘房价能够始终在区域“鹤立鸡群”的原因。力高未来城集合全方位立体生活配套，不仅满足城市精英全家庭生活所需，更是对区域配套的一次强劲提升。

【口碑维度】

力高地产以匠心对话城市底蕴，从城市地标到经典人居，深耕济南13载，先后以力高假日丽景、力高盛世名门、力高国际、力高澜湖郡、君御世家、力高君御华府、力高雍泉府、力高未来城等多个项目，为城市留下了美好的印记。

力高集团秉承“精工细筑、品质为先”的匠心精神，每个产品均以高质量、好品质、快运作、佳信誉赢得了社会及济南民众的普遍赞誉。力高未来城从客户生活所需出发，选址教育、商业、环境、医疗等配套完善的济阳主城区，注重每一个生活细节给业主带来的居住感受，努力实现房子所承载的家的内涵。

【产品维度】

力高未来城项目位于济阳主城区核心地段，产品业态涵盖住宅、大型商业综合体、品牌旗舰店、星级酒店、机器人研发展示中心等内容，小学、幼儿园、社区医疗服务中心、尼山书院、中央景观湖、绿地公园等社区配套一应俱全。

项目建筑立面设计立足于本土元素，采用新亚洲风格，塑造时尚、艺术、健康的居家环境；在关注现代生活舒适度的同时，让亚洲传统文化得以传承和发扬。在此建筑风格的衬托下，项目更显雍容华贵、挺拔轩昂。户型设计方面，以均好性为原则，采用一字型户型设计，户型南北通透，方正实用。建筑面积80~140平方米户型规划，可全面满足不同购房者的购房需求。

【销售维度】

力高未来城项目于2017年12月8日正式进驻济阳主城，首次拿地40万平方米；2018年4月27日，二次拿地45万平方米。

案场数据显示，2018年7月18日，力高未来城首次开盘，在售楼座基本售罄；2018年12月25日，三次拿地10万平方米，同年销售业绩在济阳同期在售楼盘中脱颖而出。此外，未来城项目配建的幼儿园、商业、学校已全部动工。

2019年10月14日，项目新拓大二期总建筑面积约80万平方米，涵盖15万平方米商业配套，幼儿园、10.6万平方米绿地公园、中央景观湖等社区生活配套。整个项目总规划体量约200万平方米，力高未来城全能品质生活“大城版图”已成，未来可期。

更多楼盘详情请扫码查看

中建长清湖

2019年 中国城市楼盘年鉴 典型项目

济南 央企大盘 口碑项目 教育大盘

中建长清湖落子长清大学科技园区，芙蓉路与海棠路交会处路北 50 米。由济南中建信和置业有限公司开发，占地面积 2200000 平方米，建筑面积 2000000 平方米。

项目地址：

长清大学科技园芙蓉路与海棠路交会处路北 50 米

开发商：

济南中建信和置业有限公司

建筑类型：

住宅、别墅、公寓、商业

主力户型：

105 平方米、133 平方米三居、166 平方米四居

周边配套：

12 年一站式教育体系、地铁 1 号线、园博园、创新谷

参考价格：

高层 10500 元 / 平方米、洋房 13000 元 / 平方米

楼盘优势：

12 年一站式教育体系，一湖两岸十二园，周边十余所高校聚集，千亿级配套环伺。

专家点评

程道平・山东师范大学城市与房地产研究中心主任、教授

中建长清湖主区项目，北临园博园，南临创新谷，西临轻轨1号线，坐拥湖光山色，实力央企大盘；山师小学、初中名校，开学三年，享高新学区，大盘大作一湖两岸十二组团园，涵盖高层、小高层、洋房、别墅。

项目解析

【区域维度】

中建长清湖根植1500亩长清湖畔，接壤5000亩园博园，东临十里大沙河，未佛山、双龙山、马鞍山三山环抱。项目位于长清大学科技园区核心地段，隶属于高新区创新谷片区，周边十余所知名高校聚集；紧邻地铁1号线，可直达济南西客站，是济南市"东拓、西进、南控、北跨、中疏"城市发展战略中"西进"的重要发展载体。项目北侧建有华谊兄弟影城，西北方正在建设"省立医院大学城院区"，济南第四人民医院社区卫生服务中心已经落户社区，全面呵护业主的品质生活。

项目配备由济南高新区、山东师范大学、中建信和三方合办的9年一贯制公办学校——山东师范大学中建长清湖实验学校以及瀛园幼儿园、长清湖幼儿园(建设中)；从幼儿园、小学到初中，12年一站式教育体系已在社区真实呈现。

【品牌维度】

中建长清湖为中建五局房地产业务运营平台——中建信和地产有限公司开发建设，隶属于"世界500强"中国建筑。中建信和地产项目总投资额超过400亿元，土地储备超1000万平方米，地产开发以长沙、济南等省会城市为主，目前已经进驻了14个城市，2019年荣膺"中国房地产100强"。

中建信和定位为"城市运营服务商"，以"拓展幸福空间"为品牌使命，从地产开发、物业服务、绿色生态、商业运营、新型城镇化五个维度，全面构建持续发展的生态圈。中建信和北方区域致力于推动"大平台+大产业"战略，响应新旧动能转换工程，目前已在北方区域开发了中建长清湖、中建瀛园、中建悦海和园三所高品质楼盘，为7000余业主信赖之选。

【口碑维度】

项目入市以来，秉承"拓展幸福空间"的企业理念，在市场上备受关注。从规划之初，项目便遵循全龄生活的主张，针对幼童、青少年、中年、老年各年龄段人群，构建起优品质、优服务、优生态、优空间的"四优"体系，为业主提供优读小站、健康运动中心活力馆、颐心学堂、童心汇等主题馆，每年举办"邻里文化节"等活动，构建全龄化有温度的社区生活；细化生活配套，定制生活尊崇体验。中建作为央企，从房屋投资到开发建设，再到管家物业，提供一站式无忧服务，不断升级客户体验。

【产品维度】

中建长清湖是中建信和深耕山东的代表作之一，包含洋房、高层、小高层、别墅以及商业等。采用西高东低的建筑构图，总体规划为"一湖两岸十二园"，十二园既是一体，又各自独立，对外呈现的是"大城小区"的居住环境，使业主在享受大社区、大配套的前提下，同时享受到舒适的微社区生活环境，这也充分体现了责任央企一切从客户需求出发，以人为本的企业理念。

在产品规划上，以大开间设计为主，户型方正通透，阔景阳台将窗外园林美景尽收眼底，实现栋栋有湖、户户有景的居住享受。造温情社区，享迅捷生活；读省级名校，赏湖光山色，7年醇熟大城匠心精筑，200万平方米央企名校大盘已走出蓝图。

更多楼盘详情请扫码查看

2019 年济宁房地产市场总结

行业发展历程

一、城市概述

济宁位于鲁西南腹地，地处黄淮海平原与鲁中南山地交接地带。东邻临沂，西接菏泽，南面是枣庄和江苏徐州，北面与泰安交界，西北角隔黄河与聊城相望。济宁市境内有孔孟文化、运河文化、水浒文化的发源地。

济宁因济水而得名，与济源、济南、济阳共同创造了辉煌的济水文化。济宁属暖温带季风气候。地域面积为 11187 平方公里。截至 2018 年底，济宁市常住人口为 834.59 万人，常住人口城镇化率为 58.85%。

济宁地区历史文化悠久，是东夷文化、华夏文明、儒家文化、水浒文化、运河文化的重要发祥地之一。元明清时期，京杭大运河促进了济宁商品经济的繁荣，使济宁成为京杭大运河沿岸重要的工商业城市。

二、行业现状

纵观济宁房地产市场，2019 年上半年，在一、二线城市的限购下，大量房企进驻三、四线城市，楼盘销售两极分化加剧，市场观望情绪弥漫，竞争压力激增。

三、政策环境

在“房住不炒”的核心理念之下，2019 济宁楼市平稳推进，并未发布重磅政策调控楼市。

四、土地市场

2019 年起，济宁优质地块集中供应，土地市场热度明显提升，溢价率快速上扬。此后，土地供应规模继续扩大，供地态度由收紧向放松过渡，多幅地块触及最高限价。

五、房企布局

从房企在济宁的土地储备情况来看，部分开发商布局战略有所调整。上半年，济宁不仅迎来外来房企入驻，也有一些房企离开深耕片区，转战其他板块。

六、房产行业发展历程

近几年来，济宁房地产业发展如火如荼，无论是在房地产业的开发投资上，还是在商品房的施工面积、销售面积和销售额上，一直处于一个快速发展的水平。房地产行业关系民生，尤其在济宁市，巨大的人口基数决定了同样巨大的人口增量。而在中国人的传统观念中，成家立业的最重要标志就是拥有自己的房产。人口增长和住房观念共同决定了房地产行业的消费需求在未来相当长的一段时间内不会减弱。

随着济宁市经济的发展和城市化进程的推进，新增的住房需求也在不断增大。人口城市化率每增加 1%，就意味着新增城市人口约 8 万人，也就同时意味着新增住房需求约 320 万平方米。济宁市城市化发展空间还很大，房地产行业还有巨大的市场。

城市年度市场解读

一、本地新政

2019 年，《济宁市住房公积金提取管理办法》发布。该办法自 2020 年 1 月 13 日起施行，有效期至 2025 年 1 月 12 日。《济宁市住房公积金提取管理办法》（济住字［2018］64 号）同时废止。

二、年度土地供应

2019 年济宁市国有建设用地供应计划总量为 2412 公顷 (36180 亩)，其中任城区 (包括高新区、太白湖新区、经济技术开发区管辖的区域)550 公顷 (8250 亩)，占供地总量的 22.80%。在这之中，比较关注的住宅用地为 948 公顷 (14220 亩)，占全市宅地供地总量的 39.30%。

三、 年度土地成交

济宁市 2019 年共成交土地 88 宗，其中任城区 29 宗、高新区 37 宗、经开区 14 宗、太白湖区 8 宗。1~12 月土地出让总面积 5294294 平方米，土地成交面积 4514979 平方米 (约 6772 亩)，总成交金额为 1643510 万元。其中 3 月无土地挂牌出让，12 月出让面积最多，出让面积为 1357549 平方米；12 月成交金额最高，成交金额为 456424 万元。

表 2-36　2019 年济宁地土地成交量

日期	出让面积（平方米）	成交面积（平方米）	成交金额（万元）
1 月	337169	387169	88607
2 月	92087	29321	11709
3 月	0	0	0
4 月	252444	262444	134757
5 月	1225110	1150202	340463
6 月	304857	93896	35143
7 月	319786	243092	17701
8 月	268015	268015	79745
9 月	525076	468030	262374
10 月	482414	339198	198886
11 月	69787	69787	17701
12 月	1357549	1203525	456424

四、年度住宅供应

2019 年度济宁市国有建设用地供应计划总量 2412 公顷，住宅用地 948 公顷，其中普通商品住房用地 775 公顷、棚户区改造及保障性住房用地 173 公顷。

五、年度住宅成交

2019 年，济宁市商品住宅销售额为 665.81 亿元，销售面积 1139.2 万平方米，环比上涨 42%。

具体来看，2019 年初“小阳春”市场增量明显，超 2018 年同期较多。

六、区域成交表现

从区域上看，高新区是济宁土地成交的主力军，2019 年高新区共成交 37 宗土地，占成交总量的 42%；任城区 29 宗，占成交总量的 33%；经开区 14 宗，占成交总量的 16%；太白湖区 8 宗，占成交总量的 9%。

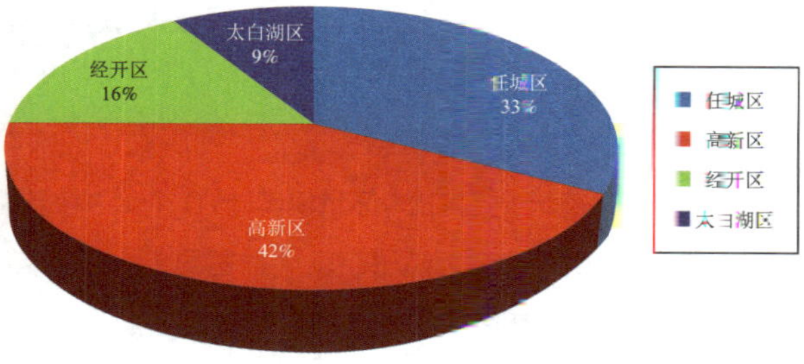

图 2-68　2019 年济宁市出让土地区域情况

七、成交项目排行

2019 年前 6 月，济宁商品住宅销售金额 TOP20 项目合计销售 180.73 亿元，TOP20 门槛值为 5.36 亿元。排行榜前五位的项目销售金额均超 10 亿元，融创滨江壹号凭借开盘销售佳绩，以 15.8 亿元荣获项目销售榜第一；第二名为孝养城项目，销售额达 14 亿元；融创济宁府项目，以 12.62 亿元位居第三。紧随其后的是中南珑悦、济宁吾悦广场、南池御都、瑞马意墅项目，销售额分别为 12.4 亿元、11.6 亿元、10.8 亿元、10.77 亿元。

住宅销售面积榜上，TOP20 项目合计销售面积为 186.93 万平方米，排行榜前三位项目销售面积均超过 11 万平方米。其中，融创滨江壹号 20.39 万平方米的成绩荣登项目销售面积榜榜首，孝养城以 18083 万平方米位列榜单第二，融创济宁府以 11.79 万平方米紧随其后位列第三。

八、成交房企排行

数据显示，2019 年 1~12 月，济宁市城区共 44 个楼盘开盘，其中 8 个楼盘单盘销售超额 10 亿元。

融创滨江壹号凭借开盘销售佳绩，以 15.8 亿元荣获项目销售榜第一名；第二名为孝养城项目，销售额达 14 亿元；融创济宁府项目，以 12.62 亿元位居第三名。

九、年度房价走势分析

2019 年，济宁新房整体均价为 7787 元 / 平方米。从各月份数据来看，整体房价从 5 月份开始波动呈小幅波动，变化不大。

根据国家统计局公布的 2019 年《70 个大中城市商品住宅销售价格变动情况》，环比数据显示，济宁自 2016 年 9 月起，新房房价均有不同程度上涨。其中，2019 年 2 月房价涨幅最高，为 1.2 个百分点；其次是 6 月和 8 月，房价环比上涨 1.2%。

十、热点板块分析

任城区和高新区板块是关注度最高的区域。作为济宁楼市供货主力军，高新区板块共 37 盘加推，任城区共 39 盘进行加推。

2019 年，奥特莱斯、华润万象城、红星爱琴海等多个项目入驻济宁，其中奥特莱斯已奠基完成，红星爱琴海开工建设顺利。太白湖新区将为济宁高新区加快建设产业融合、宜居宜业的济宁东部科技新城贡献力量。

十一、未来展望

未来，在济宁市委、市政府制定的“东扩、西跨、南联、北延”发展路线的指引下，济宁高新区、北湖新区、经开区、济北新区势必延续 2019 年发展势头，成为城市发展焦点，预计 2020 年，将有新一批房产名企进驻济宁市，届时，这几处区域的闲置地块或吸引众多开发商“争夺”。

十二、市场预期

在住建部“三稳方针”、稳定住房市场体系、完善住房保障体系的宏观背景下，就济宁土地市场而言，预计 2020 年，拍地热度仍将延续，区域仍将集中于济宁高新区、太白湖新区和经开区。在市场供应方面，刚需房源仍将是市场主力，棚户区改造将继续稳步实施，改善型房源占比将持续增加。而在市场成交层面，与往年“金三银四”“金九银十”成交旺季相比，预计 2020 年仍将维持传统旺季特色，但受房价涨幅影响，或导致观望人群增加，销售速度放缓。

数据来源：国家统计局、济宁市自然资源和规划局、济宁市住房和城乡建设局、济宁国土资源交易中心。

2019年济宁房地产在售楼盘概览

楼盘名称	城市名称	城区	地址	物业类型
瑞马名门	济宁	任城北区	任城北区琵琶山路与任兴路交会处东北角	普通住宅、商铺、商业
瑞马意墅四期	济宁	任城北区	任城北区琵琶山路以东、科苑路以西、任兴路以北	公寓、别墅
融创·济宁府	济宁	高新区	高新区广安路和志学路交会处	普通住宅、别墅
红星瑞马世家	济宁	高新区	高新区崇文大道与蓼河路交会处	普通住宅、商铺
恒大时代广场	济宁	太白湖新区	太白湖新区济宁一中北湖校区路东	公寓、写字楼、商铺、商住、商业
济宁恒大悦珑湾	济宁	太白湖新区	太白湖新区济宁大道与京杭大运河交会处西800米路北	普通住宅
济宁吾悦广场吾悦首府	济宁	太白湖新区	太白湖新区运河路与京杭路交会处	普通住宅、公寓
济宁吾悦广场运河印巷	济宁	太白湖新区	太白湖新区京杭路与奥体路交会处	写字楼、商铺、建筑综合体、商业
瑞马大公馆	济宁	任城北区	任城北区琵琶山路北首瑞马大公馆一楼	公寓
亿丰壹品轩	济宁	任城北区	任城北区环城西路1号（金宇路与环城西路交会处）	普通住宅
中南瑞马樾府	济宁	任城南区	任城北区运河路与车站西路交会处西行50米路北	普通住宅
中梁·壹号院	济宁	任城南区	任城北区车站西路与滨湖大道交会处南行800米	普通住宅、别墅
长泰百合花园	济宁	任城北区	任城北区环城西路与任城大道交会处西南侧	普通住宅
大地都市豪庭（三期）·和园	济宁	任城南区	任城北区供销路与金宇路交会处	普通住宅
中垠悦城二期	济宁	高新区	高新区红星东路与菱花南路交会处东	高新区普通住宅
菱花富贵园二期	济宁	高新区	高新区洸府河以东、菱花路以南、东外环以西、崇文大道以北	高新区普通住宅、商铺
森泰御城·上院	济宁	高新区	高新区德源路西、群英路南	高新区普通住宅
皇营东郡	济宁	高新区	高新区洸府河以东、红星东路以南	高新区普通住宅、商铺
天圳四季城	济宁	高新区	高新区金宇路与科苑路交会处西南角	高新区普通住宅、公寓、商铺
碧桂园济州府	济宁	高新区	高新区崇文大道与杨桥街路口崇文中小学北临	高新区普通住宅
融创·滨江壹号	济宁	任城南区	高新区太白路京杭大运河西岸	高新区普通住宅
金色兰庭·香堤	济宁	高新区	高新区任城大道与洸府河交会处西北侧	高新区普通住宅、酒店式公寓

楼盘名称	城市名称	城区	地址	物业类型
中海城	济宁	任城南区	任城南区太白楼路与电化路交会处	普通住宅
保利·时光印象	济宁	任城南区	任城南区车站西路与三里阁路交会处东南向	普通住宅
碧桂园·凤栖台	济宁	任城南区	任城南区火炬路与香港路交会处东南角（七星假日酒店北38[illegible]米路东	普通住宅
鸿顺·御龙湾	济宁	太白湖新区	太白湖新区火炬南路西、常兴路南	别墅
涌泰·澜湾	济宁	太白湖新区	太白湖新区运河路与[illegible]路交会处	普通住宅
鸿顺·温泉小镇	济宁	太白湖新区	太白湖新区火炬路与济宁大道交界处东南	普通住宅、别墅
中南·珑悦	济宁	太白湖新区	太白湖新区济安桥路与京杭路交会处	普通住宅、别墅、商业
城投·星城广场	济宁	太白湖新区	奥体路与公主路交太白湖新区汇处	公寓、商住
恒信公馆	济宁	高新区	高新区群英路与崇学路交会处	别墅、商铺
中南·漫悦湾	济宁	高新区	高新区崇文大道与蓼[illegible]交会处东北侧	普通住宅
世纪东方	济宁	高新区	高新区崇文大道与菱花南路交会处东南角	公寓、写字楼、商铺
红星1号	济宁	高新区	高新区红星路与[illegible]交会处	普通住宅
星语城	济宁	高新区	高新区红星东路与菱花路交会处	普通住宅
公园壹号	济宁	高新区	高新区洸府河以东吴泰闸路杨桥绿地南	普通住宅
创意SOHO	济宁	高新区	高新区海川路创意大厦东临	普通住宅
创业公寓	济宁	高新区	高新区群英路与[illegible]洸河交会处西南角	普通住宅
蓼河惠谷	济宁	高新区	高新区海川路与[illegible]子大道交会处	别墅
碧桂园济州府领誉	济宁	高新区	高新区崇文大道与杨柳街交会处路南	普通住宅、商铺
中德广场	济宁	任城北区	任城北区琵琶山路与任城大道交会处东北角	写字楼
华硕天韵	济宁	任城北区	任城北区育贤路东、任通路北	普通住宅
金悦国际	济宁	任城北区	任城北区金宇路与济安桥路交会处	普通住宅、商住
龙翔御书坊	济宁	任城北区	任城北区火炬路与任兴路交会处	普通住宅
中动·长泰兰园	济宁	任城北区	任城北区任城大道与建设路交会处向北188米路西	普通住宅
睿湖印象	济宁	任城北区	任城北区琵琶山路与任兴路交会处往北300米路西	普通住宅、公寓

楼盘名称	城市名称	城区	地址	物业类型
中动·总部公园	济宁	任城北区	任城北区任城大道与建设路交会处	别墅、商铺
华城	济宁	任城南区	任城南区火炬路以西、济邹路两侧	普通住宅
西岸华府二期	济宁	任城南区	任城南区太白路与105 国道交会处	普通住宅
水韵城	济宁	任城南区	任城南区济安桥南路以西、任城文体中心对面	普通住宅
鲁商·运河公馆	济宁	任城南区	任城南区济安桥路与车站西路交会处西侧	普通住宅
济宁孝养城	济宁	任城南区	任城南区车站西路与滨湖路交会处	普通住宅
青年城三期——华锦苑	济宁	任城南区	任城南区车站西路与济安桥路交会处南 50 米路东	普通住宅
南池御都二期	济宁	任城南区	任城南区任城区南池公园南门	公寓、写字楼、商铺
金凤·理想城	济宁	任城南区	任城南区火炬路与济邹路交会处向南 500 米路西	普通住宅、商住
永华·新百汇	济宁	兖州区	兖州区建设路以北、文化路以南、扬州路以西、青州路以东	商铺、建筑综合体
兖州碧桂园·翡翠湾	济宁	兖州区	兖州区九州中路111 号（荆州北路与九州中路交会处新体育馆东侧）	普通住宅、别墅
碧桂园·兖州府	济宁	兖州区	兖州区九州路与滨河路交会处北临	普通住宅
兖州瑞马名门	济宁	兖州区	兖州区中御桥南路以东、东御桥路以西、韦园西街以南、文昌前街以北	普通住宅
青特·赫府	济宁	兖州区	兖州区贵和购物广场西 400 米路南（新世纪阳光花园南侧）	普通住宅
惠民瑞马世家	济宁	兖州区	兖州区中御桥北路体育中心东临	普通住宅
惠民泽缘名府	济宁	兖州区	兖州区东御桥北路与北护城河路交会处向北 100 米路	普通住宅
曲阜崇德公馆	济宁	曲阜市	曲阜市孔子大道以南、合德路以东	普通住宅、别墅
曲阜碧桂园翡翠华府	济宁	曲阜市	曲阜市大成路与会展南路交会处	普通住宅
创毅·乐山郡	济宁	邹城市	邹城市峄山路以东、钢山二实小西临	普通住宅
景盛安邦	济宁	邹城市	邹城市孟子湖新区仁爱路与礼让路交会处（新人民医院北临）	普通住宅
刚领·蓝钻公馆	济宁	邹城市	邹城市城前东路666 号（原盘龙柱东 200 米）	普通住宅
祥生·群贤府	济宁	邹城市	邹城市城前东路与太平东路交会处	普通住宅
中南 檀月墅	济宁	邹城市	邹城市西临大胡中街、南临朱山中路、东、北皆为规划路	普通住宅
中南·樾府	济宁	邹城市	邹城市东临普阳山路、南临胜利路、北部为规划路	普通住宅
蓝城·云梦桃源小镇	济宁	邹城市	邹城市大束镇葛炉山风景区	别墅
祥生·东方樾	济宁	邹城市	邹城市仁爱路与礼义路交会处	普通住宅、别墅
碧桂园·云地天启	济宁	邹城市	邹城市金山大道与义和路交会处（红星美凯龙北）	普通住宅
金乡碧桂园·翡翠华府	济宁	金乡县	金乡县清真街与滨河大道交会处	普通住宅
济宁恒大御峰	济宁	金乡县	金乡县惠民路与福兴街交会处	普通住宅
绿城·嘉祥玉兰花园	济宁	嘉祥县	嘉祥县洪山路与吉祥路交会处	普通住宅
碧桂园·翡翠城	济宁	嘉祥县	嘉祥县洪山路双桥小学东门南	普通住宅

瑞马名门·瑞马意墅

济宁　区域热盘　口碑项目　城市地标

瑞马名门·瑞马意墅位于任城区政府东北，西临琵琶山路，南临任兴路，交通便捷，南可直达市区，北可直达高速、高铁及机场，出行顺畅。

项目地址：
济宁市任城区琵琶山路与任兴路交叉口东北角

开发商：
济宁春天置业有限公司

建筑类型：
高层、洋房、别墅

主力户型：
130 平方米三居、150 平方米四居

周边配套：
实验小学、实验初中、任兴幼儿园、佳世客

参考价格：
2018 年 8500 元 / 平方米、2019 年 10000 元 / 平方米

楼盘优势：
项目位于任城区政务核心地带，名校为邻，公园相伴。法式巴洛克风格，济宁市标志性建筑。环境优美，文化底蕴深厚。

专家点评　王笑·乐居济宁站主编

瑞马名门·瑞马意墅三大公园环绕，较大的楼间距保证了良好的采光与视野。方正户型，全明通透，布局精心，彰显高性能舒适价值。置身于此，洗尽浮华喧嚣，放宽心境。

项目解析

【区域维度】

瑞马名门·瑞马意墅位于任城区政府东北，东临科苑路，南临任兴路，交通便捷，南可直达市区，北可直达高速、高铁及机场，出行顺畅；临近实验小学、实验初中、任兴幼儿园等教育机构。项目驱车不久即可到达佳世客、新贵和购物中心、九龙家电旗舰店、红星美凯龙等商业配套，济宁市政府前湿地公园、西南侧森林公园、北侧规划的足球公园、跃进沟生态公园、少康湖湿地公园等五大公园环伺，为业主打造一个兼享城市繁华与自然生态的居住环境。

【品牌维度】

山东瑞马地产成立于2006年，公司一直坚持“专业经营，精品化运作”，先后开发建设了一系列高品质楼盘。2006年，在山东兖州区投资建设丽都花园项目，面积约11万平方米，成为兖州区示范小区；2009年在山东济宁投资建设19万平方米地中海建筑风格的罗马假日项目，被山东省住房和城乡建设厅评为“省优秀住宅小区”；2015年在济宁任城新区投资开发瑞马名门·瑞马意墅项目，项目占地约410亩，建设面积约80万平方米，投资约40亿元，产品涵盖了别墅、洋房、小高层、高层、办公、公寓及风情商业街等多种类别。2019年该项目已陆续交房，成为济宁市具有欧洲艺术文化特色的典型高端项目。

【口碑维度】

瑞马地产立足济宁这片热土13年有余，从罗马假日到瑞马名门·瑞马意墅，得到了市民的认可与信赖，瑞马系列已经成为老百姓心目中的理想楼盘，其建筑风格在济宁史无前例，成为济宁标志性建筑。

【产品维度】

瑞马名门45万平方米法式巴洛克风情社区，由15栋高层住宅组成，面积87~245平方米，涵盖了两室两厅一卫、三室两厅一卫、三室两厅两卫、四室两厅三卫等多个户型。项目采用纯正法式巴洛克建筑风格，将法式生活情调融入建筑中，钟楼、穹顶、塔楼、拱券、浮雕、柱头、铁艺、雕花、孟莎顶、老虎窗……每一细节都让人感觉到高贵、优雅、浪漫。

瑞马名门·瑞马意墅由34栋别墅及26栋低密度住宅组成，建筑面积共33万平方米。三大城市公园环绕，除了周边环境，小区景观更是令人称道，意式的园林景观与建筑风格统一，真正做到了景观和建筑的结合。项目使用圆拱、立柱及具有雕刻气息的装饰构件等元素构成立面，阳台、花台设有铸铁花饰，既保留了罗马建筑特色，又升华了建筑作为住宅的韵味感，彰显着意大利建筑风格浪漫、精美的特点。

【销售维度】

案场数据显示，2016年10月项目首期开盘，短短5个小时劲销7亿元，创造济宁地产销售佳绩；二期开盘共推出1000套房源，吸引了近4000人前来选房，当日销售额高达10亿元，创造了济宁市开盘史上又一新篇章。

更多楼盘详情请扫码查看

2019年青岛房地产市场总结

行业发展历程

一、城市概述

青岛是山东省副省级市，国务院批复确定的国家沿海重要中心城市、国际性港口城市，也是山东省经济中心、滨海度假旅游城市、国家重要的现代海洋产业发展先行区、东北亚国际航运枢纽、海上体育运动基地，“一带一路”新亚欧大陆桥经济走廊主要节点城市和海上合作战略支点。

青岛地处山东半岛东南沿海、中日韩自贸区的前沿地带；隔黄海与朝鲜半岛相望，东北与烟台毗邻，西与潍坊相连，西南与日照接壤；总面积 11282 平方公里，下辖 7 个区，代管 3 个县级市；2018 年末，青岛常住总人口 939.48 万人，地区生产总值 11037.28 亿元。

二、行业现状

2019 年，全市 GDP 增速降至 6.4%，仅略高于全国平均水平，经济下行趋势明显；房投占固投比例略升至 17.7%，房地产在全市经济中的比重上升。纵观青岛房地产市场，房地产施工面积同比增速上升，竣工面积同比下降，且降幅超过 10%，新房市场竞争压力大；销售额微升，房产售价仍保持在高位。楼盘销售两极分化加剧，市场观望情绪弥漫，竞争压力激增。

三、政策环境

回顾 2019 年青岛楼市，可谓经历了不少波动起伏，年初高新区取消摇号、青岛取消公积金二次申贷间隔期限、“精装改毛坯”普遍盛行……

四、土地市场

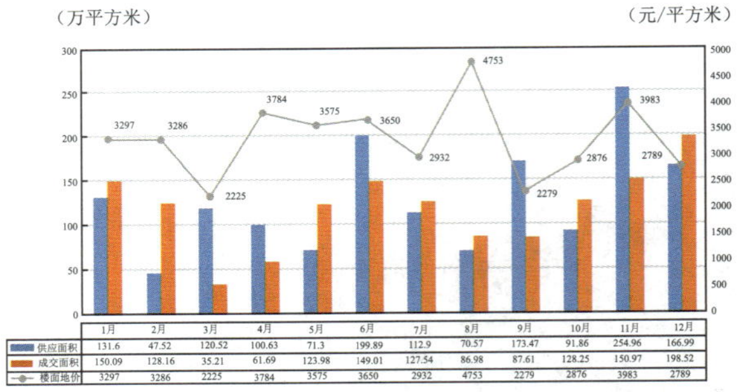

图 2–69　2019 年青岛市月度土地供求价走势

2019 年“下半场”，青岛土地成交热闹非凡，9~12 月土地成交量节节攀升。锐理数据显示，2019 年岛城招拍挂商住地块 426 宗，土地供应总面积 1542.2 万平方米；最终成交 398 宗，总成交土地面积 1428 万平方米，成交总额约 968.49 亿元，成交均价 6782 元 / 平方米，平均楼面地价为 3324 元 / 平方米。

五、房企布局

2019 年，首进青岛品牌房企有众安和华侨城两家，均借助自身资源优势，以产业勾地方式进驻。从锐理数据统计的商品房排行榜上来看，融创快速布局，多项目齐发力，蝉联岛城榜首；龙湖在售项目较多，销售套数和销售面积位居第二名；华润置地主城区在售项目较多，销售额获得亚军。

六、房产行业发展历程

自 1992 年青岛市政府东迁至今，青岛房地产业历经近三十年风雨征程：20 世纪 90 年代初萌芽，90 年代中期遭遇低谷，90 年代末复苏，21 世纪迅速膨胀，令全国瞩目。1998 年房改政策推出后，多数人从分房子到买房子，让房地产越来越趋向于市场化，整个房地产行业进入复苏阶段。

城市年度市场解读

一、本地新政

1. 青岛高新区暂停商品房公证摇号售房规则

2019年1月3日，青岛市国土资源和房屋管理局高新区分局通知，暂停执行《青岛市高新区商品房公证摇号售房规则》。此次暂停摇号也意味着，以后在高新区购房如果符合购房资格，不需要经过摇号也能直接买房。这一举措维护了高新区房地产市场稳定，整治了炒房倒号、捆绑销售、价外加价等乱象，切实维护了广大购房者的权益。

2. 住房补贴首次扩大到本科生

2019年3月5日，青岛市出台《关于印发〈青岛市青年人才在青创新创业一次性安家费审核发放实施细则〉（试行）的通知》和《关于印发〈青岛市高校毕业生在青就业住房补贴审核发放实施细则（试行）的通知》。给予硕士、博士研究生发放一次性安家费，博士研究生每人15万元，硕士研究生每人10万元；住房补贴对象首次扩大到本科生，其中本科毕业生补贴500元/月，硕士研究生800元/月，博士研究生1200元/月。

青岛越来越重视人才的吸引和落户，这两年在青岛房地产市场一个突出的特点就是——土地出让时人才公寓占比越来越大，在整个房地产市场供应链上，人才公寓是占比不小的一部分。青岛楼市作为典型的政策市，2019年并没有出现前一年的激进政策，而是多了几分期望中的平稳。

3. 青岛取消住房公积金二次贷审贷间隔期限

2019年4月29日，青岛市住房公积金管理中心发布《关于取消我市住房公积金二次贷款间隔期限的通知》，提出职工结清首次公积金贷款后，即可申请二次公积金贷款，二次贷款申贷条件、额度计算等其他事项仍按原规定执行。该举动放宽了二次公积金贷款的条件，顺应了青岛改善型购房需求释放的大趋势，为部分购房者打通了公积金贷款购房的通道。

4. 新修订青岛公积金提取管理办法

自2019年12月1日起，新修订的《青岛市住房公积金提取管理办法》开始实施。新修订的管理办法在保留单位经办人统一为职工办理提取手续的基础上，允许职工本人或委托他人办理提取手续，业务办理自由度更大。新修订的管理办法还简化了部分提取业务的办理要件，主要包括：简化非首次偿还商业性住房贷款提取业务需要提交的办理要件。

二、年度土地供应和成交

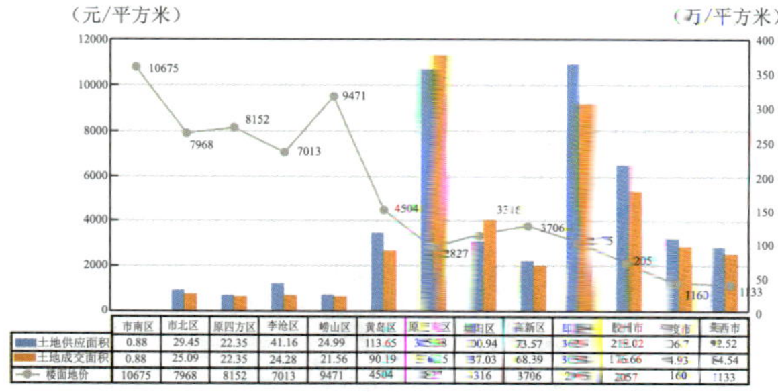

图2-70　2019年青岛市各区域土地供求情况

从全市各区域供求情况来看，2019年土地市场供应和成交主要集中在西海岸及近郊区，主城区土地供应及成交较少，但占比同比有大幅度上升，增长幅度超85.7%。

青岛土地活跃区域主要为原胶南市和即墨区，原胶南市以355万平方米的土地供应、373.25万平方米的成交面积位居青岛市第一名，老胶南多板块齐发力，中央活力区、灵山湾、古镇口板块土地存量充足，且发展潜力大，备受各大开发商青睐，这里目前已成为青岛市新房存量最大的区域之一。即墨区土地成交同样不容小觑，以362.58万平方米的土地供应、305.86万平方米的成交面积位居第二名。

三、年度住宅供应和成交

2019 年，青岛商品住宅市场整体供大于求，成交量连续 3 年下降，价格增长幅度明显放缓。

其中，供应方面，2019 年青岛市商品住宅供应量同比上升 21%，共 15.69 万套；成交方面，上半年成交较少，下半年受资金压力影响，开发商加推“抢市”，成交量有所增加。全年共计成交 11.6 万套；价格方面，2019 年整体成交均价 14274 元 / 平方米，同比上涨 6%。

四、年度住宅存量

库存方面，据锐理数据，截至 2019 年末，全市商品住宅存量共计 13.86 万套、1757 万平方米，同比上升 44%，库存面积较上年大幅增加，去化周期升至 13 个月。

五、区域成交表现

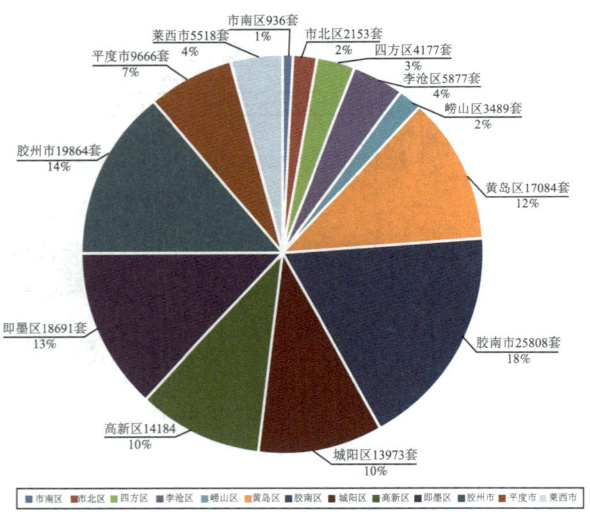

图 2-71　2019 年青岛市区新房成交量比例

从各区成交量来看，胶南市以新房成交 25808 套名列榜首；胶州市紧随其后，新房成交 19864 套；即墨区位列第三名，成交 18691 套。可以看出，随着基础配套日益完善，地铁的开通及政策利好的落地，近郊区域越来越成为置业“主力军”。

值得注意的是，2018 年下半年之后，开发商采取“小步快跑，全员卖房”“精装改毛坯”“首付分期”等营销方式对青岛楼市成交影响明显。另外，主城新盘的集中供应对岁末新房成交也起到了加温作用。

六、成交结构表现

从产品维度来看，小高层和高层是市场主力，销售占比分别为 41%、45%；据锐理数据，2019 年青岛市仅高层产品成交量同比增加，别墅、多层、小高层产品成交量均有不同程度下跌；成交均价方面，仅高层有所下降，其他低密度产品均有所上扬，低密产品抗跌能力更强。

七、成交项目排行

具体到单盘来看，2019 年青岛新房销售面积榜前三名分别为融创维多利亚湾、中欧国际城和中建锦绣城三个项目，销售面积分别为 39.21 万平方米、37.97 万平方米、35.69 万平方米。

销售金额榜单前三名分别为青铁华润城项目、融创都会中心项目及中欧国际城项目，销售金额分别为 59.52 亿元、54.5 亿元、50.5 亿元。

成交套数方面，中建锦绣城拿下第一名，总成交套数为 3092 套；融创维多利亚湾项目位列第二名，总成交套数为 2945 套；中欧国际城项目总成交套数为 2931 套，位列第三名。

八、成交房企排行

表 2-37　2019 年青岛市成交房企排行榜

排名	开发商	销售总金额（亿元）
1	融创中国	241.04
2	华润置地	82.78
3	龙湖集团	81.35
4	海尔产城创	78.36

排名	开发商	销售总金额（亿元）
5	保利发展	74.31
6	万科地产	71.2
7	海信地产	70.05
8	碧桂园集团	62.05
9	中国金茂	60.02
10	中建东孚	51.53

房地产成交数据相比 2018 年出现明显下滑，青岛房地产市场已经从狂飙突进，切换为销售速度放缓模式。去化压力大、营销升级、融资困难等是众多开发商正在或即将面临的问题。

据锐理数据，2019 年以来融创中国位列排行榜第一，以 241.04 亿元的销售额和 153.93 万平方米的销售面积稳坐“双榜冠军”；华润置地夺得第二名，签约总额 82.78 亿元，实现销售面积 32.30 万平方米，主要来源于青铁华润城项目；龙湖集团以 81.35 亿元销售额位列第三名，实现签约面积 53.64 万平方米。

九、商业、公寓及办公

研究机构分析报告显示，2019 年青岛市商业销售套数下降，销售面积与前一年基本持平，受多个项目购物中心低价整售影响，全年成交均价呈现下降趋势。

存量方面，2019 年末库存 611 万平方米，存量集中在城阳区、原胶南市、胶州市等非中心城区；整体去化周期与前一年基本持平，为 63 个月，去化压力仍大。

供销方面，各区域中，原胶南市、即墨区及城阳区供应量集中；即墨区销售面积占比最大，约占全市销量的 22%。

十、年度房价走势分析

价格方面，2019 年青岛市新建商品房的网签均价为 14442 元 / 平方米，同比 2018 年上涨 3.5%；青岛市新建商品住宅的网签均价为 14301 元 / 平方米，同比 2018 年上涨 6.1%。

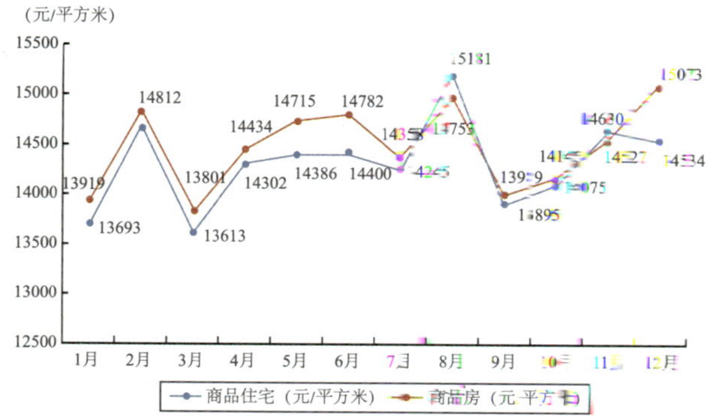

图 2-72　2019 年青岛市新建商品住宅及商品房成交均价

通过上图可知，2019 年青岛新建商品住宅成交均价最高点出现在 8 月，成交价格为 15181 元 / 平方米；成交均价最低点则出现在 3 月，成交价格为 13613 元 / 平方米。

十一、热点板块分析

从区域来看，市南区仍然是青岛房价天花板，成交均价为 52206 元 / 平方米；崂山区紧随其后，成交均价为 35610 元 / 平方米；市北区也已迈过 3 万元线，成交均价为 30173 元 / 平方米。2019 年，胶南市、胶州市、即墨区问鼎区域成交榜单前三，而这三区域在房价方面则显得“亲民”了许多。其中，胶南市成交均价 13339 元 / 平方米；胶州市成交均价 11096 元 / 平方米；即墨区成交均价 13054 元 / 平方米。从数据也不难看出，除去平度、莱西，青岛各区域房价全线破万元。

十二、市场预期

在经历了堪称史上最密集和最严峻的调控一年后，中央政府继续坚持“房住不炒”的定位，房地产行业也在自我调整中实现平稳前行。2020 年政策基调，房地产主线由“因城施策，分类指导”细化为“城市更新，存量房改造，发展租赁住房”和“因城施策”“三稳”并重，突出“稳”字当头，预计 2020 年青岛政策将根据市场表现局部细调。

数据来源：锐理数据。

2019年青岛房地产在售楼盘概览

楼盘名称	城市名称	城区	地址	物业类型
长水山庄	青岛	城阳区	城阳区王沙路1616号	普通住宅、别墅
千禧国际村二期	青岛	城阳区	城阳区惜福镇铁骑山路78号	普通住宅、别墅、商铺
领秀珊瑚湾	青岛	城阳区	城阳区华贯路758号	普通住宅、别墅、商铺
佳兆业水岸新都	青岛	城阳区	城阳区王沙路西侧、中经二路东侧、白沙河南侧	普通住宅、别墅
鲁商泰晤士小镇	青岛	城阳区	城阳区惜福镇王沙路百福路交会处(百福路167号)	普通住宅
青特小镇	青岛	城阳区	城阳区春阳路19号	普通住宅
青岛星河湾	青岛	城阳区	城阳区环湾大道与滨海路交叉口西行2公里	普通住宅、公寓
中欧国际城	青岛	城阳区	城阳区火炬路57号(火炬路与祥源路交会处)	普通住宅、别墅
金秋泰和郡	青岛	城阳区	城阳区玉虹路16号(云头崮社区)	普通住宅、别墅
鑫江水青花都	青岛	城阳区	城阳区黑龙江中路与王沙路交会处	普通住宅
华地仟佰墅	青岛	城阳区	城阳区白沙河与黑龙江中路交会处东500米	普通住宅、别墅
蔚蓝创新天地	青岛	城阳区	城阳区瑞阳路与荟城路交会处	普通住宅
万科金域华府	青岛	城阳区	城阳区正阳路、国学公园北	普通住宅、商铺
华仁金都华府	青岛	城阳区	城阳区华中路86号	普通住宅
鑫江桂花园·汀香	青岛	城阳区	城阳区黑龙江路789号	普通住宅、别墅
鑫江玫瑰园	青岛	城阳区	城阳区银河路666号(黑龙江中路与银河路路口,东行800米)	普通住宅
天一仁和财富中心	青岛	城阳区	城阳区正阳中路162-19号(鲁邦国际风情街西侧)	普通住宅、商铺
天泰碧玺园	青岛	城阳区	城阳区春城路与吉阳路交会处	别墅
鲁商蓝岸新城	青岛	城阳区	城阳区岙东路与火炬路交会处西南侧	普通住宅、别墅、商铺
磊鑫河畔阳光	青岛	城阳区	城阳区夏庄街道王沙路788-18号	普通住宅
居之乐之	青岛	城阳区	城阳区长城南路88号	普通住宅
鑫汇水岸	青岛	城阳区	城阳区河套街道龙海路76号	普通住宅
鲁昊棠琳湾	青岛	城阳区	城阳区流亭街道白沙河南、环胶州湾高速北、白沙河入海口	普通住宅

楼盘名称	城市名称	城区	地址	物业类型
海尔产城创珺玺	青岛	城阳区	城阳区火炬路127号(奥体中心斜对面)	普通住宅、别墅
兴华景园五期	青岛	城阳区	城阳区建材市场北城马路39号	普通住宅
融创红岛壹号院	青岛	城阳区	城阳区河东路与华东路交会处	普通住宅、别墅
青特金地汇豪观邸	青岛	城阳区	城阳区春阳路与国城路交会处	普通住宅、别墅、商铺
青岛恒大御澜国际	青岛	城阳区	城阳区黑龙江中路与白沙河交会处	普通住宅、公寓、商铺
保利观堂	青岛	城阳区	城阳区S209省道366、368号	普通住宅
天峰首府	青岛	城阳区	城阳区正阳东路与王沙路交会处南300米	普通住宅
鑫江·华府	青岛	城阳区	城阳区黑龙江路724号	普通住宅、别墅
新城红岛湾	青岛	城阳区	城阳区红岛经济区红岛街道华强路	普通住宅
新城云樾晓院	青岛	城阳区	城阳区丰年路与宝源路交会处(山大国际产业园南侧)	普通住宅、别墅、商铺
青特地铁·花屿城	青岛	城阳区	城阳区王沙路与银河路交会处	普通住宅、别墅
旭辉银盛泰正阳府	青岛	城阳区	城阳区正阳中路与靖城路交会处向北500米	普通住宅、商铺
龙湖·舜山府	青岛	城阳区	城阳区白云山公园旁	普通住宅、别墅
融创北岸壹号	青岛	城阳区	城阳区育英路177号(城阳六中西约100米)	普通住宅
海信·观澜	青岛	城阳区	城阳区南北主干道黑龙江路与兴阳路交会处	普通住宅
保利红岛湾	青岛	城阳区	城阳区红岛经济区南侧	普通住宅、别墅
世茂璀璨天樾	青岛	城阳区	城阳区火炬路以北岙东路以西	普通住宅、别墅
鑫江·合院	青岛	城阳区	城阳区王沙路27号	普通住宅、别墅
招商·雍华府	青岛	城阳区	城阳区同顺路8号	普通住宅、公寓、别墅
昆仑府	青岛	城阳区	城阳区靖城路东,白云山中路北	普通住宅、商业
碧桂园·翡翠城	青岛	城阳区	城阳区新业路以南、岙东路以西700米(高新区中部奥体板块)	普通住宅
卓越·嘉悦	青岛	城阳区	城阳区火炬路与岙东路交会处西800米	普通住宅、商业
绿地·国科健康科技小镇	青岛	城阳区	城阳区东旺疃社区东侧	普通住宅、商铺
青岛印象金沙滩	青岛	黄岛区	黄岛区嘉陵江东路1号	普通住宅、别墅

楼盘名称	城市名称	城区	地址	物业类型
万科青岛小镇	青岛	黄岛区	黄岛区小珠山南麓（海港路与开城路交会处西行约200米）	普通住宅、别墅
海上嘉年华·海洋之心	青岛	黄岛区	黄岛区经济技术开发区滨海大道中国石油大学旁	普通住宅、公寓、别墅
金沙滩壹号	青岛	黄岛区	黄岛区石雀滩路9号	普通住宅、商铺
福瀛·天麓湖	青岛	黄岛区	黄岛区韶山路568号（韶山路与东江路交会处）	普通住宅
逸景湾·尚品	青岛	黄岛区	黄岛区滨海大道与东港路交会处	普通住宅、建筑综合体
恒大金沙滩	青岛	黄岛区	黄岛区罗浮山路228号	普通住宅、公寓、别墅
青岛东方影都	青岛	黄岛区	黄岛区滨海大道1777号	公寓
融创·维多利亚湾	青岛	黄岛区	黄岛区汉江路1号	普通住宅、商铺
隆和城大溪谷	青岛	黄岛区	黄岛区高山路1997号	别墅、商铺
珠山秀谷御墅	青岛	黄岛区	黄岛区大学园西路，大珠山风景区东侧	普通住宅、公寓
K2海棠湾	青岛	黄岛区	黄岛区胶南珠海东路，维客购物中心南侧	普通住宅、别墅
深港城	青岛	黄岛区	黄岛区嘉陵江路以南，江山路以东，武家庄北侧	普通住宅
海尔产城创悦湖兰庭	青岛	黄岛区	黄岛区香江路735号	普通住宅
海信长江东路88+	青岛	黄岛区	黄岛区长江东路200号	公寓
中建锦绣城	青岛	黄岛区	黄岛区灵山湾路与凤蹲山路交会处（原胶南六中西侧）	普通住宅
融创·阿朵小镇	青岛	黄岛区	黄岛区开城路中段	普通住宅
中铁青岛世界博览城	青岛	黄岛区	黄岛区滨海大道与朋富大道交会处	普通住宅、商铺
东方时尚中心	青岛	黄岛区	黄岛区古镇口军民融合创新区三沙路以东、翠岛路以南、海军路以西	普通住宅、公寓、别墅
海信积米湾	青岛	黄岛区	黄岛区积米崖港区西侧	普通住宅、别墅
合创琨庭七号院	青岛	黄岛区	黄岛区长江东路与韶山路交会处	普通住宅、公寓
海信花街小镇	青岛	黄岛区	黄岛区融创茂向北1.2公里（星海滩路西）	普通住宅
海信珠山小镇	青岛	黄岛区	黄岛区渭河路与洞庭山路交会处	普通住宅、别墅
中南·漫悦湾	青岛	黄岛区	黄岛区前湾港路267号（开拓路与前湾港路交叉口）	普通住宅
红星·天铂	青岛	黄岛区	黄岛区西海岸路与易通路交会处	公寓、商铺
银盛泰·博观星海	青岛	黄岛区	黄岛区灵山湾路与东岳中路交会处	普通住宅

楼盘名称	城市名称	城区	地址	物业类型
万科城市之光	青岛	黄岛区	黄岛区江山路与淮河西路交会处西100米	普通住宅、商铺
碧桂园翡翠湾	青岛	黄岛区	黄岛区长江路与衡山路交会处北400米路北	普通住宅
万科翡翠长江	青岛	黄岛区	黄岛区长江中路与白云山路交会处	普通住宅、公寓、商铺
中南·星汇城	青岛	黄岛区	黄岛区江山中路195号（江山路与黄河路交会处）	普通住宅、公寓
万德麒麟公馆	青岛	黄岛区	黄岛区圣元路与月牙河路交会处	普通住宅、商铺
龙湖·天璞	青岛	黄岛区	黄岛区青云山路与银沙滩路交会处	普通住宅
金地禹洲·江山艺境	青岛	黄岛区	黄岛区江山南路东、黄浦江路北（江山路第一小学东北侧）	普通住宅
仁洲观海	青岛	黄岛区	黄岛区长江东路以南、滨海大道以北、居然之家东北侧	普通住宅、商铺
中德·绿色公元	青岛	黄岛区	黄岛区中德生态园C-3组团生态园36号线以西、生态园7号线以南、生态园1[illegible]号线以北	普通住宅、别墅
翰林华府	青岛	黄岛区	黄岛区胶南一中北800米路东量香路北首	普通住宅
金地金泽·九里风华	青岛	黄岛区	黄岛区长江东路北侧、大涧山东麓	别墅
卓越天元	青岛	黄岛区	黄岛区金沙滩路739号	普通住宅、酒店式公寓
绿地·香海汇都	青岛	黄岛区	黄岛区太行山路与嘉陵江路交会处北200米（开发区四中北600米）	公寓、商铺
西海岸花好月圆	青岛	黄岛区	黄岛区灵山卫街道灵河路与灵海北路交会处	普通住宅
弗莱德建公元	青岛	黄岛区	黄岛区北临生态园11号线、东临生态园36号线、西南则生态园环6号线	普通住宅
天一镜台山	青岛	黄岛区	黄岛区两河路与胶州湾西路北1000米	普通住宅
鑫苑·御龙湾	青岛	黄岛区	黄岛区滨海大道与学院路交会处	普通住宅
奥园翰林名苑	青岛	黄岛区	黄岛区香江路与五台山路交会处（远海城东侧）	普通住宅、公寓、商铺
融信西发海月星湾	青岛	黄岛区	黄岛区滨海二道南侧、华山西路以东、辛屯山路以西	普通住宅、公寓
昆仑首府	青岛	黄岛区	黄岛区昆仑山路与榕江路交会处	普通住宅、别墅
万科新都会	青岛	黄岛区	黄岛区西海岸开发区中心板块西北侧	普通住宅
海信香江睿园	青岛	黄岛区	黄岛区嘉陵江东路与五台山路交界处	普通住宅
保利开投·徕卡公园	青岛	黄岛区	黄岛区辛安板块北部，[illegible]结路与淮河西路交界处	普通住宅、公寓

楼盘名称	城市名称	城区	地址	物业类型
海尔产城创融海公馆	青岛	黄岛区	黄岛区山川路与翠岛路交会处	公寓、别墅
绿地 · 凤栖澜玥	青岛	黄岛区	黄岛区珠江路与衡山路交会处东 200 米	普通住宅
海信 · 灵山湾	青岛	黄岛区	黄岛区滨海大道与辛屯路交会处	普通住宅、公寓
当代华府	青岛	黄岛区	黄岛区藏马山国际旅游度假区板块	普通住宅
国际海洋智区 · 云府	青岛	黄岛区	黄岛区滨海大道地铁 13 号线大珠山站旁	公寓、商业
信达 · 金地蓝庭	青岛	黄岛区	黄岛区昆仑山路以东、峨眉山路以西、钱塘江以南	普通住宅
卓越维港	青岛	黄岛区	黄岛区漓江东路与华顶山路交界处	普通住宅
金地 · 自在城	青岛	黄岛区	黄岛区玉泉路与灵山湾路交会处	普通住宅
金沙乐府	青岛	黄岛区	黄岛区金沙滩东侧	普通住宅、别墅、商铺
康大 · 江山樾	青岛	黄岛区	黄岛区小珠山南麓，开城路北边、黄海学院北校区东侧、毛家山村西	普通住宅
青岛依云小镇	青岛	崂山区	崂山区崂山路 25 号	普通住宅、别墅
鲁商蓝岸丽舍	青岛	崂山区	崂山区松岭路 72 号（青岛二中北）	普通住宅、商铺
优山美墅	青岛	崂山区	崂山区滨海大道天水路二号	普通住宅、别墅
鲁德海德堡	青岛	崂山区	崂山区香港东路 241 号	普通住宅、别墅
中联依山伴城	青岛	崂山区	崂山区株洲路以东、枣山东路以北、崂山通信产业园区东南	普通住宅
海尔产城创波尔多小镇	青岛	崂山区	崂山区李沙路北崂公交站附近	别墅
海尔产城创云玺	青岛	崂山区	崂山区海尔路一号（海尔工业园一号门旁）	普通住宅
华润城	青岛	崂山区	崂山区辽阳路与深圳路交会处	普通住宅、写字楼、商铺
海信君澜	青岛	崂山区	崂山区香港东路以南、海游路以东	普通住宅
海尔产城创云谷壹号	青岛	崂山区	崂山区海尔路 1 号海尔工业园 1 号门右侧	公寓
银丰 · 玖玺城	青岛	崂山区	崂山区香港东路山东头	普通住宅
佳源华府	青岛	崂山区	崂山区松岭路与仙霞岭路交会处	普通住宅
海尔产城创翡翠云城	青岛	崂山区	崂山区松岭路 199 号（海大崂山校区对面）	普通住宅、写字楼、商铺
河岸首府	青岛	李沧区	李沧区九水东路 189 号	普通住宅
青岛印象湾	青岛	李沧区	李沧区文昌路、梅庵公园北侧	普通住宅
融创都会中心	青岛	李沧区	李沧区黑龙江中路与富锦路交会处东 100 米	普通住宅、别墅

楼盘名称	城市名称	城区	地址	物业类型
卓越宾果公寓	青岛	李沧区	李沧区金水路与宾川路交界处	公寓、商铺
中南青樾	青岛	李沧区	李沧区重庆中路 903 号	普通住宅
康储文播世家	青岛	市北区	市北区吴石路 16 号	普通住宅
大都汇	青岛	市北区	市北区九江路 27 号	普通住宅
秀兰禧悦都	青岛	市北区	市北区金华路与瑞昌路交会处北行 500 米	普通住宅、商铺
海尔产城创兰庭公寓	青岛	市北区	市北区重庆南路 128 号（麦德龙北侧）	公寓
新都朗悦	青岛	市北区	市北区合肥路与台柳路交会处（毗邻凯德 Mall）	普通住宅、写字楼、商铺
泰山路 99 号	青岛	市北区	市北区泰山路 99 号	普通住宅
蓝光黑钻公馆	青岛	市北区	市北区宜昌路 16 号	普通住宅、别墅、商铺
保利天汇	青岛	市北区	市北区新都心长沙路与台柳路交会处	普通住宅、写字楼、商铺
蓝泰商墅	青岛	市北区	市北区瑞海北路 7 号甲	别墅
CBD 首府	青岛	市北区	市北区敦化路 117-4 底商	公寓
同安路九号	青岛	市北区	市北区同安路 9 号	公寓、别墅、商铺
市北建投凤凰城	青岛	市北区	市北区广昌路 5 号	普通住宅、商铺
万科新都会 1907	青岛	市北区	市北区台柳路 312 号	普通住宅
金隅 · 和寓	青岛	市北区	市北区延吉路 59 号	公寓
金沙 · 中粮祥云	青岛	市北区	市北区湖清支路 2 号、3 号、4 号	普通住宅
海尔产城创世纪观邸	青岛	市北区	市北区长沙路南黑龙江路西、重庆路东、德兴路北	普通住宅、商业
和达君玥	青岛	市北区	市北区浮山新区	普通住宅
万科星空	青岛	市北区	市北区长沙路与宁乡路交会处	公寓
海逸天成	青岛	市南区	市南区东海西路 29 号	普通住宅、公寓
莱阳路 8 号	青岛	市南区	市南区莱阳路 8 号乙（中国海军博物馆北 200 米）	公寓、住宅
鲁商蓝岸公馆	青岛	市南区	市南区南京路与宁夏路交会处	普通住宅、公寓、商铺
湖尚一品	青岛	胶州市	胶州市兰州东路 572 号	普通住宅、别墅、商铺
青岛达观天下	青岛	胶州市	胶州市黄河路、黄海路交界	普通住宅、公寓、写字楼
亿阳金都馨城	青岛	胶州市	胶州市澳门路与杭州路交会处	普通住宅
海尔产城创御品华府熙园	青岛	胶州市	胶州市海尔大道与兰州东路交会处东 100 米路南	普通住宅

楼盘名称	城市名称	城区	地址	物业类型
联谊枫林小镇	青岛	胶州市	胶州市海尔大道东少海南路 5 号（胶州少海湿地公园内）	普通住宅、别墅
中洲半岛城邦	青岛	胶州市	胶州市少海北路 58 号	普通住宅、别墅
宝龙大沽河艺术村艺悦公寓	青岛	胶州市	胶州市少海北路 10 号	别墅
新城玺樾	青岛	胶州市	胶州市少海北路以北、兰州路以南、营旧路以西、太湖路以东	普通住宅、商铺
三木·家天下·文澜府	青岛	胶州市	胶州市开发区交大大道与辽河路交界处	普通住宅
万豪·白鹭岛	青岛	胶州市	胶州市少海板块·少海南路 6 号湖心岛上	别墅
荣盛锦绣外滩	青岛	胶州市	胶州市经济技术开发区湘江路 2 号	普通住宅
樾府	青岛	胶州市	胶州市尚德大道与淮河路交会处	普通住宅、商铺
兴源巴黎城	青岛	胶州市	胶州市温州路、扬州支路、龙州路交会处	普通住宅、酒店式公寓
奥园首府壹号	青岛	胶州市	胶州市北京路与福州南路交会处西北侧（紧邻市政府）	普通住宅
碧桂园湖悦天境	青岛	胶州市	胶州市湘江路与科技大道交会处（如意湖旁）	公寓、别墅
龙湖·昱城	青岛	胶州市	胶州市海尔大道与香港路交会处	普通住宅、公寓
花样年·碧云湾	青岛	胶州市	胶州市尚德大道以东、长江路以北、交大大道以西、黄河路以南	普通住宅、商铺
远洋御城	青岛	胶州市	胶州市创新大道与黄河路交会处	普通住宅、商铺
协信天骄观澜国际社区	青岛	胶州市	胶州市少海新城少海南路	普通住宅、别墅
三木·空港小镇·璟云	青岛	胶州市	胶州市 204 国道胶东办事处东 200 米路北	普通住宅
保利叁仟栋	青岛	胶州市	胶州市少海北路 52 号	普通住宅、别墅
旭辉银盛泰·锦悦都	青岛	胶州市	胶州市空港新区	普通住宅
樾郡	青岛	胶州市	胶州市兰州路与株洲路交会处	普通住宅
怡然园墅	青岛	胶州市	胶州市温州路与营杜路交会处	别墅
奥林春天	青岛	胶州市	胶州市尚德大道与长江路交会处东侧	普通住宅
新城·书香嘉苑	青岛	胶州市	胶州市张应大朱戈村 1072 号（蓝泰小学旁）	普通住宅
越秀铂悦府	青岛	胶州市	胶州市海尔大道与兰州东路交会处南 500 米	普通住宅、别墅
皇骐怡云水岸	青岛	胶州市	胶州市新城区青年湖西岸	普通住宅

楼盘名称	城市名称	城区	地址	物业类型
鲁骐·金岸世家	青岛	胶州市	胶州市南临南二路、东临桂源大街、北靠联谊大街、西接东三路	普通住宅
天泰·幸福里	青岛	胶州市	胶州市胶州西路 296 号	普通住宅
保利云禧	青岛	胶州市	胶州市兰州东路与海尔大道交会处	普通住宅
云岭四季	青岛	胶州市	胶州市兰州东路与太湖路交会处	普通住宅
丽山国际	青岛	即墨区	即墨区鹤山路 8 号（204 国道东 1.5 公里）	别墅
原乡小镇	青岛	即墨区	即墨区温泉镇温泉一路 399 号	别墅
怡华悦峰	青岛	即墨区	即墨区王家官村长江一路 88 号	普通住宅、商铺
恒大悦珑台	青岛	即墨区	即墨区蓝色硅谷麒麟路 88 号	普通住宅、别墅
德馨珑湖三期珑悦府	青岛	即墨区	即墨区环秀街道、长江一路南侧	普通住宅、别墅
国信墨悦湾	青岛	即墨区	即墨区泰山二路与文化路交会处	普通住宅
三盛国际海岸	青岛	即墨区	即墨区温泉镇滨海大道与领海路交会处青岛国际博览中心北	普通住宅、别墅
佳源都市	青岛	即墨区	即墨区嵩山三路 7 号（即墨二十八中西侧）	普通住宅、别墅、商铺
裕东新府	青岛	即墨区	即墨区经济开发区威海卫路 10 号	普通住宅
中交中央公元	青岛	即墨区	即墨区文化路与烟青路交界处	普通住宅、公寓
鲁信和璧花园	青岛	即墨区	即墨区蓝色硅谷核心区滨海路 56 号（滨海公路东侧）	普通住宅
萃英花园	青岛	即墨区	即墨区马山镇小庄村青银高速、青荣城铁高架以西，长江二路以北	普通住宅
天泰桃花源	青岛	即墨区	即墨区麒麟路 68 号	普通住宅、写字楼
奥园·海泊澜湾	青岛	即墨区	即墨区鹤山路以南、滨海公路以西、大任河以北	普通住宅、别墅
海尔产城创中央花园	青岛	即墨区	即墨区壮武路以西、玉山路以东、皋虞路以南、宁玉路以北	普通住宅
岭海香澜郡瑜院	青岛	即墨区	即墨区温泉镇滨海大道与领海路交会处	普通住宅、别墅
海信九贤府	青岛	即墨区	即墨区文化路与泰山一路交会处（原华龙包装地块）	普通住宅
鲁商·中央公馆	青岛	即墨区	即墨区长广路与皋虞路交会处	普通住宅、别墅
碧海科技园蓝谷之光	青岛	即墨区	即墨区鳌山卫街道滨海公路以西、莱青路以东、山大北路以北、星石主以南	普通住宅
港中旅蓝谷壹号·臻玺	青岛	即墨区	即墨区鹤山东路 11 号地铁线水泊站旁	普通住宅

楼盘名称	城市名称	城区	地址	物业类型
蓝城 · 玉兰公馆	青岛	即墨区	即墨区文化路与华山二路交会处	普通住宅
中海樘院	青岛	即墨区	即墨区盟旺路与埠惜路路口	普通住宅、别墅
创智中粮锦云	青岛	即墨区	即墨区宁东路 6 号	普通住宅
金茂智慧国际城	青岛	即墨区	即墨区烟青路东、珠江二路南	普通住宅、公寓
华发四季	青岛	即墨区	即墨区山师实验学校南 150 米（长广路与适致路交会处）	普通住宅
融创 · 澜山壹号	青岛	城阳区	城阳区祥阳路与荟城路交会处西 50 米	普通住宅
青特悦海府	青岛	城阳区	城阳区梦海路 28 号	普通住宅
海尔产城创白云山花园	青岛	城阳区	城阳区春阳路 37 号	普通住宅
天一仁和珑樾海	青岛	城阳区	城阳区流亭街道白沙湾片区（求实学院西侧怡海路旁）	普通住宅、别墅
世茂公园美地	青岛	城阳区	城阳区祥茂河湿地公园东侧	普通住宅
融创红岛湾	青岛	城阳区	城阳区华中南路与华强路交会处	普通住宅、公寓
天一仁和 · 悦湖锦府	青岛	城阳区	城阳区岙东路与宏通路交会处	普通住宅
双利城央府	青岛	城阳区	城阳区德阳路以北、春阳路以南、204 国道以东	普通住宅
北岭 · 财富佳苑	青岛	城阳区	城阳区龙游路 18 号	普通住宅
中海 · 红著	青岛	城阳区	城阳区河东路与聚贤桥路交会处	普通住宅
高实景苑	青岛	城阳区	城阳区岙东路和广博路交叉口北 50 米	普通住宅
天一仁和宸璟都会	青岛	城阳区	城阳区正阳西路以南，龙翔路以西	普通住宅
越秀星汇城	青岛	城阳区	城阳区上马街道龙润路与 397 省道交会处	普通住宅、商铺
佳兆业 · 悦峰	青岛	城阳区	城阳区荟城路祥阳路交会处	普通住宅
众安 · 青岛新城市	青岛	城阳区	城阳区河套街道丰和路与 S397 省道交会处	普通住宅
龙湖 · 西府原著	青岛	黄岛区	黄岛区松云路 128 号	普通住宅、别墅、商业
千业新城	青岛	黄岛区	黄岛区长江东路安子站地铁口	普通住宅
建邦垅锦墅	青岛	黄岛区	黄岛区灵山卫滨海大道北、泰薛路南	别墅
华皓锦域	青岛	黄岛区	黄岛区昆仑山路与淮河西路交界处西 300 米	普通住宅、商铺
蓝光 · 雍锦半岛	青岛	黄岛区	黄岛区五台山路北、团结路西	普通住宅、公寓、商业
鲁班国汇城 · 儒苑	青岛	黄岛区	黄岛区胶南老城区，临近滨海大道	普通住宅
天泰 · 山海印象	青岛	黄岛区	黄岛区古镇口军民融合区映山红路与拥军路交会处南 100 米	普通住宅
青岛海洋活力区丨融创中心	青岛	黄岛区	黄岛区滨海大道与世纪大道交会处西行 800 米路南融创中心	普通住宅、写字楼、商业
龙湖光年	青岛	黄岛区	黄岛区中德生态园团结路与河洛路交会处	普通住宅
华皓香奈公馆	青岛	黄岛区	黄岛区长江东路与嘉陵江路延长线交会处（长江东路与新港山路交会处西北侧）	普通住宅
和昌海云曦岸	青岛	黄岛区	黄岛区城市阳台 4A 级景区内，滨海大道东、汕头路北	普通住宅
中海外 · 京华海悦	青岛	黄岛区	黄岛区长江路 443 号	普通住宅
康大开元府	青岛	黄岛区	黄岛区东岳东路与学院路交界处	普通住宅
黑卓碧桂园 · 美筑	青岛	黄岛区	黄岛区世纪大道南，三沙路西	普通住宅
碧水明珠	青岛	黄岛区	黄岛区黄河中路 178 号（奋进路与黄河中路交会处西南侧）	普通住宅
黄海 · 铂寓	青岛	黄岛区	黄岛区珠江路与萧山路交叉口	公寓
实地 · 蔷薇国际	青岛	黄岛区	黄岛区地铁 13 号线两河路站旁	普通住宅
融发碧桂园珠山郡	青岛	黄岛区	黄岛区映山红路和山王河西路交会处（碧海方舟东南 200 米）	普通住宅
铂悦 · 灵犀湾	青岛	黄岛区	黄岛区古镇口海军公园旁映山红路与海军路交会处	普通住宅
辛安府	青岛	黄岛区	黄岛区开发区团结路 1505 号	普通住宅
保利源诚领秀山领秀海	青岛	黄岛区	黄岛区两河路东前湾港路南 / 泰薛路北镜台路西	普通住宅
绿地 · 青岛城际空间站	青岛	黄岛区	黄岛区西海岸新区青岛西站旁	普通住宅
绿地 · 海月名都	青岛	黄岛区	黄岛区世纪大道 999 号（世纪大道与琅琊台南路交会处）	普通住宅
金科平澜府	青岛	黄岛区	黄岛区中央活力区，风河左畔、世纪大道南	普通住宅、公寓
国际健康生态谷	青岛	黄岛区	黄岛区开城路与两河路交会处北行 3 公里	普通住宅
阜丰花溪涧	青岛	黄岛区	黄岛区藏马山旅游区开城路南侧	普通住宅
西海岸创新科技城	青岛	黄岛区	黄岛区东岳中路与嘉宁路交会处	普通住宅
龙湖 · 春江彼岸	青岛	黄岛区	黄岛区渭河路与创业路交会处（山东科技大学青岛校区东）	普通住宅、公寓

楼盘名称	城市名称	城区	地址	物业类型
海尔产城创衡山学府	青岛	黄岛区	黄岛区衡山路以西、嘉陵江路以北	普通住宅
长青山庄	青岛	黄岛区	黄岛区长江东路177号	普通住宅、别墅
国汇观海领御	青岛	黄岛区	黄岛区长江东路270号（居然之家东）	普通住宅
龙湖春江紫宸	青岛	黄岛区	黄岛区嘉陵江西路北侧、武当山路西侧	普通住宅
青岛院子	青岛	黄岛区	黄岛区东岳东路3551号	别墅
广厦瑞府	青岛	黄岛区	黄岛区开发区黄河中路38号	普通住宅
公元景樾公馆	青岛	黄岛区	黄岛区唐岛湾路北侧、东风路东侧	普通住宅
碧海方舟	青岛	黄岛区	黄岛区映山红路1569号（石门寺停车场东临）	普通住宅
禹洲·朗廷湾	青岛	黄岛区	黄岛区嘉陵江东路南、韶山路东	普通住宅
城发长江瑞城	青岛	黄岛区	黄岛区峨眉山路366号	普通住宅
琅琊台家园	青岛	黄岛区	黄岛区东岳中路1550号（原琅琊台酒厂北门）	普通住宅
山水嘉苑	青岛	黄岛区	黄岛区临港街道珠光路东段650号	普通住宅
伟东云溪湾	青岛	黄岛区	黄岛区星海滩路与开城路交会处	别墅
中南环球春风南岸	青岛	黄岛区	黄岛区东岳中路南、珠山路东	普通住宅
西海瑞苑	青岛	黄岛区	黄岛区开发区嘉陵江东路与珠江路交叉口东700米	普通住宅
融合嘉园	青岛	黄岛区	黄岛区映山红路南侧，三沙路西侧，古镇口军民融合学院对面	普通住宅
东方影都·海寓	青岛	黄岛区	黄岛区滨海大道2000号星光岛、北临东方影都、融创茂商场	公寓
蓝湾运动中心	青岛	黄岛区	黄岛区海港路与滨海大道交叉口沿海港路向南前行500米	普通住宅、别墅
公元·景樾公馆	青岛	黄岛区	黄岛区隐珠街道泉城路隐珠中学北450米	普通住宅
金地康养智慧谷	青岛	黄岛区	黄岛区平湖路与六合路交会处	普通住宅
未来星城	青岛	黄岛区	黄岛区开城路北、黄海学院西	公寓、别墅
旭辉银盛泰·博观星海三期河海园	青岛	黄岛区	黄岛区隐珠街道灵山湾路与水城路交会处路北	普通住宅
瑞源·名嘉康城	青岛	黄岛区	黄岛区朝阳山路969号	普通住宅
静山悦园	青岛	崂山区	崂山区辽阳东路99号	普通住宅
海信北涧山居	青岛	崂山区	崂山区滨海大道以西、天水路以北	普通住宅、别墅
青岛印象·品	青岛	崂山区	崂山区合肥路以南，深圳路以东，紧邻宜家	普通住宅
海信国际中心	青岛	崂山区	崂山区香港东路108号	普通住宅、公寓
海尔产城创东方悦府	青岛	崂山区	崂山区辽阳路111号	普通住宅
越秀天悦海湾	青岛	李沧区	李沧区[illegible]阳路以北、安顺路以东、汾阳路以[illegible]	普通住宅、写字楼、商业
绿城·海棠印月	青岛	李沧区	李沧区铜川路与广水路交会处	普通住宅
海尔产城创鼎世华府	青岛	李沧区	李沧区青山路宝龙广场	普通住宅
信联天地	青岛	李沧区	李沧区黑龙江路以东、万达南侧	普通住宅、公寓
龙湖春江天境	青岛	李沧区	李沧区地铁万年泉路站南300米万年泉路与青山路交会处	普通住宅
首创·禧悦天海	青岛	李沧区	李沧区安顺路与沧安路交会处	普通住宅
广润熙悦	青岛	李沧区	李沧区桃园路2[illegible]号	普通住宅
远洋万和城	青岛	市北区	市北区辽阳西路与劲松五路交会处西南200米	普通住宅、公寓
大悦城JOYPARK·悦+	青岛	市北区	市北区利津路辽宁路交会处	公寓
碧桂园云著	青岛	市北区	市北区鞍山路M1与M4地铁换乘站山东路家乐福北侧	普通住宅
碧桂园云境	青岛	市北区	市北区大沙路与金华路交会处	普通住宅、商业
华能郡府	青岛	市北区	市北区昌化路与宁化路交会处	普通住宅
明翠雅居	青岛	市北区	市北区富源一路83号	普通住宅
保利大国璟	青岛	市北区	市北区同德路以北、劲松三路以西、现划宁安路两侧	普通住宅
城投悦动湾	青岛	市北区	市北区瑞海北路[illegible]1号	普通住宅
七色堇	青岛	市北区	市北区黑龙江南路以西、地铁大厦以南、开平路以北	普通住宅、写字楼
海信湖岛世家二期	青岛	市北区	市北区瑞昌路[illegible]87号	普通住宅
永新公馆	青岛	市南区	市南区澳门路66号	普通住宅
龙湖·天钜	青岛	胶州市	胶州市北京路360号（瑞华小学南）	别墅
中海林溪世家	青岛	胶州市	胶州市少海新城少海北路32号	普通住宅
融创时代公馆	青岛	胶州市	胶州市滦河路9号	普通住宅、商业
碧桂园盛汇·澜庭	青岛	胶州市	胶州市新城区中[illegible]社区路南[illegible]米	普通住宅
华庭丽景	青岛	胶州市	胶州市李哥庄镇[illegible]谊大街26号	普通住宅、商业

楼盘名称	城市名称	城区	地址	物业类型
澳恒·枫悦名邦	青岛	胶州市	胶州市扬州路与柳州路交会处北300米路西	普通住宅
天一仁和悦海大观	青岛	胶州市	胶州市长江路东8号（中加国际学校东侧）	普通住宅
胶州湾·尚合苑	青岛	胶州市	胶州市平城西路与平城南路交会处百盛希望小学北100米	普通住宅
上河城	青岛	胶州市	胶州市北京东路358号（三里河畔）	普通住宅
联谊·景尚蓝湾	青岛	胶州市	胶州市李哥庄镇联谊大街20号（李哥庄第二小学对面）	普通住宅
协信天骄云麓	青岛	胶州市	胶州市兰州东路642号	普通住宅
上城御府	青岛	胶州市	胶州市寺门首路南侧、柳州路以西	普通住宅
观澜文苑	青岛	胶州市	胶州市交大大道与闽江路交会处西300米	普通住宅
香溪贤庭	青岛	胶州市	胶州市铺集镇澄月路56号	普通住宅
双珑领寓	青岛	胶州市	胶州市香港路与广州路交会处西200米路南	普通住宅
鸿锦凤凰新城	青岛	胶州市	胶州市香港路与广州路交会处路西	普通住宅
少海名仕府邸	青岛	胶州市	胶州市香港路与海尔大道交会处	普通住宅
台湾馨园	青岛	胶州市	胶州市泉州路79号	普通住宅
万恒四季花城	青岛	胶州市	胶州市交大大道与淮河路交会处东侧	普通住宅
天泰欢乐时光	青岛	胶州市	胶州市香港路898号	普通住宅
名城府邸	青岛	胶州市	胶州市禹州路南侧、规划一号路西侧位	普通住宅
天一仁和宸璟仟山	青岛	胶州市	胶州市里岔镇千山北路	普通住宅
天聚华府	青岛	胶州市	胶州市马店中心大街	普通住宅
我家·阳光上城	青岛	胶州市	胶州市海尔大道与胶州东路交会处东约800米	普通住宅
府新苑	青岛	胶州市	胶州市胶北街道办事处东侧	普通住宅
盈创板桥华府	青岛	胶州市	胶州市梧州路以西，西宋路以北、中宋路以东、兰州路以南	普通住宅
海达如意金岸	青岛	胶州市	胶州市尚德大道与黄河路交会处	普通住宅
昱苑·金岸丽景	青岛	胶州市	胶州市李哥庄镇龙乡大街5号	普通住宅
清华凤凰园	青岛	胶州市	胶州市福州南路277号（青岛工学院东门南行300米路东）	普通住宅
金墨华府	青岛	胶州市	胶州市莱州路（莱州路小学东侧30米路南）	普通住宅

楼盘名称	城市名称	城区	地址	物业类型
鑫坤临水宜家	青岛	胶州市	胶州市新城区温州路东青年水库东	普通住宅
胶州湾空港新城	青岛	胶州市	胶州市纬三十四路以北、胶平路以东	普通住宅
御苑怡景	青岛	胶州市	胶州市胶北街道香江路与王庸路交会处东南侧	普通住宅
旭辉银盛泰·博观御品	青岛	胶州市	胶州市广州南路236号	普通住宅
旭辉银盛泰辉盛岚庭	青岛	胶州市	胶州市香港路与广州路交界处	普通住宅
金科恒联·集美常青	青岛	胶州市	胶州市胶州西路与杭州路交会处	普通住宅
胶州华润城	青岛	胶州市	胶州市泰州路与泸州路交会处	普通住宅
保利·和府	青岛	胶州市	胶州市泉州路与五里路交会处	普通住宅
万科北宸之光	青岛	即墨区	即墨区城马路以西，规划五十七号路以北、规划四十三号路以南、规划五十二号路以东	普通住宅
天泰·天空之城	青岛	即墨区	即墨区莱青路365号	普通住宅
海尔产城创香溪地	青岛	即墨区	即墨区青威路与泰山一路交会处西行500米	普通住宅
禹洲朗廷府	青岛	即墨区	即墨区长江一路与华山一路交会处	普通住宅
海尔产城创东方文华	青岛	即墨区	即墨区鹤山路与朝阳路交会处	公寓、商业
招商·公园1872	青岛	即墨区	即墨区学府路528号	普通住宅
海信 文墨里	青岛	即墨区	即墨区泰山一路与文化路交会处	普通住宅
鲁商·健康城	青岛	即墨区	即墨区蓝色硅谷蓝海一路92号	普通住宅
海信盟旺世家二期	青岛	即墨区	即墨区盟旺路566号	普通住宅
海尔产城创翡翠公园	青岛	即墨区	即墨区石林二路（华山路小学对面）	普通住宅
海信千亩园	青岛	即墨区	即墨区温泉镇大田路2997号	别墅
新兴·中心城	青岛	即墨区	即墨区鹤山路与莲花山路交界处	普通住宅、别墅
海尔产城创蓝谷海上东方	青岛	即墨区	即墨区硅谷路6号	普通住宅、公寓
省房万豪庄园	青岛	即墨区	即墨区鹤山路618号	普通住宅、别墅
天一仁和珑樾云谷	青岛	即墨区	即墨区新兴街与麒麟路交会处	普通住宅、别墅
海尔产城创东方学府	青岛	即墨区	即墨区学府路1号（即墨28中学东侧）	普通住宅
金隅·金玉府	青岛	即墨区	即墨区西临204国道、东侧为黄甲山二路、北靠青威路、南侧孟沙河二路	普通住宅
即墨青特城	青岛	即墨区	即墨区祥泉一路与河滨一路交会处	普通住宅

保利源诚·领秀山 & 领秀海

2019年 中国城市楼盘年鉴 典型项目

青岛　全龄景观　便捷配套　宜居社区

保利源诚·领秀山&领秀海项目是一座建筑面积约71万平方米、5600户的山海改善大宅，两地块一公里近山、一公里近海，西临两河滨河景观，东临西海岸生态观光园，是领秀系产品在青岛的首次亮相。

专家点评

冯显泉·中国生产力学会常务理事

保利源诚·领秀山&领秀海项目位于西海岸新区，项目在景观和养生方面做了不少设计，比较符合未来新型社区发展方向。另外，保利在青岛开发众多产品，口碑较好。

项目地址：

山东省青岛市西海岸新区东岳东路3777号

开发商：

青岛源诚西海岸置业有限公司

建筑类型：

高层、小高层

主力户型：

104平方米三居、165平方米四居

周边配套：

万达茂、地铁6号线、青岛大学附属医院黄岛院区

参考价格：

约14000元/平方米

楼盘优势：

青岛西海岸新区、滨海资源，央企保利打造；宜居社区，便捷生活配套，全龄性景观。

项目解析

【区域维度】

西海岸新区10年蝶变，灵山湾的山川水文中心地位得天独厚；作为西海岸蝶变轴，灵山湾不仅占据了传统CBD的中央核心地段，又"笼络"了这里绝大多数的商机和人心。从2010年起，红树林、艾美酒店、喜来登、万达文华酒店等八家五星级以上酒店陆续建成，配合前海一线海水浴场旅游区，形成了胶南文旅灵魂之地。

区域"经济带策略"在西海岸演绎得相对比较到位，从南往北正在运营的东方影都影视产业园500亿元投资、惠普大数据中心220亿元投资，往北一直到宇宙生命小镇、东方文化小镇、健康生态谷等组成两千亿元级的产业经济带，奠定区域经济地位。"发展核心轴"青岛向西、胶南向东，灵山湾居发展之核心；自然资源丰富，"山、海、河、园"共享，可谓理想的居住之地。

【品牌维度】

保利发展是具备国家一级房地产开发资质的房地产商，成立于1992年，前身保利地产，2018年9月更名保利发展；连续六年荣获中国房地产央企综合实力第一名，2019年排名《福布斯》"世界500强"第242位。

领秀系，作为保利发展众多产品系中的集萃之作，一直凭借高遴选标准，成就不可复制的人居改善作品。至今，满足保利领秀系产品评定标准的项目，全国仅有五座，青岛占据其一。

区别于传统改善产品，领秀系必须同时满足占位城市发展核心区、优渥的生态环境环抱、拥享便捷及高级的生活配套以及高端品质的产品规划这四点硬性指标要求，方能成为这稀贵的"少数派"。

【口碑维度】

保利源诚·领秀山&领秀海入市以来即受到广大客户的一致好评。以央企保利之姿，在产品设计、装修选材、园林营造等方面，秉承"美好生活同行者"理念，严格根据标准执行，不偷工减料；从不同年龄层的客户需求出发，打造全龄性景观活动空间，符合未来新型社区的发展方向。

【产品维度】

作为高端改善的领秀系作品之一，保利源诚·领秀山&领秀海项目全社区南北梯级建筑规划，楼座全南向错落式分布，实现全景无遮挡视野。社区园林规划"一轴一环、两带、五片"，设置一九大景观节点、800米专业跑道、2150平方米健身场地。

保利源诚·领秀山&领秀海项目是一座建筑面积约71万平方米、约5600户的山海改善大宅，两地块一公里近山、一公里近海；西临两河滨河景观，东临西海岸生态观光园，是"领秀系"产品在青岛的首次亮相。高品质的酒店式入户大堂、大尺度的中心景观会客厅、全年龄儿童活动场地、无障碍老年健身场地、全时段夜光慢跑道等，形成特有的五大设计亮点。

【销售维度】

案场数据显示，项目于2019年7月首开，仅10秒即售完；9月二次开盘再次快速售罄，购房者对保利源诚·领秀山&领秀海项目品质的认可不言而喻。

更多楼盘详情请扫码查看

铂悦·灵犀湾

- 2019年 -
中国城市楼盘年鉴
典型项目

青岛　品质楼盘　品质户型　全龄景观

铂悦·灵犀湾项目择址西海岸新区古镇口军民融合示范区，由青岛隆海集团与山东旭辉银盛泰集团两大实力集团联袂打造，是青岛首座铂悦系项目，全力打造全龄景观活动空间。

项目地址：

青岛市古镇口海军公园旁、映山红路与海军路交会处

开发商：

山东旭辉银盛泰集团、青岛隆海集团

建筑类型：

高层

主力户型：

142 平方米三居

周边配套：

青岛世界博览城、藏马山、大珠山

参考价格：

待定

楼盘优势：

古镇口军民融合示范区，环境优美，属国家级新区；地铁通达，七大醇熟城市配套，品质户型。

专家点评

冯显泉·中国生产力学会常务理事

铂悦·灵犀湾位于青岛西海岸古镇口军民融合示范区，随着「三湾三城」战略的提出，西海岸新区成为当前青岛经济新的增长极，项目所在片区未来发展潜力可期。

项目解析

【区域维度】

大青岛三湾三城版图之上，青岛向西，古镇口军民融合示范区强势突起。这里不仅是国家级新区中首个军民融合示范区，也是青岛世界博览城、国际海洋智区两大千亿级产业落户地，研发科技城、八大高校大学城也择址于此；不仅是青岛高净值人群聚集地，更是整座城市瞩目的焦点。而铂悦灵·犀湾项目就坐落于此。

作为青岛纯净区域之一，古镇口臻享青岛730公里海岸线上的臻境海景及纯净唯美沙滩；灵山岛、藏马山、大珠山三山环伺，山、海、滩、岛、园、河辉映，负氧离子浓度较高，自然生活氛围浓厚。区域涵盖东方影都、海军公园、华润万象汇、双三甲医院、藏马山旅游度假区，地铁通达，享七大醇熟城市配套，圈定舒适人居生活版图。

【品牌维度】

铂悦·灵犀湾项目由青岛隆海集团与山东旭辉银盛泰集团两大实力集团联袂打造，更有高端铂悦系加持，甫一问世便收获高度关注；随着户型、装修、售价等信息的公布，又被冠以“品质楼盘”称号，尤以户型优势为人称道。

备受青睐的建筑面积约142平方米奢阔三居户型，以其约13米的宽境大面宽、约6.2米海幕宽厅及三南向布局，成为西海岸新区消费者倾心的高品质户型。

无论是建筑面积110~142平方米瞰海高层户型，还是建筑面积147~252平方米亲海洋房户型，铂悦·灵犀湾均配备3500元/平方米的高品质装修标准；所推户型无一不受到追捧，项目的产品号召力可见一斑。

【口碑维度】

作为青岛隆海集团与山东旭辉银盛泰集团强强联合的大成之作，项目集两大集团优势于一体，同时，作为青岛首座铂悦系项目，项目传承了铂悦系的建筑宗旨，综合考量土地、人文、自然等择址要素，秉承“非臻境不铂悦、非精品不铂悦、非定制不铂悦”的择址“三维论”，打造北国海居范本。在装修选材上严格根据标准执行，不偷工减料，而在园林营造上，从不同年龄层客户的需求出发，打造全龄性景观活动空间，得到广大客户的一致好评。

【产品维度】

铂悦·灵犀湾将建筑充分融入山海环境，北高南低交错排布，实现在景观视野上大范围的吸收；住宅区纵横两条“十字景观轴线”为脉络，视野通透。同时，铂悦·灵犀湾整体场地高于周边市政路，一方面减少雨水倒灌的风险；另一方面，抬高后可以更好地享受自然资源，让建筑与山海交相辉映。

景观规划凝聚CIFI5产品力，从人文、精筑、生态、体验四重维度出发，塑造景观产品风格基因，打造现代典雅精致景观。揽海、探林、拥山、觅岛四重景观动线，“一轴三境六景”景观设计，打造春意盎然、四季有景的生态私家园林。项目全方位考量各年龄层的不同生活需求，打造全龄人居关怀系统，解决孩童成长、青年休闲、父辈安乐多重需求，给予居者有温度、人性化的居住关怀。

更多楼盘详情请扫码查看

港中旅·蓝谷壹号·臻玺

2019年 中国城市楼盘年鉴 典型项目

青岛　湾居范本　品质生活　多元业态

港中旅·蓝谷壹号·臻玺项目位于青岛市即墨蓝谷板块核心位置，规划 18 层的高层及 7~8 层洋房，并配备有高端会所、泳池等，打造容积率约 1.5% 的低密宽景社区。

项目地址：
青岛市即墨区鹤山东路 7 号

开发商：
港中旅（青岛）海泉湾置业有限公司

建筑类型：
高层、洋房

主力户型：
120 平方米三居

周边配套：
地铁 11 号线、滨海公园、皇冠假日酒店

参考价格：
均价约 12000 元 / 平方米

楼盘优势：
即墨蓝谷核心区，由旅游央企打造，配备全龄景观、休闲园林，低密宽景社区，主打大面宽户型。

专家点评

冯显泉·中国生产力学会常务理事

港中旅·蓝谷壹号·臻玺项目的地理位置非常优越，即墨蓝谷作为青岛重点发展的核心区域，未来发展潜力不容小觑。另外，其产品规划也可圈可点。

项目解析

【区域维度】

港中旅·蓝谷壹号·臻玺位于青岛市即墨蓝谷板块核心位置。青岛蓝谷历经七年全力建设，正以千亿级战略规划、世界湾区为目标加速发展，高知、高智的“涉海”“涉蓝”精英不断涌聚，一座国际蓝色智慧湾区正在崛起。蓝谷拥有自然禀赋的山、海、岛、河、泉、滩、林……环境得天独厚、舒适宜居。青岛蓝谷将建成一座汇聚世界先进规划理念、顶尖设计水平的滨海生态新城，一座高端海洋科研机构聚集、精英人才荟萃的海洋科技新城，一座功能完善、宜居宜业、文明和谐的幸福新城。

港中旅海泉湾深耕青岛9年，见证蓝谷飞速发展。作为区域的拓荒者，于鳌山湾畔、崂山北麓、双河入海处，以110万平方米滨海大盘敬立十里黄金海岸，铸就蓝谷地标；将城市精神和湾海文脉融会贯通，筑成湾区人居精神符号。

【品牌维度】

中国旅游集团暨香港中旅集团，是三大驻港央企之一；执守初心，肩负责任与使命，致力于成为业界的资源整合者、创新驱动者、产业引领者、责任担当者。港中旅旗下旅游投资和运营事业群以旅游目的地开发为重点，致力于核心资源和一体化打造，包括景区、主题公园和休闲度假目的地、旅游地产、客运、演艺等。根植粤港澳大湾区，布局“杭州湾区”，落子杭州、苏州、宁波等城市；深耕“渤海大湾区”，于北京、青岛等地筑就人居典型。

【口碑维度】

港中旅地产充分利用海、河资源，投资50余亿元打造青岛海泉湾度假区，集酒店、温泉、演艺及奥莱商业街、摩天轮、国际帆船中心等休闲度假场所于一体，满足业主的休闲度假娱乐需求。

港中旅蓝谷壹号项目目前已开发4期，并全部完成交付，收获了近8000名业主的认可。五期臻玺，配套12班幼儿园，打造全龄景观休闲园林，规划了高端会所、泳池等，同时成为蓝谷区域内罕有的市政供暖小区。

【产品维度】

港中旅·蓝谷壹号·臻玺项目规划18层高层及7~8层洋房，打造容积率约1.5%的低密宽景社区。户型面积为100~145平方米，主力户型为100~120平方米。所有户型均为大面宽设计，三面采光，南北通透，户户全明，保证居住舒适性。餐厨客一体化设计，大大提升户型使空间利用率，同时也确保了各个功能分区的私密性。

2019年下半年，港中旅海泉湾推出第五期升级版湾区新品——港中旅·蓝谷壹号·臻玺，主推建筑面积100~120平方米低密宽景户型规划约7米宽景南向阳台，飘窗套房、南向三开间设计，大采光面，全明通透空间。区内人车分流设计，配备高端幼儿园，未来规划无边际泳池、星级社区会所等完善配套；择温泉河与大任河双河交汇处，建设邻里互动、儿童娱乐、老年交流等全功能私属滨水景观带。港中旅海泉湾依托天赋大自然、城市全配套资源，专注于城市人居的打造，重建人与人之间爱与情怀的亲密关系。

更多楼盘详情请扫码查看

海信·灵山湾

- 2019年 -
中国城市楼盘年鉴
典型项目

青岛 依山近海 高端社区 配套完善

海信·灵山湾项目占地面积87726平方米，规划建筑面积307041平方米，位于青岛西海岸新区灵山湾影视文化核心区，南侧紧邻滨海大道，轨道交通发达；北侧紧邻华山生态旅游度假区，自然景观资源丰富。

项目地址：

青岛西海岸新区华山西路与滨海大道交会处

开发商：

青岛海信海外总部产业发展有限公司

建筑类型：

高层

主力户型：

89平方米二居、120平方米三居、141平方米三居

周边配套：

融创茂、东方影都、滨海乐园

参考价格：

均价约15000元/平方米

楼盘优势：

青岛西海岸新区灵山湾影视文化核心区，南侧紧邻滨海大道，轨道交通发达；北侧紧邻华山生态旅游度假区，自然景观资源丰富。

专家点评

冯显泉·中国生产力学会常务理事

海信·灵山湾地理位置优越，位于西海岸新区灵山湾影视文化核心区，南侧紧邻滨海大道，周边有地铁1号线、6号线、13号线，交通优势明显。项目定位改善型品质社区，居住体验较好。

项目解析

【区域维度】

海信·灵山湾项目位于青岛西海岸新区灵山湾影视文化核心区，南侧紧邻滨海大道，轨道交通发达，项目周边有青岛地铁6号线、13号线双地铁贯通，换乘双地铁可以到达青岛主城各繁华区。项目北侧紧邻华山生态旅游度假区，周边有滨海湿地公园、中央景观绿轴、海洋梦世界海洋主题游乐园、城市阳台景区等多个公园环绕，自然景观资源丰富。同时，项目周边有融创茂、青岛东方影都、滨海乐园等千亿级商业配套环绕，且项目自带2.2万平方米商业配套，将给灵山湾业主带来缤纷时尚生活体验。

【品牌维度】

青岛海信房地产股份有限公司一直致力于中高端住宅产品的开发和建设，目前已建成110余个精品项目，拥有逾18万名优秀业主，年开发量达500万平方米，业务遍及青岛、济南、烟台、威海、潍坊、东营等省内城市，并转战南京、深圳、扬州等国内一线热点城市房地产开发市场，形成一套具有自身特色的高端产品开发及运营模式。

【口碑维度】

与片区竞品主打刚需产品策略不同，海信·灵山湾立足山、海、林等得天独厚的优势，主打建筑面积89~141平方米宽境改善型品质住居。园区独特的景观园林、科学的动线规划、约49米超宽楼间、自身约2.7万平方米沿街商业等，将给业主带来愉悦居住体验。

户型设计以奢适三居为主，约10.9米宽境大阳台对望一线海景，三开间朝南保证室内面积采光度，餐、厨、客一体化设计，在提升空间利用率的同时，也确保各功能区的私密。套房式主卧、独立卫浴+衣帽间，同样给家人带来尊崇私密感受。

【产品维度】

海信·灵山湾项目占地面积87726平方米，规划用途为城镇住宅与商务金融混合用地，商住比例为4∶6。项目规划容积率为3.5，地上规划建筑面积307041平方米。项目首期已于2019年8月底首开入市，主推89~141平方米三居毛坯高层房源。

项目位于青岛西海岸新区灵山湾影视文化核心区，南侧紧邻滨海大道，青岛地铁1号线、6号线、13号线分列项目周边，轨道交通发达，交通便利。北侧紧邻区政府重点打造的华山生态旅游度假区，自然景观资源丰富。公司拟将其打造成为依山近海的高端居住社区典范以及西海岸新区地标式写字楼项目。

【销售维度】

据案场数据显示，海信·灵山湾项目于2019年8月底首次开盘，吸引了500余组客户到访现场，去化率高达90%。"金九银十"销售旺季，项目通过"特惠房置业机会"及"'双11'一口价抢特价房"等销售策略，实现了快速去化。几次热卖奠定了海信·灵山湾在青岛的市场地位。

2020年，海信·灵山湾项目二期住宅及三期商业项目也将入市，灵山湾区域一座都会新城即将崛起。

更多楼盘详情请扫码查看

和昌·海云曦岸

青岛　智慧社区　品质生活　多元业态

和昌·海云曦岸位于西海岸城市阳台4A级景区内，临近西海岸主要干道滨海大道，其内部及周边共有约15000平方米的滨海商街，项目周边同时还规划了两家三甲综合型医院，区域价值凸显。

项目地址：
青岛市西海岸新区城市阳台4A级景区内

开发商：
青岛青昌投资开发有限公司

建筑类型：
高层、洋房

主力户型：
待定

周边配套：
城市阳台、黄岛区第二人民医院、滨海商街

参考价格：
待定

楼盘优势：
地理位置优越，位于城市阳台4A级景区内。SOHO空间布局，人性化社区，高品质户型，三大景观布局，一级资质物业。

专家点评　冯显泉·中国生产力学会常务理事

和昌·海云曦岸项目位于西海岸城市阳台4A级景区内，社区与海滩融为一体，灵山岛、大珠山近在咫尺，周边有融创茂、滨海商街、星级酒店群、东方影都等，地段潜力可期。

项目解析

【区域维度】

2017年，"三湾三城"战略开启了青岛高速发展的时代征程。西海岸新区，依托地理位置优势和富有前瞻性的发展理念，正逐步成为青岛新的经济发展重心；百亿元项目在此云集、千亿元海洋活力区落实建设，资本力量与政策推动在这片土地上相融共生。

景区土地随时代发展愈加稀贵，价值不断攀升，景区建筑更为弥足珍贵。城市阳台景区作为西海岸新区地标性景区，生态环境优美，土地价值不可估量。和昌·海云曦岸秉承湾区海景藏品的建筑宗旨，择址城市阳台4A级景区内，远见一片土地的价值，大幅度提升景区住宅的收藏潜力。

项目坐拥青岛约730公里海岸线上的头排海景，社区与海滩融为一体，灵山岛、大珠山相伴左右，周边有融创茂、滨海商街、星级酒店群、东方影都等，小学、初中、高中全龄教育配套，并伴有城市阳台、音乐喷泉广场、西海岸新区政府、市民广场等，打造海居生活。

【品牌维度】

和昌集团创建于2007年，总部位于深圳，是一家集房地产开发、资本金融服务、物业服务为一体的综合性房地产企业。2019年8月6日~8月9日，在亿翰智库2019中国房地产业战略峰会中，和昌集团荣获"2019中国房企综合实力200强"榜单第67名和"2019中国房企品牌价值100强"榜单第45名。

和昌集团12载品质前行，秉承匠心筑家的初衷，深耕环渤海、长三角、珠三角，立足全国重点城市，在全国完成"3+2"战略布局；现已进驻18座城市，打造60余个高端精品项目。

【口碑维度】

和昌·海云曦岸始终坚持以人为本的建筑开发理念，打造人性化社区，让客户放心选购、安心居住。不仅从未减配，和昌·海云曦岸还做了"加法"，"一轴纳三岛，两轴藏六园"，形成自然与人居、园林与美景互融共生、相互融合的美好画卷，得到广大客户的一致好评。

凭借精心打造的"品质户型"，和昌·海云曦岸在市场中圈粉无数。受客户青睐的建筑面积约142平方米奢阔四居户型，以其大面宽短进深、四南向布局，成为西海岸新区备受消费者信赖的高品质户型。从建筑面积119~142平方米瞰海高层户型，到建筑面积123~14[illegible]平方米风情洋房户型，和昌·海云曦岸的每一款户型均受到追捧，其产品号召力可见一斑。

【产品维度】

和昌·海云曦岸作为都会海居目的地，在2019年荣获素有"房地产界奥斯卡"美誉的Asia Pacific Property Awards大奖。项目涵盖院墅、洋房、高层、SOHO等多元业态，重新定义青岛高阶品质生活。精研SOHO空间布局，打造科学的收纳空间；SOHO全屋LED灯系统，住宅类产品地暖供热，从人性化角度出发，让海居生活更舒心。项目还全力打造智慧社区，公共空间智能WiFi覆盖、多重智能入户系统、可视通话对讲、24小时智能监控、智能报警等系统，时时刻刻守护业主的居家安全。

和昌物业，一级资质物业，服务业主超过20万人，订单满意度高达99%，以专业的服务成为业主生活终端需求全方位解决者。

更多楼盘详情请扫码查看

佳源华府

- 2019年 -
中国城市楼盘年鉴
典型项目

青岛　多元业态　礼序优雅　高端住宅

项目位于崂山区政务、金融双核心区，占地面积约21.79万平方米，总建筑面积约110.67万平方米，规划有超五星酒店、高端会所等多种配套，将打造成集国际金融办公、高端居住、休闲娱乐于一体的国际城市综合体。

项目地址：
青岛市崂山区松岭路与仙霞岭路交会处

开发商：
青岛领世华府地产有限公司

建筑类型：
高层

主力户型：
126平方米三居、151~169平方米三居、190平方米四居

周边配套：
金狮广场、青岛二中、地铁11号线

参考价格：
均价约47000元/平方米

楼盘优势：
择址优越，地处崂山区政务、金融双核心区；产品类型丰富，涵盖高端住宅、集中商业、国际公寓、写字楼办公等多元业态。

专家点评　冯显泉·中国生产力学会常务理事

佳源华府项目地理位置优越，坐拥崂山区政务、金融双核心区，区位优势明显，周边配套完善，商业环伺、教育资源优质，项目涵盖高端住宅、国际公寓等多元业态。

项目解析

【区域维度】

项目位于崂山区政务、金融双核心区。西侧是政务核心区，崂山区政府、崂山区法院、崂山区检察院等各大行政机关单位遍布于此。同时，项目所在的区域又是青岛金家岭金融聚集区的核心区。2014年2月，经国务院同意，金家岭金融聚集区批复成立，成为我国以财富管理为主题的金融综合改革试验区。

根据崂山区最新规划，项目所处的区域被定位为“金家岭金融区——国际性金融财富中心”，将被打造成高水准的金融城，集聚青岛全链条的金融资源，吸引先进的金融企业和高质量的金融人才，成为青岛的“曼哈顿”。

【品牌维度】

佳源集团成立于1995年，始创于中国共产党的诞生地——浙江嘉兴，至今已有24年的发展历史，是一家以房地产开发为核心业务，集电器零售(五星电器)、商业运营、智能家居(西谷数字)、建筑施工、规划设计、物业服务、医疗养老、矿产开发等于一体的多元化集团企业。

集团综合实力非常雄厚，旗下拥有各类控股和参股企业270余家，其中还有5家上市公司，业务范围遍及国内20余个省(自治区、直辖市)的160余座城市以及澳大利亚、新加坡、越南、柬埔寨、中国香港、中国澳门等国家和地区。

佳源集团深耕房地产业，始终坚持“品质是硬道理”的核心价值观，自2013年以来已连续7年被中国房地产业协会评选为“中国房地产开发企业50强”。同时，自2013年起，连续6年荣膺中国房地产业协会颁发的“中国房地产开发企业品牌价值50强”，2018年品牌测评价值达100亿元。

【口碑维度】

整个项目布局依托西山的自然坡地地形，适应原始地形高差，总体规划采取两级台地设计，形成层次丰富，礼序优雅社区形象的同时，围合出功能完备的邻里社交空间。

建筑风格是新亚洲风格，是把亚洲元素植入现代建筑语系，将传统意境和现代风格对称运用，用现代设计来隐喻中国的传统。在关注现代生活舒适性的同时，也需要让亚洲传统文化得以传承和发扬。

整体景观可以简单地归纳为“一环、两轴、三进、四园”。一环是整个社区园林外围规划了一条健身步道，将景观与健身有机地结合在一起；两轴是指东西、南北两条景观轴；三进是指三进庭院景观；四园是玉润之悦四个功能组团。

【产品维度】

佳源华府项目占地面积约21.79万平方米，总建筑面积约110.67万平方米，涵盖高端住宅、集中商业、国际公寓、写字楼办公等多元业态。配建有一所幼儿园，规划有一所小学，拥有约5万平方米的集中式商业，业态涵盖餐饮、购物、娱乐功能，形成一站式购物、餐饮、娱乐消费中心；规划有超五星酒店、高端会所等多种配套，将打造成集国际金融办公、高端居住、休闲娱乐于一体的国际城市综合体。

更多楼盘详情请扫码查看

龙湖光年

2019年 中国城市楼盘年鉴 典型项目

青岛　未来城市　龙湖巨著　自贸核心

龙湖光年项目位于中德生态园 TOD 功能区核心位置，一期总占地面积 4.9 万平方米，总建筑面积 16.5 万平方米，规划有 20 栋住宅，总户数约 1034 户，涵盖高层、小高层和叠拼多种业态。

项目地址：

青岛市西海岸新区中德生态园

开发商：

青岛龙泰晟德置业有限公司

建筑类型：

高层、小高层、叠拼

主力户型：

89 平方米三居、119 平方米三居

周边配套：

跨海大桥、中德国际医院（在建）

参考价格：

均价 12500 元 / 平方米

楼盘优势：

被动房技术，城市配套精粹，中德生态园 TOD 功能区核心位置、周边全维立体交通网。

专家点评　冯显泉 · 中国生产力学会常务理事

龙湖光年项目位于西海岸中德生态园，这里汇集有很多优质城市资源配套，打造青岛西海岸东部城区，依托双地铁交会及周边全维立体交通网，可与西海岸核心区联动发展。

项目解析

【区域维度】

龙湖光年项目位于中德生态园TOD功能区核心位置，生态园重点聚焦生态标准的制定和应用、低碳产业的配置和发展、绿色生态城市建设与推广"三大领域"。同时，依托双地铁交会及周边全维立体交通网，汇集城市优质资源配套，打造青岛西海岸东部城区。

青岛地铁6号线(规划中)对于西海岸新区的建设以及经济发展意义重大，是连通西海岸各个主要功能区的动脉工程，使得中德生态园能够打通西海岸核心区联动发展。同时，乘坐6号线可换乘到地铁1号线、12号线、13号线及2号线，实现顺畅通达全青岛，有效提高居住幸福感。同时，M12号线(规划中)也会途经龙湖光年，与M6号线(规划中)交会成为双地铁交通枢纽。M12号线(规划中)直达金沙滩，并接轨胶州新机场(规划中)，使得龙湖光年实现出行新标准。

【品牌维度】

龙湖集团1993年成立于重庆，总部目前在北京，在全国48个城市先后开发200多个项目。布局全国京津冀城市群、环渤海城市群、长江中游城市群、西部城市群、海西城市群、粤港澳大湾区以及长三角城市群七大城市群。

龙湖2009年进入青岛，10年以来，环湾布局，以滟澜海岸起笔，先后打造了春江郦城、天钜、天璞、紫宸、原山、昱城等项目，目前开发项目已经达到15个。龙湖集团秉承着"空间即服务，善待你一生"的经营理念，包含地产开发、商业运营、智慧服务和长租公寓四大板块。

【口碑维度】

在龙湖眼中，园林景观的打造，都是对人性的洞察。随着人们对社交、公共空间参与性的增强，龙湖又将五重景观升级为五维景观，从"健康、生态、精筑、人文、交融"五个维度，阐释未来人居的景观价值。

龙湖光年自亮相以来便备受市场关注，甚至被许多资深投资者称为2019年必买的"爆款"项目。

【产品维度】

对自然的尊重、对生活的尊重，才是对人居的尊重。龙湖光年一期总占地面积4.9万平方米，总建筑面积16.5万平方米，规划有20栋住宅，总户数约1034户，涵盖了高层、小高层和叠拼多种业态。以2.35的容积率，35%的绿地率，为青岛带来了一个充满自然与人本空间的低密生态社区。

在建筑风格上，龙湖光年依照"以人为本"的建筑设计理念，融汇了德式和现代风格的建筑语汇，并加入了特有的德国元素。园区的大景观以"微森林"作为设计理念，为业主打造一个引导未来生活方式的理想社区。同时利用场地现状，设置儿童活动、科普展示、树屋空间等互动体验场景，成为老少皆宜的未来社区。

【销售维度】

案场数据显示，龙湖光年项目一经推出就备受客户认同。2019年6月23日项目一期开盘，当天热销约200套，成为2019年青岛楼市的一匹黑马。

更多楼盘详情请扫码查看

绿地·凤栖澜玥

- 2019年 -
中国城市楼盘年鉴
典型项目

青岛　双料海景　四维交通　优质配套

绿地·凤栖澜玥位于青岛市西海岸金沙滩凤凰岛旅游度假区，占据海、陆、空、铁四维交通优势，优质学府比邻而居，健养医疗、文娱休闲尽数收纳。全景玻璃幕墙外立面的纯住宅社区，匠造城市圈层人居。

项目地址：

青岛市西海岸新区珠江路与衡山路交会处东 200 米

开发商：

青岛润江房地产开发有限公司

建筑类型：

高层

主力户型：

131 平方米三居、158 平方米三居、194 平方米四居

周边配套：

唐岛湾公园、海上嘉年华、跨海大桥、海底隧道

参考价格：

均价约 26000 元 / 平方米

楼盘优势：

“世界 500 强”、多元化企业集团，地处青岛市西海岸新区凤凰岛旅游度假区，拥金沙滩、唐岛湾双料海景资源，海、陆、空、铁四维交通，优质圈层社区。

专家点评

冯显泉·中国生产力学会常务理事

绿地·凤栖澜玥项目择址优越，坐拥双料海景资源，区位优势明显，共享海陆空铁四维交通，周边配套完善，商业环伺，教育资源优质，项目设计多重园林景观，居住体验佳。

项目解析

【区域维度】

绿地·凤栖澜玥项目位于青岛市西海岸新区凤凰岛旅游度假区，拥金沙滩、唐岛湾双料海景资源，距离海边直线距离约1公里；南临滨海大道，交通便利，串联西海岸新区黄金海岸线资源；紧邻地铁1号线衡山路站，占据包括胶州湾跨海大桥、胶州湾海底隧道、青岛西站、胶东4层国际机场在内的海、陆、空、铁四维交通优势。

西海岸名校珠江路小学、西海岸全民健身中心、山东省智慧全科医疗中心坐落周边。城市传媒广场、新城吾悦广场、海上嘉年华、麦凯乐等大型商超环伺。优质学府比邻而居，从品质幼儿园至名牌大学，成就一站式精英教育。健养医疗、文娱休闲尽数收纳。

【品牌维度】

绿地集团成立于1992年，历经27年蓬勃发展，开发项目已遍及全球四大洲十国百城，目前已在全球范围内形成了“以房地产开发为主业，大基建、大金融、大消费等综合产业并举发展”的多元经营格局，实施资本化、公众化、国际化发展战略，目前已连续7年入围《财富》“世界500强”。绿地正努力成为一家主业突出、多元发展、全球经营的跨国公司，真正从“中国的绿地”成长为“世界的绿地”。

【口碑维度】

绿地集团被誉为“超高层地标缔造者”，在建和已建成的超高层达23栋，其中大连绿地中心高约518米。在豪宅建设方面，绿地集团打造的“海珀系”自诞生起就打上了“城中央”“市中心”的高度印记，产品在全国各大城市如上海、西安、成都等均有布局，是不少国际名人的选择；2015年，坐落于悉尼歌剧院旁的“海珀系”海珀·悉尼项目海外首发，不仅是海珀家族首个海外项目，也让“海珀系”成为“国际豪宅”的代名词。另外，洛杉矶绿地中心——连接洛杉矶会展及金融片区，纽约大西洋广场——纽约20年来较大规模房地产单体项目皆为绿地集团在海外打造的标杆项目。

【产品维度】

绿地·凤栖澜玥位于西海岸金沙滩·唐岛湾，是青岛目前新房市场上罕见的11栋全玻璃幕墙外立面沿海纯住宅社区。项目设计七星级酒店式挑檐入户大堂，外形简洁国际化，内部配套约2000平方米儿童戏水乐园、约4000平方米私人“澜玥汇”会所、约50000平方米东南亚五星级酒店标准的度假级园林景观，私享室内恒温游泳池。同时，室外智能安防系统，室内智能家居系统等精装配置，全方位保障业主安全私密。

高品质的社区拓展出西海岸优质的社交圈层，建筑面积130~300平方米宽幕瞰海奢宅，匠造多重园林景观，谨献城市圈层理想生活。

【销售维度】

绿地·凤栖澜玥一期推售120套，开盘当日劲销4亿元，去化约83%。

更多楼盘详情请扫码查看

青岛星河湾

2019年 中国城市楼盘年鉴 典型项目

青岛 品质人居 亲海资源 高级定制

青岛星河湾项目位于青岛市城阳区北部胶州湾核心区，作为中国第13座星河湾，汲取12座星河湾之精粹，精工细节打造立体园林、艺术品级装修，实现全成品精装交付。

项目地址：
青岛市城阳区环湾大道与滨海路交叉口西行2公里

开发商：
青岛星河湾房地产开发有限公司

建筑类型：
高层（大平层）

主力户型：
202平方米三居、275平方米四居、277平方米五居

周边配套：
地铁8号线、青岛中学、北京大学医疗资源、商业

参考价格：
均价约27000元/平方米

楼盘优势：
胶州湾核心区，地理位置优势明显，全覆盖立体式路网，全国第一座临海而建的人居典范。

专家点评 冯显泉·中国生产力学会常务理事

青岛星河湾项目地处城阳区北部胶州湾核心区，随着青岛市对胶州湾区域的大力发展与支持，交通、教育、医疗、养老等宜居资源日益完备，青岛星河湾除居住价值外，又具有非常大的升值空间。

项目解析

【区域维度】

根据《青岛市2050远景发展战略》，青岛将践行“拥湾发展”，以环胶州湾50公里作为未来青岛都市区/都市圈的核心区域。承载科技创新、金融贸易、文化休闲等高端功能，培育更具竞争力、更持续发展的国际一流湾区。

青岛星河湾位于城阳区北部胶州湾核心区，周边已经有众多市级以上重点公建配套进驻，并规划有市级十二大中心。交通方面，政府规划将完善环湾捷运交通体系，加快市郊铁路建设，提供多层次轨道交通服务，推动环湾城际班列化，打造轨道上的湾区；同时，启动胶州湾二隧建设、地铁多条线路串联，完善环湾快速交通廊道。

【品牌维度】

星河湾集团始创于1994年7月，现已形成以房地产开发和酒业为核心，囊括酒店经营、物业管理、教育事业、生产制造业、商务经营等七大产业的整体布局。在房地产开发方面，星河湾20多年来坚持以品质为本，始终奉“舍得、用心、创新”为核心价值观，以“坚守品质，创造价值典范”为企业使命，秉持初心与理想，为成就“优质生活方式创领者”的梦想而不断奋进。

25年来，星河湾品牌在地产界可谓是“熠熠生辉的存在”，从产品研发、设计规划到园林配套等，已形成一套独属于星河湾的美好生活体系。从起步广州、折桂北京到落子青岛，13座星河湾坐落于全国重点城市，为广大城市精英提供美好生活的范本。

【口碑维度】

纵横青岛地产数载，青岛星河湾的口碑在业界有目共睹。2019年，青岛星河湾在品质的道路上继续前行，在开年“第10届中国地产论坛”上，星河湾荣获“2018年中国房地产住宅标杆项目”；6月份中国房地产品牌大会上，青岛星河湾再次荣获“中国品质地产典范10强”。从以上数据中不难看出，星河湾系凭借自身产品力及品质，成功取得了广泛的市场认同，始终行走在市场前列。

而在“2018年中国房地产企业产品力50强”的排行榜中，星河湾强势跻身前15强；在“2018年顶级豪宅产品系10强”榜单中，星河湾稳居前10强。

随着星河湾入驻青岛，为青岛这座滨海之城塑造了全新的生活范本，不止于官方的实力认可，更是收获了众多社会名流、高净值人群的青睐。

【产品维度】

青岛星河湾产品涵盖建筑面积185~920平方米精装瞰海大平层，以“高级定制”形式交付。通过不断深挖高净值群体的内在需求，在整体规划、户型设计、产品工艺、园林水系等多个方面进行全面升级，将再一次在青岛地产界树立品质人居的新典型。

【销售维度】

青岛星河湾自落子青岛以来，一路热销，数次打破青岛房地产界销售纪录。据亿翰智库统计，青岛星河湾2016年以“单盘销售35亿元”的销售业绩，领衔整个青岛楼市；2019年，在豪宅市场（≥170平方米）中，青岛星河湾更是取得销售面积、销售金额“双销冠”的不朽成绩，充分体现了市场对青岛星河湾的认可。

更多楼盘详情请扫码查看

青特悦海府

- 2019年 -
中国城市楼盘年鉴
典型项目

青岛　度假园林　瞰海精装　品质生活

青特悦海府择址青岛市白沙湾板块，坐拥一线滨海资源、国际教育资源、星级酒店资源、高端商业配套等，以融贯东西的国际化建筑审美、度假式园林等元素打造建筑面积125~200平方米瞰海精装大平层。

专家点评　冯显泉·中国生产力学会常务理事

青特悦海府位于青岛白沙湾板块，这个板块享有各项政策利好，且交通便利，周边配套规划齐全，未来人居生活舒适可期。

项目地址：
青岛市城阳区流亭街道梦海路28号

开发商：
青岛青特华奕置业有限公司

建筑类型：
高层

主力户型：
125平方米三居、195平方米四居

周边配套：
滨海环湾路、青蓝高速、北京大学医疗产业园

参考价格：
待定

楼盘优势：
多元化大型房企，青岛白沙湾板块，滨海资源，度假式园林，瞰海精装大平层。

项目解析

【区域维度】

青特悦海府择址胶州湾畔白沙湾片区，秉承青特置业14年积淀的筑造精髓，从地缘优势到资源配套，对标世界湾区尺度。同时，项目有火炬路、环湾大道在侧，连接金水路高架、跨海大桥、杭鞍高架、新冠高架等多条城市主干道，高新区中央智力岛、流亭机场、城阳主城区也近在咫尺，岛城精彩即刻阅遍。

【品牌维度】

青特集团成立于1958年，是一家跨地区、跨行业、多元化的大型企业集团，设立房地产、专用车、车桥、零部件四大事业部。经过61年精工基因沉淀，在全国拥有六大生产基地、26家子公司，业务范围覆盖亚、非、欧、美等多个国家和地区，是汽车车桥领域的龙头企业，代言青岛走向世界，汽车产业布局全球。

青特置业是青特集团业务板块之一，成立于2005年，14年来深耕岛城，步履不停、不断自我进化，从传统地产开发商转型为城市运营商。2019年，青特“府系”产品代表作——青特悦海府再出发，携府系产品，以地标性美学建筑群落，打造一座城市的生活理想。

【口碑维度】

在市场持续下行的当下，青特悦海府始终秉承“质造美好”的初心，与城市共生长；从面世至今，受到岛城人民的认可。项目从细节出发，每一项都向品质看齐，精细的选材、唯美又不失意境的实景园林示范区等，无一不展现青特悦海府的匠人精神。

在追求品质的同时，项目更注重人们对于生活的感受，多次邀约客户参与圈层活动，让客户亲身体验囊括健身会所、私家影院、私宴厅、品茗室等在内的social会所带来的理想生活情景，通过实景呈现，提升了客户的生活体验感，获得了客户的一致好评。

【产品维度】

在产品开发上，青特悦海府读懂客户的需求，反复调研，紧扣市场所需，通过对城市有机发展、地缘、文化的聚焦与关注，传承精工、科技、健康三大府系基因，囊括六大人居系统，深研108个匠心细节，为居者呈现建筑面积125~195平方米的高质量精装瞰海大平层。同时，项目汲取青特置业造城精髓，在产品、景观、服务、生活场景等多方面进行全面升级，为城市高净值人群筑就理想的人居体验。

【销售维度】

青特悦海府以融合格致优雅的生活气息，赋予城市居住文化的品位。2019年9月开盘期间，共推出256套优质房源，吸引了近800组客户到访，成交额、去化率均达到新高，奠定了在白沙河片区高端品质楼盘市场的地位，成为片区品质人居典型项目。

同时，作为白沙湾片区品质大盘，项目秉承“质造美好”的造城理念，先后吸引了40余家媒体到访，并通过良好的沟通及现场体验，凭借所呈现的项目实景景观、social私家会所、匠心产品等，赢得了媒体朋友们的高度赞扬和一致好评。

更多楼盘详情请扫码查看

荣盛·锦绣外滩

青岛　园林景观　潜力区域　海景资源

荣盛·锦绣外滩项目位于青岛市胶州经济技术开发区交大大道与湘江路交会处，总占地面积约 200 万平方米，项目业态有高层、小高层及洋房。

效果图

项目地址：
山东省青岛市胶州经济技术开发区交大大道与湘江路交会处

开发商：
青岛东方篮海置业有限公司

建筑类型：
高层、洋房

主力户型：
99~123 平方米三居

周边配套：
青岛中加国际学校、青岛大学附属国际医院

参考价格：
均价约 9800 元 / 平方米

楼盘优势：
位于上合经贸示范区、紧邻胶州湾跨海大桥连接线、区域价值潜力巨大；江南园林设计景观、新中式风格，享优质海景资源。

专家点评　马显泉·中国生产力学会常务理事

荣盛·锦绣外滩项目位于上合经贸示范区，近年来这个区域异军突起，区位优势不言而喻，产品设计精致，采用新中式风格，江南园林设计，业主[illegible]、更[illegible]。

项目解析

【区域维度】

“南深圳、北青岛”“投资青岛，就是投资国家战略”，近年来，青岛的发展日新月异。荣盛·锦绣外滩项目地处青岛胶州上合示范区核心，位于“三湾三城”发展战略定位的胶州湾中心湾区，尽享中心湾区发展之红利，成为青岛经济发展新坐标。2019年，胶州经济技术开发区融入国家战略，规划定位上合经贸示范区，“投资青岛”俨然已成为‘投资国家战略”的代名词。

项目尊享优质海景资源，地处金胶不限购，周边高新产业云集，规划配套一应俱全，投资、自住两相宜，未来升值空间可期。

【品牌维度】

荣盛发展成立于1996年，至今已有23年专业房地产开发经验，2007年在深圳证券交易所挂牌上市，2018年进入千亿房企行列，现已布局全国80多个城市，250多个项目。荣盛发展以“缔造新型生活”的理念为指导，通过内部完善管理，提升产品与服务品质，以品牌效应增强公司的软实力。通过精准的产品定位和特色化、差异化的产品策划，建立和完善产品线形象包装体系，使产品定位、产品内涵和外部形象达到统一。2017年首着青岛，择址金胶，大手笔200万平方米地产大盘落址岛城，这便是荣盛·锦绣外滩。

【口碑维度】

荣盛发展以顽强拼搏的企业精神、对品质孜孜不倦的追求、高度的责任心和使命感，赢得了社会的广泛认同、客户的高度赞赏以及合作伙伴的尊重。进入21世纪以来，荣盛开始进入“全国房地产100强”企业之列，成为中国房地产企业后来居上的一匹黑马。2005年入围“中国房地产企业200强”，位列81位；2006年排名“中国房地产企业100强企业”第73位；2007年荣获“特级明星企业”“河北省房地产开发综合实力企业突出贡献奖”“中国房地产100强”等诸多奖项，公司旗下品牌“阿尔卡迪亚”被评为中国房地产“十大连锁品牌”；2008年被中国人居环境与新城镇发展推进工程授予“人居环境建设突出贡献企业”。

【产品维度】

荣盛·锦绣外滩项目位于胶州经济技术开发区交大大道以西、湘江路以南、创新大道以东、赣江路以北位置，紧挨地铁12号线，距跨海大桥连接线车程较近。总占地约200万平方米，其中首开AB地块占地约30万平方米，建筑面积约83万平方米，项目业态有高层、小高层及洋房，容积率为2，绿化率42%，规划总户数4808户，车位5999个。

本产品风格采用新中式风格，线条感较强且庄重典雅时尚。社区园林景观采用的是江南园林，小区水系环绕，设计有小桥流水、坡地景观，五重垂直绿化，给客户打造精致、静谧、移步易景的花园般的感受。区域内充分利用楼间距和景观特点设计组团式生活场景，规划有儿童娱乐区、老年活动区、休闲活动区等，为居住者的生活提供更加舒适的居住环境。

【销售维度】

案场数据显示，荣盛·锦绣外滩项目首次开盘共推出626套房源，吸引了900组客户到场选房，当天即售出603套，销售金额约7.5亿元，去化率高达96.33%。

更多楼盘详情请扫码查看

鑫江合院

- 2019年 -
中国城市楼盘年鉴
典型项目

青岛　主城墅居　低密社区　品质大盘

鑫江合院项目总占地面积 11.6 万平方米，总建筑面积 20.8 万平方米，规划总户数 888 户，主要以联排、叠拼别墅为主，搭配电梯洋房产品，是依托崂山西麓优质的生态资源打造的低密度的生态居住区。

项目地址：
青岛市城阳区王沙路 27 号云头崮水库北侧

开发商：
青岛鑫江置业集团有限公司

建筑类型：
别墅、洋房

主力户型：
155~270 平方米别墅、130~150 平方米洋房

周边配套：
东方城购物中心、太和山风景区、云头崮水库

参考价格：
均价约 24000 元 / 平方米

楼盘优势：
崂山西麓，交通区位利好，品质生活理念，得天独厚的自然环境，建筑风格、景观、户型等突破创新，是主城山水墅区大宅。

专家点评
冯显泉 · 中国生产力学会常务理事
鑫江合院项目位于城阳区丹山板块，在胶州湾东、西部发展已基本饱和的情况下，北扩发展成为青岛城市发展的必经之路，丹山新区位于青岛市城市北扩发展前沿，主城第一站，发展潜力大。

项目解析

【区域维度】

交通是区域发展的先导。鑫江合院项目立足北都心，坐拥交通区位利好，丹山板块地处李沧北、城阳南区域，东临崂山景区，位于三区相接位置。黑龙江路、王沙路等多条交通要道交错纵横，多条公交线路畅达李沧区、市南区、城阳区中心，交通便利。青银高速、青新高速、204国道(机场快速路)三条高速贯穿，构建市区半小时生活圈，“三横四纵”城市主干道路网，成为区域崛起的新引擎。

【品牌维度】

鑫江集团立足青岛，深耕夏庄丹山板块，见证和参与丹山板块城市建设，打造青岛市下一个核心居住板块。鑫江是在青岛本土发展并壮大的集团公司，秉承创新、诚信理念，二十多年时间，已经发展壮大为集地产、商业、物业、珠宝、体育、金融、公共事业七大板块于一体的多元化集团公司，下设十多家子公司。同时，不断加大自主创新力度，不断提高和巩固核心竞争力，使得公司业务的各个板块都取得了有目共睹的成绩。

2003年，鑫江集团开始涉足房地产开发行业，成立鑫江置业集团有限公司；其雄厚的发展实力，也成为购房者的有力保障。目前，鑫江集团已形成自有的产品体系，分别是水青系、花园系、山居系三大类别产品，涵盖品质刚需、高端改善，为客户提供多重选择。

【口碑维度】

2016年，鑫江集团被住建部授予“国家一级开发资质”集团，是岛城为数不多的国家一级房地产开发企业，同时也被评为“最具抗风险能力开发企业”。据克而瑞数据，2017年，集团凭借丹山三盘联动、销售额突破40亿元，成为城阳地产第一名，青岛本土地产企业前三名。2018年，鑫江集团年销售产值跃升至101亿元，上缴税费7.03亿元，位列城阳区民营企业纳税第二名。其中房地产业务板块2018年销售40多亿元，在青岛本土房企中排名第二位，销售面积排名第三位，并且已连续多年上榜。

鑫江物业成立于2006年，历经14年的发展，是一家三级资质物业管理企业，目前物业管理面积达150万平方米，服务业主达到近两万户，管理项目有水青木华、水青花园、水青花都、拉菲庄园、玫瑰园、桂花园。通过多年的发展，鑫江物业积累了大量物业服务经验，同时也在业主中树立了良好的口碑。

【产品维度】

项目总占地面积11.6万平方米，总建筑面积20.8万平方米，分为两期开发，规划总户数888户，主要以联排、叠拼别墅为主，搭配电梯洋房产品，容积率仅为1.1~1.2，绿化率达到60%以上，建筑密度约23%，是依托崂山西麓优质的生态资源打造的低密度的生态居住区。

【销售维度】

根据锐理数据统计，截至2019年12月，鑫江合院销售金额达10余亿元，领跑同片区高品质改善住宅项目，取得青岛排名第九位、城阳排名第三位的佳绩。

更多楼盘详情请扫码查看

银丰·玖玺城

青岛　品质地产　配套完善　高端住宅

银丰·玖玺城项目总建筑面积约 200 万平方米，涵盖科技住宅、5A 办公、SHOPPING 购物中心、五星级酒店、精品公寓、名校教育、医养中心、文化体育中心等丰富业态。

项目地址：
青岛市崂山区香港东路 177 号

开发商：
青岛高科技工业园山东头房地产开发公司

建筑类型：
小高层、高层

主力户型：
155~276 平方米三居、四居、五居

周边配套：
金鼎、金狮广场；地铁 2 号线、11 号线；青医附院（东部）

参考价格：
开盘均价约 62000 元 / 平方米

楼盘优势：
十九年齐鲁老牌房企，项目择址优越，地处国家级金融区——金家岭金融板块，背山面海，多维立体交通，周边配套完善，业态丰富。

专家点评

龙江·青岛融信智汇投资发展有限公司董事长

银丰·玖玺城大家风范，定义青岛豪宅的标准，树立行业标杆。在依山傍海的浮山之前黄金地段，呈现具有科技感、舒适性，引领未来居住潮流的经典社区。

项目解析

【区域维度】

银丰·玖玺城位居青岛沿海一线核心区位，地处国家级金融区——金家岭金融板块，比邻城市主干动脉——香港东路，与海尔路、梅岭西路两大城市动脉接轨。域内地铁2号线、11号线双线交会于方圆之内，坐拥青银高速、汽车东站、近20余条公交线路，尽享多维立体交通。

配套方面，项目临近利群金鼎广场、金狮广场、丽达广场及香港东路CBD等商圈，医疗方面有青医附院、齐鲁医院等知名三甲医院在侧；教育配套方面更是极为醇熟完善，除项目内部配有9年一贯制学校外，周边还有青岛二中、崂山一中、中国海洋大学、青岛大学等名校环伺。

【品牌维度】

十九年齐鲁老牌房企，银丰地产一直致力于“品质地产”的全产业链发展，从开始的“专注区域深耕，稳扎稳打”，到以“聚焦区域深耕，跨越百强企业”为战略目标，全面布局山东市场。2013年进军青岛市场，并以城市核心项目为主要发展目标，2019年更是成功拿获城市一线重地——山东头社区项目，并于当年入市，入市之初便以雷霆之势取得傲人业绩。

在寸土寸金的城市核心区域，银丰地产仍以品质为先，强力打造出兼容小高层与高层瞰海产品，降低容积率，让社区居住品质更加理想化。

【口碑维度】

银丰·玖玺城地段本身颇具城市地域认知性，同时蕴含山东头社区几百年沉淀底蕴，从规划之初便以城市典型项目为塑造要求，得到了政府部门及市场客户的双重支持；规划理念中既保留本土特色的情怀文化，同时又不乏与国际接轨的新精神内涵与时代元素。

在产品端的打造上，银丰在产品结构的优化上深入市场，对省内外众多豪宅项目进行了实地调研；对目标客群也做了深入而详尽的访谈，并根据市场反馈进行产品规划及结构细节的反复调整。配套方面，为弥补板块部分配套的不成熟及欠缺，开发商单独拿出一块核心土地配建两个幼儿园和一个九年一贯制义务教育学校，另外还配置了几万平方米的附属社区商业、养老场所及医疗设施等，使项目成为青岛核心城区、市场及客户都能看得到的配套完善的社区。

在建筑成就上，银丰·玖玺城于2019年BRE中国区年会暨颁奖典礼上，荣获BREEAM中国区年度住宅项目奖，此奖项以其严格的认证体系为全球77个国家认可。

【产品维度】

项目在产品开发上以居住舒适度为核心诉求，从高层规划调整为小高层与高层并存，降低容积率，提高居住舒适度；以市场客户需求为主，首开主力户型为155~276平方米；以景观视野为规划诉求，户型尽可能设置视野空间，力求多数可以南向观海，抑或北向观山。

【销售维度】

根据实测数据，2019年10月开盘，去化近300套，开售即取得超30亿元销售额，创下骄人业绩。

更多楼盘详情请扫码查看

禹洲·朗廷府

- 2019年 -
中国城市楼盘年鉴
典型项目

青岛　礼序格局　中式风格　品质社区

禹洲·朗廷府位于青岛市即墨主城区的西部商贸板块，坐拥青新高速主干道及即墨北高铁站等，快速连通市区，出行便利程度较高。周边商业氛围浓厚，充分满足住户各项购物需求。

项目地址：
青岛市即墨区华山三路369号

开发商：
青岛禹鸿房地产开发有限公司

建筑类型：
小高层、高层

主力户型：
103平方米三居、143平方米三居

周边配套：
即墨小商品新城、家佳源、青新高速

参考价格：
均价13600元/平方米起

楼盘优势：
即墨主城区的西部商贸板块，商业氛围浓厚；周边即墨知名学府，青新高速主干道及即墨北高铁站，新中式建筑风格，户型紧凑功能齐全。

专家点评

冯显泉·中国生产力学会常务理事

禹洲·朗廷府项目临近利群广场、家佳源、大润发三大即墨主商圈，距离青新高速主干道及即墨北高铁站等较近，可以快速连通市区，出行便利。

项目解析

【区域维度】

禹洲·朗廷府位于即墨主城区的西部商贸板块，项目2公里范围内有长江路小学、德馨小学、即墨二十八中、萃英中学等即墨知名学府。从项目驱车片刻即可到达利群广场、家佳源、大润发三大主商圈，沿原华山一路（石林一路）往北大约3公里可到达即墨服装市场和即墨小商品新城，项目往西200米是商超化管理的即墨岘山农贸市场，周边商业氛围浓厚，充分满足住户各项购物需求。坐拥青新高速主干道及即墨北高铁站等，快速连通市区，出行便利程度较高。西部板块拥有北方城市强大商贸物流产业，着力打造即墨国际商贸城。

作为青岛一颗冉冉升起的新星，即墨素有“南义乌、北即墨”的美誉，在2017年10月正式撤市划区，意味着即墨的区域能级及经济发展水平将会有一个质的提升。而禹洲·朗廷府所在的西部商贸板块，实现了大量产业的人口导入，带动了整个即墨的经济发展速度，同时也成为即墨城市发展的主要契机和源头。

【品牌维度】

禹洲集团1994年成立于厦门，至今已有25年的房地产开发经验，2016年总部搬迁至上海，目前已发展成为集地产开发、商业投资运营、酒店运营、物业管理、金融、贸易于一体的多元化综合性集团。禹洲地产秉承“以诚建城，以爱筑家”的经营理念，持续为中国城市居民打造高品质的生活、工作和休闲空间。本项目采用了朗廷产品系，以“精致社区、精奢产品、精彩社交、精细服务”为设计理念，成为禹洲地产入驻各大战略城市的优选产品系列。

【口碑维度】

禹洲地产产品覆盖住宅、公寓、别墅、写字楼、酒店、综合商业和大型城市综合体等多种业态，并且每一种业态都拥有城市典型性代表作品，足以看出禹洲地产的雄厚品牌实力。

项目产品的特点是重规模、重品质、对位中高端客群。像武汉的朗廷元著、福州的朗廷湾项目均是当地典型项目，在当地的口碑和信誉度也无可挑剔，足以看出朗廷系产品在禹洲地产中的地位及美誉度。

【产品维度】

项目整体的建筑风格为新中式风格，在项目景观的设计方面也契合了这种新中式建筑风格，更注重礼序元素的营造。项目景观园林规划遵循中国古典文化形制，由中心主轴结合院落空间，形成“一轴五进九院”的格局。

户型设计方面，103平方米的户型，三室两厅一卫格局，户型紧凑功能齐全；143平方米的小高层，三室两厅两卫，户型方正南北通透，三南向开间，全明户型、采光充足，户型格局合理、无浪费空间。此外，南区171平方米产品，整个南向面开间17.1米，同时升级了中西双厨系统、玄关系统、主卧套系统、功能动线等，使得整体的精装标准更为高端。

【销售维度】

案场数据显示，禹洲·朗廷府于2019年7月29日首次开盘，共推出150套房源，吸引了近300组客户到场选房，当天推售房源全部售罄，三推三罄持续热销。11月24日，洋房再次开盘，112套房源成交80套，去化率达到74%。

更多楼盘详情请扫码查看

远洋·万和城

2019年 中国城市楼盘年鉴 典型项目

青岛　健康筑居　高端社区　优质配套

远洋·万和城占地约5.74万平方米，总建筑面积约37.7万平方米，产品涵盖住宅、大型商业综合体、写字楼和公寓等。作为远洋高品质的实力担当，项目旨在打造区域内高配置的健康舒适人居。

项目地址：
青岛市北区辽阳西路与劲松五路交会处西约200米

开发商：
青岛海骏置业有限公司

建筑类型：
高层

主力户型：
119平方米三居、137平方米三居、167平方米四居

周边配套：
浮山森林公园、地铁4号线、齐鲁医院青岛分院

参考价格：
均价约35500元/平方米

楼盘优势：
关注中国建筑健康，择址青岛市南区、市北区、崂山区三区交会之处，占据青岛浮山后主城核心之地，区域价值不彰自显。

专家点评

龙江·青岛融信智汇投资发展有限公司董事长

远洋·万和城项目择址青岛市南区、市北区、崂山区三区交会之处，占据青岛浮山后主城核心之地，区域价值优势明显，周边配套完善，旨在打造中国高端改善型健康筑居。

项目解析

【区域维度】

项目择址青岛市南区、市北区、崂山区三区交会之地，占据青岛浮山后主城核心之地。交通配套方面，出门即达地铁4号线劲松四路站(建设中)，畅享驾车、地铁、公交等多维出行方式。

“居主城，享山居”，项目南向正面约213万平方米浮山森林公园。商业配套方面，社区内自建约6万平方米商业广场，周边环伺海尔路、新都心等各大商圈。

教育方面，项目周边有青岛市实验幼儿园、崂山实验二小、青岛市第二实验初级中学等幼小中学府资源环伺。医疗配套方面，项目尽享齐鲁医院青岛分院、青岛市妇女儿童医院等医疗呵护。

【品牌维度】

远洋集团控股有限公司(远洋集团)创立于1993年，于2007年9月28日在香港联合交易所有限公司(联交所)主板上市(股票代码：03377)。远洋集团以“为中高端城市居民及高端商务客户创造高品质环境”为使命，业务范围包括中高端住宅开发、写字楼、综合体及零售物业开发投资运营、物业服务、养老产业、物流地产、房地产基金、股权投资、资产管理和海外投资等。

远洋集团在中国高速发展的城市及城市群中，拥有超过180个处于不同开发阶段的房地产项目，截至2019年6月30日，土地储备逾3900万平方米。

【口碑维度】

远洋·万和城以精工之质雕琢打造，以人为本，关怀至心。在园区景观的打造上精益求精，常规园林只关注美观性，万和城却更关注业主的健康，甄选具有疗愈作用的植物科学搭配，营造散步即养生的景观体验。同时，在内部空间的规划上，使用液体硅藻泥等环保材料，同时配置新风系统和智能化安防系统，为业主营造健康舒适安全的生活空间。

【产品维度】

远洋·万和城，脉承远洋集团万和系，作为中国高端改善型健康筑居，项目秉承远洋集团“健康生活家”理念，倾力打造建筑面积119~167平方米的典藏美宅，以大尺度空间规划，为客户营造高端奢享人生。

远洋·万和城商铺坐落于辽阳西路之上，靠近地铁4号线劲松四路站(建设中)出站口，具备便利的交通优势，坐享浮山后约30万人口购买力；建筑面积40~200平方米多元户型空间，旨在打造岛城多业态的一站式生活休闲购物广场。

【销售维度】

2019年6月29日，远洋·万和城项目首次开盘，推出一期2号、3号楼房源共252套，当天到访客户约700人，首开去化率高达70%以上；通过良好业绩表现，使得项目确立了在主城区房地产市场中高端改善型楼盘的突出地位。9月28日，二期住宅加推，现场到访约600人，当天去化率达68%以上，夯实青岛主城红盘印记。远洋·万和城未来ONE商业凭借着自身优越的价值体系，也表现了其巨大的发展潜力。

更多楼盘详情请扫码查看

中洲·半岛城邦

2019年 中国城市楼盘年鉴 典型项目

青岛　自然宜居　品质社区　湖居生活

中洲·半岛城邦是中洲控股（青岛）公司在青岛地区开发的新项目，占地面积约 58.5 万平方米，建筑面积 75 万平方米。1.2 超低容积率，打造宜居高品质社区，涵盖二层双拼、湖岸叠墅、电梯洋房和瞰景小高层。

项目地址：

青岛市胶州市少海北路 58 号

开发商：

青岛中洲地产有限公司

建筑类型：

高层、小高层、洋房、别墅

主力户型：

104 平方米三居、120 平方米三居

周边配套：

少海国家湿地公园、上海东方医院

参考价格：

8500~11000 元 / 平方米

楼盘优势：

胶州湾中心湾区，交通四通八达，自然资源丰富；湖岸叠墅，电梯洋房，产品质量颇佳，尽享湖居生活。

专家点评

龙江·青岛融信智汇投资发展有限公司董事长

中洲·半岛城邦项目位于胶州湾中心湾区，毗邻少海国家湿地公园，环境资源优越，作为中洲在青岛的第一个项目，产品打造精准，是湖居生活方式的代表。

项目解析

【区域维度】

中洲·半岛城邦位于青岛胶州市少海新城板块，北临4层级胶东国际机场，南邻全国首个上合经济示范区，东接红岛经济区，优享三区发展利好辐射。既是少海新城先行开发项目，也是盘活、打响少海板块的先导项目。

项目紧靠胶州南北主干道站前大道，以及通往市中心的北京路与上海路，便捷通达胶州。向北直行即可到达胶东国际机场，同时毗邻地铁8号线，可直达青岛五四广场，并规划有地铁10号线、12号线，未来将畅达青岛各域。项目西临胶州中央商务区，南侧紧邻胶州市首家三甲医院上海市东方医院，配套资源丰富。

【品牌维度】

上市房企中洲控股，35年始终致力于匠造精工产品、助力城市升级。从深圳到全国，从内地到香港，中洲实力布局四大区，深耕15城，定位中国城市综合投资运营商。

自2006年入驻胶州以来，中洲致力于与胶州共同成长，完善城市基础建设，修筑慈云寺、万佛塔等风景地标，助推少海新城崛起，助力胶州进入空港新时代。

在以山海为贵的青岛主流生态居住市场下，中洲以建筑面积约75万平方米湖畔“大城”，建立生态湖居生活方式新风向标。伴随着大盘的不断成熟，中洲·半岛城邦逐步在区域内形成从“湖居生活方式先行者”到“湖居大城代言者”再到“湖居专家”的项目号召力。

【口碑维度】

不同于追求速度的企业，中洲力求稳健发展，拒绝生产线复制，更加注重打造精工人性化产品；不偷工减料，让客户所见即所得。目前，中洲·半岛城邦已累计收获超3000名业主的厚爱。

此外，中洲·半岛城邦在湖居生活方式营建与城市文化建设上也备受瞩目。每周“湖趣生活场”“湖老师课堂”，以趣味活动打造客户与湖的亲密生活方式，踏春行、采摘节等季节活动给客户提供美好体验，吕思清音乐会、国际半马、世界芭蕾舞会等城市级活动升级胶州文化建设。

【产品维度】

“南西湖，北少海”，少海湖是青岛稀有的城中湖。中洲·半岛城邦高踞少海北湖西岸，三面环湖，承袭新亚洲建筑风格，打造建筑面积约75万平方米低密湖居“大城”，容积率仅为1.2，绿地率则高达35%。项目配建约1万平方米公园主义都会生活街区，集中满足购物、休闲、漫步、娱乐、餐饮需求，兼有大型幼儿园，满足目送式教育需要。

在设计空间之前，先设计风光雨露。建筑面积104~146平方米瞰湖实用性宽宅，三南向阔景三居，可享南北双阳台；约7.2米大横厅设计，尽享宽幕湖境大四居，满足全龄家庭品质舒居需求。

【销售维度】

据锐理数据，项目2016年首开，当年销售金额位居青岛胶州市第二名，别墅销售金额位居全青岛市第六名，2017年更一跃成为胶州市销售金额冠军。同时，开售以来连续三年排名胶州市楼盘销售业绩前两名，成为青岛胶州市场的典型项目。

更多楼盘详情请扫码查看

2019 年威海房地产在售楼盘概览

楼盘名称	城市名称	城区	地址	物业类型
九龙明珠花园	威海	经济技术开发区	经济技术开发区齐鲁大道与东海路交会处	普通住宅
丰荟海映山庄二期	威海	荣成市	荣成石岛开发区	普通住宅
华辉东方城	威海	环翠区	张村镇莱海	普通住宅
华润威海湾九里	威海	环翠区	环翠区金线顶	普通住宅
自在香滨	威海	荣成市	荣成市悦湖路90号	普通住宅
伴山伴岛	威海	环翠区	环翠区合庆半月湾海水浴场西500米	普通住宅
明辰湖畔田园	威海	环翠区	环翠区温泉镇林湖路东首	普通住宅
祥泰天泽府	威海	经济技术开发区	经济技术开发区疏港路与大庆路交会处路东	普通住宅、别墅
山水文园福海	威海	经济技术开发区	经济技术开发区黄岛路、清华街与滨海大道交会处	普通住宅
那香海	威海	荣成市	荣成市港西镇环海路6699号	普通住宅、公寓
华瀚大湖公馆	威海	环翠区	环翠区中央影视城南500米路东	公寓 别墅
水岸名邸	威海	荣成市	荣成市政府东北桑干河东岸	普通住宅、别墅
望府大院	威海	环翠区	环翠区望海街望岛名郡89号	别墅
威海恒大海上帝景	威海	环翠区	环翠区海滨南路与胶州路交会处向南	普通住宅、公寓
五渚河生态城	威海	经济技术开发区	经济技术开发区东部滨海新城五渚河生态城	普通住宅
绿城听海林居	威海	经济技术开发区	东部滨海新城滨海大道逍遥湖东	普通住宅
自在澜湾	威海	荣成市	荣成市海湾北路400号	普通住宅
威高水韵康桥	威海	临港经济技术开发区	临港经济技术开发区202省道和303省道交会处	普通住宅
雨润城欢乐海寓	威海	环翠区	葡萄滩海水浴场西，雨润城售楼处	公寓、别墅
财信保利名著	威海	经济技术开发区	经济技术开发区香港路与海南路交会处	普通住宅
迪尚悦海名居	威海	经济技术开发区	经济技术开发区海滨南路与黄岛路交会处	普通住宅
海宴台·99号公馆	威海	环翠区	远遥高尔夫路	公寓
正弘山语	威海	火炬高技术产业开发区	火炬高技术产业开发区世昌大道和柒峰路交叉口往北400米	普通住宅
国宏立泰·桂花园	威海	环翠区	威海市环翠区和兴路	普通住宅
荣成·海世界II期	威海	荣成市	荣成市海湾南路236号	普通住宅、别墅
山能·伴山林语	威海	文登区	文登区世纪大道与珠海路交叉口西200米	普通住宅
恒大翡翠华庭	威海	文登区	文登区龙山路与广州路交会处	普通住宅
南创·遇林海	威海	南海新区	金海路与滨海路交会处向东400米路南	普通住宅
华瀚御龙湾	威海	环翠区	环翠区中央电视台威海影视城路南	酒店式公寓
金猴龙湖天璞	威海	火炬高技术产业开发区	高区文化西路与[illegible]路交会处	普通住宅
新城悦隽公馆	威海	荣成市	荣成第一中学南	普通住宅
保集·蓝郡	威海	荣成市	荣成市成山大道与站前路交会处	普通住宅
天一仁和·悦海锦府	威海	经济技术开发区	九龙湾板块	普通住宅
雨润城·观澜墅	威海	环翠区	环翠区葡萄滩海水浴场西	别墅
碧海蓝湾	威海	荣成市	荣成市好运角旅游度假区纹石滩路与滨海大道交会处	普通住宅
望府公馆	威海	环翠区	环翠区望海街望岛名郡39号	普通住宅
碧桂园·栖凤台	威海	文登区	文登世纪大道与文化路交会处	普通住宅
中南熙悦	威海	环翠区	环翠区峰北路和广远路交会处	普通住宅
融创·南海湾	威海	南海新区	南海新区科研路与海王路交会处	普通住宅
新悦春晖	威海	经济技术开发区	经区滨海大道西五渚河南	普通住宅
国信·壹品南山	威海	环翠区	威海市环翠省级旅游度假区昌华路与昆仑路交会处	普通住宅
五渚河生态城二期盘福园	威海	环翠区	经区东部滨海新城城一路与嵩山大街交会处东北侧	普通住宅
龙湖·春江彼岸	威海	环翠区	环翠区青岛路与望岛路交会处	普通住宅
中南漫悦湾	威海	临港区	临港经济技术开发区青威高速东、台湾路北	普通住宅

财信保利·名著

- 2019年 -
中国城市楼盘年鉴
典型项目

威海　奢境洋房　全新人居　百强房企

财信保利·名著位于经区凤林板块，经区香港路与海南路交会处；占地面积约 123999 平方米，建筑面积约 307100 平方米，共计规划 26 栋楼。

专家点评

蒋守芬·山大营销管理研究中心执行主任

财信保利·名著产品覆盖面广，包含洋房、小高层、高层，品质高，将人文、园景和建筑倾力展现，为经区凤林板块带来了全新的人居改变。

项目地址：

威海市经区青岛路与海南路交会处向东 400 米

开发商：

威海国兴置业有限公司

建筑类型：

洋房、小高层、高层

主力户型：

121 平方米三居

周边配套：

威海市汽车总站、威海市火车站、威海市高铁总站

参考价格：

9700 元 / 平方米起

楼盘优势：

财信保利·名著项目位于经区生活区的香港路和海南路交会处，属于城市未来下一站热点区域，区域未来发展可期。

项目解析

【区域维度】

财信保利·名著位于经区城市副中心位置，项目周边路网发达，且临近威海主要的城市交通枢纽——汽车总站、火车、高铁总站，北临威海新港。本案沿香港路段即有2条公交终点站，地块西向500米连接威海南北的城市主干道青岛中路，公共交通便捷且通达性较好。1公里范围内拥有相对完善的基本生活配套，3公里范围内各类生活、公务、商务配套齐全。

【品牌维度】

财信、保利，双品牌优势，双品牌保障。财信保利·名著项目2017年6月摘得土地，建筑面积约31.2万平方米。作为保利在威海开发的第三个项目，是保利深耕威海的立势之作，是实现威海布局、规模化的重要一步。

财信保利·名著一问世便收获高度关注，凭借精心打造的“爆款户型”在市场客户中圈粉无数，尤以121平方米宽厅阔景户型为甚。项目独特的褐石文化风格，更是沉淀隽永的精神和身份的双重“勋章”。

【口碑维度】

财信地产是“全国100强房企”，与保利置业双强联袂，倾心铸造威海卓越人居。

保利置业深耕威海8年，保利凯旋公馆和保利红叶谷两个项目获得了良好的口碑，让业主感受到好产品带来的升值效应以及较好的居住体验。

财信物业是中国物业管理影响力品牌，具备物业管理国家一级资质，被评为“中国物业服务50强企业”，管理面积超5000万平方米，已发展成以高端住宅为主业，涵盖别墅、写字楼、商业综合体等多种类型的物业专业化服务集团。

【产品维度】

财信保利·名著致力于高产品力、高舒适度，豪奢享受，定制多产品线及105~120平方米市场主流需求户型，其中121平方米三室两厅两卫阔景高层，精心勾勒出梦想家的模样，解锁了生活千万种幸福的可能。

户型精心布局，无论从整体格局的设计，还是对于功能生活化的考虑，皆以细节倾注。房型方正科学，南北通透采光，卧室舒适浪漫，视线开阔，阳光美景恣意流淌，于家中就可享美妙时光。

全龄生活空间，空间阔绰，轩阔格局容纳每一位成员对生活的需求，父母、孩子、爱人自在而居。

项目为住户打造独特的园林景观。社区内，迎宾水景、阳光草坪、特色铺装，采取对称式设计，中央水池、对称式层次景观种植交相辉映，整体设计简洁大气。

【销售维度】

案场数据显示，2018年8月3日名著项目首开，四栋、288套房源开盘当日即全部售罄。借助首开旺销的良好势头，首开当晚即释放加推信息，并成功于8月29日加推17号楼72套房源，9月21日加推21号、24号、25号楼188套房源，10月13日加推22号楼72套房源。在高频次、高密度的加推前提下，项目紧抓客户体验、价值点夯实等多重手段，确保每次加推成功率。截至2019年12月，项目房源去化率已达95%。

更多楼盘详情请扫码查看

华瀚大湖公馆

威海　海景别墅　风情花园　度假胜地

华瀚大湖公馆位于环翠区张村板块，威海市环翠区中央电视台影视城南 500 米路西，占地面积 191600 平方米，建筑面积约 250000 平方米，共计规划 2149 户。

项目地址：

威海市环翠区中央电视台影视城南 500 米路西

开发商：

华瀚威海置业有限公司

建筑类型：

别墅

主力户型：

217~248 平方米联排、194~207 平方米叠拼

周边配套：

北站商务圈、中央电视台影视基地、万亩黑松林

参考价格：

20000 元 / 平方米

楼盘优势：

居者可随心漫步华瀚大湖公馆其中，静赏湖光潋滟。这是一场东方情怀与西方韵律的完美邂逅，尊贵与优雅相得益彰。

专家点评

钱启民·威海市文联主席

华瀚大湖公馆拥有天然的大海、大湖、阳光、沙滩，汇聚多重别样景致，优美的自然景观与生态环境已成为华瀚大湖公馆的一张特色名片。

项目解析

【区域维度】

华瀚大湖公馆位于威海市环翠区西部旅游度假区，中央影视城南500米路东的20多万平方米世界海湾住区内，依伴双岛湾、18公里海岸线。项目西侧环翠路、西城烟威高速，直通世昌大道。项目紧邻原生天然沙滩，独占数千米黄金海岸；自建专属木栈道，百米直达，仿佛业主的私家“领地”。周边绵延十几公里黑松秘境，堪称“威海市中心纯净的城市绿肺”。墅区内部拥有近4万平方米原生水域内湖，外连大海、内通园区百米小溪，形成特有水系。

【品牌维度】

华瀚集团成立于2000年7月，是一家以房地产开发为核心，集高档住宅、商业物业、滨海旅游地产、高尔夫休闲地产等多元化业态于一身的大型产业集团。

作为北京知名开发企业，从北京CBD的世纪东方城到世界主题公园北京欢乐谷，再到荣膺联合国人居最佳示范奖的华瀚国际，华瀚始终贯彻“为城市创造价值”宗旨，以打造精品筑居为开发理念，全心做好产品，真诚服务社会。

2006年，华瀚集团着手全国化战略布局，相继进入长春、威海等城市，打造“立足区内，面向北京，走向全国”的品牌布局，开发了多个高端品质住区，深受当地市场及客户认可与信赖，稳居“中国房地产100强开发企业”榜单。

【口碑维度】

华瀚大湖公馆定位威海大体量、低密度纯别墅社区，项目周边尽享山、林、湖、海，项目西侧独享万亩黑松林，形成一个天然的大氧吧；北面环海，拥有影视城纯净的原生态沙滩，周边山景资源环绕，“背靠山，前看海”。

华瀚大湖公馆整体规划依据“以人为本、生态化”的设计理念，根据地形地势、特色布局，打造独特的意大利式建筑风格生活社区。项目的建筑材料统一使用文化石加真石漆，建筑均为南北向，户户赠送独立私家精装庭院；“北侧秋林，中部通幽、浣花，西南岛映，南部香溢”，真正将“风情花园”延伸到每家每户门前。乔木、多层绿植，确保户户见景、户户采光良好，将每一寸可用土地划分到业主私人绿化空间；单体建筑间以挡墙相隔，以保证侧向的私密性。

【产品维度】

华瀚大湖公馆主打联排、叠拼和双拼产品，共544套别墅。叠拼上叠卧室挑空5.2米，联排挑空6.4米，双拼主卧挑空5.38米，可变为两层，产品多重实用空间赠送。叠拼下叠赠送花园，上叠赠送露台，产品全明通透，户型布局合理，这种小面积经济型别墅为大湖公馆业主独享，弥补了威海市场的空白。

【销售维度】

威海房地产交易网数据显示，华瀚大湖公馆蝉联2017年、2018年威海别墅销售套数冠军。热销背后，是华瀚集团的匠心精神与高品质追求。历经十载锤炼，华瀚大湖公馆大境已成，无愧于威海高端人居典型之名。

更多楼盘详情请扫码查看

望府公馆

- 2019年 -
中国城市楼盘年鉴
典型项目

威海　生态宜居　山海观邸　高端人居

望府公馆位于环翠区望岛板块，占地面积约124000平方米，建筑面积约291996.58平方米，共计规划1197户。

项目地址：
威海市望海街望岛名郡89号

开发商：
威海仙姑顶旅游开发有限公司

建筑类型：
高层

主力户型：
129平方米三居、198平方米四居

周边配套：
恒大商圈、韩乐坊、居然之家、望海园中学

参考价格：
12500元/平方米起

楼盘优势：
望府公馆秉承10年深耕威海之匠心，以打造威海院墅力作望府大院的墅匠实力，依山观海，兼得宁静与繁华，成就高端人居理想。

专家点评 丛丽萍·威海乐居总经理

东可瞰海西可观山，周边医院、学校、银行、图书馆等各项生活配套一应俱全，交通便利，更有全面崛起中的望岛商圈，让品质生活触手可及。

项目解析

【区域维度】

望府公馆位于威海市环翠区望岛片区，项目东侧500米为统一南路，不足1公里为连接威海南北的青岛路与城轨1号线，西侧环山路，南侧比邻望海街，距威海汽车站、火车站、城铁威海站仅2公里。

【品牌维度】

望府公馆由深耕威海10年的本土品牌——山东明海集团旗下的威海仙姑顶旅游开发有限公司开发。山东明海集团主营业务涉及地产、投资、IT等多领域，总部设在济南，分部设在威海，下辖11家子公司，拥有明海美术馆、明海太极会、明海音乐会、明海书屋、明海基金会、本然雅集等明海专属文化符号。

从“望岛名郡”到“望府大院”再到“望府公馆”，明海集团通过10年打造了三大精品楼盘。望府公馆紧邻别墅区，未来将享受高品质生活配套与物业服务。

明海集团通过先后打造的望岛名郡、望府大院，提升了望岛板块的人居价值和区域价值，现在望岛已经是威海知名的富人区。2018年，望府公馆传承明海集团打造别墅的深厚实力，用别墅标准打造威海市区少见的墅区山海平层。

【口碑维度】

望府公馆秉承十年深耕威海之匠心，以打造威海院墅力作望府大院的墅匠实力，项目整体九宫格局，每个楼座均可四面观景。

园林设计由日本景观大师小林正彦担纲，融汇中西园林精粹，业主私享长寿山山体公园。近百米Art Deco世界都会建筑，一梯两户设计，15米采光面，最多四卧朝南；奢适尺度，满足二孩家庭与三代同堂所需。

项目近享望岛幼儿园(省级示范幼儿园)、望岛小学(近百年校史)、望海园中学(中国未来学校)的“幼小中”全程教育，同时，业主还可享受平层墅质服务、尊崇院墅服务标准，主要体现于“亲情式服务”“舒心服务”“128快反”“智能物管安保”四维体系。

【产品维度】

望府公馆推出面积为128~200平方米三居、四居纯大户型产品，满足了业主身份和圈层的相近，有利于圈层互动。同时，既可以实现子女与父母同住一个社区的需求，又充分考虑到子女与父母生活习惯的不同；住在同一个生活区，既能保持亲情、常走动，又能保持恰当的距离，彼此照料。

户型设计方面，整体户型和室内各空间的设计均为方正格局、南北通透，空间使用率高、通风流畅、采光自然。西边户能看山，东边户能观海，这种边户观景优势，在市面产品中是不多见的。

小区园林景观，综合望府公馆山海坡地与中央景观区景观特点，呈现三重台地、六大景观区、五大主题空间，为业主打造中西交融的城市园林。

【销售维度】

2019年7月28日，望府公馆盛大开盘，案场数据显示，项目重磅首推的四栋观山瞰海大宅，首次开盘即热销6亿元，令业界颇为瞩目；望岛板块日益提升的人居价值也同样令人惊叹。

更多楼盘详情请扫码查看

2019 年烟台房地产市场总结

行业发展历程

一、城市概述

烟台是山东省地级市，也是山东半岛的中心城市之一、环渤海地区重要的港口城市，还是全省唯一、全国仅有的两个获得文明城市“五连冠”的地级市。全市土地面积 13745.95 平方千米，海岸线长 909 千米，濒临渤海、黄海，有岛屿 63 个。截至 2018 年底，常住人口为 712.18 万人。

烟台位于山东半岛东部，地处东北亚经济圈中心地带，与日本、韩国一衣带水、隔海相望，是全国首批 14 个沿海开放城市之一、国家“一带一路”建设 15 个支点城市之一、亚洲唯一的国际葡萄酒城。

二、行业现状

纵观烟台房地产市场，多片区上市量井喷，竞争压力白热化，受大环境影响，购房者观望情绪浓厚。步入稳定发展期的烟台楼市，让每一家房企、每一位从业者都面临着更多挑战，步步皆为突围战。黄金时代已过，以优质产品取胜的理性化楼市新格局已经形成。

三、政策环境

2018 年 9 月，烟台出台“烟九条”，规范房地产市场秩序，维稳房地产市场发展。进入 2019 年，在“房住不炒”的大框架下，烟台依然延续原有房地产调控政策。同时，以打击房地产违法违规行为为主，烟台市住房和建设局 8 月出台了警示约谈、列入“黑名单”、顶格处罚、限制投标、限制销售、严控项目审批六项制度，加大对违法违规行为的惩戒力度，及时化解各类风险隐患，切实防范房地产烂尾、延期交房、违规销售等问题发生。

四、土地市场

先抑后扬、底价拿地、楼面价上涨是 2019 年烟台土地市场的三大主旋律。供应量下跌，楼面价提升，平均 3458 元 / 平方米，同比上涨 82%，达近几年高峰。芝罘、莱山、福山三区为土地成交热点区域。年底幸福新城土地集中供应，掀起了出让高潮。

五、房企布局

开发商拿地意向依旧强烈，求地若渴，穿梭于多宗纯净地土拍中，绿地泉、新力、青特、华发、北京天恒、上实、康佳等首进烟台，龙湖、碧桂园、旭辉银盛泰、新城、中海、招商、中梁等品牌房企持续深耕。“储地荒”“拿地难”仍为主旋律。合作开发、参与棚改成为房企扩容的战略手段。

六、房产行业发展历程

沧海桑田，风云迭变，烟台的房地产经历了跌宕起伏的发展历程。2007 年前后烟台房价迎来全面上涨，外来房企开始涌入，开发理念冲击市场，产品品质出现分化。土地供应开始爆发式增长，城市建设火热，房地产市场发展迅猛。随着需求的消耗、政府的调控，近两年，楼市步入平稳期，品牌、物业、产品、性价比等成为市场竞争的关键因素。

城市年度市场解读

一、本地新政

为整顿规范房地产市场秩序，加大对违法违规行为的惩戒力度，2019 年 8 月底，烟台市住房和建设局研究出台了六项制度，及时化解各类风险隐患，切实防范房地产烂尾、延期交房、违规销售等问题发生。

一是警示约谈制度；二是列入“黑名单”制度，将发生烂尾问题的开发商和施工单位，第一时间列入全市建筑市场诚信体系“黑名单”；三是顶格处罚制度；四是限制投标制度；五是限制销售制度，对拒不配合解决烂尾问题的开发企业，加大对其正在开发的其他项目的监管约束力度，适时采取暂停预售、暂停网签措施，并从严控制预售资金、从严控制备案价格；六是严控项目审批制度。对发生烂尾问题或列入“黑名单”的开发企业，从严限制其参与新的房地产开发项目。

二、年度土地供应

2019年，烟台商住办土地供应量低位运行，出让总建筑面积603万平方米，同比下降50%。商住用地成交占比最大，2019年11月、12月达到供应小高峰。

土地供应主要集中于芝罘区、福山区、开发区，幸福新城密集出让10宗地，总价33亿元起。

三、年度土地成交

2019年烟台招拍挂商住地块总成交57宗，同比下跌48%，总建筑面积445万平方米，同比下跌54%，成交金额138亿元，同比下跌25%。需要注意的是，2018年烟台的土地供求量是6年来最为爆发的一年，尽管2019年土地供应大幅下跌，但相比2015年、2016年、2017年这三年，仍处于高位。

2019年地块楼面价提升，平均3458元/平方米，同比上涨82%，达近9年高峰。其中，楼面价超过4000元/平方米的有13宗，包含会西街A1商服地块、碧桂园木钟厂地块、新城机场路地块、万科梁家地块、青特迟家AB地块、中海科技小区西地块等。

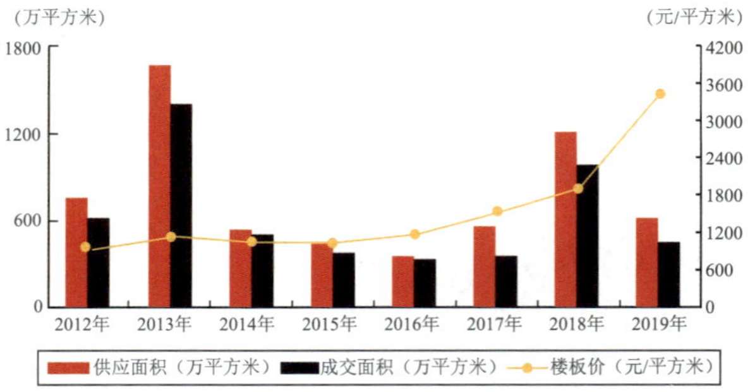

图2-73　2012~2019年烟台商住办土地市场供求价走势

四、年度住宅供应

根据腾策数据，2019年烟台商品住宅供应面积563万平方米，同比2018年下跌12%。

其中，1月、2月份受季节及春节影响，市场进入传统淡季，2月月度供应量跌至8.2万平方米。直到“金三银四”，新房供应量迎来爆发，环比2月大涨426%，供应量冲至43.1万平方米。5月供应量下跌，6月则依靠房企年中“冲刺”，冲高至上半年峰值；62.4万平方米的高位，成为烟台上半年新房供应量最多的月份。

“金九”供应量再度井喷，82.1万平方米为全年顶峰。年终12月楼市翘尾，开发商为冲业绩，多个新盘集中入市，带动供应量大涨。

五、年度住宅成交

2019年烟台商品住宅（普通住宅、别墅）共成交39466套，同比下跌三成，成交金额483亿元，同比下跌14%，成交均价10876元/平方米，维持稳定。

6月的成交量为全年最高，其次为12月。从中可以看出，为冲刺业绩，不少楼盘纷纷“抢跑”，优惠力度加大，成交效果斐然。牟平区领跑全市，卖房10129套，莱山区房价依旧最高，为13880元/平方米。

六、年度住宅存量

库存方面，据腾笋数据，截至2019年底全市新建商品住宅库存624.9万平方米，与年初相比，上涨了18%。

当前全市商品住宅去化周期约为16个月，较2018年末有所拉长。

图2-74　2018年12月~2019年12月商品住宅存量走势

七、区域成交表现

从各区成交量来看，牟平区、开发区、芝罘区为主力，成交量占全市约64%。其中，牟平区成交量最多，达10129套、115.3万平方米，占全市总成交量的26%。其次为开发区、芝罘区、莱山区、福山区、高新区。

牟平区为全市房价洼地，凭借海景资源丰富等优势吸引了大批置业者，2019年一路领先。开发区作为国家级区域，有着自贸区烟台片区等红利政策的加持，加以一定的厂企支撑，成交量居高不下。莱山区经历了几年"无房可买"的窘境后，2019年新盘井喷，带动成交量大幅上涨。

八、成交结构表现

以面积划分，2019年的主力成交面积段以90~120平方米的三居为主，其次为120~144平方米的大户型、90平方米以下的小户型。这说明，烟台市场的产品仍以满足刚需、刚改为主流，三居产品占据市场主力。

以单价划分成交结构，8000~10000元/平方米的住宅为成交主力，其次为7000~8000元/平方米、10000~11000元/平方米。

九、成交项目排行

从2019年烟台楼盘成交金额TOP榜单来看，品牌开发商占据绝对优势。芝罘区改善项目金地浅山艺境以15.37亿元位居榜首；莱山区热销项目万科翡翠大道以13.50亿元位居第二名；莱山区恒大御山华府以13.42亿元位列第三名。

住宅销售面积榜上，前三位项目销售面积均超过11万平方米。其中，福山区中海锦城荣登面积榜榜首，恒大御山华府以11.33万平方米位列榜单第二名，祥隆蔷薇公馆以11.18万平方米紧随其后位列第三名。

2019年，烟台商品房销售套数TOP10项目合计销售10515套。其中，龙湖葡醍海湾以1452套位列项目销售套数排行榜首位，表现突出；石药健康城以1389套位居第二名；中海锦城销售1135套紧随其后位居第三名。

十、成交房企排行

2019年，烟台房地产销售业绩TOP10企业合计销售206.84亿元，销售面积TOP10企业合计销售180.3万平方米。

万科地产凭借万科翠湖山晓、万科中南府、万科翡翠大道、万科翡翠长安、万科城市之光、万科御龙山等多盘联动，持续热销，成交44.51亿元稳居金额榜榜首；中海地产凭借中海国际社区、中海万锦公馆、中海知乎里、中海锦城等项目，成交26.99亿元位居第二名；龙湖集团凭借龙湖悠山郡、龙湖春江悦茗、龙湖葡醍海湾等项目热销，以23.85亿元位居第三名。

恒大、金地、祥隆、海信、碧桂园、招商蛇口、瑞东分别以21.67亿元、17.21亿元、15.86亿元、14.80亿元、14.55亿元、13.99亿元、13.41亿元排行第4~10名。

十一、商业、公寓及办公

烟台商业市场表现供大于求，2019年新增供应面积35万平方米，同比下跌39%，成交面积28.4万平方米，同比上涨1.4%。

公寓方面，2019年供应面积19万平方米，成交面积27.3万平方米，市场表现供小于求，牟平区石药健康城、芝罘区创元世纪大厦、莱山区华润中心成交显著。

2019年烟台办公市场新增供应面积14.3万平方米，同比下降65%，成交面积16.8万平方米，同比上涨29%，供求基本平衡。

十二、年度房价走势分析

2019年，烟台商品住宅整体成交均价10876元/平方米。从各月份数据来看，整体房价呈小幅波动，变化不大。

全年基本保持平稳，多数月份还是维持在10300~10500元/平方米。其中，9月份均价最高，主要是受当月个别高端项目备案所带动，属于正常现象。10月、11月仍维持在年初的均价水平，未现波动，可见“稳”字当头。整体来看，相比于往年，烟台2019年的房地产市场越发趋于理性，量价基本持平。

十三、未来展望

在“房住不炒”基调和“三稳”背景下，烟台仍以延续“烟九条”为主，政策相对宽松。未来仍将以维持房地产市场稳定为主，健全房地产市场的监管体制，促进房地产市场健康发展。

同时，打击房地产违法违规行为、集中开展专项整治活动仍是重点，包括市级调度的烂尾楼处置，开发企业违规交房、延期交房等行为，切实规范行业管理秩序，净化房地产市场环境。

十四、市场预期

土地方面，2020年幸福新城、芝罘湾区板块或将成为供地主力军。地块竞拍热度仍将延续，品牌房企进驻热情不减，房企对于优质地块关注度依旧存在，但对于风险较高的地块将保持理性态度。

供应方面，虽然刚需房源仍是市场主力，但受地价及上市区域因素影响，刚改房源占比将持续增加，进一步抬高置业门槛。同时，芝罘区、福山区、高新区将涌现出不少新项目，市场热度提升。

成交层面将保持平稳，尤其是成交价格。整体供大于求，去化压力增大，加之多项目即将入市，市场竞争将更加激烈。

数据来源：腾策顾问。

2019年烟台房地产在售楼盘概览

楼盘名称	城市名称	城区	地址	物业类型
甫景华城	烟台	开发区	开发区秦淮河路188号	普通住宅
国奥天地	烟台	开发区	开发区长江路99号	普通住宅
天马相城	烟台	开发区	开发区黄河路369号	普通住宅、别墅
天颐郦城	烟台	开发区	开发区嘉陵江路81号	普通住宅、公寓
振华海滨假日	烟台	开发区	开发区海滨路86号	普通住宅
磁山温泉小镇	烟台	开发区	开发区玉溪路17号、20号	普通住宅
海信天山郡	烟台	开发区	开发区天山路206号	普通住宅
招商马尔贝拉	烟台	开发区	开发区海滨路277号	普通住宅、别墅
香橙	烟台	开发区	开发区秦淮河路26号	普通住宅、商业
中节能朗庭	烟台	开发区	开发区高雄路6号	普通住宅
海信波尔多小镇	烟台	开发区	开发区深圳大街1号	普通住宅
天禧嘉园	烟台	开发区	开发区潮水平辛路16号	普通住宅
佰和锦园	烟台	开发区	开发区苏州大街7号	普通住宅
泰鸿听澜湾	烟台	开发区	开发区北京南路与黄金河南路交会处东侧	普通住宅
盈科品园	烟台	开发区	开发区奇山路6号	普通住宅
恒达祥合院	烟台	开发区	开发区长江路与珠江路交会处以南	普通住宅、商业
海信岱岳府	烟台	开发区	开发区金沙江路与泰山路交会处东100米	普通住宅
佰和荣筑	烟台	开发区	开发区天山路46号	普通住宅
旭辉银盛泰·辉盛岚海	烟台	开发区	开发区北京中路与苏州大街交会处	普通住宅、办公、商业
龙湖春江悦茗	烟台	开发区	开发区北京中路与南京大街交会处	普通住宅
天越湾	烟台	高新区	高新区滨海中路1599号	普通住宅、公寓
中海紫御公馆	烟台	高新区	高新区港城东大街16号	普通住宅、公寓、别墅
兴盛铭仕城	烟台	高新区	高新区海兴路与创新路交会处	普通住宅、商业
力高阳光海岸	烟台	高新区	高新区滨海路以南、农大路以东、科技大道以北	普通住宅、商业
博源名都二期	烟台	高新区	高新区滨河西路与纬一路交会处东南角	普通住宅
保利爱尚海	烟台	高新区	高新区滨海路与海博路交会处	普通住宅、商业
祥隆蔷薇公馆	烟台	高新区	高新区海博路与学府西路交会处路东	普通住宅
北方华和家园	烟台	高新区	高新区蓝海路西(莱山一中南)	普通住宅
天泰学府壹号	烟台	高新区	高新区海澜路21号	普通住宅
富甲小区	烟台	芝罘区	芝罘区青年南路与蓁山路交会处西南500米	普通住宅
逸城水岸	烟台	芝罘区	芝罘区德汇路99号	普通住宅
中正公馆	烟台	芝罘区	芝罘区蓁山路西端南侧	普通住宅
山水龙城	烟台	芝罘区	芝罘区通世南路与卧龙中路交会处东	普通住宅
青山翠谷	烟台	芝罘区	芝罘区锦绣新城东门向东200米	普通住宅
香槟小镇	烟台	芝罘区	芝罘区机场路黄务立交桥南500米	普通住宅
金象泰吉祥家园	烟台	芝罘区	芝罘区机场路下曲家(交警三大队北100米路西)	普通住宅
德蚨家园	烟台	芝罘区	芝罘区芝罘屯路2[illegible]号	普通住宅
城发泰颐新城	烟台	芝罘区	芝罘区红旗西路南300米	普通住宅
山语城	烟台	芝罘区	芝罘区新三中西400米	普通住宅
建城丽都	烟台	芝罘区	芝罘区西炮台南路与新石路交会处	普通住宅、办公、商业
馨逸之福	烟台	芝罘区	芝罘区机场路223号	普通住宅
金地浅山艺境	烟台	芝罘区	芝罘区胜利南路与港城东六街交会处	普通住宅
璞樾园著	烟台	芝罘区	芝罘区芝罘岛西口	别墅
金科博翠山	烟台	芝罘区	芝罘区通世南路以西、魁玉路以南	普通住宅
金象泰翰林苑	烟台	芝罘区	芝罘区青年南路888号	普通住宅
中海知孚里	烟台	芝罘区	芝罘区环山路以南、桑园路以东	普通住宅
瑞东瑞学府	烟台	芝罘区	芝罘区青年南路与通林路交会处(新三中西)	普通住宅
中瑞城	烟台	芝罘区	芝罘区珠玑路与珍珠路交会处西侧	普通住宅、商业
大商烟台城市乐园	烟台	芝罘区	芝罘区汽车总站北200米	普通住宅、建筑综合体
新力珑湾	烟台	芝罘区	芝罘区化工南路与芝纬南一街交会处	普通住宅
中梁樾山府	烟台	芝罘区	芝罘区电厂东路与锦绣南街交会处往南20米	普通住宅
新城明昱锦园	烟台	芝罘区	芝罘区机场路与剐山路交会处	普通住宅

楼盘名称	城市名称	城区	地址	物业类型
万科翠湖山晓	烟台	芝罘区	芝罘区通世南路以东、通车路以北	普通住宅
万科中南府	烟台	芝罘区	芝罘区青年南路与红旗中路交会处南 500 米	普通住宅
丰金紫金山庄	烟台	牟平区	牟平区滨海东路 766 号鱼鸟河东侧	普通住宅、商业
海屿公元	烟台	牟平区	牟平区通海路与三山大街交会处西南侧	普通住宅、商业
龙湖葡醍海湾	烟台	牟平区	牟平区养马岛滨海东路与通海路交会处北	普通住宅、公寓
融创迩海	烟台	牟平区	牟平区滨海东路 600 号	普通住宅
光明海上海	烟台	牟平区	牟平区埠山路 436 号	普通住宅
富邦逅海小镇二期	烟台	牟平区	牟平区通海路 168 号	普通住宅
天境昆嵛中国院子	烟台	牟平区	牟平区昆嵛山无染寺景区西南 1.2 公里	普通住宅、别墅
智慧领域	烟台	牟平区	牟平区北关大街与西关路交会处路西 100 米	普通住宅、商业
绿云俪都	烟台	牟平区	牟平区武宁街道河滨佳苑旁	普通住宅、商业
招商依云水岸	烟台	牟平区	牟平区滨海东路与沁水东河交会处	普通住宅、别墅、商业
石药健康城	烟台	牟平区	牟平区通海路与烟霞大街交会处东行 500 米	普通住宅、公寓、商业
恒大御澜庭	烟台	牟平区	牟平区北关大街与埠山路交会处北 60 米	普通住宅、商业
中冶沁海云墅二期	烟台	牟平区	牟平区滨海东路 500 号	普通住宅、公寓
恒大御海天下	烟台	牟平区	牟平区滨海东路海洋经济总部基地东侧	普通住宅、商业
天和新城	烟台	牟平区	牟平区通海路与新城大街交会处	普通住宅、商业
安德利花园	烟台	牟平区	牟平区通海路 299 号	普通住宅、商业
翡翠康城	烟台	牟平区	牟平区崔山大街 212 号	普通住宅、商业
吉安悦城	烟台	牟平区	牟平区北关大街与牟山路交会处吉安汽车旁	普通住宅
华丽林溪湾	烟台	牟平区	牟平区滨海东路与昆嵛山路交会处向南 1 公里	普通住宅
富圣舜德茗居	烟台	牟平区	牟平区正阳路与新建大街交会处向西 200 米	普通住宅、商业
侯至府	烟台	牟平区	牟平区滨海东路与高尔夫路交叉口南 800 米	普通住宅
长寿城书香世家	烟台	牟平区	牟平区崔山大街与东关路交叉口东北角	普通住宅、商业
万城澜郡	烟台	牟平区	牟平区北关大街与鱼河西路交会处	普通住宅、商业

楼盘名称	城市名称	城区	地址	物业类型
恒大御景半岛	烟台	牟平区	牟平区滨海路养马岛大桥东 50 米	普通住宅、办公
碧桂园凤凰琉璃海	烟台	牟平区	牟平区通海路与烟霞大街交会处向东 300 米路南	普通住宅、商业
龙湖滟澜海岸	烟台	牟平区	牟平区滨海东路 199 号	普通住宅、商业
新潮崇文花园二期	烟台	牟平区	牟平区新区大街南、牟兴路东	普通住宅
东泰仕林首府	烟台	牟平区	牟平区通海路西、振兴街两侧	普通住宅
东泰悦岛蓝湾	烟台	牟平区	牟平区烟霞大街 547 号	普通住宅、商业
蓝城烟台桃李春风	烟台	牟平区	牟平区高尔夫路 6 号	普通住宅、别墅
春霖悦园	烟台	牟平区	牟平区东华苑小学东 300 米	普通住宅、商业
一格里小区	烟台	牟平区	牟平区东关路与工商大街交会处	普通住宅
金铭棠墅	烟台	牟平区	牟平区沁水河以东、曲格庄旧村西北	普通住宅、商业
丰金和悦城	烟台	牟平区	牟平区金埠大街北、西关路东	普通住宅
安德利鱼鸟河花园	烟台	牟平区	牟平区新城大街 868 号	普通住宅
上海滩花园	烟台	莱山区	莱山区观海路与轸大路交会处西北方向	普通住宅、别墅
米拉公寓	烟台	莱山区	莱山区港城东大街南侧	普通住宅、公寓
烟台华润中心	烟台	莱山区	莱山区观海路与迎春大街交会处	普通住宅、公寓
天籁中园	烟台	莱山区	莱山区山海路 98 号	普通住宅
弘邦宝第	烟台	莱山区	莱山区山海路 57 号	普通住宅、别墅
源山郡	烟台	莱山区	莱山区迎春大街以南、莱源路以西	别墅、商业
万光中华城	烟台	莱山区	莱山区长宁路 588 号	普通住宅、别墅
长安 1 号中央广场	烟台	莱山区	莱山区佳世客南 36 米	公寓、商业
万科翡翠大道	烟台	莱山区	莱山区观海路与学院路交会处	普通住宅
观云山	烟台	莱山区	莱山区山海路塔山隧道南口 800 米路东	普通住宅
碧桂园凤凰山庄	烟台	莱山区	莱山区港城东大街、凤凰湖北侧	普通住宅
恒大御山华府	烟台	莱山区	莱山区金斗山路与金堡路交会处以西	普通住宅
鲁商公馆	烟台	莱山区	莱山区观海路 467 号	普通住宅
飞龙金滩花园	烟台	莱山区	莱山区金滩东路 789 号	普通住宅、商业
滨湖万丽	烟台	莱山区	莱山区港城大街与凤凰西路交会处	普通住宅
祥隆都会里	烟台	莱山区	莱山区山海路与港城东大街交会处东侧	普通住宅

楼盘名称	城市名称	城区	地址	物业类型
远洋东莱郡	烟台	莱山区	莱山区双河东路与长安路交会处东北角	普通住宅、商业
金象泰梧桐墅	烟台	莱山区	莱山区桐林路与观海路交会处	普通住宅
国泰海韵华府	烟台	莱山区	莱山区双河东路与金滩南路交会处南行 500 米路东	普通住宅
万科翡翠长安	烟台	莱山区	莱山区双河东路 1266 号	普通住宅
东泰泰和府	烟台	莱山区	莱山区山海南路与绿斯达路交会处	普通住宅、商业
融创蓝天壹号	烟台	莱山区	莱山区山海路以东、竹林南路以北	普通住宅
东陌堂新区	烟台	福山区	福山区门楼镇陌堂大街 8 号	普通住宅
珑泉望园	烟台	福山区	福山区君通汽车城西 500 米	普通住宅
宏锦万花城	烟台	福山区	福山区蒲湾街 129 号	普通住宅
百年万悦府	烟台	福山区	福山区松霞路东 300 米	普通住宅
佳安花园	烟台	福山区	福山区西山路 66 号	普通住宅
西竹源	烟台	福山区	福山区西山路 236 号	普通住宅
通用一城山河	烟台	福山区	福山区河滨南路文博苑南 500 米	普通住宅
美航康悦城	烟台	福山区	福山区康悦路 1 号	普通住宅、别墅
万科城市之光	烟台	福山区	福山区福海路与汇福街交会处	普通住宅
永弘桃源里	烟台	福山区	福山区东厅收费站以西 500 米	普通住宅、别墅
梦马都	烟台	福山区	福山区福海路与北一路[illegible]交会处	普通住宅、商业
万城华府	烟台	福山区	福山区福海路 10[illegible] 号	普通住宅、商业
中海锦城	烟台	福山区	福山区北京南路与福[illegible]路交会处南 8[illegible] 米	普通住宅、商业
华星中瑞北欧公园	烟台	福山区	福山区王懿荣大街与[illegible]桃路交会处	普通住宅、建筑综合体、商业
乡村记忆	烟台	福山区	福山区乡忆路 27 号	普通住宅
花半里	烟台	福山区	福山区福海路 7[illegible]0 号	普通住宅
中海万锦公馆	烟台	福山区	福山区恒业路 16 号	普通住宅
新帝公馆	烟台	福山区	福山区天府路 1[illegible]-19 号	普通住宅
龙湖悠山郡	烟台	福山区	福山区县府街与[illegible]路交会处	普通住宅

碧桂园·凤凰山庄

- 2019年 -
中国城市楼盘年鉴
典型项目

烟台　品牌房企　典型项目　高端住宅

碧桂园·凤凰山庄位于烟台市莱山区港城东大街凤凰湖公园北侧，规划建筑面积 700000 平方米，占地面积 460000 平方米，是烟台莱山区高端品质社区。

专家点评　吴磊·山东省互联网传媒集团烟威站站长

碧桂园·凤凰山庄位于莱山核心地段，商务、金融、商圈均汇聚于此，出行、购物、生活非常便利；坐拥「三山两湖」优美的自然环境，居住舒适度较高，作为「世界500强」匠心的品质、优质的物业服务，以及智能化的装修为业主打造智慧生活。

项目地址：
烟台市莱山区港城东大街凤凰湖公园北侧

开发商：
烟台海风置业有限公司

建筑类型：
小高层、中高层

主力户型：
76~79 平方米二居、115~140 平方米三居、140~180 平方米四居

周边配套：
迎春大街商圈、烟台山医院莱山新院、烟台市实验小学

参考价格：
13000~17000 元 / 平方米

楼盘优势：
毗邻烟台市政府，处于都市核心位置，奢享三山两湖资源，高端智能化精装，集环境、市政、商圈、交通、医养于一体的高端品质社区。

项目解析

【区域维度】

碧桂园·凤凰山庄位于烟台市莱山区核心区域，南侧为莱山区的东西主干道港城东大街，距离迎春大街约1公里；定位为媲美南大街的城市新CBD，莱山商务区、金融区、核心商圈汇聚于此。

配套方面，项目约3公里半径内，保利MALL、佳世客、万象城、新世界百货、振华、银座等六大商业交叠。环境优势明显，虎头山、岱王山、凤凰山三山环绕，凤凰湖、庙后水库双湖涵养，是集环境、市政、商圈、交通、医养于一体的高端品质社区。

【品牌维度】

作为“世界500强”、中国地产龙头企业碧桂园集团落子烟台主城的首个项目，碧桂园·凤凰山庄以其优越地理区位、“三山两湖”的独特自然资源以及成熟的城市配套，备受广大市民关注，成为烟台市场颇具影响力的大盘之一。

高品质生活，好的物业不可或缺。作为中国高端地产领军者，碧桂园深谙物业服务品质对于营造舒居环境的重要性，从人员素质到工作时间，从物业能力到员工细节，用汗水浇灌业主生活品质，将五星级酒店服务管理标准引入碧桂园，让国宾礼遇成为业主私享尊贵服务，打造非凡居住体验。

【口碑维度】

大品牌意味着责任与担当。碧桂园一直秉承“希望社会因我们的存在而变得更加美好”的精英理念，起笔1200余城，开发服务超过2000个高品质项目，27年间，成为超400万名业主共同的选择。

碧桂园·凤凰山庄作为主城区的改善大盘，卖出了“刚需速度”；三开三捷，频频引发烟台购房者的关注，成为莱山中心居住板块备受瞩目的明星红盘。

【产品维度】

碧桂园“好房子系”产品，具备五大工艺、六大性能、十二种“好房子”DNA基因，超20余项智能化应用，从好产品、好质量、好环境、好配套、好物业五个体系为业主打造智慧生活5.0时代。

目前项目76~260平方米全面积段在售。建筑面积76~79平方米两室精致小户，小户型博大配套，享莱山双优好校；建筑面积约140平方米奢居四居，四室朝南，约7.5米阳台加两个宽景飘窗，几乎实现全南向、全采光、充沛观景的效果；建筑面积约180平方米墅质星空平层，超16米奢阔面宽，约3.15米层高，南向双飘窗，满足全家采光需求。

社区内规划有五星级会所、大型商业街，集休闲、娱乐、餐饮等多样商业配套于一体，更有休闲书吧、儿童乐园、健身房、棋牌室、羽毛球馆、恒温泳池等星级配套。

【销售维度】

2019年2月19日，碧桂园·凤凰山庄项目示范区开放，当天到访约5000人，视频直播观看人数超过100万，全城关注。据腾策数据显示，2019年3月30日首次开盘，推出5.6亿元货值，当日清盘；4月加推力夺4.5亿元，全年销售额超15亿元。

品牌领航、区位热捧、资源稀缺、产品优质、业绩飘红，确定了碧桂园·凤凰山庄在烟台市场的高上地位。

更多楼盘详情请扫码查看

金象泰·梧桐墅

2019年 中国城市楼盘年鉴 典型项目

烟台　花园洋房　匠心品质　高端住宅

金象泰·梧桐墅位于山东省烟台市莱山区桐林路3号，总建筑面积约75000平方米，绿化率30%，容积率仅1.01，是莱山中心的纯多层电梯花园洋房高端社区。

项目地址：
山东省烟台市莱山区桐林路3号

开发商：
山东金象泰置业有限公司莱山分公司

建筑类型：
洋房

主力户型：
136~164平方米三居、156~209平方米四居

周边配套：
烟台大学商圈，佳世客，万象城，烟台大学附属中学、附附小学

参考价格：
27000元/平方米

楼盘优势：
位于烟台莱山区黄金地段，多个大型商超林立，享烟台大学商圈繁华，打造稀缺低密度纯洋房高端社区。

专家点评 宫启诚·烟台乐居总经理

金象泰·梧桐墅位于莱山核心地段，紧邻观海路、迎春大街等多条城市主干道，交通便利；保利MALL、上市里、佳世客、万象城等大型商超环伺周边，1.01的低容积率，让项目成为市区中稀缺的纯洋房高端社区。

项目解析

【区域维度】

金象泰·梧桐墅位于莱山区核心地脉，烟台工商学院西校区以西，凤凰山公园以东，紧邻桐林路、观海路、迎春大街等多条城市主干道，便利通达烟台各区。

梧桐墅南侧3公里即为烟台市政府，集聚机关、学校、商业、艺术等优质的政治文化资源；短暂步行可至海水浴场、烟台体育公园、胶东文化广场等多个公共娱乐场所，享城市配套繁华。同时，项目紧邻烟台大学商圈，保利MALL、上市里、佳世客、万象城等大型商超环伺周边，购物配套完善。

环境上，金象泰·梧桐墅依凤凰山缓坡而建，西北侧即为绿肺凤凰山公园，环境优美，居住舒适度较高。

【品牌维度】

烟建集团金象泰置业，深耕烟台、更懂烟台，成立十年来专注于营造属于烟台人的理想居所。金象泰·梧桐墅是金象泰置业的又一里程碑力作，1.01的低容积率使其成为烟台繁华地段稀缺的纯洋房高端社区。项目为了提高业主居住舒适度，将大量山景融入居者生活，打造新中式建筑、林泉高致水墨景观、庭院露台等社区园林建设。

【口碑维度】

金象泰置业深耕烟台十年之久，一直像一棵根深本固的大树，潜心经营、悉心聆听城市发展节奏，以芝罘区、莱山区为核心浸润式布局，以打造中高端精品项目为使命，为烟台人提供由本土开发商打造的亲切而美好的生活。

金象泰·梧桐墅作为金象泰置业的顶级作品，自开盘以来，以优越的地脉属性和强大的品牌号召力俘获一批又一批“铁粉”，在房地产市场中“逆风”飞翔；营销过程中，不断有老客户介绍新客户成交，其产品号召力可见一斑。

【产品维度】

金象泰·梧桐墅由15栋6层电梯花园洋房组成，户型面积在139~201平方米。户型设计上优势突出，每单元均为一梯两户，南北通透，全明户型；每户均有赠送面积，一层是复式产品，赠送部分负一层、再赠送南向130~170平方米地上花园。二层赠送部分负一层和北向下沉式庭院，三至六层也均有面积赠送。

金象泰·梧桐墅在提升居住品质的同时，也十分注重物业服务质量。此次烟建集团联袂豪宅管家龙湖物业，为业主带来7×24小时无忧贴心服务。

【销售维度】

在房地产市场遇冷的情况下，金象泰·梧桐墅项目异军突起，脱离了传统的营销淡季危机，突破销售壁垒，创造了较高的销售业绩，凭借优越的地块、稀缺的产品俘获了客户的目光。

项目将自然山水和东方意境融入居住生活，得到了客户的情感共鸣；烟建集团精益求精、毫不懈怠的施工工程，更是让客户吃下了一颗定心丸。金象泰·梧桐墅凭借强大的综合实力引来行业瞩目，稳占烟台高端洋房关注度。

万达、佳世客外展，积累了上千位高端意向客户的关注。项目一经面世，更凭借强大的现场感染力和烟建品牌的号召力，为逆市热销打下坚实基础。

更多楼盘详情请扫码查看

龙湖·葡醍海湾

- 2019年 -
中国城市楼盘年鉴
典型项目

烟台　全维配套　醇熟墅区　品牌房企

龙湖·葡醍海湾位于烟台市牟平区养马岛度假区，滨海东路与通海路交会处，对望国家级4A景区养马岛。占地面积约133万平方米。

专家点评　王光·烟台市房地产业协会副会长

龙湖集团深耕烟台9年，得到了市民的广泛认可，葡醍海湾作为烟台首子，精制打造三岛两湾醇熟墅居，并配备了公园、商业、教育等全维配套。2019年，龙湖继续开疆拓土，深耕寻地，脚步已遍布全市，其宗旨是让各区的市民都能住上龙湖的房子，感受龙湖的品质及服务。

项目地址：
烟台市牟平区滨海东路与通海路交会处北

开发商：
烟台龙湖置业有限公司

建筑类型：
住宅、别墅、商业

主力户型：
91~124平方米三居、142平方米四居

周边配套：
养马岛度假区、滨州医学院烟台附属医院

参考价格：
高层均价7000元/平方米

楼盘优势：
配套有龙湖天街、北中国海公园、2公里樱花大道等，与国家4A级风景区养马岛隔海相望。

项目解析

【区域维度】

龙湖·葡醍海湾位于牟平区养马岛度假区，滨海东路与通海路交会处，北临一望无际的广阔大海，与国家4A级风景区养马岛隔海相望，可直达烟台机场。南邻城市景观大道——滨海东路，向西直达烟台市中心及政务区，向南连通烟威高速。

坐享三纵一横便捷交通网，形成1小时全城通达圈；3公里内，优享省级三甲医院——滨州医学院附属医院，为业主提供有力医疗保障；周边自带北大公学幼儿园及龙湖小学。

【品牌维度】

龙湖集团于1993年在重庆创建，其业务涵盖地产开发、商业运营、长租公寓、智慧服务四大主航道。于2009年在中国香港联合交易所主板上市，曾入选“财富中国500强”“福布斯亚太区最佳上市公司50强”、福布斯“世界企业500强”等榜单。

龙湖地产2010年进驻烟台，耗资49亿元，拿下420多万平方米土地，仅用了短短一年时间，迅速登顶烟台楼市宝座。随后，“他”扎根养马岛，总投资超140亿元，用九年时间大规模造城，用行动和实力证实了自身。

【口碑维度】

在养马岛这片土地上，龙湖给了烟台太多惊喜。约3.5万平方米的滨海东路葡醍商业街，满足了周边一站式生活需求；龙湖小学、北大公学幼儿园，实现了牟平滨海板块基础教育配套的逐渐完善；世界超级IP樱花大道，每年吸聚300多万人流量，并且在2019年4月举办的“龙湖国际海岸樱花节”曾登陆CCTV《新闻直播间》栏目；约30万平方米纯免费的北中国海公园，成就烟台全新的亲子度假胜地，助力了烟台旅游产业的发展……葡醍海湾，恢宏巨作，有“北中国度假颐养目的地”之称。

【产品维度】

龙湖·葡醍海湾打造经典“五维景观”造就无数震撼迷人的景观，成为房企争相模仿的对象，在制造归家之美的同时实现社区内多元价值的共勉。

葡醍海湾先后精心打造别墅、洋房、高层、LOFT、商业街、综合体等多种产品，满足客户自住、投资、出租、经营多元化需求。

项目打造的花拾间商街以及正在规划中的龙湖天街，将以点带面打造舒适生活环境，带动烟台东部商业氛围，形成特色商圈，为烟台商业焕发活力。

【销售维度】

龙湖集团深耕烟台9年，得到了烟台及全国市场的广泛认可。龙湖·葡醍海湾2011年7月首次开盘，开盘当天销售22亿元，一天内刷新了烟台销售套数、销售金额、销售速度纪录，认购金额突破30亿元，销售规模和速度，彰显品牌强劲实力。

据腾策数据显示，2018年，龙湖·葡醍海湾以2176套的销售成绩夺得烟台楼盘套数榜榜首，2019年继续飘红，上半年销售套数再获第一名。龙湖集团更是凭借葡醍海湾、天钜、滟澜海岸以12.39亿元的销售金额上升到房企金额榜阵列第二位、套数榜第一位，销售额同比上涨70%。

龙湖集团深耕烟台的9年中，销售一如既往火爆，一直稳居烟台房地产市场前列。

更多楼盘详情请扫码查看

万科翡翠长安

烟台　品牌房企　口碑项目　高端住宅

万科翡翠长安位于烟台市莱山区长安路西侧逛荡河北岸，建筑面积 269000 平方米，占地面积 139000 平方米，是烟台莱山区纯粹住宅高端社区。

项目地址：
烟台市莱山区长安路西侧逛荡河北岸

开发商：
烟台赛格置业有限公司

建筑类型：
小高层

主力户型：
130 平方米三居、150~185 平方米四居

周边配套：
迎春大街商圈、烟台山医院莱山新院、实验小学

参考价格：
17000 元 / 平方米

楼盘优势：
位于烟台莱山区核心区域"黄金三角"，集低密宽景舒适住区、人文教育住区、成熟配套住区为一体。

专家点评　朱彦昊·锐理数据烟台公司总经理

翡翠长安，作为万科翡翠系列产品之一，占据了莱山区核心位置，同时毗邻逛荡河公园，集聚市政府等政务文化资源，并与迎春大街商圈不远，具备得天独厚的优势。从项目整体风格的打造来看，是万科独具匠心的作品。

项目解析

【区域维度】

项目位于烟台市莱山区核心区域黄金三角(观海路—迎春大街—轸大路)南部，北侧为烟台市政府，西侧紧邻长宁路，距离迎春大街商圈仅约1.2公里；东侧距离观海路(烟台大学商圈)仅约2.3公里，南侧紧邻轸大路，交通便利。

万科翡翠长安不但汇聚了便捷的交通资源，还坐拥优质自然资源、完善的城市配套。政府部门、大型商超、艺术圣地、公园景区在这里集聚，拥有宝龙广场、银座商城、佳世客、胶东文化广场、国际博览中心、体育公园等多样配套，市政、文化、商业、学校样样不缺。

此外，莱山区作为烟台新晋政治、经济、文化、科教中心，其区域发展潜力为不少房企"大鳄"所看好，吸引了多个品牌房企扎根于此。

【品牌维度】

2009年万科进驻烟台，至今已深耕10年之久，脚步遍布芝罘、莱山、开发、福山，已在烟威地区布局16个项目。万科始终按照自己的节奏拓展布局，近年来还深入旧城改造，加入城市更新的行列，埋头打造优质产品。

2017~2018连续两年，万科烟台公司销售额均超过100亿元，市场占有率高达17%，为烟台约超2万户业主提供高品质生活，在深耕烟台市场的同时也获得越来越多购房者的认可。

【口碑维度】

十年耕耘，让万科对港城的一砖一瓦、一方水土熟稔于心。可以说，万科不仅参与了烟台的崛起，更见证了城市价值的演进。

万科翡翠长安作为翡翠系TOP级产品，以匠心品质、真挚服务回馈广大港城市民。为了全面贯彻"品质服务"制度，让客户从购房到房屋交付入住全程无忧，万科严把客服关，让业主无论在哪一环节有任何疑问，均可反馈给开发商或拨打品质400热线，项目方将第一时间协助客户解决问题，做到客户至上。

【产品维度】

万科翡翠长安目前推出面积段为130~185平方米小高产品，采用传统住宅布局格式——中轴对称布局，营造礼序空间，打造尊贵文化大宅。小区主入口设在双河东路，并配备了两层临街商铺、大型地下会所及社区幼儿园。

户型设计上，主打敞阔大三居、四居格局，配备寰幕宽厅，遵循大面宽、薄进深的设计规划，成为烟台当仁不让的人气户型。

更值得关注的是，万科翡翠长安采用智能家居控制系统，智能灯光场景一键切换，睡眠时温馨、娱乐时动感、阅读时静谧，并与窗帘联动，省去人工操作的烦琐步骤。

【销售维度】

据腾策数据显示，2018年，万科烟台公司销售额高达100.25亿元，成交6253套，两项数据均位列城市榜首。

2019年，公司业绩继续飘红，其中万科翡翠长安项目用不到一个月的时间，完成了从发布会到样板间开放、开盘、加推等一系列大动作。案场数据显示，2019年9月10日，项目首开认购金额达到4.5亿元，这一大获成功，奠定了万科翡翠长安在烟台的市场地位。

更多楼盘详情请扫码查看

旭辉银盛泰·辉盛岚海

- 2019年 -
中国城市楼盘年鉴
典型项目

烟台　一线海景　公园社区　品牌楼盘

旭辉银盛泰·辉盛岚海位于烟台市开发区北京中路与苏州大街交会处、滨海景观大道西，由山东旭辉银盛泰集团开发打造，占地面积约 504700 平方米，建筑面积约 607777 平方米。

项目地址：
烟台市开发区北京中路与苏州大街交会处

开发商：
山东旭辉银盛泰集团

建筑类型：
小高层、高层、写字楼、商业

主力户型：
100~140 平方米三居

周边配套：
天马栈桥、金沙滩、希尔顿、永旺梦乐城

参考价格：
均价 11000~13000 元 / 平方米

楼盘优势：
属于开发区西部城市副中心，山东旭辉银盛泰首筑烟台，巨献“辉盛系”扛鼎之作，匠筑开发区金沙滩典型作品。

专家点评　王光·烟台市房地产业协会副会长

旭辉银盛泰·辉盛岚海是旭辉银盛泰在烟台打造的首个典型项目，位于开发区西部副中心，地处自贸区烟台片区核心腹地，项目规划建造低密低容高绿化社区，主打三居室户型，自身配有商业、幼儿园等配套，品质优越。

项目解析

【区域维度】

旭辉银盛泰·辉盛岚海位于烟台开发区核心腹地，随着烟台政府“东拓西进”战略的推进，开发区崛起成为政府重点打造的“城市副中心”、烟台现代化经济中心，各大城市级配套相继落地。近几年，北京路和夹河大桥开通、蓬莱机场起航，海陆空交通全面通达；永旺梦乐城落地开发区，改写城市商业格局；八角大学城的规划建设，助力开发区发展极速向前。

同时，2019年8月26日，国务院印发文件，烟台开发区成为山东自贸区三大片区之一，开发区再次承接重大国家战略，成为“国选之域”，众多城市发展政策向此倾斜，开发区迎来高速发展的黄金时期。

【品牌维度】

山东旭辉银盛泰集团秉承“精致生活美学家”的品牌使命，以“2+6+8”战略布局，致敬齐鲁大地。形成青岛、济南双核都市圈发展，六大战区辐射布局，八大主力城市重点推进的战略格局，30多个项目闪耀齐鲁大地。2019山东旭辉银盛泰首筑烟台，巨献“辉盛系”扛鼎之作——旭辉银盛泰·辉盛岚海。

【口碑维度】

以善筑美，辉盛未来。旭辉银盛泰·辉盛岚海匠造约40万平方米低密低容高绿化园居大宅，从择址城心区位、社区园林规划、到自建专属配套、精心研筑户型，旭辉银盛泰·辉盛岚海尊重土地价值，以作品而非产品的心态细心匠造，每一处细节都严格把控，每一寸打磨都倾尽匠心，赢得市场一致认可。

【产品维度】

旭辉银盛泰·辉盛岚海封藏开发区一线金沙滩，坐拥10余公里原生海岸线。匠造约40万平方米低密低容高绿化园居大宅，携四大重磅配套（约4000平方米精品农贸超市、约2万平方米高端商业中心、约2万平方米高档写字楼、不少于20班制幼儿园）、CIFI5全龄人居关怀、十二大产品标准，为烟台高阶人群筑造理想滨海生活。

在户型上，旭辉银盛泰·辉盛岚海精制约100~140平方米奢阔三居户型，全明空间，以大师级手笔打造品质精装。不管是LDK一体化设计、瞰景大阳台，主卧套房，还是品牌装修……每个细节都做到尽善尽美。同时，引入智能安防、智能家居、智能照明等人性化智能配置，擎领安全便捷的科技生活。

【销售维度】

旭辉银盛泰·辉盛岚海凭借优越的区位和产品，首开一举成为烟台市场炙手可热的“明星流量红盘”，此后更是短短两个多月定鼎烟台，把销冠变成了“习冠”。

据腾策数据显示，在2019烟台商品房项目销售套数和金额两大榜单中，旭辉银盛泰·辉盛岚海屡获销冠。

10月14~20日，旭辉银盛泰·辉盛岚海成交36套，成交金额0.46亿元，居烟台商品住宅成交套数、成交金额双料第一名。

10月21~27日，旭辉银盛泰·辉盛岚海成交21套，成交金额0.27亿元，居开发区商品住宅成交套数第一名。

11月，旭辉银盛泰·辉盛岚海共成交134套，成交金额1.7亿元，居开发区商品住宅成交套数第一名。

旭辉银盛泰·辉盛岚海用成绩诉说实力，当之无愧地成为烟台市场最受瞩目的楼盘之一。

更多楼盘详情请扫码查看

悦岛蓝湾

烟台 口碑项目 瞰海府邸 旅游地产

悦岛蓝湾位于烟台市牟平区滨海东路与东关路交会处南500米路东，建筑面积约140万平方米。

专家点评

王光 · 烟台市房地产业协会副会长

悦岛蓝湾择址滨海路观景度假地段，坐拥13公里海岸线资源，所在区域规划为山东半岛蓝色经济区建设先行区和烟台东部滨海生态宜居新城区，将成为烟台滨海生活的范本。

项目地址：

烟台市牟平区滨海东路与东关路交会处南500米路东

开发商：

烟台市东泰置业有限公司

建筑类型：

高层、小高层、洋房

主力户型：

97~135平方米三居

周边配套：

养马岛公园、宁海中小学、牟平一中

参考价格：

一期约6800元/平方米

楼盘优势：

湖、海、林、湾全系列景观，13公里滨海路海岸线盛景高品质物业服务，低总价楼盘。

项目解析

【区域维度】

滨海路被称为烟台城市名片，记录着烟台百年开埠史，沿着滨海路，可以看到烟台这座城市的过去、现在与未来。近年来，滨海路沿线每年都会迎接上百万游客光顾，而养马岛以其优越的自然景观、悠久的历史文化以及特色的民俗景点，成为来烟旅游的必到之处，深受港城市民及各地游客青睐。

悦岛蓝湾择址滨海路网红地段，养马岛大桥路南，一条滨海路通达六区，交通十分便利。根据政府长远规划，项目所在区域未来将被打造成山东半岛蓝色经济区建设先行区和烟台东部滨海生态宜居新城区，成为烟台滨海生活的范本。

【品牌维度】

悦岛蓝湾是东泰集团2019"山海战略"的核心项目。东泰集团历经多年发展，业务遍及河北、山东等地，更深耕烟台，先后开发城市新兴精英居所"花语系"、资源型生态项目"森林系"、成熟高端居所"王府系"和城市中心繁华生活体"仕林系"四大产品系列，成为烟台品质人居的全新代表。

东泰集团在提升项目品质的同时，也注重与合作品牌的强强联合。2019年8月，与绿城物业达成战略合作协议，未来将把全国一线服务标准应用于旗下所有住宅项目，为业主提供更高品质的生活服务。

【口碑维度】

悦岛蓝湾自推出以来，便得到众多业主的赞誉。项目举办了钓螃蟹、博饼大会、迪士尼狂欢节等丰富多彩的业主活动，为业主创造欢乐，让每位参加活动的业主都能满载而归。

在品质提升上，通过与绿城物业的强强联合，实现社区物业服务水平的全面升级；接轨全国一线标准，为业主提供贴心的社区服务。

东泰集团致力于深耕烟台地区，力争每一盘皆是经典。东泰集团的用心经营和根植于骨子里的服务精神，将为业主带来更为理想的生活体验。

【产品维度】

悦岛蓝湾以匠心打造97~135平方米观海高层产品，用细节决定生活品质。项目一期全部为一梯一户设计，方正户型，约10米超大面宽，配备近7米双联景观阳台，超大赠送面积；凭借超高的性价比和改造空间，赢得众多业主的青睐。

项目主推124平方米观海产品，悦享270°景观视野；御海观湖，执掌13公里滨海路海岸线盛景。124平方米可实现三居、四居灵活切换，满足不同家庭的居住需求，打造"高安全、高私密、高品质"的奢华空间。

项目南接牟平城心，周边商业街区、影院等配套完善，社区规划幼儿园和小学，紧邻宁海小学、宁海中学及省重点牟平一中，尽享便捷品质生活。

【销售维度】

悦岛蓝湾2019年8月24日首开，由此开启"一炮而红"的红盘之路。根据案场数据，项目在几乎零蓄客的情况下，取得预售后直接开盘，不足3个月劲销400余套，其中仅10月期间便销售近300套，成为滨海路炙手可热的项目，受到置业者们的持续追捧。

几次开盘中，悦岛蓝湾项目都实现了大卖，奠定了悦岛蓝湾的市场地位。未来，随着项目的持续开发，将有更多精彩值得期待。

更多楼盘详情请扫码查看

招商马尔贝拉

- 2019年 -
中国城市楼盘年鉴
典型项目

烟台　海上城邦　低密住区　旅居典型

招商马尔贝拉位于烟台市开发区海滨路 277 号（天马栈桥以西 2500 米），由招商局地产（烟台）有限公司开发打造，占地面积约 480000 平方米，建筑面积约 720000 平方米。

项目地址：
烟台市开发区海滨路 277 号天马栈桥以西 2500 米

开发商：
招商局地产（烟台）有限公司

建筑类型：
小高层、洋房、别墅、办公、商业

主力户型：
105~140 平方米三居、170 平方米四居

周边配套：
金沙滩，希尔顿、喜来登酒店，永旺梦乐城

参考价格：
均价 10800~23000 元 / 平方米

楼盘优势：
项目区位属于开发区西部城市副中心，低密住区、海滨栖居地，尽揽美好稀缺的海岸资源。

专家点评　栾泽奖 · 腾策顾问烟威区域总经理

招商马尔贝拉为招商蛇口进驻烟台的首个项目，项目两面环海，拥有稀缺海景资源。项目地处山东自贸区烟台片区核心位置，享区域规划利好政策，二期别墅及精装小高层产品性价比较高，获得诸多客户青睐。

项目解析

【区域维度】

2019年8月31日，山东自贸区烟台片区正式挂牌成立，打造中韩贸易和投资合作先行区、海洋智能制造基地、国家科技成果和国际技术转移转化示范区，开发区区位价值不断攀升，城市稳健向西。招商马尔贝拉扼守西部滨海新核心位置，魅力海岸灿然未来。

招商马尔贝拉周边聚集天马栈桥、金沙滩度假景区、张裕卡斯特酒庄等海岸旅游资源，约5公里内希尔顿、喜来登等五星级酒店环伺；城铁、公交、高速、海滨路等立体交通通达四方，可直达蓬莱国际机场，交通十分便利。项目周边有幼儿园（规划中）、金城小学西校区、八角中学与大学城，汇聚一站式教育体系；一期约2万平方米风情商业街，联袂永旺梦乐城等综合体构筑全维度生活配套，为西部居者提供更为优越的生活配套。

【品牌维度】

招商蛇口40载初心砥砺，以尊重之心融入城市开发，以品质保障成就人居未来，匠做“美好生活的承载者”。招商蛇口坚持建设“绿色社区”的原则，突出生态特征，因地制宜、栽树造景，在建筑物周边均规划了相应尺度的广场，形成开敞的可供集散、交往的空间，并配以绿化及环境设计，与中、小社区开敞、私密、半私密不同尺度相结合，构成了丰富多彩的园区空间环境。

【口碑维度】

2013年招商首献烟台，匠造招商马尔贝拉及依云水岸，2018年划疆芝罘湾，见证品牌房企综合实力，2019年巨献招商马尔贝拉二期低密住区。招商马尔贝拉系招商蛇口进驻烟台的开篇力作，尽揽美好稀缺的海岸资源，设计上汲取国际著名滨海旅居型小镇的典型——西班牙马尔贝拉，打造独具风情的海滨栖居地，成为开发区乃至烟台人士一致称赞的滨海住区。

【产品维度】

项目一期容积率仅0.78，产品有萨夫迪办公、小高层、海滨住宅、洋房、别墅及商业街，其中海滨住宅、别墅、洋房均已交付。

项目二期产品为小高层、海滨住宅、叠墅、双拼、联排。小高层建筑面积105~130平方米，15层瞰海装修；别墅产品140~290平方米，刻画城市唯美天际线，领略一线海景资源。

项目建筑面积140~290平方米3~4层低密阔邸，于城市海岸自然之境创造，缔造值得托付的理想之所。

【销售维度】

招商马尔贝拉位于烟台开发区滨海路沿线，领略海天美景，目前一期已收官，业主均已入住，二期理想国2019年新推入市。

据腾策数据监测显示，项目二期海滨洋房6月15日首次开盘，首开即售罄；联排、双拼产品于8月28日加推，领跑烟台西部片区；9月24~25日，叠拼、小高层连续双开，再创热销传奇；截至2019年12月中旬，项目热销11亿元，销售金额位居西部榜首。

在西部汇聚众多名牌房企的市场环境下，招商坚持以品质为核心，打造高品质楼盘，让口碑成为代言。

更多楼盘详情请扫码查看

山西省

2019年太原房地产市场总结

行业发展历程

一、城市概述

太原是山西省省会，简称“并”，别称“并州”，古称“晋阳”，也称“龙城”，为国家历史文化名城，国家园林城市，太原都市圈核心城市，山西省政治、经济、文化、交通和国际交流中心。

太原市辖六个市辖区、三个县，代管一个县级市，市政府驻杏花岭区新建路。太原市位于山西省中北部的太原盆地，北接忻州市，东连阳泉市，西交吕梁市，南邻晋中市。

太原具有4700多年历史和2500多年建城史，“控带山河，踞天下之肩背”“襟四塞之要冲，控五原之都邑”。太原市三面环山，黄河第二大支流汾河自北向南流经市区，自古就有“锦绣太原城”之美誉，是中国北方军事、文化重镇，世界晋商都会，中国能源、重工业基地之一。太原的城市精神是包容、尚德、崇法、诚信、卓越。

二、行业现状

纵观太原房地产市场，在“南移西进”“北展东扩”政策的大背景下，太原各个区域发展十分迅速，成功吸引了多个全新品牌房企的进驻，但受市场大环境回调的影响，市场有一定的观望情绪，房企竞争压力逐渐增大。

三、政策环境

2019年太原楼市平稳推进，楼市新政以“公积金新政”“人才引进”“房贷利率调整”为核心，推出了多条公积金政策和多重人才补贴办法；在“房住不炒”的定位指导之下，太原推出了一系列便民的利好政策，多管齐下使得太原楼市基本保持平稳。

四、土地市场

2019年太原土地市场依然处于相对高温中，房企拿地热情持续高涨。2019年太原共出让地块135宗，出让面积8574.65亩(2018年为13426.24亩)，新增地块数量及土地面积明显下降，但在成交方面成绩斐然。2019年全年太原房价微降，成交放缓，年底进入开发商资金回笼、以价换量阶段。与楼市状态一样，土地供应在年末也进入了下行期。

五、房企布局

根据乐居不完全统计，截至2019年，进驻太原的百强房企达30余家，从房企在太原的土地储备情况来看，太原南部及河西区域成为房企争相买地的片区，目前太原中环内土地稀缺，环外地块成为各房企眼中的香饽饽，2019年末太原土地市场出现多房企争抢一宗地的情况，品牌房企由于年底资金问题，摘地较为谨慎，有利于蓄有余力的本地房企发力。

六、房产行业发展历程

与我国其他一些城市相比，太原房地产业起步较晚，但太原市人口密度较高，加上城中村改造和战略区域发展的加快，等等，给太原房地产行业的前行提供了充实的市场基础。特别是1998年以来，太原通过停止实物形式分房，让市场成为商品房屋资源配置的重要手段，使得房地产业在建造、流通以及物业管理等各环节都取得了较快的发展。

城市年度市场解读

一、本地新政

1. 公积金新政唱响 2019 年主旋律

2019 年 5 月太原市住房管理中心新增两种情况可以申请提取公积金，缴存职工与单位解除或终止劳动关系，住房公积金账户封存满 6 个月，未在异地继续缴存；公积金账户无担保、冻结，且无未结清的住房公积金贷款。与此同时，太原市住房公积金管理中心指出，太原公积金可偿还异地商业银行住房贷款。

2019 年 6 月太原住房公积金管理中心发出第二道政策，半年内不规律缴纳公积金会影响正常贷款。

2019 年 11~12 月，太原推出异地贷款不需提供缴存手续；公积金离职提取可上 APP 自助办理；通过支付宝查询公积金和公积金贷款余额等一系列公积金便民新政。

2. 人才引进政策掀起“人才争夺战”

2019 年 3 月太原市发布《太原市事业单位引进高层次人才实施办法》，符合相关政策条件的高层次人才，均可享受 3000~5000 元的生活补贴、10 万 ~20 万元的购房补贴、1200 元的租房补贴、3 万元的子女学费补贴、5 万 ~20 万元的科研经费等。

2019 年 9 月太原生活补助和租房补贴申请政策出炉，还新增了学费补贴和能力素质提升补助。

3. 装配式住宅采用装配式装修

2019 年 6 月 15 日山西省住建厅出台《山西省装配式建筑设计导则》，其中明确，装配式住宅应采用全装修，宜采用装配式装修。

二、年度土地供应

2019 年太原土地市场依然处于相对高温中，房企拿地更加审慎。全年太原房价微降，成交放缓，年底进入开发商资金回笼、以价换量阶段。与楼市状态一样，土地供应在年末也进入了下行期。据乐居统计，2019 年太原六城区共计出让 173 宗土地，出让总量为 5713769.05 平方米，相较于 2018 年，出让总量同比下跌了 36.16%。

三、年度土地成交

近年来太原土地市场热度持续上涨，2019 年成交 168 宗(2018 年成交 140 宗、2017 年成交 97 宗、2016 年成交 79 宗)，明显能看出太原土地成交呈逐年递增态势。

图 2-75　2019 年太原市土地市场同比数据

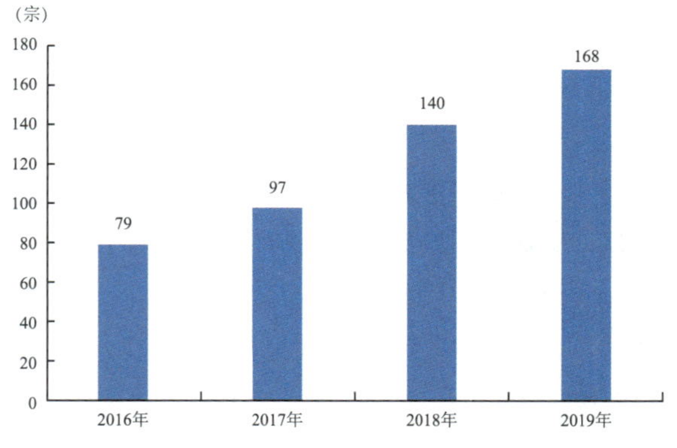

图 2-76　2016~2019 年太原市土地成交宗数走势

其中，2019 年太原成交土地总面积达到 6164767.99 平方米，同比 2018 年上涨了 26%；成交土地总金额约为 477.748 亿元，同比上涨 34.26%。

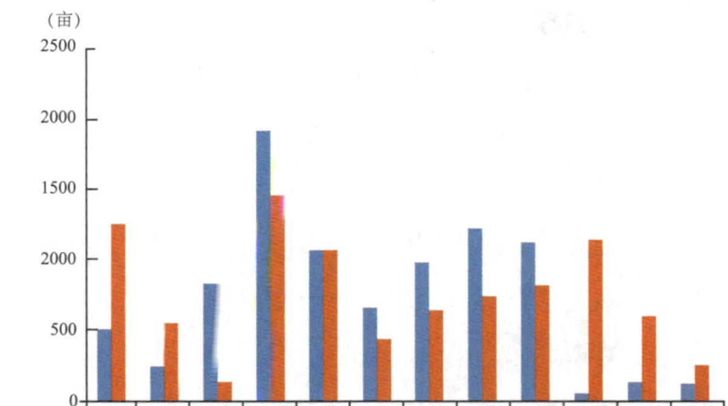

	1月	2月	3月	4月	5月	6月	7月	8月	9月	10月	11月	12月
出让面积（亩）	502.37	244.25	623.97	1925.52	1068.41	666.38	981.7	1227.91	1129.6	38.94	136.4	132.69
成交面积（亩）	1254.23	549.76	129.24	1463.13	1067.27	428.01	648.3	733.41	823.27	1152.55	597.73	249.4

图 2-77　2019 年太原市土地成交 / 出让面积

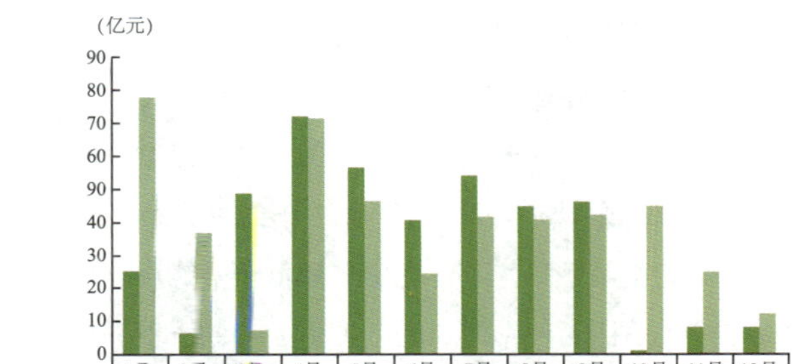

	1月	2月	3月	4月	5月	6月	7月	8月	9月	10月	11月	12月
出让起始价（亿元）	24.749	6.531	49.168	72.354	56.328	40.169	54.304	44.99	45.771	0.503	7.63	8.442
成交金额（亿元）	77.944	35.25	6.6517	71.655	46.934	24.477	41.5	40.414	41.869	44.599	25.015	11.988

图 2-78　2019 年太原市土地成交 / 出让金额

四、年度房价走势分析

2019 年太原六区在售新房价格为 12696 元 / 平方米。从太原六区房价走势来看，总体房价呈结构性回调，2019 年仅出现三次涨价现象，分别是 1 月、5 月、12 月，即使是在“金九银十”楼市热销期，太原房价仍出现下跌现象。

究其原因，主要是源于国家“房住不炒”的政策基调，房产投机得到了一定程度的遏制，其次是源于太原人均收入的增长速度低于房价增长水平，楼市在经过多轮调整后，改善人群的出手更加谨慎，但在 2019 年最后一个月各大房企新盘入市，在价格上也做到了一定程度的让利，使得年尾太原楼市成交量有小幅上升。

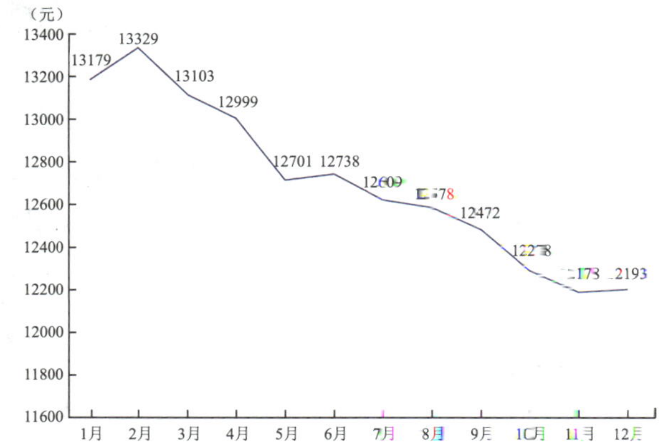

图 2-79　2019 年 1 月 ~2019 年 12 月太原市六区房价走势

2019 年太原六区房价整体呈下跌趋势，其中跌幅最大的为迎泽区，达到 9.37%；其次为杏花岭区、万柏林区、尖草坪区、小店区、晋源区，跌幅分别为 9.68%、9.16%、8.78%、6.13%、1.58%。

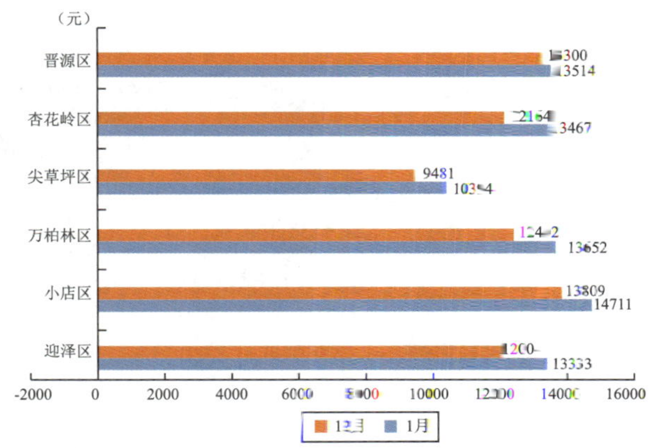

图 2-80　2019 年 1 月 ~2019 年 12 月太原市六区房价涨跌对比

五、热点板块分析

2019 年，晋阳湖片区无疑是最热的区域，全国第二届青年运动会的成功举办，让主会场所在的晋阳湖区域成功蝶变新生，西岸区域目前已是太原高品质居住的场所。除此之外，长风西板块凭借长风商圈的辐射，加之政务机关完全落位、华润万象城商业综合体的开业，配套更加全面，成功吸引了中铁、恒大、万科、远大、融创、华润等诸多品牌房企的进驻，新老项目销量颇高。

而随着太原“北展东扩”政策的落实，三给板块和东山板块发展十分迅速，纷纷迎来了旭辉、碧桂园、保利、红星等知名房企开发新项目，加之太原“一主一副多组团”的城市格局规划，城区扩展效应逐步提升，大太原都市圈初显，给太原购房者提供了更加全面的选择环境。

六、未来展望

在“房住不炒”基调和“三稳”背景下，太原的限购政策预计不会出现较大变化。但2019年太原市场下行、土地成本不断抬升、开发商负债压力高危，面对市场与企业双重压力，开发商不得不进行产品调整，以适应新的市场形势，不乏在产品面积、功能性以及营销体验层面进行迭代升级的举措，提升市场综合竞争力。可以预见，首置首改和刚性需求客户仍将是太原购房的主力军。

此外，为推动经济持续快速发展，进一步提升城市竞争力，不排除人才政策继续发力、惠及层次更加宽泛，落户政策更加宽松的可能。

七、市场预期

土地方面，近几年太原土地市场新增土地及成交情况较为平稳，每年都有新的开发商进驻拿地，预计2020年仍将延续此热度继续发展。

供应方面，刚需房源仍是市场主力，受土地价格和市场环境因素影响，刚改房源占比将持续增加，房价上涨趋于缓和。

成交层面，2019年下半年太原楼市遇冷，各大房企纷纷推出优惠折扣、特价房、送家电等方式来吸引购房者，成交量有所提升，楼市已经出现回暖迹象。

为支持实体经济发展，降低社会融资实际成本，中国人民银行决定于2020年1月6日下调金融机构存款准备金率0.5个百分点（不含财务公司、金融租赁公司和汽车金融公司），如此看来，中国人民银行将继续实施稳健的货币政策，不仅有助于降低刚需购房群体房贷成本，更是在当前稳增长的前提下，有助于促进房地产市场保持平稳发展。

数据来源：山西乐居统计。

2019年太原房地产在售楼盘概览

楼盘名称	城市名称	城区	地址	物业类型
碧桂园朗悦湾	太原	尖草坪区	尖草坪区兴华街与九丰路交会处往北500米	普通住宅、商铺
滨河果岭	太原	尖草坪区	尖草坪区滨河东路森林公园往北50米	普通住宅
辰兴优山美郡	太原	尖草坪区	尖草坪区和平北路361号	普通住宅
富力天禧城	太原	尖草坪区	尖草坪区滨河西路与北中环交会处往北100米	普通住宅、公寓、写字楼、商铺
富力天禧公馆	太原	尖草坪区	尖草坪区北中环与和平北路交会处往东200米	普通住宅、公寓、商铺
恒大御景湾	太原	尖草坪区	尖草坪区滨河东路摄乐桥东	普通住宅
林溪森园	太原	尖草坪区	尖草坪区大同路	普通住宅
龙康华庭·青年城	太原	尖草坪区	尖草坪区大同路与龙康街交会处	普通住宅、公寓
龙湾写意	太原	尖草坪区	尖草坪区北中环桥东森林公园南侧	普通住宅、公寓、别墅、写字楼、政策房、酒店式公寓、商铺、建筑综合体
龙云香堤	太原	尖草坪区	尖草坪区恒山路文明街59号	普通住宅
融创外滩公馆·二期	太原	尖草坪区	尖草坪区兴华街与和平北路交会处东北角北200米	普通住宅
融创外滩壹号	太原	尖草坪区	尖草坪区漪汾街与滨河西路交会处往北500米紧邻汾河	普通住宅
三千渡	太原	尖草坪区	尖草坪区滨河东路216号三千渡	普通住宅
山投·城尚城	太原	尖草坪区	尖草坪区和平北路363号（和平北路与摄乐北街交叉口西北角）	普通住宅
太原碧桂园凤凰城	太原	尖草坪区	尖草坪区和平北路与金桥西街交叉口东南角	商铺
天朗美域	太原	尖草坪区	尖草坪区新兰路东侧（兴安宾馆南侧）	普通住宅
万科太原小镇	太原	尖草坪区	尖草坪区和平北路与摄乐街交会处往北600米	普通住宅、别墅、商铺
旭辉江山	太原	尖草坪区	尖草坪区北中环与和平路交会处往北500米	普通住宅
怡和·天润园	太原	尖草坪区	尖草坪区中北大学旁	普通住宅
中国铁建·青秀嘉苑	太原	尖草坪区	尖草坪区不锈钢园区新兰路58号	普通住宅
MOMA当代广场	太原	晋源区	晋源区南中环与千峰南路交叉路口东南角	公寓、写字楼、商铺
保利·西湖林语l68号	太原	晋源区	晋源区环湖东路与健康南街交会处（晋阳湖剧场正对面）	普通住宅
保利西湖林语	太原	晋源区	晋源区新晋祠路与健康南街交会处（晋阳湖公园东门正对面	普通住宅
保利西江月	太原	晋源区	晋源区晋阳湖东岸奥体中心北侧（健康南路与西寨南街交会处往东100米）	普通住宅
当代城MOMA	太原	晋源区	晋源区西中环南中环交会处东北角	普通住宅
丰沃悦湖城	太原	晋源区	晋源区健康北街与环湖东路（新晋祠路）交会处东北角	普通住宅
富力山	太原	晋源区	晋源区西山景区	别墅
富力湾	太原	晋源区	晋源区滨河西路与健康北街交会处（奥体北）	普通住宅
广电新景	太原	晋源区	晋源区晋阳湖东岸，龙城大街与环湖东路交会处	普通住宅
恒大青运城	太原	晋源区	晋源区吴家庄街7号（山西体育中心南门正对面）	普通住宅
湖滨文锦苑	太原	晋源区	晋源区环湖东路与健康南街交会处	普通住宅
晋阳湖壹号二期	太原	晋源区	晋源区龙城大街与新晋祠路交叉口向南300米	普通住宅
兰亭荟	太原	晋源区	晋源区长兴南街与和平南路交会处东北角	写字楼
兰亭熙园	太原	晋源区	晋源区西中环与长兴北街交会处西北角	普通住宅
荔园国际金融中心	太原	晋源区	晋源区集阜北街与集[illegible]西路交叉口东南角	公寓
太行悦泉苑	太原	晋源区	晋源区西中环与西中[illegible]交叉口西北角300米处	普通住宅
太原·绿地城	太原	晋源区	晋源区西中环与西中[illegible]交会处西北侧	普通住宅
太原富力珺悦府	太原	晋源区	晋源区[illegible]康西路与健康[illegible]交会处东南侧（奥体南）	普通住宅、商铺
太原万科·翡翠公园	太原	晋源区	晋源区龙城大街与滨河西路交叉口往南300米	普通住宅、别墅
太原万科蓝湾传奇	太原	晋源区	晋源区西中环与新晋祠路交会处西南方向	普通住宅、公寓
泰禾金尊府	太原	晋源区	晋源区龙城大街和滨河西路交叉口西北角	普通住宅、公寓
泰瑞城	太原	晋源区	晋源区长兴南街西延	普通住宅
天鼎华府	太原	晋源区	晋源区长风西街与西二环交会处往南200米	普通住宅、公寓

楼盘名称	城市名称	城区	地址	物业类型
天鹅堡	太原	晋源区	晋源区南中环与滨河西路交叉口南300米	普通住宅
万科·公园大道	太原	晋源区	晋源区环湖东路与健康北街交会处，即晋阳湖东岸	公寓、商业
万科翡翠晋阳湖	太原	晋源区	晋源区西中环南延与龙城大街西延交会处往西200米	普通住宅、商业
万科中央公园	太原	晋源区	晋源区晋阳湖东岸（新晋祠路与环湖北路交会处）	普通住宅、商业
阳光·汾河湾D区	太原	晋源区	晋源区南中环与新晋祠路交会处往南100米	普通住宅
阳光城·花满墅	太原	晋源区	晋源区滨河西路和纬三路交叉口向西600米	别墅、商铺
阳光城环球金融中心	太原	晋源区	晋源区长兴南街8号	公寓、写字楼、商铺
怡佳天一城	太原	晋源区	晋源区新晋祠路与龙城大街交会处	普通住宅
柏林国际未来港	太原	万柏林区	万柏林区滨河西路与南内环南匝道交叉口西南角（花园伟业家具广场南侧）	写字楼、商铺、建筑综合体
保利海德公园三期	太原	万柏林区	万柏林区千峰南路和平公园东门对面	普通住宅
滨河时代广场	太原	万柏林区	万柏林区滨河西路北段105号1幢，滨河体育中心东门往北500米	公寓
凤玺湾·金街	太原	万柏林区	万柏林区长风西街以南，旧晋祠路以西，千峰南路以东	商铺
公园伍号	太原	万柏林区	万柏林区千峰南路135号	普通住宅
广兴巅峰国际	太原	万柏林区	万柏林区迎泽大街居然之家建材馆北10米	公寓、写字楼、商铺
海尔产城创国际广场	太原	万柏林区	万柏林区漪汾街与文兴路交会处（滨河体育中心西侧）	普通住宅
海尔产城创学府	太原	万柏林区	万柏林区迎泽西大街与千峰路交会处往北800米（玉门河旁）	普通住宅
海唐广场	太原	万柏林区	万柏林区迎泽西大街370号	普通住宅、公寓、商业
和平里	太原	万柏林区	万柏林区和平南路南内环交叉口向南100米	普通住宅
红星大都汇	太原	万柏林区	万柏林区迎泽西大街与大王路交叉口西南角	公寓
红星天润	太原	万柏林区	万柏林区玉门河快速路与西中环快速路交会处	普通住宅
华侨城天鹅堡	太原	万柏林区	万柏林区西中环路与大井峪路交叉口西南角（华侨城艺术生活展示中心）	普通住宅
华润·中海·凯旋门	太原	万柏林区	万柏林区迎泽西大街与新晋祠路交会处往南500米	普通住宅、商铺
华润大厦	太原	万柏林区	万柏林区长风商务区长兴路1号	公寓、写字楼、商铺
华润悦府	太原	万柏林区	万柏林区长风商务区	公寓、商铺
华润置地能源大厦	太原	万柏林区	万柏林区长风西街与和平路交叉口西南角	写字楼、商铺
华峪东区三期C区	太原	万柏林区	万柏林区迎泽西大街小井峪路中段	普通住宅、酒店式公寓、商铺
欢乐颂	太原	万柏林区	万柏林区南内环街7号	普通住宅、写字楼、商业
佳境珑原	太原	万柏林区	万柏林区西中环路18号（太原科技大学北侧路西）	普通住宅
金榜逸家	太原	万柏林区	万柏林区漪汾街漪兴路往北300米	普通住宅、商铺
蓝光雍锦王府	太原	万柏林区	万柏林区玉泉山公园	别墅
龙湖天钜	太原	万柏林区	万柏林区西中环大井峪街交叉口西200米	普通住宅
美地·新领寓	太原	万柏林区	万柏林区西中环与大井峪街交会处	公寓
南海公元时代城	太原	万柏林区	万柏林区迎泽西大街与和平北路交会处	普通住宅、公寓、写字楼
融创太原府	太原	万柏林区	万柏林区长风西街与旧晋祠路交叉口东50米	普通住宅
融恩·星光荟	太原	万柏林区	万柏林区迎泽西大街381号（西客站对面）	公寓
润景园著	太原	万柏林区	万柏林区南内环西街78号（千峰南路与南内环西街交会处西南角）	普通住宅
十二院城	太原	万柏林区	万柏林区南内环西街与和平路交界口西南角100米处	普通住宅、别墅、商业
太化紫景天城	太原	万柏林区	万柏林区西中环与长风西街交叉口往北500米路西（太原市妇幼保健院新址北侧）	普通住宅
太原恒大滨河府	太原	万柏林区	万柏林区漪汾桥西滨河体育中心往北300米	普通住宅
太原恒大滨河天际	太原	万柏林区	万柏林区滨河西路漪汾街西北角（滨体中心东侧）	公寓
太原恒大御湖庄园	太原	万柏林区	万柏林区长风街与西中环交叉口往西800米	普通住宅
太原诺德逸宸云著	太原	万柏林区	万柏林区南内环西街与西中环交会处往南200米（光华街与西峪路交会处）	普通住宅
万科春和景明	太原	万柏林区	万柏林区电石街33号	普通住宅、商业
万科长风公馆	太原	万柏林区	万柏林区长风西街与晋祠路交会处往北500米	普通住宅、商铺
翔建·御景华府	太原	万柏林区	万柏林区和平北路西宫南二巷	普通住宅

楼盘名称	城市名称	城区	地址	物业类型
小米国际	太原	万柏林区	万柏林区西中环科技大学正门对面南300米（南社街）	普通住宅
新城吾悦首府	太原	万柏林区	漪汾街与千峰北路交叉路口东南角（原华宇购物广场）	普通住宅
信达国际金融中心	太原	万柏林区	万柏林区迎泽西大街86号	写字楼、政策房
阳光城·并州府	太原	万柏林区	万柏林区迎泽街，西中环	普通住宅、商铺
玉泉山居	太原	万柏林区	万柏林区玉泉山城郊森林公园内	别墅
远大·凤玺湾	太原	万柏林区	万柏林区长风西街与旧晋祠路交会处、长风西街两侧	普通住宅
远洋万和四季	太原	万柏林区	万柏林区迎泽大街与春居南路交会处南行200米	普通住宅
中国铁建·花语堂	太原	万柏林区	万柏林区长风街晋祠路往北800米	普通住宅
中国铁建·融创学府壹号院	太原	万柏林区	万柏林区长风街与新晋祠路交叉口西北角往北300米	普通住宅、酒店式公寓、商铺
中国铁建·西府国际	太原	万柏林区	万柏林区西中环与兴华西街交叉口北300米路西	普通住宅
中海国际社区	太原	万柏林区	万柏林区迎泽西大街转盘往北50米	普通住宅、商业
棕榈西园	太原	万柏林区	万柏林区兴华西街和西中环交会处西北角	普通住宅
保利东郡	太原	小店区	小店区南中环坞城路交会处西北角	普通住宅、公寓
保利茉莉公馆	太原	小店区	小店区晋阳街与山针中路交会处东南角	普通住宅
碧桂园玖玺台	太原	小店区	小店区建设南路与亲贤街交叉口北300米路西	普通住宅、商业
城南都市嘉园	太原	小店区	小店区经济技术开发区庆云街富士康南一号门对面	普通住宅、公寓、商铺
春天时代广场	太原	小店区	小店区长风街与平阳路交会处往北200米	普通住宅、商业
当代著MOMΛ	太原	小店区	小店区龙城大街与坞城南路交叉口东侧2000米路南	普通住宅
东润·知寓	太原	小店区	小店区东中环与许坦东街交会处东侧（太原市小店区实验小学旁）	公寓
东润国际新城	太原	小店区	小店区东中环与许坦东街交会处往东（许坦东街煤炭学校对面）	普通住宅、商铺
富力金禧城	太原	小店区	小店区长风街与东中环交会处往南700米	普通住宅、写字楼、商铺、建筑综合体
富力尚悦居	太原	小店区	小店区龙城大街与坞城南路交会处东南角新五中西侧（在建中）30米	普通住宅、写字楼
富力壹品	太原	小店区	小店区龙城大街与长治路交会处东北角	普通住宅、公寓、商业

楼盘名称	城市名称	城区	地址	物业类型
海茗薇SOHO	太原	小店区	小店区龙盛街与文昌路交会处西北角	公寓
海唐罗马花园	太原	小店区	小店区龙城大街与坞城南路交会处往南100米	普通住宅、别墅
合生御龙城	太原	小店区	小店区并州路以西、体育东路以东、二营盘街以北，体育西街以南（原太原铜业公司厂区内）	普通住宅、商铺、建筑综合体
鸿赫·时代天际	太原	小店区	小店区龙城大街与滨河东路	普通住宅、写字楼
华鼎泰富公馆	太原	小店区	小店区平阳南路与龙兴街（中心街）交会处，山西大医院隔荣军南街对面	公寓
华宇百花谷	太原	小店区	小店区路汾桥东汾河畔，小店区学府街132号	公寓、写字楼、商铺、建筑综合体
建投·祥沄府	太原	小店区	小店区龙城大街与滨河东路交会处东南角	普通住宅
锦绣名邸	太原	小店区	小店区并州南路与大村街交叉口往东200米	普通住宅
晋建迎曦园	太原	小店区	小店区学府街二愉路口南100米路东	普通住宅
晶峰·晓园	太原	小店区	小店区龙城大街与坞城路交叉口东北角（小店区政务中心西侧）	普通住宅
竞杰常青藤	太原	小店区	小店区龙堡街18号、20号	普通住宅
聚瑞星城	太原	小店区	小店区太榆路583号，蓝海汽配城对面，聚瑞大酒店旁	公寓、商业
坤泽10里城	太原	小店区	小店区昌盛街人民南路西南	普通住宅、公寓、写字楼、酒店式公寓、商铺
绿城·太原广场	太原	小店区	小店区长风街与体育路交会处	公寓、商业
绿地山鼎庄园	太原	小店区	小店区东峰路86号（长风东街收费站东南约1.5公里）	别墅
绿地新里城	太原	小店区	小店区平阳南路与嘉节北街交会处	普通住宅
宁达盛世	太原	小店区	小店区经济开发区龙城街与唐明路交叉口东南角	普通住宅、写字楼、商铺
诺德清华里SOHO	太原	小店区	小店区龙城大街与坞城路新五中北侧	公寓、商铺
融创中心	太原	小店区	小店区南中环与平阳路交会处往西100米路东	普通住宅、商业
山钢铭著	太原	小店区	小店区长治路与龙城大街往南500米路东	普通住宅、商铺
山煤·上德院	太原	小店区	小店区并州路与二营盘街交会处	普通住宅
实地·太原紫藤公馆	太原	小店区	晋阳街与体育路交会处往南200米	商业
首开·国风琅樾	太原	小店区	小店区龙城大街与平阳南路东南角	普通住宅
太原恒大金碧天下	太原	小店区	小店区坞城南路与化章街往西800米	普通住宅

楼盘名称	城市名称	城区	地址	物业类型
太原恒大天宸	太原	小店区	小店区滨河东路与龙城北街交会处向东 200 米	普通住宅
太原恒大悦府	太原	小店区	小店区长治路 318 号	普通住宅
太原星河湾 5 号园	太原	小店区	小店区滨河东路龙城大街交界处东南 200 米	普通住宅
棠悦	太原	小店区	小店区南中环和东中环交会处南 300 米路东	普通住宅
万景嘉苑	太原	小店区	小店区龙城大街与坞城南路交叉口东南角	普通住宅、公寓、写字楼、商铺、建筑综合体
万科新都荟	太原	小店区	小店区太榆路南中环交叉口东北角	普通住宅
香檀一号	太原	小店区	小店区星河街一号（龙城大街与平阳路交叉口南 200 米路西）	普通住宅
阳光揽胜	太原	小店区	小店区人民南路 39 号（人民南路与通达街交会处向南 100 米）	普通住宅、商铺
阳光领域	太原	小店区	小店区马练营路电子街口往南 100 米	普通住宅、商铺
中泽纯境	太原	小店区	小店区太原经济技术开发区太原大学北侧	普通住宅
中正・亲贤们	太原	小店区	小店区亲贤街 10 号（亲贤街王府井对面）	普通住宅
中正锦城	太原	小店区	小店区建设路与南内环交界口西南角往南 200 米	普通住宅
半山中庭	太原	杏花岭区	杏花岭区府东街东延与红沟北街交会处东北角	普通住宅
东辰祥瑞	太原	杏花岭区	杏花岭区东中环与南沙河交会处以南 100 米路东	普通住宅
府东公园 6 栋	太原	杏花岭区	杏花岭区五龙口东街海天汽配城对面、太原东客站西 200 米	普通住宅
富力城八号园	太原	杏花岭区	杏花岭区北中环与东中环交会处东北角	普通住宅
富力华庭	太原	杏花岭区	杏花岭区解放路与胜利街西北角	普通住宅、别墅、商铺
红星・紫御半山	太原	杏花岭区	杏花岭区府东街与东峰路交叉口东南角	普通住宅、商铺
金地商置・花园道	太原	杏花岭区	杏花岭区丈子头街 36 号	普通住宅
金林雅苑	太原	杏花岭区	杏花岭区东中环与迎春街交会处	建筑综合体
荔园悦享星醍	太原	杏花岭区	杏花岭区府东街与东中环交会处西北角	普通住宅、商业
千渡・东山晴	太原	杏花岭区	杏花岭区杏岭实验学校斜对面	普通住宅
融信・时光之城	太原	杏花岭区	杏花岭区动物园北、卧虎山路两侧 1200 亩大盘	普通住宅
如意小区	太原	杏花岭区	杏花岭区胜利东街与东中环交会处往西 100 米	普通住宅
太原红星天悦	太原	杏花岭区	杏花岭区解放北路北中环东北角	普通住宅、商业
太原万达中心	太原	杏花岭区	杏花岭区解放路城坊街口	写字楼
万达龙樾府	太原	杏花岭区	杏花岭区北大街与绿柳巷交叉口	普通住宅
望府	太原	杏花岭区	杏花岭区府东街东延段与太行路交会处东南角	普通住宅
中车国际广场	太原	杏花岭区	杏花岭区北中环与五一路交会处	普通住宅
保利金地・迎泽上品	太原	迎泽区	迎泽区朝阳街与东峰路交叉口往东 500 米路北	普通住宅、商铺
碧桂园桃源里	太原	迎泽区	迎泽区长风东街新沟路交会口向北 200 米	普通住宅
得一剑桥城	太原	迎泽区	迎泽区长风东街高速口向东 2 公里	普通住宅
东岸悦府	太原	迎泽区	迎泽区长风东街与东中环交会处往南 300 米	公寓
东山雅苑	太原	迎泽区	迎泽区朝阳街与东峰路交会处（东 300 米）	普通住宅
都市广场	太原	迎泽区	迎泽区迎泽都司街中段	普通住宅
恒大林语郡	太原	迎泽区	太原迎泽区南内环东街（规划中）与东峰路交叉口东南角	普通住宅、商铺
红星紫御华府	太原	迎泽区	迎泽区亲贤街东延	普通住宅、公寓
华润昆仑御	太原	迎泽区	迎泽区南内环街 89 号	普通住宅
美利山	太原	迎泽区	迎泽区朝阳街与东峰路往东 500 米	普通住宅
太原得一理想国	太原	迎泽区	迎泽区长风东街，长风高速收费站向东 500 米路北	别墅
太原国奥城	太原	迎泽区	迎泽区南内环东街（规划中）与东峰路交叉口向北 50 米	普通住宅
太原恒大山水城	太原	迎泽区	迎泽区长风东街（长风收费站向东 1 公里路北）	普通住宅
太原红星天铂	太原	迎泽区	迎泽区东中环、南内环东延交叉口东北角	普通住宅
万科城市之光	太原	迎泽区	迎泽区长风街与建设南路交叉口向东 500 米	普通住宅、公寓
万科紫院	太原	迎泽区	迎泽区迎泽街东，原华北广电学院旧址	普通住宅、别墅、商铺
颐和天成	太原	迎泽区	迎泽区长风东街天成路 36 号	普通住宅、别墅、商铺
元福绿都	太原	迎泽区	迎泽区长风东街与双塔南路交会处往南走 200 米	普通住宅

楼盘名称	城市名称	城区	地址	物业类型
远洋尚郡	太原	迎泽区	迎泽区经园路与五龙口街交会处东南角（新和路1号）	普通住宅
中国中铁·诺德城	太原	迎泽区	迎泽区太原市迎泽区朝阳街与东峰路交会处	普通住宅、商业
中正九号	太原	迎泽区	迎泽区东峰路与朝阳街交界口东	普通住宅
龙投·远洋·晋春秋	太原	阳曲县	阳曲县方特乐园旁，108国道与锦绣大街交会处	普通住宅、商业
阳曲万科金域蓝湾	太原	阳曲县	阳曲县府前路与中社八路交会处	普通住宅
保利心语	晋中	榆次区	榆次区龙湖大街与锦纶路交叉口西北角	普通住宅、公寓、商铺
保利壹号公馆四期	晋中	榆次区	榆次区汇通路与顺城西街交会处西南角（榆次区人民医院西侧）	普通住宅、写字楼、商铺
碧桂园凤麟府	晋中	榆次区	榆次区迎宾街与汇通路交会处向东300米路北（原理工大轻纺美院旧址）	普通住宅
辰兴·颐郡	晋中	榆次区	榆次区龙湖西大街与农谷大道交会处	普通住宅
当代上品府MOMA	晋中	榆次区	榆次区山西大学城环城东路与文华街交会处往南300米	普通住宅、公寓、商铺
德元府	晋中	榆次区	榆次区定阳路与龙湖大街交叉口往南50米	普通住宅
和山	晋中	榆次区	榆次区迎宾西街银海心悦斜对面	普通住宅
金科·博翠天宸	晋中	榆次区	榆次区龙田路与广安街交会处向西100米路北	普通住宅、商业
晋中碧桂园	晋中	榆次区	榆次区中都路与文苑街交会处	普通住宅
晋中恒大华府	晋中	榆次区	榆次区龙田路与广安街路口（天美杉杉奥特莱斯往北500米）	普通住宅
晋中万科紫郡	晋中	榆次区	榆次区新建路与文华街交会处西南角万科朗润园二期东侧	普通住宅
晋中万科紫院	晋中	榆次区	榆次区新建路与文华街交会处西南角万科朗润园二期东侧	普通住宅、公寓、商业
兰田传奇	晋中	榆次区	榆次区环城东路和龙湖街交会处	普通住宅
蓝光·雅居乐雍锦半岛	晋中	榆次区	榆次区锦纶路与文苑街交叉口往南200米路东	普通住宅
首创国际学园	晋中	榆次区	榆次区大学城，太原理工大学北200米	普通住宅、公寓、商铺
泰悦御庭	晋中	榆次区	榆次区龙湖大街北侧东升路东侧	普通住宅
田森汇城市生活公园	晋中	榆次区	榆次区定阳路与文华街交会处西南角	酒店式公寓、共有产权房
万豪美悦新天地	晋中	榆次区	榆次区迎宾西路345号	公寓
雅居乐熙苑	晋中	榆次区	榆次区龙湖大街与汇通路交叉口（天美杉杉奥特莱斯向西500米对面）	普通住宅
阳光城·文澜府	晋中	榆次区	榆次区大学城定阳路与汇丰街交会处	普通住宅、公寓
悦唐·慧和郡	晋中	榆次区	榆次区山西大学城中都路与大学街交会处东北角	普通住宅、公寓、商铺
中格云景小镇	晋中	榆次区	榆次区龙城大街东延线、东龙壹号东侧、龙城金帝园北侧	普通住宅

当代著MOMΛ

- 2019年 -
中国城市楼盘年鉴
典型项目

太原　南站板块　科技人居　百强物业

当代著MOMΛ 位于太原市小店区龙城大街与坞城南路交叉口东侧 2000 米路南，由山西当代绿色置业有限公司开发，建筑面积约 80 万平方米，占地面积约 26.7 万平方米。

项目地址：

太原市小店区龙城大街与坞城南路交叉口东侧 2000 米路南

开发商：

山西当代绿色置业有限公司

建筑类型：

小高层

主力户型：

128 平方米、152 平方米三居、180 平方米四居

周边配套：

太原五中（新校区）、北美新天地 N1、山西大医院

参考价格：

待定

楼盘优势：

位于未来城市的核心区龙城大街，2.25 的低容积率引人关注，恒温、恒湿、恒氧的科技住宅赋予生活更多品质感。

专家点评

凌日平·太原师范学院管理系副主任、经济学博士

当代著MOMΛ处于太原城市南移西进的核心发展板块——龙城大街，除了交通发达、周边配套资源丰富以外，未来的发展潜力也相当可观。项目是太原市面少有的科技住宅项目，其恒温、恒湿、恒氧的特性保证了居住的舒适性，这是较为难得且值得称赞的一点。

项目解析

【区域维度】

当代著MOMΛ位于太原市小店区龙城大街，紧邻太原南站商圈，坐拥太榆路、晋阳街、坞城路、龙城大街四条城市主干道。项目处于太原南移战略的核心位置，是集商务办公、旅游集散、太榆同城化等多种功能的重要发展区。社区外部规划太原地铁1号线(龙城大街东站)，项目3000米范围内配有晋阳街公园、东篱公园等景观公园，太原新五中、山西大学、山西财大、山西工商学院等学校资源环伺项目周边，北美N1商圈、苏宁广场(在建中)等重要商圈林立，生活配套设施较为完善。

龙城大街作为太原入城主要形象通道，扮演着核心走廊的重要角色，它贯穿着城市的东西发展，东侧紧连机场、高速，向西是环湖路，已经成为展现太原美好形象的“地标性”东西交通要道。

【品牌维度】

在太原住宅市场品牌化、高端化的不断裂变中，科技住宅也逐步作为一种新有名词出现在大众的视野中。

在众多品牌开发商中，值得提及的是一直以来标榜“科技住宅”的当代置业，而当代著MOMΛ是当代置业入晋十三载，继万国城MOMΛ后又一科技著作。

搭载四恒系统的科技住宅，在太原当前市场中较为稀少，亮相后便迅速受到市场高端客户群体的大量关注。其推出的经典三居、四居户型，打破了传统的人居理念；宽厅设计提升了居住的整体舒适度，强调社交场景及智慧家居生活方式，更是圈粉无数。

【口碑维度】

当代置业于2007年正式进驻山西市场，历经10年打造了太原高端绿色科技住宅——万国城MOMΛ，填补了太原绿色科技人居住宅市场的空白，在行业、市场及客户中保有良好的声誉及口碑。

当代著MOMΛ入市后，人性化科技住宅打造理念及舒适户型设计，深得老业主及高端客户认可。

项目总占地约26.7万平方米，总建筑面积约80万平方米，处于太原“南移西进”战略下的核心板块。加之二青会后龙城大街作为城市走廊的作用越来越明显，使其成为目前太原较为火热的成交板块之一。

【产品维度】

在容积率普遍大于3的太原楼市，当代著MOMΛ以2.25的低容积率保证了住户的居住舒适性。

项目集低密小高层与科技住宅于一体，14层纯板楼住宅、超1:1比例楼间距、一轴六园造园手法，保证了良好的采光和视野，加之恒温、恒湿、恒氧、恒静的科技属性，在还原自然生活的同时仍可享受城市生活的繁华。

户型主推128平方米、152平方米经典三居，180平方米阔绰四居户型，其中180平方米户型三面朝阳，南北通透，约6.7米阳台保证良好的观景与采光效果；开放式书房设置，在提升空间使用率、保证私密性的基础上融入社交场景的概念，与客厅互融，打造弹性空间，是市场上同面积段户型产品中的创新之举。

更多楼盘详情请扫码查看

陕西省

2019 年西安房地产市场总结

行业发展历程

一、 城市概述

2019 年，大西安发展稳步推进，国家中心城市建设持续深入。截至 2019 年 1 月初，全市常住人口 1000.37 万人，年末全市户籍总人口 986.87 万人，比 2017 年增长 9.0%，2019 年人口增长的趋势保持稳定。

2019 年初，西安发布《西安国家中心城市建设实施方案》，提出到 2020 年，户籍人口超过 1200 万人，常住人口超过 1500 万元，经济总量迈上万亿元级台阶，在副省级城市中经济总量的排序提升至中位。

二、 行业现状

2019 年 1~11 月，陕西省房地产开发投资和销售面积增速持续小幅回升，销售面积增速成为近一年来的高点；施工、新开工和竣工速度减缓。受西安市房地产开发企业购地速度减缓影响，全省购地速度大幅下降；受竣工速度减缓影响，全省 11 月末待售面积继续减少，降幅稍有扩大；在定金及预收款、个人按揭的带动下，全省房地产开发企业到位资金稍趋宽松。

2019 年 1~11 月，全省房地产开发企业完成投资 3531.72 亿元，同比增长 8.9%，增速比 1~10 月提高 0.2 个百分点，比全国平均增速低 1.3 个百分点。第四季度以来，全省房地产开发完成投资增速持续缓慢回升。

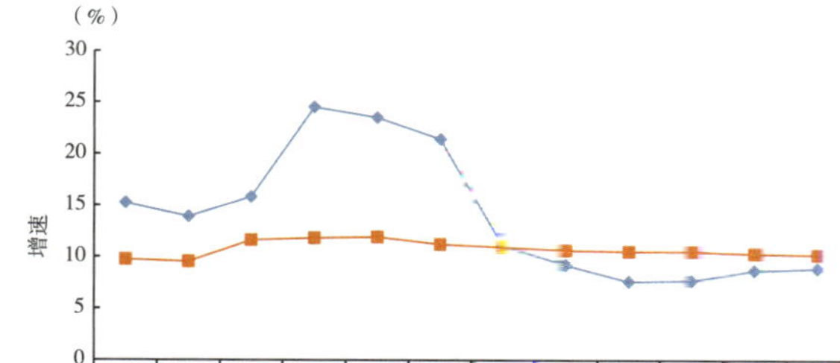

	2018年1—11月	1—12月	2019年1—2月	1—3月	1—4月	1—5月	1—6月	1—7月	1—8月	1—9月	1—10月	1—11月
全省	15.2	13.9	15.8	24.5	23.5	21.4	[illegible]	9.2	7.6	[illegible]	[illegible]	8.9
全国	9.7	9.5	11.6	11.8	11.9	11.2	[illegible]	10.6	10.5	10.5	10.3	10.2

图 2-81　2018~2019 年全国和全省房地产投资增长情况

分区域来看，1~11 月全省有 5 个市（区）房地产开发投资增速比 1~10 月有所提高。其中，渭南市和榆林市提高幅度较大，超过 10 个百分点；西安市占全省房地产投资比重仍在下降，比 1~10 月减少 0.8 个百分点。

三、政策环境

在“限购”政策的影响下，2019 年西安楼市整体平稳，全年出台房地产相关政策 12 条，其中作用最为明显、影响力最大的是 6 月 20 日西安市促进房地产市场平稳健康发展协调领导小组发布的《关于进一步加强住房市场调控管理的通知》。《通知》要求，在限购区域范围内购买新建商品住房或二手住房，应落户满 1 年或在西安连续缴纳 12 个月的社会保险（或个人所得税），此前落户即可在限购区域购买；无西安户口家庭，须提供在本市连续缴纳社保年限由 2 年调至 5 年；将临潼纳入限购区域。

四、土地市场

土地供应方面，2019 年 1~9 月，西安全市供应土地多达 1530 万平方米，较 2018 年同期上涨 15.8%，月均供应 170 万平方米。而 2018 年月均供应土地 155 万平方米。可见，2019 年 1~9 月的供应量明显优于前一年。

从土地成交区域上看，大明宫、软件新城、东二环、灞河新区等板块陆续有土地供出，居住用地的主力成交仍集中在港务区、高新三期、秦汉新城、空港新城、高陵、临潼、沣西新城等城市外围区域。

2018年全年，西安市居住用地楼面价为2614元/平方米，而2019年1~9月，居住用地楼面价涨至4121元/平方米，同比涨幅高达57.6%，地价的涨幅远超过房价。此外，在溢价率上，2019年西安每4宗住宅用地成交就有1宗溢价，平均溢价率58.54%；西咸新区则有半数住宅用地出现溢价，平均溢价率39.74%。

五、房产行业发展历程

2019年西安房价整体趋势稳中有升，没有出现太大幅度的波动，最高点出现在8月，均价14799元/平方米，整体随着房源供给的情况有所变动。限购力度加强，其实是对于落户政策的进一步跟进，同时限购政策将大大增强非限购区（沣西等板块）的购房友好度，这一效应在下半年表现明显，沣西板块新盘猛涨。西安土地市场2019年或达到历年高峰，同时在楼面价的体现上也突破以往；2019年3月，高新地产创下13000元/平方米以上楼面价。

城市年度市场解读

一、本地新政

2019年1月1日起，西安市行政区域内（含西咸新区，不含蓝田县、周至县）新出让或划拨土地上，除拆迁安置房以外的住宅建设项目实行全装修。《西安市养老服务设施布局规划（2018~2030年）》要求新建城区和新建居住（小）区，要按照每100户20平方米配套建设养老服务设施。

2月13日，西安市政府网站发布的《西安市人民政府办公厅关于进一步放宽我市部分户籍准入条件的通知》提到，具有本科（含）以上学历的，不受年龄限制，具有本科（不含）以下学历的，年龄在45周岁（含）以下；全国高等院校在校学生（教育部学信网在册人员），均可迁入本市落户。

6月20日，“限购政策”进一步加强，在限购区域范围内买新建商品住房或二手房的，应落户满1年或在西安连续缴纳12个月的社会保险（或个人所得税），此前落户即可在限购区域购买；无西安户口家庭，须提供在本市连续缴纳社保年限由2年增至5年；将临潼区纳入限购区域。

6月28日，西安市住房保障和房屋管理局（以下简称“西安市住建局”）发布消息，自7月1日起全面停止经济适用住房、限价商品房购房资格审核，同时开展共有产权房购房资格审核。列入经济适用住房、限价商品住房轮候库的家庭，可优先购买共有产权住房。

10月12日，陕西省住房和城乡建设厅、陕西省发展和改革委员会和陕西省财政厅发布《关于推进全省城镇老旧小区改造工作的实施意见》，《意见》要求，从2019年起，逐步实施老旧小区改造工作，按照年度改造计划，精准施策，基本完成城市、县城老旧小区改造任务。

10月21日，新版《西安市住房公积金缴存实施细则》《西安市住房公积金贷款实施细则》《西安市住房公积金行政执法实施细则》正式印发，三个新细则自2020年1月1日起施行，三个新细则的有效期为5年，原《细则》相应废止。在公积金贷款方面，《细则》规定贷款最长期限不得超过30年；购买自住普通住房的，贷款额度不超过所购买住房合同总价款的70%。

10月24日，《陕西省中小学校幼儿园规划建设办法》发布，1500户以上小区要规划建设幼儿园，3000户以上小区要规划建设小学、幼儿园。各部门应当保障中小学校、幼儿园建设用地并及时办理相关建设手续。

二、年度土地供应

西安市2019年全年招拍挂成交开发用地共259宗、14819亩，实现土地出让收入687亿元，与2018年基本持平。居住用地供应10528亩，其中中心城区居住用地供应5046.321亩，增加114亩，同比增长2.3%，基本平稳。

三、年度土地成交

据公开数据统计，2019年，西安市（含西咸新区）成交土地面积达20596亩，成交总金额为651亿元。西咸新区总成交面积约9306亩，约占总成交面积的45%，依然是土拍大户，稳居榜首；其次为浐灞、港务区，成交面积为3183亩。

3月21日，高新软件新城板块两宗合计147亩住宅地块被本土房企高新地产拿下，综合楼面价高达13482元/平方米，直接刷新历史楼面价新高，至此，西安土拍楼面价拉开了万元以上的序幕。

四、年度商品房存量

商品房市场库存总量2211.5万平方米，去化周期下降至14.8个月；其中普通住宅去化周期上涨至6.5个月，别墅去化周期下降至22.2个月，商业去化周期下降至77.7个月，办公去化周期下降至45.9个月。

从商品房库存分区域来看，城内由于商业存量较大，去化周期居全市之首，为47.2个月；其次为城西、城南、城东、高新、经开，去化周期均超过20个月；去化周期最短的依旧是沣东新城，仅为3.1个月。

五、年度商品房成交

根据最新数据显示，2019年度西安楼市全年成交金额2921.96亿元，成交面积2350.21万平方米，成交套数251276套，成交均价为12433元/平方米；同比2018年，成交金额上涨13.7%，成交均价上涨9.3%。

六、成交房企排行

2019年全年西安前十房企销售总额达到1163亿元，销售面积达到888万平方米，双向指标同比上涨18%，万科、绿地、融创稳居榜单前三甲。

表2-38　2018年西安市房企成交金额排行TOP10

排名	房企名称	成交金额（亿元）	成交面积（万平方米）	成交套数（套）	成交均价（元/平方米）
1	万科地产	198.95	157.44	18819	12637
2	融创中国	171.62	111.88	17460	15339
3	绿地集团	110.97	96.48	9843	11501
4	碧桂园集团	109.18	83.27	7270	13112
5	保利地产	81.08	65.72	8032	12337
6	中海地产	74.04	53.39	6047	13868
7	金辉集团	72.26	52.49	7025	13767
8	中南置地	60.27	49.09	5116	12273
9	海亮地产	47.56	43.26	4848	10993
10	龙湖地产	55.94	40.78	4914	13713
	全市	2569.24	2258.81	240322	11374

表2-39　2019年西安市房企成交金额排行TOP10

排名	房企名称	成交金额（亿元）	成交面积（万平方米）	成交套数（套）	成交均价（元/平方米）
1	万科地产	289.79	228.96	26510	12657
2	绿地控股	145.87	140.87	16730	10353
3	融创中国	131.42	83.87	8206	15663
4	中国恒大集团	75.41	71.15	7127	10593
5	保利发展	94.43	66.36	7262	14229
6	绿城中国	82.39	65.18	5180	12641
7	金辉集团	93.62	62.52	7404	14976
8	中海地产	90.25	60.58	5913	14898
9	龙湖集团	84.62	56.02	6140	15106
10	华润置地	75.19	52.47	4511	14323
	全市	2921.96	2350.21	251276	12433

七、年度房价走势分析

根据2019年底最新数据显示，城东、城西、浐灞、曲江、长安区的住房成交均价有所下降，其中，浐灞成交均价降幅最大，环比下降8.23%。高新、城南、城北、西咸的住房成交均价上升，城南成交均价上升最多，环比上升10.62%。

同时，各板块也是涨跌互现，如曲江一期的成交均价曾为全城最高，达36409元/平方米，但此后成交均价降到22075元/平方米，环比下降39.37%，是下降幅度最大的，但成交均价依然为全城最高。明德门板块住宅成交均价14946元/平方米，环比涨幅最高，达38.91%。

八、未来展望

相较2019年，2020年楼市成交量将出现明显下滑，房价则稳中有升，均价应该为15000元/平方米左右，但不排除阶段性、品牌房企大幅降价促销。

中南、朗诗、龙湖、中海、大悦城2020年均有大量土地储备待上市，比较看好的区域还是高新和大城南板块。沣西因为非限购区域的影响以及政府干预的因素，还会持续上涨，泡沫的产生不可避免。

数据来源：西安克而瑞、易居企业集团西安公司、创典全程。

2019年西安房地产在售楼盘概览

楼盘名称	城市名称	城区	地址	物业类型
湾流	西安	浐灞区	浐灞区世博大道与欧亚大道交会处	别墅
世园大观	西安	浐灞区	浐灞区灞河西路与兴泰南路交会处西北角	公寓
旭辉荣华公园大道	西安	浐灞区	浐灞区广运潭大道与欧亚大道十字东北角	公寓
中国铁建青秀城	西安	浐灞区	浐灞区浐灞二路与北辰东路十字西北150米	公寓
龙湖新壹城	西安	浐灞区	浐灞区金融商务区桃花潭畔浐河东路与通塬路十字东北角100米	公寓、写字楼
西安新天地金融中心	西安	浐灞区	浐灞区金桥三路666号	公寓、写字楼
白鹿汀洲	西安	浐灞区	浐灞区新港大道与灞河大道交会处西北角	普通住宅
白鹿溪谷	西安	浐灞区	浐灞区白鹿原生态旅游观光带东（蓝田县西河桥）	普通住宅
保利心语花园	西安	浐灞区	浐灞区北辰大道与浐灞二路十字向东400米	普通住宅
碧桂园珑悦	西安	浐灞区	浐灞区北辰大道与欧亚二路十字向东200米路南	普通住宅
碧桂园阅江府	西安	浐灞区	浐灞区东三环与世博大道交会处西北角	普通住宅
公馆壹号	西安	浐灞区	浐灞区矿山路与十里铺北路十字交会处西北角	普通住宅
公园上城	西安	浐灞区	浐灞区南三环以南、田马路以西	普通住宅
宫园学府	西安	浐灞区	浐灞区柳新路与柳烟路十字西北角(铁一中滨河校区正门口)	普通住宅
合能枫丹唐悦	西安	浐灞区	浐灞区北辰大道与欧亚二路交会处向东400米	普通住宅
河与墅	西安	浐灞区	浐灞区浐灞大道与浐河东路十字东南	普通住宅
恒大御龙湾	西安	浐灞区	浐灞区南三环与长鸣路十字向南300米路东	普通住宅
华远辰悦	西安	浐灞区	浐灞区北辰大道与龙朔路交会处东北角（西安医学院正对面）	普通住宅
汇悦城	西安	浐灞区	浐灞区国际港务区港务大道6号	普通住宅
金科博翠天宸	西安	浐灞区	浐灞区东风路与北辰路十字东南角	普通住宅
里城柳岸十里	西安	浐灞区	浐灞区咸宁东路与浐河东路十字向北	普通住宅
隆基泰和铂悦山	西安	浐灞区	浐灞区港务区立交以东三公里（鸣犊泉东侧）	普通住宅
陆港滨海湾	西安	浐灞区	浐灞区灞河东路与秦汉大道交会处向北300米	普通住宅
绿城新兴玉园	西安	浐灞区	浐灞区灞桥生态湿地公园内柳新路与柳雪路交会处（铁一中滨河学校东）	普通住宅
绿地璀璨天城2期	西安	浐灞区	浐灞区港务区西路与秦汉大道交会处	普通住宅
南湖7号	西安	浐灞区	浐灞区雁鸣北路与白龙池路十字交会处	普通住宅
普华浅水湾	西安	浐灞区	浐灞区公园路灞河公园西侧	普通住宅
世园林逸	西安	浐灞区	浐灞区欧亚大道与灞河东路柜交会东南角	普通住宅
桃源漫步	西安	浐灞区	浐灞区金桥三路与浐河东路东南角	普通住宅
万科澜岸	西安	浐灞区	浐灞区欧亚大道与华文路交会处向北约500米	普通住宅
万科悦湾	西安	浐灞区	浐灞区欧亚三路与灞河西路交界处西北角	普通住宅
阳光100阿尔勒	西安	浐灞区	浐灞区桃花潭风景区西侧（浐河西路中段）	普通住宅
颐合府	西安	浐灞区	浐灞区欧亚六路与广运潭大道交会十字向北200米（浐灞第四小学西对面）	普通住宅
御锦城	西安	浐灞区	浐灞区长乐路北地铁浐河站A2口	普通住宅
远洋合能枫丹江屿	西安	浐灞区	浐灞区灞河西路与欧亚三路交会向北400米	普通住宅
远洋御山水	西安	浐灞区	浐灞区北辰大道与东风路十字向北200米	普通住宅
悦尚锦云	西安	浐灞区	浐灞区纺园六路与灞柳一路东南角	普通住宅
中建锦绣天地	西安	浐灞区	浐灞区咸宁路与浐河西路交会处向南1.2公里	普通住宅
中铁琉森水岸	西安	浐灞区	浐灞区东城大道灞桥湿地公园里	普通住宅
自然界	西安	浐灞区	浐灞区东湖路与浐河交界处向东200米(浐灞大道北侧)	普通住宅
碧桂园香湖湾1号	西安	浐灞区	浐灞区世博大道与香湖湾五路交会处东北角	普通住宅、别墅
枫林九溪	西安	浐灞区	浐灞区北三环杏园立交向北300米路西	普通住宅、别墅

楼盘名称	城市名称	城区	地址	物业类型
海伦湾	西安	浐灞区	浐灞区浐河西路与新兴南路交会处	普通住宅、别墅
绿城西安全运村	西安	浐灞区	浐灞区国际港务区杏园立交与迎宾大道交会处向北	普通住宅、别墅
蔷薇公馆	西安	浐灞区	浐灞区辛王路与启源二路十字向东300 米	普通住宅、别墅
清凉灞柳	西安	浐灞区	浐灞区纺织产业园纺园四路与灞柳一路十字东南角	普通住宅、别墅
雁鸣墅语	西安	浐灞区	浐灞区咸宁路与浐河西路什字南雁鸣湖畔	普通住宅、别墅
紫薇花园洲	西安	浐灞区	浐灞区世博大道与欧亚大道十字向东500 米	普通住宅、别墅
龙湖香醍璟宸	西安	浐灞区	浐灞区长田路中段西工大附小龙湖分校南侧	普通住宅、别墅
保利林语溪	西安	浐灞区	浐灞区灞柳一路与祥云路交会东南角	普通住宅、别墅
紫樾台	西安	浐灞区	浐灞区灞桥生态湿地公园内（柳新路与柳烟路交会处）	普通住宅、公寓、别墅
华润置地未来城市	西安	浐灞区	浐灞区奥体中心南侧（杏渭路与向东路十字西南角）	普通住宅
振业泊岸	西安	浐灞区	浐灞区东三环与世博大道十字向西200 米	普通住宅
高科麓湾国际社区	西安	浐灞区	浐灞区浐河东路南端，雁鸣湖东岸（地铁 5 号线月登阁站）	普通住宅
SPRING+ 钛茂	西安	浐灞区	浐灞区欧亚大道与兴泰四街交会处向北 100 米	写字楼、酒店式公寓
绿地与湖	西安	浐灞区	浐灞区咸宁东路与浐河西路十字（浐灞雁鸣湖生态湿地）	普通住宅、别墅
大兴正荣府	西安	城北区	城北区龙首北路与永兴路交会处南约300 米	普通住宅
正荣天寓	西安	城北区	城北区北二环与先锋二路交会处东北角	公寓
保亿公元印	西安	城北区	城北区北二环与永全路交叉口	普通住宅
碧桂园凤凰城	西安	城北区	城北区北三环北辰立交往北 500 米路西	普通住宅
恒大悦龙台	西安	城北区	城北区太华北路和凤城二路交会处西北角	普通住宅
科为瑞府	西安	城北区	城北区红旗路与同建路交会处向南100 米	普通住宅
明丰阿基米德	西安	城北区	城北区明光路与元朔路交会处东南角（北客站南广场西南处）	普通住宅
帕克公馆	西安	城北区	城北区地铁 2 号线龙首原 D 口向北200 米	普通住宅

楼盘名称	城市名称	城区	地址	物业类型
瑞和大唐府邸	西安	城北区	城北区太华北路与凤城二路十字万达广场东 500 米	普通住宅
万科幸福臻园	西安	城北区	城北区凤城四路与经九路交会西南角	普通住宅
未央金茂府	西安	城北区	城北区环湖南路与北辰路交会处西北角	普通住宅
阳光城檀悦	西安	城北区	城北区凤城一路与先锋一路十字东南角即大明宫万达东南侧约 50 米	普通住宅
正荣府	西安	城北区	城北区北二环与先锋二路交会处东北角	普通住宅
正荣紫阙台	西安	城北区	城北区凤城五路与经九路十字向东300 米	普通住宅
中国铁建西派国际	西安	城北区	城北区北二环与太华南路交会东南角（大明宫钻石店东侧）	普通住宅
中南君启	西安	城北区	城北区太华路与凤城五路交会处东南角	普通住宅
紫薇东进	西安	城北区	城北区含元路向东600 米	普通住宅
世茂璀璨倾城	西安	城北区	城北区红旗路与御井路十字向北 500米	普通住宅
华远枫悦	西安	城北区	城北区凤城五路与太华路十字向东400 米路北	普通住宅
荣民时代广场	西安	城北区	城北区未央路与玄武路交会处十字东北角	普通住宅、公寓、写字楼
旭景清园	西安	城北区	城北区未央路城市运动公园站 D 口向北 200 米路东	普通住宅、写字楼
铭鸿中心	西安	城北区	城北区高铁北客站东 900 米	普通住宅、写字楼
保亿大明宫国际	西安	城北区	城北区太元路十字与太华路十字东北角	写字楼
四海中心	西安	城北区	城北区太华路与凤城三路交会处（地铁四号线余家寨站）	写字楼、商铺
金辉江山铭著	西安	城东区	城东区矿山路与北辰东路十字东北角	普通住宅
万丽骊宫	西安	城东区	城东区凤凰大道与秦唐大道交会处向南 700 米	公寓、写字楼、商铺
奥园誉府	西安	城东区	城东区韩森路与沁水路十字西北角	普通住宅
德杰德裕天下	西安	城东区	城东区临潼文化路十字以北 200 米	普通住宅
华清学府城	西安	城东区	城东区幸福南路与建工路交会处（干亩幸福林带以东）	普通住宅
龙腾华府	西安	城东区	城东区韩森路与沁水路十字交会处西北角	普通住宅
绿水东城	西安	城东区	城东区纺渭路中段向西 200 米路南	普通住宅

楼盘名称	城市名称	城区	地址	物业类型
融创东方宸院	西安	城东区	城东区韩森路与康乐路交会处向东100米路南	普通住宅
融创桃源府	西安	城东区	城东区凤凰大道与悦椿东路十字东南角	普通住宅
新城玺樾骊府	西安	城东区	城东区凤凰池东路与芷阳四路十字交会处西南角	普通住宅
雁泊台	西安	城东区	城东区临潼凤凰大道和芷阳五路交会处	普通住宅
中国铁建花语城	西安	城东区	城东区咸宁东路与半引路交会处东南角	普通住宅
中海阅骊山贤庭	西安	城东区	城东区骊山大道与芷阳五路交会处东北角	普通住宅
中金金骊福郡	西安	城东区	城东区秦汉大道与黄金大道十字东北角	普通住宅
蓝光长岛国际社区	西安	城东区	城东区秦汉大道蓝光长岛国际社区	普通住宅、别墅
东御兰汀	西安	城东区	城东区东二环石家街转盘向北50米（地铁3号线石家街站）	普通住宅、公寓
清凉云晖	西安	城东区	城东区新寺路中段（第四军医大学唐都医院斜对面）	普通住宅、公寓
高新骊山下的院子	西安	城东区	城东区临潼凤凰大道与芷阳三路交会处	普通住宅、公寓
合能铂悦府	西安	城东区	城东区地铁1号线半坡站C口向南800米	普通住宅
拉克雷公馆	西安	城南区	城南区吉祥路66号	公寓
奥园和悦府	西安	城南区	城南区南三环与子午大道东南角（西安城市生态公园旁）	普通住宅
恒志云都	西安	城南区	城南区青龙路与西延路交会处东南角	普通住宅
华安紫竹苑	西安	城南区	城南区电子南街688号（欧亚学院西门对面）	普通住宅
朗基天香	西安	城南区	城南区鄠邑区丰京路与东城路交会处向南500米处	普通住宅
清凉山居	西安	城南区	城南区清凉山公园（朱雀大街与西部大道西北角）	普通住宅
时光里	西安	城南区	城南区南二环太乙立交东南角	普通住宅
龙湖紫宸	西安	城南区	城南区雁环中路与清凉寺东路十字西北角	普通住宅
时光国际	西安	城南区	城南区南二环太乙路立交东北角	写字楼
荣华清荷园	西安	城南区	城南区鄠邑区（户县）涝河畔南山下渼陂湖度假区东侧	普通住宅、公寓
珑寓	西安	城西区	城西区大兴东路与桃园北路交会处西南角	公寓
当代嘉宝公园悦MOMΛ	西安	城西区	城西区红光路与西三环十字交会处向东300M路北	普通住宅
鼎诚馥桂园	西安	城西区	城西区枣园南路与枣园西路路口向南100米处	普通住宅
富力开远城	西安	城西区	城西区丰镐西路与团结南路十字	普通住宅
御笔城市广场	西安	城西区	城西区红庙坡十字向西300米路北	普通住宅
中南青樾	西安	城西区	城西区大兴东路与西二环东北角	普通住宅、公寓
恒天国际城	西安	城西区	城西区大庆路2号	普通住宅、公寓、写字楼
当代宏府MOMΛ	西安	城西区	城西区汉城南路8号	普通住宅、酒店式公寓
龙湖天钜	西安	高新区	高新区西沣路（西安电子科技大学北侧）	别墅
中建昆明澜庭	西安	高新区	高新区科技路西延伸段昆京大道与汉池一路交会处	别墅
高新尊贵壹方	西安	高新区	高新区科技路与丈八北路交会向南300米	公寓
金地未来域	西安	高新区	高新区沈家桥二路与西三四路交会处西南角	公寓
九树	西安	高新区	高新区科技二路61号	公寓
美墅	西安	高新区	高新区科技一路与团结南路十字东南角	公寓
泰尔云水壹号	西安	高新区	高新区软件新城西三环与科技六路十字西北角云水公园旁	公寓
KingMall未来中心	西安	高新区	高新区昆明路330号（丈八北路与昆明路十字西南角）	公寓、商铺
华煜美居	西安	高新区	高新区科技六路与团结南路交会处	公寓、写字楼
环球西安中心	西安	高新区	高新区科技路与高新四路十字东北角（香格里拉酒店对面）	公寓、写字楼、商铺
梧桐公寓	西安	高新区	高新区高新六路与科技一路十字东南角	公寓、写字楼、酒店式公寓
万达西安one	西安	高新区	高新区科技六路与唐延路交会处（东南角）	建筑综合体
南飞鸿十年城	西安	高新区	高新区科技二路延伸段与西三环交会处东南角	普通住宅
融创西安宸院	西安	高新区	高新区西沣路与西部大道十字交会处向东200米路南	普通住宅
苏宁云著	西安	高新区	高新区云水一路与天谷五路东北角	普通住宅
天琴湾	西安	高新区	高新区创汇路与西太公路交会处向东260米	普通住宅
万科翡翠国宾	西安	高新区	高新区丈八北路与科技七路交会处	普通住宅

楼盘名称	城市名称	城区	地址	物业类型
易道郡玫瑰公馆	西安	高新区	高新区丈八北路南段与科技三路交会处西南角	普通住宅
紫薇西棠	西安	高新区	高新区富裕一路与富源二路交会处西北角	普通住宅
保利天悦	西安	高新区	高新区科技四路与经五路十字向南500 米	普通住宅、别墅
天地源万熙天地	西安	高新区	高新区丈八东路与西沣路交会处东南角	普通住宅、公寓、写字楼
绿城高新诚园	西安	高新区	高新区科技八路与太白南路十字（唐城墙遗址公园北）	普通住宅、建筑综合体
碧桂园高新时代	西安	高新区	高新区丈八东路与太白南路东南角	普通住宅
天竹元谷	西安	高新区	高新区西二环与昆明路十字向西 500 米（昆明路与团结南路十字东南角）	普通住宅、公寓
汇豪树中心	西安	高新区	高新区科技三路 58 号	写字楼
坤元 TIME 中心	西安	高新区	高新区太白南路与电子三路交会路西向南 200 米	写字楼
融城云谷	西安	高新区	高新区科技三路与沣惠南路交会处200 米	写字楼
万科汇智中心	西安	高新区	高新区西沣路与西沣三路交会处东北角	写字楼
悦熙广场	西安	高新区	高新区太白南路与电子三路交会处东北角	写字楼
竹园天寰国际	西安	高新区	高新区科技二路与团结南路十字向西50 米	写字楼
科为城墅	西安	航天新区	航天新区神舟四路与航开路十字交会西南角	别墅
星河 9 号	西安	航天新区	航天新区神州四路与东长安街东南角	公寓
金旅 · 南星台	西安	航天新区	航天新区航创路与神舟二路十字西南角	普通住宅
康桥悦蓉园	西安	航天新区	航天新区京东大道与飞天路交会处东北角	普通住宅
万科公园大道	西安	航天新区	航天新区航天大道与航天东路交会处西南角	普通住宅
英郡年华国际社区	西安	航天新区	航天新区航天大道与神舟六路交会处向南 500 米	普通住宅
金旅南璟台	西安	航天新区	航天新区航天南路与规四路十字西南角	普通住宅、别墅
融创揽月府	西安	航天新区	航天新区雁塔南路与航天南路交会处东南侧	普通住宅、别墅
陕建翠园锦绣	西安	航天新区	航天新区航天大道与神舟六路十字东南角	普通住宅

楼盘名称	城市名称	城区	地址	物业类型
航天城中心广场	西安	航天新区	航天新区东长安街与神舟五路十字交会处	写字楼、商铺
大华锦绣前城	西安	航天新区	航天新区神舟四路与启航路十字东南角（交大附中航天学校北侧）	普通住宅
水半湾小院	西安	泾渭产业区	泾河工业园泾渭八路	别墅
宝格丽小镇	西安	泾渭产业区	泾渭新城陕汽路与渭华路交会处向北300 米	普通住宅
北方融城	西安	泾渭产业区	泾渭产业区泾环北路中段 27 号	普通住宅
城市蓝湾	西安	泾渭产业区	泾渭产业区泾渭一路 16 号	普通住宅
万和郡	西安	泾渭产业区	泾渭产业区沣泾大道与泾五路交会处西北角	普通住宅
西安恒大雅苑	西安	泾渭产业区	泾渭产业区西高路与桑军大道交会处西北角	普通住宅
新城悦隽公园里	西安	泾渭产业区	泾渭产业区桑军大道与西高路十字西北角	普通住宅
中南春溪集	西安	泾渭产业区	泾渭产业区陕汽路与渭华路交会处西南角	普通住宅
合创桂悦府	西安	泾渭产业区	泾渭产业区高陵区泾惠十四路（高陵区泾河工业园桑军大道）	普通住宅
当代上品湾MOMΛ	西安	泾渭产业区	泾渭产业区泾河工业园长庆东路与泾渭八路十字西南	普通住宅、公寓、别墅
白桦林溪	西安	经开区	经开区尚稷路与建元二路十字东南角	普通住宅
金泰经开花城	西安	经开区	经开区尚稷路与草滩三路十字东南角	普通住宅
龙湖景粼天序	西安	经开区	经开区未央路与凤城七路东北角	普通住宅
绿城桂语兰庭	西安	经开区	经开区尚稷路与草滩五路十字西北角	普通住宅
龙记玖玺	西安	经开区	经开区未央大道延伸段东侧（学府环路）	普通住宅、别墅
明丰伯马都	西安	经开区	经开区元朔路与明光路十字东南角(地铁 4 号线元朔路 D 口）	普通住宅、公寓
保利中央公园	西安	经开区	经开区凤城八路与太华路十字西北角	普通住宅
合悦华府	西安	经开区	经开区尚林路与草滩六路十字东南角	普通住宅
湖北大厦	西安	经开区	经开区朱宏路民经一路与民经二路交会处	写字楼
曲江 SOHO	西安	曲江区	曲江区雁塔南路南段与雁南五路交会处西南角	公寓
海亮唐宁府	西安	曲江区	曲江区长鸣路与东月路交会处东南角	普通住宅
华润置地曲江九里	西安	曲江区	曲江区雁翔路与植物园东路十字东南角	普通住宅

楼盘名称	城市名称	城区	地址	物业类型
华润置地悦府	西安	曲江区	曲江区汇新路与雁南五路交会处（曲江国际会议中心对面）	普通住宅
金地南湖艺境	西安	曲江区	曲江区新开门南路与唐华路交会处	普通住宅
金地中心风华	西安	曲江区	曲江区公田五路与春临五路十字东南角	普通住宅
朗诗雁南栖	西安	曲江区	曲江区雁南五路与启元路十字西南角	普通住宅
曲江美好时光	西安	曲江区	曲江区南三环与雁引路交会处向东200米	普通住宅
曲江香都	西安	曲江区	曲江区南三环与曲池东路（南段）交会处	普通住宅
融创曲江印	西安	曲江区	曲江区南三环与登高路东南角	普通住宅
万科城市之光二期	西安	曲江区	曲江区芙蓉西路与创意大道十字向东	普通住宅
雁栖玫瑰园	西安	曲江区	曲江区雁翔路与踏青路交会处东南角松·生活馆	普通住宅
阳光城翡丽曲江	西安	曲江区	曲江区长鸣路与南三环十字西北角中段	普通住宅
阳光城丽兹公馆	西安	曲江区	曲江区南三环与公园南路交会处西北角	普通住宅
真爱万科公园华府	西安	曲江区	曲江区公园南路与北陆路十字东北角	普通住宅
中国铁建万科翡翠国际	西安	曲江区	曲江区曲江大道与雁曲五路交会处	普通住宅
中海曲江大城	西安	曲江区	曲江区雁翔路西北妇幼向南500米（杜陵国家遗址公园西）	普通住宅
大华曲江公园世家	西安	曲江区	曲江区雁塔南路南端向东2000米，航天大道（原杜陵东路）北侧	普通住宅、别墅
阳光城 PLUS	西安	曲江区	曲江区雁翔路与春林路十字交会处向西400米（西北妇女儿童医院南侧）	普通住宅、别墅
金辉世界城	西安	曲江区	曲江区雁塔南路与南三环交会处西南角	普通住宅、公寓
天地源大都会	西安	曲江区	曲江区春临三路与公田五路十字西南角（文化运动公园东门旁）	普通住宅
万众国际	西安	曲江区	曲江区曲江池南路与曲江池东路交会处	写字楼
旺座城旺座曲江	西安	曲江区	曲江区雁翔路与南三环十字东北角	写字楼
龙湖·彩虹郦城	西安	西咸新区	秦都区彩虹一路(彩虹宾馆对面）	普通住宅
万科·金域华府	西安	西咸新区	秦都区玉泉西路与彩虹一路十字西南角向西约400米（高铁秦都站向东约500米）	普通住宅
林凯溢金湾	西安	西咸新区	扶苏路与沣河交会处东北角	普通住宅

楼盘名称	城市名称	城区	地址	物业类型
力高宝格丽天悦华府	西安	西咸新区	驱弓道与天宫一路交会处东北角	别墅
西安国际美术城	西安	西咸新区	西咸新区空港新城兴教大街与崇文路交会处	别墅
中天诚品	西安	西咸新区	西咸新区秦汉新城渭河湿地公园旁(草滩八路横桥北口）	别墅
沣东 i 立方	西安	西咸新区	西咸新区科源一路与沣东一路交会处东南角（沣东管委会对面）	公寓、写字楼
富力西安环球商品贸易港	西安	西咸新区	西咸新区自贸大道与富平大街十字西北角（中国陕西自由贸易试验区大楼西侧）	公寓、写字楼、酒店式公寓
华润置地万象域	西安	西咸新区	西咸新区三桥新街与征和六路交会处西南角	公寓、写字楼、商铺
保利和光尘樾	西安	西咸新区	西咸新区沣东征和四路与太平路十字东南角	普通住宅
碧桂园国湖	西安	西咸新区	西咸新区科技路西段镐京大道与汉池一路交会西北角	普通住宅
滨江翡翠城	西安	西咸新区	西咸新区泾河新城正阳大道东侧	普通住宅
春城十八里	西安	西咸新区	西咸新区秦汉新城兰池大道西段	普通住宅
电建地产·洺悦府	西安	西咸新区	西咸新区尚航七路（乘风路）与世纪大道交会处向北800米	普通住宅
沣华熙城	西安	西咸新区	西咸新区沣东新城王寺东街与科源一路一字	普通住宅
沣景国际	西安	西咸新区	西咸新区地铁1号线三桥站向南100米	普通住宅
沣水云间	西安	西咸新区	西咸新区镐京大道与三桥大道交会处向西500米（诗经里小镇以东）	普通住宅
沣水云岭	西安	西咸新区	西咸新区学苑二路与中央大街西南角（西咸国际文化教育园地铁站正对面）	普通住宅
湖光山色	西安	西咸新区	西咸新区镐京大道与镐京新城园区路交会处向南500米	普通住宅
黄冈学府城	西安	西咸新区	西咸新区黄冈泾河学校西侧	普通住宅
金地格林云上	西安	西咸新区	西咸新区净业大街与二政路十字西南角	普通住宅
金辉崇文府	西安	西咸新区	西咸新区泾河新城西延高速（G65W）泾阳立交以东，汉阳大道西段以南	普通住宅
金悦城	西安	西咸新区	西咸新区沣西新城同德路北段（陕西服装工程学院北侧）	普通住宅
君合天玺	西安	西咸新区	西咸新区昆明路与富裕二路十字交会处西南角	普通住宅
蓝光公园华府	西安	西咸新区	西咸新区天台路与征和四路西南角	普通住宅

楼盘名称	城市名称	城区	地址	物业类型
蓝光公园华府世家	西安	西咸新区	西咸新区西三环与望城一路交会处西北角	普通住宅
朗诗未来街区	西安	西咸新区	西咸新区昆明路与西余铁路交叉口以东 50 米，昆明路以北	普通住宅
绿城春江花月	西安	西咸新区	西咸新区沣西新城世纪大道陈阳寨转盘向西 500 米	普通住宅
绿城留香园	西安	西咸新区	西咸新区丝路经济带能源金贸区世纪大道与沣河交会处	普通住宅
绿地新里铂瑞公馆	西安	西咸新区	西咸新区能源金贸区沣泾大道与郑谭路交叉口往西 200 米(西咸大厦南侧)	普通住宅
绿地新里格林公馆	西安	西咸新区	西咸新区沣经大道与秦汉大道交会处十字东南角 500 米处	普通住宅
融创海逸长洲	西安	西咸新区	西咸新区沣东新城镐京大道与沣泾大道交会处东北角	普通住宅
万科大都会	西安	西咸新区	西咸新区统一路与白马河路交会处东北角	普通住宅
万科理想城	西安	西咸新区	西咸新区秦汉新城兰池二路中段(秦汉新城管委会北侧 50 米)	普通住宅
西安孔雀城	西安	西咸新区	西咸新区北环线泾阳北出口－泾惠大道向东 1.5 公里	普通住宅
新里城兰亭公馆	西安	西咸新区	西咸新区科技西路与富源五路交会处西南角	普通住宅
星河湾	西安	西咸新区	西咸新区秦汉新城兰池大道中段	普通住宅
旭辉江山阅	西安	西咸新区	西咸新区兰池大道与秦宫四路东北角	普通住宅
御河上院	西安	西咸新区	西咸新区秦汉新城金旭路与朝阳七路向西 300 米	普通住宅
招商雍景湾	西安	西咸新区	西咸新区西咸国际文化教育园学苑五路与中央大街十字西南角	普通住宅
中国铁建西派时代	西安	西咸新区	西咸新区白马河路与永平路交会处东北角	普通住宅
中梁国宾府	西安	西咸新区	西咸新区兴教大街与顺义路十字(枫叶国际学校东侧)	普通住宅
中梁壹号院	西安	西咸新区	西咸新区秦汉大道与萧何路交会处向东 200 米	普通住宅
中南湖畔堤	西安	西咸新区	西咸新区沣东新城世纪大道	普通住宅
中南菩悦东望城	西安	西咸新区	西咸新区泾河新城沣泾大道与泾五路交会处	普通住宅
紫薇铂樾府	西安	西咸新区	西咸新区沣西新城白马河路中段、沣西实验学校东侧	普通住宅
紫薇大都会	西安	西咸新区	西咸新区沣西新城永平路以南，永泰路以北，同仁路以东	普通住宅
福星惠誉·美术城云玺	西安	西咸新区	西咸新区空港新城国际美术城北侧	普通住宅、别墅
金辉城	西安	西咸新区	西咸新区茶马大道与泾河大道交会处向西约 3 公里	普通住宅、别墅
泰盈奥林匹克花园	西安	西咸新区	西咸新区绕城高速和世纪大道西北角	普通住宅、别墅
梧桐年华	西安	西咸新区	西咸新区阿房路与阿房一路交会处向北 200	普通住宅、别墅
德杰国际城	西安	西咸新区	西咸新区秦汉新城兰池大道 15 号	普通住宅、别墅、酒店式公寓
启迪佳莲未来科技城	西安	西咸新区	西咸新区秦汉新城兰池大道与秦宫三路西北角	普通住宅、公寓
西安恒大文化旅游城	西安	西咸新区	西咸新区秦汉新城泾渭大道与沣泾大道交会处向西	普通住宅、公寓
中南上悦城	西安	西咸新区	西咸新区太平路与征和六路交会处东北角	普通住宅、公寓
金科世界城	西安	西咸新区	西咸新区世纪大道与同文路十字南 600 米	普通住宅、公寓
蓝光雍锦湾	西安	西咸新区	西咸新区新咸户路与天雄西路十字向北 300 米	普通住宅
华宇东原阅境	西安	西咸新区	西咸新区西三环与枣园西路交会处东北角	普通住宅
富华博派时代	西安	长安区	长安区东长安街与雁塔南路十字东南角	公寓
鹏润悦秀城	西安	长安区	长安区学府大街与书香路交会处向西约 200 米路北	公寓、商铺、建筑综合体
海亮德文郡	西安	长安区	长安区翰林路与建业二路十字西北角(长安朱雀市场对面)	普通住宅
天浩上元郡	西安	长安区	长安区长安南路与东长安街交会处向东 500 米	普通住宅
雅居乐湖居笔记	西安	长安区	长安区子午大道中段(西安邮电大学南 880 米)	普通住宅
中海长安府	西安	长安区	长安区学府大道与翰林路十字东北角	普通住宅
恒大养生谷	西安	长安区	长安区子午大道与神禾二路十字往东 200 米	普通住宅、公寓
长安金茂府	西安	长安区	长安区汇文街与学府大街交会处	普通住宅
万科城如园	西安	长安区	长安区书香路与西长安街十字东北角(西安邮电大学正对面)	普通住宅
紫薇睿纳时代	西安	长安区	长安区西长安街陕师大向西 200 米路北	普通住宅

奥园和悦府

西安 品牌房企 生态公园 健康住宅

奥园和悦府位于西安市南三环与子午大道交会处东南角，项目总占地约66671平方米，容积率约3.98。分为南北两个地块开发，北地块为高端酒店、商业以及品牌教育配套用地，南地块为住宅用地。

专家点评

李玮·西安日报传媒集群经营中心总经理助理

奥园和悦府户型产品覆盖面较为宽泛，分别有建筑面积120~143平方米三居、143~173平方米四居、320平方米五居，纯改善型社区，并且与城市生态公园为邻，居住舒适度高。

项目地址：

西安市南三环与子午大道交会处东南角

开发商：

西安奥宏置业有限公司

建筑类型：

高层

主力户型：

120~143平方米三居、143~207平方米四居

周边配套：

城市生态公园、欧亚学院、中国兵器工业五二一医院

参考价格：

18000元/平方米

楼盘优势：

该项目占据了城南“金腰带”的位置，向西为高新区，向东为曲江，出行便利。整个社区规划完善，为纯改善型社区。

项目解析

【区域维度】

奥园和悦府位于西安市南三环与子午大道交会处东南角，隶属于城南区域。占据“城南金腰带”南三环，西进高新都市之门板块，东拓曲江CCBD区域，南望大学城，北连城南主城区。项目向东约3.3公里到达曲江5A级国家文化旅游示范区，南侧与长安大学城衔接。项目北侧为南三环，西侧为子午大道，路网通畅，出行便利。途经项目的公交路线有268路、280路、173路、150路、183路、环山旅游2号线等。

在老西安人的传统观念里，城南一直都是置业的热门区域，因其坐拥南山脚下平整开阔的地势而特别适合居住。西安人之所以追求住在城南，与其自身具备的厚重历史文脉、优美的自然环境、成熟的商业环境和生活配套、国家级产业航天基地等多元符号密切相关。

【口碑维度】

中国奥园集团1996年创立于广州，2007年在香港联合交易所上市。二十多年来，奥园布局全国100多座城市和澳大利亚、加拿大等境外地区，形成华南区域、华东区域、中西部核心区及环渤海区域四大经济核心区和世界三大洲的发展布局。匠心打造精品项目近200个，为众多业主带来健康美好的生活方式。

2018年，奥园商业地产集团首入西安，首发为韩森东路的奥园誉府项目。此楼盘以其优越的地理位置和高性价比备受追捧，一举成为城东区域的热门楼盘。

2019年奥园商业地产集团首进城南，奥园和悦府应运而生。楼盘定位奥园“TOP系”高端产品，户型面积120~320平方米，为高端改善型社区。

【产品维度】

奥园和悦府总占地约66671平方米，容积率约3.98，绿地率约32.5%，规划容纳约1800户。分南北两个地块开发，北地块为高端酒店、商业以及品牌教育配套用地，南地块为住宅用地。

整个社区产品面积120~320平方米，立志于打造高端纯粹社区的典型之作。景观设计结构为“一轴一环三园”的空间礼序，项目由外至内，纳入外部生态大环境、医疗环境等元素，内部包含硬件、软件、平台、服务等整合集聚，提升居住舒适度。

楼盘物业为奥园物业据其官网资料显示，具备国家一级物业资质，2019年在香港联合交易所上市。目前服务管理全国项目近50个服务项目涉及大型住宅小区、商业综合体、公寓及写字楼、高端别墅等。物业通过ISO9001:2008质量管理体系认证，为全国各在管项目提供高品质物业服务和精细化质量管理。

【销售维度】

奥园和悦府首期开发南地块，由十二栋大平层和一所品牌幼儿园构成。部分建筑面积120~130平方米的小面积产品梯户比为一梯两户，143平方米以上产品梯户比为两梯两户，320平方米的产品梯户比做到两梯一户，更大程度保证了居住者的舒适度。项目户型分为注重满足居家功能的舒适三室、尺度开阔的四居以及少部分豪华五室。

奥园和悦府以其优越的地理位置以及产品面积的多样性，给购房者在城南置业提供了一次新的机会。

更多楼盘详情扫码查看

保利和光尘樾

西安　沣东新城　品牌地产　低密社区

保利和光尘樾位于西安市征和四路与太平路十字东南角，项目总建面 700000 平方米，容积率 2.8，总户数 3600 户。产品类型涵盖高层、洋房和叠拼，装修交付。

专家点评

李玮·西安日报传媒集群经营中心总经理助理

保利和光尘樾产品类型丰富，包含高层、洋房和叠拼。容积率2.8，户型面积90~143平方米，大部分户型三面宽朝南，所有标准层户型保证双卧朝南，且采用全屋智能化装修以及壁纸交付，是典型的改善型产品。

项目地址：

西安市征和四路与太平路十字东南角

开发商：

陕西保利房地产开发有限公司

建筑类型：

高层、洋房、别墅

主力户型：

90 平方米二居、103~129 平方米三居、140~143 平方米四居

周边配套：

沣东自贸产业园、新城吾悦广场

参考价格：

高层 14000 元 / 平方米、洋房 18000 元 / 平方米

楼盘优势：

央企保利进驻西咸新区的第二个楼盘，地处沣东新城，整体密度较低，居住舒适度高，得房率高。

项目解析

【区域维度】

保利和光尘樾位于西安市西咸新区沣东新城沣东征和四路与太平路十字东南角。沣东新城作为西咸新区的龙头，东接西安主城，西接沣河，北临渭水，南临万亩昆明池，顺理成章地成为大西安“西进”发展的门户以及科技创新引领轴的核心承载区。

保利和光尘樾周边的主干道有世纪大道、征和四路、太平路、西安绕城高速。其中，世纪大道是连接西安主城区的主干道，向东到达三桥、西安主城区，向西可到达沣西新城、咸阳；由征和四路向东可到达三桥万象城；太平路作为南北走向的一条主干道，向南可到达红光路，连接西安高新区。

项目周边的公共交通有沣东快线1号线和826路公交车，其中沣东快线1号线对接地铁3号线鱼化寨站，可到达高新区；826路公交对接地铁1号线，可到达西安主城区、咸阳沣河森林公园等地。

【口碑维度】

中国保利集团是由国务院国有资产监督管理委员会管理的大型中央企业，业务遍布全球100余个国家。截至2019年7月，最新数据显示，保利集团位列《财富》“世界500强”第242位。保利发展隶属于中国保利集团，根据官网资料显示，在福布斯“世界500强”排名第245位。

保利发展以广州为根据地，从2012年起逐步完善包括陕西、甘肃、新疆和西藏在内的大西北布局，目前已经在全国100余城市开发了品质楼盘。自2012年进入西安以来，已经在城北、曲江、浐灞、高新、城东、沣东等区域开发了多个项目，并且已经交付入住多年。产品从普通住宅到花园洋房再到写字楼，深耕西安7载，布局十三盘收获了无数的好评和口碑。2019年在西咸新区推出保利和光尘樾，为保利在西咸的第二个项目。与首个项目相比，从产品到规划均有升级。

【产品维度】

保利和光尘樾总建筑面积700000平方米，容积率为2.8，绿化率35%，项目总户数3600户，车位数4600个。社区分两个地块开发，主要产品为洋房、高层和叠拼别墅。其中，项目一期规划八栋花园洋房(6+1)和十栋高层(18~33层)；项目二期规划十一栋高层、八栋洋房、八栋叠拼。

值得一提的是，项目高层户型面积90~143平方米，大部分户型三面宽朝南，所有标准层户型保证双卧朝南，且采用全屋智能化装修以及壁纸交付。同时，引进保利第五代“全生命周期”系统，适老适幼设计，属典型的改善型产品。

此外，保利和光尘樾社区内规划有夜光跑道、儿童游乐区、约700米中央景观步道等社区休闲广场。这不仅为业主提供了活动场地，也在一定程度上保证了居住的舒适度。

【销售维度】

根据开发企业案场统计，自2019年4月保利和光尘樾面市以来，截至11月底，已经销售了1800多套，月均销售近300套。其中，项目一期销售去化比例已达到95%以上。

作为一个改善型纯新盘，在初期入市价格高于周边项目的情况下，保利和光尘樾凭借其品牌和产品的优势异军突起。随着周边配套的不断完善，相信更多购房者会发现其优势。

更多楼盘详情请扫码查看

富力开远城

西安　土门板块　城市地标　大型商业

富力开远城位于西安市丰镐西路与团结南路交会处，处于土门商圈的核心位置，紧邻西高新（昆明路），靠近西二环。整个项目规划涵盖商业、酒店、写字楼、购物中心等，占地 3000000 平方米。

项目地址：

西安市莲湖区丰镐西路与团结南路交会处

开发商：

西安坊城置业有限公司

建筑类型：

高层、超高层

主力户型：

86 平方米二居、108~120 平方米三居

周边配套：

土门国际购物中心、西安第一附属医院、地铁 5 号线

参考价格：

约 16961 元 / 平方米

楼盘优势：

属于土门商圈，位于土门购物中心对面，地铁 5 号线沿线。涵盖住宅、商业和酒店等丰富的业态。

专家点评

刘四海・陕西省房地产研究会媒体委员会主任

富力开远城对面为土门购物中心，规划涵盖住宅、购物中心等。首开两栋楼主推108平方米三居户型，入户即大餐厅和客厅的动区，三卧室组成的静区在西南角，卫生间在北，娱乐和休息互不干扰。

项目解析

【区域维度】

富力开远城位于西安市丰镐西路与团结南路十字交会处，处于土门商圈的核心位置，紧邻西高新(昆明路)、靠近西二环；从位置来看，该楼盘临近主城区，地理位置还是不错的。周边有十几条公交线路，可直接通往城南、高新、曲江、城北、城东等区域。项目周边的地铁有1号线开远门站、3号线丈八北路站、规划中的地铁8号线(土门站、新桃园站)、正在修建中的地铁5号线(汉城南路站)，其中地铁5号线是距离富力开远城(距离首开DK6地块最近)最近的地铁站点。

项目周边的城市主干道有大庆路、丰镐西路、昆明路(东西走向的主干道)；汉城南路、团结南路、西二环，因此自驾出行也十分便利。

但不可否认的是，城西一直是西安城区中发展最滞后的片区，区域城市面貌落后，加之二十世纪五六十年代老重工业企业多、污染大，区域环境有待改善；此外，相比高新、曲江、经开核心区域，环境较为嘈杂，且城中村较多，人员结构复杂。富力的到来能在一定程度上改变土门目前的状况。

【口碑维度】

在施行摇号政策的西安楼市里，富力地产秉持打造“地标型”建筑的理念，产品规划从购房者实际出发，公园和购物中心等均有涵盖。让购房在居住的同时就能享受配套的福利。

富力地产在西安属于进驻较早的全国品牌房企，位于航天新区的富力城在购房者心中属于一个成熟的小区。无论是富力的品牌，还是小区的绿化，以及配套等设施的完善，再到公共区域的交付都引起了好的反响。

【产品维度】

本楼盘涵盖了商业中心、文化中心、休闲中心等，建成后的富力开远城将是集办公、酒店、购物、休闲、文化、住宅于一体的商业综合体。

项目首开推出的住宅部分为DK6，分别为6-1号楼、6-2号楼，全部2梯4户、34层、2个单元。户型设计上主推125平方米三居，整个户型无过道面积浪费，餐客一体整体空间感强，不仅提高了利用率也使私密性得到了保证。客卫干湿分离的设计，方便实用，与次卧和儿童房距离合理。

【销售维度】

富力开远城位于莲湖区丰镐西路与团结南路交会处。根据开发企业在案场的数据统计，2019年9月26日首次开盘共推538套房源，吸引了大批购房者到场。该楼盘还处于顺销期，据悉后期会有新楼栋加推。富力开远城是西安目前为数不多的主城区楼盘，加之富力品牌影响和地铁5号线的加持，另外项目本身为商业综合体，后期不管是出行、购物、升值潜力都非常令人期待。

就眼下而言，富力开远城给整个城西区域带来了新的生机，尤其让土门商圈再一次进入了购房者的视野，同时也为一直以来想在城西买房的购房者提供了新的机会。

更多楼盘详情请扫码查看

海伦湾

西安　浐灞新区　品牌地产　低密社区

海伦湾位于西安市浐河西路与新兴南路交会处，总占地面积 111470 平方米，容积率 2.0，规划总户数 1515 户。产品类型涵盖高层、叠墅、商铺，小区内规划入口景观区、运动休闲区和老人儿童活动区等。

项目地址：
西安市浐河西路与新兴南路交会处

开发商：
西安宝泽房地产开发有限公司

建筑类型：
高层、别墅、商铺

主力户型：
163~174 平方米三居、140 平方米四居

周边配套：
雁鸣湖公园、西安植物园、凯德广场御锦城店

参考价格：
17204 元 / 平方米

楼盘优势：
海伦湾是由海伦堡开发打造的低密社区，容积率 2.0，以品质改善型户型为主。南边和雁鸣湖生态湿地公园较近，东侧为浐河景观带，居住舒适度高。

专家点评

李玮·西安日报传媒集群经营中心总经理助理

海伦湾产品类型丰富，包含高层、叠墅和商铺，购房者选择较多。邻近公园，社区容积率低，以低密度改善型置业为主。171平方米D户型，上下分层，区域分割清晰，会客区与休息区整层分开，一层老人房，方便起居，高挑空，可拓展空间大。

项目解析

【区域维度】

海伦湾位于西安市浐河西路与新兴南路交会处，东临浐河，南边是雁鸣湖，周边生态资源丰富。浐河是“八水绕长安”的八水之一，而雁鸣湖是集滨河大道、城市景观、水面湿地与绿化景观于一体的生态景观廊道。

海伦湾周边的道路有浐河西路、新兴南路、咸宁东路等，通过浐河西路一路向北可到达浐灞核心区域，通过新兴南路向西可到达曲江、城南。咸宁东路则连接东二环，出行较为方便。周边的公交车有607路、浐灞地铁3号线、717路等，可到达城东、浐灞、曲江等区域，同时可对接地铁1号线。

【口碑维度】

海伦堡1998年成立于广州，其官网资料显示，截至2019年6月30日，海伦堡拥有131个处于不同开发阶段的项目，总土地储备面积2490万平方米，已在珠江三角洲地区、长江三角洲地区、京津冀地区、华西及华中地区的12个省及直辖市的34个城市占据一席之地。2018年被中国房地产协会、上海易居研究院和中国房地产测评中心评选为“中国房地产开发企业50强”。

深耕西安8年，海伦堡已开发四个楼盘，分别为海伦春天、海伦国际、海伦湾和海伦印象。整个楼盘的定位呈现了阶梯式的发展，从刚需到改善，代表着海伦堡在西安整体规划的升级。已经交房的海伦春天和部分交房的海伦国际，均在区域内备受关注。

总体上看，海伦堡在西安的楼盘数量虽不多，但受众定位清晰，不管是周边的商业配套，还是地段优势、生态环境，都有可取之处。尤其是位于浐灞的海伦湾，社区整体品质较高，市场关注度一直较高。

【产品维度】

海伦湾占地面积111470平方米，建筑面积315862平方米，社区总户数1515户，容积率2.0。社区内部规划五重墅质园林景观设计，占地面积大。另设有多处主题景观区，包含入口景观区、运动活力区、中心休闲区、老人儿童活动区等，设施配套齐全，业主活动空间大。

项目推出的“6+1”创新退台叠拼，实现下庭院上露台、多变空间等高附加价值，另有大面积赠送。与周边竞品比较，海伦湾项目具有一定的差异性。设计主推171平方米D户型，上下分层，区域分割清晰，会客区与休息区整层分开，互不干扰；全龄成长空间，一层老人房，方便起居，二层主人套房及儿童房，尊重三代人的生活习惯；高挑空，可拓展空间大，可改造儿童房、娱乐空间等，赋予生活更多可能。

【销售维度】

根据开发企业案场数据统计，海伦湾2019年共计开盘四次。1月6号推出房源305套，当月去化293套，去化率96%。10月29号推出80套叠墅房源，户型面积140~174平方米，当月去化39套，去化率49%；12月5号第三次推售70套叠墅房源，当月去化66套，去化率94%，12月19日第四次推售60套叠墅房源，当月去化49套，去化率82%。

好的去化率，一定是以好产品为基础。海伦湾整体的产品品质较高，外加周边环境和价格等加分项加持，受到购房者青睐也在情理之中。

更多楼盘详情请扫码查看

华润置地万象域

西安　西咸新区　品牌地产　地铁沿线

华润置地万象域位于西安市三桥新街与征和六路交会处西南角，总面积约 49 万平方米，主打商业办公空间和双倍空间。规划涵盖超高层办公楼、超高层创意空间、平层户型以及 BLOCK 街区。

项目地址：
西安市三桥新街与征和六路交会处西南角

开发商：
华润置地众鑫（西安）房地产有限公司

建筑类型：
公寓、LOFT、写字楼

主力户型：
38~45 平方米二居

周边配套：
万象城、华润万家、地铁 1 号线

参考价格：
10300 元 / 平方米

楼盘优势：
华润置地在西咸新区继华润二十四城之后打造的第二个项目，涵盖公寓、写字楼和 LOFT 等产品类型。地处沣东新城三桥板块，周边配套成熟。

专家点评　宁高伟 · 陕西省房地产商会秘书长

华润置地万象域地处沣东新城三桥板块，东临西安主城区，地铁1号线沿线，占据品牌、地段和配套等多重优势。主打商业办公空间以及当下流行的双倍跃空间。主推户型38~45平方米的创意空间，后期可设计为小型工作室、会客厅、民宿等。

项目解析

【区域维度】

华润置地万象域位于三桥新街与征和六路交会处西南角，属于西咸新区沣东新城。西咸新区是全国第七个国家级新区，也是经国务院批准设立的以创新城市发展方式为主题的国家级新区。而沣东新城又位于西安市主城区与西咸新区的交会之处，是被官方认定的大西安新中心、新中轴。两者相互叠加，形成的效应不可估量。

区域内交通四通八达，城市主干道有西三环、三桥路、天台路等，沿这些道路自驾可到达高新、城北、沣东新城核心区域以及西安主城区等。除了四通八达的区域道路，项目周边有1060路、1120路、1121路、222路、366路、503路、59路、701路、725路、825路等多条公交车线路，可通往西咸和西安城南、城东、城中等区域，非常便利。

【口碑维度】

官网资料显示，华润置地有限公司(公司简称：华润置地，股票代码HK1109)是“世界500强”企业华润集团旗下负责城市建设与运营的战略业务单元，定位城市综合投资开发运营商。公司业务包括住宅开发、商业地产、城市更新、物业服务、康养地产、长租公寓、产业地产、文化体育与教育地产、影院、建筑、机电、装饰、家具等。1994年改组成立，1996年在香港联交所上市，2010年被纳入香港恒生指数成分股。

2012年华润置地进入西安，打造了西咸新区首个项目——华润二十四城及西咸万象城，不仅满足了该片区的居住、购物需求，同时带动了片区商业发展，影响了城市商业格局。另外，在住宅方面，2018年推出华润置地曲江九里、华润置地未来城市以及华润置地悦府。市政公建方面，华润置地开发建设西安奥体中心、西安丝路国际会展中心等项目。

据开发企业统计，华润二十四城目前已拥有近5000户业主，交付四年，社区底商成熟，而西咸万象城的年零售额超过10亿元。

【产品维度】

华润置地万象域总面积约49万平方米，主打商业办公空间以及现下流行的双倍空间。项目由一栋约180米的超高层办公楼，七栋约150米的超高层创意空间，一栋约100米内的平层户型以及3万平方米全开放式BLOCK街区组成。整体规划商务办公中心、双创文创基地、文化艺术酒店、特色垂直商业等功能板块。

项目主力户型为38~45平方米的创意空间，后期可设计为小型工作室、会客厅、民宿、收藏室、活动空间等，包容更个性化的生活理想，满足更多样化的功能需求。

【销售维度】

根据开发企业案场统计，华润置地万象域2019年11月30日开盘推售T9栋，推出即销售一空。有华润的品牌做背书，外加项目本身的产品规划、周边已经落地的成熟配套，地铁1号线以及西咸万象城、宜家家居等多重因素叠加，项目不仅自身获得高度关注，同时也和众多周边配套一起打造三桥万象商圈，带动了该区域的整体发展。

更多楼盘详情请扫码查看

金地格林云上

- 2019年 - 中国城市楼盘年鉴 典型项目

西安 空港新城 品牌房企 低密社区

金地格林云上位于西安市净业大街与立政路十字西南角，项目总占地面积约 67155 平方米，绿化率约 35%，容积率 2.0。整体规划以低密品质装修洋房为主，北侧规划约 3.3 万平方米 BLOCK 街区，南侧自带约 5000 平方米幼儿园。

项目地址：

西安市城净业大街与立政路十字西南角

开发商：

西安金地浩泽房地产开发有限公司

建筑类型：

小高层、洋房

主力户型：

100~118 平方米三居、130~143 平方米四居

周边配套：

唐顺陵遗址公园、空港国际医院、空港实验中学

参考价格：

10000 元 / 平方米

楼盘优势：

金地格林云上为金地集团进驻西咸新区首个楼盘，地处空港新城。小区规划以小高层和洋房为主，容积率低，整体得房率高，项目南侧自带幼儿园。

专家点评 刘四海·陕西省房地产研究会媒体委员会主任

金地格林云上为低密高端社区，三室起步，全装修交付。与20万平方米中央公园一路之隔，周边有空港国际医院和空港实验中学。社区自带幼儿园，业主子女入学便利。

项目解析

【区域维度】

金地格林云上位于净业大街与立政路十字西南角，隶属于西咸新区空港新城。周边三纵三横立体交通环绕，以沣泾大道、周公大道和天翼大道为主要干道，出行便利。另外，还有福银高速和机场高速等为自驾出行提供方便。项目途经公交车有8路、802路、1140路；临近地铁13号线艺术中心站，搭乘此路线可到达北客站乘坐高铁。

空港新城作为西北地区重要的航空、铁路、高速公路汇集的核心交通枢纽，拥有陕西唯一的国家一类对外开放口岸，也是陕西发展临空经济的重要承载区。依托国家级新区发展红利，空港新城乘势而上，全面建设第四代国际空港城市，一座国际化、人文化、生态化、智慧化的现代城市正在拔地而起。

【口碑维度】

金地集团(600383.SH)创始于1988年，开发业务已遍及全球。目前业务包括住宅开发与销售、商用地产开发与销售及持有运营、房地产金融、物业服务与社区经营、以网球为核心的体育产业集群运营等，开发及持有的住宅及商用地产项目覆盖中国七大区域、50余座城市，并覆盖美国东西海岸的六个不同城市和地区，拥有十三个项目。金地已为中国超过60万户家庭提供标准化、系列化的住宅与社区商业产品。

金地西部区域公司2005年进入西安，素有“一个金地，半个曲江”的豪宅专家之称。从曲江一期的金地曲江尚林苑、金地湖城大境等，到二期的金地褐石公馆和金地南湖艺境，再到高新的金地西沣公元，所到之处皆为经典，已在西安房地产市场形成了一定的影响力，在购房者中也形成了一定的口碑。无论是金地的品牌，还是小区的园林景观，再到配套的完善等，均可经得起推敲。

金地格林云上是继曲江、高新之后金地的又一个经典项目。以低密度和高品质为切入点，打造纯粹的洋房住区。

【产品维度】

金地格林云上定位为改善型住宅，产品以大面积户型为主，户型区间有100平方米、118平方米三居，130平方米、143平方米四居。项目整体规划以低密度品质装修洋房为主，北侧规划约3.3万平方米BLOCK街区，南侧自带约5000平方米幼儿园。

项目有洋房和小高层产品，其中小高层为100、118平方米三居，整体户型设计合理，没有面积浪费。洋房包含130平方米和143平方米四室两厅两卫，户型方正，南北通透，功能分区合理。以上产品设计，不仅保证了较高的居住舒适度，也满足了改善型购房者对于生活品质的追求。

截至2019年末，金地格林云上周边道路修建已经完成。项目位于十字路口，紧邻两条大道，且距沣泾大道和泾渭大道都比较近，前往市区和外地都比较便捷。随着轨道交通经济的加持，“高铁+地铁”不仅会带来人口的流动，也会拉近区域之间的联系。金地格林云上占据了这两大优势，未来发展值得期许。

更多楼盘详情请扫码查看

金辉江山铭著

西安　低密社区　地铁沿线　改善住宅

金辉江山铭著位于西安市矿山路与北辰东路十字东北角，东二环沿线。小区总建筑面积约 37 万平方米，总规划户数约 1978 户，绿地率 35%，容积率为 2.5。规划涵盖高层、小高层和复式洋房产品。

项目地址：

西安市矿山路与北辰东路十字东北角

开发商：

西安辉耀房地产开发有限公司

建筑类型：

高层、小高层、复式洋房

主力户型：

106~116 平方米三居、126~136 平方米四居

周边配套：

大明宫遗址公园、西安北环医院、地铁 3 号线

参考价格：

16031 元 / 平方米

楼盘优势：

金辉江山铭著地处西安市东二环地铁 3 号线沿线，周边配套成熟，交通便利。整个小区规划涵盖高层、小高层和复式洋房产品，可以满足不同阶段的改善型需求。

专家点评

刘四海·陕西省房地产研究会媒体委员会主任

金辉江山铭著占据了西安东二环的成熟配套以及交通便利性。另外，还有地铁3号线加持，让其优势更为突出。高层和小高层均为精装修交付，更配备了新风除霾、一键开关等人性设计，保证了业主的居住舒适度。

项目解析

【区域维度】

金辉江山铭著位于西安市矿山路与北辰东路十字东北角，该区域是城东和浐灞区域的交会处。矿山路是西安东二环沿线的老牌路之一，向东可到达浐灞新区，向西穿过二环，沿太元路可到达大明宫遗址公园。住在这里的业主，自主出行非常便利，无论前往哪个区域都很方便。另外，在公共交通方面，最近的站点为地铁3号线辛家庙站，可以直接到达浐灞、大雁塔、小寨和高新等热门板块。

项目所在地为辛家庙商圈，周边的生活配套已经发展成熟，日常生活所需的蔬菜、水果，基本都能在家门口置办齐全。另外，如果需要购物、休闲，周边几公里范围内有大明宫万达、万和城购物中心等。楼盘本身也配有约13000平方米风情商业，后期业态规划涵盖蔬果超市、便利店、社区医药超市、干洗店、宠物店等，可满足高品质日常生活所需。

【口碑维度】

金辉集团成立于1996年，是以房地产开发、物业管理、物业租赁为主营业务的大型房地产开发企业集团。经过23年发展，金辉集团已成为一家专注开发优质住宅物业的全国性品牌开发商，已进驻北京、上海、南京、长沙、杭州等25个核心城市，开发项目百余个。

2006年，金辉集团进驻西安，先后在高新、曲江、城西等区域开发了不少代表性项目，从早期的金辉融侨馨苑、金辉曲江观邸、金辉融侨城，到曲江的典型项目金辉世界城、金辉公园里等。2018年的金辉高新云璟、2019年的金辉江山铭著，是金辉集团这两年重点打造的楼盘，不断为西安购房者提供更多高品质的舒居选择。

【产品维度】

2018年金辉抢占东二环，打造旗下铭著系产品，该系项目主要分布在全国一、二线城市，主要面对城市高端改善人群。金辉江山铭著项目住宅总建筑面积37万平方米，项目规划29栋楼，由13栋复式洋房、6栋小高层、6栋高层住宅，3栋商业和1所幼儿园组成。项目整体分为两期开发，一期为1~14号楼、29号楼，二期为15~28号楼。

建筑面积136平方米的户型，所在楼栋为纯板小高层，得房率高。三开间朝南采光设计，南北通透，保障主卧与次卧直面阳光，通风流畅；客厅连通景观阳台，充分保留视野的开阔度；四室两厅全能户型，预留百变空间，可根据居住家庭结构自由调整。

【销售维度】

金辉江山铭著2019年11月28日首次开盘，推出1号、6号、8号、9号楼共计478套房源。其中，1号楼共有32层、两个单元，均为两梯四户，面积分别是108平方米和116平方米；6号楼共有15层、两个单元，为两梯两户，面积136平方米；8号楼共有16层、三个单元，是两梯两户，面积136平方米；9号楼共有17层、三个单元，同样为两梯两户，面积136平方米。

金辉江山铭著配套成熟，周边小区均已交房入住，基本都是刚需产品。而江山铭著定位为高端改善型社区，在一定程度上体现了产品的差异性，从开发商拿地之后就一直备受关注。

更多楼盘详情请扫码查看

朗诗未来街区

西安　西咸新区　绿色地产　地铁沿线

朗诗未来街区位于西安市昆明路与西余铁路交叉口以东 50 米、昆明路以北，属于西咸新区沣东新城。项目规划 5 栋高层住宅，户型面积 78~103 平方米，总建筑面积 85110 平方米，共 603 户，容积率 2.8。

项目地址：

西安市昆明路与西余铁路交叉口以东 50 米、昆明路以北

开发商：

西安嘉鹏房地产开发有限公司

建筑类型：

高层

主力户型：

78 平方米二居、93~103 平方米三居

周边配套：

新城吾悦广场、红光公园、地铁 5 号线

参考价格：

13500 元 / 平方米

楼盘优势：

朗诗未来街区为朗诗地产进驻西咸首个楼盘，新城吾悦广场和地铁 5 号线双项加持，每户配备新风除霾系统，产品附加值高。

专家点评　宁高伟·陕西省房地产商会秘书长

朗诗未来街区地处沣东新城，为西咸新区近年来重点打造的区域。项目自带底商，规划5栋楼，容积率2.8。周边有已经交房的社区，可共享配套，满足日常生活所需。

项目解析

【区域维度】

朗诗未来街区是朗诗进驻西安后，继曲江的朗诗雁南栖之后第二个楼盘。项目位于西安市昆明路与西余铁路交叉口以东50米、昆明路以北，南侧昆明路有地铁5号线在建中，距离最近的站点为阿房宫站。5号线开通后，未来到达主城区以及城东等均很便利。另外，沿着昆明路往西，西三环至西二环正在修建快速干道的高架桥，未来从这里到达高新区更为便捷。

目前该区域的公共交通较为便利，公交车有725路、703路、907路、831路、824路、226路等。生活和商业配套方面，项目西侧新城吾悦广场已经开业。这一商业综合体的建成营业，对于周边至少3公里范围内的生活配套都会有很大的改善。

【口碑维度】

朗诗地产成立于2001年，是国内知名的绿色开发运营商和生活服务商，跻身“中国地产100强企业”。截至目前，其业务范围已遍及北京、上海、深圳、天津、重庆、南京、杭州、武汉、成都、西安、广州等全国30多个主要城市以及美国主要一线门户地区。在绿色住宅产品上，朗诗独树一帜，已累计开发132个绿色科技项目。

朗诗地产2017年中进入西安，目前有曲江新区的朗诗雁南栖和沣东的朗诗未来街区两个楼盘面市。从这两个楼盘的地理位置来看，都属于区域的热门板块，不管是交通还是生活配套都具有一定的竞争力，发展潜力大。另外，在朗诗的业务线上，长租公寓是仅次于绿色地产的第二大板块，相比地产产品，“朗诗寓”早在2017年就已经落地西安市场。三年时间，朗诗已经在西安进行了多业务线的布局和发展。

【产品维度】

朗诗未来街区占地面积22567平方米，容积率2.8，绿化率35%，主要产品为高层，社区内部由5栋高层组成，主力户型面积78~103平方米，精装修交付。朗诗根据西安市场的特点，对产品进行全新的定位和规划。每一户都配备了全置换式新风系统，用以抵御雾霾，精装修的建材则按照朗诗体系内的绿色环保标准统一执行。另外，窗户玻璃统一配置为双层中空玻璃，隔绝噪声。以上在产品的诸多体现上，购房者的居住品质得到了一定的保障。

整个小区采用围合式布局，项目自身还配有约2000平方米的社区商业，以满足业主日常生活所需。另外，小区以“悦动青春”运动系统为核心，搭载社交空间、儿童乐园、宠物空间、雨水花园四大功能区，打造年轻人居住的社区。

【销售维度】

根据开发企业案场统计，朗诗未来街2019年10月7日首次开盘推出2号楼128套房源，面积92~103平方米，开盘当天去化率100%。此外，11月9日推出1号楼62套房源，面积78~103平方米；11月30日推出5号楼120套房源，面积94~96平方米。在高频率推售下，项目持续保持高去化率，奠定了朗诗未来街区在高新西区域的较好口碑。

更多楼盘详情请扫码查看

绿地璀璨天城二期

西安　浐灞新区　品牌房企　低容积率

绿地璀璨天城二期位于西安市秦汉大道与港务西路交会向东 300 米，项目占地 8904 平方米，容积率 2.5，绿化率 35%，5710 户。社区规划的产品类型包含高层和洋房，自带蒙台梭利双语幼儿园。

项目地址：

西安市秦汉大道与港务西路交会向东 300 米

开发商：

西安陆港绿地置业有限公司

建筑类型：

高层、洋房

主力户型：

97 平方米二居、118~130 平方米三居

周边配套：

国际陆港第二小学、综合保税区、地铁 3 号线保税区站

参考价格：

12194 元 / 平方米

楼盘优势：

“世界 500 强”大型综合企业集团，在超高层、综合体等方面佳作颇多、成绩斐然。项目地处港务区全运板块，低密社区。

专家点评

宁高伟 · 陕西省房地产商会秘书长

绿地璀璨天城二期产品涵盖高层和洋房，容积率2.5，整个小区为法式建筑，整体舒适度高。处于地铁3号线沿线，港务区核心板块，首期推出的120平方米三居室，三开间朝南，主卧带有卫生间，客厅和次卧连接大型景观阳台，采光及舒适度较好。

项目解析

【区域维度】

绿地璀璨天城二期位于港务区秦汉大道与港务西路交会向东300米，处于西安国际港务区重要位置。港务区西沿灞河，北至铁路北环线，东至西韩公路，南接城市三环和西安绕城高速。地处西安东北角，灞渭三角洲中央绿肺地带。在曲江、浐灞、国港三大新区中，坐拥国际物流、跨境电商、现代金融三大支柱产业。

小区西门距离地铁3号线保税区站东南角C口仅300余米，周边有灞渭车游湿地公园、浐灞国家湿地公园等。

西安国际港务区项目原为陕西省西安市“十一五”规划物流龙头项目，被省政府列为争取国家“十一五”规划重大建设项目，由西安浐河经济开发区规划、设计、整体开发。西安国际港务区以现有铁路、公路等运输手段为依托，以与沿海国际港口合作为基础，在内陆形成海陆联运的聚集地和结合点。

【口碑维度】

绿地集团由国资委创办于1992年，历经27年的发展与创新，已成为以房地产开发为主业的大型综合企业集团。2012年跻身财富“世界500强”，2019年排名252位。在超高层、综合体等方面佳作颇多、业绩斐然。2004进驻西北，在西安的高新、曲江、经开、浐灞、沣东等区已投资开发二十余个项目。

绿地璀璨天城一期在2018年推出之时，凭借其9字头的价格，引发刚需购房者的追捧。其中，115平方米户型以高得房率圈粉无数，成为高性价比户型的代表之一；标准南北通透三居室，三开间朝南，客厅和次卧均带有南向阳台。

【产品维度】

绿地璀璨天城是绿地集团在港务区打造的墅质洋房高端低密住区，整体社区规划为高层和洋房，建筑风格为法式建筑。在安防系统方面，采用绿地八重安防系统，其中外围四重，包含入侵报警、视频监控、电子巡更、五方通话。整个社区全WiFi覆盖，户外母婴室等细节为生活提供便利。

2019年11月16日，绿地璀璨天城二期示范区开放，此次的产品不仅在景观上做了升级，同时在品质上也有了新的创新，将新风系统、防漏除臭、感应夜灯、双层LOW-E玻璃等健康人居理念引进到住宅层面。98平方米和118平方米样板间，户型方正、南北通透，整体户型设计从体验、社交和品质出发，以户户大面积景观阳台等功能空间，为购房者打造丰富立体的居家感受。

【销售维度】

绿地璀璨天城二期在2019年11月23日~25日进行了3号、5号和6号楼的购房意向登记，其中293组家庭提交了购房意向登记申请，通过核验119组家庭。本次推出了282套房源，户型97~130平方米，预售证号2019487。

绿地璀璨天城二期以“世界500强”品牌开发商为背景，占据港务区的核心地段，低密度、舒适度高成为购房者选择的主理由。未来，随着第十四届全国运动会的召开，该区域的配套将会进一步完善，其潜力将会再次凸显。

更多楼盘详情请扫码查看

万达西安ONE

- 2019年 - 中国城市楼盘年鉴 典型项目

西安　品牌地产　配套完善　城市地标

万达西安 ONE 位于高新区木塔寺板块核心区域，总建筑面积 1700000 平方米，其中住宅类产品容积率 3.0，绿化率 40%，规划总户数 2000 户。产品业态涵盖公寓、LOFT 和普通住宅等。

项目地址：
科技六路与唐延路交会处东南角

开发商：
陕西锦世达置业有限公司

建筑类型：
公寓、LOFT、住宅

主力户型：
110~145 平方米三居、160 平方米四居

周边配套：
高新万达广场、木塔寨公园、唐城墙遗址公园

参考价格：
20502 元 / 平方米

楼盘优势：
万达西安 ONE 作为万达“ONE 系”产品国内首开力作，是万达集团布局西安的第五个项目。配套高新万达广场，涵盖大型商超、公寓、LOFT 和普通住宅。周边有建设中的地铁 6 号线，交通便利。

专家点评

宁高伟·陕西省房地产商会秘书长

万达西安ONE项目地处高新核心区，周边配套齐全。西侧和南侧紧邻中国人寿办公大楼和延长石油研发中心大楼，地段无疑是项目核心卖点。整体户型经典实用，160平方米四居三卧室朝南，南北双阳台保证了整体的通透性和居住舒适度。

项目解析

【区域维度】

万达西安ONE地处高新区木塔寺区域，被三条城市中轴围合——唐延路、太白南路和丈八东路。由于它的中心位置，一直成为众人关注焦点。项目不仅被多条城市主干道环绕，而且紧邻正在建设中的地铁6号线。从道路交通情况来看，万达西安ONE周边道路包含唐延路、科技六路、高新路等高新区主干道。通过这些路网，不管是前往高新、曲江，还是老城区，都十分便利。另外，周边有木塔寺公园、唐城墙遗址公园等，适合改善型购房者对于环境的需求。在高新区的规划中，木塔寺区域将成为集商业、酒店、文化旅游等功能于一体的西安高新城市核心、城市文化旅游新地标等。

对改善置业者来说，公共交通从来都不是影响置业的重要因素，但万达西安ONE却占据了这种优势，周边的公共交通四通八达。项目紧邻在建中的地铁6号线木塔寺站，另外还有261路、280路、324路、411路、高新1号线、高新4号线、高新草堂专线等多条公交线路经过。从商业配套来看，万达西安ONE配建的高新万达广场已经对外营业，集吃、喝、玩、乐、购于一体。对于该区域来说，无疑是整体配套的大幅度提升。

【口碑维度】

万达集团创立于1988年，经过30年发展，已成为以现代服务业为主的大型跨国企业集团。万达官网资料显示，万达广场、万达影城、万达酒店、万达文化旅游城、万达宝贝王等均为中国知名品牌。2018年企业资产6257亿元，年收入2143亿元。

万达西安ONE作为万达ONE系产品国内首开力作，于2016年正式落子西安高新木塔寺板块，同时也是万达集团布局西安的第五个项目。纵观万达在西安早期的四个项目，均具备占据区域核心、交通便利等基本条件。高新万达广场的开业，不仅给万达西安ONE项目本身加分，更是给木塔寺区域整体锦上添花。

【产品维度】

万达西安ONE涵盖住宅和商业两个部分，商业部分高新万达广场已经开业。住宅整体定位以高端改善型产品为主，户型面积110~160平方米，为南北朝向户型，客厅卧室朝南，整体采光好，布局合理。另外，整体楼栋按照星级酒店规格打造，地上地下双入户大堂，LOW-E中空玻璃，隔音降噪70%以上。居住舒适度高，符合改善型购房者的置业标准。

另外，万达西安ONE所有户型均为毛坯交付，对于改善型购房者来说，装修选择空间较大。

【销售维度】

根据开发企业案场统计，万达西安ONE天玺组团的3号、4号楼于2019年9月30日开盘，共推出224套房源；线上登记700余组客户，当日到访600余组，开盘当天即售完，成交金额约7.22亿元，去化率100%。

万达西安ONE的高去化率再一次证明了购房者的眼光，同时也是对项目地段、配套、品牌和产品等一系列卖点的肯定。

更多楼盘详情请扫码查看

西安恒大文化旅游城

西安　西咸新区　品牌地产　人文度假

西安恒大文化旅游城是恒大旅游集团在西咸新区打造的文旅项目，总占地 5564000 平方米，绿化率 35%，产品类型涵盖高层、小高层和洋房。整个楼盘由游乐、文化、休闲、商业、旅居等部分组成。

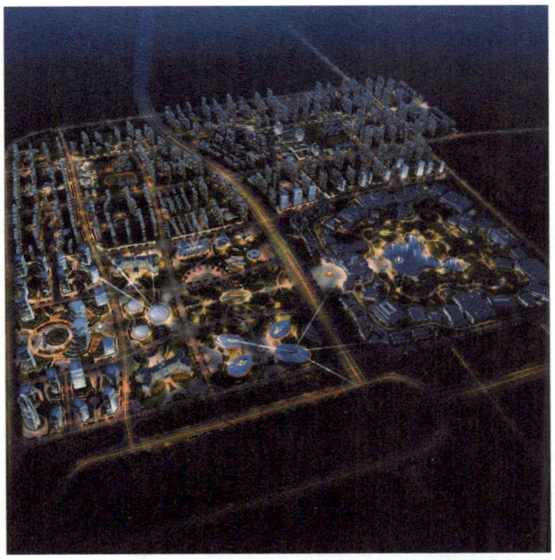

项目地址：
泾渭大道与沣泾大道交会处向西

开发商：
西安恒昌旅游开发有限公司

建筑类型：
高层、小高层、洋房

主力户型：
78~86 平方米二居、96~116 平方米三居

周边配套：
恒大童世界、秦汉森林公园、婚礼庄园

参考价格：
9000 元 / 平方米

楼盘优势：
恒大旅游集团在秦汉新城重点打造的文化旅游项目，整体涵盖游乐、文化、休闲旅居等丰富业态。公建配套规划完善，备受关注的童世界正在修建中。

专家点评

刘四海·陕西省房地产研究会媒体委员会主任

西安恒大文化旅游城作为恒大旅游集团在西安第一个大型文旅楼盘，占据了秦汉新城的核心位置，自身生态资源不可复制。此外，楼盘本身规划完善，加之秦汉新城建设后劲足，得到了投资客和自住置业者的喜爱。

项目解析

【区域维度】

西安恒大文化旅游城位于西安市泾渭大道与沣泾大道交会处向西，隶属于西咸新区秦汉新城。该区域位于西咸新区的几何中心，总规划面积302平方千米，其中建设用地仅有50平方千米，遗址保护区面积104平方千米。作为国家级新区的一个组团，秦汉新城主打的便是文化、历史、旅游等产业。

此外，区域内的沣泾大道、泾渭大道、汉风四路、汉惠大道(在建中)、汉风三路等，可快速到达沣东新城、西安经开区、秦汉新城管委会等地。据了解，秦汉新城周边已经有880路、1140路、362路等多路公交车。

【口碑维度】

恒大集团是以民生地产为基础，文化旅游、健康养生为两翼，新能源汽车为龙头的“世界500强”企业集团。恒大官网资料显示，恒大总资产2.1万亿元，年销售规模超6000亿元，“世界500强”排名第138位。

恒大集团属于较早进驻西安的全国品牌房企，在各个区域开发了一系列热门楼盘，比如早期的恒大城、恒大名都和恒大绿洲、恒大御景以及近些年交房的恒大翡翠龙庭、恒大翡翠华庭等，均在业内获得不少好评。不管是园林景观，还是物业服务，都受到了购房者的青睐。2019年，西安恒大文化旅游城一“出场”就引发了秦汉新城的一股购房潮，购房者所看重的不只是恒大的品牌，产品本身的规划以及未来的发展也是其吸引力所在。

【产品维度】

西安恒大文化旅游城是集游乐、文化、休闲、商业、旅居等于一体的旅游胜地，涵盖约809738平方米的恒大童世界、约56700平方米婚礼庄园和运动中心，约60900平方米文化娱乐中心、约56200平方米主题博物馆群和青少年成长基地、约93200平方米童话大街、约56700平方米国际会议中心、约58400平方米演艺中心和国际会展中心等丰富业态。

西安恒大文化旅游城的住宅部分全部装修交付，采用智能家居系统，从入户门到客厅、餐厅、厨房、卫浴、卧室，每个区域均承袭恒大集团的6000余条精工标准，为业主提供人性且舒适的生活空间。

居住舒适度除了体现在产品本身、户型设计、精装修细节外，物业更是一个关键，也是后期二手房交易溢价率的重要体现。西安恒大文化旅游城的物业为恒大集团旗下金碧物业集团有限公司，目前恒大在全国的所有楼盘均由金碧物业服务。

【销售维度】

西安恒大文化旅游城总用地面积5566782平方米(含道路绿化等)，其中产业用地约1600800平方米，住宅用地1674837平方米，其他公建配套用地约2243121平方米。首推5地块共5344户，其中，A-09地块2139户、C-02-01地块2335户、C-03-01地块1577户、C-03-02地块1577户、D-01地块1888户。

自2019年5月26日首次开盘以来，西安恒大文化旅游城掀起了一波置业潮。以恒大品牌作为保证，外加产品本身的附加价值，相信购房者能看到一个不一样的秦汉新城。

更多楼盘详情请扫码查看

星河湾

- 2019年 -
中国城市楼盘年鉴
典型项目

西安　西咸新区　品牌地产　改善住宅

星河湾位于西安市西咸新区秦汉新城核心位置，地处渭河北岸，紧邻秦汉新城管委会。项目共分为七期开发，一期已全部交房。社区内配备五星级星河湾酒店、商业、会所等。

项目地址：
西安市秦汉新城兰池大道中段

开发商：
陕西星河湾房地产开发有限公司

建筑类型：
高层

主力户型：
184 平方米三居、226~288 平方米四居、415 平方米六居

周边配套：
星河湾酒店、机场城际线、秦汉希尔顿酒店

参考价格：
18000~22000 元 / 平方米

楼盘优势：
星河湾房源为 184~415 平方米大平层产品，所有户型均为精装修交付，社区容积率 2.6。二期产品配备 6 米以上入户大堂，两梯两户、双开门入户。

专家点评

刘四海·陕西省房地产研究会媒体委员会主任

星河湾位于西安市西咸新区秦汉新城，从选址到产品打造都独具星河湾风格。紧邻大秦文明园和渭河生态景观带，社区内配备游泳池等。二期部分楼间距达125米，层高3.35~3.6米，远超市场上同类产品。两梯两户，所有户型双开门入户，让业主体验归家的尊贵感。

项目解析

【区域维度】

星河湾位于西咸新区秦汉新城兰池大道中段，秦汉新城是西咸新区版图的几何中心，是西咸新区五大功能组团的核心区域。总规划面积302平方千米，其中建设用地50平方千米，遗址保护区面积104平方千米。南跨渭河与西安相望，随着西安主城区的北拓以及咸阳城区东扩，两座古都将在这里对接。

项目周边紧邻大秦文明园，处于渭河生态景观带。南面的兰池大道是秦汉新城东西向的主要干道之一，秦汉新城地处西咸新区中部，是连接该区各个组团的交通枢纽。机场至北客站轻轨、福银高速、包茂高速、机场高速、快速干道等各种交通线路发达。

【口碑维度】

星河湾是一家拥有地产、酒店、物业、教育、生产制造、商业、投资等多个业务板块的集团化企业。其官网资料显示，集团旗下拥有近百家分(子)公司，员工近万人，名列“中国民营企业500强”。集团在广州、北京、上海、太原、西安、青岛、沈阳、汕尾、深圳等各大城市均有项目投资。

星河湾进驻西安已有六年时间。时间追溯到三年前，西安星河湾部分在售房源售价不足万元，如今，随着一期的交房入住，秦汉新城板块的持续发展，星河湾二期在售全部房源均价已达18000~22000元/平方米。作为产品品质及品牌口碑的重要载体，业主的反馈具有很高的说服力。西安星河湾一期现已全部交付入住，业主满意度接近100%；对于星河湾这类高端住宅来说，这样的表现实在难能可贵。

【产品维度】

星河湾社区始终坚持低容积率高舒适度的整体规划，二期建筑密度9.85%，小区内楼间距部分可达125米。二期产品配备6米以上入户大堂，两梯两户，双开门入户、室内层高3.35~3.6米。

此外，星河湾社区内部的景观也值得一提。小区四季常绿、三季有花，绿植、高大乔木均为星河湾草木基地全冠移植，保证了立竿见影的效果。社区的道路采用不规则石块切割而成，既保证了路面的平整舒适，也照顾到了业主的审美需求。

在设计规划层面，西安星河湾一、二期大部分楼间距在100米以上，给业主提供尽可能大的绿化空间。户型也是多重配备，即使是最小的173平方米户型，也拥有超过6米的挑空大堂，双开门入户、南北通透，等等更是是标配。通过一系列高标准的严格要求，来实现“星河湾标准4.0”，同时满足更多业主对于高品质生活的追求。

【销售维度】

根据开发企业案场统计，西安星河湾2019年8月销售金额为3亿元，国庆期间达到了2.5亿元。近几年来，西安的房地产市场并不缺少豪宅产品，但在限购的大背景下，好的产品才是销量的主要驱动力。

星河湾凭借低建筑密度，低容积率、大楼间距以及3.35~3.6米的层高、6米及7.2米大堂等，让购房者居住更加舒适，从而吸引了更多追求生活品质的业主。

更多楼盘详情请扫码查看

正荣紫阙台

西安　品牌房企　低密社区　改善住宅

正荣紫阙台位于西安市凤城五路与御井路交会处，项目总占地 89906 平方米，容积率 2.8，总户数 1550 户。规划均为两梯两户的高层和小高层产品，居住密度低，舒适度高。

项目地址：
西安市凤城五路与御井路交会处

开发商：
西安正弘丰置业有限公司

建筑类型：
小高层、高层

主力户型：
143~161 平方米三居、178 平方米四居

周边配套：
大明宫万达广场、四海唐人街、地铁 4 号线

参考价格：
17263 元 / 平方米

楼盘优势：
正荣地产城北开发第二座楼盘，地处凤城五路沿线，整体密度较低，为全国第五座紫阙产品。

专家点评　宁高伟 · 陕西省房地产商会秘书长

正荣紫阙台整个小区规划为高层和小高层产品，容积率2.8，整体舒适度较高，为改善型高端品质表现。首二推出约143平方米三居户型，整体户型设计经典，布局合理，规划方正，南北通透，三开间朝南，后期入住实用性强。

项目解析

【区域维度】

正荣紫阙台位于凤城五路与御井路交会处，隶属于城北区域。项目南侧的凤城四路向东已经修建延伸至北辰大道，由此可直接前往浐灞区域的世园会板块和港务区的全运会板块，颇为便捷。东西两个地块中间的御井路向南可直接到达北二环，未来居住于此，自驾出行交通便利。楼盘距离地铁4号线百花村站约1.5公里，搭乘4号线可直接到达北客站、航天城和曲江等区域。

项目周边已经建成交房的楼盘有万科幸福里、恒大帝景、绿地香树花城等。待正荣加入之后，该区域又将平添一抹色彩。另有地铁一站可达的大明宫万达广场、四海唐人街，可满足区域业主的购物休闲需求。

【口碑维度】

正荣地产控股隶属于正荣集团，于2018年在香港联合交易所挂牌上市。凭借在地产行业多年的发展经验，正荣地产已投资布局长三角、环渤海、中部、西部、海西、珠三角等六大区域，落子上海、南京、苏州、武汉、长沙、西安等32座城市，开发运营项目约200个。

自2015年正荣进驻西安以来，先是在曲江打造了正荣彩虹谷，之后为北二环大明宫板块的正荣府、正荣天寓，再到2019年的大兴正荣府和正荣紫阙台；步伐由南到北又进入城西，一路不断刷新人居新高度。综观其地块的特点，正荣所到之处基本都是该区域的核心区，这一点属于产品地段价值的加分项。

【产品维度】

正荣紫阙台为正荣地产在凤城五路板块重点打造的高端改善型项目。项目总占地89906平方米，容积率2.8，总户数1550户。分为东西两个地块，总体规划产品类型为高层和小高层，项目东地块由七栋高层，三栋小高层组成。内部建筑布置综合考虑城市空间关系，立足于城市空间与地块规划相协调的出发点，楼宇规划南低北高、东西排布，面宽资源佳，充分利用小区日照和景观资源，妥善解决通风、环保、采光问题。

项目整体延续正荣TOP系产品“紫阙台”规划理念，产品亮点突出。南向五面宽设计，约9.4米宽境阳台、7.4米横厅、超3米层高等为改善型购房者迭代高品质人居。同时，社区内部配建幼儿园，给业主子女提供了一定的入学便利。在景观方面，东地块有约3000平方米中庭景观，外部与约18676平方米的市政绿地为邻。

【销售维度】

正荣紫阙台(东区)一批次1号、2号、3号、8号、9号、10号楼已于2019年11月25日开盘，推售房源户型面积140~180平方米，涵盖高层、小高层两种产品，均为两梯两户设计。

城北一直都是西安置业的热门区域，近些年随着发展的逐渐饱和，可选楼盘越来越少。2019年，随着几家品牌开发商的进驻，彻底开启了城北改善置业的高潮，而正荣的表现无疑使这波高潮的“成色”更足，令购房者满怀期待。

更多楼盘详情请扫码查看

中国铁建西派时代

- 2019年 -
中国城市楼盘年鉴
典型项目

西安　西咸新区　低密社区　品牌地产

中国铁建西派时代位于西安市白马河路与永平路交会处东北角，小区总建筑面积 212394 平方米，容积率 2.3，绿化率 35%，规划 811 户。产品涵盖小高层和洋房，整体密度低，居住舒适度高。

项目地址：

西安市白马河路与永平路交会处东北角

开发商：

西咸新区兴城人居置业有限公司

建筑类型：

小高层、洋房

主力户型：

168 平方米三居，143 平方米、188 平方米四居

周边配套：

陕西中医院二附院、地铁 1 号线、沣河森林公园

参考价格：

18000 元 / 平方米

楼盘优势：

“世界 500 强”旗下核心企业，2019 年首次进驻西咸新区，打造中国铁建西派时代。地处沣西新城，社区密度低，整体得房率高。

专家点评

李玮·西安日报传媒集群经营中心总经理助理

项目整体定位高端低密型社区，产品涵盖小高层和洋房。整体采用轴线规划形态，由13栋小高层及4栋洋房建筑和1栋独立会所组成，产品全部为两梯两户。最小面积143平方米四居户型，四开间朝南，采光良好，户型整体方正，舒适性与功能性兼具。

项目解析

【区域维度】

中国铁建西派时代位于国家级新区西咸新区沣西新城板块，该区域定位是建设西安国际化大都市的新兴产业基地和综合服务副中心。中国铁建西派时代位于西安市沣西新城白马河路口与永平路交会处东北角，周边主干道有统一路、白马河路、世纪大道。其中，统一路贯穿沣西新城，为东西走向的道路；世纪大道向东连接三桥、大庆路，可到达西安主城区，向西可到达咸阳主城区。白马河路为沣西新城的主干道之一，南北走向，道路绿化良好。

区域的公共交通目前以公交车为主，有1080路、1060路、364路、29路、59路区间、860路等，可对接沣东新城、地铁1号线、咸阳主城区等，出行比较便利。

【口碑维度】

2018年春节刚过，在西咸新区沣西新城的土地市场拍卖中，中国铁建地产拍下了沣西新城的多宗土地，在行业内引起了强烈的关注。中国铁建房地产集团有限公司隶属于“世界500强”企业，其官网资料显示，该地产开发公司组建于2007年3月，注册资本金70亿元，拥有房地产开发一级资质和物业管理一级资质，是国资委批准的十六家以房地产为主业的央企之一，为中房协常务理事单位，获中诚信AAA级企业最高信用等级评定。

截至2019年5月27日，集团公司在北京、上海、广州、天津、成都、杭州等31个城市布局了146个项目，实现了京津冀、长三角、珠三角等主要城市群的全面布局。中国铁建西派系、国际系、花语系列等产品已成为全国知名品牌，累计为超百万业主打造美好生活。2016年进驻西安，先后开发中国铁建西派国际、中国铁建花语城两个项目。布局城北、城东，在行业内赢得了一定的口碑。

【产品维度】

中国铁建西派时代总建筑面积212394平方米，总户数811户，容积率2.3，绿化率35%。整个小区以洋房和小高层为主，打造大平层产品，为纯改善型社区。主要户型建筑面积为143平方米、168平方米和188平方米，均为可变户型，可以三室变四室，四室变五室。

值得一提的是，社区内规划有会所，包含泳池，健身房，休闲书吧、亲子体验馆等，并针对老人、青年、儿童等不同人群合理设计布局。另外，园区内规划立体水景、夜光跑道等，不管是居住舒适度还是社区内环境，都符合改善型居住的需求。

已经面市的产品中，8号楼188平方米四居户型，采用大面宽横厅、双主卧设计，购房者可以根据家庭人口数量进行灵活的空间设计。

【销售维度】

中国铁建西派时代于2019年11月24日推出2号、8号、16号楼，其中2号楼为8层洋房产品，房源面积188平方米；8号楼为17层小高层产品，房源面积188平方米；16号楼为9层洋房产品，房源面积168平方米。

从小区的整体定位以及产品来说，项目符合改善型居住需求。另外，环境也是改善型购房者追求的条件之一，而中国铁建西派时代在这方面的表现同样可圈可点。

更多楼盘详情请扫码查看

中南君启

2019年 中国城市楼盘年鉴 品质项目

西安　品牌房企　改善住宅　地铁沿线

中南君启位于西安市太华路与凤城五路交会处东南角，项目总占地 154274 平方米，容积率 3.45，规划总户数 2905 户。整个小区定位为高端改善大平层产品，物业为自持的中南物业。

项目地址：
西安市太华路与凤城五路交会处东南角

开发商：
西安莱嘉置业有限公司

建筑类型：
高层

主力户型：
122~144 平方米三居、142~200 平方米四居

周边配套：
大明宫万达广场、四海唐人街、4 号线百花村站

参考价格：
18229 元 / 平方米

楼盘优势：
中南君启为中南置地在城北打造的 TOP 系产品，分三期开发，为大平层产品。地铁 4 号线沿线，周边有大明宫万达广场、四海唐人街等大型商业综合体加持。

专家点评　李玮·西安日报传媒集群经营中心总经理助理

中南君启与万科、恒大等已交房社区为邻，产品充分突出了差异性。大平层的设计，在一定程度上满足了改善型客户需求。165平方米四室两厅三卫户型，在保证功能性的基础上，客厅采用大横厅设计，南向双卧自带卫生间，实用性强。

项目解析

【区域维度】

中南君启位于西安市太华路与凤城五路交会处东南角，隶属于城北区域。项目介于二环和三环之间，周边主干道有北二环、太华路、凤城五路等，出行交通便利。由此出发，不管是前往城北市政府板块还是浐灞区域，都颇为快捷。周边公共交通也较为发达，沿途有多条公交线路以及地铁4号线、地铁8号线（规划中）、地铁10号线（规划中），均从项目周边经过。

好地段必然会有好的配套设施。项目沿太华路向南有大明宫万达广场、四海唐人街等大型商业综合体，可满足业主购物休闲的需求。在经过了前些年的快速发展之后，城北区域现在趋于相对饱和的状态，尤其是配套成熟地段的产品，显得尤其稀缺。

【口碑维度】

中南君启由中南置地开发，中南置地隶属于中南建设集团。中南集团创立于1988年，历经三十多年的发展，已成为业务涵盖地产、建筑、土木、工业等十大产业生态链的大型集团化上市公司。根据其官网显示，中南置地2019年荣获"中国企业500强"第94位，"中国民营企业500强"第19位。

中南置地聚焦长三角、珠三角以及内地人口密集型的核心城市，成功进驻北京、青岛、西安、成都、上海、南京、苏州、南通、深圳等103个城市。

自2017年落地西安后，中南呈多位式发展，在浐灞、西咸、城南、城西、泾渭均布局项目，典型如世园会板块的中南樾府、沣东新城的中南上悦城以及西二环的中南青樾、泾渭的中南春溪集等。这些项目面市之后，在行业内引起了很好的反响。

中南君启作为中南置地的TOP系产品，落子城北热门区域，期待给西安的改善型住宅市场带来更好的体验。

【产品维度】

中南君启项目总占地154274平方米，容积率3.45，规划总户数2905户。项目分三期开发，均为大平层产品。小区规划总车位数5540个，车位配比1：1.9，仅这一点就体现了小区改善型住宅的品质。

144平方米三室两厅两卫户型，南向大面宽客厅，与阳台相连通，采光通风好。明亮双卫生间设计，且公共卫生间为干湿分离，后期方便实用。主卧朝南，带有独立卫生间和衣帽间，一定程度上保证业主的独立性，在私密性上也有一定保障。

【销售维度】

中南君启DK2的1号、3号、6号、7号、8号、9号、10号、11号楼已开盘，其中房源涉及122平方米三室两厅两卫、142平方米四室两厅两卫、144平方米三室两厅两卫、166平方米三室两厅三卫、200平方米四室两厅三卫。整个户型非毛坯交付，楼盘定位高端大平层改善型住区，从整个区域看来产品差别化较为明显。中南品牌加持，也让购房者对于高品质改善型住宅有了新的认知。

对于改善型购房者而言，城北区域大平层产品的扎堆面市，在一定程度上是好事。这不仅让购房者充分了解大平层产品概念，还能实地了解各家产品、知晓其差异，从而作出最终的选择。

更多楼盘详情请扫码查看

中铁琉森水岸

- 2019年 -
中国城市楼盘年鉴
典型项目

西安 浐灞新区 湿地公园 容积率低

中铁琉森水岸位于西安市东城大道灞桥湿地公园内，项目总占地 197425 平方米，分两个地块开发，其中 A 地块以洋房和叠墅为主，容积率 1.6，规划总户数 1043 户；2020 年会有 B 地块住宅推出。

专家点评 李玮·西安日报传媒集群经营中心总经理助理

中铁琉森水岸产品覆盖面宽，包含洋房、小高层、叠墅。低密度社区，与3000余亩灞河湿地公园为邻。161平方米四居户型，带有大面积客厅和娱乐室，餐厅距离厨房近，生活休闲方便实用。

项目地址：

西安市东城大道灞桥湿地公园内

开发商：

西安中铁瑞丰置业有限公司

建筑类型：

洋房、小高层、叠墅

主力户型：

129~163 平方米三居、161~198 平方米四居

周边配套：

灞桥湿地公园、灞桥邮局、灞桥区人民医院

参考价格：

洋房 13000 元 / 平方米、叠墅 20000 元 / 平方米

楼盘优势：

“世界 500 强”旗下核心企业，由国有资产监督委员会委批准的以房地产开发为主营业务的 16 家央企之一，地处灞桥湿地公园内，低密序社区，得房率高。

项目解析

【区域维度】

中铁琉森水岸位于西安市东城大道灞桥湿地公园内，隶属于浐灞生态区，邻近世博园、浐灞领馆区，与浐灞金融中心隔岸相望。东城大道和世博大道等路网交通通畅，出行便利。项目周边800米范围内有灞桥湿地公园、灞桥站等公交车站，途经的公交线路有169路、3~18路、213路、233路、237路、243路、301路、307路、530路、718路、907路、914路等。169路灞桥湿地公园站离项目最近，紧挨项目案场，可搭乘此线路至地铁1号线纺织城站。

项目所处的浐灞生态区是继曲江之后生态、旅游、人文相融合的城市核心区；不仅是欧亚经济论坛永久会址所在地，同时也是2011西安世界园艺博览会的举办地。

【口碑维度】

中国中铁是“世界500强”、千亿央企，先后建设杭州湾跨海大桥、迪拜棕榈岛等重大项目。旗下房地产企业—中铁置业，是由国有资产监督管理委员会批准的以房地产开发为主营业务的16家央企之一，截至目前布局20余座城市，涉及八大业态、50余项目。在西安共计开发四个项目，从最早期位于高新区的中铁缤纷南郡到城东的中铁缤纷新城，再到高新区的238米超高层商务地标建筑中铁西安中心，直到现在的中铁琉森水岸；从南到东，不断刷新人居新高度。

中铁琉森水岸位于浐灞生态区灞桥湿地公园内。低密度住宅，占地197425平方米，共计规划了35栋楼。其中，129平方米洋房户型以高得房率圈粉无数，标准南北通透三居室户型，三开间朝南，客厅和次卧均带有南向阳台。户型面市后就受到了追捧，成为高性价比户型的代表之一。

自中铁缤纷南郡起，中铁置业的品牌就已在西安房地产市场形成了一定的影响力。无论是中铁的品牌，还是小区的景观绿化，抑或配套等设施的完善，均在业内引起了良好反响。

【产品维度】

中铁琉森水岸总规划两个地块，分四期开发。首先开发的地块A占地94000平方米，分两期开发，建筑面积22万平方米，一期为12栋6+1—11+1的纯洋房，二期由4+1叠拼、6+1—11+1的洋房以及17层小高层组成。项目一期打造带有瑞士琉森风格的低密高端社区，现已售罄。二期共23栋楼，包含4+1叠拼3栋、9+1洋房3栋、11+1洋房12栋、17层小高层2栋、商业3栋；截至2019年6月，住宅全部售罄。

从整个社区的产品类型规划看，均为低密度、舒适度高的住宅，不管是刚改还是纯改善型购房者，选择面都较为宽泛。叠墅产品均为1梯2户设计，分为上叠和下叠，对于追求生活品质的购房者来说，不仅居住舒适度较高，个人的私密性也有保证。

【销售维度】

中铁琉森水岸2019年2月11日开盘推出二期36号、37号、38号，共计56套叠墅房源；27组意向客户到场选房，开盘当天解筹率高达97%。截至2019年6月，琉森水岸二期叠墅产品已售罄，这也标志项目A地块住宅产品已全部售罄。

2020年，中铁琉森水岸推出B地块住宅产品。随着周边各一线品牌开发商持续入驻，未来该区域内配套将进一步得到完善，居民生活更为便利。

更多楼盘详情请扫码查看

龙湖彩虹郦城

2019年 中国城市楼盘年鉴 典型项目

咸阳 品牌地产 配套成熟 品质物业

龙湖彩虹郦城位于咸阳市彩虹一路，总占地面积 178000 平方米，总建筑面积 731400 平方米，容积率 3.1，规划总户数 4588 户。项目体量较大，且产品类型齐全。

项目地址：
咸阳市文昌大道与朝阳路交汇处东南角

开发商：
咸阳龙湖彩虹置业有限公司

建筑类型：
高层、小高层

主力户型：
98~110 平方米三居、138~160 平方米四居

周边配套：
彩虹医院、陕西中医药大学附属医院、嘉惠商城

参考价格：
10000 元 / 平方米

楼盘优势：
龙湖集团首次进驻咸阳打造的品质社区，产品规划涵盖高层和小高层。小区北侧为人民路，是咸阳繁华的主干道，更紧邻咸阳商业主干道人民路商圈。

专家点评

李玮 · 西安日报传媒集群经营中心总经理助理

龙湖彩虹郦城小区规划19栋楼，涵盖高层和小高层产品。北侧人民路是咸阳繁华的主干道，东侧是彩虹一路。向北直线距离约1.2公里便是咸阳高铁秦都站，出行便利。项目户型选择较多，面积98~160平方米不等，可满足不同家庭结构和不同置业需求。

项目解析

【区域维度】

龙湖彩虹郦城位于咸阳市彩虹一路。咸阳市是陕西省距离省会最近的地级市，也是关中平原城市群的核心城市之一，地理位置得天独厚。

小区北侧为人民路，是咸阳繁华的主干道，东侧是彩虹一路。小区向北直线距离约1.2公里便是咸阳高铁秦都站。秦都站是国家“四纵四横”高速铁路的重点工程徐兰高速铁路的中段，西宝客运专线在咸阳市设置的一个中间站，可通达太原、武汉、北京等城市，是促进西咸一体化、加快咸阳发展重要的城际轨道体系。另外，项目距离1号线三期（规划）和地铁11号线（规划）换乘站宝泉路站直线距离约1.3公里，后期可通达咸阳、西安主城区。

龙湖彩虹郦城距离陕西中医学院附属医院（三甲）约650米，还临近彩虹医院、215医院，后期业主就医十分方便。另有人民路商圈以及世纪金花商场双项商业加持，配套之成熟一目了然。

【口碑维度】

龙湖集团1993年创建于重庆，发展于全国，业务涵盖地产开发、商业运营、长租公寓、智慧服务四大主航道，并积极试水养老、产城等创新领域。其官网资料显示，2009年，龙湖集团控股有限公司（股份代码：960）于香港联合交易所主板上市，2019年上半年集团营业额385.7亿元，同比增长42.2%。截至2019年6月30日，集团业务遍布全国七大城市群50余个城市。

2007年，龙湖进入西安，深耕城市布局发展，开发了曲江盛景、紫都城、MOCO国际、水晶郦城、香醍国际、枫香庭、花千树、龙湖源著、香醍天宸、香醍璟宸等项目，市场影响和口碑已有目共睹。近两年开发的龙湖紫宸和龙湖景粼天序，不管是产品规划还是地理位置，都备受购房者关注。龙湖彩虹郦城是龙湖集团首次进驻咸阳的项目，占据城市核心区域、地理位置优越，同时享受成熟配套。

【产品维度】

龙湖彩虹郦城首批次拿地220110平方米，分三期建设，一期占地119393平方米，规划涵盖19栋住宅，包含高层、小高层产品。二期将结合公园打造约5万平方BLOCK街区，居住和商业集中融合。三期是体验式商业街，毗邻公园。

项目一期建筑密度较低，景观以绿荫繁茂的彩虹老厂区为基础，打造从工业区至公园住宅的转型，实现中央公园式居住氛围。龙湖彩虹郦城主推98~138平方米主力户型，102平方米户型三面朝南，外接宽敞大阳台，是设计亮点所在。此外，户型整体方正，动静分区，南北通透，使居住舒适度更高。

【销售维度】

根据开发企业数据统计，龙湖彩虹郦城2019年6月16日开盘推出3号、4号、5号楼，主力面积102~160平方米，其中102~138平方米为两梯四户产品，160平方米为两梯两户产品。

在西安限购背景之下，失去购买资格的购房者不断外溢至西安以外地区。龙湖彩虹郦城占据了咸阳核心地段，周边配套成熟，外加龙湖品牌加持，将成为购房者追捧的热门项目。

更多楼盘详情请扫码查看

- 2019年 -
中国城市楼盘年鉴
典型项目

万科·金域华府

咸阳　品牌地产　高铁站旁　装修交付

万科·金域华府位于咸阳市高新区玉泉西路与彩虹一路十字西南角向西约 400 米，距离高铁秦都站向东约 500 米。项目总占地 62966 平方米，容积率约 2.9，规划总户数 1660 户。

项目地址：

咸阳市玉泉西路与彩虹一路十字西南角向西约 400 米

开发商：

咸阳万森泉房产开发有限公司

建筑类型：

高层、小高层

主力户型：

90~110 平方米三居

周边配套：

高铁秦都站、陕西中医药大学附属医院、彩虹医院

参考价格：

10300 元 / 平方米

楼盘优势：

万科·金域华府是西安万科打造首个全实景示范区，规划涵盖高层和小高层。项目西侧距离高铁秦都站约 500 米，出行便利。整体装修交付，居住舒适度高。

专家点评　宁高伟·陕西省房地产商会秘书长

万科·金域华府距离高铁秦都站较近，后期对于业主来说较为便利。总体容积率2.9，规划总户数1660户，主推110平方米三居，整体方正，南北通透，结构合理，空间利用率高，减少面积浪费。交房自带新风除霾系统、净水系统等升级配置，提升舒适度。

项目解析

【区域维度】

万科·金域华府位于咸阳市秦都区玉泉西路与彩虹一路十字西南角向西约400米，高铁秦都站向东约500米。项目东临咸阳核心居住区，西侧为高新技术开发区，未来发展潜力较大。项目近邻高铁秦都站，还有规划中的地铁1号线三期秦都站、规划中的地铁11号线彩虹北路站，整体路网交通发达，出行便捷。驾车到西安咸阳国际机场约17公里，距咸阳高铁站约500米。另外，周边有21路、37路、19路三条公交线路，可到达咸阳其他区域。

公共资源的配套方面，万科·金域华府周边有咸阳彩虹医院、陕西中医学院附属医院等多家医疗机构。另外，项目周边2公里生活圈内还聚集了万达广场，永辉超市等商业配套，对于后期业主购物休闲来说较为便利。

【口碑维度】

万科企业股份有限公司成立于1984年，经过三十余年的发展，已成为国内知名的城乡建设与生活服务商，公司业务聚焦全国富有活力的三大经济圈及中西部重点城市。据官网资料显示，2016年公司首次跻身《财富》“世界500强”，位列榜单第356位，2017年、2018年、2019年接连上榜，分别位列第307位、第332位、第254位。

万科2008年进驻西安，截至2019年，十一年间共开发了32个楼盘，形成了三大生活圈，即曲江生活圈、高新生活圈、城北生活圈。诸如曲江的万科金域曲江、城北未央区的万科·金域华府等，都已成为区域内业主居住的典型社区。

随着西咸一体化进程的加快，万科在西咸片区倾注的力量越来越大，万科大都会、万科理想城等项目相继落地，受到了西安、西咸、咸阳人民的热捧。在“西进”力量的推动下，万科在2019年首次布局咸阳。

【产品维度】

万科·金域华府占地面积62966平方米，建筑面积252497平方米，社区内总户数1660户，容积率2.9。社区内部自带一条600米运动跑道，另有全区人脸识别门禁系统、自动识别停车系统等，为业主的生活提供便利保证。

万科·金域华府共规划14栋楼、12栋住宅。小区人车分流，保证了业主的安全。户型设计上，主要为90和110平方米三居户型，装修交付，配合售后保修精细服务。另外，还附带新风除霾系统、净水系统、住宅三层中空玻璃等升级配置，为业主的生活提供品质保证。

以110平方米的三室两厅两卫户型为例，所在楼栋均为两梯四户，户型整体方正，结构合理，空间利用率高，减少面积浪费；户型南北通透，日常采光及通风都得到有效的保障。

【销售维度】

万科·金域华府首期推出DK1地块1号、10号、11号、12号楼，楼栋为高层和小高层，均为两梯四户的设计。房源面积90~110平方米，均为三居户型，装修交付，为万科金域系列产品的经典户型。其中，90平方米三居对于刚需购房者来说，不仅可以满足婚房的需求，待小孩出生后，老人带孩子一起居住，也完全不会有局促之感。

更多楼盘详情请扫码查看

上海市

2019 年上海房地产市场总结

行业发展历程

一、城市概述

上海市，简称“沪”，是中国四个直辖市之一和中国经济、金融、贸易、航运、科技创新中心。上海位于中国华东地区，地处长江入海口，南濒杭州湾，北、西与江苏、浙江两省相接，市总面积 6340.5 平方公里，共辖 16 个市辖区。截至 2019 年 12 月 31 日，全市 16 个区共有 107 个街道、106 个镇。

二、行业现状

综观上海房地产市场，楼市成交延续了 2017 年以来的上升态势，包括新房和二手房。根据中原地产数据，2019 年全年新房供应总计 776.4 万平方米，成交 741.46 万平方米。

与 2018 年相比，2019 年的新房市场，购房者认筹摇号的热情显著降低。在限购严格的大背景下，购房者的心理出现变化，不愿意将“房票”浪费在不值得的产品上；产品所处地段日趋重要的同时，购房者对产品力、性价比的考量也越来越多。

二手房市场情绪明显比前两年高了很多，从成交量即可看出。从购房者角度来说，无论刚需或者刚改，只要手头资金到位，大多都会选择入市，而从卖家角度来看，议价空间会出现，但总体并不多，除非是急着卖房置换。

三、政策环境

在“稳地价、稳房价、稳预期”的主旋律指导下，上海房价良性回调，土地市场降温，供求维稳。回顾这一年，上海房地产市场波澜不惊，“限购、限售、限价、限贷”，“四限”紧箍市场，在一系列精准调控下，上海房地产市场已经回归理性。

四、土地市场

上海的土地市场仍然活跃。截至 2019 年 12 月 31 日，2019 年上海共计出让地块约 210 宗（不含动迁用地），其中宅地（含商住办综合用地）约 65 宗。相较 2018 年约 106 宗地块的出让，上涨约 91.13%，且为 2016 年以来的最高值。

五、房企布局

从房企在上海房地产市场补仓储情况来看，房企拿地策略有所调整。尽管在市场调控收紧的大背景下，很难再出现高溢价拿地，但房企的拿地积极性却显著上升。

六、房地产行业发展历程

上海房地产行业发展迅猛，在 2016 年一度迎来市场高峰，出现了许多非理性购房、拿地，随之而来的是政府一系列的精准调控，调控效果立竿见影，在其后的几年里，房价理性回调，成交量也迎来一波低谷，但并没有打击到楼市正常交易，直到 2019 年，楼市成交量增价稳，市场趋于良性发展。

城市年度发展

一、本地新政

2019 年上海本地新政不多，最瞩目的无疑是临港自贸区特定人才购房政策放宽，即符合条件的人才可以单身购房，购房所需社保缴纳年限也可缩短。这一政策主要影响的是临港区域内楼市，新政发布后，无论是买方市场还是卖方市场，反应都相当迅速。

2019年，对上海楼市产生影响的还有房贷利率市场化政策（LPR），目前来看影响有限，政策执行前后上海本地房贷利率水平变化并不大。

二、年度土地供应

2019年宅地出让数量相较前几年的总数几乎翻番，且楼板价相较于2016年有大幅度下调，降幅比例最大接近50%。与2017年和2018年相比，2019年的地价比较稳定，少量宅地楼板价有不同程度下调，如奉贤、闵行、嘉定、青浦等区，平均降幅在2000元/平方米左右。

对于未来楼市的影响，首先，在供应量上会有大幅提升，新盘开盘的数量会明显增加；其次，纯新盘的价格上升，因为2019年的宅地价格普遍不高，开发商的“发挥空间”会比较大，未来或许会出现大批性价比很高的“上车盘”；最后，考虑到上海目前的政策，房价是否会明显下降，还要看具体的政策走向。

三、区域成交表现

链家数据显示，2019年上海新房成交最好的区域仍然是浦东，紧随其后的是青浦、奉贤、嘉定。而从板块来说，成交最好的板块在青浦区徐泾镇，全年成交3571套领跑全市，成交均价58236元/平方米。临港排第二名，成交3410套，成交均价为每平方米28367元，成交起势在8月之后。

四、成交项目排行

克而瑞数据显示，静安府以96.83亿元的绝对优势荣登2019年度商品住宅榜首，紧随其后的是中海建国里的72.49亿元和万科天空之城的67.04亿元。

住宅销售面积排行榜上，徐泾板块的万科天空之城，成交面积达11.73万平方米，年内成交套数破千。紧随其后的是西郊金茂府和融创壹号公馆。

五、年度房价走势分析

价格方面，2019年全市新房成交均价约为54130元/平方米，随着楼市调控政策频出，相较2018年增长放缓。

根据中原地产数据，近十年来，上海新房成交均价呈现出逐年上涨的趋势，不过受政策调控影响，近两年的涨幅趋势已经放缓。坚持“房住不炒”“以稳为主”还会是2020年的主基调。

六、未来展望

2020年，临港新城仍然会是焦点，新政对于区域楼市的影响程度还有待观察。此外，青浦朱家角、金泽镇也值得关注；被划入长三角一体化示范区后，区域内楼市的变化目前尚难以预测。

七、市场预期

2020年，成交量预计会继续上升，判断依据主要是土地因素。2019年宅地出让数量较往年增幅明显，加之房企开发速度与日俱增，预计2019年下半年会有一批项目入市，从而推高成交量。价格方面则不会有太大波动，新入市项目的售价会与周边类似，或有小幅升高。

数据来源：中原地产、链家、克而瑞。

2019 年上海房地产在售楼盘概览

楼盘名称	城市名称	城区	地址	物业类型
招商海德名门红墅林	上海	宝山	宝山区海笛路 199 弄	别墅
云麓之城	上海	宝山	宝山区罗太路 869 弄	别墅
招商主城	上海	宝山	宝山区萧云路 88 弄	普通住宅、别墅
万科启宸	上海	宝山	宝山区萧云路 99 弄	普通住宅、别墅
宝厦文璟苑	上海	宝山	宝山区丰皓路 658 弄 15 号、16 号	普通住宅
四季都会	上海	宝山	宝山区白沙园路 333 弄	普通住宅
央玺	上海	宝山	宝山区联谊路 619 弄	普通住宅
滨江公园壹号	上海	宝山	宝山区华秋路 666 号	普通住宅、别墅
经纬城市绿洲	上海	宝山	宝山区纬地路 375 弄	普通住宅
上海长滩	上海	宝山	宝山区帆远路 55 弄	普通住宅
中建阅澜山	上海	宝山	宝山区集贤路 2020 弄	普通住宅
中冶上河雅筑	上海	宝山	宝山区盘古路 895 弄	普通住宅
大华朗香臻园	上海	宝山	宝山区上大路 65 弄	普通住宅
大华公园城市	上海	宝山	宝山区康宁路 2199 弄	普通住宅
泰禾大城小院	上海	崇明	崇明区凤凰公路 1088 弄	普通住宅、别墅
东滩花园	上海	崇明	崇明区东滩揽海路 1 号	别墅
东亚威尼斯公馆	上海	崇明	崇明区松翠路 398 弄	普通住宅
通用昱墅	上海	崇明	崇明区港东公路 66 弄	别墅
港龙融创 · 山水拾间	上海	崇明	崇明区揽海路 3777 弄	别墅
亚通水岸景苑	上海	崇明	崇明区东引路 369 弄	普通住宅
桐南美麓	上海	奉贤	奉贤区庆园路 189 弄	别墅
幸福里	上海	奉贤	奉贤区肖南路 68 弄	普通住宅、别墅
保利象屿公园悦府	上海	奉贤	奉贤区金齐路 618 弄	普通住宅
中粮南桥锦云	上海	奉贤	奉贤区德政路 298 弄	普通住宅
泰禾 · 海上院子	上海	奉贤	奉贤区海湾路 1288 弄	别墅
望园豪庭	上海	奉贤	奉贤区达政路 199 弄	普通住宅
佳源梦想广场	上海	奉贤	奉贤区金海公路 99 弄	普通住宅
水榭兰亭	上海	奉贤	奉贤区浦兰路 91 弄	普通住宅
天和尚上海	上海	奉贤	奉贤区大叶公路 6288 弄	普通住宅
凤凰城天悦	上海	奉贤	奉贤区正旭路 599 弄	普通住宅、别墅
悦城华庭	上海	奉贤	奉贤区兰博路 2777 号	普通住宅
瑞和上海印象	上海	奉贤	奉贤区港阳路 333 弄	普通住宅
保利玲玥公馆	上海	奉贤	奉贤区[illegible]路 5899 弄	普通住宅
凤鸣海尚	上海	奉贤	奉贤区[illegible]农公路 1188 弄	普通住宅
绿城上海诚园	上海	奉贤	奉贤区[illegible]路 199 弄	普通住宅
银河丽湾	上海	奉贤	奉贤区[illegible]路 88 弄	普通住宅
光语著	上海	奉贤	奉贤区[illegible]路 58 弄	普通住宅、别墅
阳光星期 8	上海	奉贤	奉贤区[illegible]政路 129 弄	普通住宅
龙湖春江天玺	上海	奉贤	奉贤区[illegible]路 29[illegible]弄、3[illegible]弄	普通住宅、别墅
佳兆业 8 号	上海	奉贤	奉贤区[illegible]桥路 288 弄	普通住宅、别墅
天和前滩时代	上海	奉贤	奉贤区[illegible]路 296[illegible]弄	普通住宅
禹洲雍锦府	上海	奉贤	奉贤区[illegible]路 1383 弄	普通住宅
凤凰城 · 天境 W 墅	上海	奉贤	奉贤区[illegible]路 599 弄	别墅
珠江铂世外滩界	上海	虹口	虹口区[illegible]路 89 弄	普通住宅
瑞虹新城悦庭	上海	虹口	虹口区[illegible]虹路 368 弄	普通住宅
新城虹口金茂府	上海	虹口	虹口区[illegible]路 855 弄	普通住宅、别墅
上海恒大江湾华庭	上海	虹口	虹口区[illegible]路 1266 弄	普通住宅
瑞虹新城天悦郡庭	上海	虹口	虹口区[illegible]虹路 438 弄	普通住宅
五坊园	上海	黄浦	黄浦区[illegible]家浜路 821 弄	普通住宅
融创外滩壹号院	上海	黄浦	黄浦区[illegible]路 518 号	普通住宅
复兴珑御	上海	黄浦	黄浦区复兴东路 1188 弄	普通住宅
复地雅园三期	上海	黄浦	黄浦区[illegible]路 180 弄 8 号、[illegible]	普通住宅
安亭新镇	上海	嘉定	嘉定区[illegible]路 228 号	普通住宅、别墅
西郊金茂府	上海	嘉定	嘉定区[illegible]周路 885 弄	普通住宅
安亭瑞仕	上海	嘉定	嘉定区[illegible]路 6688 号	普通住宅
花园里	上海	嘉定	嘉定区[illegible]路 900 弄	普通住宅
莫里斯花源	上海	嘉定	嘉定区新建一路 1800 弄	普通住宅
金隅大成郡	上海	嘉定	嘉定区[illegible]南路 203 号	普通住宅
文通拾里间	上海	嘉定	嘉定区曹安公路 2831 弄	普通住宅
日月光伯爵湾	上海	嘉定	嘉定区[illegible]路 8200 弄	普通住宅、别墅
万科西郊都会	上海	嘉定	嘉定区安亭博园路 6666 弄	普通住宅、别墅
保利云上	上海	嘉定	嘉定区[illegible]路 1155 弄	普通住宅

楼盘名称	城市名称	城区	地址	物业类型
盘古园府	上海	嘉定	嘉定区崇信路77弄	普通住宅
路劲上海派+	上海	嘉定	嘉定区安亭镇萃浦路200弄	普通住宅
金隅金成府	上海	嘉定	嘉定区启宁路456弄	普通住宅
长城逸府	上海	金山	金山区泾镇白牛路1068弄	普通住宅
合生海景1号	上海	金山	金山区杭州湾大道龙胜路69弄	普通住宅
光明金山府	上海	金山	金山区龙堰路223弄	普通住宅
华纺和成未来派	上海	金山	金山区九工路1885弄	普通住宅
依云湖	上海	金山	金山区博才路59弄	普通住宅
豫园澜庭	上海	金山	金山区博海路118弄	普通住宅
建邦国宸府	上海	金山	金山区同凯路228弄	普通住宅、别墅
碧桂园凤凰城	上海	金山	金山区隆安东路138弄6-8号	普通住宅
汤泉美地城	上海	金山	金山区金石北路6666号	普通住宅
静安慕舍	上海	静安	静安区广延路1199弄	普通住宅
华发华润静安府	上海	静安	静安区万荣路1199弄	别墅
静安府东区	上海	静安	静安区平陆路999弄	别墅
万科翡翠雅宾利	上海	静安	静安区中兴路699号	普通住宅
泰府名邸	上海	静安	静安区泰兴路625弄	普通住宅
凯德星贸邸	上海	静安	静安区长安路386弄	普通住宅
凤凰城	上海	闵行	闵行区景谷中路58弄	普通住宅
金臣别墅	上海	闵行	闵行区金光路801弄	别墅
联仲都悦汇	上海	闵行	闵行区中秀路100弄	别墅
鹏欣一品漫城五期	上海	闵行	闵行区芦恒路378弄	普通住宅
TODTOWN天荟悦麓	上海	闵行	闵行区莘朱路288弄	普通住宅
华府天地愉园	上海	闵行	闵行区昆阳北路3688弄	别墅
桃花源	上海	闵行	闵行区江桃路299弄	别墅
皇都花园	上海	闵行	闵行区顾戴路2000号	普通住宅
上海星河湾	上海	闵行	闵行区都会路3799号	普通住宅
万科青藤公园	上海	闵行	闵行区紫龙路200弄	普通住宅
紫竹半岛	上海	闵行	闵行区东川路333弄	普通住宅、别墅
首创禧瑞荟	上海	闵行	闵行区徐亭路35弄	普通住宅
紫晶南园三期	上海	闵行	闵行区广南路666弄	普通住宅
古北金鹰府	上海	闵行	闵行区程家桥路388号	普通住宅
城开云外	上海	闵行	闵行区灯辉路377弄	别墅
陆家嘴锦绣逸庭	上海	浦东	浦东区御青路260弄	普通住宅
邑滨江	上海	浦东	浦东区昌邑路607弄	普通住宅
颐盛御中环	上海	浦东	浦东区康杉路386弄	普通住宅、别墅

楼盘名称	城市名称	城区	地址	物业类型
宏兆锦庭	上海	浦东	浦东区申港大道87号	普通住宅、别墅
东方悦耀	上海	浦东	浦东区高青西路667弄	普通住宅
东宸源著	上海	浦东	浦东区白荆路189弄	普通住宅、别墅
公元2040	上海	浦东	浦东区千汇路198弄	普通住宅、别墅
海上风华	上海	浦东	浦东区铃兰路688弄	普通住宅、别墅
尚海郦景名苑	上海	浦东	浦东区桃林路299弄	普通住宅
中建锦绣熙岸	上海	浦东	浦东区潮乐路358弄	普通住宅
张江三湘海尚	上海	浦东	浦东区绿晓路58弄	普通住宅
东方城市豪庭	上海	浦东	浦东区人民东路2729弄38支弄	普通住宅
新城西岸公园	上海	浦东	浦东区康沈路1199弄	普通住宅
大华斐勒公园	上海	浦东	浦东区北艾路1643弄	普通住宅、别墅
临港首府	上海	浦东	浦东区竹柏路503弄	别墅
颐景园江南院	上海	浦东	浦东区顺荣路299弄	普通住宅、别墅
保利首创颂	上海	浦东	浦东区年家浜路1468号	普通住宅
云麓里	上海	浦东	浦东区航鹤路1000弄	普通住宅、别墅
明天华城	上海	浦东	浦东区周星路500弄	普通住宅
浦发罗兰翡丽	上海	浦东	浦东区玉盘北路281弄	普通住宅
仁和都市花园	上海	浦东	浦东区御水路555弄	普通住宅
大名城紫金九号	上海	浦东	浦东区德淳路169号	普通住宅
九庐	上海	浦东	浦东区滨江大道1777号	普通住宅
上海恒大滨江华府	上海	浦东	浦东区源深路66号	普通住宅
晶萃名邸	上海	浦东	浦东区江高路118弄	普通住宅
福晟钱隆广场	上海	浦东	浦东区江高路39弄	普通住宅
金融家	上海	浦东	浦东区宏雅路18号	普通住宅、别墅
浦发东悦城	上海	浦东	浦东区周汇路158弄	普通住宅
江悦名庭	上海	浦东	浦东区江高路105弄	普通住宅
中企滨江悦府	上海	浦东	浦东区昌邑路998弄	普通住宅
绿宝锦庭	上海	浦东	浦东区康巴路268弄	普通住宅、别墅
滨江一品苑	上海	浦东	浦东区浦逸路188号	普通住宅
中建朗阅府	上海	浦东	浦东区孙农路397弄	普通住宅、别墅
海玥瑄邸	上海	浦东	浦东区项文路333弄	普通住宅
高尚领域	上海	普陀	普陀区曹杨路1518号	普通住宅
中海臻如府	上海	普陀	普陀区静宁路100号	普通住宅
沁和园	上海	普陀	普陀区丹巴路368号	普通住宅
盛誉世家	上海	青浦	青浦区淀湖路666弄	普通住宅
御澜雅苑	上海	青浦	青浦区崧文路55弄	普通住宅
恒文璞悦	上海	青浦	青浦区华浦路339号	普通住宅
葛洲坝虹桥紫郡公馆	上海	青浦	青浦区方家塘路33弄	普通住宅

楼盘名称	城市名称	城区	地址	物业类型
金地虹桥世家	上海	青浦	青浦区高泾路 789 弄	普通住宅、别墅
观湖御景	上海	青浦	青浦区宝银路 176 弄	普通住宅
新城璞樾门第	上海	青浦	青浦区城中南路 288 弄	别墅
远洋金融街西郊宸章	上海	青浦	青浦区贺桥村路 101 弄	普通住宅
首创禧悦晴朗	上海	青浦	青浦区大盈浦路 1755 弄	普通住宅
宝业爱多邦	上海	青浦	青浦区崧淀二路 99 弄	普通住宅
虹桥融景	上海	青浦	青浦区沪青平公路 1638 弄	普通住宅、别墅
中核锦悦府	上海	青浦	青浦区盈港东路 1000 弄	普通住宅
景瑞城中公园	上海	青浦	青浦区盈港路 453 号	普通住宅
恒文星尚湾	上海	青浦	青浦区新凤中路 899 弄	普通住宅、别墅
葛洲坝融创虹桥玫瑰公馆	上海	青浦	青浦区淀湖路 699 弄	普通住宅
金臣颐墅	上海	青浦	青浦区业辉路 399 号	别墅
首创禧瑞里	上海	青浦	青浦区徐和路 58 弄	普通住宅、别墅
虹桥金茂悦	上海	青浦	青浦区新府中路 1658 弄	普通住宅
招商虹桥公馆	上海	青浦	青浦区泾茉路 118 弄	普通住宅
海上湾鹭居	上海	青浦	青浦区绿舟路 228 弄	普通住宅、别墅
英庭名墅	上海	青浦	青浦区诸光路 228 号	普通住宅、别墅
万科天空之城	上海	青浦	青浦区诸陆西路 966 号	普通住宅
金地水悦堂	上海	青浦	青浦区浦泰路 888 弄	别墅
大豪山林别墅	上海	青浦	青浦区徐泾西路 188 弄	别墅
首创禧悦风华	上海	青浦	青浦区黄泥娄路 108 号	普通住宅
中骏天璟	上海	青浦	青浦区方家塘路 99 弄	普通住宅
东原碧桂园	上海	青浦	青浦区淀惠路 658 弄	普通住宅
上海恒大御澜庭	上海	青浦	青浦区淀山湖大道 3600 弄	别墅
灿辉晶典 1733	上海	青浦	青浦区沪青平公路 1828 号	别墅

楼盘名称	城市名称	城区	地址	物业类型
路劲佘山院子·东园	上海	松江	松江区[illegible]公路 499 弄	普通住宅
宝地佘山 1 号	上海	松江	松江区[illegible]月路 18 弄	普通住宅
金地都会 c 区	上海	松江	松江区[illegible]路 29 弄	普通住宅、别墅
云著深蓝	上海	松江	松江区[illegible]路 88 弄	普通住宅
新城上坤樾山明月	上海	松江	松江区嘉松南路 3888 号	别墅
金地玺悦	上海	松江	松江区[illegible]路 293 弄	普通住宅
国贸天悦	上海	松江	松江区[illegible]山路 1[illegible]3 号	普通住宅
象屿虹桥悦府	上海	松江	松江区[illegible]亭路 883 弄	普通住宅
绿城桂语云溪	上海	松江	松江区[illegible]长浜路 1[illegible]8 弄	普通住宅、别墅
新城上坤樾山半岛	上海	松江	松江区[illegible]隆路 1288 弄	别墅
合生广富汇	上海	松江	松江区[illegible]泽路 3188 弄	别墅
佘山玺樾	上海	松江	松江区辰花路 3[illegible]77 号	别墅
绿庭尚城璟悦	上海	松江	松江区[illegible]路 653 弄	普通住宅
融创领馆壹号院	上海	徐汇	徐汇区华泾路 598 弄	别墅
嘉御庭	上海	徐汇	徐汇区建国西路 228 弄	普通住宅
百汇园	上海	徐汇	徐汇区宛平南路 15[illegible]3 弄	普通住宅
云锦东方	上海	徐汇	徐汇区龙兰路 399 弄	普通住宅
首创天阅滨江	上海	杨浦	杨浦区通北路 315 弄	普通住宅
金浩园	上海	杨浦	杨浦区殷行路 1555 弄 1-20 号	普通住宅
康博名邸	上海	杨浦	杨浦区平凉路 110 弄 3 号	普通住宅
信达泰禾上城院子	上海	杨浦	杨浦区苏家浜路 213 弄	普通住宅、别墅
圣骊河滨苑	上海	杨浦	杨浦区龙江路 317 弄	普通住宅
盛世荟庭	上海	杨浦	杨浦区闸殷路 369 号	普通住宅
八埭头滨江园	上海	杨浦	杨浦区杨树浦路 6[illegible]3 号	普通住宅
世纪江湾	上海	杨浦	杨浦区[illegible]耀路 66 弄	别墅
淮海名邸	上海	长宁	长宁区安顺路 58 弄	普通住宅

八埭头滨江园

- 2019年 -
中国城市楼盘年鉴
典型项目

上海　杨浦滨江　高端配套　社区品质

八埭头滨江园坐落于上海市东外滩核心区域，由上海锺伟房地产开发有限公司开发，建筑面积 110000 平方米，占地面积 24883 平方米。

项目地址：
上海市杨浦杨树浦路 633 号

开发商：
上海锺伟房地产开发有限公司

建筑类型：
板楼、高层

主力户型：
132~307 平方米二居、三居、四居

周边配套：
渔人码头、白玉兰广场、地铁 4 号线

参考价格：
一期 100000 元 / 平方米、二期 110000 元 / 平方米

楼盘优势：
坐落于杨浦滨江，瞰南面江景；临近外滩、陆家嘴商圈、人民广场商圈。

专家点评　虞婕 · 乐居控股环沪公司总经理

作为杨浦滨江的豪宅项目，八埭头滨江园南面一线江景，享有内环核心配套，产品力出众，居住价值突出。项目自带的高端综合体商业，是杨浦近年来少有的大手笔，未来有望成为东外滩地标，置业潜力可期。

项目解析

【区域维度】

八埭头滨江园所处的东外滩板块，联合北外滩，与陆家嘴金融中心、百年外滩构成“滨江黄金三角”，可享老外滩及陆家嘴的资源和成熟配套。

随着上海市中心土地资源的日渐稀缺，尤其是滨江沿线待开发的土地资源已经寥寥无几，杨浦滨江凭借其自身优越的内环交通、成熟配套和稀缺江景，俨然成为黄浦江核心段崛起的新星，也成为高端置业人群入住滨江的选择之一。

八埭头滨江园作为杨浦滨江重点项目，距江直线距离约380米，距外滩约3公里、距陆家嘴中心绿地约2公里，距人民广场约6公里。周边涵盖完善的交通路网及教育医疗资源，环伺5.5公里湾区人文水岸、全球总部办公、甲级写字楼、购物中心等高端配套。

【口碑维度】

八埭头滨江园3号楼2018年10月首次开盘几乎售罄。与大多数滨江住宅不同的是，八埭头城市综合体中，仅有三栋全部南面临江的住宅。

作为人文住宅代表之作的八埭头滨江园，3号楼在2019年3月 通 过LEED共100余项验证，成为上海滨江荣膺LEED认证的封面住宅。

【产品维度】

八埭头滨江园的波光音乐跳泉，由曾设计过世界喷泉桥和世界漂浮喷泉的音乐喷泉建造企业——欧亚瑟设计制作。其园林景观特邀世界景观大师West8打造，以英式园林为蓝本，呈现全上海难得一见的高品质英式花园。

此外，项目内拥有3600平方米私家俱乐部，六星级酒店高标准私享服务，囊括游泳池、儿童乐园、红酒雪茄吧、健身房、瑜伽房、乒乓房、多功能厅、英式茶吧等高端设施。

其中，室内恒温泳池上方的自动玻璃天窗令365天自然采光不间断，暖色系木质、石材等元素交互运用，呼应了整体设计的摩登与儒雅。

不得不说的是，始终秉持高品质开发的八埭头滨江园，在实现绿色低碳、节能减排的前提下，将健康、舒适和高效的人居体验淋漓尽致地表达出来，以上海滨江住宅划时代标准的革新，彰显当代弥足珍贵的绿色范本。

在户型设计方面，主力户型面积段从131平方米二居至306平方米四居，满足各类高端置业需求。154平方米大二居，客厅4.5米超豪华面宽配置，开放式客餐厅，视觉感更宽敞大气，三开间全部朝南，南向近12米；306平方米四居二厅四卫，主卧、客厅、餐厅、次卧全部朝南面江，日照采光充足。

【销售维度】

项目一期于2018年10月首次入市，开盘当天推出97套房源便吸引了175组认筹，首开几近告罄的销售佳绩，见证了其炙手可热的程度。

八埭头滨江园凭借其自身独特的地段优势、成熟的高端配套以及突出的产品力，成为上海楼市不可多得的滨江佳作。

更多楼盘详情请扫码查看

东滩花园

上海　休闲墅居　生态优势　低密社区

东滩花园位于上海崇明区东滩揽海路 1 号，由上海揽海房地产开发有限公司开发。项目占地面积 1324257 平方米，建筑面积 493937 平方米。

项目地址：

上海市崇明东滩揽海路 1 号

开发商：

上海揽海房地产开发有限公司

建筑类型：

别墅

主力户型：

123~141 平方米联排别墅、138~149 平方米合院

周边配套：

名岛生活广场、轨交崇明线、东滩湿地公园

参考价格：

均价约 35000 元 / 平方米

楼盘优势：

东滩花园位于国际生态岛崇明岛，由远洋地产与国华置业联手打造。项目提倡“奢享慢活”，以家庭为核心打造休闲居住社区。

专家点评

虞婕 · 乐居控股环沪公司总经理

东滩花园项目所处板块位置有着天然生态环境优势加持，在楼盘布局上也以四坊九巷为蓝本，体现了东方建筑的美感，而社区规划上仅与自然生态完美结合，整体自然氛围浓厚，居住指数上佳。

项目解析

【区域维度】

东滩花园位于上海崇明岛陈家镇，崇明岛是中国第三大岛屿，也是真正的城市绿肺、鲜氧源。项目紧邻长江入海口和东滩湿地公园。

项目周边崇明轨交线（预计2023年投入使用）、申崇线公交、G40沪陕高速、沪崇高速（规划）、长江隧桥等四通八达，连接生态岛居生活。

生态宜居的自然环境，宏图广大的未来规划，醇熟丰沛的生活配套，让崇明以及东滩新时代人居圣地，深受社会精英阶层的追捧。

【品牌维度】

东滩花园是由远洋地产与国华置业联手打造开发的。远洋地产为内地在香港上市房地产公司十强，国华置业是中国高端商业地产的领军企业。远洋与国华强强联合，开启东滩花园人居新高度。

【口碑维度】

东滩花园作为崇明时代人居的代表作品，以“健康、运动、休闲”为开发理念，力求营造以家庭为核心的闲享或静谧的休闲居住社区。

六大主题公园、四大互动乐园、三大运动设施，让居者充分体验休闲生活。鹭CLUB社区会所、鹭民超市、鹭民餐厅、乐乘巴士等多种便民设施保障业主生活无忧。将“健康、运动、休闲”融入生活的每一个角落，让居者尽情享受向往生活。

根据开发商统计，2019年，东滩花园不间断举办百余场精彩活动，共计吸引来客4472组12047人次，项目的人气之高甚至带动了东滩周边的旅游氛围。

【产品维度】

东滩花园经过7年的匠心研磨，已经成为醇熟的生态岛居大盘。

随着时代步伐的前进，东滩墅居经历了充满欧式地中海风情的1.0宽境大宅墅居时代和充满东南亚风情的5+2旅居生活2.0墅居时代。如今，东滩花园3.0焕代新品东方院墅，以“中国元素”为基础，推出两大升级新品，建筑面积123~141平方米焕新联排，建筑面积138~149平方米东方合院。

两大产品在常规墅居的基础上进行迭代升级并突破常规，带来“四优”创新设计：面宽优，3.0东方院墅产品面宽7.4~8.8米，具备更大尺度的采光面宽；空间优，地下室层高5.1米，二楼挑空设计，让生活空间更具延展性；动线优，人车分流人性化设计，让社区出行更安全；享受优，卧室全套房设计，自带全明独立卫浴，主宾尽享私密起居空间。

【销售维度】

东滩花园深受社会精英阶层的信赖与追捧。2019年全年开盘三次，推出精装平墅、奢阔双拼、花园独栋、全新联排、东方合院五种产品，均深受认可与好评。数美云下数据显示，2019年9~11月，项目连续三个月成为崇明别墅板块签约金额、套数、面积“三冠王”，奠定了崇明明星大盘的地位。

“三开三捷”“蝉联销冠”“明星大盘”，在东滩花园一系列荣誉的背后，是不间断的突破与创新。东滩花园将继续秉守初心，砥砺前行，不负业主多年的信赖与支持，竭尽全力为居者营造向往的生活。

更多楼盘信息请扫码查看

恒大江湾华庭

- 2019年 -
中国城市楼盘年鉴
典型项目

上海　品牌房企　三区交汇　品质住宅

恒大江湾华庭位于上海市虹口凉城板块，地址为三门路 1266 弄；占地面积约 0.89 万平方米，建筑面积约 2.05 万平方米，共计规划 2 栋楼 182 户。

项目地址：
三门路 1266 弄

开发商：
上海景麒房地产开发有限公司

建筑类型：
多层、高层

主力户型：
89~101 平方米二居、129 平方米三居

周边配套：
高境文化广场、万达广场、长江国际生活广场

参考价格：
均价约 89000 元 / 平方米

楼盘优势：
“世界 500 强”房企恒大开发，地处三区交汇要冲地带，尽享新老城区核心配套，户型、社区景观设计出众，产品力上佳。

专家点评　虞婕·乐居控股环沪公司总经理

恒大江湾华庭由知名房企恒大集团开发，凭借突出的产品力在业内获得高度评价，2019年的取证入市及时填补了板块新房供应空白。新老城区核心配套加持，浓厚的居住氛围让项目拥有很高的自住价值。

项目解析

【区域维度】

恒大江湾华庭位于上海市虹口区凉城板块，中环线以北，地处虹口、静安、宝山三区交汇的要冲地带。从整个城市区位来看，这里是北上海政治、经济、商业、文化的枢纽地段；南侧接壤北外滩，东侧接壤大连路，西侧接壤新静安，北侧接壤新江湾城，起到了城市纽带的作用。项目所处板块纵深较长，可至外滩、北滨江沿线，属于早期开发成熟的中心城区。

历史人文的高度集聚，让虹口人民的“恋土情怀”格外热烈，原住居民在虹口的置业比例很高，让这里成为生活改善选择的优选之地。项目周边5公里范围内拥有全方位的商业配套服务，是中心繁华之地；东西各环伺两大城市副中心，大宁和五角场。老商业圈虹口足球场、四川北路区域以及宝山万达商业中心、高境商圈等各大商圈汇聚，配套完善度高，居住氛围浓厚。

【品牌维度】

作为家喻户晓的大品牌，恒大以民生地产为基础，文化旅游、健康养生为两翼，新能源汽车为龙头，奠定了其“世界500强”企业的地位。截至2019年11月，恒大总资产2.1万亿元，年销售规模超6000亿元，累计纳税超2400亿元、慈善捐款超148亿元，员工14万人，每年解决就业260多万人，“世界500强”排名第138位。恒大地产在中国280多个城市拥有810多个项目，与全球860多家知名企业战略合作，实施精品战略，打造高品质、高性价比产品，推出行业“全装修交楼”和“无理由退房”概念，品牌价值十分突出。

【口碑维度】

上海市区的土地寸土寸金。如何从土地的大小、生活的格局出发，寻找均衡土地和舒适生活之间的平衡，成为房地产开发的一门学问。恒大凭借着20余年的开发经验，在虹口打造了恒大江湾华庭，坚持自己的品质打磨，融合智能家居系统；宁愿少建一栋楼，也要营造一处大花园。于是，这个仅有两栋住宅楼、182套房源，却包含了四大主题园林、干挂石材立面的项目一经入市，就取得了热烈的市场反响。

【产品维度】

恒大江湾华庭整个园林群分为一大广场、三大花园，四大景观组团相辅相成，整体园林景观以轴线式进行布局设计，并全冠移植大量名贵树种，配以大量水渠和景观水景，利用大量的缓坡地形变化产生舒缓的视觉效果，空间延展性较强。项目所用石材均选用高档进口天然石材。住宅采用新古典立面，注重竖向线条和材质肌理。

项目主力户型为二居和三居，共三个户型，1号楼有三个单元，大堂挑空4.5米，共134套，都是二居户型，东边套和西边套为89平方米的两室一卫户型，中间的为101平方米的两室两卫户型；2号楼拥有6.3米挑高大堂，由44套三室二卫的户型和四套二居的户型组成，采用了两梯两户的设计，所有户型标准层高均达到了3.15米。

更多楼盘详情请扫码查看

恒大御澜庭

上海　名企打造　低密墅区　生态景区

恒大御澜庭位于上海市青浦区朱家角板块，由上海丰涛置业有限公司开发，总占地面积约350000平方米，建筑面积约175000平方米。

效果图

效果图

项目地址：
上海市青浦区淀山湖大道3600弄

开发商：
上海丰涛置业有限公司

建筑类型：
别墅、洋房

主力户型：
216~250平方米别墅、78~176平方米洋房

周边配套：
吾悦广场、朱家角野生动植物湿地公园

参考价格：
别墅38000~43000元/平方米，洋房30000~33000元/平方米

楼盘优势：
项目由知名房企恒大打造，位于上海市青浦淀山湖景区旁，生态优势突出，规划利好，整个小区容积率低，居住舒适度高。

2019年 中国城市楼盘年鉴 典型项目

专家点评　虞捷·乐居控股环沪公司总经理

恒大御澜庭是目前上海市场少有的容积率低于1的项目，同时享有大虹桥辐射利好和朱家角景区[illegible]，是一个值得推荐的项目。

项目解析

【区域维度】

恒大御澜庭位于上海市朱家角板块、淀山湖周边，坐拥大虹桥辐射红利的同时，享有淀山湖的低密生态环境。作为长三角的门户，大虹桥拥有高度规划战略价值，其辐射圈迎来了一系列的产业聚集、交通升级、配套落地。在大虹桥辐射利好影响下，周边房地产市场持续升温，成为近年来上海新房市场的置业热门区域。

项目周边G50沪渝高速、G318国道、17号线等可连通虹桥枢纽，未来沪苏湖高铁（建设中）、华为研发中心（建设中）等落成之后，便利的交通将对区域产生持续的导流作用。人气聚集之后，区域价值将继续升温，住房需求也将日益增长。

自然环境的优势进一步提升社区居住体验。淀山湖旁生态资源优越，植被覆盖率高，水系众多，空气质量、生态景观对于生活品质的加成，已经成为现代人置业理念中的重要一环。板块的自然风貌是许多注重生活品质购房者的追求，于是，这个由众多别墅构成的生活圈，已经形成了十分优秀的高端居住氛围。

【品牌维度】

恒大集团是以民生地产为基础，文化旅游、健康养生为两翼，新能源汽车为龙头的"世界500强"企业集团。依托强大品牌实力，恒大御澜庭上市之初便备受瞩目，区域少有的花园别墅、六层纯洋房，一经入市就格外吸引置业者的目光，一度成为朱家角风尚别墅的代表。

【口碑维度】

在过去几年中，恒大御澜庭的市场成绩有目共睹，硬气的品质让恒大御澜庭在"圈内"有口皆碑。0.5低密度容积率，双水系景观园林，项目在细节上的精心打磨得到了众多购房者的认可；辅以恒大为社区搭配的一系列生活配套，上佳的居住体验让项目成为了地产圈内"明星盘"，无论是业内还是业主都对项目有着高度的评价。

【产品维度】

在上海这座寸土寸金的城市里，容积率低于1的项目已经难觅。依托淀山湖畔的自然风光，恒大打造了一款低密生态住区，容积率仅0.5，尽可能保障了居住舒适度。全冠树木、沿河栈道、阳光花园，一系列景观混搭构造的立体社区，替代了传统住区排屋式的结构；精简建筑数量，努力增加景观面积，竭力满足现代购房者对于居住环境的需求。

项目主打洋房及别墅产品。大两房洋房注重空间感，带入户花园，接景入室，视野开阔，可满足不同置业需求；别墅科学规划户型空间，选取创新家装，采用新[illegible]家科技，搭配大面积花园，追求原生态与智慧生活的完美共存，符合新一代人居理念。

不仅如此，恒大还在社区布局了会所、风情商业街、顶层足球场、四季恒温泳池等一系列生活配套，为业主的休闲时间提供了丰富的选择。购物、运动、休闲、娱乐，在闲暇的可支配时间内，业主几乎足不出户就能享受到一站式配套。

更多楼盘详情请扫码查看

路劲佘山院子·东园

- 2019年 -
中国城市楼盘年鉴
典型项目

上海　生态宜居　百强物业　品牌地产

路劲佘山院子·东园位于上海市松江区小昆山崇南路鹤西街，项目由路劲地产开发，占地面积 81700 平方米，建筑面积 167700 平方米。

专家点评

虞婕·乐居控股环沪公司总经理

路劲佘山院子·东园享有佘山板块的天然生态资源优势，配合低容积率社区，整体居住体验佳。项目主打联排、高层住宅产品，各面积段房型既照顾刚需置业，又满足了改善客户群。

项目地址：
上海市松江区崇南公路 499 弄

开发商：
上海隽筑置业有限公司

建筑类型：
别墅、高层

主力户型：
88 平方米三居、101~130 平方米联排

周边配套：
佘山国家森林公园、泰晤士小镇、万达广场

参考价格：
高层 33000 元 / 平方米，联排 46000 元 / 平方米

楼盘优势：
项目由知名房企路劲地产打造，毗邻佘山国家旅游度假区，高绿化覆盖率呈现不可复制的生态环境，整体居住舒适度高。

项目解析

【区域维度】

路劲佘山院子·东园位于上海市松江佘山新城板块，属于小昆山镇，是松江重点发展区域。依托G60科创走廊建设为区域带来的机遇，产业发展加速、区域升级明显。小昆山工业园区5.74平方公里的规划，串联AI人工智能中心、科创广场和科创小镇三大核心产业服务节点以及北部欧洲制造、南部智能制造两大产业聚集区，形成“三核两轴两片区”的发展格局。

除了科创产业进一步发展，整个松江板块的交通也将大焕新。“松江枢纽”规划建设，着力把松江南站建设成为“四网合一”的上海西南综合交通枢纽；轨交+铁路+电车，交通的发展更加便利了区域居民的出行往来。

与此同时，项目处于政府规划的佘山新城生态居住区，毗邻佘山国家旅游度假区。佘山作为上海西部著名山峰景观，旅游资源丰富，是“上海天然氧吧”的代名词。在如此环境下居住，十分舒适怡然。

【品牌维度】

路劲地产自落子上海之日起，就坚持考量并恪守沪上标准，致力完成从产品到品牌的发展进阶。而路劲佘山院子便是路劲地产深耕上海十余年后，继上海院子之后再“造园”，将“海派院落生活”融入产品设计，打造的充满人文气息的院墅产品。

项目推出的院墅产品，提取了传统的“三院四巷五庭”空间构架并融合了露天游泳池、堆景造型等，让住户享有更别样的园林社区。

在“用心筑造品质生活”的理念指引以及对品牌初心的坚持下，路劲地产致力于成为值得信赖的房地产企业。

【口碑维度】

路劲佘山院子·东园社区物业——路劲物业，是旗下拥有多家具备国家一级资质的“中国物业服务100强”企业，于2013年正式加入金钥匙物业联盟。

多年来，路劲物业秉承“满意+惊喜”的服务理念，为业主提供优质服务。得益于规范化的物业服务体系，业主对佘山院子所提供服务的认同度颇高。

【产品维度】

路劲佘山院子·东园的楼盘南低北高、东高西低，布局设计上使每个房间能拥有良好的视线、朝向和充足的日照。在社区的景观方面，采用了东方禅意园林元素，打造一步一景。此外，社区还打造了全年龄段的活动空间，包括儿童游乐园、烧烤区、篮球场、老人活动场等，充分为业主考虑。同时，社区配套路劲金钥匙管家物业服务，用心为业主带来更好的社区服务。

项目88平方米高层、101~130平方米联排别墅产品，既有适合刚需购房者的户型，也有小面积别墅房源供改善购房者挑选，为购房人群提供更多的选择空间。

其中，联排别墅产品附地下室，带花园、露台，整体附加值高。中庭挑空的设计，在满足客户身份需求的同时，又给予客户足够的自由改造空间。地下空间到中庭挑空，预留“可成长”的多功能弹性空间，是上海地区少有的创新理念。

更多楼盘详情请扫码查看

上海星河湾

上海　豪宅品质　人居典型　西南门户

上海星河湾傲立于上海市西南门户，地处闵行颛桥。项目由星河湾集团开发，占地 52.5 万平方米，总建筑面积高达 71.4 万平方米。

项目地址：
上海市都会路 3799 号

开发商：
上海金色紫都房地产有限公司

建筑类型：
高层

主力户型：
220 平方米四居

周边配套：
颛桥万达、龙盛广场、龙之梦、仲盛世界商城

参考价格：
76000~77000 元 / 平方米

楼盘优势：
项目位于上海市大虹桥辐射区，背靠莘庄城市副中心，出众的产品力在业内有口皆碑，品牌效应突出。

专家点评 虞婕·乐居控股环沪公司总经理

上海星河湾地处闵行颛桥，拥有大虹桥辐射区和莘庄城市副中心的双核利好，区域置业价值高。星河湾系列一直拥有上佳的口碑，项目220平方米四居户型受好评，出众的景观设计也提升了整个项目的居住体验。

项目解析

【区域维度】

上海星河湾傲立于上海市西南门户，地处闵行颛桥。随着上海城市建设的推进，“莘庄城市副中心—大虹桥品质生活区—国际闵行”的概念正在逐步确立，上海星河湾坐拥莘庄商圈，邻近旗忠别墅区，既能执首都市繁华，又可畅享得天独厚的自然景观资源。

一站式优渥商圈配套是项目的一大优势。纵览整个莘庄商圈，从颛桥万达到龙盛广场、龙之梦、仲盛世界商城等，六大商业综合体如星落一般环伺上海星河湾；而大虹桥则承载着整座城市的对外辐射功能，产业、人才、商业聚集。随着规划的逐渐落地，整个辐射区的土地价值和板块形象提升，也为上海星河湾的未来提供了广袤的发展空间。

同时，莘庄交通枢纽将同时接入地铁1号线、5号线、15号线(在建中)，三轨环绕局面形成后，区域价值仍将继续升温；S4、G60汇聚，依托虹梅南路高架、嘉闵高架快速通达至大虹桥腹地。

【口碑维度】

2017年上海星河湾220平方米全套四房户型一经面世就广受好评。转年，220平方米现代中式风格和时尚版风格又让购房者举棋不定，难舍其一。时至2019年7月，上海星河湾220平方米户型产品基于业主的反馈和建议，持续完善，迭代成品及人居范本，开盘当日去化过半，其中，上海星河湾的老带新和老业主复购比例维持在相当高的标准。这份开盘成绩单，就上海一线豪宅市场来说已属难得。这同时也成就了上海星河湾在高圈层业主心目中共同认知的上海豪宅。

【品牌维度】

2019年伊始，星河湾集团董事长黄文仔就在新年讲话上正式公布了星河湾4.0标准，要求星河湾产品以高品质为基础和驱动。多年以来，星河湾凭借着自成一派的装修风格和园林设计，成为上海家喻户晓的豪宅品牌。

【产品维度】

星河湾的产品，在原有基础上迭代升级，一梯一户直接入户，且保留了传统双开门设计，尽显归家仪式感；整体空间十字中轴划分，4.8米大面宽开间，主卧建筑面积高达约35平方米，在3.35米层高的前提下，打造上挑高穹顶，豪宅尺度感十足。项目所采用的装修品牌如赫曼德、嘉格纳等，均为德系一线品牌。

社区配置是上海星河湾的一大亮点所在。相比其他星河湾项目，上海星河湾在保留星河湾品牌传统的同时，在社区打磨上加入了现代化的元素：百米楼间距，借鉴江南园林设计，采用全冠移植的做法保证了景观建成初期就拥有上佳的观赏性。

此外，基于“同纬度醉美园林”“约20000平方米湖泊湿地公园”“梦幻星光泳湖”等得天独厚的园林景观优势，加之上海星河湾对于园林十年如一日的维护与保养，全冠移植与补苗补充，成就了项目园中有园、推窗即见景的“家门口的珍稀植物博物馆”的美誉。加上业内广泛认同的专业水平和自带的星级酒店、商业行、奈尔堡等，拉升了整个上海星河湾的居住体验。

更多楼盘详情请扫码查看

泰禾·海上院子

- 2019年 -
中国城市楼盘年鉴
典型项目

上海　品质墅区　低密院落　生态宜居

泰禾·海上院子地处上海市海湾大学城核心板块，具体位于上海市奉贤区海湾路与海泉路路口，占地面积约 150880 平方米，建筑面积约 75440 平方米，共规划 591 户。

项目地址：

上海市奉贤区海湾路与海泉路交会处

开发商：

上海金闵房地产开发有限公司

建筑类型：

别墅、洋房

主力户型：

99~125 平方米中式合院

周边配套：

乐汇购物广场、佳源梦想广场、地铁 5 号线延伸段

参考价格：

中式合院 44200 元 / 平方米

楼盘优势：

地处奉贤海湾核心板块，享 25 公里海岸线，生态宜居；整个小区容积率低至 0.5，居住舒适度高；自带 2000 平方米高端会所，社区配套占优。

专家点评　虞婕·乐居控股环沪公司总经理

泰禾·海上院子作为泰禾在上海的第二个「院子系」产品，容积率仅0.5，楼盘品质可圈可点，该项目位于南上海奉贤海湾板块，拥有较为紧缺的海景资源，区域发展前景值得期待。

项目解析

【区域维度】

泰禾·海上院子位于上海市海湾路与海泉路交会处，属于海湾大学城核心板块，被华东理工奉贤校区、上海师范大学奉贤校区和上海应用技术大学奉贤校区所包围，而该区域也是奉贤海湾开发较早的居住区，居住氛围已经相当浓厚。

就区域发展前景而言，南上海奉贤作为上海正式介入引领沪杭甬大湾区发展的前沿，是继浦东陆家嘴、浦西大虹桥之后新一轮重大发展战略布局的重地。板块内涵盖七大交通动脉，包括S4沪金高速、红梅南路、地铁5号线延伸段等，快速连接城市中心，交通便利之处不言自明。

与此同时，海湾也是上海为数不多拥有海岸资源的所在，25公里连续生态岸线、空气优良率高达95%，是上海PM2.5较低的区域。

海湾板块也属于政府规划的“高端国际居住社区”，周围遍布各种高端配套。沿海岸线设有棕榈滩高尔夫俱乐部、松声马术俱乐部、海湾国家森林公园、4A级景区碧海金沙等高端配套，共同铸就上海黄金海岸线，满足品质生活所需。

【口碑维度】

项目特色之一是按照星级标准打造的约2000平方米高端会所，内设健身房、瑜伽区、SPA空间、泳池、儿童娱乐区等配套设施，其中游泳池规制对标安缦养云酒店。

此外，项目还配备了泰禾禾阅书房，禾阅书房是上海较少有的泛私塾性质的会所，是未来业主休闲娱乐的主要集中场所。多重五星级配套，造就高端圈层的娱乐享受。

值得一提的是，项目后期计划配备泰禾教育——专业育儿托服、国际夏令营、3点半课堂、兴趣班计划，为孩子提供国际化成长教育；泰禾+家庭医生后期也计划入驻海上院子，配置“全科家庭医生和健康管理师”的专业团队，给业主生活带来很大便利。

【产品维度】

泰禾·海上院子是继上海院子之后，泰禾在上海打造的第二座“院子”。在建筑设计上，一脉相承“院子系”产品的精髓，运用照壁、抱鼓石、浮雕、铜质方灯、院门、门钹、平坊、题字匾额等八大体系，再现建筑的中国礼仪；用黄铜、汉白玉打造出海上院子的大门，传承千年中国文化底蕴，成为奉贤海湾的经典品质楼盘。

整个小区容积率低至0.5，绿化率35%。在建筑体系上，体现传统民居“门、坊、巷、院”格局；在居住艺术上，讲究“高、深、大、美”意境。

值得一提的是，项目自带约3500平方米的中央景观区，全部实景交付。园林结合了北派皇家园林的气派与贵气，融合了苏式园林的精致，融汇成建筑、山池、园艺、绘画、雕刻以至诗文等多种艺术形式，整体达到“可居、可赏、可游”的效果。

在产品打磨上，项目打造了独门独户中式合院。合院产品建筑面积99~125平方米，以125平方米户型为例，全明套房独门独户院墅，尺度更大更舒适，满足各种家庭生活的功能所需。

更多楼盘详情请扫码查看

2019 年环沪地区房地产市场总结

一体化、高质量，2019 年，长三角城市群一体化进程加码，国家战略级重磅规划，长三角得到的资源倾斜，让整个长三角城市群的发展频频获得利好，人工智能、集成电路、生物医药、高端装备、新能源、新材料、新能源汽车等，新轨交、新机场、新磁悬浮……大量规划的出台，让长三角的发展前景备受看好。长三角一体化成了长三角楼市茁壮成长的优质土壤，浙江就是一个典型。

嘉兴：浙江地级市的腾飞

长三角城市群、上海大都市圈重要城市，浙江大湾区核心城市，杭州都市圈副中心城市，沪嘉杭 G60 科创走廊中心城市——这些前缀，形容的都是嘉兴。从地理环境来看浙江的发展，浙江多山少平原的地形决定了浙北有限的平坦地区将是规划建设的重中之重。于是，在“浙北东进”的大基调下，嘉兴凭借着得天独厚的地理优势，开始逐渐引起人们的注意。

另外，嘉兴与上海相距不到 100 公里，在长三角一体化影响下，嘉兴与上海的距离无疑将更加接近。因此，嘉兴房地产市场在近几年突飞猛进，直到 2019 年，市场发展稳步提速趋势已经相当明显。嘉兴市住房和城乡建设局官方数据显示，在“房住不炒”主基调下，嘉兴房地产市场 2019 年仍保持着一定量的增长，且呈现出持续上涨趋势。

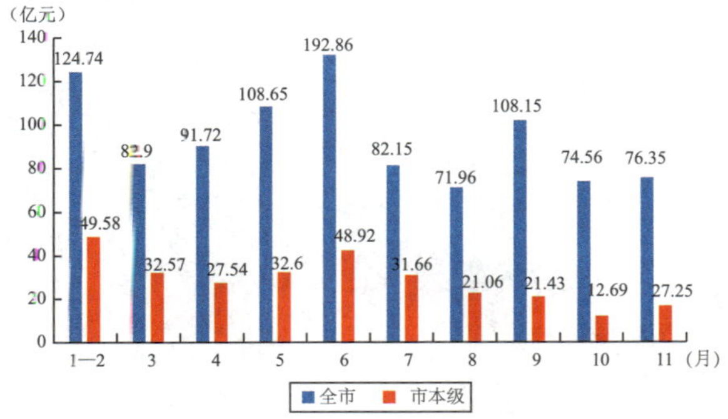

图 2-82　2019 年嘉兴市房地产开发投资情况

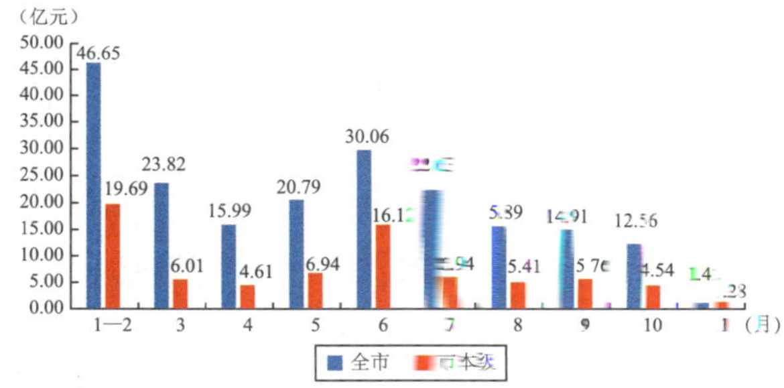

图 2-83　2019 年嘉兴市房地产业入库税收情况

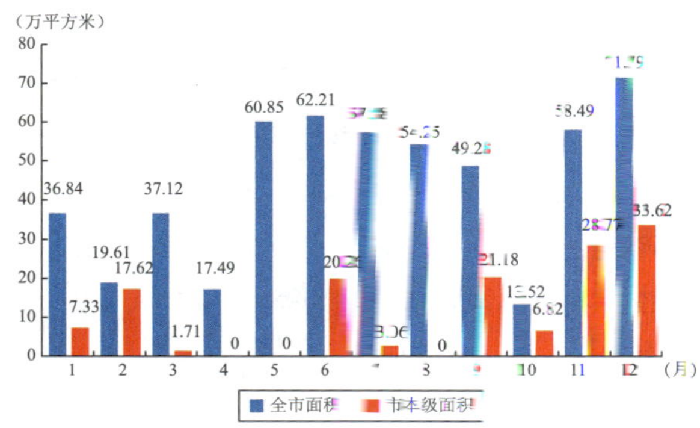

图 2-84　2019 年嘉兴市经营性住宅用地出让情况

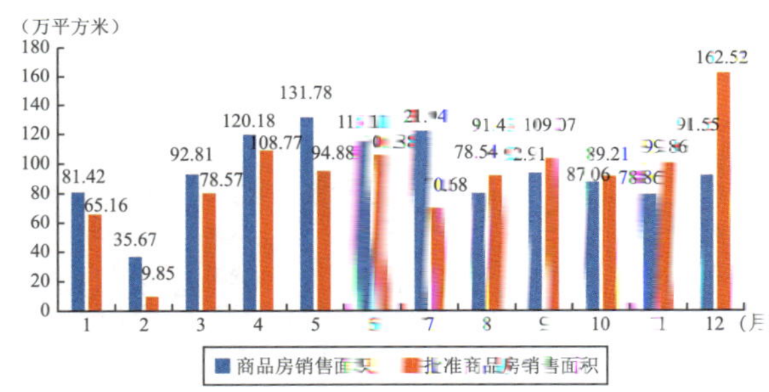

图 2-85　2019 年嘉兴市商品房销售面积和批准商品房销售面积情况

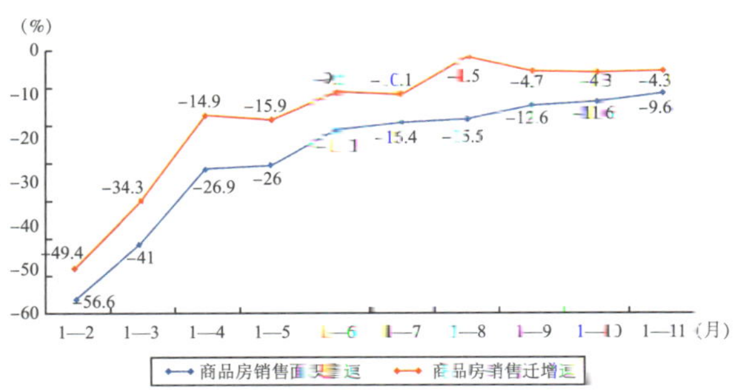

图 2-86　2019 年嘉兴市商品房销售面积及销售额增速

二手房方面，在嘉兴二手房实施网签一周年之际，嘉兴二手房实现交易量已经接近 200 亿元，全市二手房买卖合同网签备案量约为 46880 件。

楼市的活跃已经证明，嘉兴的发展潜力已经成功吸引了房企和购房者的注意。事实上，早已有人提出，如果说长三角一体化发展为这片中国经济最具活力的区域、改革开放的试验田刮来了新一轮发展的时代东风，那么，嘉兴就是那座风口上的城市。

义乌：浙江县级市的展望

2016 年，全国各地开启棚户区大规模改造计划，义乌的城市更新由此搭上了高速列车。在大量土地被整体征收的情况下，新建住房如雨后春笋一般冒出，高品质新房的出现刺激了义乌的房地产市场，一举扭转了市场原先供大于求、成交疲软的局面。

截至 2019 年，义乌土地征收制度改革全面进入深化年，义乌市自然资源和规划局 2019 年公开年报显示，义乌市全年按新征地流程实施征地 7 个批次，征收 2412.78 亩土地，涉及 83 个行政村。覆盖范围之广，征收效率之高，令人震撼。

这是浙江县级市迅猛发展的“野心”。土地市场的活跃意味着机会，碧桂园、中梁、绿地、宝龙等知名房企，先后入驻义乌拿地，开始了新一轮的城市布局；碧桂园等房企，更是在义乌落子了不止一个项目。

在长三角一体化利好影响下，像义乌这样有着更新空间的地级市，无疑将迎来更加广阔的发展前景。而浙江，也将在长三角城市群中扮演一个更为重要的角色。

数据来源：嘉兴市住房和城乡建设局、义乌市自然资源和规划局。

2019年环沪房地产在售楼盘概览

楼盘名称	城市名称	城区	地址	物业类型
招商雍景湾	嘉兴	桐乡市	桐乡市复兴路与振兴路交叉口	普通住宅
招商雍华府	嘉兴	桐乡市	桐乡市振东新区圆明路和平东路交界处	普通住宅
九龙山漫悦湾	嘉兴	平湖市	平湖市九龙山景区内	普通住宅
中南新悦府	嘉兴	平湖市	平湖市独山港镇港城路与凤舞路交叉口向西约200米	普通住宅
海伦堡·文星花苑	嘉兴	桐乡市	桐乡市文化路西侧、康乐路南侧	普通住宅
中南闻荷府	嘉兴	秀洲区	秀洲区虹桥路与运河东路交叉口	普通住宅、商铺
鸿翔中南鸿樾府	嘉兴	海宁市	海宁市文宗路与长丰路交会处东南侧（文苑幼儿园西侧）	普通住宅、别墅
中南正荣海上明悦	嘉兴	平湖市	平湖市新仓镇环西路与平廊路交叉口向西600米处	普通住宅、商铺
春风十里二期	嘉兴	南湖新区	南湖新区凤桥镇梅花洲景区内	普通住宅、商铺
海伦堡观澜	嘉兴	海宁市	海宁市尖山新区富江路南侧、仙侠路东侧	普通住宅、商铺
海伦堡汎月湾	嘉兴	平湖市	平湖市九龙山大道与外环东路交会处	普通住宅
龙光·西塘江南大境	嘉兴	嘉善县	嘉善县宏福路与宏盛路交会处	普通住宅、别墅
龙光玖誉湾	嘉兴	嘉善县	嘉善县人民大道和环西南路交会处	普通住宅
玖悦华府	嘉兴	嘉善县	嘉善县晋阳东路与之江路交会	普通住宅
新浦西孔雀城云樾东方	嘉兴	嘉善县	嘉善县惠民大道北侧、惠诚北路南侧、四明路西侧、新桥港东侧	普通住宅
新西塘孔雀城	嘉兴	嘉善县	嘉善县体育南路西侧、纬三路北侧	普通住宅
光耀城	嘉兴	嘉善县	嘉善县善西东路东侧	普通住宅
星瀚城	嘉兴	嘉善县	嘉善县经一路和纬六路的交会处	普通住宅
旭辉梦想城	嘉兴	嘉善县	嘉善县姚庄大道兴学路南侧300米	普通住宅
金科旭辉公元城市	嘉兴	嘉善县	嘉善县泰山路惠民小学西侧	普通住宅
义乌壹号院	金华	义乌稠城	义乌稠城稠州中路与[illegible]东路交叉口	普通住宅、商业
滨江金地·万家风华	金华	义乌北苑	义乌北苑西城路与宗泽北路交叉口	普通住宅、商铺、商业
福田金茂府	金华	义乌福田	义乌福田城北路与商博路交会处	普通住宅、商铺
绿地朝阳门	金华	义乌朝阳门	义乌朝阳门稠州中路[illegible]1号、近篁园路	普通住宅
金地风华东方	金华	金东区	金东区玉兴路北侧、现[illegible]道路东侧	普通住宅、商铺
上坤中腾·都会四季	金华	东阳市	东阳市东义路与环南路交叉口向南3[illegible]米	普通住宅
中梁湖滨首府	金华	婺城区	婺城区海棠西路与八一路交叉口往南5[illegible]米	普通住宅、商铺
美的金宸府	金华	婺城区	婺城区解放西路与双[illegible]北街交界处	普通住宅、商铺
保集江湾壹号	金华	金东区	金东区东市南街与丹溪路交会处	普通住宅
红星·天铂	金华	婺城区	婺城区和信路与东阳街交叉口	普通住宅、别墅
新城盛昱	金华	浦江县	浦江县中山北路与万[illegible]路交叉口	普通住宅
金地融信悦江府	金华	金东区	金东区康济街与清照路交叉口向东3[illegible]米	普通住宅
金地碧桂园浅山艺境	金华	婺城区	婺城区桃园路与金[illegible]街交会处	普通住宅
龙湖丽园	金华	婺城区	婺城区金西开发区琳[illegible]街以西文楚路以北	普通住宅、公寓、别墅
金地江山风华	金华	婺城区	婺城区人民东路8[illegible]号	普通住宅、商铺
中梁首府	金华	婺城区	婺城区双龙南街与宾虹路交界处	普通住宅、商铺
金地艺境	金华	金东区	金东区光南路南侧和[illegible]士街西侧	普通住宅
溪望文华轩	金华	兰溪市	兰溪市兰江街道环城西路与西山路交会处	普通住宅
黉门里九峰	金华	东阳市	东阳市江北街道迎宾[illegible]道一号	别墅
红星天悦	金华	婺城区	婺城区宾虹路与环城西路交会处	普通住宅、别墅

新西塘孔雀城

嘉兴 交通便捷 滨水墅居 醇熟配套

新西塘孔雀城项目位于嘉兴市嘉善高铁新城内，临体育南路，由孔雀城开发。项目5年来已开发23期，2万户家庭选择，拥六大城市级配套、五大商圈、九年教育等醇熟资源。

专家点评

龚玺·《东地产财经周刊》主编

新西塘孔雀城位于高铁新城住区板块核心区，享有明显的区位优势。项目以生态绿色为底板，巧妙地将建筑与水系、绿化相结合，建造更为优质的居住环境。

项目地址：

嘉兴市嘉善县体育南路西侧、纬三路北侧

开发商：

嘉兴孔雀城房地产开发有限公司

建筑类型：

高层

主力户型：

87平方米三居、144平方米叠拼别墅

周边配套：

嘉善越里、上海师范大学附属嘉善实验学校、云湖公园

参考价格：

均价约16650元/平方米

楼盘优势：

项目位于长三角一体化示范区——嘉善、高铁新城核芯，高铁南站直达上海。五大商圈、六大城市配套、九年教育打造商、教、居、游、养目的地。

项目解析

【区域维度】

嘉善高铁新城位于嘉兴市嘉善县南部区域，嘉善大道与世纪大道构建城市中轴主脉，距离高铁站2.5公里，距离嘉善县人民政府4.5公里。高铁嘉善南站、在建中沪嘉城际高铁将实现双轨直达上海的交通优势。借助发达的多元交通条件，嘉善享尽区位优势带来的便利。

高铁新城占地12平方公里，总体城市空间布局可分为"一门户、两节点、三环水网、四大风貌区"，享受嘉善越里、MINIMALL、伍子塘河岸商业等完善商业配套；上海师范大学附属嘉善学校和澳华国际幼儿园设备精良，师资卓越。除此之外，还有22万平方米云湖公园、嘉善影视小镇、上海人才创业园、嘉善妇幼保健院等醇熟城市配套，为客户打造高品质的城市生活体验。

【品牌维度】

孔雀城品牌开创于2003年。至2019年，历经16载对宜居城市的探索、实践与沉淀，用生态底板建造宜居生活。自搭建生活模式入手，孔雀城从北京出发，北起沈阳，南至广州，西起成都，东至嘉善，打造了50座宜居"城体系"，成为逾30万家庭信赖之选。

孔雀城以醇熟配套，构建幸福城市体系，更凭借匠心鉴筑，再造都市人居华章，先后荣获"中国房地产住宅项目品牌价值10强""2018年亚洲人居环境住区奖"、世界城市论坛"亚洲宜居住区奖""2018年可持续城市与人居环境奖"等重大知名奖项。

【口碑维度】

新西塘孔雀城2014年进入嘉善，历经5年时间、打造了24个住宅项目，已经为超过2万户业主提供置业机会，开辟了嘉善宜居生活的新天地。新西塘孔雀城项目分多期开发。其中，新西塘孔雀城·翡翠天宸作为孔雀城品牌战略转型的高端产品系列，由孔雀城品牌与央企骨干企业招商蛇口联袂打造，经过考量客户的实际需求来打造更为大众所青睐的产品。

随着长三角一体化上升为国家战略，嘉善依托上海区位优势，成为直接受益者，也成为备受购房者关注的区域，沪、嘉两地在医疗、交通、教育、通信等多资源实现同城共享，新西塘孔雀城也再度吸引环沪置业高度关注。其凭借对产品细节始终如一的匠心苛求，构筑美好生活，兑现对客户的承诺，更以一站通达上海、九年幼小学优质教育机构环绕等优势，成为投资宜居之选。

【产品维度】

新西塘孔雀城·翡翠天宸，位于嘉善高铁新城腹地，嘉善母亲河伍子塘畔，社区南侧规划约1500平方米配套商业，满足日常生活需求；西侧为1.2万平方米以上伍子塘公园(规划中)。

产品规划高层住宅十二栋、叠拼十栋，户型面积为87~147平方米滨水阔景高层、墅居。为满足居者对居住品质的需求，高层住宅立面风格为现代典雅风格，叠拼为现代新亚洲风格。作为新西塘孔雀城第一次引入的18层梯4高层产品，尺度宜人一梯两户，得房率达82%以上。

整个小区景观以包豪斯思潮为设计主导精神，通过健身环线跑道共串联八大景观组团，中心景观面积达到1500平方米以上；社区人车分流设计，保障居民出行安全。

更多楼盘详情请扫码查看

绿地朝阳门

金华　核心地段　知名房企　科技住宅

绿地朝阳门地处金华市义乌朝阳门板块，具体位于浙江省金华市义乌市稠州中路 91 号；占地面积 136000 平方米，建筑面积 460000 平方米，共计规划 755 户。

项目地址：
金华市义乌市稠州中路 91 号

开发商：
义乌绿创置业有限公司

建筑类型：
高层

主力户型：
128 平方米三居、148~185 平方米四居、230 平方米五居

周边配套：
义乌之心、银泰百货、吾悦广场、新天地

参考价格：
40000 元 / 平方米

楼盘优势：
“世界 500 强”企业品牌保证，地处义乌核心地段，坐拥成熟配套，主打科技住宅，社区品质占优。

专家点评　邓庆旭·新浪网副总裁

绿地朝阳门主打智能科技宅概念，产品力相对突出，楼盘品质方面比较过硬，项目地处老城区的核心地段，商业配套相对成熟，板块的置业前景值得期待。

项目解析

【区域维度】

绿地进入义乌首选朝阳门板块，一是因为朝阳门优越的位置及丰富的配套资源，二是紧跟政府脚步。伴随“有机更新”政策的逐步兑现，义乌整个城市规划发展的中心和经济投入都会放在朝阳门中心板块，现在配置朝阳门的资产，无异于是提前抢占城市发展红利。

根据政府规划，朝阳门被定位为“立体交通－潮流商街＋江滨休闲＋高端商务及居住”的核心区块。绿地朝阳门项目建成后，义乌高端的商业模式也将诞生于此，未来义乌具有一定层次的人脉圈也将汇聚在这里。

【口碑维度】

就企业本身而言，绿地集团不仅是地产开发商，更是城市的运营商；不仅做地产，更深度参与城市发展，为城市造地标、造城市综合体，做产城一体化。从一定程度上来说，每一座绿地建筑都在城市的发展中有着重要的战略意义。

就项目本身而言，绿地在朝阳门规划户外景观跑道、专门的儿童活动区、宠物乐园；楼下的架空层还做成各种功能的泛会所，比如棋牌室、阅读角、健身活动区等。项目不仅要打造成可以全天使用、全空间的社区，还希望通过更完善的户外功能的设计，让客户走出家门，进行更丰富的社区户外活动。

【产品维度】

绿地朝阳门占地面积 13.6 万平方米，总建筑面积为 46 万平方米，其中包含 26 万平方米的商业，是集五星级酒店、街坊式商业、住宅为一体的项目。项目力邀上海日清设计、UA 设计、奥雅景观、邱德光设计事务所和 G-art 设计事务所等六大设计团队，倾力打造义乌相对高端的商业中心和高端住宅。

全屋智能家居设计，覆盖智能门禁系统、访客可视对讲、智能停车管理、智能快递柜、智能电子门锁等日常居家系统，优化人机交互界面，智能化的居家生活成为项目不可或缺的亮点。

与此同时，绿地朝阳门也被称为健康住宅。项目对标国际健康建筑认证标准，从空气净化、水质净化、噪声净化等方面，多维度净化人居环境，定制全家小气候，打造绿色宜居的舒适体验。

此外，项目选用国际物业五大行之一的高力国际物业顾问服务，以超越财富的等级礼序，全心全力协助业主打理商务、社交事宜，为业主带来尊崇享受，并在为居者提供服务的同时，为其营造良好的圈层氛围。

项目住宅户型共有四种，分别为 128 平方米、148 平方米、185 平方米和 230 平方米。户型设计突出尊贵感，充分保证客厅与主卧的景观效果，动静分离，提升居住品质感和享受度。大面宽朝南客厅，以及超大面宽观景阳台，是户型最大优点。

【销售维度】

绿地朝阳门于 2019 年 1 月 10 日首次开盘，劲销 12.6 亿元，创历史佳绩，奠定了绿地朝阳门的市场地位。

更多楼盘详情请扫码查看

四川省

2019年成都房地产市场总结

行业发展历程

一、城市概述

成都是四川省会、副省级城市、国家中心城市，成渝城市群的核心城市。截至2018年底，全市常住人口1633万人，其中城镇常住人口为1194.05万人，常住人口城镇化率为73.12%。2018年成都户籍人口为1476.05万人，户籍人口城镇化率为60.94%。

成都作为中国西部的特大城市，拥有双国际机场，轨道交通运营里程已达到341公里，全球直飞航线126条，落户的“世界500强”企业达到301家。成都拥有高新区、天府新区、经开区、临空经济开发区等国家级重点开发区，经济总量位居副省级城市榜首，截至2019年第三季度，经济增速连续11个季度超过8%，世界城市排名第71位。

二、行业现状

成都楼市受政策影响明显，圈层发展明显，沿轨道交通布局；主城区房价贵、销量低，近郊区房价适中、销量庞大，远郊限购门槛低，地缘性客户明显。

三、政策环境

在“房住不炒”“一城一策”“稳房价稳地价稳预期”等中央政策指导下，2019年成都楼市平稳有序发展，没有大起大落。

四、土地市场

成都近两年土地供应非常充足，2019年全年招拍挂成交土地超过2.3万亩，住宅用地（含兼容商业的住宅用地）1.35万亩。根据房地产发展五年规划，未来两年的土地供应同样充足。

从地价来看，2019年成都市最高楼面地价被刷新至19800元/平方米，全年楼面每平方米地价上万元的土地有36宗，创下了历史新高；全年招拍挂土地出让收入约1359亿元，同样为历史最高值，同时也进入了全国各城市土地出让金收入TOP10。

五、房企布局

2019年，成都全年出让2.3万亩土地，但是产业用地居多，普通商品住房用地少，房企拿地也出现了微妙的变化。

2019年成都房企拿地面积排名前五的分别是成都轨道交通集团、成都城投置地集团、华侨城、兴城人居、万达，拿地面积分别为2873亩、1378亩、839亩、598亩、517亩。

成都楼市已成为百强房企的战场，TOP20的房企已全部进驻，TOP50的房企只有6家没进驻，但也都注册了成都分公司。品牌房企特别钟情主城区和天府新区的土地，前文所述的36宗“万元地”中有34宗都在主城区和天府新区。

六、房产行业发展历程

与沿海城市相比，成都的房地产业发展较晚，2017年以前以高容积率、高建筑密度的高层超高层、小户型为主，70~90平方米的住宅产品连续多年占据各面积段第一。2017年以后，成都降低土地开发强度和居住密度，住宅用地容积率普遍在2.5以下，一大批低密、改善的住宅产品入市。

2017年成都市出台文件，进一步加快推进成品住宅发展，在此之前，成都市场以清水房为主，此后，带装修的成品住宅逐渐多了起来。根据文件规定，到2022年底，成都全市新开工商品住宅和保障性住房全部为成品住宅。目前，成都楼市成品住宅的装修标准集中在 2500~5000 元 / 平方米。

城市年度市场解读

一、本地新政

2019 年 1 月，成都市住房和建设局负责人接受媒体专访时表示，成都市住建局正按照国务院要求，研究“一城一策”的具体方案，此后将制定“因地制宜”政策，精准调控房价，实现房地产市场健康发展，努力满足市民多元化住房需求。

2019 年 11 月，公证摇号选房政策有所调整，当复核人数小于房源总数 20% 的时候，开发商可以自行组织摇号，而且资格核验时间缩短，远郊楼盘不在成都房协公示拿证信息。

2019 年 11 月，成都天府新区发布政策，对于直管区入驻企业（机构）员工，其购买直管区范围内住房不受户籍、社保缴纳时限的限制。

2019 年 12 月，限购区域有所调整，政策趋于合理完善。高新南区可以购买除近郊五城区外的成都所有区域，成都天府新区可以买除了高新南区和近郊五城区外的所有区域。

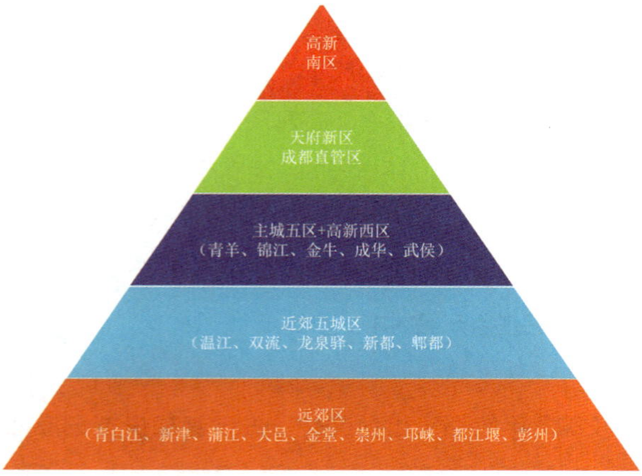

图 2-87　2019 年成都市各区土地供应

二、年度土地供应

2019 年，成都公共资源交易中心通过招拍挂一共供应了 2.55 万亩土地，流拍、因故终止出让的土地约有 2230 亩，占有较大比例。

在众多的土地供应中，产业用地占了差不多一半的比例，类型有 TOD 项目、人才公寓、生物城、文博产业等。2019 年成都一共出让 23 宗 TOD 项目用地，总面积高达 2873 亩，全部由成都轨道交通集团旗下全资或者控股公司竞得。

2019 年全年成都一共供应 60 宗纯住宅用地，面积约 3594 亩，供应住宅兼容商业用地 136 宗，面积约 11030 亩。

三、年度土地成交

2019 年，成都全年招拍挂成交土地共计 2.33 万亩，累计新增可开发商业建筑面积 3330 万平方米，土地出让金共计 1359 亿元。成都连续三年土地出让收入破千亿元，创了历史新纪录。

在成交的 321 宗土地中，楼面地价大于等于 10000 元 / 平方米的土地有 38 宗，也是历年最多的。楼面地价大于等于 8000 元 / 平方米且小于 10000 元 / 平方米的土地有 17 宗。

全年拿地最多的是成都轨道交通集团，23 宗土地共计 2873 亩，均为 TOD 项目用地；其次是成都城投置地集团，拿了 14 宗地，共计 1378 亩。需要说明的是，14 宗地中有 7 宗位于都江堰，共计 344 亩，有 2 宗人才公寓用地共计 166 亩，凤凰山体育公园 1 宗重大产业用地为 510 亩。拿地面积排名第三位的是华侨城集团，16 宗土地共计 839 亩，全部在大邑县安仁古镇。

四、年度住宅供应

2019 年全年，大成都范围内一共入市商品房

4335 万平方米，环比下降了 12.72%。其中商品住宅约 2366 万平方米，较 2018 年有约 15% 的回落。从分区来看，供应量最大的前五个区依次是双流区、天府新区、郫都区、龙泉驿区和新都区，天府新区供应量最大，供应量有明显下降的是郫都区、都江堰、温江区以及崇州市、金堂县等。

从供应细分来看，“金三银四”“金九银十”依旧是供应的高峰期，与传统周期基本吻合。

（备注：以上数据截至 2019 年 12 月 30 日，12 月的预售住宅不包含郊区新城）

五、年度住宅成交

成都市住房和城乡建设局网上政务大厅数据显示，2019 年全年成都网签成交新房共计 2029 万平方米，套数约 17.11 万套；从各月成交量来看，2 月是传统的低谷，12 月则是传统的高峰，源于开发商降价、打折冲量，冲刺业绩。

六、年度住宅存量

据克而瑞四川区域统计，截至 2019 年 12 月末，大成都市场商品住宅可售存量面积 2476 万平方米，去化周期为 14.17 个月。去化周期自 4 月起整体波动上行，9~12 月连涨助推去化周期达峰值，增库存姿态明显；其中一、二圈层存量去化周期分别以 57%、65% 的增速大幅延长。从区域来看，都江堰、青白江存量去化周期有所收窄，其余区域均呈延长之势。考虑到目前成交疲态尽显，短期内库存去化周期仍有上扬的预期。

表 2-40　2018、2019 年成都市各区存量、去化周期同比增幅

		2018 年		2019 年	
	城区	存量（万平方米）	去化周期（月）	存量（万平方米）	去化周期（月）
一圈层	合计	409	12.4	554	19.4
二圈层	天府新区	275	7.4	① 309	14.2
	双流区	167	7.4	② 198	13.1
	温江区	141	12.7	132	15.5
	龙泉驿区	126	7.7	129	10
	郫都区	155	9.1	162	17.3
	新都区	152	10.5	③ 185	16.7
	合计	1016	8.3	1114	14.2
三圈层	金堂县	85	6.7	95	13
	都江堰市	137	19.3	③ 110	8.4 ↓
	邛崃市	37	8.8	33	11.1
	蒲江县	23	6.3	23	10.2
	新津县	103	17.8	② 127	18
	崇州市	67	6.1	77	15.8
	大邑县	66	12.[illegible]	77	15.8
	彭州市	65	7	80	11.9
	青白江区	104	16.[illegible]	① 157	10.3 ↓
	合计	685	10.3	308	12

七、区域成交表现

从各区成交量来看，近郊占了成交的“大头”，比例约 44%。从历史数据来看，主城区成交占比逐年下降，近郊也有所下降，但是降幅不大，三郊的成交占比则呈现出上涨的趋势。

八、成交结构表现

锐理的成交数据显示，2019 年成都 70 平方米以下住宅占比为 3%，70~90 平方米住宅占比为 11%，90~110 平方米住宅占比为 30%，110~130 平方米住宅占比为 29%，130~150 平方米占比为 17%，150 平方米以上占比为 10%。从三年趋势来看，90 平方米以下的小户型占比逐年下降，90~110 平方米和 110~130 平方米这两个面积段是目前的成交主流，总共占比约 59%，成都的新房市场正在向改善型过渡。

从成交价格结构来看，主城区单价 2 万元 / 平方米以下的住宅较受欢迎，近郊、远郊的畅销价格分别在 1.5 万元 / 平方米和 1 万元 / 平方米以下。

九、成交项目排行

2019 年成都成交单价 TOP10 楼盘（备案口径）如下：

表 2-41　2019 年成都市地产项目成交排行榜

排名	项目名称	区域	均价（元 / 平方米）	销售套数
1	阿玛尼公寓	锦江区	51045	10
2	成都银泰中心	高新区	43340	3
3	中国铁建西派澜岸	高新区	35737	7
4	中海麓湖公馆	天府新区	34909	2
5	绿城凤起朝鸣	青羊区	34653	69
6	新希望 · D10 天府	锦江区	33656	46
7	凌云峰阁	锦江区	32936	16
8	中国铁建西派浣花	青羊区	32551	63
9	首创娇子 1 号	锦江区	32383	91
10	国宾锦麟天玺	金牛区	31254	4

2019 年成都成交总价 TOP10 楼盘（备案口径）如下：

表 2-42　2019 年成都市成交总价 TOP10 楼盘

排名	项目名称	区域	总价（亿元）	销售套数
1	麓湖生态	天府新区	66.4	1672
2	融创文旅城	都江堰市	62.8	6953
3	中海锦江城	天府新区	55.3	2487
4	龙湖梵城	成华区	31.8	729
5	世贸城	龙泉驿区	31.4	1949
6	中国铁建西派国樾	双流区	29	857
7	华润二十四城	成华区	27.5	1171
8	保利天空之城	天府新区	27.2	994
9	仁恒滨河湾	锦江区	252.2	648
10	蓝润城	双流区	25.1	1636

十、成交房企排行

据克而瑞四川区域统计，2019 年全年，成都 TOP10 房企实现销售业绩 1063.72 亿元，同比下降 25.8%，TOP10 房企市场占有率约为 26.83%。保利发展、万科地产、龙湖集团分列销售金额榜前三位，融创中国、中国恒大、保利发展分列销售面积榜前三位。2019 年成都 TOP10 房企单月销售业绩环比上涨 69.69%，入榜门槛同比持续降低；TOP5 房企成交金额全部突破百亿元。

表 2-43　2019 年 1~12 月成都市房企销量榜单（流量榜）

排名	企业	成交金额（亿元）	排名	企业	成交面积（万平方米）
1	保利发展	136.01	1	融创中国	107.64
2	万科地产	133.58	2	中国恒大	103.80
3	龙湖集团	127.85	3	保利发展	95.15
4	融创中国	116.37	4	花样年	80.08
5	中国恒大	110.27	5	万科地产	75.75
6	蓝光发展	97.24	6	蓝光发展	75.38
7	花样年	95.12	7	龙湖集团	61.11
8	中国铁建	87.87	8	碧桂园	57.37
9	中海地产	82.23	9	中国铁建	49.52
10	德商置业	77.18	10	中海地产	47.78

注：

1. 数据口径：网签数据；

2. 统计时间：2019 年 1 月 1 日 ~12 月 31 日；

3. 统计范围：商品房（含商品住宅、别墅、商业、办公）；

4. 数据覆盖区域：主城区 + 近郊区 + 远郊区。

十一、商业、公寓及办公

2019 年 1~12 月，成都商业供应面积 266.41 万平方米，同比上一年下跌 17.4%；销售成交面积 257.84 万平方米，同比微跌 0.39%。从全局来看，成都市商业供应于 2014 年、2015 年井喷后，持续保持去库存态势，存量较为稳定；受 2019 年下半年成交转淡的影响，各圈层去化周期激增，其中以主城区最为明显。

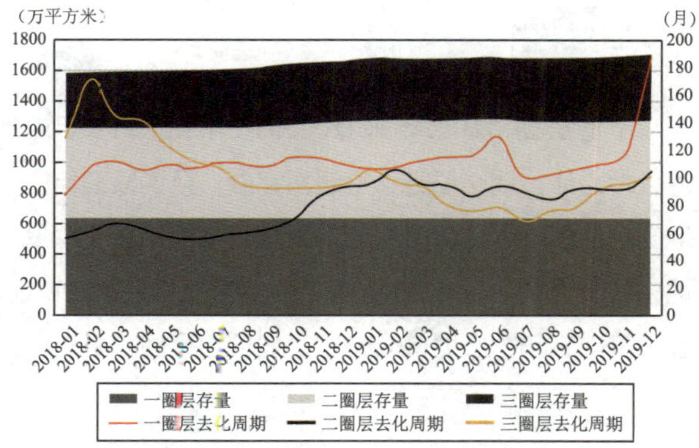

图 2-88　2018~2019 年成都市各圈层商业存量及去化周期

注：数据口径为全类型商业，含专业市场。

2019 年 1~12 月，成都写字楼新增供应 50.48 万平方米；2019 年全年成交面积 33.8 万平方米。库存面积 308.31 万平方米，同比有所上涨。总体来看，成都写字楼存量仍然高企，且随着未来两年多个项目接踵交付，空置率将小幅微升，去库存任务或将更加艰巨。

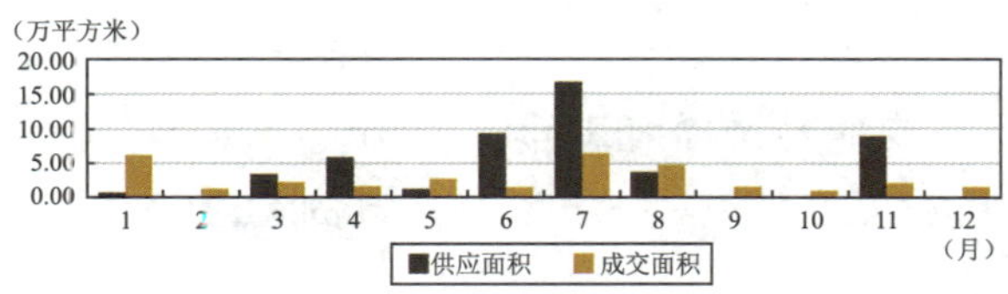

图 2-89　2019 年成都市写字楼供需走势

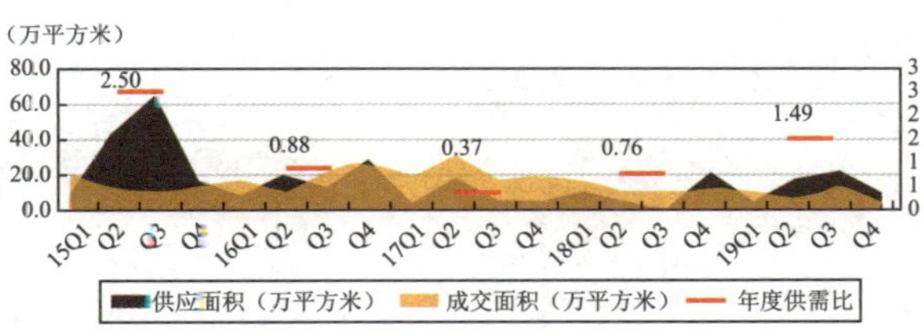

图 2-90　2015~2019 年成都市写字楼供需走势

2019 年 1~12 月，成都公寓新增供应面积 525.24 万平方米，同比上年上涨；2019 年全年，成都公寓销量面积 358.03 万平方米，同比下跌。截至 2019 年末，公寓类物业（LOFT、SOHO 等）去化周期同比延长 50% 左右，去化形式十分严峻。但从长远来看，随着商业用地比例下调，未来公寓供应量将回落，叠加中心城区刚需产品逐渐稀缺，公寓市场仍有承接需求外溢的利好，供需或将趋于平衡。

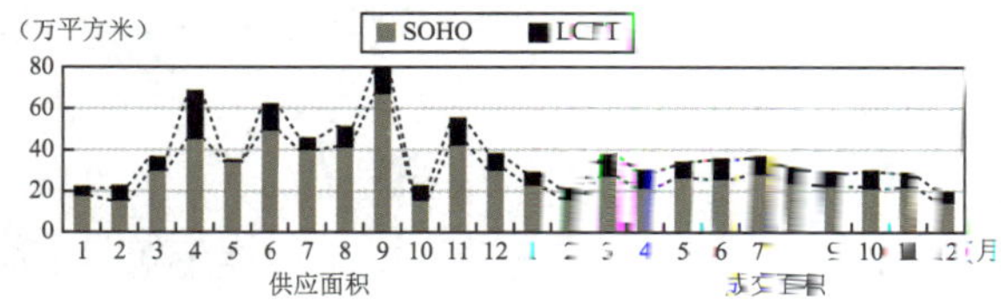

图 2-91　2019 年成都市公寓供需走势

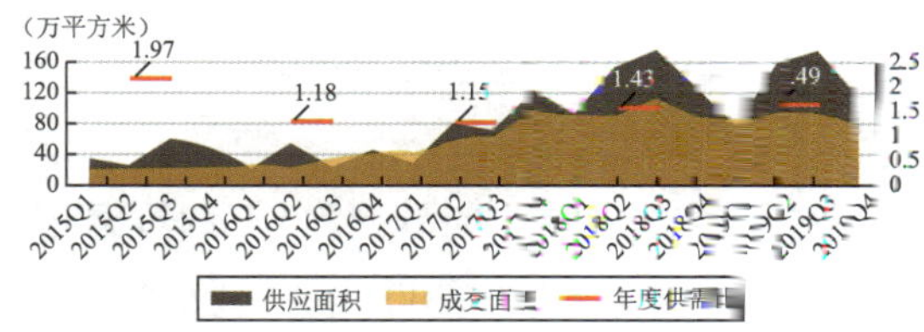

图 2-92　2015~2019 年成都市公寓供需走势

十二、年度房价走势分析

2020 年 1 月 16 日，国家统计局官网公布了《2019 年 12 月份 70 个大中城市商品住宅销售价格变动情况》。数据显示，成都 12 月新建商品价格指数环比上涨了 0.5%，已经是连续 21 个月环比上涨；同比 2018 年 12 月末上涨了 10.6%，即，根据官方数据，成都房价一年涨了 10.6%。

据中成房业年报，2019 年 1~12 月，成都整体价格持续上涨，均价达到了 11777 元 / 平方米，同比上涨了 17.1%。其中主城区均价 17740 元 / 平方米，同比上涨 33.1%；天府新区均价 15126 元 / 平方米，同比上涨 10.8%；近郊均价 11307 元 / 平方米，同比上涨 9.2%；远郊均价 7768 元 / 平方米，同比上涨 17.5%。

十三、热点板块分析

目前，成都楼市处在非常严厉的调控期间，政策严厉程度属全国罕见，没有特别明显的热点板块。低价地、低价房聚集的区域销量较好，巨大的“剪刀差”吸引购房者。

从政策层面看，成都“东进、南拓、西控、北改、中优”十字发展方针中，“中优”的范围大致在四环内，这个区域是成都各项配套发展相对完善的地方，购房者购买意愿较强，但房价也较高，买得起的人并不多；低价楼盘购买者众多，但摇号未必能够中签。

“南拓”主要是指天府新区。天府新区是成都2019年的销冠，经过十多年的建设，新区各项配套逐渐成熟，未来看涨。“东进”区域目前正在大力建设之中，即便最热门的“东安新城”也在基础设施建设阶段，价值爆发大概要等到大学生运动会结束以后。

分析成都楼市的热点，地铁是绕不开的重要因素。目前，成都已开通地铁超过300公里，每日客流量稳居全国前五位，到2023年，成都地铁运营里程要达到692公里，排名更加靠前。地铁800米、步行10分钟以内的楼盘都可视为“地铁盘”，这也是影响购房决策的关键因素。

十四、未来展望

在“房住不炒”基调下，在稳房价、稳地价、稳预期，一城一策、化解系统性金融风险等中央宏观政策的指引下，成都政策层面应该不会有大的变动，局部调整存在可能。成都作为热门二线城市，在产业功能区的引导下，经济发展有着澎湃动能，人口吸附能力强，预计各方面都会做到“稳增长”，楼市也不例外。

十五、市场预期

土地层面，从市场来看，2018年和2019年成都的土地出让、成交任务都是超额完成，且连续三年的土地出让金都超过1000亿元。2020年的经营性建设用地供应计划为19600亩，商品住宅用地是11000亩，都大于前三年。土地供应充足，地价也会相对平稳，稳中有增。

新房市场方面，低价地项目去化殆尽以后，成都楼市库存攀升，未来会有更多楼面地价大于8000元/平方米的土地入市，预计房价会在一定程度上被拉高，主城区尤为明显。新房市场继续偏改善，在城市核心区域“300万元的刚需”不再是玩笑。

二手房市场方面，2020年依旧会以100平方米以下的小户型为主，价格应该不会有太明显的涨跌；二手房成交量的占比预计会进一步攀升，存量房时代特色明显。

成都作为一个人口净流入的城市，未来还将享受很大的人口红利，房地产市场还有一定的增量空间。

数据来源：克而瑞、成都中成房业。

2019 年成都房地产在售楼盘概览

楼盘名称	城市名称	城区	地址	物业类型
百悦国际社区	成都	龙泉驿区	龙泉驿区大面街道新建路 118 号	普通住宅、公寓、商业
银诚东方国际	成都	龙泉驿区	龙泉驿区西河镇成洛大道 5333 号	普通住宅、建筑综合体
凯德卓锦万黛	成都	龙泉驿区	龙泉驿区成龙大道二段（川师成龙校区旁）	普通住宅、公寓
金山御景蓝湾	成都	龙泉驿区	龙泉驿区阳光大道 89 号	普通住宅
龙腾东麓城	成都	龙泉驿区	龙泉驿区歇凉关路 888 号	普通住宅
招商依云上城	成都	龙泉驿区	龙泉驿区成洛大道西平路口	普通住宅、商业
昊园江南壹品	成都	龙泉驿区	龙泉驿区西河镇汽贸大道 518 号	普通住宅
慧生时代广场	成都	龙泉驿区	龙泉驿区成洛大道与汽贸大道交会处（华新现代职业技术学院旁）	普通住宅、公寓
帝一广场	成都	龙泉驿区	龙泉驿区龙都北路以南、建材路以东	普通住宅、公寓、办公、商业
天悦龙栖台	成都	龙泉驿区	龙泉驿区龙都北路 533 号（市民乒乓球公园对面）	普通住宅
卧龙谷壹号	成都	龙泉驿区	龙泉驿区新建路 99 号	普通住宅、别墅
恒大御龙天峰	成都	龙泉驿区	龙泉驿区同安忠北路 666 号	普通住宅
合谊乐湖	成都	龙泉驿区	龙泉驿区蜀王大道南段 888 号（地铁 4 号线十陵站出口往南约 800 米）	普通住宅、公寓、别墅
北大资源紫境东来	成都	龙泉驿区	龙泉驿区桃都大道以北（地铁 2 号线书房站口）	普通住宅
卧龙谷玖号	成都	龙泉驿区	龙泉驿区大面镇街道公园大道以西（天鹅湖公园旁）	普通住宅、别墅、商业
中海御湖世家	成都	龙泉驿区	龙泉驿区东三环青龙湖旁 4 号线十陵站口	普通住宅、别墅、商业
绿地新城新里桃溪川名邸	成都	龙泉驿区	龙泉驿区同安镇幸福大道	普通住宅
中海御公馆	成都	龙泉驿区	龙泉驿区十陵蜀王大道北段 77 号（4 号线十陵站口）	公寓
电建地产 · 洺悦御府	成都	龙泉驿区	龙泉驿区兴业大道 198 号	普通住宅
幸福东方白桦林	成都	龙泉驿区	龙泉驿区成洛大道 5632 号	公寓
山楂树	成都	龙泉驿区	龙泉驿区翠龙街 118 号	商业
领地溪山兰台	成都	龙泉驿区	龙泉驿区华信大道 998 号	普通住宅、别墅
新希望锦麟府	成都	龙泉驿区	龙泉驿区车城西四路 177 号	普通住宅、别墅
泰华锦城	成都	龙泉驿区	龙泉驿区大面镇青台山路 439 号	普通住宅

楼盘名称	城市名称	城区	地址	物业类型
锦丰首席	成都	龙泉驿区	龙泉驿区同安街道[illegible]光大道 99 号	普通住宅
东山府锦	成都	龙泉驿区	龙泉驿区龙泉佳美路 6[illegible] 号	普通住宅
左岸名都	成都	龙泉驿区	龙泉驿区西河镇西江大道 [illegible]55 号	普通住宅
卓越樾山府	成都	龙泉驿区	龙泉驿区成龙大道与[illegible]交会处	普通住宅
中梁壹号院	成都	龙泉驿区	龙泉驿区十陵东[illegible]段 288 号	普通住宅
首开龙湖 · 景粼玖序	成都	龙泉驿区	龙泉驿区十陵外[illegible]路[illegible]段 55 号	普通住宅
梵悦里	成都	龙泉驿区	龙泉驿区成龙大道三段[illegible]22 号	普通住宅
香槟城公园 1 号	成都	龙泉驿区	龙泉驿区西河大[illegible] 39[illegible] 号	公寓、建筑综合体
东山格墅	成都	龙泉驿区	龙泉驿区同安镇[illegible]光大道 2 号	普通住宅、别墅
龙湖中骏光明 · 璟悦天著	成都	龙泉驿区	龙泉驿区华信大道与[illegible]路交叉口	普通住宅、别墅
华侨城碧桂园莫奈的湖	成都	龙泉驿区	龙泉驿区洛霞[illegible]东、[illegible]南路以北	普通住宅、别墅
龙润丰锦	成都	龙泉驿区	龙泉驿区锦绣[illegible]	普通住宅
禹鑫天赋龙庭	成都	龙泉驿区	龙泉驿区龙[illegible]街 8 号	公寓
龙樾	成都	龙泉驿区	龙泉驿区龙都[illegible]与建材路交会处（原龙泉平安[illegible]）	普通住宅
杜鹃城	成都	郫都区	郫都区安德镇[illegible] 1 号	普通住宅
今日田园	成都	郫都区	郫都区友爱镇[illegible]路 98 号	别墅
成都后花园蝶院	成都	郫都区	郫都区犀浦镇[illegible]路 919 号	普通住宅
中铁奥维尔	成都	郫都区	郫都区郫筒[illegible] 1 段 528 号	普通住宅
蜀都万达广场	成都	郫都区	郫都区望丛东路 [illegible]7 号（成[illegible]路与望丛东路交会处）	普通住宅、商业
滨江彼岸	成都	郫都区	郫都区犀浦镇[illegible] 666 号[illegible]（近西南交通大学犀浦校区）	普通住宅
花样年香门第	成都	郫都区	郫都区[illegible]路 [illegible]777 号	普通住宅、别墅、商业
桂溪欧苑	成都	郫都区	郫都区友[illegible]安路 6 号	别墅
华邑宸居	成都	郫都区	郫都区犀[illegible]路（6 号线[illegible]站旁）	普通住宅
成都鑫苑城	成都	郫都区	郫都区[illegible]路与蜀信路交会处	普通住宅、公寓、别墅、商业
圣沅红星城市广场	成都	郫都区	郫都区[illegible]国宁东路 99[illegible] 号	普通住宅、公寓、商业

楼盘名称	城市名称	城区	地址	物业类型
蔚蓝卡地亚云墅	成都	郫都区	郫都区郫花路 888 号	普通住宅、别墅
领地金科兰台府	成都	郫都区	郫都区红光镇西华大学旁	普通住宅
朗诗未来家商业	成都	郫都区	郫都区红光镇广场路北三段 68 号	商业
华邑宸熙	成都	郫都区	郫都区犀浦镇福梓路 33 号	普通住宅
星悦时光	成都	郫都区	郫都区成灌路与金粮路交界处（成都西三环外）	公寓
金安花苑	成都	郫都区	郫都区安德镇彭温路 248 号（活水公园旁）	普通住宅
碧桂园锦熙府	成都	郫都区	郫都区金牛大道与国宁东路交会处	普通住宅
蜀郡清上居	成都	郫都区	郫都区友爱镇平安路 98 号	普通住宅
崇宁华府	成都	郫都区	郫都区唐昌镇竹唐路 1200 号	普通住宅
乐视界广场	成都	郫都区	郫都区犀浦泰山北街 1 号	普通住宅、公寓
瑞和上院	成都	郫都区	郫都区古城镇水梨村（铁路卫校旁）	普通住宅
保利熙园	成都	郫都区	郫都区郫简镇中信大道三段与何公路交会处	普通住宅
金隅金玉府	成都	郫都区	郫都区万达西侧 500 米	普通住宅
龙城红光里 1 号公馆	成都	郫都区	郫都区成灌快铁红光镇站旁	公寓、办公、建筑综合体
首开龙湖·紫云赋	成都	郫都区	郫都区蜀信西路与中信大道交会处	普通住宅
时代风华	成都	郫都区	郫都区蜀都万达旁	普通住宅
蓝光长岛城	成都	郫都区	郫都区红光镇鹃兴路 669 号	普通住宅
金科集美天宸	成都	郫都区	郫都区红光镇港通北三路 800 号	普通住宅
富元君庭	成都	郫都区	郫都区安德镇彭温路（政府旁）	普通住宅
天琅	成都	郫都区	郫都区犀浦镇梓潼路 150 号	公寓、办公、商业
人居柏云庭	成都	郫都区	郫都区顺河路 966 号	普通住宅
西宸春天	成都	郫都区	郫都区红光镇金土地巷 278 号	普通住宅、别墅、商业
铂景台	成都	郫都区	郫都区犀浦镇两河西路 9 号	普通住宅
东骏湖景湾	成都	新都区	新都区马超东路 555 号	普通住宅
成都富力桃园	成都	新都区	新都区兴城大道 777 号	商业
佳乐国际城	成都	新都区	新都区蜀龙大道南段 777 号	普通住宅
和信中心	成都	新都区	新都区天香南路 336 号	公寓、办公
缤纷翡翠湾 2 期	成都	新都区	新都区斑竹园镇竹韵大道（毗河旁）	普通住宅
中洲·中央公园	成都	新都区	新都区蜀龙大道南段附近	普通住宅
汇景新城	成都	新都区	新都区新泰东路 144 号	普通住宅
和信香榭澜郡	成都	新都区	新都区新都大道 901 号	商业、商业
富豪公馆	成都	新都区	新都区新都大道兴乐北路	普通住宅
保利大都汇小户	成都	新都区	新都区北星大道与大天路交会处	公寓
家益凤凰富居	成都	新都区	新都区大丰街道甫家一路 289 号	普通住宅、商业
恒大上林苑	成都	新都区	新都区泰兴镇白鹤岛风景区（新石路与成金青交会处）	普通住宅、别墅
龙湖听蓝湾	成都	新都区	新都区北星大道方元路与新水碾路交会处	普通住宅、商业
金辉新城半岛云著	成都	新都区	新都区成彭路毗河畔龙桥政府旁	普通住宅
碧桂园上观	成都	新都区	新都区三河街道碧桂园上观 1 号	别墅
新希望锦悦北府	成都	新都区	新都区斑竹园镇兴贸路 1288 号	普通住宅
奥园棠玥府	成都	新都区	新都区宝光大道与桂湖西路交会处	普通住宅、别墅
国凤新派客	成都	新都区	新都区蓉都大道南二段 133 号	公寓
俊发滨河俊园（世玺）	成都	新都区	新都区新繁镇锦溪路 83 号	普通住宅、别墅
大都保峰玖著	成都	新都区	新都区三河街道园香路 199 号	普通住宅
保利湖心岛四期·美湖苑	成都	新都区	新都区东三环成金青快速路湖心岛生态区内	普通住宅、别墅
保利狮子湖·银杏郡	成都	新都区	新都区蜀龙路与熊猫大道交会处东行 800 米	普通住宅、别墅
融侨悦蓉城	成都	新都区	新都区南丰大道	普通住宅、公寓、别墅、商业
龙湖·听蓝时光	成都	新都区	新都区三元大道与方营路交界处	办公
万科缇香荟	成都	新都区	新都区绕城大道与蓉都大道交叉口以东（地铁 3 号线三河场站旁）	办公
百郦锦城	成都	新都区	新都区新都工业大道东段 69 号	普通住宅
奥园玖俪湾	成都	新都区	新都区斑竹园中柳路	普通住宅
和信玲珑府	成都	新都区	新都区天缘路二段 109 号	普通住宅
白鹤一号	成都	新都区	新都区泰兴镇泰北街一巷 9 号	普通住宅
润茂酒店用品文博园	成都	新都区	新都区斑竹园镇兴城大道 1689 号	商业
润帛公馆	成都	新都区	新都区斑竹园镇兴城大道 1689 号	公寓
春天里	成都	新都区	新都区军屯镇食品路 68 号	普通住宅
华润置地·珵瑜府	成都	新都区	新都区北星干道北欧知识城二期旁	普通住宅

楼盘名称	城市名称	城区	地址	物业类型
汇尚城	成都	新都区	新都区新繁镇繁川家具大道519号	商业
蓝湾公馆	成都	新都区	新都区龙桥镇蓝湾公馆1号	普通住宅
保利狮子湖紫竹郡	成都	新都区	新都区建设路北延线（蜀龙路与熊猫大道交会处东行800米）	普通住宅、商业
龙湖·天钜	成都	新都区	新都区大天路与北星大道交会处	普通住宅
佳欣时代天汇	成都	新都区	新都区北星大道二段588号	公寓、商业、商业
香满庭	成都	新都区	新都区蓉都大道南二段	普通住宅
珑山樾	成都	新都区	新都区龙桥镇紫金龙68号	普通住宅
榕晟水岸丽府	成都	新都区	新都区清流镇顺河中街38号	普通住宅
恒大滨河左岸	成都	新都区	新都区三河街道绕城大道南二段1240号	普通住宅
桂湖·正荣府	成都	新都区	新都区新都街道桂湖西路社区	普通住宅
人居悦云庭	成都	新都区	新都区大丰镇大天路1338号	普通住宅
首钢蓉城里	成都	成华区	成华区湖秀二路66号	普通住宅、商业
太阳公元	成都	成华区	成华区建设巷13号	普通住宅、办公、商业、建筑综合体
华侨城御龙山	成都	成华区	成华区蜀都大道延线迎晖路与沙河交界处	普通住宅
龙之梦鹏瑞利新城	成都	成华区	成华区邛崃市山路988号	公寓、商业
成华奥园广场	成都	成华区	成华区跳蹬河南路18号	普通住宅、公寓
招商中央华城	成都	成华区	成华区成华大道与中环路交会处	普通住宅、公寓、商业
恒大中央广场二期云门	成都	成华区	成华区二环内双林北支路口	普通住宅、建筑综合体
首创天禧68	成都	成华区	成华区二环路东一段内侧	普通住宅
香山长岛	成都	成华区	成华区长融东三路155号	普通住宅、别墅、商业
鲁能城	成都	成华区	成华区成洛大道与中环路交会处	普通住宅、公寓、商业
隆鑫印象东方	成都	成华区	成华区东三环凯德广场魅力城店向东500米	普通住宅
青秀未遮山	成都	成华区	成华区新八里庄61号	普通住宅
恒大锦城	成都	成华区	成华区东三环路东一段桂林西路	普通住宅
SM锦悦	成都	成华区	成华区二环路东二段SM广场旁	普通住宅
龙光世纪中心	成都	成华区	成华区成华大道二段（理工大学旁）	商业
华润悦玺	成都	成华区	成华区双成二路158号	普通住宅
万科天荟	成都	成华区	成华区建设南支路29号	商业
中南融创玖华台	成都	成华区	成华区建设南路与建[illegible]路交会处	普通住宅
源滩国际社区HOUSE公馆	成都	成华区	成华区华林一路1[illegible]3号	普通住宅、公寓、办公、建筑综合体
朗基城S公馆	成都	成华区	成华区东二环建设路·建祥路9号	办公
华宇旭辉锦绣广场	成都	成华区	成华区龙潭寺西路	普通住宅
中粮珑悦锦云	成都	成华区	成华区龙港路36[illegible]号	普通住宅
泊里中心·曜里	成都	成华区	成华区迎晖路3[illegible]号	商业
铂悦府	成都	成华区	成华区驷马桥路1号	普通住宅、公寓、别墅、商业
碧桂园·中环荟	成都	成华区	成华区八里庄路168号	公寓
融创玖阙府锦巷	成都	成华区	成华区一里塘路[illegible]大道	商业
世茂·茂立方More	成都	成华区	成华区和顺西一街9号	商业
德商迎晖天玺	成都	成华区	成华区迎晖路	普通住宅
成发紫悦府	成都	成华区	成华区水碾河路1号	普通住宅
西派泊玥	成都	成华区	成华区湖秀二路[illegible]7号	普通住宅
朗诗萃樾	成都	成华区	成华区建设北路三段与圣灯路交会处	公寓、办公
奥山·成都澎湃城	成都	成华区	成华区东三环[illegible]立交东侧	普通住宅
朗诗上林熙华府	成都	成华区	成华区府青路三段[illegible]号	普通住宅、商业、商业
大陆潮里	成都	成华区	成华区中环路[illegible]横路段1[illegible]号	普通住宅、办公、商业
中车共享城	成都	成华区	成华区二仙桥北路[illegible]号	普通住宅
龙湖·金地商置·璟宸世家	成都	成华区	成华区昭觉寺南路[illegible]39号	普通住宅、公寓、别墅
铁投紫瑞府	成都	成华区	成华区[illegible]136号	普通住宅、别墅、商业
电建地产洺悦锦园	成都	成华区	成华区建设南街98号	普通住宅
上寓	成都	成华区	成华区二仙桥东路48号	公寓
1988公馆	成都	成华区	成华区府青路二段一号	公寓
龙湖·梵城住宅	成都	成华区	成华区新[illegible]大道与建工路交叉口	普通住宅
同森锦逸名邸	成都	成华区	成华区新鸿路416号	普通住宅
公元汇（太阳公元三期）	成都	成华区	成华区建设路一环路东一段[illegible]号	商业
青秀阅山	成都	成华区	成华区[illegible]路65号	普通住宅、别墅、商业、自持物业
奥园云璟	成都	成华区	成华区[illegible]致兴三路与[illegible]六路交会处	普通住宅

楼盘名称	城市名称	城区	地址	物业类型
和雅嘉御	成都	高新区	高新区永丰路 7 号	公寓
中德英伦苹果跃层	成都	高新区	高新区新程大道 78 号（家乐福旁）	普通住宅、公寓
招商大魔方	成都	高新区	高新区城南锦城大道与天府大道交会处（锦江旁）	公寓、建筑综合体
中德英伦城邦	成都	高新区	高新区天府大道南段家乐福旁	商业
成都银泰中心华悦府	成都	高新区	高新区天府大道北段 1199 号（国际金融中心对面）	普通住宅、公寓、建筑综合体
中国铁建西派澜岸	成都	高新区	高新区天府一街 1566 号	普通住宅、别墅、商业
凯德世纪名邸东庭	成都	高新区	高新区天府一街（高新区七中旁）	普通住宅
中国华商交子公馆	成都	高新区	高新区交子大道 33 号（地铁 1 号线金融城站出口 B 站）	普通住宅、办公
复地金融岛 2 期	成都	高新区	高新区锦城大道与科华南路交会处（银泰泰悦湾正对面）	普通住宅、酒店式公寓、公寓
中洲锦城湖岸 2 期	成都	高新区	高新区天府一街 616 号	普通住宅、商业
中德英伦世邦 F 区	成都	高新区	高新区会龙大道 365 号	普通住宅
北大资源颐和翡翠府	成都	高新区	高新区红星路南延线与应龙路交会处	普通住宅、别墅
长冶南阳御龙府	成都	高新区	高新区中和街道应龙路	普通住宅
大源欢乐颂	成都	高新区	高新区天府三街 1599 号（天府三街与南华路交会处）	普通住宅、公寓、商业
成都银泰中心华悦居	成都	高新区	高新区天府大道北段 1199 号	公寓
北大资源紫境府	成都	高新区	高新区新川路与中柏大道交会处（新川之心公园旁）	普通住宅、别墅
碧桂园沁云里	成都	高新区	高新区应龙北一街 222 号	普通住宅
恒大珺临阁	成都	高新区	高新区天府二街与吉泰路交会处	公寓、别墅
朗诗熙华府熙华公馆	成都	高新区	高新区盛冶街 777 号	普通住宅、公寓
花漾锦江	成都	高新区	高新区天府大道中段 1388 号	普通住宅
香悦城	成都	高新区	高新区益州大道中段 699 号	普通住宅、建筑综合体
中粮天府宸悦	成都	高新区	高新区益州大道与天府三街交会处	公寓、商业、公寓
宸光和悦	成都	高新区	高新区天府大道中段广都站	普通住宅、别墅、商业
中建天府公馆	成都	高新区	高新区红星路南延线（梓州大道）与观东二街交会处	普通住宅、办公、商业
M5 行政公寓	成都	高新区	高新区交子大道 300 号	公寓
中海·九号天地	成都	高新区	高新区金融城交子大道地铁口	商业
新街里·金街	成都	高新区	高新区成汉中路 81 号	商业

楼盘名称	城市名称	城区	地址	物业类型
德商御璟天骄	成都	高新区	高新区观东三街 158 号	普通住宅
锦城悦庭	成都	高新区	高新区中和康和西一街 199 号	普通住宅、商业
保利星荟	成都	高新区	高新区大源板块天府三街伊藤旁	公寓
仁美熙和府	成都	高新区	高新区中和康和西一街 110 号（鼎南川宇旁）	普通住宅
新景·璟街里	成都	高新区	高新区中和中柏大道中段	商业
新景·璟歆府	成都	高新区	高新区中和中柏大道中段	普通住宅、商业
万科璟南堂	成都	高新区	高新区中和大道四段（地铁 6 号线张家寺站旁）	普通住宅
中国华商金融中心	成都	高新区	高新区交子大道 33 号（地铁 1 号线金融城站出口 B 站）	商业
世豪翡丽	成都	高新区	高新区剑南大道中段 998 号	公寓、商业
卓越·珑樾府	成都	高新区	高新区大源天府五街	普通住宅
保利国际广场	成都	高新区	高新区天府二街吉庆四路	公寓
明宇南御公馆	成都	高新区	高新区益州大道北段 388 号	公寓
德商御璟阁	成都	高新区	高新区梓州大道与新通大道交会处	酒店式公寓
嘉祥平行公寓	成都	高新区	高新区益州大道中段 1918 号（银泰城旁）	公寓
龙湖时代天街商铺	成都	高新区西区	高新区西区电子科大旁	商业
成都合院公园里	成都	高新区西区	高新区西源大道 1313 号（电子科大清水河校区南大门旁）	普通住宅、别墅
恒大曹家巷广场	成都	金牛区	金牛区一环内马鞍东路与府青路交会处	公寓
保利学府城	成都	金牛区	金牛区金牛大道与金周路交会处	普通住宅、别墅
北星城	成都	金牛区	金牛区天龙大道	普通住宅、别墅、商业
电建地产洺悦府（公寓）	成都	金牛区	金牛区九里堤北路 88 号	商业
炎华置信花千集	成都	金牛区	金牛区一环路北二段 9 号	公寓、商业
港泰通航大厦锦观	成都	金牛区	金牛区蜀都大道十二桥路 29 号	办公、酒店式公寓、商业
成都华侨城天屿	成都	金牛区	金牛区交大立交桥外侧西华大道（原沙西线）9 号	别墅
保利两河院子	成都	金牛区	金牛区金泉街道清蓉路 9 号	别墅
西部北斗星墅	成都	金牛区	金牛区天龙大道 1333 号	办公
中南海棠集	成都	金牛区	金牛区天泽路 383 号	普通住宅
龙湖上城	成都	金牛区	金牛区人民北路与一环路交会处	办公

楼盘名称	城市名称	城区	地址	物业类型
保利天汇	成都	金牛区	金牛区天龙大道909号	普通住宅、别墅、商业
银咖 SPACE	成都	金牛区	金牛区营门口路1号	公寓
成都融信公馆	成都	金牛区	金牛区西一环百寿路18号	普通住宅
迎宾大道8号	成都	金牛区	金牛区迎宾大道8号	别墅、办公、商业
电建地产洺悦玺	成都	金牛区	金牛区金粮路338号	普通住宅
佳乐云锦	成都	金牛区	金牛区王贾路168号	普通住宅
N8天幕	成都	金牛区	金牛区人民北路一段8号	公寓
保利天和	成都	金牛区	金牛区北部新城天龙大道909号	普通住宅
嘉通云邸	成都	金牛区	金牛区天回镇金华寺南路199号	普通住宅
成都长虹天樾	成都	金牛区	金牛区西华大道	普通住宅、公寓
中南樾府	成都	金牛区	金牛区聚霞路933号	普通住宅、别墅、商业
万贯金府星座	成都	金牛区	金牛区金府路593号	商业
旭辉江山和鸣	成都	金牛区	金牛区三环内1号线韦家碾地铁站旁	普通住宅
云上观邸	成都	金牛区	金牛区茶店子西街	普通住宅、商业
保利·时代	成都	金牛区	金牛区一环桥东街（龙门镇小区对面）	普通住宅、公寓
华侨城云岸	成都	金牛区	金牛区西三环与交大路交会处（交大立交旁）	公寓
德商新希望国宾锦麟天玺	成都	金牛区	金牛区茶店子西街6号	普通住宅
成都富力中心	成都	青羊区	青羊区顺城大街269号	公寓
光华壹号花园	成都	青羊区	青羊区光华南一路333号	普通住宅
成都托尼洛·兰博基尼中心	成都	青羊区	青羊区人民南路一段126号	商业
飞大美誉	成都	青羊区	青羊区人民中路三段1号	公寓
西城壹号	成都	青羊区	青羊区清江中路1号	公寓、商业、公寓
中国铁建西派浣花	成都	青羊区	青羊区清江东路与鸣翠路交会处	普通住宅、公寓、别墅
绿城·金沙凤起朝鸣	成都	青羊区	青羊区金沙街道办事处龙嘴村3组、4组、6组、7组	普通住宅
远洋朗基香汇	成都	青羊区	青羊区光华南一路255号（树德中学光华校区旁）	普通住宅
蓝光·西环里	成都	青羊区	青羊区日月大道与培风路交会处	商业
彩叠园	成都	温江区	温江区光华大道三段涌泉鹏程路1088号	普通住宅、别墅
鹭湖宫十一区	成都	温江区	温江区国色天乡国际度假区	普通住宅
世豪·金河谷	成都	温江区	温江区光华大道三段涌泉镇191号	普通住宅、别墅
光华瑞廷	成都	温江区	温江区永兴路1118号（永兴路与羽林路交叉口）	普通住宅
恒大名城悦界	成都	温江区	温江区凤溪大道南段[illegible]号	普通住宅、公寓、商业
恒大御景	成都	温江区	温江区骑士大道美迪熊博物馆旁	普通住宅、别墅、商业
金科天宸	成都	温江区	温江区花土路与[illegible]交会处	普通住宅、商业
恒大未来城	成都	温江区	光华新城温泉大道二段	普通住宅、商业
珠江悦湖国际	成都	温江区	温江区光华大道三段地铁4号线光华公园站G2出口	公寓
品润金樽府	成都	温江区	温江区春江路与[illegible]东二路交会处	普通住宅
碧桂园十里源墅	成都	温江区	温江区永宁镇[illegible]二路与宁泰路交会处	别墅
中南上熙府·熙悦	成都	温江区	温江区温泉大道二段中南上熙府售楼部	普通住宅
置信逸都城	成都	温江区	温江区永宁镇芙蓉大道300号	普通住宅、办公、酒店式公寓、商业
中铁城鉴湖栖郡	成都	温江区	温江区金湖大道美迪熊博物馆附近	普通住宅
东原阅墅	成都	温江区	温江区金马镇[illegible]路99号	别墅
香悦云庭	成都	温江区	温江区光华大道[illegible]大道与温泉二道交会处	普通住宅
新尚尚院	成都	温江区	温江区光华大道三段（骑士大道与光华八线交会处）	普通住宅、公寓、建筑综合体、商业
锦汇城A区二期	成都	温江区	温江区科[illegible]55号	公寓
佳兆业珑玺	成都	温江区	温江区柳城文溪大道南段977号	普通住宅
花沐里Q	成都	温江区	温江区凤凰北大街669号	公寓
中南云樾	成都	温江区	温江区柳城[illegible]花旺路128号	普通住宅
书香华府	成都	温江区	温江区金府[illegible]段338号	普通住宅
悦天地商厦	成都	温江区	温江区柳城[illegible]海川路159号	公寓
建大·万和嘉苑	成都	温江区	温江区万春镇盛[illegible]路666号	普通住宅
中国铁建西派城	成都	武侯区	武侯区武侯大道铁佛段与七里路交会处	普通住宅
武侯金茂府	成都	武侯区	武侯区[illegible]路22号	普通住宅
龙湖·天宸原著丨九墅	成都	武侯区	武侯区武侯大道	普通住宅、别墅
保利天悦	成都	武侯区	武侯区航空路与高攀路交会处	普通住宅、公寓、公寓
美泉悦府	成都	武侯区	武侯区武青西一路529号	普通住宅、别墅

楼盘名称	城市名称	城区	地址	物业类型
中粮 · 武侯瑞府	成都	武侯区	武侯区双凤一路 8 号	别墅
世纪百合 · 锦寓	成都	武侯区	武侯区大道铁佛段 289 号	公寓、公寓
当代 · 璞誉	成都	武侯区	武侯区武侯大道三环外侧	普通住宅、公寓
东原印长江	成都	武侯区	武侯区中环路武阳大道段与佳灵路交会处	普通住宅
远洋 · 观云	成都	武侯区	武侯区人民南路四段 3 号	公寓
桐梓林 7 号	成都	武侯区	武侯区科华路新希望路 7 号	公寓
龙湖 · 紫都城	成都	武侯区	武侯区 3.5 环武兴路与智谷大道交会处	办公
锦外中心	成都	武侯区	武侯区一环路南四段 19 号	公寓、酒店式公寓、公寓、商业
天玑财富中心	成都	武侯区	武侯区南二环王府井旁	办公
中国铁建 · 西派宸樾	成都	武侯区	武侯区武侯大道铁佛段与七里路交会处	商业
保利大国璟	成都	武侯区	武侯区福锦路	普通住宅
阳光城檀悦	成都	武侯区	武侯区郭家桥南街（城市音乐厅斜对面）	普通住宅
香悦府	成都	武侯区	武侯区永康路与业兴北路交会处	普通住宅
仁恒滨河湾	成都	锦江区	锦江二环路东四段外侧汇源东路	普通住宅
伊泰天骄	成都	锦江区	锦江区东二环天府门廊 CBD 通宝街 88 号	普通住宅
乐天广场商业街	成都	锦江区	锦江区二环路牛市口通源街 588 号	商业
中港 CC PARK	成都	锦江区	锦江区锦华路 1 段 160 号（锦华万达旁）	公寓、办公、酒店式公寓
东府九座	成都	锦江区	锦江区东府街 33 号	办公
华熙 LIVE · 528	成都	锦江区	锦江区银木街 61 号	普通住宅、公寓
J7 金林中心 · Art Space	成都	锦江区	锦江区经天路 1 号	建筑综合体
阿玛尼艺术公寓	成都	锦江区	锦江区顺江路 335 号	建筑综合体
新希望锦官阁	成都	锦江区	锦江区静康路与静沙北路交会处	普通住宅、别墅
西部国际金融中心	成都	锦江区	锦江区东大街下东大街段 258 号	普通住宅、公寓、办公、商业
恒大望江华府	成都	锦江区	锦江区攀成钢东大路下沙河铺街和大凉山路交会处	普通住宅、公寓、别墅
成都 ICC 天峻	成都	锦江区	锦江区东大路 328 号	普通住宅、公寓、建筑综合体
锦官阁和风漫道	成都	锦江区	锦江区静秀路 16 号	商业
环球汇蔚然	成都	锦江区	锦江区东大路	公寓、办公、商业
Cosmo 天廊一天廊 T66	成都	锦江区	锦江区东大路上沙河铺街 66 号	公寓
盈嘉赢家	成都	锦江区	锦江区南纱帽街 77 号	公寓
融创玖樾台	成都	锦江区	锦江区三圣花乡银木街与茶花街交会处	普通住宅、公寓
华润置地 · 自在域	成都	锦江区	锦江区三圣乡成龙大道与喜树街交会处	商业
华润置地 · 东原集团 · 时光绘	成都	锦江区	锦江区三色路和毕升路交会处	公寓
新希望 D10 天府商办	成都	锦江区	锦江区锦东路	普通住宅、公寓、商业
东韵雅苑	成都	锦江区	锦江区汇泉南路 41 号	普通住宅
人居东湖长岛	成都	锦江区	锦江区琉璃路以西、东湖公园以东	普通住宅
佳兆业天悦	成都	锦江区	锦江区锦兴路 63 号	公寓、办公、商业
奇艺之城	成都	锦江区	锦江区琉璃乡麻柳湾村 5 组、包江桥村 8 组	普通住宅、办公
新希望锦官府	成都	锦江区	锦江区柳荫路与楠丰路交会处	普通住宅
润达丰广场	成都	锦江区	锦江区东大街与二环路交会处	写字楼、商业
金融街融御	成都	锦江区	锦江区江署袜北二街 60 号	公寓、写字楼、商业
新希望 · D10 天府	成都	锦江区	锦江区锦东路（国土局锦江分局斜对面）	普通住宅
三盛翡俪山	成都	双流区	双流区牧马山燕杨路	别墅
蜀镇	成都	双流区	双流区草金路江安河边（永康森林公园前行 400 米）	普通住宅
牧马山牧山湖蔚蓝卡地亚	成都	双流区	双流区牧华路一段九号牧马山 / 牧山湖蔚蓝卡地亚俱乐部	别墅
中铁骑士府邸	成都	双流区	双流区协和街道剑南大道南段	普通住宅
三里花城	成都	双流区	双流区宜城大街一段 333 号（广都国际酒店旁）	普通住宅
葛洲坝紫郡兰园	成都	双流区	双流区西航港大道地铁 8 号线莲花站口（在建中）	普通住宅、别墅
蓝光长岛国际社区	成都	双流区	双流区九江街道通江社区（永康森林公园旁）	普通住宅、商业
汇都皮革鞋材城	成都	双流区	双流区双楠大道中段 888 号	商业
花样年家天下	成都	双流区	双流区西航港街道双华路三段 1181 号	普通住宅、公寓
景茂誉景国际	成都	双流区	双流区双楠大道三段（地铁 3 号线龙桥路站旁）	写字楼、商业
中国铁建西派国樾	成都	双流区	双流区华府大道与万顺大道交会处	普通住宅、别墅

楼盘名称	城市名称	城区	地址	物业类型
空港陆号	成都	双流区	双流机场路与黄河北路交会处	普通住宅
蓝光 T-max	成都	双流区	双流区黄河中路二段 388 号（空港总部基地 A1 座）	公寓
棠湖泊林城	成都	双流区	双流区协和街道华府大道三段 300 号	普通住宅、公寓
北辰天麓御府	成都	双流区	双流区港都路与航园路交会处	普通住宅
诚园	成都	双流区	双流区万顺路与华府大道交会处	普通住宅
中海云麓世家	成都	双流区	双流区协和街道和顺路二段 55 号	普通住宅、别墅、酒店式公寓
贵通御苑心悦城	成都	双流区	双流区九江街道文楠路 255 号	普通住宅、别墅、办公、商业
金地悦澜道	成都	双流区	双流区协和街道万顺路二段 419 号	普通住宅
香楠国际	成都	双流区	双流区涧槽中街 188 号	普通住宅、公寓、别墅
高登瑞华天地	成都	双流区	双流区剑南大道南段辅路	普通住宅、公寓、建筑综合体、商业
旭辉金科棠府	成都	双流区	双流区新双楠棠湖中学（新校区）旁	普通住宅
金科集美学府	成都	双流区	双流藏卫路北一段	普通住宅
奥园天骄	成都	双流区	双流区锦江路四段（四川文化产业职业学院旁）	普通住宅
光明·蓉府	成都	双流区	双流区牧华路三段 399 号	普通住宅
蓝光长岛国际社区商铺	成都	双流区	双流区统力大道永康森林公园旁	商业
王府花园御锦苑	成都	双流区	双流区三强西路（地铁 3 号线东升站旁）	普通住宅
空港星汇	成都	双流区	双流区川大路与西航港大道交会处	公寓、酒店式公寓
棠湖华府公园	成都	双流区	双流区双华路与华府大道交会处（警效路 999 号）	公寓、写字楼
中旅·名门府	成都	双流区	双流区双楠大道三段（南辰汇都旁）	普通住宅
城投置地楠悦	成都	双流区	双流区双江路	普通住宅
橡树华庭	成都	双流区	双流区航都大街与城北上街交会处（佳兆业 8 号旁）	普通住宅
北京城建龙樾荟	成都	双流区	双流区东升街道银河路一段 160 号	公寓
华新·花予墅	成都	双流区	双流区东大件路东升段 1089 号（地铁 3 号线双流西站旁）	别墅
招商·愉樾	成都	双流区	双流区公兴街道牧鱼街 899 号	普通住宅
天湖湾	成都	双流区	双流区华府大道 4 段 8 号（天府怡心湖内）	普通住宅
怡心湖岸	成都	双流区	双流区华府大道四段	普通住宅
润扬 19（公寓）	成都	双流区	双流区白家镇机场路常乐一段 17 号	公寓

楼盘名称	城市名称	城区	地址	物业类型
洲际华府广场	成都	双流区	双流区华府大道三段 1833 号	公寓
金太阳江安湖 1 号	成都	双流区	双流区九江街道千子门路 3[illegible]3 号	公寓
优品时代三期	成都	双流区	双流区白衣上街 17[illegible] 号	公寓
亿城国际	成都	双流区	双流区华剑路 139 号（华联欧尚旁）	公寓
碧桂园·海德 ONE99	成都	双流区	双流区[illegible]楠大道花园[illegible]	商业
协信天奉合府	成都	双流区	双流区胜利镇白塔 6 组 3[illegible]	别墅
西双楠漫里	成都	双流区	双流区[illegible]金路	普通住宅、商业
恒大天府半岛	成都	天府新区	天府新区天府大道南段 2716 号	普通住宅、商业
远大中央公园	成都	天府新区	天府新区南湖大道 3[illegible] 号	普通住宅
金棕榈	成都	天府新区	天府新区剑南大道南段区政府斜对面	普通住宅、公寓、办公、商业、建筑综合体
麓山国际社区悦庭	成都	天府新区	天府新区麓山大道二段 6 号	普通住宅
当代麓府	成都	天府新区	天府新区麓山大道二段（新元素[illegible]旁）	普通住宅、别墅、商业
成都万达一号	成都	天府新区	天府新区正兴街道[illegible] 39 号	普通住宅
德商御府天骄（学府）	成都	天府新区	天府新区牧华路与锦江区交界处（[illegible] 500 米）	普通住宅
北辰南湖香麓	成都	天府新区	天府新区南湖公园[illegible]	普通住宅、别墅
融创玖棠府	成都	天府新区	天府新区武汉路三段 9[illegible]8 号（[illegible]学校旁）	普通住宅、别墅
秦皇帝锦	成都	天府新区	天府新区[illegible] 999 号	普通住宅
保利天空之城	成都	天府新区	天府新区天府大道中[illegible]红星路南延线	普通住宅、别墅、商业
麓湖生态城	成都	天府新区	天府新区天府大道南延线麓湖	普通住宅、别墅
建发·第五大道（三期）	成都	天府新区	天府新区麓山大道二段	公寓、办公
中铁诺德壹号 YoHo 街	成都	天府新区	天府新区兴隆湖畔路南段	商业
万科君逸	成都	天府新区	天府新区[illegible]路 [illegible]68 号	普通住宅
天府万科云城	成都	天府新区	天府新区兴隆街道湖畔路南段[illegible]号（天府新区规划馆旁）	办公、商业
麓云	成都	天府新区	天府新区麓山大道二段（新元素[illegible]旗舰店旁）	普通住宅
万科公园传奇二期	成都	天府新区	天府新区[illegible]大道东一段辅路	普通住宅
建发中央湾区	成都	天府新区	天府新区武汉路西段 1533 号	普通住宅
首创禧瑞锦江	成都	天府新区	天府新区华阳[illegible]道云龙南巷 5[illegible]号、56 号（天府[illegible]旁）	普通住宅、别墅

楼盘名称	城市名称	城区	地址	物业类型
蓝润·天府MIC	成都	天府新区	天府新区剑南大道南湖湿地公园南	普通住宅、商业
保利荔园天府和悦	成都	天府新区	天府新区武汉路西延线（紫云路899号）	别墅
中海天府里	成都	天府新区	天府新区夔州大道	普通住宅、商业
保利和光屿湖	成都	天府新区	天府新区武汉路西段	普通住宅、别墅、商业
蔚蓝卡地亚中心	成都	天府新区	天府新区武汉路与天府大道交界处西南侧	公寓
合能铂悦华庭·洋房	成都	天府新区	天府新区麓山大道沈阳路地铁口	普通住宅
川发天府上城	成都	天府新区	天府新区牧华路三段与瑞祥路交会处	普通住宅
中海万锦熙岸	成都	天府新区	天府新区祥鹤四街	普通住宅
DH锦南玺	成都	天府新区	天府新区天府大道地铁1号线海昌路站旁	办公
中粮观澜祥云	成都	天府新区	天府新区天府中心	普通住宅
首开龙湖云著	成都	天府新区	天府新区天府大道杭州路西段天府七中旁	普通住宅
万科公园都会	成都	天府新区	天府新区武汉东路和汉州路交叉口西北侧	普通住宅
中海麓湖公馆	成都	天府新区	天府新区麓湖公园区武汉路东	普通住宅、别墅
天府滨江中心	成都	天府新区	天府新区华阳府河路二段69号	公寓
麓湖生态城创酷集盒	成都	天府新区	天府新区天府大道南延线麓湖	公寓
建发·星墅	成都	天府新区	天府新区麓山大道二段	商业
凤凰湖国际社区	成都	青白江区	青白江区同华大道（凤凰湖湿地公园正对面）	普通住宅、别墅
西街上院	成都	青白江区	青白江区城厢镇长宁小区北侧、小南街南侧（城厢学校旁）	普通住宅
成都公园世家	成都	青白江区	青白江区凤凰大道（田园广场正对面）	普通住宅
誉府仕家	成都	青白江区	青白江区大湾凤凰大道三段8号	普通住宅、别墅、商业
蝴蝶洲	成都	青白江区	青白江区凤翔大道1266号	普通住宅
听湖九园	成都	青白江区	青白江区凤凰东二路99号	普通住宅
金科博翠天宸	成都	青白江区	青白江区凤祥大道971号	普通住宅
棠湖清江花语	成都	青白江区	青白江区红阳华金大道二段699号	普通住宅
协信天骄城	成都	青白江区	青白江区凤凰大道一段198号	普通住宅
美的新城公园天下	成都	青白江区	青白江区凤凰大道一段88号	普通住宅
万科时代之光	成都	青白江区	青白江区凤祥大道（巨人树幼儿园旁）	普通住宅
新城悦隽盛世	成都	青白江区	青白江区大同路附近	普通住宅

楼盘名称	城市名称	城区	地址	物业类型
蓝光公园锦汇	成都	青白江区	青白江区凤凰大道二段699号田园广场正对面	普通住宅
花样年江山	成都	青白江区	青白江区成金青快速通道与华金大道四段交叉口	普通住宅
建工梧桐屿	成都	青白江区	青白江区凤祥大道与凤凰西二路交会处	普通住宅
嘉和世纪城	成都	青白江区	青白江区凤凰西二路138号	普通住宅
佳兆业悦府	成都	青白江区	青白江区凤祥大道与政府北路交叉口（文体中心旁）	普通住宅、商业
凤凰盛景	成都	青白江区	青白江区大弯凤翔大道1699号	普通住宅、商业
海布斯卡二期	成都	青白江区	青白江区栖凤街281号	普通住宅
实地·成都海棠名著	成都	青白江区	青白江区凤凰西七路28号	普通住宅、商业
天和睿城	成都	青白江区	青白江区红阳路与凤祥大道交叉口	普通住宅
新力翡翠湾	成都	青白江区	青白江区红阳大道与同华大道交会处	普通住宅
蜀青丽晶府	成都	青白江区	青白江区青华东路248号	普通住宅
天和悦城	成都	青白江区	青白江区凤凰大道北侧青白江文体中心斜对面	普通住宅
尚林幸福城	成都	青白江区	青白江区凤凰路77号	普通住宅
天和绣水岸	成都	青白江区	青白江区城厢镇桂红路卫生院旁	普通住宅
万科碧桂园公园大道	成都	青白江区	青白江区同华大道和华逸路交会处	普通住宅
星徽城	成都	青白江区	青白江区凤凰西二路与凤祥大道交会处（新城公园旁）	普通住宅
和悦美居	成都	青白江区	青白江区教育街29-30号	普通住宅、商业
嘉合·凤凰岛	成都	青白江区	青白江区凤凰大道二段765号（凤凰湖旁）	普通住宅、办公、商业
凤凰1号·栖云湖	成都	青白江区	青白江区凤凰大道二段888号	普通住宅
成都青白江万达广场	成都	青白江区	青白江区团结中路以北、智慧大道以西	商业
城投美庐	成都	青白江区	青白江区华逸中路133号	普通住宅、商业
瀚城悦府	成都	青白江区	青白江区凤祥大道	普通住宅
蓝光观岭国际社区翡翠湾	成都	金堂县	金堂县观岭大道1188号	普通住宅、别墅
恒大御景半岛	成都	金堂县	金堂县金凤路555号（毗河二桥旁）	普通住宅
星岛星时区	成都	金堂县	金堂县三星镇学府大道279号	酒店式公寓
润城	成都	金堂县	金堂县新城区滨江路2段369号	普通住宅
和裕印象	成都	金堂县	金堂县三星镇天星路559号	普通住宅、商业

楼盘名称	城市名称	城区	地址	物业类型
中节能琅园	成都	金堂县	金堂县赵镇金凤路555号附1号	公寓
港中旅海泉湾	成都	金堂县	金堂县官仓镇	别墅
金都华庭	成都	金堂县	金堂县观岭大道东侧（金山公园旁）	普通住宅、酒店式公寓
天府金茂悦	成都	金堂县	金堂县金鹰路以西	普通住宅
金山国际	成都	金堂县	金堂县赵镇金园街619号	普通住宅
泰康博观	成都	金堂县	金堂县朝阳街555号	普通住宅
鹭洲城邦	成都	金堂县	金堂县三星镇兴业路588号	普通住宅
吉祥湾	成都	金堂县	金堂县淮口镇书院街199号	普通住宅
中国会馆鎏金水榭	成都	金堂县	金堂县赵镇会馆路308号	普通住宅
希望未来城	成都	金堂县	金堂县学府大道西南交大希望学院对面	普通住宅
保利堂悦府	成都	金堂县	金堂县金鹰路毗河畔	普通住宅
朗诗·未来街区	成都	金堂县	金堂县金凤路与金泉路交会处	普通住宅
富堂金湾	成都	金堂县	金堂县竹篙镇上正街928号	普通住宅
恒合时代城二期	成都	金堂县	金堂县赵镇中兴寺路188号	普通住宅
世茂璀璨里	成都	金堂县	金堂县赵镇杨柳桥街1256号	普通住宅
成金·金语湾	成都	金堂县	金堂县金岭路18号（金裕大酒店旁）	普通住宅
世纪悦城	成都	金堂县	金堂县三星镇兰家店路111号	普通住宅
崇门里	成都	崇州市	崇州市羊马镇鹤兴路206号	商业
陇海三郎旅游度假区	成都	崇州市	崇州市三郎镇	别墅
中国青城国际颐养中心	成都	崇州市	崇州市街子镇天顺村	普通住宅、别墅
花样年智荟城	成都	崇州市	崇州市羊马镇	普通住宅、别墅、商业、公寓
恒大西辰绿洲（B地块）	成都	崇州市	崇州市光华大道西段新城大道与羊安路交会处	普通住宅
中粮原山	成都	崇州市	崇州市街子镇街安路	别墅
远洋栖棠	成都	崇州市	崇州市崇阳大道与羊安路交会处	普通住宅
青城上院	成都	崇州市	崇州市街子古镇金鱼街158号（街子古镇入口）	普通住宅
新城瑞升悦隽西江	成都	崇州市	崇州市文井北街东南侧（崇州市崇阳镇棋盘村集体）	普通住宅
中鑫海广场	成都	崇州市	崇州市金盆地大道229号	公寓
翰林·首府	成都	崇州市	崇州市江源中路与幸福路交叉口翰林首府营销中心	普通住宅
南城星汇	成都	崇州市	崇州市崇庆南路36[illegible]号（四川文化传媒学院旁）	普通住宅
经典西悦城	成都	崇州市	崇州市羊马新城崇阳大道（润恒城旁）	普通住宅
仁恒溪云居	成都	崇州市	崇州市街子镇济福路333号	别墅
隆腾凌云府	成都	崇州市	崇州市晋康南路与蜀州东路交会处（南城[illegible]地旁）	普通住宅
恒大山水城	成都	大邑县	大邑县晋原镇凤凰村一带	普通住宅、别墅
保利桃源新城	成都	大邑县	大邑县晋原镇雪山大道777号	普通住宅、别墅
圣桦华庭	成都	大邑县	大邑县内蒙古大道（大邑县政府旁）	普通住宅、建筑综合体
云上旅游度假区	成都	大邑县	大邑县晋原镇七里村5组	别墅
祥荣城市绿洲	成都	大邑县	大邑县元通路南段[illegible]8号	普通住宅
惠山公馆（山水华府）	成都	大邑县	大邑县滨江东路北二段135号	普通住宅、别墅
成都院坝	成都	大邑县	大邑县安仁镇二号街133号安仁古镇旁	别墅
鸿涪邑号	成都	大邑县	大邑县鹤鸣大道32[illegible]号	普通住宅
中交锦天新城	成都	大邑县	大邑县邑新大道228号社保局旁	普通住宅
春熙江岸	成都	大邑县	大邑县桃源大道39号	普通住宅
海航中国集锦润青城	成都	都江堰市	都江堰市星月湖[illegible]	普通住宅、别墅
青城丽景养生度假区2期	成都	都江堰市	都江堰市大观镇非遗社区居委会三[illegible]组	普通住宅、别墅
宝信青城	成都	都江堰市	都江堰市青城山镇	普通住宅
成都融创文旅城	成都	都江堰市	都江堰市滨河片区玉堂镇外江大道与玉府路交会处	普通住宅、公寓、商业
成青紫宽路88号	成都	都江堰市	都江堰市二王庙前行100米	别墅
福星惠誉青城府	成都	都江堰市	都江堰市玉堂镇鑫玉大道426号	别墅
弘阳都江府	成都	都江堰市	都江堰市天府大道与彩虹大道交会处	普通住宅
水岸华府	成都	都江堰市	都江堰市宝[illegible]路626号	普通住宅
梦享·春山可望	成都	都江堰市	都江堰市中[illegible]镇石[illegible]江路177号	公寓
青城里国际旅游度假小镇	成都	都江堰市	都江堰市青城山镇长寿路18号	普通住宅、商业
中建人居·山水颐墅	成都	都江堰市	都江堰市[illegible]路23号	普通住宅
恒大云锦华庭	成都	都江堰市	都江堰市[illegible]安大道南三段58号	普通住宅
竹径悦山	成都	都江堰市	都江堰市金二路698号	普通住宅
绿地无舍青城	成都	都江堰市	都江堰市青城山水云中路[illegible]号	普通住宅

楼盘名称	城市名称	城区	地址	物业类型
天府国际凤凰城二期	成都	都江堰市	都江堰市天府大道555号	普通住宅、公寓、商业
滨湖城	成都	简阳市	简阳市石盘镇成简快速路	普通住宅
简阳天府国际花园	成都	简阳市	简阳市河东新区	普通住宅
京汉新城悦隽风华	成都	简阳市	简阳市雄州大道	普通住宅、商业
京汉新城悦隽江山	成都	简阳市	简阳市雄州大道	普通住宅、别墅
蓝湖城邦	成都	简阳市	简阳市新城简车村	普通住宅
天慧城	成都	简阳市	简阳市回龙大道766号	普通住宅、商业
东城1号	成都	简阳市	简阳市东城新区雄州大道南侧、射洪路北侧	普通住宅
万峰城D区·峰景里二期	成都	简阳市	简阳市东城新区雄州大道南段	普通住宅
荟储首座澜庭	成都	简阳市	简阳市贾家镇石三路与法庭街交会处	普通住宅
东城华府·滨湖湾二期	成都	简阳市	简阳市东城新区东城国际	普通住宅
诚卓高端	成都	简阳市	简阳市雄州大道南段江东半岛	普通住宅
新城悦隽香江	成都	简阳市	简阳市雄州大道	普通住宅
置信丽都府	成都	彭州市	彭州市南部新城迎宾大道旁	普通住宅
辰兴锦城国际	成都	彭州市	彭州市天彭镇牡丹大道与泰安北路交会处	普通住宅
中海外北岛	成都	彭州市	彭州市北新大道2599号（北新大道西侧）	普通住宅、别墅、商业
海德花园二期	成都	彭州市	彭州市致和镇清江北路99号	普通住宅、商业
昌建星悦城	成都	彭州市	彭州市成彭快铁南部新城站对面（新人民医院旁）	普通住宅、公寓
西环财富广场	成都	彭州市	彭州市西二环繁江北路与西大街交会处	普通住宅、建筑综合体
美的碧桂园观澜府	成都	彭州市	彭州市南部新城新彭郫路与林荫大街交会处	普通住宅、商业
恒大翡翠龙庭	成都	彭州市	彭州市濛阳镇濛阳大道	普通住宅
天立世纪华府	成都	彭州市	彭州市致和镇西河东路555号	普通住宅
佳兆业·金域都荟	成都	彭州市	彭州市成德大道与滨河南路交会处向南400米	普通住宅
君悦濠庭	成都	彭州市	彭州市南部新城林荫大街与塞纳湖旁交会处	普通住宅
华润置地（彭州市）理想之城	成都	彭州市	彭州市南部新城协和大道南段	普通住宅
中瑞天悦天玺	成都	彭州市	彭州市朝阳南路118号	普通住宅、别墅、商业
金誉兰庭	成都	彭州市	彭州市繁江南路来寿路12号	普通住宅
明信仕林悦府	成都	彭州市	彭州市南部新城塞纳湖畔环湖路一段	普通住宅
置信·仙林谷乡	成都	彭州市	彭州市龙门山镇国坪村	普通住宅
人居越秀紫云府	成都	彭州市	彭州市南部新城协和大道与胜利路交会处	普通住宅
俊发星阳俊园	成都	彭州市	彭州市濛阳镇濛三南路49号	普通住宅
花样年大溪谷	成都	蒲江县	蒲江县顺城路88号	普通住宅
剑桥小镇	成都	蒲江县	蒲江县寿安镇迎宾大道第88号	普通住宅
保利石象湖小镇	成都	蒲江县	蒲江县石象湖风景区	别墅
雍锦澜湾	成都	蒲江县	蒲江县鹤山镇梁江村	普通住宅
中节能世纪中心	成都	蒲江县	蒲江县健民路246号（世纪广场旁）	普通住宅、商业、建筑综合体
天府孔雀城	成都	蒲江县	成雅高速寿安路口天府孔雀城售楼部	普通住宅、别墅
万象云庭	成都	蒲江县	蒲江县鹤山镇工业大道上段3号	普通住宅
悦府	成都	邛崃市	邛崃市翠荫街7号	别墅
邛崃市碧桂园天玺湾	成都	邛崃市	邛崃市凤凰大道与邛窑大道交会处	普通住宅、别墅、商业
新城金樾华府	成都	邛崃市	邛崃市拱辰路北侧	普通住宅
大发融悦和府	成都	邛崃市	邛崃市临邛街道办事处北坛街45号	普通住宅
锦德天府	成都	邛崃市	邛崃市羊安镇永康大道263号	普通住宅
翡翠滨江	成都	邛崃市	邛崃市临邛镇翠荫街42号	普通住宅
隆鑫首府	成都	新津县	新津县CBD核心地段迎宾大道以北兴园三路6号	普通住宅
吉宝沁风御庭	成都	新津县	新津县牧马山森林大道660号	别墅
恒大天府城邦	成都	新津县	新津县普兴镇骑龙村2组、3组（骑龙湖湿地公园）	普通住宅
龙湖·双珑原著	成都	新津县	新津县花源镇正公路旁	普通住宅
领地天府兰台	成都	新津县	新津县花源镇青云路1100号	普通住宅、别墅
武阳郡邸	成都	新津县	新津县希望路131号	普通住宅
龙光玖龙府	成都	新津县	新津县花源镇东篱路100号	普通住宅
铁投牧山溪岸	成都	新津县	新津县花源镇普兴镇	别墅
雍景澜庭	成都	新津县	新津县芝芝路99号（花舞人间东大门）	普通住宅
新城金樾府邸	成都	新津县	新津县老码头	普通住宅
中交·牧山美庐	成都	新津县	新津县花源镇青云路1111号	普通住宅、公寓、别墅、酒店式公寓、商业
花样年看今朝	成都	新津县	新津县五津东路70号	普通住宅

楼盘名称	城市名称	城区	地址	物业类型
雅居乐·锦城	成都	新津县	新津县五津镇希望东路 199 号	普通住宅
中洲天府珑悦	成都	新津县	新津县普兴镇新中路 166 号	普通住宅、商业
花屿岛	成都	新津县	新津县新平镇迎先村 7 组、8 组	普通住宅、别墅
金沙城·云津观棠	成都	新津县	新津县五津镇平岗路 88 号	普通住宅
金融街金悦府	成都	新津县	新津县希望路与希望东路交叉口	普通住宅

楼盘名称	城市名称	城区	地址	物业类型
翰林学府	成都	新津县	新津县五津镇兴园 3 巷 5 号	普通住宅
五津望江名门	成都	新津县	新津县五津镇桥津上街 99 号	公寓
恒大牧云天峰	成都	新津县	新津县柏拉图大道 999 号	普通住宅、别墅
龙湖·悠山郡丨千山新屿	成都	新津县	新津县正公路	别墅
融信澜天	成都	新津县	新津县谷底湖南三街	普通住宅

保利时代

- 2019年 -
中国城市楼盘年鉴
典型项目

成都　中轴门户　南北布局　户型方正

保利时代项目位于成都市一环旁、府河畔、西北桥东街，占地面积 252667 平方米，建筑面积约 1100000 平方米，共计规划 8048 户。

专家点评 杨继瑞·四川大学房地产策划与研究中心主任、成都市社科联主席

保利时代项目所在的人北中央商务区，担当着树立成都「中轴门户」形象的重任，在「中优」政策提出后区域的教育资源愈加丰富。通过「TOD」规划，将成为能够满足居住、工作、购物、娱乐、出行、休憩等需求的多功能社区。

项目地址：
成都市一环旁府河畔西北桥东街

开发商：
四川府河华益置业有限公司

建筑类型：
高层

主力户型：
110~198 平方米三居、四居

周边配套：
金牛万达、上城天街、地铁 5 号线

参考价格：
待定

楼盘优势：
项目位于主城一环府河畔，在“中优”及人北中央商务区加持下，保利时代作为主城颇具规模的旧改项目，受到购房者的广泛关注。

项目解析

【区域维度】

保利时代项目位于成都市一、二环之间，府河畔，地块面积达到252667平方米，横跨二环内外多个地块，可以说是市区近年来少见的大地块。

项目靠近中央公园，东有火车北站，西接九里堤居住区，处于人北中央商务区，在“中优”政策提出后，区域教育资源愈加丰富，现有石笋街小学、五丁小学北实验、铁中及西南交大等，满足3~22岁的全龄优质教育。此外，项目将规划专科医院，东侧现有三甲成都大学附属医院。

近年来，成都正逐渐从单轨道交通进入TOD时代空间的高效组合。保利以TOD模式，将地铁、BRT、火车北站纳入整体规划，通过地下、地面、空中连廊三个界面的贯通，连接城市空间、公共绿地和商业广场，形成一个更为立体的交通网络。

【口碑维度】

根据2018年成都市统计局公布的数据，成都常住人口城镇化率为73.12%；户籍人口城镇化率为60.94%，远超50%的临界值。随着城市开发的日趋饱和，存量土地的改造和提升成为城市级话题。

保利在广州琶洲、深圳平湖等一线城市大型旧改项目上的成功，让保利时代这个主城旧改项目，从规划开始就受到众多关注。

据了解，保利时代项目从共建到住宅，全部由凯达(Aedas)环球建筑设计统一规划设计，达到旧改中“有机更新”的要求。

【品牌维度】

十年来，保利在城北持续开发198区域，打造了成都人熟悉的“保利区”；在城市副中心北部新城，打造“天字板块”。如今则以约252667平方米的大体量，打造城北中央商务区关键部分。

金牛TOD枢纽建设体系正在逐步形成，木综厂项目就是其中之一。位于北一环府河旁的保利时代，与位于天府中央公园旁的保利和光屿湖、位于金融城的城市无边界综合体保利国际广场，是成都保利入蓉12年之际(2019年)的三个头部作品。而保利时代作为三大头部项目之一，让木综厂地块旧城改造落地，是保利在新十年配合政府规划，参与城市更新的重要一步。

【产品维度】

据保利公布，保利时代地块预计将打造集180000平方米商业、260000平方米办公、350000平方米滨河住宅于一体的大体量项目。

保利时代主推110~198平方米套三、套四的主流改善产品。层高3米，所有户型都带装修，配备中央空调、新风系统 、地暖等。

户型布局考究、方正实用，整体空间社交化，客厅打造为LDK厅，餐厨一体化设计；人性化收纳系统，打破局促的空间设计。酒店式主卧套房设计，除具备干湿分区的独立卫浴之外，还预留步入式衣帽间空间，且专门预留独立的交流娱乐空间，并且预留“可生长”的多功能弹性空间。

在建筑立面上，以铝板、石材搭配大面积的玻璃幕墙，顶部由整块玻璃拼接；点阵式围合，采取“小街区”模式打造，每个住宅组团的楼栋并不多，平均一个地块上不足400户，居住密度也比较低。

更多楼盘详情请扫码查看

当代璞誉

2019年 中国城市楼盘年鉴 典型项目

成都　武侯新城　双地铁盘　“零甲醛”房

当代璞誉位于成都市武侯区兆景路258号，占地面积116001平方米，建筑面积约500000平方米，共计规划1911户。

项目地址：

成都市武侯区兆景路258号

开发商：

成都天际置业有限责任公司

建筑类型：

小高层

主力户型：

142平方米、178平方米、179平方米四居

周边配套：

大悦城、万达广场、吾悦广场、成都地铁3号线

参考价格：

约21600元/平方米起

楼盘优势：

武侯新城板块生活配套完善，当代璞誉作为“零甲醛”双地铁盘，交通便捷、教育资源丰富，距北京第二外国语学院附属小学600米左右。

专家点评

杨继瑞·四川大学房地产策划与研究中心主任、成都市社科联主席

当代璞誉位于成都市武侯新城板块，是五城区改善型住宅重要的市场供应板块之一，作为当代地产入成都的第一个项目和BIG亲生命产品系，当代璞誉是专业地产向健康地产转型的典型代表。

项目解析

【区域维度】

当代璞誉位于成都市武侯新城，距离地铁3号线武侯立交站A出口约100米，距离地铁9号线武青南路站约300米，轨道交通优势明显。周边有五大环线(二环、中环、三环、3.5环、四环)、三大道(武侯大道、永康大道、成双大道)，通达全城。

项目周边生活配套丰富，武侯吾悦广场和金楠广场与项目一街之隔，武侯万达广场距离项目约600米，大悦城距离项目约1.3公里。

根据官方2019年最新小学入学划片信息，当代璞誉所在区域被划入成都市百草园小学(现已更名为北京第二外国语学院附属小学)，距离约600米。

【口碑维度】

当代璞誉引入绿城物业，为项目后期的服务提供更完善的保障。绿城物业将采用四大服务体系，为业主提供智能化、数据化、人性化的物业服务。

此前，绿城物业为国内众多高端楼盘提供过专业服务，包括绿城上海黄浦湾、凤起潮鸣府、成都润富国际花园等。

【品牌维度】

成都天际置业有限责任公司是武汉当代集团子公司。公司旗下的武侯区当代璞誉项目，占地面积116001平方米，建筑面积约500000平方米。

武汉当代科技产业集团股份有限公司，创立时间超过30年，是“中国民营企业500强”之一。当代集团旗下设立四大产业集群，当代地产隶属于其中的消费产业集群；从湖北走向全国进行布局，打造“花园系”“小镇系”“国际系”“云系”等多系列城市建筑人居作品。当代地产秉持“追求卓越，尽善尽美”的企业理念，整合当代集团全产业链资源，持续打造品质至上的城市建筑。

【产品维度】

当代璞誉采用了亚厦全工业化装配式内装技术平台，实现了“源头上无甲醛”和“过程中无甲醛释放”，让业主交付当日即可入住。

当代璞誉使用亚厦专利YAS高分子纳米材料，不含甲醛、苯、TVOC等空气污染物，现场不使用木工板、多层板、密度板、石膏板等专业板材，不使用油漆、乳胶漆，用“天然石”换掉了“木地板”，从源头上就做到了装修无污染。

在建筑布局上，当代璞誉采用围而不合的布局，最小楼间距约40米、最大约380米，这对于一个12层的小高层社区来说，无疑是不错的指标。

当代璞誉所有的户型都有一定的赠送面积，每一户都可实现独立电梯入户。

【销售维度】

案场数据显示，2019年9月当代璞誉首开入市，共推300套房源，有539组客户参与选房。至选房结束，经公证处现场公证，总共销售283套房，去化率高达94%，后续已全部售罄。这成为成都“金九”楼市的一大亮点，创造了成都楼市高端楼盘少见的高成交率。

更多楼盘详情请扫码查看

桂湖·正荣府

- 2019年 -
中国城市楼盘年鉴
典型项目

成都　新都正主　低密洋房　改善社区

桂湖·正荣府位于成都市新都区新都街道桂湖西路社区，占地面积约 21205 平方米，建筑面积约 61008 平方米，共计规划 350 户。

项目地址：
成都市新都区新都街道桂湖西路社区

开发商：
正惠程成都置业有限公司

建筑类型：
洋房

主力户型：
116 平方米四居、140 平方米四居

周边配套：
桂湖森林公园、新都体育中心，宝光寺商圈

参考价格：
待定

楼盘优势：
桂湖·正荣府紧邻桂湖森林公园，周边商业配套成熟，坐落新都正轴，邻省重点中学新都一中，近鉴人文涵养。

专家点评　林建平·华西都市报、封面新闻房产部总监

桂湖·正荣府位于成都市新都传统老城区，从生态资源、教育资源到交通商业配套，项目都坐享核心优势。项目2.0容积率，打造纯低密洋房，这类改善产品在区域内是比较稀缺的，适合不想离开新都老城区又有改善换房需求的人群。

项目解析

【区域维度】

桂湖·正荣府位于成都市新都区桂湖公园旁，毗连宝光寺，临达新都体育中心，紧邻新都一中。

新都长期为古蜀国三都之一，延续着长达2800多年的璀璨历史。项目所坐落的桂湖公园区域，迄今已有1300余年历史，不仅是新都正轴之上的区域核心，更是新都汇聚传承的文化源流。

项目紧邻四川省首批省级重点中学、国家级示范性普通高中——新都一中，成就翰墨书香的人文厚蕴，培养孩子广阔视野，成就卓越未来。

新都体育中心在旁，齐备的运动设施提供一处适宜全家人休闲的全龄运动场所，畅享运动带来的悦然快感，获取全方位健康生活体验。

【口碑维度】

正荣地产目前布局全国6大区域32座城市，已逐渐打造出“正荣府”“正荣·紫阙台”及“正荣·云麓”三大产品品牌，其项目纷纷落地开花，获得市场广泛认可。21年来，正荣地产始终脚踏实地前行，背后离不开老业主的认可与支持。

其中，匹配都市中坚力量的“正荣府”系列，将对东方人居文化的深刻研究落位于产品打造之中，并致力于用现代化的建筑技艺、国际化的设计团队，礼献当代城市生活。这一体系迅速打入市场、获得话语权，上海虹桥·正荣府曾入选“2015亚洲十大精工名宅”与“2016~2017中国百城建筑新地标”。

桂湖·正荣府是正荣地产成都1号作品。作为给成都市民的“见面礼”，也作为“正荣府”品牌系列的延续，正荣地产对项目进行了长时间的精细打造，桂湖·正荣府或将成为下一个样本。

【品牌维度】

正荣集团21年匠心筑造，落子32大城市，开发运营项目约200个。成就与理念密不可分，从未动摇的“正荣标准”让集团连续12年荣获“中国最佳雇主企业”称号，入选“中国物业管理企业综合实力品牌价值20强”。不变的追求让集团成功跻身“中国房地产企业综合实力20强”，并于2018年超额完成千亿元销售额目标，正式迈入千亿阵营。

【产品维度】

桂湖·正荣府占地约21205平方米，不含任何商业配比，打造约2.0容积率纯住宅小区。作为改善大师的正荣地产发挥其优势，就是要将项目打造成为高品质、低密度生态社区，成就高质感城市人居，创造出与墅级住区相差无二的生活体验。

项目整体仅规划约350户，全部打造11层的亲地居住高度；一梯两户梯户比设计，纯洋房社区规划，成就全方位居住质感升级，保证居住的纯粹性。

园林规划以享誉全国的桂湖八景为蓝本，匠心造景，构筑一轴六院，成全桂湖公园旁一处毫不逊色的东方园林盛境。

更多楼盘详情请扫码查看

花样年江山

成都　生态住宅　品质大盘　低密社区

花样年江山位于成都市青白江区大同路 518 号，总占地面积约 131335 平方米 ，建筑面积约 459135 平方米，周边临青白江大道及大同路，交通便捷，规划约 100000 平方米社区公园。

项目地址：

成都市青白江区大同路 518 号

开发商：

成都花样清江房地产开发有限公司

建筑类型：

高层、小高层

主力户型：

95~110 平方米三居、120~129 平方米四居

周边配套：

凤凰湖国际生态湿地旅游度假区、大同小学

参考价格：

约 9400 元 / 平方米

楼盘优势：

花样年江山位于成都市青白江自贸区板块，整体占地约131335 平方米，绿化覆盖率达 76%，是花样年布局城北1 号作品、青白江区生态住宅项目。

专家点评

林建平 · 华西都市报、封面新闻房产部总监

花样年江山项目地处成都市青白江自贸区板块，规划打造以高层、小高层为主的低密度住宅产品，绿化覆盖率达76%，楼间距超过100米，产品建筑密度较低，居住舒适度较高。

项目解析

【区域维度】

花样年江山位于成都市青白江区大同路518号，正处成金青快速通道与华金大道四段交叉口，路网通畅，交通便捷。

在医疗配套方面，所在区域分布有青白江区人民医院、青白江中医医院；教育配套方面，周边分布有大同小学、成都外国语学校附属幼儿园等，后期生活基本配套成熟。同时，项目地处青白江区自贸区板块，2016年，青白江区大力实施“蓉欧+”战略引领攻坚行动，积极推进自贸区建设(2017年已正式获批为“四川自贸区青白江片区”)，努力建设“贯通欧亚、通江达海”的国际铁路港，全力打造开放型国际化新青白江。作为蓉欧快铁的始发地，青白江自贸区板块发展潜力巨大。

【品牌维度】

花样年集团起步于1998年，总部位于深圳，旗下拥有花样年控股(1777.HK)、彩生活(1778.HK)和美易家(834669.OC)三家上市公司。

花样年集团业务涉及全国181个城市，并在美国、东京、新加坡设立分公司，同时集团业务板块也不断增加，目前已形成涵盖物业管理、房地产开发、文化旅游、金融、教育、养老等八大业务板块，正逐步发展成为全球性综合社区服务运营商。其中，房地产开发是公司的主营业务之一，在成都区域已布局了美年广场、香年广场、喜年广场、福年广场等多个城市综合体。

【口碑维度】

在成都市场，花样年已布局双流区花样年家天下、郫都区花样年香门第、蒲江县花样年大溪谷等多个项目，在产品打造上有口皆碑。而花样年江山为花样年城北区域布局的首个项目，一开盘就广受城北市场关注，低密度的产品布局更是吸引了众多业内人士参观考察。项目在园林景观设计中，特地规划了空中走廊布局，让业主即使雨天也能在社区内休闲散步，大大提升了购房者的认同度。

【产品维度】

花样年江山项目整体占地131335平方米，绿化覆盖率达76%，整体组成为小高层与高层产品。其中小高层住宅主要推售建筑面积为129平方米户型，高层主力户型为95平方米、120平方米；小高层为两梯三户电梯入户，开放式入户大厅设计与中庭自然环境相连接，让园林景观延续到室内，并且在规划楼栋设置泛会所区域，含“妈咪会”“4点半课堂”等多年龄段活动功能空间。整个小区规划打造“1轴3园7境21景”的园林景观，最大楼间距约400米，同时引进约3000棵乔木，大大提升了项目居住的舒适性。装修方面，配备智能人脸识别系统，提高业主居住品质，增强了居住的便利性与科技感。

【销售维度】

作为花样年在城北布局的1号作品，案场数据显示，项目2019年4月首批次开盘，开盘去化率达到80%，在远郊区域实属上乘；在2019年10月月销2亿元，在11月1日一天更是销售额近1亿元。

更多楼盘详情请扫码查看

蓝光长岛城

成都　生态大城　万达商圈　低密社区

蓝光长岛城项目位于成都市郫都区红光镇鹃兴路（蜀都万达旁），总占地约 420 亩，建筑面积约 754214 平方米，涵盖住宅、商业等多业态产品。

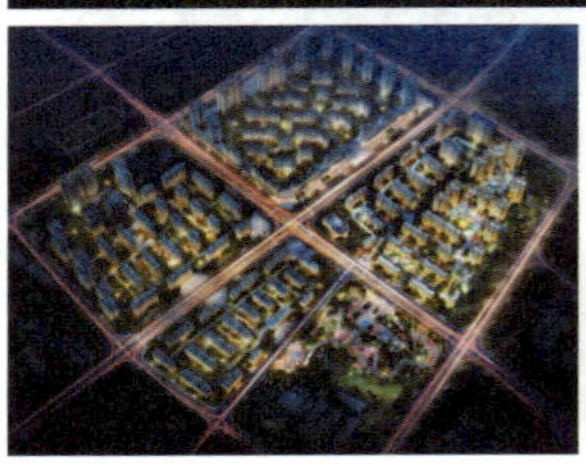

项目地址：
成都市郫都区红光镇鹃兴路 669 号

开发商：
成都聚锦商贸有限公司

建筑类型：
高层、洋房

主力户型：
95~115 平方米三居、125~148 平方米四居

周边配套：
蜀都万达广场、百伦广场、西川汇锦都学校

参考价格：
10800~12500 元 / 平方米

楼盘优势：
成都西约 420 亩传世生态大盘，占位蜀都万达生活圈，含教育、学校及生态全维配套，自身打造约 13 万平方米园林景观、三重智慧体系。

专家点评　杨继瑞·四川大学房地产策划与研究中心主任、成都市社科联主席

蓝光长岛城占地面积421亩，是少有的城市级大盘，全面交付后将带动区域发展，充分挖掘、深度提炼城西这块稀缺土地的价值。此外，项目是蓝光「长岛系」第三代产品，产品包容性强，既适合刚需也适合改善。

项目解析

【区域维度】

蓝光长岛城位于成都市郫都区红光镇鹃兴路669号，沿郫彭路即可转至成灌大道及成都第二绕城高速，路网通畅。项目所在的新城板块区域内，地铁6号线和有轨电车等都在规划建设中，未来公共配套便捷度较高。而在商业、医疗等配套上，项目周边分布着郫都人民医院、郫都区中医医院、郫县港区医院等多级医疗资源，同时毗邻蜀都万达广场、红光小学等。

近年来，作为城西重点规划的蜀都新城板块，发展已日趋成熟。郫都区税务局、政务中心、档案馆、文化馆、图书馆等皆分布于此，道路干净整洁，居住舒适度较高，整体生活氛围浓厚。

【品牌维度】

1990年创立于成都的蓝光发展，已布局成都全域40余盘，并走向中国60余城，打造了400余个项目。2019年，蓝光荣膺“中国房地产100强”综合实力第21名，“中国100强房企”成长性4强。截至2019年，蓝光于集团总部所在的主城西共落子22盘，体量、数量均令行业瞩目，体现了蓝光对于主城西板块的深刻理解和洞察。而蓝光长岛城则是继蓝光长岛国际社区之后，蓝光于城西打造的另一个大体量项目。

【口碑维度】

蓝光长岛城大体量的规划，在入市之前便吸引了众多购房者的目光。在社区打造上，规划了约13万平方米的园林景观，设计以组团为空间划分基础，共分为八大景观分区，由入口仪式景观、花园、阳光草坪、游憩、休闲办公、老年人活动、亲子互动等多个主题构成，满足了全年龄段业主的娱乐社交需求。同时，倾力打造的约1.5万平方米商业街、三大智慧体系、多重归家系统等定制配套，也备受购房者青睐。

为了实现项目口碑的传承，在产品设计、精装选材等方面，蓝光长岛城用匠心营造居住的舒适，汇聚美的、欧派等知名品牌的精装交付让这个无短板项目的口碑迅速铺开。据了解，很多购买了蓝光长岛城的业主都愿意把项目推荐给自己的亲友。

【产品维度】

蓝光长岛城从居住者的生活习惯、人体工学、居住体验等层面的深度研究出发，推出了高层加洋房的双重产品组合，其中高层户型建筑面积95~125平方米、洋房建筑面积101~148平方米，户型分布区间合理，为购房者提供了较为宽泛的选择空间。

在具体户型设计上，高层摒弃了传统竖厅打造手法，在保证居住舒适度的基础上，采用了大横厅设计。例如，125平方米的四居室设计了约7米的横厅、约13平方米的阳台，与市场同类产品拉开差距；洋房户型在满足居家功能性的基础上，尽可能兼顾了居住的空间感，打造了7.2米的横厅，并对厨房、阳台等空间进行了一体化设计。

【销售维度】

案场数据显示，蓝光长岛城2019年10月首次开盘，共计推出1086套房源，首开销售额达到约5.2亿元。开盘当月，来访客户达到上万组，成为大城西范围内的“网红”楼盘。

更多楼盘详情请扫码查看

首钢蓉城里

2019年 中国城市楼盘年鉴 典型项目

成都　湖景华宅　生态公园　低密社区

首钢蓉城里项目位于成都市成华区湖秀二路 66 号，总占地面积约 52313 平方米，建筑面积约 290000 平方米，周边临北湖公园板块，生态环境良好，规划有 10 栋高层住宅、3 栋独立商业。

项目地址：

成都市成华区湖秀二路 66 号

开发商：

成都首钢房地产开发有限公司

建筑类型：

高层

主力户型：

94~113 平方米三居、127~136 平方米四居

周边配套：

地铁 8 号线、9 号线（在建），北湖湿地生态公园

参考价格：

一批次 11782~14132 元 / 平方米、二批次 11584~14136 元 / 平方米

楼盘优势：

项目紧邻约 4300 亩北湖湿地生态公园，教育资源、商超、三甲医疗一应俱全，三横三纵双轨道（规划地铁 8 号线、9 号线）立体交通路网通达全城。

专家点评

胡正南・成都市房地产开发企业协会秘书长

首钢蓉城里位于成都市北湖公园板块，是难得的主城区湖居板块。双曲线S形产品布局契合湖居居住属性，打造出了三重园林景观，同时清水项目更是加分项，受到市场追捧。

项目解析

【区域维度】

首钢蓉城里项目位于成都市成华区湖秀二路66号，总占地面积约52313平方米，建筑面积约290000平方米。项目紧邻北湖湿地生态公园、成都市第七人民医院、龙潭水乡、成都石室中学北湖校区等，教育资源、商超、三甲医疗一应俱全，同时，规划有三横三纵双轨道（地铁8号线、9号线）立体交通路网。

成华区为成都市重点发展的“东进北改”区域，区域内北湖板块，拥有主城优质景资源。随着龙潭总部经济产业园不断发展，区域产业规划与内部资源整合，首钢蓉城里项目所在区位为北湖板块，占据三环主城优质地段，坐享北湖公园湖景资源，辐射成都理工大学商圈、龙潭总部经济等区域。

【品牌维度】

始建于1919年的首钢集团，目前已发展成跨行业、跨地区、跨所有制、跨国经营的，集房地产投资、开发、资产运营为一体的市场化房地产投资开发集团，拥有23家下属公司，管理资产总额达500亿元。

首钢地产项目遍布北京、河北、重庆、成都、贵阳、安徽、福建等地区，产品包括普通住宅、高档别墅、写字楼、星级酒店、公寓、商业地产等，市场知名度、信誉度和美誉度持续攀升。

【口碑维度】

首钢蓉城里是首钢地产入蓉首个项目。作为带给成都市民的“见面礼”，首钢地产对项目进行了为期两年的精细打造，产品上运用了“S型”点式布局，保证了前后无对视、大间距、私密性高、通风佳、采光好五大特性，提升居住舒适度。在小区内部及外部都进行了全局规划，将项目旁的水渠也一并改造，成为丰富业主生活的风景点，备受购房者的赞誉。项目凭借较高性价比以及精心的产品设计，一度成为网友喜爱的网红项目。

【产品维度】

首钢蓉城里规划景观园林打造，全龄配套布置，在归家动线上进行设置，制造归家仪式感，实现产品价值提升。整个项目由10栋高层组成，建筑面积为94~136平方米，为区域内稀缺清水房源。户型动静分区、干湿分离，赠送面积增强了空间实用性，最大约7米阔景横厅，增加会客空间。餐客厅一体设计，提升空间利用率，满足业主多样化需求。此外，项目还打造了约2600平方米的架空层泛会所，增加了业主的公共活动空间。

【销售维度】

首钢蓉城里在2019年5月初推出一批次508套房源，单价约1.3万元/平方米。案场数据显示，此次共吸引1570组客户参与摇号，开盘当日508套房源全部售完，去化率达100%。2019年7月，项目二批次房源迅速推出，共1232套清水住宅，同样开盘即售罄，广受好评。首钢蓉城里用热销为当下略冷的城北市场注入一股新的动力。

更多楼盘详情请扫码查看

新希望·D10天府

成都　精装平层　高端住宅　地标建筑

新希望·D10天府位于成都市锦江区锦东路，占地面积30409平方米，建筑面积约329022平方米，共计规划户数近1400户。

项目地址：
成都市锦江区锦东路

开发商：
成都新希望置业有限公司

建筑类型：
超高层

主力户型：
200~270平方米二居、三居、四居

周边配套：
春熙路、太古里，地铁2号线、6号线（在建）

参考价格：
约35000元/平方米

楼盘优势：
项目位于成都市锦江区一环边东大街之上，市中心地段，坐拥春熙路、太古里商圈，是新希望地产倾力打造的一座229米超高层地标项目。

专家点评 陈光·西南交通大学公共管理学院院长

新希望·D10天府在区域和产品维度两方面表现卓越，一环边东大街，地段稀缺；同时打造229米超高层地标建筑，200～500平方米精装大平层。由于地段和产品的稀缺性，项目具有城市价值和投资价值。

项目解析

【区域维度】

东大街是成都的金融CBD，素有“西部华尔街”之称，全世界最早纸币交子就诞生于此。在这样一个得天独厚的地理位置，新希望地产打造了229米高的地标住宅项目——新希望·D10天府，建筑面积200~500平方米户型，以均价约3.5万元/平方米的价格入市，成为成都高端住宅市场的典型之作。

【口碑维度】

凭借着雄厚的实力与品质，新希望·D10天府在行业内外均荣获良好口碑。2018年荣获华西都市报“中国（四川）城市地标大奖”、四川日报报业集团“四川城市优居楼盘”、成都摇号助手“年度标杆楼盘”等奖项。2019年荣获成都商报“高端杰作大奖”、成都购房通“卓越匠心楼盘”等奖项。在工程品质上，新希望·D10天府项目包揽了新希望地产2019年8次三方飞检的第一名，为新希望地产工程品质典型之作。

【品牌维度】

新希望集团由国内第一批民营企业家——来自四川的刘永好先生创立于1982年，经过30余年发展，已成为一家多元化、全球性的集团企业，业务涵盖食品制造、现代农牧业、地产、金融、投资等多板块，布局全球30多个国家和地区。2018年集团销售收入超过1300亿元，资产规模近2000亿元，连续17年名列“中国500强”前列，被誉为中国民营企业的“常青树”。

成立于1998年的新希望地产秉承“精致产品，绿色生活”的品牌理念，拥有21年的高端房地产开发经验，已形成高端豪宅、甲级写字楼、五星级酒店等多条产品线，业务覆盖西南城市群、环沪城市群、环渤海城市群等多个国内经济活跃区域。从2014年开始，新希望地产专心只做“中高端”住宅产品，在不断的产品迭代和品质升级中，收获了市场的高度认可，被行业冠以“改善型产品大师”的市场标签。新希望·D10天府项目为新希望地产唯一“天系”项目。

【产品维度】

新希望·D10天府项目，刻意改变传统大宅的生活方式，重新切割空间功能，在保证休息区面积的同时，将更多的空间留给了动区，打造出独特的城市云端会客厅理念。项目借鉴当今世界高端住宅的流行趋势，结合成都当地独特的日照气候条件及客群特点，打造出拥享282度城市景观的地标住宅项目，并利用高区优越的城市景观来打造本案独一无二的溢价点。同时，通过总图的布局、天际线的处理以及立面的精工设计，全方位打造本项目的城市地标性，也为新希望地产的高端产品线树立了典型。

住宅6梯4户的梯户比，促成了户户282°、长达30余米的全景落地窗视野，建筑面积200~270平方米的套二、套三、套四，更加彰显天际城市会客厅空间尺度。

【销售维度】

作为成都限价后出现的超高层大平层项目，新希望·D10天府2019年两次取证，均价约3.5万元/平方米，套均总价800万元的住宅90天成交近200次，在业内外引起高度关注。

更多楼盘详情请扫码查看

中国铁建·西派宸樾

2019年 中国城市楼盘年鉴 典型项目

成都 武侯新城 城市大户 街区豪宅

中国铁建·西派宸樾位于成都市武侯区来凤一路 249 号，占地面积 33333 平方米，建筑面积约 94999 平方米，共计规划 484 户。

项目地址：

成都市武侯区来凤一路 249 号

开发商：

成都欣然置业有限公司

建筑类型：

小高层

主力户型：

173 平方米、197 平方米四居，245 平方米五居

周边配套：

大悦城、万达广场、吾悦广场、地铁 3 号线

参考价格：

挂牌价 25300 元 / 平方米

楼盘优势：

项目地处武侯新城，成都高端豪宅板块之一。项目为 13 层小高层，建筑高度 41 米，是成都较为稀缺的小高层精装豪宅。

专家点评

胡正同·成都市房地产开发企业协会秘书长

武侯新城已发展成为武侯区政务集中的区域之一，中国铁建·西派宸樾项目在产品配置上，延续西派系产品的经典户型，围而不合的小区布局，融合东西方设计的园林，是成都购房者重点关注的项目之一。

项目解析

【区域维度】

中国铁建·西派宸樾位于成都市武侯新城，是成都高端豪宅板块之一，也是武侯区重点打造的政务中心板块，武侯新城的政治地位、经济发展和人才吸附都将迎来更大发展机遇。

武侯新城内有发达的三横四纵三地铁交通网络，配备包括大悦城、万达广场等在内的多个大型城市综合体，并享有丰富的全龄教育资源。

【口碑维度】

中国铁建·西派宸樾是西派系深耕武侯新城3年的升级之作，全部为13层小高层产品，建筑高度41米，是成都较为稀缺的小高层精装豪宅产品。

中国铁建·西派宸樾产品为精装大平层，主力推售170~380平方米城市大户；项目享有城市级的公园与武侯区政务中心等资源，保障业主生活便捷。

项目由香港贝尔高林有限公司设计及业务总顾问许大绚亲自带领团队参与设计，根据西派深度居家的产品特性，为中国铁建·西派宸樾打造独特的“一轴一带三庭双院”的互动式高端住宅水景园林景观。项目自持6万平方米两横一纵十字商业街，打造街区豪宅。

【品牌维度】

中国铁建地产隶属于“世界500强”企业——中国铁建，它是由国务院国有资产监督管理委员会管理、国资委授权从事房地产开发的特大型综合建设集团，获得中国建筑工程“鲁班奖”122项、“詹天佑土木工程大奖”101项，累计拥有专利8346项，并承建人民大会堂、青藏铁路、成昆铁路、上海磁悬浮列车等重大工程。

在房地产开发方面，中国铁建地产以为城市做贡献为己任，并逐步形成了西派系、原香系、梧桐系、广场系、国际系、山语系六大产品体系。

【产品维度】

在产品配置上，项目延续西派系产品的经典户型——173平方米、197平方米、245平方米四居、五居户型，正南北通透，大主卧套间设计，卧室采用大玻璃落地窗设计，长至12米的景观阳台，足以将外部景观引入室内，满足多胎家庭及代际居住的日常需求。中国铁建·西派宸樾主卧面积平均约30平方米，近3.8米的面宽，全落地双层中空LOW-E玻璃的设计隔音隔热，充分保证主卧的安静舒适。

建筑面积173平方米户型，采用了西派独有的宽景阳台设计，最大面宽约7.1米，将景观面随视觉的转移进行延伸，无论是横厅还是竖厅的设计，都提供了超30平方米的客餐厅空间。

室内精装则围绕西派系18大系统、90个细节、10项国家专利，优化为3.0精装体系。从基础的入户系统、起居系统、卫浴系统、到附加值提升的安防系统、智能家居系统、美学系统，精细到多个细部环节。

中国铁建·西派宸樾采用围而不合的小区布局，外立面采用现代简约的设计方式，更大的横向窗墙比，2T2户电梯独立入户，入户大厅也更加方正。

【销售维度】

据现场数据显示，作为中铁建西派系高端豪宅品牌，西派城自2016年起，实现了10次开盘10次售罄，单盘总销售额超百亿元的佳绩。

更多楼盘详情请扫码查看

中国铁建 · 西派澜岸

- 2019年 -
中国城市楼盘年鉴
典型项目

成都 天府一街 锦城湖畔 高端大户

中国铁建 · 西派澜岸位于成都市高新区天府一街 1566 号，占地面积约 94666.67 平方米，建筑面积约 270000 平方米，共计规划 1072 户。

项目地址：
成都市高新区天府一街 1566 号

开发商：
成都中铁建投资有限公司

建筑类型：
多层、高层、别墅

主力户型：
225 平方米四居、245~304 平方米别墅

周边配套：
环球中心、锦城湖、成都七中、泡桐树小学

参考价格：
精装高层 26619~29948 元 / 平方米、清水叠拼 38300~39998 元 / 平方米

楼盘优势：
项目位于成都市金融城核心居住区的纯大户高端住宅，是“西派系”中高端项目之一，225 平方米起的纯大户户型，圈层纯粹。位置优越，配套齐全。

专家点评

胡正南 · 成都市房地产开发企业协会秘书长

中国铁建 · 西派澜岸具有核心地段优势、优质配套资源以及圈层纯粹的产品性质，是区域内稀缺产品。「西派系」是中铁建的高端产品系列，在成都已呈现多个项目，早已形成了良好的口碑。

项目解析

【区域维度】

中国铁建 · 西派澜岸位于成都市金融城核心居住区、锦城湖畔生态走廊。金融城被定位为中央商务区、中央政务区、中央居住区。区域内有完备的五横五纵双地铁交通路网，配备包括环球中心、银泰城、伊藤洋华堂、世豪广场、奥克斯广场等在内的多个大型城市商业综合体，并享有包括金苹果幼儿园、宋庆龄国际幼儿园、泡桐树小学、蒙彼利埃小学、成都七中、石室中学、墨池书院等在内的全龄段教育资源，更有1600000平方米锦城湖、大源中央公园、桂溪公园等优质生态资源。

【口碑维度】

自2014年首批次开盘以来，项目就吸引了各方的关注，深受高端住宅市场喜爱。阔别三年，二期回归，再次吸引各界关注。中国铁建 · 西派澜岸优越的地段优势、配套资源以及圈层纯粹的产品特性，能够满足高端人群的居住需求，成为成都豪宅新典范。

【品牌维度】

中国铁建地产隶属于“世界500强”企业——中国铁建，它是由国务院国有资产监督管理委员会管理、授权从事房地产开发的特大型综合建设集团之一，获得中国建筑工程“鲁班奖”122项、“詹天佑土木工程大奖”101项、累计拥有专利8346项，并承建人民大会堂、青藏铁路、成昆铁路、上海磁悬浮列车等伟大工程。在房地产开发方面以为城市做贡献为己任，并逐步形成了西派系、原香系、梧桐系、广场系、国际系、山语系六大产品体系。其中西派系无论前期开发还是后期精装工艺，都真正做到将品质、底蕴、匠心融为一体。

【产品维度】

中国铁建 · 西派澜岸产品为观湖大平层和原创城市别墅，主力推售225平方米精装大平层和245~304平方米的清水原创别墅，产品门槛保证了业主圈层的纯粹；项目享有城市级的公园与金融城中央政务区等城市级资源，保障业主生活便捷及资产保值、增值的要求。中国铁建 · 西派澜岸是西派系继西派国际后产品升级的又一力作，最小面积225平方米，一梯两户、两梯两户电梯到户，是成都较为稀缺的纯大户精装豪宅产品。

项目采用经典Art Deco立面为主，运用石材与精致的工艺提升建筑立面的儒雅与高贵，强化细节的展现，如在单元入户门头用浮雕、雕花以及精致的建筑纹理，配合贝尔高林精心设计的园林，展现宫廷般的气质与尊贵。雅致、悠闲且具有活力的生活环境与整个建筑相得益彰，项目以独特的规划与精致的产品设计，成为城市高端豪宅典范。

【销售维度】

作为中国铁建西派系高端改善作品，由于产品特性与置业门槛的高度，项目2014年开盘以来一直都是区域标杆；2016~2019年，由于政策原因，项目未取得二期预售证，暂无销售数据。中国铁建 · 西派澜岸二期于2019年底取得预售证，再次走红。

更多楼盘详情请扫码查看

天津市

2019 年天津房地产市场总结

行业发展历程

一、城市概述

天津是中国四大直辖市之一，也是中国北方最大的开放城市和工商业城市、国务院批复确定的环渤海地区经济中心。截至 2018 年，全市下辖 16 个区，总面积 11916.85 平方千米，建成区面积 1007.91 平方千米，常住人口 1559.60 万人，城镇人口 1296.81 万人，城镇化率 83.15%。

作为中国首批实行对外开放的沿海城市之一，天津是一座充满活力、务实创新、具有开放性和包容性的海滨城市。天津在全国发展格局中地位重要，面临着京津冀协同发展、自贸试验区建设、国家自主创新示范区建设、滨海新区开发开放和“一带一路”建设等难得机遇，为城市发展创造了有利条件。国家对天津的城市发展定位是全国先进制造研发基地、北方国际航运核心区、金融创新运营示范区、改革开放先行区。

二、行业现状

在“房住不炒”及“稳地价、稳房价、稳预期”的主基调下，天津房地产市场很难再现大涨大跌的行情，支持刚性需求，抑制投资需求将会保持常态，所以，刚需购房者可以消除疑虑，根据自身需求选择性入市购房。

三、土地市场

根据克而瑞数据，2019 年天津土地市场成交总价合计约 1357 亿元，同比 2018 年涨幅达 28%。天津年度土地出让收入在连续两年下降后强势反弹，几乎追平 2016 年的历史极值（1389 亿元）；成交占地面积也同样结束‘两连降”，回升至约 2354 万平方米，涨幅同比约 20%。在土地成交中占主要比重的各类经营性用地（住宅、商服类）2019 年成交逾 180 宗，总价合计约 1280 亿元。

四、房企布局

总的来看，2019 年天津土地供应相较前两年大幅放量，但从大的时间维度上还不算特别突出。受规划方向、轨道基建等影响，区域、板块间分化加剧，房企布局储备用地更加多元化，其中以远郊和环城较远片区置地最为明显。

城市年度市场解

一、本地新政

2019 年以来，天津推出了一系列稳控房地产市场的重要举措。

针对群众改善居住环境、提升居住品质的需求，通过优化政策设计，鼓励和引导房地产企业开发设计更高品质的产品，提供更优质的服务；持续加强房地产市场监管，对个别房地产开发企业违法违规行为高压严查，坚决维护人民群众权益；规范住房租赁市场发展，多渠道筹集长期租赁住房，稳定住房租金水平，持续规范住房租赁企业和中介机构经营行为；大力推进产业人才安居工作，出台针对特定人才及产业职工购买首套自住用房的支持政策，促进人才“引得进”“留得住”，服务人才安居和全市经济社会高质量发展。

同时，住房信贷政策保持稳定，金融监管部门指导各商业银行及公积金管理部门，不断优化服务保障，提高贷款审批效率，为刚性、改善型需求购房贷款提供了充足额度。

天津出台这些举措，对净化市场环境、促进预期稳定、服务经济发展起到了显著作用。从趋势预判角度看，天津住房市场成交在逐步放量，2019年全年的商品房成交额在2197亿元左右，同比2018年有11%左右的增长，未来市场呈现稳中向好的态势。

二、年度土地成交

2019年，天津土地总价纪录为47.5亿元，是由融创在南开区凌庄子摘下的宅地（南开宸院）。成交楼面价纪录同样也为融创获得，即西青区紫金山路2019-099号宗地（梅江壹号院），该地块以底价成交，楼板价约28943元/平方米。

值得注意的是，无论从总价还是单价角度衡量，2019年天津商住用地价格整体仍然保持了自2017年实行最高限价调控以来的稳定水平。总价榜超22亿元即可入围年度前十，单价榜TOP10门槛更是降低到15000元/平方米，远远低于2016年、2017年历史水平。

而2019年度，天津最为核心的市内六区共成交7宗宅地，其中河北区最多，共计成交3宗，其余河西、河东、南开、红桥各成交1宗，和平区已连续两年无新地块供应成交。

三、年度住宅成交

2019年，天津新建商品住宅市场最终以1394万平方米、12.8万套、2197亿元的销售成绩落幕。成交量、成交金额均环比上涨11%~12%；而全市均价15766元/平方米，保持了稳定平衡。

四、房企成交排行

房企表现上，克而瑞统计数据显示，2019年天津房企销售金额榜榜首为183.9亿元，前十门槛为63.9亿元；销售面积榜榜首为100.3万平方米，前十门槛为45.6万平方米。与2018年相比，榜首和门槛数值均有所提升。

在年度房企销售金额榜上，融创、万科、远洋、金地、碧桂园名列前五位，新房流量金额均在100亿元以上。

在年度房企销售面积榜上，排在前五位的是融创、碧桂园、新城、远洋和万科，TOP5门槛流量面积为64.6万平方米。

五、项目成交分析

2019年，融创无论在拿地上还是销售上都处于强势领跑地位。住宅方面，以融创臻园为代表的北辰多个楼盘销售强劲，东丽和津南分别有融创城和融创星耀五洲以及货值较高的市区项目南开宸院。

万科同样多盘联动，以万科滨海大都会为首，以万科西庐、西华府、锦庐和万科紫台等西青项目为重心。碧桂园、新城都属于在滨海和远郊布局广泛的典型房企；远洋、金地销售业绩并驾齐驱，核心代表项目分别是北部销冠未来城和南部销冠金地艺墅家。

随着合作项目的增多，房企销售统计也变得越来越复杂。而据统计数据，虽然2019年有大量纯新盘入市，但房企的销售业绩仍主要依靠2019年之前开盘的项目拉动。

总的来说，目前行业保持长期平稳发展的市场环境已趋于明朗，预计2020年企业整体规模增长将继续维持稳中有升，房企内部的激烈竞争和分化格局也将延续。受政策影响，开发运营需要更加精细化、专业化，多方向调整，加快销售及谨慎拿地成为房企生存关键。

六、未来展望

展望2020，楼市基本会坚持一个“稳”字。随着京津冀协同发展深入推进以及天津出台的引才、引企、引项目系列政策加速落地，产业和随迁人口加速到来，天津未来发展机遇会更多，但是对于房地产发展的要求也会更高。相信未来的房企在对市场与政策把握的基础上，战略思路会更成熟，业绩发展也会更好。

数据来源：克而瑞。

2019年天津房地产在售楼盘概览

楼盘名称	城市名称	城区	地址	物业类型
招商津湾天玺	天津	和平区	和平区赤峰道8号	普通住宅
中核阅和平	天津	和平区	和平区多伦道与陕西路交叉口	普通住宅
四季汇	天津	和平区	和平区赤峰道138号	公寓
和平翰林公馆	天津	和平区	和平区滨江道与南京路交叉口	普通住宅
融创星河和平印	天津	和平区	和平区南京路与鞍山道交叉口	公寓
泰安道壹公馆	天津	和平区	和平区太原道与解放北路交叉口东50米	公寓
奕聪花园	天津	南开区	南开区红旗南路快速路北侧、彩虹花园东侧	公寓、别墅
融创中心	天津	南开区	南开区红旗南路与保泽道交叉口	普通住宅、公寓
鲁能公馆	天津	南开区	南开区水上公园畔天塔道	普通住宅
天房天拖三期	天津	南开区	南开区天拖北道与华坪路交叉口	普通住宅
南开1911	天津	南开区	南开区黄河道北侧（咸阳路地铁站I口旁）	普通住宅
融创181	天津	南开区	南开区卫津南路与霞光道交叉口	普通住宅
阳光100喜马拉雅(天津)	天津	南开区	南开区红旗路与楚雄道交叉口	公寓
南开悦玺	天津	南开区	南开区红旗路与墙子河西路交叉口	普通住宅
阳光100天塔喜马拉雅	天津	南开区	南开区卫津南路与天塔道交叉口西南侧	普通住宅、公寓
中交海河公馆	天津	南开区	南开区东马路与北马路交叉口	公寓
天房崇德园三期	天津	南开区	南开区水上西路与宾水西道交叉口	普通住宅
正荣紫阙	天津	南开区	南开区黄河道与红旗路交叉口东南侧	普通住宅
保利云禧	天津	南开区	南开区迎水道99号	普通住宅
南开宸院	天津	南开区	南开区凌宾路地铁B口西侧直线500米	普通住宅
金地阅千峰	天津	南开区	南开区卫津路与双峰道交叉口西南侧	普通住宅
中冶盛世国际广场	天津	河西区	河西区大沽南路与洪泽路交叉口	普通住宅、公寓
新梅江锦秀里	天津	河西区	河西区解放南路东侧沂山路与渌水道交叉口	普通住宅
北大资源阅城	天津	河西区	河西区黑牛城道与洪南路交叉口东侧	普通住宅、公寓
天房六合国际	天津	河西区	河西区大沽南路陈塘庄地铁站南	普通住宅、公寓、别墅

楼盘名称	城市名称	城区	地址	物业类型
格调绮园	天津	河西区	河西区黑牛城道与太湖路交叉口	普通住宅、公寓
天物郁江溪岸	天津	河西区	河西区解放南路与郁江道交叉口东侧	普通住宅、公寓
中海学府公馆	天津	河西区	河西区黑牛城道与洞庭路交叉口	公寓
天房丽山	天津	河西区	河西区台儿庄路与海津大桥交叉口	普通住宅
仁恒公园世纪	天津	河西区	河西区新梅江居住区内浯水道与洞庭路交叉口	普通住宅
北大资源阅公馆	天津	河西区	河西区黑牛城道与洪泽南路交叉口东南侧	公寓
江南邑	天津	河西区	河西区梅江郁江道与彭泽道交叉口东南侧（建筑工程学校旁）	普通住宅
天地源熙樾台	天津	河西区	河西区解放南路与郁江道交叉口东北侧	普通住宅
海景文苑	天津	河西区	河西区台儿庄南路与古海道交叉口	普通住宅
御江台	天津	河西区	河西区解放南路浯水道与沂山路交叉口	普通住宅
绿城·诚园	天津	河西区	河西区东江道与春海路交叉口	普通住宅
宾西路5号	天津	河西区	河西区位于河西区叠彩道	普通住宅
恒大帝景	天津	河东区	河东区海河东路与昆仑路快速路交叉口西侧	普通住宅
招商雍景湾	天津	河东区	河东区海河东路与海津大桥交叉口东侧	普通住宅
融科瀚棠	天津	河东区	河东区月牙河与昆仑路交叉口、河东文化公园旁	普通住宅
路劲太阳城	天津	河东区	河东区龙山道与天山北路交叉口	普通住宅
富豪新开门	天津	河东区	河东区新开路与卫国道交叉口（河东行政许可中心对面）	普通住宅
海河金茂府	天津	河东区	河东区海河东路与十三经路交叉口	普通住宅
天房万欣城	天津	河东区	河东区津滨大道与顺达路交叉口东侧	普通住宅
中建悦府	天津	河东区	河东区津塘路与北十五经路交叉口东北侧	普通住宅
中储正荣栋境	天津	河东区	河东区爱琴海旁、河东成熟商圈、中环线	普通住宅
雍鑫雍祥园	天津	河东区	河东区万东路60号	普通住宅
中海·城市广场·钻石湾	天津	河东区	河东区海河东路与十一经路交叉口(利顺德码头对岸）	普通住宅

楼盘名称	城市名称	城区	地址	物业类型
凯旋门	天津	河东区	河东区中山门昆仑路与津塘公路交叉口（快速路环线）东北侧	普通住宅
富海公馆	天津	河北区	河北区中山路与日纬路交叉口北侧	公寓
诺德中心	天津	河北区	河北区律纬路与五马路交叉口处	普通住宅
中国铁建国际城	天津	河北区	河北区金钟河大街与红波路交叉口月牙河东畔	普通住宅、别墅
旺海公府	天津	河北区	河北区海河东路与狮子林大街交叉口	普通住宅
财富绿道丹庭	天津	河北区	河北区南口路与喜峰道交叉口	普通住宅
天房北宁公元	天津	河北区	河北区思源路与育红路交叉口	普通住宅
天房天泰	天津	河北区	河北区天泰路 696 号	普通住宅、公寓
天房中山路	天津	河北区	河北区中山北路与养鱼池路交叉口	普通住宅
旺海海河源筑	天津	河北区	河北区海河东路与狮子林大街交叉口	公寓
首创大河公馆	天津	河北区	河北区天泰路与津浦北路交叉口西侧 400 米	公寓
中国铁建公馆 189	天津	河北区	河北区金钟河大街与中环线交叉口	公寓
中冶德贤华府	天津	河北区	河北区天泰路和津浦北路交叉口西侧	普通住宅
首创天阅海河	天津	河北区	河北区津浦北路与富堤路交叉口	普通住宅、公寓
中国铁建西派国印	天津	河北区	河北区金钟河大街与万柳村大街交叉口	普通住宅
中国铁建花语津郡	天津	河北区	河北区群芳路与靖江北路交叉口东北侧	普通住宅
和融广场·悦湾河畔	天津	河北区	河北区胜利路与兴隆街交叉口	公寓
泰达城河与海	天津	红桥区	红桥区西青道与河北大街交叉口	普通住宅
北岸中心	天津	红桥区	红桥区光荣道与咸阳北路交叉口西北侧	普通住宅
惠灵顿国际社区海上花苑二期	天津	红桥区	红桥区大丰路与小伙巷交叉口	普通住宅
公元大观	天津	红桥区	红桥区本溪路与纪念馆路交叉口	普通住宅
朝阳领御	天津	红桥区	红桥区红旗路与邵公庄大街交叉口	普通住宅
红桥·九和府	天津	红桥区	红桥区双环路与佳宁道交叉口西北侧	普通住宅
首创禧瑞府	天津	红桥区	红桥区西青道与团结路交叉口东北侧	普通住宅
金隅悦城	天津	东丽区	东丽区津滨大道南侧登州南路与惠山道交叉口（滨海耀华中学旁）	普通住宅、别墅
新业御园	天津	东丽区	东丽区地铁 9 号线东丽开发区站南侧（新业广场旁）	普通住宅
华侨城天鹅堡·观筑	天津	东丽区	东丽区东丽湖路以西、东丽之光大道以南	普通住宅
恒大名都	天津	东丽区	东丽区津汉公路二号桥东华明新家园	普通住宅
橡树湾	天津	东丽区	东丽区华明镇弘程大道与杨北公路交叉口	普通住宅、别墅
天房锦园	天津	东丽区	东丽区津汉公路二号桥东空港配套生活区华明新家园内	别墅
松江东湖小镇	天津	东丽区	东丽区东丽湖旅游度假区东丽大道北侧	普通住宅
万科民和巷	天津	东丽区	东丽区津塘公路与外环线交叉口	普通住宅
北大资源阅府	天津	东丽区	东丽区大道与景福路交叉口	普通住宅、别墅
大唐印象	天津	东丽区	东丽区津汉公路与北杨线交叉口北侧华明新城	普通住宅、别墅
融创城	天津	东丽区	东丽区津滨大道与方正道交叉口	普通住宅
三源英华郡	天津	东丽区	东丽区东丽湖东丽大道	普通住宅、别墅
金融街听湖小镇	天津	东丽区	东丽区东丽湖路与智景东道交叉口西行 600 米	普通住宅
华侨城纯水岸·锦里	天津	东丽区	东丽区东丽湖旅游度假区	普通住宅、别墅
兰栖墅	天津	东丽区	东丽区空港二号桥附近、赤海路与津汉公路交叉口	别墅
融创融园	天津	东丽区	东丽区津滨大道与雪山路交叉口西北侧	普通住宅
上东金茂悦	天津	东丽区	东丽区卫国道再生新道与远山路交叉口	普通住宅
上东金茂府	天津	东丽区	东丽区万达东津滨大道与雪山路交叉口（东北侧）	普通住宅
鲲栖府	天津	东丽区	东丽区华明镇弘贯大道与祥云路交叉口	普通住宅
金融街碧桂园熙湖台	天津	东丽区	东丽区东至光争路、西至光达路、南至星灿道、北至智景东道	普通住宅、别墅
万科东郡	天津	东丽区	东丽区程新道与先山路交叉口	普通住宅
天安象屿智慧城	天津	东丽区	东丽区津汉公路二号桥与三号桥之间北侧	普通住宅
世纪公馆	天津	东丽区	东丽区东丽湖度假旅游区、东丽湖东丽大道与丽园路交叉口（世纪公馆体验中心）	普通住宅、别墅
新城悦隽公元	天津	东丽区	东丽区军粮城六街与兴业路交叉口（刘台小学西侧）	普通住宅

楼盘名称	城市名称	城区	地址	物业类型
实地·蔷薇国际	天津	东丽区	东丽区军粮城示范镇富锦路以西、北旺道以南	普通住宅
中建锦绣丽城	天津	东丽区	东丽区思源东路与金丽道交叉口向南 500 米处	普通住宅
金地悦城大境	天津	东丽区	东丽区空港经济区中央大道与东七路交叉口东行 500 米	普通住宅
澜悦	天津	东丽区	东丽区津塘公路与富安路交叉口（新立轻轨站旁）	普通住宅
富力又一城	天津	津南区	津南区大道与东沽路交叉口西南侧	普通住宅、公寓、别墅
天地源欧筑	天津	津南区	津南区福惠道北闸口第二小学东侧	普通住宅
福晟钱隆学府	天津	津南区	津南区北闸口镇津岐公路东侧（近咸水沽）	普通住宅
天山龙玺	天津	津南区	津南区小站镇津歧公路与盛塘路交会处东行 1000 米	普通住宅、别墅、政策房
象博豪庭	天津	津南区	津南区外环线与微山路交叉口、沿外环辅路向东 800 米	普通住宅
首创禧悦汇	天津	津南区	津南区梨双路与领世路交叉口	公寓
津门熙湖	天津	津南区	津南区小站镇米立方北侧 200 米	普通住宅
世茂璀璨公园	天津	津南区	津南区咸水沽镇界河路（月坛海鲜城对面）	普通住宅、别墅
南园	天津	津南区	津南区津港公路与科技大道交叉口西南侧	普通住宅、别墅
首创悦山郡	天津	津南区	津南区津沽路与鑫怡路交叉口北行 400 米	普通住宅
鲁能泰山 7 号	天津	津南区	津南区海河教育园区同心路与雅润路交叉口西南侧	普通住宅
京基三十八栋	天津	津南区	津南区解放南路延长线津港公路与岭域路交叉口（京基高尔夫俱乐部内）	普通住宅、别墅
沽上江南	天津	津南区	津南区咸水沽红旗路以东建国大街以北	普通住宅
首创禧悦公馆	天津	津南区	津南区领世路与梨双公路交叉口	公寓
仁恒海和院	天津	津南区	津南区雅润路与同德路交叉口	普通住宅
蓝光雍锦香颂	天津	津南区	津南区天津大道与四里沽路交叉口	普通住宅、别墅
天悦风华	天津	津南区	津南区海河教育园区雅馨路与同砚路交叉口东侧	普通住宅
龙湖紫宸	天津	津南区	津南区南环路咸水沽镇政府旁	普通住宅
大唐盛世	天津	津南区	津南区八里台镇天嘉湖大道东侧	普通住宅、别墅
恒大悦府	天津	津南区	津南区二八线与津南环线交会处	普通住宅
融创星耀五洲	天津	津南区	津南区八里台镇天嘉湖大道	普通住宅、别墅
天地源叠璟院	天津	津南区	津南区福惠道与建营路交叉口	普通住宅、别墅
京基岭墅	天津	津南区	津南区解放南路延长线津港公路与岭域路交叉口	普通住宅、别墅
中海国际公园城	天津	津南区	津南区天嘉湖大道西侧	普通住宅
中海湖与墅	天津	津南区	津南区天嘉湖大道西侧	普通住宅、别墅
雅居乐御宾府	天津	津南区	津南区雅润路与泰明路交叉口	普通住宅
津海云著	天津	津南区	津南区北闸口板块宣惠道与右营路交叉口	普通住宅、别墅
景瑞翰邻	天津	津南区	津南区海河教育园区泰明路与雅馨路交叉口东南侧	普通住宅
公园里	天津	津南区	津南区解放南路延长线津港公路旁（建鑫城南侧）	普通住宅
华远景瑞·海蓝城	天津	津南区	津南区咸水沽南华路津南实验小学东行 400 米	普通住宅
和泓·葛沽湾·首府	天津	津南区	津南区葛沽福滨路与津沽公路交叉口	普通住宅
路劲赞成	天津	津南区	津南区海教园津沽公路与雅言路交叉口	普通住宅
新城和兴府	天津	津南区	津南区咸水沽津沽大街与丰收路交叉口西侧	普通住宅
蓝光芙蓉公馆	天津	津南区	津南区小站镇津岐公路与昌盛路交叉口	普通住宅
雅居乐御宾府·雅玥	天津	津南区	津南区海教园区雅泽路与津沽路交叉口	普通住宅
阳光城·文澜府	天津	津南区	津南区海河教育园区和慧南路与同声路交叉口	普通住宅
首创禧悦翠庭	天津	津南区	津南区永旺梦乐城向北约 500 米（鑫怡路与建明道交叉口向东约 50 米）	普通住宅
锦绣大家	天津	津南区	津南区海河教育园区雅馨路与同德路交叉口	普通住宅
中海锦城	天津	津南区	津南区海河教育园区瑞明路北侧	普通住宅
天安珑园	天津	西青区	西青区赛达大道与柳口路交会处	普通住宅、别墅
中交樾公馆	天津	西青区	西青区张家窝镇京福支线与辛老路交叉口以南	普通住宅、别墅
富国高银	天津	西青区	西青区滨海高新区华苑产业区海泰东西大街与内环北路交叉口	普通住宅
国兴融泰城	天津	西青区	西青区津涞公路与秀川路交叉口南行 100 米	普通住宅
天房领世郡	天津	西青区	西青区洞庭路与外环线交叉口东南侧	普通住宅、别墅

楼盘名称	城市名称	城区	地址	物业类型
格调松间	天津	西青区	西青区华苑旁迎水道延长线以南	普通住宅
融侨观澜	天津	西青区	西青区卫津南路与凤展道交叉口	普通住宅
美墅金岛	天津	西青区	西青区梅江南上岛西路1号	普通住宅
社会山西苑	天津	西青区	西青区张家窝镇祥和大道181号（南站西侧600米处）	普通住宅、别墅
中骏雍景府	天津	西青区	西青区京福支线与枫雅道交叉口西800米	普通住宅、别墅
富力津门湖	天津	西青区	西青区绥江道与江湾路交叉口	普通住宅、别墅
万科翡翠大道	天津	西青区	西青区宾水西道延长线南、地铁3号线杨伍庄站旁	普通住宅
格调平园	天津	西青区	西青区友谊南路梅江会展中心西侧	普通住宅
蓝光雍锦半岛	天津	西青区	西青区杨柳青高尔夫球场内	别墅
金地艺墅家	天津	西青区	西青区宾水西道与工一号路交叉口以南	普通住宅
融侨方圆	天津	西青区	西青区张家窝镇枫雅道北侧	普通住宅
翡翠嘉和	天津	西青区	西青区项目南至御河道、西至星光路、北至现状空地、东至曦霞路	普通住宅
融侨阳光城·皓玥	天津	西青区	西青区张家窝镇枫雅道以北	普通住宅、别墅
万科西华府	天津	西青区	西青区海泰南北大街城建大学旁（北侧）	普通住宅
锦庐	天津	西青区	西青区津涞公路与外环西路交叉口西南侧	普通住宅
万科西庐	天津	西青区	西青区津涞公路与工一号路交叉口南侧	普通住宅
龙湖首创禧瑞郦城	天津	西青区	西青区中北镇阜锦道与金霞路交叉口西北侧	普通住宅
艺英里	天津	西青区	西青区津涞公路与秀川路交叉口秀川路南行800米	普通住宅
卓越云门	天津	西青区	西青区精武镇纬华道与国兴路交叉口	普通住宅
中北祥云	天津	西青区	西青区中北镇卉锦道与星光路交叉口	普通住宅
中骏宸景湾	天津	西青区	西青区中北镇京福路与南运河交叉口西南角处	普通住宅
联发锦里	天津	西青区	西青区宾水西道延长线	普通住宅
万科紫台	天津	西青区	西青区迎水道沿线（迎水道与迎水南路交叉口）	普通住宅
梅江壹号院	天津	西青区	西青区梅江西路与郁江西道交叉口	普通住宅
华侨城碧桂园天境	天津	西青区	西青区迎水南路与津涞路交叉口	普通住宅
美的旭辉翰悦府	天津	西青区	西青区宾水西道与学府东路交叉口	普通住宅
津门正荣府	天津	西青区	西青区南站西侧雪莲路与嘉泰道交会处	普通住宅
招商公园1872	天津	西青区	西青区枫静路与嘉泰道交叉口	普通住宅、别墅
林溪小镇	天津	北辰区	北辰区西青道与一经路交叉口	别墅
金侨宸公馆	天津	北辰区	北辰区高峰路与南仓道交叉口（原天重机柱厂旧址）	普通住宅
天房璟悦府	天津	北辰区	北辰区北辰道北侧（刘园地铁站西行600米）	普通住宅
正荣府	天津	北辰区	北辰区淮东路与潞江东路交叉口（现北辰车管所南侧）	普通住宅
恒大御景湾	天津	北辰区	北辰区东纵快速（普东路）与西北半环快速（淮河道）交叉口东北侧	普通住宅
中储城邦	天津	北辰区	北辰区南仓道以南朝阳路以西	普通住宅、别墅
融创御园	天津	北辰区	北辰区北辰道与朝阳路交叉口	普通住宅
路劲隽澜湾	天津	北辰区	北辰区辰昌道延长线（津保高速）东侧	普通住宅
新城樾风华	天津	北辰区	北辰区津围公路地铁三号线丰产河站北行1.6公里	普通住宅
融创臻园	天津	北辰区	北辰区淮东路和辽河北道交叉口	普通住宅
阳光城翡丽公园	天津	北辰区	北辰区九园公路南侧永进道与丁河路交叉口	普通住宅、别墅
昆仑御	天津	北辰区	北辰区龙门东道与朝阳路交叉口	普通住宅
成宁府	天津	北辰区	北辰区志成道辅路与津围路交叉口（向东前行300米	普通住宅
未来城	天津	北辰区	北辰区宜兴埠地铁三号线（宜兴埠站）北侧	普通住宅
龙洲道188号	天津	北辰区	北辰区北辰道–2号	普通住宅
雍祥府	天津	北辰区	北辰区朝阳路与天重道交叉口	普通住宅
绿地·新里栖湖公馆	天津	北辰区	北辰区民安路与永进道交叉口	普通住宅
大运河府	天津	北辰区	北辰区北辰道与辰永路交叉口	普通住宅
星河国际	天津	北辰区	北辰区沁河中道与淮东路交叉口西侧（铁东北路与云运道交叉口东行500米）	普通住宅
融创璟园	天津	北辰区	北辰区铁东北路与天运道交叉口	普通住宅
融创津宸壹号	天津	北辰区	北辰区北辰东道与当梅路交叉口	普通住宅

楼盘名称	城市名称	城区	地址	物业类型
融创运河宸院	天津	北辰区	北辰区京津公路与九园公路交叉口西北侧	普通住宅
中梁津门首府	天津	北辰区	北辰区永兴道与义安路交叉口	普通住宅
金辉中环云著	天津	北辰区	北辰区宏図路与翠涛道交叉口	普通住宅
盛耀悦公馆	天津	北辰区	北辰区双川道与双辰中路交叉口（地铁 5 号线北辰科技园北站）	普通住宅
新城悦隽风华	天津	北辰区	北辰区永兴道永康道交叉口	普通住宅
碧桂园中骏天寰	天津	北辰区	北辰区淮东路与沁河中道交叉口东侧	普通住宅
绿地新里北苑	天津	北辰区	北辰区潞江东路西侧	普通住宅
北宸正荣府	天津	北辰区	北辰区淮东路与潞江东路交叉口（现北辰车管所南侧）	普通住宅
碧桂园中心天宸	天津	北辰区	北辰区铁东北路与龙门东道交叉口	普通住宅
翡翠半岛	天津	武清区	武清区开发区京津二线与翠亨路交会处西侧	普通住宅
恒大山水城	天津	武清区	武清区龙凤新城大东线北	普通住宅、别墅
首创多维时光	天津	武清区	武清区高村乡京津高速永乐站收费口前行 300 米	普通住宅、别墅
绿洲湾 8 号	天津	武清区	武清区泗村店东出口往西 1800 米	别墅
和骏新家园	天津	武清区	武清区东马圈镇政府西侧	普通住宅
亿博香墅里	天津	武清区	武清区京福公路北侧（京沪高速西武清西出口西行 200 米）	别墅
通泰香滨城	天津	武清区	武清区新城京津公路西侧、规划富民道北侧观湖花园	普通住宅
御溪苑	天津	武清区	武清区下朱庄街广贤路西侧	普通住宅
经纬城市绿洲武清二期	天津	武清区	武清区新开路东侧与雍和道（杨村一中新址南侧）	普通住宅、别墅
尚港华府	天津	武清区	武清区汉沽港高王璐东侧	普通住宅
万城聚豪	天津	武清区	武清区京津公路沿线嘉河道 123 号	别墅
鑫苑汤泉世家	天津	武清区	武清区龙凤新城大东路北侧	普通住宅、别墅
泰合府	天津	武清区	武清区翠亨路与泉水道交叉口	普通住宅
碧桂园莫奈的湖	天津	武清区	武清区梅上新区杨六路东段碧桂园莫奈的湖销售中心	普通住宅
北新玉龙湾	天津	武清区	武清区开源道与新兴路交叉口	普通住宅、别墅
御河雍阳公馆	天津	武清区	武清区北运河与武宁路交叉口	普通住宅
永泰半岛	天津	武清区	武清区武宁路与杨崔公路交会处北侧	普通住宅、别墅

楼盘名称	城市名称	城区	地址	物业类型
碧桂园云河上院	天津	武清区	武清区南东线与龙凤新河交叉口东侧	普通住宅
碧桂园听湖	天津	武清区	武清区下朱庄镇天和路与于庄道交叉口	普通住宅、别墅
泉上文华	天津	武清区	武清区泉水道与泉尚路交叉口南行 500 米	普通住宅
荔城玉锦园	天津	武清区	武清区新城强国道南侧（佛罗伦萨小镇西侧）	普通住宅
金科博翠湾	天津	武清区	武清区泉雅道与滨河道交叉口	普通住宅
隽悦府	天津	武清区	武清区泉京路与泉雅道交叉口	普通住宅
新城梧桐公馆	天津	武清区	武清区京津公路与嘉静道交叉口东行 100 米	普通住宅
众美南湖湾	天津	武清区	武清区天和路与藕甸道交叉口西南侧	普通住宅
花样年家天下	天津	武清区	武清区南湖风景区天和路和农于道交叉口	普通住宅、别墅
世茂国风雅颂	天津	武清区	武清区黄庄街滨河道	普通住宅
京汉云湖间	天津	武清区	武清区南湖风景区环湖路西侧	普通住宅
碧桂园云河park	天津	武清区	武清区翠亨路与旺源道交叉口（大学城东侧）	公寓
富兴玺园	天津	武清区	武清区下朱庄广贤路西侧 100 米	普通住宅
奥园誉雍府	天津	武清区	武清区杨北公路以北团结路以西	普通住宅
和泰园	天津	武清区	武清区陈咀镇	普通住宅、公寓
新华联悦澜湾	天津	武清区	武清区黄庄街泉尚路东侧	普通住宅
富兴领寓	天津	武清区	武清区下朱庄街广贤路东侧	公寓宝坻区
碧桂园大都汇	天津	武清区	武清区武清开发区前进道与泉州路交会处	建筑综合体
龙湖春江郦城	天津	武清区	武清区友谊商厦对面	普通住宅
恒大翡翠湾	天津	武清区	武清区天和路与郎庄子道交叉口	普通住宅
亿博棠樾府	天津	武清区	武清区河西务镇十八纬路（颐欣园旁）	普通住宅
亚泰澜月中心	天津	武清区	武清区黄庄街道中央水城泉尚路南侧	普通住宅、别墅
金融街金悦府	天津	武清区	武清区黄庄街泉京路与泉尚路交会处	普通住宅、别墅
悦光年	天津	武清区	武清区前进道商圈新城雍阳西道南侧（距佛罗伦萨小镇 1000 米）	公寓
香雍玖和	天津	武清区	武清区光明道与新兴路交叉口	普通住宅
碧桂园云湖	天津	武清区	武清区南湖风景区津武路西侧	普通住宅

楼盘名称	城市名称	城区	地址	物业类型
雍鑫金科集美雍阳	天津	武清区	武清区雍阳西道与新安路交叉口（雍鑫红星华府南侧）	普通住宅
京能雍清丽苑	天津	武清区	武清区杨村一中西侧	普通住宅
梧桐大道	天津	武清区	武清区南湖风景区天和路东侧	普通住宅
新城悦隽央著	天津	武清区	武清区雍和道与新安路交叉口西南侧	普通住宅
花样年锦上花	天津	武清区	武清区南湖风景区天和路一五间房道交叉口（南湖 2 号门前 200 米）	普通住宅
天地源 · 熙湖畔	天津	武清区	武清区天和路与藕甸道交叉口	普通住宅
东旭心屿湖	天津	武清区	武清区高村京津高速牛镇收费站南100 米	普通住宅
御湖庄园	天津	武清区	武清区建设南路水城规划展览馆	普通住宅、别墅
林奇郡中心城	天津	静海区	静海区团泊湖津王公路和中央大道交叉口西北侧	别墅
金地长湖湾	天津	静海区	静海区团泊新城津王公路温泉酒店西行 200 米	别墅
融创伍杆岛	天津	静海区	静海区团泊湖东区中央大道与泽水北路交叉口	别墅
平墅华府	天津	静海区	静海区县东兴道与静王公路交叉口	普通住宅
富力新城	天津	静海区	静海区团泊湖东区仁爱西道与泽水北路交叉口	普通住宅、别墅
合恒香醍名邸	天津	静海区	静海区团泊新城（西区）团泊大桥西侧	普通住宅、别墅
招商果岭	天津	静海区	静海区团泊新城津王公路旁松江团泊湖高尔夫球会内	普通住宅、别墅
天房光合谷泊雅苑	天津	静海区	静海区团泊新城天房南路与光合谷旅游度假区交会处	普通住宅、别墅
中骏云景台	天津	静海区	静海区团泊新城光合谷公园南侧	普通住宅
金科天湖	天津	静海区	静海区团泊新城健康产业园体育大道与常海道交叉口	普通住宅、别墅
中昂安纳西小镇	天津	静海区	静海区团泊新城西区东海道东侧、盛湖路北侧	普通住宅
鸿坤理想城	天津	静海区	静海区团泊东区仁爱大道与汉水道交叉口	别墅
星河领御	天津	静海区	静海区团泊东仁爱东路与天房北路交叉口	普通住宅
合盛嘉园	天津	静海区	静海区中旺镇政府以南	普通住宅
荣盛锦绣学府	天津	静海区	静海区团泊新城西区健康大道与盛湖路交叉口	普通住宅
绿地海域香颂	天津	静海区	静海区团泊新城津王公路东侧仁爱学院南侧	普通住宅、别墅

楼盘名称	城市名称	城区	地址	物业类型
愉景城	天津	静海区	静海区团泊新城西区团泊大道东侧、北至北堤北侧	普通住宅
绿城桃李春风	天津	静海区	静海区团泊新城西区[illegible]北路	普通住宅
奥体公元 101	天津	静海区	静海区团泊新城西区健康大道与体育大道交叉口	普通住宅
融信西海岸	天津	静海区	静海区团泊新城东区仁爱西道与泽水北路交叉口	普通住宅、别墅
新湖美丽洲	天津	静海区	静海区团泊新城西区团泊大道西侧[illegible]北侧	普通住宅、别墅
海熙府	天津	静海区	静海区团泊新城西区团泊大道西侧、健康大道以西、巢湖路以北	普通住宅、别墅
百仁公馆	天津	静海区	静海区国际商贸物流园内、紧邻津沧高速收费站	公寓
六和茗著	天津	静海区	静海区团泊西区东[illegible]道与巢湖路交叉口	普通住宅
福晟公元乐府	天津	静海区	静海区团泊新城东区[illegible]江道东侧	普通住宅
基业 · 世璟	天津	静海区	静海区团泊西区网球中心南侧、[illegible]道东侧	普通住宅
筑境	天津	静海区	静海区静海新城春晖道与宙纬路交叉口	普通住宅
碧桂园丽泽府	天津	静海区	静海区团泊新城东区仁爱大道与清水河路交叉口以西 10 米	普通住宅、别墅
绿城春熙明月	天津	静海区	静海区北华路与瑞[illegible]道交叉口	普通住宅
春曦书院	天津	静海区	静海区[illegible]道九宫家园南侧底商14-45 号	普通住宅
恒大凤凰庄园	天津	静海区	静海区双塘镇西兴路南	普通住宅、别墅
宝能南泊 ONE	天津	静海区	静海区大[illegible]庄镇团泊大道东	普通住宅
绿城 · 春熙云峰	天津	静海区	静海区北华路与春曦道交叉口西南侧	普通住宅
嘉华帕醍欧	天津	蓟州区	蓟州区渔阳镇桃花园村南侧、铁路北侧	普通住宅、别墅
阳光城御园	天津	蓟州区	蓟州区凤凰山路与迎宾大街交叉口	别墅
蓟州美利山	天津	蓟州区	蓟州区溶[illegible]景区	别墅
红星京畿鼎园	天津	蓟州区	蓟州区新城东路与蓟州[illegible]交叉口	普通住宅
万科云山	天津	蓟州区	蓟州区迎宾大街北侧黄花山路东侧（迎宾大街与黄花山路交叉口）	普通住宅
鸿坤山语	天津	蓟州区	蓟州区迎宾大街和黄花山路交会路口南侧	普通住宅、别墅
品悦江南	天津	蓟州区	蓟州区人民西路与八方路交叉口南行约 500 米	普通住宅

楼盘名称	城市名称	城区	地址	物业类型
联发熙园	天津	蓟州区	蓟州区北环路与长城大道交叉口向北200 米	普通住宅、别墅
蓟州鸿坤花语	天津	蓟州区	蓟州区人民西大街与盘龙路交会路口东南侧	普通住宅、公寓、别墅
和山正院 · 正园	天津	蓟州区	蓟州区依水街南侧、远和大街西侧	普通住宅
中冶帝景	天津	蓟州区	蓟州区迎宾路与康平路交叉口东侧	普通住宅
山澜雅韵	天津	蓟州区	蓟州区山倾城居住区北侧	普通住宅
碧水云天庄园	天津	蓟州区	蓟州区迎宾大街北侧、云山苑居住区东侧	普通住宅
观澜雅苑	天津	蓟州区	蓟州区新城内清水路东侧、蓟州街南侧	普通住宅
保利和园	天津	蓟州区	蓟州区新城无终园大街与湖东大道交叉口	普通住宅
瑞景花苑	天津	蓟州区	蓟州区东外环与迎宾大街交叉口东南角	普通住宅
蓟州 · 宸院	天津	蓟州区	蓟州区依水路南侧、闻水路东侧(蓟州人民公园南侧1000 米)	普通住宅
乾逅院	天津	蓟州区	蓟州区许家台镇星梦工坊对面	普通住宅、别墅
恒大御景半岛	天津	宁河区	宁河区桥北新区津榆公路北侧	普通住宅
滨江国际	天津	宁河区	宁河区桥北新区规划三八河路蓟运河大桥旁	普通住宅
保利天汇	天津	宁河区	宁河区桥北新区光明桥西侧永进道与绿荫西路交叉口	普通住宅
麒麟湿地 · 万科小镇	天津	宁河区	宁河区未来科技城七里海大道与海航东路交叉口以东	普通住宅
蓝光雍锦湾	天津	宁河区	宁河区芦台镇桥北津榆公路与宾水东路交叉口西南侧	普通住宅
新城悦隽公馆	天津	宁河区	宁河区桥北新区芦台大桥北侧	普通住宅
东昊骏璟学府	天津	宁河区	宁河区桥北新区小杨道南侧(实验学校旁)	普通住宅
旭辉新城光明路8号	天津	宁河区	宁河区光明路宁河宾馆对面(原宁河粮库)	普通住宅
碧桂园金誉府	天津	宁河区	宁河区芦台镇金翠西路与华翠西路交叉口	普通住宅
朝阳花园	天津	宁河区	宁河区芦台镇商业道东侧	普通住宅
远大城	天津	宝坻区	宝坻区潮白河与青龙湾交会处宝白路东侧	普通住宅
阳光城剑桥郡	天津	宝坻区	宝坻区环城东路与环城北路交叉口(宝坻一中北行800 米)	普通住宅
安田心屿	天津	宝坻区	宝坻区广阳路与望月路交叉口(北大附中西行100 米)	普通住宅
金地新城大境	天津	宝坻区	宝坻区潮阳大道与开元路交叉口西南侧	普通住宅
恒大花溪小镇	天津	宝坻区	宝坻区北京东京津生态新城(津蓟高速九园线出口宝白路东)	普通住宅
实地海棠雅著	天津	宝坻区	宝坻区京津新城祥瑞大街与长健路交叉口西北角	普通住宅
鸿坤原乡小镇	天津	宝坻区	宝坻区宝白路与龙江大街交叉口	普通住宅、别墅
天宝福苑	天津	宝坻区	宝坻区南城东路与通唐路西北角、和远领居项目南侧	普通住宅
香江健康小镇	天津	宝坻区	宝坻区京津生态新城青龙湾北侧	普通住宅、别墅
星河传奇	天津	宝坻区	宝坻区北环路与兴海路交叉口	普通住宅、别墅
金科碧桂园富力渠阳府	天津	宝坻区	宝坻区京津新城祥瑞大街与嘉才道交叉口西南侧	普通住宅
金厦龙第公府	天津	宝坻区	宝坻区钰华街和广阳路交叉口	普通住宅
安居和颂名邸	天津	宝坻区	宝坻区庆丰街和田场路交叉口西南侧	普通住宅
新城悦隽首府	天津	宝坻区	宝坻区广阳路与朝霞路交叉口九中西侧	普通住宅
中交香颂	天津	宝坻区	宝坻区南三路与新仓路东南交叉口	普通住宅
远洋万和四季	天津	宝坻区	宝坻区潮白河以南、津围线以东 500 米	普通住宅
中关村新世界	天津	宝坻区	宝坻区中关村大道(通唐公路)与朝霞路交叉口东南侧	普通住宅
龙亭苑	天津	宝坻区	宝坻区林亭口九园公路南侧	普通住宅
金辉城中央云著	天津	宝坻区	宝坻区钰华街与渔阳路交叉口东侧	普通住宅
雅居乐国际花园	天津	宝坻区	宝坻区朝阳街道潮白河南岸津围线路西	普通住宅
融创御河宸院	天津	宝坻区	宝坻区景苑街与望月路交叉口	普通住宅
碧桂园铂誉府	天津	宝坻区	宝坻区南三路与望月路交叉口	普通住宅
上京润园	天津	宝坻区	宝坻区珠江东环路附近	普通住宅
万科城市之光	天津	宝坻区	宝坻区南城东路与通唐路交叉口	普通住宅
远雄兰苑	天津	滨海新区	滨海新区中新生态城内和风路与和畅路交叉口西南侧	普通住宅
滨海欣嘉园	天津	滨海新区	滨海新区京津高速北塘站出口以北 1 公里处	普通住宅、政策房
瞰海轩	天津	滨海新区	滨海新区东疆港保税港区宁夏道与亚洲路交叉口西侧	普通住宅

楼盘名称	城市名称	城区	地址	物业类型
世茂·鼓浪水镇	天津	滨海新区	滨海新区中心渔港鲤鱼门鼓浪水镇	普通住宅、别墅
艾维诺森林	天津	滨海新区	滨海新区大港官港森林公园内	别墅
贻成红墅郡	天津	滨海新区	滨海新区塘沽新北路与厦门南路交叉口西南	普通住宅、别墅
力高阳光海岸	天津	滨海新区	滨海新区滨海旅游区航北路与湖滨路交叉口东侧	普通住宅
贻海观澜	天津	滨海新区	滨海新区东疆保税港区观澜路以东、贺兰道以北	别墅
吉宝沁风御庭	天津	滨海新区	滨海新区生态城中新大道 5681 号	普通住宅
青果青城禧塘	天津	滨海新区	滨海新区塘沽中部新城金岸五道与银河一路交叉口	普通住宅
听海蓝珊	天津	滨海新区	滨海新区北塘经济区东海路以西黄海路以东	普通住宅
绅湖公馆	天津	滨海新区	滨海新区港城大道滨海湖生态居住区	普通住宅、别墅
海泰渤龙湾	天津	滨海新区	滨海新区滨海高新区滨海科技园高新七路与海油大道交叉口	普通住宅、别墅
阅海名筑	天津	滨海新区	滨海新区泰达北塘总部区天池路与梅州道交叉口	普通住宅
格调林泉	天津	滨海新区	滨海新区洞庭路与第一大街交叉口	普通住宅
海宁湾	天津	滨海新区	滨海新区汉沽河东区域核心位置	普通住宅
京能海语城	天津	滨海新区	滨海新区东疆港南端东至欧洲路西至亚洲路	普通住宅
振业铂雅轩	天津	滨海新区	滨海新区开发区第一大街与建材路交叉口东南	普通住宅
唐望府	天津	滨海新区	滨海新区津塘公路与新北路交叉口	普通住宅
滨海万达广场	天津	滨海新区	滨海新区上海道与洞庭路交叉口紫云公园西侧	普通住宅
宜禾一墅	天津	滨海新区	滨海新区中新生态城中新大道以西、惠风溪以南	别墅
天房彩虹苑	天津	滨海新区	滨海新区汉沽大丰路东侧 200 米、汉蔡线以北 500 米	普通住宅
亿利国际生态岛	天津	滨海新区	滨海新区中新生态城中生大道与静湖南路交叉口	别墅
中加生态示范区一班芙小镇	天津	滨海新区	滨海新区生态城旅游区海轩道与荣盛路交叉口中加生态示范区体验区展示中心	普通住宅、别墅
官港溪谷林苑	天津	滨海新区	滨海新区大港官港西路与官港南路交叉口西南侧	别墅
季景峰阁	天津	滨海新区	滨海新区中新生态城和风路与和畅路交叉口	普通住宅
朗诗中福翡翠澜湾	天津	滨海新区	滨海新区生态城旅游区荣盛路与海博道交叉口	普通住宅
宝德时代蓝湾	天津	滨海新区	滨海新区汉沽四纬路与二经路交叉口东侧	普通住宅
合景誉峰	天津	滨海新区	滨海新区中心商务区安阳道与庆盛道交叉口东南侧	普通住宅
远洋琨庭	天津	滨海新区	滨海新区开发区第二大街与太湖东路交叉口	普通住宅
保利海上五月花	天津	滨海新区	滨海新区大港区旭日路与海景七路交叉口处	普通住宅
保利东郡	天津	滨海新区	滨海新区汉沽东扩区西霞街以东	普通住宅
金辉优步湖畔	天津	滨海新区	滨海新区滨海高新区高新五路与惠仁道交叉口渤龙湖市民广场北侧	普通住宅
中建城	天津	滨海新区	滨海新区塘沽新城建国丰路与津同道交叉口	普通住宅
禹洲悦府	天津	滨海新区	滨海新区大道北侧塘沽湾新城	普通住宅
华远棠悦	天津	滨海新区	滨海新区外展场交古区新村街 157 号新村超市东侧	普通住宅
中福朗诗翠微澜阁	天津	滨海新区	滨海新区中新生态城荣盛路与海博道交叉口	普通住宅、别墅
新城樾府	天津	滨海新区	滨海新区中生大道与东静湖南路交叉口	普通住宅、别墅
中建海纳府	天津	滨海新区	滨海新区中新生态城中生大道与静湖南路交叉口	普通住宅、别墅
联发静湖壹号	天津	滨海新区	滨海新区中新生态城中生大道与静湖南路交叉口	普通住宅
万科滨海大都会	天津	滨海新区	滨海新区洞庭路与上海道交叉口	普通住宅
沽北壹号	天津	滨海新区	滨海新区汉沽区东风路与大丰路交叉口向东 300 米	普通住宅
天保天成铂悦	天津	滨海新区	滨海新区太湖西路与第一大街交叉口	普通住宅、别墅
碧桂园领港府	天津	滨海新区	滨海新区保税区临港区域渤海十七路与珠江道交叉口（渤海十七路东侧）	普通住宅
碧桂园天誉	天津	滨海新区	滨海新区中心商务区安阳道与迎宾大道交叉口	普通住宅
新城港东府	天津	滨海新区	滨海新区港东新城永明路延长线与海景七路交叉口	普通住宅
熙科·柏悦山	天津	滨海新区	滨海新区汉沽大丰路与文化街交会处西侧	普通住宅
华远·栖塘	天津	滨海新区	滨海新区大道北侧塘沽湾新城	普通住宅
碧桂园华厦·阅海	天津	滨海新区	滨海新区汉沽区三经路与六纬路交叉口	普通住宅

楼盘名称	城市名称	城区	地址	物业类型
红星紫御半岛	天津	滨海新区	滨海新区临港区嘉陵江道与渤海十七南路交叉口	普通住宅
格林府邸	天津	滨海新区	滨海新区经济技术开发区第一大街 34 号	普通住宅
金科中海金海湾	天津	滨海新区	滨海新区新港一号路与海滨大道交叉口	普通住宅
和昌府	天津	滨海新区	滨海新区保税区临港金沙江道与渤海十六南路交叉口	普通住宅
中骏四季风华	天津	滨海新区	滨海新区汉沽收费站（G25 长深高速入口）路西	普通住宅
泰禾津海院子	天津	滨海新区	滨海新区生态城明盛道与新昌路交叉口	普通住宅、别墅
汉沽碧桂园峰境	天津	滨海新区	滨海新区汉沽管理区长深高速汉沽出口西侧	普通住宅
景瑞塘沽湾壹号	天津	滨海新区	滨海新区国兴路西侧	普通住宅
中海津门大院	天津	滨海新区	滨海新区开发区第二大街与太湖西路交叉口	别墅
贻成林湖郡	天津	滨海新区	滨海新区塘沽塘汉路森林公园旁	普通住宅
金地臻悦	天津	滨海新区	滨海新区开发区第五大街与航运中路交叉口	普通住宅
碧桂园力高理想海	天津	滨海新区	滨海新区汉沽东扩区	普通住宅
佳源观城	天津	滨海新区	滨海新区洞庭路与第二大街交会处	普通住宅
碧桂园拾光海	天津	滨海新区	滨海新区汉沽东扩区新汉街与汉丰路交叉口	普通住宅
宝德云湾	天津	滨海新区	滨海新区塘沽湾新城镇津越道与国兴路交叉口	普通住宅
复地湖滨广场三期	天津	滨海新区	滨海新区空港经济区中环东路与东二道交叉口	普通住宅
远洋天著春秋	天津	滨海新区	滨海新区第二大街和北海西路交叉口	别墅
270 艺术中心	天津	滨海新区	滨海新区于家堡中心商务区新华路与永太路交叉口	公寓
金科集美天城	天津	滨海新区	滨海新区汉沽河西六经路与一经路交叉口	普通住宅
天房美岸英郡	天津	滨海新区	滨海新区四经路和六纬路交叉口、汉沽第二养老院东侧	别墅
世茂国风锦唐	天津	滨海新区	滨海新区生态城中天大道与华一路交叉口	别墅
龙湖九里晴川	天津	滨海新区	滨海新区黄海北路与泰州道交叉口西侧 100 米	普通住宅
滨海红星天铂	天津	滨海新区	滨海新区川博道与景盛路交叉口	普通住宅、别墅
万科观澜	天津	滨海新区	滨海新区胡家园和商道与中三路交叉口，新塘湖公园南侧	普通住宅

楼盘名称	城市名称	城区	地址	物业类型
凤栖梧桐	天津	滨海新区	滨海新区中新大道与中泰大道交叉口	普通住宅
南益名悦华庭	天津	滨海新区	滨海新区塘沽新河街福州道延长线以西南益·名士华庭旁	普通住宅
中核海润府	天津	滨海新区	滨海新区港东三道与海景八路交叉口	别墅
南益名悦湾	天津	滨海新区	滨海新区中心商务区河北路以东、海河以北	普通住宅
招商贝肯山	天津	滨海新区	滨海新区开发区东区 MSD 板块	普通住宅、别墅
宸和园	天津	滨海新区	滨海新区中泰大道与中天大道交叉口	普通住宅
贻成学府壹号	天津	滨海新区	滨海新区生态城中部核心区	普通住宅
滨海吾悦广场	天津	滨海新区	滨海新区滨海高新区塘沽海洋科技园桂海路与黄山道交会处	普通住宅
鑫隆苑	天津	滨海新区	滨海新区中部新城金岸二道和银河四路交叉口	普通住宅
新城旭辉悦隽都会	天津	滨海新区	滨海新区胡家园街道西部新城	普通住宅
天地源·熙樾湾	天津	滨海新区	滨海新区塘沽湾海河南路与海畅路交叉口	普通住宅
皓景湾	天津	滨海新区	滨海新区海河南路与海华路交叉口	普通住宅
滨旅景熙	天津	滨海新区	滨海新区滨海旅游区彩辰路与兰溪道交叉口（中央大道轻轨站旁）	普通住宅
吉宝季景铭郡	天津	滨海新区	滨海新区中新生态城和旭路 1189 号	普通住宅
景瑞旭辉塘沽湾陆号	天津	滨海新区	滨海新区塘沽新城镇国兴路与津越道交叉口	普通住宅
旭辉公元大道	天津	滨海新区	滨海新区中新生态城玉林道以北	普通住宅
建投紫云东	天津	滨海新区	滨海新区紫云环道（滨海新区政府旁）	普通住宅
碧桂园天樾	天津	滨海新区	滨海新区黄海北路以东、泉州道以南	普通住宅
中交上东湾	天津	滨海新区	滨海新区东疆港陕西道 88 号	普通住宅
建投璟园	天津	滨海新区	滨海新区嘉丰路京津高速北塘收费站出口北行 1 公里	普通住宅、别墅
合景领峰	天津	滨海新区	滨海新区大沽街道西月路与庆盛道交叉口	普通住宅
颐璟和墅	天津	滨海新区	滨海新区华一路以北、故道河以东	别墅
金海云城	天津	滨海新区	滨海新区云山道与西中环快速交叉口	普通住宅
远洋简宫	天津	滨海新区	滨海新区开发区第二大街与太湖东路交叉口东侧	普通住宅
恒大悦湖公馆	天津	滨海新区	滨海新区滨海高新区中心庄路与惠全道交叉口	普通住宅

格调平园

2019 中国城市楼盘年鉴 典型项目

天津　梅江板块　品质之作　园林社区

"格调"是泰达建设集团十六年来用心缔造的著名房地产项目品牌。格调平园是格调品牌在生态宜居大梅江板块打造的低密住宅居，位于天津市梅江会展中心西侧，总建筑面积 54.41 万平方米，占地面积 37.52 万平方米。

项目地址：
天津市西青区江湾路与兰波路交叉口、梅江会展中心西侧

开发商：
天津津滨时代置业投资有限公司

建筑类型：
洋房、小高层、叠拼

主力户型：
101~143 平方米二居、三居，190~250 平方米叠拼

周边配套：
中医一附院、梅江公园、山姆会员店、永旺

参考价格：
约 33000 元 / 平方米

楼盘优势：
地处天津高净值人群聚集的梅江板块，紧邻会展中心。拥有生态文明与高净值人群氛围优势，格调邂逅梅江的又一匠心力作，属新盘内的"网红"社区。

专家点评

孙士晴·克而瑞（天津）主编兼高级分析师

格调平园是「格调」品牌系列又一新品，毗邻梅江会展中心，拥有深厚生态资源优势和商业氛围，建筑被分设为南北两排，园林在社区中央沿东西走向分布，外围利用虚实结合的景墙围合分隔，取意南京瞻园之形，却在半遮半掩里不见其深。

项目解析

【区域维度】

格调平园位于天津高净值人群聚集的梅江板块，拥有地铁6号线、7号线(建设中)等交通优势，与中医一附院、梅江永旺、山姆等配套。同时，格调平园择址于占地约230万平方米(3900亩)、两倍于水上公园水域面积的"净化器"——梅江公园之畔。

项目所在区域作为老梅江的生态居住板块，出则繁华，入则静谧；既拥有较为深厚的生态优势，又不失传统居住氛围辐射带来的舒适感，属于刚需型、改善型购房者皆宜的品质社区。

【品牌维度】

格调地产作为泰达建设集团开发的系列项目品牌，十六年来始终坚持着"诚信、创新、精品"的核心开发理念。"创新"指的是格调从来不复制之前的成功，创作每一个项目都有一个独特的风格。"精品"则是力求每一个项目都精心雕琢，施工细至毫厘，令每一个老社区都成为同区内同房龄小区价格与口碑的典型。"诚信"则被看作格调事业的根本，格调诚信的一大保证就是从2003年以来，16年坚持无理由退房，从未间断。

【口碑维度】

自2003年至今，格调在天津仅开发了九个项目。其中，2008年格调春天获得"詹天佑住宅小区金奖"，2009年格调竹境获"国宅典范"大奖、2010年再次获得由中国土木工程学会住宅工程指导工作委员会颁发的"詹天佑大奖"，其一代代产品品质的迭代升级将"房住不炒"的理念真正深植天津。

2003年伊始，格调提出"无理由退房"承诺后，这一承诺也作为正式商品房销售合同附件，报备房管局监督等立项直接落在了"一笔一划"上。这充分体现出格调的严于律己——产品只能高于客户预期，杜绝维权退房事件。

重视社区可持续发展，并不以房屋售出为终结，而仍然对已入住的社区进行人力、物力、财力、精力的持续投入，使得格调入住十几年的老社区仍然焕发着今日的荣光。

【产品维度】

格调平园整体容积率仅为0.89，目前在售产品以8~11层电梯小高层为主，全部一梯两户、南北通透设计，户型大开间、小进深，居住舒适度高。面积在101~143平方米，适合绝大多数的改善需求。后期地块还会推出以四层叠拼和洋房为主的。

园林设计上以"十三庭"的廊桥步道为亮点。其中十三庭，以"映月观漪"主水，以"探麓闻幽"主山，以"曲径寻香"主巷，合为"三境"；依托水、山、巷的高低错落，打造中式雅韵的空间格局。同时，又使各具主题的"十三庭"在其间信意相连，再通过院墙、植被等的虚隔，于深巷间藏起一园别有洞天。

【销售维度】

从2018年5月13日首开入市的备受追捧到屡开屡罄的佳绩不断，格调平园靠着值得信赖的品牌积淀和产品品质走出了逆市动销的"独立行情"。坚守无理由退房的承诺、匠心研磨每个产品细节、持续维护让老社区历久弥新。

格调在天津楼市"逆市而上"的市场现象，不但验证了格调产品在天津市场中的品牌影响力、物业特有的口碑以及格调企业对于业主和购房人的负责态度，更在如今房地产平稳健康发展的定调上做出了国企应有的表率与匠心，将居住理念深植并回归至天津人心。

更多楼盘详情请扫码查看

恒大·花溪小镇

- 2019年 -
中国城市楼盘年鉴
典型项目

天津　京津要地　高铁新城　生态特区

恒大·花溪小镇择址天津市宝坻区京津生态新城，占地面积约25.6万平方米，建筑面积约62万平方米，规划建设16栋洋房、30栋高层，共计规划户数4302户。

专家点评

王秀玲·克而瑞北京总经理

恒大·花溪小镇作为恒大集团首驻宝坻扛鼎之作，在承袭区域政策利好的同时，推动板块价值加速升级。城际直达北京，优渥自然资源，多元醇熟配套，塑造京津人居典型。

项目地址：

天津市宝坻区京津生态新城

开发商：

天津景秀置业投资有限公司

建筑类型：

洋房、高层

主力户型：

高层87~89平方米二居、99~110平方米三居，洋房94~99平方米二居、三居

周边配套：

京津新城凯悦酒店、温泉城、宝坻一中、京津大学城

参考价格：

高层6888元/平方米起、洋房9800元/平方米起（装修）

楼盘优势：

"世界500强"恒大集团打造，择址京津枢要、京滨城际旁，享一线双河景资源、时尚双会所、风情商业街、欧陆园林、御美内湖等。

项目解析

【区域维度】

恒大·花溪小镇位于天津市宝坻区京津生态新城，该新城以地热综合开发为特色，着力培育旅游度假、温泉疗养、生态居住、文化教育、会议会展、现代金融服务等新兴产业，建设目标是以现代服务业为特色的新型城市。周边潮白河、青龙湾双河交汇，孕育了丰富的自然水景。项目临近京滨铁路京津新城站(在建)，城际直达北京，"五高速三城际"立体路网日趋成熟。区域内自然资源优渥，休闲娱乐设施丰富，并有多所医院及学校等配套，打造潮白河畔生态宜居新体验，缔造全方位宜居生活圈。

"'十二五'看武清，'十三五'看宝坻"，宝坻片区作为京津冀一体化发展要地，随着城际铁路建设施工，正迎来"高铁时代"等一系列利好，区域不断崛起。恒大·花溪小镇落子于此，承袭区域政策利好，致力于为区域打造高品质宜居美宅。

【品牌维度】

恒大集团是以民生地产为基础，文化旅游、健康养生为两翼，新能源汽车为龙头的"世界500强"企业集团。截至2019年，恒大总资产2.1万亿元，年销售规模超6000亿元，在"世界500强"企业中排名第138位。恒大地产在中国280多个城市拥有810多个项目，与全球860多家知名企业开展广泛合作、实施精品战略，打造高品质、高性价比产品，让600多万名业主实现宜居梦想。

2017年，恒大集团首驻宝坻，匠筑恒大·花溪小镇项目；地处京津新城板块，定位高品质宜居美宅，助推区域发展。

恒大·花溪小镇自面市以来，备受置业者青睐，广受欢迎的户型为高层87~89平方米二居、99~110平方米三居，洋房94~99平方米二居、三居。项目创新引进墅级设计理念，专注于为城市中的精英阶层提供奢适的尺度空间。

【口碑维度】

恒大·花溪小镇凝聚了恒大20余载精工血脉和高品质产品打造理念，自入市以来，依靠品牌实力与质量保证成为京津购房者的优选。从设计到施工，从外在到内在，每一个环节都经过细细揣摩，为京津人士筑就理想家园，让业主的生活没有后顾之忧。

【产品维度】

恒大·花溪小镇倾力打造新古典主义建筑，与欧式园林交相辉映；容积率2.0，绿化率46%，定位为宝坻高品质、奢华的高端社区。户型面积区间满足不同群体的居住需求，让业主享受奢华空间。

项目配套包括约8万平方米欧陆园林，设计组团穿插的布景手法，让每一户都能观赏窗外美景；约2000平方米典雅内湖，让业主不出小区即能享受诗意湖景园林；约2000平方米时尚双会所，涵盖恒温泳池、健身大厅、红酒雪茄吧等配套，能够满足业主休闲娱乐、私人社交等多种需求，充分演绎舒适生活新典范；约2500平方米特色风情商业街以及双语幼儿园、托老所等，满足多方面人居需求。

在户型方面，采用墅级设计理念，引入大厅、大室、大阳台，扩大观景阳台进深；错落有致的楼宇排布，实现户户推窗见景，双河美景尽收眼底，成就上佳居住体验。

更多楼盘详情请扫码查看

恒大山水城

2019年 中国城市楼盘年鉴 典型项目

天津　醇熟社区　湖居臻品　口碑项目

自2011年6月30日首次开盘以来，恒大山水城捷报频传，以骄人的销售业绩展现了产品力和市场认同度。截至2020年1月初，项目累计销售额高达35亿元。

项目地址：
天津市武清区龙凤新城龙河路

开发商：
天津山水城投资有限公司

建筑类型：
高层、别墅

主力户型：
135平方米三居

周边配套：
大黄堡湿地公园、津北森林公园

参考价格：
均价13000元/平方米起

楼盘优势：
恒大山水城雄踞京津冀一体化重要桥头堡武清，完善的交通助力居者无缝接驳京津双城生活。

专家点评　韩乐·资深媒体人、地产营销人出品人

恒大山水城产品多元化，不论刚需还是改善型购房，都是环京人士的置业首选。项目以一席水岸舒居，犒赏打拼的人生。择居于此，尊享便捷交通，唯握城市繁华，无缝接驳京津双城生活。

项目解析

【区域维度】

恒大山水城位于京、津、冀三省市交汇处的武清龙凤新城，区域内交通配套完善，高速、国道、城际随心切换，无缝接驳京津双城生活。武清区自然环境十分优越，森林覆盖率达到38.5%，千年北运河、龙凤双河蜿蜒流淌，大黄堡湿地公园、津北森林公园宛若天然氧吧。

随着京、津、冀三地交通一体化程度不断提高，交通也越来越便利。作为京津冀一体化的重要桥头堡，武清以得天独厚的区位优势以及各项政策利好，在环京楼市脱颖而出。恒大山水城与城市同发展、共繁荣，匠造宜居宜业范本，无疑是这片区域又一张崭新的名片。

【品牌维度】

恒大集团是以民生地产为基础，文化旅游、健康养生为两翼，新能源汽车为龙头的"世界500强"企业集团。目前，恒大总资产2.1万亿元，年销售规模超6000亿元，2019年在"世界500强"中排名第138位。24载栉风沐雨，恒大集团履迹全国280多个城市，开发810多个项目，为600多万业主实现宜居梦想。

恒大山水城，是恒大集团布局北京东龙凤新城的恢宏巨作。自2011年项目首次开盘以来，在市场上圈粉无数，赢得了无数好评与认可，如今已有上万业主幸福入住，开启品质生活。

【口碑维度】

恒大山水城秉承恒大集团一贯的精工修为，以9A精装体系、6000余条苛刻标准贯穿始终。在施工过程中，采用过程化控制的"质量锤"制度，由专人巡查工地，严把质量关，发现问题现场解决。

在物业服务方面，恒大山水城也不负众望。项目由恒大集团自持物业金碧物业为业主生活保驾护航，凭借独创的"1530"贴心服务，"三步到位"法则，为业主提供全天候服务。

【产品维度】

在产品打造上，恒大山水城有别于传统住宅，以1.5的低容积率，打造瞰景高层、亲水洋房以及双拼、联排别墅。多元化的产品，多种户型的设计，满足不同人群的置业需要。除此之外，恒大还不惜成本，在园区内打造约20万平方米欧陆式景观园林以及3万平方米奢阔大湖，春有百花，夏有浓荫，秋有硕果，冬有瑞雪，一年四季皆赏生态美景。

在户型上，项目主推建筑面积约135平方米亲水洋房，该户型以无数人向往的"宽宅宽居宽生活"，犒赏居者进阶人生。南向13.6米大面宽，呈现人居宽境；7米宽大会客厅，承载着整个家庭的气场。置身其间，豁然开朗，烦恼也随之消散。

【销售维度】

自2011年6月30日首次开盘以来，项目捷报频传，以骄人的销售业绩展现了产品力和市场认同度。截至2020年1月初，恒大山水城累计销售额高达35亿元。项目剩余可售房源3[illegible]套，剩余货量约43078平方米，剩余货值8.33亿元，目前在售产品为建筑面积84~109平方米瞰景高层、建筑面积105~135平方米亲水洋房以及建筑面积164~305平方米双拼、联排别墅。

更多楼盘详情请扫码查看

龙湖·紫宸

2019年 中国城市楼盘年鉴 典型项目

天津　津南板块　区域典型　品质洋房

龙湖·紫宸是龙湖深耕天津第二子，地处天津市津南区咸水沽核心区镇政府所在地，占地面积 9.32 万平方米，建筑面积 13.98 万平方米，交通便利，商业、教育等配套齐全，是区域内难得的高品质洋房社区。

项目地址：

天津市津南区南环路咸水沽镇政府旁

开发商：

天津睿吉置业有限公司

建筑类型：

洋房

主力户型：

128 平方米三居、154 平方米四居

周边配套：

月坛商厦、咸水沽医院、地铁 6 号线（规划中）

参考价格：

17000~18000 元 / 平方米

楼盘优势：

地处天津市南城核心区南侧，位于咸水沽镇政府旁，周边拥有区域内完善配套，同时产品全部为 6~9 层的洋房，容积率 1.5，出则繁华，入则静谧。

专家点评

孙士晴·克而瑞（天津）主编兼高级分析师

天津龙湖，紫宸作为龙湖入住天津的第二作，无论在地段还是品质上皆优于上一作。地段上，项目地处津南核心点，辐射区域核心教育、医疗、商业、交通配套；产品户型主打改善客群，大面宽开间及低密采光迎合了天津人对「家」的满足感。

项目解析

【区域维度】

龙湖·紫宸位于天津市津南区咸水沽镇，“四至”为南环路以南，聚鑫道以北、紫江路以东、福鑫路以西。占地约9.32万平方米，规划建筑体量约13.98万平方米。项目距离月坛商圈仅1.5公里，距离地铁6号线延长线咸水沽西地铁站仅2公里，项目旁的808公交站，串联起咸水沽核心配套。同时，还辐射区域内知名的月坛商厦、咸水沽医院以及高升学率的重点中学咸水沽一中等优质配套。

项目所在区域作为连接海河教育园区及津南腹地咸水沽片区的“纽带”，其地段优越性不言而喻，同时更多地面向区域高端改善人群。

值得关注的是，项目不仅紧邻津南中心区，同时连通素有天津教育“第七区”之称的海河教育园区，负有盛名的老牌“双一流大学”天津大学及南开大学距项目更是咫尺之间，因此，无论在人文熏陶还是未来价格潜力上，龙湖紫宸的区域价值皆具备较强的竞争力。

【品牌维度】

龙湖从重庆创业起步，秉承“善待你一生”的品牌使命，在房地产领域开基立业。历经20余年的发展，龙湖已成长为一家布局全国、四大主航道并进的集团企业，空间营造和服务能力备受客户认可。目前，龙湖已经成功跻身福布斯“世界500强”。

【口碑维度】

在如今天津楼市“因城施策”与知名的“海河英才”政策下，城市对人口的吸纳度也与日俱增。龙湖地产一方面选址天津城南地段，有着更高“性价比”；另一方面，在打造项目园林及户型上更是煞费苦心，并由此赢得了区域内中高端人群的追捧。

龙湖·紫宸作为继海教园“龙湖天宸原著”后的天津第二作，其在天津城南购房者中也渐渐树立了良好口碑。无论是龙湖“造墅专家”的品牌，还是园区内错落有致的园林设施分布，随着两大项目的相继交付，其认可度也一度引爆了天津市场。

【产品维度】

该楼盘打造37栋全部为6~9层的洋房社区，建筑密度不大于25%，绿地率不小于40%，容积率1.5，户型上主打面积为128平方米三室及154平方米四室的电梯洋房，一梯两户，共1062户。

园林景观规划上，以陶渊明的《桃花源记》为故事线，规划现代新古典主义风格的社区，并排布“一湖三园十花巷”的作品级园林设施；户型设计上，主打大面宽开间的客厅氛围，同时卧室出房率较高，动静分区明显是一大亮点；物业上，为连续五年获得全国用户满意度较高的龙湖自持物业，项目拥有“千丁服务”，包括门禁钥匙绑定手机摇一摇即开门，访客凭业主发的短信二维码进门等科技智能功能。

【销售维度】

龙湖·紫宸位于津南区南环路以南，聚鑫道以北，紫江路以东，福鑫路以西。2017年12月25日，首次开盘共推百余套房源，吸引了大批购房者到场，并于2019年完成全部交付。

值得关注的是，目前该楼盘处于现房顺销期，在售户型区间128~153平方米，整体均价约17500元/平方米。龙湖·紫宸是天津城南目前为数不多的核心区域纯洋房社区现房楼盘，加之龙湖品牌影响力及在建地铁1号线延长线、在建6号线延长线的双重加持，项目未来在生活便利、居住品质及升值潜力上皆具备较高的竞争力。

更多楼盘详情请扫码查看

云南省

2019年昆明房地产市场总结

行业发展历程

一、城市概述

昆明别称“春城”，是云南省省会、滇中城市群中心城市，也是国务院批复确定的中国西部地区重要的中心城市之一。截至2018年，全市常住人口685.0万人，城镇人口499.02万人，城镇化率72.85%。

昆明地处中国西南地区、云贵高原中部，具有“东连黔桂通沿海，北经川渝进中原，南下越老达泰柬，西接缅甸连印巴”的独特区位，处在南北国际大通道和以深圳为起点的第三座东西向亚欧大陆桥的交会点，是中国面向东南亚、南亚开放的门户城市，位于东盟“10+1”自由贸易区经济圈、大湄公河次区域经济合作圈、泛珠三角区域经济合作圈的交汇点。

二、行业现状

2019年昆明市场总体保持稳中有升的态势，始于2017年、2018年的升温势头仍未退却。由于经济政策收紧，现金流回款成为各大房企在2019年的头等大事，昆明房企响应总部回款要求，纷纷拓宽了各类营销渠道，企业全民营销、自有平台小程序丰富拓客，一手、二手联动等模式在2019年的昆明市场各显神通。

三、政策环境

整体来看，2019年昆明房地产市场表现较为稳定。继2018年连续出台两轮调控政策后，昆明房地产市场2019年仍延续2018年的政策，并未出台对市场有影响的新政，房地产相关政策多偏向于管控调整与民生措施，也充分说明了昆明有关方面对房地产市场健康发展的认可。

四、土地市场

2019年昆明政府供地持续放量，集中在年中供应；下半年节奏放缓，多家新进房企联合拿地，以产业进驻、大批量拿地为体现，品牌房企陆续入驻，溢价接受度上涨，竞争激烈，拿地成本高涨，公开拍卖地块溢价高，勾地条件苛刻。

五、房企布局

房地产市场自身周期与政府调控，让房企不断地进行着优胜劣汰，房地产行业集中度随之快速提升，昆明“20强房企”销售规模的市场占有率已达到84.97%。值得注意的是，昆明头部房企阵营中，自2017年开始出现外来房企数量超过本土企业的情况，为品牌认可度和产品升级带来新一代体验；本土房企逐年缩减，市场已由外来房企掌控。

六、房产行业发展历程

1998年，中央一纸文件，福利分房时代结束，昆明的商品房时代也揭开了帷幕，从此开始了城市建设和住宅人居建设狂飙突进的20年。从众多低密度的别墅、花园洋房再到高层住宅的出现，给昆明人带来的是人文、品质生活的概念。此后，写字楼、商业、高层、超高层、别墅、公寓等产品不断推陈出新，楼市产品丰富，发展多元。

从2013年开始，全国一线开发商大举进入昆明，迅速占据了昆明市场的大部分份额，伴随而来的则是住宅品质的飞跃，将昆明的人居品质带到了一个新的高度，也带动了多个片区的崛起。

城市年度市场解读

一、本地新政

2019 年 2 月 14 日，《昆明市人民政府关于进一步规范和加强土地出让管理的规定》发布，昆明市政府将把五华区、盘龙区、官渡区、西山区、呈贡区和阳宗海风景名胜区的具体建设项目土地供应审批权授权给属地政府（管委会），由属地政府负责土地供应审批和批后监管职责，继续下放土地出让审批权限。新规还明确禁止为开发商“量身定制”土地。

11 月 22 日，云南省公安厅印发的《云南省公安机关户籍业务服务指南》规定，在昆明市主城四区（五华、盘龙、官渡、西山）内的城镇地区，房屋租赁人在昆明市连续缴纳基本养老保险满 3 年的，征得房东同意后可在房屋租赁人处落户。

12 月 20 日，昆明市自然资源和规划局发布《关于昆明市中心城区土地定级与基准地价成果公布的通知》，公布新一轮昆明中心城区土地定级与基准地价成果。根据最新调整，一级住宅基准地价为 6897 元 / 平方米，一级商服用地为 9925 元 / 平方米，一级工业用地为 498 元 / 平方米，一级公共管理与公共服务用地为 3630 元 / 平方米。调整后，住宅地价上浮约 83%，商服用地上浮 41%，工业用地下调约 15%。

二、年度土地供应

2019 年，昆明土地市场供应 323 宗，同比增长 43.17%；占地面积 948.53 万平方米，同比增长 27.08%；可建面积 3062.53 万平方米，同比增长 49.50%。

2016 年起，政府加大土地供应量，品牌房企纷纷入驻，土地拍卖出让透明化，房企竞争环境紧张。相比 2018 年，2019 年供地节奏趋于平稳，整体呈现周期性变化，第三季度土地市场活跃度较高。

三、年度土地成交

2019 年，昆明土地成交 289 宗地，同比增长 58.79%；占地面积 836.31 万平方米，同比增长 46.15%；可建面积 2756.37 万平方米，同比增长 57.82%；土地成交累计楼面均价 3125 元 / 平方米，较同期下降 1.14%，整体溢价水平同比增长 7.42%。

从 2019 年土地市场成交结构月度情况看，住宅类用地仍然为市场主力，纯住宅用地整体溢价率达 10.83%。随着政府招商引资、房企产业入驻等拿地方式的多样化，商住类以及综合类用地不断增加，常以低溢价率成交。受昆明商办市场低迷影响，市场以去库存为主，商办类性质土地成交持续保持低位运行。未来，昆明房地产市场仍以住宅类产品为市场主力。

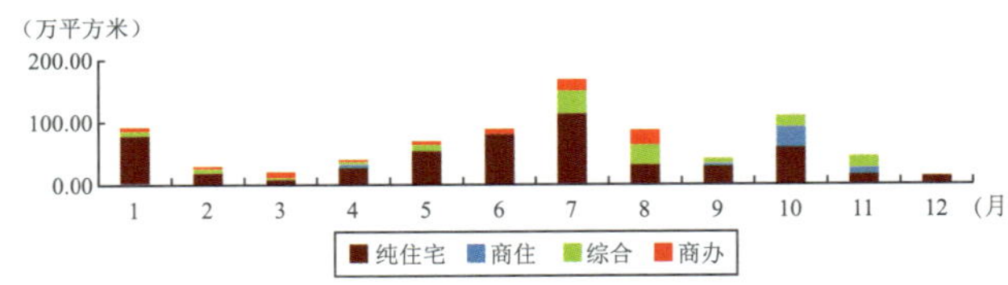

图 2-93　2019 年昆明市住商办用地成交结构变化

从 2019 年土地市场成交分区情况看，各个片区之间量价差距逐渐拉大。受地势及城市发展方向“南延北拓，西进东出”影响，官渡区以成交量 368.15 万平方米、97 宗土地的绝对优势远超其他各区，位列榜首；西山区以成交量 159.05 万平方米成交量名列第二位，以楼面单价 4993 元 / 平方米位列成交楼面价榜首，主力成交草海片区；呈贡区成交 154.25 万平方米，排名第三位，以 2047 元 / 平方米的单价优势，成为最具潜力的区域；官渡区和五华区以城改旧改勾地为主，成交量低位运行，全年成交量未破百万平方米。

四、年度住宅供应

据克而瑞统计数据，2019 年昆明商品住宅供应 1105 万平方米，较 2018 年增长 12.76%。

从月度走势来看，6 月起商品住宅供应成交大幅增长，下半年整体市场热度较高，9 月进入购房节点、房企放量供应，达到 2019 年供应峰值，此后以去存为主、供应下降，12 月年终补货供应再次上行，成交量结构性波动，总体保持高位运行。

五、年度住宅成交

2019 年，昆明商品住宅成交量 1066 万平方米，较 2018 年全年增长 18.97%；成交均价 14021 元 / 平方米，较 2018 年增长 7.58%。

六、年度住宅存量

截至 2019 年 12 月，昆明商品住宅存量 583 万平方米，去化周期 6.5 个月，去化周期保持在健康水平。

七、区域成交表现

分区来看，官渡区供应与成交面积均为各区之首，成为 2019 年唯一超 300 万平方米的区域；五华区、西山区成交面积均小幅增长；盘龙区受供应影响，成交量同比下降 10.43%；呈贡区成交量大幅增长，但价格同比下降 3.46%，区域以价换量趋势较明显；西山区成交均价最高，为 16850 元 / 平方米；其次为官渡区，为 15186 元 / 平方米，均价涨幅均高于城市平均水平。

表 2-44 2019 年商品住宅分区成交状况及同比变化

区域	供应面积（万平方米）	成交面积（万平方米）	同比变化	成交均价（元 / 平方米）	同比变化
呈贡区	222.32	204.49	52.93%	10281	-3.46%
盘龙区	143.86	173.94	-10.43%	13776	6.99%
西山区	155.63	153.27	10.26%	16850	13.23%
五华区	193.92	148.38	14.96%	13506	9.11%
官渡区	389.17	386.37	28.92%	15186	11.47%

八、成交结构表现

从面积段来看，主力成交集中在 100~120 平方米、120~140 平方米，合计占比 79%。其中，80~100 平方米刚需户型成交占比较 2018 年下降 1 个百分点。从总价段来看，主力总价集中在 120 万 ~180 万元，其中 120 万 ~160 万元总价占比 33%；高总价物业占比较 2018 年上涨。

从成交套数来看，2019 年住宅市场总成交 86982 套，主要集中于 100~120 平方米面积，总价 110 万 ~160 万元，刚需依旧是市场主要需求。同时，高价物业占比也开始上升，住宅市场显露出以刚需需求为主导向改善型过渡的迹象。

九、成交项目排行

从高层排名看，昆明融创文旅城以总成交套数 3238 套拿下第一名，俊发观云海以 2918 套成交量紧随其后排第二名，官渡区、呈贡区成为成交主要地区。

从洋房排名看，碧桂园东园以 773 套成交总套数远超其他项目名列榜首，华夏四季、滇池 ONE 分列第二位、第三位。

从别墅排名看，滇池 ONE 别墅成交套数最高，共计 532 套，恒大云玺大宅、金地云海一号排名第二位、第三位。

表 2-45 2019 年昆明市高层楼盘成交套数 TOP10

序号	项目名称	区域	成交套数
1	昆明融创旅游城	西山区	3238
2	俊发观云海	官渡区	2918
3	俊发澜湾俊园	官渡区	2673
4	俊发城	盘龙区	2251
5	恒大玖珑湾	官渡区	2096
6	保利 · 阳光城 翡丽公园	呈贡区	1924
7	万科城	五华区	1883
8	碧桂园北城映象	盘龙区	1601
9	呈贡新城吾悦广场	呈贡区	1453
10	红星天铂	官渡区	1355

表 2-46　2019 年昆明市洋房成交套数 TOP10

序号	项目名称	区域	成交套数
1	碧桂园东园	呈贡区	773
2	华夏四季	西山区	369
3	滇池 ONE	官渡区	364
4	绿地滇池国际健康城	呈贡区	306
5	昆明融创文旅城	西山区	304
6	美的顺城府	盘龙区	304
7	恒大玖珑湾	官渡区	288
8	海东俊园	官渡区	234
9	北大资源颐和 1898	官渡区	187
10	万科白沙润园	盘龙区	175

表 2-47　2019 年昆明市别墅成交套数 TOP10

序号	项目名称	区域	成交套数
1	滇池 ONE	官渡区	532
2	恒大云玺大宅	官渡区	221
3	金地云海一号	西山区	183
4	昆明融创文旅城	西山区	177
5	招商雍景湾	官渡区	117
6	绿地滇池国际健康城	呈贡区	87
7	美的顺城府	盘龙区	81
8	中国中铁诺德山海春风	西山区	50
9	碧桂园 · KCC · 云南映象	盘龙区	45
10	海东俊园	官渡区	45

* 统计范围：昆明主城四区 + 呈贡

* 明细数据剔除退房

十、成交房企排行

2019 年昆明年度商品房成交 1570 万平方米，同比 2018 年增长 20.24%，成交均价同比上涨 3.02%。从头部房企来看，俊发、融创、碧桂园、恒大继续领跑市场，企业集中度进一步提升，TOP20 房企销售规模占昆明市场份额达 84.97%；“20 强房企”多为千亿企业，仅有两家本土房企上榜。

表 2-48　2019 年昆明市房企销售业绩流量金额榜 TOP10

排名	企业	企业流量金额（亿元）
1	俊发地产	293.45
2	万科地产	181.26
3	融创中国	171.16
4	碧桂园	120.76
5	中国恒大	107.18
6	海伦堡	71.13
7	金地集团	66.27
8	绿地	65.60
9	中南置业	65.40
10	新城控股	64.40

表 2-49　2019 年昆明市房企销售业绩公益金额榜 TOP10

排名	企业	企业权益金额（亿元）
1	俊发地产	267.80
2	万科地产	137.52
3	融创中国	136.42
4	中国恒大	97.22
5	碧桂园	74.53
6	绿地	62.10
7	新城控股	60.68
8	海伦堡	58.31
9	金地集团	51.41
10	中南置业	40.55
10	新城控股	64.40

2019 年“昆明 20 强房企”占据市场 84.97% 的份额，年度同比上涨 12.87%，持续高速增长，主要得益于企业的前瞻性布局战略，多盘齐发以及自身优势。“20 强房企”是昆明目前房地产行业的主力军，行业寡头化明显，规模房企采取多种方式扩充货源，拓宽企业货储，凭借自身品牌、产品等优势瓜分市场份额。未来房企集中度将进一步提升，中小型房企面临被市场淘汰的压力。

十一、商业及办公

研究机构分析报告显示，2015 年起，昆明商业市场供应量放缓，市场以去库存为主，至 2018 年供应放量；2019 年商业市场受恒隆广场、大悦城等项目入市影响，供应量创历史新高，但供大于求现象明显。从成交价格看，2018 年开始商业均价大幅下降，2019 年小幅上涨但仍因低价项目支撑成交量，整体均价低于近 5 年平均水平。

截至 2019 年 12 月，昆明商业库存 396 万平方米，相比 2018 年增长 61 万平方米，库存量保持高位，库存压力大，去化周期达98个月。

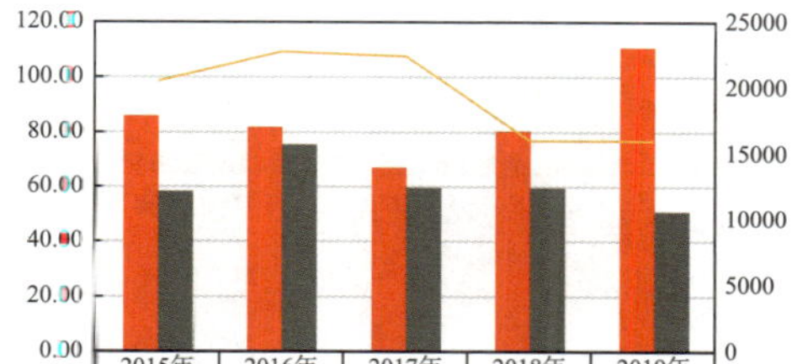

	2015年	2016年	2017年	2018年	2019年
供应量（万平方米）	86.10	82.15	66.88	80.61	110.46
销售量（万平方米）	58.15	76.09	60.12	59.70	50.99
销售均价（万元/平方米）	20528	22737	22279	16032	16236

图2-94　2015~2019年昆明市主城区商业市场供销价情况

办公市场方面，2015~2017年供应减少，自2018年起处于供大于求的状态，2019年供求齐升，库存上升，去存成为市场主要任务。在成交方面，2016年起成交量逐年增长，2019年高位运行，成交均价则出现下降。

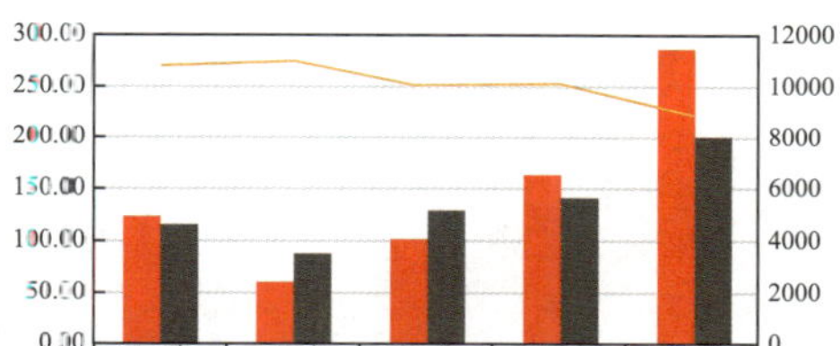

	2015年	2016年	2017年	2018年	2019年
供应量（万平方米）	123.27	62.95	102.42	162.64	284.88
销售量（万平方米）	115.80	88.36	129.69	142.35	198.36
销售均价（元/平方米）	10789	10941	9983	10074	8913

图2-95　2015~2019年昆明市主城区办公市场供销价情况

十二、年度房价走势分析

在地产政策保持连续性和稳定性的背景下，住房市场真实需求持续释放，加之云南自贸区昆明片区正式挂牌，地铁4号线、5号线捷报频传，草海、巫家坝、滇池沿岸等高端产品相继入市，带动2019年昆明房价平稳上扬，且处在合理范围内。

据克而瑞新建商品住宅数据，2019年成交均价为14021万元/平方米，较2018年同期上涨了7.58%。而根据国家统计局数据，昆明房价自2016年7月开始连续上涨，到2019年11月已连续涨了41个月，是同期国内城市中连续上涨时间最长的城市之一。不过，尽管昆明房价持续上涨，但房价水平在全国省会城市中仅排名中游。

十三、热点板块分析

2019年，昆明由中心区外扩发展，重点区域成交量价较高，东南板块、巫家坝板块、呈贡新城板块、呈贡经开板块为第一梯队。受地段影响，全市高价区域主要集中在盘龙市中心板块、官渡区市中心及次中心板块、滇池板块，达17000元/平方米以上。

十四、未来展望

2020年昆明市场政策将符合政府调控预期，预计市场量价走势保持稳定，增幅放缓。而房企在各都市圈项目逐步入市或持销，业绩将会大幅提升。

2020年，昆明人口及城镇化率将保持稳定向上的增长趋势，人口呈现净流入状态。按照目前人口增长的趋势，预计主城区80%新增常住人口有购房需求，未来三年新增需求每年将达600.74万平方米；其中约427.73万平方米为改善需求，年均新增投资需求约为105.29万平方米。

据不完全统计，昆明房地产市场上已经汇聚了超过70家外来房地产企业，2019年上榜的“地产100强”企业中有超过三成进入昆明。由此可见，品牌房企普遍看好昆明这座城市，未来会有更多品质楼盘入市。

十五、市场预期

市场方面，各物业供应持续增加，价格小幅上涨，市场进入上行期。随着市场逐渐向改善型住宅转变，高改项目和首改项目相继入市。预计后期各物业类型供求将稳中微涨。

土地方面，除世博板块保持生态资源、可能无土地供应外，其余板块均将有土地供应，其中东南、呈贡、空港将持续放量，承接城市外拓发展，另外高新、北市仍将具有较大的发展机会。

数据来源：昆明克而瑞、昆明锐理、国家统计局。

2019 年昆明房地产在售楼盘概览

楼盘名称	城市名称	城区	地址	物业类型
马街摩尔城	昆明	西山区	西山区益宁路与兴苑路交会处	普通住宅、公寓、办公、商铺
润城	昆明	西山区	西山区日新路中段	公寓、办公、商铺
公园 1903	昆明	西山区	西山区前卫西路转海宏路路口	别墅、洋房、商铺
昆明西山万达广场	昆明	西山区	西山区前兴路万达昆明双塔租售中心	公寓、办公、商铺
九夏云水克拉公寓	昆明	西山区	西山区广福路与金广路交会处、爱琴海斜对面	公寓
南悦城 · 鲸彩广场	昆明	西山区	西山区华晨路与逸康路交叉口西北 100 米	公寓、办公、酒店式公寓、商铺、普通住宅
滇池国际会展中心 · 山海湾	昆明	西山区	西山区环湖东路滇池国际会展中心旁	公寓、办公
筑友 · 双河湾	昆明	西山区	西山区广福路与前兴路交会处（同仁医院旁）	普通住宅
兰亭广场	昆明	西山区	西山区地铁 3 号线眠山站 A/B 站口（人民路与春雨路交会处）	普通住宅、办公
万科银海泊岸	昆明	西山区	西山区滇池国家旅游度假区兴旅路与环湖东路交会处以北	商业
恒泰 · 滇池名门	昆明	西山区	西山区河宏路与前福路交叉口南行 200 米	普通住宅、公寓、办公、商铺
金地 We' R 悦空间	昆明	西山区	西山区新前卫西路金地九樾新营销中心（金地悦天下）	公寓
金地星月	昆明	西山区	西山区新前卫西路金地九樾新营销中心（金地悦天下）	普通住宅
昆明恒大 · 云报华府	昆明	西山区	西山区日新中路与前卫西路交会处西行 300 米	公寓、普通住宅
新希望 · 观澜汇	昆明	西山区	西山区广福路与希望路交会处	普通住宅、商铺
昆明融创文旅城	昆明	西山区	西山区二环南路碧鸡路与益宁路交叉口	普通住宅、洋房、商办、合院
佳兆业 · 壹号公馆	昆明	西山区	西山区日新中路与陆家路交会处（芳草地国际学校旁）	普通住宅、公寓、商铺
华夏四季	昆明	西山区	西山区滇池路 1068 号摩根道对面华夏四季营销会馆	洋房
龙湖 · 听蓝半岛	昆明	西山区	西山区滇池国际会展中心福保半岛云大附属会展学校旁	公寓、商铺
中国中铁 · 诺德山海春风	昆明	西山区	西山区广福路与西福路交叉口南方公园北门对面	洋房、合院
佳兆业城市广场	昆明	西山区	西山区人民路与海源路交会处（南侧）	普通住宅、公寓、建筑综合体
金地云海一号	昆明	西山区	西山区草海大观楼湖畔	合院、叠拼、洋房
金地商置 · 昆悦	昆明	西山区	西山区兴苑路与昌源南路交会处（地铁旁）	普通住宅、公寓、商业
澳新服务式公寓	昆明	西山区	西山区蓝光昆仑中心 1 楼澳新公寓营销中心	公寓
华夏澜台府	昆明	西山区	西山区西福路与边防路交叉口西北侧	别墅
雅居乐滇池一英里	昆明	西山区	西山区益宁路与碧鸡路交会处	普通住宅、公寓
隆盛府	昆明	西山区	西山区环城南路大悦城	普通住宅
阳光城 · 滇池半山	昆明	西山区	西山区滇池草海西岸春雨路石咀地铁站口旁	普通住宅、商铺
北大资源博泰城	昆明	西山区	西山区人民西路与环城西路交会处	普通住宅、办公
滇池南湾未来城	昆明	西山区	西山区融创文旅城展厅	公寓、商业
万彩城	昆明	五华区	五华区一环龙泉路与梅江路交会处	公寓、建筑综合体
中铁云时代广场	昆明	五华区	五华区筇王路与科普路交叉口	建筑综合体
海源 · 高新天地	昆明	五华区	五华区科新路	建筑综合体
保利大家	昆明	五华区	五华区二环北路与普吉路交叉口西侧保利大家艺术中心	公寓、商业
金泰国际三期名门	昆明	五华区	五华区黄土坡立交桥旁滇缅大道与西二环交界处（环内）	普通住宅、商铺、商住
融创春风十里	昆明	五华区	五华区海屯路与科普路交会处	普通住宅、公寓、商铺、办公
保利六合	昆明	五华区	五华区人民西路 207 号保利中心 28 楼	办公、公寓、商业
海伦堡中央广场	昆明	五华区	五华区西园路与云山路交会处向西 50 米	普通住宅、办公、商铺
碧桂园 · 玺台	昆明	五华区	五华区沙河路与王筇路交叉口吾悦广场对面	普通住宅
环球时代	昆明	五华区	五华区高新区茭菱路 1299 号	公寓、商铺
碧桂园 · 北城映象大观	昆明	五华区	五华区铂金大道·明通小学旁	普通住宅
新希望 · 白麓城	昆明	五华区	五华区陈家营路与龙埂路交叉口	普通住宅
假日城市二期芳华	昆明	五华区	五华区昌源中路与科医路交叉口西侧	普通住宅
融创海豚湾	昆明	五华区	五华区海屯路与科普路交会处	公寓
江东境界	昆明	五华区	五华区北市区小康大道煤化工集团斜对面（盘龙江边）	普通住宅

楼盘名称	城市名称	城区	地址	物业类型
碧桂园龙腾世家	昆明	五华区	五华区龙泉路与教场北路交叉口	普通住宅、商铺
实地·昆明花鹤翎	昆明	五华区	五华区北三环与普吉路交会处	普通住宅
万科中天北宸	昆明	五华区	五华区龙泉路与金色大道交会处，昆八中对面	普通住宅
ME 公寓	昆明	五华区	五华区滇缅大道与昌源北路交会处鑫金花园 3 栋	公寓、商铺
和悦铭著	昆明	五华区	五华区西北新城陈家营路与金川路交会处（新城吾悦广场旁）	公寓、商住
碧桂园·春城映象	昆明	五华区	五华区海屯路海源小学旁	普通住宅
南屏茂	昆明	五华区	五华区同仁街福林广场 1 层 A1009 号商铺	普通住宅
君庭云邸	昆明	五华区	五华区王筇路（吾悦广场前行约 600 米）	洋房
万科城	昆明	五华区	五华区小屯路与大塘路交会处	普通住宅
上悦天地	昆明	五华区	五华区陈家营路与沙河路交会处（隅山公园对面）	普通住宅、公寓、商铺、建筑综合体
西南驿	昆明	五华区	五华区高新区龙润路 8 号	公寓
保利春湖	昆明	五华区	五华区西翥生态旅游实验区内	普通住宅、别墅、低密度住宅
旅泰荷樾	昆明	五华区	五华区学府路与虹山东路交叉口旅泰荷樾展示中心	普通住宅
德润·香山府	昆明	五华区	五华区二环北路与核桃箐交会处	洋房、商墅
溪麓南郡	昆明	盘龙区	盘龙区世博板块野生动物园旁溪麓南郡营销中心	普通住宅、别墅
俊发盛唐城	昆明	盘龙区	盘龙区穿金路与北辰大道交会处	普通住宅、商业
俊发城	昆明	盘龙区	盘龙区京路延长线昆十中斜对面	普通住宅、公寓、办公、商铺、建筑综合体
瀚林澜山	昆明	盘龙区	东市区寺瓦路旁（项目内）	普通住宅、商业
融城昆明湖	昆明	盘龙区	盘龙区北京路延长线西侧龙江西路观瀑广场前行 500 米	普通住宅、商铺、商住
瑞鼎城	昆明	盘龙区	盘龙区白龙路与白云路交会处	普通住宅、公寓、商业
同德悦中心	昆明	盘龙区	盘龙区北京路与白云路交叉口	公寓、商住
俊发逸天峰	昆明	盘龙区	盘龙区白塔路与白龙路交会处	普通住宅、公寓、商铺
中建·龙熙壹号	昆明	盘龙区	盘龙区北京路延长线瀑布公园右侧（龙溪路银杏公园里）	普通住宅、商铺
骆驼湾	昆明	盘龙区	盘龙区小康大道	别墅
美的·顺城府	昆明	盘龙区	盘龙区金瓦路北（东三环与金瓦路交叉口前行 700 米）	洋房、别墅
碧桂园·KCC·云南映象	昆明	盘龙区	盘龙区穿金路与旧金大道交会处西行 300 米	别墅、住宅、商铺
昆明·恒大翡翠华庭	昆明	盘龙区	盘龙区北京路与沣源路交叉口龙头街地铁站斜对面	普通住宅
新迎新城	昆明	盘龙区	盘龙区白龙路 255 号（沃尔玛旁）	普通住宅、公寓、商铺
北云 66	昆明	盘龙区	盘龙区北京路与白云路交叉口	商铺
碧桂园御龙半山	昆明	盘龙区	盘龙区龙泉路与红云路交会处北行 300 米	普通住宅
万科·金域水岸	昆明	盘龙区	盘龙区北京路瀑布公园旁	普通住宅
蓝光雍锦世家	昆明	盘龙区	盘龙区铂金大道羊肠片区林肯公园售楼部	普通住宅、别墅
中海·云麓九里	昆明	盘龙区	盘龙区青云街道办清裕路与金瓦路交叉口以北约 600 米	别墅
中梁首府	昆明	盘龙区	盘龙区昆曲高速与沣源路交叉口	普通住宅
车行天下“新东集”	昆明	盘龙区	盘龙区金瓦路与机场高速交会处，车行天下二期一楼营销中心	公寓、商铺
俊发龙泉俊园	昆明	盘龙区	盘龙区红园路与红锦路交会处	普通住宅、商铺、公寓
远洋青云府	昆明	盘龙区	盘龙区穿金路与北辰大道交叉口（穿金路 729 号）	普通住宅、商业
俊发城逸璟峰	昆明	盘龙区	盘龙区昆明北京路延长线昆十中斜对面	普通住宅、公寓
昆明奥园	昆明	盘龙区	盘龙区金马路官渡二中对面	普通住宅、商铺
中海云著	昆明	盘龙区	盘龙区龙泉路与红云路交叉口以北 200 米	普通住宅、公寓、商铺
大华·公园天下	昆明	盘龙区	盘龙区虹苑路东白沙河	普通住宅、商业
碧桂园·龙川府	昆明	盘龙区	盘龙区龙泉路与教场北路交叉口半山龙庭北侧	普通住宅、限竞房、低密度住宅
中交碧桂园映象美庐	昆明	盘龙区	盘龙区东三沙河金瓦路与清[illegible]路交会处	小高层、洋房、别墅、商铺
雅居乐新希望锦麟峰荟	昆明	盘龙区	盘龙区北京路沣源路交叉口向北 1 公里（银杏公园旁）	普通住宅、商铺
中南十二集	昆明	盘龙区	盘龙区二环东白沙街中段	洋房
佳湖嘉祥苑	昆明	盘龙区	盘龙区金瓦路（东三环与金瓦路交叉口向东 300 米）	洋房
首创·禧悦春城	昆明	盘龙区	盘龙区[illegible]工西路与西贤街交叉路口	普通住宅、商铺
耀兴枫丹白露	昆明	经开区	经开区贵昆路、空港大道与宝象河交会处	普通住宅、别墅
东旭御山湖	昆明	经开区	经开区[illegible]逸路果林湖东侧	普通住宅

楼盘名称	城市名称	城区	地址	物业类型
保利阳光城翡丽公园	昆明	经开区	经开区黄土坡片区西亚山庄东侧	普通住宅、商铺
碧桂园·东园	昆明	经开区	经开区清水片区呈黄路与石安路交会处	普通住宅
新城琅樾	昆明	经开区	经开区清水片区呈黄路与石安路交会处	普通住宅
揽湖半山	昆明	经开区	经开区石龙湖畔	普通住宅
旭辉金科春夏里	昆明	经开区	经开区呈贡石龙路西侧	普通住宅
富康城·紫悦台	昆明	官渡区	官渡区宏贸路与龙辉路交叉口东侧88米路北	普通住宅
海伦国际	昆明	官渡区	官渡区广福路与永中路交会处东400米	普通住宅、建筑综合体
昆明恒大云玺	昆明	官渡区	官渡区滇池东岸五甲塘湿地公园旁	别墅、商业
长水航城	昆明	官渡区	官渡区昆明长水国际机场东南侧	普通住宅
万科魅力之城	昆明	官渡区	官渡区广福路与广居路交会处	普通住宅、商铺、商住
东旭骏城	昆明	官渡区	官渡区东三环1号路中段（东旭骏城内）	普通住宅
招商雍景湾	昆明	官渡区	官渡区滇池国际会展中心对面环湖东路南侧沿雍景湾专用路面前行即可达到	别墅
山海荟	昆明	官渡区	滇池三个半岛片区（环湖东路）	高端物业
俊发·生态半岛	昆明	官渡区	星耀路延长线古渡口路生态半岛营销中心	洋房、别墅
昆明恒大玖珑湾	昆明	官渡区	昌宏西路五甲塘湿地公园旁	普通住宅、洋房、商铺
华润置地·悦府	昆明	官渡区	环城南路与东郊路交会处（民航路小学旁）	普通住宅
万科·翡翠	昆明	官渡区	巫家坝路与广福路交叉口	普通住宅
红星天铂	昆明	官渡区	官渡区广福路与昌宏西路交会处	普通住宅
俊发·观云海	昆明	官渡区	官渡区南部汽车客运站斜对面	普通住宅、公寓、商铺
北大资源·颐和1898	昆明	官渡区	官渡区环湖东路与珥季路交会处	普通住宅
大诺·方舟天地	昆明	官渡区	官渡区世纪城珥季路中段大澡堂旁	公寓、酒店式公寓、建筑综合体
中南碧桂园樾府	昆明	官渡区	官渡区东三环与虹桥路交会处	普通住宅、商铺
万科翡翠滨江	昆明	官渡区	官渡区滇池会展片区福保路龚家村地铁站旁	普通住宅、公寓、商铺
东原璞阅	昆明	官渡区	官渡区人民东路与二环路交会处	普通住宅
保利城	昆明	官渡区	官渡区人民东路与东三环路交会处	普通住宅、商业
中南·云境	昆明	官渡区	官渡区日新东路海贝中英文小学对面	公寓
俊发新螺蛳湾·星湾俊园	昆明	官渡区	官渡区螺蛳湾一期E区4号门旁	普通住宅

楼盘名称	城市名称	城区	地址	物业类型
中交金地·中央公园	昆明	官渡区	官渡区巫家坝地铁站A出口旁	普通住宅、公寓、办公
山海湾8号	昆明	官渡区	官渡区环湖东路与飞虎大道交叉口会展山海湾展示中心	普通住宅
山海湾1号	昆明	官渡区	官渡区环湖东路与飞虎大道交叉口会展山海湾展示中心	商业
保利堂悦	昆明	官渡区	官渡区广福路与纬一路岔路口	普通住宅、公寓
中国铁建·西派国樾	昆明	官渡区	官渡区广福路与飞虎大道交叉口附近	普通住宅、公寓、办公、商铺
绿地东南亚中心·巫家坝壹号	昆明	官渡区	官渡区广福路辅路（官南小路）	普通住宅、公寓、办公、商铺
万科·大都会	昆明	官渡区	官渡区广福路与巫家坝路交叉口以南	普通住宅
巫家坝·金茂广场	昆明	官渡区	官渡区广福路与康福路交叉口	普通住宅、公寓
润麒中心R公寓	昆明	官渡区	官渡区民航路融城金阶旁	公寓、商铺
艺城·PGC紫金中心	昆明	官渡区	官渡区晓东村地铁站D1出口西行50米	公寓
龙湖·天第	昆明	官渡区	官渡区环城南路昆明十二中旁	普通住宅、公寓、商铺
中海·寰宇天下	昆明	官渡区	官渡区巫家坝CBD、民航路与关上南路交会处	普通住宅、公寓
滇池湖岸	昆明	官渡区	官渡区环湖东路捞鱼河湿地公园正对面	公寓、别墅、低密度住宅
万科500里	昆明	官渡区	官渡区环湖东路与会展西路交会处	普通住宅
北科建·春城大观	昆明	官渡区	官渡区官南大道中段大商汇旁	普通住宅
璀璨臻樾	昆明	官渡区	官渡区飞虎大道与纬八支路的交叉口（原巫家坝机场内）	普通住宅、办公、商业
世茂璀璨倾城	昆明	官渡区	官渡区飞虎大道与纬八支路的交叉口（原巫家坝机场内）	普通住宅
中骏天誉	昆明	官渡区	官渡区官南大道中段小街地铁站旁	普通住宅
俊发·彩云城	昆明	官渡区	官渡区俊发新螺蛳湾三期北侧中央湖公园旁	普通住宅、办公、商铺、建筑综合体
蓝光德商天域	昆明	官渡区	官渡区方旺片区天域营销中心（盛惠园东南侧）	普通住宅
东原启城	昆明	官渡区	官渡区地铁6号线大板桥站昆三中空港实验学校旁	普通住宅
邦盛广场	昆明	官渡区	官渡区彩云北路与广福路交叉口（西南侧）	公寓
俊发俊云峰	昆明	官渡区	官渡区广福路与星耀路延长线交叉口向南500米（云南省大剧院斜对面）	普通住宅
保利·天际	昆明	官渡区	官渡区广福路与飞虎大道交会处	普通住宅、公寓
昆明空港国门商旅区	昆明	官渡区	官渡区地铁6号线大板桥站旁	公寓、办公、酒店式公寓、商铺、商业

楼盘名称	城市名称	城区	地址	物业类型
招商公园大道	昆明	官渡区	官渡区巫家坝招商公园大道营销中心	普通住宅、公寓
绿地东南亚中心·428 公馆	昆明	官渡区	官渡区广福路辅路（官南小路）	普通住宅、公寓、办公
招商翰林大观	昆明	呈贡区	呈贡区雨花路与景明南路交会处	普通住宅、公寓、办公、商业
实力蝶锦台	昆明	呈贡区	呈贡区小王家营昆玉高速旁彩龙街与商贸大街交会处	公寓、商业
华侨城·花都时区	昆明	呈贡区	呈贡区兴呈路三台龙井步行街	公寓、商业
七彩云南第壹城	昆明	呈贡区	呈贡区彩云南路市级行政中心对面	公寓
置信银河广场	昆明	呈贡区	呈贡区春融街与彩云路交会处（春融街地铁站 A 出口）A 栋办公大堂	办公、酒店式公寓、商铺
涌鑫哈佛中心	昆明	呈贡区	呈贡彩云南路与聚贤街交会处	公寓、酒店式公寓、商铺
绿地东海岸	昆明	呈贡区	呈贡区兴呈路与呈祥街交会处	普通住宅、公寓、商业
滇池明珠·万达广场	昆明	呈贡区	呈贡区彩云南路 1666 号（地铁一号线驼峰街站 D 出口）	公寓
泛亚城邦	昆明	呈贡区	呈贡区聚贤街与致远路交会处	普通住宅、商铺
高铁时代广场	昆明	呈贡区	呈贡区春融街上海东盟大厦 A 座大堂	公寓、办公、商铺
融创孔雀镇	昆明	呈贡区	呈贡区春融东路云南广播电视台对面	公寓
中国滇池花田国际度假区	昆明	呈贡区	呈贡区环湖东路斗南湿地公园旁	普通住宅、公寓
绿地·滇池国际健康城	昆明	呈贡区	呈贡区滇池国际旅游度假区渔浦路与古滇路交会处向西 200 米	普通住宅、公寓、别墅、商铺
呈贡吾悦广场	昆明	呈贡区	呈贡区彩云中路与祥和街交叉口	普通住宅、公寓、商铺
远洋新干线	昆明	呈贡区	呈贡区云南白药街大学城南地铁 A 口处	公寓、商铺
广电苑·和园（浩创酌悦）	昆明	呈贡区	呈贡区博大路与雨花路交会处西 500 米	普通住宅
实力锦云府	昆明	呈贡区	呈贡区小王家营呈荣大道（1 号线斗南站旁）	普通住宅
昆明桃花源·清风明月	昆明	呈贡区	呈贡区阳春大道中段	公寓、商业
实力未来港	昆明	呈贡区	呈贡区地铁一号线斗南站旁	公寓
俊发蓝湖俊园	昆明	呈贡区	呈贡区石龙公路旁（石龙湖东岸）	普通住宅
光明璟宸	昆明	呈贡区	呈贡区白药街与兴园路交叉口（云南大学旁）	普通住宅、商铺
金茂国际新城	昆明	呈贡区	呈贡区新城锦绣大街旁、呈贡市政府中央公园旁	普通住宅、别墅
中国铁建·山语桃源	昆明	呈贡区	呈贡区锦绣大街与清和路交界口往前行 200 米处	普通住宅
融创微风十里	昆明	呈贡区	呈贡区高新大道与高登街交会处	普通住宅
蓝光天娇城·天樾	昆明	呈贡区	呈贡区云南白药街 3686 号云南白药街与雨花路交叉路口	公寓、商铺、商业
建投国际·滇 SHOW	昆明	呈贡区	呈贡区兴呈路与彩云路交叉口东南角	公寓
中通世纪广场	昆明	呈贡区	呈贡区彩云南路与联大街交会处 地铁 1 号及 4 号线通道口	普通住宅
锦艺·昆明之光	昆明	呈贡区	呈贡区白龙潭地铁站	普通住宅、公寓、办公、商业
昆明北大资源紫境府	昆明	呈贡区	呈贡区滇池旅游度假区环湖东路捞渔河湿地公园旁	普通住宅、公寓
雨花玖悦	昆明	呈贡区	呈贡区联大街与春融东路交叉口	普通住宅、商铺、公寓
古滇未来城	昆明	晋宁区	晋宁区晋城镇牛广路古滇未来城营销中心	普通住宅、公寓、别墅
七彩云南古滇名城	昆明	晋宁区	晋宁区环湖南路古滇生活馆	普通住宅、公寓产品
旅居山水低层美宅	昆明	晋宁区	晋宁区环湖南路古滇生活馆	普通住宅
招商依云郡	昆明	晋宁区	晋宁区昆阳街道永乐大街与普照路交会处	普通住宅、商业
华侨城·公园悦府	昆明	晋宁区	晋宁区滇池南岸龙潭路	普通住宅、商业
招商依山郡	昆明	晋宁区	晋宁区昆阳街道永乐大街与普照路交会处	普通住宅、商业
梦云南·蔚蓝山海	昆明	晋宁区	晋宁区招银大厦 222 号蔚蓝山海城市展厅	普通住宅
晋宁吾悦广场	昆明	晋宁区	晋宁区昆阳街道永乐大街与宝塔路交会处（晋宁检察院对面）	普通住宅
蓝光新城碧桂园·古滇水云城	昆明	晋宁区	晋宁区环湖南路七彩云南欢乐世界对面	普通住宅
招商依湾郡	昆明	晋宁区	晋宁区昆阳街道永乐大街与普照路交会处	普通住宅
嵩明碧桂园	昆明	嵩明县	嵩明县黄龙街与双峰路交叉口	普通住宅
浩创半山云府	昆明	嵩明县	嵩明县空港新区军长路	普通住宅、别墅
昆明恒大阳光半岛	昆明	嵩明县	嵩明县空港城兰茂大道与军长路交叉口	普通住宅、别墅、洋房、公寓
中骏云谷小镇	昆明	嵩明县	嵩明县空港经济区嵩昆大道与文汇路交叉口（海源学院旁）	普通住宅
昆明恒大养生谷	昆明	嵩明县	嵩明县嘉丽泽恒大养生谷	普通住宅、公寓产品、别墅、商铺
俊发空港城	昆明	嵩明县	嵩明县杨林工业园区空港大道旁	普通住宅、公寓产品、办公、酒店式公寓、商铺

楼盘名称	城市名称	城区	地址	物业类型
领秀知识城·国门府	昆明	嵩明县	嵩明县空港经济区职教园区中心文林路	普通住宅、别墅
嵩山溪谷	昆明	嵩明县	嵩明县杨林镇军长路俊发嵩山溪谷营销中心	洋房、高层、低密度住宅、商业
中梁东景轩	昆明	嵩明县	嵩明县玉明路与文昌路交叉口西北侧	普通住宅、商业
昆明恒大文化旅游城	昆明	嵩明县	嵩明县滇中新区嵩昆大道军马立交桥旁	普通住宅、别墅、商业

大悦城控股·碧桂园·隆盛府

2019年 中国城市楼盘年鉴 典型项目

昆明　双五百强　一环之上　大悦城旁

隆盛府由大悦城控股、碧桂园集团双“世界 500 强”打造，项目处于昆明市一环中心区位置，总建筑面积约 200 万平方米，包括高端精装住宅、高端写字楼、高端商业等，紧邻约 32 万平方米昆明大悦城购物中心。

项目地址：
昆明市西山区环城南路大悦城旁

开发商：
昆明螺蛳湾国悦置地有限公司

建筑类型：
高层

主力户型：
105~108 平方米三居、130~133 平方米三居、150~155 平方米四居

周边配套：
大悦城、云纺商业区、环城南路地铁站、昆华医院

参考价格：
待定

楼盘优势：
一环稀贵物业、大悦城内部配套，大师设计精装修产品，双“世界 500 强”企业强强联合。

专家点评 姜国君·诸葛找房高级研究员

隆盛府位居环城南路与南坝路交会之地，一环老螺蛳湾旧址，地理位置优越，拥有32万平方米大悦城配套，为双“世界500强”企业大悦城控股和碧桂园强强联合之作。

项目解析

【区域维度】

在城市不断外扩的当下，“一环”的价值标签从昆明建城开始就从未改变。隆盛府项目位于环城南路与盘龙江交汇处，地处昆明一环，近邻贯穿城市南北的要道——北京路，地铁1号线环城南路站在侧。项目周边主干道环绕，交通便捷，同时还有儿童医院书林院区、昆明市第一人民医院、云南大学医院、昆华医院等三级甲等综合医院配套，片区开发较早，各种资源配套相对完善。

【品牌维度】

大悦城控股·碧桂园隆盛府由双“世界500强”企业——大悦城控股、碧桂园及本土商业开发企业螺蛳湾投资公司三家联袂打造。其中，大悦城控股集团股份有限公司（原中粮地产集团股份有限公司）是中粮集团旗下从事房地产开发与运营的专业化公司，致力于商业地产、住宅地产、酒店、旅游地产开发以及区域综合开发。中粮集团是国务院国有资产监督管理委员会核定的以房地产开发为主业的央企，连续25年入围财富“世界500强”，2018年名列第122位。

碧桂园成立至今已有27年的品牌历史，位列中国地产企业龙头。2019年荣获《财富》“世界500强”排名第177位，如今有超过400万业主选择在碧桂园安居乐业。进入工业4.0时代，随着建筑机器人的加入，碧桂园反复推敲高性价比项目，在安全、美观、经济、适用和耐久上将得到全面提升。

【口碑维度】

2018年12月1日，昆明大悦城一期开门迎客，是中粮集团布局西南、落子昆明的代表作，也是其继成都大悦城后在西南大区打造的第二座大悦城。商业总建筑面积达32万平方米，引入800余个创新品牌，其中超40%品牌是进入昆明的首店品牌。自开业以来，大悦城便成为市民喜爱的人气打卡地。

2019年10月26日，昆明大悦城二期开业，800余家国内外知名时尚品牌入驻，全业态完整呈现，32万平方米的超大综合体量，在西南地区商业综合体中居于前列。

碧桂园集团于2015年入昆，深耕昆明、布局全省，已在云南共计投资开发46个项目，开发面积达5600余亩，投资总额逾1000亿元，项目在昆明、楚雄、昭通、曲靖、玉溪、普洱、临沧、保山、红河、大理、怒江等城市落地开花，解决就业岗位逾万个。

【产品维度】

隆盛府项目糅合碧桂园27载筑家精髓，人性化户型设计、精奢化精装打造。项目云集了来自景观设计、建筑设计等多领域的大师团队，园林设计由荣获600多个奖项、被誉为全球设计风向标的设计领域专家美国SWA操刀，建筑设计由上海水石担纲，营销中心由上海达观设计。值得一提的是，项目样板间由全球前三室内设计团队、2012年唯一进入全球前十名的亚洲公司——香港CCD倾力打造。

产品采用精装交付，而且装修标准在全市范围内都算上乘，精选品牌部件。

更多楼盘详情请扫码查看

- 2019年 -
中国城市楼盘年鉴
典型项目

恒泰·滇池名门

昆明　入滇首作　南市核心　复合大盘

恒泰·滇池名门是恒泰集团入滇首作，占地面积超 58.4 万平方米，总建筑面积 210 万平方米，其中商业部分规划 26.85 万平方米，涵盖住宅、公寓、幼儿园、小学、中学、商业、写字楼等业态。

项目地址：
昆明市西山区前福路

开发商：
云南华海中逸地产开发有限公司

建筑类型：
住宅、商业、办公

主力户型：
101 平方米三居、116 平方米三居、140 平方米四居

周边配套：
万达商圈、前兴路公交枢纽站、广福路、双地铁

参考价格：
待定

楼盘优势：
昆明市南市中心复合型楼盘，周边路网发达，生活氛围浓厚，性价比高。

专家点评　余岚·都市时报地产部资深记者

恒泰·滇池名门项目位于昆明南市区核心位置，周边开发较早，目前交通路网发达，各项生活配套也较齐全，价格相较周边项目便宜，属于南市高性价比楼盘。

项目解析

【区域维度】

从规划的城市副中心到“南延北拓”的主方向，昆明不断向南发展。恒泰·滇池名门项目位于南市区核心位置，毗邻滇池旅游度假区和泛亚金融产业区，周边环绕着广福路、河宏路、日新中路、前兴路、前福路及前卫西路等城市要道，路网完备成熟；毗邻前兴路公交枢纽站，公交线路多，地铁2号线、5号线在项目周围均设有站点，出行便利。商业方面，项目距离万达广场、爱情海购物公园、公园1903、南亚风情第壹城、世纪城等成熟商业也较近，同时项目周边新建楼盘较多、建筑面积较大，各类资源齐全，片区生活氛围日益浓厚。

【品牌维度】

恒泰集团成立于1992年，是地产、云商产业城、房车特色小镇、物业、金融、教育多板块协同发展的大型民营企业集团，版图遍及全国，成功布局长三角、粤港澳大湾区、京津冀三大沿海城市群以及中西部重点省会城市，在全国30余座城市开发了40余个精品项目。2018年以来，先后入选“中国房地产住宅开发专业领先品牌价值10强”、“2019年度中国房地产开发企业”品牌价值成长性10强、“2019年度中国房地产综合实力85强”、成长速度10强等，获得“2018年度中国100强房企”销售增幅排行榜第4位，2019年，恒泰·滇池名门项目荣获了昆明幸福房鉴心公益评测“宜居幸福楼盘”称号。

【口碑维度】

恒泰·滇池名门项目前身为昆明市西山区21号片区城中村改造项目。项目于2010年6月开始分三期建设，后经历了多次停工与接手。2016年，恒泰集团作为昆明市西山区政府重点招商引资企业，接手该项目，开发恒泰·滇池名门。恒泰集团接手后组织复工，开展各项相关工作，于2019年1月21日顺利完成交房。同时，从2018年开始，恒泰·滇池名门陆续开发A2-1、A2-2及A2-3地块。

【产品维度】

恒泰·滇池名门项目规划有住宅、公寓、幼儿园、小学、中学、温泉会所、商业、写字楼等业态。主推板式住宅户型，格局方正、动静分离、采光充足，卧室均有飘窗设计，并配有景观阳台。前无遮挡，10层以上可观西山、滇池美景。除住宅之外，项目自身规划有约36万平方米的教育配套及约26万平方米的商业配套，自身规划3000平方米生鲜超市，满足日常生活所需。教育资源方面，涵盖4所共51班幼儿园、42班小学、27班初中、24班高中。项目旁还修建约27000平方米的滨江公园，包含儿童娱乐、老年健身广场、全民健身空间等。在医疗配套方面，2公里范围内有昆明市儿童医院和同仁医院，步行或乘公交均能快速到达。

【销售维度】

恒泰·滇池名门项目属于南市区复合型楼盘，从2017年开始销售，处于顺销状态。开发商数据显示，2018年四个季度总共销售9.1亿元。2019年推出4栋、5栋、6栋共计636套住宅，在半年内全部售罄。

更多楼盘详情请扫码查看

昆明恒大文化旅游城

2019年 中国城市楼盘年鉴 典型项目

昆明　滇中新区　文旅胜地　万亩大盘

昆明恒大文化旅游城由恒大旅游集团打造，总占地逾万亩，总投资千亿元，规划建设恒大童世界、婚礼庄园、现代博物馆群、演艺中心、国际会展中心、万国美食街、商业广场、欧式城堡酒店等。

专家点评

姜国春·诸葛找房高级研究员

昆明恒大文化旅游城项目自带多元化配套，与周边齐全的教育、医疗和交通一起构成了片区宜居、宜业、宜游的三宜属性，将为昆明文旅产业发展注入新动能。

项目地址：

昆明市嵩明滇中新区嵩昆大道军马立交桥旁

开发商：

云南御行中天房地产开发有限公司

建筑类型：

高层、别墅、洋房

主力户型：

53 平方米一居，74 平方米二居，96 平方米、128 平方米三居

周边配套：

昆明长水机场、嵩明高铁站、嵩昆大道、杨林大学城

参考价格：

待定

楼盘优势：

择址昆明市滇中新区，“世界 500 强”企业旗下项目，规划打造恒大童世界，享多元化配套。

项目解析

【区域维度】

昆明恒大文化旅游城项目位于昆明市滇中新区，毗邻昆明市杨林大学城。滇中新区是我国第15个国家级新区，是面向南亚、东南亚辐射中心的重要支点。2019年上半年，滇中新区地区生产总值达350亿元，同比增长9.6%，在公布数据的国家级新区中增速排第5名。截至2019年6月，滇中新区三年投资综合交通共计超707亿元。

滇中新区不仅有渝昆、沪昆以及杭瑞三条重点高速合流互通，也有嵩昆大道、空港大道两条城市主干道贯通文旅板块核心区，同时还有长水国际机场、嵩明高铁站、地铁6号线及涵盖多所高校的杨林大学城，基本形成机场、高铁、地铁及高速路网的综合交通体系。

在产业布局上，滇中新区以“临空+文旅”为核心，打造了安宁工业园区、杨林经开区、空港经济区三大千亿元级产业园区，先后引进6家“世界500强”企业、9家“中国500强”企业。同时，昆明临空产业园、昆明综合保税区、中关村电子城等大型优质项目建设正快速推进。

【品牌维度】

恒大集团是以民生地产为基础，文化旅游、健康养生为两翼，新能源汽车为龙头的“世界500强”企业集团。恒大旅游集团专注文化旅游项目的开发和运营，致力于全方位构建文化旅游综合体版图，已打造文化旅游胜地“中国海南海花岛”、童话神话乐园“恒大童世界”、恒温水乐园“恒大水世界”以及高科技农业企业“恒大高科农业”。

【口碑维度】

近年来，恒大瞄准文化旅游这一朝阳产业，深耕文旅市场。依照“文旅+”思路，昆明恒大文化旅游城通过挖掘当地文化旅游资源、深入研究市场需求，将文化、旅游、休闲、娱乐、商业、居住等需求结合，还专为少年儿童打造了全室内、全天候、全季节的大型童话神话乐园——恒大童世界。

恒大童世界占地约1481亩，以中国文化、中国历史、中国故事为核心内容，融合中国文化精髓和世界文明等元素，建设璀璨中华、魔幻西欧、探险南美、神秘古国、漫游海洋、穿越太空等六大主题园区，并规划33个大型游乐项目。

与此同时，昆明恒大文化旅游城还规划打造约47600平方米欧式主题婚礼庄园、约69300平方米现代博物馆群、约30500平方米大型演艺中心、约104500平方米国际会议中心、约43000平方米国际会展中心、约122900平方米商业广场、约164100平方米欧式城堡酒店、万国美食街等配套。

【产品维度】

昆明恒大文化旅游城是恒大旅游集团的拳头项目，推出了高层、别墅、洋房产品体系。高层产品主打建筑面积从53平方米的一居到124平方米的三居，并配有洋房和别墅产品，可以满足不同家庭的需求。08地块的容积率为1.5，03地块为2.0，均远低于5，居住舒适度高。同时，项目绿化率达到40%，部分地块绿化率高于50%。住宅产品全部精装修交楼，还有金碧物业提供24小时全天候管家式服务。

更多楼盘详情请扫码查看

昆明恒大养生谷

- 2019年 -
中国城市楼盘年鉴
典型项目

昆明　滇中新区　康养胜地　特色小镇

昆明恒大养生谷位于昆明市空港新城，拥有湿地公园、荷花湖等自然资源，国际马术俱乐部、高原足球训练基地、五星级酒店群、国际会议中心等配套，是集旅居度假、运动赛事、商务会议于一体的宜居度假胜地。

项目地址：
昆明市嵩明县嘉丽泽收费站出口旁

开发商：
恒大健康集团

建筑类型：
公寓、洋房、高层、别墅、商铺

主力户型：
82 平方米、126 平方米三居，146 平方米四居，212 平方米独栋

周边配套：
长水机场、嵩明高铁站、原生湿地公园

参考价格：
7366 元 / 平方米起

楼盘优势：
恒大健康旗舰产品，嘉丽泽原生湿地公园，全龄化养生养老配套。

专家点评

姜国君·诸葛找房高级研究员

昆明恒大养生谷项目是恒大健康集团入滇首秀，位于空港新城，占地面积大，配套丰富，在开发10余年的嘉丽泽之上，整合集聚养老养生、健康管理、医疗保险等资源。

项目解析

【区域维度】

昆明恒大养生谷位于云南省唯一的国家级新区——滇中新区空港新城。昆明空港新区作为昆明主城与国家级滇中新区的重要枢纽，是滇中新区的重要组成部分和驱动核心。以昆明长水国际机场为核心，空港新区将打造为昆明国际化战略的核心区、现代服务业发展的新高地。

滇中新区目前已经形成立体交通网络，嵩明高铁站距离项目8公里，通行沪昆高铁等线路，周边5公里内涵盖杭瑞高速、渝昆高速、绕城高速、嵩昆大道、空港大道、长嵩大道等道路，轻轨6号线也途经空港区域。同时，项目内规划有交通枢纽站，开通屋村巴士每天往返于昆明主城核心区，沿线途经地铁站及多个大型商圈，并开通机场、高铁接驳巴士，解决日常出行交通问题。

【品牌维度】

恒大健康产业集团是恒大集团旗下集新型高端国际医院、社区健康管理服务、全龄化健康服务"养生空间"等业务于一体的综合大型健康产业集团，于2015年5月在香港联合交易所主板上市。

恒大养生谷是恒大健康集团倾力打造的拳头产品，项目总占地8000余亩，2017年入选全国第二批全国特色小镇，同期入选云南省25个创建"全国一流"小镇名单，是云南省首个高原体育运动特色小镇。

【口碑维度】

昆明恒大养生谷由恒大健康产业集团打造。把握昆明发展大健康产业的契机，依托项目地理优势、自然资源及五星级酒店群、多样运动配套、风情商业街、水幕电影等配套，结合恒大健康的医疗康养资源，打造健康文旅"大城"。

项目集旅游度假、健康养生、商务会展、商业、教育、医养于一体，集合4545亩康养小镇、3716亩健康运动小镇、6000余亩度假小镇、2151亩休闲小镇，以及约3700平方米的幼儿园、约54000平方米的9年一贯制学校。此外，还有星级标准酒店群、12000平方米千人会议中心、8000平方米春山望风情商业街、Galizeo休闲度假系列、10000平方米国际马术俱乐部、国际高尔夫俱乐部、130000平方米国际体育训练基地、10000平方米综合运动中心、40000平方米欢乐王国、9000平方米"泽丽方"等配套，休闲娱乐俱全。

【产品维度】

昆明恒大养生谷开发公寓、洋房、高层、别墅、商铺等一系列产品，其中住宅户型方正，动静分区设计。以126平方米洋房为例，三室两厅两卫户型，双阳台设计，厨房外接阳台，拓宽生活空间；客厅外接景观阳台，主卧带独立衣帽间、卫生间，外接一个阳光大露台；每一个卧室都有飘窗，方正明亮。

【销售维度】

恒大集团是以民生地产为基础，文化旅游、健康养生为两翼，新能源汽车为龙头的"世界500强"企业集团。目前，恒大总资产2.1万亿元，年销售规模超6000亿元，累计纳税超2400亿元、慈善捐款超148亿元，员工14万人，每年解决就业260多万人，"世界500强"排名第138位。恒大集团实施精品战略，打造高品质、高性价比产品，让600多万业主实现宜居梦想。

更多楼盘详情请扫码查看

万科·500里

2019年 中国城市楼盘年鉴 典型项目

昆明　滇池沿岸　灯塔作品　精装交付

万科·500里位于昆明市官渡区环湖东路滇池福保半岛，昆明滇池国际会展中心旁，由云南万科企业有限公司投资建设。

项目地址：

昆明市官渡区环湖东路与会展西路交会处

开发商：

昆明万睿房地产开发有限公司

建筑类型：

高层

主力户型：

97平方米三居，108平方米、120平方米三居，143平方米四居

周边配套：

滇池会展中心、王府井·滇池小镇、地铁福保站

参考价格：

待定

楼盘优势：

共享滇池会展中心配套，多个湿地公园环绕，近地铁福保站、会展中心站，滇池沿岸环境优美。

专家点评

梁彩霞·锐理数据昆明公司总经理

万科·500里项目位于昆明热点开发区域之一的滇池会展板块，因紧邻滇池，项目周边环境优美，而紧邻会展中心及多个大型项目，周边的公共交通以后会更加便利。

项目解析

【区域维度】

万科·500里位于昆明国际会展板块、滇池半岛区域。2016年，国务院批准通过了昆明“南延北拓”的城市发展方向，昆明南市滇池东岸成为开发热点。从区位上看，滇池会展板块正好位于主城区正南方，属于距离主城区较近的滇池沿岸地带，北接巫家坝，南临滇池，西连昆明传统城市中心。

万科·500里项目紧邻滇池国际会展中心，周边环湖东路、飞虎大道、广福路等城市干道交错，1公里范围内昆明地铁2号线、5号线、8号线（规划建设中）交会，距王府井·滇池小镇仅500米，距离万达广场、爱琴海、公园1903、南亚风情第壹城等南市商圈也近在咫尺。因为邻近滇池，周边还有三甲塘湿地公园、宝丰湿地公园、西亮塘湿地公园等多个湿地公园分布，生态环境较好。

【品牌维度】

“与云南共生美好”，是万科进入云南之后提出的品牌理念。万科是进入云南较早的头部房企之一，经营风格稳健，拿地比较看中相对成熟的区域，因此，万科在昆明的项目数量其实不算多，但通过对项目品质的严格把关，获得了较高的市场认可度与销售溢价。目前，昆明万科在售的项目，售价普遍高于区域平均水平。

万科·500里定位为万科入滇10年打造的灯塔级作品，也将打造成为万科在昆明的典型项目，在产品设计、园林景观等方面均较以往项目进行了升级。

【口碑维度】

得益于优越的自然环境，滇池边已成为昆明低密度住宅物业集中的区域。而昆明滇池国际会展中心是云南省集展会、酒店、商业、休闲于一体的重大标志性工程，占地面积540万平方米，自投入使用后已举办了多次大型展会，后续还规划了酒店集群、主题乐园等配套。万科·500里作为万科建设的改善型物业，紧邻滇池与滇池国际会展中心，以中式造园理念为基础，按宽阔楼间距、庭院式组团规划，从2019年4月案名公布到6月首批地块过规，再到7月项目开盘，整体推进速度较快。项目自身配套两所幼儿园，周边3~5公里范围内有同仁医院、省中医院等医院分布。

【产品维度】

昆明市场已进入“改善时代”，万科·500里在万科原有的产品标准化户型上进行了升级，打造尺度更开阔、功能更齐备的大三居、大四居产品。97平方米户型，三面宽朝南，提高空间利用率，通过客餐厅南向布局、一体相连并接阳台，形成进深约7.6米的空间，方正次卧也可根据需求自由改造。143平方米大四居户型设计大横厅，客厅实现宽阳台及5米飘窗的双面采光，布局端头也可以直接看到中央景观。

【销售维度】

案场数据显示，2019年7月，万科·500里首次开盘，当日到场客户近千组，推出700余套房源，去化率98%，随后，项目于8月、9月、10月、11月连续四次加推，共推出1000余套房源，去化率接近30%，在2019年取得22亿元的销售额。

更多楼盘详情请扫码查看

中海·寰宇天下

- 2019年 -
中国城市楼盘年鉴
典型项目

昆明 巫家坝 CBD 总部集群 地铁上盖

中海·寰宇天下位于昆明市春城路和飞虎大道十字中轴，总占地面积约 11.69 万平方米，分两期开发。一期为 11 号和 29 号地块，总建筑面积约 256451.5 万平方米，容积率 4.5，涵盖 8 栋纯板式大宅、1 栋国际公寓和部分社区底商。

专家点评 吴劲松·昆明日报经济新闻中心地产部首席记者

中海·寰宇天下位于巫家坝片区，在规划红利加持下，片区已获得较大发展，各种资源配套均在不断完善中。项目推出的产品是片区少有的小面积段住宅，入住巫家坝成本低。

项目地址：
昆明市春城路和飞虎大道十字中轴

开发商：
昆明海祥房地产开发有限公司

建筑类型：
住宅、公寓、商铺

主力户型：
99 平方米、113 平方米、125 平方米三居，143 平方米四居

周边配套：
中央生态公园、6 条地铁线、4 条城市快速路、4 条主干道

参考价格：
待定

楼盘优势：
昆明市自贸区和巫家坝双中心；地铁上盖，临巫家坝中央公园，无匙智能化现代便捷社区。

项目解析

【区域维度】

按照昆明建设区域性国际中心城市的发展目标，巫家坝片区作为辐射南亚、东南亚的金融中心及总部基地，将集金融中心总部基地、文化娱乐休闲区、文化创新居住区、生态低碳居住区、国际社区、商业文化区、传媒中心、文化宜居区和城市中央公园等多种功能于一身，是未来昆明新中心。2019年，巫家坝划入云南自由贸易试验区昆明片区，扩大了外资投资范围，提高贸易优势，加速金融创新。

从位置上看，中海·寰宇天下紧邻飞虎大道，其周边规划有巫家坝中心、音乐广场两大地铁站点。同时，项目临近中央公园的水域景观区，而在其北侧是官渡森林公园。站在片区的角度来看，项目地处巫家坝西北一侧，连接了这一区域与其西北侧原先的关上片区，交通及设施配套等方面已相对完善。

【品牌维度】

“千亿央企巨子”中海地产背靠国有资产监督管理委员会直属大型央企中国建筑，拥有40余年房地产开发与不动产运营管理经验，业务遍布港澳和内地70余个城市以及美国、英国、澳大利亚、新加坡等多个国家和地区。中海·寰宇天下归属中海地产高端产品序列，也是其入滇第7个项目，在巫家坝片区打造“高配精装户型”；从99平方米、113平方米、125平方米三居到143平方米四居，满足多类购房人群需求。

【口碑维度】

中海·寰宇天下严格按照“样板房制度”执行，从样板房到交付期不做更改。项目在产品设计上聘请了美国PCPA建筑师事务所、日本排名前三的设计团队凤咨询和香港华艺设计公司，负责项目规划、产品打磨、景观园林设计等。根据此前发布的片区规划，巫家坝片区有地铁1号线、8号线、东西快线和南北快线穿行，中海·寰宇天下位于巫家坝中心站地铁上盖，地铁直达其自带的下沉式商业广场。

【产品维度】

得益于巫家坝规划建设，片区的商品住宅热度在昆明市场中一直颇为突出。区域内在售、待售项目较多，从产品类型看，多被高端改善型大平层和商业公寓所垄断。而中海·寰宇天下独栋住宅拥有97~120平方米多种户型，其产品定位为小面积段，总价亲民，产品的可改造凸窗设计还增加了空间利用率。采用板式通透设计。同时，整体立面外形延续新现代主义风格，楼栋间距超百米，采光、通风互不影响；布局采用方正式围合设计，中庭设置花园景观，整体采用现代多元的层次与空间变化，努力呈现更加丰富立体的园林景致。

【销售维度】

“寰宇系”是中海地产旗下荣获“中国房地产住宅项目品牌价值10强”的产品系列之一。中海·寰宇天下项目位于昆明热点发展片区巫家坝，是中海在全国开发的第十九座“寰宇系”产品。2019年6月8日售楼部正式开放，6月22日首开，据开发商统计数据，当日吸引了近700组客户到场，销售额8亿元。截至2019年11月，项目已销售近1000套，约13万平方米，成交总金额约25.6亿元。

更多楼盘详情请扫码查看

中海·云麓九里

2019年 中国城市楼盘年鉴 典型项目

昆明　低密住区　新中式院落　依山傍水

中海·云麓九里位于昆明市东白沙湖片区，项目占地19.2万平方米，总建筑面积90835平方米，打造容积率约1.2的低密度湖山住区。

项目地址：
昆明市盘龙区清裕路与金瓦路交叉口以北600米

开发商：
昆明海豪房地产开发有限公司

建筑类型：
别墅

主力户型：
175平方米四居、316平方米五居、378平方米六居

周边配套：
花之城、东白沙湖、地铁3号线、白沙河商圈

参考价格：
240万~800万元/套

楼盘优势：
低密底湖山高端住区，一湖三山四公园，距离市中心生活圈较近，临近地铁3号线与6号线。

专家点评　梁彩霞·说理数据昆明公司总经理

中海·云麓九里是中海地产在昆明打造的首个纯别墅产品，打造具中式文化的别墅居住环境。项目地处的东白沙河片区为盘龙区重点发展区域，各种配套都在逐渐完善中。

项目解析

【区域维度】

中海·云麓九里位于昆明市东白沙湖片区，区域内有地铁3号线、6号线地铁经过，可通达主城市中心与长水国际机场。同时，东部汽车客运站与昆明城市二环、三环主入口均连通白沙湖片区，与城市地铁、轻轨共同形成立体快速通道。

作为昆明重点发展新区之一，东白沙河片区一直是昆明城市规划序列中重点的发展建设区，并计划将东白沙河水库及其周边区域打造成昆明的第二个"翠湖"，吸引了众多房企争相进驻。按照规划，东白沙河片区将围绕"一带、两轴、三心、四片区"的空间结构，规划成为面向国内国际的山水人文旅游目的地，并且将建成集旅游度假、高端商务、高尚生活、生态保护等于一体的大昆明国际山水休闲城。

依山傍水的区域面貌使得东白沙湖片区成为昆明生态宜居的片区之一。低人口密度、高绿地面积，加上大面积山林水域，凸显出整个白沙湖片区的生态休闲属性。片区有1600余亩白沙湖水库以及睡龙山、呼马山、姑娘山，金殿森林公园、世博园生态公园、白沙河休闲公园、野鸭湖生态公园。

【品牌维度】

昆明中海，深耕7载。自2012年进入昆明以来，中海地产已投资逾100亿元，从市中心到滇池半岛，从北市区到东市区，始终秉持"共创美好生活"的理念，布局城市，为城市打造美好新未来而不断努力。中海·云麓九里为中海入滇第五个作品，旨在打造新中式院落。

【口碑维度】

中海·云麓九里，作为昆明主城区新中式低密度住宅区，传承中式建筑文化，并同时融合云南当地传承上千年的建筑文化；利用缓坡形成的高低错落的地势，打造多样的"一颗印"合院式格局。项目是中海地产扎根昆明7年的合院首作，将中式建筑设计理念融合进当下生活语境。

【产品维度】

"一颗印"是昆明特色建筑，整体方形围合、外墙高耸无窗，院落呈内部开放、外部封闭的形制，其平面如中国传统印章，因而得名"一颗印"，是云南众多传统民居中具有代表性的建筑；历经千年洗礼，已成为昆明独特的城市脸谱。中海·云麓九里溯源千年昆明"一颗印"，沿袭西周里坊制，设计"一府四苑，五进九里"的礼序空间和归家动线，在当代生活语境下实现院落情怀。

中海·云麓九里整个项目占地约287亩，分为两个地块开发，南地块A2地块占地约82亩，容积率1.2，住宅规划有493户，车位360个，去化约40%；北地块A1地块待开发，占地约205亩，容积率1.1。一期地块利用地形高差设计，考虑视线的延展性，打造约1.2低容积率的新中式合院住区。

【销售维度】

中海·云麓九里位于东白沙河片区。作为纯别墅项目，案场数据显示，整个项目销售去化比例达50%，目前还在稳定去化中。

更多楼盘详情请扫码查看

中南·云境

- 2019年 -
中国城市楼盘年鉴
典型项目

昆明　巫家坝 CBD　中南 TOP 级　精装宽板

中南·云境位于昆明市巫家坝核心区域，是中南 TOP 级“云系”产品，也是中南置地深耕春城的第二个项目；总建筑面积约 30.88 万平方米，集住宅、公寓、写字楼和商业等复合业态于一体。

项目地址：
昆明市巫家坝 CBD 中心、飞虎大道与春城路交会处旁

开发商：
云南盛荣房地产开发有限公司

建筑类型：
高层、商业、LOFT

主力户型：
107~127 平方米三居、143~185 平方米四居、49~127 平方米 LOFT

周边配套：
中央公园、10 余家总部基地、地铁站、飞虎大道

参考价格：
待定

楼盘优势：
毗邻巫家坝中央公园，高标准精装宽板设计，巫家坝金融中心核心区。

专家点评

邓晓盈·昆明理工大学副教授、房地产产业链研究中心主任

中南·云境位于昆明市巫家坝金融中心，片区前景被普遍看好。巫家坝是昆明正在大力发展的区域，未来也将形成昆明总部基地，虽然开发周期相对较长，但资源集聚的优势明显。

项目解析

【区域维度】

根据规划，巫家坝核心区将以春城路与飞虎大道交会的十字中轴为核心开发建设，分布金融中心、总部基地、国际化商业中心、城市中央公园、便捷交通等资源，是昆明开发热门区域。

中南·云境位于昆明市飞虎大道与春城路交会处旁，属于巫家坝CBD核心区域，项目百米之内集聚十大商务总部基地，商务氛围浓厚；200米内将集中多个商圈；约500米毗邻巫家坝中央公园。周边还有飞虎大道、春城路、广福路、官南大道、昌宏路等城市主干道，地铁1号线、规划中的8号线、南北快线等多条地铁将从片区穿过。

【品牌维度】

中南置地为中南建设集团旗下房地产旗舰品牌，已打造出精品住宅、商业地产、特色小镇、旅游养生、产业园区等五大业态以及物业、文教产业、绿色园林三大配套产业。中南置地2018年被评为“中国房地产开发企业20强”，已布局全国超100城、300个项目，服务80万名业主，并将业务拓展至海外。

作为中南置地深耕春城的第二个项目，中南·云境落子巫家坝核心区域，并带来中南TOP级“云系”产品，定位主要面向改善型客群，集住宅、公寓、写字楼和商业等复合业态于一体。项目施工方是云南建投第四建设有限公司，其拥有建筑工程施工总承包特级资质，是云南省建筑业重点骨干企业；项目物业管理由中南物业负责，具备国家一级物业管理资质。

【口碑维度】

中南·云境项目推出的住宅全都是精装成品交付，使用环保材料、人体工程设计、新风系统、全屋软水及直饮水配置、个性化收纳家具、智能化管理、楼王中央空调等，装修标准处于昆明市场较高水平。住宅采用高层宽板设计，既拥有采光、通风、户型优势，又因为建筑高度和错开式建筑布局，使整个景观视线优越。

商业服务设施方面，未来将打造地下交通、地下商业街、地下综合体等，距离世纪城商圈、海伦国际商圈、关上商圈也较近。除了项目自身拥有的配套外，还能享受巫家坝的配套资源。

【产品维度】

中南·云境项目占地面积约73亩，总建筑面积约30.88万平方米，建设10栋板式高层住宅、2栋总部基地公寓，共计接纳1174名住户，提供车位1968个。

以项目面积最小、建筑面积约107平方米户型为例，三室两厅两卫一厨一阳台设计，功能齐全。出电梯后的走廊可采光，不用担心传统塔楼黑暗的过道；进门后餐厅与客厅相连，中间无遮挡物，南北通透，明厨明卫，厨房为U形设计，且需要用水的厨房、卫生间与卧室、客厅干湿分离，设计合理。

建面49~127平方米的LOFT有4.5米层高，上下均可开窗，内部空间采用框剪结构、无梁设计，层高充分利用，还设计有6.4米开间和9.3米进深，可以确保后期可自由分割、改造。

【销售维度】

自2018年9月面市以来，中南·云境受到市场广泛关注，仅一年时间，住宅全部售罄，销售情况较好，高精装标准也备受市场好评，巫家坝CBD将形成的商业氛围和资源支撑也被看好。

更多楼盘详情请扫码查看

抚仙湖·广龙小镇

- 2019年 -
中国城市楼盘年鉴
典型项目

玉溪　抚仙湖畔　特色小镇　生态搬迁

抚仙湖·广龙小镇位于玉溪市抚仙湖北岸广龙片区，是海诚控股继告庄西双景后打造的又一文旅大作；规划用地约230万平方米，投资百亿元，集文化、体验、休闲、购物、度假、养生、观光、风情、住宿于一体。

项目地址：

玉溪市澄江县澄川线

开发商：

澄江海诚旅游发展有限公司

建筑类型：

商铺、公寓、客栈、住宅、小院子

主力户型：

200~3000平方米商铺、35~90平方米公寓、400~5000平方米客栈

周边配套：

抚仙湖旅游度假区、呈澄高速、澄江西收费站

参考价格：

待定

楼盘优势：

抚仙湖旅游资源，滇中文化，度假酒店集群，吃住娱一体化。

专家点评

何永锋·云南空港雅仕维地产事业部总经理

作为高原湖泊生态文明建设搬迁工程，抚仙湖·广龙小镇统筹兼顾生态移民和生态湿地建设，通过改善抚仙湖区域内的产业及功能结构，达成环湖生态环保目的。

项目解析

【区域维度】

抚仙湖·广龙小镇位于"滇中一小时经济圈"区域内，周边有呈澄高速、昆明绕城高速、江澄高速、澄华高速、环湖公路等主干道，可通达昆明、玉溪、曲靖、楚雄等滇中主要城市，立体的交通路网便捷连通昆明空港新区、长水国际机场、昆明高铁南站和嵩明、宜良、晋宁各地。随着昆明东南绕城高速"澄江西"收费站通车，抚仙湖·广龙小镇与收费站无缝对接，成为高速路进入抚仙湖国家级旅游度假区的第一站。此外，随着昆明高铁通车和昆曼高速、泛亚铁路的陆续推进建成，周边交通环境越发便捷通达。

【品牌维度】

抚仙湖·广龙小镇位于玉溪市抚仙湖北岸广龙片区，是国内外游客进入抚仙湖国家旅游度假区必经的"北大门"，是海诚控股继告庄西双景后打造的又一文旅大作。项目规划用地约230万平方米，投资百亿元，是省、市确定的抚仙湖保护战略重点生态文明建设工程和生态移民搬迁重点项目，也是全国首个高原湖泊生态文明建设搬迁工程。

项目包括旅游商业开发区、生态移民安置区和生态湿地区，对接抚仙湖旅游发展定位，强化湖园镇旅游格局；以5A级景区为建设标准，围绕抚仙湖全域旅游开发运营。项目以旅游度假为主导产业，融入会议会展、民俗体验、非遗传承、双创孵化、古城探秘等子项目，同时还筹划扩展旅游集散枢纽、艺术文化展览和运动康养等功能板块。据开发商提供数据，2019年国庆期间，项目风貌样板区盛大开放，聚集了来自全国各地超10万人次的游客。

【口碑维度】

抚仙湖·广龙小镇已入列云南省特色小镇创建名单，创建层次为国家一流特色小镇，荣获"云南省优秀示范特色小镇""全国十佳文旅小镇"、法国金知了戛纳国际创意节"社会影响力"大奖等多项国内外荣誉；主办和承办了抚仙湖光影秀(2018年)、澄江县第二十九届立夏节暨第四届澄江傩戏文化节(2018年)、澄江县第三十届立夏节暨第五届澄江傩戏文化节(2019年)、风貌样板区开放暨国潮天子街活动(2019年)等大型活动。项目深挖并营造民俗文化氛围，丰富文化旅游产品，带动小镇人气持续稳定增长。

【产品维度】

十里金铺为抚仙湖·广龙小镇独栋古镇商业，200~3000平方米丰富面积段，满足酒吧、餐厅、咖啡吧、书吧、茶吧等多种业态经营。同时，周边配以滨湖环境与小镇人文，有效吸引来往人流。仙湖镜寓为抚仙湖·广龙小镇低密度湖滨度假公寓集群，35~90平方米的房间，可以看到抚仙湖美景、滇中文化风情与湿地花海。云舍客栈为抚仙湖·广龙小镇民俗客栈，400~5000平方米民俗客栈集居住性、经营性、观赏性于一体。

【销售维度】

据开发商提供数据，抚仙湖·广龙小镇2018年11月27日开盘，至2019年12月推出4189套房源，售出4028套，销售额约62亿元，去化率达96.16%。

更多楼盘详情请扫码查看

浙江省

2019年杭州房地产市场总结

行业发展历程

一、城市概述

杭州古称临安、钱塘，是浙江省省会、副省级市、杭州都市圈核心城市。截至2018年，常住人口980.6万人，城镇人口759.0万人，城镇化率77.4%，为长三角地区的重要中心城市。

杭州位于中国华东地区、东南沿海、浙江省北部、钱塘江下游、京杭大运河南端，是环杭州湾大湾区核心城市、沪嘉杭G60科创走廊中心城市、国际重要的电子商务中心，将打造全国数字经济第一城。

二、行业现状

回望2019年，杭州房地产市场与2018年走势基本吻合，上半年市场好于下半年，春生夏长，秋收冬藏，这与调控政策和金融政策风向变化有关。值得一提的是，2019年杭州出现了16次“万人摇”，有一半楼盘还需要摇号才能买到，体现了杭州购买力的强大。

三、政策环境

2019年中，政府推出了双限政策，即“限房价、限装修”。相比之前的政策，这个政策更具契约精神，开发商不再激进拿地，土地市场趋稳，进一步稳定了预期。但与此同时，杭州也加入到了抢人大战中，专科门槛就可落户，在一定程度上对冲了调控的效果。

四、土地市场

双限政策出台后，开发商还在适应中，溢价率降温明显，大体是前高后低。全年杭州十区土地成交总金额为2677.4亿元，依然在全国各大城市名列第一位，这也反映了开发商对杭州未来潜力的信心。

五、房企布局

从房企在杭州的土地储备情况来看，部分开发商布局战略有所调整。进入微利时代，对利润率要求较高的外来房企转战其他城市，中小房企也进入观望状态。而浙系房企在这一轮市场周期中，在标准化、体系化上冲劲十足，反而在市场中脱颖而出。

六、房产行业发展历程

1992年，住房制度改革实施，国内各大城市全面进入商品房时代，杭州在这一波发展中，催生了一大批未来在杭州乃至全国影响力举足轻重的房企。当年的桂花城、南都德嘉、南肖埠小区等，都已成为经典，一举奠定了“西贵”的地位，把杭州带上了品质之路。

作为最早推行土地储备制度的城市之一，杭州为全国树立了榜样，对中国特色的‘政府主导、大规模、快速城市化模式”做出了历史性贡献。杭州成为中国房地产市场中市场化程度较高，且高度敏感，具有风向标意义的城市。

城市年度市场解读

一、本地新政

1.“双限时代”来临

2019年6月29日，杭州主城区挂牌九宗土地，总出让面积42.6万平方米，总出让起价达226.8亿元。值得关注的是，这九宗土地首次设置了“限房价”的出让条件：在竞价规则中明确未来新房的毛坯销售均价、毛坯最高价、最高精装标准。

2. 抢人大战再升级：杭州放宽落户至大专

4月3日，杭州市政府正式印发《关于贯彻落实稳企业稳增长促进实体经济发展政策举措的通知》。该通知指出，全日制大学专科及以上人才，在杭工作并缴纳社保的，可直接落户。

二、年度土地供应

2019年，杭州十区土地市场出让土地275宗，总面积903.1万平方米（约13546亩），总可建面积2218.5万平方米，总成交金额2677.4亿元，平均楼面价12068元/平方米。

其中，成交金额创历史新高，续2018年之后再次居全国首位。

2019年8月7日，新鸿基&平安以132.6亿元拿下江河汇，成为继嘉里、恒隆、新世界之后第四家在杭州拿地开发商业地产的港企。短时间内，优质港企投入300亿元抢滩杭州市场。

三、年度住宅供应

2019年，杭州住宅供应量为102859套，总供应面积约12079578平方米，供应面积创近五年新高，环比2018下半年分别上涨8.6%和9.1%。

其中，1月、2月份受节假日影响，市场进入传统淡季，3月在“小阳春”到来之际，新房供应量迎来爆发。除了7月供应量大幅减少外，直至12月供应量冲至13861套的高位。

四、年度住宅成交

据克而瑞研究机构数据，2019年，杭州纯住宅共签约100950套房源，环比2018全年下降0.95%，成交基本保持稳定。全年纯住宅总成交面积约11718385平方米，环比上年全年下跌2.7%。

2019年全年，杭州新建商品房住宅成交前高后低，到年底有翘尾行情。究其原因，上半年的“小阳春”中，开发商推盘量加大，推动成交量快速回暖。3~5月上市量逐月攀升，从7000套上涨至近万套，市场供求比在4月更是只有0.8，供需关系上半年整体较为紧张。

五、区域成交表现

从各区成交量来看，余杭区和萧山区仍为主力，成交量占杭州市区的47%。其中，余杭区成交量最多，共34407套，占杭州市区总成交量的25.8%，其后依次为萧山区和临安区，分别占比21.2%和15%。

就板块分析，青山湖科技城板块持续发力，成交9725套，遥遥领先其他板块，远高于萧山南部卧城、临安锦城等其他区域。

六、成交结构表现

以面积划分，2019年全年杭州市区住宅主力成交面积段仍以80~100平方米的中小户型为主，总共签约37031套房源，但较2018年同比下跌11.78%；100~120平方米户型占比提高5%，120~144平方米大户型的面积段占比几乎持平。这说明，杭州市场的产品仍以满足刚需、刚改为主流，中小户型产品仍占据市场主力。

以单价划分成交结构，15000~30000元/平方米以上的住宅仍为成交主力，占比超过6成，且较2018年全年占比提高6个百分点；30000元/平方米单价段占比较2018年提高3个百分点以上。

七、成交项目排行

2019年全年，杭州商品住宅销售金额TOP20项目合计销售24577套，TOP20门槛值为848套。排行榜前三位的项目销售金额均超60亿元，其中金地滨江万科悦虹湾（备案名：乐虹湾）成为套数榜冠军，2019年成交2030套房源，均价为33852元/平方米。保利澄品（备案名：澄之华庭）以802072万元的成交金额拿下金额榜冠军，成交均价为51735元/平方米。

在酒店式公寓榜中，浙大网新银湖科技园（备案名：浙大网新（银湖）创新研发园）以全年1357套的成交量获得套数榜冠军，成交均价为14843元/平方米。杭州富力中心（备案名：富力中心）以成交总金额113698万元登顶金额榜榜首，成交均价为31508元/平方米。

在办公楼榜单中，万融城（备案名：万融城）摘得套数榜桂冠，2019年成交224套房源，成交均价为36505元/平方米。迪凯城星国际（备案名：城星国际中心）以132689万元的成交总金额排在金额榜首位，成交均价为42341元/平方米。

八、成交房企排行

全年杭州商品房成交金额突破3840亿元，较上年的4052亿元同比回落5%。2019年，杭州房地产销售业绩TOP10流量金额合计1550亿元。流量榜单显示，TOP20房企门槛为48亿元，较上年提高5亿元；TOP10房企门槛为91亿元，较上年提高10亿元；TOP3房企门槛达到191亿元，较上年降低55亿元。

根据克而瑞统计，绿城、滨江、万科摘得2019年度杭州房企销售流量榜冠军、亚军、季军，滨江、万科、融创荣膺2019年度杭州房企销售权益榜三甲。

九、年度房价走势分析

2019年全年，杭州新房整体成交均价为27690元/平方米。从各月份数据来看，整体房价呈小幅波动，前低后高，房价较为稳定。

根据克而瑞数据，杭州新房成交价格最高月份为12月，成交均价为29786元/平方米，最低月份为1月，成交均价为26058元/平方米。

十、摇号分析

“万人摇”是2019年杭州楼市常常被提及的一个热词，全年共产生16次万人摇，这一数字是2018年的2倍。

2019年全年，杭州全年共推盘953次，入市房源109104套，总共有756332组客户登记，意味着平均每7位购房者中只有1位能买到房。

值得一提的是，万人摇的板块主要分布在大江东、未来科技城和勾庄，各有三次，与其板块的成长性、价格红利关系密切。

十一、未来展望

坚持“房住不炒”的定位，全面落实因城施策，稳地价、稳房价、稳预期的长效管理调控机制，促进房地产市场平稳健康发展。在这样的主基调下，2019年是稳楼市，2020年依然如此，笃定去投资化。

具体到杭州，一直以来楼市调控政策比较适中。在全面落实因城施策的大背景下，限购、限贷、限地价、限房价、限装修等政策在2020年不会退出，不过，各政策的操作空间灵活度越来越高。

十二、市场预期

土地方面，2020年杭州依然是供应大年，调控政策与金融货币政策最严厉时期已过去。考虑到企业逐步适应新的土拍政策，且土地对于房企来说是发展的基本要素，预计2020年土拍市场的溢价率大概率会稳中有升。

供应方面，预计全年新建商品住宅供应量会超过

1000 万平方米。得益于过去几年充裕的土地供应量，以及双限政策明显加快推盘节奏，将进一步缓解供需关系。

成交层面，考虑到调控政策收紧稳定性，金融货币政策较 2019 年或许会有所松动，2020 年市场红盘依然有，成交量大体上会维持 2019 年水平，甚至有更高的可能性。

此外，随着新房价值的回升，大量板块价格天花板抬升，二手房逐步展示出总价优势，预计在无政策刺激下，2020 年二手住宅价格涨幅也将保持在 5% 范围内。

数据来源：克而瑞。

2019 年杭州房地产在售楼盘概览

楼盘名称	城市名称	城区	地址	物业类型
金瑞山南印	杭州	上城区	上城区复兴路与水澄路交界处	写字楼
滨江金地街品	杭州	上城区	上城区东宝路与海潮路交叉口	普通住宅
仁恒滨江园	杭州	上城区	上城区钱江路与甬江路交叉口	普通住宅
凤起潮鸣	杭州	下城区	下城区环城东路与珠碧二弄交叉口、凤起潮鸣生活美学体验馆	普通住宅、写字楼
赞成武林里	杭州	下城区	下城区康宁街 208 号（华中路与康宁街交会处东星行 4S 店东侧）	公寓
融信杭州公馆	杭州	西湖区	西湖区学院路与文一路交叉口东北方	普通住宅
绿城西溪云庐	杭州	西湖区	西湖区天目山路 389 号	普通住宅
华策中心	杭州	西湖区	西湖区花蒋路与五常港路交叉口	建筑综合体
西溪新城市	杭州	西湖区	西湖区文二西路龙章路交叉口	公寓、写字楼
和家园雍园	杭州	西湖区	西湖区杨梅山路	普通住宅
仁恒祥生珊瑚世纪雅园	杭州	西湖区	西湖区之江丽景路与珊瑚沙路口	普通住宅
中海黄龙云起	杭州	西湖区	西湖区万塘路与华星路交叉口	普通住宅
蓝城陶然里	杭州	西湖区	西湖区珊瑚沙路龙心路口	普通住宅、公寓
龙湖紫金上城	杭州	西湖区	西湖区古墩路和富锦路交会处	公寓
祥生云境	杭州	西湖区	西湖区丽景路与安埠路交会处（向东约 100 米）	普通住宅
禹洲滨天地	杭州	西湖区	西湖区枫桦东路和梧桐路口	公寓
中梁云都汇	杭州	西湖区	西湖区转塘街道科海路与贤家弄交会处东北侧	普通住宅、公寓
星光荟	杭州	西湖区	西湖区美院北路与博美路交会处（中国美院正北）	公寓、商铺
中国铁建滨江古翠蓝庭	杭州	西湖区	西湖区古翠路余杭塘路口	普通住宅
绿城运河宸园	杭州	拱墅区	拱墅区登云路小河路交叉口西北侧	公寓、别墅
万融城桥西原宿	杭州	拱墅区	拱墅区星桥街与祥瑞路交叉口（可导航桥西原宿）	写字楼
复地壹中心	杭州	拱墅区	拱墅区莫干山路与育英路交叉口（月星家居旁）	建筑综合体
创道国际洋人街	杭州	拱墅区	拱墅区城西银泰东 100 米	建筑综合体

楼盘名称	城市名称	城区	地址	物业类型
中城汇 MIDTOWN	杭州	拱墅区	拱墅区石祥路与杭行路交叉口、杭州国际会展中心对面、规划 10 号线的国际会展中心北出口直达	普通住宅、商铺
金科碧桂园博翠府	杭州	拱墅区	拱墅区运河新城顾扬路与邵士门街交叉口	普通住宅
融信万科古翠隐秀	杭州	拱墅区	拱墅区登云路与隐秀路交叉口	普通住宅
中梁申花百悦公馆	杭州	拱墅区	拱墅区莫干山路	公寓、写字楼
融信远洋厘望 NEO1	杭州	拱墅区	拱墅区莫干山路和教工路交叉口（向南 200 米）	普通住宅、别墅
金茂首开国樾	杭州	拱墅区	拱墅区杏园路与秦马东路交叉口	普通住宅、别墅
绿都金科和宁文华府	杭州	拱墅区	拱墅区莫干山路与新文路交叉口	普通住宅
九龙仓天玺	杭州	拱墅区	拱墅区学院北路与登云路交叉口	普通住宅
天阅云合源公寓（原推广名：天阅运河源）	杭州	拱墅区	拱墅区京杭大运河与留石快速路交叉口	普通住宅
风尚望和湾（推广名：融创大家金茂运河 ONE）	杭州	拱墅区	拱墅区京杭大运河与留石快速路交叉口（通益路与石祥路红绿灯往北 300 米右转进示范区）	普通住宅
九龙仓华发天荟	杭州	拱墅区	拱墅区学院北路与登云路交叉口	普通住宅
宋都阳光国际	杭州	江干区	江干区钱江新城沿江大道与通盛路交会处东北角	普通住宅、公寓
华联钱塘公馆	杭州	江干区	江干区剧院路 99 号	公寓
世茂天宸天玑	杭州	江干区	江干区艮山西路 95 号	普通住宅
保利中心	杭州	江干区	江干区艮山西路与新塘路交叉口（4 号线新塘路站 B 出口）	写字楼、商铺
三花国际	杭州	江干区	江干区明月桥路与鸿泰路交会处（地铁 1 号线、4 号线彭埠站 A 出口）	建筑综合体
中海钱江湾	杭州	江干区	江干区之江路与塘工局路交会处	普通住宅、别墅
华润置地中央车站广场	杭州	江干区	江干区东宁路与鸿泰路交叉口（杭州东站东广场正对面）	公寓
世茂钱塘天誉	杭州	江干区	江干区德胜快速路与九堡路交叉口	普通住宅
越秀招商云悦湾	杭州	江干区	江干区三官塘路与新塘路交叉口（一号线七堡地铁站南侧）	普通住宅、公寓、别墅、商铺

楼盘名称	城市名称	城区	地址	物业类型
首开东城金茂府	杭州	江干区	江干区城东新城源聚路与明石路交会处	普通住宅
金隅中铁诺德都会森林	杭州	江干区	江干区艮山西路与钱潮路交会处	普通住宅
三湘印象森林海尚	杭州	江干区	江干区源聚路和白石庙路交会处	普通住宅
金地玖峰汇	杭州	江干区	江干区杭海路与九福路交叉口东北	普通住宅、别墅
龙湖大家九龙仓璟宸府	杭州	江干区	江干区市秋石高架与德胜高架交叉口东	普通住宅、别墅
金科博翠碧蓝湾	杭州	江干区	江干区同协南路与新塘路交叉口往北200 米	普通住宅
天城府天著	杭州	江干区	江干区石桥路与新风路交叉口	普通住宅
杭房城发御东方	杭州	江干区	江干区长睦路与三义路交叉口	普通住宅
龙湖金地商置都会公馆	杭州	江干区	江干区天城路与明月桥路交叉口	普通住宅、公寓
广宇东港空间	杭州	江干区	江干区东宁路与机场路交会处	公寓、商铺
中豪湘和国际	杭州	江干区	江干区钱江新城运河东路与昙花庵路交会处(往北50米)	公寓
万象上东	杭州	江干区	江干区通盛路和旺杨路交会处	普通住宅
凤起钱潮	杭州	江干区	江干区凤起路与钱潮路交叉口	普通住宅
龙湖葛洲坝景粼天著	杭州	江干区	江干区天城路与明石路交叉口	普通住宅
吟彩芳菲之城（推广名：华侨城芳菲与城）	杭州	江干区	江干区丁兰路 7 号	普通住宅
信达东莱府	杭州	江干区	江干区城东新城同德路与白石庙路交叉口西侧	普通住宅
启迪协信杭州科技城泊晶	杭州	江干区	江干区环丁路与丁桥路交叉口	公寓、写字楼
中南棠玥湾	杭州	江干区	江干区城东新城地铁七堡站向西约400 米	普通住宅
汇港城（公园1872）	杭州	江干区	江干区新塘路与三官塘路交叉口	普通住宅
滨江龙湖东潮府	杭州	江干区	江干区明石路与同德路交叉口	普通住宅、别墅
绿城卓越傲旋城	杭州	滨江区	滨江区时代大道与滨康路交叉口	普通住宅、写字楼
信达中心丨杭州壹号院	杭州	滨江区	滨江区奔竞大道与飞虹路交叉口	普通住宅、写字楼
中海云宸	杭州	滨江区	滨江区时代大道与滨康路交会处	普通住宅
绿城晓风印月	杭州	滨江区	滨江区东至规划桂子路、南至滨和路、西至建设河绿化带、北至启智街	普通住宅
时代滨江悦	杭州	滨江区	滨江区风情大道与金城路交叉口（滨康路地铁站旁）	普通住宅
海威天地	杭州	滨江区	滨江区滨和路与阡陌路交会处	公寓

楼盘名称	城市名称	城区	地址	物业类型
新湖・香格里拉	杭州	余杭区	余杭区良渚西南大观山果园农场腹地	别墅
远洋西溪公馆	杭州	余杭区	余杭区文一西路与荆长大道路口交会处	普通住宅
绿城桃源小镇	杭州	余杭区	余杭区天目山西路圣地路口绿城桃源小镇	普通住宅、别墅
杭州径山红树林度假世界	杭州	余杭区	余杭区径山镇双溪小学正面	别墅
香港兴业・耦园	杭州	余杭区	余杭区文二西路转入荆长大道（五常小学旁）	普通住宅
融创金成江南府	杭州	余杭区	余杭区天目山西路与上和路交叉口南	普通住宅
风荷郡	杭州	余杭区	余杭区中泰街道横三路（绿城足球学校北门正对面）	普通住宅、商铺
中粮梦栖祥云	杭州	余杭区	余杭区良渚康良路与杜文路交叉口	普通住宅
北大资源颐和江南	杭州	余杭区	余杭区东至杜文路、南至下门坝港、西至良祥路、北至康良路	普通住宅
郡西云台	杭州	余杭区	余杭区良渚文化村郡西云台	普通住宅
国开东方凤凰台	杭州	余杭区	余杭区禹航路 168 号	普通住宅
联发藏珑玉墅	杭州	余杭区	余杭区良渚大道和康良路交叉口向西200 米	普通住宅、别墅
理想・世纪金座	杭州	余杭区	余杭区临平新城世纪大道 674 号	公寓、自持物业
万丽璞丽	杭州	余杭区	余杭区人民大道607 号	普通住宅
碧桂园良樾	杭州	余杭区	余杭区瓶窑镇精工路与东兴路交叉口	别墅
万科大溪谷	杭州	余杭区	余杭区东西大道运溪路段、七贤郡西侧约 600 米	普通住宅
绿城和庐	杭州	余杭区	余杭区小和山留和路	普通住宅
上坤山语四季	杭州	余杭区	余杭区临平大道与顺风路交会处	普通住宅
永安之星	杭州	余杭区	余杭区南苑街道新城路 108 号	写字楼、商铺
中锐招商星未来	杭州	余杭区	余杭区中泰街道中泰路与杭泰路口西面	普通住宅
久尚云筑	杭州	余杭区	余杭区天万路与杭乔路交叉口	普通住宅
保利融信和光尘樾	杭州	余杭区	余杭区良渚新城古墩路与杜文路交会处	普通住宅、公寓
新湖菲林山	杭州	余杭区	余杭区中国杭州未来科技城绿汀路与文二西路交叉口南侧	普通住宅
瑞城熙园	杭州	余杭区	余杭区运溪路 121 号	普通住宅
江山风华（北区）	杭州	余杭区	余杭区临平望梅路与宏达路交叉口	普通住宅

楼盘名称	城市名称	城区	地址	物业类型
绿都鉴未来	杭州	余杭区	余杭区中泰路与横溪路交叉口	普通住宅
景瑞原墅	杭州	余杭区	余杭区文二西路与绿汀路交叉口	普通住宅
祥生绿都京杭府	杭州	余杭区	余杭区崇杭街与里洋路路口（京杭大运河岸）	普通住宅
金成英特尔湾	杭州	余杭区	余杭区未来科技城狮山路与直街交叉路口	普通住宅
融创金成网诗园	杭州	余杭区	余杭区未来科技城天目山西路与上和路交叉口南	普通住宅
御清城	杭州	余杭区	余杭区东湖街道兴国路 8 号	普通住宅
随塘	杭州	余杭区	余杭区秋石北路口（运溪东路与圆满路口交叉口西 100 米）	普通住宅
华元北城芳满庭	杭州	余杭区	余杭区和旺街与东风路交叉口	普通住宅
湖境云庐	杭州	余杭区	余杭区未来科技城文二西路与绿汀路交会处	普通住宅、公寓
联发藏珑大境	杭州	余杭区	余杭区良渚大道和良平路交叉口	普通住宅、别墅
景瑞镜溪绿汀	杭州	余杭区	余杭区绿汀路与文二路交叉口	普通住宅
上塘九里	杭州	余杭区	余杭区仁和大道怡然街交叉口西侧	普通住宅
地铁万科杭行道	杭州	余杭区	余杭区杭行路与祥运路交叉口	写字楼
赞成旭辉时代悦章	杭州	余杭区	余杭区临平山北东湖新城	普通住宅
秋实宸悦	杭州	余杭区	余杭区崇杭街（崇贤一小向东约 200 米）	普通住宅
世茂璀璨澜宸	杭州	余杭区	余杭区良运街与储运路交叉口	普通住宅
杭州富力中心	杭州	余杭区	余杭区文一西路与舒心路交叉口南侧	普通住宅
众安绿城南湖明月	杭州	余杭区	余杭区太炎路与余彭路交叉口	普通住宅
招商雍澜府	杭州	余杭区	余杭区秋石北路和学运街交叉口	普通住宅
地铁万科天空之城	杭州	余杭区	余杭区塘路与荆长大道交会处	普通住宅、写字楼
城北万象城丨臻城幸福里	杭州	余杭区	余杭区良渚街道杭行路与良运街交叉口	公寓
星剑新里程中心	杭州	余杭区	余杭区凤新路与城东路交叉口向东 150 米	公寓、商铺
众安西溪未来里	杭州	余杭区	余杭区天目山西路与良睦路交叉口	普通住宅
西房杭语宸鹭院	杭州	余杭区	余杭区崇贤街道前村街与尚贤路交叉口东北角	普通住宅
中梁御府	杭州	余杭区	余杭区未来科技城南沈丘路	普通住宅
奥园华景川上锦宸府	杭州	余杭区	余杭区东湖新城兴元路与兴超路交会处	普通住宅

楼盘名称	城市名称	城区	地址	物业类型
江山风华（南区）	杭州	余杭区	余杭区临平望梅路与昌达路交叉口	普通住宅
临平新时代	杭州	余杭区	余杭区南苑街道藕花洲大街东段与绸厂路交界处	公寓
复泰雅宸华庭	杭州	余杭区	余杭区农村商业银行西南 50 米	普通住宅
合景观棠明月	杭州	余杭区	余杭区塘栖镇绿荷路与文苑路交叉口	普通住宅
承安 HYGGE 源翠府	杭州	余杭区	余杭区崇杭街与崇锦路交会处	普通住宅
嘉裕天城二期	杭州	萧山区	萧山区三号南路与红山路交叉口嘉裕天城南侧	普通住宅、公寓
潮闻天下	杭州	萧山区	萧山区大江东河庄街道一二段	普通住宅、公寓、别墅
京港国际	杭州	萧山区	萧山区市心北路与皓月路交叉口	公寓
滨江华成大江之星	杭州	萧山区	萧山区江东开发区河庄街道新湾路南侧（河庄形象城旁）	普通住宅
东南钱江蓝湾	杭州	萧山区	萧山区大博园水博大道	普通住宅
大江东宝龙广场	杭州	萧山区	萧山区青六路与江东大道交会处	普通住宅、商铺、建筑综合体
保亿绿城奥邸国际	杭州	萧山区	萧山区博奥路与平澜路交叉口	普通住宅、写字楼、建筑综合体
佳源湘湖印象	杭州	萧山区	萧山区风情大道与南六路交叉口	普通住宅
碧桂园越溪府	杭州	萧山区	萧山区临浦东藩路与临北路交叉口	普通住宅
滨江春盛大江名筑	杭州	萧山区	萧山区大江东义府大街与河西弄交叉口	普通住宅
碧桂园前宸府	杭州	萧山区	萧山区里二湖路新前初中北门对面	普通住宅
新城璟隽名邸	杭州	萧山区	萧山区建设一路与通惠路交叉口向东 100 米	普通住宅
星南站	杭州	萧山区	萧山区商城南路 999 号	普通住宅
融信 · 杭州世纪	杭州	萧山区	萧山区市心北路和建设一路交会处（地铁 2 号线建设一路站）	普通住宅
滨江新希望新城海名雅园（原推广名：未来海岸）	杭州	萧山区	萧山区钱塘新区新湾街道建华路与闸口路交叉口	普通住宅
绿城九龙仓桂语朝阳	杭州	萧山区	萧山区市心路地铁 2 号线朝阳站 B 出口向北 [illegible]0 米	普通住宅
旭辉东原国滨府	杭州	萧山区	萧山区金城路与通惠路交会处（余暨公园里	普通住宅、公寓
前湾国际社区	杭州	萧山区	萧山区竞潮路与纬九路交叉口	普通住宅
融创江南壹号院	杭州	萧山区	萧山区钱农东路与竞潮路交叉口、惠立中学旁	普通住宅、别墅
融信旭辉湘湖悦章	杭州	萧山区	萧山区湘湖都会圈文清大道和南四路交叉口往东 500 米	普通住宅、商铺

楼盘名称	城市名称	城区	地址	物业类型
风荷锦庭	杭州	萧山区	萧山区义桥镇新峡路与油虎线交叉口	普通住宅
德信金茂丨佳源府	杭州	萧山区	萧山区风情大道与小白线交叉口往东100米路南	普通住宅
保亿湘湖和院	杭州	萧山区	萧山区亚太路与大湾路交叉口往东500米	普通住宅
山水时代	杭州	萧山区	萧山区市心北路和奔竞大道交叉口	公寓、写字楼
新希望滨江锦粼府	杭州	萧山区	萧山区建设一路与通惠路交会处东侧	普通住宅
雅棠轩	杭州	萧山区	萧山区建设一路与通惠路交会处	普通住宅
保利澄品	杭州	萧山区	萧山区东至皓月路、南至金鸡路、西至盈丰路、北至民和路	普通住宅
和雅轩（原推广名：中旅名门府新境）	杭州	萧山区	萧山区建设一路与万向路交叉口西侧（中旅名门府东侧）	普通住宅
万象世界中心	杭州	萧山区	萧山区博奥路、国博中心与体育游泳馆之间	写字楼
世宸名府	杭州	萧山区	萧山区奥体南·金城路与通惠路交叉口往东（南站东北侧）	普通住宅、公寓、商铺
奥克斯金宸玖和府	杭州	萧山区	萧山区金城路与新城路交叉口	普通住宅
融创云潮府	杭州	萧山区	萧山区萧山科技城奔竞大道与竞潮路交会处	普通住宅、写字楼
德信时代公馆	杭州	萧山区	萧山区南阳大道与港城大道交叉口	普通住宅
宸宇府	杭州	萧山区	萧山区新塘街道育才路与规划南三路交叉口	普通住宅
公元帝景	杭州	萧山区	萧山区进化镇欢潭村、大岩山白水水库北侧	普通住宅
招商闻博花城	杭州	萧山区	萧山区博奥路与建设一路交会处	普通住宅
东原德信九章赋	杭州	萧山区	萧山区市心路与南秀路交叉口向西600米	普通住宅
泰悦银座	杭州	萧山区	萧山区桥戴线与恒达路交叉口	普通住宅、商铺
融创森与海之城	杭州	萧山区	萧山区浦阳镇桃花园景区	普通住宅
国玺悦龙府	杭州	萧山区	萧山区市心北路与建设一路交叉口	普通住宅
畅享幸福里	杭州	萧山区	萧山区党湾镇梅林大道与文化路交叉口	普通住宅、公寓、写字楼
臻源锦宁里	杭州	萧山区	萧山区横四路与纵七路（在建）交叉口	普通住宅、商铺
德信时光之宸	杭州	萧山区	萧山区华诚路与弘学路交叉口	普通住宅
滨江东原拥翠府	杭州	萧山区	萧山区市北西单元、东至萧邮路、北至规划B6路、南至纬九路、西至风情大道防护绿带	普通住宅

楼盘名称	城市名称	城区	地址	物业类型
滨江御虹府	杭州	萧山区	萧山区钱江世纪城永晖路与飞虹路交叉口	普通住宅、公寓
糖朝	杭州	萧山区	萧山区市心中路与金惠路交会处附近	公寓
阳光城上林湖	杭州	富阳区	富阳区银湖街道上林路	普通住宅、别墅
云水山居	杭州	富阳区	富阳区银湖区九龙大道延伸段（杭州野生动物园附近）	别墅
万科公望	杭州	富阳区	富阳区江滨东大道万科公望会所	别墅
阳光城西郊半岛	杭州	富阳区	富阳区富春街道江滨东大道1号	普通住宅
绿城富春玫瑰园	杭州	富阳区	富阳区东洲街道江滨东大道515号	别墅
九龙仓雍景山	杭州	富阳区	富阳区闲祝公路向阳路交叉口、近杭州野生动物园	公寓、别墅
万科君望	杭州	富阳区	富阳区黄公望国家森林公园南麓	别墅
泰禾世茂大城小院	杭州	富阳区	富阳区银湖科技城九龙大道180号	普通住宅、商铺
万科玖望	杭州	富阳区	富阳区高尔夫路与江滨东大道交叉口往东约200米	别墅、自持物业
绿城云栖桃花源	杭州	富阳区	富阳区银湖街道铜锣湾大道与云水北路交叉口	普通住宅
怀石雅苑·春上雅庐	杭州	富阳区	富阳区东洲江滨东大道首创奥特莱斯北侧	别墅
祥生云湖城	杭州	富阳区	富阳区银湖街道银湖实验学校东侧	普通住宅、商铺
阳光城山水悦江府	杭州	富阳区	富阳区鹿山新城望波街与鹿山大道交叉口（新山水御园西侧）	普通住宅、商铺
金茂万科新都会	杭州	富阳区	富阳区金桥北路和高桥西路交会处西南角（奥迪4S对面）	普通住宅
新界2020	杭州	富阳区	富阳区金桥北路与高桥西路交叉口往东200米	普通住宅、商铺
中国中铁溪畔云璟府	杭州	富阳区	富阳区新桥新路与高桥南路交会处	普通住宅
德信网新银湖科技园	杭州	富阳区	富阳区银湖科技城富闲路与科创园1号路交叉口往西约300米	写字楼
贤辰府	杭州	富阳区	富阳区新兴西路10-15号	普通住宅
三江澳海澜庭	杭州	富阳区	富阳区昌东村澳海澜庭	别墅
蓝城芷园	杭州	富阳区	富阳区九龙大道与320国道交叉口	普通住宅
云上金铭府	杭州	富阳区	富阳区富春街道金桥板块金秋大道华虹路交叉口	普通住宅
万达同心湾	杭州	富阳区	富阳区东至规划路、南至新桥新路、西至金桥北路、北至彩虹路	普通住宅、商铺

楼盘名称	城市名称	城区	地址	物业类型
山水如画	杭州	富阳区	富阳区富春街道西环北路	普通住宅、商铺
云山九里	杭州	桐庐县	桐庐县城南街道金中路8号	普通住宅、别墅
大奇山郡	杭州	桐庐县	桐庐县城南街道金中路8号	别墅
奥城望	杭州	桐庐县	桐庐县金中路99号	普通住宅、公寓
华鸿中南壹号院	杭州	桐庐县	桐庐县阆苑路与梅林路交叉口南侧	普通住宅
桐庐碧桂园十里春风	杭州	桐庐县	桐庐县城南街道城南路与金圣路交叉口	普通住宅
郡原列岛花园	杭州	临安区	临安区青山湖西岸泥山湾（青山湖风景区）	别墅
易辰江南大院	杭州	临安区	临安区青山湖北侧	别墅
临安雨润星雨华府	杭州	临安区	临安区环北路与临水路交叉口、农林大学西侧	普通住宅、别墅
成龙官山邸	杭州	临安区	临安区吴越文化公园内	普通住宅
杭州桃李春风	杭州	临安区	临安区青山湖	别墅
滨湖天地	杭州	临安区	临安区琴海路和海华路交叉口	普通住宅、商铺
苕溪壹号	杭州	临安区	临安区苕溪北街与临水路交叉口	普通住宅
中天珺府	杭州	临安区	临安区青山湖科技城科技大道2988号	普通住宅
旭辉东原吴越府	杭州	临安区	临安区万马路与福兴街交叉口	普通住宅
融创金成十锦台	杭州	临安区	临安区锦北街道马溪路与西墅街交会处	普通住宅
天阳蔚蓝	杭州	临安区	临安区青山湖科技城大园路与天柱街交会处西北向	普通住宅
中骏柏景湾	杭州	临安区	临安区钱王大街与望湖路交会处（望湖公园旁）	普通住宅
湖滨外滩	杭州	临安区	临安区滨湖新区阿里山大酒店东面	普通住宅、别墅
越秀湖山悦	杭州	临安区	临安区望湖路与创业路交叉口	普通住宅
临安宝龙广场	杭州	临安区	临安区武肃街与农林大路交会处（原环城北路与大学路交会处）	普通住宅、建筑综合体
蓝城春风燕语	杭州	临安区	临安区崇文路2099号	普通住宅、别墅
国能悦玺台	杭州	临安区	临安区青山湖科技城西环路	普通住宅
碧桂园玖晟府	杭州	临安区	临安区锦南新城流霞路与双拥街交叉口（文体中心东侧）	普通住宅、商铺
宝龙旭辉城	杭州	临安区	临安区科技城科技大道与大园路交叉口	普通住宅、公寓
中天万科启宸	杭州	临安区	临安区保锦路以西、万马路以东、苕溪北街以北、西墅街以南（原老临中）	普通住宅
佳源优樾	杭州	临安区	临安区锦北街道吴越街与临天路交界处	普通住宅
融创金成璞樾大观	杭州	临安区	临安区农林大路与双林街交叉口向北（农林大路上）	普通住宅、公寓
越秀星悦城	杭州	临安区	临安区青山湖科技城[illegible]街与星港路交叉口	普通住宅
万科西望	杭州	临安区	临安区锦[illegible]街道[illegible]溪路和北[illegible]街交叉口	普通住宅
旭辉中粮朗香郡	杭州	临安区	临安区天[illegible]街与崇文路交叉口	普通住宅
春天学府	杭州	临安区	临安区城中街与锦天路交叉口西南侧（临安人民广场西约900米）	普通住宅
宋都如意溪湖	杭州	临安区	临安区滨湖新区城中东街与[illegible]路交叉口	普通住宅
保亿麓语湖苑	杭州	临安区	临安区青山湖科技城鹤亭大街与灵凤路交会处	普通住宅
美好锦玺	杭州	临安区	临安区吴越街与天[illegible]路交叉口	普通住宅
碧桂园中梁凤鸣公馆	杭州	临安区	临安区锦城街道钱王街与[illegible]天路交叉口西侧约200米	普通住宅
大华春山明月	杭州	临安区	临安区青山湖科技大道3[illegible]6号	普通住宅
绿地亚洲公园	杭州	临安区	临安区科技大道八百里旁	普通住宅、商铺
通策状元府	杭州	临安区	临安区锦北街道农林大路2149号	普通住宅、商业
绿城曼陀花园（四期）	杭州	临安区	临安区锦城街道泥上湾村	普通住宅
荣盛檀越府	杭州	临安区	临安区崇文路与[illegible]墅街交会处	普通住宅
苕溪学府	杭州	临安区	临安区苕溪南街与横潭路交叉口西南侧	普通住宅
天目观山月	杭州	临安区	临安区天目山景区入口向南1公里处	普通住宅
城中府	杭州	临安区	临安区锦城街道城中街延伸段	普通住宅
绿城天语山居	杭州	临安区	临安区锦北白泥路与武肃街交叉口以北（天目外国语学校北侧）	普通住宅
印象苕溪城	杭州	临安区	临安区锦北街道苕溪北街与万马路交会处	普通住宅
柳溪湾	杭州	临安区	临安区河桥镇乌珠上1[illegible]8号	普通住宅
竹悦山水轩	杭州	临安区	临安区潜川镇青山殿村3[illegible]6县道旁	普通住宅
悦映城	杭州	临安区	临安区九州街与秀泉路交会处文体中心西侧（地铁16号线九州街站）	普通住宅、别墅
临栖云府	杭州	临安区	临安区钱锦大道与钱王街交叉口西北侧	普通住宅、别墅

楼盘名称	城市名称	城区	地址	物业类型
中天雅境	杭州	临安区	临安区锦北街道北排街与平山路交叉口（西林小学旁）	普通住宅
千岛湖新天地文渊狮城	杭州	淳安县	淳安县千岛湖姜家镇	普通住宅
富力湖滨悦居	杭州	淳安县	淳安县阳光路 880 号	普通住宅
中南漫悦湾	杭州	建德市	建德市新安江街道浦发路与江滨大道交会处	普通住宅
万固观澜府	杭州	建德市	建德市洋安新城滨江路	普通住宅
建德恒大林溪郡	杭州	建德市	建德市沪瑞大道与汤加线交会处、新安江中学对面	普通住宅、别墅
绿城美好广场	杭州	建德市	建德市新安江严州大道	写字楼、商铺
建德碧桂园望江台	杭州	建德市	建德市新安江街道叶家路	普通住宅
恒大御泉四季	杭州	建德市	建德市寿昌镇寿童南路与 320 国道交会处（向西 100 米）	普通住宅、别墅
富力御江山	杭州	建德市	建德市更楼街道更化社区	普通住宅、商业

滨湖天地

2019年 中国城市楼盘年鉴 典型项目

杭州　青山湖畔　超百万平方米　地铁大盘

位于杭州市滨湖新城板块，是城西科创大走廊西门户，由杭州新天地集团开发，总建筑面积约 126 万平方米，是集滨湖住区、购物中心、精品酒店、写字楼集群、滨水休闲街区、酒店式度假寓所于一体的城市综合体。

项目地址：
杭州市临安区滨湖新城青龙路与琴海路交叉口

开发商：
杭州新天地集团有限公司

建筑类型：
高层、平层

主力户型：
84~166 平方米

周边配套：
地铁 16 号线、宝龙城市广场、自带 50 万平方米商业配套

参考价格：
高层约 18000 元 / 平方米

楼盘优势：
城市级综合体，近距地铁口，自带商业配套，城市湖居，不限购。

专家点评　田小园·杭州日报房产部负责人

杭州市滨湖新城核心区内，沿湖而建的湖滨综合体大盘，自有约50万平方米商业配套，直距地铁16号线农林大学站仅约200米，主打约89平方米「升级版」三房两卫户型，拥有综合体、地铁、主流户型三大硬核套装，再加上一线湖景，在临安楼盘里确实比较耀眼。

项目解析

【区域维度】

滨湖天地位于杭州"第十区"滨湖新城板块——城西科创大走廊西门户，呼应城市从环城向环湖时代的升级，以"一跨湖大桥、一湖底隧道、一琴山蓝湾、一城市客厅、一滨湖天地综合体"世纪工程，激活城市革新基因，再造杭州新中心。

作为"五个一"工程中的"一体"，滨湖天地以超百万平方米湖滨之城，通过对湖居、商业、产业、旅游等配套空间的融合，打造全新的城市核聚点，成为城市焕新升级的共建者。

项目直距地铁16号线农林大学站仅约200米，9站即达未来科技城，在绿汀路站与地铁3号线(在建)、5号线的同台换乘，已于2019年11月试运行。

【品牌维度】

杭州新天地集团是以"城市中央活力区、城市文化名片、文旅养生度假区"三大主力产品为引擎驱动，文、商、旅三位一体发展的城市复合产业运营商。

集团成立于2008年，目前总资产300亿元，净资产100亿元。秉承"以产兴城，以城促产，以业聚人"理念，以杭州为源头，辐射北京、深圳、重庆、西安等地，推动城市和区域繁荣，创见美好生活。

其首发项目杭州新天地享有重量级配套——太阳戏《X绮幻之境》，作为加拿大国宝太阳马戏在亚洲现有唯一的驻场秀，是杭州城市旅游的新名片，为城市国际化代言。

【口碑维度】

滨湖天地"自成一城"的势能，不仅全面升级了城市商业配套，也更新了临安的"地段论"，推动环湖区域成为临安城市新核心、杭州城西瞩目的副中心。

作为"城市共建者与推动者"，滨湖天地自入市即备受各界瞩目，在竞争激烈的市场格局中屡创佳绩。RADS数据库统计数据显示，项目多次登顶滨湖新区成交套数之冠，成为杭州近两年关注爆棚的红盘之作。

对于自古以来，依湖而得"人间天堂"之美誉的杭州而言，随着城市的发展，其虽已进阶为国际化杭州，但滨湖而居的生活方式依旧难得。滨湖天地超百万平方米巨制，枕依青山湖，以湖为媒融汇多元业态，复刻西湖湖滨生活，堪称杭州下一代滨湖生活典型。

【产品维度】

滨湖天地总建筑面积约126万平方米，集滨湖住区、购物中心、精品酒店、写字楼集群、滨水休闲街区、酒店式度假寓所等多元业态于一体。

项目分五个地块开发，规划现代天幕建筑群落，沿青山湖一线绵延超千米，形成"一面湖山一面城"的湖居胜境，刷新城市天际线。

约50万平方米商业配套，含一站式购物中心、两幢超百米的写字楼、滨水休闲街区、精品酒店、一站式度假寓所等业态，未来将突破性升级城市界面。

约70万平方米滨湖住区分三期开发，为84~166平方米城市湖居佳品，取法Corniche生活方式灵感，演绎风靡全球的都会生活经典。在这里，既可享受城市中心繁华，又可惬意地散步、亲水、观景，在繁华中升华生活。

更多楼盘详情请扫码查看

国玺悦龙府

- 2019年 -
中国城市楼盘年鉴
典型项目

杭州　恒大品牌　萧山市北　奥体豪宅

国玺悦龙府位于杭州市萧山市北板块，由恒大地产开发，总建筑面积约 11.9 万平方米，占地面积 4.7 万平方米。

项目地址：

杭州市萧山区市心北路与建设一路交叉口

开发商：

杭州丰涛置业有限公司

建筑类型：

高层、平层

主力户型：

170~273 平方米四居

周边配套：

地铁 2 号线、万象汇、学军文渊中学

参考价格：

38500 元 / 平方米

楼盘优势：

纯粹大户型社区，逾万平方米下沉式中西园林景观，近距地铁口。

专家点评

田小园 · 杭州日报房产部负责人

项目位于奥体南，坐拥双地铁的恒大悦龙府，是江南高端住宅区内的纯粹大平层类重要作品。仅有529户大宅，大围合布局，拥有1.2万平方米下沉式中西园林；最大楼间距接近150米，层高3.3米，创造舒适惬意的生活空间，为恒大在杭州市中心的诚意之作。

项目解析

【区域维度】

在以钱塘江为中心的“拥江发展”战略中，政府斥巨资打造了奥体板块，APEC峰会、金融峰会、亚运会等国际盛事都在此承办。博览中心、城市之门构成城市地标，紧邻钱江世纪公园，一步之遥就是滨江公园。随着亚运村大规模建设以及完善配套加持，板块内土地稀缺，呈现一房难求的状态。

杭州昂贵的住宅大多位于钱塘江两岸，而奥体的住宅一直被称为杭州豪宅价格地标，目前已迈入亿级豪宅时代。在利好因素的驱动下，众多房企纷纷进驻，为奥体打造国际化居住区。

项目距离地铁2号线建设一路站约500米，距离换乘站建设三路站约600米。3公里范围内有万象汇、银隆百货、旺角城、宝龙城市广场等五大商业体围绕，更有杭二中萧山分校、学军文渊中学等教育资源环伺，还近揽浙江萧山医院、浙二国际医学中心等。

【品牌维度】

目前，恒大总资产2.1万亿元，年销售规模超6000亿元，累计纳税超2300亿元、慈善捐款超146亿元，员工14万人，每年解决就业260多万人，2019年在“世界500强”中排名第138位。

恒大集团是以民生地产为基础，文化旅游、健康养生为两翼，新能源汽车为龙头的“世界500强”企业集团。在2019年前10个月中国房企销售额排行榜中，恒大位列第二名，成为前三名里最“年轻”的房企，但是发展势头却不容小觑。

【口碑维度】

在35家开发商竞逐中抢来的TOD地块、78.74%的高溢价率、2年蛰伏期、亚洲十大豪宅之一、萧山版“武林壹号”、严格限价的市北板块……这些颇具吸引力的字眼，使得国玺悦龙府一经亮相就引得不少人前来参观。

国玺悦龙府严格执行“样板房制度”，从样板展示到交付，不做更改、不偷工减料，将所有推广经费用在产品打造上，把口碑的实名留在每一位客户心中，进而赢得市场的尊重和赞誉。不得不说，国玺悦龙府是恒大在有多家龙头品牌房企竞逐的杭州楼市中打出的一副诚意好牌。

【产品维度】

项目占地约4.7万平方米，容积率2.5，总建筑面积约11.9万平方米，其中住宅11.6万平方米、商业2500平方米。由9栋Art Deco风格建筑围合而成，1号、2号楼为21层，3号、4号、5号、6号楼为25层，7号、8号、9号楼为23层。国玺悦龙府以9幢建筑围合式的建筑布局，外立面采用四种以上纯天然石材干挂，选用光面黄金钻花岗石、啡钻花岗石等，以达到历久弥新的效果，园林与建筑间有“室内外双泳池”，曾被评为“2017亚洲十大超级豪宅”之一。

项目绿地率高达30.12%，小区建筑密度仅仅15%。拥有1.2万平方米下沉式中西园林，深度达7.5米，全景园林造价不菲。项目园林覆盖率达50%以上，最大楼间距接近150米，平均楼间距约45米，充分满足采光及日照需求。规划如此的楼间距，可视为足足“牺牲”了整整1栋“楼王”的货值——按土地成本、建安成本、财务成本等计算，费用接近5亿元。

更多楼盘详情请扫码查看

蓝城·陶然里

杭州　之江板块　氧气之城　同城颐养

- 2019年 -
中国城市楼盘年鉴
典型项目

蓝城·陶然里位于杭州市西湖区珊瑚沙路与龙心路交会处，处于之江新城核心区。项目总建筑面积约13万平方米，规划康养公寓、颐乐公寓、LOFT公寓三大全装修产品。

项目地址：

杭州市西湖区珊瑚沙路与龙心路交会处

开发商：

杭州之一房地产开发有限公司

建筑类型：

公寓

主力户型：

约58平方米二居LOFT、72平方米二居、99平方米二居公寓

周边配套：

地铁6号线（建设中）、中国美术学院、浙江音乐学院

参考价格：

35000~40000元/平方米

楼盘优势：

项目位于之江国家旅游度假区，近梅灵路、九溪烟树、五云山等风景名胜区，是蓝城体系内第一个同城颐养产品。

专家点评

刘晨光·易居克而瑞企业战略部总经理、城市投资部总经理

蓝城·陶然里定位为中国同城颐养新典范，园区内自带双语幼儿园、长者护理院等。项目并非只单纯打造养老社区，而是希望形成「活力社区」的生活方式，长者可以得到更好的照顾、获得更好的资源，年轻人、小孩和长者之间也能实现和谐混居。

项目解析

【区域维度】

蓝城·陶然里位于之江国家旅游度假区，近梅灵路、九溪烟树、五云山等风景名胜区，板块森林覆盖率超过70%，有“氧气之城”之美誉。项目周边还有之江中心公园(在建)、滨水公园、社区公园三大公园。

项目距地铁6号线枫桦西路站(建设中)直线距离约900米，该线路连通杭州之江新城、滨江、亚运村、火车东站等多个重要区域和城市节点，未来通过与各地铁线的换乘，可畅享全城一体化轨道交通网。板块内之江路、之浦路、紫之隧道、彩虹快速路等多条交通要道交错相会，连接城西、钱江新城、滨江等地。项目1~3公里内，有已开业的省立同德医院之江院区和三甲浙一医院之江分院。区域内还有约6万平方米之江银泰(建设中)、中国美术学院、浙江音乐学院、四大省级文化馆……交通便捷、环境宜人、配套完善。

【口碑维度】

颐养养在城市里，颐养养在生活里。年轻，与年龄无关。蓝城·陶然里，以THE KIDULT定义当代长者，以“且陶陶，乐尽天真”描摹当代长者理想的颐养生活，以“友好、社交、开放、关怀”为理念，为中国高净值人群定制未来生活解决方案。

从全城东西南北举办四场同城颐养发布会，到开启同城谢客、面对面进行同城颐养生活方式的渗透，再到同城颐养示范区绽放，THE KIDULT生活馆及样板房公开，发布同城主张，提供360°全景服务，蓝城·陶然里凭借全新颐养理念、全新产品规划、全新颐养服务等深受赞誉与好评，收获了众多拥趸。

【产品维度】

项目总建筑面积约13万平方米，设计康养公寓、颐乐公寓、LOFT公寓三大全装修产品，友好构建独立颐养、祖孙代际、三代同堂、忘年互助、抱团颐养等多元颐养模式，通过混龄颐养模式聚集融合每一个年龄段人群，营造活力绽放的生活氛围。园区设计交互式礼仪纵轴与颐养横轴，隔出一个中心花园、八大主题花园，融合赏景、休憩、社交、健身乃至琴棋书画等生活功能，以沉浸式花园客厅实现终身制社交。

逾10000平方米生活服务空间，引入颐养机构椿龄荟、澳蒙国际幼儿园、绿橙GreenMart生活超市，配置共享餐厅、室内恒温泳池等配套，提供丰富多彩的开放式融合生活。

【品牌维度】

蓝城·陶然里定位为中国同城颐养新典范，由蓝城集团、绿城服务集团和西湖城投联袂打造。

蓝城集团基于十余年养老地产经验，深入洞察当代长者的颐养需求，提倡在关注生态环境、颐养服务、精神需求之上，更注重发现、提升、展示个人价值，为蓝城·陶然里带来全新颐养理念。蓝城·陶然里的配套部分将由绿城服务集团100%持有，引入绿城核心配套与生活服务，致力于打造绿城服务超级示范区；西湖城投以对城市山水修缮的丰富经验、对公共资源的强烈引力，为蓝城·陶然里的营建品质与长久运营，提供坚实的支持和保障。

更多楼盘详情请扫码查看

绿城交投·湖境云庐

- 2019年 -
中国城市楼盘年鉴
典型项目

杭州　绿城中国　低密叠墅　云庐经典

绿城交投·湖境云庐是绿城、交投首入未来科技城联袂打造的第二个“云庐系”作品，项目总建筑面积约 14.47 万平方米，由 26 幢低密叠墅组成，是绿城原创级城市院子 Trees Villa“云庐系”的经典之作。

项目地址：

杭州市未来科技城文二西路与绿汀路交会处

开发商：

杭州绿城交投锦溪置业有限公司

建筑类型：

别墅

主力户型：

180~220 平方米叠墅

周边配套：

地铁 3 号线、地铁 5 号、西溪印象城、自然公园

参考价格：

44400 元 / 平方米

楼盘优势：

未来科技城典型低密改善住宅，近邻地铁 3 号线、5 号线绿汀路站（在建），周边商业、教育资源丰富。

专家点评

田小园·杭州日报房产部负责人

2019年12月，绿城交投·湖境云庐终于走进购房者的视野。未来科技城的地段，距离地铁绿汀路站200米，大幅度提升了出行便捷度。低密墅区的产品规划，户型及面积段的定位，更让青睐绿城产品的购房者不必跨过太高的准入门槛。

项目解析

【区域维度】

绿城交投·湖境云庐位于杭州未来科技城核心区。杭州未来科技城是中央组织部、国有资产监督管理委员会确定的全国4个未来科技城之一，是第三批国家级海外高层次人才创新创业基地。

绿城交投·湖境云庐坐拥六维立体交通网络，聚合十五大商业体、公共中心、三大地标等高端配套，聚焦全杭丰富教育资源、名校林立。项目周边约10万平方米的内外自然公园，让湖畔云庐的实际自然绿地覆盖率达到50%以上；三大湿地双水系环绕，包括西溪国家湿地公园、五常湿地和睦水乡湿地，坐享未来自然岛居生活。

【品牌维度】

绿城交投·湖境云庐是绿城集团与省交投集团继西溪诚园、桃李春风、翡翠城之后的再次联袂合作，首入未来科技城打造“云庐系”纯低密叠墅作品。

绿城中国是中国高端物业营造专家，优质房产品开发及生活综合服务供应商。至今已连续14年上榜“中国房地产公司品牌价值10强”；连续7年荣获“中国房地产100强”企业综合实力10强。

交投地产是浙江省国有企业中规模庞大、实力强劲的房地产开发平台。股东方浙江省交通投资集团有限公司是省级交通类国有资产营运机构，连续十年入选“中国企业500强”。交投地产是交通集团下属全资子公司，是集团土地资源整合及投资的平台。

【产品维度】

绿城交投·湖境云庐项目总占地面积约5.78万平方米，容积率1.5，总建筑面积约14万平方米(含地下)，打造户型面积180~220平方米的纯低密含装修叠墅。

绿城将“辰·光”融入东方生活哲学与产品营造法则，推动东方式精致生活的回归。由GOA(大象设计)合伙人袁源先生主笔，创造更东方、更纯粹、更低密的“云庐系”作品。东方建筑符号在此简化，融入现代材料和工艺手法，形成了“注重屋檐礼仪结构、以木纹铝板为主的仿原生材质、传统榫卯结构打造细节”三大建筑特征。

东方人平和、含蓄、内敛、包容的生活状态，与回归自然的居住理想相融合，在项目中呈现“一方四庭(木庭、云庭、花庭、溪庭)”的园林格局。绿城总结TreesVilla装修营造理念“云庐FINE”，归纳出融合、舒适、匠艺、东方四大主张，以当代手法营造属于东方人的居住理想。

此外，湖境云庐结合园区公区规划，更打造了共享会客厅、室外泳池、便民服务点、智能快递柜、大件快递存储中心、生鲜存放处、植物认知园、邻里中心(阅览中心)、24小时便利店、儿童活动区、老年活动区等配套空间。

【销售维度】

2019年12月21日，绿城交投·湖境云庐迎来首开。案场数据显示，首开推售273套低密叠墅房源全部售罄，当日销售25亿元。时近年末，绿城交投·湖境云庐以全城争席的场面，验证“云庐系”的号召力和热度。

更多楼盘详情请扫码查看

仁恒滨江园

2019年 中国城市楼盘年鉴 典型项目

杭州　区域典型　口碑豪宅　巨匠联袂

仁恒滨江园位于杭州市上城商圈，由滨江与仁恒两大品牌房企联合开发，总建筑面积约13.3万平方米，占地面积67889平方米。

项目地址：

杭州市上城区钱江路与甬江路交叉口

开发商：

杭州滨恒房地产开发有限公司

建筑类型：

板楼、高层

主力户型：

170~250平方米四居

周边配套：

胜利实验学校、勇进实验学校、行知幼儿园

参考价格：

70800元/平方米

楼盘优势：

属于上城商圈、南星桥板块、钱江新城核心区江景房，近地铁1号、4号、5号线。

专家点评　田小园·杭州日报房产部负责人

仁恒和滨江，两个地产界的高端生活质造家，在南星桥高端板块上「牵手」，从理论上说，会产生1+1>2的硬核产品。丰富的配套，贴心居家细节，系统化的场景创造，无愧于2019年典型项目之名。千万元以上总价，对绝大多数购房者而言只能仰望。

项目解析

【区域维度】

从“西湖时代”迈入“钱塘江时代”，“拥江发展战略”是杭州转变发展思路，向东部扩展的一大创举，钱江新城一跃成为杭州拥江发展新引擎。

2018年7月，滨江集团以31亿元竞得上城区南星单元D-05宅地，楼面价36086元/平方米。随后，滨江集团选择与仁恒置地携手，共同打造这块南星桥豪宅区稀缺宅地，案名定为仁恒滨江园。

杭州仁恒滨江园号称是仁恒置地首入杭州市中心的城市作品。整个项目总建筑面积约8.6万平方米，以围合式布局营造国际高端社区。

项目近距地铁1号线、4号线、5号线，距西湖和钱江新城市民中心直线距离均约3公里。紧邻邵逸夫医院、浙一、浙二等优势医疗资源。

项目周边5公里范围内汇集了万象城、来福士、杭州大厦、湖滨银泰、杭州大厦501、庆春银泰等多个大型商业综合体。附近400米左右，还有物美超市、万泰城，共筑一派繁华盛境。

【品牌维度】

“南星豪宅史，半壁滨江造”，滨江在南星持续深耕，从金色海岸、金色家园、阳光海岸，到城市之星、钱塘印象、壹品、上品，滨江在南星建成了一个经典的高端项目，成为杭州购房者心中“精工品质”代言人和深谙南星“心思”的开发商。

品牌溢价率高达20%，业主复买率30%，业主老带新购置比例高达50%……以上数据无一不在彰显26年专注高端社区开发的仁恒拥有的社会美誉度。

一个是拥有27年精工坚守的高端品质标准制定者，一个是26年跨越世界的国际社区营造者，两大专注高端品质巨匠的此次联袂，裂变出强有力的口碑效应，一举将社会的关注度推向高潮。

【产品维度】

仁恒滨江园由9幢小高层组成，总建筑面积13.3万平方米，容积率约2.7，共规划346套住宅。仁恒与滨江拿出各自顶级的产品系，打造杭州市场少见的建筑面积165~248平方米纯粹大平层。

在景观设计方面，使用近3个足球场大小的面积营造中央景观，用石材、水流、植物、光影打造了“一半山、一半水”的景观。采用“大围合”式设计，让每户都能够拥有中央景观视野。外立面借鉴国际美术馆的手法，在建筑局部搭配木纹暖色质感的铝板。

除此之外，项目还配备会所、泛会所、自然采光的地下车库，每幢高层屋顶都有泛光照明设计，照亮回家路等诸多贴心细节设计。

【口碑维度】

有两大房企的知名度背书，从拿地到开工，从售楼展厅公开到示范区开园，仁恒滨江园的一举一动都备受杭州市场瞩目。各路人士纷纷预约前往，想要看看这个刷新南星桥豪宅标准的楼盘真容几何。

据仁恒滨江园销售人员介绍，示范区开园3天来访客户高达1500组，开园以来日均来访量保持在300组左右，在客流高峰，每名销售人员日均接待近100组客户。

这样的光景，放眼杭州都是足以用来称道的热度证明。两大开发商强强联合之下所迸发出的强大影响力，直接转化成仁恒滨江园在杭州市场率先拿下的首轮口碑优势。

更多楼盘详情请扫码查看

2019 年宁波房地产市场总结

行业发展历程

一、城市概述

宁波位于浙东、杭州湾南岸，是副省级城市、计划单列市，市域陆地面积 9816 平方千米，建成区面积 345.49 平方千米。截至 2018 年末，全市常住人口 820 万人，户籍人口 603 万人。

表 2-50　宁波市户籍人口 2016~2018 年变化表

单位：人

区域	2016 年	2017 年	2018 年
海曙区	624436	626363	629970
江北区	247469	251000	257730
鄞州区	842000	872000	902151
镇海区	241000	250000	260828
北仑区	404000	414000	423717
奉化区	484000	483000	481308
余姚市	838000	837000	836306
慈溪市	1049000	1053000	1055702
宁海县	629987	632499	633256
象山县	550411	550451	548600

宁波为全国吞吐量最大的港口之一，外贸和工业发达；作为“一带一路”海上丝绸之路起点，历史底蕴浓厚，名人辈出，故有“书藏古今、港通天下”的美誉。

全年气候宜人，属亚热带季风气候，有典型江南水乡风貌。属吴语区域，下辖六区四个县市，四个县市分别为慈溪市、余姚市、宁海县、象山县；六区分别为鄞州区、奉化区、北仑区、海曙区、江北区、镇海区。城市中心为三江口一带，即姚江、奉化江、甬江交汇处，市政府所在地位于鄞州区的东部新城。

2018 年末三次产业之比为 2.8 ∶ 51.3 ∶ 45.9。按常住人口计算，全市人均地区生产总值为 132603 元。完成财政总收入 2655.3 亿元，比前一年增长 9.9%，其中一般公共预算收入 1379.7 亿元，增长 10.8%。全市完成一般公共预算支出 1594.1 亿元，增长 13.0%，其中城乡社区和科学技术支出分别增长 46.7% 和 33.1%。

二、行业现状

宁波本土房地产企业逐渐式微，万科、中海、金茂等企业在宁波大量屯地，大多为浙江区域或华东区域下属公司，鲜有成立浙东公司。但万科在宁波的投入力度在其同级别城市中属前列。

本土企业以雅戈尔、江山万里和荣安为主，其他老牌国企基本退出市场。代理领域基本被宁波本土企业占据。二手房领域贝壳新入，本土依然是南天、21 世纪实力最为雄厚。南天一年成交量占市六区二手房成交量的 17% 左右。

三、政策环境

海曙、江北、鄞州三大区的核心城区，即主城区，实施限购，不能买第三套房，俗称“圈内”。2018 年末开始实施竞地价限房价政策。政府调控手段多样化。人才引入力度很大，落户不限面积，公寓可落户。

四、土地市场

2019 年全年成交量居历史第二位，最高实际楼面价接近 30000 元 / 平方米。此前曾设封顶价 20750 元 / 平方米，竞到封顶价改拍人才安居房，后于 2019 年末废除，转而实施竞地价、限房价政策。市五区土地供应减少，奉化区一家独大，前湾新区供地势头凶猛。

五、房企布局

前湾新区、奉化、东钱湖新城都是目前和未来房企布局重点，2019年万科、江山万里、宝龙、荣安等房企拿地最积极。

六、房产行业发展历程

1990年到2003年为第一时期，经历了第一轮房产萧条期。2002年到2004年，宁波连续三年位居全国房价涨幅榜首，此后房价上涨不多。

第二轮自2010年展开，到2016年呈现“V字”，2017年全面恢复上涨，2019年在全国房价涨幅榜上位居前列。

期间，宁波本以“老八家”一统天下，2005年后外来房企大举登陆，至2010年后势头更猛，本土房企限于操盘实力和资金成本，且受管理问题困扰，或退场或被兼并，不复当年之勇。

城市年度市场解读

一、本地新政

前湾及奉化主城区两个街道，新房买入两年内限售；主城区“圈内”限购，“圈外”不限，基本以新城区为主。土地方面，竞地价、限售价，卡死未来三年宁波房价涨幅空间。人才补贴力度大，奉化最高购房补贴50万元，各区均建有大量人才公寓，2020年或延续。

二、年度土地供应

土地市场和楼市受相似因素影响，也表现不错，成交量1027万平方米，供应量1500万平方米，楼面价5732元/平方米，均居历史高位，但低于历史最高位的2010年。

供应量上，传统主城区供应继续减少，前湾新区、奉化区有巨量供应，对楼面价有抑制作用。

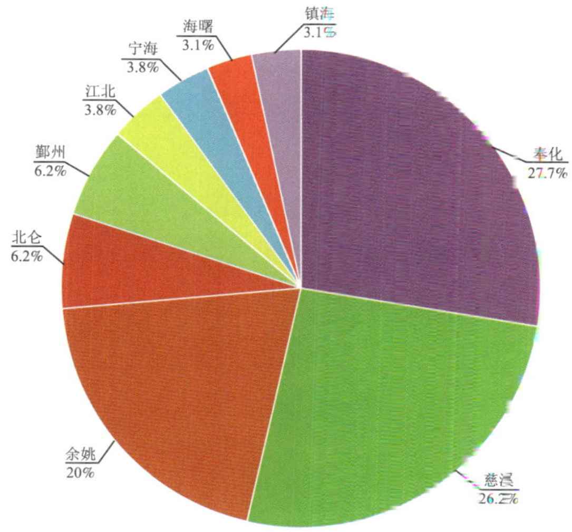

图2-96　2019年宁波各县市区土地供应

三、年度土地成交

全市地价2019年上半年有一定上涨，下半年受房企资金链影响，逐渐趋稳，部分区域有所下降。如槐树路地块，最终楼面价低于市场预期。不过一些新兴板块，如方桥，地价上涨较快。

图2-97　2019年宁波市土地成交价走势图

楼面单价因政府限制，此前一直控制在20750元/平方米之下，如达到此封顶价，则改为竞拍人才安居房。12月开始实施限售价竞地价，最高楼面价由荣安以

21640 元 / 平方米拿下鄞州区长丰二线江景地块创造。

四、年度住宅供应

2019 年大市供应总量达 1500 多万平方米，超 20 万套房源；上半年供应高于下半年，年末有翘尾。

附全年各县市区供应面积（慈溪含杭州湾新区，北仑含梅山）：

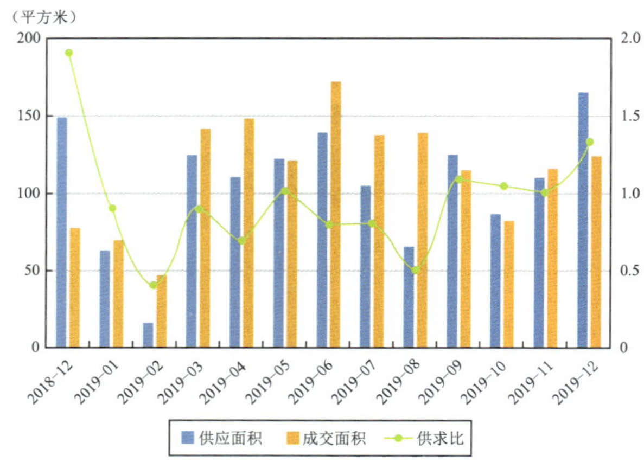

图 2-98　2019 年宁波市各县市区土地供应面积

五、年度住宅成交

据克而瑞机构统计，从 2015 年的 53874 套开始，宁波楼市成交一路飞增，至 2018 年达 104819 套，而 2019 年全年大市成交 128236 套，创历史最好成绩。

二手房成交同样如此，最低是 2015 年，约 42029 套，但这个数据比 2014 年已经增加了 38.76%。2016 年至 2018 年，每年的二手房成交都在 60000 套以上，只略有起伏。2019 年的数据可以统计到的为市六区，据宁波官方统计，二手房成交达 76643 套，超过了 2018 年市六区的 65245 套，是近 5 年最好的一年，在市六区的住宅成交中占 60%，该比例也是历史最好成绩。

总体而言，宁波楼市成交逐年攀升。就走势而言，宁波 2019 年全年呈现先扬后抑的态势，即上半年好于下半年。

这个态势和前三年相似，上半年火爆，下半年走弱，转折点大约在 6 月。但 2019 年下半年的楼市依然好于 2017 年和 2018 年的市场表现。

新购房落户概念从 3 月开始变现，各区人才引进政策从 2 月初展开，这些概念在 2019 年上半年变现为高成交量。下半年各概念因素渐渐趋弱，成交量回到市场常态，但因城市发展基本良好，楼市提升的逻辑仍在，人才持续涌入，故推动一、二手房成交量普遍好于往年，且价格稳步升高。

六、年度住宅存量

库存方面，根据官方统计，截至 2018 年底，全大市住宅存量约 58258 套，去化周期为 5~6 个月。

以下为截至 2020 年 1 月 1 日的各县市区库存情况。

表 2-51　2019 年宁波市各县市区住宅存量

所在区域	销售套数	销售面积	可售套数	可售面积
保税区	0 套	0 平方米	0 套	0 平方米
北仑区	36 套	4054.70 平方米	4149 套	466264.55 平方米
慈溪市	3 套	406.73 平方米	8039 套	1137621.05 平方米
大榭	0 套	0 平方米	0 套	0 平方米
东钱湖	22 套	2298.28 平方米	378 套	82416.32 平方米
奉化区	1 套	67.14 平方米	7739 套	896081.65 平方米
高新区	4 套	513.98 平方米	564 套	75667.53 平方米
海曙区	2 套	305.65 平方米	2624 套	406112.40 平方米
杭州湾	40 套	4183.15 平方米	6275 套	720267.74 平方米
江北区	79 套	8012.20 平方米	2538 套	332866.98 平方米
梅山	3 套	300.11 平方米	3112 套	402557.01 平方米
宁海县	45 套	5468.48 平方米	2878 套	355743.05 平方米
象山县	3 套	344.00 平方米	6916 套	943656.60 平方米
鄞州区	32 套	3440.66 平方米	4009 套	508694.09 平方米
余姚市	18 套	2205.66 平方米	7896 套	967927.90 平方米
镇海区	0 套	0 平方米	1141 套	147154.44 平方米
合计	288 套	31600.74 平方米	58258 套	7443031.31 平方米

慈溪（不含杭州湾新区）、余姚、奉化、北仑（含梅山）、象山、杭州湾新区库存较大。其中奉化滨海区

域库存较大。慈溪和余姚市场碎片化特征明显，各乡镇均有一定库存。象山的库存主要集中于大目湾新区。镇海区库存情况最优。

七、区域成交表现

老城区总价段 400 万元以上已是普遍现象，奉化即将贯通城际，但均价仅 10000 元 / 平方米出头（限价因素），使得投资客和刚需纷纷涌入。部分媒体的推波助澜也是重要原因。

市六区成交，奉化、鄞州、江北名列前三位；镇海受供应和人口影响，成交套数最少。北仑与 2018 年相比，销售势头大减，爆款楼盘的匮乏也是关键。

表 2-52　2019 年宁波市六区四县市住宅供求情况

区域	供应套数	成交套数	成交均价（元 / 平方米）	供求比
象山	9959	5974	11352	1.69
余姚	15258	11053	11900	1.29
北仑	11003	8714	17757	1.22
鄞州	20113	15373	29307	1.16
慈溪	38930	37545	12751	1.09
宁海	5139	4941	13108	1.04
江北	8830	10099	22027	1.02
镇海	4537	4287	19175	1.02
奉化	23192	21911	12889	0.96
海曙	5545	7119	28725	0.79

供求比上，海曙最“健康”，这与新推和土地项目偏少不无关系；其次奉化、镇海、江北。奉化主城区和城际沿线去化最快，但除此之外的区域去化较慢，呈现出明显的两极分化。

八、成交结构表现

截至 2019 年 12 月末，90~150 平方米为成交主力面积，200 万元总价产品占比近半。

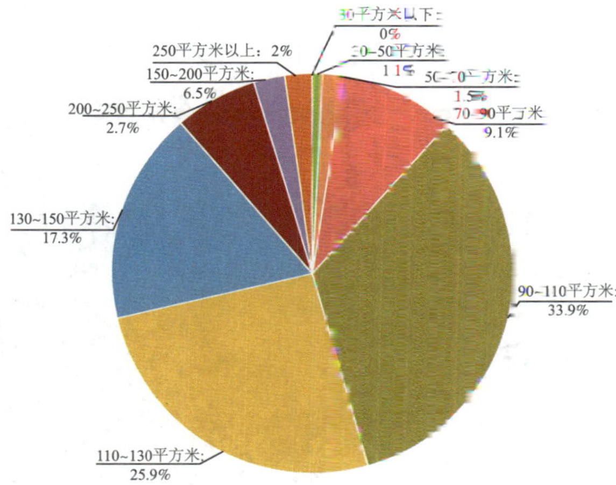

图 2-99　2019 年宁波市住宅成交价情况

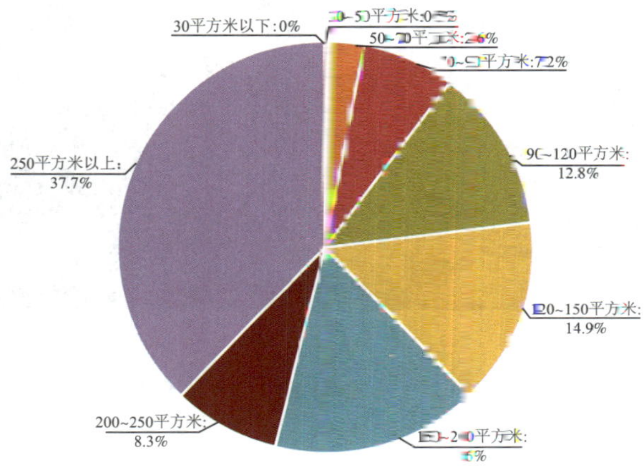

图 2-100　2019 年宁波市住宅成交面积情况

九、成交项目排行

以下为市五区成交，如果将范围扩大至市六区，宝龙奉甬新城无疑占据首位。万科云谷、万科蔚蓝城市建筑面积较大，万科 2019 年贡献两大红盘，雅戈尔江上为改善大盘。

乐居买房

2019年度 宁波市五区 新盘成交榜

数据来源：克而瑞

	案名	区域	成交面积	成交金额（万元）
1	万科云谷	江北	197,214	362,829
2	雅戈尔江上	海曙	153,300	488,857
3	万科蔚蓝城市	镇海	139,647	296,011
4	星海彼岸	北仑	122,313	175,083
5	中海枫桥里	江北	117,974	322,053
6	春江郦城	镇海	109,101	195,101
7	万科未来之光	北仑	103,086	195,266
8	海曙金茂府	海曙	97,871	356,515
9	龙湖坤和天境	鄞州	96,660	239,125
10	宁波壹号院	鄞州	90,029	335,105

从成交均价排行，可看出鄞州区的地位。

表 2-53　2019 年宁波市成交项目排行

排名	项目名称	区域	成交均价（元 / 平方米）	成交金额（万元）
1	宁波新世界	鄞州	49602	126833
2	雅戈尔海晏府	鄞州	44734	7852
3	绿城凤起潮鸣	鄞州	44118	69285
4	江山万里琅峰	鄞州	42249	149187
5	江山万里三期昆吾	鄞州	41241	172063
6	和协风格璟院	鄞州	38887	5940
7	泛迪中心	鄞州	38482	20630
8	九唐	鄞州	38414	28116
9	江山万里	鄞州	38374	2519
10	月湖天第	海曙	37603	56023

十、成交房企排行

万科依然是龙头，绿地的销售主要集中在前湾新区，主城区很少；中海多盘发力，布局很广。本土企业仅雅戈尔跻身前五，荣安位列前十；龙湖主要依靠镇海大盘和东钱湖项目；碧桂园农村包围城市战略不变，慈溪、前湾都有许多货量；宝龙靠奉甬新城和宝龙一城两大输出。融创坚持高端路线。

2019年度·宁波 房企销售榜 - TOP10 - 全市

排名	房企	流量金额（亿元）	排名	房企	权益金额（亿元）
1	万科地产	183.26	1	万科地产	155.66
2	绿地控股	102.27	2	绿地控股	100.67
3	中海地产	100.90	3	中海地产	99.11
4	雅戈尔	99.13	4	雅戈尔	95.09
5	龙湖集团	94.79	5	荣安地产	91.25
6	绿城中国	91.98	6	龙湖集团	78.34
7	碧桂园	88.44	7	宝龙地产	77.70
8	荣安地产	81.86	8	碧桂园	71.54
9	融创中国	81.55	9	绿城中国	70.48
10	宝龙地产	76.45	10	中国恒大	66.81

十一、商业、公寓及办公

办公楼 2019 全年销售情况一般，成交价格震荡上浮。

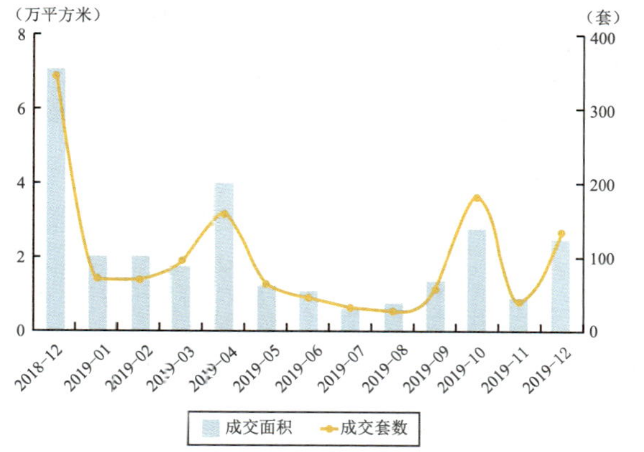

图 2-101　2018 年 12 月 ~2019 年 12 月宁波市办公楼成交面积走势

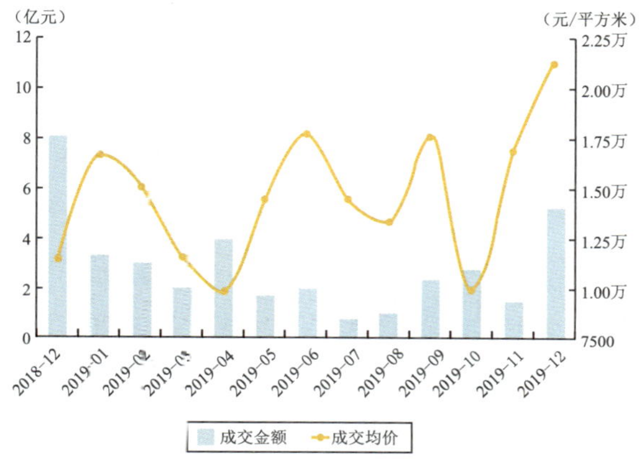

图 2-102　2018 年 12 月 ~2019 年 12 月宁波市办公楼成交价格走势

商业则以下行为主要趋势，表现不佳。

图 2-103　2018 年 12 月 ~2019 年 12 月宁波市商业地产成交面积走势

图 2-104　2018 年 12 月 ~2019 年 12 月宁波市商业地产成交价格走势

十二、年度房价走势分析

房价整体上行，尤其是市五区。算大市则受前湾和奉化两大成交区域影响。两者成交若放量，则使总成交均价下降。

图 2-105　2018 年 12 月 ~2019 年 12 月宁波市房价走势

十三、热点板块分析

克而瑞数据显示，2019 年宁波六区 44 大板块中，26 个板块成交均价过 2 万元 / 平方米。除大嵩板块外，鄞州区其他板块房价均过 2 万元 / 平方米，14 个板块中九大板块房价过 3 万元 / 平方米，其中东部新城成交均价达 42437 元 / 平方米，是宁波房价唯一破 4 万元的板块。海曙区七大板块中六大板块房价均过 2 万元 / 平方米，海曙西以 14185 元 / 平方米的成交均价成为海曙甚至老三区最后的价格洼地。

宁波六区中，还有最后三大板块房价未过万元，分别为北仑区的柴桥板块，均价为 7121 元 / 平方米，奉化区的莼湖镇板块，均价为 7121 元 / 平方米，奉化区的松岙镇板块，均价为 9725 元 / 平方米。

表 2-54　宁波市全板块供求比排行榜

板块	城区	供应套数（套）	成交套数（套）	均价（元 / 平方米）	成交金额	供求比
莼湖镇	奉化区	121	35	7281	34440872	4.77
东部新城	鄞州区	384	129	42437	818354004	2.85
潘火	鄞州区	872	433	31798	1464104887	1.99
高新区	鄞州区	1263	716	31142	2708365263	1.87
副海曙	海曙区	2177	1389	35347	6678940202	1.76
大嵩	鄞州区	2133	1280	18752	2599064417	1.69
北仑城区	北仑区	2969	1702	26299	5763468045	1.6
九龙湖	镇海区	656	422	12732	637331010	1.55
湾头	江北区	748	475	28544	1854398504	1.52
松岙镇	奉化区	8454	5976	9725	4994496963	1.47
下应	鄞州区	3269	2782	28439	9175891161	1.18
江口	奉化区	2296	1902	13391	2576412270	1.17
镇海城区	镇海区	402	344	17419	744652433	1.16
慈城	江北区	2696	2406	18103	5431518923	1.13
春晓	北仑区	3232	3004	12699	4227412413	1.12
姚江新城	江北区	783	649	28906	2432080532	1.12
姜山	鄞州区	912	863	20643	2004184943	1.1
长丰	鄞州区	348	326	36229	1610820125	1.07
东钱湖	鄞州区	1708	1562	25342	5965587365	1.06
骆驼	镇海区	1754	1652	18822	3971370588	1.03
甬江北	江北区	512	545	23129	1470099397	1.03
小港	北仑区	3601	3580	17549	6979266544	1.02
东郊工业区	奉化区	568	573	13586	873014917	0.99
萧王庙	奉化区	1668	1535	11944	2226767844	0.96
溪口镇	奉化区	2636	2772	12692	4071209772	0.93
江东	鄞州区	1508	1586	34369	7396626783	0.93
石碶	海曙区	1310	1467	31552	6051809121	0.89
庄市	镇海区	1431	1611	21355	3903711240	0.87
洪塘	江北区	2134	2672	18654	5343593778	0.8
南部商务区	鄞州区	1123	1455	34713	7245779367	0.78
江北核心	江北区	88	116	36442	604236007	0.74
岳林	奉化区	4155	5975	13191	8595776080	0.73
东部新城东	鄞州区	1169	1892	35102	10105775353	0.59
海曙核心	海曙区	408	697	32572	3126315720	0.49
城西	海曙区	479	1153	27097	4010769255	0.47
集士港	海曙区	333	790	22131	2075921490	0.39
万达	鄞州区	134	504	32691	2474003375	0.27
海曙西	海曙区	90	340	14185	564871147	0.24
姚江北	江北区	315	1853	27676	6328530427	0.17
高桥	海曙区	31	1018	23287	2848685042	0.05
柴桥	北仑区	0	186	7121	133347970	0
锦屏	奉化区	0	1353	18035	3755271951	0
陈婆渡	鄞州区	0	144	27215	621727232	0
印象城	鄞州区	0	162	37255	1088519309	0

十四、未来展望

2020 年的成交量预计和 2019 年不会有太大差距，但因强利好消息或在 2019 年已持续释放，如公寓落户；或已中止，如毕业十年内的大学生购房补贴，2019 年上半年的强势状态将很难出现，再加上宁波本地政府有效的调控，对市场节奏的把控，2020 年整体成交将基本平稳，或有略微下降，价格空间有限，但不影响未来大市。

数据来源：宁波市各年统计公报、克而瑞。

2019 年宁波房地产在售楼盘概览

楼盘名称	城市名称	城区	地址	物业类型
宁波宝龙广场	宁波	鄞州区	鄞州区嵩江中路与钱湖北路交会处	公寓、商铺
丰汇城	宁波	江北区	江北区江北大道和云飞路交叉口（江北万达旁）	普通住宅、商铺
姚江一品	宁波	江北区	江北区江北大道以西滨江 1-2# 地块内的 D 地块	写字楼、商铺
江湾城二期	宁波	海曙区	海曙区鄞奉路与尹江岸路（规划）交会滨江段	普通住宅
梅景苑	宁波	海曙区	海曙区鄞江镇大桥村	普通住宅、公寓
星悦中心	宁波	海曙区	海曙区柳汀街与马园路交会处	普通住宅
梁祝文化小镇天逸湾	宁波	海曙区	海曙区高桥镇北部	普通住宅、别墅
美的蝴蝶海	宁波	北仑区	北仑区梅山海润路 66 号	普通住宅、别墅
万年卡美丽亚	宁波	北仑区	北仑区滨海新城	普通住宅、公寓、酒店式公寓
恒大山水城	宁波	镇海区	镇海区九龙湖风景区附近	普通住宅
广洋海尚国际	宁波	镇海区	镇海区车站路以南、沿江路以北、镇海艺术实验幼儿园以东	普通住宅、写字楼、商铺、建筑综合体
九龙湖畔	宁波	镇海区	镇海区九龙湖郎家坪地块	别墅、自住型商品房
复地御上海	宁波	慈溪市	慈溪市三北大街西二环路口向西 300 米	普通住宅、别墅
光大湖畔 1 号	宁波	慈溪市	慈溪市慈东滨海区、南临伏龙路、西临九塘江	别墅、政策房
御山府	宁波	慈溪市	慈溪市观海卫镇环城北路卫山公园往东 200 米	普通住宅
恒大御海湾（备案名：海上华府）	宁波	象山县	象山县爵溪游仙路中段	普通住宅
V7 十里澜山（十里春风）	宁波	象山县	象山县大目湾丽湾路与灵济路路口	别墅
象山中央公馆	宁波	象山县	象山县西周镇振濂路与崟港路交会处	普通住宅、商铺
众安悦龙湾	宁波	余姚市	余姚市北环西路与新建北路交叉口	别墅
九唐酌月台	宁波	东钱湖	东钱湖旅游度假区环湖南路 688 号	别墅
杭州湾世纪城	宁波	杭州湾新区	杭州湾新区滨海大道与滨海二路交会处	普通住宅、公寓、写字楼、商铺、建筑综合体
合生杭州湾国际新城	宁波	杭州湾新区	杭州湾新区现代服务休闲区	普通住宅、别墅
宁波新世界	宁波	鄞州区	鄞州区中山东路与江东北路的交叉口（金光百货正对面）	普通住宅、写字楼、商铺、建筑综合体

楼盘名称	城市名称	城区	地址	物业类型
铂·橙 +	宁波	鄞州区	鄞州区宁南北路与嵩江西路交会处	普通住宅、公寓
柒里新都	宁波	鄞州区	鄞州区宁穿路与沧海路交叉口	商铺
乐汇·IN	宁波	鄞州区	鄞州区王隘南路与兆诗街交会处（澄浪桥东）	写字楼、商铺、建筑综合体
宁波帝宝 The River ONE	宁波	鄞州区	鄞州区宁穿路 1222 号	公寓
中海学仕里	宁波	鄞州区	鄞州区首南西路与鄞州大道交会处	普通住宅
紫荆汇	宁波	鄞州区	鄞州区东部新城海晏北路与宁玉路交会处西南面	公寓
福元里	宁波	鄞州区	鄞州区首南路与天宫路交会处（天宫庄园景区）	公寓
东篱	宁波	鄞州区	鄞州区民安路与世纪大道交叉口	普通住宅
利时·江山一品	宁波	鄞州区	鄞州区天童南路与泰山路交会处（狮山剧院西南方）	酒店式公寓
云董台	宁波	鄞州区	鄞州区鄞县大道与启明南路交会处	普通住宅
宁波悦邻中心	宁波	鄞州区	鄞州区宁波东部新区世纪大道和江南路交会处东北角	建筑综合体
荣安劝学里	宁波	鄞州区	鄞州区金达南路与立德路交会处	普通住宅
东宸壹品	宁波	鄞州区	鄞州区世纪大道与通途路交会处	普通住宅、酒店式公寓
宝龙一城	宁波	鄞州区	鄞州区宁南南路与泰安中路交会处（罗蒙环球城北侧）	普通住宅
荣安·桂语嵩江	宁波	鄞州区	鄞州区咸祥镇咸祥中路 1218 号	普通住宅
臻和院	宁波	鄞州区	鄞州区东部新城明湖板块	普通住宅
长粼府	宁波	鄞州区	鄞州区广德湖北路与长丰一路交会处	普通住宅
合能枫丹江宁	宁波	鄞州区	鄞州区宁东路与博大路交会处	普通住宅
宁波湾·星钻	宁波	鄞州区	鄞州区宁波湾桃源街与三隘南路交会处往西 100 米（宁波市第二中学西侧）	普通住宅
新希望董麟上府	宁波	鄞州区	鄞州区下应南路与立德路交会处	普通住宅
中交·雅郡	宁波	鄞州区	鄞州区广德湖北路与环宁路交叉口	普通住宅
绿城招商·明月江南	宁波	鄞州区	鄞州区福庆南路与金贸路交叉口	普通住宅
富豪·天然居	宁波	鄞州区	鄞州区[illegible]东吴天童小学正对面	普通住宅
凤起潮鸣	宁波	鄞州区	鄞州区宁波东部新城核心区宁安路与河清北路交叉口	普通住宅

楼盘名称	城市名称	城区	地址	物业类型
天一晓著	宁波	鄞州区	鄞州区宁穿路与桑田路交会处	普通住宅
奥克斯繁花里	宁波	鄞州区	鄞州区姜山镇人民路与环镇南路交会处	普通住宅
水印江山	宁波	鄞州区	鄞州区姜山镇人民西路、狮山公园南侧	普通住宅
雅塘府	宁波	鄞州区	鄞州区公交车塘溪站北侧	普通住宅
泛迪中心	宁波	鄞州区	鄞州区兴宁路与彩虹路交界处（李惠利医院南面）	普通住宅、公寓
江山万里·琅峰（七期）	宁波	鄞州区	鄞州区日丽西路与小江湖路交会处	普通住宅
融创大悦城新希望·宁荟台	宁波	鄞州区	鄞州区日丽东路与金达南路交会处	普通住宅
雅戈尔嵩江府	宁波	鄞州区	鄞州区嵩江西路与宁南北路交叉口西侧	普通住宅
嘉宸府	宁波	鄞州区	鄞州区宁东路与江澄北路交会处	公寓
上宁府	宁波	鄞州区	鄞州区瞻岐镇宝瞻公路与新穿咸线交叉口	普通住宅
熙汐 LOFT	宁波	鄞州区	鄞州区鄞县大道与欢乐海岸路交叉口	公寓
洛兹品阁	宁波	鄞州区	鄞州区石碶街道	公寓
荣安·柳岸风荷	宁波	鄞州区	鄞州区泰康西路与小江湖路交会处往南	普通住宅
龙湖天街综合体	宁波	鄞州区	鄞州区通途路与中兴路交叉口	普通住宅
中旅城	宁波	江北区	江北区长阳路与宏图路交叉口	普通住宅
路劲新天地	宁波	江北区	江北区东至人民路、南至新马路、西至大庆南路、北至生宝路	公寓
富力御官山	宁波	江北区	江北区慈城新城保黎南路与锦绣西街交会处（新城外国语学校东北侧）	普通住宅、别墅
维科望江府	宁波	江北区	江北区姚江新城丽江西路与云飞西路199弄交会处	普通住宅
芯锐中心	宁波	江北区	江北区康庄南路与北环西路交会处	写字楼、建筑综合体
慈城金茂逸墅	宁波	江北区	江北区慈城湖心居住区义山路与彩云路交叉口	普通住宅、别墅
朗诗清澄	宁波	江北区	江北区江北大道与云飞路交叉口（江北万达广场斜对面）	酒店式公寓
金隅大成时代	宁波	江北区	江北区江北湾头核心区大闸路与环城北路交会处	写字楼
湖畔樾山	宁波	江北区	江北区慈城镇环南山路与义山路交叉口（慈湖人家三期东北方向200米）	普通住宅、别墅
中海·枫桥里	宁波	江北区	江北区江北天沁路与李家西路交会处	普通住宅

楼盘名称	城市名称	城区	地址	物业类型
上江邑(Y-Town)	宁波	江北区	江北区宁波三江口	写字楼、商铺
万科云谷	宁波	江北区	江北区慈城连接线与长兴路交叉口［地铁4号线长兴路站旁（在建）］	普通住宅
万科·滨河道	宁波	江北区	江北区青林湾大桥西北侧（云飞路与机场路交叉口）	普通住宅
宝龙天地	宁波	江北区	江北区北环西路与宁慈路交叉口	公寓
永丰天第	宁波	江北区	江北区文教街道40弄海田大厦南侧	普通住宅
海尔产城创翡翠东方	宁波	江北区	江北区人民路与环城北路交会处	普通住宅
万科云汇中心	宁波	江北区	江北区慈城连接线与长兴路交叉口［地铁4号线长兴路站旁（在建）］	写字楼、商业
中国铁建·花语江湾	宁波	江北区	江北区南至环城北路、地块中间隔开星湖路、北至湾头路	普通住宅、别墅
万科槐树路256号	宁波	江北区	江北区槐树路256号	普通住宅
世纪滨江	宁波	江北区	江北区大庆北路与怡西街交叉口（二号线孔浦站旁）	普通住宅
中梁湖栖云庐	宁波	江北区	江北区江北荪湖彩云路南侧	普通住宅、别墅
雅戈尔新湖景花苑	宁波	江北区	江北区环城北路与下江路交叉口	普通住宅
北宸府	宁波	海曙区	海曙区鄞奉路与南苑街交会处（南塘老街旁）	普通住宅
保利·天悦	宁波	海曙区	海曙区海曙核心区	普通住宅
月湖天第	宁波	海曙区	海曙区三市街与长春路交叉口西南侧	普通住宅
恒厚阳光一品	宁波	海曙区	海曙区中山西路与机场路交会处（阳光豪生大酒店东侧）	酒店式公寓
海曙金茂府	宁波	海曙区	海曙区丽园南路与新典路交叉口	普通住宅
悦江湾	宁波	海曙区	海曙区鄞奉路与尹江路交界处	普通住宅
雅戈尔江上	宁波	海曙区	海曙区鄞县大道西段1号（雅戈尔国际服装城对面）	普通住宅
海语天下	宁波	海曙区	海曙区丽园南路与南苑街交会处	普通住宅
荣安·西溪里	宁波	海曙区	海曙区集士港联丰路与广蔺路交会处	普通住宅、公寓
荣安·桃李郡	宁波	海曙区	海曙区集士港镇广蔺路和日葵路交接处	普通住宅
金地华章	宁波	海曙区	海曙区常青路与苍松路交会处	普通住宅
美的·鼓楼前	宁波	海曙区	海曙区秀水街历史文化保护区内孝闻街（中央花园旁）	普通住宅
香榭水岸	宁波	海曙区	海曙区春华路与广泽路交会处	普通住宅

楼盘名称	城市名称	城区	地址	物业类型
恒一城市中心	宁波	海曙区	海曙区碶闸街 9 号（城隍庙东）	商铺、商业
星荟 park	宁波	海曙区	海曙区石契板块雅戈尔大道与塘西中路交叉口	普通住宅、公寓
江湾 SOHO	宁波	海曙区	海曙区鄞奉路与澄浪南路交会处滨江段	公寓
雅戈尔江上 2 期 · 麓岛	宁波	海曙区	海曙区鄞县大道西段 1 号	普通住宅
九峰壹号源墅	宁波	北仑区	北仑区九连山路 66 号（九峰山风景区北）	别墅
中南锦悦府	宁波	北仑区	北仑区宁波小港中机路和联合路交会处	普通住宅、政策房
龙湖景瑞星海彼岸	宁波	北仑区	北仑区滨海新城春晓大道连岛路交叉口	普通住宅、别墅
万科未来之光	宁波	北仑区	北仑区小港季景路与黄山路交叉口（小浃江学校对面）	普通住宅
万科未来广场	宁波	北仑区	北仑区小港泰山西路与小浃江路交叉口	普通住宅
印东方	宁波	北仑区	北仑区太河路与恒山路交叉口	普通住宅
海湾金茂悦	宁波	北仑区	北仑区滨海新城乐海路与明月路交叉口	普通住宅
卓越维港	宁波	北仑区	北仑区环山路与黄山西路交会处	普通住宅
中骏合景府	宁波	北仑区	北仑区长江路与恒山路交叉口	普通住宅
北仑新凯旋	宁波	北仑区	北仑区新碶街道明州西路和凤洋二路交会处	普通住宅
春江明月	宁波	北仑区	北仑区凤洋一路与大港五路交界处	普通住宅
金科玖樾里	宁波	北仑区	北仑区恒山路与辽河路交叉口	普通住宅
碧桂园御江东郡	宁波	北仑区	北仑区小港街道黄山西路与季景路交会处	普通住宅
港宁府	宁波	北仑区	北仑区黄山路与白杨路交会处	普通住宅
龙湖景瑞 · 滨海金街	宁波	北仑区	北仑区滨海新城春晓大道连岛路交叉口	商铺、商业
上城印象	宁波	镇海区	镇海区骆驼街道慈海南路与骆兴西路交会处	普通住宅
迪赛邻里 +	宁波	镇海区	镇海区新城西大河南路与箭港路交会处	商铺
世茂中南璀璨云堤	宁波	镇海区	镇海区新城慈海南路和永平西路交会处（四季永逸大酒店东侧）	普通住宅
开元观澜（备案名：开元青年广场东区）	宁波	镇海区	镇海区庄市街道同心路西北侧、庄市大道南侧	写字楼、商业
首开龙湖 · 寻江郦城	宁波	镇海区	镇海区汶骆路与东河港路交叉口	普通住宅

楼盘名称	城市名称	城区	地址	物业类型
印创广场	宁波	高新区	高新区院士路与新晖路交会处	普通住宅
宁波高新宝龙广场	宁波	高新区	高新区创苑路与扬帆路交会处	公寓、写字楼
金隅大成郡	宁波	高新区	高新区堇海路与翔云路交会处	普通住宅
慈溪吾悦广场	宁波	慈溪市	慈溪市新城大道与南三环交会处	普通住宅、商铺
中海湖心半岛	宁波	慈溪市	慈溪市孝和路与新城大道向东 500 米（明月湖畔）	普通住宅
碧桂园 · 梧桐府	宁波	慈溪市	慈溪市彭桥公路与翠屏路交叉口	普通住宅
溪悦江南大院	宁波	慈溪市	慈溪市担山北路与育通路交叉口	普通住宅、别墅
珑玥府	宁波	慈溪市	慈溪市浒崇公路与北三环路交叉口	普通住宅、别墅
金地江湾世家	宁波	慈溪市	慈溪市孙塘北路与明塘江交会处（浅水湾小区南侧）	普通住宅
慈溪樾府	宁波	慈溪市	慈溪市三北西大街与金轮南路交叉口往南约 300 米（保利 Mall 旁）	普通住宅、商铺
爱琴海国际广场	宁波	慈溪市	慈溪市庆丰线与中横线交叉口	普通住宅
锦尚府	宁波	慈溪市	慈溪市青少年宫北路与科技路交会处	普通住宅、别墅、商铺
檀悦府	宁波	慈溪市	慈溪市古塘街道东湖路与广泽路交会处	普通住宅、别墅
奥园 · 誉山湖	宁波	慈溪市	慈溪市观城卫园中路与环城北路交叉口（行政中心旁）	普通住宅
阅江府	宁波	慈溪市	慈溪市科技路与广泽路交叉口向北 300 米	普通住宅
吾悦首府	宁波	慈溪市	慈溪市乌山路与旭升路交会处	普通住宅
锦绣海樾府	宁波	慈溪市	慈溪市东至担山路、南至盛昌路、西至 G329 国道、北至规划路	普通住宅
融创慈澜府	宁波	慈溪市	慈溪市浒山街道教场山南路与孝庆西街交会处	普通住宅
蓝城 · 慈溪慈月园	宁波	慈溪市	慈溪市世纪大道与华园东路交叉口	普通住宅
华鸿大发誉林府	宁波	慈溪市	慈溪市青少年宫北路与海通路交会处	普通住宅
融创江滨之城	宁波	慈溪市	慈溪市浒山路与金一路交会处	普通住宅
卓越 · 湖樾云著花苑	宁波	慈溪市	慈溪市文化商务区明月湖板块	普通住宅
保集 · 瑞府	宁波	象山县	象山县丹西街道象山港路与新丰路交叉口东北角	普通住宅
红星 · 紫御半岛	宁波	象山县	象山县大目湾新城巨鹰路与后湾路交会处	普通住宅、别墅
中梁象山中心大厦	宁波	象山县	象山县丹阳路与新华路交会处（财富中心对面）	普通住宅、公寓

楼盘名称	城市名称	城区	地址	物业类型
绿城·云栖里	宁波	象山县	象山县浙江海洋运动中心旁	别墅
东城官邸	宁波	象山县	象山县东谷路与建设路交会处	酒店式公寓、商铺、自住型商品房
象山万达广场	宁波	象山县	象山县西谷路与丹南路交会处	普通住宅、别墅、商业
荣安·涌清府	宁波	象山县	象山县巨鹰路与象山河路交叉口	普通住宅、别墅
南方新都	宁波	象山县	象山县丹东街道会源路南侧、进士路东侧、新二路北侧	普通住宅
悦成海	宁波	象山县	象山县石浦镇西部新区兴港路中国水产城西 200 米	普通住宅
FYE 黄龙泛瑞	宁波	象山县	象山县天安路与丽湾路交会处	公寓
斯卡兰	宁波	象山县	象山县爵溪街道游仙路 888 号	别墅
奉化万达广场	宁波	奉化区	奉化区中央商务区板块中山东路和斗门路交叉口	公寓、写字楼、商铺
恒大溪上桃花源	宁波	奉化区	奉化区弥勒大道与剡溪南路（规划路）交会处	普通住宅
融信宋都·南山府	宁波	奉化区	奉化区锦屏街道南山路与长汀路交会处	普通住宅
绿城长汀云庐	宁波	奉化区	奉化区长汀路与桥西岸路交会处	普通住宅、别墅
十里春风	宁波	奉化区	奉化区龙溪线东侧	别墅
大爱书院小镇	宁波	奉化区	奉化区溪口状元岙	普通住宅、别墅
宝龙 TOD 奉甬新城	宁波	奉化区	奉化区岳林街道金海路与东环路交叉口	普通住宅、商铺、公寓
祥生蓝光云山新语	宁波	奉化区	奉化区南山路 172 号（奉化人力资源市场对面）	普通住宅
桃李一品	宁波	奉化区	奉化区溪口岭下	别墅
湾里院子	宁波	奉化区	奉化区宁波湾滨海旅游休闲区、阳光海岸天妃湖旅游度假区	公寓、别墅
滨江诺德学府	宁波	奉化区	奉化区奉化萧王庙中学东侧	普通住宅、别墅
亭湖度假村（备案名：亭湖名庭）	宁波	奉化区	奉化区溪口镇亭下湖村亭湖路 83 号	普通住宅
保亿·未来风景里	宁波	奉化区	奉化区顺浦路与方欣路（在建中）交叉口	普通住宅
珠江中央城	宁波	奉化区	奉化区南山路与岳林路交会处	普通住宅、商业
宁波恒大御海天下	宁波	奉化区	奉化区滨海旅游度假区	普通住宅
隆尚府邸	宁波	奉化区	奉化区溪口镇中兴路与龙溪路交叉口、龙溪路东侧	别墅
宁南金茂悦	宁波	奉化区	奉化区宁波生命科学城方浦路与恒发路（规划）交叉口	普通住宅

楼盘名称	城市名称	城区	地址	物业类型
绿城桂语映月	宁波	奉化区	奉化区岳林街道长汀东路与圆峰路交叉口	普通住宅
宋都城投学林新天地	宁波	奉化区	奉化区浙江医药高等专科学校东侧	普通住宅、商业
奥克斯·棠悦府	宁波	奉化区	奉化区金海路和东环路往东约 200 米	普通住宅
保亿湖风雅园	宁波	奉化区	奉化区东环北路与顺浦路交叉口（3 号线琎琳站东侧）	普通住宅
中南樾府	宁波	奉化区	奉化区金钟路与大成路交会处龙津实验学校对面	普通住宅
西子国际	宁波	宁海县	宁海县城市交通主轴线桃源中路与正学东路交叉口	公寓、写字楼、商铺、建筑综合体
余姚和雍锦府	宁波	余姚市	余姚市古乍线与华昌路交会处往东 100 米	普通住宅
华宇旭辉·锦山府	宁波	余姚市	余姚市世南东路与中山中路交叉口向东 100 米	别墅
紫宸府	宁波	余姚市	余姚市中山北路与北环东路交叉口	普通住宅
余姚漫悦湾	宁波	余姚市	余姚市姚北新城欣朗路与迎霞北路交会处	普通住宅、别墅、商铺
恒大河悦府	宁波	余姚市	余姚市 329 国道南侧、黄湖横漕江东侧	普通住宅
山语江院	宁波	余姚市	余姚市金舜西路南侧、兴诚路东侧	普通住宅
中昂·姚江府	宁波	余姚市	余姚市泗门镇汝湖路与双周路交会处	普通住宅、别墅
观山名邸	宁波	余姚市	余姚市凤元路 2 号	普通住宅
绿城·桂语兰庭	宁波	余姚市	余姚市姚江中学南面、三凤路西面、梁周线东面	普通住宅
荣安 & 中南新悦府	宁波	余姚市	余姚市西环北路 1286 号	普通住宅
蓝光·雍舜府	宁波	余姚市	余姚市梨州街道城东路与远东中午路交会处	普通住宅、别墅
余姚宝龙广场	宁波	余姚市	余姚市朗霞街道迎霞路和晋涵路交会处	普通住宅、酒店式公寓、商铺
万悦府	宁波	余姚市	余姚大道与崇孝路交叉口	普通住宅、商业
阳明温泉小镇（阳明山居）	宁波	余姚市	余姚市区	别墅
碧桂园观邸	宁波	余姚市	余姚市滨江公园东边汝湖路和滨江路交会处	普通住宅、别墅
华景川·溪上云庐	宁波	余姚市	余姚市陆埠镇镇政府南侧	普通住宅
新隆·明岚雅院	宁波	余姚市	余姚市梁弄镇汪巷村滨溪路西侧、梁弄百果园以北 1 公里	普通住宅、别墅
绿地城悦山府	宁波	余姚市	余姚市南雷南路与远东路交界处	普通住宅、别墅
新鸿·光璟(佳苑)	宁波	余姚市	余姚市城东	普通住宅、别墅

楼盘名称	城市名称	城区	地址	物业类型
绿地·铂澜府	宁波	余姚市	余姚市临山	普通住宅、别墅
万科白石湖东	宁波	东钱湖	东钱湖旅游度假区	普通住宅、别墅
龙湖坤和·天境	宁波	东钱湖	东钱湖白石仙坪	普通住宅、别墅
湖成大境	宁波	东钱湖	鄞州区白石北路与供电路交叉口	普通住宅
绿地海湾	宁波	杭州湾新区	杭州湾新区金源大道与滨海七路交会处	普通住宅
海悦湾花苑	宁波	杭州湾新区	杭州湾新区北临名仕路、南临滨海一路、西临滨海大道、东临浦东路	普通住宅、别墅
碧桂园海上传奇	宁波	杭州湾新区	杭州湾新区杭州湾大道和滨海六路交叉口西北角	普通住宅、公寓、别墅、商铺
融创·杭州湾壹号	宁波	杭州湾新区	杭州湾新区东至规划兴天路、南至规划路、西至规划杭州湾大道、北至规划滨海七路	普通住宅、别墅、写字楼、商铺、商业
绿地新里铭庐公馆	宁波	杭州湾新区	杭州湾新区杭电路与海洋二路交叉口	普通住宅
蓝光雍锦湾	宁波	杭州湾新区	杭州湾新区滨海大道与兴慈一路交叉口	普通住宅
锦绣东方·国风小镇	宁波	杭州湾新区	宁波杭州湾新区新城启动区玉海西路以南、中兴一路以西、兰海路以北	普通住宅
祥源·漫城	宁波	杭州湾新区	杭州湾滨海二路与十兴一路交会处	普通住宅、写字楼、酒店式公寓、商铺
绿雅原乡	宁波	杭州湾新区	前湾新区	普通住宅、别墅

合生杭州湾国际新城

- 2019年 -
中国城市楼盘年鉴
典型项目

宁波　口碑项目　超大体量　优质服务

合生杭州湾国际新城位于宁波市杭州湾新区，由合生创展集团有限公司开发，占地面积约235万平方米，总建筑面积280万平方米，其中体育公园用地近80万平方米。

项目地址：
宁波市杭州湾新区现代服务休闲区

开发商：
宁波合生锦城房地产有限公司

建筑类型：
高层、洋房、别墅

主力户型：
103平方米二居、141平方米三居

周边配套：
杭州湾医院、合生小学、凯悦酒店

参考价格：
上期11000元/平方米、本期约11600元/平方米

楼盘优势：
属于宁波杭州湾新区，是当地“2035规划”的重点发展区域，发展潜力巨大。项目周边除自带的体育公园配套外，还将建设TOD站，出行更便捷。

专家点评

谭百强·上海中原总经理

合生杭州湾国际新城凭借优秀的产品品质，于2018年逐渐获得非本地购房者的青睐。该项目以低容积、配备齐全的优质社区居住环境以及广受认可的南北通透户型著称，结合其三位一体的物业服务，堪称当之无愧的品质住宅。

项目解析

【区域维度】

合生杭州湾国际新城位于宁波杭州湾新区北侧现代服务休闲区，即当地“2035规划”中的商务新城区的北侧区域，西有湿地休闲区，东有智慧产业区。区别于其他“商务新城区”内的项目，合生杭州湾国际新城距离东侧的产业区和北侧的开发区均较适中，居住舒适感较好。

此外，项目已经规划约10平方公里的高端服务业业态区，社区内部自带大型商业综合体、五星级酒店、体育公园、合生小学以及多所幼儿园等配套，还规划有标准网球馆、游泳馆等。未来，环绕体育公园还将建造一批高档住宅、别墅项目，总建筑规模达280万平方米。

出行方面，这里将打造以道路运输为主的综合交通TOD(交通引导开发)站，生活便捷。

【口碑维度】

2013年，杭州湾国际新城吸引了众多当地客户前来认购；2018年下半年，非当地客群开始关注该项目的学区、价格以及购房资质；2019年，项目小区环境和周边配套成为网上热议话题，更有众多实际拜访的客户留下了“服务到位”“职业素质高”等好评。

在项目建设过程中，经过不断重塑产品形象，合生杭州湾国际新城的市场认可度不断上升。在持续的品牌建设、品质打造，客户诉求被不断满足的大背景下，杭州湾国际新城的产品知名度与美誉度不断攀升。

从项目表现来看，杭州湾国际新城于2013年一期开售至今，获得总营销额约121亿元。其中，2019年底的八期海汀湾开盘斩获了8亿元销售额。

【品牌维度】

合生创展集团有限公司自1992年在香港成立以来，一直投身于住宅、商业、酒店、产业投资、物业管理和旅游度假等领域，目前服务于100多个项目，服务业主已超过100万，曾多次获评业内信用、品质、影响力等相关奖项。

从目前的全国化战略布局来看，集团主要服务于北京的“环渤海”、上海的“长三角”、广州的“珠三角”三大区域，合生杭州湾国际新城就是位于长三角的项目。未来，集团将继续秉承“优质生活，完美体现”的品牌理念，将新潮居住理念逐步引入杭州湾，提升当地生活方式与人居品质，构建优质的产品、服务以及配套运营体系。

【产品维度】

合生杭州湾国际新城规划有住宅、洋房、叠墅、联排别墅及合院等多种产品，坐拥约80万平方米体育公园，是目前长三角超大体量的项目。

近期为项目第九期开盘，主要加推28层的高层住宅、10层的洋房住宅及新入市的叠墅产品，出售房源均毛坯交付。小区整体采用了行列布局方式，南北通透，日照、通风也较好。

项目均价约11600元/平方米，拥有建面约92至185平方米多种户型。项目各户型方正，主卧、客厅朝南、南北通透，主卧自带卫生间，餐客连厅，居住舒适感较强。

更多楼盘详情请扫码查看

商业地产篇

2019 年中国商业地产政策环境解析

一、商业地产概念

商业地产是指用作商业用途的地产。一般来说，狭义的商业地产指用于各种零售、餐饮、娱乐、休闲等生活服务类经营方式的不动产，包括商场、购物中心、步行街以及社区商业等。广义的商业地产除商铺之外还涵盖写字楼、公寓式酒店、连锁酒店等具有商务属性的不动产。

按照土地用途，商业地产可以分为 4 大类：零售类地产（如购物中心）、办公类地产（写字楼）、居住休憩类地产（酒店和公寓）、综合体（以上功能的混合）。

表 3-1　商业地产的主要类型分析

类别	零售地产	写字楼	酒店 / 公寓	综合体
定义	提供商品和服务交易的场所	集中收集和处理信息、制定决策、文书处理和其他形式的经济活动管理场所	提供安全舒适，短暂休息或居民的场所	综合零售、办公、酒店，甚至住宅项目
商业模式	通过物业的规划和设计，不同业态的组合，实现客流和消费的最大化	通过基础设施和物业管理等服务，以及租户和相关产业定位的选择，促进办公效率和区域产值提升	通过房间、餐饮、会务等服务，实现房费收入的最大化	住宅项目销售，商业项目运营，商业运营创造品牌溢价，综合之前三种类型的模式
盈利模式	租金、零售、资产增值	租金、资产增值	房费、资产增值	销售、租金、零售、资产增值
类型	2B+2C	2B	2C	2B+2C

数据来源：由乐居财经根据公开资料整理。

二、商业地产行业运行现状

2018~2019 年，在经济增速放缓的形势下，融资渠道进一步收窄，优胜劣汰中行业集中度越发提升。经济转型期行业需要新的增长动能，5G、区块链、人工智能等新技术的正当性及商业化不断得到政策和资本的支持，行业亟待一场技术驱动下的效率变革。消费刺激及招商引资正向政策不断发布，个税扣减势能持续释放。

众多城市出台夜间经济、首店经济发展政策，为区域夜间商业发展及品牌创新打开新的局面。新开业项目及创新品牌在产品设计、营销推广中快速承接热点元素，展现出行业从业者敏锐的市场嗅觉。

大宗交易市场持续活跃，外资判断“抄底”时机到来，密集投资一线城市核心地段。港资及外资开发商持续下沉新一线及二线城市，携头部奢侈品集团一同在新市场探索试错。数字化已经成为行业革新的“必选题”，运营商、品牌商、专业机构、互联网企业纷纷入局，竞合中互相激发创新灵感，在迎合 5G 时代年轻客户群数字化消费习惯的同时共同赋能行业升级。

2018 年我国商业地产开发投资额为 20173.42 亿元，2019 年开发投资额为 19389 亿元，同比下降 3.89%。值得关注的是，2019 年前三个季度商业地产开发投资额为 9796 亿元，而第四季度的开发投资额接近于前三季度的总和。①

由于商业地产具有地产、商业与投资多重属性，随着商业用地成本不断走高，商业地产开发商对投资回收期限越来越关注，调控政策对商业地产开发影响较为突出，带动商业地产开发投资规模波动较大。从 2016 年 9 月末开始，多个城市陆续发布新的房地产调控政策，重新启动限购限贷，强调坚持住房居住属性，2017 年以来，全国有近110个城市（县级以上）与部门发布有关房地产的调控政策超过270次。一方面，从土地竞拍角度看，部分地方政府出台“限房价、竞地价”“限地价、竞房价”、超过限价后竞自持面积、优先安排特色小镇指标、产业用地捆绑住宅用地等土地出让条件，并大力推行“租购并举”，推出纯租赁住房土地，探索弹性出让土地政策，一定程度上加大了商业地产的土地供给。另一方面，从融资角度看，中央严控房地产金融业务，加强房地产金融监管，抑制投资投机性需求，地产开发企业融资限制不断加码，融资压力不断上升。

国家统计局发布数据显示，2018年，我国商业地产新开工面积为20066万平方米。2019年，我国商业地产新开工面积为18936万平方米，同比下降5.6%。这一指标连续6年呈现下降水平。②

行至2019年末，回首过去近1年中，可以明显看到，商业地产的传统地产属性正在逐渐淡化，运营商的自持意识在加强。如果简单地以物业的销售面积与新开工+竣工面积之和的比值（比值越高，自持比例越低）来反映项目的自持比例，可以看到过去1年商业地产的自持比例明显提高。

观点指数研究院以国家统计局公布的数值计算，2014年9月商办销售面积除以商办新开工和竣工面积之和为22.66%。此后的几年中，该比例不断上升，至2018年同期达到最高值，为40.84%，提升了18.18%。这说明自持比例有一定下降，这个与新开工和竣工面积的大幅减少也有关系。不过，2019年的自持比例则较2018年同期有了较大提高，为36.71%，提升了4.13%。反观住宅物业的销售面积除以新开工和竣工面积之和的比值，基本不超过0.03%。这也表明，过去几年中国房地产快销式的住宅开发模式基本不变，而商业地产自主持有、运营的观念逐步加强。

另外需要关注的是，2019年融资紧绷，房企要用好每一颗子弹，将更多的精力集中在住宅开发、销售及回款上，以获得运转空间。而相应地，商办物业因为开发周期更长、资金沉淀等特性，在2019年开发投资更加谨慎。

从国家统计局公布的数据来看，2019年1~12月，全国房地产开发投资132194亿元，比上年增长9.9%，增速比1~11月回落0.3个百分点，比上年加快0.4个百分点。其中，中国写字楼投资额达到6163亿元，同比增长2.8%。商业营业用房开发投资完成额累计值13226亿元，累计同比增长-6.7%。

① 资料来源：国家统计局官网。房地产开发商业营业用房投资额+房地产开发办公楼投资额（亿元）。

② 资料来源：国家统计局官网。房地产开发企业商业营业用房新开工房屋面积（万平方米）。

2019年中国商业地产开发区域解析

2018~2019年，商业地产行业在激荡变革中持续创新。

在延续前两年40城系列报告主体研究框架的基础上，德勤会计师事务所、新加坡南洋理工大学、睿意德房地产咨询有限公司联合公布《2019中国商业地产活力40城》，加入衡量城市商业数字化发展水平的相关指标，并在商业创新部分新增商业地产人才及城市商务氛围等城市软实力视角的交叉分析。报告选取170余组结果型的现状指标，通过对近3万个数据的分析，勾勒各城市的商业发展画像。从开发商及品牌两个角度，结合此研究系列过往数据积累及实地走访调研访谈结果，对城市准入性进行判断建议。在商业创新部分，研究设立艺术、文化、商务、技术、人才等城市发展多维度指标，旨在从城市商业发展资源及潜力视角探究城市商业增长要义。

一、北京商业资源集中度提升，高于上海消费力倒逼存量改造及商圈升级

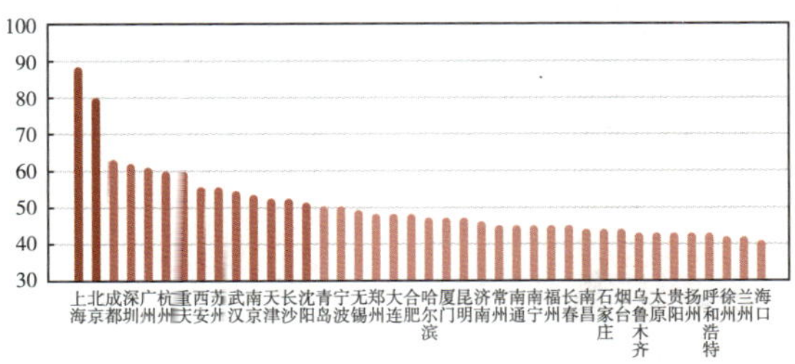

图3-1　2019年中国40个城市商业地产活力指数

数据来源：RFT睿意德中国商业地产研究中心。

北京、上海依旧领跑全国，较第二梯队城市形成绝对优势。北京与上海间的总体差距进一步缩小，零售指数、休闲指数两大商业资源指标的差距缩小成为主要贡献因素。与之相应的是，北京与上海的购物中心指数差距进一步拉大，由落后上海1.14点增大为1.43点，反映出北京商业资源聚集度的进一步提升。北京购物中心数量比上海低32.3%，但奢侈品指数及轻奢指数直逼上海，健身房发展指数超越上海跃居全国第一。品质消费的集中分布展现出北京消费结构的优势及消费升级的潜力。

统计期内，Ferragamo、Coach、Katespade在京均有新店面市，球鞋买手店Solestage中国首店、加拿大鹅中国内地首店、COS男装全球首店等首店的亮相为北京带来商业活力。同时，北京的消费力指数已连续两年超越上海，居民消费需求的旺盛加之购物中心增量市场的萎缩为存量商业改造提供了巨大的市场潜力。政府牵头下国营资产项目的率先改造将在区域树立标杆，或成为商圈升级活化的突破口。

二、西部商业活力提升幅度领跑全国，新一线城市重庆、西安、成都成为“结构洞”

西部地区商业地产活力提升幅度领跑全国，核心城市成都、西安排名上升，重庆、西安活力指数上浮均超过1.9个百分点。西部核心城市商业活力的增长主要在于这些城市强大的区域商业辐射能力以及城市经济总量增长和城市开放政策，旅游客户群及外来新增人口聚集持续释放的消费潜力。

重庆、西安、成都成为西部地区的“结构洞”，聚集连接着周边中小城市，促进地区间的人口流动及知识交流，并加大西部商业“毛细网络”与全国市场的融合连接。一方面，这些城市通过抖音等新型社交媒体的线上推广以及不断完善的高铁交通网络构筑的线下连接，提升了城市品牌影响力及区域消费辐射能力；另一方面，标杆商业项目的落地补足了区域奢侈品及轻奢消费市场，使曾经产生外溢消费的本地客户群实现回归。

三、第二梯队城市品质消费升级潜力大，可结合消费热点打造竞争优势

第二梯队城市活力指数整体上浮，与京沪缩短差距，均值差同比缩小 10.8%。超过 66% 的第二梯队城市活力指数实现了增长，其中西安、重庆、苏州增幅最大。

城市间分化略微缩小，休闲指数分化加大，方差同比增长 7.2%。成都、重庆、苏州休闲指数增长明显，人才引进政策下城市商务氛围及商业配套设施的增长成为主要贡献因素，以咖啡、健身房为代表的白领型消费得到补足。消费力指数在各项二级指标中方差最大，开发商及品牌商需结合城市居民消费潜力及区域位置有节奏地布局。广州、深圳、杭州、苏州、宁波等珠三角及长三角城市消费力展现出较大优势，品质消费市场空间大，值得开发商及品牌商重点关注。

第二梯队城市在零售及休闲两个商业资源指数上与京沪仍有较大差距，尤其体现在奢侈品及轻奢品牌等品质消费品牌的布局，以及对于国际性首店品牌的吸引力上。

新一线及二线城市对于年轻人才的争夺战越发激烈，并直接影响城市对于新消费人群的引入，这些视野开阔、消费理念开放的消费者将成为城市品质消费市场升级的基石。随着高级知识分子及年轻人才基数的扩大，“领先用户”从京沪及海外获取的消费经验、消费习惯及品牌认知在城市中蔓延扩散，减少了品牌下沉时的教育和宣传成本，加速了城市商业创新的进程。

同时，第二梯队城市应当抓住夜间经济、首店经济等时下消费热点，关注并结合自身城市消费文化基因，积极承接京沪热点业态及品牌，选择适合自身的差异化竞争道路。

2017	2018	2019		2018~2019年排名变化 ↑上升 ↓下降
1	1	1	上海	0
2	2	2	北京	0
3	4	3	成都	↑ 1
4	3	4	深圳	↓ 1
5	5	5	广州	0
6	6	6	杭州	0
7	7	7	重庆	0
13	11	8	西安	↑ 3
8	9	9	苏州	0
10	8	10	武汉	↓ 2
11	10	11	南京	↓ 1
9	12	12	天津	0
16	13	13	长沙	0
12	14	14	沈阳	0
15	16	15	青岛	↑ 1
14	15	16	宁波	↓ 1
17	17	17	无锡	0
20	19	18	郑州	↑ 1
18	18	19	大连	↓ 1
19	20	20	合肥	0
22	21	21	哈尔滨	0
23	23	22	厦门	↑ 1
21	22	23	昆明	↓ 1
24	24	24	济南	0
25	25	25	常州	0
27	27	26	南通	↑ 1
30	26	27	南宁	↓ 1
26	28	28	福州	0
29	29	29	长春	0
28	30	30	南昌	0
32	32	31	石家比	↑ 1
31	31	32	烟台	↓ 1
33	33	33	乌鲁木齐	0
35	34	34	太原	0
34	35	35	贵阳	0
37	37	36	扬州	↑ 1
36	36	37	呼和浩特	↓ 1
38	38	38	徐州	0
39	39	39	兰州	0
40	40	40	海口	0

数据来源：RET 睿意德中国商业地产研究中心。

2019年中国商业地产开发类型解析

一、零售地产

狭义的商业地产也称为商铺地产，即零售地产，是提供商品和服务交易的场所，包括了购物中心、百货商场以及街铺等实现客流和消费的最大化多种业态。

以购物中心为典型代表的零售业态，建筑面积较大，是租赁店和多种经营结构的交易场所。租赁店或商户包括百货、超市、专卖店、餐饮娱乐、服务等。购物中心是在20世纪90年代随着零售业的发展由外资引入而来，数据显示，2018年全国开业购物中心总数量超530个，商业总建筑面积超4600万平方米，对比2017年，数量增加了近30个。乐居财经研究院统计数据显示，2019年全国新开购物中心（含改造项目）总数超过355个（后附项目列表），有不少于45个新项目发出开业预告但因项目推进未真正开业。①

购物中心的需求来自多个方面，首先，从城市规划的角度看，新区和开发区的设立需要引流，因此当地规划有诉求。其次，购物中心与零售商主要呈现业主与租户的关系，也反映了零售商扩张和布局的需求。最后，购物中心是零售地产的业态，客流量和消费额意味着当地的消费水平和消费需求。因此，当地的人口、消费水平和经济实力是购物中心需求的支撑。

二、写字楼与联合办公

1. 2019年中国写字楼投资额达到6163亿元

写字楼是专业的商业办公用楼，是集中收集和处理信息、制定决策、文书处理和其他形式的经济活动管理场所。由于写字楼是商业办公活动场所，所以，一个好的写字楼，除了地理位置好之外，相关的物业和服务设施也处于优越水平。一个城市越发达，城市的效率就越高，除了基建设施外，商圈的集聚和营效率也必不可少，而这也离不开建筑体的质量和设施。而当前发展中的智慧建筑和智慧城市离不开写字楼这个重要载体。

国家统计局公布数据显示，2018年，全国写字楼开发投资额为5996.33亿元，同比下降11.3%，写字楼销售面积为4363万平方米，同比下降8.3%。2019年，中国写字楼投资额达到6163亿元，同比增长2.8%。②

写字楼的新增供给主要来自新增土地，而需求主要来自企业的发展，特别是第三产业下的企业。一方面，随着城市的扩张和新区或者开发区的建设，新增用地供给增加，但是在各个城市的规划下，对于城市扩张放缓且严格控制增量的部分城市，整个市场逐渐转变为存量市场。另一方面，当前中国城镇化进程尚未结束，随着产业结构的调整、第三产业的发展以及企业的扩张下员工数量的增长，将带来大量写字楼和办公空间的需求。

世邦魏理仕发布的《2020年中国区房地产市场展望》报告显示，截至2019年末，其跟踪的17个中国内地主要城市写字楼平均空置率为21.7%，空置面积主要集中在部分华北二线城市和中西部城市以及新兴商务区板块。全国写字楼租金指数同比下跌1.8%。

在供给端，2019年写字楼新交付面积740万平方米，为历史最高值。受到国内外经贸不确定性以及P2P、共享办公行业优化整合的多重影响，全年净吸纳量放缓至337万平方米。在需求端，TMT和金融双引擎驱动格局不变，全年贡献逾50%的租赁需求。经济转型带动专业服务业稳步发展，成为写字楼第三大需求来源。

大宗投资市场成为2019年行业为数不多的亮点。北京拥有全国最为成熟的房地产市场，其商业项目的投资回报率有着良好的保障，因此也赢得了机构投资者的追捧与青睐。公开资料显示，2019 年北京大宗投资市场继续保持了极高的热度，全年的成交额再创新高，已达到 765 亿元的历史新纪录。

第一太平戴维斯统计显示，写字楼仍是投资者最为青睐的资产，2019 年内共完成 19 宗成交，累积成交金额超过 452 亿元。商业零售物业成交 6 宗，收购项目主要为购物中心，并且部分被收购项目将进行“商改办”的升级改造。此外，一些投资者也将投资目标转向某些非传统物业领域，数据中心、停车位等较为罕见的资产也有部分成交。

2. 联合办公

自 2010 年开始，共享经济成为聚焦的热点，无论创业还是资本都在追逐这个风口。在共享经济中，往往涉及三大主体，即商品或服务的需求方、供给方和共享经济平台。作为共享经济平台，无论酒店短租还是联合办公，都打破了原有的经济形态，通过资源共享的方式，降低消费成本，提升消费者的体验感，最终找到自己的立足之地。作为办公的延伸业态，联合办公这几年经历了从蓝海到洗牌重建格局的阶段。

图 3-2　2016~2022 年中国联合办公行业市场规模及预测

数据来源：艾媒数据中心（data.jimedia.cn）。

注：行业市场规模会根据市场发展情况进行相应调整。

艾媒咨询数据显示，2019 年联合办公行业市场规模约为 1267.2 亿元，预计到 2022 年有望突破 4000 亿元。分析师认为，经过 2018 年整合洗礼，行业由“空间赋能”向“服务赋能”升级，业务呈现多元化趋势，盈利模式趋于丰富。未来随着产品服务质量提高，市场接受度趋于上升，行业市场规模有望持续增长。 联合办公租户集中较多的前三个行业分别为互联网行业、教育行业、金融行业，占比分别为 16.2%、15.9%、14.1%。数据显示，众多联合办公品牌中，知名度最高的品牌为优客工场，占比达 35.0%；购买度方面，氪空间相对占优，比例为 10.3%；综合购买转化率最高的是梦想加，转化率达 36.3%。

三、公寓与酒店

1. 长租公寓开业房源规模已突破 32 万间

公寓是商业地产投资中最为广泛的一种地产形式。按其性质可以划分为住宅类公寓、商务公寓和酒店式公寓。其中，住宅类公寓的产权年限为 70 年，酒店式公寓和商务公寓的产权则根据用地性质而定，一般为 40 或 50 年。

2010~2018 年中国流动人口规模均超过 2.2 亿人，其中 2014 年高达 2.53 亿人；与此同时，中国人的居住观念有所改变，白领人群中有 43.0% 能够接受一辈子租房。大规模的人口流动与中国人居住观念的改变对长租公寓市场的发展起推动作用。克而瑞发布的《2019 年中国长租公寓规模排行榜》显示，截至 2019 年，国内 TOP100 规模房企中已布局长租公寓业务的企业占比接近 1/4。从规模上来看，2019 年房企长租公寓 TOP20 的累计开业房源规模已突破 32 万间，成为集中式长租公寓的主力军。对比规模增长情况来看，2018 年 TOP10 房企长租公寓拓展的管理规模同比增长 173%，2019 年增速极大放缓，仅增长了 18.9%，但累计开业规模增幅达到 79.6%。

其中，万科泊寓以开业规模 100000+ 间位列第一名，龙湖冠寓以开业规模 80000 间位列第二名，旭辉领寓以开业规模 26500 间位列第三名，朗诗寓、招商公寓分别位列第四名、第五名。从2019年的开业情况来看，TOP10企业的增长情况较好，而头部企业更保持了领先优势，其中，万科泊寓和龙湖冠寓的新开业规模占TOP10新增总量的6成。

我国的酒店式公寓于20世纪90年代最早出现在深圳，后在上海、北京等地均有发展。与传统的酒店相比，酒店式公寓在硬件配套设施上毫不逊色，而服务却更加家庭化。由于它能够满足客户在长期的商务旅居中对生活服务和私家公寓的奢华需求，所以备受商旅客户的青睐。发展初期，酒店式公寓占酒店市场的6%，现在所占比例已经达到20%。酒店式公寓的国际品牌管理公司均在我国经济发达城市托管了项目，如辉盛国际、雅诗阁中国、万豪国际酒店集团旗下的万豪公寓、Shama莎玛等。公开资料显示，酒店式公寓的平均房价和出租率超过同城市同档次酒店的水平；知名品牌管理的酒店平均房价相对较高。

2. 二、三、四线城市撑起中国酒店总量

2019年，中国下沉市场的热度持续扩散，头部酒店集团在三线及以下城市开展“圈店运动”，越来越多的单体酒店选择加盟连锁品牌，希望借此优化现金流和提升盈利能力。即便如此，中国酒店连锁化率对标欧美仍有巨大提升空间，随着三线及以下城市旅游热升温，下沉市场有望成为中国旅游及酒店预订的新增长点。

公开资料显示，2004年以后，美国的酒店连锁化率就持续保持在65%以上的高位，2016年以后更是攀升至70%。而国内酒店的这一数据却很难突破20%，其中小于30间客房体量的酒店连锁化率甚至不达5%。

《中国酒店业2019报告》显示，截至2019年12月，我国酒店门店数达59.18万家。数量排名前五位的省份依次为广东、山东、江苏、四川、河北；数量排名前五位的城市依次为重庆、北京、成都、西安、青岛。总体上看，二线城市酒店数最多，其次为四线城市，五线城市酒店数量最少。

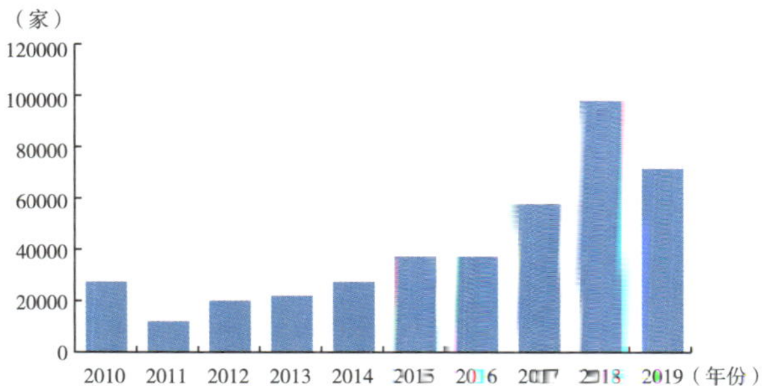

图3-3　2010~2019年中国酒店开业数量

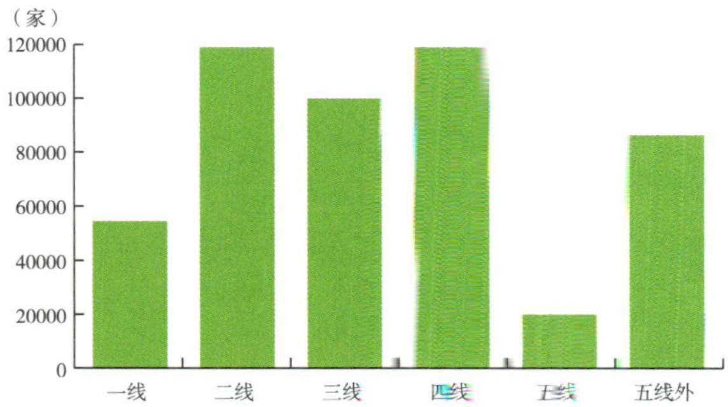

图3-4　2019年中国酒店不同等级城市分布

截至2019年12月，全国59.18万家酒店中约85%为单体酒店，而连锁酒店仅占15%。一线城市的连锁率最高，二线城市的单体酒店最多。酒店连锁率排名前五位省市为澳门、香港、上海、江苏、安徽；连锁率排名倒数五位的省市分别为内蒙古、重庆、辽宁、吉林、贵州。所有省市平均连锁率为15.32%，东南沿海地区连锁率高于内陆，南方高于北方。

四、综合体

城市综合体是将城市中的商业、办公、居住、旅店、展览、餐饮、会议、文娱和交通等城市生活空间进行组合，并在各部分间建立一种相互依存、相互助益的能动关系，从而形成一个多功能、高效率的综合体。城市综合体基本具备了现代城市的全部功能，所以也被称为“空中之城”。

艾媒咨询数据显示，2018年中国商业综合体带动的零售消费市场规模已经达到36.6万亿元。随着近期中国各城市综合体的相继竣工，预计2021年城市综合体带动的零售消费市场规模将突破 47 万亿元。

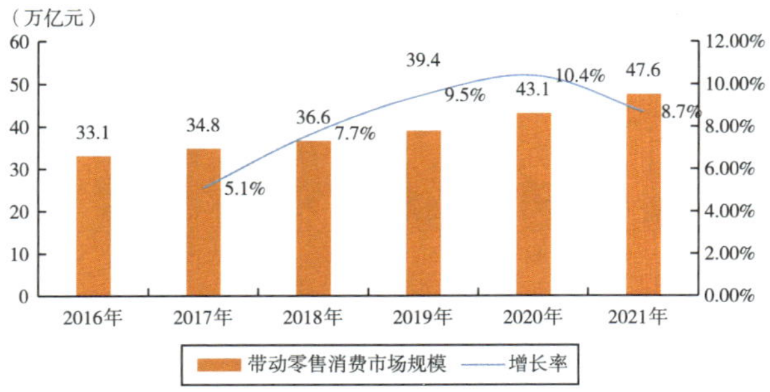

图 3-5　2016~2021 年中国城市商业综合体带动零售消费市场规模

据商务部监测，2019 年 10 月 1 日至 7 日，全国零售和餐饮企业实现销售额 1.52 万亿元，比上年同期增长 8.5%。其中，“夜间经济”成为新亮点。2018 年至 2019 年期间，北京、上海、成都等城市都已经出台政策打造夜间经济商圈，任命夜间经济建设“区长”等。行业分析师认为，城市商业综合体在夜间经济的交通、人流和资源利用方面具有得天独厚的优势，将会发展为夜间经济的商圈重要地标和重要枢纽。

城市综合体的典型样本项目集中在北、上、广、深一线城市。据上海市商务发展研究中心发布的《上海城市商业综合体发展情况报告（2017~2018）》披露，上海城市商业综合体由 2015 年末的 151 家增加到 2018 年 10 月的 255 家。截至 2018 年 10 月，上海城市商业综合体商业建筑面积达到 1828 万平方米，占全市商业建筑面积超过 20%。上海城市综合体项目的发展走在国际前列。2019 年，上海备受关注的百万平方米城市综合体包括上海新天地、绿地外滩中心几大代表项目。

上海新天地是一个展现上海历史文化风貌的都市旅游景点，它是以上海独特的石库门建筑旧区为基础改造成的集餐饮、商业、娱乐、文化为一体的休闲步行街。以中西融合、新旧结合为基调，将上海传统的石库门里弄与充满现代感的新建筑融为一体。2020 年 1 月 6 日，上海新天地入选由中国建筑文化研究院评选的“2019 上海新十大地标建筑”。

绿地外滩中心位于黄浦滨江，项目由绿地控股集团有限公司开发，总占地面积约 12670 平方米，总建筑面积高达 120 万平方米。根据《黄浦江沿岸发展建设规划（2018~2035）》，黄浦江两岸将承担起新时代“卓越的全球城市”的新功能，原来的滨水商务区将真正“还江于民”，完善基础设施建设，提高公共空间质量，全面改善浦江沿线的环境面貌，满足居民的居住、休闲、商业、文化等民生需求，未来的黄浦江两岸将更多地承载起民生功能。

绿地外滩中心包含 7 栋办公楼、8 栋住宅和 12 万平方米商务区，涵盖超高层业态、7 栋总部办公楼、商业、金融和住宅五大业态，建成后将成为浦西滨江的地标级综合体。

资料来源：乐居财经研究院根据公开资料整理。

2019 年中国商业地产典型开发企业解析

一、商业地产市场竞争格局分析

相较于住宅地产，我国商业地产起步较晚，多数本土商业地产开发商都是从住宅地产开发商转换过来的；而在行业发展初期，众多资本涌入商业地产行业这个蓝海市场，很多实业企业也对商业地产进行了投资布局，这造成了目前商业地产行业参与者数量众多、行业格局呈现强者愈强的局面，龙头企业在行业竞争中拥有突出优势。

商业地产需求主要受城市化进程、人口结构及人口流动、人均可支配收入等因素的影响，未来随着城市化进程的进一步加快，商业地产需求将会得到快速释放。

1. 港资及外资开发商拓展热度加持，占位一线、新一线城市核心商圈

2019 年度，港资及外资开发商持续加大在一线及新一线城市的土地储备及物业投资。睿意德发布的 2019 年报告显示，开发商对核心城区的优良地段争夺激烈，80% 在建项目布局于一线及新一线城市。一方面，一线及新一线成熟物业获得的较好租金回报为港资及外资开发商带来了持续发展高端物业的信心。另一方面，奢侈品品牌在中国市场的销售业绩增长及年轻消费者展现出来的巨大潜力传递出积极的扩张信号。

随着一线及新一线城市核心城区土地及物业资源的日益紧张，港资及外资开发商通过更加多元、灵活的方式占位核心商圈。恒隆拿下杭州百井坊地块，凯德收购上海双子塔，太古长期租用北京雅秀大厦，它们或对原有成熟物业进行建筑面积扩充式改造，或为增强区域影响力持续“开疆拓土”。杭州受到新世界、恒隆、新鸿基等开发商的瞩目，即将打破原有的本地开发商“独占一隅”的格局，恒隆广场、K11 等产品将在未来几年面市，为当地商业带来更多元化、国际化的竞争氛围。统计期内新增项目中，凯德占比位居前列。通过出售 20 个项目进行资产布局洗牌后，北京、上海、广州、长沙、西安等城市均有面市项目，仍旧维持内地市场布局项目最多的港资及外资开发商之一。

2. 多元产品线战略、管理输出，内地开发商采用更轻快方式下沉

2019 年，内地开发商持续增加新进驻城市数量及下沉速度。睿意德统计数据显示，二、三线城市的新增项目比重同比上升 18.7 个百分点，53% 的待开业项目布局在二、三线城市。轻资产项目比例持续攀升，管理输出成为内地开发商下沉拓展的加速器，万达、华润的轻资产项目分别占到年度新增项目的 38.3% 和 32%。大悦城发布区域型时尚生活中心“大悦春风里”全新产品线，通过与 1.0 产品的差异化定位扩大客群受众范围、深化品牌影响力，以更轻快的方式进入非城市核心商圈及新区域市场。

存量改造项目及建筑面积小的社区商业成为一线城市新增项目的主流趋势，上海世茂广场、新天地广场、三林印象城、西安大悦城等项目均在市场定位、硬件设施、品牌组合等维度进行了全方位焕新，为存量改造市场提供了技术层面及创意层面的借鉴和启示。

由乐居财经独家发布的《2019 年中国内地商业地产企业综合实力 TOP10》中，大悦城控股、大连万达商业管理集团股份有限公司、印力集团、华润置地、宝龙地产、苏宁置业、爱琴海商业集团、新城控股、龙湖集团和弘阳集团入选。在开发、运营、管理和退出等各个环节，虽然港资房企仍旧是内地企业学习的榜样，但在新一轮的数字化转型过程中，上述内地企业与港资企业的整体差距在明显缩小。显然，颠覆传统商业的基础和机遇的背后是庞大的消费力和品牌力在支撑，踩着点进行战略布局的企业赢得的不仅是未来的市场份额，更

是向百年企业、世界品牌的目标又靠近了一大步。

3. 大宗交易保持活跃，外资重返判断入局时机到来

2018 年，面对金融监管加强和土地政策持续收紧，房地产行业面临融资渠道窄、成本高的困局。部分商用物业持有者寻求快速出售资产以缓解资金压力，大宗交易市场保持活跃，年度披露购物中心大宗交易总额 538 亿元。在内资受去杠杆等因素投资放缓的同时，外资开发商、外资私募基金等投资机构凭借融资优势重返中国商业地产市场，其中上海市场异常活跃。美国黑石基金、新加坡凯德、加拿大博枫 Brookfield 等重量级投资机构纷纷入局，分别收购闵行怡丰城、上海最高双子塔北外滩星港国际中心、金桥太茂与南翔太茂等项目。

投资者通过收购存量商业项目扩大市场规模，并从存量改造及后期专业化运营中获取租金回报溢价收益。亚洲最大的房地产信托基金收购深圳福田中心城广场及北京京通罗斯福广场，将在内地市场的投资组合占比扩大至 13.1%，后期将以租金调整、租户组合升级、首店引进等方式实现资产价值升级。2019 年度，高和资本与大悦城共同设立城市更新并购基金，成为“金融 + 运营”强强联合的典范；运营经验丰富、品牌招商资源充沛的专业运营者与基金管理者身份的合二为一将更有利于交易成本和信息不对称的降低，提升资产管理效率和投资回报率。 2019 年度，购物中心大宗交易仍主要活跃于一线城市，下沉速度平缓。从交易标的分布数据来看，一线城市比重小幅上涨 4%，上海市场异常活跃，贡献一线城市 48% 的交易量；二、三线城市比重由于印力收购 20 家凯德购物中心而大幅增加。

二、智慧购物中心发展趋势分析

消费步入个性化时代，如何捕捉并使潜在的消费转化为最终的购买行为，几乎成为所有商家都在思考的问题。科技具有前瞻性和数据化的辅助决策支持能力，能使过去很多不可能的事情变为可能，想要在科技发展、消费个性化和信息爆炸的时代取得重大发展，所有行业争相加快适应市场的这种变化，并在这种变化中找寻新的商机，顺之则昌，逆之则更加被动。购物中心亦然。

2019 年，购物中心的发展发生了哪些变化，从中又能摸索到哪些规律和经验？这就不得不从数字化转型讲起，尽管购物中心的智能化还有很长的路需要走，但在中国各地已经出现一批领先智慧购物中心的典型样本，成为在消费者中人气高、业界关注的焦点项目。

2019 年 12 月 12 日，乐居财经研究院独家发布《2019 年中国领先智慧购物中心 TOP30》榜单，包括广州 K11 购物中心、西安大悦城、丰台万达广场、远洋太古里、盒马里 · 岁宝、华润城万象天地、壹方城购物中心、上海世茂广场、天宁吾悦广场等在内的 30 家购物中心登榜。

中国购物中心进入新项目和存量改造集中放量期，在讲究美学的建筑体内，同步投入智能科学技术的发展理念和大数据运营的购物中心，本质代表了未来中国“人、货、场”重构场景的趋势。

入榜的 30 家领先智慧购物中心，在 2019 年这一年不仅在提升顾客购物体验方面有鲜明的特点，也是当地的购物、聚会打卡地。

1. 黑科技进驻购物中心，智慧停车场渐成标配

以步步高梅溪新天地为例，其发展是不容小觑的，它引入了四大黑科技：人脸识别系统、VR 体验、360° 全景复刻、AR 购，提高了消费者的购物体验。刚开业的盒马里 · 岁宝更是启动智能零售模式，引入了智能小优机器人，门店融入了各种新零售黑科技：AR 穿衣镜、智慧电子屏、智能语音等。作为智慧型购物中心，天宁吾悦广场引入了各种智能技术，有智能储物柜、智能厕所、智能 LED 触摸互动屏等。

乐居财经研究院在调查中发现，倡导智慧运营购物中心绝大多数都设有智慧停车场、“无感停车”“智能寻车”服务，解决了顾客找车难的问题，为顾客提供了方

便快捷的购物体验，渐渐成为领先的标配装置。

2. 采用智慧化的数字运营，线上线下深度运营

智慧化运营管理系统运用了大数据、人工智能与物联网技术，实现了建筑、设备、系统、服务和管理的最优化组合，以此来增强顾客黏性。朝阳大悦城的会员系统“悦客会”对会员进行深度运营，同时，采用大数据“曼哈顿计划”，对业务进行深度指导。盒马里 · 岁宝则通过此前运营的一家盒马鲜生，积累了周边 3 公里近 5 万会员数据。西安赛格国际购物中心停车场向所有微会员提供绑定车牌自动扣减积分缴费的服务。

3. 商业运营商主动革新，贴合消费者需求升级迭代

经过 600 天改造后，西安大悦城“重生”，全场铺设悦 · 云系统，核心 BI 系统贯穿商业经营的整个业务流程，打造交互的线上服务平台，建成以客流系统、WiFi 系统、小城、智慧 POS、CRM 等为核心的客流感知体系，重塑人、货、场智慧交互生态。

禅城 NOVA 岭南站购物中心通过调整服装、餐饮等品类，引入更多潮流时尚品牌和高量级内容店，集合了大量国际快时尚品牌及年轻人钟爱的潮牌，以此吸引顾客。

城西银泰城购物中心顺应潮流，不断发展进步，引入了众多国际品牌和智能技术，让消费成为享受和放松的过程，营造新型都市一体式购物生活。

4. 智能科技南北方有差距，新旧项目智能化各有奇招

站在 2019 年末的节点，回看中国购物中心这一年来的变化，最不容忽视的是商业地产商对“智慧”一词的强调。乐居财经研究院通过调查发现，华东、华南区域的购物中心智能化的数量要明显优于华北、西南区域。

对于商业地产而言，产生稳定的现金流是亮点之一，但同样需要予以重视的还有资产的保值和增值。通过引入智能技术，管理、运营，改造、提升，提高顾客购物体验，增强顾客黏性，并辅以相适应的金融手段，在合适的时机实现价值变现。荣登榜单的企业中，不乏大数据运营好手。也有个别企业如云上方舟智慧购物中心另辟蹊径，用“小云”机器人大数据研究客户的消费习惯，将数据采集和结果进行分析，为消费者提供个性化服务，同时也为商家改进服务和产品提供精准的依据，在系统中形成独一无二的标签，获得了可观的增值回报。

事实上，真正能称为智慧购物中心的项目在中国还并不多见，许多商业地产商只是通过不断引入黑科技和进行智能运营让购物中心越来越方便。但正如榜单中涌现出的这样一批领先智慧的代表样本项目，让更多的建设者和使用者开始更为用心地思考通过规划、定位、管理、运营，采用智慧化的模式，逐渐看清购物中心或者是社交场所未来的发展方向，促使大家离美好生活的实现更近一步。

2019 年中国领先智慧购物中心 TOP30 榜单

项目名称
北京合生汇
步步高梅溪新天地
禅城 NOVA 岭南站
朝阳大悦城
城西银泰城
德基广场
丰台万达广场
佛山中海寰宇城
福晟 MALL
福州爱琴海购物中心
福州苏宁广场
广州 K11 购物中心
盒马里 · 岁宝
华润城万象天地
荟聚购物中心
凯德龙之梦购物中心（长宁店）
临港宝龙广场
龙湖长安天街购物中心
陆家嘴中心 L+Mall
南昌王府井购物中心
宁波印象城
侨福芳草地
亲橙里购物中心
上海世茂广场
天宁吾悦广场
西安大悦城
西安赛格国际购物中心
壹方城购物中心
远洋太古里
云上方舟智慧购物中心

注：① 以上排名无先后顺序，按照常用名首字母排序。
② 本榜单由乐居财经研究院独家发布，旨在对开发者和运营者将智慧科技应用于地产领域的成长性和竞争力进行科学的评价和度量，帮助希望进入该领域或正在该领域发展的企业找到重点拓展的方向与差异化的定位和策略。榜单除了采用行业数据、项目公开数据之外，还结合项目科技亮点、智能设备应用、数据中台建设、权数四大维度，构建“领先智慧”测评体系。

2019 年全国新开业购物中心列表

行政区	项目名称	商业建筑面积（剔除停车场、写字楼、底商、酒店）	业态特色	开发商或运营商	开业时间
			西南地区		
			重庆		
重庆	CIC 天和里购物中心	3.5 万平方米	爱乐钢琴城、粒粒堡亲子餐厅、超级物种、隐瑜伽、绿地全球商品直销中心 G-SUPER、星巴克、Kenneth Cole、frankie morello	重庆兴德置业有限公司	2019 年 1 月 13 日
	HMC 华茂中心	15 万平方米	重百、万达影院、星巴克、屈臣氏、考拉大冒险	重庆江鸿豪庄置业有限公司	2019 年 1 月 13 日
	假日国际商业广场	8 万平方米	金逸影城	重庆五云房地产开发有限公司	2019 年 1 月 11 日
	华宇摩天 天宫广场	3 万平方米	星乐购精品超市	华宇集团	2019 年 1 月 13 日
	中迪广场 欧洲城时尚购物中心	16 万平方米	盒马、钟书阁、新幕寰亚、萌喵乐园、三兽面包和茶、奥斯卡 KTV	中迪禾邦集团	2019 年 1 月 25 日
	N37 繁华之城	3 万平方米		重庆天顺房地产开发有限公司	2019.1
	仁悦天地	11 万平方米	永辉超市 Bravo、越界影城、梦氏健身、萌呀动物智慧城堡、悦味天地、探险阳光乐园、屈臣氏、热风、鹿岛、美特斯邦威、森马、TH2011	重庆江厦信汇置业有限公司	2019 年 4 月 29 日
	仁安 N+	2.5 万平方米	泰禾影城、超级物种、时光乌托邦、星巴克 Reserve+Pets Store、欢喜岛上	重庆仁安置业有限公司	2019 年 5 月 31 日
	大渡口万达广场	14 万平方米	万达影城、永辉超市、苏宁易购、宝贝王、宝贝王早教、大玩家、劲浪体育、苏宁红孩子、森马、COCOKTV	大连万达商业管理集团股份有限公司	2019 年 6 月 21 日
	远洋城朗润天地	6 万平方米	麦德龙、CGV 影城、紫锦 99 号主题婚宴堂、时光花园、南山茶艺	重庆远朗房地产开发有限公司	2019 年 6 月 6 日
	重庆涪陵万达广场	14.15 万平方米	永辉超市、星巴克、万达影城、万达宝贝王、大玩家、弹立方蹦床公园、多走路、劲浪体育、兽太萌屋顶动物园、苏宁易购、苏宁红孩子、音乐派 KTV、贝格迩健身、万达宝贝王早教、FUNLINK × WESTLINK、三福时尚、炫舞社、臻炙欢乐餐厅、圣罗巴海鲜烤肉自助等主次力店；以及报喜鸟、暖皇绒、ELVA、MC 男装、写生、花门男装等服饰品牌、缤果鲜茶、澳洲肥牛、伊藤佳日料、鹿角巷、第 1 佳、好望角烤肉、苏稽跷脚牛肉、小巷里冒菜、碳在烧、兄弟香辣蟹、九锅一堂、吉姆南洋大师傅	万达集团	2019 年 7 月 19 日
	重庆首创奥特莱斯	13 万平方米	BURBERRY、DIESEL、PORTS、BOSS、GUESS、GAP、TOMMY HILFIGER、JNBY、FILA、MaxMara、ecco、Adidas、Nike	首创巨大有限公司	2019 年 9 月 28 日
	垫江协信 · 星光天地	6 万平方米	永辉超市 Bravo、蓝花旗、屈臣氏、乡村基、肯德基、华为、大地影院	重庆灵羽房地产开发有限公司	2019 年 9 月 28 日
	居然之家大渡口购物中心	6 万平方米		北京居然之家投资控股集团有限公司	2019 年 9 月初
	重庆来福士购物中心	23.5 万平方米	CGV 全国旗舰店、言几又、精品超市 Ole'、NIO HOUSE、室内动物园西南首店、Salvatore Ferragamo、Calvin Klein、Old Navy、LACOSTE、SLY、OGONBLICK、苏宁极物、IMTOPIA、韦德伍斯健身、Adidas Kids、NB kids	凯德置业	2019 年 9 月 6 日
	重庆南川万达广场	13.5 万平方米	优衣库、华润万家、玩具反斗城、飞扬影城、滨河湾真冰溜冰场	万达集团	2019 年 12 月 28 日
			四川		
成都	绿地中心 468 伊藤广场	8 万平方米	伊藤洋华堂伊藤电商体验店、万达影城、星巴克、肯德基、必胜客、儿童天地、星际传奇	绿地商业	2019 年 1 月 25 日
	彭州 置信逸都城（南部新城）	6 万平方米	逸都嘉华影、麦当劳	成都置信鑫巨投资有限公司	2019 年 1 月 25 日
	新尚天地尚街	6 万平方米	汉堡王、豪客来、星巴克旗舰店、沉浸式体育体验运动馆 APEX、SPORTS CLUB、“西见集”集合店	成都市温江区新尚致和置业有限公司	2019 年 3 月 23 日

行政区	项目名称	商业建筑面积（剔除停车场、写字楼、底商、酒店）	业态特色	开发商或营运商	开业时间
	海骏达城（一期）	5 万平方米	BELLA MIA 意大利餐厅、禅院瑜伽、蒙特梭利早教世家、翰钰美术陶艺教育、阿法健身、臻美时光美容养生会所、ONE ST PARTY KTV、巴国布衣、胡桃里、巧虎 KIDS	海骏达商业	2019 年 4 月 30 日
	驿都汇	8 万平方米	沃尔玛、CGV 影城、红星美凯龙、迪卡侬、苏宁易购、漫 K KTV、屈臣氏、米加健身	成都御源置业有限公司	2019 年 6 月 1 日
	成都金牛天悦汇广场	约 18 万平方米（项目总面积）	欧尚、麦当劳、太平洋影城、24 小时健身，还有屈臣氏、人民食堂、顺旺基	四川中瑞天悦实业有限公司	2019 年 7 月 4 日
	新都七一国际广场	14.5 万平方米	CGV 影院、邻你生活超市、冠军冰场	新疆七一投资集团	2019 年 9 月 28 日
	DS				2019.9
	天荟 · 万科城市广场	7 万平方米	ugly monkey coffee、星巴克、大鸭梨、青柠记忆、去茶山、大蓉和、1807、DEAL、CMD、新山书屋	万科地产	2019 年 9 月 29 日
	新光天地	20 万平方米		新光三越百货股份有限公司	2019.12
	滨江天街	7.7 万平方米		龙湖地产	2019 年 12 月 31 日
绵阳	海悦银河城购物中心	7.5 万平方米	家福来电器、永辉超市、中影泰德国际影城、奇迹健身、麦秀纯 k、劲浪体育、屈臣氏、麦当劳、周大生、安踏体育、老凤祥	绵阳海悦实业有限公司	2019 年 1 月 25 日
南充	仁和春天广场	4.3 万平方米		南充市仁和春天投资有限公司	2019 年 1 月 11 日
	保利 MALL · 南充	项目主体共六层，面积 12 万平方米	Lesuper 精品超市、万达影城、迪卡侬、UR、热风、猪猪侠儿童乐园、贝贝城儿童职业体验馆、卡米尔健身房	保利商业管理有限公司	2019 年 12 月 12 日
乐山	乐山世豪 Mall	7 万平方米	优衣库、金逸影城、反斗乐园、孕婴童连锁品牌洋宝洋贝、踏月健身、高端动漫游戏主题乐园星际传奇	世豪新瑞集团	2019 年 9 月 6 日
			贵州		
贵阳	花溪万科生活广场	4.5 万平方米	永辉超市、卢米埃影城、悠游堂、海底捞、猫屎咖啡、阿迪达斯直营工厂店、耐克直营工厂店	万达集团	2019 年 6 月 22 日
	中铁摩都娱购公园	36 万平方米	GUCCI、PRADA、BURBERRY、COACH、MK、迪奥、兰蔻、雅诗兰黛、纪梵希、潘多拉、CNC、G-STAR、沃尔玛、苏宁易购、金逸影城	中投腾达置业有限公司	2019 年 8 月 17 日
	贵阳印象城	约 14.5 万平方米	麦德龙超市、CGV 影院、卡通尼、食通天、海马体、米加时代、梦田农场、URBAN REVIVO ACC	印力集团	2019 年 12 月 8 日
遵义	方圆荟 · 太阳城购物广场	7 万平方米	合力超市、屈臣氏、胜道体育、苏宁易购、小米、华为、德克士、Kids Fiesta 童兜天地	贵州光大太阳城房地产开发有限公司	2019 年 1 月 18 日
	时代天街	12 万平方米		遵义市华玮房地产开发有限公司	2019 年 1 月 12 日
毕节	方圆荟 · 摩尔城购物广场	9.48 万平方米	合力超市、横店影视城、国美电器、屈臣氏、肯德基、童兜天地、滔博运动	贵州佳鑫房地产开发有限公司	2019 年 6 月 22 日
六盘水	盘州奥园广场	5 万平方米	永辉精品超市、巨幕影厅星空影院、肯德基、周大福、卡宾、Balabala	轩辕地产	2019 年 1 月 18 日
	方圆荟 · 宝隆购物广场	10 万平方米	横店影院、宝乐湾	贵州汉华地产开发有限公司	2019 年 6 月 1 日
黔南	都匀万达广场	10 万平方米	万达影院、万达宝贝王、沃尔玛、苏宁易购、劲浪体育、屈臣氏、肯德基、海底小纵队、“冰川大冒险”儿童主题街区	天源集团	2019 年 1 月 25 日
			云南		
大理	好来世纪广场	6 万平方米	润兴万家超市、好莱国际影城、第伍大道 KTV、好莱世纪亲子乐园	弥渡浩翔琪置业有限公司	2019 年 1 月 23 日
曲靖	罗平方圆荟购物中心	10 万平方米	沃尔玛、横店影视城、幻影星辰电玩城、肯德基、屈臣氏、国美、妈妈有品、太平鸟	云南龙逸地产开发有限公司	2019 年 4 月 25 日
昆明	昆明大悦城二期	整体综合面积达 50 万平方米，昆明大悦城一、二期项目合计商业总建筑面积 32 万平方米	盒马鲜生、失重餐厅、珮姐老火锅、蓉盛园、法兰度航空主题餐厅、温斯顿英语、美吉姆、灰姑娘、小小运动馆、探奇乐园、BluePink、领御足道、六道密室	中粮集团	2019 年 10 月 26 日
	新迎新城购物中心	11 万平方米	MUJI、永辉超市、万达影城、万达宝贝王、杰仕健身、星巴克等主力品牌，呷哺呷哺、韩盛烤肉、华录乐园	大理惠丰地产集团	2019 年 10 月 18 日

行政区	项目名称	商业建筑面积（剔除停车场、写字楼、底商、酒店）	业态特色	开发商或运营商	开业时间
	昆明瑞鼎城爱琴海购物公园	17 万平方米	Versace、Armani、PINKO、Maria Luisa、BESIONIA、Tommy Jeans、GANT、UGG、盒马鲜生、1200 平方米喜悦真冰滑冰场、派菲特恒温泳池健身会、百合佳宴海岛仪式堂、海上明珠国际影城、优衣库、星巴克、海底捞、大渝火锅、西西弗书店、卡通尼乐园、“X-JUMP”蹦床公园、乾骅电竞馆、登康贝比	昆明尊良房地产开发有限公司	2019 年 9 月 28 日
	昆明王府井滇池小镇奥特莱斯	12.8 万平方米（总建筑面积）6.85 万平方米（租赁面积）	WFJ SELECT by Prada、Coach、Michael Kors、睿锦尚品、Nike、PUMA、Gap、KAPPA、Superdry、Vans、FILA、SKECHERS、UA、太平鸟、鄂尔多斯、OVV、曼妮芬、戴维贝拉、Balabala、东来顺、汉堡王、肯德基、芸秀里、春满里、云翥·井里、花积厨、悦越食越南主题餐厅	北京王府井奥莱企业管理有限公司	2019 年 9 月 28 日
	恒隆广场	16 万平方米	GUCCI、积家、IWC 万国表、Marie Elie、单农、Sandro、coterie、百美汇影城、大象好在·城市磁体、vivo 智慧旗舰店、宝力豪健身 PLUS、喜茶黑金店、羲和雅苑、大西洋上水鱼生酒店	恒隆地产	2019 年 3 月 23 日
	富康城昆明经开中心	8 万平方米	滔博运动、屈臣氏、婴格、名创、EF、三福时尚、ME&CITY、百丽、华为、UNKUT、salve pane、肯德基、星巴克、巴蜀小龙坎、桥香园、老东粥皇、台北帮厨、面包工坊、飞阳铁板烧、本埠釜山料理、一头屋、汉拿山、蓉李记、特步、道生美食广场、红番干锅	富康集团	2019 年 12 月 31 日
华南地区					
广东					
广州	荔胜广百广场	3.7 万平方米	金逸影院 IMAX、广州酒家、海底捞、星巴克、广百电器、广百快闪店 g-station、广百母婴馆 g-baby、京东爸爸 de 玩具屋	广州百货企业集团有限公司	2019 年 1 月 11 日
	天河万科广场	7.5 万平方米	华见 SUPER VALUES 生鲜食品会员折扣超市、万达 IMAX 影院、言几又、今日阅读、梅沙黑利伯瑞书院、客语广州旗舰店、佬麻雀、钢管厂五区小郡肝、屈臣氏 colorlab 独立门店、innisfree、soinlove、War Flight 无人机体验馆、kk 馆、WESTLINK 西遇	广州市万科房地产有限公司	2019 年 5 月 1 日
	萝岗奥园广场	4.5 万平方米	永辉 Bravo 精品超市、中影影城、威克健身、海底捞、奥园中医、屈臣氏、粤集、NǒME	奥园商业地产集团	2019 年 5 月 18 日
	增江商业广场	3.4 万平方米	大润发鲸小马、上影 CC 国际影城、麦当劳、屈臣氏、粤湘厨、京东贝全母婴、哈士尼成长乐园、周大福	广州增江商业广场运营管理有限公司	2019 年 5 月 1 日试营业
	融创茂	34.58 万平方米	Bravo 百佳永辉超市、万达影城、FUNLINK+WESTLINK、斯凯奇超级大店、OCE、孩子王、喜茶、奈雪の茶、豪巴斯海鲜盛宴	融创中国	2019 年 6 月 15 日
	美林 M · LIVE 天地一期	8.16 万平方米（总建筑面积）	宜家家居、GAP、H&M、利郎、卡宾、太平鸟、Jack & Jones、NIKE、Adidas、Under Armour、星巴克、KFC、博士眼镜、周大福、Tissot、HUAWEI、SUNION、屈臣氏	美林基业集团	2019 年 8 月 28 日
	广州万达茂	10 万平方米		万达集团	2019 年 6 月 13 日
	海珠万达广场	约 13.57 万平方米	万达 PRIME 影城、动漫主题亲子乐园万达宝贝王、嘉荣超市、苏宁易购、广州首家沉浸式、全年龄层互动娱乐场馆 SPAAARK、喜茶、奈雪的茶、瑞幸、品捞四季、俏妹儿、谷田稻香、味千拉面、湘下佬、阿甘锅盔、鲜芋仙、一点点	万达集团	2019 年 12 月 30 日
深圳	幸福城 1979 圈圈	3 万平方米		深圳市永晋鑫投资有限公司	2019 年 1 月 [illegible] 日
	东部星悦天地	5 万平方米		深圳市东部开发（集团）有限公司	2019 年 3 月 29 日
	侨城坊九方荟	2 万平方米		运泰建业置业有限公司	2019 年 5 月 31 日
	云城万科里	5 万平方米	中影星美国际影城、URBAN REVIVO、VEROMODA、麦当劳、烧蚝帮、喜茶、星巴克、呷哺呷哺、奈雪の茶、VILA 酒吧、六点道酒馆、AT CLOUDS、梅沙社区营地、乐高活动中心、英国皇家少儿艺术、七田真	万科地产	2019 年 5 月 25 日
	松瑞天虹	1.84 万平方米（总面积）	SP@CE 天虹超市、三味真火、绝味鸭脖、阿甘锅盔、ONLY、VERO MODE、百图、佐色、普普风、百丽、kiss cat、千百度、康莉、星期六、金利来皮鞋、安奈儿、小猪班纳、安踏、拉比、JOJO、特步、海威迩、堡狮龙、ADIDAS、李宁、安踏	天虹	2019 年 7 月 13 日

行政区	项目名称	商业建筑面积（剔除停车场、写字楼、底商、酒店）	业态特色	开发商或营运商	开业时间
	壹方天地 B 区	9 万平方米	NIKE、adidas、FILA、安踏、李宁、太平鸟、歌莉娅、JACK&JONES、全棉时代、西遇、热风、三福、以纯、集合 79 号渔船、高调纯 K、海底捞、八合里、HELENS 小酒馆	壹方商业	2019 年 7 月 28 日
	港铁颂荟 TIA Mall	1 万平方米	点必食、一芳、大家乐、麦当劳、良品铺子、vivo、博士眼镜、万宁、CASA MIA 精品超市、茜施尔、国大药房、鹅榜样、左印美术、优启国际儿童英语、乐敦儿童创意中心、湘宴谭厨、萨莉亚、Mini Salon	港铁物业发展（深圳）有限公司	2019 年 8 月 18 日
	恒裕 · 香悦里	4.1 万平方米	盒马鲜生、学而思、凯莱德国际幼儿日托	深圳市恒裕实业（集团）有限公司	2019 年 9 月 7 日
	福田 One Avenue 卓悦中心一期	14.6 万平方米	CGV 旗舰影院、CINEKIDS 星趣厅、CORNELIANI、TUMI、CONCEPTS、BAM SELECT 班门选物、Y-3、Champion、DNKY、中国李宁、PATRIZIA PEPE、cpb、资生堂、L' OCCITANE、寇莎、Massimo Dutti、特斯拉、喜茶 HEYTEA、禄鼎记	金地集团、卓越集团、大百汇集团	2019 年 9 月 12 日
	鹤州和健生活广场	约 2.7 万平方米	华润乐购、中影南方新干线、麦当劳、屈臣氏、厨嫂当家、谭鸭血、华为、海天书店、冒险岛	深圳市润科房地产开发有限公司	2019 年 9 月 28 日
	锦荟广场	5.5 万平方米	迪卡侬、盒马鲜生、中影国际影城、星巴克、西遇、热风、屈臣氏、奥买家、ANTA KIDS、balabala 儿童服饰	深圳地铁	2019 年 9 月 28 日
	勤诚达 K+ 广场	4.5 万平方米	万达影城、明公馆大酒楼、沃尔玛、力美健健身俱乐部、乐食空间、尚品宅配、奈瑞儿、华为、原味主张椰子鸡、四季京未、酸渡、常株潭、麋鹿麋音乐餐吧、蛋仔小茶、奶香铺子	勤诚达商业集团	2019 年 9 月 28 日
	光明大仟里	15 万平方米（项目建筑面积）	永辉 Bravo YH、金逸影城、UR、UNIQLO、苏宁易购、奈雪の茶、台盖、喜茶、芭依珊、西西弗书店、乐高活动中心、KICKS LOUNGE、中国李宁	宏发集团	2019 年 9 月 28 日
	益田 · 假日里	5 万平方米	宝马深圳首家数字化体验中心、纵横国际影城、领航时尚健身、星聚会 KTV 主力店、绿地 24 小时全球商品直销中心 G-Super、KFC 第八代荧光红形象店、星巴克南山首家宠物外摆店、喜茶 Autumn 概念店	众冠股份、益田旅游商业集团	2019 年 9 月 28 日
	光明大仟里	15 万平方米（项目建筑面积）	永辉 Bravo YH、金逸影城、UR、UNIQLO、IMAX 厅、奈雪の茶、台盖、喜茶、芭依珊、西西弗书店、乐高活动中心、KICKS LOUNGE、中国李宁	宏发集团	2019 年 9 月 28 日
	勤诚达 K+ 广场	4.5 万平方米	尚品宅配、奈瑞儿、华为、万达影城、明公馆大酒楼、沃尔玛、力美健健身俱乐部、乐食空间、原味主张椰子鸡、四季京未、酸渡、常株潭、麋鹿麋音乐餐吧、蛋仔小茶、奶香铺子	勤诚达商业集团	2019 年 9 月 28 日
	福田汇时代	约 5 万平方米（项目建筑面积）	星巴克、唯品仓全新旗舰店、T&C 扒房、琉璃鲸、鹿家小灶、华为体验店、鱼你在一起、弗蕾亚、恋茶物语、牛之初心、珍芝堂、茶千岁、淳手工、汉堡王、阿甘锅盔、QPARK Hotel 网红酒店、腓特烈酒吧、富士精致日料、陆小凤、大顽猫、椰语江南	深圳前海星空经贸物业管理有限公司	2019 年 10 月 1 日试营业
	盒马里 · 岁宝	近 4 万平方米	奈雪的茶、大目火锅、优衣库、百丽、华为、盒马鲜生、河狸家、小马快跑	阿里巴巴	2019 年 11 月 30 日
	安居益田假日里			深圳市人才安居集团	2019 年 12 月 31 日
	宝安大仟里	16 万平方米		宏发地产	2019 年 12 月 24 日
	深圳平安金融中心 PAFCmall	8 万平方米		深圳平安金融中心建设发展有限公司	2019.12
佛山	南舜怡海港	12 万平方米	大地影院、嘉荣 SPAR、星巴克、马赛 PARK、国文大先生、魔镜国际健身俱乐部	佛山市南舜新城投资有限公司	2019 年 1 月 1 日试营业
	天虹购物中心	10 万平方米	sp@ce 生活超市、悦诗风吟、海底捞、奈雪の茶、Meland、米果创客中心、RUN LIKE 运动馆 -T 馆、RUN LIKE 电玩 – 酷豆家族、中瑞国际影院	天虹商场股份有限公司	2019 年 5 月 18 日
	三水大塘中心广场	6 万平方米		三水市乐高丰物业租赁有限公司	2019 年 6 月 30 日
	顺成大融城	约 9.8 万平方米（建筑面积）		光大安石	2019 年 7 月 26 日
	凯德 MALL · 180	3.5 万平方米	星巴克、大龙燚、CACHECACHE、DUOZOULU、中影南方 UV 影城、京东 7FRESH 七鲜超市	凯德置地	2019 年 10 月 17 日
	名古汇 · 永旺梦乐城	18 万平方米（建筑面积）	永旺超市,永旺幻想等品牌,NITORI,无印良品,优衣库,CGV 影城		2019 年 9 月 28 日

行政区	项目名称	商业建筑面积（剔除停车场、写字楼、底商、酒店）	业态特色	开发商或营运商	开业时间
	涛汇广场	项目总建筑面积近9万平方米，购物中心约3.2万平方米	凤城酒楼、InShop、茵曼、Miss Cat、玫瑰·阿黛尔、樊羽、澜菲琳、Better Me、金蝶茜妮、舞墨女装、361°、Y‘RC、鸿星尔克、周六福珠宝、华为、喜茶、贡茶、爱依贝贝、爱婴岛、星际玩家	顺德涛汇房地产开发有限公司	2019年9月13日
	桂城天河城	约为10万平方米（购物中心建筑面积）	星巴克、H&M、MJstyle、中影国际影城、adidas、周大福、周生生	天河城集团	2019年12月15日
惠州	博罗龙溪万润城购物中心	3万平方米	天虹超市、横店影城、国美电器、MIDI主题量版KTV、华宇网咖、LM音乐清吧	惠州丽港实业有限公司	2019年1月18日
	凯南广场（莱弗城）	4万平方米		惠州市地大实业有限公司	2019年5月1日
	汇港城	3万平方米	嘉荣SPAR超市	惠州建邦置业有限公司	2019年4月23日
	灿邦新天地	15万平方米	横店影视、惠湾首家sp@ce天虹超市、星悦荟健身、MollyFantasy莫莉幻想、欢唱ktv、ELLASSAY（歌力思）、Koradior（珂莱蒂尔）、WESTLINK&FUNLINK、骆驼户外运动城、星巴克、花满楼、屈臣氏、华为、小米	灿邦集团	2019年7月28日试营业2019年10月26日开业
汕头	汕头万达广场	14.18万平方米	永辉超市、万达影城、宝贝王、宝贝王早教、优衣库、H&M、苏宁红孩子、迪卡侬、凯歌量版KTV、大玩家、以纯、FUNLINK	大连万达商业管理集团股份有限公司	2019年5月25日
汕尾	汕尾市世纪广场	4万平方米		汕尾市世纪广场实业有限公司	2019年3月27日
云浮	筠城国际广场	5.4万平方米	昌大昌超市、恒业国际影城、屈臣氏、耐克	广东筠城置业有限公司	2019年1月24日
阳江	主场摩	3万平方米	古斯特游泳健身、迪卡侬	铜锣湾集团有限公司	2019.3
茂名	信宜江东湾广场	3.2万平方米	广州惠客多连锁超市、中影环球国际影城、阿迪达斯、老凤祥珠宝、探炉、下一站	信宜江东房地产有限公司	2019年1月22日
汕尾	华润置地赤河广场	6万平方米	万象影城、麦当劳、太平洋咖啡、驹鲍私房菜、星际传奇	华润置地有限公司	2019年4月30日
中山	完美金鹰汇	10万平方米新Mall，50万平方米综合体	百佳永辉超市、中影国际影城、尚高击剑、新时力健身房、乐趣时代、Sanse、李宁、IFFG、Neko Life、诺米、悦和美妆、华为旗舰店、半点空间书店、艺+文创区、小时代美食广场、COCO都可、甘杯	中山市金鹰房地产开发有限公司	2019年11月1日
韶关	宝能丹霞天街	4.5万平方米（建筑面积）	佳适尚品酒店、九龄书院、海德堡·德式餐厅、源味餐厅、悦食百汇、韶宝美食、万麦超市、非物质遗产文化街、创客园、钟道艺术馆、欢喜婚庆文化	宝能城发集团	2019年10月27日
东莞	东莞翔龙天地MALL	13万平方米的超大商业体量	CGV影城、永辉超市、威思达游泳健身、海底捞、喜茶、星巴克臻选、优衣库、GAP、悦诗风吟、屈臣氏	中佳集团	2019年11月8日
	长安鼎峰花漫城一期	约1.5万平方米	蓝狐音乐餐吧、粤记茶楼、淼鑫猪肚鸡、荷塘月色沐足会所、奉茶、吃铺添湘	鼎峰商业管理有限公司	2019年11月16日
	首铸万科广场	体量共7万平方米	万达影院、G-Super绿地优选、挺好德（点都德集团管理品牌）、星巴克（甄选店）、喜茶、Adidas Mega、FILA、MO&Co.、G2000、周大福、六福珠宝、钻石世家	万科集团	2019年9月28日
	四季广场	4万平方米商业中心	天虹、中影国际影城	东莞市金晋商业管理有限公司	2019年7月10日
潮州	潮州财富中心南风里	7.1万平方米(A区:3.8万平方米B区：3.3万平方米）	MJstyle、星巴克、希尔顿欢朋酒店、上影·华通影城、永辉超市、晴空乐园、晴空电玩城、麦当劳、肯德基	潮州万科建投资有限公司	2019年11月8日
福州	仓山万象里	4万平方米	Jac、Donoratico、HOPESHOW、奈雪の茶、海马体照相馆、鲜猫、三只松鼠、觅云云南菜、O&K海鲜自助、烹饪大师、巴迪总动员	华润置地	2019年9月13日
江门	江门江海广场	6万平方米	智选假日酒店、烽禾影城、海底捞、大家乐、六福珠宝、周大福、老广新意、汉堡王、万宁、艾尚梵廷健身俱乐部、华为授权体验店、玩家英雄、爱婴岛、耐克、穿越湘、三千岭、臻享无招牌、不二酸菜鱼、大赞寿司、名创优品	江门市万兴隆置业有限公司	2019年9月13日
佛山	南海天河城购物中心	约36.5万平方米（总建筑面积）	华为线下体验店、周大福、六福珠宝、动趣迷卡赛车体验馆、瑞幸咖啡、龙凤餐室、香港满芬、小幸运、周记茗点、锅小闹、牛叙、百丽、POLYMONO、BeLLE OUTLETS、喜事多多	广州地铁、天河城集团、广东天河城地商业运营管理有限公司	2019年8月25日

行政区	项目名称	商业建筑面积（剔除停车场、写字楼、底商、酒店）	业态特色	开发商或营运商	开业时间
顺德	顺成·大融城	约 9.8 万平方米	JNBY、Donoratico、edition、MO&Co.、Trendiano、Mark Fairwhale、IWODE、V-MEN、百佳永辉超市、耀东影院、KKv、美联英语、学乐英语、宝贝王、大玩家	光大安石	2019 年 7 月 19 日试营业 2019 年 7 月 26 日开业
茂名	万年城·电白万达广场	超 12 万平方米（占地面积）超 63 万平方米（总建筑面积）	万达影院、宝贝王早教、宝贝王、大玩家、星巴克、必胜客、肯德基、华为、OPPO、VIVO、劲霸、芝华士、捞九门、客道、安踏、卡宾、KIKC、优衣库	万达集团	2019 年 12 月 28 日
			广西		
南宁	江宇世纪广场	10 万平方米	沃尔玛、海底捞、麦当劳、嘉盛游乐中心、艾力斯特、诺伯曼运动会馆、万达影城、乐塔游乐、YYSPORT、耐克、乐摩巴	江宇集团	2019 年 4 月 27 日
	方圆荟南宁会展城	3 万平方米		广西博览局	2019 年 7 月 28 日
	大唐天城购物中心	近 10 万平方米	国美电器、韬智书店、必胜客、星巴克、沃美影城	大唐地产	2019 年 9 月 6 日
玉林	玉林万达广场	11 万平方米	冠超市、万达影城 IMAX、大玩家、苏宁易购、万达宝贝王、宝贝王早教、H&M、优衣库、迪卡侬、禧悦酒家、吉施达健身	大连万达商业管理集团股份有限公司	2019 年 5 月 25 日
桂林	益华城	10 万平方米	益华顶之选超市、利士堡乐园、MJstyle、URBAN REVIVO、星巴克、肯德基、胡桃里、18K 酒会、苏宁易购、博纳国际影城、香榭丽舍商务量版	桂林市国贸房地产开发有限公司	2019 年 5 月 1 日
	桂林吾悦广场	9.3 万平方米	桂林市图书馆、博物馆、大剧院、金贸中心、金融大厦、市政府	新城商业管理集团	2019 年 11 月 30 日
	桂林万象城	18 万平方米（总建筑面积）	沃尔玛、隐居酒店、万象影城、MELAND 儿童乐园、Ashley、AFIONA、西西弗书店、POP MART、墨歌、星际传奇、玩具反斗城、优姿照相馆、原研社、满记甜品、苏宁易购、李宁、周六福、优衣库、拉夏贝尔	华润置地	2019 年 9 月 25 日
柳州	保利商业广场	为 6 万平方米（商业总面积）	博纳国际影城、城盛百汇超市、星巴克、颐茶、百真汇、谷芋、稻盛田、九田家、金石牛自助餐厅、漓江小聚、老铜锅老北京涮羊肉、高品会、鲈源外酸菜鱼、蛙传奇、椰贝、羊满堂、周大福、钻石世家、金至尊、老凤祥	保利集团	2019 年 8 月 1 日
金华	万泰·公园大道	总建筑面积达 40 万平方米（一期商业 11 万平方米，二期商业 20 万平方米）		万泰控股集团股份有限公司	2019 年 7 月 25 日
			海南		
三亚	蓝海购物广场				2019.11
			华中地区		
			湖北		
武汉	隆汇国贸中心	3 万平方米	小玩家儿童乐园、汤姆队长、库博台球俱乐部、唐阁影城、银焱网咖、巨人教育	武汉隆汇祥置业	2019 年 1 月 19 日
	DIC 帝斯曼购物中心	6.2 万平方米	云旗航空运动飞行俱乐部、时见鹿（书店）、纽宾凯电影艺术公园、盒马鲜生、妙享家亲子俱乐部、异次元音乐科技互动酒吧、奈雪の茶、星巴克甄选店、ROEAR-KISS、IG、IFFG	武汉丰泰置业	2019 年 4 月 27 日
	群光广场（二馆）	4.6 万平方米	MUJI、奈雪の茶、小米之家、中国李宁、刘娟美甲屋、钟书阁	台湾蓝天集团	2019 年 5 月 18 日
	武汉天地壹方北馆	15 万平方米	丹麦家居品牌 HAY 武汉首店、NIO 全球智能化电动汽车、DKNY 旗舰店、TOMMY HILFIGER 概念店、一尚门武汉首店、设计师品牌 Anyshopstyle 武汉首店、中国李宁华中旗舰店、Champion 华中旗舰店	瑞安房地产	2019 年 11 月 9 日
	武汉绿地缤纷城	12 万平方米	英孚教育、卡通尼乐园、阿童木创想家、金宝贝、几何书店、G-super、卡通尼、海底捞、几何书店、洛克公园篮球场、MURISHOP、此の间日本料理店	绿地商贸集团	2019 年 11 月 16 日
荆门	星球世界城	11 万平方米	太平洋百货、苏宁易购、沃尔玛、屈臣氏、欢乐空间、汉堡王、麦当劳、OTR、百丽国际、Funtec 光影世界、横店影城、茶与花间、工贸家电、菲力健身、呷哺呷哺、都来蹦、游戏大魔方	荆门民诚置业股份有限公司	2019 年 1 月 18 日
随州	随州万达广场	12.6 万平方米（购物中心建筑面积）	永辉超市、万达影城、万达宝贝王、大玩家、万达宝贝王早教中心、优衣库、苏宁易购、Balabala、孩子王、卡尔飞车、FUNLINK、欢乐迪 KTV、KKV	万达集团	2019 年 11 月 15 日

行政区	项目名称	商业建筑面积（剔除停车场、写字楼、底商、酒店）	业态特色	开发商或营运商	开业时间
咸宁	咸宁万达广场	10.47 万平方米（购物中心建筑面积）	万达影城、万达宝贝王、宝贝王早教、苏宁易购、永辉超市、大玩家、巴拉巴拉、多走路、李宁、三福、瑟纤斯健身、FUNLINK、金逸山、麦歌 KTV、普雷浩斯	万达集团	2019 年 11 月 29 日
黄冈	罗田家居生活 MALL	11 万平方米（总建筑面积） 5 万平方米（商场面积）	黄商超市、横店影院、苏宁易购、肯德基、屈臣氏、Adidas、Nike、Puma、百尚优鲜超市、丽家宝贝、中国黄金、爱恋珠宝、李宁、班尼路、仟吉、皇冠蛋糕、有家便利店、稻香村、盒子一百、WJP、老乡鸡、刘一手、蔡林记、大米先生、嘻游儿童乐园、乐融儿童、爱蹦蹦床主题公园、贝乐园、萱锋游乐、孩童天地	居然之家家居连锁集团	2019 年 10 月 19 日
宜昌	亚蓝道城市奥莱首期	10 万平方米（总规划面积）	美食天地、麦德龙	亚蓝湾克商业集团	2019 年 7 月 26 日
			湖南		
长沙	24 品生活中心	7.5 万平方米	沃尔玛、保利影院、星巴克、KFC、必胜客、小米之家、华为、屈臣氏、阿迪达斯、耐克	长沙房产（集团）有限公司	2019 年 4 月 28 日
	高铁吾悦广场	10 万平方米		新城控股	2019 年 12 月 27 日
			河南		
郑州	永威木色购物公园	5 万平方米	CBL Supermakert、屈臣氏、多乐之日、星巴克、CGV 影城、中信书店（城市休闲店）、设计共和、M（魅）、GATEONE、凑凑火锅	郑州市永威置业有限公司	2019 年 5 月 26 日试业
	零零茂运动生活购物广场	3 万平方米	星巴克、华为、周大生、河南省体育场网球馆、巴奴毛肚火锅	郑州叁爱体育文化有限公司	2019 年 5 月 8 日
	高新万科广场	4.6 万平方米	大张超市、橙天嘉禾影城、肯德基、小米、苹果体验店、华为、屈臣氏、NOME、生活无忧、西遇（WESTLINK）	万科集团	2019 年 9 月 21 日
	YOYO PARK 购物公园一期	购物中心 16 万平方米	MixMax、VANS、LEE、BELLE、MO&Co.、播、Mix- 轻奢馆、VERA MODA、欧时力、伊芙丽、永辉 BRAVO、阿迪达斯、耐克、匡威、巴奴、奈雪の茶、DQ	河南福汇兰置业有限公司	2019 年 11 月 8 日试营业
	高新・万科广场	4.6 万平方米	大张超市、橙天巨幕影城、孩子王、屈臣氏、豪客来、肯德基、NOMEZOLLE 因为、FEXATA、希色 MYSCISSORS、星巴克、我在　阅开心书店、金大福、罗莱家纺	郑州万科	2019 年 9 月 21 日
	建业凯旋广场	27 万平方米（总建筑面积） 5000 平方米（购物中心）	Philippe Model、agete、LANCEL、YOUK SHIM WON、DANIEL HECHTER、蛙来哒	建业新生活商管公司	2019 年 12 月 18 日
洛阳	正大国际广场	22 万平方米	卜蜂莲花、正大乐影城、拾月书屋、优衣库、ZARA、中原印象、汤姆熊欢乐世界、王品台塑牛排、豌町、Darry Ring、玩具反斗城 TRU、好孩子、肯德基	正大集团	2019 年 4 月 21 日
平顶山	东城茂购物中心	5.5 万平方米	大润发超市、好莱坞国际影城、苹果授权店、ZARA、超继运动、海澜之家、BOOMPARK 动物主题公园、麦当劳	平顶山恒宇置业有限公司	2019 年 1 月 18 日
周口	沈丘鑫源国际购物中心	6 万平方米	东之方生活超市、谷乐汇美食城、小飞象家庭娱乐中心、阳光 100 健身会所	河南省沪沈置业有限责任公司	2019 年 1 月 23 日
南阳	方城百信广场	5 万平方米	万德隆、乐趣游戏空间、巴比象儿童乐园、乐玩乐高、裕粮家电、中原银行、麦当劳	方城百信置业有限公司	2019 年 5 月 24 日
三门峡	梦之城购物中心	10 万平方米	金逸国际影城、美道家精品超市	河南美道家实业有限公司	2019 年 1 月 13 日
			西北地区		
			陕西		
西安	龙发时代广场	4 万平方米	龙发生活超市	西安龙发实业有限公司	2019 年 1 月 28 日
	亚趣文化广场	3.5 万平方米		西安星之地产开发有限公司	2019 年 1 月部分开业
	华夏幸福里购物广场	7 万平方米		陕西华夏置业有限公司	2019 年 1 月 26 日
	曲江汉华城	11 万平方米	五环 outlets 工厂店、成山农场	西安中豪置业服务有限公司	2019 年 5 月 25 日
	时尚大街	14 万平方米	卜蜂莲花、阿迪达斯、拉夏贝尔、华夏优 + 影城、启星儿童成长天地	西安时尚大街有限公司	2019 年 5 月 22 日

行政区	项目名称	商业建筑面积（剔除停车场、写字楼、底商、酒店）	业态特色	开发商或营运商	开业时间
	凯德广场·御锦城	6万平方米	卜蜂莲花、长江银兴影城、VESTON威士顿健身、Mont Guimauve、DUOZOULU、URBAN REVIVO、儿童汽车主题乐园BEAR HUG、儿童牙科诊所Dr.Nie、西西弗书店、海马体	盛恒（西安）房地产开发有限公司	2019年6月21日
	四海唐人街	10万平方米	洛克公园、天空之城、真爱台湾士林夜市、唐人优鲜、荷田艺术空间、顽色空间、坊间味道、喜粤8号、四海书城	金旅地产	2019年4月28日
	大华1935		STREETDREAMS极限运动馆、多感元52赫兹酒店、奈雪的酒屋、AHAVA、WWFC1877、巷往书店全新概念旗舰店	复星蜂巢、西安曲江大明宫投资（集团）有限公司	2019年10月25日
	荣民时代广场	6.2万平方米（总建筑面积）	奥斯卡影院、华润万家超市、纽约国际儿童俱乐部	陕西荣民房地产集团有限公司	2019年10月18日
	西安悦秀城一期	约6万平方米	奥斯卡国际影城、太平洋咖啡、中健银座健身俱乐部、墨西哥餐吧MOJAR、百鸟电竞、华为西北旗舰店、KID BOX儿童成长中心、比特科技、翘楚艺术中心	西安悦秀商业管理有限公司	2019年9月28日
	水晶新天地电影主题街区	30万平方米商业综合体	正大生活馆、卜蜂莲花超市、派啦萌巨幕影城、星巴克、麦当劳、耐克、阿迪达斯、小六汤包、大龙燚火锅、电影产业集合平台、美国国家地理未来学院、高新枫叶邻里营养膳食中心	高新地产	2019年9月28日
	西安首创奥特莱斯	11.8万平方米（建筑面积） 5万平方米（经营面积）	COACH、TOMMY、CK、NIKE、ADIDAS、SKECHERS、NewBalance、Cerruti1881、Kent&Curwen、Gieves&Hawkes、Marc O' Polo、Boy London、GAP、太平鸟、FILA、DKNY、Y-3、Dickies	首创钜大有限公司	2019年9月13日
	中登广场	建筑面积13.8万平方米	耳东影城、瑞力健身、瑞幸咖啡、北京老胡同烤鸭、周大福、拼砌侠、大米王国、耐克、阿迪达斯、华为、CREAMSODA、TOP CREW	陕西利和商贸有限公司	2019年7月11日
	西咸吾悦广场	12.5万平方米		新城控股	2019年9月28日
	益田假日里	8.4万平方米		西安益田假日里商业管理有限公司	2019.12
商洛	万达广场	11.68万平方米	永辉超市、大玩家、多走路、万达影城、宝贝王	大连万达商业管理集团股份有限公司	2019年6月22日
宝鸡	星钻国际广场	8万平方米		陕西元泰地产开发有限公司	2019年1月21日试营业
	宝鸡吾悦广场	项目建筑面积约60万平方米，该项目的商业建筑面积约12万平方米，含地上、地下共7层，停车位约1300个	永辉超市、星轶影城、潮庭健身、多奇妙儿童乐园、游戏大魔方、孩子王、SONY、金宝贝、西遇等，此外还有九牧王、Adidas、写生、利郎、李宁、New Balance、Kappa等零售品牌，熊巴拉、玩具名人堂、护童、番茄田艺术、芝麻街英语、童伴儿、跃吧、阿布溜溜、拉比等30余家儿童品牌，山城外、黄记煌、小六汤包、小肥羊、台北帮厨、竹园村、鱼谦、老饕火锅、DQ、阿香米线、COCO都可、双喜烧腊、徽厨辣哟、快乐柠檬、一只酸牛奶、鱼你在一起、张亮麻辣烫、阿香米线	新城商业管理集团	2019年10月25日
汉中	汉中吾悦广场	约60万平方米（规划建筑面积）	星轶影院、永辉Bravo精品超市、多奇妙儿童乐园、孩子王、优衣库、杰仕健身、海底捞等，此外还有麦当劳、肯德基、DQ、芭拿米亚、九锅一堂、鲜芋仙、比萨牛排自助餐厅、麦客手作、馋火炉鱼、哪儿托焖面、吉布鲁、呷哺呷哺、鱼厂、九田家、黄记煌、刘一锅、山城外老坛酸菜鱼等餐饮品牌，安踏、特步、adidas、PEAK、安德玛、森马、SELECTED、利郎、JACK & JONES、ONLY、海澜之家、JICK XINI、西遇、CoCo&Dezom、安莉芳、OO&VV	新城控股	2019年11月15日
延安	延安吾悦广场	项目总建筑面积约17万平方米——15万平方米购物中心+2万平方米室外步行街	潮庭健身、星轶影城、永辉超市、孩子王、游戏大魔方等，此外还有三福、肯德基、德克士、华为、老凤祥、周大生、潮宏基、Balabala、竹园村酸菜鱼火锅、黄记煌、挥汗堂老火锅、九田家烤肉、渔歌烤鱼、拔戒排骨、奥赛奥水煎肉、JACK&JONES、JACK&JONES、adidas、PACIFIC COFFEE	新城控股	2019年9月27日
西咸	西咸吾悦广场	占地27万平方米，商业面积12.5万平方米	优衣库，GAP，星巴克，奈雪的茶，ARMANI EXCHANGE，Champion,Calvin Klein jeans,Calvin Klein performance,Calvin Klein underwear,三叶草，NIKE KL,INXX，ECCO,innisfree，新秀丽，周生生	新城控股	2019年9月27日
			甘肃		

行政区	项目名称	商业建筑面积（剔除停车场、写字楼、底商、酒店）	业态特色	开发商或营运商	开业时间
兰州	兰州中心	24.3 万平方米	Corneliani、VERRJ、Bang&Olufsen、OMEGA、LONGINES、BOSE、UGG、MUJI、H&M、UNIQLO、CK、UR、麦德龙、IMAX 空间站影城、西西弗书店 & 矢量、哈尼鹿儿童梦幻乐园	福建天百集团股份有限公司	2019 年 1 月 11 日
	兰州东亚世贸广场	14 万平方米	物美超市、中影南方影城、海底捞、MLB 服饰、斯凯奇服饰、三福百货、呷哺呷哺、城市奥莱	兰州永新房地产开发有限公司	2019 年 1 月 8 日
	国芳 G98 购物中心		Missdeer、VITALIFE 维纯、本宫的茶、周生生、周大福、NIKE、Vans、adidas、BELLE、Goodbaby、MISS DEER 儿童乐园、缤纷鸟教育、糖果树童玩、一朵 soflower、Dyson 戴森、Tom’s coffee、一芳水果茶、书亦烧仙草、必胜客、海底捞、西贝莜面、呷哺呷哺、黄记煌	国芳集团	2019 年 1 月 7 日试营业
	中天健广场	7.4 万平方米	永辉 Bravo 生鲜超市、星轶影城、多奇妙、孩子王	甘肃中天健房地产开发集团有限公司"	2019 年 11 月 8 日
			新疆		
乌鲁木齐	大巴扎步行街二期 · 天域城	4.6 万平方米（总建筑面积）	丝路风情酒吧、品质咖啡馆、国家级玉雕大师工作坊、中亚离岸贸易精品馆、全息影像剧院、丝路文化荟萃、“一带一路”文化餐厅、空中宴会厅		2019 年 3 月 15 日
库尔勒	新疆库尔勒市福润德购物中心	5.7 万平方米（总商业面积）	金至尊、六福珠宝、NIKE、adidas、袋鼠皮具、MISSLI、魔美名作、摩登名仕、暇步士、佐丹奴、慕兰茜、FRD 珠宝、米可家进口母婴生活馆、京东母婴生活馆、千纸鹤生活馆	新疆福润德投资集团有限公司	2019 年 7 月 12 日
			华北地区		
			北京		
北京	马家堡新荟城购物中心	6.8 万平方米	盒马鲜生、嘉禾影城、优衣库、旺顺阁、美吉姆、星巴克、杨记兴臭鳜鱼、海底捞、唯品会	同昌盛业	2019 年 5 月 18 日
	ONE 国际广场	11 万平方米		北京实地房地产开发有限责任公司	2019 年 6 月 1 日
	龙湖北京长安天街	5.26 万平方米	优衣库、星巴克、海马体照相馆、POP MART	龙湖集团	2019 年 11 月 15 日
	NTP 新城广场	约 2 万平方米（总建筑面积）	鹿港、外婆家、旺顺阁、新成	新鸿基地产	2019 年 7 月 3 日
	新辰里购物中心	3 万平方米		乐胜（北京）商业发展有限公司	2019 年 8 月 25 日
			天津		
天津	旺海国际广场	5 万平方米	Le super 精品超市、麦当劳、好利来、COSTA、大疆无人机、华为体验店、韦哲国际创意中心、贝逗儿童主题乐园、爸爸糖	天津泰达建设集团格调中天地产开发有限公司	2019 年 5 月 30 日试营业
	国耀上河城	5.7 万平方米	18 道、Costa、大玩家、屈臣氏、汉堡王、金吉鸟健身	国耀置地集团	2019.5
	天津万科广场	2.4 万平方米		万科集团	2019.6
	和平保利广场	7 万平方米	京东 7FRESH、奥飞欢乐世界、苏宁红孩子、ThinkPlus、ERDOS、MARINA YACHTING、古德菲力健身、屈臣氏、Nike、周生生、周六福、华为、Dyson 戴森	保利地产	2019 年 6 月 28 日
	天津滨海吾悦广场	50 万平方米体验式商业综合体旗舰，16 万平方米购物中心面积		新城控股集团	2019 年 10 月 27 日
	天津津南吾悦广场	15 万平方米的项目	星轶影院、多奇妙亲子乐园、潮庭健身、华润万家、海底捞、BOY LONDON、鬼洗、NIKE KL、比音勒芬、GF FERRE、白鹿原、搂财、牛牛章、10 米挑空蹦床公园	新城控股集团	2019 年 11 月 8 日
	和悦汇 · Wei 街	4 万平方米		中冶置业	2019 年 10 月 18 日
	天津城商业广场	6 万平方米	万翔光影国际影城、叶波大润发超市、金吉鸟健身、乐 K 派对 KTV、汉堡王、肯德基、津乐园、seveneleven、达美乐比萨、森马、卓诗尼、美吉姆、巴巴姆国际少儿英语、尚渔味、POLO SPORT、匹克、格朗合、叁农良店、吉野家、米氏孕婴、吉布鲁、华为		2019 年 7 月 23 日
			山西		
晋城	晋城星悦城购物中心	4.3 万平方米	金逸影城、苏宁易购、滔博运动、肯德基、阿迪达斯、耐克	晋城市金堡房地产开发公司	2019 年 1 月 11 日

行政区	项目名称	商业建筑面积（剔除停车场、写字楼、底商、酒店）	业态特色	开发商或营运商	开业时间
大同	大同希久摩尔城	12万平方米		摩尔城集团	2019年1月11日
忻州	忻州泛华生活汇　奥莱广场	15万平方米	熊孩子王国、阿迪、耐克、凯斯奇	泛华集团	2019年1月26日
孝义	孝义万达广场	10.13万平方米（建筑面积）	万达影城、万达宝贝王、万达宝贝王早教中心、大玩家、三福、客都乐超市、苏宁易购、斯凯奇、以纯、安踏、飙卡卡丁车、巴拉巴拉、小然麦田、花千代、港粒记澳门蛋挞、岳师傅剪子面、朕不二老坛酸菜鱼、香墅木屋小火锅、一只酸奶牛、蜜雪冰城、牛排叔叔、井格	万达集团	2019年11月24日
朔州	朔州万达广场	6.36万平方米（购物中心建筑面积）	万达影城、万达宝贝王、万达宝贝王早教中心、大玩家、客都乐超市、ONLY、李宁、安踏、都市丽人、乔丹、屈臣氏、麦当劳、肯德基、以纯、麦当劳、阿尔卑斯、阿三生煎、丹尼熊、尚品御泉、顺意凉粉、小飞象	万达集团	2019年11月29日
太原	公元时代城购物中心	10万平方米（总建筑面积）		香港南海集团	2019年9月22日
河北					
石家庄	石家庄长安万达广场	23.07万平方米	永辉超市、万达影城、万达宝贝王、GAP、优衣库、苏宁易购、苏宁红孩子、万达宝贝王早教中心、百安居、大玩家	大连万达商业管理集团股份有限公司	2019年6月28日
秦皇岛	秦皇岛万达广场	12.6万平方米（购物中心建筑面积）	万达影城、万达宝贝王、万达宝贝王早教中心、adidas、大玩家、永辉超市、UR、苏宁易购、星巴克、多走路、耐克，此外还有VENTUROUS、REOAR KISS、菜百首饰、珂兰钻石、通灵珠宝、阿吉豆、幻走、亦芮、汉拿山、咖曼菲尔、比格比萨、棱镜密室逃脱、酷蹦蹦床公园	万达集团	2019年11月22日
内蒙古中部					
鄂尔多斯	鄂尔多斯万达广场	19万平方米（总建筑面积） 8万平方米（购物中心建筑面积）	新百超市、大玩家、万达影院、宝贝王早教中心、海底捞、万达宝贝王、潮庭健身、苏宁易购、未来妈咪、YY SPORTS、唯品会、星巴克、麦当劳、肯德基、必胜客、郁荷华、黄记煌、小肥羊、蜀江酷、西北小D、刘一锅、鼎泰轩、广东佬美食汇、戈壁牛羊、明珠品湘阁、哚哚米线、宫窑火锅、西树泡芙、泰熙家、鲜果时光、威光香香鸡、悠茗棠、金色童年、UOOYAA、H'S、阿吉豆、暇步士、Dickies、MO&Co.、ONLY、乐町、萱子、写生	万达集团、东方控股集团	2019年9月28日
东北地区					
辽宁					
辽阳	辽阳万嘉城市广场	10万平方米	太平洋咖啡、奇奇乐、动漫源英伦主题儿童乐园	万嘉商业集团	2019年1月19日
锦州	锦州茂业天地	5万平方米	超市、盛文北方新生活、博纳影城、D-one游泳健身、阿童木餐饮、青少年拓展	茂业集团	2019年2月2日
鞍山	鞍山万象汇	12万平方米	金逸影城、Meland、星际传奇、食通天、Discovery、汉巴味德、ZARA、H&M、UNIQLO、Massimo Dutti、OYSHO、西西弗、太兴、UGG、乐高LCS授权体验店、美吉姆、Seekers VR体验馆	华润置地	2019年4月29日
黑龙江					
哈尔滨	五常市金街时代购物广场	6万平方米	永辉超市、万达影城、苏宁易购、呷哺呷哺、屈臣氏、麦当劳	哈尔滨时代置业房地产有限公司	2019年1月23日
	哈尔滨凯旋新生活购物中心	7万平方米	比优特超市、极限街区、呆萌动物园、OFO共享空间、Costa、汉堡王、吉野家、炙盈烤肉、呷哺呷哺、超级星座电玩城	黑龙江万泰投资发展有限公司	2019.5
	哈尔滨华润万象汇	15万平方米（项目总建筑面积）	哈尔信阳光农园超市、东北首家万象影城、MELAND儿童成长主题乐园、全棉时代、西西弗书店、美吉姆、七田真、NIKE BEACON、adidas、AIR JORDAN、塞多纳、长颈鹿、雅马哈、辩豆儿童馆、童画、Mother care、Honey baby、Marcolor、hopla baby、爆米花儿童美发乐园	华润置地	2019年8月18日
	哈尔滨银泰城	28万平方米		银泰置地	2019年9月28日
吉林					
长春	长春摩天　活力城Mall	10万平方米	万达寰映影城、未来动物城室内动物园、MELAND儿童乐园、星际传奇大型电玩城、反斗乐园、凯兰帝、奇客巴士、KK进口生活馆、H&M、BHG生活超市	大众卓越控股集团	2019年1月26日

行政区	项目名称	商业建筑面积（剔除停车场、写字楼、底商、酒店）	业态特色	开发商或营运商	开业时间
			内蒙古东部地区		
兴安盟	兴安盟万达广场	约35万平方米（总建筑面积） 14万平方米（商业建筑面积）	大玩家超乐场、以纯、安踏、维多利超市、万达国际影城、苏宁易购、潮庭健身、KFC、愿茶、澳洲肥肉、麦当劳、奉茶、陕老顺、敏丁拌饭、河风精致寿司、松枝记、年轻人串串、盛宴海鲜烤肉自助、九田家、黄记煌、文和友、无二老坛子酸菜鱼	万达集团	2019年9月13日
			华东地区		
			上海		
上海	星光耀广场	4.4万平方米	永辉超市、汉堡王、啤酒阿姨、威尔士健身、外星人艺术游乐主题馆、杰的牧场、威宝运动中心	上海星耀	2019年1月1日
	旭辉宝山U天地	4.6万平方米	永辉超市、自由人影城、威尔士健身、星巴克、肯德基	旭辉集团	2019年[illegible]月18日
	浦东三林东方懿德城	6.2万平方米	盒马鲜生、KFC、必胜客、泰禾影院、美格菲健身	浦东新区房地产交易市场有限公司	2019年1月30日
	白玉兰广场	11万平方米	盒马鲜生、屈臣氏、悦璞食堂、小米之家、Mind bridge、CGV影城、奈雪の茶、星巴克臻选店、N9 CAF、肯德基K PRO、Wolfgang's Steakhouse（牛排馆）、LANEHUB领里线下体验店、点都德、映水芙蓉、常州恐龙园恐龙人俱乐部、赛梦微缩世界	金光集团	2019年4月21日
	徐汇绿地滨江CLUB	3.2万平方米	中影嘉华国际影城、麦当劳、魔速卡丁车、山茶花、犀牛吧、FLIPPED COFFEE BAR、Chalet plus餐厅、爱玩书、伊叶艺术、爱婴室、星宿创意美术、美格菲健身中心、Justin&JulieFitness（精品团操健身工作室）、绿地申花足球俱乐部快闪店、食库门美食天地	绿地集团	2019年5月16日
	青浦万达茂	24.7万平方米	万达影城、卡尔飞车、超级物种、苏宁易购、SPAO、永辉超市、百安居、大玩家、星聚会	万达集团	2019年6月22日
	浦江乐H新天地	5.5万平方米	歌华生活馆、哈动园、托马斯健身、食其家、美华少儿英语、艾斯特艺术、漫猫咖啡	上海骏襄商贸	2019年6月7日
	上滨生活广场	3万平方米	W Fitness生活馆、丰收日、赤坂亭、Tim Hortons、贝尔英语、棒恰恰欢乐屋、弘毅国学、爱尚跆拳道	崇邦集团	2019年6月22日
	绿地静安七彩里	3.3万平方米	瑞幸咖啡、木屋集市、BAKER &SPICE、SUPERMONKEY、奥灶面	绿地集团	2019年3月18日
	恒生万鹂商业广场	5.8万平方米	盒马鲜生、保利国际影城、宝燕、丰收日、海底捞	上海恒谷置业	2019年5月18日
	上海融创精彩天地	2万平方米		融创中国控股有限公司	2019年6月30日
	上海星光天地	5万平方米		协信集团	2019年6月16日
	松江吾悦广场	15万平方米（商业面积）	蛙小侠、谭鸭血、九田家、乌先生东南亚小馆、椒王、永捞、江小鱼	新城商业管理集团	2019年7月19日
	马桥龙湖星悦荟	3万平方米	中影泰德	龙湖集团	2019年7月26日
	闵行星悦荟	4.5万平方米（建筑面积）	中影泰得影院、舒适堡健身、元华超市、故江南、那都不是锅、弄堂小品、鱼嘟嘟、华为、屈臣氏、乐高活动中心、爱婴室	龙湖集团	2019年7月26日
	淮安吾悦广场	16万平方米商业体量	Tommy、CK、LACOSTE、MISS SIXTY、ECCO、DKNY、丌木、OO&VV、seven&half、Cosy Cabinet、Heilan Home、朴坊、MOSOO、笠禾、STAR-X巨幕影厅	新城商业	2019年7月1[illegible]日
	恒越荣欣广场	11万平方米（总建筑面积）	星巴克、泰奇、米慈卡、一点点、味多美、快乐柠檬、汉堡王、麦当劳、肯德基、达美乐、荟品仓、宝岛眼镜、华为、DH舞蹈工作室、魅KTV、克丽缇娜、新爱婴、番茄田艺术、赫森教育、永辉超市、一兆韦德、稻亭私房菜、西风酒楼、启海码头、链家	上海恒越实乐广场有限公司	2019年9月28日
	百联曲阳购物中心	6万平方米	主力店盒马鲜生、Z+KTV自由港PLUS、星巴克、丰收日、苏小柳、老头儿油爆虾、鹿角巷、小杨生煎、周大福、老凤祥、innisfree、自然堂、adidas、优衣库、热风、星期六、爱婴室、阿布溜溜、好孩子星站、克丽缇娜、康美健身、诗碧曼	百联股份	2019年9月29日（试营业）
	上海信业购物中心	约14.7万平方米（总建筑面积） 约6万平方米（商业建筑面积）	上蔬永辉、红星电影世界、爱婴室、嗨马乐动、多伦多自助餐厅、Balabala、肥猫	广东信业地产集团	2019年9月28日

行政区	项目名称	商业建筑面积（剔除停车场、写字楼、底商、酒店）	业态特色	开发商或营运商	开业时间
	虹桥丽宝乐园	7 万平方米		丽宝集团	2019 年 9 月 12 日
	百联南方购物中心二期	6 万平方米	EV-WORLD、采玥轩、感光、贪玩集、荷兰艾优生活馆、气味图书馆、mu 生活方式概念店、百新书局、海马体照相馆	百联集团	2019 年 9 月 13 日
	龙湖上海华泾天街	4.2 万平方米		龙湖商业	2019 年 9 月 27 日
	上海九亭金地广场	约 8 万平方米	CGV 影城、永辉 Bravo 超市、优衣库、文创书店、言几又 · 今日阅读、LE CREUSET、Nespresso、dyson、气味图书馆、海马体照相馆、花邻 FloweringLife、喜茶、Tim Hortons、星巴克臻选店、Bunlife 朋乐坊	金地商置	2019 年 9 月 21 日
	博华广场	2.2 万平方米	Z&B Fitness、Wagas 旗下、Manner Coffee、Baker & Spice、满陇春	汉斯集团	2019 年 9 月 19 日
	虹桥丽宝广场	7 万平方米	青木工坊、SFC 上影当代影城、BODYWIN、ArtTechKids 春天里、JZ Club、TITIKA、5SPACE、GIVINGBACK、觅想理茶、ISLE 岛语、Funko、CORSA7 大生活美学品牌以及美舱、TOP100、潮味青年、Otto2 艺术美学、海马体	丽宝集团	2019 年 9 月 12 日
	五角场苏宁易购广场	约 3 万平方米	苏宁极物、苏宁小店以及苏鲜生上海首店、苏宁易购、苏宁影城	苏宁置业集团有限公司	2019 年 11 月 1 日
	宝山花园城	商业面积约 5 万平方米	G-Super 及西贝莜面村、鱼酷、新石器烤肉、星伦多海鲜自助、COSTA、麦当劳、屈臣氏、only、太平鸟、热风、周大生、华为、IMAX 影院	招商蛇口	2019 年 11 月 29 日
	宝杨宝龙广场	12 万平方米购物中心	MUJI 中国旗舰店 & 烘培店、宝山城区首个带 SPHEREX 特效厅的 CGV 影院、宝山首家 meland 儿童乐园、永辉 Bravo 精品超市、星巴克臻选、海底捞智慧餐厅、含无柱泳池的一兆韦德 A 类店、星聚会 KTV、西西弗书店	宝龙商业	2019 年 12 月 22 日
	晶耀前滩	6.8 万平方米	亲子平台彩贝壳、互联网体育平台虎扑、日日煮美食生活体验馆、CGV 影院、瑞兹卡健身、G-super	铁狮门	2019 年 8 月 23 日（试营业）
	BFC 外滩金融中心	总建筑面积 42 万平方米	Mercedes Me 跨界体验店、Wolford、Silver Cross、AHAVA、LE TEMPLER ON THE BUND	复星	2019 年 12 月 12 日
	上海新世界城	7 万平方米		上海新世界股份有限公司	2019 年 12 月 20 日
			浙江		
杭州	瓜沥七彩小镇	4.15 万平方米	横店影城、亚朵酒店、翡江宴、西派健身、音莎 KTV、星巴克、瓜沥小镇文化客厅、小镇智慧管理中心、空姐俱乐部、翡江宴宴会酒店、金宝贝、杰拉网咖	七彩小镇（杭州）控股有限公司	2019 年 5 月 18 日
	富阳迎宾商业广场	10 万平方米		富阳东贸置业有限公司	2019 年 1 月 21 日试营业
	平安金融中心悦坊商场	2 万平方米		杭州绿景源置业有限公司	2019 年 4 月 29 日
	EFC LIVE 欧美广场	8 万平方米	Global Store 潮牌集合店、GDFS 全球免税店、周大福、七田真、Green&Health 超市、喵鲜生、天鹅童话	建工地产	2019 年 4 月 28 日
	金沙印象城	18.6 万平方米	迪卡侬、百老汇、木马王国、优衣库、MUJI、Adidas SWC 旗舰店、NIKE Beacon 750、中国李宁、星巴克臻选店	印力集团	2019 年 6 月 16 日
	新天地活力 PARK 国际购物公园	30 万平方米	太阳马戏、ONE THIRD、胡桃里、MIC 现代博物馆、温克、HolaAmigo、暮光之城、MAMA 餐厅、嗨季风、Drops	杭州新天地集团有限公司	2019 年 6 月 28 日
	余杭万达广场	约 12 万平方米（商业面积）		万达集团	2019 年 8 月 9 日
	龙湖杭州滨江天街 B 馆			龙湖集团	2019 年 9 月 21 日
	杭州世茂茂宸金座 · 缤谷无界		星巴克宠物友好店、汉堡王、未田餐厅、华为体验店、静博士、妙诺 & 哈根达斯、7-ELEVEN、咚嗒嗒王国、爱慕餐吧	世茂集团浙江地区公司	2019 年 9 月 28 日

行政区	项目名称	商业建筑面积（剔除停车场、写字楼、底商、酒店）	业态特色	开发商或营运商	开业时间
	江南佳庭二购物中心		德克士、七彩城儿童乐园、老婆大人、熙美诚品、名品表行、大东鞋服、宜立女装、七彩摇篮童装、三木小汀童装、香港童年时光、黑龙堂、甘茶度、大光明眼镜、美季美优、分店内衣、皇后印象烘焙店、正新鸡排、如意馄饨中国移动、数码电器、物美超市、川聚楼火锅、金华砂锅、东北大烤、麻辣烫、虾友记、电影院、足浴、KTV、浴场	浙江建舟商业	2019年9月29日
	临安白湖畈宝龙广场	约6万平方米（购物中心面积）	优衣库、永辉、大地影院、凌嘉健身房、coco、美吉姆国际早教、爱婴室	宝龙集团	2019年11月22日
	地铁万科杭行荟MO-MALL	3.3万平方米		万科地产	2019年12月24日
	杭州龙湖西溪天街	约15万平方米	尤睿卡、金宝贝、蕃茄田艺术、雅马哈音乐中心、盒马鲜生、网易严选、大疆体验店、华为延展店和戴森全品类生活馆、卢米埃影院、乐体健身、西西弗书店	龙湖集团	2019年12月6日
宁波	周巷嘉悦购物广场	8万平方米	华润万家、星象国际影城、酷动健身房、暮色KTV、京绿府、小米之家、苏宁易购、AR儿童科技体验馆	浙江天德控股集团有限公司	2019年1月1日
	中体运动城	6万平方米	乐图空间、超级物种、YY sports、博纳国际影城、桂堂、卡通尼乐园	中体产业集团股份有限公司	2019年3月28日
温州	立体城	7万平方米	星期8小镇、世纪星真冰场、中影嘉博国际影城	天通投资控股股份有限公司	2019年1月26日
	华都天元广场	8万平方米	世纪联华、星巴克、神画国际影城、妙妙乐、必胜客、屈臣氏、肯德基、大松熊电玩城	浙江华都控股集团股份有限公司	2019年5月24日
	温州路之遥奥特莱斯	12万平方米	GUCCI、PRADA、AMARNI、BURBERRY、雅莹、champion、马天奴	路之遥集团	2019年10月26日
台州	万嘉广场	7.4万平方米	大润发、苏宁易购、星巴克、肯德基、屈臣氏、孩子王、金宝贝、爱尚阳光游泳健身会所、幻影星空、金逸影院、东方英雄嘉年华	台州市路桥聚众房地产有限公司	2019年1月23日
绍兴	袍江宝龙广场	43万平方米（总建筑面积）	联华超市、NIKE、阿迪达斯、李宁、特步、屈臣氏、KFC、爱婴室、巴鲁特、雅戈尔、POLO、老凤祥、中国黄金、7°银饰、跑跑迷卡（首进袍江）、卡希尔乐园、环球渔士、羊老三、严厨、脯潮鲜、黑猪	宝龙集团	2019年9月13日
	绍兴袍江宝龙广场	约3万平方米（项目商业面积）	世纪联华、华夏金谊影城、肯德基、爱婴室、K空间KTV、NIKE、adidas、PUMA、屈臣氏	宝龙集团	2019年9月13日
嘉兴	大树彩虹城	5万平方米	肯德基、国美电器、雷霆射击俱乐部、大润发发到家超市、橙天国际影城、戈柏健身、KK量版KTV	大树集团	2019年4月27日
金华	绣湖里商业中心	6.8万平方米	世纪联华、翼动蹦床公园、悦宝园、三藩音乐餐吧、老舍茶馆、德信影城、道恩健身	义乌农村经济发展有限公司	2019年5月1日
舟山	百悦生活广场	3万平方米	联华超市、舟山太平洋影城、英美健、悦球探险、涂来涂去国际少儿美术中心、华为体验店	舟山乐福商业管理有限公司	2019年6月6日
潮州	潮州财富中心		希尔顿欢朋酒店、上影·华通影城、永辉超市、星巴克、麦当劳、肯德基、Mjstyle	潮州市科建投资有限公司	2019年10月1日
	莫干山海洋城	2.4万平方米	星巴克、德克士、Champion、supreme、Adidas、西町村屋、趣淘街、有迪乐尼、美数乐、缤纷鸟、Balabala、adidas kids、ROOKIE、家简生活、浙北家电、力趣健身、极美医疗美容、艾力斯特	浙江新銓睿实业有限公司	2019年10月26日
			江苏		
南京	南京时代万彩国际广场	9.5万平方米	金逸影城、乐享生活超市、金吉鸟健身、麦当劳、胡桃里、红蓝黄亲子园	新时代房地产开发有限公司	2019年1月28日
	南京华采天地	15万平方米	盒马鲜生、Zara、Zara home、MUJI、优衣库、CGV影院、文创市集VVG Lifestyle Village、好样聚落、卡通尼乐园、奈尔宝亲子乐园、小不点大视界、杨梅红、DP健身、海马体照相馆、西西弗书店、桃花源记	华新丽华集团	2019年5月18日
	诺睿·金盛田广场二期	总建筑面积达8万平方米		江苏诺睿商业管理有限公司	2019年9月23日
	保利若比邻樾广场	3万平方米	易买盛精品超市、星巴克、肯德基、必胜客、罗森、一点点、孔记烤鸭店、九田家、屈臣氏、adidas、NIKE、SeRina、华为专卖店、熙美诚品、吴良材眼镜、星聚会KTV、蜂巢健身、星轶影院	保利集团	2019年9月28日
	弘阳广场C馆	8万平方米	喜茶、乐高、海底捞、胡桃里音乐酒馆、三只松鼠、海马体照相馆、熊本熊等	弘阳集团	2019年8月10日

行政区	项目名称	商业建筑面积（剔除停车场、写字楼、底商、酒店）	业态特色	开发商或营运商	开业时间
	龙湖南京六合天街	16.4 万平方米	博纳国际影城、乐玩儿蹦酷世界、海底捞火锅、多伦多自助餐厅、江边城外、呷哺呷哺、卡通尼乐园、长颈鹿美语、艺彩空间、奈喆熊适能培训中心	龙湖集团	2019 年 12 月 21 日
苏州	苏州赛格橙果生活广场	6.5 万平方米	阿迪耐克折扣店、极客未来、绿野仙踪儿童乐园、沸莱鲜生海鲜美食广场	上海禧徕乐投资（集团）有限公司	2019 年 1 月 1 日
	苏州星光耀广场	8 万平方米	万达影城、孩子王、苏杭时代、明乐迪 KTV、金吉鸟健身	上海星浩股权投资管理有限公司	2019 年 6 月 28 日
	苏州吴江万象汇	13.5 万平方米	万象影城、无印良品、优衣库、MeLand 儿童成长乐园、西西弗书店、星巴克、NIKE、adidas、金宝贝、爱婴室、捞王、多伦多海鲜自助	华润置地有限公司	2019 年 6 月 16 日
	永旺梦乐城常熟高新区店	18.1 万平方米	AEON 综合百货超市、小米之家、苏宁易购、UNIQLO、Under Armour、CGV 影院、卡通尼乐园、朗恩儿童英语、番茄田艺术、BEAUTY UP、费斯轮滑	永旺梦乐城（常熟）商业管理有限公司	2019 年 6 月 28 日
	苏州新湖广场	8.4 万平方米	UNIQLO、GAP、GUESS、万达 IMAX 影城、皮皮橙儿童乐园、华润万家 Mart、海底捞、多伦多海鲜自助餐厅、新梅华、星巴克、肯德基、屈臣氏、NIKE KL、UR、卡通尼乐园、金宝贝早教中心	苏州新湖置业有限公司	2019 年 6 月 28 日
	昆山万象汇	19 万平方米	MELAND、金宝贝、蕃茄田、万象影城、西西弗书店、湊湊、本家、电台巷火锅、星记猪骨、外婆家、吉祥春饼、沪小二、MaKi 寿司、功夫猫酸菜鱼、八合里海记、炉鱼、火地、Ginger Farm Kitchen（中国首店）、LuLualways、apm、EVISU、LEGO、杂木社、狗道、墨 格、GIMI、MO&Co.、Dazzle、JNBY、DR、INXX、EVISU 、UGG	华润置地	2019 年 11 月 2 日
	协鑫广场	25.5 万平方米（项目总建筑面积）	鮨一、喜粤 8 号、泽惟、锅境、拾壹雅苑、倚风堂、巧虎欢乐岛	协鑫集团	2019 年 10 月 18 日
	美京假日广场	近 3 万平方米（项目总用地面积）约 19 万平方米（总建筑面积）	美京艾瑞克冰雪仙境乐园、For yoga 瑜伽中心、Arran International Spa 产后修复中心、悠宝利超市、屈臣氏、艺芭莎造型、泰悦秘境泰式按摩、梅子皮肤管理、绘美甲	中亿丰建设集团	2019 年 9 月 28 日
	禹州商业广场		星巴克、肯德基、优莱生活、酱烽渝火、彩虹堂儿童乐园		2019 年 9 月 28 日
	吴江爱琴海购物公园	超 10 万平方米（项目建筑面积）	ARMANI ITAJUST、Maria Luisa、Lancel、Daniel Hechter、Roberto cavalli sport、Kenneth Cole、Agnes b.、PLEIN SPORT、PHANTACi WORLD、Seven Crash、泰迪熊儿童成长中心、英孚教育、贝思特蒙特梭利、劲飞扬运动乐园、周大福、星巴克、汉堡王、七欣天、那都不是锅	上海爱琴海商业集团股份有限公司	2019 年 9 月 28 日
	浅湾商业中心	约 4.7 万平方米	红星电影世界、二十四府酒店、江南大院、刘一手、体格健身、富士康足浴、佰信湾生活超市、星巴克、新东方、雷允上	金辉	2019 年 9 月 28 日
	苏州 ID PARK				2019.12
	苏州招商花园里	约 4.7 万平方米（项目建筑面积）	万达影城、G-market 生鲜超市、KFC、贝思特蒙特梭利、爱婴室、摩尔王国、欧翼体育、德庄火锅、壹号机器人、美国 KIDDIE ENGLISH	招商蛇口苏南公司及合作方新城控股苏州公司	2019 年 12 月 21 日
杭州	龙湖杭州滨江天街 B 馆万芳	2.2 万平方米	唛歌、LOOPY、日置名媛、港艺芭蕾、安美科	龙湖集团	2019 年 9 月 21 日
	杭州未来科技城万达广场	13 万平方米	Tommy Jeans、海底捞、外婆家、山葵家、桃花洛音乐餐厅、Adidas MEGA L1、苏宁极物、A+CLUB 健身房及室内阳光恒温泳池	万达集团	2019 年 8 月 9 日
	龙湖杭州西溪天街	约 15 万平方米（项目商业面积）	盒马鲜生、卢米埃影城、MAGO KTV、乐体健身、失重餐厅、虹料理、儿童乐园尤睿卡、UR、网易严选、玩具反斗城、西西弗书店	龙湖集团	2019 年 12 月 6 日
	龙湖杭州紫荆天街	8.6 万平方米	UME 影院、永辉超市、超级物种、洛克公园篮球馆、星聚会、优衣库、绿茶、外婆家、西西弗、美吉姆	龙湖集团	2019 年 12 月 21 日
甪直	南山维乐城	4 万平方米	城市之间、肯德基、花园饼屋、华为 & 苹果体验店、婴乐福、朗恩英语、韩味屋	中国南山集团	2019 年 9 月 21 日
无锡	无锡绿地乐和城	3.6 万平方米	洪恩幼儿园、大德福超市、逸仙教培产业园	绿地集团	2019 年 5 月 1 日
	无锡方圆荟 · 新之城	15 万平方米	华润万家、乐贝儿主题乐园、海底捞、蓝湾咖啡、必胜客、肯德基、苏浙徽农家大院、橙天嘉禾影城	无锡经发置业有限公司	2019 年 5 月 1 日
	无锡融创茂	24 万平方米	永辉超市、万达影城、喜悦冰场、苏宁易购、三扈制造局	融创中国	2019 年 6 月 29 日

行政区	项目名称	商业建筑面积（剔除停车场、写字楼、底商、酒店）	业态特色	开发商或营运商	开业时间
	无锡中翔广场周庄 MALL	8 万平方米	联华超市、大众书局、肯德基、星巴克	中翔房产集团	2019 年 1 月 13 日
淮安	淮安曼度城	13.5 万平方米	金逸影城、维拓体育公园、KFC、屈臣氏、NIKE、ADIDAS、金吉鸟	淮安飞马房地产开发有限公司	2019 年 1 月 25 日
	淮安茂业天地购物中心	8 万平方米	商联超市、H&M、淘气王、星巴克、鲨鱼健身、孩子王、珂兰钻石、屈臣氏、飞翔体育、番茄田艺术、精巧荣宝 AR 亲子互动科技体验馆、博纳影城、波司登、Isee 灰姑娘、风云再起游乐汇	茂业集团	2019 年 4 月 28 日试营业
盐城	盐城时堰万颐广场	4 万平方米		浙江万乡小城镇投资有限公司	2019.1 试营业
	盐城滨海欧堡利亚海悦城	5 万平方米	肯德基、必胜客、星巴克、万达宝贝王、万达影城、乐秀 KTV、ME YOO LAND、WINKCRA 原创设计师品牌集合店	欧宝利亚投资股份有限公司	2019 年 6 月 28 日
扬州	扬州金鑫缤格汇广场	3.6 万平方米	泰禾影城、英树美肌咖啡馆、萌乐奇季、阿迪达斯跆拳道馆、米果 steam 创客中心、爱 + 产后健康管理中心、舒雅大酒店、百仕特健身	江苏金鑫置业集团有限公司	2019 年 4 月 20 日
	扬州高邮世贸金街	12 万平方米		波司登国际控股集团	2019 年 1 月 1 日
	扬州华润万象汇	9.5 万平方米		华润置地	2019 年 12 月 6 日
连云港	连云港水晶城购物中心	10 万平方米		连云港水晶城有限公司	2019 年 1 月 28 日
	连云港嘉会城	5.5 万平方米	嘉会城超市、幸福蓝海影城、苏宁易购、苏宁红孩子	连维集团（控股）有限公司	2019 年 1 月 28 日
	赣榆吾悦广场	约 16 万平方米（项目商业面积）	星轶影院、母婴集合店孩子王、电玩城天空之城、华润苏果超市、多奇妙、杰仕健身、五星电器、三福、云飞满香园自助、九牧王、利郎	新城控股	2019 年 9 月 27 日
南通	南通如东昌和时代广场	4.8 万平方米		如东昌和地产投资有限公司	2019 年 1 月 18 日
常州	常州嘉宏 MOOC STAR 星光天地	6 万平方米	目刻美术馆、小米、唯品会、天猫 kerr&kroes 智慧门店、宠物友好咖啡店、新零售 outlets、复式艺术影城、Autograph	江苏嘉宏投资集团	2019 年 1 月 13 日试营业
	天宁吾悦广场	项目总建筑面积 42 万平方米，12 万平方米购物中心，2 万平方米商业街	Shmily' s secret 幸福收藏馆、FDCC 机械美学、非遗文化馆、星轶 STARX 影城	新城控股	2019 年 10 月 8 日
徐州	徐州睢宁天成太平洋购物广场	3.8 万平方米	盒小马、中影国际影城、贝比熊欢乐王国、都市英雄、肯德基、屈臣氏、好孩子	江苏世纪天成置业集团	2019 年 1 月 18 日
宿迁市沭阳县	沭阳中央商场	32 万平方米（项目总建筑面积）	NIKE、NIKE KL、adidas、New Balance、Skechers、安踏、Supreme、周大福、六福、老凤祥、通灵、LANEIGE、AUPRES、HAZZYS、DAZZLE、MO&Co.、哥弟、比音勒芬、VICUTU、麦当劳、必胜客、星巴克臻选店、川锅一号、小龙坎、宽巷子、深海炖锅、蛙知道、诺丁牛排、IMAX 巨幕幸福蓝海影城、永辉超市、金吉鸟健身	中央商场集团	2019 年 9 月 28 日
镇江	镇江协信星光时代广场	13 万平方米	西西弗书店 & 矢量咖啡、态科技健身馆康美健身、星巴克臻选店、孩子王第七代智慧门店、KFC 主题形象店、UR、NOME	协信集团	2019 年 3 月 9 日
			安徽		
合肥	合肥万科广场	14 万平方米	万达影城 A+ 级影城、永辉 Bravo、优衣库、UR、海底捞、孩子王、MELAND、玩具反斗城、美吉姆、暗恋桃花源、大福本格、多伦多海鲜餐厅、星巴克、胡桃里、星聚会 KTV	万科企业股份有限公司	2019 年 5 月 11 日
	合肥正大广场	22 万平方米	中影南方国际影城、永辉超市、adidas SWC 旗舰店、快时尚 UR、哈尼鹿、FUNLINK、纪念日品牌集合店、DIDIMAX、真皮电竞、深蓝海鲜、KINGSPORT、美吉姆、玩酷滑雪工厂、嗨翻视界	安徽正桐实业有限公司	2019 年 6 月 28 日
	合肥肥东吾悦广场	10.6 万平方米	永辉超市、星轶影院、多奇妙儿童乐园同庆楼、金吉鸟健身、海澜优选、La Chapelle+、以纯、MF、三福百货、美吉姆、孩子王、星世纪动漫娱乐中心、棱镜密室逃脱、五星电器	新城控股集团股份有限公司	2019 年 6 月 22 日
	合肥佳源广场	13 万平方米	合家福超市、新幕影城、追风真冰场、美国超级健身、五星电器、美吉姆早教	佳源集团	2019 年 6 月 28 日

行政区	项目名称	商业建筑面积（剔除停车场、写字楼、底商、酒店）	业态特色	开发商或营运商	开业时间
	庐阳万象汇	11万平方米		华润置地有限公司	2019年9月28日
	庐江方圆荟·世纪中心MALL	5.5万平方米（总建筑面积）	周大福、俏玩世界	世纪金源商业管理集团	2019年10月1日
	合肥佳源广场	40万平方米（总建筑面积） 近14万平方米（购物中心面积）	肯德基、五星电器、母婴空间、合家福、老凤祥、美国超级健身	佳源集团	2019年7月26日
安庆	安庆德辰时代广场	7万平方米	盒小马、苏宁易购、肯德基、开心哈乐儿童乐园、果然乐家庭互娱中心、红黄蓝	北京德辰国际投资有限公司	2019年1月28日
铜陵	铜陵市时代广场	20万平方米		江苏新时代控股集团有限公司	2019年1月18日试营业
淮北	淮北爱琴海购物公园	6.5万平方米	LI NING时尚店、萌宠部落室内动物主题乐园、菲菲羊探索奇妙城堡乐园、大地影城、无印良品、COCO都可	爱琴海商业集团	2019年1月17日
	淮北吾悦广场	约9万平方米（项目商业面积）	天空之城、酷迪量贩KTV、永辉超市、星轶影城、杰仕健身、京东五星电器、多奇妙儿童乐园、孩子王、捞三国火锅、天空の城、多走路、MOD、三福时尚	新城控股	2019年11月8日
宣城	宣城广信绥安新天地	6万平方米		广德广信房地产开发有限公司	2019年1月1日试业
阜阳	阜阳太和方圆荟　百太星马国际MALL	7万平方米	永辉超市、新时代美食广场、横店影城、国美电器、考拉大冒险、孩子王、DQ	太和县合肥博天化工有限公司	2019年1月18日
宿州	宿州CBD万达广场	9.75万平方米（项目总建筑面积）	万达影城、万达宝贝王、大玩家、苏宁易购、永辉超市、李宁、adidas、孩子王、千禧缤纷、NIKE、多妙屋、货郎先生、三福时尚、蜀大侠、小菜园、喜虾客、一只酸奶你、线上花甲、蛙喔、韩宫宴、陕师傅、麦地初茶、海澜之家、翡翠男装、报喜鸟、蒙西尼	万达集团	2019年11月22日
滁州	滁州万达广场	11.98万平方米（购物中心建筑面积）	万达影城、万达宝贝王、万达宝贝王早教中心、苏宁易购、永辉超市、大玩家、海澜优选、以纯、百安居、三福、SKECHERS、鹿岛、苏宁红孩子、金吉鸟健身、拾味印象	万达集团	2019年8月24日
太和	晶宫·方圆荟	7万平方米	周大福、老凤祥、中国珠宝、屈臣氏、卡旺卡、九牧王、凡人优品、虾巢、锅玖玖、树呆熊网咖、九田家烤肉、五星电器、龙泽巨幕影城	安徽晶宫控股集团有限公司	2019年8月10日
			山东		
济南	济南首创奥特莱斯	13万平方米	CO奢饰品集合店、Versace、GAP、斐乐、星巴克、玩具反斗城、呷哺呷哺、汉堡王、肯德基	首创钜大	2019年1月18日
	济南东城百联奥特莱斯广场	10万平方米	鹿角巷、菲姿、BASIC HOUSE、Barbour、DIDIBOY、太平鸟、navigare、LANCY FROM 25、Gucci、Prada、Ferragamo、Versace、Salvatore FerragamoVersace、	百联股份	2019年3月29日
	济南聚隆广场悦立方	12万平方米		广厦控股集团有限公司	2019年6月22日
	济南印象城	11万平方米	CGV影城、G-Super绿地优选、华为智能生活馆、一条生活馆、OHOO冒险乐园、“柰雪の茶”礼物店、亚历山大会馆、星聚会KTV、优衣库、潮牌集合店VENTUROUS	印力集团	2019年6月1日
	济南欧亚大观商都	15万平方米		长春欧亚集团股份有限公司	2019年1月25日
	济南荣盛时代国际	10万平方米	大润发	荣盛房地产发展股份有限公司	2019年1月18日
	济南万象城	19万平方米（商业建筑面积） 约37万平方米（商业总建筑面积）	高端Olé精品超市、国际化儿童成长空间嗨贝天地、IMAX激光影厅万象影城	华润置地	2019年9月28日
	青岛邻里中心	6万平方米	满湘园、阿香米线、呷哺呷哺、海底捞、金吉鸟健身、咖啡陪你	青岛天兴房地产开发有限公司	2019年1月19日
	青岛青特万达广场	约12万平方米（总建筑面积）	家家悦、万达影城、GAP、UR、FUNLINK、以纯、didimax、苏宁易购、唛悦KTV、大玩家、得·瑜伽、万达宝贝王、孩子王	万达集团	2019年11月8日
	永旺梦乐城	约6.5万平方米（项目占地面积） 22万平方米（建筑面积）	精品超市、星级影院、时尚服饰、运动品牌大型折扣店、人气餐饮、儿童游乐、CGV影城、西西弗书店、51区家庭娱乐中心、孩子王、优衣库	城发投资集团有限公司	2019年11月28日
	青岛保利广场	7.5万平方米（项目建筑面积）	中都影城山东首店、盒马鲜生、金吉鸟健身、金宝贝、龙格亲子游泳、金春禧、灰鲸严选、莱雅西餐厅、集渔、翅塘里、诺特钢琴	青岛和达集团	2019年9月28日

行政区	项目名称	商业建筑面积（剔除停车场、写字楼、底商、酒店）	业态特色	开发商或营运商	开业时间
烟台	招远银座购物广场	4.4 万平方米	家家悦、DL 奢饰品集合店、京东家电、哈吉客	烟台顺兴置业有限公司	2019年1月[illegible]日
	烟台芝罘弘阳广场	7 万平方米	鲁信影城、凯恩健身、神盾局科技密室、Fun Zone、都市魅歌量贩KTV、汉堡王、ZOO COFFEE、集杰尚品、屈臣氏、北京玄采健康管理中心	弘阳集团	2019年6月28日
东营	东营明珠广场	5 万平方米		东营市明珠置业有限公司	2019年6月1日
淄博	淄博博山易达广场	9 万平方米	好买购超市、麦当劳、翊文书院、魔镜 VR 体验馆	上海道联[illegible]有限公司	2019年1月22日
威海	威海荣成九龙城购物中心	12 万平方米	家家悦精品超市、家家悦电器、宝宝悦、万达影城、肯德基	山东家家悦集团股份有限公司	2019年1月1日
聊城	聊城万达广场	建筑面积约 14.36 万平方米（地上建筑面积为 9.08 万平方米、地下建筑面积为 5.28 万平方米）	万达影城、大玩家、华盛超市、万达宝贝王乐园、万达宝贝王早教中心、苏宁易购、加沃健身、婴贝儿、耐克、阿迪达斯、森马、以纯、多走路	万达集团	2019年10月19日
临沂	临沂万达广场	15.56 万平方米		万达集团	2019年9月28日
	临沂万象汇	18.23 万平方米	嗨贝天地、星际传奇、西西弗书店、家家悦 Greeny's、万象影城、热风、AUM、李宁、FUN、海马体照相馆、华为、vivo、LOHO、好孩子、BALABALA、孩子王	华润置地	2019年9月19日
	上海路万达广场	总建筑面积 15.56 万平方米（其中地上建筑面积约 9.64 万平方米、地下建筑面积约 5.92 万平方米）	万达影城、多走路、苏宁易购、圣罗巴、大玩家、三福、以纯、婴贝儿、宝贝王早教、宝贝王乐园、SELECTED、LILANZ、jack &jones、海澜之家、波司登、红豆、NIKE、李宁、星巴克、肯德基、麦当劳	万达集团	2019年9月28日
日照	日照万达广场	13.85 万平方米（总建筑面积） 9.9 万平方米（购物中心商业面积）		万达集团	2019年12月12日
			福建		
福州	长乐万星 · 青鸾广场	13.5 万平方米（总建筑面积）	永辉超市、万星影城、健身房、儿童乐园	福建省青鸾商业管理有限公司	2019年11月8日
	福州东百城永嘉天地	7.8 万平方米	永辉超市、迪卡侬、星巴克、春天影城、奈雪の茶、鲜猫、小米之家	福建[illegible]房地产开发有限公司	2019年5月20日
三明	三明悦城里	9 万平方米	大润发超市、蓝鲸乐园、万国美莱、中影梦工坊影城、欢乐的游乐空间、跑跑迷卡、幻影赛车 VR 体验、身临其境	厦门建发集团	2019年1月18日
	三明悦禾汇永嘉天地购物中心	5 万平方米	永辉超市、中影影城、万达宝贝王、KFC、ANTA、NIKE、adidas、LILANZ、四方桌、澜记	福建佳达悦享商业管理有限公司	2019年9月28日
泉州	中闽百汇永春商城	4.66 万平方米		泉州市中闽百汇购物有限公司	2019年6月23日
宁德	宁德古田中央广场	7.3 万平方米	永辉超市、星潮影院、肯德基麦动KTV、蓝鲸儿童乐园、侏罗纪电玩城	古田县龙翼地产开发有限公司	2019年1月18日
	福安东百城	45 万平方米（总面积） 7.5 万平方米（购物中心）	卡宾、芙蕾小姐、NIKE、adidas、The Green Party、儿童乐园、童装童玩、地平线影院、熊开心电玩城、诸多潮流美食、九度 KTV、叶记牛师傅、胥先生、良弥＆蜜潮	东百集团	2019年7月19日
厦门	尚柏奥特莱斯购物广场	10.5 万平方米（总建筑面积） 6.2 万平方米（经营面积）	COACH、VERSECE COLLECTION、MICHAEL KORS、NIKE、ADIDAS、UNDER ARMOUR、肯德基、麦当劳、必胜客、COSTA COFFEE	香港新沣集团	2019年11月8日
	龙岩京华购物中心	项目占地面积约 3.8 万平方米，总建筑面积约 21 万平方米，商业面积约 10 万平方米	哈乐小镇、进口商超陆地港、京东之家、中影国际影城	厦门翔业集团	2019年9月29日
莆田	莆田星领汇商业广场	近 7 万平方米	中影星汇电影城、苏宁易购、东盛联亿超市、K 歌工厂、adidas、古梵映象摄影、悦宝园、古茗、kiss baby、雅西亚奶茶实验室、雷丁英语、新法澳泽	莆田市昌运商业管理有限公司	2019年10月1日
	水韵城天虹购物中心	8.4 万平方米	哒咔溜欢乐王国、赖胖子肉蟹煲、大玩家、麦当劳、必胜客、周大福	福建省[illegible]房地产开发有限公司	2019年7月26日
龙岩	龙岩京华中心	约 21 万平方米（项目总建筑面积） 约 10 万平方米（商业面积）		厦门翔业集团	2019年9月29日
			江西		
南昌	南昌欢乐大世界	4 万平方米		江西百兴房地产有限公司	2019年1月18日

行政区	项目名称	商业建筑面积（剔除停车场、写字楼、底商、酒店）	业态特色	开发商或营运商	开业时间
	南昌和昌熙梦里	5.6 万平方米	小米旗舰店、adidas Mega 店、NIKE Beacon 店、中影丁丁影城、拓扑空间极限运动综合馆、卡蜜拉学院、Phoenix Mall 奢侈品店、麦当劳智慧餐厅、炉忆家宴、佐佑湘庭、樊登书店	南昌莱蒙置业有限公司	2019 年 5 月 31 日
	南昌王府井购物中心	18 万平方米	王府井首航超市、泰禾影城、优衣库、FILA FUSION、Superdry、MUJI、星乐园、Meland、AdorableZoo 室内动物主题公园	浩瀚正盛集团	2019 年 6 月 28 日
赣州	赣州南康城市商业中心	12 万平方米	大润发、迷迪酷麦量贩式 KTV、佰仕特健身会所、金逸巨幕影城、GRAND KITCHEN 港悦美食广场、Luckystar 家庭娱乐中心	赣州中环置业有限公司	2019 年 1 月 16 日
	赣州杉杉奥特莱斯广场	12 万平方米	GUCCI、PRADA、COACH、唯品会线下店、德克士	杉杉商业集团	2019 年 9 月 28 日
上饶	上饶吾悦广场	13 万平方米	永辉超市、星轶影院、天空之城、杰仕健身、多奇妙亲子乐园、孩子王、三福百货、泡泡米	新城控股集团	2019 年 6 月 21 日
	万力时代广场 B 馆		拥有恒温游泳池、健身房、篮球场、乒乓球馆、网球场、轮滑馆等众多运动场馆、健康运动的新潮餐饮美食品牌打造而成的上饶咖啡奶茶风情街。	合胜集团和万力时代	2019 年 10 月 18 日
萍乡	萍乡梦想天街	13 万平方米	永辉超市、横店影院、国美电器、好声音 KTV、肯德基、木兰溪养生会所	江西盛田房地产开发有限公司	2019 年 1 月 17 日
鹰潭	鹰潭天虹购物中心	11 万平方米	潇湘国际影城、The Green Party、sp@ce 超市	天虹商场股份有限公司	2019 年 10 月 17 日

文旅地产篇

2019年中国文旅地产政策环境解析

文旅地产不只是一个产业，而是文化、旅游、地产三大产业交叉形成的一种业态，是旅游地产和文化地产的叠加或复合，即以创意为核心、以文化为灵魂、以地产为支撑、以资源为基础的产业形态。

2010年的第一轮“蜜月期”至今，文旅地产在中国房地产市场经历了多次起起伏伏。从住房和城乡建设部2016年公布首批127个特色小镇名单到2018年国务院撤销文化部和国家旅游局，组建文化和旅游部，文旅产业迎来了前所未有的变革，也迎来了前所未有的机遇。2019年恰逢祖国七十周年华诞，人民日益增长的物质文化需要和密集出台的文旅政策，为文旅地产的高质量发展提供了新的契机。

一、政策利好助力2019年文旅地产发展

2018年被称为“文旅元年”，文化和旅游部的组建和一系列总领性政策的颁布（见表4-1），为2019年文旅地产的快速发展奠定了坚实的政策基础。

2018年，根据第十三届全国人民代表大会第一次会议审议的《国务院关于提请审议国务院机构改革方案》的议案，改革后，新组建文化和旅游部，不再保留文化部、国家旅游局。这项改革预示着“文化＋旅游”将成为国内经济发展的重要推动力，大众旅游、全域旅游向纵深发展，文旅融合迈入新时代。

2018年7月10日，国家发展改革委员会、财政部、文化和旅游部等五部门联合出台《“三区三州”等深度贫困地区旅游基础设施改造升级行动计划(2018~2020年)》(以下简称《计划》)，就促进西藏、四省藏区、南疆四地州和四川凉山州、云南怒江州、甘肃临夏州等深度贫困地区通过发展旅游脱贫致富进行部署。《计划》特别提到，要大力改善“三区三州”等地区旅游基础设施和公共服务设施，提高可进入性和接待能力，提升服务质量和水平，推进旅游业发展，并优先支持符合条件的全国金融支持旅游扶贫重点项目。

2018年底，发改委联合多个部门印发关于《2019文旅康养提升工程实施方案》通知，方案规定，公益性、基础性设施建设，将获得补助，最高可达100%。此外，还特别指出了文旅康养工程项目建设、旅游基础设施和公共服务设施建设等任务。

至此，文旅产业上升为国家战略性产业，文旅康养大时代来临，文旅地产也迎来新机遇。

二、文旅地产政策机遇

2019年初，促进农村发展政策频出，其中不少政策频频提及文旅地产的内容（见表4-2）。

在中共中央、国务院出台的《关于坚持农业农村优先发展　做好“三农”工作的若干意见》中，特别指出要鼓励社会力量积极参与，将农村人居环境整治与发展乡村休闲旅游等有机结合。五部门联合发布的《关于金融服务乡村振兴的指导意见》也提到　要充分发掘地区特色资源，支持探索农业与旅游、养老、健康等产业融合发展的有效模式，推动休闲农业、乡村旅游、特色民宿和农村康养等产业发展。国务院印发的《关于促进乡村产业振兴的指导意见》更是直接指出要优化乡村休闲旅游业，实施休闲农业和乡村旅游精品工程，建设一批设施完备、功能多样的休闲观光园区、乡村民宿、森林人家和康养基地、特色小镇等。

此外，还有《运动休闲特色小镇试点项目建设工作

指南》《2019 年新型城镇化建设重点任务》《关于加强村庄规划促进乡村振兴的通知》《关于开展全国乡村旅游重点村名录建设工作的通知》等一系列政策，均把促进文旅地产的发展摆在显要位置。这些政策的出台，既为相关文旅产品的开发提供了指导与参考，也为文旅地产开发的规范化管理奠定了基础，促使文旅地产向高质量发展方向迈进。

三、文旅产业政策机遇

2019 年，国家发改委发布的《关于 2018 年国民经济和社会发展计划执行情况与 2019 年国民经济和社会发展计划草案的报告》中提到，文化旅游要融入国民经济的发展大局中，积极培育旅游消费惠民新增长点。在此背景下，多项涉及旅游产业的政策密集出台，政策引导力度空前。

随着我国获得 2022 年冬季奥运会举办权，以冰雪旅游为核心的冬季旅游产品正在成为老百姓旅游的新选择。2019 年 1 月体育总局和发改委联合印发的《进一步促进体育消费的行动计划（2019~2020 年）》通知中提到，要借助 2022 年北京冬季奥运会契机，持续实施“冰雪运动南展西扩东进”战略，促进冰雪旅游、冰雪场馆建设、冰雪培训、冰雪器材装备等相关产业发展。2019 年 6 月，九部门联合印发关于《冰雪装备器材产业发展行动计划（2019~2022 年）》的通知，提出要积极推动建设若干“冰雪运动 + 冰雪文化 + 冰雪旅游 + 冰雪装备器材”的冰雪休闲旅游综合体，兴建一批复合型冰雪旅游基地，深入贯彻落实“大力发展寒地冰雪经济”的理念。

除了体育产业外，文旅特色小镇、康养类项目、主题公园等休闲度假综合体项目也成为文旅项目和各类资本追逐的热点。对此，国家相继颁布《风景名胜区总体规划标准》《推动文化和旅游高质量发展战略合作协议》《关于推进养老服务发展的意见》等相关政策，规范和引导文旅产业的发展。

表 4-1　2019 年中国重要文旅政策一览

政策名称	出台时间	主要内容	发布机构
《关于坚持农业农村优先发展 做好“三农”工作的若干意见》	2019 年 1 月 3 日	鼓励社会力量积极参与，将农村人居环境整治与发展乡村休闲旅游等有机结合。	中共中央　国务院
《落实国务院大督查土地利用计划指标奖励实施办法》	2019 年 1 月 18 日	自然资源部将按照每个市（地、州、盟）奖励用地计划指标 5000 亩，或每个县（市、区、旗）奖励 2500 亩的标准奖励用地计划指标。奖励的用地计划指标要优先用于基础设施、社会民生和新兴产业等建设，支持稳增长、调结构、惠民生、补短板项目建设。	自然资源部
《加大力度推动社会领域公共服务补短板强弱项提质量 促进形成强大国内市场的行动方案》	2019 年 1 月 23 日	完善重点地区旅游基础设施；推进多种旅游业态发展。	国家发展改革委 中央宣传部 教　育　部 工业和信息化部 民　政　部 财　政　部 人力资源和社会保障部 自然资源部 住房和城乡建设部 农业农村部 商　务　部 文化和旅游部 国家卫生健康委 广 电 总 局 体 育 总 局 国家文物局 国家中医药局 中 国 残 联
《关于开展农村住房建设试点工作的通知》	2019 年 2 月 4 日	探索支持农民建设宜居型农房机制。大力开展农村住房建设试点，积极探索如何支持群众建设一批农民喜闻乐见且功能现代、风貌乡土、成本经济、结构安全、绿色环保的宜居型示范农房。	中华人民共和国住房和城乡建设部
《关于金融服务乡村振兴的指导意见》	2019 年 2 月 11 日	充分发掘地区特色资源，支持探索农业与旅游、养老、健康等产业融合发展的有效模式，推动休闲农业、乡村旅游、特色民宿和农村康养等产业发展。加大对现代农业产业园、农业产业强镇等的金融支持力度，推动产村融合、产城融合发展。	中国人民银行 银保监会 证监会 财政部 农业农村部
《运动休闲特色小镇试点项目建设工作指南》	2019 年 3 月 1 日	正确理解“运动休闲特色小镇”的概念内涵，打造体育产业发展平台和人民群众健身休闲有效载体，不能盲目给体育场馆、体育基地、旅游景区、美丽乡村以及行政建制镇戴上运动休闲特色小镇的“帽子”。	体育总局办公厅
《关于促进森林康养产业发展的意见》	2019 年 3 月 6 日	优化森林康养环境；完善森林康养基础设施；丰富森林康养产品；建设森林康养基地；繁荣森林康养文化；提高森林康养服务水平。	国家林业和草原局 民 政 部 国家卫生健康委 国家中医药局
《2019 年新型城镇化建设重点任务》	2019 年 3 月 31 日	支持特色小镇有序发展。建立典型引路机制，坚持特色兴镇、产业建镇，坚持政府引导、企业主体、市场化运作，逐年挖掘精品特色小镇，总结推广典型经验，发挥示范引领作用；完善政银企对接服务平台，为特色产业发展及设施建设提供融资支持，为打造更多精品特色小镇提供制度土壤。	中华人民共和国国家发展和改革委员会

政策名称	出台时间	主要内容	发布机构
《关于建立健全城乡融合发展体制机制和政策体系的意见》	2019 年 4 月 15 日	建立新产业新业态培育机制。构建农村一、二、三产业融合发展体系，依托“互联网 +”和“双创”推动农业生产经营模式转变，健全乡村旅游、休闲农业、民宿经济、农耕文化体验、健康养老等新业态培育机制，探索农产品个性化定制服务、会展农业和农业众筹等新模式，完善农村电子商务支持政策，实现城乡生产与消费多层次对接。	中共中央　国务院
《产业用地政策实施工作指引（2019 年版）》	2019 年 5 月 16 日	一是细化和明确了对光伏、风力发电、旅游、乡村旅游停车设施、自驾车旅居车营地、冰雪场地设施和深度贫困地区脱贫攻坚中建设的光伏发电项目等占用相关土地可按原地类管理的情形；二是明确了使用集体建设用地等方面的内容，包括养老服务设施建设、乡村旅游、自驾车旅居车营地等可依法使用集体建设用地等。	自然资源部
《中共中央　国务院关于建立国土空间规划体系并监督实施的若干意见》	2019 年 5 月 23 日	建立国土空间规划体系并监督实施，将主体功能区规划、土地利用规划、城乡规划等空间规划融合为统一的国土空间规划，实现“多规合一”，强化国土空间规划对各专项规划的指导约束作用，是党中央、国务院作出的重大部署。	中共中央　国务院
《关于加强村庄规划促进乡村振兴的通知》	2019 年 6 月 8 日	探索规划“留白”机制。各地可在乡镇国土空间规划和村庄规划中预留不超过 5% 的建设用地机动指标，村民居住、农村公共公益设施、零星分散的乡村文旅设施及农村新产业新业态等用地可申请使用。	自然资源部
《关于开展全国乡村旅游重点村名录建设工作的通知》	2019 年 6 月 11 日	将在全国遴选一批符合文化和旅游发展方向、资源开发和产品建设水平高、具有典型示范和带动引领作用的乡村（含行政村和自然村），启动全国乡村旅游重点村名录建设工作。	文化和旅游部 国家发展改革委
《关于加强和改进乡村治理的指导意见》	2019 年 6 月 23 日	推进乡村治理体系和治理能力现代化，夯实乡村振兴基层基础。	中共中央　国务院
《关于建立以国家公园为主体的自然保护地体系的指导意见》	2019 年 6 月 26 日	加快建立以国家公园为主体的自然保护地体系，提供高质量生态产品，推进“美丽中国”建设。	中共中央　国务院
《关于促进乡村产业振兴的指导意见》	2019 年 6 月 28 日	优化乡村休闲旅游业。实施休闲农业和乡村旅游精品工程，建设一批设施完备、功能多样的休闲观光园区、乡村民宿、森林人家和康养基地，培育一批美丽休闲乡村、乡村旅游重点村，建设一批休闲农业示范县。推进农业与文化、旅游、教育、康养等产业融合，发展创意农业、功能农业等。推进农业与信息产业融合，发展数字农业、智慧农业等。	国务院
《关于在国土空间规划中统筹划定落实三条控制线的指导意见》	2019 年 11 月 1 日	按照生态功能划定生态保护红线，不破坏生态功能的适度参观旅游和相关的必要公共设施建设。	中共中央　国务院

数据来源：乐居财经根据公开资料整理。

表 4-2　2019 年中国重要文旅产业政策一览

政策名称	出台时间	主要内容	发布机构
《进一步促进体育消费的行动计划（2019—2020年）》	2019年1月4日	借助 2022 年北京冬奥会契机，持续实施“冰雪运动南展西扩东进”战略，促进冰雪旅游、冰雪场馆建设、冰雪培训、冰雪器材装备等相关产业发展。	体育总局 发展改革委
《风景名胜区总体规划标准》	2019年3月01日（2018年9月11日生成，2019年3月1日生效）	为有效保护风景名胜资源，全面发挥风景名胜区（以下简称“风景区”）的功能和作用，服务美丽中国建设和风景区可持续发展，提高风景区的规划、管理水平和规范化程度，制定本标准。	住房和城乡建设部
《国家全域旅游示范区验收、认定和管理实施办法（试行）》和《国家全域旅游示范区验收标准（试行）》	2019年3月1日	建立适应全域旅游发展的统筹协调、综合管理、行业自律等体制机制，现代旅游治理能力显著提升；旅游业在地方经济社会发展战略中具有重要地位，旅游规划与相关规划实现有机衔接，全域旅游发展支持政策配套齐全；旅游公共服务体系健全，各类设施运行有效；旅游供给要素齐全，旅游业态丰富，旅游产品结构合理，旅游功能布局科学；旅游综合监管体系完善，市场秩序良好，游客满意度高。	文化和旅游部
《关于促进旅游演艺发展的指导意见》	2019年3月14日	提升创作生产水平；推进业态模式创新；壮大演艺经营主体；积极开展惠民服务；深化跨国跨境合作；强化节目内容审核；加大市场监管力度；牢牢守住安全底线；加强组织领导；优化政策环境；强化基础保障。	文化和旅游部
《关于以 2022 年北京冬奥会为契机大力发展冰雪运动的意见》	2019年3月31日	做好北京冬奥会、冬残奥会备战工作，大力发展冰雪运动。	中共中央　国务院
关于落实《政府工作报告》重点工作部门分工的意见	2019年4月9日	发展全域旅游，壮大旅游产业。（文化和旅游部、国家发展改革委等按职责分工负责）	国务院
《关于推进养老服务发展的意见》	2019年4月16日	鼓励各地探索利用集体建设用地发展养老服务设施。	国务院
《文化和旅游规划管理办法》	2019年5月7日	对文化和旅游部相关司局或单位编制的以文化和旅游部名义发布的总体规划、专项规划、区域规划，地方文化和旅游行政部门编制的地方文化和旅游发展规划编制的原则、要求、流程等方面做了总体规划。	文化和旅游部
《冰雪装备器材产业发展行动计划（2019—2022年）》	2019年6月5日	打造冰雪休闲旅游综合体。积极推动建设若干“冰雪运动＋冰雪文化＋冰雪旅游＋冰雪装备器材”的冰雪休闲旅游综合体，兴建一批复合型冰雪旅游基地，营造浓郁的冰雪文化氛围，提供完善的冰雪运动休闲设施，满足大众冰雪消费需求，促进冰雪装备器材推广应用。	工业和信息化部 教育部 科学技术部 文化和旅游部 国家市场监管总局 国家广播电视总局 国家体育总局 国家知识产权局 北京 2022 年冬奥会和冬残奥会组织委员会
《关于促进文化和科技深度融合的指导意见》	2019年8月13日	明确了加强文化共性关键技术研发、完善文化科技创新体系建设、加快文化科技成果产业化推广、加强文化大数据体系建设、推动媒体融合向纵深发展、促进内容生产和传播手段现代化、提升文化装备技术水平、强化文化技术标准研制与推广 8 项重点任务，充分释放科技对文化建设的支撑作用和创新力。	科技部 中央宣传部 中央网信办 财政部 文化和旅游部 广播电视总局

数据来源：乐居财经根据公开资料整理。

2019 年中国文旅地产开发区域解析

文旅地产依托文化与旅游业而生，在一些项目上有着鲜明的城市区域特点。回望 2019 年，我国文旅地产行业可谓风起云涌，在政策利好的支撑下，房企纷纷开展文旅地产城市布局。在新华社已公布的各省级行政单位重点项目计划中，都把文旅项目的投资作为重要板块，个别省份在 2019 年计划推进的重点文化旅游项目甚至达上千个，计划投资总额最高达 3000 亿元。

虽然文旅地产总体发展势头强劲，但区域发展不均衡性也十分明显。目前，我国文旅地产主要集中在自然资源较好的区域。据乐居财经对 2019 年 268 个项目样本的分析，我国 2019 年新增特色小镇 82 个，主要分布在杭州、嘉兴、南京、温州、长沙、重庆等南部地区，石家庄、郑州等地也有集中分布，以电影小镇、足球小镇为主。主题公园项目共 58 个，多分布在上海、深圳、成都等一、二线城市。在 105 个文旅康养项目中，南部地区占据主导，如杭州、合肥、昆明、南京等。酒店分布则较为零散，没有突出的区域特点。通过项目样本，2019 年我国南部地区文旅地产新增项目更为集中。

从地理角度看，我国南北方划分是以秦岭淮河为界。由于中国大部分地区处于温带气候，冬季相对漫长，避寒的人群基数大于避暑人群，因此，依托于天然的位置优势，南部地区的文旅发展相对北部更加成熟，发展速度更快，文旅地产项目占比也更大。但在 2022 年北京冬奥会的大背景下，冰雪主题的文旅项目在中国北部寒冷地区迅速崛起。

一、南部地区

2019 年，我国文旅地产迅猛发展，但主要集中在自然资源较好的南部地区，如海南、长三角城市，项目数量分别占全国文旅地产总数量的 21% 和 16%。此外，西南、两广和闽东南地区文旅地产发展也非常迅速，以上五大区域项目占全国文旅地产总数的 61%。

从区域特点上看，海南凭借优渥的气候条件及滨海景观资源，成为文旅地产的先行者，是全国文旅地产开发量最大、最为集中的区域；西南则以文化旅游为导向，文旅地产项目集中在成都、重庆、昆明等城市，注重文化特色的开发与打造；长三角地区经济发达，城市化水平较高，区域内项目主要满足大城市群落的 5+2 的休闲度假需求。此外，长三角区域各类各具特色的文旅小镇近年来发展迅速；环渤海地区拥有滨海、滨湖、森林等珍稀度假旅游资源，满足北方客群就近度假旅游需求，但现在正在由滨海度假向多元复合方向发展；两广与闽东南地区是后起之秀，这两个区域气候宜人，滨海资源优渥，目前以滨海、山体、主题三大旅游地产项目为主，另有小部分滨湖、温泉、高尔夫和古镇项目，未来有广阔的发展前景。

二、北部地区

2019 年，我国北部地区文旅地产的发展以政策导向为主。

受自然和人文资源的限制，我国北部文旅地产开发主要集中在环渤海地区，项目数量占全国文旅地产总数量的 17%。但随着 2022 年北京冬奥会的临近，冰雪市场迅速升温，冰雪经济迅猛发展。2018 年，习近平总书记在深入推进东北振兴座谈会上，强调深入推进东北振兴要贯彻“绿水青山就是金山银山，冰天雪地也是金山银山”的理念，要充分利用东北地区的独特资源和优势，推进寒地冰雪经济加快发展。

2019年3月，中共中央办公厅、国务院办公厅印发了《关于以2022年北京冬奥会为契机大力发展冰雪运动的意见》，提出加快发展冰雪健身休闲产业，推动冰雪旅游产业发展，创新发展冰雪装备制造业。在政策导向下，我国黑龙江、吉林、张家口等多个城市竞相发布支持寒地冰雪经济发展的措施，各大房企也纷纷布局冰雪文旅项目。如万科成立冰雪事业部，打造松花湖度假区、石京龙滑雪场；融创文旅从2018年哈尔滨融创雪乐园到2019年广州融创雪世界与无锡融创雪世界，已在三地布局冰雪旅游领域；富力也在2019年1月启动包头市九原区富力冰雪迪士尼乐园文旅项目。

2019年中国文旅地产开发类型解析

社科院旅游研究中心于2019年3月2日发布的《旅游绿皮书：2018~2019年中国旅游发展分析与预测》显示，大型旅游综合体项目已成为全域旅游发展的重要方向和拉动地方经济发展的重要动力。消费升级背景下，文旅地产代表着一种新的生活方式，截至目前，百强房企中，已经有57%的房企涉水文旅地产领域，特色小镇、主题公园、度假酒店等休闲度假综合体项目成为地产资本追逐的热点。观点指数显示，2019年上半年，以特色小镇、文旅综合体、度假区、景区、主题乐园为目的地建设的文旅地产投资，新签约、开工项目104个，项目涉及的总投资金额8301.95亿元。当中，新签约项目83个，涉及投资金额6507.15亿元；新启动开工项目21个，涉及投资总金额1794.8亿元。

根据产业热点，我国的文旅地产主要分为四大类：特色小镇、文旅康养、主题公园和度假酒店。特色小镇是一个比较大的概念，根据国家发改委《关于建立特色小镇和特色小城镇高质量发展机制的通知》，特色小镇可分为先进制造类、农业田园类、现代服务类三个产业门类，而文旅、体育、科创和康养是我们提到文旅地产时主要的特色小镇IP。近年来，“健康中国”概念的提出和市场需求的增大，使得康养小镇逐渐成为房企投资的重点，因此，本书将文旅康养与特色小镇拆分开来，从上述四个角度剖析文旅地产的类型。

一、特色小镇

特色小镇和特色小城镇是新型城镇化与乡村振兴的重要结合点，也是促进经济高质量发展的重要平台。《关于建立特色小镇和特色小城镇高质量发展机制的通知》明确界定了特色小镇的划分标准，即立足一定资源禀赋或产业基础，区别于行政建制镇和产业园区，利用3平方公里左右的国土空间（其中建设用地1平方公里左右），在差异定位和领域细分中构建小镇大产业，集聚高端要素和特色产业，兼具特色文化、特色生态和特色建筑等鲜明魅力，打造高效创业圈、宜居生活圈、繁荣商业圈、美丽生态圈，形成产业特而强、功能聚而合、形态小而美、机制新而活的创新创业平台。

随着新型城镇化进程的加快，特色小镇正成为热门发展方向，在政策导向下，各种主题的特色小镇如雨后春笋般在全国各地落地。嗅觉敏锐的房企也纷纷展开了小镇布局。《2019中国房地产行业发展白皮书》显示，2019年上半年，各地新签约、开工的特色小镇数量为59个，占文旅地产项目签约及开工数量的56.73%，在所有项目类别中占比最大。除此以外，签约及开工特色小镇项目涉及的投资金额也达到4192.3亿元，占文旅地产投资项目总金额超过50%。其中，文旅、体育和科创是房企布局文旅地产时主要聚焦的三个方向，如万科杭州良渚文化村、兰州恒大足球小镇、碧桂园潼湖科技小镇等。

二、文旅康养

随着《“健康中国2030”规划纲要》及《关于促进健康服务业发展的若干意见》的颁布，“健康中国”已正式上升为国家发展战略，康养产业业已成为新常态下服务业发展的重要引擎。2019年初，发改委联合多个部门印发关于《2019文旅康养提升工程实施方案》的通知，鼓励吸纳社会资本参与，推广PPP（Public-Private Partnership，即政府和社会资本合作）模式。至此，我国文旅康养大时代宣布来临。

文旅康养是特色小镇模式的一种，指的是以文化为引领、旅游为主体、康养为支撑的一种新型旅游方式，并逐渐成为休闲生活主流。在旅游休闲度假中，人们对健康养老养生休闲的需求日益强烈，康养旅游市场需求越来越大，一些有前瞻性的实力房企也早已开始在康养这一领域进行战略布局。

2019年初以来，重庆、云南、四川、湖南、安徽、浙江等地陆续签约布局康养类旅游小镇项目，包括绿地集团、蓝城集团、中信集团等企业。需求和政策双重利好下，“文旅康养”商机无限，正在成为房地产行业的新风口。

三、主题公园

主题公园是现代人创造的一种娱乐场所，具有一个或多个特定文化旅游主题，是为游客有偿提供休闲体验、文化娱乐产品或服务的园区，如全球知名的迪士尼乐园、环球影城等。近年来，伴随着消费升级，我国也掀起了新一轮的主题公园热。公开数据显示，2019年上半年我国主题公园类投资项目有11个，已披露的累计投资额为61.6亿元，涉及8个省区市。从签约或开工的项目情况来看，主要为中等体量的项目。

据了解，我国主题公园产业发展始于华侨城于1989年在深圳打造的锦绣中华，对标迪士尼和环球影城，我国主题公园三巨头非华侨城、长隆集团和华强方特莫属。美国TEA与AECOM联合发布的《2018全球主题公园和博物馆报告》(下文简称“报告”)显示，中国的华侨城集团、华强方特和长隆集团进入了全球主题公园集团十强。华侨城集团更是以4935万人次蝉联全球主题公园集团四强，排名紧随三大国际巨头迪士尼集团、默林娱乐集团、环球影城集团之后，领跑亚洲。

2019年以来，我国许多城市都在鼓励主题公园发展，以促进文化产业和服务业的发展并提高居民生活质量，为此，不少房地产企业加快步伐，相继加大了在主题公园方向的投资和布局。

四、度假酒店

度假酒店是以接待休闲度假游客为主，为休闲度假游客提供住宿、餐饮、娱乐与游乐等多种服务功能的酒店。随着人工智能、物联网、大数据等新兴科技在住宿业的应用，度假酒店逐渐催生出新的商业模式，产业效率也进一步提升。

在市场下行周期的利润博弈与业绩泥潭下，房企纷纷将目光投向多元化业务。据Trustdata发布的《2019上半年中国在线酒店预订行业发展分析报告》，中国在线酒店预订用户持续增长，2019年上半年已达亿量级规模，夜间预订量同比增长20%，规模近4亿元，这也是房企多元发展的机遇。

随着国内旅游消费升级，游客的旅游需求越来越高，对房企而言，在旅游区域内建设完善的配套度假酒店、民宿等，引进丰富的配套业态已成为房企布局文旅的新常态。上海世茂深坑洲际酒店，便是由世茂集团投资建设于上海市松江国家风景区佘山脚下的天马山深坑内，利用所在深坑的环境特点，所有客房均设有观景露台，可欣赏峭壁瀑布，酒店旁还配有上海世茂精灵之城主题乐园。整个酒店与深坑融为一体、相得益彰，不但可以增强游客的体验感，还可以提高房企在旅游区域内的盈利点。

2019 年中国文旅地产典型开发企业解析

“十三五”规划中明确表示，文旅产业在未来 5~10 年将达到 15 万亿元规模，占国家经济总量的 15%~18%。在庞大的市场前景和文化与旅游深度融合的大背景下，越来越多的房地产企业选择进军文旅市场。据执惠 2019 年 4 月发布的数据，截至 2019 年，全国约 57 家百强房企布局文旅产业。根据公司类别，文旅地产开发企业可分为实力房企的文旅版图型和专职做文旅的专业企业，本书也将从这两个方向对中国文旅地产典型开发企业进行阐述。

一、实力房企的文旅版图

顾名思义，实力房企的文旅版图指的是靠住宅开发起家的头部地产公司进军文旅产业，如恒大、碧桂园、万科、保利、融创等，皆已布局文旅市场。

1. 成立文旅公司（集团）的地产公司

执惠 2019 年 4 月发布的数据显示，在中国百强房企中，有 9 家成立了专门的文旅公司（集团），即恒大旅游集团、碧桂园文商旅集团、融创文旅集团、保利（海南）旅游发展有限公司、荣盛康旅投资有限公司、奥园文旅集团、祥生小镇集团、花样年文旅集团、实力大理文旅产业集团，分别隶属恒大、碧桂园、融创、保利发展、荣盛发展、奥园集团、祥生地产集团、花样年集团和云南实力控股集团有限公司。除万科外，房企前 5 强中包括了 4 家。

以融创文旅集团为例，继 435 亿元收购万达文旅中的 13 个项目后，2018 年，融创中国再次出资，拿下了整个万达文旅，组建融创文旅集团，现已构建融创文化旅游城、融创旅游度假区、融创文旅小镇三大文旅核心产品。2019 年，成立不满两年的融创文旅集团凭借大手笔投入，清晰的“中国家庭欢乐供应商”定位，高起点布局文旅板块。仅半年时间，融创文旅已布局 10 座文旅城、4 个旅游度假区、12 个文旅小镇，其中涵盖了 39 个主题乐园、24 个文旅商业及 70 家星级酒店，文旅项目总投资超过 1900 亿元。至今，融创文旅在西双版纳、南昌、合肥、哈尔滨、青岛的文化旅游城已开业，丰富、活力、新颖的度假项目深受众多追求美好生活的中国家庭喜爱，其收效和发展速度均创下行业之最。

除上述百强房企外，富力地产、鸿坤集团等地产公司也单设了文旅集团。天眼查信息显示，富力地产在 2018 年 11 月成立了富力文化旅游发展有限公司，经营范围包括旅游业、房地产业、文化、影视、游乐园、养老项目投资等。鸿坤集团则以“创新型文商旅产业运营商”为定位，聚焦“文商体、医康养”两大产业，成立鸿坤文旅集团。

2. 头部房企的文旅项目

2019 年至今，房企关于文旅地产项目的签约投资热度不减。根据对地产商近两年来在文旅项目上的投资数据统计，中国恒大接连布局恒大世纪旅游城、恒大童世界、水世界、海南海花岛、养生谷等多个文旅项目，以 8750 亿元的总投资额居第一位。碧桂园布局十里银滩、秋长茶园、科技文旅小镇等项目，总投资额达 2000 亿元，排名第二位。此外，万达集团、绿地控股、华夏幸福、招商蛇口、万科、融创文旅、保利发展、雅居乐在文旅项目上的总投资额分别为 1700 亿元、1200 亿元、1000 亿元、760 亿元、700 亿元、600 亿元、500 亿元、260 亿元，分列中国房企文旅项目价值数据的第三至第十位。

综合房企在文旅地产的已有项目布局，所涉领域囊括特色小镇、文旅康养、主题公园、度假酒店等多个方向。以恒大为例，2015年，恒大斥资1600亿元建设中国海南海花岛，立志打造“东方迪拜”。资料显示，位于海南儋州的“中国海南海花岛”是恒大重构世界文化旅游版图之作，涵盖国际会议中心、七星海岛酒店、童话世界、海洋乐园、影视基地、恒大影城及游艇俱乐部等28大业态。另外，恒大2018年财报显示，恒大旅游集团经过9年的调研和探索，着重打造填补世界空白的两大拳头产品——恒大童世界和恒大水世界。其中恒大童世界已完成15个项目的布局，力争2021年起陆续实现开业；恒大水世界未来2~3年力争在全国布局20~30个。

碧桂园文商旅集团现已强势推出全新系列产品线，涵盖集中/社区商业、长租系统、文旅产业、写字楼等五大板块。其中，致力于打造“万里长江第一城·滨江康旅示范区”的城市级主题休闲文旅项目碧桂园·江山赋，位于四川宜宾挂弓山旁和长江景观大道交会处，背靠1800亩桂弓山公园，紧邻长江第一景湾，依托于长江流域主题文化，依势选材取景，还原生态景观，融合商业文创艺术，建造属于宜宾人的滨江城市文创会客厅。

此外，雅居乐地产在北京正式推出中国新一代大文旅产业IP“乐活天地”，并在现场发布了山东威海“冠军体育小镇”、漳州漳浦“雅居乐香山湾”等多个文旅项目；万科则成立冰雪事业部，全面进军冰雪产业。

二、专做文旅的专业企业

除了布局文旅板块的地产公司外，还有一些公司以文旅起家，把文旅项目做精做大，并形成了自己的独特优势，在文旅地产领域占有一席之地。这些公司或立足一个文旅门类，成为领域内的行业巨头；或着力打造一个IP，成为行业典型。

1. 主题公园的行业巨头

2019年5月22日，AECOM联合TEA共同发布了《2018全球主题公园和博物馆报告》，中国的华侨城、华强方特和长隆集团三大主题公园巨头继续保持全球主题公园集团第四名、第五名和第六名，仅次于迪士尼、默林娱乐和环球影城。

国内主题公园华侨城、华强方特、长隆集团三足鼎立，呈分庭抗礼之势。据了解，我国主题公园产业发展始于华侨城于1989年在深圳打造的锦绣中华，而华侨城作为中国主题公园产业化的先行者和探索者，拥有锦绣中华、世界之窗、欢乐谷等多个产品品牌，其中，互动游乐型主题公园“欢乐谷”荣获国内主题公园行业唯一中国驰名商标。

华强方特是国内率先从主题乐园创意设计、研究开发、内容制作、施工建设到市场运营全产业链运营的企业，已在芜湖、泰安、株洲、青岛、沈阳、郑州、厦门等地投资建成十余个主题乐园，其中，郑州方特欢乐世界是中原地区规模最大的第四代高科技主题公园。

创立于1989年的广东长隆集团是中国旅游行业的龙头集团企业，其旗下主题公园囊括野生动物、水乐园、机械类游乐项目及马戏等多种主题，但始终以野生动物观赏为一大特色。报告显示，长隆集团连续位居全球主题公园第六名，2018年游客量为3400万人次。

2. 坐拥典型IP的文旅企业

提到IP，很多人都会觉得既陌生又熟悉。IP究竟是什么呢？从字面上看，“IP”是英文“Intellectual Property”的缩写，其原意为“知识财产所有权”或者“智慧财产所有权”，直译则是知识产权。但到目前为止，IP仍没有一个明确的公认定义。在商业模型里，IP运作的起点通常是某个广为人知的故事，也可以是一首歌、一个人甚至一句话，只要能带来流量的，都被看成是IP。而对于地产项目来说，IP就是要有一招制胜的秘诀，即有绝对竞争力的优势。

得 IP 者得天下，“大 IP”的打造是各大文旅地产公司竞相追逐的目标。中青旅、天行九州的规模无法媲美头部房企，但其旗下的乌镇、古北水镇和阿那亚仍以其鲜明的项目特色和绝对的竞争优势，被奉为行业中的典型 IP。

中青旅是一家多元化的旅游集团，近几年主要业务扩展至旅行社、景区开发及运营、整合营销及酒店业务，旗下拥有乌镇、古北水镇、中青旅会展、山水酒店、遨游网等系列知名产品和服务。中青旅在“古镇”的基础上，通过十年左右的时间，将乌镇打造为国内特色小镇的翘楚。作为“特色小镇”的范例，乌镇在全球影响力和营收方面表现都非常优异，“乌镇模式”也被奉为圭臬。

天行九州始创于 1999 年，集团以房地产开发为主业，以旅游地产为战略发展方向，竭力用国际运营理念，运作国际化旅游地产项目。其旗下项目阿那亚黄金海岸社区是一个全资源滨海旅游度假综合体社区，坐落于河北省秦皇岛昌黎县黄金海岸中区，拥有 2.5 公里会员海岸、阿那亚国际高尔夫会所、精品商业街、沙滩酒吧、三联海边公益图书馆等，其因地制宜打造的 IP 成为文旅地产的一匹黑马。

2019 年中国文旅地产项目解析

当前，旅游业发展已从高速发展向高质量发展转变，从流量经济到 IP 经济的转变已成共识。文旅融合，不是简单的合并和叠加，首先需要的是要有一个好的 IP 内容。以文旅地产项目为例的浸入式体验场景，不仅需要 IP，而且 IP 的完成度至关重要，创意、运营和迭代更新的完成度都将影响 IP 赋能于项目的整体效力。

2019 年 12 月 12 日，乐居财经研究院独家发布《2019 年中国创意 IP 文旅 TOP30》榜单，包括阿那亚、奥山 · 国际冰雪运动旅游小镇、奥园英德心花小镇、北戴河荣盛康旅 · 阿卡小镇、碧桂园 · 江山赋、广州融创文旅城、富力红树湾、蓝城 · 观云小镇、深圳甘坑客家小镇、世茂湖山印、万科良渚文化村、新华联铜官窑古镇、雅居乐原乡等在内的 30 个项目登榜。

本次榜单由乐居财经研究院独家发布，测评研究对象为中国文旅地产项目。通过发布中国“创意 IP 文旅”榜单，用以科学地评价和度量开发者或者是运营者在文旅地产领域的成长性和竞争力，帮助希望进入该领域或正在发展该领域的企业找到重点拓展的方向与差异化的定位和策略。榜单采用行业数据、项目公开数据，结合项目“商业创新”“IP 建设”“发展能力”“权数”四大维度，构建“创意 IP 文旅”测评体系。入榜的 30 个文旅项目，均有强 IP 的深度运营理念，其 IP 已渐显出清晰的定位及目标，拥有一定的品牌影响力。

一、文化相融 IP 创意，成为业界佼佼者

国内闻名遐迩的文旅样本——阿那亚，一方面体现在文艺 IP 的空间形象打造上，另一方面则体现在社群内容的进一步 IP 化。围绕文艺 IP，阿那亚构建了全资源的社交空间和生活设施；“奥伦达部落”脱胎于北京奥伦达，之后以社群运营而闻名业界。至今，奥伦达的总计社区聚落数量在 100 个以上，诸如兴趣爱好的变现服务、社区共创文化等度假计划等，也早在奥伦达得到成功实践；万科良渚文化村以“当代田园小镇”而闻名全国；泰禾厦门湾以“文化筑居中国”为品牌理念，是新中式院落别墅的开创者和领导者……这些 IP 的打造，使得其在同一类别的文旅项目中有了特色鲜明的宣传点和记忆点，能够引起消费者兴趣，令消费者不仅心驰神往，实地观光后更是乐在其中，并因口口相传的良好口碑和预期而成为行业中的佼佼者。

二、超级 IP 的成功打造，口碑与荣誉双赢

超级 IP 的成功打造，必然会带来良好的市场口碑和社会荣誉。2019 年中国创意 IP 文旅 TOP30 中，奥山 · 国际冰雪运动旅游小镇入选《2018 年全国优选体育产业项目名录》，后成为国家 AAAA 级旅游景区和武汉 2022 年北京冬奥会培训基地；恒大海花岛被海南省政府确定为“十二五”期间海南省西部旅游的一号工程；新华联铜官窑古镇被列为全国旅游优选项目、“一带一路”建设样板工程、湖南省和长沙市重点工程……优质的 IP 带来良好的口碑，从而吸引更多的消费者关注和前往，由此形成文旅项目打造的良性循环。

三、知名 IP 文旅项目投入超百亿元，资源整合链条长

除 IP 的打造外，TOP30 项目都具备一定的投资数额和规模，盈利模式由单一向多元化转变。一直以来，文旅项目多与地产结合，投资额巨大、建设周期长，且对内容运营整合要求极高。在创意 IP 文旅 TOP30 中，奥园英德心花小镇斥资 150 亿元，项目占地面积 8000 亩，成为粤北投资最大、全业态创新的休闲度假旅游

目的地以及国内唯一融合温泉、牧场、红茶、酒店、赛车、乐园的文体产业小镇，它还是奥园“产业 + 文旅”的集合型文旅模具产品；成都融创文旅城占地面积 5000 亩，总投资 550 亿元，曾是万达集团在四川投资最大的项目，也是四川省、成都市重点文旅项目；新华联铜官窑古镇耗资过 100 亿元、总建筑面积达 110 万平方米，项目涵盖 8 大博物馆、5 大演艺中心、3 个星级酒店、20 家民宿客栈、18 处人文景点和 4 大亲子游乐项目等。

四、文旅项目借助 IP 二次开发，整体升级成趋势

事实上，IP 的成功引入和运营，还可为其配套的销售型物业不断赋能。

2019 年上半年，得益于 C 秀剧场、迷你营、复游雪等度假服务的优势，亚特兰蒂斯度假地产合计出售 197 间别墅和 807 套公寓，接近 97% 的去化率，为复星旅文带来了 17.7 亿元入账收入，占当期总营收的近 20%。

世茂湖山印则打造约 25 万平方米的中式度假区、网红古城，以及集“商业、教育、生态、人文”于一体的度假生活体验；雅居乐清水湾则营造一个面向世界的复合型海滨度假新国度；恒大海花岛定位是中国主题最多、规模最大的博物馆群的休闲度假娱乐岛，多个知名文旅项目均配套有销售型物业，凭借自创 IP 的成功打造，使雅居乐清水湾多年维持年度区域销冠。

参考故宫 IP、敦煌 IP、乌镇 IP 等案例的重要经验，此类文旅项目需要借助 IP 的二次综合开发进行整体升级。无论是在地文化还是引入外来 IP，不仅需要完善的度假配套，更需要以运营思维实现全社群参与的 IP 再生产。而地产主体也需要以生态培育平台的角色身份，把控偶然性，充实 IP 空间化体系，重塑文旅地产的价值。

表 4-3　2019 年中国创意 IP 文旅项目 TOP30 榜单

项目
阿那亚
奥山 · 国际冰雪运动旅游小镇
奥园英德心花小镇
北戴河荣盛康旅 · 阿卡小镇
北京奥伦达
碧桂园 · 江山赋
成都安仁古镇
成都融创文旅城
抚仙湖 · 广龙小镇
富力红树湾
富龙四季小镇
广州融创文旅城
恒大海花岛
恒大海上威尼斯
建业电影小镇
蓝城 · 观云小镇
零陵古镇
麓湖小镇
绿城安吉桃花源
七彩云南 · 古滇名城
三亚 · 亚特兰蒂斯
深圳甘坑客家小镇
世茂湖山印
泰禾厦门湾
腾冲启迪双创冰雪小镇
万科良渚文化村
乌镇雅园
新华联铜官窑古镇
雅居乐清水湾
雅居乐原乡

注：以上排名按照项目常用名首字母排序。

2019 年度文旅项目黄页

一、文旅小镇项目

项目名称	所在城市
绿城·桃源小镇	杭州市
莫干山观云小镇	湖州市
银润蓝城天使小镇·陌上花开	湖州市
奥园古兜温泉小镇	江门市
远近·五树六花—勐泐傣文化旅游小镇	景洪市
卧龙湖小镇	南京市
汤山温泉康养小镇	南京市
江宇梦想小镇	南宁市
雪松灵水小镇	南宁市
大爱书院小镇	宁波市
融创阿朵小镇	青岛市
横沔古镇	上海市
恒大·绿茵小镇	沈阳市
万科正定文化村	石家庄市
富力西柏水镇	石家庄市
铜川荣民大唐养生小镇	西安市
抚仙湖广龙小镇	玉溪市
洋沙小镇君澜湾	长沙市
雅居乐依云小镇	长沙市
华谊兄弟电影小镇	长沙市

项目名称	所在城市
新华联铜官窑古镇	长沙市
建业电影小镇之橙园	郑州市
中航小镇	重庆市
南温泉度假小镇	重庆市
懒坝禅境艺术小镇	重庆市
贵阳恒大文化旅游城	贵阳市
多彩贵州城·太极村	贵阳市
时光贵州	贵阳市
四季贵州	贵阳市
碧桂园·茶马古镇	贵阳市
碧桂园·凤凰城	贵阳市
昆明融创文旅城	昆明市
中国抚仙湖星空小镇国际度假区	玉溪市
世茂·鼓浪水镇	天津市
南国威尼斯城	海口市
雅居乐清水湾	三亚市
三亚濮海	三亚市
绿城蓝湾小镇	三亚市
大连金石滩鲁能胜地	大连市
恒大御海天下	宁波市

二、主题公园项目

项目名称	所在城市
云上旅游度假区	成都市
天府恒大文化旅游城	成都市
广州长隆旅游度假区	广州市
长影环球 100 奇幻乐园	海口市
七彩云南古滇名城	昆明市
昆明恒大文化旅游城	昆明市
华谊兄弟电影世界	昆山市
南宁万达乐园	南宁市
青岛方特梦幻王国	青岛市

项目名称	所在城市
上海欢乐谷	上海市
上海海昌海洋公园	上海市
世茂 HelloKitty 上海滩时光之旅	上海市
沈阳恒大文化旅游城	沈阳市
咸阳恒大文化旅游城	西安市
郑州华侨城	郑州市
郑东恒大文化旅游城	郑州市
华侨城安仁里	成都市
祥源花世界	合肥市

三、文旅康养项目

项目名称	所在城市
融创无忌海	海口市
奥伦达部落	北京市
绿城·桃李春风	海口市
杭州桃李春风	杭州市
绿城安吉桃花源	湖州市
富力湖滨悦居	杭州市
莫干山观云小镇	湖州市
恒大·养生谷	呼和浩特市
华润置地润府	呼和浩特市
云洲熙府	呼和浩特市
蓝城郡安里	湖州市
绿城·乌镇雅园	嘉兴市
融创潭江首府	江门市
恒大泉都	江门市
古滇水云城	昆明市
滇池湖岸	昆明市
昆明恒大·养生谷	昆明市
汤山温泉康养小镇	南京市
华侨城欢乐滨江	南京市
华侨城翡翠天域	南京市
绿城桃李春风	南京市
大爱书院小镇	宁波市
大爱城	启东市
鲁商健康城	青岛市
隆和大溪谷	青岛市
融发碧桂园珠山郡	青岛市
东滩花园	上海市
港龙融创山水拾间	上海市

项目名称	所在城市
沈抚恒大养生谷	沈阳市
抱犊寨·荣逸院子	石家庄市
富力西柏水镇	石家庄市
恒大十里温塘	石家庄市
十里春风	石家庄市
绿地海域鹿泉	石家庄市
西安孔雀城	西安市
西安恒大养生谷	西安市
铜川荣民大唐养生小镇	西安市
白鹿溪谷	西安市
浔龙河长沙院子	长沙市
蓝城烟台桃李春风	烟台市
郑州恒大健康城	郑州市
云台山恒大养生谷	焦作市
开维生态城	海口市
大华锦绣海岸	海口市
恒大美丽沙	海口市
青岛东方影都	青岛市
恒大水世界	青岛市
胶州华润城	青岛市
融创青年湖	青岛市
恒大峨眉山国际度假区	眉山市
中国邛海·17度国际旅游度假区	西昌市
远大美域米易国际康养小镇	攀枝花市
金杯半山米易太阳谷康养度假区	攀枝花市
大连金石滩鲁能胜地	大连市
梓山湖恒大·养生谷	武汉市

四、度假酒店项目

项目名称	所在城市
景业珑泉湾	广州市
宝龙城	海口市
文一塘溪津门	合肥市
路南山国际度假区	景洪市
万科曼西缇	景洪市
中国滇池花田国际度假区	昆明市
昆明富力湾	昆明市

项目名称	所在城市
古滇未来城	昆明市
梦云南·蔚蓝山海	昆明市
世茂深坑酒店	上海市
四季汇	天津市
世茂龙湾	武汉市
黑龙滩长岛国际旅游度假区	眉山

产品力篇

2019年中国房企产品系解析

对房地产开发商而言，2019年无疑是充满艰辛的一年。大环境受政策调控、融资收紧影响，市场低迷，现金流备受考验。与此同时，全国上下此起彼伏的安全、产品问题以及业主维权事件，也使得外界对开发商的产品提出了更多的质疑。

这些变化的背后，是整个房地产市场已然发生的根本改变。从近两年来看，“存量时代”成为行业谈论最多的词。房地产市场从粗放型到精细化，行业讨论的重心也从开发到运营，这都宣告了开发商“盖楼就能卖钱”的大好时代的结束。

一、中国房地产企业“产品力”时代到来

在巨大的存量供应之下，房企不得不转变传统的增量思维，把更多心思花在产品的打磨上。万科集团董事长郁亮说：“未来总体市场规模仍然很大，靠什么让消费者选择你？要靠性价比、产品和服务的能力，在这一点上，大家要花工夫。”旭辉集团董事长林中则将产品比作房地产下半场的“压舱石”和“推进器”。提升产品力，成为开发商绕不开的课题。

实际上，不仅行业市场和消费者等外部因素导致房企更加注重产品品质，当中也有其内在因素的考虑。一项行业的数据表明，2019年上半年A股上市房企净利润率为10.5%，同比2018年仍在下跌。

一直以来，高地价，加上限价、限贷、限购等调控政策的深入，使得房地产企业利润持续遭到压迫。房企为突破利润瓶颈，开始主动寻求转变，为市场提供更高溢价的产品，也使其更注重产品力的打造。

随着“产品力”的重要性日益凸显，一些企业开始梳理自身已有的产品体系，对其进行归纳、整理，并推向市场形成具有自身竞争力的产品IP和品牌。除此以外，更多的企业也通过加强产品的创新，从细分领域中寻找产品的定位，试图在接下来的楼市下半场中，打造出自身的产品力优势。

“地产下半场，产品为王”，逐渐成为房企共识。产品力高低也成为衡量房企综合实力的一个重要因素。在此背景下，乐居财经研究院对“中国房企500强”的近2000个产品系进行梳理，依据评测模式，评选出100个拥有较高品牌价值的产品系样本。

二、中国房企产品系发展特点

总体来看，2019年，中国房企产品系的发展呈现出以下特征：

1. 将“产品主义”提升至战略高度的房企，产品系品牌价值指数高，比如：阳光城、旭辉、金科等

2018年跨过千亿门槛的阳光城已经转变思路，在规模扩张之外，开始更加注重品质和利润指标。为此，2019年4月，阳光城专门设立绿色智慧家研究院，全面升级绿色智慧家产品的技术含量。与此类似，旭辉集团也基于新的产品设计理念，对旗下产品进行了全面升级，引入第六代产品对理想人居生活的最新诠释。而金科也是在跨入千亿梯队后，开始对产品进行系统思考。2019年3月，金科提出“生命建筑”概念，作为金科产品的新内核。

2. 智能科技和绿色是产品系品牌价值的关键因素，比如：中国金茂、美的置业等

在“地产 + 智能化”的浪潮下，品牌规模房企纷纷抢滩布局，推动智能家居和智慧社区的广泛落地。其中，中国金茂、美的置业等品牌房企经过前期品牌积淀和项目实践经验后，形成了独特的住宅智能化产品或发展模式，成为行业产品智能化发展的佼佼者。

中国金茂重点打造的“金茂府”已成为高端住宅领域的知名 IP 和科技人居住宅典范。而美的置业依靠美的集团强大的智造基因和供应链整合优势，目前已形成一套完整体系——智慧健康社区，以“智慧、健康、绿色、全龄化关怀”作为产品打造理念，运用人工智能、大数据、云计算、新能源、新材料和新技术等，打造智慧健康社区。

3. 集中度高，高价值产品系品牌集中于大房企

从榜单不难看出，榜单中产品系前 20 强大多集中于头部房企，如绿城、龙湖、融创等。这也显示出房企综合实力对产品力品牌的提升作用不容忽视。

4. 越高端越注重产品系品牌

位于产品系榜单前列的品牌大多为高端住宅或商业品牌，反之，也可说明越高端的产品品牌越注重自身产品力提升。

三、产品创新的五大趋势

房企在产品系的打造和产品创新方面，表现出以下五大趋势：

1. 智能化

随着 AIoT 技术逐渐成熟，房地产的智能化已经越来越明显。一方面，目前的很多房企在打造产品时，均引入“智能家居”的概念，房屋通过对智能家居进行联网，业主可以通过手机、平板电脑、触控屏等智能终端，或者直接通过语音实现全屋控制，这一设计不仅科技感十足，也为业主带来了更为便捷和人性化、智慧化的人居体验。

值得一提的是，在此基础上，随着 5G 商用时代的到来，集合了居住、出行、管理、购物、服务、教育、娱乐等多个生活场景的智慧社区也更多地被人提及。可以确定的是，不只是现在，在未来很长一段时间内，智能化产品的打造包括智慧社区的建设都会是房地产开发商着力突破和寻求创新的方向。

2. 低碳化

资源与生态问题是全球性的一个问题。房子建设过程中需要使用资源，产生建筑垃圾，这些都对资源和环境造成一定影响。房地产商在建造房子时通过对产品的前期规划与设计以及建筑材料的使用，最大限度减少对环境的影响，已不是一个新鲜事物。

比如，朗诗绿色地产标榜对绿色科技地产的打造，形成自身的“绿色”标签。通过对项目前期规划、采购、施工建设等环节进行“绿色”把控，使项目达到节能、宜居、环保、健康的标准，提高环境效益和资源利用效率。

此外，同样具有“绿色”标签的当代置业，则通过研发地源热泵技术系统、新风系统、隔音降噪系统等科技建筑系统，达到对绿色、科技、节能建筑的打造。特别在环境问题日渐凸显的情况下，这些差异化的“绿色”产品，将在楼市下半场角逐中为房企涂上一层保护色。

随着绿色科技的发展以及政府对建筑节能、被动房的推动，绿色地产产品将成为行业主流。

3. 场景化

对中国人来说，房子从来不是一个硬邦邦的商品存在，除了遮风挡雨的基本功能以外，它还是一个融合了家的概念、血缘感情的空间和精神集合体。房地产开发商在产品的打造上，已开始越来越注意到这点。比如，全龄化社区的走热，就是对生活场景和产品基于人本身的一种回归。

一部分房企在小区的建设中加入了小孩和老年人的基础配套，在一些台阶以及游乐设施配套上，也更多地从这些年龄段人的需要进行考虑。一些产品甚至打造了“学教型生态花园”，小孩可以在其中栽种花草、树木，在培养小孩动手能力、接触自然的同时，也增长自身的见识。

行业在这个基础上提出了全龄化社区、全生命周期住宅以及一站式生活空间的理念。房企在产品的设计中增加会客厅、亲子、老年人场所，甚至是邻里中心，让产品更加强调人与人之间的交流以及交互性，在强调商务、商业功能的同时，也更强调社交功能。

4. IP 化

针对不同的客户群体以及细分领域，房地产企业试图开始梳理自身的产品体系，形成产品品牌与 IP。一方面，IP 化的产品在市场上具有更好的辨识度，这对品牌的宣传具有事半功倍的效果。比如，目前市场上提到泰禾，我们的第一印象会想到泰禾院子；提到万达，会想到万达广场；提到龙湖，想到原著；提到融创，想到壹号院；提到金茂，会想到金茂府。这都是产品 IP 化后所形成的市场效果。

另一方面，除了品牌宣传的效益，房企产品 IP 化后，房企可以形成产品的标准化和可复制性，从这个层面上讲，产品的 IP 化也有利于房企规模的扩张。总的来说，实现产品 IP 化有三个主要的途径：核心的产品技术体系、自身特色的外在形象以及实现品牌、管理的输出。当然，IP 的形成并不容易，房企首要考虑的是要形成统一的产品理念与建筑精神，然后将这种理念不断在项目中进行实践和深化。

5. 中式产品崛起

一直以来，建筑都是历史与文化的载体。随着近年来我国经济的发展以及中国梦、民族复兴等国家层面战略的提出，国人的民族文化自信开始崛起，传统文化的振兴成为热议的话题。这种传统文化层面的复兴，传导到房地产领域，则是中式院落、产品的崛起。

比如，泰禾院子便是这几年来房企打造较为成功的中式产品之一。与此同时，以龙湖、绿城、金茂等为代表的一批房企也纷纷推出中式产品。融创则在 2018 年推出自身的中式产品，并发布了首个中式产品谱系。

这些中式产品不仅在外在形象上沿袭了中国传统院落式外立面设计，在内部的布局上也引入了中式园林、山水景观的运用与打造。不仅如此，以“府”“城”“院”等为代表的汉字也常被用于房企项目的名称当中。但现代对于传统的沿袭，并不是简单地照搬，未来，相信结合现代人居思考和传统文化精髓的中式产品还将成为房企重要的创新力之一。

表 5-1 2019 年中国房企产品系品牌价值 100 强

2019 年中国房企产品系品牌价值 100 强

序号	企业名称	产品系	品牌价值指数
1	绿城中国	桃花源系	96.99
2	龙湖集团	原著系	90.29
3	星河湾	星河湾系	89.93
4	融创中国	壹号院系	89.58
5	万达集团	万达广场	88.99
6	中国金茂	府系	88.72
7	旭辉集团	铂悦系	84.03
8	美的置业	云筑系	82.73
9	华润置地	万象城	78.63
10	龙光地产	江南系	70.95
11	中国金茂	悦系	69.46
12	大悦城控股	大悦城	69.12
13	泰禾集团	大院系	68.95
14	阳光城	檀系	68.71
15	华发集团	府系	68.54
16	东原集团	印长江系	68.45
17	旭辉集团	宸悦系	68.32
18	雅居乐地产	雅府系	68.28
19	龙光地产	天系	68.22
20	海伦堡	国际系	68.11
21	雅居乐地产	雅郡系	68.10
22	美的置业	未来系	67.97
23	金科股份	博翠系	67.89
24	祥生地产	府系	67.49
25	新希望地产	锦麟系	67.23
26	万科集团	翡翠系	67.21
27	阳光城	翡丽系	66.94
28	万科集团	大都会系	66.65
29	华夏幸福	孔雀城系	66.64
30	俊发地产	峰系	66.60
31	奥山控股	澎湃城系	66.58
32	三盛集团	璞悦系	66.43
33	新城控股	吾悦广场	65.72
34	世茂集团	龙胤系	65.31
35	葛洲坝	中国府系	65.31
36	滨江集团	A+ 系	65.25
37	中国铁建	西派系	65.20
38	绿城中国	凤起系	65.04
39	中南置地	集系	64.65
40	当代置业	万国城系	64.18
41	华发股份	四季系	64.14
42	龙湖集团	天街	63.76
43	华润置地	悦府系	63.07
44	上坤集团	四季系	62.67
45	苏宁置业	苏宁广场	62.56
46	中梁控股	首府系	62.49
47	亿达中国	智慧园区	61.61
48	爱琴海集团	爱琴海	61.23
49	佳兆业	优享佳系	61.11
50	大发地产	悦系	60.84
51	禹洲集团	嘉誉系	60.49
52	万科集团	城系	60.26
53	正荣集团	府系	59.85
54	印力集团	印象城	58.79
55	中海地产	国际社区	56.70
56	世茂集团	天誉系	56.33
57	东原集团	阅系	56.23
58	融创中国	府系	56.12
59	仁恒置地	公园系	55.47
60	华润置地	九里系	55.00
61	正荣地产	紫阙台系	54.69
62	福晟集团	钱隆系	54.43
63	康桥地产	湾系	54.16
64	金地集团	风华系	53.09
65	招商蛇口	成就系	52.88
66	新力地产	湾系	52.74
67	宝龙地产	宝龙城市广场	52.74
68	蓝光发展	雍锦系	52.66
69	万科集团	幸福系	52.52
70	保利发展	公馆系	52.40
71	正商地产	铭筑系	52.00
72	绿城中国	桃李春风系	51.62
73	中国恒大	华府系	51.44
74	德信地产	云庄系	51.23
75	正商地产	上境系	51.22
76	新力地产	悦系	51.11
77	融信集团	世纪系	51.00
78	东原集团	印系	50.41
79	中骏集团	天字系	50.31
80	龙湖集团	天字系	50.01
81	中国恒大	御景系	49.52
82	福晟集团	云樾系	49.34
83	朗诗绿色地产	绿郡系	49.07
84	碧桂园	云系	48.77

2019 年中国房企产品系品牌价值 100 强			
序号	企业名称	产品系	品牌价值指数
85	融侨集团	B 系	48.72
86	祥生地产	春晓系	48.64
87	融侨集团	方圆系	47.05
88	祥生地产	新语系	46.14
89	首创置业	天阅系	45.13
90	弘阳集团	正弘系	44.47
91	保利发展	和光系	44.34
92	远洋集团	春秋系	42.78
93	远洋集团	万和系	41.63
94	蓝光发展	芙蓉系	40.81
95	深业集团	深业系	39.83
96	绿地集团	公馆系	36.83
97	敏捷集团	敏捷系	36.78
98	正黄集团	翡翠系	35.33
99	绿都地产	雅集系	31.98
100	康桥集团	悦榕园系	30.62

表 5-2　2019 年中国房企典藏大宅产品系 TOP10

2019 年中国房企典藏大宅产品系 TOP10		
1	绿城中国	桃花源系
2	龙湖集团	原著系
3	星河湾	星河湾系
4	融创中国	壹号院系
5	中国金茂	府系
6	泰禾集团	大院系
7	东原集团	印长江系
8	世茂集团	龙胤系
9	葛洲坝	中国府系
10	滨江集团	A+ 系

表 5-3　2019 年中国房企奢适阔宅产品系 TOP10

2019 年中国房企奢适阔宅产品系 TOP10		
1	旭辉集团	铂悦系
2	美的置业	云筑系
3	龙光地产	江南系
4	阳光城	檀系
5	海伦堡	国际系
6	金科股份	博翠系
7	祥生地产	府系
8	新希望地产	锦麟系
9	万科集团	翡翠系
10	华发股份	四季系

表 5-4　2019 年中国房企匠心美宅产品系 TOP10

2019 年中国房企匠心美宅产品系 TOP10		
1	美的置业	未来系
2	旭辉集团	宸悦系
3	雅居乐地产	雅郡系
4	阳光城	翡丽系
5	华夏幸福	孔雀城系
6	俊发地产	峰系
7	奥山控股	澎湃城系
8	三盛集团	璞悦系
9	中南置地	集系
10	上坤集团	四季系

注：乐居财经研究院对本次指数测评保留最终解释权。

榜单评测模型说明：

2019 年中国房企产品系品牌价值评测采用 SPIB 模型，将产品系规模指数（Scale）、溢价指数（Premium）、创新指数（Innovate）、品牌指数（Brand）四个因子，分别按照 30%、30%、20%、20% 的比例加权计算最终得出，具有较高的可信度。

具体而言，规模指数是指产品系落地的项目数、销售金额；溢价指数是指该产品系落地项目相对周边均价格比率；创新指数包括科技、健康、设计（空间、艺术）、用材品质，由乐居财经研究院专家委员会评估得分；品牌指数是指该产品系品牌在网络上的曝光量。

地方专家评委会名单①

城市	姓 名	职务	身份属性
北京	陈 志	北京房地产业协会副会长	协会
北京	郭 毅	合硕首席分析师	专家学者
北京	韩 乐	资深媒体人、地产营销人出品人	媒体人
北京	王秀玲	克而瑞北京总经理	专家学者
北京	张大伟	中原机构首席分析师	媒体人
北京	张 剑	新华社客户端房产行业执行总经理	媒体人
包头	杨海珍	包头电视台产业经营中心副总经理	媒体人
包头	周 旭	包头日报社出版中心主任	媒体人
成都	杨继瑞	四川大学房地产策划与研究中心主任、成都市社科联主席	专家学者
成都	胡正南	成都房地产开会协会秘书长	协会
成都	陈 光	西南交通大学公共管理学院院长	专家学者
成都	林建平	华西都市报房产总监	媒体人
长春	马峻岭	广播节目《小马哥购房帮》出品人	媒体人
长春	史嵩龄	克而瑞长春机构总经理	专家学者
长春	李嘉雪	中国网吉林总经理	媒体人
长春	韩振坤	搜狐吉林总经理	媒体人
重庆	周 平	重庆市房地产业协会会长	协会
重庆	王 芳	重庆市房地产开发协会副会长、秘书长	协会
重庆	邱 旭	人民网重庆频道、重庆发布运营总裁	媒体人
重庆	彭发明	重庆华龙网文化实业发展有限责任公司总经理	媒体人
重庆	高维峰	中国新闻社重庆分社社长助理	媒体人
长沙	宋 泷	湖南省住房和城乡建设厅行业党委委员、湖南省房地产业协会常务副会长、秘书长	协会
长沙	赵春林	中国房地产报主任记者	媒体人
长沙	龙小平	金鹰 955 电台总监	媒体人
长沙	肖仕锋	《长沙晚报》房产事业部主任	媒体人
长沙	王义高	湖南省经济地理研究所副所长、教授	专家学者
长沙	陆 劲	易居企业集团克而瑞数据业务事业部湖南区域总经理	专家学者
大连	杜 辉	中共辽宁省委省政府、中共大连市委市政府咨询委员会委员、博士生导师	专家学者
大连	贺 华	大连市房地产业协会秘书长	协会
大连	贾广葆	大连市房地产经济学学会常务副秘书长	协会
大连	柳 毓	大连新闻传媒集团《大连晚报 大楼市》主编	媒体人
福建	叶 醒	福州市房地产业协会会长	协会
福建	赖志军	厦门市房地产业协会会长	协会
福建	陈 亮	福州市规划勘测设计研究总院副院长、总规划师陈亮	专家学者
福建	王 崎	厦门房地产中介行业协会副会长、厦门均和房地产评估公司董事长	协会
福建	刘福泉	福建省著名房地产专家、国房网董事长	专家学者
福建	叶传杰	福建中房研究中心主任、《地产 30 年》作者	专家学者
福建	黄汉彬	厦门购房内参联合创始人	媒体人
广州	王 韶	广东省房地产行业协会会长	协会
广州	陆 毅	广州市房地产行业协会执行会长	协会
广州	庾来顺	广东省旧城镇旧厂房旧村庄改造协会秘书长	协会
广州	李 华	广州市城市更新土地整备保障中心副主任	协会
广州	彭 澎	广东省体制改革研究会副会长	专家学者
广州	贡立华	广州科也管理顾问有限公司董事长（专业房地产策划）	专家学者
广州	盛宇宏	汉森伯盛国际设计集团董事长、总建筑师	专家学者
广州	黄博华	南方日报南方＋房地产频道总经理	媒体人
广州	韩渊武	信息时报社广告中心副总经理、房地产教育部总监	媒体人
贵阳	袁 红	贵阳市房地产业协会会长	协会
贵阳	舒 波	贵阳晚报副总编辑	媒体人
贵阳	夏 刚	贵州省房地产研究院副院长	专家学者
贵阳	吕相勇	黔讯网总经理	媒体人
哈尔滨	桑 洪	哈尔滨工商联房地产商会 会长	协会
哈尔滨	储汐雯	新浪黑龙江 总经理	媒体人
哈尔滨	刘大成	哈尔滨市房地产职业经理人协会会长	协会
哈尔滨	张 蕊	新晚报房地产编辑室 主任编辑	媒体人
哈尔滨	张思恒	黑龙江省广播电视台都市《第一房产＋》制片人	媒体人
海口	王 路	海口市房地产业协会 秘书长	协会
海口	裴 涛	海南省软装行业协会 会长	协会
海口	万 强	海南省房地产招标采购协会 三亚分会会长	协会
杭州	刘晨光	易居（中国）企业集团控股有限公司克而瑞企业战略部总经理、克而瑞浙江区域总经理	专家学者
杭州	田小园	杭州日报房产部负责人	媒体人

① 本名单按专家所在城市首字母排序。

城市	姓　名	职务	身份属性
合肥	李慧秋	原合肥市房产局总工程师	专家学者
合肥	汪　远	安徽省房地产研究会秘书长	专家学者
合肥	郭红兵	安徽省清源房地产研究院院长	专家学者
合肥	凌　斌	合肥学院房地产研究所副所长	专家学者
合肥	大　城	安徽广播电视台交通广播《楼市风向标》制作人、主持人	媒体人
呼和浩特	高雄齐	内蒙古房产服务行业协会会长	协会
呼和浩特	蒋忠贵	蒙马财经总编辑	媒体人
济南	程道平	山东师范大学城市与房地产研究中心主任、教授	专家学者
济南	李景体	济南日报地产事业中心总经理	媒体人
济南	贺启广	资深媒体人《几楼》传媒公司总经理	媒体人
昆明	邓晓盈	昆明理工大学副教授、房地产产业链研究中心主任	专家学者
昆明	梁彩霞	锐理数据昆明公司总经理	专家学者
昆明	何永锋	云南空港雅仕维地产事业部总经理、独立媒体人	媒体人
昆明	姜国君	独立媒体人	专家学者
昆明	吴劲松	昆明日报经济新闻中心地产部首席记者	媒体人
昆明	余　岚	都市时报地产部资深记者	媒体人
南昌	李　锋	江西省房地产业协会秘书长	协会
南昌	陶满德	国家住建部房地产估价与经纪专家、江西师范大学教授	专家学者
南昌	鄢　玫	江西日报广告部主任	媒体人
南昌	胡　江	江南都市报房产周刊主编	媒体人
南昌	熊　挺	南昌晚报房产部主任	媒体人
南昌	宗剑雄	江西晨报副总经理	媒体人
南京	马乐乐	南京市房地产学会理事	专家学者
南京	李汇丰	南大文化传媒房产研究中心主任	专家学者
南京	孟祥远	南京林业大学城市与房地产研究中心主任，南京市房地产学会副会长	专家学者
南京	吴翔华	南京工业大学天诚不动产研究所所长、研究员	专家学者
南京	张　辉	南京房地产促进会秘书长	专家学者
南宁	樊志强	广西广播电视台新闻频道副总监	媒体人
南宁	汤盈盈	广西建设职业技术学院管理工程系 房地产团队带头人	专家学者
南宁	莫新华	广西交通广播总监	媒体人
南宁	刘奕慈	南宁晚报副总编辑 全媒体事业中心总经理	媒体人
宁波	缪百年	全经联宁波地产创新俱乐部会长	协会
宁波	陈展华	中国住博会创始人	专家学者
宁波	郑　江	产融投资人兼地产评论人	媒体人
宁波	曹　云	甬商协会会长	协会
宁波	叶巍俊	巍然视点创始人	专家学者
秦皇岛	李　静	秦皇岛房地产开发协会秘书长	协会
秦皇岛	谢　旭	中国老年学和老年医院学会老年哲学分会总干事、老龄产业分会会长	专家学者
秦皇岛	孙建慧	秦皇岛五兴房地产有限公司总工、河北省被动式建筑专家	专家学者
青岛	陶瑞平	原青岛市规划局局长、原青岛市城乡规划协会理事长	专家学者
青岛	冯显泉	建筑摄影家、青岛市生产力学会常务副会长兼秘书长	专家学者
青岛	龙　江	青岛融信智汇投资发展有限公司董事长	专家学者
青岛	高　评	全国房地产企业家与经理人联合会（简称：全经联）副秘书长	协会
青岛	张则涛	青岛市克而瑞咨询中心首席分析师	专家学者
三亚	刘树国	三亚市房协秘书长	协会
三亚	杨晓海	三亚景区协会秘书长	协会
三亚	邓勇波	三亚旅游联合会常务副总干事	协会
三亚	李　龙	网易房产海南区域总经理	媒体人
三亚	于耿燕	人民网海南频道三亚运营总监	媒体人
深圳	宋　丁	中国综合开发研究院、旅游与地产研究中心主任	专家学者
深圳	王世泰	资深地产评论人、城市人文学者	专家学者
深圳	邓志旺	深圳职业技术学院房地产研究所所长，复旦大学房地产经济博士，深圳市经济学会副会长，深圳市房地产行业协会专业指导委员会委员。	专家学者
沈阳	张　琦	戴德梁行东北区董事总经理	专家学者
沈阳	王一翔	同源机构市场总监	专家学者
沈阳	张锦桥	辽宁省广告学院副院长	专家学者
石家庄	李水源	石家庄市房地产业协会党支部书记	协会
石家庄	纪珊珊	石家庄市房地产业协会秘书长	协会
石家庄	王重润	河北经贸大学金融学院院长	专家学者
石家庄	张君花	石家庄广播电视台新闻综合频道地产行业总监	媒体人
石家庄	江　南	石家庄广播电视台经济广播总监、新闻广播副总监、《第一房产》首席主持人	媒体人
石家庄	吴英帅	喜马拉雅河北站主编	媒体人
苏州	缪伟民	苏州日报报业集团地产融媒中心总经理	媒体人
苏州	申绍杰	苏州大学建筑学院建筑系主任、建筑学教授	专家学者
苏州	杨建国	苏州市房地产行业协会副会长	协会
苏州	周　云	苏州科技大学土木工程学院教授、房地产研究所所长	专家学者
太原	于世玮	山西省房地产业协会会长	协会
太原	田铁秋	山西省房地产商会秘书长	协会
太原	凌日平	太原师范学院管理系副主任，经济学博士	专家学者
太原	董晓强	太原理工大学教授博导、博士后、土木工程学院副院长	专家学者
无锡	沈　洵	无锡房地产业协会副会长兼秘书长	协会
无锡	杭　卫	经济学博士、管理哲学博士	专家学者
无锡	张　斌	无锡房地产业协会副会长	协会

城市	姓名	职务	身份属性
无锡	庄若江	著名文化学者、江南大学人文学院教授	专家学者
无锡	万　萍	克而瑞无锡公司总经理	专家学者
无锡	钱琳文	江南晚报资深媒体人、江南晚报传媒公司副总经理	媒体人
无锡	王　晓	无锡广播电视发展有限公司广告分公司副总经理	媒体人
无锡	金振华	现代快报 +ZAKER 无锡执行总编辑	媒体人
武汉	徐国斌	武汉市规划研究院高级规划师、美国 UIC 大学访问学者、国家注册规划师	专家学者
武汉	袁红霞	长江商报地产事业部总监	媒体人
武汉	张　涛	武汉市房地产开发协会副秘书长	协会
西安	刘四海	陕西省房地产研究会媒体委员会主任	专家学者
西安	宁高伟	陕西省房地产商会秘书长	协会
西安	李　玮	西安日报经营中心副总经理	媒体人
烟台	王　光	烟台房地产协会副会长	协会
烟台	栾泽奖	腾策顾问烟威区域总经理	专家学者
烟台	朱彦昊	锐理数据烟台公司总经理	专家学者
烟台	吴　磊	山东省互联网传媒集团烟威站站长	媒体人
郑州	赵进京	河南省房地产业商会执行会长兼秘书长	协会
郑州	李晓峰	河南财经政法大学教授、房地产经济研究所所长	专家学者
郑州	刘　社	河南财经政法大学城市发展研究中心主任	专家学者
郑州	刘文良	郑州日报地产部主编	媒体人
郑州	李　飞	大河报房产事业部总监	媒体人
郑州	王　宁	河南广播电视台私家车 999《陪你去看房》主持人	媒体人
珠中江	陈联帝	中山市房地产行业协会会长	协会
珠中江	叶泽权	江门市房地产行业协会会长	协会
珠中江	唐铁军	珠海市房地产职业经理人俱乐部主席	协会
珠中江	刘永逸	中山房地产行业协会秘书长	协会
珠中江	梅　东	澳门商报总编辑、澳门文化传媒联合会副会长	媒体人
珠中江	丁保权	南方日报经营公司中山分公司总经理	媒体人
珠中江	李炳亮	珠海左岸控股董事长、知名媒体评论员	媒体人
珠中江	杨东方	珠海市房地产经纪人协会会长	协会
珠中江	周奇润	珠海置力地产顾问机构董事	专家学者

《2019年中国城市楼盘年鉴》编委会

名誉主席 刘志峰

主　　任 冯　俊　周　忻

副 主 任 陈宜明　张力威　苗乐如　贺寅宇

编　　委（以姓氏笔画为序）

水　皮　方　欢　邓庆旭　付　晶　冯长春　刘　轶　刘　然
刘洪玉　何　力　何　刚　张永岳　陈海保　俞云强　言　翔
潘宇凌　薛　峰

特约编辑（以姓氏笔画为序）

丁　立　丁松山　于　婞　上官剑　马国强　马慧娟　王小瑛
王　卉　王　芊　王　伟　王合群　王兴元　王丽娅　王欣怡
王泽红　王俊宏　王　娜　王　晓　王　笑　王文宾　王　静
王　慧　王　颢　尤晓珂　卢华俊　史　雪　付　强　丛丽萍
乐　凯　冯　强　邢　凯　邢宝君　吉洪波　吕　茜　朱晓鹏
任鹏菲　全　昆　刘　方　刘　宏　闫丽敏　孙天华　花　筠
严政南　杜　芳　李志军　李　丽　李诗婷　李奕和　李晓娜
李　察　杨　婕　杨　博　杨　磊　吴诗如　邱静静　何海源
余　翔　张　井　张元海　张云峰　张　凤　张　平　张春捷
张　娜　张海钢　张淑丽　陈文静　陈　君　陈洁晶　陈　娟
陈培代　陈　滢　陈嘉雯　林　宁　周天凤　周　亮　郑利香
郑玲玲　房　伟　赵　一　赵　毅　郝利政　胡达军　胡　彤
柳相如　侯　亮　姜安娜　宫启城　祝会祥　祝　捷　聂鸿鲲
夏　璐　徐子轩　徐　丹　徐　冉　高明东　高　琦　郭云柯
郭　军　郭　楠　席士晓　唐　亮　唐富平　袁浩涛　黄金梅
黄凌燕　梅时磊　曹宇震　崔　璇　银　涛　董　郡　蒋晓燕
蒋　琳　蒋　瑜　曾飞燕　曾　艳　谢曼姬　虞　婕　慈坤艺
臧　璇　潘卫星　潘扬扬　衡华丽　翼亚星

化学药品对照品图谱集

——总 谱

中国食品药品检定研究院　组织编写

主编　胡昌勤　马双成

中国医药科技出版社

图书在版编目（CIP）数据

化学药品对照品图谱集——总谱/胡昌勤，马双成主编；中国食品药品检定研究院组织编写．—北京：中国医药科技出版社，2015.4

ISBN 978－7－5067－7261－7

Ⅰ.①化… Ⅱ.①胡… ②马… ③中… Ⅲ.①药品检定－光谱图 Ⅳ.①R927－64

中国版本图书馆 CIP 数据核字（2015）第 032530 号

策划编辑 甄 杰
责任编辑 甄 杰
美术编辑 陈君杞
版式设计 郭小平

出版 中国医药科技出版社
地址 北京市海淀区文慧园北路甲 22 号
邮编 100082
电话 发行：010－62227427 邮购：010－62236938
网址 www. cmstp. com
规格 A4
印张 93
字数 2532 千字
版次 2015 年 4 月第 1 版
印次 2015 年 4 月第 1 次印刷
印刷 三河市万龙印装有限公司
经销 全国各地新华书店
书号 ISBN 978－7－5067－7261－7
定价 488.00 元

本社图书如存在印装质量问题请与本社联系调换

《化学药品对照品图谱集》

编 委 会

名誉主编 李云龙

主　　编 胡昌勤　马双成　杨化新　何　兰　宁保明　卢忠林　肖新月

副 主 编 （按姓氏笔画排序）

许鸣镝　孙翠荣　张　玫　张启明　林　兰　南　楠

编　　委 （按姓氏笔画排序）

马　超　马玲云　王秋花　王彩芳
牛剑钊　乔晋萍　华　瑞　刘　阳
刘　毅　刘朝霞　严　菁　李　婕
李　焱　李月琪　李敏峰　孙　明
孙雅轩　杨正红　吴建敏　余振喜
宋绪东　沈句句　张　红　张　娜
张才煜　张龙浩　陆立明　陈　辰
陈亚飞　郁　露　林菁菁　岳祥军
周　颖　赵　影　耿　颖　袁　松
柴云峰　唐远旺　姚　静　黄海伟
黄涛宏　曹　磊　庾丽菊　程奇蕾
熊　婧　魏宁漪　魏京京
Charles G. Thibault

《化学药品对照品图谱集——总谱》

编　委　会

主　编　胡昌勤　马双成

副主编　杨化新　张　玫　何　兰　宁保明

林　兰　许鸣镝　肖新月

编　委　(按姓氏笔画排序)

马玲云　王秋花　王彩芳　卢忠林

刘　阳　刘　毅　刘朝霞　孙翠荣

张　娜　张才煜　张龙浩　张启明

南　楠　袁　松　耿　颖　黄海伟

熊　婧

目　录

序

药品质量和安全问题是关系人民健康和国计民生的重大问题。国家药品安全“十二五”规划明确提出：全面提高药品标准，进一步提高药品质量，完善药品监管体系，规范药品研制、生产、流通和使用，落实药品安全责任，加强技术支撑体系建设，提升药品安全保障能力，降低药品安全风险，确保人民群众用药安全。全面提高国家药品标准，实施国家药品标准提高行动计划。参照国际标准，优先提高基本药物及高风险药品的质量标准。药品生产必须严格执行国家标准，达不到国家标准的，一律不得生产、销售和使用。加强国家药品标准研究，重点加强安全性指标研究。

国家药品标准物质是执行国家药品标准的重要物质基础，同时，药品标准物质也是国家标准物质的重要组成部分。国家药品标准物质系指供国家法定药品标准中药品的物理、化学和生物学等测试用，具有确定的特性或量值，用于校准设备、评价测量方法、给供试药品赋值或鉴别用的物质，分为标准品、对照品、对照药材、对照提取物和参考品五大类。国家药品标准物质在新药研发、药品生产、市场监管、国际贸易、实验室质量体系运行中发挥了重要的不可替代的作用。

根据《药品管理法》和《药品注册管理办法》，中国食品药品检定研究院（简称中检院）负责制备、标定、供应国家药品标准物质。我国药品标准物质的研制始于20世纪50年代。1956年《中国药典》收载共3种化学对照品；1956～1977年，陆续建立的国家生物标准物质共60余种，化学对照品共19种，熔点对照品10种，供抗生素测定用的化学对照品6种；1977年后，历版《中国药典》应用标准物质特别是化学对照品的数量都在快速增长，至2000年版《中国药典》化学对照品已增至375种；近10年来，对化学对照品的需求更是飞速增长，中检院提供的各类化学对照品2005年为900种，2010年为1456种，目前已达1820种，且每年以约10%的速度增长，这也加大了工作压力和难度。如何保证化学对照品的准确溯源一直是中检院的首要工作任务。

近20年来，新的分析技术迅速发展，许多新方法和新技术已经逐步引入到国家药品标准物质的制备标定中，特别是各类现代化分析仪器的应用促使人们对国家药品标准物质的特征量值有了更深入的认知，促进了国家药品标准物质的研制。常用的光谱分析方法，如红外（IR）光谱法、拉曼（Raman）光谱法和紫外（UV）光谱法是表征有机化合物分子结构的重要手段；质谱（MS）和核磁共振谱（NMR）是化合物结构鉴定的有效方法；动态水分吸附法（dynamic vapor sorption，DVS）、差示扫描量热法（differential scanning calorimetry，DSC）和热重分析法（thermogravimetric analysis，TGA）可有效区分化合物的重要物理特性，如引湿性、晶型、纯度等，并可快速评价化合物的相容性、稳定性等化学特性。

中检院在长期的国家药品标准物质研制过程中积累了大量的数据。为进一步促进我国药品标准物质的研制与应用，分类整理了近600个常用化学对照品的各类谱学数据(包括红外、拉曼、紫外、质谱、核磁共振、动态水分吸附、差示扫描量热法、热重分析法等)，每个品种同时给出中英文名、中英文化学名、分子式、分子量和CAS号等基本信息，并同时配合给出每一种化学对照品的性状、溶解性和对照品编号与批号等使用信息，并按照总谱《化学药品对照品图谱集——总谱》和分册出版，分册包括《化学药品对照品图谱集——红外、拉曼、紫外光谱》《化学药品对照品图谱集——核磁共振》《化学药品对照品图谱集——质谱》《化学药品对照品图谱集——热分析》和《化学药品对照品图谱集——动态水分吸附》。

该系列图书图文并茂、层次清楚，是我国有关化学药品对照品的第一本图谱集，为广大长期从事化学药品质量控制和化学对照品制备标定的工作人员提供了一套非常实用的参考书和工具书，相信该书的出版，对提高和完善化学药品质量控制标准，进一步保障人民用药安全有效具有重要的技术保障作用。

第十届国家药典委员会执行委员
中国药品监督管理研究会执行副会长
中国食品药品检定研究院原院长、党委书记

李云龙

2014年6月

前　　言

药品标准物质是国家标准物质的重要组成部分。药品标准物质是指有确定特征量值，在药品物理、化学测试及生物测定中用于校准设备、评价测量方法或者给供试药品赋值的物质，包括标准品、对照品、对照药材和参考品等。标准物质的使用，使得检验、分析和测量实验室之间测量值的互相传递成为可能。药品标准物质是各国依法实施药品质量控制的基础。药品标准物质的质量和水平，与医药工业的健康发展和人民群众用药的安全有效休戚相关。同时，高品质的药品标准物质在日益频繁的国际医药领域商贸往来和技术交流中也发挥着重要的作用。

高品质的标准物质，其被赋予的特征量值（characteristic value）——定性特性和定量特性通过一条不间断的比较链应能溯源至国际公认单位（international system of units，SI），以保证在不同时间、不同空间的测量结果具有可比较性。药品标准物质的研制过程中，除需要做到对候选物结构解析清楚、含量测定准确外，原料的同质性、均匀性、稳定性也是候选物遴选过程中需要评价、控制的重要环节。我国药品标准物质的研制始于20世纪50年代。1956年《中国药典》收载共3种化学对照品；1956～1977年，陆续建立的国家生物标准物质共60余种，化学对照品共19种，熔点对照品10种，供抗生素测定用的化学对照品6种；1977年后，历版《中国药典》应用标准物质特别是化学对照品的数量都在快速增长，至2000年版《中国药典》化学对照品已增至375种；近10年来，对化学对照品的需求更是飞速增长，中国食品药品检定研究院（中检院）提供的各类化学对照品2005年为900种，2010年为1456种，目前已达1820种，且每年以约10%的速度增长，这也加大了中检院的工作压力和难度。如何保证化学对照品的准确溯源一直是中检院的首要工作任务。

科学技术的进步，特别是各类现代化分析仪器的应用促使人们对药品标准物质的特征量值有了更深入的认知，也促进了药品标准物质的研制。常用的光谱分析方法如红外（IR）光谱法、拉曼（Raman）光谱法和紫外（UV）光谱法是表征有机化合物分子结构的重要手段；质谱（MS）和核磁共振谱（NMR）是化合物结构鉴定的有效方法；动态水分吸附分析法（dynamic vapor sorption，DVS）、差示扫描量热法（differential scanning calorimetry，DSC）和热重分析法（thermogravimetric analysis，TGA）可有效区分化合物的重要物理特性，如引湿性、晶型、纯度等，并可快速评价化合物的相容性、稳定性等化学特性，这些方法已经成为药品标准物质研制中的重要工具。中检院在长期的标准物质研制过程中积累了丰富的经验，并积累了大量的数据。为进一步促进我国药品标准物质的研制与应用，中检院分类整理了270个常用化学对照品的各类谱学数据，每个品种同时给出中英文名称、中英文化学名、分子式、分子量和CAS号等基本信息，并同时配合给出每一个化学对照品的性状、溶解性和对照品编号与批号等使用信息，供广大药学工作者参考。

由于分析测量技术发展较快，药品研发和质量控制标准更新周期不断缩短，加之撰写编辑时间仓促，难免存在疏漏之处，我们衷心希望广大读者批评指正。

中国食品药品检定研究院
2014年12月

编 写 说 明

本图谱集中的所有样品均源自中国食品药品检定研究院的化学对照品，本书收载图谱、数据力求做到直观翔实。

一、核磁共振

核磁共振（nuclear magnetic resonance，NMR）波谱技术在结构分析中不仅可用于化合物结构鉴定、化合物空间构型的确定等定性分析，还可用于定量分析，在化学对照品领域得到广泛的应用。

本图谱集中所有化学药品对照品的核磁共振氢谱（^{1}H NMR）和核磁共振碳谱（^{13}C NMR）数据采用德国 Brucker 公司的 Advance 400 核磁共振仪测得，并进行了归属。

核磁共振氢谱和碳谱的结构解析及信号归属存在三种情况：①有参考文献佐证，包括专业期刊、学位论文和数据库等。②有二维核磁图谱佐证。③应用 Chemdraw 和 Mestrenova 软件佐证。

二、红外、拉曼、紫外光谱

化合物分子结构不同，对光能的吸收特性就不同，对不同波长范围的光谱吸收强度也存在差异。因而，通过分析和研究这些光谱特性，相互印证、相互补充，可以实现对化合物的定性鉴别和定量分析。常用的光谱分析方法有红外光谱法、拉曼光谱法和紫外光谱法。

本图谱集中红外光谱图所用仪器为珀金埃尔默（PerkinElmer）公司 Frontier 傅里叶变换红外光谱仪；拉曼光谱图所用仪器为珀金埃尔默（PerkinElmer）公司 RamanStation 400 拉曼光谱仪；紫外光谱图所用仪器为珀金埃尔默（PerkinElmer）公司 Lambda 35 紫外 - 可见分光光度计和 Lambda 750 紫外 - 可见 - 近红外分光光度计。

三、热分析

热分析法是测定物质的理化性质与温度关系的一类仪器分析方法，即程序控温和一定气氛下，准确记录物质的理化性质随温度或时间变化的关系，研究物质在加热或冷却过程中发生的晶型转化、熔融、蒸发、脱水等物理变化，或热分解、氧化等化学变化，以及伴随发生的温度、能量或者质量改变的方法，包括热重分析法（thermogravimetric analysis，TGA）和差示扫描量热法（differential scanning calorimetry，DSC）。

本图谱集所有样品曲线均采用梅特勒 - 托利多国际贸易（上海）有限公司生产的 TGA/DSC1 同步热分析仪测试获得。同步热分析仪可以在一次实验中同时获得 TG 曲线和 DSC 曲线。测试温度范围均为30～500℃，升温速率为 10℃/min，气氛为氩气 50ml/min。样品坩埚采用 40μl 铝坩埚，不加盖。

四、动态水分吸附

动态水分吸附分析法（dynamic vapor sorption，DVS）是通过测定吸附－解吸附等温线或水分吸附动力学曲线等来评价样品吸收水分的趋势和程度，研究样品的吸水特性，即引湿性。

本图谱集所收载的图谱全部采用美国康塔仪器公司 Aquadyne DVS 双站全自动水分吸附分析仪。

五、质谱

质谱是用于化合物结构鉴定的主要检测手段之一。其所涵盖的分析应用领域极其广泛，常应用于药物结构确证、杂质分析、非法添加以及痕量杂质的检测、药代动力学研究和代谢产物的确认等领域。

本图谱集采用 LC－MS/MS 方法，对 270 种化学药品对照品品种（包括 API 活性成分与杂质）进行了一级与二级质谱的测定，并参考了《天然有机质谱学》和《电喷雾质谱应用技术》等经典书籍与文献，对二级质谱的部分碎片进行了结构解析。

本图谱集中质谱图采用岛津 LC－MS－8040 液质联用仪测定，离子源为电喷雾（ESI＋－），离子源电压分别为＋4.5kV 与－3.5kV，二级碰撞电压分别在＋5～＋65V 与－5～－65 V 之间（在二级谱图中已标明），加热模块温度为 400℃，脱溶剂温度为 250℃，雾化气流速为 3.0L/min，干燥气流速为 15L/min，质量分析器为三重四级杆，一级扫描范围为 100～1500amu，二级扫描范围为 50～1500amu，流动相为甲醇－水（80∶20），在个别品种的流动相中加入了 0.1% 甲酸等增加化合物的质子化。

对照品图谱

醋酸甲羟孕酮

英文名　Medroxyprogesterone Acetate

分子式　$C_{24}H_{34}O_4$

分子量　386.53

CAS 号　71－58－9

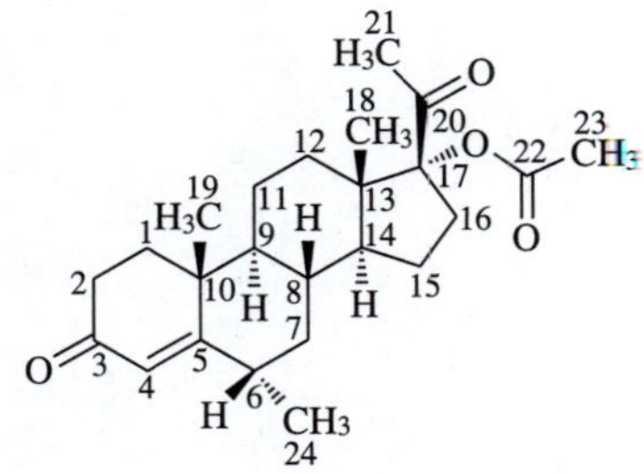

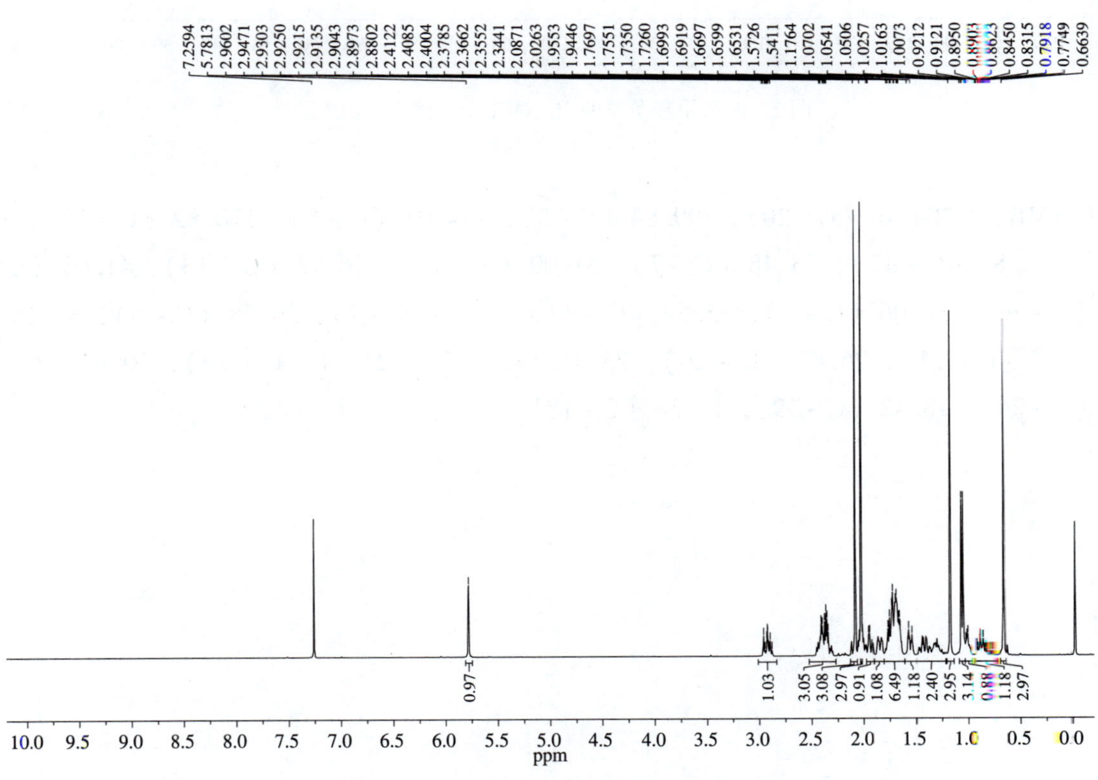

图 1　醋酸甲羟孕酮的[1]H NMR 谱（溶剂：$CDCl_3$）

^{1}H NMR：δ 5.78（H－4，s，1H），2.94（m，1H），2.53～2.27（m，3H），2.09（H－21，s，3H），2.03（H－23，s，3H），1.94（m，1H），1.86（m，1H），1.81～1.61（m，7H），1.56（m，1H），1.50～1.22（m，2H），1.18（H－19，s，3H），1.06（H－24，d，J＝6.5 Hz，3H），1.01（m，1H），0.85（m，1H），0.66（H－18，s，3H）

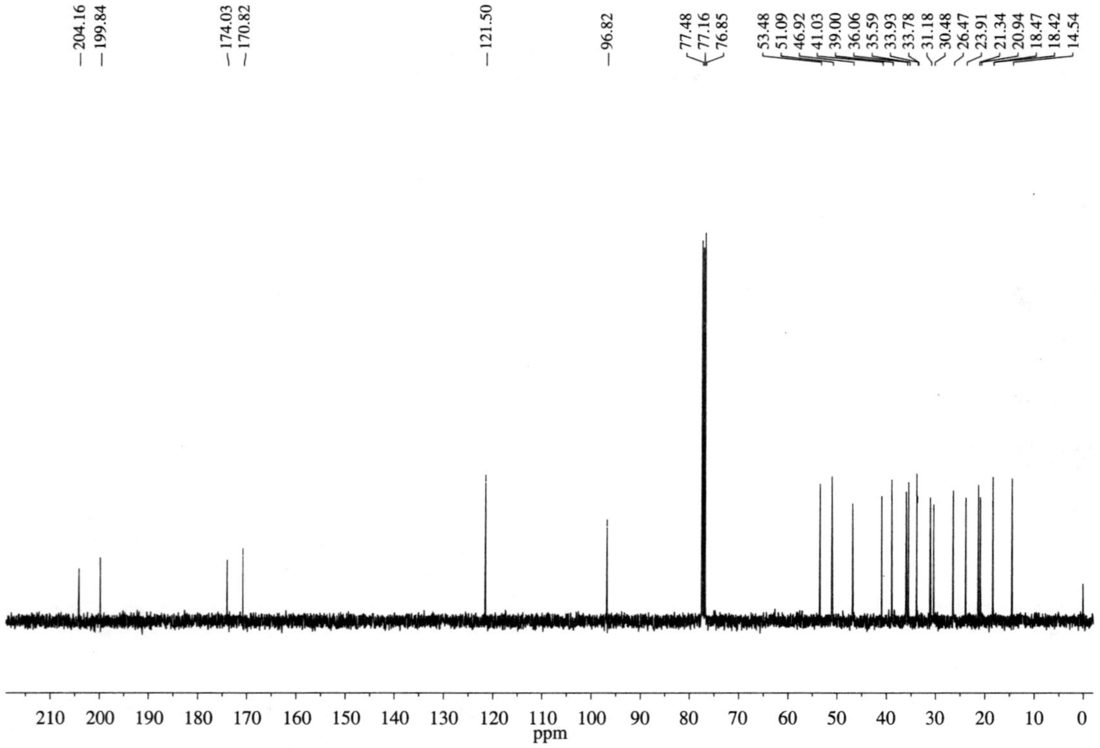

图2　醋酸甲羟孕酮的^{13}C NMR谱（溶剂：$CDCl_3$）

^{13}C NMR：δ 204.16（C－20），199.84（C－3），174.03（C－5），170.82（C－22），121.50（C－4），96.82（C－17），53.48（C－7），51.09（C－14），46.92（C－13），41.03（C－7），39.00（C－10），36.06（C－1），35.59（C－8），33.93（C－2），33.78（C－6），31.18（C－12），30.48（C－21），26.47（C－16），23.91（C－15），21.34（C－23），20.94（C－11），18.47（C－24），18.42（C－19），14.54（C－18）

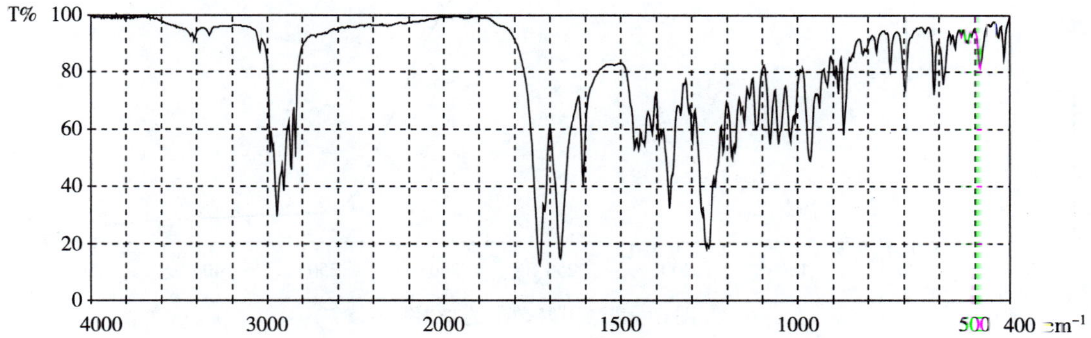

图 3　醋酸甲羟孕酮的红外光谱图

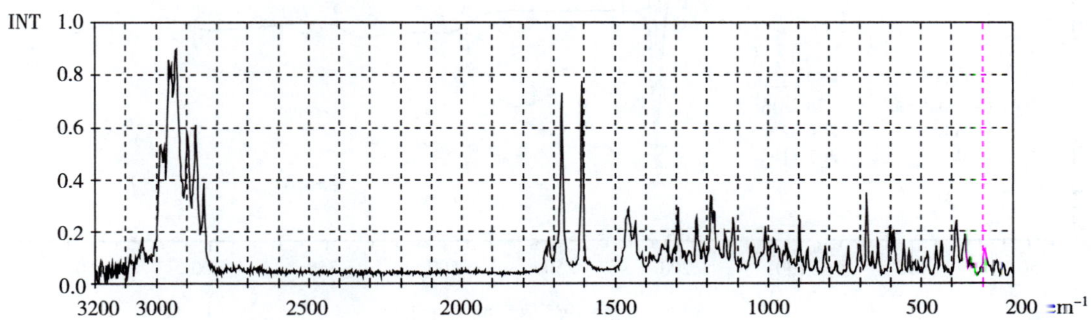

图 4　醋酸甲羟孕酮的拉曼光谱图

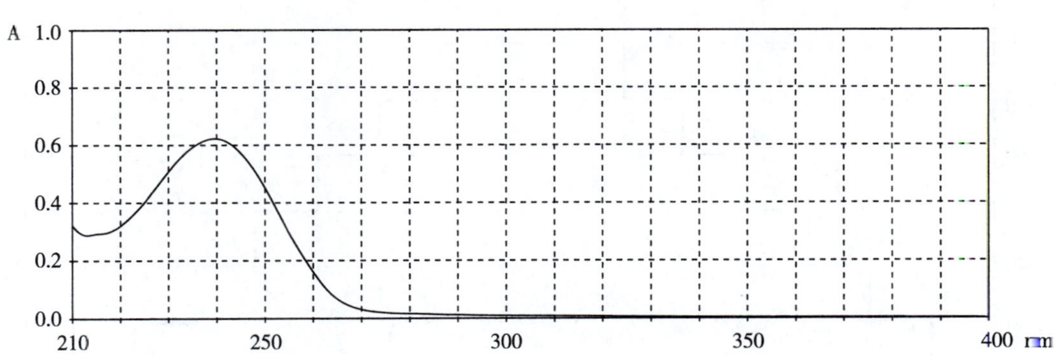

图 5　醋酸甲羟孕酮的紫外光谱图

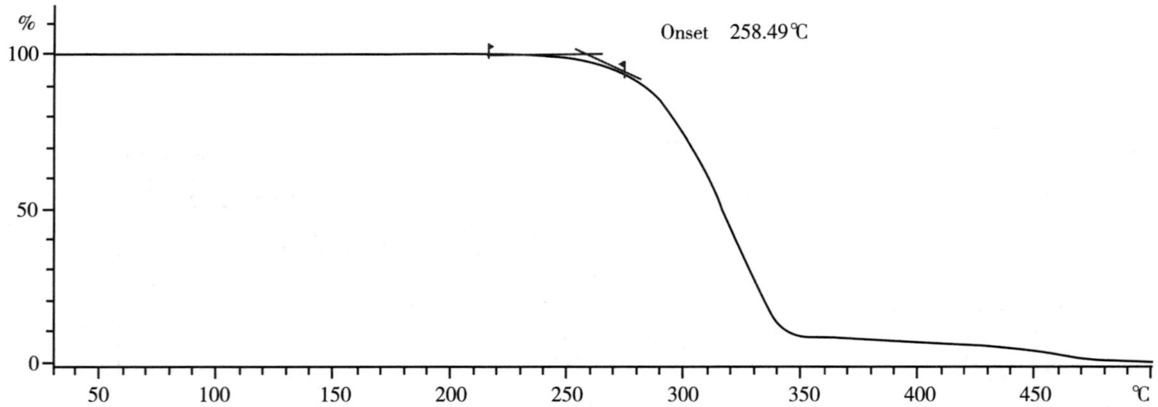

图 6　醋酸甲羟孕酮的 TG 图

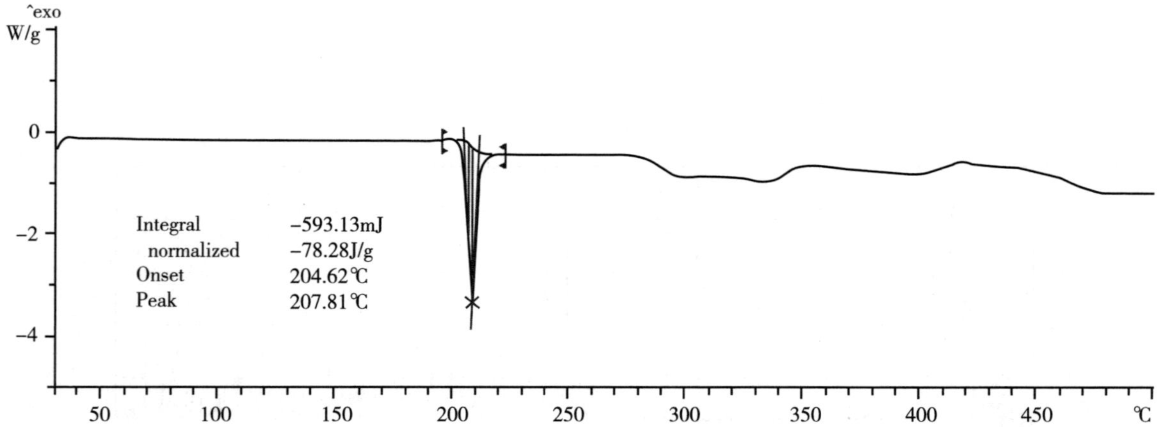

图 7　醋酸甲羟孕酮的 DSC 图

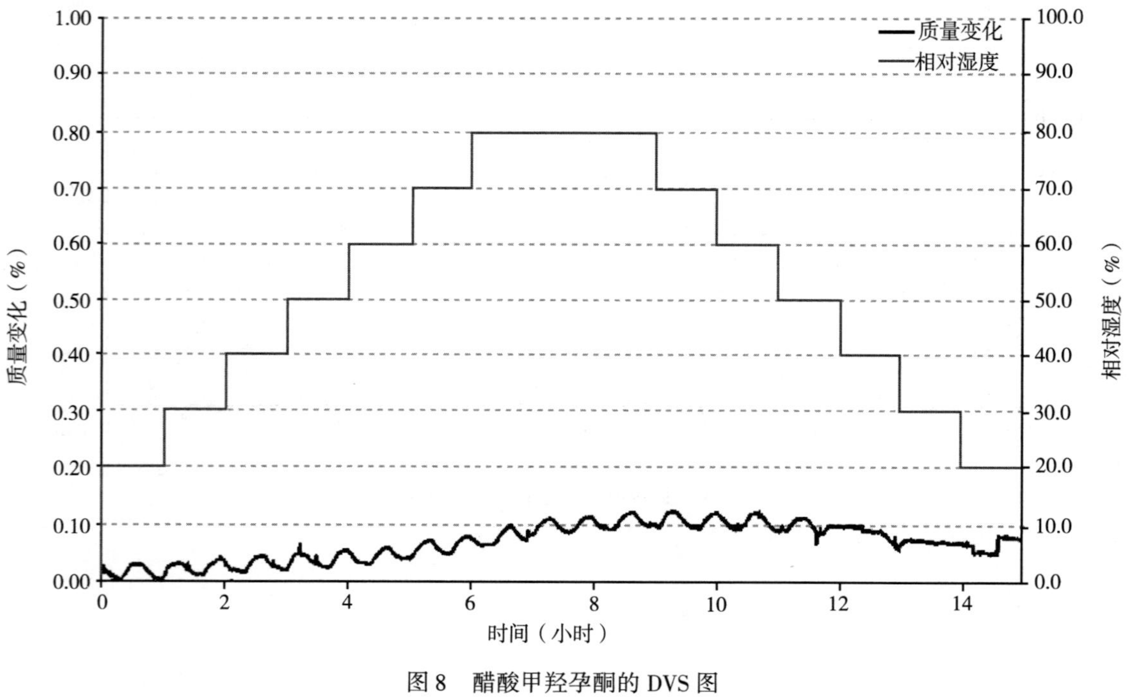

图 8　醋酸甲羟孕酮的 DVS 图

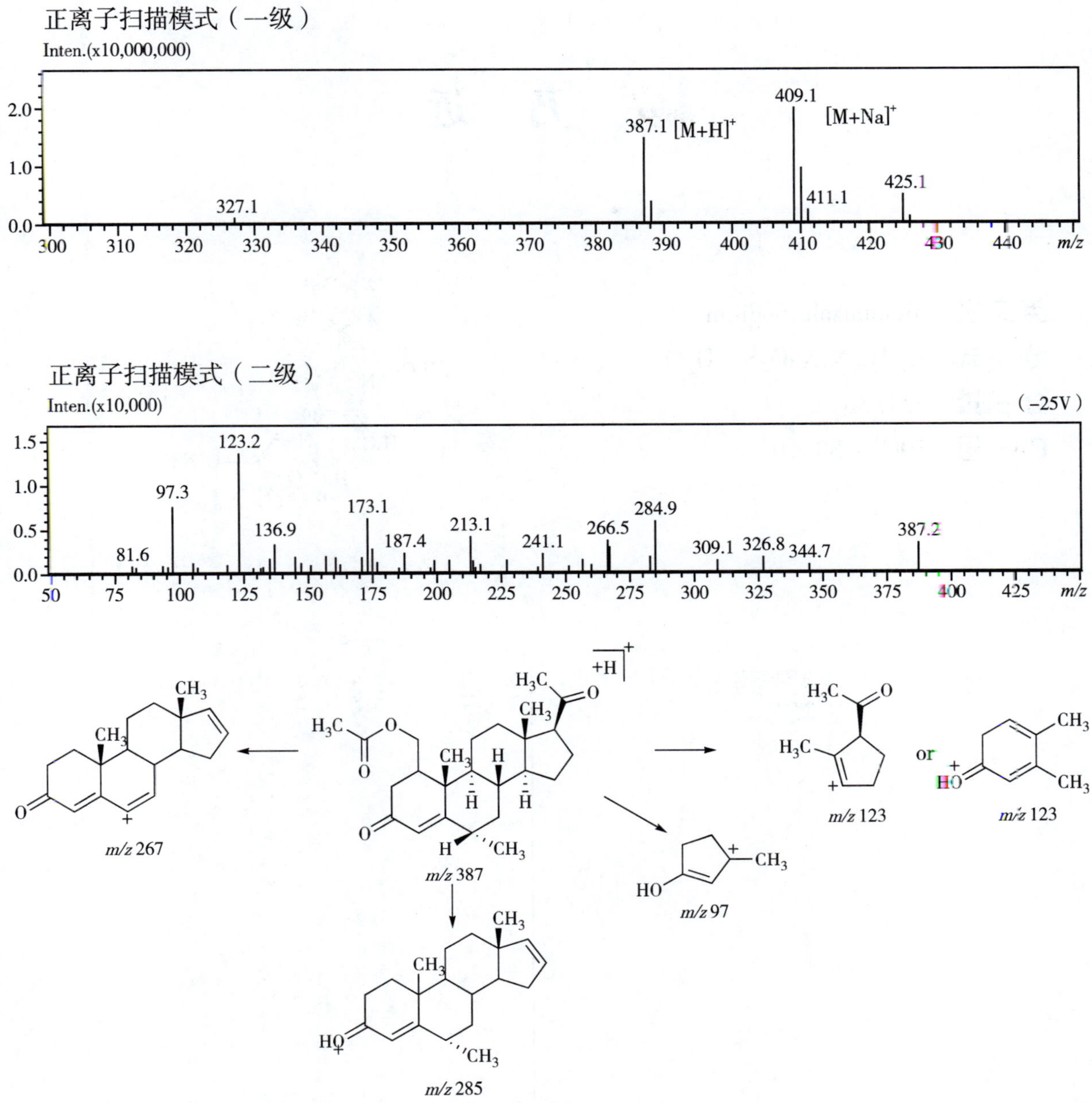

图 9　醋酸甲羟孕酮的质谱图

备注

1. 中文化学名　6α－甲基－17α－羟基孕甾－4－烯－3,20－二酮－17－醋酸酯

2. 英文化学名　17α－acetoxy－6α－methylprogesterone

3. 性状　本品为白色或类白色的结晶性粉末；无臭。

4. 溶解性　本品在三氯甲烷中极易溶解，在丙酮中溶解，在乙酸乙酯中略溶，在无水乙醇中微溶，在水中不溶。

5. 溶剂　三氯甲烷。

6. 对照品编号与批号　100001－200504

安　乃　近

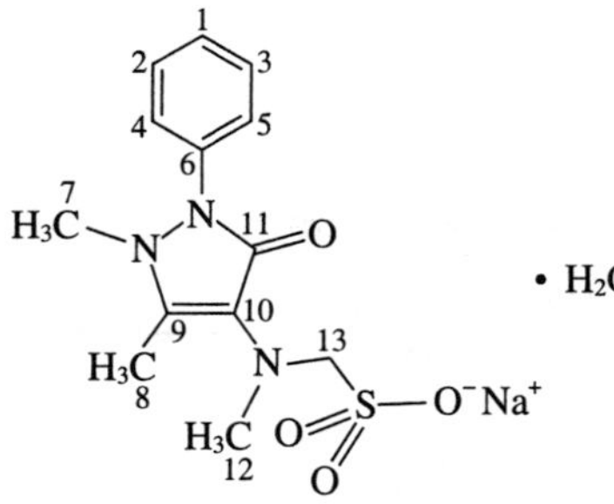

英文名 Metamizole Sodium

分子式 $C_{13}H_{16}N_3NaO_4S \cdot H_2O$

分子量 351.36

CAS 号 5907－38－0

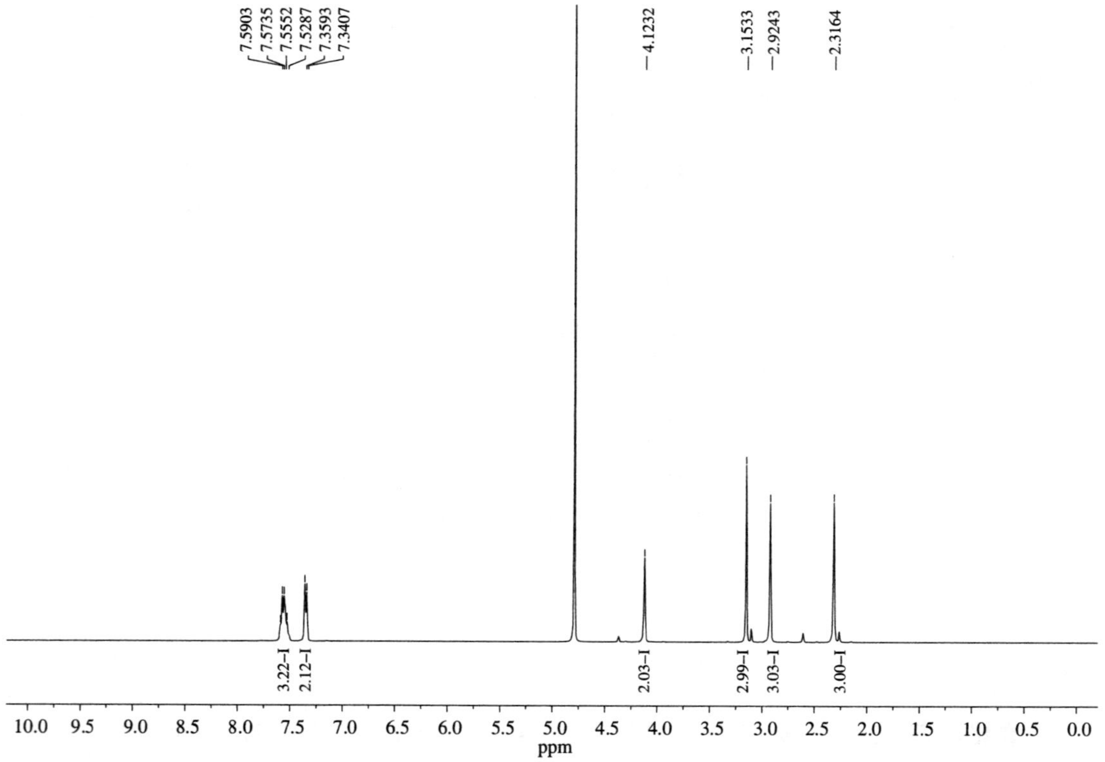

图1　安乃近的[1]H NMR 谱（溶剂：D_2O）

^{1}H NMR：δ 7.61～7.49（H－1，4，5，m，3H），7.40～7.27（H－2，3，m，2H），4.12（H－13，s，2H），3.15（H－7，s，3H），2.92（H－12，s，3H），2.32（H－8，s，3H）

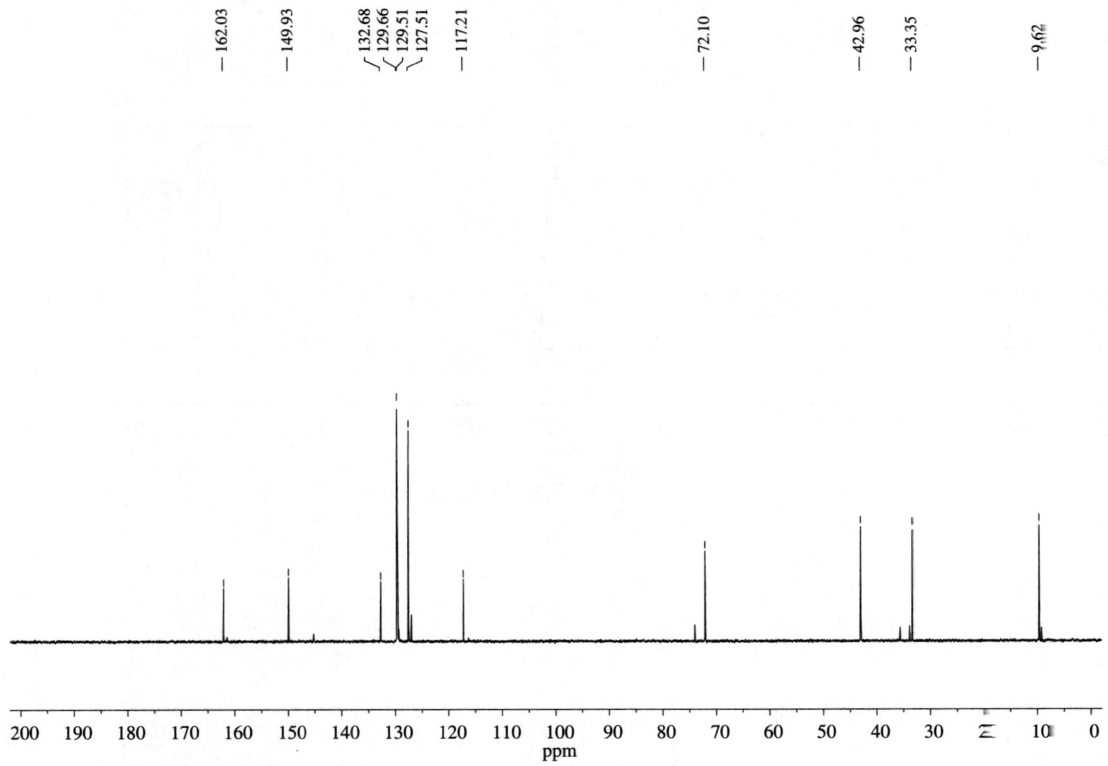

图 2　安乃近的^{13}C NMR 谱（溶剂：D_2O）

^{13}C NMR：δ 162.03（C－11），149.93（C－6），132.68（C－9），129.66（C－2，3），129.51（C－4，5），127.51（C－1），117.21（C－10），72.10（C－13），42.96（C－12），33.35（C－7），9.62（C－8）

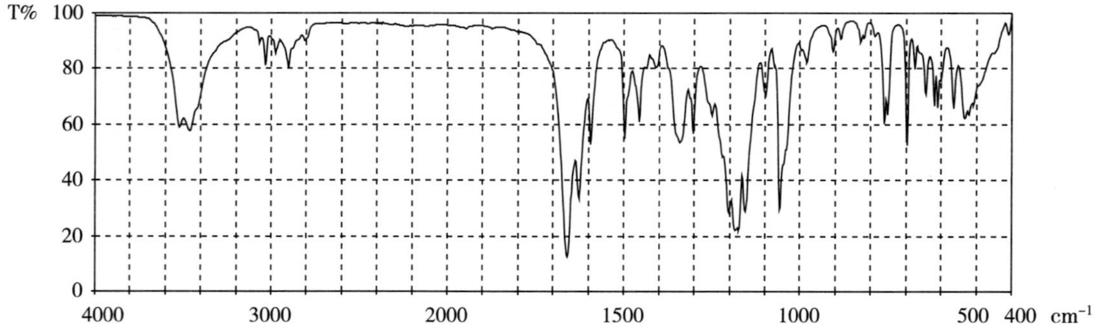

图 3　安乃近的红外光谱图

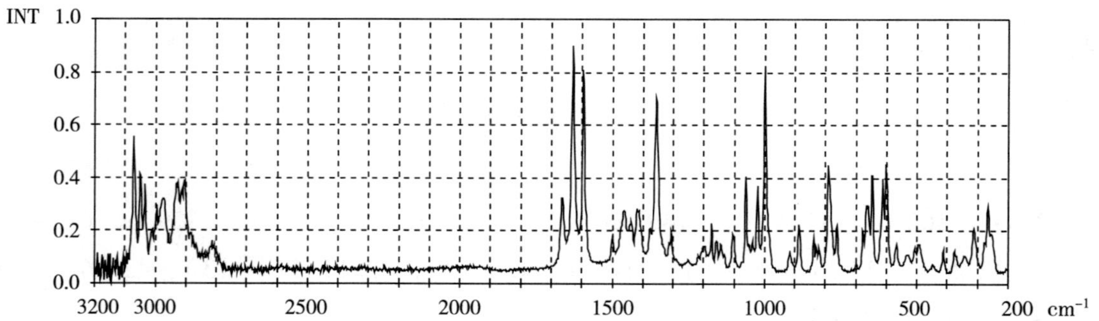

图 4　安乃近的拉曼光谱图

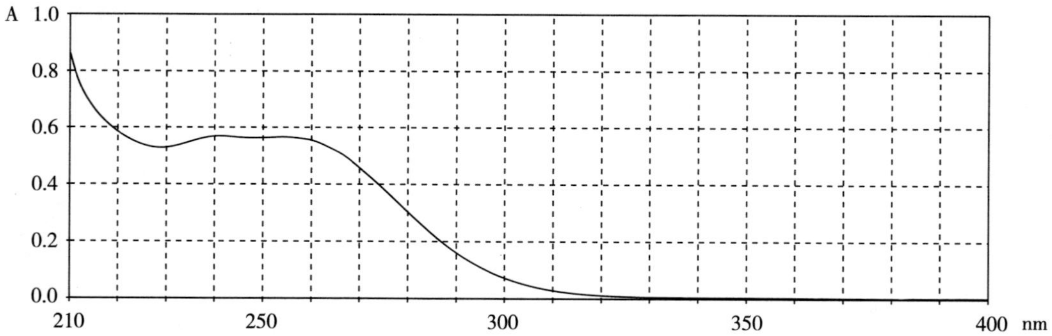

图 5　安乃近的紫外光谱图

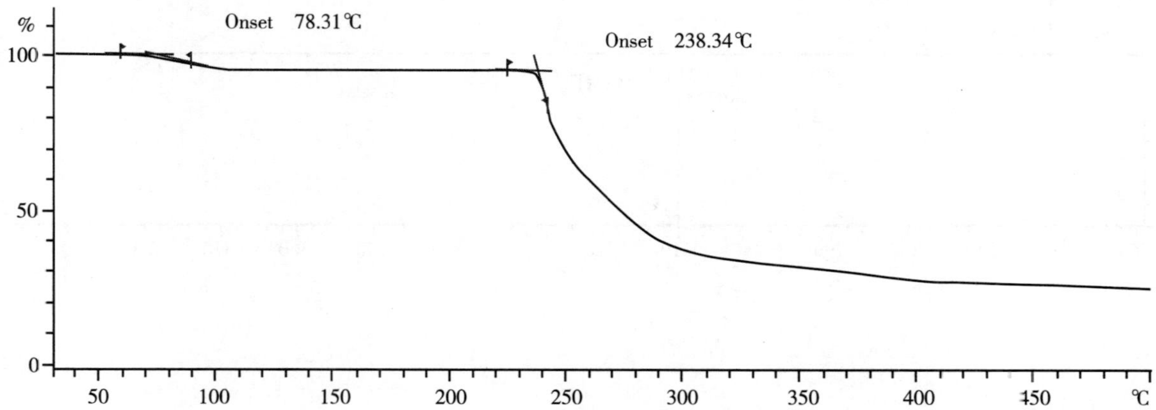

图 6 安乃近的 TG 图

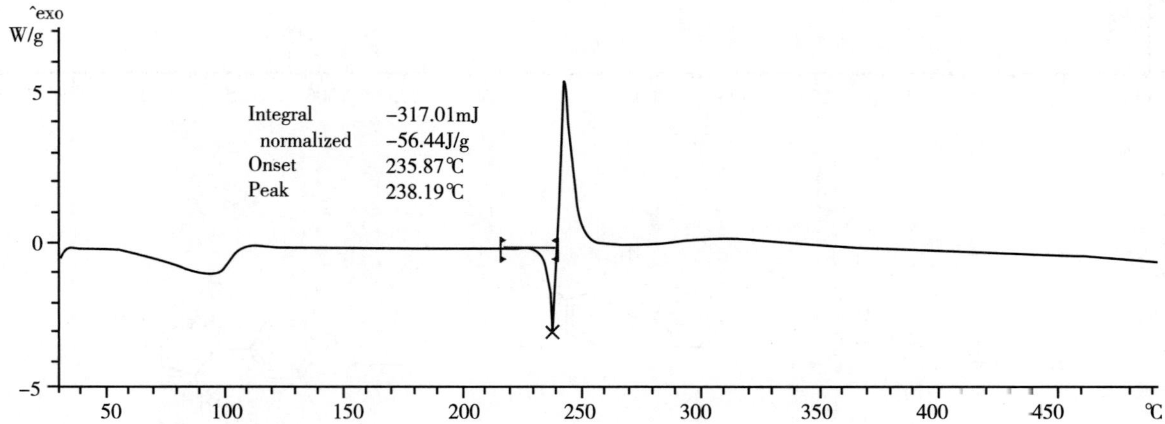

图 7 安乃近的 DSC 图

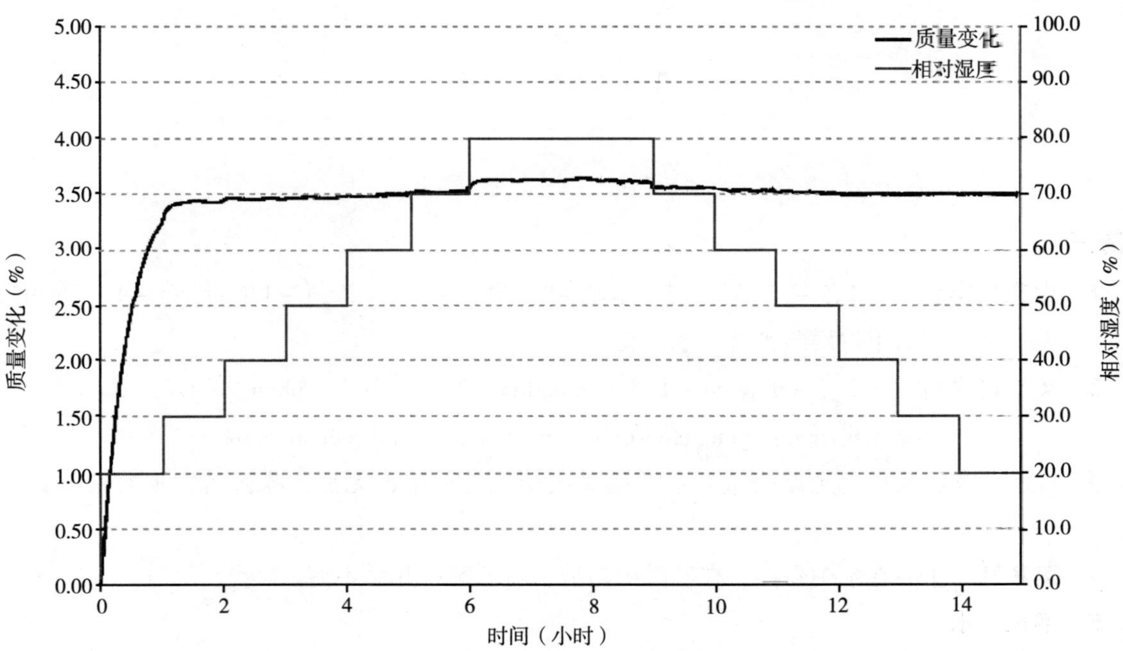

图 8 安乃近的 DVS 图

负离子扫描模式（一级）

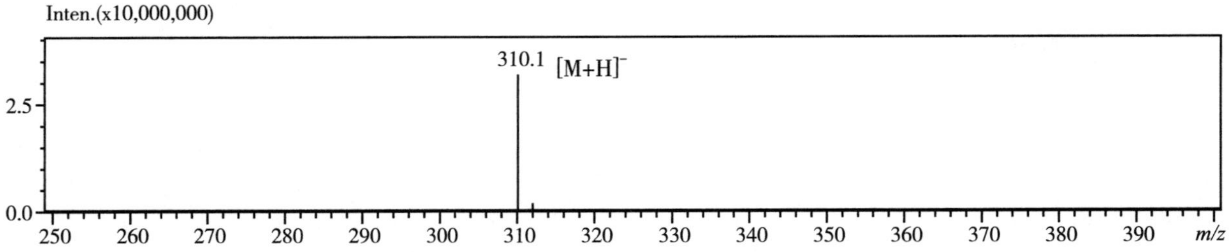

负离子扫描模式（二级）

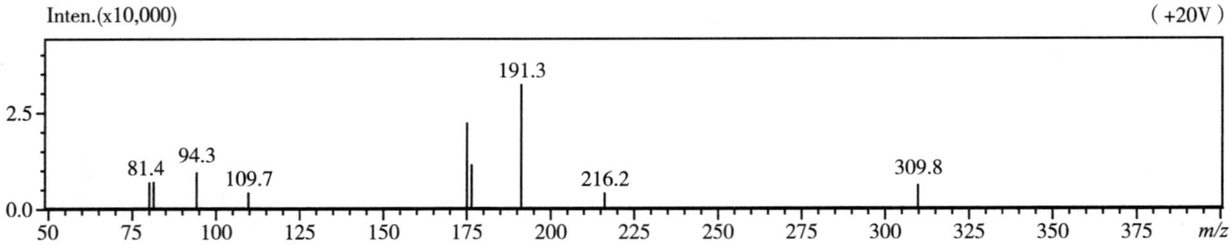

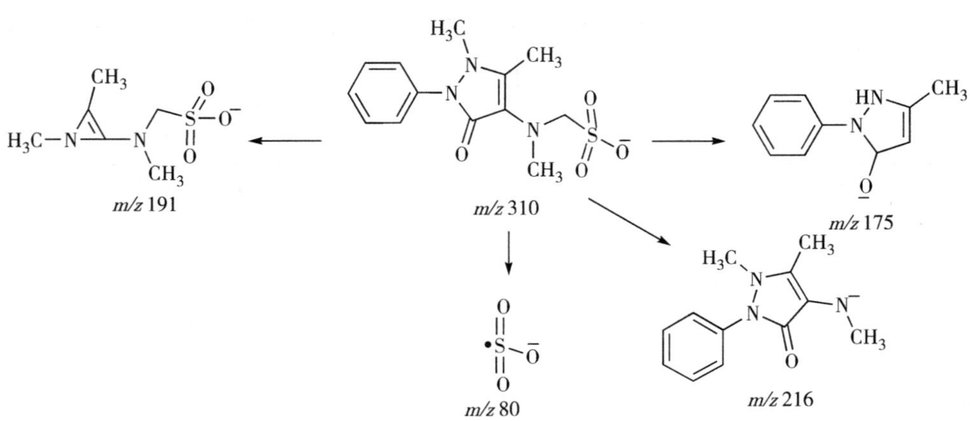

图9 安乃近的质谱图

备注

1. **中文化学名** ［(1,5－二甲基－2－苯基－3－氧代－2,3－二氢－1*H*－吡唑－4－基)甲氨基］甲烷磺酸钠盐一水合物
2. **英文化学名** ［(2,3－dihydro－1,5－dimethyl－3－oxo－2－phenyl－1*H*－pyrazol－4－yl) methylamino］methanesulfonic acid sodium salt monohydrate
3. **性状** 本品为白色至略带微黄色的结晶或结晶性粉末；无臭，味微苦；水溶液放置后渐变黄色。
4. **溶解性** 本品在水中易溶，在乙醇中略溶，在乙醚中几乎不溶。
5. **溶剂** 水。
6. **对照品编号与批号** 100002－200605

苯丙酸诺龙

英文名 Nandrolone Phenylpropionate

分子式 $C_{27}H_{34}O_3$

分子量 406.57

CAS 号 62-90-8

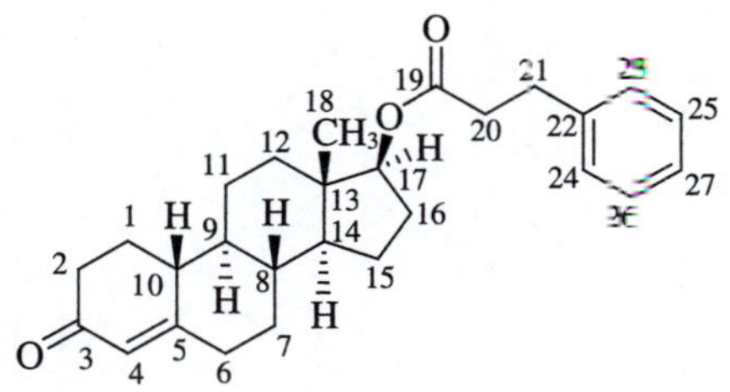

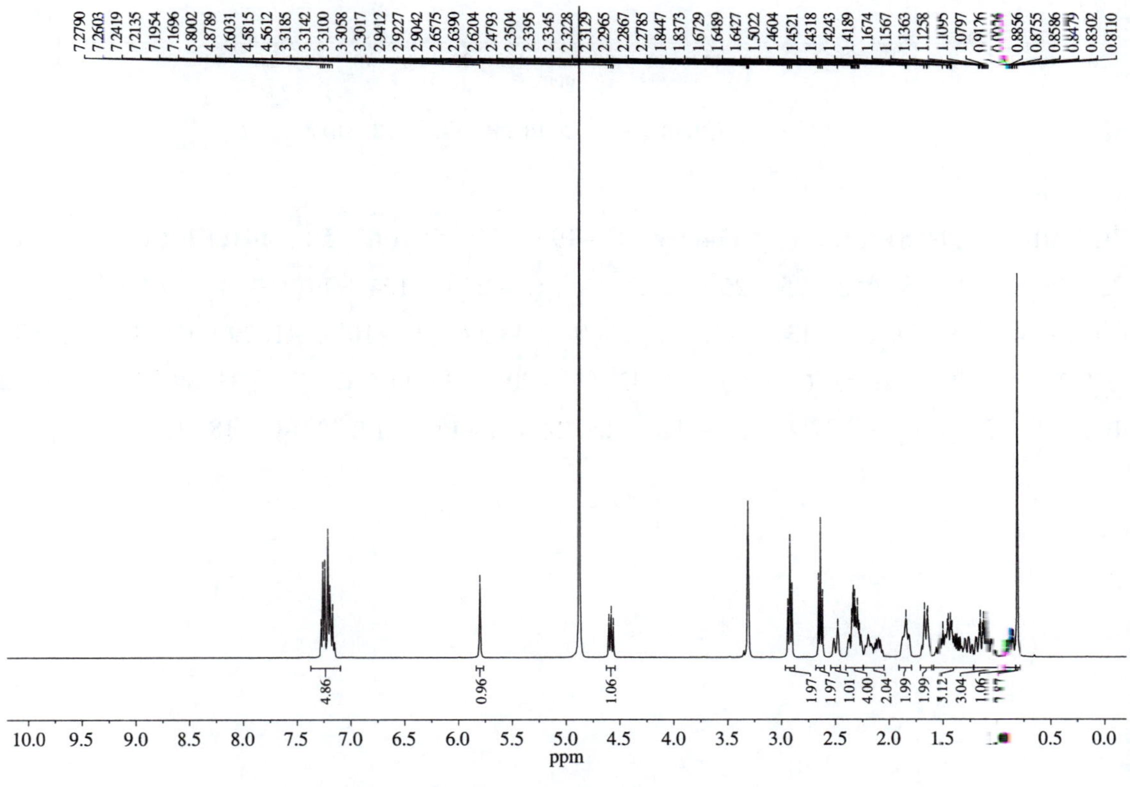

图 1　苯丙酸诺龙的^{1}H NMR 谱（溶剂：CD_3OD）

^{1}H NMR：δ 7.47~7.00（Ar-H，m，5H），5.80（H-4，s，1H），4.59（H-17，m，1H），2.92（H-21，t，J=7.4 Hz，2H），2.64（H-20，t，J=7.4 Hz，2H），2.50（m，1H），2.39~2.24（m，4H），2.23~2.05（m，2H），1.91~1.79（m，2H），1.71~1.60（m，2H），1.59~1.22（m，5H），1.20~1.00（m，3H），0.88（m，1H），0.81（H-18，s，3H）

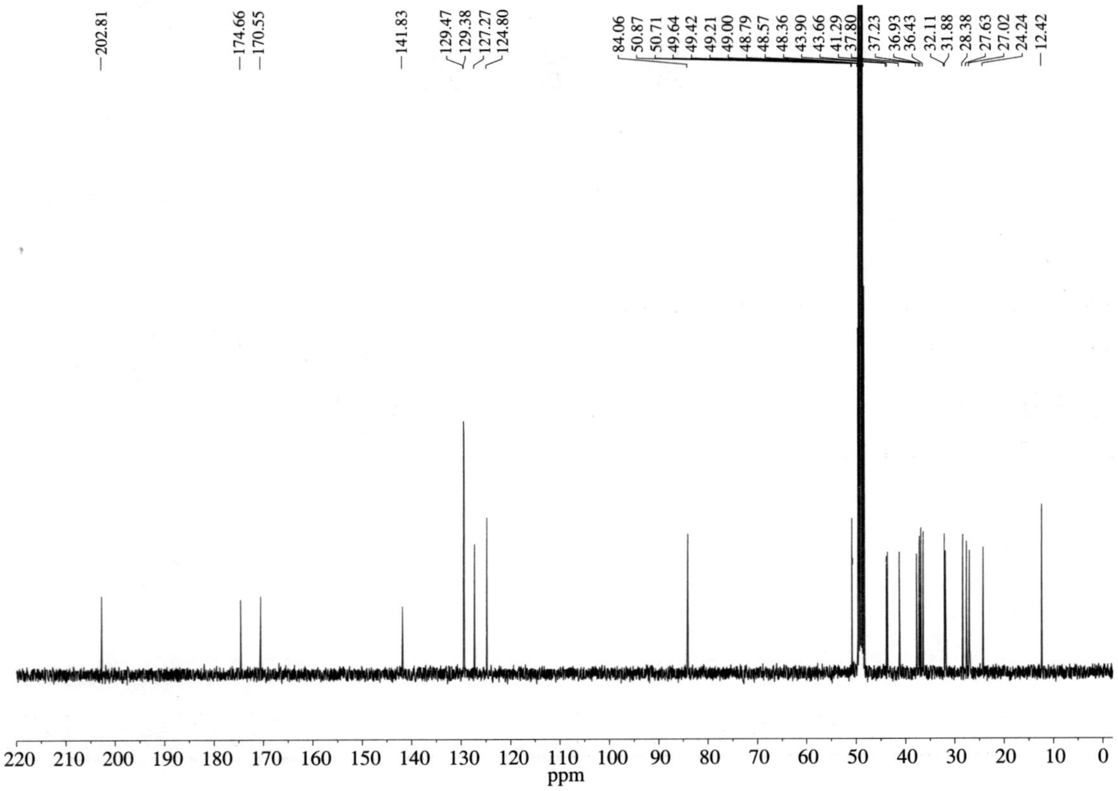

图 2　苯丙酸诺龙的^{13}C NMR 谱（溶剂：CD_3OD）

^{13}C NMR：δ 202.81（C－3），174.66（C－19），170.55（C－5），141.83（C－22），129.47（C－23，24），129.38（C－25，26），127.27（C－27），124.80（C－4），84.06（C－17），50.87（C－14），50.71（C－13），43.90（C－9），43.66（C－10），41.29（C－8），37.80（C－12），37.23（C－2），36.93（C－6），36.43（C－20），32.11（C－7），31.88（C－21），28.38（C－16），27.63（C－1），27.02（C－11），24.24（C－15），12.42（C－18）

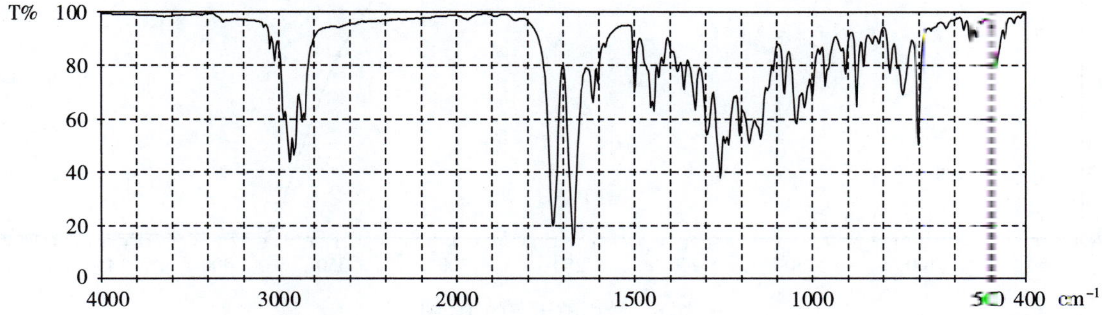

图 3　苯丙酸诺龙的红外光谱图

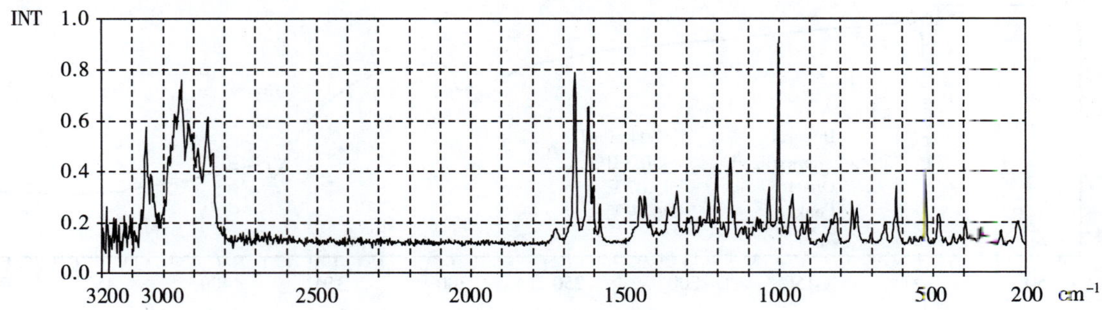

图 4　苯丙酸诺龙的拉曼光谱图

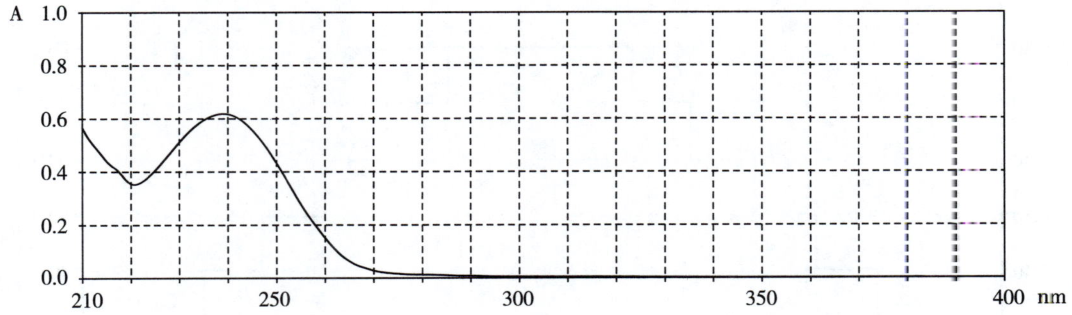

图 5　苯丙酸诺龙的紫外光谱图

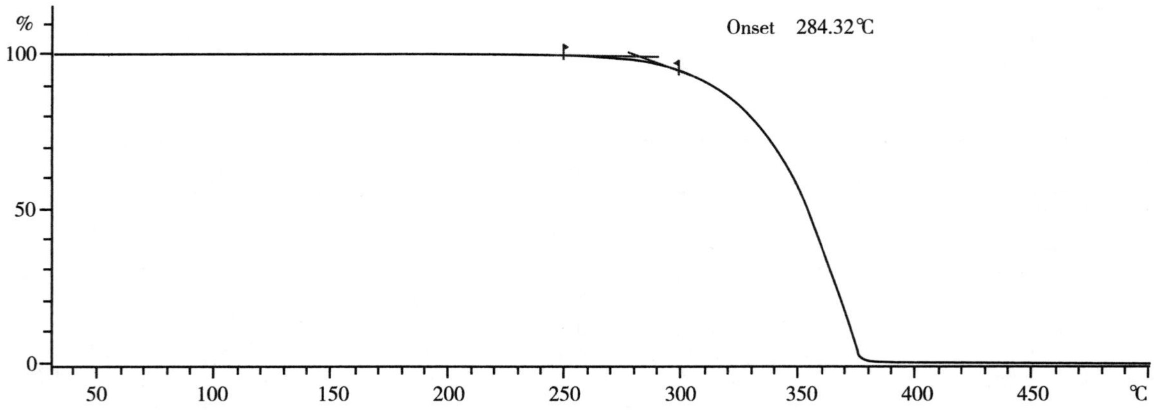

图 6　苯丙酸诺龙的 TG 图

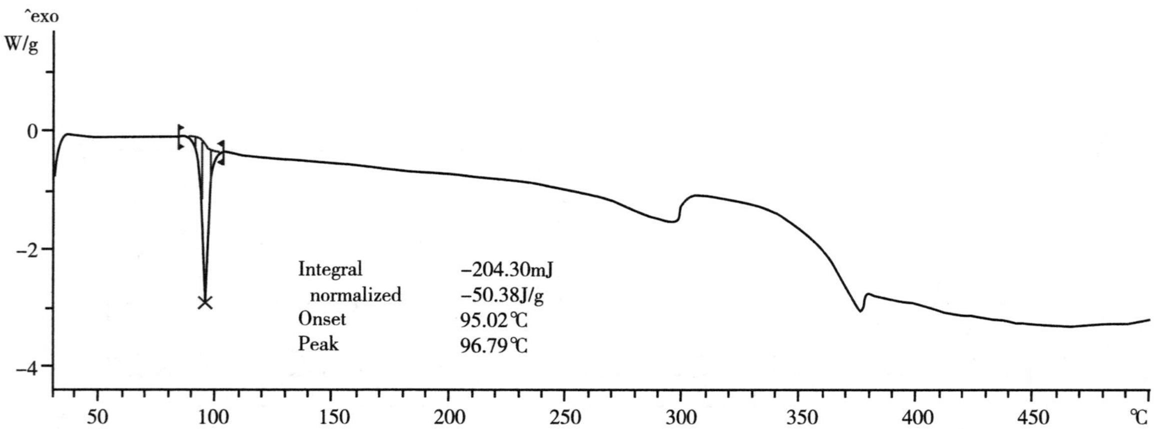

图 7　苯丙酸诺龙的 DSC 图

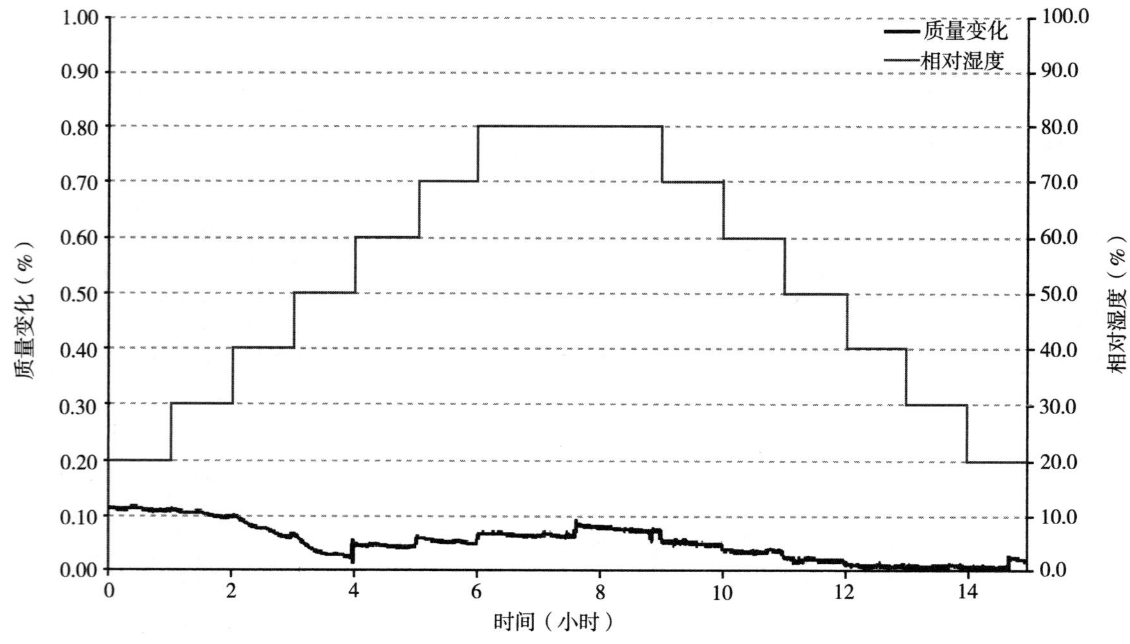

图 8　苯丙酸诺龙的 DVS 图

正离子扫描模式（一级）

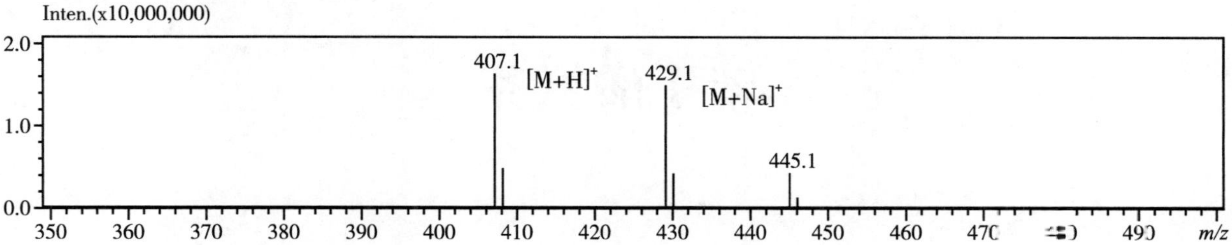

正离子扫描模式（二级）

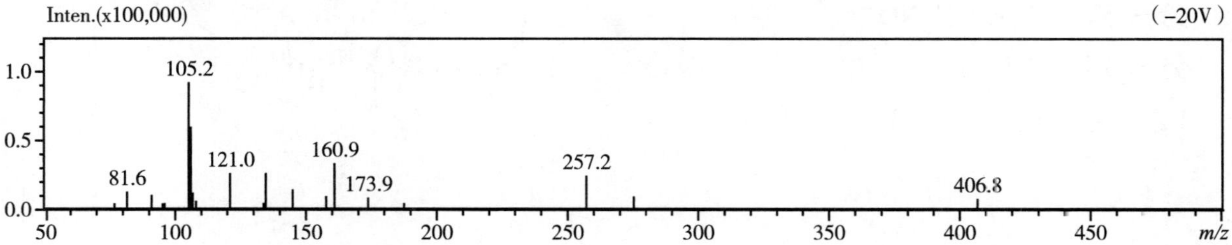

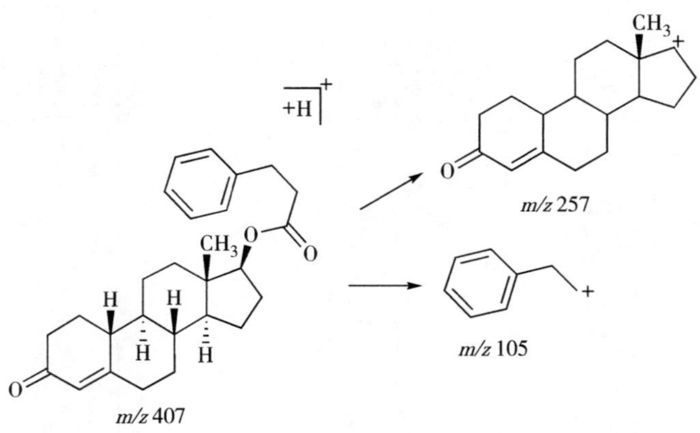

图9　苯丙酸诺龙的质谱图

备注

1. **中文化学名**　17β－羟基雌甾－4－烯－3－酮－3－苯丙酸酯
2. **英文化学名**　17β－hydroxyestr－4－en－3－one hydrocinnamate
3. **性状**　本品为白色或类白色结晶性粉末；有特殊臭。
4. **溶解性**　本品在甲醇或乙醇中溶解，在植物油中略溶，在水中几乎不溶。
5. **溶剂**　甲醇。
6. **对照品编号与批号**　100004－200603

苯丁酸氮芥

英文名 Chlorambucil

分子式 $C_{14}H_{19}Cl_2NO_2$

分子量 304.21

CAS 号 305-03-3

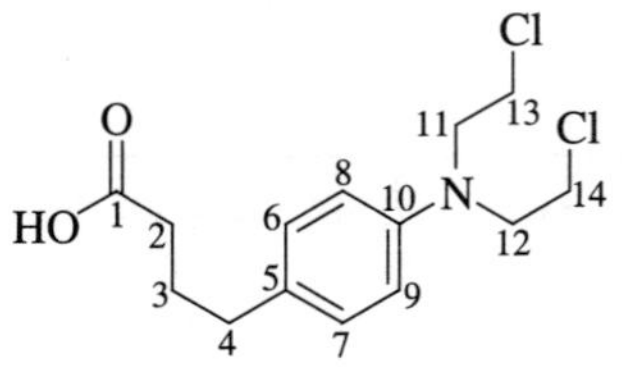

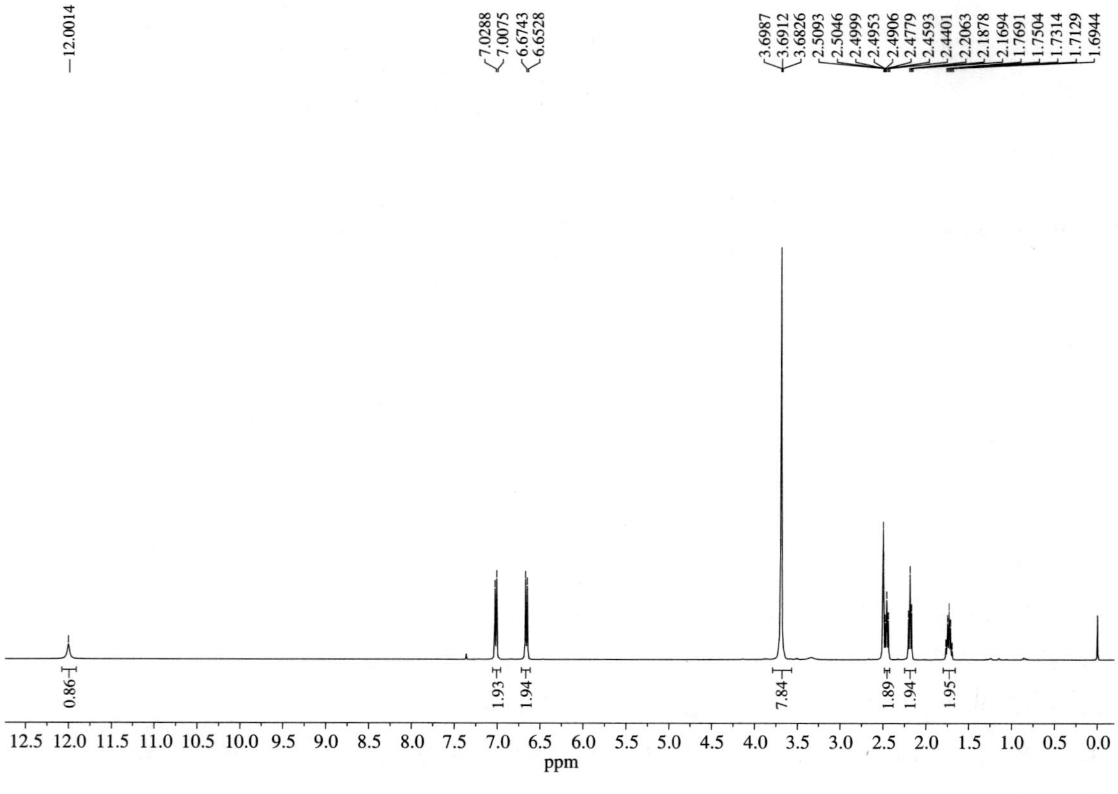

图 1 苯丁酸氮芥的^{1}H NMR 谱（溶剂：CD_3SOCD_3）

^{1}H NMR：δ 12.00（COOH，s，1H），7.02（H-6，7，d，J=8.5 Hz，2H），6.66（H-8，9，d，J=8.6 Hz，2H），3.69（H-11，12，13，14，t，J=3.0 Hz，8H），2.46（H-4，t，J=7.6 Hz，2H），2.19（H-2，t，J=7.4 Hz，2H），1.73（H-3，p，J=7.5 Hz，2H）

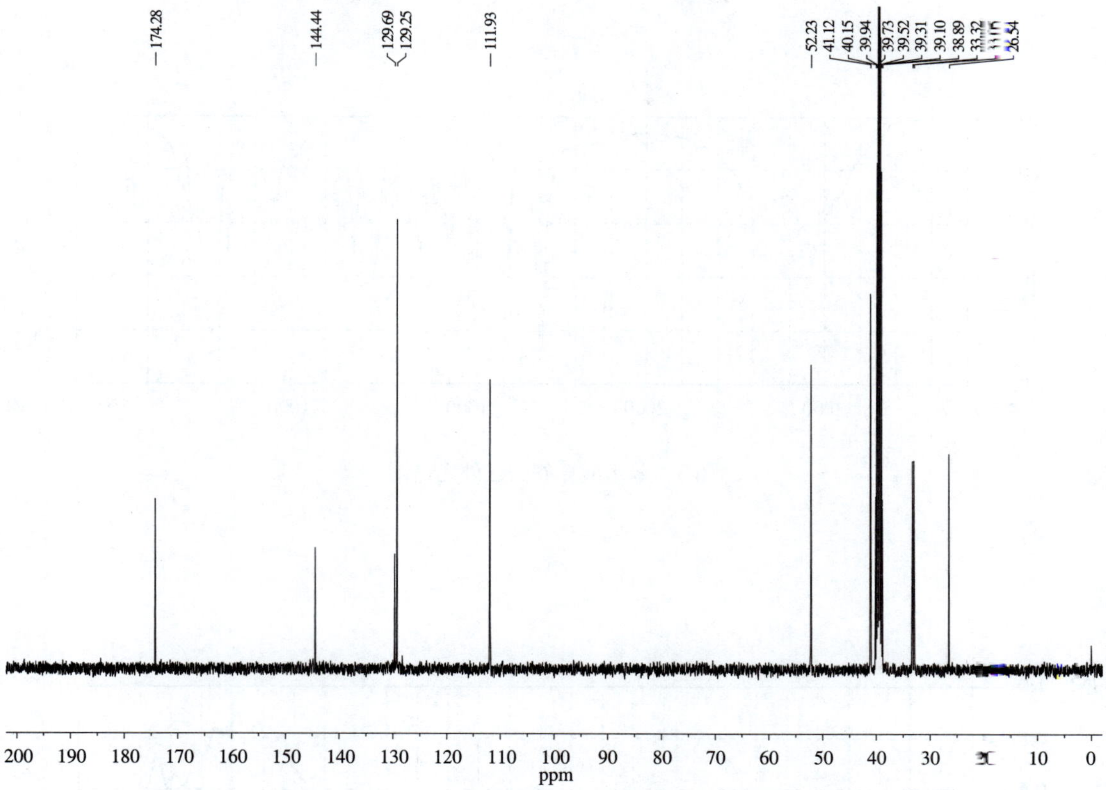

图 2　苯丁酸氮芥的^{13}C NMR 谱（溶剂：CD_3SOCD_3）

^{13}C NMR：δ 174.28（C－1），144.44（C－10），129.69（C－5），129.25（C－6，7），111.93（C－8，9），52.23（C－11，12），41.12（C－13，14），33.32（C－4），33.05（C－2），26.54（C－3）

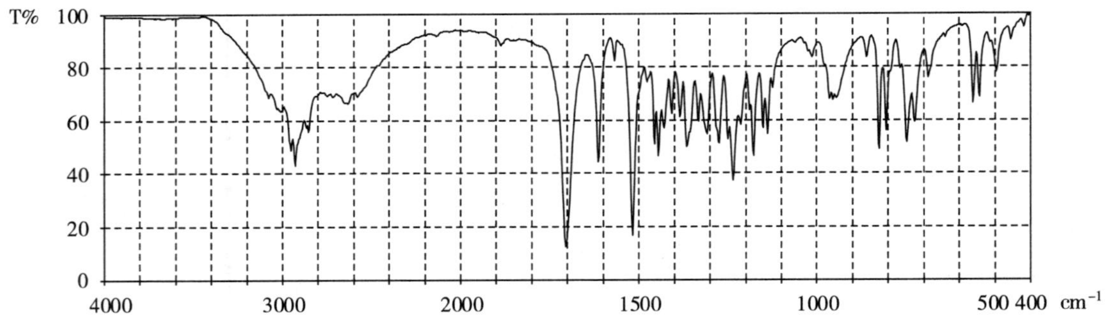

图 3　苯丁酸氮芥的红外光谱图

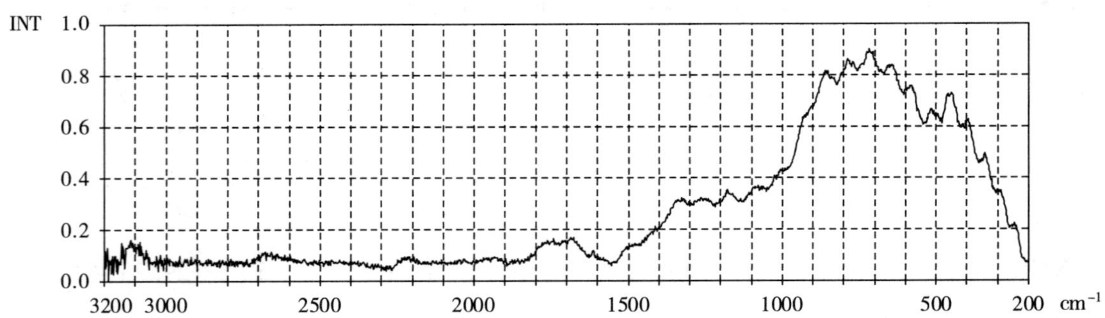

图 4　苯丁酸氮芥的拉曼光谱图

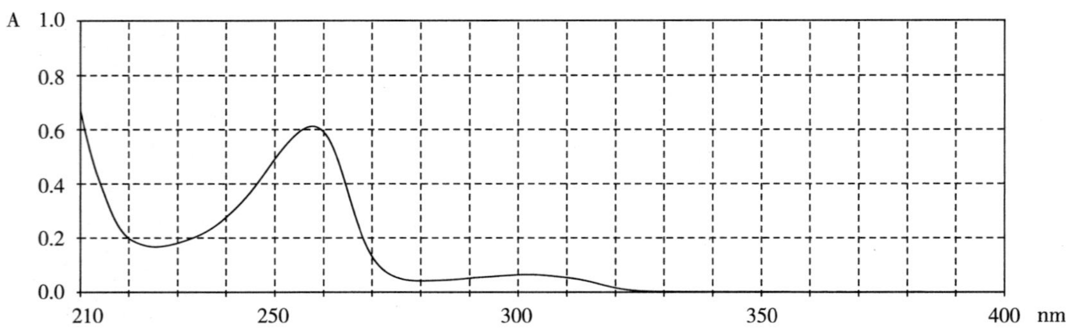

图 5　苯丁酸氮芥的紫外光谱图

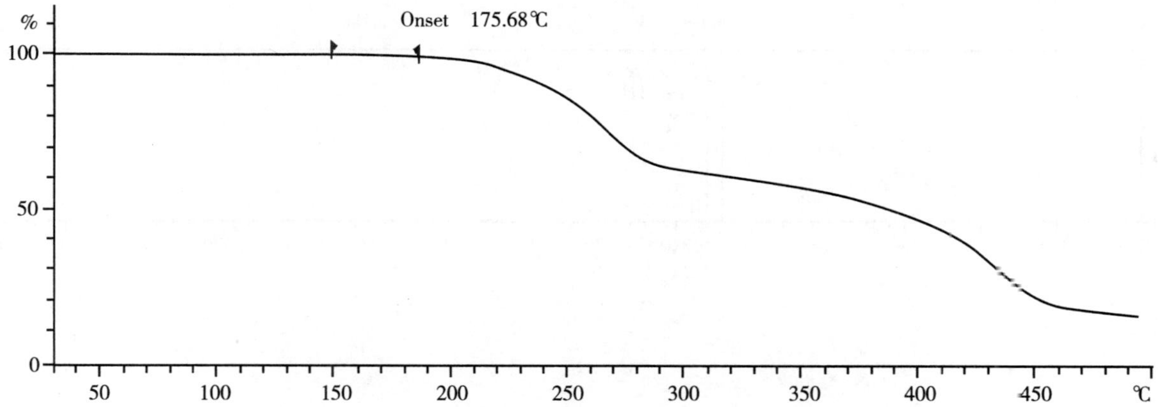

图 6　苯丁酸氮芥的 TG 图

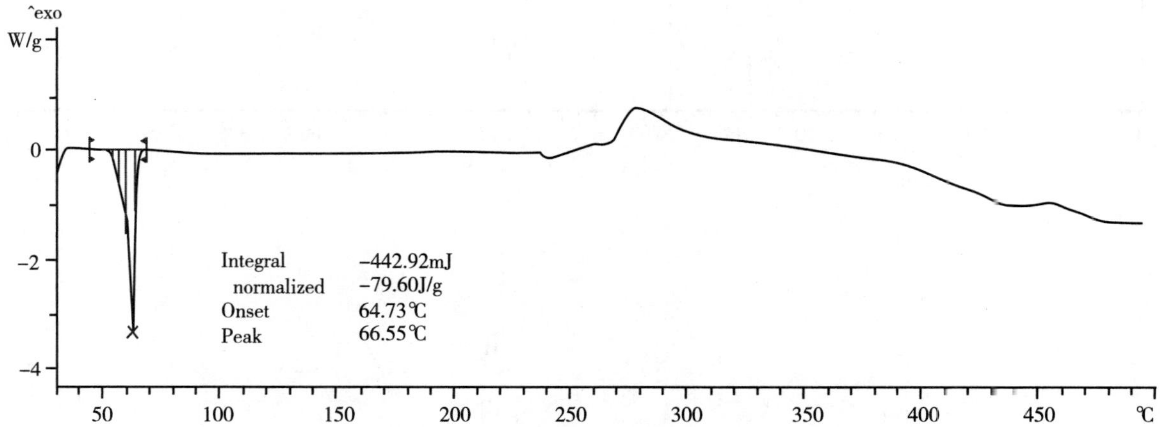

图 7　苯丁酸氮芥的 DSC 图

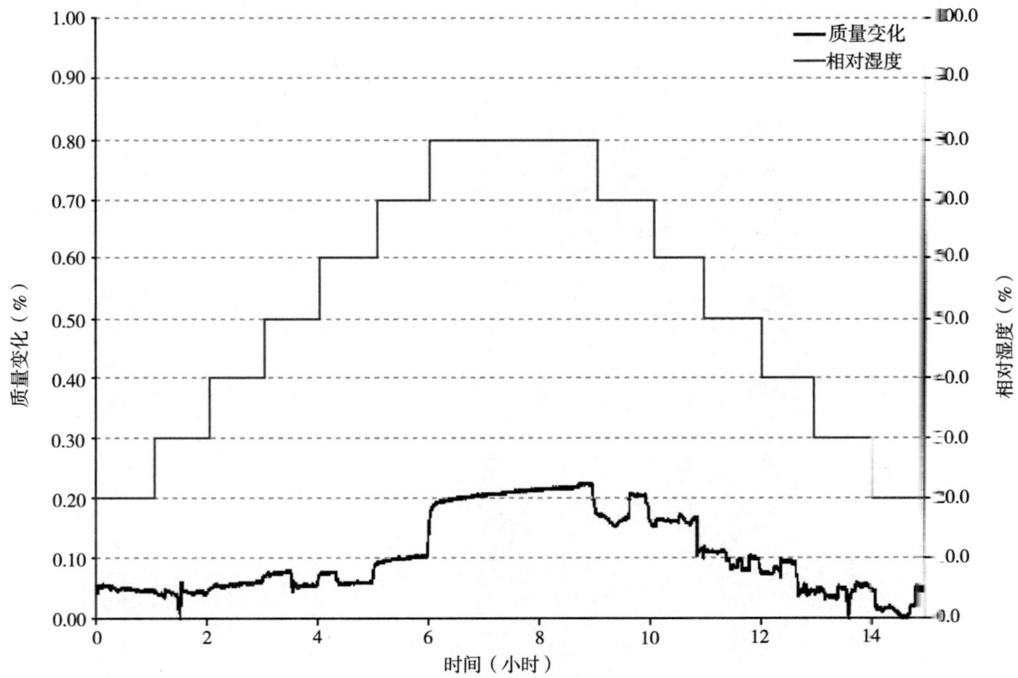

图 8　苯丁酸氮芥的 DVS 图

正离子扫描模式（一级）

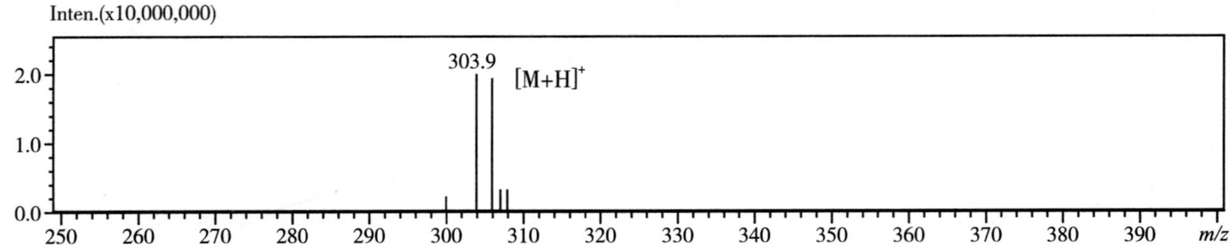

正离子扫描模式（二级）

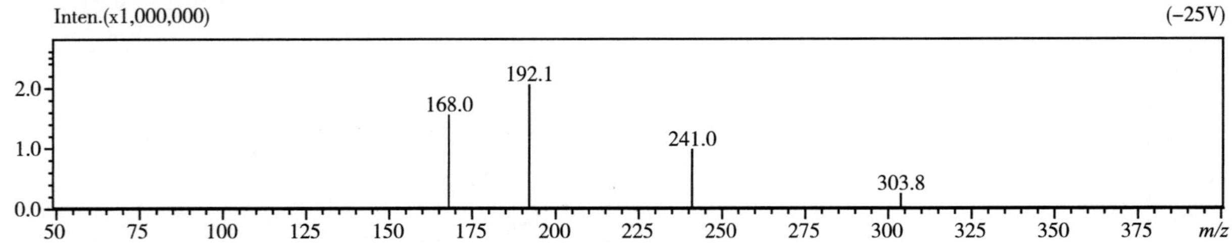

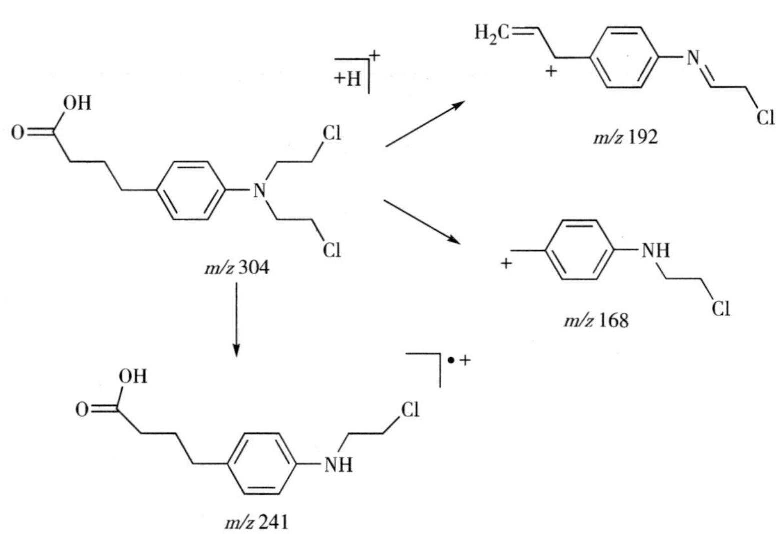

负离子扫描模式（一级）

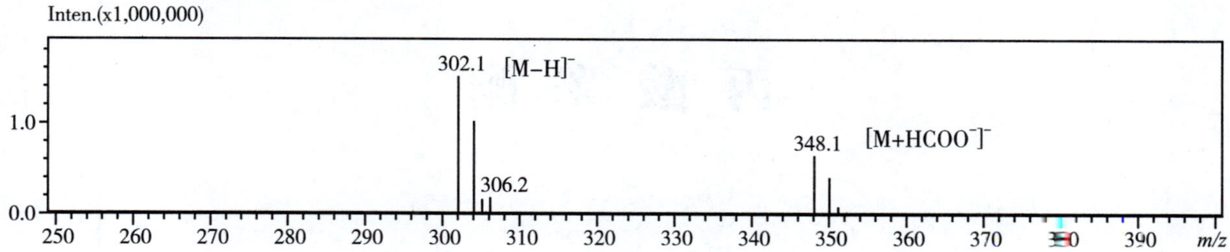

负离子扫描模式（二级）

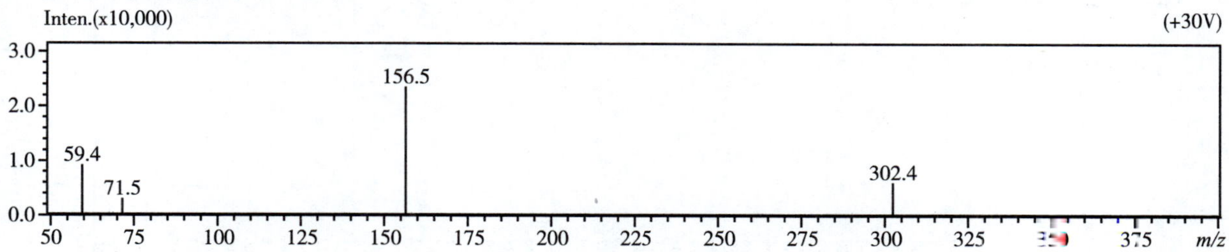

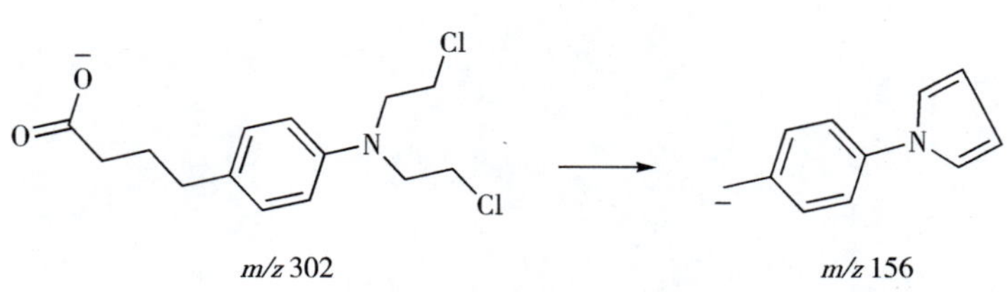

图 9　苯丁酸氮芥的质谱图

备注

1. 中文化学名　4－[双(2－氯乙基)氨基]苯丁酸

2. 英文化学名　4－[bis(2－chloroethyl)amino]benzenebutanoic acid

3. 性状　本品为类白色结晶性粉末；微臭；遇光或放置日久色渐变深。

4. 溶解性　本品在丙酮中极易溶解，在乙醇或三氯甲烷中易溶，在水中不溶。

5. 溶剂　甲醇。

6. 对照品编号与批号　100005－199402

丙 酸 睾 酮

英文名 Testosterone Propionate

分子式 $C_{22}H_{32}O_3$

分子量 344.49

CAS 号 57 - 85 - 2

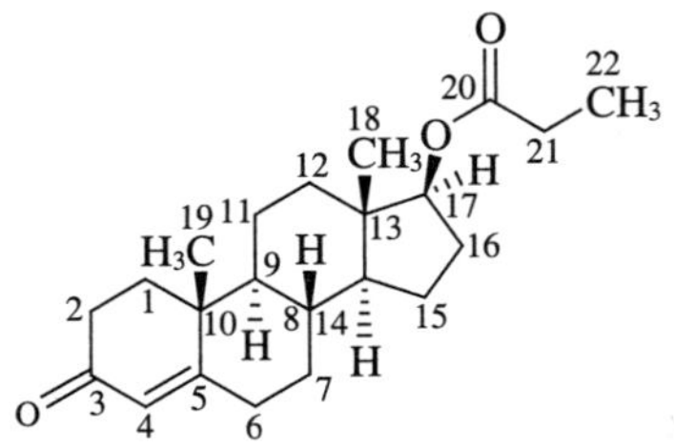

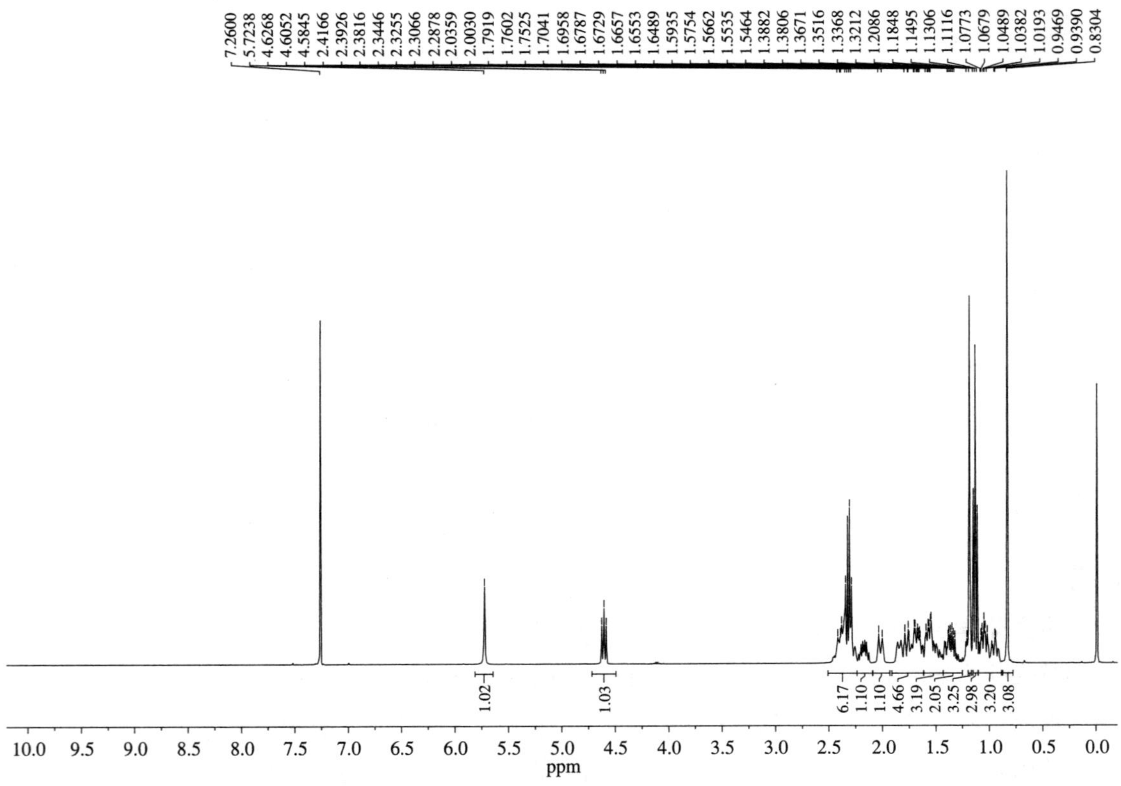

图 1 丙酸睾酮的 ^{1}H NMR 谱（溶剂：$CDCl_3$）

^{1}H NMR：δ 5.72（H - 4，s，1H），4.61（H - 17，t，J = 8.5 Hz，1H），2.51 ~ 2.25（m，6H），2.17（m，1H），2.01（m，1H），1.91 ~ 1.62（m，5H），1.62 ~ 1.44（m，3H），1.44 ~ 1.20（m，2H），1.18（H - 18，s，3H），1.13（H - 22，t，J = 7.6 Hz，3H），1.10 ~ 0.88（m，3H），0.83（H - 19，s，3H）

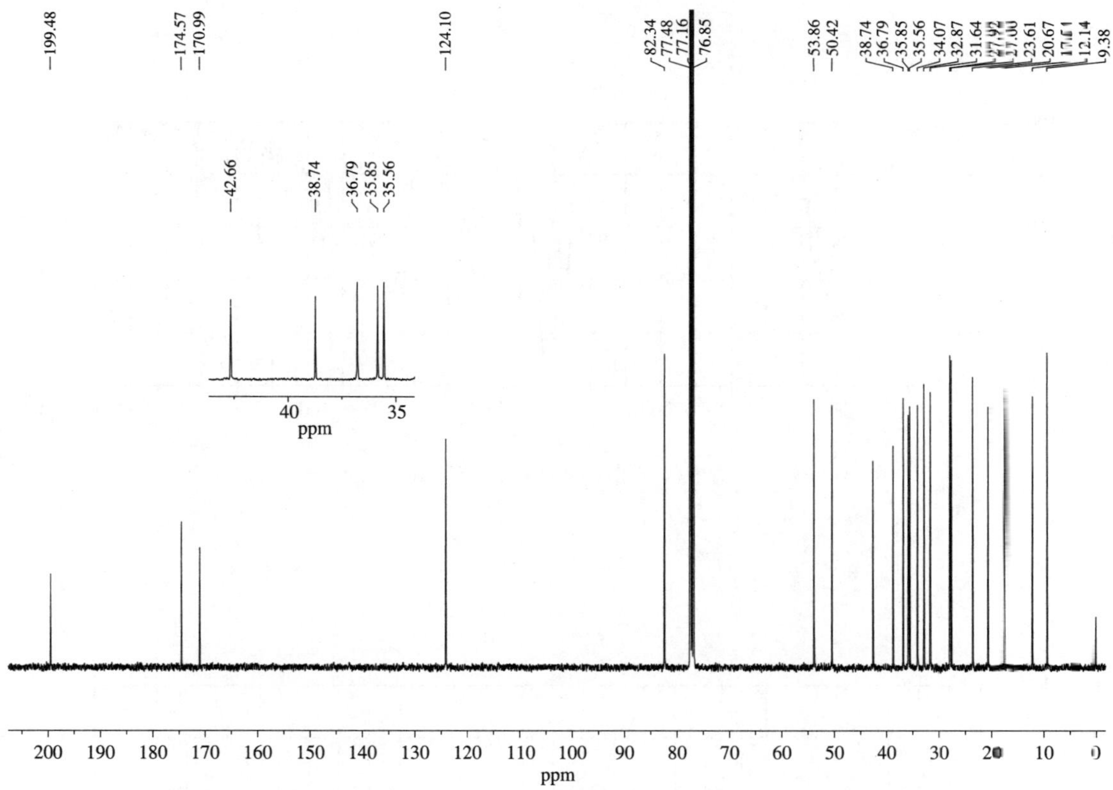

图 2　丙酸睾酮的 ^{13}C NMR 谱（溶剂：$CDCl_3$）

^{13}C NMR：δ 199.48（C－3），174.57（C－20），170.99（C－5），124.10（C－4），82.34（C－17），53.86（C－9），50.42（C－14），42.66（C－13），38.74（C－10），36.79（C－12），35.85（C－1），35.56（C－8），34.07（C－2），32.87（C－6），31.64（C－7），27.92（C－16），27.66（C－21），23.61（C－15），20.67（C－11），17.54（C－19），12.14（C－18），9.38（C－22）

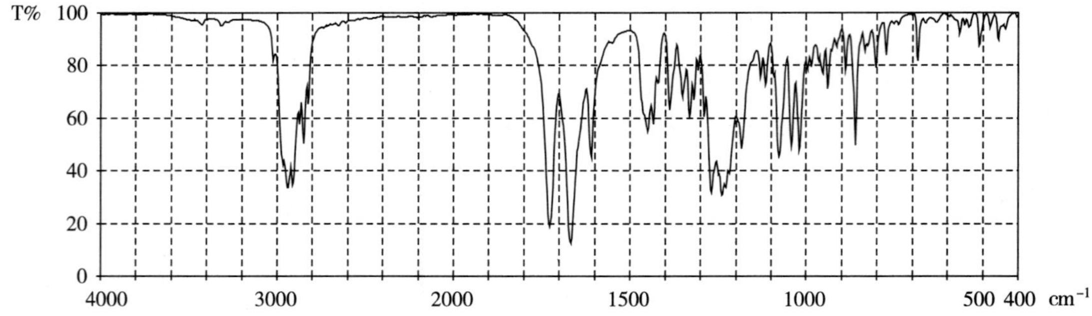

图 3　丙酸睾酮的红外光谱图

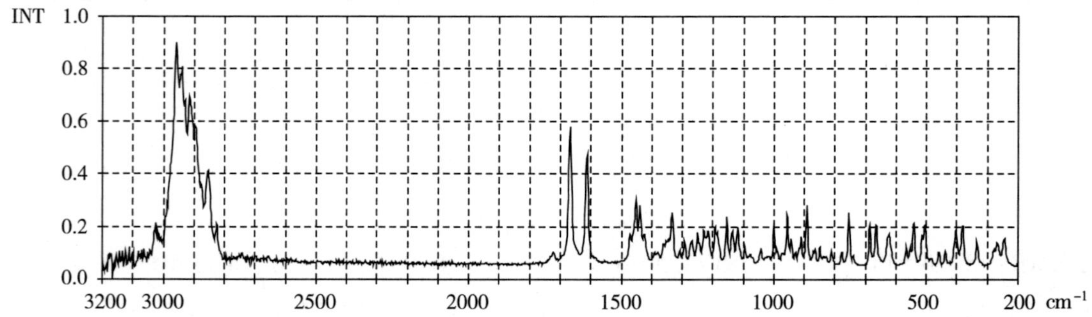

图 4　丙酸睾酮的拉曼光谱图

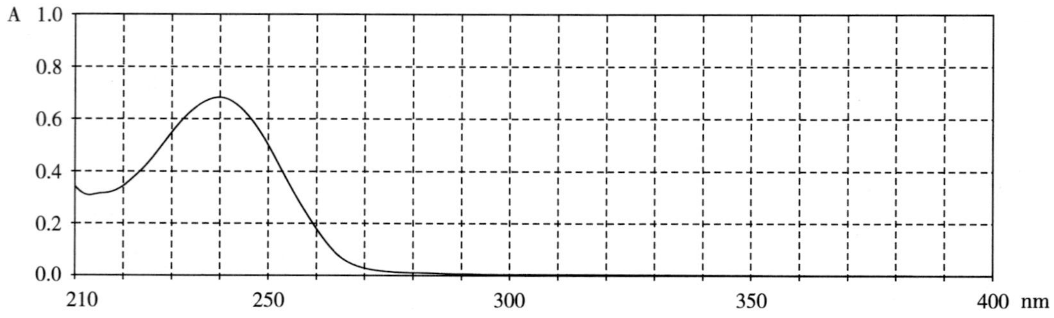

图 5　丙酸睾酮的紫外光谱图

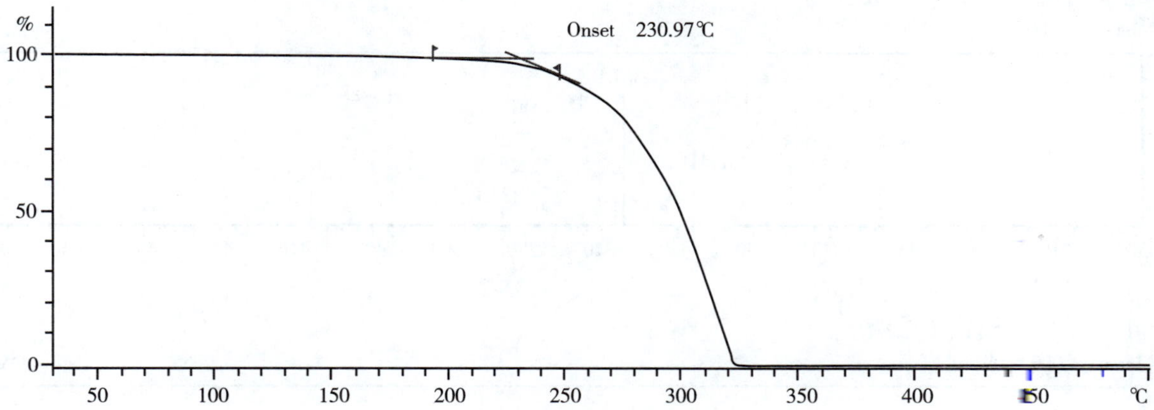

图 6　丙酸睾酮的 TG 图

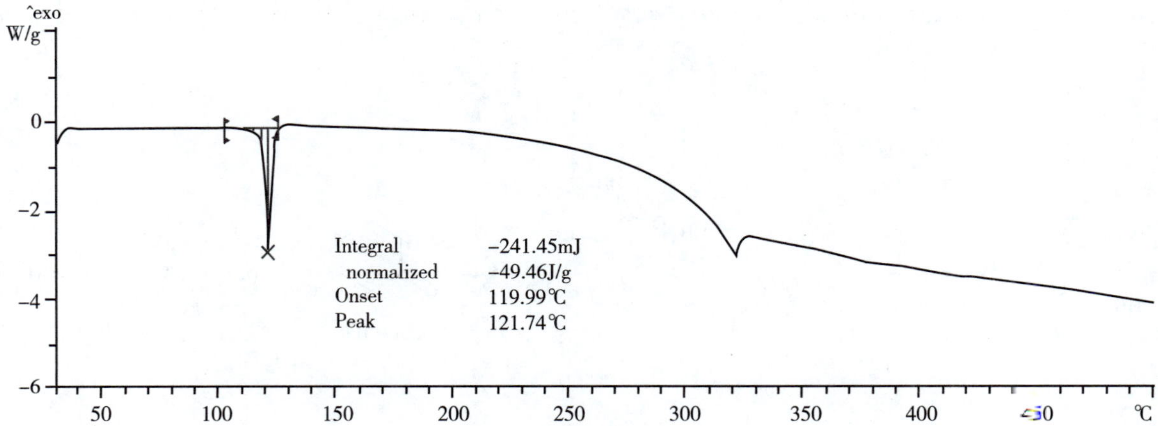

图 7　丙酸睾酮的 DSC 图

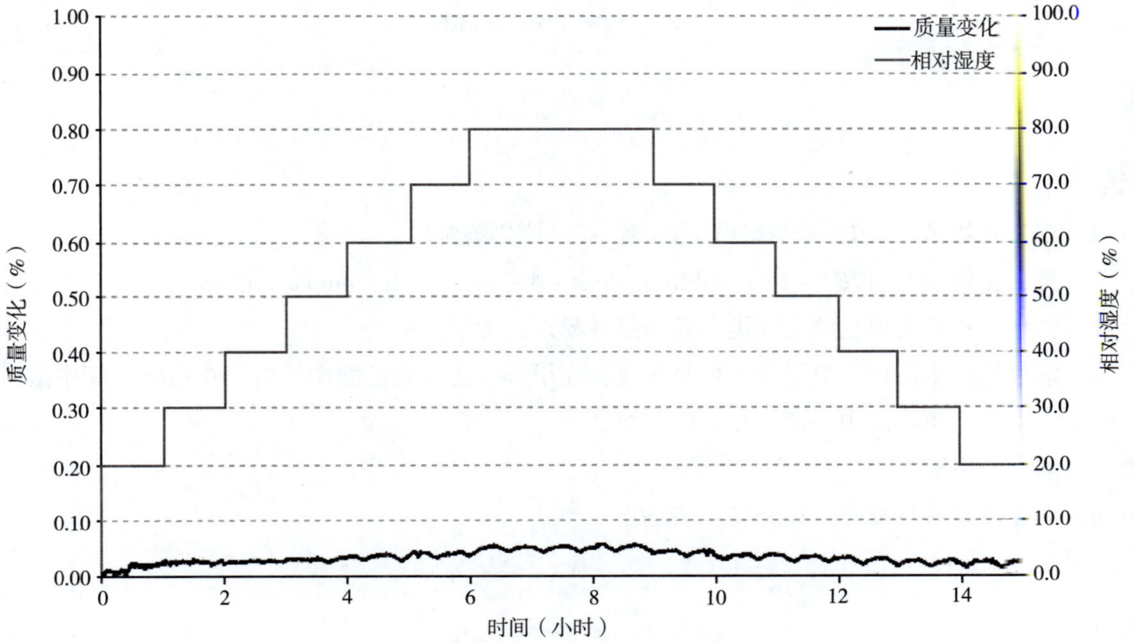

图 8　丙酸睾酮的 DVS 图

正离子扫描模式（一级）

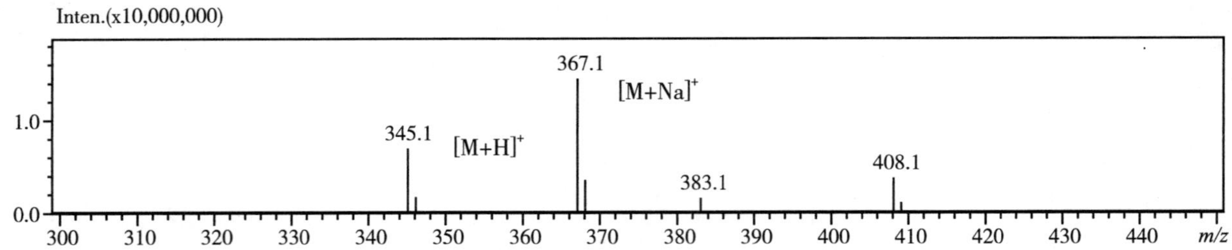

正离子扫描模式（二级）

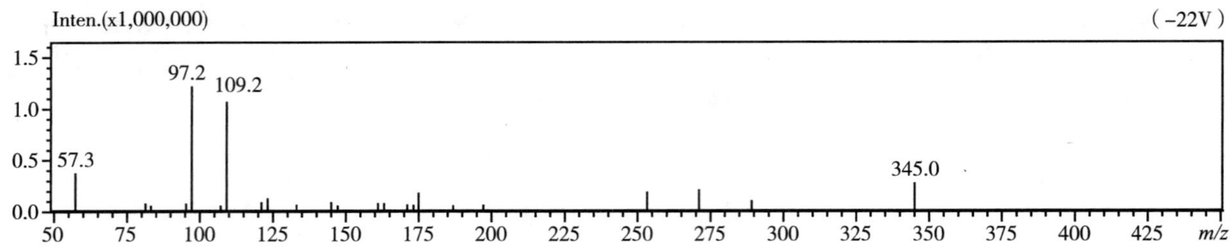

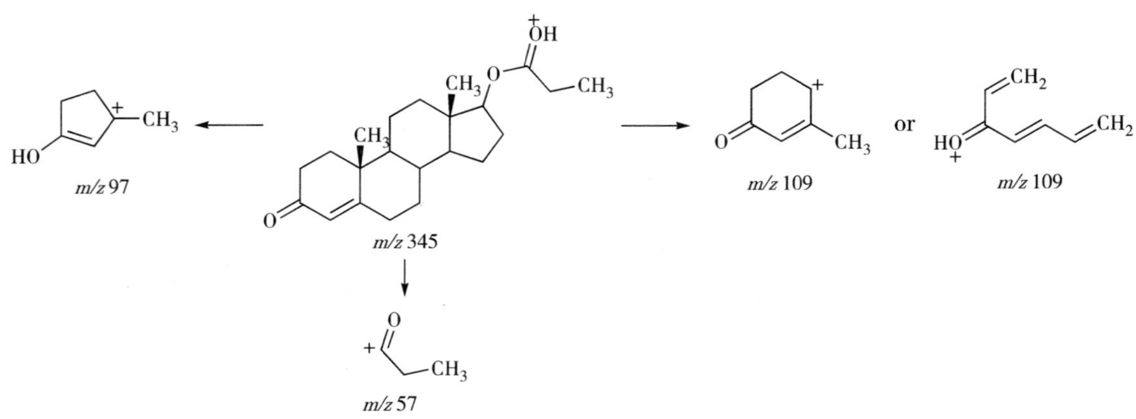

图 9　丙酸睾酮的质谱图

备注

1. **中文化学名**　17*β*－羟基雄甾－4－烯－3－酮丙酸酯
2. **英文化学名**　(17*β*)－17－hydroxyandrost－4－en－3－one propionate
3. **性状**　本品为白色结晶或类白色结晶性粉末；无臭。
4. **溶解性**　本品在三氯甲烷中极易溶解，在甲醇、乙醇或乙醚中易溶，在乙酸乙酯中溶解，在植物油中略溶，在水中不溶。
5. **溶剂**　甲醇。
6. **对照品编号与批号**　100008－200505

醋酸氟氢可的松

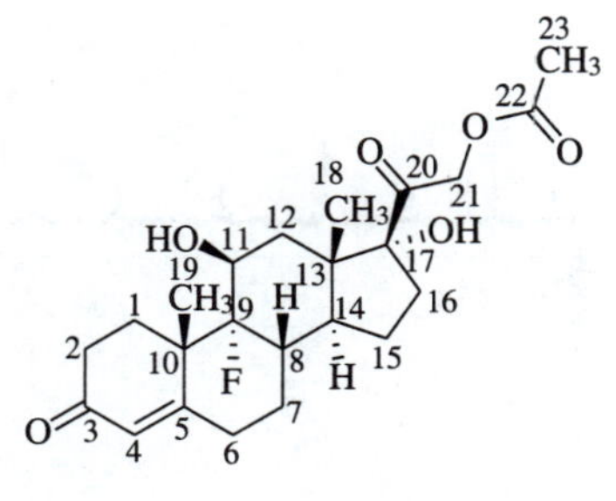

英文名 Fludrocortisone Acetate

分子式 $C_{23}H_{31}FO_6$

分子量 422.49

CAS 号 514 - 36 - 3

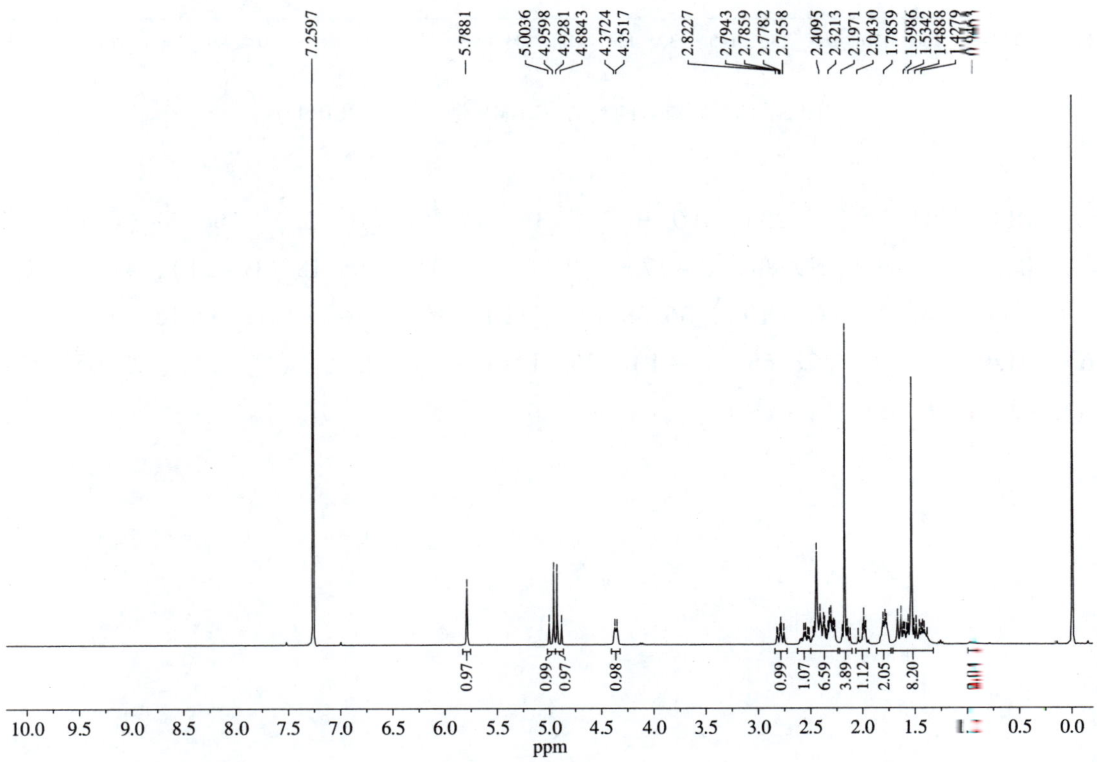

图 1 醋酸氟氢可的松的 ^{1}H NMR 谱（溶剂：$CDCl_3$）

^{1}H NMR：δ 5.79（H - 4，s，1H），4.98（H - 21a，d，J = 17.5 Hz，1H），4.91（H - 21b，d，J = 17.5 Hz，1H），4.36（H - 11，m，1H），2.78（m，1H），2.57（m，1H），2.50 ~ 2.24（m，7H），2.16（m，1H），2.15（H - 23，s，3H），2.00（m，1H），1.87 ~ 1.73（m，2H），1.71 ~ 1.33（m，5H），1.53（H - 19，s，3H），0.95（H - 18，s，3H）

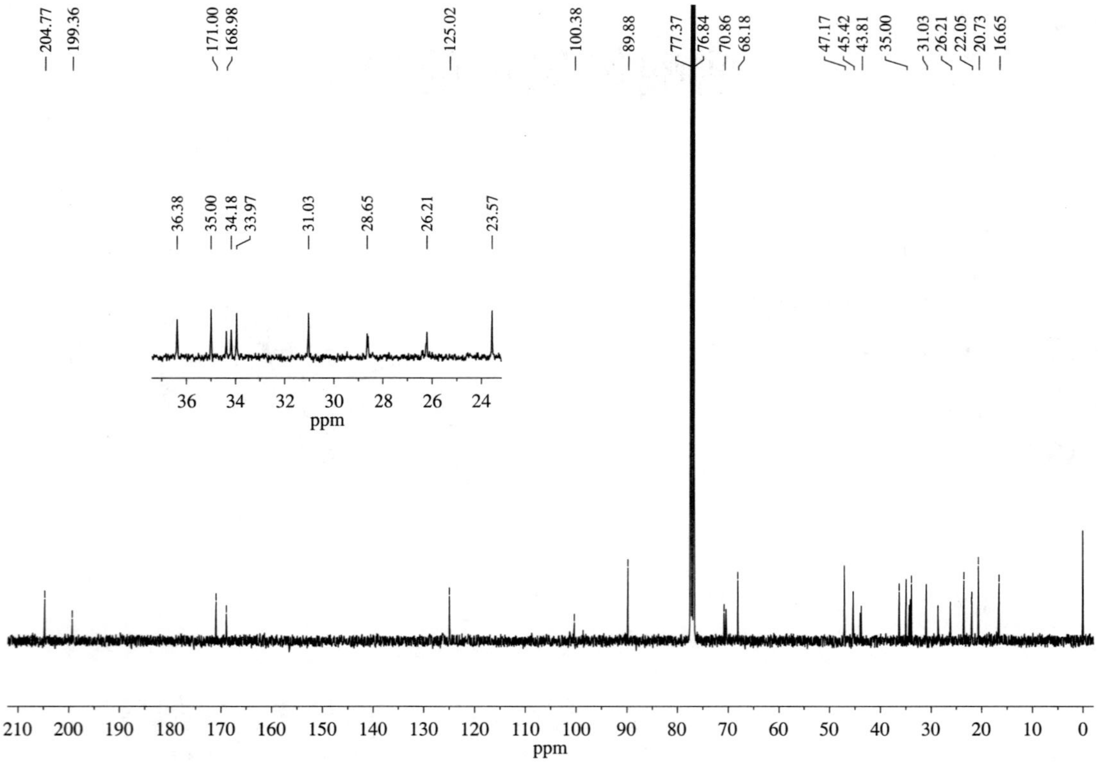

图 2　醋酸氟氢可的松的^{13}C NMR 谱（溶剂：$CDCl_3$）

^{13}C NMR：δ 204.77（C－20），199.36（C－3），171.00（C－22），168.98（C－5），125.02（C－4），100.38（C－9），89.88（C－17），70.86（C－11），68.18（C－21），47.17（C－13），45.42（C－14），43.81（C－10），36.38（C－12），35.00（C－2），34.18（C－8），33.97（C－16），31.03（C－6），28.65（C－1），26.21（C－7），23.57（C－15），22.05（C－19），20.73（C－23），16.65（C－18）

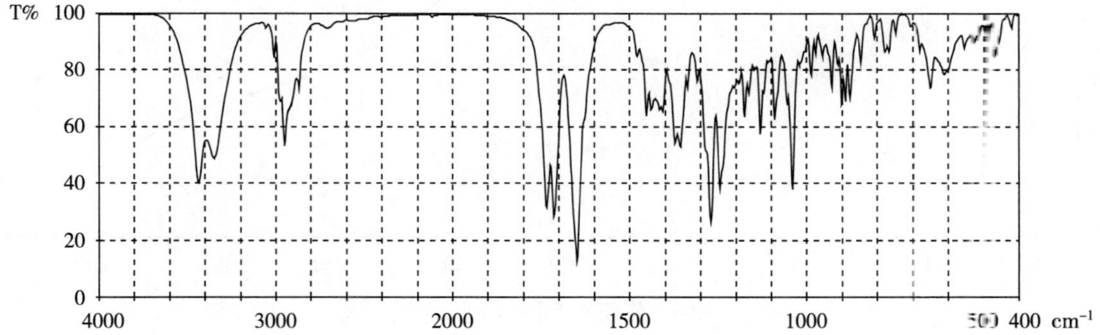

图 3　醋酸氟氢可的松的红外光谱图

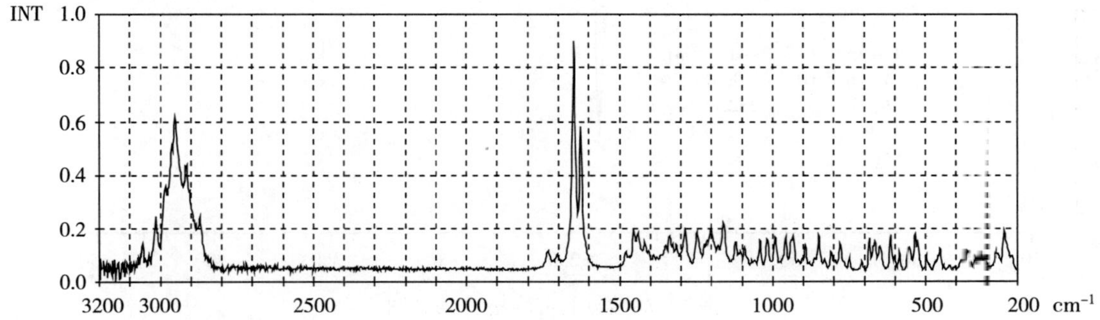

图 4　醋酸氟氢可的松的拉曼光谱图

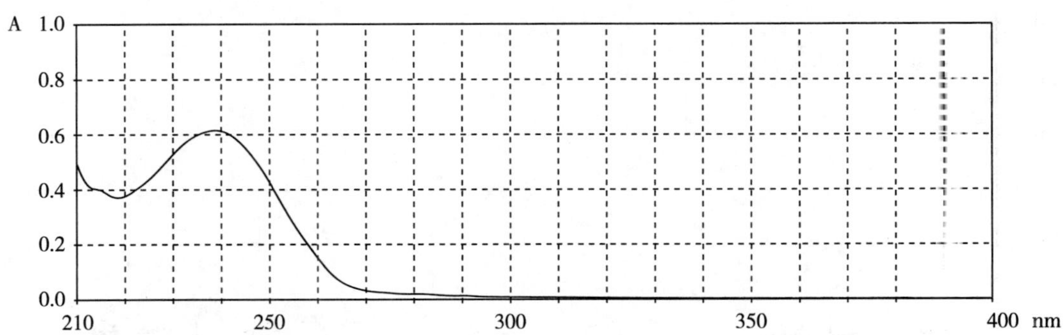

图 5　醋酸氟氢可的松的紫外光谱图

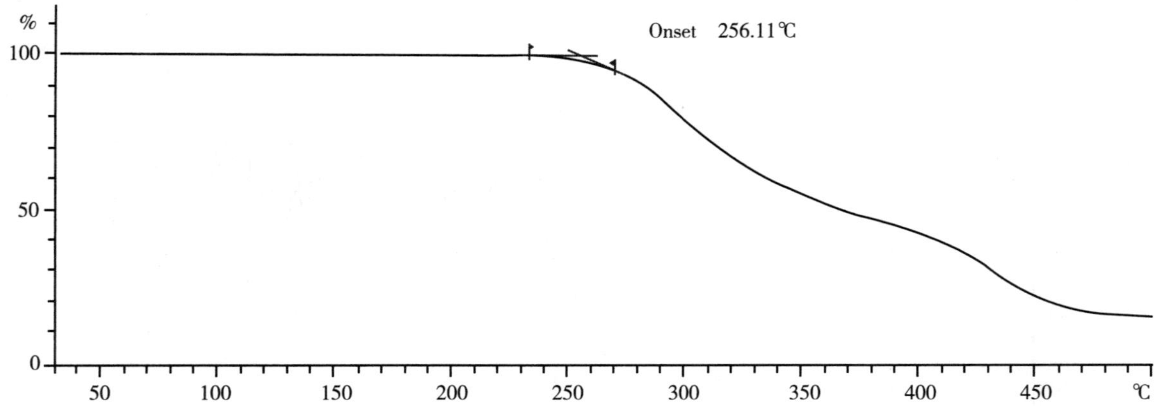

图 6　醋酸氟氢可的松的 TG 图

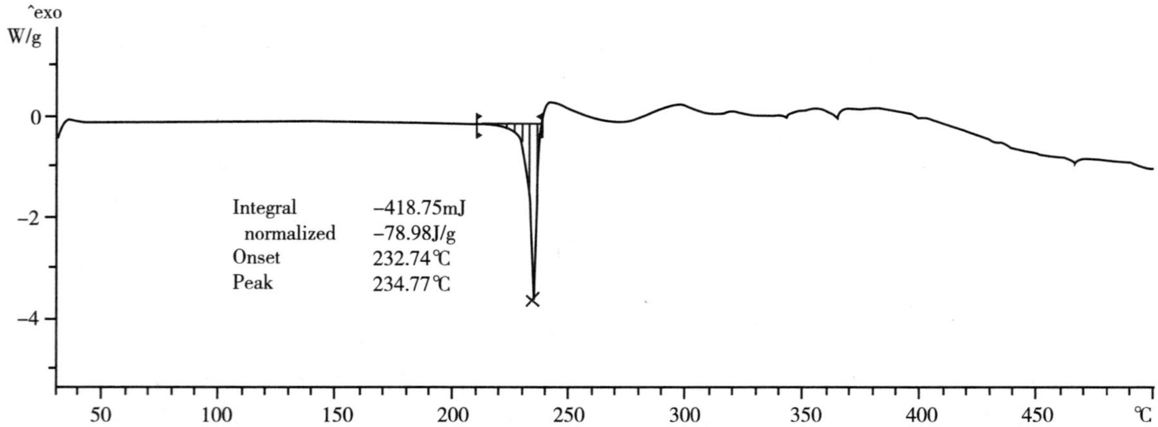

图 7　醋酸氟氢可的松的 DSC 图

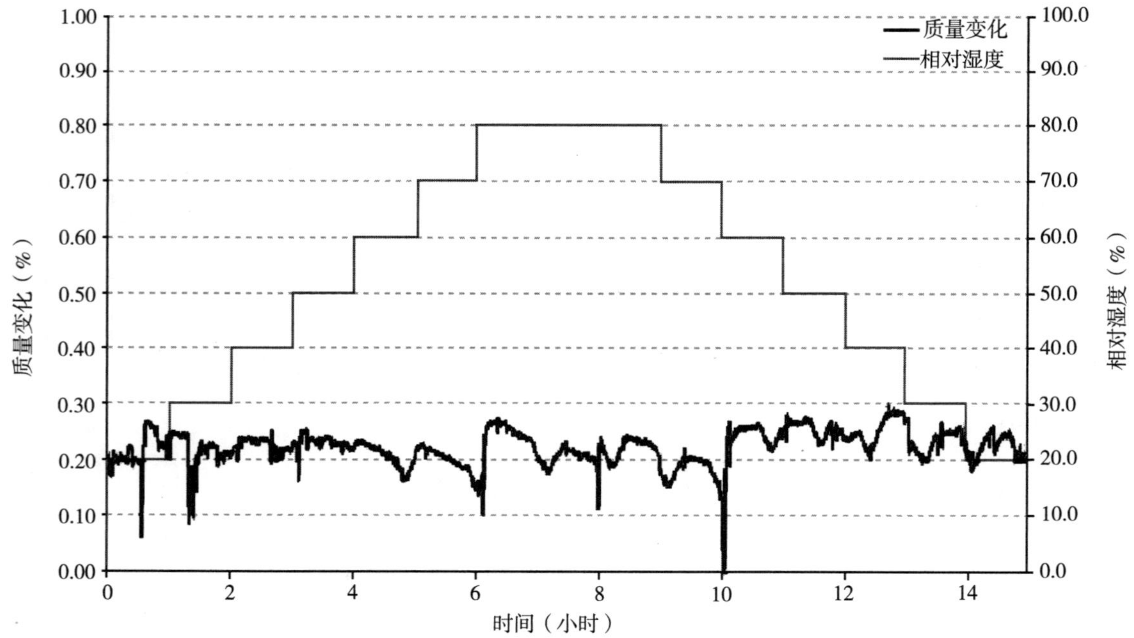

图 8　醋酸氟氢可的松的 DVS 图

正离子扫描模式（一级）

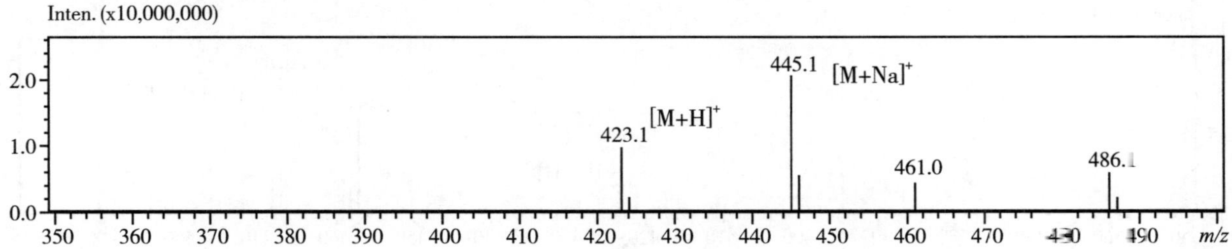

正离子扫描模式（二级）

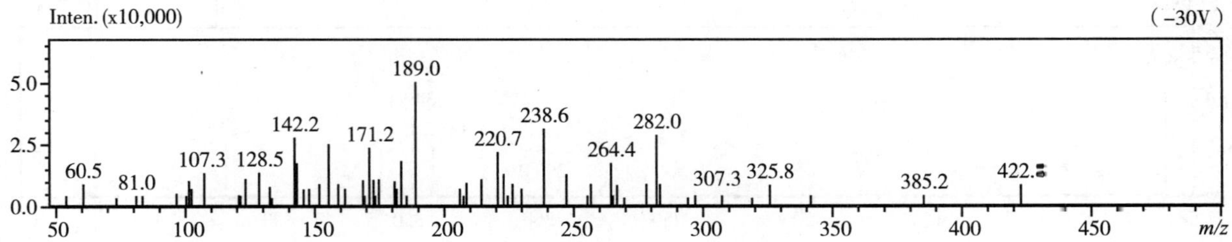

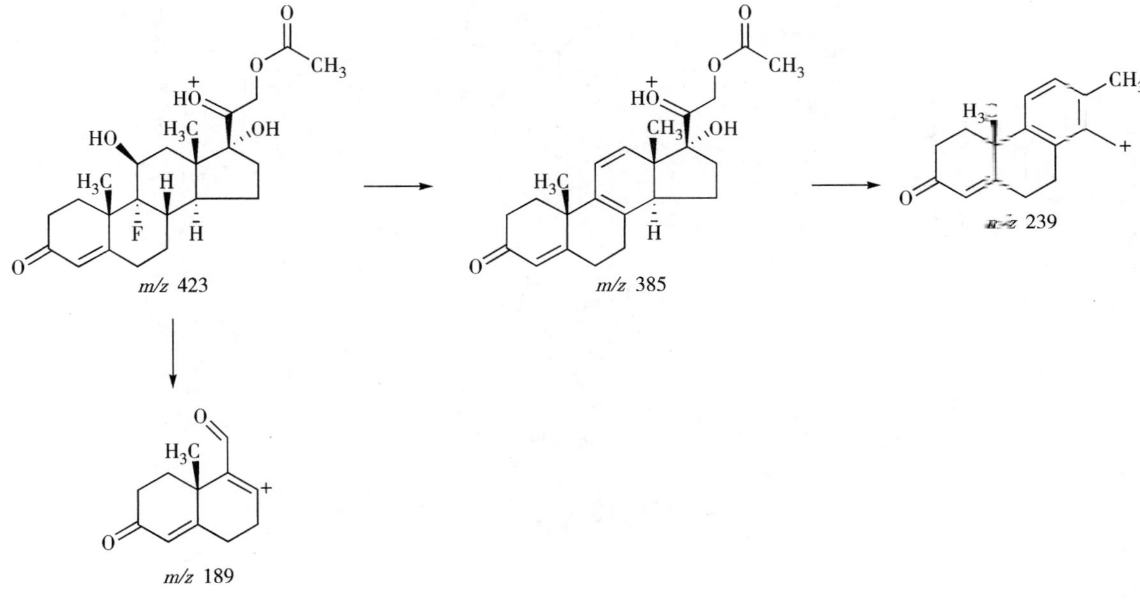

负离子扫描模式（一级）

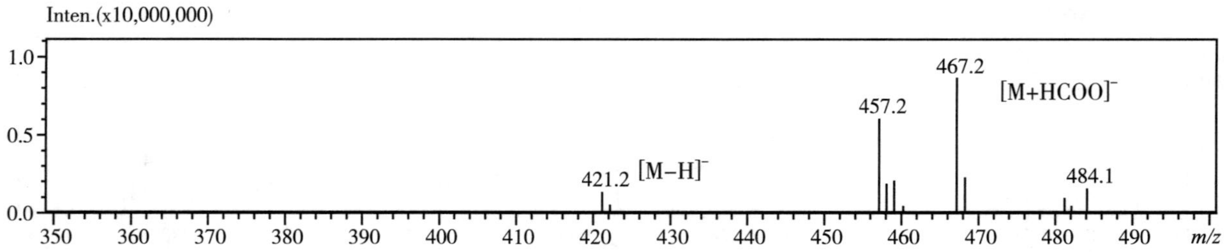

负离子扫描模式（二级）

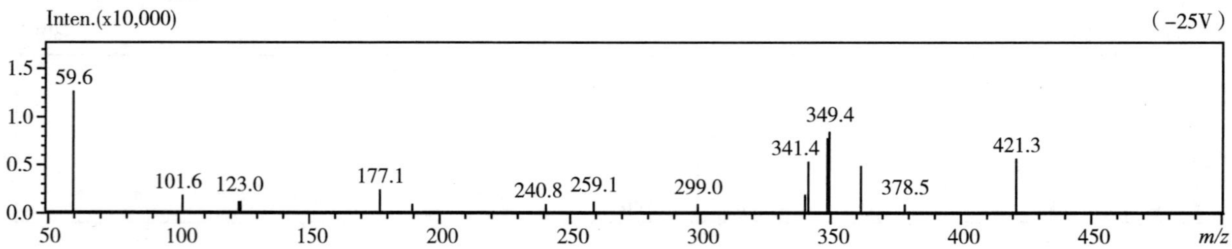

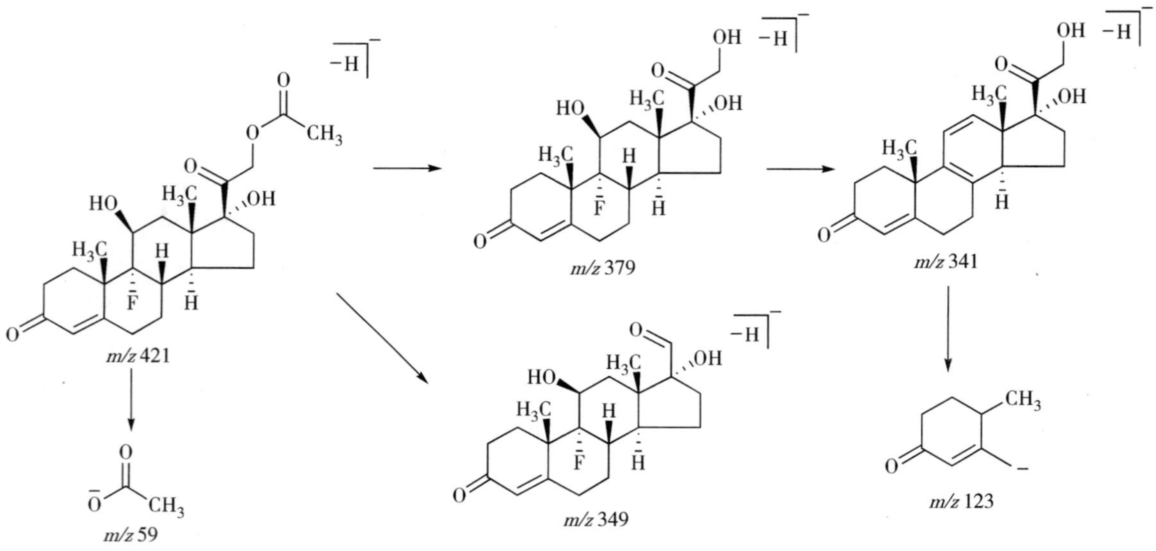

图9　醋酸氟氢可的松的质谱图

备注

1. 中文化学名　11β,17α,21－三羟基－9β－氟孕甾－4－烯－3,20－二酮－21－醋酸酯

2. 英文化学名　[2－[(9*S*)－9－fluoro－11,17－dihydroxy－10,13－dimethyl－3－oxo－1,2,6,7,8,11,12,14,15,16－decahydrocyclopenta[*a*]phenanthren－17－yl]－2－oxo－ethyl]acetate

3. 性状　本品为白色至微黄色的结晶性粉末；无臭，无味。

4. 溶解性　本品在乙醇或三氯甲烷中略溶，在乙醚中微溶，在水中不溶。

5. 溶剂　甲醇。

6. 对照品编号与批号　100009－200704

醋酸泼尼松

英文名 Prednisone Acetate

分子式 $C_{23}H_{28}O_6$

分子量 400.47

CAS 号 125－10－0

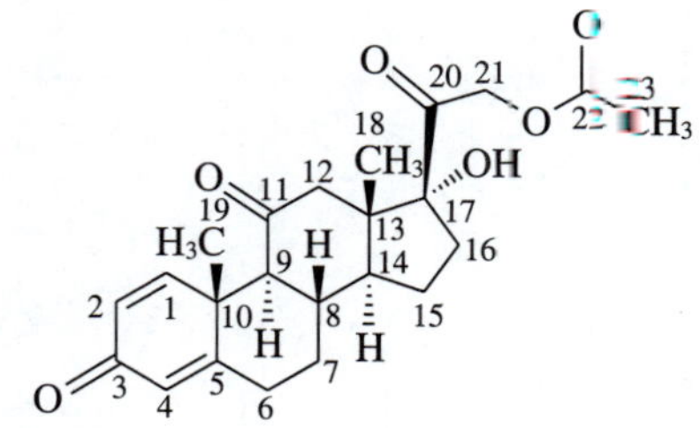

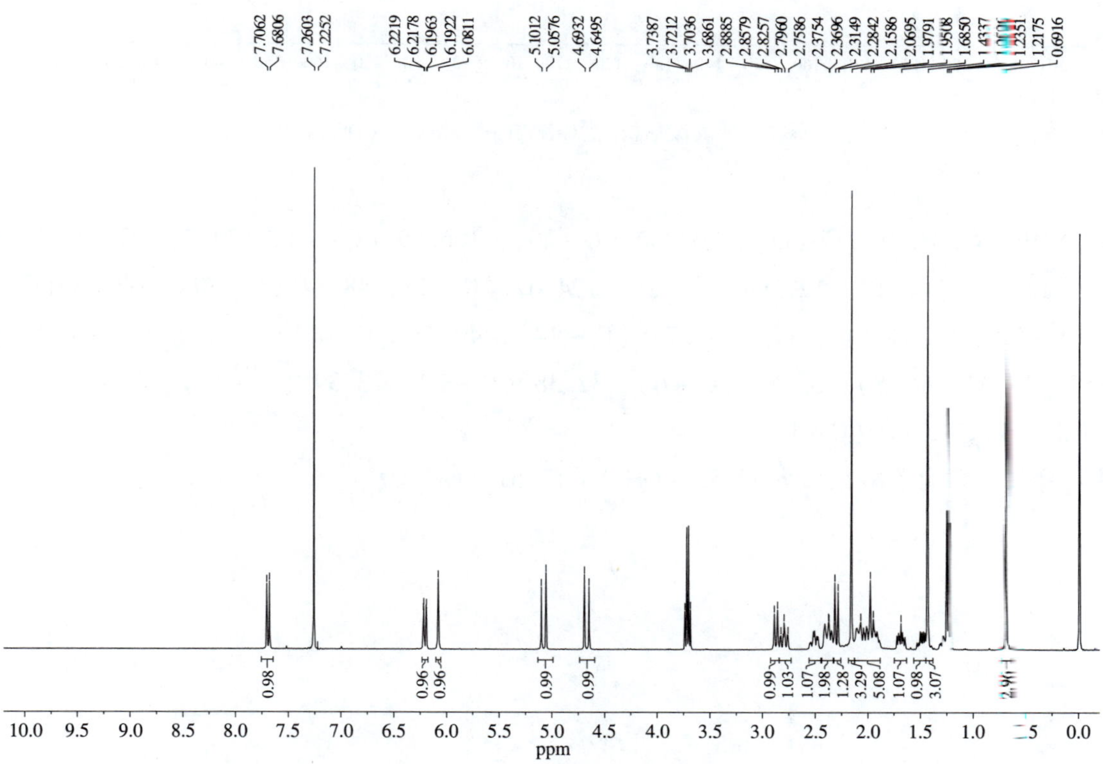

图 1　醋酸泼尼松的[1]H NMR 谱（溶剂：$CDCl_3$）

^{1}H NMR：δ 7.69（H－1，d，*J*＝10.2 Hz，1H），6.21（H－2，dd，*J*＝10.2，1.7 Hz，1H），6.08（H－4，s，1H），5.08（H－21a，d，*J*＝17.5 Hz，1H），4.67（H－21b，d，*J*＝17.5 Hz，1H），2.87（H－12a，d，*J*＝12.3 Hz，1H），2.77（m，1H），2.50（m，1H），2.41～2.33（m，2H），2.30（H－12b，d，*J*＝12.3 Hz，1H），2.16（H－23，s，3H），2.14～1.87（m，5H），1.69（m，1H），1.50（m，1H）1.43（H－19，s，3H），0.69（H－18，s，3H）

注：样品中含有乙醇杂质，δ 3.71（CH_2，q，*J*＝7.0 Hz），1.24（CH_3，t，*J*＝7.0 Hz）

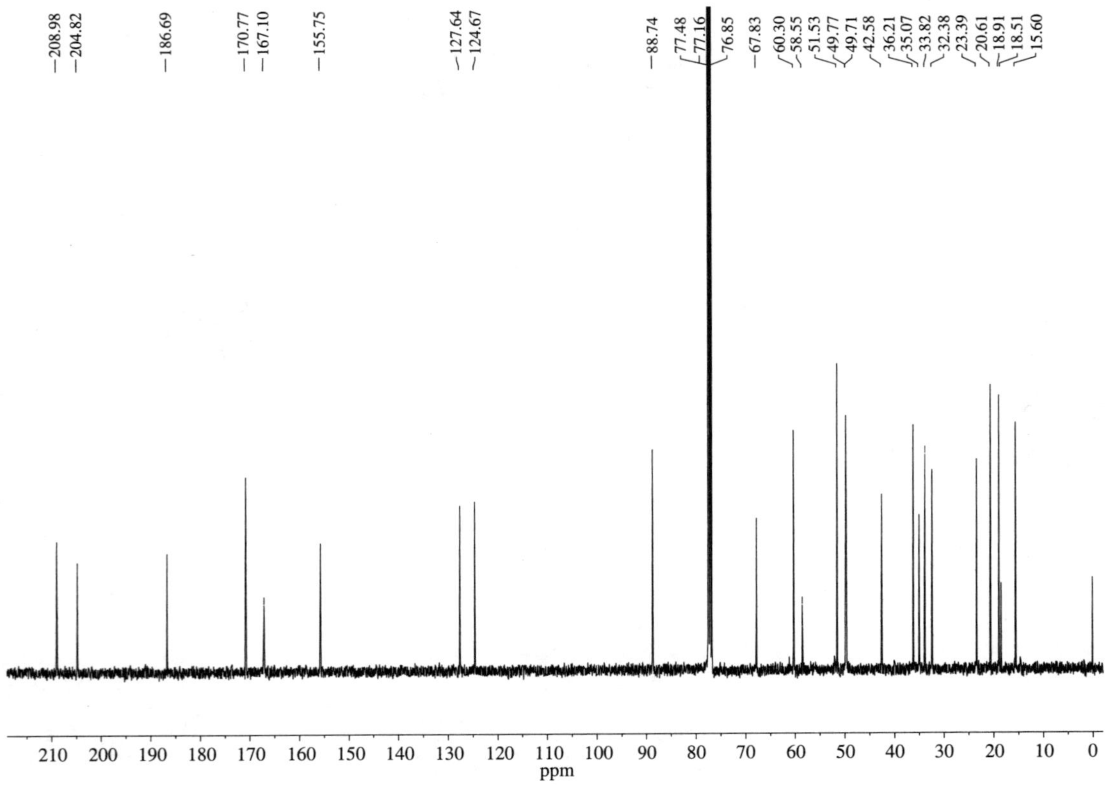

图 2　醋酸泼尼松的^{13}C NMR 谱（溶剂：$CDCl_3$）

^{13}C NMR：δ 208.98（C－11），204.82（C－20），186.69（C－3），170.77（C－22），167.10（C－5），155.75（C－1），127.64（C－2），124.67（C－4），88.74（C－17），67.83（C－21），60.30（C－9），51.53（C－12），49.77（C－14），49.71（C－13），42.58（C－10），36.21（C－16），35.07（C－8），33.82（C－6），32.38（C－7），23.39（C－15），20.61（C－23），18.91（C－19），15.60（C－18）

注：样品中含有乙醇杂质 δ 58.55（CH_2），18.51（CH_3）

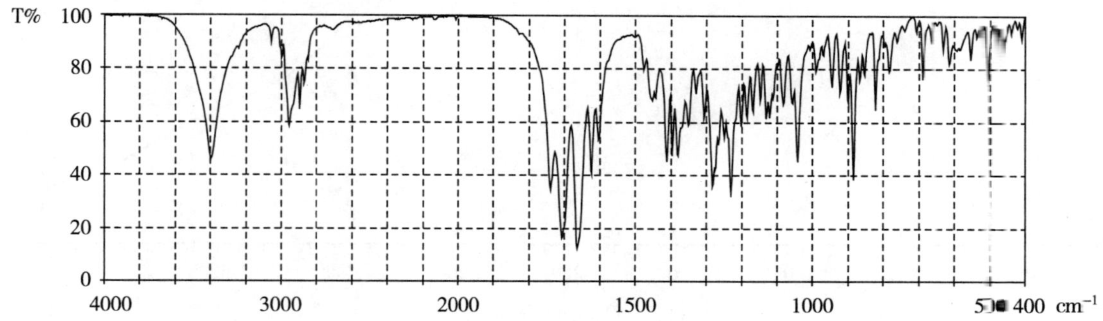

图 3　醋酸泼尼松的红外光谱图

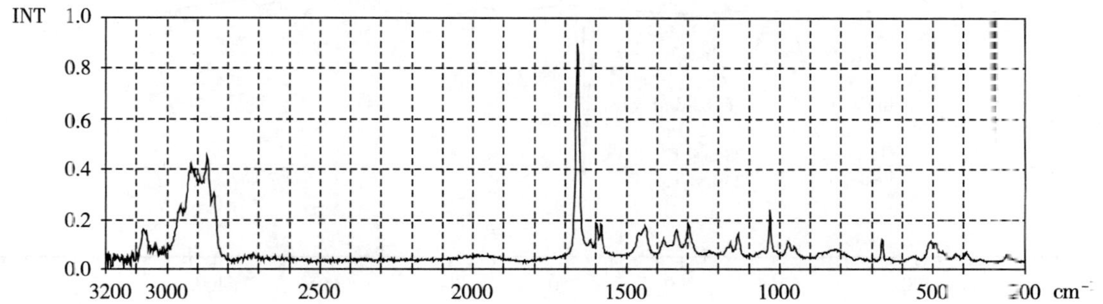

图 4　醋酸泼尼松的拉曼光谱图

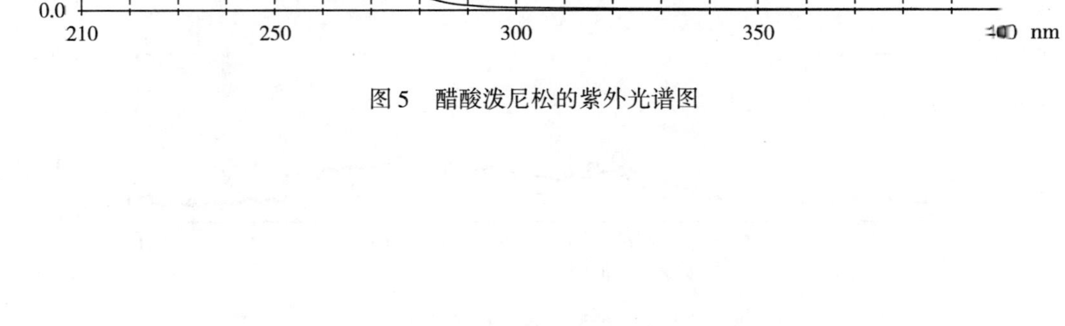

图 5　醋酸泼尼松的紫外光谱图

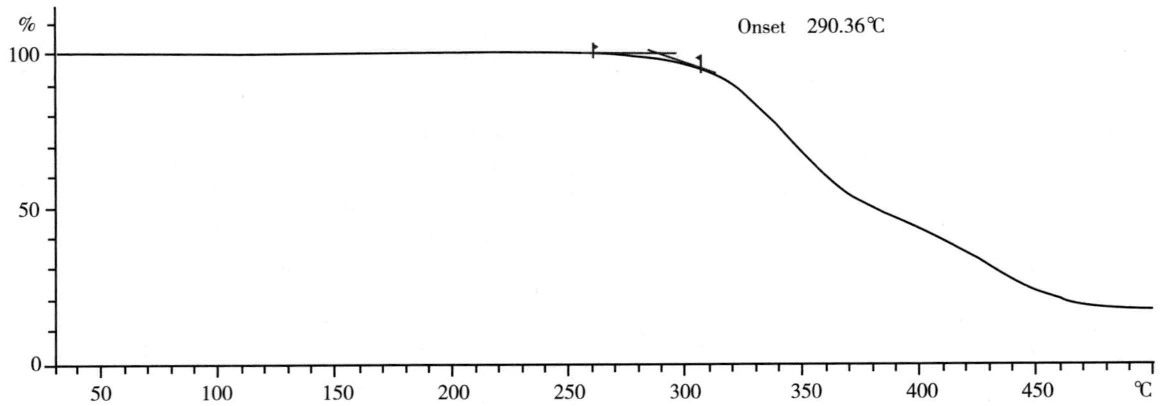

图 6 醋酸泼尼松的 TG 图

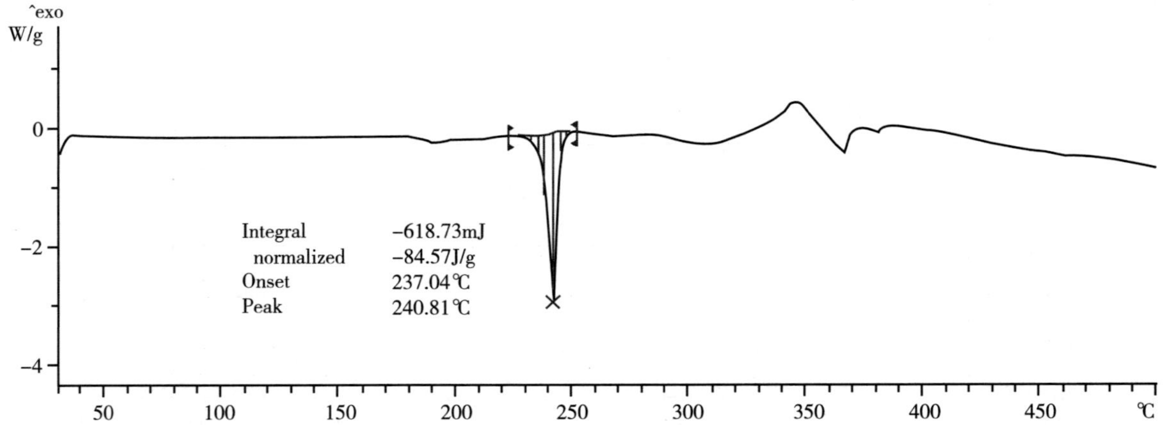

图 7 醋酸泼尼松的 DSC 图

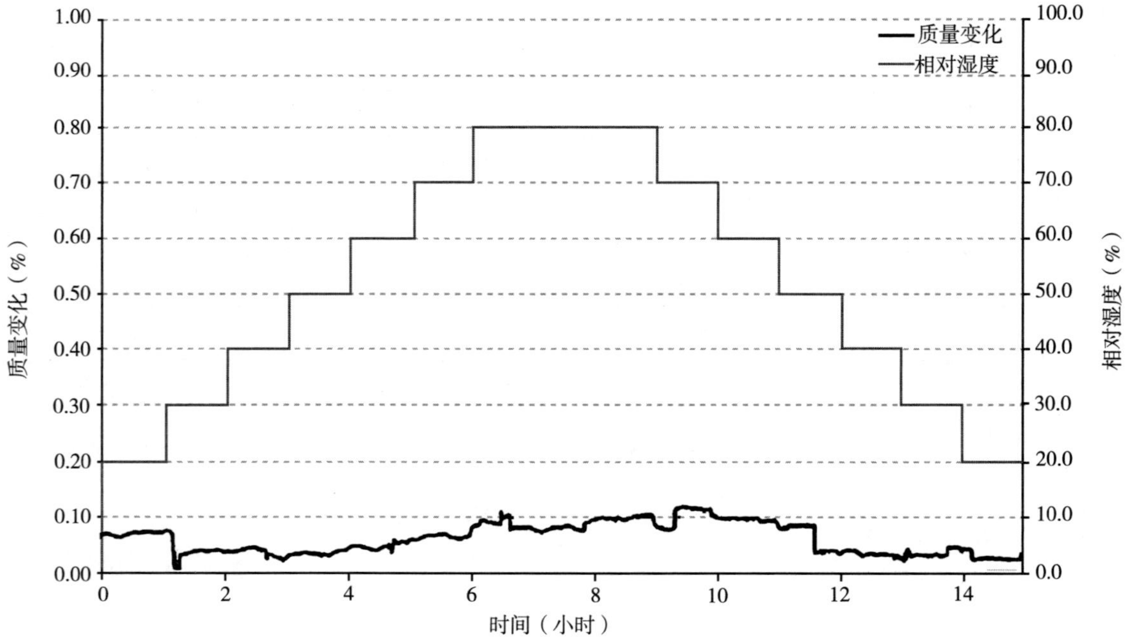

图 8 醋酸泼尼松的 DVS 图

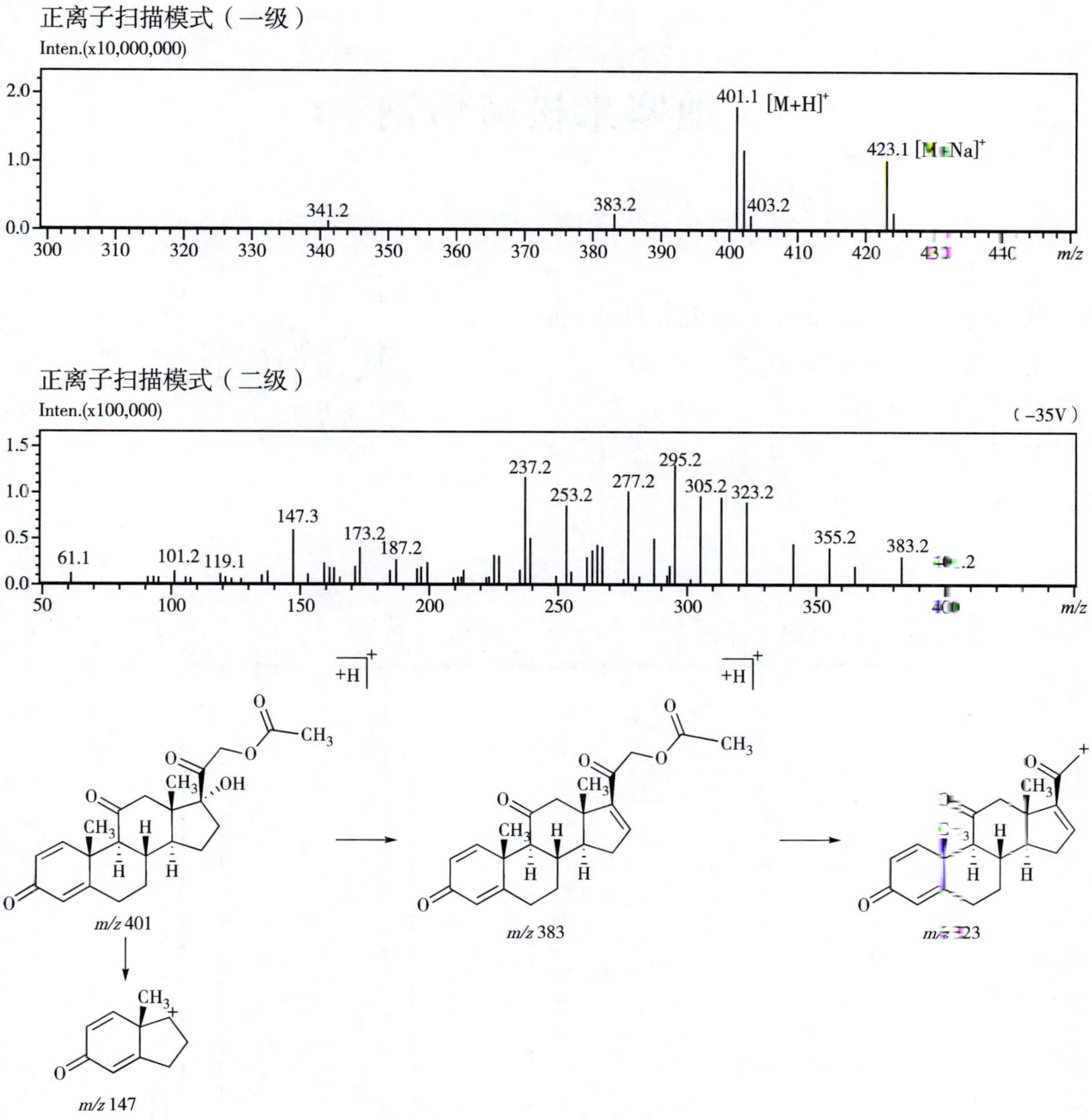

图 9　醋酸泼尼松的质谱图

备注

1. **中文化学名**　17α,21－二羟基孕甾－1,4－二烯－3,11,20－三酮－21－醋酸酯
2. **英文化学名**　17α,21－dihydroxypregna－1,4－diene－3,11,20－trione 21－acetate
3. **性状**　本品为白色或类白色的结晶性粉末；无臭，味苦。
4. **溶解性**　本品在三氯甲烷中易溶，在丙酮中略溶，在乙醇或乙酸乙酯中微溶，在水中不溶。
5. **溶剂**　甲醇。
6. **对照品编号与批号**　100012－200706

地塞米松磷酸钠

英文名 Dexamethasone Sodium Phosphate

分子式 $C_{22}H_{28}FNa_2O_8P$

分子量 516.41

CAS 号 2392－39－4

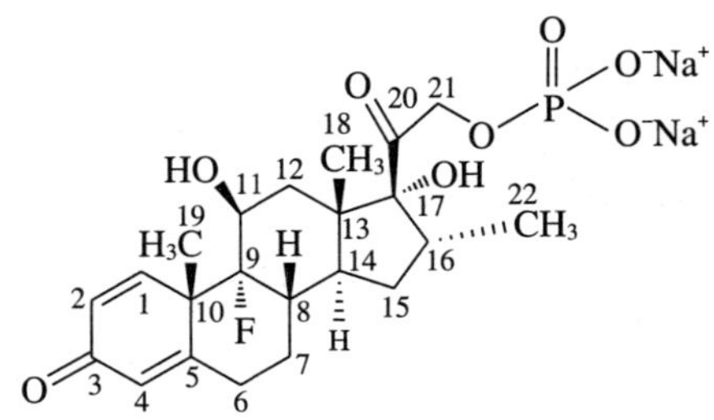

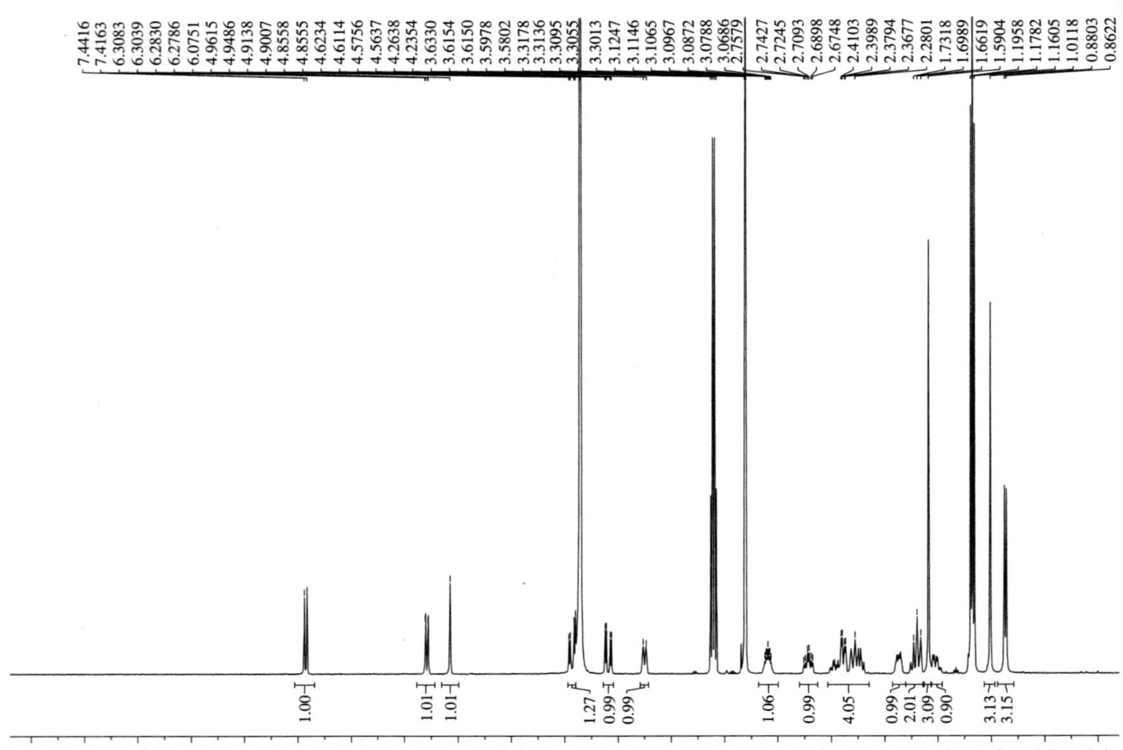

图 1　地塞米松磷酸钠的 ^{1}H NMR 谱（溶剂：CD_3OD）

^{1}H NMR：δ 7.43（H－1，d，J＝10.1 Hz，1H），6.29（H－2，dd，J＝10.1，1.7 Hz，1H），6.08（H－4，s，1H），4.93（H－21a，dd，J＝19.1，5.2 Hz，1H），4.59（H－21b，dd，J＝19.1，4.8 Hz，1H），4.25（H－11，d，J＝11.4 Hz，1H），3.10（m，1H），2.71（dt，J＝13.6，5.4 Hz，1H），2.53～2.15（m，4H），1.86（m，1H），1.80～1.64（m，2H），1.59（H－19，s，3H），1.51（m，1H），1.01（H－18，s，3H），0.87（H－22，d，J＝7.2 Hz，3H）

注：样品中含有乙醇杂质，δ 3.61（CH_2，q，J＝7.0 Hz），1.18（CH_3，t，J＝7.1 Hz）

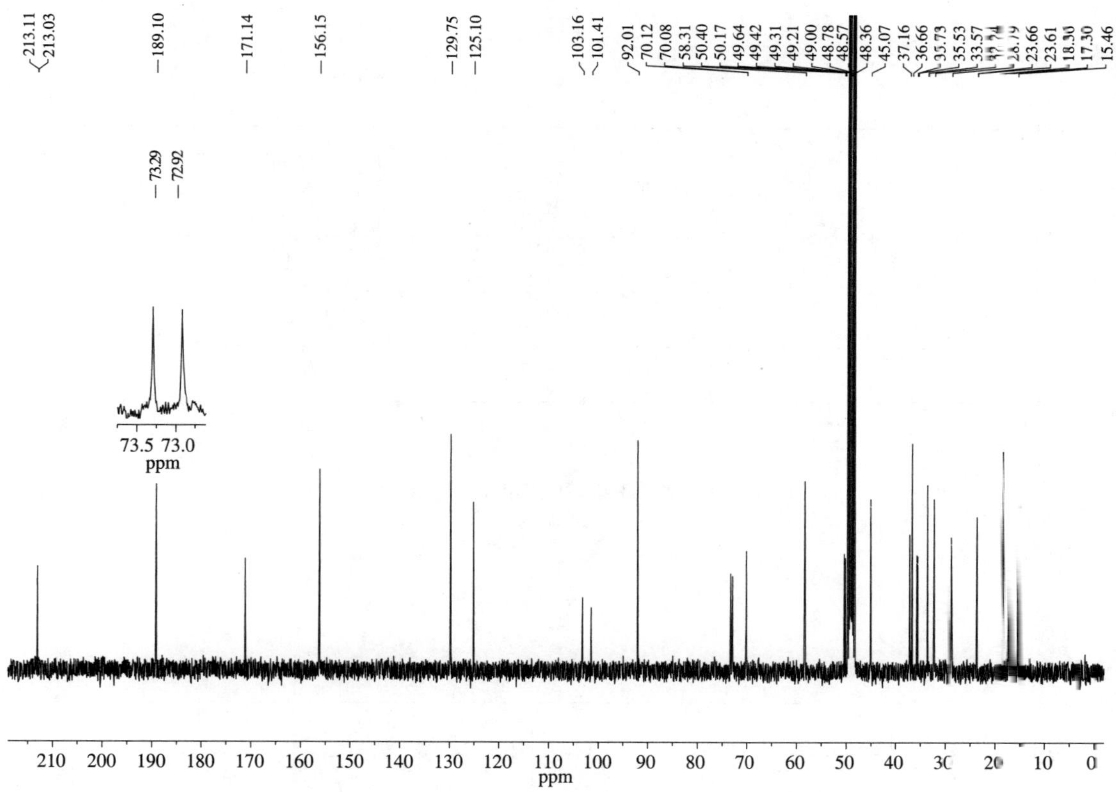

图 2　地塞米松磷酸钠的^{13}C NMR 谱（溶剂：CD_3OD）

^{13}C NMR：δ 213.07（C－20，d，J＝7.07 Hz），189.10（C－3），171.14（C－5），156.15（C－1），129.75（C－2），125.10（C－4），102.29（C－9，d，J＝175.74 Hz）92.01（C－17），73.16（C－11，d，J＝37.37 Hz），70.10（C－21，d，J＝3.03 Hz），50.29（C－10，d，J＝22.9 Hz），49.31（C－13），45.07（C－14），37.16（C－16），36.66（C－12），35.63（C－8，d，J＝19.19 Hz,），33.57（C－6），32.24（C－15），28.79（C－7），23.63（C－19，d，J＝6.06 Hz），17.30（C－22），15.46（C－18）

注：样品中含有乙醇杂质，δ 58.31（CH_2），18.36（CH_3）

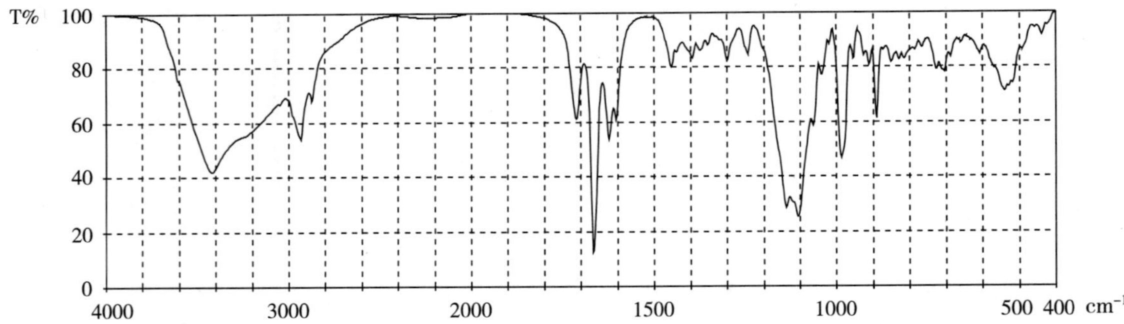

图 3　地塞米松磷酸钠的红外光谱图

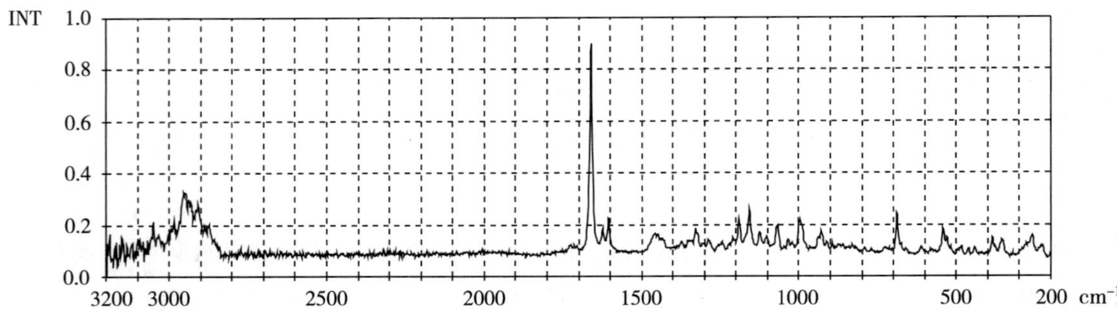

图 4　地塞米松磷酸钠的拉曼光谱图

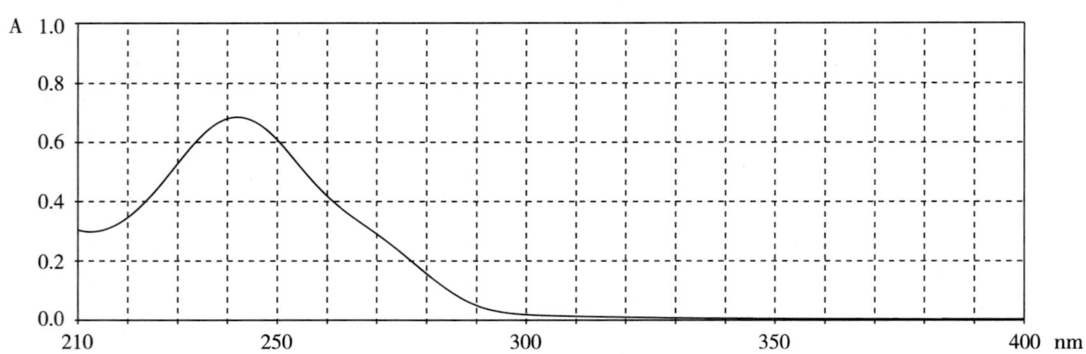

图 5　地塞米松磷酸钠的紫外光谱图

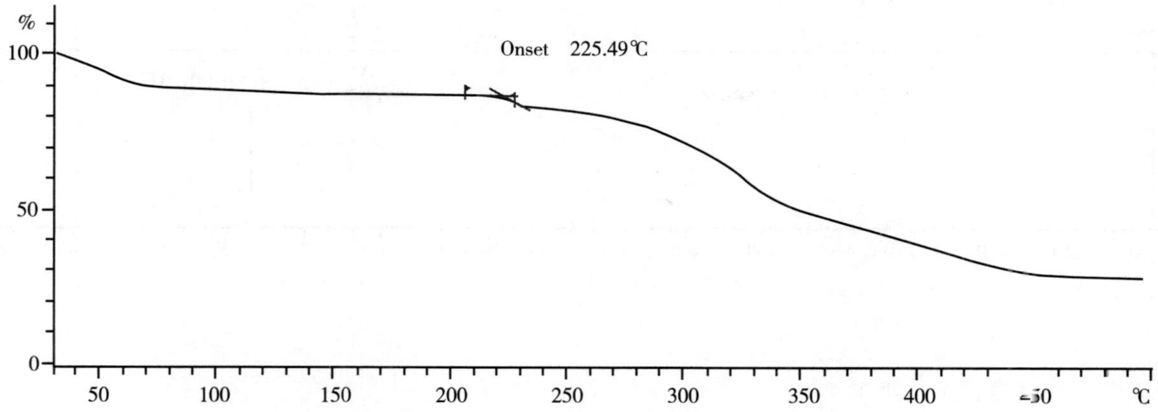

图 6 地塞米松磷酸钠的 TG 图

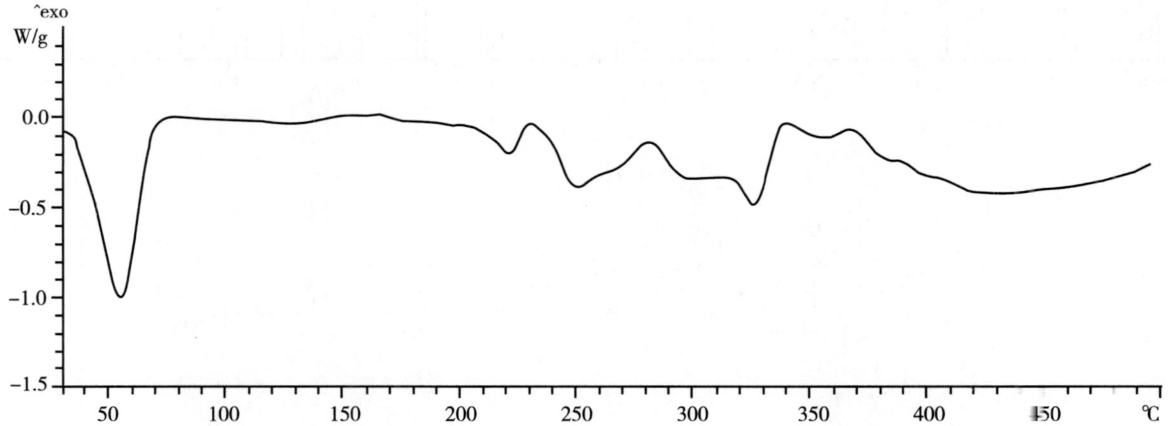

图 7 地塞米松磷酸钠的 DSC 图

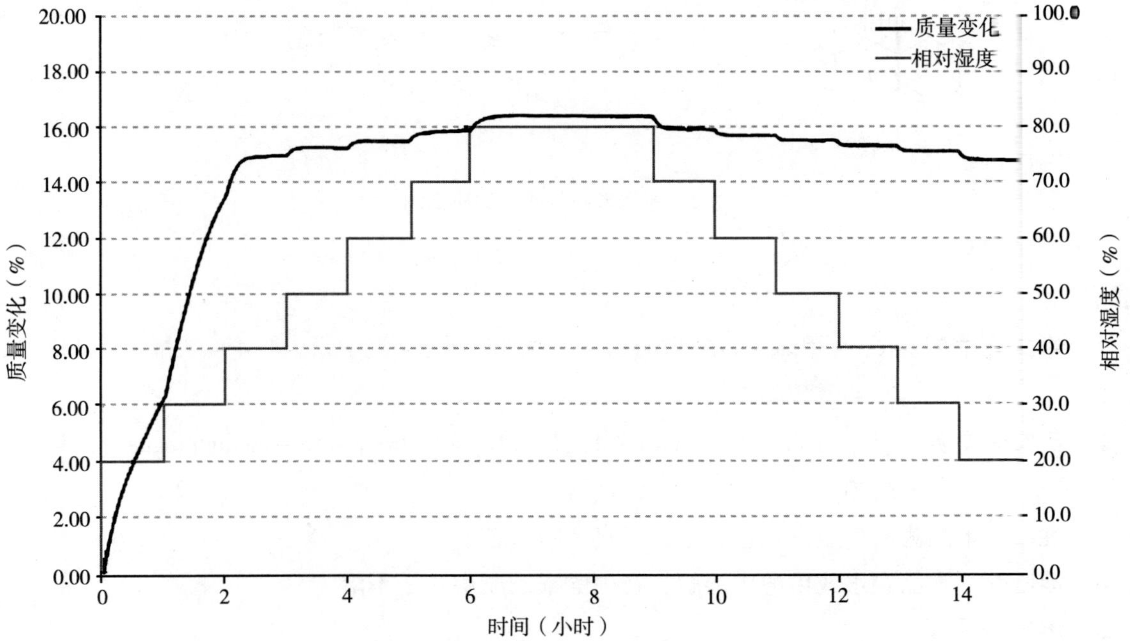

图 8 地塞米松磷酸钠的 DVS 图

正离子扫描模式（一级）

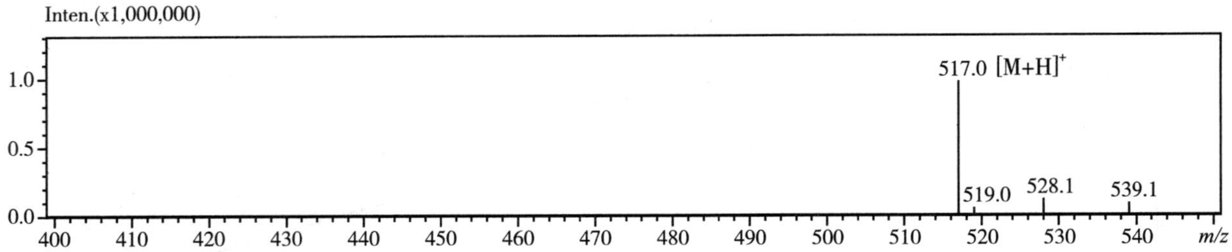

正离子扫描模式（二级）

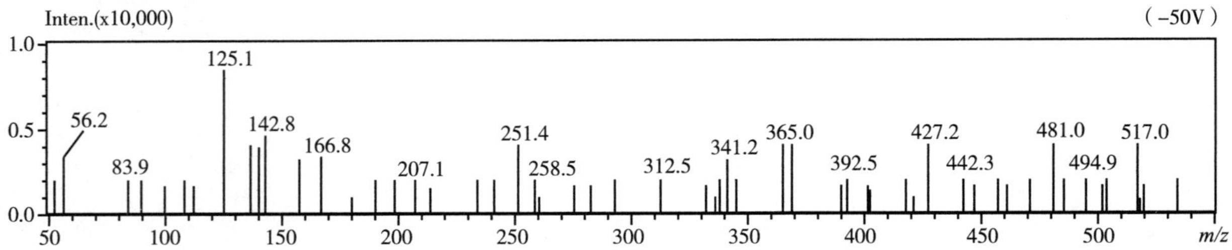

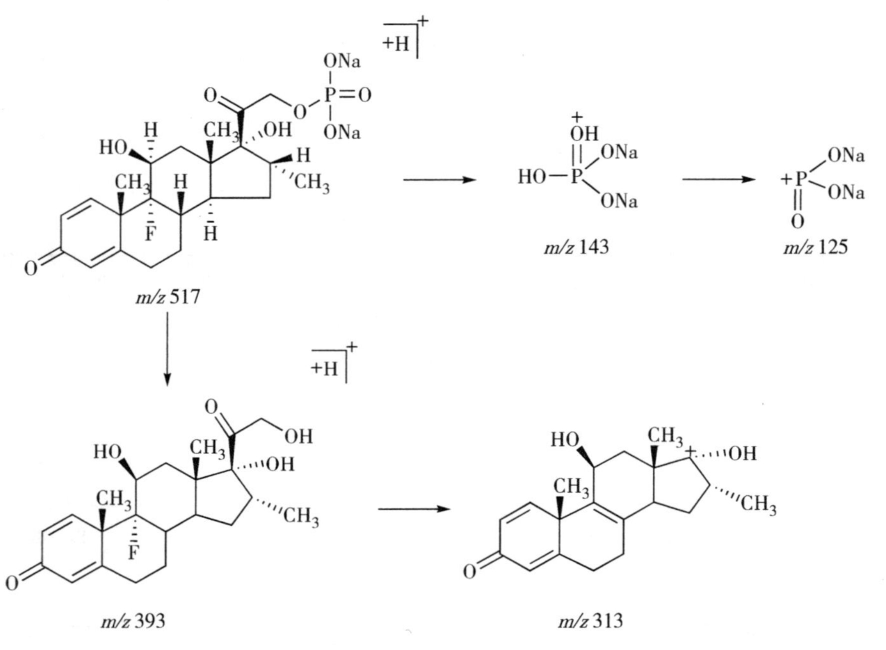

图 9　地塞米松磷酸钠的质谱图

备注

1. 中文化学名　16α－甲基－11β,17α,21－三羟基－9α－氟孕甾－1,4－二烯－3,20－二酮－21－磷酸酯二钠

2. 英文化学名　(11β,16α)－9－fluoro－11,17,21－trihydroxy－16－methylpregna－1,4－diene－3,20－dione

3. 性状　本品为白色至微黄色粉末；无臭，味微苦。

4. 溶解性　本品在水或甲醇中溶解，在丙酮或乙醚中几乎不溶。

5. 溶剂　甲醇。

6. 对照品编号与批号　100016－201015

盐酸左旋咪唑杂质

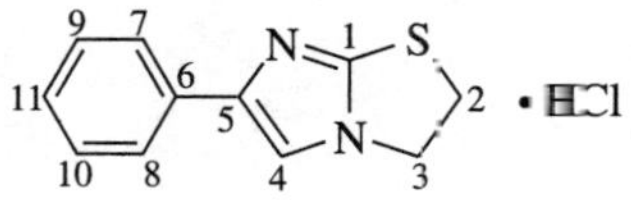

英文名 Levamisole Hydrochloride Impurity

分子式 $C_{11}H_{10}N_2S \cdot HCl$

分子量 238.74

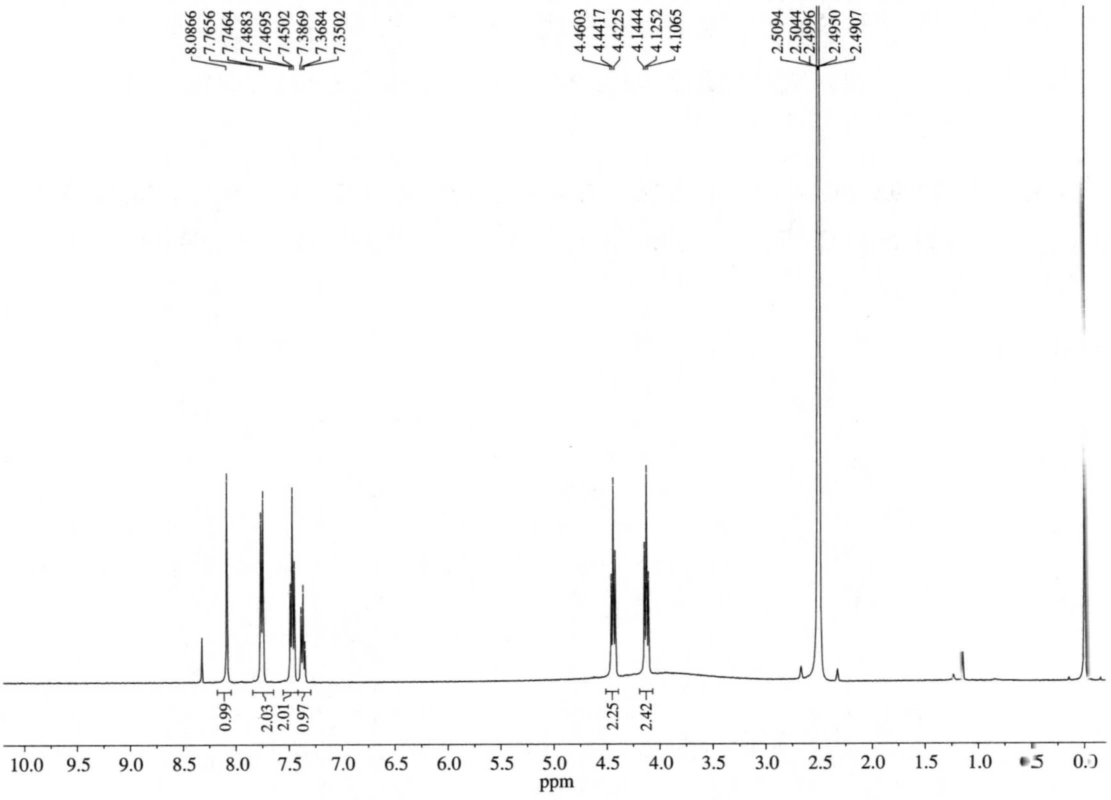

图1 盐酸左旋咪唑杂质的^1H NMR谱（溶剂：CD_3SOCD_3）

^1H NMR：δ 8.09（H-4，s，1H），7.76（H-7，8，d，J=7.7 Hz，2H），7.47（H-9，10，t，J=7.6 Hz，2H），7.37（H-11，t，J=7.4 Hz，1H），4.44（H-3，t，J=7.6 Hz，2H），4.13（H-2，t，J=7.6 Hz，2H）

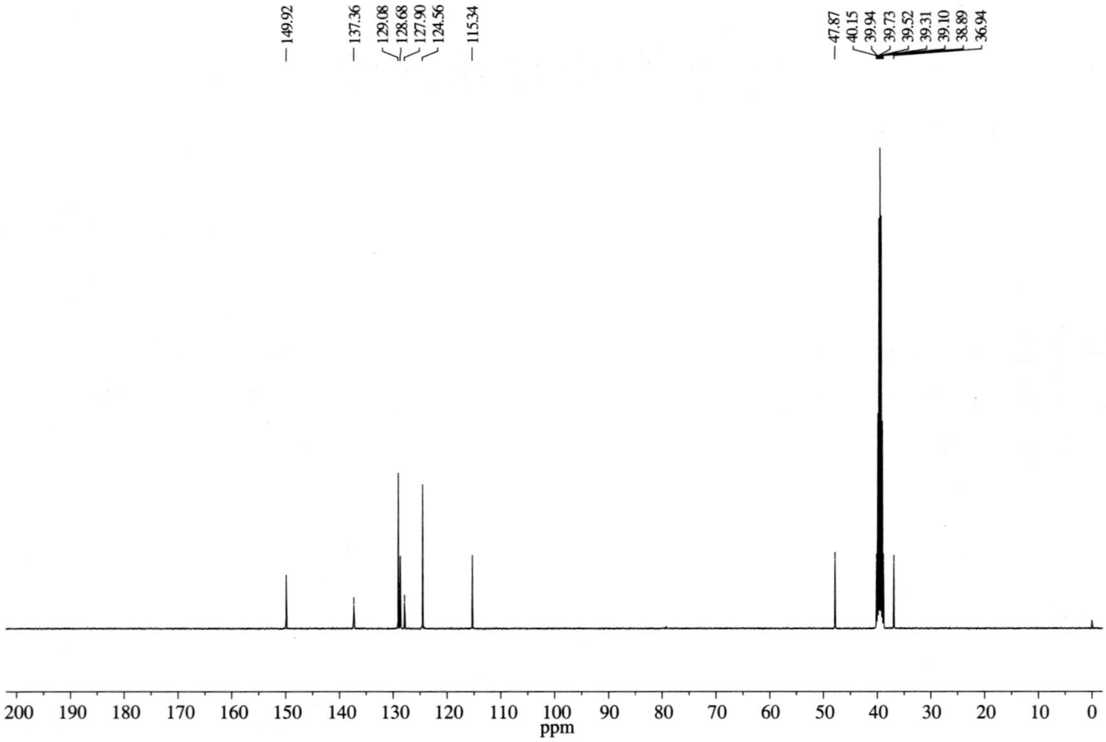

图 2　盐酸左旋咪唑杂质的^{13}C NMR 谱（溶剂：CD_3SOCD_3）

^{13}C NMR：δ 149.92（C－1），137.36（C－5），129.08（C－9，10），128.68（C－11），127.90（C－6），124.56（C－7，8），115.34（C－4），47.87（C－3），36.94（C－2）

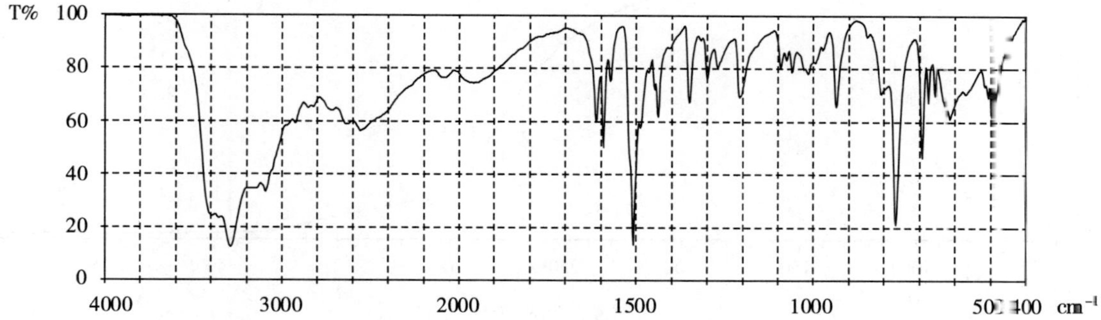

图 3　盐酸左旋咪唑杂质的红外光谱图

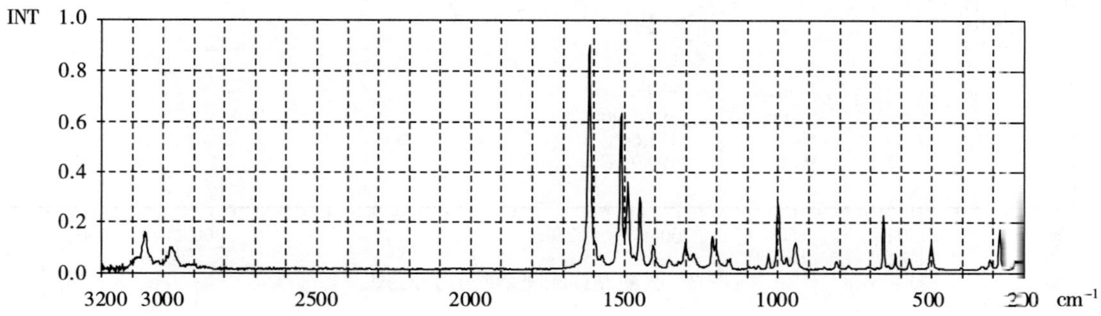

图 4　盐酸左旋咪唑杂质的拉曼光谱图

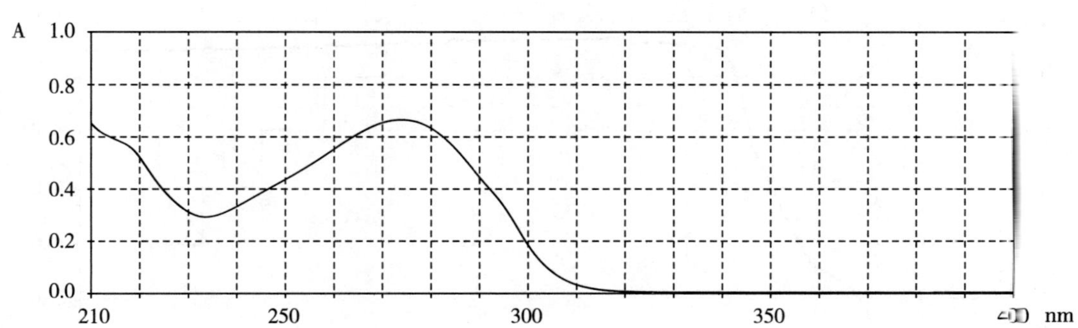

图 5　盐酸左旋咪唑杂质的紫外光谱图

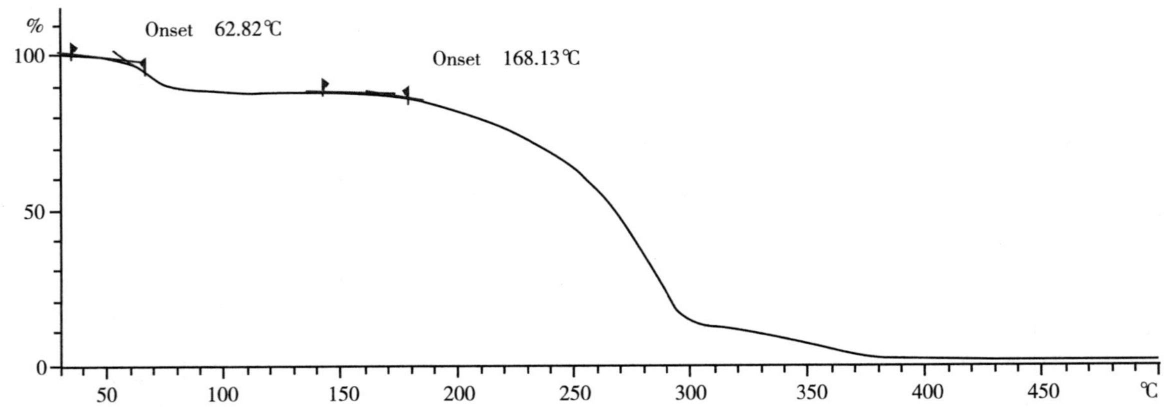

图 6　盐酸左旋咪唑杂质的 TG 图

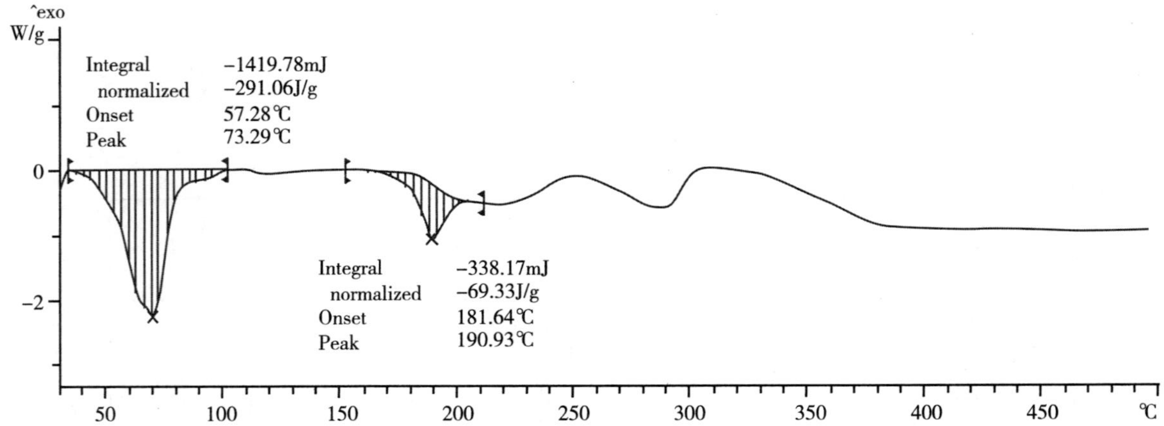

图 7　盐酸左旋咪唑杂质的 DSC 图

图 8　盐酸左旋咪唑杂质的 DVS 图

正离子扫描模式（一级）

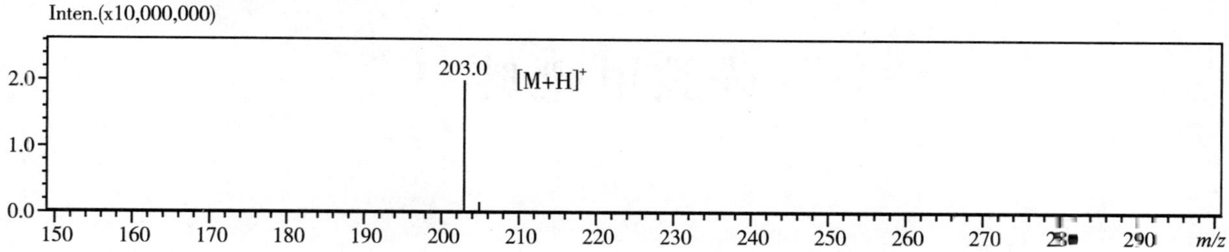

正离子扫描模式（二级）

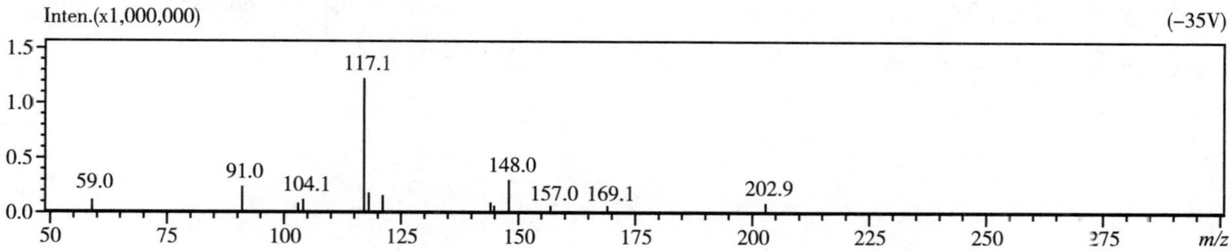

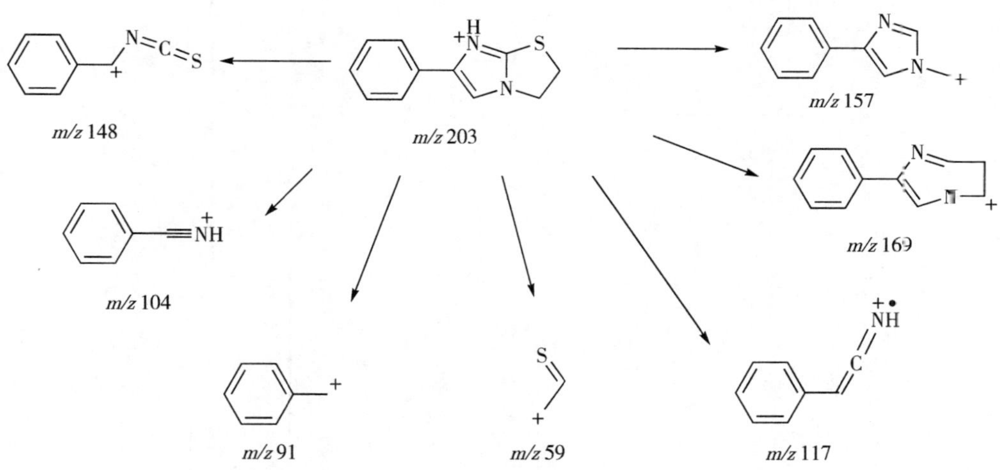

图 9　盐酸左旋咪唑杂质的质谱图

备注

1. **中文化学名**　2,3－二氢－6－苯基咪唑[2,1－*b*]噻唑盐酸盐
2. **英文化学名**　2,3－dihydro－6－phenylimidazo[2,1－*b*]thiazole hydrochloride
3. **性状**　本品为白色结晶性粉末。
4. **溶剂**　甲醇。
5. **对照品编号与批号**　100020－200604

磺胺甲噁唑

英文名 Sulfamethoxazole

分子式 $C_{10}H_{11}N_3O_3S$

分子量 253.28

CAS 号 723-46-6

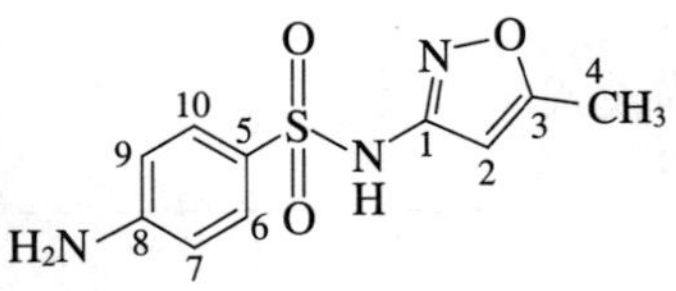

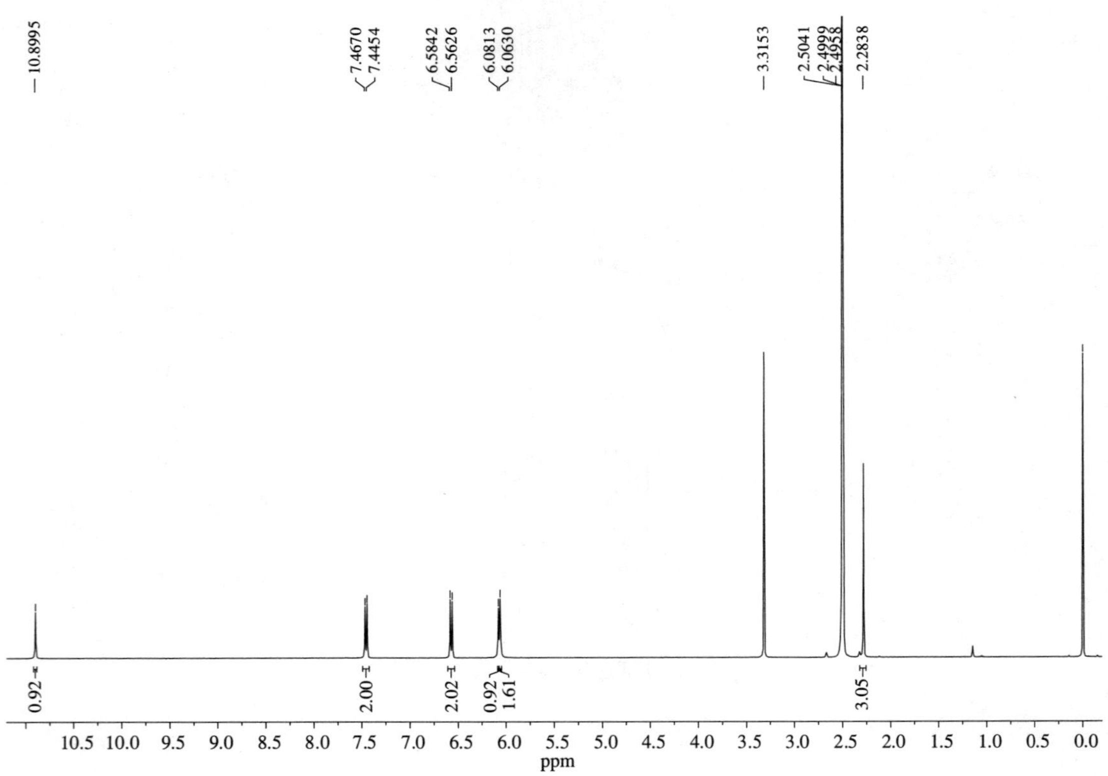

图 1 磺胺甲噁唑的 ^1H NMR 谱（溶剂：CD_3SOCD_3）

^1H NMR：δ 10.90（NH，s，1H），7.46（H-6，10，d，J=8.7 Hz，2H），6.58（H-7，9，d，J=8.7 Hz，2H），6.08（H-2，s，1H），6.06（NH_2，s，2H），2.29（H-4，s，3H）

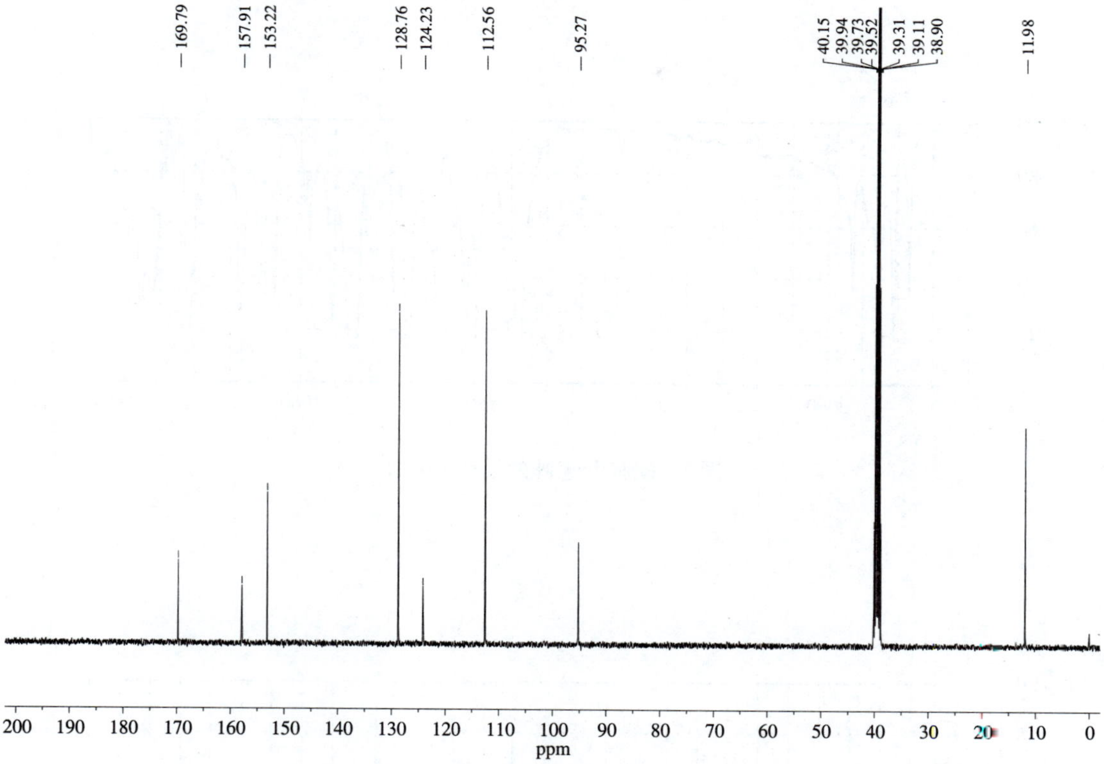

图 2　磺胺甲噁唑的^{13}C NMR 谱（溶剂：CD_3SOCD_3）

^{13}C NMR：δ 169.79（C－3），157.91（C－1），153.22（C－8），128.76（C－6，10），124.23（C－5），112.56（C－7，9），95.27（C－2），11.98（C－4）

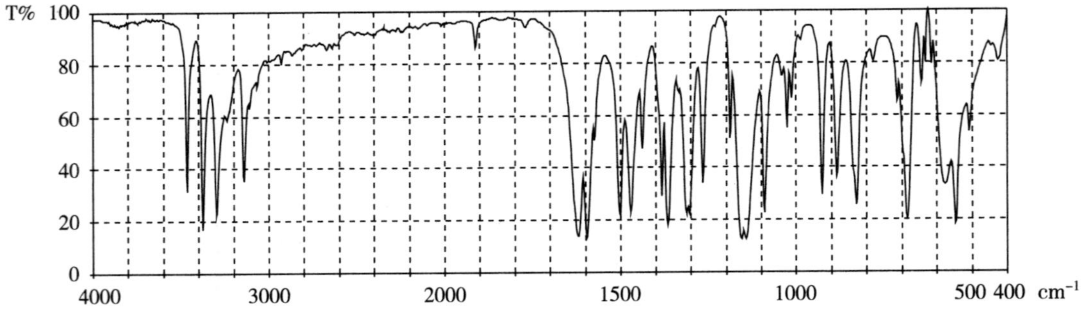

图 3　磺胺甲噁唑的红外光谱图

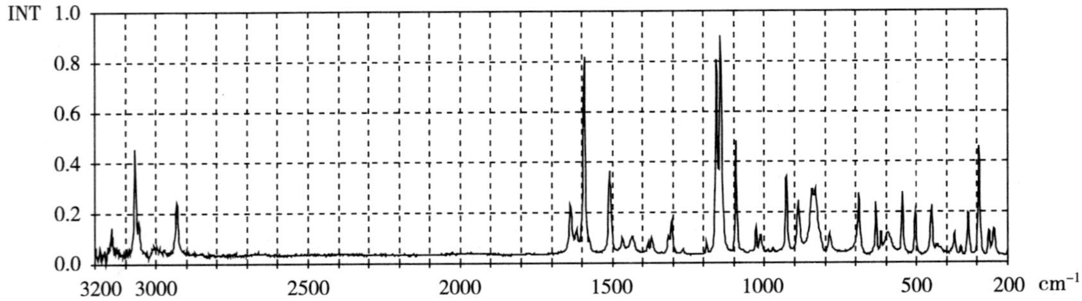

图 4　磺胺甲噁唑的拉曼光谱图

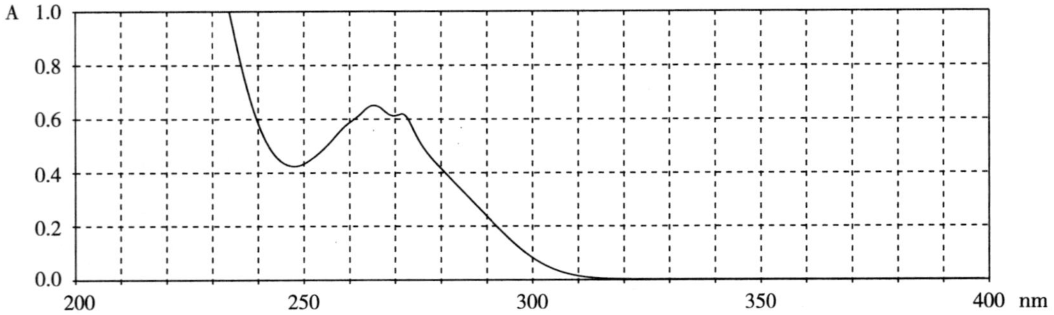

图 5　磺胺甲噁唑的紫外光谱图

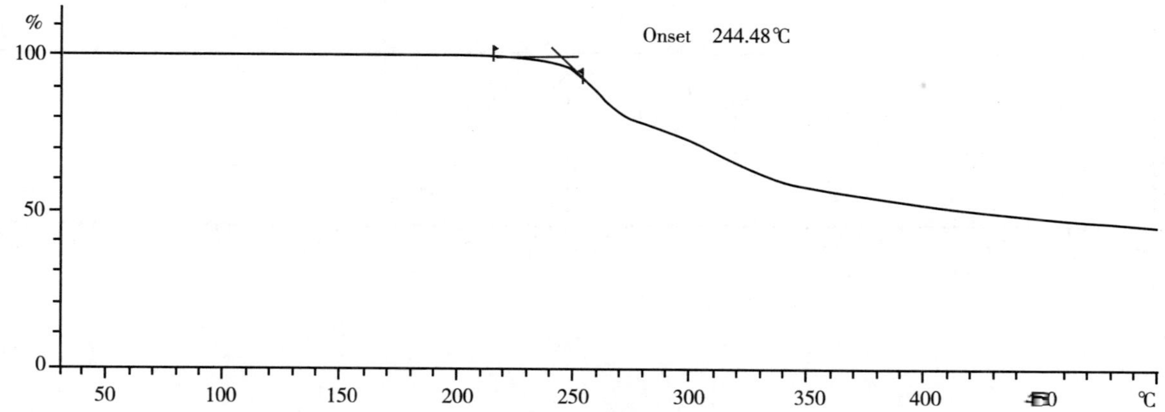

图 6　磺胺甲噁唑的 TG 图

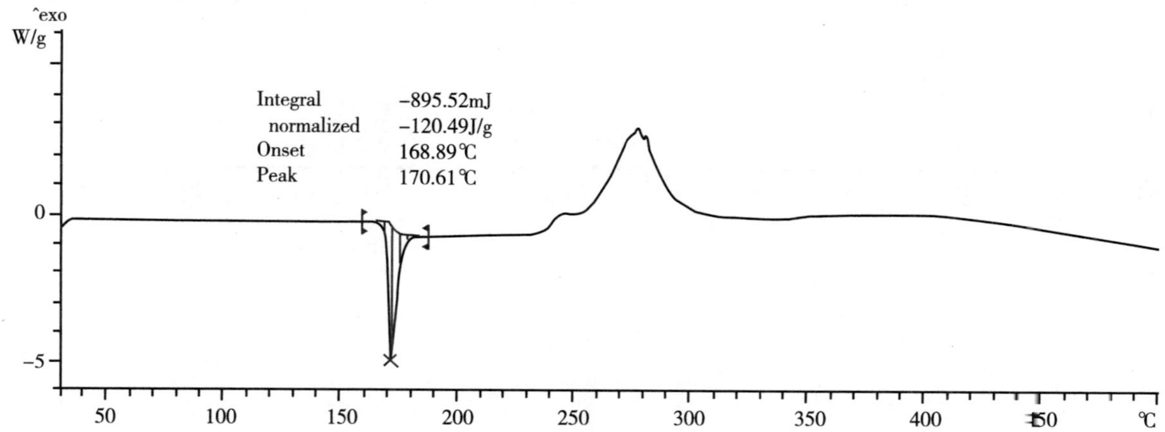

图 7　磺胺甲噁唑的 DSC 图

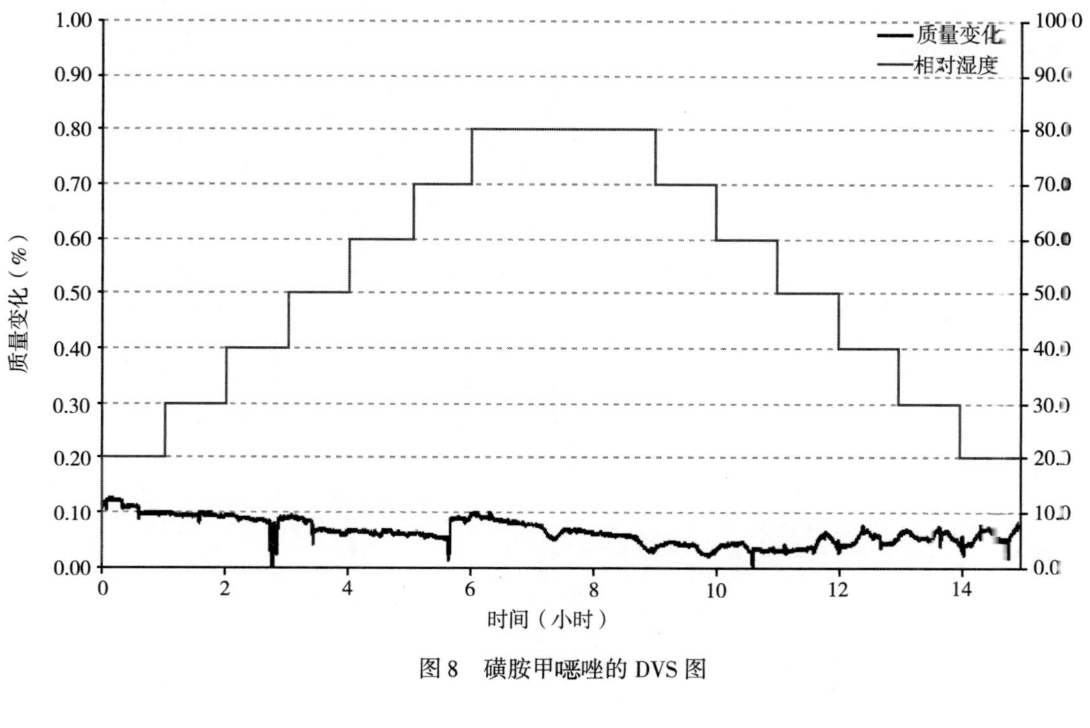

图 8　磺胺甲噁唑的 DVS 图

正离子扫描模式（一级）

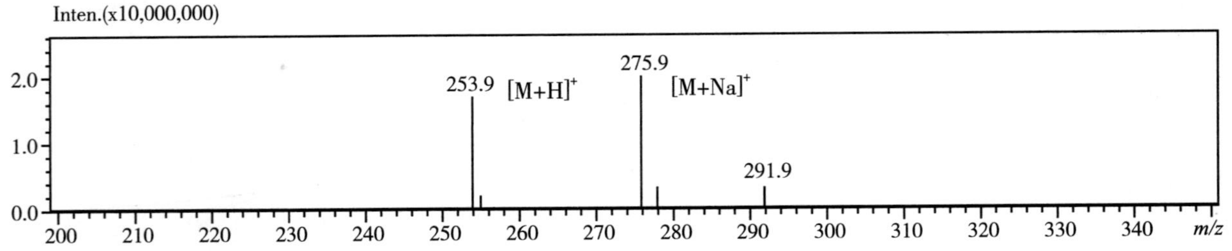

正离子扫描模式（二级）

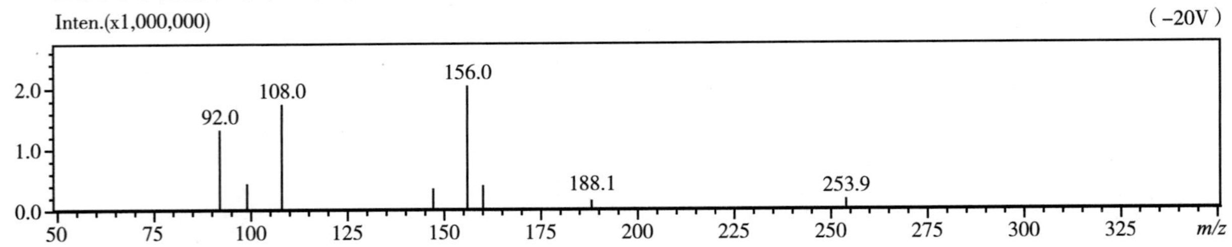

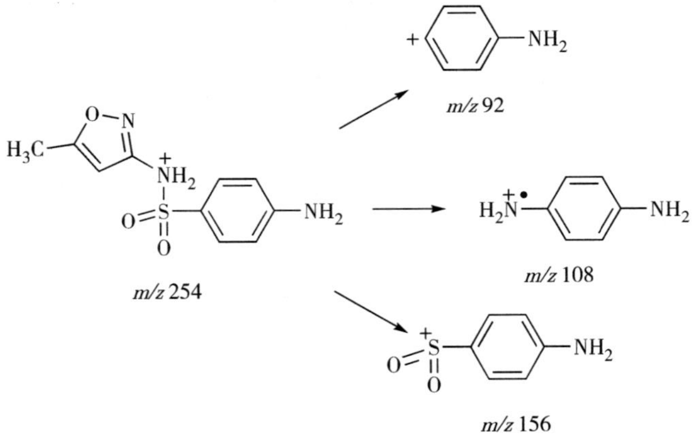

负离子扫描模式（一级）

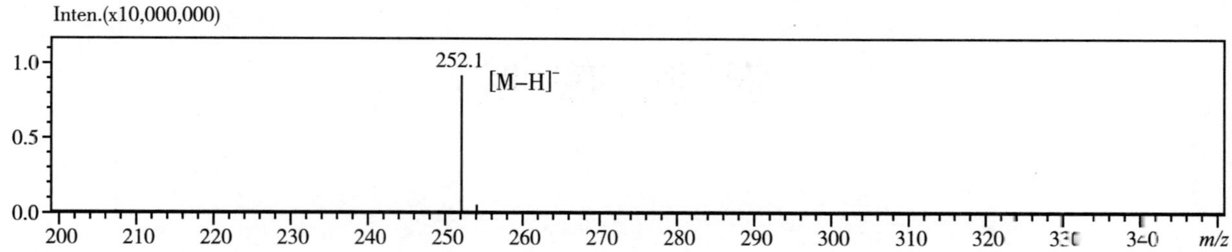

负离子扫描模式（二级）

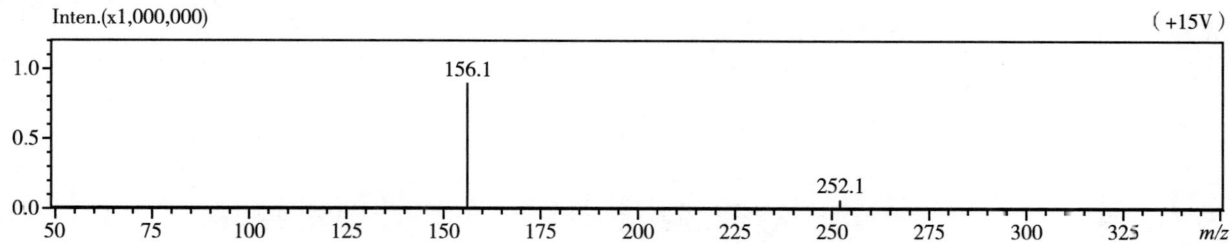

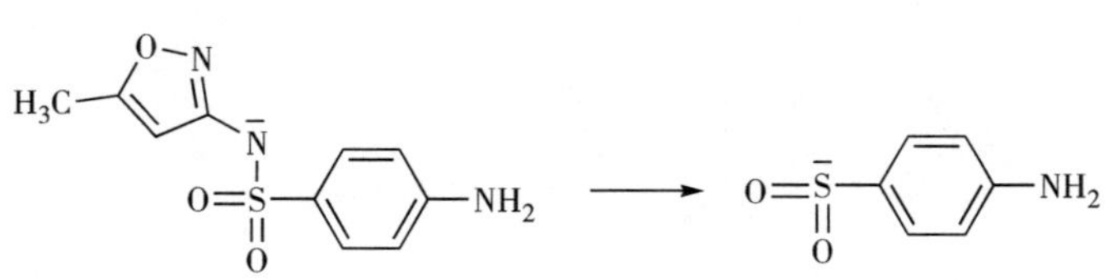

m/z 252 　　　　 *m/z* 156

图 9　磺胺甲噁唑的质谱图

备注

1. **中文化学名**　*N*－(5－甲基－3－异噁唑基)－4－氨基苯磺酰胺
2. **英文化学名**　4－amino－*N*－(5－methyl－3－isoxazolyl) benzene sulfonamide
3. **性状**　本品为白色结晶性粉末；无臭，味微苦。
4. **溶解性**　本品在水中几乎不溶；在稀盐酸、氢氧化钠试液或氨试液中易溶。
5. **溶剂**　甲醇。
6. **对照品编号与批号**　100025－200904

磺 胺 嘧 啶

英文名 Sulfadiazine

分子式 $C_{10}H_{10}N_4O_2S$

分子量 250.28

CAS 号 68-35-9

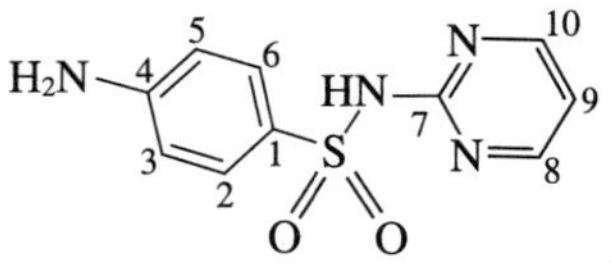

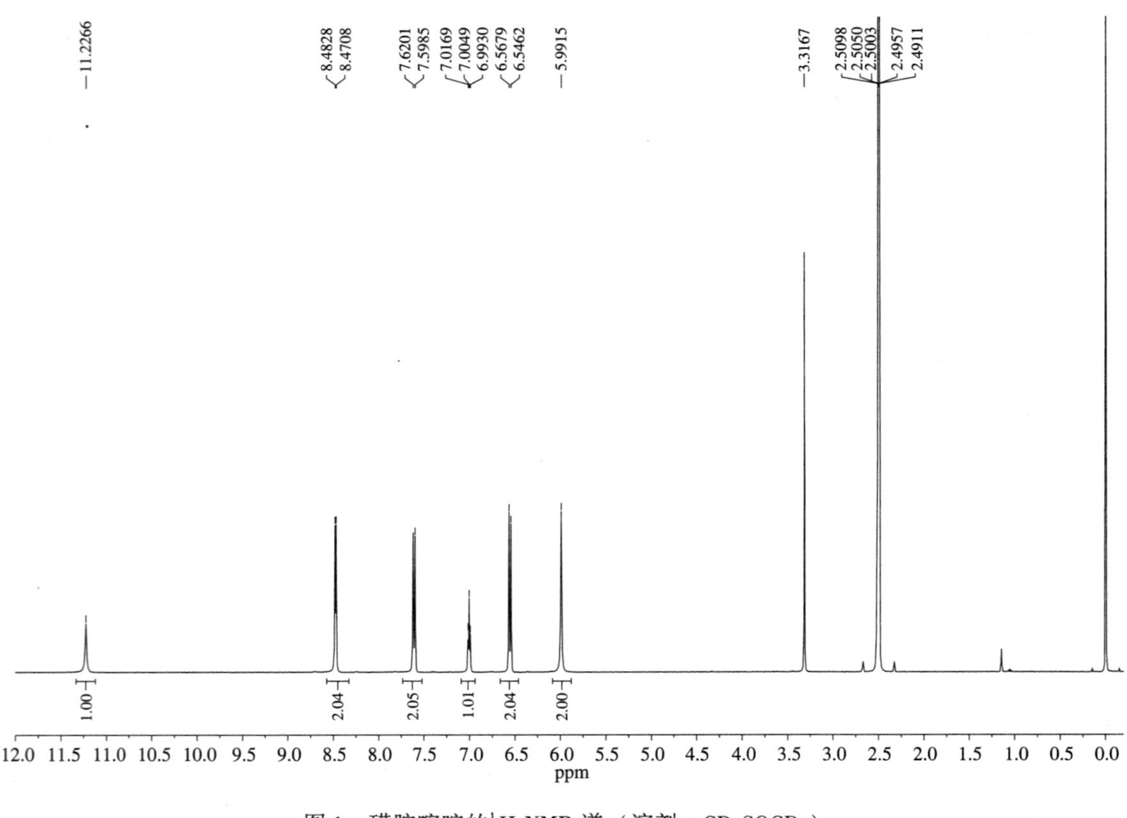

图 1 磺胺嘧啶的^{1}H NMR 谱（溶剂：CD_3SOCD_3）

^{1}H NMR：δ 11.23（NH，s，1H），8.48（H-8，10，d，J=4.8 Hz，2H），7.61（H-2，6，d，J=8.6 Hz，2H），7.01（H-9，t，J=4.8 Hz，1H），6.56（H-3，5，d，J=8.7 Hz，2H），5.99（NH_2，s，2H）

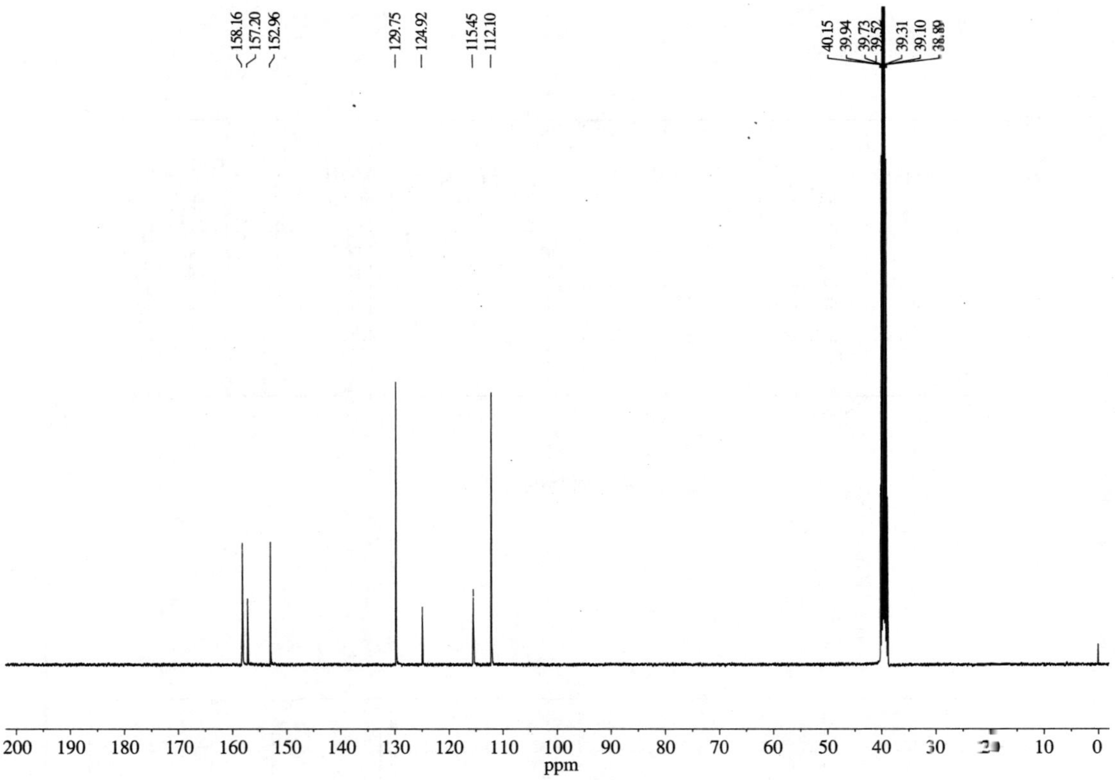

图 2　磺胺嘧啶的^{13}C NMR 谱（溶剂：CD_3SOCD_3）

^{13}C NMR：δ 158.16（C－8，10），157.20（C－7），152.96（C－4），129.75（C－2，6），124.92（C－1），115.45（C－9），112.10（C－3，5）

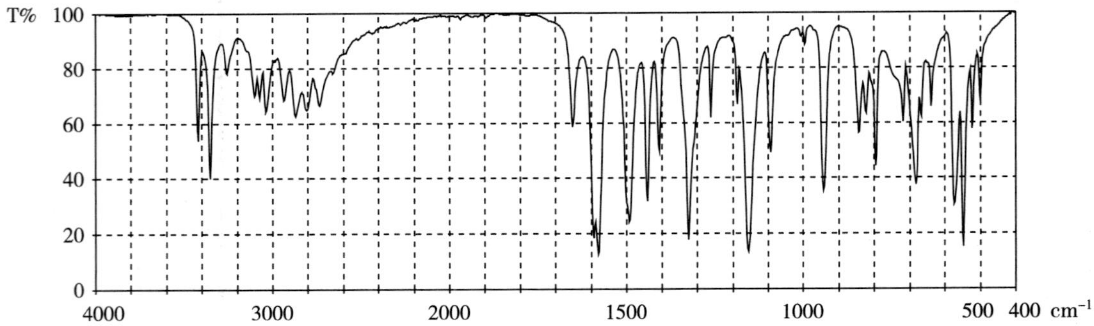

图 3　磺胺嘧啶的红外光谱图

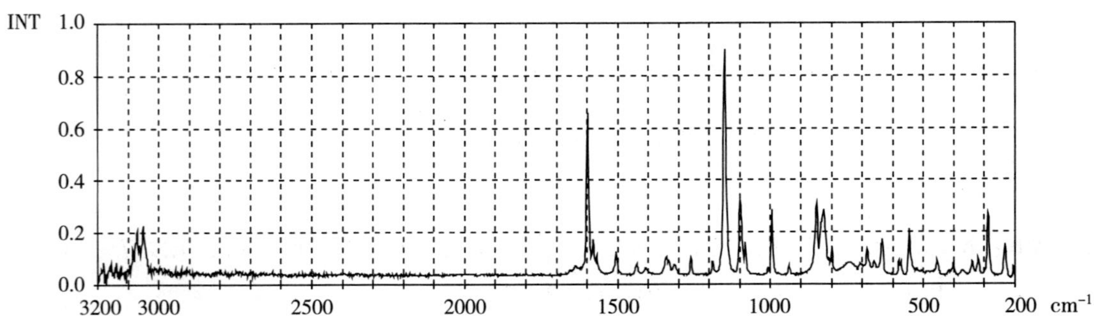

图 4　磺胺嘧啶的拉曼光谱图

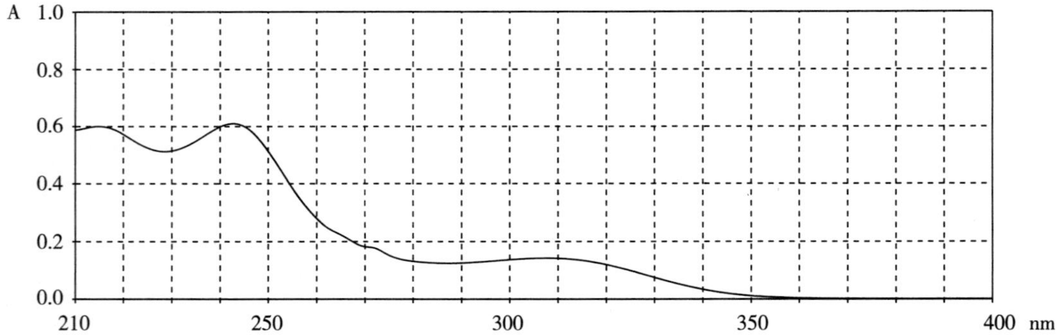

图 5　磺胺嘧啶的紫外光谱图

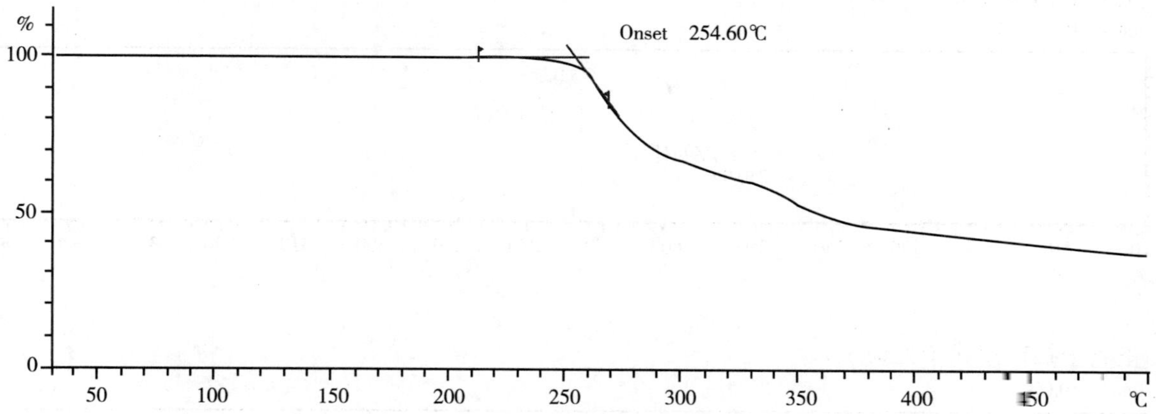

图 6　磺胺嘧啶的 TG 图

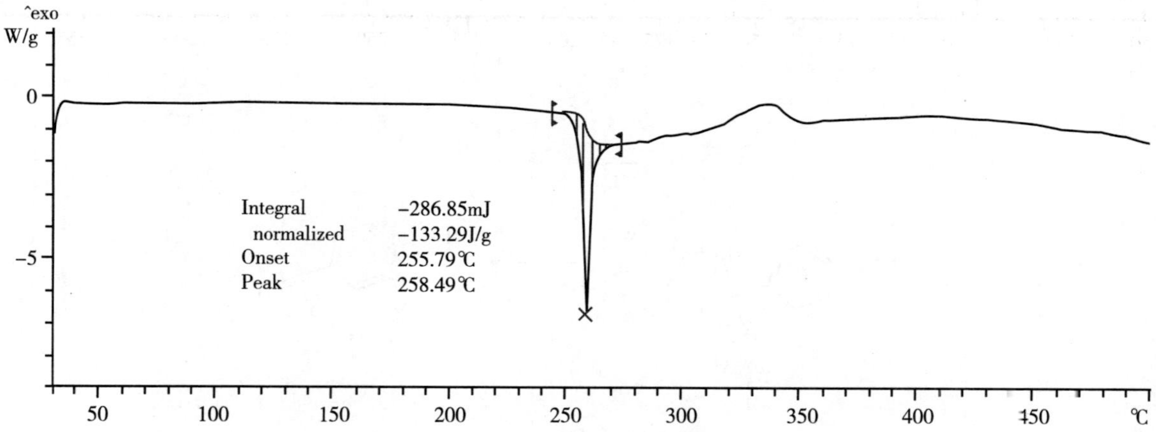

图 7　磺胺嘧啶的 DSC 图

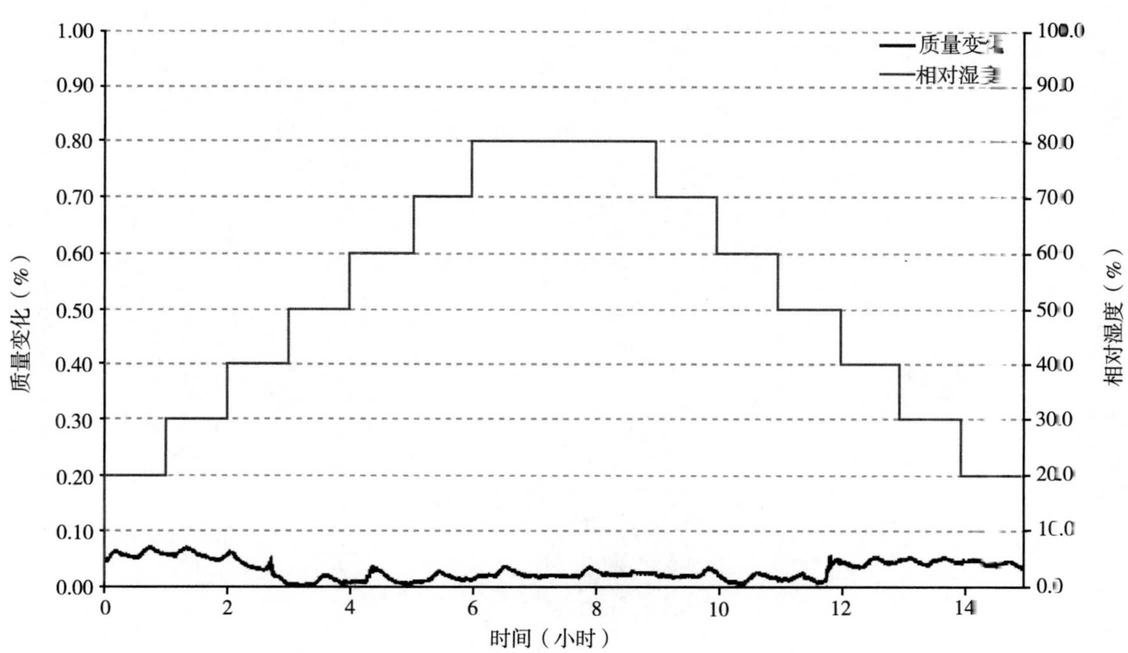

图 8　磺胺嘧啶的 DVS 图

正离子扫描模式（一级）

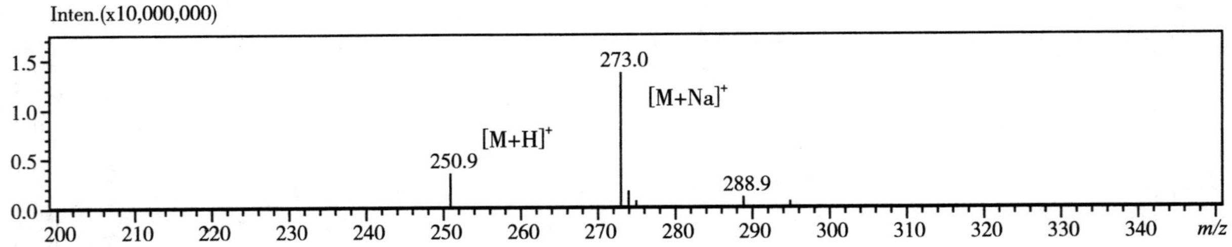

正离子扫描模式（二级）

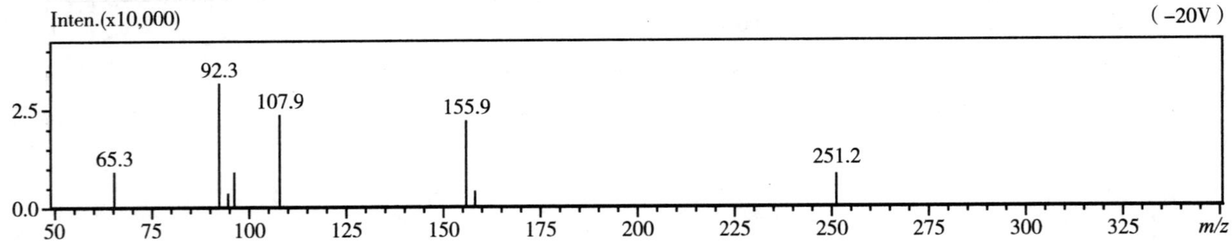

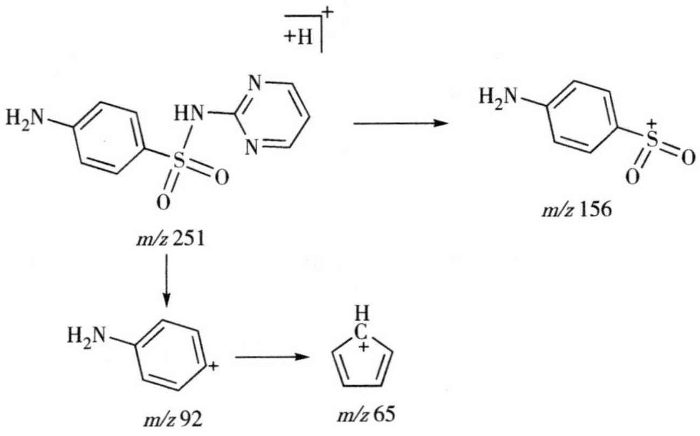

负离子扫描模式（一级）

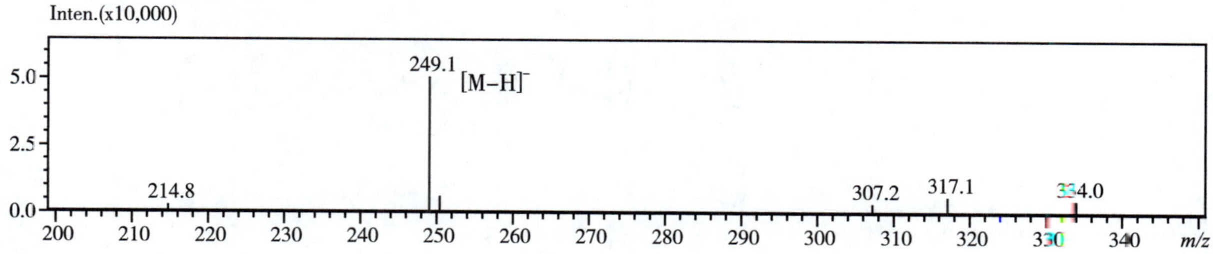

负离子扫描模式（二级）

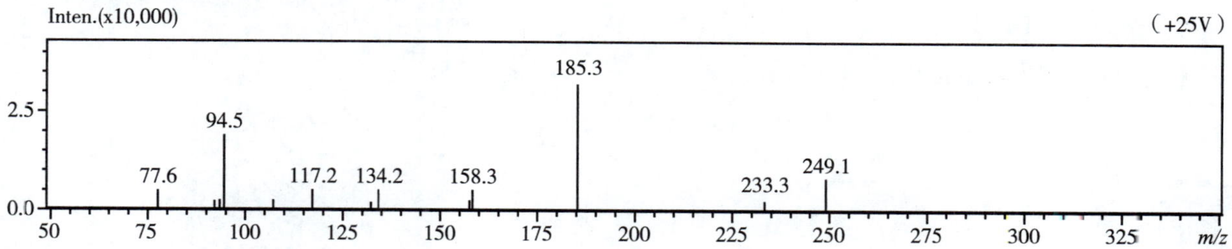

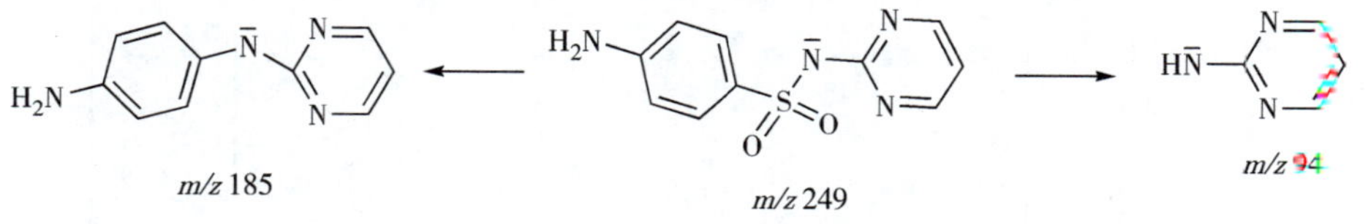

图 9　磺胺嘧啶的质谱图

备注

1. **中文化学名**　*N* – 2 – 嘧啶基 – 4 – 氨基苯磺酰胺
2. **英文化学名**　4 – amino – *N* – 2 – pyrimidinylbenzene sulfonamide
3. **性状**　本品为白色或类白色的结晶或粉末；无臭，无味；遇光色渐变暗。
4. **溶解性**　本品在乙醇或丙酮中微溶，在水中几乎不溶；在氢氧化钠试液或氨试液中易溶，在稀盐酸中溶解。
5. **溶剂**　甲醇。
6. **对照品编号与批号**　100026 – 200903

黄 体 酮

英文名 Progesterone

分子式 $C_{21}H_{30}O_2$

分子量 314.47

CAS 号 57-83-0

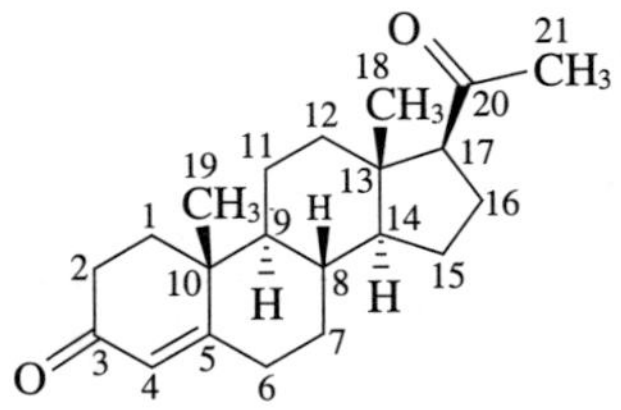

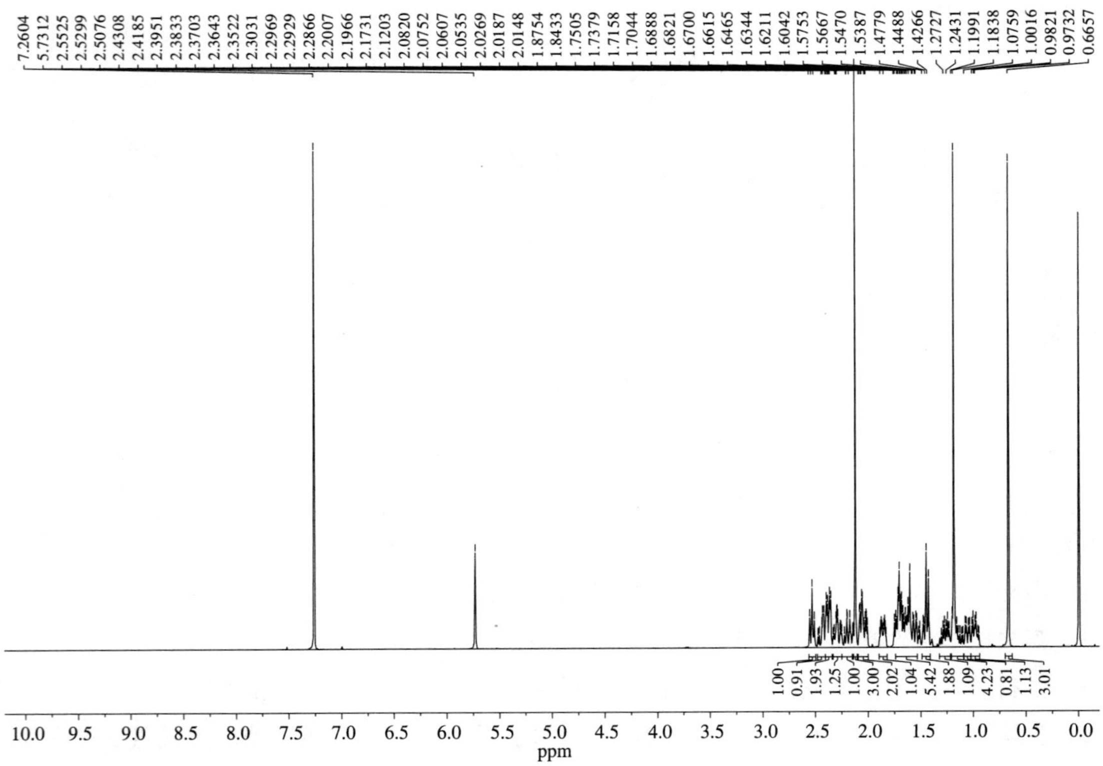

图 1 黄体酮的^{1}H NMR 谱（溶剂：$CDCl_3$）

^{1}H NMR：δ 5.73（H-4，s，1H），2.53（H-17，t，J=9.0 Hz，1H），2.45（H-6a，m，1H），2.37（H-2，m，2H），2.28（H-6b，m，1H），2.18（H-16a，m，1H），2.12（H-21，s，3H），2.09～2.00（H-12a，14a，m，2H），1.85（H-7a，m，1H），1.73～1.54（H-1b，15a，16b，11a，8，m，5H），1.48～1.40（H-12b，11b，m，2H），1.26（H-15b，m，1H），1.16（H-14，m，1H），1.18（H-19，s，3H），1.07（H-7b，m，1H），0.98（H-9，m，1H），0.67（H-18，s，3H）

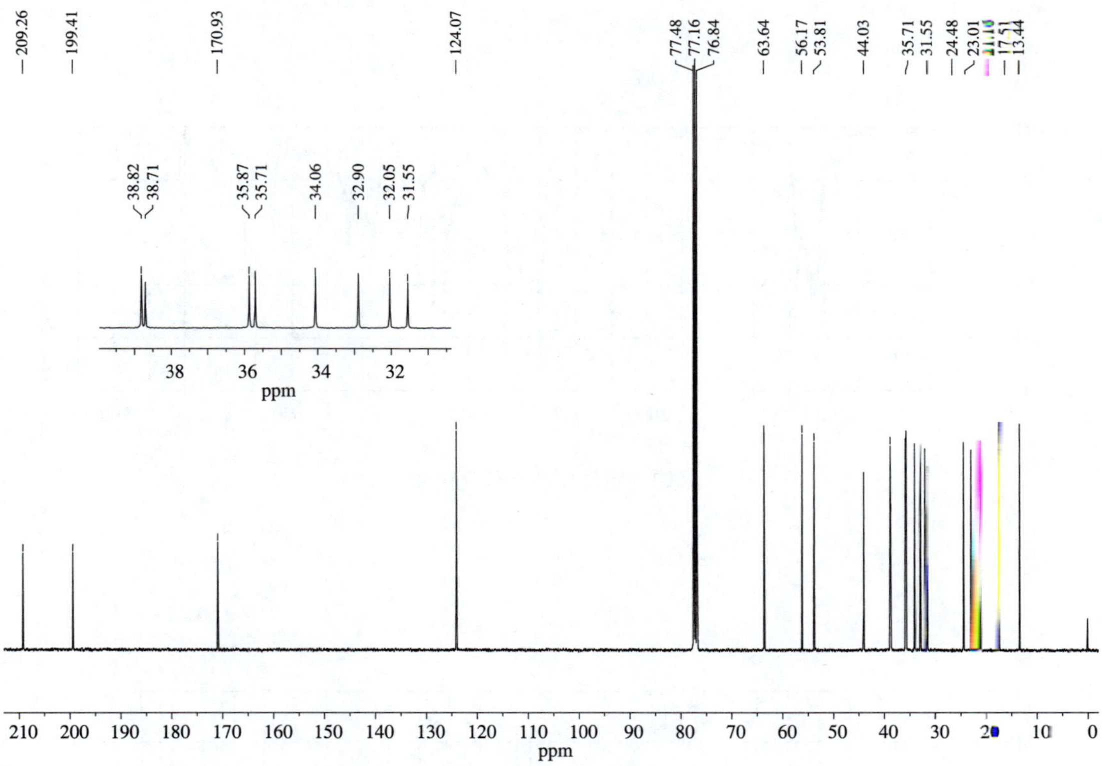

图 2 黄体酮的 ^{13}C NMR 谱（溶剂：$CDCl_3$）

^{13}C NMR：δ 209.26（C－20），199.41（C－3），170.93（C－5），124.07（C－4），63.64（C－17），56.17（C－14），53.81（C－9），44.03（C－13），38.82（C－12），38.71（C－10），35.87（C－1），35.71（C－8），34.06（C－2），32.90（C－6），32.05（C－7），31.55（C－21），24.48（C－15），23.01（C－16），21.16（C－11），17.51（C－19），13.44（C－18）

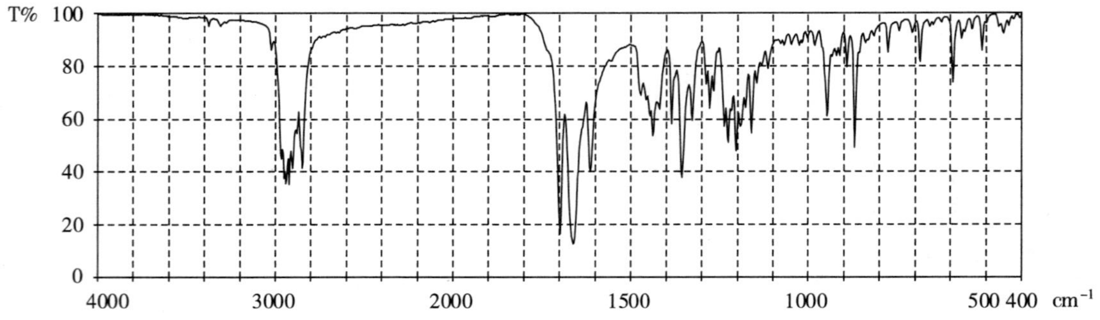

图 3　黄体酮的红外光谱图

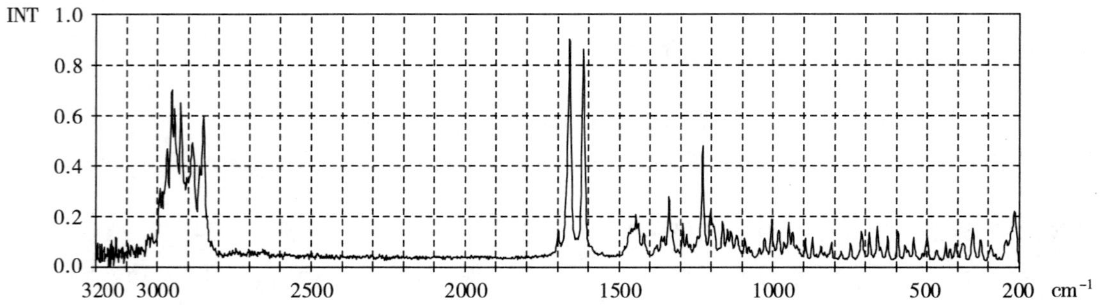

图 4　黄体酮的拉曼光谱图

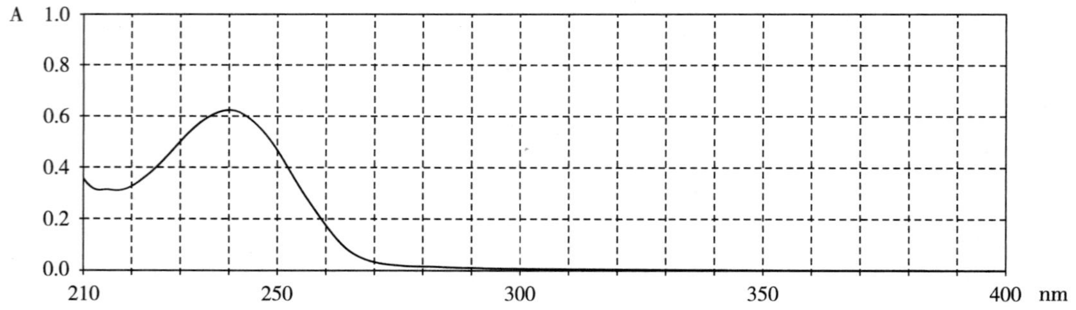

图 5　黄体酮的紫外光谱图

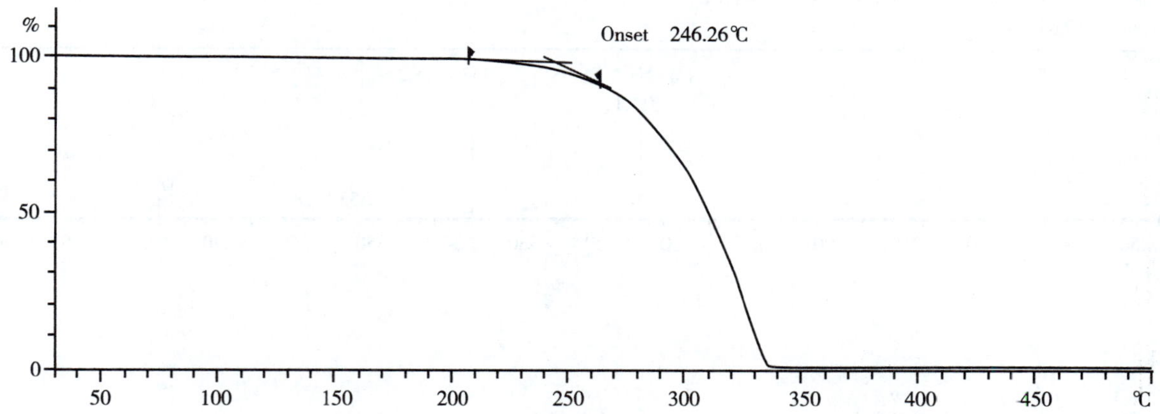

图 6　黄体酮的 TG 图

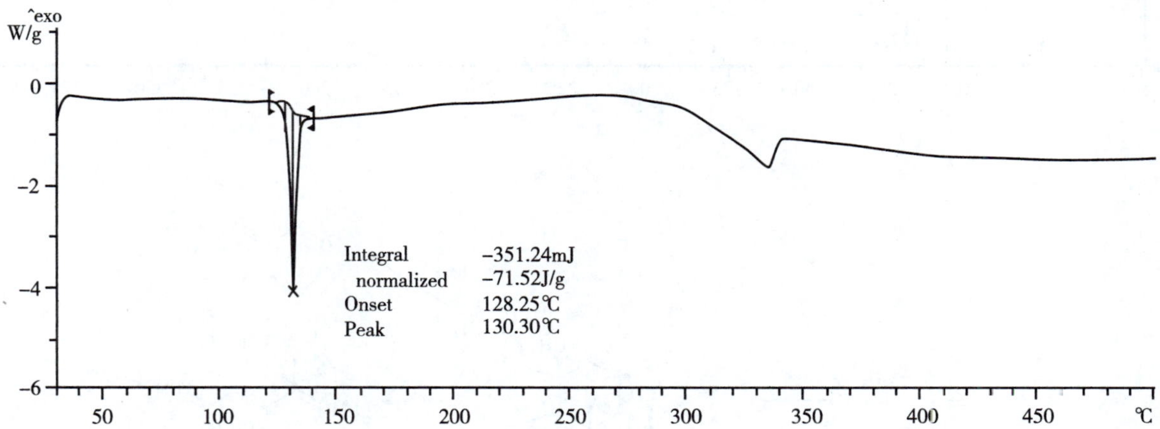

图 7　黄体酮的 DSC 图

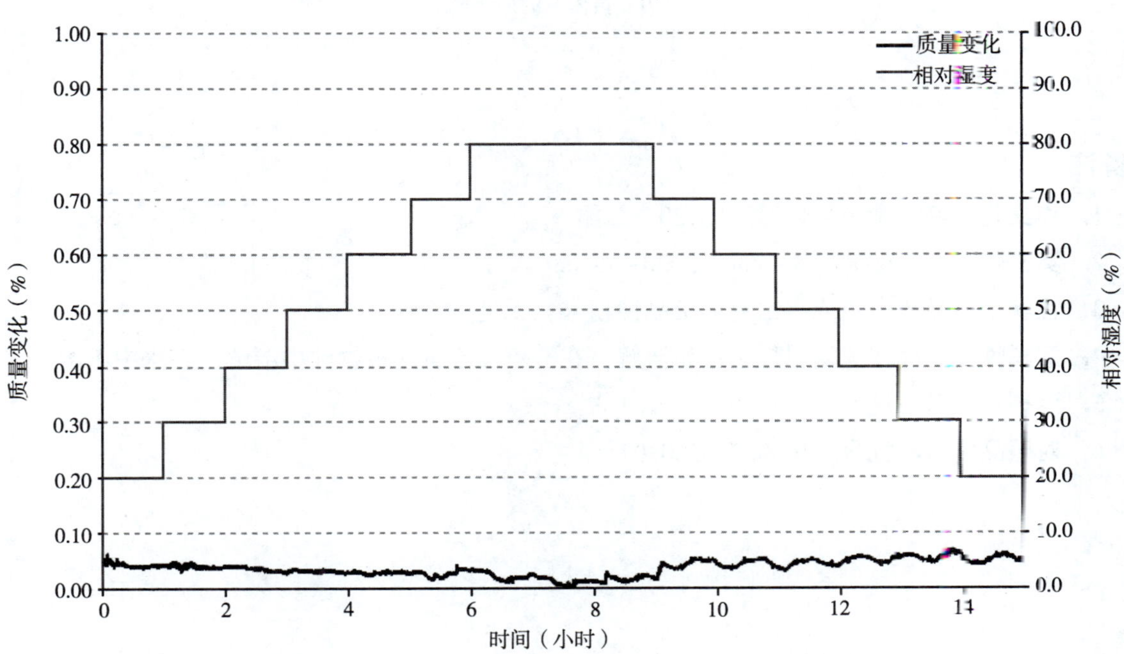

图 8　黄体酮的 DVS 图

正离子扫描模式（一级）

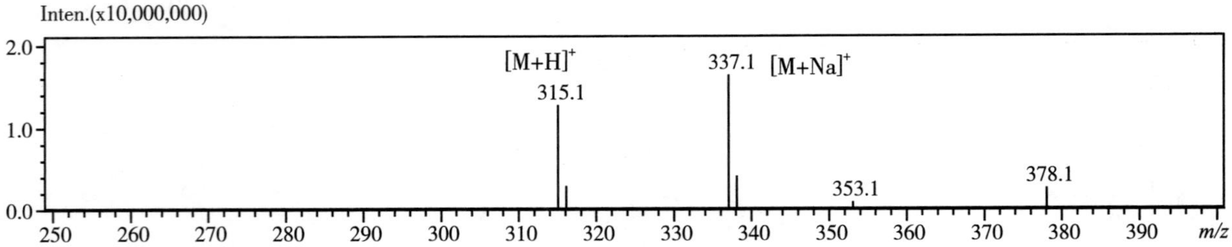

正离子扫描模式（二级）

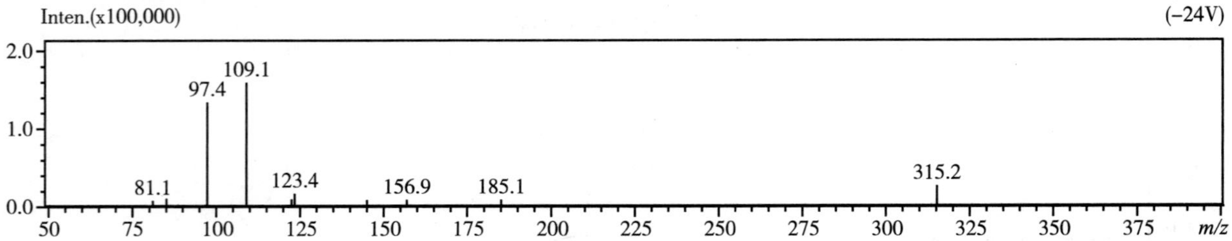

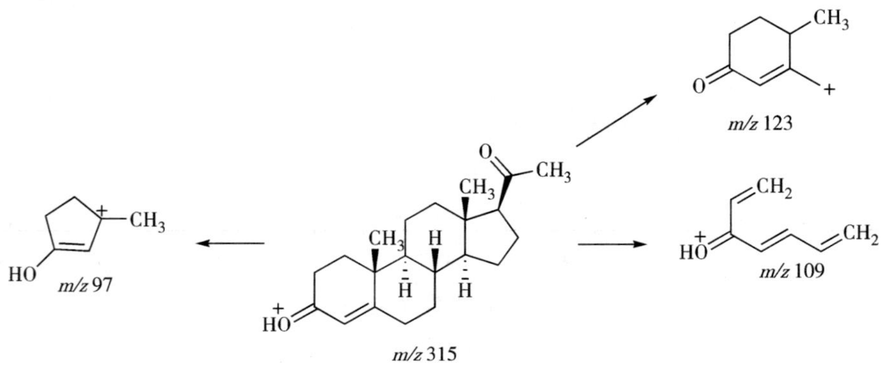

图 9　黄体酮的质谱图

备注

1. **中文化学名**　孕甾 -4 - 烯 -3,20 - 二酮
2. **英文化学名**　pregn -4 - ene -3,20 - dione
3. **性状**　本品为白色或类白色的结晶性粉末；无臭，无味。
4. **溶解性**　本品在三氯甲烷中极易溶解，在乙醇、乙醚或植物油中溶解，在水中不溶。
5. **溶剂**　三氯甲烷。
6. **对照品编号与批号**　100027 - 200307

炔诺孕酮

英文名 Norgestrel

分子式 $C_{21}H_{28}O_2$

分子量 312.45

CAS 号 6533-00-2

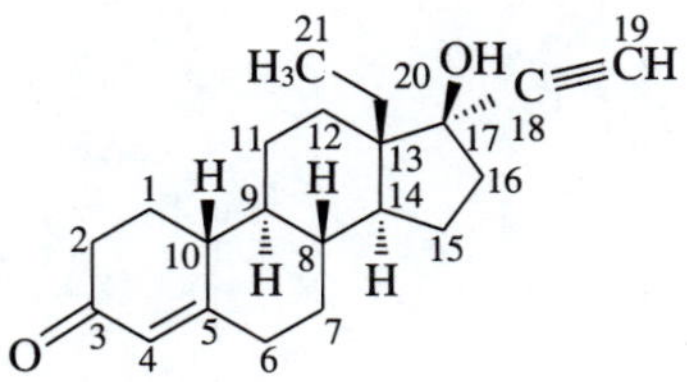

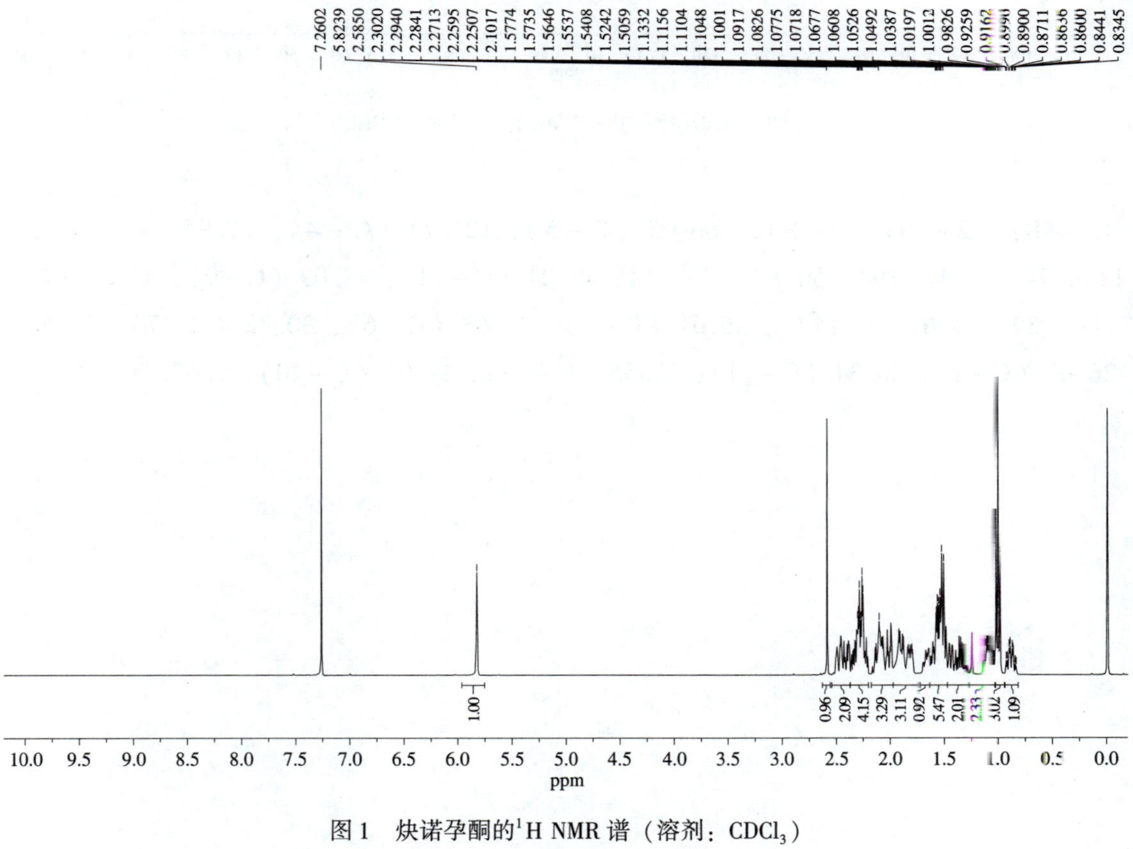

图1 炔诺孕酮的^1H NMR谱（溶剂：$CDCl_3$）

^1H NMR：δ 5.82（H-4，s，1H），2.59（H-19，s，1H），2.55~2.38（m，2H），2.38~2.20（m，4H），2.18~1.97（m，3H），1.97~1.75（m，3H），1.69（m，1H），1.64~1.48（m，5H），1.48~1.28（m，2H），1.27~1.03（m，2H），1.00（H-21，t，J=7.4 Hz，3H），0.90（m，1H）

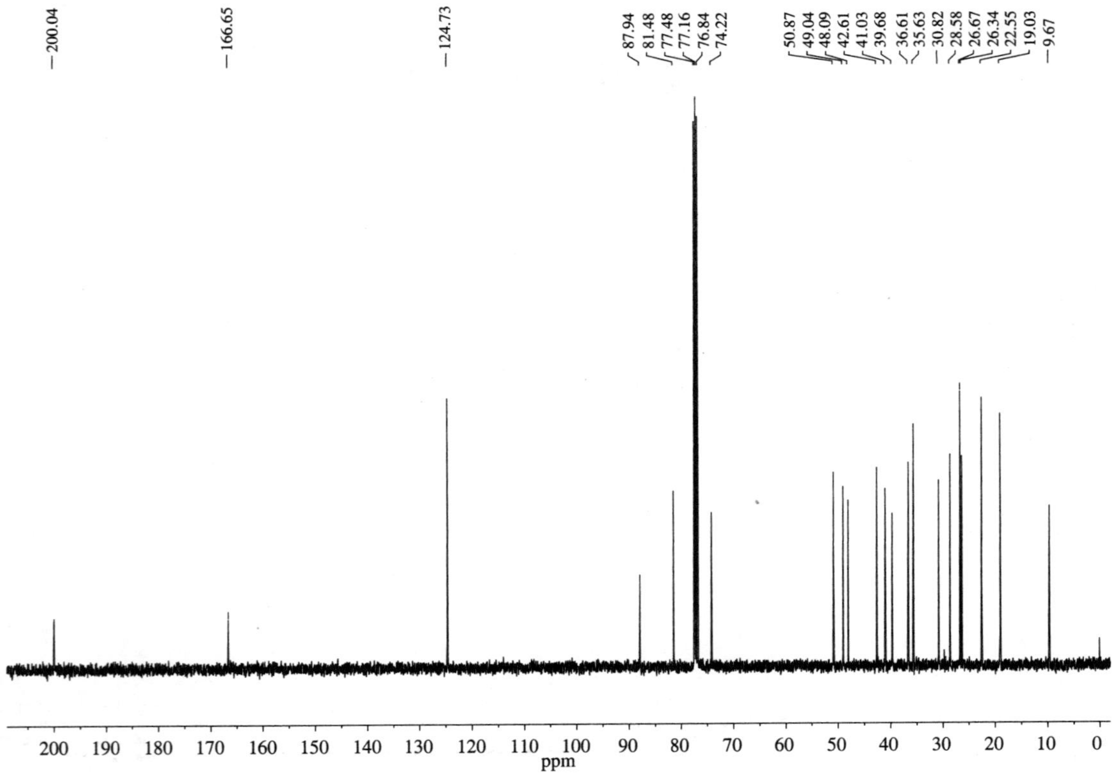

图 2　炔诺孕酮的^{13}C NMR 谱（溶剂：$CDCl_3$）

^{13}C NMR：δ 200.04（C－3），166.65（C－5），124.73（C－4），87.94（C－18），81.48（C－17），74.22（C－19），50.87（C－13），49.04（C－14），48.09（C－9），42.61（C－10），41.03（C－8），39.68（C－12），36.61（C－2），35.63（C－6），30.82（C－7），28.58（C－16），26.67（C－1），26.34（C－11），22.55（C－15），19.03（C－20），9.67（C－21）

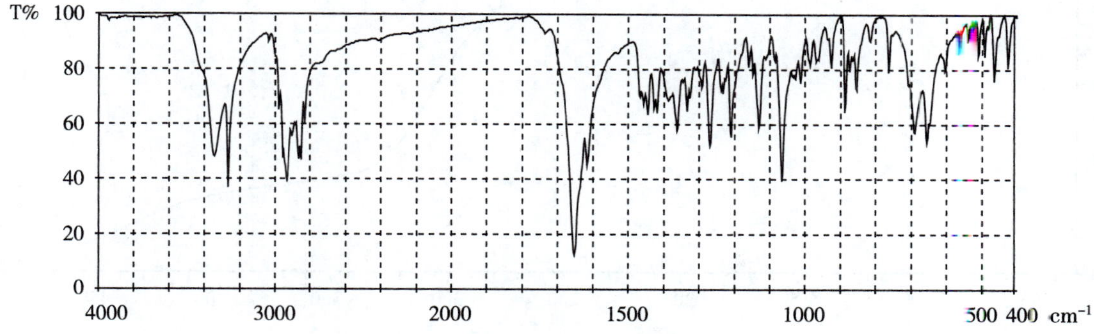

图 3　炔诺孕酮的红外光谱图

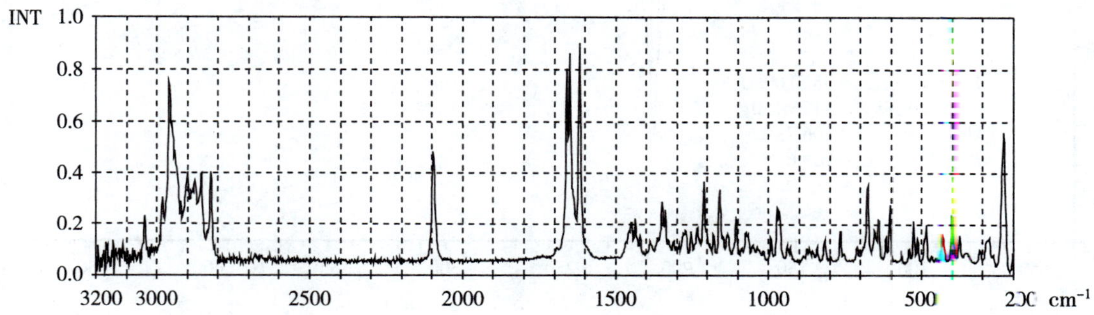

图 4　炔诺孕酮的拉曼光谱图

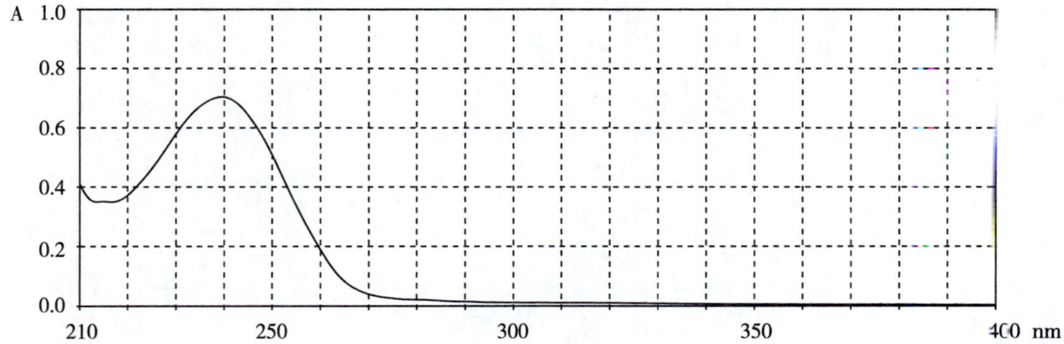

图 5　炔诺孕酮的紫外光谱图

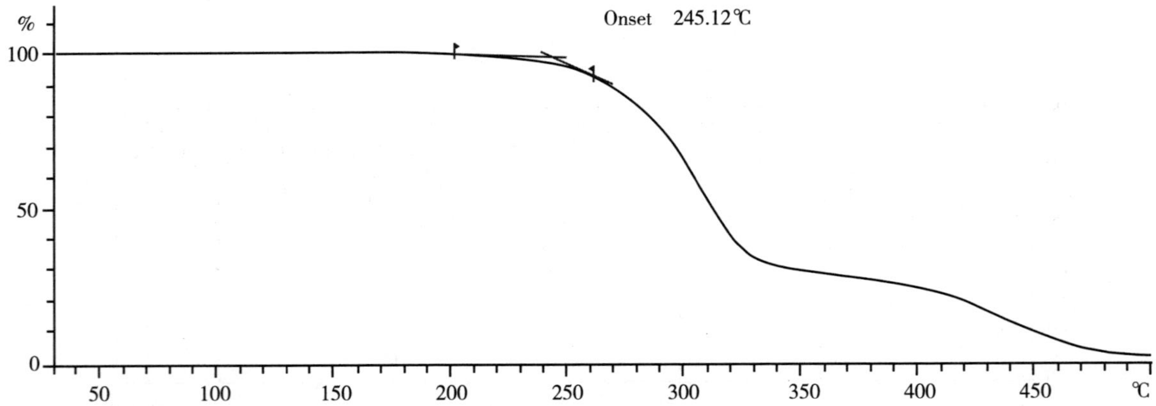

图 6　炔诺孕酮的 TG 图

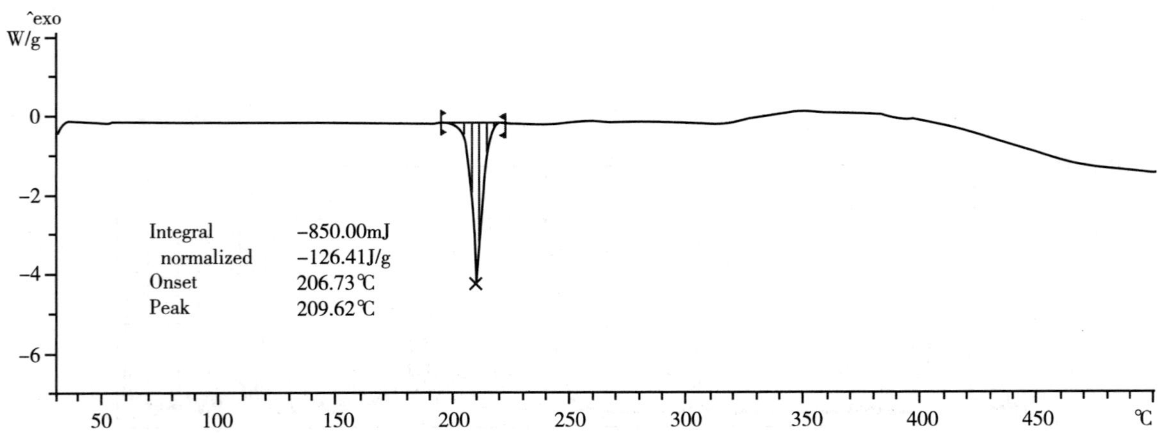

图 7　炔诺孕酮的 DSC 图

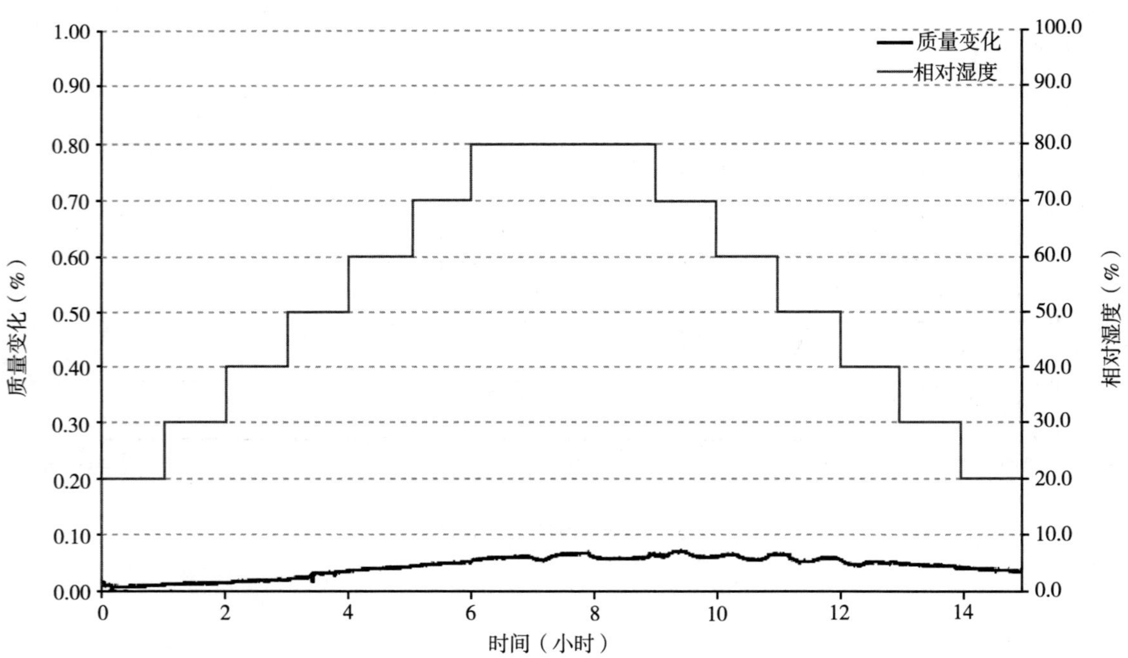

图 8　炔诺孕酮的 DVS 图

正离子扫描模式（一级）

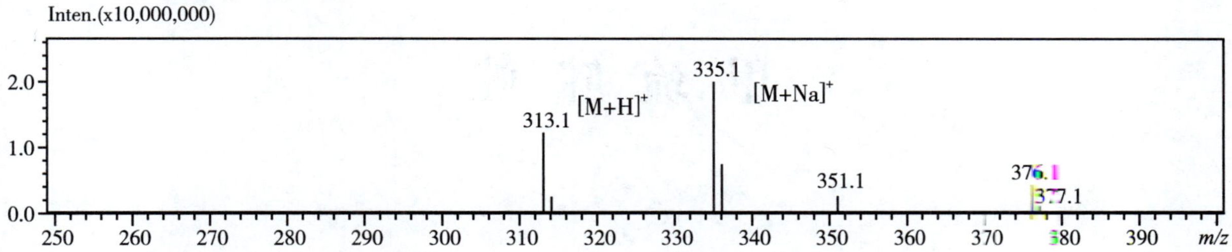

正离子扫描模式（二级）

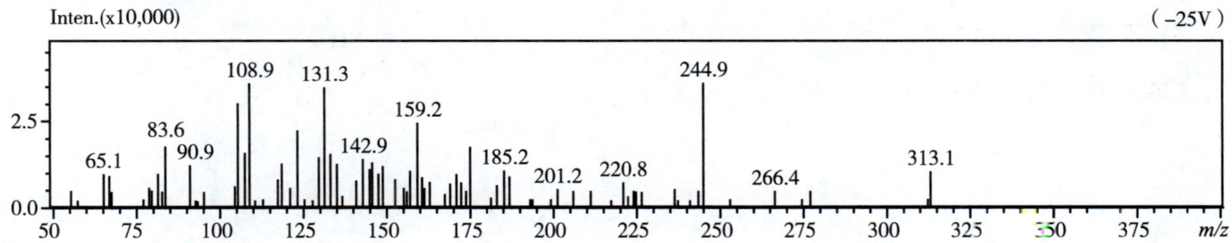

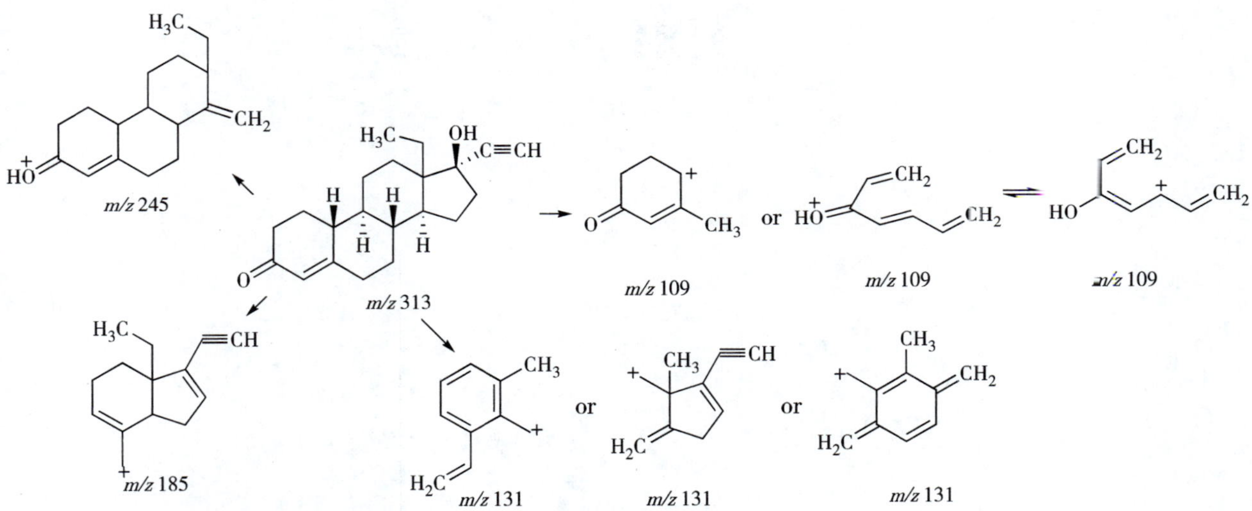

图 9　炔诺孕酮的质谱图

备注

1. **中文化学名**　13－乙基－17－羟基－18,19－二去甲－17α－孕甾－4－烯－20－炔－3－酮
2. **英文化学名**　(±)－13－ethyl－17－hydroxy－18,19－dinor－17α－pregn－4－en－20－yn－3－one
3. **性状**　本品为白色或类白色结晶性粉末；无臭，无味。
4. **溶解性**　本品在三氯甲烷中溶解，在甲醇中微溶，在水中不溶。
5. **溶剂**　三氯甲烷。
6. **对照品编号与批号**　100028－199907

甲巯咪唑

英文名 Thiamazole

分子式 $C_4H_6N_2S$

分子量 114.17

CAS 号 60－56－0

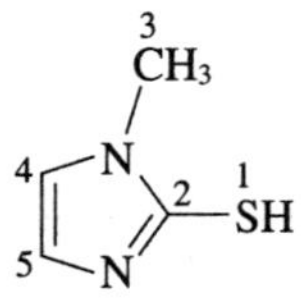

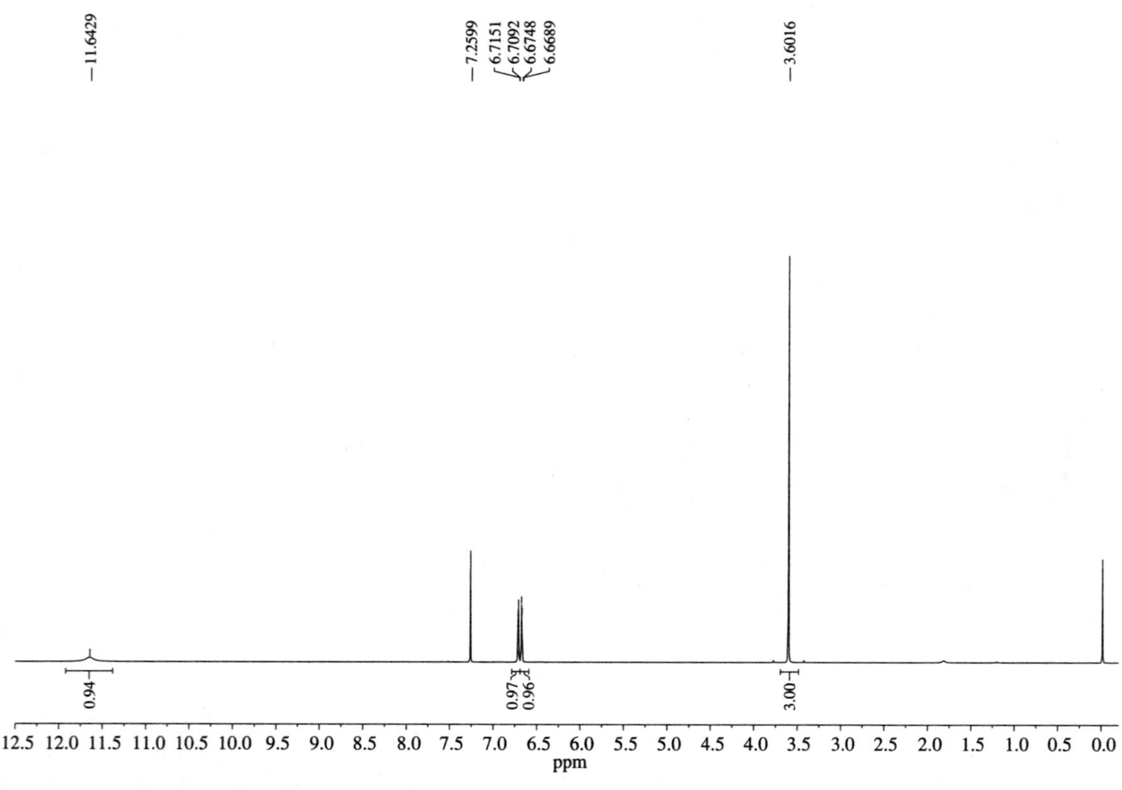

图 1　甲巯咪唑的^{1}H NMR 谱（溶剂：$CDCl_3$）

^{1}H NMR：δ 11.64（H－1，brs，1H），6.71（H－4，d，J＝2.4 Hz，1H），6.67（H－5，d，J＝2.4 Hz，1H），3.60（H－3，s，3H）

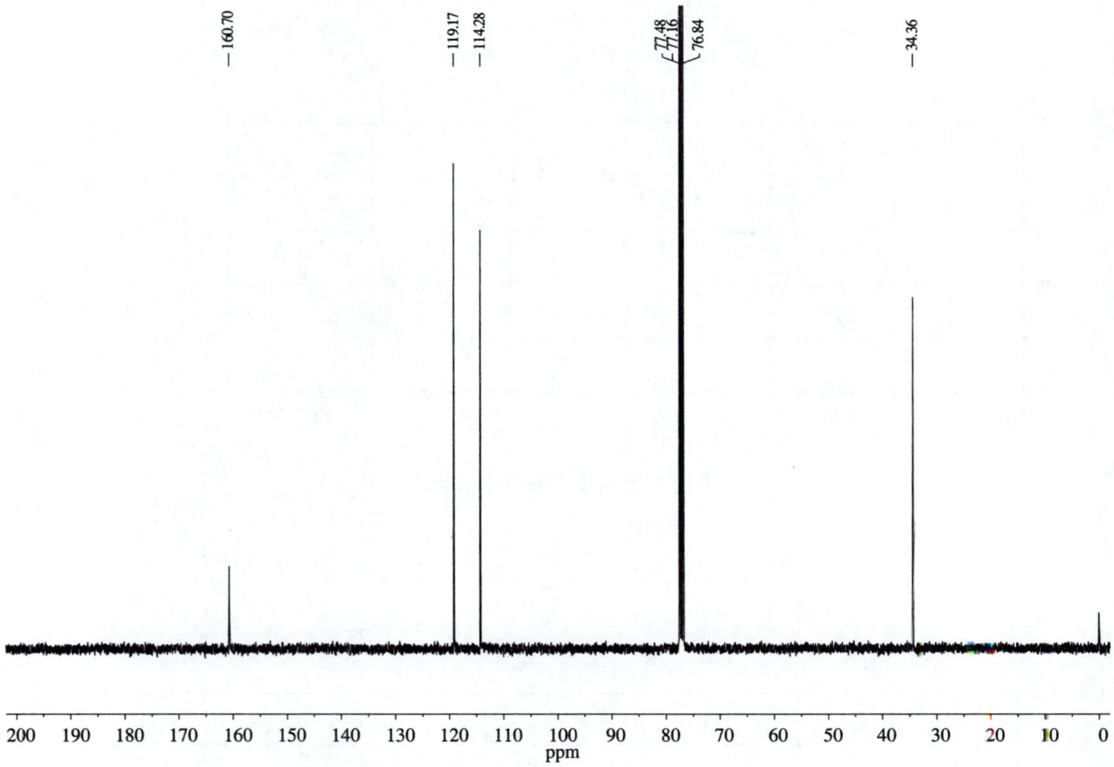

图 2　甲巯咪唑的^{13}C NMR 谱（溶剂：$CDCl_3$）

^{13}C NMR：δ 160. 70（C－2），119. 17（C－5），114. 28（C－4），34. 36（C－3）

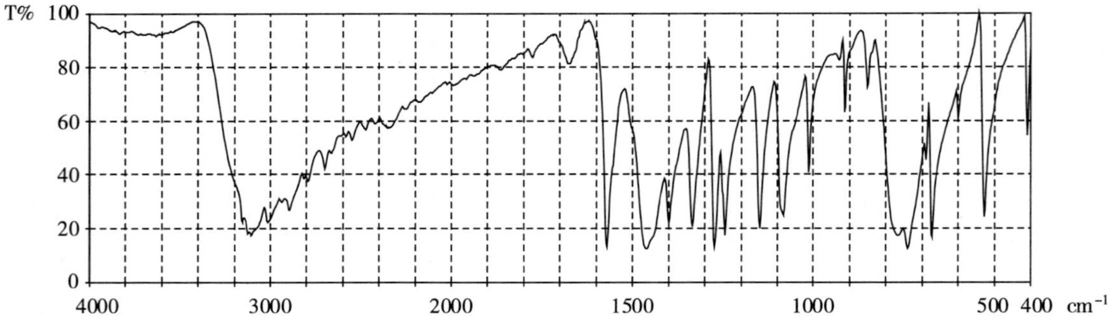

图 3　甲巯咪唑的红外光谱图

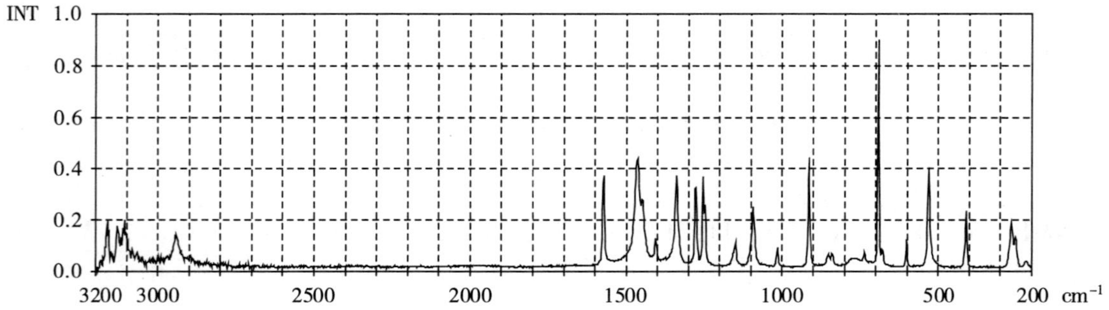

图 4　甲巯咪唑的拉曼光谱图

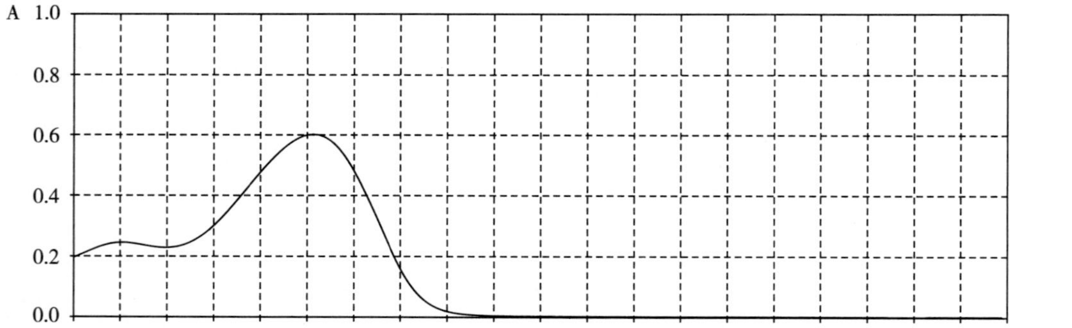

图 5　甲巯咪唑的紫外光谱图

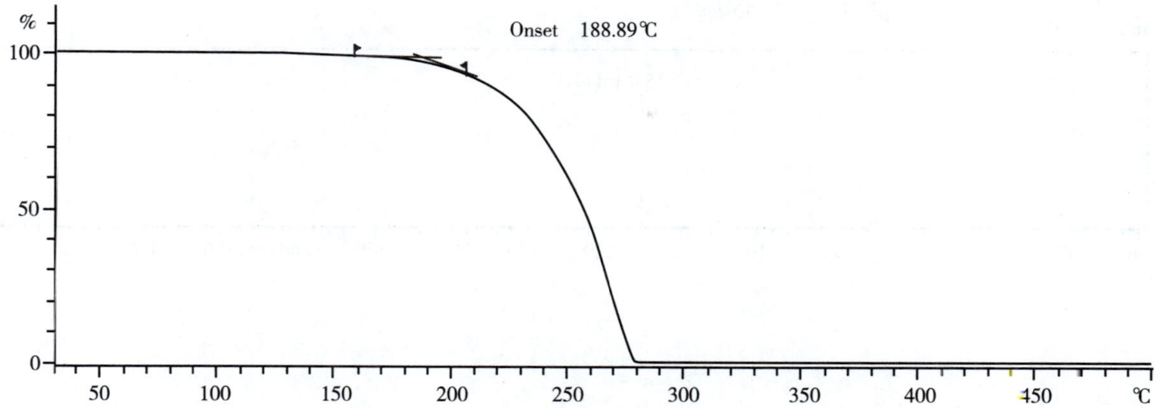

图 6　甲巯咪唑的 TG 图

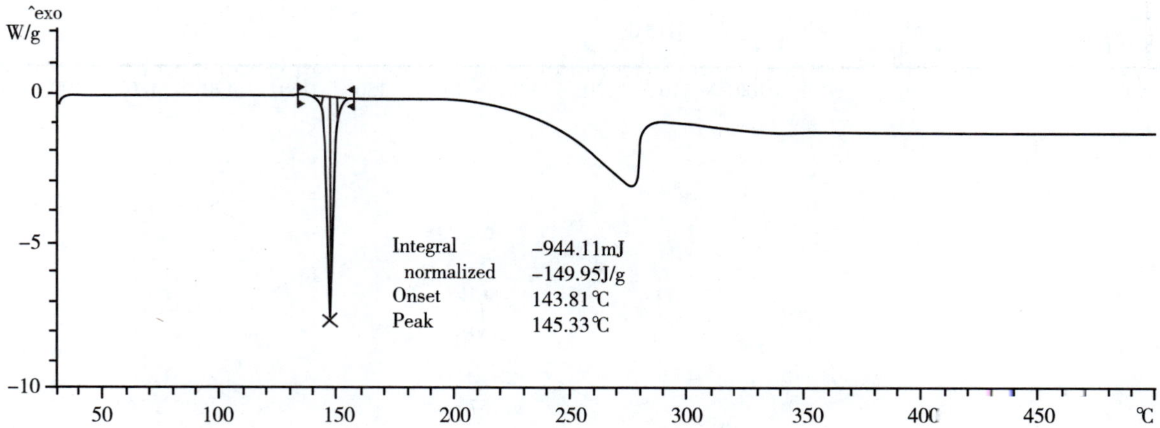

图 7　甲巯咪唑的 DSC 图

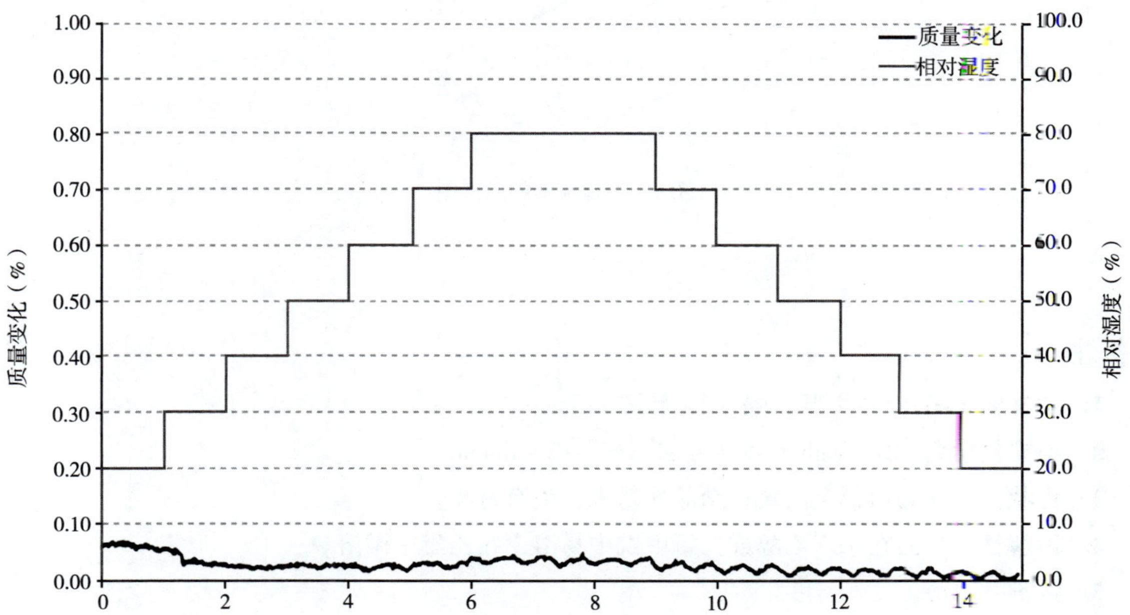

图 8　甲巯咪唑的 DVS 图

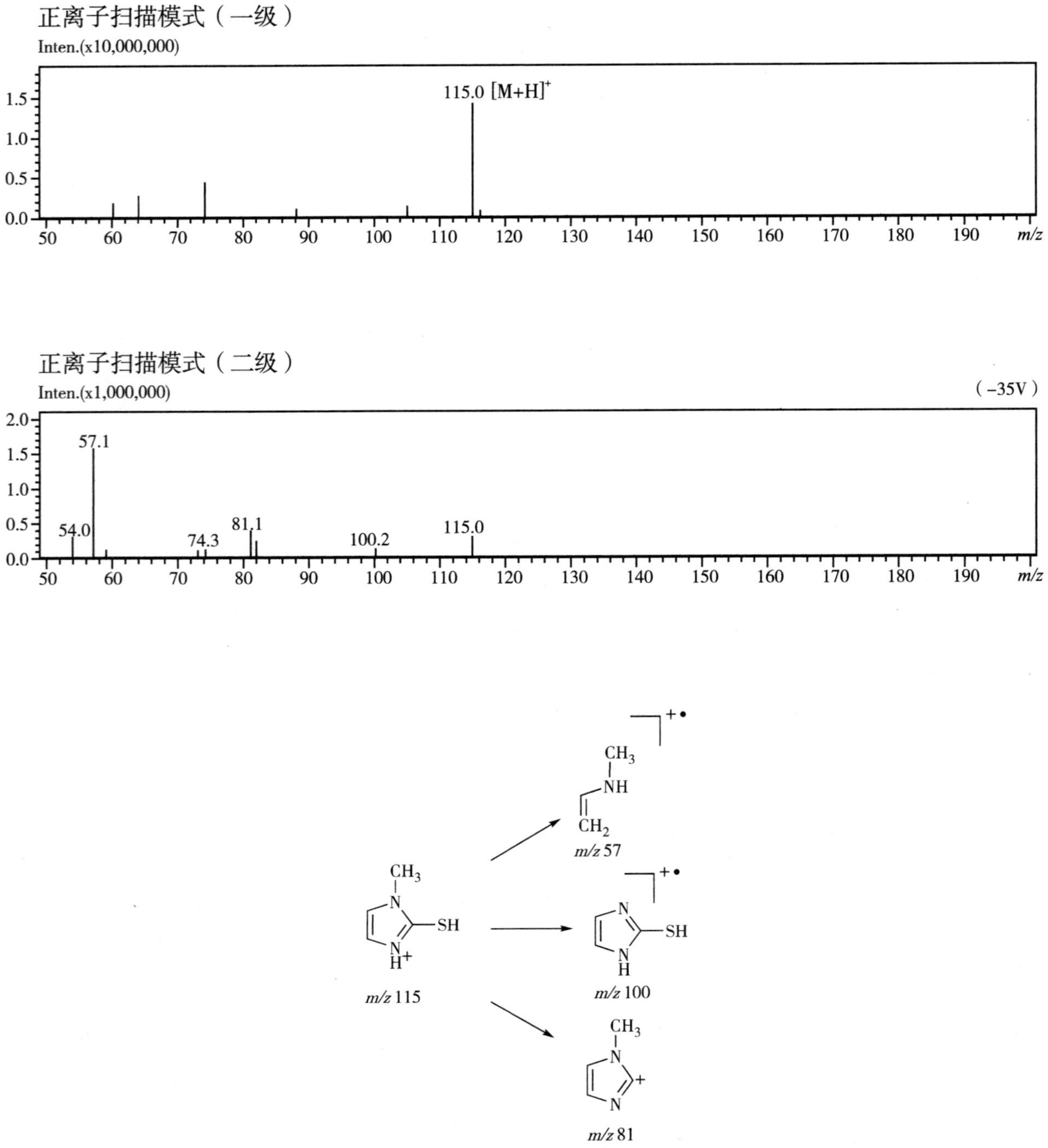

图9　甲巯咪唑的质谱图

备注

1. **中文化学名**　1－甲基咪唑－2－硫醇
2. **英文化学名**　1－methyl－2*H*－imidazole－2－thione
3. **性状**　本品为白色至淡黄色结晶性粉末；微有特臭。
4. **溶解性**　本品在水、乙醇或三氯甲烷中易溶，在乙醚中微溶。
5. **溶剂**　甲醇。
6. **对照品编号与批号**　100030－200504

己 烯 雌 酚

英文名 Diethylstilbestrol

分子式 $C_{18}H_{20}O_2$

分子量 268.35

CAS 号 56－53－1

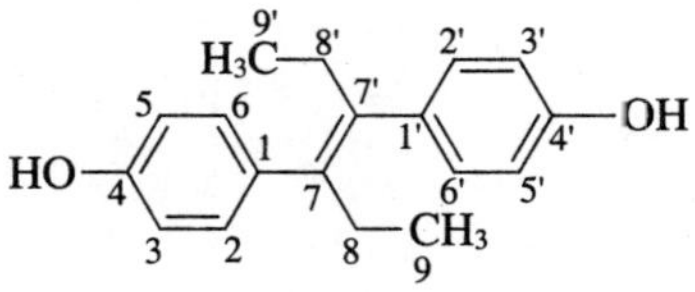

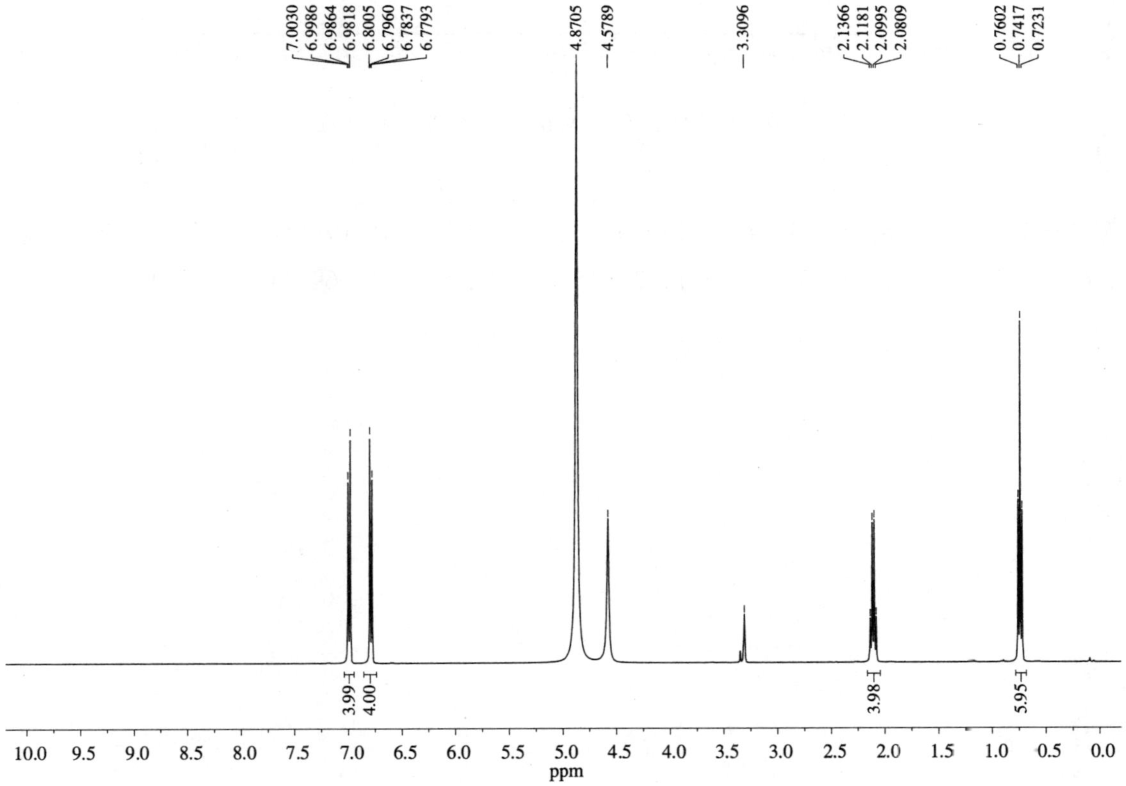

图 1　己烯雌酚的 ^{1}H NMR 谱（溶剂：CD_3OD）

^{1}H NMR：δ 6.99（H－2，6，2′，6′，dd，J=6.6，1.8 Hz，4H），6.79（H－3，5，3′，5′，dd，J=6.6，1.8 Hz，4H），2.11（H－8，8′，q，J=7.4 Hz，4H），0.74（H－9，9′，t，J=7.4 Hz，6H）

注：4.57 处应该是氘代甲醇的杂质峰

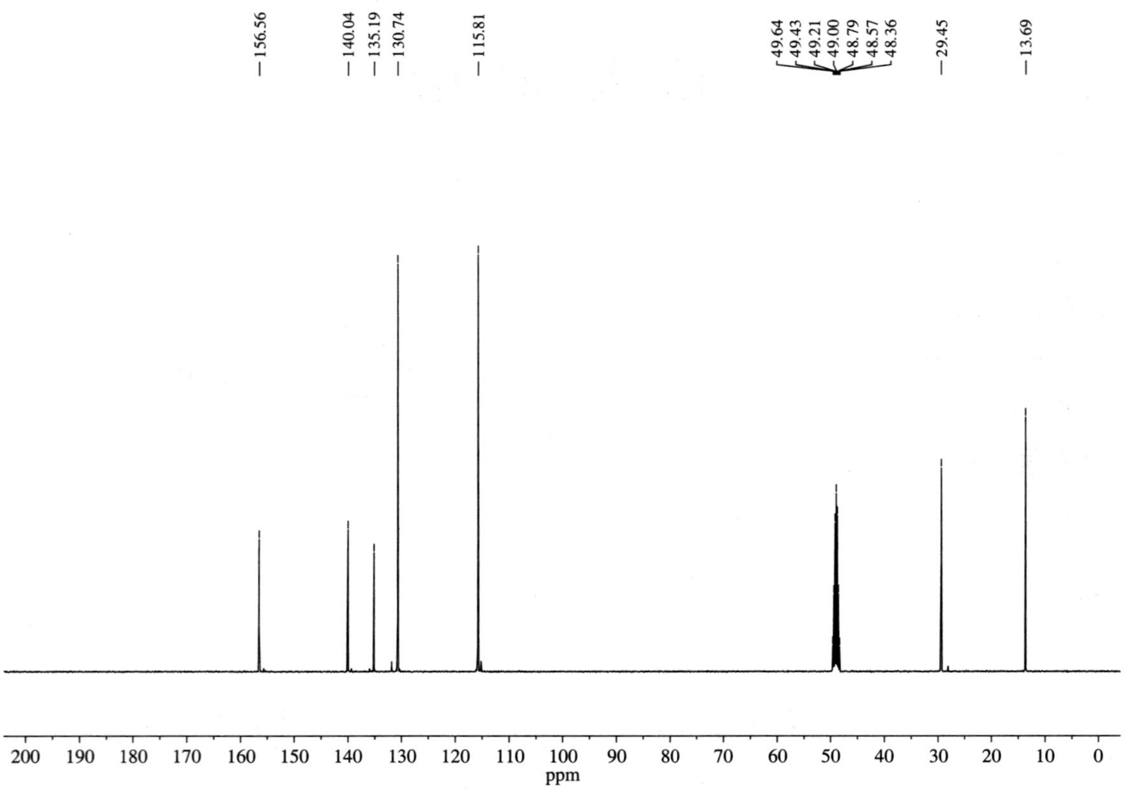

图2　己烯雌酚的^{13}C NMR谱（溶剂：CD_3OD）

^{13}C NMR：δ 156.56 (C-4, 4′), 140.04 (C-7, 7′), 135.19 (C-1, 1′), 130.74 (C-2, 6, 2′, 6′), 115.81 (C-3, 5, 3′, 5′), 29.45 (C-8, 8′), 13.69 (C-9, 9′)

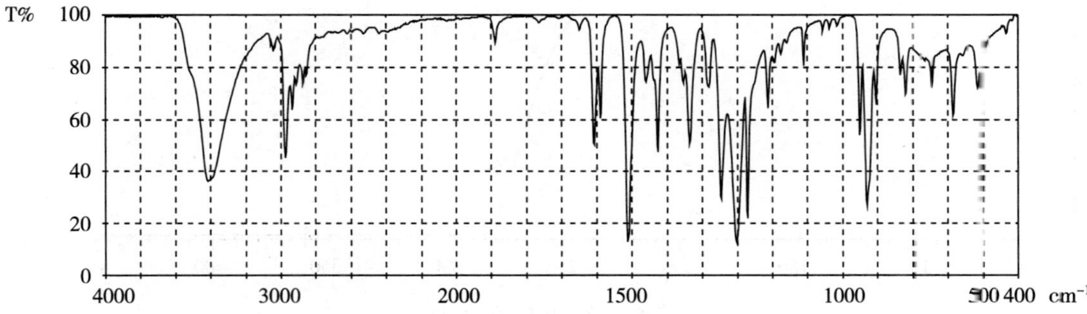

图 3　己烯雌酚的红外光谱图

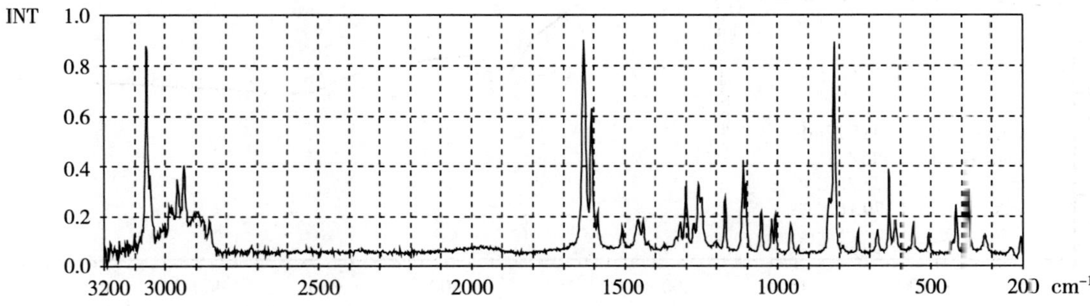

图 4　己烯雌酚的拉曼光谱图

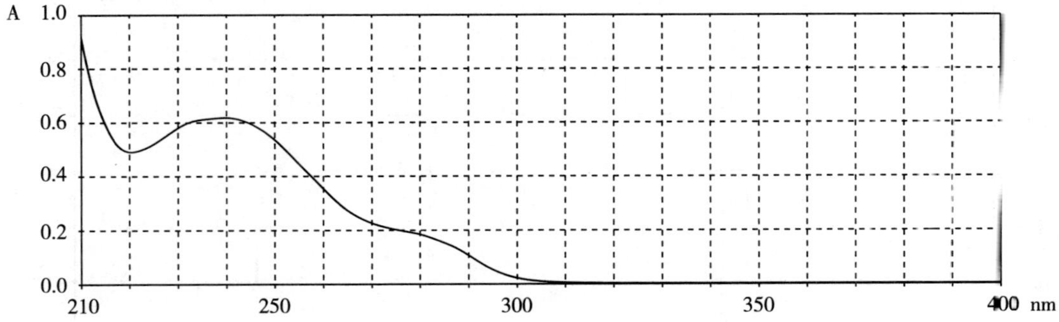

图 5　己烯雌酚的紫外光谱图

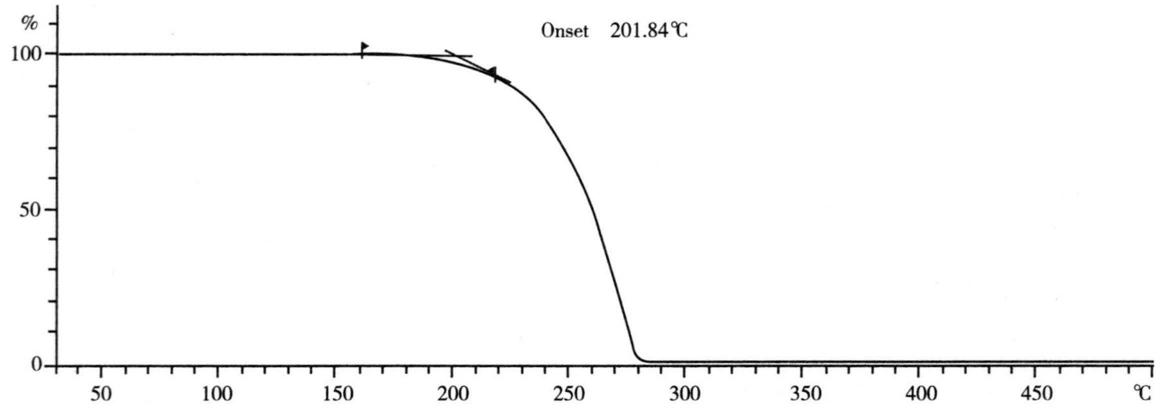

图 6　己烯雌酚的 TG 图

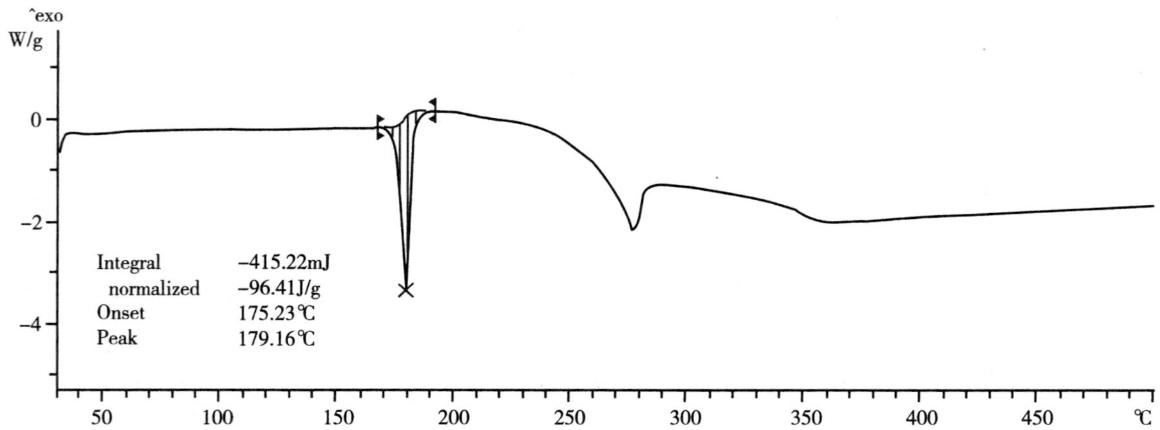

图 7　己烯雌酚的 DSC 图

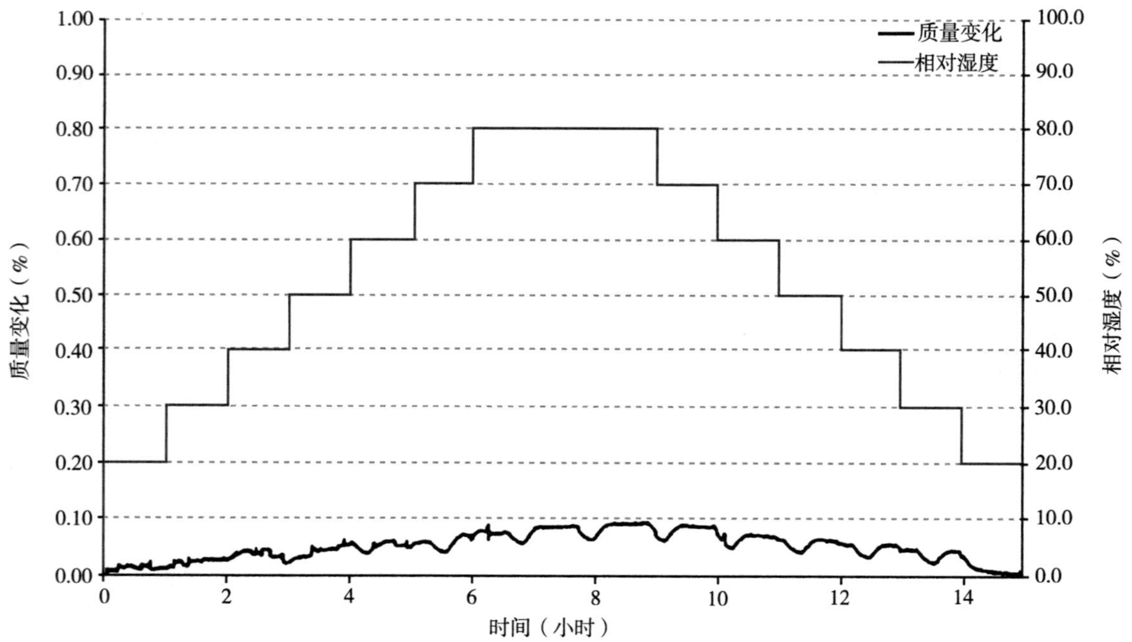

图 8　己烯雌酚的 DVS 图

负离子扫描模式（一级）

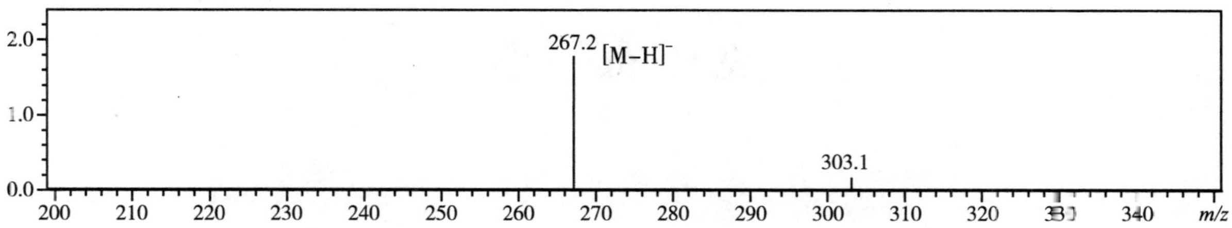

负离子扫描模式（二级）

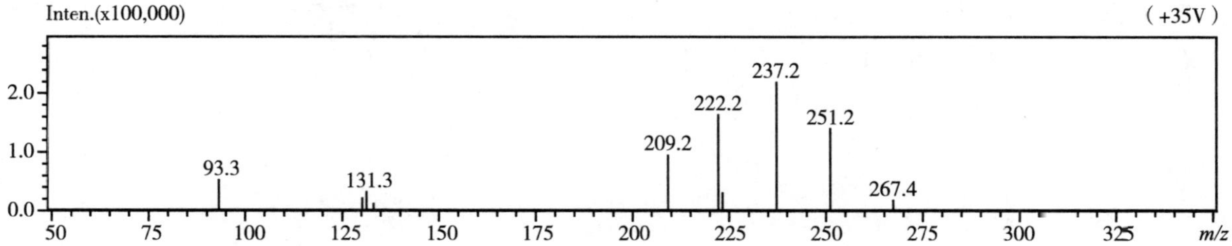

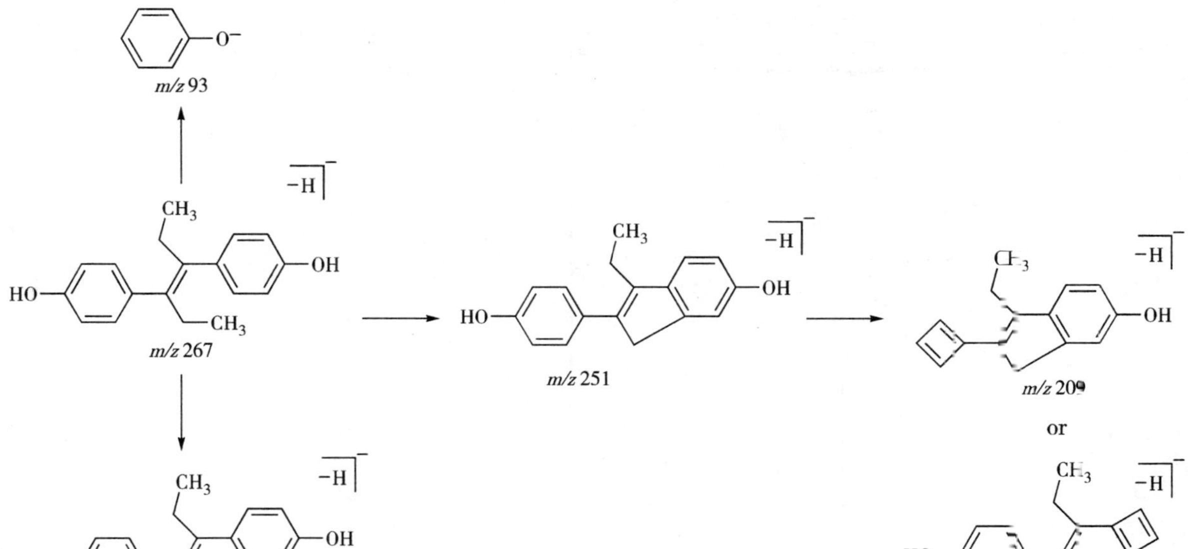

图9　己烯雌酚的质谱图

备注

1. 中文化学名　(E)-4,4′-(1,2-二乙基-1,2-亚乙烯基)双苯酚

2. 英文化学名　4,4′-[(1E)-1,2-diethyl-1,2-ethenediyl]bisphenol

3. 性状　本品为无色结晶或白色结晶性粉末；几乎无臭。

4. 溶解性　本品在甲醇中易溶，在乙醇、乙醚或脂肪油中溶解，在三氯甲烷中微溶，在水中几乎不溶；在稀氢氧化钠溶液中溶解。

5. 溶剂　无水乙醇。

6. 对照品编号与批号　100033-200607

克　霉　唑

英文名　Clotrimazole

分子式　$C_{22}H_{17}ClN_2$

分子量　344.84

CAS 号　23593－75－1

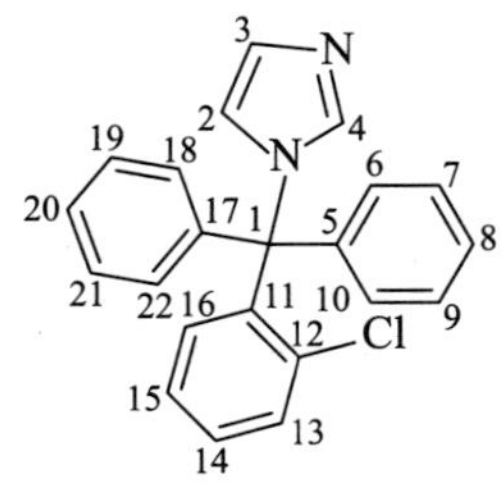

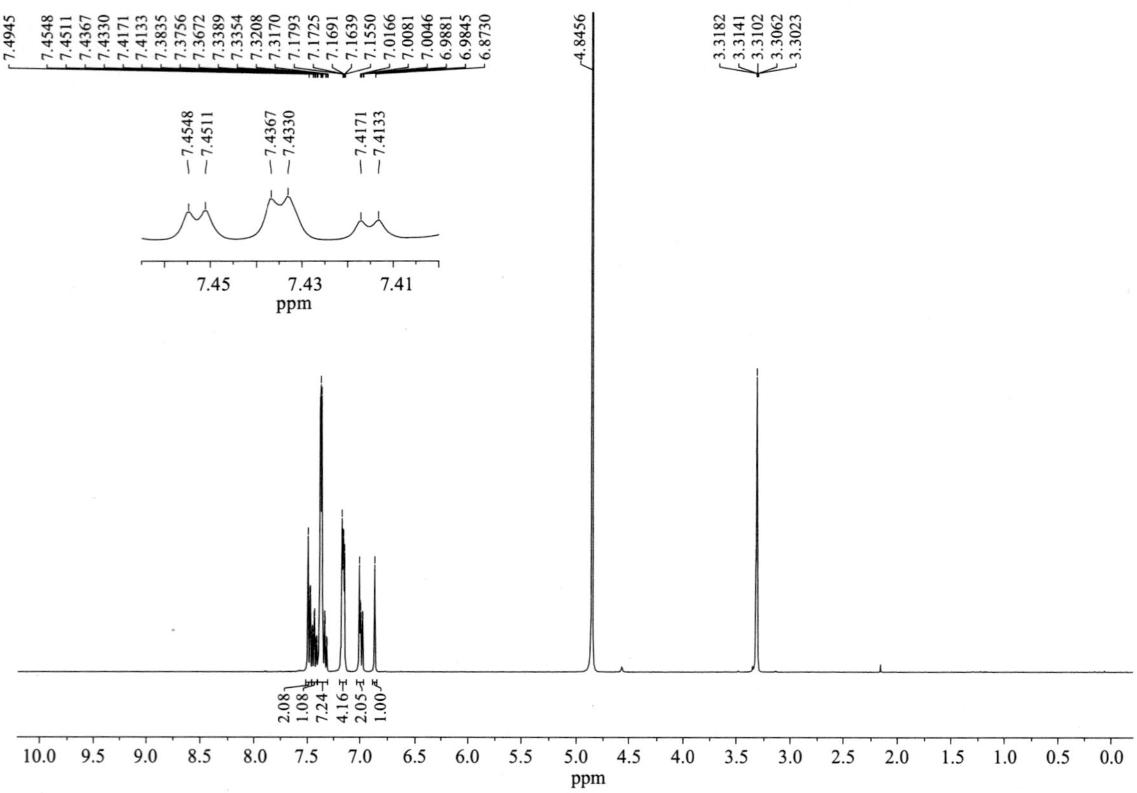

图 1　克霉唑的 ^{1}H NMR（溶剂：CD_3OD）

^{1}H NMR：δ 7.50～7.46（H－4，13，m，2H），7.45（H－14，td，J＝7.6，1.5 Hz，1H），7.40～7.31（H－7，8，9，15，19，20，21，m，7H），7.20～7.14（H－6，10，18，22，m，4H），7.04～6.98（H－2，16，m，2H），6.87（H－3，m，1H）

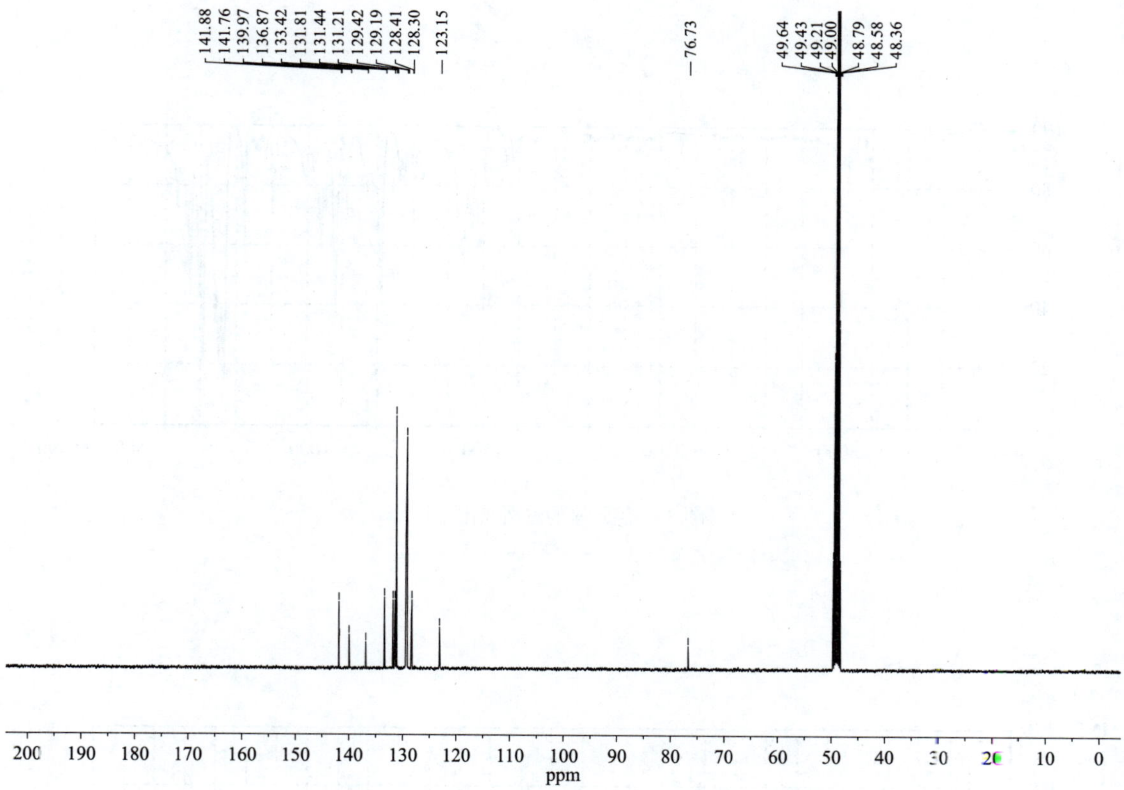

图 2　克霉唑的^{13}C NMR（溶剂：CD_3OD）

^{13}C NMR：δ 141.88（C－11），141.76（C－5），139.97（C－17），136.87（C－4），133.42（C－12），131.81（C－13，16），131.44（C－7，9，19，21），131.21（C－6，10，18，22），129.42（C－14），129.19（C－15），128.41（C－3），128.30（C－8，20），123.15（C－2），76.73（C－1）

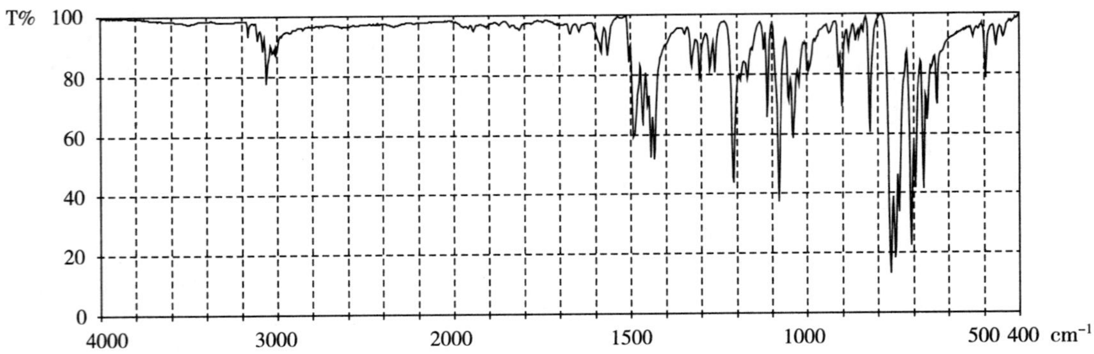

图 3　克霉唑的红外光谱图

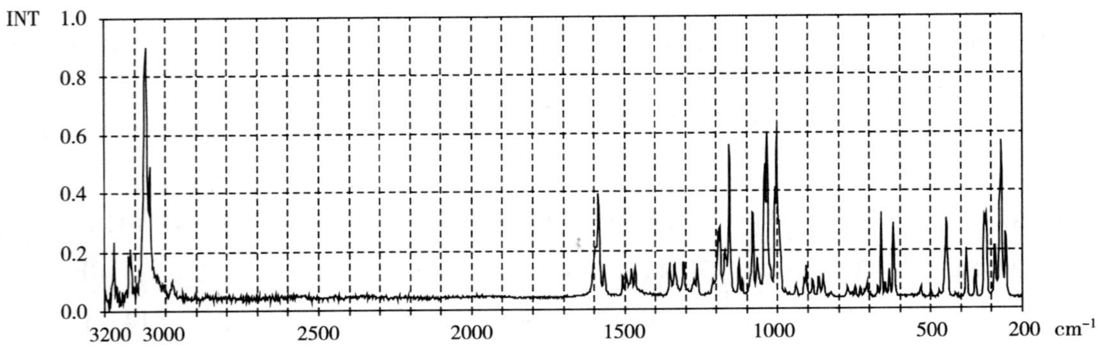

图 4　克霉唑的拉曼光谱图

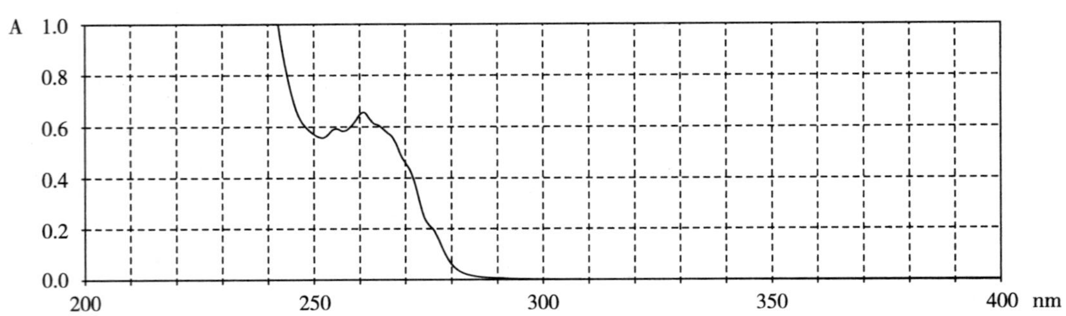

图 5　克霉唑的紫外光谱图

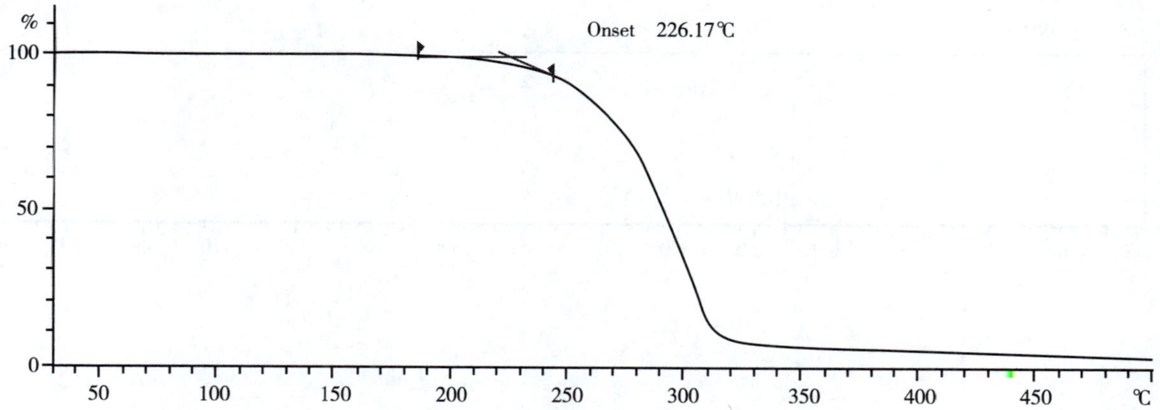

图 6 克霉唑的 TG 图

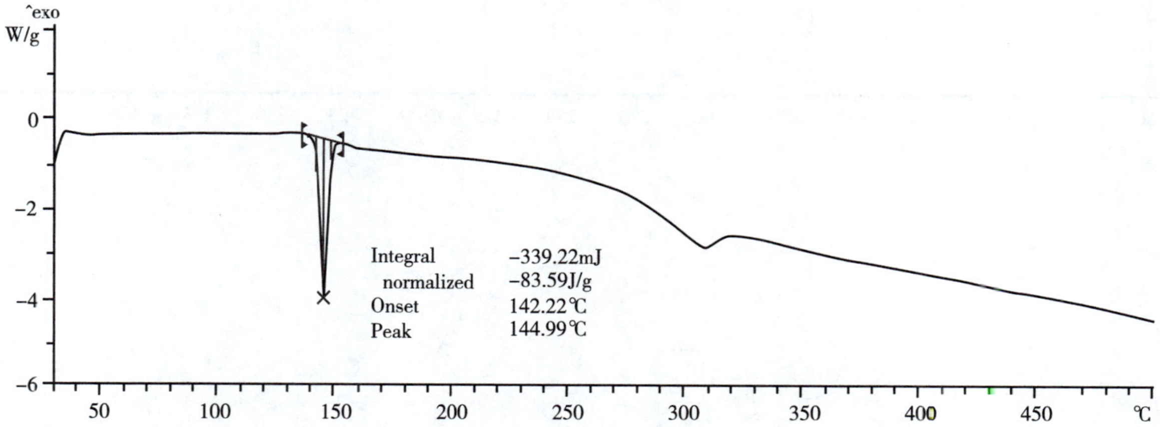

图 7 克霉唑的 DSC 图

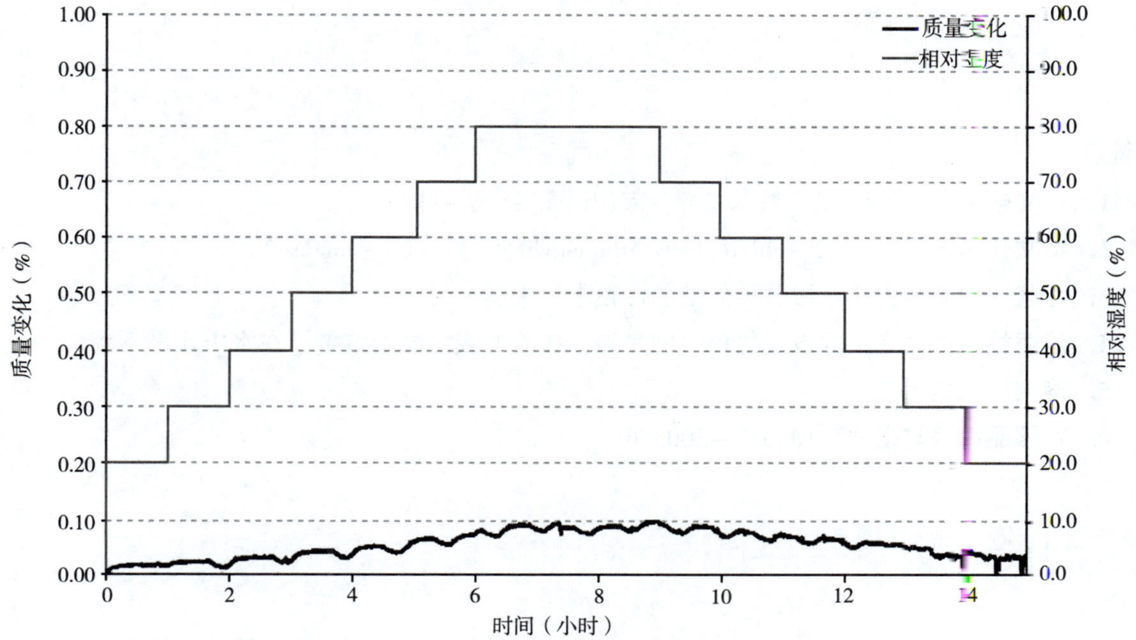

图 8 克霉唑的 DVS 图

正离子扫描模式（一级）

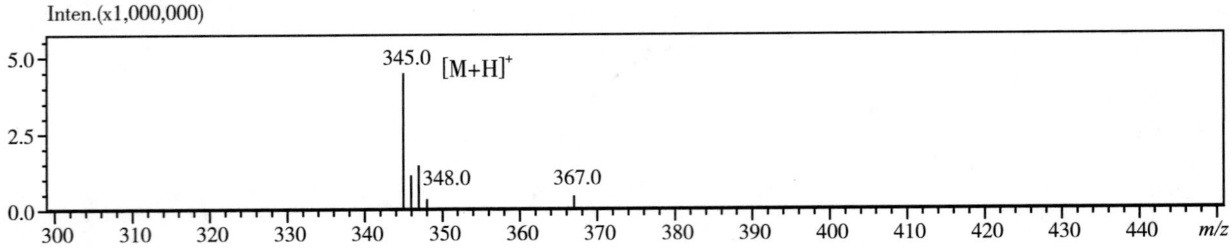

正离子扫描模式（二级）

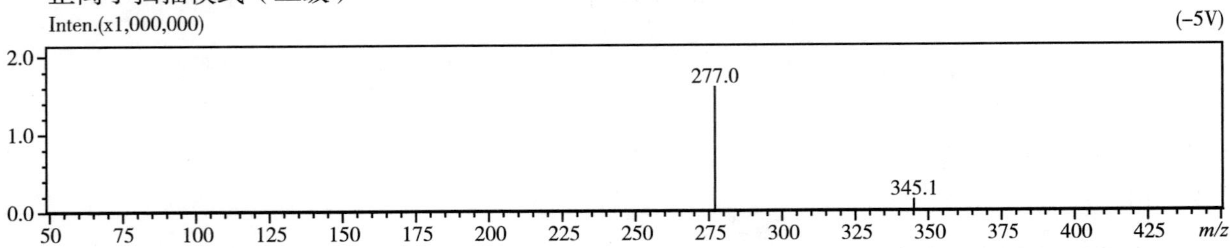

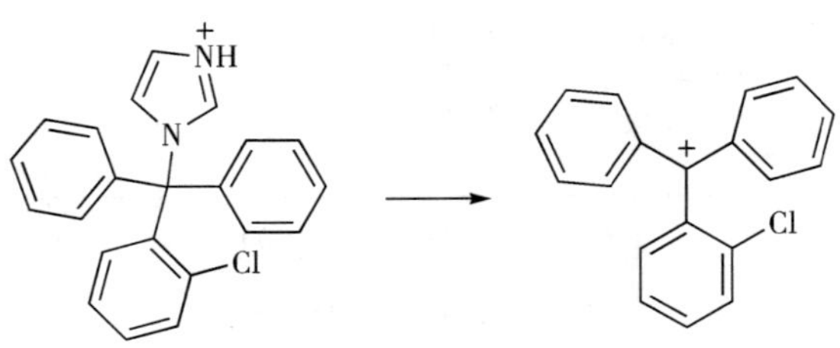

m/z 345　　*m/z* 277

图9　克霉唑的质谱图

备注

1. **中文化学名**　1－[（2－氯苯基）二苯基甲基]－1*H*－咪唑
2. **英文化学名**　1－[（2－chlorophenyl）diphenylmethyl]－1*H*－imidazole
3. **性状**　本品为白色至微黄色的结晶性粉末，无臭，无味。
4. **溶解性**　本品在甲醇或三氯甲烷中易溶，在乙醇或丙酮中溶解，在水中几乎不溶。
5. **溶剂**　三氯甲烷。
6. **对照品编号与批号**　100037－200306

吡　喹　酮

英文名　Praziquantel

分子式　$C_{19}H_{24}N_2O_2$

分子量　312. 41

CAS 号　55268 - 74 - 1

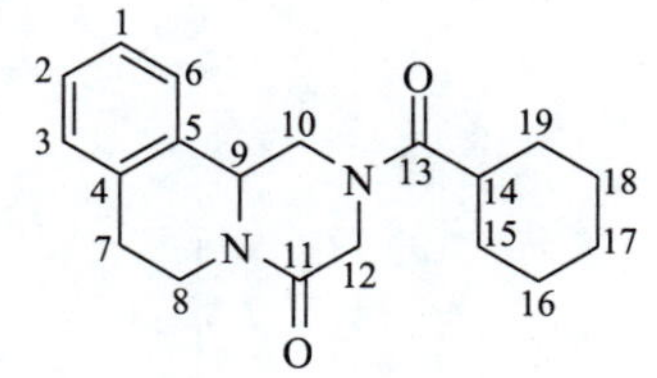

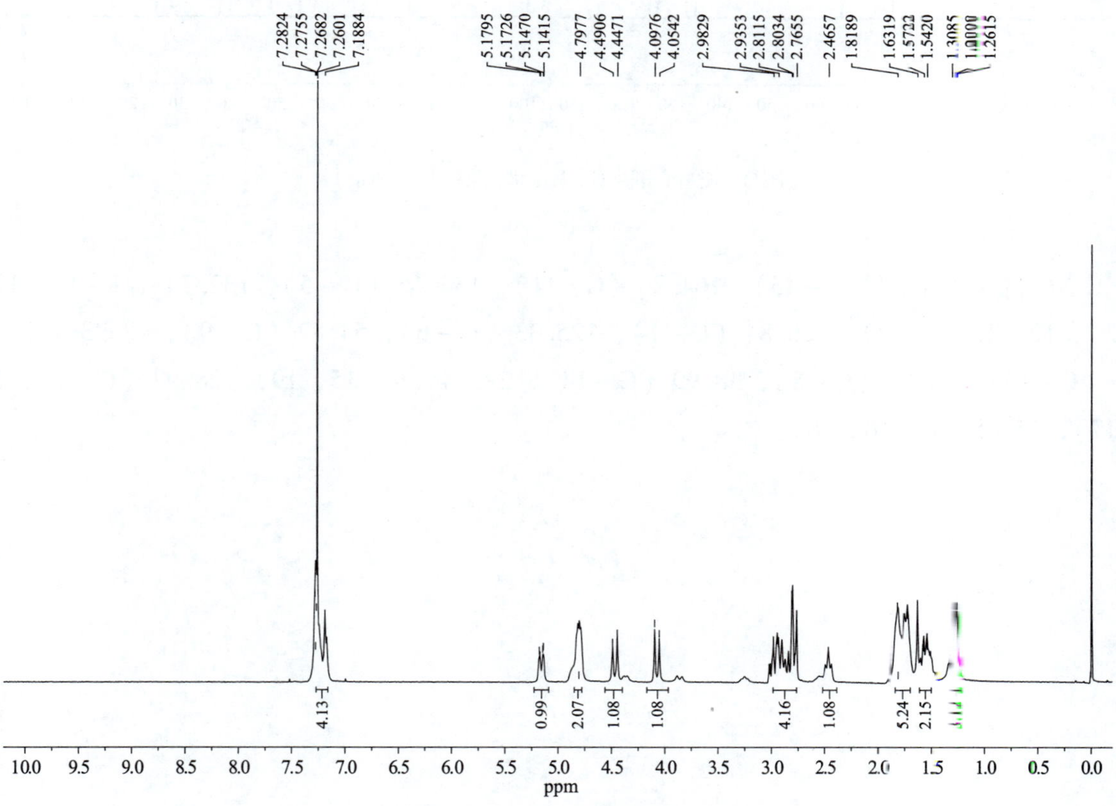

图 1　吡喹酮的^{1}H NMR 谱（溶剂：$CDCl_3$）

^{1}H NMR：δ 7. 30 ~ 7. 10（Ar - H，m，4H），5. 16（H - 9，m，1H），4. 91 ~ 4. 73（H - 12，m，2H），4. 47（H - 10a，d，J = 17. 4 Hz，1H），4. 08（H - 10b，d，J = 17. 4 Hz，1H），3. 05 ~ 2. 72（H - 7，8，m，4H），2. 47（H - 14，m，1H），1. 90 ~ 1. 62（m，5H），1. 61 ~ 1. 50（m，2H），1. 28（m，3H）

注：7. 30 ~ 7. 10（H - 1，2，3，6，m，4H）与溶剂峰重合

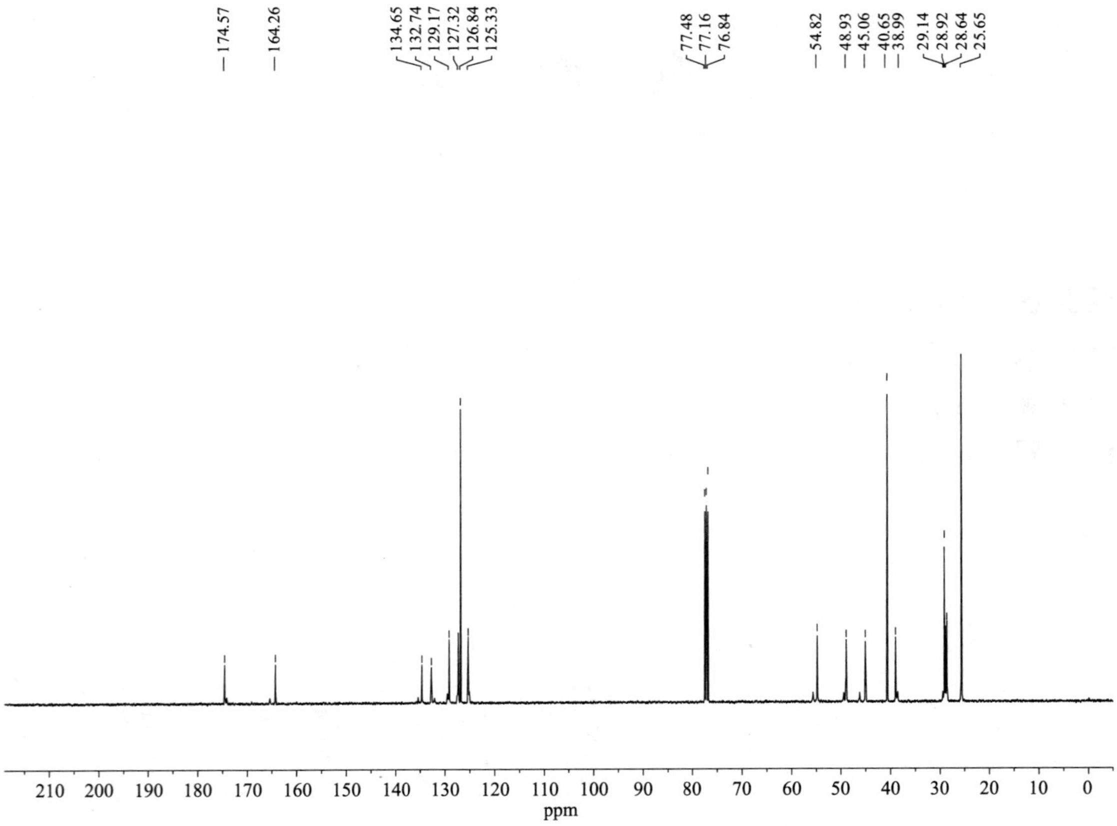

图2　吡喹酮的^{13}C NMR谱（溶剂：$CDCl_3$）

^{13}C NMR：δ 174.57（C－13），164.26（C－11），134.65（C－5），132.74（C－4），129.17（C－3），127.32（C－2），126.84（C－1），125.33（C－6），54.82（C－9），48.93（C－12），45.06（C－10），40.65（C－8），38.99（C－14），29.14（C－15，19），28.92（C－7），28.64（C－17），25.65（C－16，18）

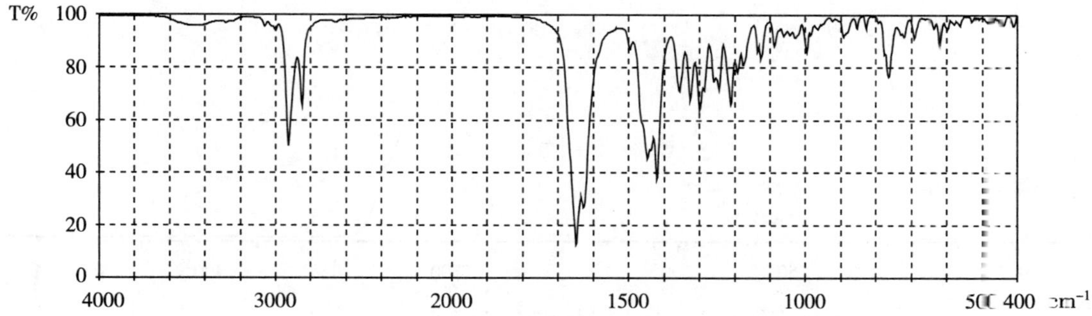

图 3　吡喹酮的红外光谱图

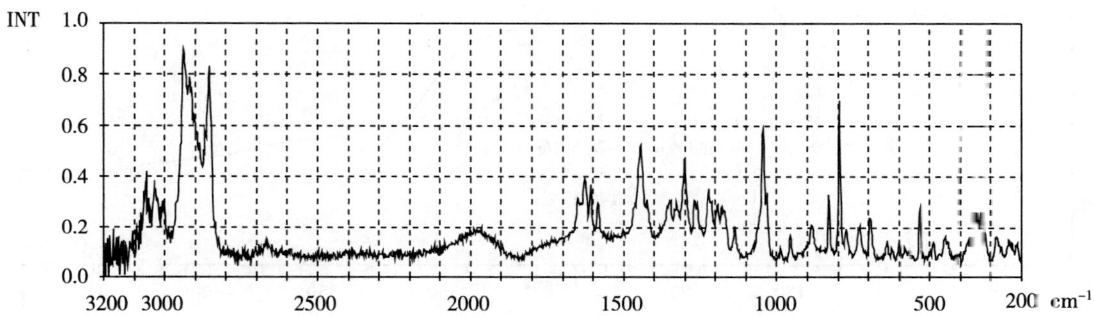

图 4　吡喹酮的拉曼光谱图

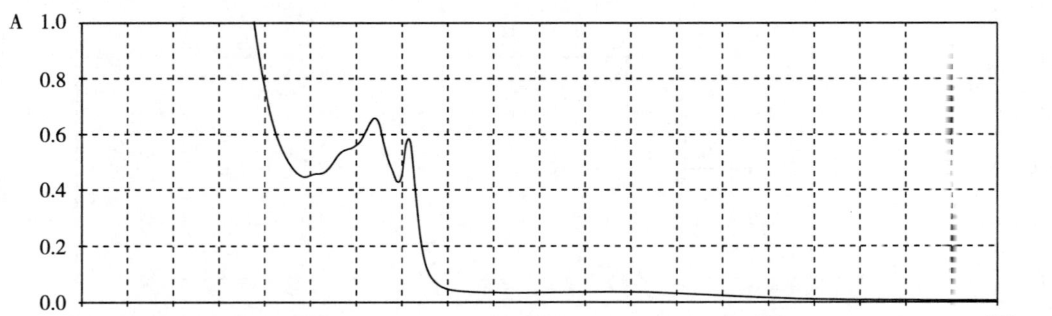

图 5　吡喹酮的紫外光谱图

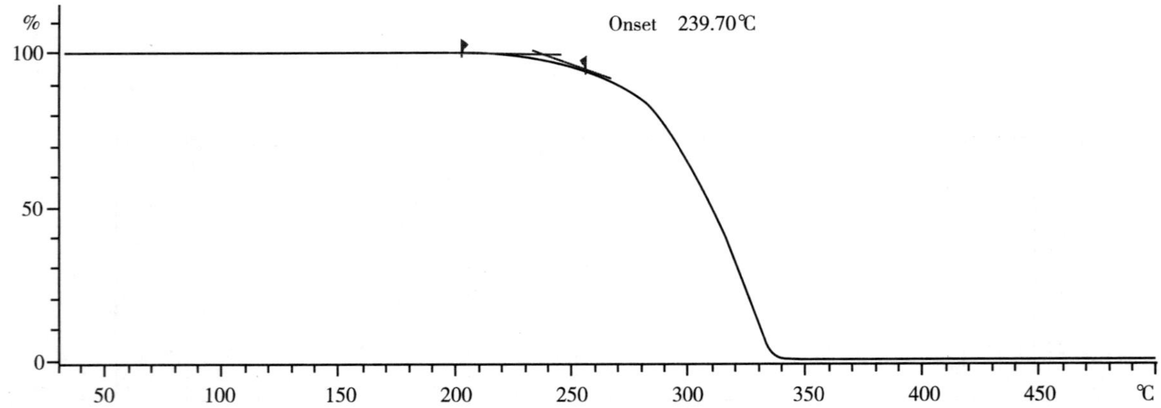

图 6　吡喹酮的 TG 图

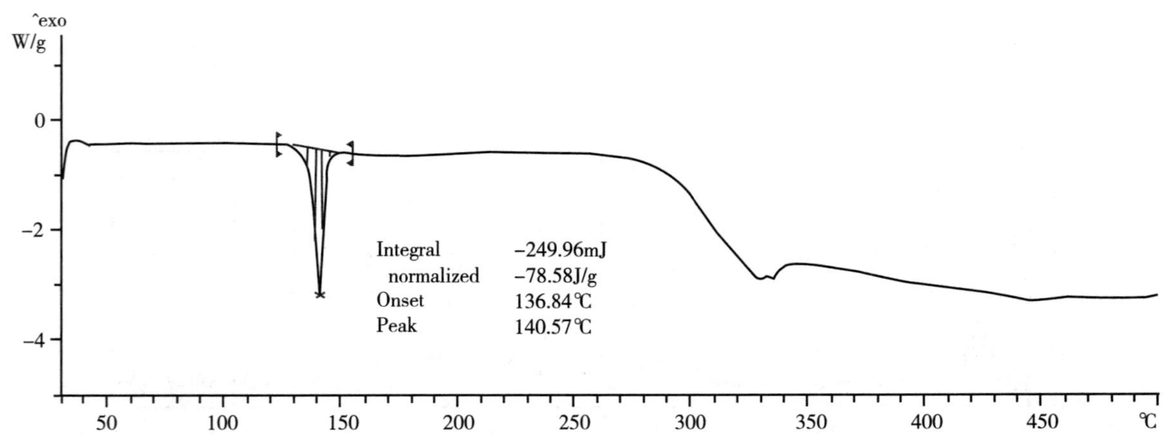

图 7　吡喹酮的 DSC 图

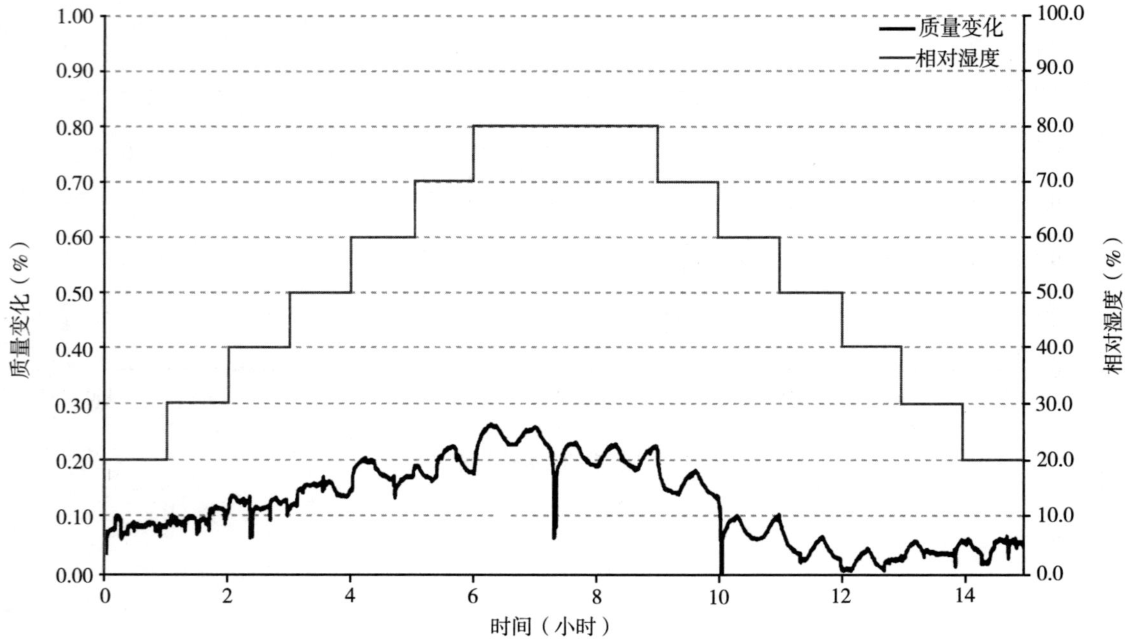

图 8　吡喹酮的 DVS 图

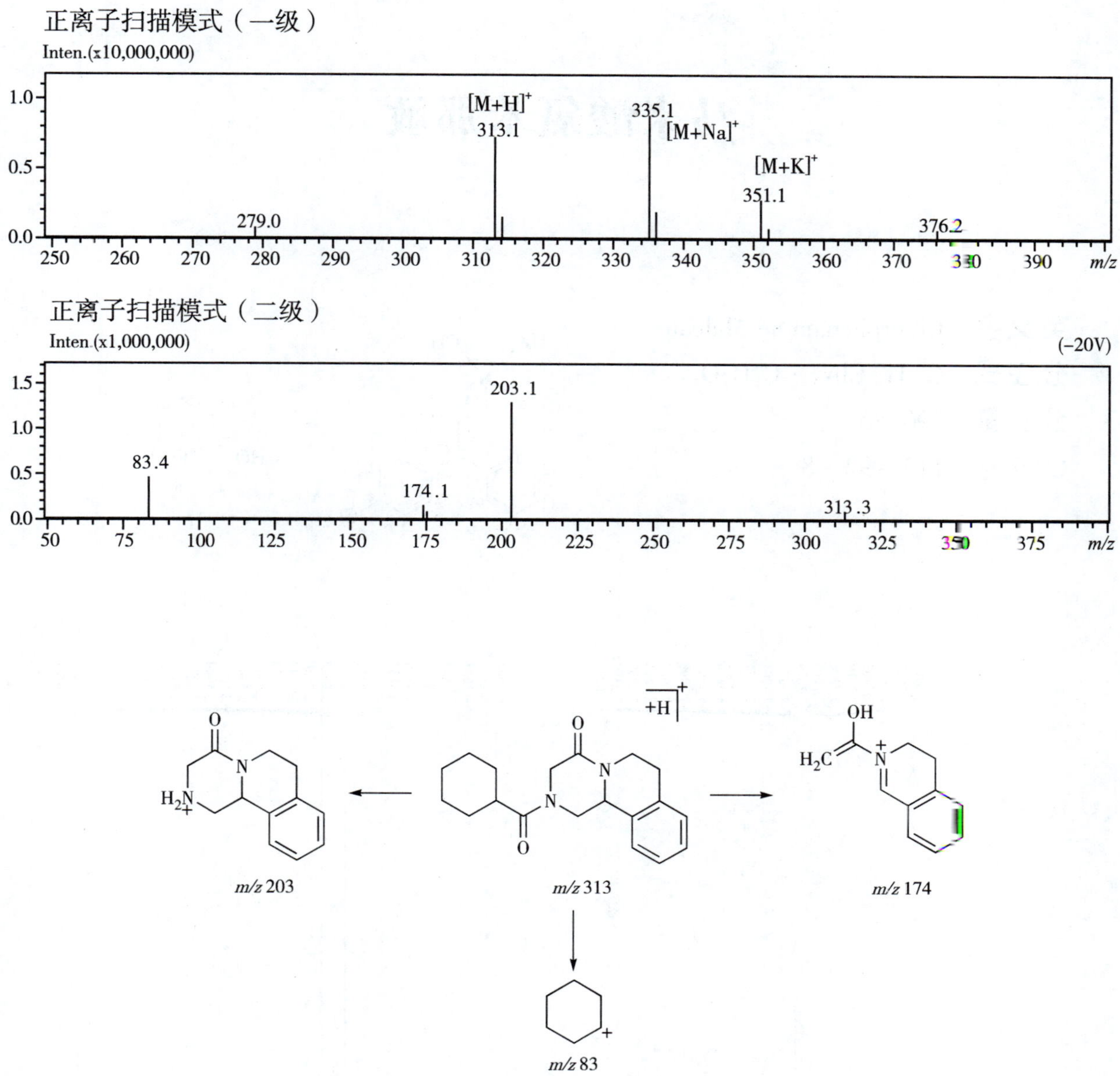

图9　吡喹酮的质谱图

备注

1. **中文化学名**　2-(环己基羰基)-1,2,3,6,7,11*b*-六氢-4*H*-吡嗪并[2.1-α]异喹啉-4-酮
2. **英文化学名**　2-(cyclohexylcarbonyl)-1,2,3,6,7,11*b*-hexahydro-4*H*-pyrazino[2,1-α]isoquinolin-4-one
3. **性状**　本品为白色或类白色的结晶性粉末，味苦。
4. **溶解性**　本品在三氯甲烷中易溶，在乙醇中溶解，在乙醚或水中不溶。
5. **溶剂**　无水乙醇。
6. **对照品编号与批号**　100046-200504

马来酸氯苯那敏

英文名 Chlorphenamine Maleate

分子式 $C_{16}H_{19}ClN_2 \cdot C_4H_4O_4$

分子量 390.86

CAS 号 113-92-8

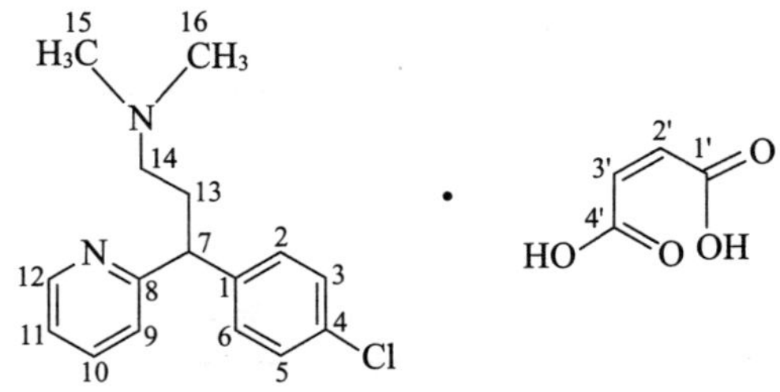

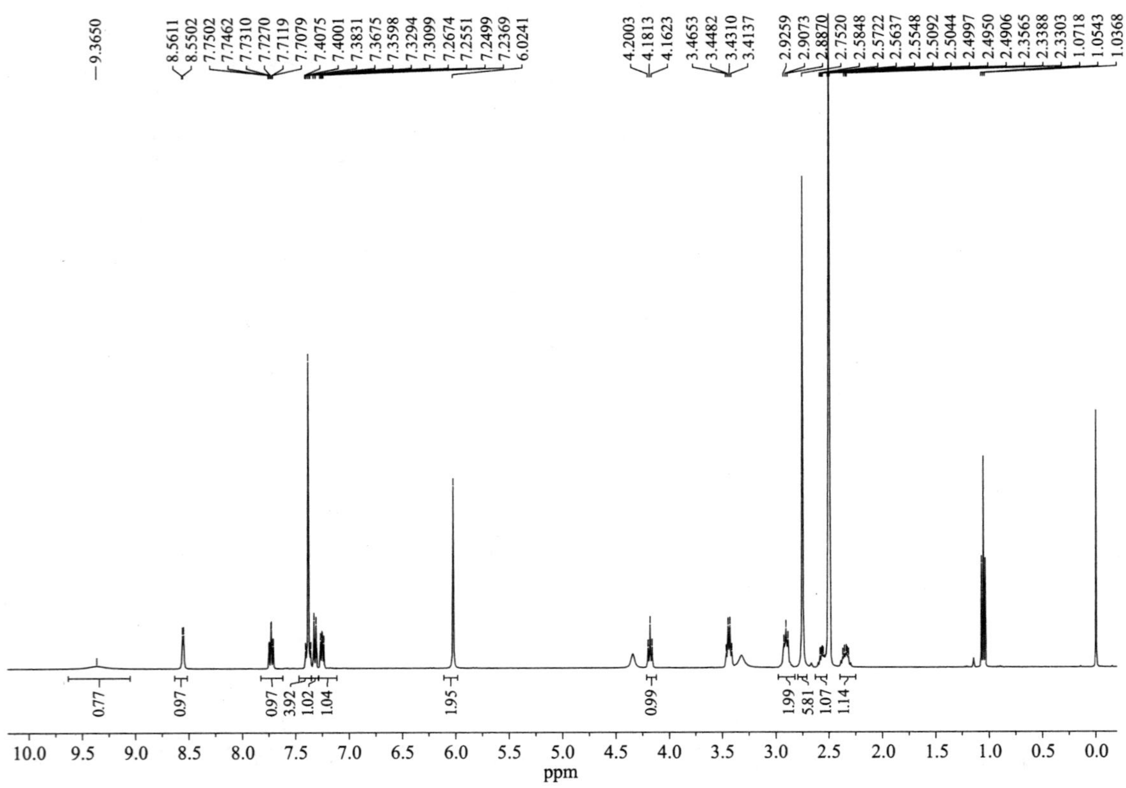

图 1 马来酸氯苯那敏的^{1}H NMR 谱（溶剂：CD_3SOCD_3）

^{1}H NMR：δ 9.37（OH，brs，1H），8.56（H-12，d，J=4.3 Hz，1H），7.73（H-10，td，J=7.7，1.6 Hz，1H），7.41～7.34（H-3，5，2，6，m，4H），7.32（H-9，d，J=7.8 Hz，1H），7.25（H-11，dd，J=7.1，5.1 Hz，1H），6.02（H-2′，3′，s，2H），4.18（H-7，t，J=7.6 Hz，1H），3.02～2.82（H-14，m，2H），2.75（H-16，15，s，6H），2.58（H-13a，m，1H），2.33（H-13b，m，1H）

注：样品中含有乙醇杂质，δ 3.44（CH_2，q，J=6.9 Hz），1.05（CH_3，t，J=6.9 Hz）

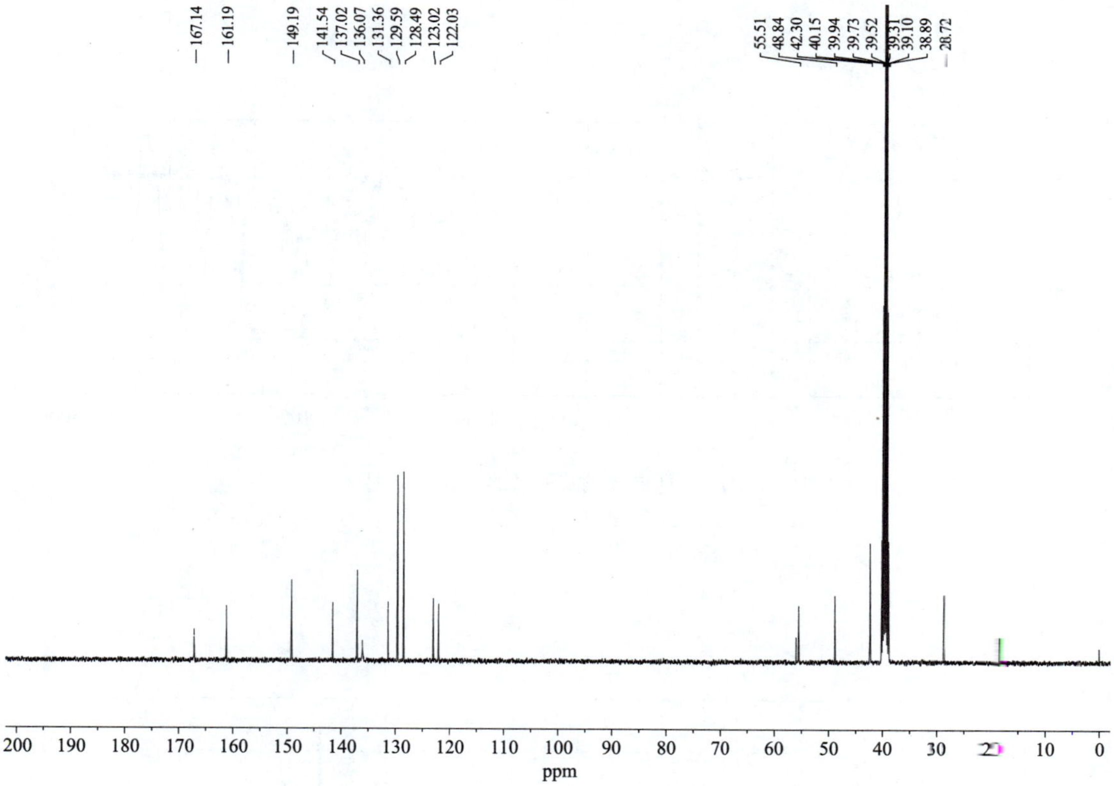

图 2　马来酸氯苯那敏的[13]C NMR 谱（溶剂：CD_3SOCD_3）

^{13}C NMR：δ 167.14（C－1′，4′），161.19（C－8），149.19（C－12），141.54（C－1），137.02（C－10），136.07（C－2′，3′）131.36（C－4），129.59（C－2，6），128.49（C－5，3），123.02（C－9），122.03（C－11），55.51（C－14），48.84（C－7），42.30（C－16，15），28.72（C－13）

注：样品中含有乙醇杂质，δ 57.55（CH_2），17.51（CH_3）

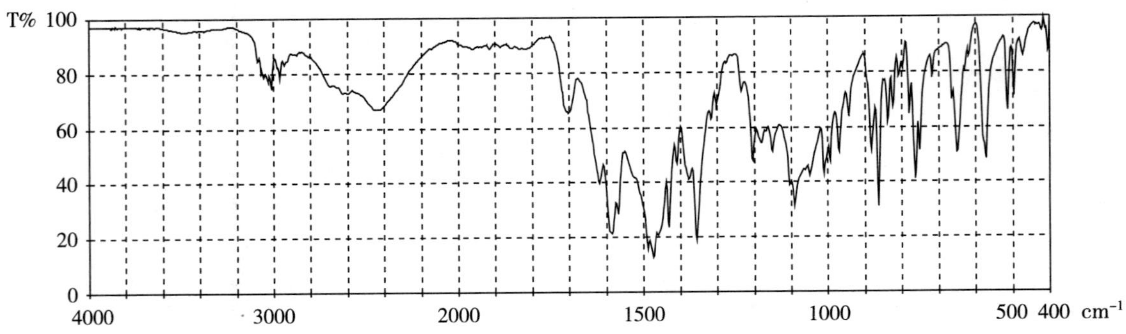

图 3　马来酸氯苯那敏的红外光谱图

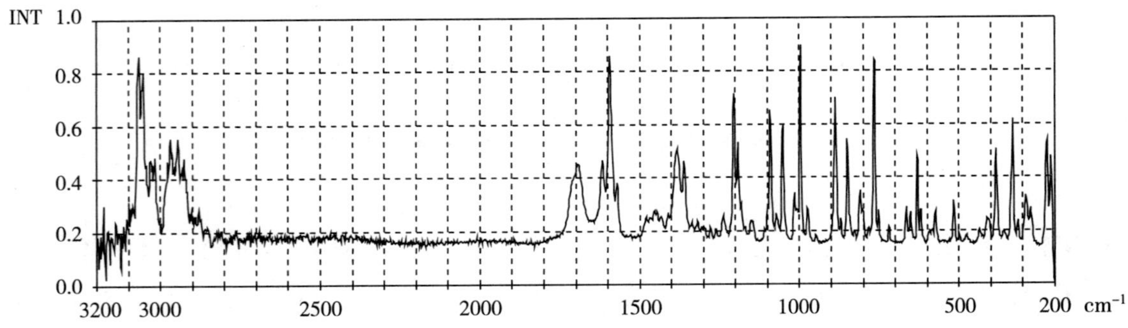

图 4　马来酸氯苯那敏的拉曼光谱图

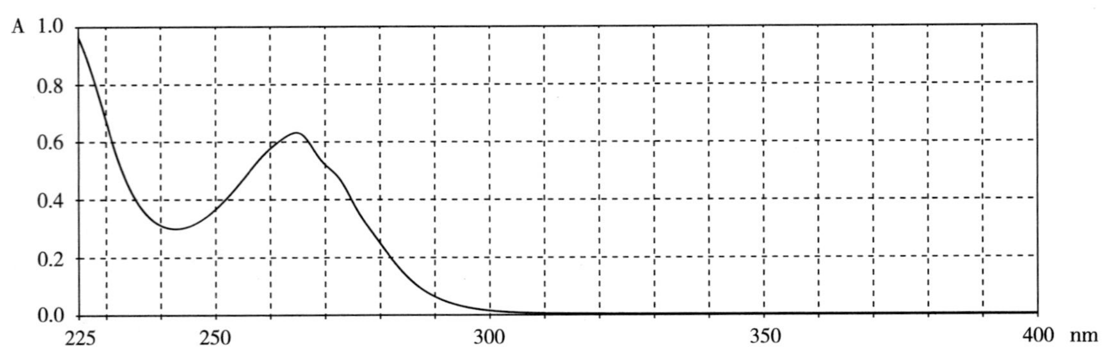

图 5　马来酸氯苯那敏的紫外光谱图

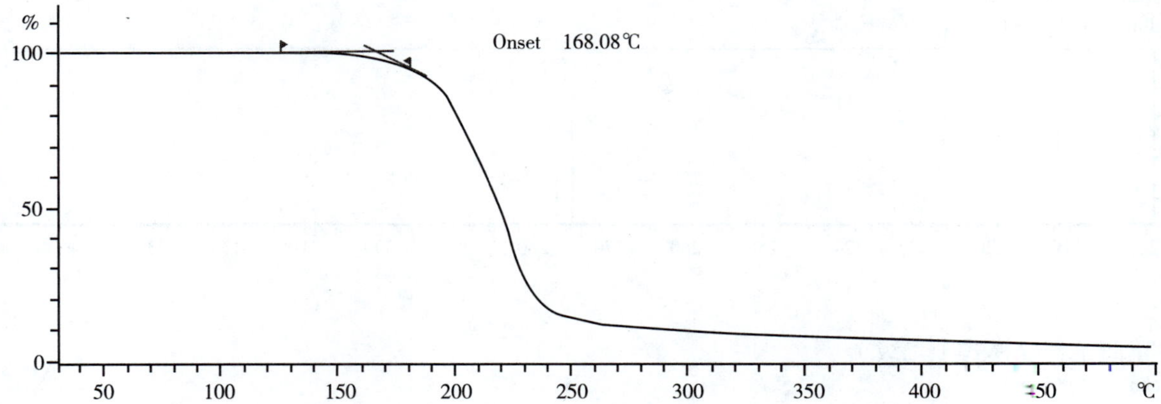

图 6 马来酸氯苯那敏的 TG 图

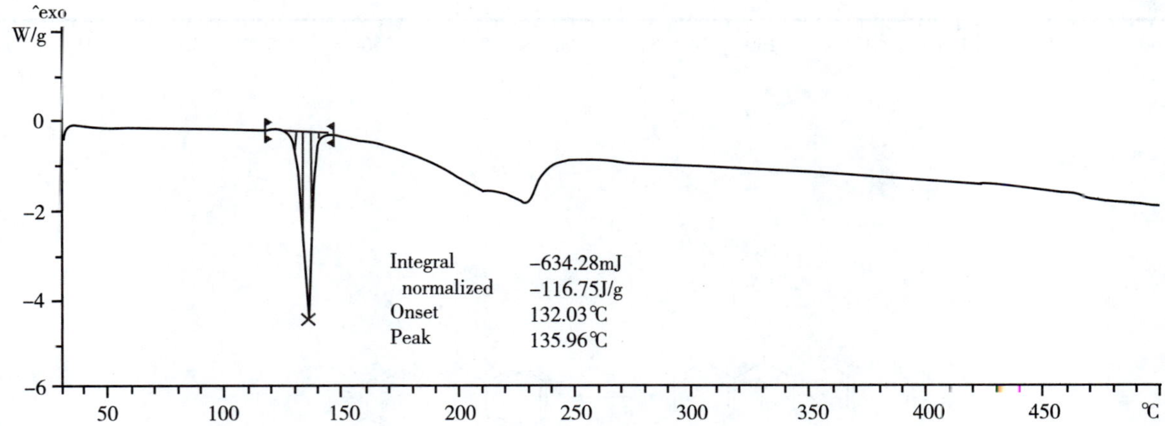

图 7 马来酸氯苯那敏的 DSC 图

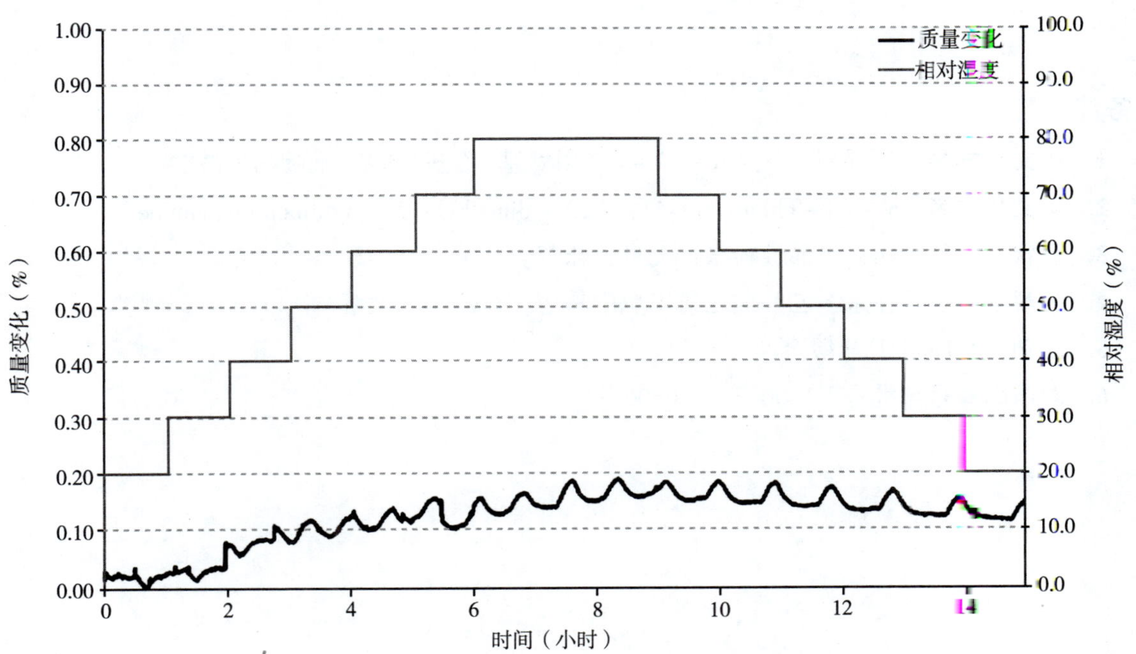

图 8 马来酸氯苯那敏的 DVS 图

正离子扫描模式（一级）

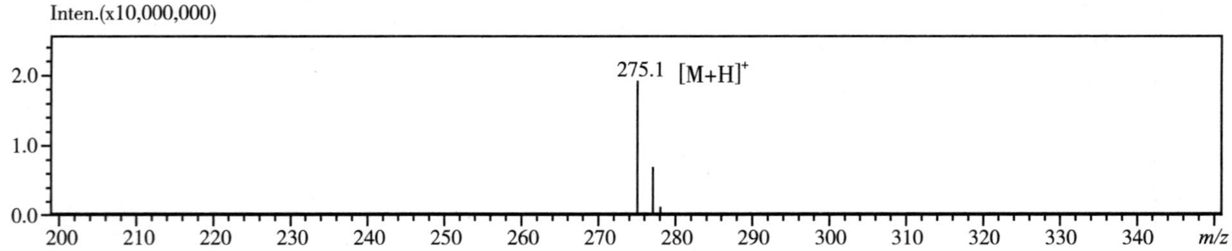

正离子扫描模式（二级）

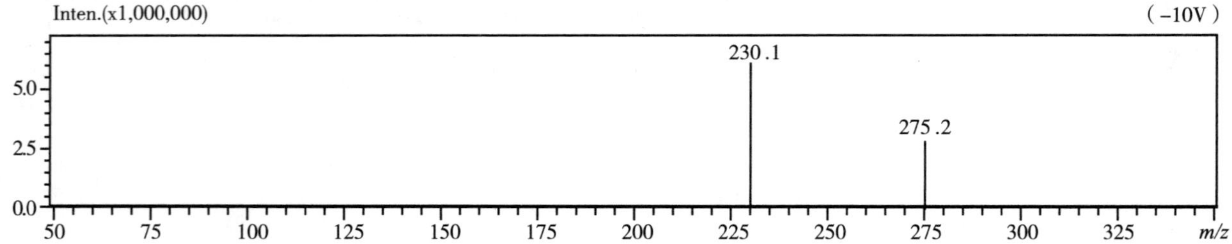

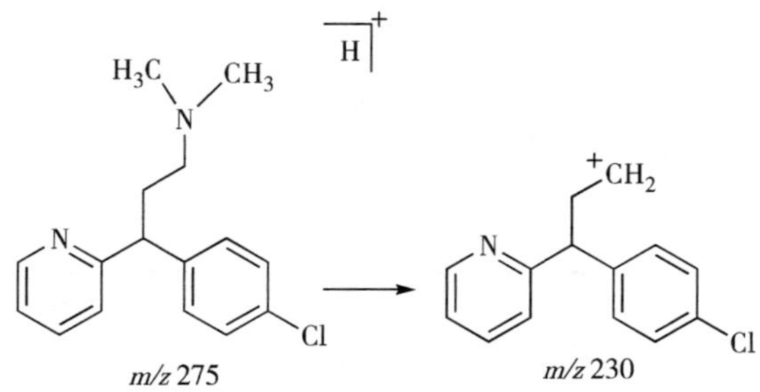

图 9　马来酸氯苯那敏的质谱图

备注

1. **中文化学名**　2－[对－氯－α－[2－(二甲氨基)乙基]苯基]吡啶马来酸盐
2. **英文化学名**　γ－(4－chlorophenyl)－*N*,*N*－dimethyl－2－pyridinepropanamine
3. **性状**　本品为白色结晶性粉末；无臭，味苦。
4. **溶解性**　本品在水、乙醇或三氯甲烷中易溶，在乙醚中微溶。
5. **溶剂**　0.1mol/L 盐酸溶液。
6. **对照品编号与批号**　100047－200606

炔雌醚

英文名 Quinestrol

分子式 $C_{25}H_{32}O_2$

分子量 364.50

CAS 号 152－43－2

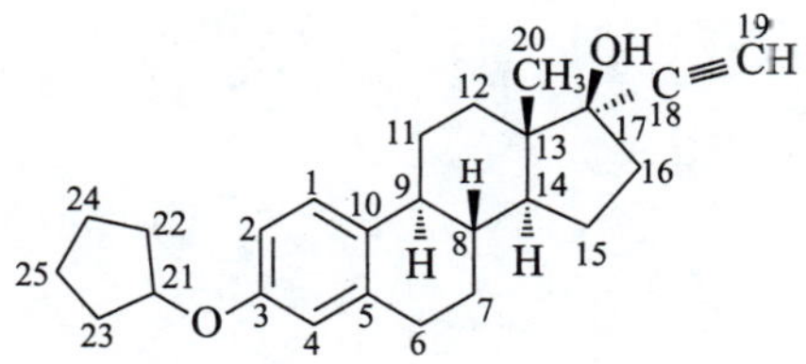

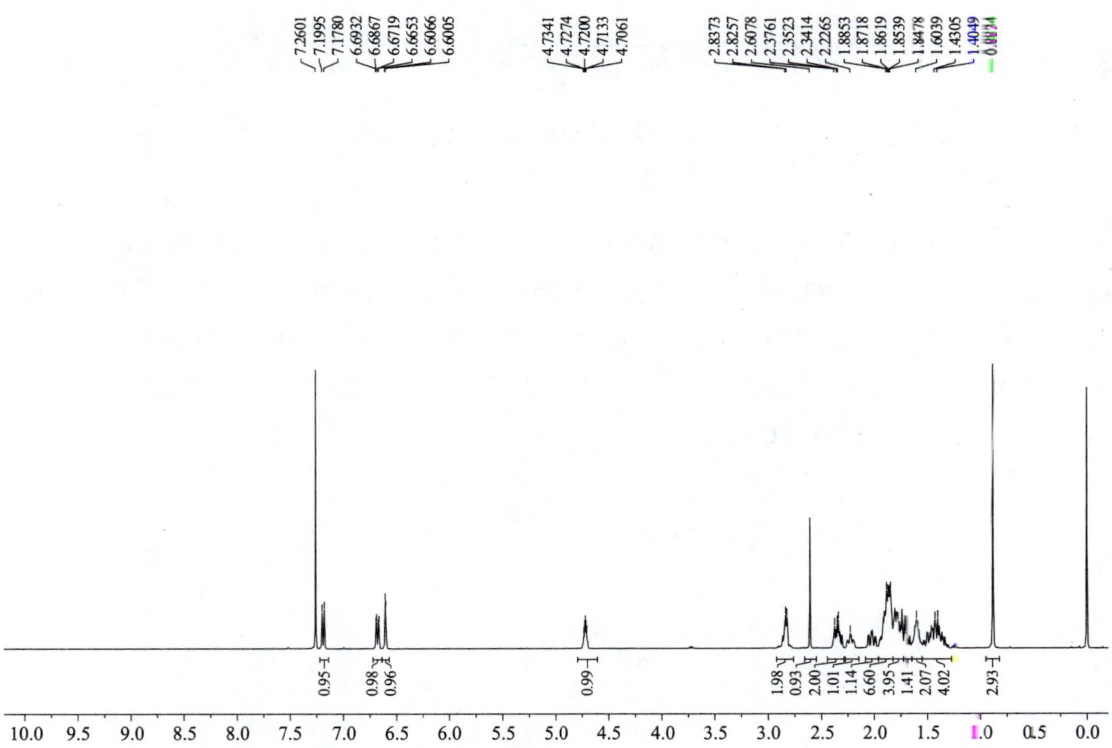

图 1 炔雌醚的 ^1H NMR 谱（溶剂：$CDCl_3$）

^1H NMR：δ 7.19（H－1，d，J＝8.6 Hz，1H），6.68（H－2，dd，J＝8.6，2.6 Hz，1H），6.60（H－4，d，J＝2.4 Hz，1H），4.72（H－21，m，1H），2.79（H－6，m，2H），2.61（H－19，s，1H），2.28～2.41（m，2H），2.22（m，1H），2.02（m，1H），1.96～1.83（m，7H），1.83～1.73（m，4H），1.69（m，1H），1.65～1.55（m，2H），1.55～1.29（m，4H），0.88（H－20，s，3H）

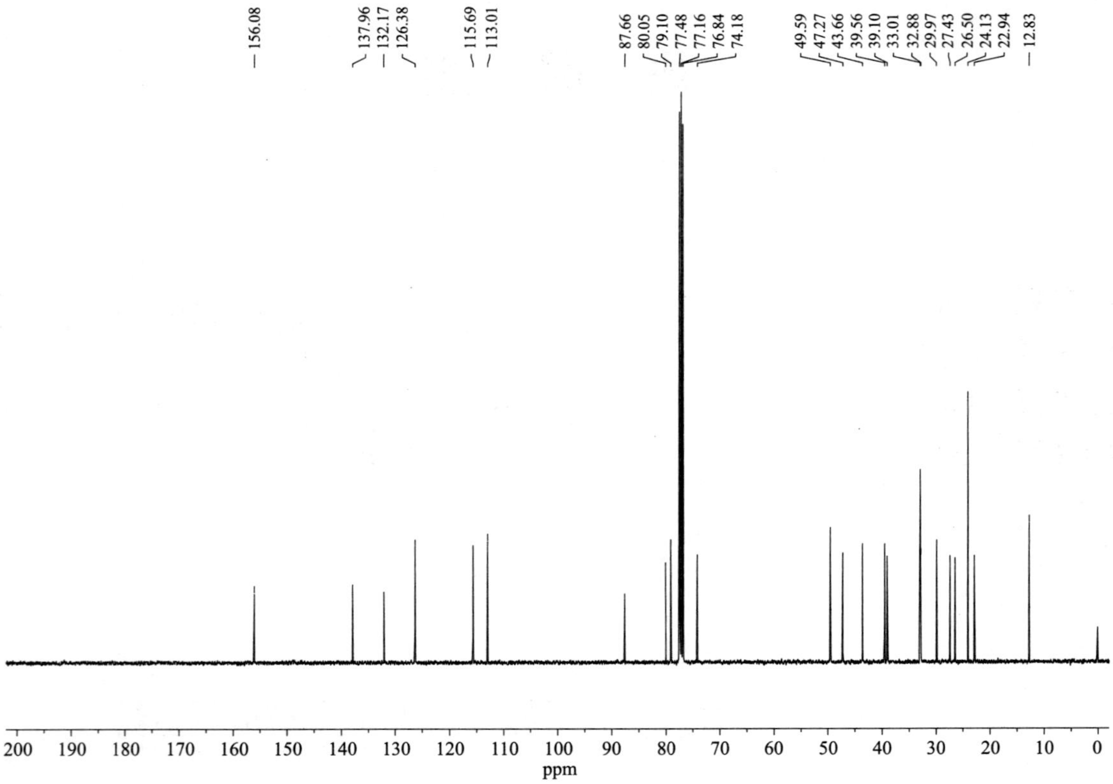

图 2　炔雌醚的^{13}C NMR 谱（溶剂：$CDCl_3$）

^{13}C NMR：δ 156.08（C－3），137.96（C－5），132.17（C－10），126.38（C－1），115.69（C－4），113.01（C－2），87.66（C－18），80.05（C－21），79.10（C－17），74.18（C－19），49.59（C－14），47.27（C－13），43.66（C－9），39.56（C－8），39.10（C－16），33.01（C－22，23），32.88（C－12），29.97（C－6），27.43（C－11），26.50（C－7），24.13（C－24，25），22.94（C－15），12.83（C－20）

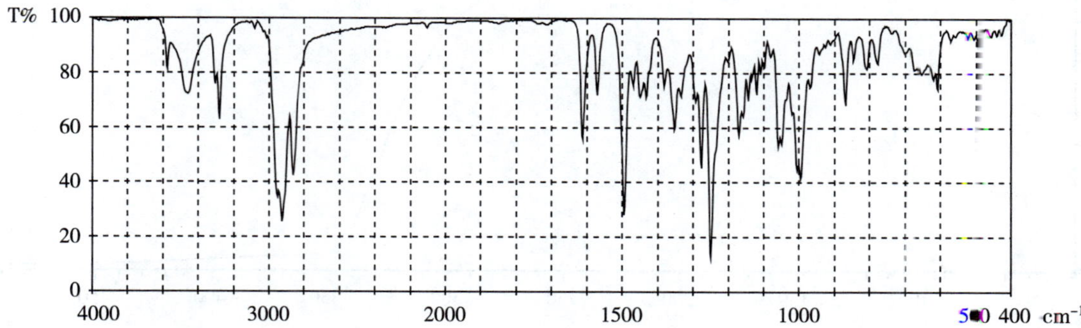

图 3　炔雌醚的红外光谱图

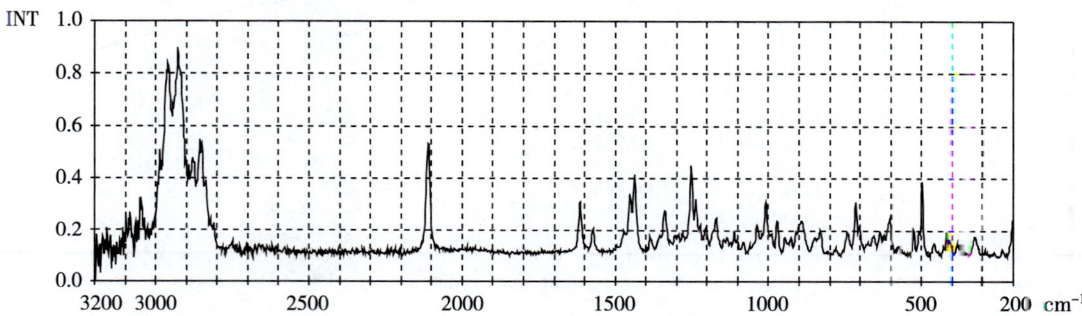

图 4　炔雌醚的拉曼光谱图

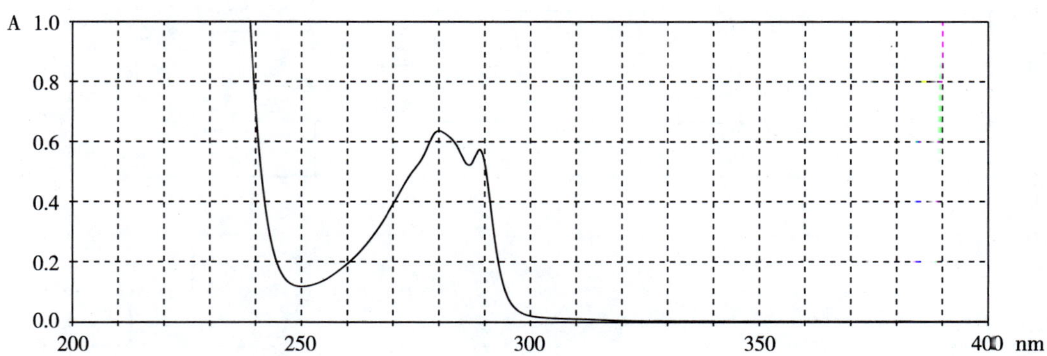

图 5　炔雌醚的紫外光谱图

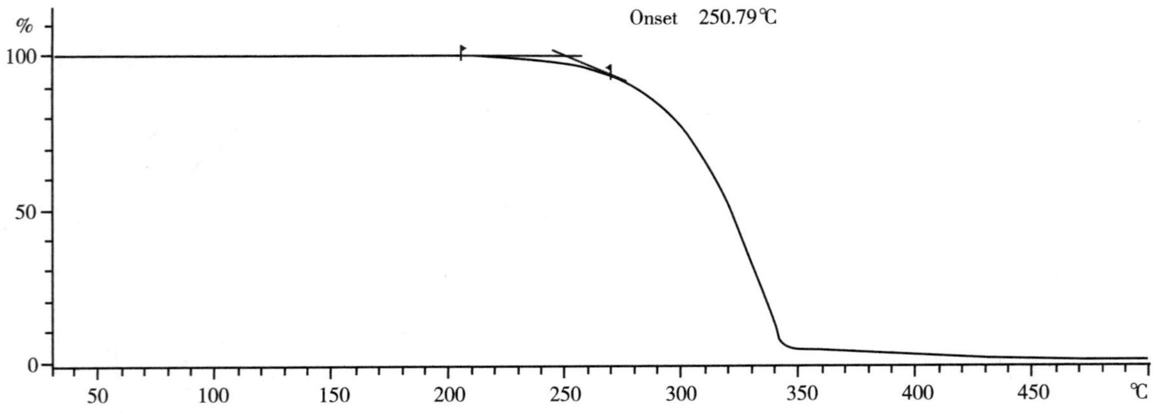

图 6 炔雌醚的 TG 图

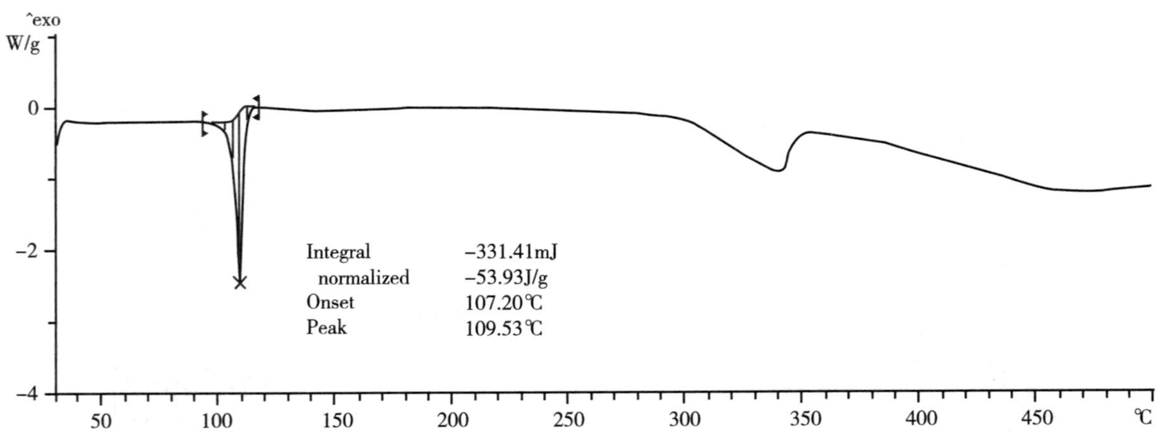

图 7 炔雌醚的 DSC 图

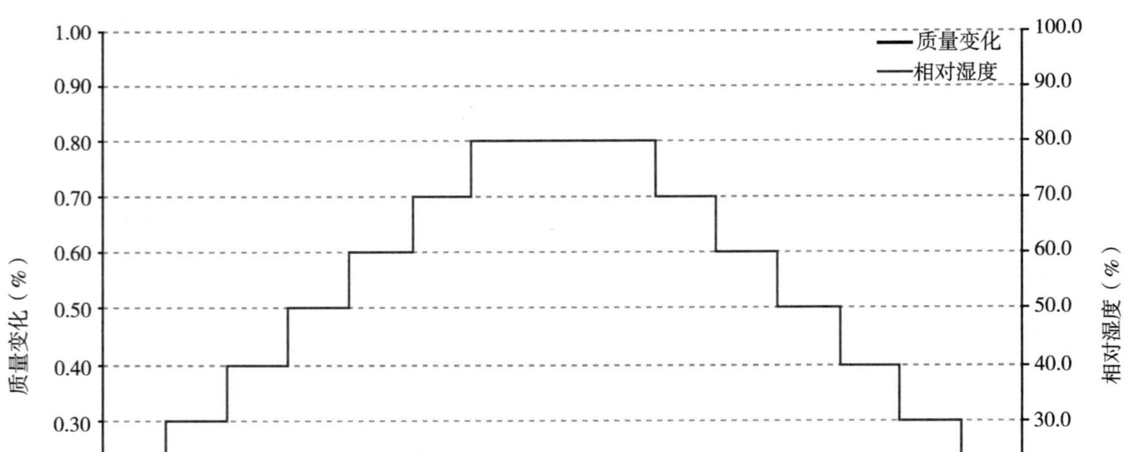

图 8 炔雌醚的 DVS 图

正离子扫描模式（一级）

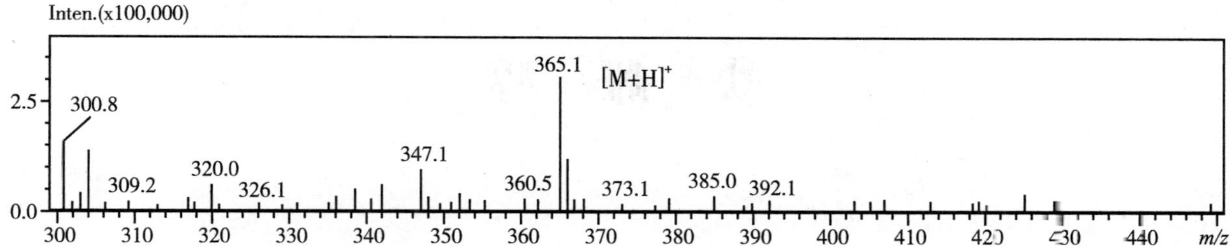

正离子扫描模式（二级）

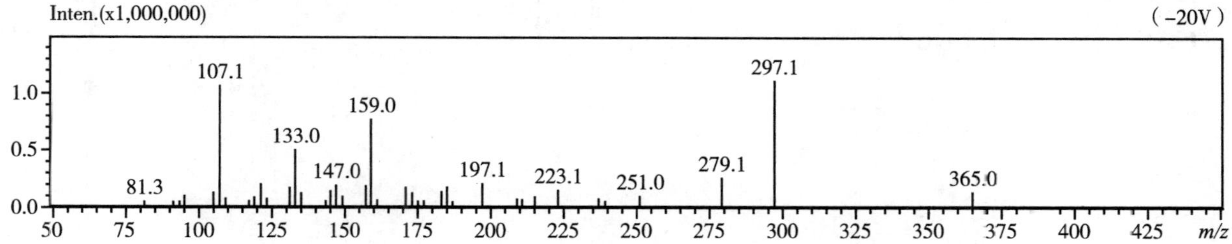

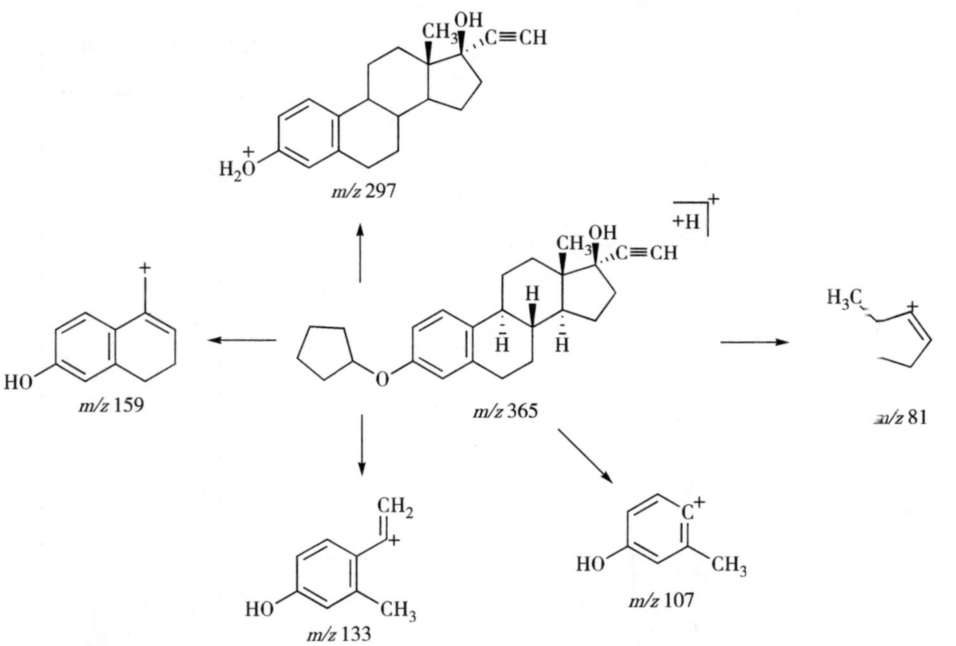

图9　炔雌醚的质谱图

备注

1. 中文化学名　3－环戊基氧基－19－去甲－17α－孕甾－1,3,5(10)－三烯－20－炔－17－醇

2. 英文化学名　(17α)－3－(cyclopentyloxy)－19－norpregna－1,3,5(10)－trien－20－yn－17－ol

3. 性状　本品为白色或类白色的结晶或结晶性粉末。

4. 溶解性　本品在乙醇、丙酮、乙酸乙酯或三氯甲烷中溶解，在水中几乎不溶。

5. 溶剂　无水乙醇。

6. 对照品编号与批号　100048－200902

炔　雌　醇

英文名　Ethinylestradiol

分子式　$C_{20}H_{24}O_2$

分子量　296.41

CAS 号　57-63-6

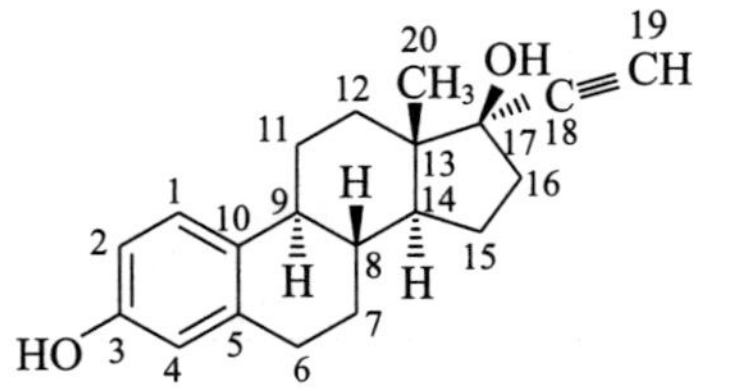

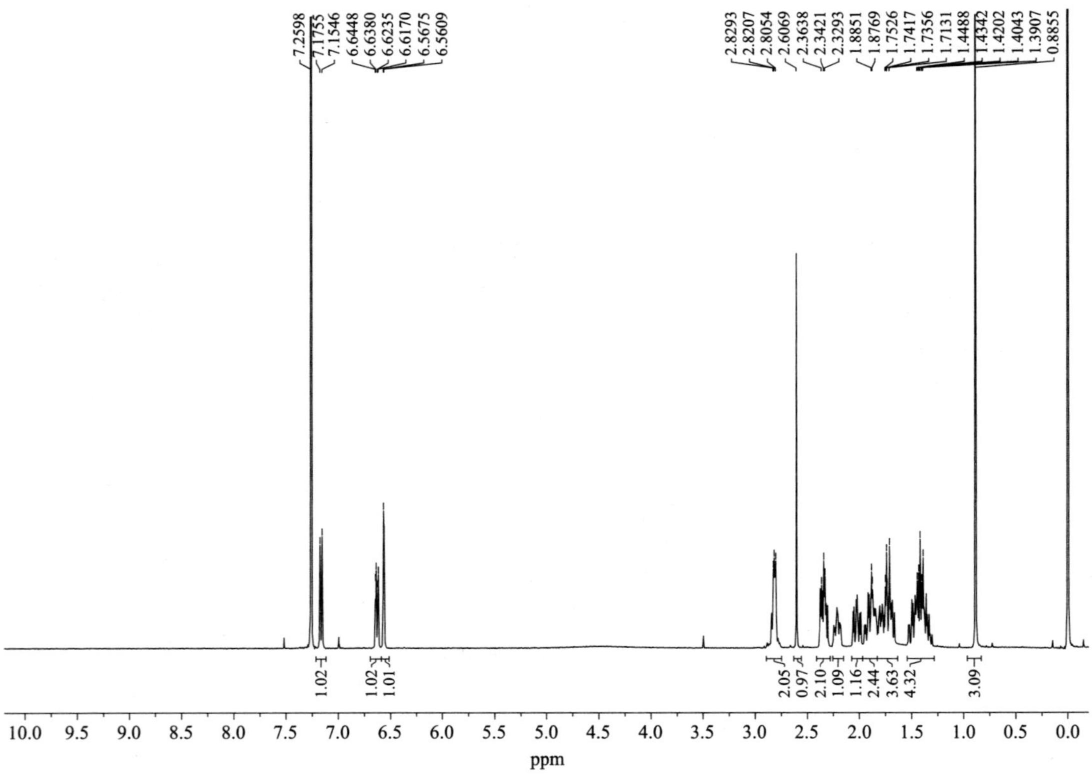

图 1　炔雌醇的^{1}H NMR 谱（溶剂：$CDCl_3$）

^{1}H NMR：δ 7.17（H-1，d，J=8.4 Hz，1H），6.62（H-2，dd，J=8.4，2.3 Hz，1H），6.56（H-4，d，J=2.6 Hz，1H），2.82（m，2H），2.61（H-19，s，1H），2.41～2.28（m，2H），2.20（m，1H），1.99（m，1H），1.97～1.83（m，2H），1.83～1.64（m，4H），1.58～1.26（m，4H），0.89（H-20，s，3H）

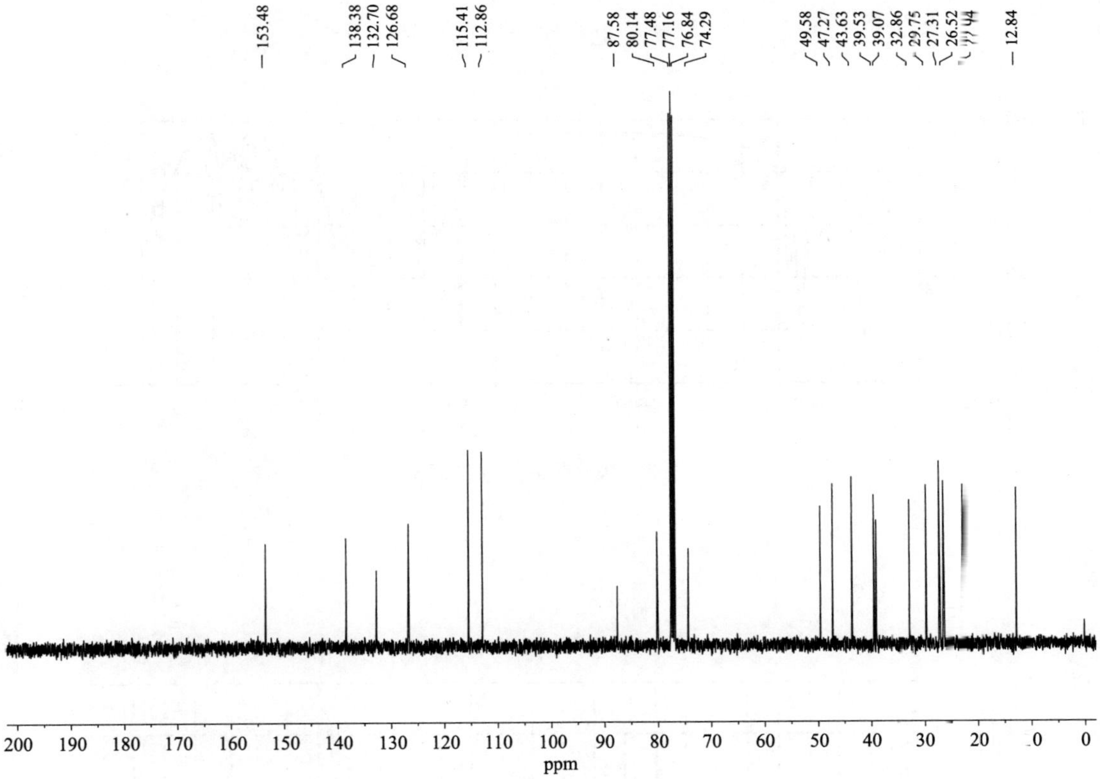

图 2　炔雌醇的^{13}C NMR 谱（溶剂：$CDCl_3$）

^{13}C NMR：δ 153. 48 (C－3)，138. 38 (C－5)，132. 70 (C－10)，126. 68 (C－1)，115. 41 (C－4)，112. 86 (C－2)，87. 58 (C－18)，80. 14 (C－17)，74. 29 (C－19)，49. 58 (C－14)，47. 27 (C－13)，43. 63 (C－9)，39. 53 (C－8)，39. 07 (C－12)，32. 86 (C－16)，29. 75 (C－6)，27. 31 (C－11)，26. 52 (C－7)，22. 94 (C－15)，12. 84 (C－20)

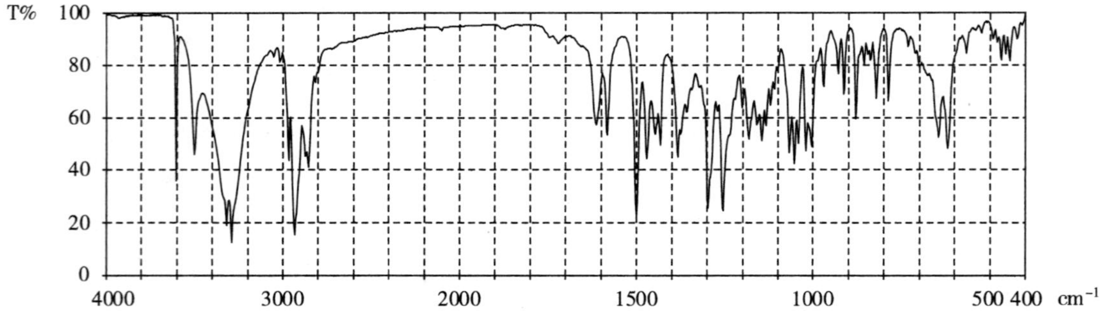

图 3　炔雌醇的红外光谱图

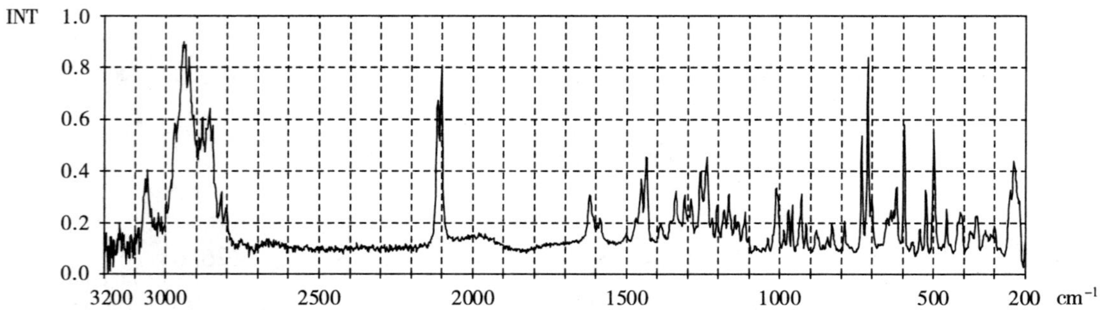

图 4　炔雌醇的拉曼光谱图

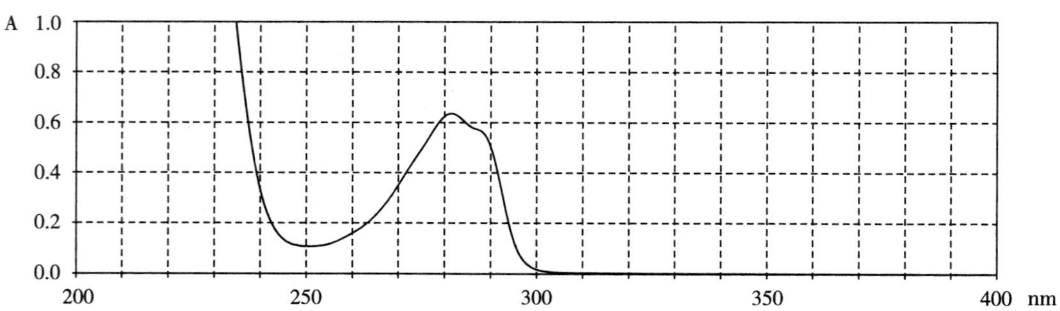

图 5　炔雌醇的紫外光谱图

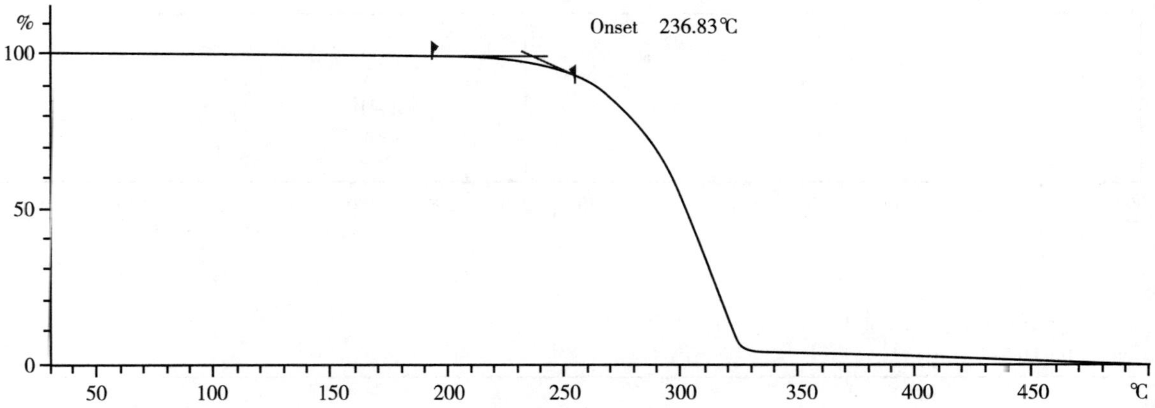

图 6 炔雌醇的 TG 图

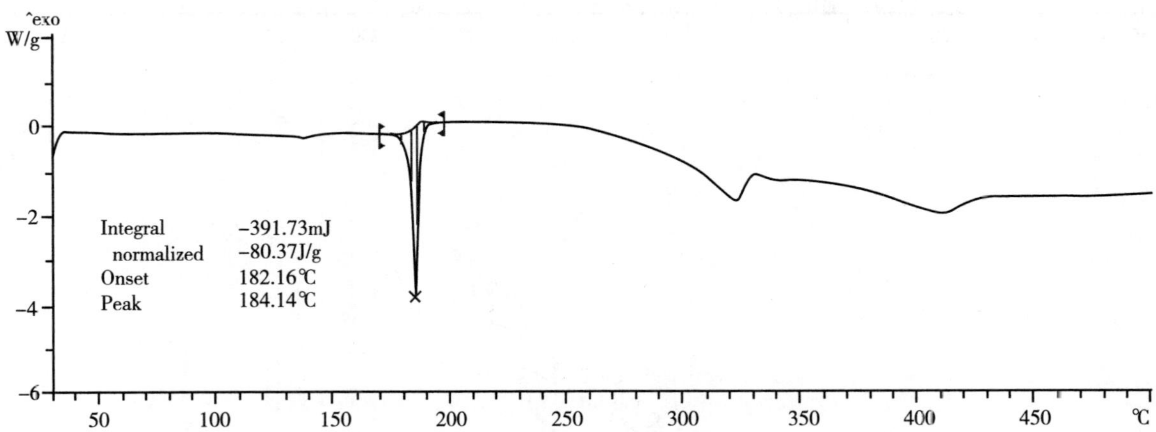

图 7 炔雌醇的 DSC 图

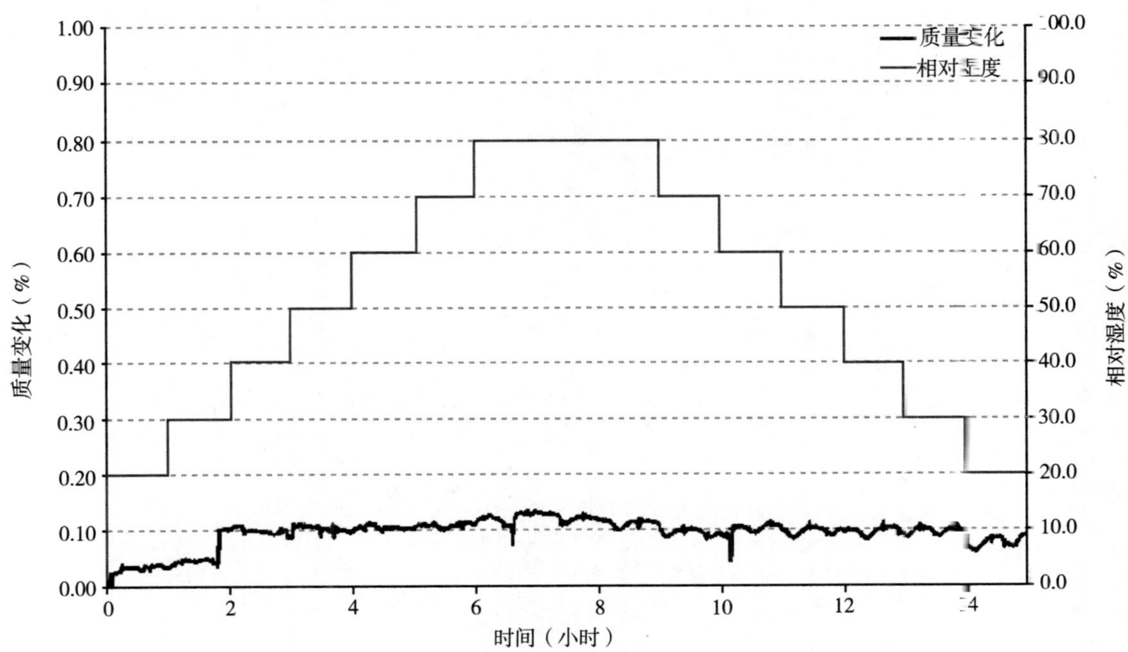

图 8 炔雌醇 DVS 图

正离子扫描模式（一级）

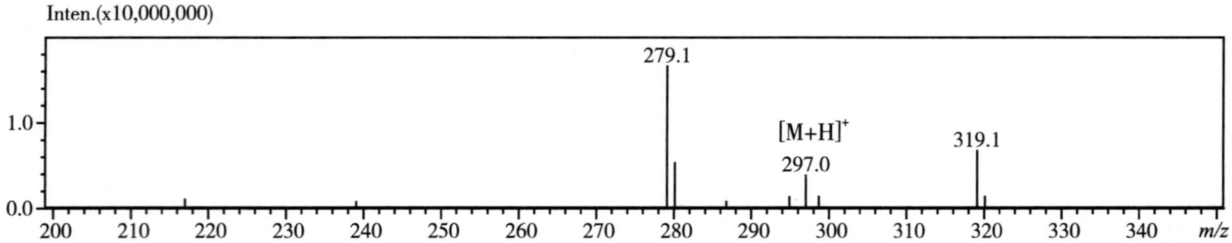

正离子扫描模式（二级）

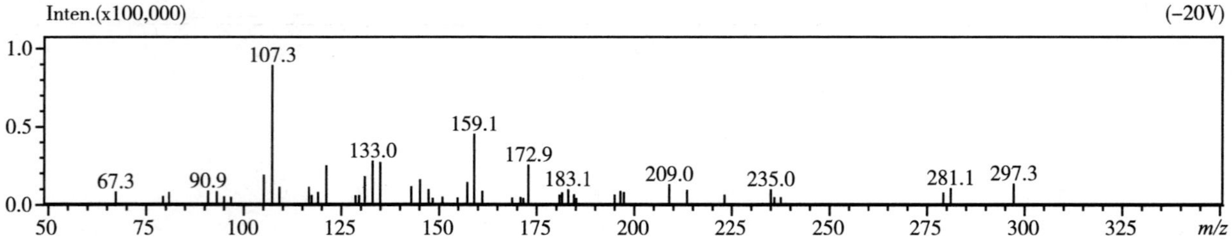

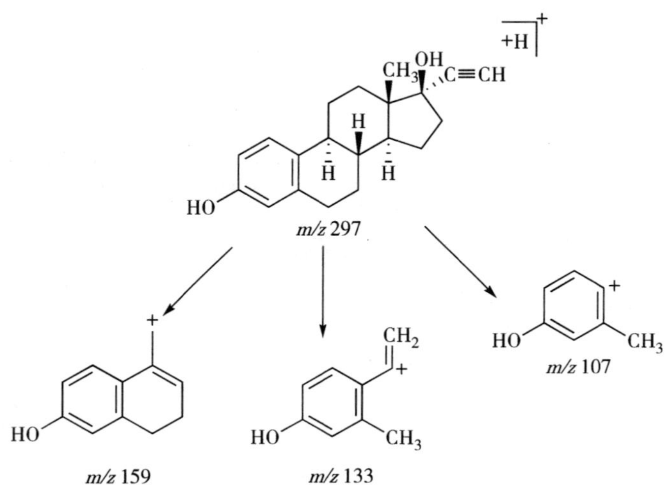

负离子扫描模式（一级）

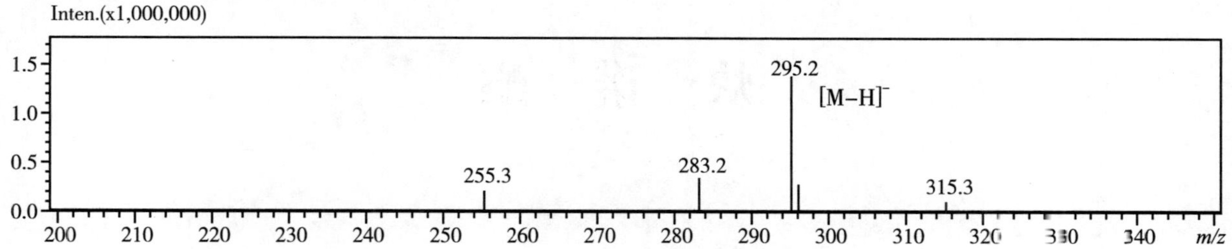

负离子扫描模式（二级）

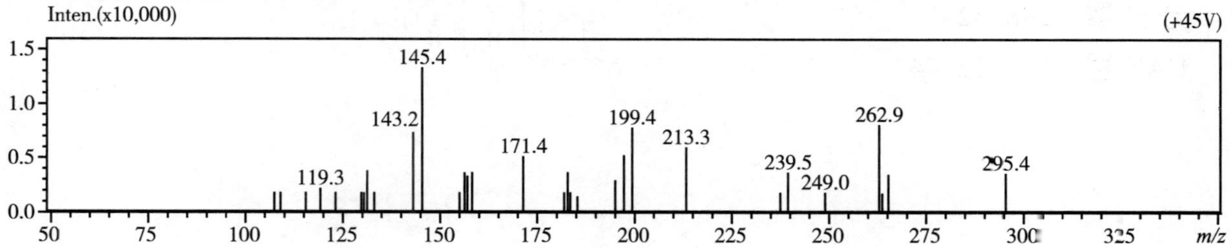

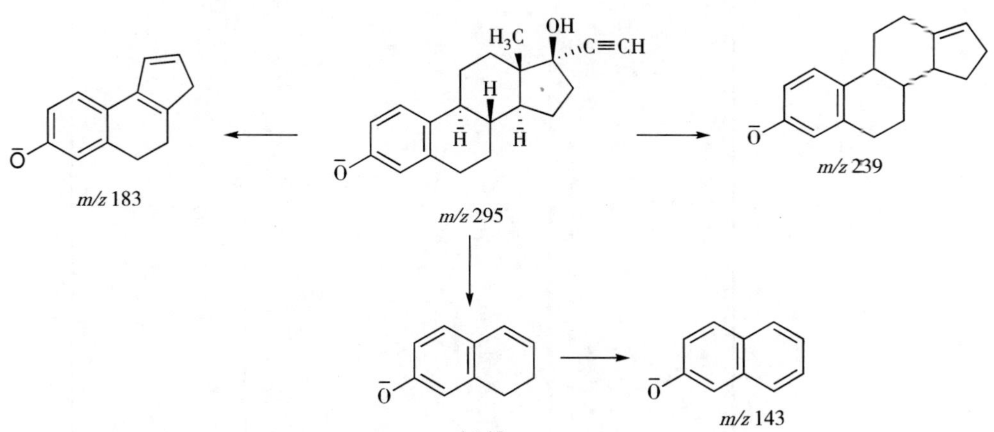

图 9　炔雌醇的质谱图

备注

1. **中文化学名**　3－羟基－19－去甲－17α－孕甾－1,3,5(10)－三烯－20－炔－17－醇
2. **英文化学名**　(17α)－19－norpregna－1,3,5(10)－trien－20－yne－3,17－diol
3. **性状**　本品为白色或类白色结晶性粉末；无臭。
4. **溶解性**　本品在乙醇、丙醇或乙醚中易溶，在三氯甲烷中溶解，在水中不溶。
5. **溶剂**　无水乙醇。
6. **对照品编号与批号**　100052－200308

炔　诺　酮

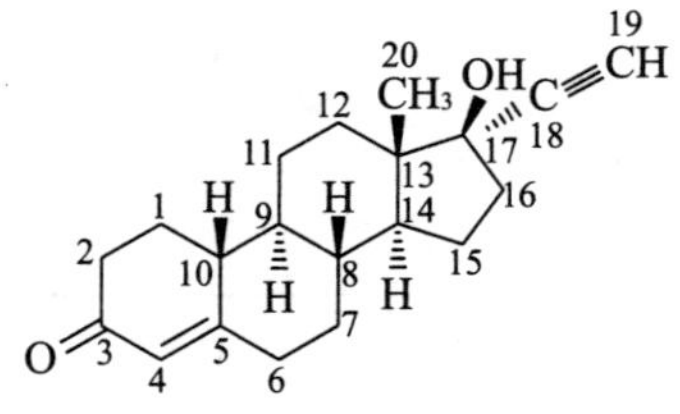

英文名　Norethisterone

分子式　$C_{20}H_{26}O_2$

分子量　298. 42

CAS 号　68 - 22 - 4

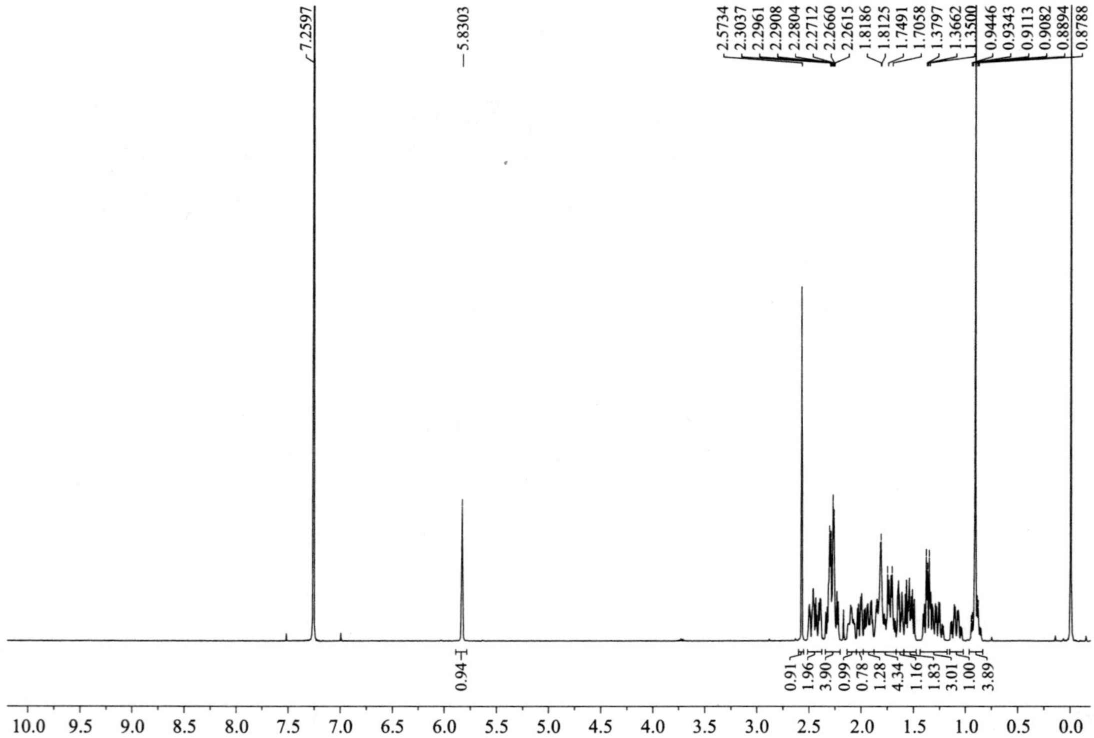

图 1　炔诺酮的[1]H NMR 谱（溶剂：$CDCl_3$）

^{1}H NMR：δ 5. 83（H - 4，s，1H），2. 57（H - 19，s，1H），2. 52 ~ 2. 38（H - 6a，2a，m，2H），2. 34 ~ 2. 20（H - 1a，2b，16a，6b，m，4H），2. 10（m，1H），2. 02（m，1H），1. 93（m，1H），1. 88 ~ 1. 61（m，4H），1. 78（m，1H），1. 63（m，1H），1. 60 ~ 1. 48（m，2H），1. 44 ~ 1. 18（H - 11b，14，8，m，3H），1. 09（H - 7a，m，1H），0. 97 ~ 0. 83（H - 20，9，m，4H）

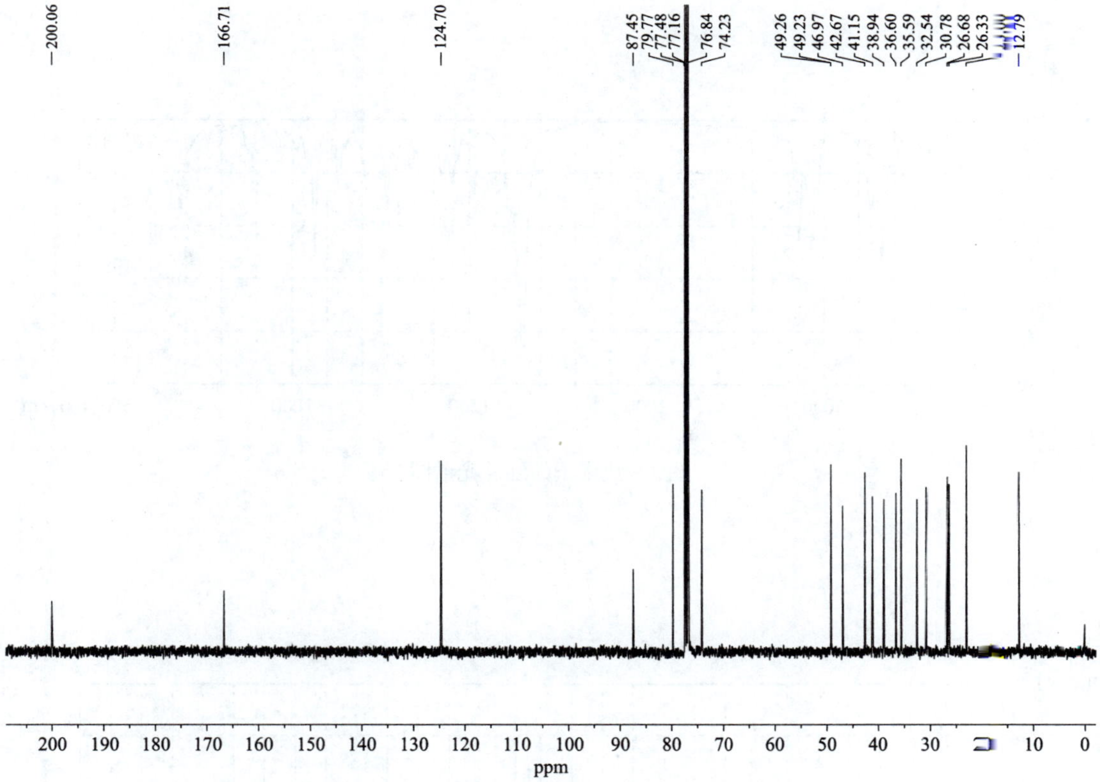

图 2　炔诺酮的^{13}C NMR 谱（溶剂：$CDCl_3$）

^{13}C NMR：δ 200.06（C－3），166.71（C－5），124.70（C－4），87.45（C－18），79.77（C－17），74.23（C－19），49.26（C－14），49.23（C－9），46.97（C－13），42.67（C－10），41.15（C－8），38.94（C－16），36.60（C－2），35.59（C－6），32.54（C－12），30.78（C－7），26.68（C－1），26.33（C－11），23.00（C－15），12.79（C－20）

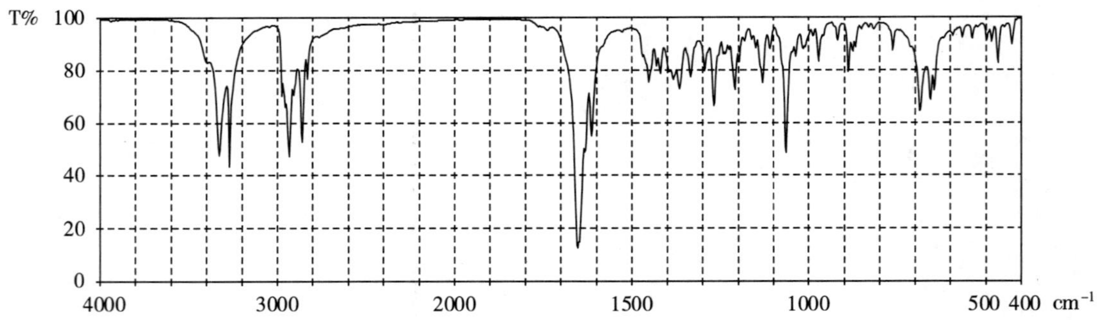

图 3　炔诺酮的红外光谱图

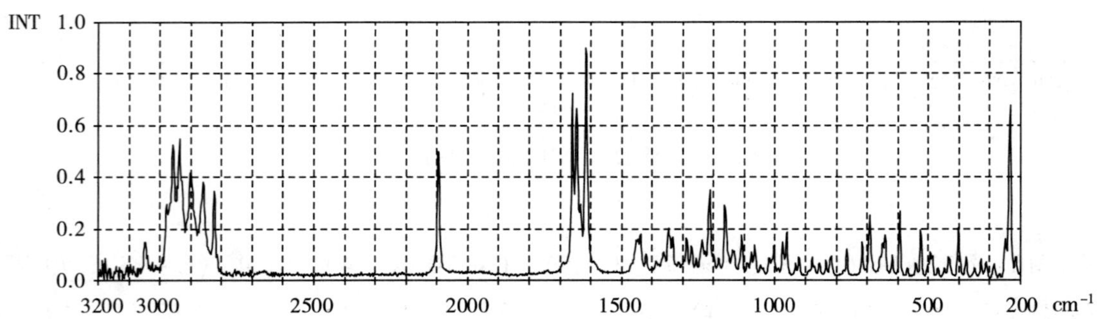

图 4　炔诺酮的拉曼光谱图

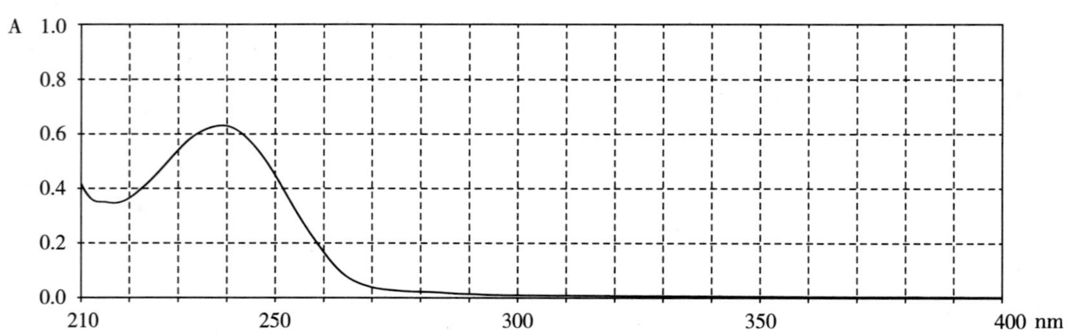

图 5　炔诺酮的紫外光谱图

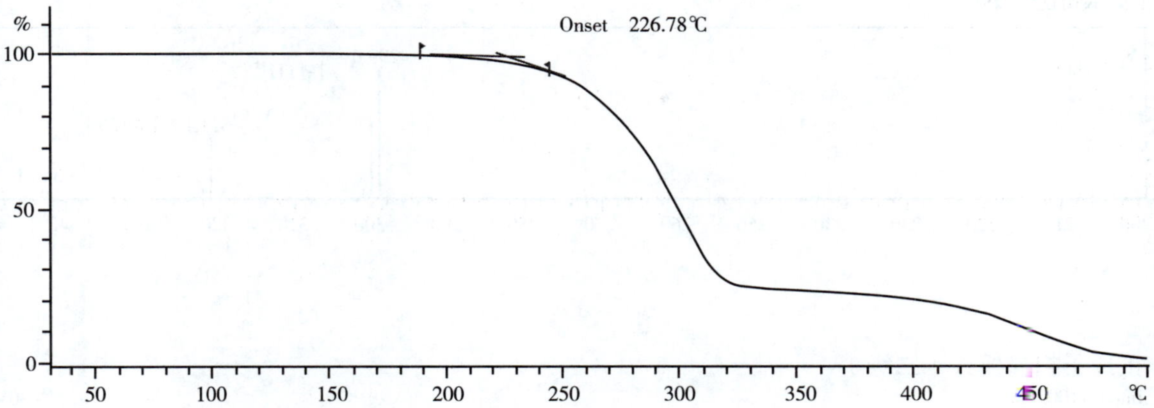

图 6　炔诺酮的 TG 图

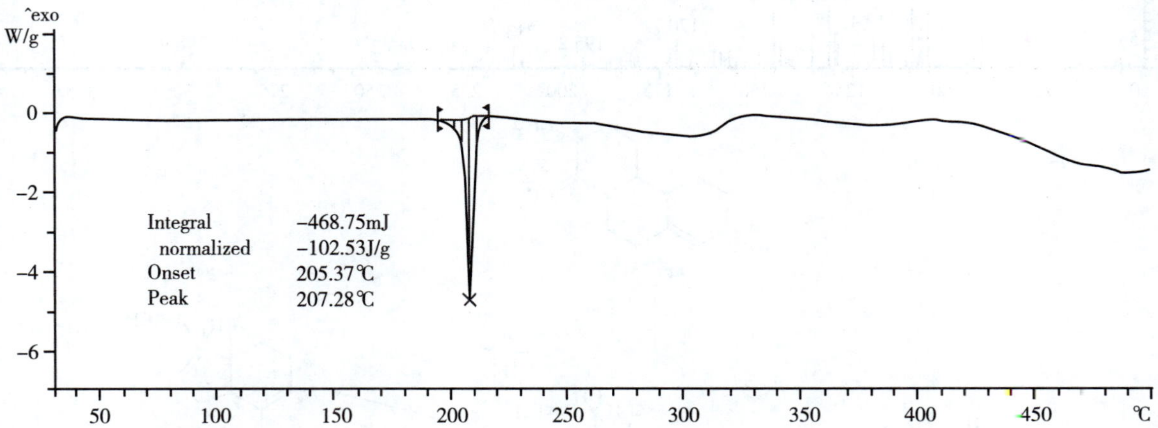

图 7　炔诺酮的 DSC 图

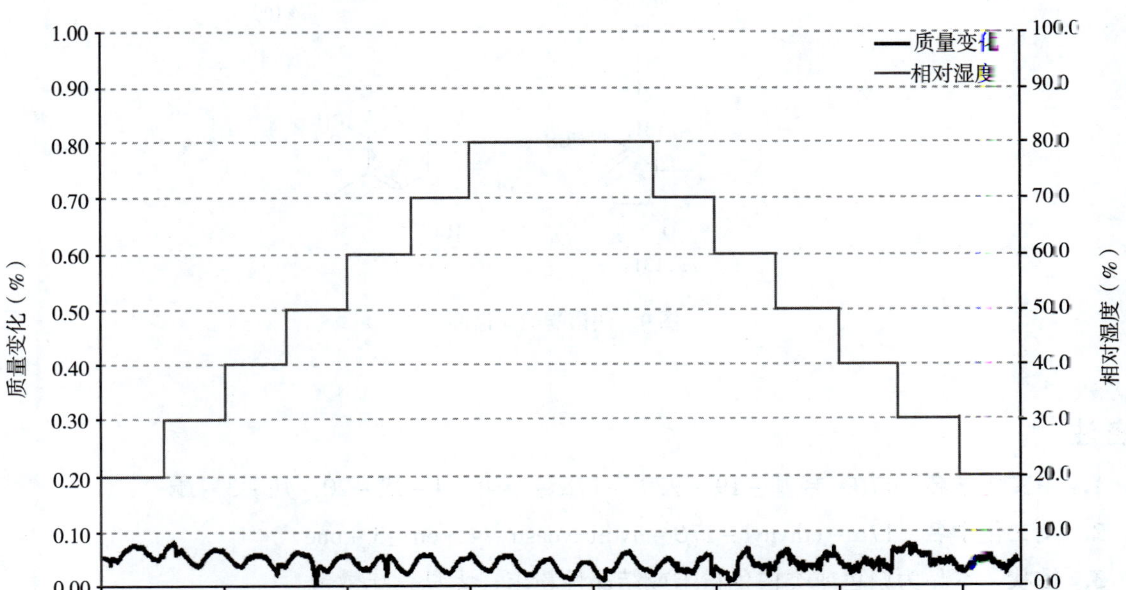

图 8　炔诺酮的 DVS 图

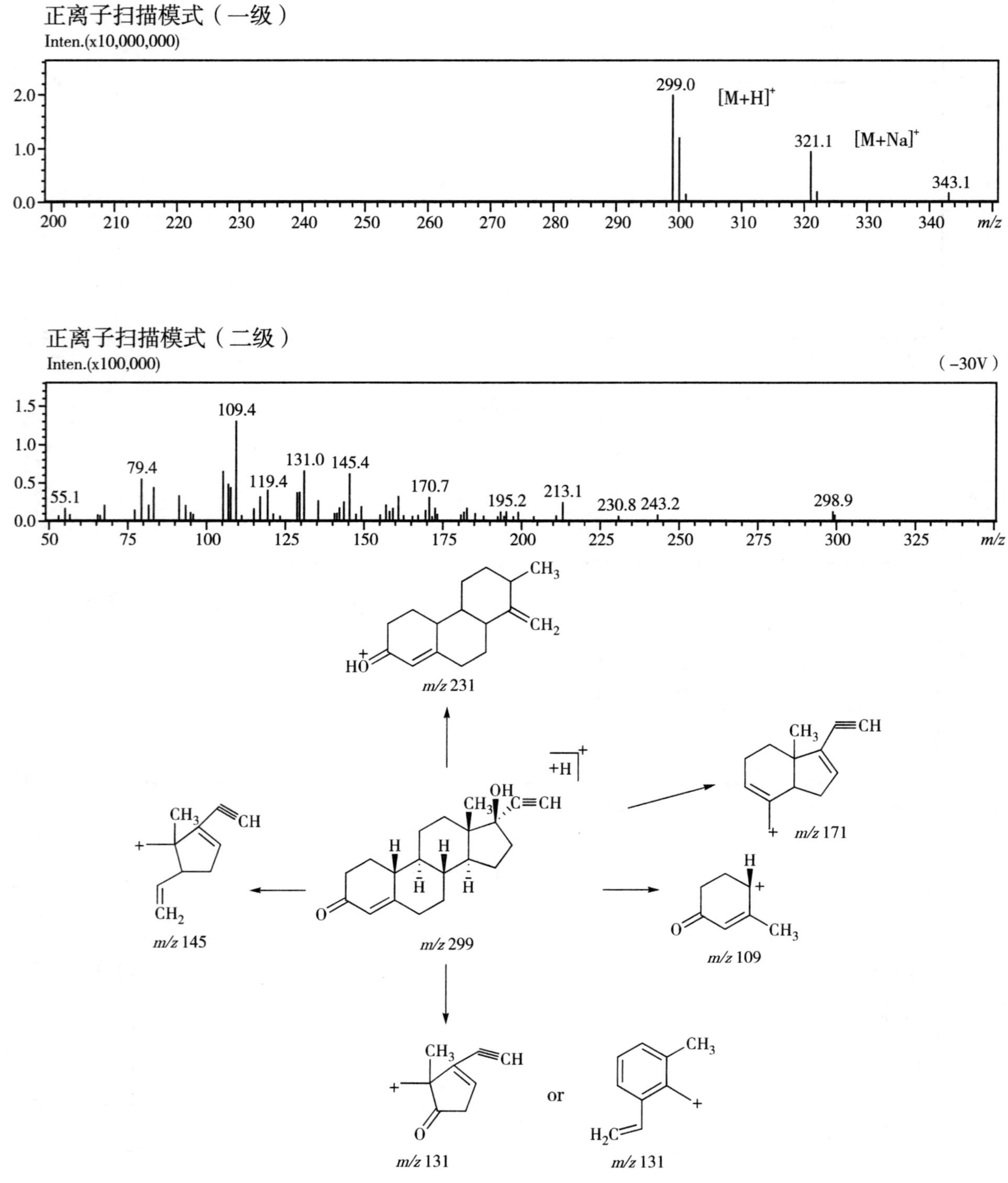

图 9　炔诺酮的质谱图

备注

1. 中文化学名　17β－羟基－19－去甲－17α－孕甾－4－烯－20－炔－3－酮

2. 英文化学名　17α－ethynyl－17β－hydroxyoestr－4－en－3－one

3. 性状　本品为白色或类白色粉末或结晶性粉末；无臭，味微苦。

4. 溶解性　本品在三氯甲烷中溶解，在乙醇中微溶，在丙酮中略溶，在水中不溶。

5. 溶剂　无水乙醇。

6. 对照品编号与批号　100053－200705

4 - *N* - 去甲基安乃近

英文名 4 - *N* - Demethylanalgin

分子式 $C_{12}H_{14}N_3NaO_4S$

分子量 319.31

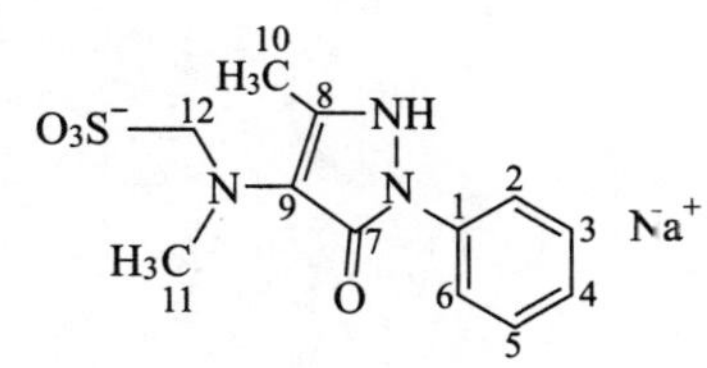

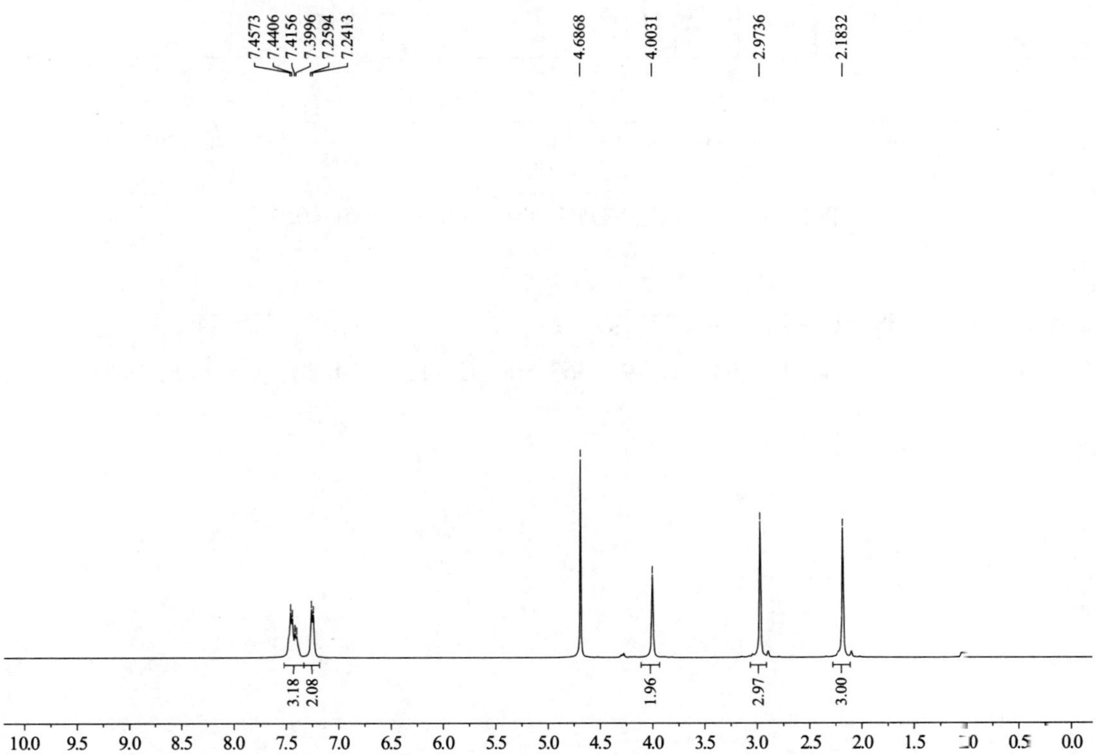

图1 4 - *N* - 去甲基安乃近的 ^{1}H NMR 谱（溶剂：D_2O）

^{1}H NMR：δ 7.43 ~ 7.39（Ar - H，m，3H），7.38 ~ 7.23（Ar - H，m，2H），4.00（H - 12，s，2H），2.97（H - 11，s，3H），2.18（H - 10，s，3H）

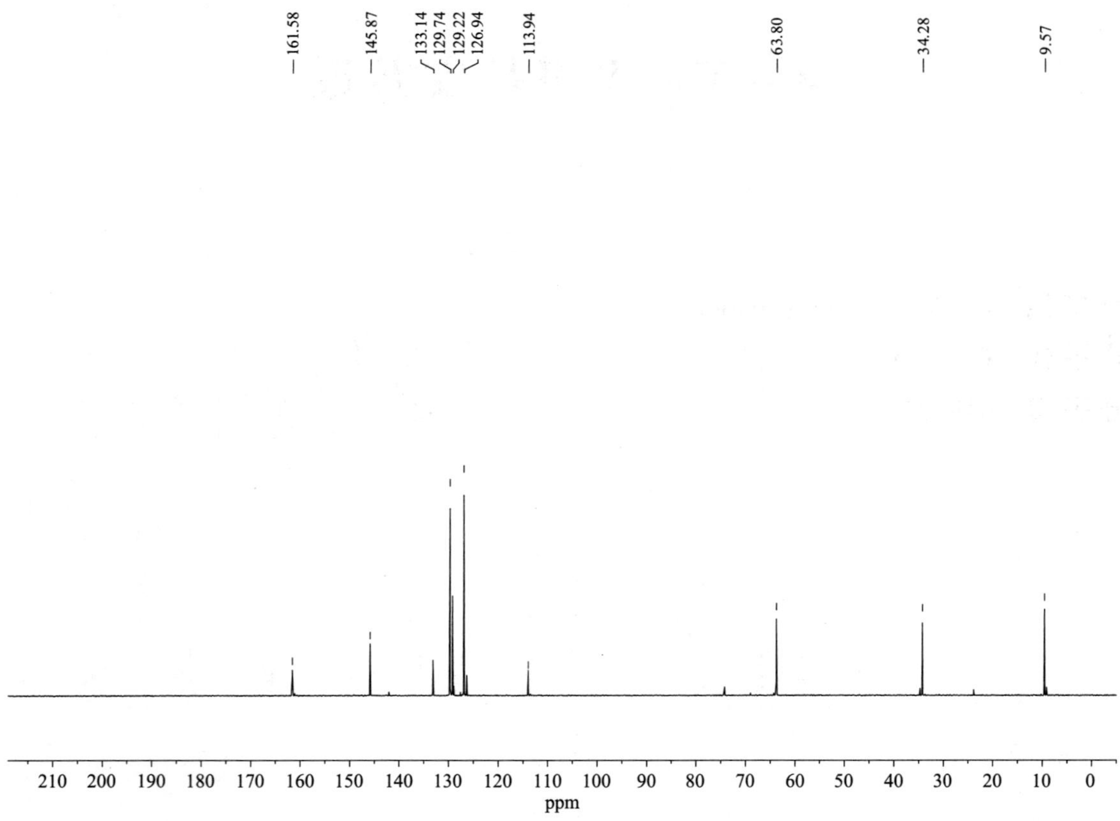

图2　4 - *N* - 去甲基安乃近的^{13}C NMR谱（溶剂：D_2O）

^{13}C NMR：δ 161.58（C - 7），145.87（C - 1），133.14（C - 8），129.74（C - 3，5），129.22（C - 4），126.94（C - 2，6），113.94（C - 9），63.80（C - 12），34.28（C - 11），9.57（C - 10）

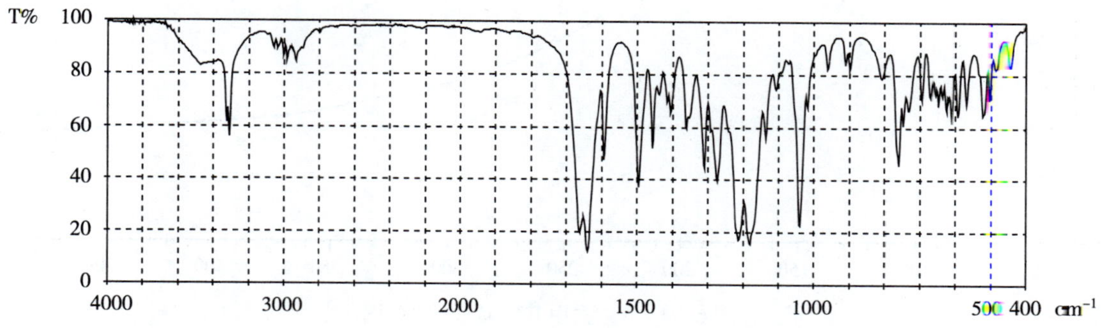

图 3　4 – *N* – 去甲基安乃近的红外光谱图

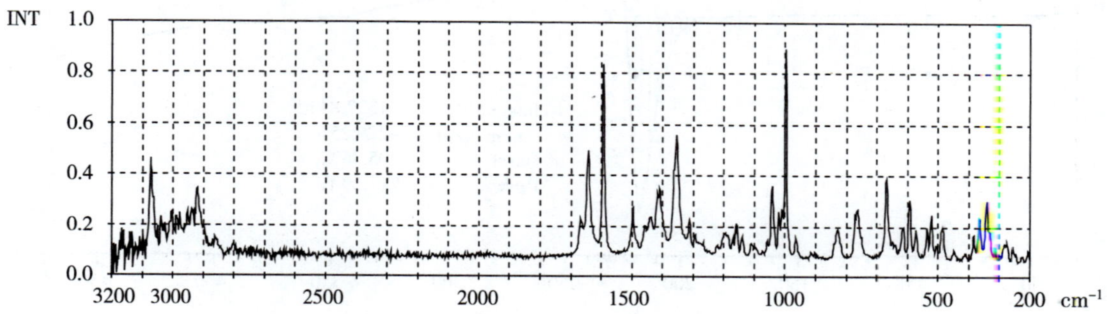

图 4　4 – *N* – 去甲基安乃近的拉曼光谱图

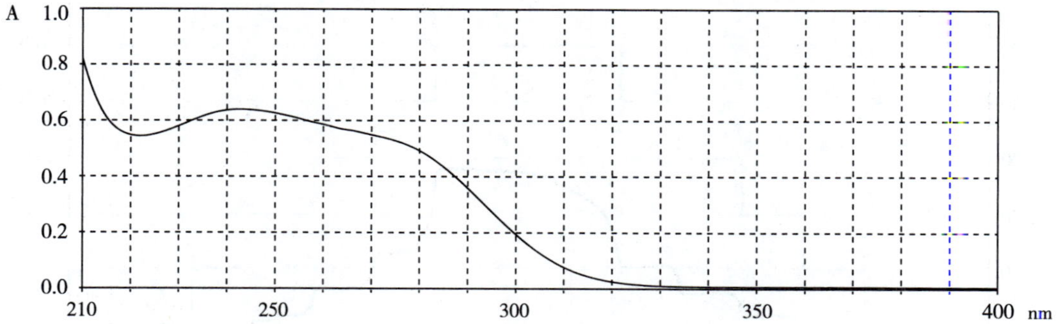

图 5　4 – *N* – 去甲基安乃近的紫外光谱图

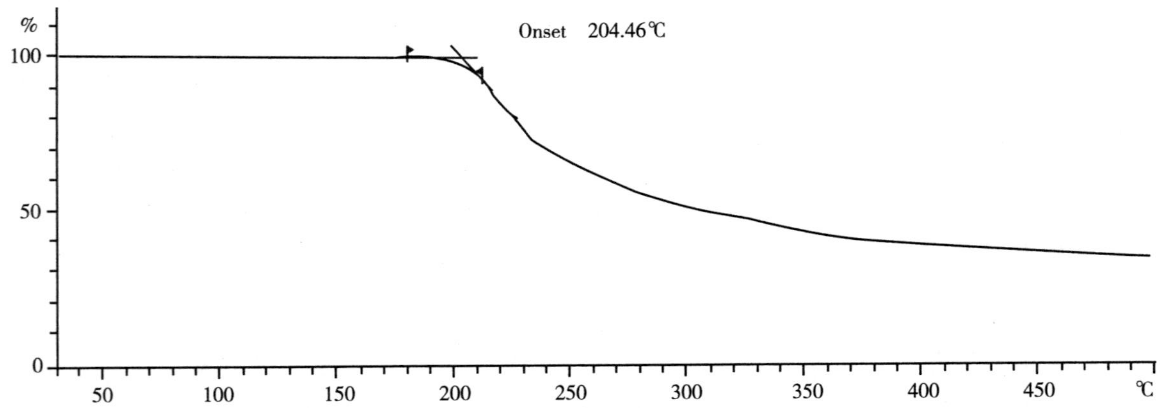

图 6　4 – *N* – 去甲基安乃近的 TG 图

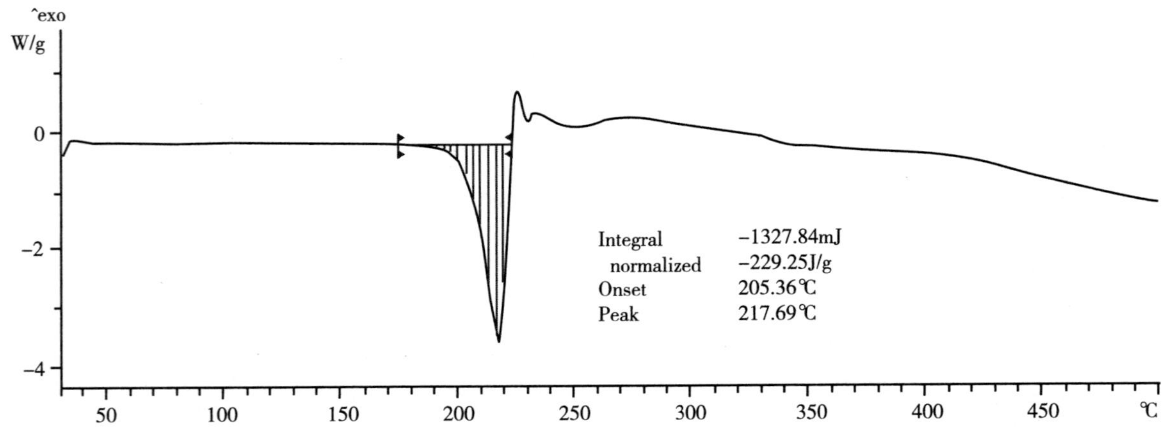

图 7　4 – *N* – 去甲基安乃近的 DSC 图

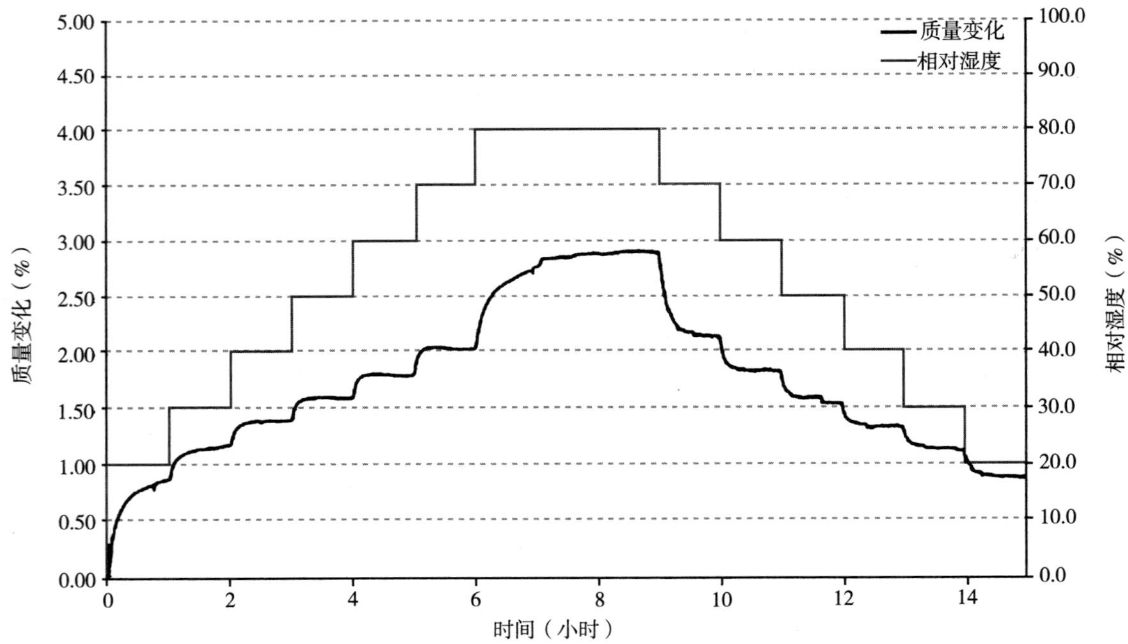

图 8　4 – *N* – 去甲基安乃近的 DVS 图

负离子扫描模式（一级）

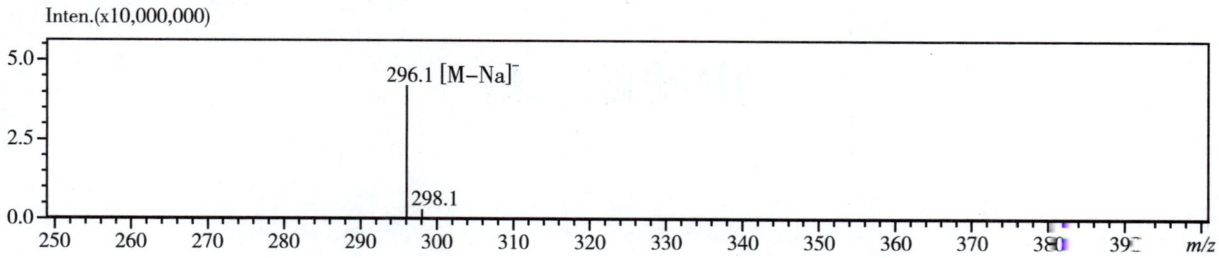

负离子扫描模式（二级）

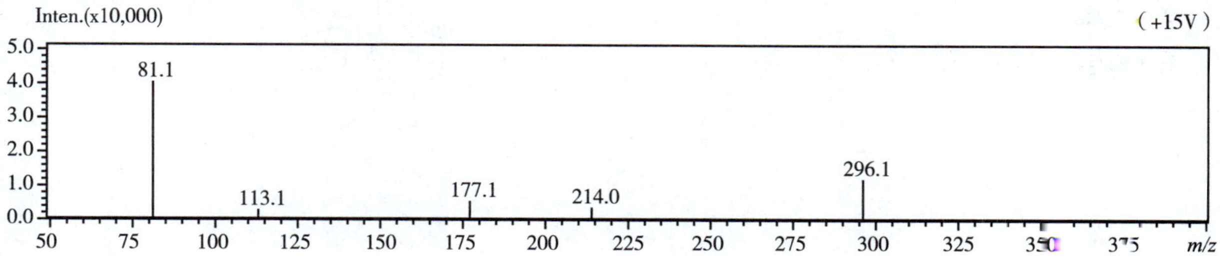

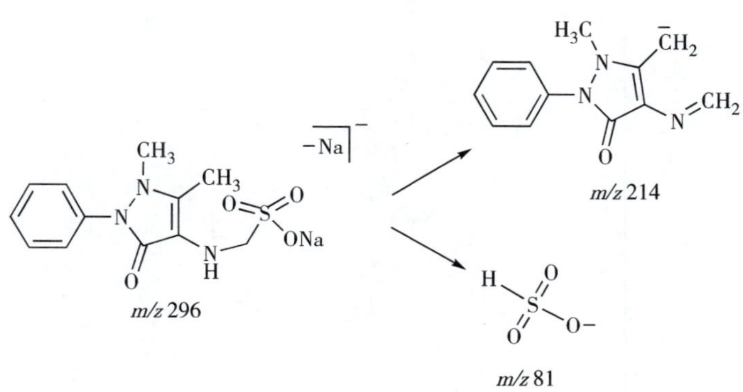

图9　4－N－去甲基安乃近的质谱图

备注

1. **中文化学名**　[甲基(5－甲基－3氧代－2－苯基－2,3－二氢－1H－吡唑－4－基)氨基]甲磺酸钠
2. **英文化学名**　sodium[methyl(5－methyl－3－oxo－2－phenyl－2,3－dihydro－1H－pyrazol－4－yl)amino]methanesulfonate
3. **性状**　本品为白色粉末。
4. **溶剂**　水。
5. **对照品编号与批号**　100054－201104

戊酸雌二醇

英文名 Estradiol Valerate

分子式 $C_{23}H_{32}O_3$

分子量 356.51

CAS 号 979-32-8

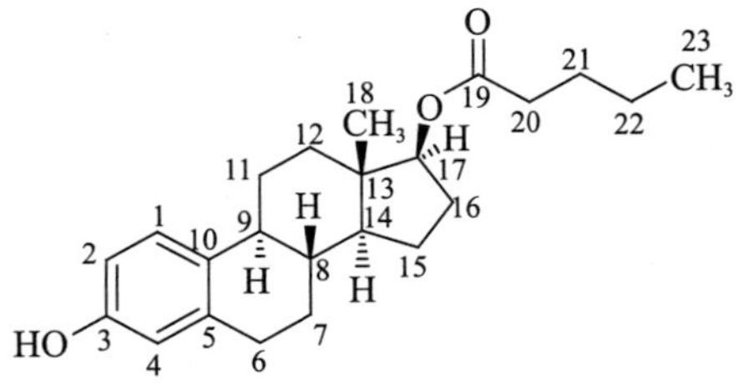

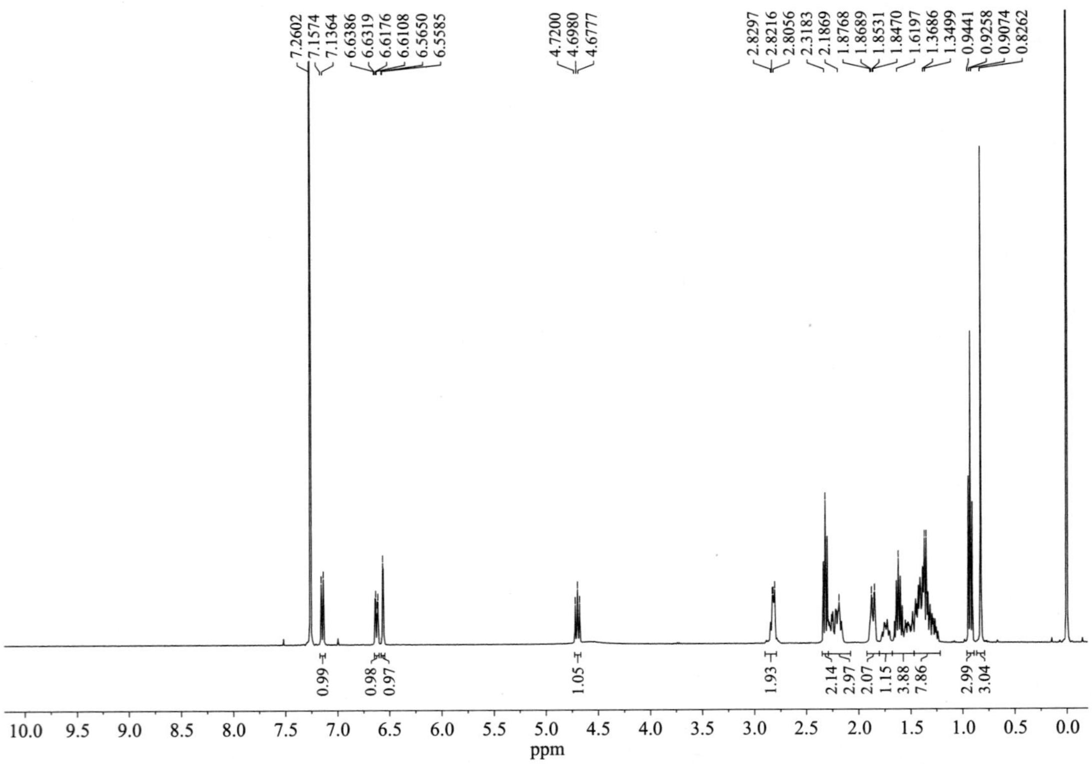

图 1 戊酸雌二醇的^{1}H NMR 谱（溶剂：$CDCl_3$）

^{1}H NMR：δ 7.15（H-1，d，J=8.4 Hz，1H），6.62（H-2，dd，J=8.4，2.7 Hz，1H），6.56（H-4，d，J=2.6 Hz，1H），4.70（H-17，m，1H），2.84（H-6，m，2H），2.35～2.10（m，5H），2.00～1.88（m，2H），1.78（m，1H），1.68～1.45（m，4H），1.45～1.22（m，8H），0.93（H-23，t，J=7.3 Hz，3H），0.83（H-18，s，3H）

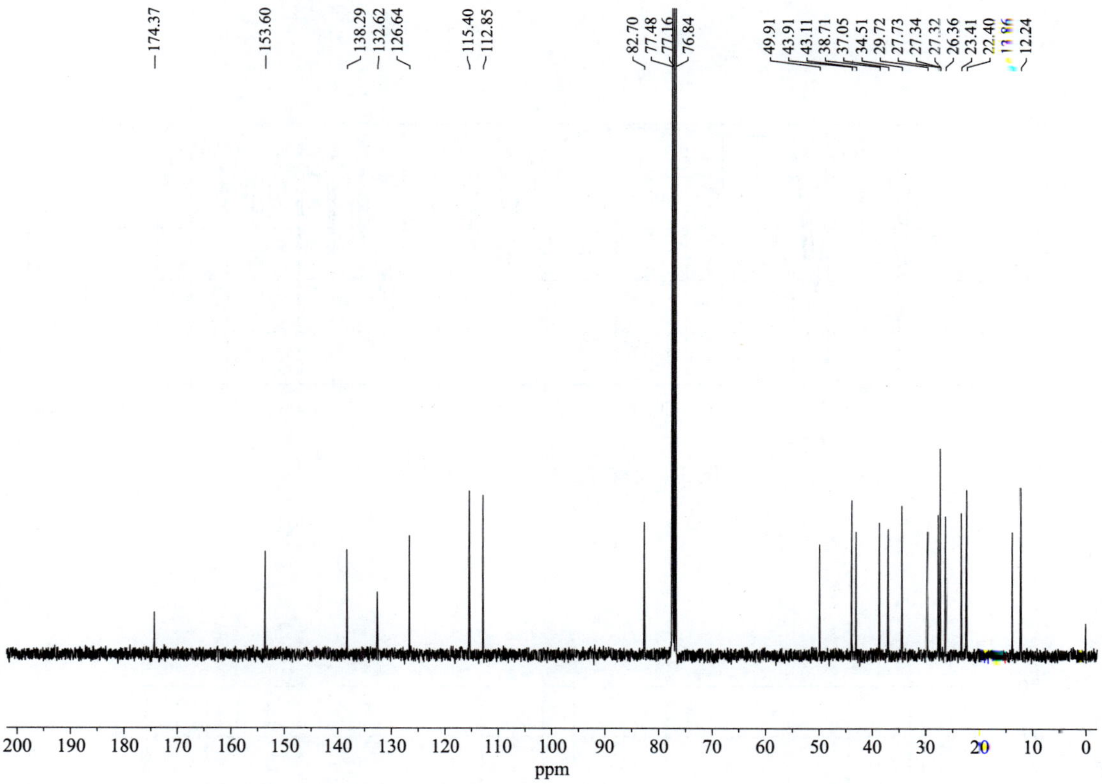

图2　戊酸雌二醇的 ^{13}C NMR 谱（溶剂：$CDCl_3$）

^{13}C NMR：δ 174. 37（C－19），153. 60（C－3），138. 29（C－5），132. 62（C－10），126. 64（C－1），115. 40（C－4），112. 85（C－2），82. 70（C－17），49. 91（C－14），43. 91（C－9），43. 11（C－13），38. 71（C－8），37. 05（C－12），34. 51（C－20），29. 72（C－6），27 73（C－7），27. 34（C－16），27. 32（C－21），26. 36（C－11），23. 41（C－15），22. 40（C－22），13. 86（C－23），12. 24（C－18）

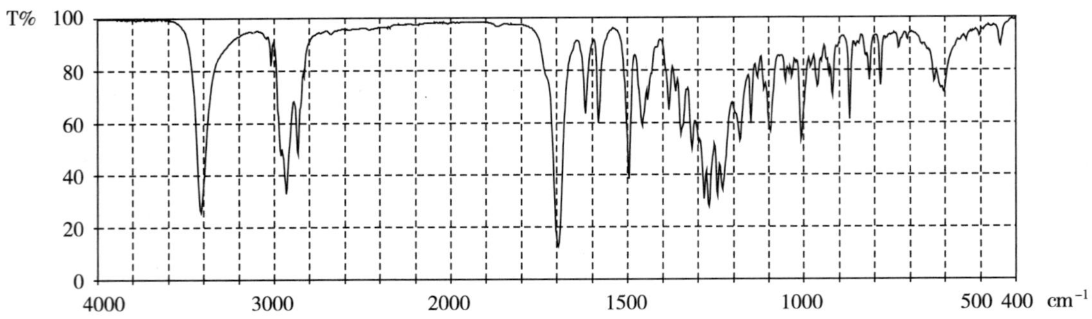

图 3　戊酸雌二醇的红外光谱图

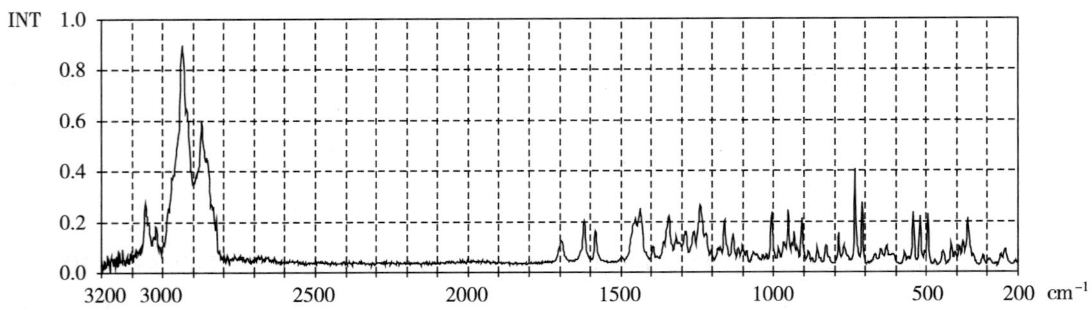

图 4　戊酸雌二醇的拉曼光谱图

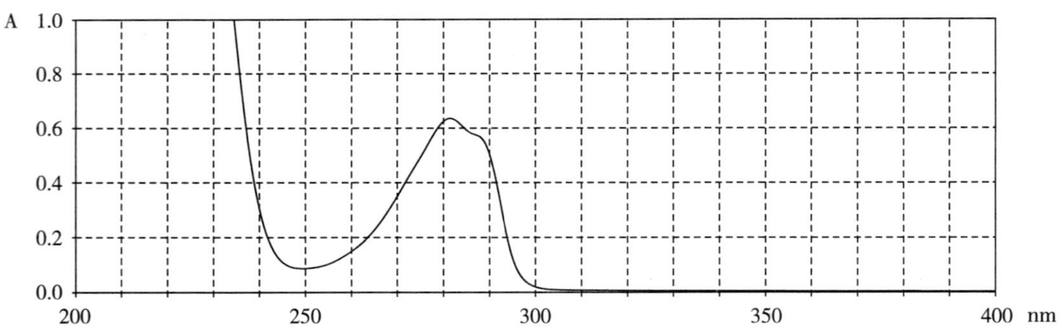

图 5　戊酸雌二醇的紫外光谱图

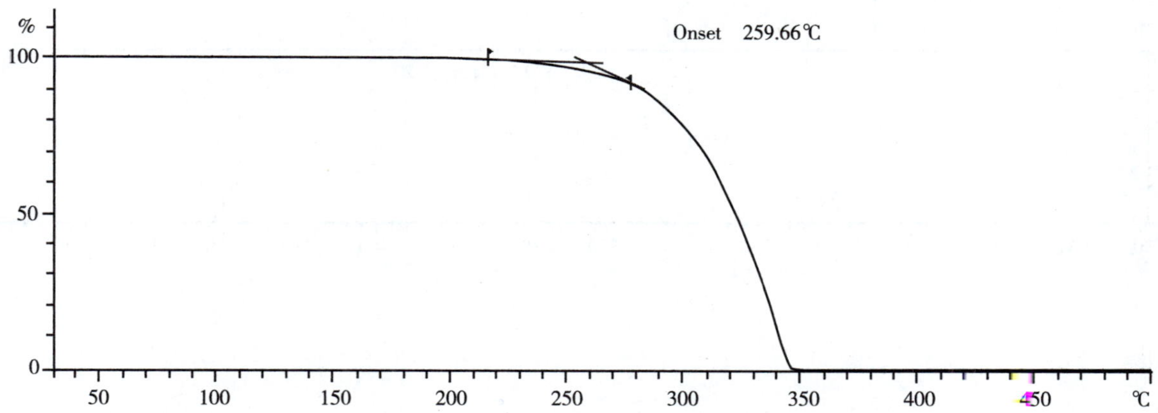

图 6　戊酸雌二醇的 TG 图

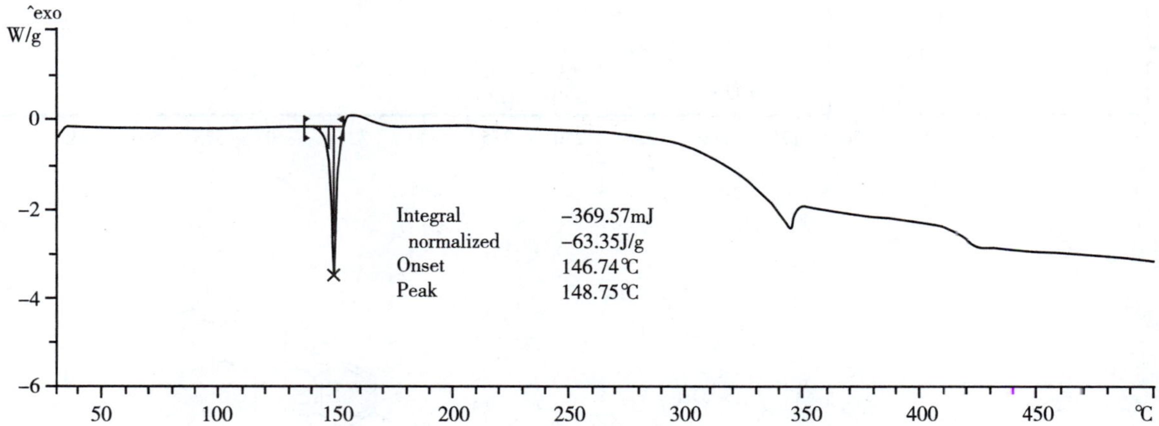

图 7　戊酸雌二醇的 DSC 图

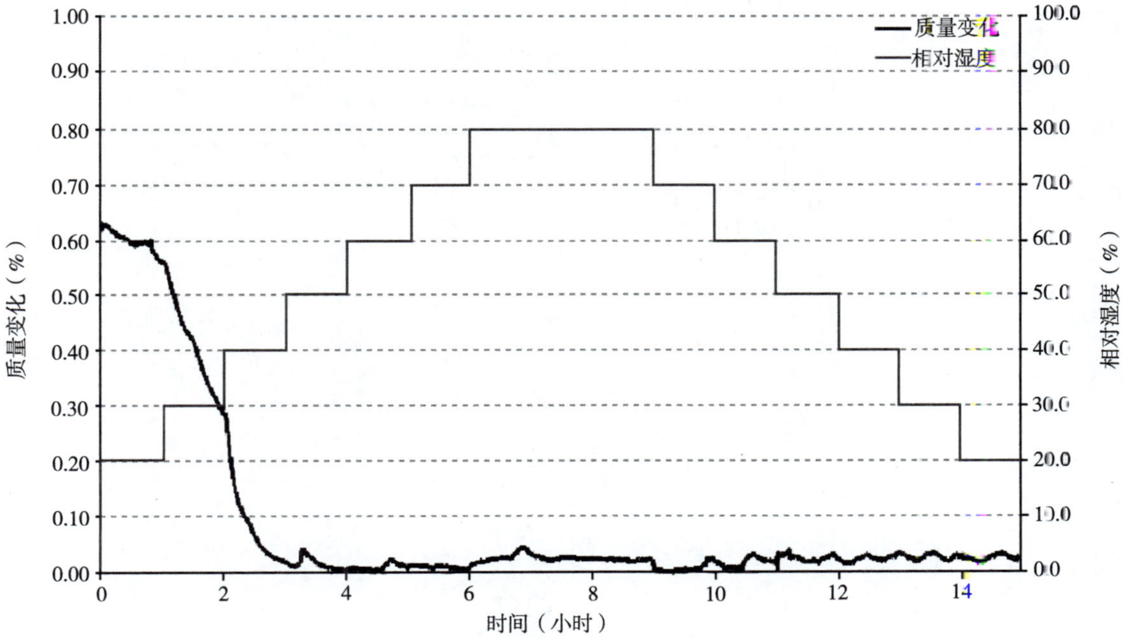

图 8　戊酸雌二醇的 DVS 图

正离子扫描模式（一级）

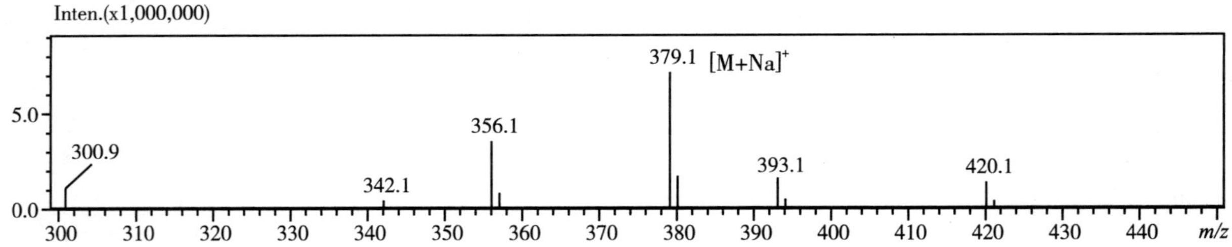

正离子扫描模式（二级）

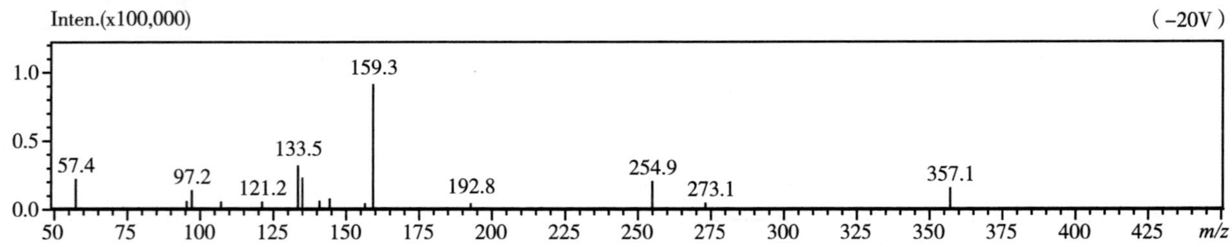

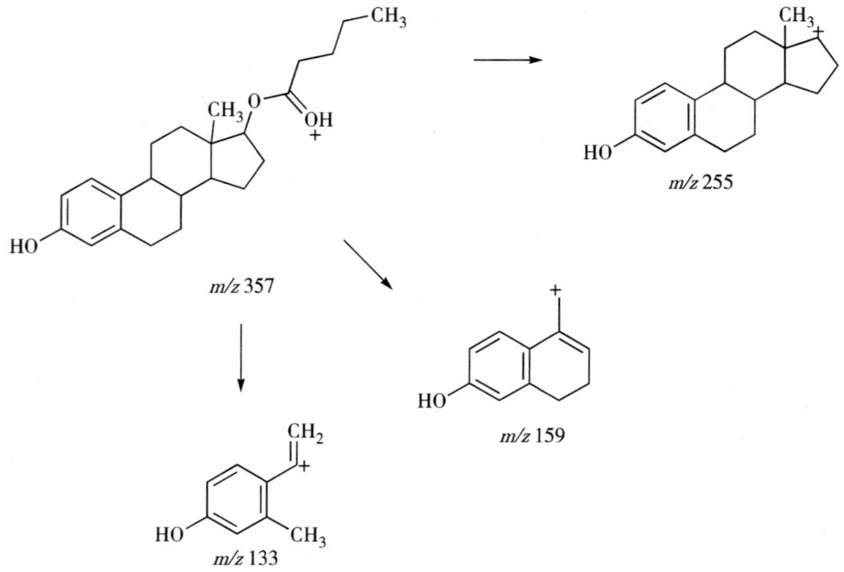

负离子扫描模式（一级）

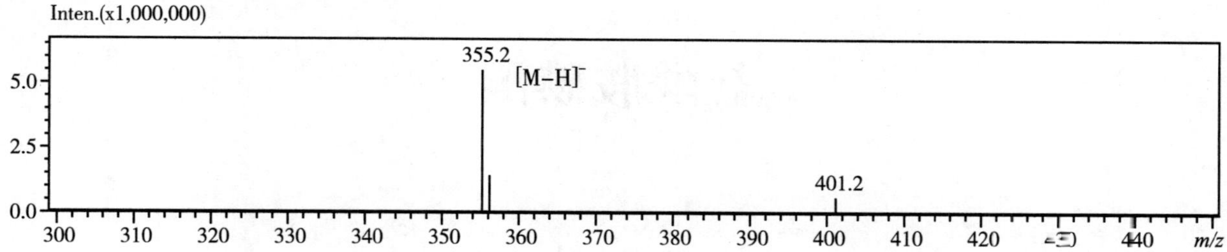

负离子扫描模式（二级）

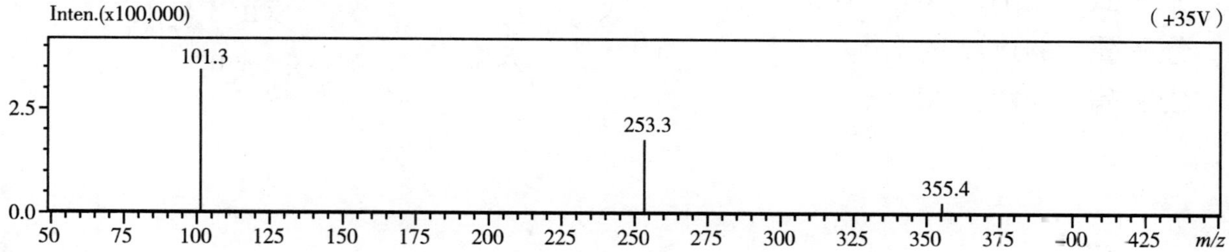

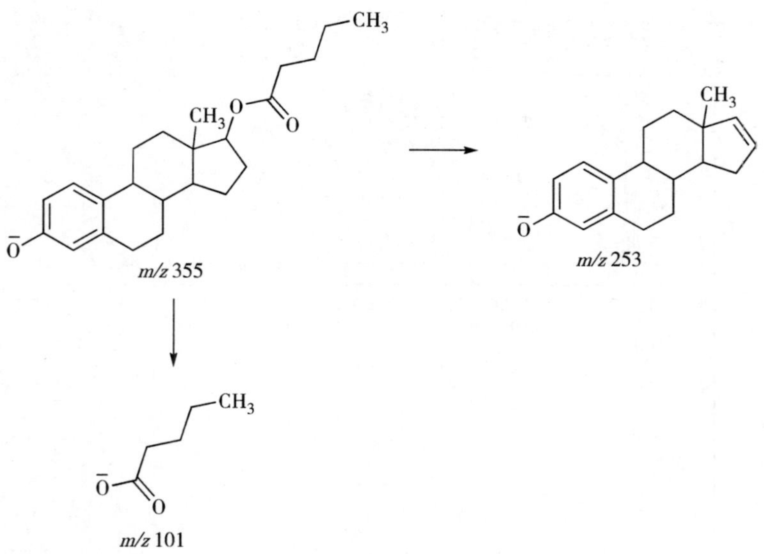

图9　戊酸雌二醇的质谱图

备注

1. **中文化学名**　3－羟基雌甾－1,3,5（10）－三烯－17β－醇－17－戊酸酯
2. **英文化学名**　（17β）－estra－1,3,5(10)－triene－3,17－diol－17－valerate
3. **性状**　本品为白色结晶性粉末；无臭。
4. **溶解性**　本品在乙醇、丙酮或三氯甲烷中易溶，在甲醇中溶解，在植物油中微溶，在水中几乎不溶。
5. **溶剂**　无水乙醇。
6. **对照品编号与批号**　100063－200904

盐酸胺碘酮

英文名 Amiodarone Hydrochloride

分子式 $C_{25}H_{29}I_2NO_3 \cdot HCl$

分子量 681.77

CAS 号 19774-82-4

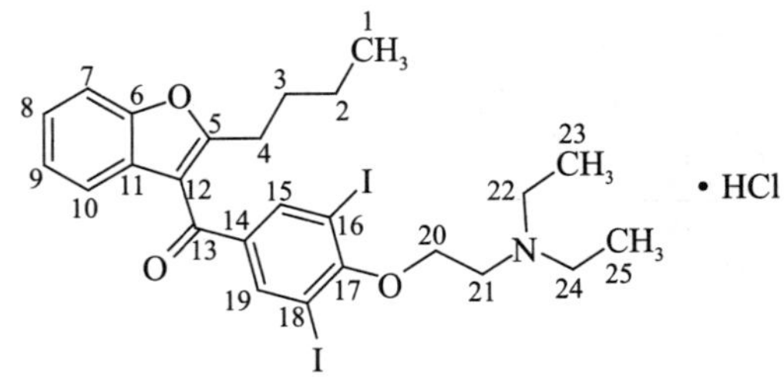

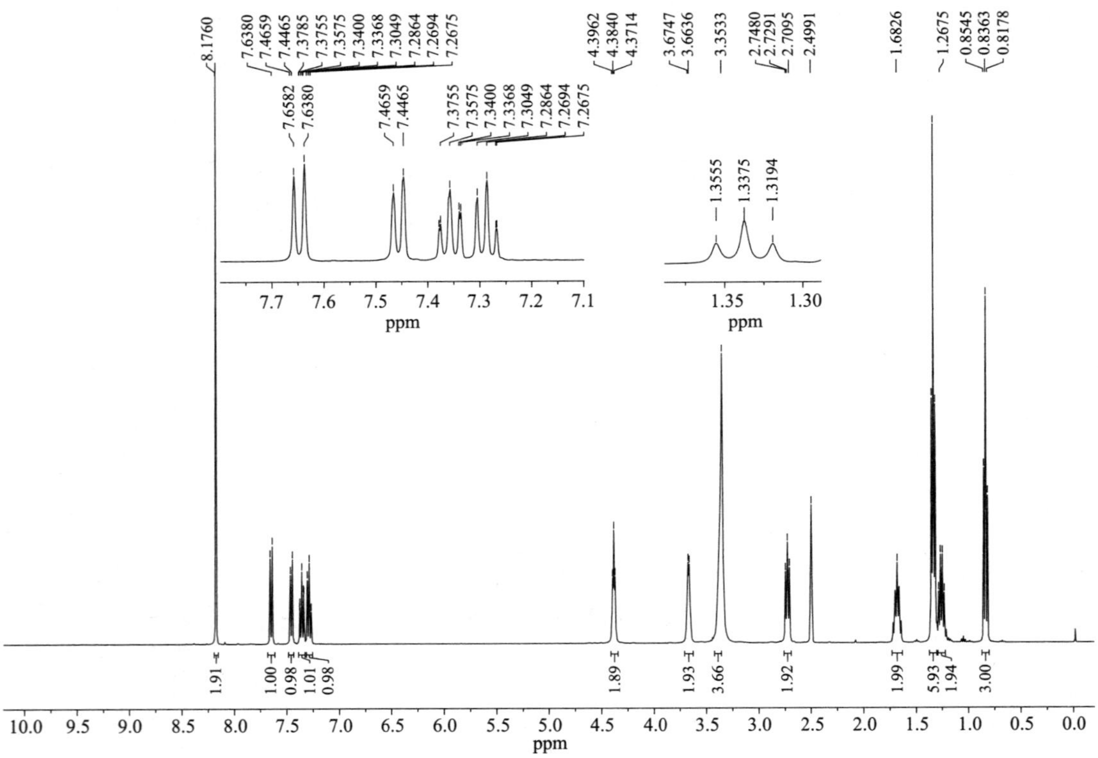

图 1 盐酸胺碘酮的 ^1H NMR 谱（溶剂：CD_3SOCD_3）

^1H NMR：δ 8.18 (H-15, 19, s, 2H), 7.65 (H-10, d, J=8.0 Hz, 1H), 7.46 (H-7, d, J=7.8 Hz, 1H), 7.36 (H-8, td, J=7.8, 1.3 Hz, 1H), 7.27 (H-9, td, J=8.0, 1.3 Hz, 1H), 4.38 (H-20, t, J=5.0 Hz, 2H), 3.67 (H-21, m, 2H), 3.35 (H-22, 24, brs, 4H), 2.73 (H-4, t, J=7.7 Hz, 2H), 1.73~1.62 (H-3, m, 2H), 1.34 (H-23, 25, t, J=7.2 Hz, 6H), 1.30~1.21 (H-2, m, 2H), 0.84 (H-1, t, J=7.3 Hz, 3H)

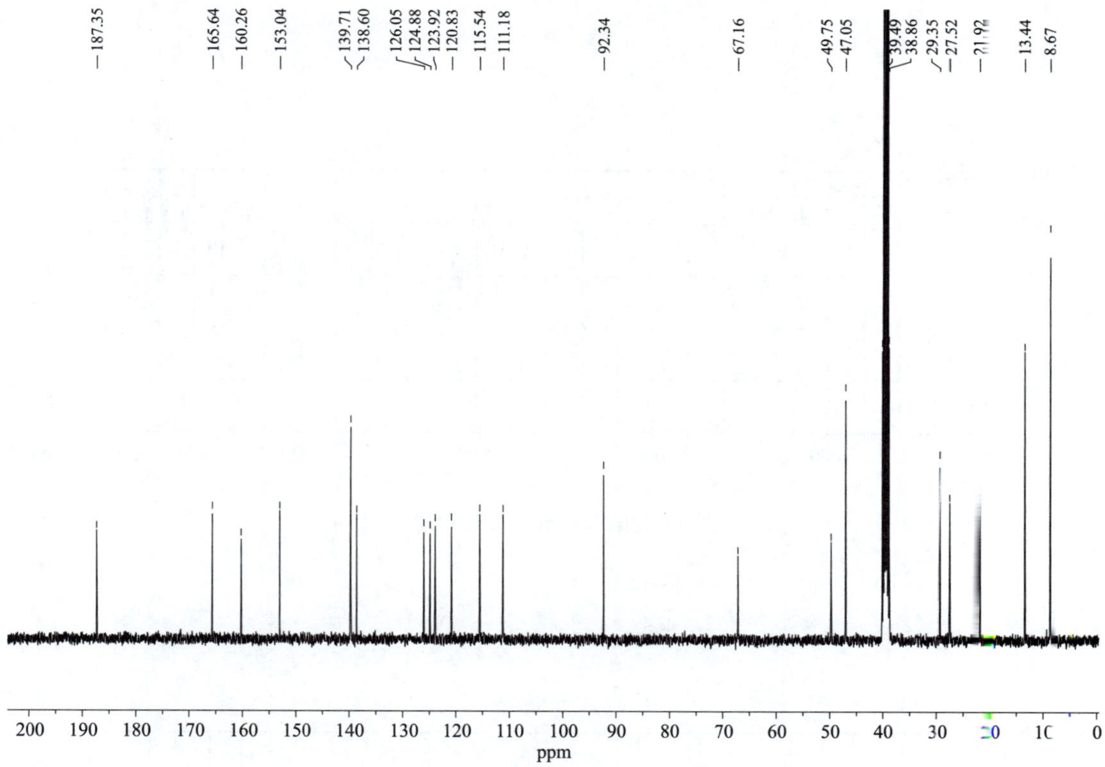

图 2　盐酸胺碘酮的 ^{13}C NMR 谱（溶剂：CD_3SOCD_3）

^{13}C NMR：δ 187.35（C－13），165.64（C－17），160.26（C－5），153.04（C－6），139.71（C－15，19），138.60（C－14），126.05（C－11），124.88（C－8），123.92（C－10），120.83（C－9），115.54（C－12），111.18（C－7），92.34（C－16，18），67.16（C－20），49.75（C－21），47.05（C－22，25），29.35（C－3），27.52（C－4），21.92（C－2），13.44（C－1），8.67（C－23，24）

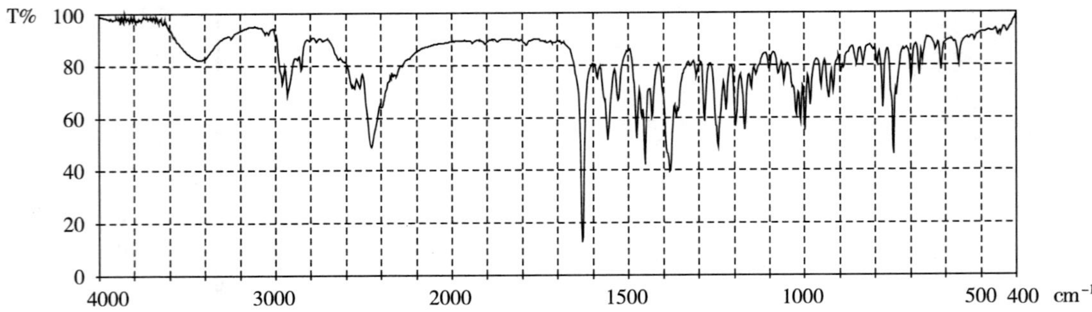

图 3　盐酸胺碘酮的红外光谱图

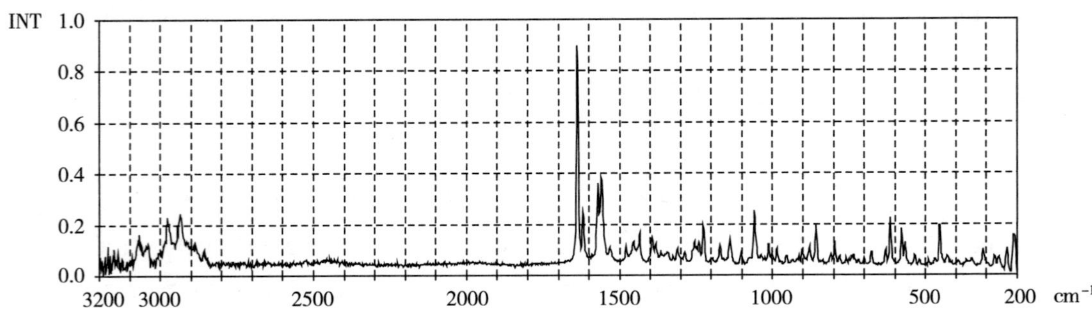

图 4　盐酸胺碘酮的拉曼光谱图

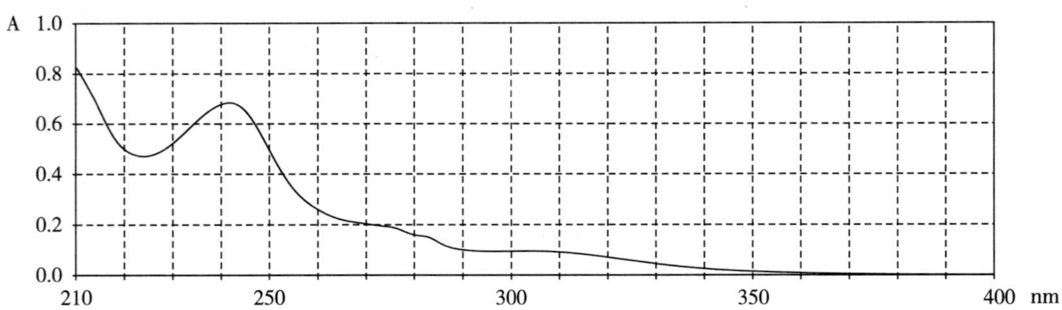

图 5　盐酸胺碘酮的紫外光谱图

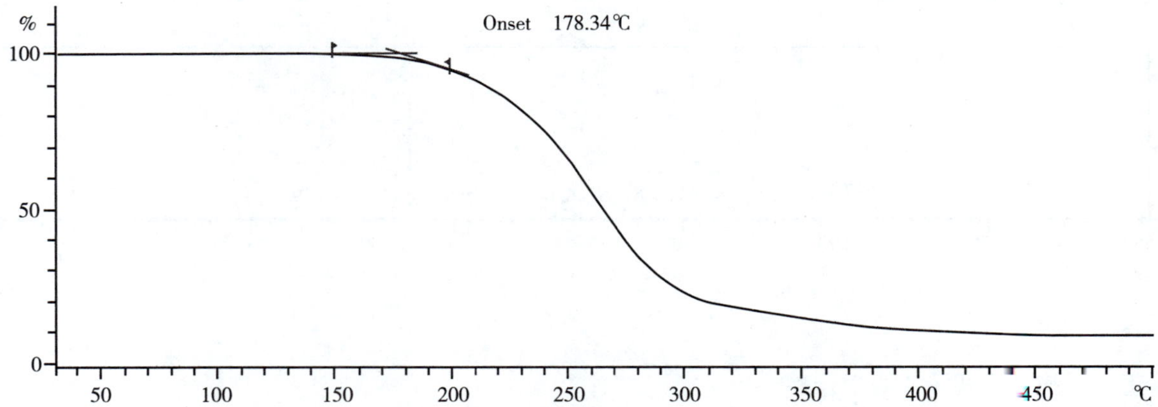

图 6　盐酸胺碘酮的 TG 图

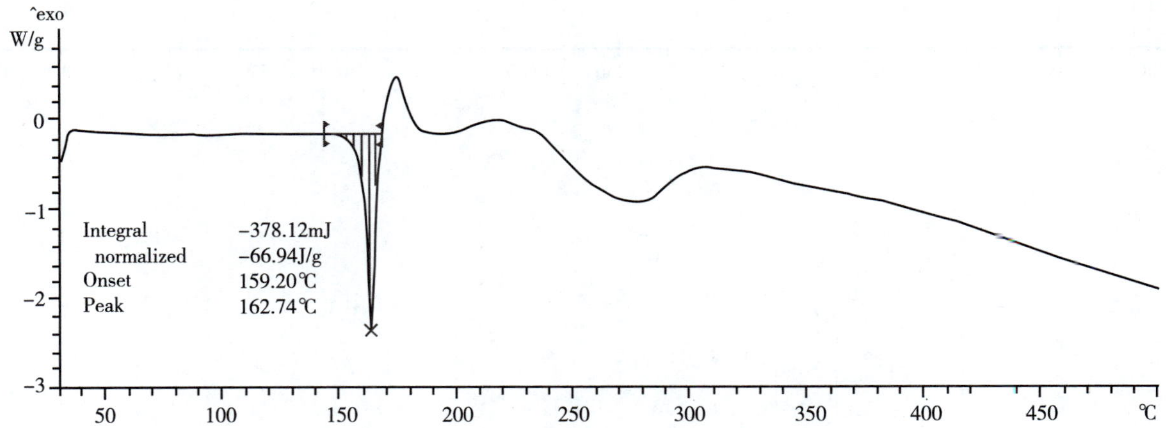

图 7　盐酸胺碘酮的 DSC 图

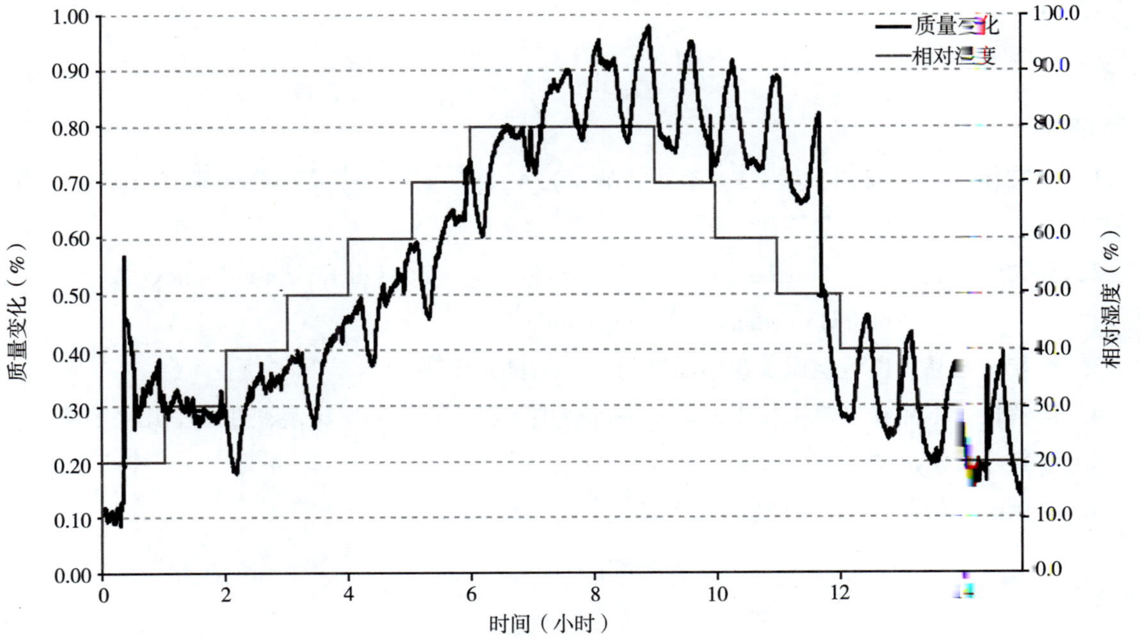

图 8　盐酸胺碘酮的 DVS 图

正离子扫描模式（一级）

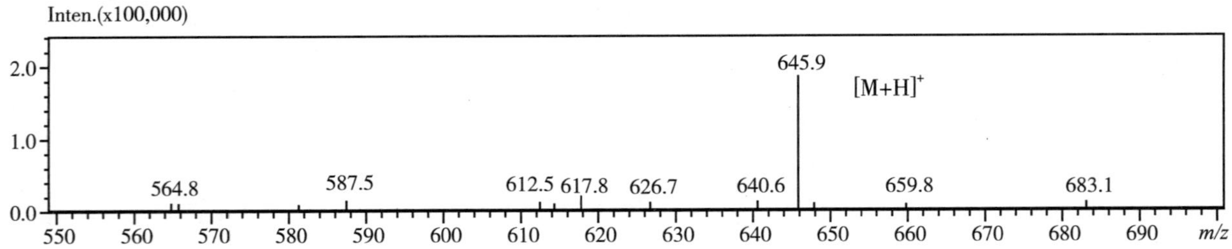

正离子扫描模式（二级）

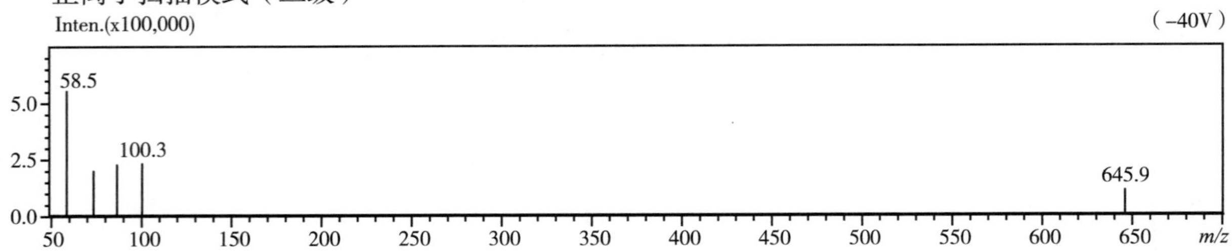

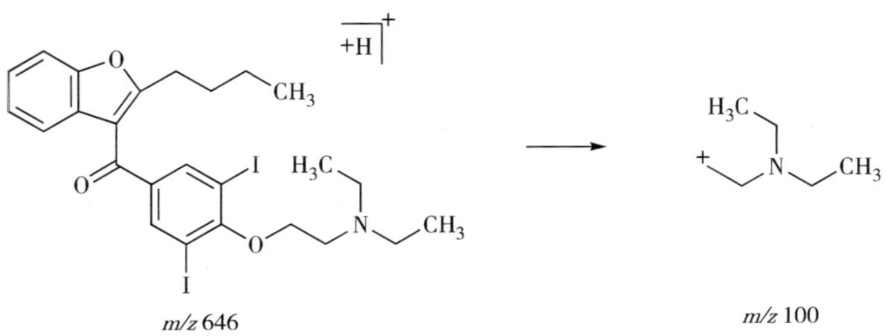

图 9　盐酸胺碘酮的质谱图

备注

1. 中文化学名　(2－丁基－3－苯并呋喃基)[4－[2－(二乙氨基)乙氧基]－3,5－二碘苯基]甲酮盐酸盐

2. 英文化学名　(2－butylbenzofuran－3－yl)[4－[－2－(diethylamino)ethoxy]－3,5－diiodophenyl]methanone hydrochloride

3. 性状　本品为白色至微黄色结晶性粉末；无臭，无味。

4. 溶解性　本品在三氯甲烷中易溶，在乙醇中溶解，在丙酮中微溶，在水中几乎不溶。

5. 溶剂　无水乙醇。

6. 对照品编号与批号　100065－201006

盐酸苯海拉明

英文名 Diphenhydramine Hydrochloride

分子式 $C_{17}H_{21}NO \cdot HCl$

分子量 291.82

CAS 号 147-24-0

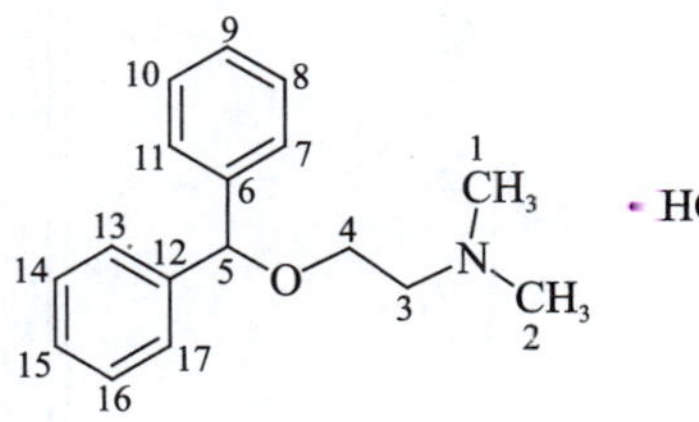

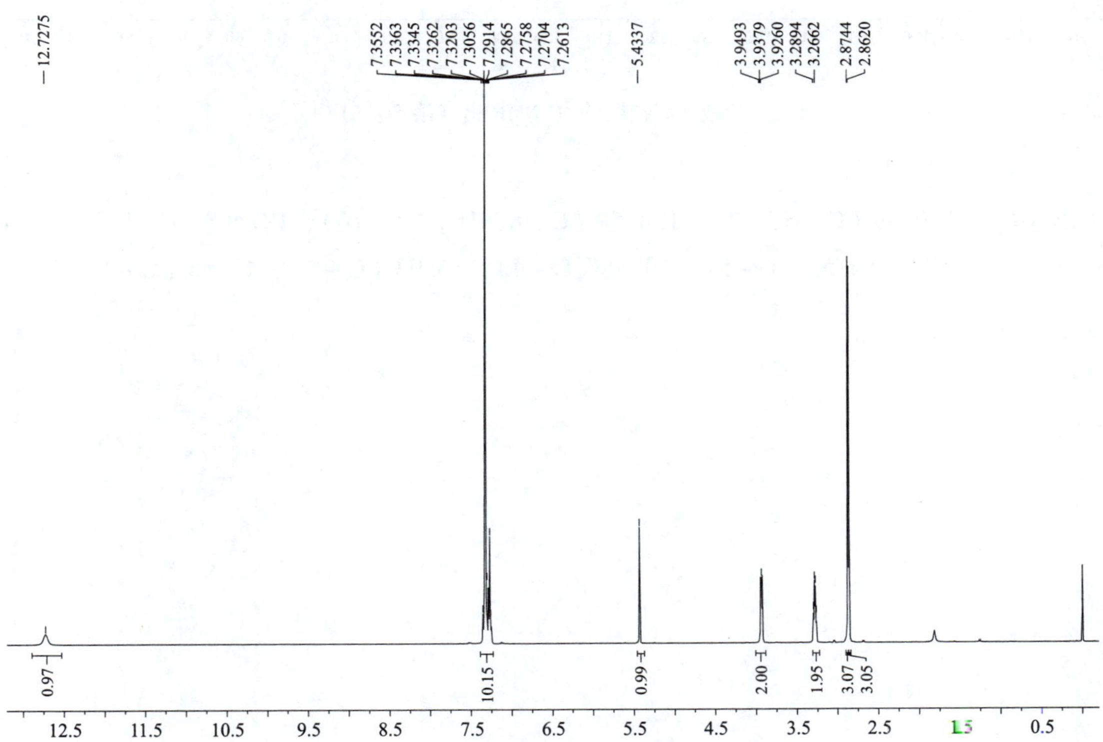

图 1　盐酸苯海拉明的^{1}H NMR 谱（溶剂：$CDCl_3$）

^{1}H NMR：δ 12.73（HCl，brs，1H），7.39～7.23（Ar-H，m，10H），5.43（H-5，s，1H），4.00～3.89（H-4，m，2H），3.31～3.23（H-3，m，2H），2.87（H-2，s，3H），2.86（H-1，s，3H）

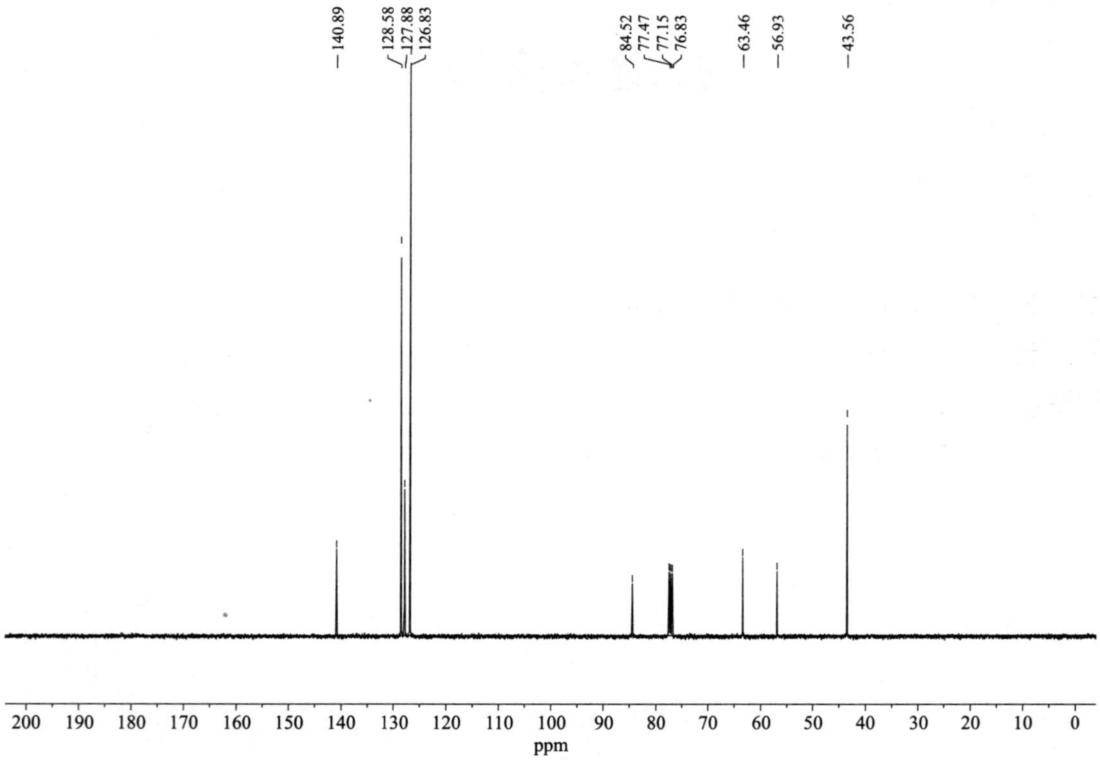

图 2　盐酸苯海拉明的 ^{13}C NMR 谱（溶剂：$CDCl_3$）

^{13}C NMR：δ 140. 89（C－6，12），128. 58（C－8，10，14，16），127. 88（C－9，15），126. 83（C－7，11，13，17），84. 52（C－5），63. 46（C－4），56. 93（C－3），43. 56（C－1，2）

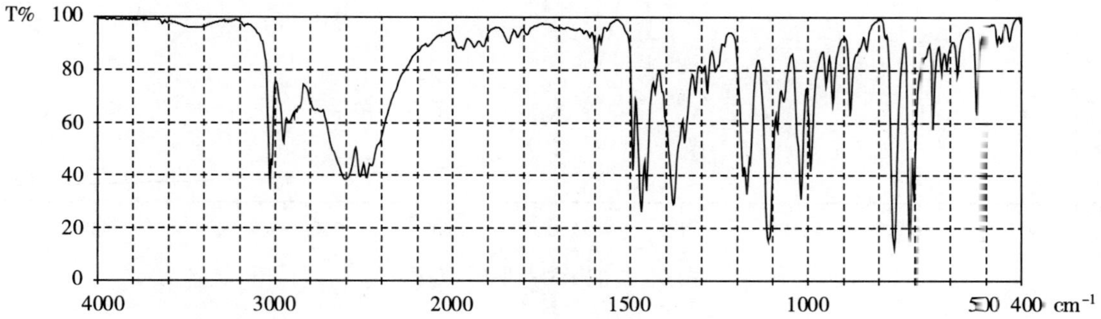

图 3　盐酸苯海拉明的红外光谱图

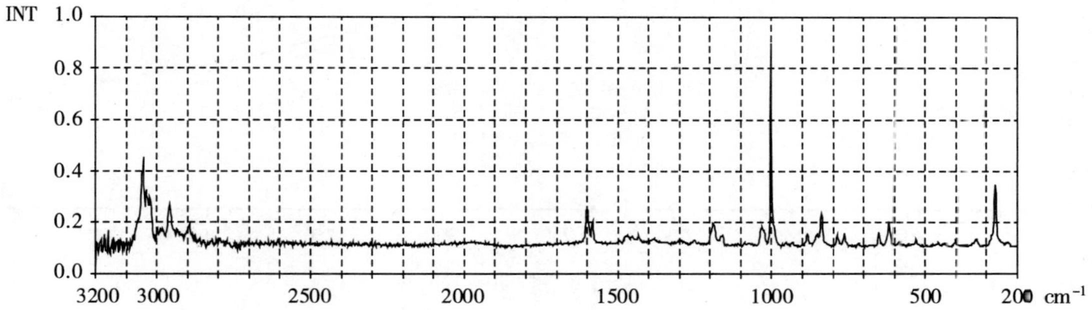

图 4　盐酸苯海拉明的拉曼光谱图

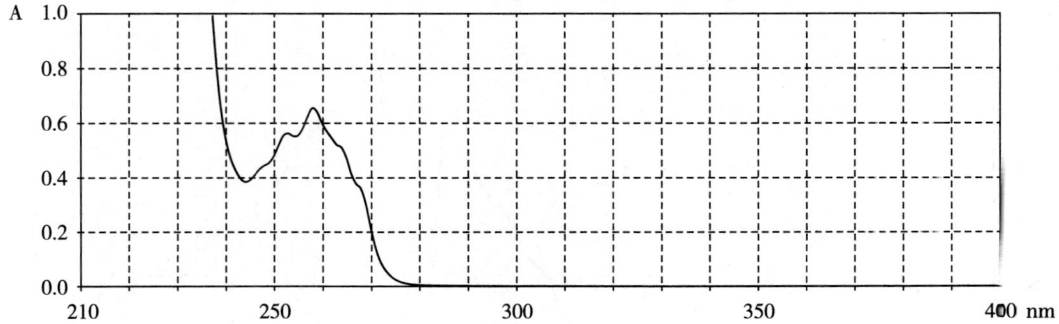

图 5　盐酸苯海拉明的紫外光谱图

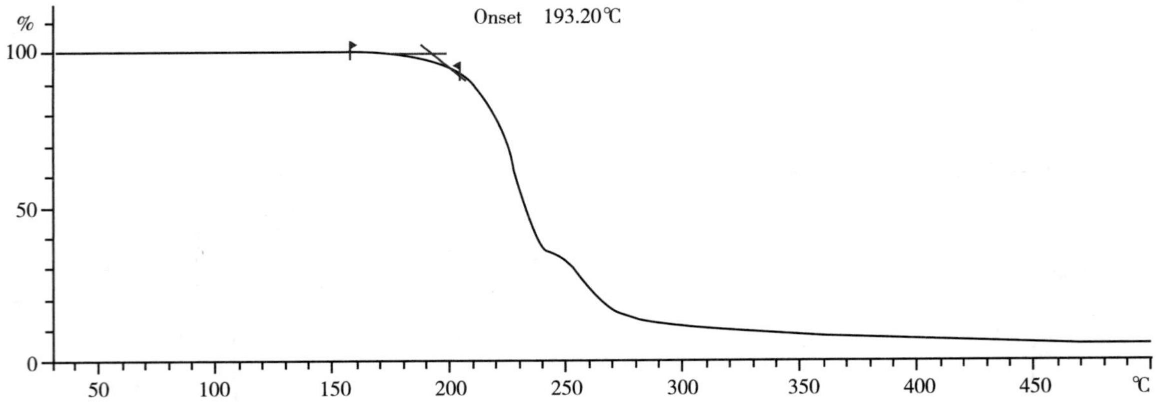

图 6　盐酸苯海拉明的 TG 图

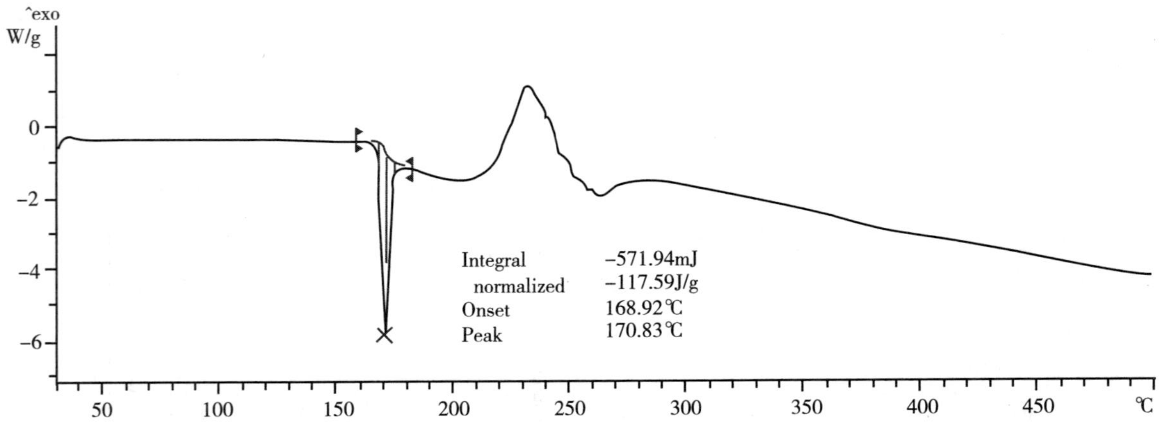

图 7　盐酸苯海拉明的 DSC 图

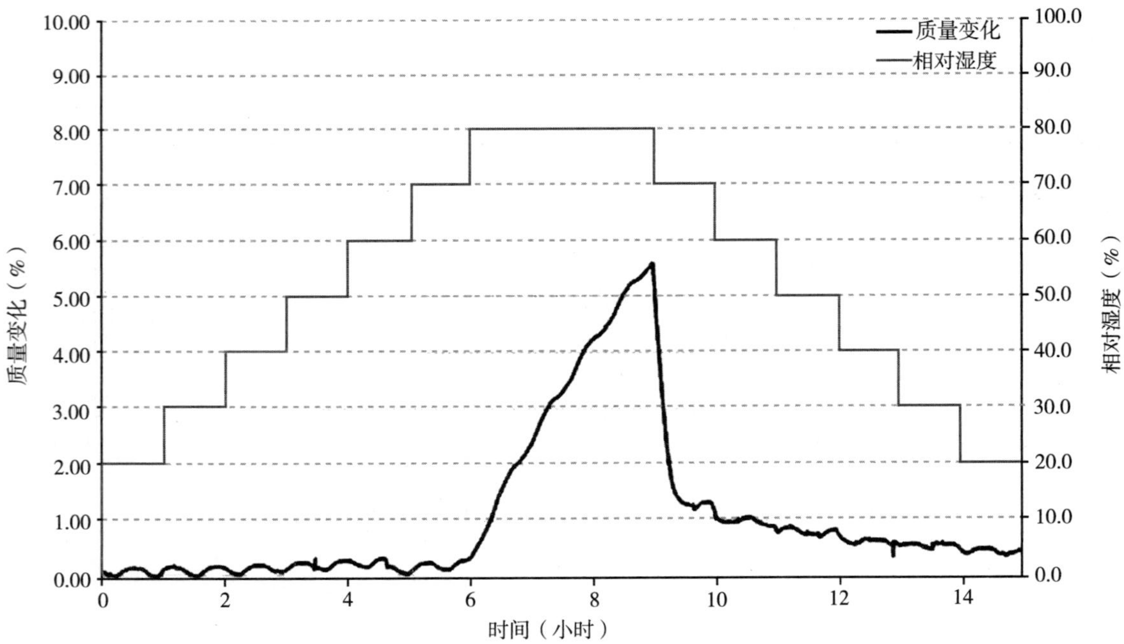

图 8　盐酸苯海拉明的 DVS 图

正离子扫描模式（一级）

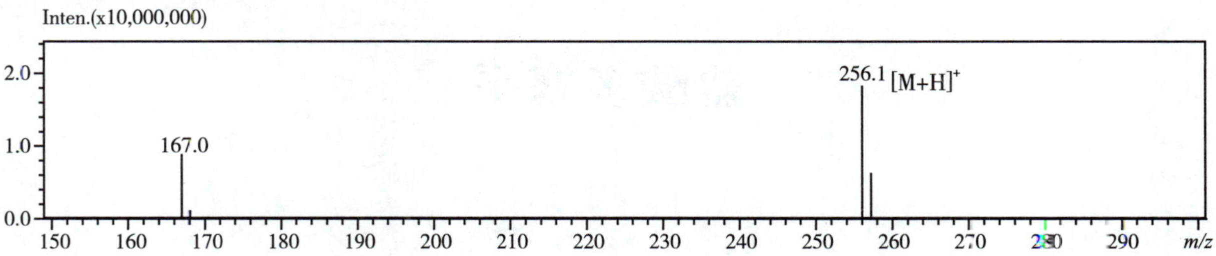

正离子扫描模式（二级）

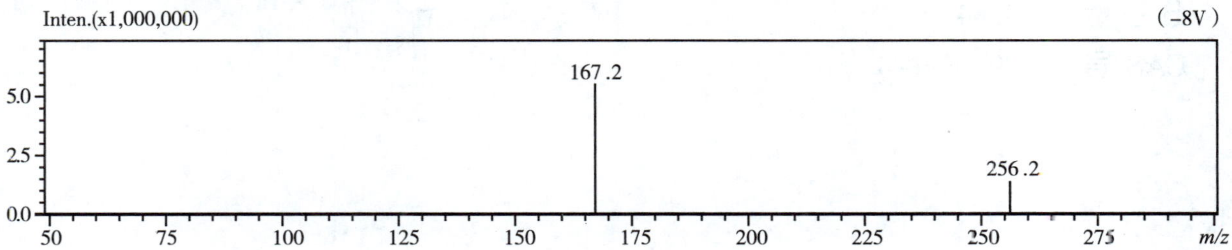

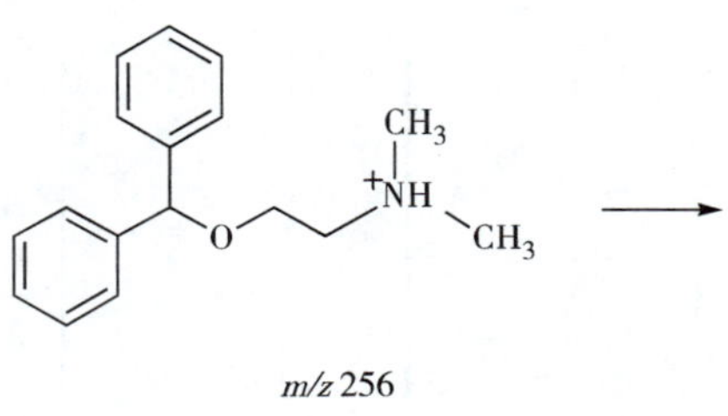

图 9　盐酸苯海拉明的质谱图

备注

1. 中文化学名　*N*,*N*－二甲基－2－(二苯基甲氧基)乙胺盐酸盐

2. 英文化学名　2－diphenylmethoxy－*N*,*N*－dimethylethanamine

3. 性状　本品为白色结晶性粉末；无臭，味苦，随后有麻痹感。

4. 溶解性　本品在水中极易溶解，在乙醇或三氯甲烷中易溶，在丙酮中略溶，在乙醚中极微溶解。

5. 溶剂　0.01mol/L 盐酸溶液。

6. 对照品编号与批号　100066－200807

盐酸多塞平

英文名 Doxepin Hydrochloride

分子式 $C_{19}H_{21}NO \cdot HCl$

分子量 315.84

CAS 号 1229 - 29 - 4

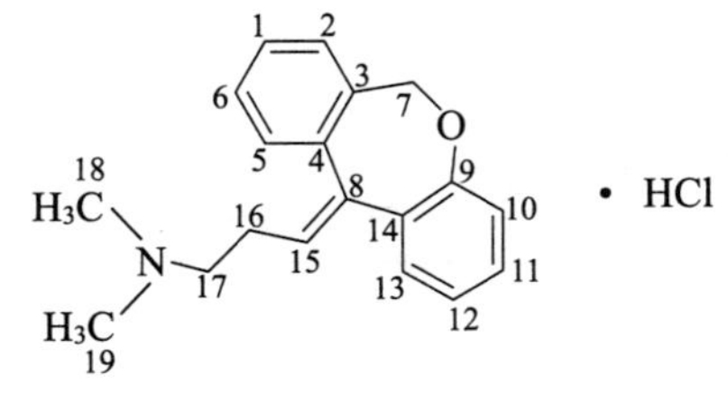

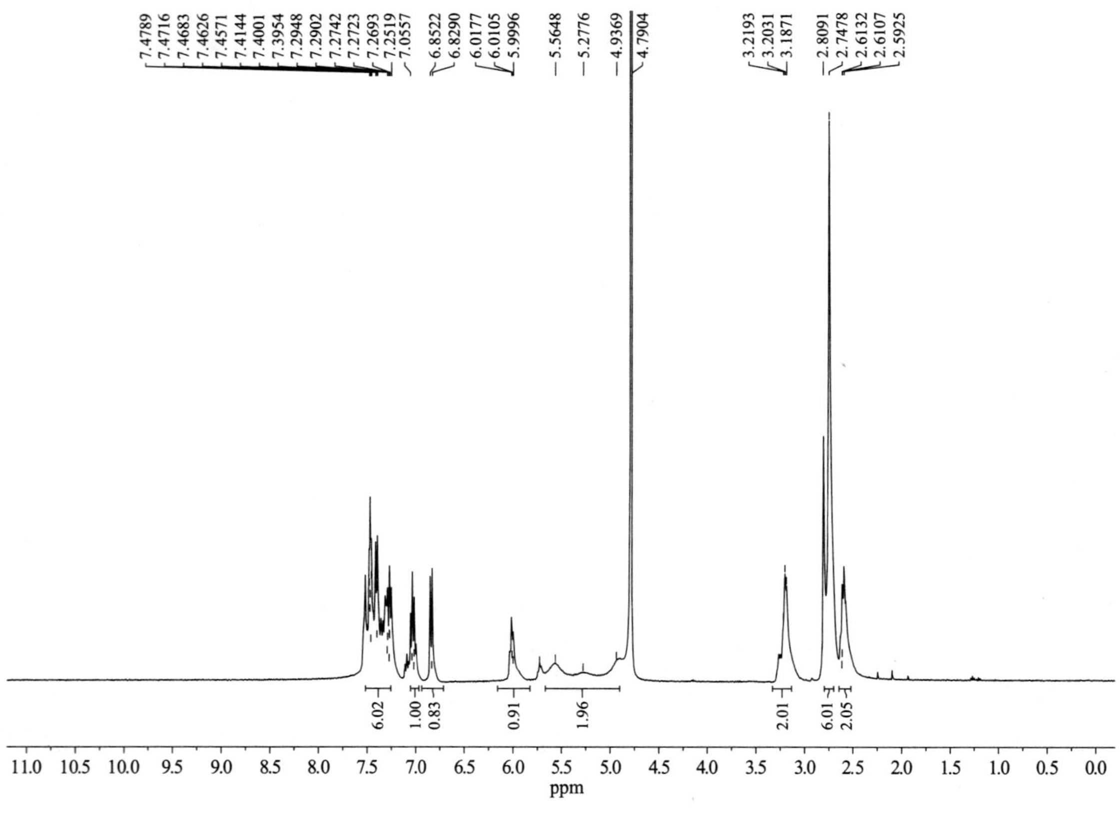

图 1 盐酸多塞平的[1]H NMR 谱（溶剂：D_2O）

^{1}H NMR：δ 7.60 ~ 7.16（Ar - H，m，6H），7.05（Ar - H，m，1H），6.86（Ar - H，m，1H），6.01（H - 15，m，1H），5.81 ~ 4.89（H - 7，m，2H），3.22 ~ 3.17（H - 17，m，2H），2.81 ~ 2.70（H - 18，19，m，6H），2.64 ~ 2.47（H - 16，m，2H）

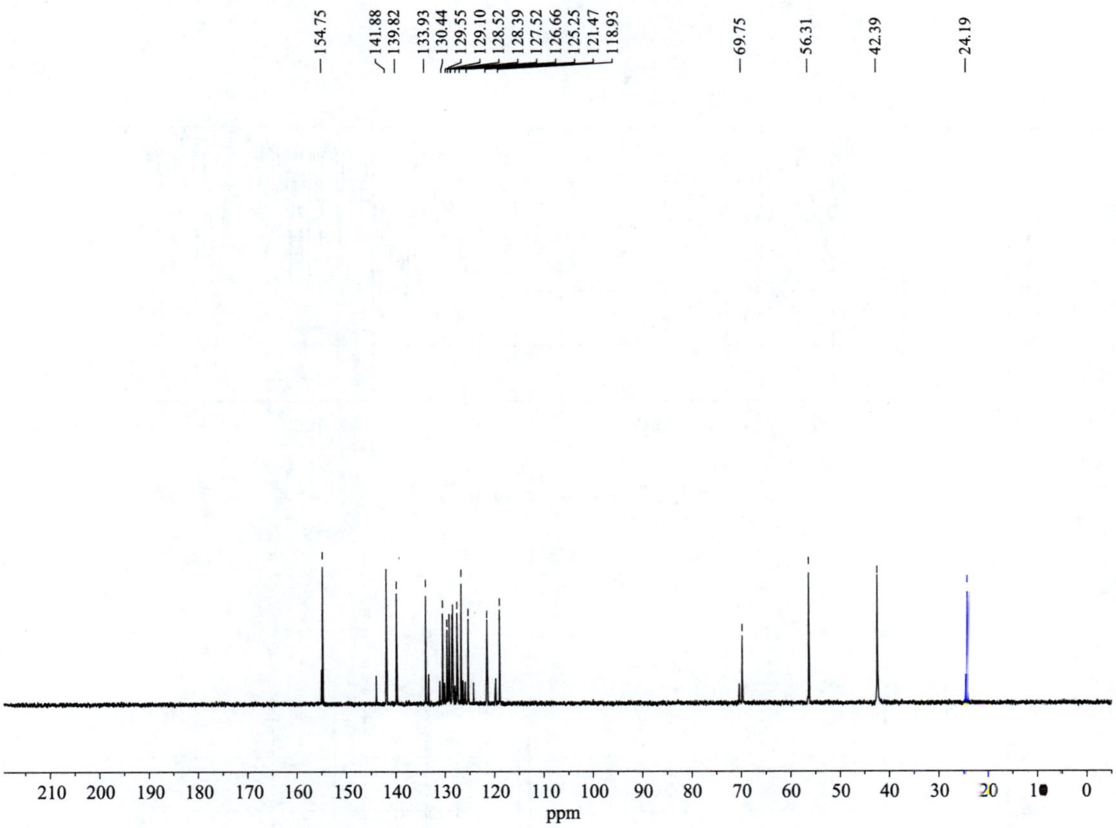

图 2　盐酸多塞平的^{13}C NMR 谱（溶剂：D_2O）

^{13}C NMR：δ 154.75（C－9），141.88（C－8），139.82（C－4），133.93（C－3），130.44（C－6），129.55（C－5），129.10（C－11），128.52（C－1），128.39（C－13），127.52（C－2），126.66（C－12），125.25（C－15），121.47（C－10），118.93（C－14），69.75（C－7），56.31（C－17），42.39（C－18，19），24.19（C－16）

注：样品中有杂质

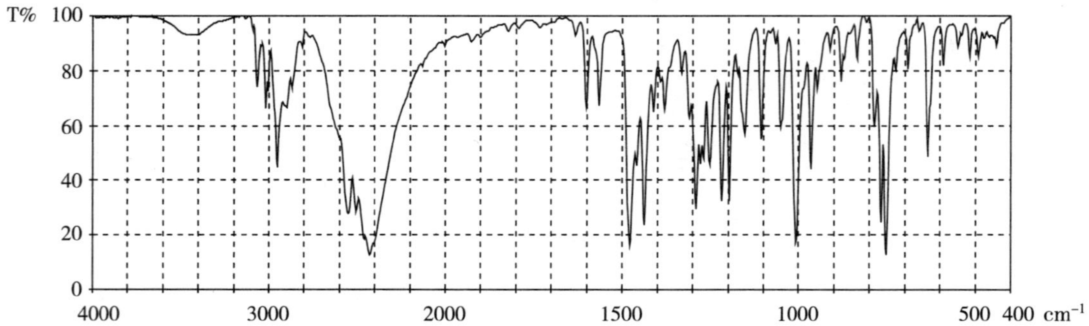

图 3　盐酸多塞平的红外光谱图

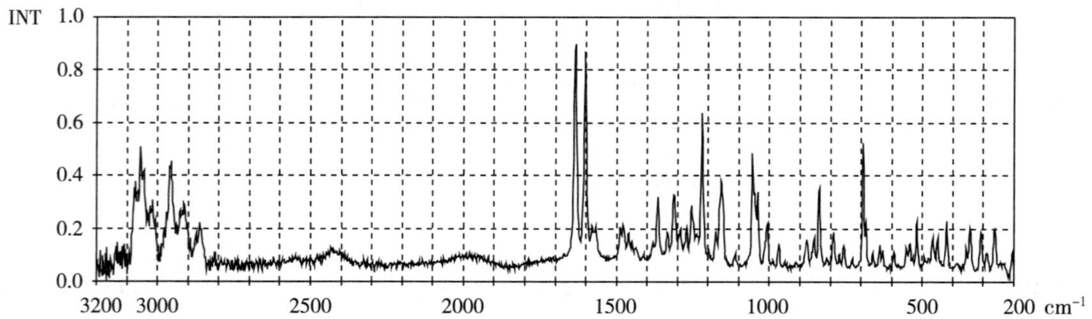

图 4　盐酸多塞平的拉曼光谱图

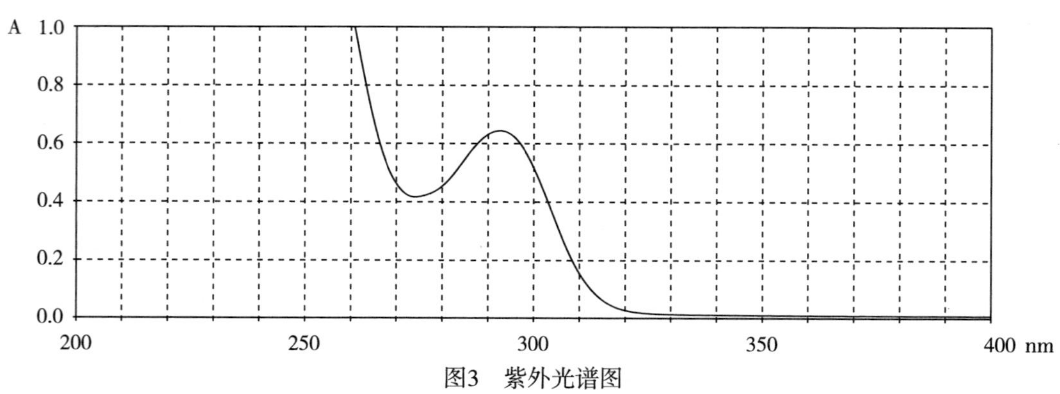

图 5　盐酸多塞平的紫外光谱图

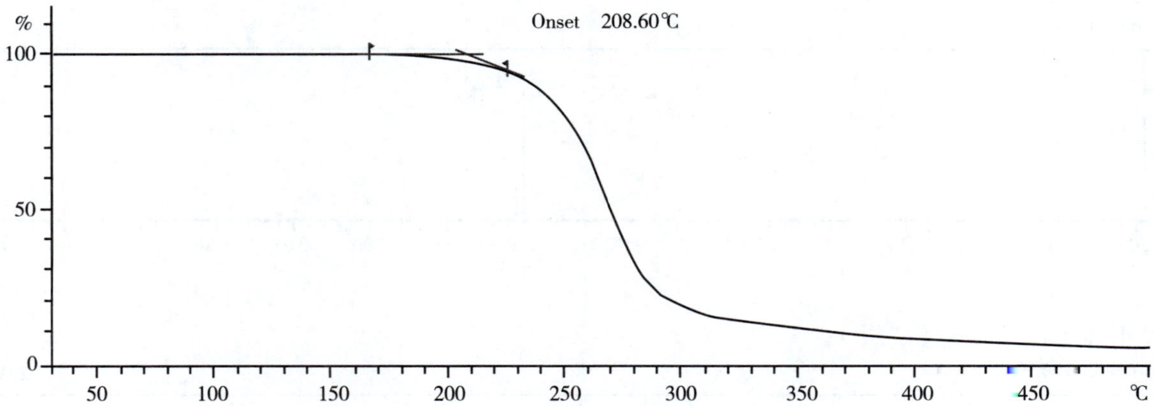

图 6　盐酸多塞平的 TG 图

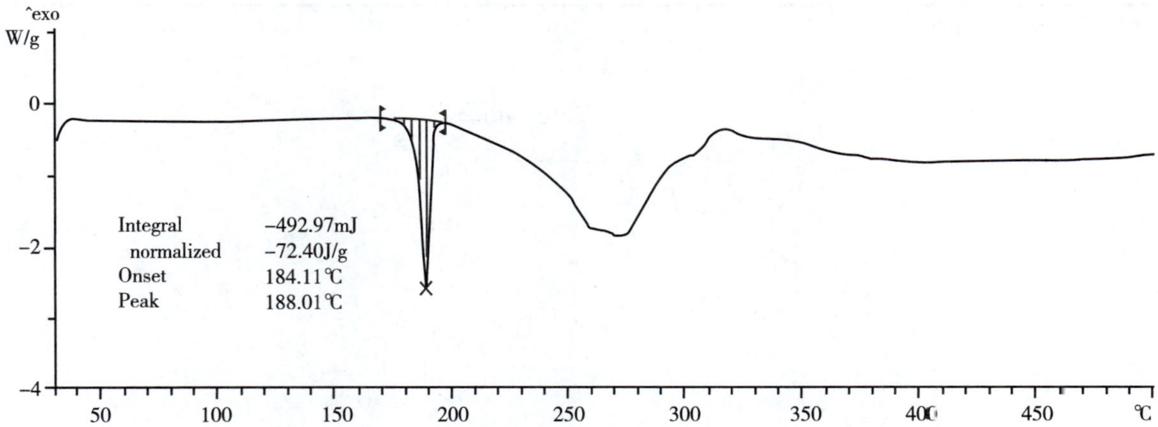

图 7　盐酸多塞平的 DSC 图

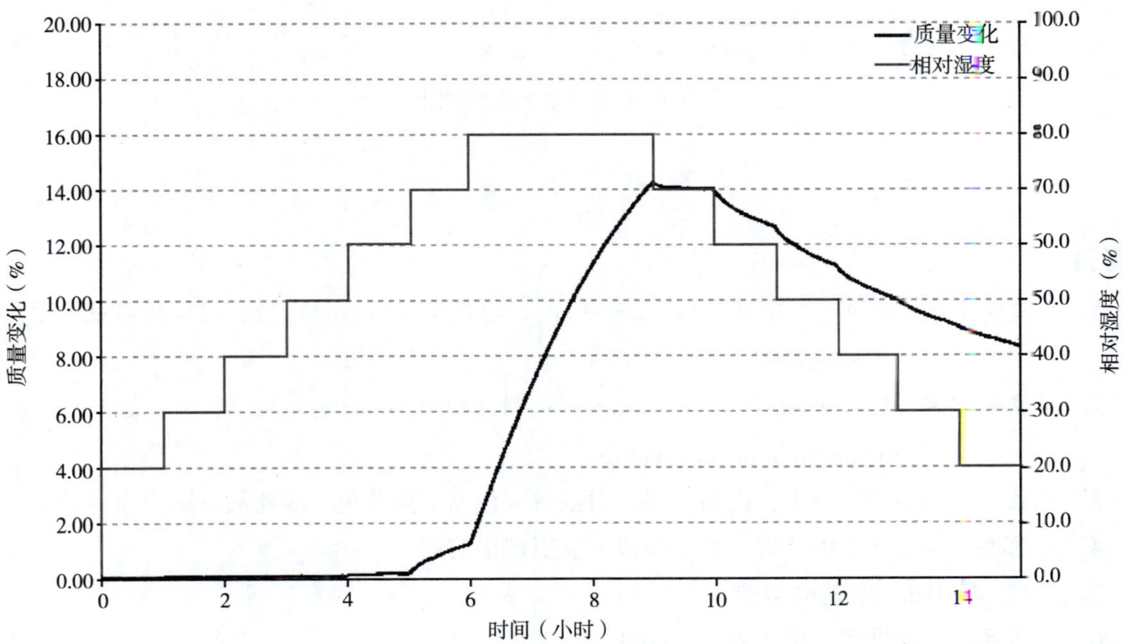

图 8　盐酸多塞平的 DVS 图

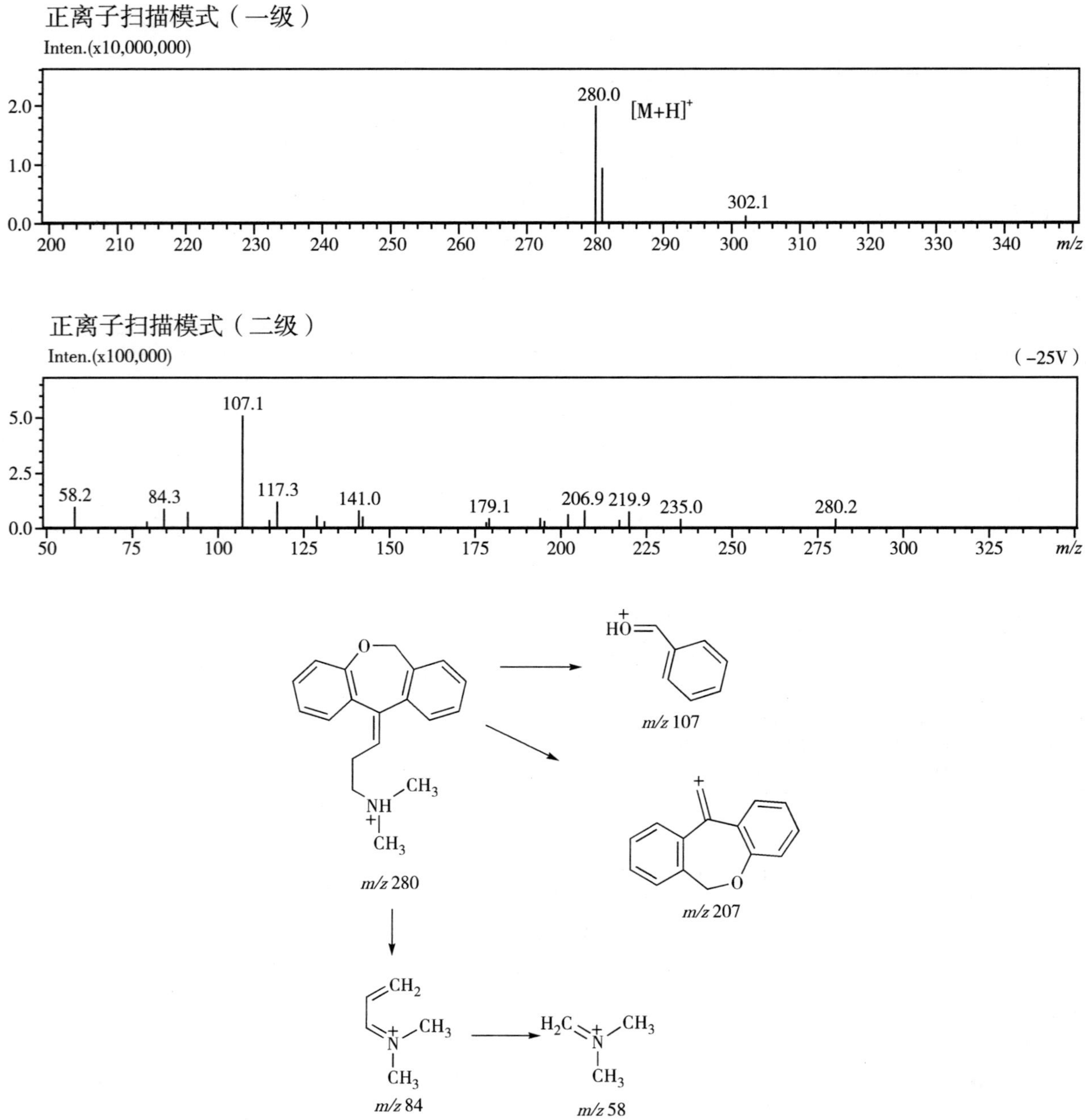

图9　盐酸多塞平的质谱图

备注

1. **中文化学名**　*N*,*N* - 二甲基 - 3 - 二苯并[*b*,*e*]噁庚英 - 11(6*H*)亚基 - 1 - 丙胺盐酸盐顺反异构体混合物
2. **英文化学名**　3 - dibenzo [*b*, *e*] oxepin - 11 (6*H*) - ylidene - *N*, *N* - dimethyl - 1 - propanamine hydrochloride
3. **性状**　本品为白色粉末，极易引湿，引湿后颜色渐变微黄色；味略甜，随后有麻痹感。
4. **溶解性**　本品在水中易溶，在乙醇或三氯甲烷中溶解。
5. **溶剂**　0. 01mol/L 盐酸溶液。
6. **对照品编号与批号**　100069 - 201103

盐酸多巴胺

英文名 Dopamine Hydrochloride

分子式 $C_8H_{11}NO_2 \cdot HCl$

分子量 189.64

CAS 号 62-31-7

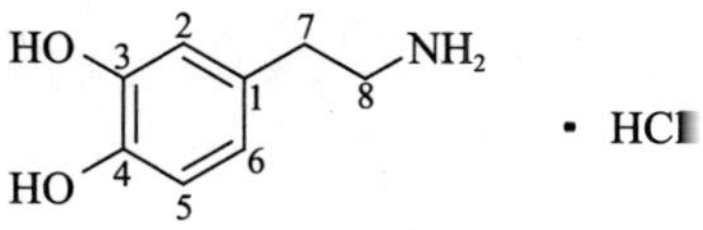

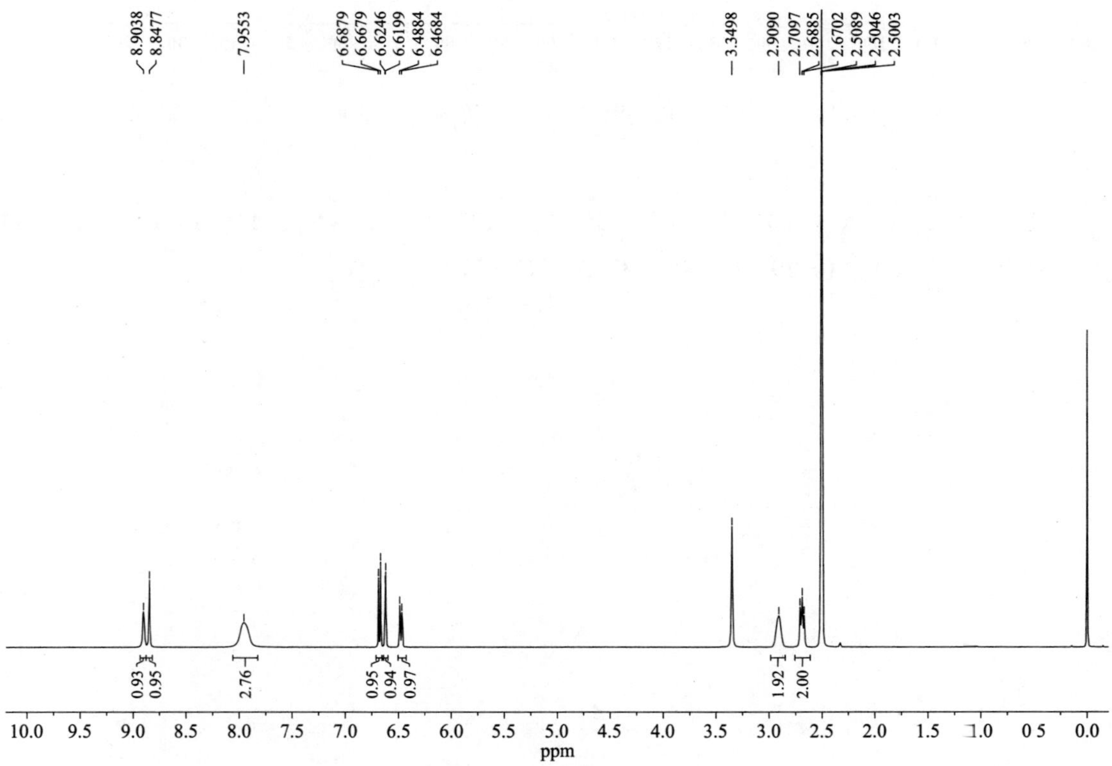

图 1 盐酸多巴胺的^{1}H NMR 谱（溶剂：CD_3SOCD_3）

^{1}H NMR：δ 8.90（OH，s，1H），8.85（OH，brs，1H），7.96（NH_2，HCl，brs，3H），6.68（H-5，d，J = 8.0 Hz，1H），6.62（H-2，d，J = 1.9 Hz，1H），6.48（H-6，d，J = 8.0，1H），2.91（H-7，brs，2H），2.67（H-8，t，J = 8.5 Hz，2H）

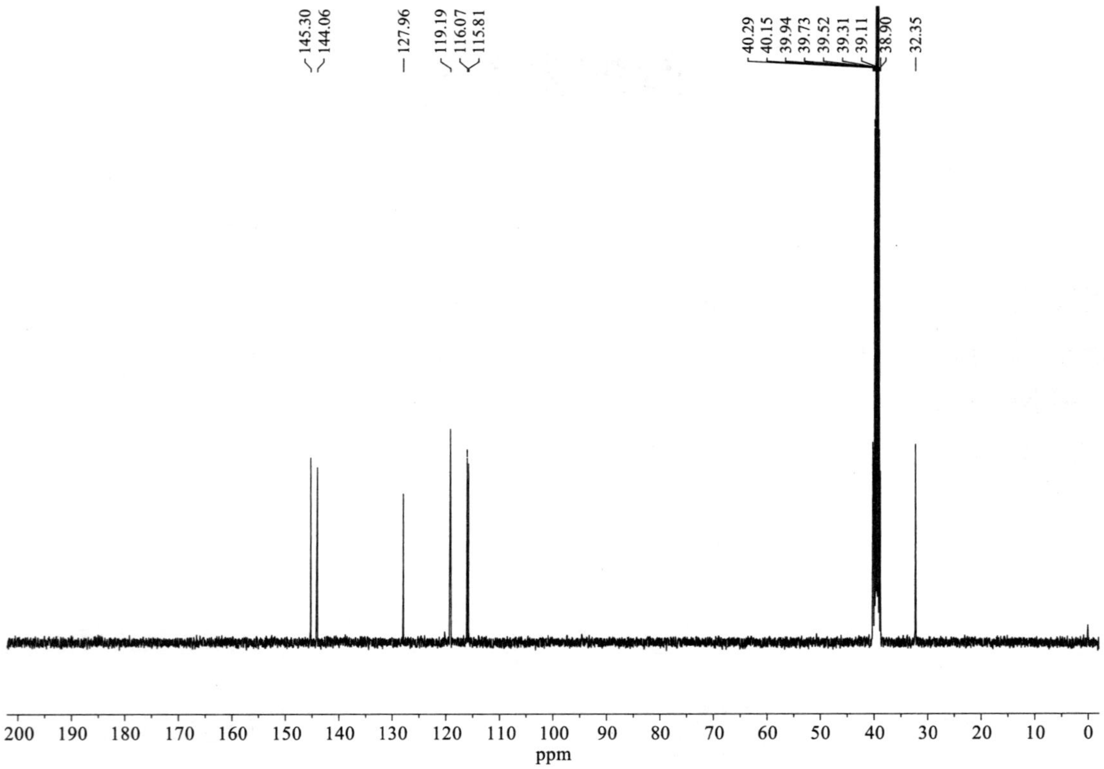

图2 盐酸多巴胺的^{13}C NMR谱（溶剂：CD_3SOCD_3）

^{13}C NMR：δ 145.30（C-1），144.06（C-2），127.96（C-5），119.19（C-4），116.07（C-3），115.81（C-6），40.29（C-8），32.35（C-7）

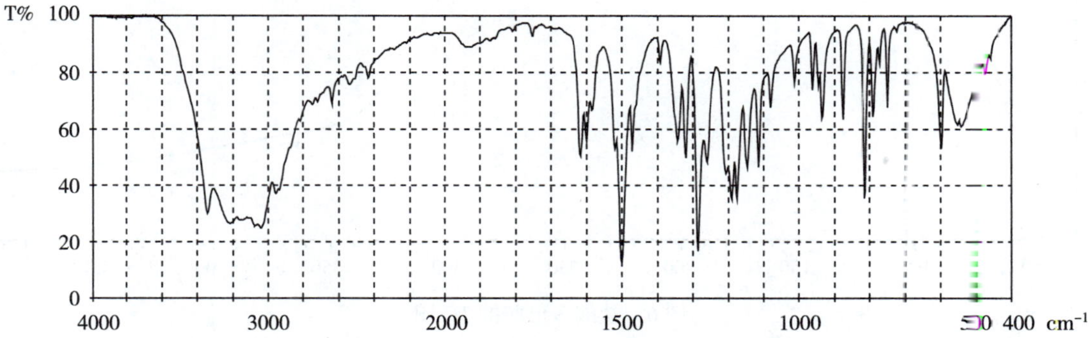

图 3　盐酸多巴胺的红外光谱图

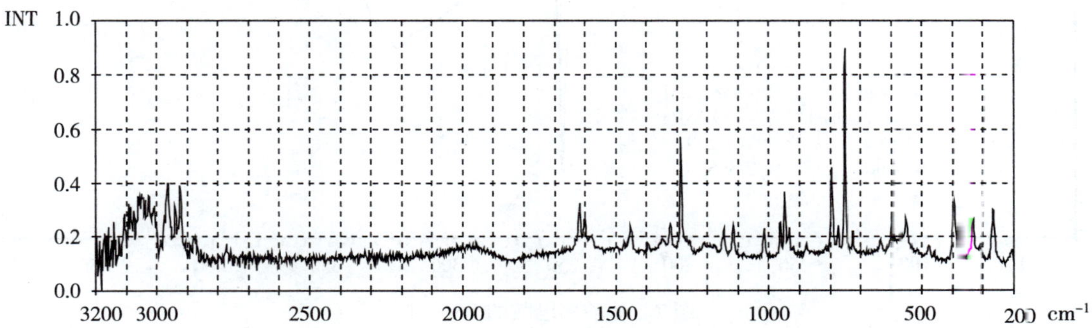

图 4　盐酸多巴胺的拉曼光谱图

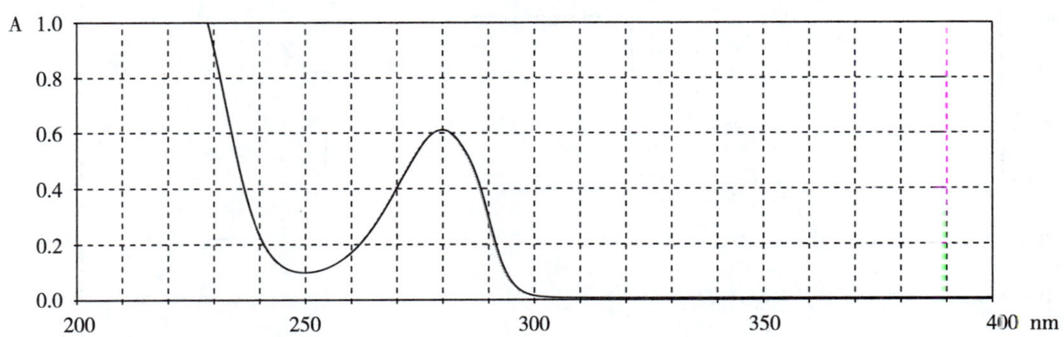

图 5　盐酸多巴胺的紫外光谱图

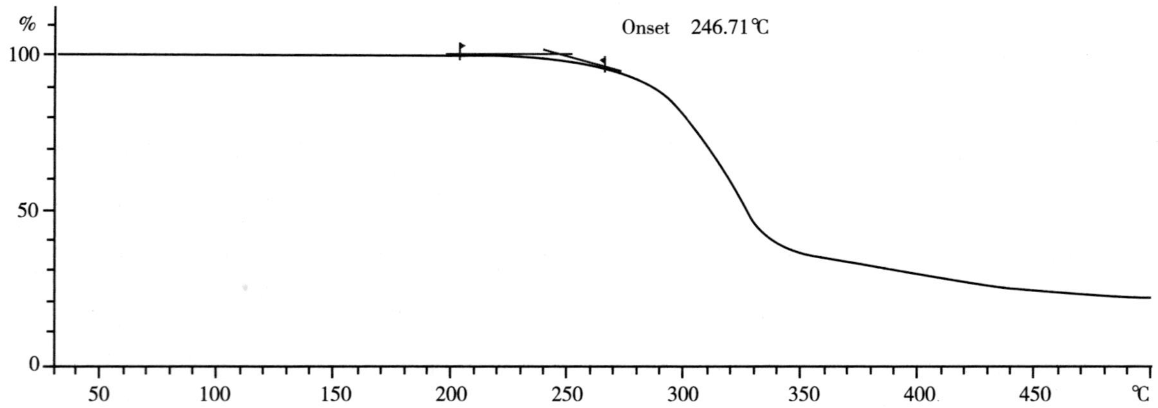

图 6　盐酸多巴胺的 TG 图

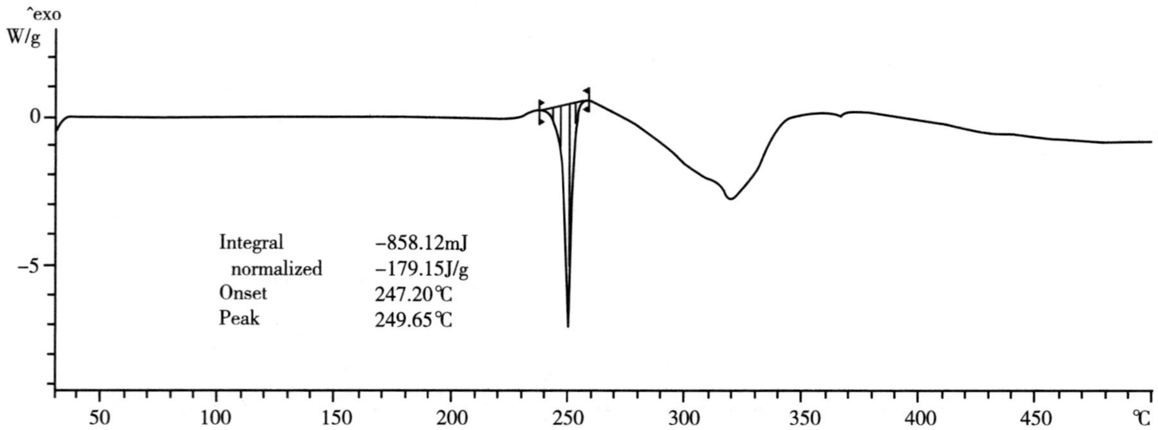

图 7　盐酸多巴胺的 DSC 图

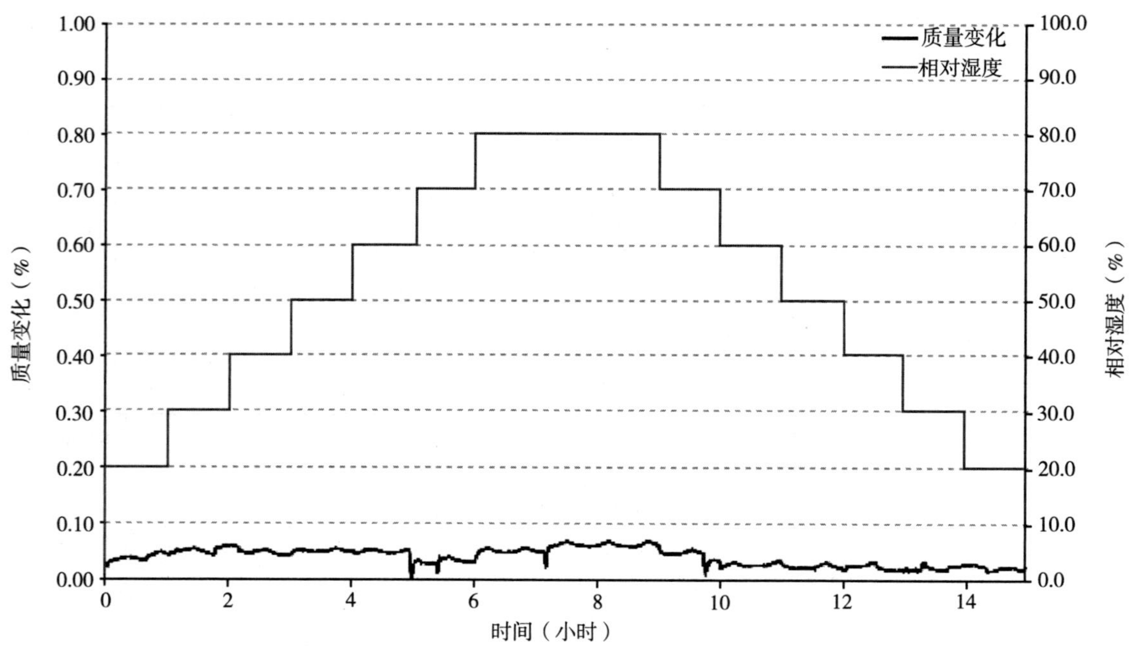

图 8　盐酸多巴胺的 DVS 图

正离子扫描模式（一级）

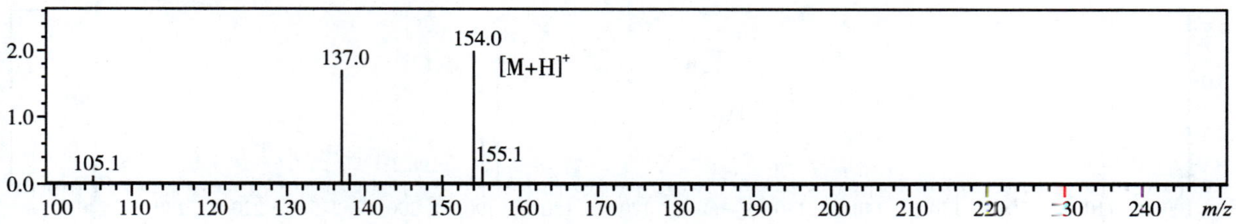

正离子扫描模式（二级）

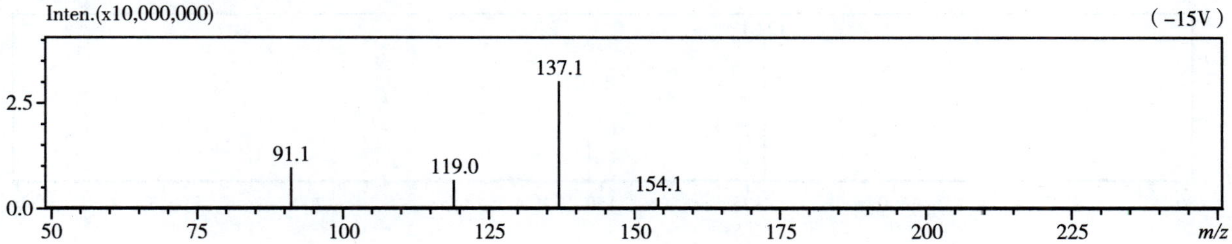

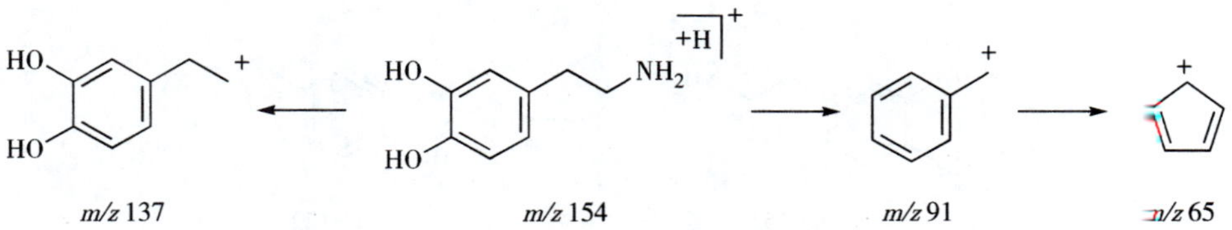

负离子扫描模式（一级）

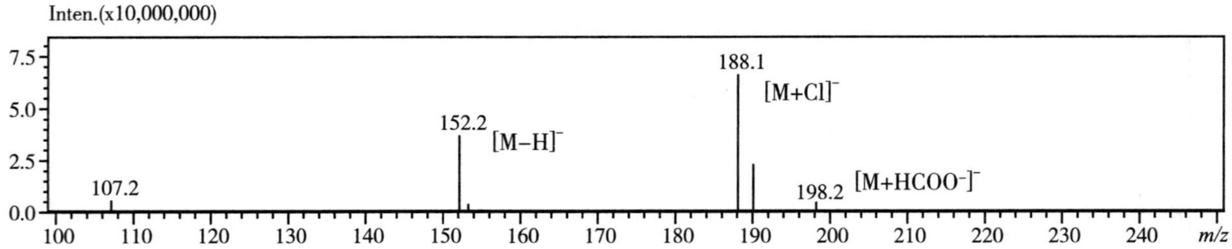

负离子扫描模式（二级）

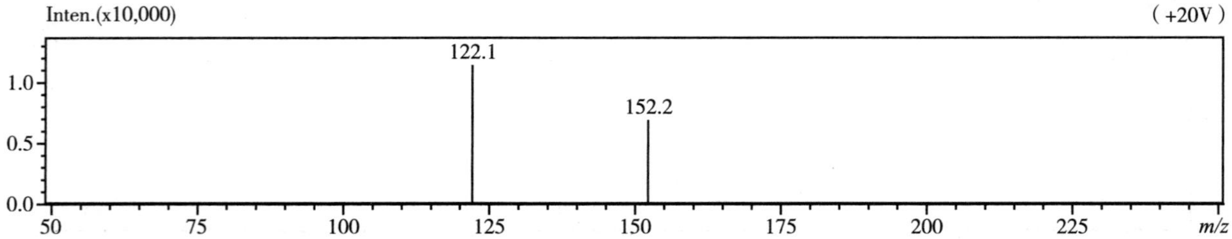

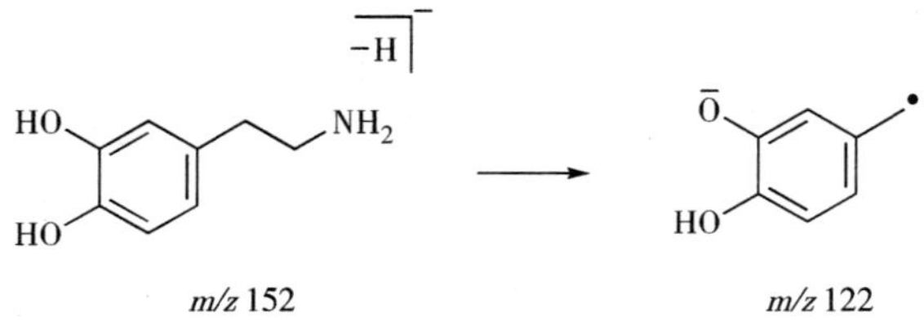

图 9　盐酸多巴胺的质谱图

备注

1. **中文化学名**　4－(2－氨基乙基)－1,2－苯二酚盐酸盐
2. **英文化学名**　4－(2－aminoethyl)－1,2－benzenediol hydrochloride
3. **性状**　本品为白色或类白色有光泽的结晶或结晶性粉末；无臭，味微苦；露置空气中及遇光色渐变深。
4. **溶解性**　本品在水中易溶，在无水乙醇中微溶，在三氯甲烷或乙醚中极微溶解。
5. **溶剂**　0.1mol/L 盐酸溶液。
6. **对照品编号与批号**　100070－201006

盐酸可乐定

英文名 Clonidine Hydrochloride

分子式 $C_9H_9Cl_2N_3 \cdot HCl$

分子量 266.55

CAS 号 4205 - 91 - 8

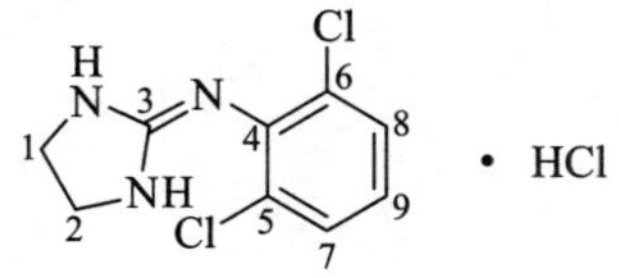

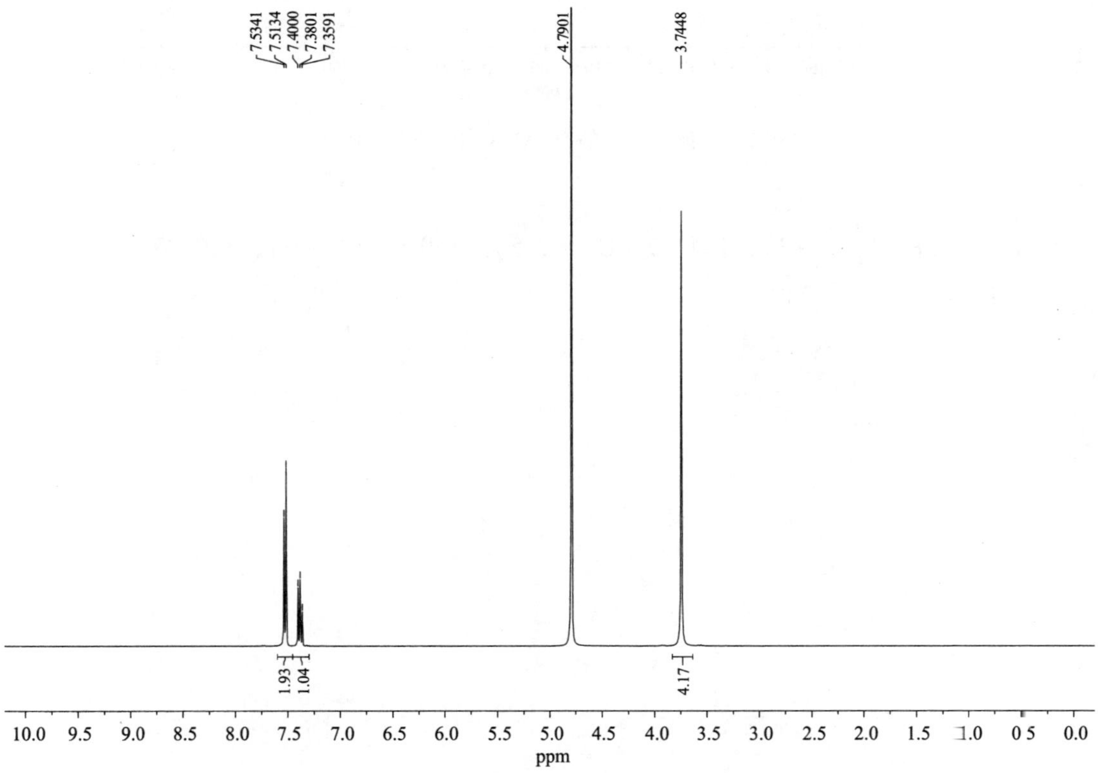

图 1 盐酸可乐定的^{1}H NMR 谱（溶剂：D_2O）

^{1}H NMR：δ 7.72 ~ 7.46（H - 8，7，d，J = 8.3 Hz，2H），7.38（H - 9，t，J = 8.3 Hz，1H），3.74（H - 1，2，s，4H）

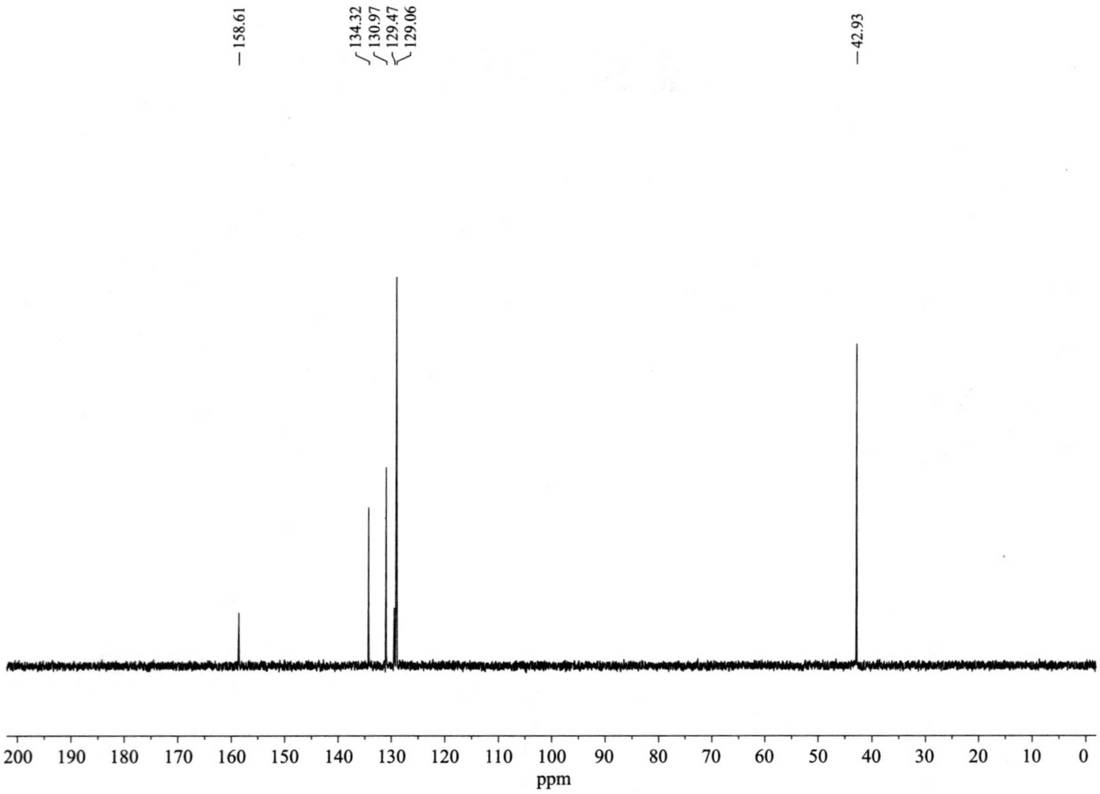

图 2　盐酸可乐定的 ^{13}C NMR 谱（溶剂：D_2O）

^{13}C NMR：δ 158.61（C－3），134.32（C－6，5），130.97（C－9），129.47（C－4），129.06（C－7，8），42.93（C－1，2）

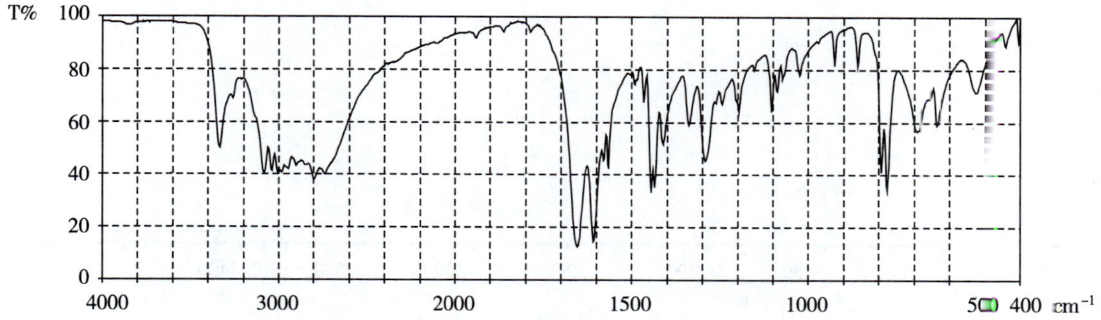

图 3　盐酸可乐定的红外光谱图

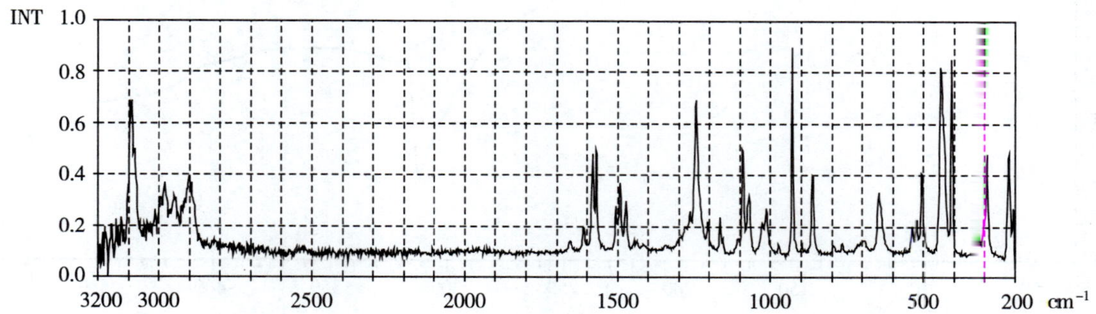

图 4　盐酸可乐定的拉曼光谱图

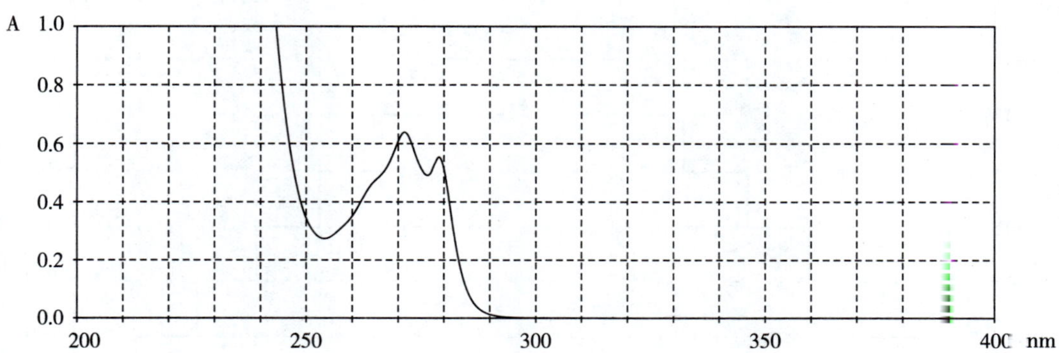

图 5　盐酸可乐定的紫外光谱图

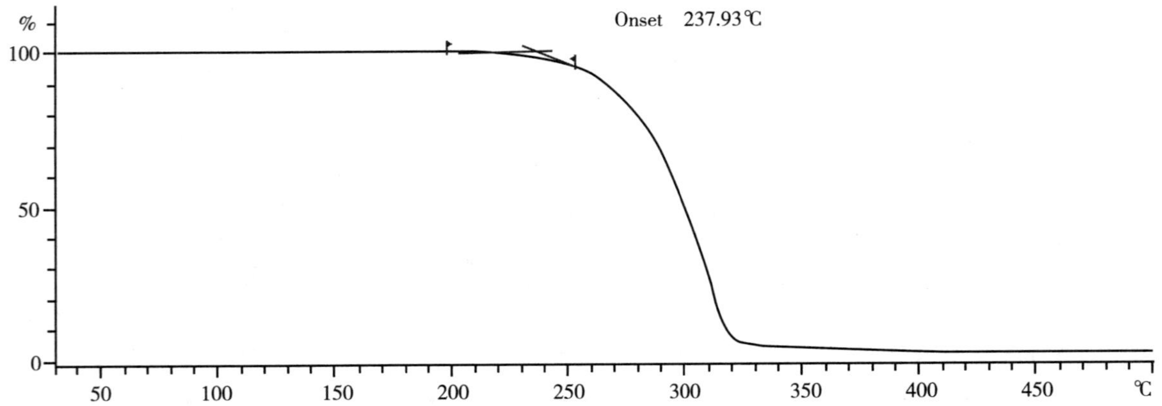

图 6　盐酸可乐定的 TG 图

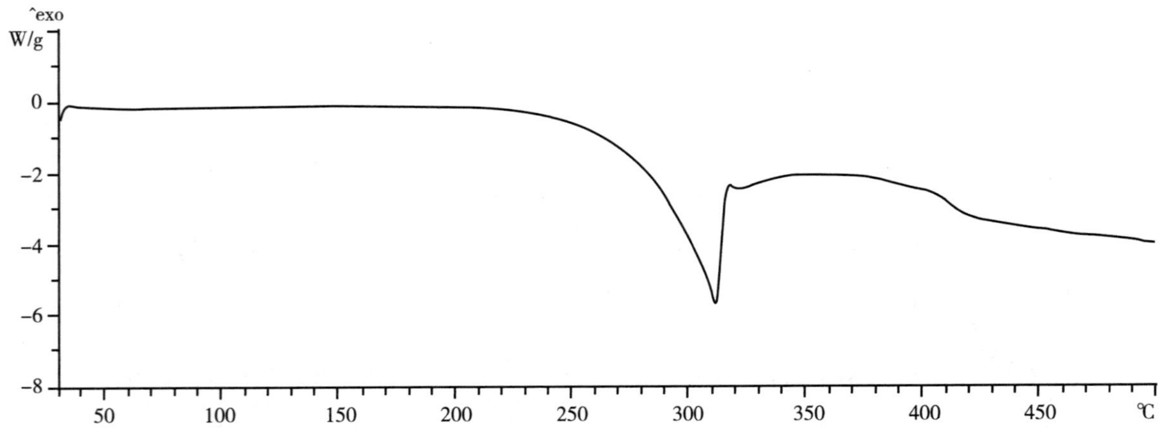

图 7　盐酸可乐定的 DSC 图

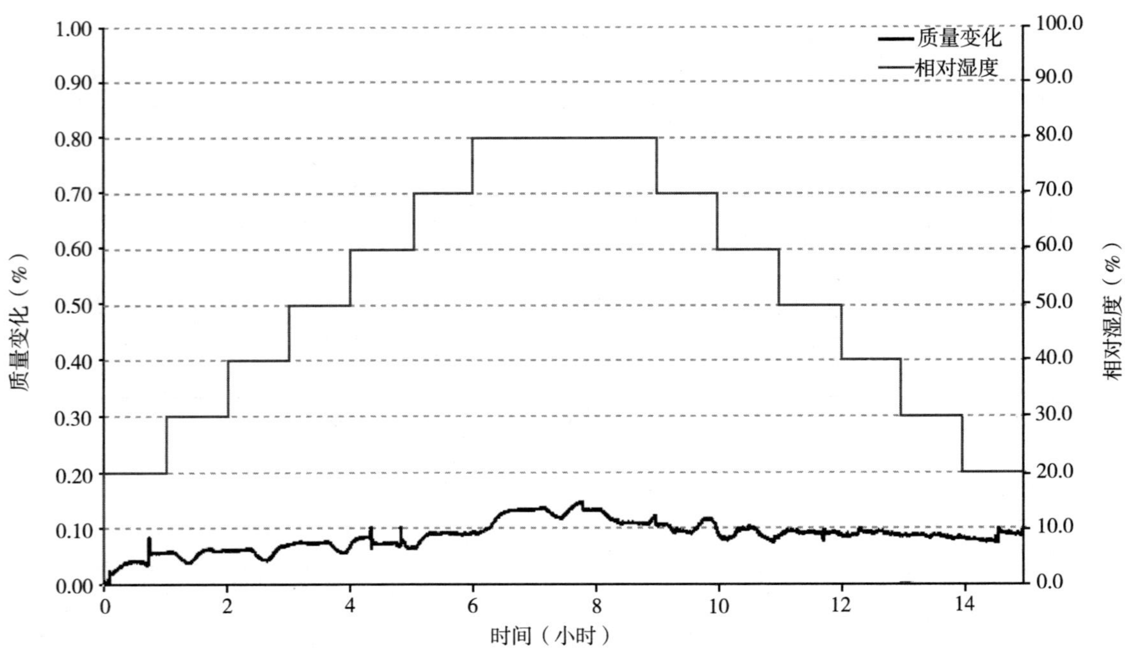

图 8　盐酸可乐定的 DVS 图

正离子扫描模式（一级）

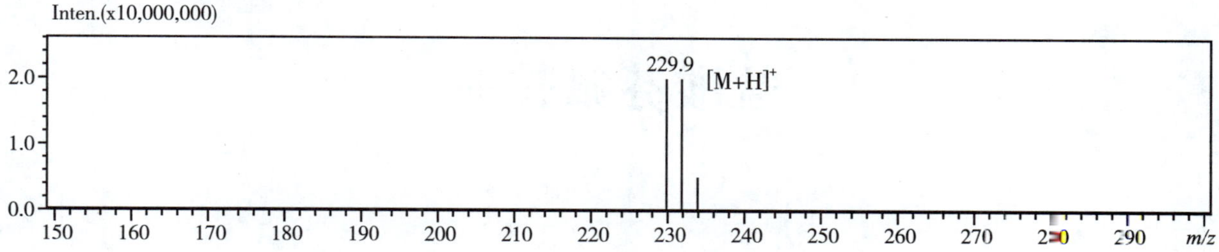

正离子扫描模式（二级）

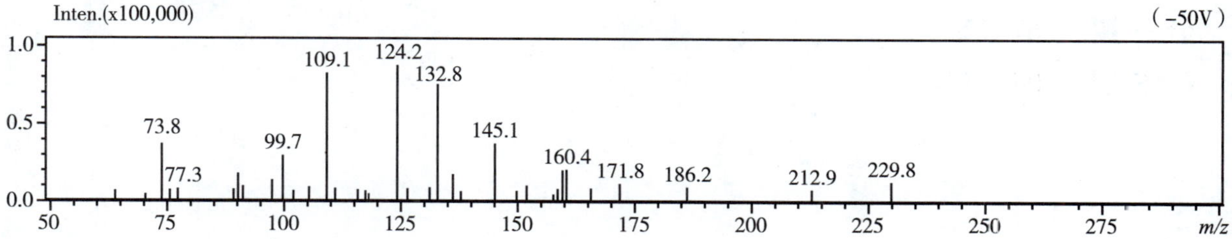

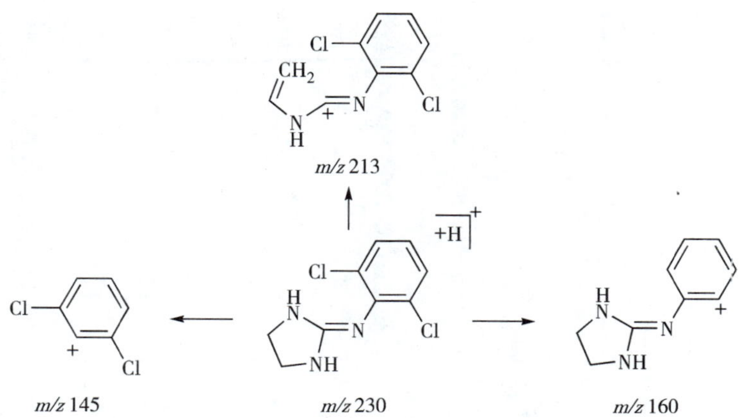

图 9　盐酸可乐定的质谱图

备注

1. **中文化学名**　2－［(2,6－二氯苯基)亚氨基］咪唑烷盐酸盐
2. **英文化学名**　2－(2,6－dichloroanilino)－2－imidazoline hydrochloride
3. **性状**　本品为白色结晶性粉末；无臭。
4. **溶解性**　本品在水或乙醇中溶解，在三氯甲烷中极微溶解，在乙醚中几乎不溶。
5. **溶剂**　0.1mol/L 盐酸溶液。
6. **对照品编号与批号**　100071－201106

盐酸芬氟拉明

英文名 Fenfluramine Hydrochloride

分子式 $C_{12}H_{16}F_3N \cdot HCl$

分子量 267.72

CAS 号 404-82-0

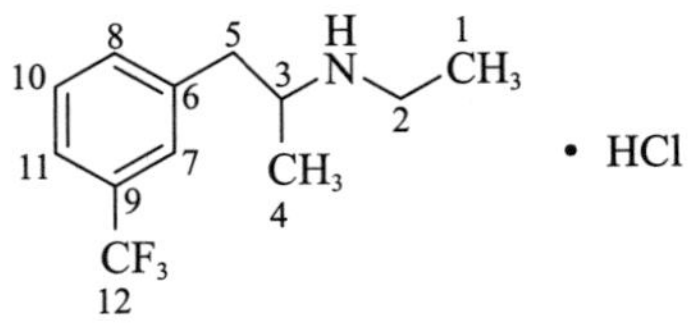

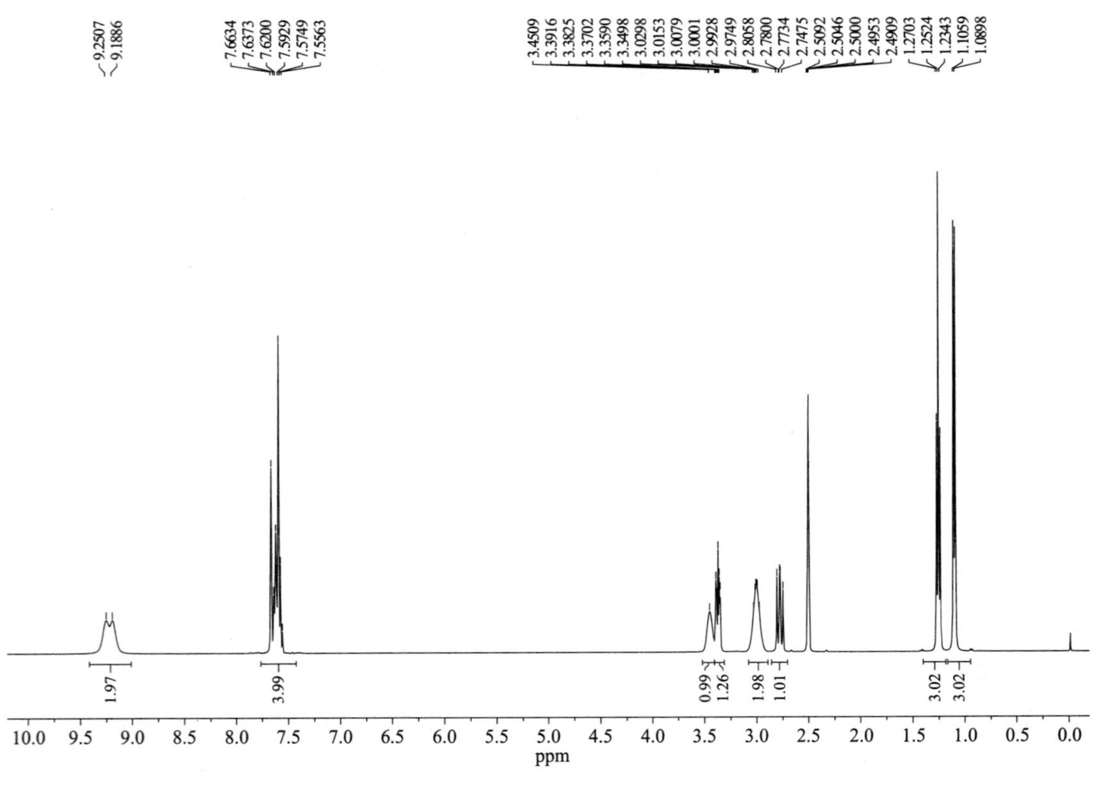

图 1 盐酸芬氟拉明的 ^1H NMR 谱（溶剂：CD_3SOCD_3）

^1H NMR：δ 9.50~9.00（NH，HCl，m，2H），7.86~7.36（Ar-H，m，4H），3.45（H-5a，brs，1H），3.37（H-3，m，1H），3.01（H-2，m，2H），2.78（H-5b，dd，J=13.0，10.4 Hz，1H），1.25（H-1，t，J=7.2 Hz，3H），1.10（H-4，d，J=6.5 Hz，3H）

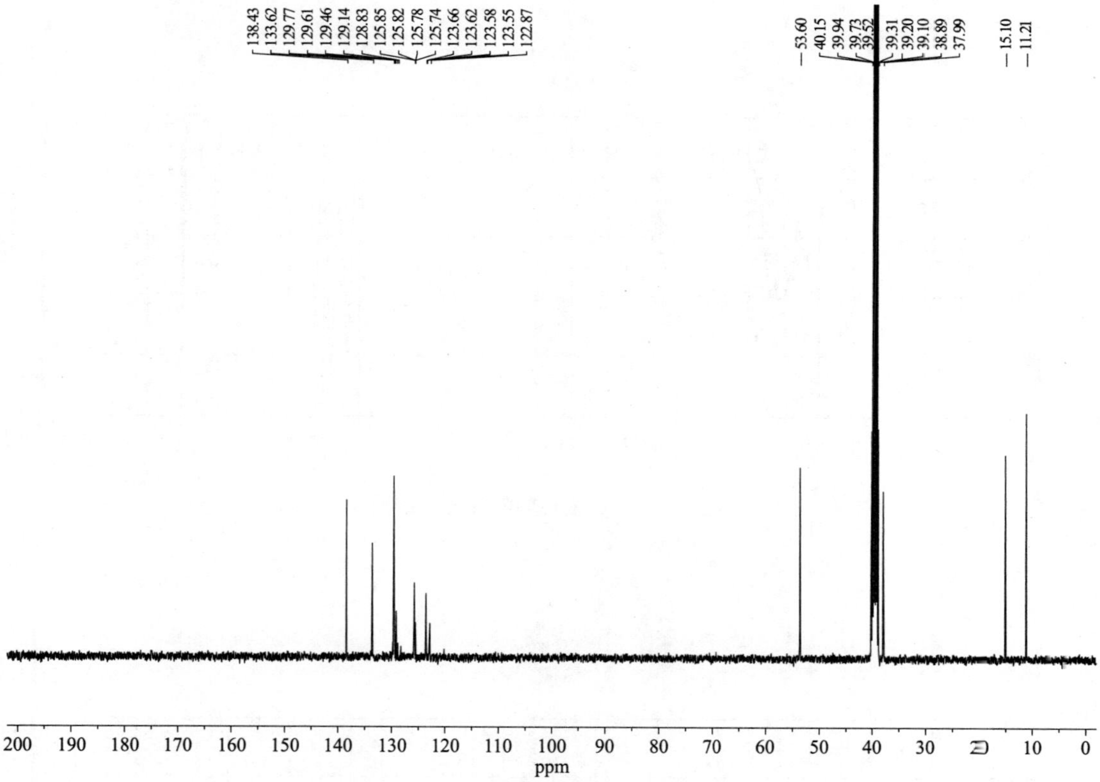

图 2　盐酸芬氟拉明的^{13}C NMR 谱（溶剂：CD_3SOCD_3）

^{13}C NMR：δ 138.43（C－6），133.62（C－8），129.61（C－10），129.25（C－9，q，J＝31.5 Hz），125.78（C－7，q，J＝3.9 Hz），123.62（C－12，q，J＝272.3 Hz），122.87（C－11），53.60（C－3），39.20（C－5），37.99（C－2），15.10（C－4），11.21（C－1）

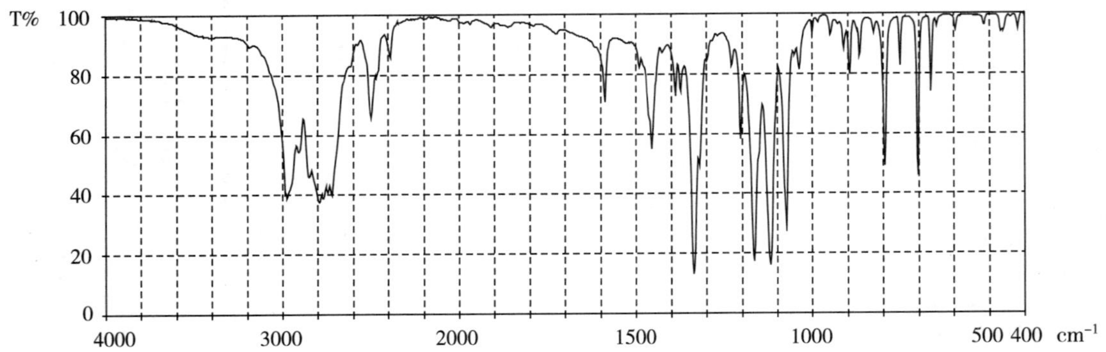

图 3　盐酸芬氟拉明的红外光谱图

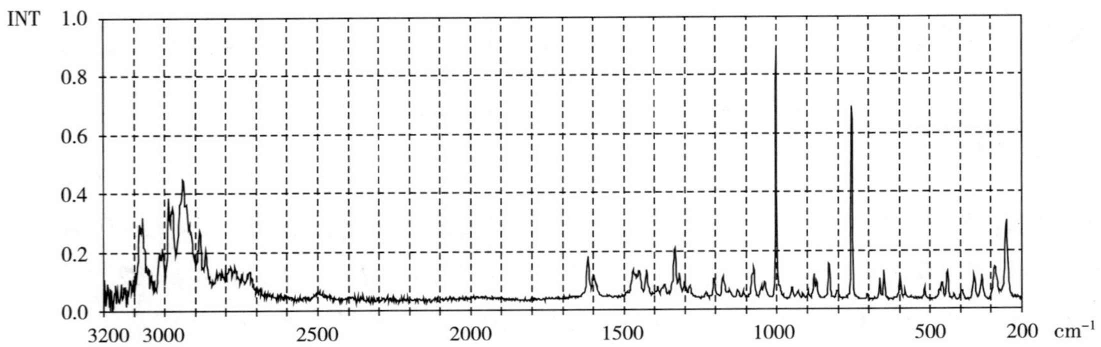

图 4　盐酸芬氟拉明的拉曼光谱图

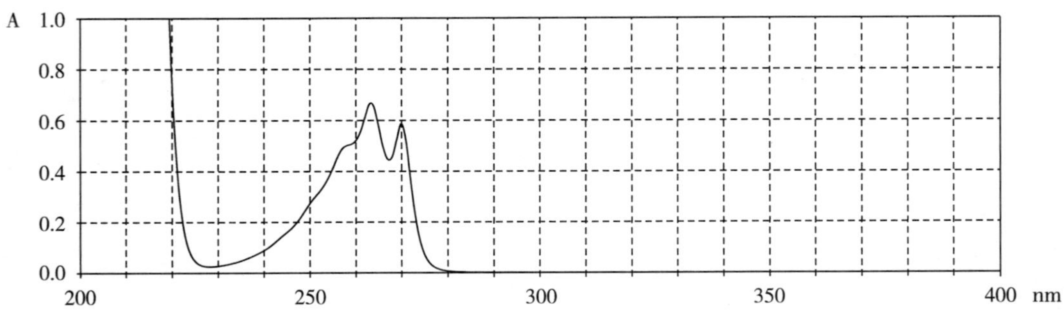

图 5　盐酸芬氟拉明的紫外光谱图

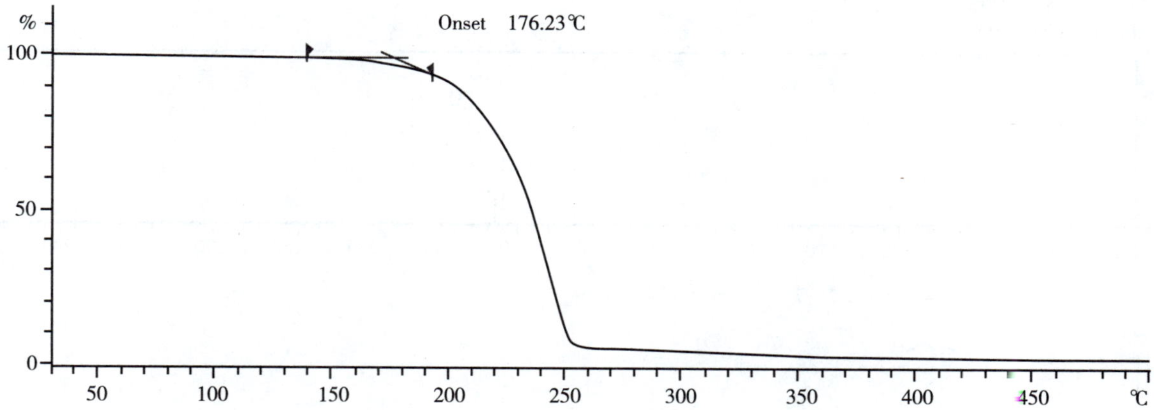

图 6　盐酸芬氟拉明的 TG 图

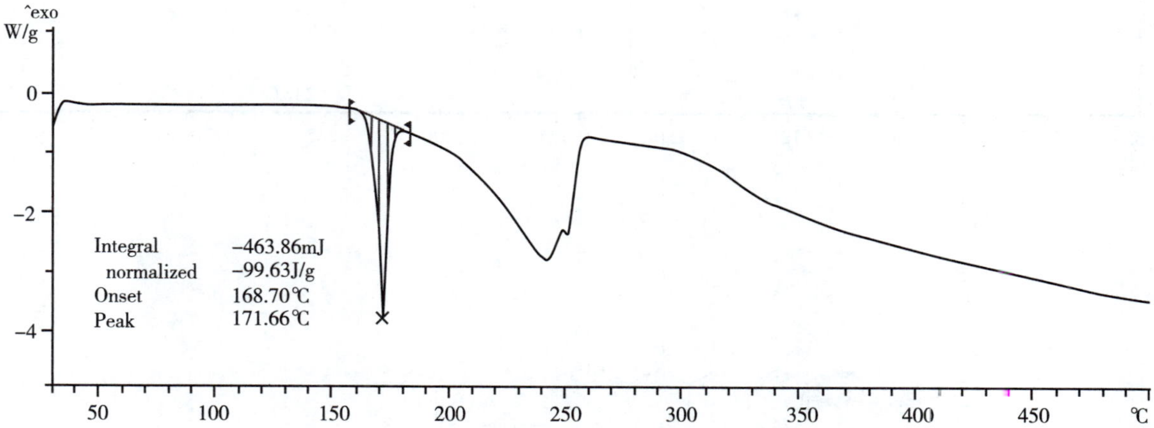

图 7　盐酸芬氟拉明的 DSC 图

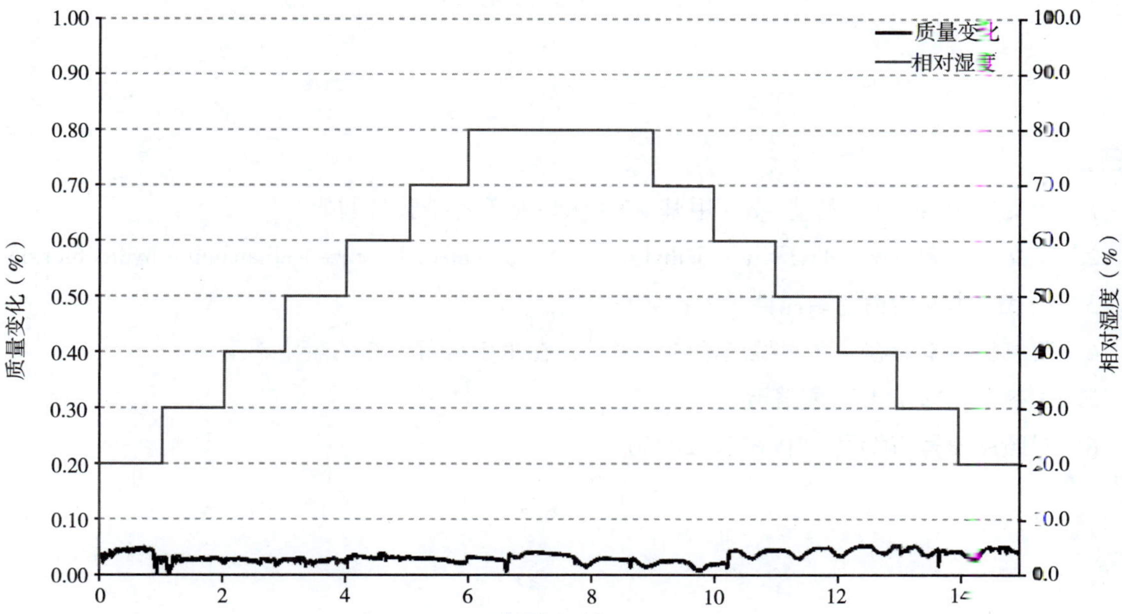

图 8　盐酸芬氟拉明的 DVS 图

正离子扫描模式（一级）

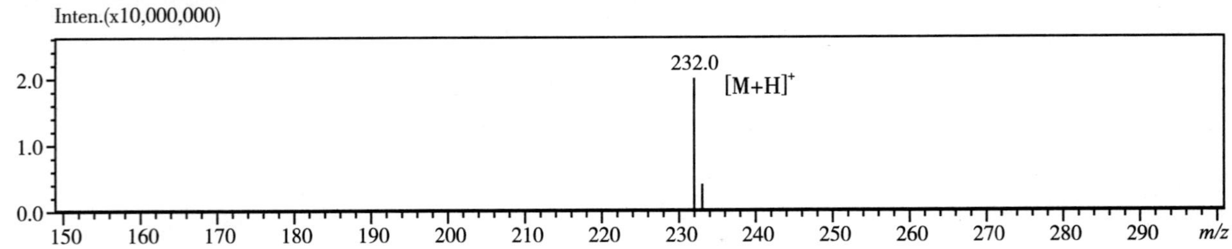

正离子扫描模式（二级）

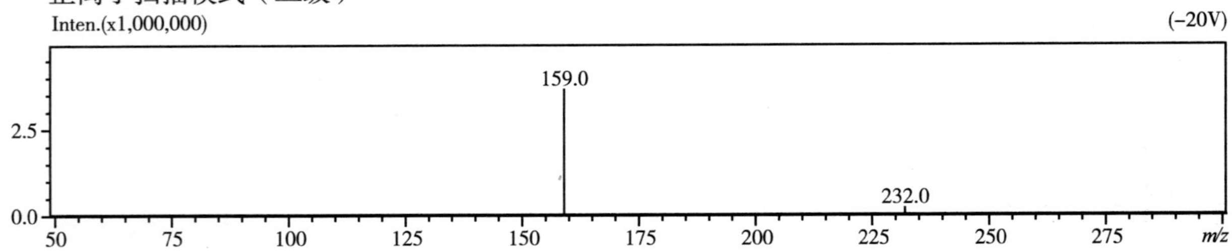

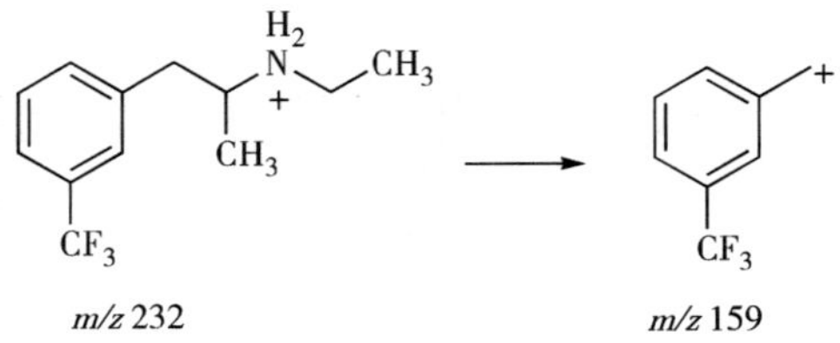

图 9　盐酸芬氟拉明的质谱图

备注

1. **中文化学名**　*N*－乙基－α－甲基－3－氟甲基苯乙基胺盐酸盐
2. **英文化学名**　*N*－ethyl－α－methyl－3－(trifluoromethyl) benzeneethanamine hydrochloride
3. **性状**　本品为白色结晶性粉末；无臭。
4. **溶解性**　本品在三氯甲烷或乙醇中易溶，在水中溶解，在乙醚中不溶。
5. **溶剂**　0. 1mol/L 盐酸溶液。
6. **对照品编号与批号**　100073－200002

左炔诺孕酮

英文名 Levonorgestrel

分子式 $C_{21}H_{28}O_2$

分子量 312.47

CAS 号 797－63－7

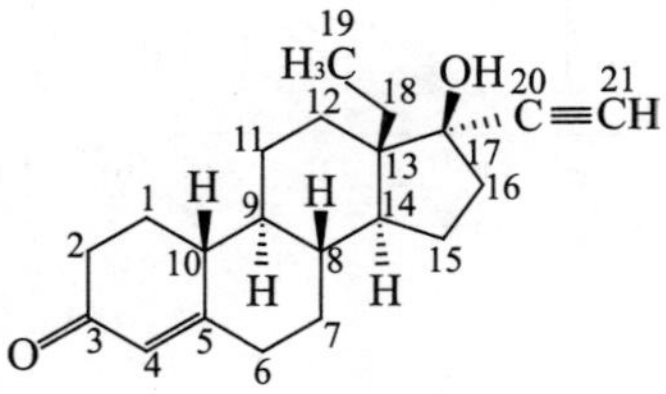

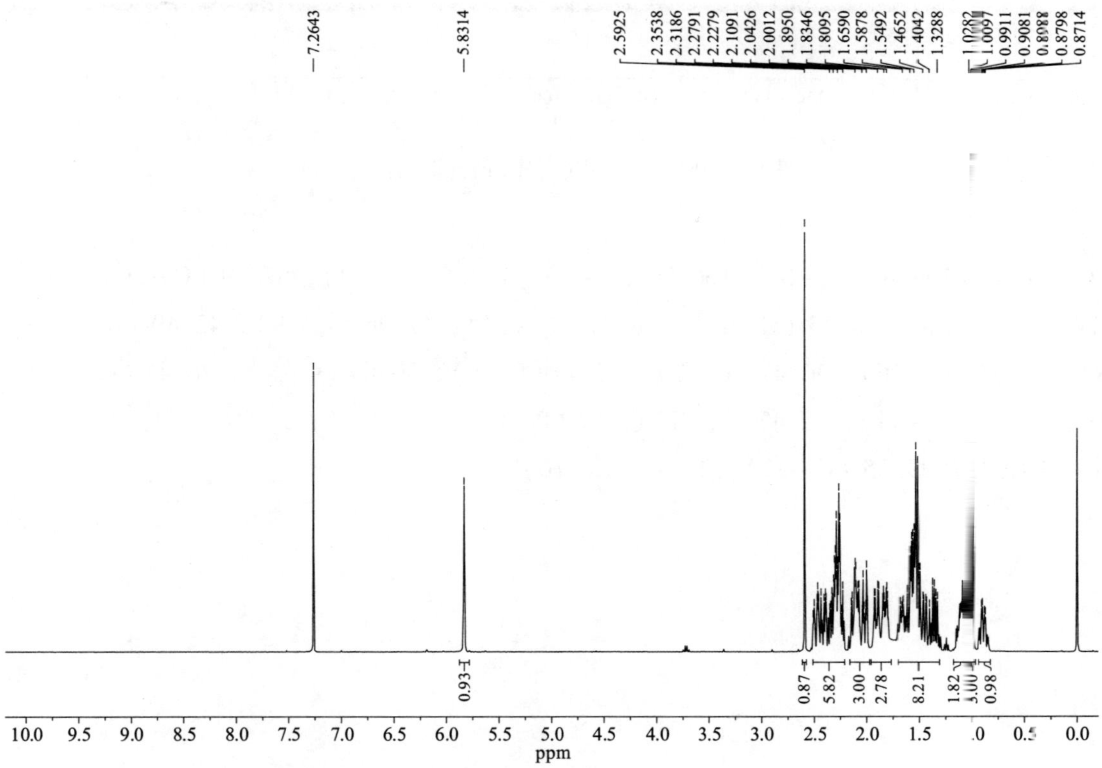

图 1　左炔诺孕酮的 ^1H NMR 谱（溶剂：$CDCl_3$）

^1H NMR：δ 5.83（H－4，s，1H），2.59（H－21，s，1H），2.52～2.20（m，6H），2.15～1.96（m，3H），1.95～1.76（m，3H），1.70～1.31（m，8H），1.18～1.04（m，2H），1.01（H－19，t，J=7.4 Hz，3H），0.88（m，1H）

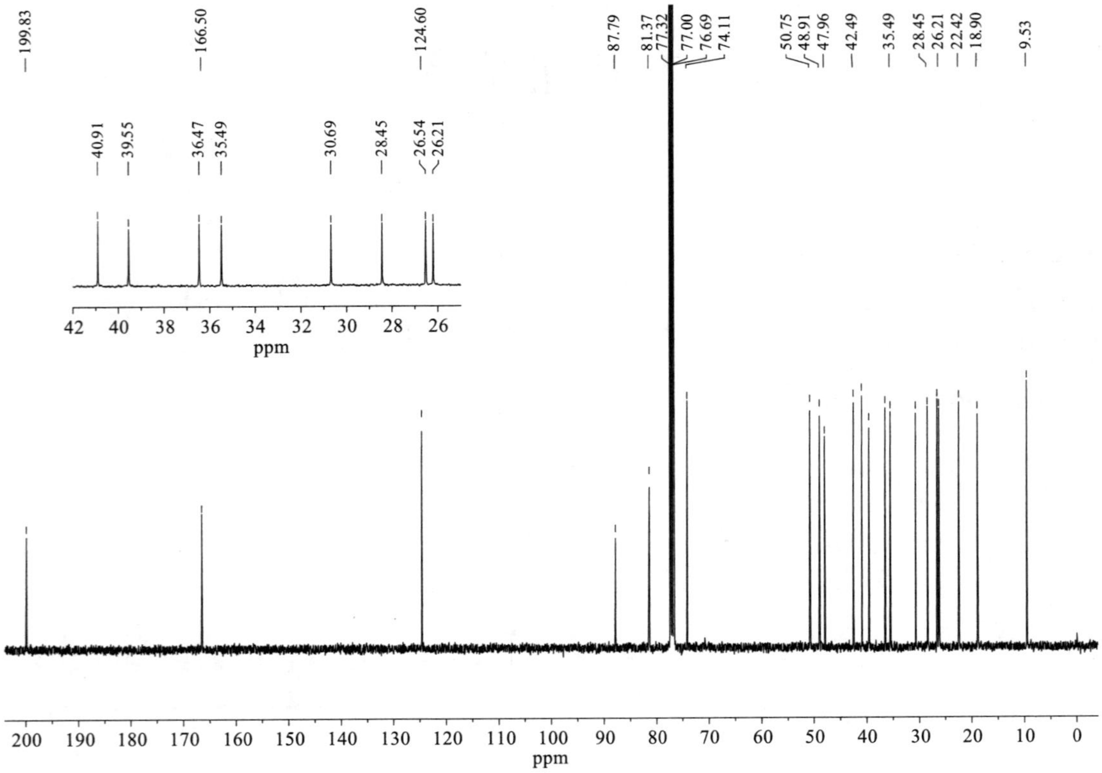

图 2　左炔诺孕酮的 ^{13}C NMR 谱（溶剂：$CDCl_3$）

^{13}C NMR：δ 199. 83（C－3），166. 50（C－5），124. 60（C－4），87. 79（C－20），81. 37（C－17），74. 11（C－21），50. 75（C－13），48. 91（C－14），47. 96（C－9），42. 49（C－10），40. 91（C－8），39. 55（C－16），36. 47（C－2），35. 49（C－6），30. 69（C－7），28. 45（C－12），26. 54（C－1），26. 21（C－11），22. 42（C－15），18. 90（C－18），9. 53（C－19）

注：文献中为 39. 55（C－12），28. 45（C－16）

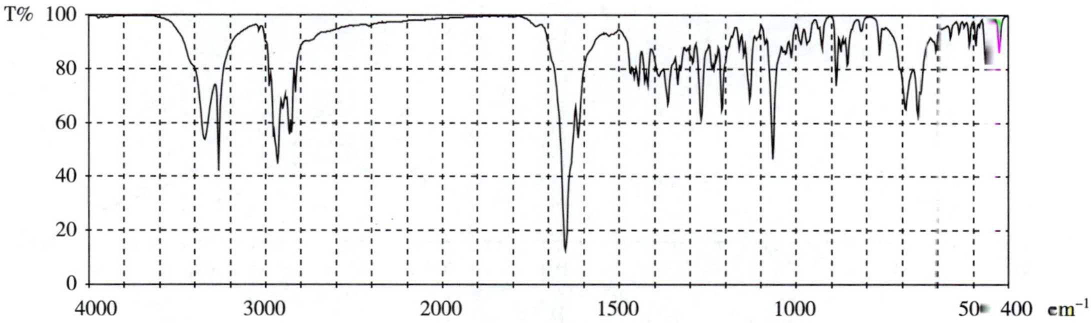

图 3　左炔诺孕酮的红外光谱图

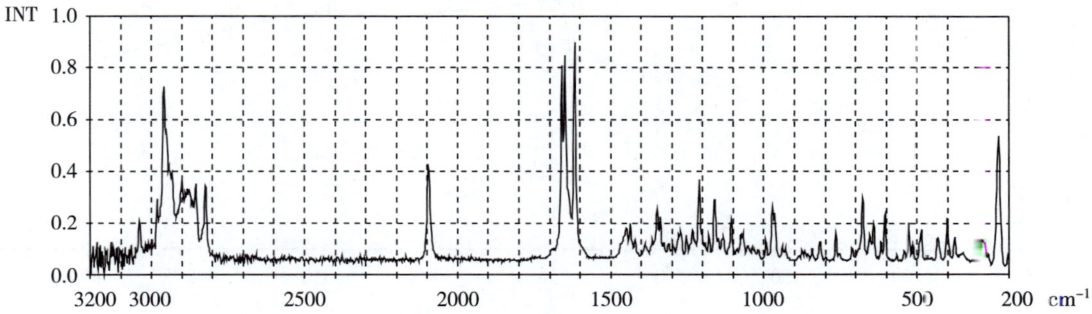

图 4　左炔诺孕酮的拉曼光谱图

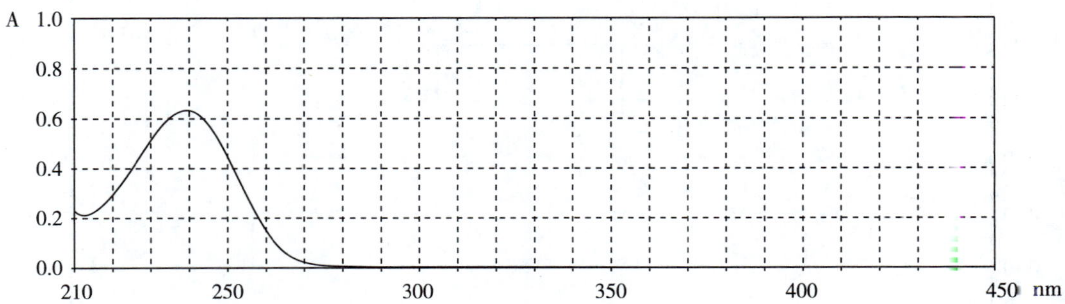

图 5　左炔诺孕酮的紫外光谱图

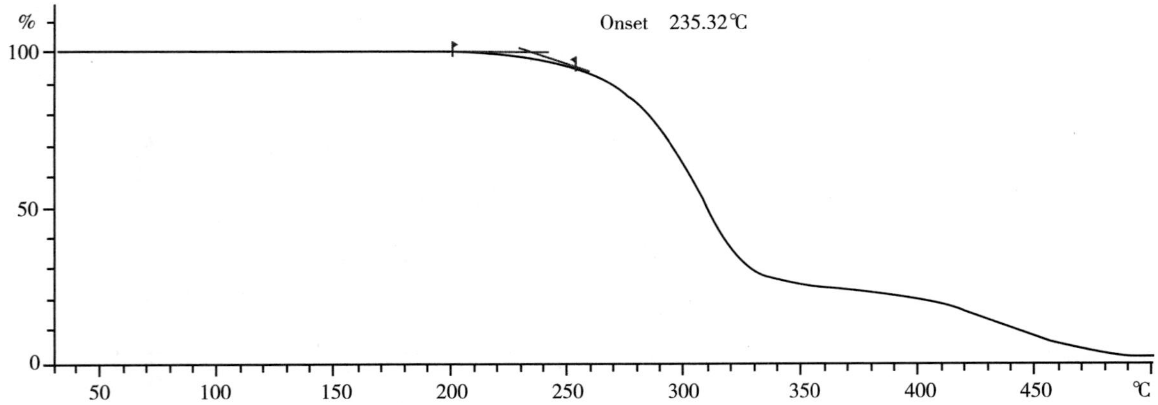

图 6 左炔诺孕酮的 TG 图

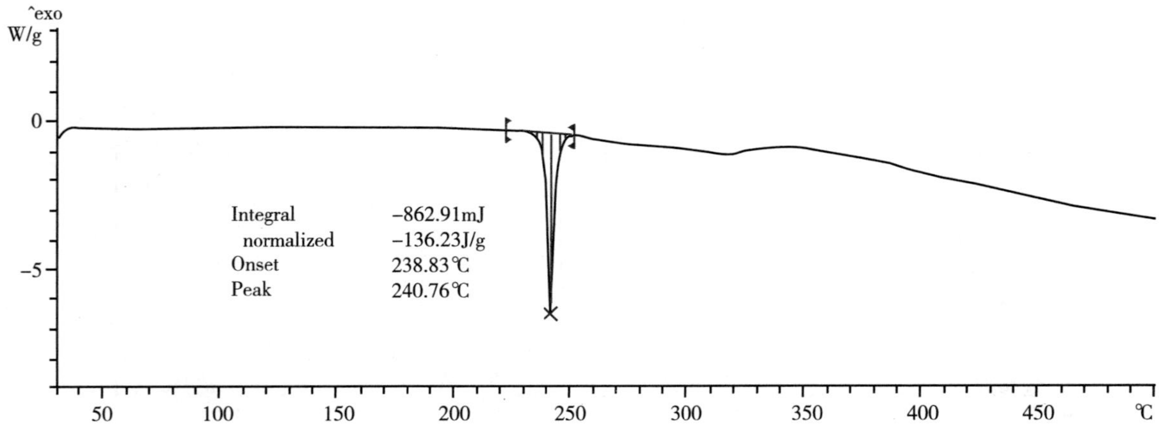

图 7 左炔诺孕酮的 DSC 图

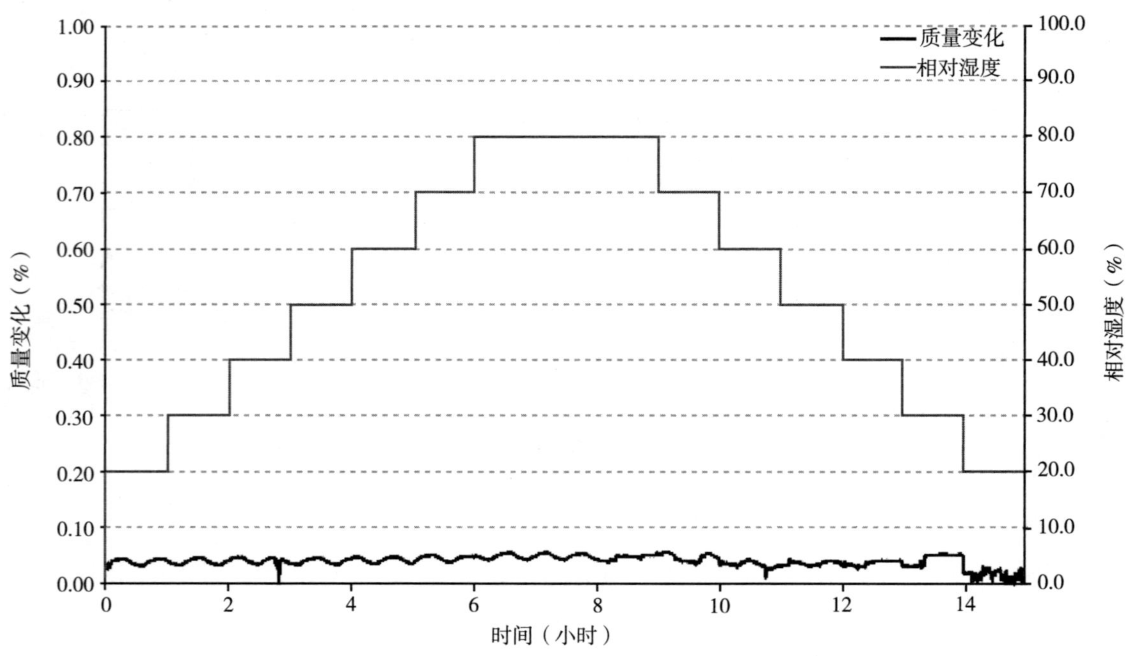

图 8 左炔诺孕酮的 DVS 图

正离子扫描模式（一级）

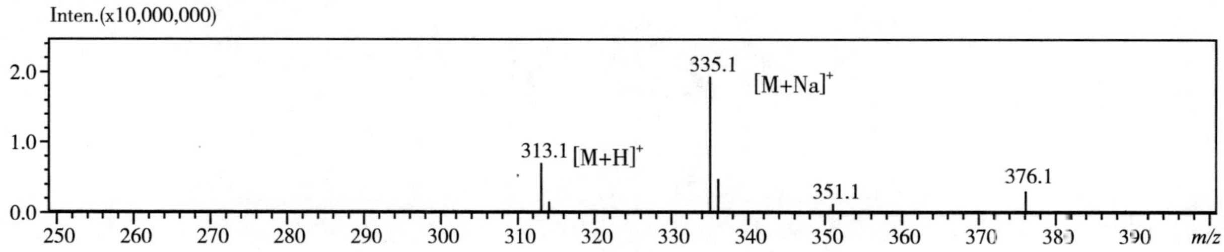

正离子扫描模式（二级）

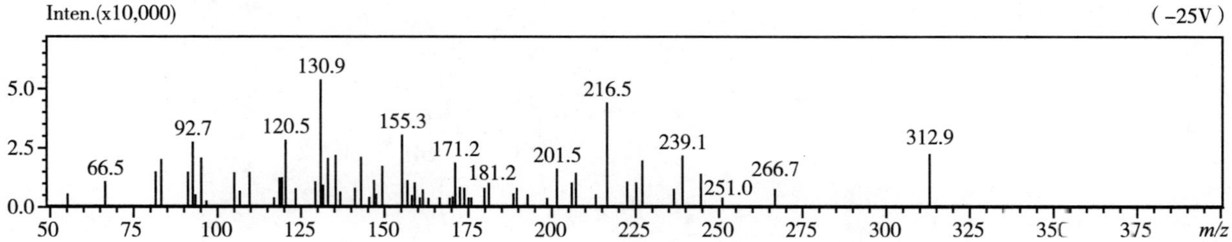

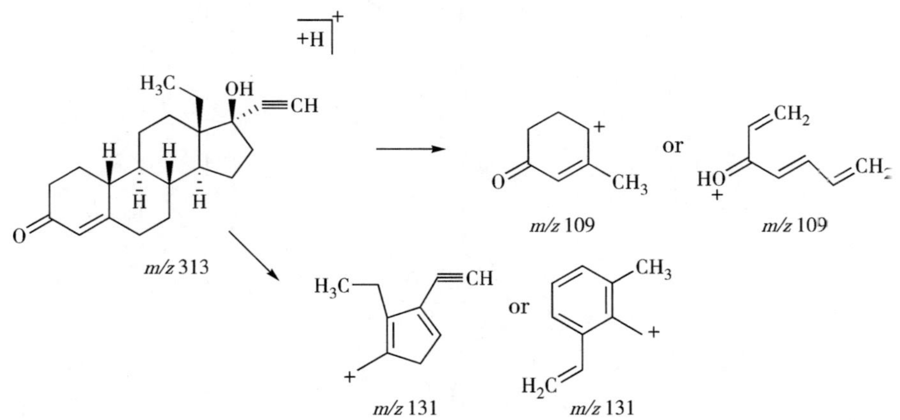

图9　左炔诺孕酮的质谱图

备注

1. **中文化学名**　（－）－13－乙基－17－羟基－18,19－双去甲基－17α－孕甾－4－烯－20－炔－3－酮
2. **英文化学名**　17α－13－ethyl－17β－hydroxy－18,19－dinorpregn－4－en－20－yn－3－one
3. **性状**　本品为白色或类白色结晶性粉末；无臭，无味。
4. **溶解性**　本品在三氯甲烷中溶解，在甲醇中微溶，在水中不溶。
5. **溶剂**　无水乙醇。
6. **对照品编号与批号**　100076－201104

芦　丁

英文名 Rutin

分子式 $C_{27}H_{30}O_{16}$

分子量 610.52

CAS 号 153-18-4

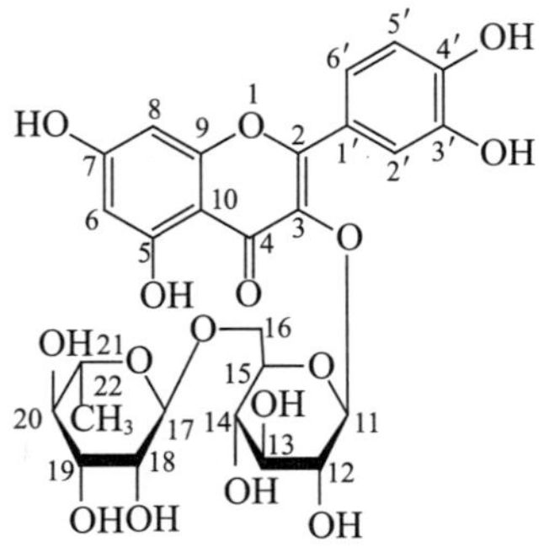

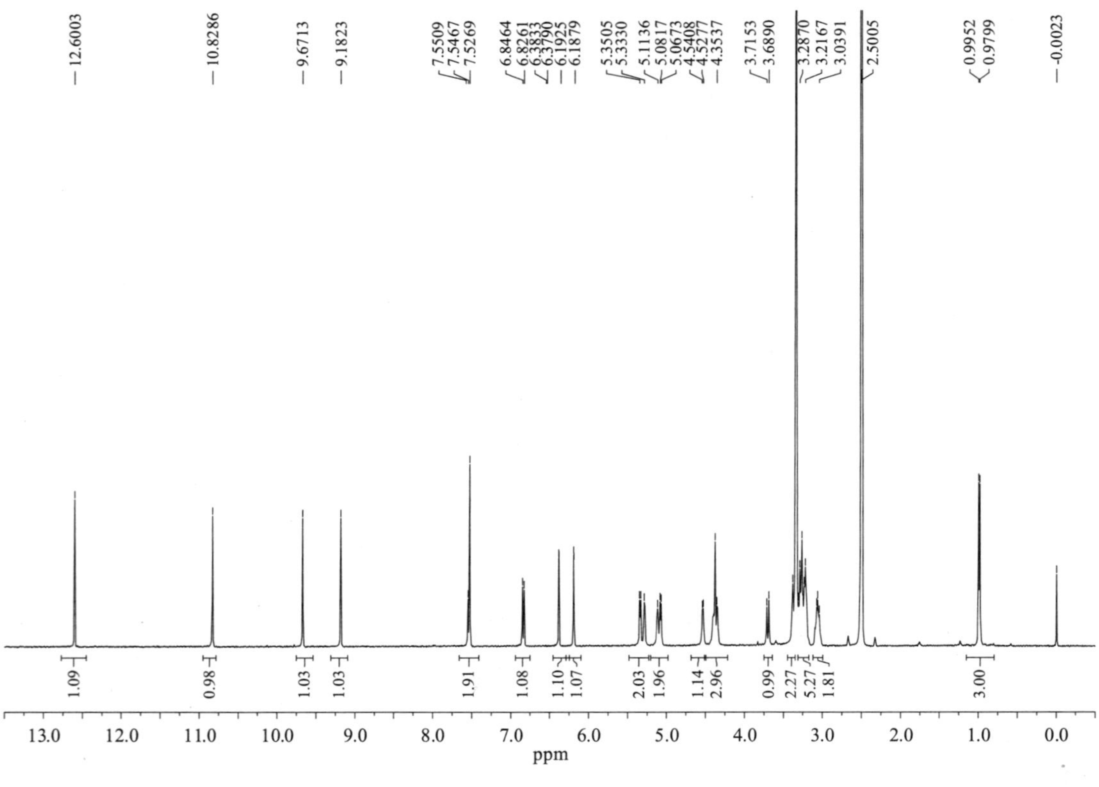

图 1　芦丁的[1]H NMR 谱（溶剂：CD_3SOCD_3）

^{1}H NMR：δ 12.60（C_5—OH，s，1H），10.83（C_7—OH，s，1H），9.67（$C_{4'}$—OH，s，1H），9.18（$C_{3'}$—OH，s，1H），7.54（H-6′，d，J=8.0 Hz，1H），7.53（H-2′，s，1H），6.84（H-5′，d，J=8.0 Hz，1H），6.38（H-8，d，J=1.7 Hz，1H），6.19（H-6，d，J=1.7 Hz，1H），5.34（H-11，d，J=7.0 Hz，1H），5.29（brs，1H），5.11（brs，1H），5.08（H-17，d，J=5.8 Hz，1H），4.54（d，J=4.9 Hz，1H），4.44～4.32（m，3H），3.70（d，J=10.5 Hz，1H），3.43～3.17（m，6H），3.12～3.01（m，2H），0.99（H-22，d，J=6.1 Hz，3H）

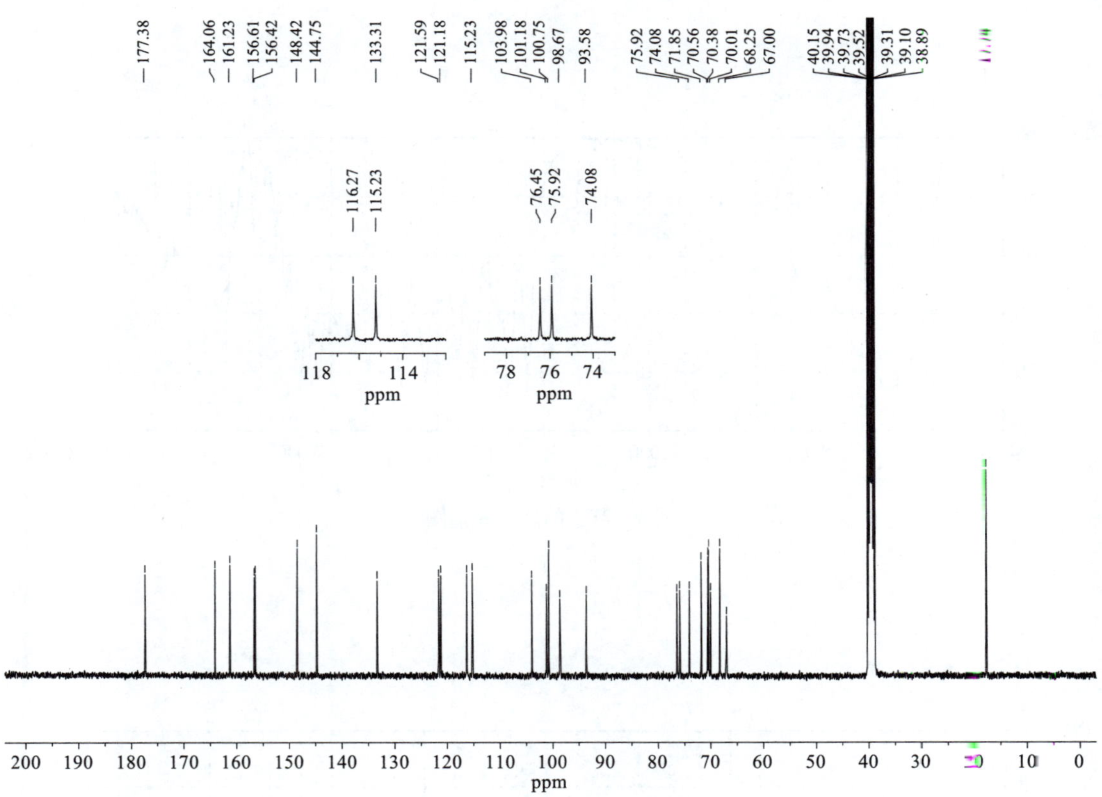

图2　芦丁的^{13}C NMR谱（溶剂：CD_3SOCD_3）

^{13}C NMR：δ 177.38（C－4），164.06（C－7），161.23（C－5），156.61（C－9），156.42（C－2），148.42（C－4′），144.75（C－3′），133.31（C－3），121.59（C－6′），121.18（C－1′），116.27（C－5′），115.23（C－2′），103.98（C－10），101.18（C－11），100.75（C－17），98.67（C－6），93.58（C－8），76.45（C－13），75.92（C－15），74.08（C－12），71.85（C－20），70.56（C－19），70.38（C－18），70.01（C－14），68.25（C－21），67.00（C－16），17.74（C－22）

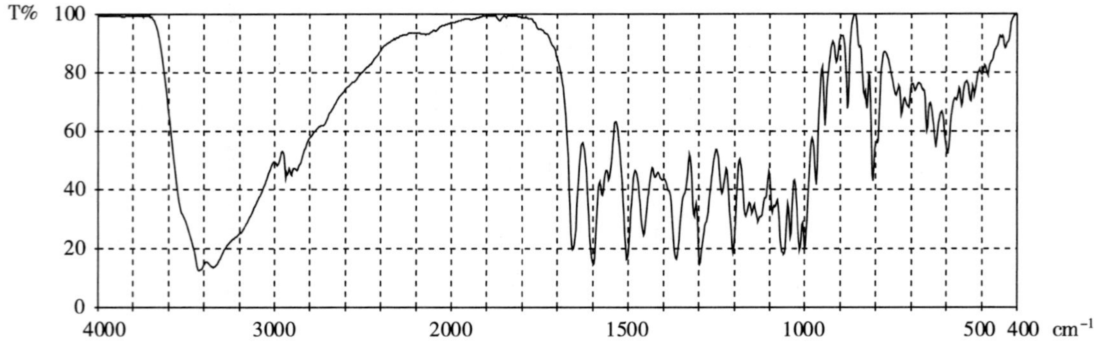

图 3　芦丁的红外光谱图

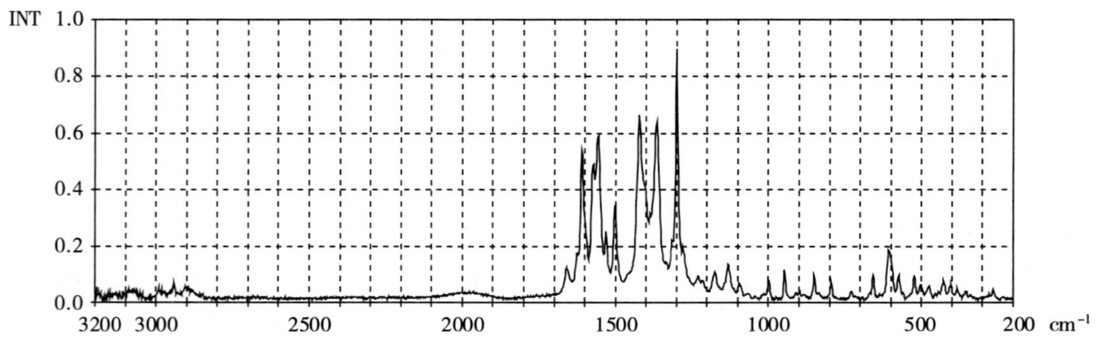

图 4　芦丁的拉曼光谱图

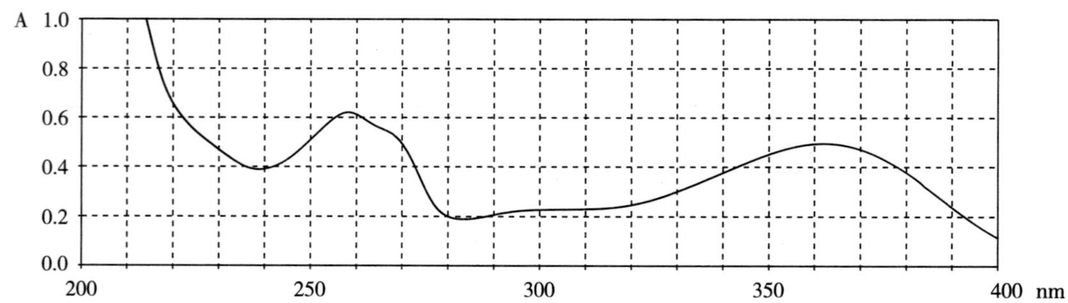

图 5　芦丁的紫外光谱图

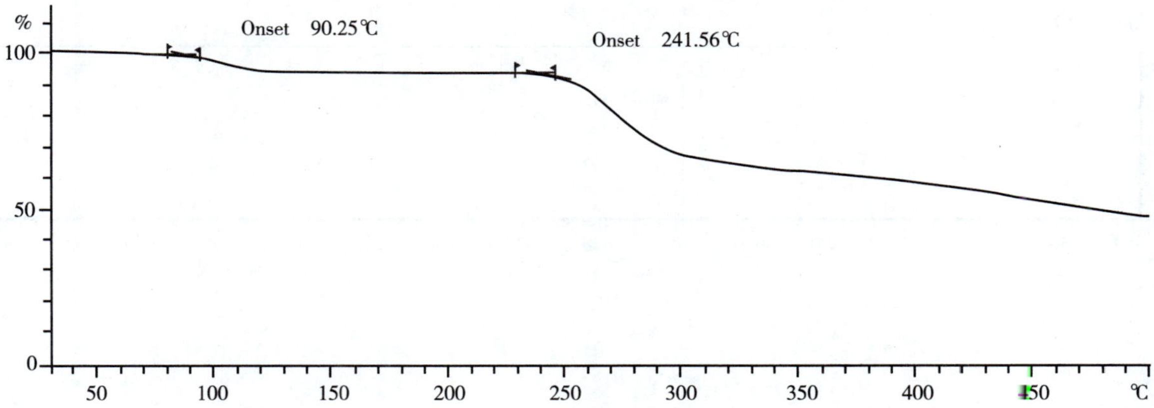

图 6　芦丁的 TG 图

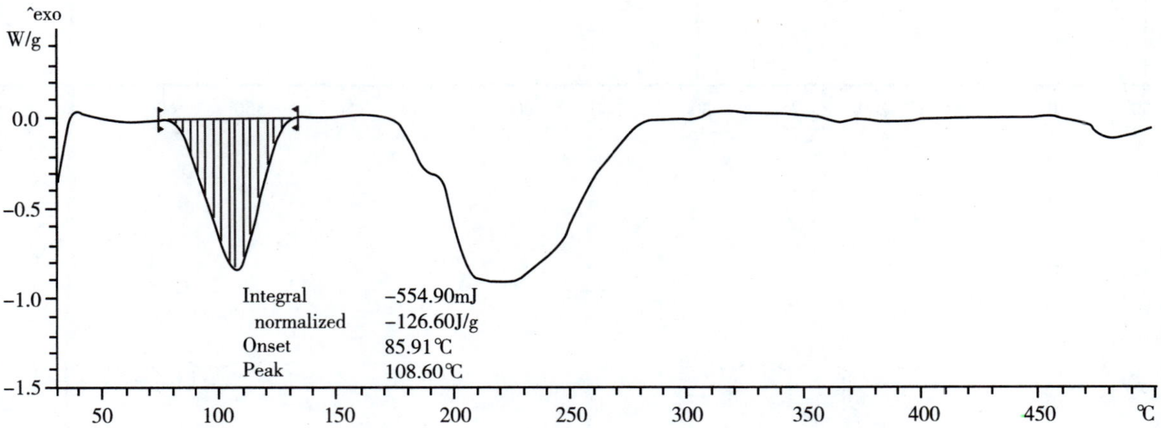

图 7　芦丁的 DSC 图

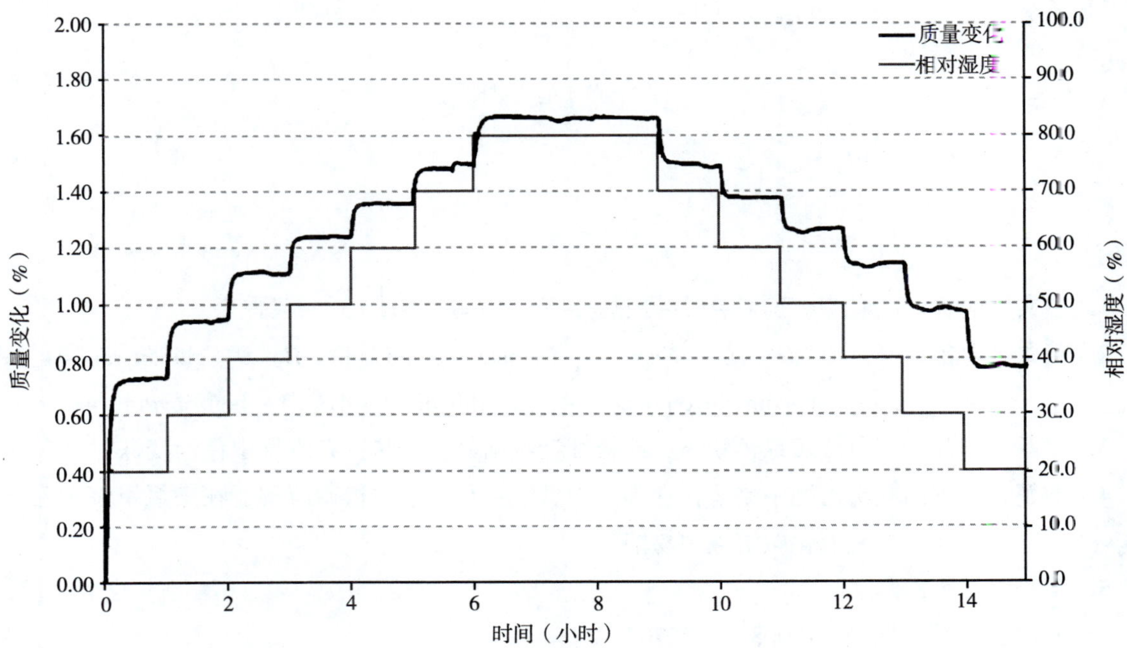

图 8　芦丁的 DVS 图

负离子扫描模式（一级）

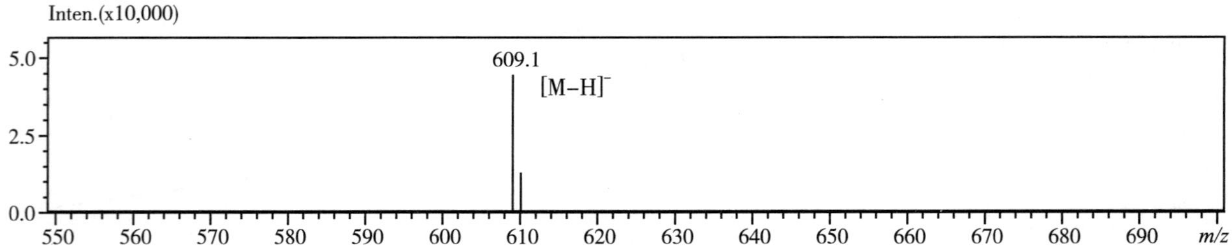

负离子扫描模式（二级）

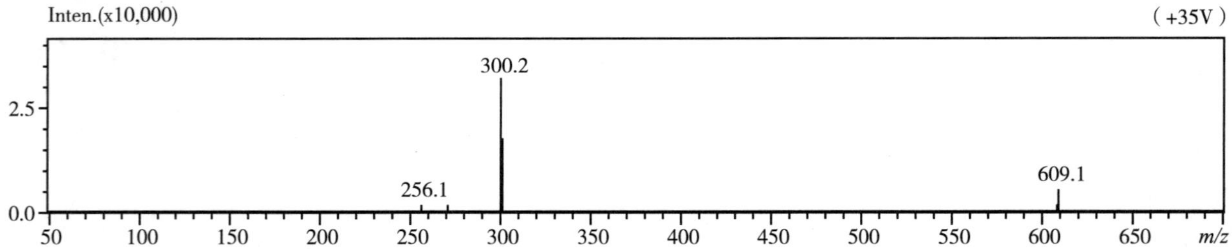

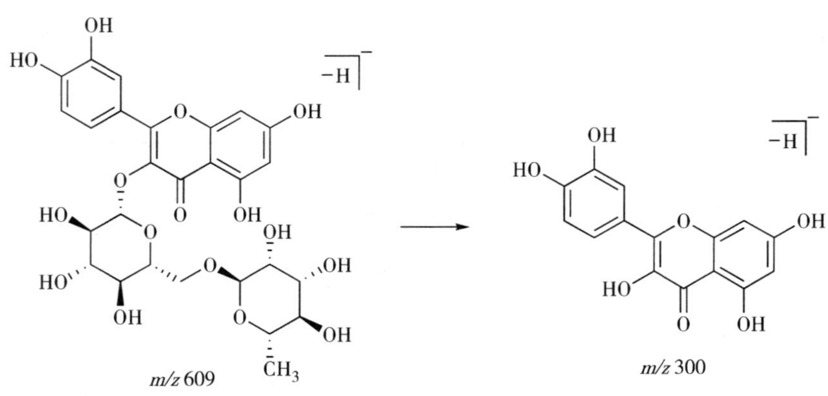

图9　芦丁的质谱图

备注

1. **中文化学名**　3′,4′,7－三[O－(2－羟基)－5－羟基－黄酮－3]－芸香苷

2. **英文化学名**　3－[[6－*O*－(6－deoxy－α－*L*－mannopyranosyl)－β－*D*－glucopyranosyl]oxy]－2－(3,4－dihydroxyphenyl)－5,7－dihydroxy－4*H*－1－benzopyran－4－one

3. **性状**　本品为黄色或黄绿色粉末，或极细针状结晶；无味；在空气中色渐变深。

4. **溶解性**　本品在沸乙醇中略溶，在沸水中微溶，在冷水中极微溶解，在三氯甲烷和乙醚中不溶；在氢氧化碱溶液中易溶。

5. **溶剂**　无水乙醇。

6. **对照品编号与批号**　100080－200707

槲 皮 素

英文名 Quercetin

分子式 $C_{15}H_{10}O_{7}$

分子量 302.24

CAS 号 117－39－5

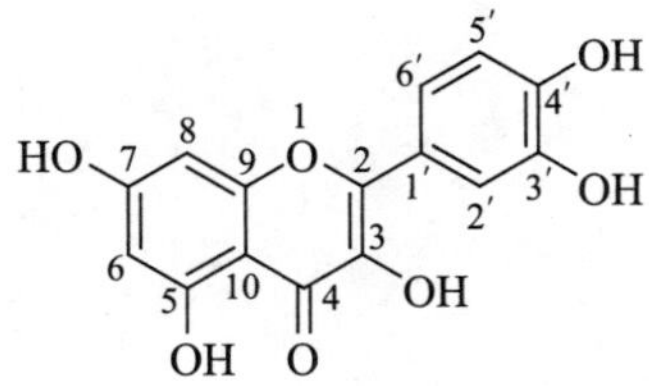

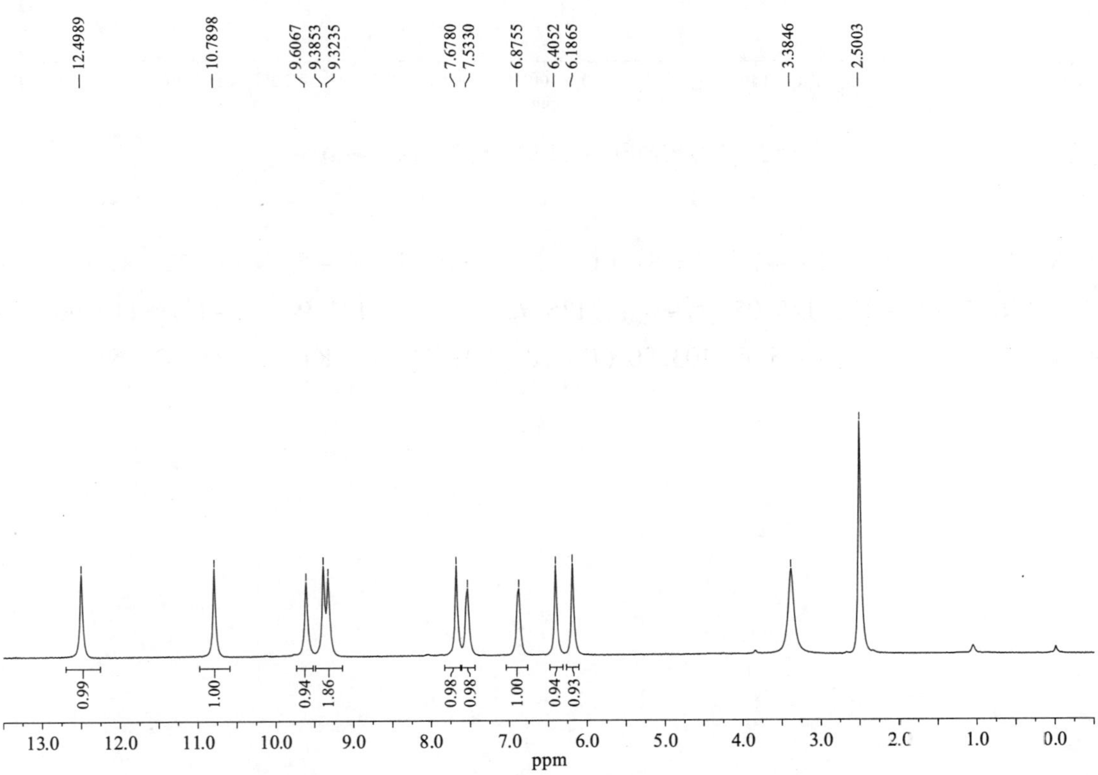

图 1 槲皮素的 ^{1}H NMR 谱（溶剂：CD_3SOCD_3）

^{1}H NMR：δ 12.50（C_5—OH，s，1H），10.79（C_3—OH，s，1H），9.61（C —OH，s，1H），9.38（$C_4{}'$—OH，s，1H），9.32（$C_3{}'$—OH，s，1H），7.68（H－2′，s，1H），7.53（H－6′，brs，1H），6.88（H－5′，brs，1H），6.41（H－8，s，1H），6.19（H－6，s，1H）

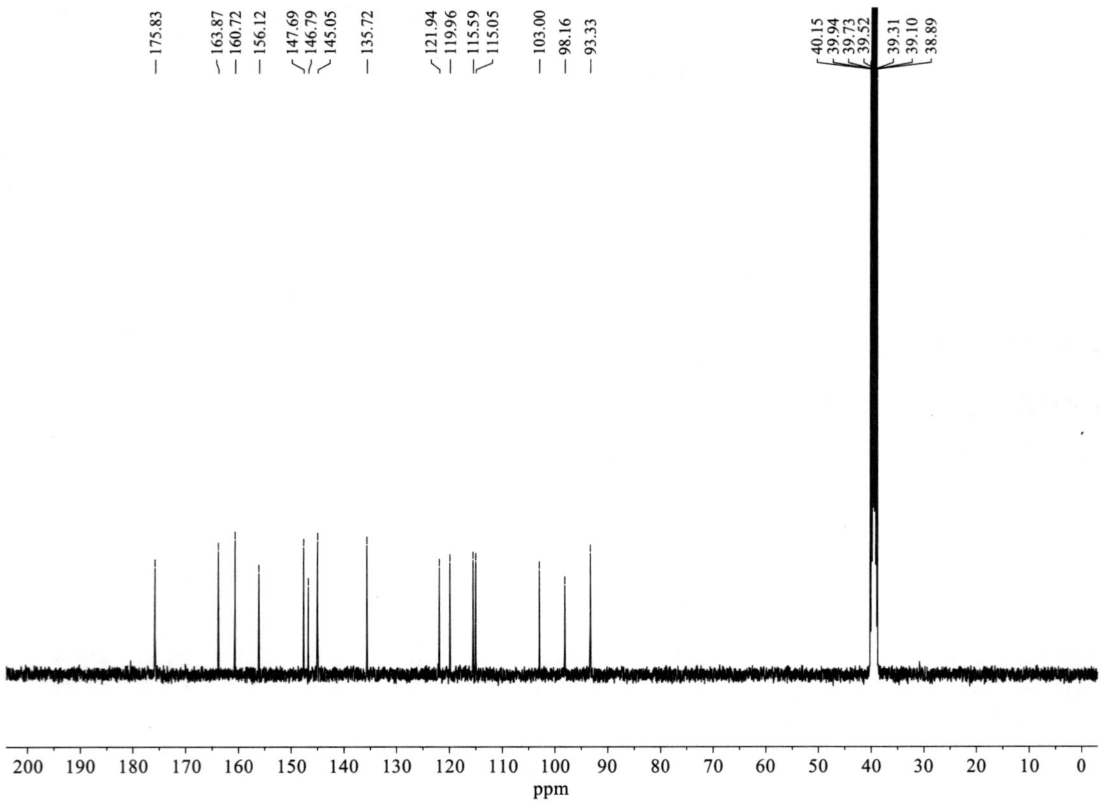

图2　槲皮素的^{13}C NMR谱（溶剂：CD_3SOCD_3）

^{13}C NMR：δ 175.83（C－4），163.87（C－7），160.72（C－5），156.12（C－9），147.69（C－3′），146.79（C－2），145.05（C－4′），135.72（C－3），121.94（C－1′），119.96（C－6′），115.59（C－2′），115.05（C－5′），103.00（C－10），98.16（C－8），93.33（C－6）

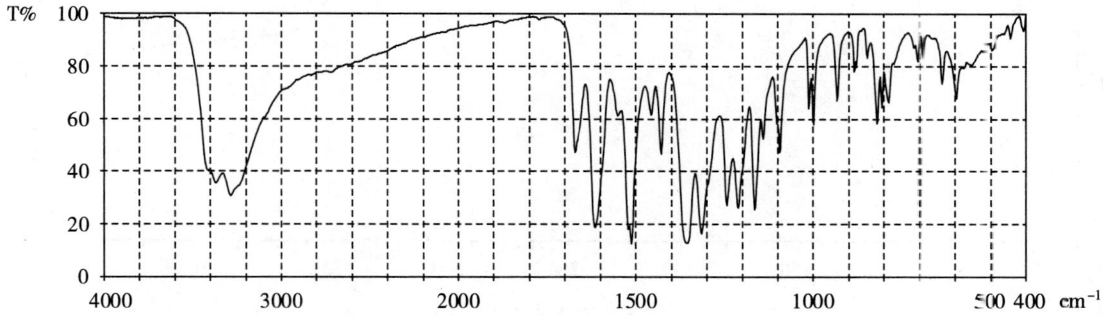

图 3　槲皮素的红外光谱图

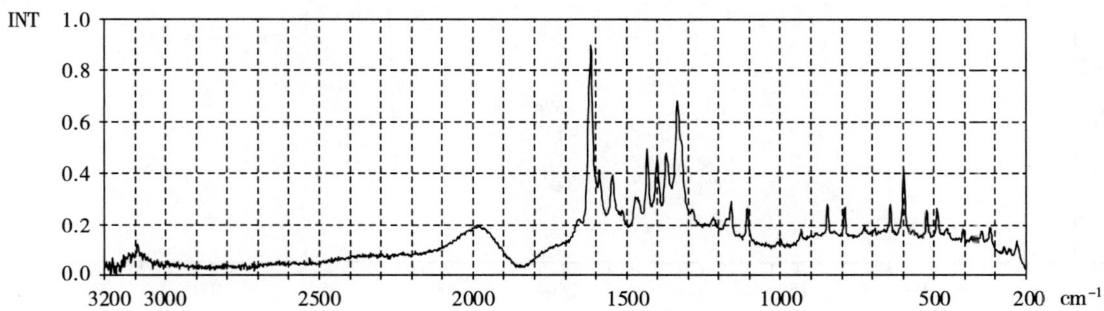

图 4　槲皮素的拉曼光谱图

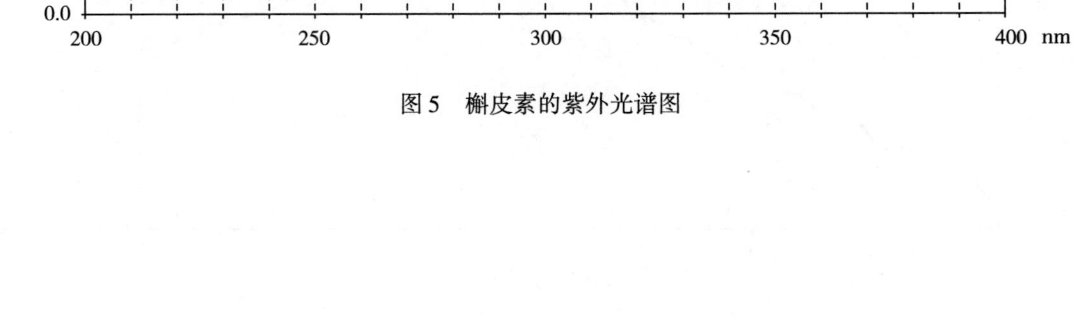

图 5　槲皮素的紫外光谱图

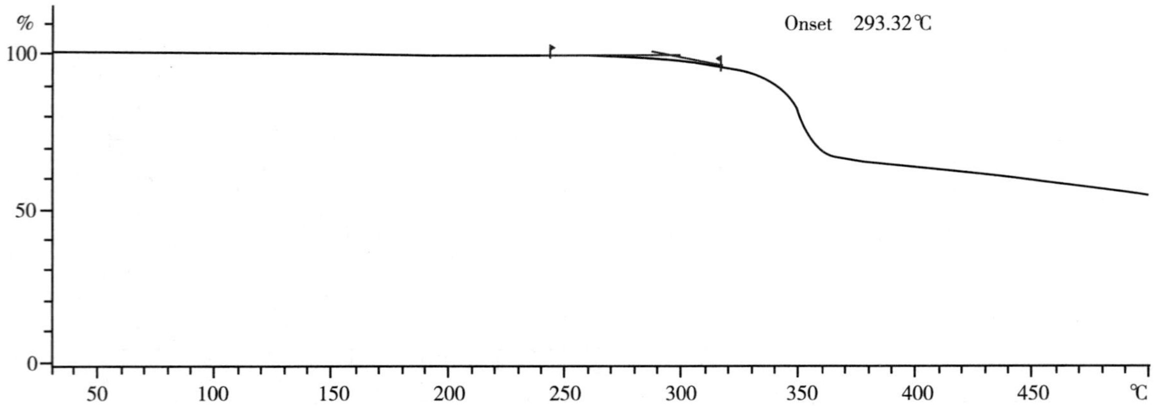

图 6　槲皮素的 TG 图

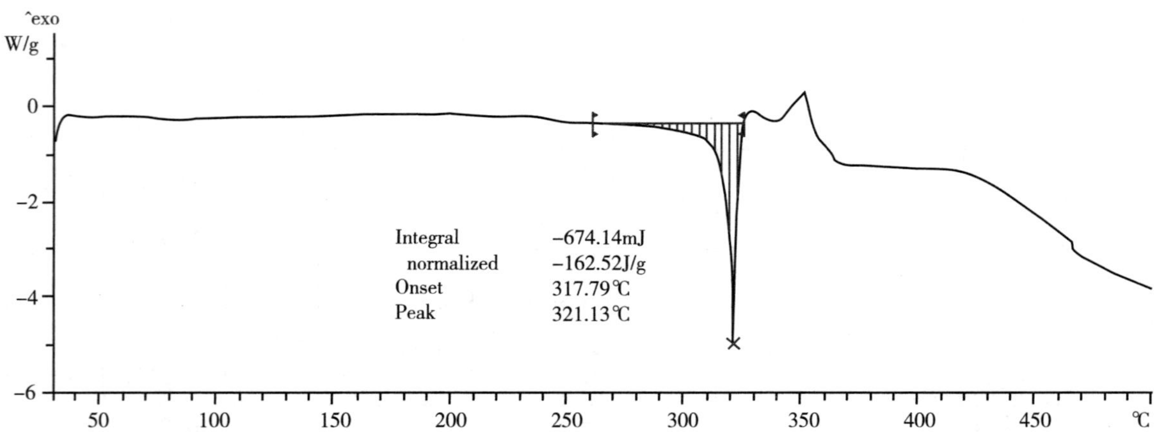

图 7　槲皮素的 DSC 图

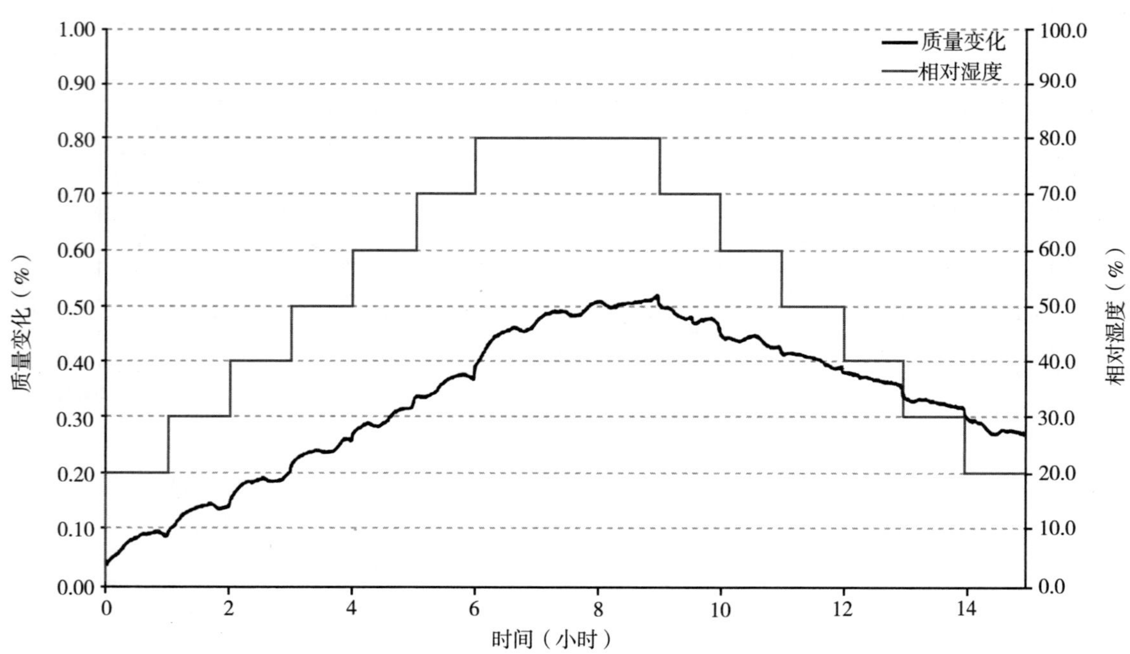

图 8　槲皮素的 DVS 图

正离子扫描模式（一级）

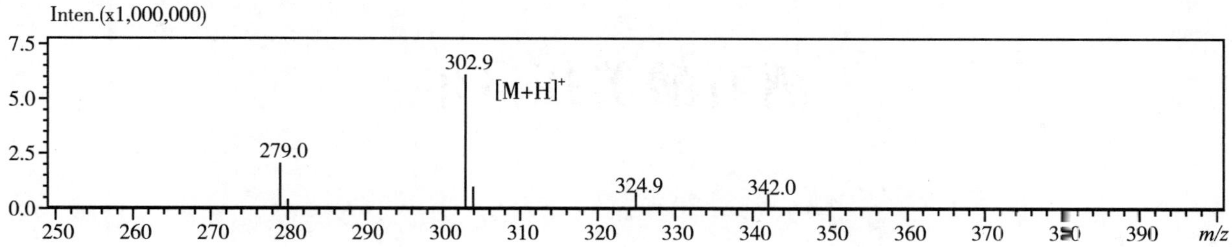

正离子扫描模式（二级）

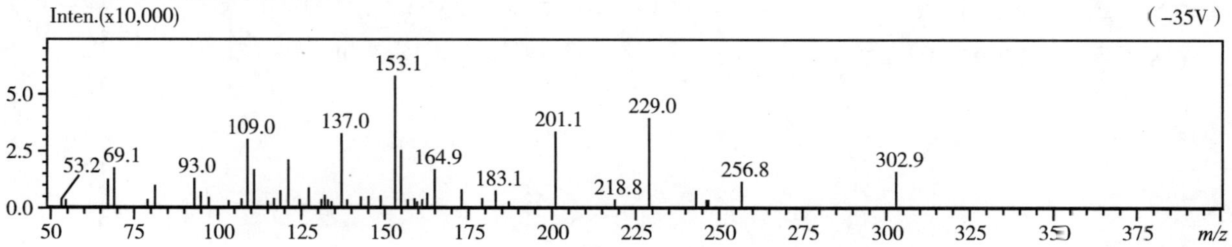

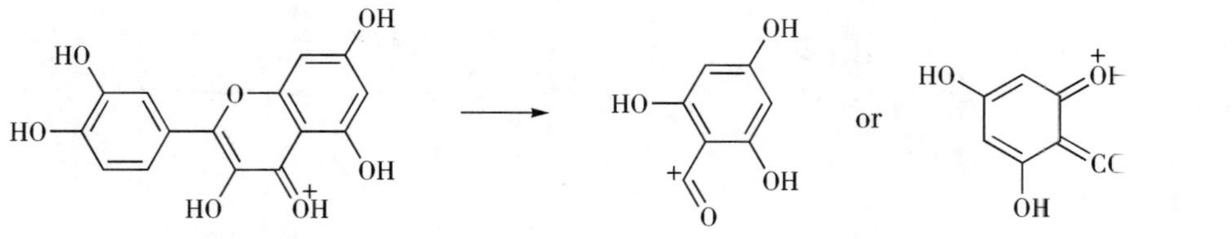

图9　槲皮素的质谱图

备注

1. **中文化学名**　2-(3,4-二羟苯基)-3,5,7-三羟基-4*H*-1-苯并吡喃-4-酮
2. **英文化学名**　2-(3,4-dihydroxyphenyl)-3,5,7-trihydroxy-4*H*-1-benzopyran-4-one
3. **性状**　本品为黄色粉末。
4. **溶剂**　无水乙醇。
5. **对照品编号与批号**　100081-200907

酒石酸美托洛尔

英文名 Metoprolol Tartrate

分子式 $(C_{15}H_{25}NO_3)_2 \cdot C_4H_6O_6$

分子量 684.81

CAS 号 56392-17-7

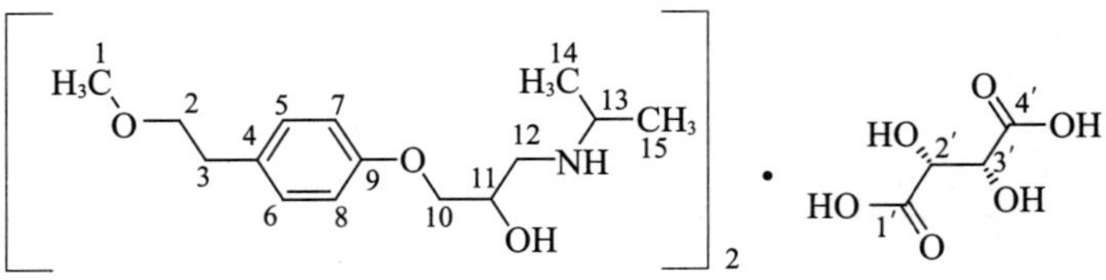

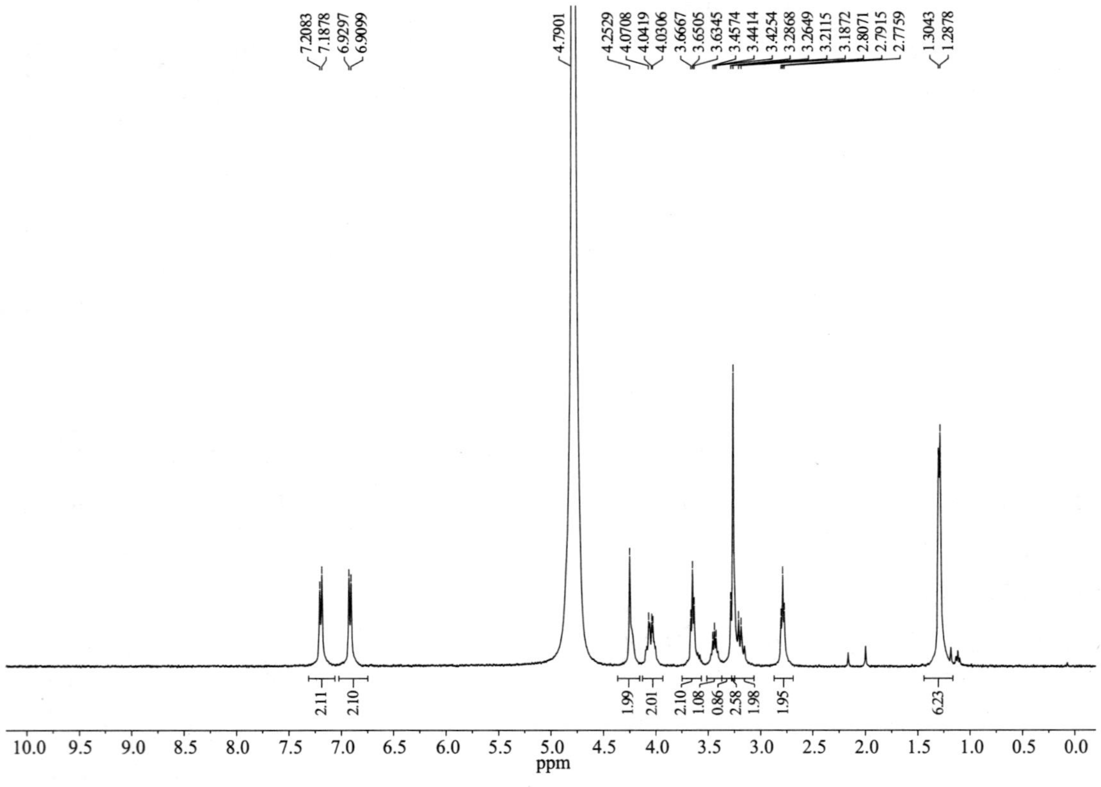

图 1 酒石酸美托洛尔的^{1}H NMR 谱（溶剂：D_2O）

^{1}H NMR：δ 7.20（H-5，6，d，J=8.2 Hz，2H），6.92（H-7，8，d，J=7.9 Hz，2H），4.25（H-2′，3′，m，2H），4.30~3.95（m，2H），3.75~3.53（m，2H），3.41（m，1H），3.32（m，1H），3.28~3.24（m，3H），3.24~3.06（H-12，m，2H），2.79（H-3，t，J=6.3 Hz，2H），1.29（H-14，15，d，J=6.6 Hz，6H）

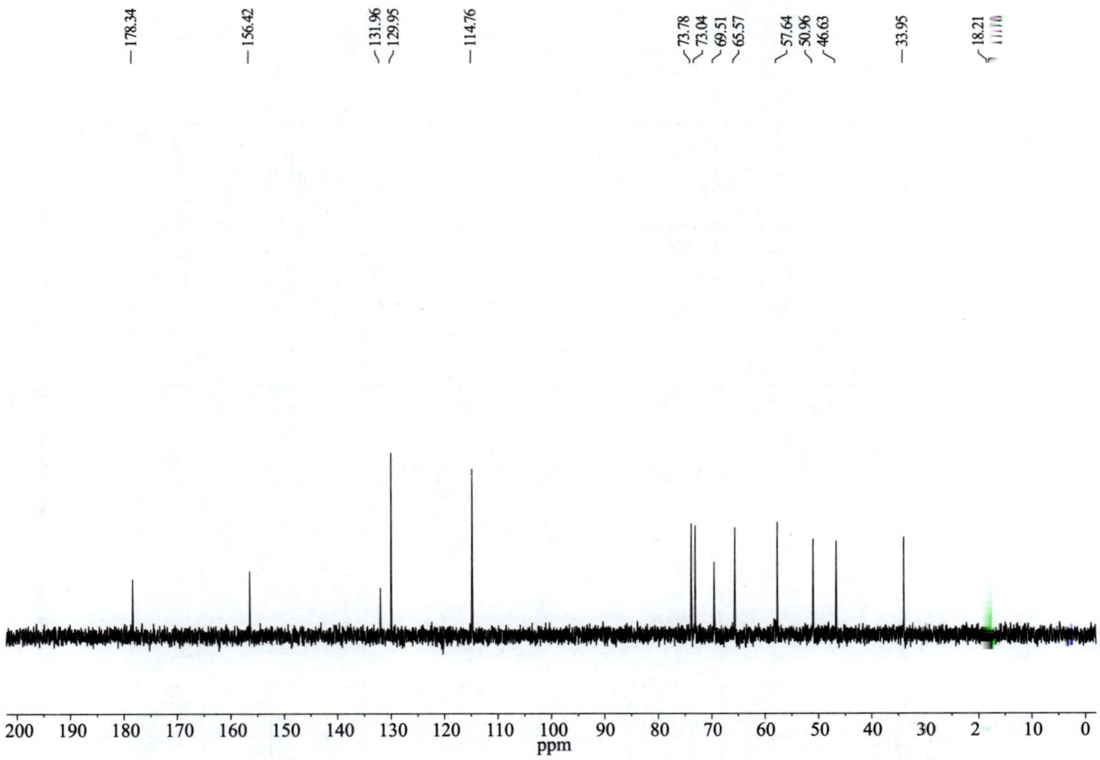

图2　酒石酸美托洛尔的^{13}C NMR 谱（溶剂：D_2O）

^{13}C NMR：δ 178.34（C－1′，4′），156.42（C－9），131.96（C－4），129.95（C－5，6），114.76（C－7，8），73.78（C－2′，3′），73.04（C－2），69.51（C－10），65.57（C－11），57.64（C－1），50.96（C－13），46.63（C－12），33.95（C－3），18.21（C－14），17.73（C－15）

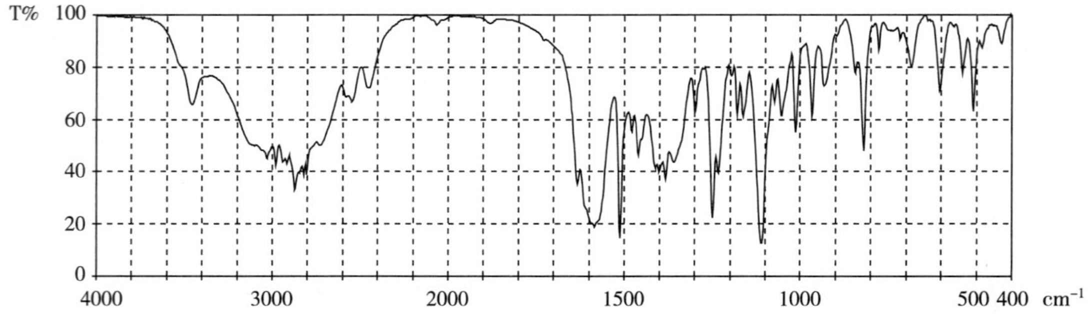

图 3　酒石酸美托洛尔的红外光谱图

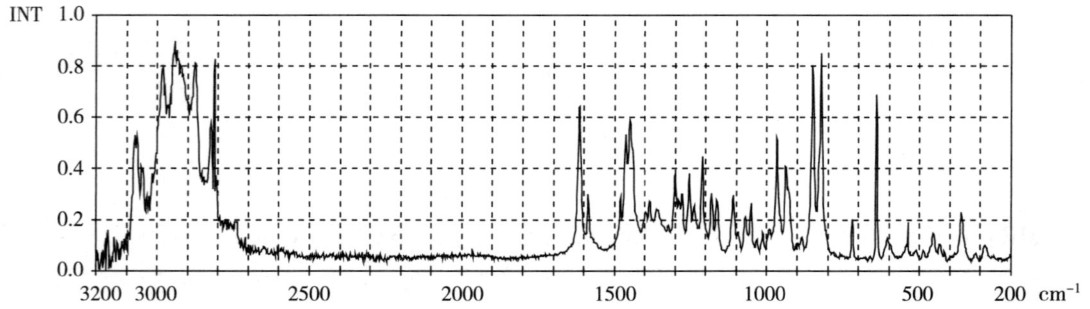

图 4　酒石酸美托洛尔的拉曼光谱图

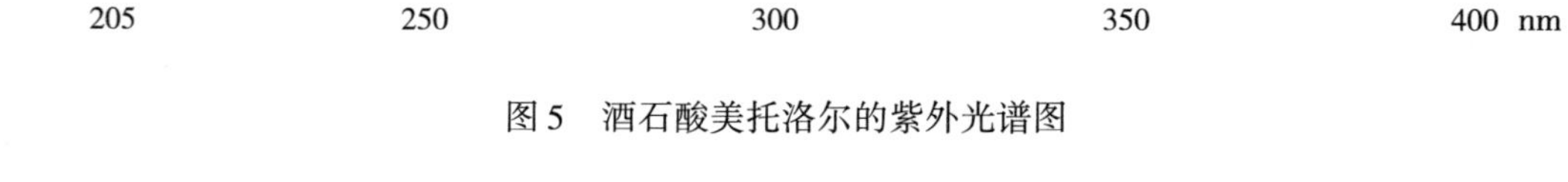

图 5　酒石酸美托洛尔的紫外光谱图

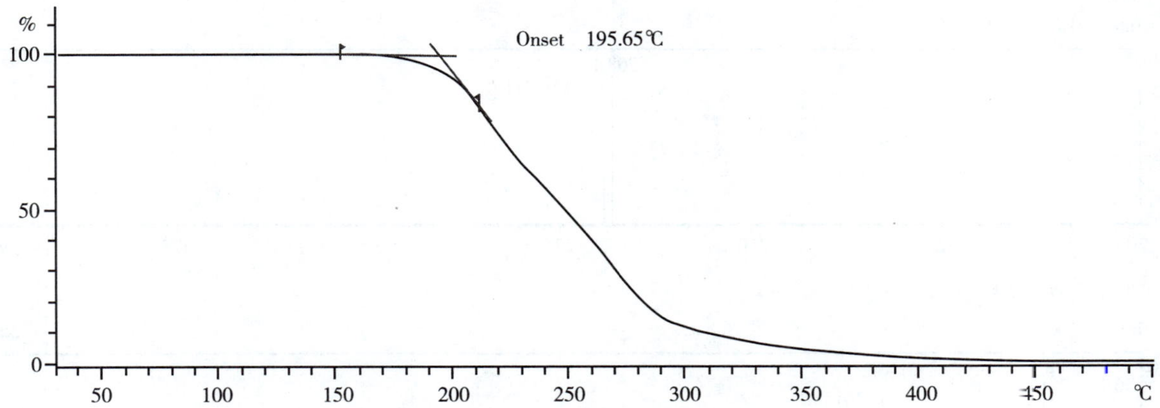

图 6　酒石酸美托洛尔的 TG 图

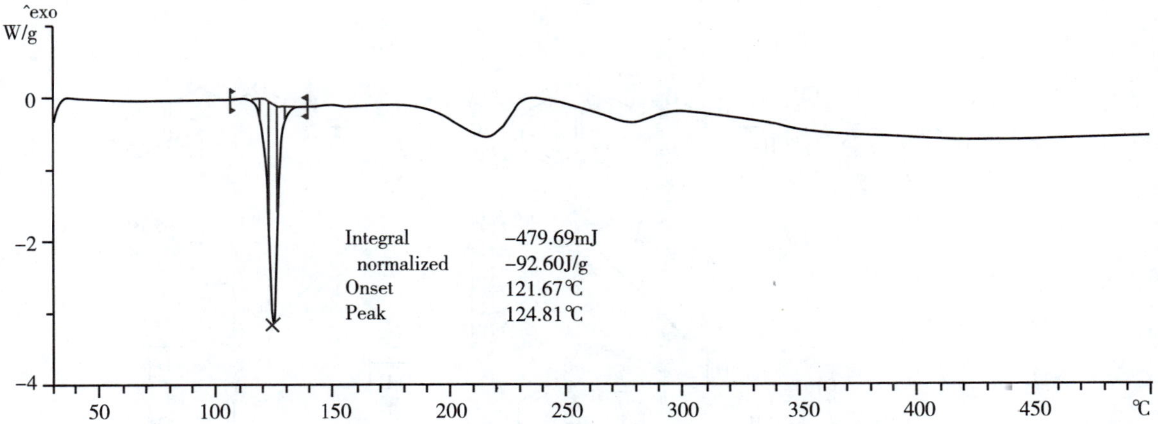

图 7　酒石酸美托洛尔的 DSC 图

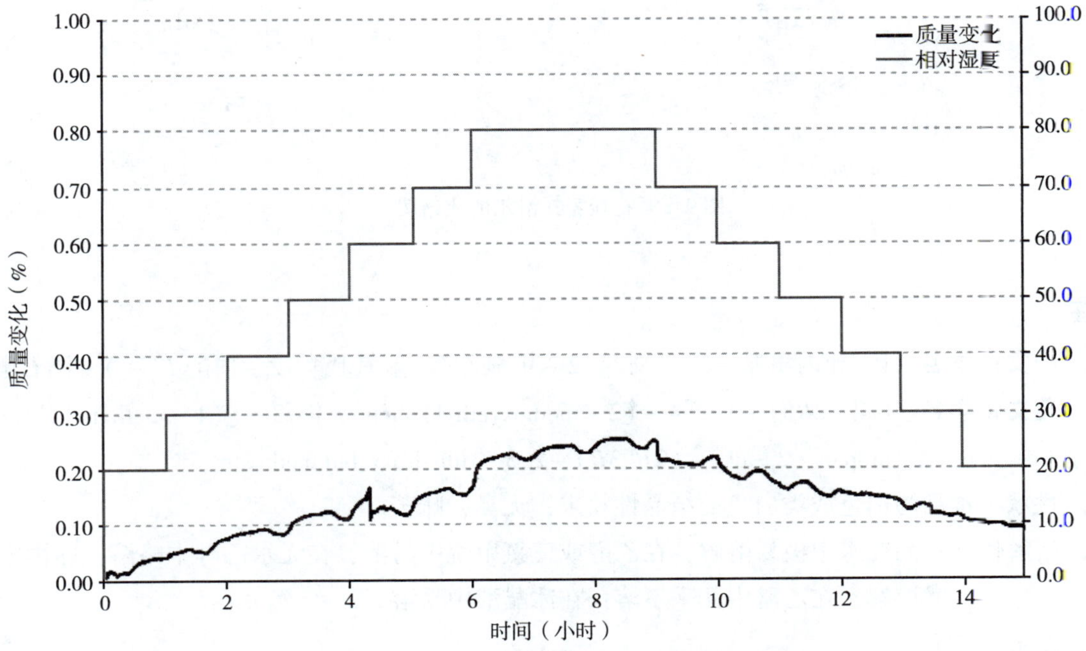

图 8　酒石酸美托洛尔的 DVS 图

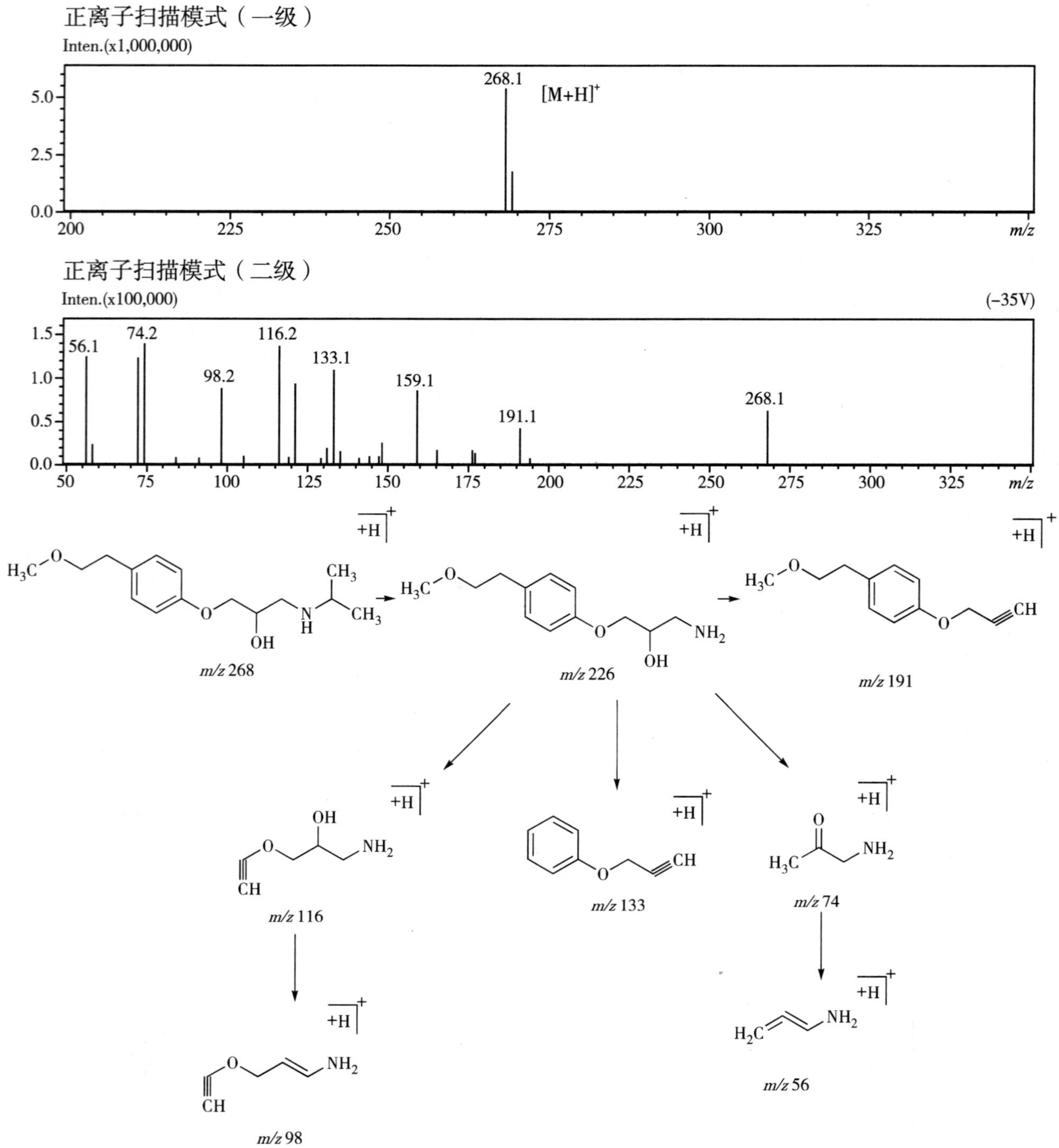

图 9　酒石酸美托洛尔的质谱图

备注

1. 中文化学名　1－异丙氨基－3－［对－(2－甲氧乙基)苯氧基］－2－丙醇 *L*(＋)－酒石酸盐

2. 英文化学名　bis[(2*RS*)－1－[4－(2－methoxyethyl)phenoxy]－3－[(1－methylethyl)amino]propan－2－ol]－(2*R*,3*R*)－2,3－dihydroxy butanedioate

3. 性状　本品为白色或类白色的结晶性粉末；无臭，味苦。

4. 溶解性　本品在水中极易溶解，在乙醇或三氯甲烷中易溶，在无水乙醇中略溶，在丙酮中极微溶解，在乙醚中几乎不溶；在冰醋酸中易溶。

5. 溶剂　乙醇。

6. 对照品编号与批号　100084－201102

猪去氧胆酸

英文名 Hyodeoxycholic Acid

分子式 $C_{24}H_{40}O_4$

分子量 392.57

CAS 号 83－49－8

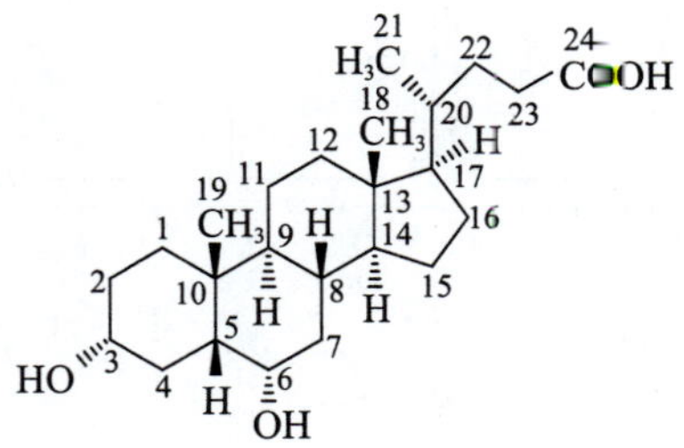

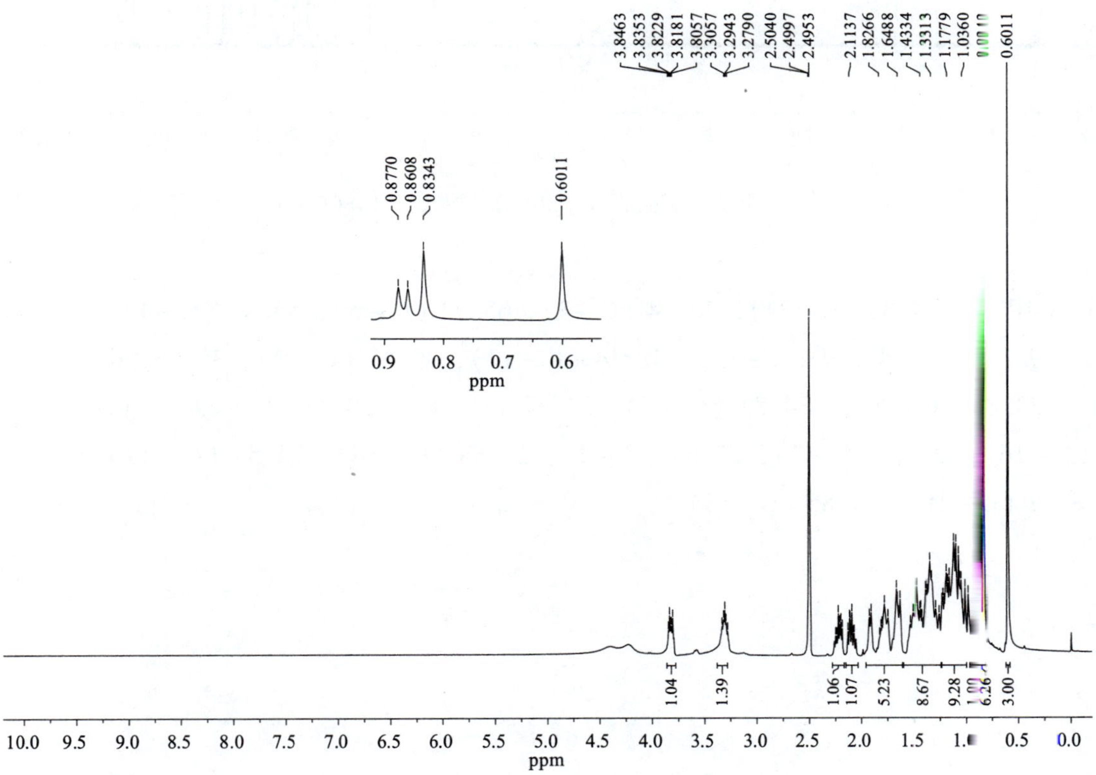

图 1　猪去氧胆酸的^{1}H NMR 谱（溶剂：CD_3SOCD_3）

^{1}H NMR：δ 3.83（H－6，m，1H），3.31（H－3，m，1H），2.22（H－23a，m，1H），2.10（H－23b，m，1H），1.98～1.59（m，5H），1.54～1.25（m，9H），1.25～0.99（m，9H），0.94（H－15，m，1H），0.87（H－21，d，*J*＝6.5 Hz，3H），0.84（H－19，s，3H），0.60（H－18，s，3H）

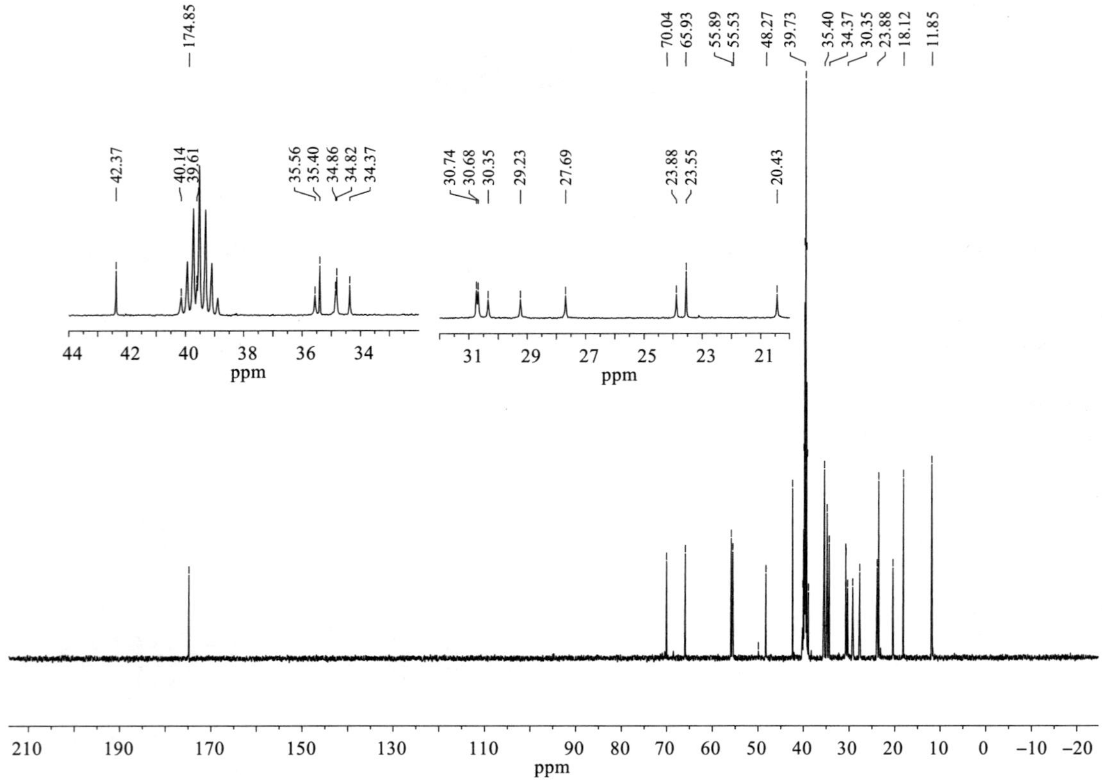

图2 猪去氧胆酸的^{13}C NMR 谱（溶剂：CD_3SOCD_3）

^{13}C NMR：δ 174. 85（C－24），70. 04（C－3），65. 93（C－6），55. 89（C－14），55. 53（C－17），48. 27（C－5），42. 37（C－13），40. 14（C－12），39. 61（C－9），35. 56（C－10），35. 40（C－1），34. 86（C－20），34. 82（C－7），34. 37（C－8），30. 74（C－22），30. 68（C－23），30. 35（C－16），29. 23（C－2），27. 69（C－4），23. 88（C－15），23. 55（C－19），20. 43（C－11），18. 12（C－21），11. 85（C－18）

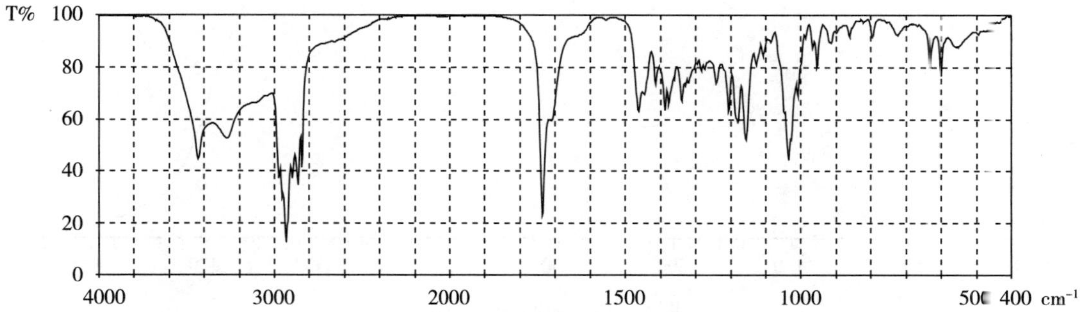

图 3　猪去氧胆酸的红外光谱图

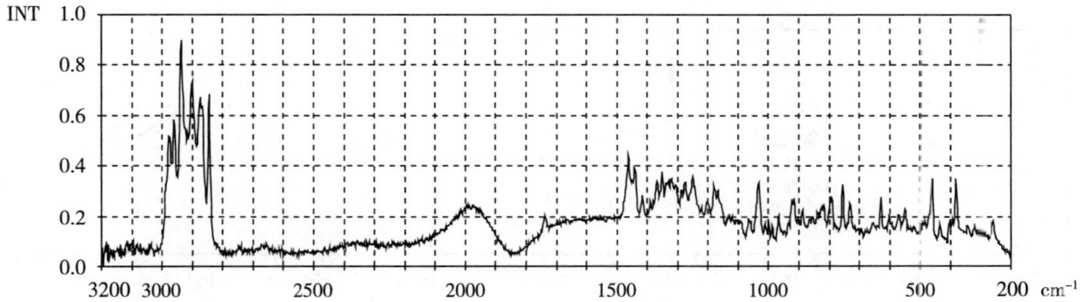

图 4　猪去氧胆酸的拉曼光谱图

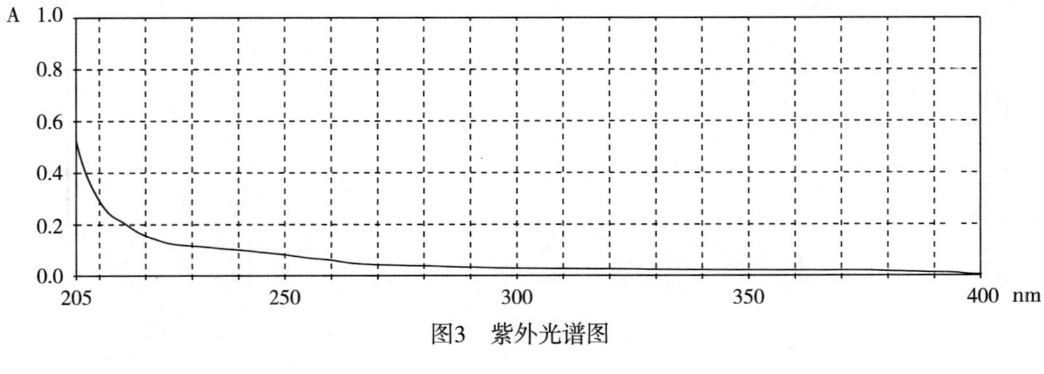

图 5　猪去氧胆酸的紫外光谱图

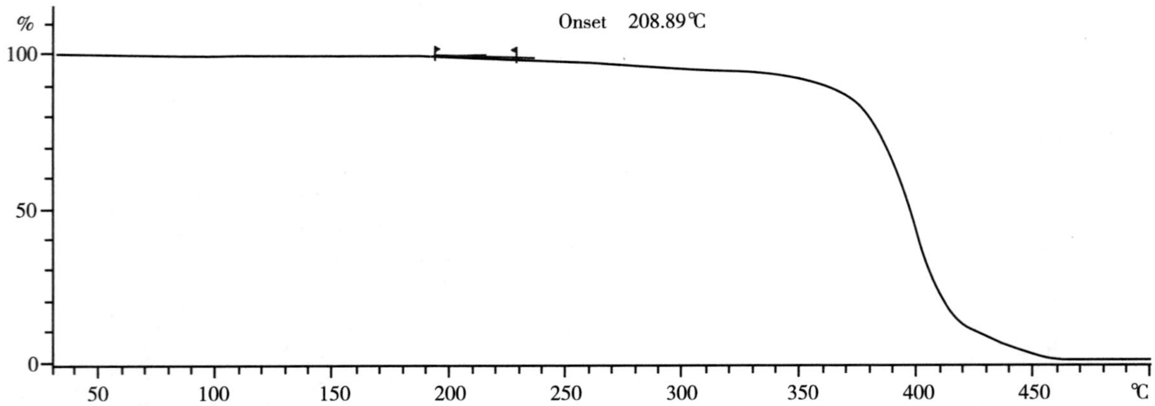

图 6　猪去氧胆酸的 TG 图

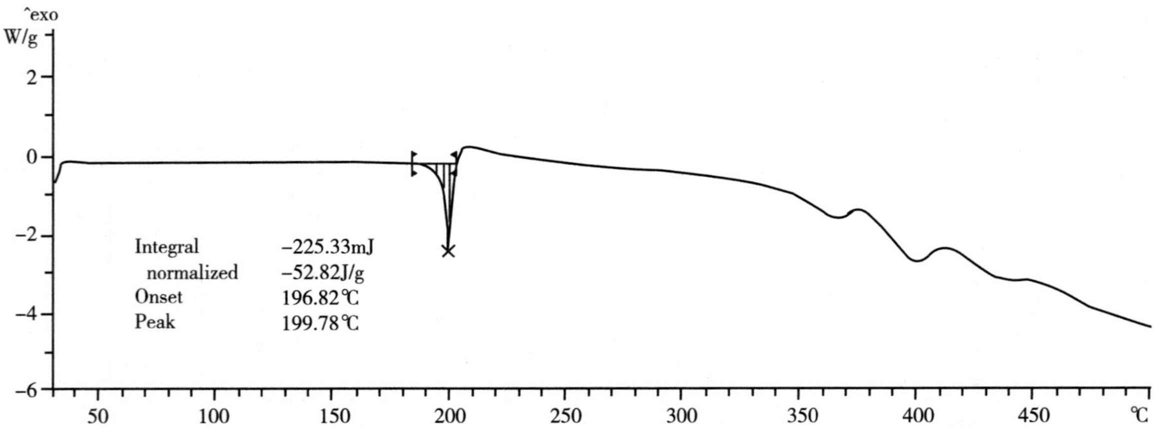

图 7　猪去氧胆酸的 DSC 图

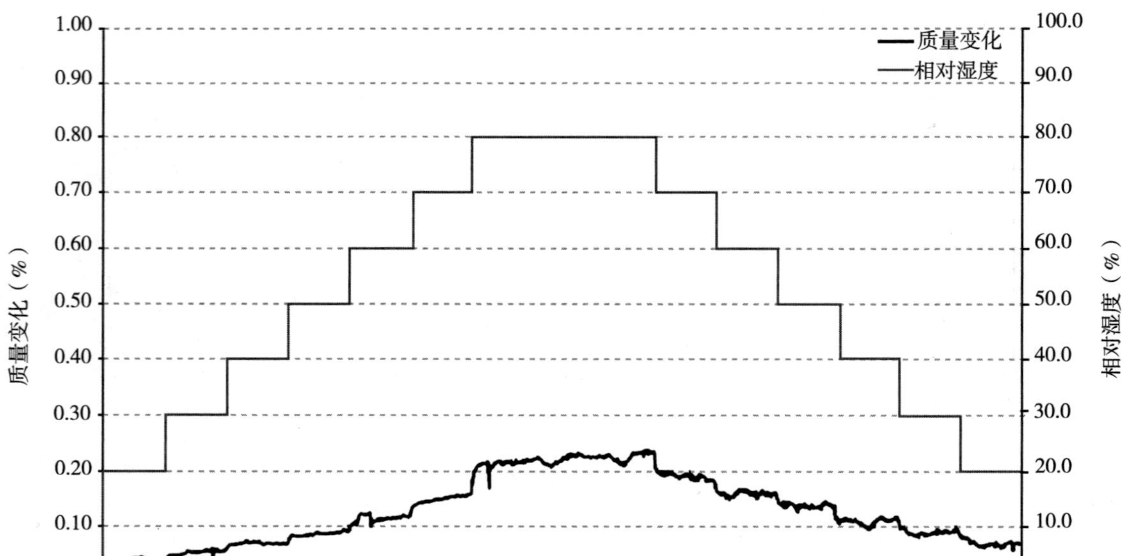

图 8　猪去氧胆酸的 DVS 图

负离子扫描模式（一级）

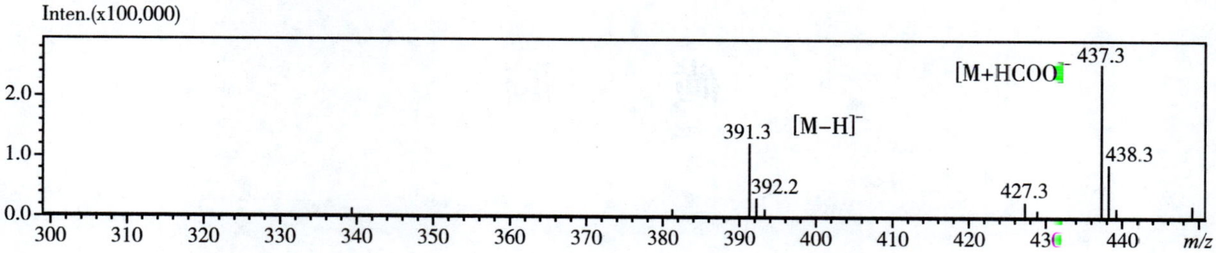

负离子扫描模式（二级）

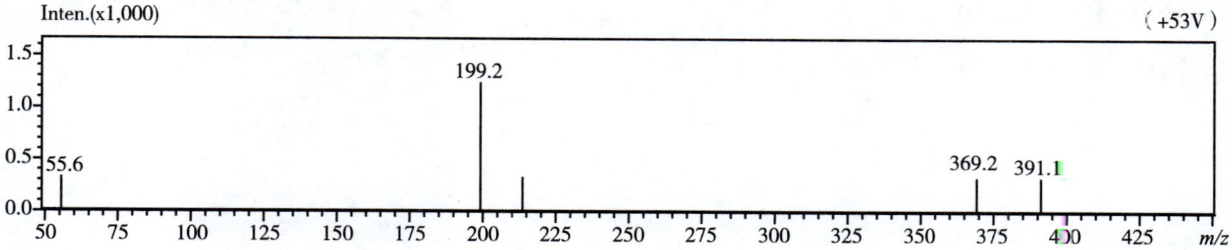

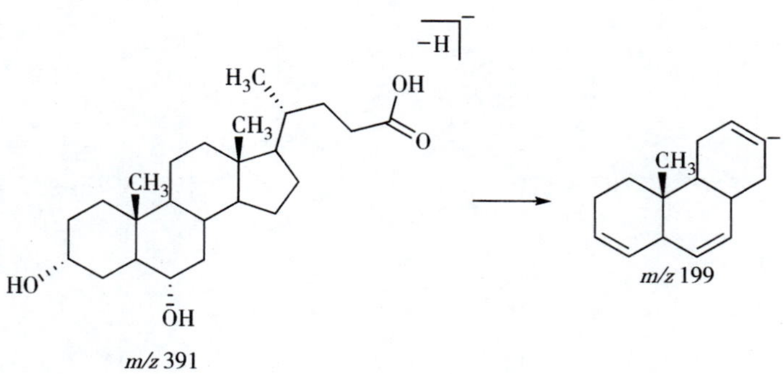

图 9　猪去氧胆酸的质谱图

备注

1. **中文化学名**　3α,6α－二羟基－5β－胆烷酸
2. **英文化学名**　(3α,5β,6α)－3,6－dihydroxycholan－24－oic acid
3. **性状**　本品为白色或略带微黄色粉末，味苦；臭，微腥。
4. **溶解性**　本品在醇中略溶，在丙酮中微溶，在乙醚、三氯甲烷中极微溶，在水中几乎不溶。
5. **溶剂**　无水乙醇。
6. **对照品编号与批号**　100087－200610

磺　　胺

英文名 Sulfanilamide

分子式 $C_6H_8N_2O_2S$

分子量 172. 20

CAS 号 63 - 74 - 1

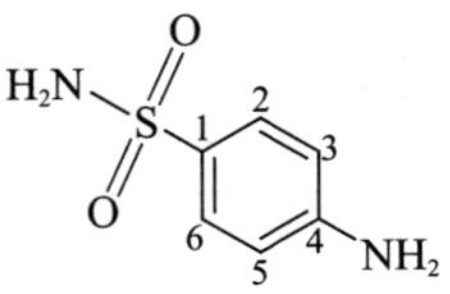

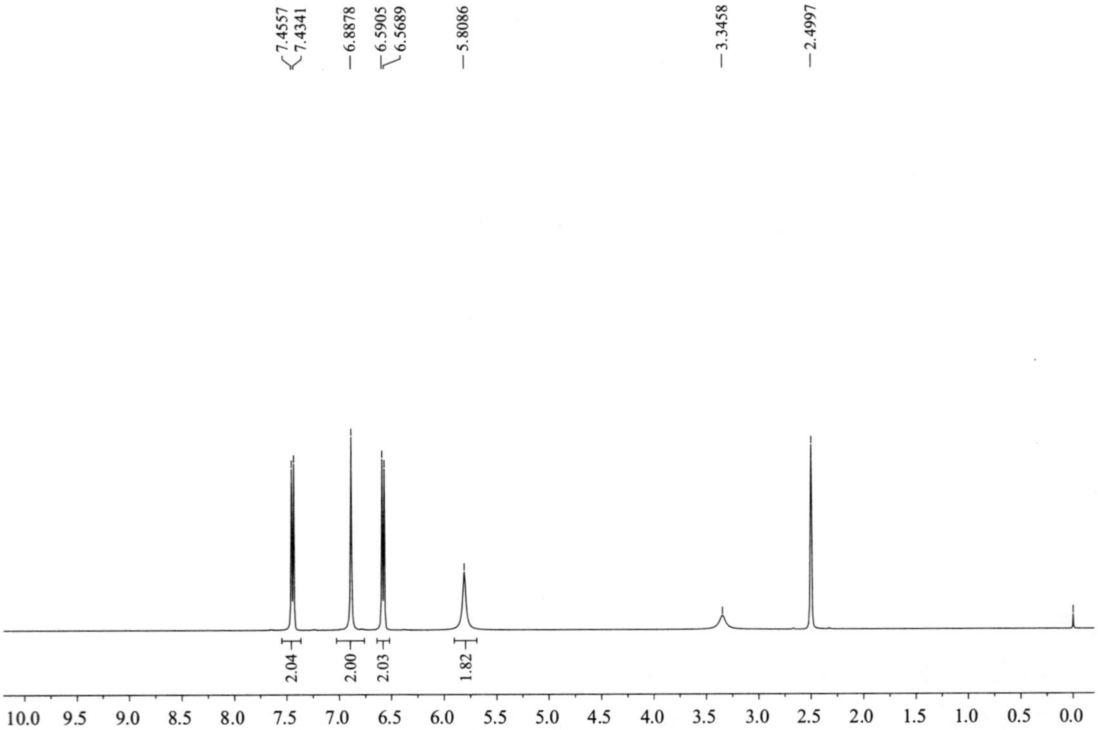

图 1　磺胺的 ^1H NMR 谱（溶剂：CD_3SOCD_3）

^1H NMR：δ 7. 44（H－2，6，d，J = 8. 6 Hz，2H），6. 89（S—NH_2，s，2H），6. 58（H－3，5，d，J = 8. 6 Hz，2H），5. 81（C—NH_2，s，2H）

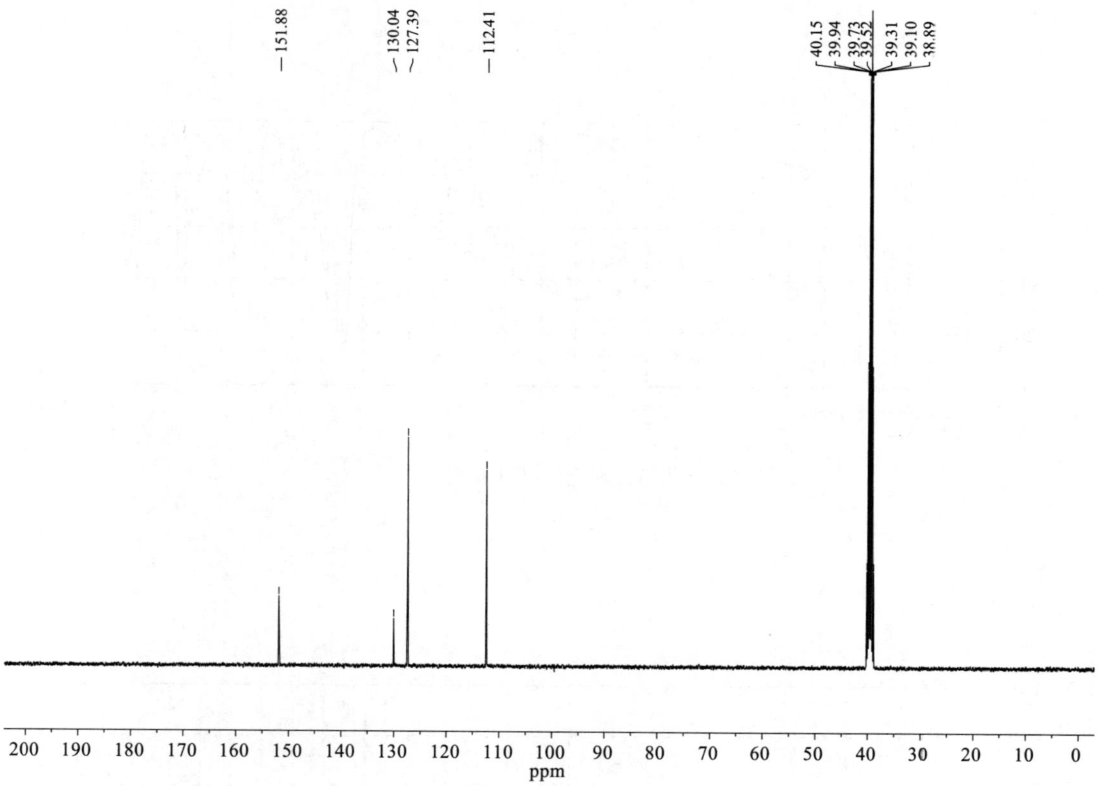

图 2　磺胺的^{13}C NMR 谱（溶剂：CD_3SOCD_3）

^{13}C NMR：δ 151.88（C－4），130.04（C－1），127.39（C－3，5），112.41（C－2，6）

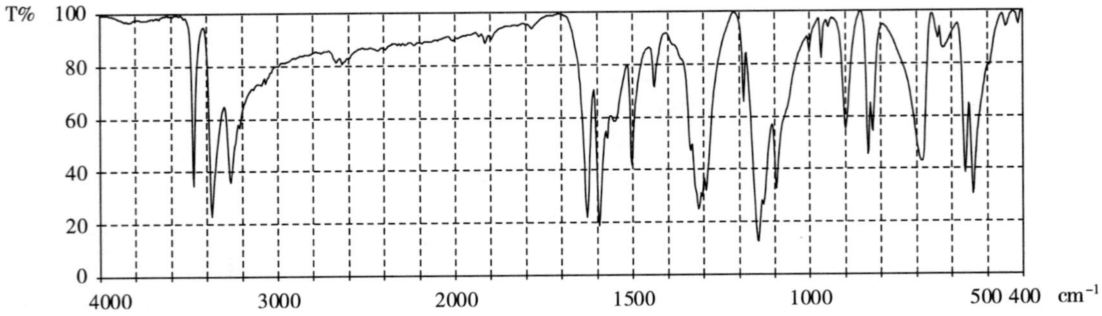

图 3　磺胺的红外光谱图

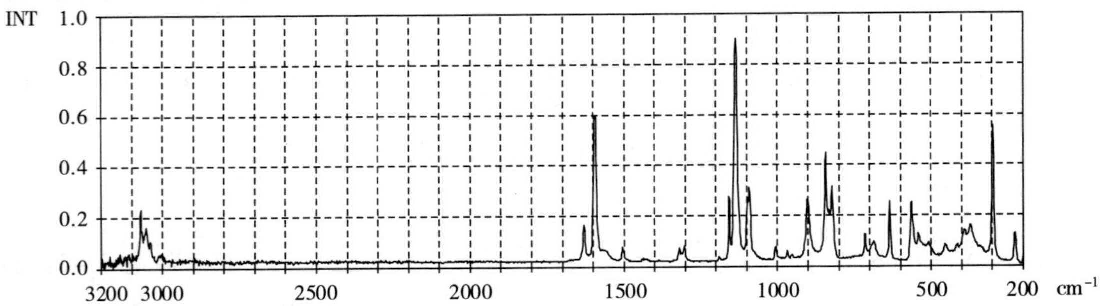

图 4　磺胺的拉曼光谱图

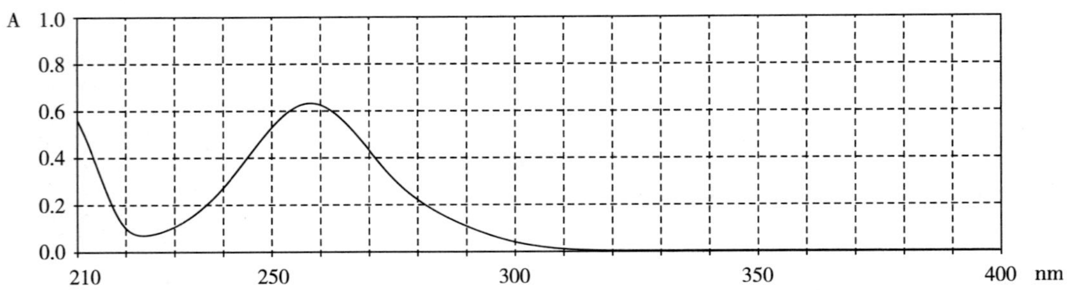

图 5　磺胺的紫外光谱图

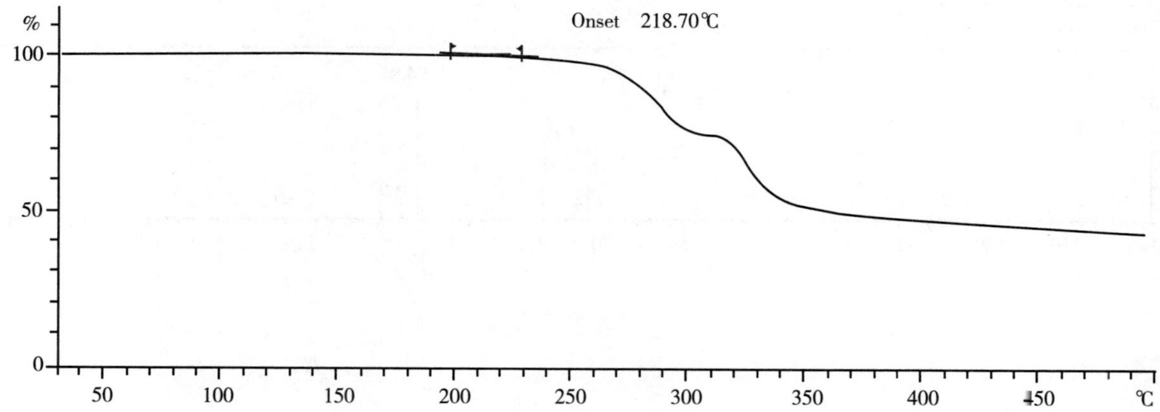

图 6　磺胺的 TG 图

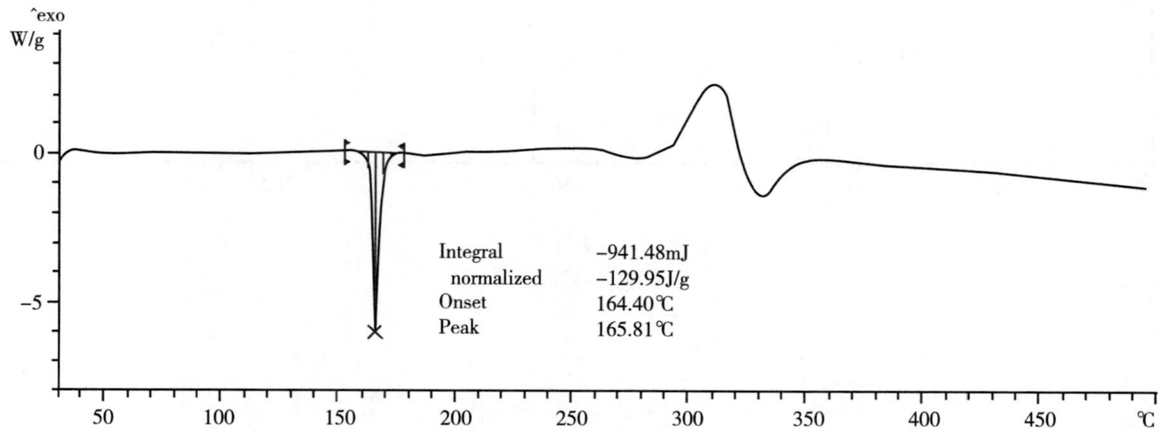

图 7　磺胺的 DSC 图

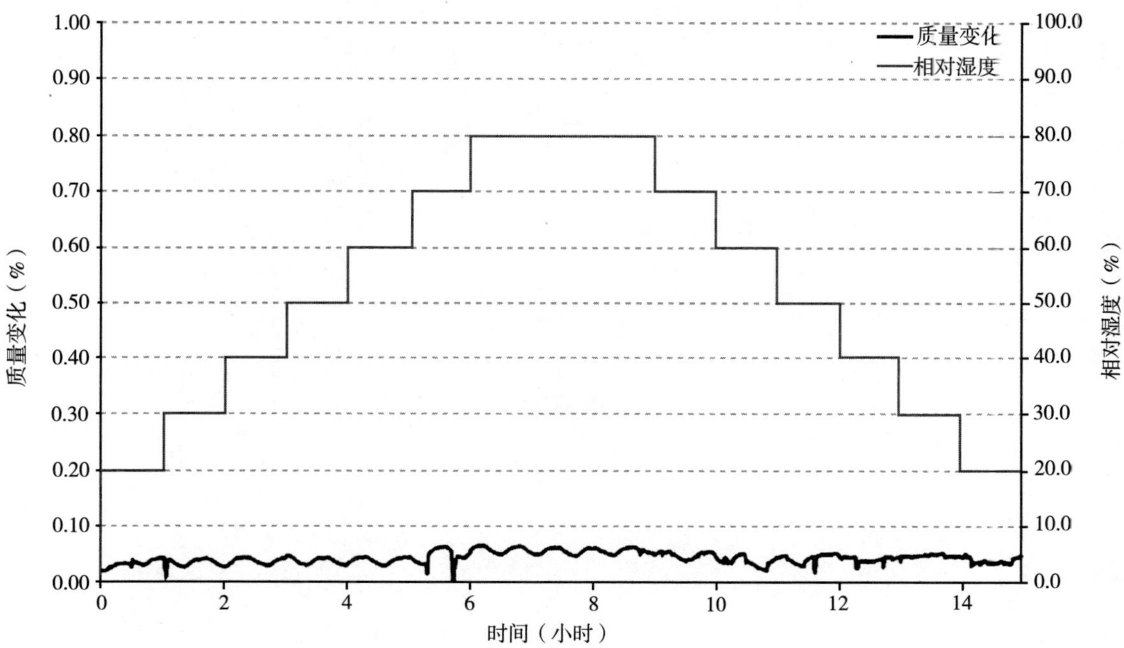

图 8　磺胺的 DVS 图

正离子扫描模式（一级）

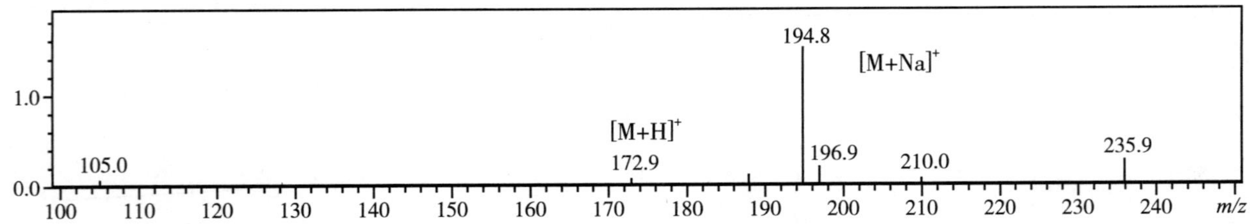

正离子扫描模式（二级）

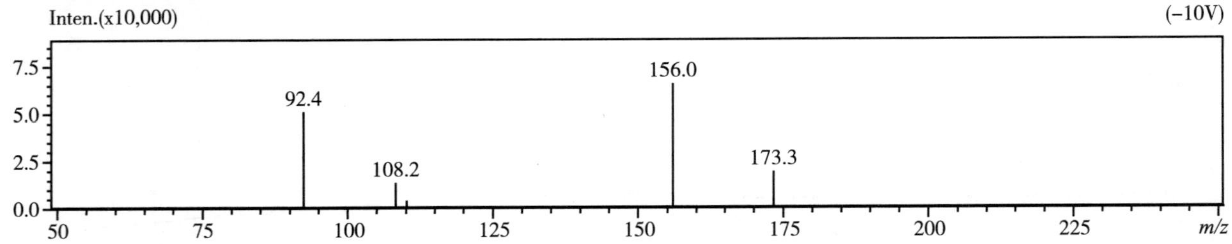

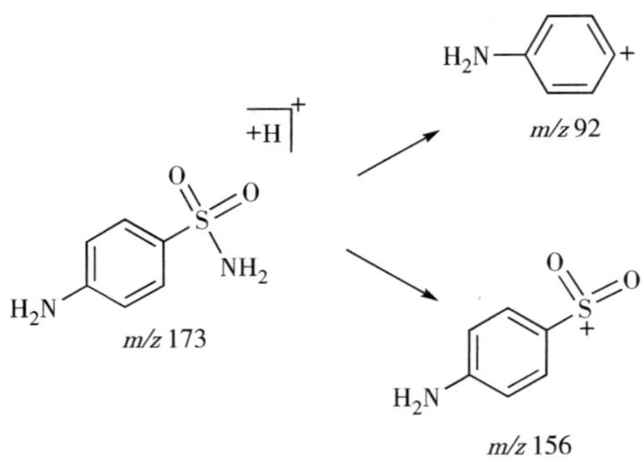

负离子扫描模式（一级）

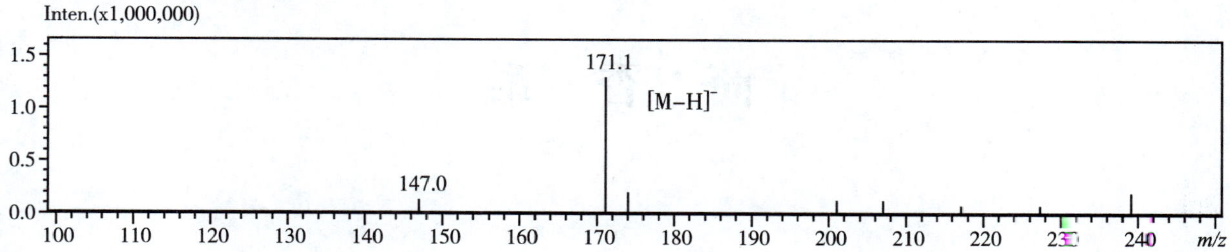

负离子扫描模式（二级）

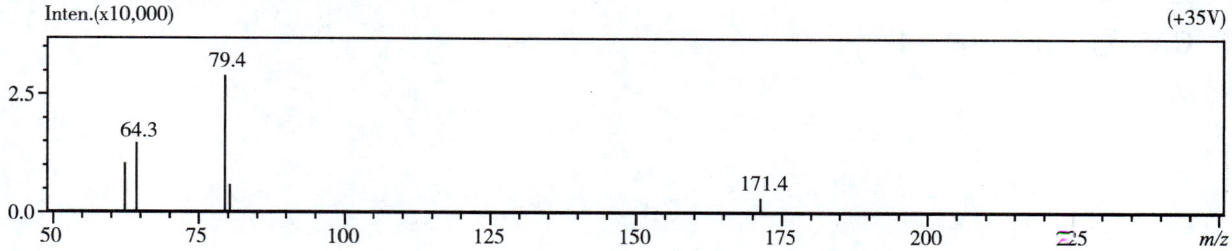

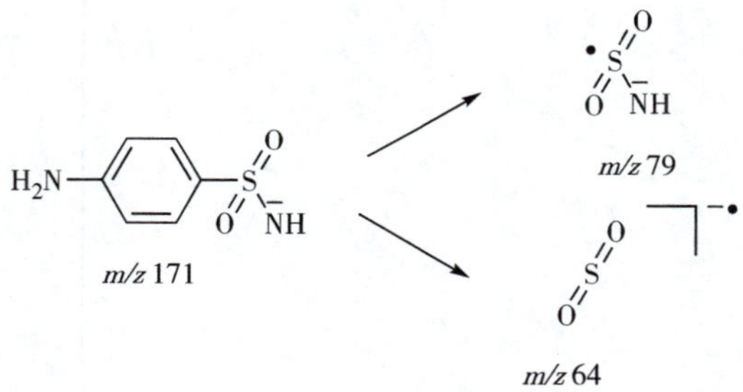

图 9　磺胺的质谱图

备注

1. **中文化学名**　4－氨基苯磺酰胺
2. **英文化学名**　4－aminobenzene sulfonamide
3. **性状**　本品为白色结晶性粉末。
4. **溶剂**　甲醇。
5. **用途**　熔点测定。
6. **对照品编号与批号**　100096－199404

茴　香　酸

英文名　*p* – Anisic Acid

分子式　$C_8H_8O_3$

分子量　152. 15

CAS 号　100 – 09 – 4

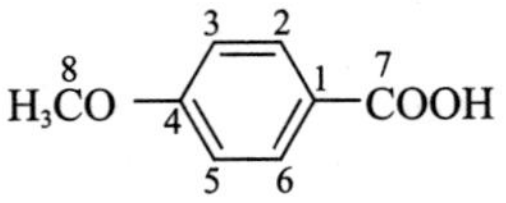

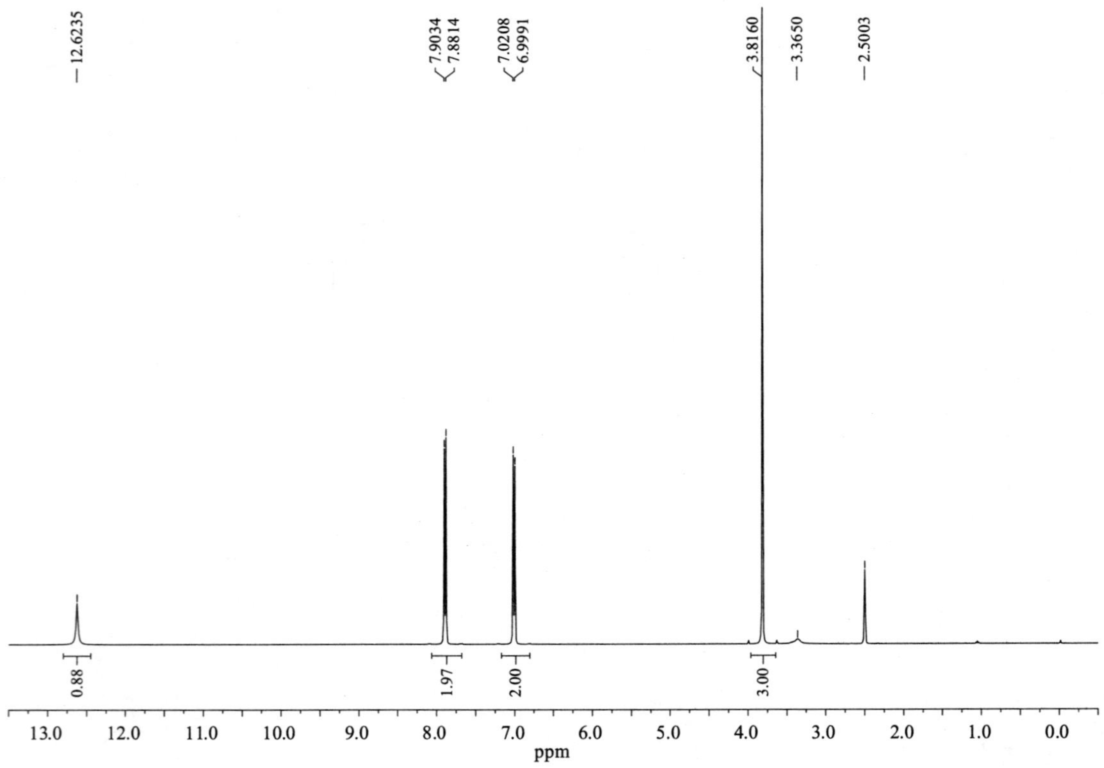

图 1　茴香酸的^{1}H NMR 谱（溶剂：CD_3SOCD_3）

^{1}H NMR：δ 12. 62（OH，s，1H），7. 89（H – 2，6，d，*J* = 8. 7 Hz，2H），7. 01（H – 3，5，d，*J* = 8. 7 Hz，2H），3. 82（H – 8，s，3H）

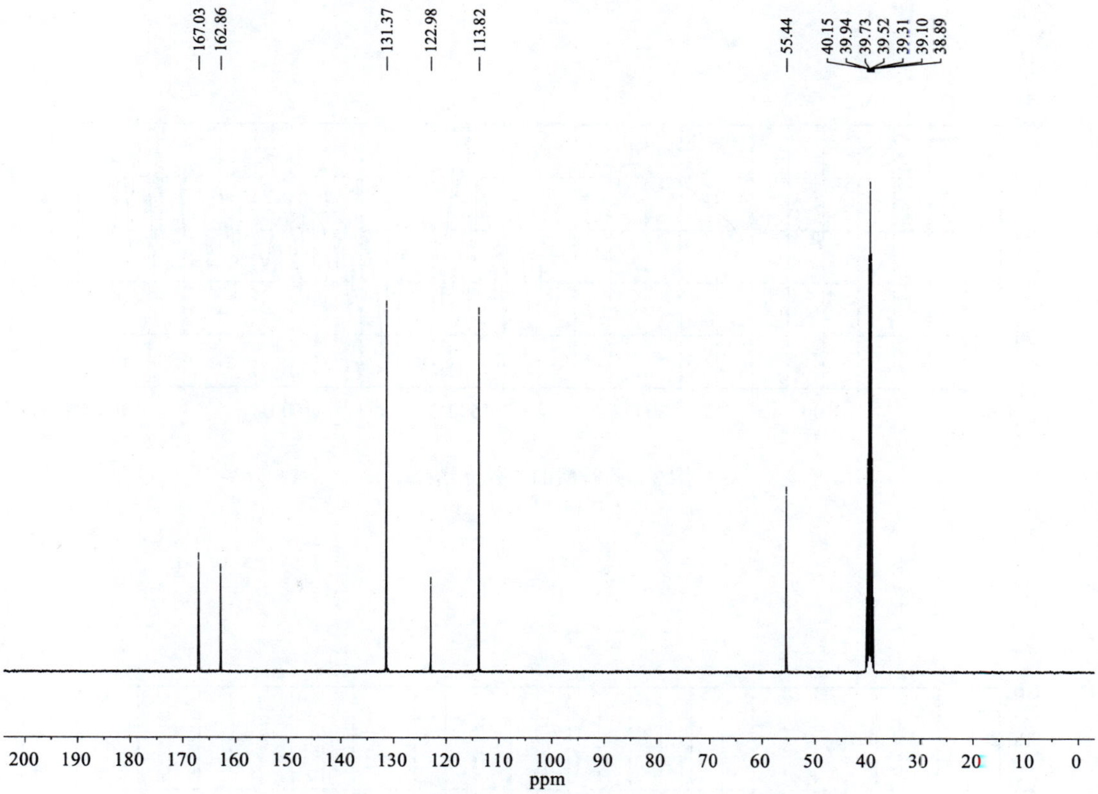

图2　茴香酸的^{13}C NMR谱（溶剂：CD_3SOCD_3）

^{13}C NMR：δ 167.03（C－7），162.86（C－4），131.37（C－2，6），122.98（C－1），113.82（C－3，5），55.44（C－8）

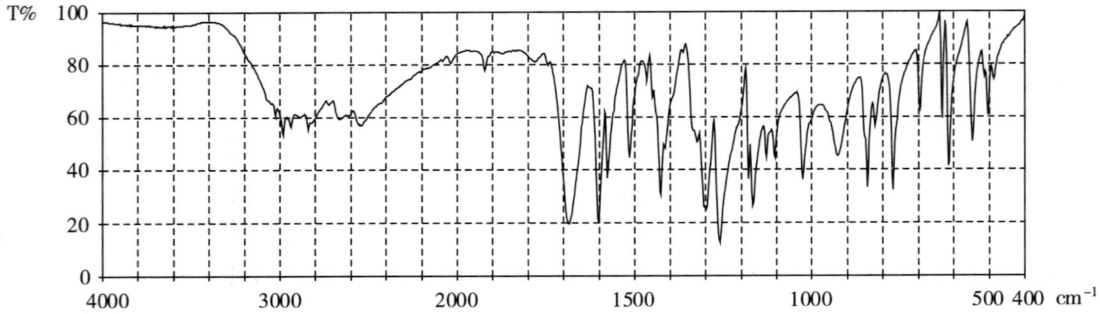

图 3　茴香酸的红外光谱图

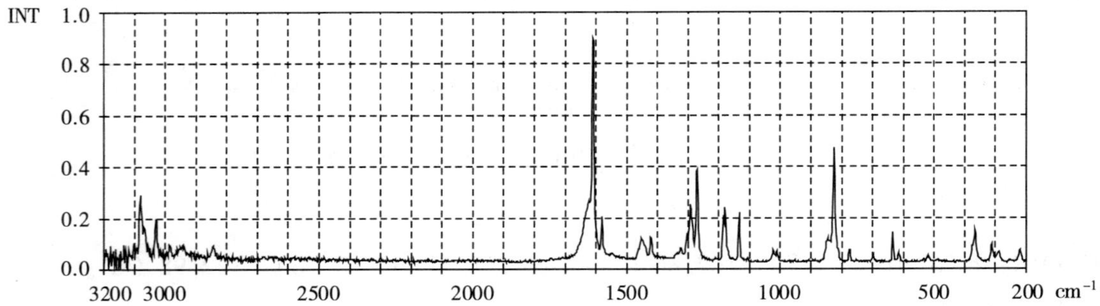

图 4　茴香酸的拉曼光谱图

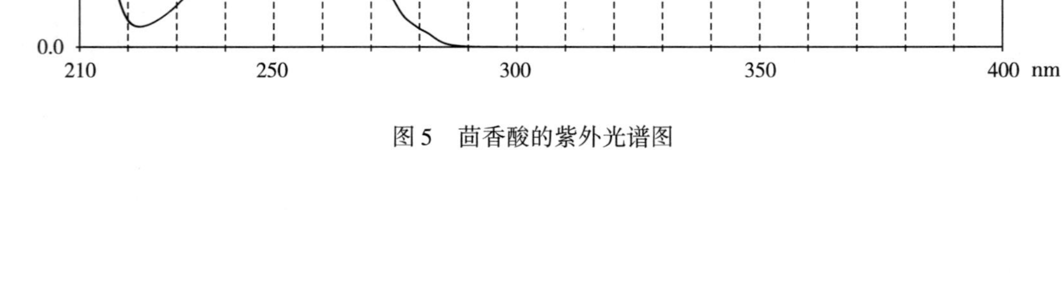

图 5　茴香酸的紫外光谱图

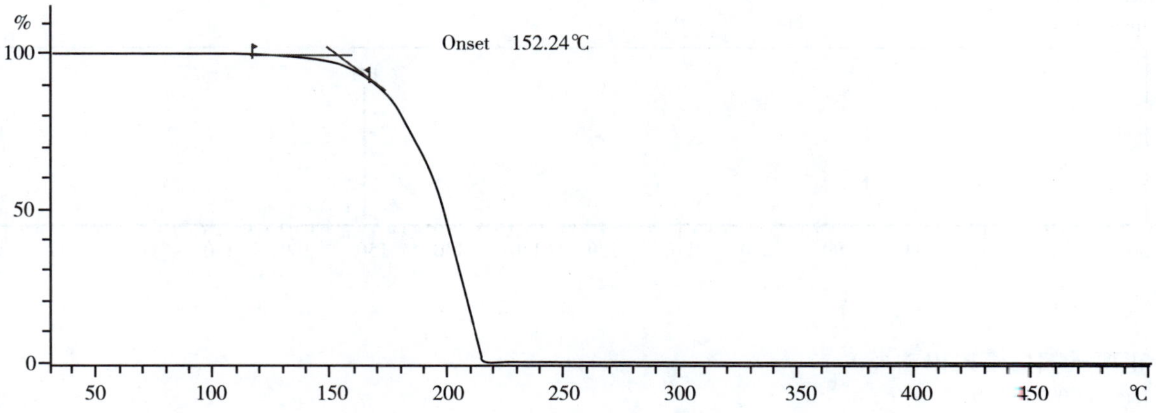

图 6　茴香酸的 TG 图

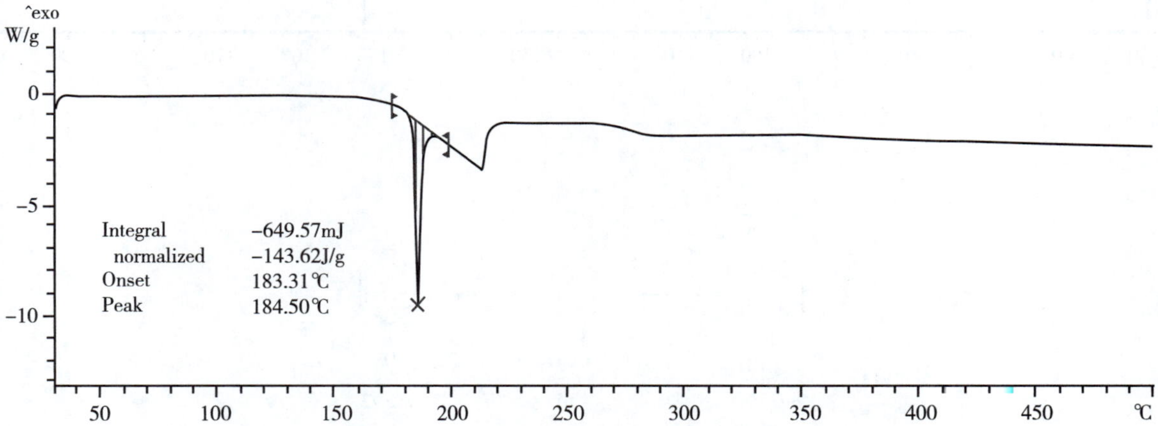

图 7　茴香酸的 DSC 图

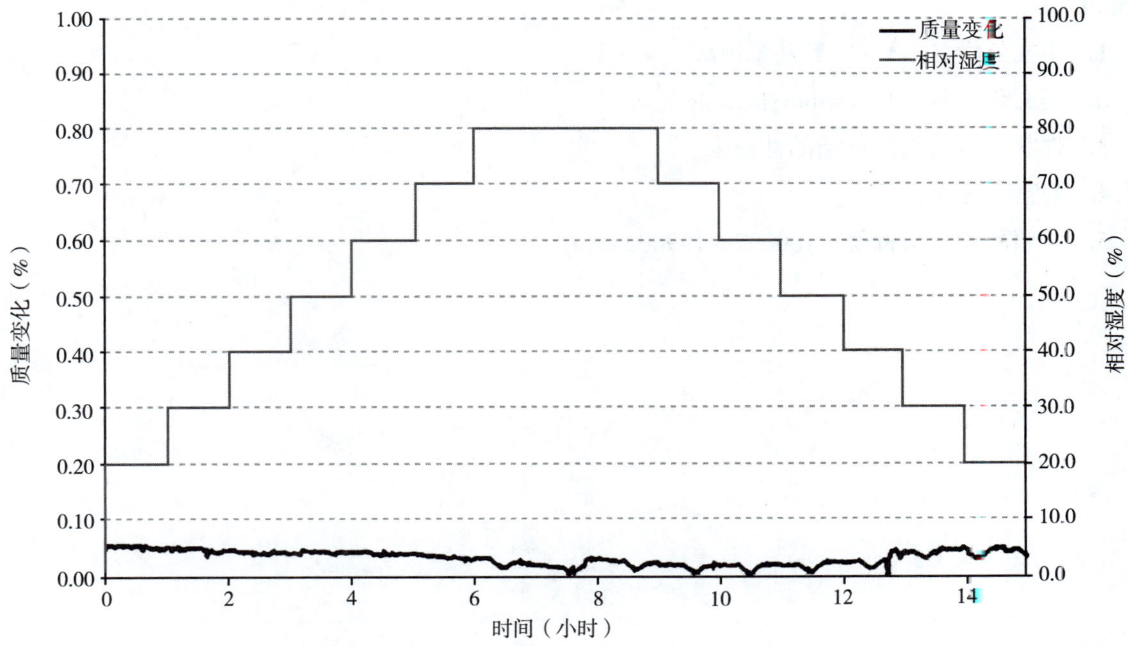

图 8　茴香酸的 DVS 图

正离子扫描模式（一级）

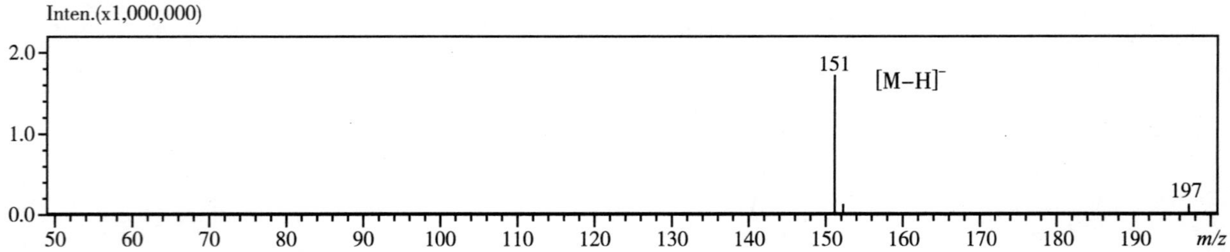

正离子扫描模式（二级）

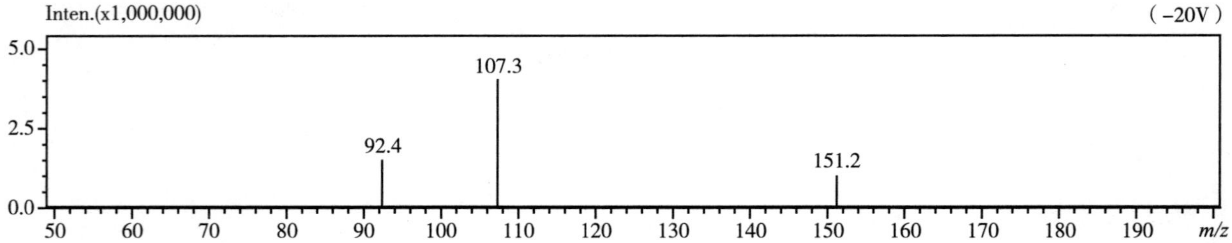

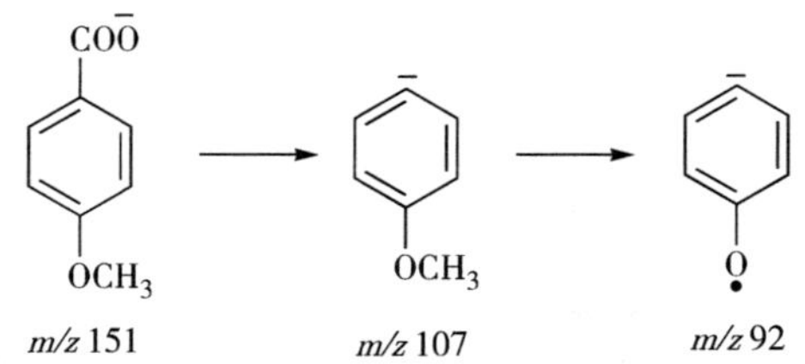

图 9　茴香酸的质谱图

备注

1. 中文化学名　4 - 甲氧基苯甲酸

2. 英文化学名　4 - methoxybenzoic acid

3. 性状　本品为白色结晶性粉末。

4. 溶剂　无水乙醇。

5. 对照品编号与批号　100097 - 199402

磺胺二甲嘧啶

英文名 Sulfadimidine

分子式 $C_{12}H_{14}N_4O_2S$

分子量 278.33

CAS 号 57－68－1

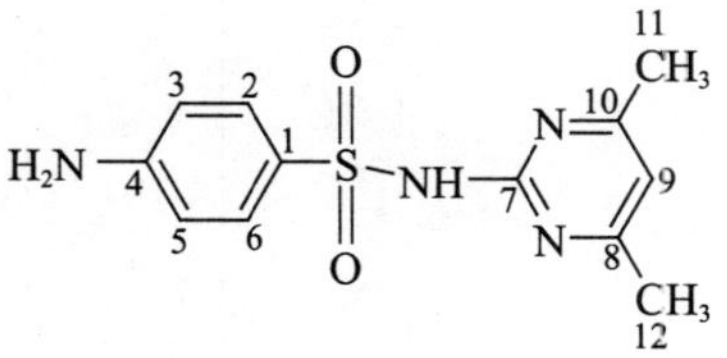

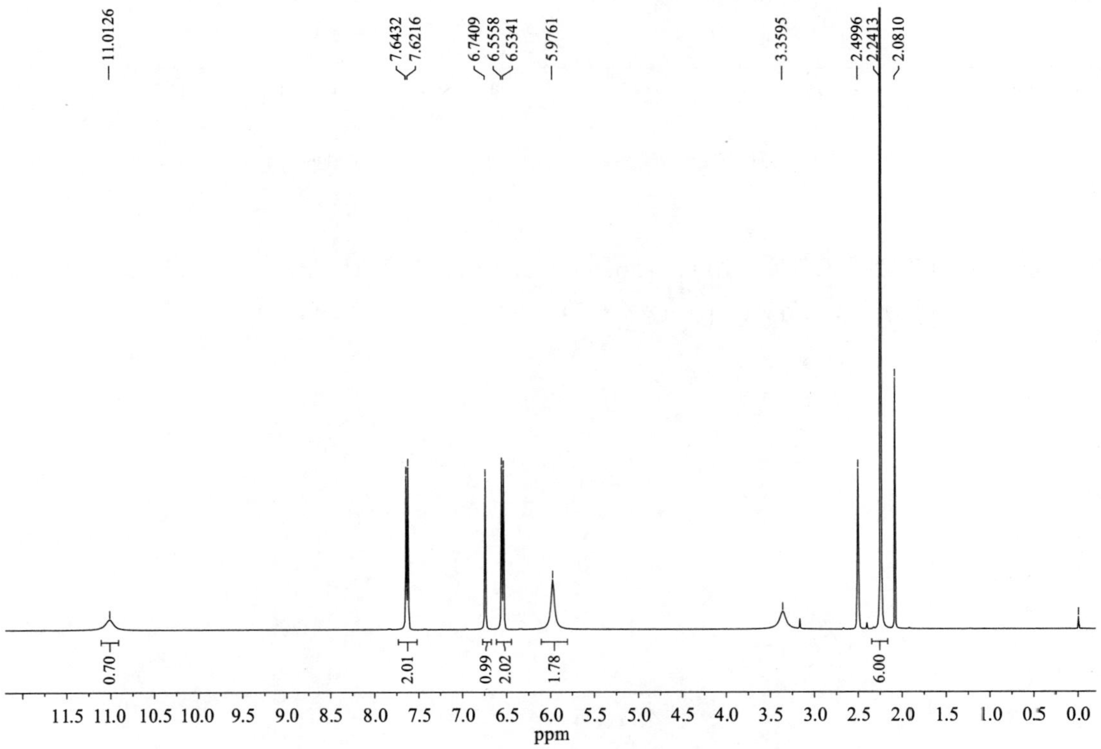

图 1 磺胺二甲嘧啶的[1]H NMR 谱（溶剂：CD_3SOCD_3）

^{1}H NMR：δ 11.01（S—NH，s，1H），7.63（H－2，6，d，J=8.6 Hz，2H），6.74（H－9，s，1H），6.54（H－3，5，d，J=8.6 Hz，2H），5.98（NH_2，s，2H），2.24（H－11，12，s，6H）

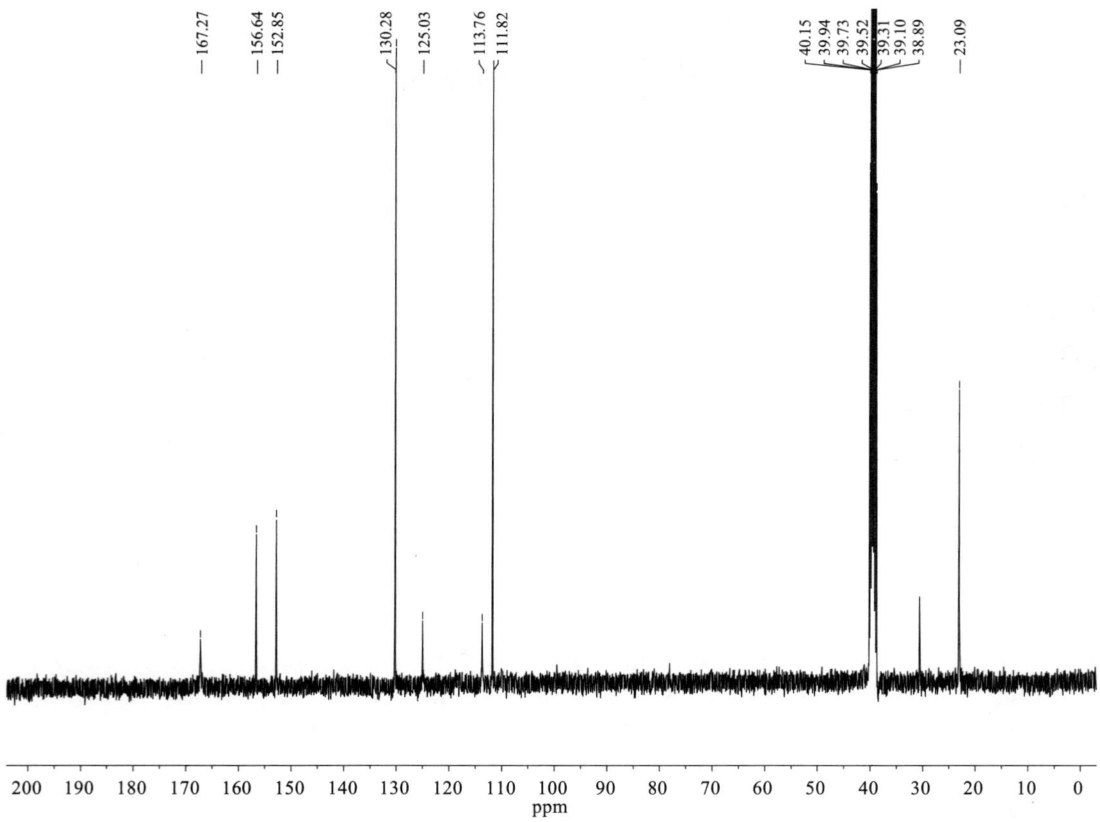

图 2　磺胺二甲嘧啶的^{13}C NMR 谱（溶剂：CD_3SOCD_3）

^{13}C NMR：δ 167.27（C－8，10），156.64（C－7），152.85（C－4），130.28（C－2，6），125.03（C－1），113.76（C－9），111.82（C－3，5），23.09（C－11，12）

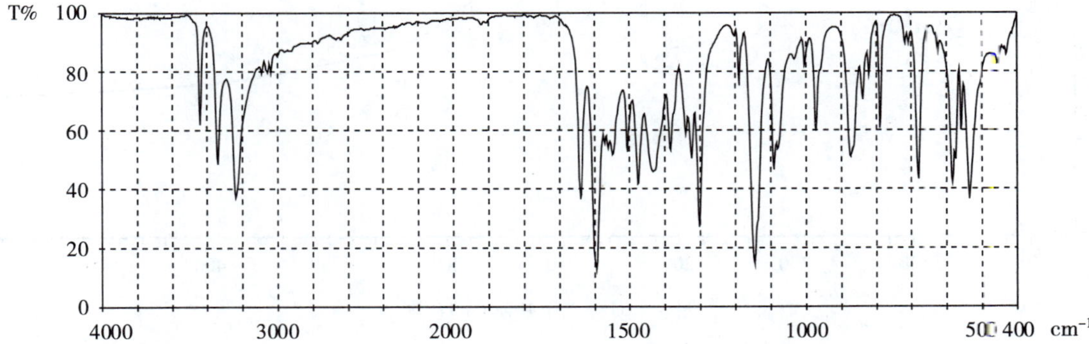

图 3　磺胺二甲嘧啶的红外光谱图

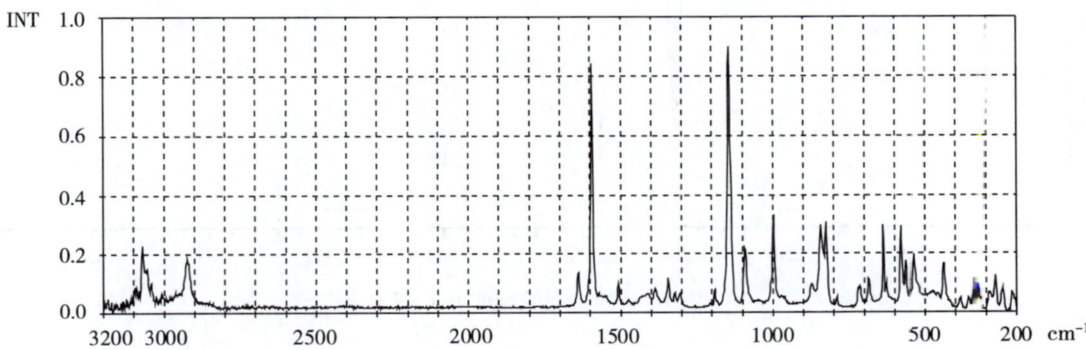

图 4　磺胺二甲嘧啶的拉曼光谱图

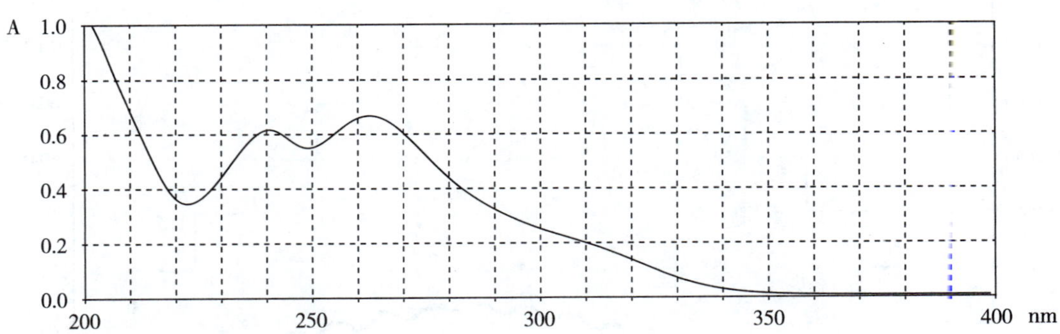

图 5　磺胺二甲嘧啶的紫外光谱图

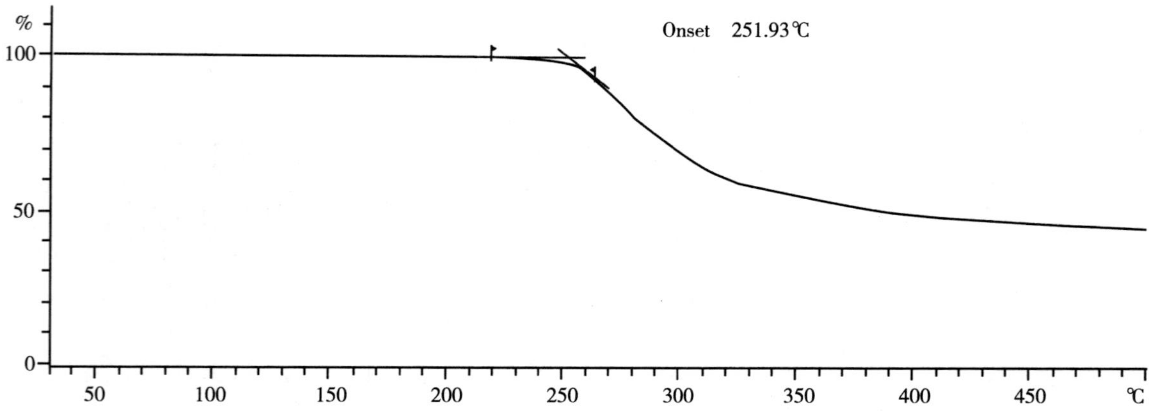

图 6　磺胺二甲嘧啶的 TG 图

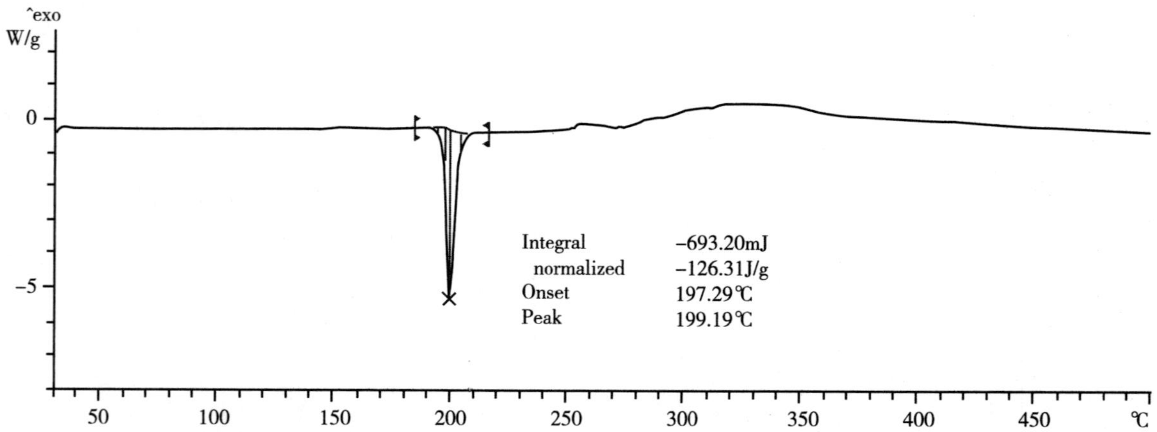

图 7　磺胺二甲嘧啶的 DSC 图

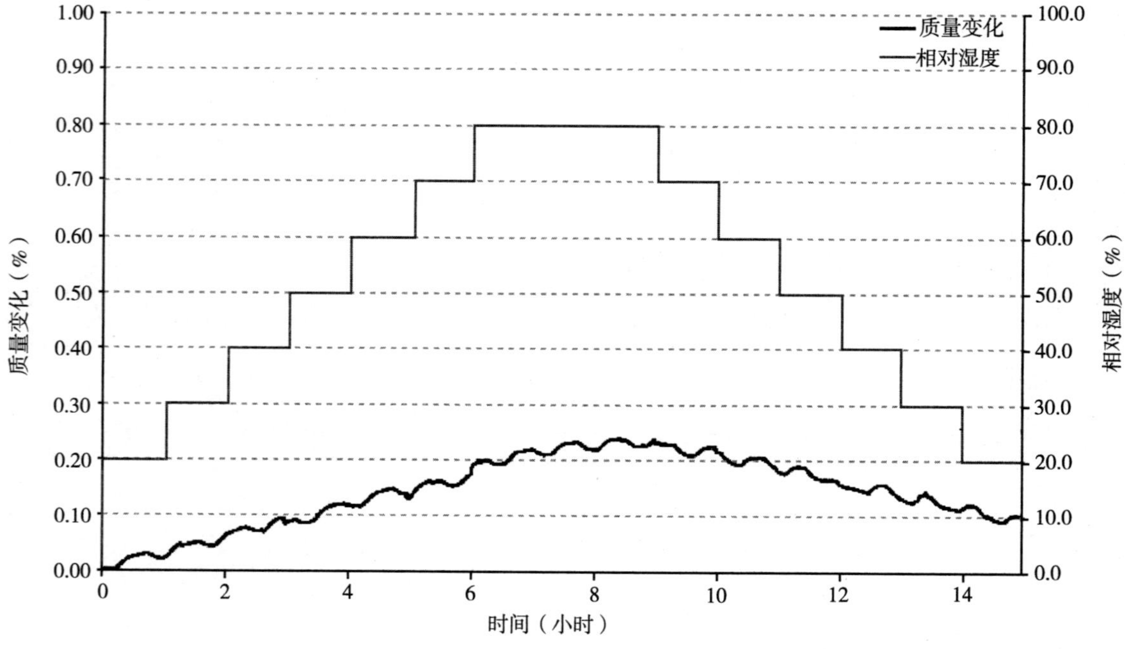

图 8　磺胺二甲嘧啶的 DVS 图

正离子扫描模式（一级）

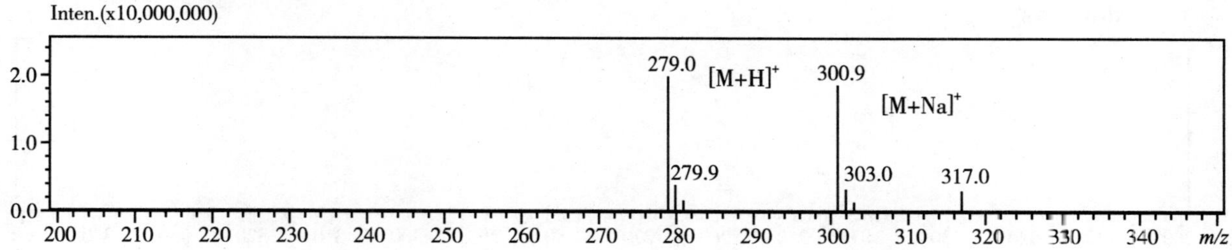

正离子扫描模式（二级）

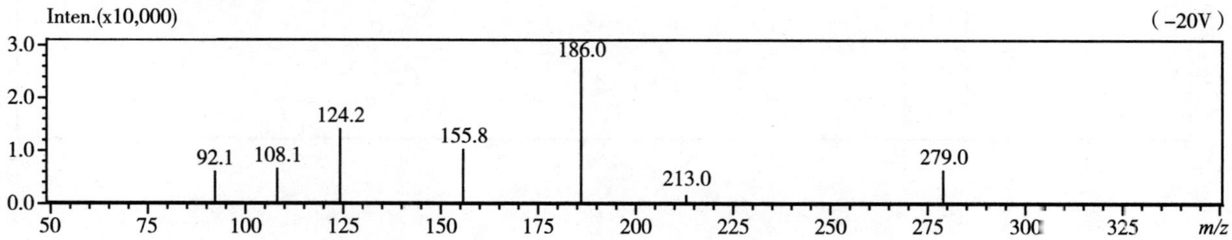

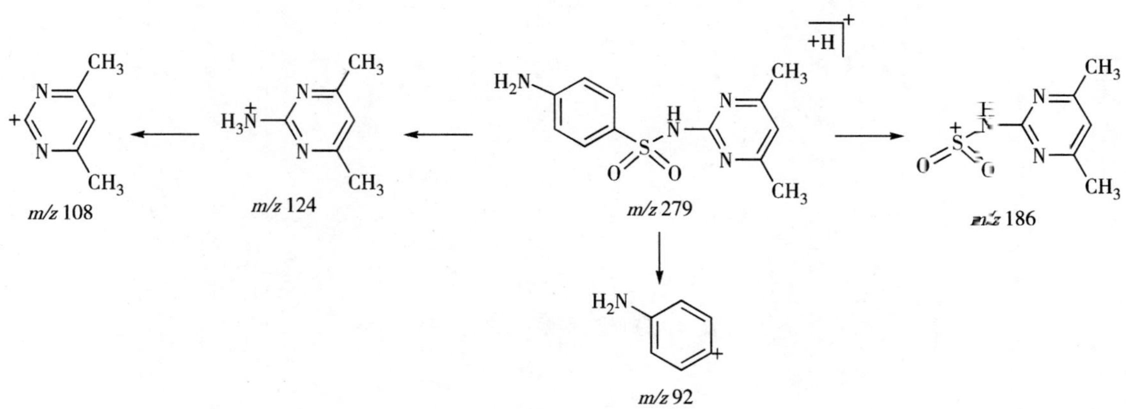

负离子扫描模式（一级）

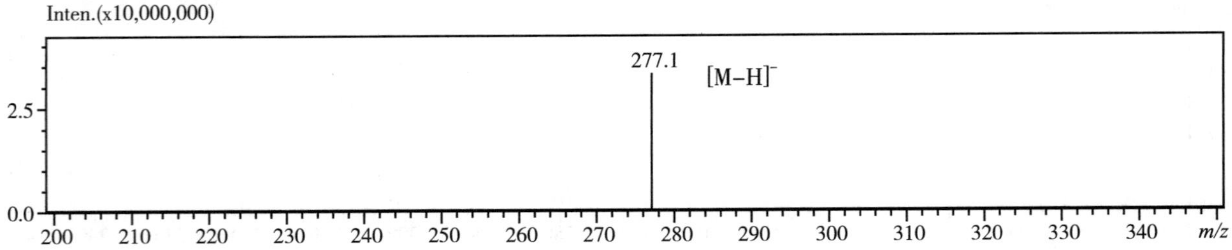

负离子扫描模式（二级）

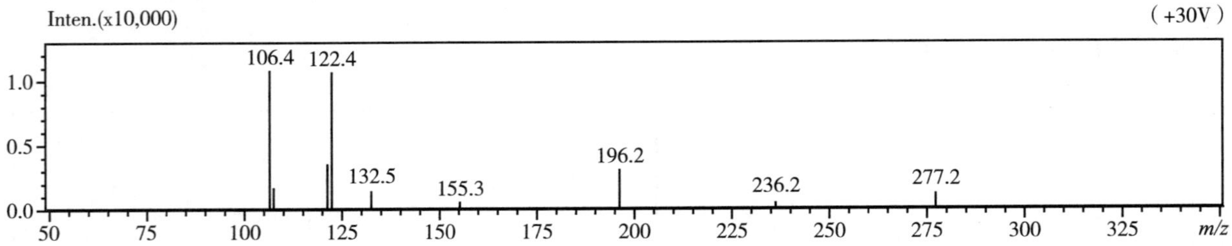

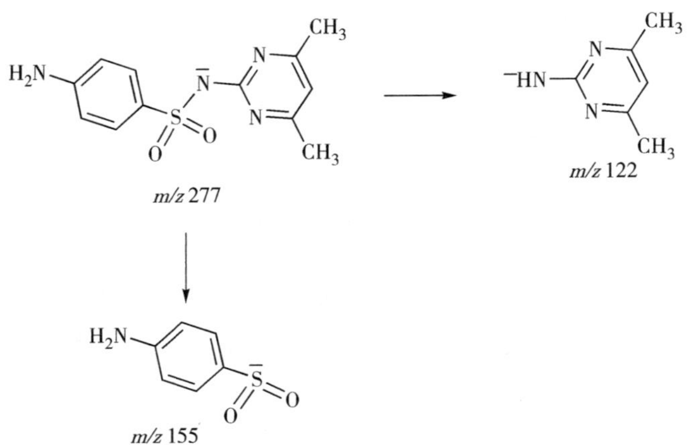

图 9　磺胺二甲嘧啶的质谱图

备注

1. **中文化学名**　*N*－(4,6－二甲基－2－嘧啶基)－4－氨基苯磺酰胺
2. **英文化学名**　4－amino－*N*－(4,6－dimethyl－2－pyrimidinyl) benzene sulfonamide
3. **性状**　本品为白色或微黄色的结晶或粉末；无臭，味微苦；遇光色渐变深。
4. **溶解性**　本品在水和乙醇中微溶，在丙酮中溶解。
5. **溶剂**　0.1mol/L 盐酸溶液。
6. **对照品编号与批号**　100098－200804

咖　啡　因

英文名　Caffeine

分子式　$C_8H_{10}N_4O_2$

分子量　194. 19

CAS 号　58 - 08 - 2

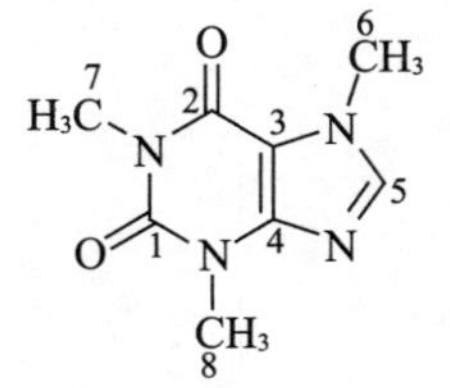

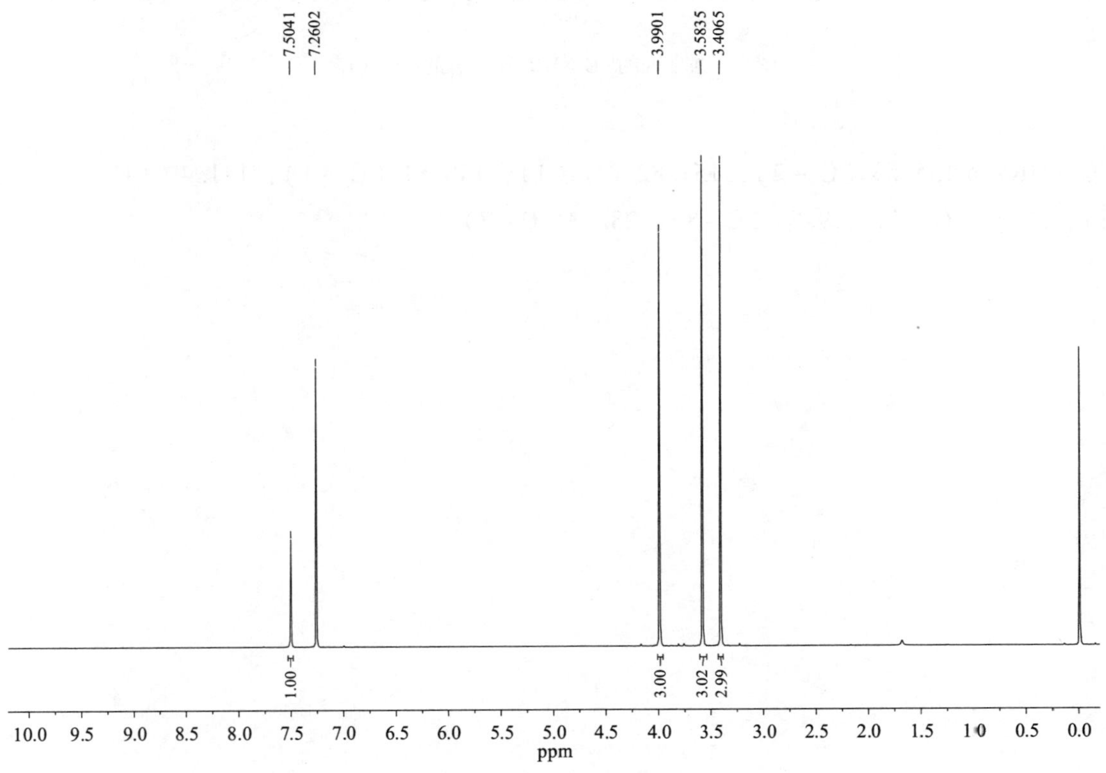

图 1　咖啡因的[1]H NMR 谱（溶剂：$CDCl_3$）

^{1}H NMR：δ 7.50（H - 5，s，1H），3.99（H - 6，s，3H），3.58（H - 7，s，3H），3.41（H - 8，s，3H）

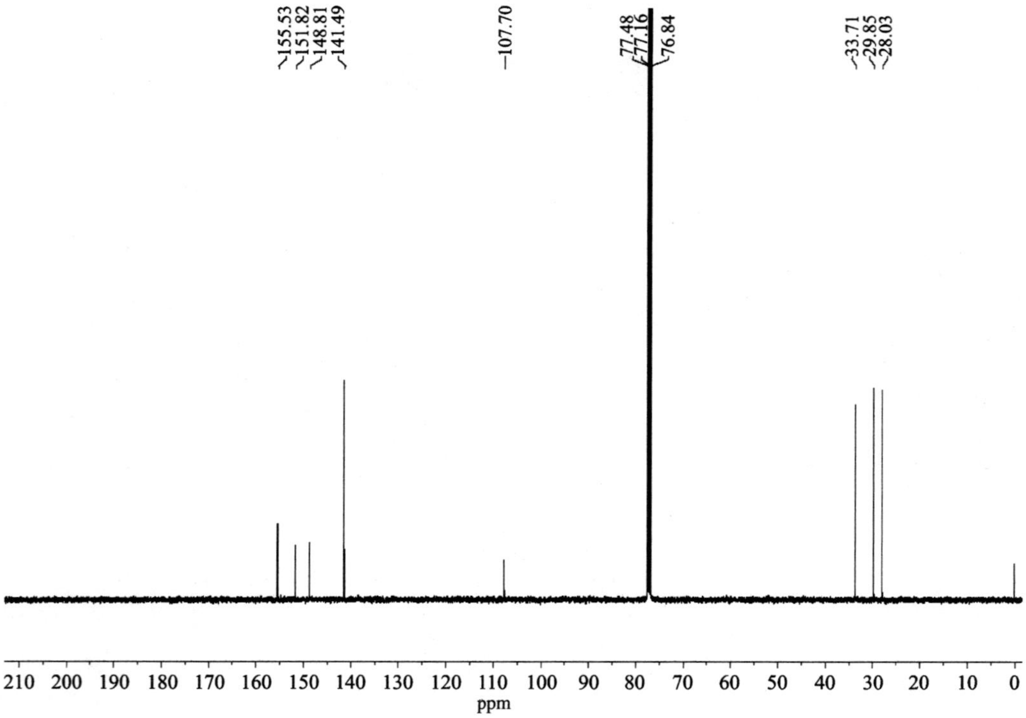

图2　咖啡因的^{13}C NMR 谱（溶剂：$CDCl_3$）

^{13}C NMR：δ 155. 53（C－2），151. 82（C－4），148. 81（C－1），141. 49（C－5），107. 70（C－3），33. 71（C－6），29. 85（C－8），28. 03（C－7）

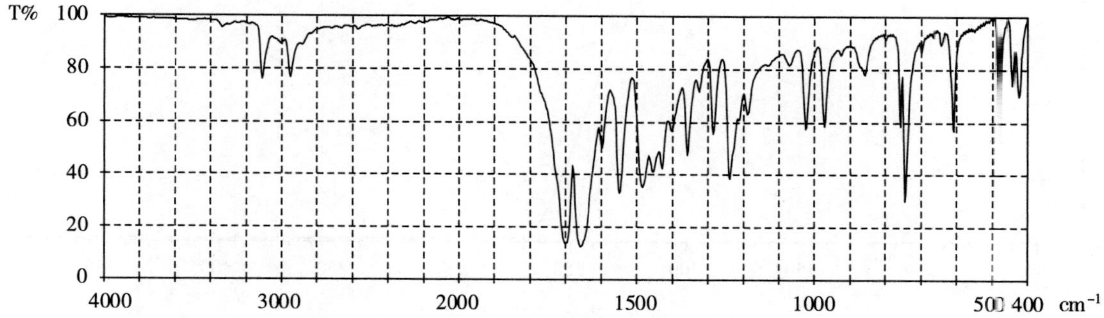

图3　咖啡因的红外光谱图

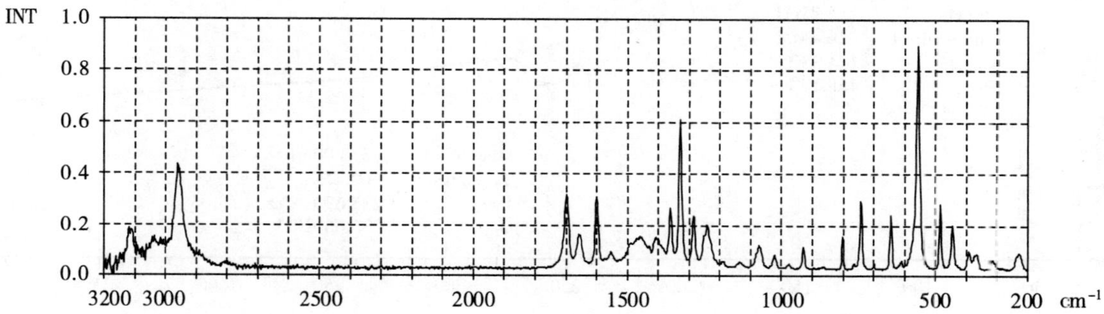

图4　咖啡因的拉曼光谱图

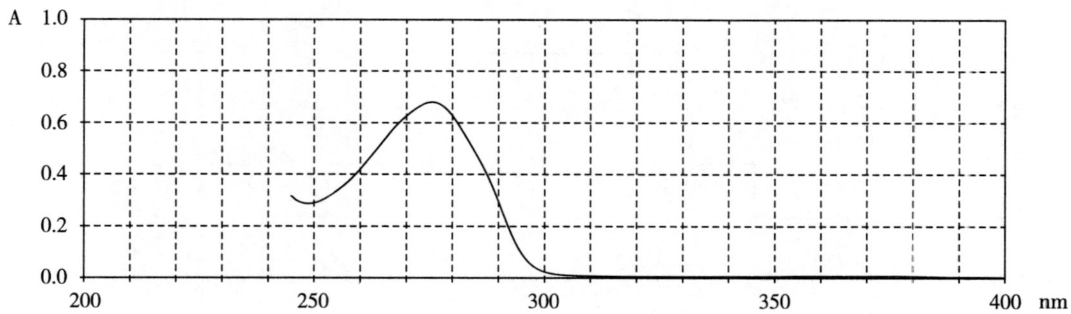

图5　咖啡因的紫外光谱图

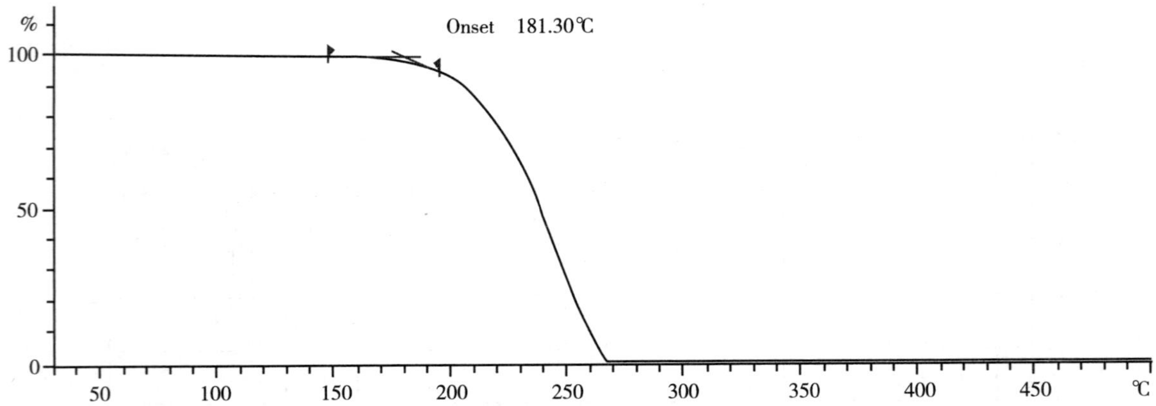

图 6　咖啡因的 TG 图

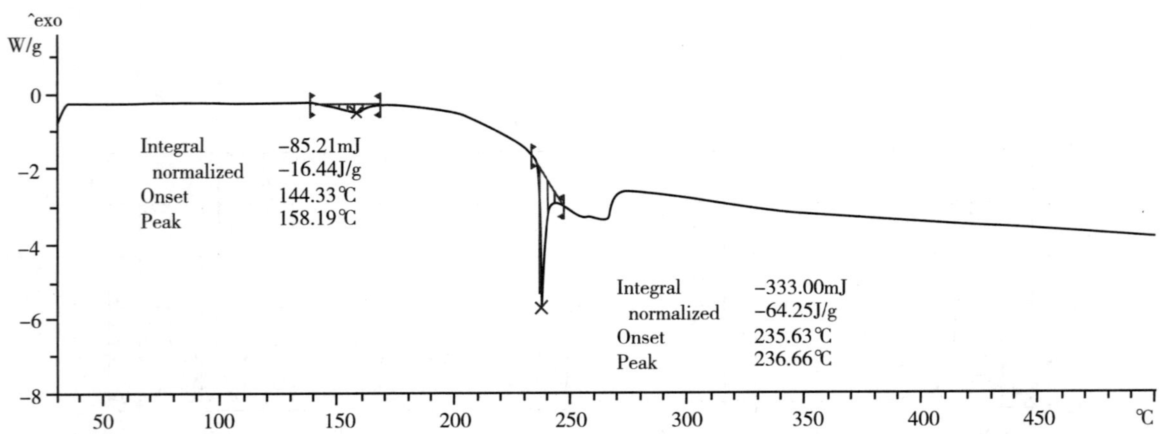

图 7　咖啡因的 DSC 图

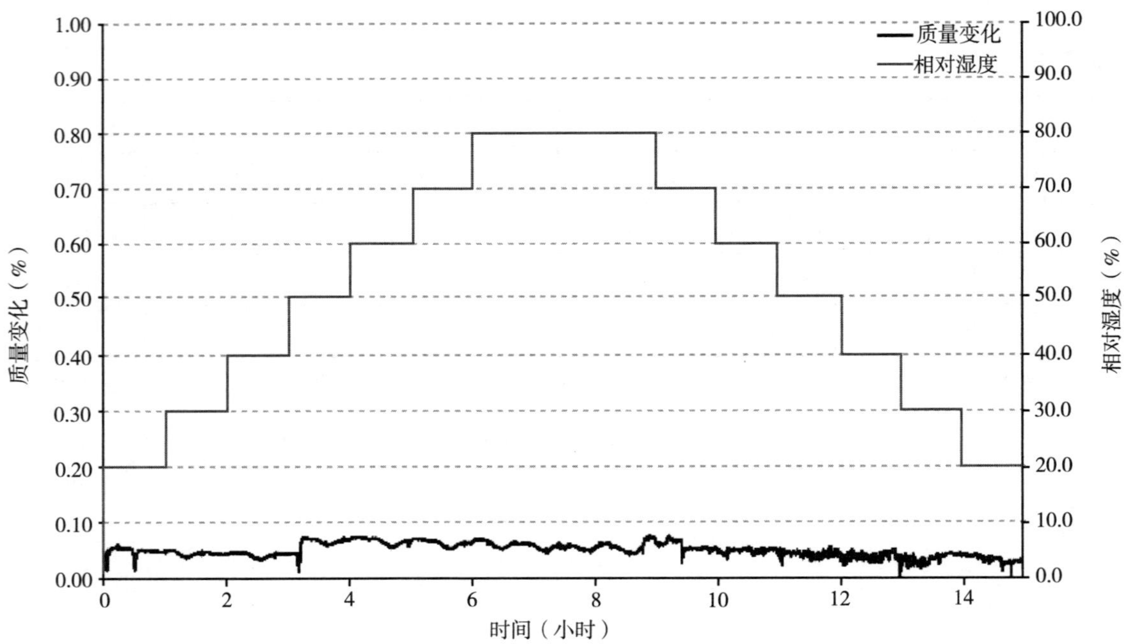

图 8　咖啡因的 DVS 图

正离子扫描模式（一级）

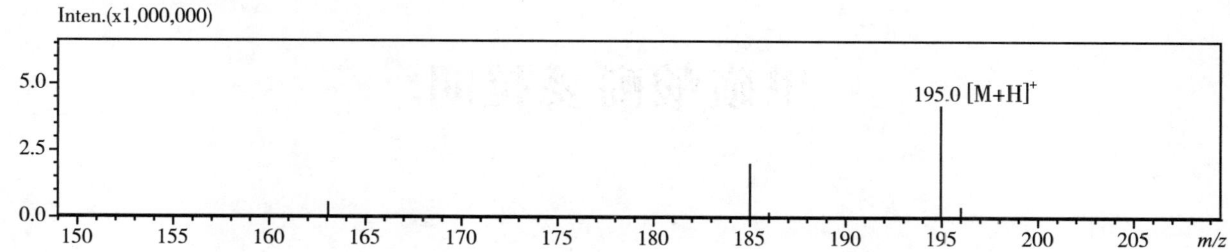

正离子扫描模式（二级）

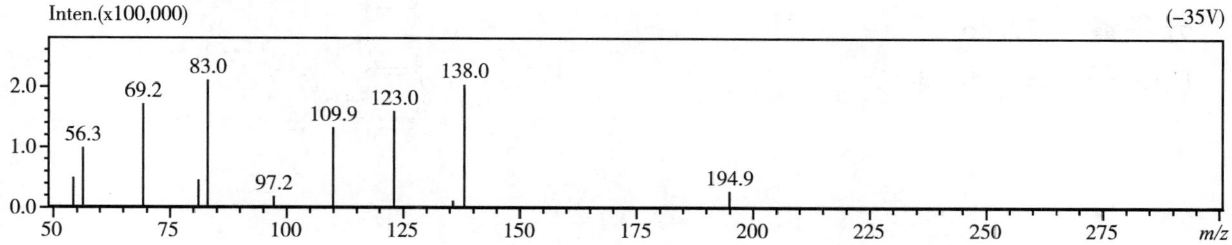

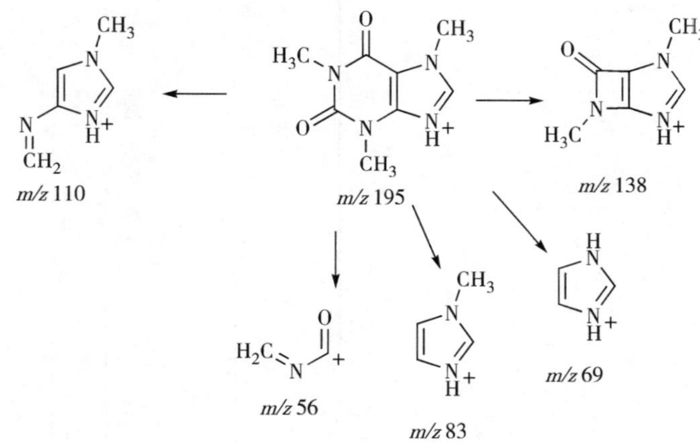

图 9　咖啡因的质谱图

备注

1. 中文化学名　3,7－二氢－1,3,7 三甲基－1*H*－嘌呤－2,6－二酮

2. 英文化学名　3,7－dihydro－1,3,7－trimethyl－1*H*－purine－2,6－dione

3. 性状　本品为白色或带极微黄绿色、有丝光的针状结晶；无臭，味苦；有风化性。

4. 溶解性　本品在热水或三氯甲烷中易溶，在水、乙醇或丙酮中略溶，在乙醚中极微溶解。

5. 溶剂　三氯甲烷。

6. 对照品编号与批号　100101－198403

甲磺酸酚妥拉明

英文名 Phentolamine Mesylate

分子式 $C_{17}H_{19}N_3O \cdot CH_4SO_3$

分子量 377.46

CAS 号 65－28－1

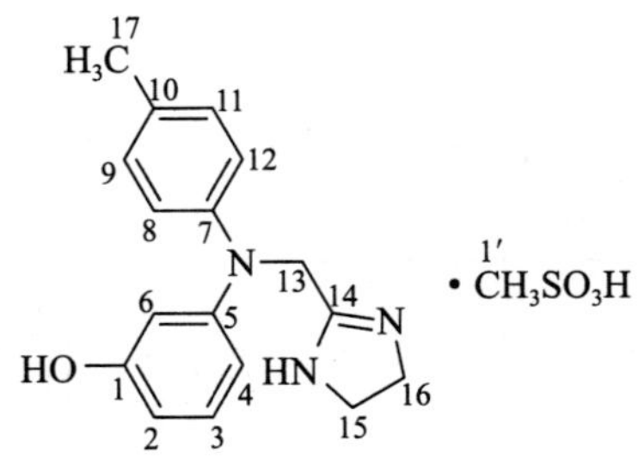

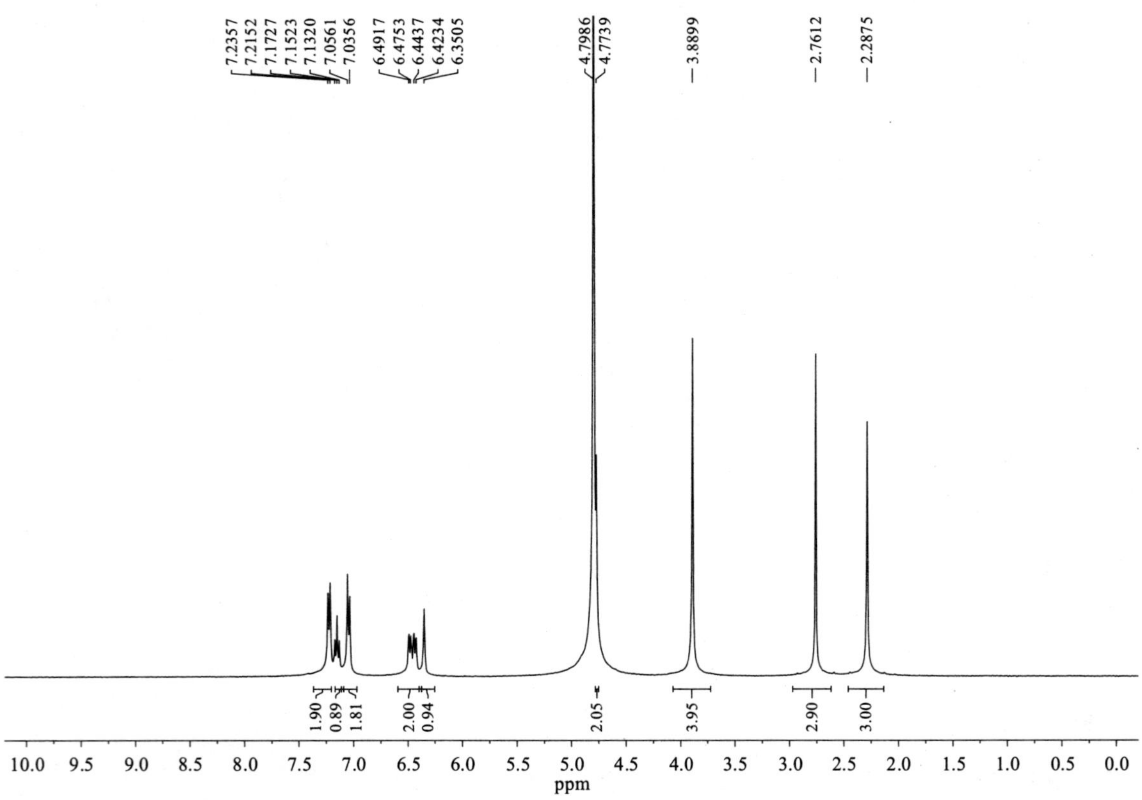

图 1　甲磺酸酚妥拉明的 ^{1}H NMR 谱（溶剂：D_2O）

^{1}H NMR：δ 7.23（H－8，12，d，J＝8.2 Hz，2H），7.15（H－3，t，J＝8.1 Hz，1H），7.05（H－9，11，d，J＝8.2 Hz，2H），6.49（H－4，m，1H），6.44（H－2，m，1H），6.35（H－6，s，1H），4.77（H－13，s，2H），4.21～3.68（H－15，16，m，4H），2.76（H－1′，s，3H），2.29（H－17，s，3H）

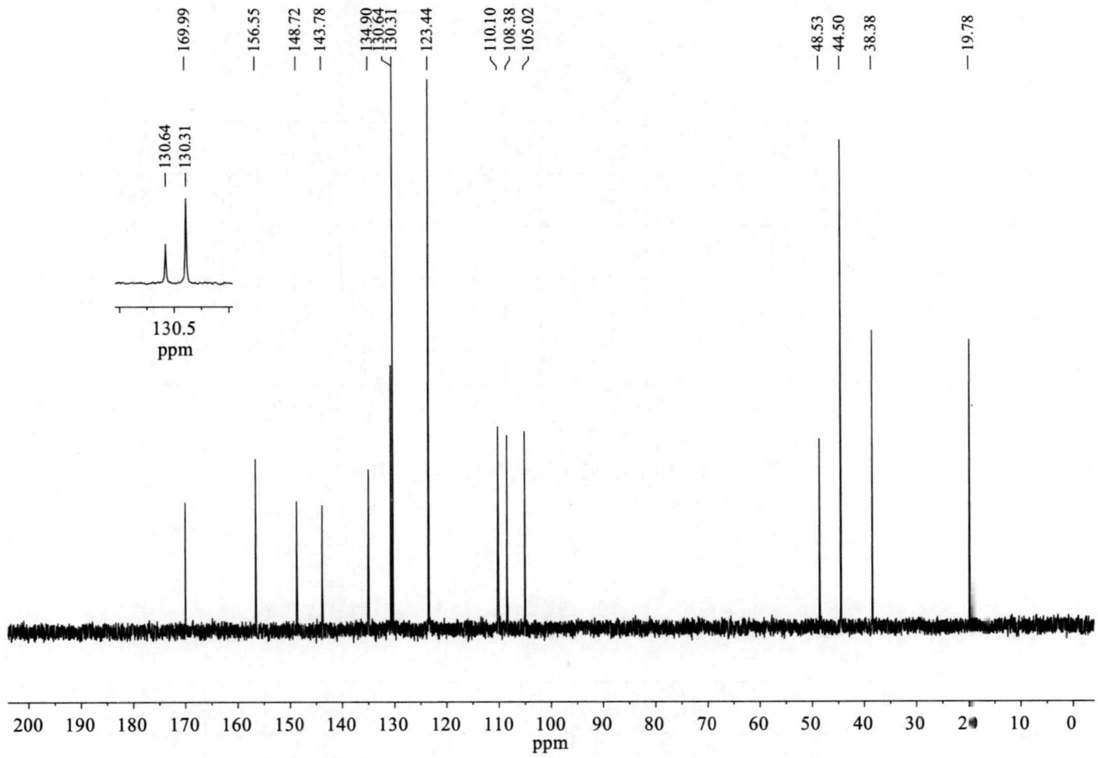

图2　甲磺酸酚妥拉明的^{13}C NMR谱（溶剂：D_2O）

^{13}C NMR：δ 169.99（C－1），156.55（C－14），148.72（C－5），143.78（C－7），134.90（C－10），130.64（C－3），130.31（C－9，11,），123.44（C－8，12），110.10（C－4），108.38（C－2），105.02（C－6），48.53（C－13），44.50（C－15，16），38.38（C－1′），19.78（C－17）

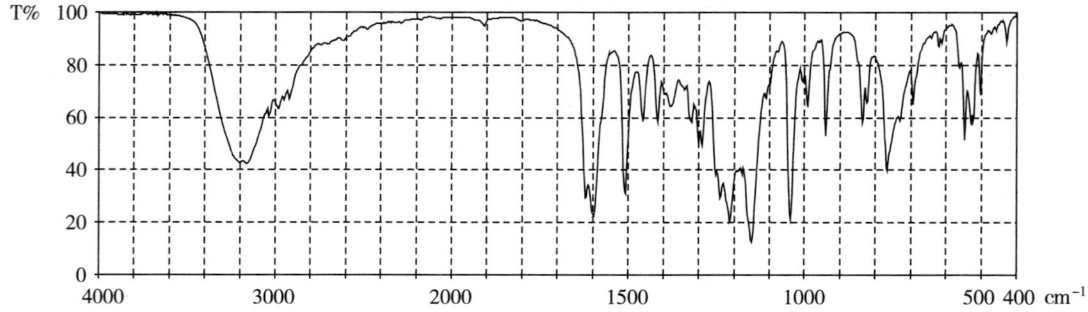

图 3　甲磺酸酚妥拉明的红外光谱图

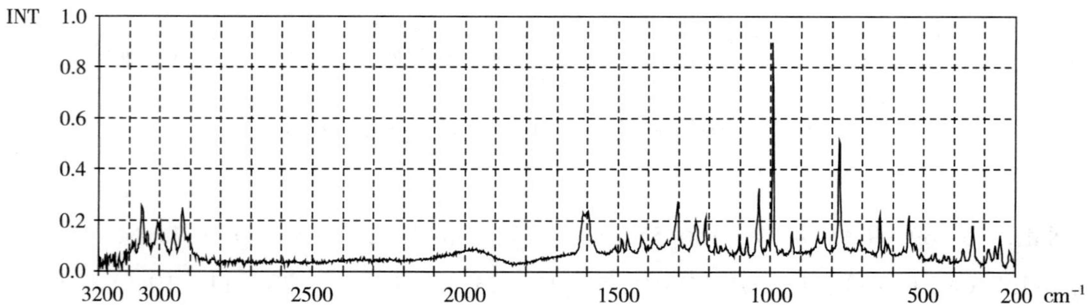

图 4　甲磺酸酚妥拉明的拉曼光谱图

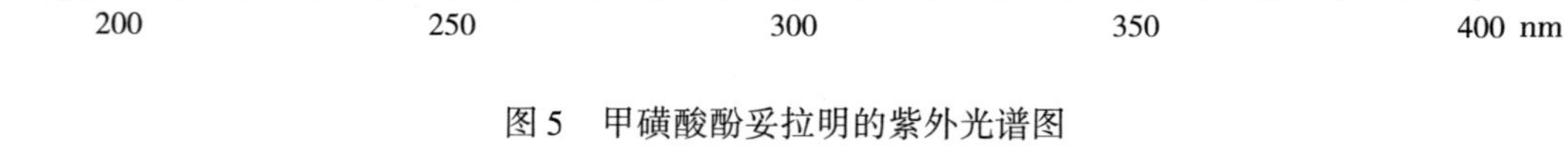

图 5　甲磺酸酚妥拉明的紫外光谱图

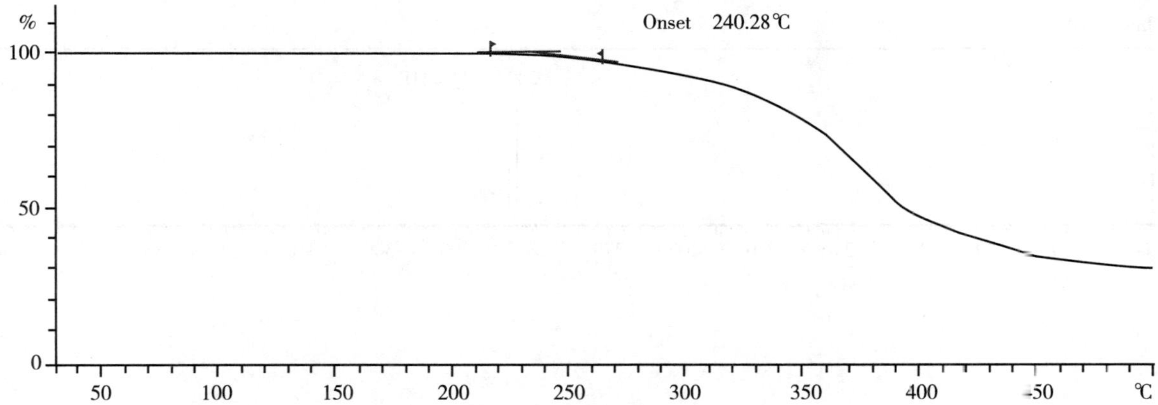

图 6 甲磺酸酚妥拉明的 TG 图

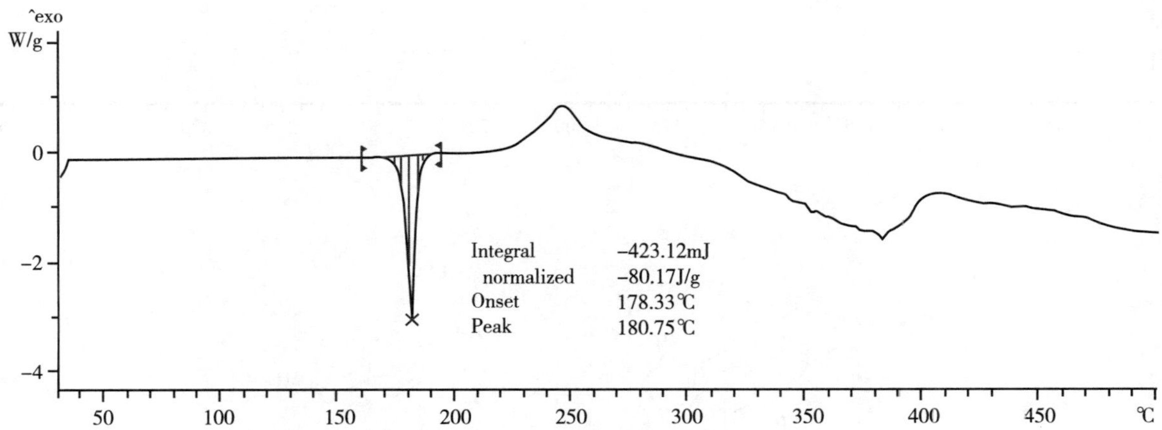

图 7 甲磺酸酚妥拉明的 DSC 图

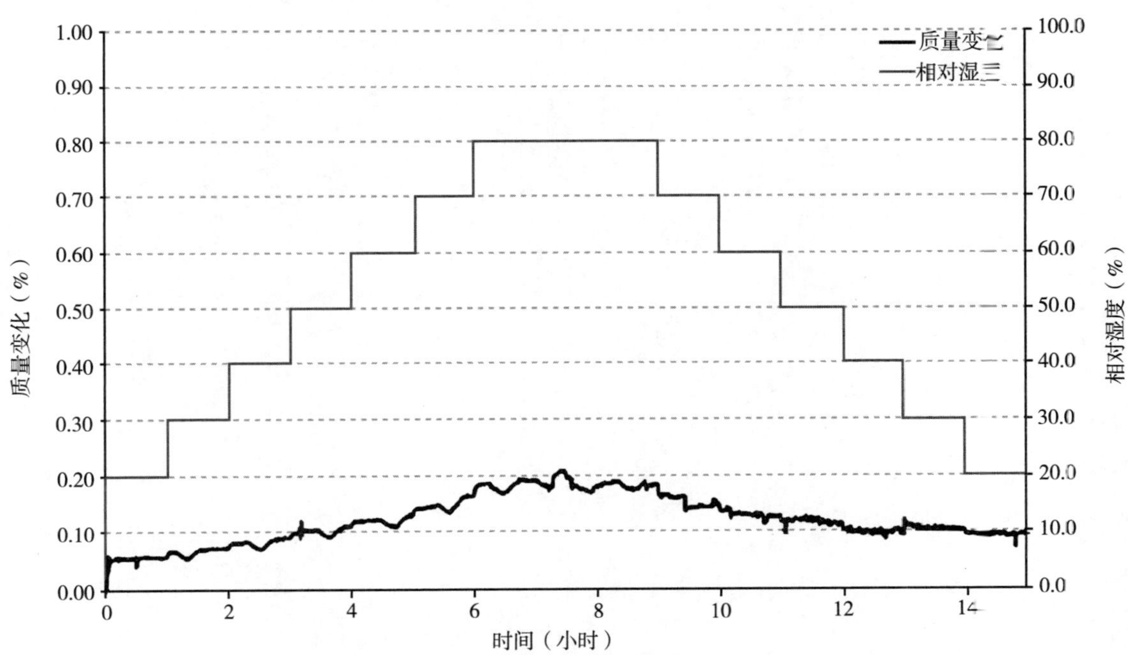

图 8 甲磺酸酚妥拉明的 DVS 图

正离子扫描模式（一级）

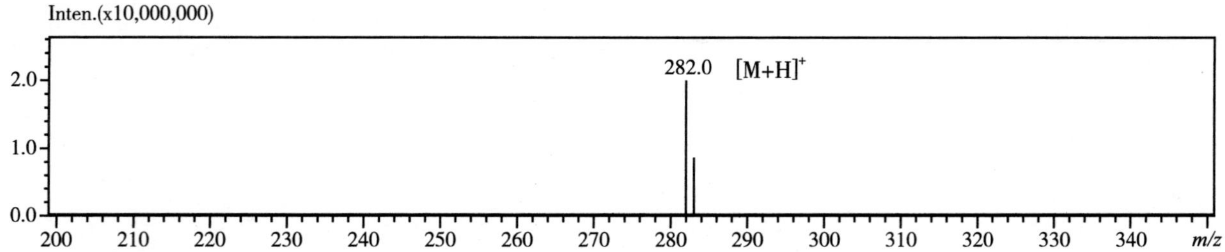

正离子扫描模式（二级）

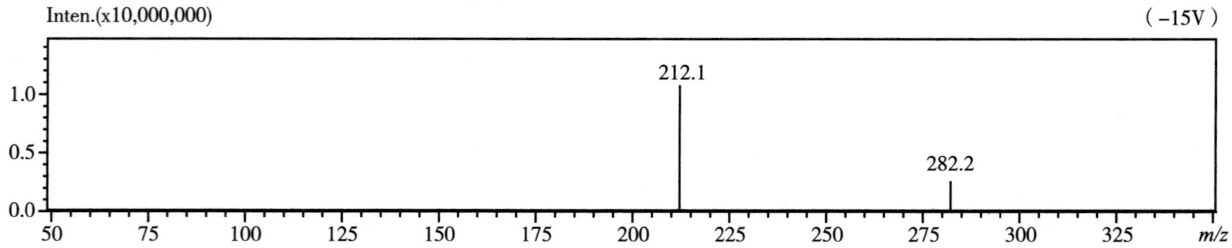

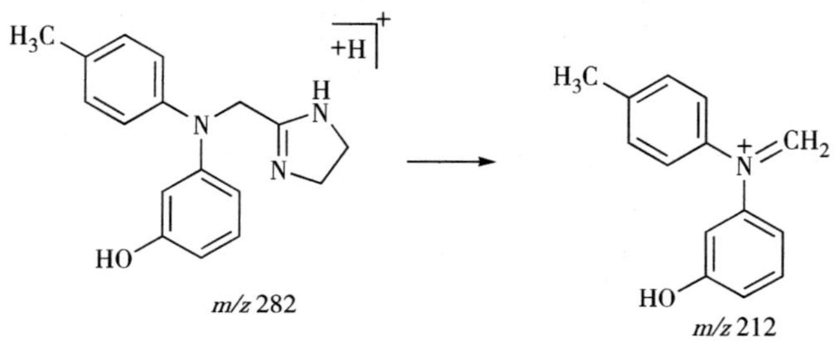

负离子扫描模式（一级）

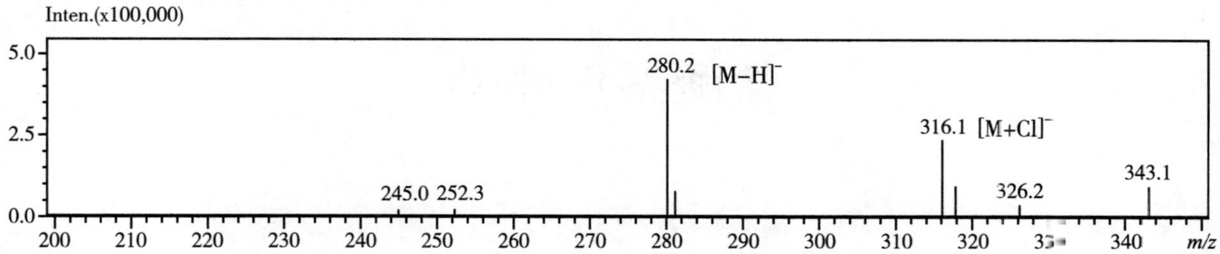

负离子扫描模式（二级）

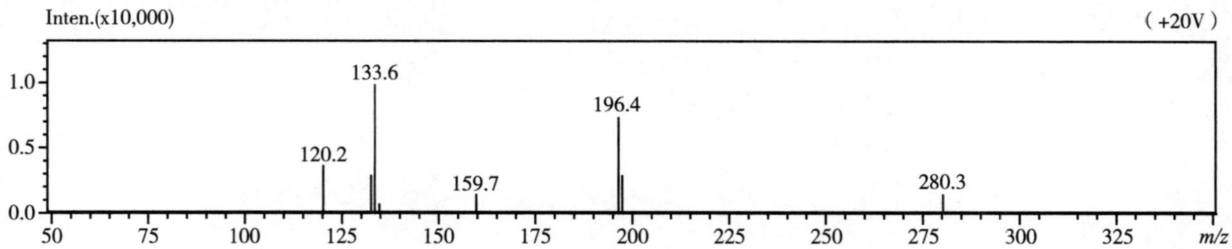

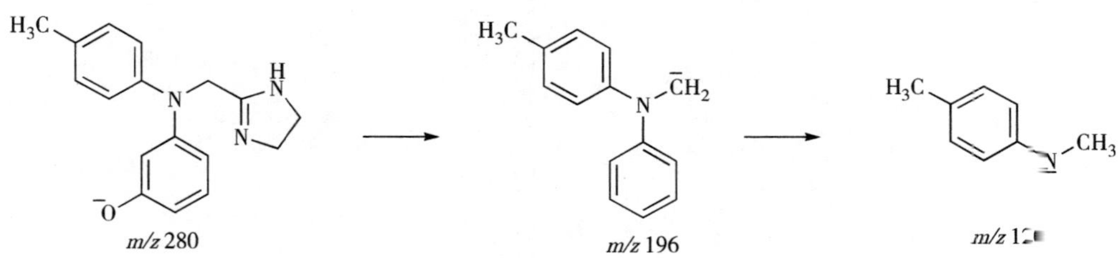

图 9　甲磺酸酚妥拉明的质谱图

备注

1. **中文化学名**　3－[[(4,5－二氢－2－1*H*－咪唑－2－基)甲基](4－甲苯基 氨基]苯酚甲磺酸盐
2. **英文化学名**　3－[[(4,5－dihydro－1*H*－imidazol－2－yl)methyl](4－me[illegible]ylphenyl)amino]phenol methanesulfonate
3. **性状**　本品为白色或类白色的结晶性粉末；无臭，味苦。
4. **溶解性**　本品在水或乙醇中易溶，在三氯甲烷中微溶。
5. **溶剂**　水。
6. **对照品编号与批号**　100110－200602

盐酸萘甲唑啉

英文名 Naphazoline Hydrochloride

分子式 $C_{14}H_{14}N_2 \cdot HCl$

分子量 246.74

CAS 号 550-99-2

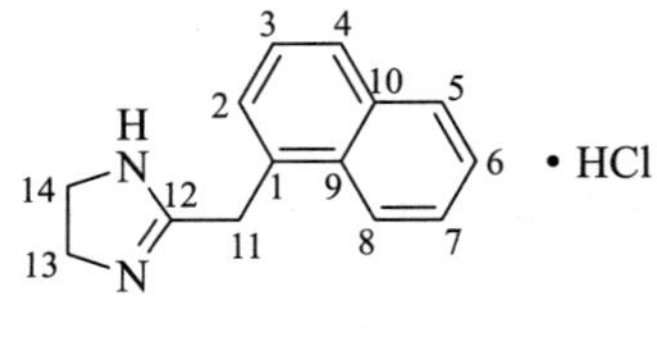

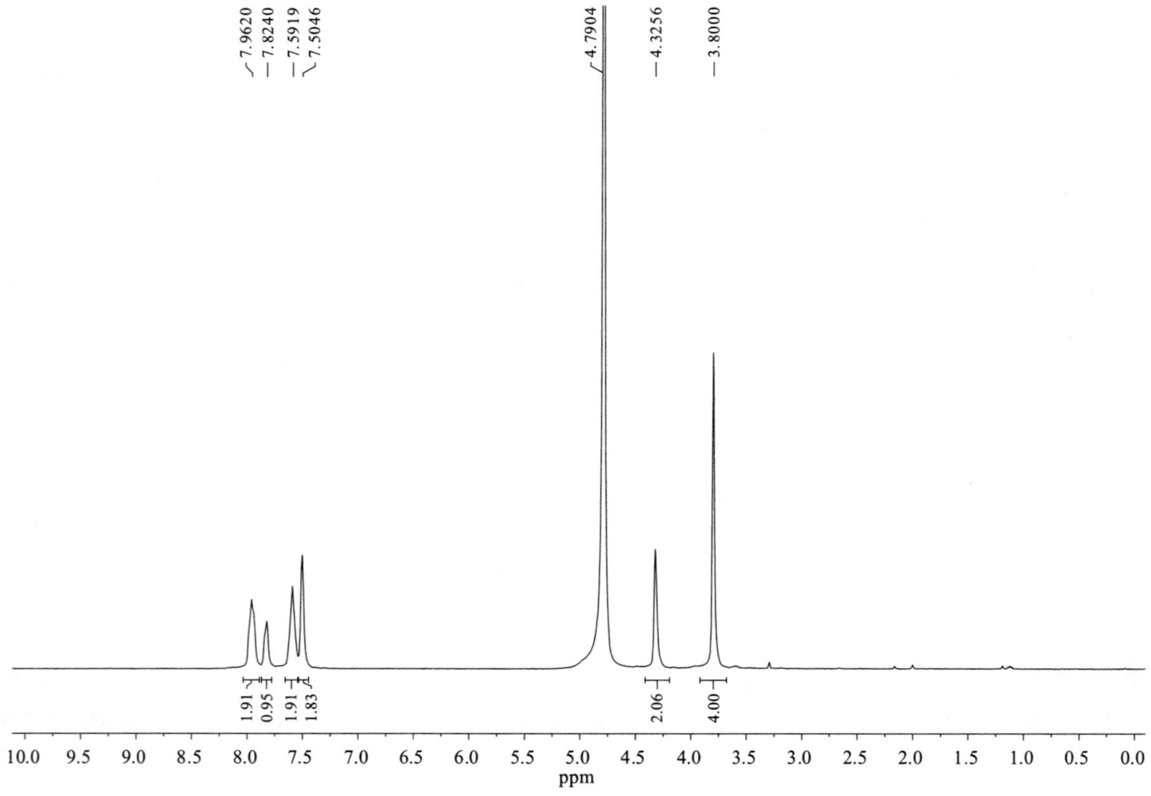

图 1　盐酸萘甲唑啉的 ^1H NMR 谱（溶剂：D_2O）

^1H NMR：δ 8.03~7.90（H-5，8，m，2H），7.82（H-4，m，1H），7.66~7.55（H-2，7，m，2H），7.50（H-3，6，brs，2H），4.32（H-11，brs，2H），3.95~3.64（H-13，14，brs，4H）

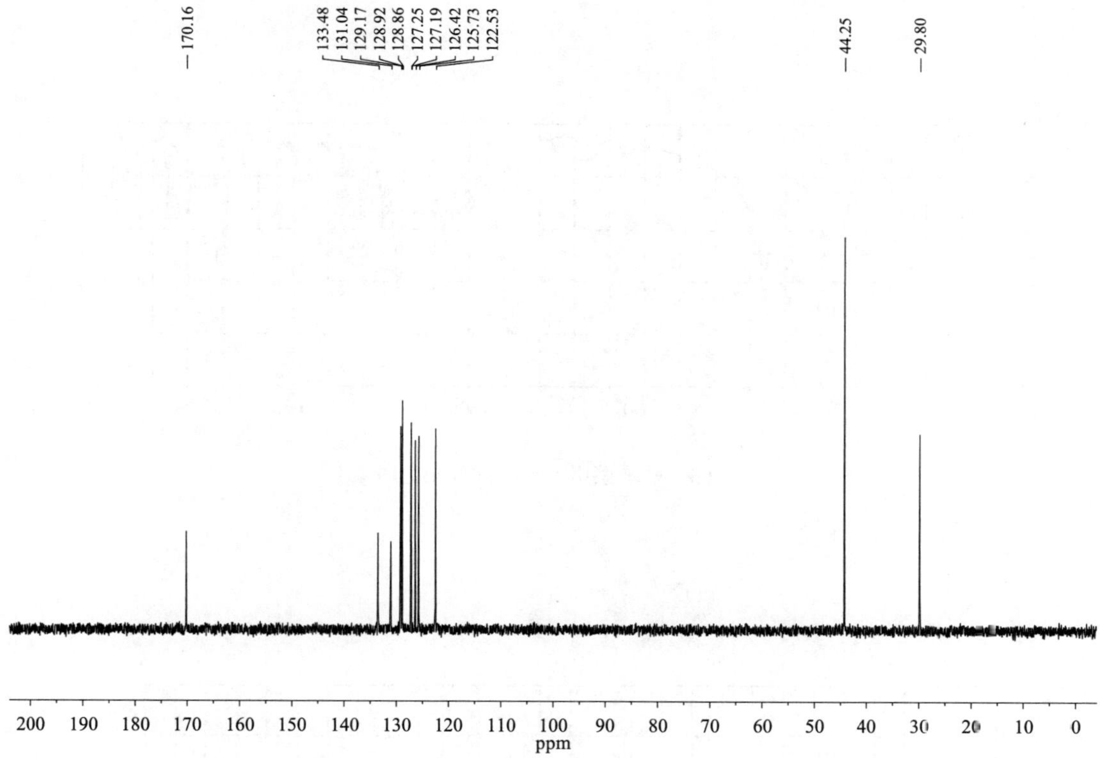

图 2　盐酸萘甲唑啉的 ^{13}C NMR 谱（溶剂：D_2O）

^{13}C NMR：δ 170. 16（C－12），133. 48（C－10），131. 04（C－9），129. 17（C－1），128. 92（C－5），128. 86（C－4），127. 25（C－2），127. 19（C－7），126. 42（C－6），125. 73（C－3），122. 53（C－8），44. 25（C－13，14），29. 80（C－11）

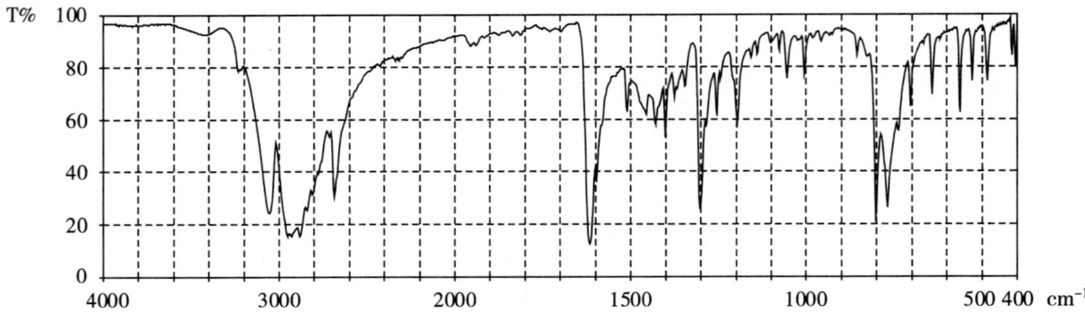

图 3　盐酸萘甲唑啉的红外光谱图

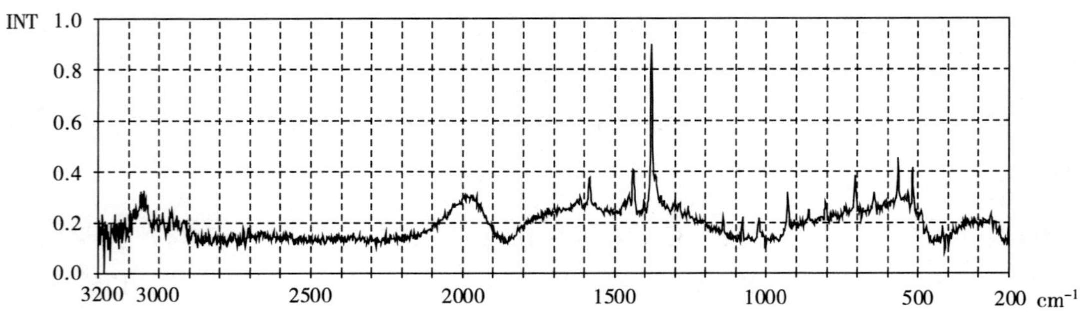

图 4　盐酸萘甲唑啉的拉曼光谱图

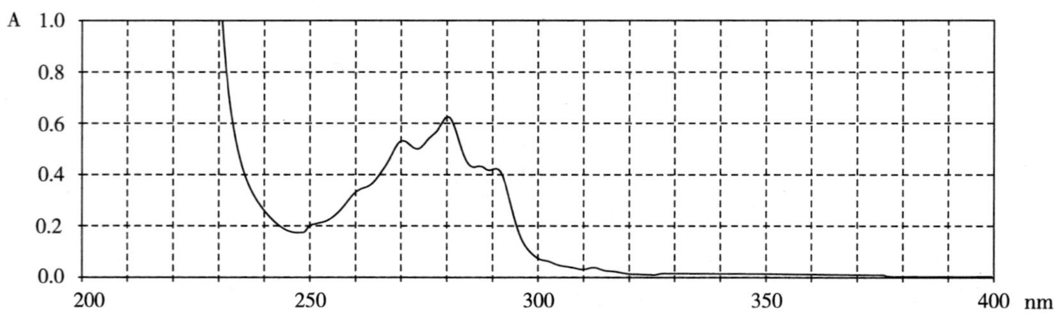

图 5　盐酸萘甲唑啉的紫外光谱图

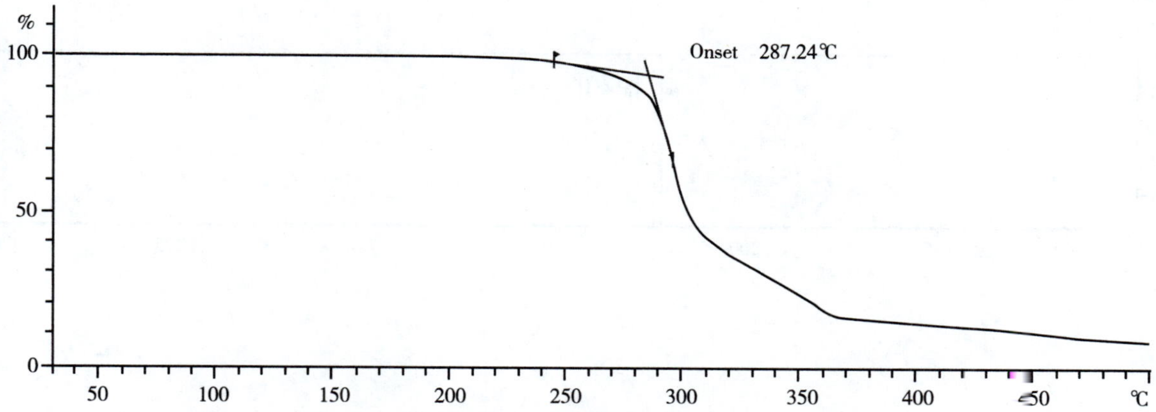

图 6　盐酸萘甲唑啉的 TG 图

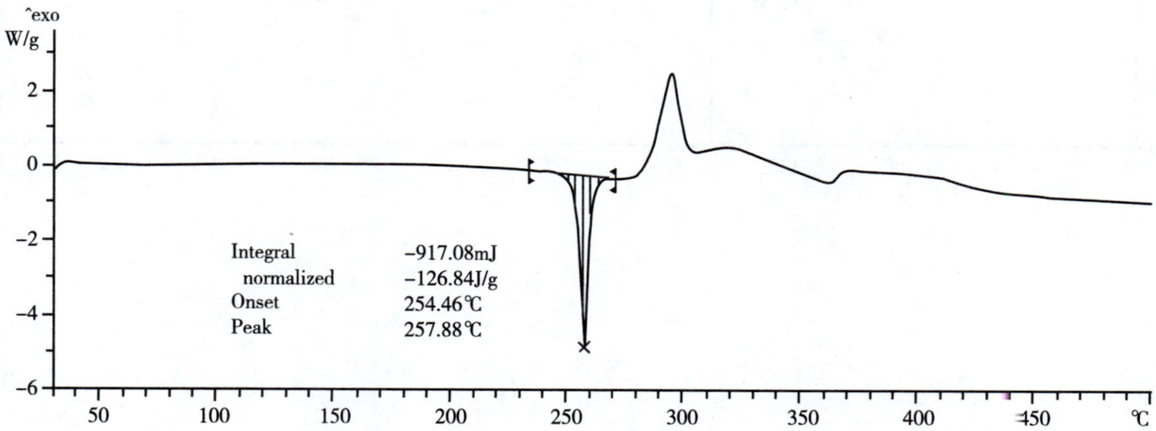

图 7　盐酸萘甲唑啉的 DSC 图

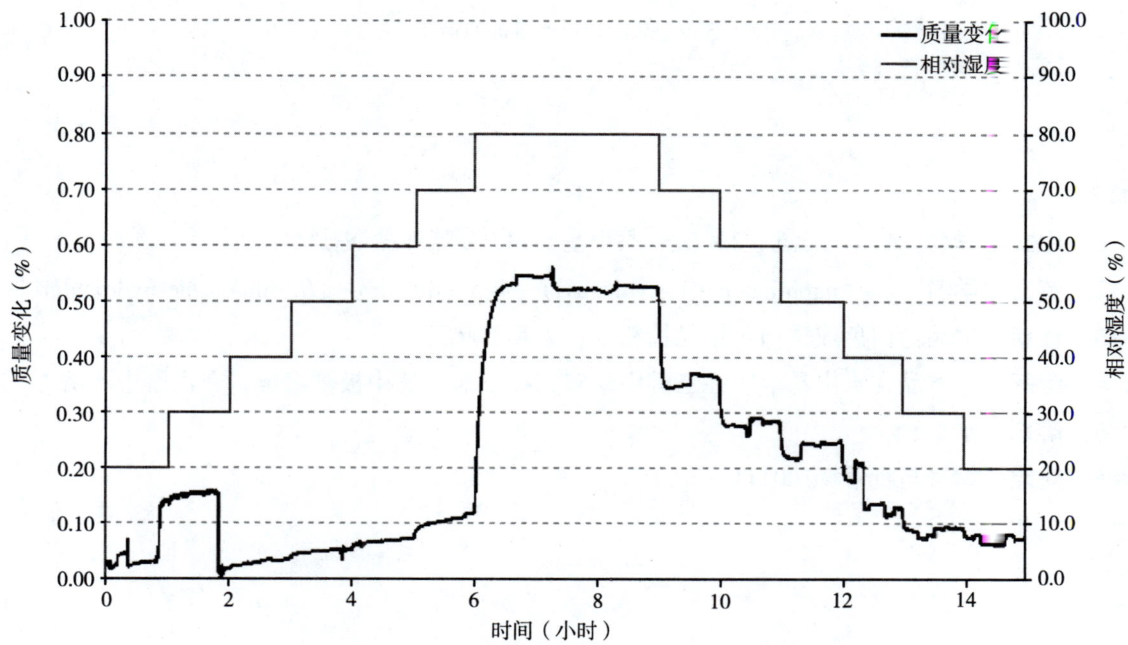

图 8　盐酸萘甲唑啉的 DVS 图

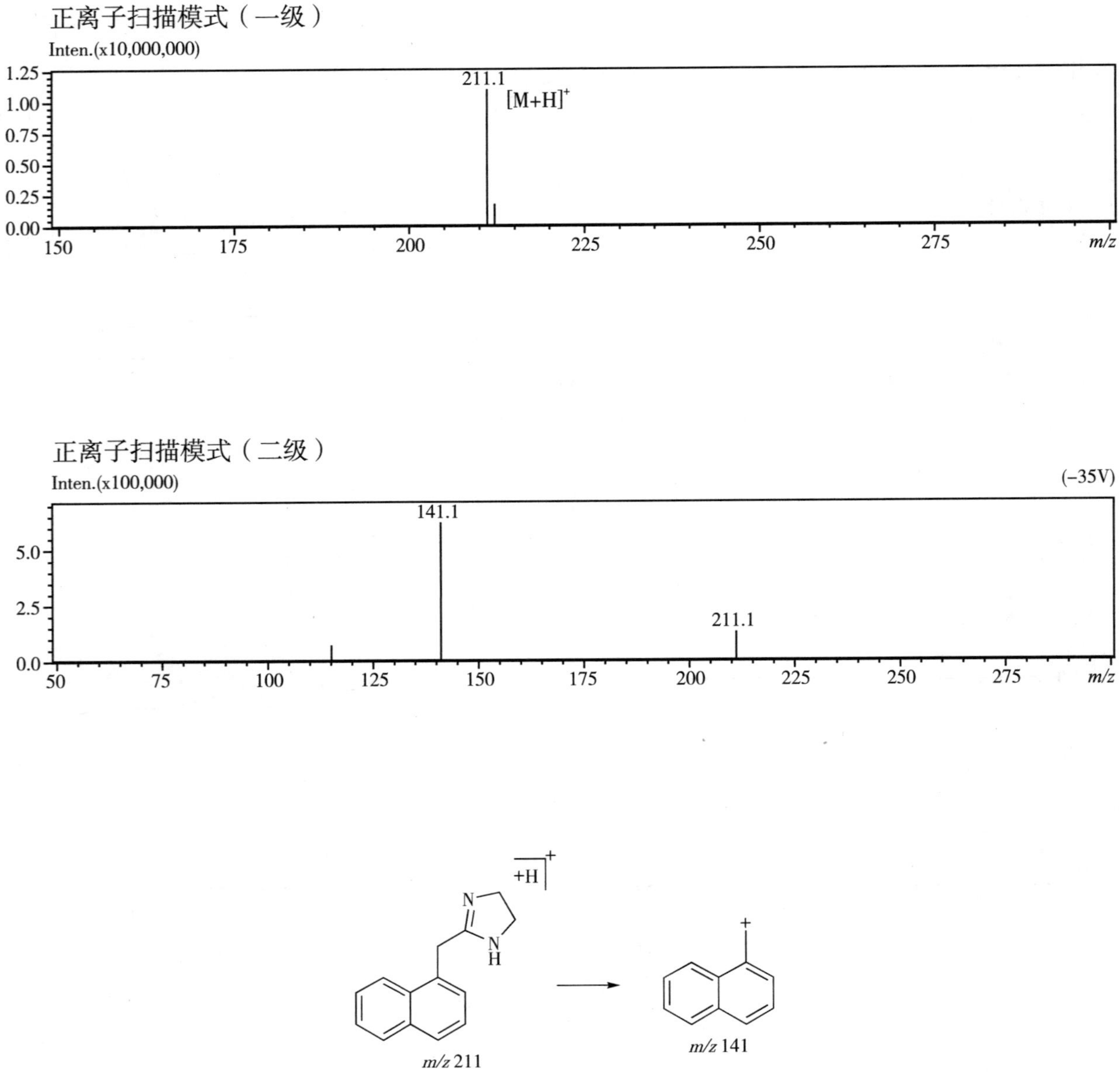

图 9　盐酸萘甲唑啉的质谱图

备注

1. **中文化学名**　4,5－二氢－2－(1－萘甲基)－1*H*－咪唑盐酸盐
2. **英文化学名**　2－(naphthalen－1－ylmethyl)－4,5－dihydro－1*H*－imidazole hydrochloride
3. **性状**　本品为白色或类白色结晶性粉末；无臭，味苦。
4. **溶解性**　本品在水中易溶，在乙醇中溶解，在三氯甲烷中极微溶解，在乙醚中不溶。
5. **溶剂**　水。
6. **对照品编号与批号**　100111－201104

阿 司 匹 林

英文名　Aspirin

分子式　$C_9H_8O_4$

分子量　180. 16

CAS 号　50 - 78 - 2

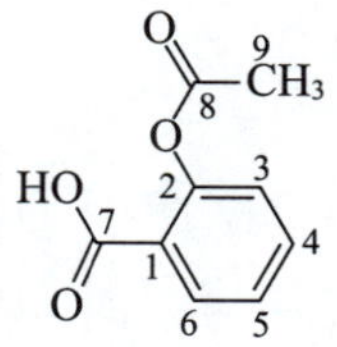

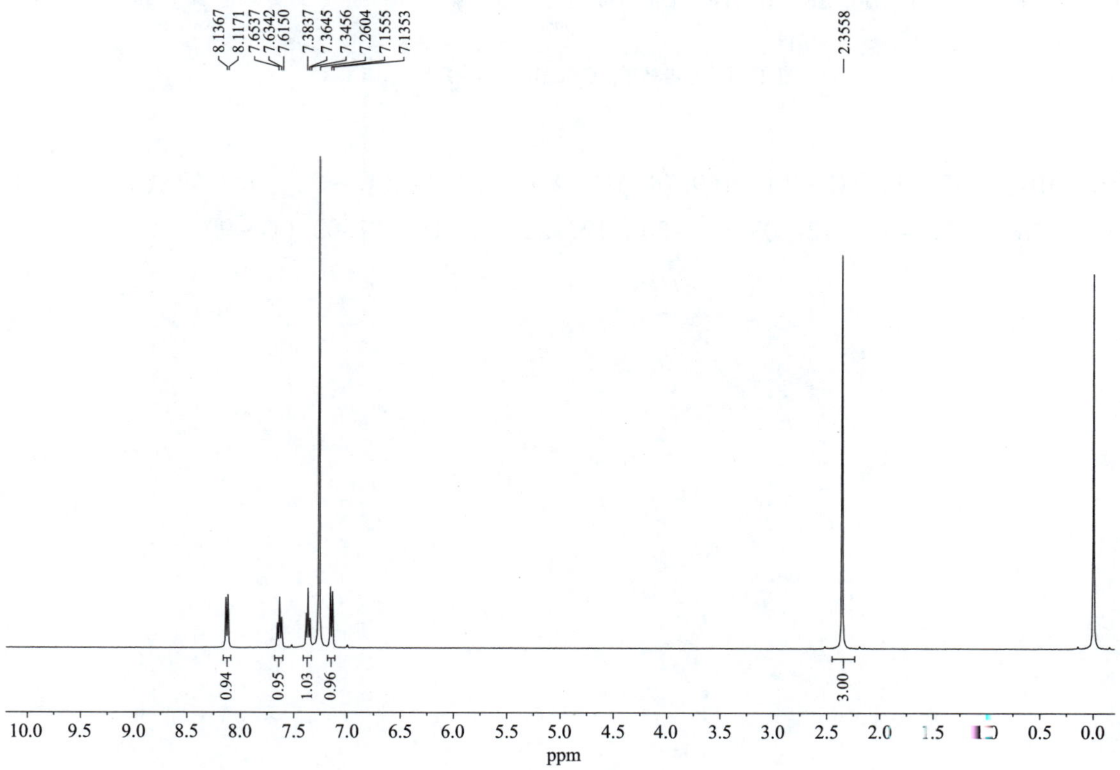

图 1　阿司匹林的^{1}H NMR 谱（溶剂：$CDCl_3$）

^{1}H NMR：δ 8. 13（H - 6，d，J = 7. 8 Hz，1H），7. 63（H - 4，t，J = 7. 6 Hz，1H），7. 36（H - 5，t，J = 7. 6 Hz，1H），7. 14（H - 3，d，J = 8. 1 Hz，1H），2. 36（H - 9，s，3H）

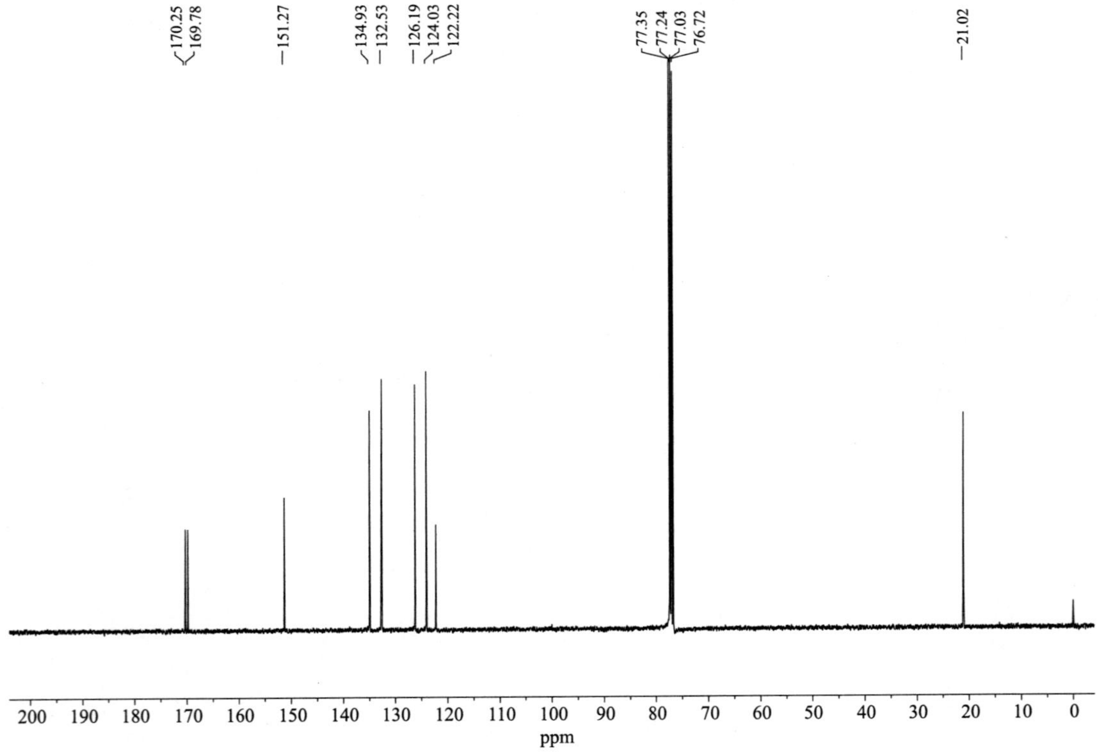

图2　阿司匹林的^{13}C NMR 谱（溶剂：$CDCl_3$）

^{13}C NMR：δ 170.25（C－7），169.78（C－8），151.27（C－2），134.93（C－4），132.53（C－6），126.19（C－5），124.03（C－3），122.22（C－1），21.02（C－9）

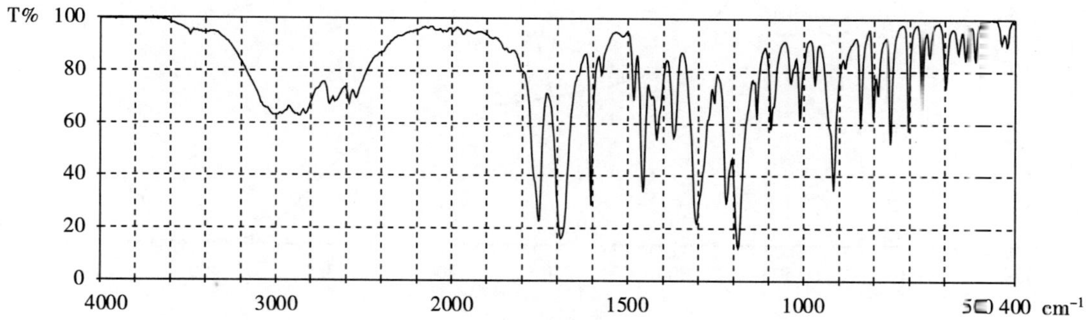

图 3　阿司匹林的红外光谱图

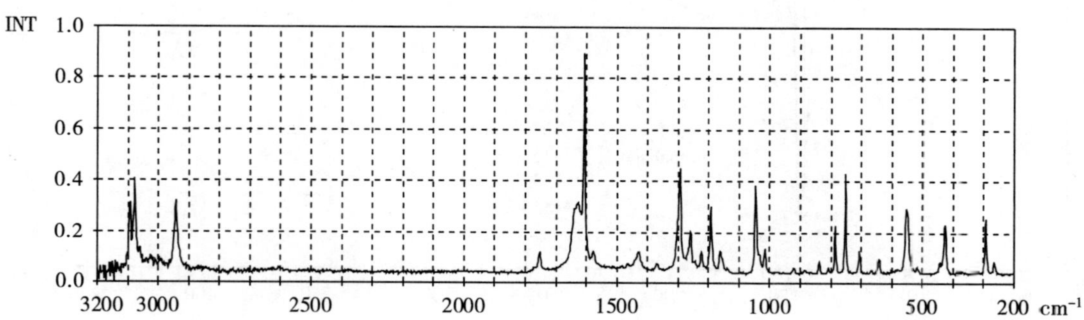

图 4　阿司匹林的拉曼光谱图

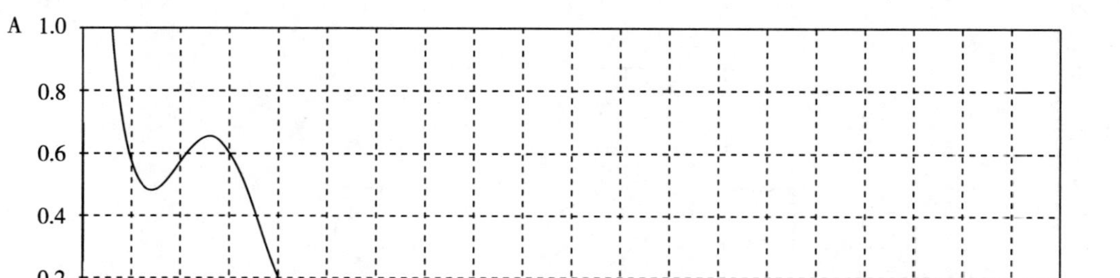

图 5　阿司匹林的紫外光谱图

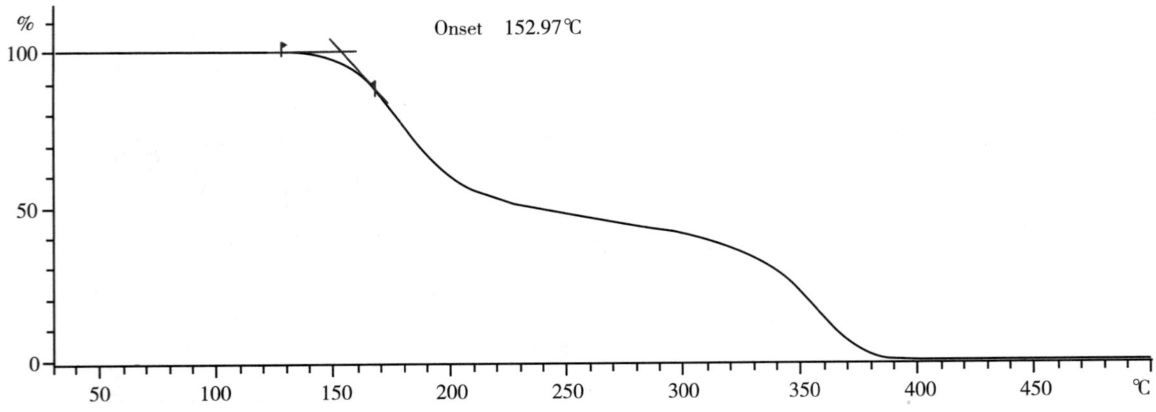

图 6 阿司匹林的 TG 图

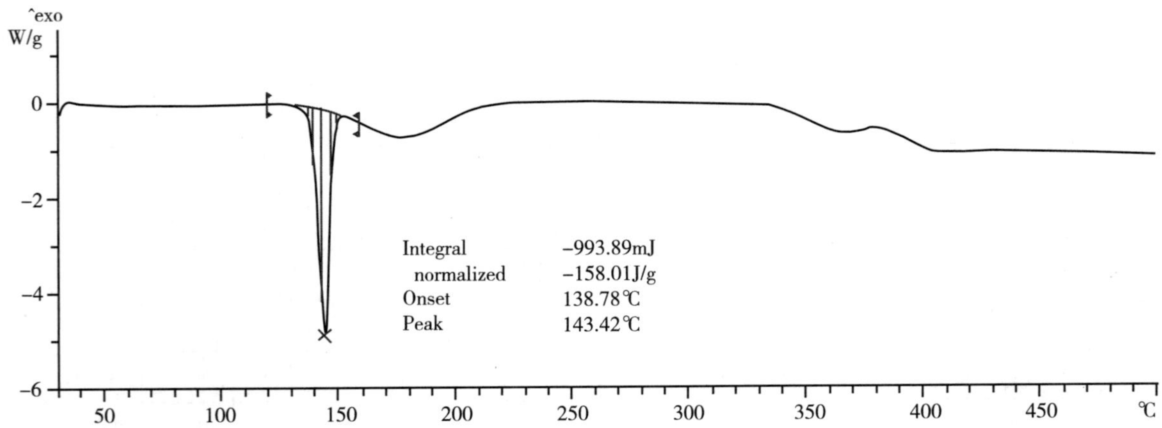

图 7 阿司匹林的 DSC 图

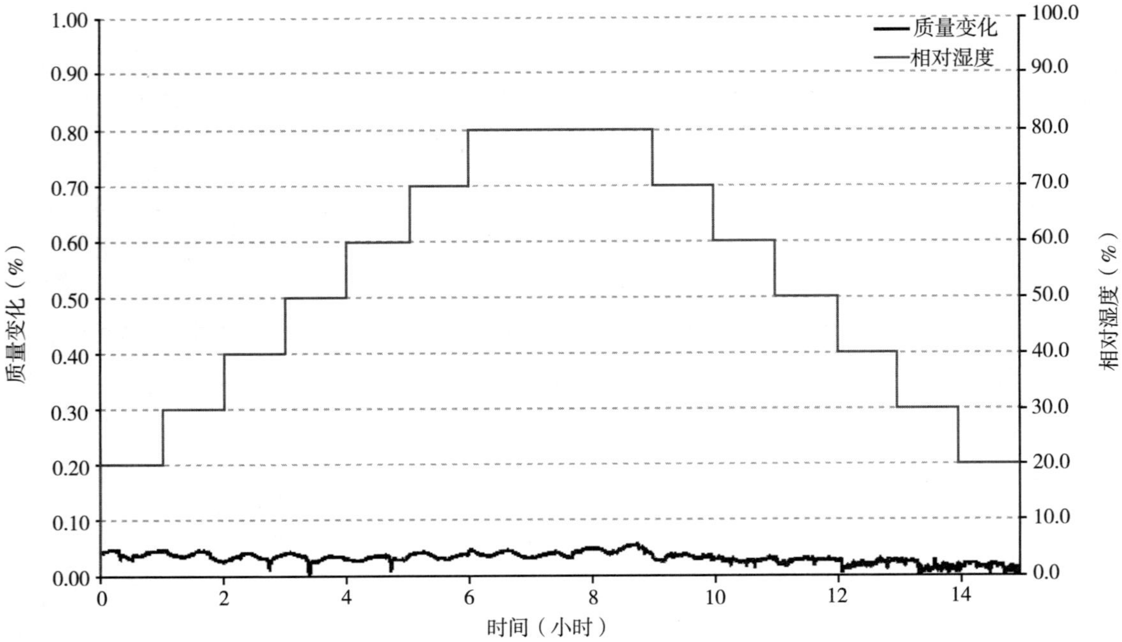

图 8 阿司匹林的 DVS 图

负离子扫描模式（一级）

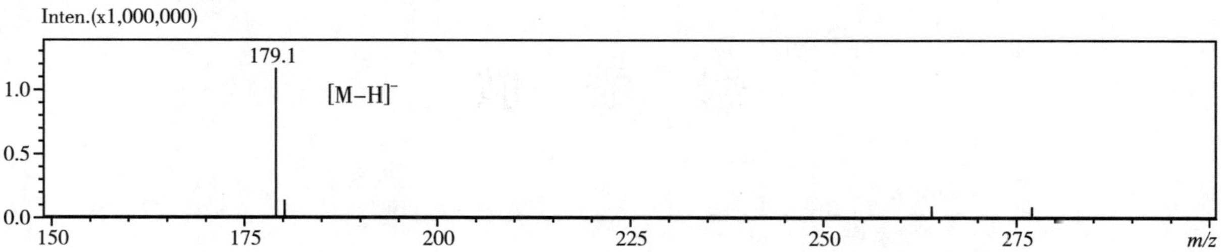

负离子扫描模式（二级）

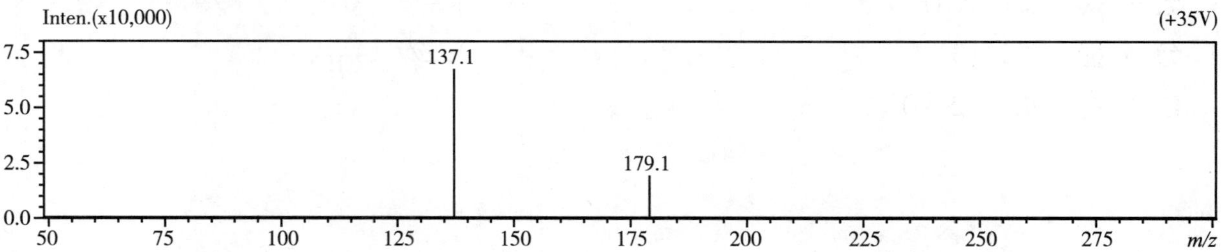

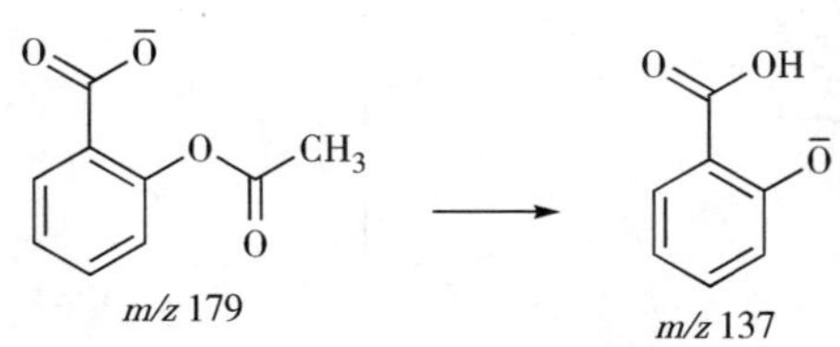

图 9　阿司匹林的质谱图

备注

1. **中文化学名**　2 -（乙酰氧基）苯甲酸
2. **英文化学名**　2 -（acetyloxy）benzoic acid
3. **性状**　本品为白色结晶性粉末；无臭或微带醋酸臭，味微酸；遇湿气即缓缓水解。
4. **溶解性**　本品在乙醇中易溶，在三氯甲烷或乙醚中溶解，在水或无水乙醚中微溶；在氢氧化钠溶液或碳酸钠溶液中溶解，但同时分解。
5. **溶剂**　乙醇。
6. **对照品编号与批号**　100113 - 201104

烟　酰　胺

英文名　Nicotinamide

分子式　$C_6H_6N_2O$

分子量　122.13

CAS 号　98－92－0

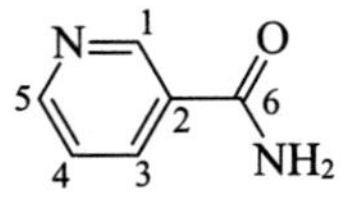

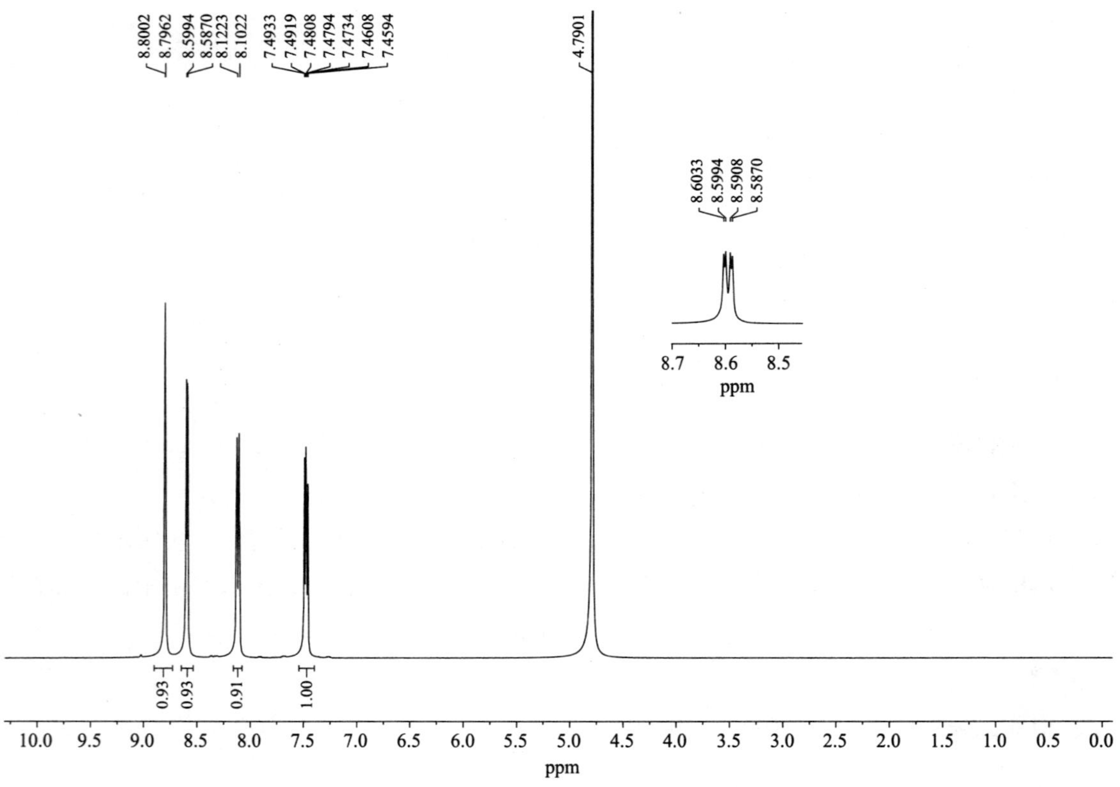

图 1　烟酰胺的^{1}H NMR 谱（溶剂：D_2O）

^{1}H NMR：δ 8.80（H－1，d，J＝1.5 Hz，1H），8.59（H－5，dd，J＝5.0，1.5 Hz，1H），8.11（H－3，m，1H），7.54～7.41（H－4，m，1H）

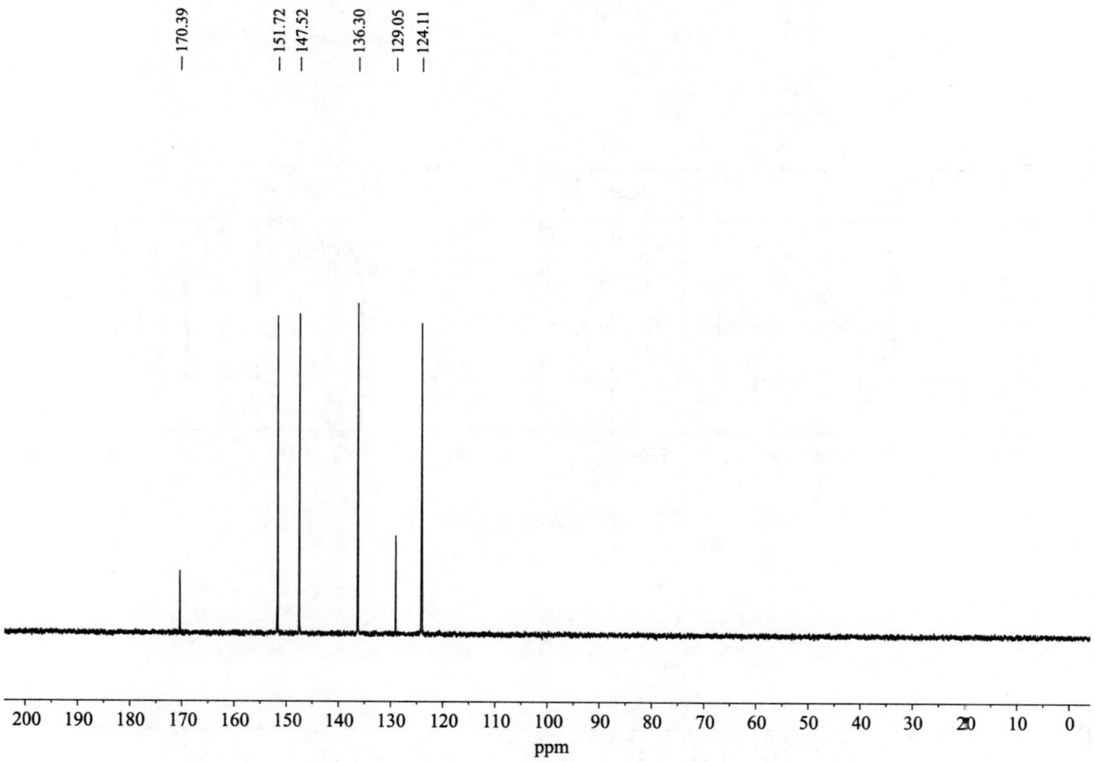

图 2　烟酰胺的 ^{13}C NMR 谱（溶剂：D_2O）

^{13}C NMR：δ 170.39（C－6），151.72（C－1），147.52（C－5），136.30（C－3），129.05（C－2），124.11（C－4）

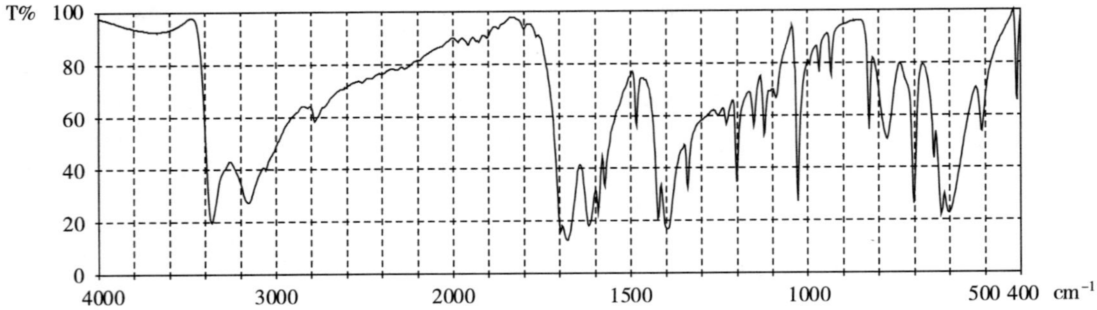

图 3　烟酰胺的红外光谱图

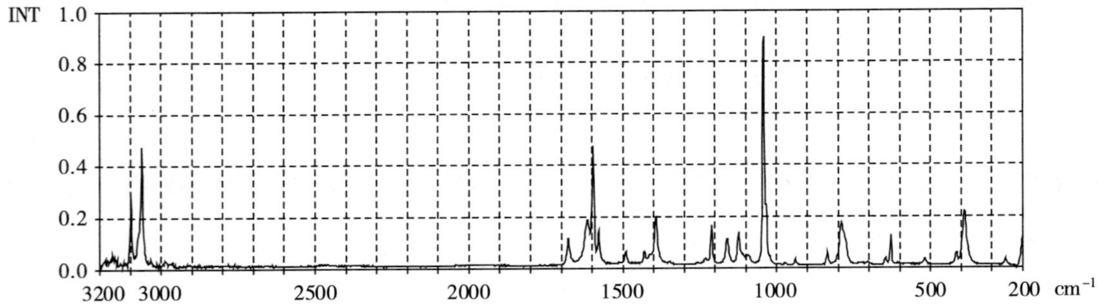

图 4　烟酰胺的拉曼光谱图

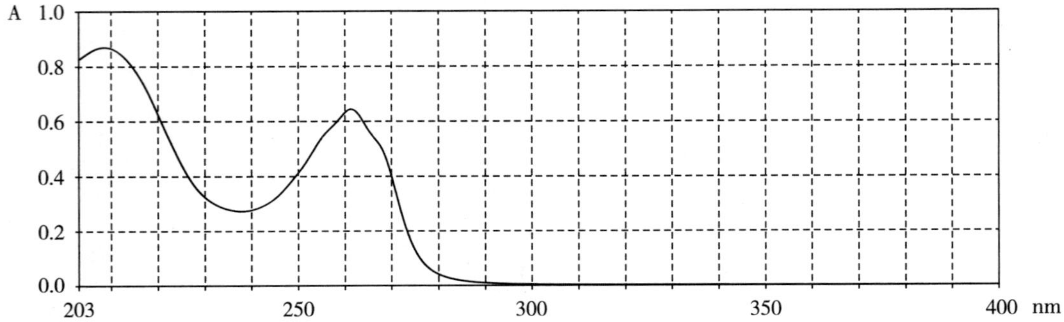

图 5　烟酰胺的紫外光谱图

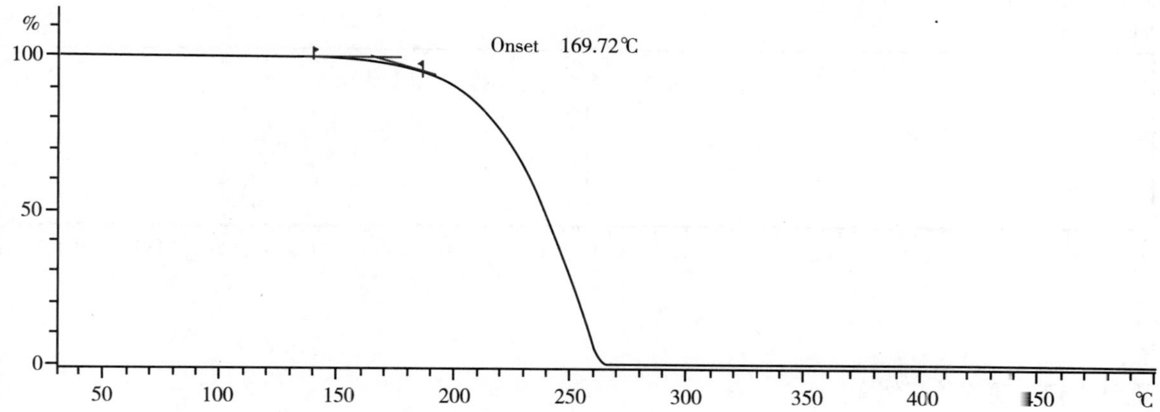

图 6　烟酰胺的 TG 图

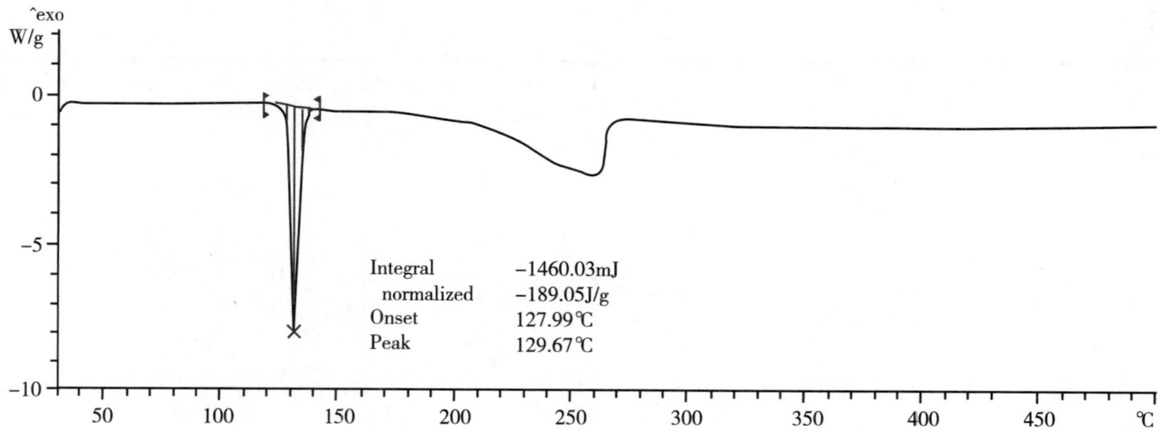

图 7　烟酰胺的 DSC 图

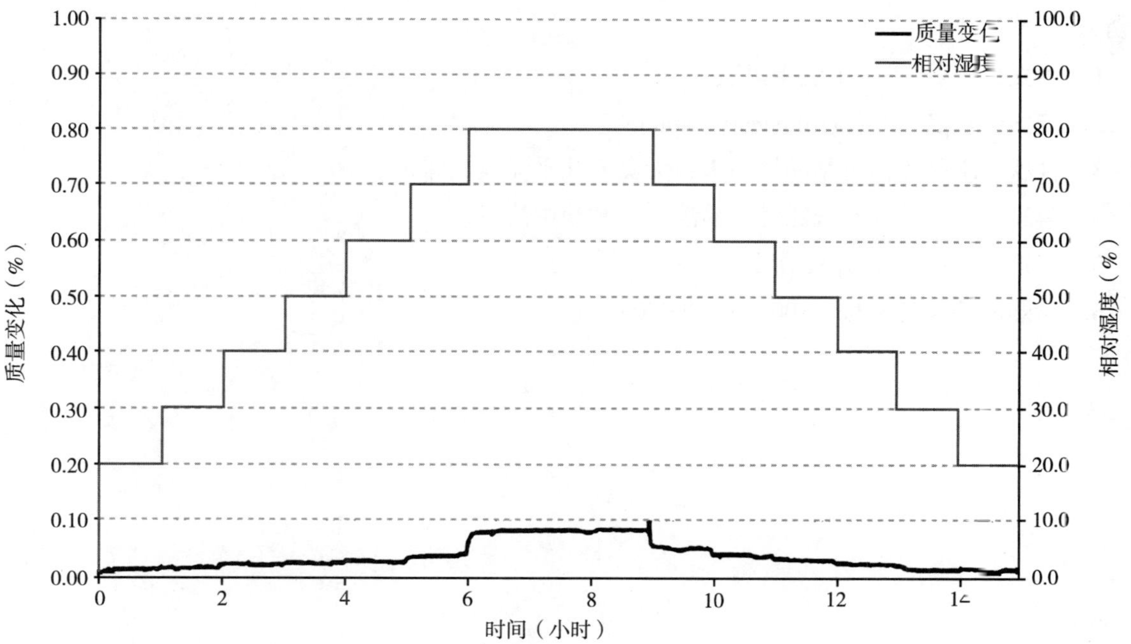

图 8　烟酰胺的 DVS 图

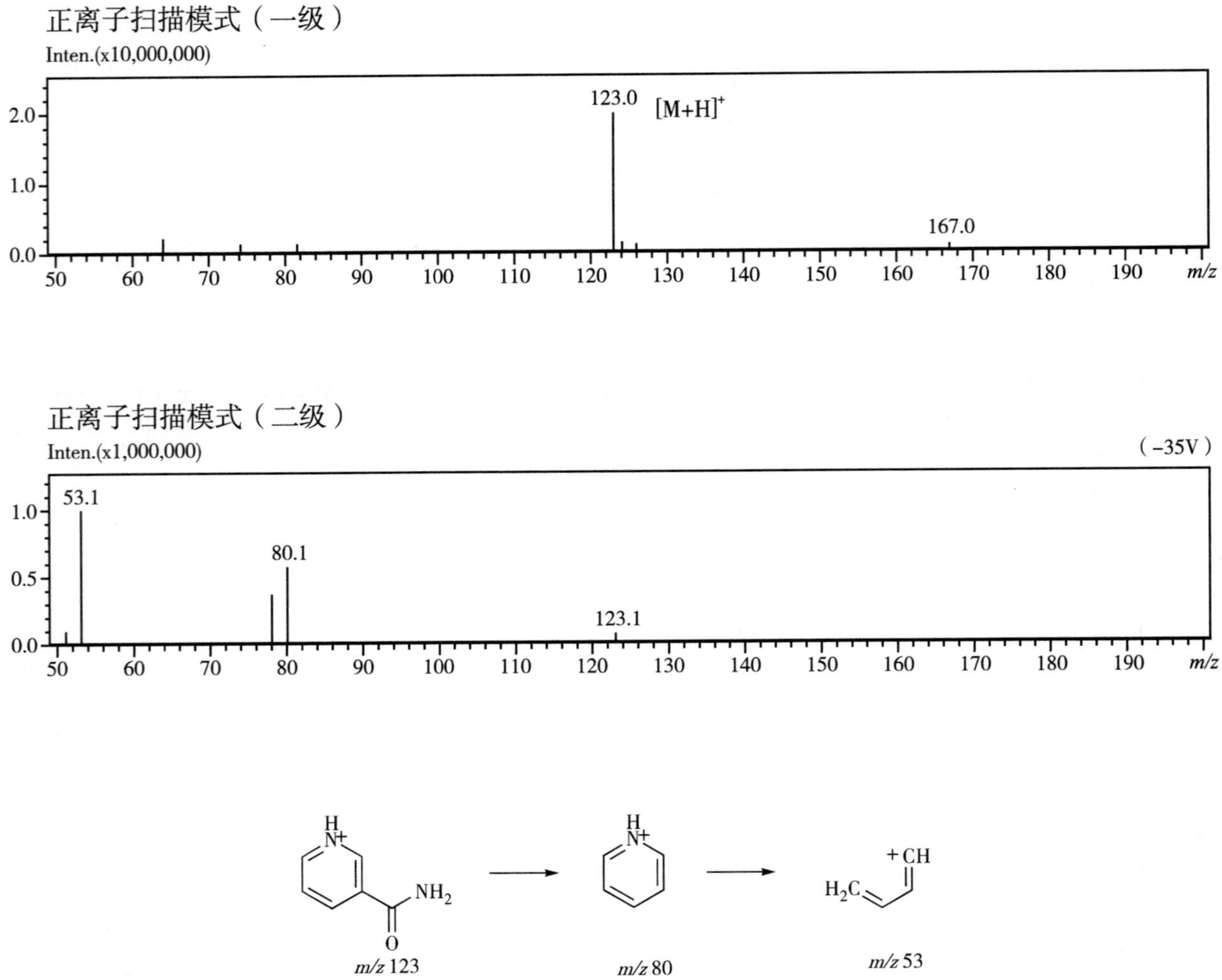

图 9　烟酰胺的质谱图

备注

1. **中文化学名**　3－吡啶甲酰胺
2. **英文化学名**　3－pyridinecarboxamide
3. **性状**　本品为白色结晶性粉末；无臭或几乎无臭，味苦。
4. **溶解性**　本品在水或乙醇中易溶，在甘油中溶解。
5. **溶剂**　0.1mol/L 盐酸溶液。
6. **对照品编号与批号**　100115－200703

盐酸吡哆辛

英文名 Pyridoxine Hydrochloride

分子式 $C_8H_{11}NO_3 \cdot HCl$

分子量 205.64

CAS 号 58-56-0

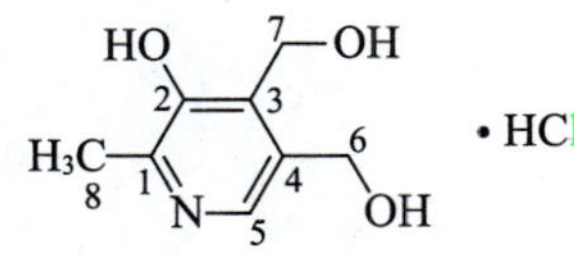

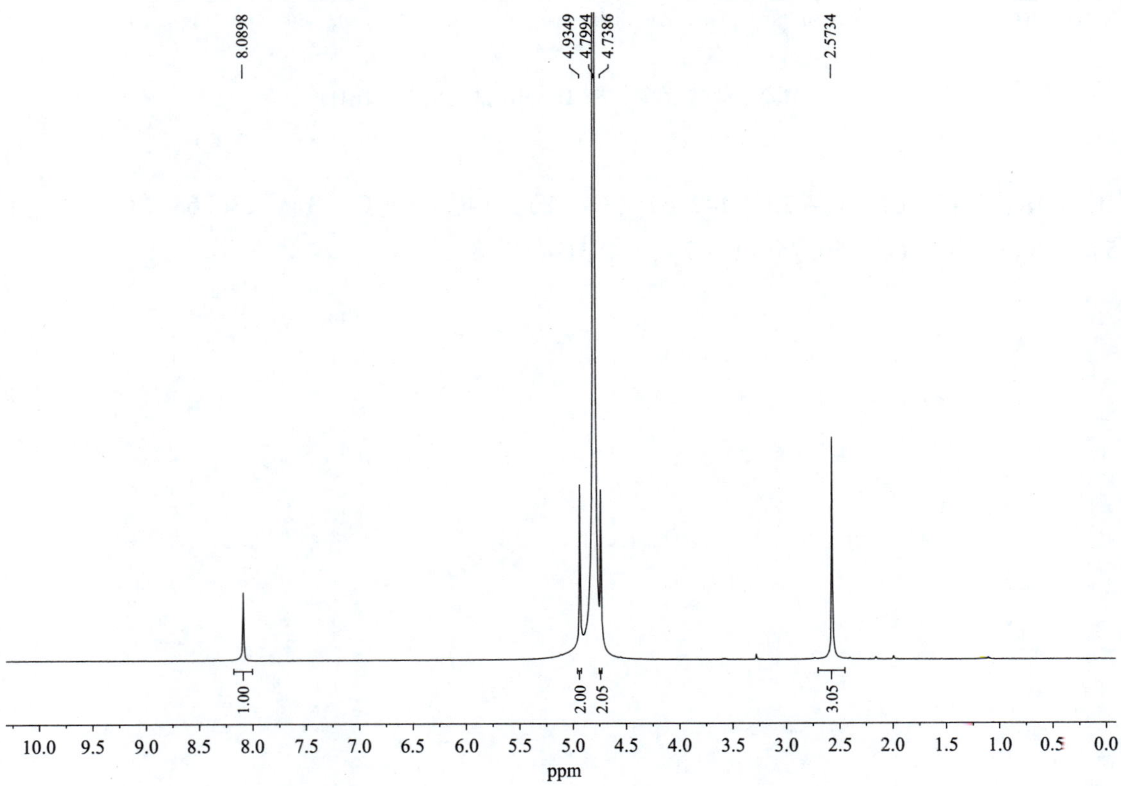

图1 盐酸吡哆辛的^1H NMR谱（溶剂：D_2O）

^1H NMR：δ 8.09（H-5，s，1H），4.93（H-7，s，2H），4.74（H-6，s，2H），2.57（H-8，s，3H）

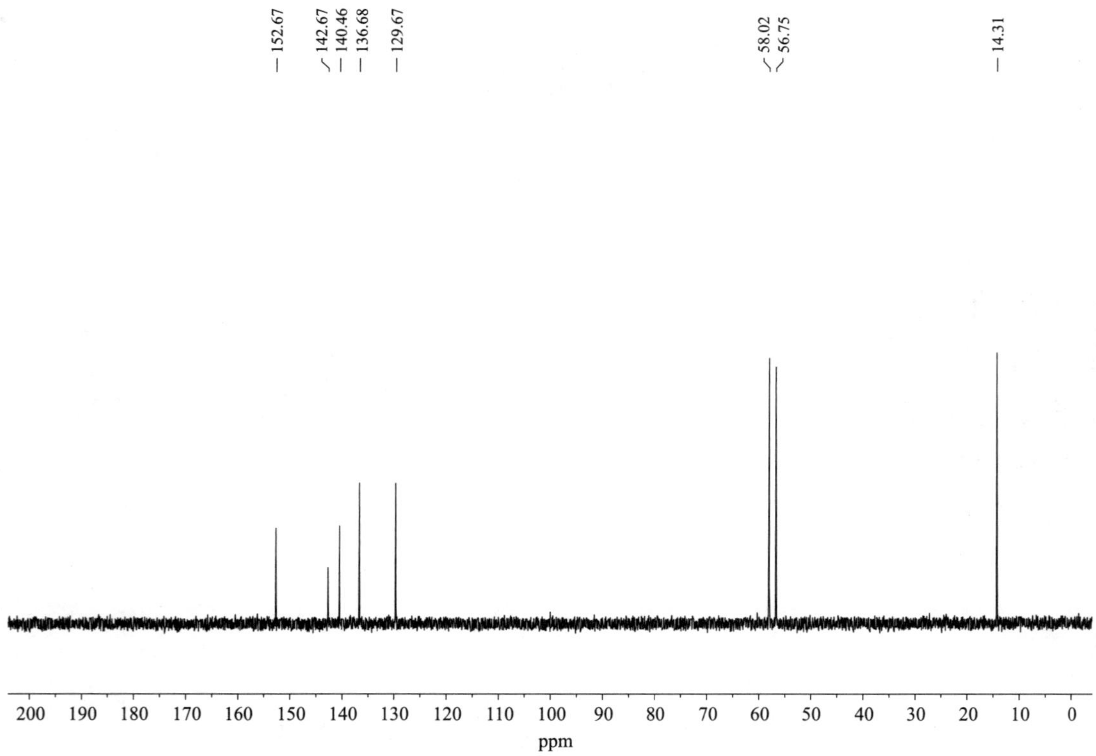

图 2　盐酸吡哆辛的^{13}C NMR 谱（溶剂：D_2O）

^{13}C NMR：δ 152.67（C－2），142.67（C－1），140.46（C－3），136.68（C－4），129.67（C－5），58.02（C－6），56.75（C－7），14.31（C－8）

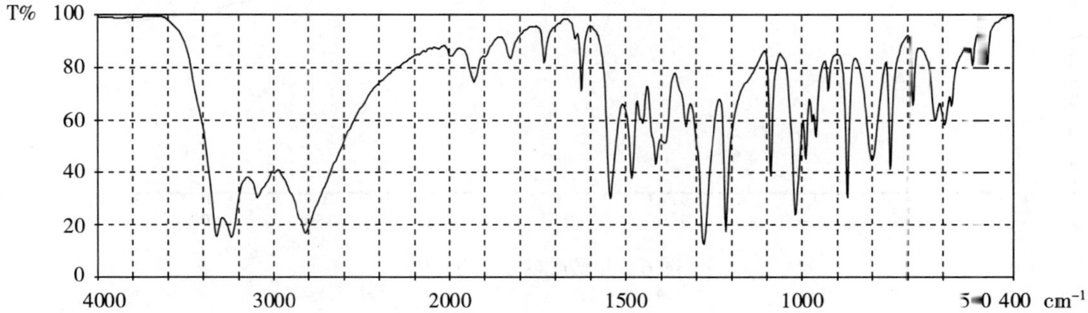

图 3　盐酸吡哆辛的红外光谱图

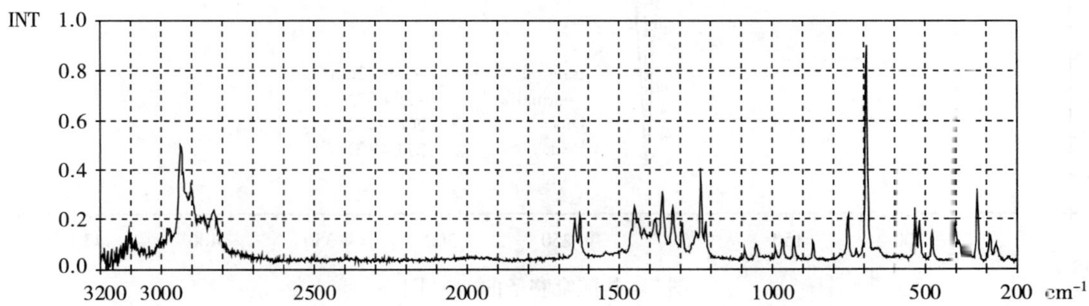

图 4　盐酸吡哆辛的拉曼光谱图

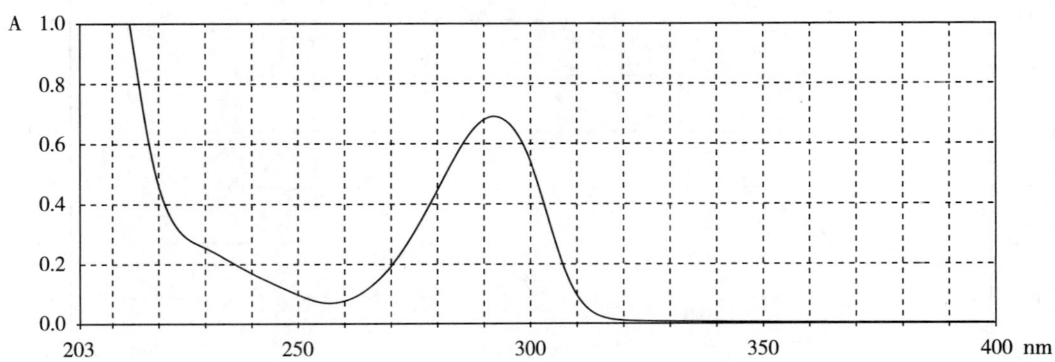

图 5　盐酸吡哆辛的紫外光谱图

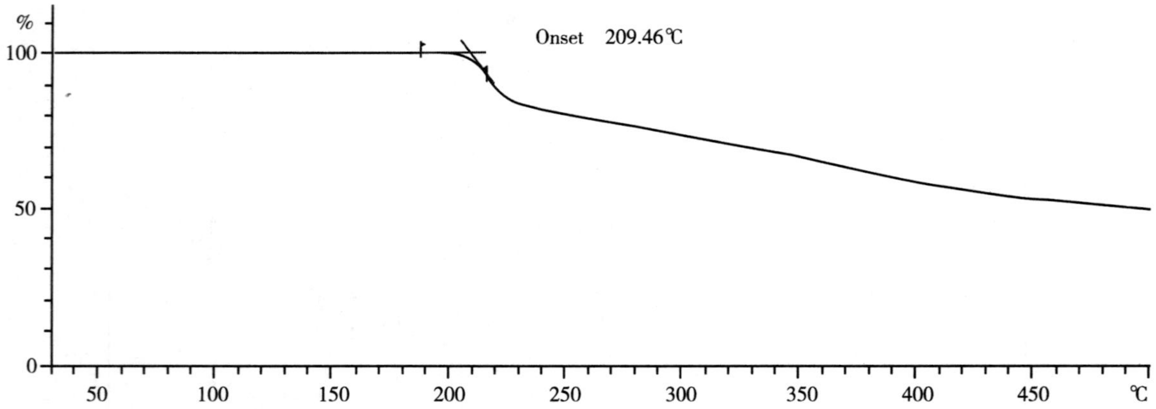

图 6　盐酸吡哆辛的 TG 图

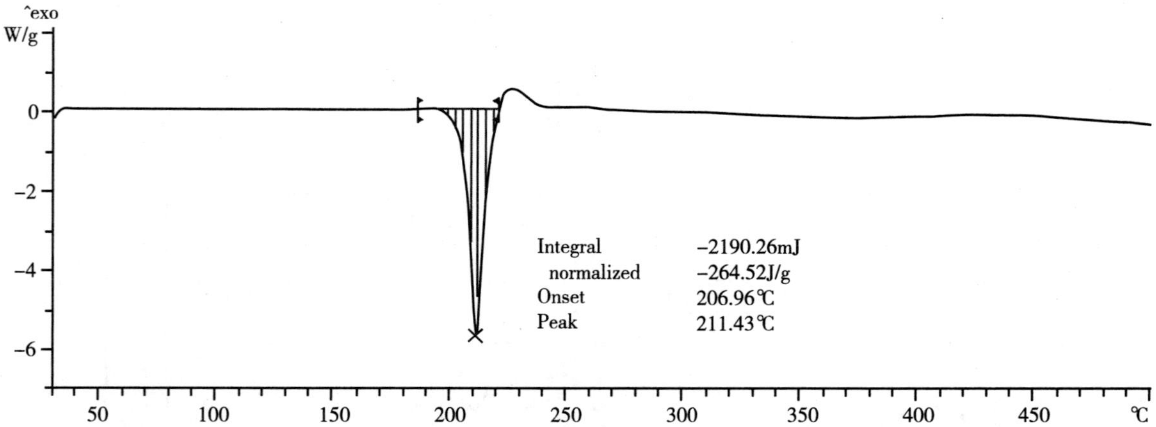

图 7　盐酸吡哆辛的 DSC 图

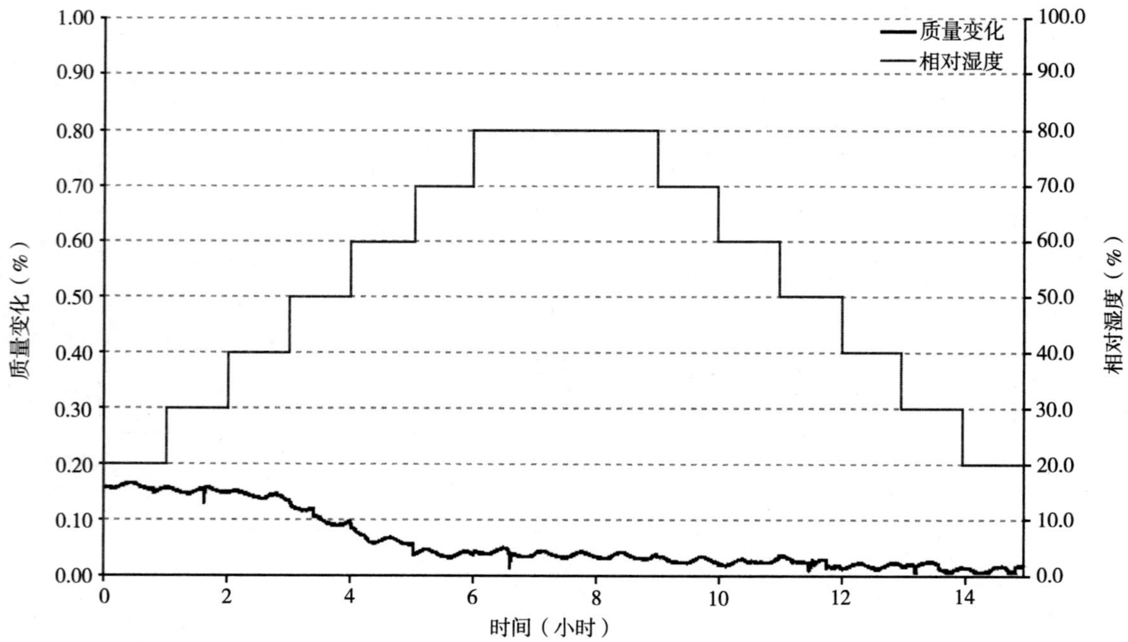

图 8　盐酸吡哆辛的 DVS 图

正离子扫描模式（一级）

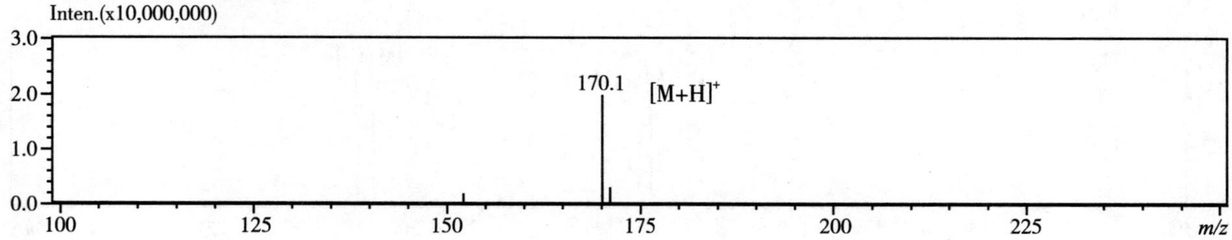

正离子扫描模式（二级）

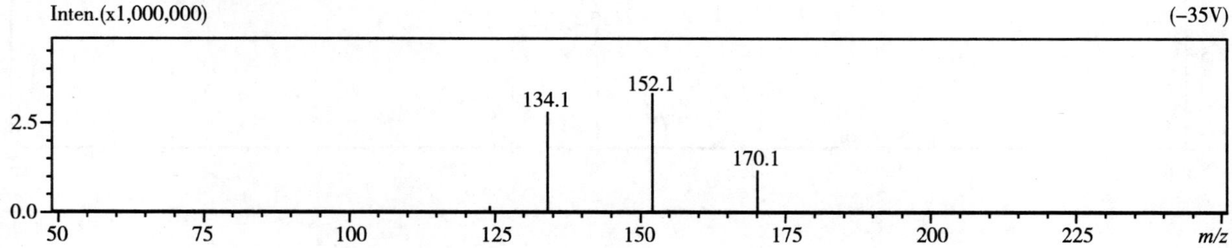

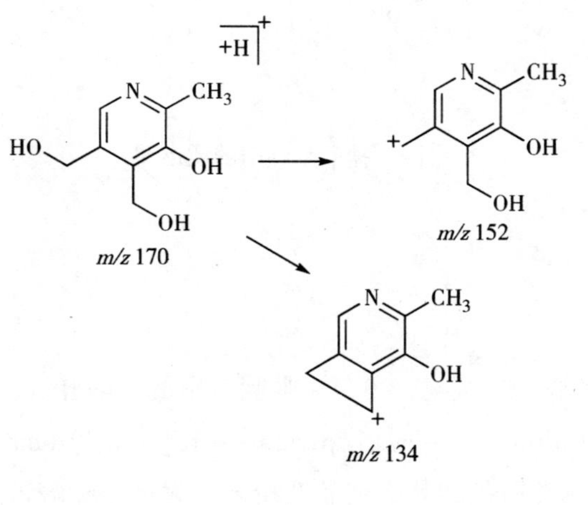

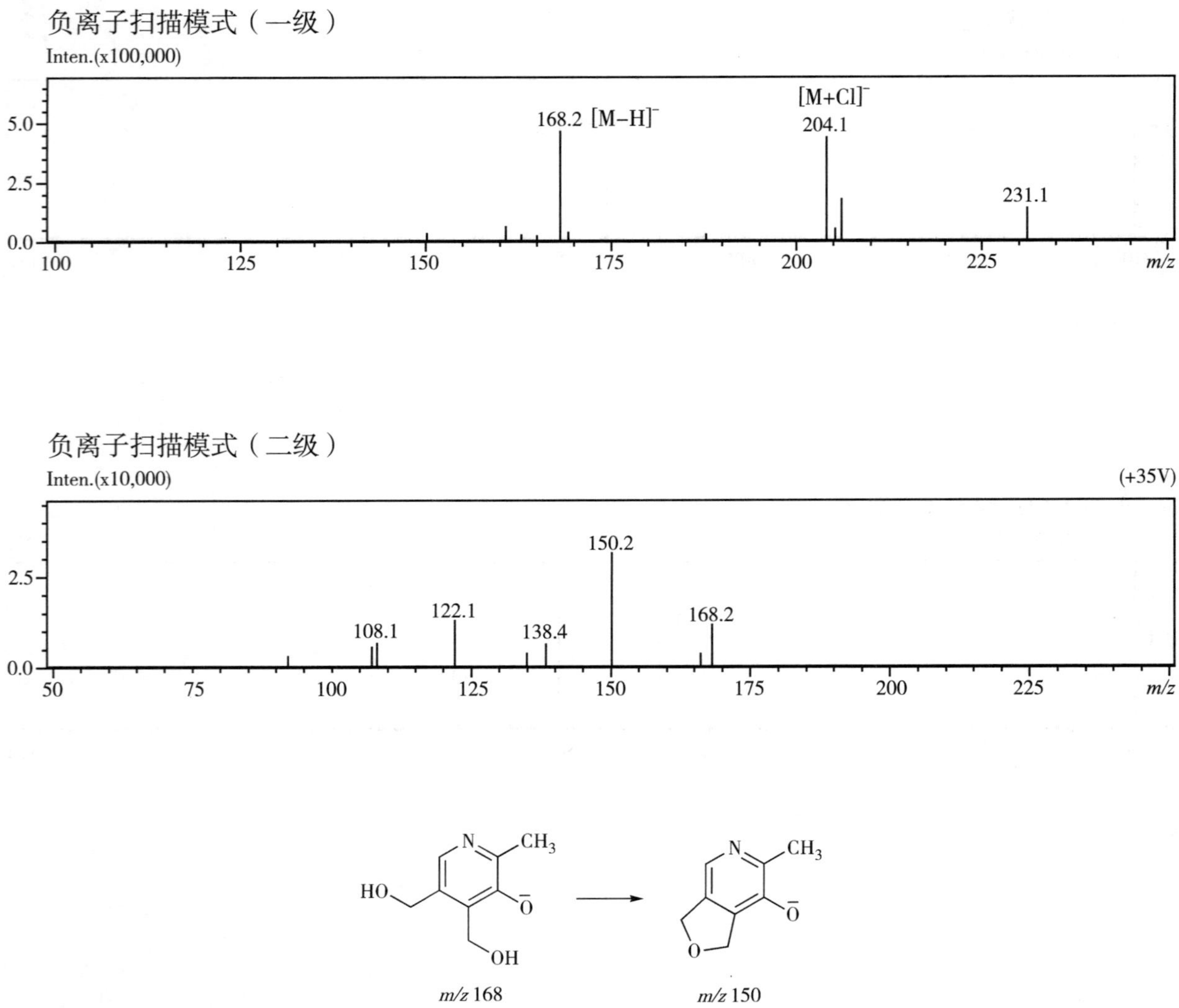

图 9　盐酸吡哆辛的质谱图

备注

1. 中文化学名　6－甲基－5－羟基－3,4－吡啶二甲醇盐酸盐

2. 英文化学名　(5－hydroxy－6－methylpyridine－3,4－diyl) dimethanol hydrochloride

3. 性状　本品为白色或类白色结晶或结晶性粉末，无臭，味酸苦。

4. 溶解性　本品在水中易溶，在乙醇中微溶，在三氯甲烷或乙醚中不溶。

5. 溶剂　0.1mol/L 盐酸溶液。

6. 对照品编号与批号　100116－201103

阿 替 洛 尔

英文名 Atenolol

分子式 $C_{14}H_{22}N_2O_3$

分子量 266. 34

CAS 号 29122 - 68 - 7

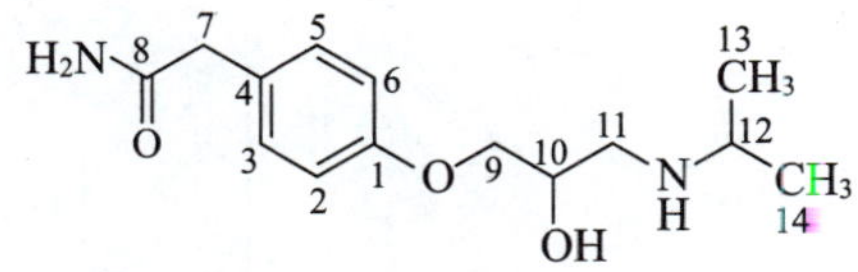

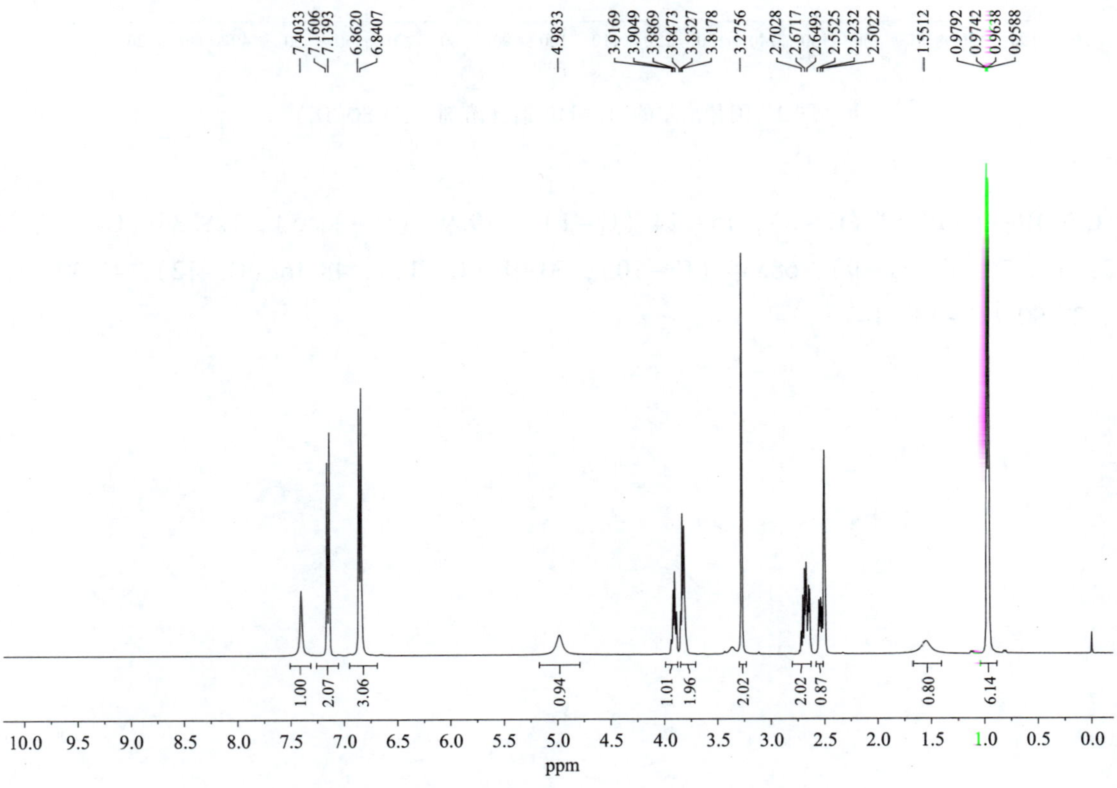

图 1 阿替洛尔的^{1}H NMR 谱（溶剂：CD_3SOCD_3）

^{1}H NMR：δ 7.40（$CONH_2$，brs，1H），7.15（H－3，5，d，J = 8.5 Hz，2H），6.85（H－2，6，d，J = 8.5 Hz，2H），6.84（$CONH_2$，brs，1H），4.98（OH，brs，1H），3.90（H－10，m，1H），3.86～3.78（H－9，m，2H），3.28（H－7，s，2H），2.74～2.62（H－11a，12，m，2H），2.54（H－11b，m，1H），1.55（NH，brs，1H），0.97（H－13，d，J = 6.2 Hz，3H），0.96（H－14，d，J = 6.2 Hz，3H）

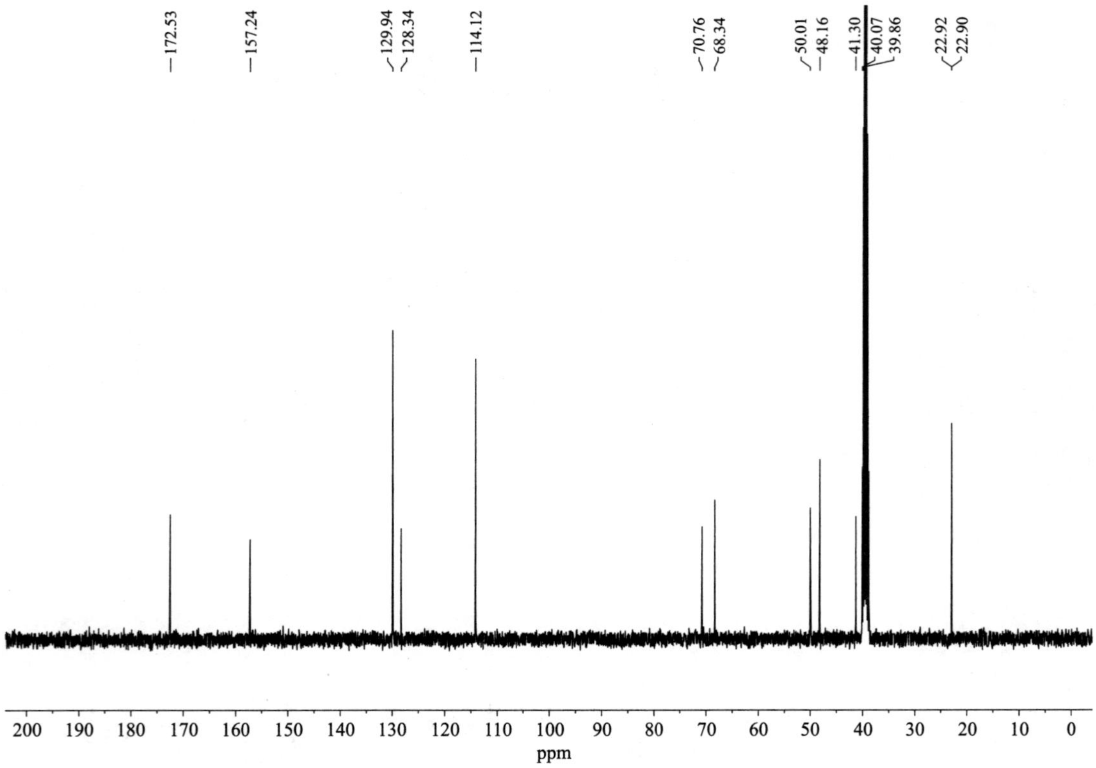

图2　阿替洛尔的^{13}C NMR谱（溶剂：CD_3SOCD_3）

^{13}C NMR：δ 172.53（C－8），157.24（C－1），129.94（C－3，5），128.34（C－4），114.12（C－2，6），70.76（C－9），68.34（C－10），50.01（C－11），48.16（C－12），41.30（C－7），22.92，22.90（C－13，14）

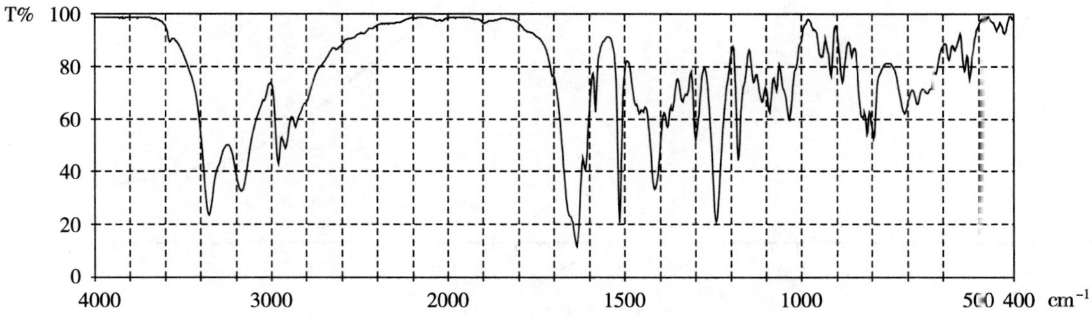

图 3　阿替洛尔的红外光谱图

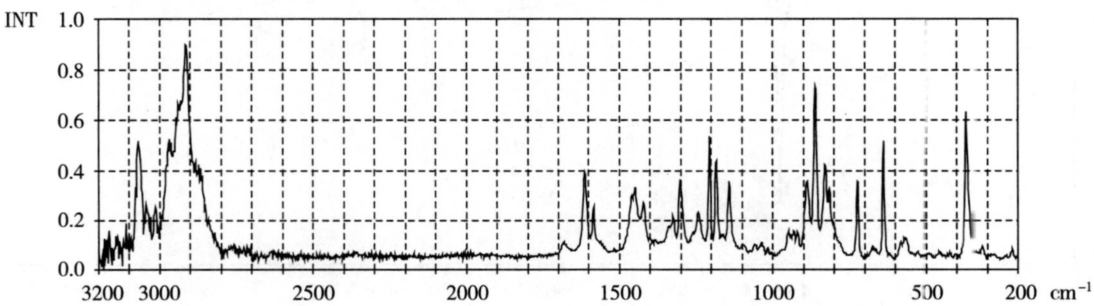

图 4　阿替洛尔的拉曼光谱图

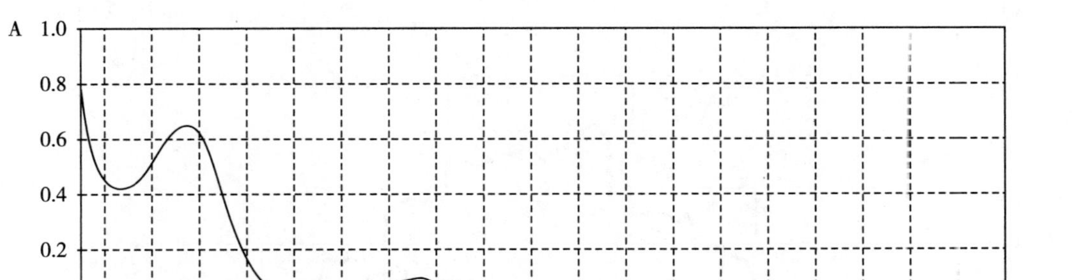

图 5　阿替洛尔的紫外光谱图

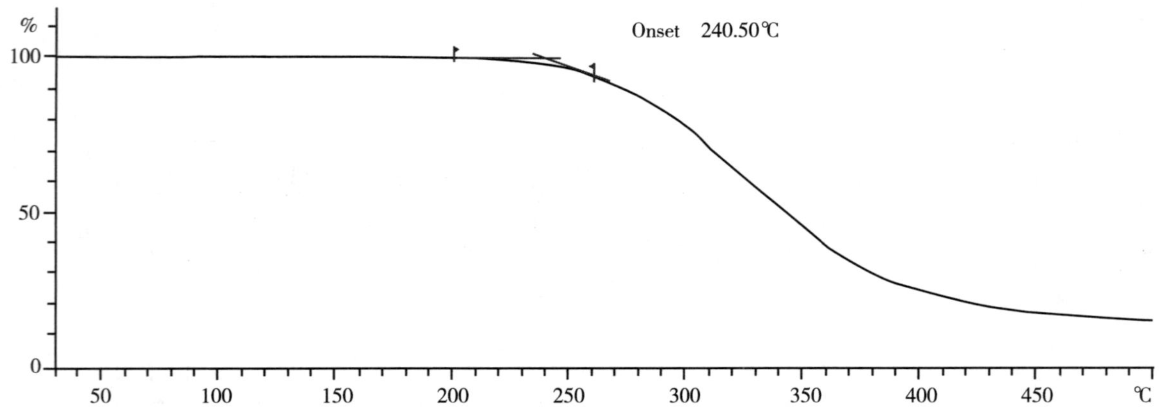

图 6　阿替洛尔的 TG 图

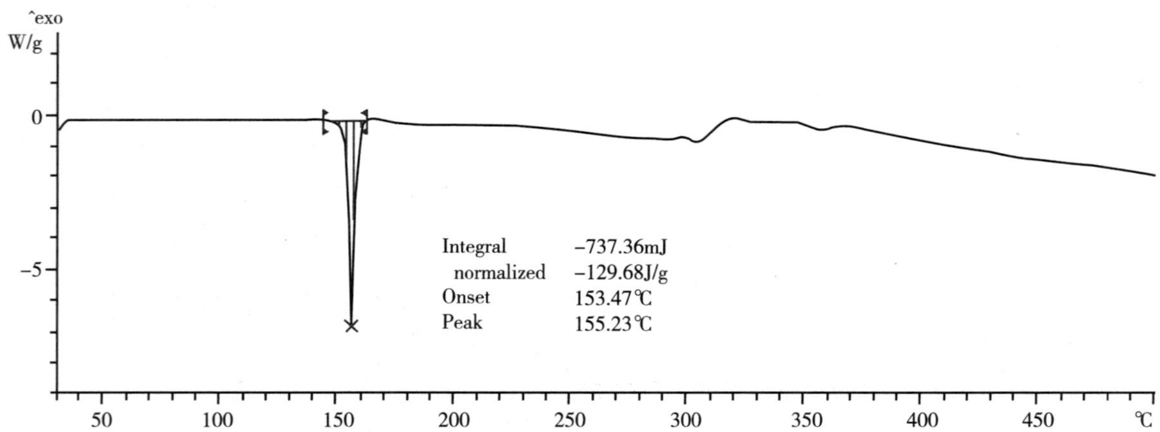

图 7　阿替洛尔的 DSC 图

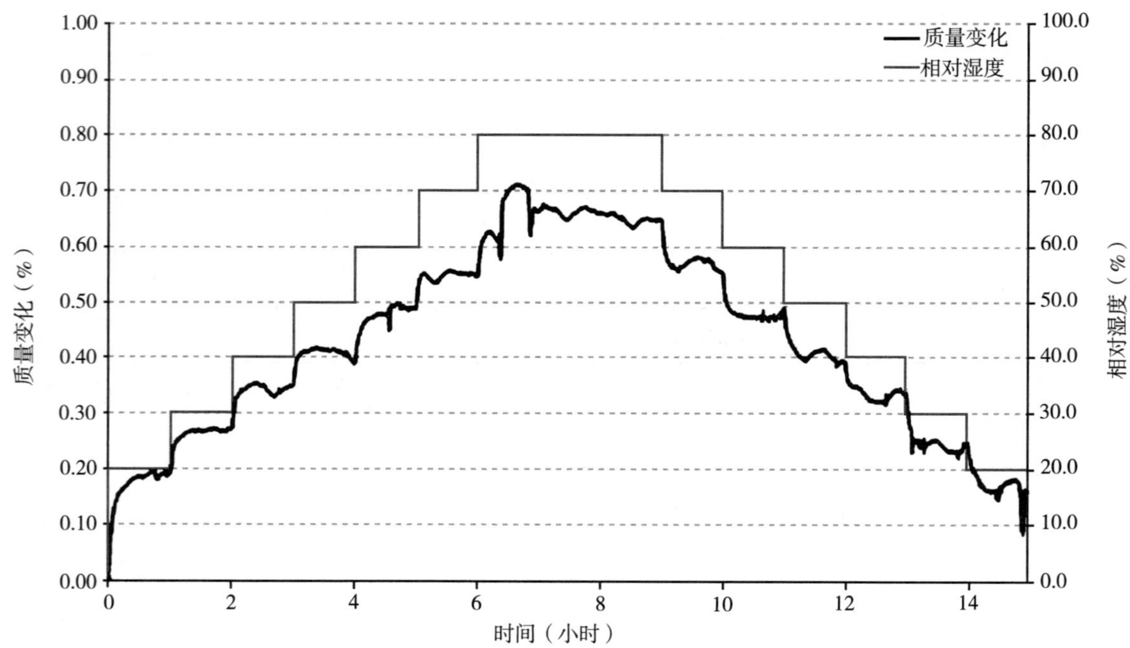

图 8　阿替洛尔的 DVS 图

正离子扫描模式（一级）

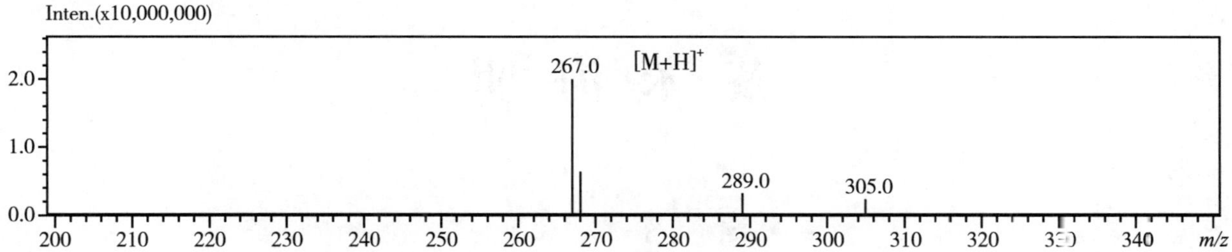

正离子扫描模式（二级）

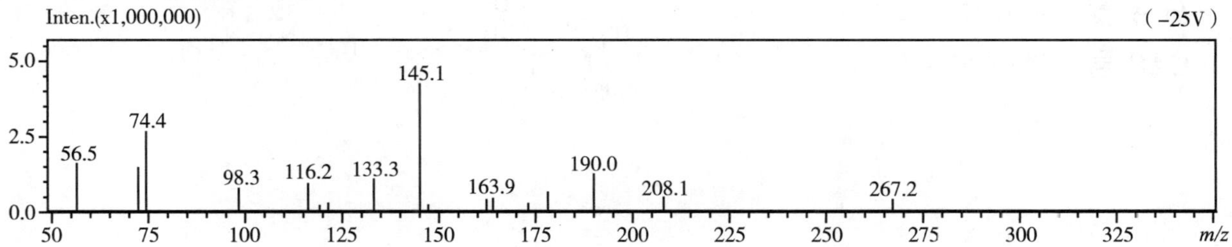

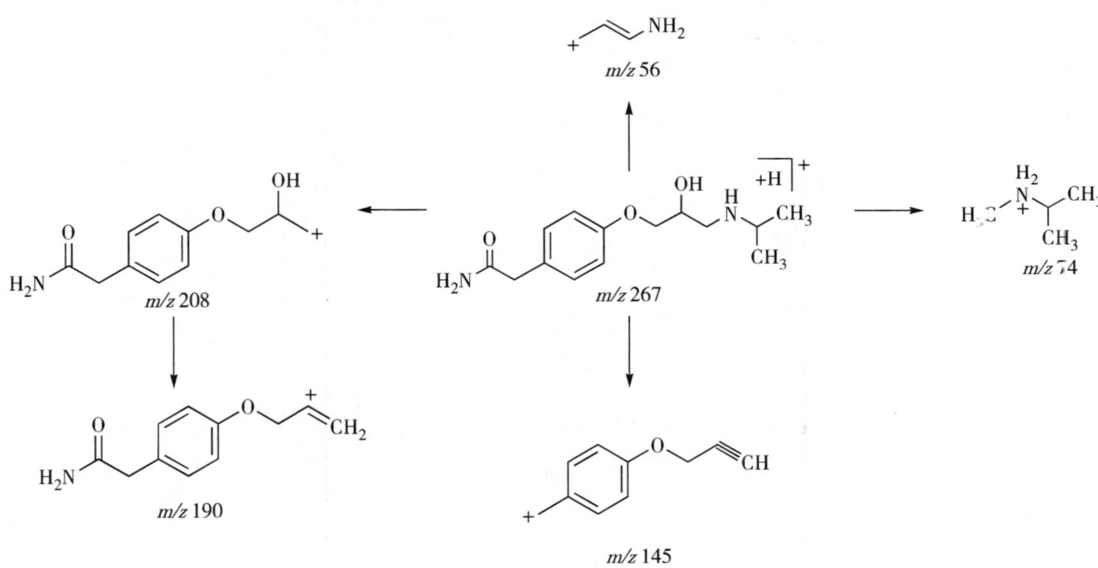

图9 阿替洛尔的质谱图

备注

1. **中文化学名** 4－[3－(2－羟基－3－异丙氨基)丙氧基]苯乙酰胺
2. **英文化学名** 4－[2－hydroxy－3－[(1－methylethyl)amino]propoxy]benzene acetamide
3. **性状** 本品为白色粉末；无臭或微臭。
4. **溶解性** 本品在乙醇中溶解，在三氯甲烷或水中微溶，在乙醚中几乎不溶。
5. **溶剂** 无水乙醇。
6. **对照品编号与批号** 100117－200504

茶苯海明

英文名 Dimenhydrinate

分子式 $C_{17}H_{21}NO \cdot C_7H_7ClN_4O_2$

分子量 469.97

CAS 号 523－87－5

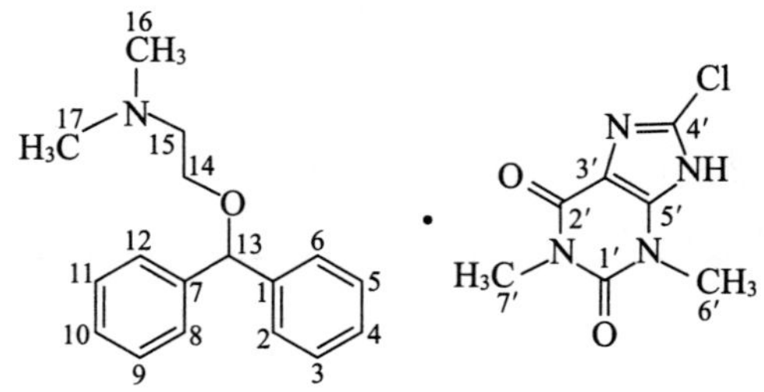

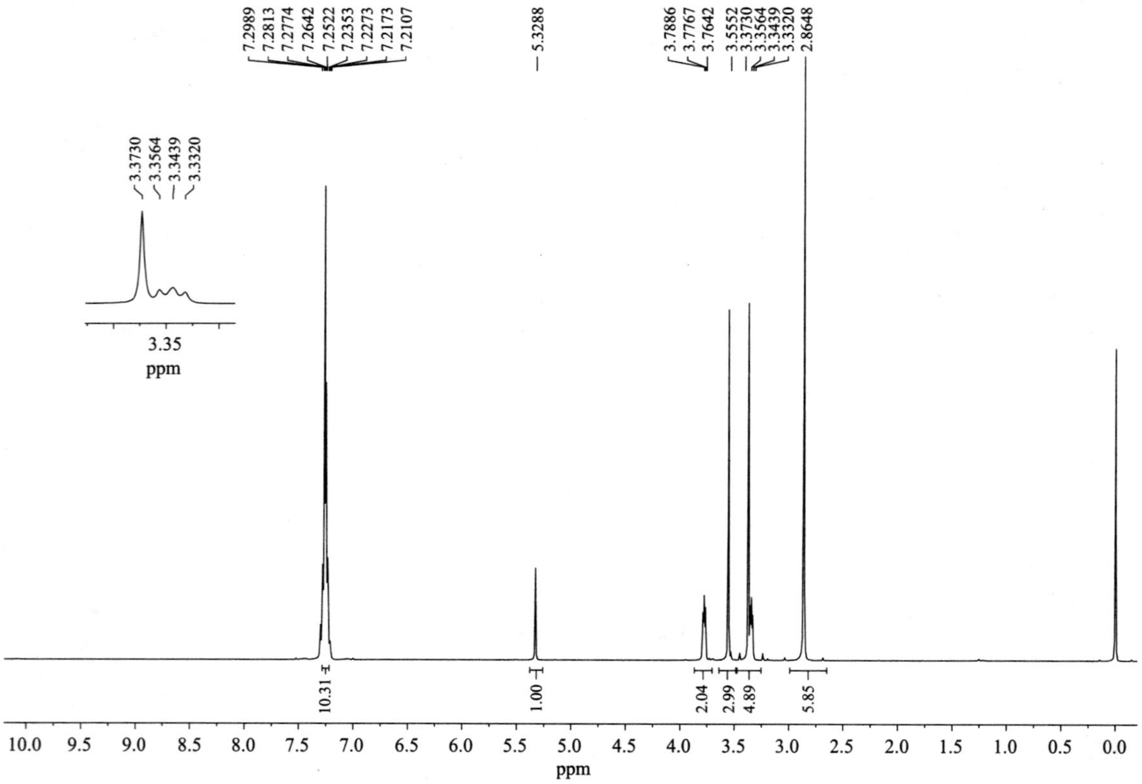

图 1 茶苯海明的^{1}H NMR 谱（溶剂：$CDCl_3$）

^{1}H NMR：δ 7.29～7.21（Ar－H，m，10H），5.33（H－13，s，1H），3.77（H－14，t，J＝4.9 Hz，2H），3.56（H－6′，s，3H），3.37（H－7′，s，3H），3.34（H－15，t，J＝4.9 Hz，2H），2.86（H－16，17，s，6H）

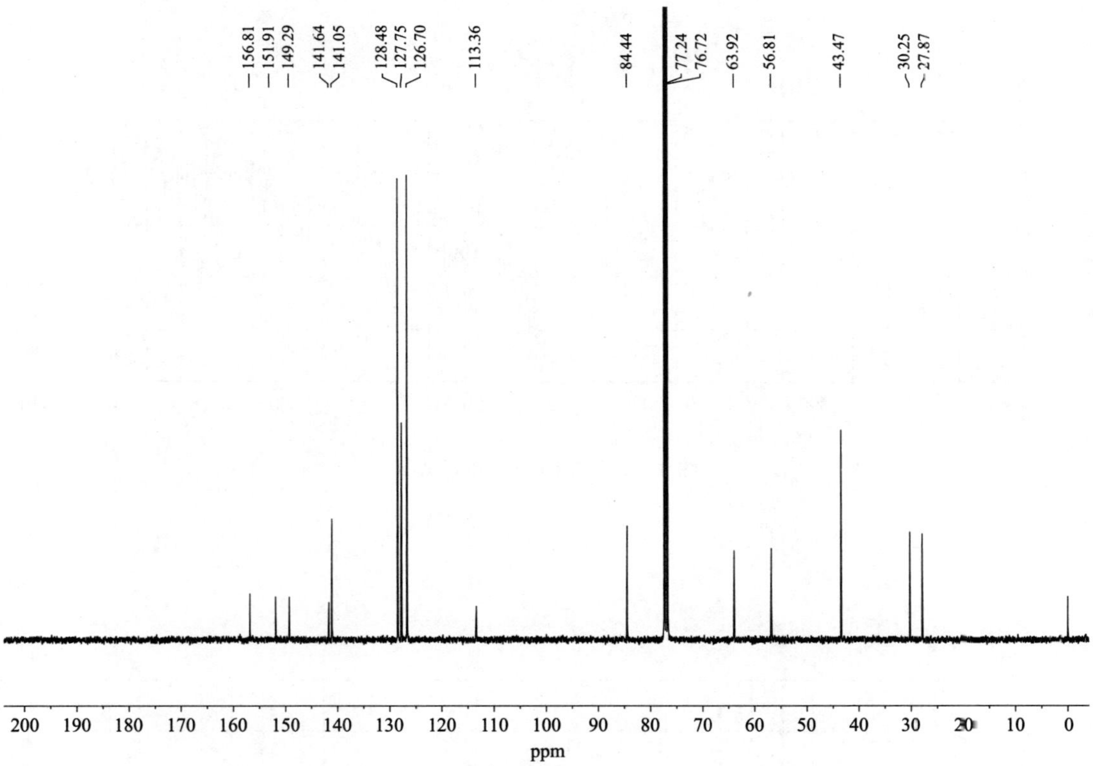

图2　茶苯海明的^{13}C NMR谱（溶剂：$CDCl_3$）

^{13}C NMR：δ 156.81（C－2′），151.91（C－1′），149.29（C－5′），141.64（C－4′），141.05（C－1，7），128.48（C－3，5，9，11），127.75（C－4，10），126.70（C－2，6，8，12），113.36（C－3′），84.44（C－13），63.92（C－14），56.81（C－15），43.47（C－16，17），30.25（C－6′），27.87（C－7′）

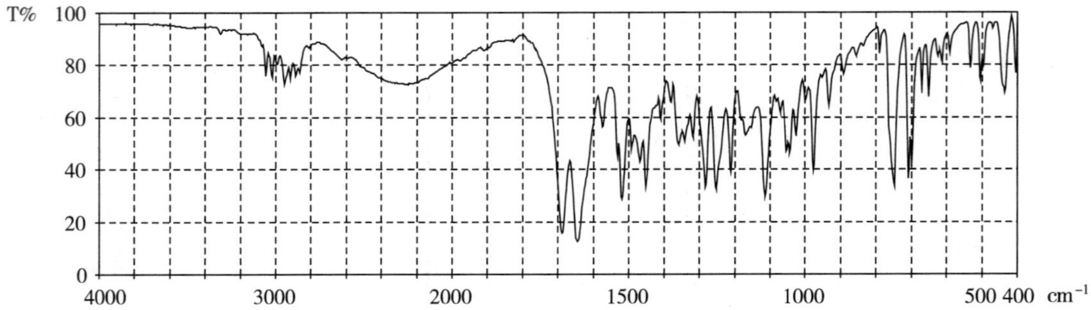

图 3　茶苯海明的红外光谱图

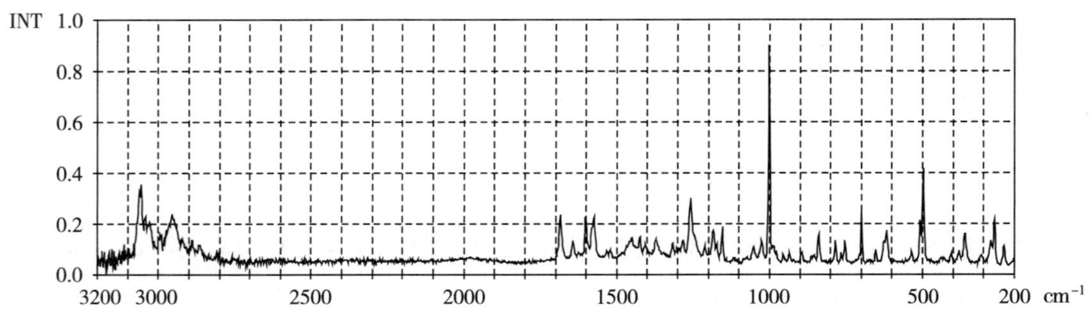

图 4　茶苯海明的拉曼光谱图

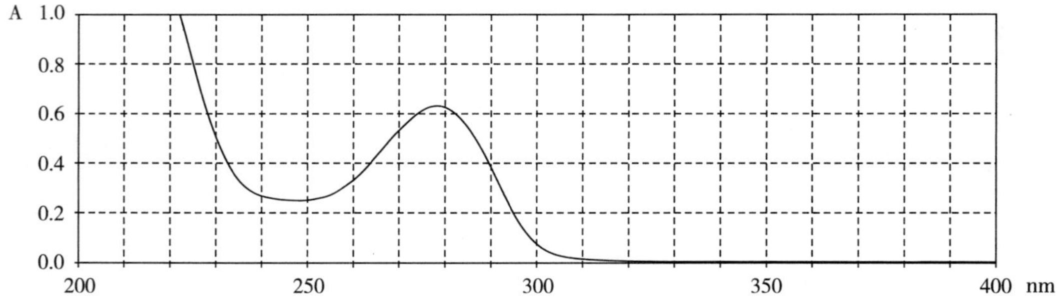

图 5　茶苯海明的紫外光谱图

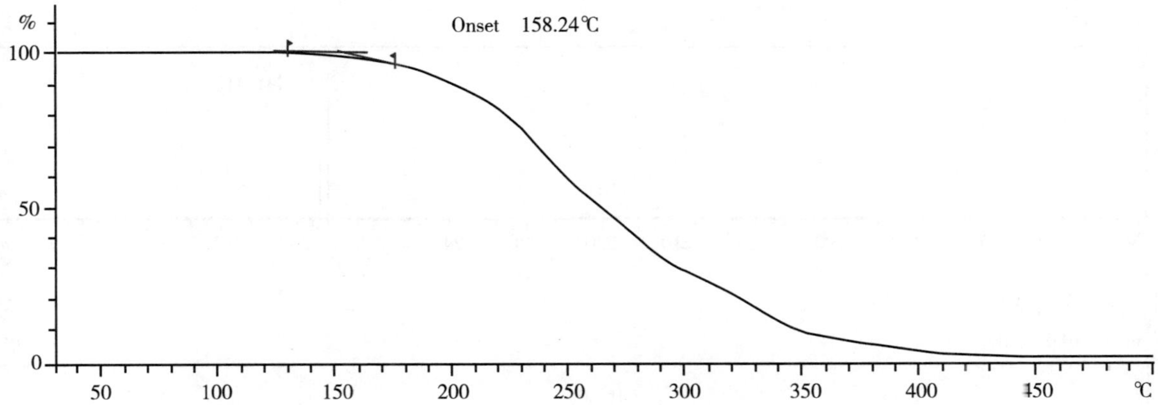

图 6　茶苯海明的 TG 图

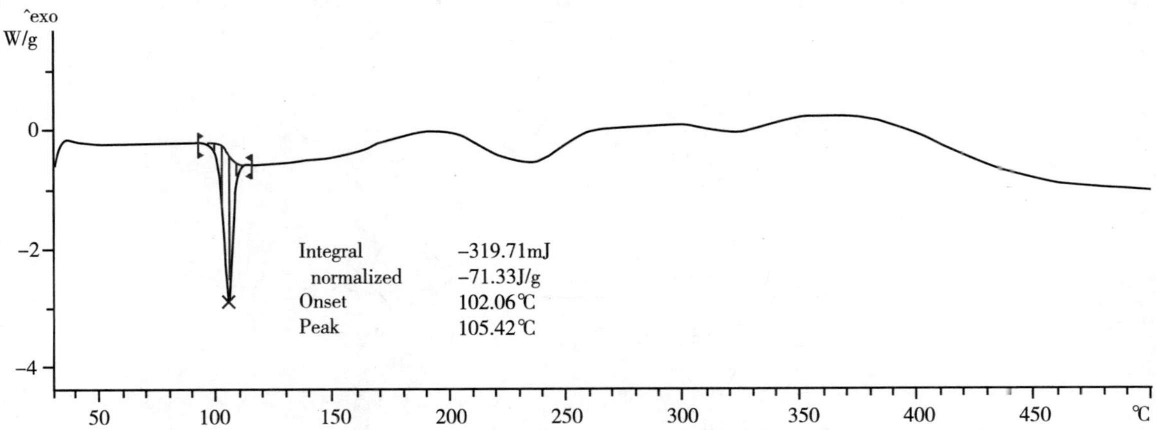

图 7　茶苯海明的 DSC 图

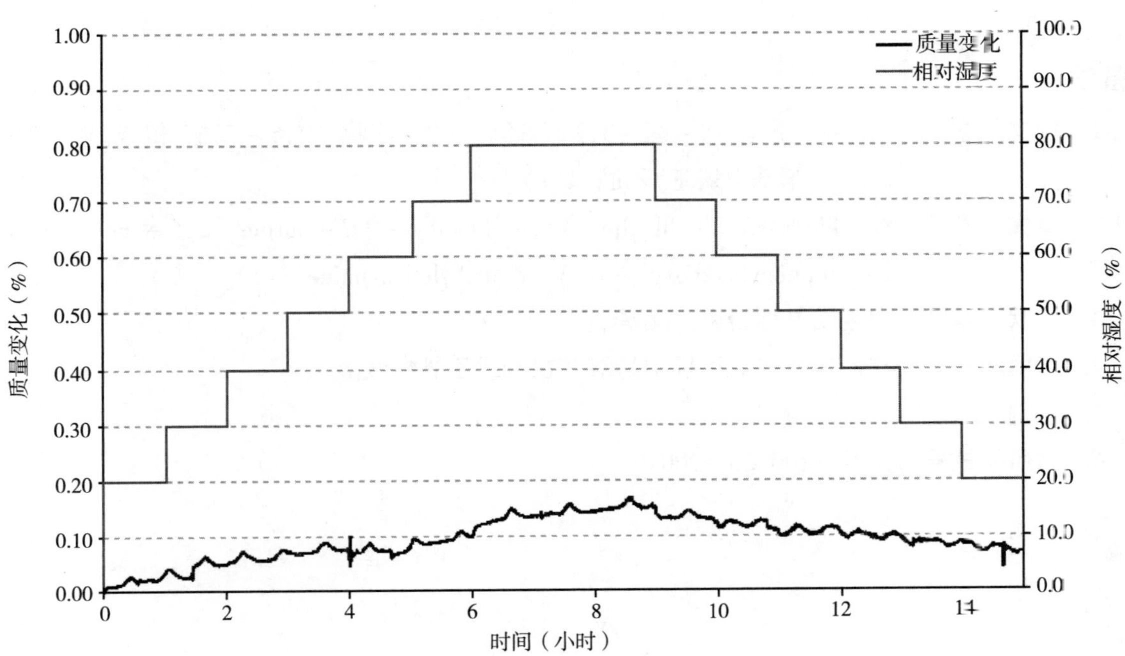

图 8　茶苯海明的 DVS 图

正离子扫描模式（一级）

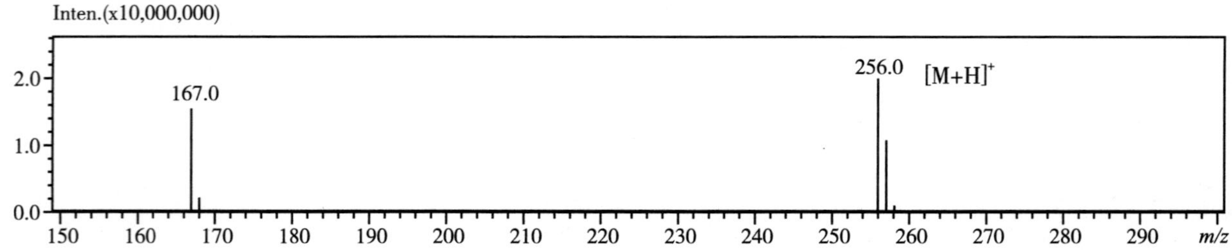

正离子扫描模式（二级）

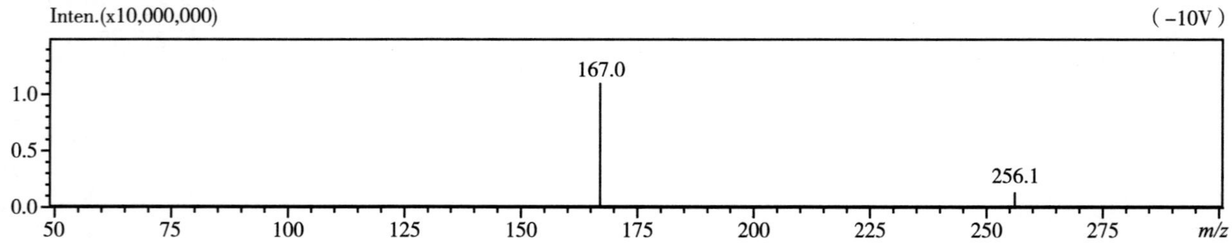

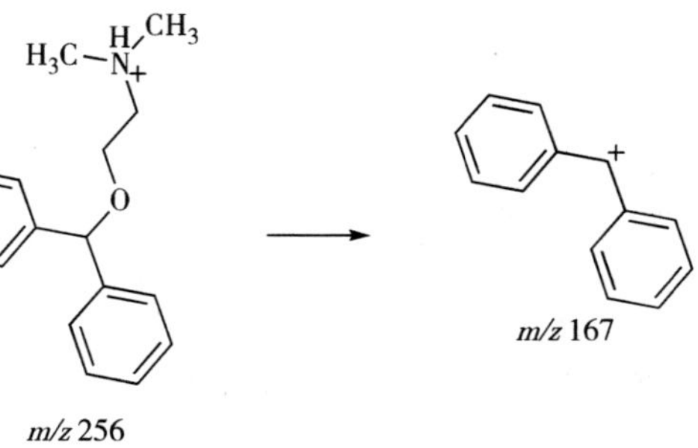

图9　茶苯海明的质谱图

备注

1. **中文化学名**　1,3－二甲基－8－氯－3,7－二氢－1*H*－嘌呤－2,6－二酮 和 *N*,*N*－二甲基－2－(二苯基甲氧基)乙胺(1∶1)
2. **英文化学名**　8－chloro－3,7－dihydro－1,3－dimethyl－1*H*－purine－2,6－dione compd with 2－(diphenylmethoxy)－*N*,*N*－dimethylethanamine(1∶1)
3. **性状**　本品为白色结晶性粉末；无臭。
4. **溶解性**　本品在乙醇或三氯甲烷中易溶，在水或乙醚中微溶。
5. **溶剂**　水。
6. **对照品编号与批号**　100120－200403

醋酸地塞米松

英文名 Dexamethasone Acetate

分子式 $C_{24}H_{31}FO_6$

分子量 434.50

CAS 号 1177-87-3

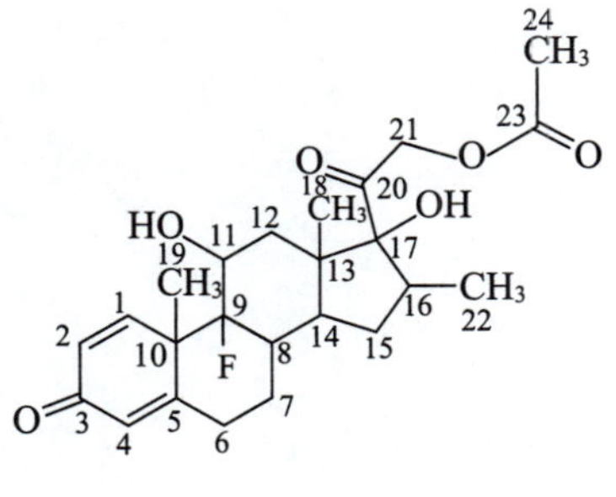

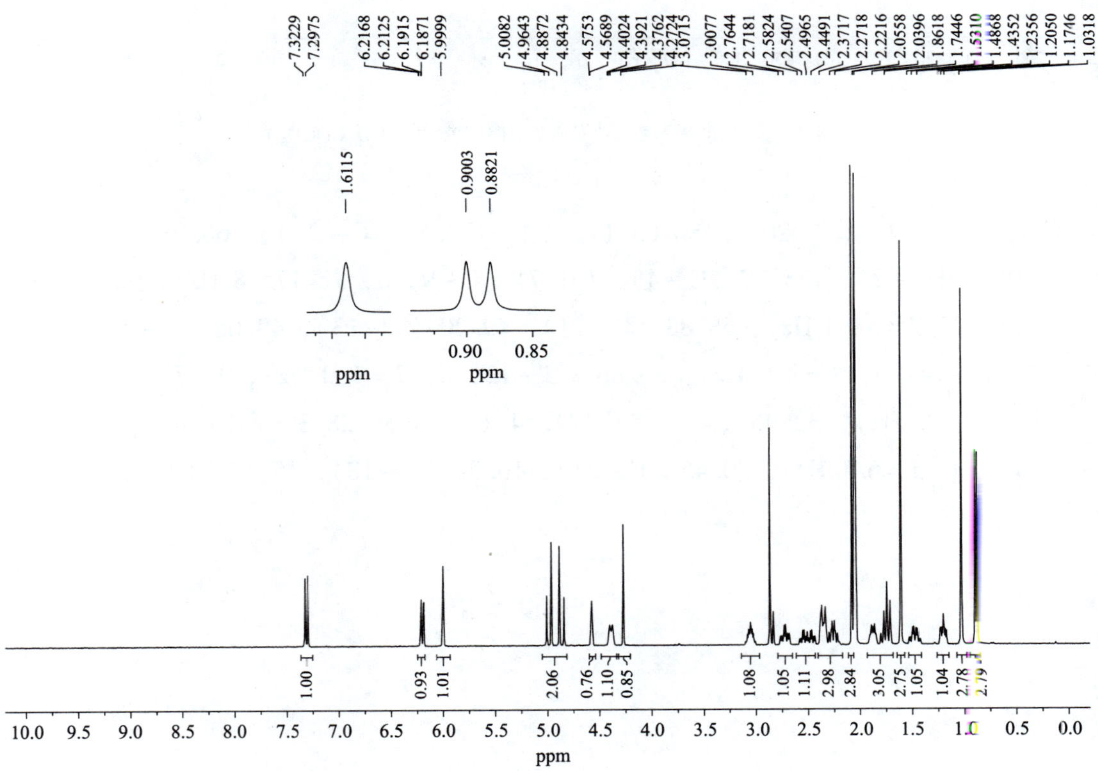

图 1 醋酸地塞米松的 ^1H NMR 谱（溶剂：CD_3COCD_3）

^1H NMR：δ 7.31（H-1，d，J=10.1 Hz，1H），6.20（H-2，dd，J = 10.1，1.7 Hz，1H），6.00（H-4，s，1H），4.99（H-21a，d，J = 17.5 Hz，1H），4.87（H-21b，d，J = 17.5 Hz，1H），4.58～4.57（C_{11}—OH，m，1H），4.38（H-11，m，1H），4.27（C_{17}—OH，s，1H），3.07（H-16，m，1H），2.70（H-6a，m，1H），2.54（H-6b，m，1H），2.38～2.28（H-8，14，m，2H），2.25（H-12a，m，1H），2.06（H-24，s，3H），1.86（H-7a，m，1H），1.77～1.71（H-12b，15a，m，2H），1.61（H-19，s，3H），1.48（H-7b，m，1H），1.19（H-15b，m，1H），1.03（H-18，s，3H），0.89（H-22，d，J=7.3 Hz，3H）

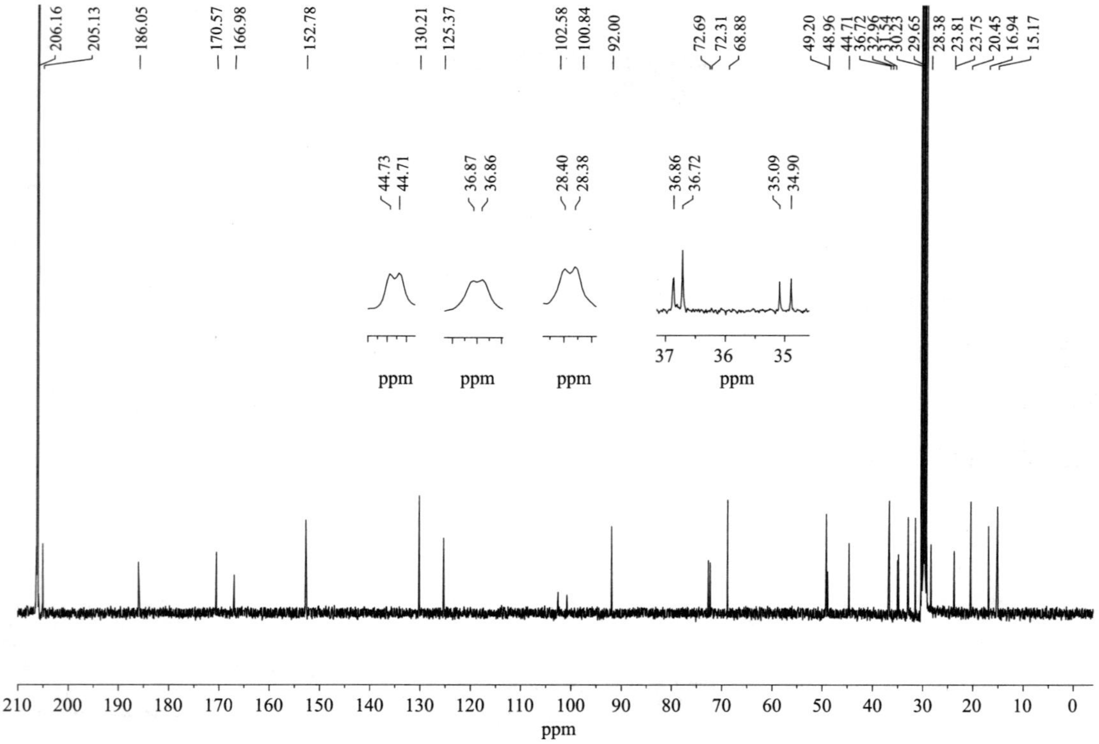

图 2　醋酸地塞米松的^{13}C NMR 谱（溶剂：CD_3COCD_3）

^{13}C NMR：δ 205. 13（C－20），186. 05（C－3），170. 57（C－23），166. 98（C－5），152. 78（C－1），130. 21（C－2），125. 37（C－4），101. 71（C－9，d，*J*＝175. 8 Hz），92. 00（C－17），72. 50（C－11，d，*J*＝38. 4 Hz），68. 88（C－21），49. 20（C－13），49. 08（C－10，d，*J*＝23. 2 Hz），44. 71（C－14，d，*J*＝2. 0 Hz），36. 86（C－12，d，*J*＝1. 0 Hz），36. 72（C－16），35. 05（C－8，d，*J*＝19. 2 Hz），32. 96（C－15），31. 54（C－6），28. 39（C－7，d，*J*＝2. 0 Hz），23. 78（C－19，d，*J*＝6. 1 Hz），20. 45（C－24），16. 94（C－18），15. 17（C－22）

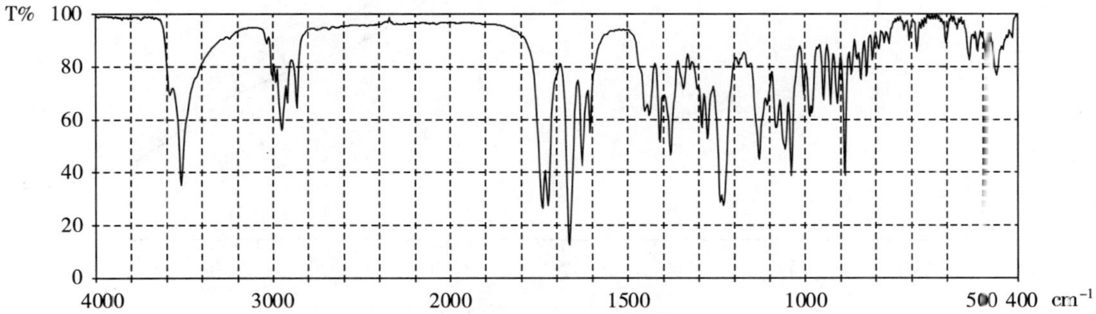

图 3　醋酸地塞米松的红外光谱图

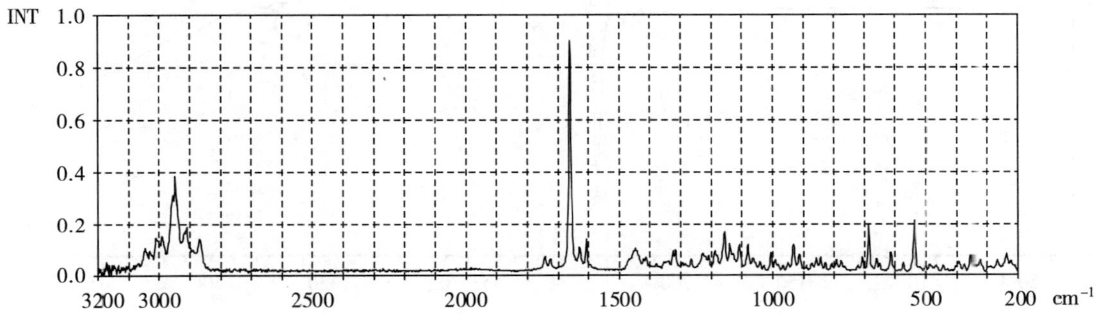

图 4　醋酸地塞米松的拉曼光谱图

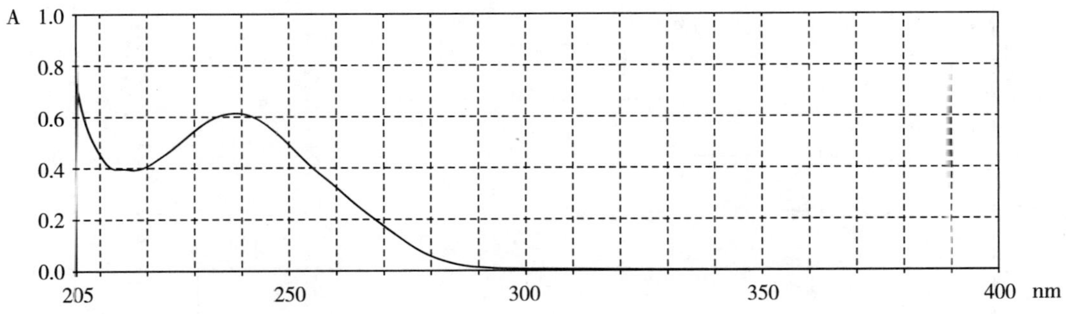

图 5　醋酸地塞米松的紫外光谱图

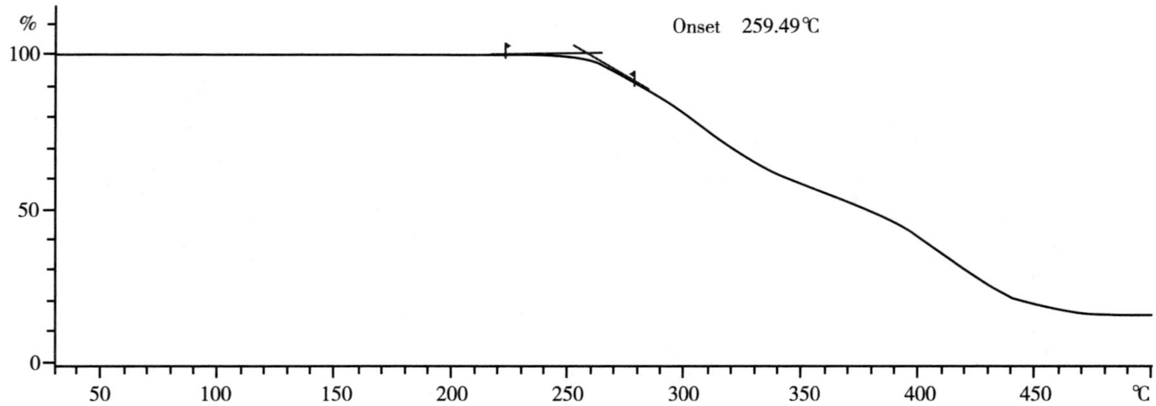

图 6　醋酸地塞米松的 TG 图

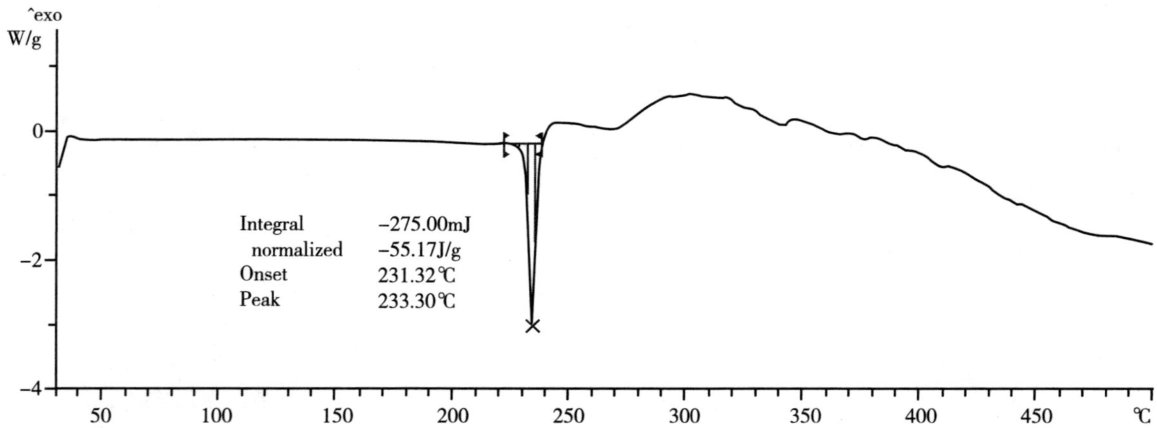

图 7　醋酸地塞米松的 DSC 图

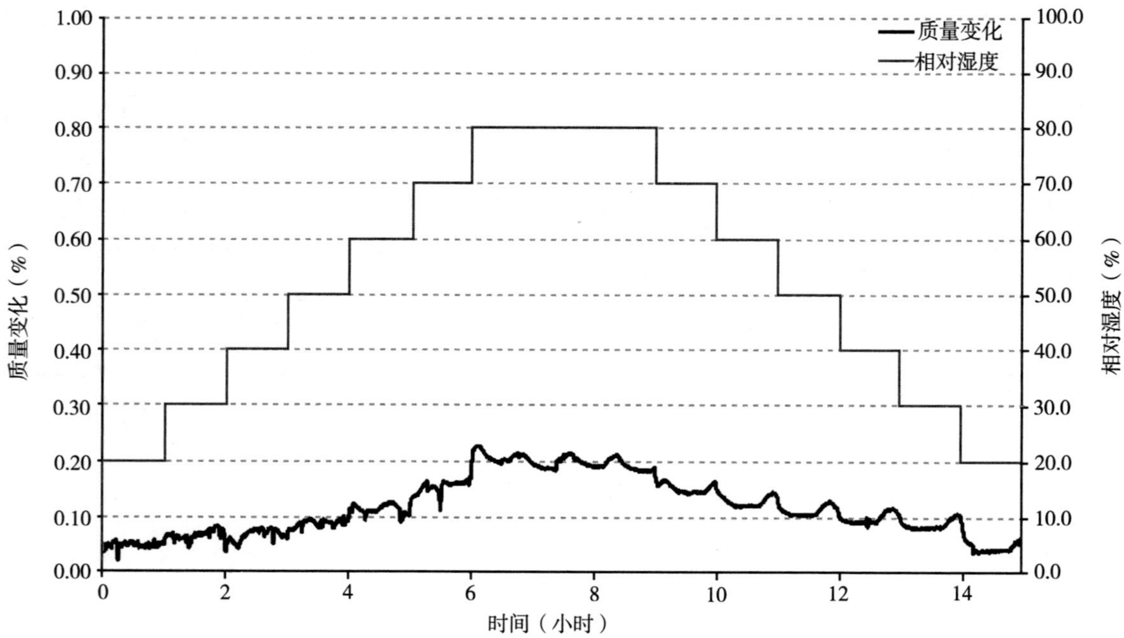

图 8　醋酸地塞米松的 DVS 图

正离子扫描模式（一级）

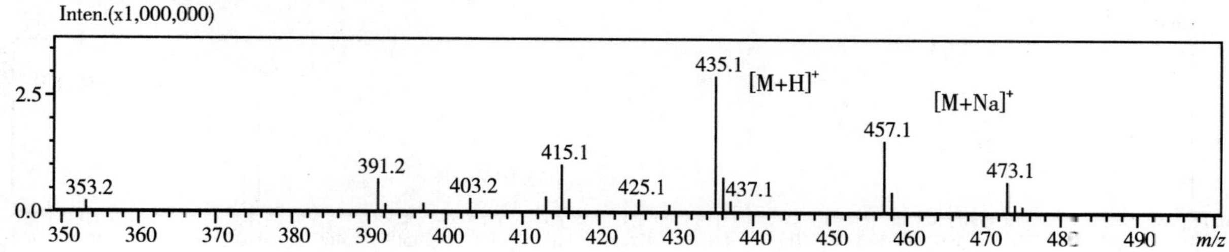

正离子扫描模式（二级）

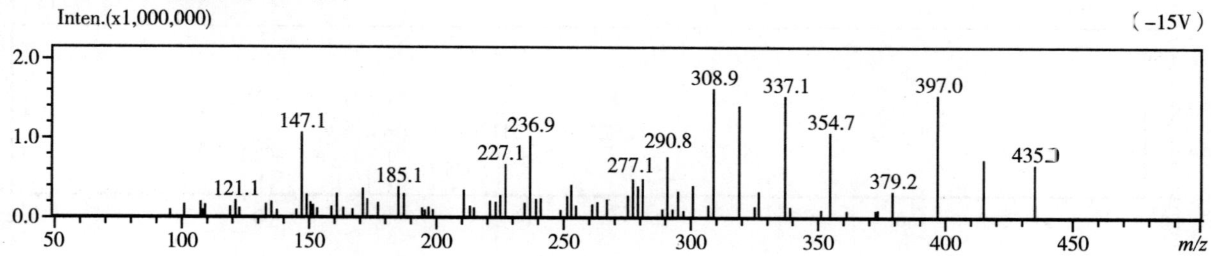

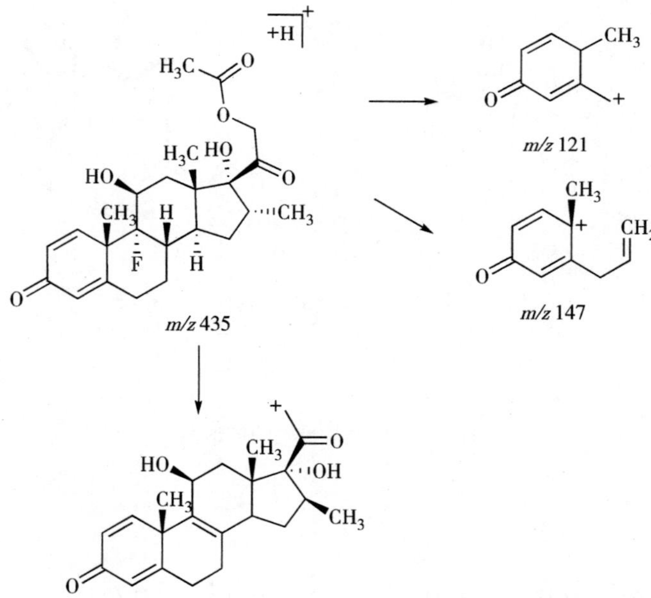

负离子扫描模式（一级）

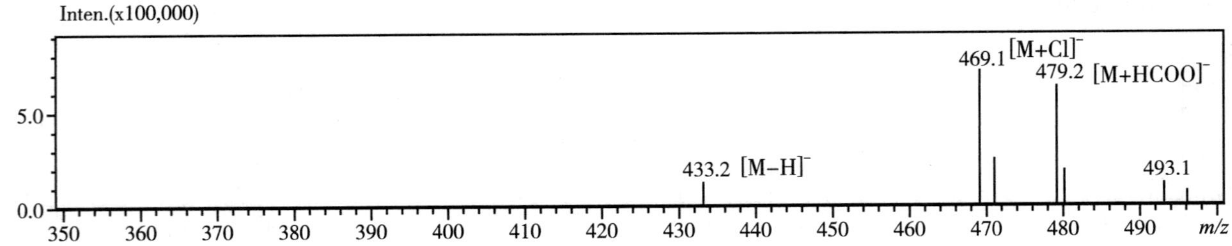

负离子扫描模式（二级）

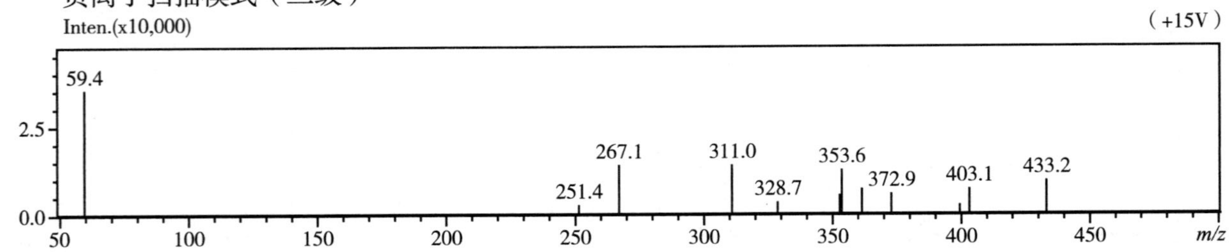

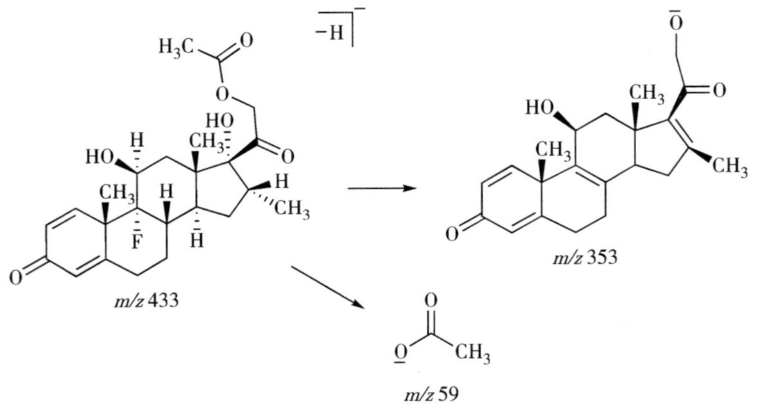

图 9　醋酸地塞米松的质谱图

备注

1. **中文化学名**　16α－甲基－11β,17α,21－三羟基－9α－氟孕甾－1,4－二烯－3,20－二酮－21－醋酸酯
2. **英文化学名**　1,4－pregnadien－9－α－fluoro－16－α－methyl－11β,17,21－triol－3,20－dione－21－acetate
3. **性状**　本品为白色或类白色的结晶或结晶性粉末；无臭，味微苦。
4. **溶解性**　本品在丙酮中易溶，在甲醇或无水乙醇中溶解，在乙醇或三氯甲烷中略溶，在乙醚中极微溶解，在水中不溶。
5. **溶剂**　无水乙醇。
6. **对照品编号与批号**　100122－200805

醋酸泼尼松龙

英文名 Prednisolone Acetate

分子式 $C_{23}H_{30}O_6$

分子量 402.49

CAS 号 52-21-1

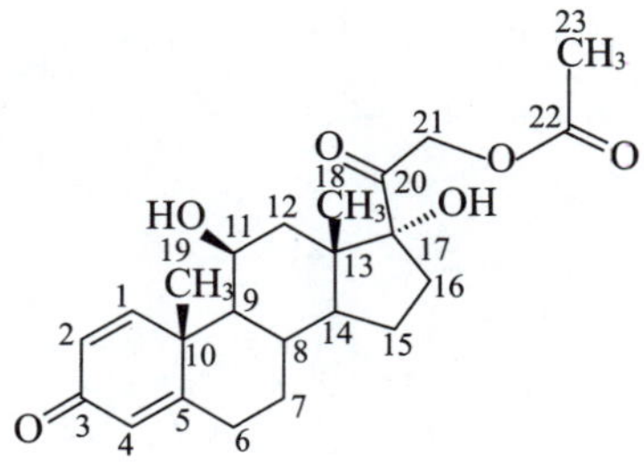

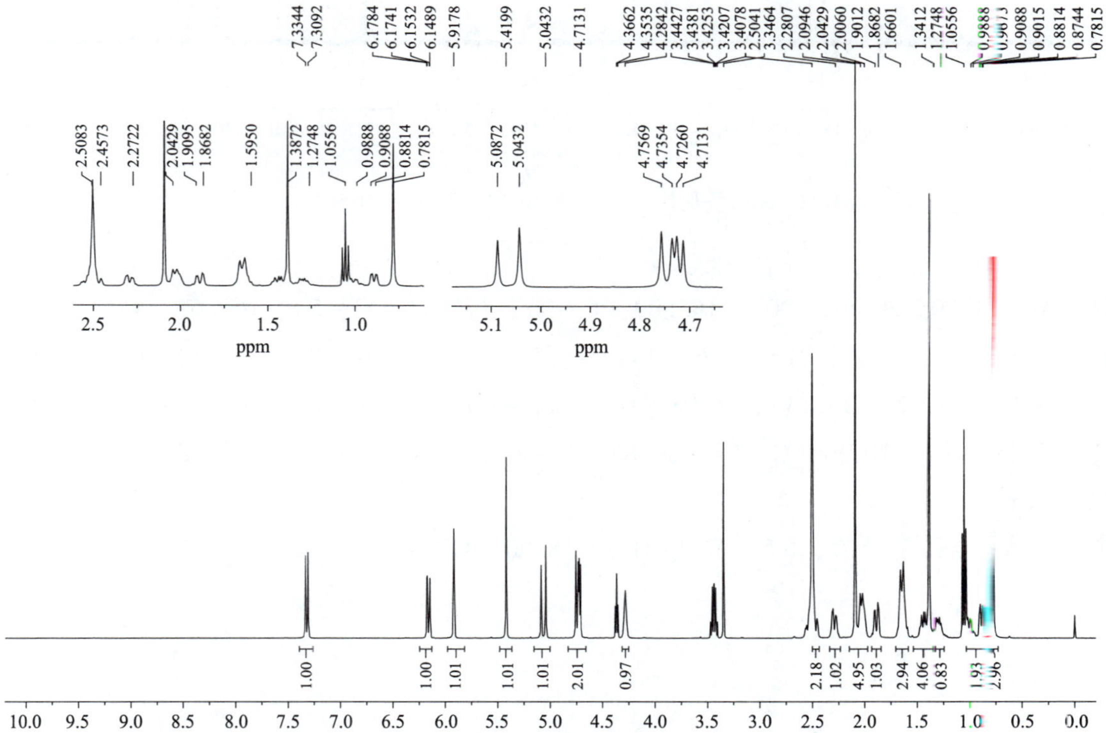

图 1 醋酸泼尼松龙的^{1}H NMR 谱（溶剂：CD_3SOCD_3）

^{1}H NMR：δ 7.32（H-1，d，J=10.1 Hz，1H），6.16（H-2，dd，J=10.1，1.7 Hz，1H），5.92（H-4，s，1H），5.42（C_{17}—OH，brs，1H），5.07（H-21a，d，J=17.6 Hz，1H），4.73～4.71（H-21b，C_{11}—OH，m，2H），4.28（H-11，brs，1H），2.54～2.48（H-6a，7a，m，2H），2.30（H-6b，m，1H），2.09（H-19，s，3H），2.07～1.95（H-8，7b，m，2H），1.92（H-12a，m，1H），1.71～1.57（H-12b，14，15a，m，3H），1.49～1.40（H-16a，m，1H），1.39（H-23，s，3H），1.30（H-15b，m，1H），1.01（H-16b，m，1H），0.91（H-9，m，1H），0.78（H-18，s，3H）

注：样品含有乙醇及未知杂质，δ 4.36，δ 3.65，（CH_2，q，J=7.0 Hz），1.07（CH_3，t，J=7.0 Hz）

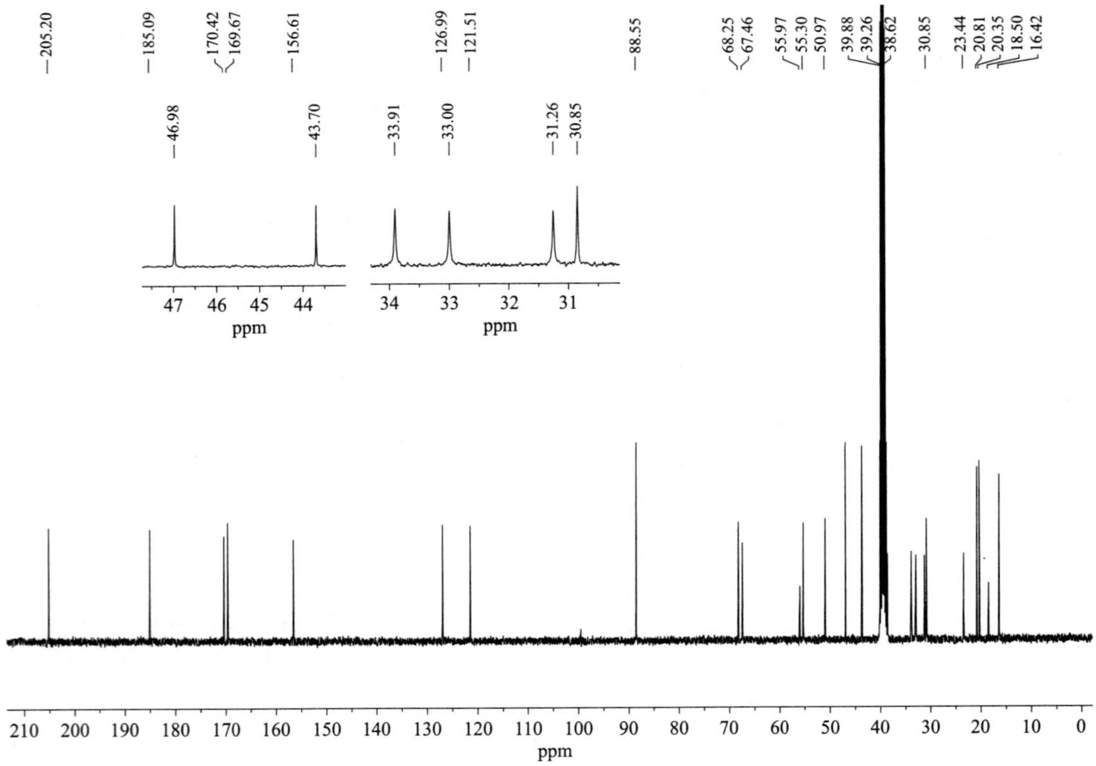

图 2　醋酸泼尼松龙的 ^{13}C NMR 谱（溶剂：CD_3SOCD_3）

^{13}C NMR：δ 205. 20（C－20），185. 09（C－3），170. 42（C－5），169. 67（C－22），156. 61（C－1），126. 99（C－2），121. 51（C－4），88. 55（C－17），68. 25（C－11），67. 46（C－21），55. 30（C－9），50. 97（C－14），46. 98（C－13），43. 70（C－10），38. 62（C－12），33. 91（C－16），33. 00（C－7），31. 26（C－6），30. 85（C－8），23. 44（C－15），20. 81（C－19），20. 35（C－23），16. 42（C－18）

注：样品中含乙醇杂质，δ 55. 97（CH_2），18. 50（CH_3）

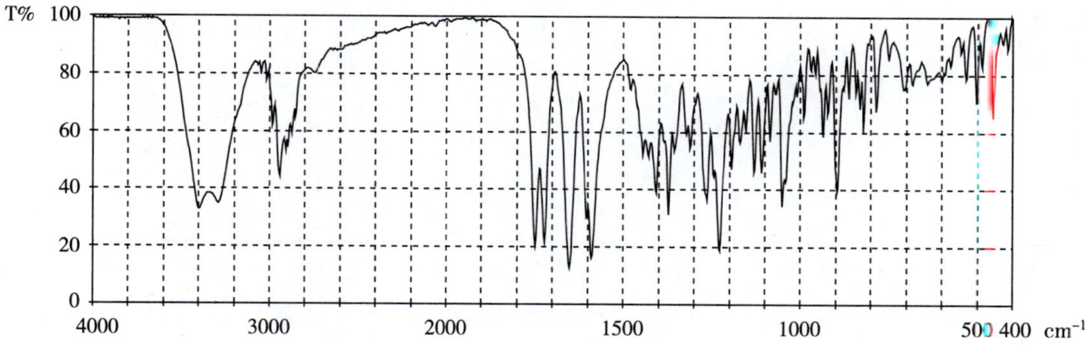

图 3　醋酸泼尼松龙的红外光谱图

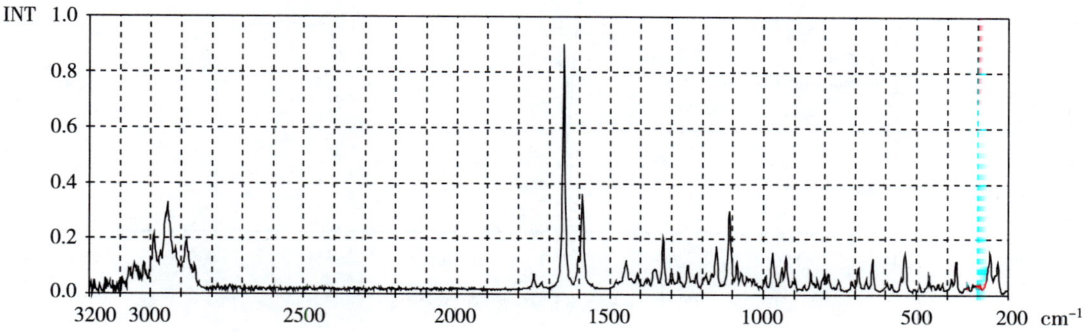

图 4　醋酸泼尼松龙的拉曼光谱图

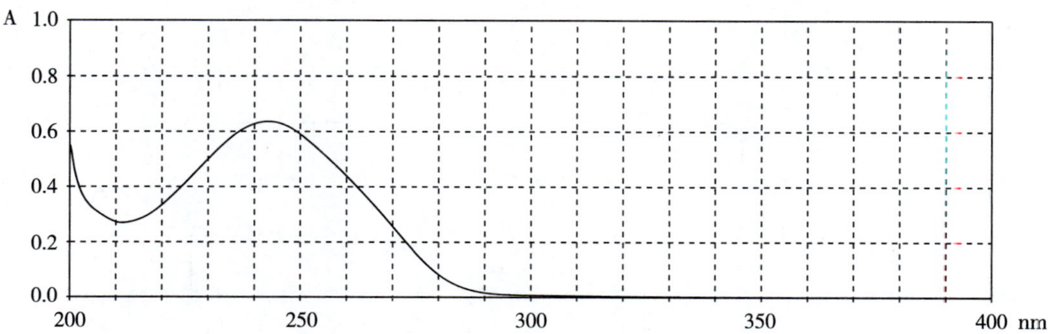

图 5　醋酸泼尼松龙的紫外光谱图

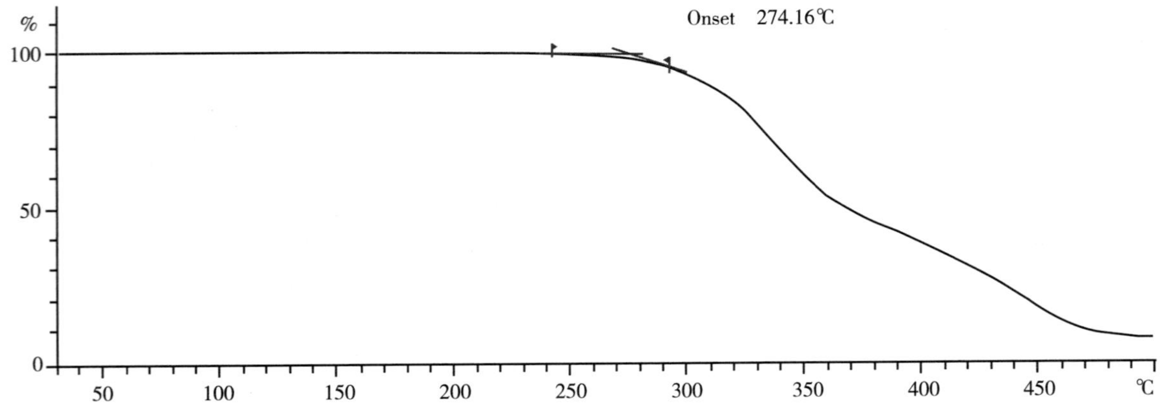

图 6 醋酸泼尼松龙的 TG 图

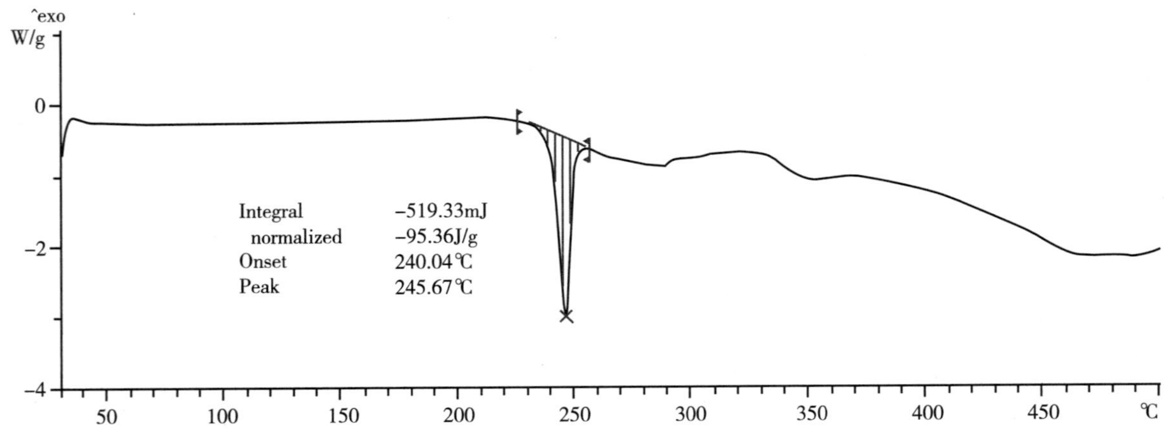

图 7 醋酸泼尼松龙的 DSC 图

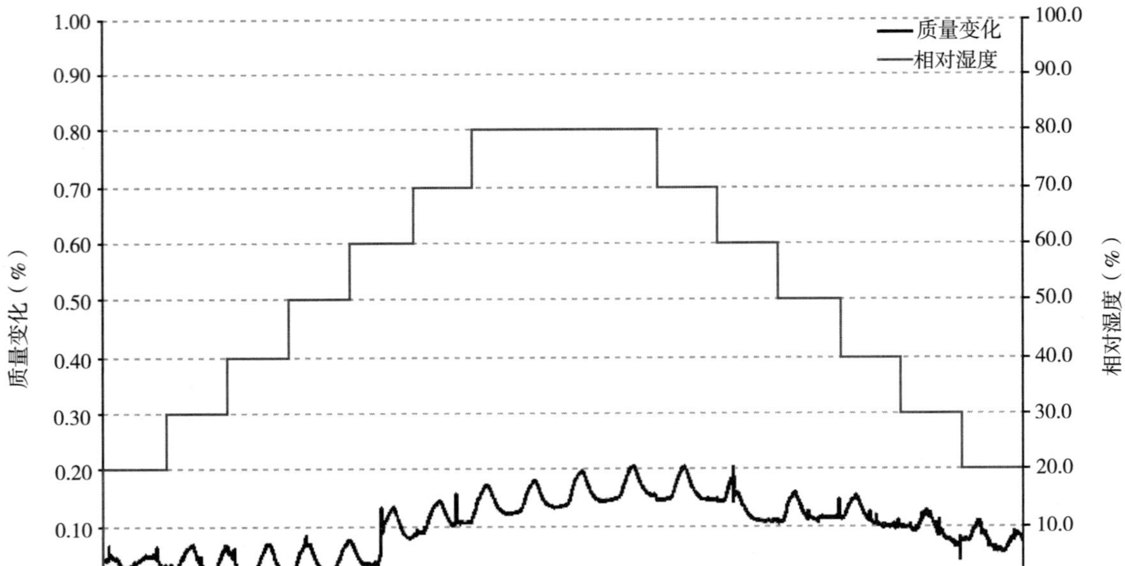

图 8 醋酸泼尼松龙的 DVS 图

正离子扫描模式（一级）

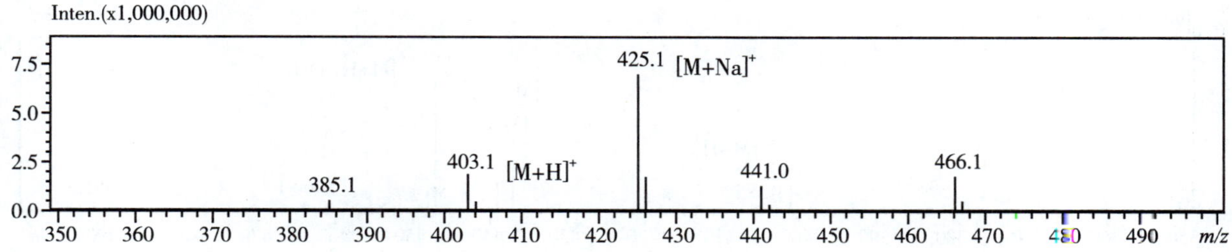

正离子扫描模式（二级）

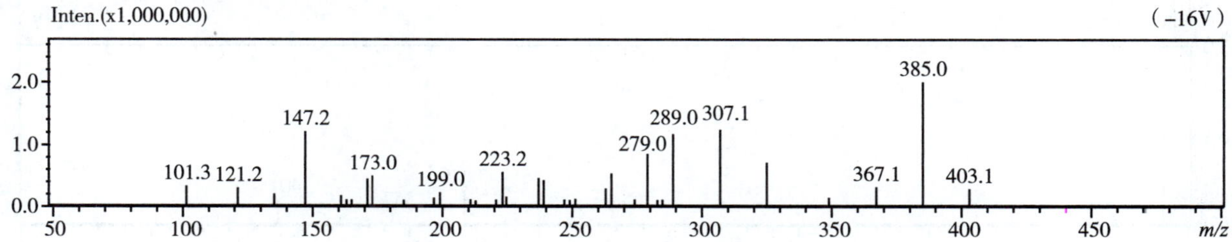

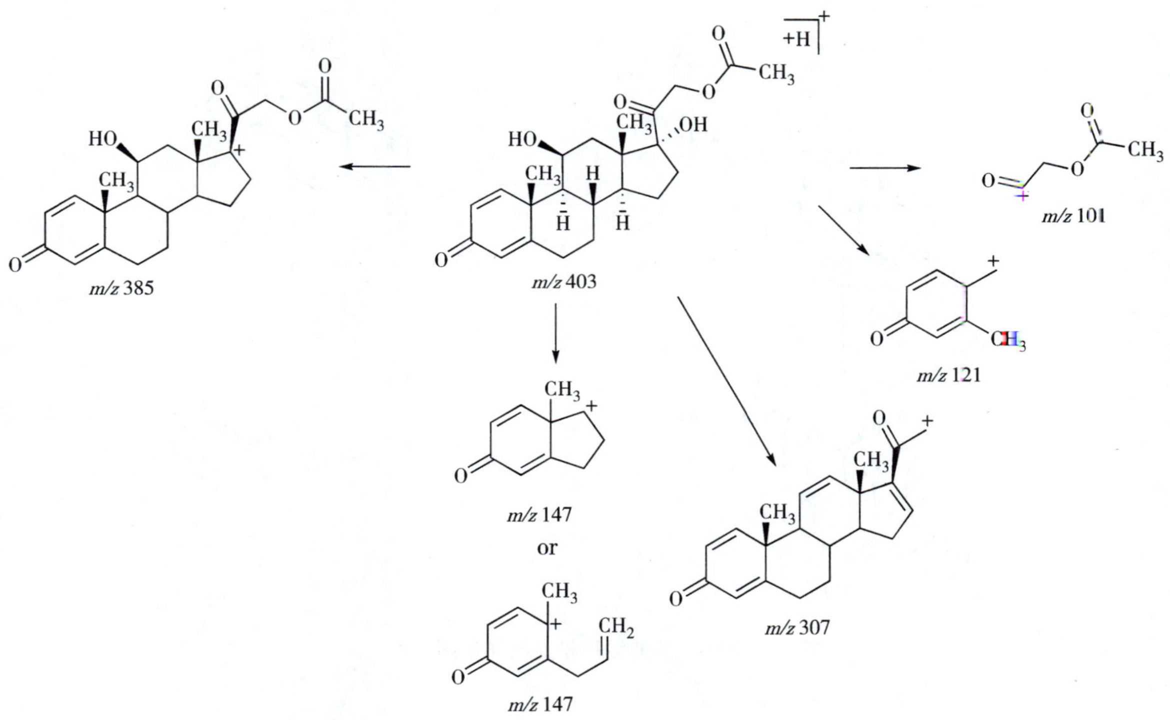

负离子扫描模式（一级）

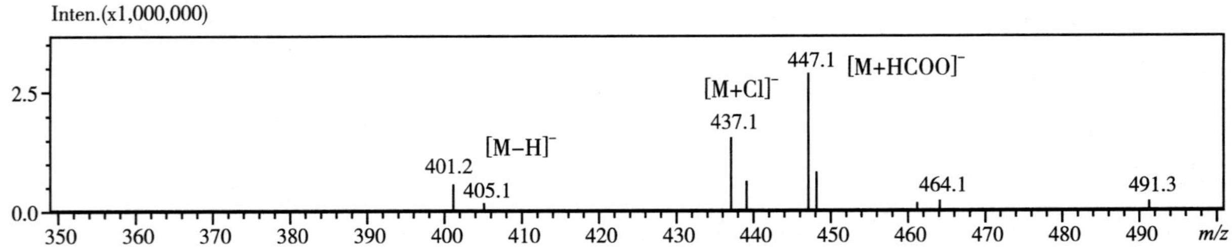

负离子扫描模式（二级）

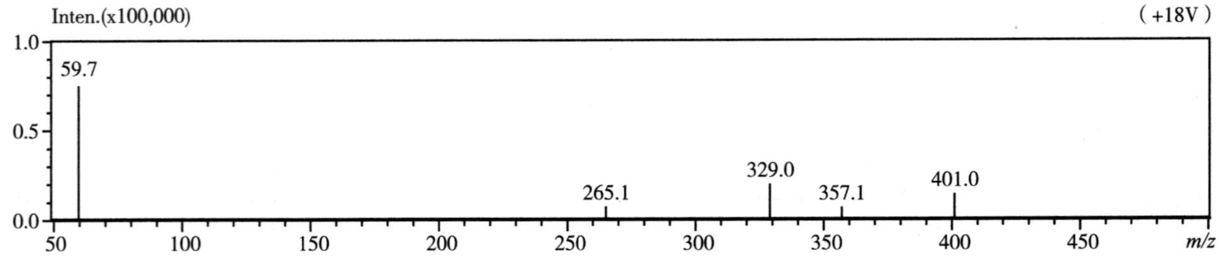

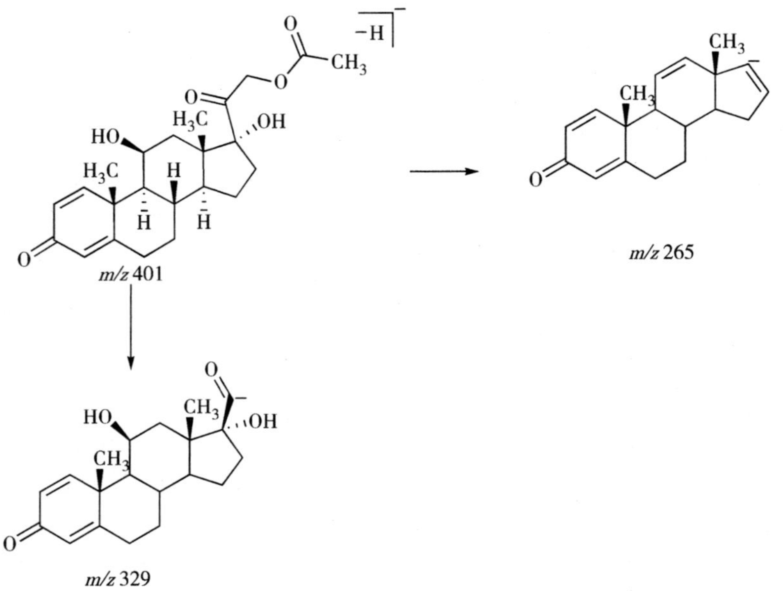

图 9　醋酸泼尼松龙的质谱图

备注

1. **中文化学名**　11β,17α,21 – 三羟基孕甾 – 1,4 – 二烯 – 3,20 – 二酮 – 21 – 醋酸酯
2. **英文化学名**　11β,17α,21 – trihydroxypregna – 1,4 – diene – 3,20 – dione 21 – acetate
3. **性状**　本品为白色或类白色的结晶性粉末；无臭，味苦。
4. **溶解性**　本品在甲醇、乙醇或三氯甲烷中微溶，在水中几乎不溶。
5. **溶剂**　无水乙醇。
6. **对照品编号与批号**　100124 – 200303

醋酸曲安奈德

英文名 Triamcinolone Acetonide Acetate

分子式 $C_{26}H_{33}FO_7$

分子量 476.53

CAS 号 3870-07-3

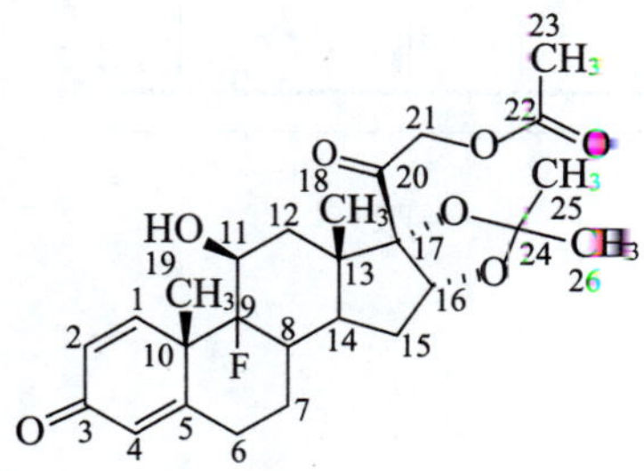

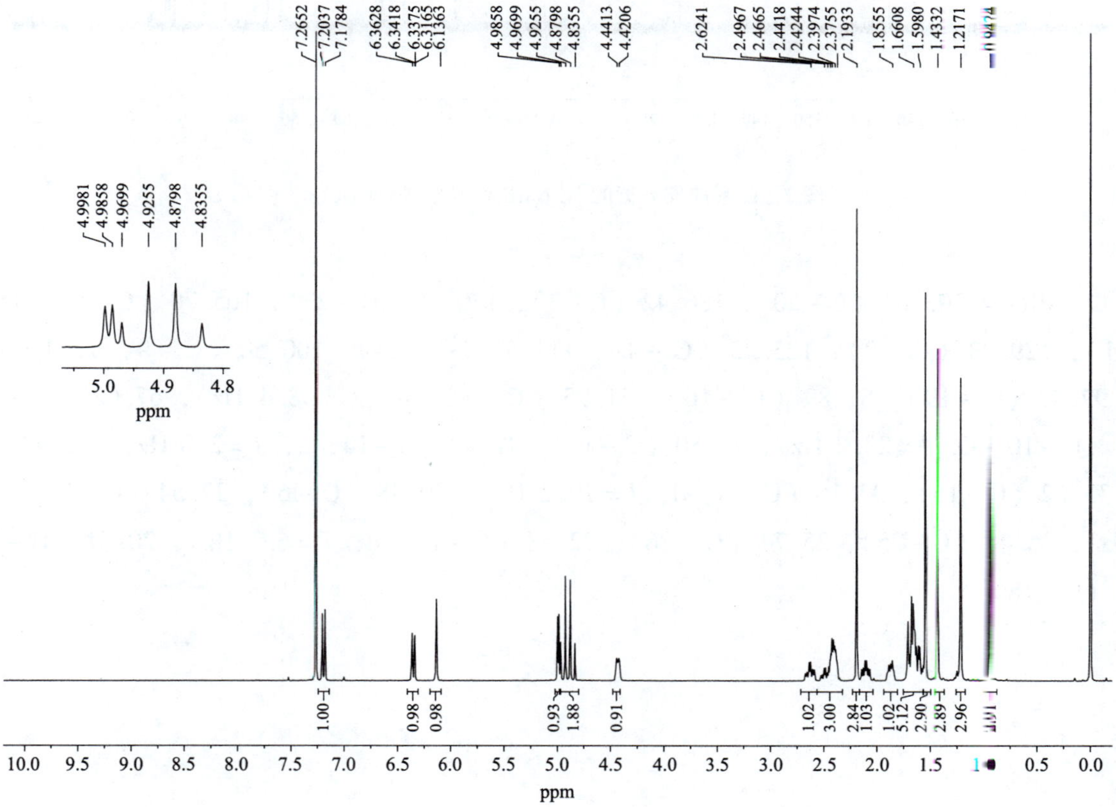

图 1 醋酸曲安奈德的^{1}H NMR 谱（溶剂：$CDCl_3$）

^{1}H NMR：δ 7.19（H-1，d，J=10.1 Hz，1H），6.35（H-2，dd，J=10.1，1.7 Hz，1H），6.14（H-4，s，1H），4.99（H-16，d，J=4.9 Hz，1H），4.95（H-21a，d，J=17.7 Hz，1H），4.86（H-21b，d，J=17.7 Hz，1H），4.43（H-11，d，J=8.3 Hz，1H），2.63（H-6a，m，1H），2.54～2.34（H-6b，8，C_{11}—OH，m，3H），2.19（H-23，s，3H），2.10（H-14，m，1H），1.85（H-12a，m，1H），1.65～1.63（H-7，12b，15，m，5H），1.60（H-19，s，3H），1.43（H-25，s，3H），1.22（H-26，s，3H），0.94（H-18，s，3H）

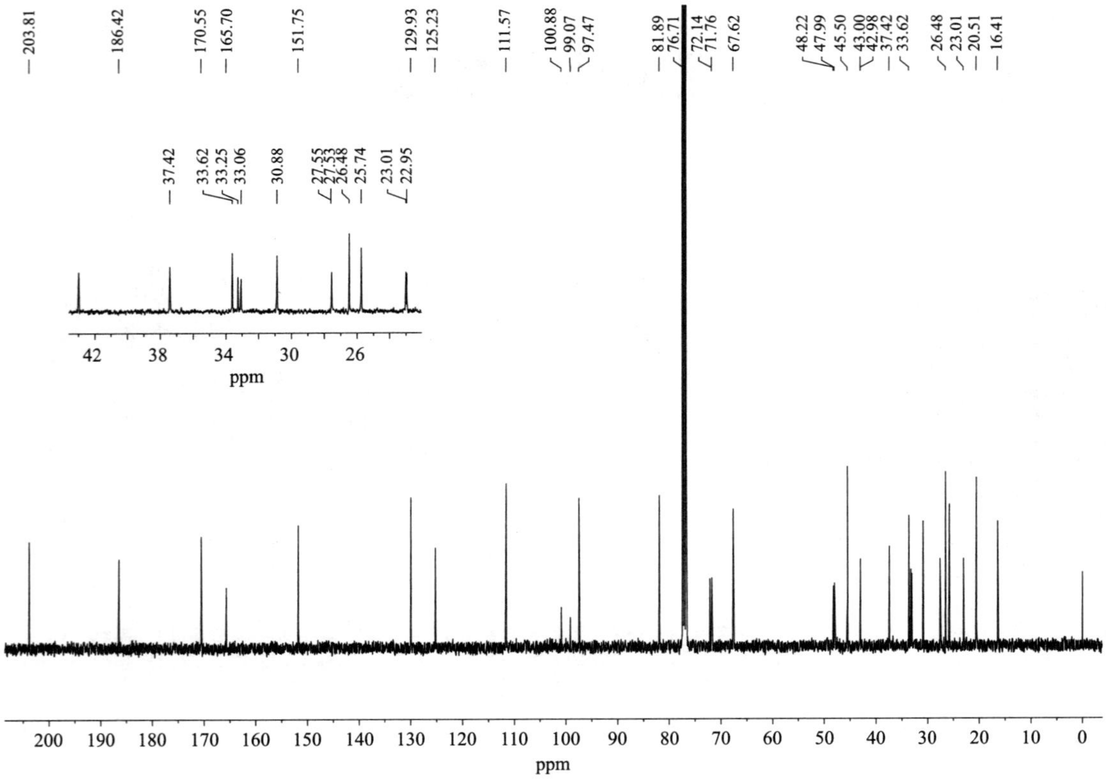

图 2　醋酸曲安奈德的^{13}C NMR 谱（溶剂：$CDCl_3$）

^{13}C NMR：δ 203.81（C－20），186.42（C－3），170.55（C－22），165.70（C－5），151.75（C－1），129.93（C－2），125.23（C－4），111.57（C－24），100.50（C－9，d，J = 177.8 Hz），97.47（C－19），81.89（C－16），71.95（C－11，d，J = 38.4 Hz），67.62（C－17），48.11（C－10，d，J = 23.2 Hz），45.50（C－13），42.99（C－14，d，J = 2.0 Hz），37.42（C－12），33.62（C－15），33.15（C－8，d，J = 19.2 Hz），30.88（C－6），27.54（C－7，d，J = 1.0 Hz），26.48（C－25），25.74（C－26），22.98（C－21，d，J = 6.1 Hz），20.51（C－23），16.41（C－18）

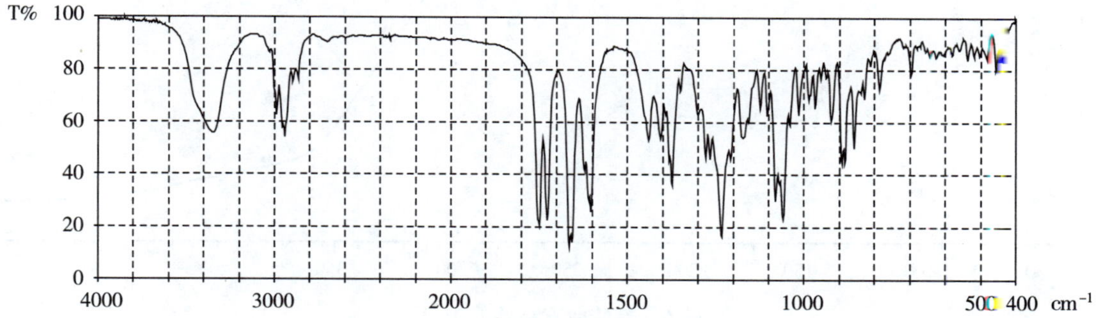

图 3　醋酸曲安奈德的红外光谱图

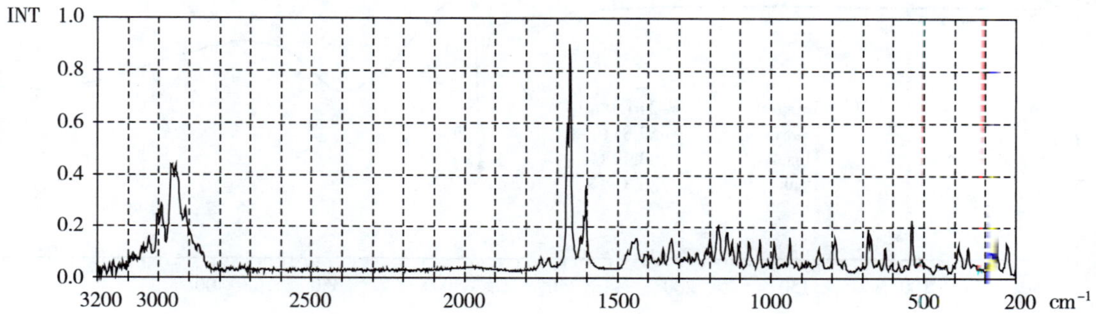

图 4　醋酸曲安奈德的拉曼光谱图

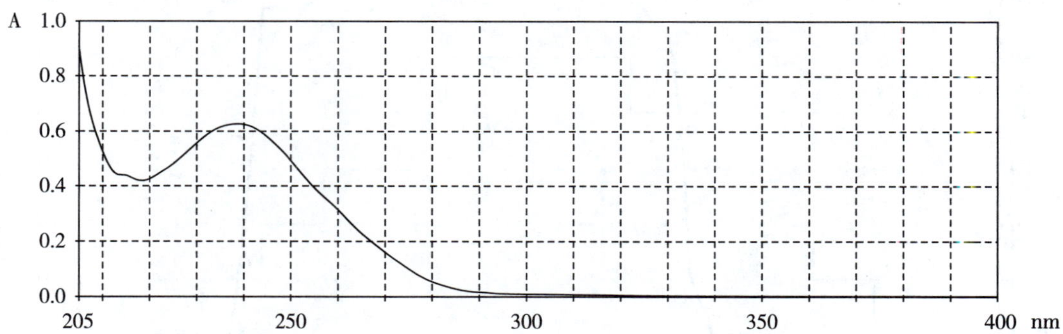

图 5　醋酸曲安奈德的紫外光谱图

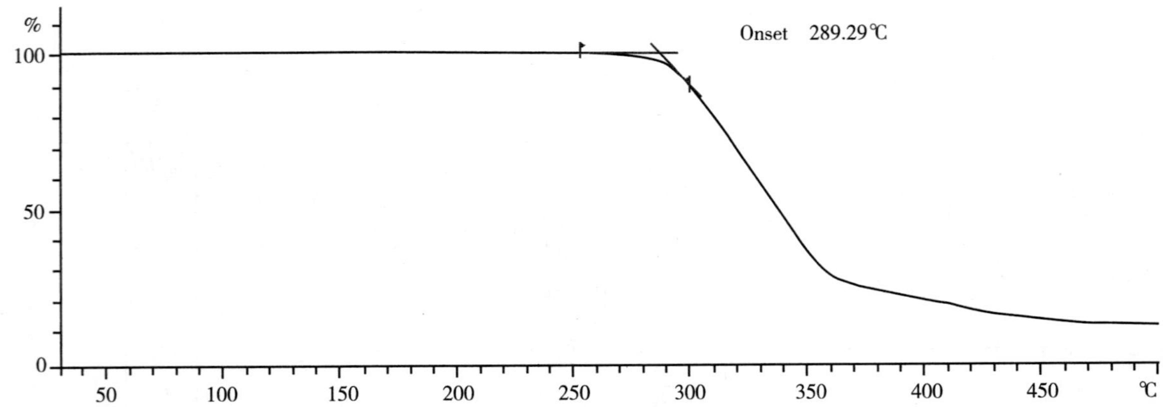

图 6 醋酸曲安奈德的 TG 图

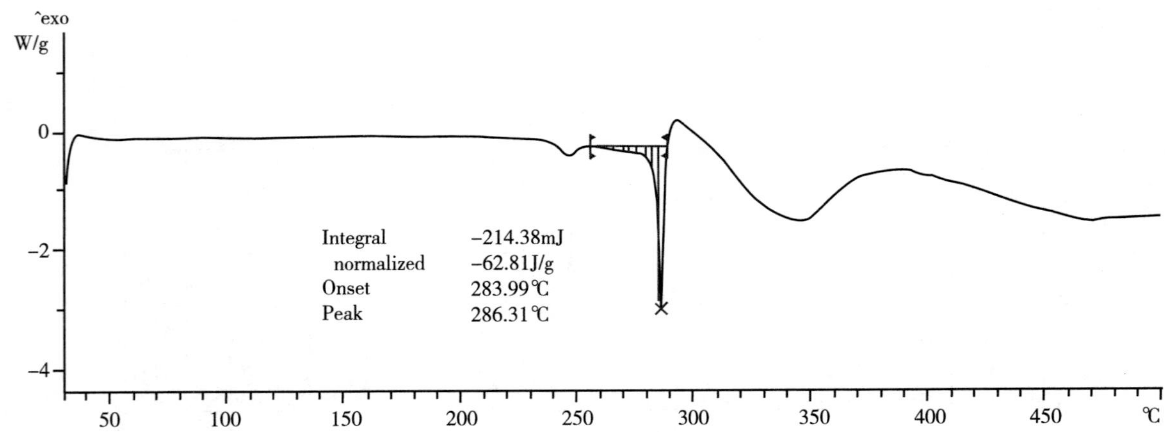

图 7 醋酸曲安奈德的 DSC 图

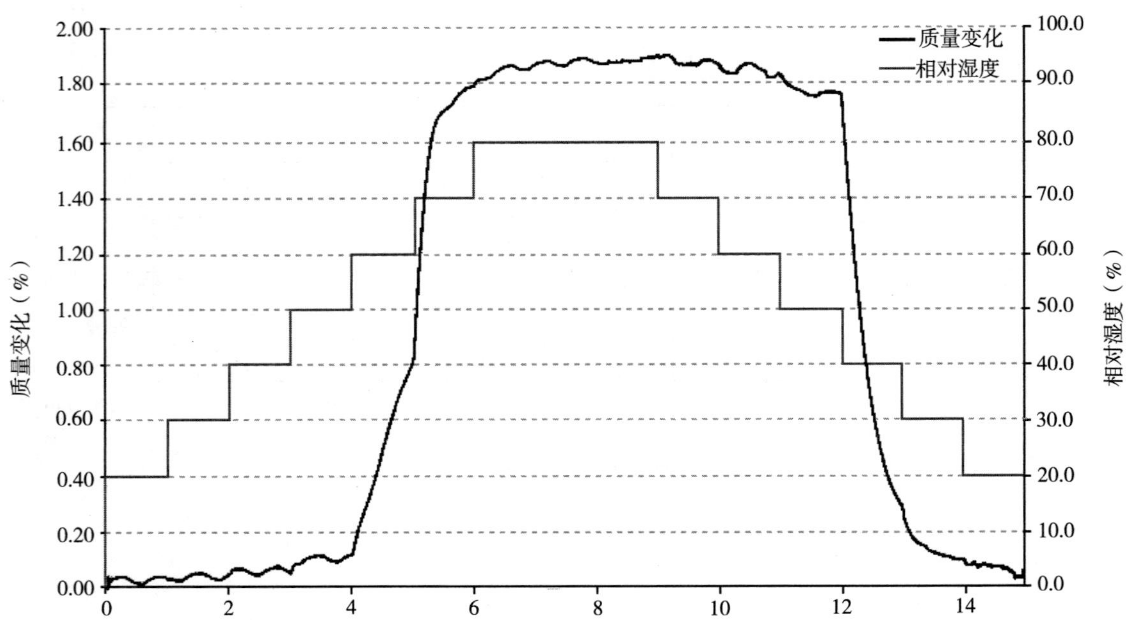

图 8 醋酸曲安奈德的 DVS 图

正离子扫描模式（一级）

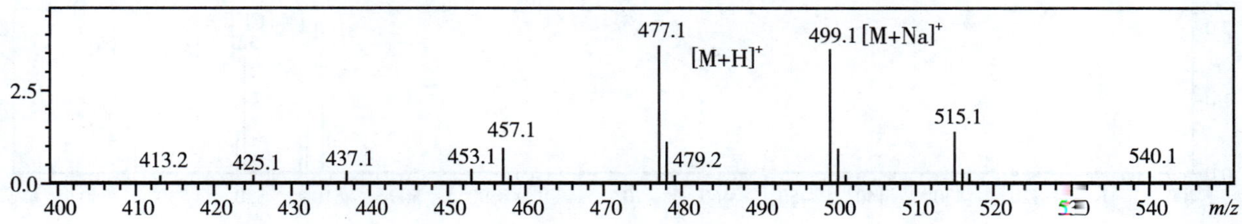

正离子扫描模式（二级）

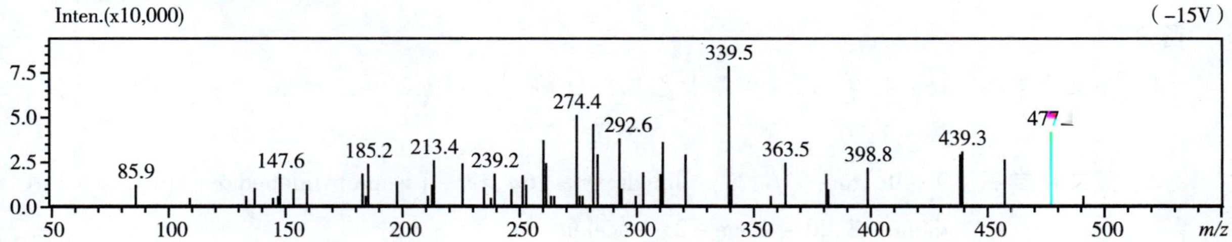

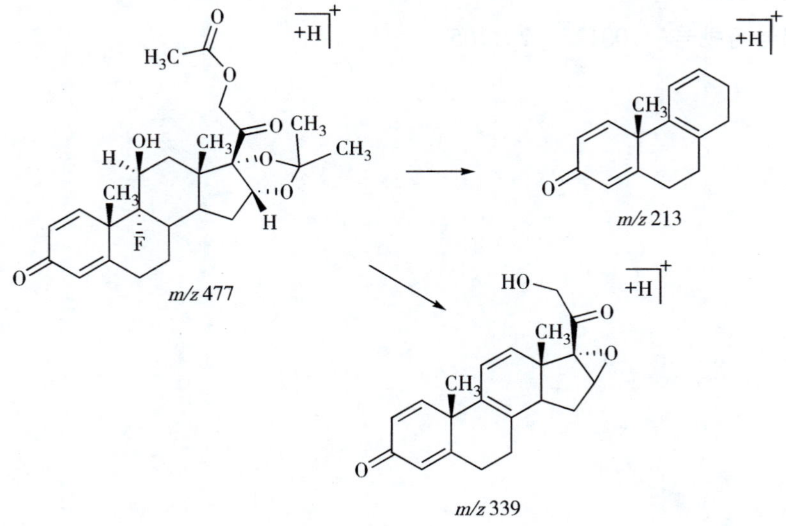

负离子扫描模式（一级）

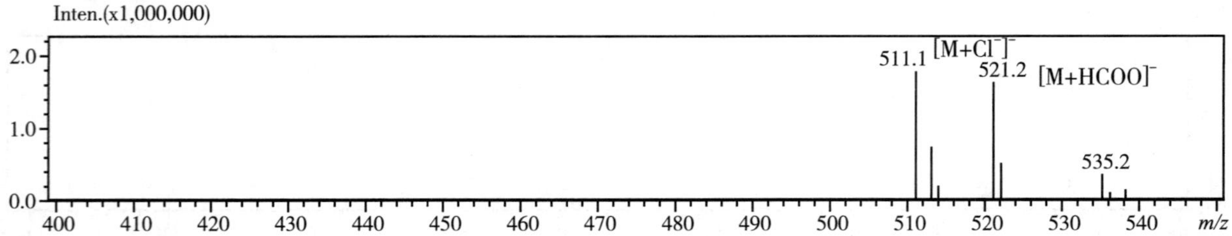

图9 醋酸曲安奈德的质谱图

备注

1. **中文化学名** 16α,17-[(1-甲基亚乙基)双(氧)]-11β,21-二羟基-9-氟孕甾-1,4-二烯-3,20-二酮-21-醋酸酯
2. **英文化学名** 9-fluoro-11β,21-dihydroxy-16α,17-(isopropylidenedioxy)pregna-1,4-diene-3,20-dione-21-acetate
3. **性状** 本品为白色或类白色的结晶性粉末；无臭。
4. **溶解性** 本品在三氯甲烷中溶解，在丙酮中略溶，在甲醇或乙醇中微溶，在水中不溶。
5. **溶剂** 无水乙醇。
6. **对照品编号与批号** 100125-201105

达　那　唑

英文名　Danazol

分子式　$C_{22}H_{27}NO_2$

分子量　337.46

CAS 号　17230 - 88 - 5

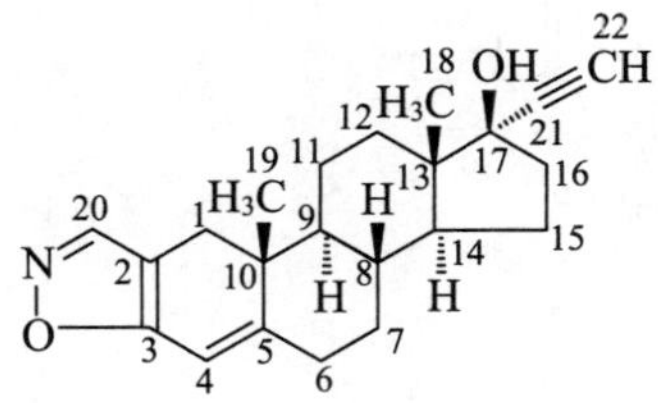

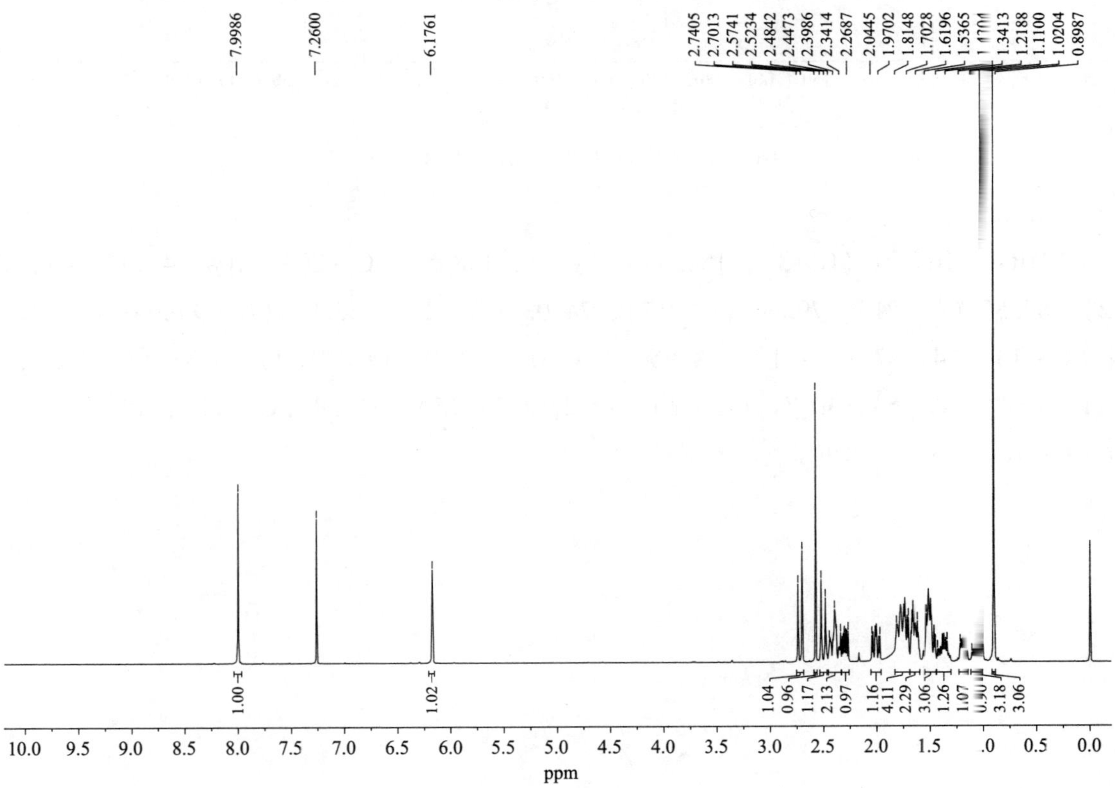

图 1　达那唑的^{1}H NMR 谱（溶剂：$CDCl_3$）

^{1}H NMR：δ 8.00（H－20，s，1H），6.18（H－4，s，1H），2.72（H－1a，d，J＝15.7 Hz，1H），2.57（H－22，s，1H），2.50（H－1b，d，J＝15.7 Hz，1H），2.46～2.33（m，2H），2.29（m，1H），2.01（m，1H），1.83～1.69（m，4H），1.68～1.60（m，2H），1.55～1.45（m，3H），1.36（m，1H），1.18（m，1H），1.08（m，1H），1.02（H－19，s，3H），0.90（H－18，s，3H）

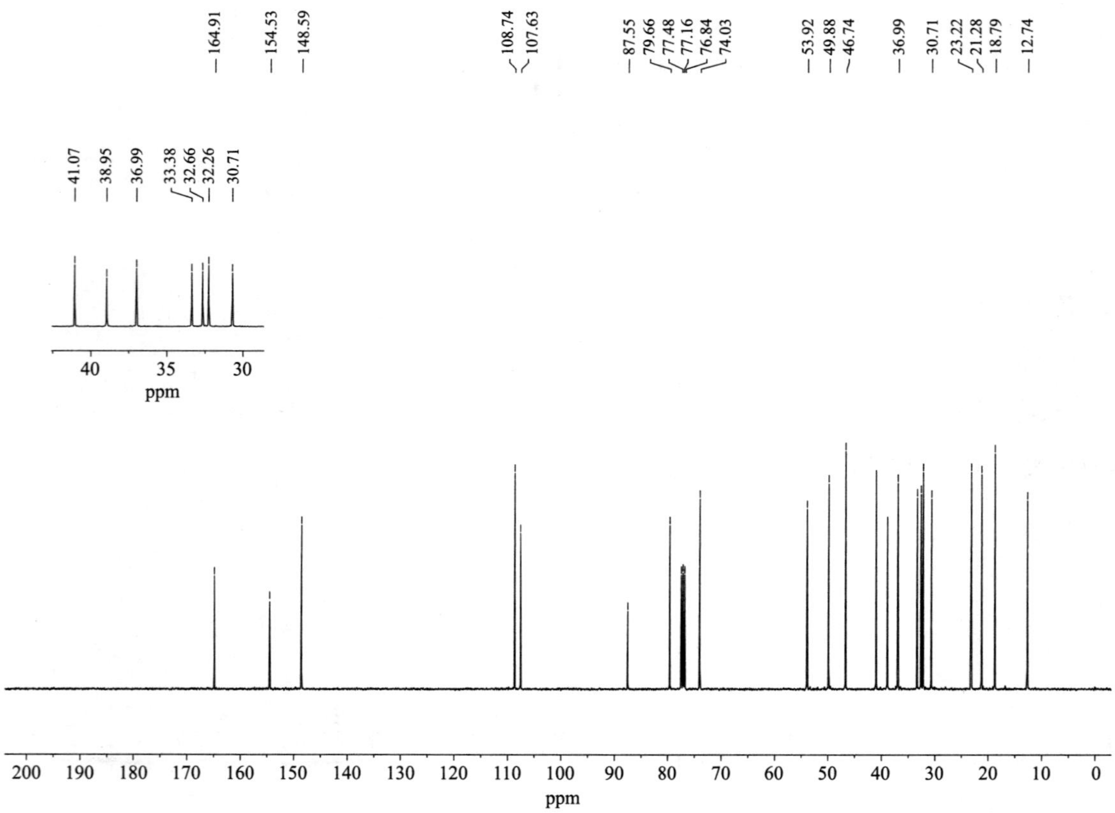

图2 达那唑的^{13}C NMR谱（溶剂：$CDCl_3$）

^{13}C NMR：δ 164.91（C-3），154.53（C-5），148.59（C-20），108.74（C-4），107.63（C-2），87.55（C-21），79.66（C-17），74.03（C-22），53.92（C-9），49.88（C-14），46.74（C-13），41.07（C-1），38.95（C-10），36.99（C-16），33.38（C-12），32.66（C-8），32.26（C-6），30.71（C-7），23.22（C-15），21.28（C-11），18.79（C-19），12.74（C-18）

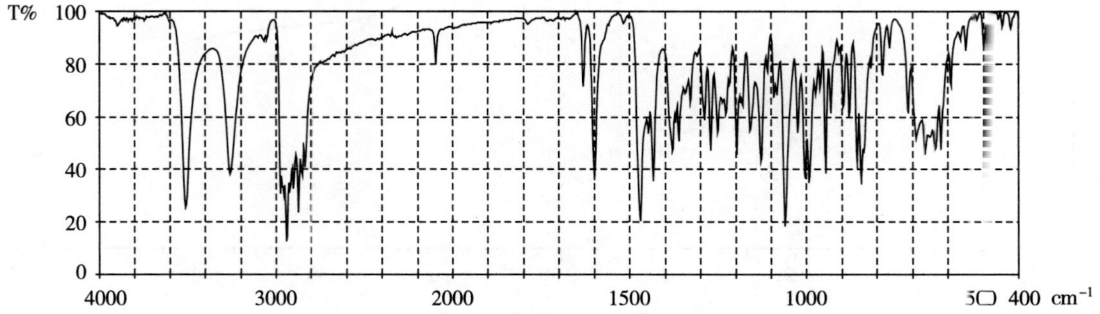

图 3　达那唑的红外光谱图

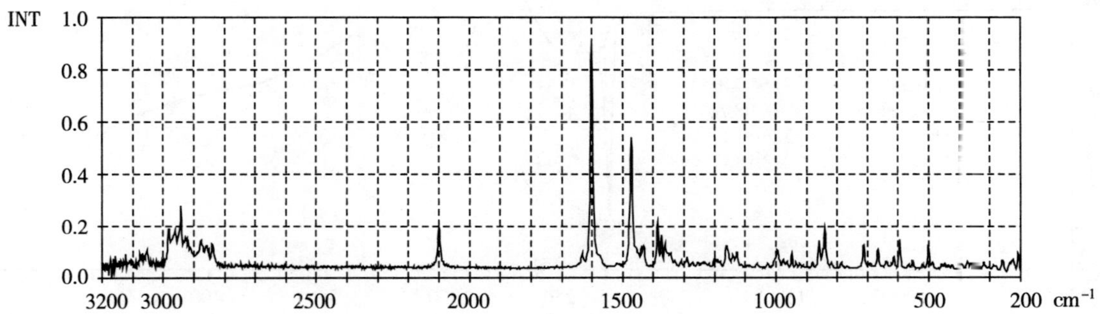

图 4　达那唑的拉曼光谱图

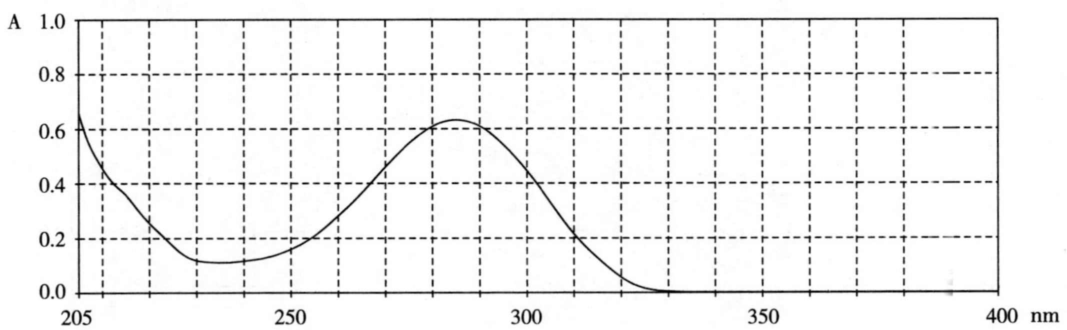

图 5　达那唑的紫外光谱图

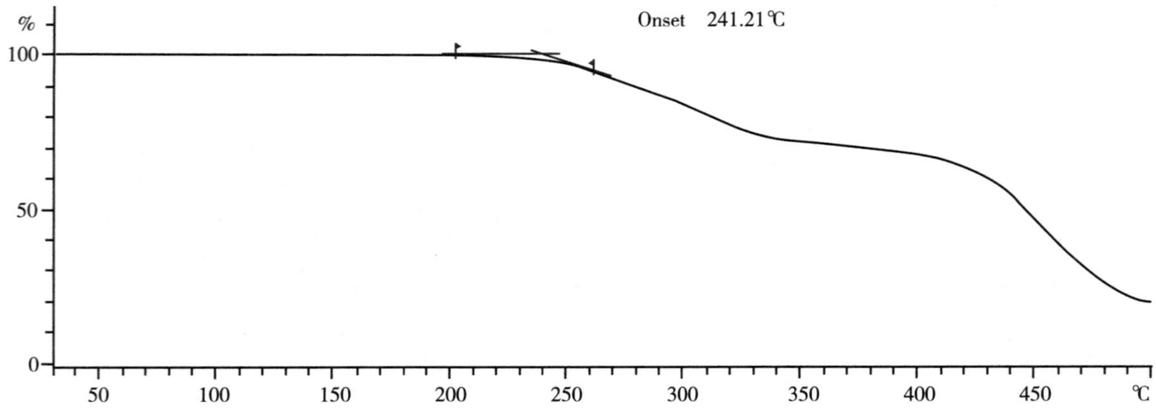

图 6　达那唑的 TG 图

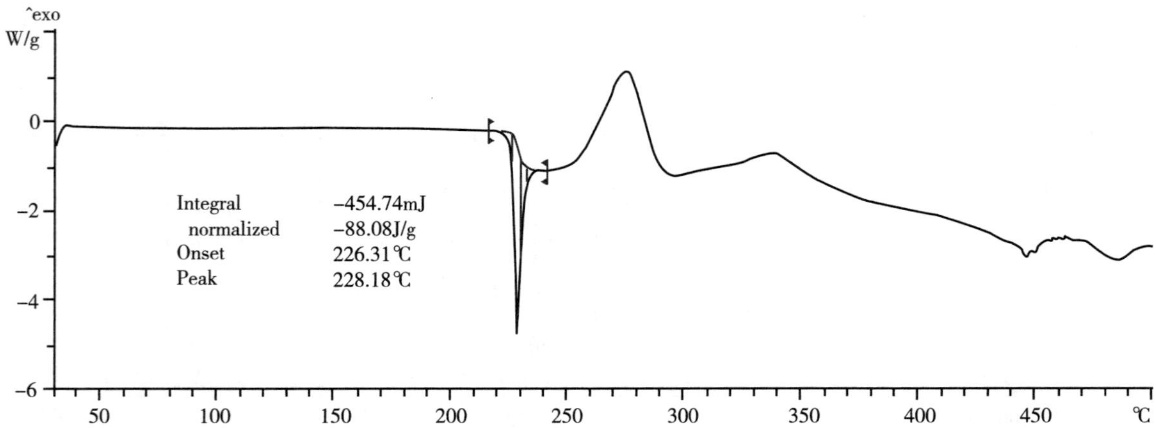

图 7　达那唑的 DSC 图

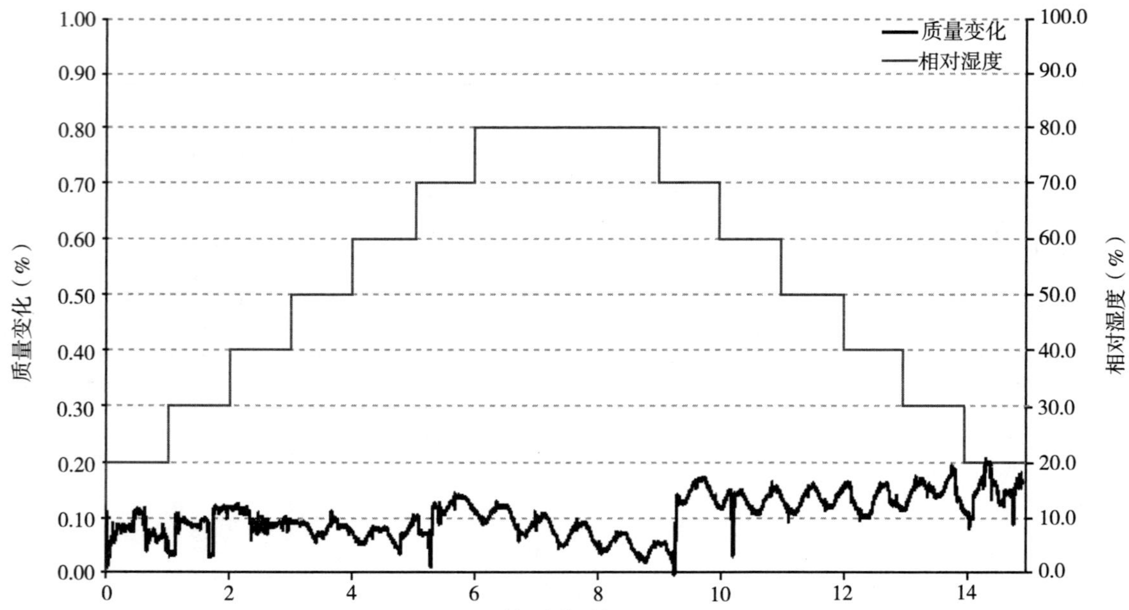

图 8　达那唑的 DVS 图

正离子扫描模式（一级）

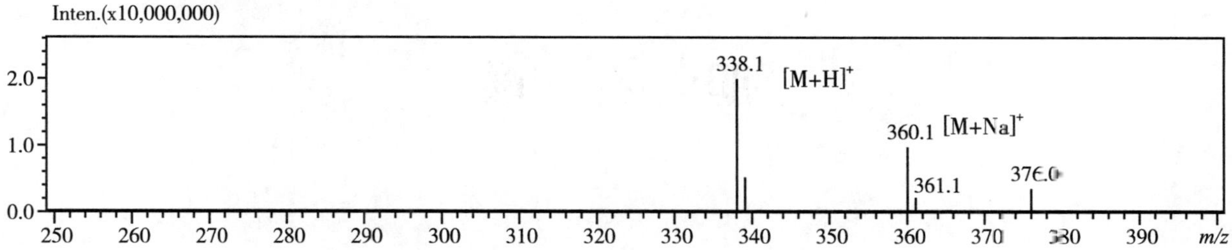

正离子扫描模式（二级）

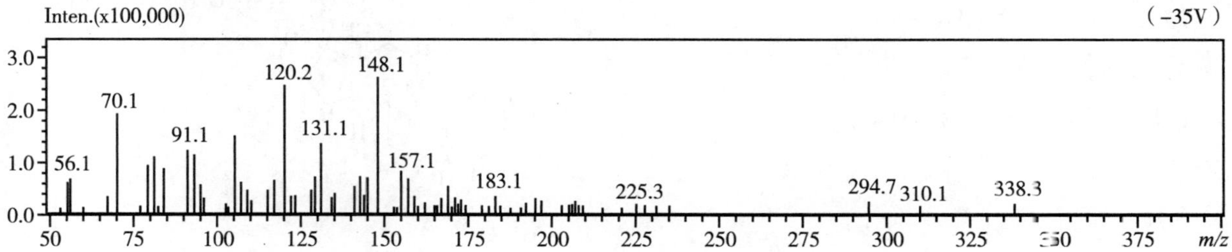

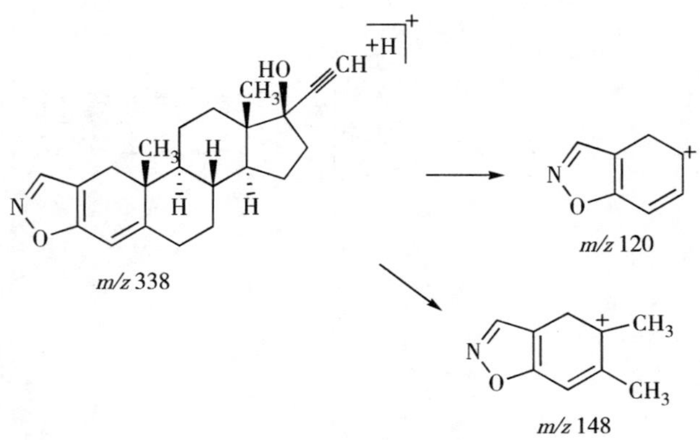

图 9　达那唑的质谱图

备注

1. **中文化学名**　17α－孕甾－2,4－二烯－20－炔并[2,3－*d*]异噁唑－17β－醇
2. **英文化学名**　(17α)－pregna－2,4－dien－20－yno[2,3－*d*]isoxazol－17－ol
3. **性状**　本品为白色或类白色结晶或结晶性粉末。
4. **溶解性**　本品在三氯甲烷中易溶，在丙酮中溶解，在乙醇中略溶，在水中不溶。
5. **溶剂**　无水乙醇。
6. **对照品编号与批号**　100126－200402

胆 石 酸

英文名 Lithocholic Acid

分子式 $C_{24}H_{40}O_3$

分子量 376.57

CAS 号 434 - 13 - 9

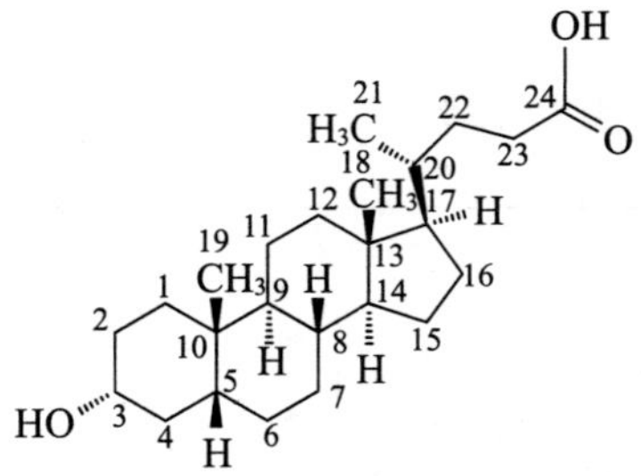

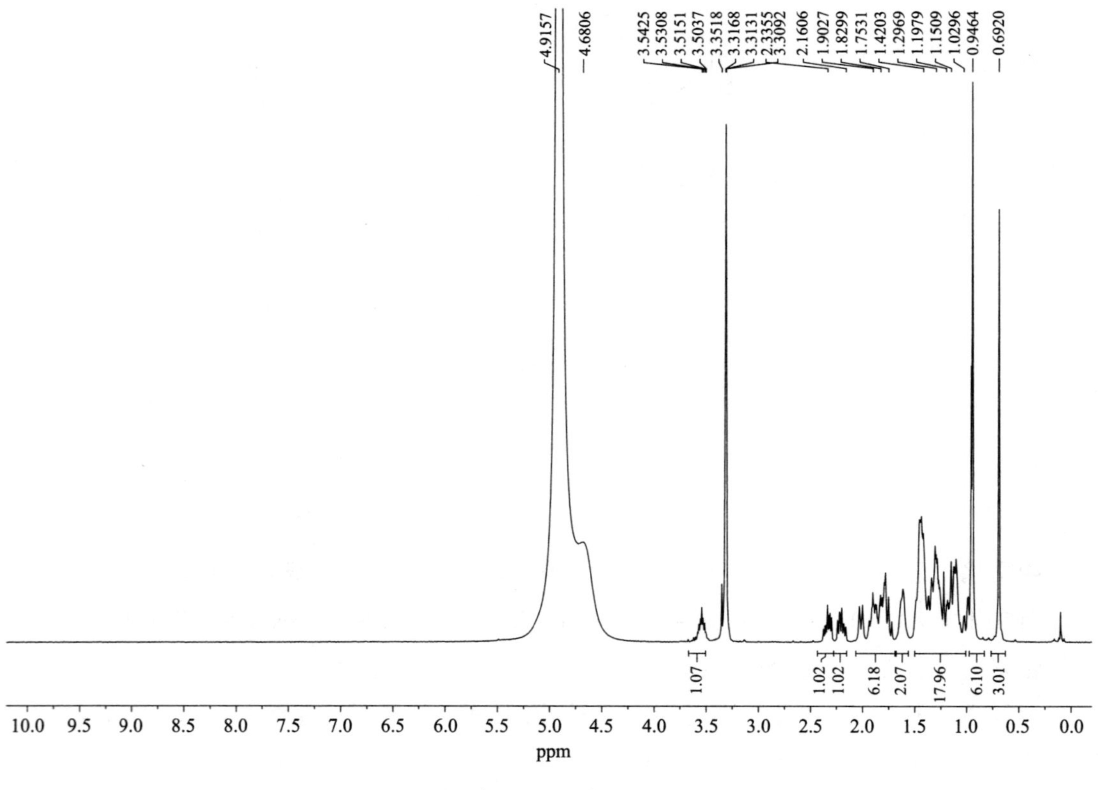

图 1 胆石酸的^{1}H NMR 谱（溶剂：CD_3OD）

^{1}H NMR：δ 3.53（H - 3，m，1H），2.30（H - 22a，m，1H），2.20（H - 22b，m，1H），2.03 ~ 1.72（m，6H），1.63 ~ 1.60（m，2H），1.56 ~ 1.02（m，18H），0.97 ~ 0.92（H - 19，21，m，6H），0.69（H - 18，s，3H）

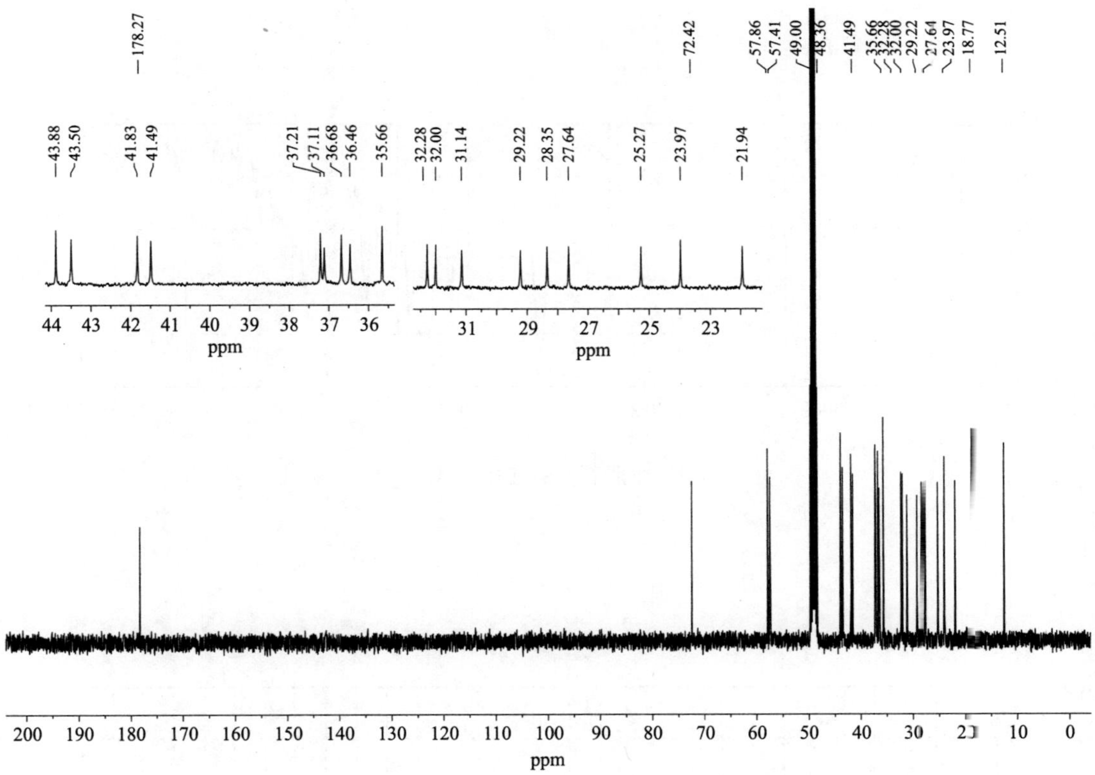

图 2　胆石酸的^{13}C NMR 谱（溶剂：CD_3OD）

^{13}C NMR：δ 178.27（C-24），72.42（C-3），57.86（C-14），57.41（C-17），43.88（C-13），43.50（C-5），41.83（C-9），41.49（C-12），37.21（C-4），37.11（C-8），36.68（C-1），36.46（C-18），35.66（C-10），32.28（C-19），32.00（C-23），31.14（C-2），29.22（C-16），28.35（C-6），27.64（C-7），25.27（C-15），23.97（C-22），21.94（C-11），18.77（C-21），12.51（C-20）

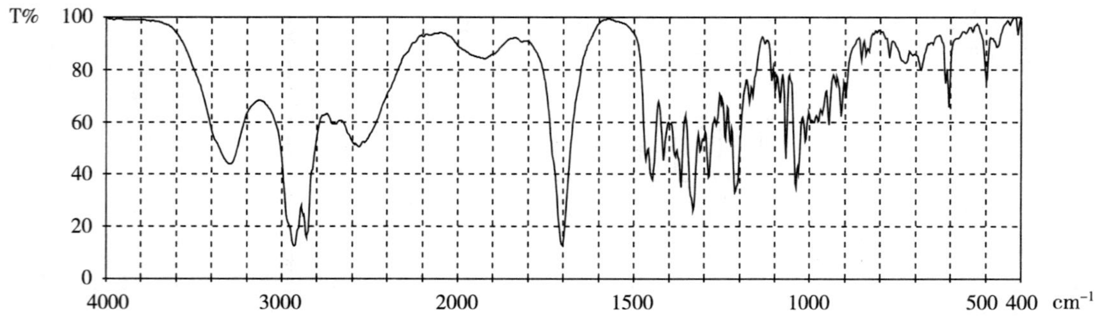

图 3　胆石酸的红外光谱图

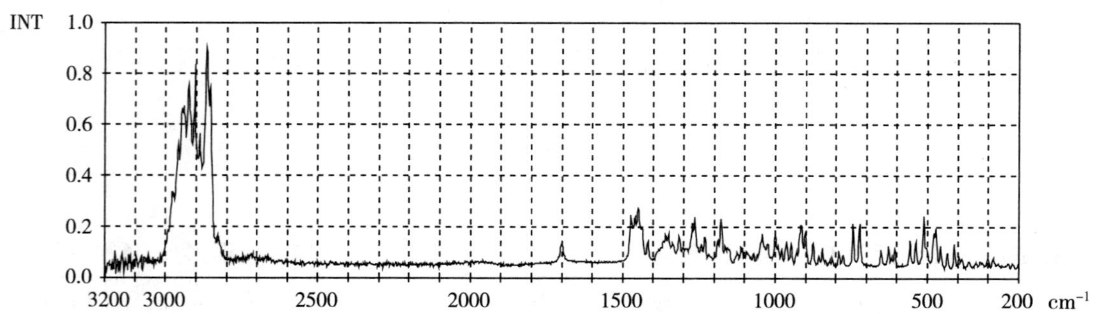

图 4　胆石酸的拉曼光谱图

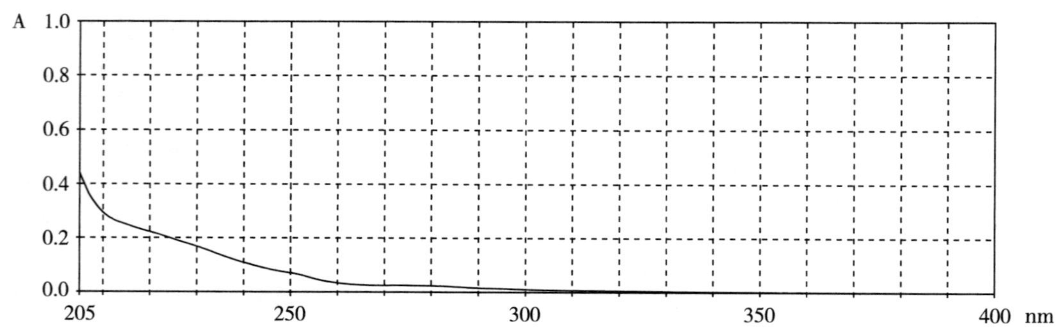

图 5　胆石酸的紫外光谱图

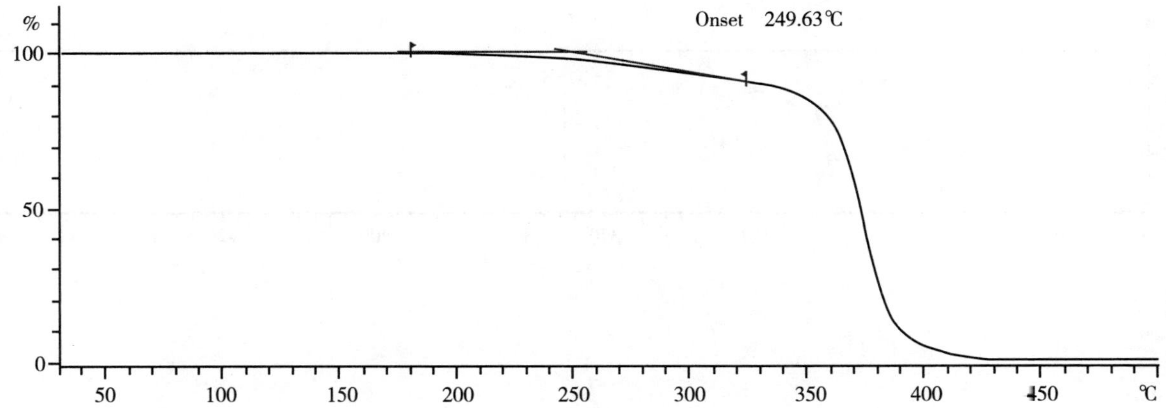

图 6　胆石酸的 TG 图

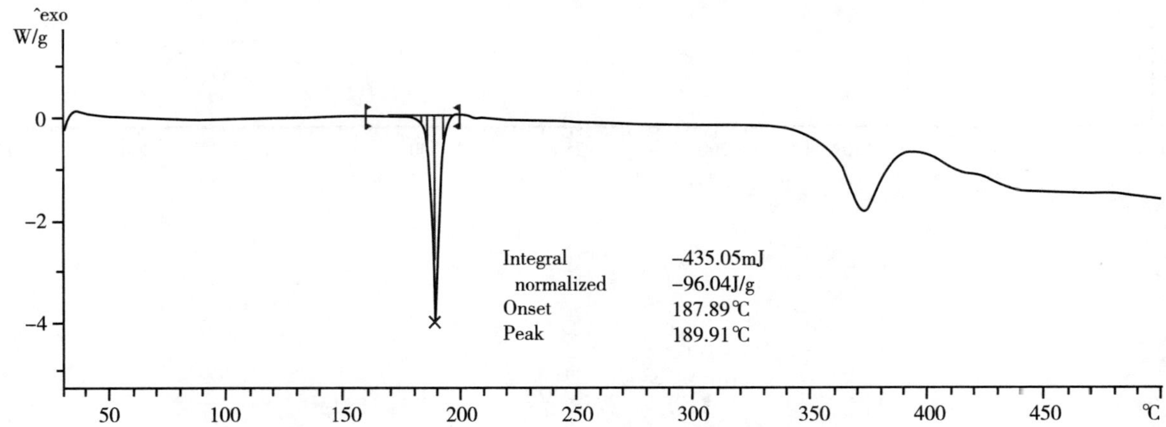

图 7　胆石酸的 DSC 图

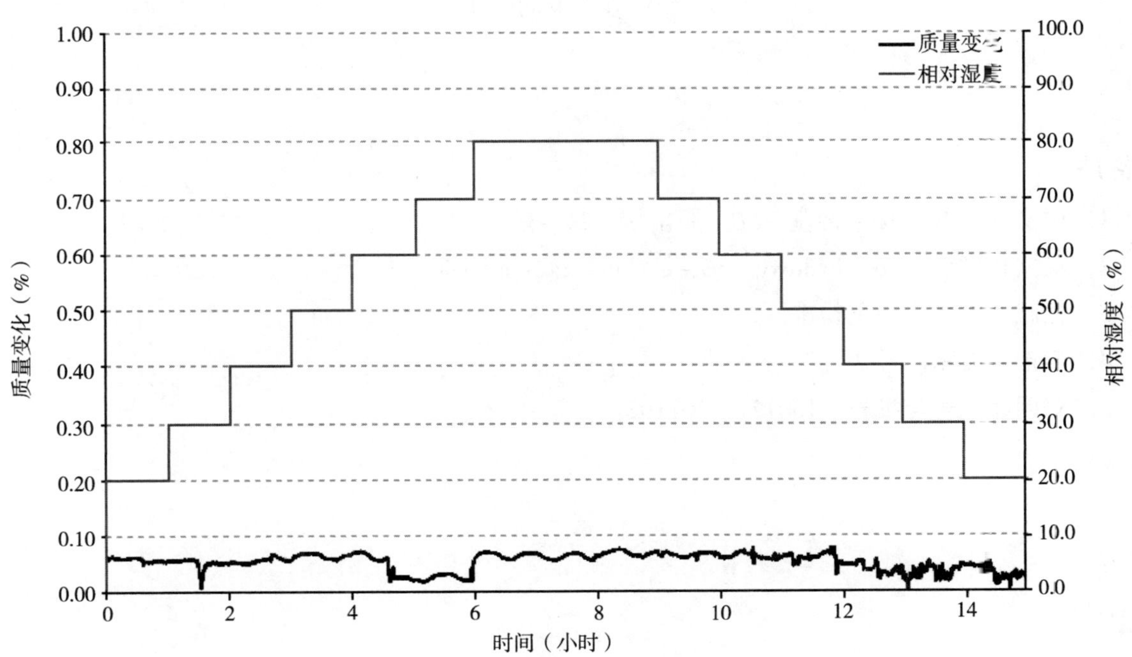

图 8　胆石酸的 DVS 图

负离子扫描模式（一级）

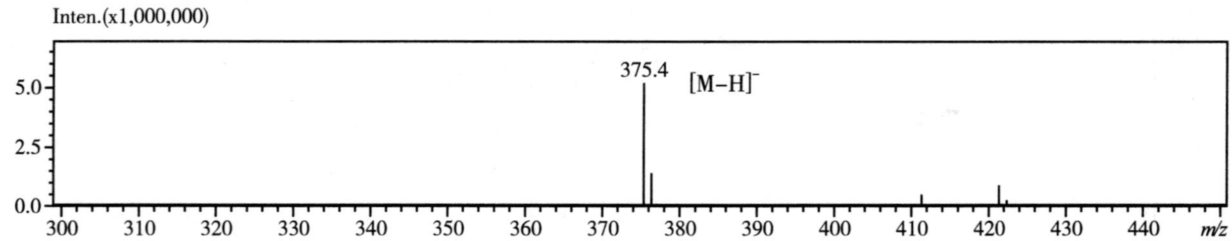

负离子扫描模式（二级）

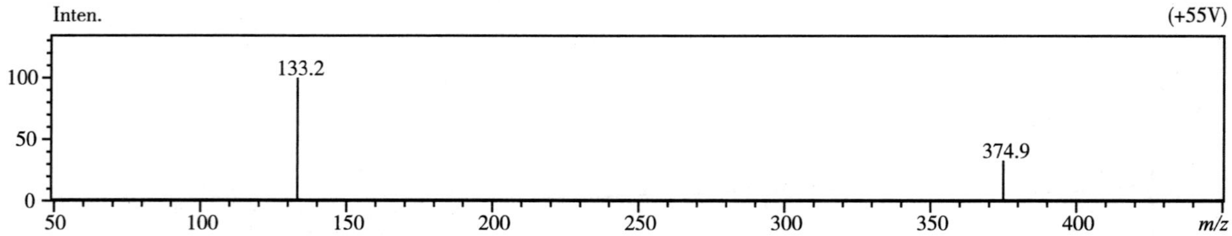

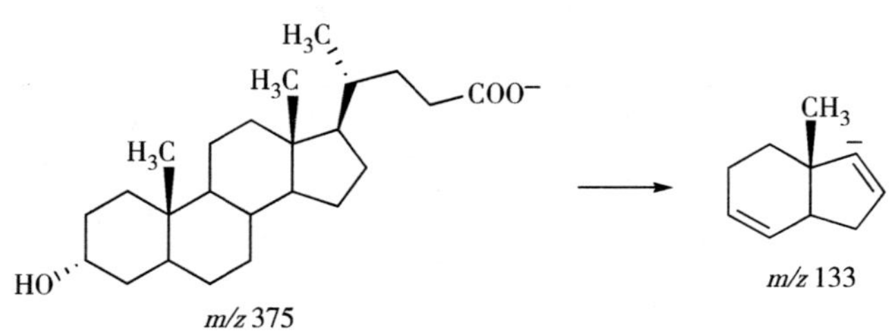

图 9　胆石酸的质谱图

备注

1. **中文化学名**　3α – 羟基 – 5β – 胆甾烷 – 24 – 酸
2. **英文化学名**　3α – hydroxy – 5β – cholan – 24 – oic acid
3. **性状**　本品为白色粉末。
4. **溶剂**　无水乙醇。
5. **对照品编号与批号**　100127 – 201102

地　蒽　酚

英文名　Dithranol

分子式　$C_{14}H_{10}O_3$

分子量　226.23

CAS 号　1143－38－0

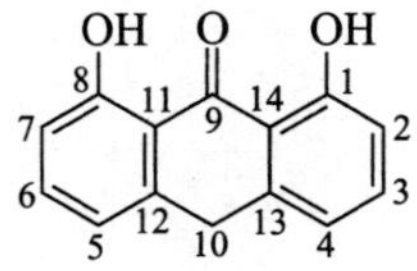

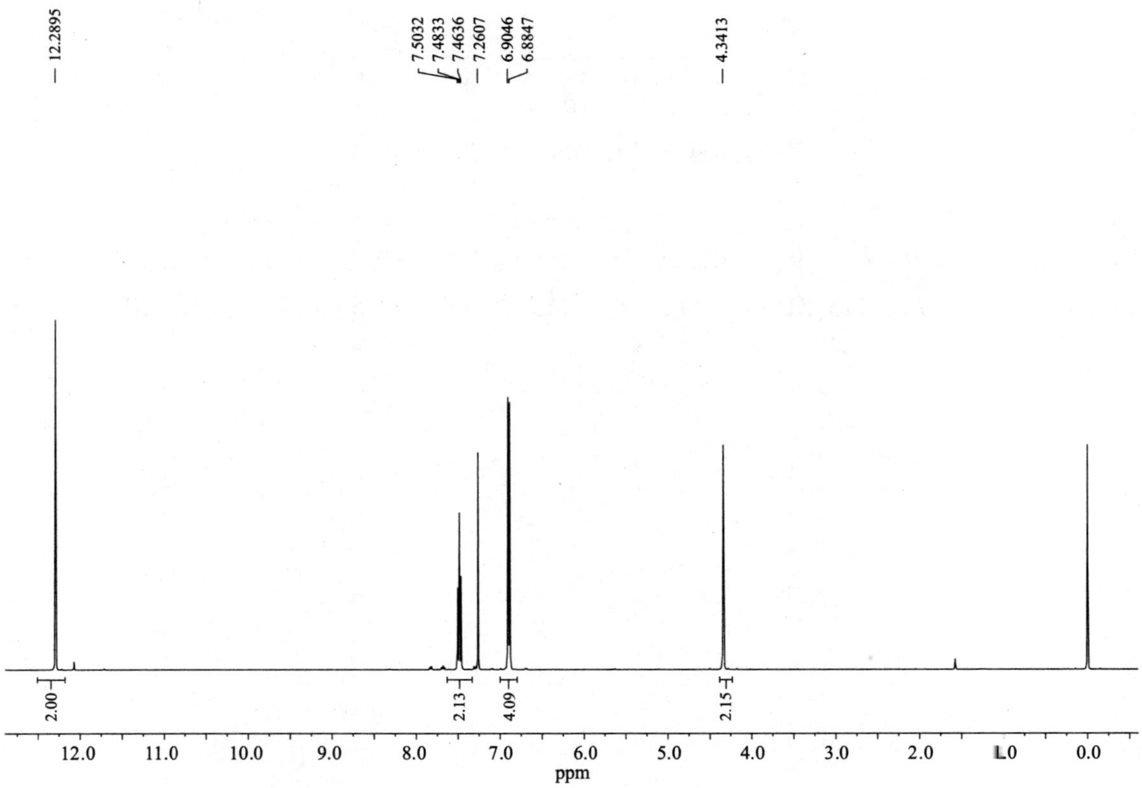

图 1　地蒽酚的[1]H NMR 谱（溶剂：$CDCl_3$）

^{1}H NMR：δ 12.29（OH，brs，2H），7.48（H－3，6，t，J=8.0 Hz，2H），6.89（H－2，4，5，7，d，J=8.0 Hz，4H），4.34（H－10，s，2H）

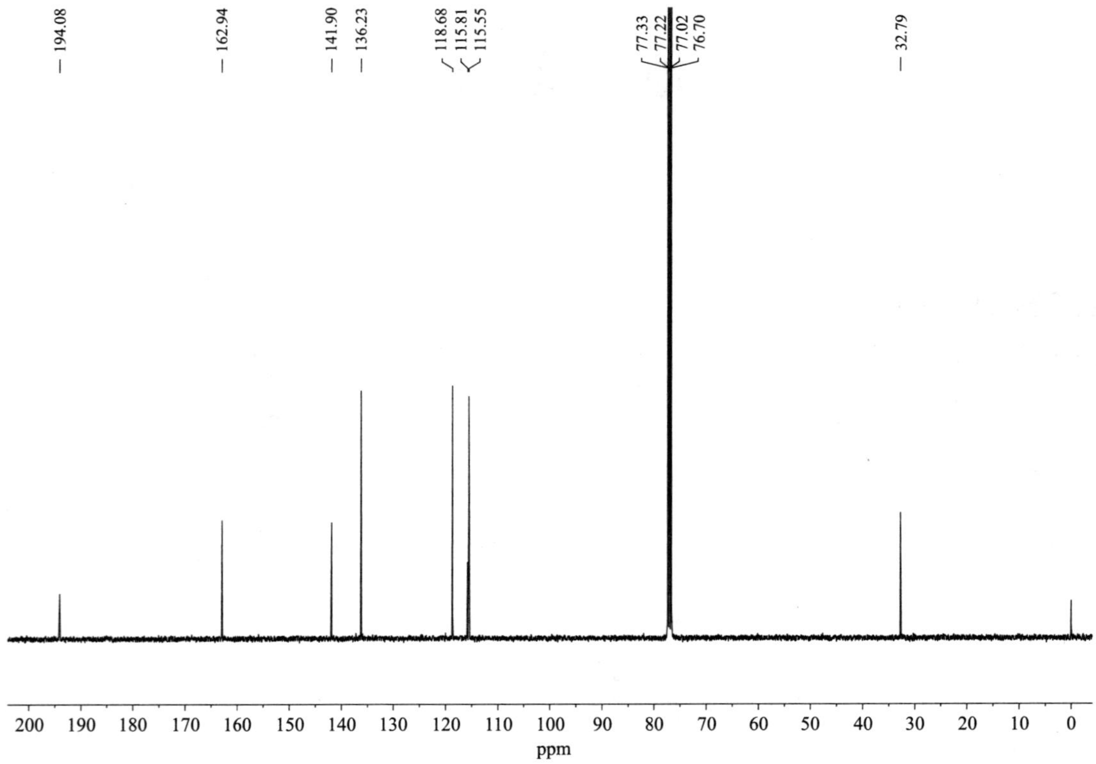

图2　地蒽酚的^{13}C NMR谱（溶剂：$CDCl_3$）

^{13}C NMR：δ 194.08（C－9），162.94（C－1，8），141.90（C－12，13），136.23（C－3，6），118.68（C－2，7），115.81（C－11，14），115.55（C－4，5），32.79（C－10）

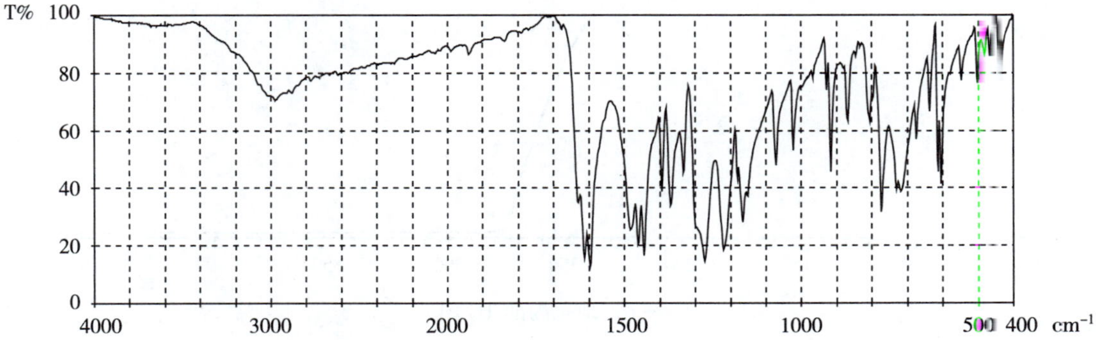

图 3　地蒽酚的红外光谱图

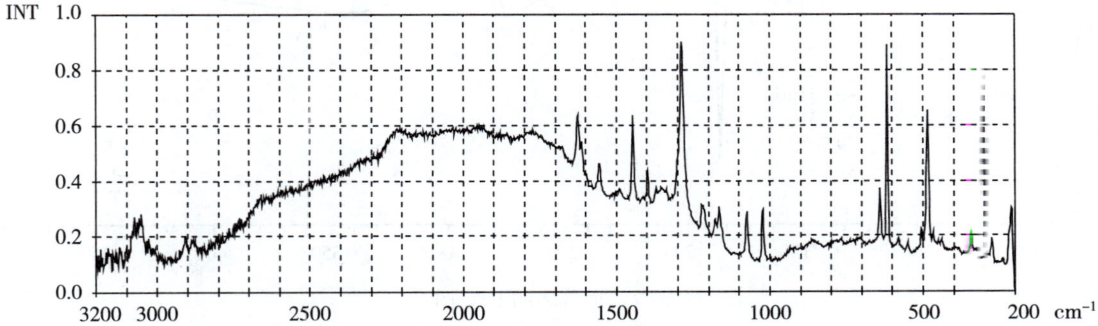

图 4　地蒽酚的拉曼光谱图

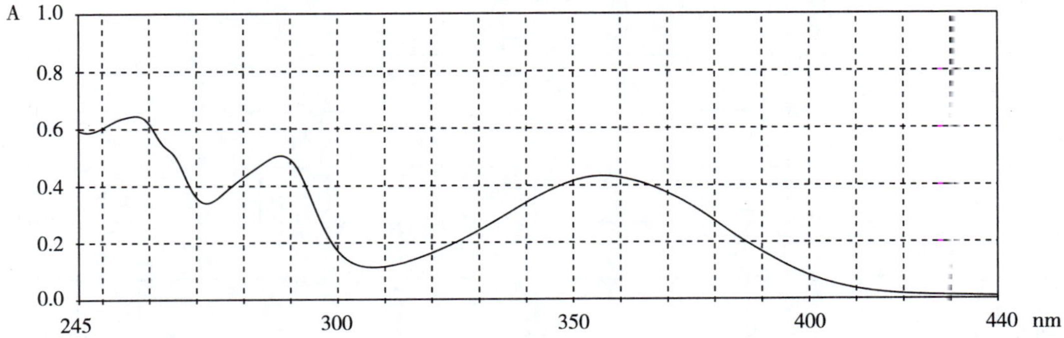

图 5　地蒽酚的紫外光谱图

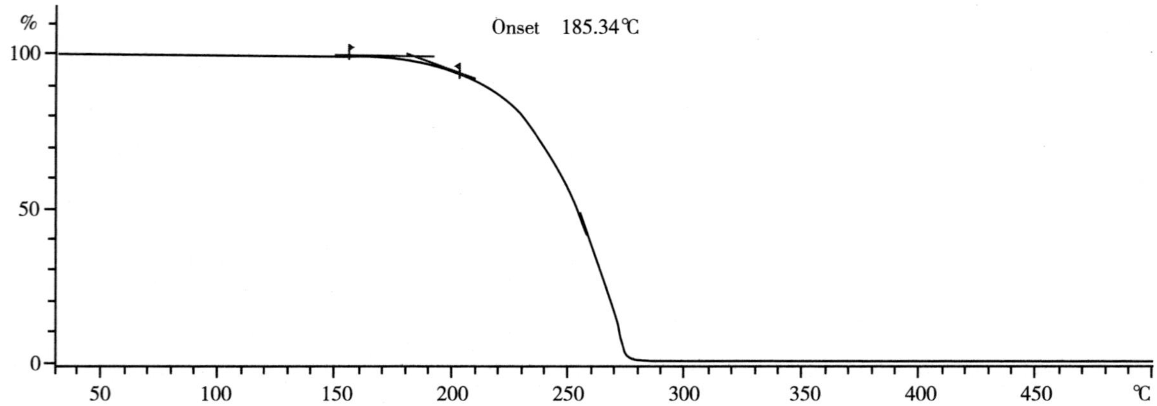

图 6　地蒽酚的 TG 图

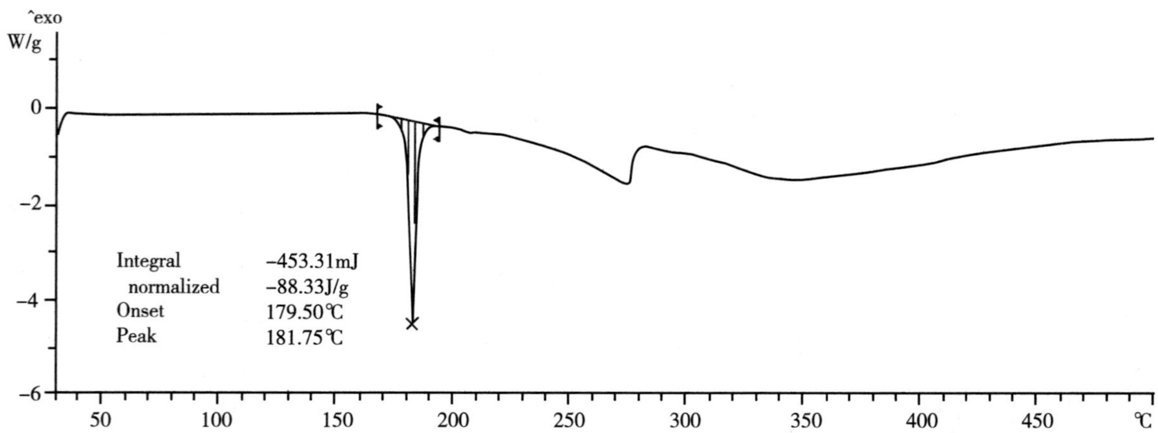

图 7　地蒽酚的 DSC 图

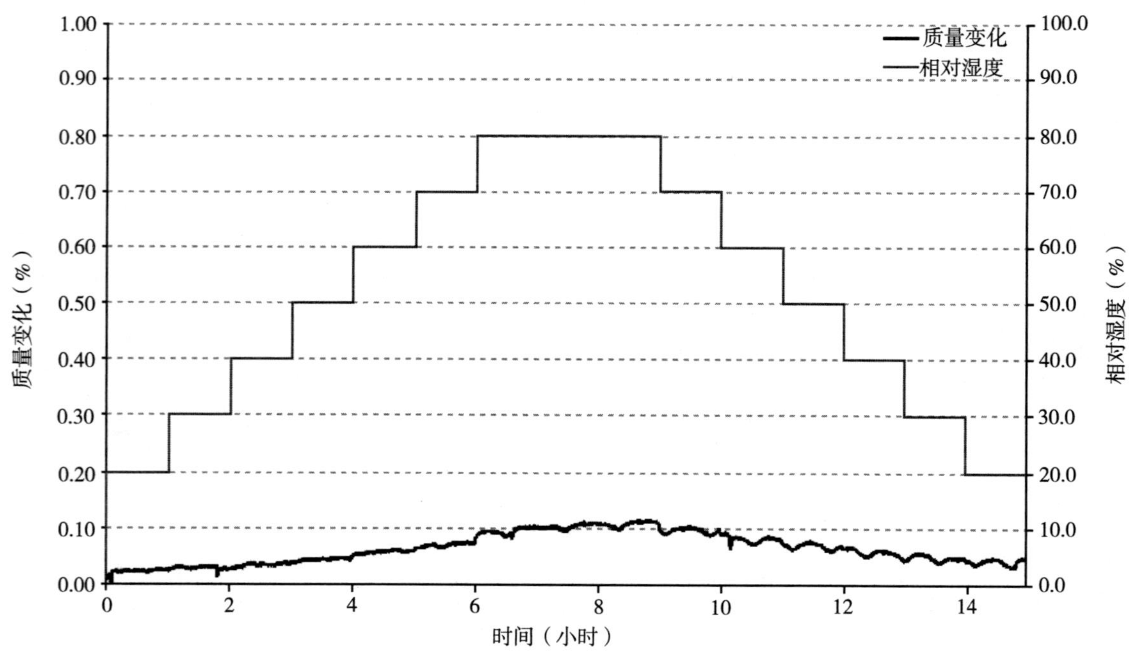

图 8　地蒽酚的 DVS 图

正离子扫描模式（一级）

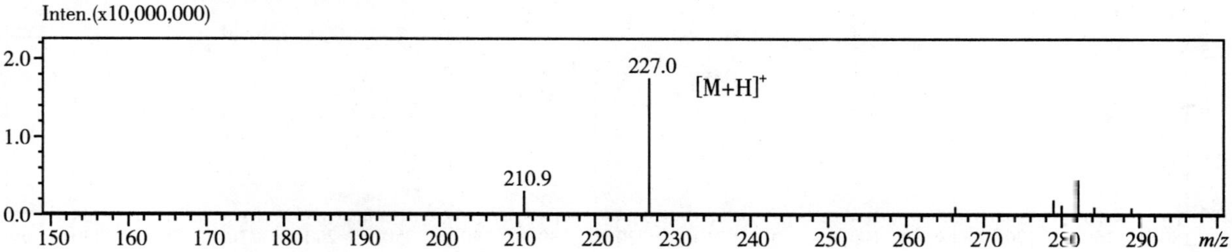

正离子扫描模式（二级）

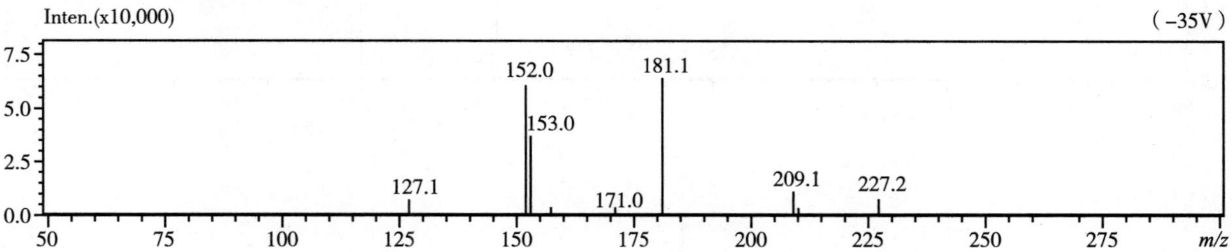

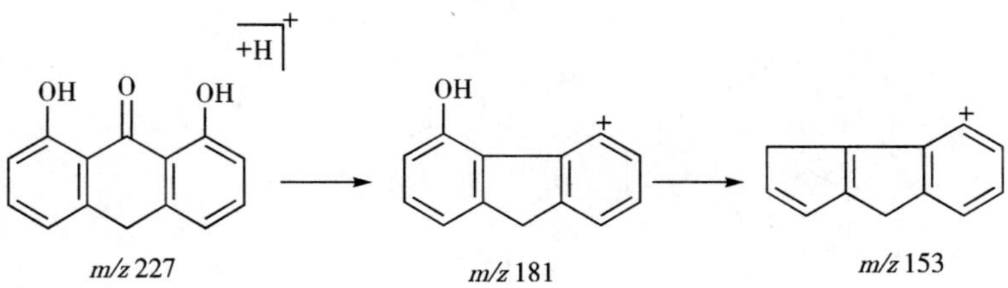

负离子扫描模式（一级）

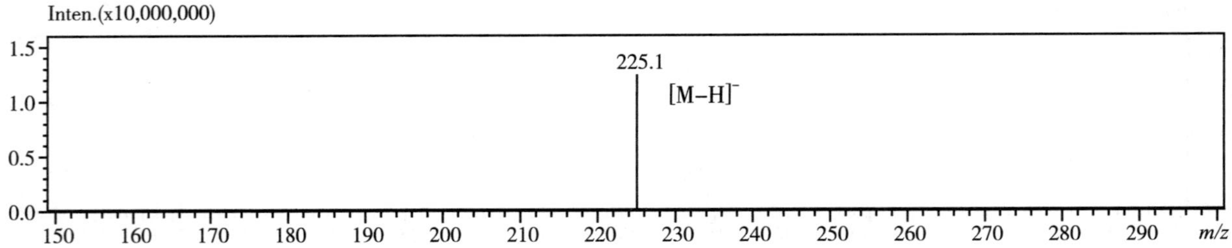

负离子扫描模式（二级）

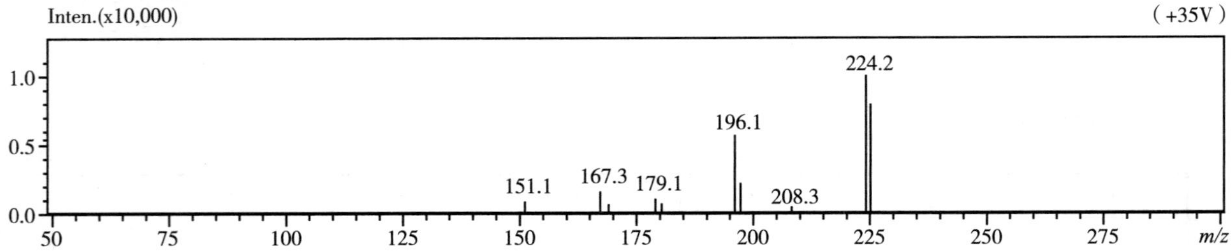

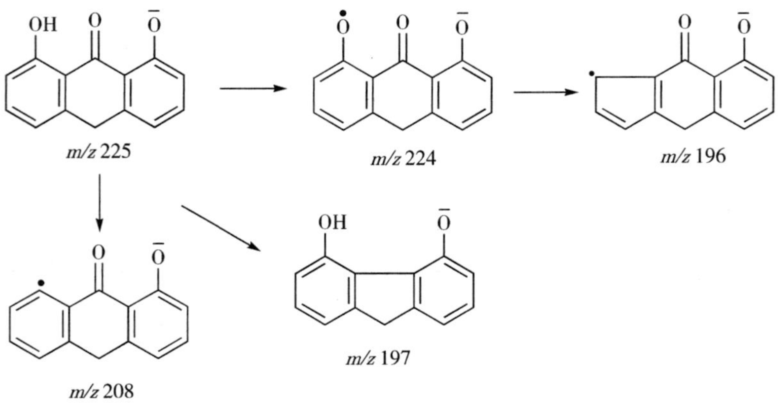

图 9　地蒽酚的质谱图

备注

1. 中文化学名　1,8 – 二羟基 –9 – 蒽酮

2. 英文化学名　1,8 – dihydroxy –9(10*H*) – anthracenone

3. 性状　本品为黄色至淡黄棕色结晶或粉末，无臭。

4. 溶解性　本品在三氯甲烷中溶解，在乙醇中极微溶，在水中几乎不溶；在冰醋酸中微溶。

5. 溶剂　三氯甲烷。

6. 对照品编号与批号　100128 – 200201

丁溴东莨菪碱

英文名 Scopolamine Butylbromide

分子式 $C_{21}H_{30}BrNO_4$

分子量 440.38

CAS 号 149－64－4

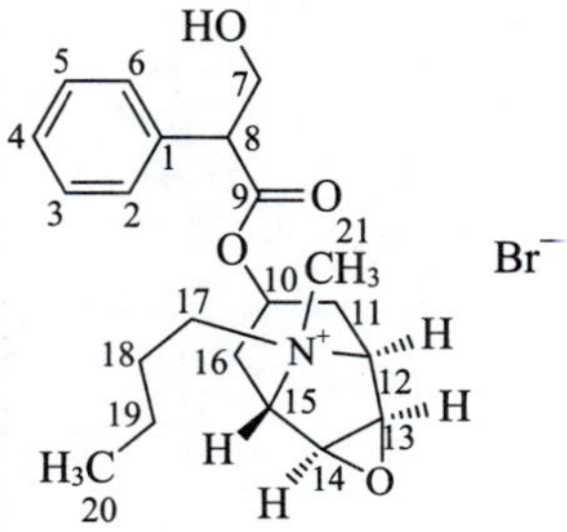

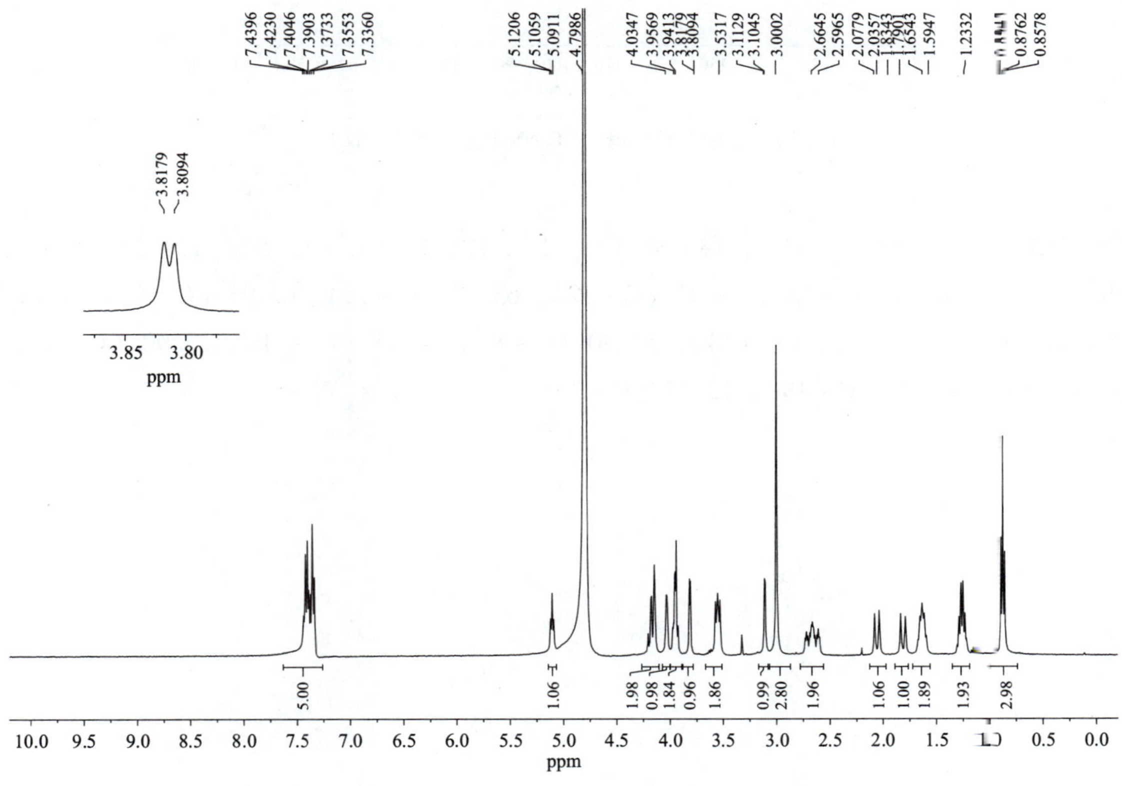

图 1 丁溴东莨菪碱的^{1}H NMR 谱（溶剂：D_2O）

^{1}H NMR：δ 7.44～7.33（Ar－H，m，5H），5.11（H－10，t，J＝5.9 Hz，1H），4.18～4.15（H－7a，12，m，2H），4.03（H－15，m，1H），4.00～3.89（H－7b，8，m，2H），3.81（H－13，d，J＝3.4 Hz，1H），3.63～3.49（H－17，m，2H），3.11（H－14，d，J＝3.4 Hz，1H），3.00（H－21，s，3H），2.76～2.56（H－11a，16a，m，2H），2.06（H－11b，d，J＝16.9 Hz，1H），1.81（H－16b，d，J＝17.7 Hz，1H），1.72～1.53（H－18，m，2H），1.33～1.19（H－19，m，2H），0.88（H－20，t，J＝7.3 Hz，3H）

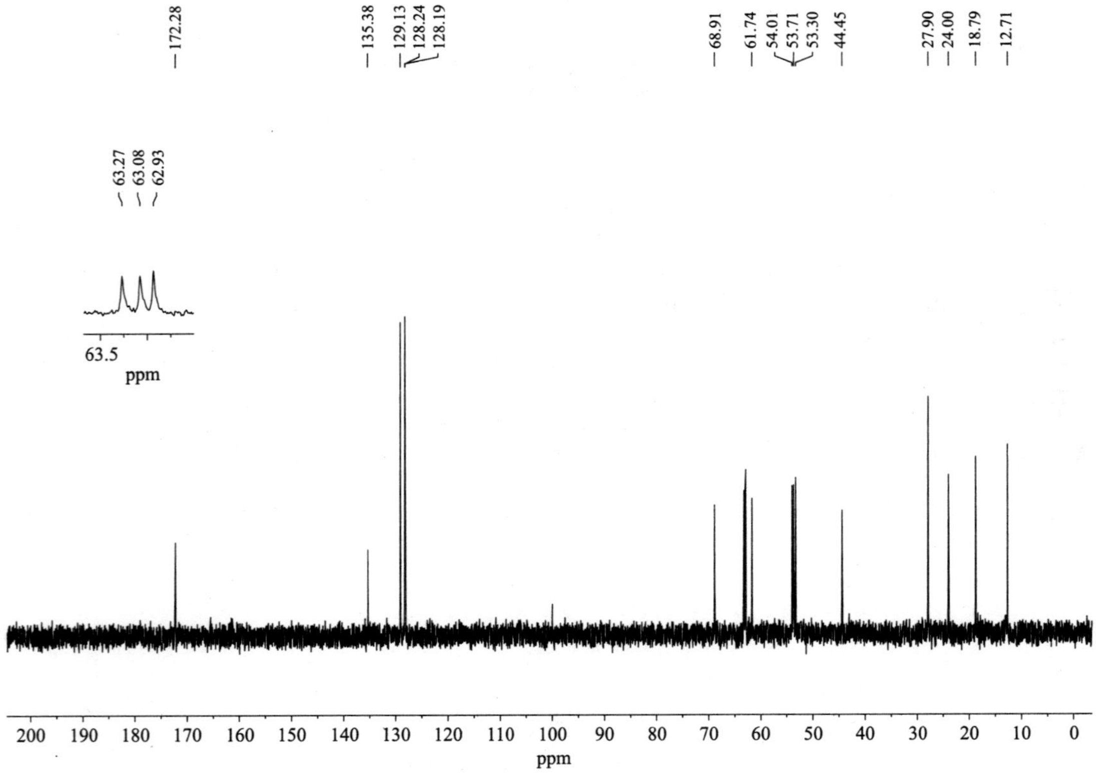

图 2　丁溴东莨菪碱的^{13}C NMR 谱（溶剂：D_2O）

^{13}C NMR：δ 172.28（C－9），135.38（C－1），129.13（C－3，5），128.24（C－2，6），128.19（C－4），68.91（C－10），63.27（C－12），63.08（C－15），62.93（C－7），61.74（C－17），54.01（C－13），53.71（C－14），53.30（C－8），44.45（C－21），27.90（C－11，16），24.00（C－18），18.79（C－19），12.71（C－20）

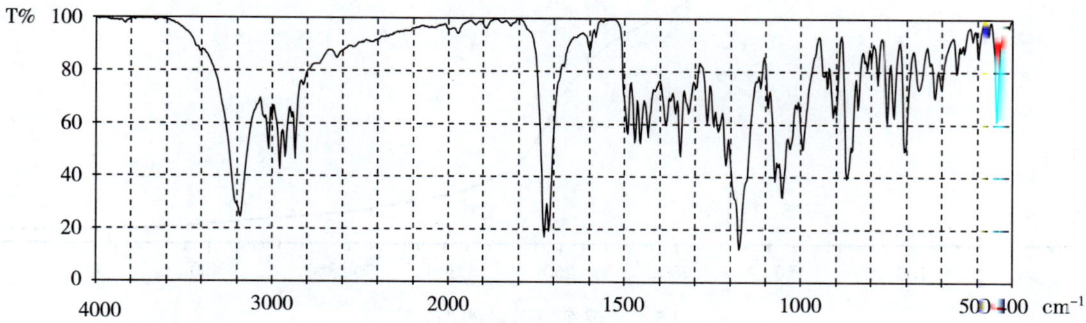

图 3　丁溴东莨菪碱的红外光谱图

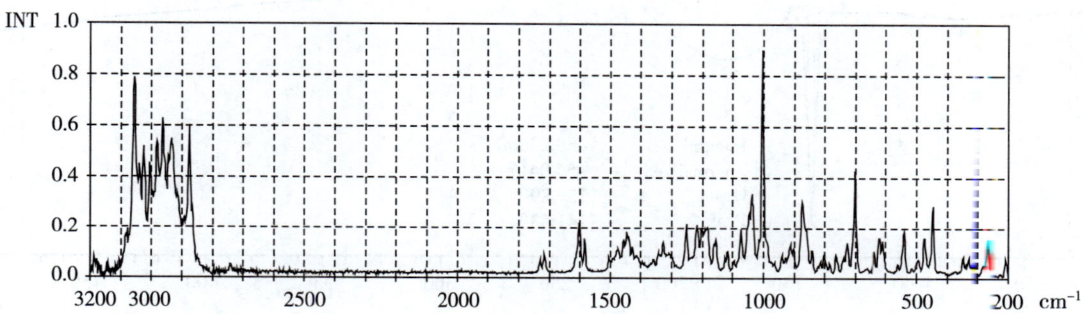

图 4　丁溴东莨菪碱的拉曼光谱图

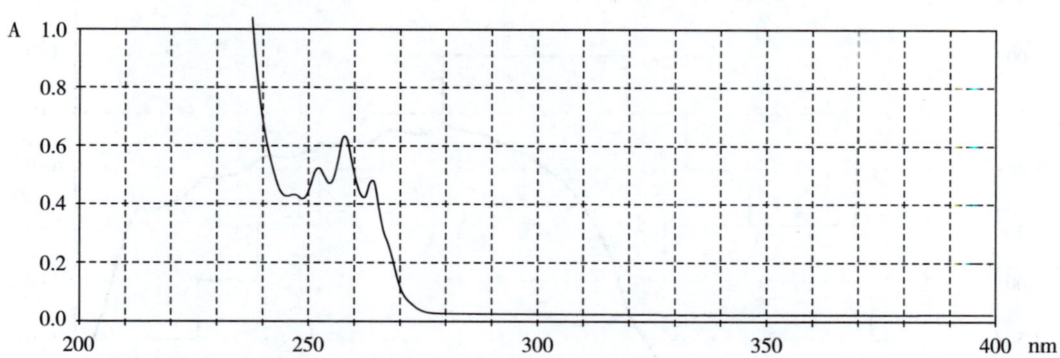

图 5　丁溴东莨菪碱的紫外光谱图

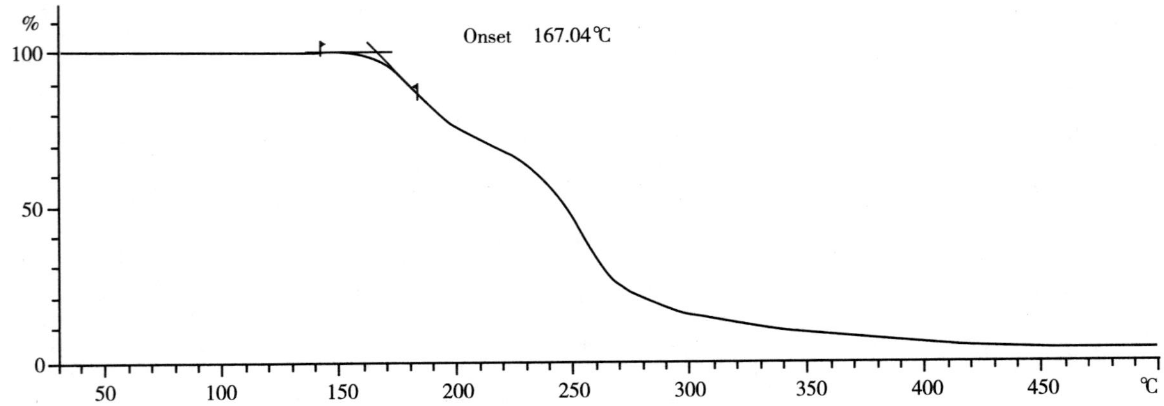

图 6　丁溴东莨菪碱的 TG 图

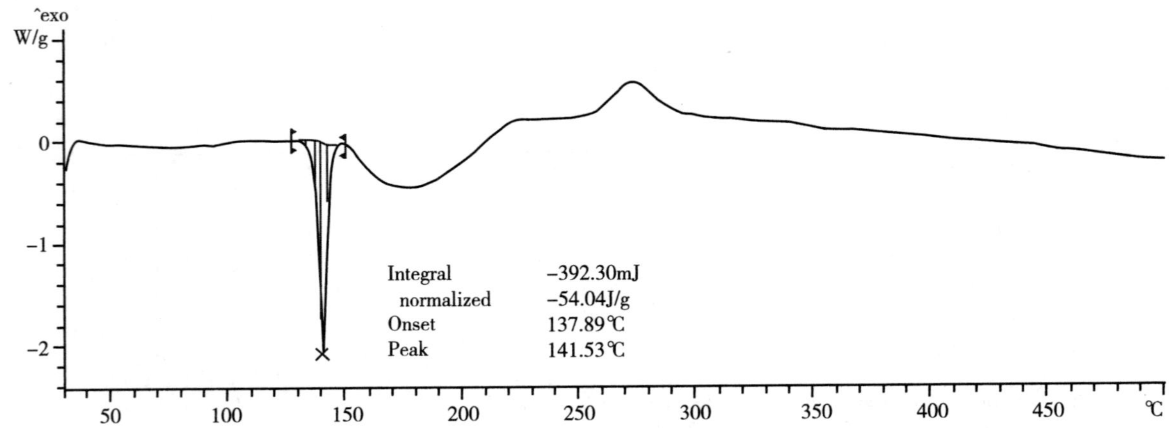

图 7　丁溴东莨菪碱的 DSC 图

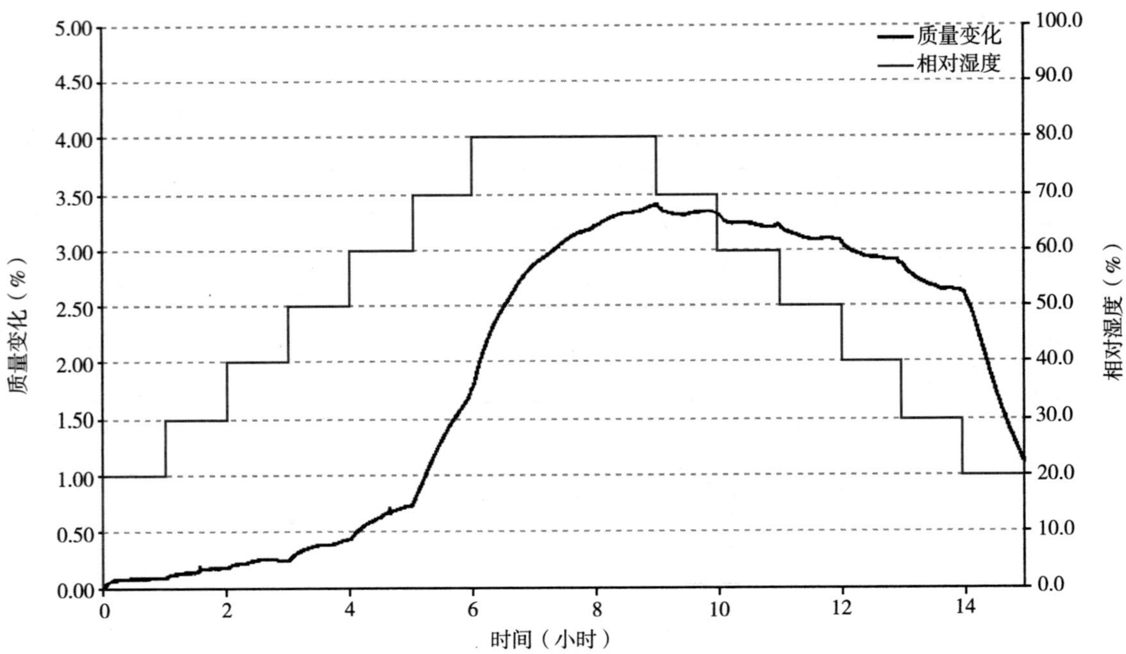

图 8　丁溴东莨菪碱的 DVS 图

正离子扫描模式（一级）

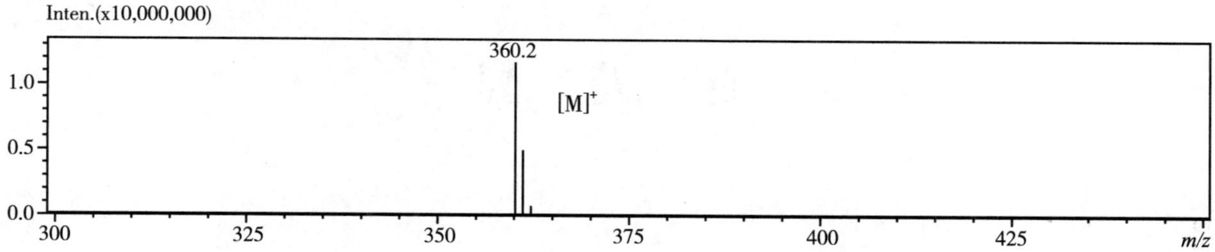

正离子扫描模式（二级）

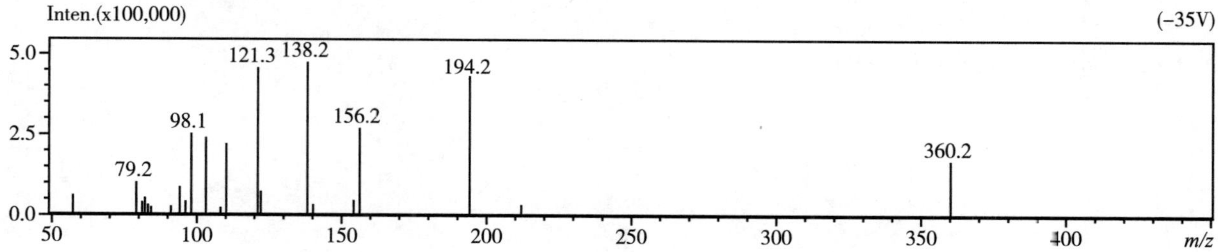

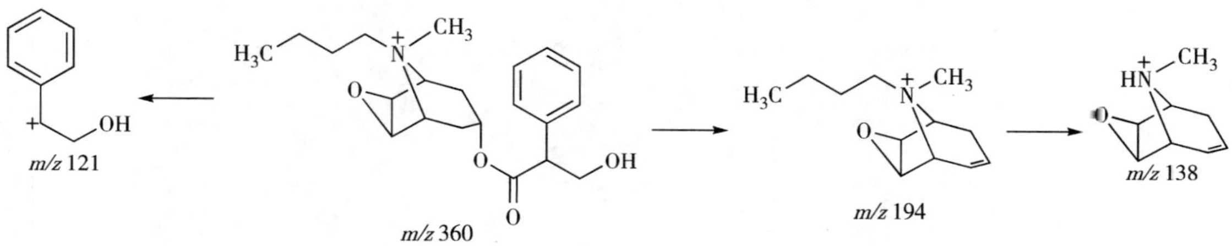

图9　丁溴东莨菪碱的质谱图

备注

1. **中文化学名**　溴化 $-6\beta,7\beta-$ 环氧 $-3\alpha-$ 羟基 $-8-$ 丁基 $-1\alpha H,5\alpha H-$ 托烷(-) - 托品酸酯
2. **英文化学名**　(1*S*,2*S*,4*R*,5*R*,7*S*) -9 - butyl -7 - [(2*S*) -3 - hydroxy -2 - phenyl - propanoyloxyl] -9 - methyl -3 - oxa -9 - azoniatricyclo[3. 3. 1. $0^{2,4}$] nonane bromide
3. **性状**　本品为白色或类白色结晶性粉末；无臭或几乎无臭。
4. **溶解性**　本品在水或三氯甲烷中易溶，在乙醇中略溶。
5. **溶剂**　0. 1mol/L 盐酸溶液。
6. **对照品编号与批号**　100130 - 201103

奋　乃　静

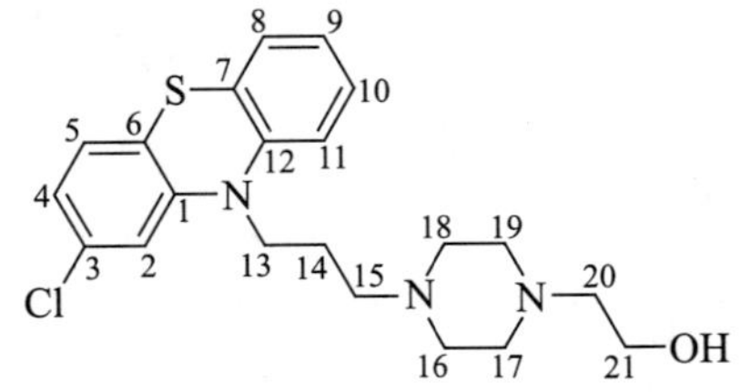

英文名　Perphenazine

分子式　$C_{21}H_{26}ClN_3OS$

分子量　403.97

CAS 号　58－39－9

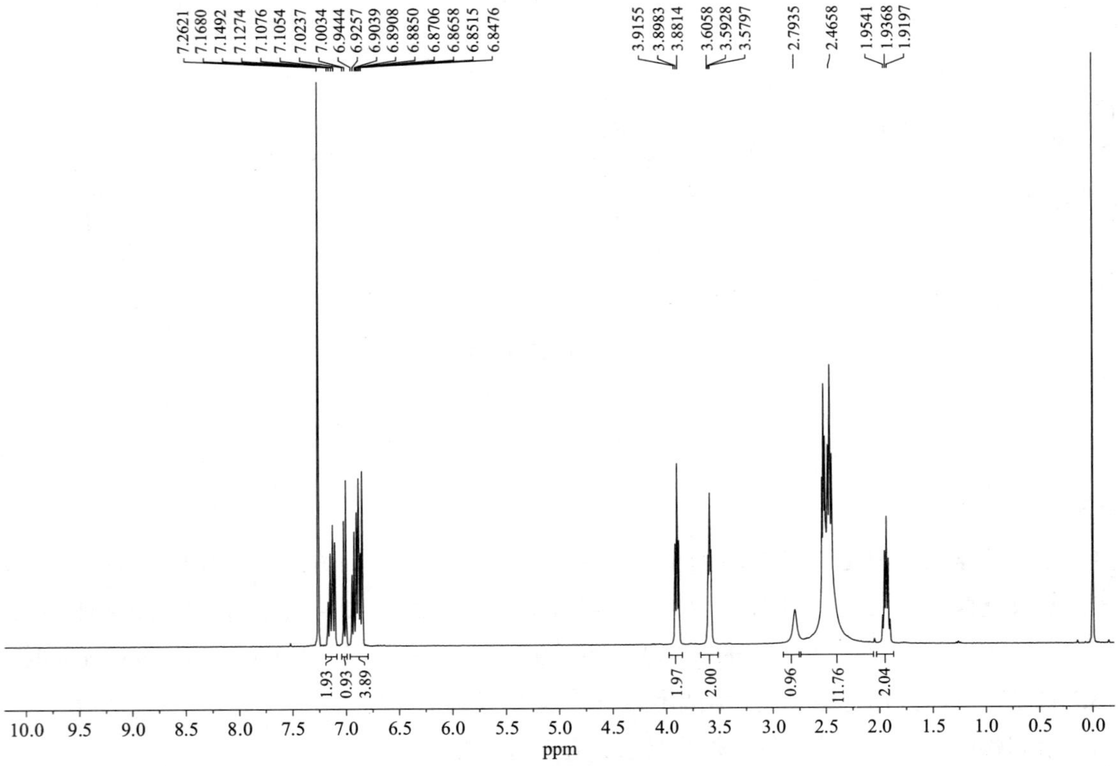

图1　奋乃静的^{1}H NMR 谱（溶剂：$CDCl_3$）

^{1}H NMR：δ 7.19～7.09（H－8，10，m，2H），7.01（H－5，d，J＝8.1 Hz，1H），6.94（H－11，d，J＝7.5 Hz，1H），6.92～6.83（H－2，4，9，m，3H），3.90（H－21，t，J＝6.8 Hz，2H），3.59（H－13，t，J＝5.2 Hz，2H），2.79（OH，brs，1H），2.62～2.31（H－15，16，17，18，19，20，m，12H），1.97－1.90（H－14，m，2H）

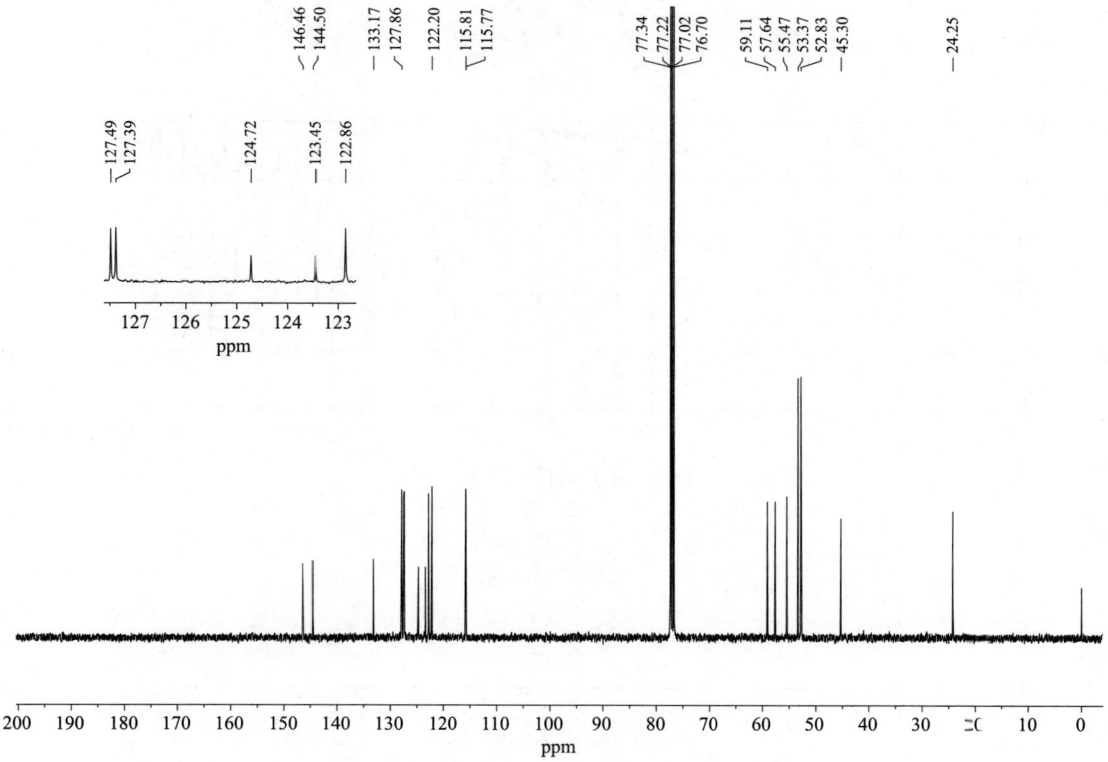

图2　奋乃静的^{13}C NMR谱（溶剂：$CDCl_3$）

^{13}C NMR：δ 146.46（C－1），144.50（C－12），133.17（C－3），127.86（C－5），127.49（C－8），127.39（C－10），124.72（C－7），123.45（C－6），122.86（C－9），122.20（C－4），115.81（C－2），115.77（C－11），59.11（C－21），57.64（C－20），55.47（C－15），53.37（C－17，19），52.83（C－16，18），45.30（C－13），24.25（C－14）

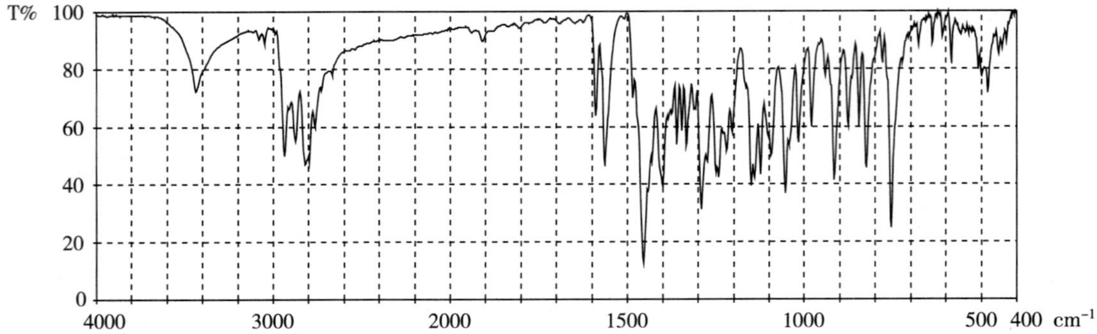

图 3　奋乃静的红外光谱图

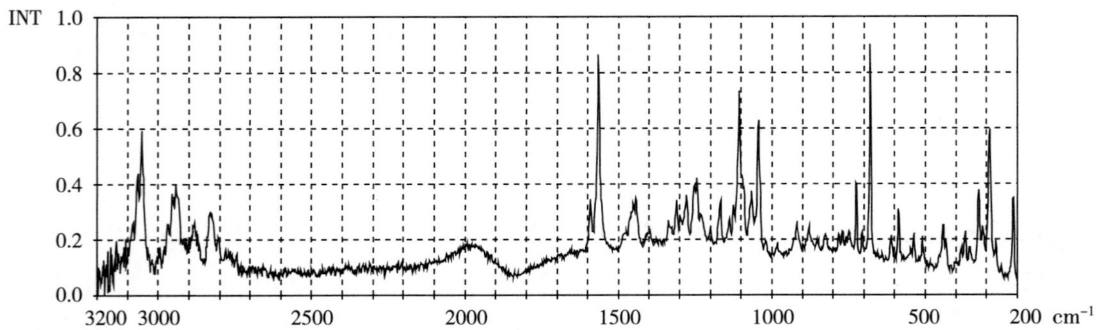

图 4　奋乃静的拉曼光谱图

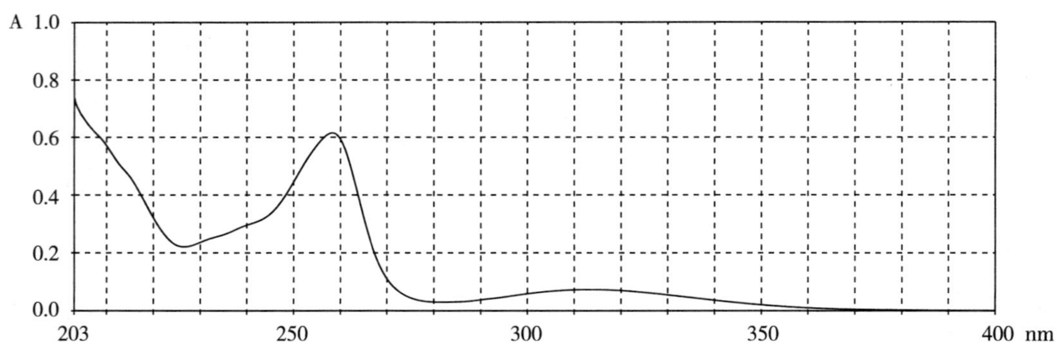

图 5　奋乃静的紫外光谱图

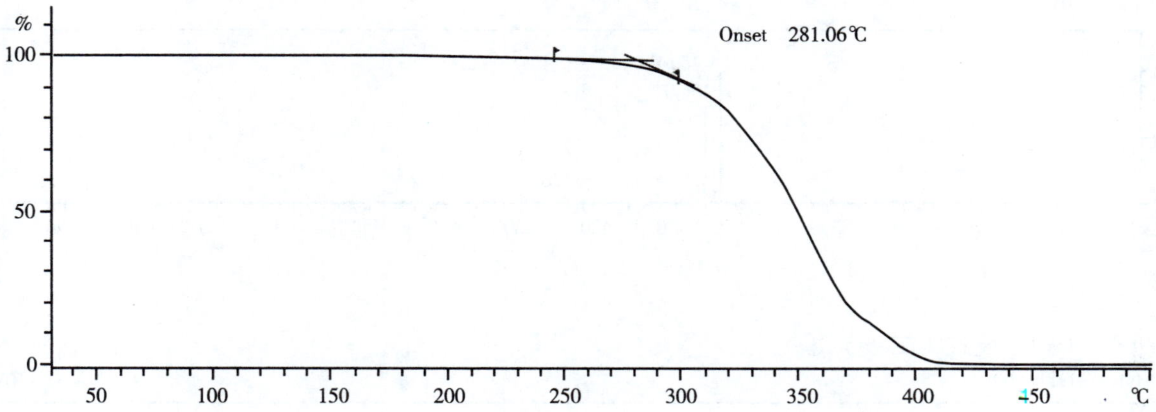

图 6 奋乃静的 TG 图

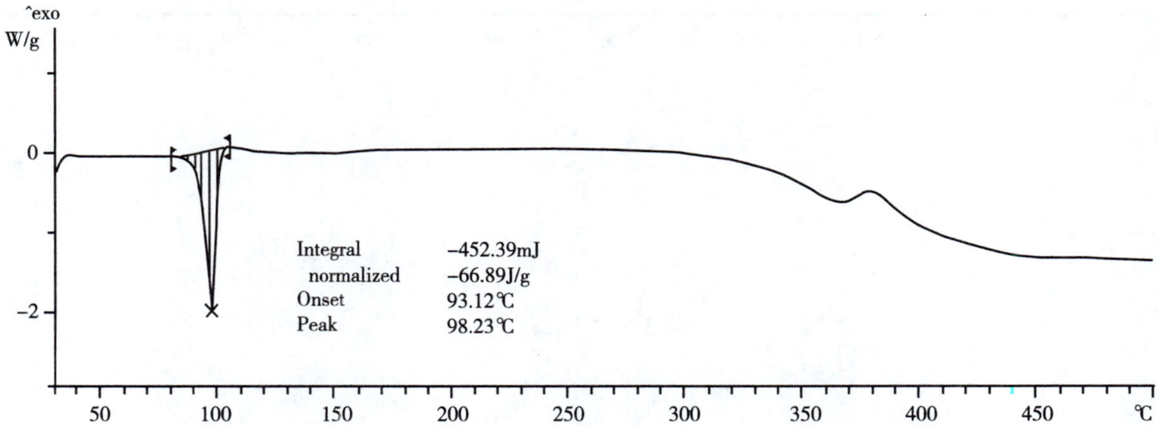

图 7 奋乃静的 DSC 图

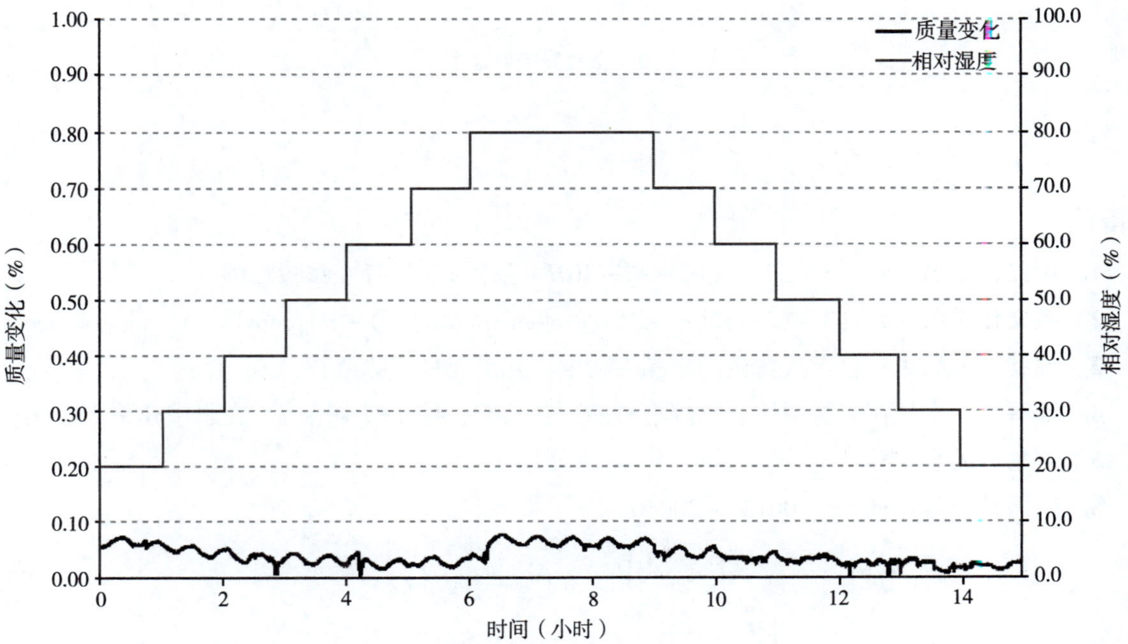

图 8 奋乃静的 DVS 图

正离子扫描模式（一级）

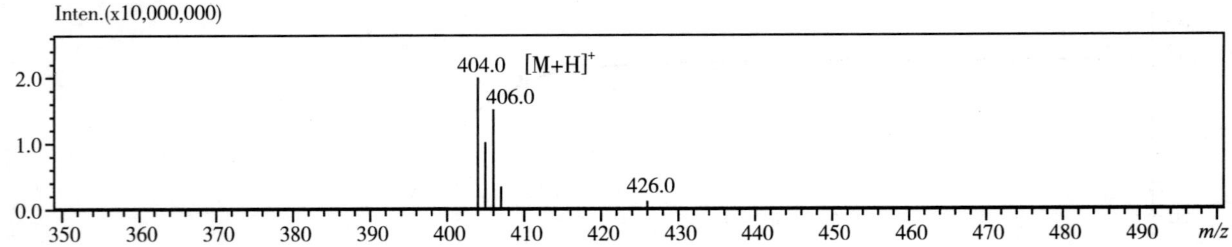

正离子扫描模式（二级）

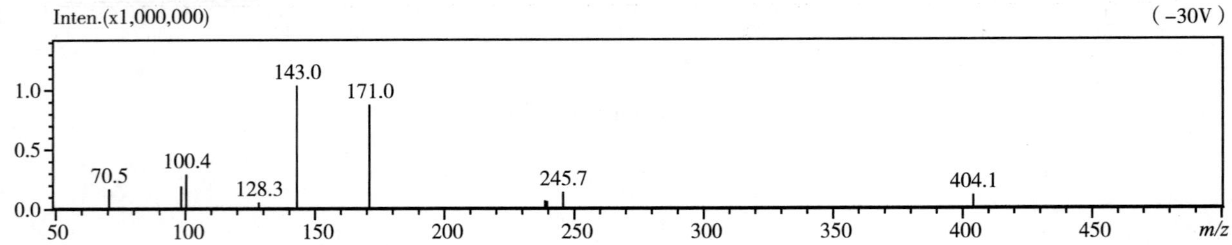

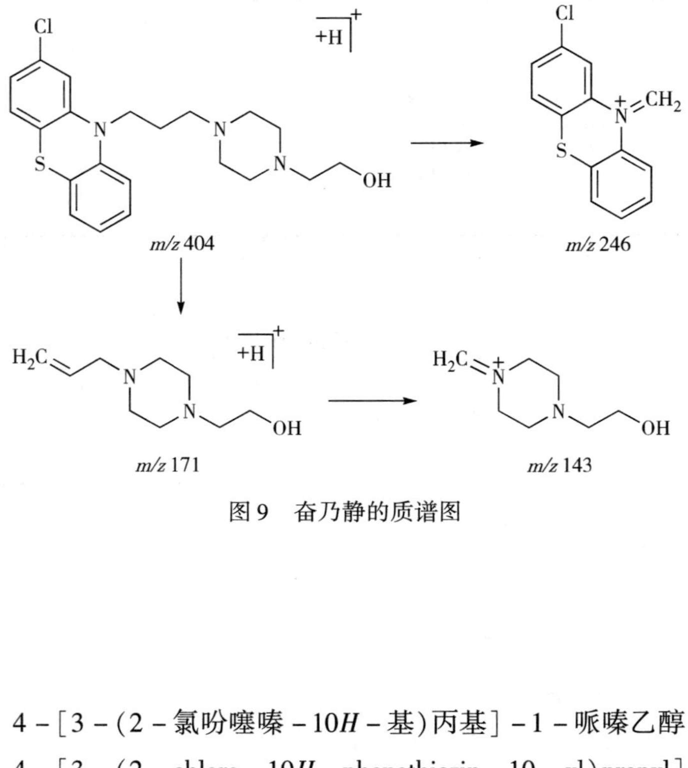

图 9　奋乃静的质谱图

备注

1. **中文化学名**　4-[3-(2-氯吩噻嗪-10*H*-基)丙基]-1-哌嗪乙醇
2. **英文化学名**　4-[3-(2-chloro-10*H*-phenothiazin-10-yl)propyl]-1-piperazineethanol
3. **性状**　本品为白色至淡黄色的结晶性粉末；几乎无臭，味微苦。
4. **溶解性**　本品在三氯甲烷、甲醇中易溶，在乙醇、稀盐酸中溶解，在水中几乎不溶。
5. **溶剂**　无水乙醇。
6. **对照品编号与批号**　100133-200602

磷酸咯萘啶

英文名 Malaridine Phosphate

分子式 $C_{29}H_{32}ClN_5O_2 \cdot 4H_3PO_4$

分子量 910.04

CAS 号 76748 - 86 - 2

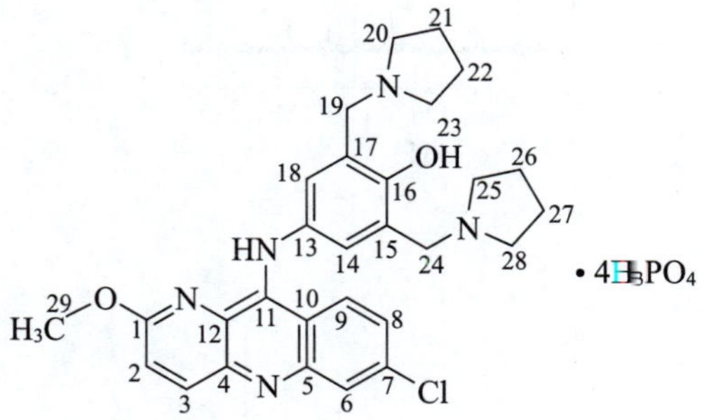

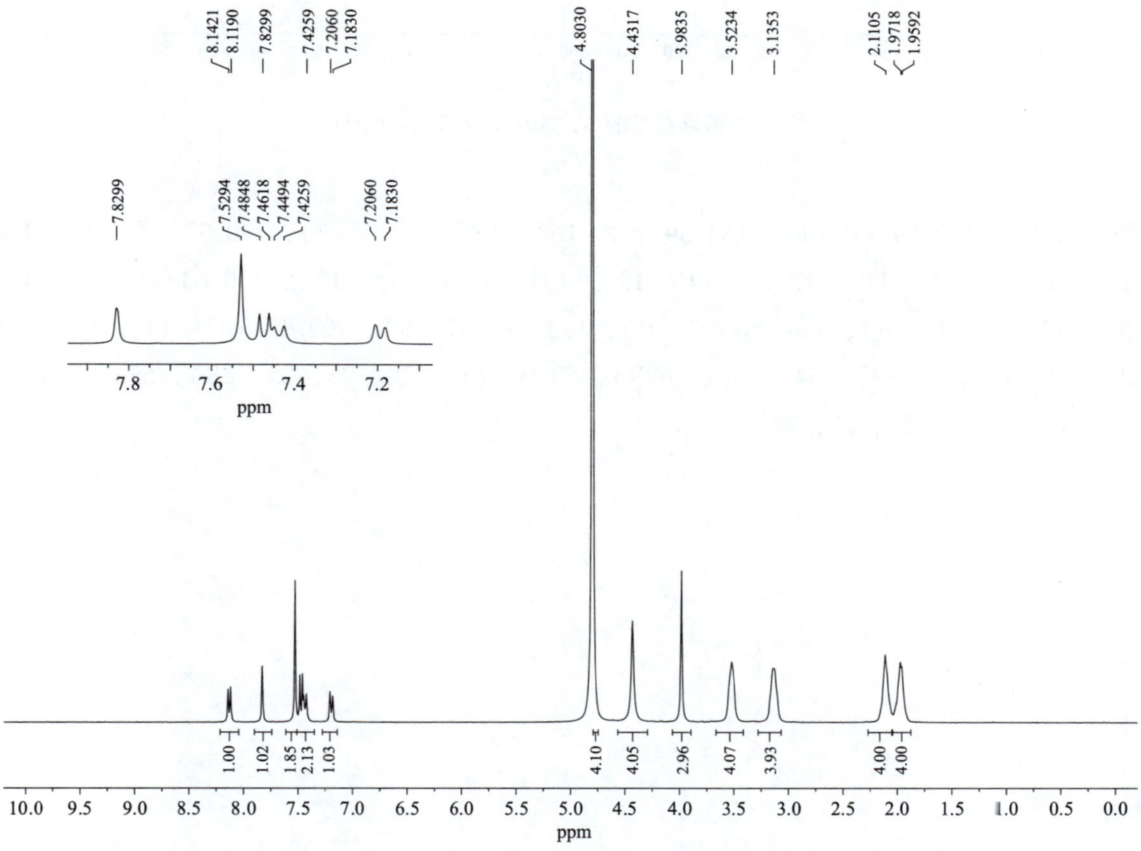

图 1　磷酸咯萘啶的^{1}H NMR 谱（溶剂：D_2O）

^{1}H NMR：δ 8.13（H－3，d，J=9.2 Hz，1H），7.83（H－6，s，1H），7.53（H－14，18，s，2H），7.47（H－2，d，J=9.2 Hz，1H），7.44（H－9，d，J=9.2 Hz，1H），7.19（H－8，d，J=9.2 Hz，1H），4.43（H－19，24，brs，4H），3.98（H－29，s，3H），3.52（H－20a，23a，25a，28a，brs，4H），3.13（H－20b，23b，25b，28b，brs，4H），2.11（H－21a，22a，26a，27a，brs，4H），1.96（H－21b，22b，26b，27b，brs，4H）

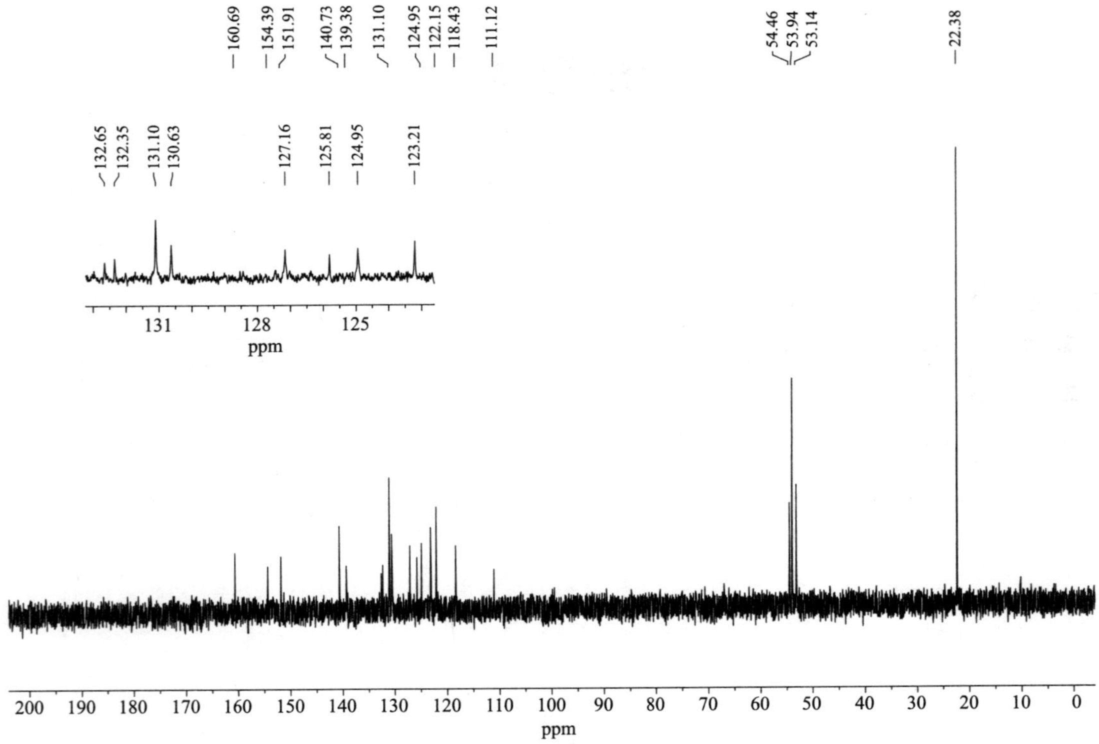

图 2　磷酸咯萘啶的^{13}C NMR 谱（溶剂：D_2O）

^{13}C NMR：δ 160. 69（C－1），154. 39（C－16），151. 91（C－7），140. 73（C－5），139. 38（C－12），132. 65（C－11），132. 35（C－13），131. 10（C－15，17），130. 63（C－4），127. 16（C－3），125. 81（C－6），124. 95（C－9），123. 21（C－8），122. 15（C－14，18），118. 43（C－2），111. 12（C－10），54. 46（C－29），53. 94（C－20，23，25，28），53. 14（C－19，24），22. 38（C－21，22，26，27）

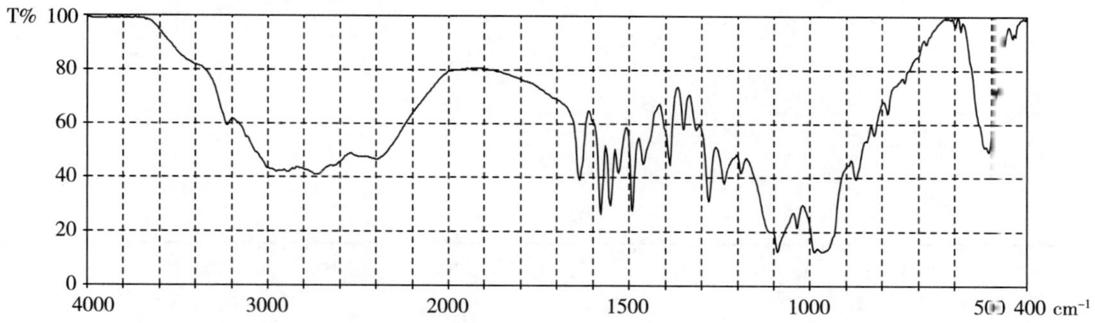

图 3　磷酸咯萘啶的红外光谱图

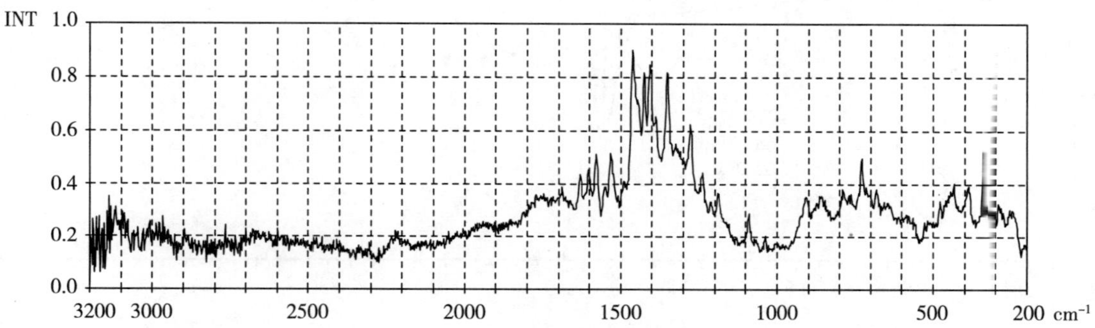

图 4　磷酸咯萘啶的拉曼光谱图

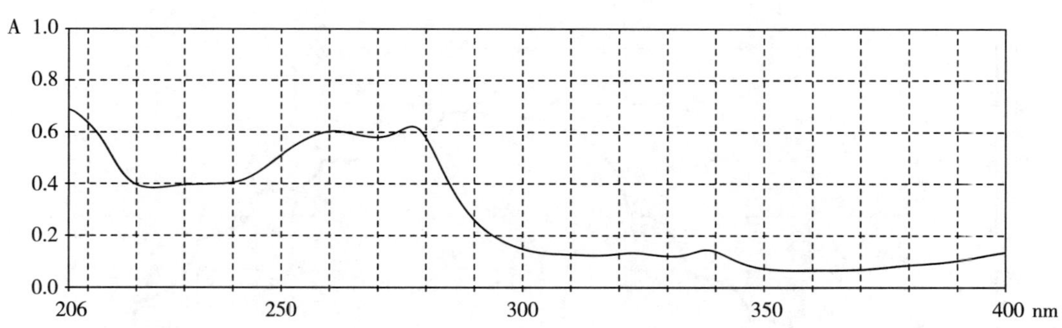

图 5　磷酸咯萘啶的紫外光谱图

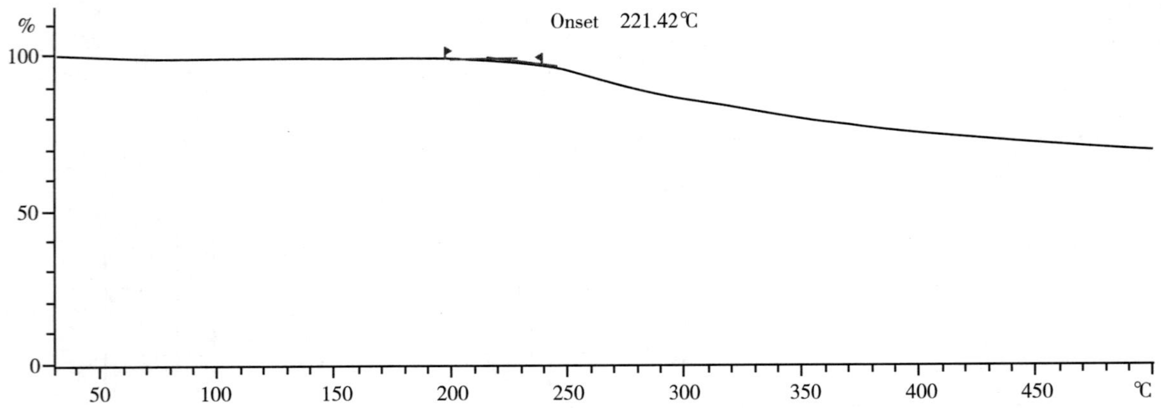

图 6　磷酸咯萘啶的 TG 图

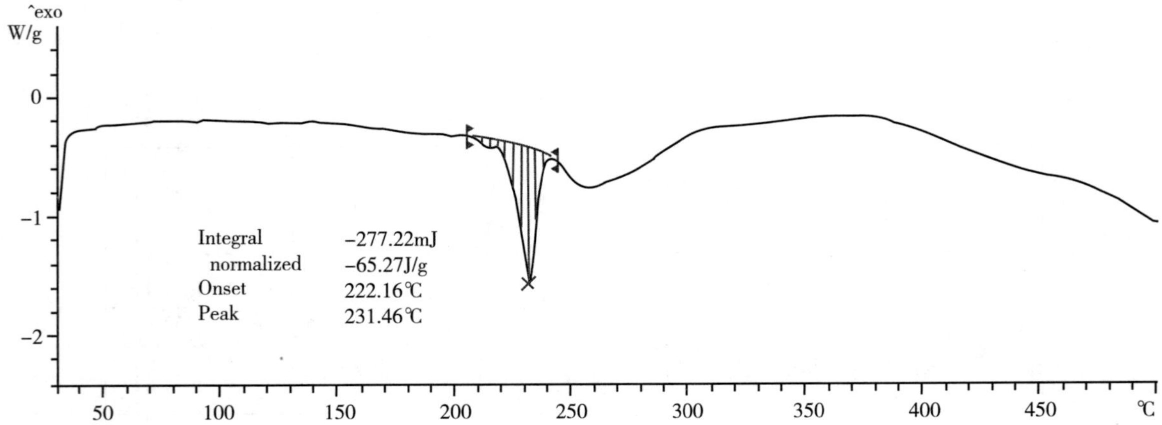

图 7　磷酸咯萘啶的 DSC 图

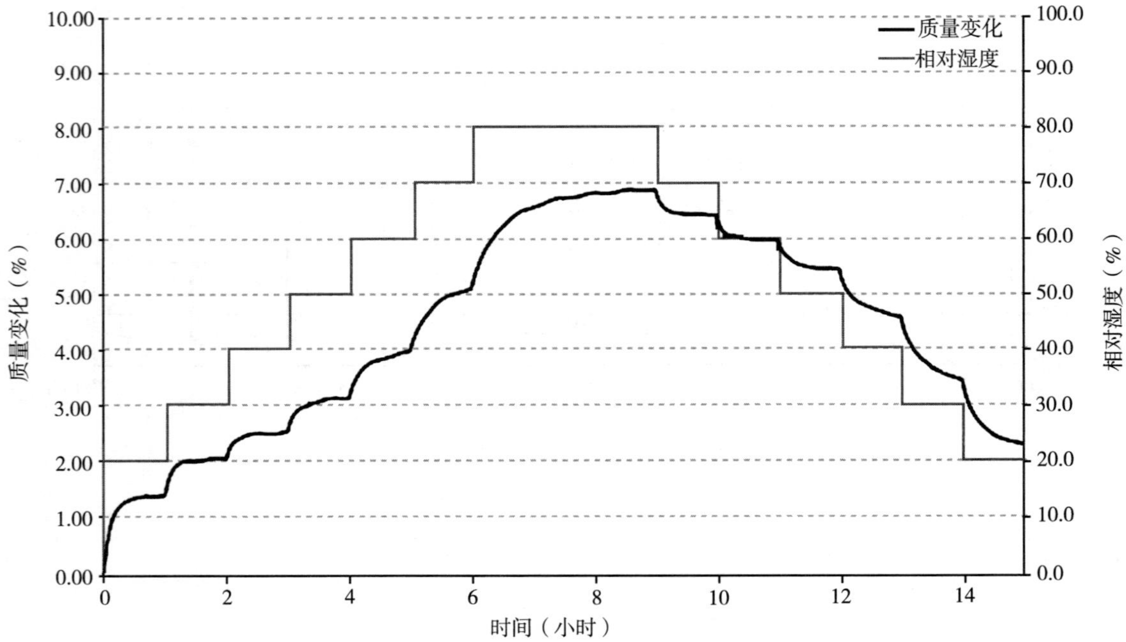

图 8　磷酸咯萘啶的 DVS 图

正离子扫描模式（一级）

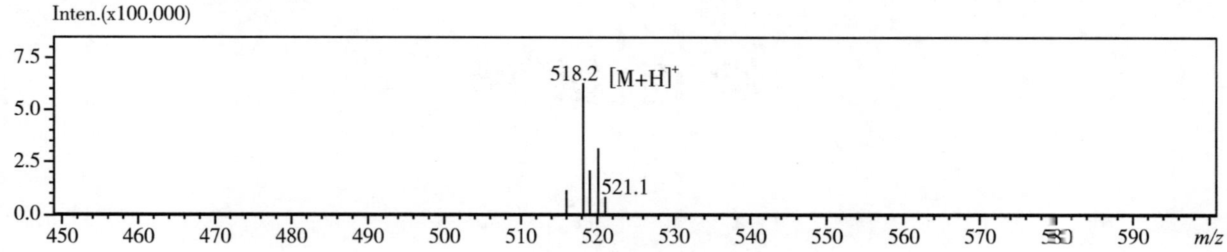

正离子扫描模式（二级）

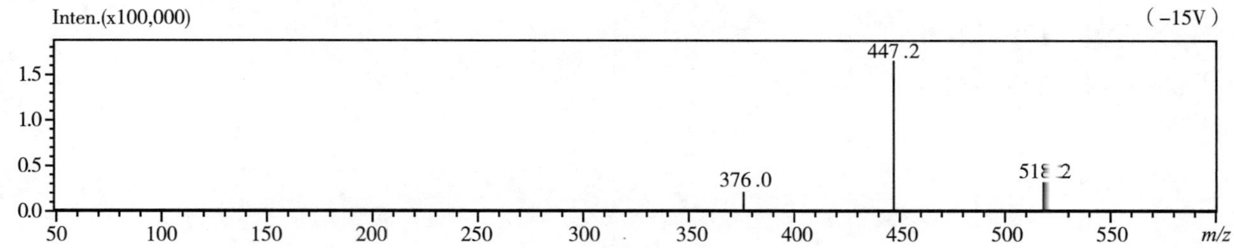

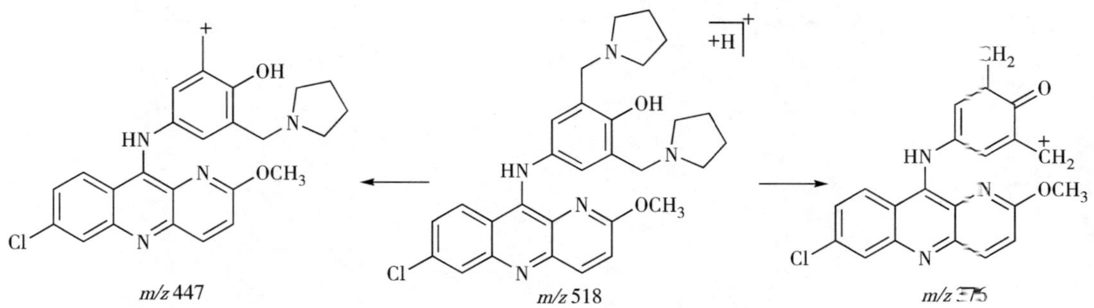

图9　磷酸咯萘啶的质谱图

备注

1. **中文化学名**　10－[[3′,5′－双(1－吡咯烷甲基)－4′－羟基苯基]氨基]－2－甲氧基－7－氯苯并[*b*]－1,5－萘啶四磷酸盐
2. **英文化学名**　4－[(7－chloro－2－methoxybenzo[*b*]－1,5－naphthyridin－10－yl)amino]－2,6－bis(1－pyrrolidinylmethyl)phenol
3. **性状**　本品为黄色至橙黄色结晶性粉末；无臭，味苦；具引湿性。
4. **溶解性**　本品在水中溶解，在乙醇或乙醚中几乎不溶。
5. **溶剂**　水。
6. **对照品编号与批号**　100144－200502

苯 丙 氨 酯

英文名 Phenprobamate

分子式 $C_{10}H_{13}NO_2$

分子量 179.22

CAS 号 673－31－4

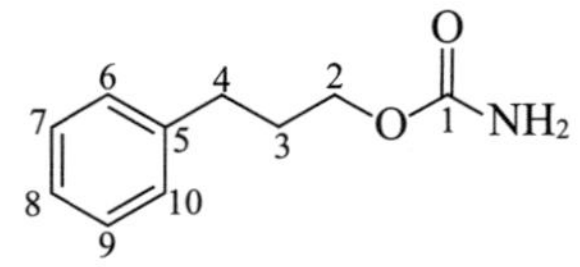

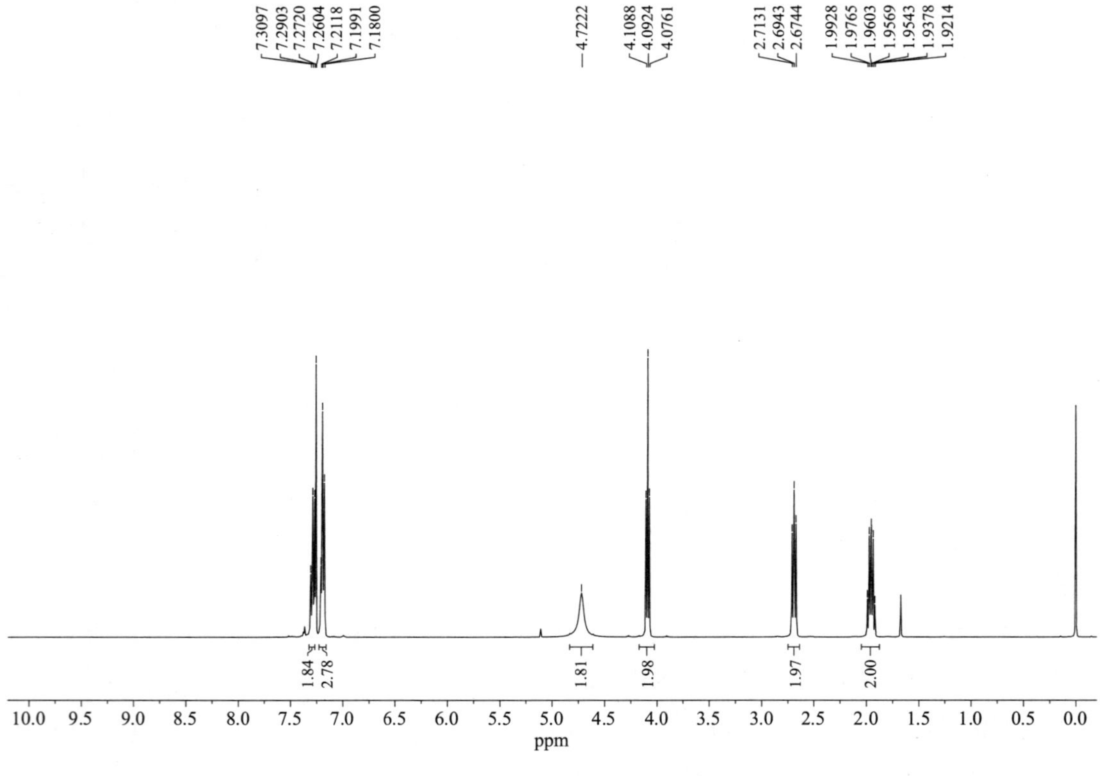

图 1　苯丙氨酯的 ^{1}H NMR 谱（溶剂：$CDCl_3$）

^{1}H NMR：δ 7.32～7.24（H－6，10，m，2H），7.22～7.16（H－7，8，9，m，3H），4.72（NH_2，brs，2H），4.09（H－2，t，J＝6.5 Hz，2H），2.69（H－4，t，J＝7.5 Hz，2H），2.05～1.88（H－3，m，2H）

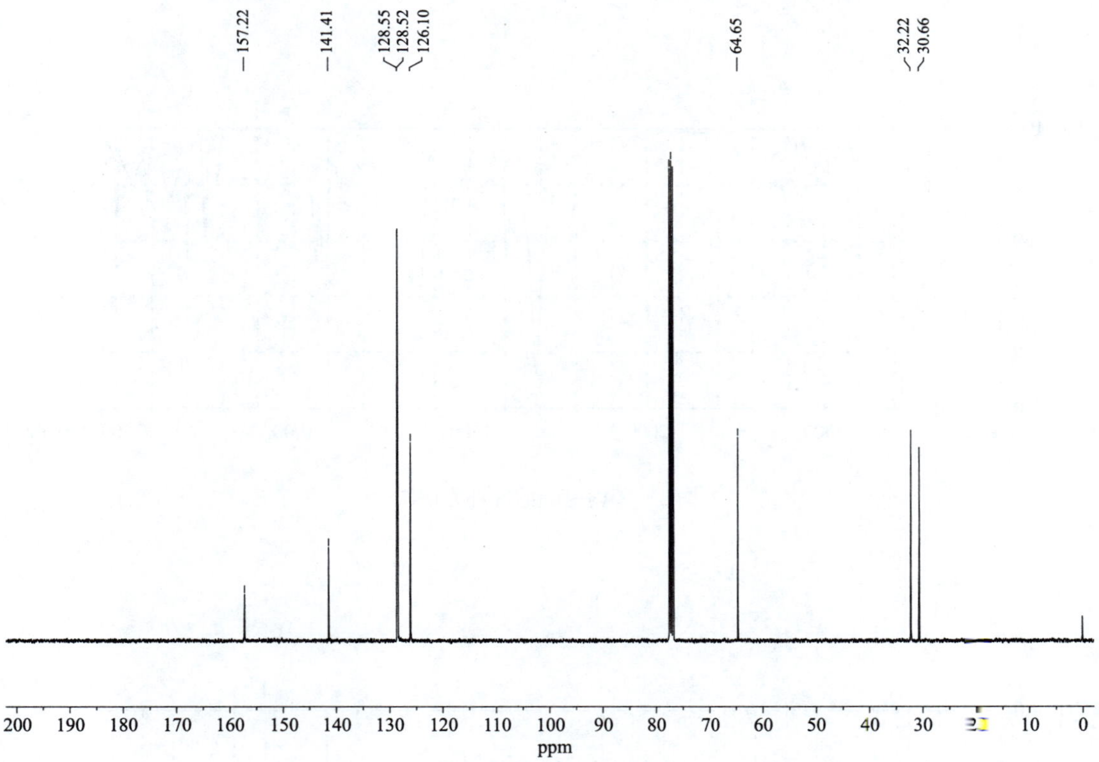

图 2　苯丙氨酯的^{13}C NMR 谱（溶剂：$CDCl_3$）

^{13}C NMR：δ 157. 22（C－1），141. 41（C－5），128. 55（C－6，7），128. 52（C－8，9），126. 10（C－10），64. 65（C－2），32. 22（C－4），30. 66（C－3）

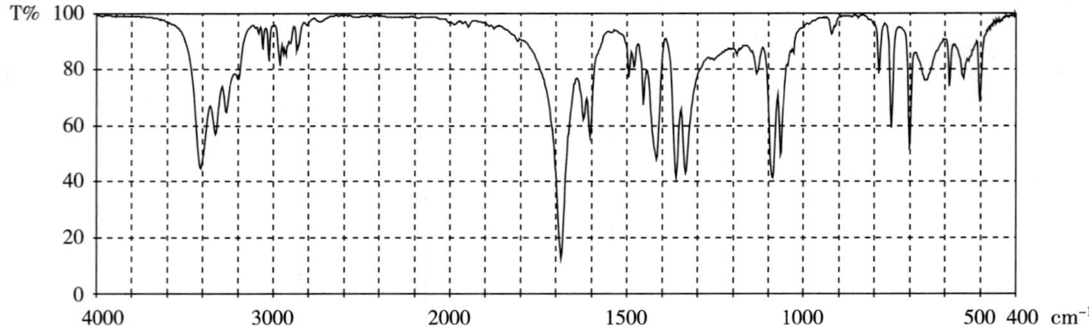

图 3　苯丙氨酯的红外光谱图

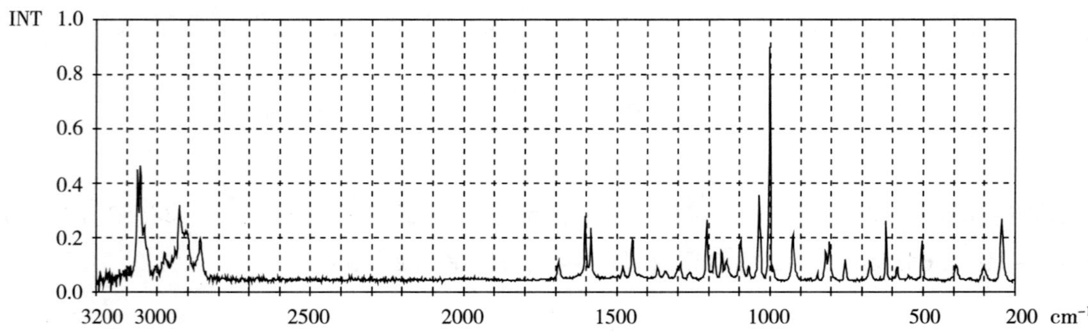

图 4　苯丙氨酯的拉曼光谱图

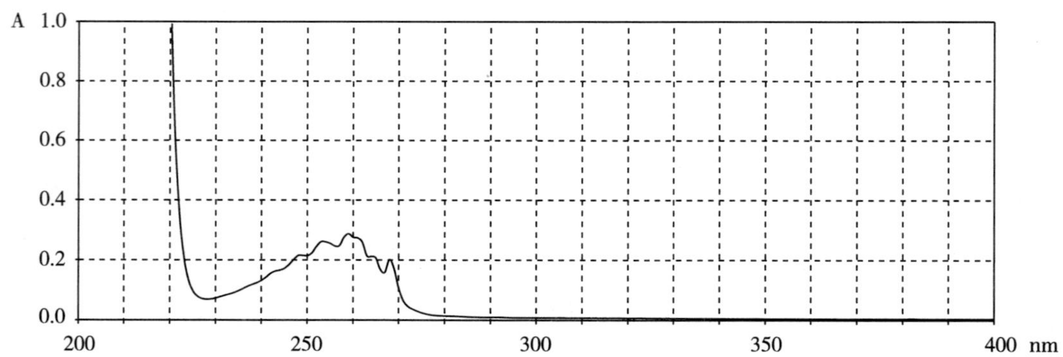

图 5　苯丙氨酯的紫外光谱图

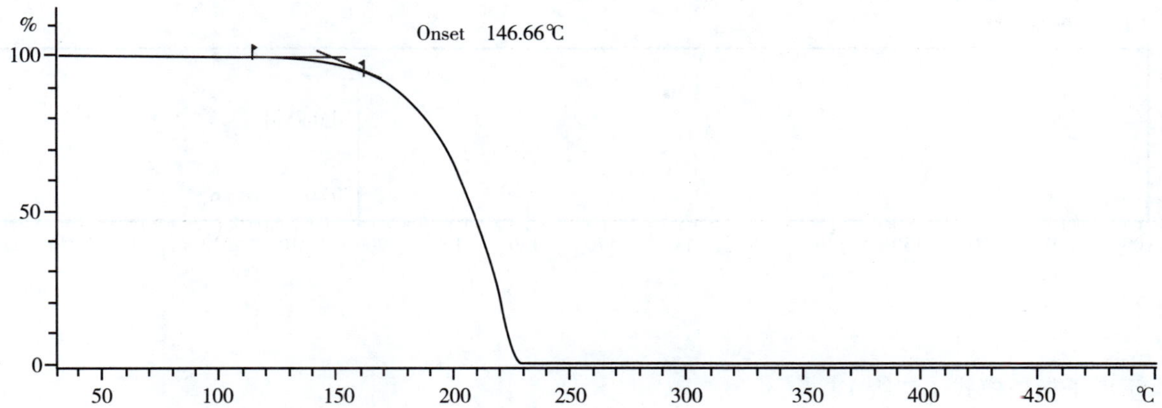

图 6　苯丙氨酯的 TG 图

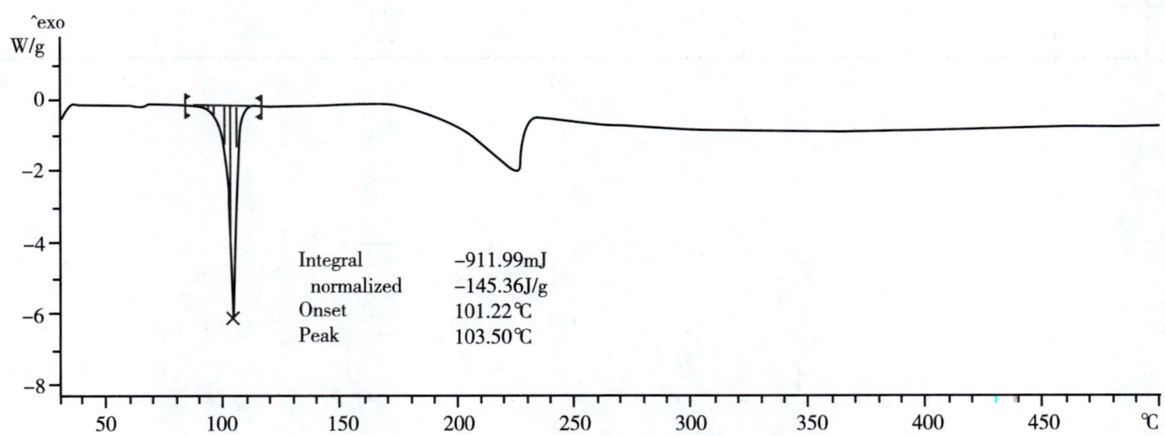

图 7　苯丙氨酯的 DSC 图

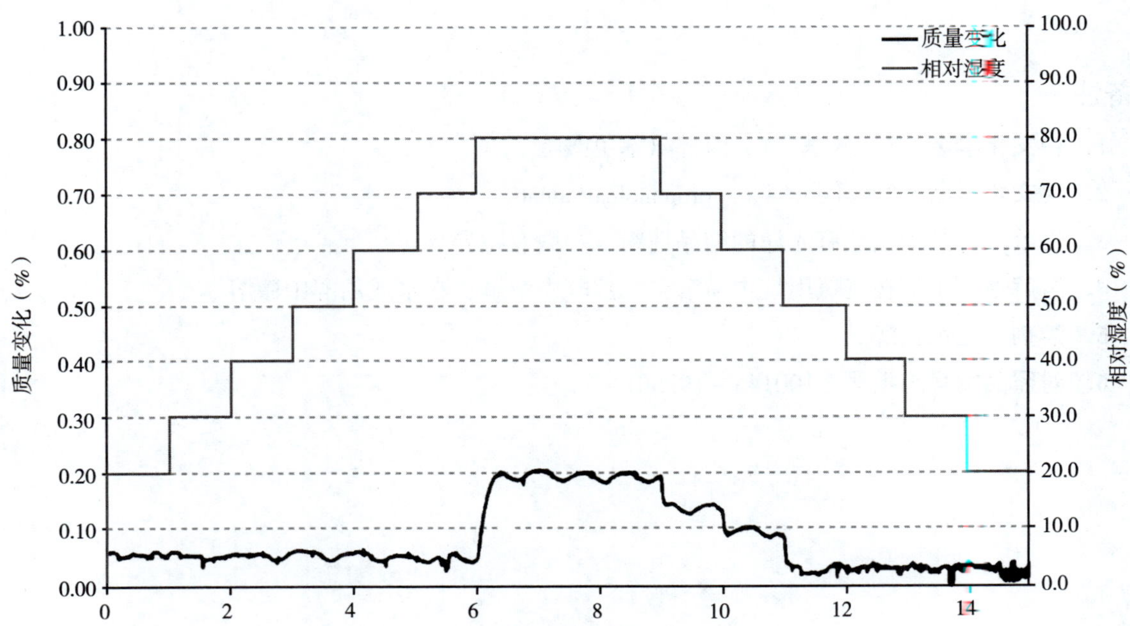

图 8　苯丙氨酯的 DVS 图

正离子扫描模式（一级）

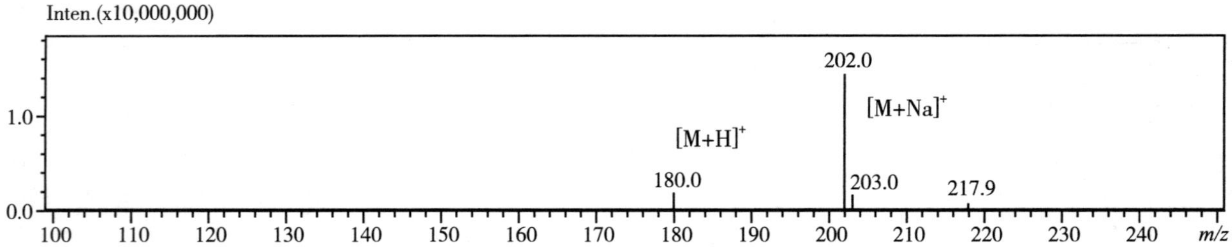

正离子扫描模式（二级）

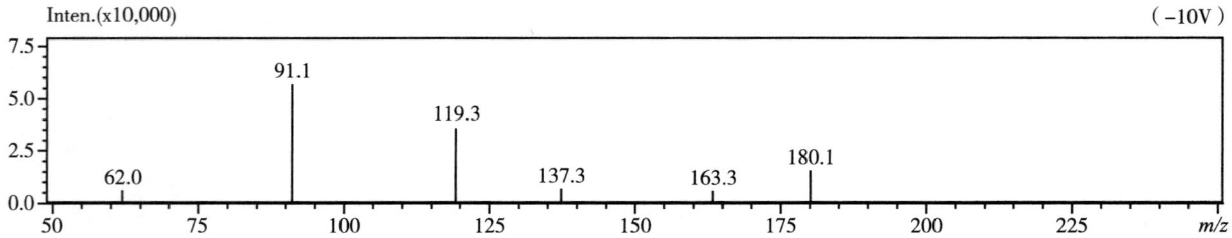

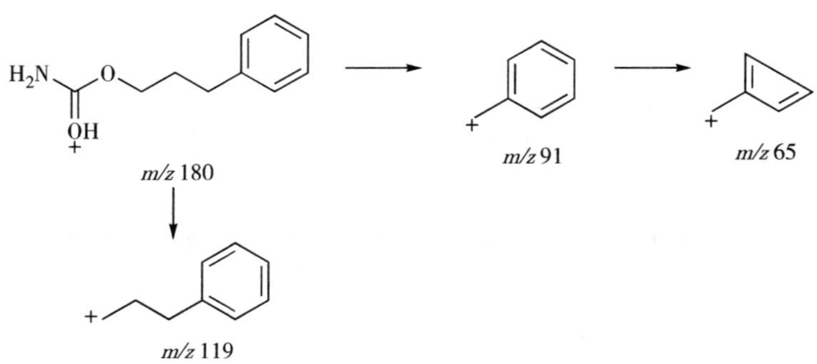

图 9　苯丙氨酯的质谱图

备注

1. **中文化学名**　3－苯基－1－丙醇氨基甲酸酯
2. **英文化学名**　3－phenyl－1－propanolcarbamate
3. **性状**　本品为白色有光泽的结晶性粉末；微有特异臭。
4. **溶解性**　本品在三氯甲烷中易溶，在乙醇中溶解，在水或乙醇中微溶。
5. **溶剂**　无水乙醇。
6. **对照品编号与批号**　100145－199501

哈西奈德

英文名 Halcinonide

分子式 $C_{24}H_{32}ClFO_5$

分子量 454.96

CAS 号 3093-35-4

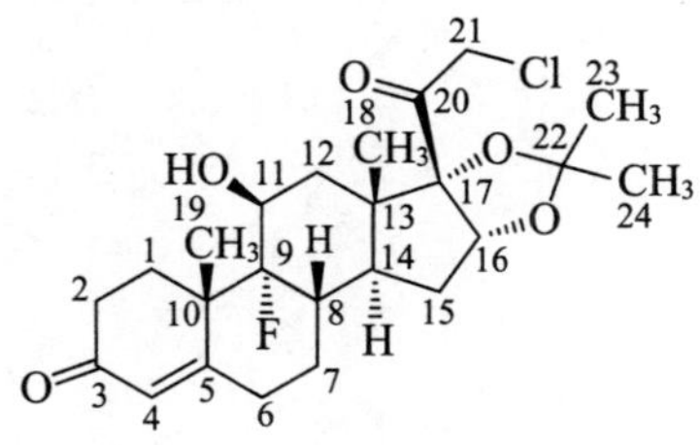

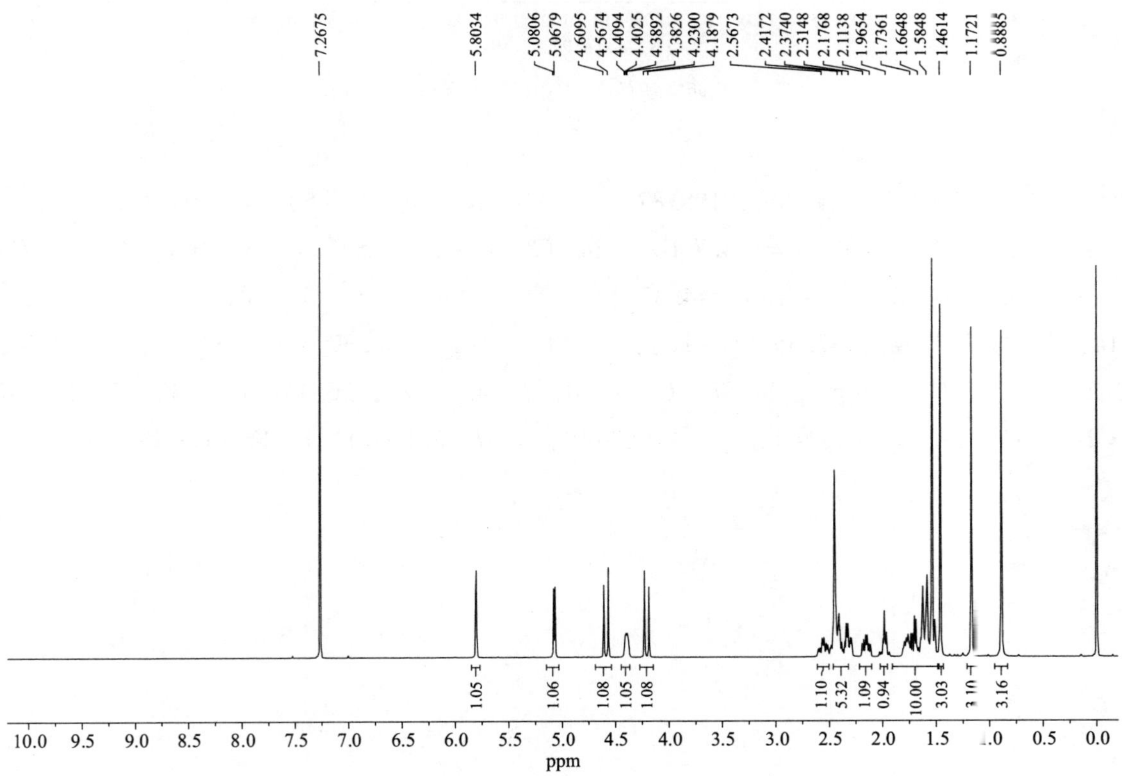

图 1 哈西奈德的^{1}H NMR 谱（溶剂：$CDCl_3$）

^{1}H NMR：δ 5.80（H-4，s，1H），5.07（H-16，d，J=5.1 Hz，1H），4.59（H-21a，d，J=16.8 Hz，1H），4.41（H-11，m，1H），4.21（H-21b，d，J=16.8 Hz，1H），2.56（m，1H），2.50～2.26（m，5H），2.15（m，1H），2.01（m，1H），1.82～1.49（m，7H），1.58（H-23，s，3H），1.46（H-24，s，3H），1.17（H-19，s，3H），0.89（H-18，s，3H）

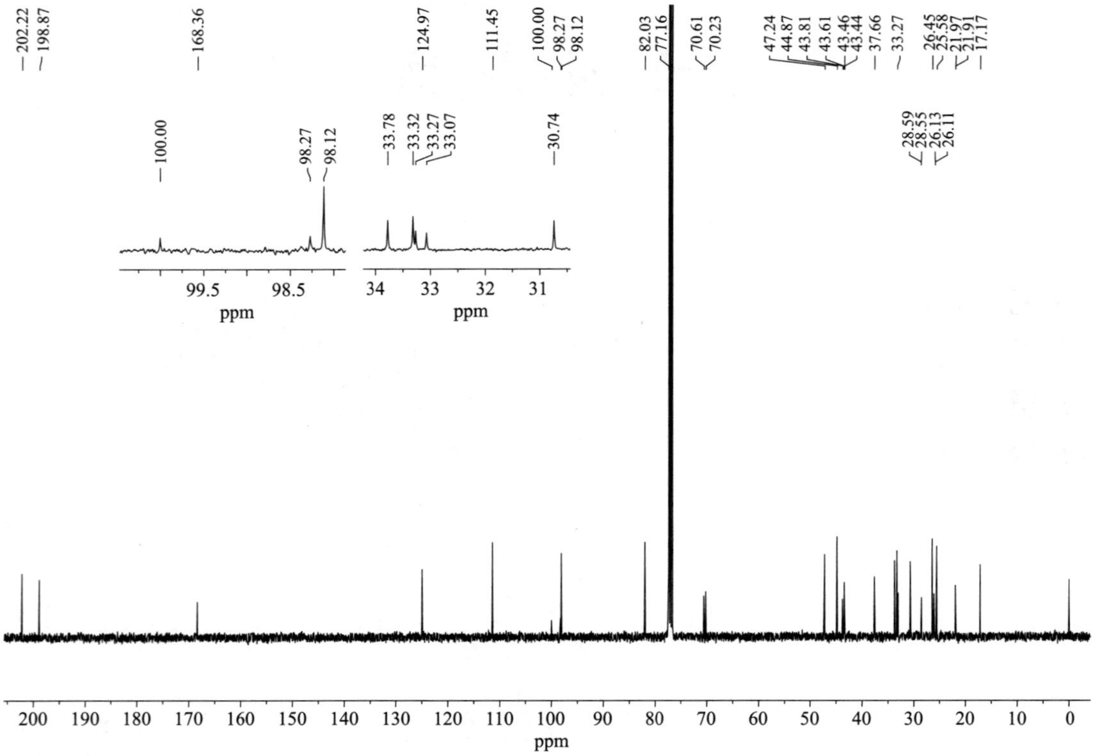

图 2　哈西奈德的^{13}C NMR 谱（溶剂：$CDCl_3$）

^{13}C NMR：δ 202. 22（C－20），198. 87（C－3），168. 36（C－5），124. 97（C－4），111. 45（C－22），99. 14（C－9，d，J＝174. 7 Hz），98. 12（C－17），82. 03（C－16），70. 42（C－11，d，J＝38. 4 Hz），47. 24（C－13），44. 87（C－21），43. 71（C－10，d，J＝20. 2 Hz），43. 45（C－14，d，J＝2. 0 Hz），37. 66（C－12），33. 78（C－2），33. 32（C－15），33. 17（C－8，d，J＝20. 2 Hz），30. 74（C－6），28. 57（C－7，d，J＝4. 0 Hz），26. 45（C－23），26. 12（C－1，d，J＝2. 0 Hz），25. 58（C－24），21. 94（C－19，d，J＝6. 1 Hz），17. 17（C－18）

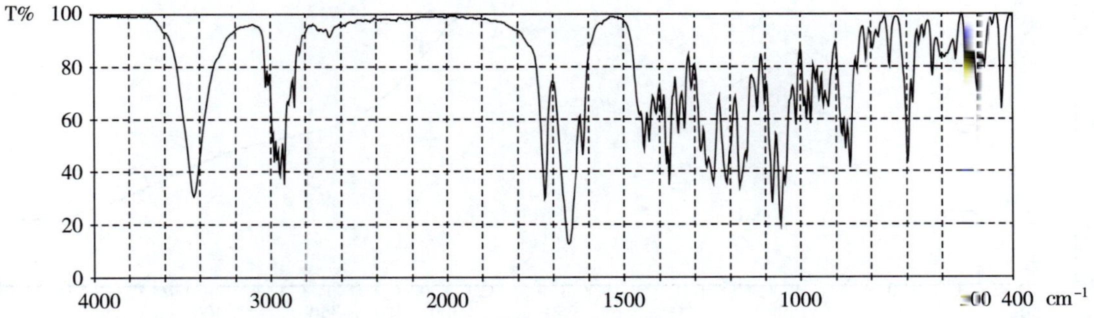

图 3　哈西奈德的红外光谱图

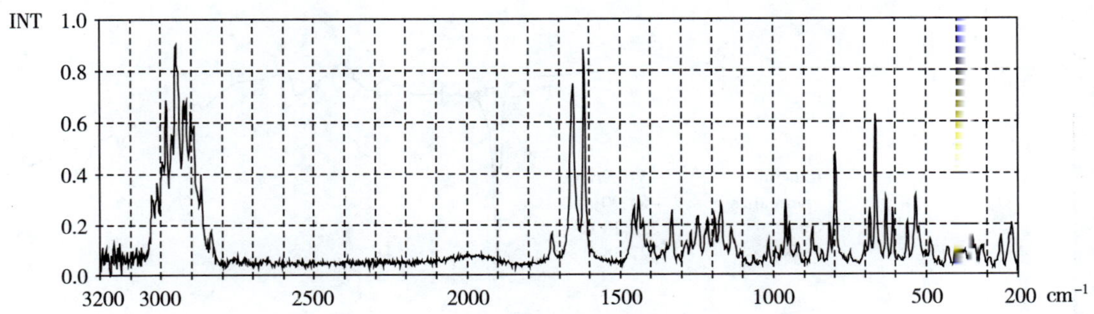

图 4　哈西奈德的拉曼光谱图

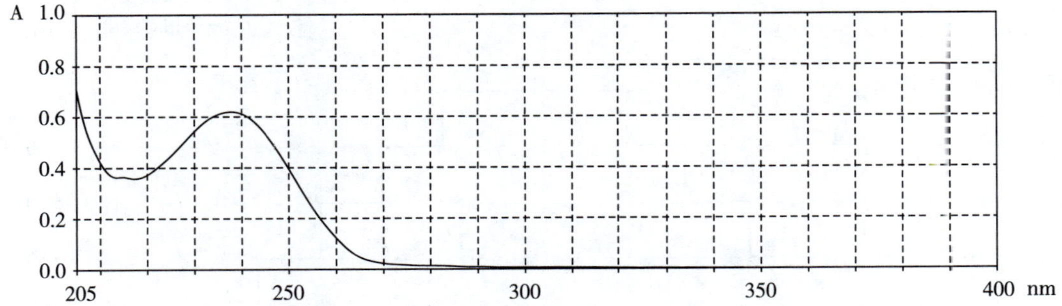

图 5　哈西奈德的紫外光谱图

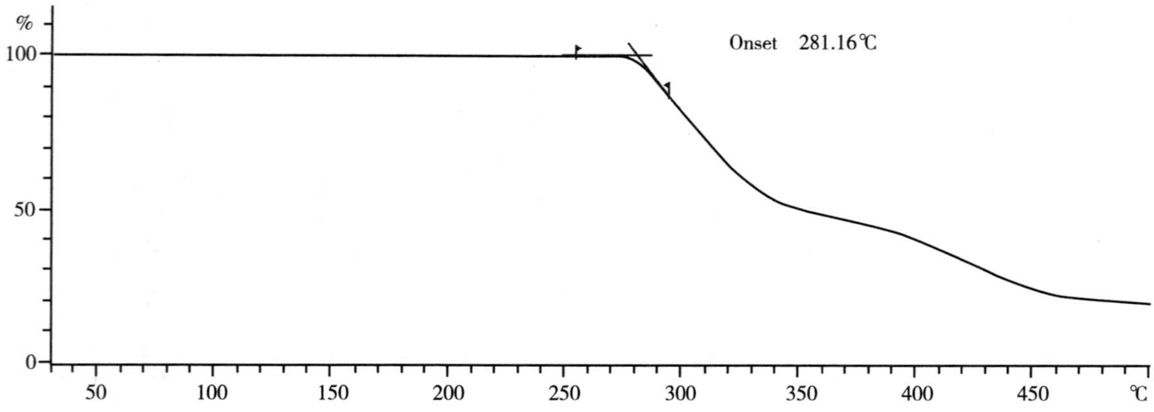

图 6　哈西奈德的 TG 图

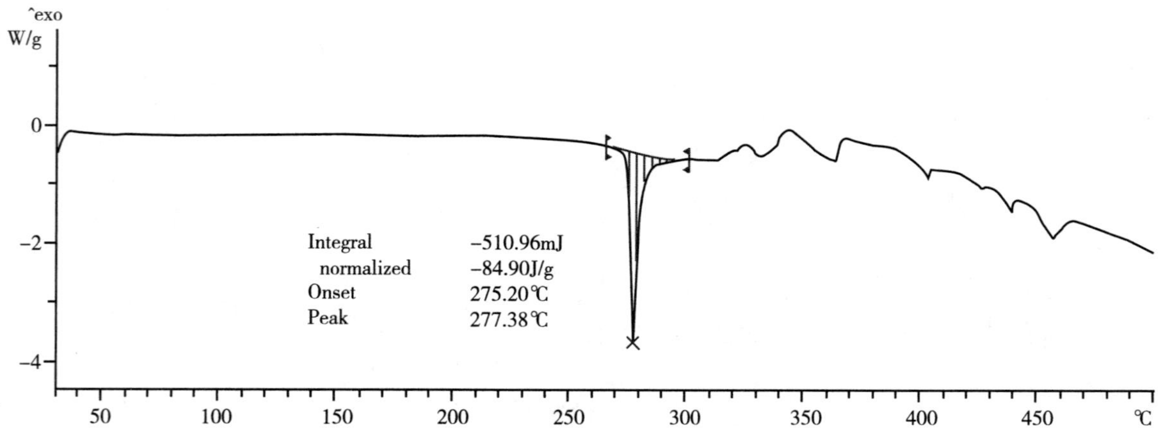

图 7　哈西奈德的 DSC 图

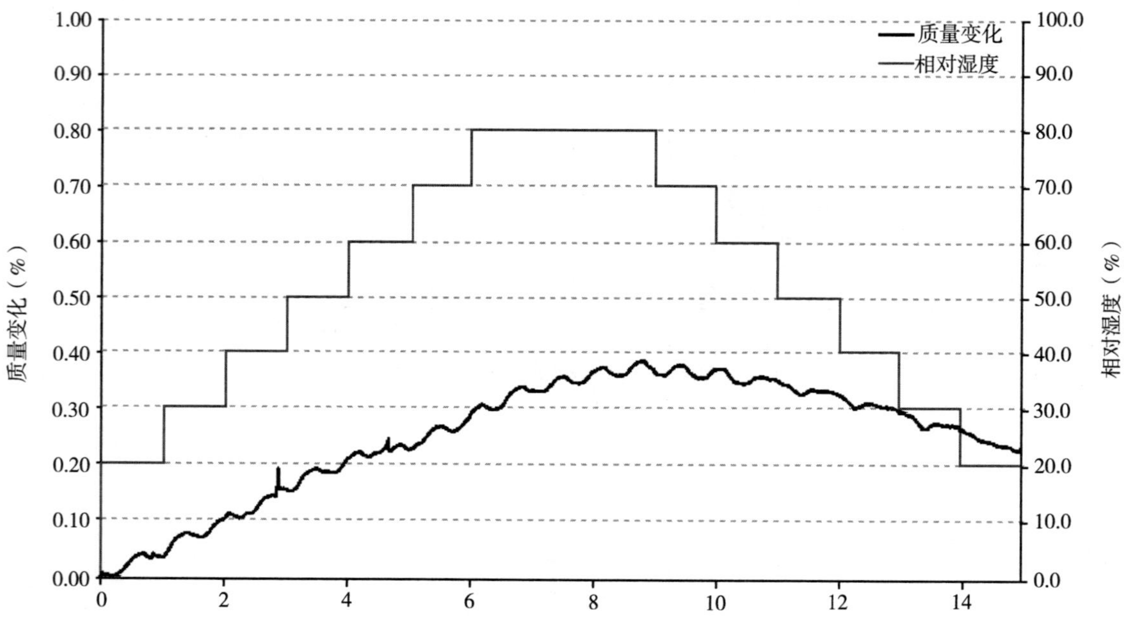

图 8　哈西奈德的 DVS 图

正离子扫描模式（一级）

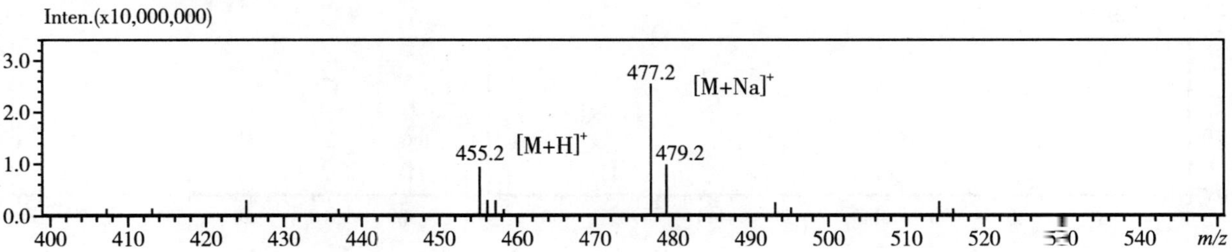

正离子扫描模式（二级）

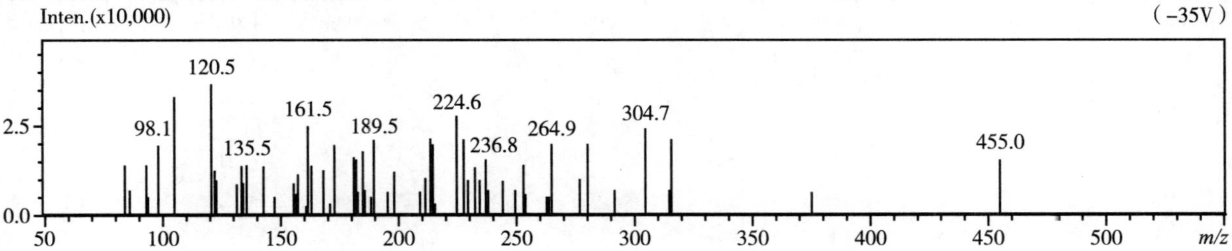

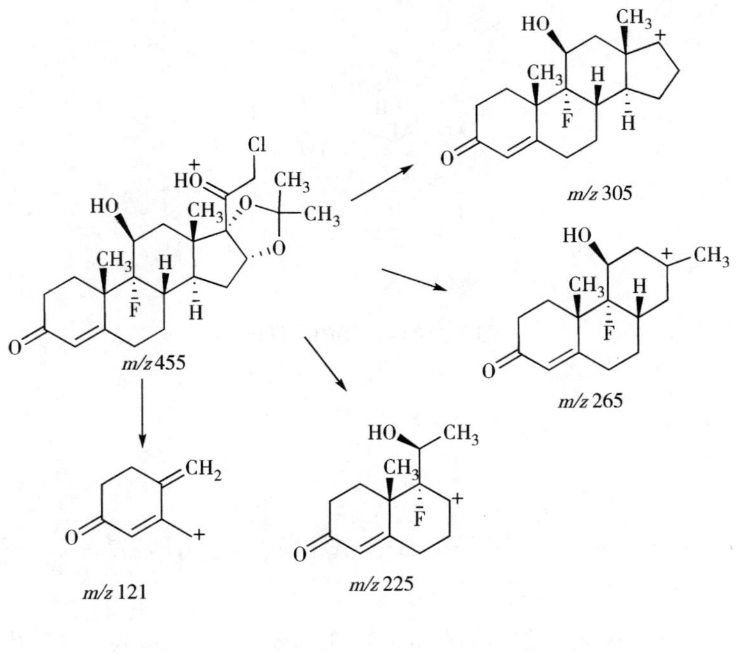

负离子扫描模式（一级）

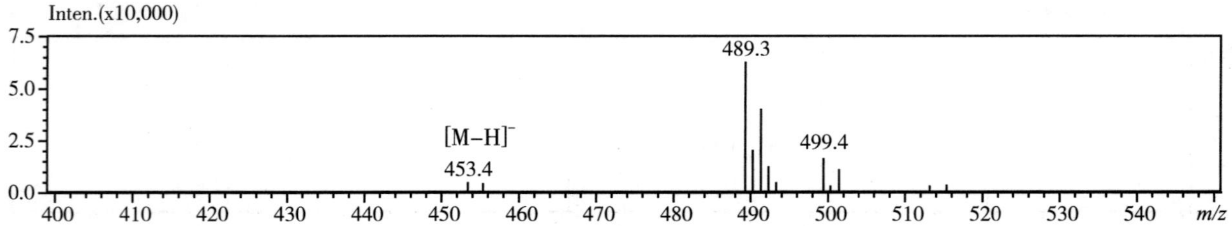

负离子扫描模式（二级）

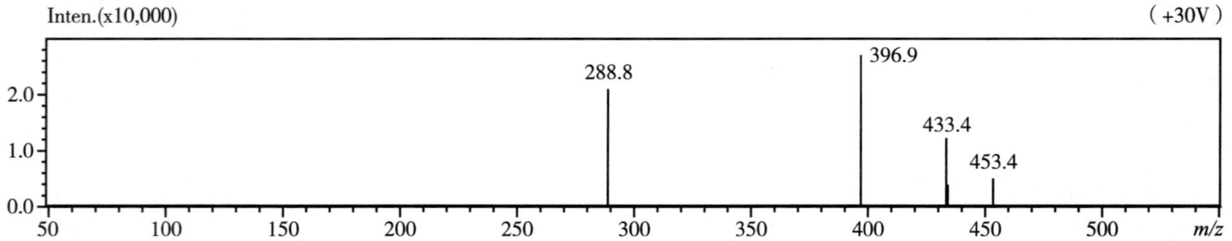

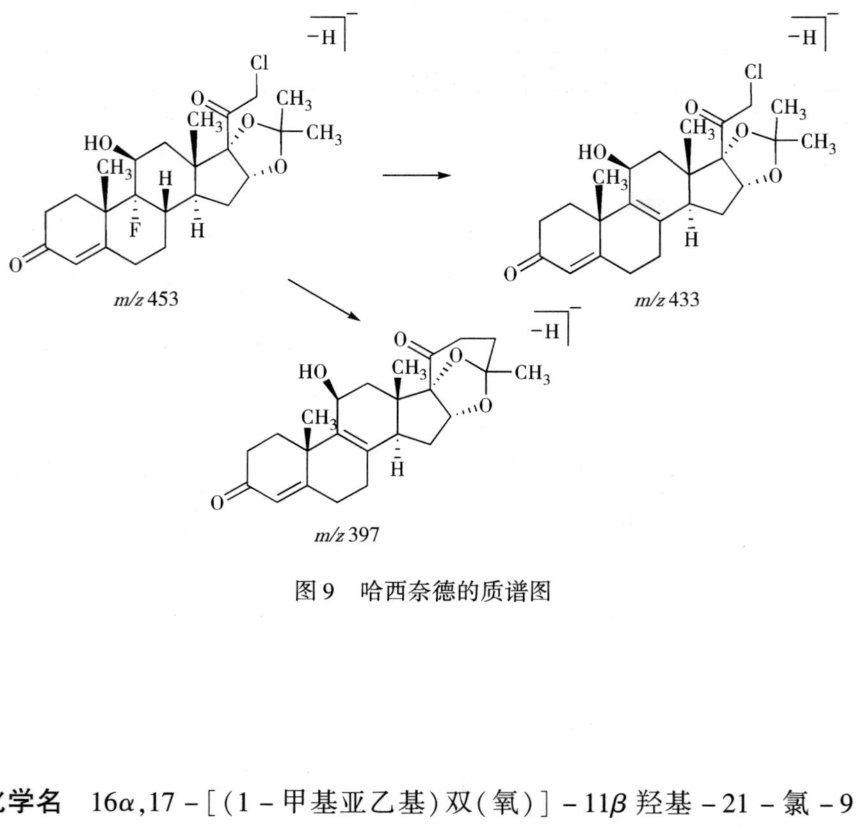

图 9　哈西奈德的质谱图

备注

1. 中文化学名　16α,17－[(1－甲基亚乙基)双(氧)]－11β羟基－21－氯－9－氟孕甾－4－烯－3,20－二酮

2. 英文化学名　(11β,16α)－21－chloro－9－fluoro－11－hydroxy－16,17－[(1－methylethylidene)bis(oxy)] pregn－4－ene－3,20－dione

3. 性状　本品为白色至微黄色结晶性粉末；无臭。

4. 溶解性　本品在三氯甲烷中溶解，在甲醇或乙醇中微溶，在水中不溶。

5. 溶剂　无水乙醇。

6. 对照品编号与批号　100146－200403

氢化可的松

英文名 Hydrocortisone

分子式 $C_{21}H_{30}O_5$

分子量 362.47

CAS 号 50－23－7

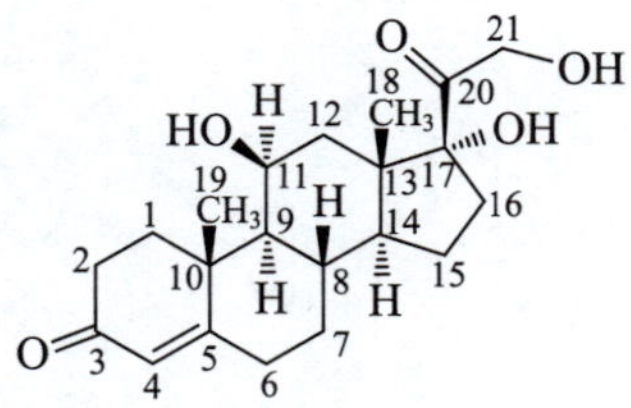

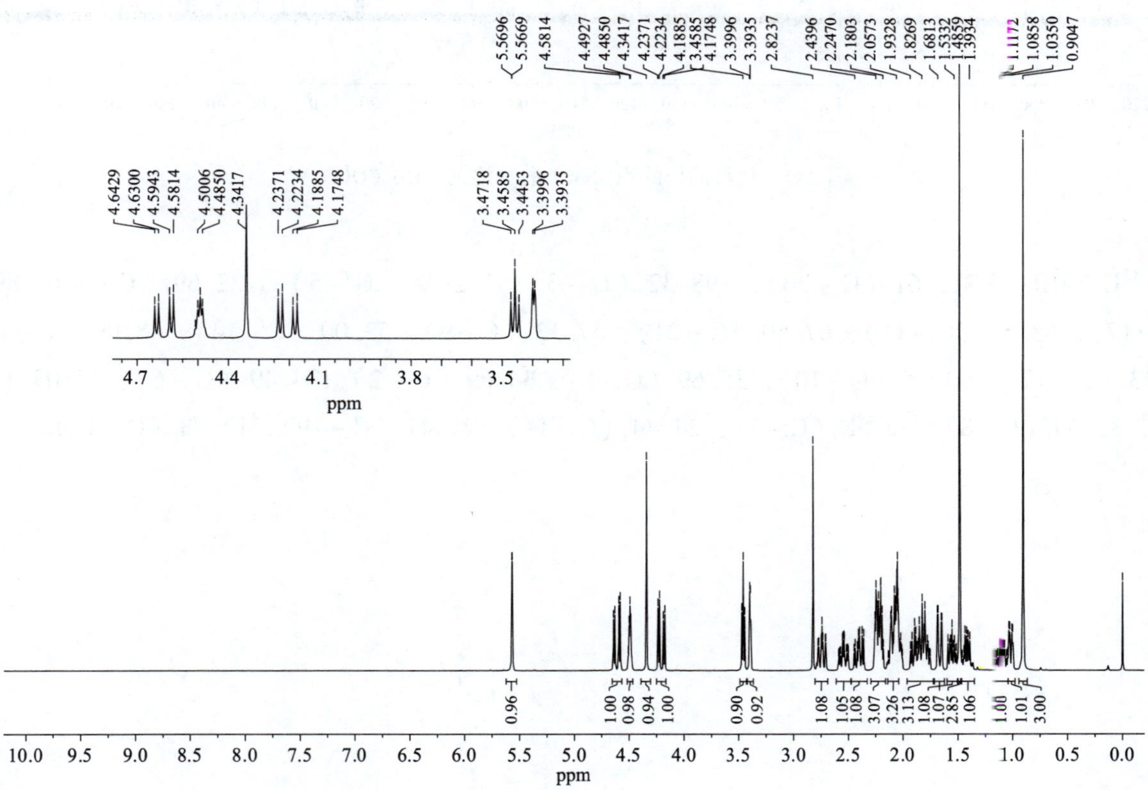

图 1　氢化可的松的^{1}H NMR 谱（溶剂：CD_3COCD_3）

^{1}H NMR：δ 5.57（H－4，d，J＝1.1 Hz，1H），4.61（H－21a，dd，J＝19.5，5.1 Hz，1H），4.50（H－11，m，1H），4.34（OH，s，1H），4.21（H－21b，dd，J＝19.5，5.1 Hz，1H），3.46（OH－21，t，J＝5.1 Hz，1H），3.40（OH，d，J＝2.5 Hz，1H），2.74（m，1H），2.55（m，1H），2.41（m，1H），2.28～2.17（m，3H），2.15～1.99（m，3H），1.95～1.74（m，3H），1.67（m，1H），1.55（m，1H），1.49（H－19，s，3H），1.42（m，1H），1.10（m，1H），1.02（m，1H），0.90（H－18，s，3H）

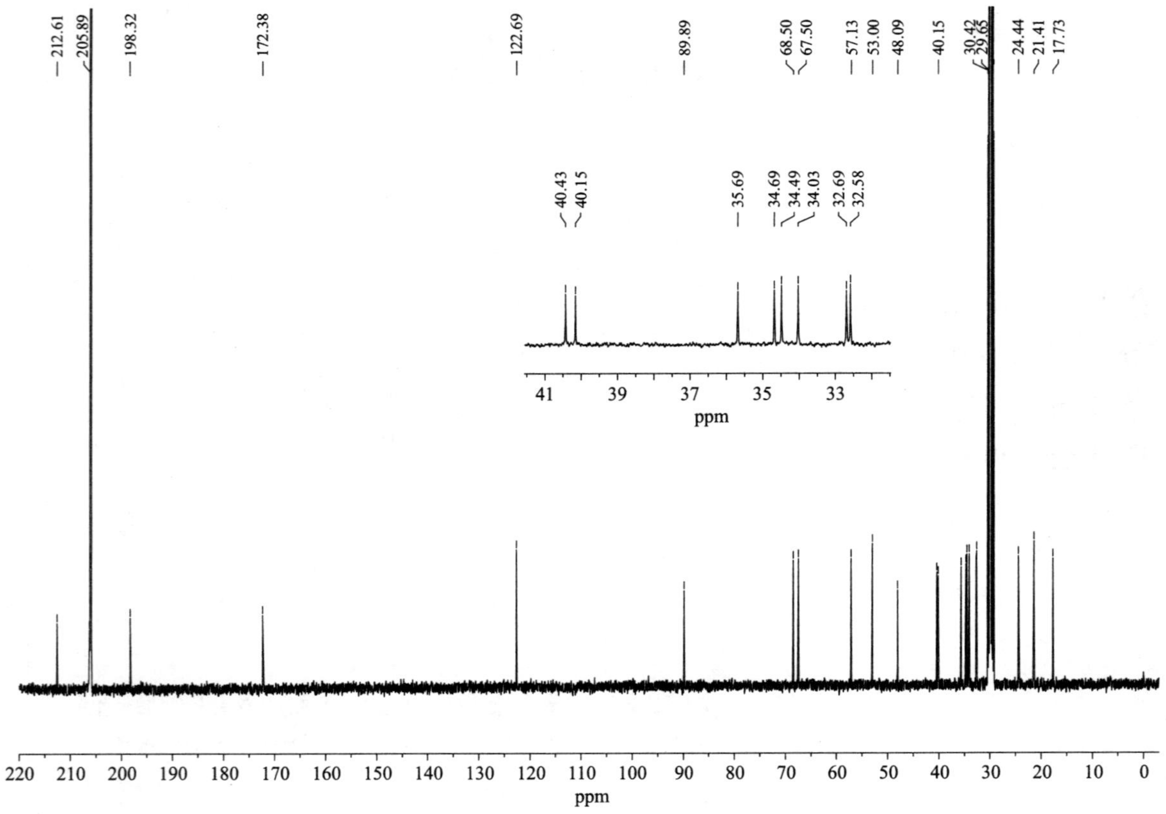

图 2　氢化可的松的^{13}C NMR 谱（溶剂：CD_3COCD_3）

^{13}C NMR：δ 212.61（C－20），198.32（C－3），172.38（C－5），122.69（C－4），89.89（C－17），68.50（C－11），67.50（C－21），57.13（C－9），53.00（C－14），48.09（C－13），40.43（C－12），40.15（C－10），35.69（C－1），34.69（C－2），34.49（C－6），34.03（C－16），32.69（C－8），32.58（C－7），24.44（C－15），21.41（C－19），17.73（C－18）

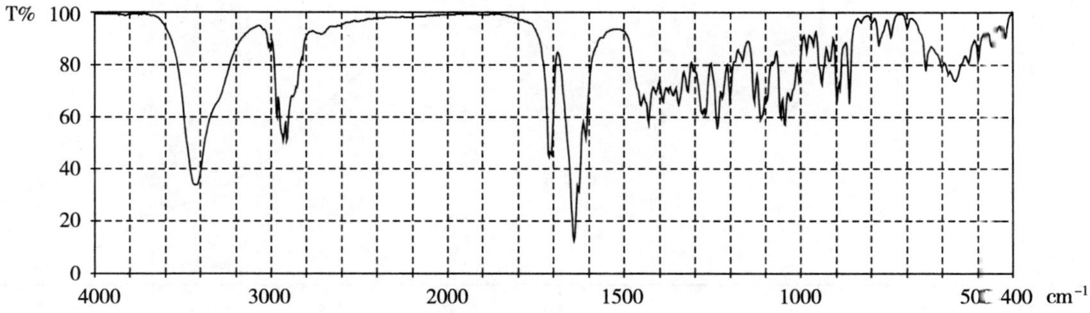

图 3　氢化可的松的红外光谱图

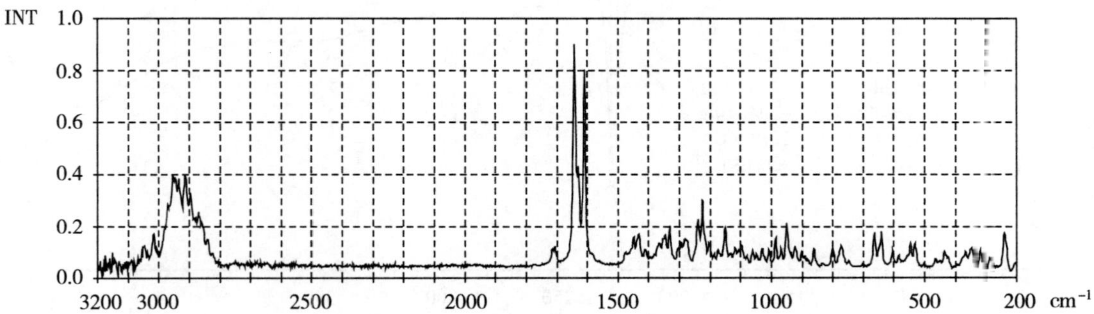

图 4　氢化可的松的拉曼光谱图

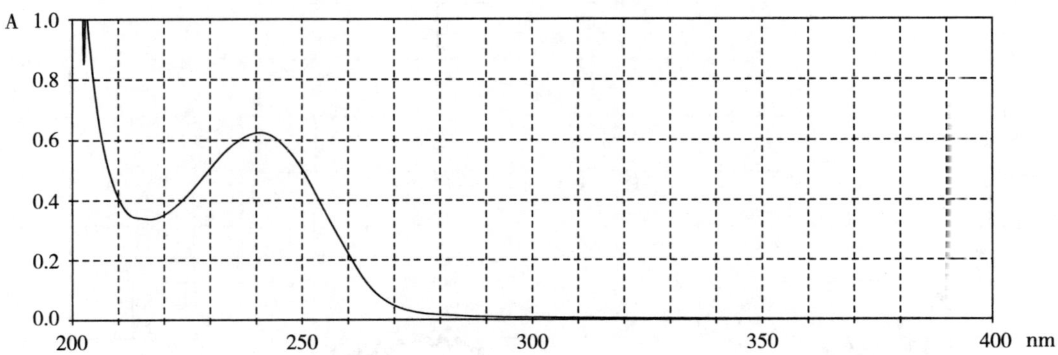

图 5　氢化可的松的紫外光谱图

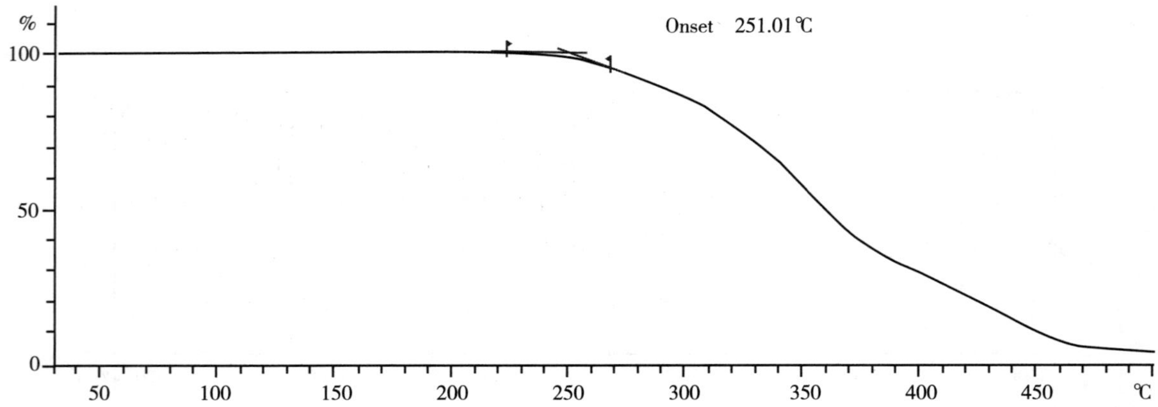

图 6　氢化可的松的 TG 图

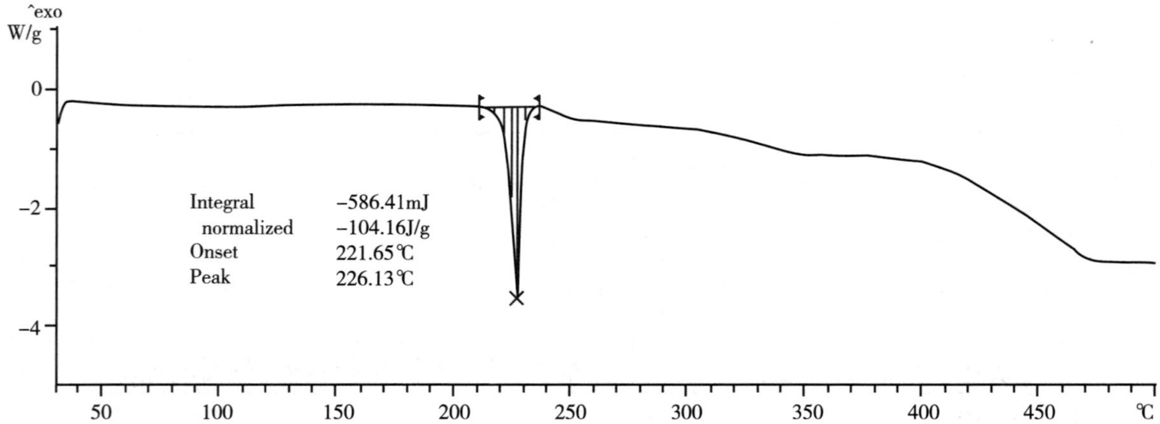

图 7　氢化可的松的 DSC 图

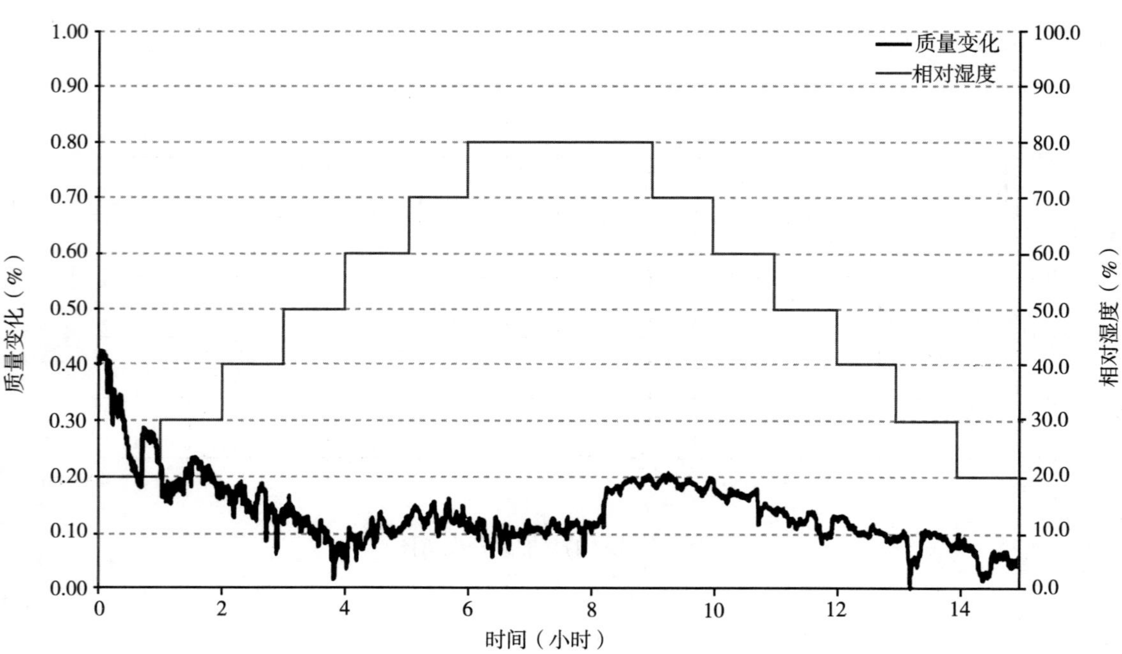

图 8　氢化可的松的 DVS 图

正离子扫描模式（一级）

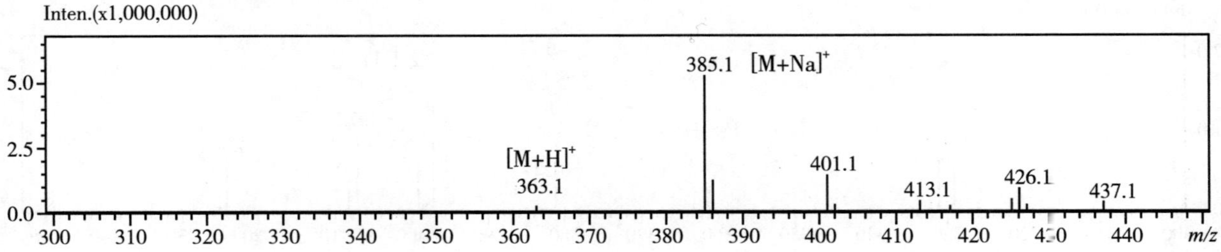

正离子扫描模式（二级）

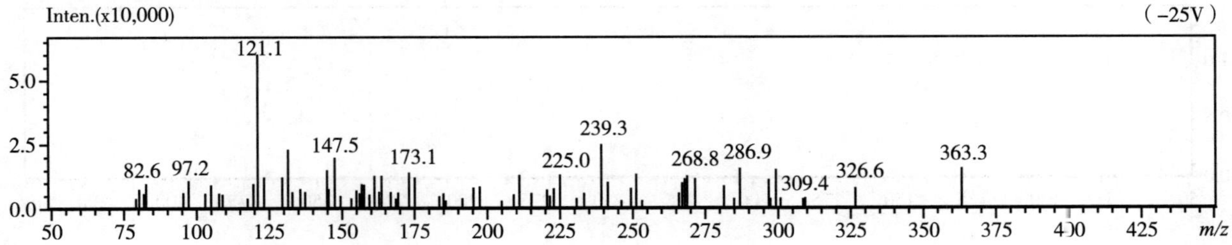

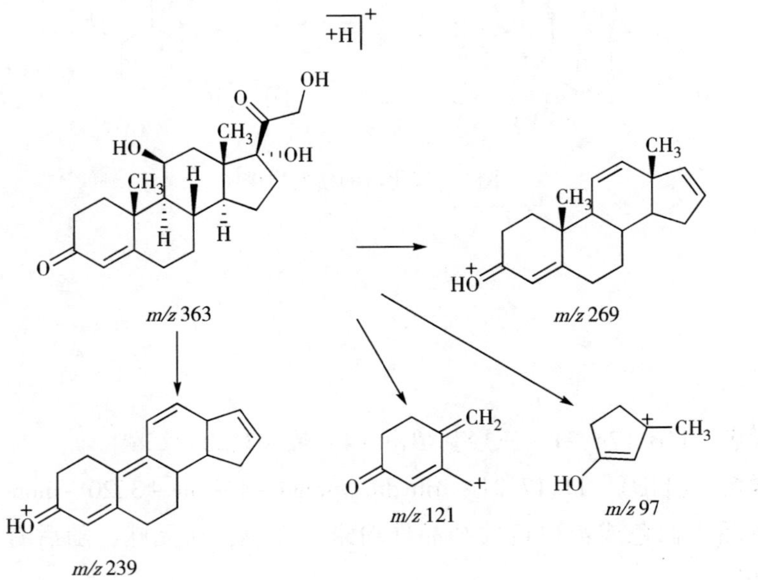

负离子扫描模式（一级）

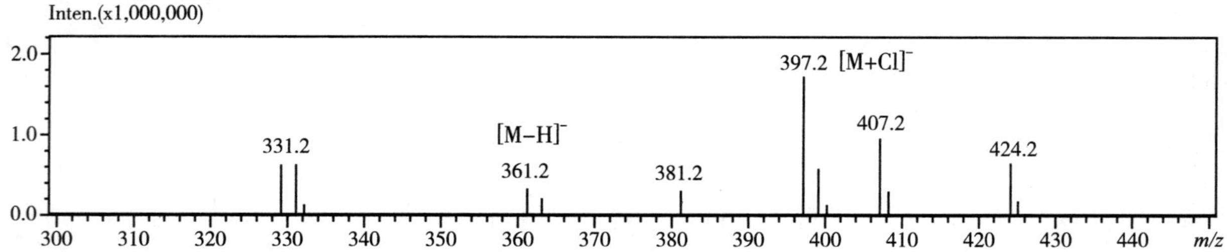

负离子扫描模式（二级）

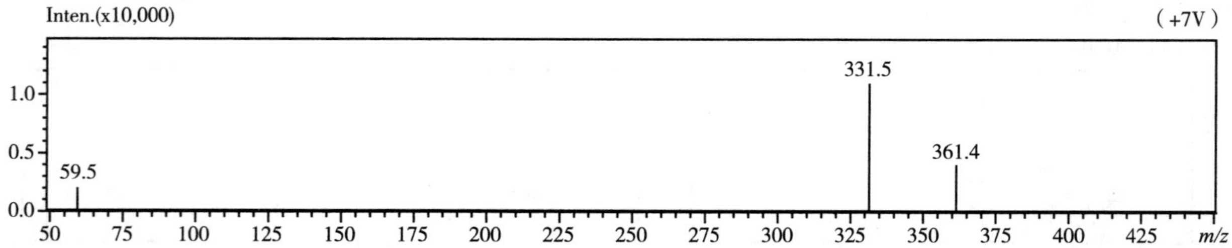

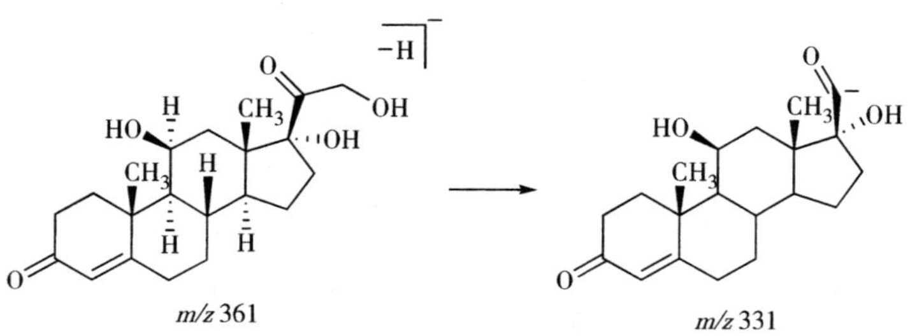

图 9　氢化可的松的质谱图

备注

1. **中文化学名**　11β,17α,21－三羟基孕甾－4－烯－3,20－二酮
2. **英文化学名**　(11β)－11,17,21－trihydroxypregn－4－ene－3,20－dione
3. **性状**　本品为白色或类白色的结晶性粉末；无臭，初无味，随后有持续的苦味；遇光渐变质。
4. **溶解性**　本品在乙醇或丙酮中略溶，在三氯甲烷中微溶，在乙醚中几乎不溶，在水中不溶。
5. **溶剂**　无水乙醇。
6. **对照品编号与批号**　100152－200206

肾上腺素

英文名 Epinephrine

分子式 $C_9H_{13}NO_3$

分子量 183.20

CAS 号 51-43-4

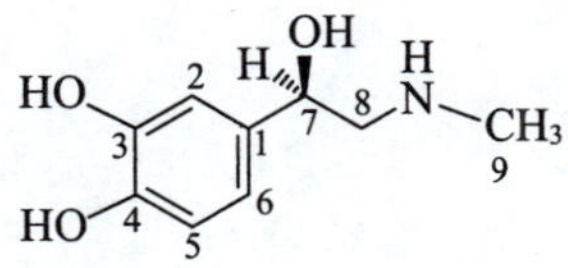

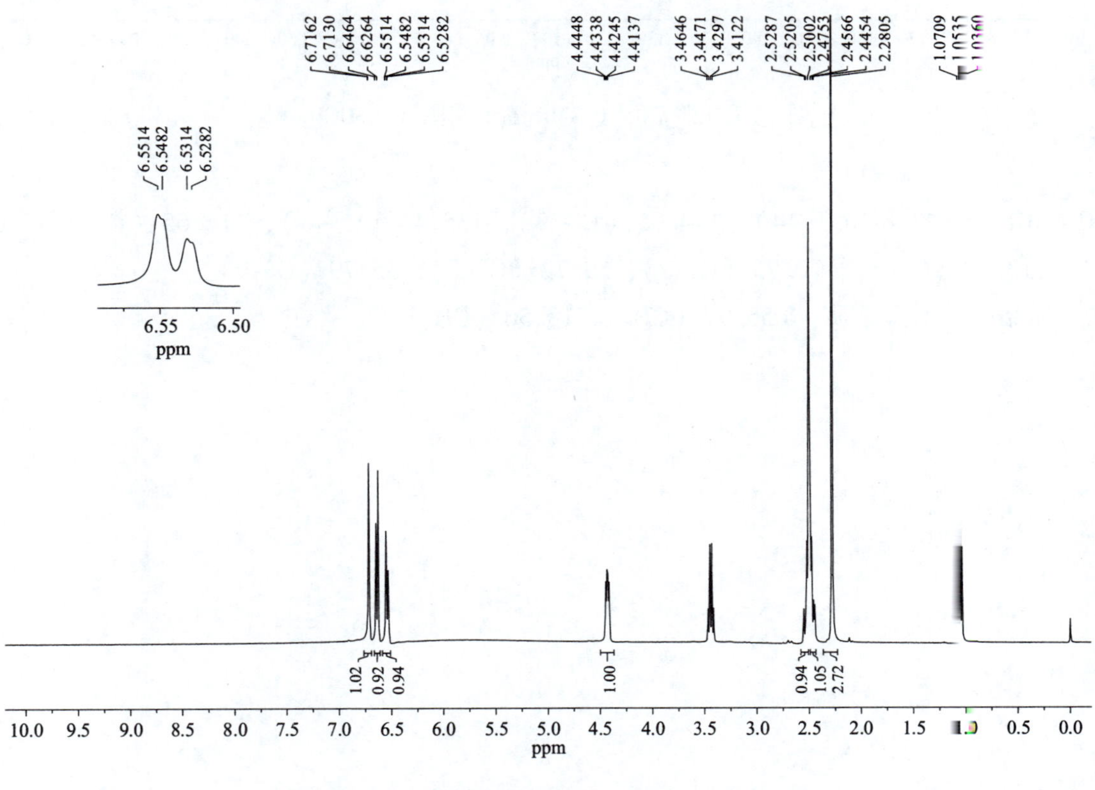

图 1 肾上腺素的[1]H NMR 谱（溶剂：CD_3SOCD_3）

^{1}H NMR：δ 6.72（H-2，d，J=1.3 Hz，1H），6.64（H-5，d，J=8.0 Hz，1H），6.54（H-6，dd，J=8.0，1.3 Hz，1H），4.43（H-7，q，J=4.4 Hz，1H），2.52（H-8a，m，1H），2.45（H-8b，m，1H），2.28（H-9，s，3H）

注：样品含有乙醇杂质，δ 3.65（CH_2，q，J=7.0 Hz），1.07（CH_3，t，J=7.0 Hz）

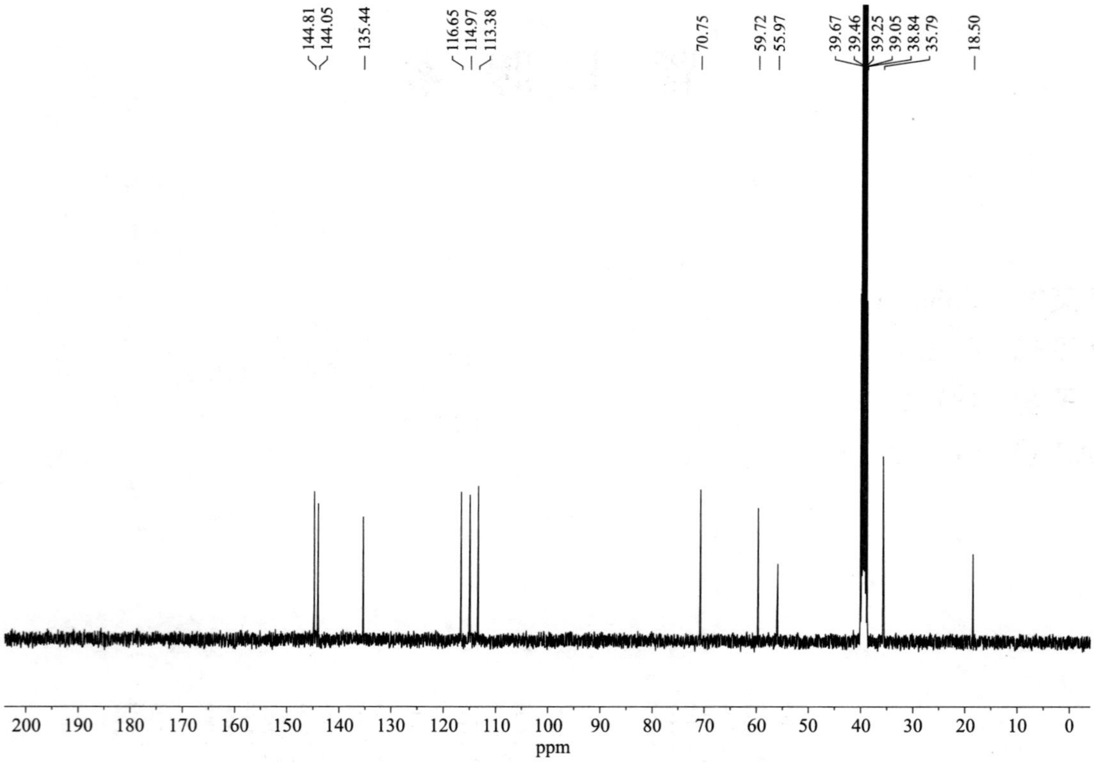

图 2　肾上腺素的 ^{13}C NMR 谱（溶剂：CD_3SOCD_3）

^{13}C NMR：δ 144.81（C－4），144.05（C－3），135.44（C－1），116.65（C－6），114.97（C－5），113.38（C－2），70.75（C－7），59.72（C－8），35.79（C－9）

注：样品中含乙醇杂质，δ 55.97（CH_2），18.50（CH_3）

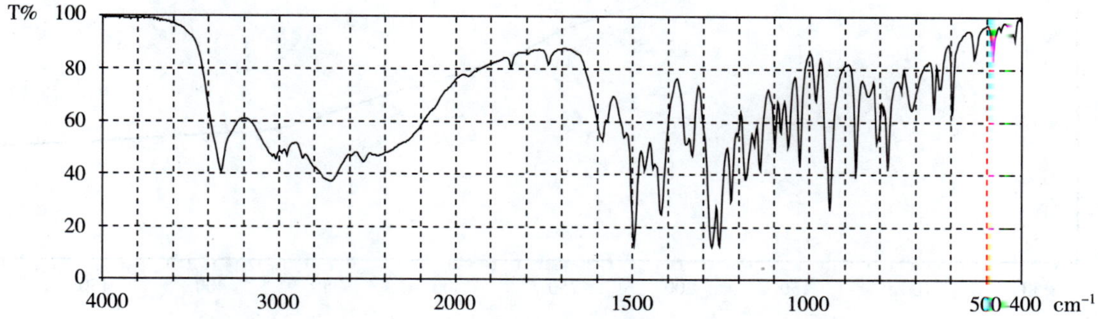

图 3　肾上腺素的红外光谱图

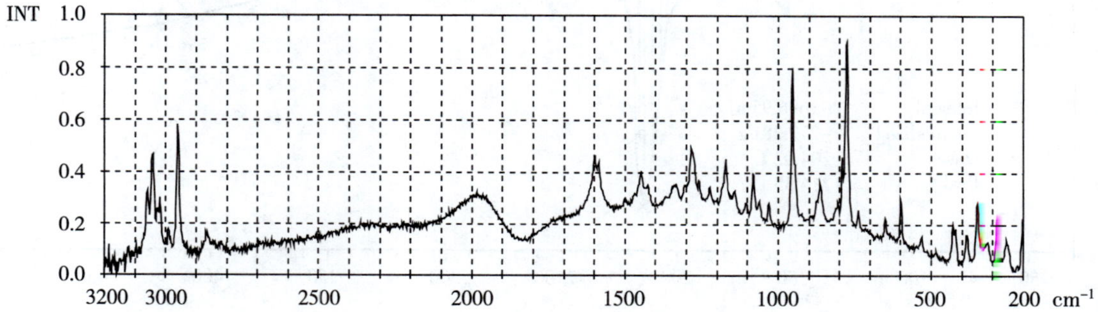

图 4　肾上腺素的拉曼光谱图

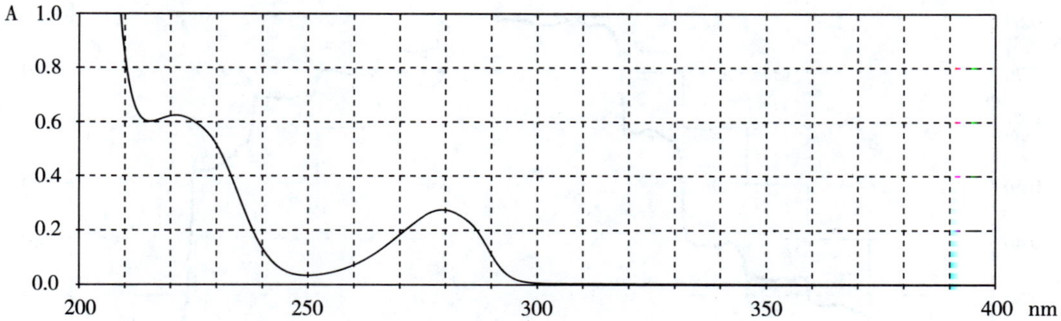

图 5　肾上腺素的紫外光谱图

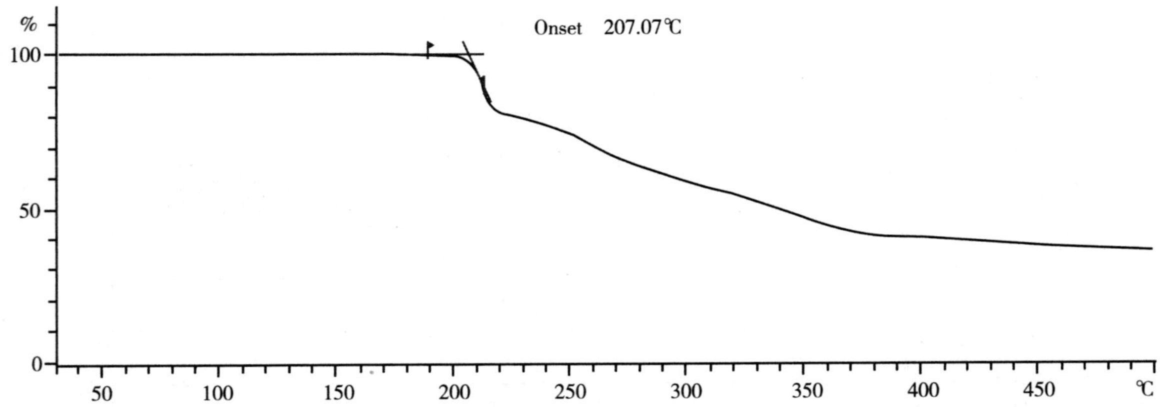

图 6　肾上腺素的 TG 图

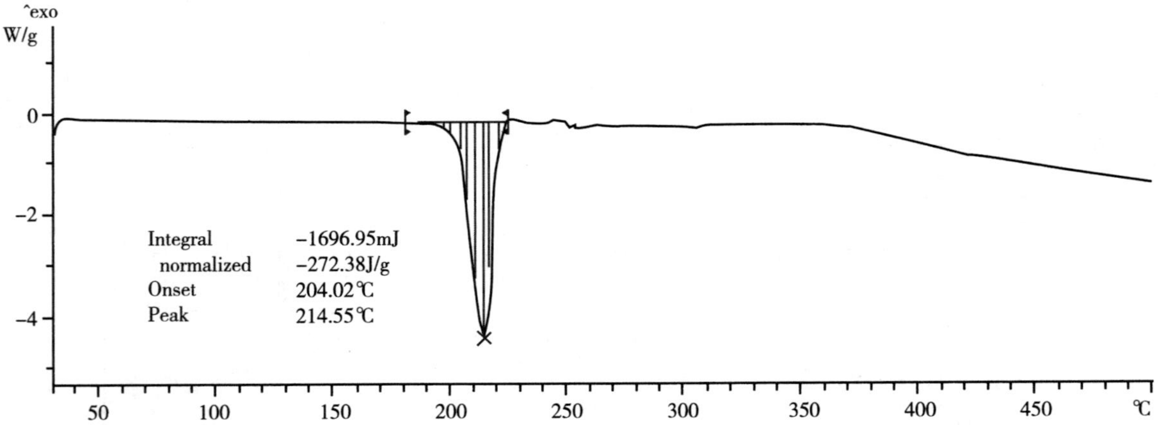

图 7　肾上腺素的 DSC 图

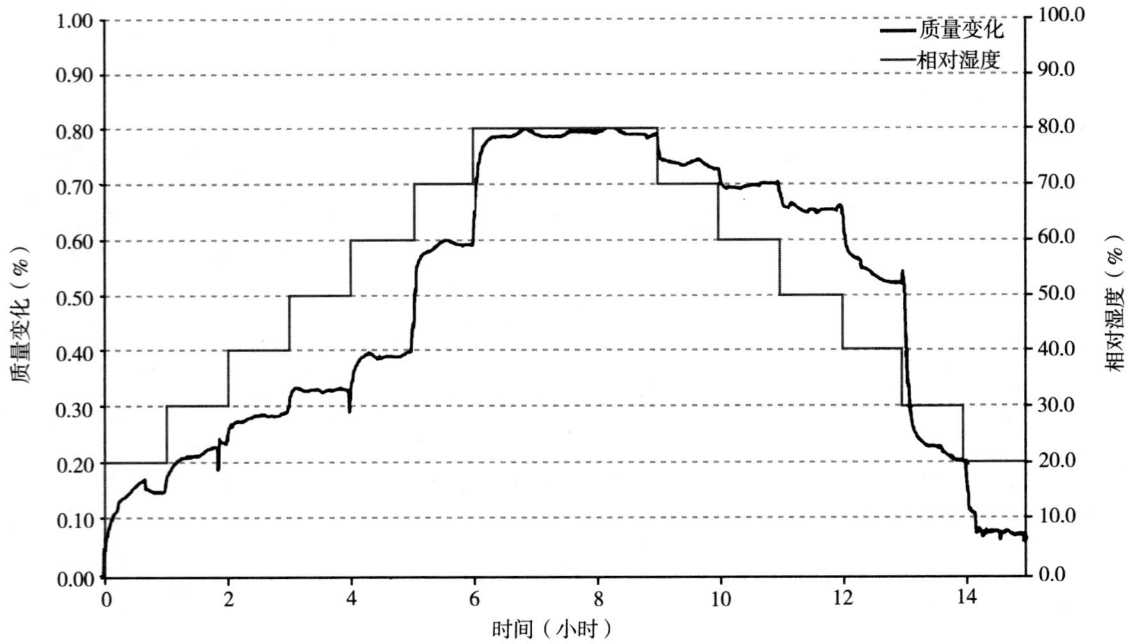

图 8　肾上腺素的 DVS 图

正离子扫描模式（一级）

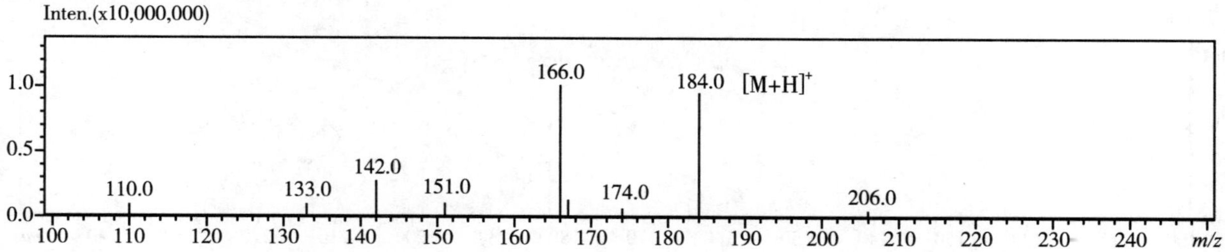

正离子扫描模式（二级）

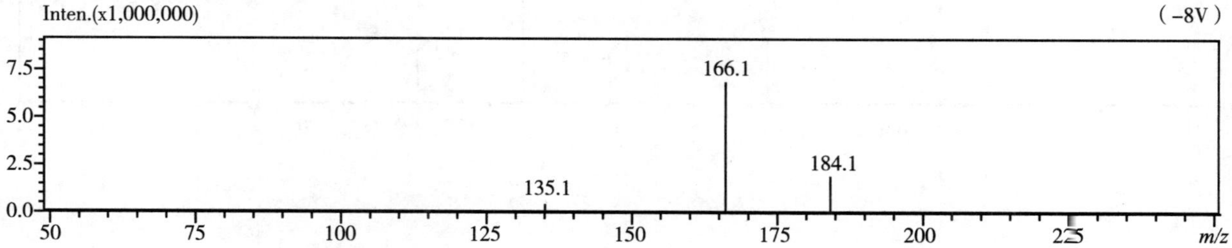

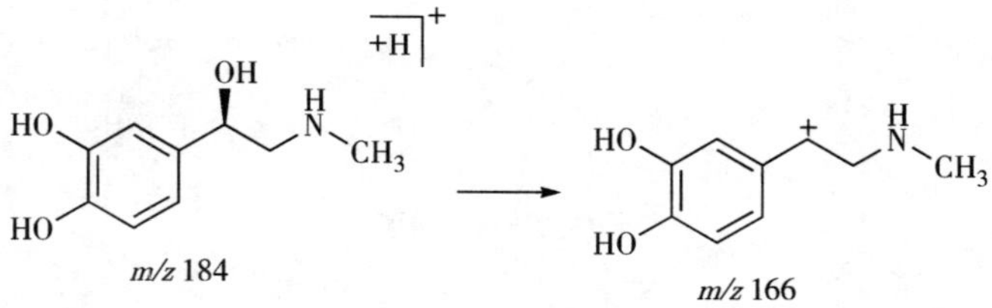

负离子扫描模式（一级）

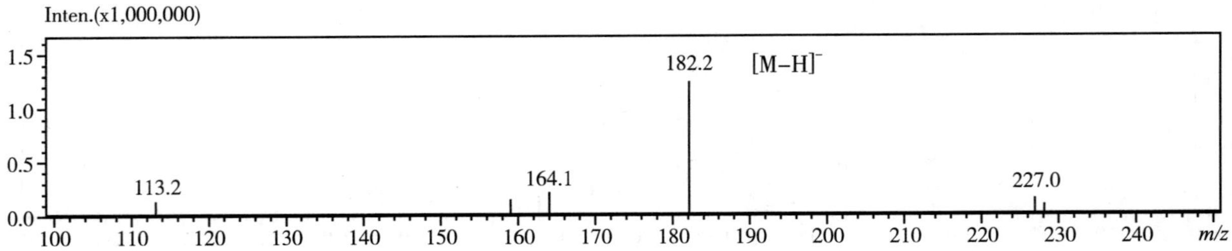

负离子扫描模式（二级）

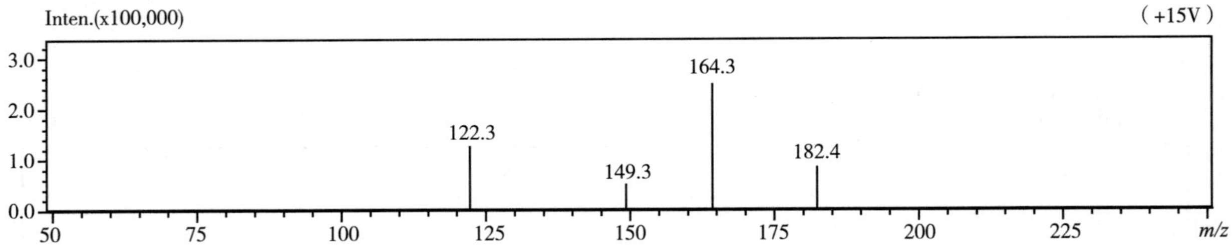

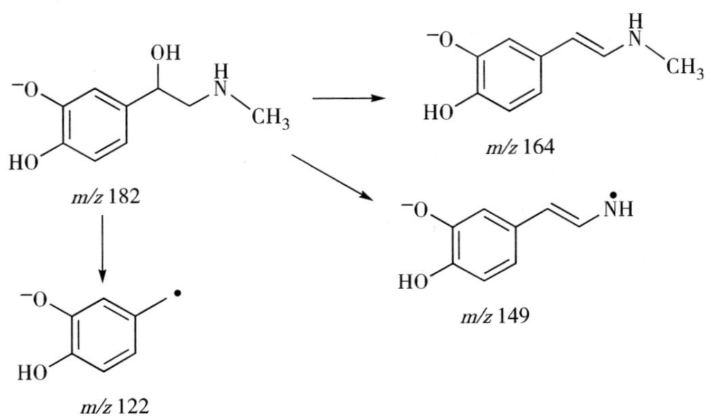

图 9　肾上腺素的质谱图

备注

1. **中文化学名**　(*R*)-4-[2-(甲氨基)-1-羟基乙基]-1,2-苯二酚
2. **英文化学名**　4-[(1*R*)-1-hydroxy-2-(methylamino)ethyl]-1,2-benzenediol
3. **性状**　本品为白色或类白色结晶性粉末；无臭，味苦；与空气接触或受日光照射易氧化变质；在中性或碱性水溶液中不稳定；饱和水溶液显弱碱性反应。
4. **溶解性**　本品在水中极微溶解，在乙醇、三氯甲烷、乙醚、脂肪油或挥发油中不溶；在无机酸或氢氧化钠溶液中易溶，在氨溶液或碳酸钠溶液中不溶。
5. **溶剂**　0.1mol/L 盐酸溶液。
6. **对照品编号与批号**　100154-201104

西咪替丁

英文名 Cimetidine

分子式 $C_{10}H_{16}N_6S$

分子量 252.34

CAS 号 51481-61-9

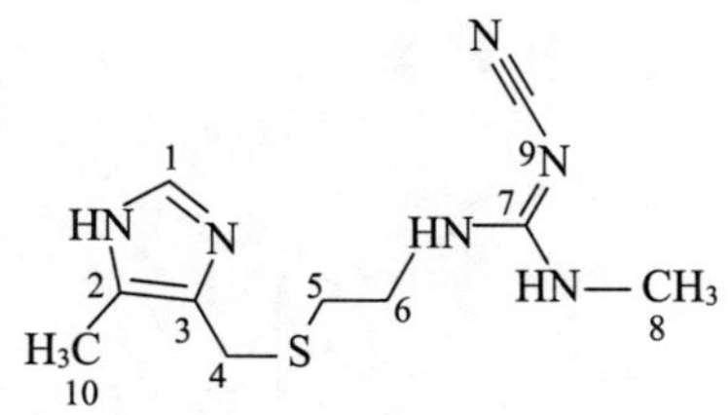

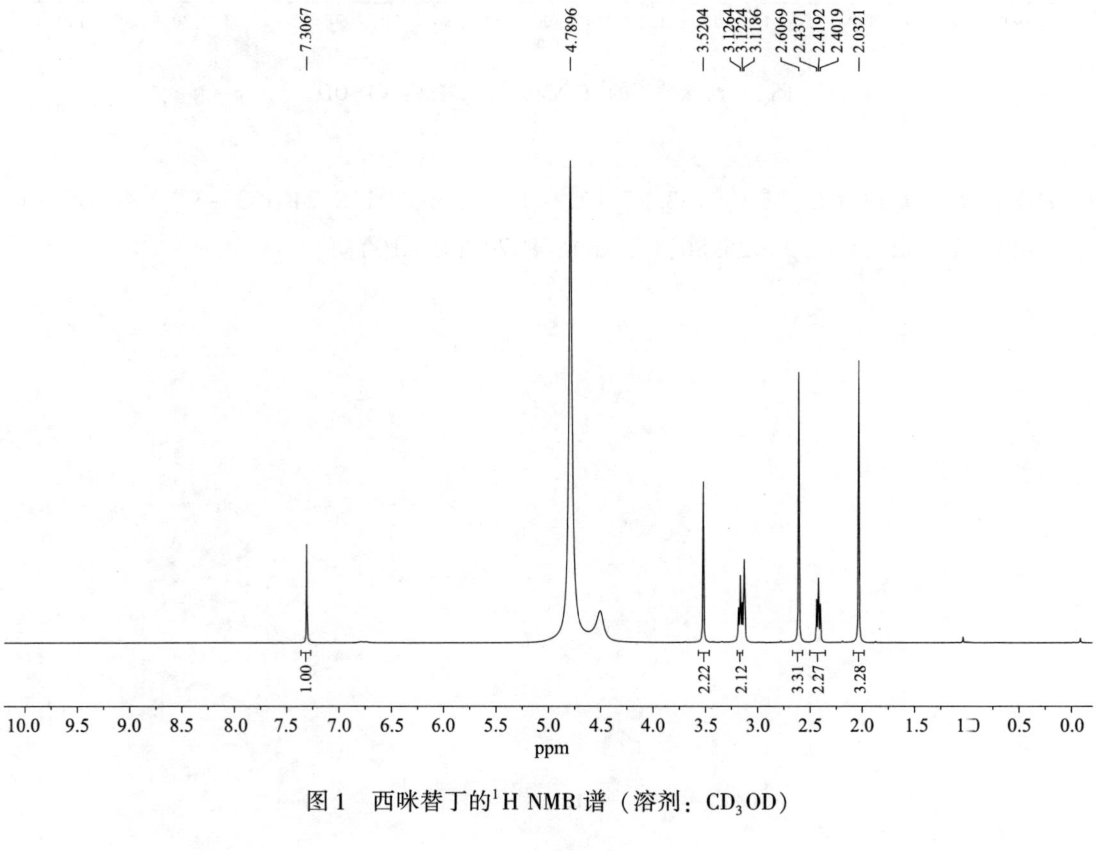

图1 西咪替丁的^{1}H NMR谱（溶剂：CD_3OD）

^{1}H NMR：δ 7.31（H-1，s，1H），3.52（H-4，s，2H），3.12（H-6，t，J=7.1 Hz，2H），2.61（H-8，s，3H），2.42（H-5，t，J=7.1 Hz，2H），2.03（H-10，s，3H）

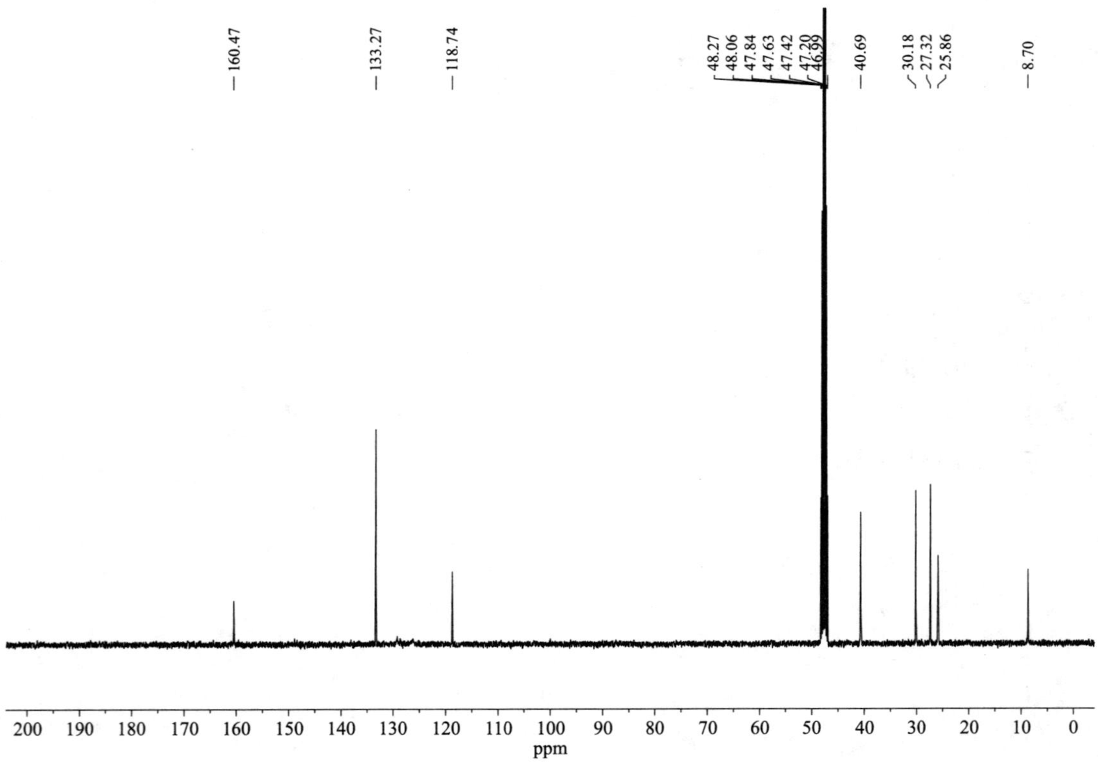

图2　西咪替丁的^{13}C NMR谱（溶剂：CD_3OD）

^{13}C NMR：δ 160.47（C－7），133.27（C－1，2，3），118.74（C－9），40.69（C－6），30.18（C－4），27.32（C－5），25.86（C－8），8.70（C－10）

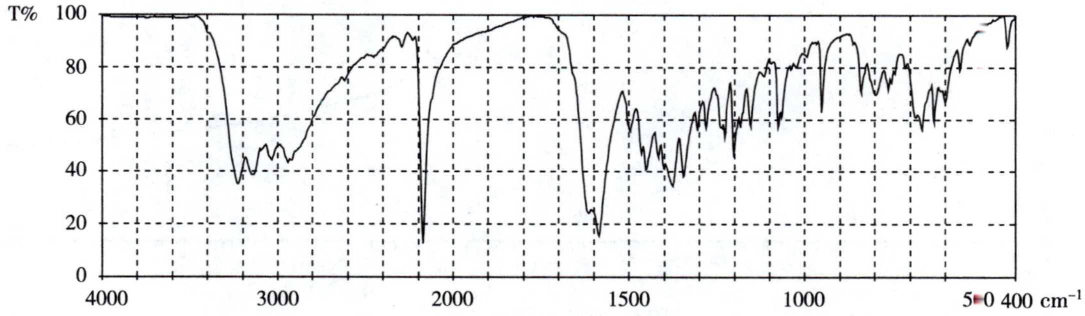

图 3　西咪替丁的红外光谱图

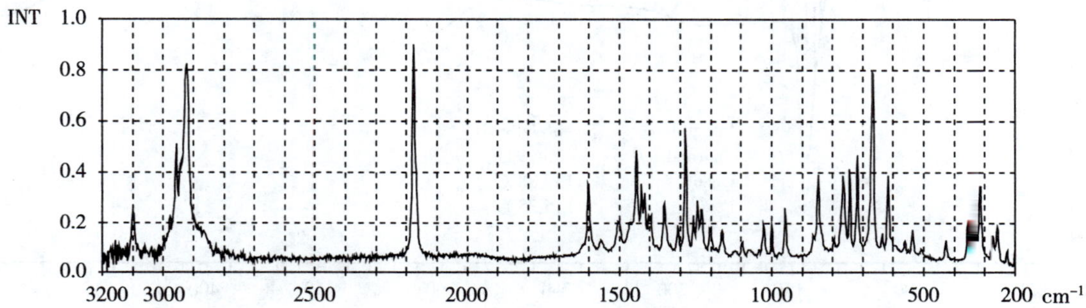

图 4　西咪替丁的拉曼光谱图

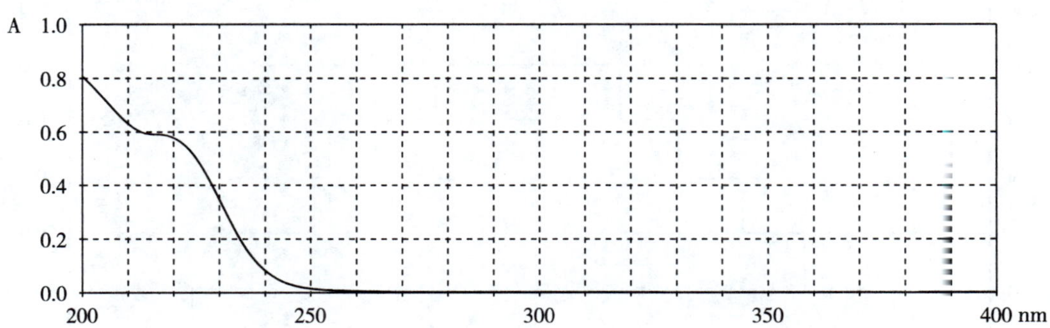

图 5　西咪替丁的紫外光谱图

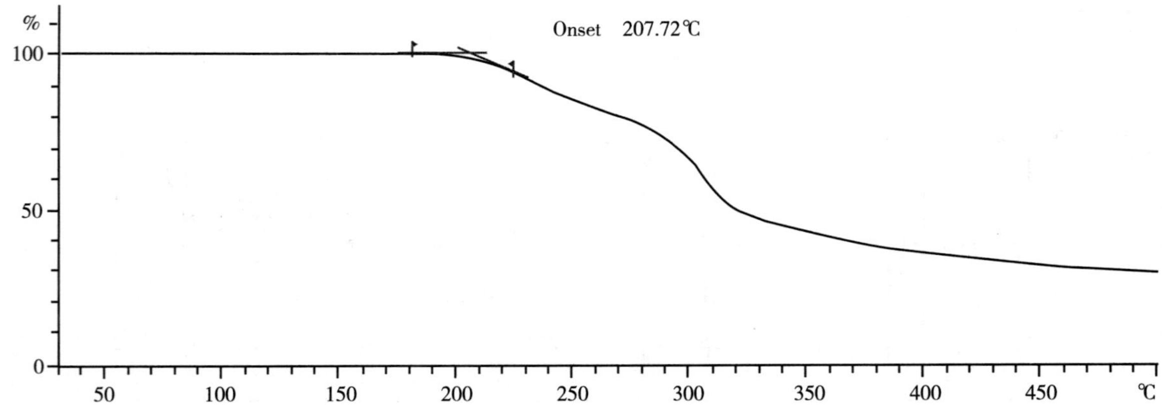

图 6 西咪替丁的 TG 图

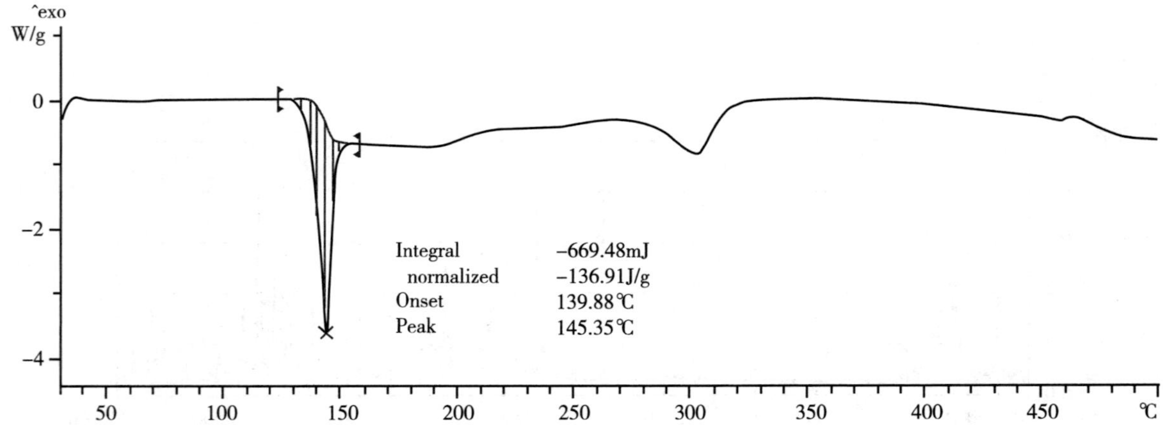

图 7 西咪替丁的 DSC 图

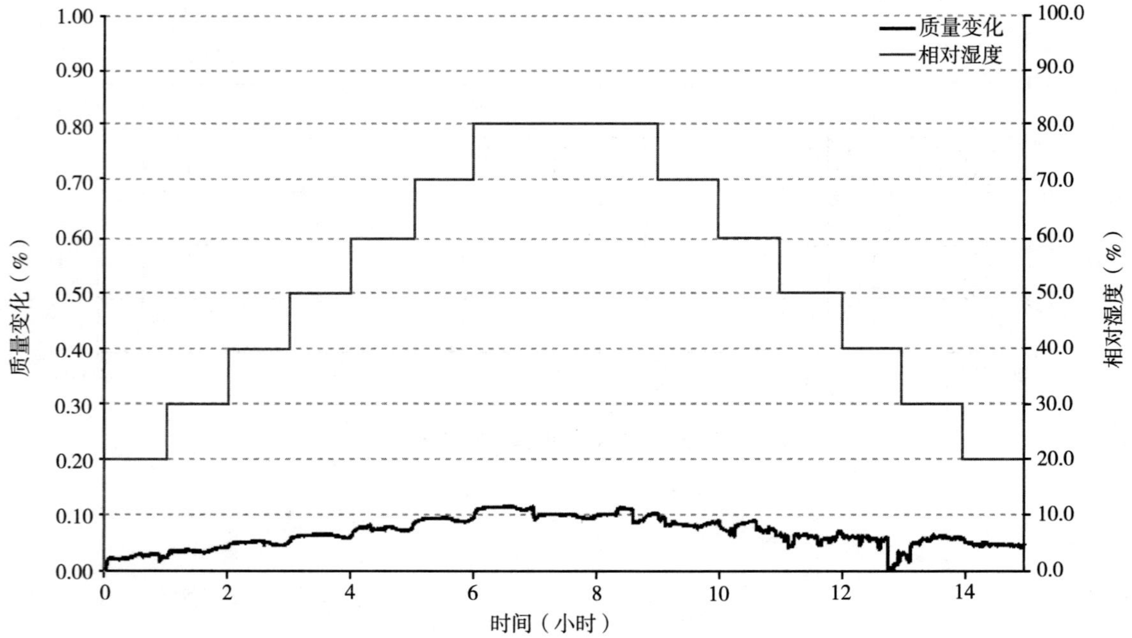

图 8 西咪替丁的 DVS 图

正离子扫描模式（一级）

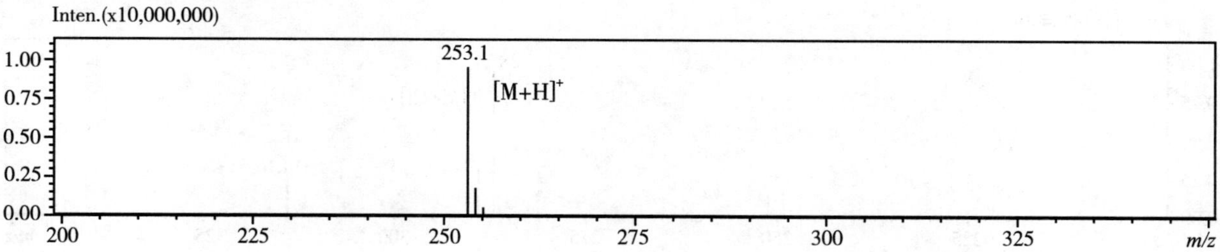

正离子扫描模式（二级）

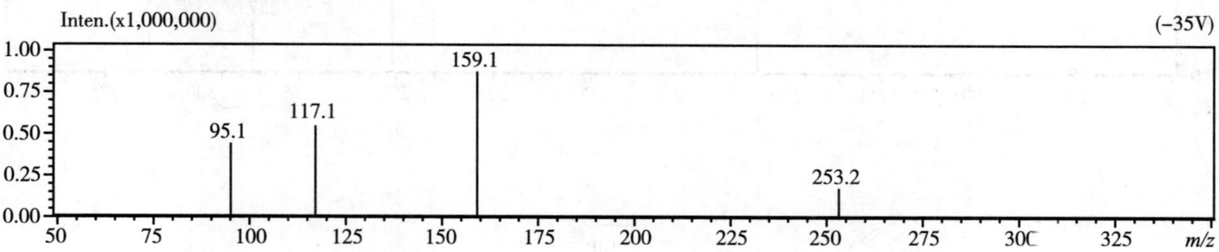

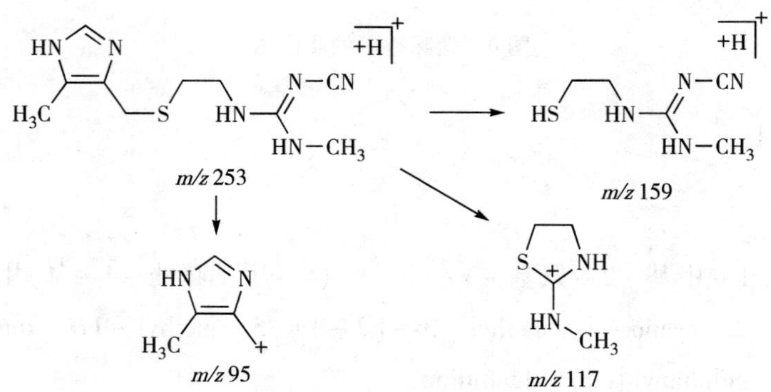

负离子扫描模式（一级）

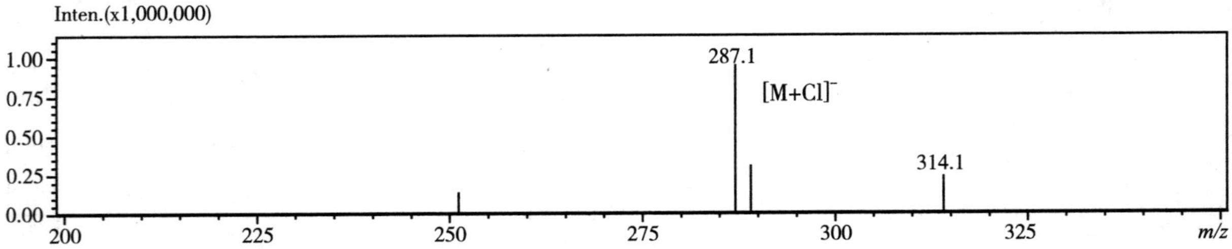

负离子扫描模式（二级）

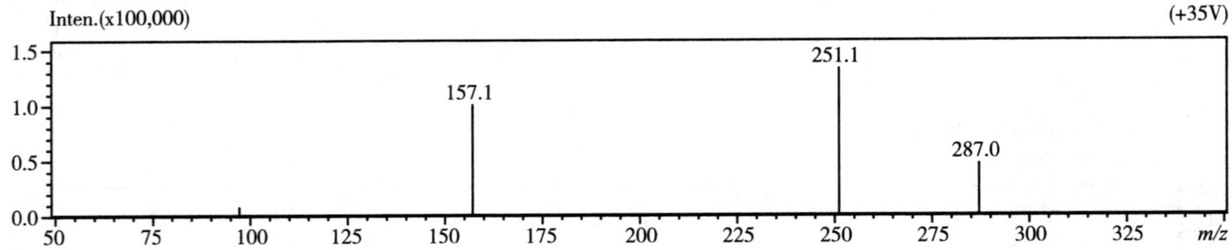

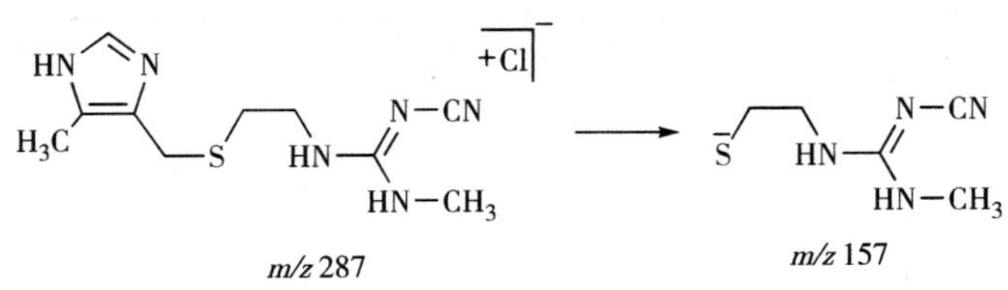

图 9　西咪替丁的质谱图

备注

1. **中文化学名**　1－甲基－2－氰基－3－［2－［［（5－甲基咪唑－4－基）甲基］硫代］乙基］胍
2. **英文化学名**　2－cyano－1－methyl－3－［2－［［（5－methyl－1*H*－imidazol－4－yl）methyl］sulphanyl］ethyl］guanidine
3. **性状**　本品为白色或类白色结晶性粉末；几乎无臭，味苦。
4. **溶解性**　本品在甲醇中易溶，在乙醇中溶解，在异丙醇中略溶，在水中微溶，在稀盐酸中易溶。
5. **溶剂**　0.1mol/L 盐酸溶液。
6. **对照品编号与批号**　100158－201105

盐酸苄丝肼

英文名 Benserazide Hydrochloride

分子式 $C_{10}H_{15}N_3O_5 \cdot HCl$

分子量 293.70

CAS 号 14919-77-8

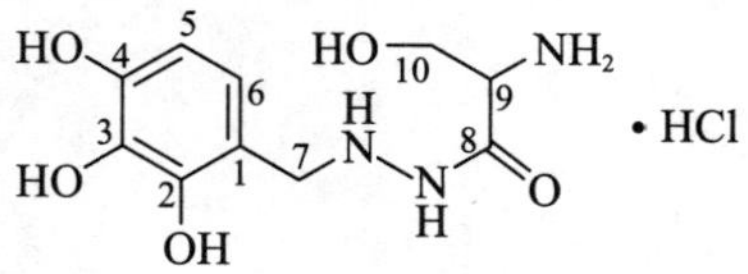

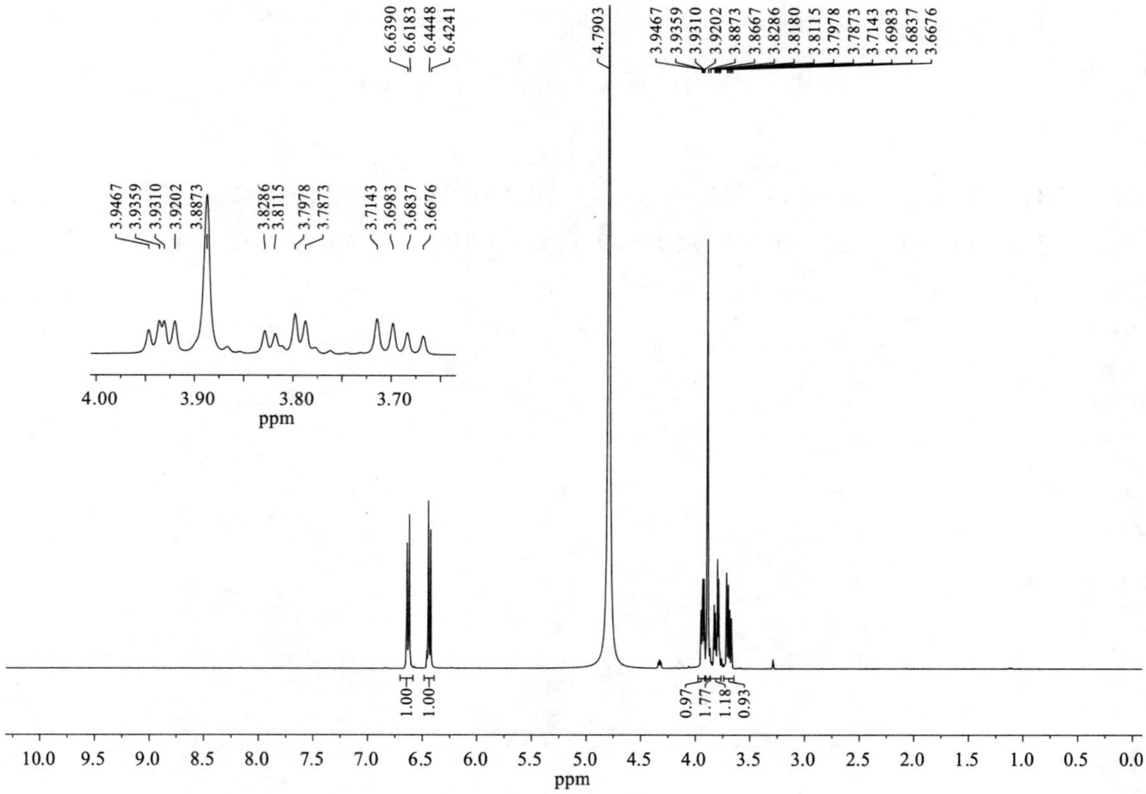

图 1 盐酸苄丝肼的 ^1H NMR 谱（溶剂：D_2O）

^1H NMR：δ 6.62（H-6，d，J=8.3 Hz，1H），6.43（H-5，d，J=8.3 Hz，1H），3.94（H-9，dd，J=6.3，4.3 Hz，1H），3.89（H-7，s，2H），3.80（H-10a，dd，J=12.3，4.2 Hz，1H），3.70（H-10b，dd，J=12.3，6.4 Hz，1H）

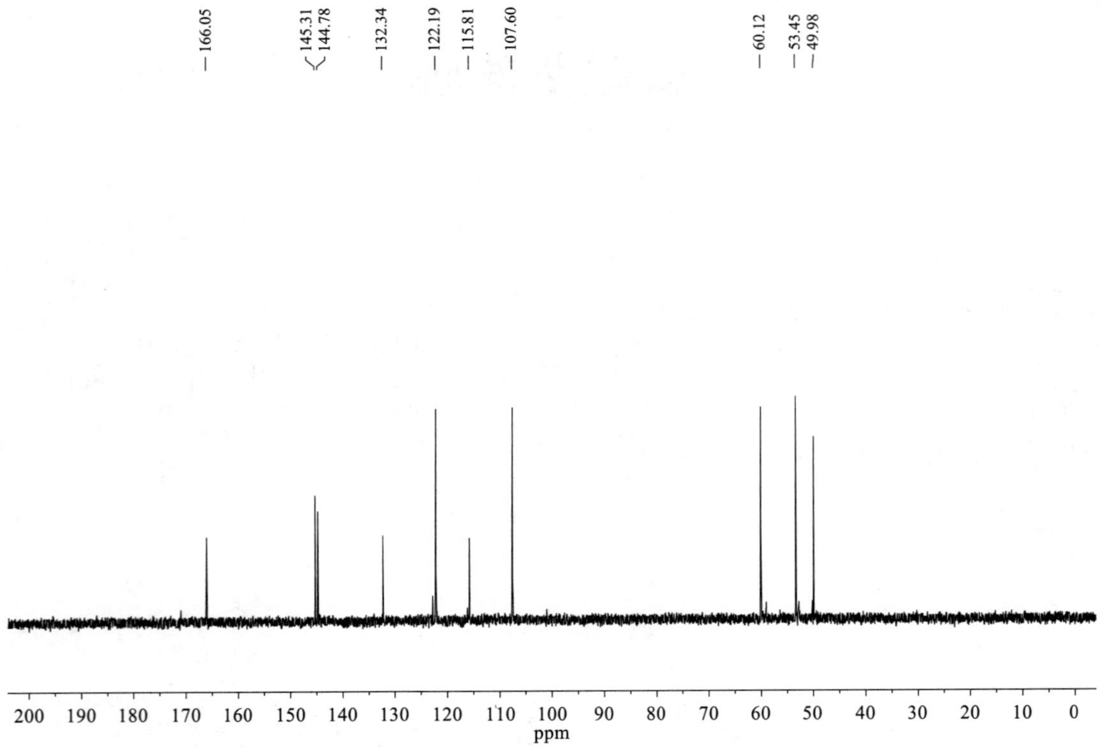

图 2　盐酸苄丝肼的^{13}C NMR 谱（溶剂：D_2O）

^{13}C NMR：δ 166.05（C－8），145.31（C－4），144.78（C－2），132.34（C－3），122.19（C－6），115.81（C－1），107.60（C－5），60.12（C－10），53.45（C－9），49.98（C－7）

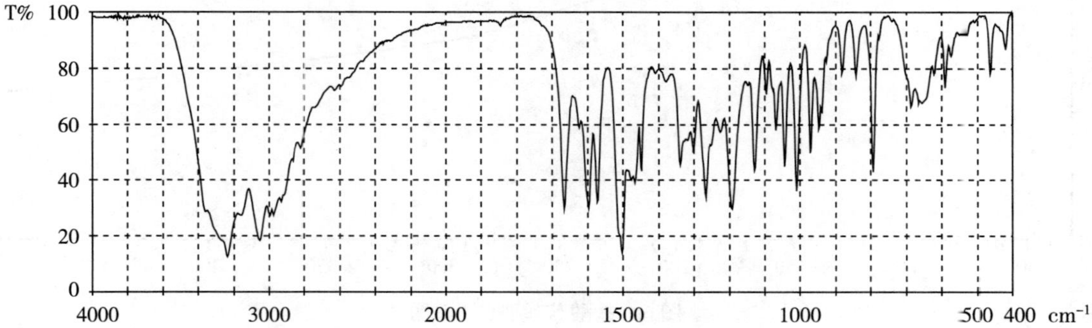

图 3　盐酸苄丝肼的红外光谱图

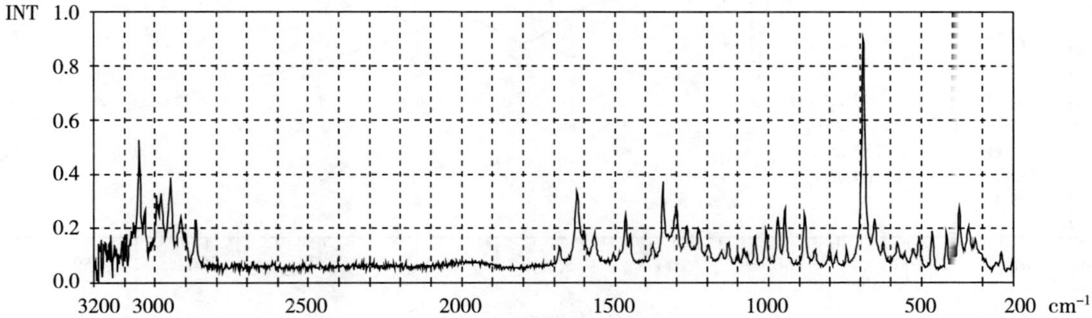

图 4　盐酸苄丝肼的拉曼光谱图

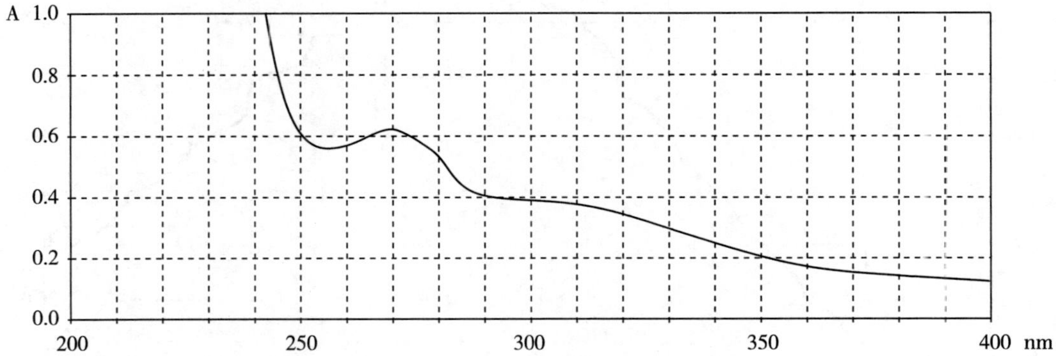

图 5　盐酸苄丝肼的紫外光谱图

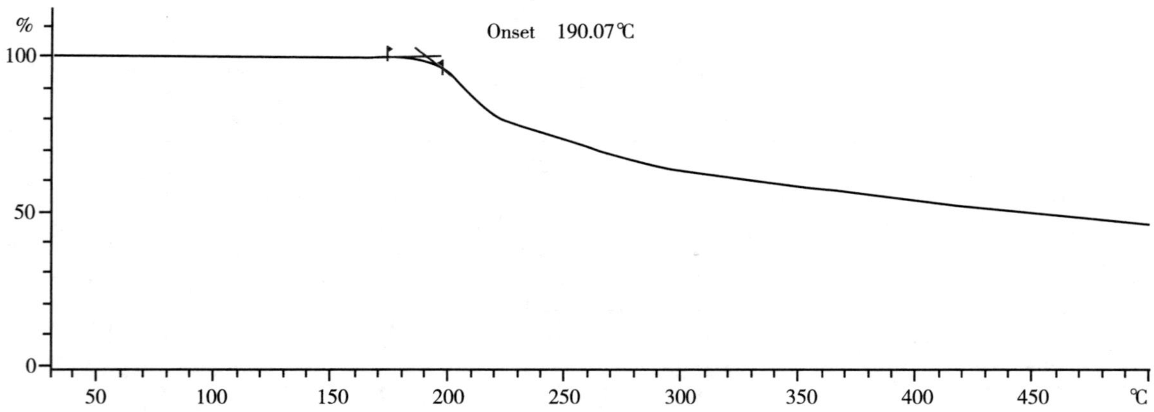

图 6　盐酸苄丝肼的 TG 图

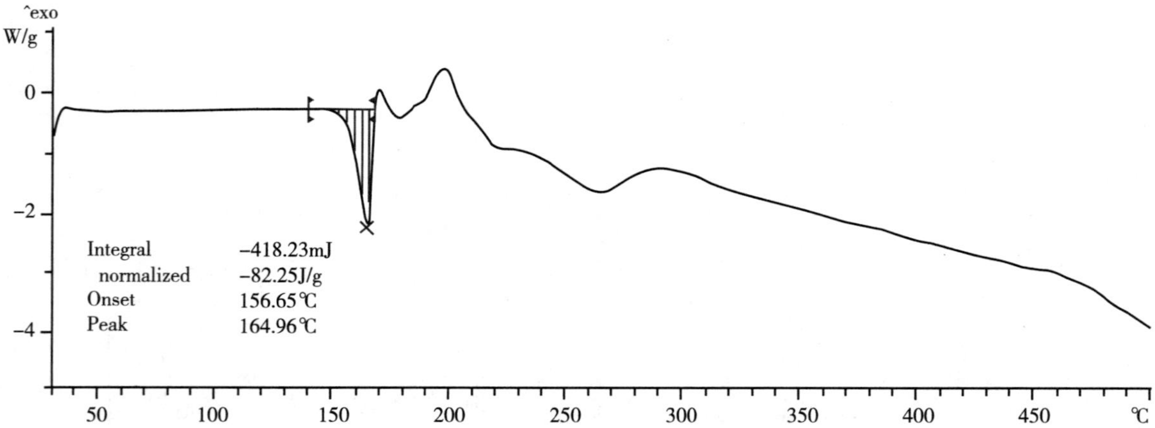

图 7　盐酸苄丝肼的 DSC 图

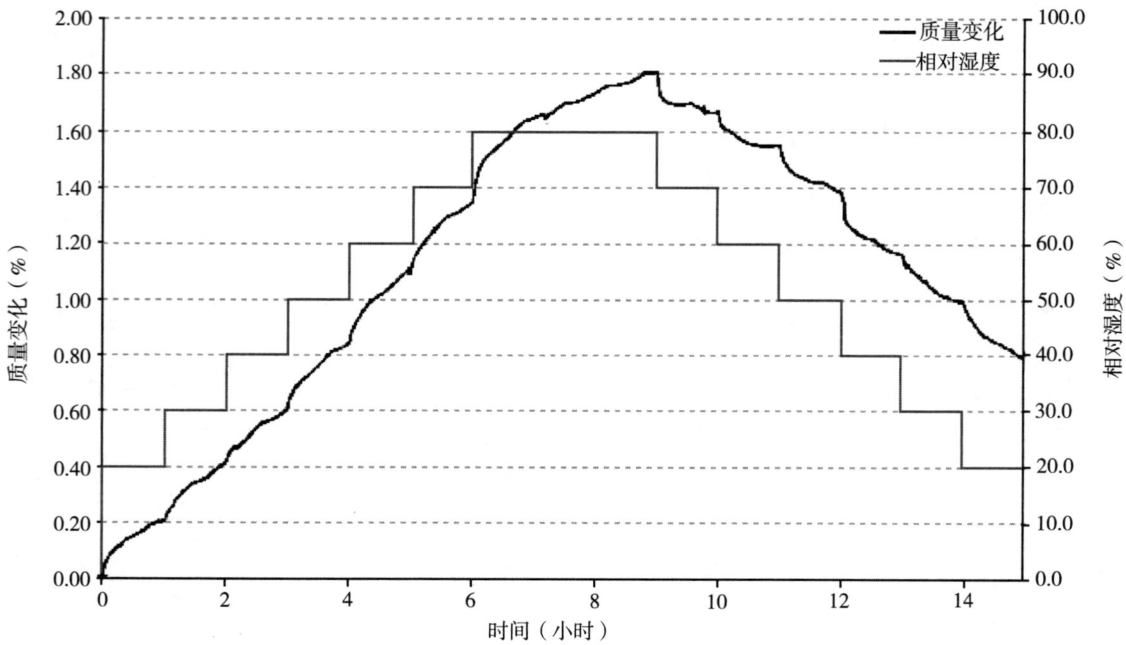

图 8　盐酸苄丝肼的 DVS 图

正离子扫描模式（一级）

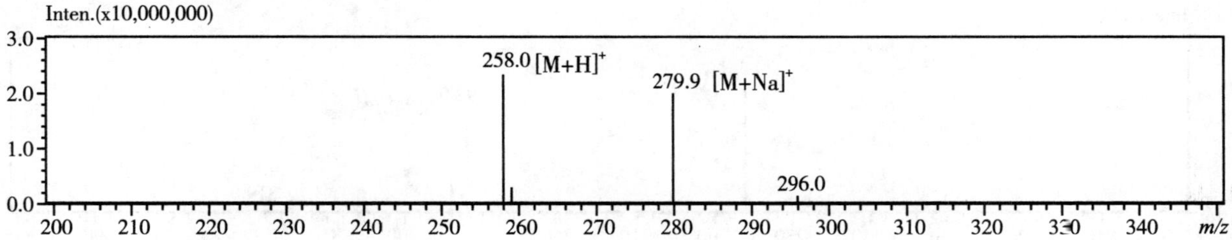

正离子扫描模式（二级）

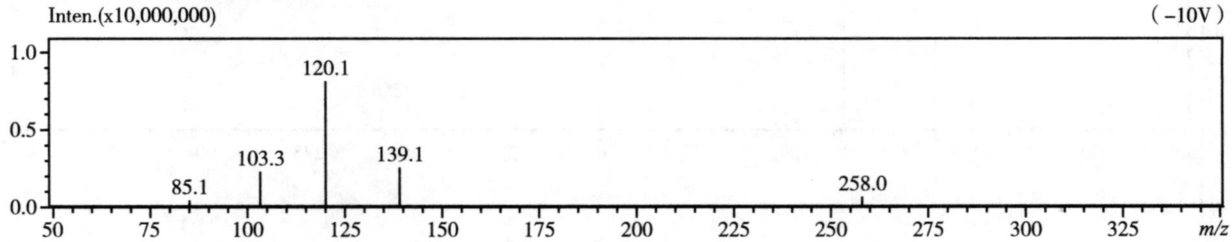

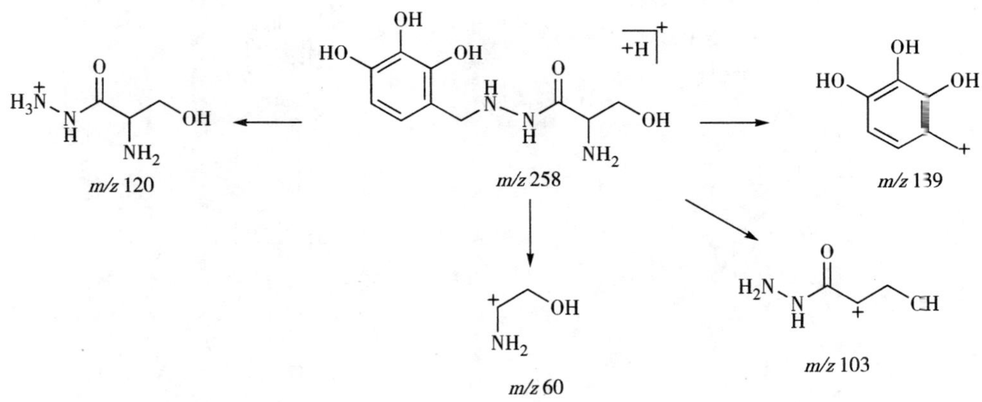

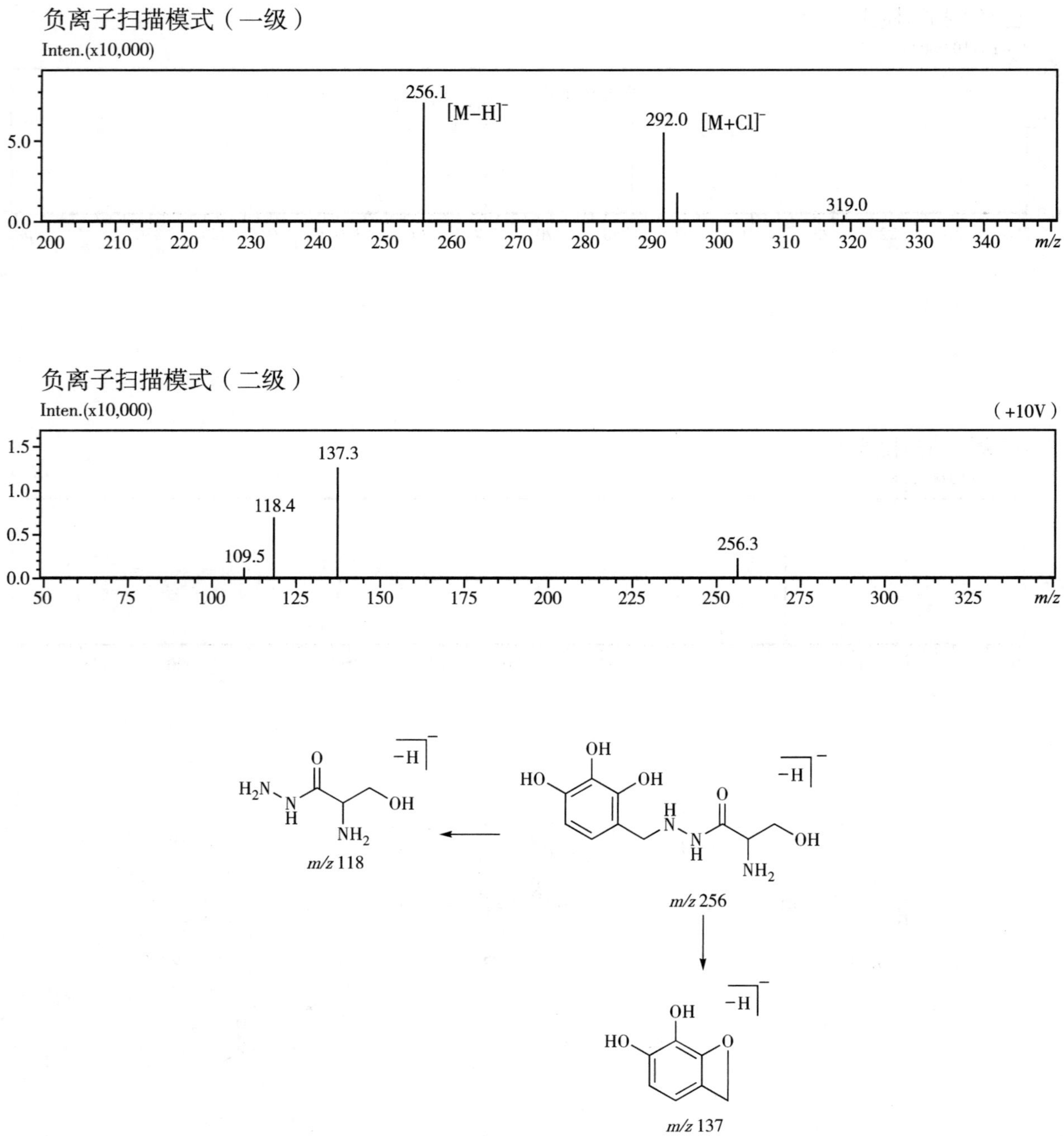

图 9　盐酸苄丝肼的质谱图

备注

1. **中文化学名**　2－[(2,3,4－三羟基苯基)甲基]酰肼－*DL*－丝氨酸盐酸盐
2. **英文化学名**　2′－(2,3,4－trihydroxybenzyl)－*DL*－serinohydrazide monohydrochloride
3. **性状**　本品为白色或类白色结晶性粉末；遇光色变深。
4. **溶解性**　本品在水中易溶，在甲醇中略溶，在乙醇或丙酮中不溶。
5. **溶剂**　水。
6. **对照品编号与批号**　100159－201004

盐酸地尔硫䓬

英文名 Diltiazem Hydrochloride

分子式 $C_{22}H_{26}N_2O_4S \cdot HCl$

分子量 450.99

CAS 号 33286－22－5

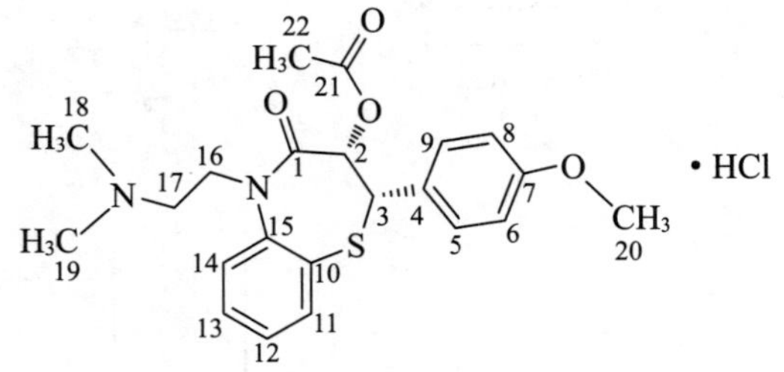

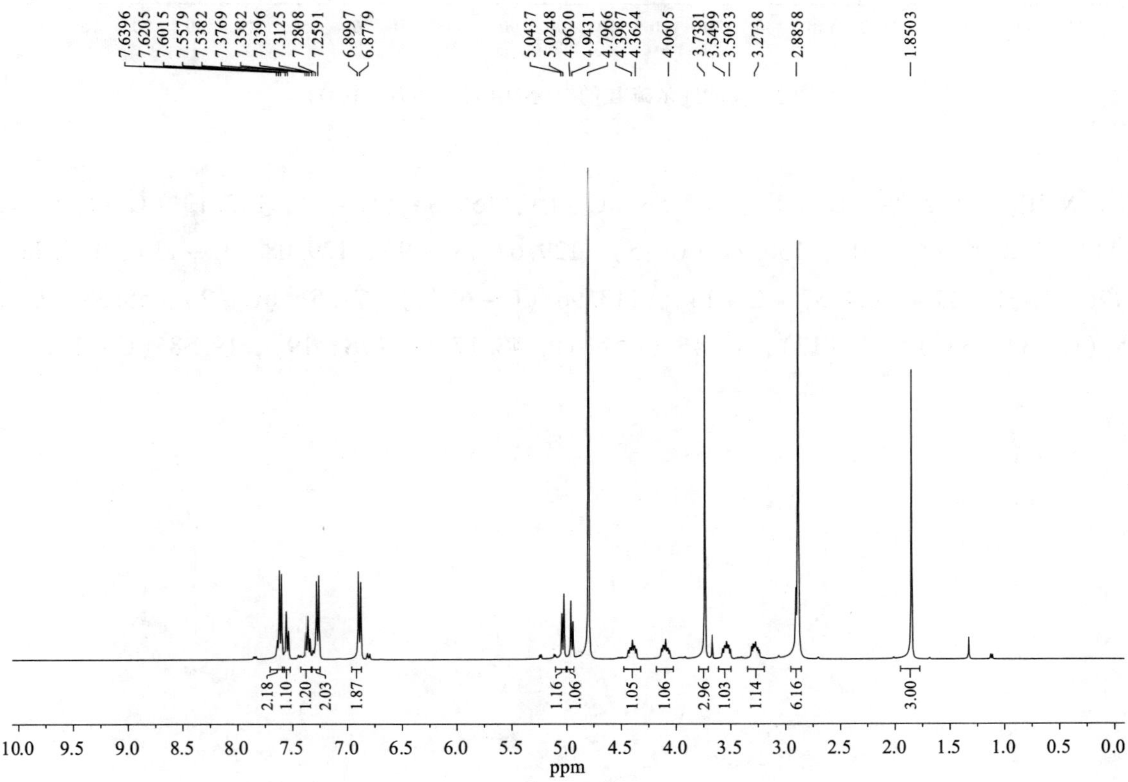

图 1　盐酸地尔硫䓬的[1]H NMR 谱（溶剂：D_2O）

^{1}H NMR：δ 7.66～7.59（H－11，12，m，2H），7.55（H－14，d，J=7.9 Hz，1H），7.36（H－13，t，J=7.5 Hz，1H），7.27（H－5，9，d，J=8.7 Hz，2H），6.88（H－6，8，d，J=8.7 Hz，2H），5.03（H－2，d，J=7.6 Hz，1H），4.95（H－3，d，J=7.6 Hz，1H），4.37（H－16a，m，1H），4.06（H－16b，m，1H），3.74（H－20，s，3H），3.53（H－17a，m，1H），3.28（H－17b，m，1H），2.89（H－18，19，s，6H），1.85（H－22，s，3H）

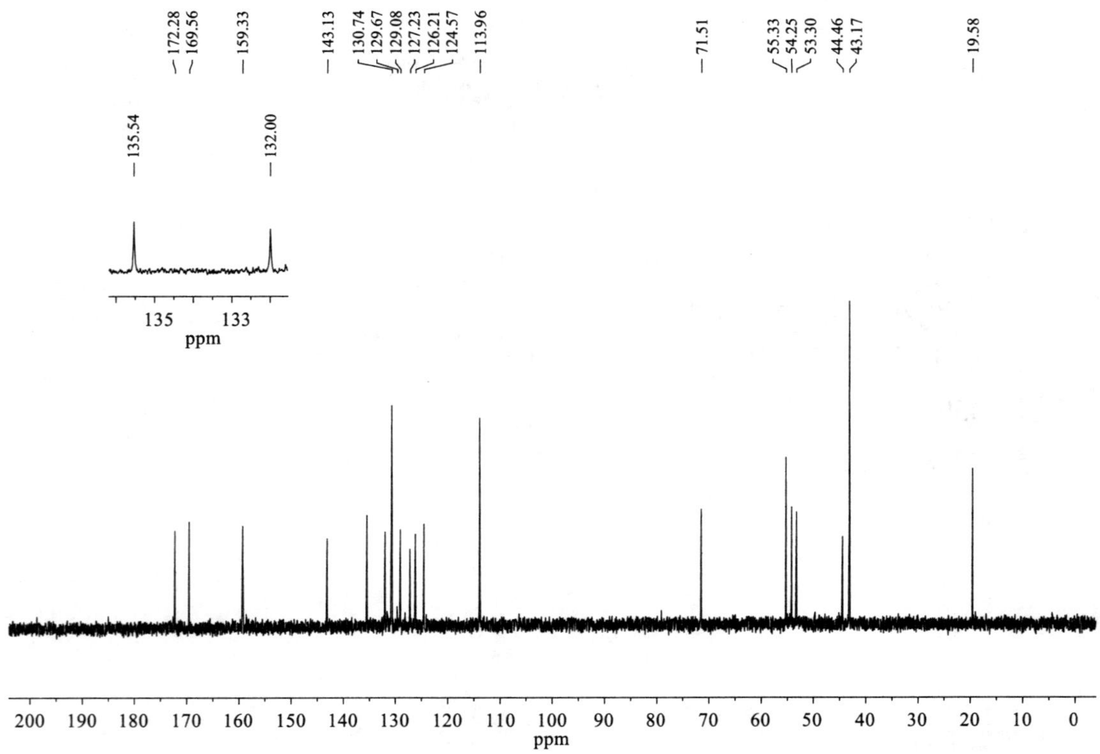

图 2　盐酸地尔硫䓬的^{13}C NMR 谱（溶剂：D_2O）

^{13}C NMR：δ 172.28（C－21），169.56（C－1），159.33（C－7），143.13（C－15），135.54（C－11），132.00（C－10），130.74（C－5），129.67（C－9），129.08（C－13），127.23（C－4），126.21（C－12），124.57（C－14），113.96（C－6，8），71.51（C－2），55.33（C－20），54.25（C－3），53.30（C－17），44.46（C－16），43.17（C－18，19），19.58（C－22）

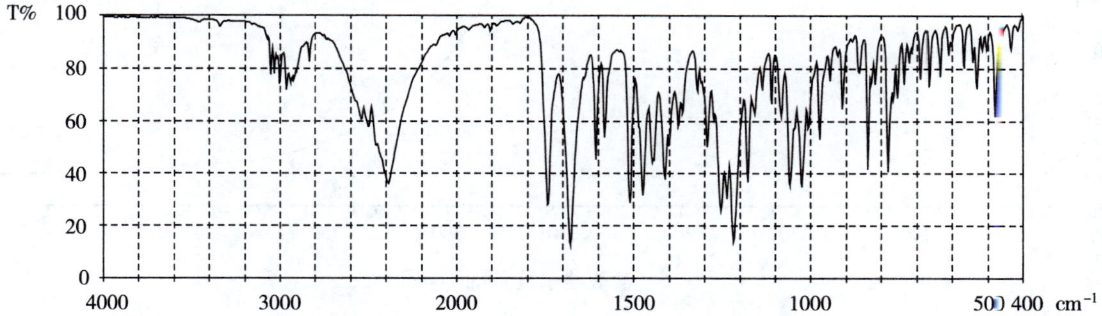

图 3　盐酸地尔硫䓬的红外光谱图

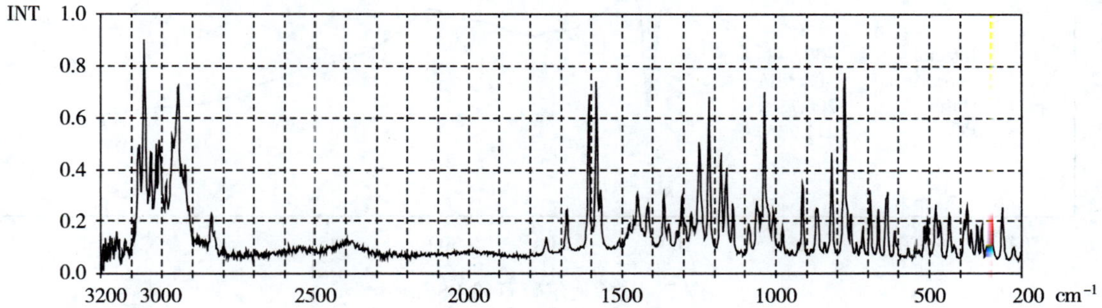

图 4　盐酸地尔硫䓬的拉曼光谱图

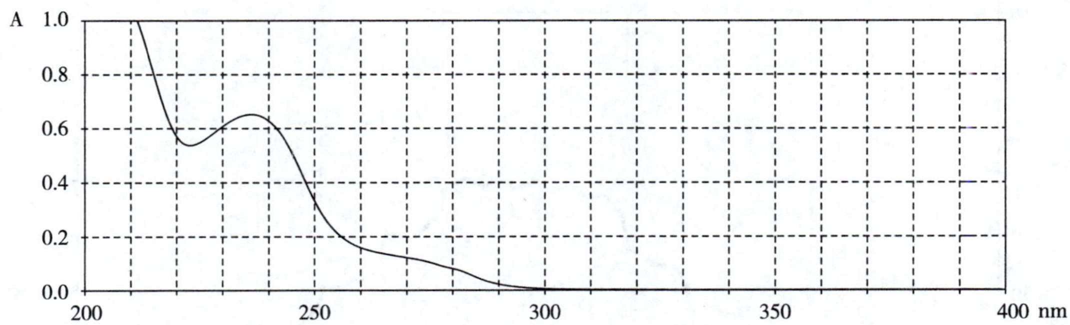

图 5　盐酸地尔硫䓬的紫外光谱图

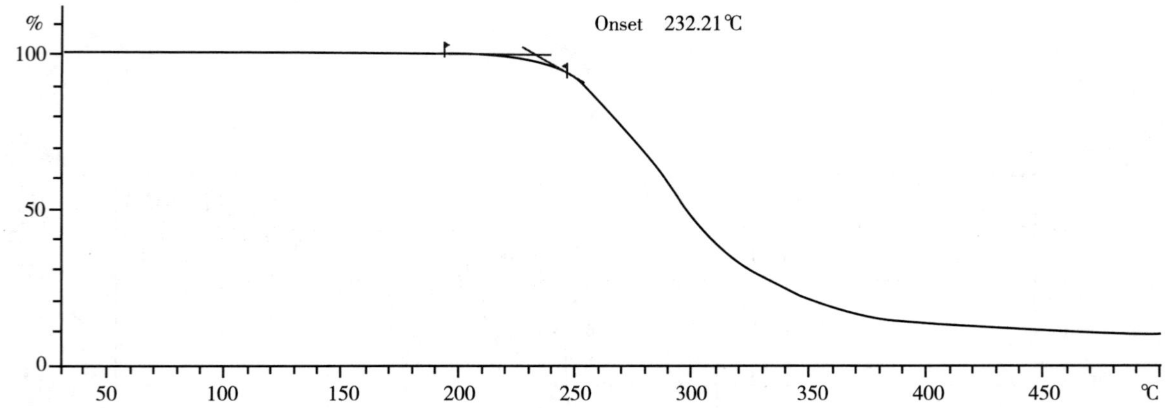

图 6　盐酸地尔硫䓬的 TG 图

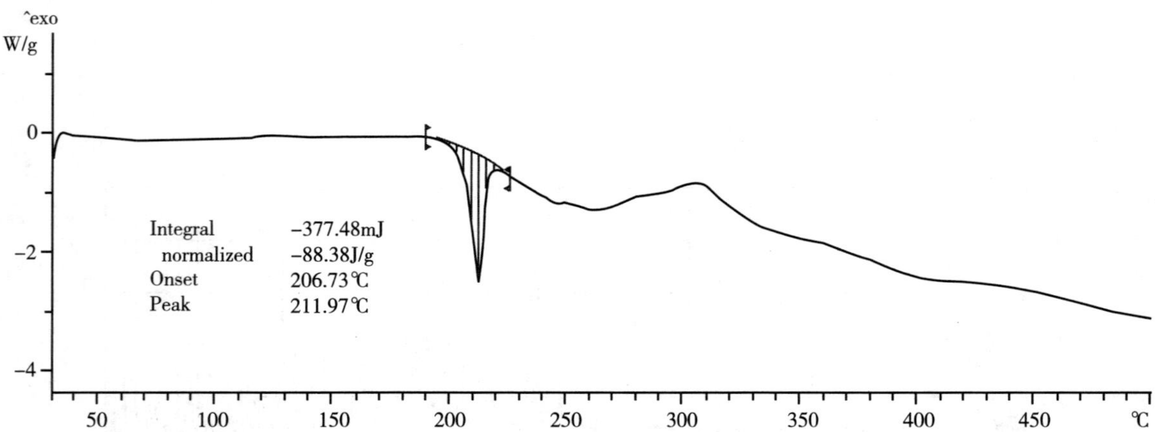

图 7　盐酸地尔硫䓬的 DSC 图

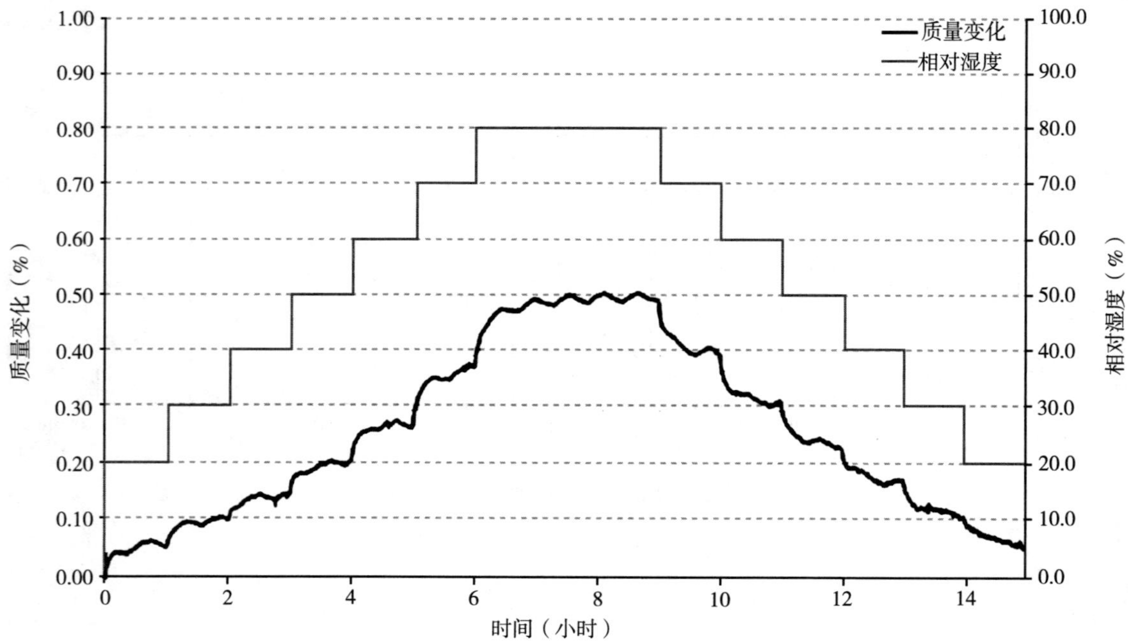

图 8　盐酸地尔硫䓬的 DVS 图

正离子扫描模式（一级）

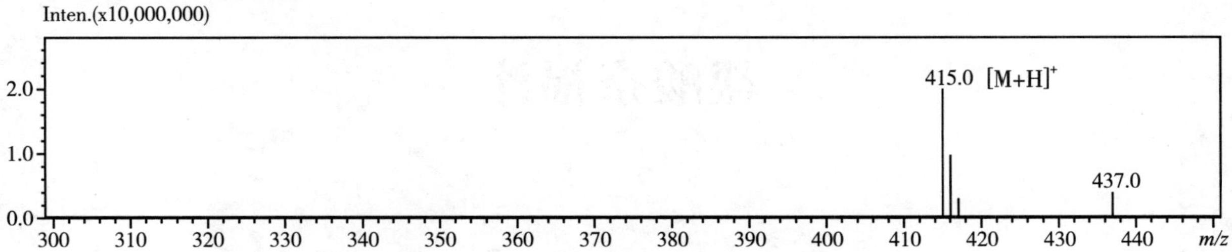

正离子扫描模式（二级）

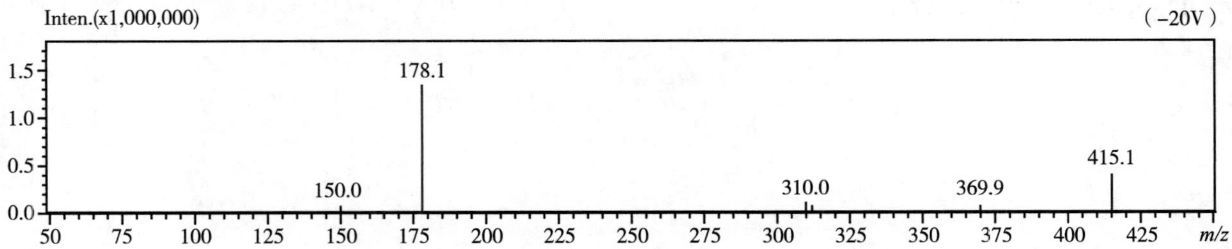

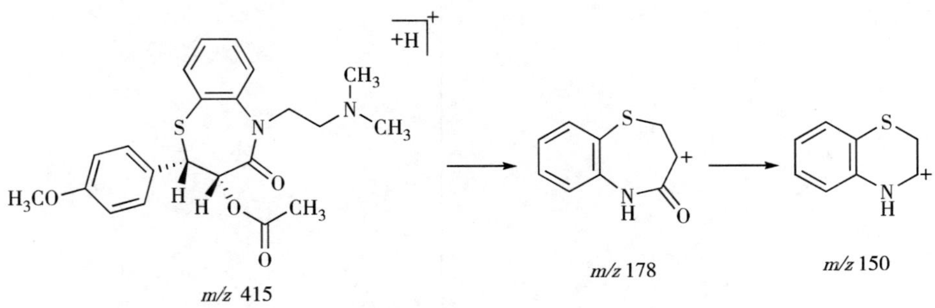

图9　盐酸地尔硫䓬的质谱图

备注

1. **中文化学名**　顺－(＋)－5－[(2－二甲氨基)乙基]－2－(4－甲氧基苯基)－3－乙酰氧基－2,3－二氢－1,5－苯并硫氮杂䓬－4(5*H*)酮盐酸盐
2. **英文化学名**　(2*S*－*cis*)－3－(acetyloxy)－5－[2－(dimethylamino)ethyl]－2,3－dihydro－2－(4－methoxy phenyl)－1,5－benzothiazepin－4(5*H*)－one hydrochloride
3. **性状**　本品为白色或类白色的结晶或结晶性粉末；无臭，味苦。
4. **溶解性**　本品在水、甲醇或三氯甲烷中易溶，在乙醚中不溶。
5. **溶剂**　0.1mol/L盐酸溶液。
6. **对照品编号与批号**　100161－200503

盐酸奈福泮

英文名 Nefopam Hydrochloride

分子式 $C_{17}H_{19}NO \cdot HCl$

分子量 289.80

CAS 号 23327－57－3

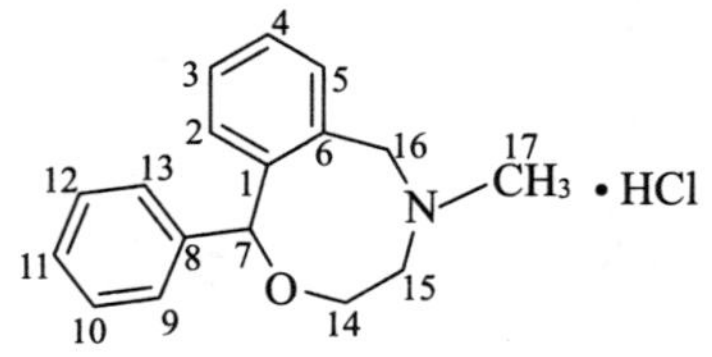

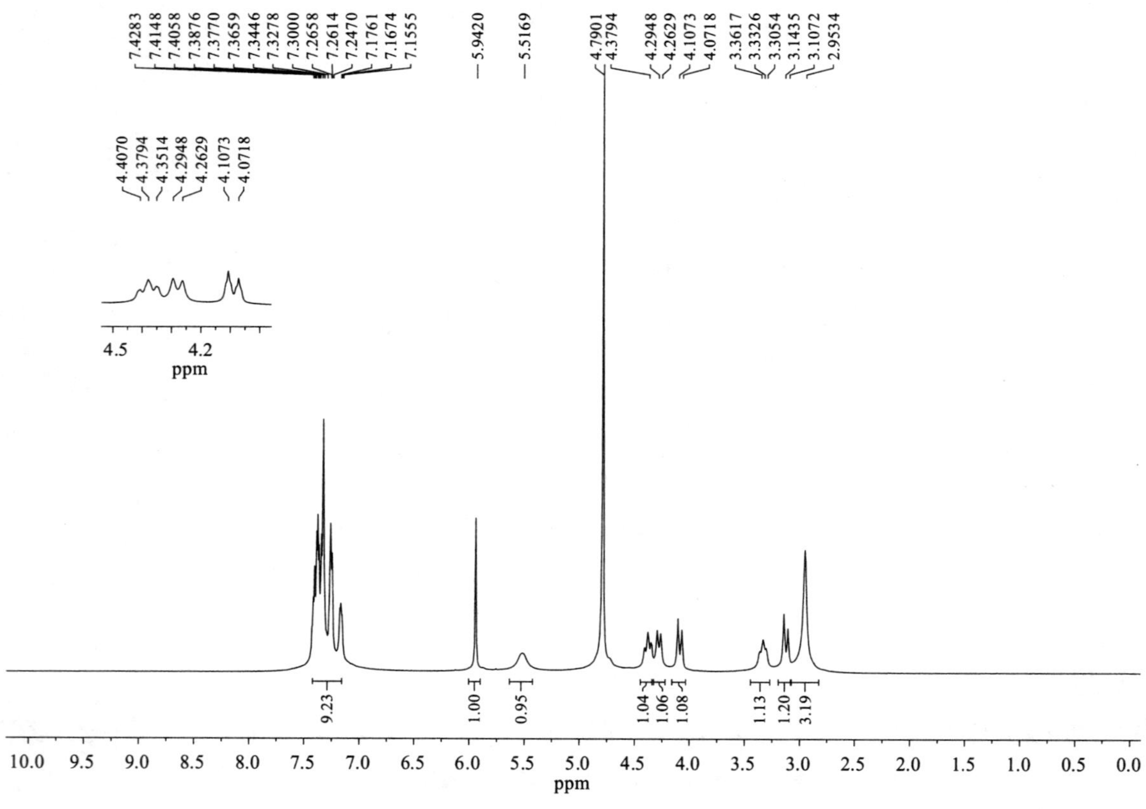

图 1　盐酸奈福泮的^{1}H NMR 谱（溶剂：D_2O）

^{1}H NMR：δ 7.42～7.13（Ar－H，m，9H），5.94（H－7，s，1H），5.52（H－14a，brs，1H），4.38（H－15a，m，1H），4.28（H－14b，d，J=12.7 Hz，1H），4.09（H－16a，d，J=14.2 Hz，1H），3.33（H－15b，m，1H），3.12（H－16b，d，J=14.2 Hz，1H），2.95（H－17，s，3H）

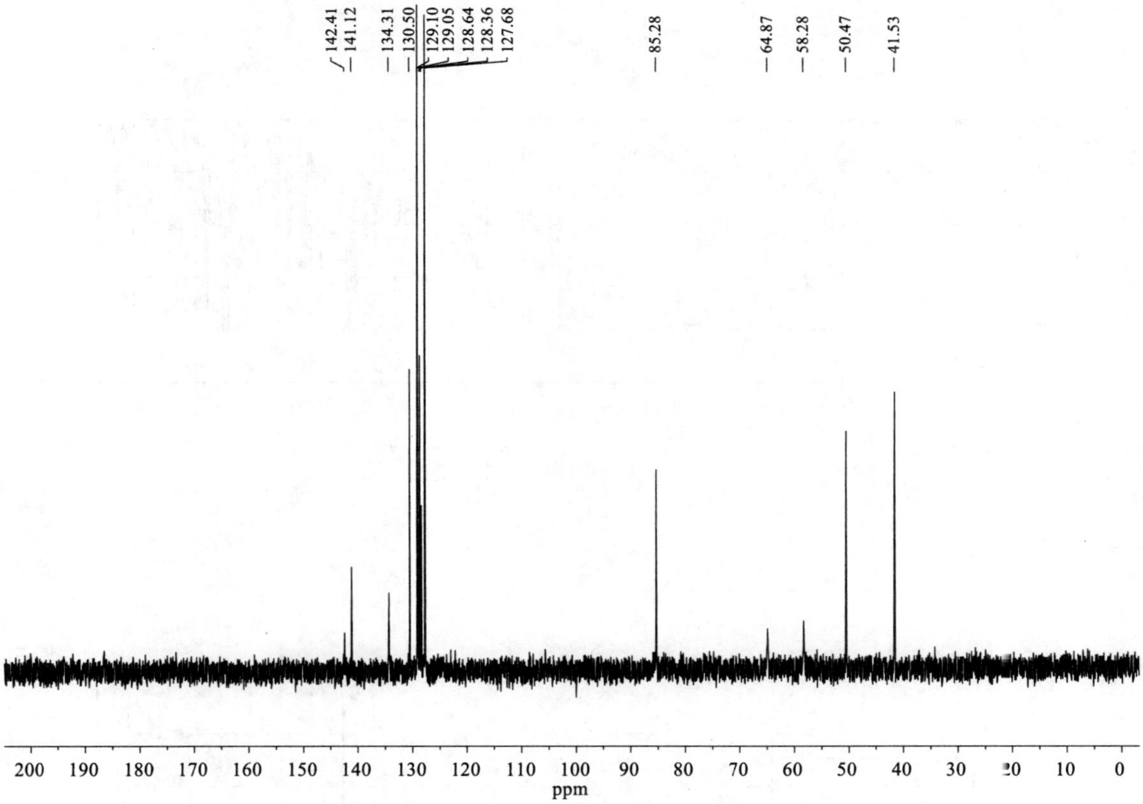

图2　盐酸奈福泮的^{13}C NMR谱（溶剂：D_2O）

^{13}C NMR：δ 142.41（C－8），141.12（C－6），134.31（C－1），130.50（C－5），129.10（C－2），129.05（10，12），128.64（C－3，4），128.36（C－11），127.68（C－9，13），85.28（C－7），64.87（C－14），58.28（C－16），50.47（C－15），41.53（C－17）

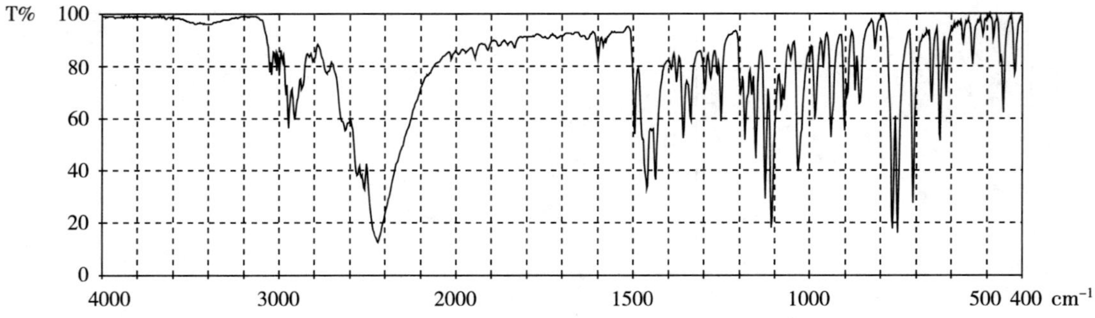

图 3　盐酸奈福泮的红外光谱图

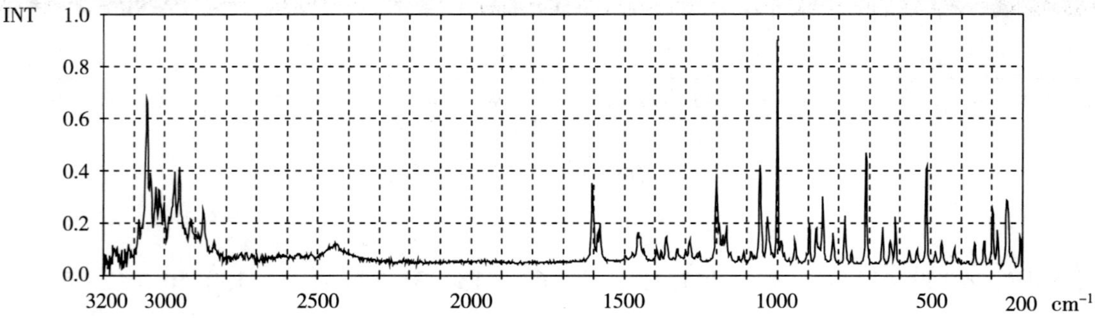

图 4　盐酸奈福泮的拉曼光谱图

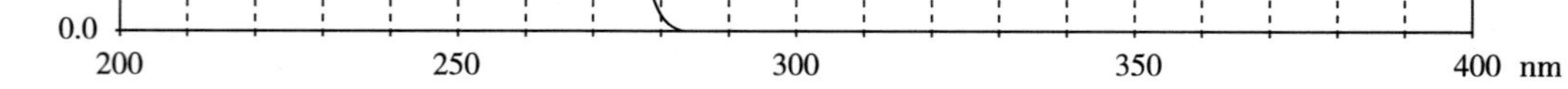

图 5　盐酸奈福泮的紫外光谱图

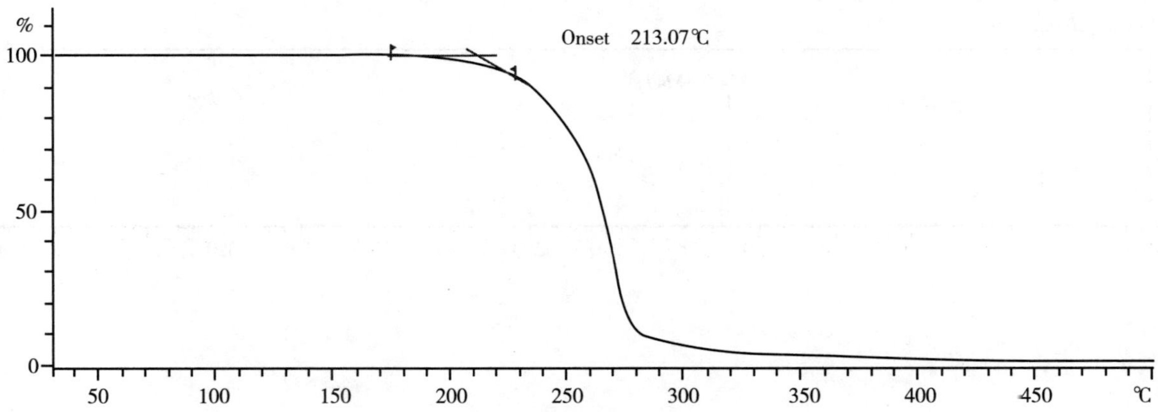

图6 盐酸奈福泮的 TG 图

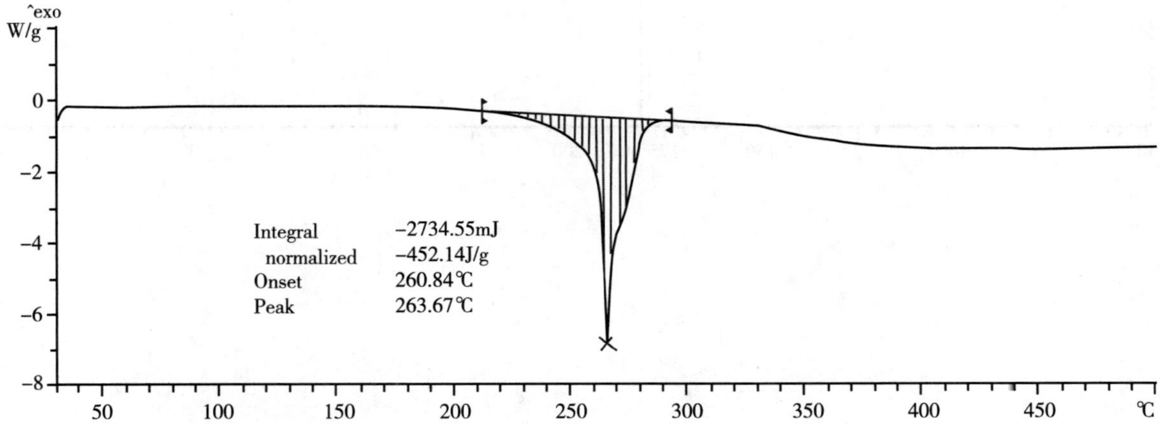

图7 盐酸奈福泮的 DSC 图

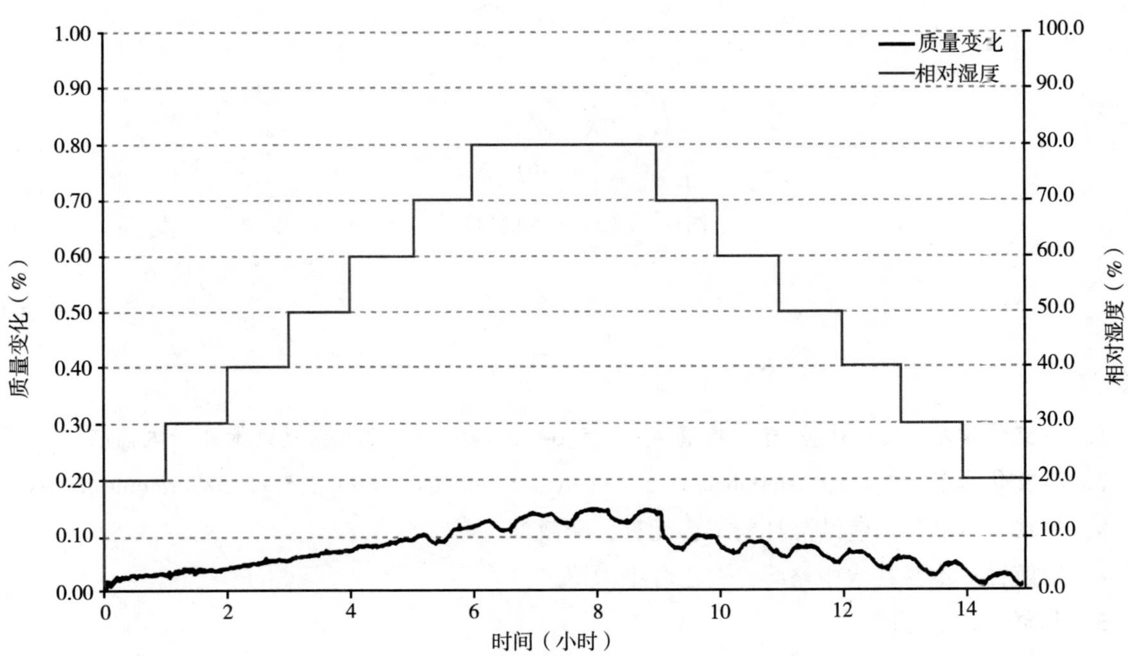

图8 盐酸奈福泮的 DVS 图

正离子扫描模式（一级）

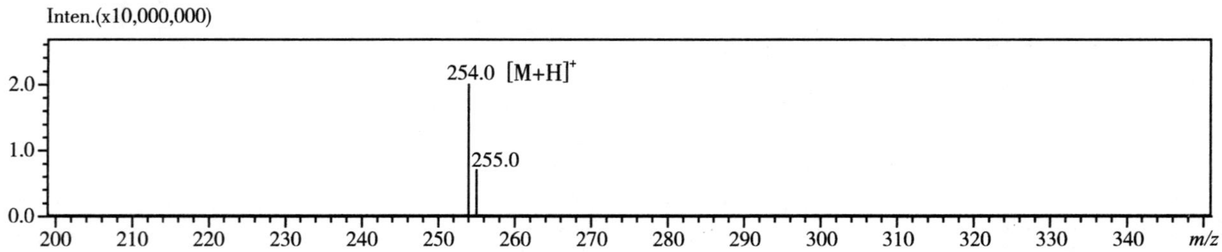

正离子扫描模式（二级）

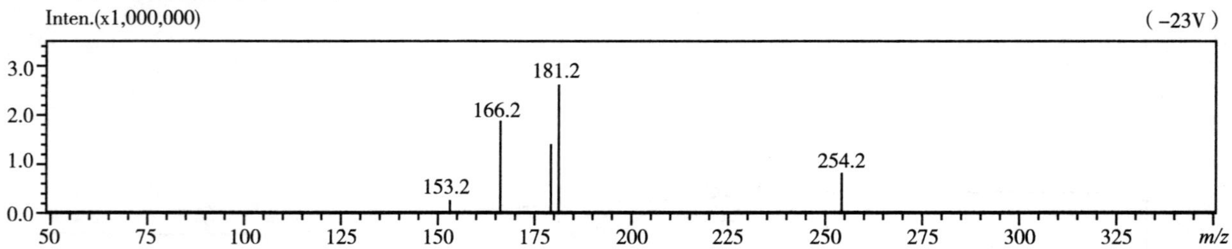

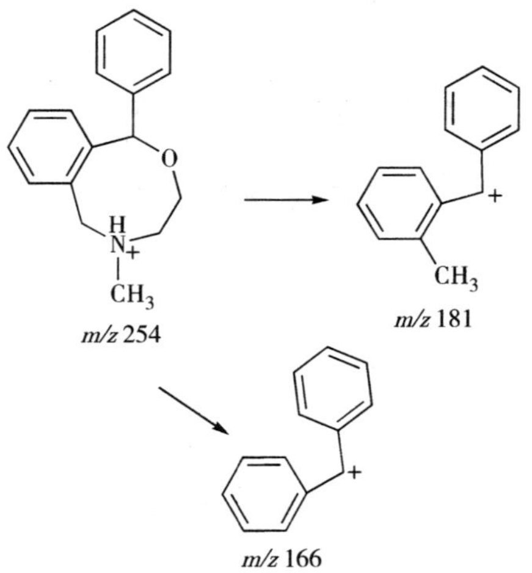

图 9　盐酸奈福泮的质谱图

备注

1. **中文化学名**　5－甲基－1－苯基－3,4,5,6－四氢－1*H*－2,5－氧氮苯并辛因盐酸盐
2. **英文化学名**　3,4,5,6－tetrahydro－5－methyl－1－phenyl－1*H*－2,5－benzoxazocine hydrochloride
3. **性状**　本品为白色结晶性粉末；无臭，味微苦。
4. **溶解性**　本品在水中略溶，在乙醇中微溶。
5. **溶剂**　无水乙醇。
6. **对照品编号与批号**　100168－200602

重酒石酸去甲肾上腺素

英文名 Norepinephrine Bitartrate

分子式 $C_8H_{11}NO_3 \cdot C_4H_6O_6 \cdot H_2O$

分子量 337.28

CAS 号 69815-49-2

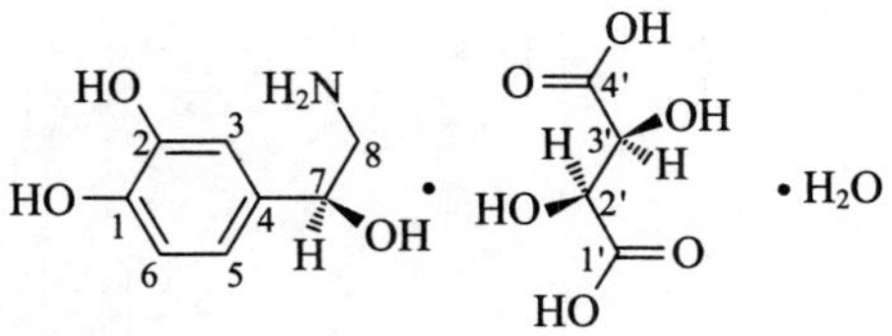

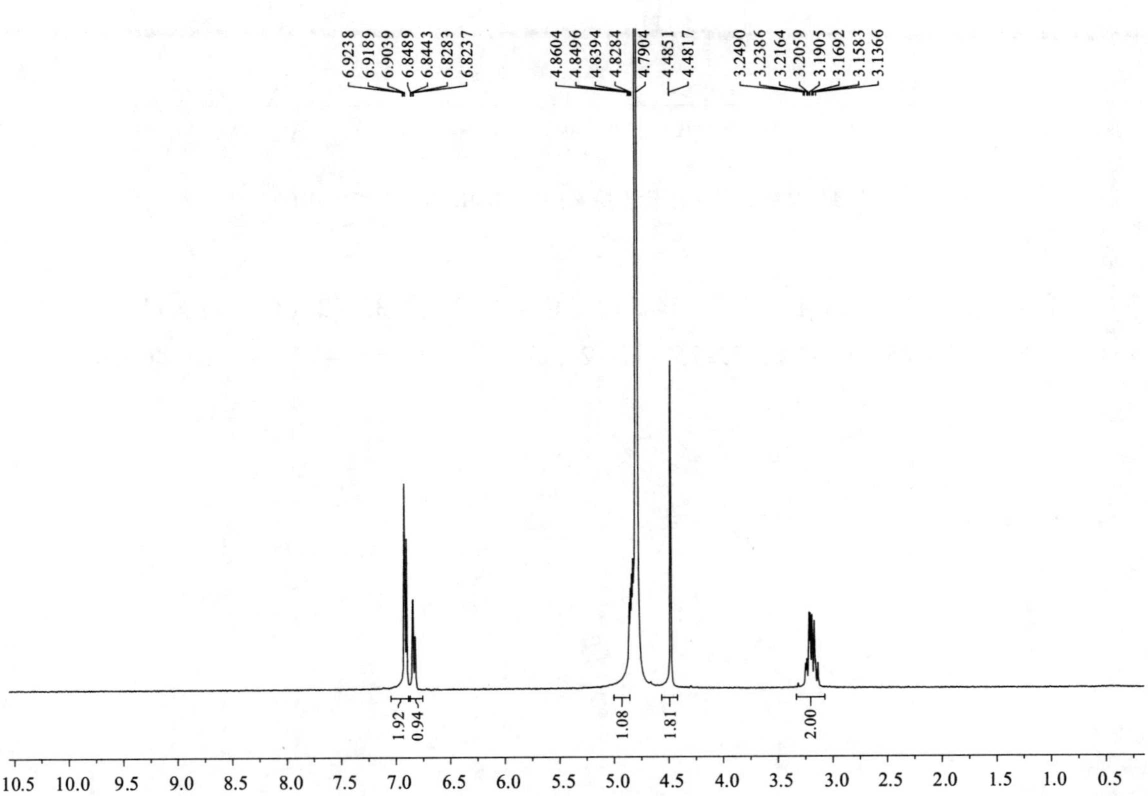

图 1 重酒石酸去甲肾上腺素的^{1}H NMR 谱（溶剂：D_2O）

^{1}H NMR：δ 7.06～6.90（H-3，6，m，2H），6.83（H-5，dd，J=8.2，1.8 Hz，1H），4.84（H-7，m，1H），4.48（H-2′，3′，d，J=1.4 Hz，2H），3.26～3.12（H-8，m，2H）

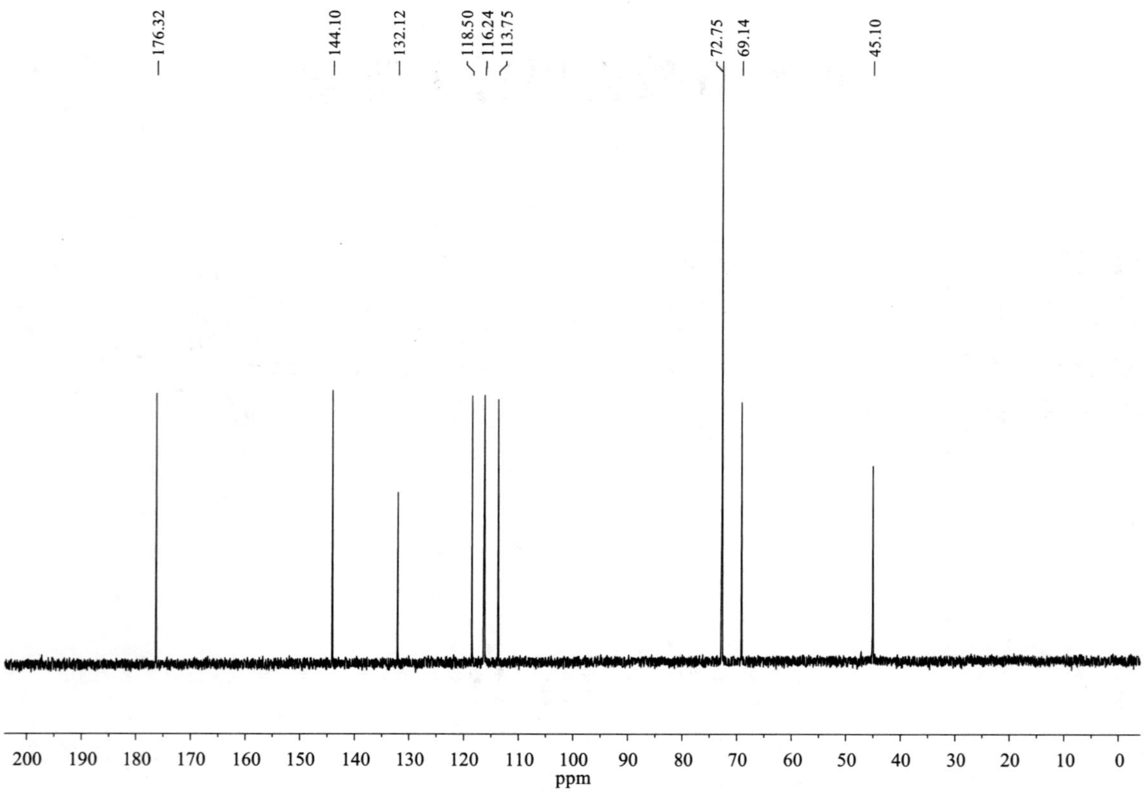

图2 重酒石酸去甲肾上腺素的^{13}C NMR谱（溶剂：D_2O）

^{13}C NMR：δ 176.32（C－1′，4′），144.10（C－1，2），132.12（C－4），118.50（C－5），116.24（C－6），113.75（C－3），72.75（C－2′，3′），69.14（C－7），45.10（C－8）

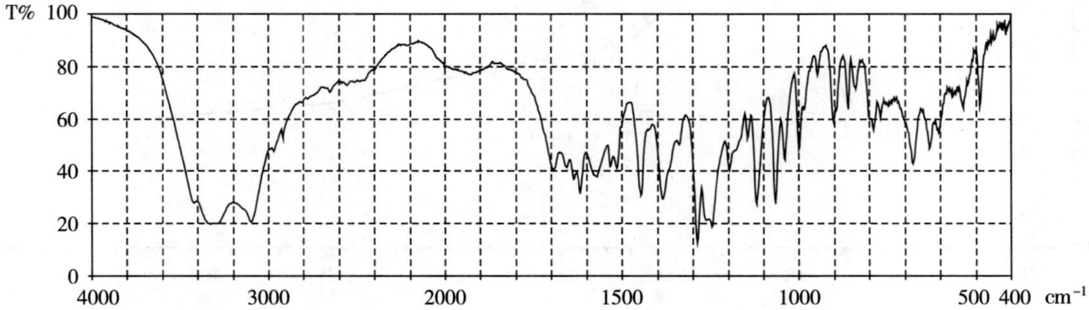

图 3 重酒石酸去甲肾上腺素的红外光谱图

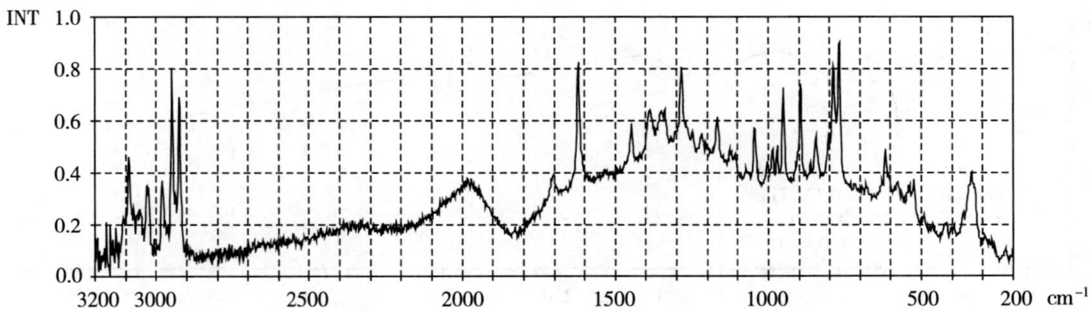

图 4 重酒石酸去甲肾上腺素的拉曼光谱图

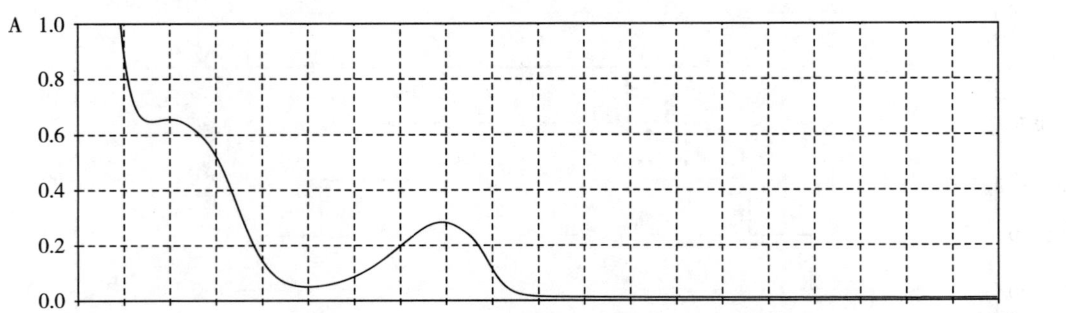

图 5 重酒石酸去甲肾上腺素的紫外光谱图

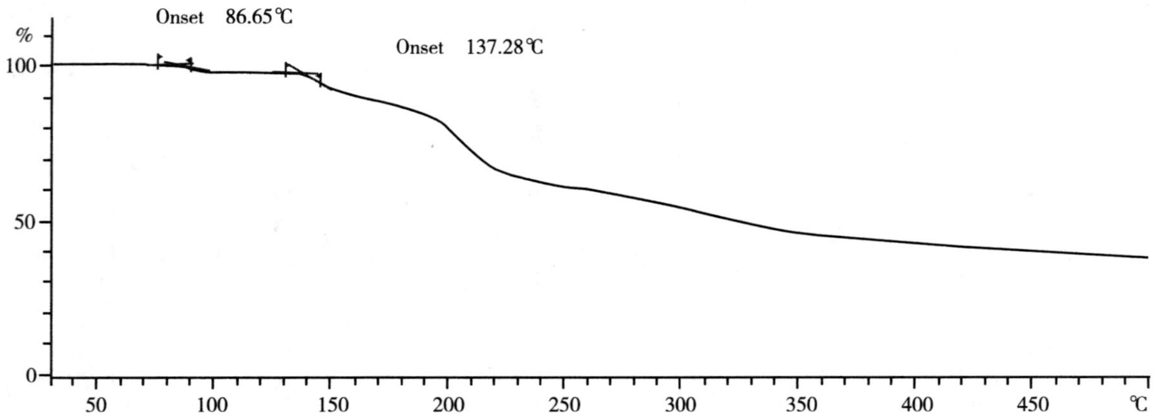

图 6　重酒石酸去甲肾上腺素的 TG 图

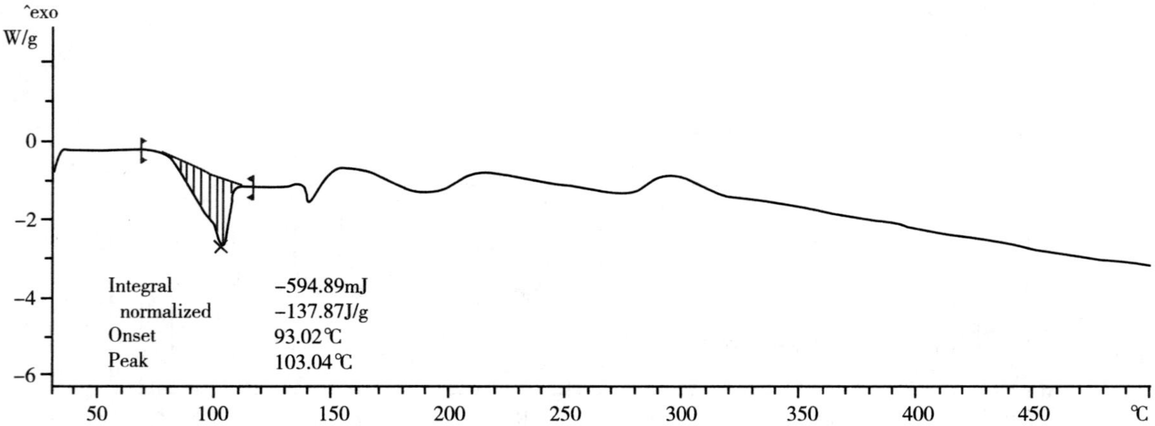

图 7　重酒石酸去甲肾上腺素的 DSC 图

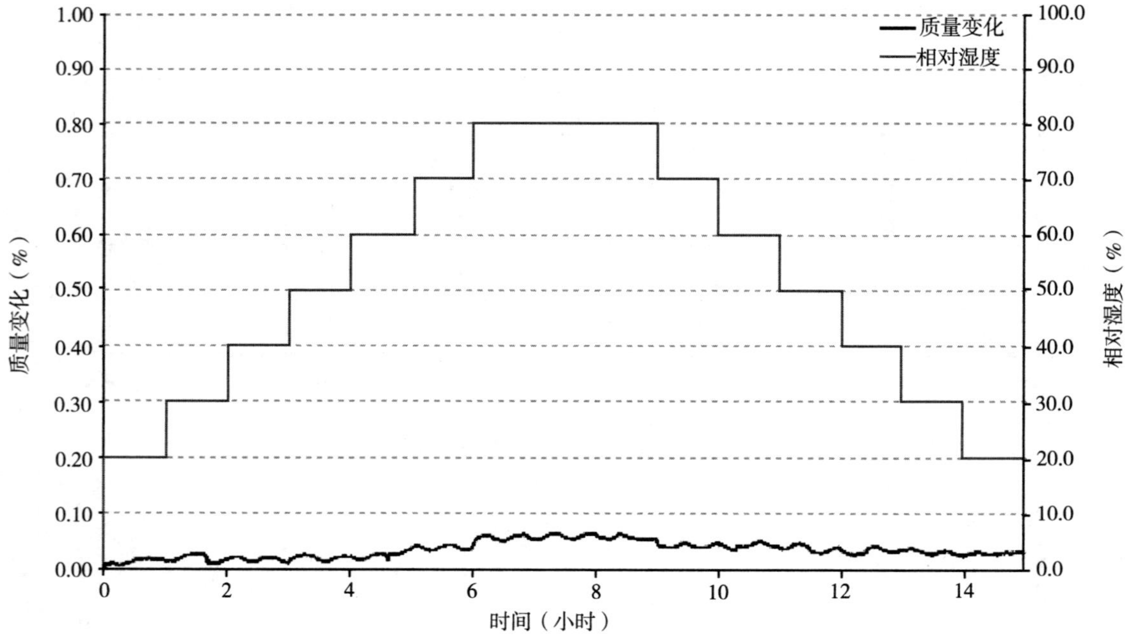

图 8　重酒石酸去甲肾上腺素的 DVS 图

正离子扫描模式（一级）

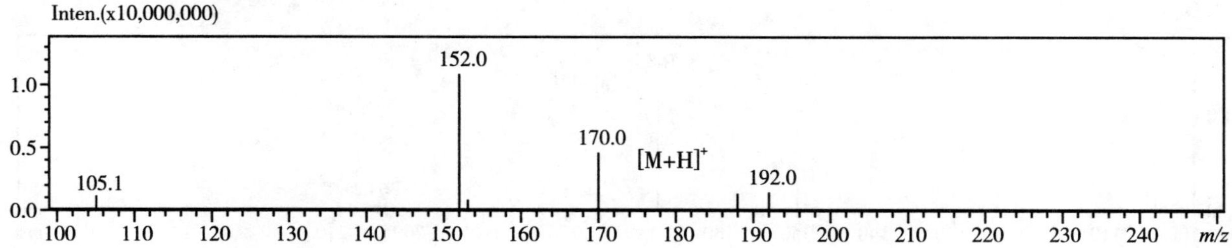

正离子扫描模式（二级）

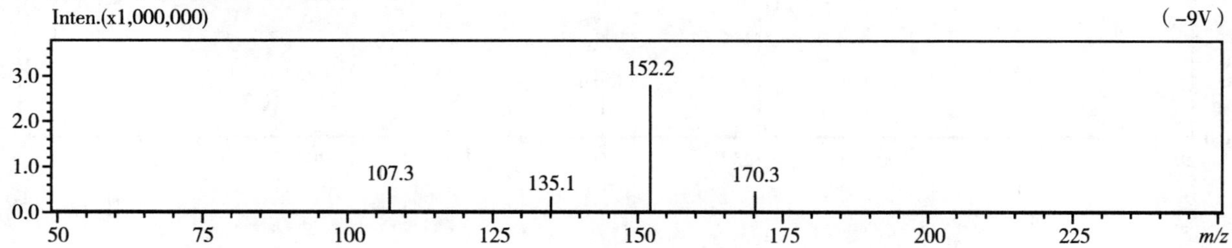

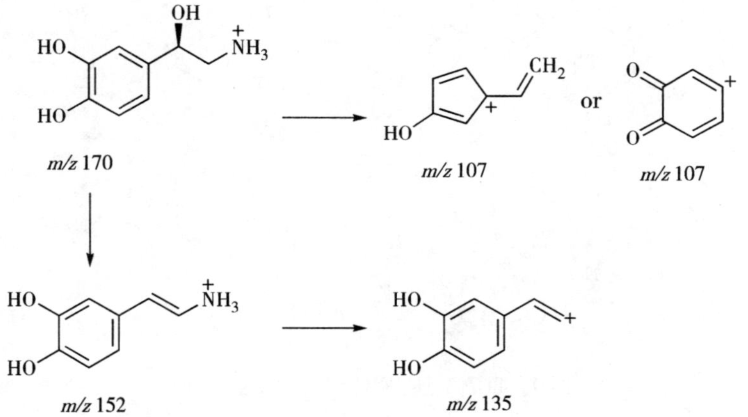

负离子扫描模式（一级）

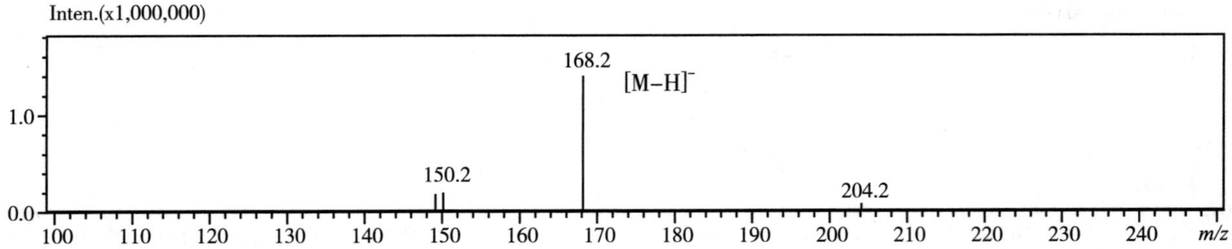

负离子扫描模式（二级）

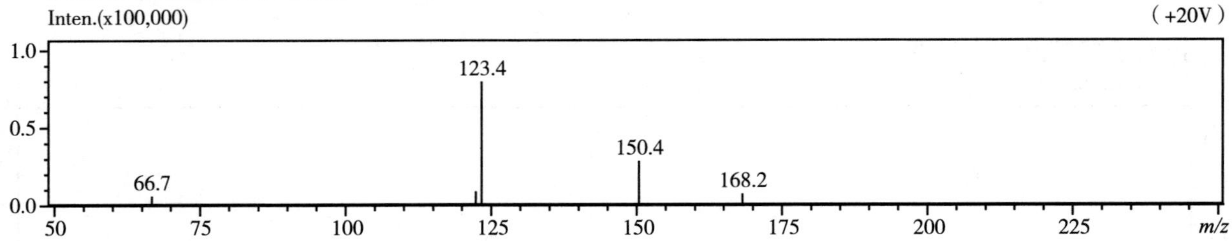

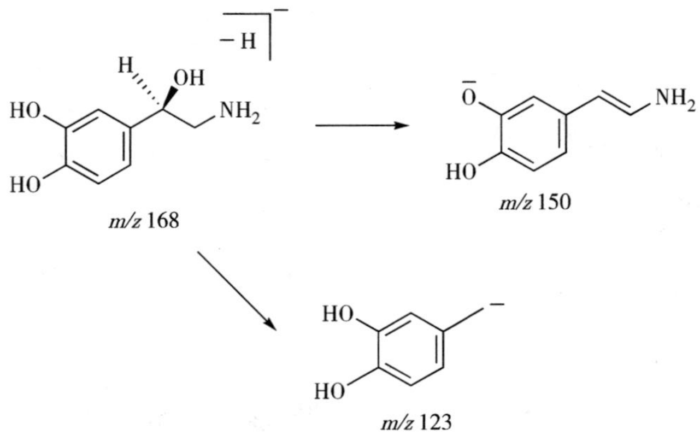

图 9　重酒石酸去甲肾上腺素的质谱图

备注

1. **中文化学名**　(*R*)-4-(2-氨基-1-羟基乙基)-1,2-苯二酚重酒石酸盐一水合物
2. **英文化学名**　(*R*)-4-(2-amino-1-hydroxyethyl)-1,2-benzenediol bitartrate monohydrate
3. **性状**　本品为白色或类白色的结晶性粉末；无臭，味苦；遇光和空气易变质。
4. **溶解性**　本品在水中易溶，在乙醇中微溶，在三氯甲烷或乙醚中不溶。
5. **溶剂**　水。
6. **对照品编号与批号**　100169-201103

醋酸甲地孕酮

英文名 Megestrol Acetate

分子式 $C_{24}H_{32}O_4$

分子量 384.52

CAS 号 595-33-5

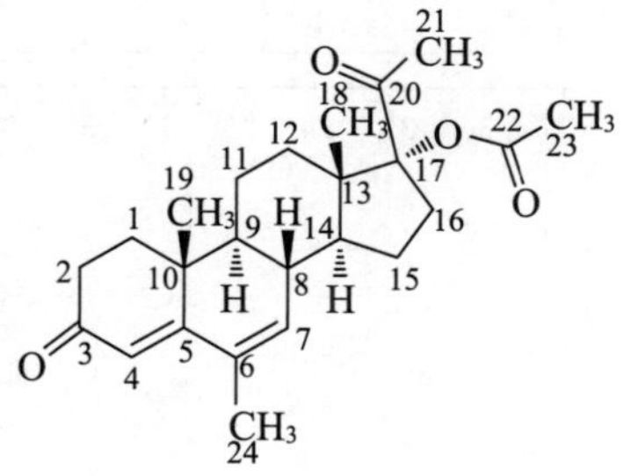

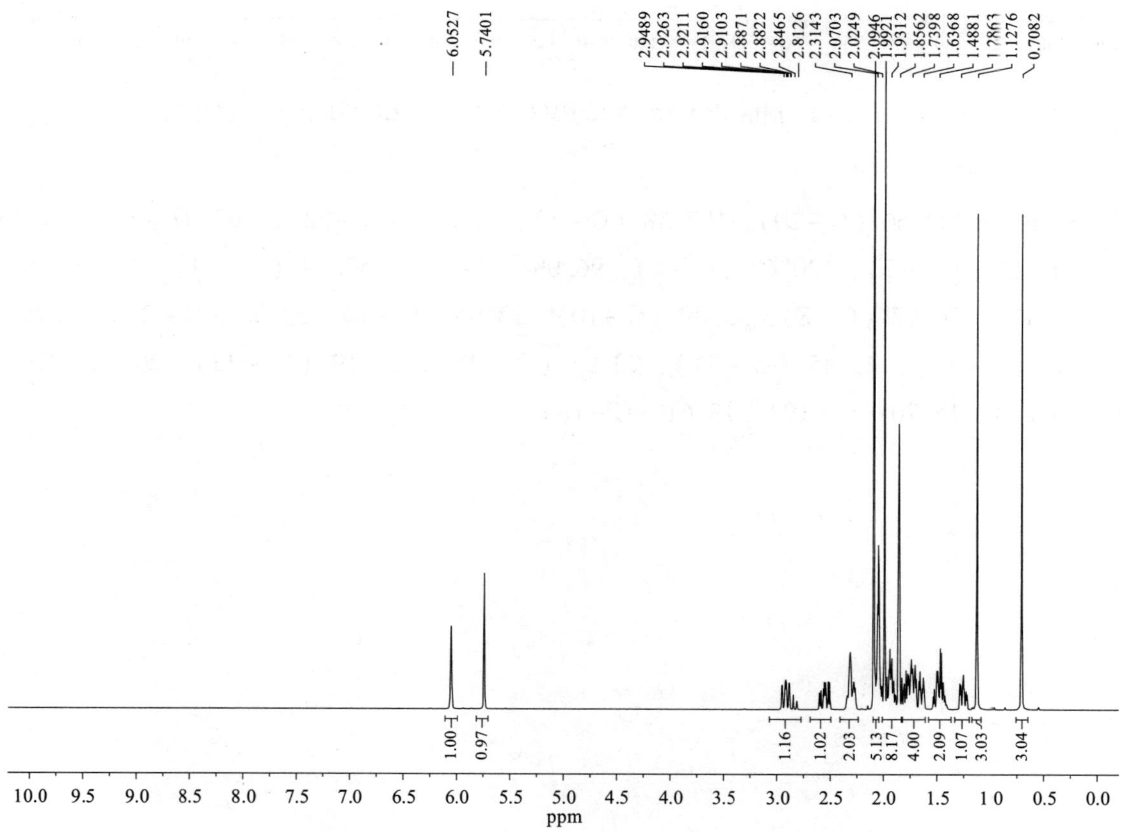

图 1 醋酸甲地孕酮的^{1}H NMR 谱（溶剂：CD_3COCD_3）

^{1}H NMR：δ 6.05（H-7，s，1H），5.74（H-4，s，1H），2.88（H-16a，m，1H），2.56（H-16b，m，1H），2.37~2.23（m，2H），2.09（H-21，s，3H），2.08~2.00（m，2H），1.99（H~23，s，3H），1.98~1.88（m，2H），1.86（H-24，s，3H），1.84~1.69（m，3H），1.64（m，1H），1.58~1.37（m，2H），1.28（m，1H），1.13（H-21，s，3H），0.71（H-18，s，3H）

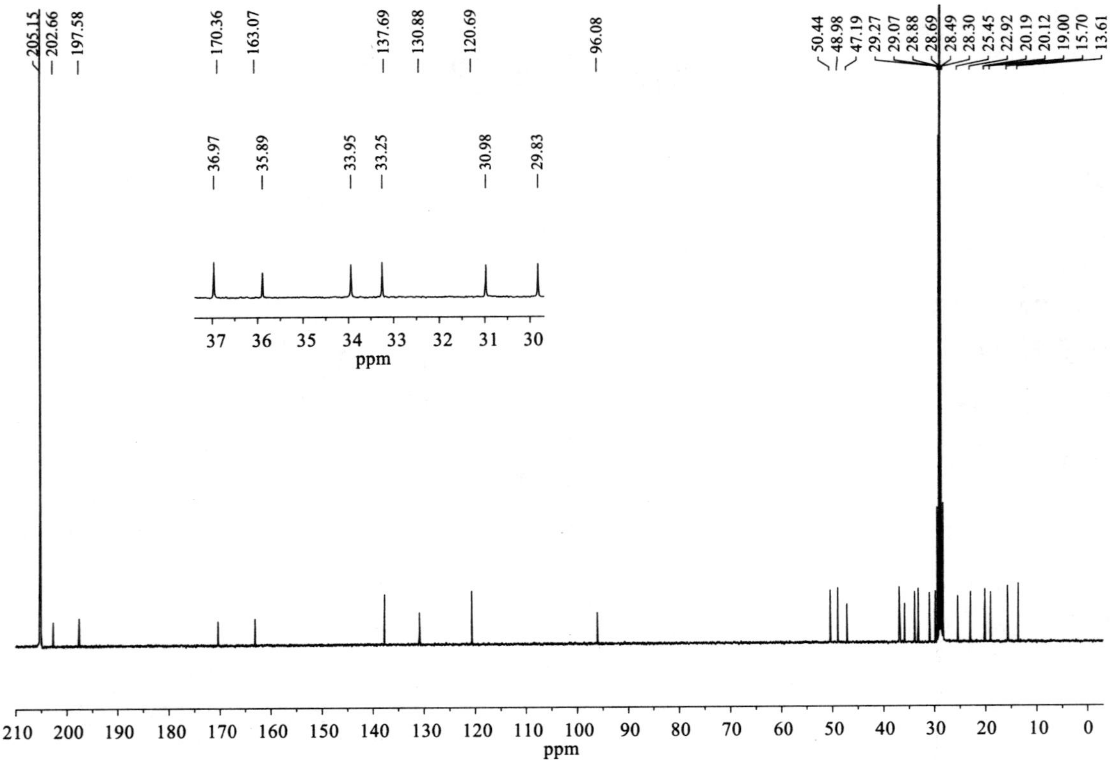

图 2　醋酸甲地孕酮的^{13}C NMR 谱（溶剂：CD_3COCD_3）

^{13}C NMR：δ 202. 66（C－20），197. 58（C－3），170. 36（C－22），163. 07（C－5），137. 69（C－6），130. 88（C－7），120. 69（C－4），96. 08（C－17），50. 44（C－14），48. 98（C－9），47. 19（C－13），36. 97（C－8），35. 89（C－10），33. 95（C－1），33. 25（C－2），30. 98（C－16），29. 83（C－12），25. 45（C－21），22. 92（C－15），20. 19（C－23），20. 12（C－11），19. 00（C－24），15. 70（C－19），13. 61（C－18）

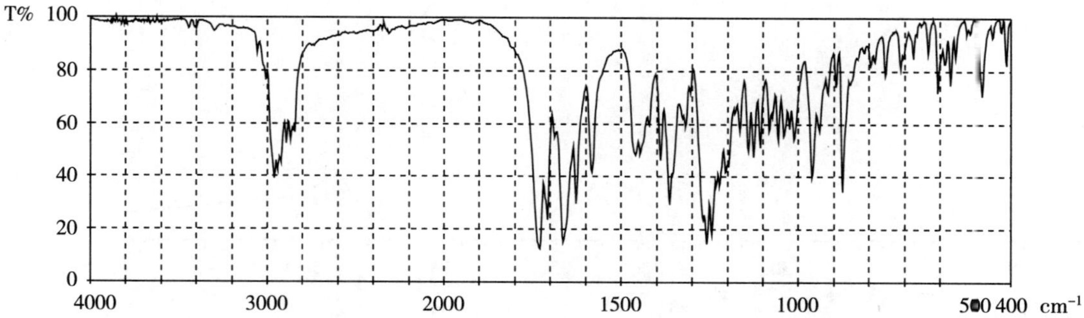

图 3　醋酸甲地孕酮的红外光谱图

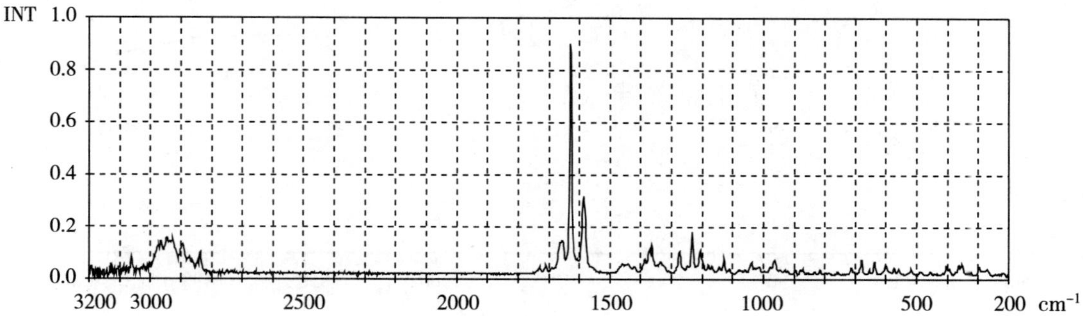

图 4　醋酸甲地孕酮的拉曼光谱图

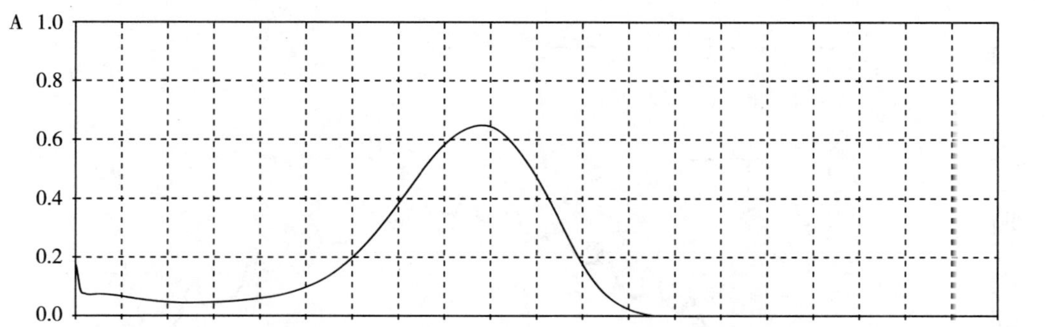

图 5　醋酸甲地孕酮的紫外光谱图

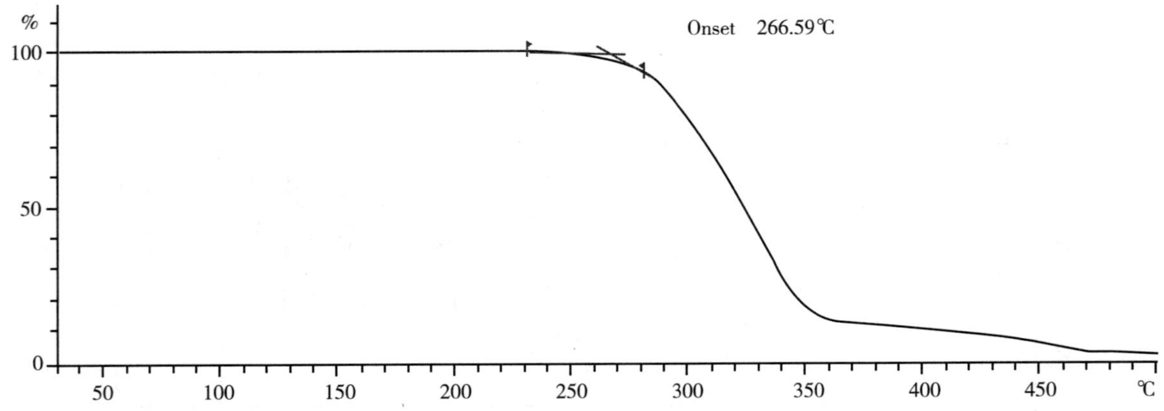

图 6　醋酸甲地孕酮的 TG 图

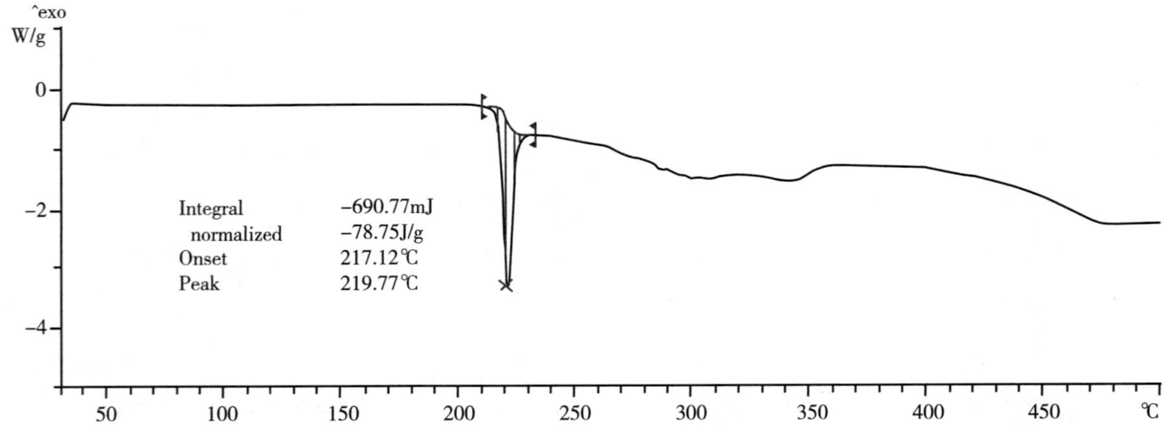

图 7　醋酸甲地孕酮的 DSC 图

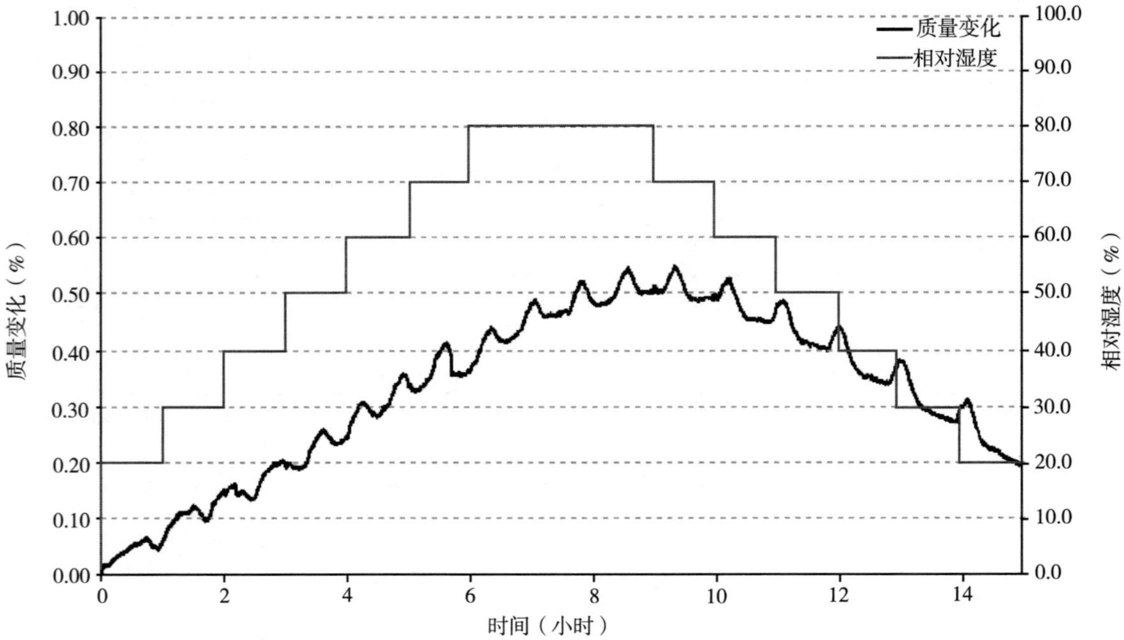

图 8　醋酸甲地孕酮的 DVS 图

正离子扫描模式（一级）

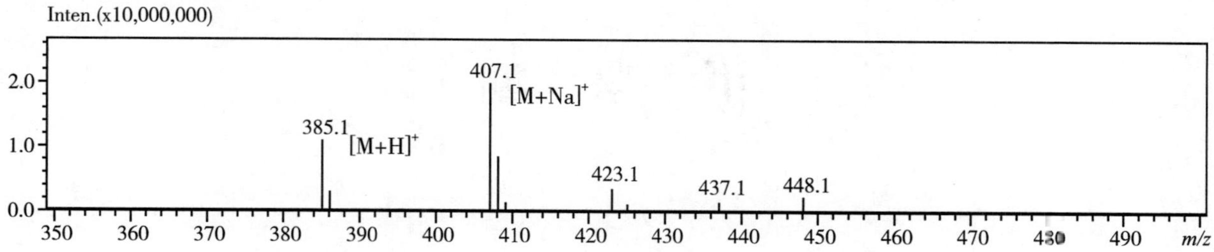

正离子扫描模式（二级）

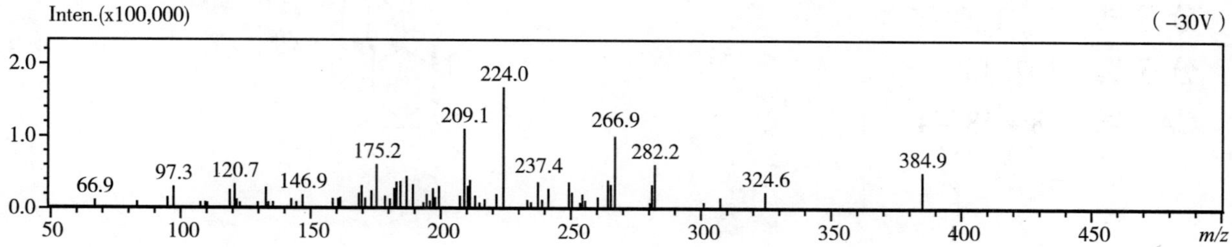

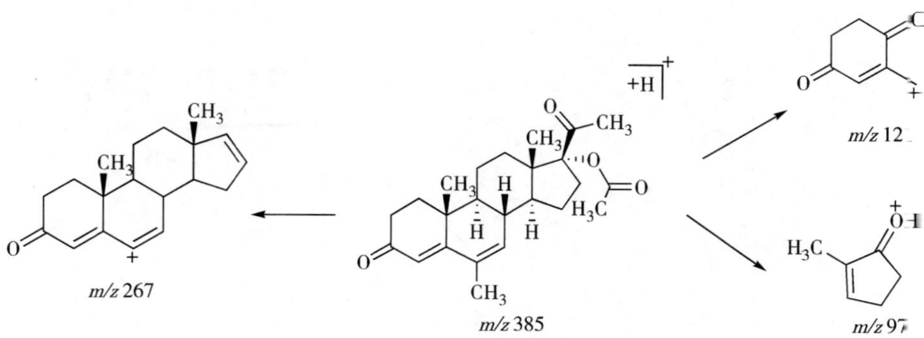

图9　醋酸甲地孕酮的质谱图

备注

1. **中文化学名**　6－甲基－17α－羟基孕甾－4,6－二烯－3,20－二酮－17－醋酸酯
2. **英文化学名**　17－hydroxy－6－methylpregna－4,6－diene－3,20－dione acetate
3. **性状**　本品为白色或类白色的结晶性粉末；无臭，无味。
4. **溶解性**　本品在三氯甲烷中易溶，在丙酮或乙酸乙酯中溶解，在乙醇中略溶，在乙醚中微溶，在水中不溶。
5. **溶剂**　无水乙醇。
6. **对照品编号与批号**　100171－2010503

甲睾酮

英文名 Methyltestosterone

分子式 $C_{20}H_{30}O_2$

分子量 302.46

CAS 号 58－18－4

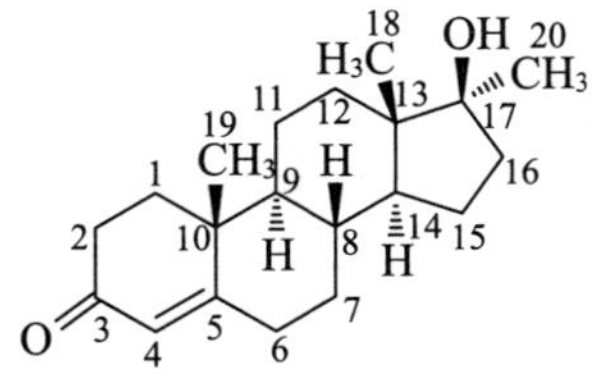

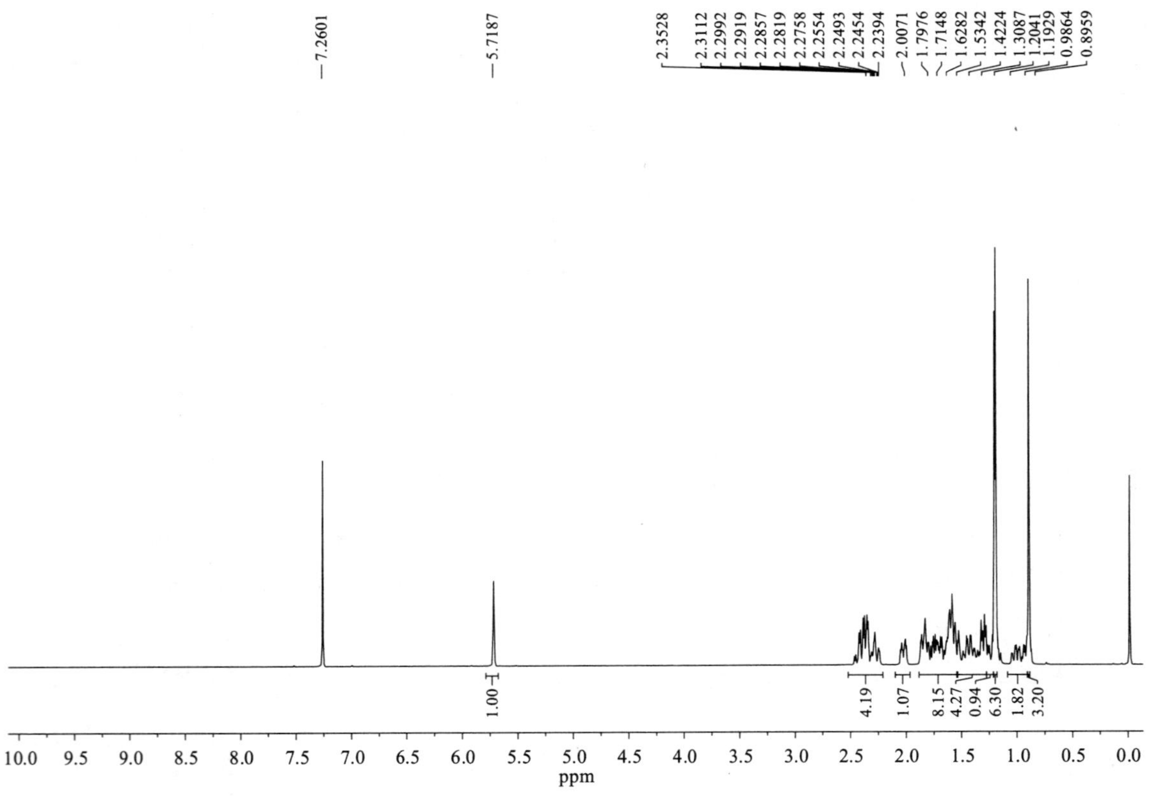

图 1 甲睾酮的¹H NMR 谱（溶剂：$CDCl_3$）

^{1}H NMR：δ 5.72（H－4，s，1H），2.52～2.19（m，4H），2.01（m，1H），1.90～1.54（m，8H），1.53～1.27（m，4H），1.24（m，1H），1.20（H－19，s，3H），1.19（H－20，s，3H），1.08～0.95（m，2H），0.90（H－18，s，3H）

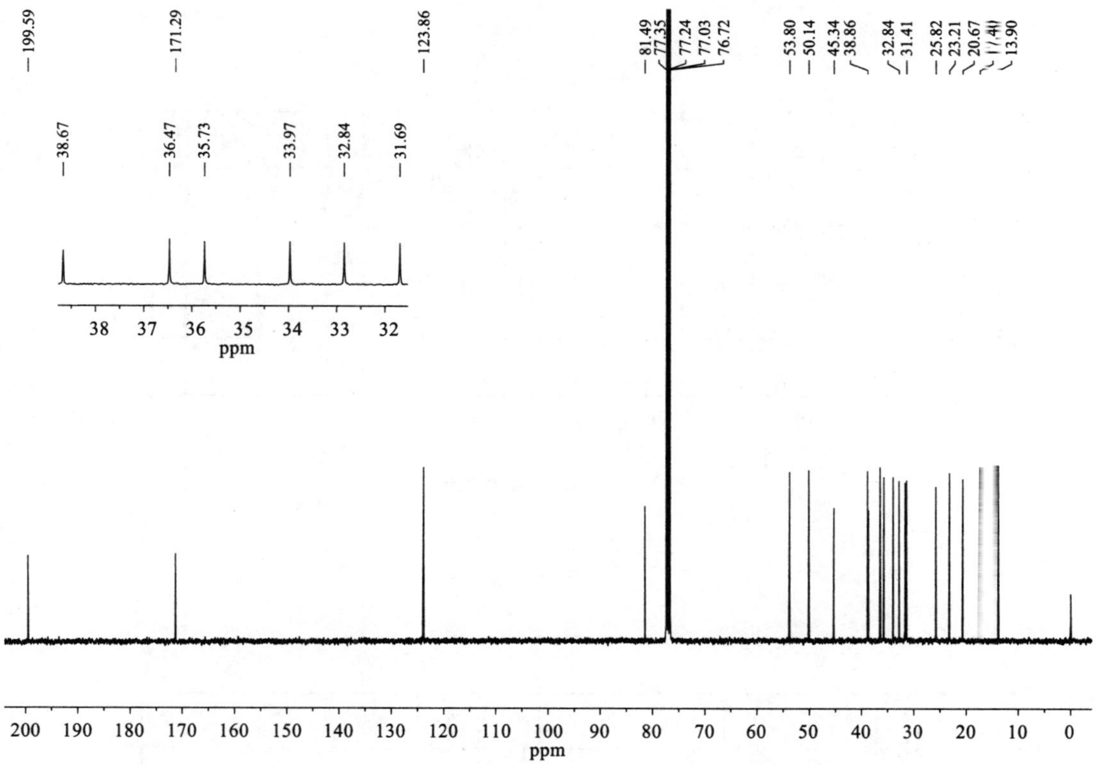

图2 甲睾酮的^{13}C NMR谱（溶剂：$CDCl_3$）

^{13}C NMR：δ 199.59（C－3），171.29（C－5），123.86（C－4），81.49（C－17），53.80（C－9），50.14（C－14），45.34（C－13），38.86（C－16），38.67（C－10），36.47（C－1），35.73（C－8），33.97（C－2），32.84（C－6），31.69（C－7），31.41（C－12），25.82（C－20），23.21（C－15），20.67（C－11），17.40（C－19），13.90（C－18）

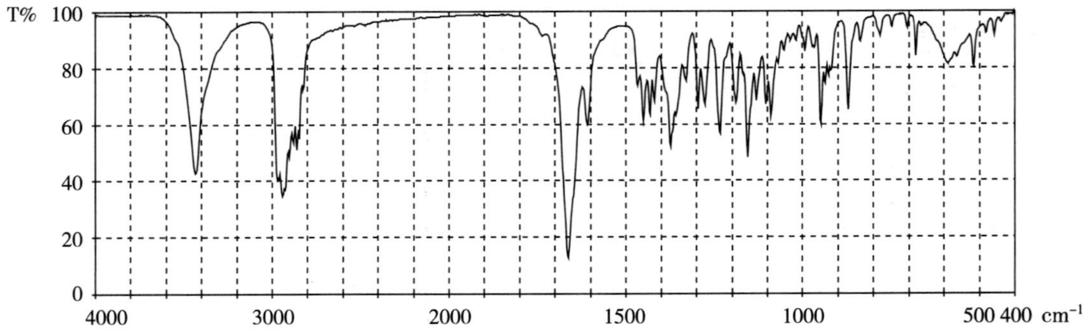

图 3　甲睾酮的红外光谱图

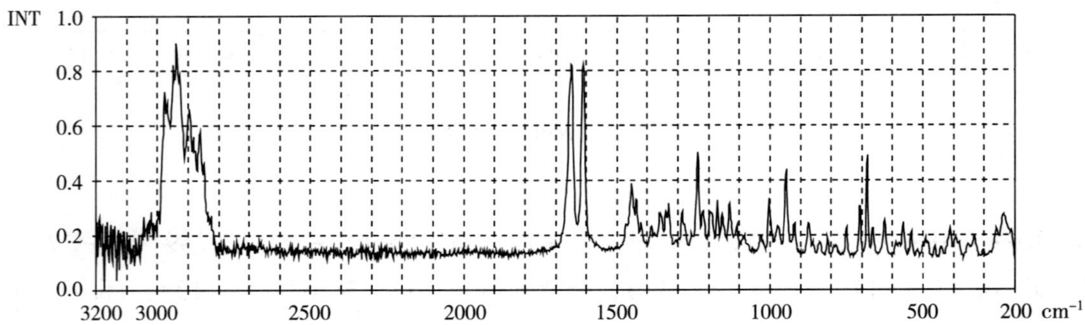

图 4　甲睾酮的拉曼光谱图

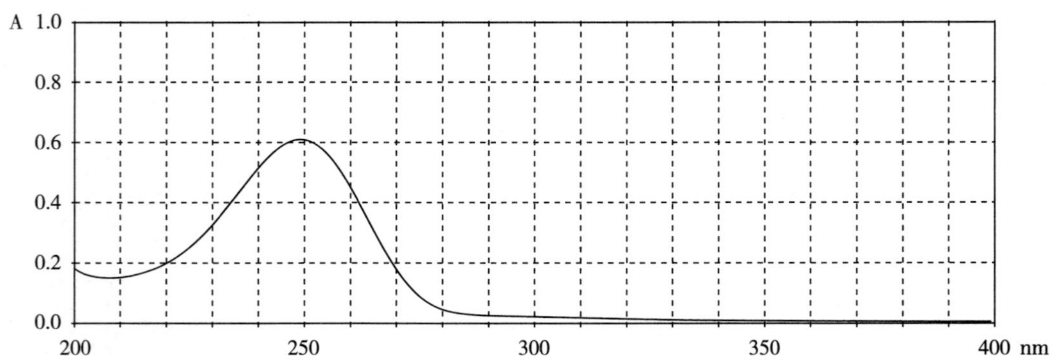

图 5　甲睾酮的紫外光谱图

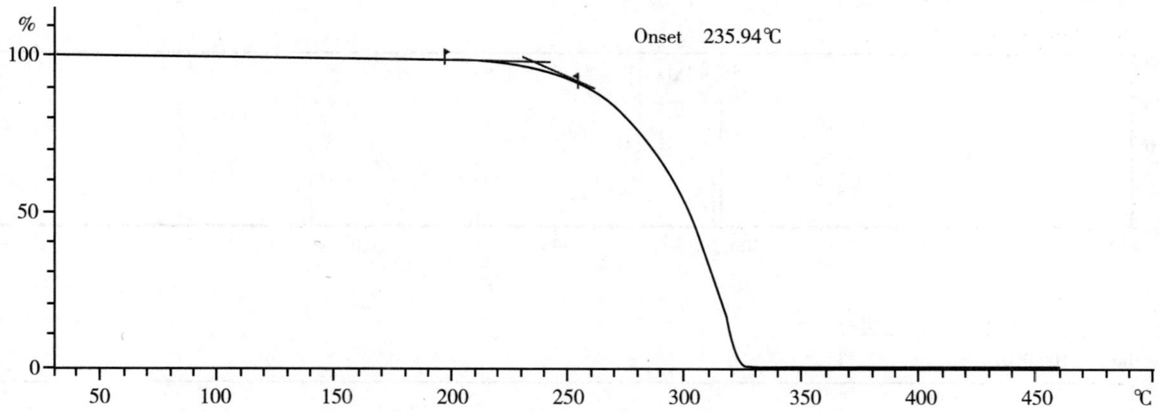

图 6 甲睾酮的 TG 图

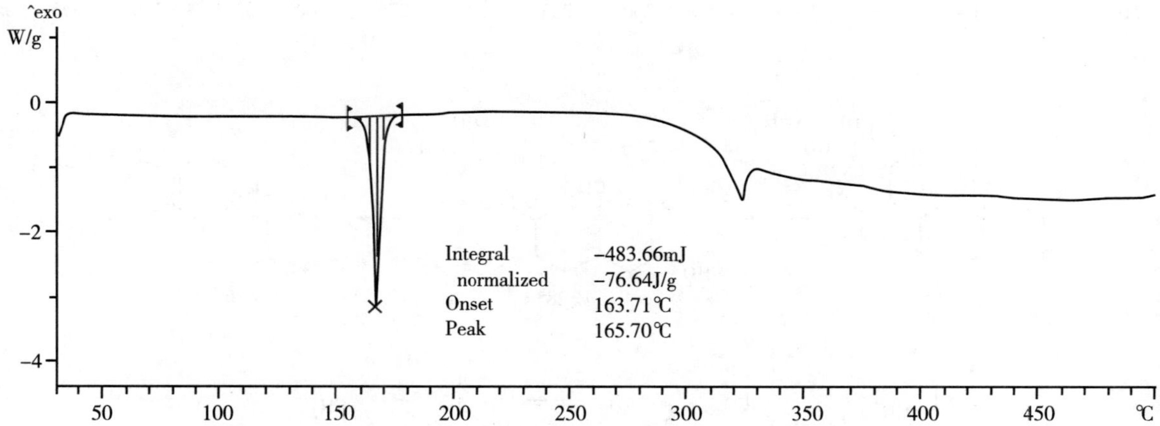

图 7 甲睾酮的 DSC 图

图 8 甲睾酮的 DVS 图

正离子扫描模式（一级）

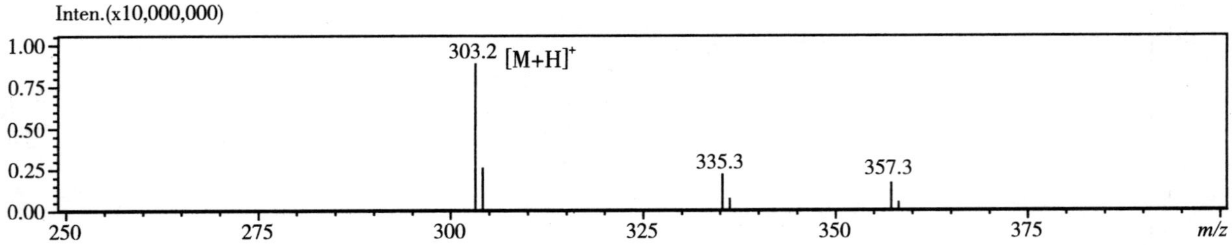

正离子扫描模式（二级）

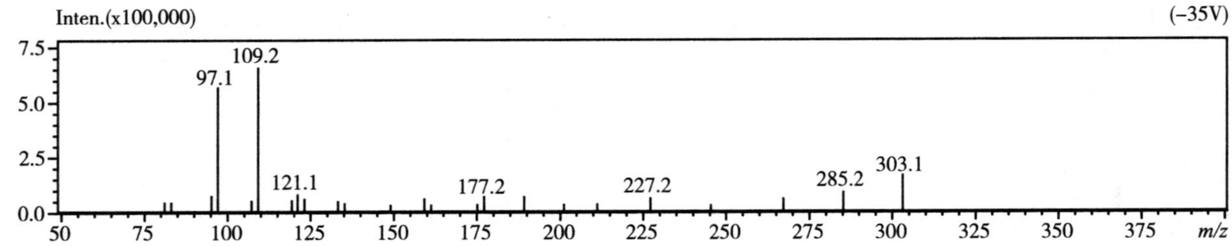

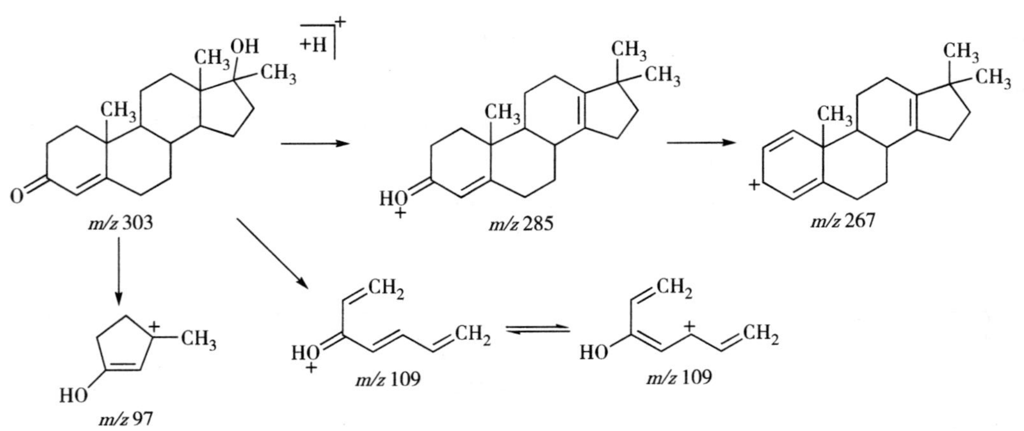

图9　甲睾酮的质谱图

备注

1. **中文化学名**　17α－甲基－17β－羟基雄甾－4－烯－3－酮
2. **英文化学名**　17β－hydroxy－17α－methylandrost－4－en－3－one
3. **性状**　本品为白色或类白色结晶性粉末；无臭，无味；微有引湿性。
4. **溶解性**　本品在乙醇、丙酮或三氯甲烷中易溶，在乙醚中略溶，在植物油中微溶，在水中不溶。
5. **溶剂**　乙醇。
6. **对照品编号与批号**　100172－200503

布 美 他 尼

英文名 Bumetanide

分子式 $C_{17}H_{20}N_2O_5S$

分子量 364.42

CAS 号 28395-03-1

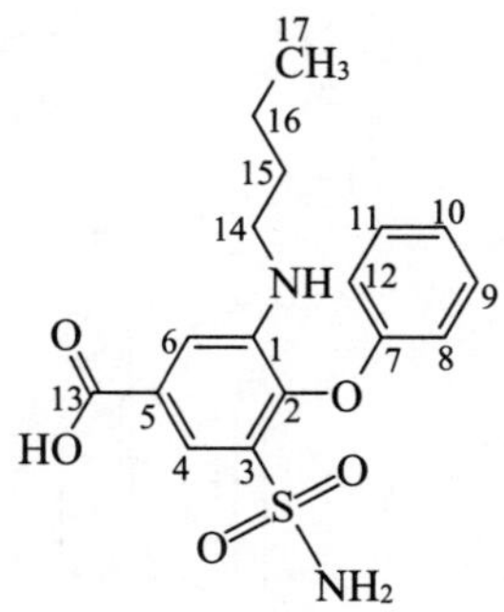

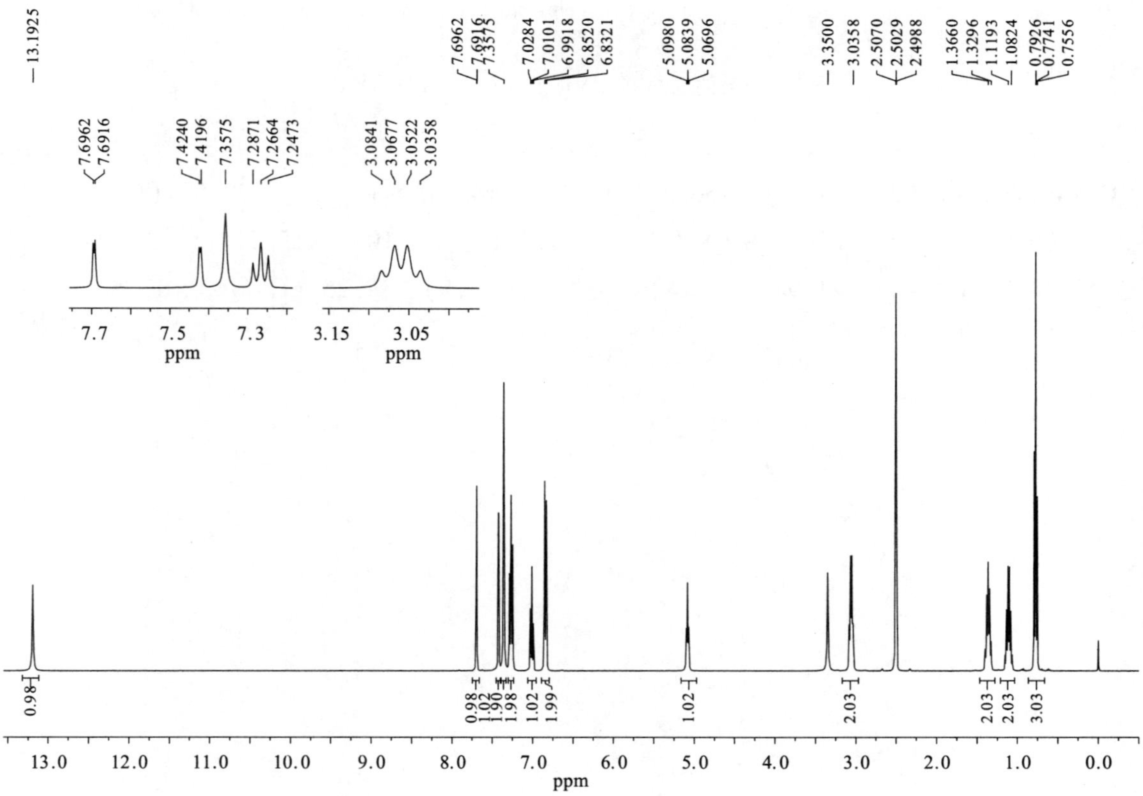

图 1 布美他尼的^{1}H NMR 谱（溶剂：CD_3SOCD_3）

^{1}H NMR：δ 13.19（COOH，s，1H），7.69（H-6，d，J=1.8 Hz，1H），7.42（H-4，d，J=1.8 Hz，1H），7.36（NH_2，s，2H），7.27（H-9，11，t，J=8.0 Hz，2H），7.01（H-10，t，J=7.3 Hz，1H），6.84（H-8，12，d，J=8.0 Hz，2H），5.08（NH，t，J=5.7 Hz，1H），3.06（H-14，q，6.4 Hz，2H），1.48～1.28（H-15，m，2H），1.12～1.08（H-16，m，2H），0.77（H-17，t，J=7.3 Hz，3H）

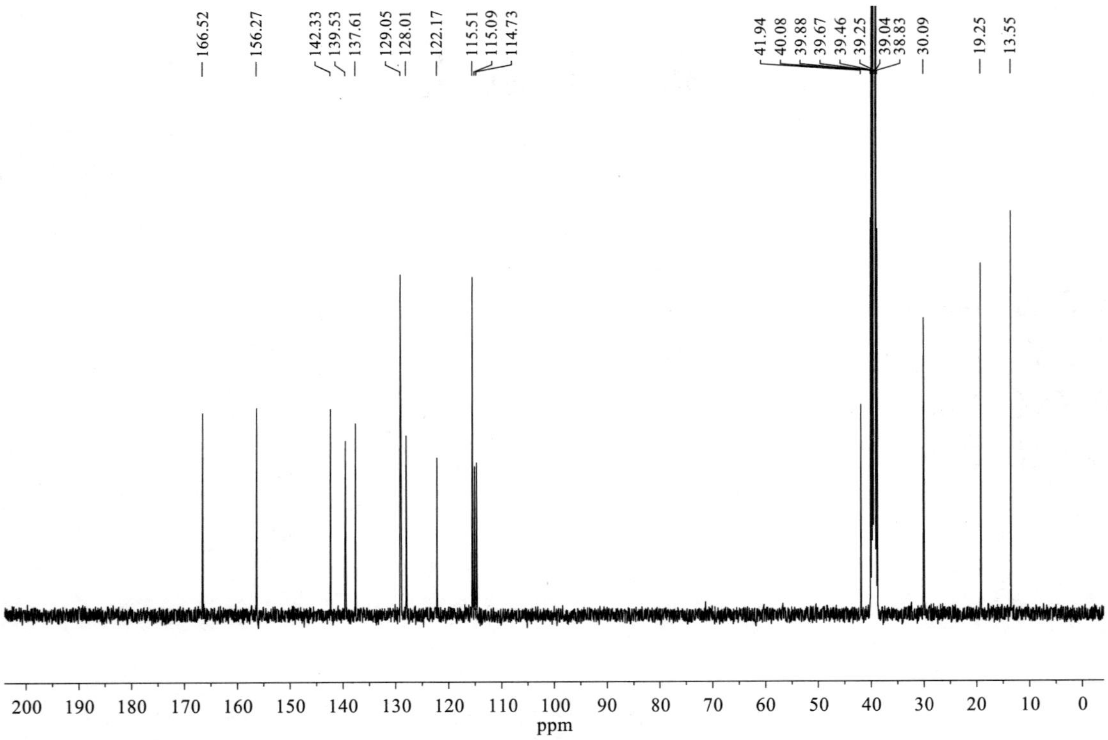

图 2　布美他尼的^{13}C NMR 谱（溶剂：CD_3SOCD_3）

^{13}C NMR：δ 166.52（C－13），156.27（C－7），142.33（C－2），139.53（C－1），137.61（C－3），129.05（C－9，11），128.01（C－4），122.17（C－10），115.51（C－8，12），115.09（C－5），114.73（C－6），41.94（C－14），30.09（C－15），19.25（C－16），13.55（C－17）

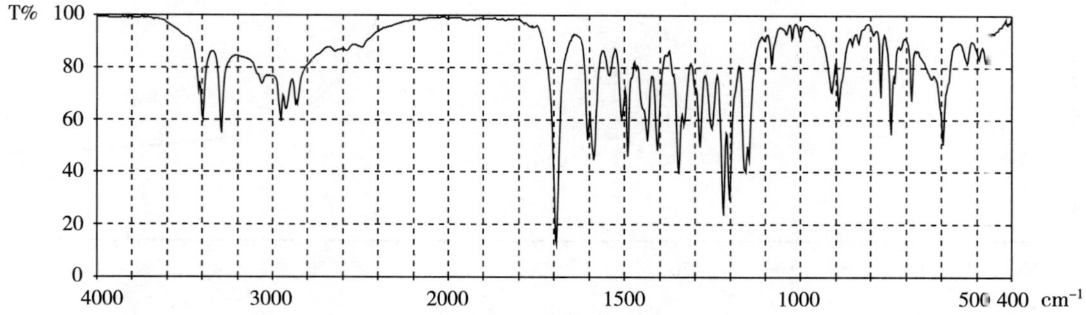

图 3　布美他尼的红外光谱图

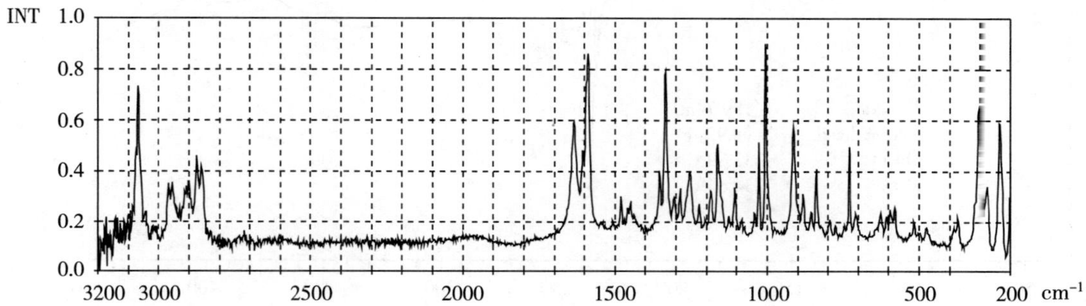

图 4　布美他尼的拉曼光谱图

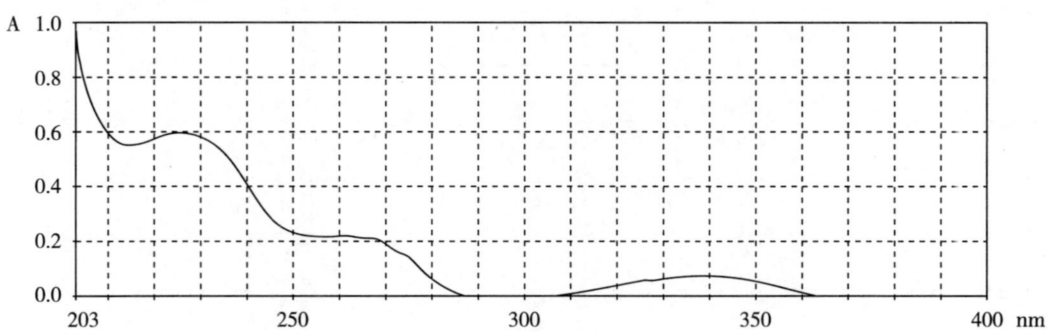

图 5　布美他尼的紫外光谱图

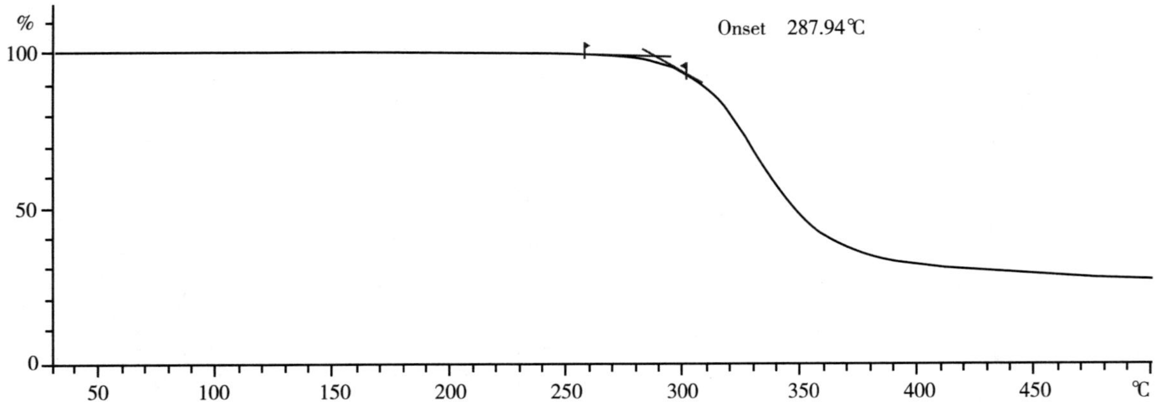

图 6 布美他尼的 TG 图

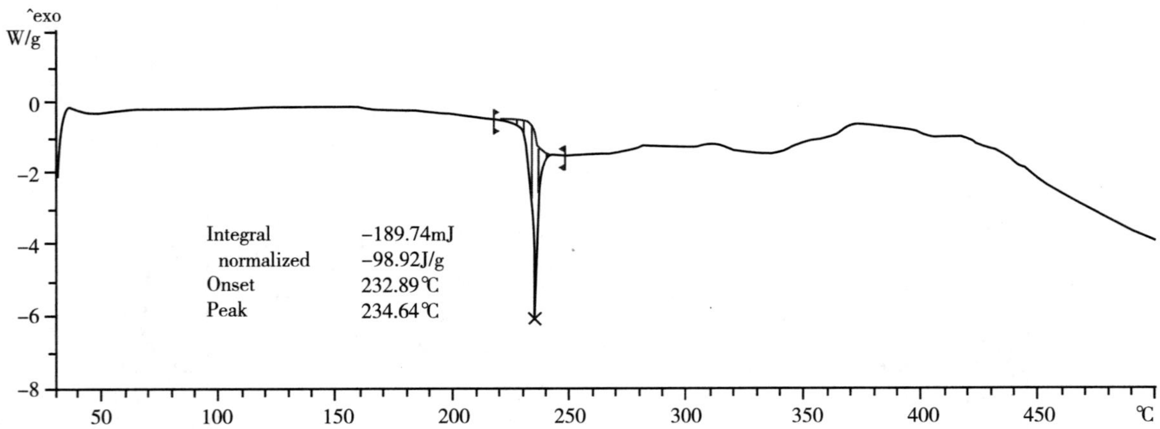

图 7 布美他尼的 DSC 图

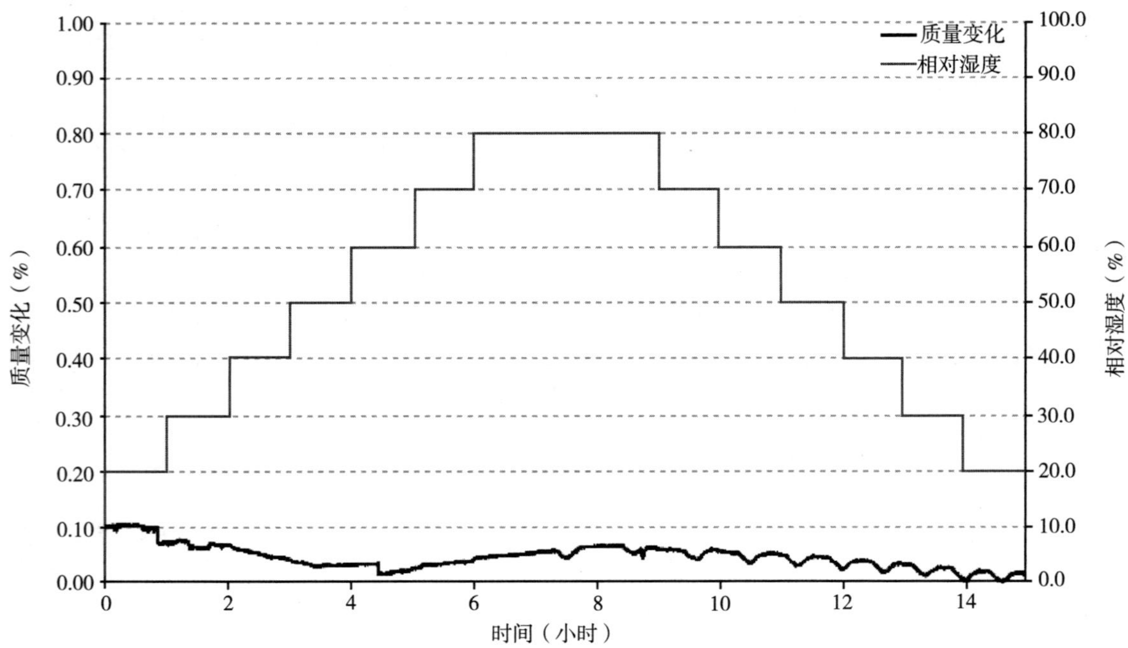

图 8 布美他尼的 DVS 图

正离子扫描模式（一级）

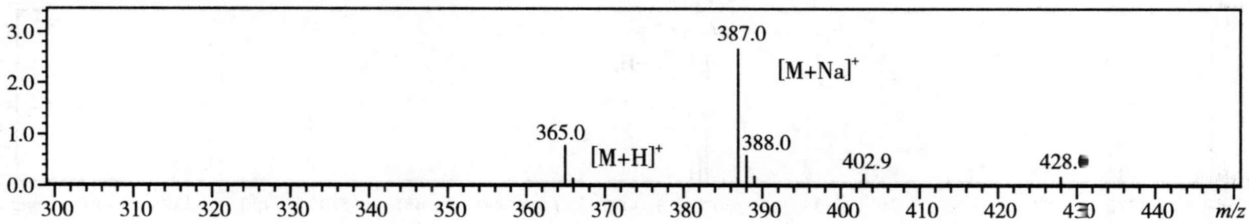

正离子扫描模式（二级）

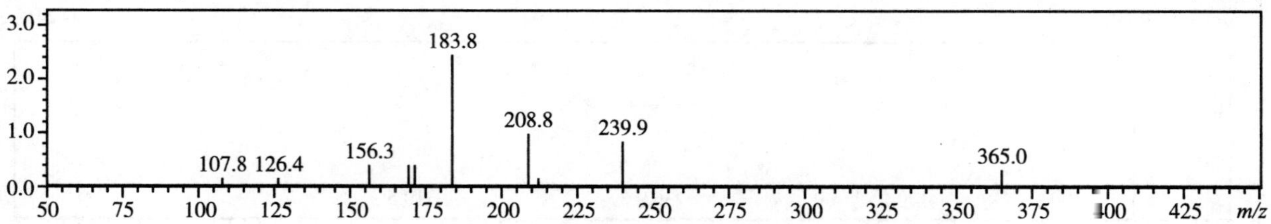

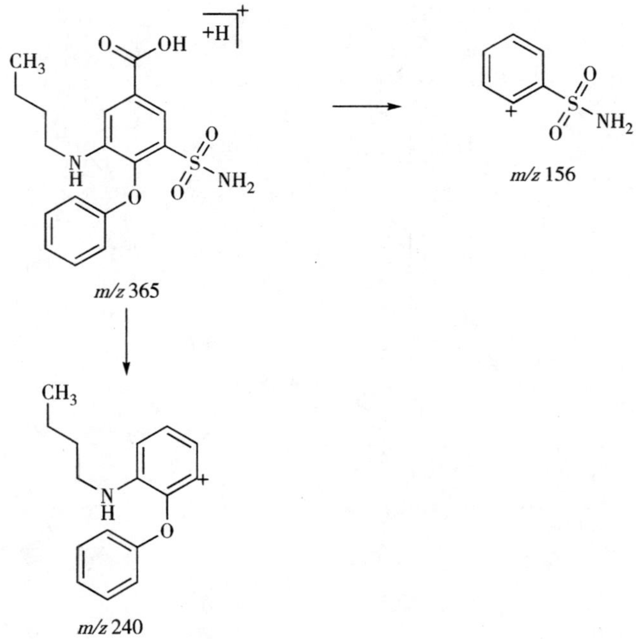

负离子扫描模式（一级）

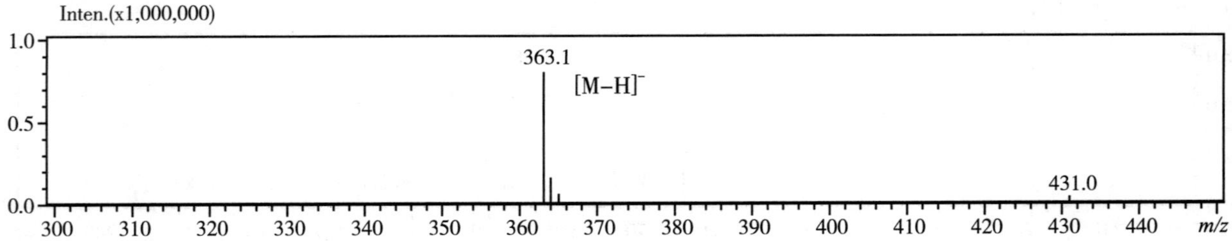

负离子扫描模式（二级）

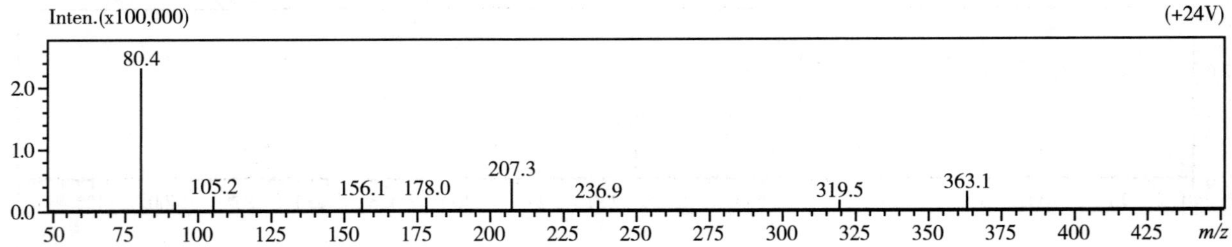

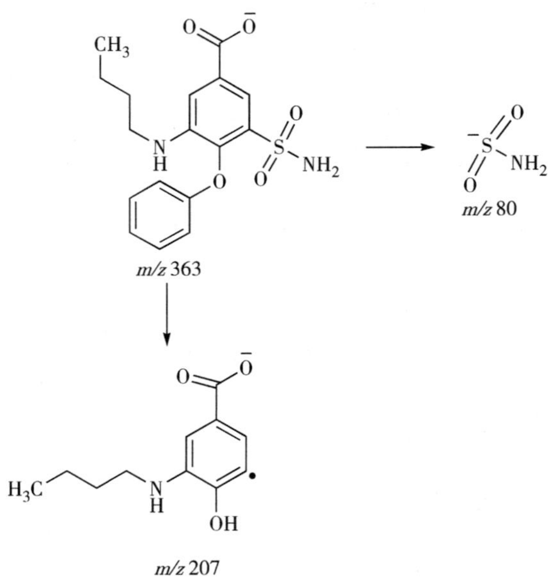

图9　布美他尼的质谱图

备注

1. **中文化学名**　3－丁氨基－4－苯氧基－5－磺酰基苯甲酸
2. **英文化学名**　3－(butylamino)－4－phenoxy－5－sulfamoylbenzoic acid
3. **性状**　本品为白色的结晶或结晶性粉末；无臭，味微苦。
4. **溶解性**　本品在乙醇中溶解，在三氯甲烷中极微溶解，在水中不溶。
5. **溶剂**　无水乙醇。
6. **对照品编号与批号**　100173－201002

胡椒乙腈

英文名 Homopiperonylonitrile

分子式 $C_9H_7NO_2$

分子量 161. 16

CAS 号 4439 - 02 - 5

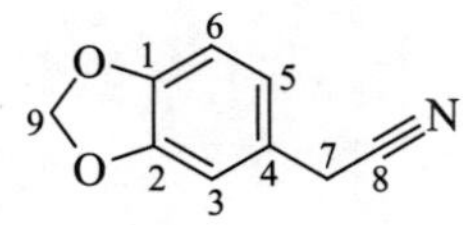

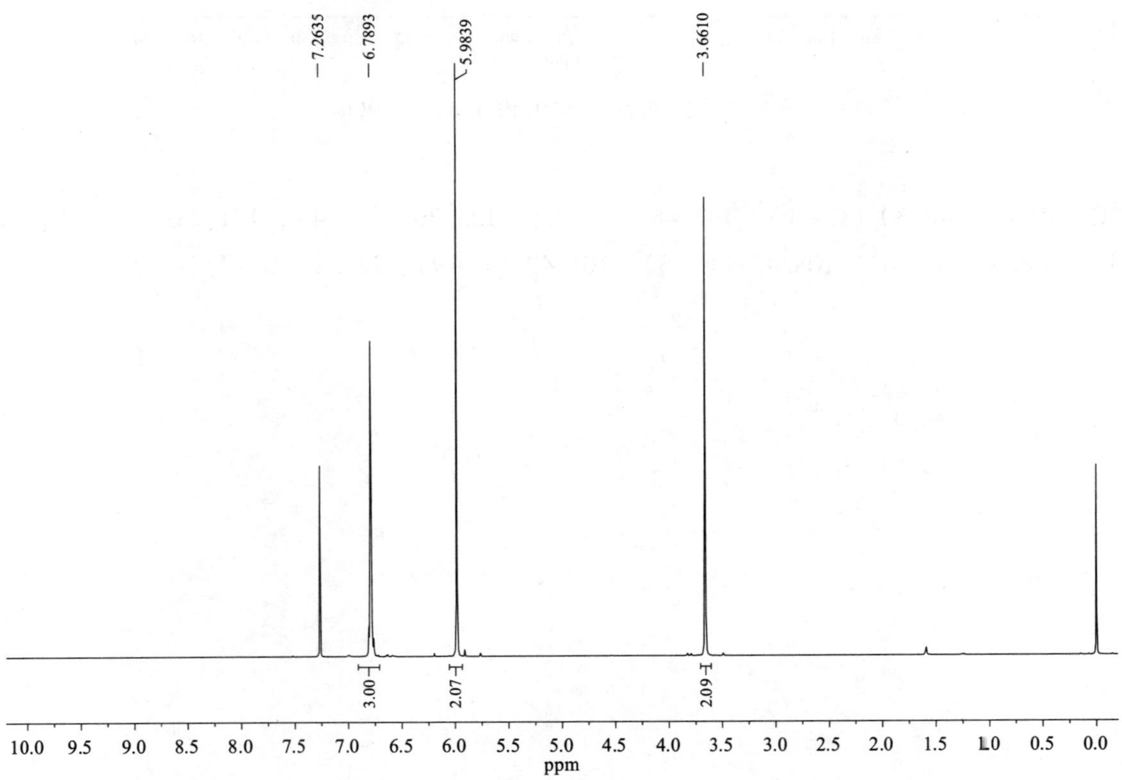

图 1 胡椒乙腈的^{1}H NMR 谱（溶剂：$CDCl_3$）

^{1}H NMR：δ 6. 82 ~ 6. 75（H - 3，5，6，brs，3H），5. 98（H - 9，s，2H），3. 66（H - 7，s，2H）

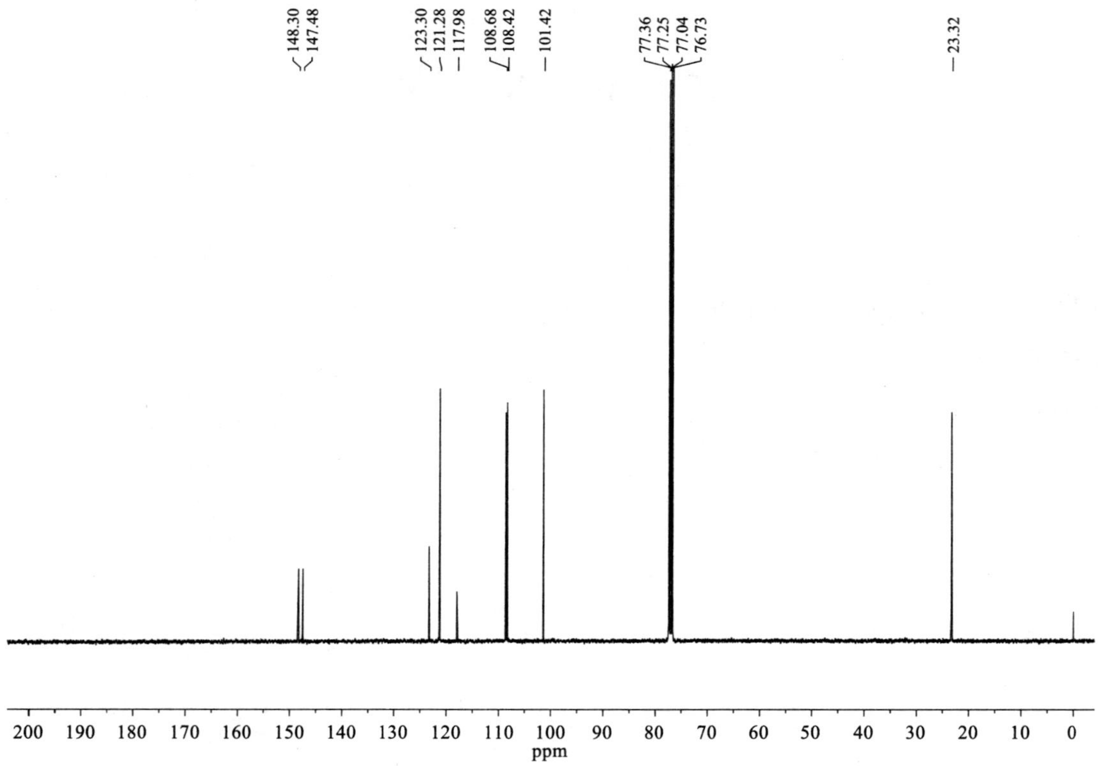

图 2 胡椒乙腈的^{13}C NMR 谱（溶剂：$CDCl_3$）

^{13}C NMR：δ 148.30（C－1），147.48（C－2），123.30（C－4），121.28（C－5），117.98（C－8），108.68（C－6），108.42（C－3），101.42（C－9），23.32（C－7）

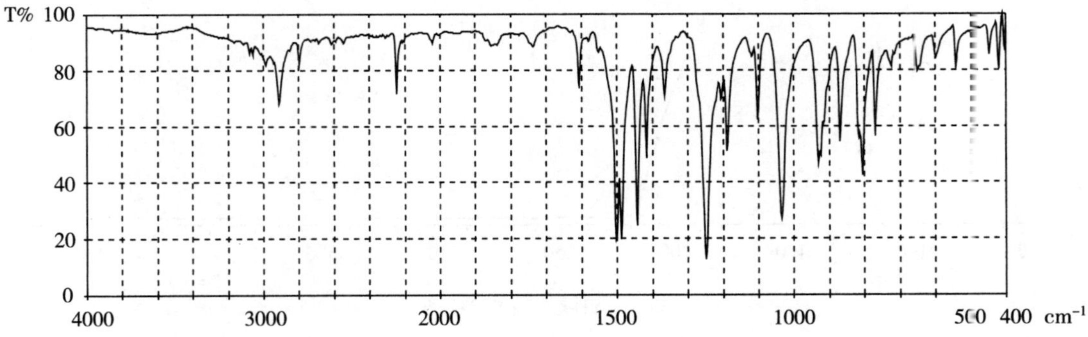

图 3　胡椒乙腈的红外光谱图

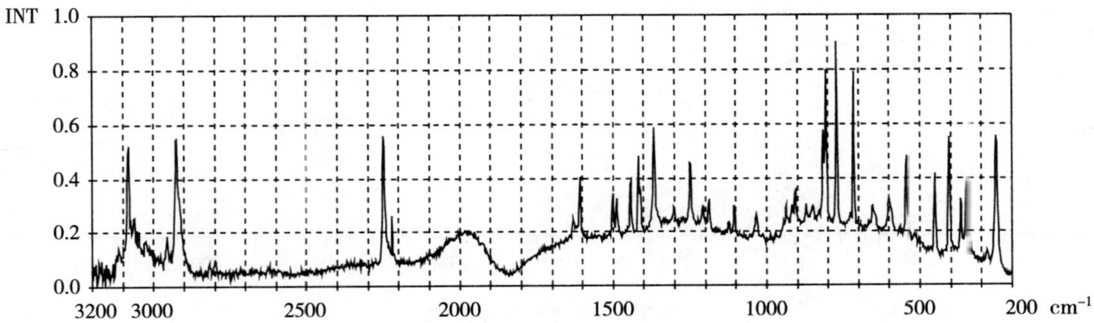

图 4　胡椒乙腈的拉曼光谱图

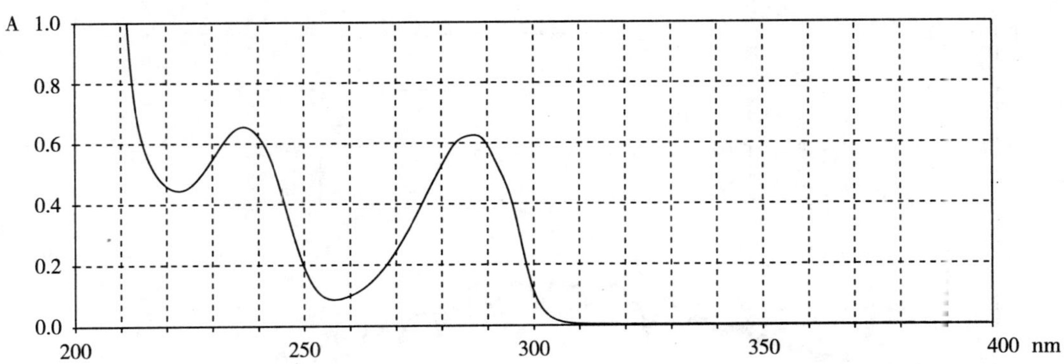

图 5　胡椒乙腈的紫外光谱图

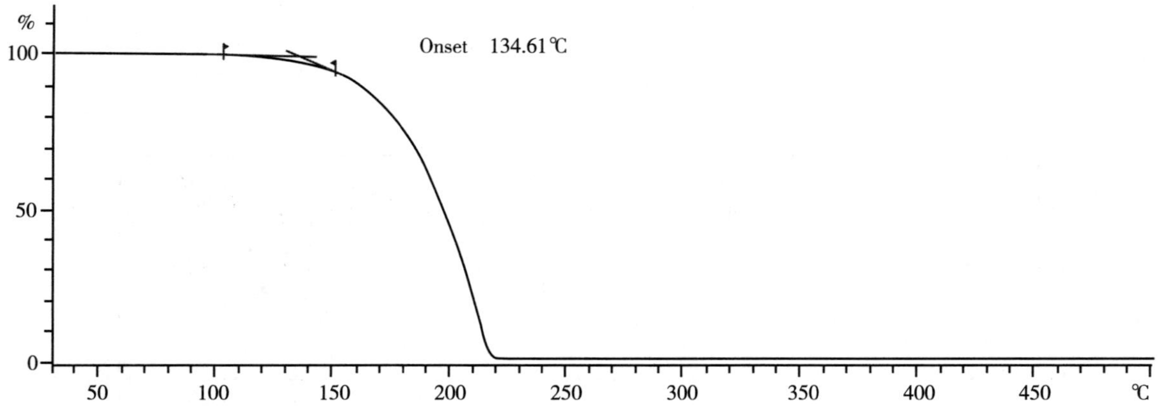

图 6　胡椒乙腈的 TG 图

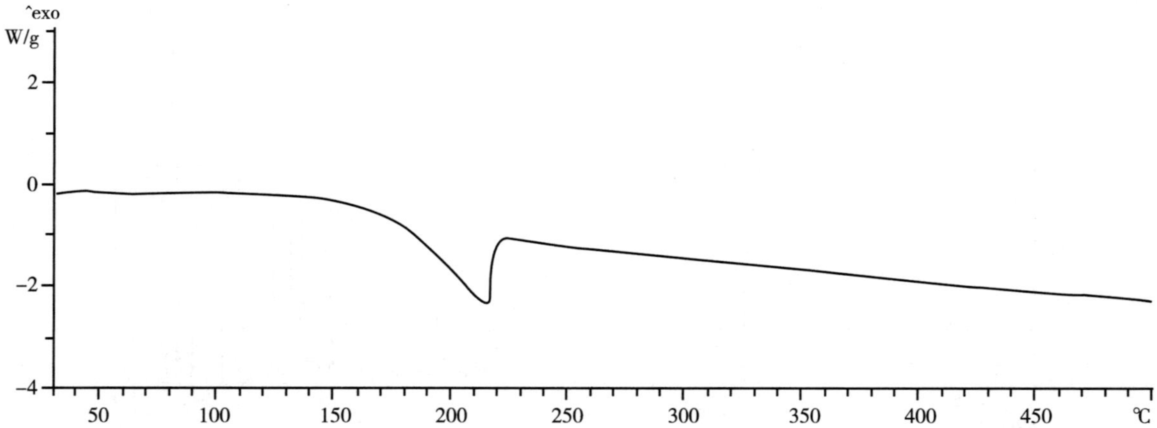

图 7　胡椒乙腈的 DSC 图

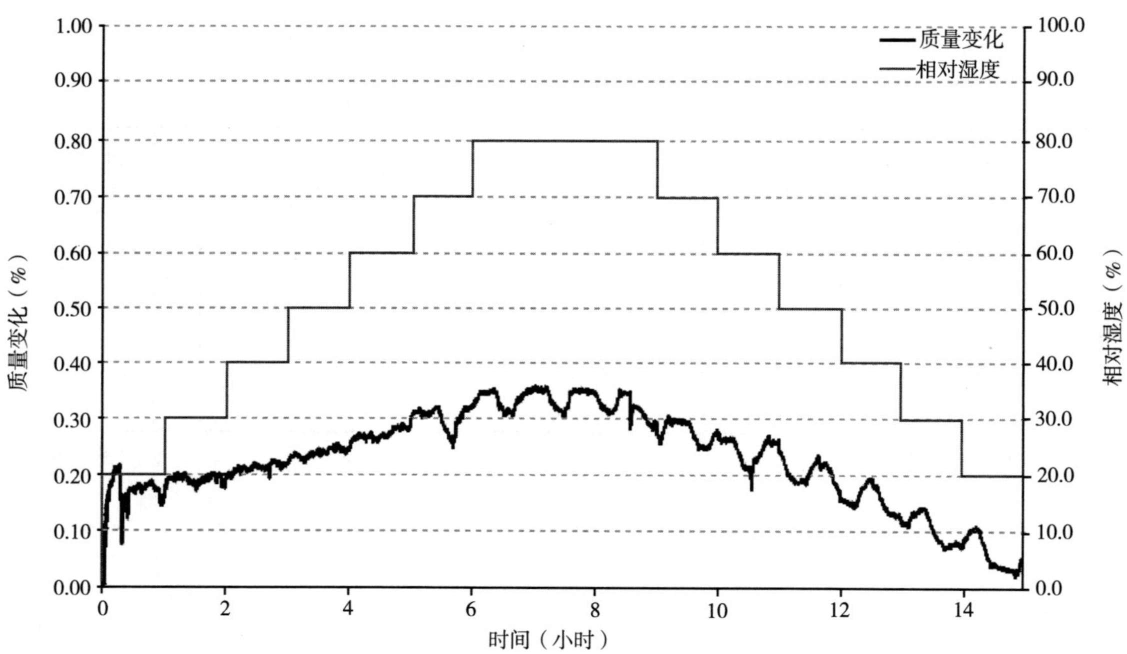

图 8　胡椒乙腈的 DVS 图

正离子扫描模式（一级）

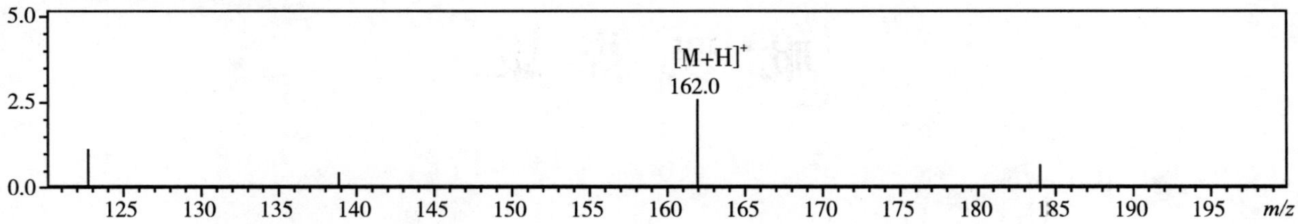

正离子扫描模式（二级）

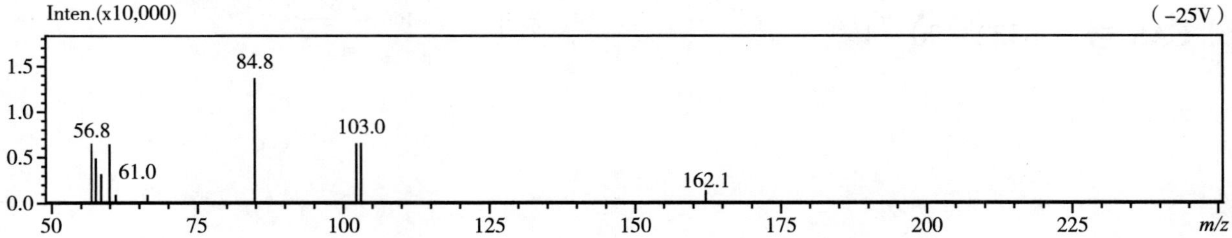

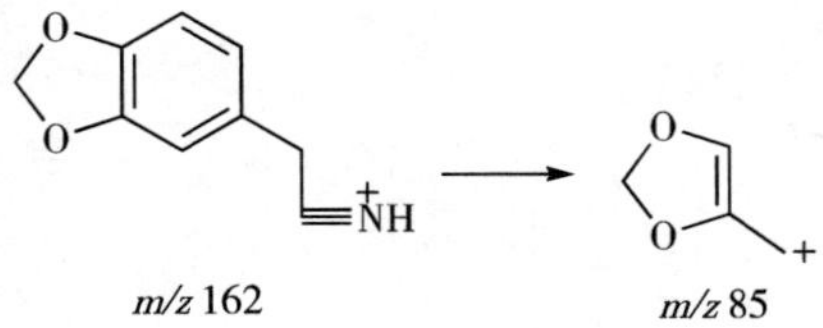

图9 胡椒乙腈的质谱图

备注

1. **中文化学名** 3,4－亚甲二氧苯基乙腈
2. **英文化学名** 1,3－benzodioxol－5－ylacetonitrile
3. **性状** 本品为类白色结晶性粉末。
4. **溶剂** 无水乙醇。
5. **对照品编号与批号** 100175－200602

吡 罗 昔 康

英文名 Piroxicam

分子式 $C_{15}H_{13}N_3O_4S$

分子量 331. 35

CAS 号 36322 - 90 - 4

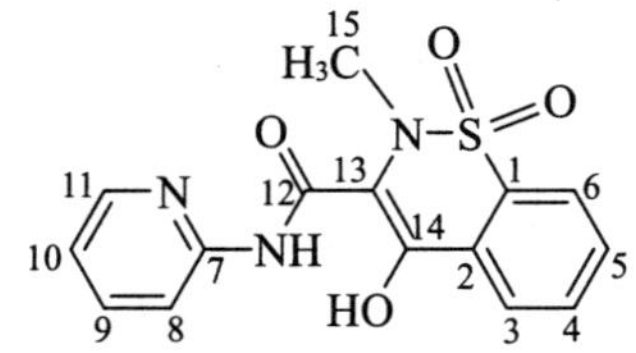

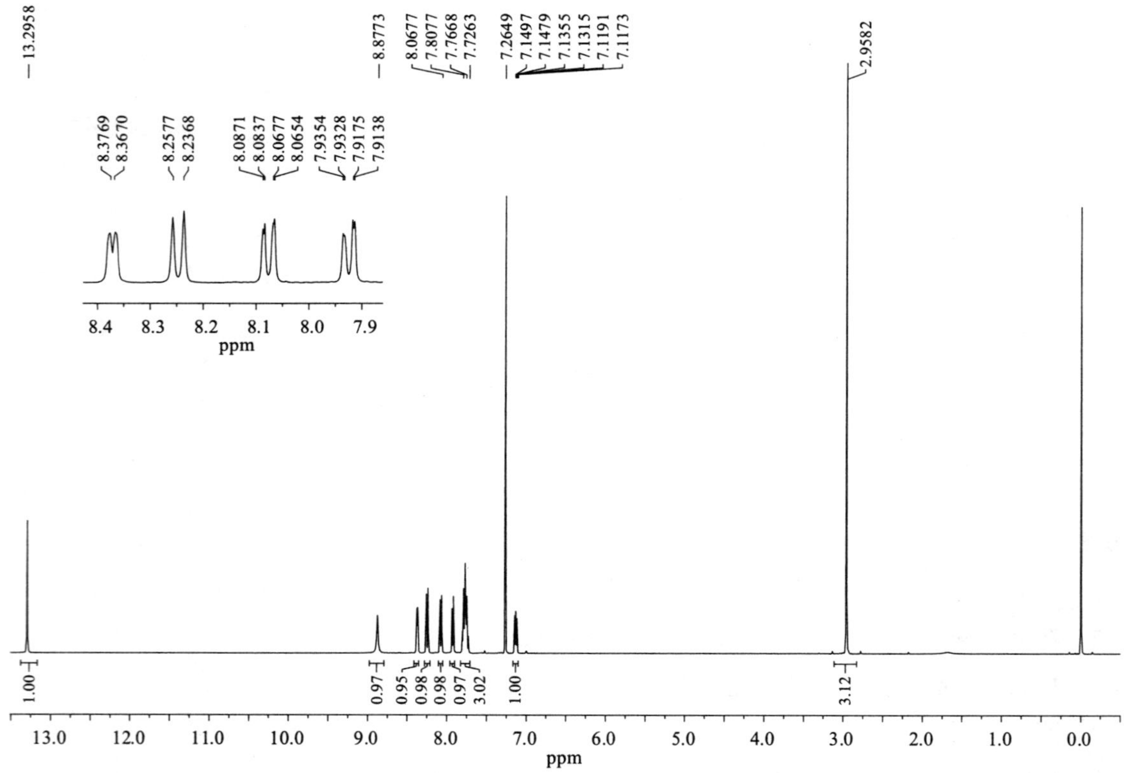

图 1　吡罗昔康的¹H NMR 谱（溶剂：$CDCl_3$）

¹H NMR：δ 13. 30 （OH - 14，s，1H），8. 88 （NH，brs，1H），8. 37 （H - 11，d，J = 4. 0 Hz，1H），8. 25 （H - 8，d，J = 8. 4 Hz，1H），8. 08 （H - 3，dd，J = 7. 6，1. 2 Hz，1H），7. 92 （H - 6，dd，J = 7. 4，1. 2 Hz，1H），7. 82 ~ 7. 73 （H - 4，5，9，m，3H），7. 12 （H - 10，m，1H），2. 96 （H - 15，s，3H）

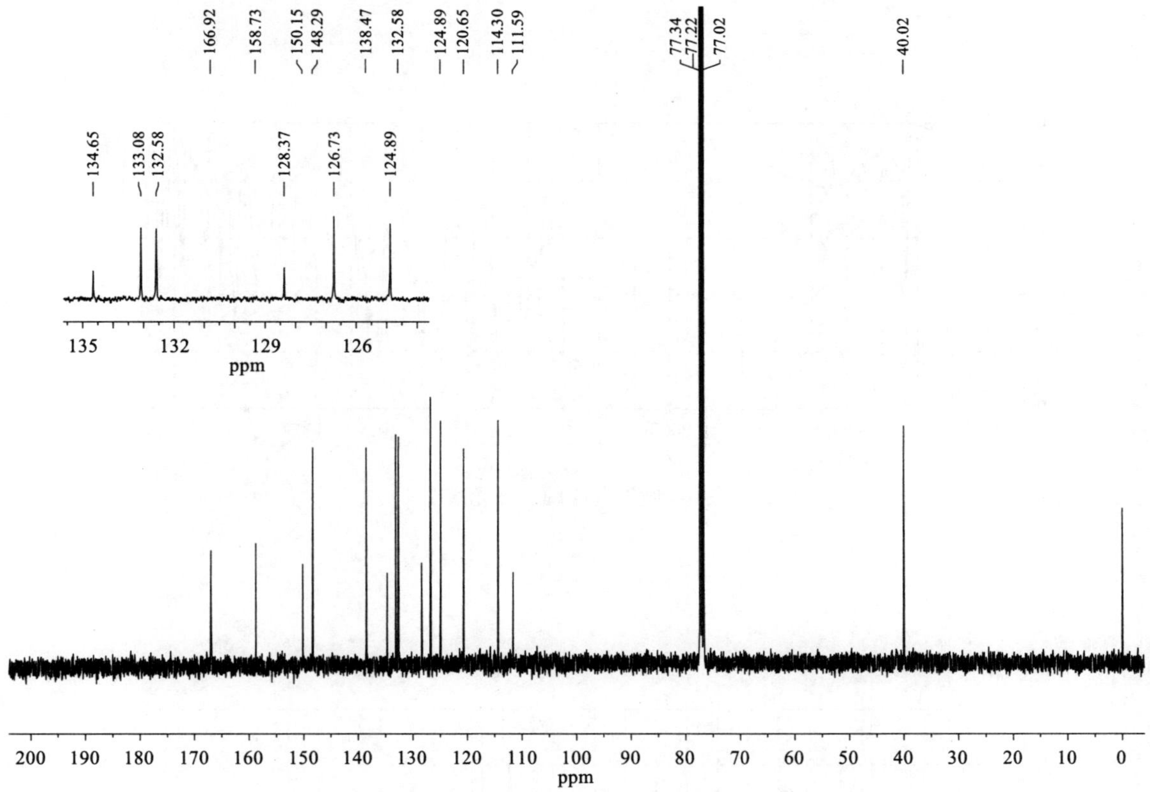

图 2　吡罗昔康的^{13}C NMR 谱（溶剂：$CDCl_3$）

^{13}C NMR：δ 166. 92（C－12），158. 73（C－14），150. 15（C－7），148. 29（C－11），138. 47（C－9），134. 65（C－1），133. 08（C－4），132. 58（C－5），128. 37（C－2），126. 73（C－3），124. 89（C－6），120. 65（C－10），114. 30（C－8），111. 59（C－13），40. 02（C－15）

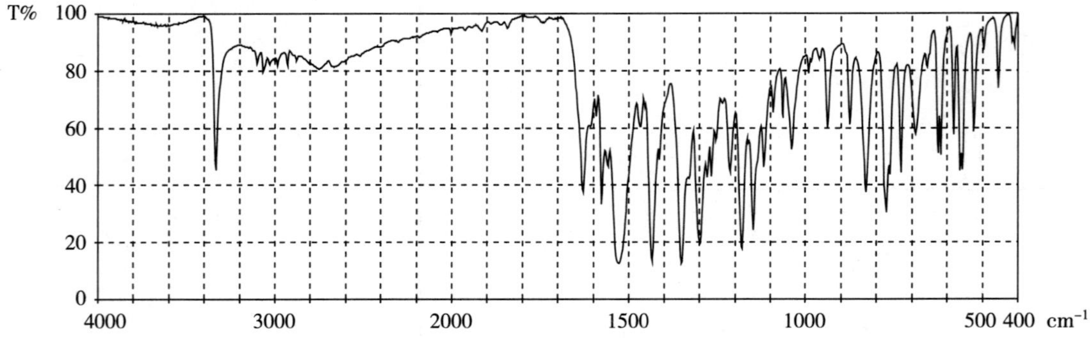

图 3　吡罗昔康的红外光谱图

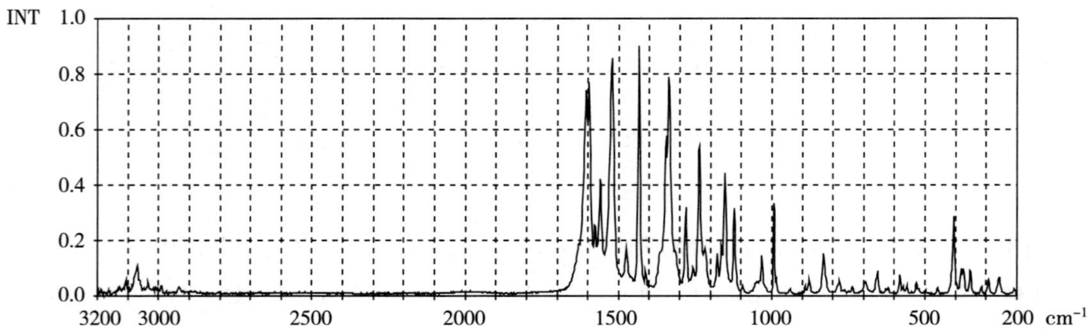

图 4　吡罗昔康的拉曼光谱图

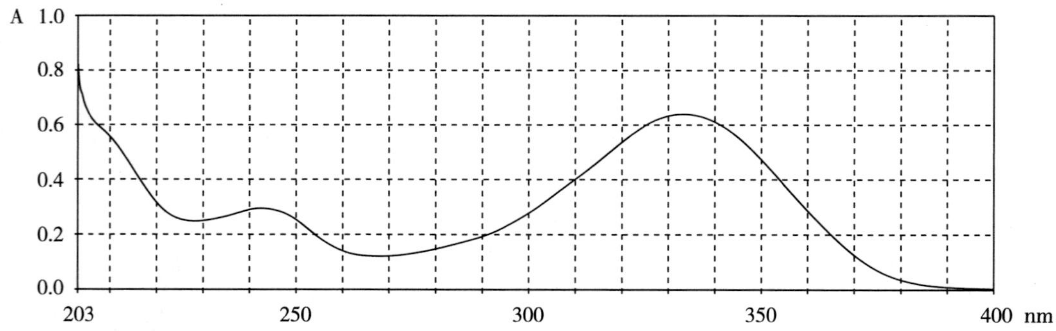

图 5　吡罗昔康的紫外光谱图

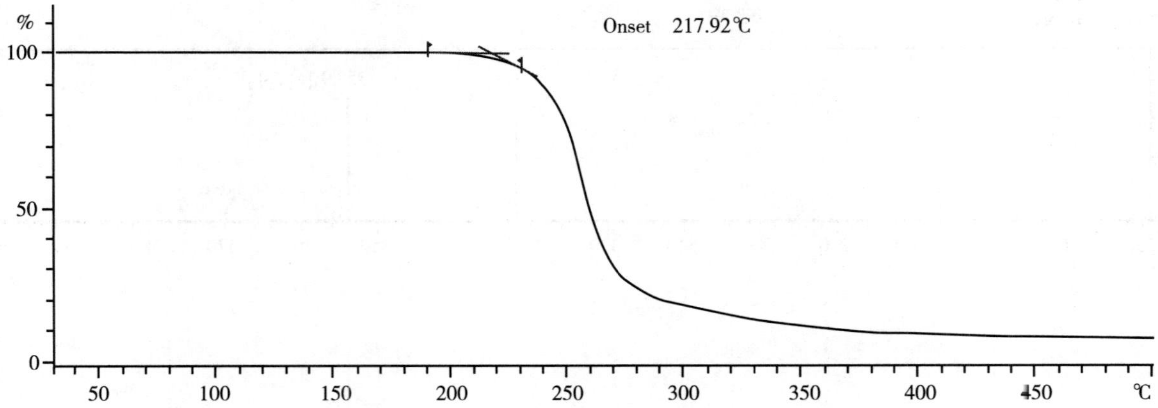

图 6　吡罗昔康的 TG 图

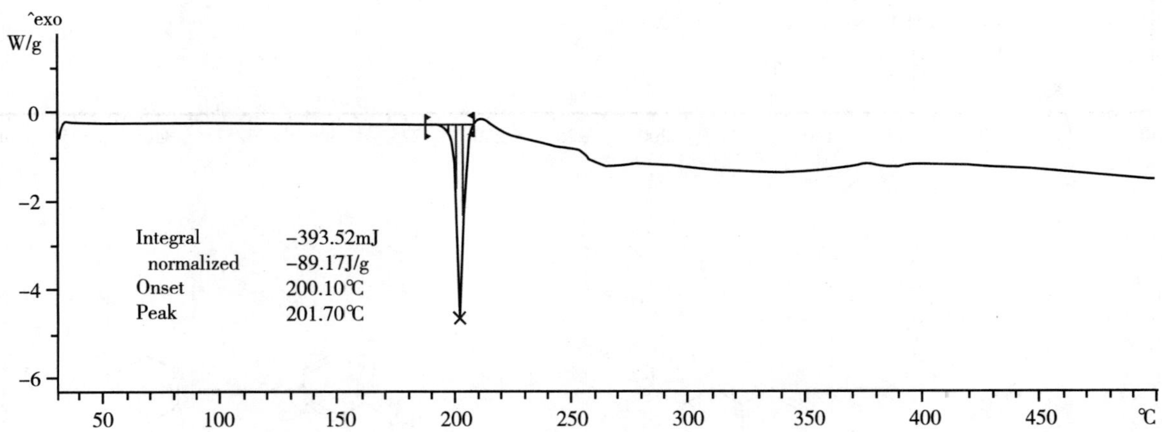

图 7　吡罗昔康的 DSC 图

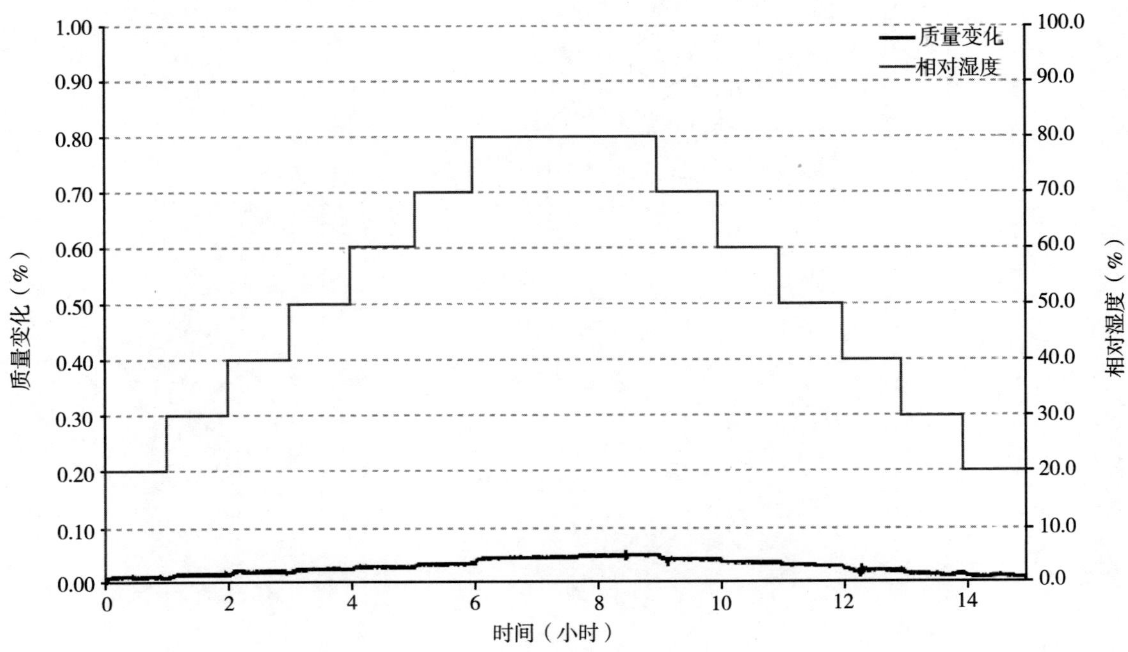

图 8　吡罗昔康的 DVS 图

正离子扫描模式（一级）

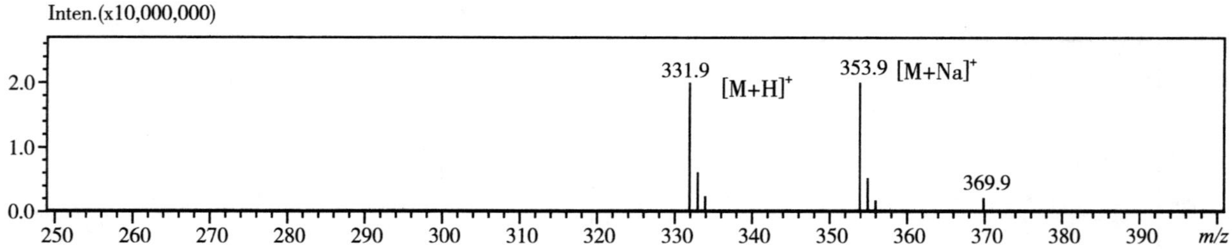

正离子扫描模式（二级）

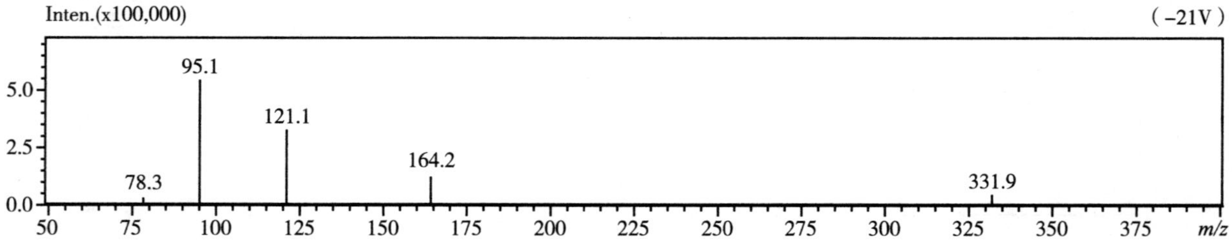

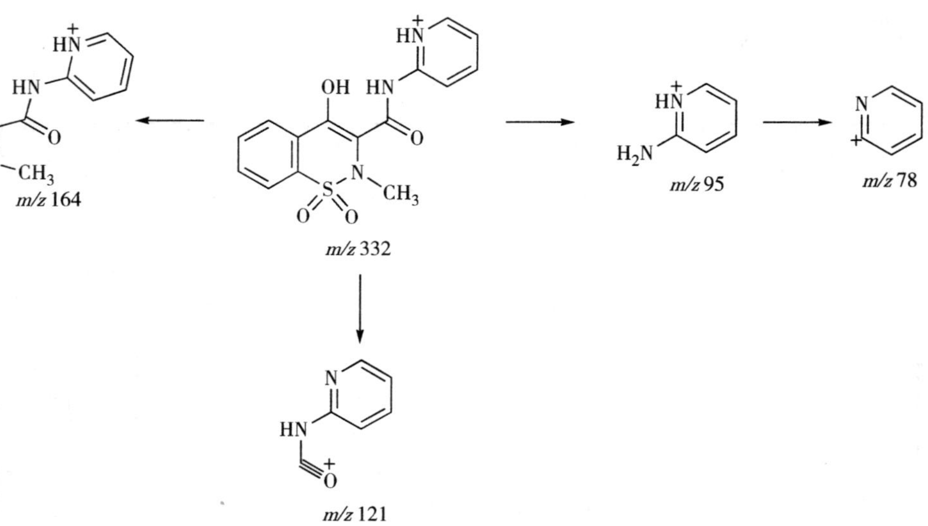

正离子扫描模式（一级）

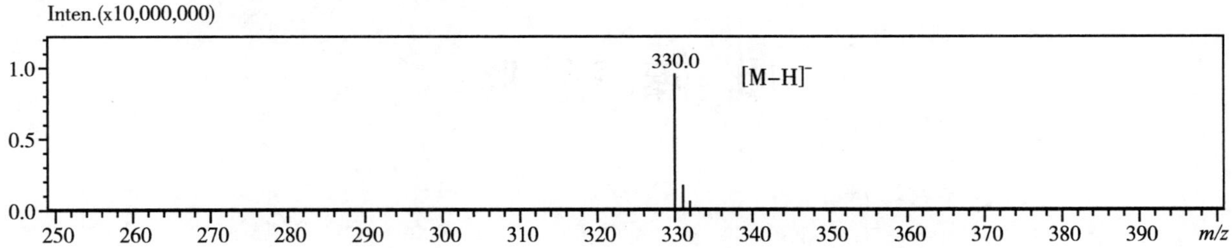

正离子扫描模式（二级）

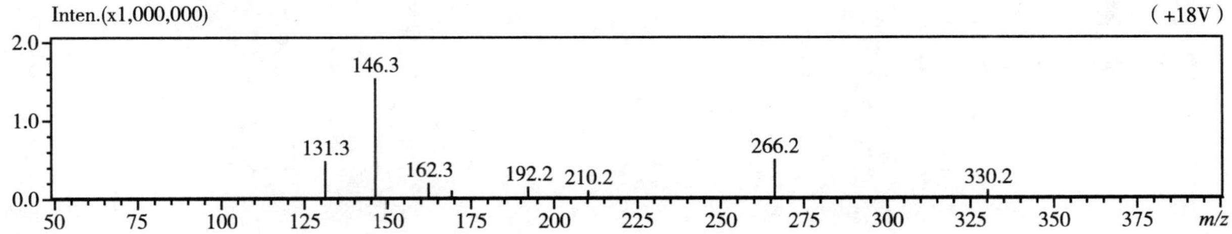

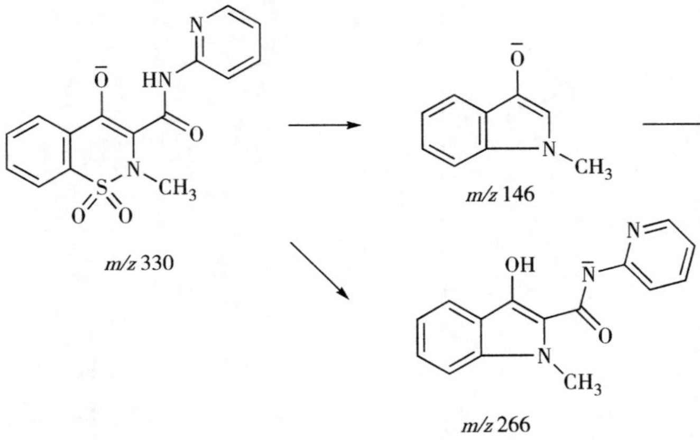

图9　吡罗昔康的质谱图

备注

1. **中文化学名**　2 －甲基－4－羟基－*N*－（2－吡啶基）－2*H*－1,2－苯并噻嗪－3－甲酰胺－1,1－二氧化物
2. **英文化学名**　4－hydroxy－2－methyl－*N*－2－pyridinyl－2*H*－1,2－benzothiazine－3－carboxamide－1,1 －dioxide
3. **性状**　本品为类白色至微黄绿色的结晶性粉末；无臭，无味。
4. **溶解性**　本品在三氯甲烷中易溶，在丙酮中略溶，在乙醇或乙醚中微溶，在水中几乎不溶；在酸中溶解，在碱中略溶。
5. **溶剂**　0.01mol/L 盐酸乙醇溶液。
6. **对照品编号与批号**　100177－200603

吡 嗪 酰 胺

英文名 Pyrazinamide

分子式 $C_5H_5N_3O$

分子量 123.12

CAS 号 98-96-4

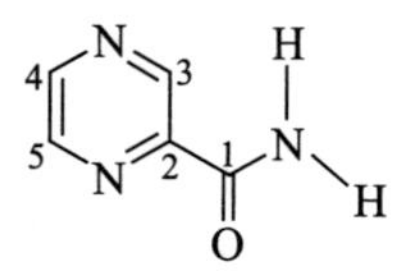

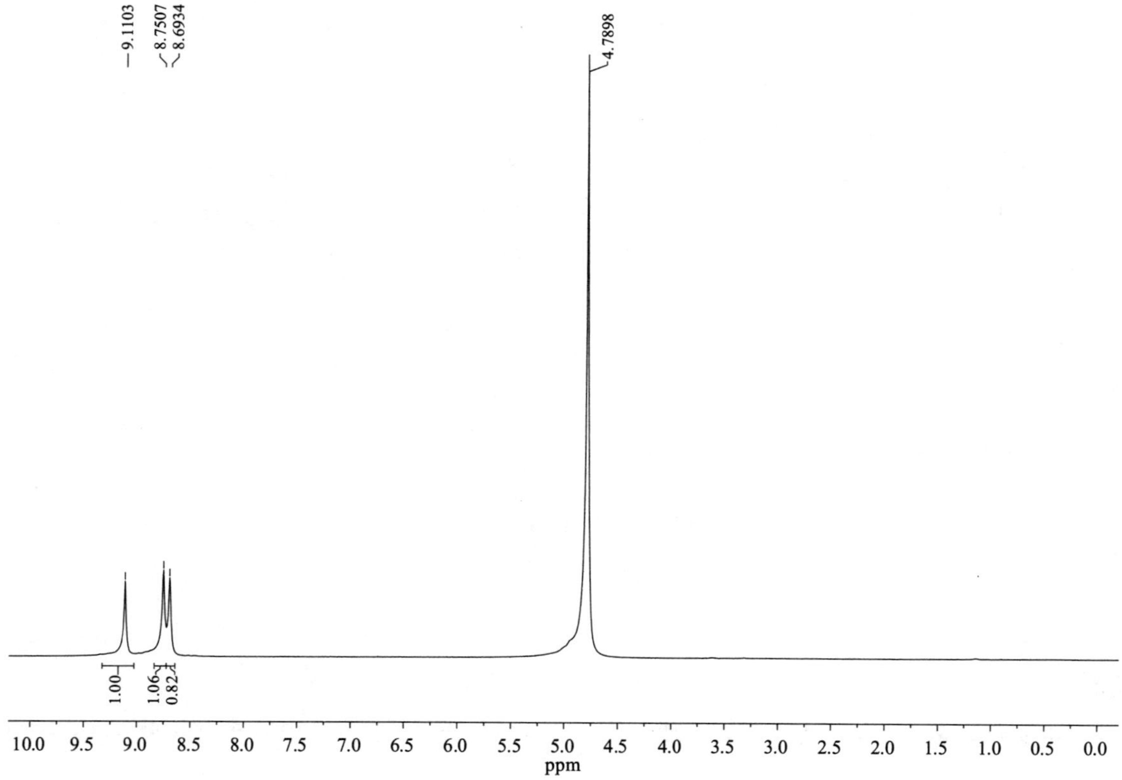

图 1　吡嗪酰胺的^{1}H NMR 谱（溶剂：D_2O）

^{1}H NMR：δ 9.11（H-3, s, 1H），8.75（H-5, s, 1H），8.69（H-4, s, 1H）

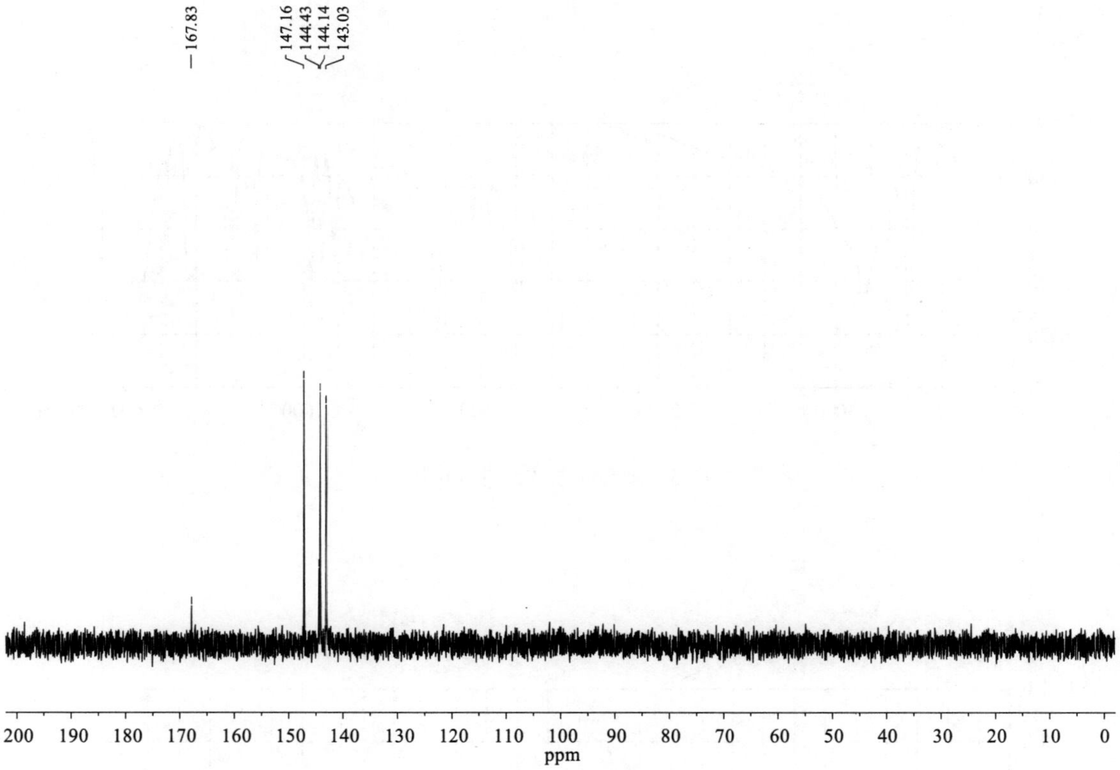

图 2　吡嗪酰胺的 ^{13}C NMR 谱（溶剂：D_2O）

^{13}C NMR：δ 167.83（C－1），147.16（C－4），144.43（C－2），144.14（C－5），143.03（C－3）

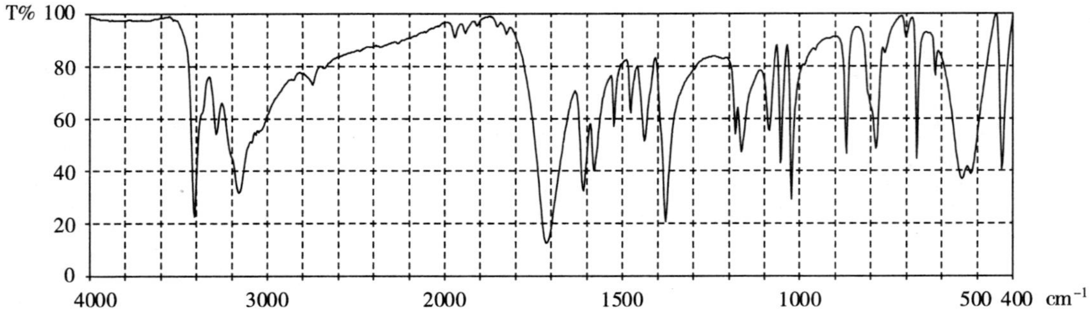

图 3　吡嗪酰胺的红外光谱图

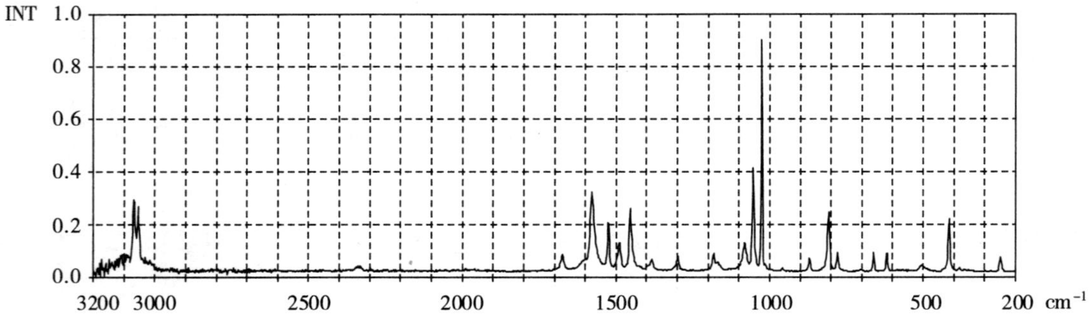

图 4　吡嗪酰胺的拉曼光谱图

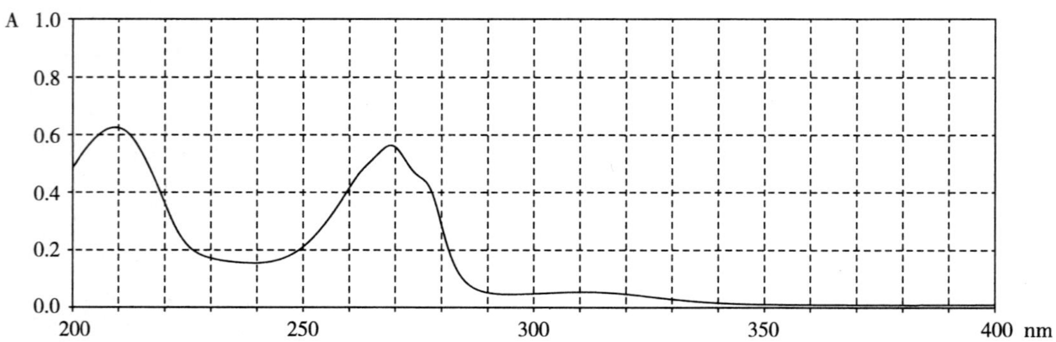

图 5　吡嗪酰胺的紫外光谱图

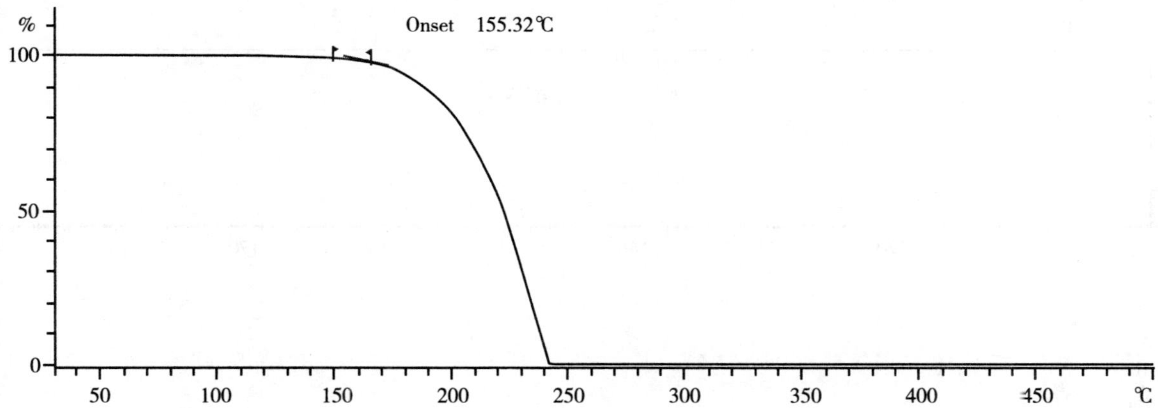

图 6 吡嗪酰胺的 TG 图

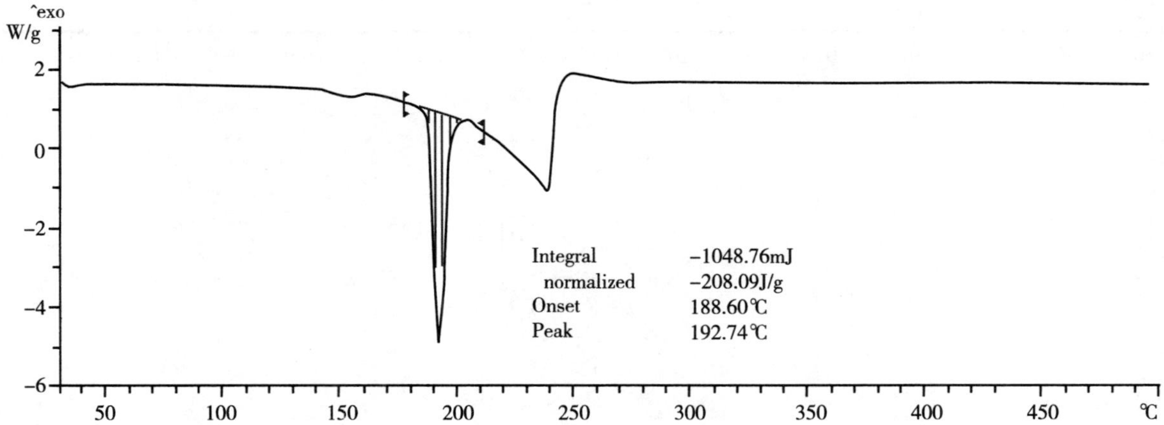

图 7 吡嗪酰胺的 DSC 图

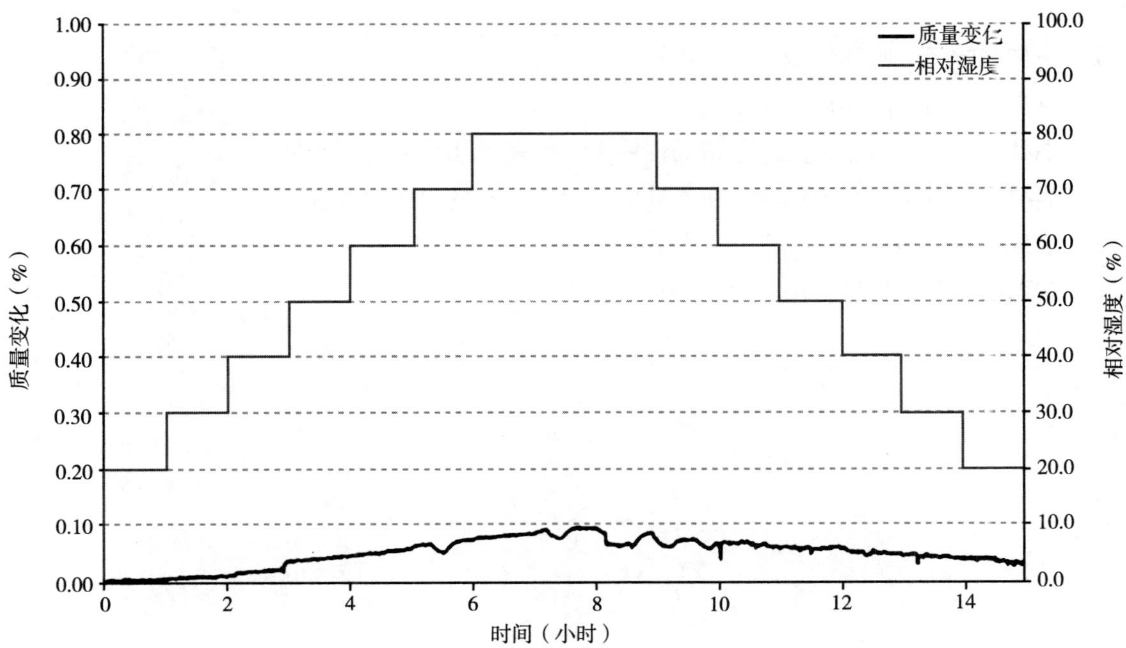

图 8 吡嗪酰胺的 DVS 图

正离子扫描模式（一级）

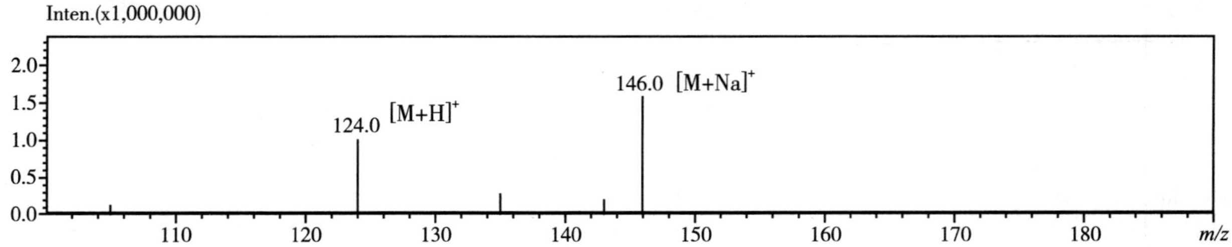

正离子扫描模式（二级）

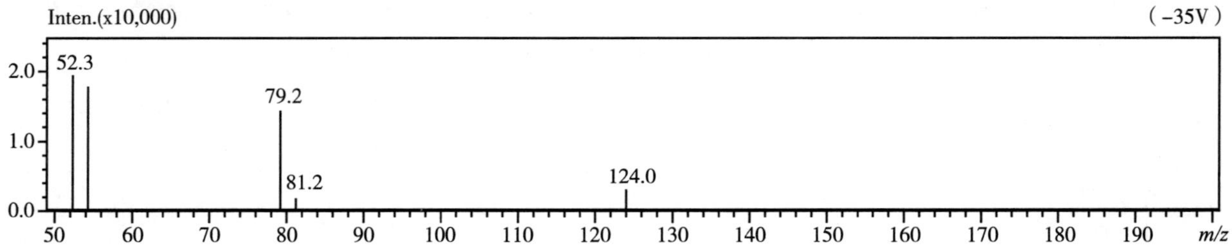

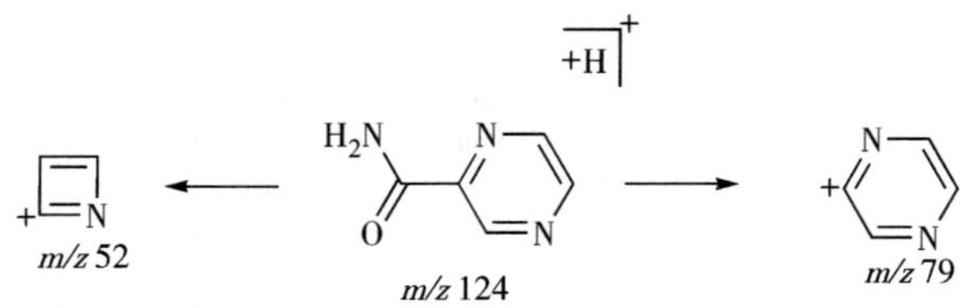

图9　吡嗪酰胺的质谱图

备注

1. **中文化学名**　吡嗪甲酰胺
2. **英文化学名**　pyrazinecarboxamide
3. **性状**　本品为白色或类白色结晶性粉末；无臭或几乎无臭，味微苦。
4. **溶解性**　本品在水中略溶，在乙醇中微溶，在乙醚中极微溶解。
5. **溶剂**　水。
6. **对照品编号与批号**　100178－200403

布 洛 芬

英文名 Ibuprofen

分子式 $C_{13}H_{18}O_2$

分子量 206.28

CAS 号 15687-27-1

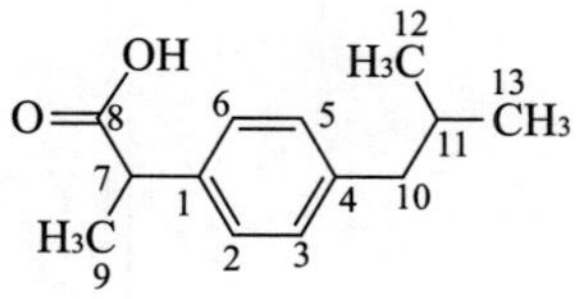

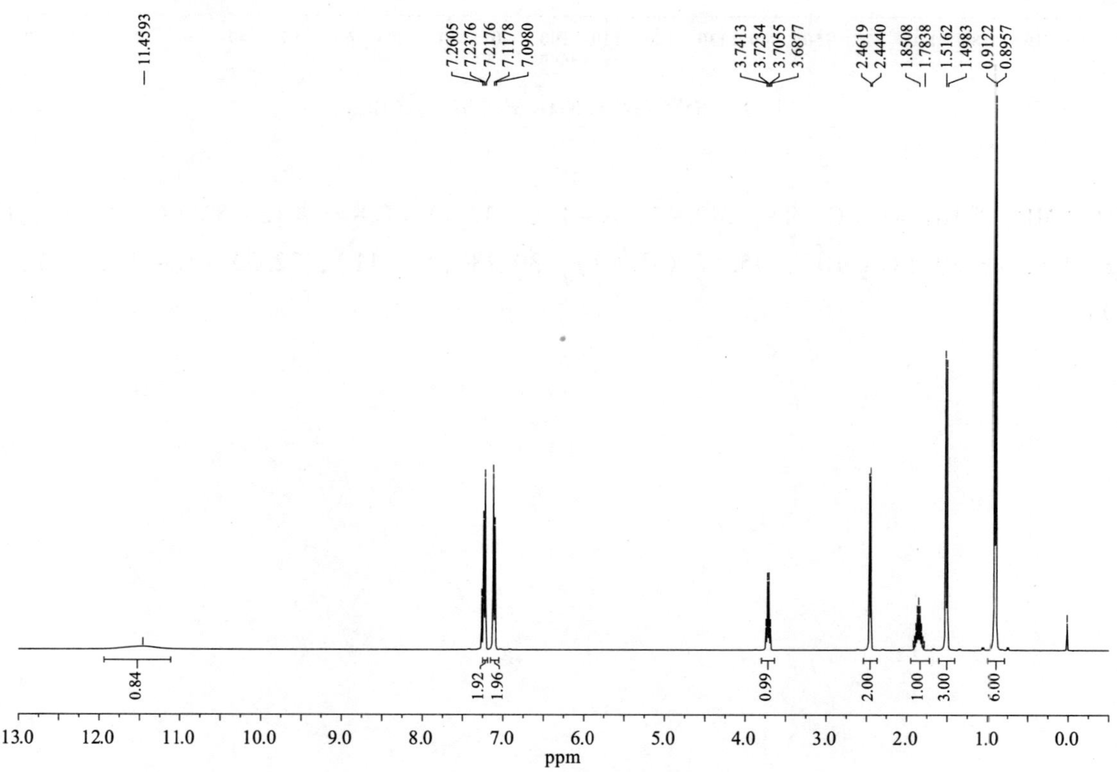

图 1 布洛芬的[1]H NMR 谱（溶剂：$CDCl_3$）

^{1}H NMR：δ 11.46（OH，s，1H），7.24（H-2，6，d，J=8.0 Hz，2H），7.11（H-3，5，d，J=8.0 Hz，2H），3.71（H-7，q，J=7.1 Hz，1H），2.45（H-10，d，J=7.2 Hz，2H），1.85（H-11，m，1H），1.51（H-9，d，J=7.1 Hz，3H），0.90（H-12，13，d，J=6.6 Hz，6H）

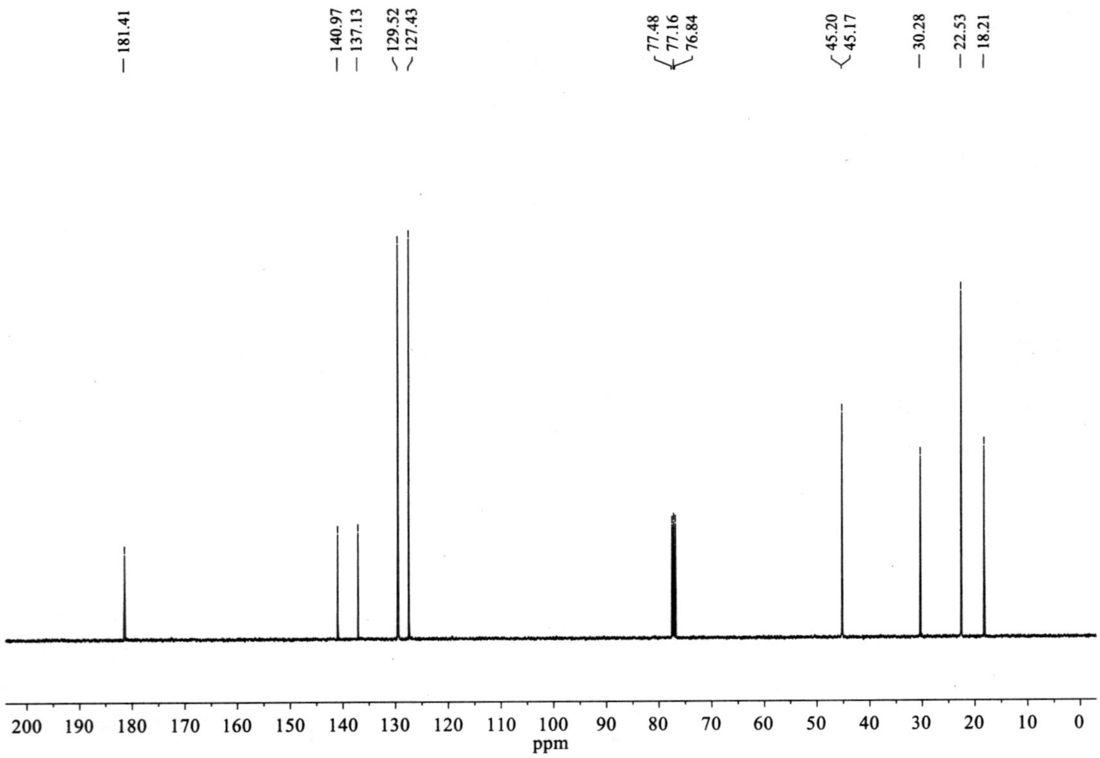

图 2　布洛芬的^{13}C NMR 谱（溶剂：$CDCl_3$）

^{13}C NMR：δ 181.41（C－8），140.97（C－1），137.13（C－4），129.52（C－2，6），127.43（C－3，5），45.20（C－10），45.17（C－7），30.28（C－11），22.53（C－12，13），18.21（C－9）

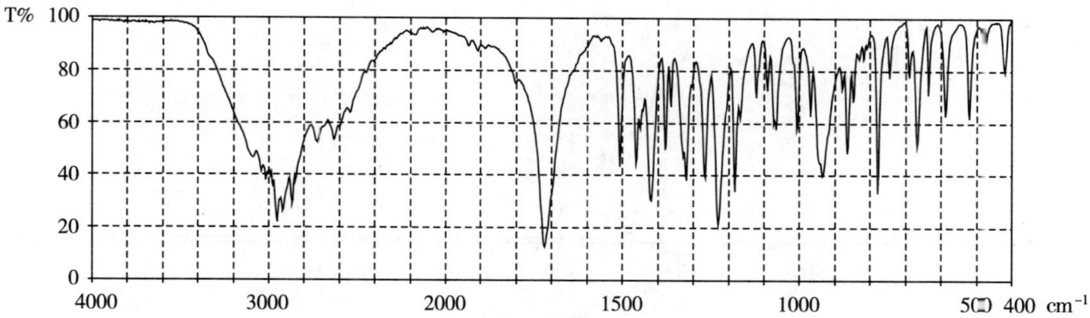

图 3　布洛芬的红外光谱图

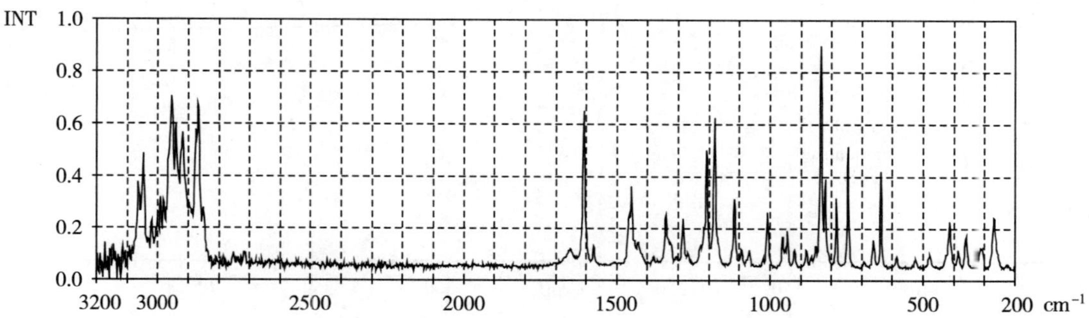

图 4　布洛芬的拉曼光谱图

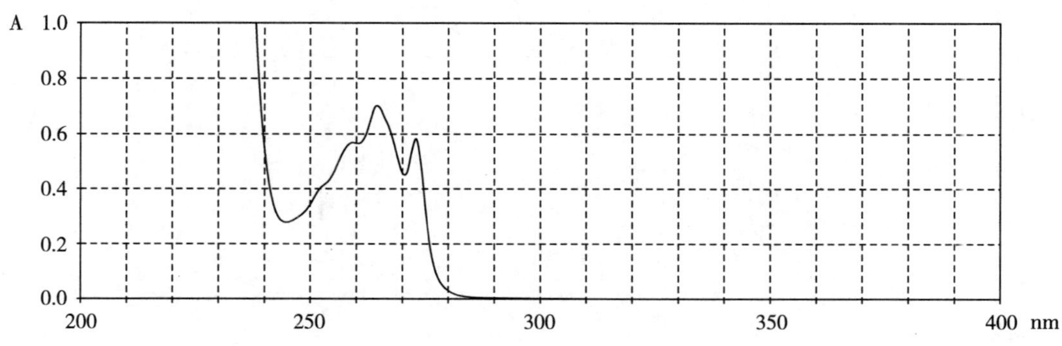

图 5　布洛芬的紫外光谱图

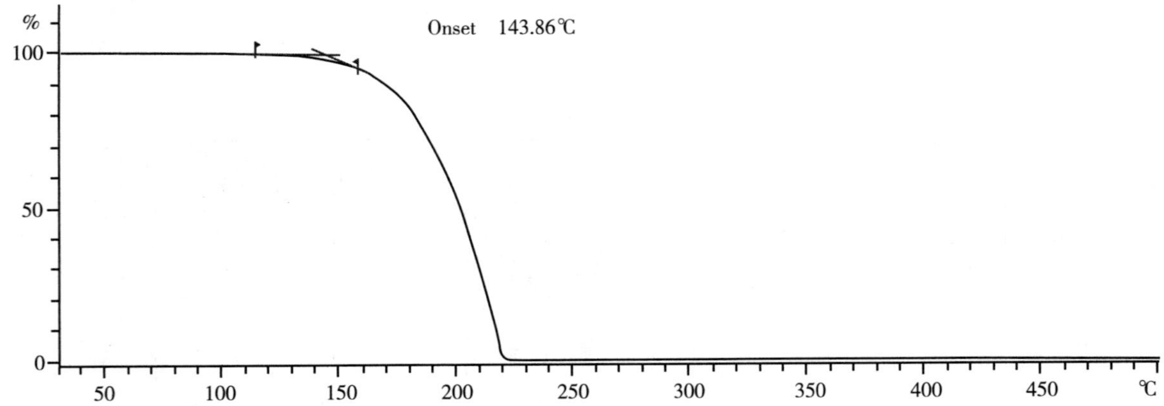

图 6　布洛芬的 TG 图

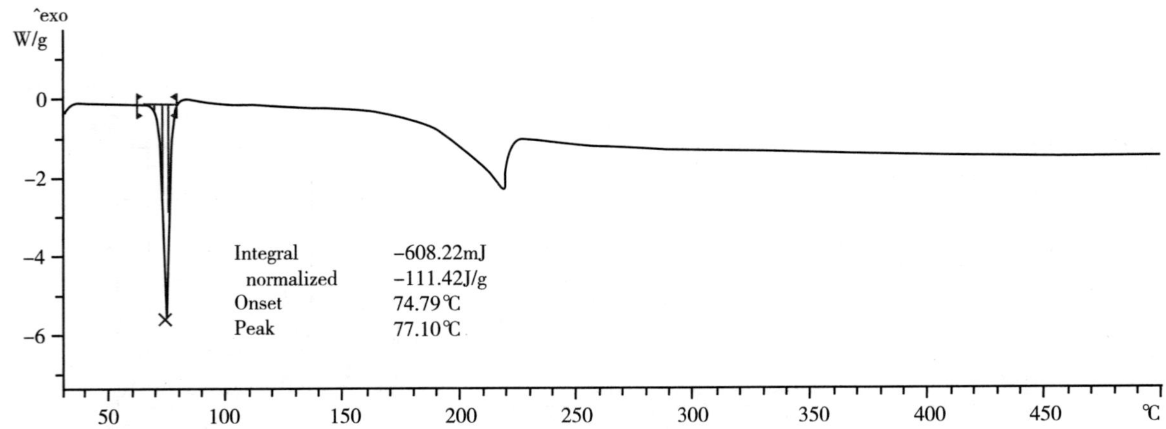

图 7　布洛芬的 DSC 图

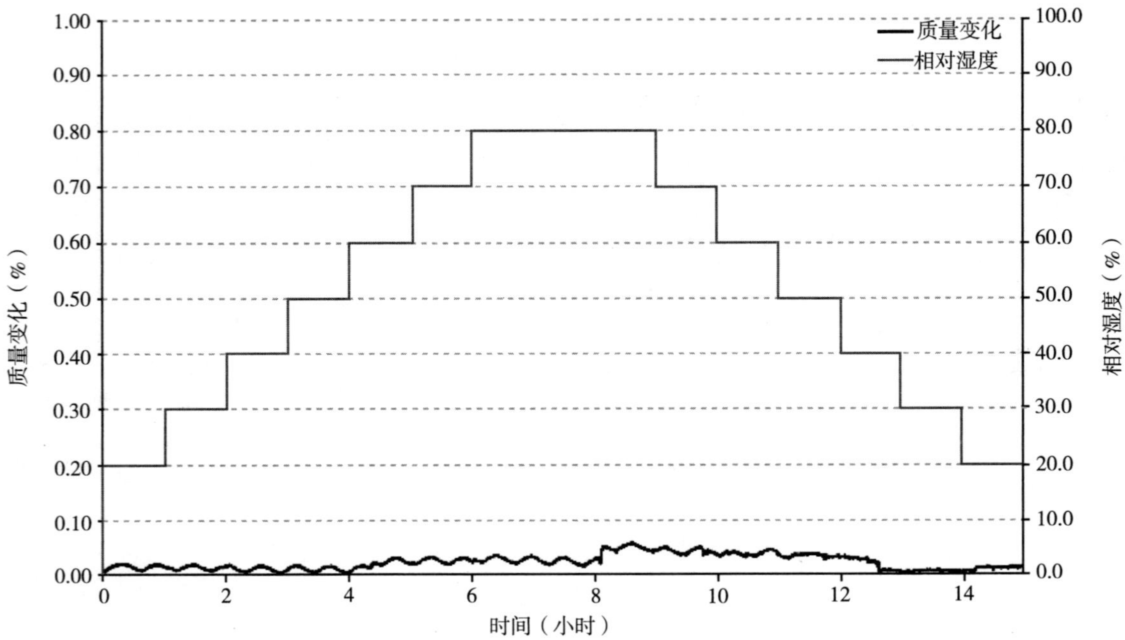

图 8　布洛芬的 DVS 图

正离子扫描模式（一级）

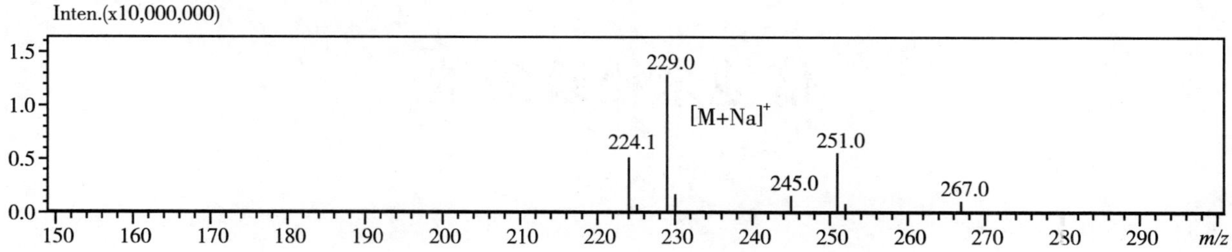

负离子扫描模式（一级）

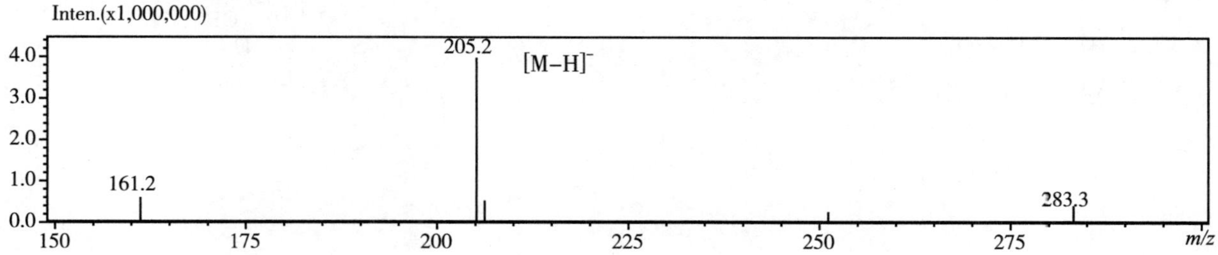

负离子扫描模式（二级）

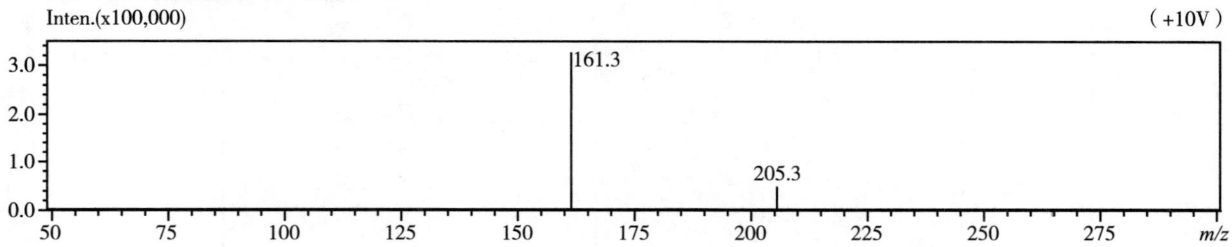

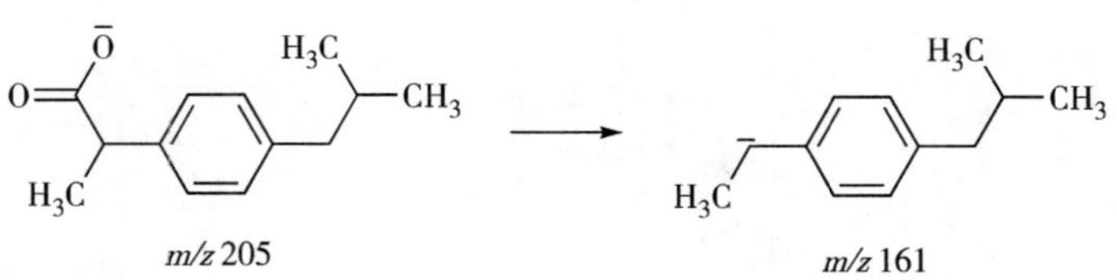

图 9　布洛芬的质谱图

备注

1. 中文化学名　α－甲基－4－(2－甲基丙基)苯乙酸

2. 英文化学名　α－methyl－4－(2－methylpropyl) benzeneacetic acid

3. 性状　本品为白色结晶性粉末；稍有特异臭，几乎无味。

4. 溶解性　本品在乙醇、丙酮、三氯甲烷或乙醚中易溶，在水中几乎不溶；在氢氧化钠或碳酸钠试液中易溶。

5. 溶剂　0.1mol/L 氢氧化钠溶液。

6. 对照品编号与批号　100179－201105

倍他米松磷酸钠

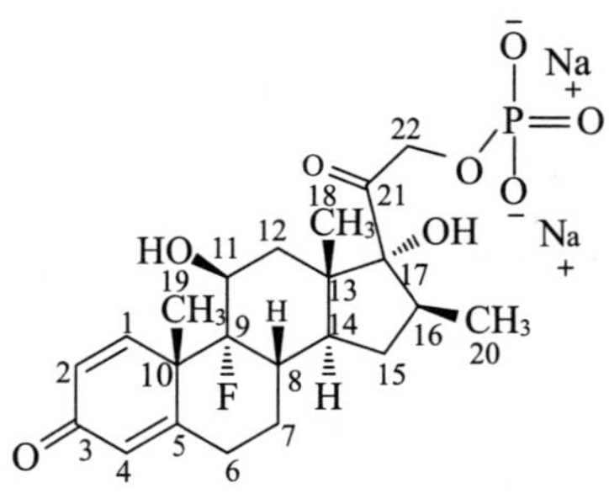

英文名 Betamethasone Sodium Phosphate

分子式 $C_{22}H_{28}FNa_2O_8P$

分子量 516.41

CAS 号 151-73-5

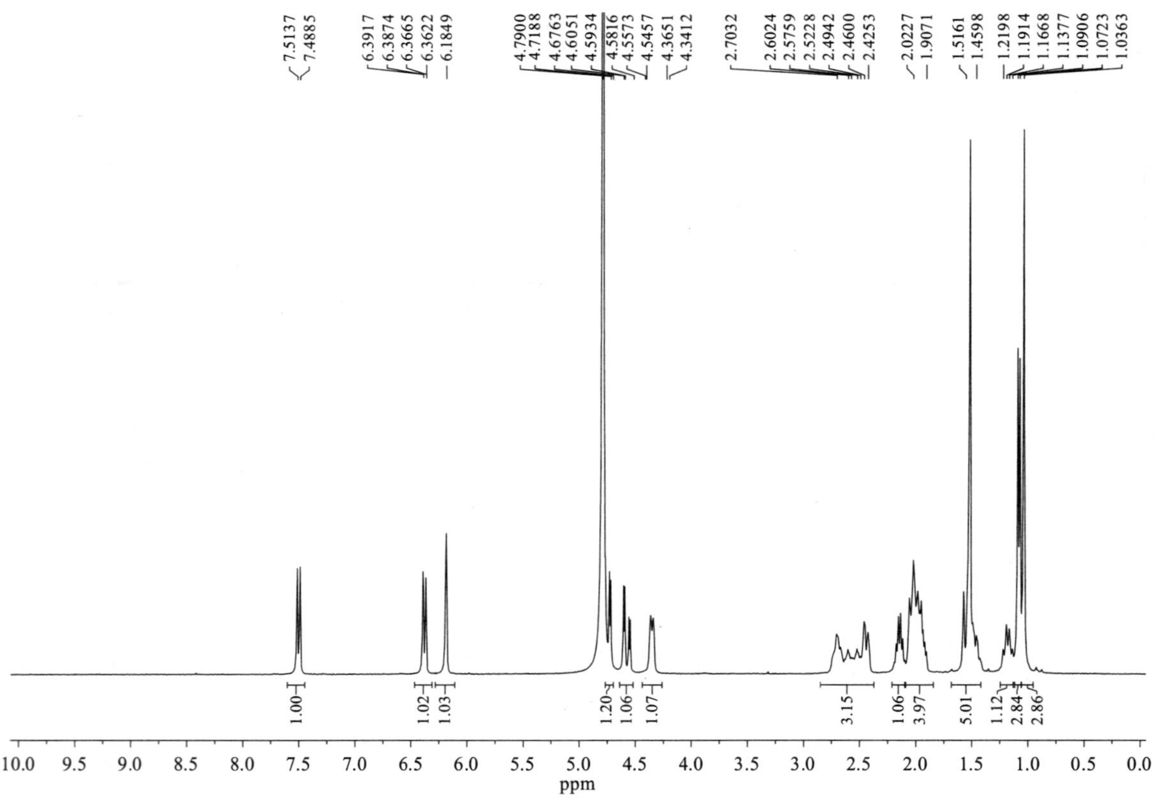

图 1 倍他米松磷酸钠的 ^1H NMR 谱（溶剂：D_2O）

^1H NMR：δ 7.50（H-1，d，J=10.1 Hz，1H），6.37（H-2，dd，J=10.1，1.7 Hz，1H），6.18（H-4，s，1H），4.72（H-22a，dd，J=19.1，4.9 Hz，1H），4.58（H-22b，dd，J=19.1，4.7 Hz，1H），4.35（H-11，d，J=9.6 Hz，1H），2.88～2.39（m，3H），2.20（m，1H），2.09～1.85（m，4H），1.65～1.40（m，2H），1.52（H-19，s，3H），1.22（m，1H），1.08（H-20，d，J=7.3 Hz，3H），1.04（H-18，s，3H）

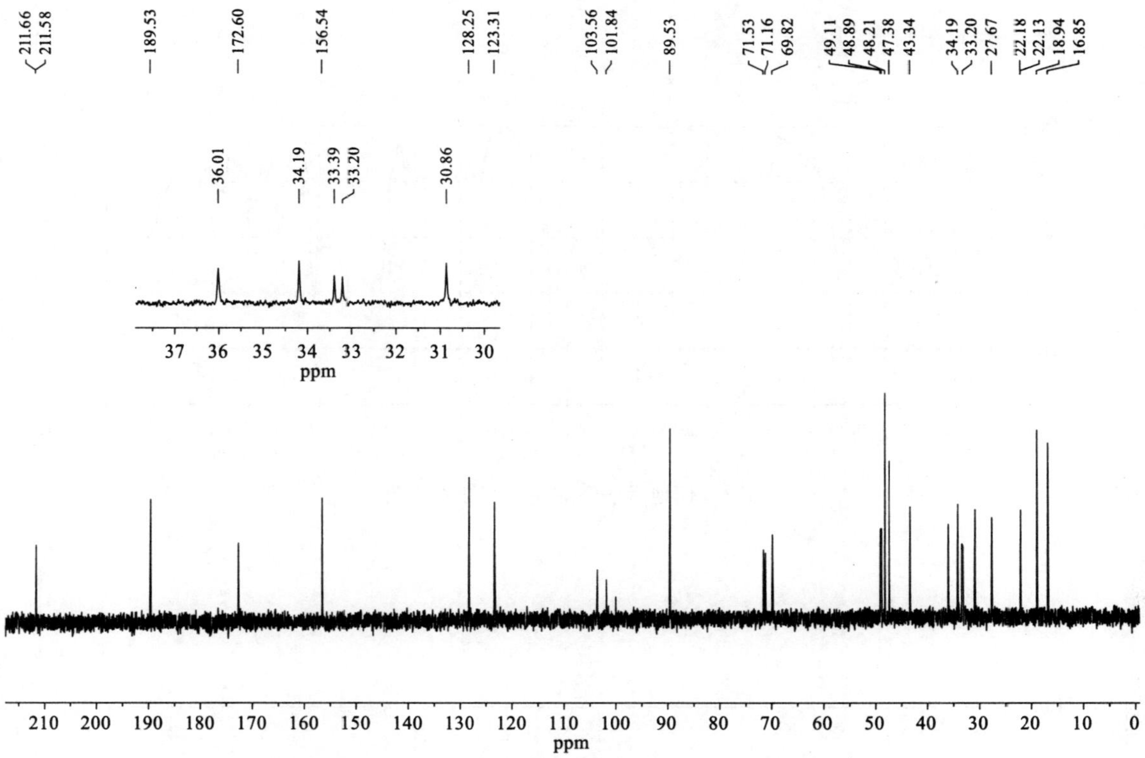

图 2　倍他米松磷酸钠的^{13}C NMR 谱（溶剂：D_2O）

^{13}C NMR：δ 211.62（C－21，d，J＝8.1 Hz），189.53（C－3），172.60（C－5），156.54（C－1），128.25（C－2），123.31（C－4），102.70（C－9，d，J＝173.7 Hz），89.53（C－17），71.35（C－11，d，J＝37.4 Hz），69.84（C－22，d，J＝4.0 Hz），49.00（C－10，d，J＝22.2 Hz），48.21（C－13），47.38（C－16），43.34（C－14），36.01（C－15），34.19（C－12），33.30（C－8，d，J＝19.2 Hz），30.86（C－6），27.67（C－7），22.16（C－19，d，J＝5.1 Hz），18.94（C－20），16.85（C－18）

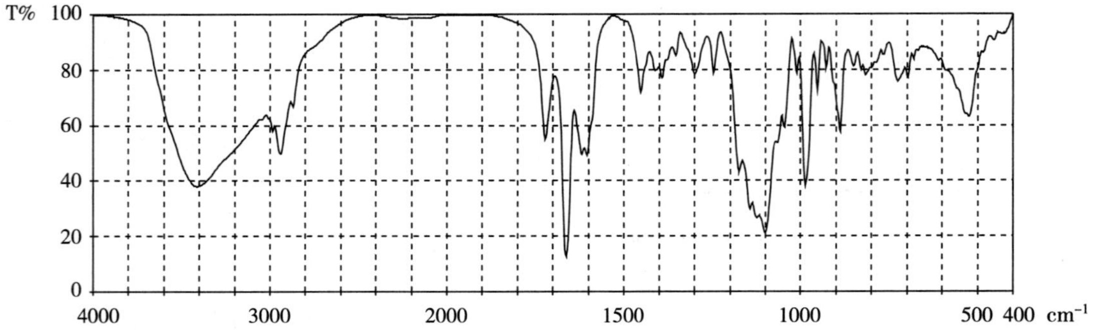

图 3　倍他米松磷酸钠的红外光谱图

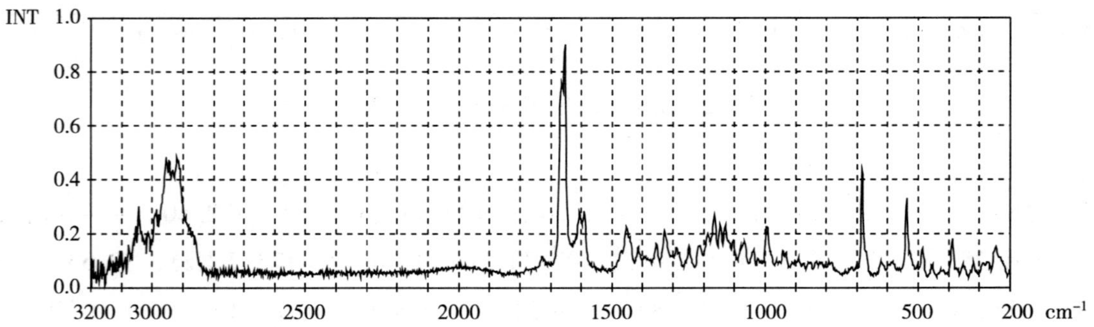

图 4　倍他米松磷酸钠的拉曼光谱图

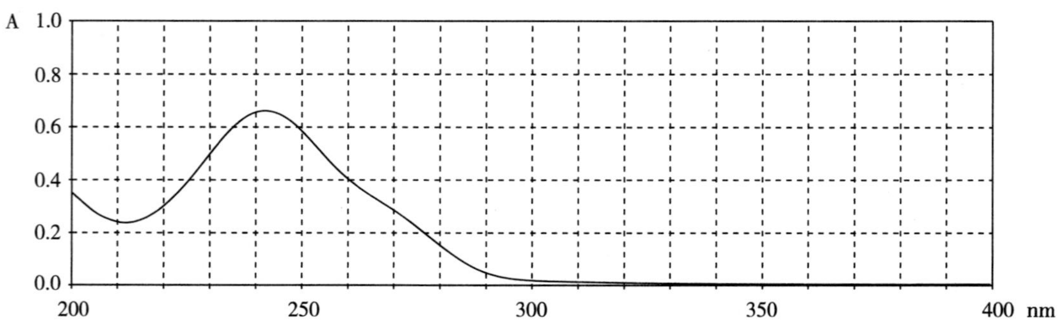

图 5　倍他米松磷酸钠的紫外光谱图

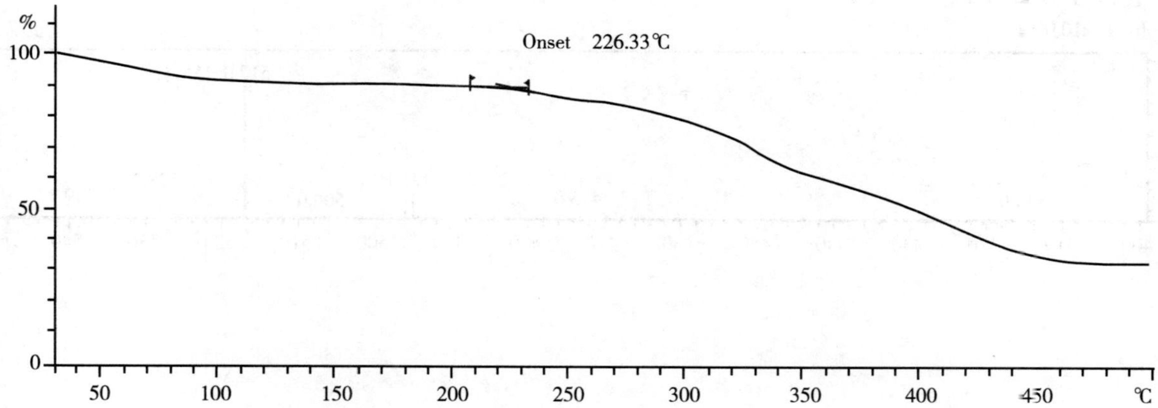

图 6　倍他米松磷酸钠的 TG 图

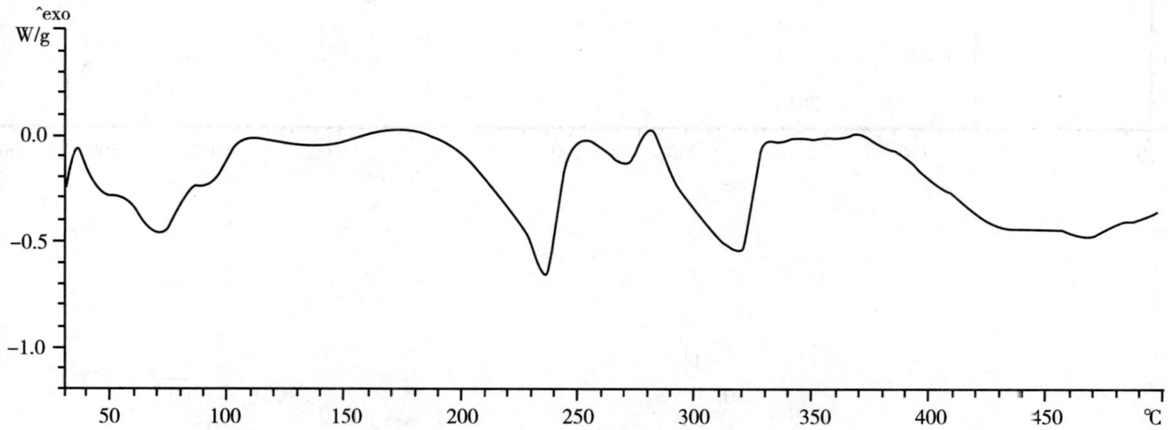

图 7　倍他米松磷酸钠的 DSC 图

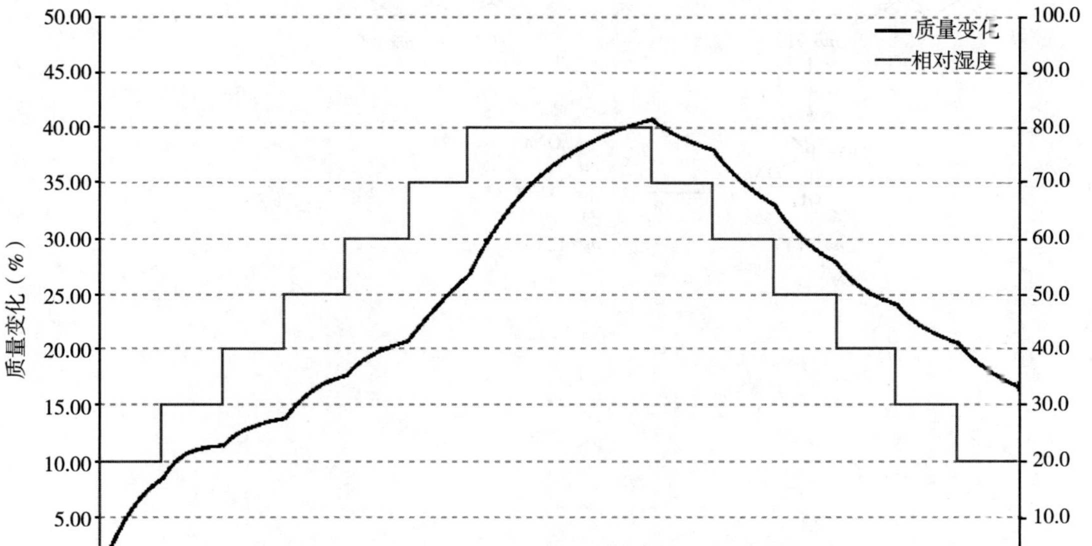

图 8　倍他米松磷酸钠的 DVS 图

正离子扫描模式（一级）

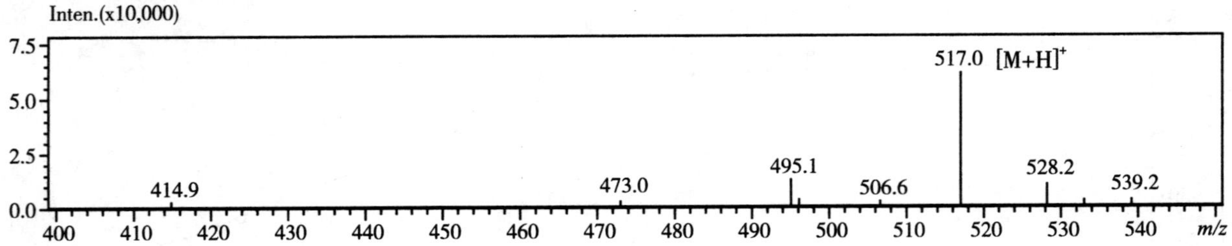

正离子扫描模式（二级）

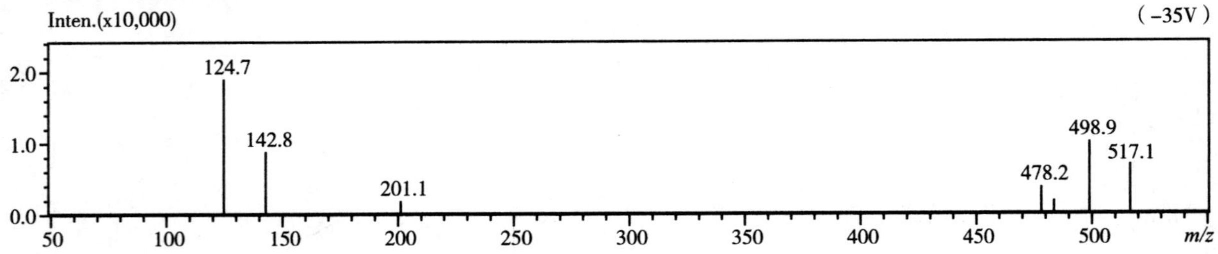

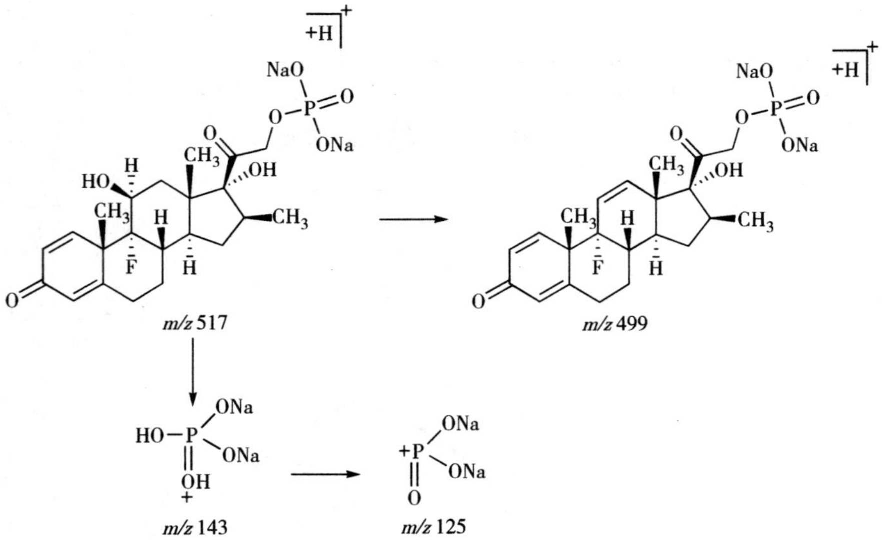

负离子扫描模式（一级）

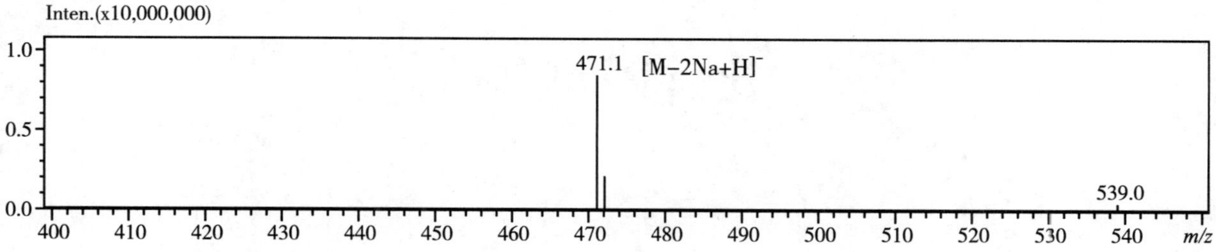

负离子扫描模式（二级）

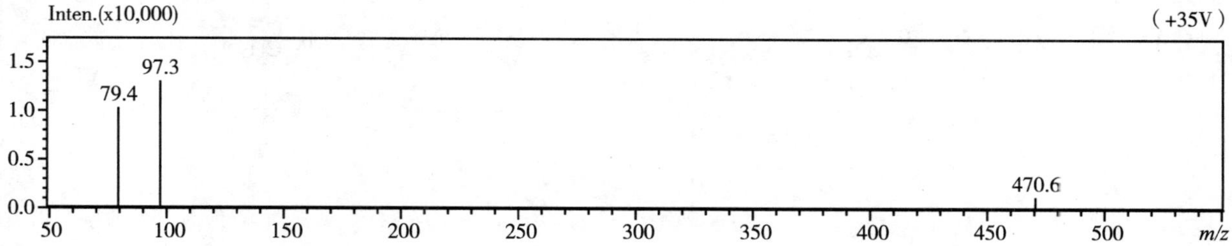

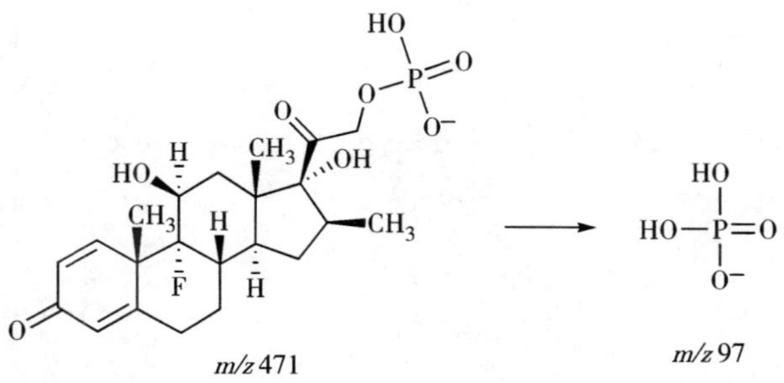

图9　倍他米松磷酸钠的质谱图

备注

1. **中文化学名**　16β－甲基－11β,17α,21－三羟基－9α－氟孕甾－1,4－二烯－3,20－二酮－21－磷酸二钠盐
2. **英文化学名**　9α－fluoro－11β,17α,21－trihydroxy－16β－methylpregna－1,4－diene－3,20－dione 21－phos phoric acid disodium salt
3. **性状**　本品为白色或类白色粉末；无臭或几乎无臭。
4. **溶解性**　本品在水中易溶，在丙酮或三氯甲烷中几乎不溶。
5. **溶剂**　水。
6. **对照品编号与批号**　100180－200902

比 沙 可 啶

英文名 Bisacodyl

分子式 $C_{22}H_{19}NO_4$

分子量 361.39

CAS 号 603 - 50 - 9

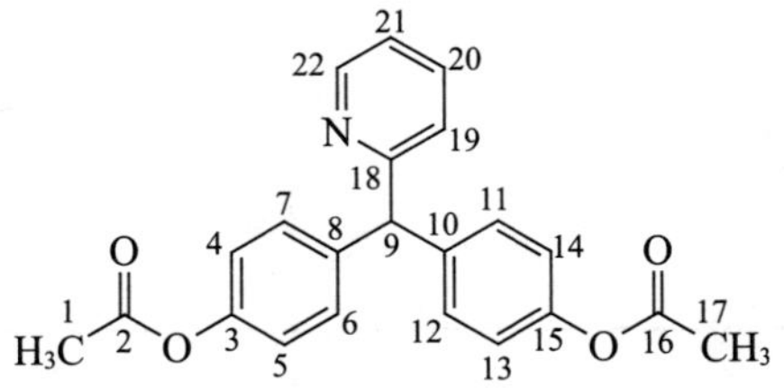

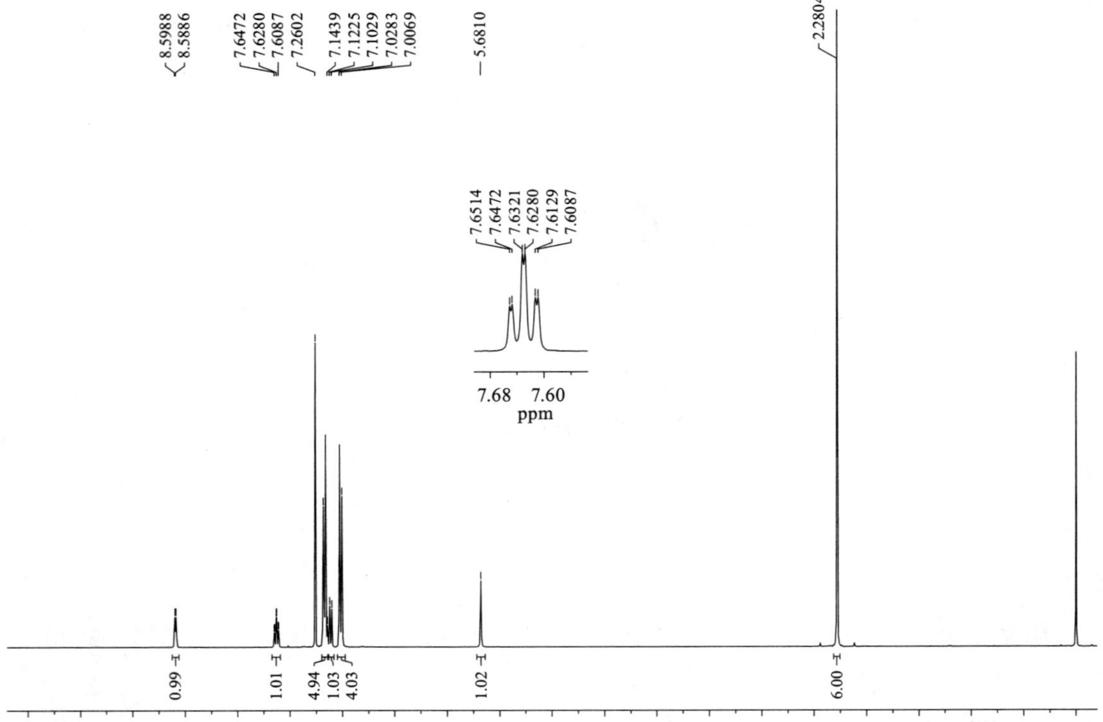

图 1　比沙可啶的 ^{1}H NMR 谱（溶剂：$CDCl_3$）

^{1}H NMR：δ 8.59（H - 22，d，J = 4.1 Hz，1H），7.63（H - 20，td，J = 7.7，1.7 Hz，1H），7.19 ~ 7.15（H - 6，7，11，12，19，m，5H），7.11（H - 21，t，J = 7.9 Hz，1H），7.02（H - 4，5，13，14，d，J = 8.6 Hz，4H），5.68（H - 9，s，1H），2.28（H - 1，17，s，6H）

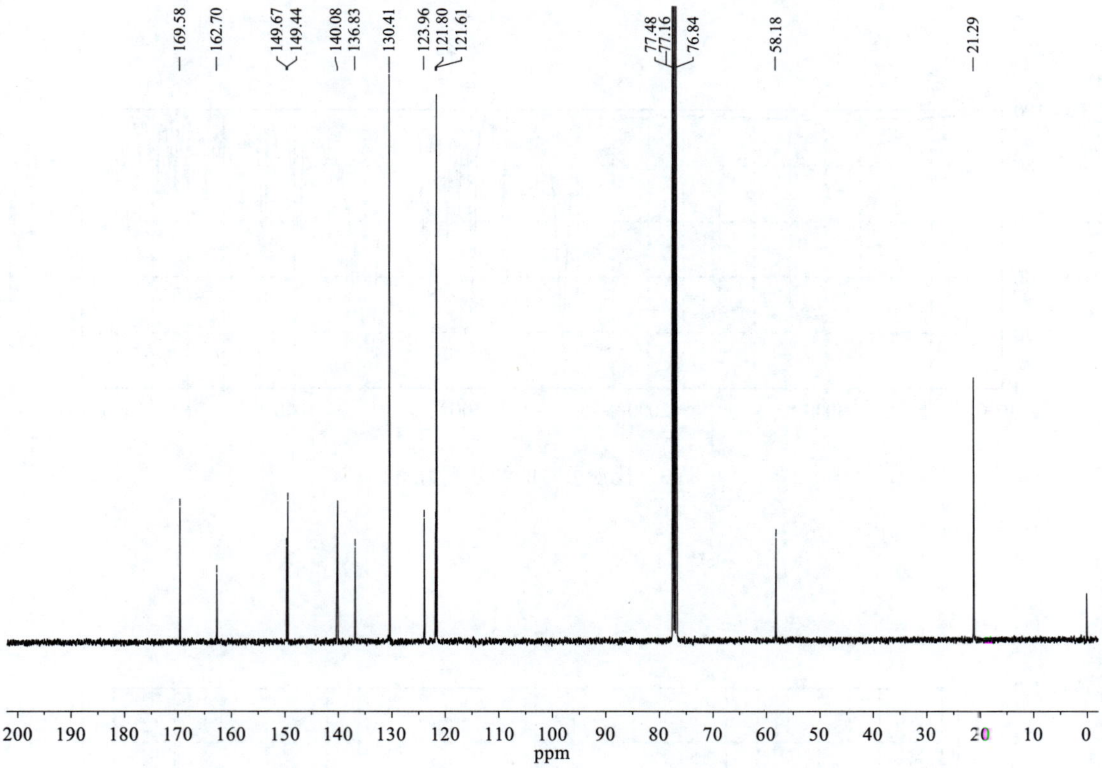

图 2　比沙可啶的^{13}C NMR 谱（溶剂：$CDCl_3$）

^{13}C NMR：δ 169.58（C－2，16），162.70（C－18），149.67（C－22），149.44（C－3，15），140.08（C－8，10），136.83（C－20），130.41（C－6，7，11，12），123.96（C－19），121.80（C－21），121.61（C－4，5，13，14），58.18（C－9），21.29（C－1，17）

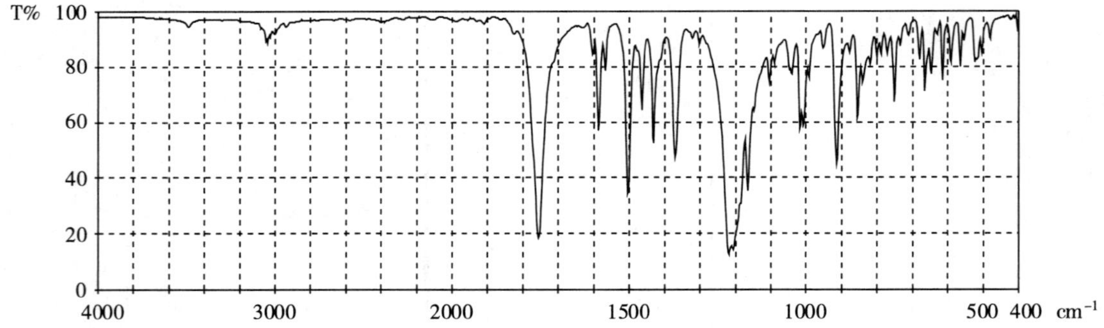

图 3　比沙可啶的红外光谱图

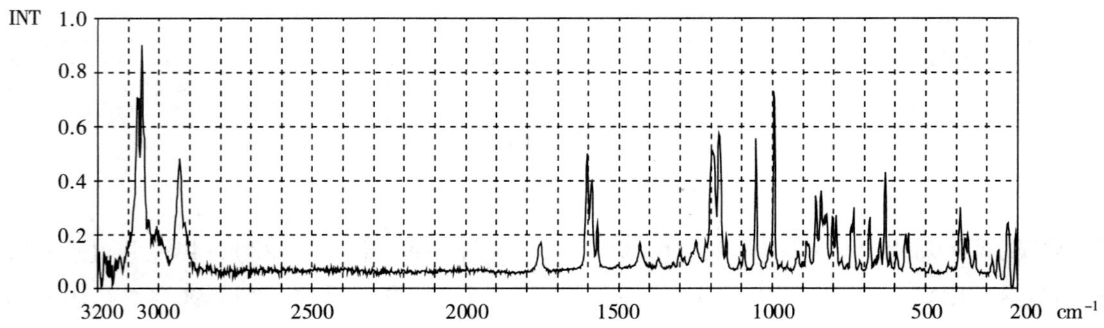

图 4　比沙可啶的拉曼光谱图

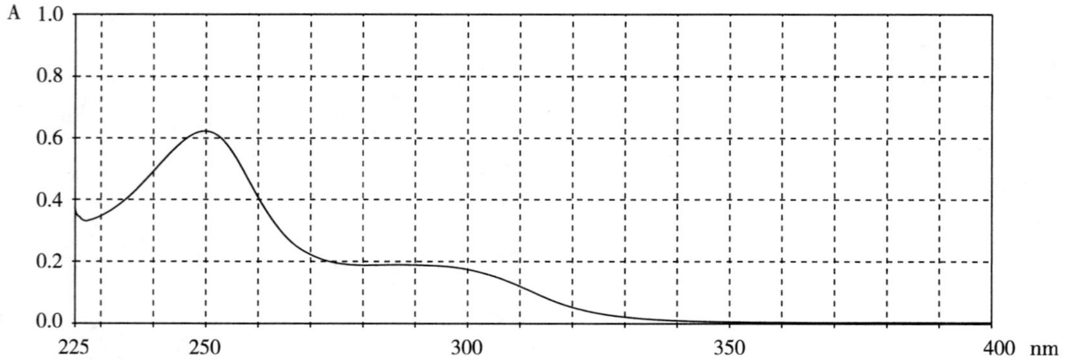

图 5　比沙可啶的紫外光谱图

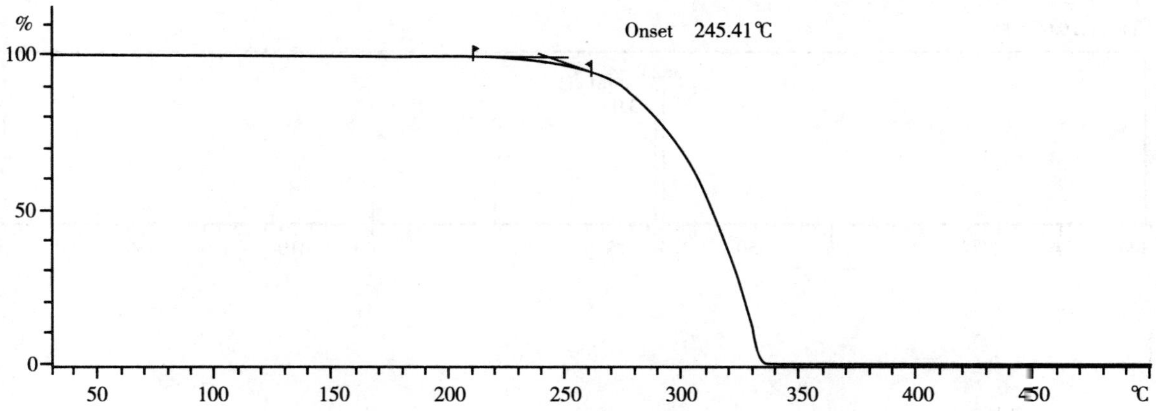

图 6　比沙可啶的 TG 图

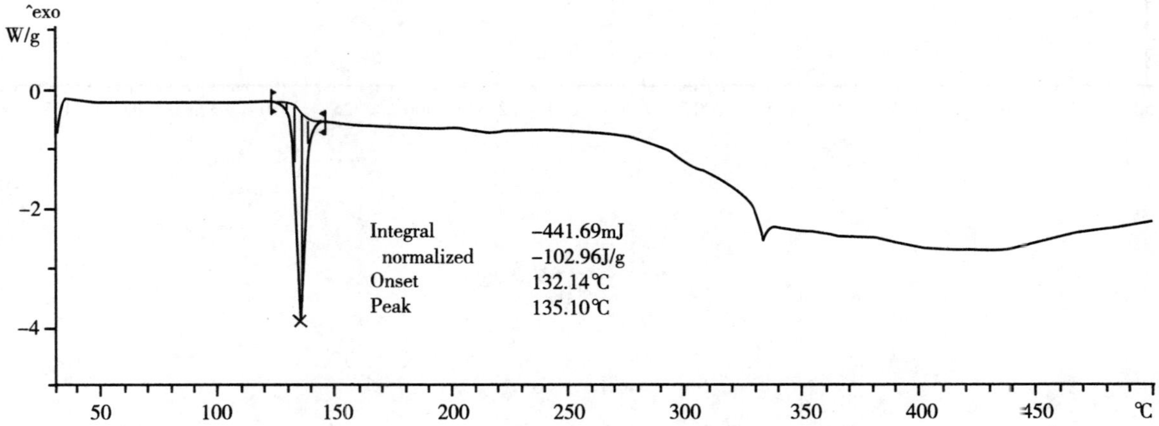

图 7　比沙可啶的 DSC 图

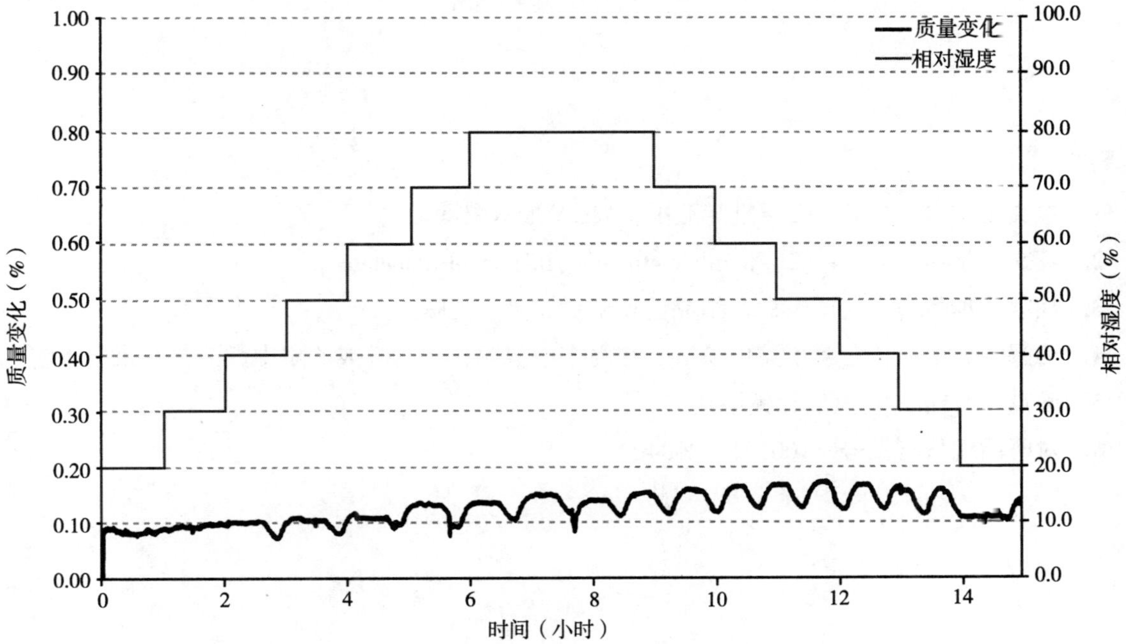

图 8　比沙可啶的 DVS 图

正离子扫描模式（一级）

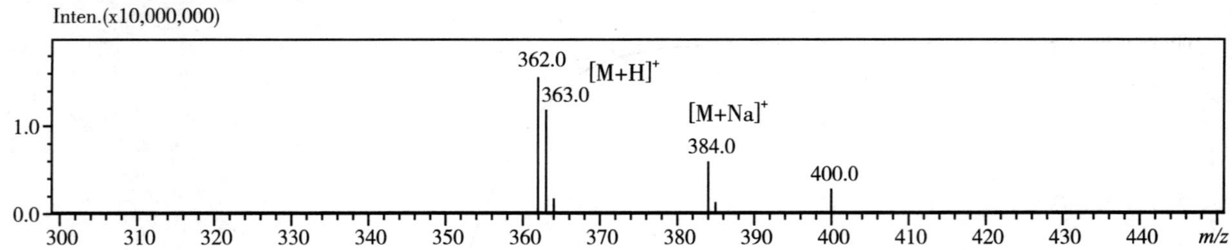

正离子扫描模式（二级）

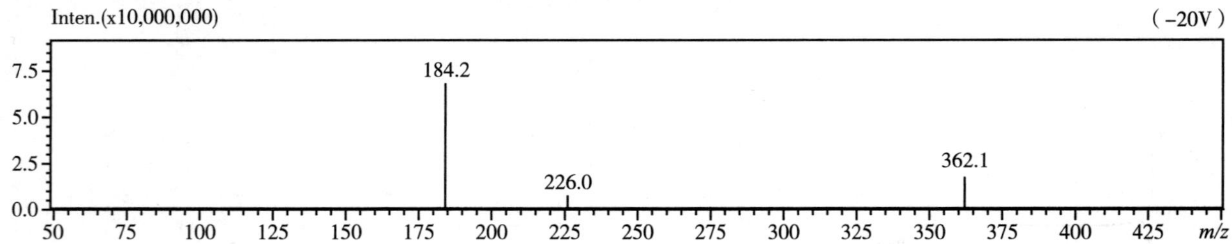

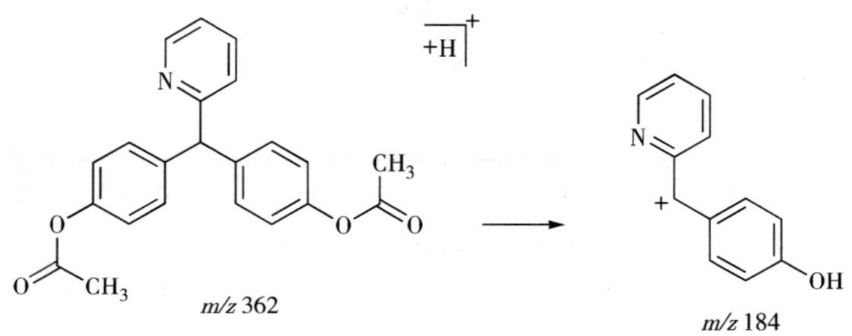

图 9　比沙可啶的质谱图

备注

1. **中文化学名**　4,4′-(2-吡啶亚甲基)二苯酚双醋酸酯
2. **英文化学名**　4,4′-(2-pyridylmethylene)bisphenol diacetate
3. **性状**　本品为白色或类白色结晶性粉末；无臭，无味。
4. **溶解性**　本品在三氯甲烷中易溶，在丙酮中溶解，在乙醇或乙醚中微溶，在水中不溶。
5. **溶剂**　0.1mol/L 氢氧化钠溶液。
6. **对照品编号与批号**　100181-200402

甲 基 多 巴

英文名 Methyldopa

分子式 $C_{10}H_{13}NO_4 \cdot 3/2\ H_2O$

分子量 238.24

CAS 号 41372-08-1

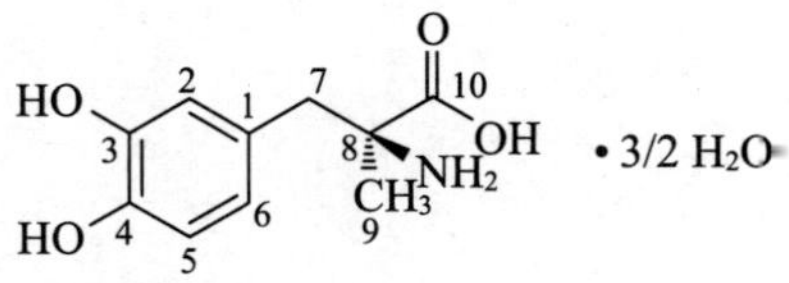

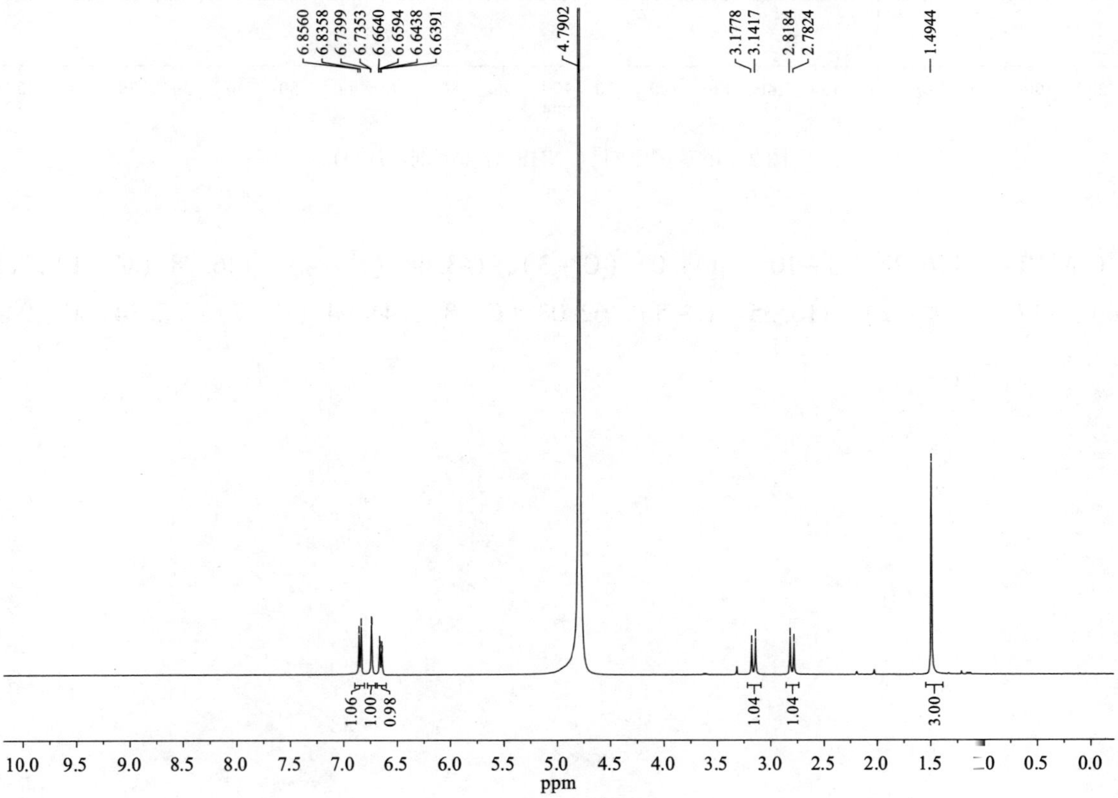

图 1 甲基多巴的 ^{1}H NMR 谱（溶剂：D_2O）

^{1}H NMR：δ 6.85（H-5，d，J = 8.1 Hz，1H），6.74（H-2，d，J = 1.8 Hz，1H），6.65（H-6，dd，J = 8.1，1.8 Hz，1H），3.16（H-7a，d，J = 14.4 Hz，1H），2.80（H-7b，d，J = 14.4 Hz，1H），1.49（H-9，s，3H）

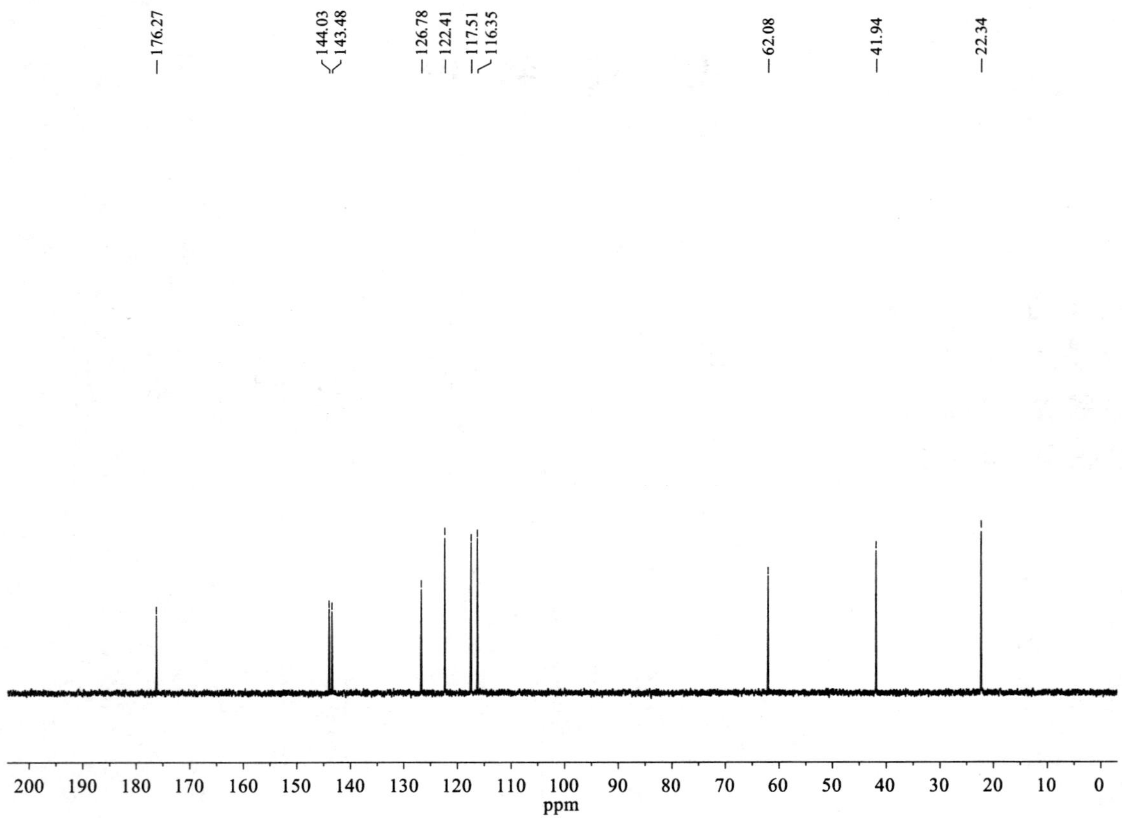

图 2　甲基多巴的 ^{13}C NMR 谱（溶剂：D_2O）

^{13}C NMR：δ 176.27（C－10），144.03（C－3），143.48（C－4），126.78（C－1），122.41（C－6），117.51（C－2），116.35（C－5），62.08（C－8），41.94（C－7），22.34（C－9）

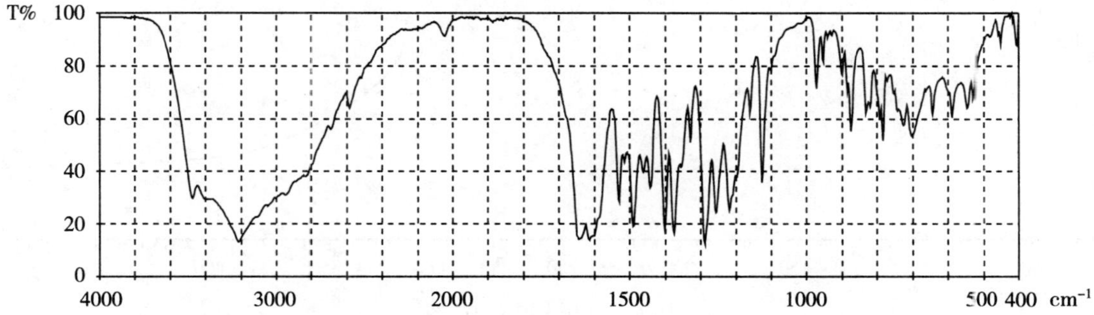

图 3　甲基多巴的红外光谱图

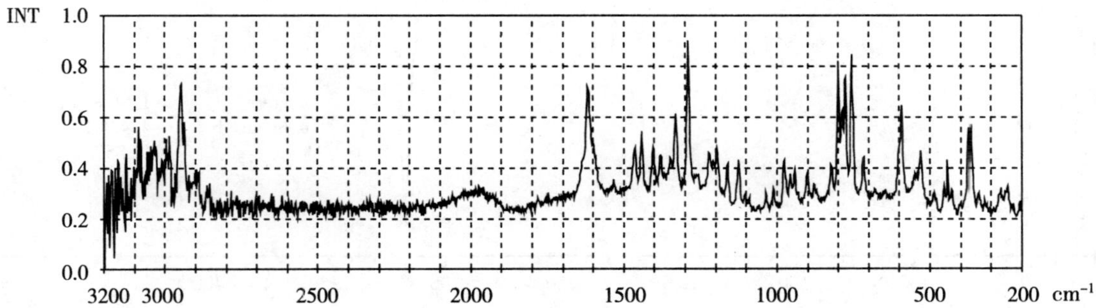

图 4　甲基多巴的拉曼光谱图

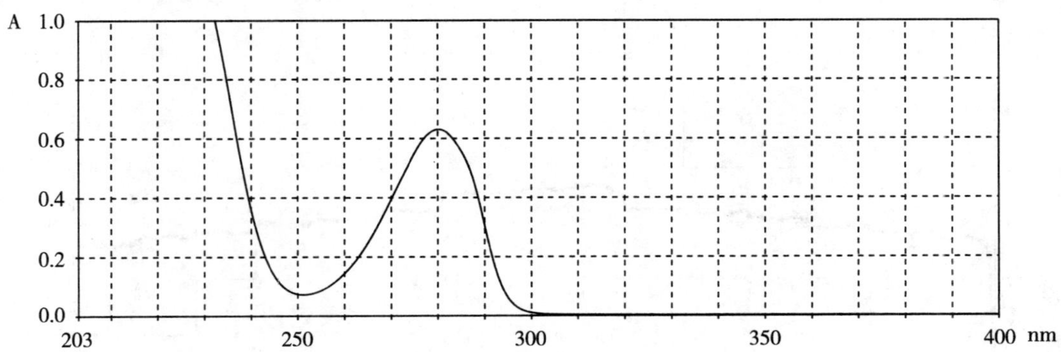

图 5　甲基多巴的紫外光谱图

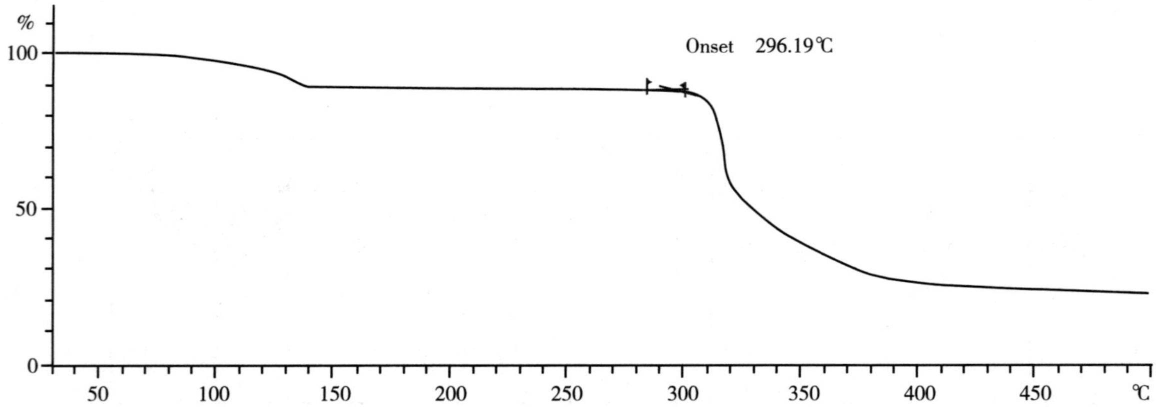

图 6　甲基多巴的 TG 图

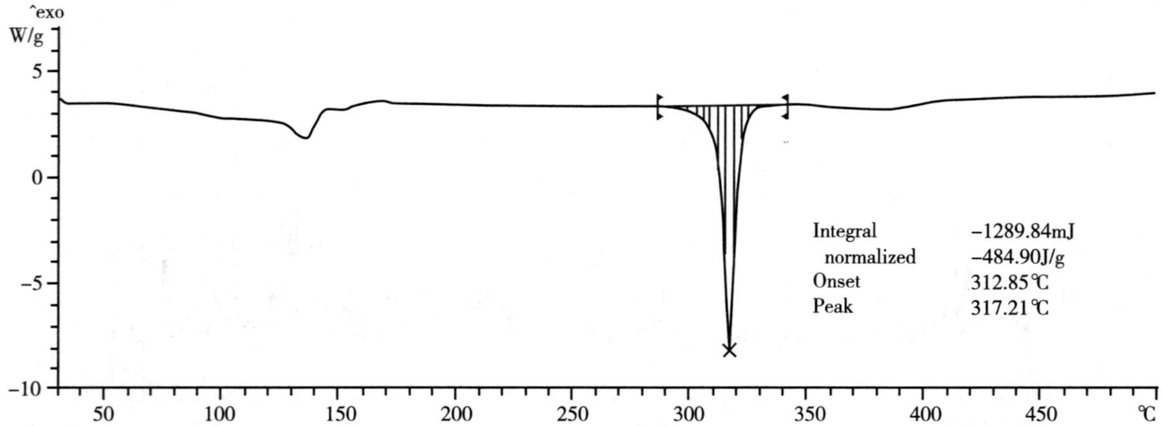

图 7　甲基多巴的 DSC 图

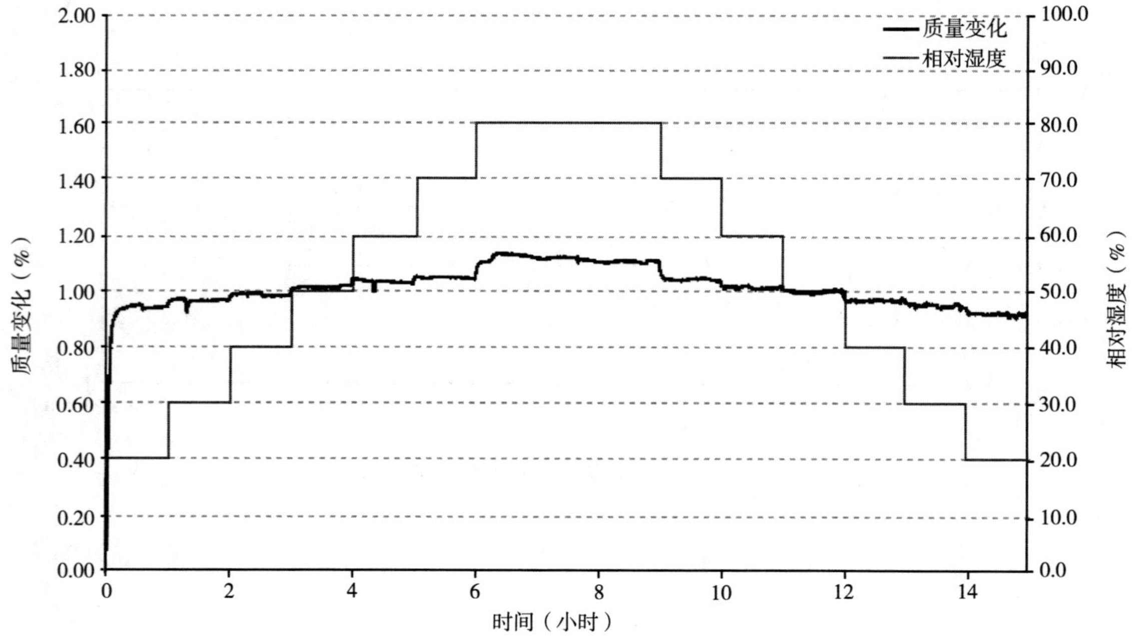

图 8　甲基多巴的 DVS 图

正离子扫描模式（一级）

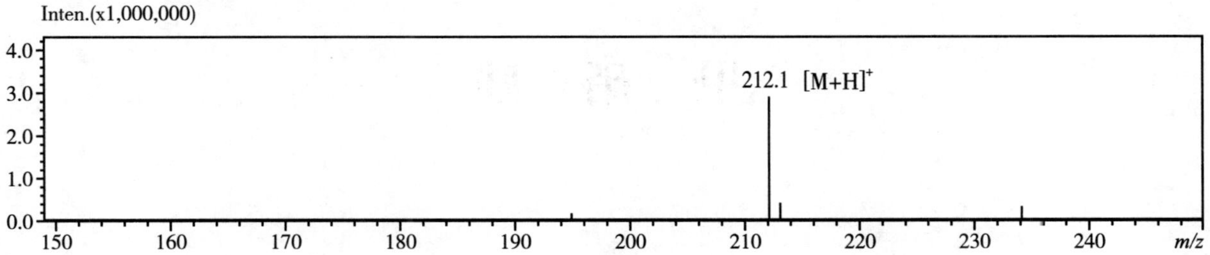

正离子扫描模式（二级）

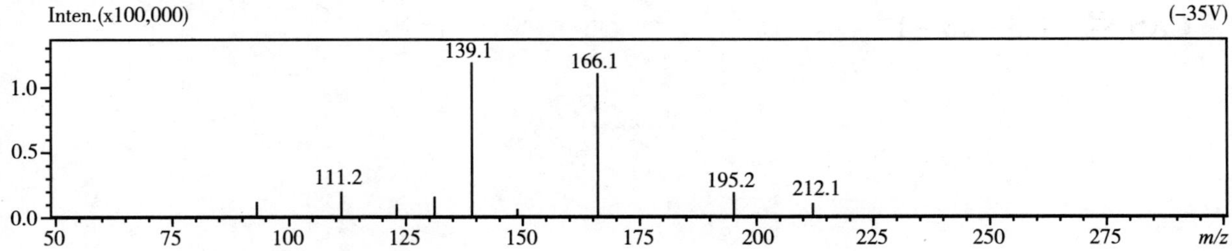

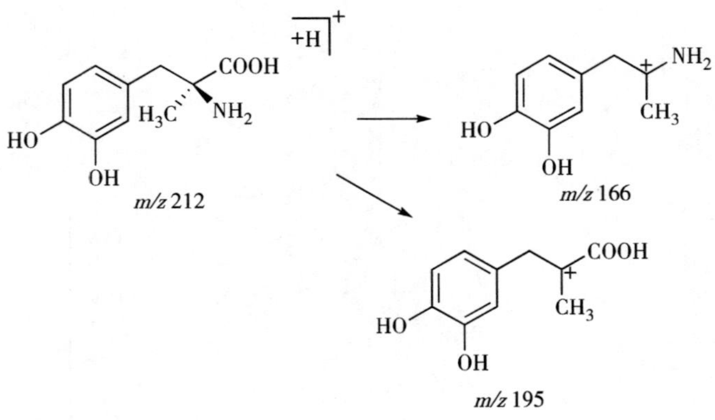

图9　甲基多巴的质谱图

备注

1. **中文化学名**　*L*－3－（3,4－二羟基苯基）－2－甲基丙氨酸倍半水合物
2. **英文化学名**　*L*－3－（3,4－dihydroxyphenyl）－2－methylalanine sesquihydrate
3. **性状**　本品为白色或类白色结晶性粉末；无臭。
4. **溶解性**　本品在水中略溶，在乙醇中微溶，在乙醚中极微溶解，在稀盐酸中易溶。
5. **溶剂**　0. 1mol/L 盐酸溶液。
6. **对照品编号与批号**　100189－201102

甲　硝　唑

英文名　Metronidazole

分子式　$C_6H_9N_3O_3$

分子量　171.16

CAS 号　443－48－1

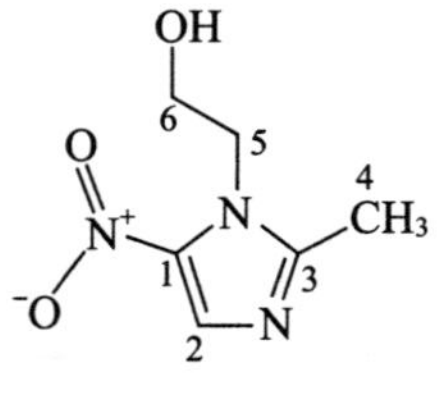

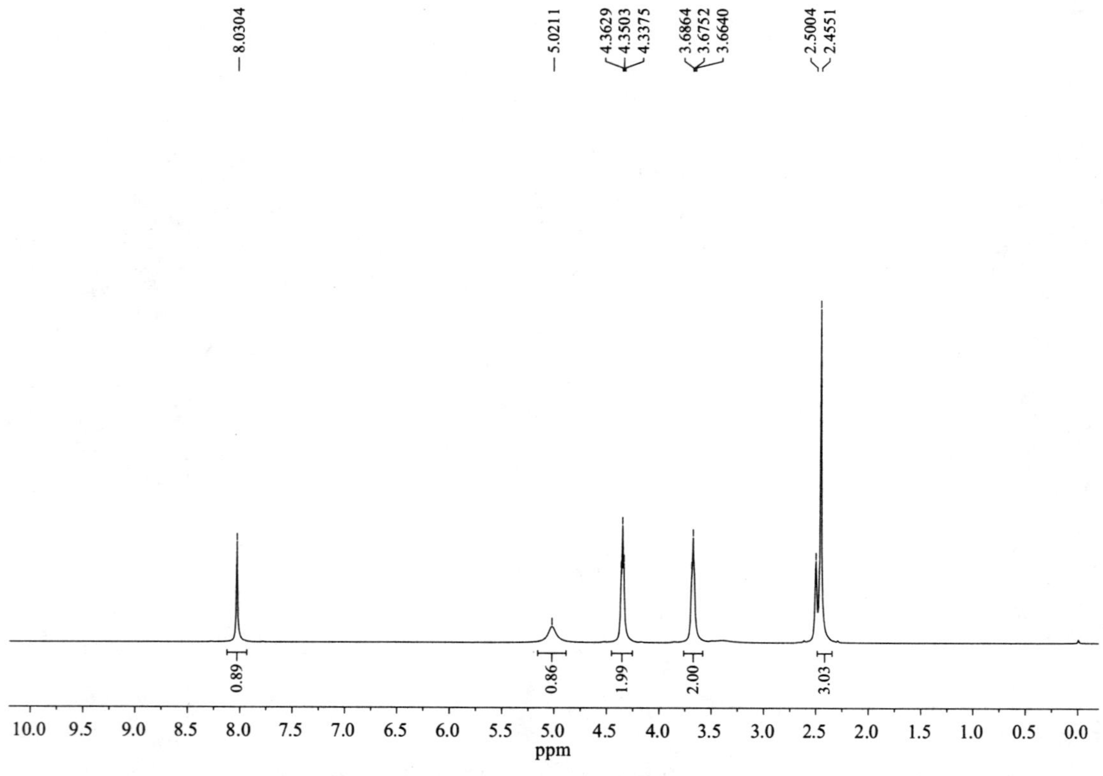

图 1　甲硝唑的 ^1H NMR 谱（溶剂：CD_3SOCD_3）

^1H NMR：δ 8.03（H－2，s，1H），5.02（OH，brs，1H），4.35（H－5，t，J = 5.1 Hz，2H），3.68（H－6，t，J =4.5 Hz，2H），2.46（H－4，s，3H）

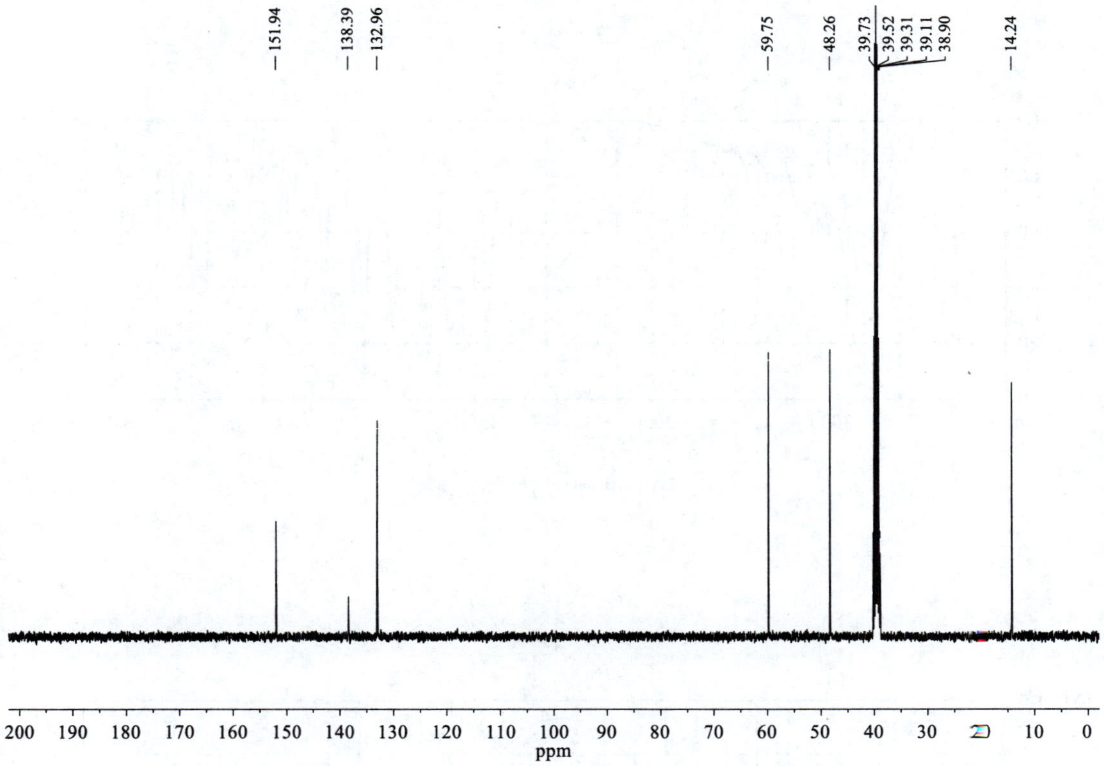

图2　甲硝唑的^{13}C NMR谱（溶剂：CD_3SOCD_3）

^{13}C NMR：δ 151.94（C－3），138.39（C－1），132.96（C－2），59.75（C－6），48.26（C－5），14.24（C－4）

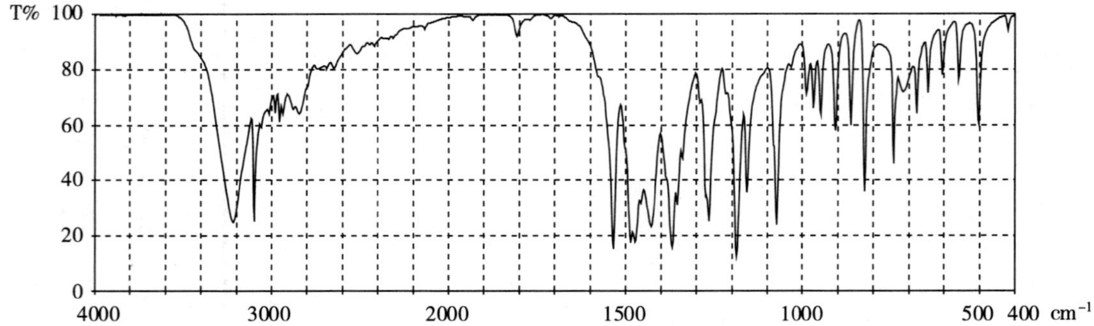

图 3　甲硝唑的红外光谱图

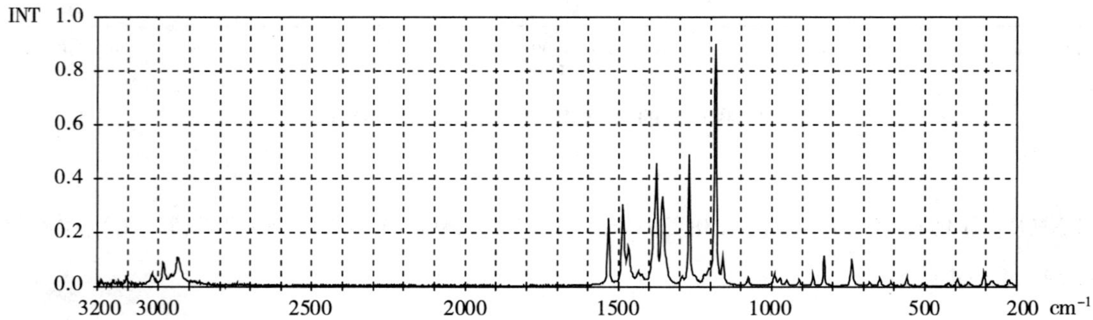

图 4　甲硝唑的拉曼光谱图

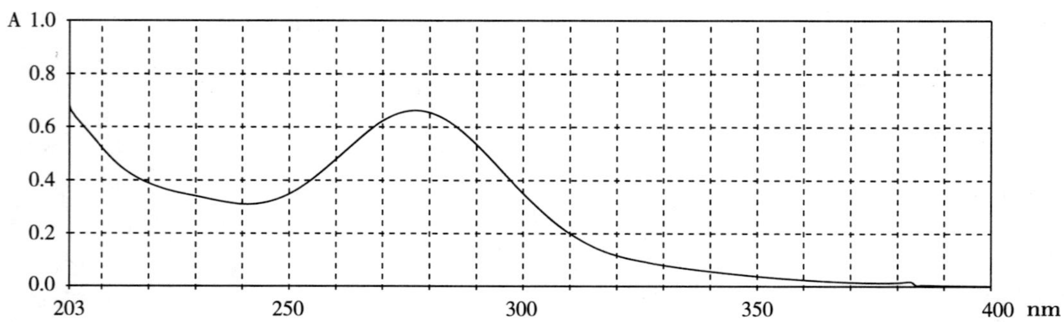

图 5　甲硝唑的紫外光谱图

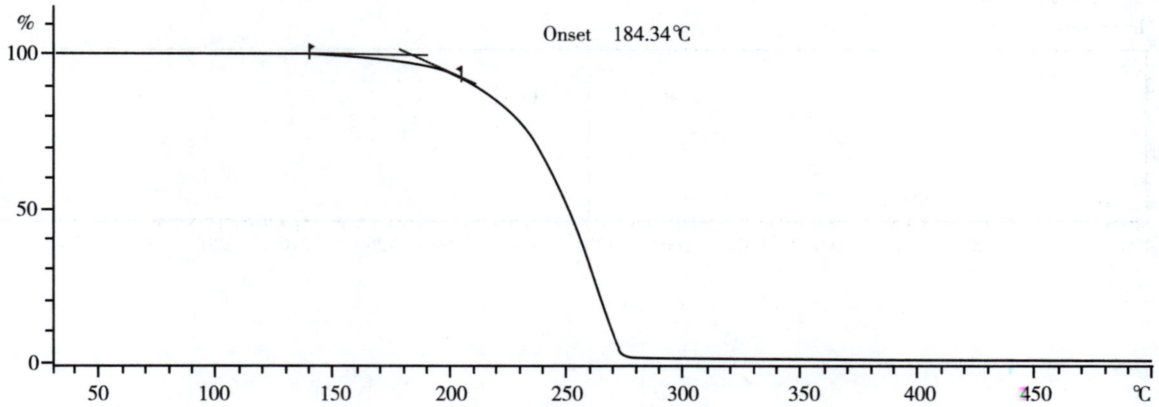

图 6　甲硝唑的 TG 图

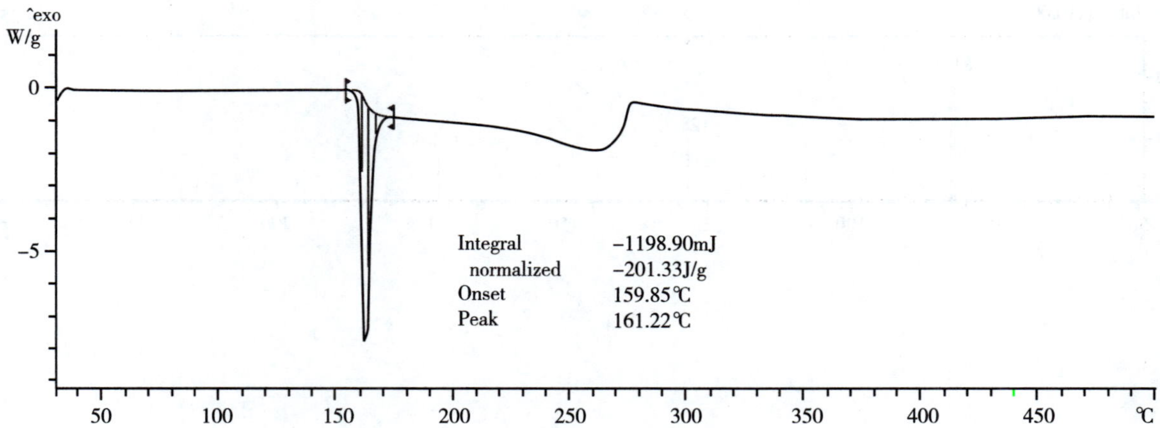

图 7　甲硝唑的 DSC 图

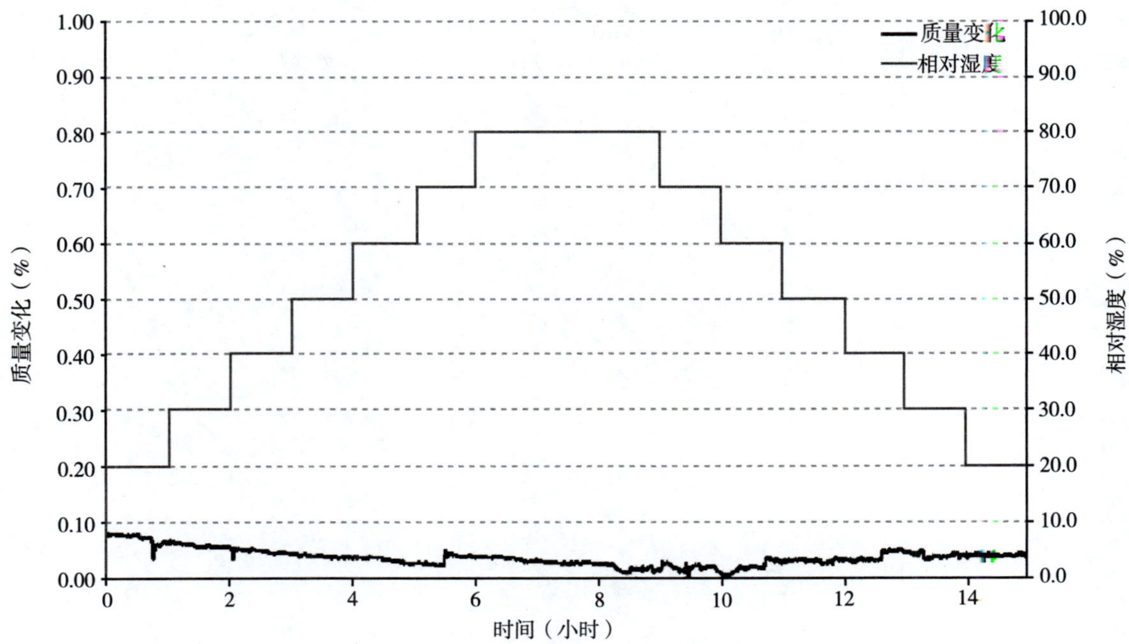

图 8　甲硝唑的 DVS 图

正离子扫描模式（一级）

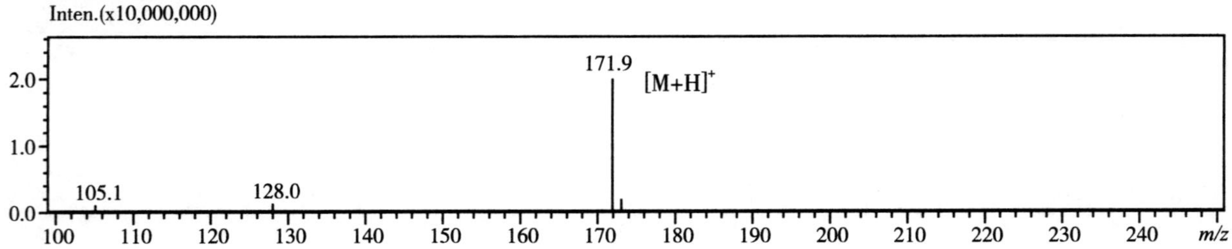

正离子扫描模式（二级）

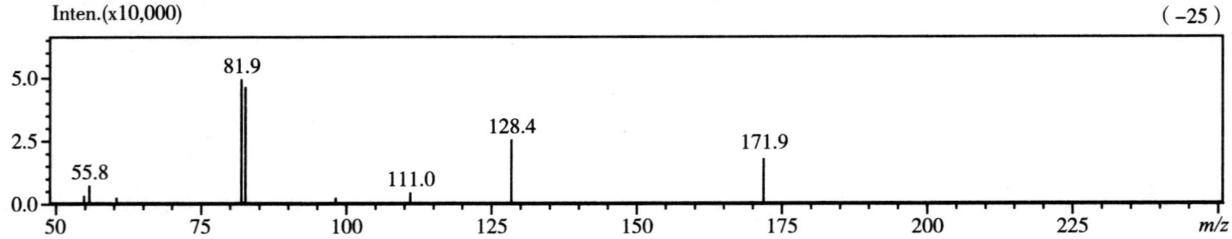

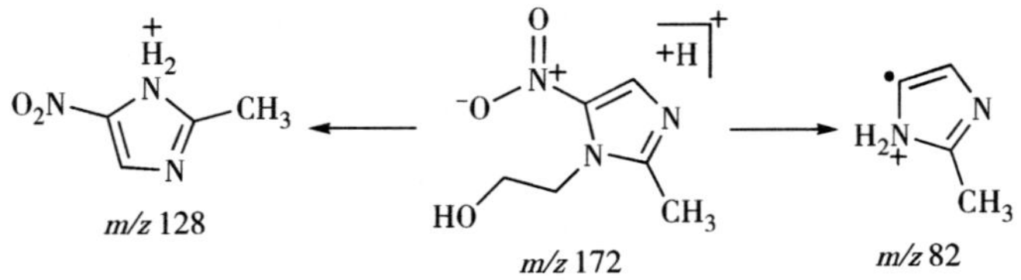

负离子扫描模式（一级）

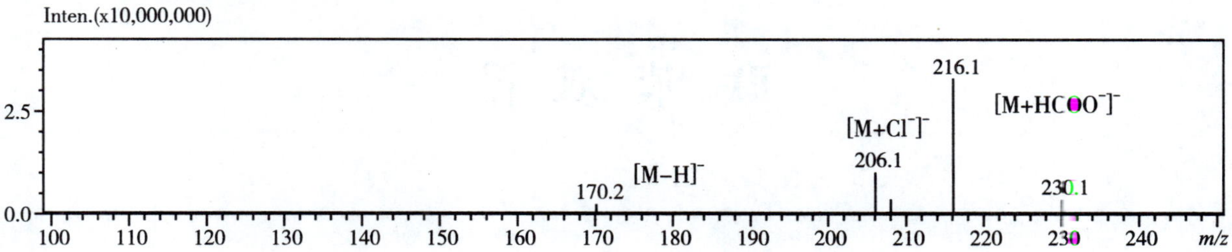

负离子扫描模式（二级）

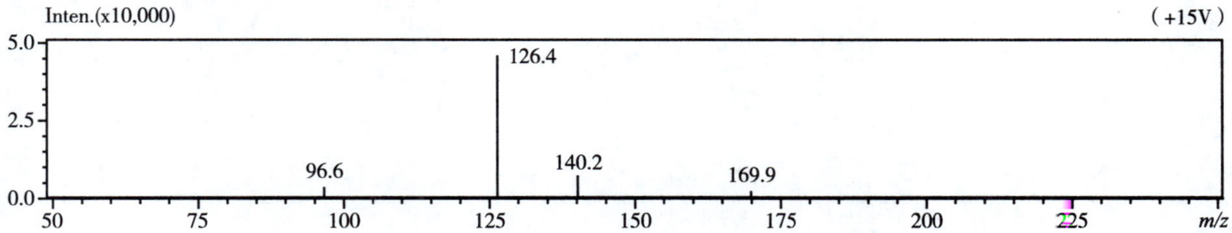

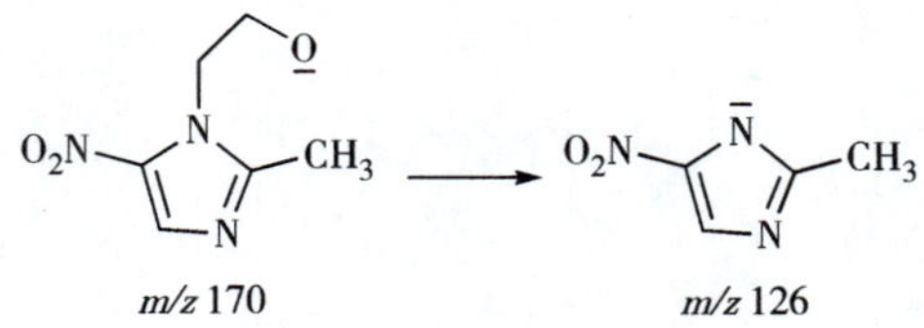

图9　甲硝唑的质谱图

备注

1. **中文化学名**　2－甲基－5－硝基咪唑－1－乙醇
2. **英文化学名**　2－methyl－5－nitroimidazole－1－ethanol
3. **性状**　本品为白色至微黄色的结晶或结晶性粉末；有微臭，味苦而略咸。
4. **溶解性**　本品在乙醇中略溶，在水或三氯甲烷中微溶，在乙醚中极微溶解。
5. **溶剂**　0.1mol/L 盐酸溶液。
6. **对照品编号与批号**　100191－200305

联 苯 双 酯

英文名 Bifendate

分子式 $C_{20}H_{18}O_{10}$

分子量 418.35

CAS 号 73536－69－3

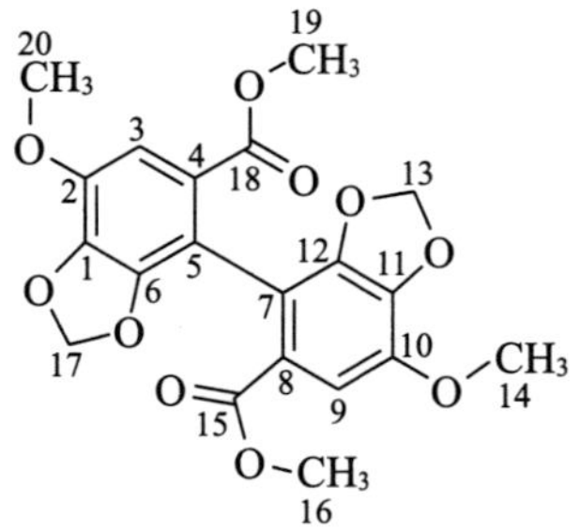

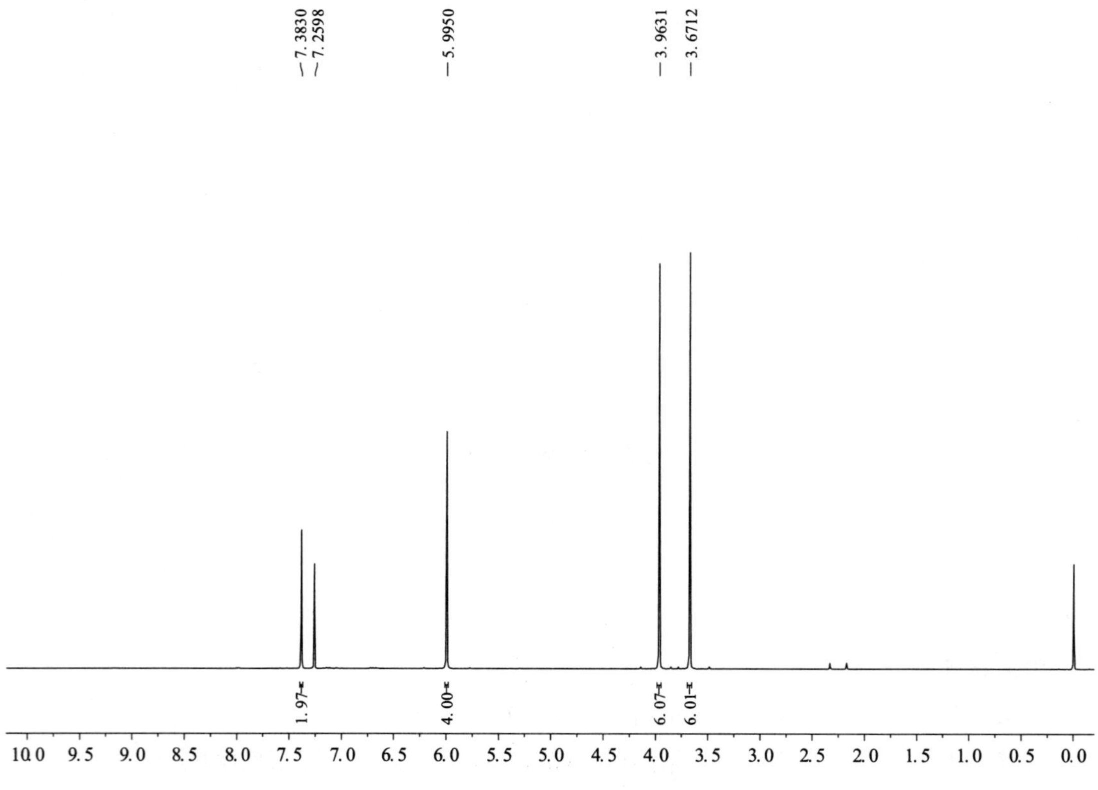

图 1　联苯双酯的[1]H NMR 谱（溶剂：$CDCl_3$）

^{1}H NMR：δ 7.38（H－3，9，s，2H），6.00（H－13，17，s，4H），3.96（H－16，19，s，6H），3.67（H－14，20，s，6H）

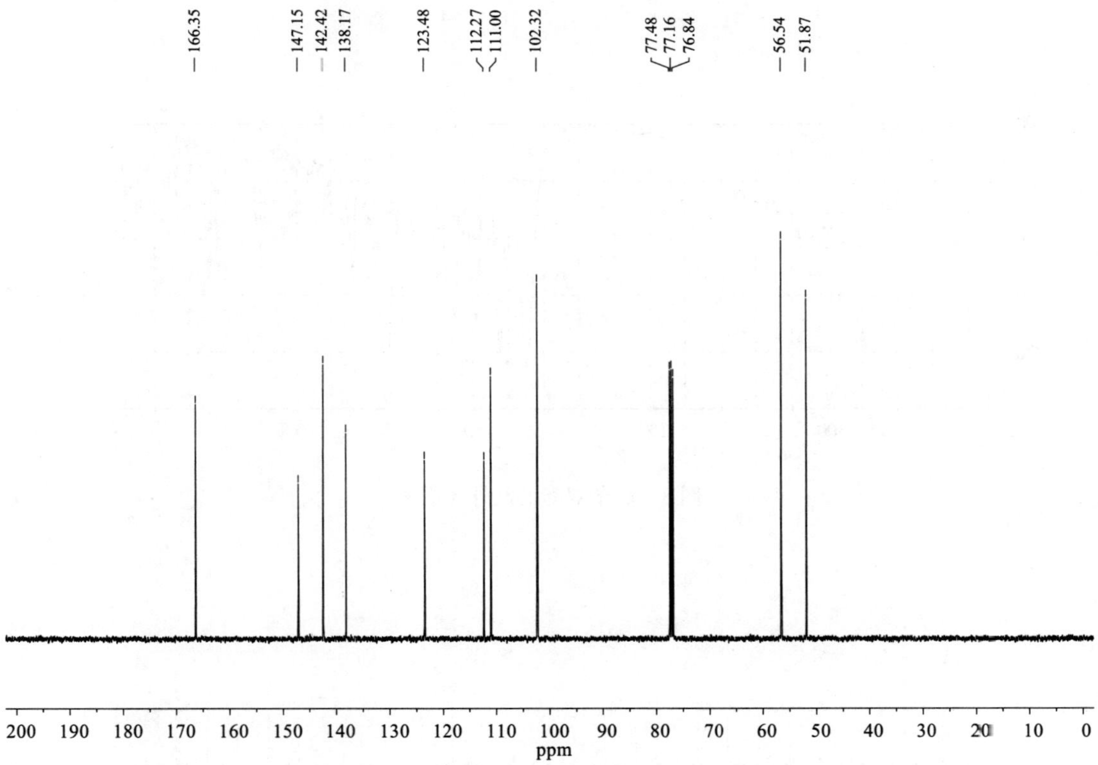

图 2　联苯双酯的^{13}C NMR 谱（溶剂：$CDCl_3$）

^{13}C NMR：δ 166.35（C－15，18），147.15（C－6，12），142.42（C－2，10），138.17（C－1，11），123.48（C－4，8），112.27（C－5，7），111.00（C－3，9），102.32（C－13，17），56.54（C－14，20），51.87（16，19）

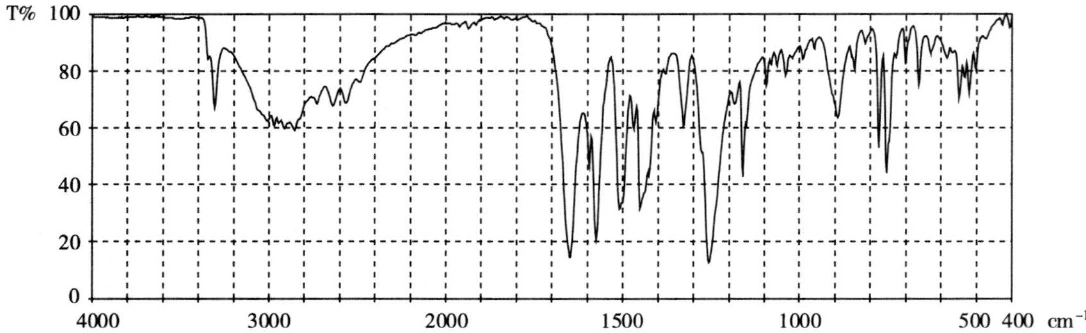

图 3　联苯双酯的红外光谱图

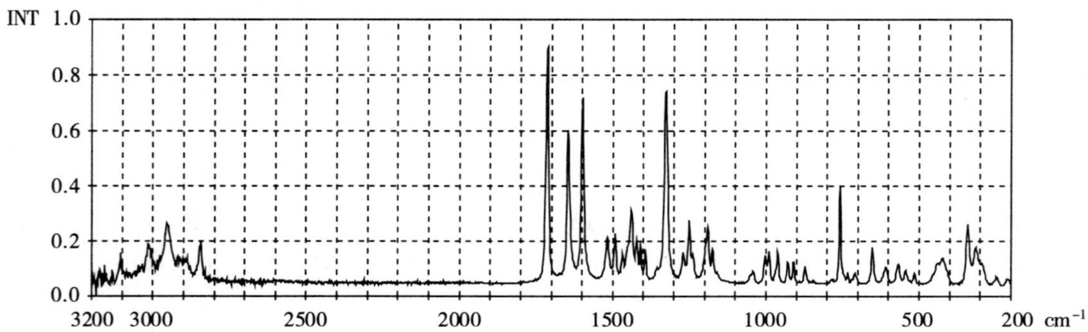

图 4　联苯双酯的拉曼光谱图

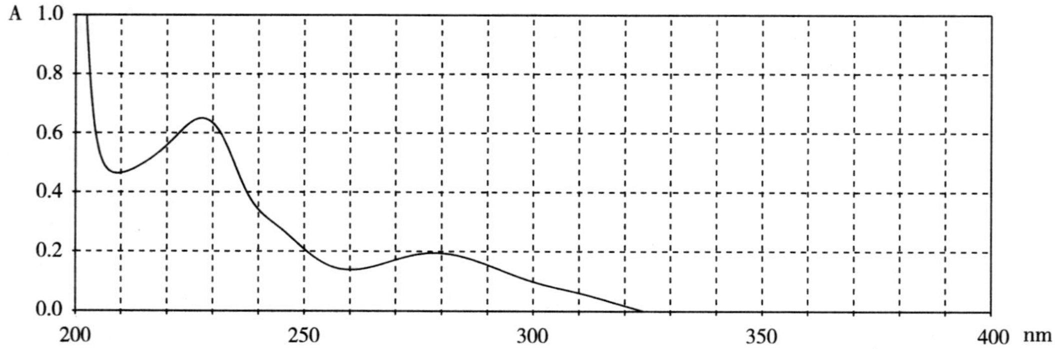

图 5　联苯双酯的紫外光谱图

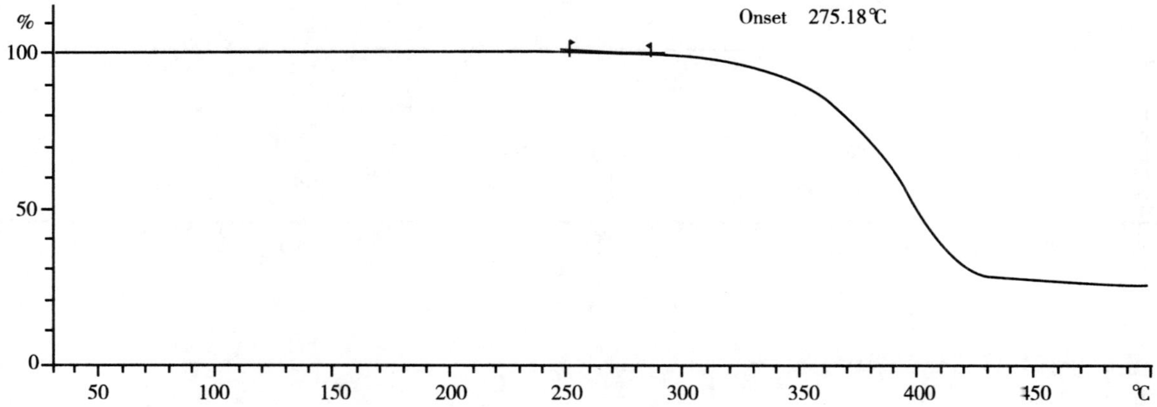

图 6　联苯双酯的 TG 图

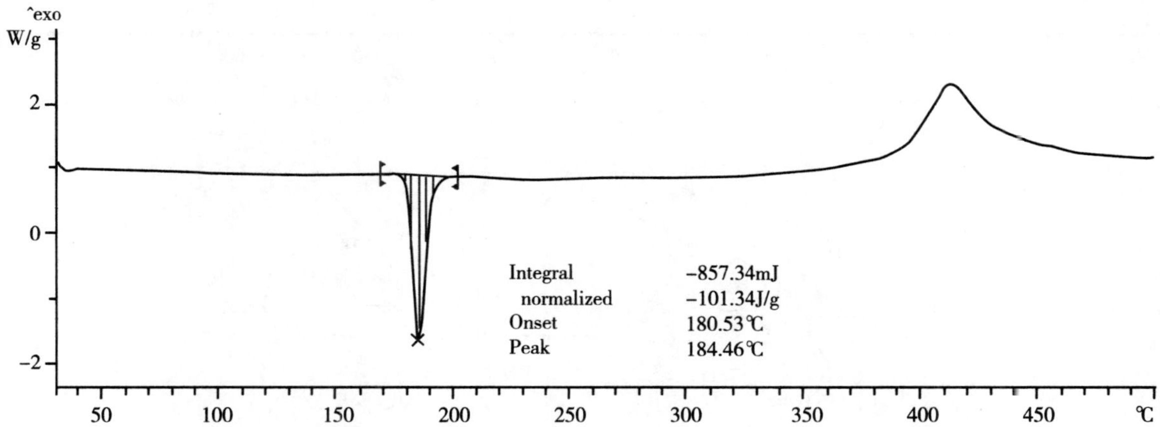

图 7　联苯双酯的 DSC 图

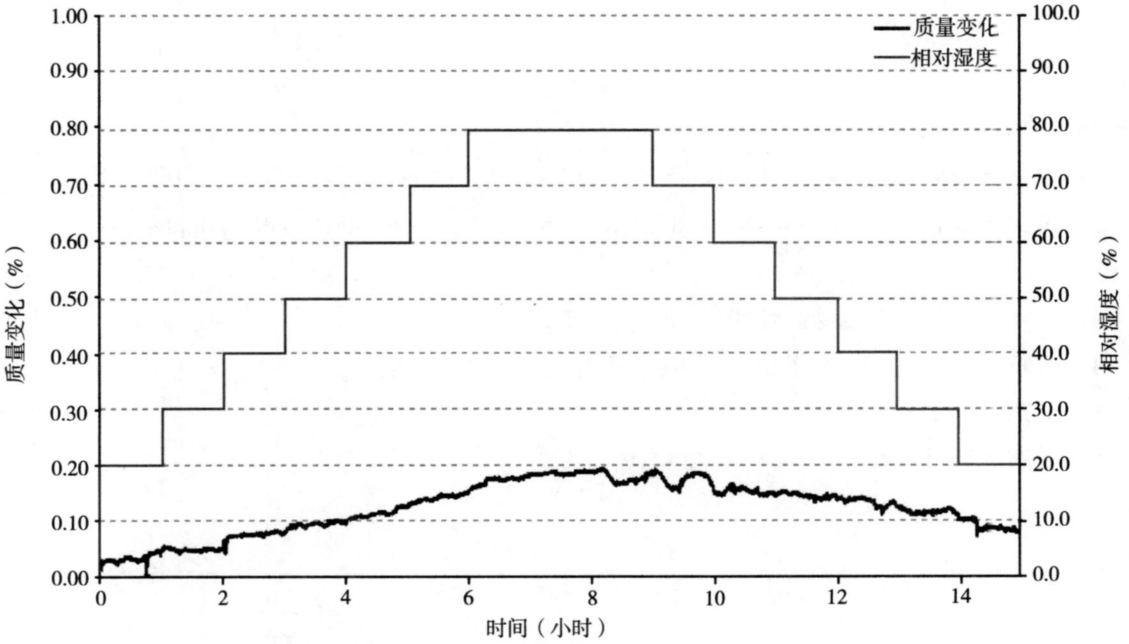

图 8　联苯双酯的 DVS 图

正离子扫描模式（一级）

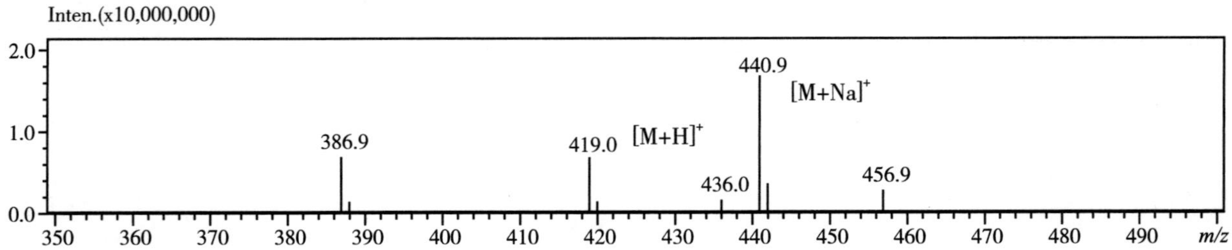

正离子扫描模式（二级）

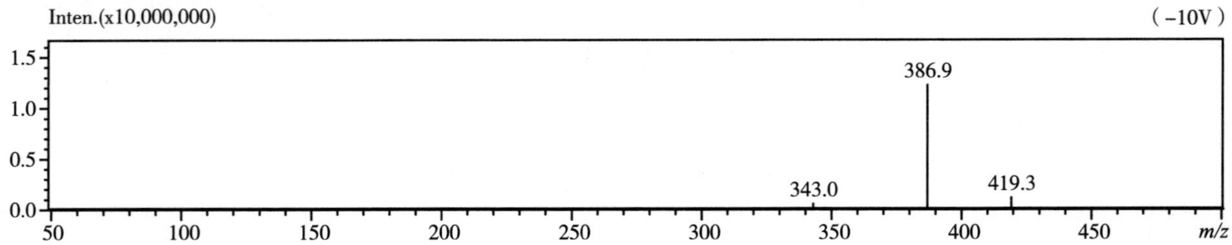

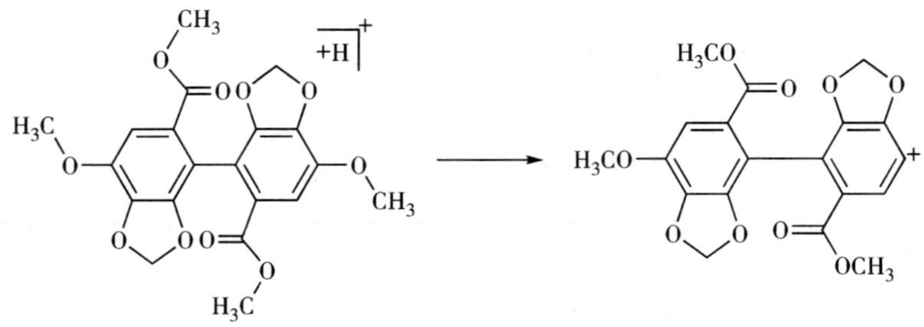

m/z 419　　　　*m/z* 387

图 9　联苯双酯的质谱图

备注

1. **中文化学名**　4,4′-二甲氧基-5,6,5′,6′-二次甲二氧-2,2′-联苯二甲酸二甲酯
2. **英文化学名**　dimethyl-4,4′-dimethoxy-5,6,5′,6′-dimethylenedioxy biphenyl-2,2′-dicarboxylate
3. **性状**　本品为白色结晶性粉末;无臭,无味。
4. **溶解性**　本品在三氯甲烷中易溶,在乙醇或水中几乎不溶。
5. **溶剂**　无水乙醇。
6. **对照品编号与批号**　100192-200503

螺　内　酯

英文名　Spironolactone

分子式　$C_{24}H_{32}O_4S$

分子量　416. 57

CAS 号　52 - 01 - 7

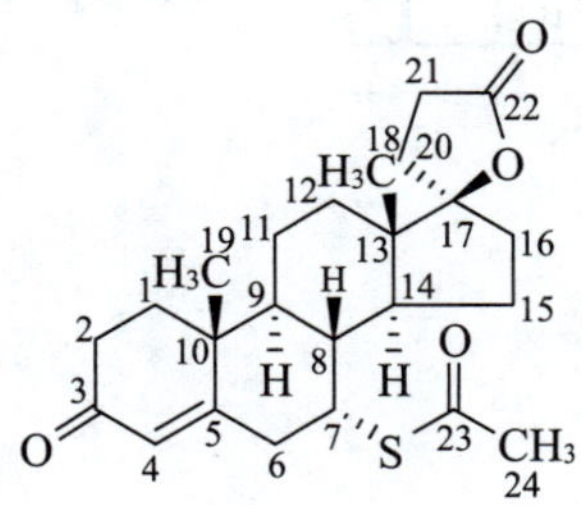

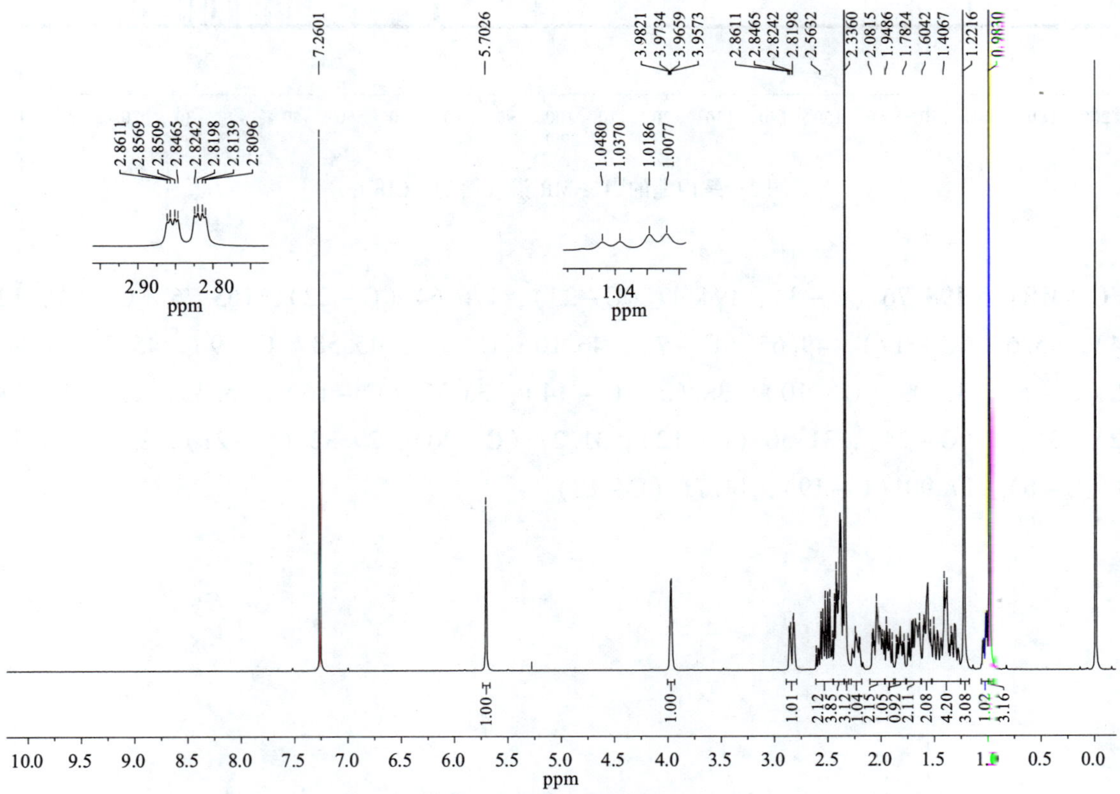

图 1　螺内酯的^{1}H NMR 谱（溶剂：$CDCl_3$）

^{1}H NMR：δ 5. 70（H - 4，s，1H），3. 97（H - 9，m，1H），2. 84（H - 1a，ddd，J = 14. 7，4. 1，1. 7 Hz，1H），2. 61 ~ 2. 45（H - 2a，21a，m，2H），2. 45 ~ 2. 35（H - 2b，14，20a，21b，m，4H），2. 34（H - 24，s，3H），2. 23（m，1H），2. 11 ~ 1. 97（H - 15a，16a，m，2H），1. 96 ~ 1. 77（H - 15b，20b，m，2H），1. 76 ~ 1. 63（m，2H），1. 61 ~ 1. 53（m，2H），1. 52 ~ 1. 26（m，4H），1. 22（H - 19，s，3H），1. 03（H - 7，dd，J = 11. 7，4. 4 Hz，1H），0. 98（H - 18，s，3H）

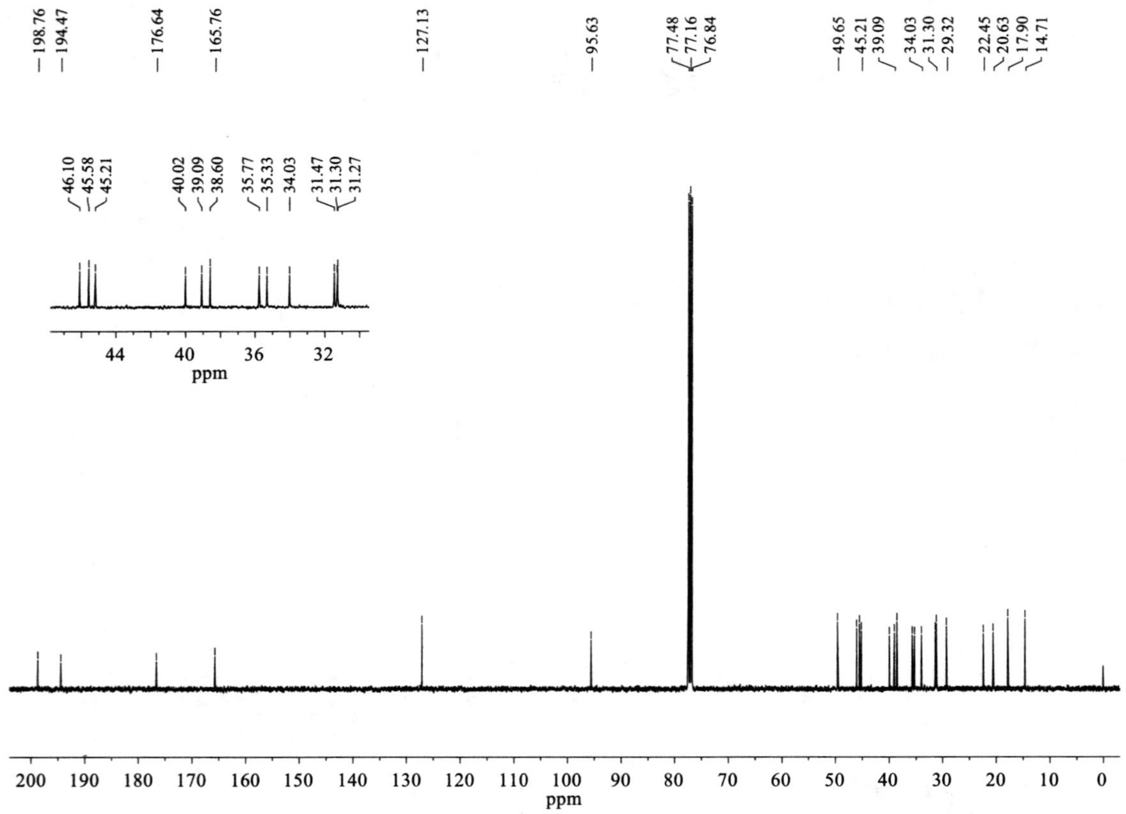

图 2　螺内酯的^{13}C NMR 谱（溶剂：$CDCl_3$）

^{13}C NMR：δ 198.76（C－3），194.47（C－23），176.64（C－22），165.76（C－5），127.13（C－4），95.63（C－17），49.65（C－7），46.10（C－8），45.58（C－9），45.21（C－13），40.02（C－1），39.09（C－10），38.60（C－14），35.77（C－16），35.33（C－15），34.03（C－2），31.47（C－24），31.30（C－12），31.27（C－20），29.32（C－21），22.45（C－11），20.63（C－6），17.90（C－19），14.71（C－18）

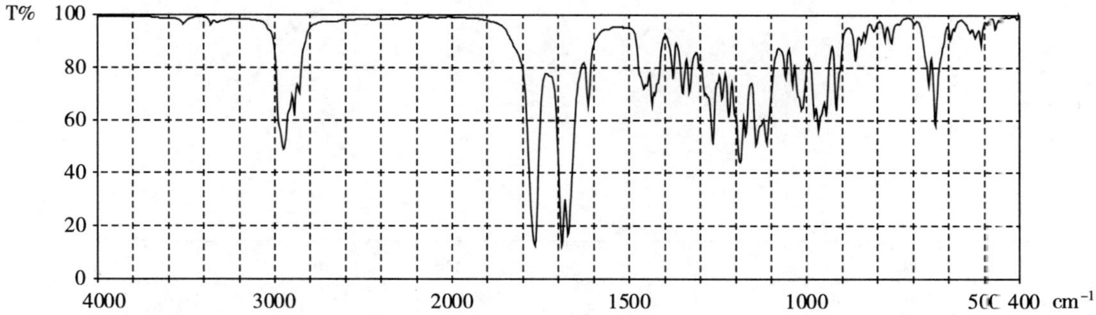

图 3　螺内酯的红外光谱图

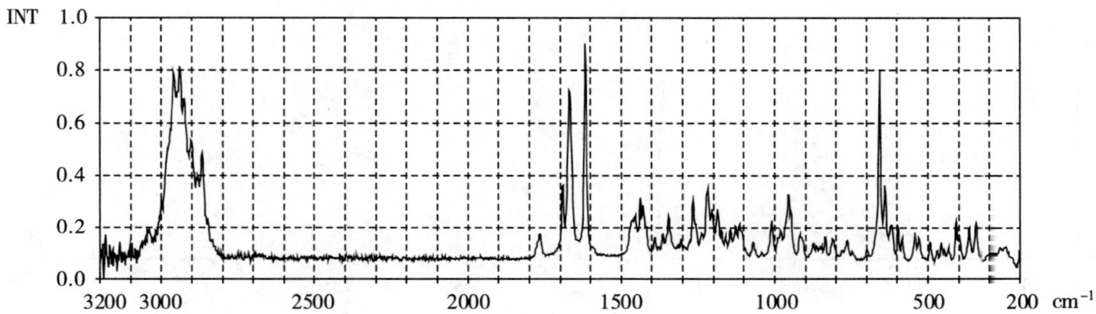

图 4　螺内酯的拉曼光谱图

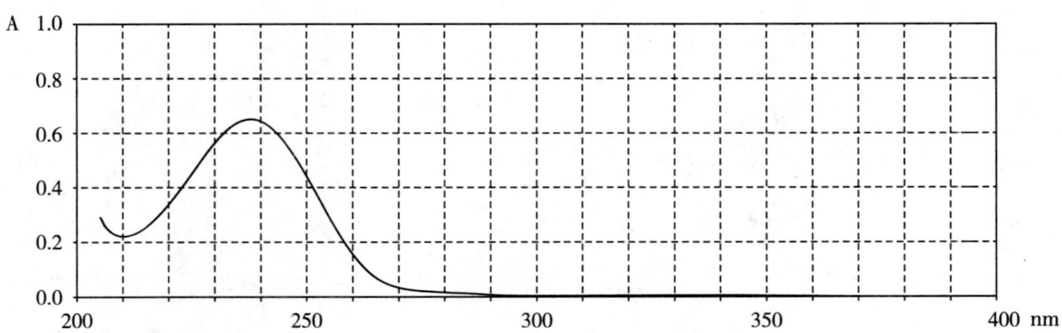

图 5　螺内酯的紫外光谱图

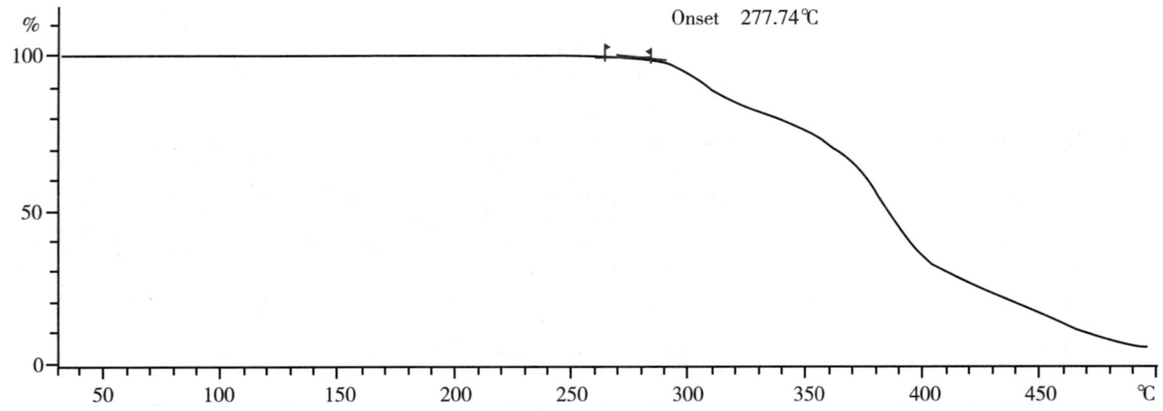

图 6　螺内酯的 TG 图

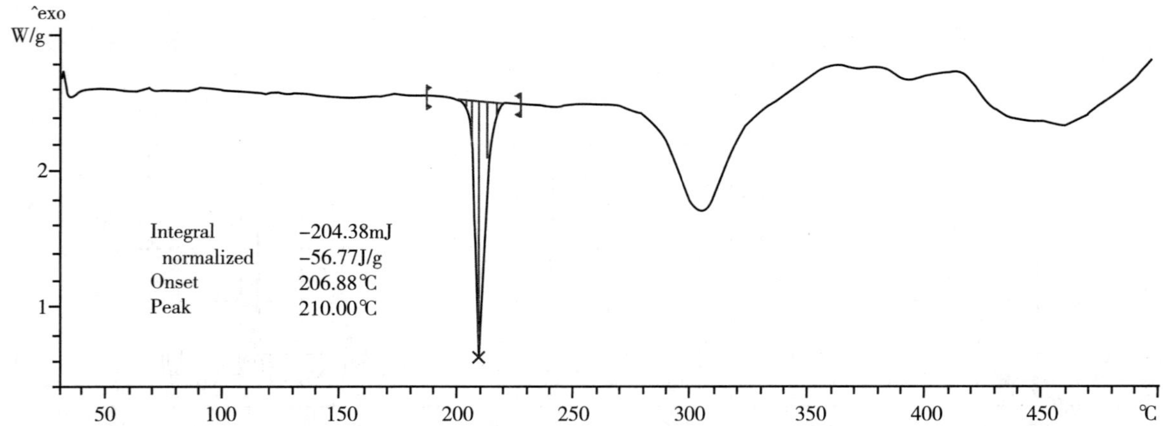

图 7　螺内酯的 DSC 图

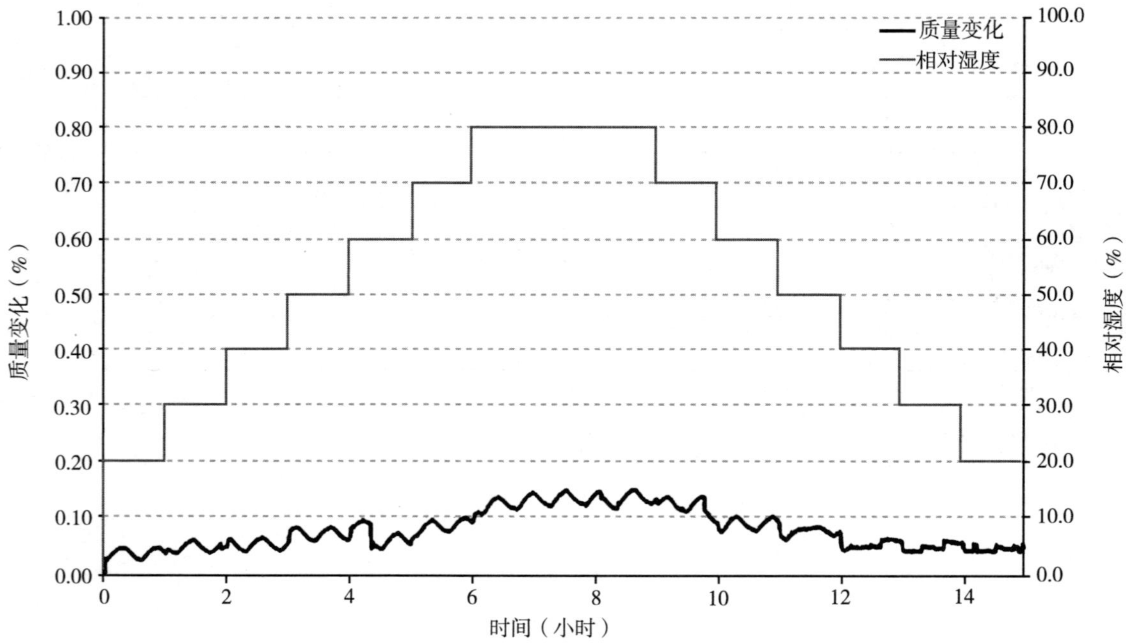

图 8　螺内酯的 DVS 图

正离子扫描模式（一级）

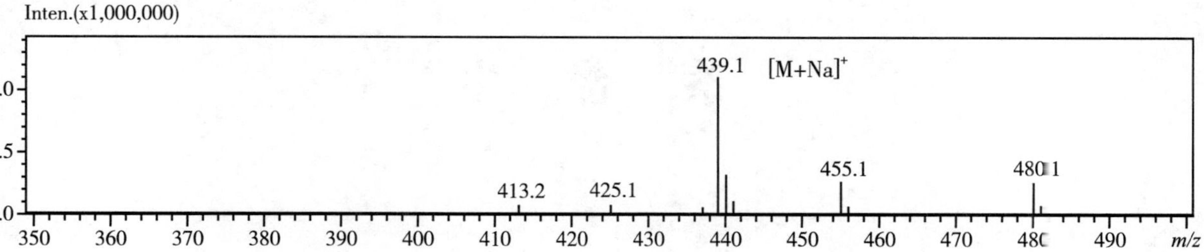

正离子扫描模式（二级）

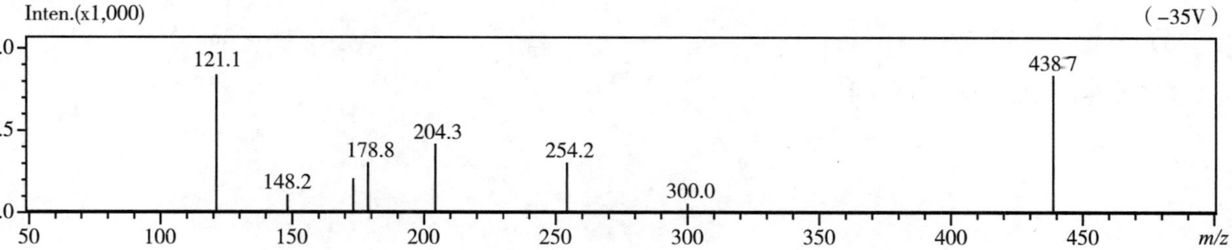

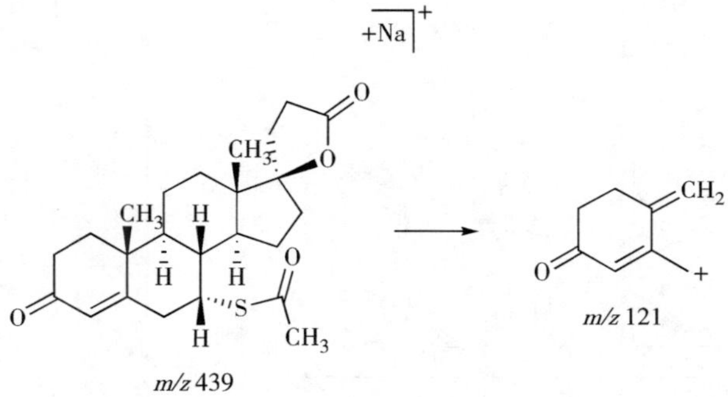

图9　螺内酯的质谱图

备注

1. **中文化学名**　17β－羟基－3－氧代－7α－(乙酰硫基)－17α－孕甾－4－烯－21－羧酸－γ－内酯
2. **英文化学名**　17β－hydroxy－7α－mercapto－3－oxo－17α－pregn－4－ene－21－carboxylic acid－γ－lactone
3. **性状**　本品为白色或类白色的细微结晶性粉末；有轻微硫醇臭。
4. **溶解性**　本品在三氯甲烷中极易溶解，在苯或乙酸乙酯中易溶，在乙醇中溶解，在水中不溶。
5. **溶剂**　无水乙醇。
6. **对照品编号与批号**　100193－201102

萘　普　生

英文名　Naproxen

分子式　$C_{14}H_{14}O_3$

分子量　230. 26

CAS 号　22204 - 53 - 1

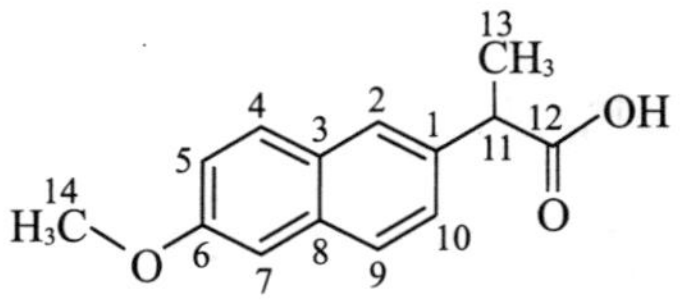

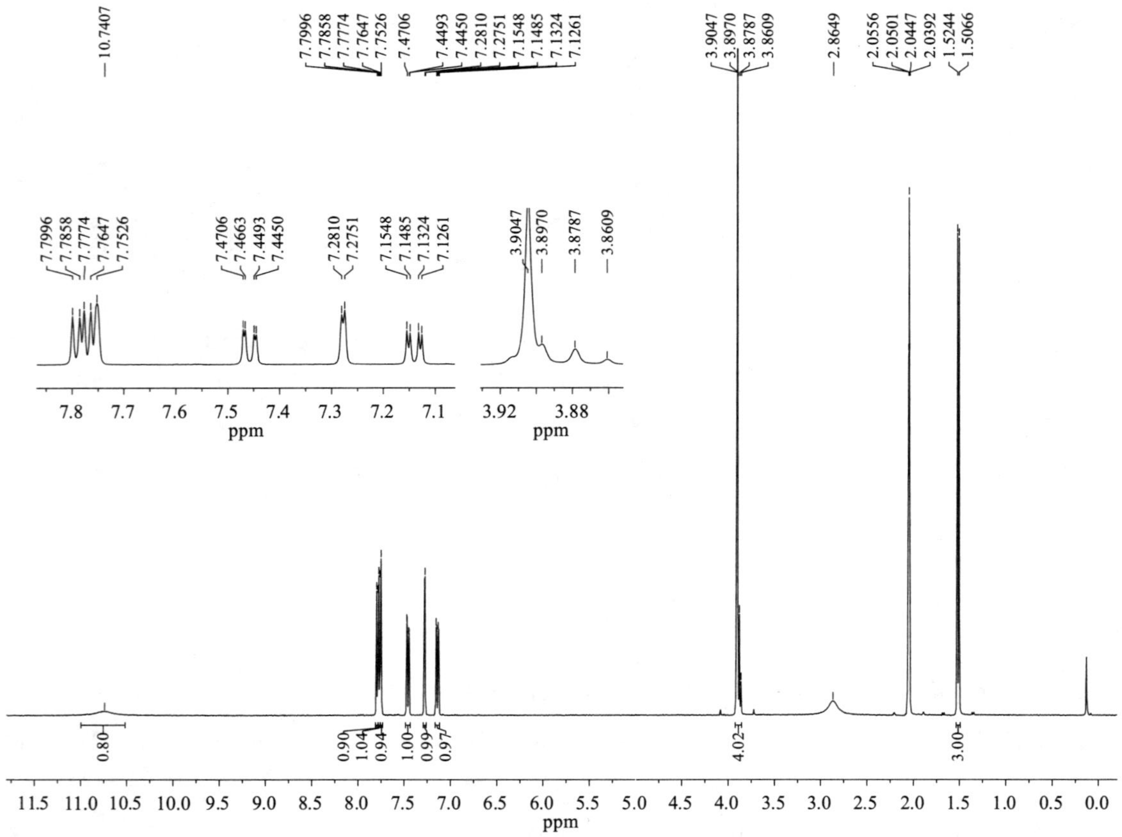

图 1　萘普生的^{1}H NMR 谱（溶剂：CD_3COCD_3）

^{1}H NMR：δ 10. 74 （COOH，brs，1H），7. 78 （H - 4，d，J = 9. 0 Hz，1H），7. 77 （H - 9，d，J = 8. 5 Hz，1H），7. 75 （H - 2，s，1H），7. 46 （H - 10，dd，J = 8. 5，1. 7 Hz，1H），7. 28 （H - 7，d，J = 2. 3 Hz，1H），7. 14 （H - 5，dd，J = 9. 0，2. 5 Hz，1H），3. 90 （H - 14，s，3H），3. 89 （H - 11，q，J = 7. 2 Hz，1H），1. 52 （H - 13，d，J = 7. 1 Hz，3H）

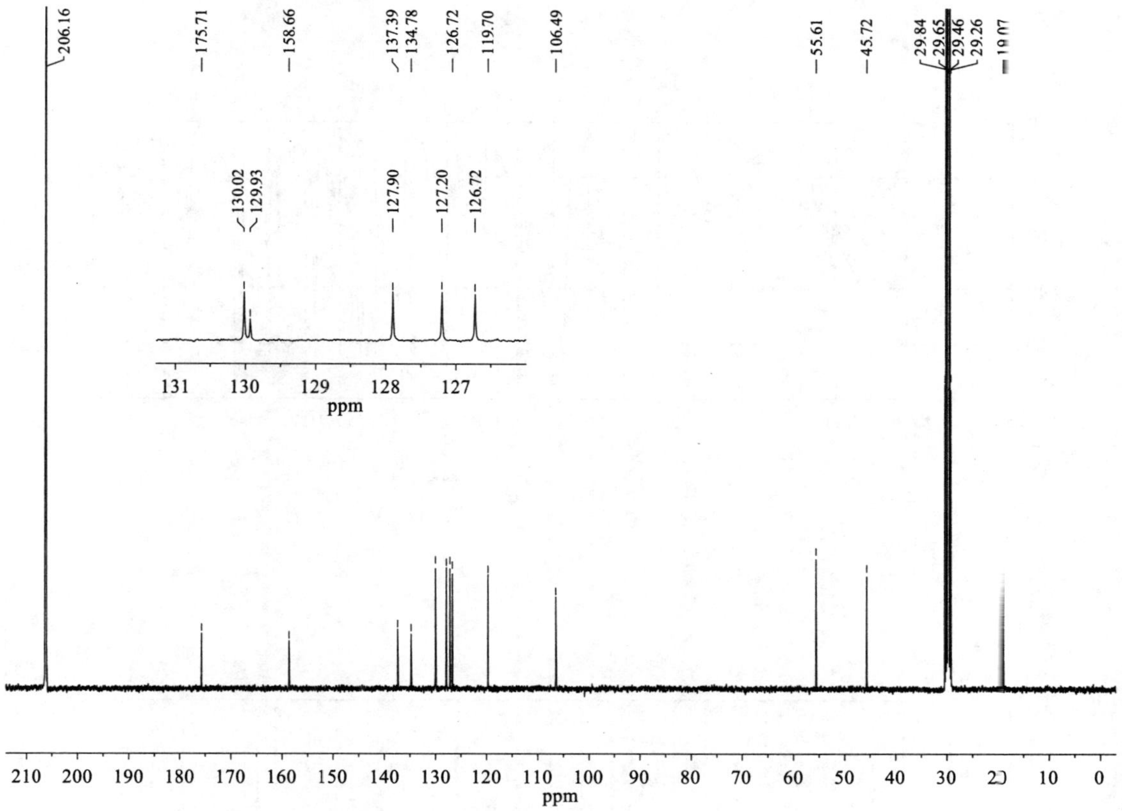

图2　萘普生的^{13}C NMR谱（溶剂：CD_3COCD_3）

^{13}C NMR：δ 175.71（C－12），158.66（C－6），137.39（C－1），134.78（C－8），130.02（C－4），129.93（C－3），127.90（C－9），127.20（C－10），126.72（C－2），119.70（C－5），106.49（C－7），55.61（C－14），45.72（C－11），19.07（C－13）

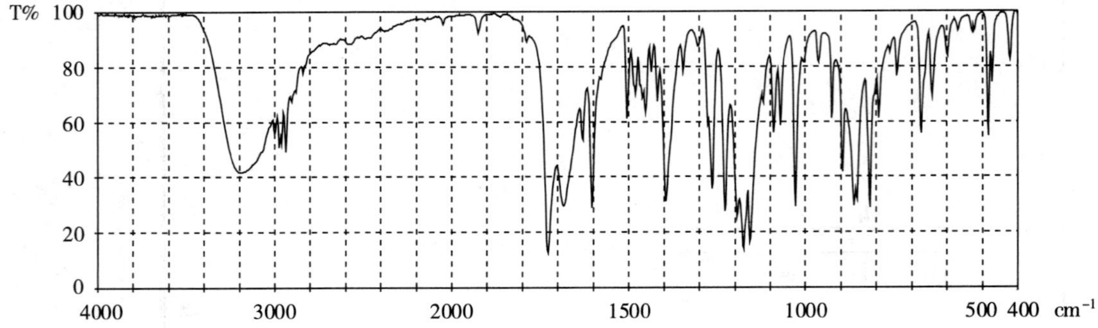

图 3　萘普生的红外光谱图

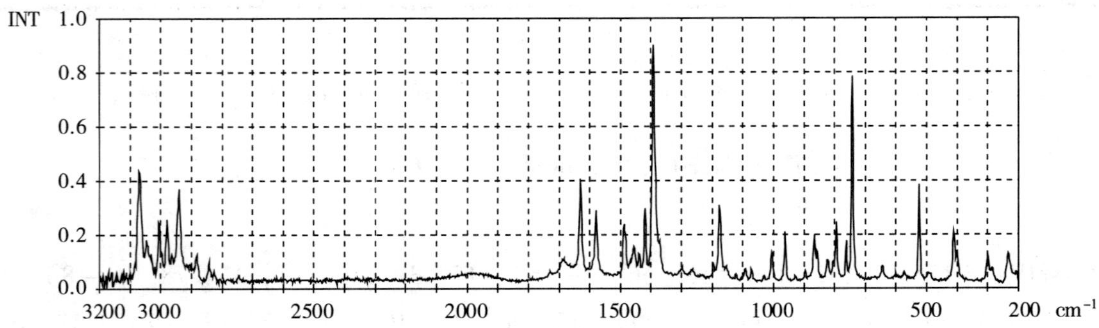

图 4　萘普生的拉曼光谱图

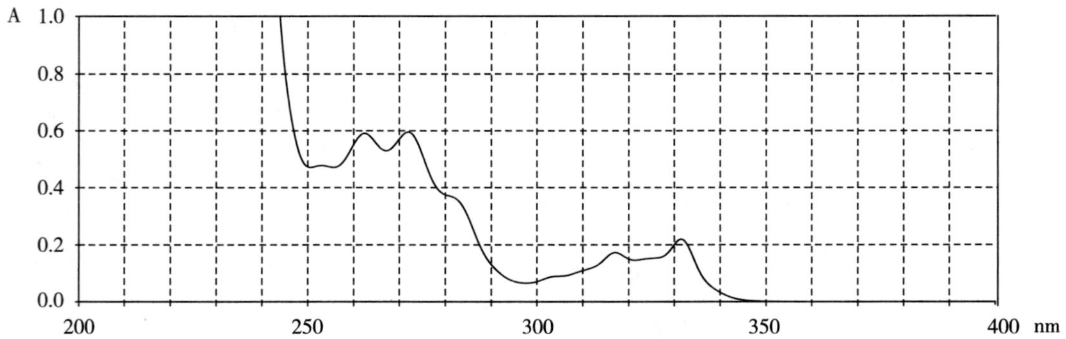

图 5　萘普生的紫外光谱图

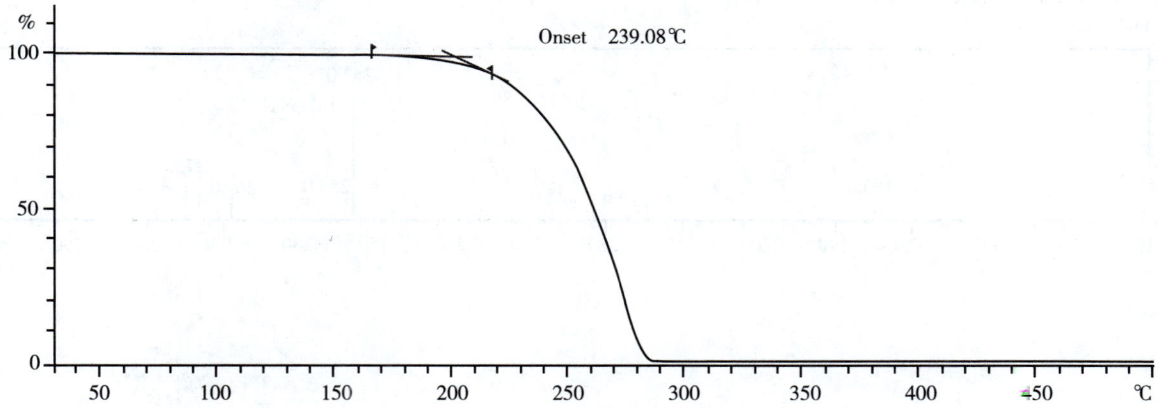

图 6　萘普生的 TG 图

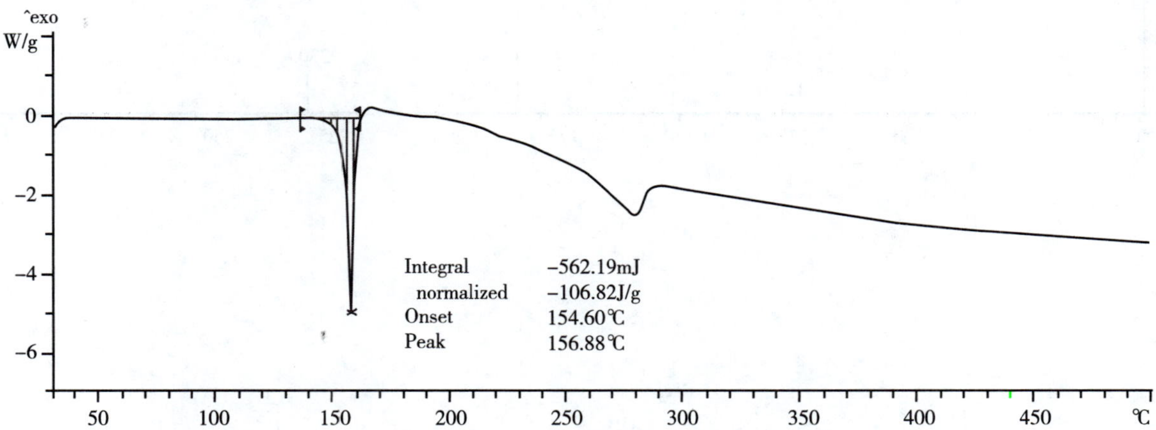

图 7　萘普生的 DSC 图

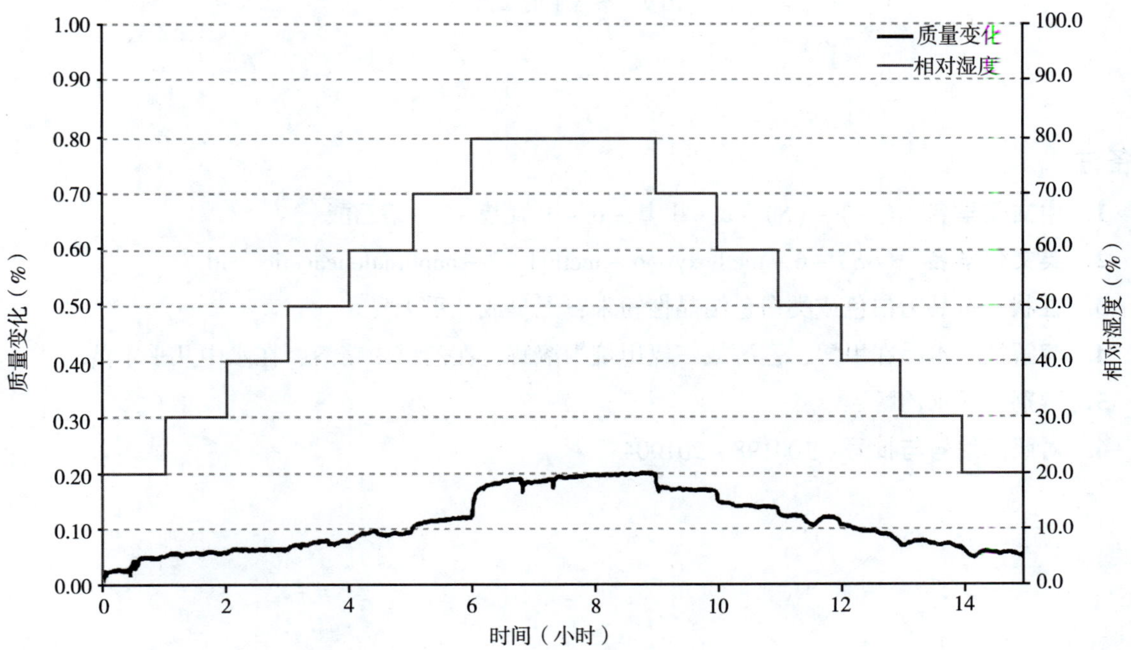

图 8　萘普生的 DVS 图

正离子扫描模式（一级）

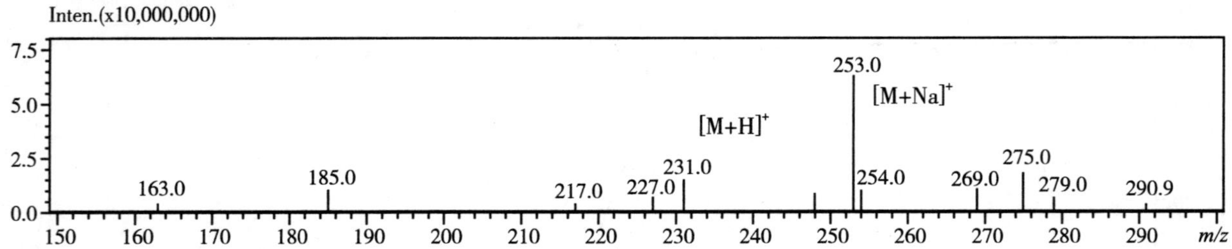

正离子扫描模式（二级）

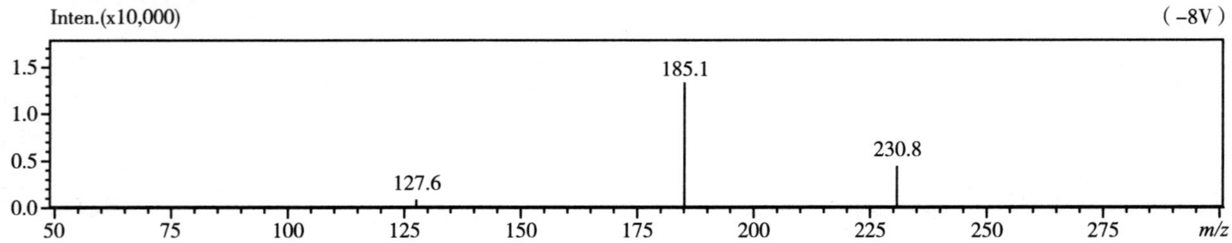

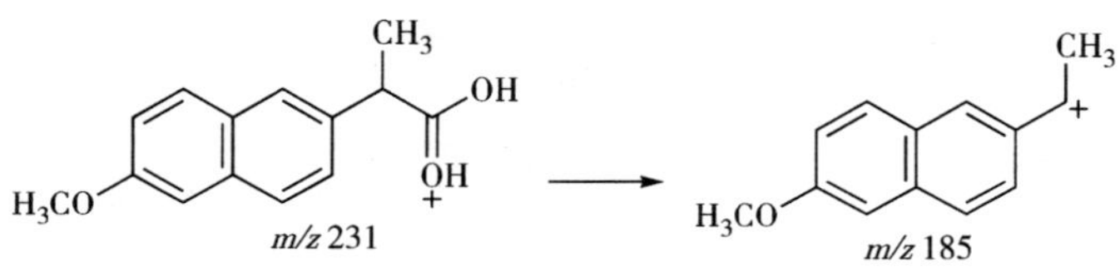

图 9　萘普生的质谱图

备注

1. **中文化学名**　（+）-（S）-α-甲基-6-甲氧基-2-萘乙酸
2. **英文化学名**　（αS）-6-methoxy-α-methyl-2-naphthaleneacetic acid
3. **性状**　本品为白色或类白色结晶性粉末；无臭或几乎无臭。
4. **溶解性**　本品在甲醇、乙醇或三氯甲烷中溶解，在乙醚中略溶，在水中几乎不溶。
5. **溶剂**　无水乙醇。
6. **对照品编号与批号**　100198-201004

泼　尼　松

英文名 Prednisone

分子式 $C_{21}H_{26}O_5$

分子量 358.43

CAS 号 53－03－2

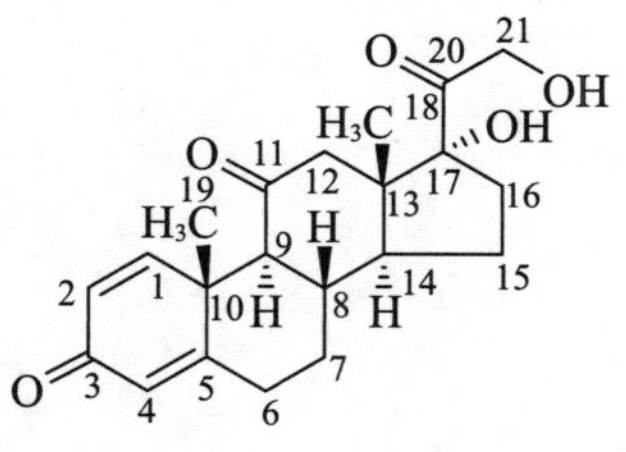

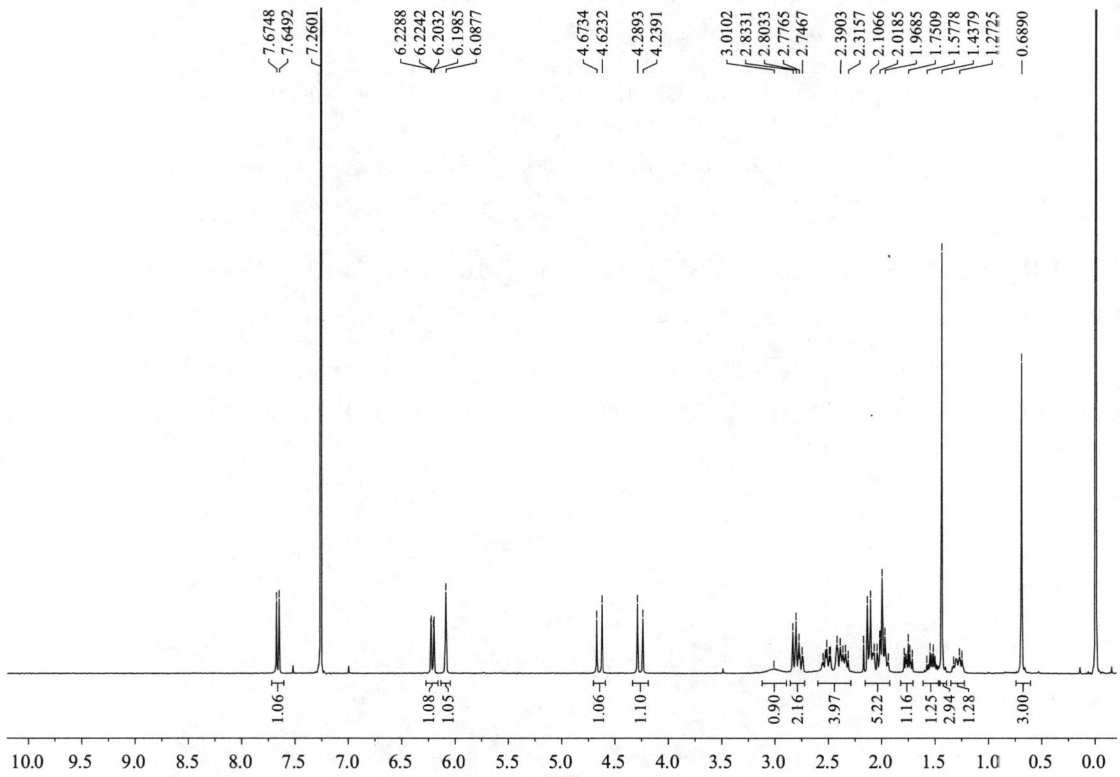

图 1　泼尼松的^{1}H NMR 谱（溶剂：$CDCl_3$）

^{1}H NMR：δ 7.66（H－1，d，J＝10.3 Hz，1H），6.21（H－2，dd，J＝10.3，1.9 Hz，1H），6.09（H－4，s，1H），4.65（H－21a，d，J＝20.1 Hz，1H），4.26（H－21b，d，J＝20.1 Hz，1H），3.01（brs，1H），2.86～2.72（m，2H），2.60～2.29（m，4H），2.16～1.92（m，5H），1.75（m，1H），1.52（m，1H），1.44（H－19，s，3H），1.27（m，1H），0.69（H－18，s，3H）

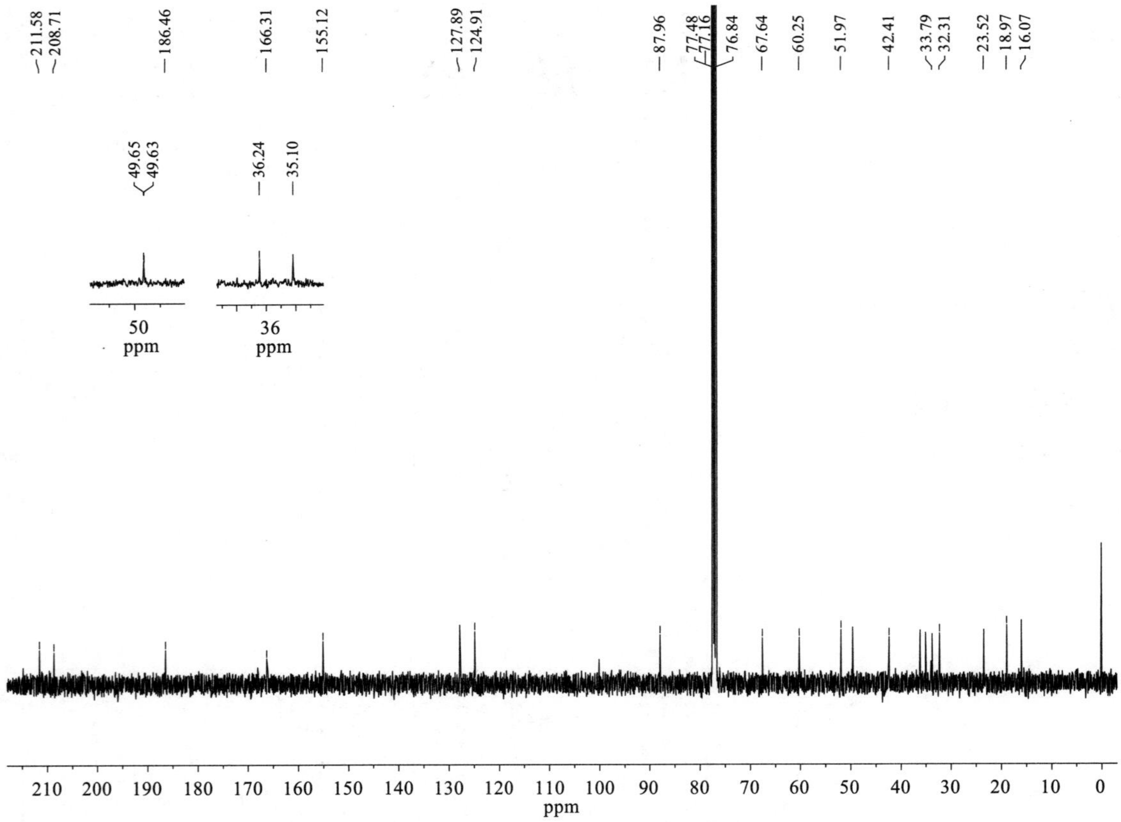

图2 泼尼松的^{13}C NMR 谱（溶剂：$CDCl_3$）

^{13}C NMR：δ 211. 58（C－20），208. 71（C－11），186. 46（C－3），166. 31（C－5），155. 12（C－1），127. 89（C－2），124. 91（C－4），87. 96（C－17），67. 64（C－21），60. 25（C－9），51. 97（C－12），49. 65（C－13），49. 63（C－14），42. 41（C－10），36. 24（C－8），35. 10（C－16），33. 79（C－6），32. 31（C－7），23. 52（C－15），18. 97（C－19），16. 07（C－18）

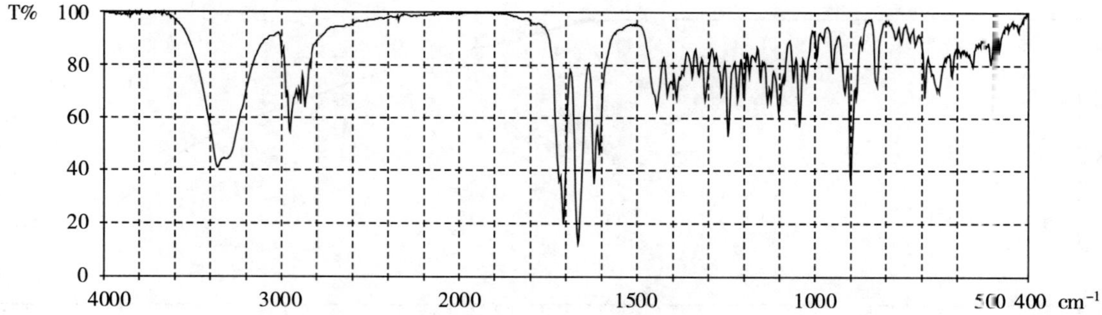

图 3　泼尼松的红外光谱图

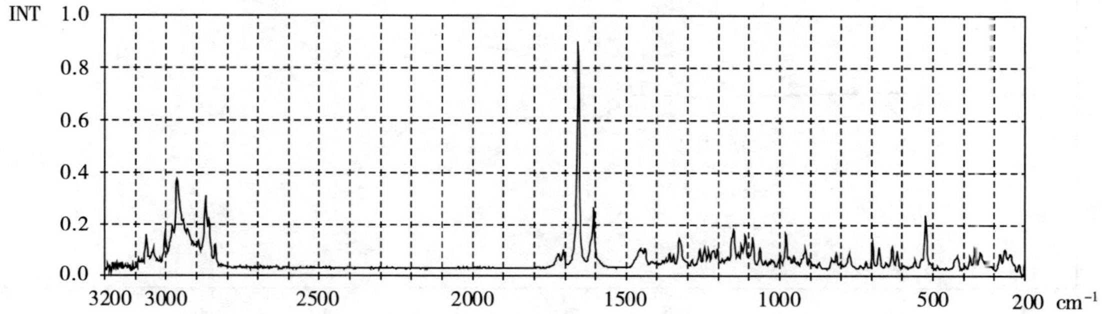

图 4　泼尼松的拉曼光谱图

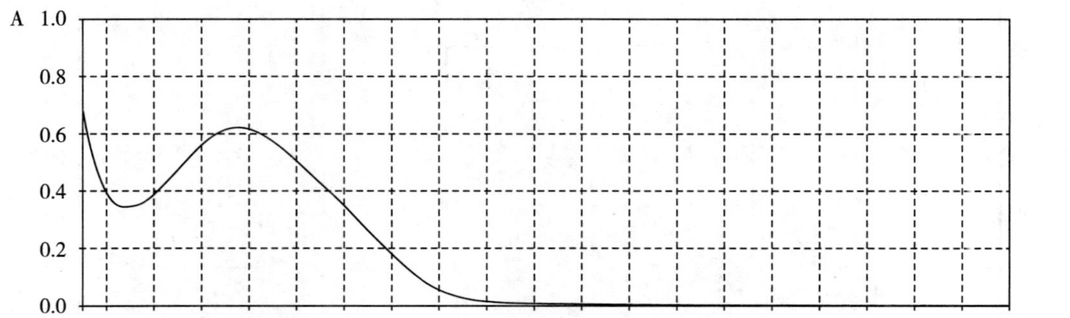

图 5　泼尼松的紫外光谱图

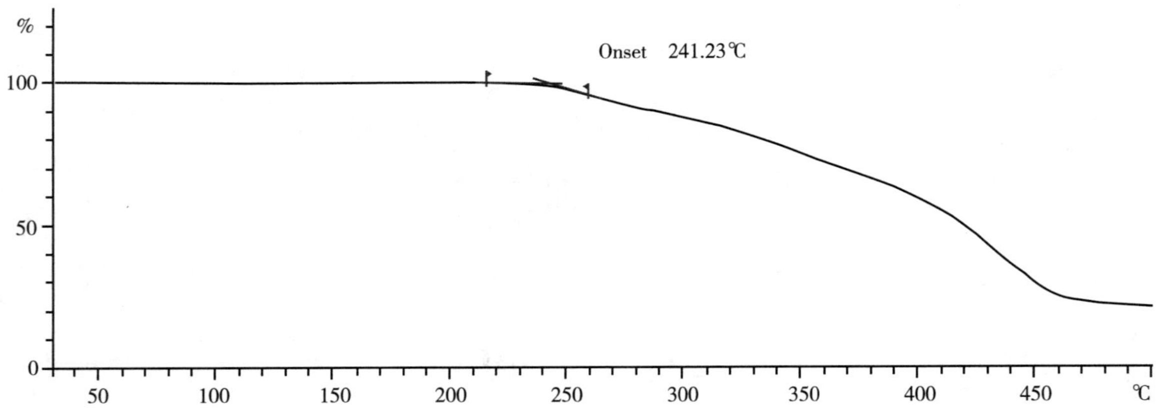

图 6　泼尼松的 TG 图

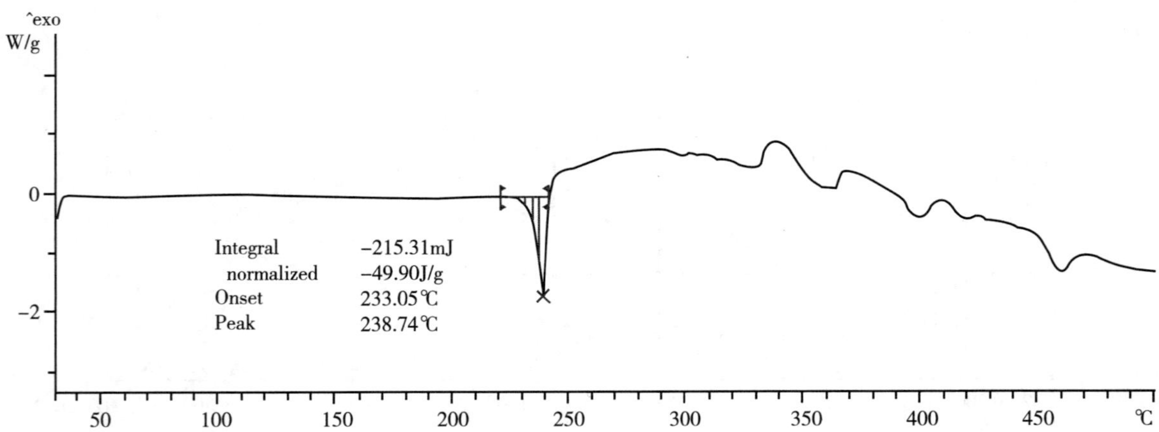

图 7　泼尼松的 DSC 图

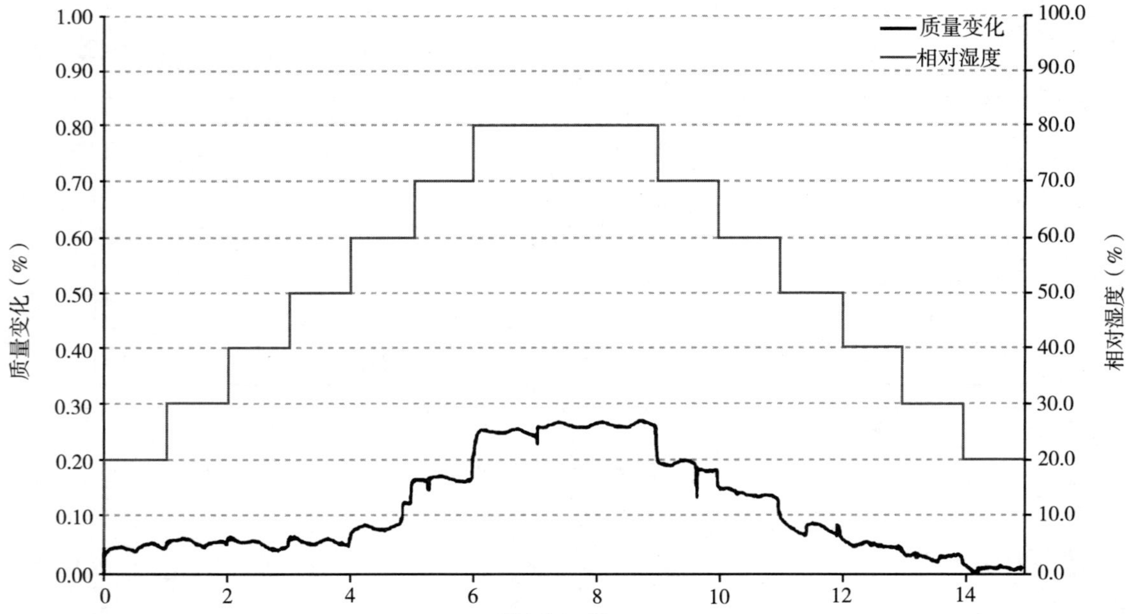

图 8　泼尼松的 DVS 图

正离子扫描模式（一级）

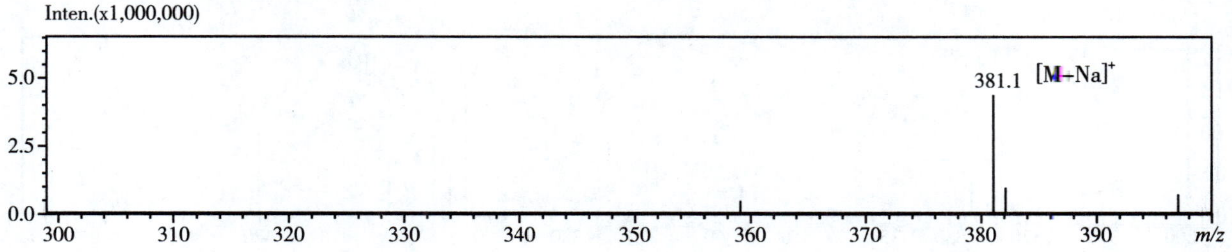

正离子扫描模式（二级）

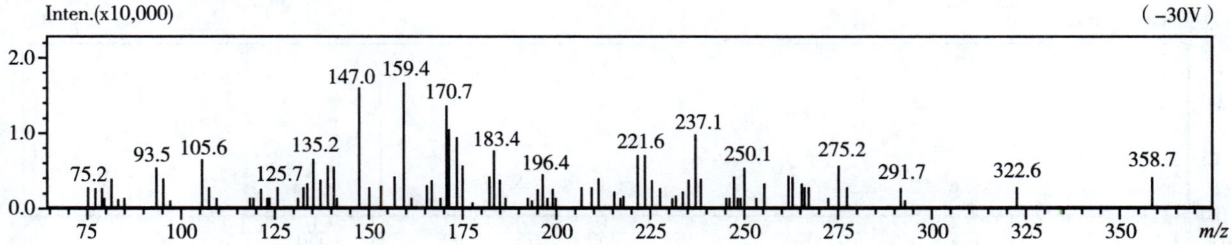

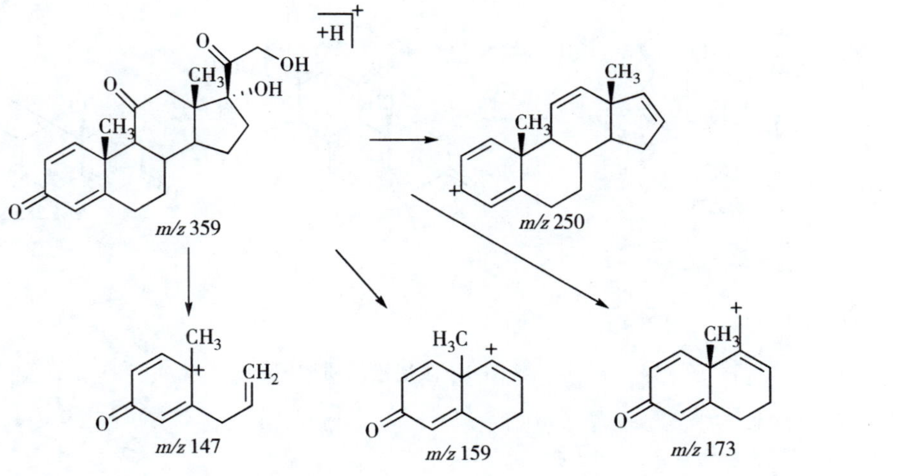

负离子扫描模式（一级）

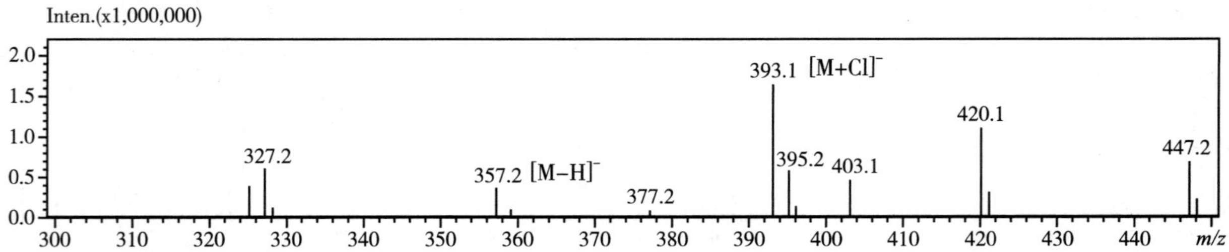

负离子扫描模式（二级）

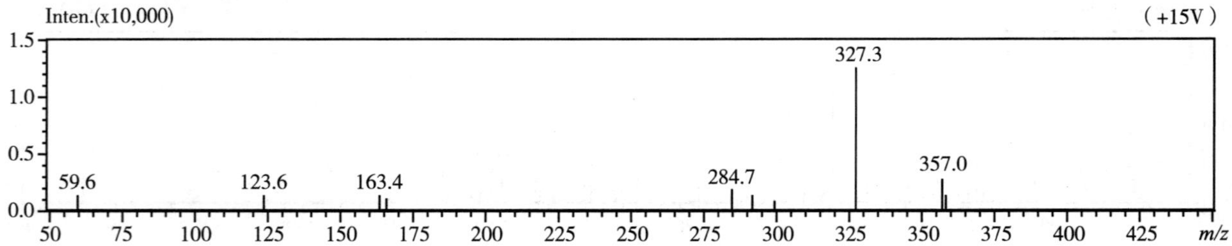

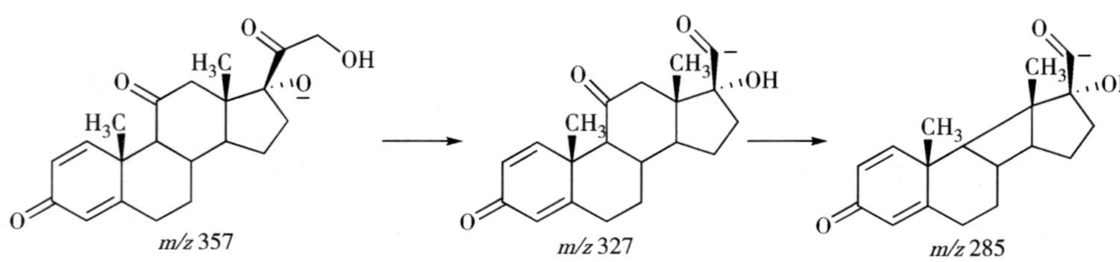

图 9　泼尼松的质谱图

备注

1. **中文化学名**　17α,21－二羟基孕甾－1,4－二烯－3,11,20－三酮
2. **英文化学名**　1－[10－[3－(4－methyl－1－piperazinyl) propyl]－10*H*－phenothiazin－2－yl]－1－butanone
3. **性状**　本品为白色或类白色的结晶性粉末；无臭。
4. **溶解性**　本品在乙醇或三氯甲烷中微溶，在水中几乎不溶。
5. **溶剂**　三氯甲烷。
6. **对照品编号与批号**　100199－201002

青蒿琥酯

英文名　Artesunate

分子式　$C_{19}H_{28}O_8$

分子量　384. 42

CAS 号　88495 - 63 - 0

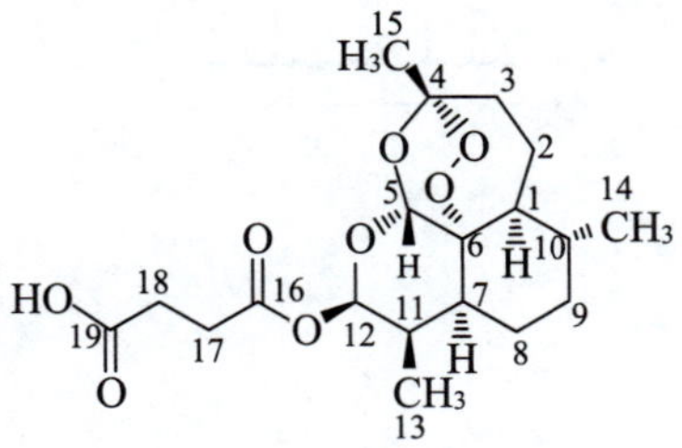

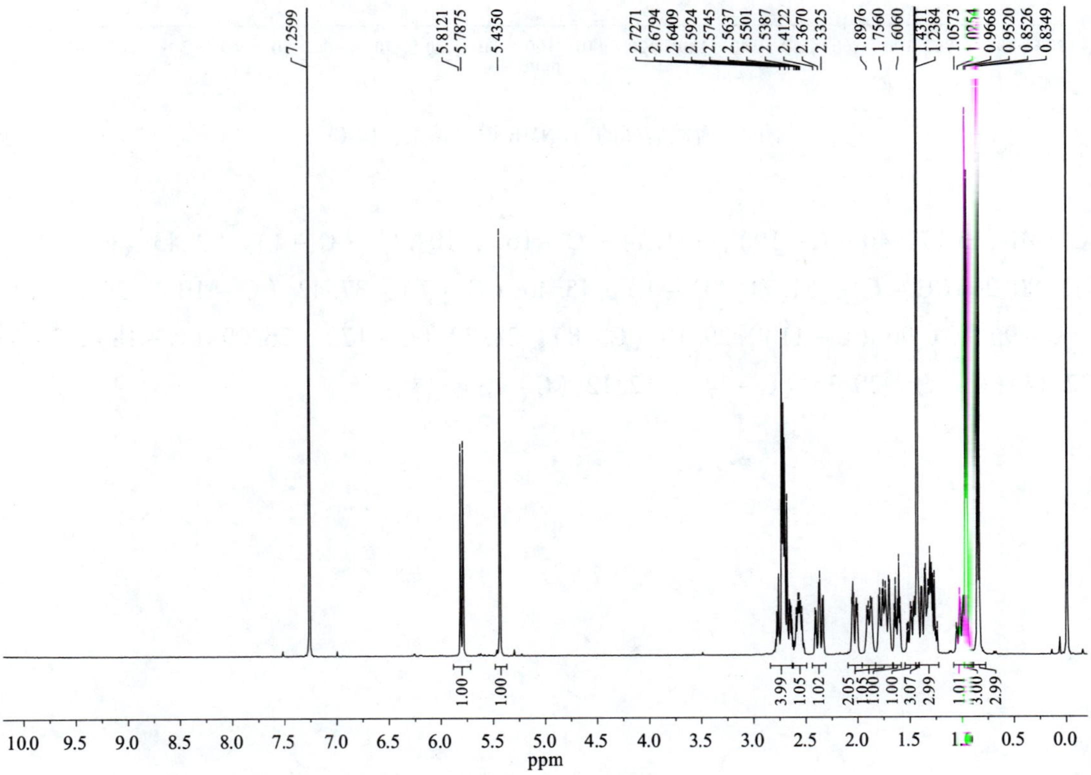

图 1　青蒿琥酯的^{1}H NMR 谱（溶剂：$CDCl_3$）

^{1}H NMR：δ 5. 80（H - 12，d，J = 9. 9 Hz，1H），5. 44（H - 5，s，1H），2. 34 ~ 2. 64（H - 17，18，m，4H），2. 57（H - 11，m，1H），2. 37（H - 3a，m，1H），2. 03（H - 3b，m，1H），1. 89（H - 2a，m，1H），1. 83 ~ 1. 67（H - 8a，9a，m，2H），1. 62（H - 7，m，1H），1. 50（H - 8b，m，1H），1. 43（H - 15，s，3H），1. 40 ~ 1. 23（H - 2b，1，10，m，3H），1. 00（H - 9b，m，1H），0. 96（H - 14，d，J = 5. 9 Hz，3H），0. 84（H - 13，d，J = 7. 1 Hz，3H）

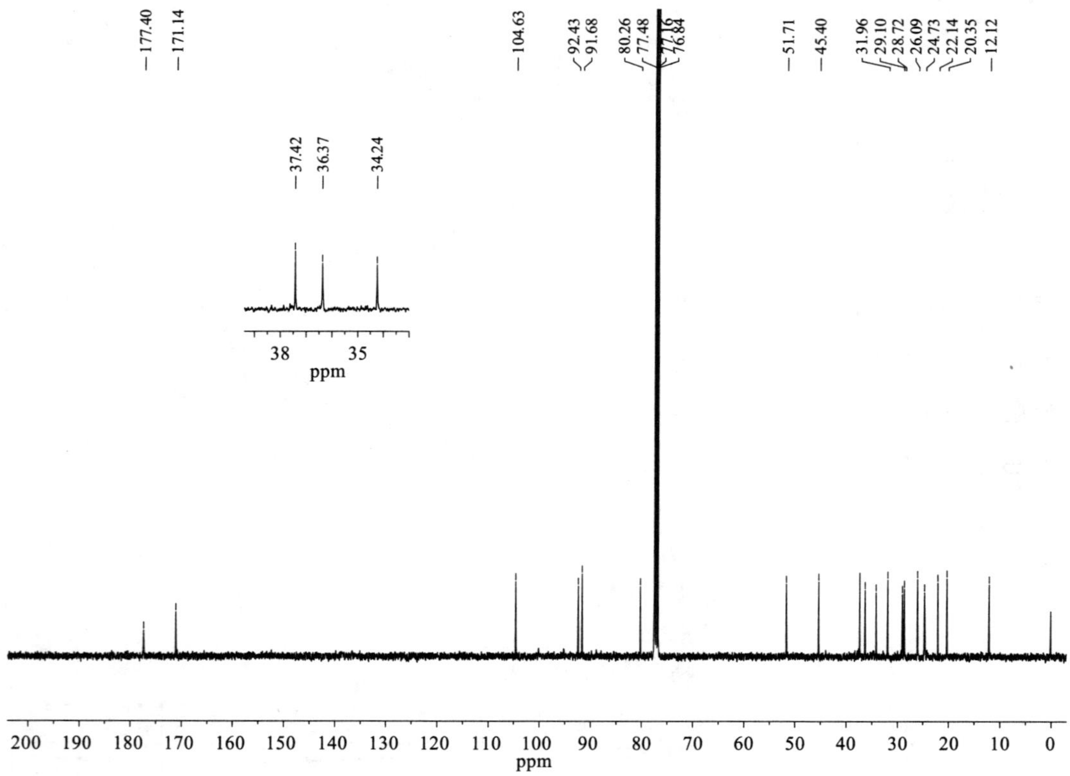

图 2　青蒿琥酯的^{13}C NMR 谱（溶剂：$CDCl_3$）

^{13}C NMR：δ 177.40（C－19），171.14（C－16），104.63（C－4），92.43（C－12），91.68（C－5），80.26（C－6），51.71（C－1），45.40（C－7），37.42（C－10），36.37（C－3），34.24（C－9），31.96（C－11），29.10（C－8），28.72（C－17），26.09（C－18），24.73（C－15），22.14（C－2），20.35（C－14），12.12（C－13）

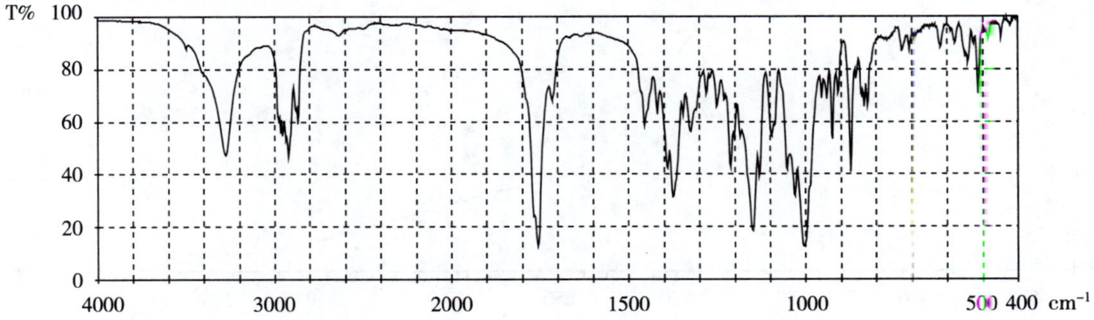

图 3　青蒿琥酯的红外光谱图

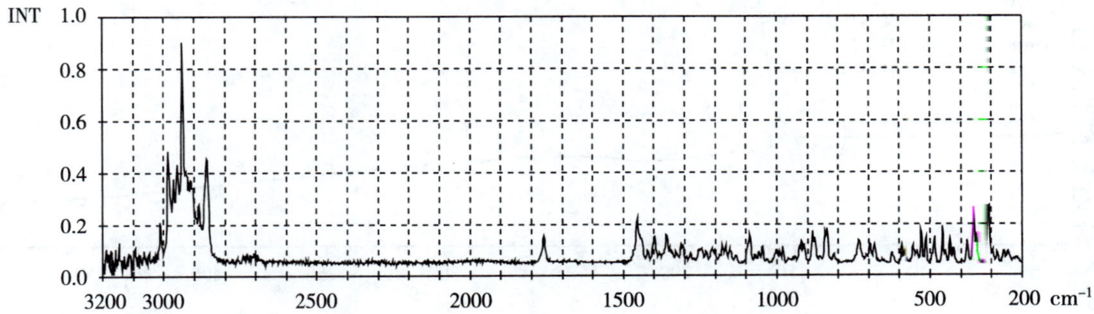

图 4　青蒿琥酯的拉曼光谱图

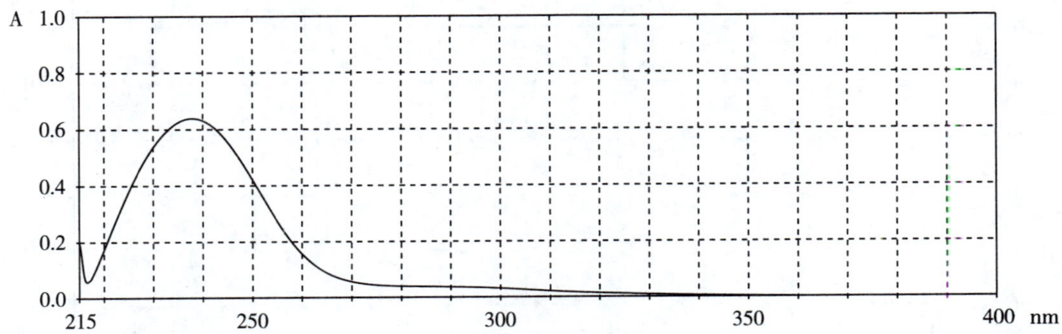

图 5　青蒿琥酯的紫外光谱图

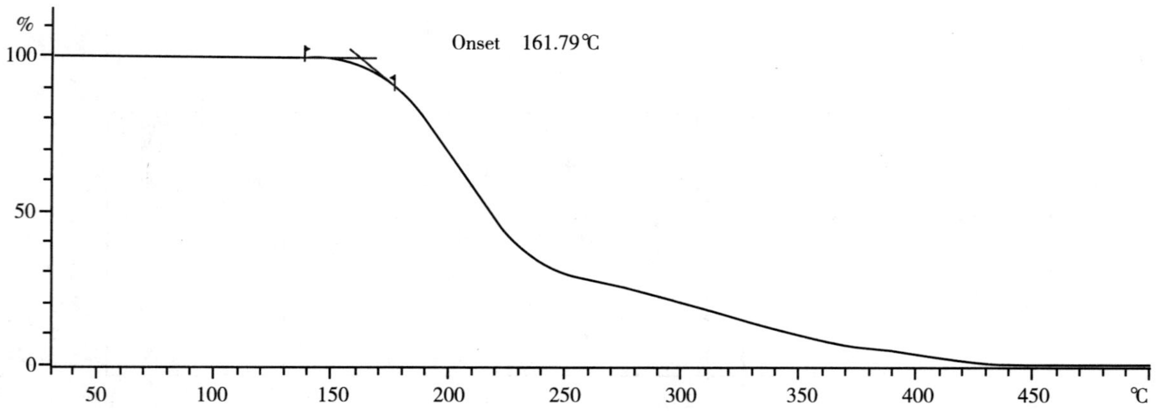

图 6　青蒿琥酯的 TG 图

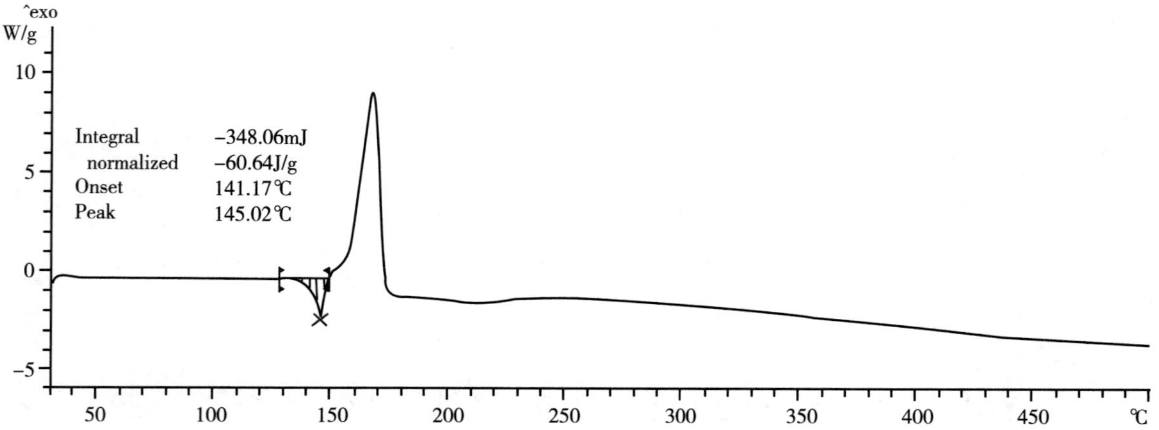

图 7　青蒿琥酯的 DSC 图

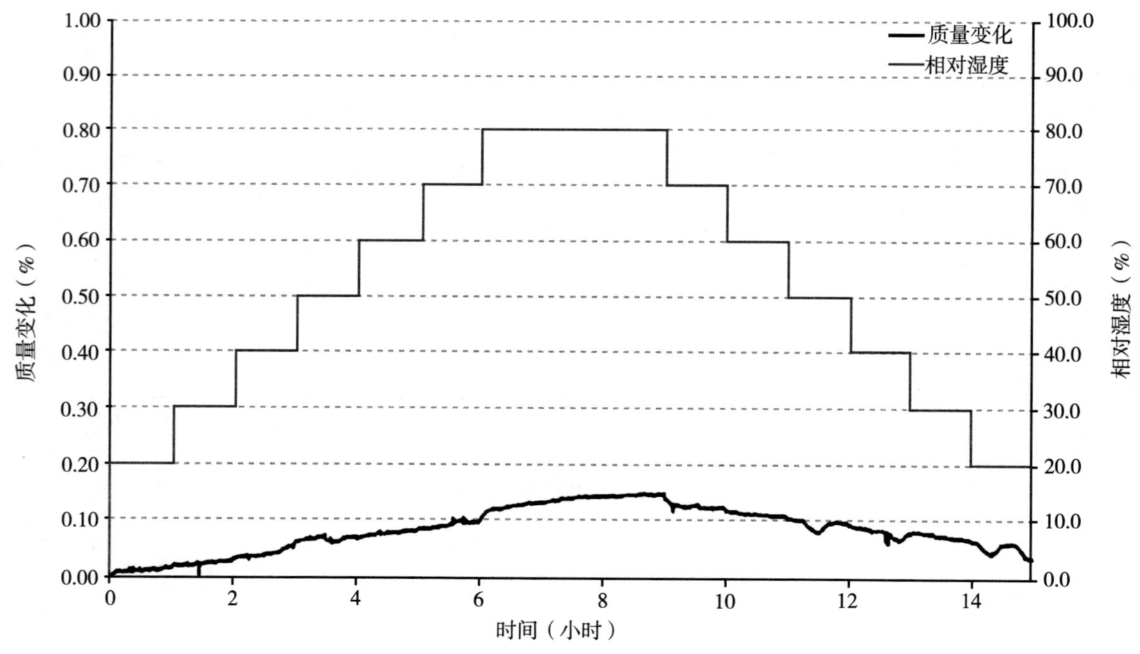

图 8　青蒿琥酯的 DVS 图

正离子扫描模式（一级）

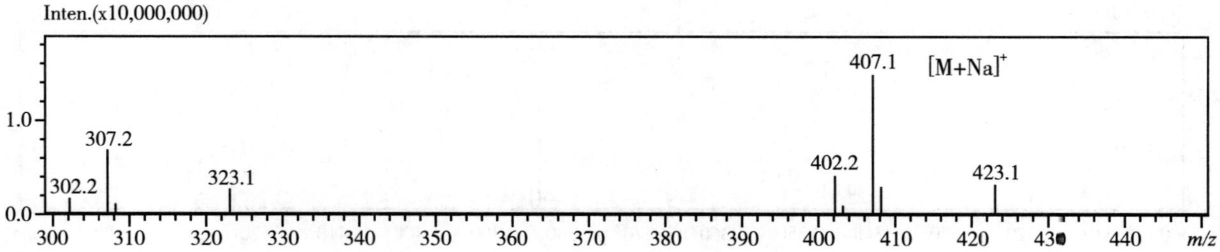

正离子扫描模式（二级）

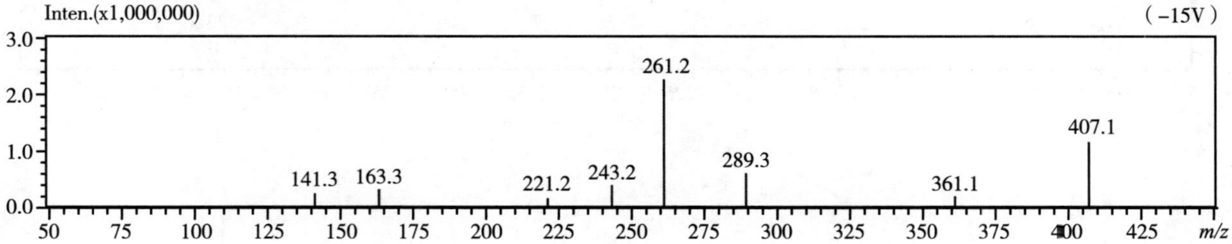

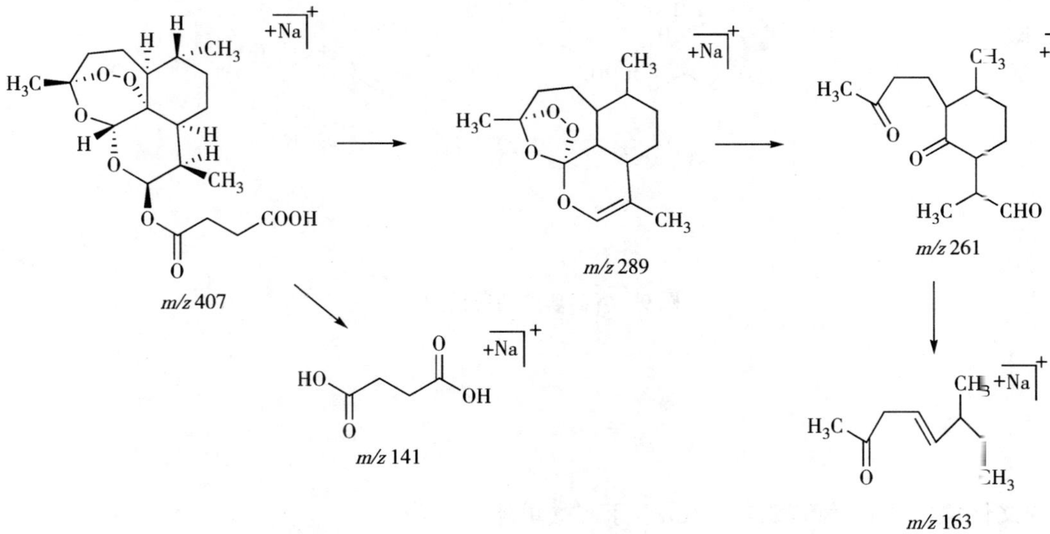

负离子扫描模式（一级）

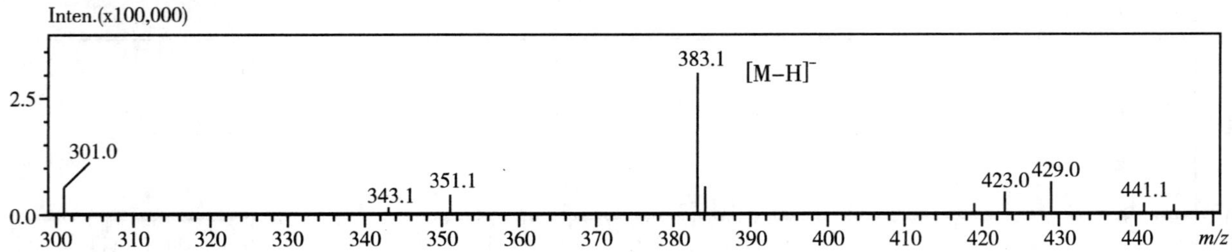

负离子扫描模式（二级）

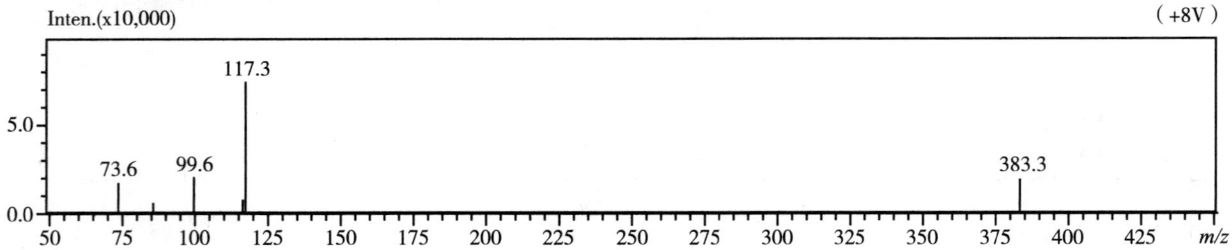

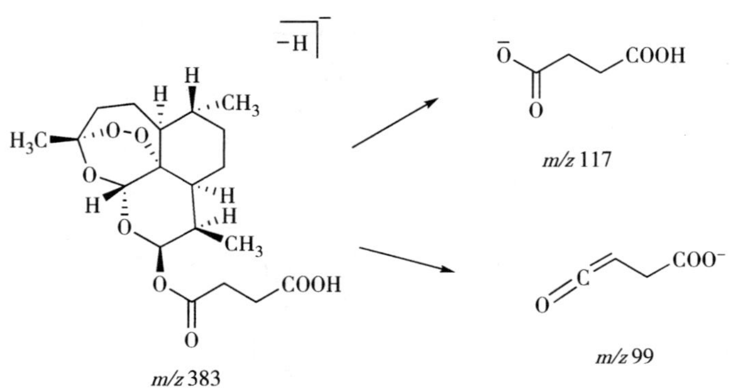

图9　青蒿琥酯的质谱图

备注

1. **中文化学名**　二氢青蒿素－10α－丁二酸单酯
2. **英文化学名**　butanedioic acid mono[(3*R*,5α*S*,6*R*,8α*S*,9*R*,10*R*,12*R*,12α*R*)－decahydro－3,6,9－trimethyl－3,12－epoxy－12*H*－pyrano[4,3－*j*]－1,2－benzodioxepin－10－yl] ester
3. **性状**　本品为白色结晶性粉末；无臭，几乎无味。
4. **溶解性**　本品在乙醇、丙酮或三氯甲烷中易溶，在水中极微溶解。
5. **溶剂**　0.1mol/L 氢氧化钠溶液。
6. **对照品编号与批号**　100200－201003

青　蒿　素

英文名　Artemisinin

分子式　$C_{15}H_{22}O_5$

分子量　282.34

CAS 号　63968 - 64 - 9

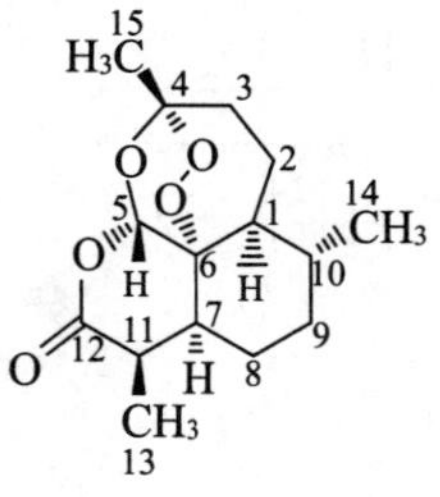

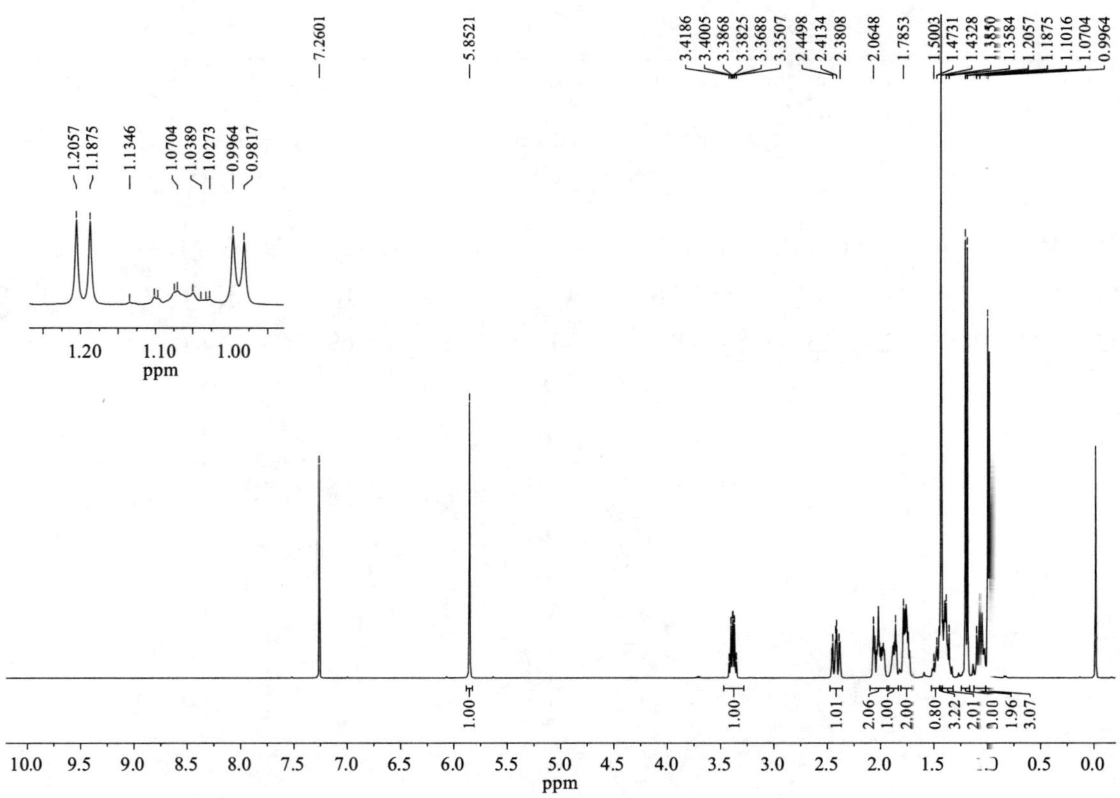

图 1　青蒿素的^{1}H NMR 谱（溶剂：$CDCl_3$）

^{1}H NMR：δ 5.85（H - 5，s，1H），3.38（H - 11，m，1H），2.42（H - 3a，m，1H），2.10 ~ 1.94（H - 2a，3b，m，2H），1.87（H - 7，m，1H），1.81 ~ 1.70（H - 8a，9a，m，2H），1.48（H - 10，m，1H），1.43（H - 15，s，3H），1.42 ~ 1.32（H - 1，2b，m，2H），1.20（H - 13，d，J = 7.3 Hz，3H），1.14 ~ 1.02（H - 8b，9b，m，2H），0.99（H - 14，d，J = 5.9 Hz，3H）

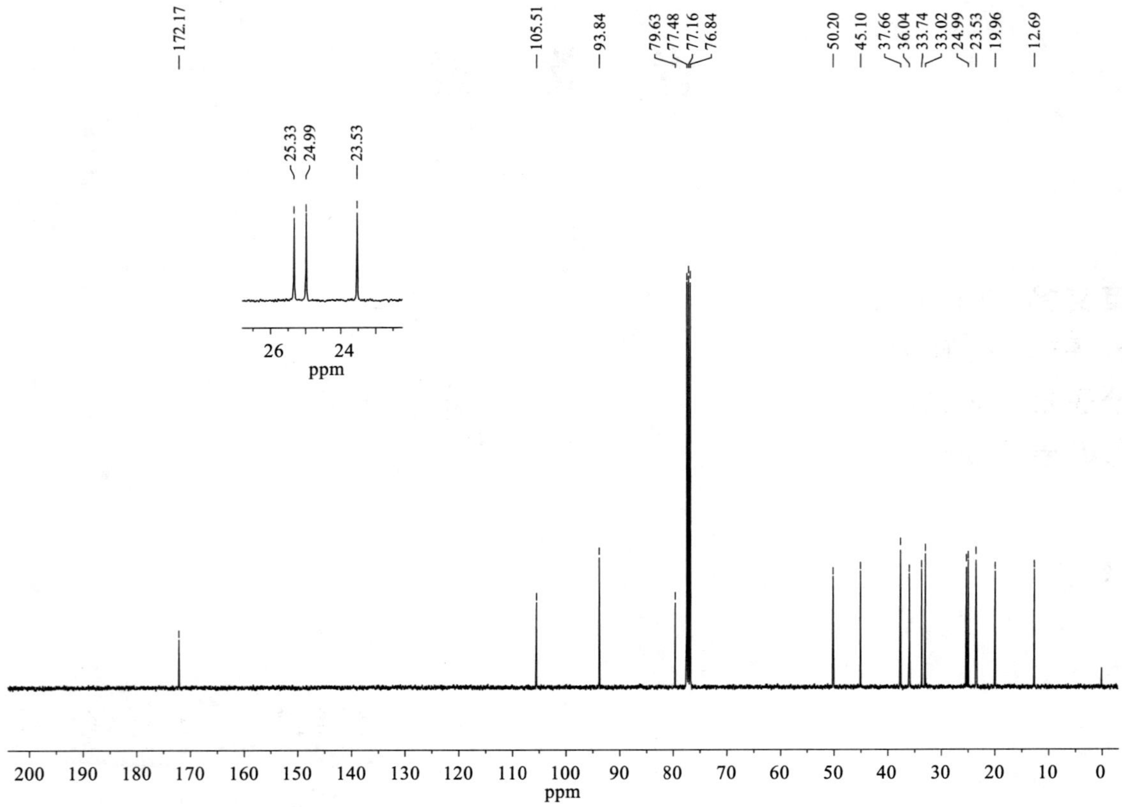

图 2　青蒿素的^{13}C NMR 谱（溶剂：$CDCl_3$）

^{13}C NMR：δ 172. 17 （C－12），105. 51 （C－4），93. 84 （C－5），79. 63 （C－6），50. 20（C－1），45. 10 （C－7），37. 66 （C－10），36. 04 （C－3），33. 74 （C－9），33. 02 （C－11），25. 33 （C－15），24. 99 （C－2），23. 53 （C－8），19. 96 （C－14），12. 69 （C－13）

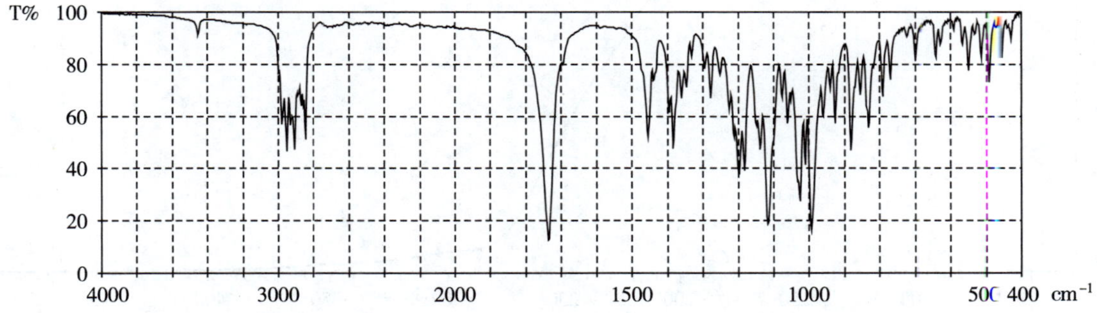

图 3　青蒿素的红外光谱图

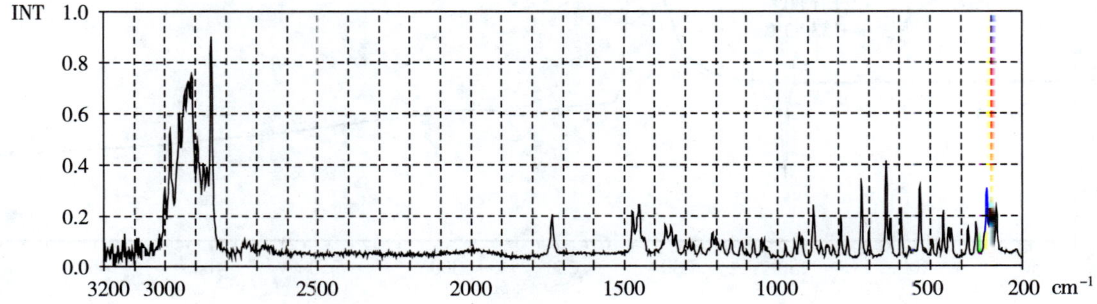

图 4　青蒿素的拉曼光谱图

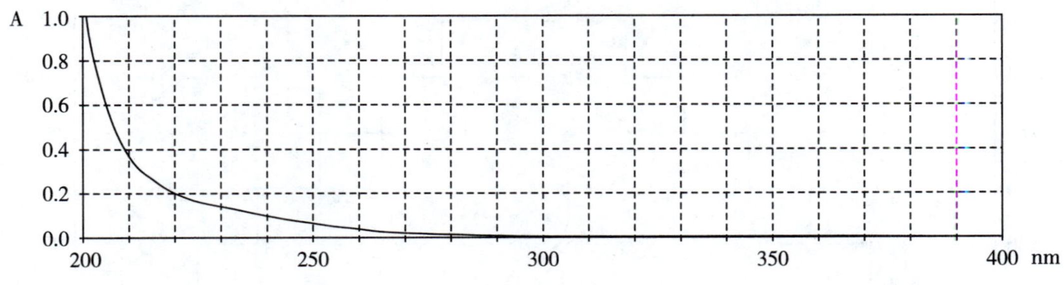

图 5　青蒿素的紫外光谱图

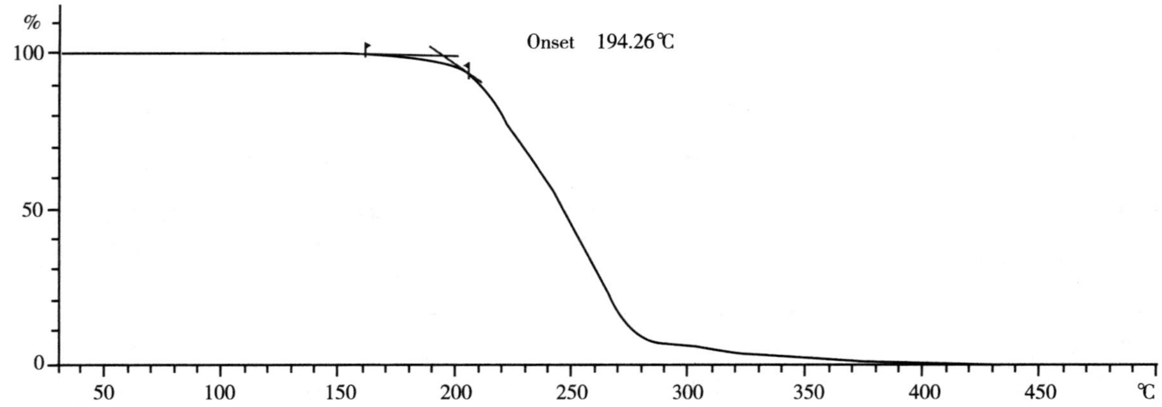

图 6　青蒿素的 TG 图

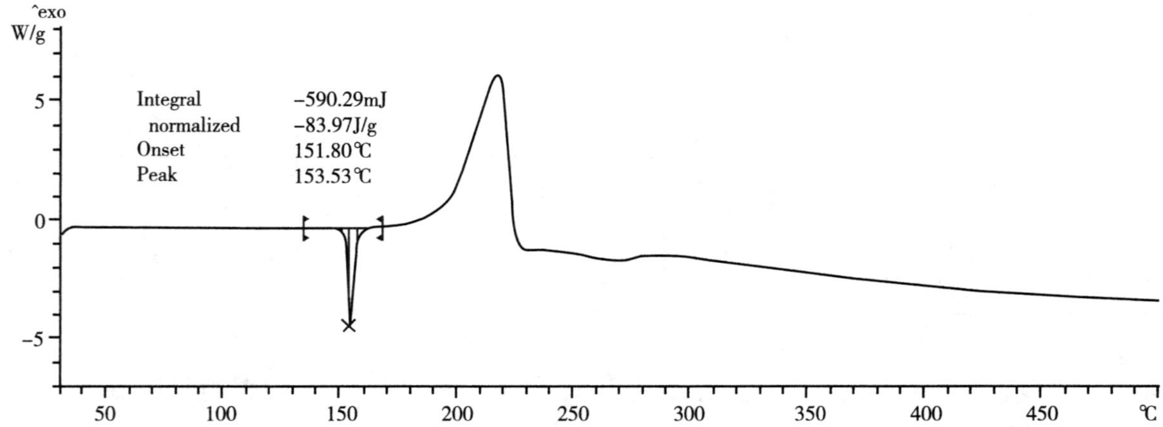

图 7　青蒿素的 DSC 图

图 8　青蒿素的 DVS 图

正离子扫描模式（一级）

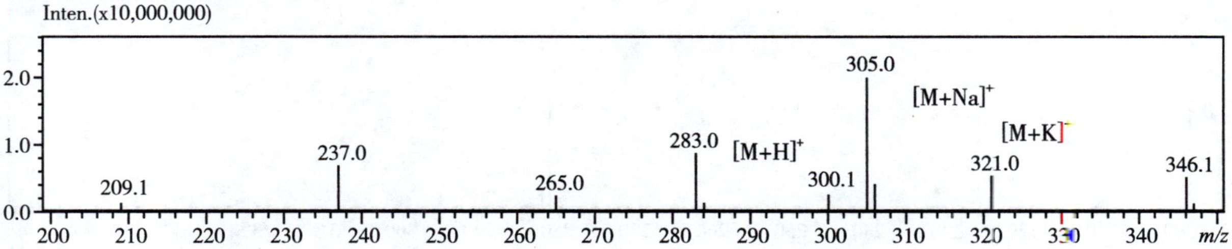

正离子扫描模式（二级）

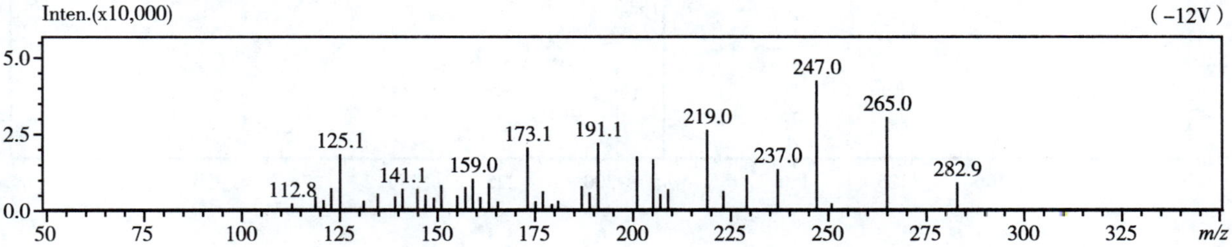

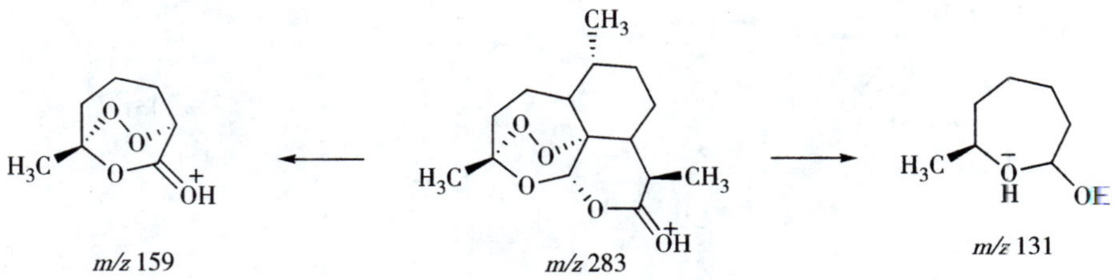

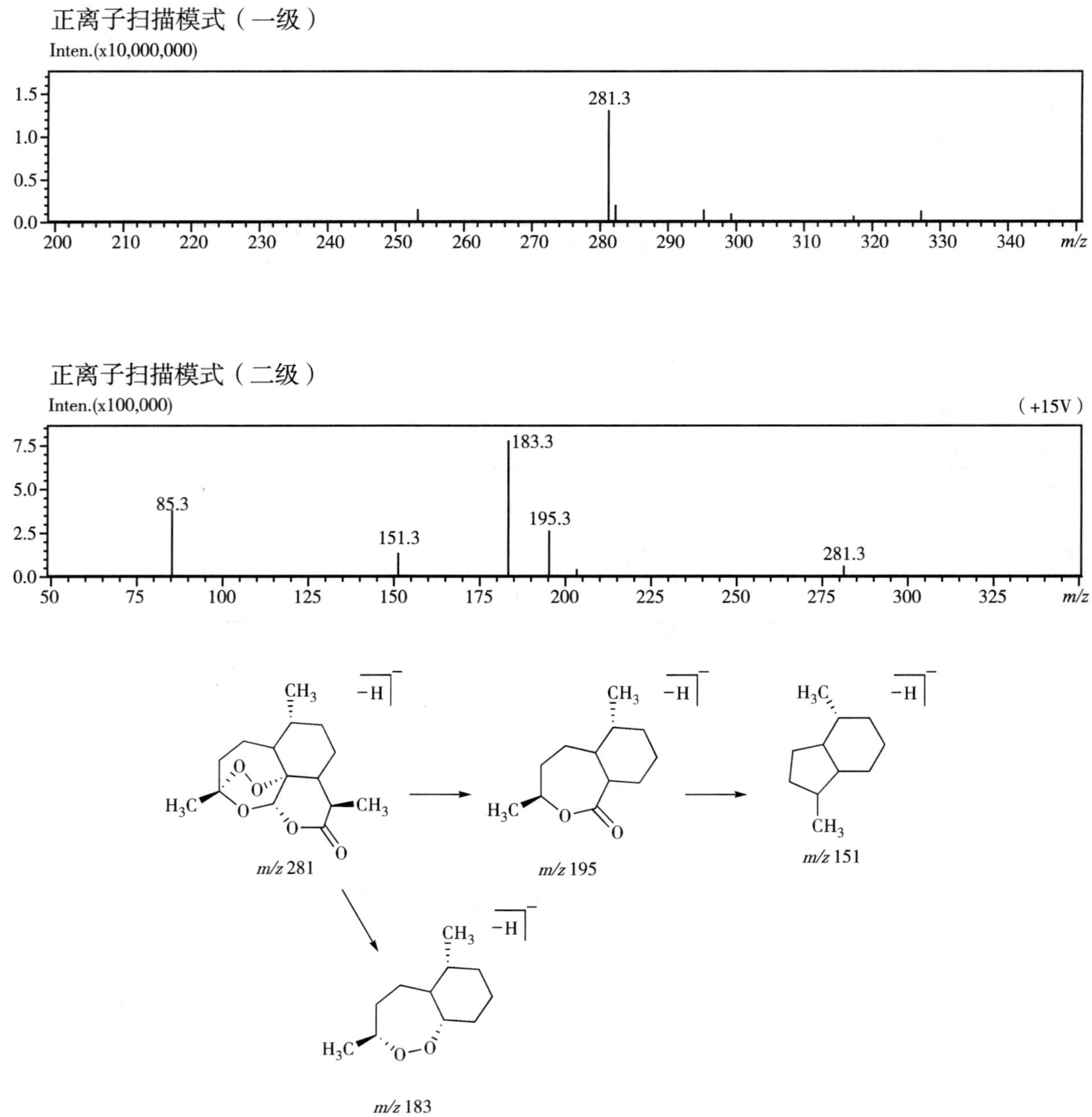

图9　青蒿素的质谱图

备注

1. 中文化学名　(3*R*,5α*S*,6*R*,8α*S*,9*R*,12*S*,12α*R*) - 八氢 - 3,6,9 - 三甲基 - 3,12 - 桥氧 - 12*H* - 吡喃[4,3 - *j*] - 1,2 - 苯并二塞平 - 10(3*H*) - 酮

2. 英文化学名　(3*R*,5a*S*,6*R*,8a*S*,9*R*,12*S*,12a*R*) - octahydro - 3,6,9 - trimethyl - 3,12 - epoxy - 12*H* - pyrano[4,3 - *j*] - 1,2 - benzodioxepin - 10(3*H*) - one

3. 性状　本品为无色针状结晶，味苦。

4. 溶解性　本品在丙酮、乙酸乙酯、三氯甲烷中易溶，在甲醇、乙醇、稀乙醇、乙醚及石油醚中溶解，在水中几乎不溶；在冰醋酸中易溶。

5. 溶剂　无水乙醇。

6. 对照品编号与批号　100202 - 201004

舒　必　利

英文名　Sulpiride

分子式　$C_{15}H_{23}N_3O_4S$

分子量　341.43

CAS 号　15676 - 16 - 1

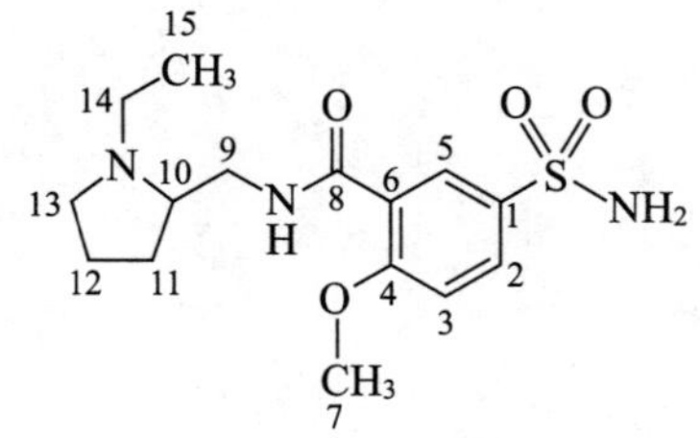

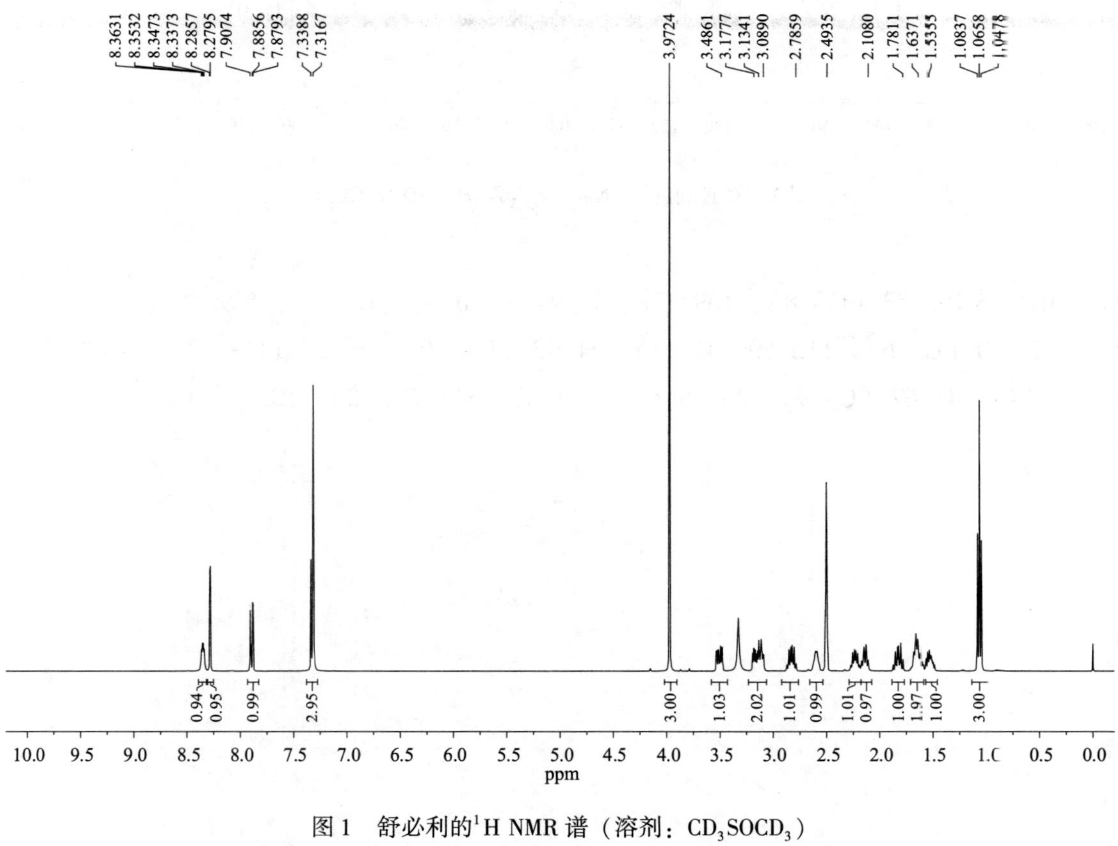

图 1　舒必利的[1]H NMR 谱（溶剂：CD_3SOCD_3）

^{1}H NMR：δ 8.35（NH，brs，1H），8.28（H－5，d，J＝2.5 Hz，1H），7.89（H－2，dd，J＝8.7，2.5 Hz，1H），7.33（H－3，NH_2，m，3H），3.97（H－7，s，3H），3.51（H－9a，m，1H），3.23～3.06（H－9b，10，m，2H），2.83（H－14a，m，1H），2.60（H－14b，m，1H），2.23（H－13a，m，1H），2.14（H－13b，m，1H），1.83（H－11a，m，1H），1.71～1.59（H－11b，12a，m，2H），1.53（H－12b，m，1H），1.06（H－15，t，J＝7.2 Hz，3H）

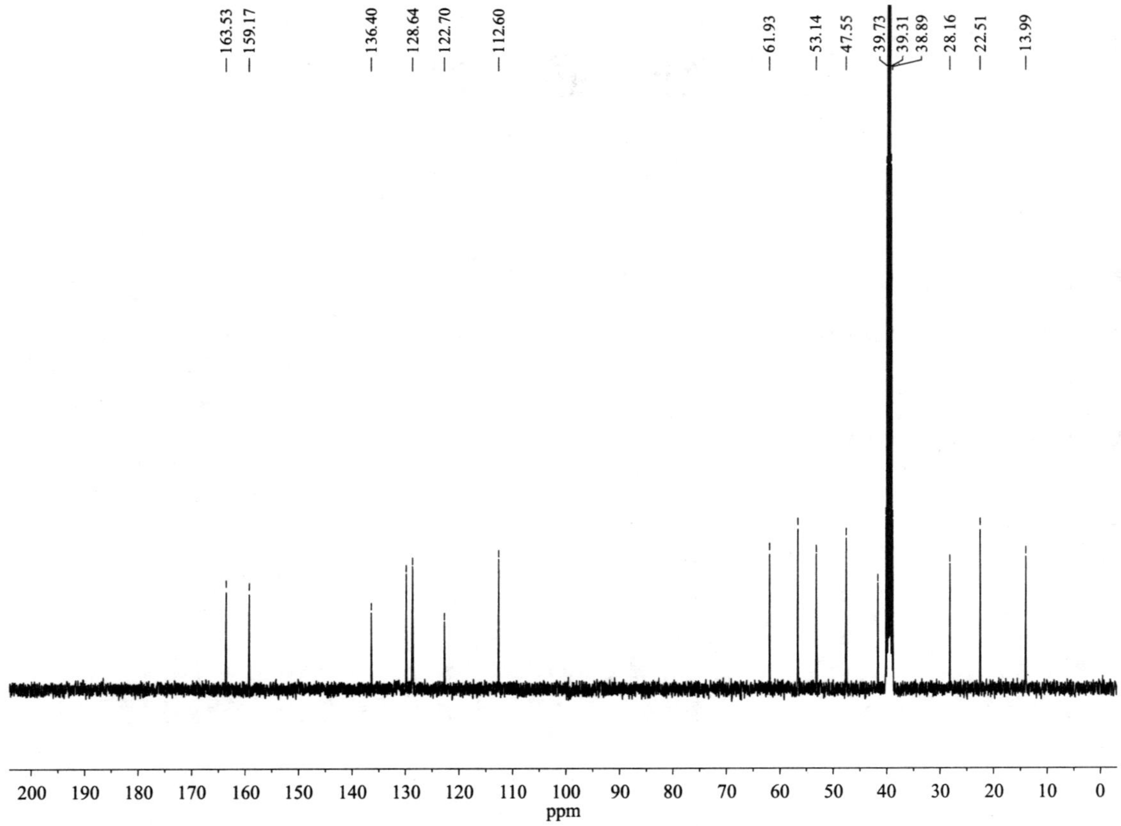

图 2　舒必利的[13]C NMR 谱（溶剂：CD_3SOCD_3）

^{13}C NMR：δ 163.53（C-8），159.17（C-4），136.40（C-1），129.82（C-2），128.64（C-5），122.70（C-6），112.60（C-3），61.93（C-10），56.57（C-7），53.14（C-13），47.55（C-14），41.67（C-9），28.16（C-11），22.51（C-12），13.99（C-15）

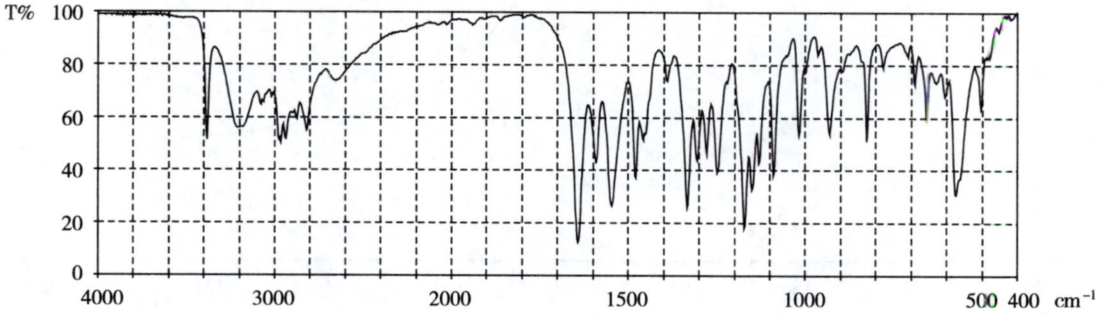

图3　舒必利的红外光谱图

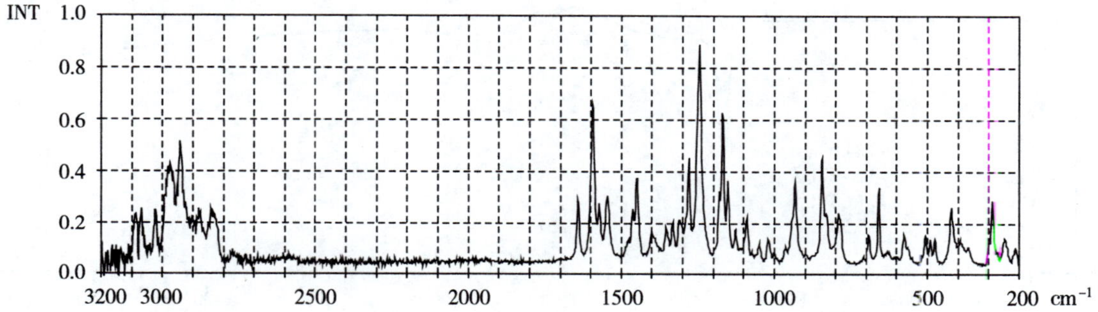

图4　舒必利的拉曼光谱图

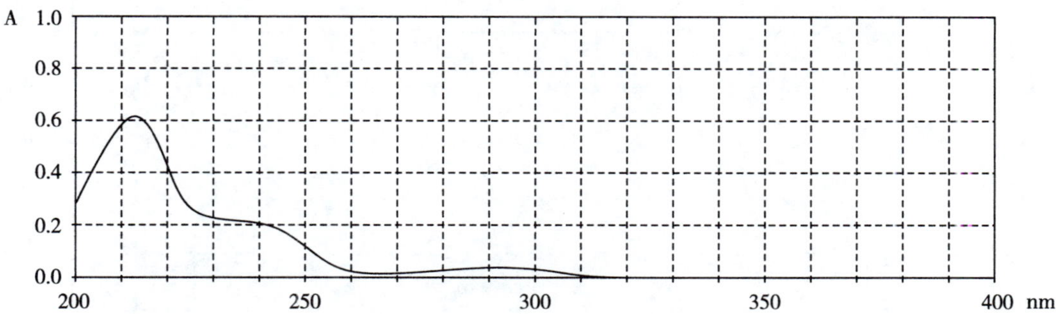

图5　舒必利的紫外光谱图

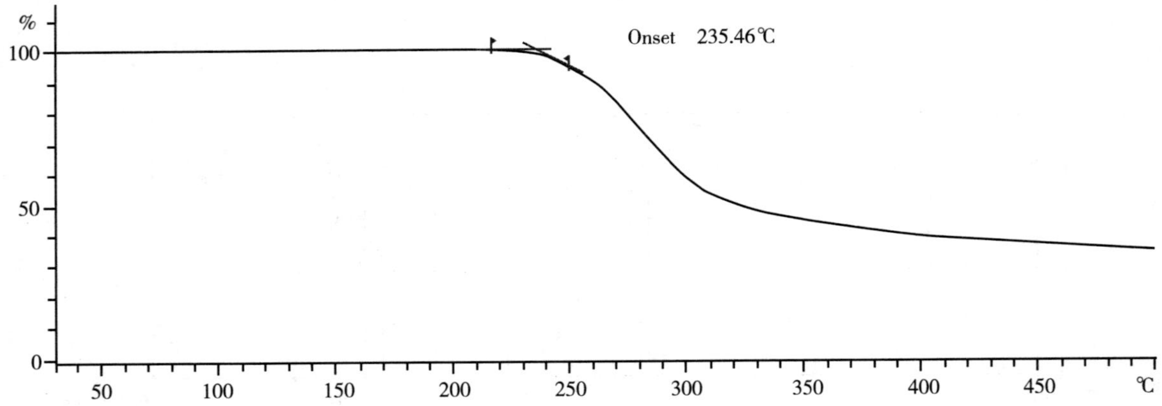

图 6　舒必利的 TG 图

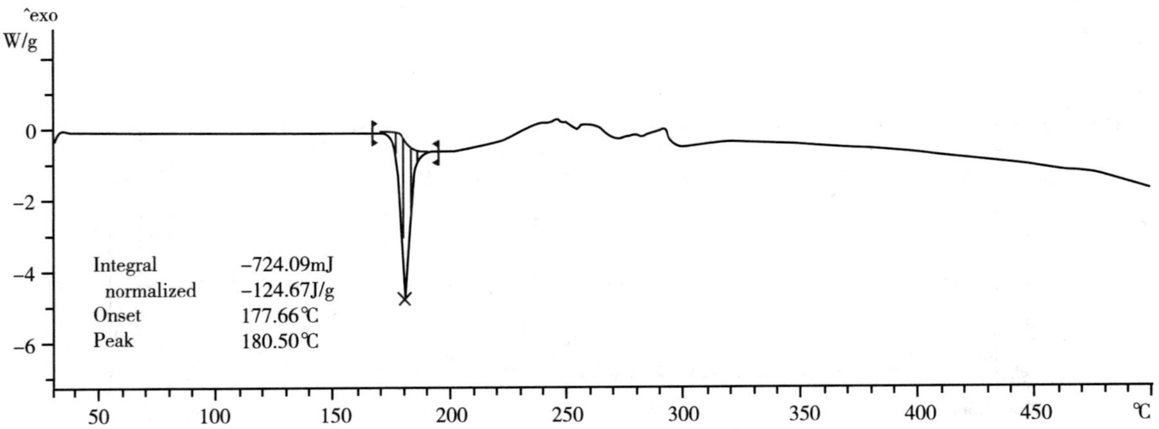

图 7　舒必利的 DSC 图

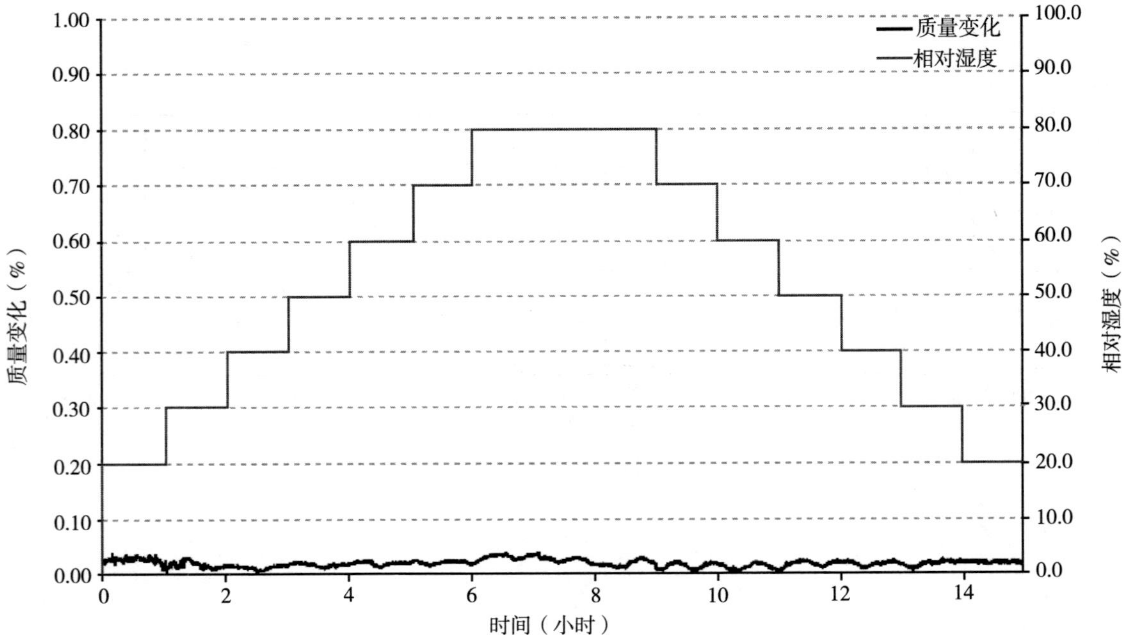

图 8　舒必利的 DVS 图

正离子扫描模式（一级）

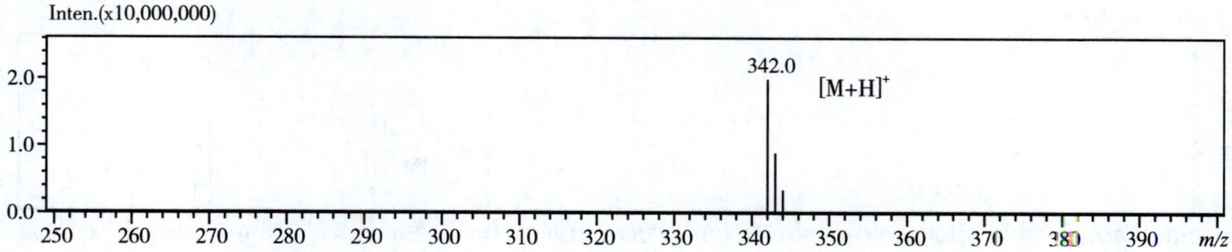

正离子扫描模式（二级）

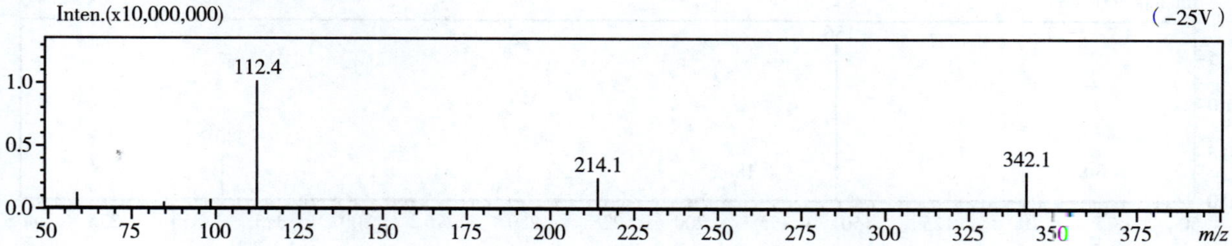

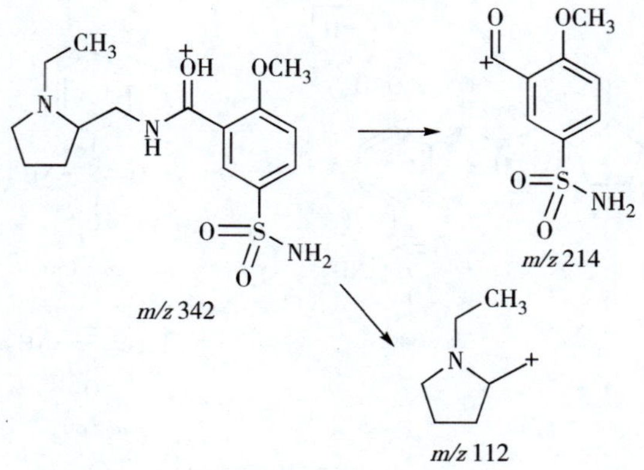

负离子扫描模式（一级）

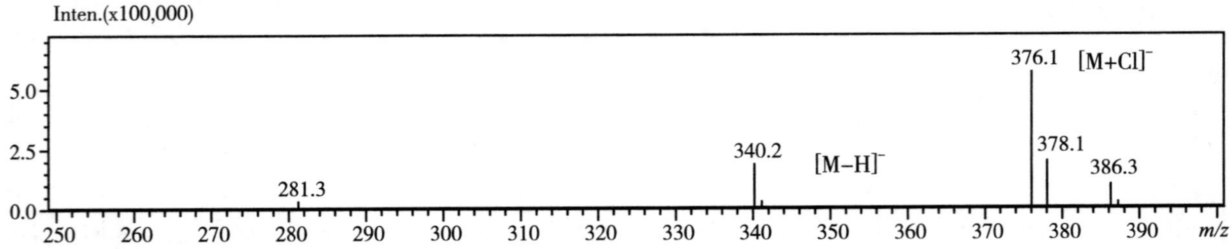

负离子扫描模式（二级）

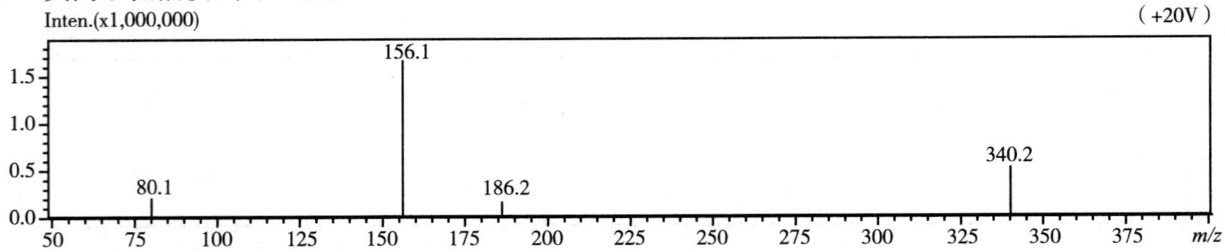

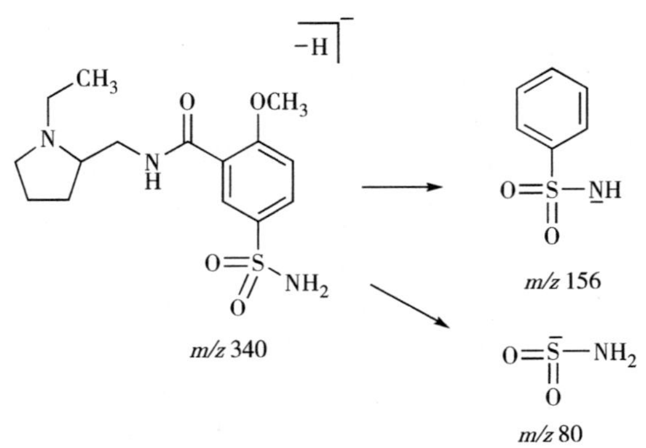

图 9　舒必利的质谱图

备注

1. **中文化学名**　*N*－［（1－乙基－2－吡咯烷基）甲基］－2－甲氧基－5－（氨基磺酰基）苯甲酰胺
2. **英文化学名**　*N*－［（1－ethyl－2－pyrrolidinyl）methyl］－5－sulfamoyl－*o*－anisamide
3. **性状**　本品为白色或类白色结晶性粉末，无臭，味微苦。
4. **溶解性**　本品在乙醇或丙酮中微溶，在三氯甲烷中极微溶解，在水中几乎不溶，在氢氧化钠溶液中极易溶解。
5. **溶剂**　0.01mol/L 盐酸溶液。
6. **对照品编号与批号**　100203－200503

沙丁胺醇

英文名 Salbutamol

分子式 $C_{13}H_{21}NO_3$

分子量 239.31

CAS 号 18559-94-9

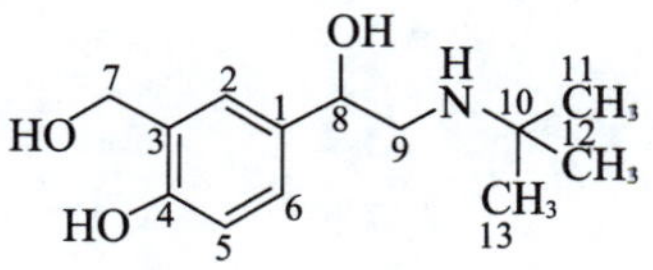

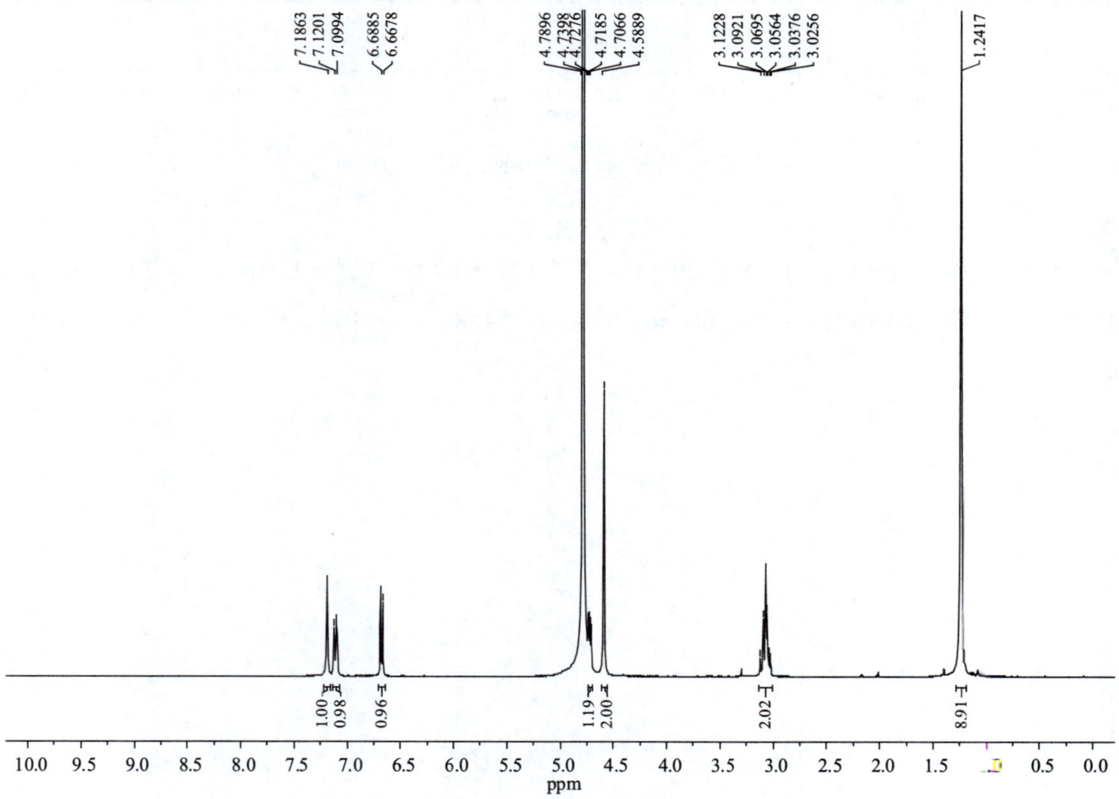

图1 沙丁胺醇的^{1}H NMR谱（溶剂：D_2O）

^{1}H NMR：δ 7.19 (H-2, s, 1H), 7.11 (H-6, d, J = 8.3 Hz, 1H), 6.68 (H-5, d, J = 8.3 Hz, 1H), 4.73 (H-8, m, 1H), 4.59 (H-7, s, 2H), 3.13~3.01 (H-9, m, 2H), 1.24 (H-11, 12, 13, s, 9H)

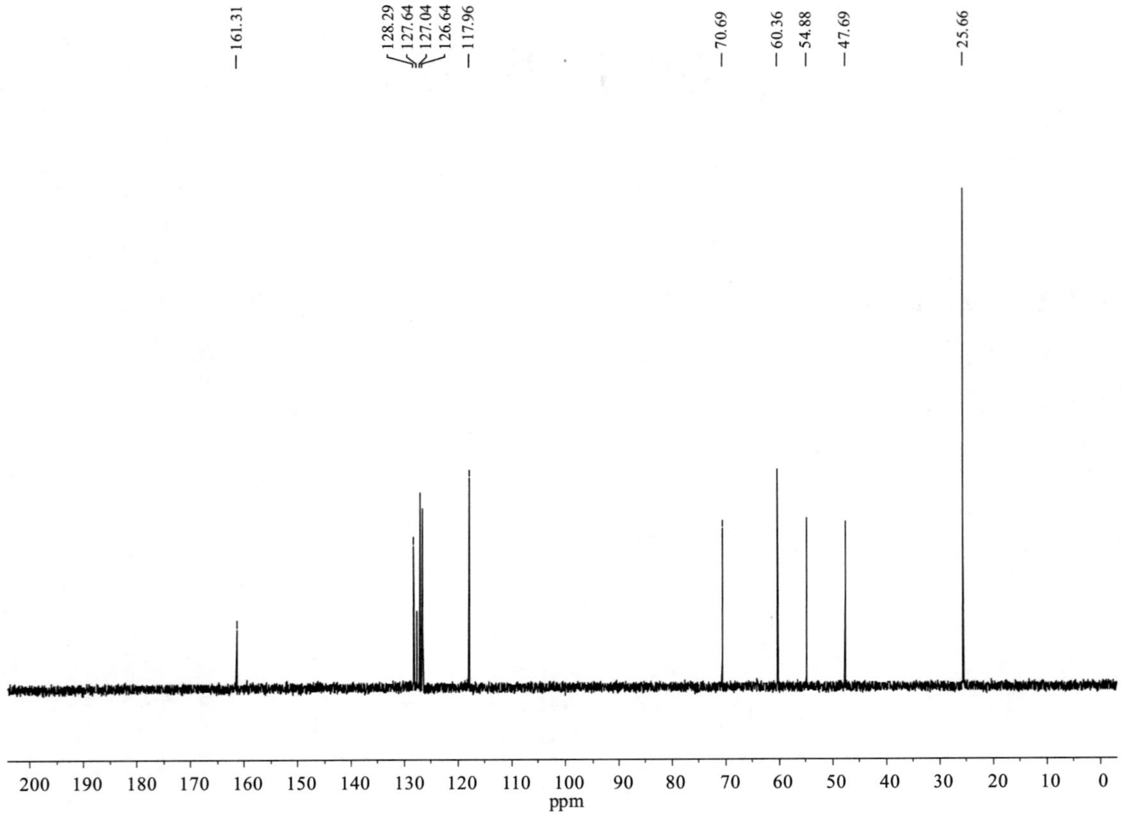

图 2　沙丁胺醇的^{13}C NMR 谱（溶剂：D_2O）

^{13}C NMR：δ 161.31（C－4），128.29（C－1），127.64（C－3），127.04（C－2），126.64（C－6），117.96（C－5），70.69（C－8），60.36（C－7），54.88（C－10），47.69（C－9），25.66（C－11，12，13）

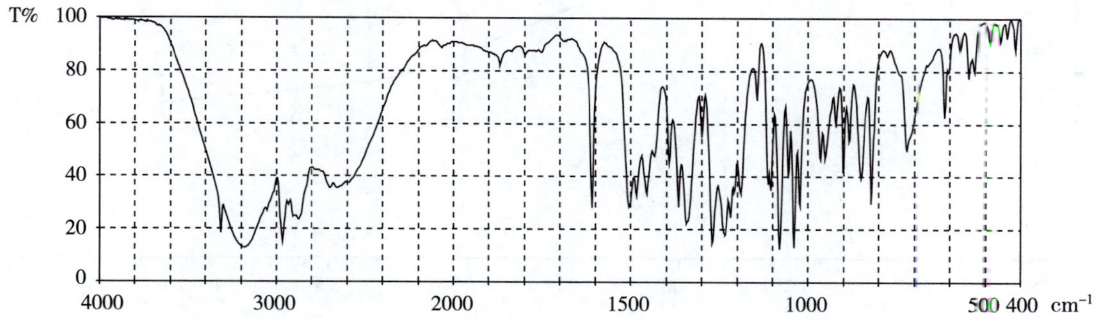

图 3　沙丁胺醇的红外光谱图

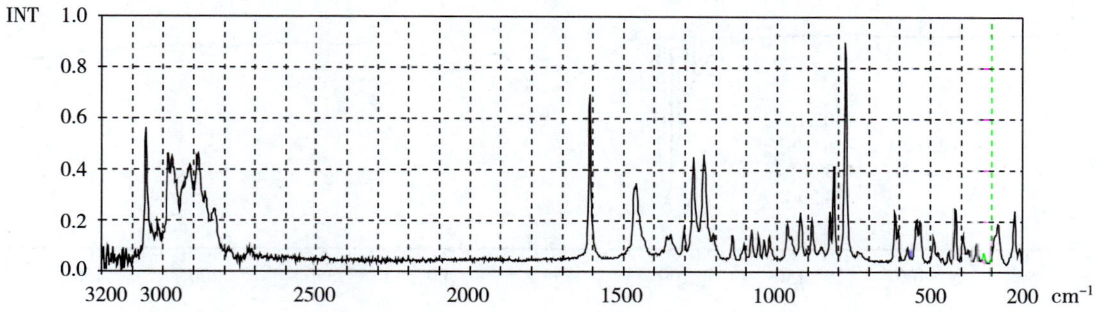

图 4　沙丁胺醇的拉曼光谱图

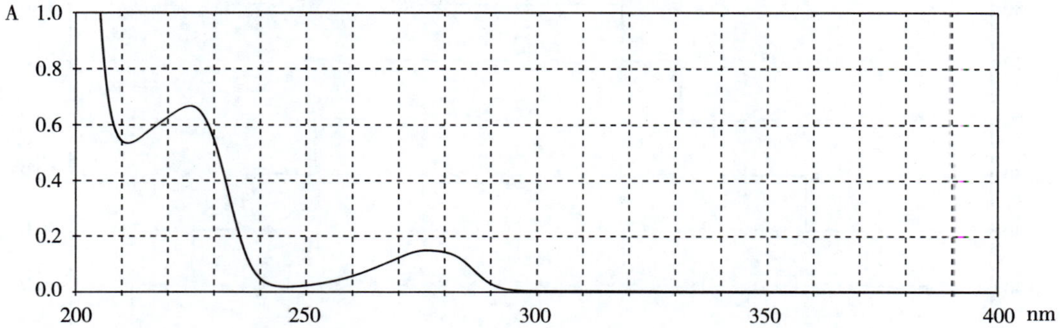

图 5　沙丁胺醇的紫外光谱图

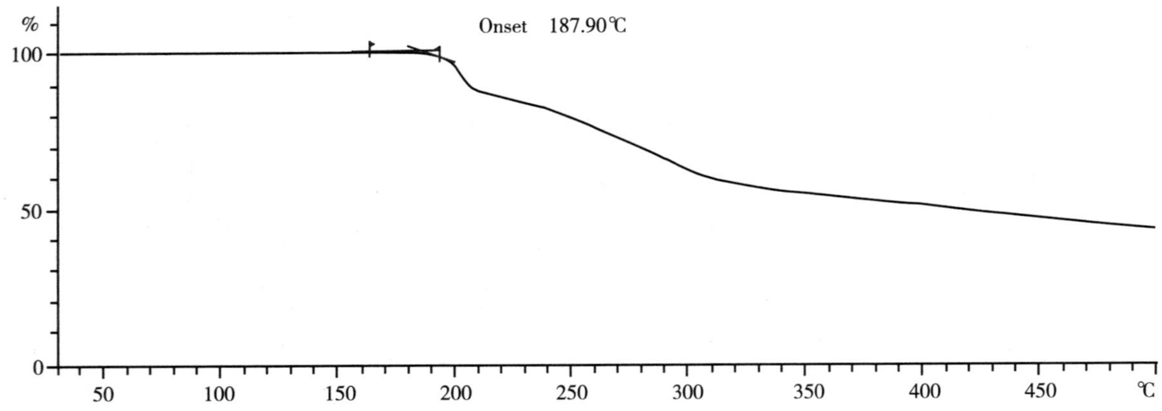

图 6　沙丁胺醇的 TG 图

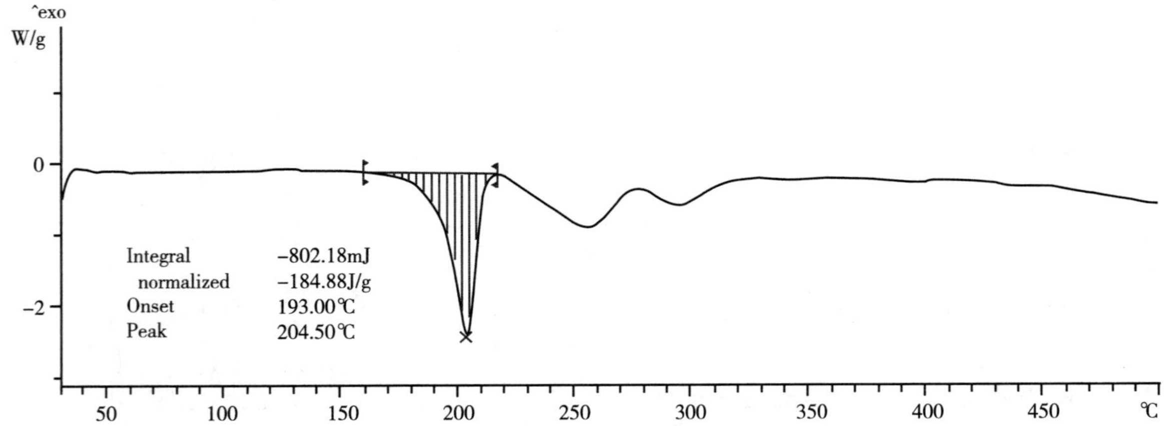

图 7　沙丁胺醇的 DSC 图

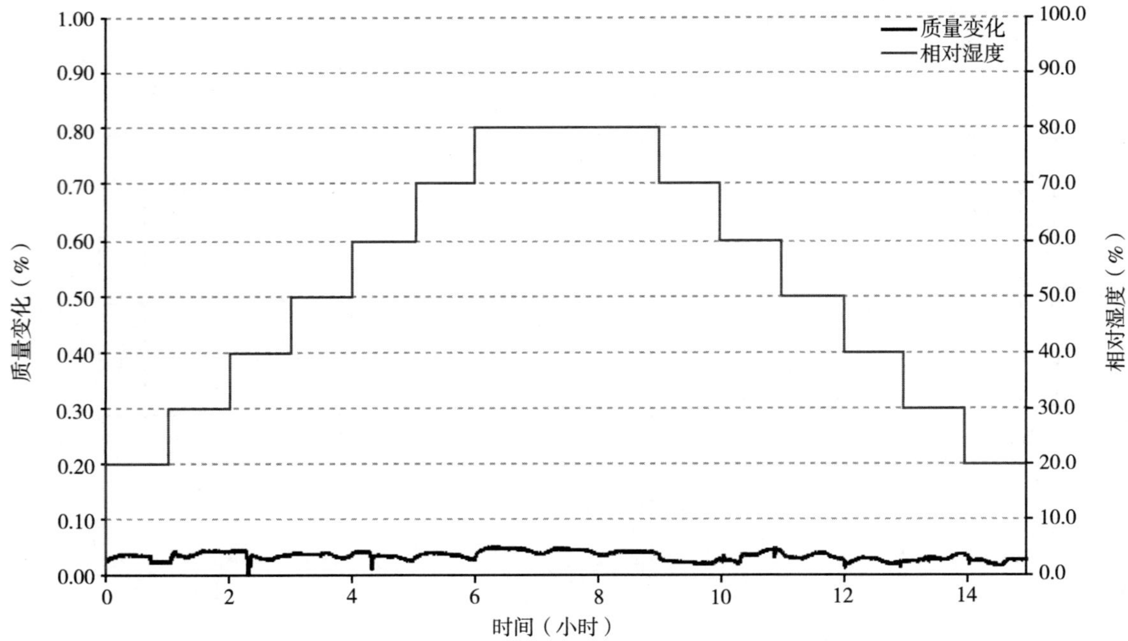

图 8　沙丁胺醇的 DVS 图

正离子扫描模式（一级）

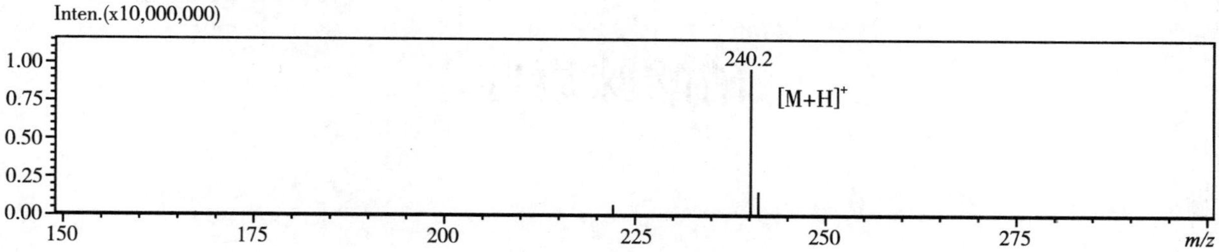

正离子扫描模式（二级）

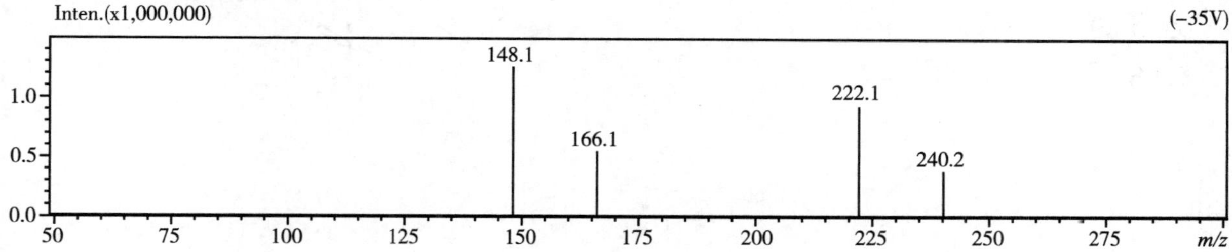

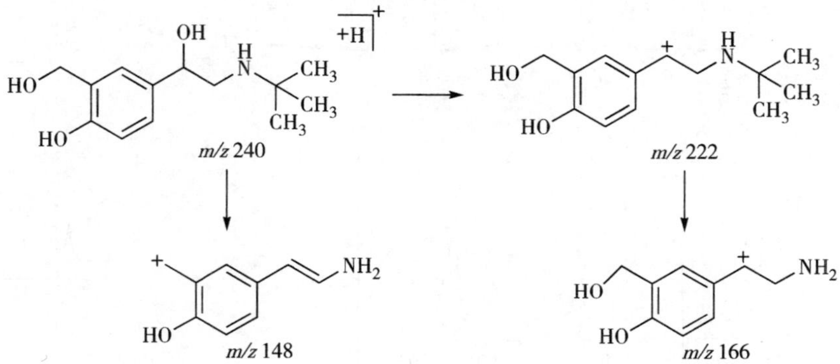

图9　沙丁胺醇的质谱图

备注

1. **中文化学名**　1－(4－羟基－3－羟甲基苯基)－2－(叔丁氨基)乙醇
2. **英文化学名**　(1*RS*)－2－[(1,1－dimethylethyl)amino]－1－[4－hydroxy－3－(hydroxymethyl) phenyl]ethanol
3. **性状**　本品为白色结晶性粉末；无臭，几乎无味。
4. **溶解性**　本品在乙醇中溶解，在水中略溶，在乙醚中不溶。
5. **溶剂**　0.1mol/L 盐酸溶液。
6. **对照品编号与批号**　100204－201103

硝酸咪康唑

英文名 Miconazole Nitrate

分子式 $C_{18}H_{14}Cl_4N_2O \cdot HNO_3$

分子量 479. 15

CAS 号 22832 - 87 - 7

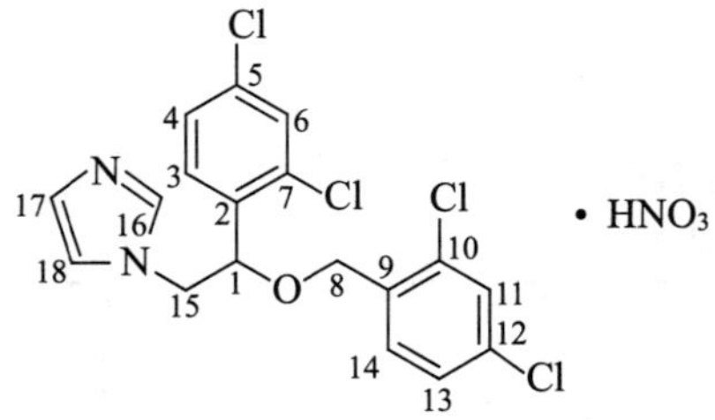

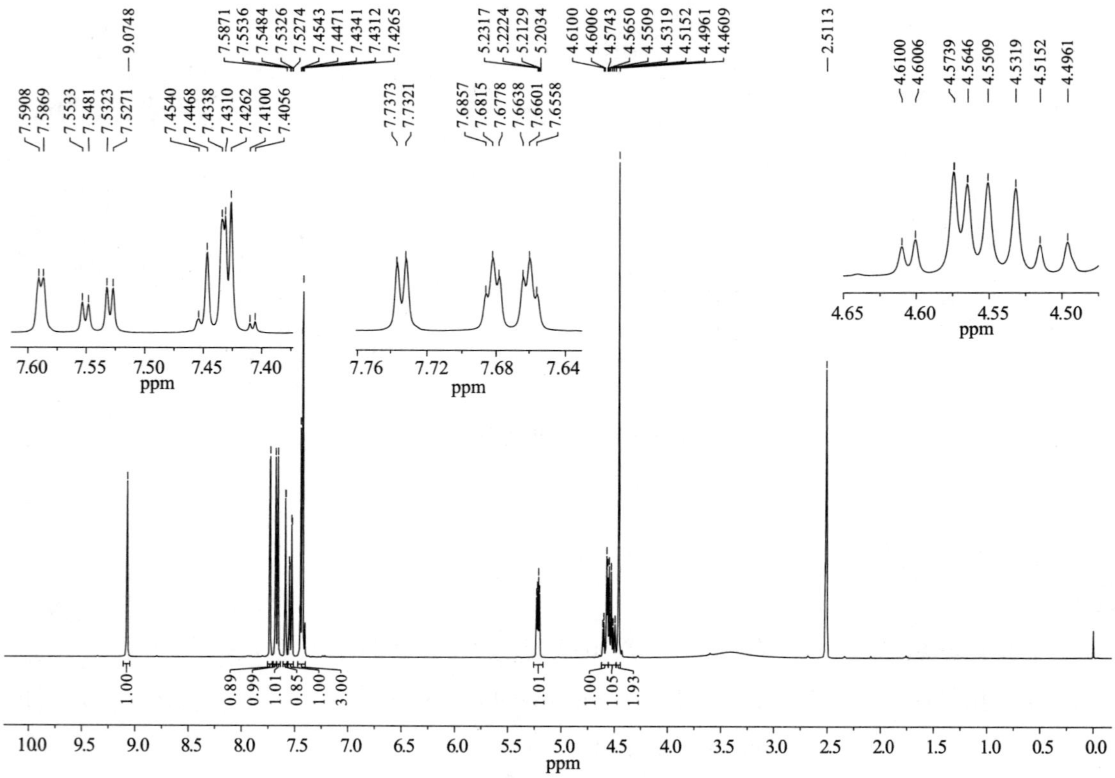

图 1　硝酸咪康唑的^{1}H NMR 谱（溶剂：CD_3SOCD_3）

^{1}H NMR：δ 9. 07 （H - 16， s， 1H）， 7. 73 （H - 6， d， J = 2. 1 Hz， 1H）， 7. 68 （H - 17， t， J = 1. 6 Hz）， 7. 66 （H - 18， t， J = 1. 6 Hz， 1H）， 7. 59 （H - 11， d， J = 1. 6 Hz， 1H）， 7. 54 （H - 4， dd， J = 8. 4， 2. 1 Hz， 1H）， 7. 47 ~ 7. 40 （H - 13， 14， 17， m， 3H）， 5. 22 （H - 1， dd， J = 7. 6， 3. 7 Hz， 1H）， 4. 59 （H - 15a， dd， J = 14. 3， 3. 8 Hz， 1H）， 4. 52 （H - 15b， dd， J = 14. 3， 7. 6 Hz， 1H）， 4. 46 （H - 8， s， 2H）

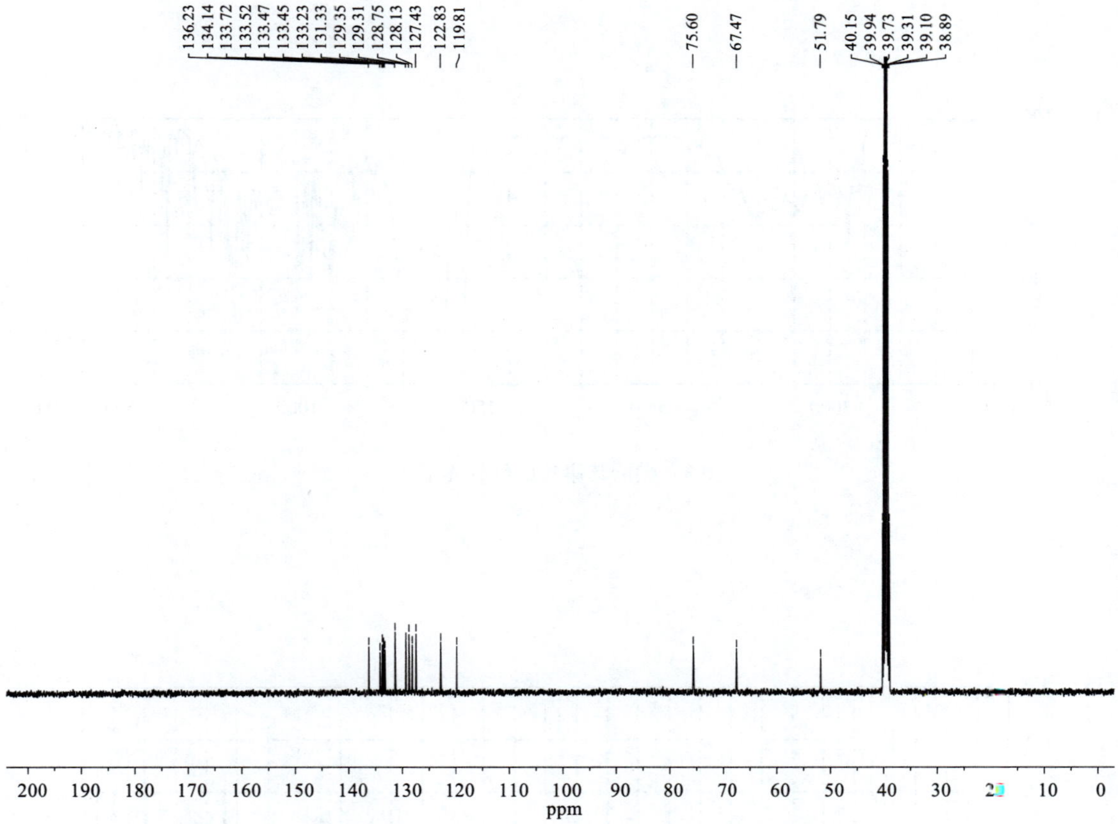

图 2　硝酸咪康唑的 ^{13}C NMR 谱（溶剂：CD_3SOCD_3）

^{13}C NMR：δ 136.23（C－16），134.14，133.72（C－5，12），133.52，133.47，133.45（C－7，9，10），133.23（C－2），131.33，129.35（C－6，11），129.31，128.75（C－3，14），128.13，127.43（C－4，13），122.83（C－17），119.81（C－18），75.60（C－1），67.47（C－8），51.79（C－15）

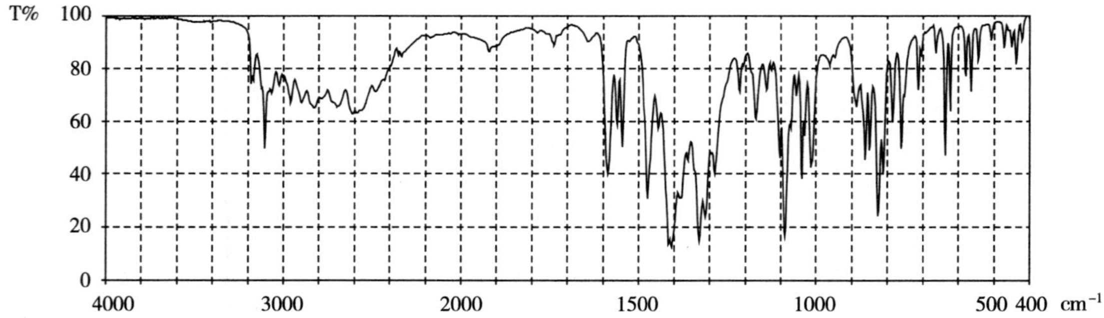

图 3　硝酸咪康唑的红外光谱图

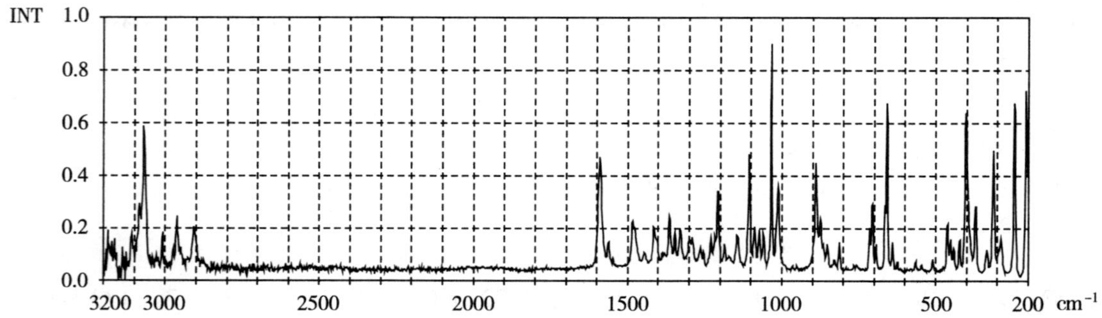

图 4　硝酸咪康唑的拉曼光谱图

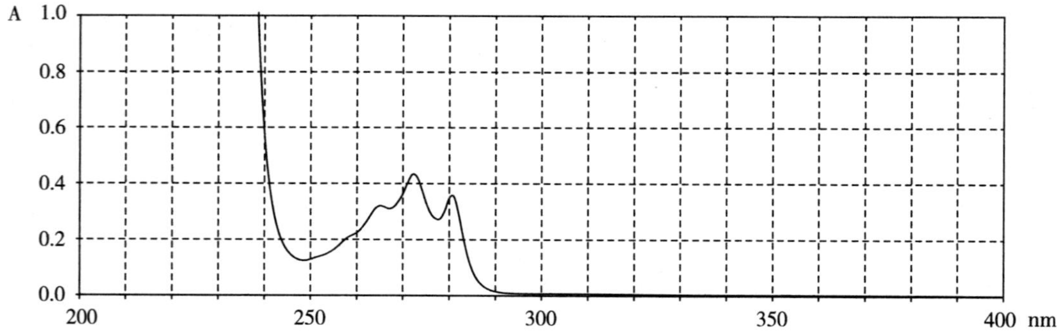

图 5　硝酸咪康唑的紫外光谱图

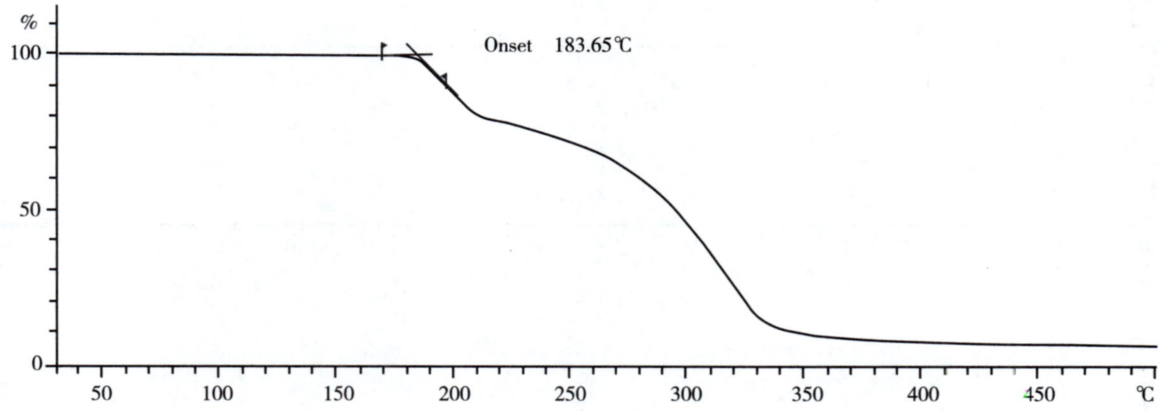

图 6　硝酸咪康唑的 TG 图

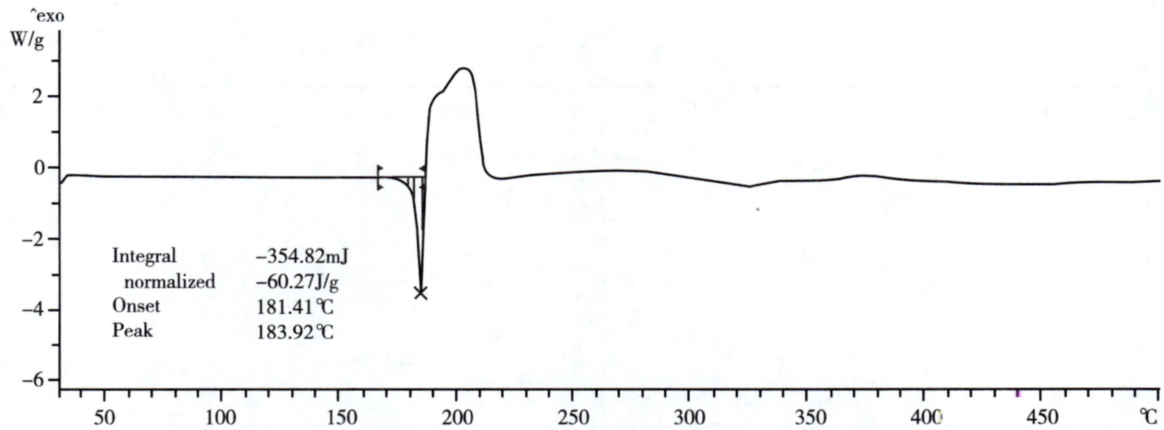

图 7　硝酸咪康唑的 DSC 图

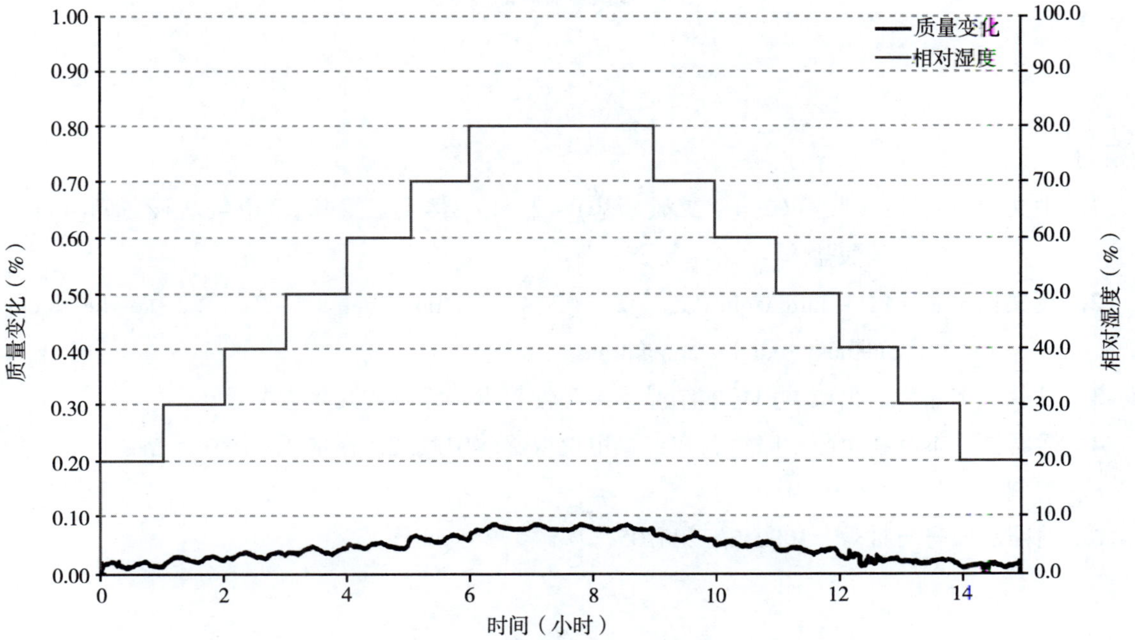

图 8　硝酸咪康唑的 DVS 图

正离子扫描模式（一级）

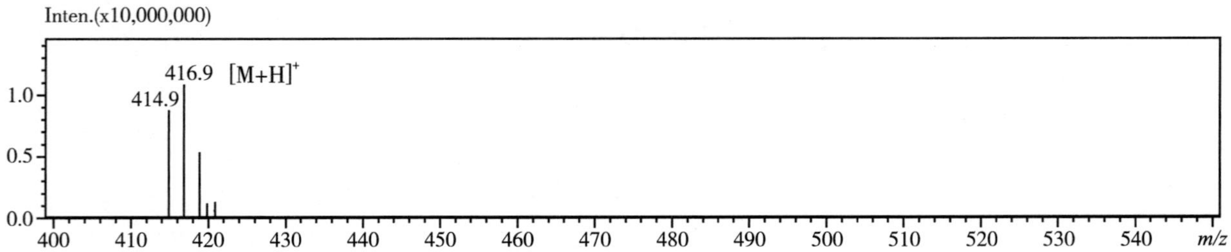

正离子扫描模式（二级）

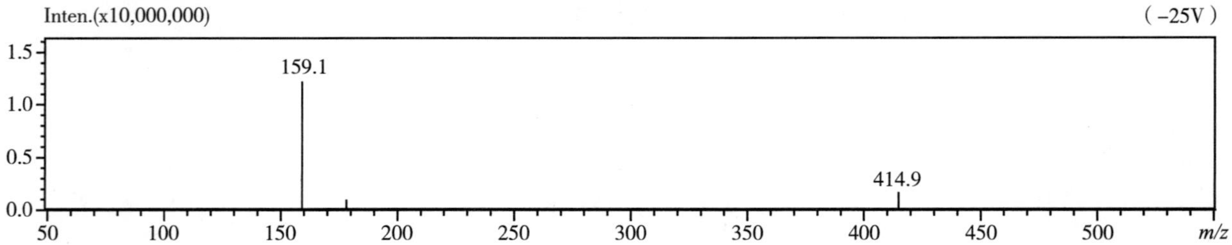

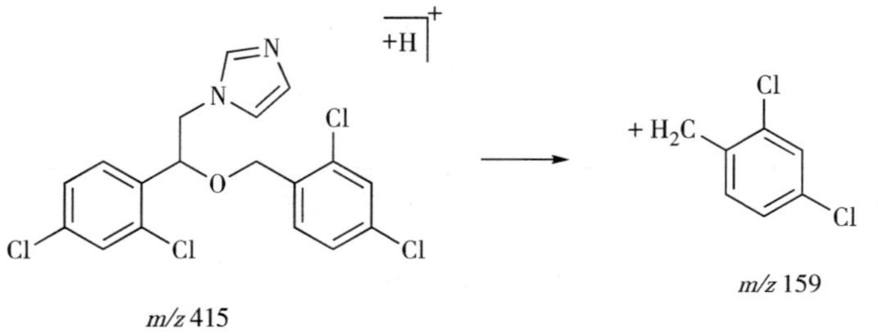

图 9　硝酸咪康唑的质谱图

备注

1. 中文化学名　1－[2－(2,4－二氯苯基)－2－[(2,4－二氯苯基)甲氧基]乙基]－1*H*－咪唑硝酸盐

2. 英文化学名　1*H*－imidazole－1－[2－(2,4－dichlorophenyl)－2－[(2,4－dichlorophenyl)methoxy]ethyl] mononitrate

3. 性状　本品为白色或类白色的结晶或结晶性粉末，无臭或几乎无臭。

4. 溶解性　本品在甲醇中略溶，在三氯甲烷或乙醇中微溶，在水或乙醚中不溶。

5. 溶剂　乙醇。

6. 对照品编号与批号　100213－200705

盐酸安他唑啉

英文名 Antazoline Hydrochloride

分子式 $C_{17}H_{19}N_3 \cdot HCl$

分子量 301.82

CAS 号 2508-72-7

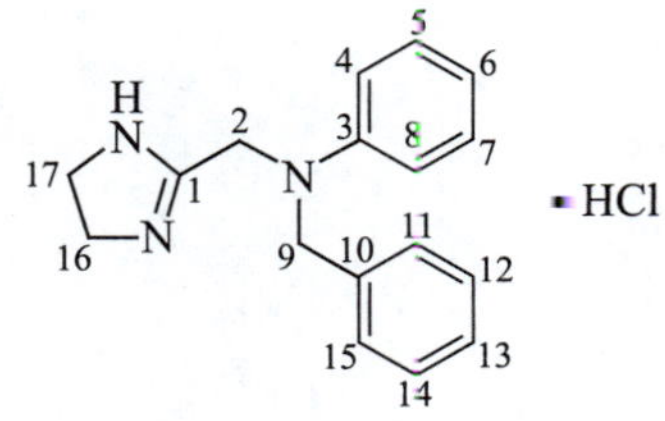

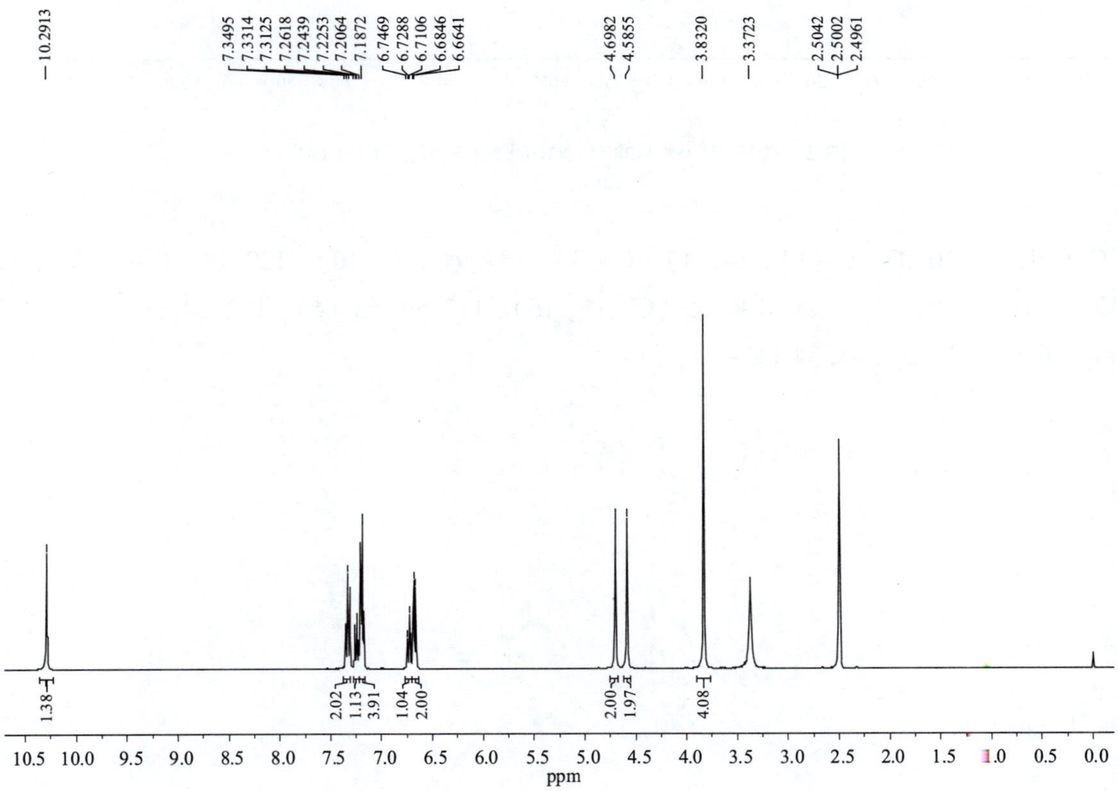

图 1 盐酸安他唑啉的^{1}H NMR 谱（溶剂：CD_3SOCD_3）

^{1}H NMR：δ 10.29（NH，s，1H），7.33（H-12，14，t，J = 7.4 Hz，2H），7.24（H-13，t，J = 7.2 Hz，1H），7.23～7.16（H-5，7，11，15，m，4H），6.73（H-6，t，J = 7.3 Hz，1H），6.67（H-4，8，d，J = 8.2 Hz，2H），4.70（H-9，s，2H），4.59（H-2，s，2H），3.83（H-16，17，s，4H）

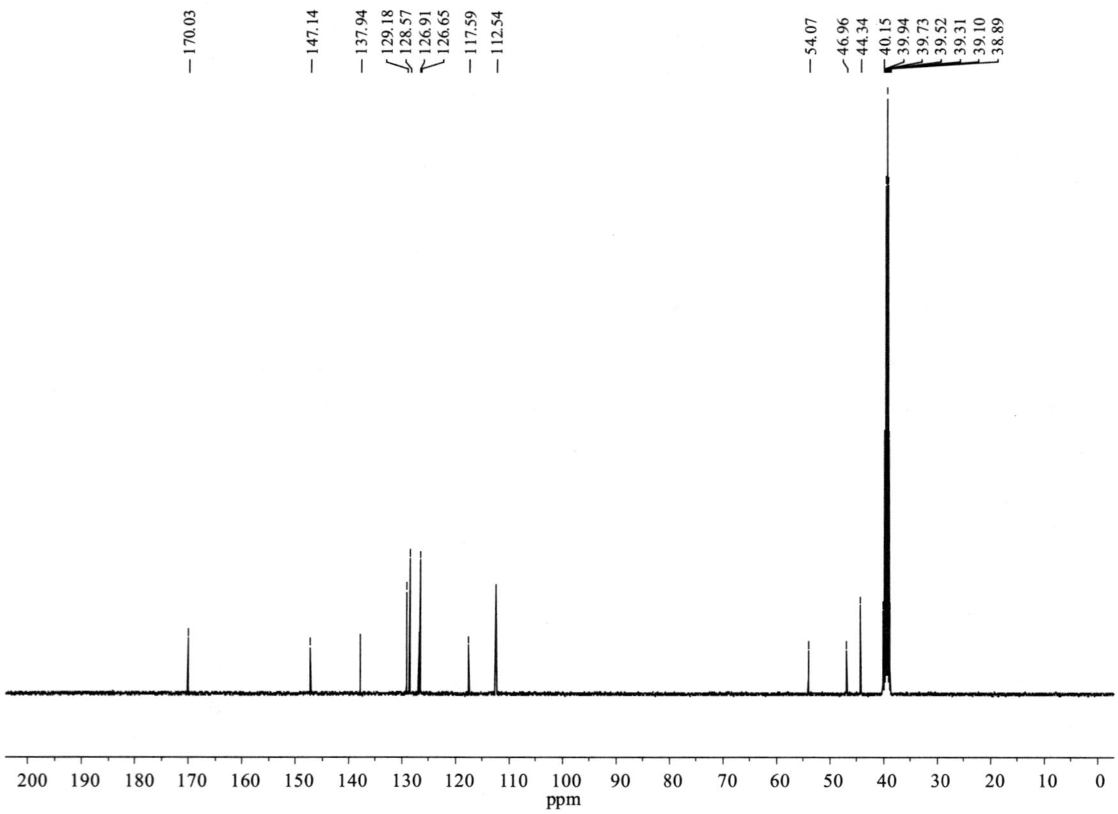

图2　盐酸安他唑啉的^{13}C NMR谱（溶剂：CD_3SOCD_3）

^{13}C NMR：δ 170.03（C－1），147.14（C－3），137.94（C－10），129.18（C－5，7），128.57（C－12，14），126.91（C－13），126.65（C－11，15），117.59（C－6），112.54（C－4，8），54.07（C－9），46.96（C－2），44.34（C－16，17）

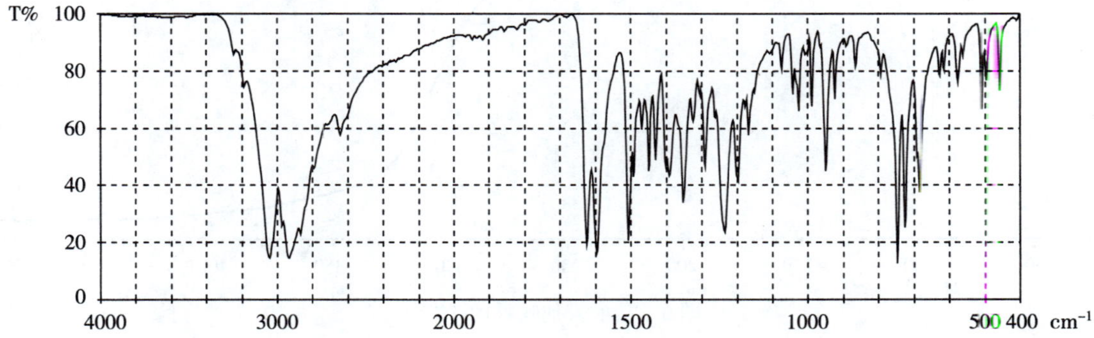

图 3　盐酸安他唑啉的红外光谱图

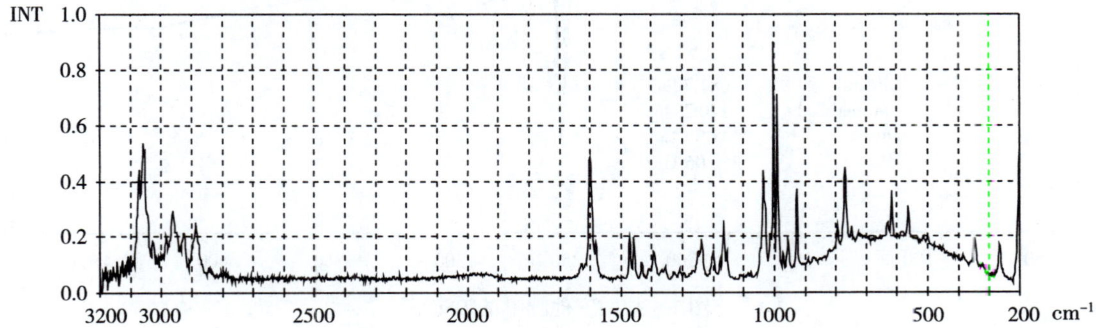

图 4　盐酸安他唑啉的拉曼光谱图

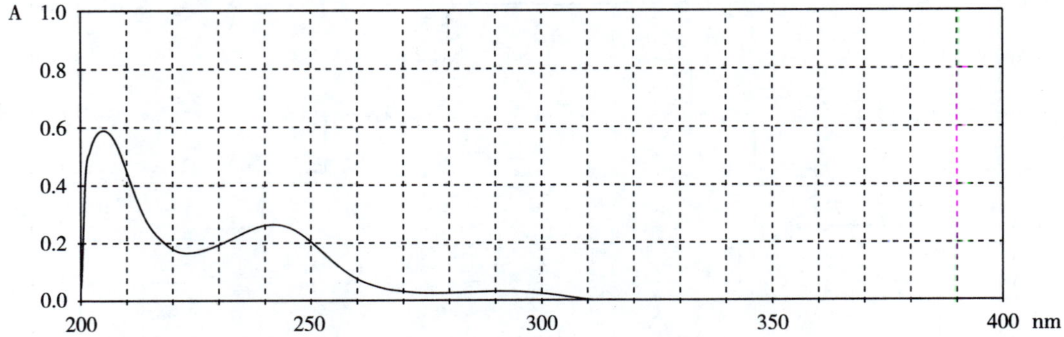

图 5　盐酸安他唑啉的紫外光谱图

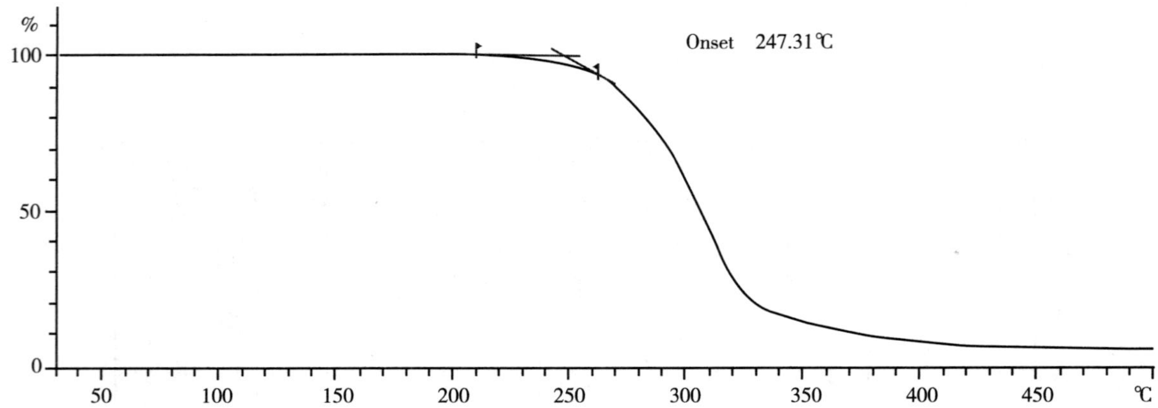

图 6 盐酸安他唑啉的 TG 图

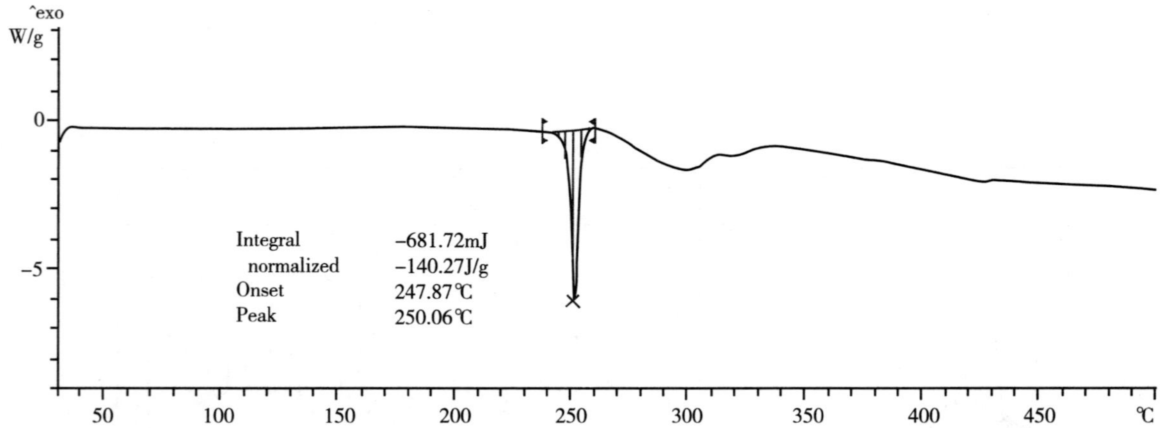

图 7 盐酸安他唑啉的 DSC 图

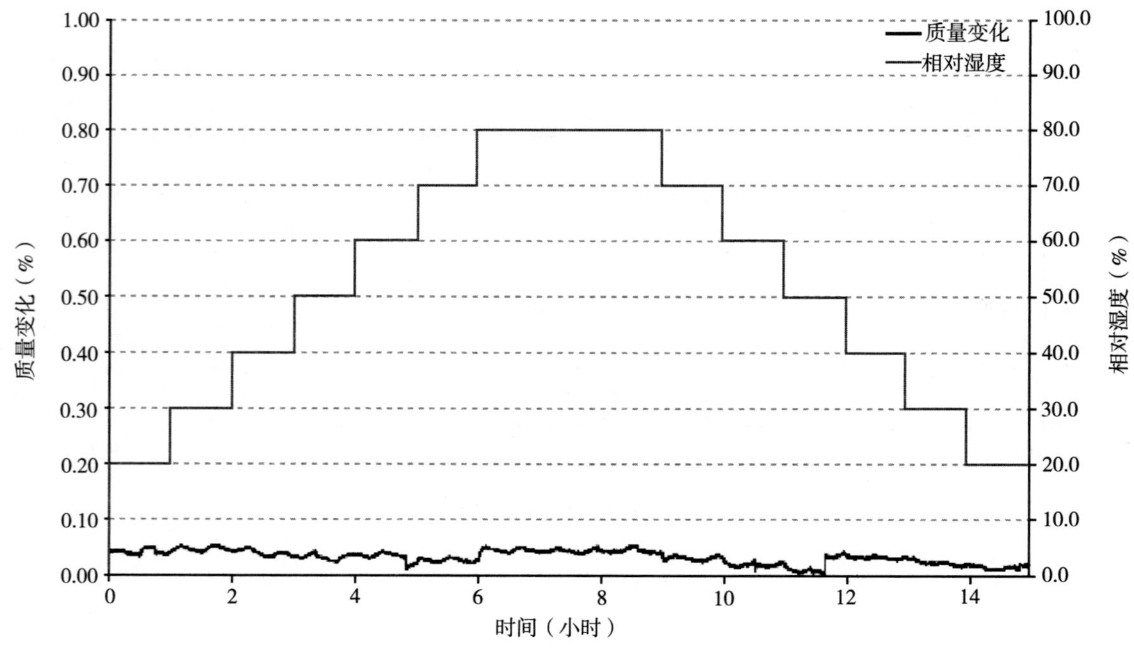

图 8 盐酸安他唑啉的 DVS 图

正离子扫描模式（一级）

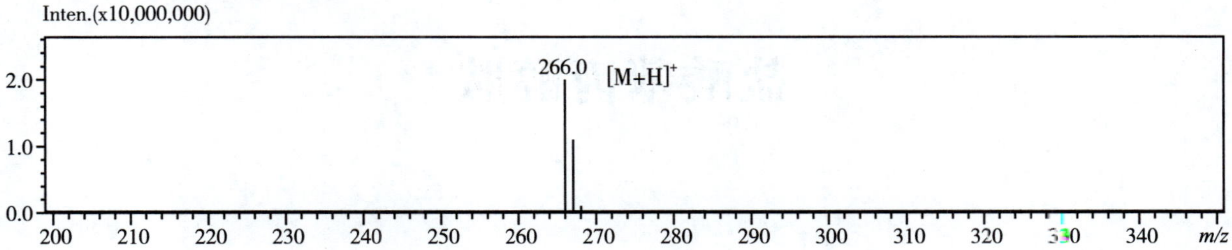

正离子扫描模式（二级）

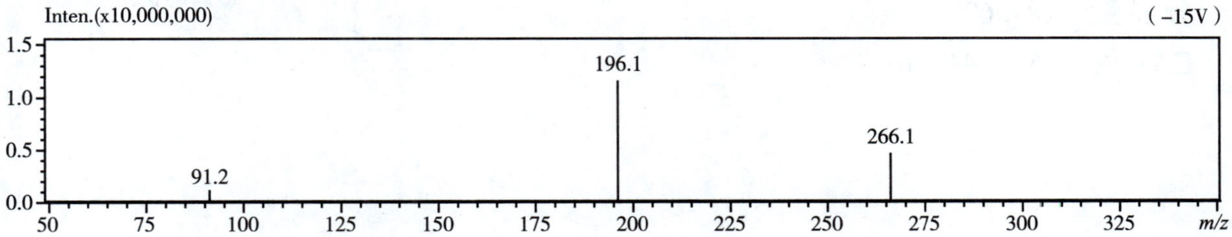

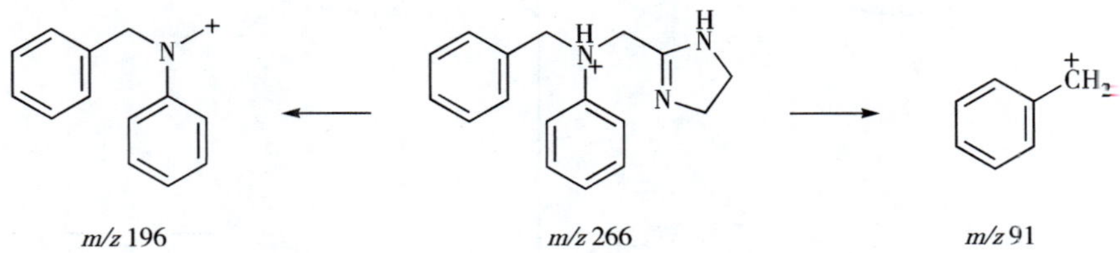

图 9　盐酸安他唑啉的质谱图

备注

1. **中文化学名**　4,5－二氢－*N*－苯基－*N*－苯甲基－1*H*－咪唑－2－甲胺盐酸盐
2. **英文化学名**　4,5－dihydro－*N*－phenyl－*N*－(phenylmethyl)－1*H*－imidazole－2－methanamine hydrochloride
3. **性状**　本品为白色或类白色结晶性粉末；无臭或几乎无臭；味苦。
4. **溶解性**　本品在乙醇中溶解，在水中略溶，在三氯甲烷中微溶，在乙醚中几乎不溶。
5. **溶剂**　0.1mol/L 盐酸溶液。
6. **对照品编号与批号**　100216－200702

盐酸苯丙醇胺

英文名 Phenylpropanolamine Hydrochloride

分子式 $C_9H_{13}NO \cdot HCl$

分子量 187.67

CAS 号 154-41-6

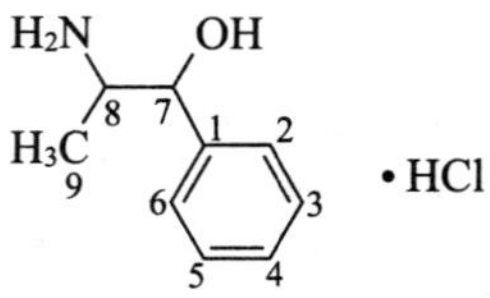

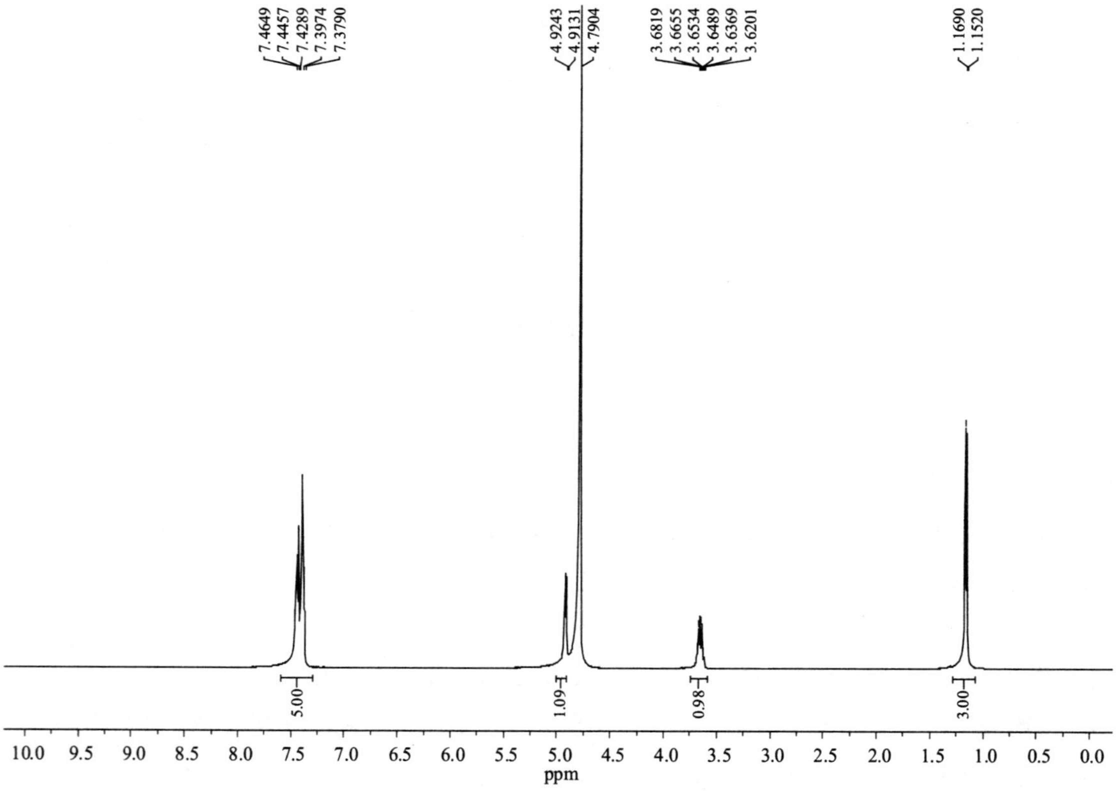

图 1 盐酸苯丙醇胺的^{1}H NMR 谱（溶剂：D_2O）

^{1}H NMR：δ 7.59 ~ 7.29 (Ar-H, m, 5H), 4.92 (H-7, d, J = 4.5 Hz, 1H), 3.67 (H-8, m, 1H), 1.16 (H-9, d, J = 6.8 Hz, 3H)

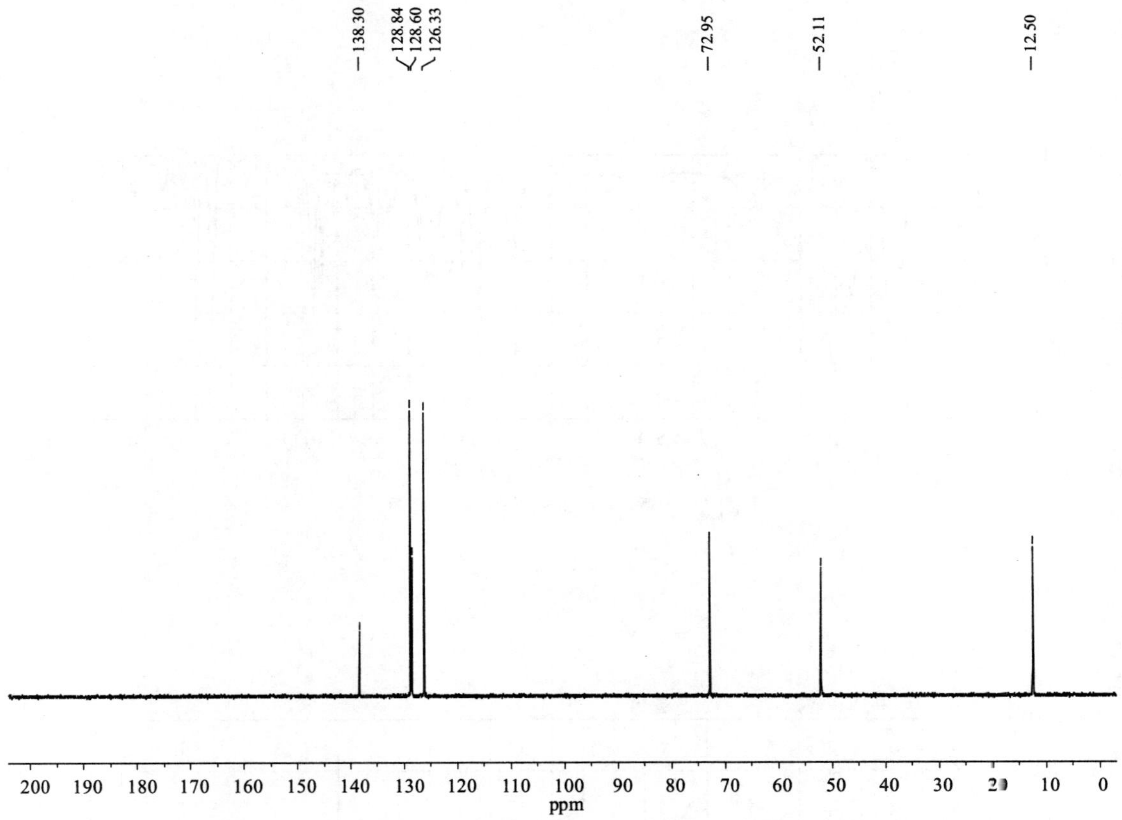

图 2　盐酸苯丙醇胺的^{13}C NMR 谱（溶剂：D_2O）

^{13}C NMR：δ 138.30（C－1），128.84（C－3，5），128.60（C－4），126.33（C－2，6），72.95（C－7），52.11（C－8），12.50（C－9）

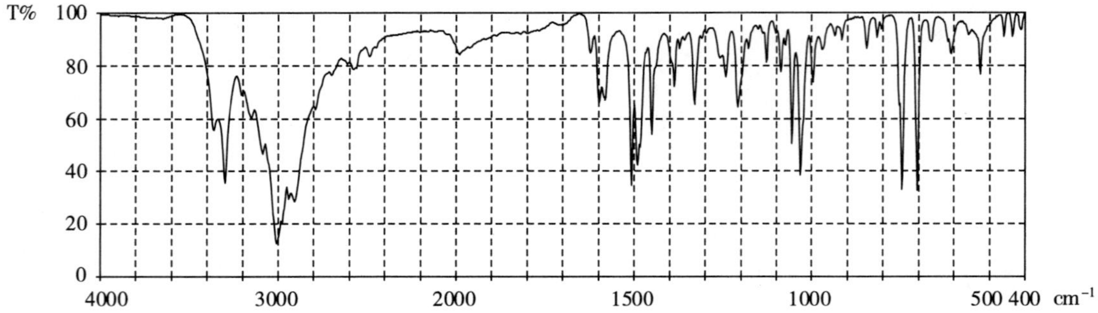

图 3　盐酸苯丙醇胺的红外光谱图

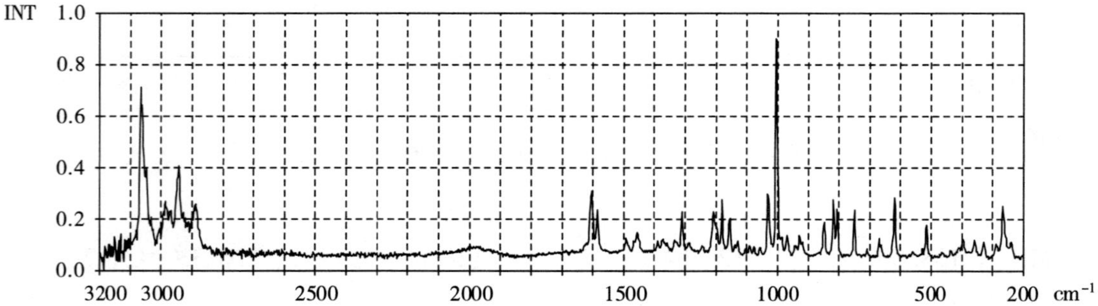

图 4　盐酸苯丙醇胺的拉曼光谱图

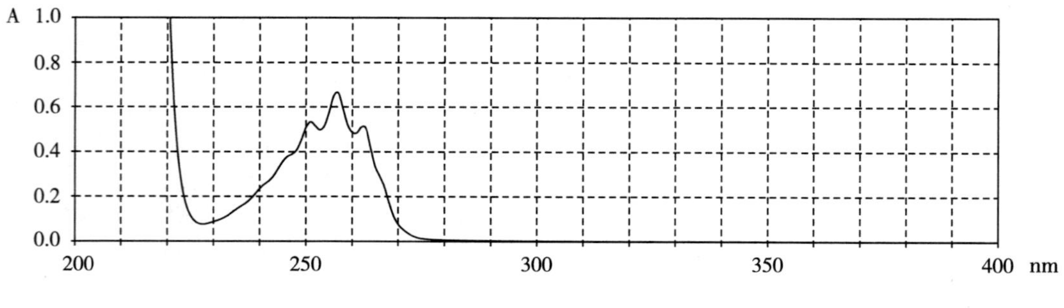

图 5　盐酸苯丙醇胺的紫外光谱图

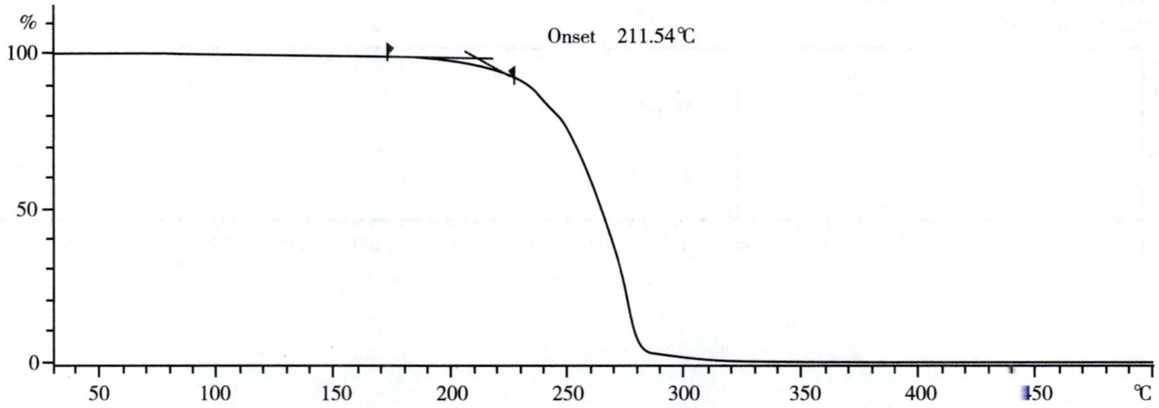

图 6　盐酸苯丙醇胺的 TG 图

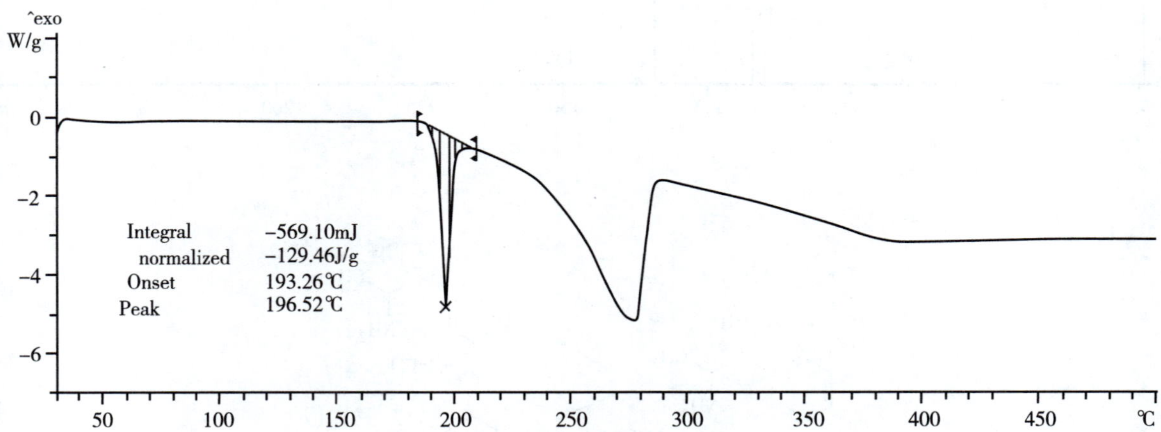

图 7　盐酸苯丙醇胺的 DSC 图

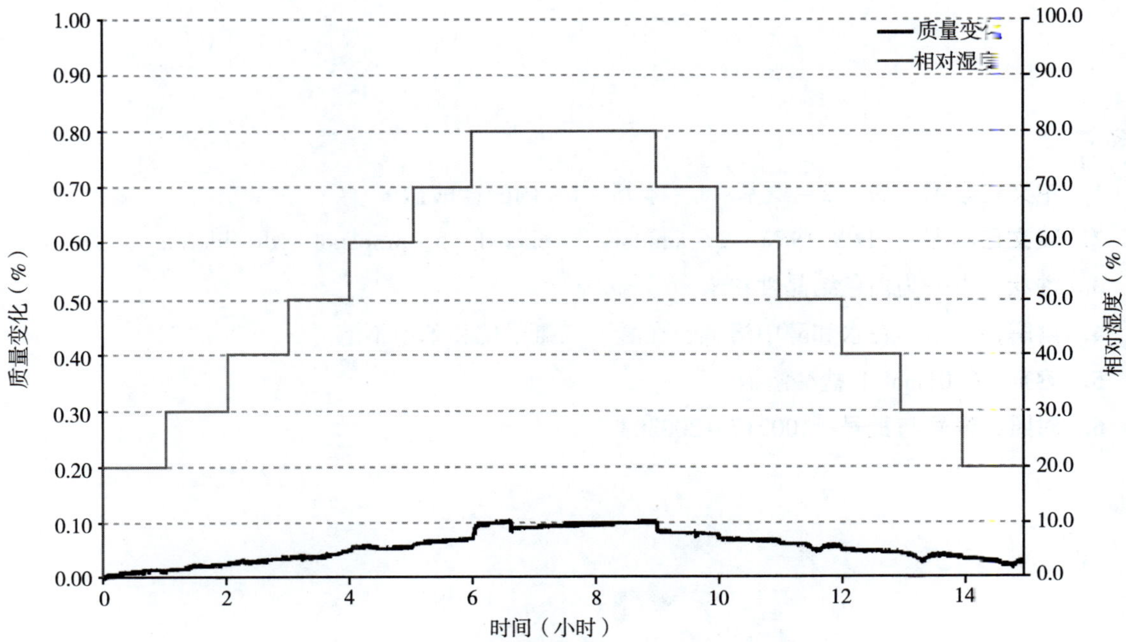

图 8　盐酸苯丙醇胺的 DVS 图

正离子扫描模式（一级）

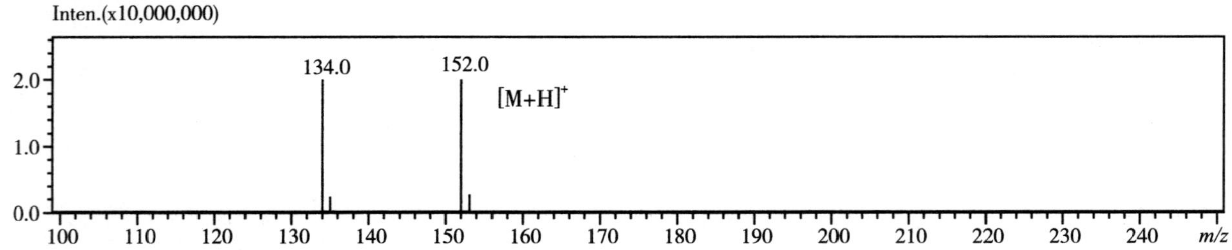

正离子扫描模式（二级）

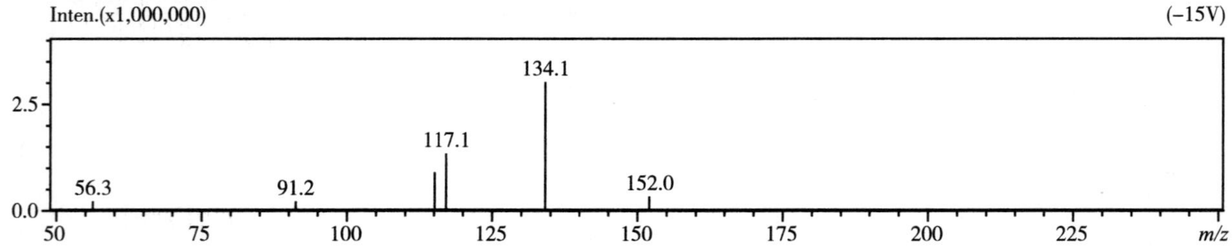

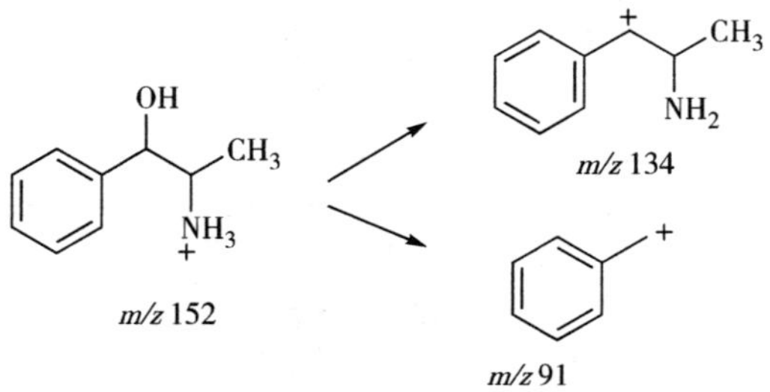

图 9　盐酸苯丙醇胺的质谱图

备注

1. **中文化学名**　*DL*－2－氨基－1－苯基－1－丙醇盐酸盐
2. **英文化学名**　(1*RS*,2*SR*)－2－amino－1－phenyl－1－propanol hydrochloride
3. **性状**　本品为白色结晶性粉末。
4. **溶解性**　本品在水和醇中溶解，在醚、三氯甲烷和苯中不溶。
5. **溶剂**　0.01mol/L 盐酸溶液。
6. **对照品编号与批号**　100217－200303

盐酸氯丙那林

英文名 Clorprenaline Hydrochloride

分子式 $C_{11}H_{16}ClNO \cdot HCl$

分子量 250.16

CAS 号 6933－90－0

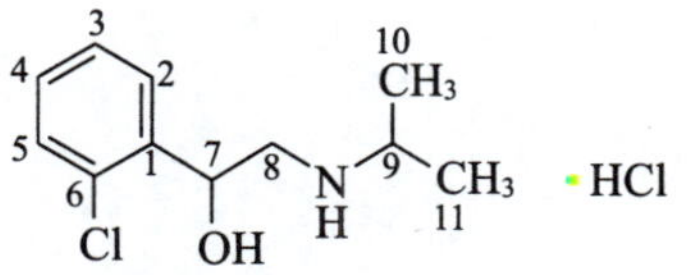

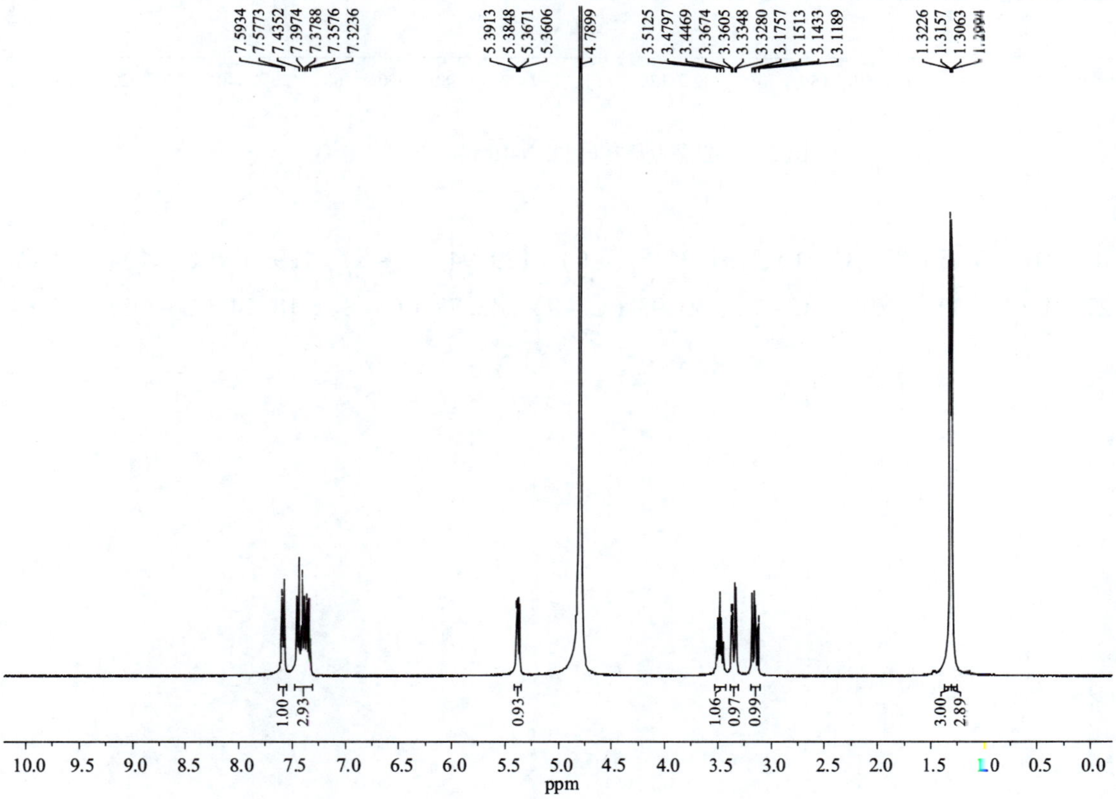

图 1 盐酸氯丙那林的^{1}H NMR 谱（溶剂：D_2O）

^{1}H NMR：δ 7.59（H－5，d，J = 6.4 Hz，1H），7.47～7.30（H－2，3，4，m，3H），5.38（H－7，dd，J = 9.7，2.6 Hz，1H），3.49（H－9，m，1H），3.35（H－8a，dd，J = 13.0，2.7 Hz，1H），3.15（H－8b，dd，J = 13.0，9.8 Hz，1H），1.31（H－10，d，J = 2.8 Hz，3H），1.30（H－11，d，J = 2.8 Hz，3H）

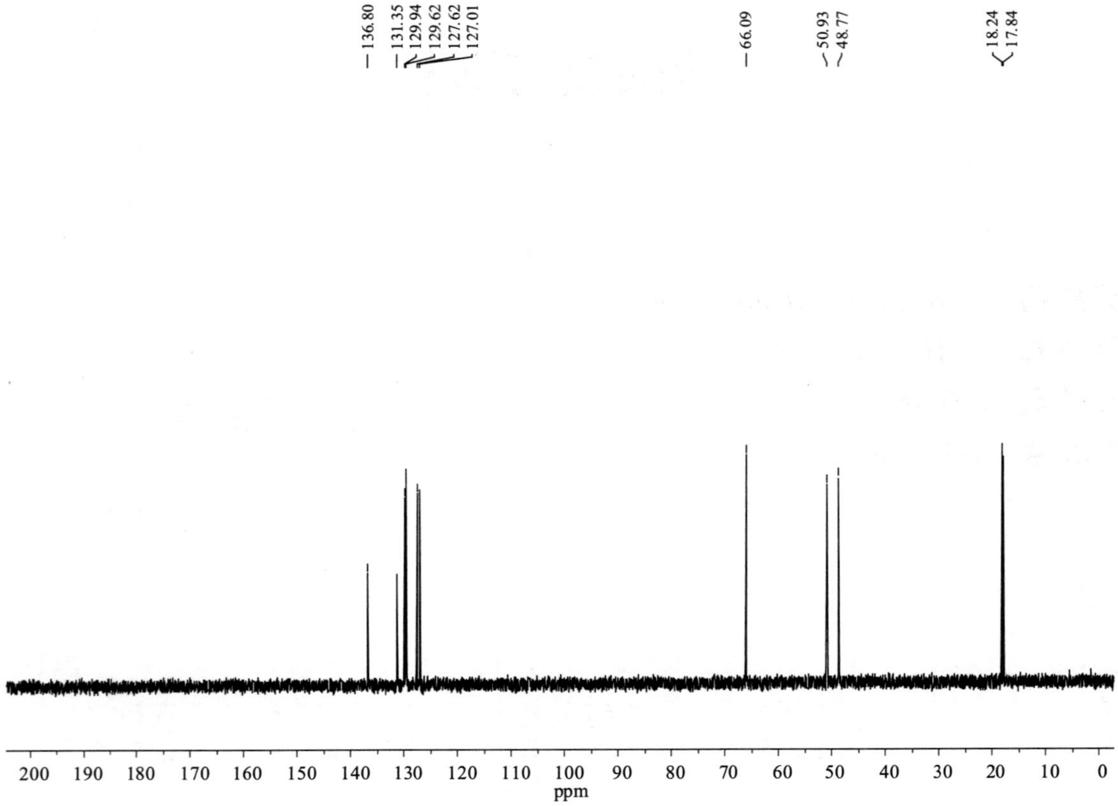

图 2　盐酸氯丙那林的^{13}C NMR 谱（溶剂：D_2O）

^{13}C NMR：δ 136.80（C－1），131.35（C－6），129.94（C－5），129.62（C－4），127.62（C－2），127.01（C－3），66.09（C－7），50.93（C－9），48.77（C－8），18.24（C－10），17.84（C－11）

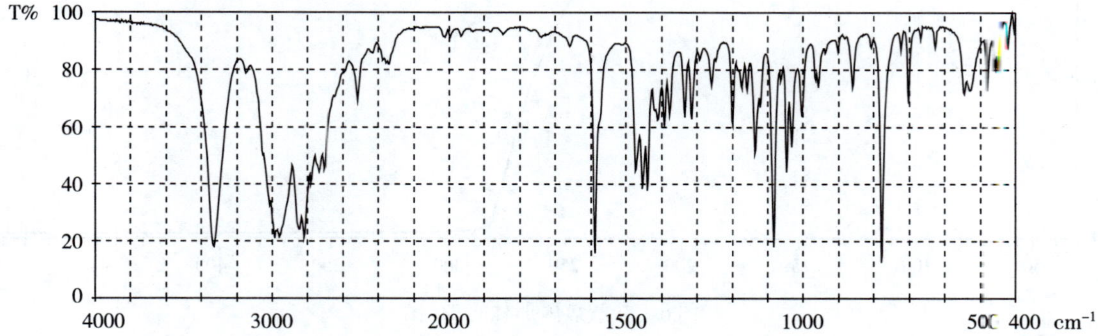

图 3　盐酸氯丙那林的红外光谱图

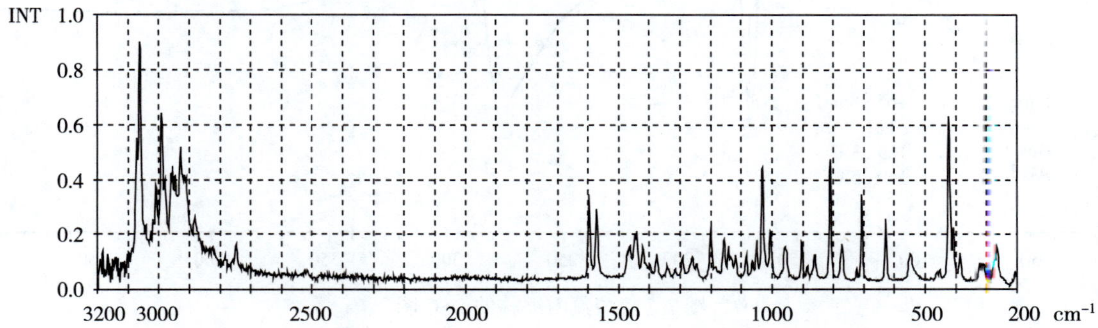

图 4　盐酸氯丙那林的拉曼光谱图

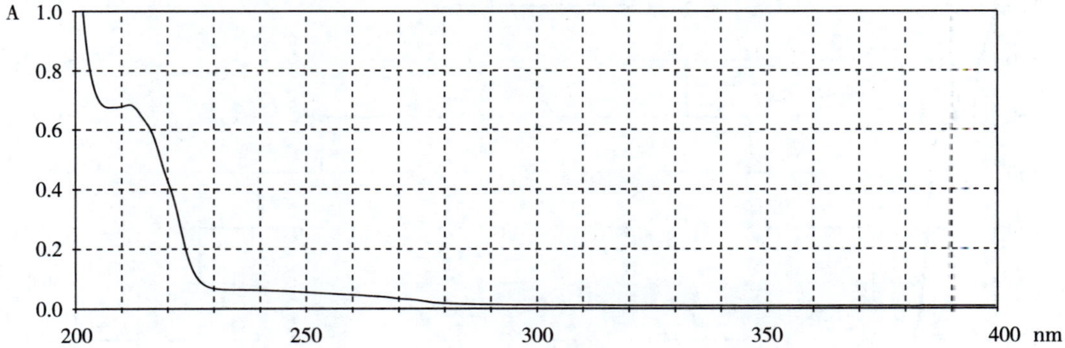

图 5　盐酸氯丙那林的紫外光谱图

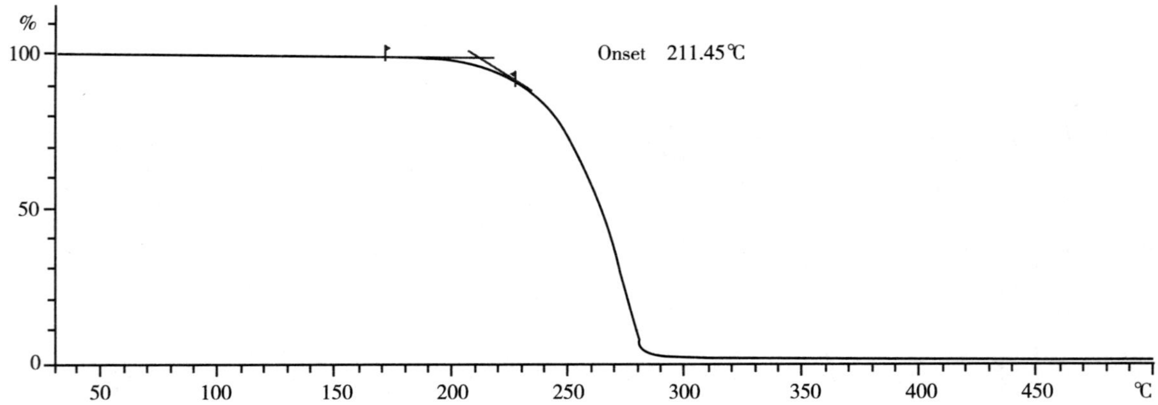

图 6　盐酸氯丙那林的 TG 图

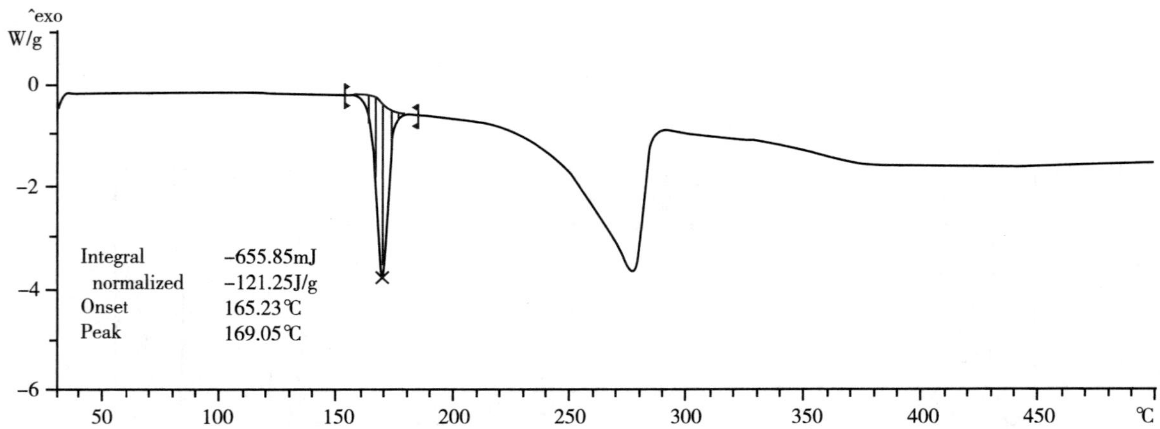

图 7　盐酸氯丙那林的 DSC 图

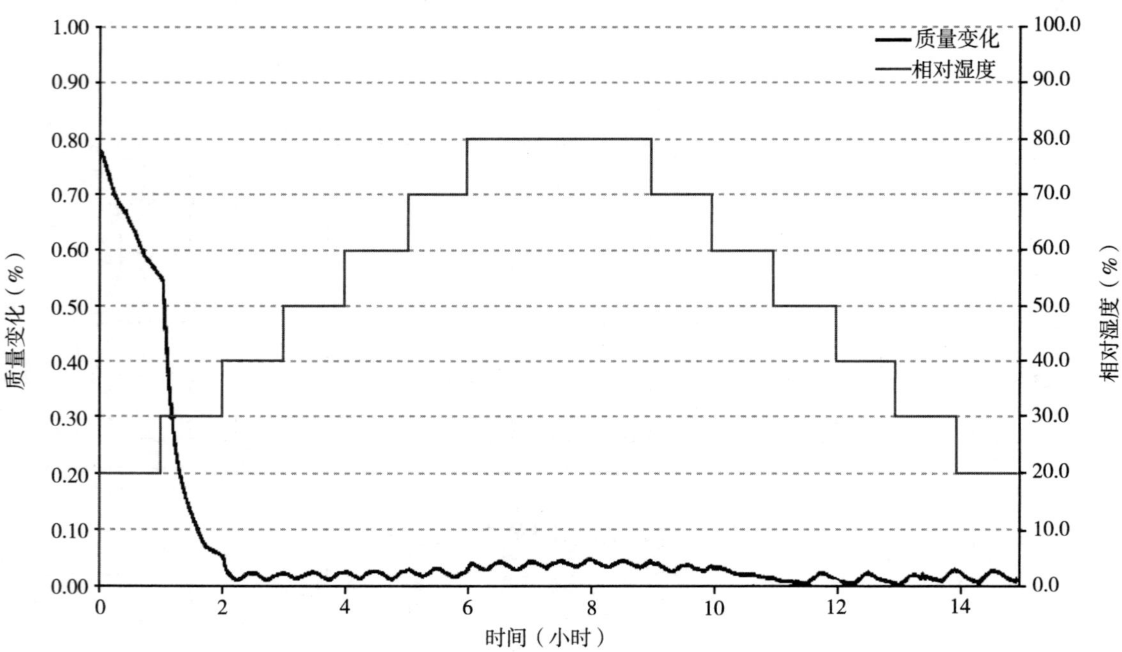

图 8　盐酸氯丙那林的 DVS 图

正离子扫描模式（一级）

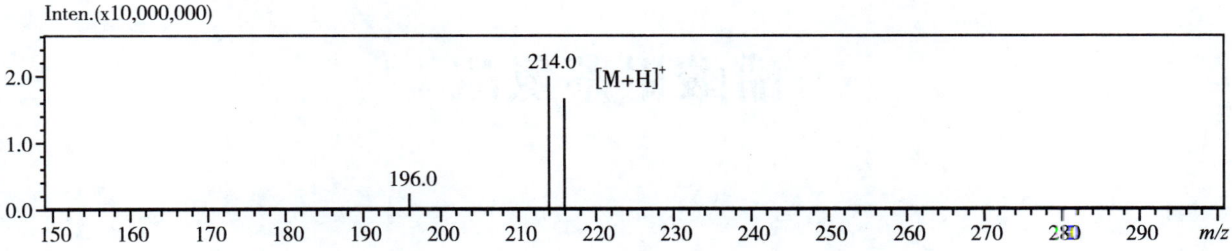

正离子扫描模式（二级）

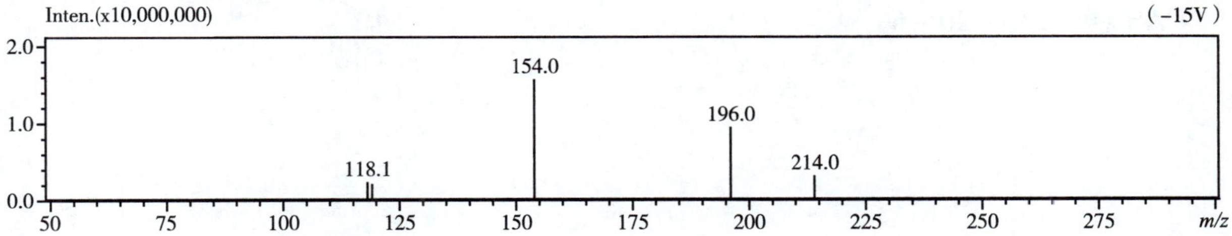

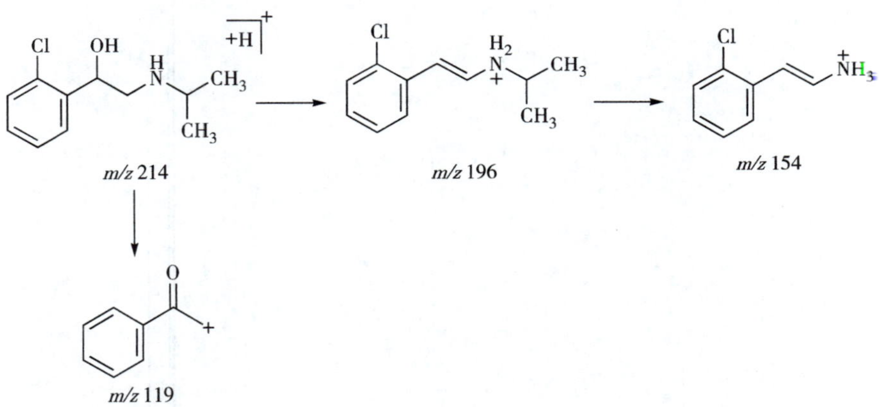

图 9　盐酸氯丙那林的质谱图

备注

1. **中文化学名**　（±）-α-[[(1-甲基乙基)氨基]甲基]-2-氯苯甲醇盐酸盐
2. **英文化学名**　（±）-1-*O*-chlorophenyl-2-isopropylaminoethanol hydrochloride
3. **性状**　本品为白色或类白色结晶性粉末；无臭，味苦。
4. **溶解性**　本品在水或乙醇中易溶，在三氯甲烷中溶解，在丙酮中微溶，在乙醚中不溶。
5. **溶剂**　水。
6. **对照品编号与批号**　100220-200802

醋酸甲萘氢醌

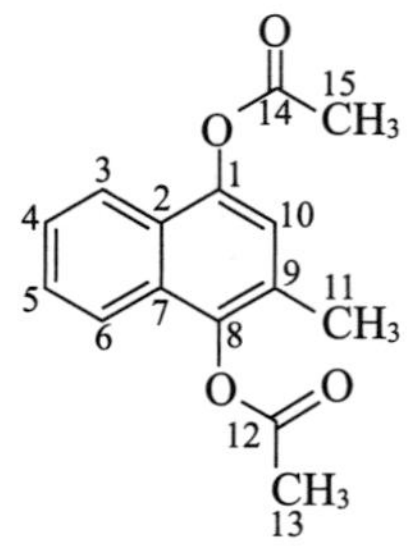

英文名 Menadiol Diacetate

分子式 $C_{15}H_{14}O_4$

分子量 258.27

CAS号 573-20-6

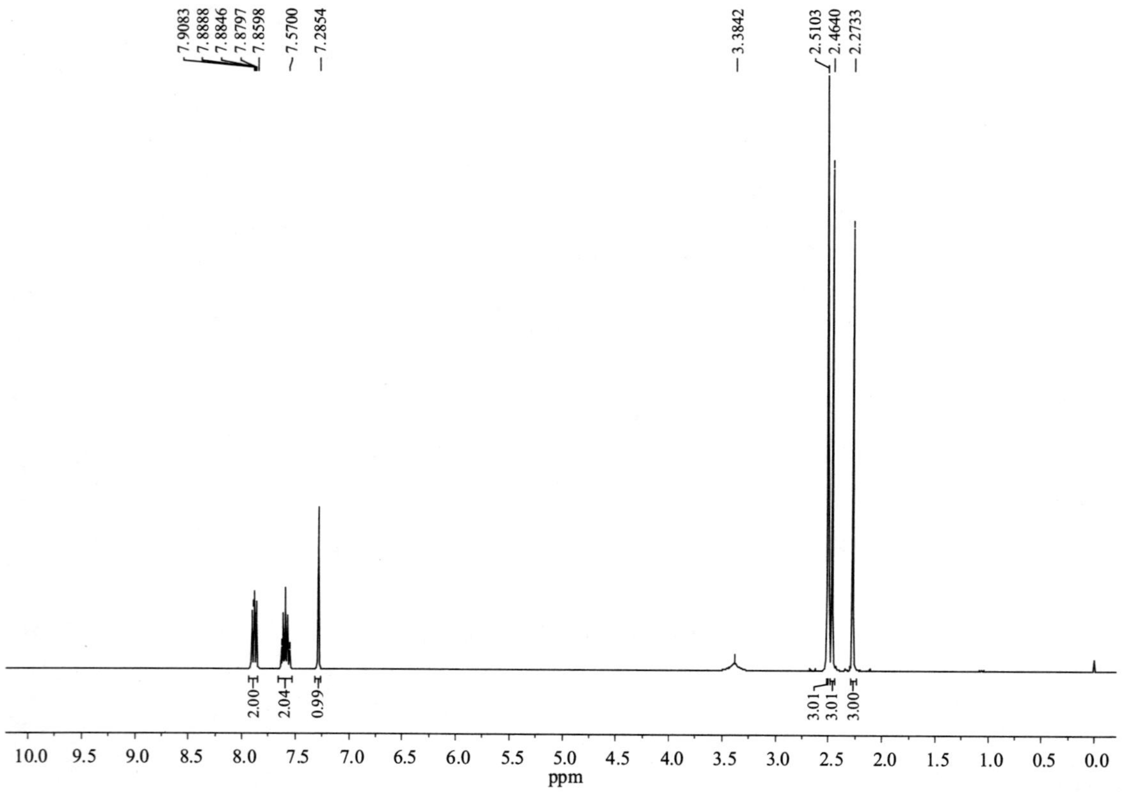

图1 醋酸甲萘氢醌的^1H NMR谱（溶剂：CD_3SOCD_3）

^1H NMR：δ 7.93~7.83 (H-3, 6, m, 2H), 7.66~7.53 (H-4, 5, m, 2H), 7.29 (H-10, s, 1H), 2.51 (H-15, s, 3H), 2.46 (H-13, s, 3H), 2.27 (H-11, s, 3H)

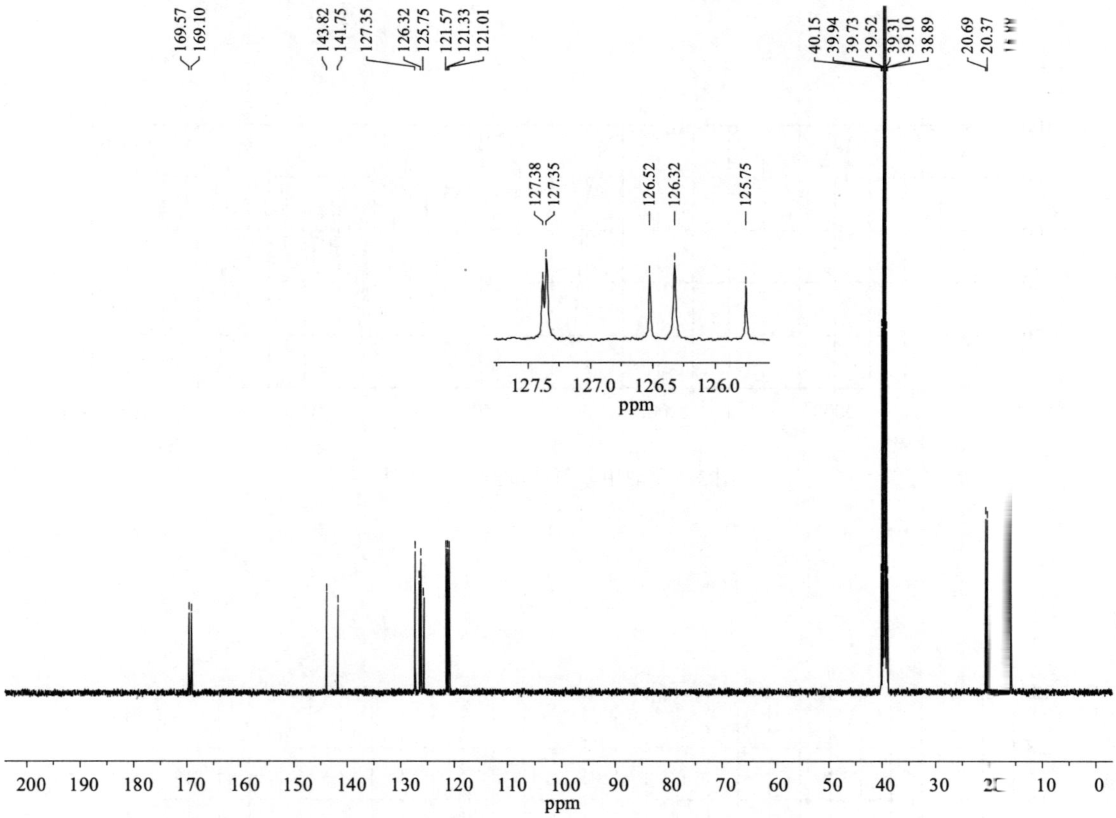

图 2　醋酸甲萘氢醌的^{13}C NMR 谱（溶剂：CD_3SOCD_3）

^{13}C NMR：δ 169.57（C－12），169.10（C－14），143.82（C－8），141.75（C－1），127.38（C－2），127.35（C－5），126.52（C－9），126.32（C－7），125.75（C－4），121.57（C－3），121.33（C－6），121.01（C－10），20.69（C－15），20.37（C－13），15.88（C－11）

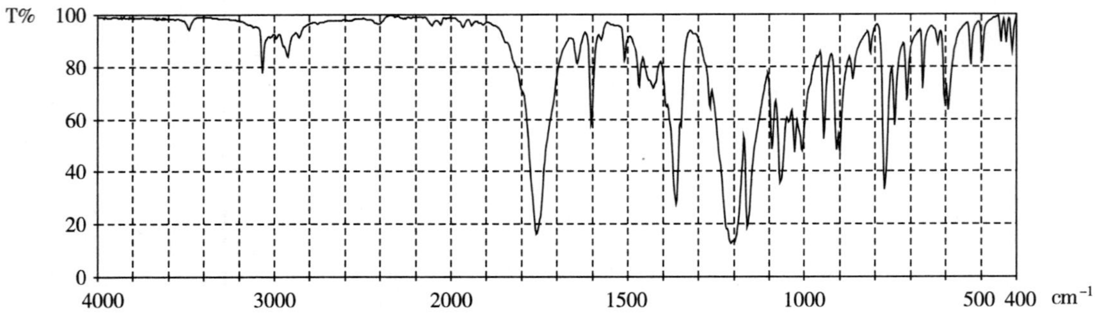

图 3　醋酸甲萘氢醌的红外光谱图

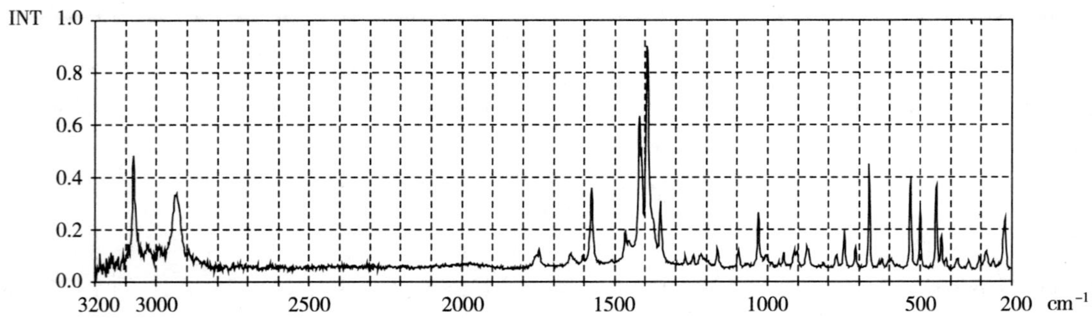

图 4　醋酸甲萘氢醌的拉曼光谱图

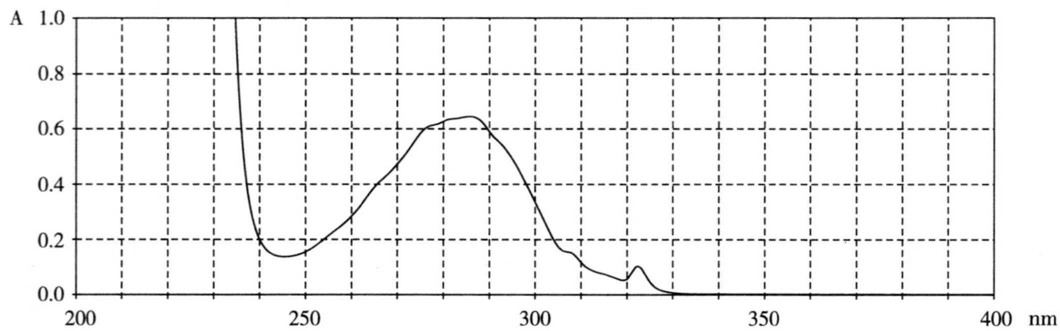

图 5　醋酸甲萘氢醌的紫外光谱图

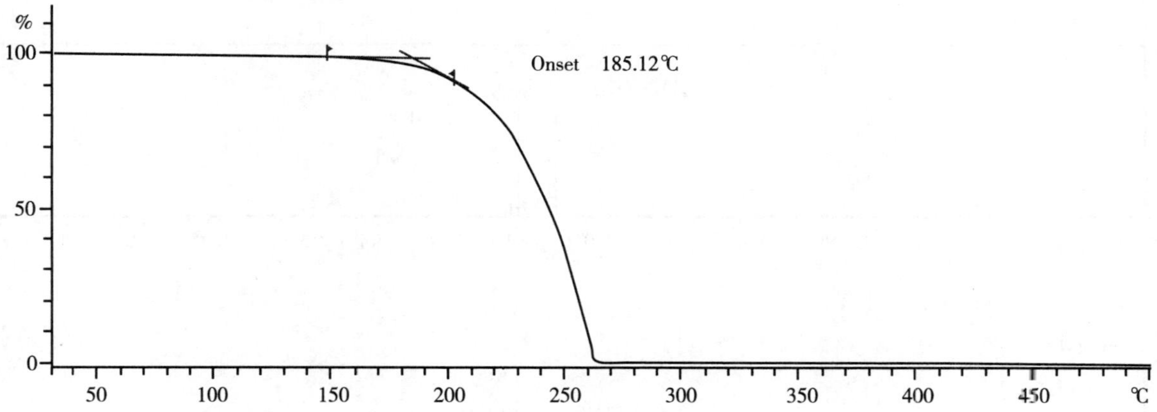

图 6 醋酸甲萘氢醌的 TG 图

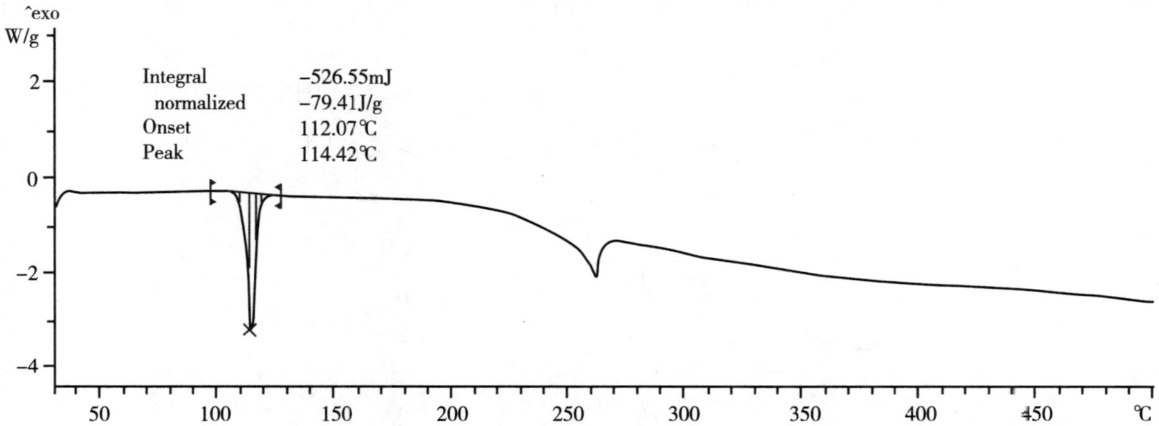

图 7 醋酸甲萘氢醌的 DSC 图

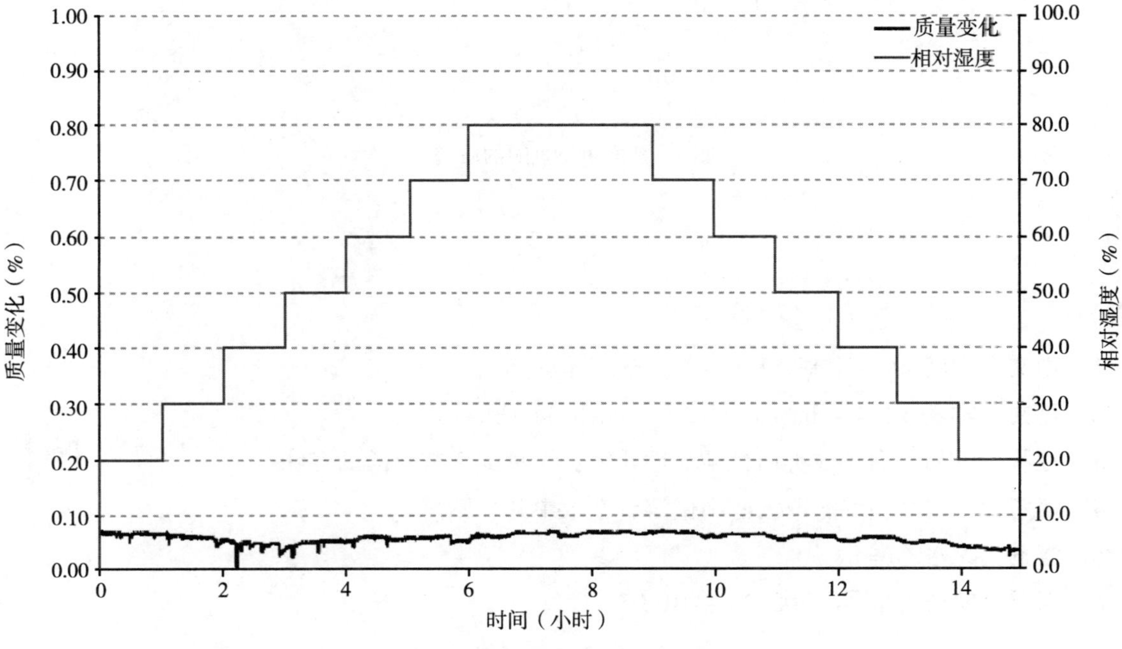

图 8 醋酸甲萘氢醌的 DVS 图

正离子扫描模式（一级）

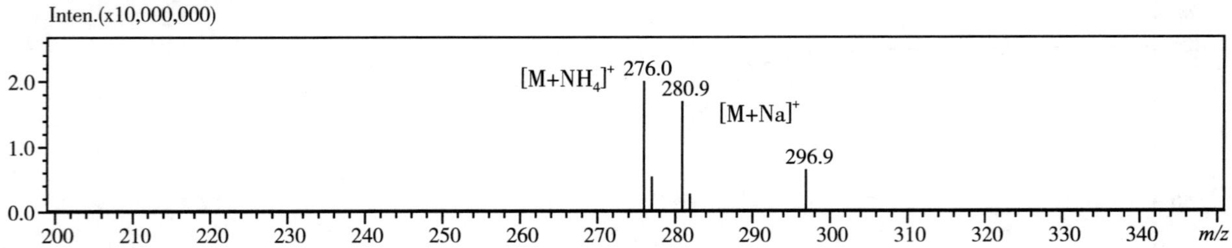

正离子扫描模式（二级）

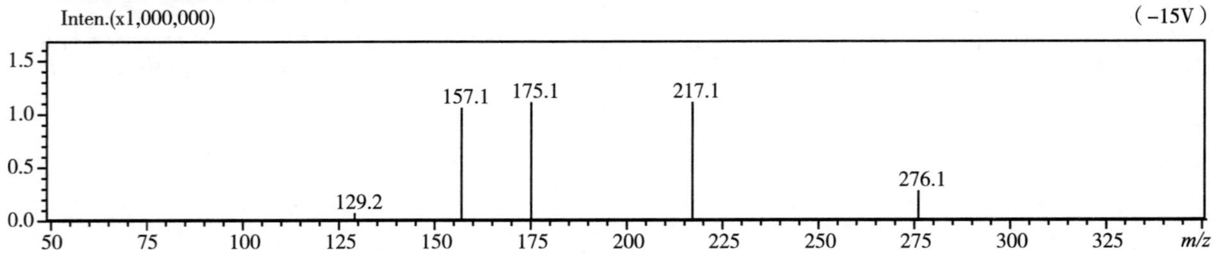

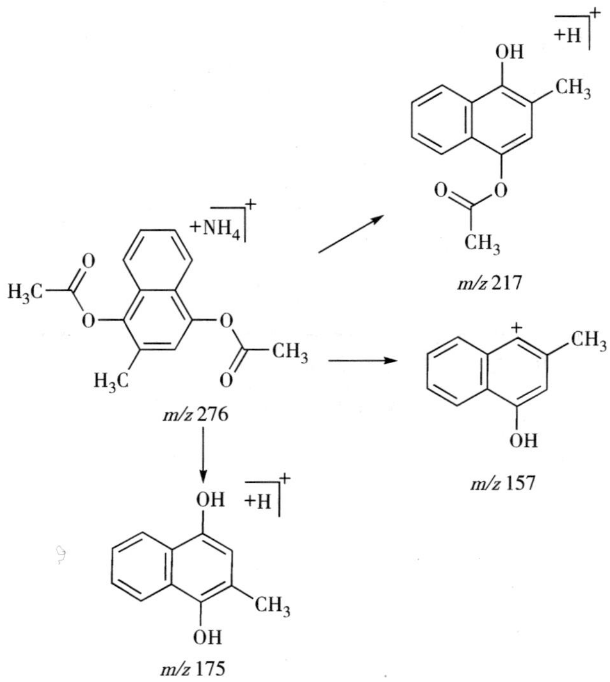

图 9　醋酸甲萘氢醌的质谱图

备注

1. **中文化学名**　2 - 甲基 - 1,4 - 萘二酚双醋酸酯
2. **英文化学名**　1,4 - diacetoxy - 2 - methylnaphthalene
3. **性状**　本品为白色或类白色结晶性粉末；无臭或微有醋酸的臭味。
4. **溶解性**　本品在甲醇或乙醇中微溶，在水中几乎不溶。
5. **溶剂**　无水乙醇。
6. **对照品编号与批号**　100228 - 201003

富马酸酮替芬

英文名 Ketotifen Fumarate

分子式 $C_{19}H_{19}NOS \cdot C_4H_4O_4$

分子量 425.50

CAS 号 34580 - 14 - 8

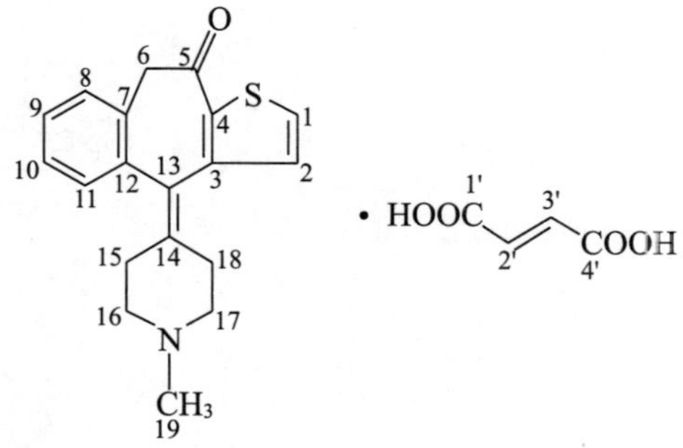

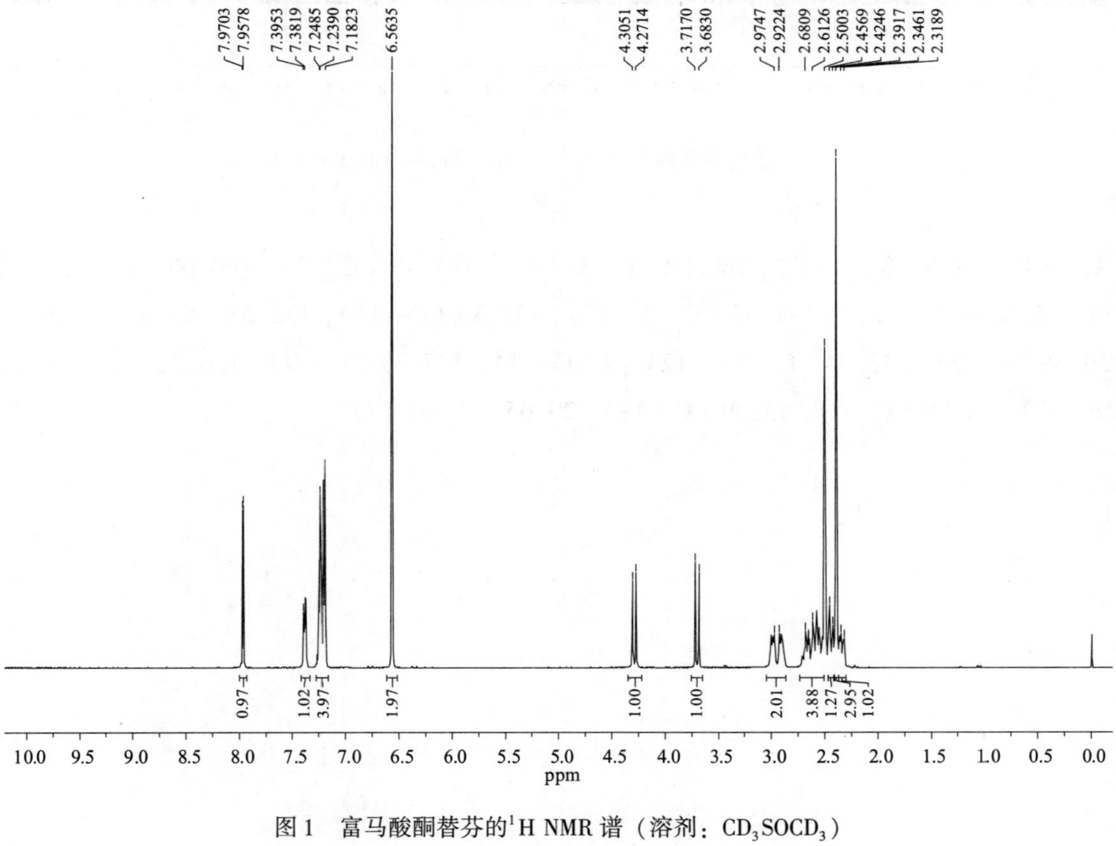

图 1 富马酸酮替芬的^{1}H NMR 谱（溶剂：CD_3SOCD_3）

^{1}H NMR：δ 7.96 (H - 1, d, J = 5.0 Hz, 1H), 7.38 (H - 11, m, 1H), 7.28 ~ 7.16 (H - 2, 8, 9, 10, m, 4H), 6.56 (H - 2′, 3′, s, 2H), 4.29 (H - 6a, d, J = 13.5 Hz, 1H), 3.70 (H - 6b, d, J = 13.6 Hz, 1H), 3.04 ~ 2.86 (m, 2H), 2.73 ~ 2.51 (m, 4H), 2.44 (m, 1H), 2.39 (H - 19, s, 3H), 2.33 (m, 1H)

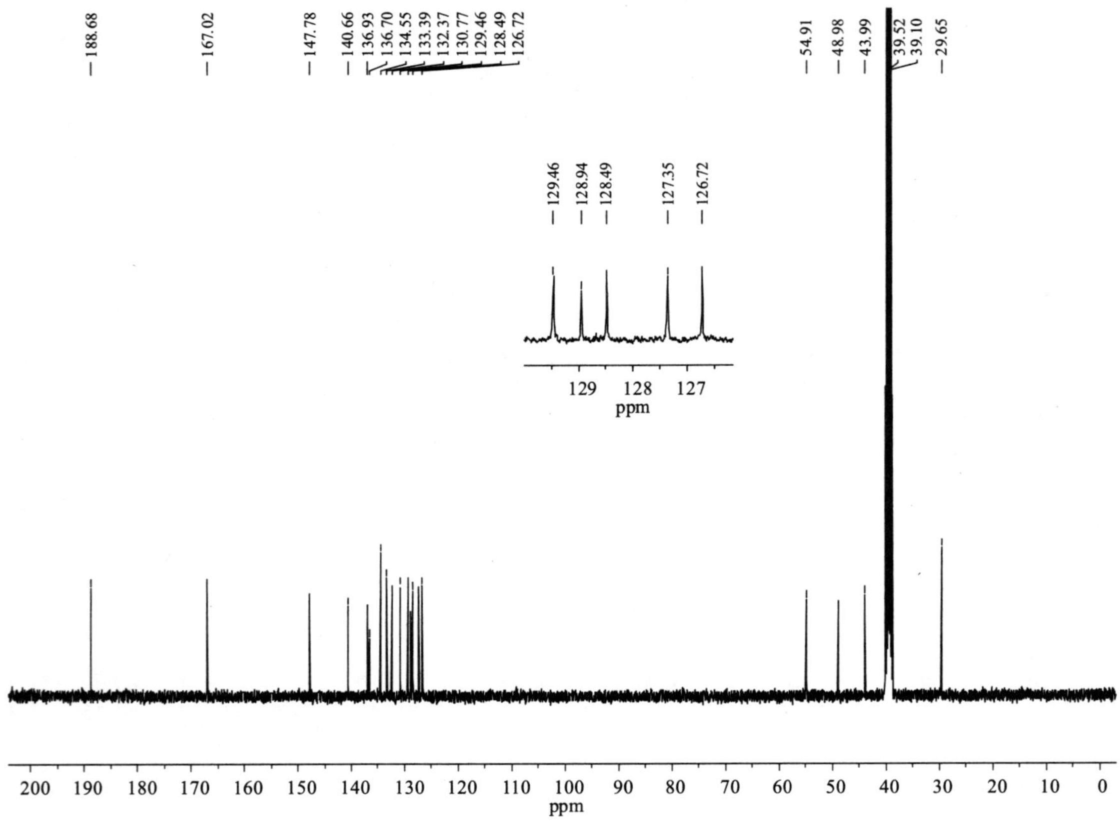

图2　富马酸酮替芬的^{13}C NMR 谱（溶剂：CD_3SOCD_3）

^{13}C NMR：δ 188.68（C－5），167.02（C－1′，4′），147.78（C－3），140.66（C－13），136.93（C－14），136.70（C－12），134.55（C－2′，3′），133.39（C－11），132.37（C－1），130.77（C－7），129.46（C－2），128.94（C－8），128.49（C－4），127.35（C－9），126.72（C－10），54.91（C－16，17），48.98（C－6），43.99（C－19），29.65（C－15，18）

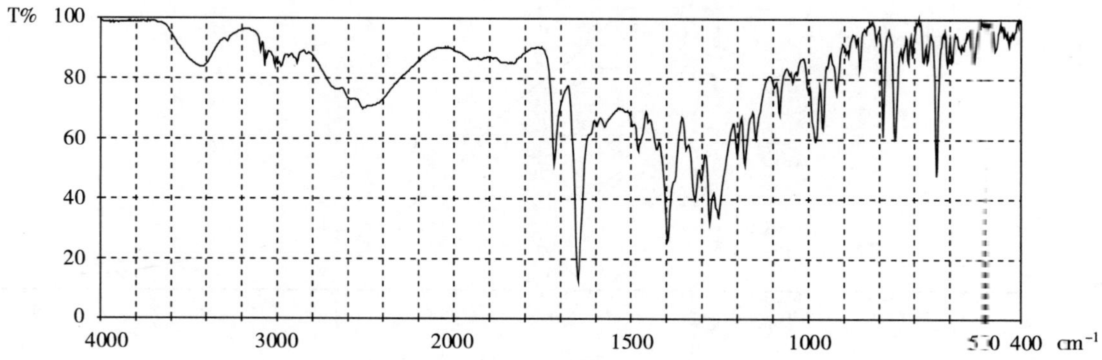

图3　富马酸酮替芬的红外光谱图

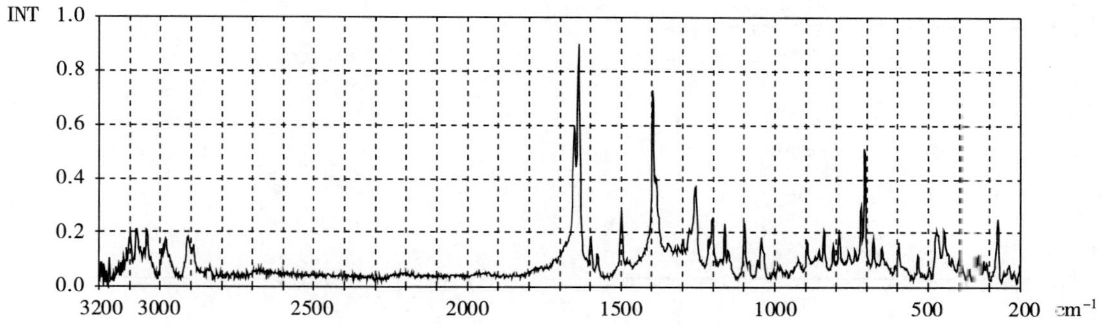

图4　富马酸酮替芬的拉曼光谱图

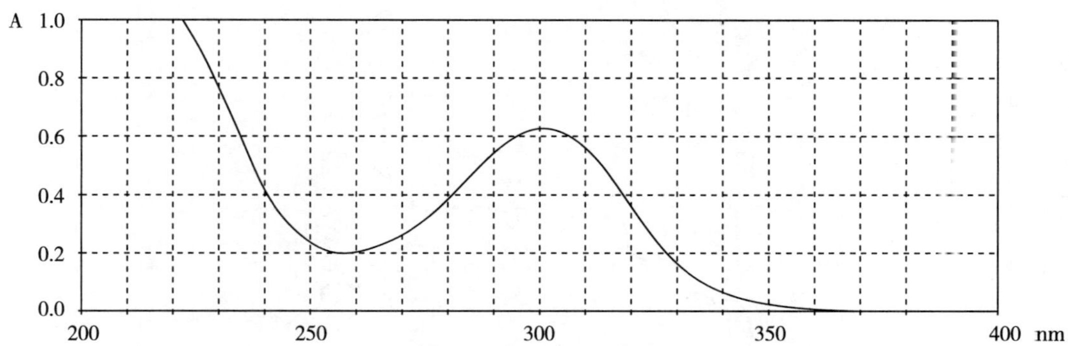

图5　富马酸酮替芬的紫外光谱图

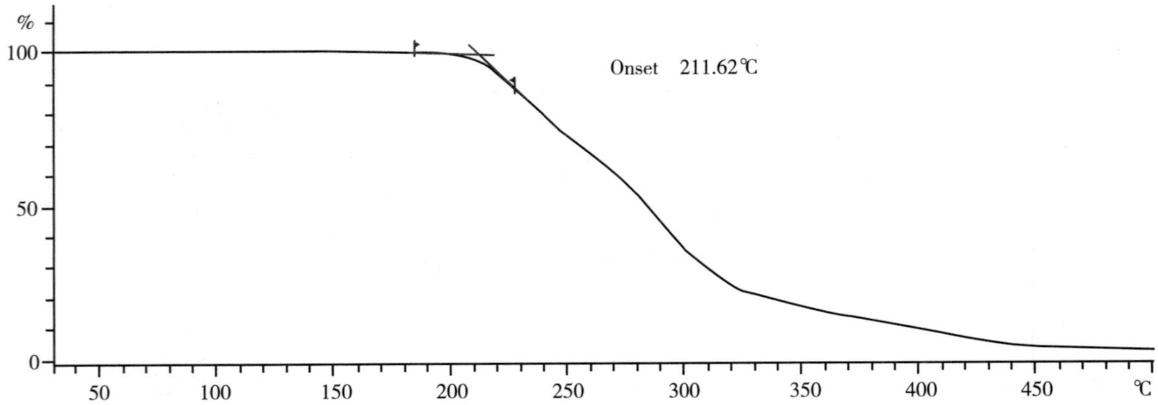

图 6　富马酸酮替芬的 TG 图

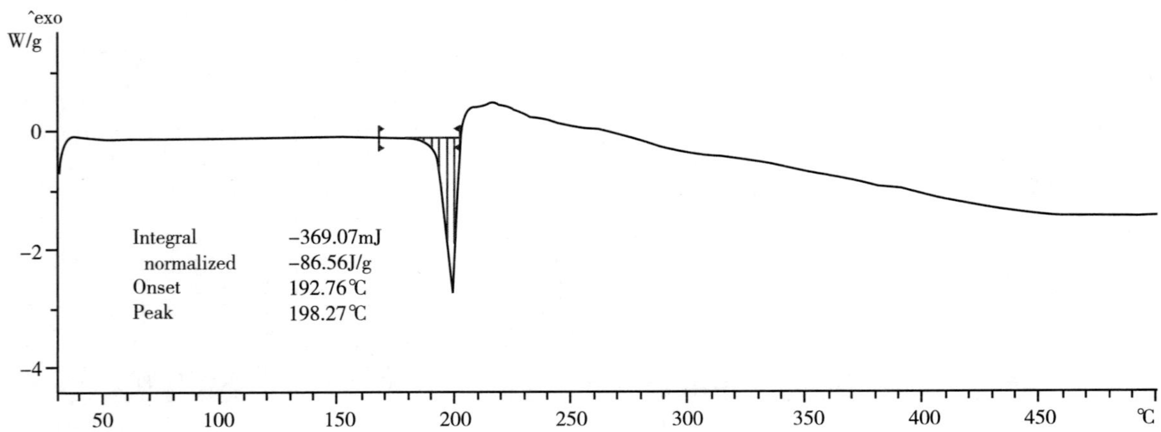

图 7　富马酸酮替芬的 DSC 图

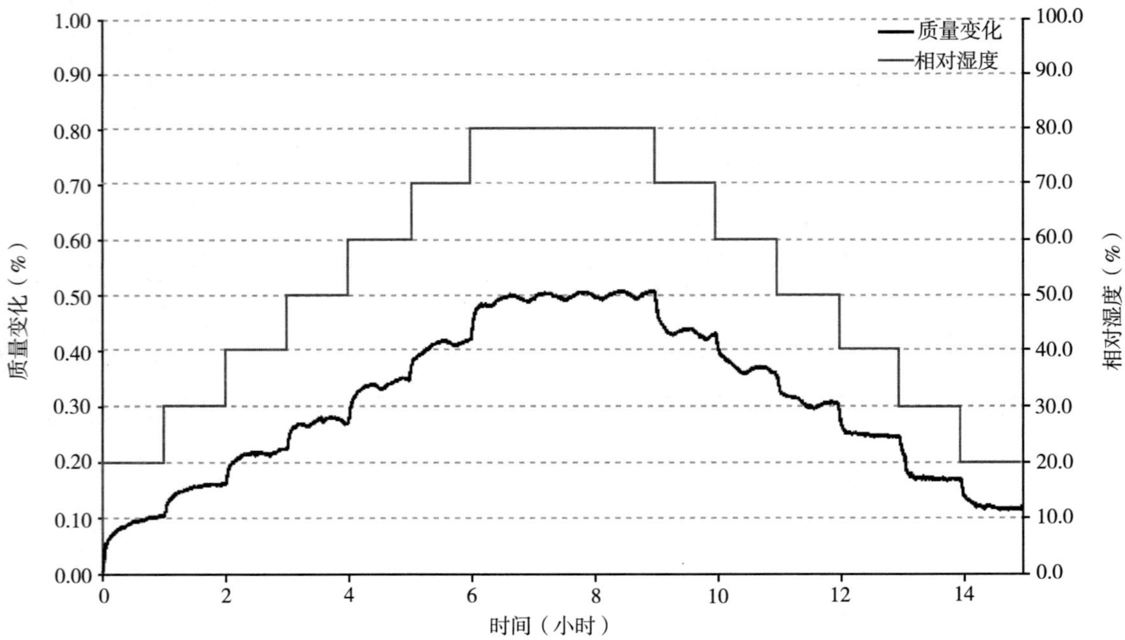

图 8　富马酸酮替芬的 DVS 图

正离子扫描模式（一级）

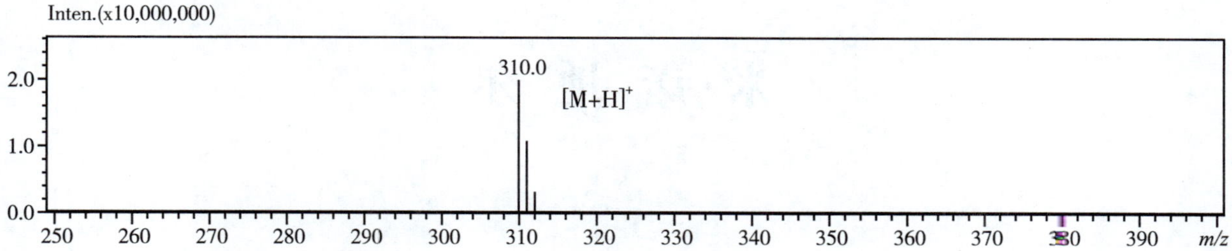

正离子扫描模式（二级）

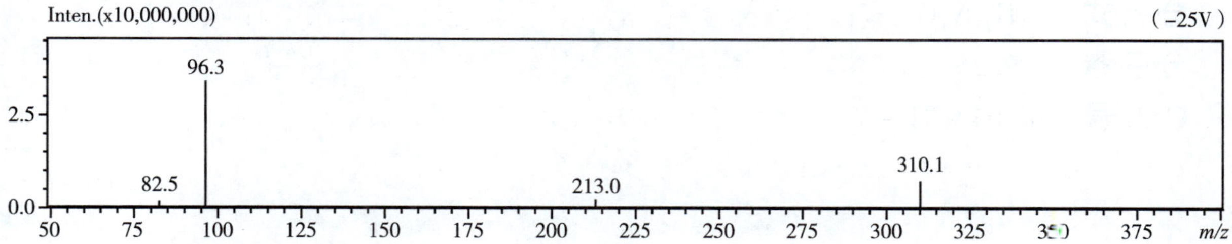

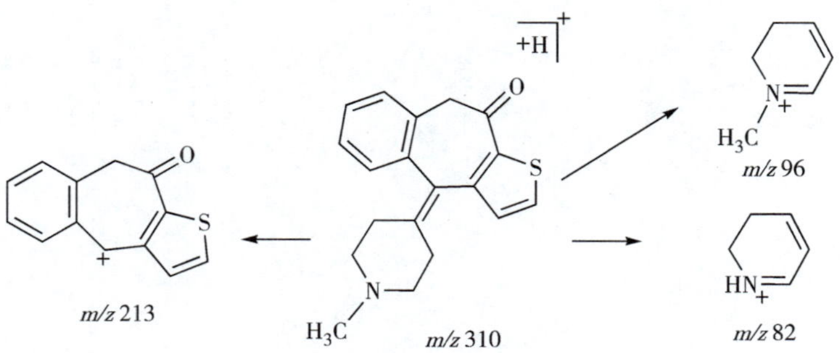

图 9　富马酸酮替芬的质谱图

备注

1. **中文化学名**　4,9－二氢－4－(1－甲基－4－亚哌啶基)－10*H*－苯并[4,5]环庚[1,2－*b*]噻吩－10－酮反丁烯二酸
2. **英文化学名**　4,9－dihydro－4－(1－methyl－4－piperidinylidene)－10*H*－benzo[4,5]cyclohepta[1,2－*b*]thiophen－10－one
3. **性状**　本品为类白色结晶性粉末；无臭，味苦。
4. **溶解性**　本品在甲醇中溶解，在水或乙醇中微溶，在丙酮或三氯甲烷中极微溶解。
5. **溶剂**　水。
6. **对照品编号与批号**　100230－200602

米 诺 地 尔

英文名 Minoxidil

分子式 $C_9H_{15}N_5O$

分子量 209.25

CAS 号 38304-91-5

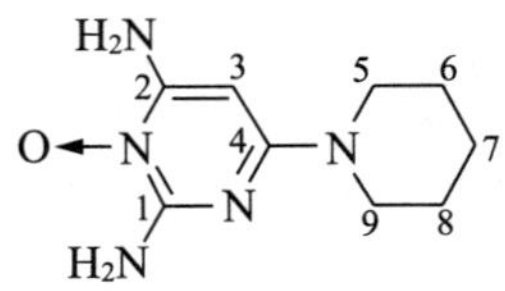

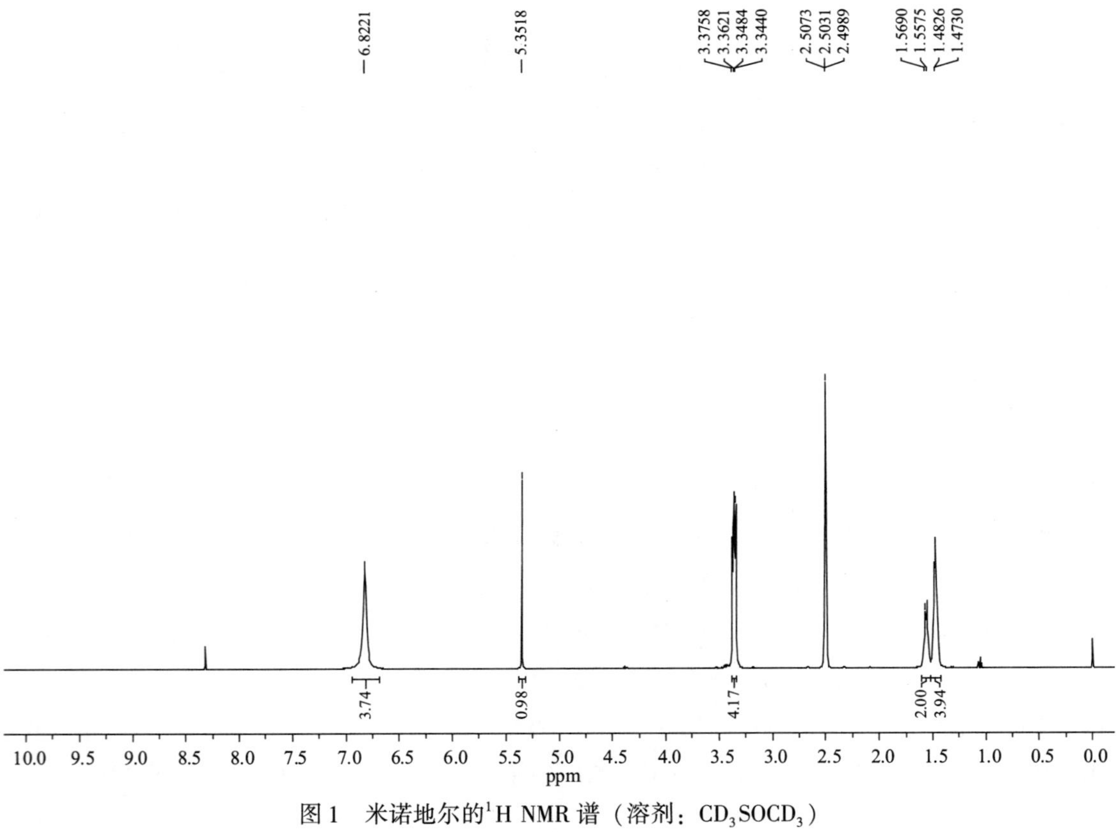

图 1 米诺地尔的 ^1H NMR 谱（溶剂：CD_3SOCD_3）

^1H NMR：δ 6.82（NH_2，brs，4H），5.35（H-3，s，1H），3.40～3.32（H-5，9，m，4H），1.61～1.52（H-7，m，2H），1.52～1.43（H-6，8，m，4H）

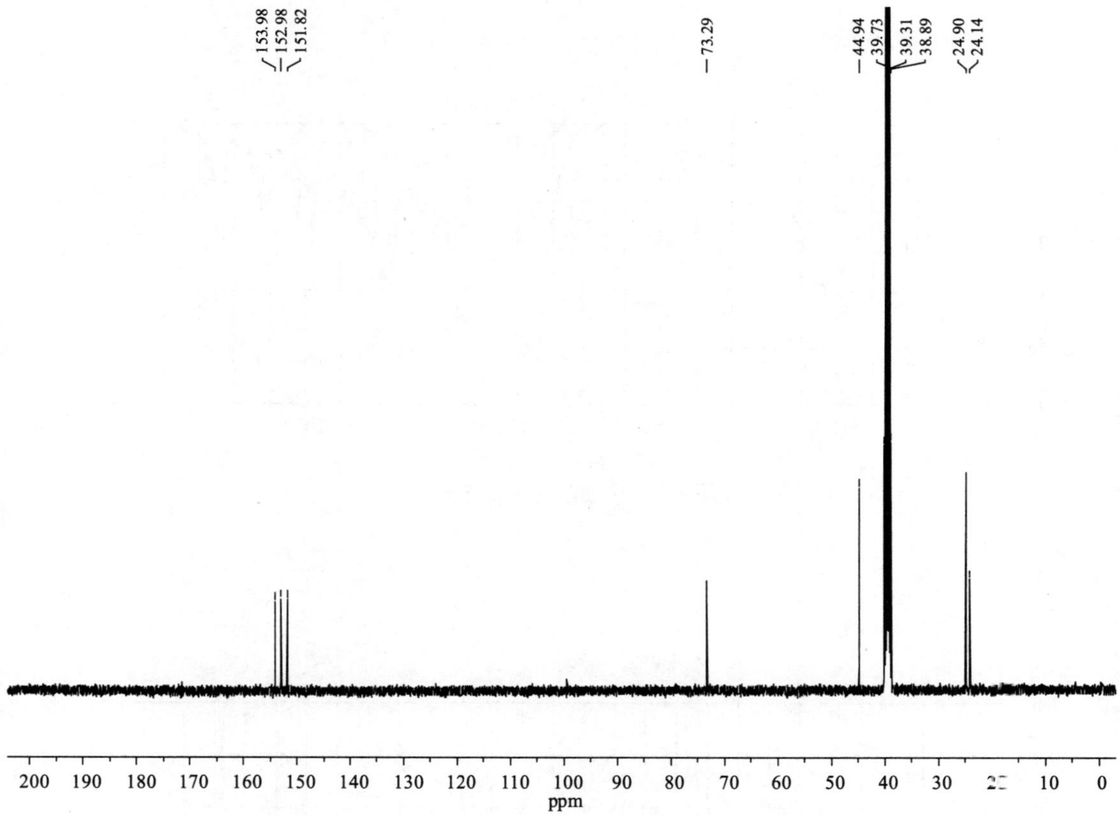

图2　米诺地尔的^{13}C NMR谱（溶剂：CD_3SOCD_3）

^{13}C NMR：δ 153.98（C－4），152.98（C－2），151.82（C－1），73.29（C－3），44.94（C－5，9），24.90（C－6，8），24.14（C－7）

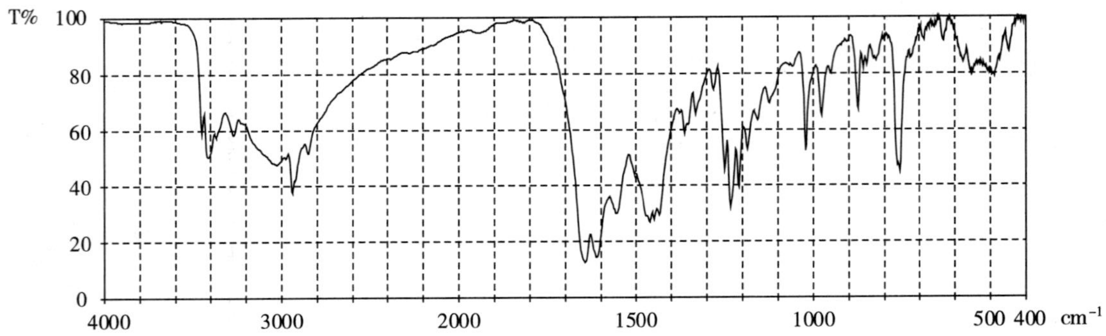

图 3　米诺地尔的红外光谱图

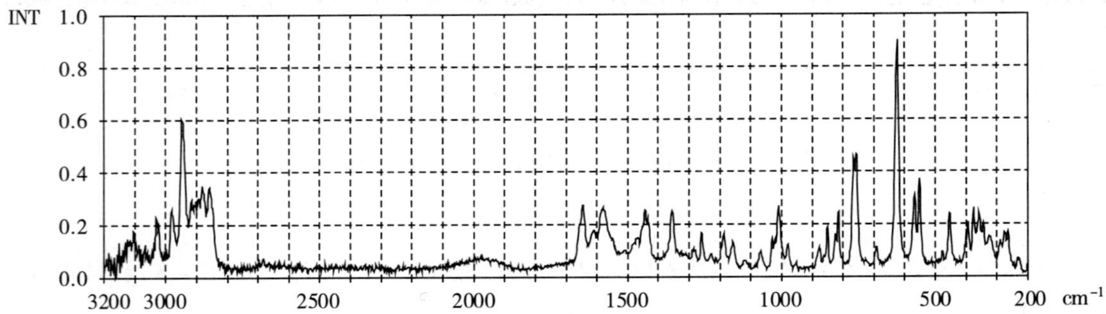

图 4　米诺地尔的拉曼光谱图

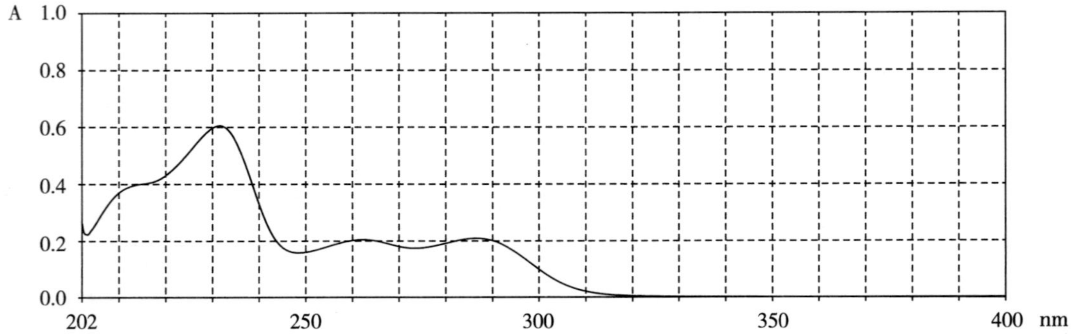

图 5　米诺地尔的紫外光谱图

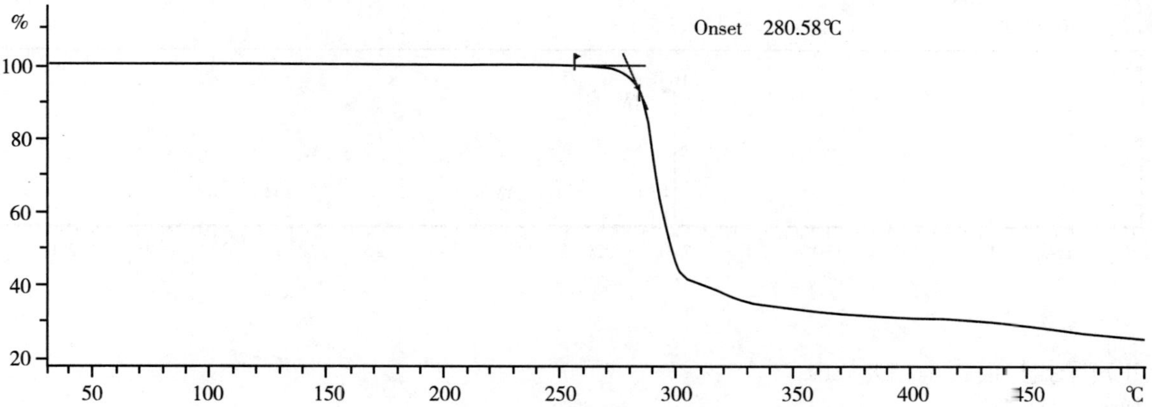

图 6　米诺地尔的 TG 图

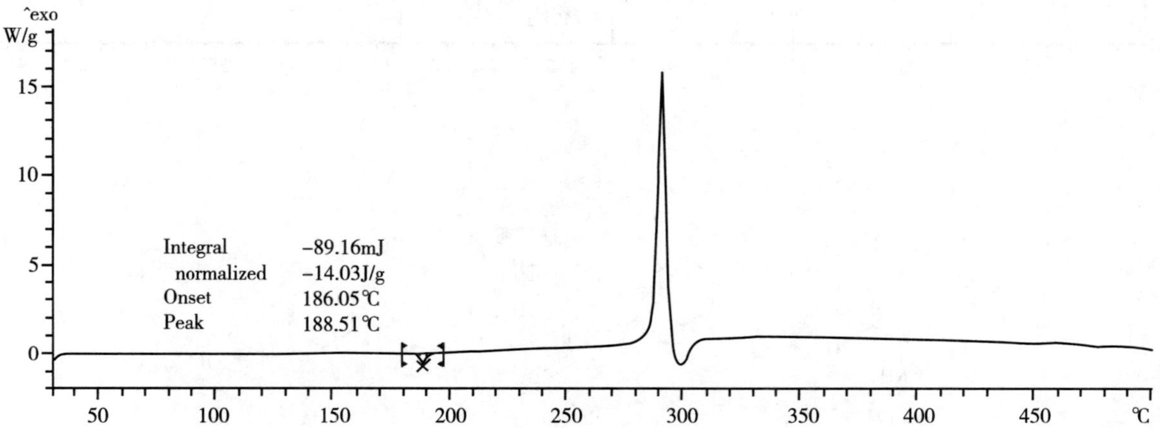

图 7　米诺地尔的 DSC 图

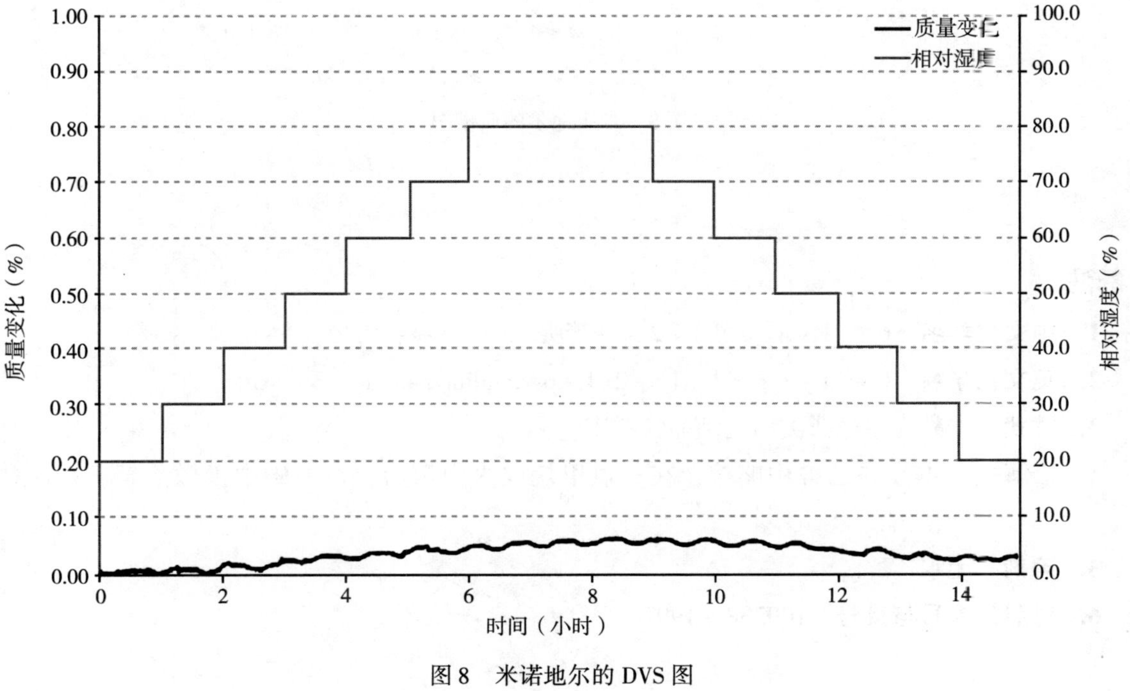

图 8　米诺地尔的 DVS 图

正离子扫描模式（一级）

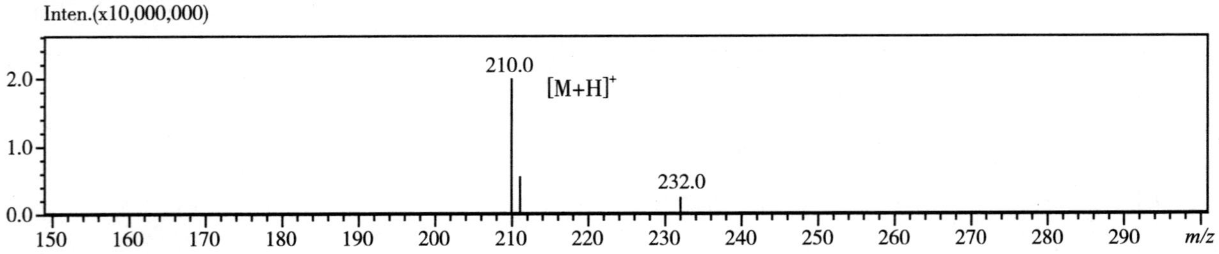

正离子扫描模式（二级）

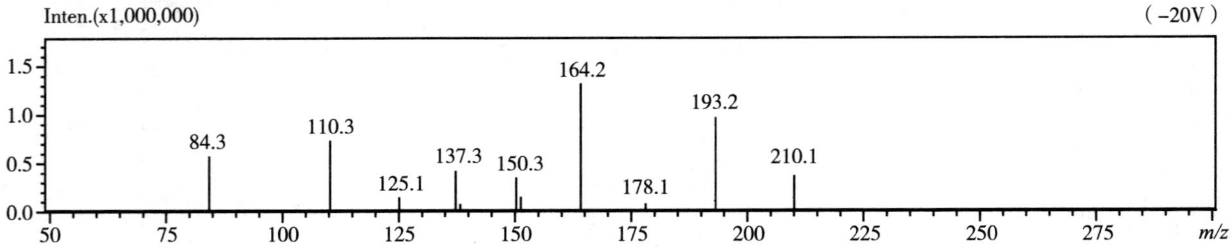

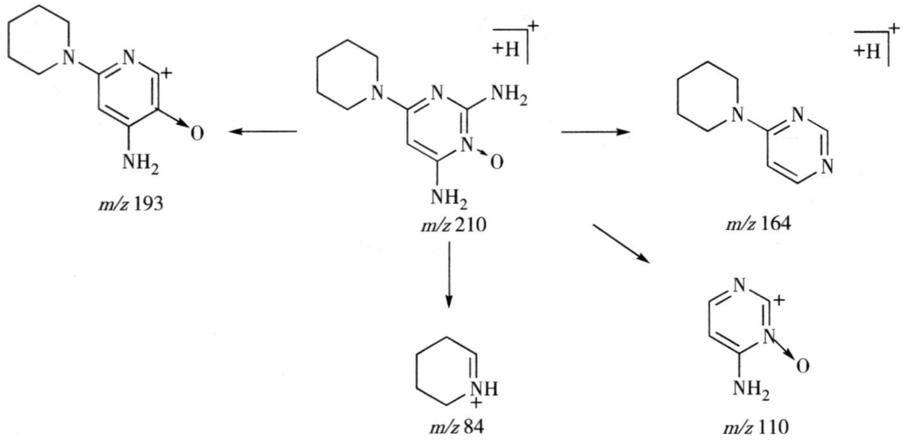

图9　米诺地尔的质谱图

备注

1. 中文化学名　6 –（1 – 哌啶基）– 2,4 – 嘧啶二胺 – 3 – 氧化物

2. 英文化学名　6 –（1 – piperidinyl）– 2,4 – pyrimidinediamine – 3 – oxide

3. 性状　本品为白色或类白色结晶性粉末。

4. 溶解性　本品在乙醇中略溶，在三氯甲烷或水中微溶，在丙酮中极微溶解；在冰醋酸中溶解。

5. 溶剂　无水乙醇。

6. 对照品编号与批号　100238 – 199701

盐酸士的宁

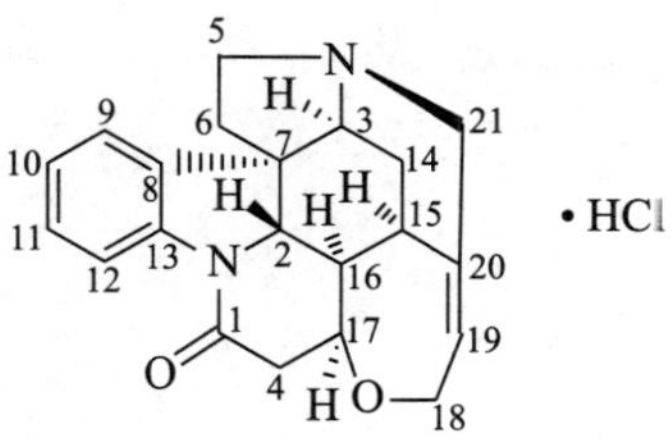

英文名 Strychnine Hydrochloride

分子式 $C_{21}H_{22}N_2O_2 \cdot HCl$

分子量 370.87

CAS 号 1421-86-9

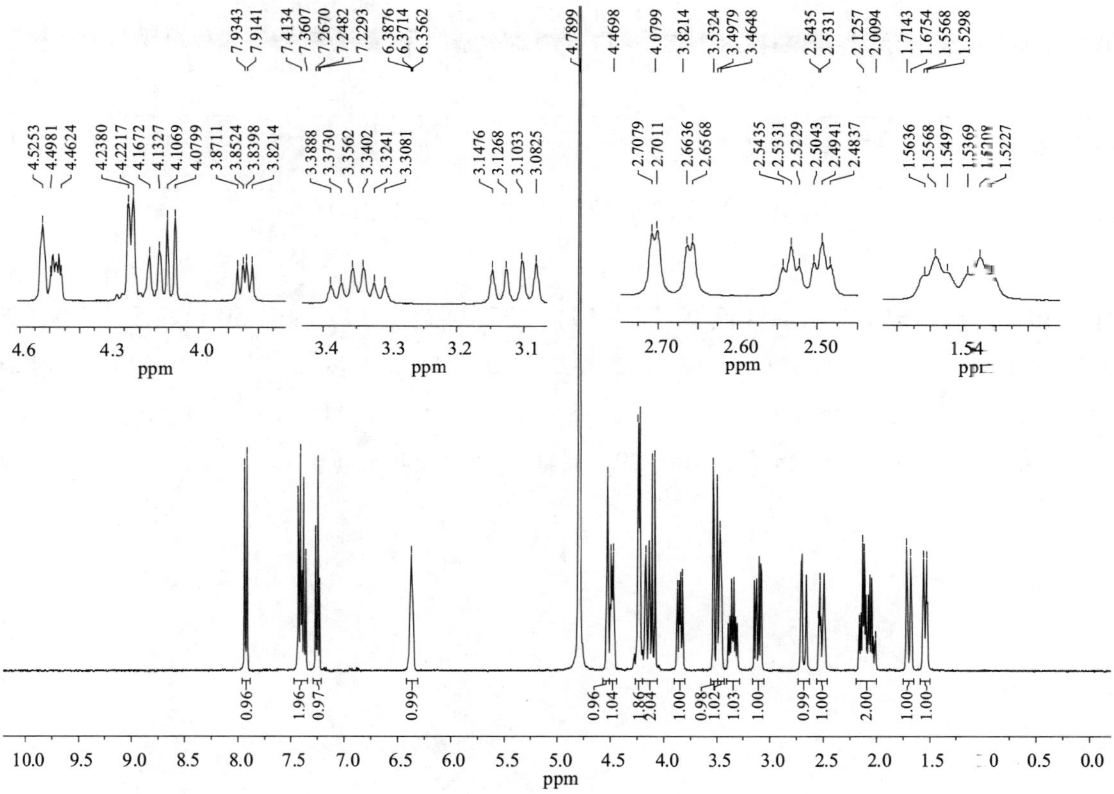

图 1 盐酸士的宁的 ^1H NMR 谱（溶剂：D_2O）

^1H NMR：δ 7.92 (H-12, d, J = 8.1 Hz, 1H), 7.47~7.34 (H-9, 11, m, 2H), 7.25 (H-10, t, J = 7.6 Hz, 1H), 6.37 (H-19, t, J = 6.0 Hz, 1H), 4.53 (H-17, s, 1H), 4.47 (H-3, m, 1H), 4.23 (H-18, d, J = 6.5 Hz, 2H), 4.12 (H-21, dd, J = 22.6, 12.3 Hz, 2H), 3.85 (H-2, dd, J = 12.5, 7.4 Hz, 1H), 3.52 (H-5β, d, J = 13.8 Hz, 1H), 3.46 (H-15, s, 1H), 3.35 (H-5α, td, J = 13.0, 6.4 Hz, 1H), 3.12 (H-4α, dd, J = 17.8, 8.3 Hz, 1H), 2.68 (H-4β, dd, J = 17.7, 2.7 Hz, 1H), 2.51 (H-14β, dt, J = 15.7, 4.2 Hz, 1H), 2.19~2.00 (H-6, m, 2H), 1.69 (H-14α, d, J = 15.6 Hz, 1H), 1.54 (H-16, dt, J = 10.8, 2.8 Hz, 1H)

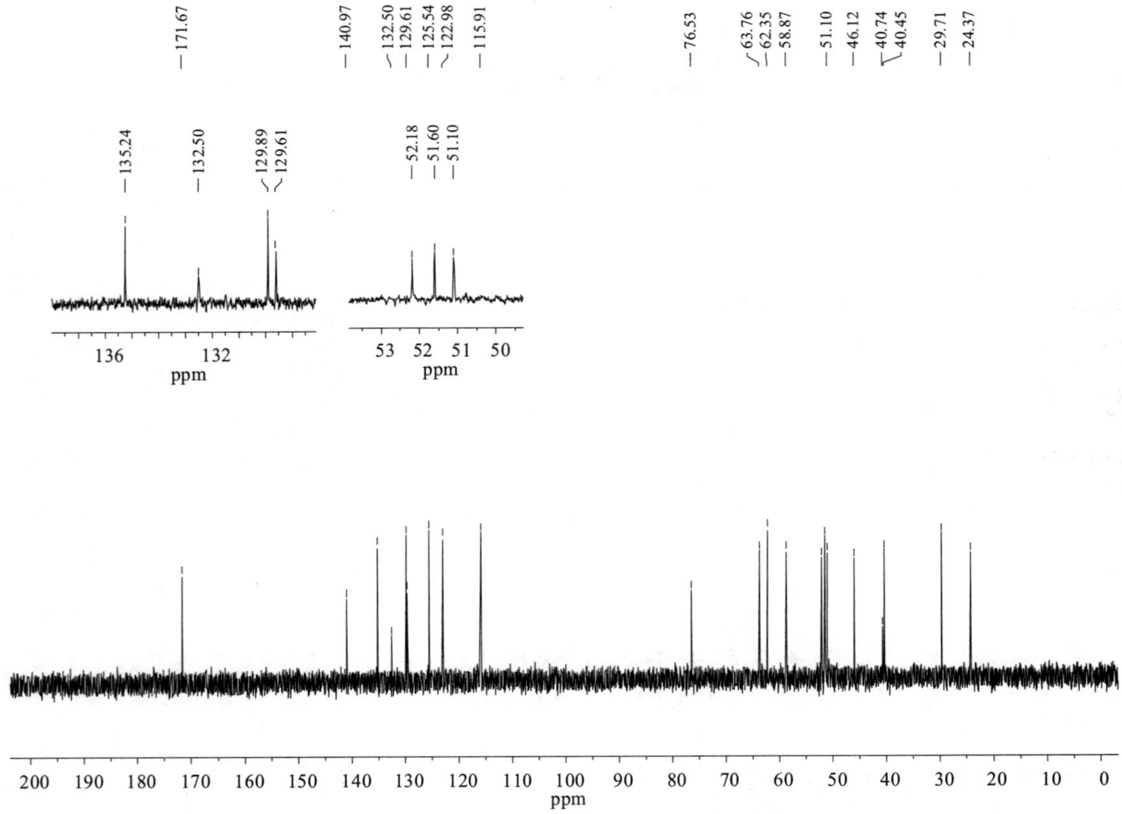

图 2　盐酸士的宁的^{13}C NMR 谱（溶剂：D_2O）

^{13}C NMR：δ 171. 67（C－1），140. 97（C－13），135. 24（C－19），132. 50（C－8），129. 89（C－20），129. 61（C－11），125. 54（C－10），122. 98（C－9），115. 91（C－12），76. 53（C－17），63. 76（C－18），62. 35（C－3），58. 87（C－2），52. 18（C－7），51. 60（C－21），51. 10（C－5），46. 12（C－16），40. 74（C－4），40. 45（C－6），29. 71（C－15），24. 37（C－14）

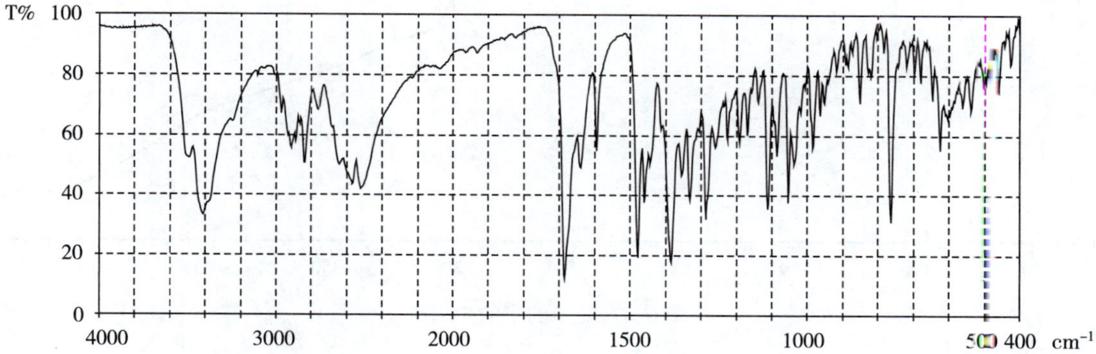

图 3　盐酸士的宁的红外光谱图

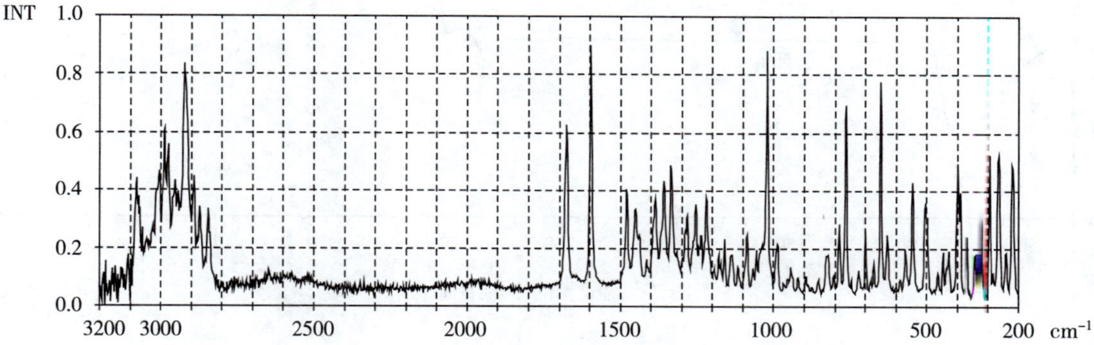

图 4　盐酸士的宁的拉曼光谱图

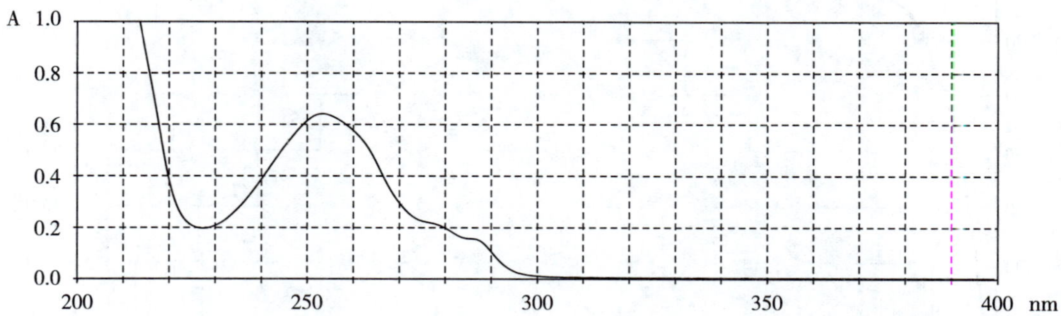

图 5　盐酸士的宁的紫外光谱图

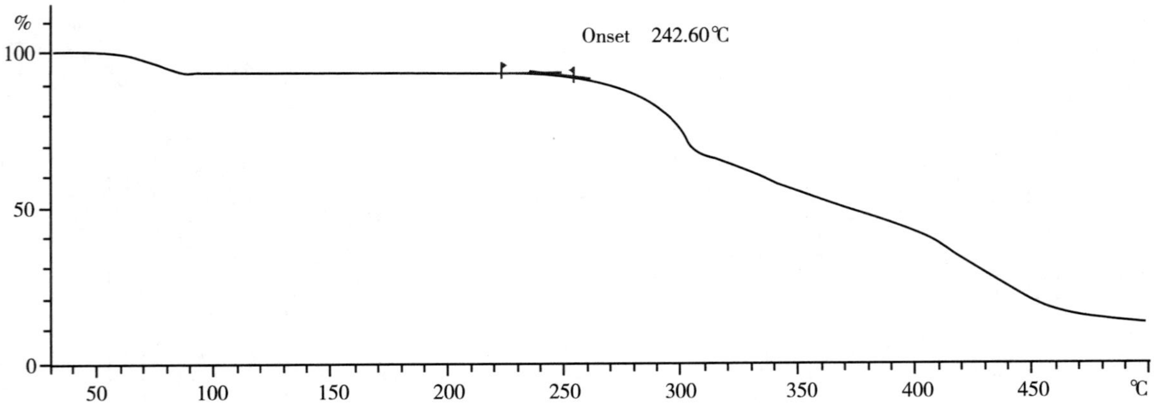

图 6　盐酸士的宁的 TG 图

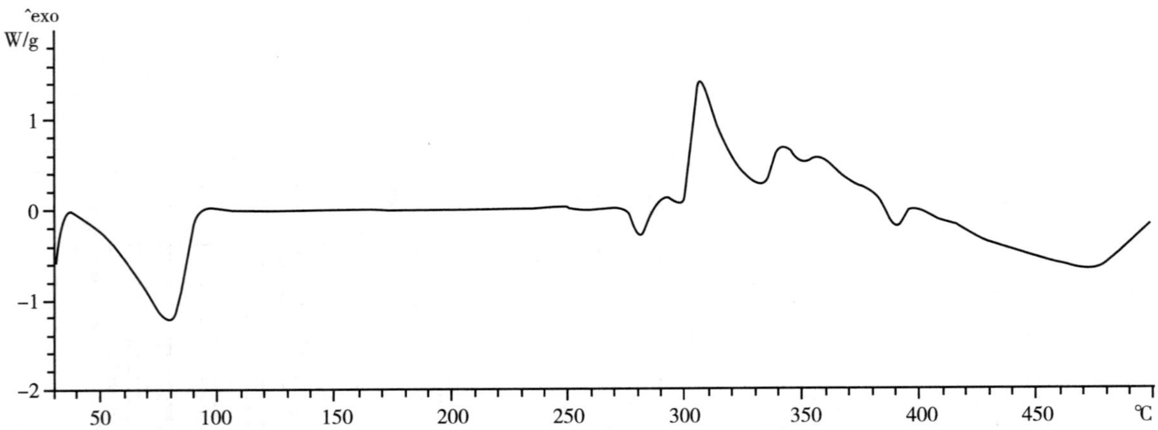

图 7　盐酸士的宁的 DSC 图

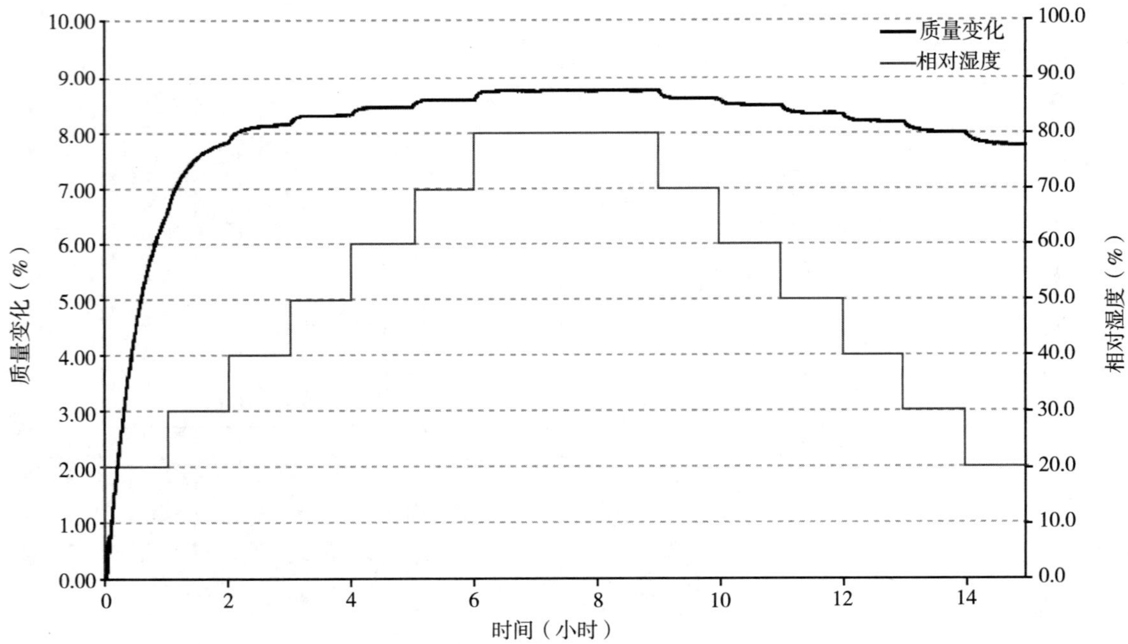

图 8　盐酸士的宁的 DVS 图

正离子扫描模式（一级）

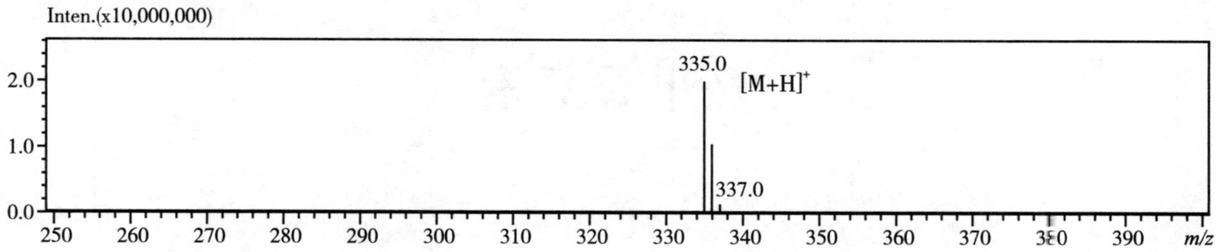

正离子扫描模式（二级）

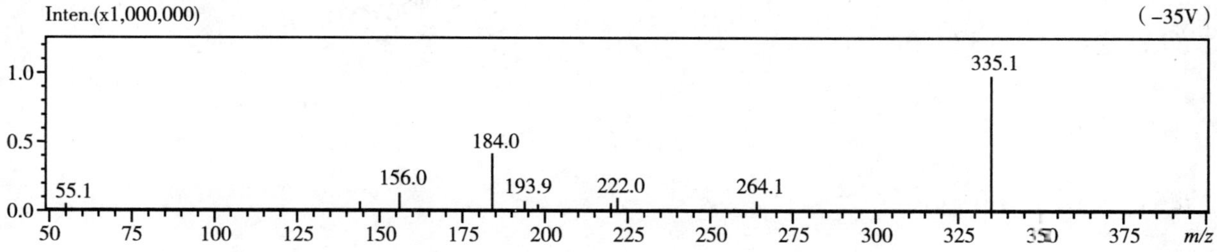

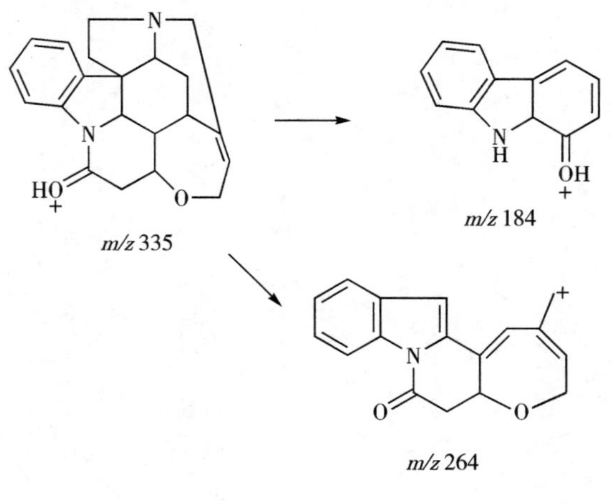

图9　盐酸士的宁的质谱图

备注

1. **中文化学名**　士的宁定－10－酮盐酸盐
2. **英文化学名**　strychnidin－10－one hydrochloride
3. **性状**　本品为无色或白色结晶性粉末。
4. **溶解性**　本品在水或乙醇中略溶，在乙醚中不溶。
5. **溶剂**　无水乙醇。
6. **对照品编号与批号**　100240－200701

羟甲香豆素

英文名 Hymecromone

分子式 $C_{10}H_8O_3$

分子量 176.17

CAS 号 90－33－5

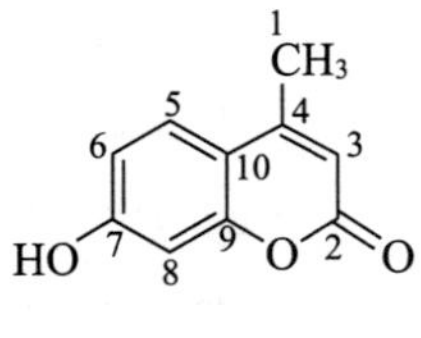

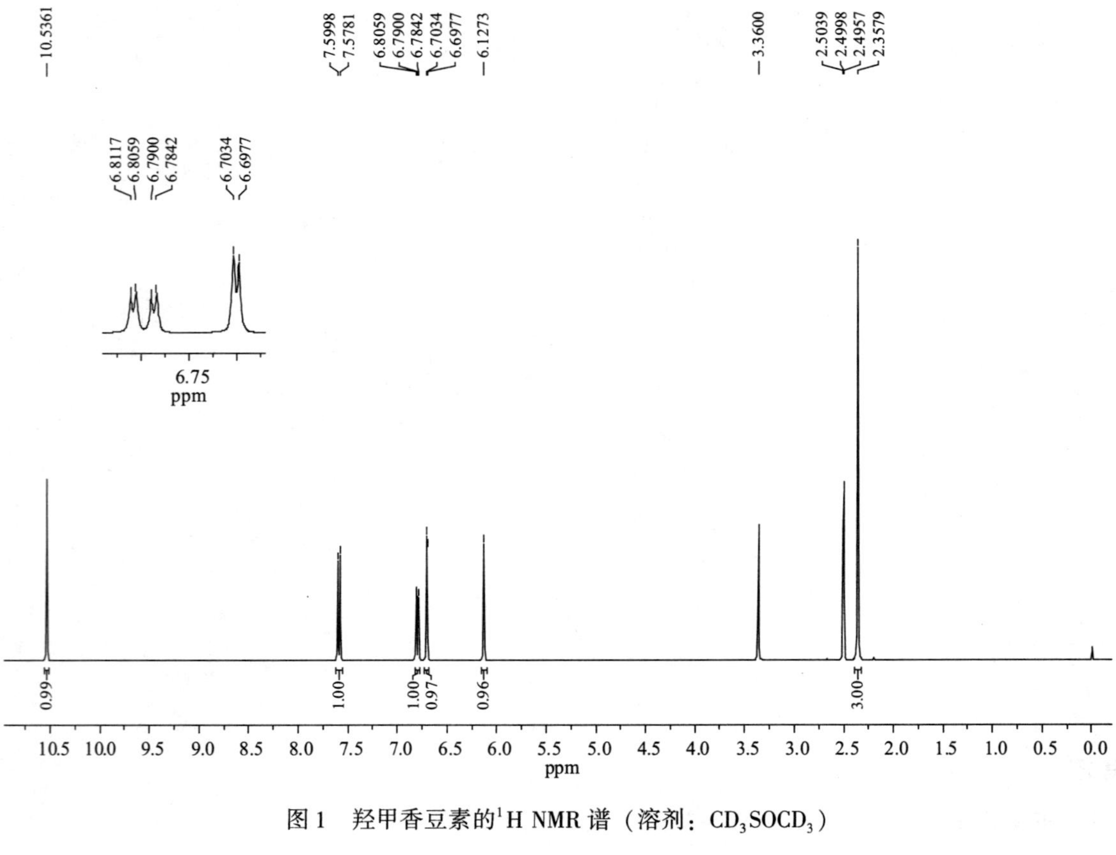

图 1　羟甲香豆素的[1]H NMR 谱（溶剂：CD_3SOCD_3）

^{1}H NMR：δ 10.54（OH，s，1H），7.59（H－5，d，J ＝ 8.7 Hz，1H），6.80（H－6，dd，J ＝ 8.7，2.3 Hz，1H），6.70（H－8，d，J ＝ 2.3 Hz，1H），6.13（H－3，s，1H），2.36（H－1，s，3H）

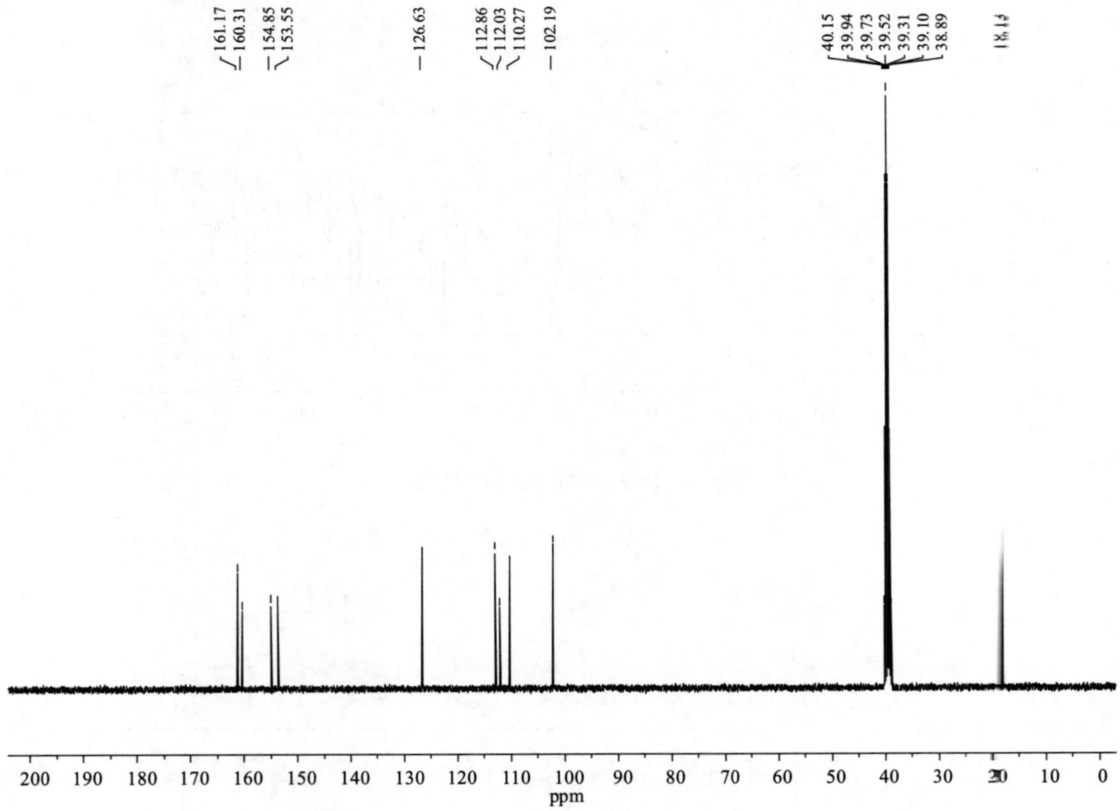

图2 羟甲香豆素的^{13}C NMR谱（溶剂：CD_3SOCD_3）

^{13}C NMR：δ 161. 17（C－7），160. 31（C－2），154. 85（C－9），153. 55（C－4），126. 63（C－5），112. 86（C－6），112. 03（C－10），110. 27（C－3），102. 19（C－8），18. 13（C－1）

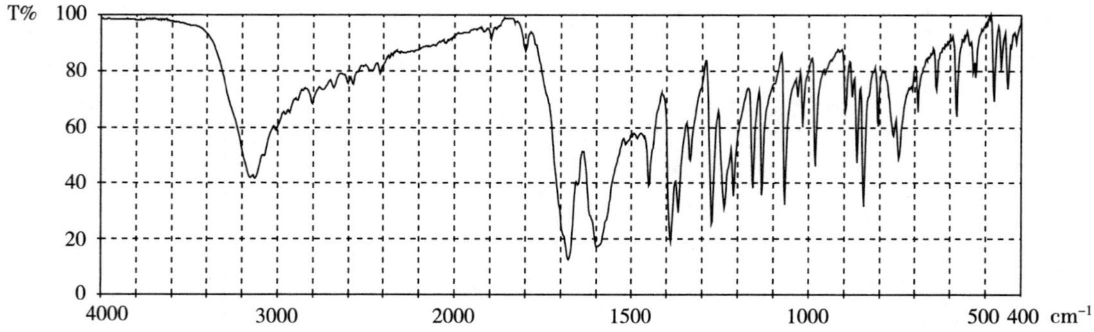

图 3　羟甲香豆素的红外光谱图

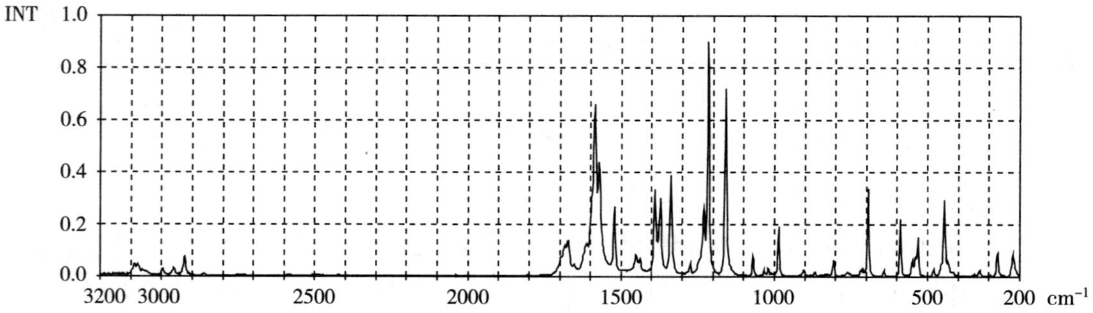

图 4　羟甲香豆素的拉曼光谱图

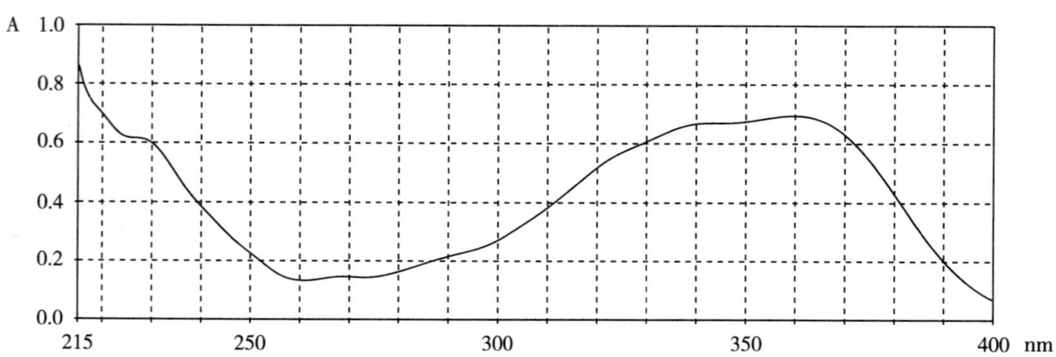

图 5　羟甲香豆素的紫外光谱图

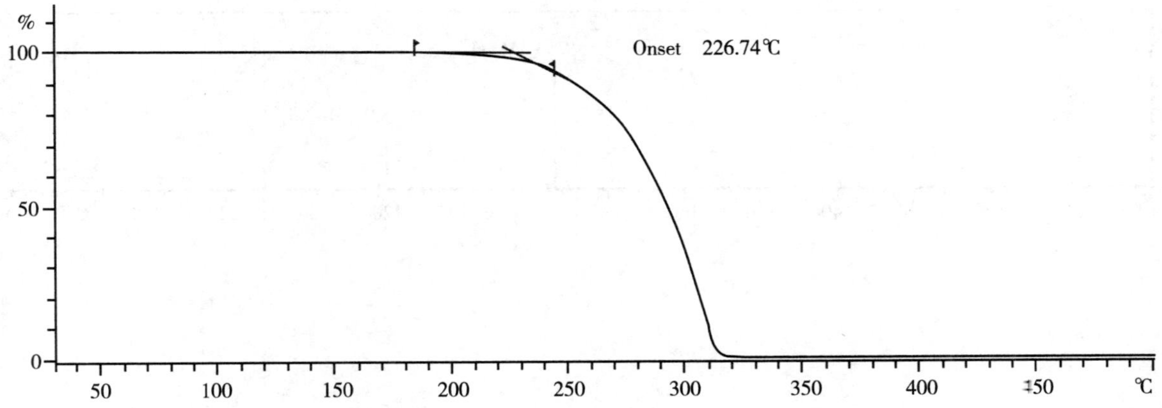

图 6　羟甲香豆素的 TG 图

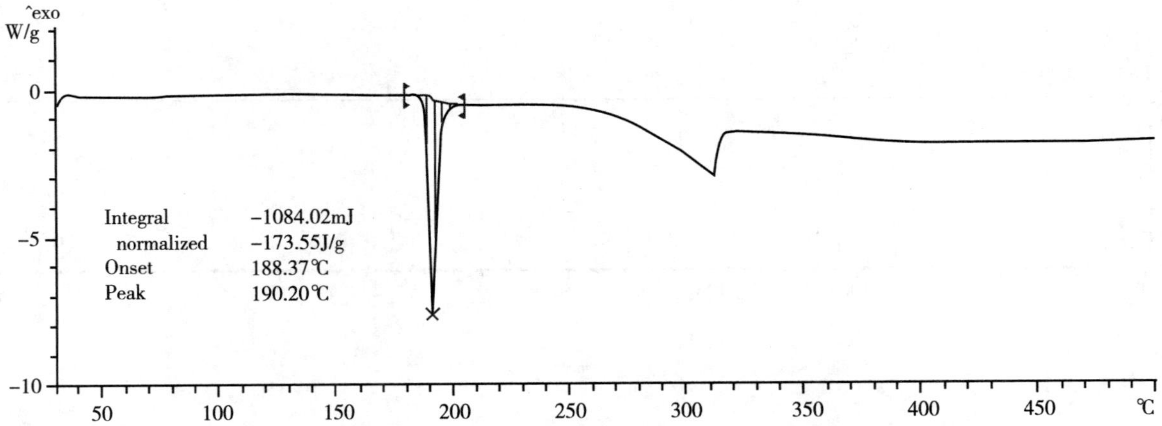

图 7　羟甲香豆素的 DSC 图

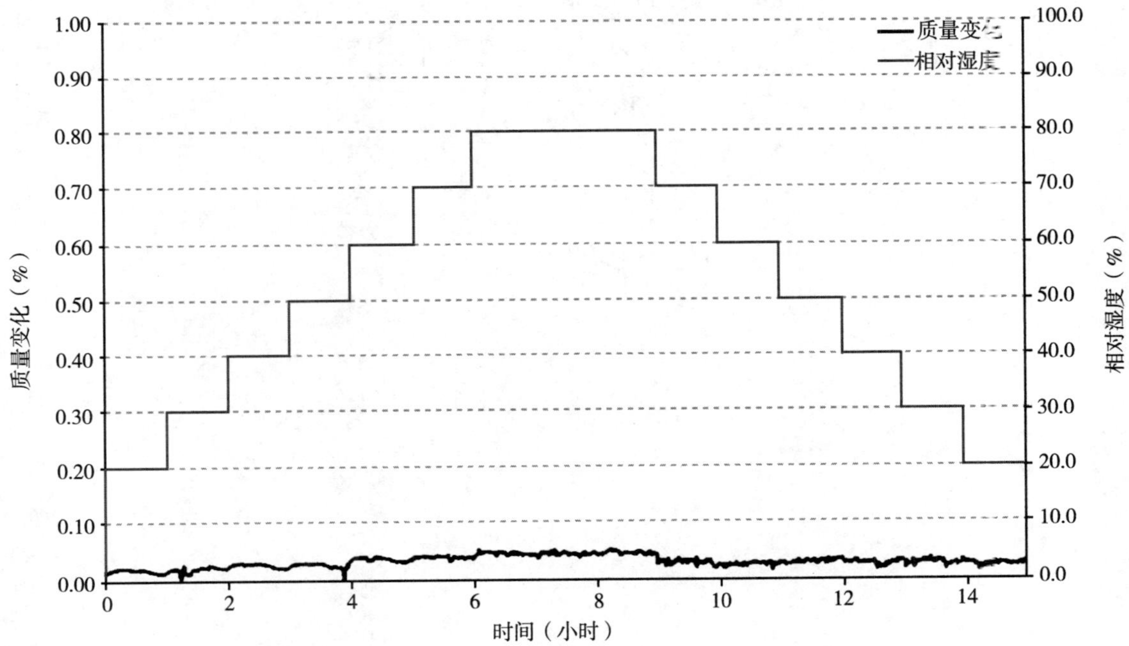

图 8　羟甲香豆素的 DVS 图

正离子扫描模式（一级）

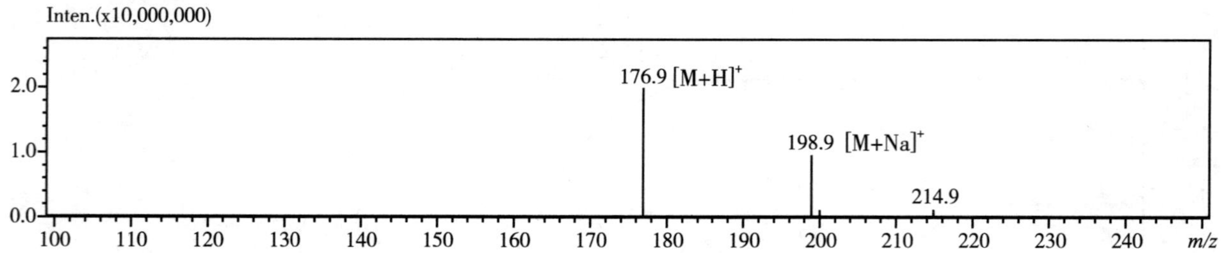

正离子扫描模式（二级）

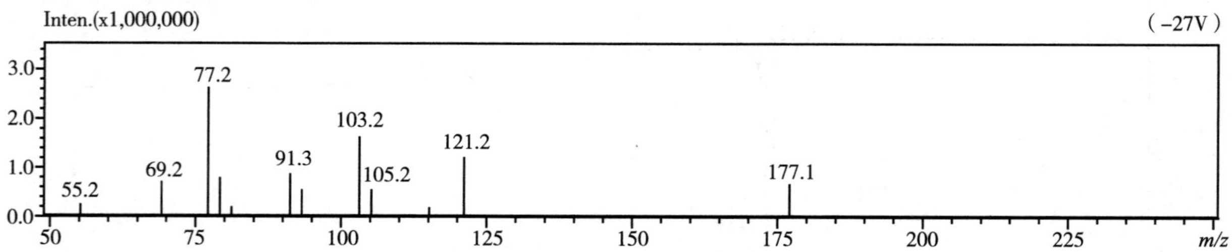

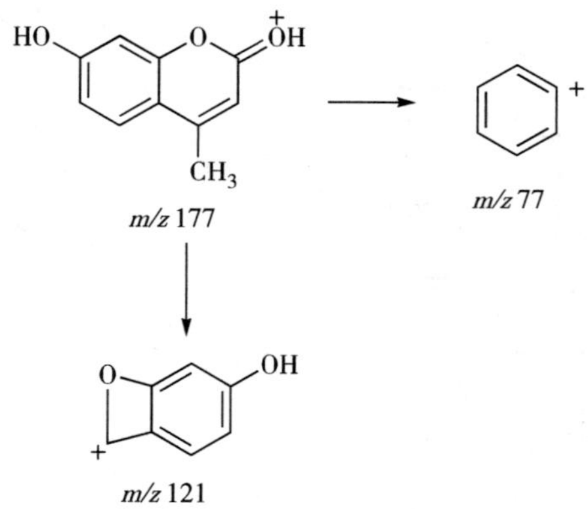

负离子扫描模式（一级）

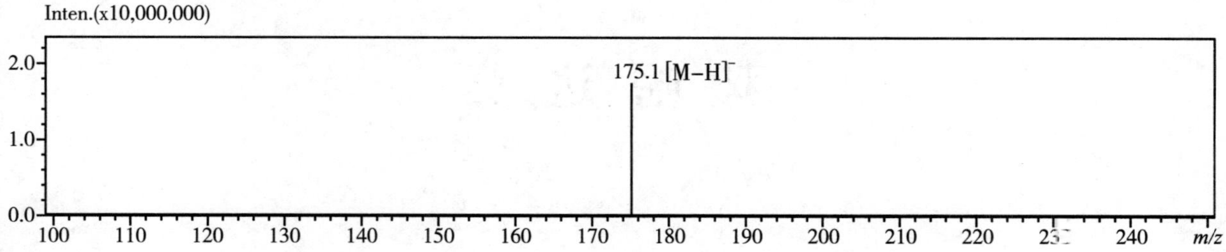

负离子扫描模式（二级）

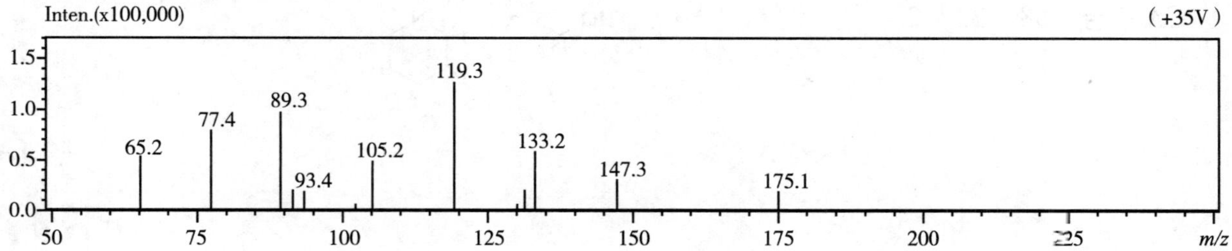

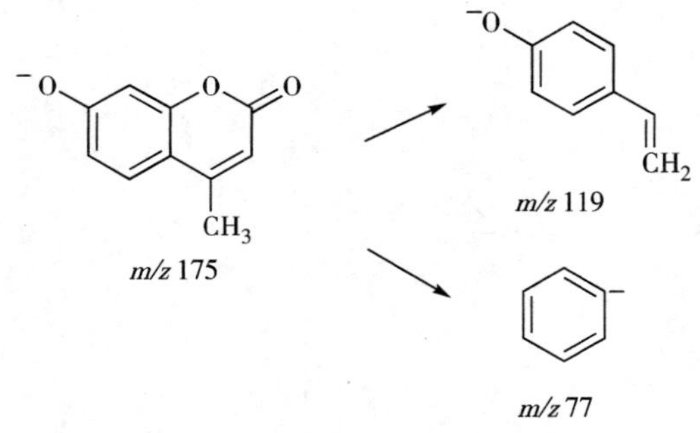

图9 羟甲香豆素的质谱图

备注

1. 中文化学名 4－甲基－7－羟基－2*H*－1－苯并吡喃－2－酮

2. 英文化学名 7－hydroxy－4－methyl－2*H*－1－benzopyran－2－one

3. 性状 本品为白色或类白色结晶性粉末；无臭，无味。

4. 溶解性 本品在甲醇、乙醇或丙酮中略溶，在水中不溶；在氢氧化钠溶液中易溶。

5. 溶剂 0.1mol/L 氢氧化钠溶液。

6. 对照品编号与批号 100241－200503

双嘧达莫

英文名 Dipyridamole
分子式 $C_{24}H_{40}N_8O_4$
分子量 504. 63
CAS 号 58 - 32 - 2

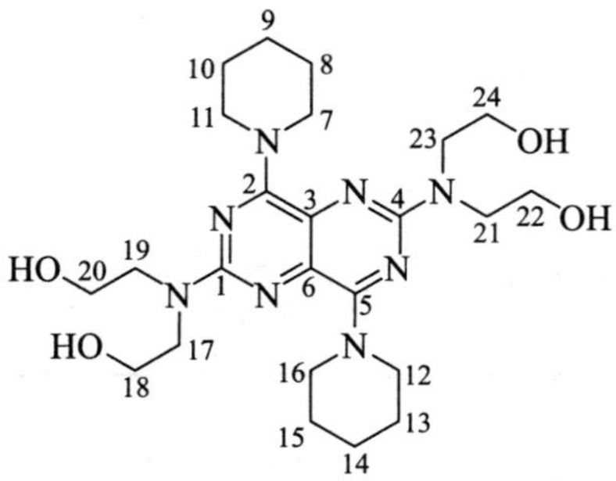

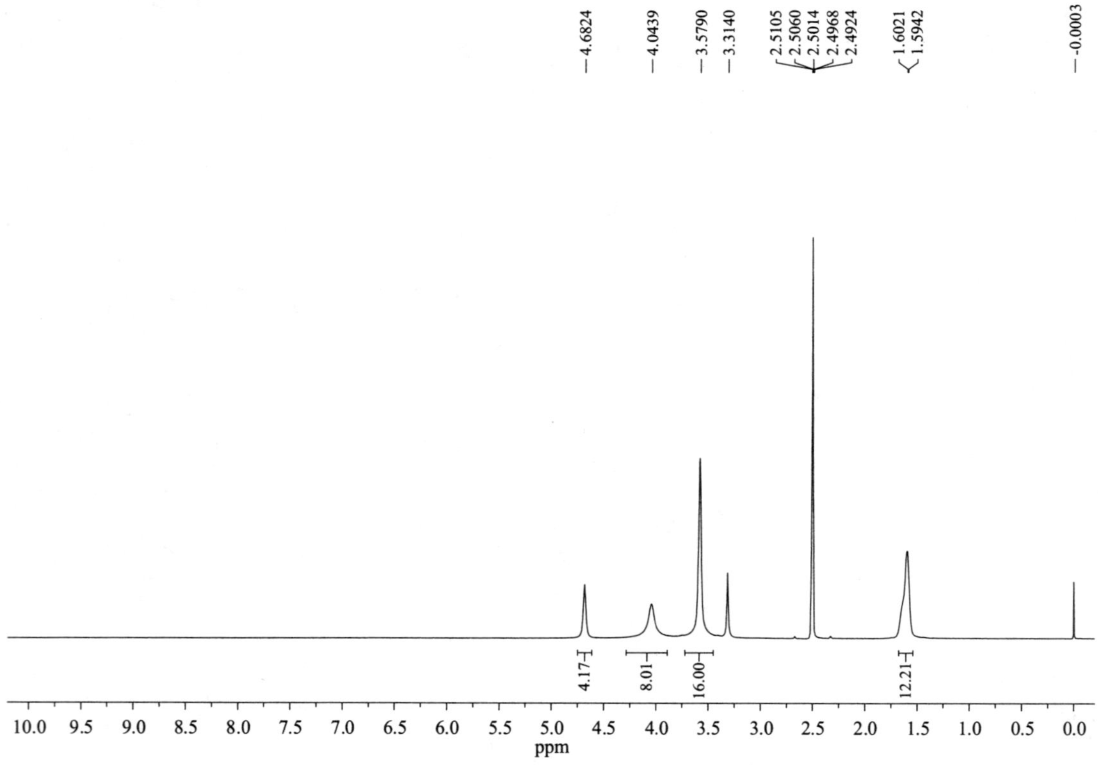

图 1　双嘧达莫的¹H NMR 谱（溶剂：CD_3SOCD_3）

^{1}H NMR：δ 4. 68（OH，brs，4H），4. 25 ~ 3. 86（H - 7，11，12，16，m，8H），3. 70 ~ 3. 45（H - 17，18，19，20，21，22，23，24，m，16H），1. 70 ~ 1. 53（H - 8，9，10，13，14，15，m，12H）

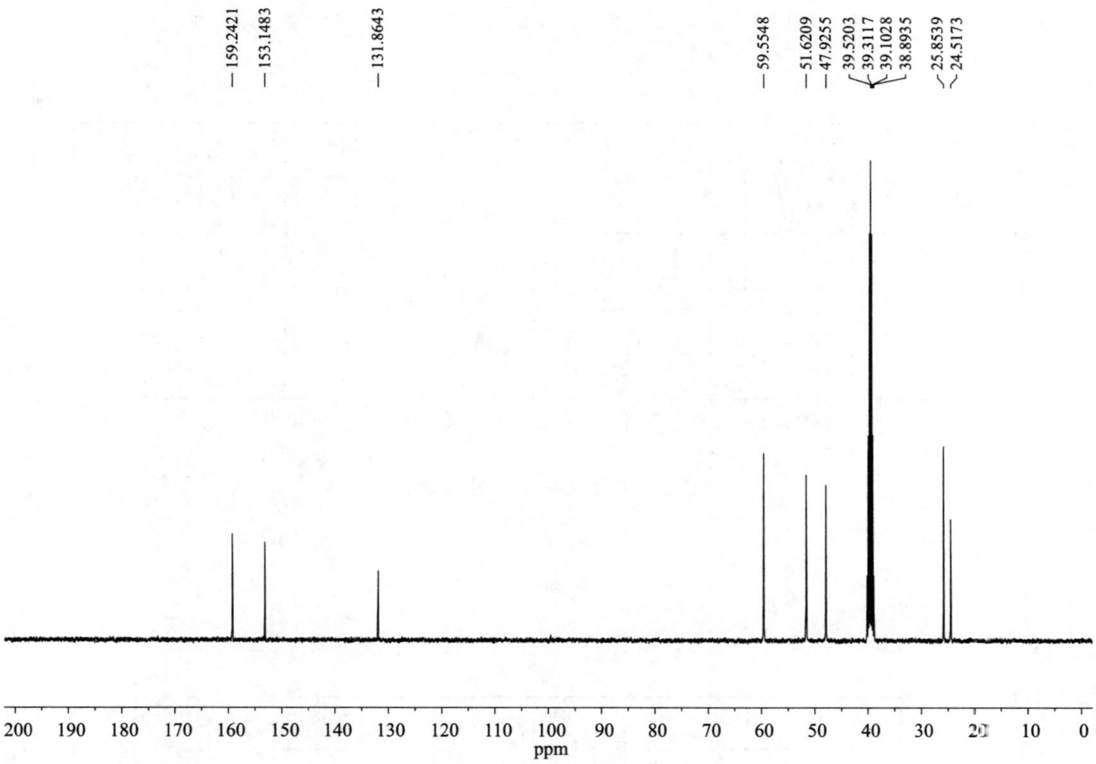

图2　双嘧达莫的^{13}C NMR 谱（溶剂：CD_3SOCD_3）

^{13}C NMR：δ 159.24（C－1，4），153.15（C－2，5），131.86（C－3，6），59.55（C－18，20，22，24），51.62（C－17，19，21，23），47.93（C－7，11，12，16），25.85（C－8，10，13，15），24.52（C－9，14）

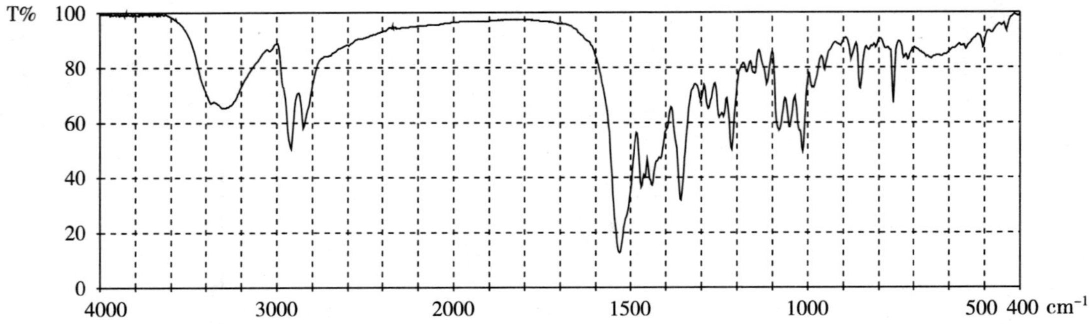

图 3　双嘧达莫的红外光谱图

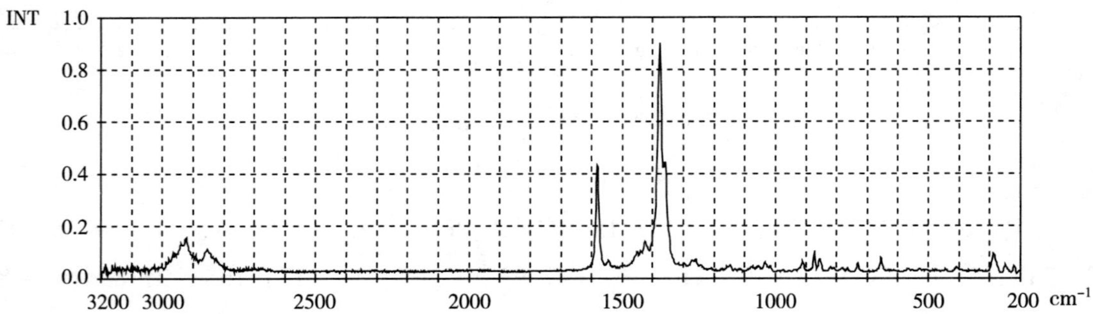

图 4　双嘧达莫的拉曼光谱图

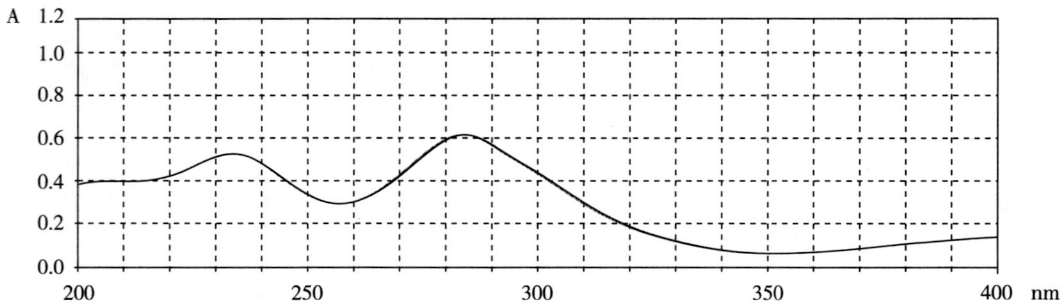

图 5　双嘧达莫的紫外光谱图

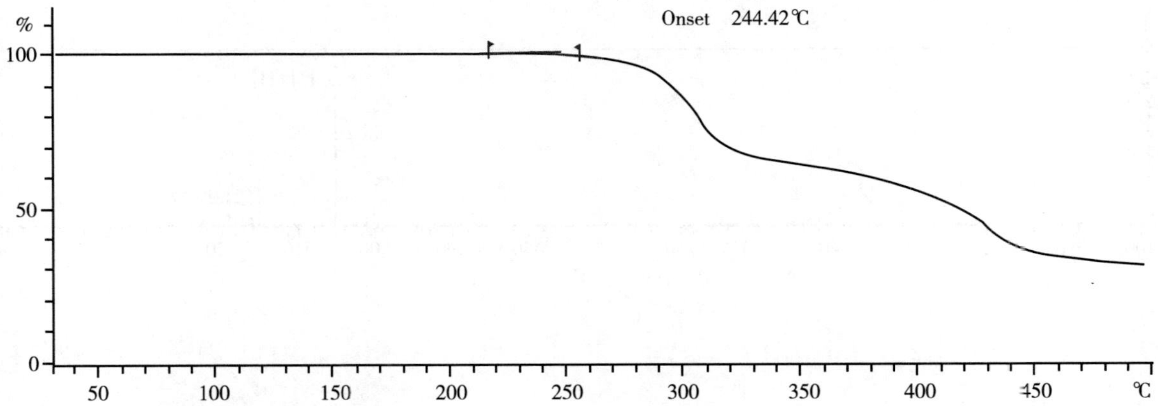

图 6　双嘧达莫的 TG 图

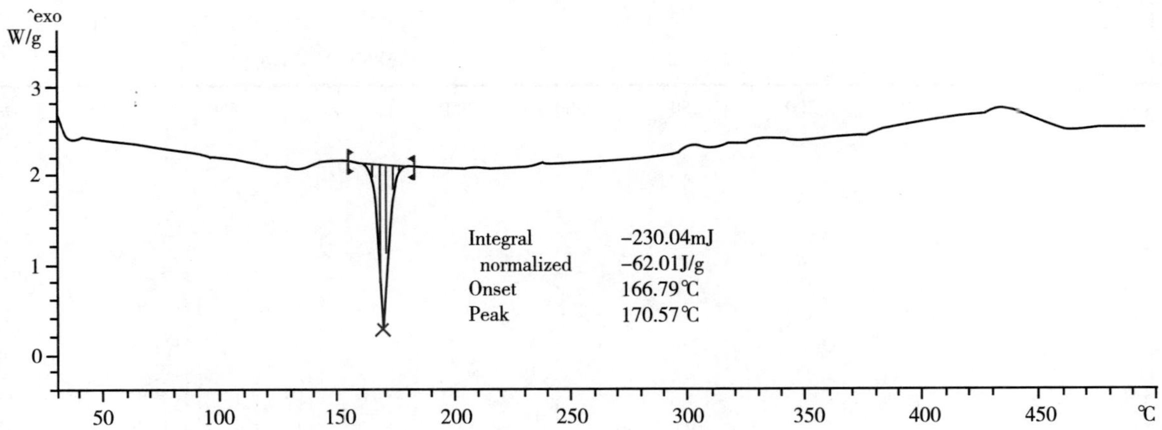

图 7　双嘧达莫的 DSC 图

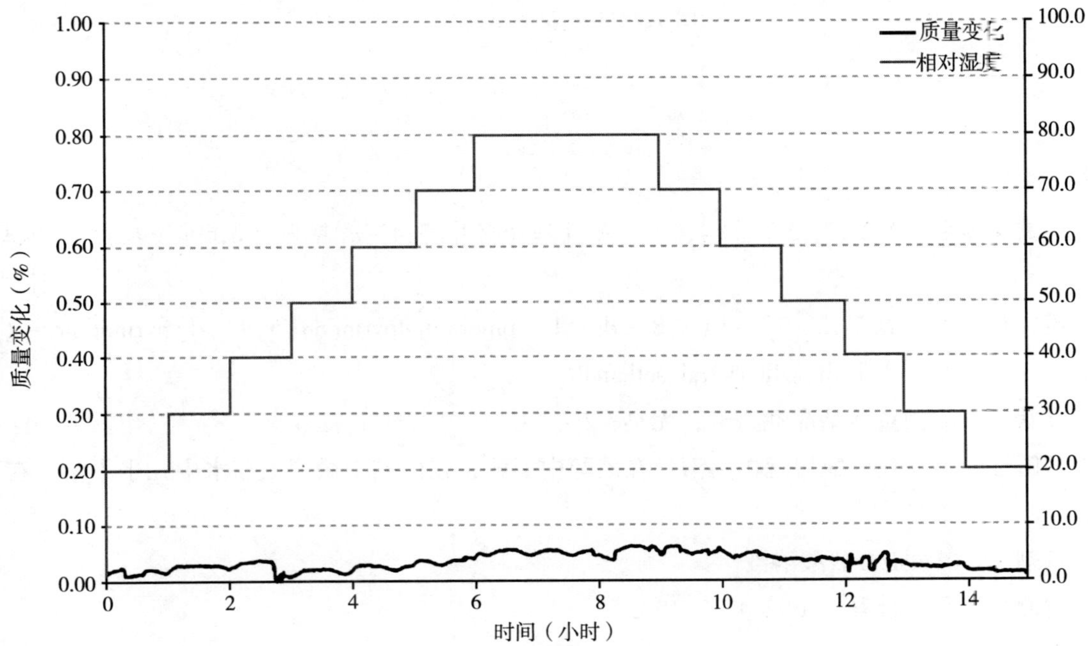

图 8　双嘧达莫的 DVS 图

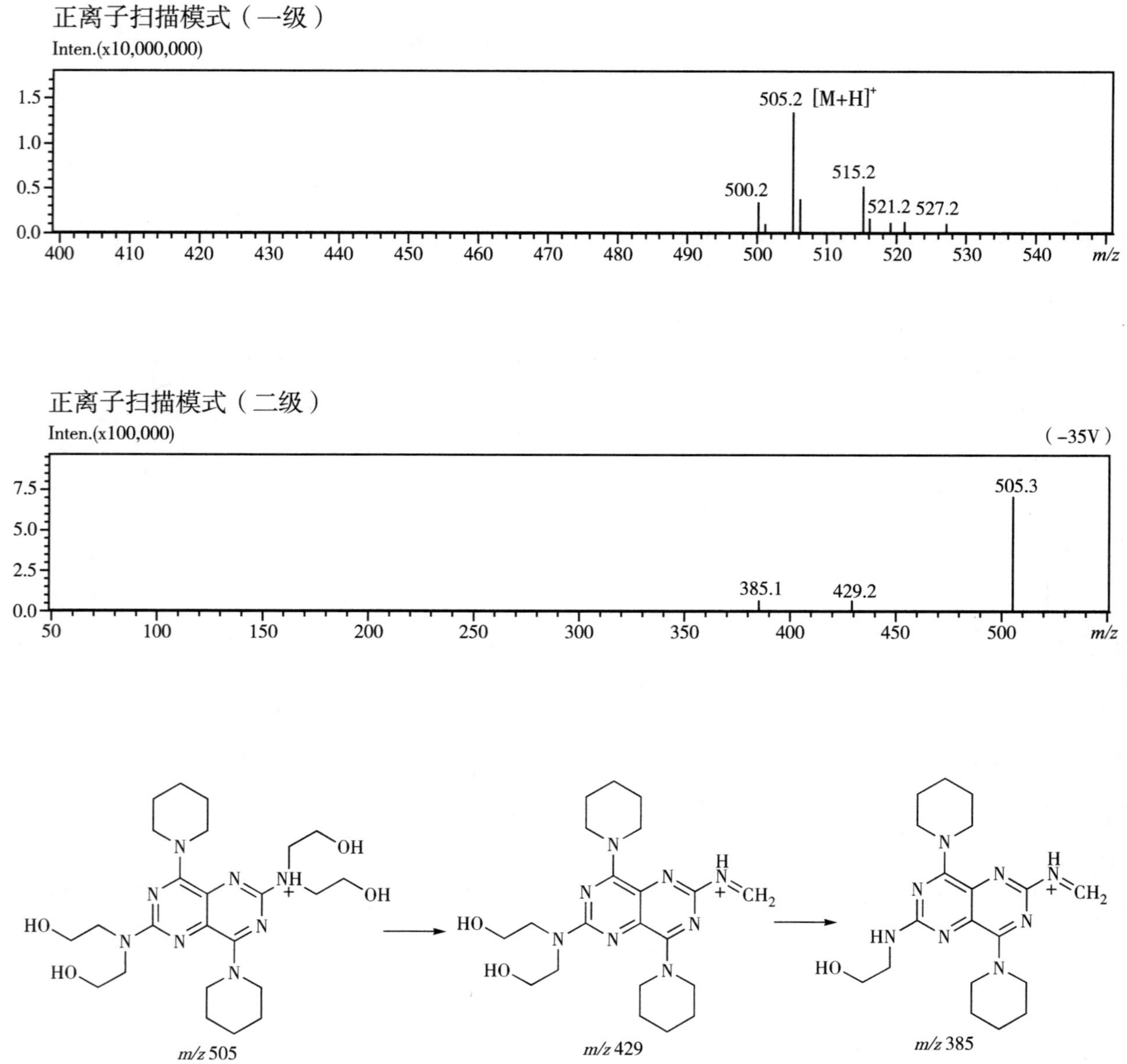

图 9　双嘧达莫的质谱图

备注

1. **中文化学名**　2,2′,2″,2‴－[(4,8－二哌啶基嘧啶并[5,4－*d*]嘧啶－2,6－二基)双次氮基]－四乙醇
2. **英文化学名**　2,2′,2″,2‴－[(4,8－di－1－piperidinylpyrimido[5,4－*d*]pyrimidine－2,6－diyl)dinitrilo]tetrakisethanol
3. **性状**　本品为黄色结晶性粉末；无臭；味微苦。
4. **溶解性**　本品在三氯甲烷中易溶，在乙醇中溶解，在丙酮中微溶，在水中几乎不溶，在稀酸中易溶。
5. **溶剂**　0.01mol/L 盐酸溶液。
6. **对照品编号与批号**　100244－201003

色 甘 酸 钠

英文名 Cromoglicate Sodium

分子式 $C_{23}H_{14}Na_2O_{11}$

分子量 512. 33

CAS 号 15826 - 37 - 6

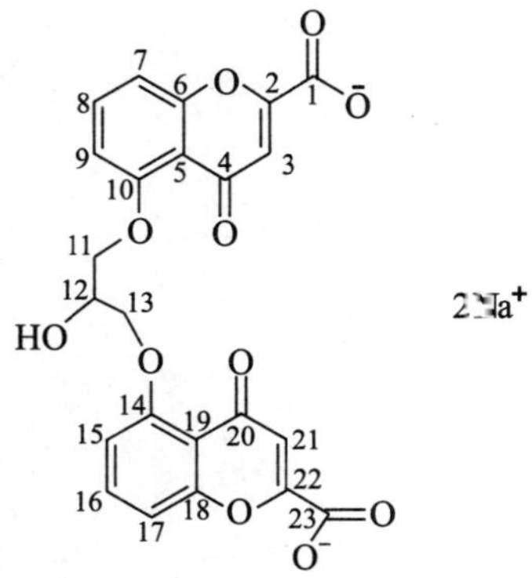

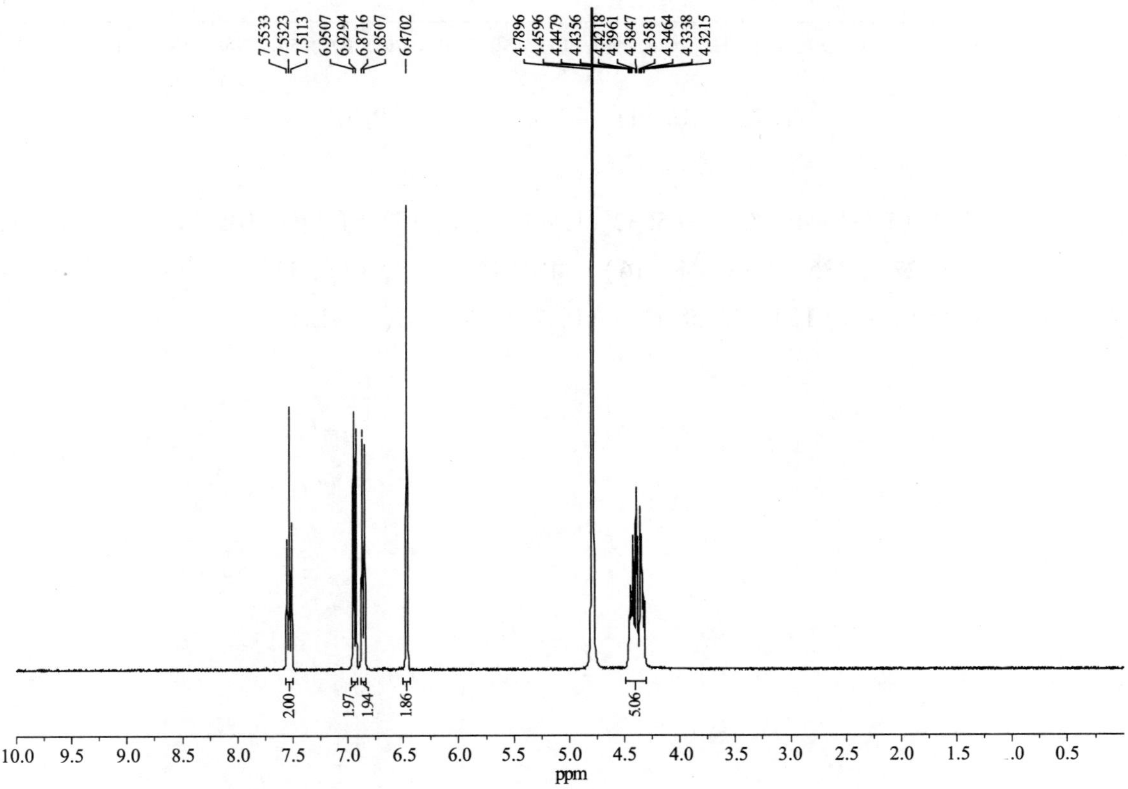

图 1　色甘酸钠的^{1}H NMR 谱（溶剂：D_2O）

^{1}H NMR：δ 7. 53（H - 8, 16, t, J = 8. 4 Hz, 2H）, 6. 94（H - 7, 17, d, J = 8. 4 Hz, 2H）, 6. 86（H - 9, 15, d, J = 8. 4 Hz, 2H）, 6. 47（H - 3, 21, s, 2H）, 4. 47 ~ 4. 31（H - 11, 12, 13, m, 5H）

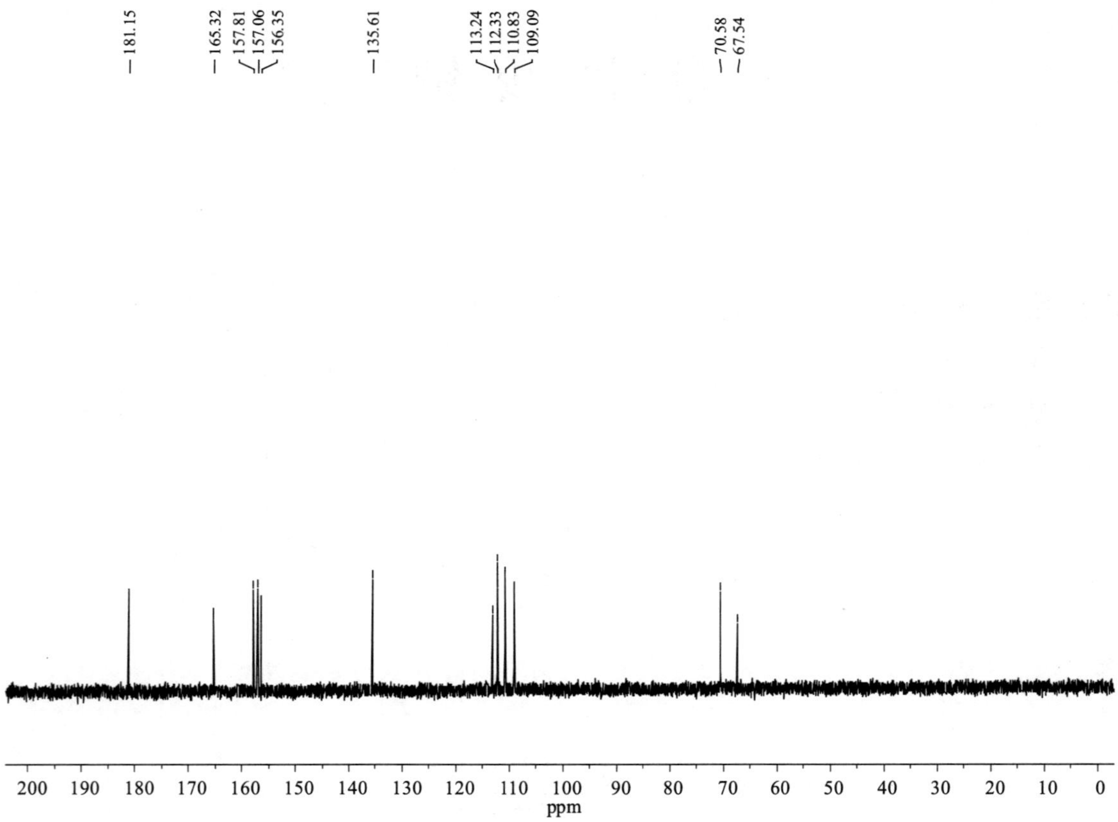

图 2　色甘酸钠的^{13}C NMR 谱（溶剂：D_2O）

^{13}C NMR：δ 181. 15（C－4，20），165. 32（C－1，23），157. 81（C－10，14），157. 06（C－6，18），156. 35（C－2，22），135. 61（C－8，16），113. 24（C－5，19），112. 33（C－3，21），110. 83（C－7，17），109. 09（C－9，15），70. 58（C－11，13），67. 54（C－12）

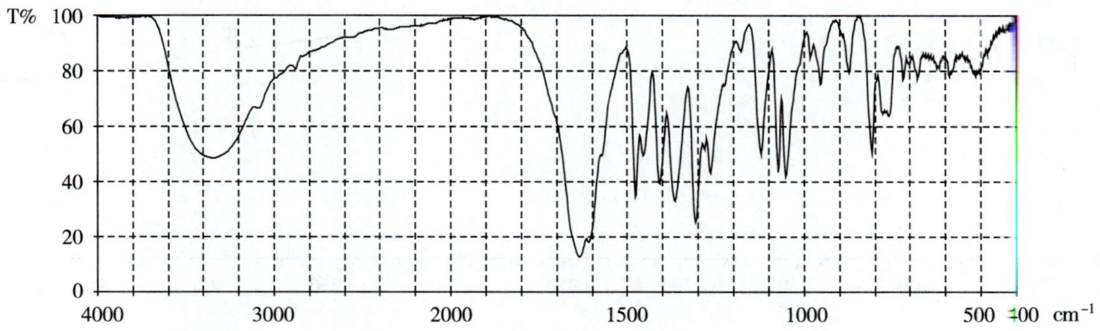

图 3　色甘酸钠的红外光谱图

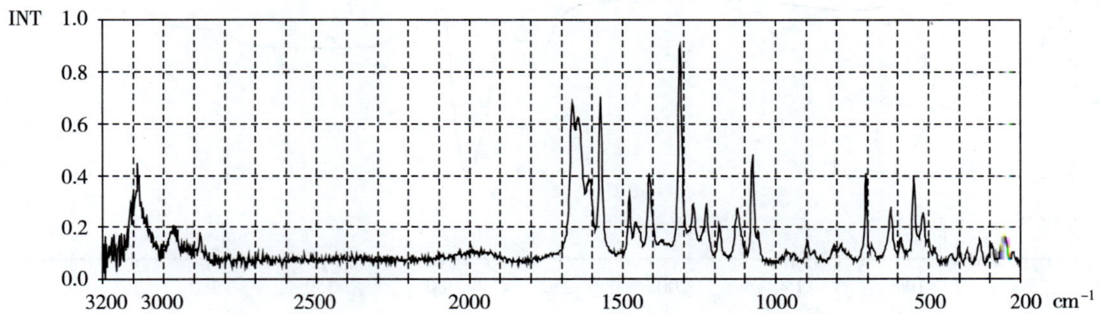

图 4　色甘酸钠的拉曼光谱图

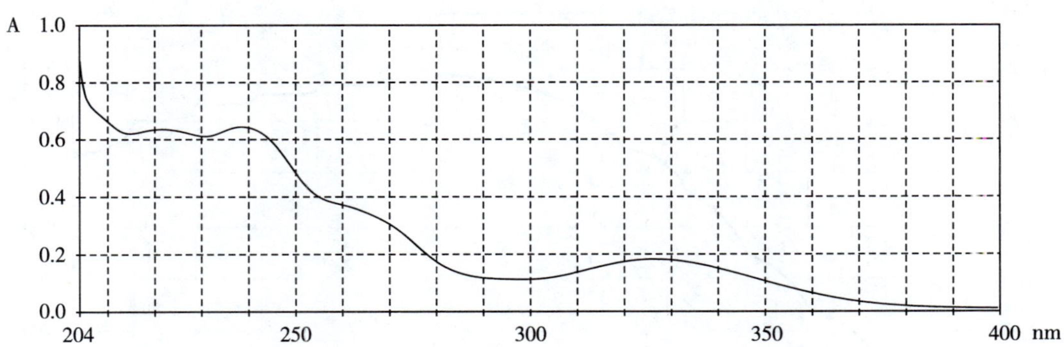

图 5　色甘酸钠的紫外光谱图

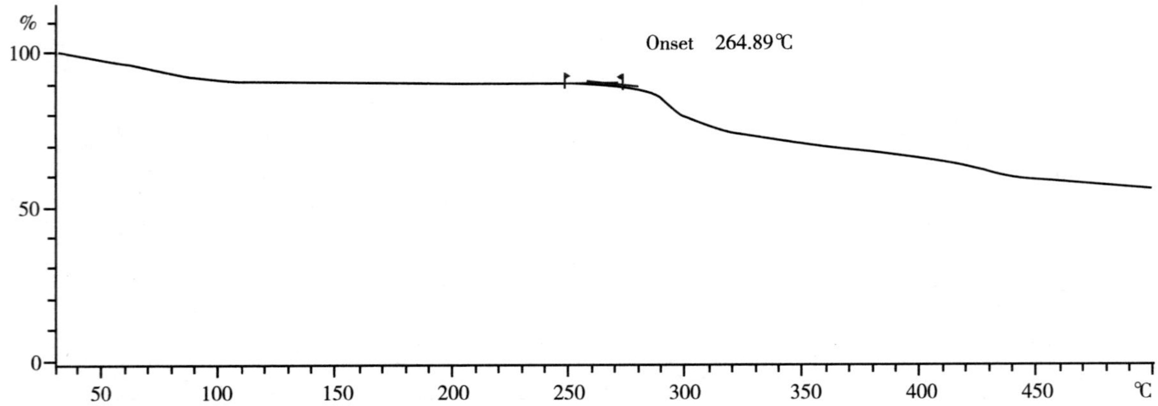

图 6　色甘酸钠的 TG 图

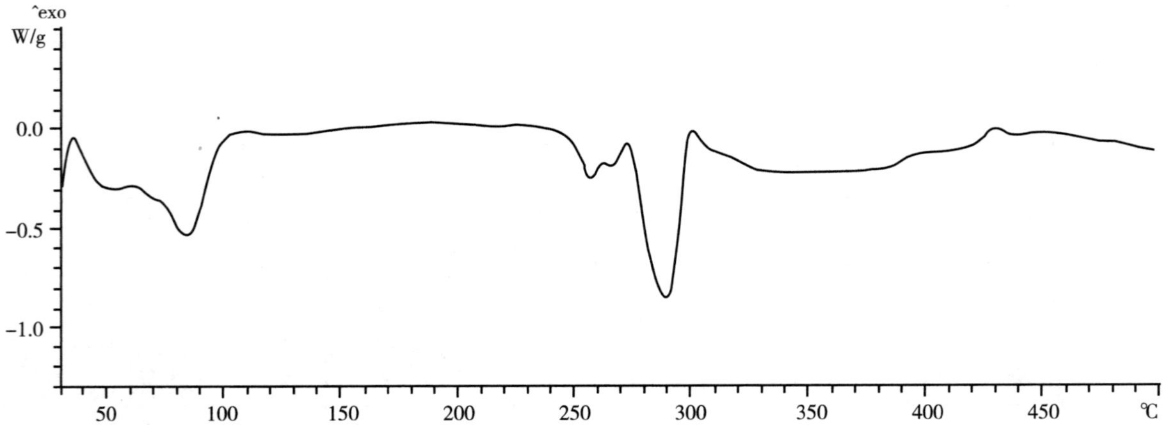

图 7　色甘酸钠的 DSC 图

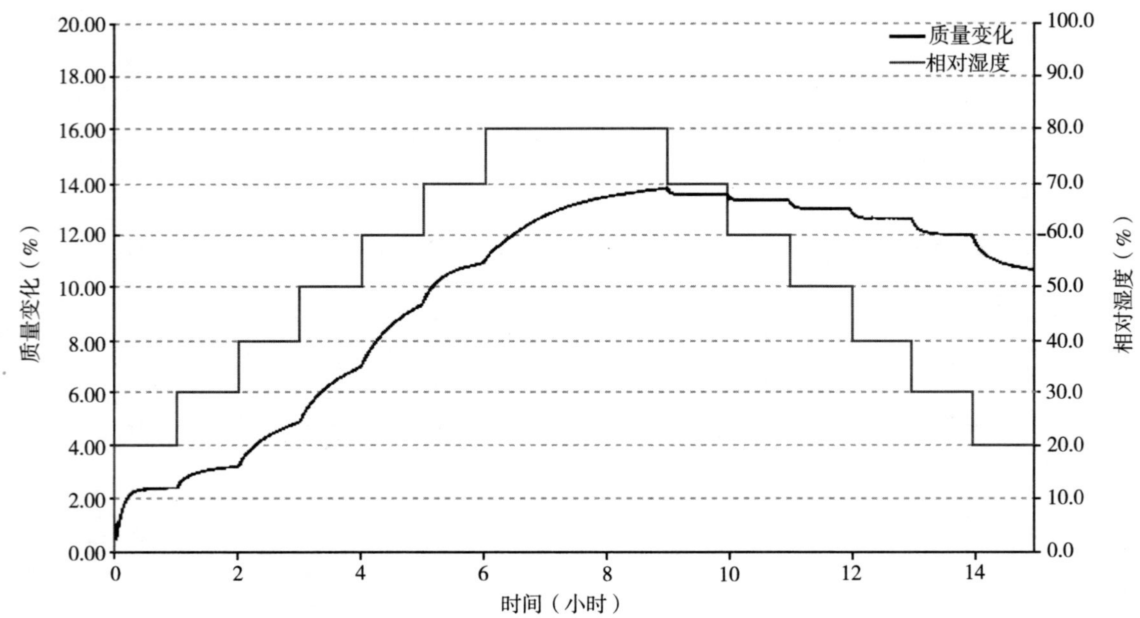

图 8　色甘酸钠的 DVS 图

正离子扫描模式（一级）

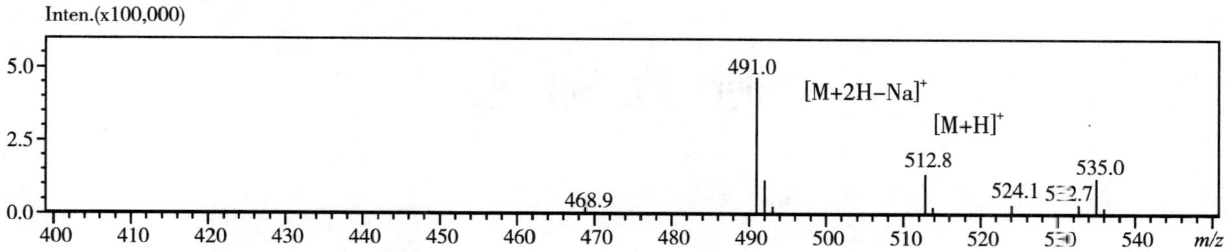

负离子扫描模式（一级）

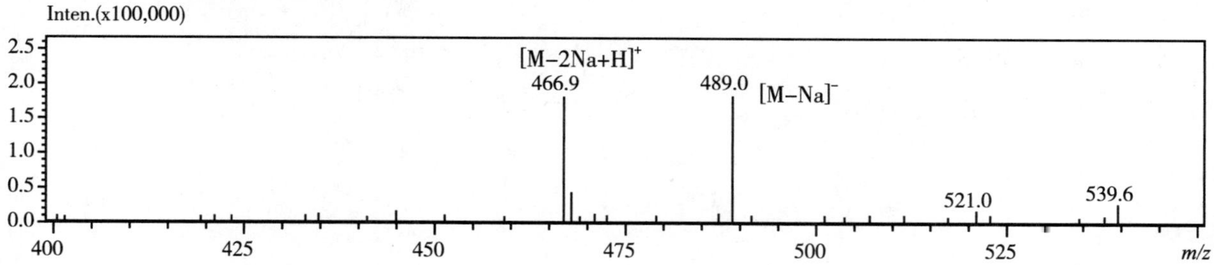

负离子扫描模式（二级）

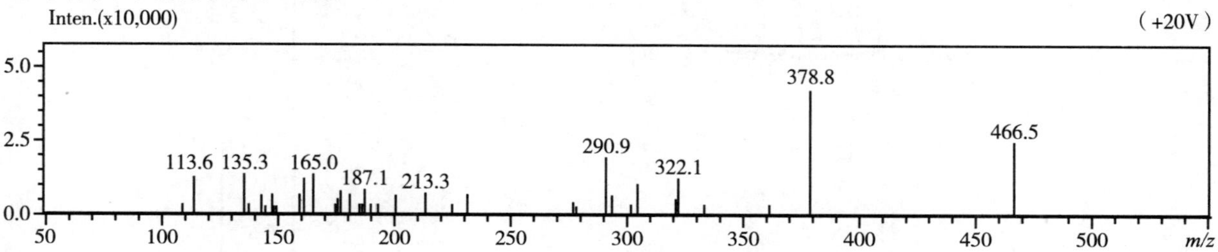

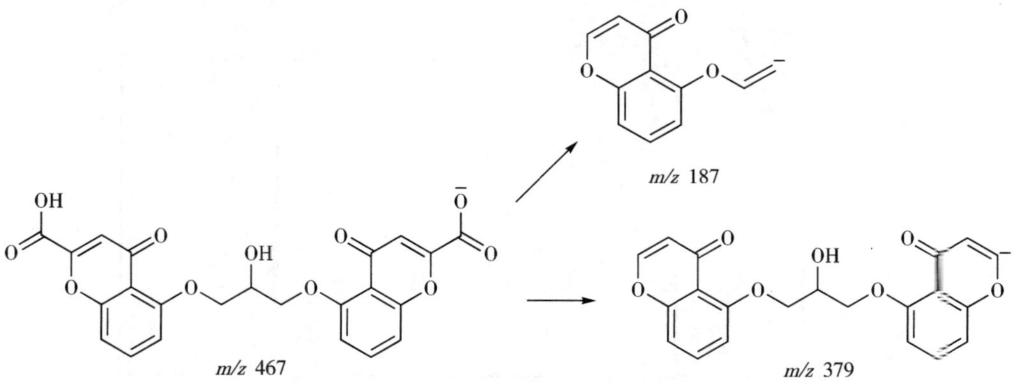

图 9　色甘酸钠的质谱图

备注

1. **中文化学名**　5,5′-[(2-羟基-1,3-亚丙基)二氧]双(4-氧代-4*H*-1-苯并吡喃-2-羧酸)二钠盐
2. **英文化学名**　disodium 5,5′-[(2-hydroxytrimethylene)dioxy]bis(4-oxo-4*H*-1-benzopyran-2-carboxylate)
3. **性状**　本品为白色结晶性粉末；无臭；有引湿性；遇光易变色。
4. **溶解性**　本品在水中溶解，在乙醇或三氯甲烷中不溶。
5. **溶剂**　水。
6. **对照品编号与批号**　100245-201002

吲 达 帕 胺

英文名 Indapamide

分子式 $C_{16}H_{16}ClN_3O_3S$

分子量 365.83

CAS 号 26807-65-8

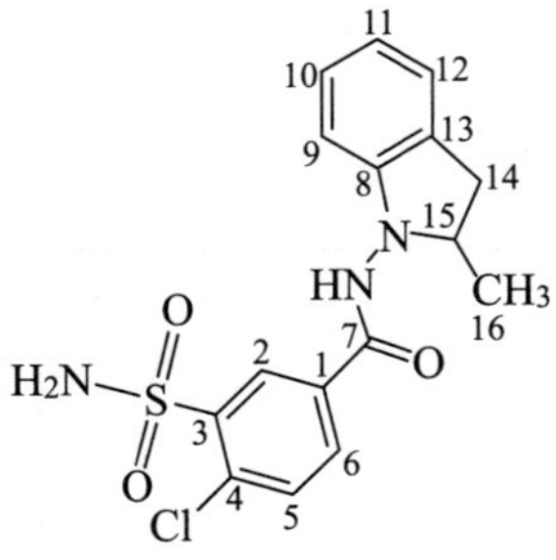

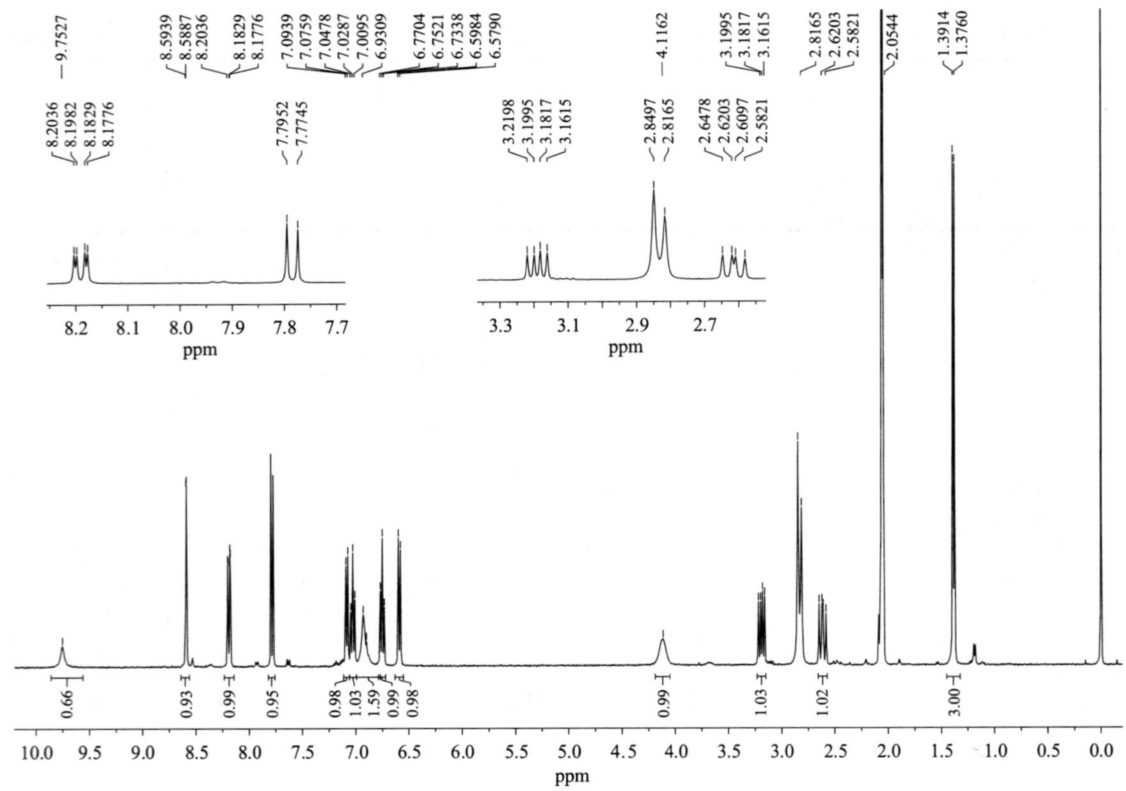

图 1 吲达帕胺的 ^1H NMR 谱（溶剂：CD_3COCD_3）

^1H NMR：δ 9.75（NH，s，1H），8.59（H-2，d，J=2.1 Hz，1H），8.19（H-6，dd，J=8.3，2.1 Hz，1H），7.78（H-5，d，J=8.3 Hz，1H），7.08（H-12，d，J=7.2 Hz，1H），7.03（H-10，t，J=7.7 Hz，1H），6.97～6.84（NH_2，brs，2H），6.75（H-11，t，J=7.3 Hz，1H），6.59（H-9，d，J=7.8 Hz，1H），4.12（H-15，brs，1H），3.19（H-14a，dd，J=15.2，8.1 Hz，1H），2.61（H-14b，dd，J=15.2，11.0 Hz，1H），1.38（H-16，d，J=6.2 Hz，3H）

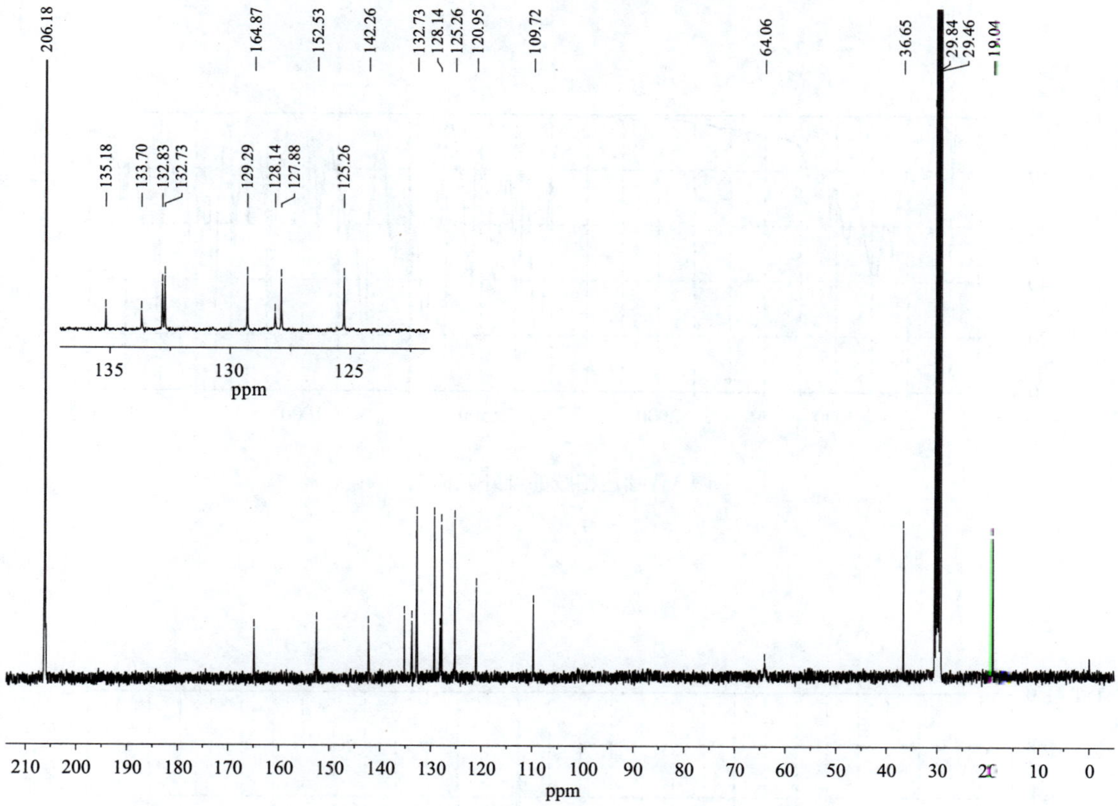

图2　吲达帕胺的 ^{13}C NMR 谱（溶剂：CD_3COCD_3）

^{13}C NMR：δ 164.87（C－7），152.53（C－8），142.26（C－3），135.18（C－1），133.70（C－4），132.83（C－5），132.73（C－6），129.29（C－10），128.14（C－13），127.88（C－2），125.26（C－12），120.95（C－11），109.72（C－9），64.06（C－15），36.65（C－14），19.04（C－16）

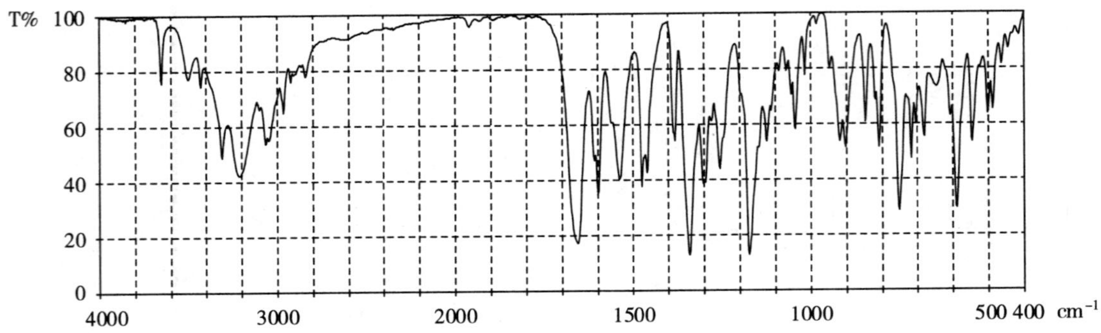

图 3　吲达帕胺的红外光谱图

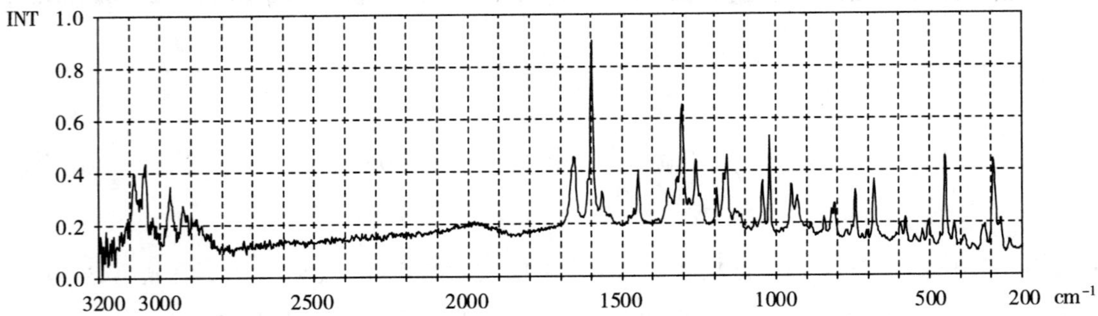

图 4　吲达帕胺的拉曼光谱图

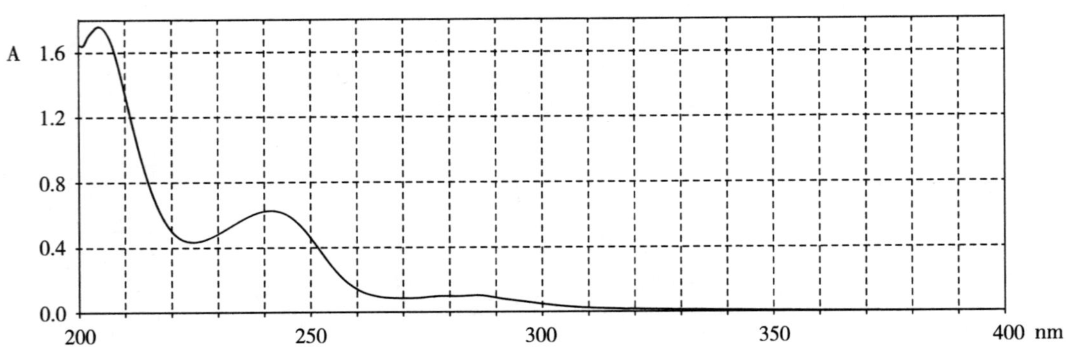

图 5　吲达帕胺的紫外光谱图

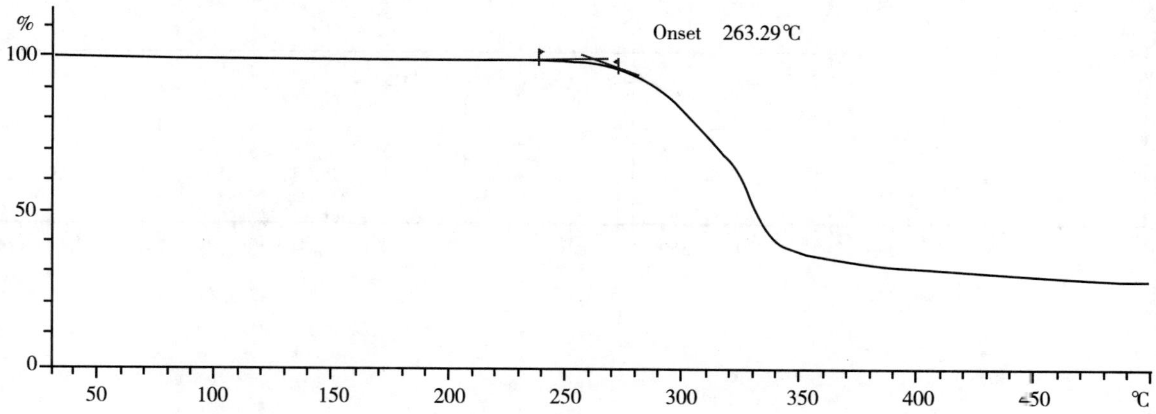

图 6　吲达帕胺的 TG 图

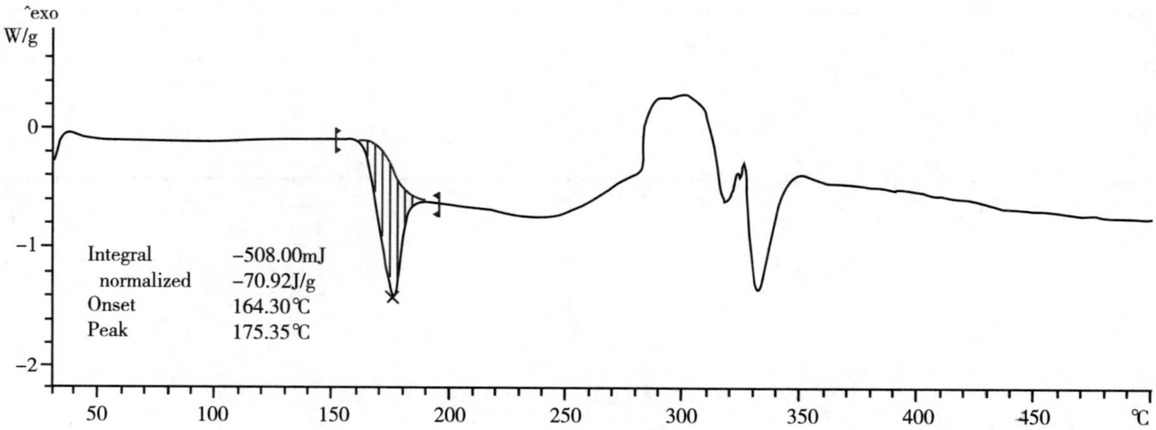

图 7　吲达帕胺的 DSC 图

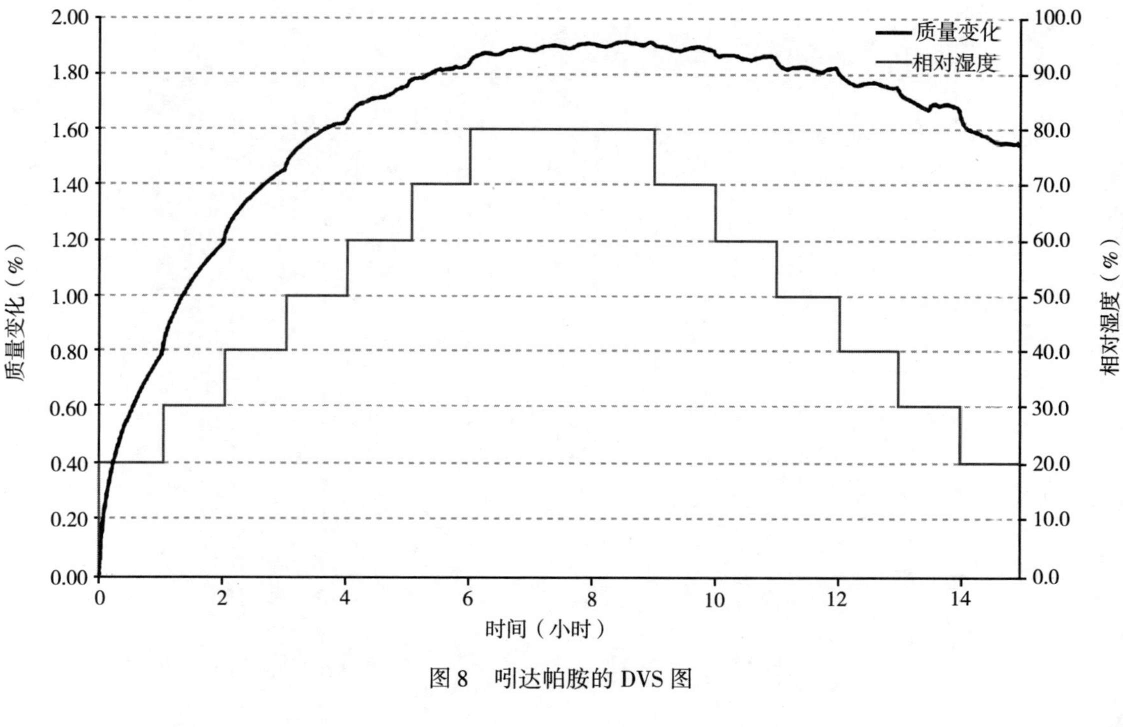

图 8　吲达帕胺的 DVS 图

正离子扫描模式（一级）

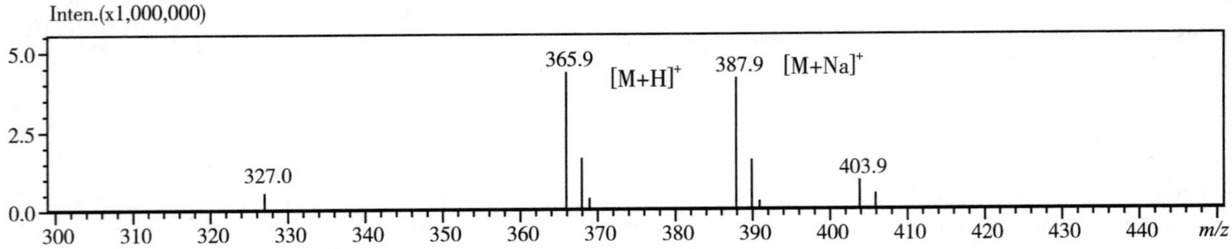

正离子扫描模式（二级）

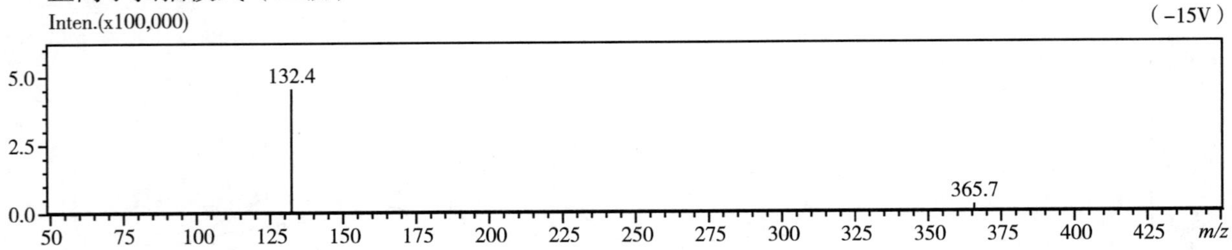

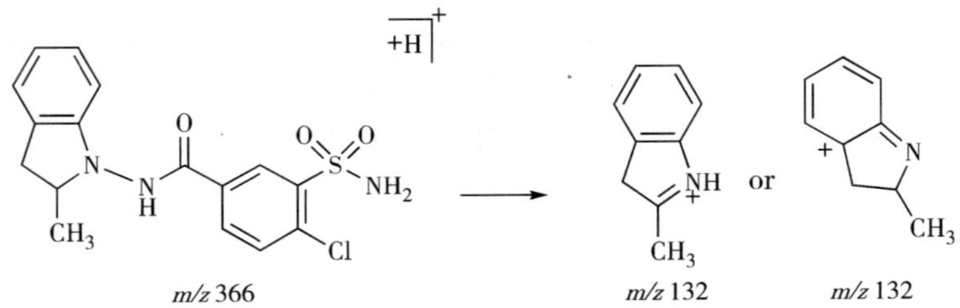

负离子扫描模式（一级）

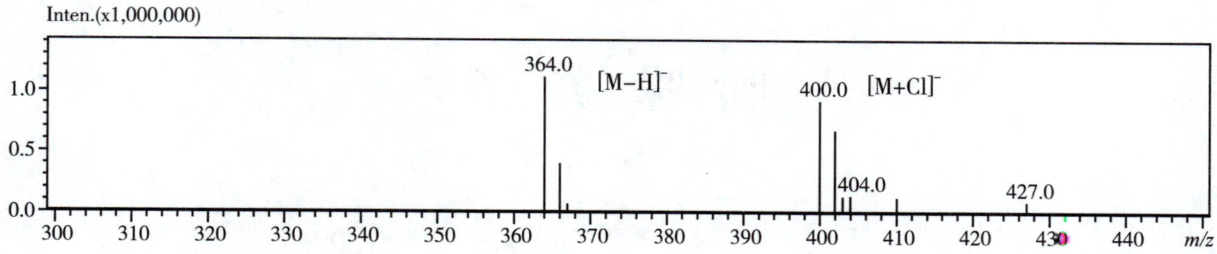

负离子扫描模式（二级）

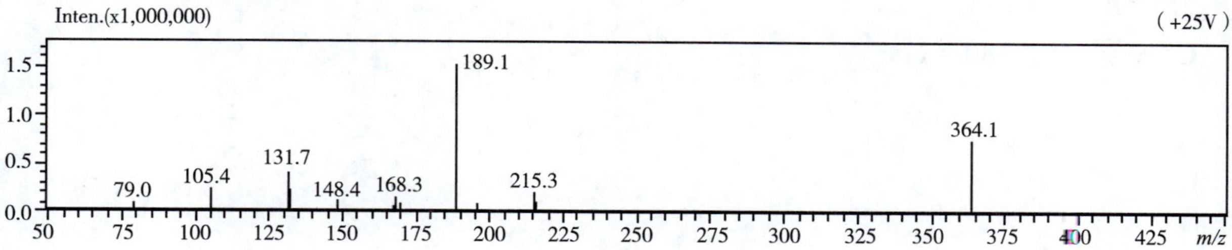

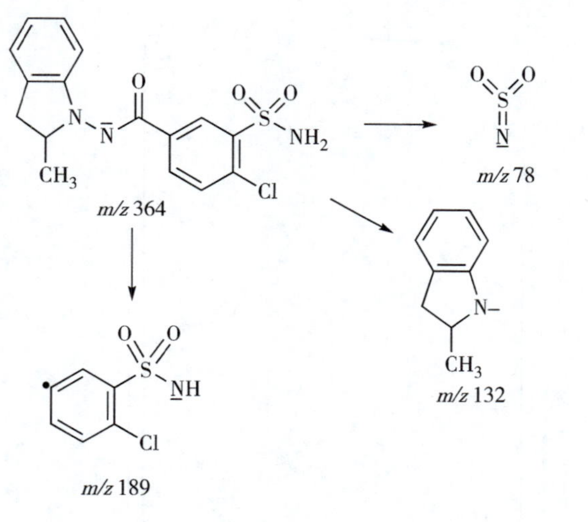

图9　吲达帕胺的质谱图

备注

1. 中文化学名　N－(2－甲基－2,3－二氢－1H－吲哚基)3－氨磺酰基－4－氯－苯甲酰胺

2. 英文化学名　3－(aminosulfonyl)－4－chloro－N－(2,3－dihydro－2－methyl－1H－indol－1－yl)benzamide

3. 性状　本品为类白色针状结晶或结晶性粉末；无臭，无味。

4. 溶解性　本品在丙酮、冰醋酸中易溶，在乙醇或乙酸乙酯中溶解，在三氯甲烷或乙醚中微溶，在水中几乎不溶；在稀盐酸中几乎不溶。

5. 溶剂　乙醇。

6. 对照品编号与批号　100257－200903

吲哚美辛

英文名 Indometacin

分子式 $C_{19}H_{16}ClNO_4$

分子量 357.79

CAS 号 53-86-1

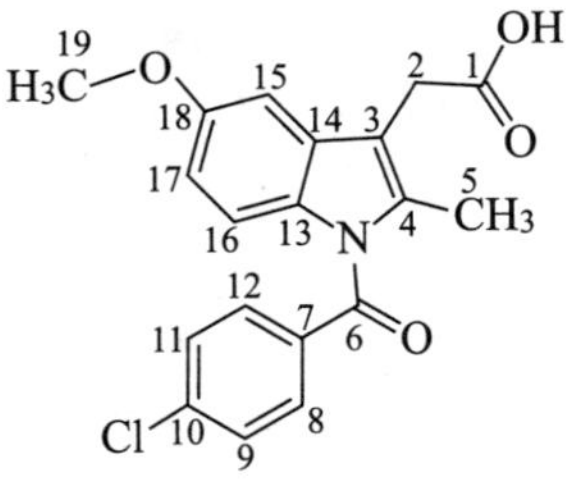

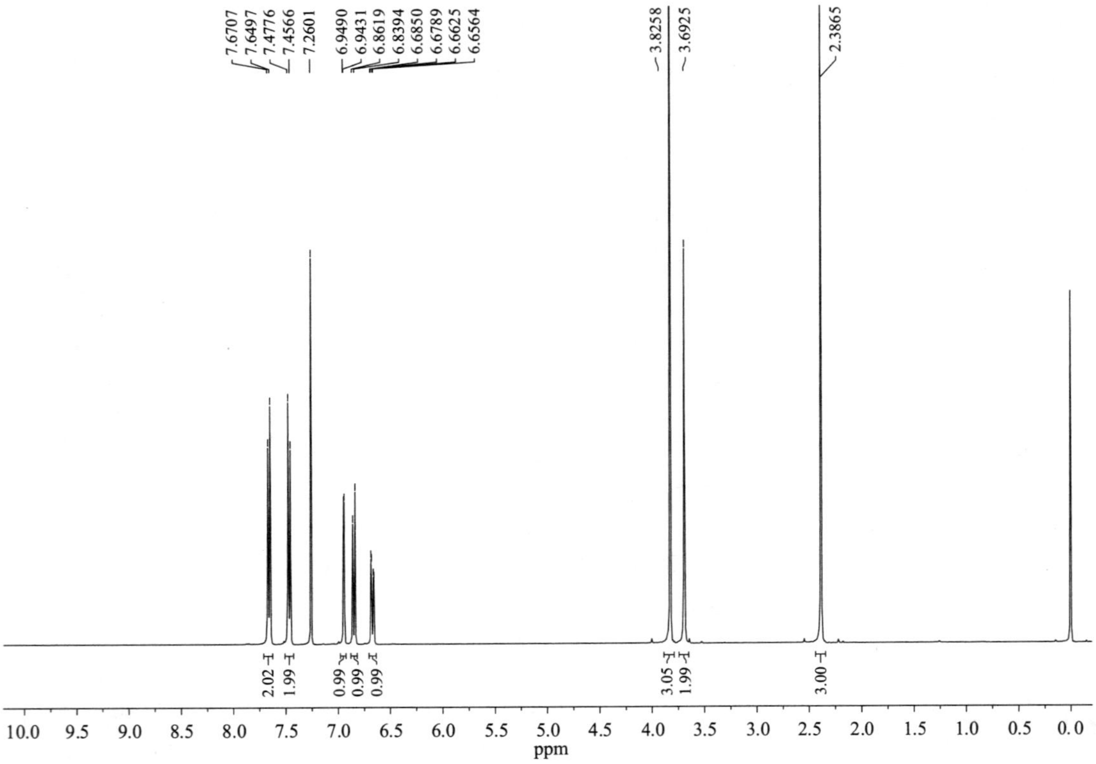

图 1 吲哚美辛的^{1}H NMR 谱（溶剂：$CDCl_3$）

^{1}H NMR：δ 7.66（H-8，12，d，J=8.4 Hz，2H），7.47（H-9，11，d，J=8.4 Hz，2H），6.95（H-15，d，J=2.4 Hz，1H），6.85（H-16，d，J=9.0 Hz，1H），6.67（H-17，dd，J=9.0，2.4 Hz，1H），3.83（H-19，s，3H），3.69（H-2，s，2H），2.39（H-5，s，3H）

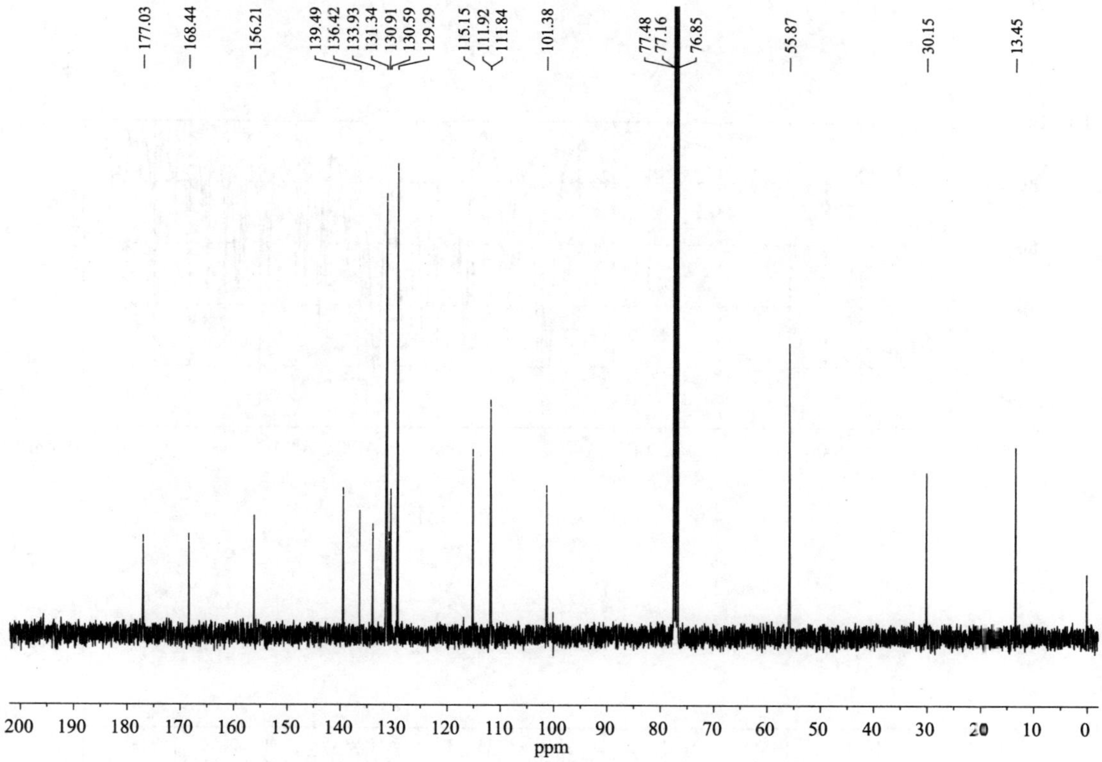

图2　吲哚美辛的^{13}C NMR谱（溶剂：$CDCl_3$）

^{13}C NMR：δ 177.03（C－1），168.44（C－6），156.21（C－18），139.49（C－10），136.42（C－4），133.93（C－7），131.34（C－8，12），130.91（C－13），130.59（C－14），129.29（C－9，11），115.15（C－16），111.92（C－3），111.84（C－17），101.38（C－15），55.87（C－19），30.15（C－2），13.45（C－5）

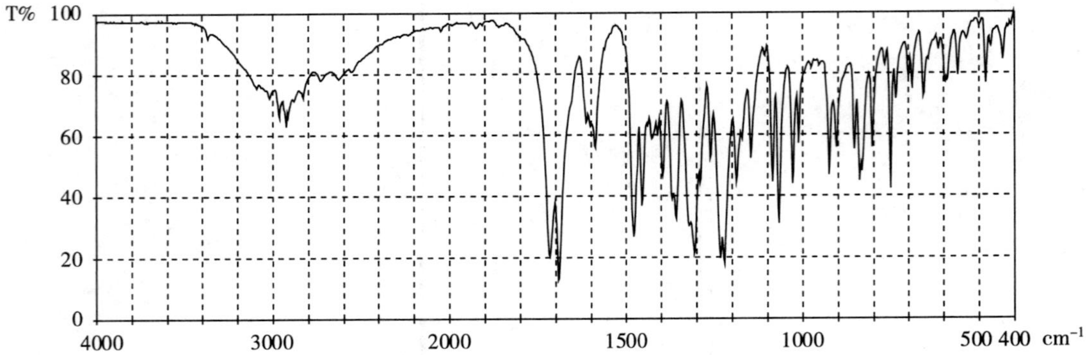

图 3　吲哚美辛的红外光谱图

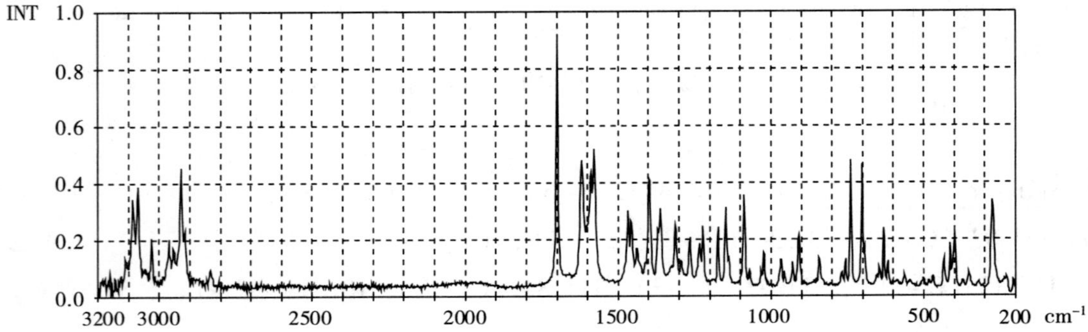

图 4　吲哚美辛的拉曼光谱图

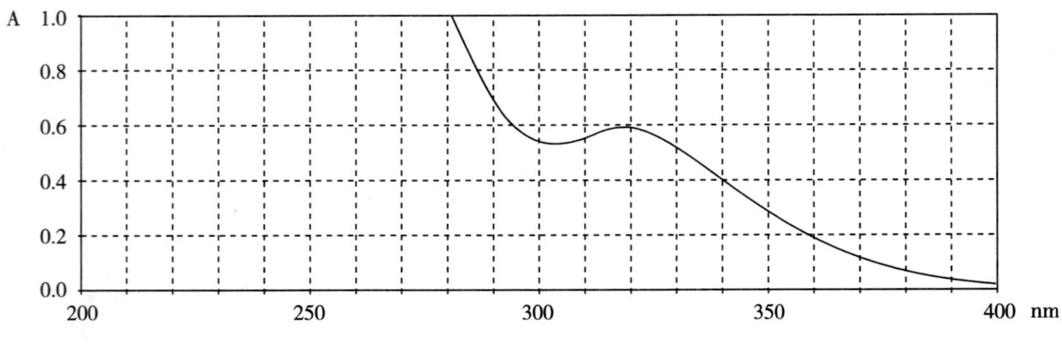

图 5　吲哚美辛的紫外光谱图

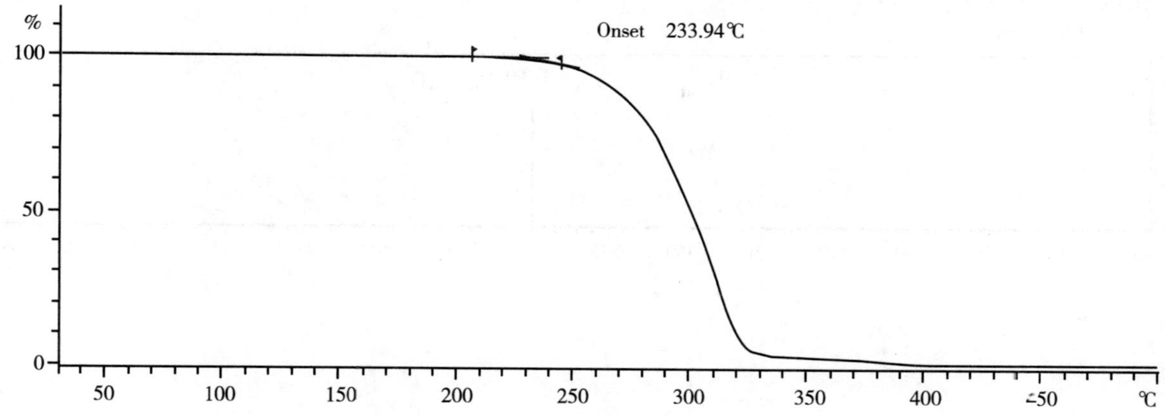

图 6 吲哚美辛的 TG 图

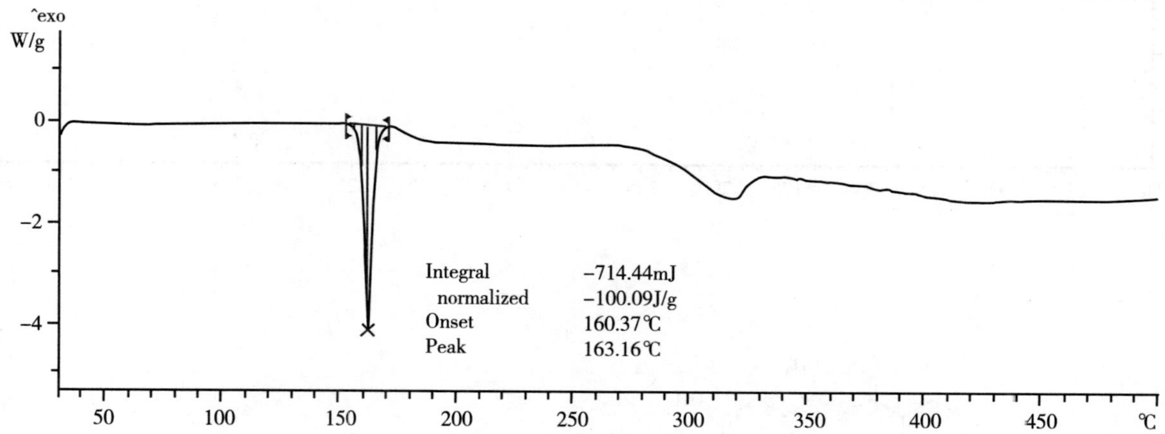

图 7 吲哚美辛的 DSC 图

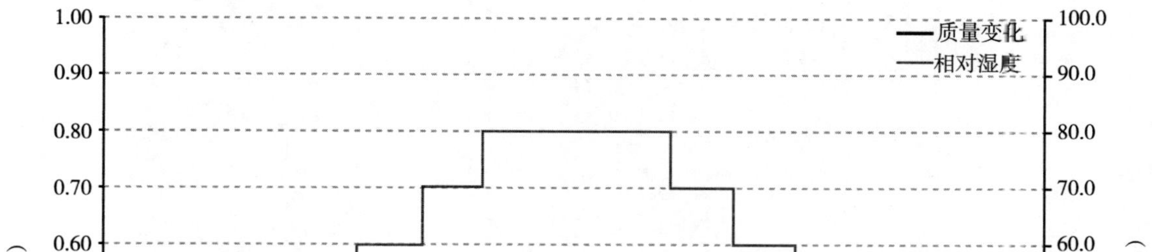

图 8 吲哚美辛的 DVS 图

正离子扫描模式（一级）

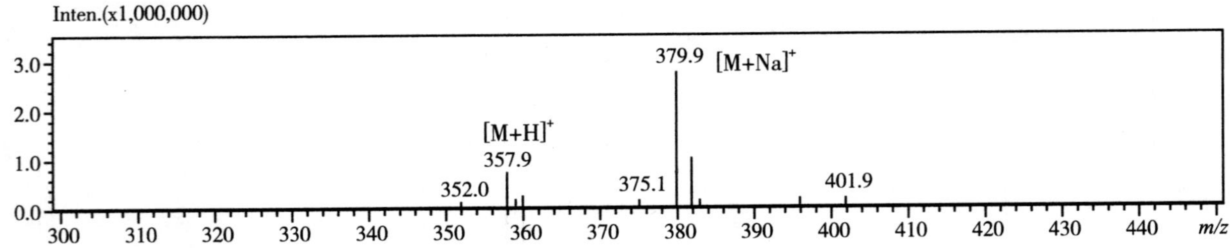

正离子扫描模式（二级）

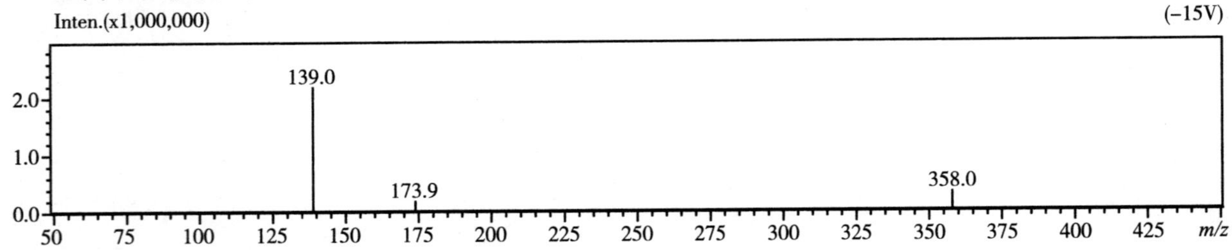

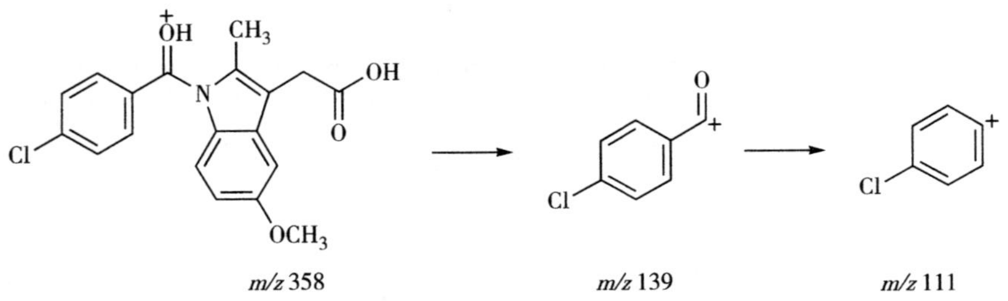

负离子扫描模式（一级）

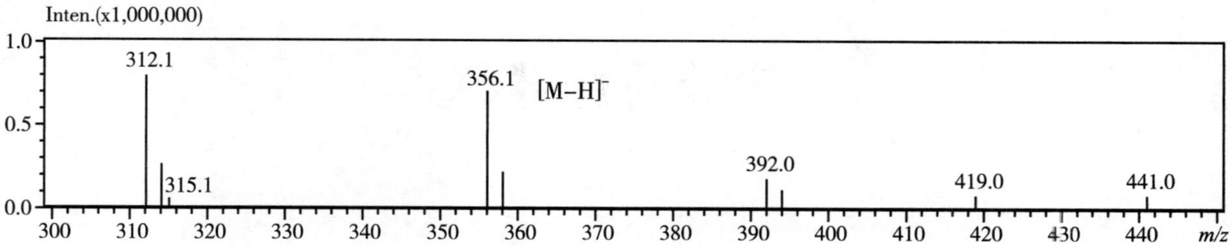

负离子扫描模式（二级）

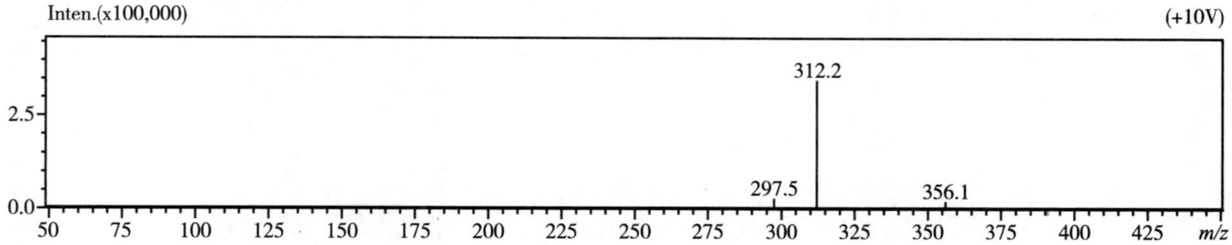

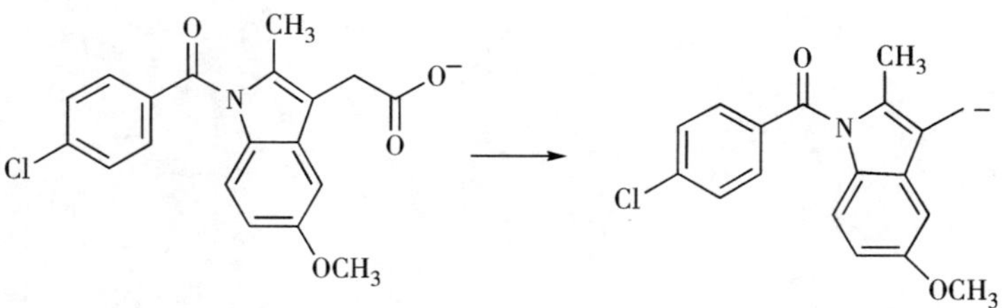

m/z 356　　*m/z* 312

图 9　吲哚美辛的质谱图

备注

1. 中文化学名　2－甲基－1－(4－氯苯甲酰基)－5－甲氧基－1*H*－吲哚－3－乙酸

2. 英文化学名　1－(4－chlorobenzoyl)－5－methoxy－2－methyl－1*H*－indole－3－acetic acid

3. 性状　本品为类白色至微黄色结晶性粉末；几乎无臭，无味。

4. 溶解性　本品在丙酮中溶解，在甲醇、乙醇、三氯甲烷或乙醚中略溶，在甲苯中极微溶解，在水中几乎不溶。

5. 溶剂　乙醇。

6. 对照品编号与批号　100258－200904

盐酸马普替林

英文名 Maprotiline Hydrochloride

分子式 $C_{20}H_{23}N \cdot HCl$

分子量 313.86

CAS 号 10347-81-6

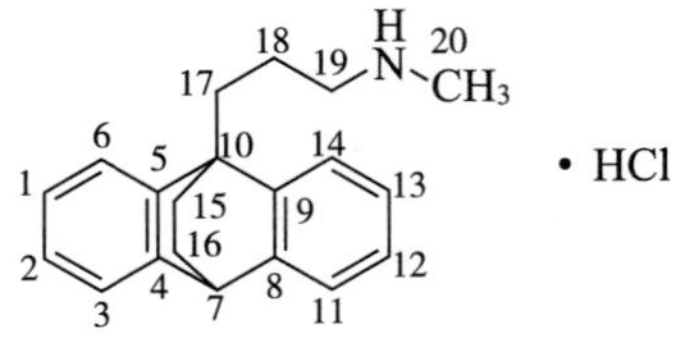

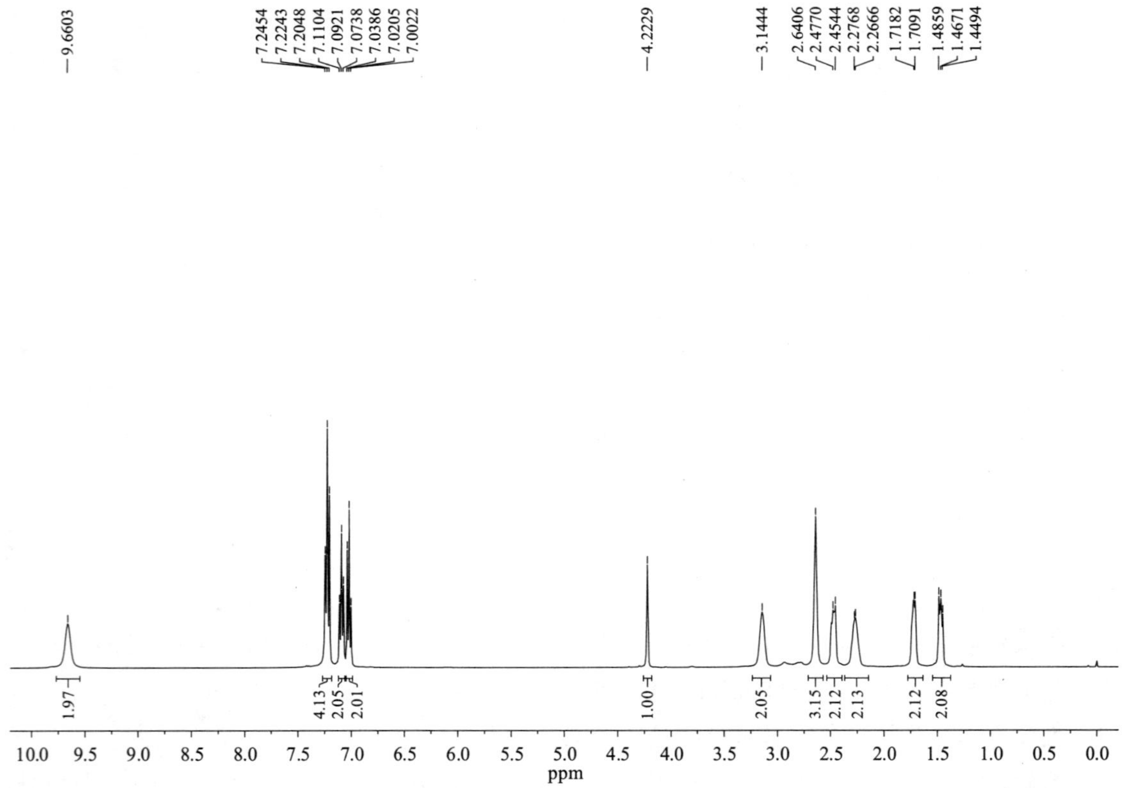

图 1 盐酸马普替林的 ^1H NMR 谱（溶剂：$CDCl_3$）

^1H NMR：δ 9.66（NH，brs，2H），7.27～7.18（H-3，6，11，14，m，4H），7.09（H-1，13，t，J=7.3 Hz，2H），7.02（H-2，12，t，J=7.3 Hz，2H），4.22（H-7，s，1H），3.24～3.07（H-19，m，2H），2.64（H-20，s，3H），2.53～2.39（H-16，m，2H），2.37～2.14（H-15，m，2H），1.78 1.64（H-18，m，2H），1.54～1.37（H-17，m，2H）

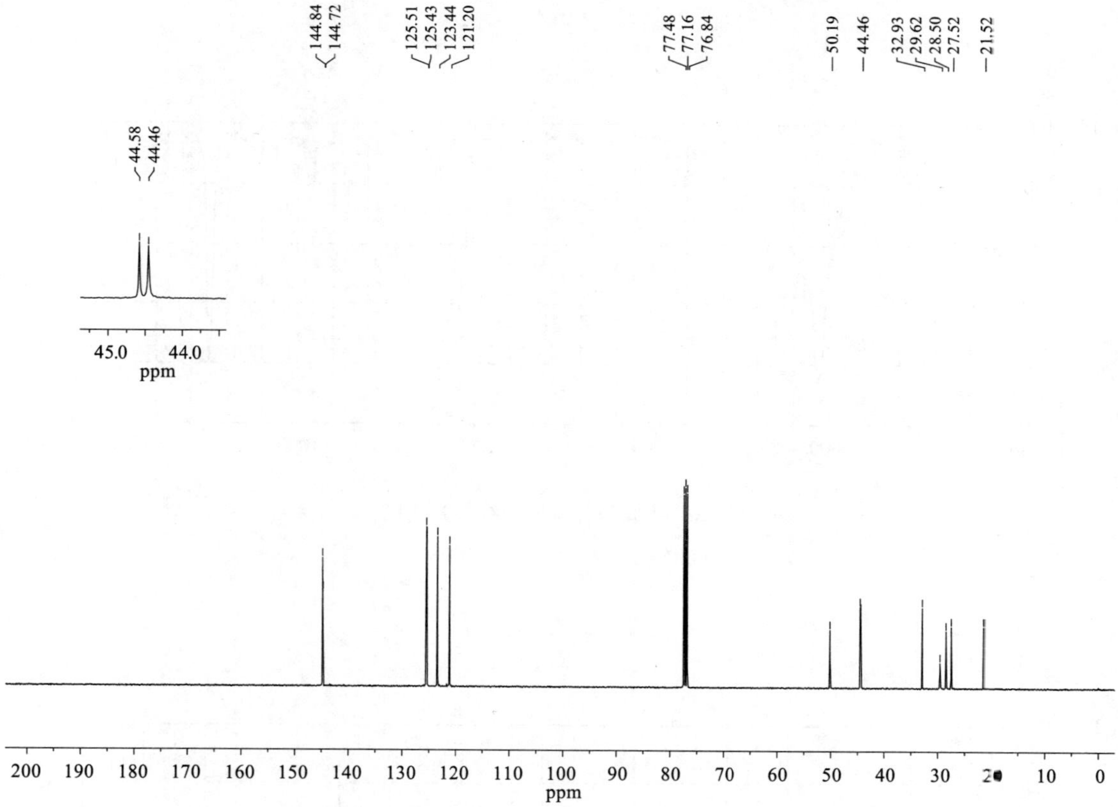

图2　盐酸马普替林的^{13}C NMR谱（溶剂：$CDCl_3$）

^{13}C NMR：δ 144.84（C－5，9），144.72（C－4，8），125.51（C－1，13），125.43（C－2，12），123.44（C－3，11），121.20（C－6，14），50.19（C－19），44.58（C－10），44.46（C－7），32.93（C－20），29.62（C－17），28.50（C－15），27.52（C－16），21.52（C－18）

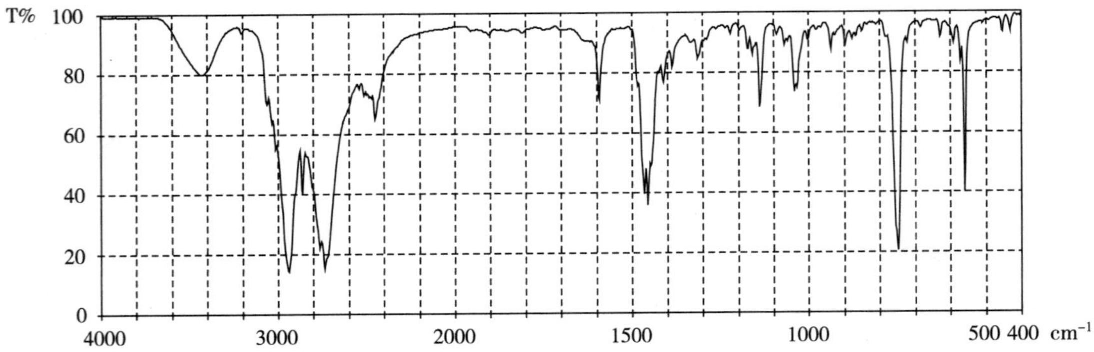

图 3　盐酸马普替林的红外光谱图

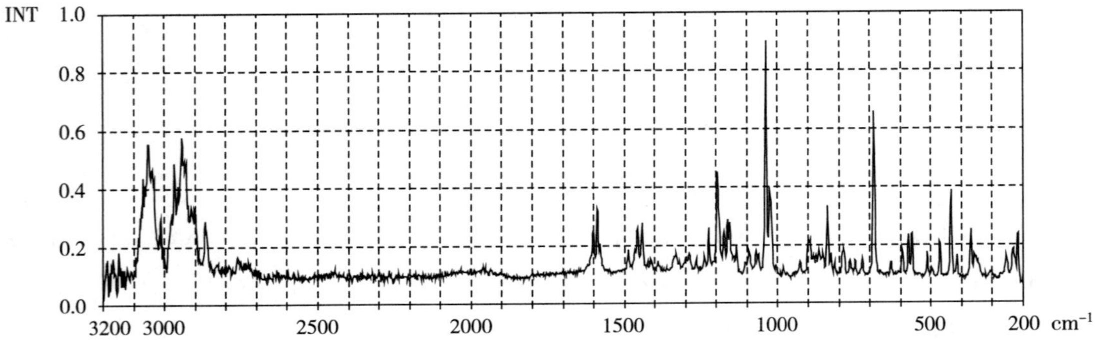

图 4　盐酸马普替林的拉曼光谱图

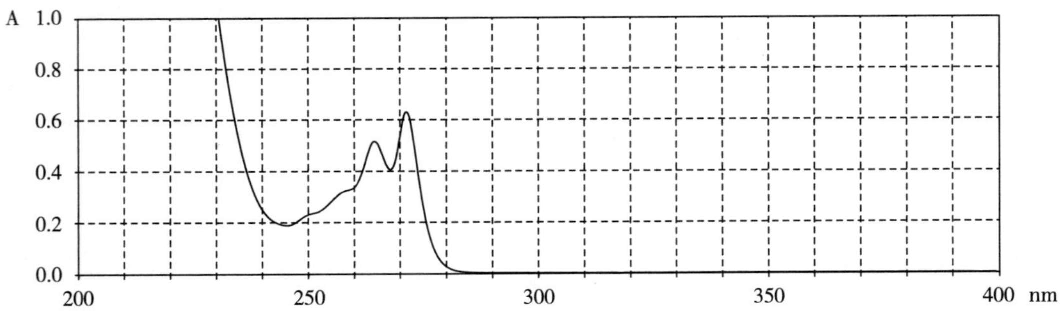

图 5　盐酸马普替林的紫外光谱图

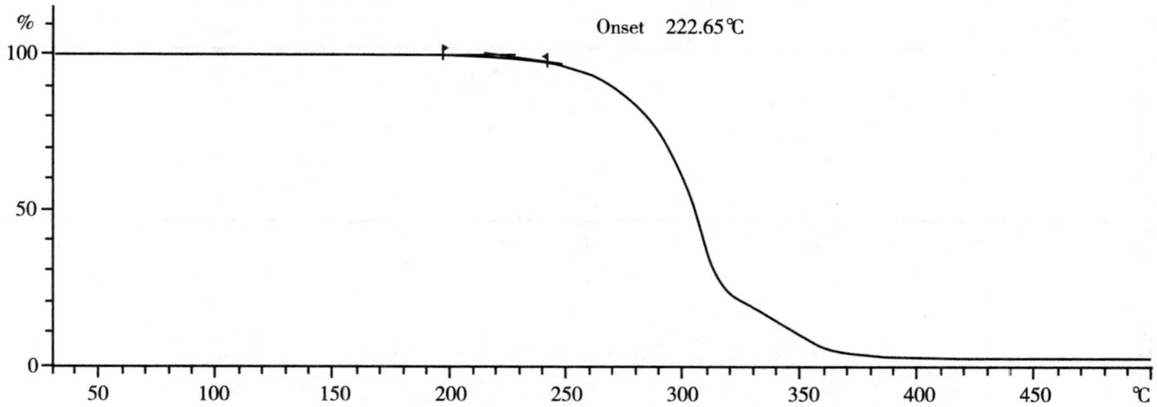

图 6　盐酸马普替林的 TG 图

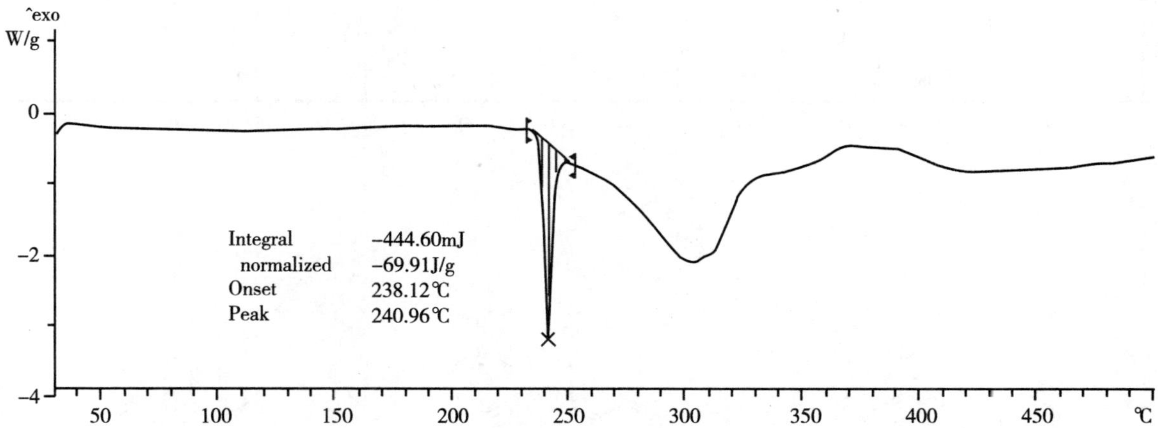

图 7　盐酸马普替林的 DSC 图

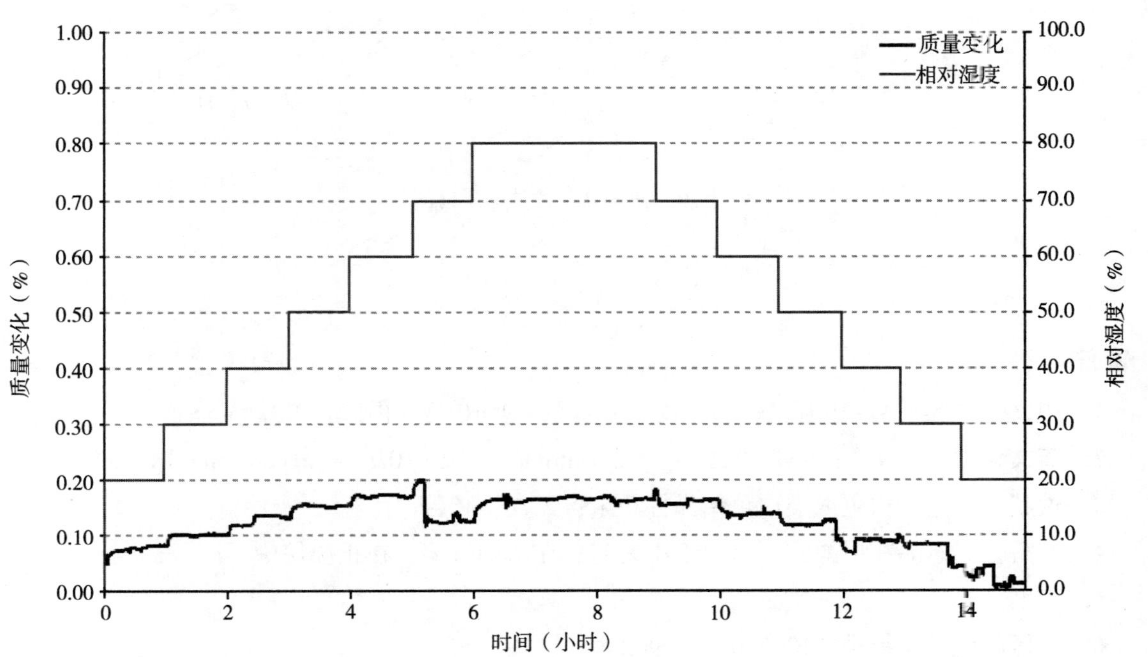

图 8　盐酸马普替林的 DVS 图

正离子扫描模式（一级）

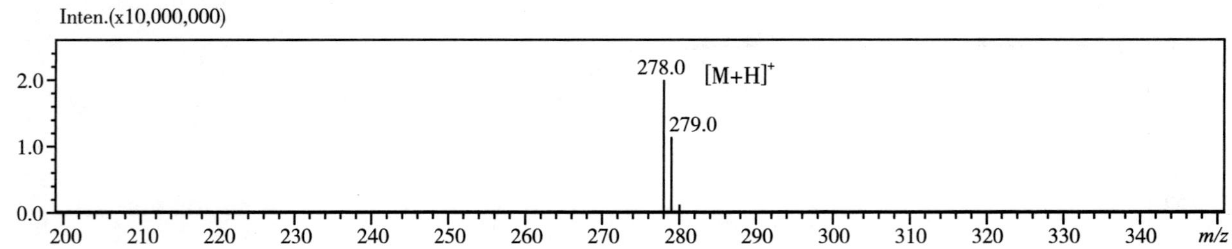

正离子扫描模式（二级）

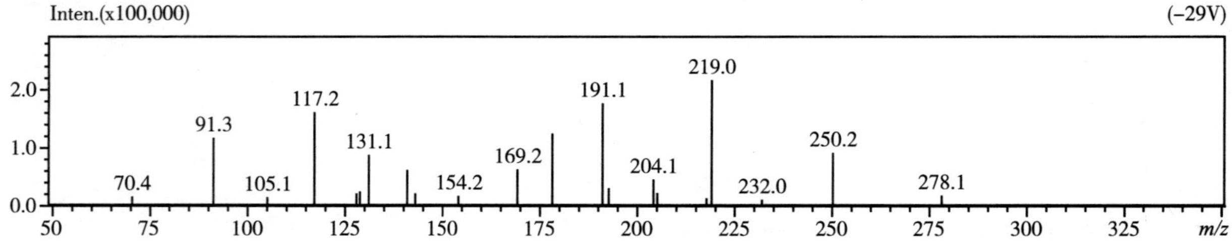

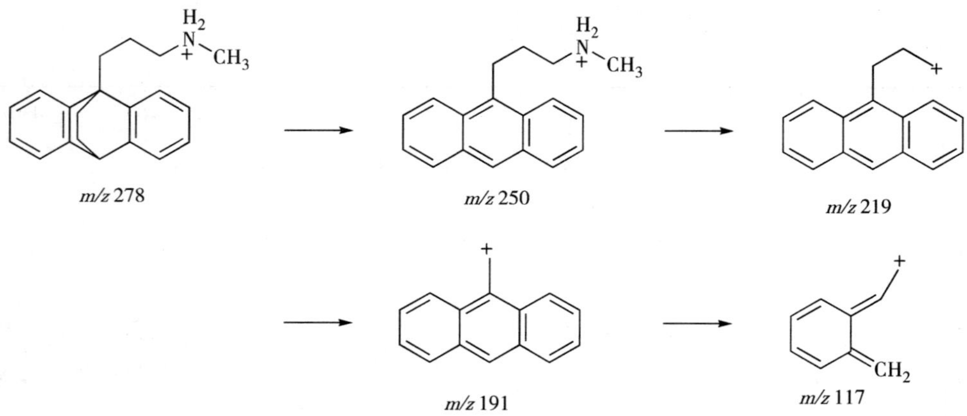

图9　盐酸马普替林的质谱图

备注

1. 中文化学名　*N*－甲基－9,10－桥亚乙基蒽－9(10*H*)－丙胺盐酸盐

2. 英文化学名　*N*－methyl－9,10－ethanoanthracene－9(10*H*)－propanamine hydrochloride

3. 性状　本品为白色或类白色结晶性粉末；无臭，味苦。

4. 溶解性　本品在甲醇或三氯甲烷中易溶，在水中微溶，在正庚烷中不溶。

5. 溶剂　水。

6. 对照品编号与批号　100260－200902

盐酸去氧肾上腺素

英文名 Phenylephrine Hydrochloride

分子式 $C_9H_{13}NO_2 \cdot HCl$

分子量 203.67

CAS 号 61-76-7

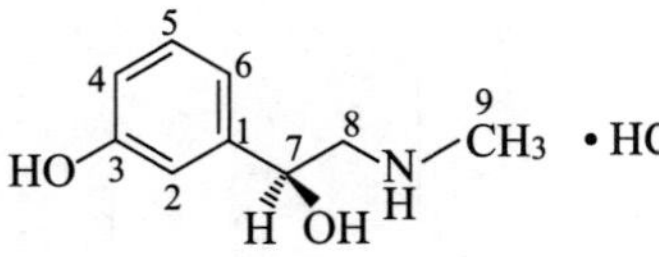

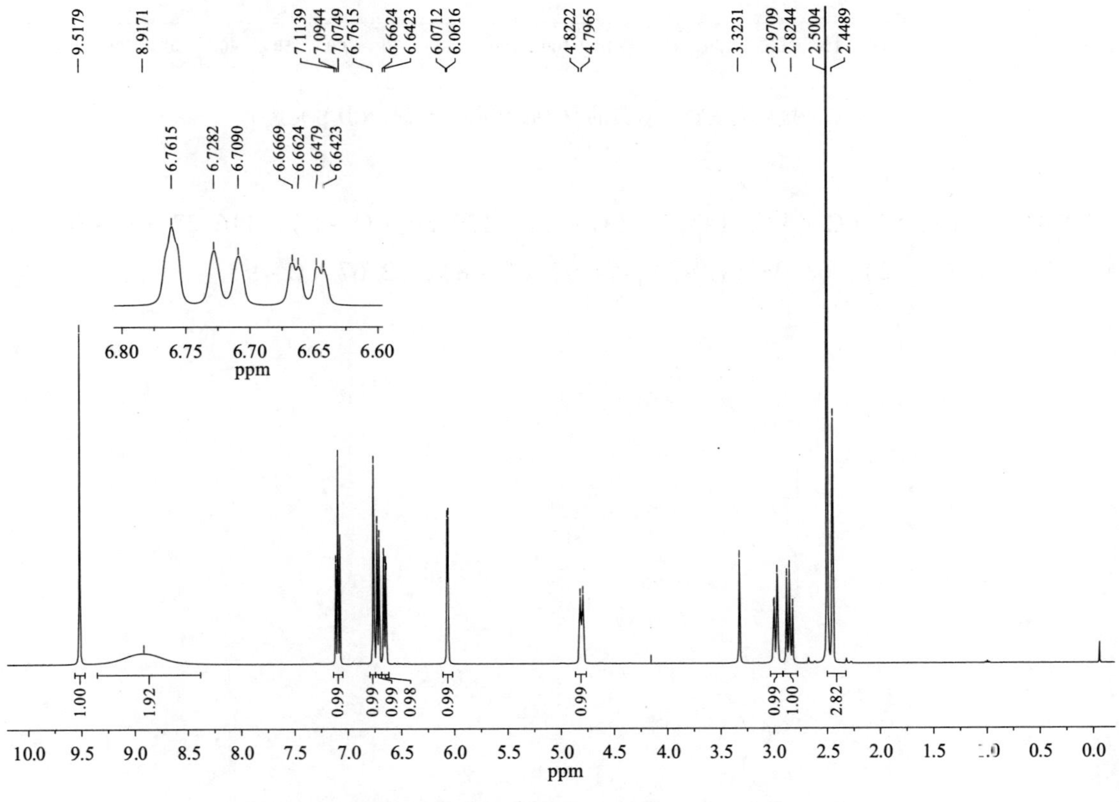

图1 盐酸去氧肾上腺素的[1]H NMR 谱（溶剂：CD_3SOCD_3）

^{1}H NMR：δ 9.52（OH，s，1H），8.92（NH·HCl，brs，2H），7.09（H-5，t，J=7.8 Hz，1H），6.76（H-2，s，1H），6.72（H-6，d，J=7.7 Hz，1H），6.65（H-4，dd，J=7.8，2.0 Hz，1H），6.02（OH—CH，d，J=3.9 Hz，1H），4.81（H-7，m，1H），2.97（H-8a，m，1H），2.85（H-8b，m，1H），2.45（H-9，s，3H）

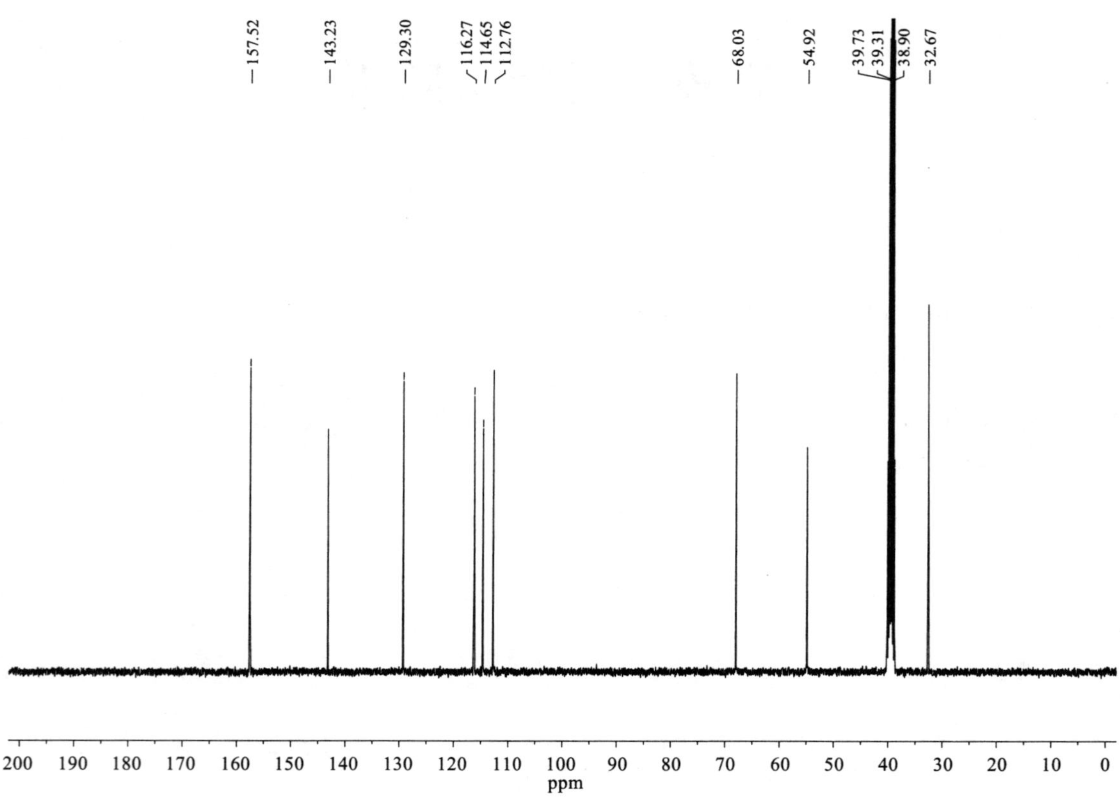

图2　盐酸去氧肾上腺素的^{13}C NMR谱（溶剂：CD_3SOCD_3）

^{13}C NMR：δ 157.52（C－3），143.23（C－1），129.30（C－5），116.27（C－6），114.65（C－4），112.76（C－2），68.03（C－7），54.92（C－8），32.67（C－9）

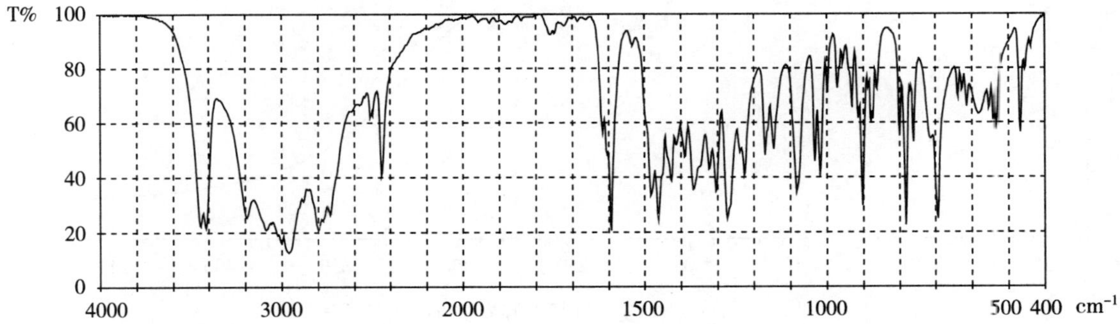

图 3　盐酸去氧肾上腺素的红外光谱图

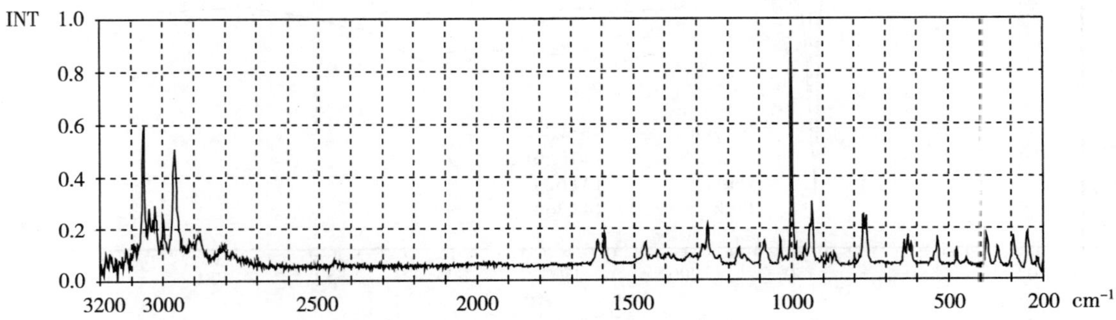

图 4　盐酸去氧肾上腺素的拉曼光谱图

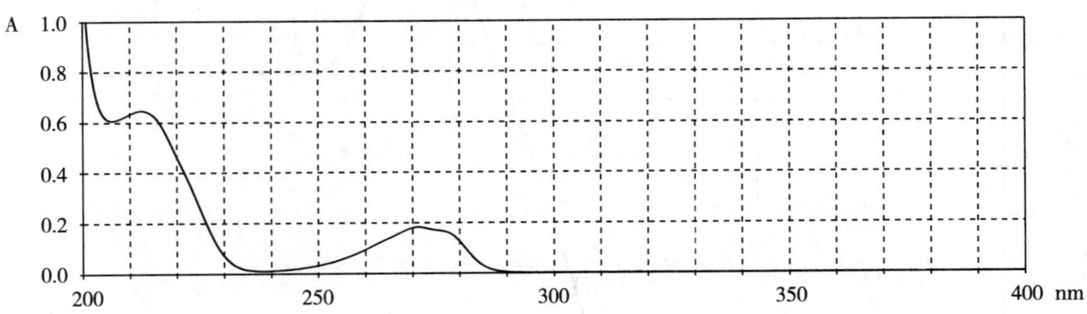

图 5　盐酸去氧肾上腺素的紫外光谱图

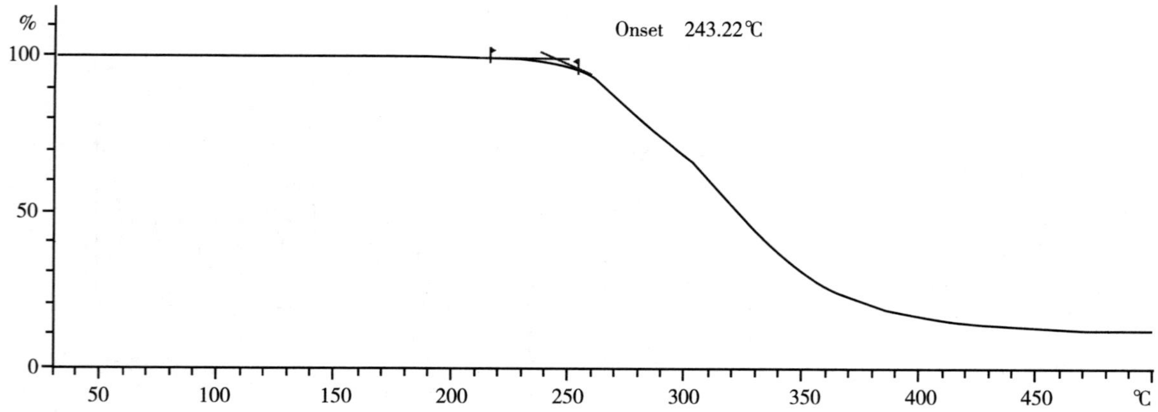

图 6　盐酸去氧肾上腺素的 TG 图

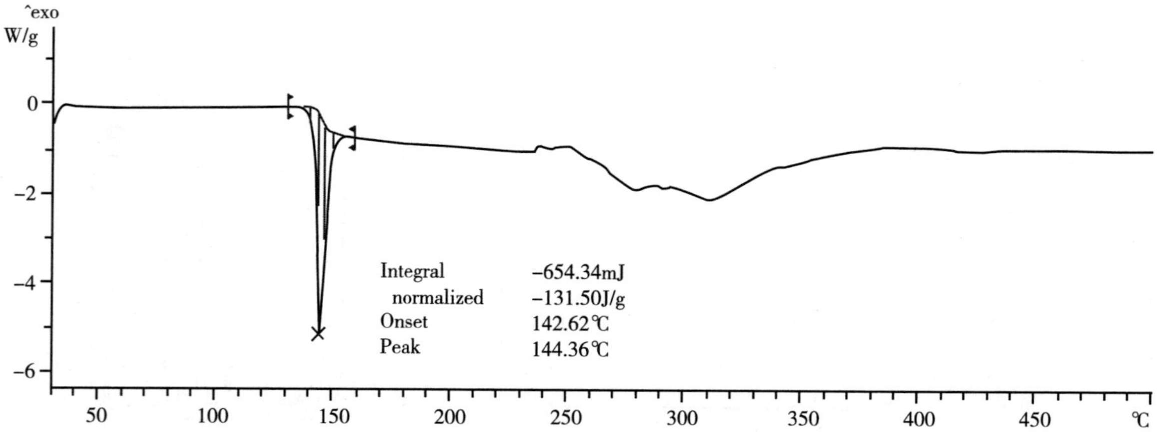

图 7　盐酸去氧肾上腺素的 DSC 图

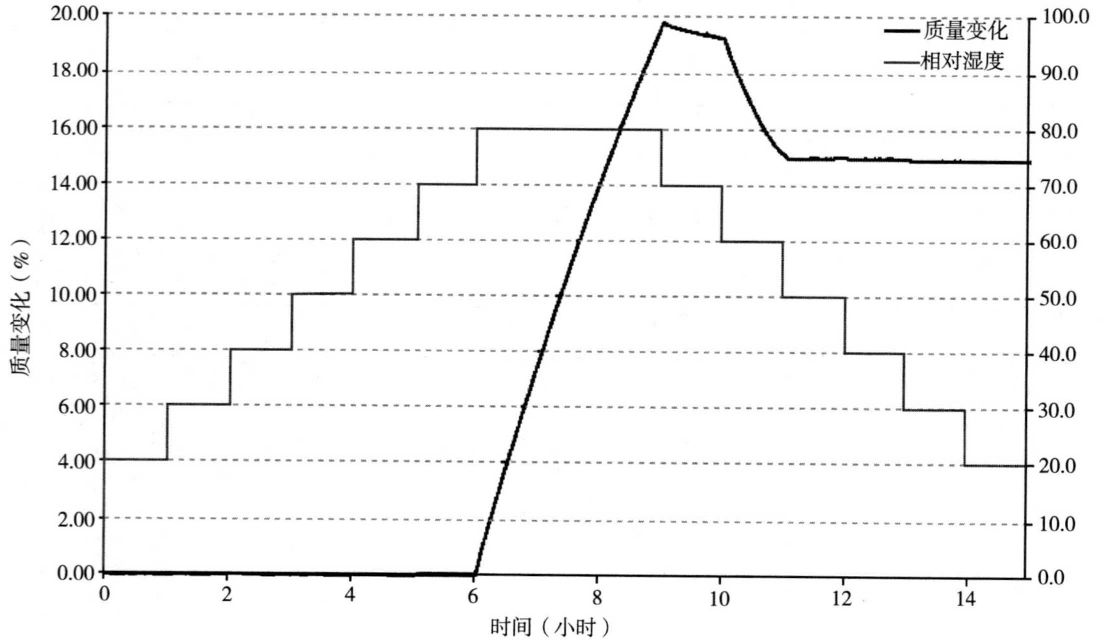

图 8　盐酸去氧肾上腺素的 DVS 图

正离子扫描模式（一级）

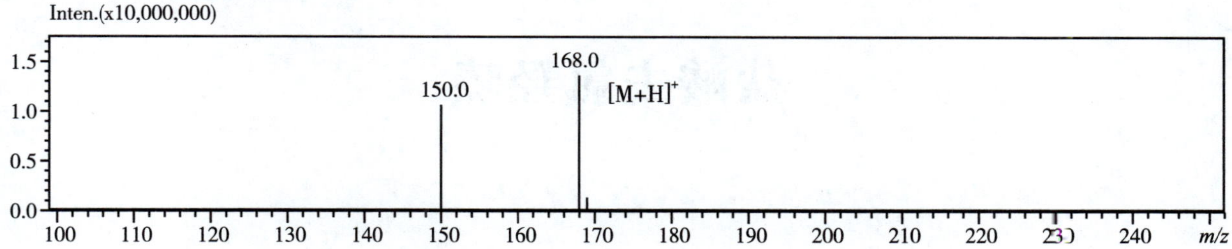

正离子扫描模式（二级）

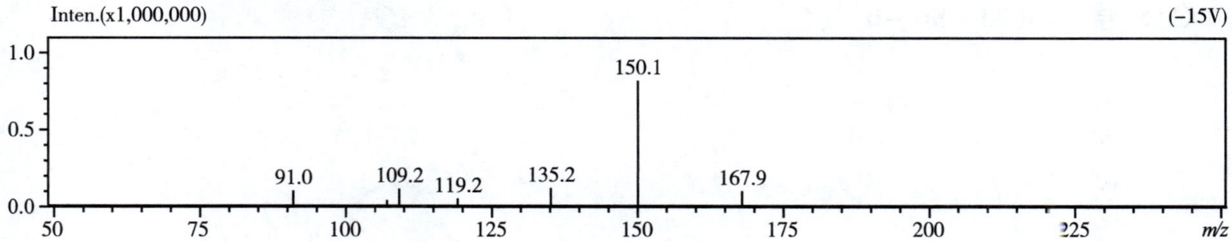

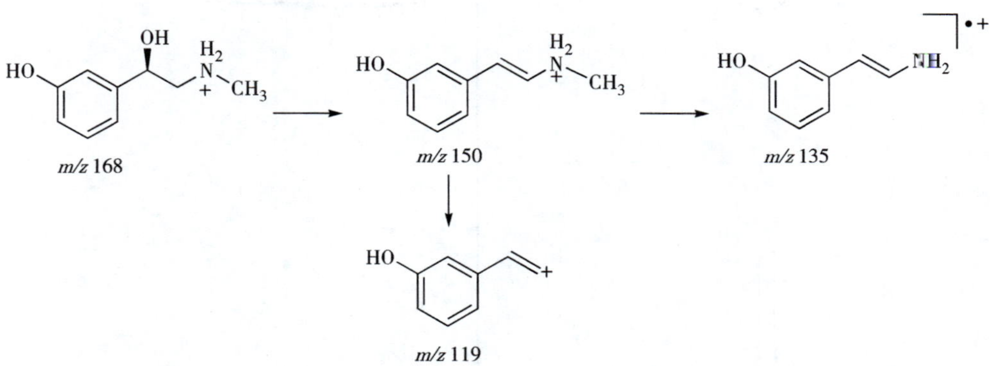

图9　盐酸去氧肾上腺素的质谱图

备注

1. 中文化学名　(*R*)-(-)-α-[(甲氨基)甲基]-3-羟基苯甲醇盐酸盐

2. 英文化学名　(αR)-3-hydroxy-α-[(methylamino)methyl]benzenemethanol hydrochloride

3. 性状　本品为白色或类白色的结晶性粉末；无臭，味苦。

4. 溶解性　本品在水或乙醇中易溶，在三氯甲烷或乙醚中不溶。

5. 溶剂　0.1mol/L 盐酸溶液。

6. 对照品编号与批号　100261-200802

盐酸去氯羟嗪

英文名 Decloxizine Hydrochloride

分子式 $C_{21}H_{28}N_2O_2 \cdot 2HCl$

分子量 413.38

CAS 号 13073 - 96 - 6

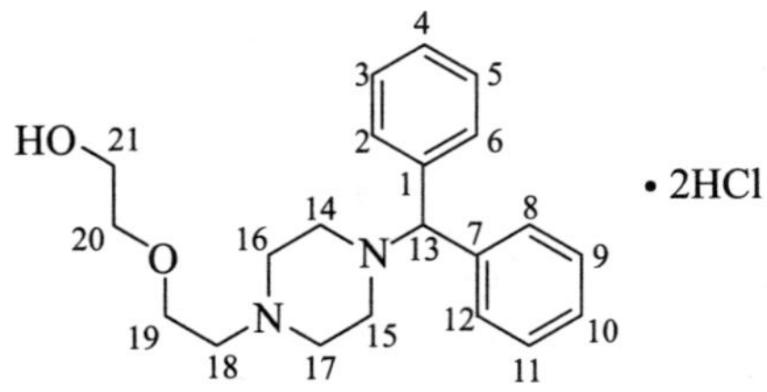

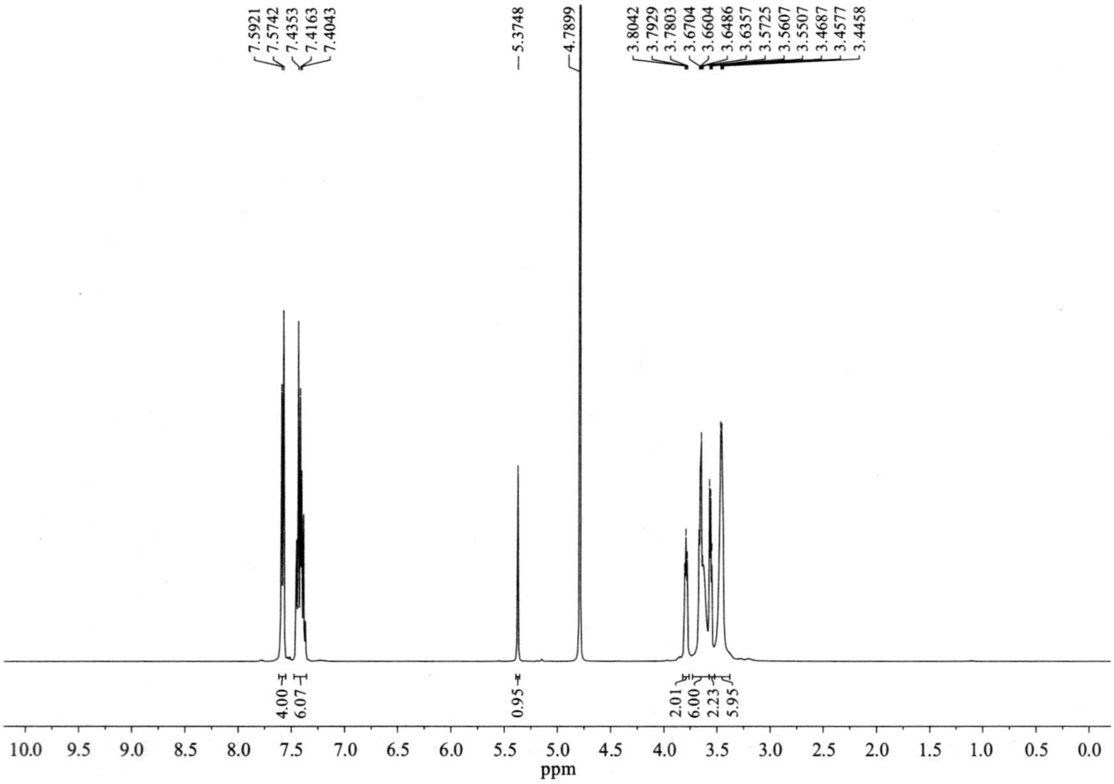

图 1　盐酸去氯羟嗪的^{1}H NMR 谱（溶剂：D_2O）

^{1}H NMR：δ 7.58（H-2, 6, 8, 12, d, J = 7.2 Hz, 4H），7.43 ~ 7.40（H-3, 4, 5, 9, 10, 11, m, 6H），5.37（H-13, s, 1H），3.80 ~ 3.78（H-20, m, 2H），3.67 ~ 3.64（m, 6H），3.57 ~ 3.55（m, 2H），3.47 ~ 3.45（m, 6H）

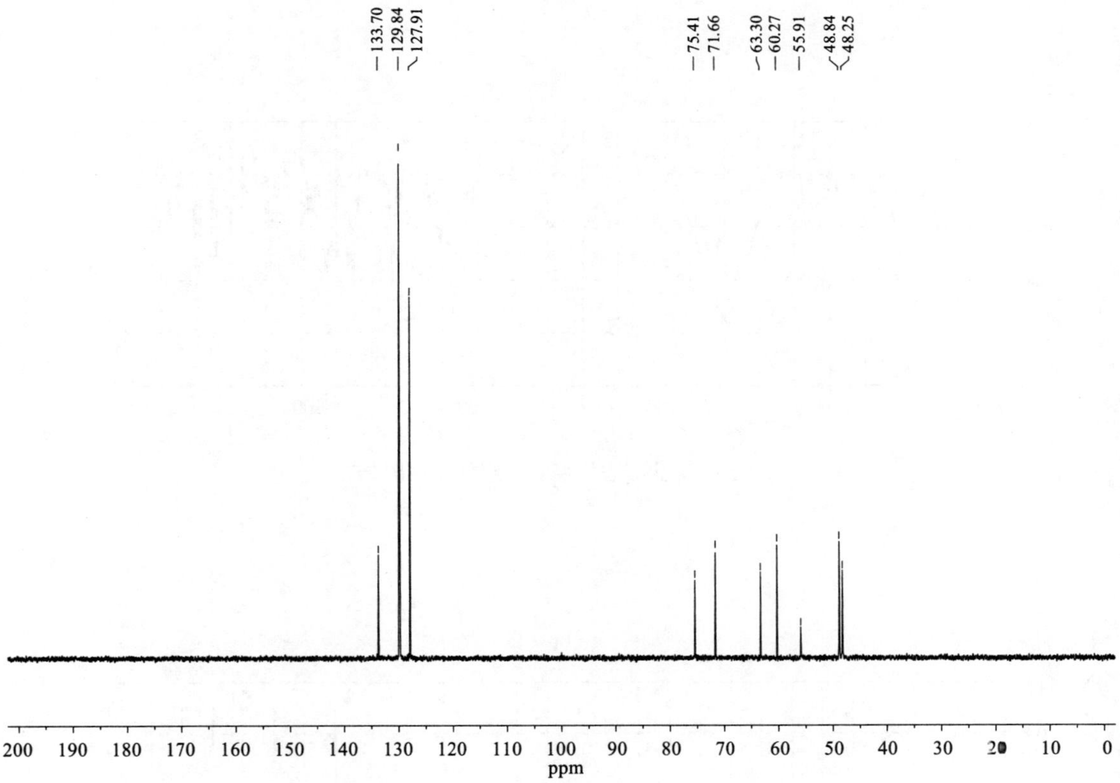

图2　盐酸去氯羟嗪的^{13}C NMR谱（溶剂：D_2O）

^{13}C NMR：δ 133.70（C－1，7），129.84（C－3，5，9，11），127.91（C－2，6，8，12，4，10），75.41（C－13），71.66（C－20），63.30（C－19），60.27（C－21），55.91（C－18），48.84（C－16，17），48.25（C－14，15）

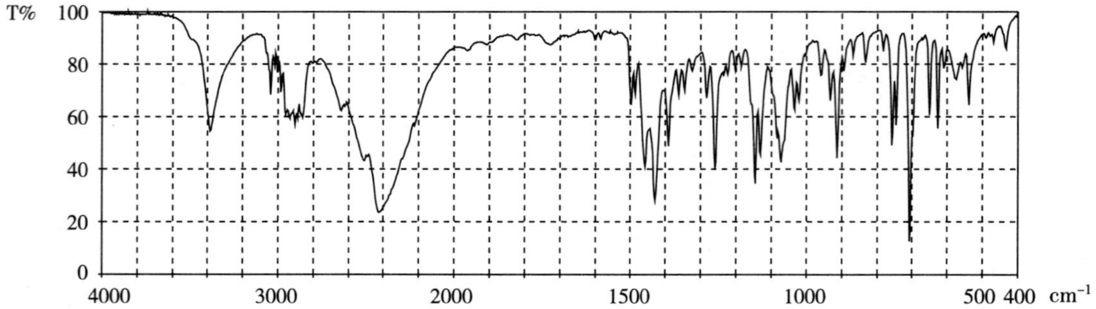

图 3　盐酸去氯羟嗪的红外光谱图

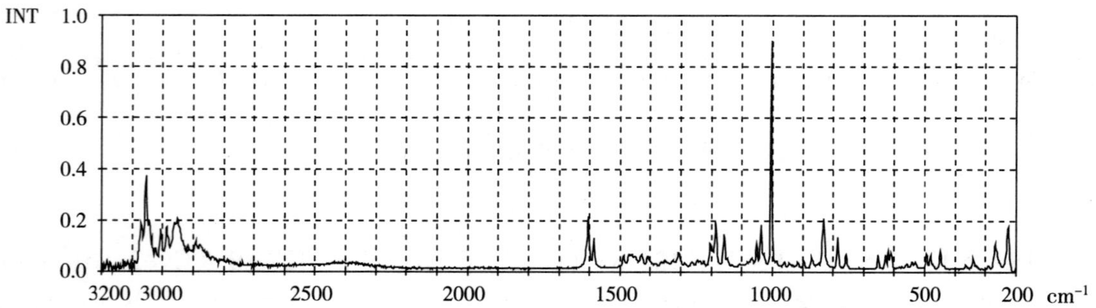

图 4　盐酸去氯羟嗪的拉曼光谱图

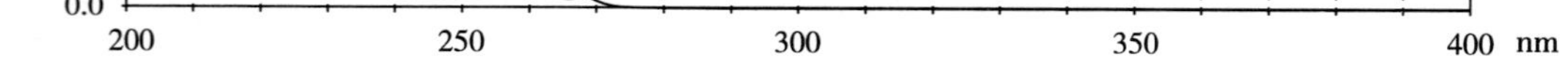

图 5　盐酸去氯羟嗪的紫外光谱图

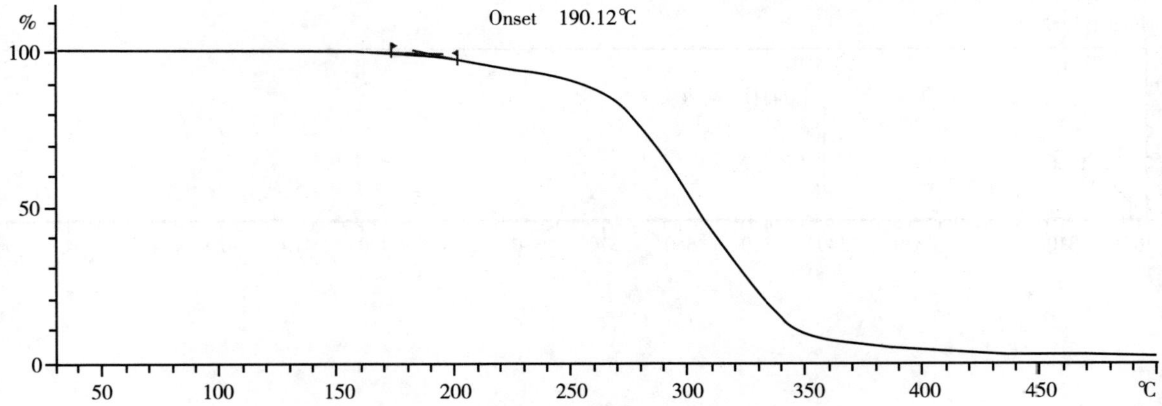

图 6 盐酸去氯羟嗪的 TG 图

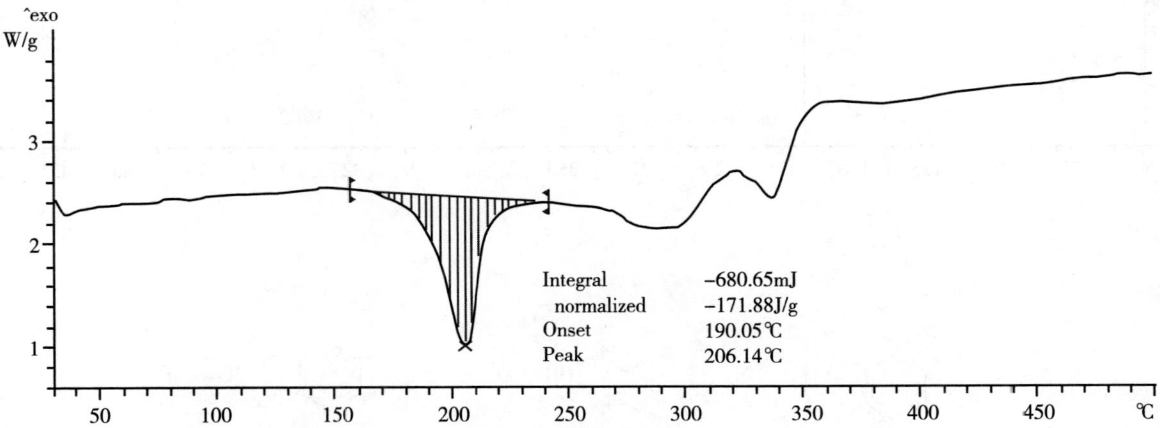

图 7 盐酸去氯羟嗪的 DSC 图

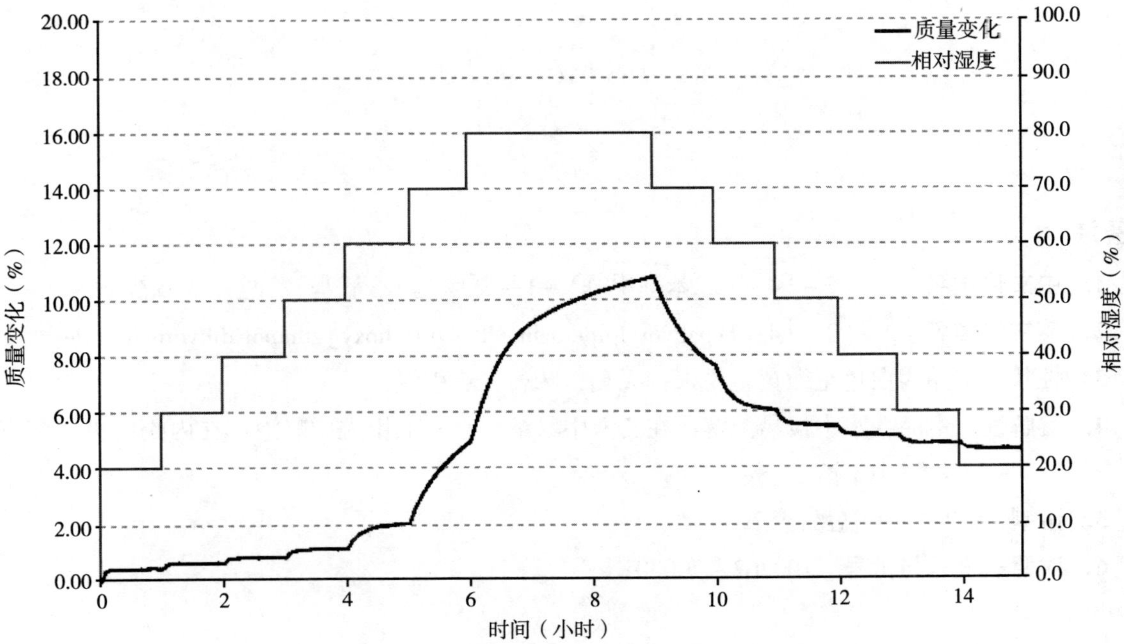

图 8 盐酸去氯羟嗪的 DVS 图

正离子扫描模式（一级）

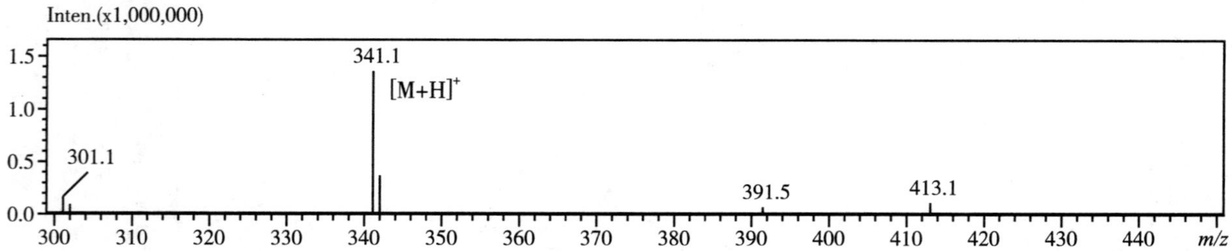

正离子扫描模式（二级）

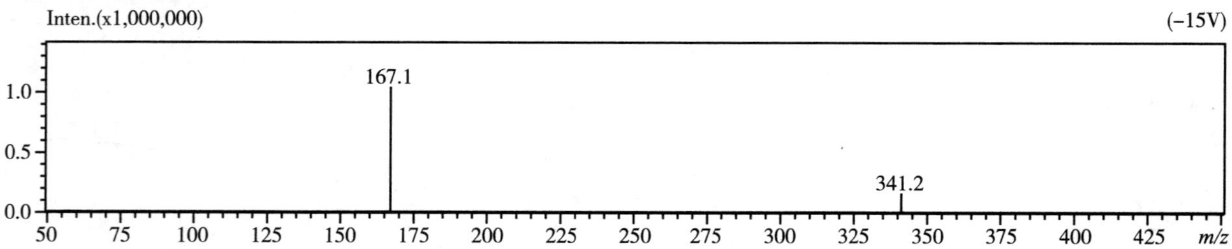

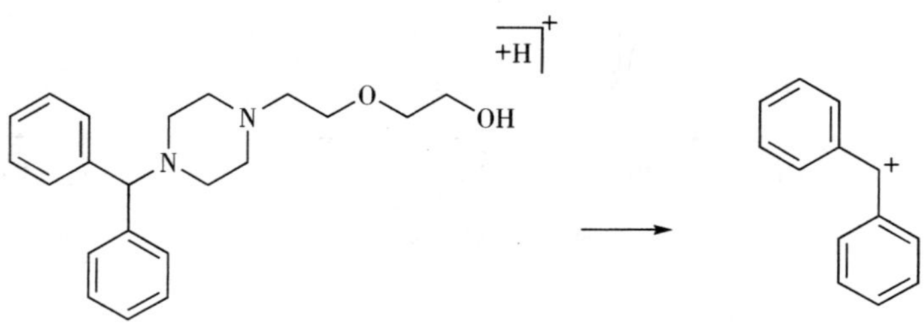

m/z 341　　*m/z* 167

图 9　盐酸去氯羟嗪的质谱图

备注

1. **中文化学名**　2－[2－[4－(二苯基甲基)－1－哌嗪基]乙氧基]乙醇二盐酸盐
2. **英文化学名**　2－[2－(4－benzhydrylpiperazin－1－yl)ethoxy]ethanol dihydrochloride
3. **性状**　本品为白色至微黄色粉末；无臭，味苦；有引湿性。
4. **溶解性**　本品在水中极易溶解，在乙醇中易溶，在三氯甲烷中略溶，在丙酮中极微溶解，在乙醚中不溶。
5. **溶剂**　0.1mol/L 盐酸溶液。
6. **对照品编号与批号**　100262－200301

盐 酸 羟 嗪

英文名 Hydroxyzine Hydrochloride

分子式 $C_{21}H_{27}ClN_2O_2 \cdot 2HCl$

分子量 447.83

CAS 号 2192－20－3

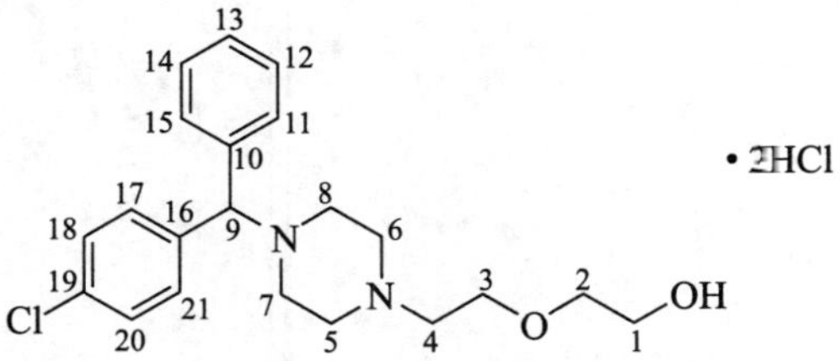

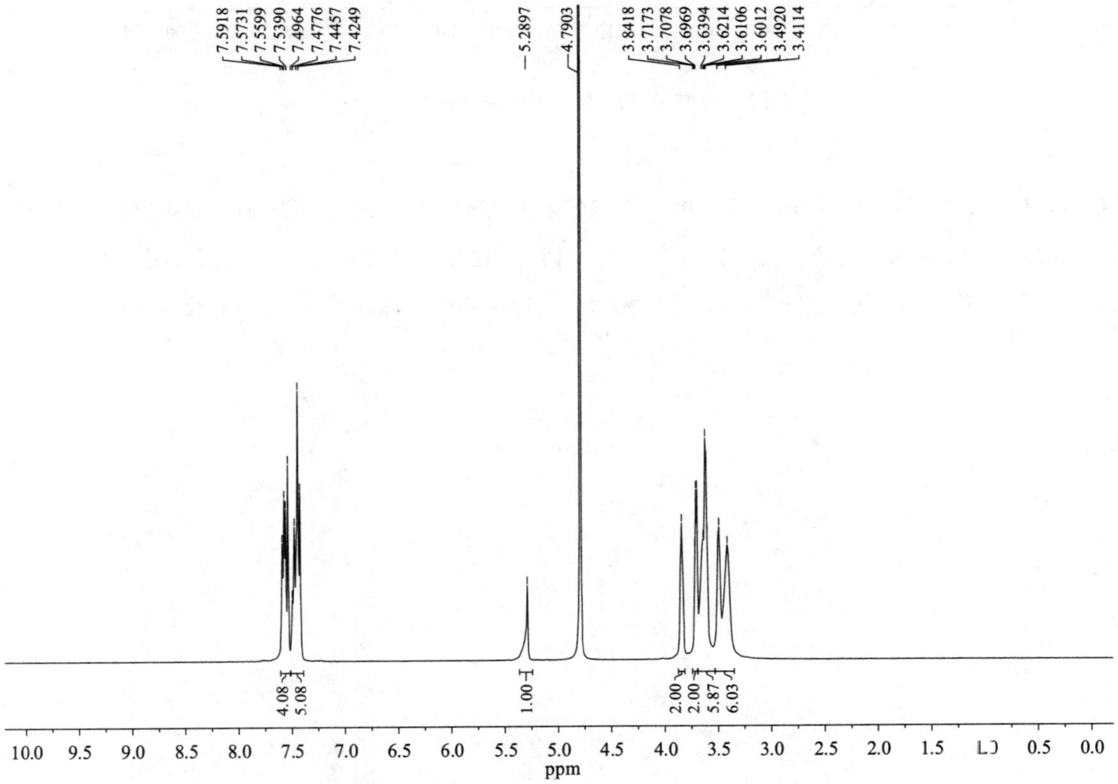

图 1 盐酸羟嗪的^{1}H NMR 谱（溶剂：D_2O）

^{1}H NMR：δ 7.59～7.53（Ar－H，m，4H），7.49～7.42（Ar－H，m，5H），5.29（H－9，s，1H），3.86～3.83（H－1，m，2H），3.71～3.70（H－3，m，2H），3.68～3.53（m，6H），3.54～3.35（m，6H）

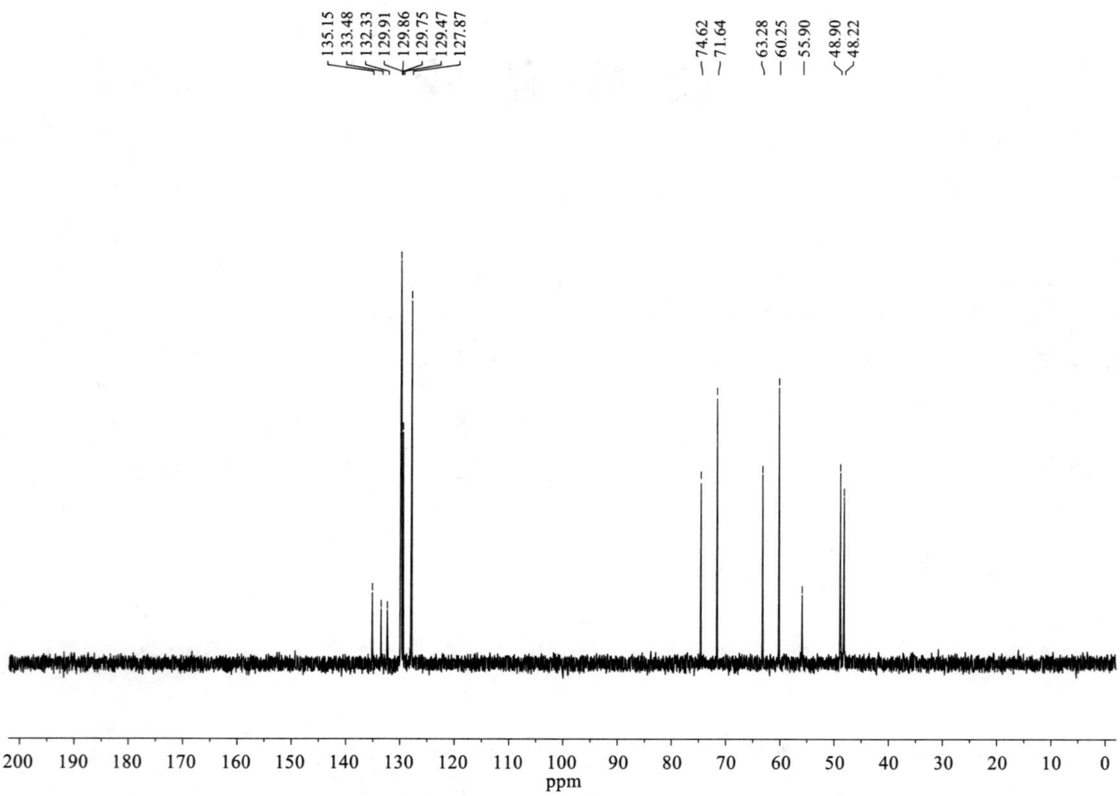

图 2　盐酸羟嗪的^{13}C NMR 谱（溶剂：D_2O）

^{13}C NMR：δ 135.15（C－10），133.48（C－16），132.33（C－19），129.91（C－13），129.86（C－17，21），129.75（C－18，20），129.47（C－12，14），127.87（C－11，15），74.62（C－9），71.64（C－2），63.28（C－3），60.25（C－1），55.90（C－4），48.90（C－5，6），48.22（C－7，8）

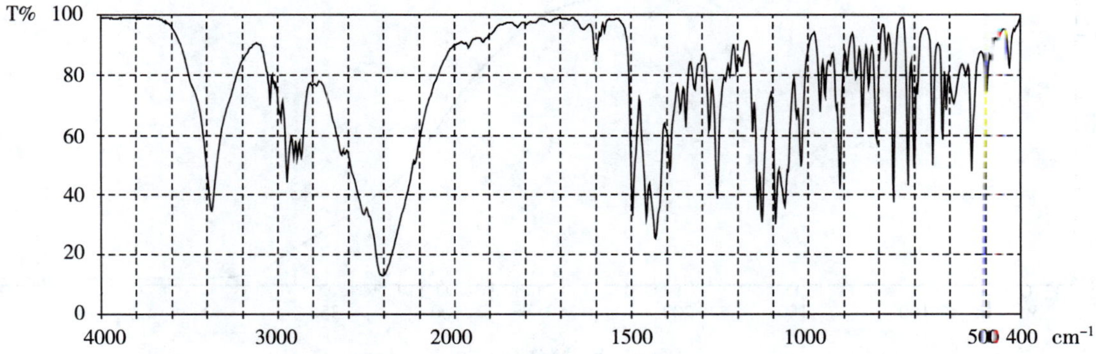

图 3　盐酸羟嗪的红外光谱图

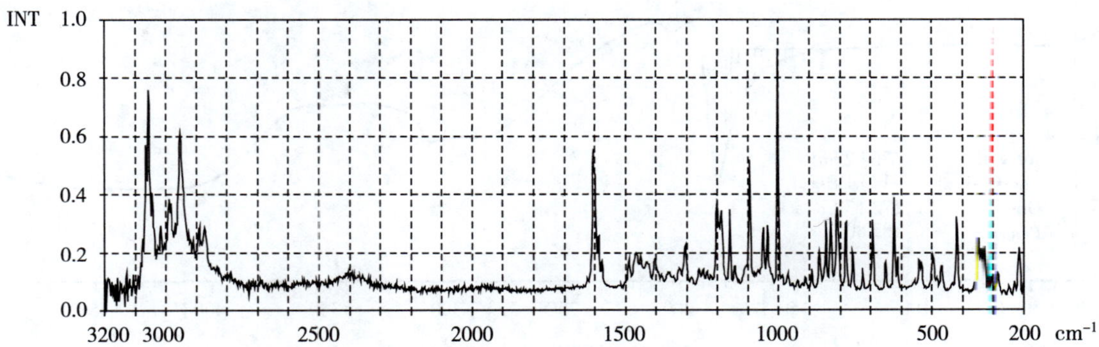

图 4　盐酸羟嗪的拉曼光谱图

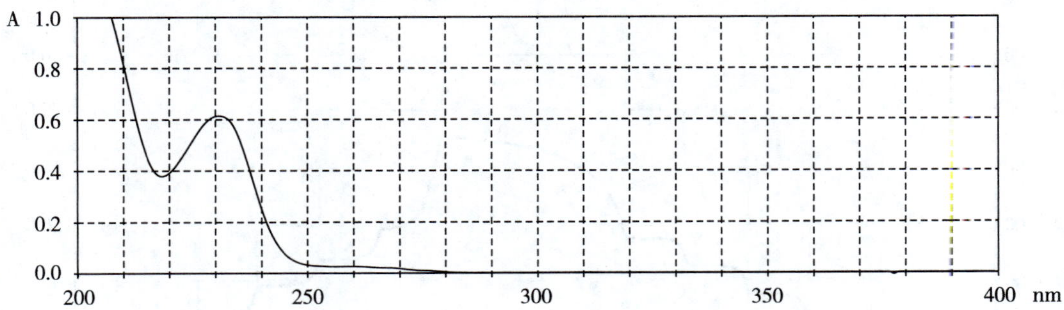

图 5　盐酸羟嗪的紫外光谱图

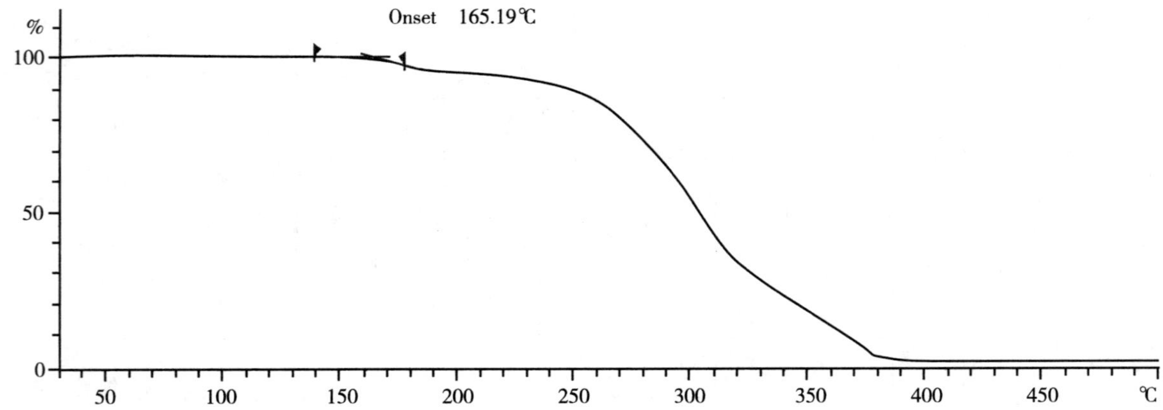

图 6　盐酸羟嗪的 TG 图

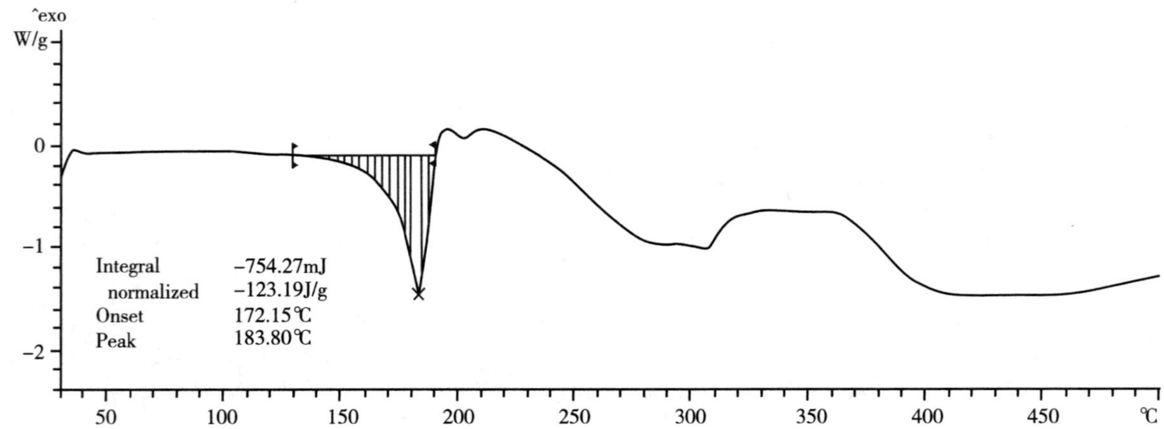

图 7　盐酸羟嗪的 DSC 图

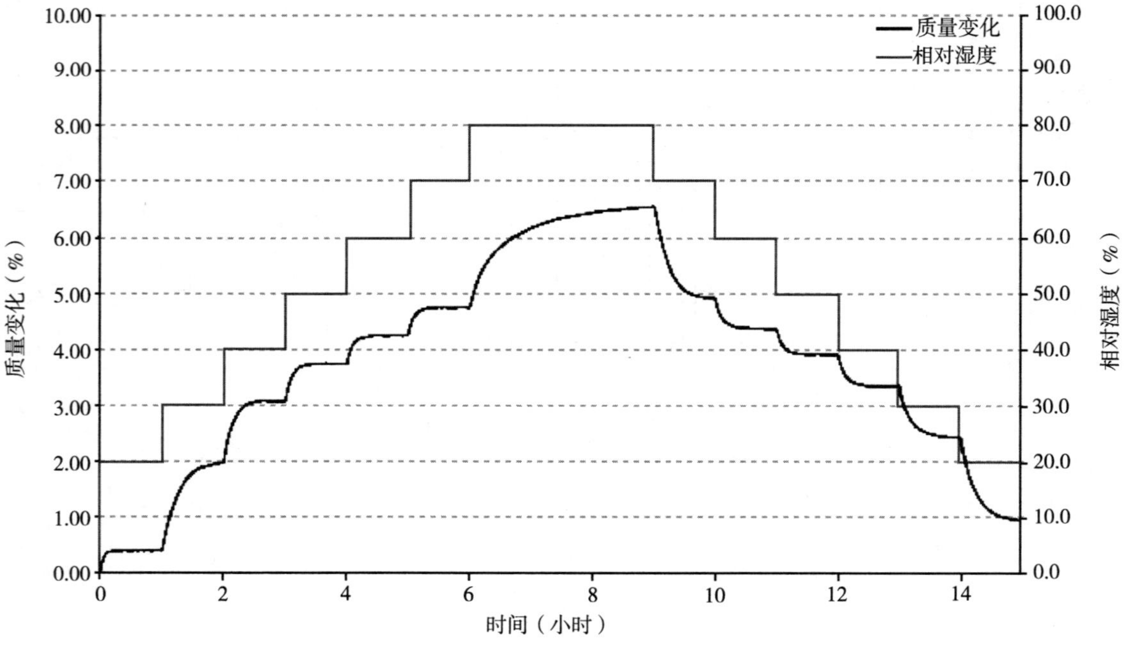

图 8　盐酸羟嗪的 DVS 图

正离子扫描模式（一级）

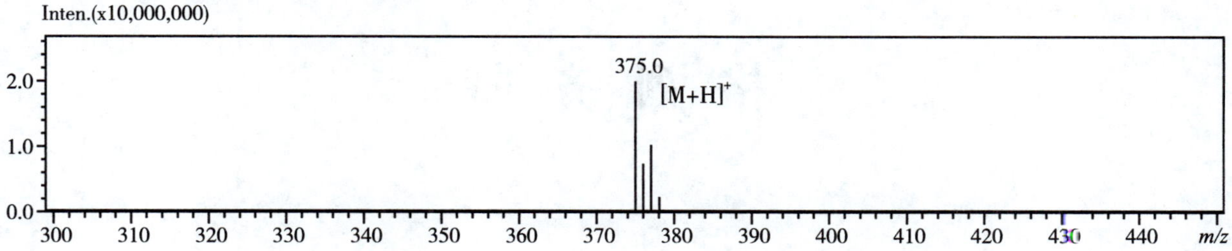

正离子扫描模式（二级）

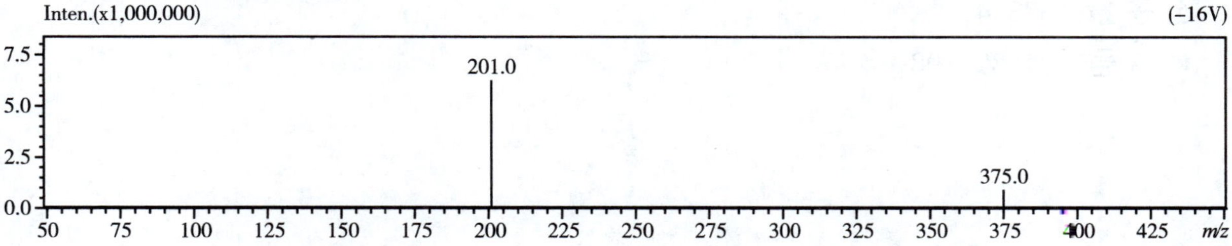

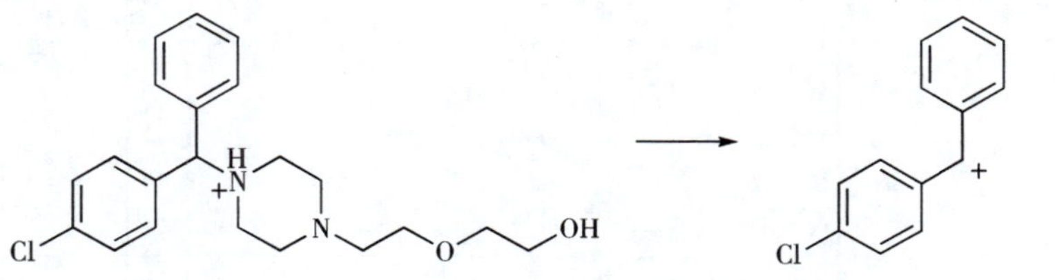

m/z 375 *m/z* 201

图9 盐酸羟嗪的质谱图

备注

1. **中文化学名** 2－［2－［4－(4－氯苯基)苯甲基－1－哌嗪基］乙氧基］－乙醇二盐酸盐
2. **英文化学名** 2－［2－［4－［(4－chlorophenyl) phenylmethyl］－1－piperazinyl］ethoxy］ethanol dihydrochloride
3. **性状** 本品为白色或类白色粉末；无臭；有引湿性。
4. **溶解性** 本品在水或丙酮中易溶，在三氯甲烷中溶解，在乙醚中不溶。
5. **溶剂** 乙醇。
6. **对照品编号与批号** 100266－200201

格 列 齐 特

英文名 Gliclazide

分子式 $C_{15}H_{21}N_3O_3S$

分子量 323.41

CAS 号 21187－98－4

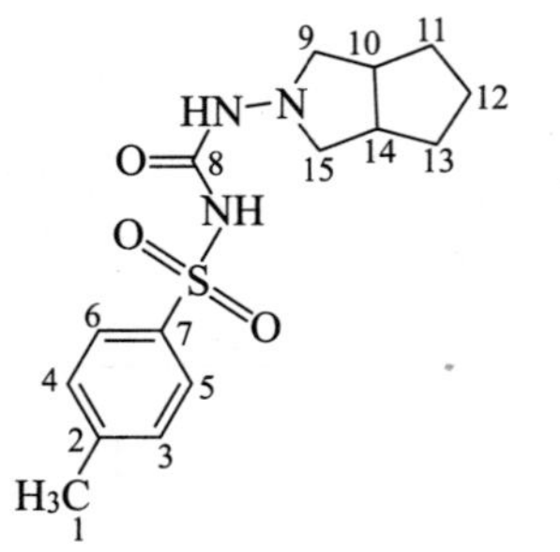

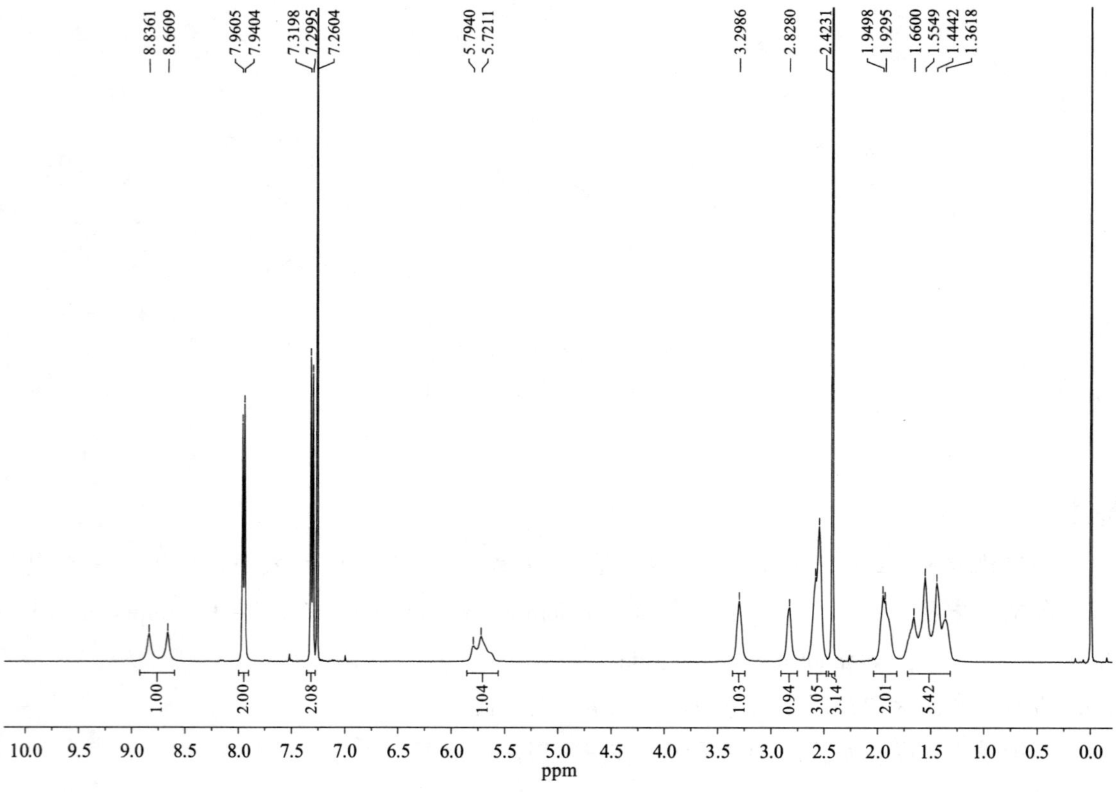

图 1 格列齐特的^{1}H NMR 谱（溶剂：$CDCl_3$）

^{1}H NMR：δ 8.75（NH，m，1H），7.95（H－5，6，d，J＝8.0 Hz，2H），7.31（H－3，4，d，J＝8.1 Hz，2H），5.76（NH，m，1H），3.30（H－9a，brs，1H），2.83（H－15a，brs，1H），2.65～2.49（H－9b，15b，12a，m，3H），2.42（H－1，s，3H），2.03～1.82（H－10，14，m，2H），1.73～1.30（H－11，13，12b，m，5H）

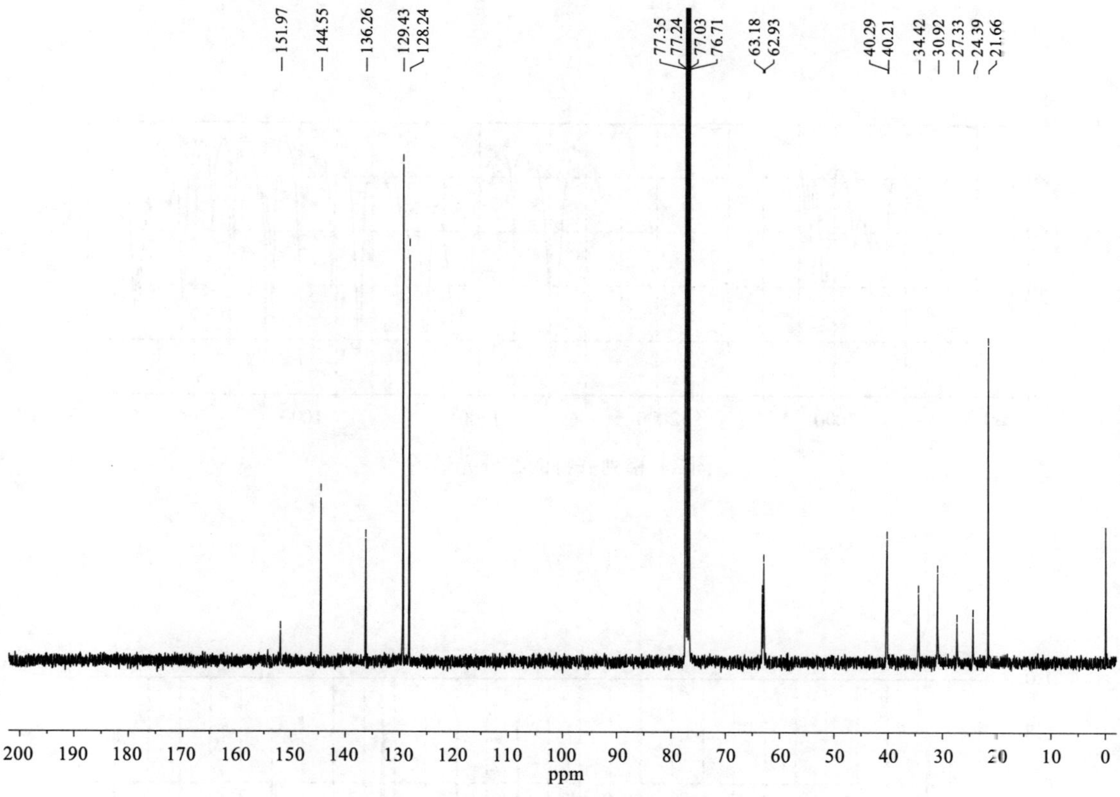

图 2　格列齐特的^{13}C NMR 谱（溶剂：$CDCl_3$）

^{13}C NMR：δ 151.97（C－8），144.55（C－7），136.26（C－2），129.43（C－5，6），128.24（C－3，4），63.18（C－9），62.93（C－15），40.29，34.42（C－10，14），30.92，27.33，24.39（C－11，12，13），21.66（C－1）

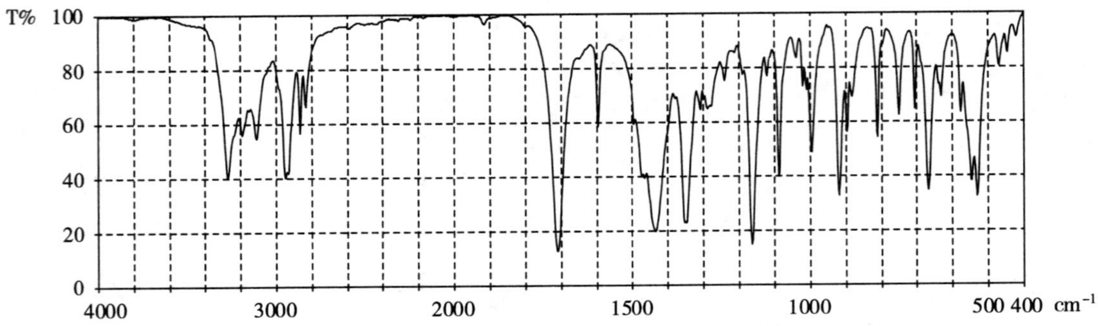

图 3　格列齐特的红外光谱图

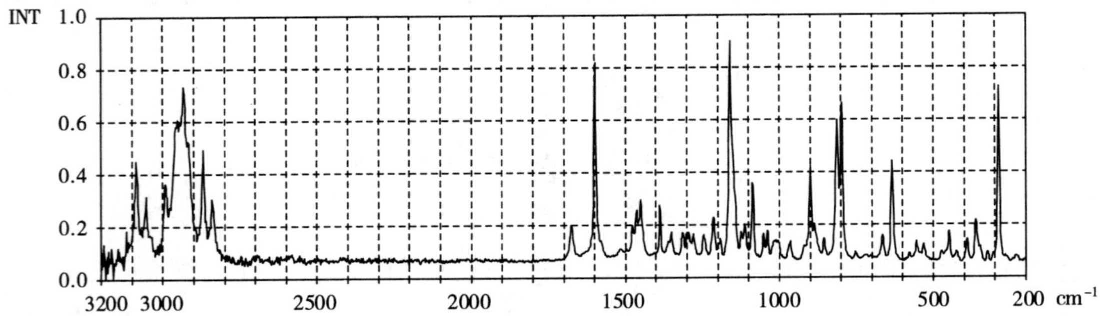

图 4　格列齐特的拉曼光谱图

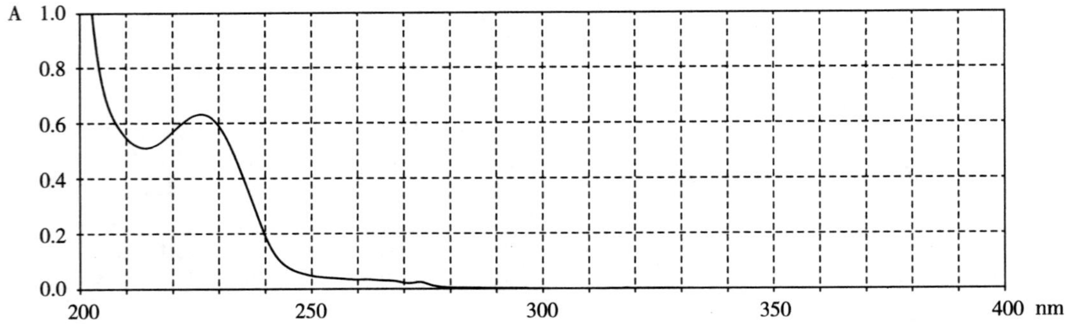

图 5　格列齐特的紫外光谱图

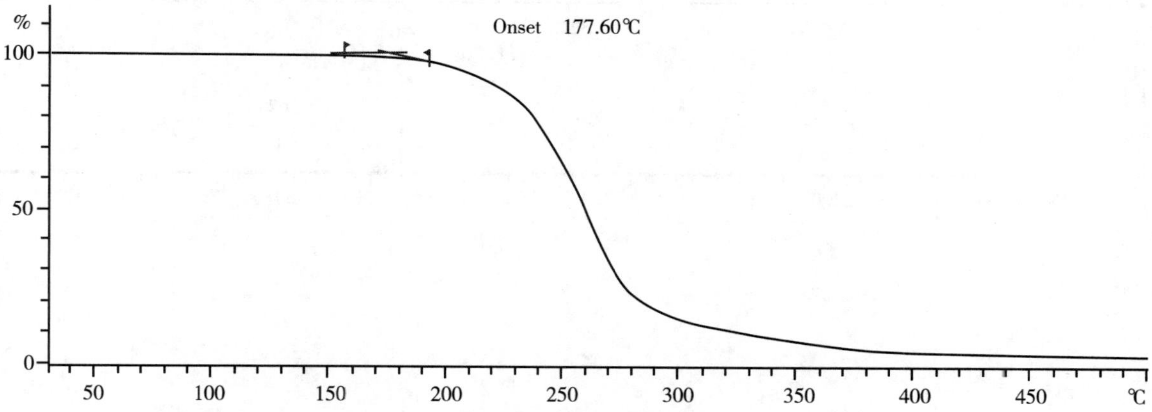

图 6　格列齐特的 TG 图

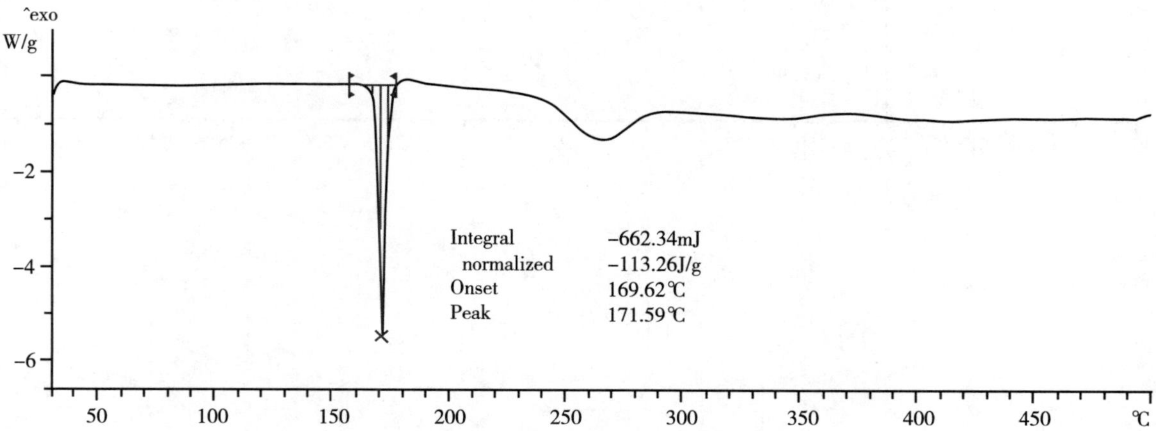

图 7　格列齐特的 DSC 图

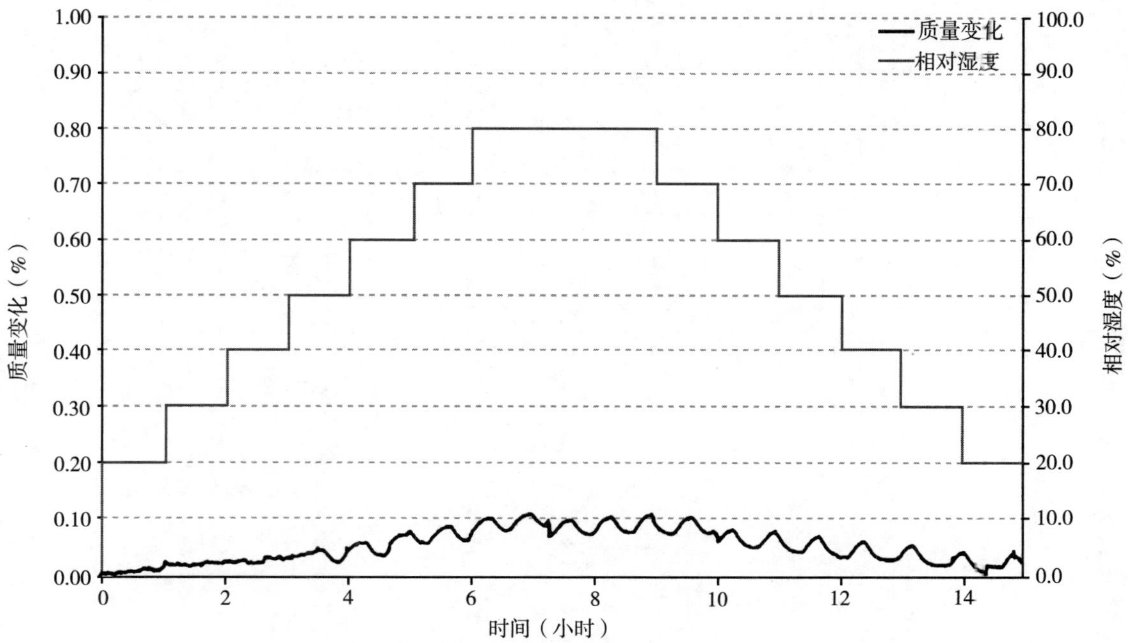

图 8　格列齐特的 DVS 图

正离子扫描模式（一级）

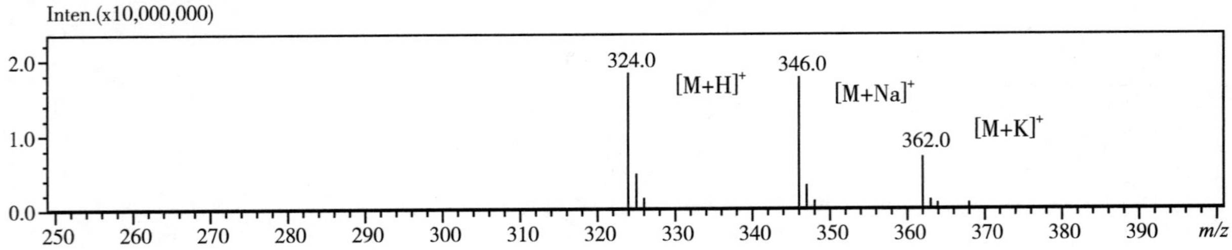

正离子扫描模式（二级）

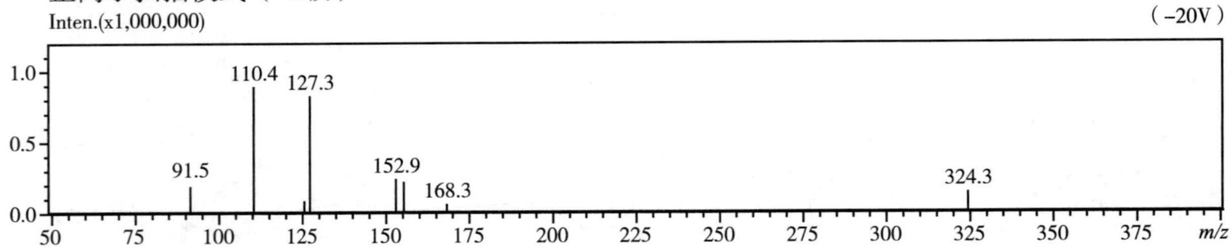

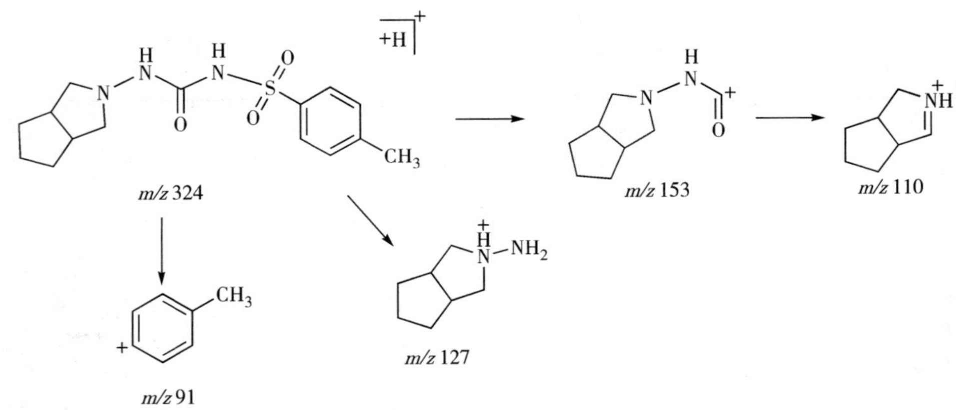

负离子扫描模式（一级）

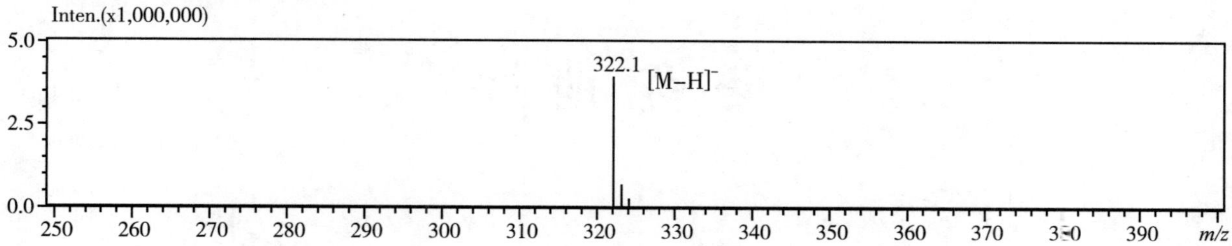

负离子扫描模式（二级）

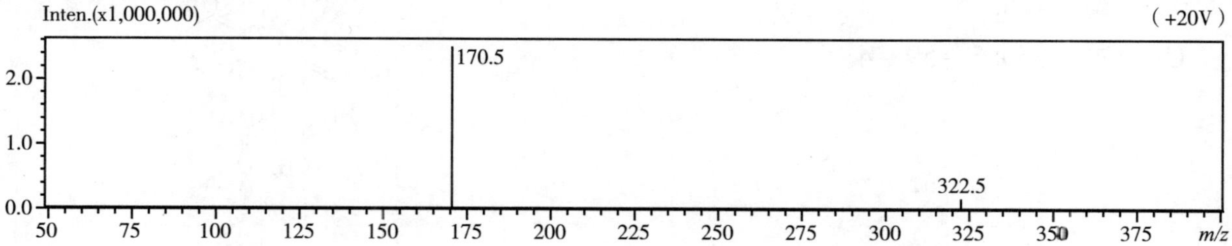

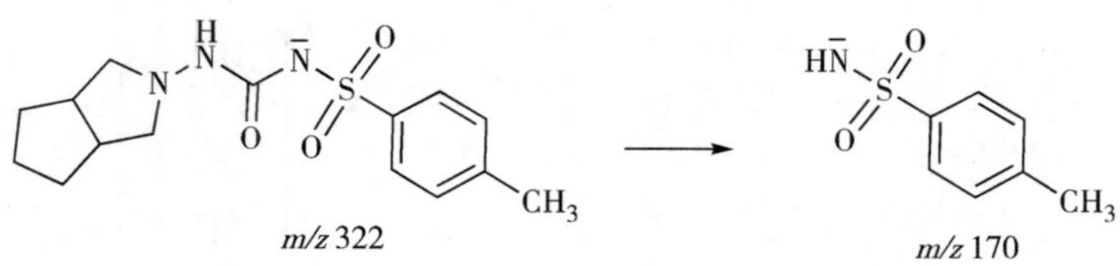

图 9　格列齐特的质谱图

备注

1. **中文化学名**　1－(3－氮杂双环[3.3.0]辛基)－3－对甲苯磺酰脲
2. **英文化学名**　1－(3－azabicyclo[3.3.0]oct－3－yl)－3－(*p*－tolylsulfonyl)urea
3. **性状**　本品为白色结晶或结晶性粉末；无臭，无味。
4. **溶解性**　本品在三氯甲烷中溶解，在甲醇中略溶，在乙醇中微溶，在水中不溶。
5. **溶剂**　乙醇。
6. **对照品编号与批号**　100269－201004

尼 莫 地 平

英文名 Nimodipine

分子式 $C_{21}H_{26}N_2O_7$

分子量 418.45

CAS 号 66085－59－4

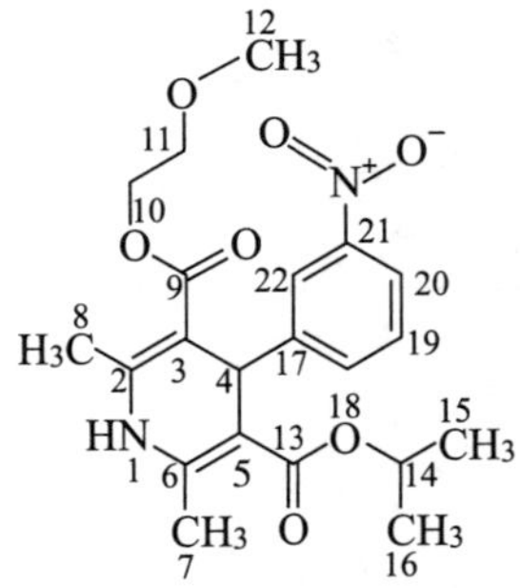

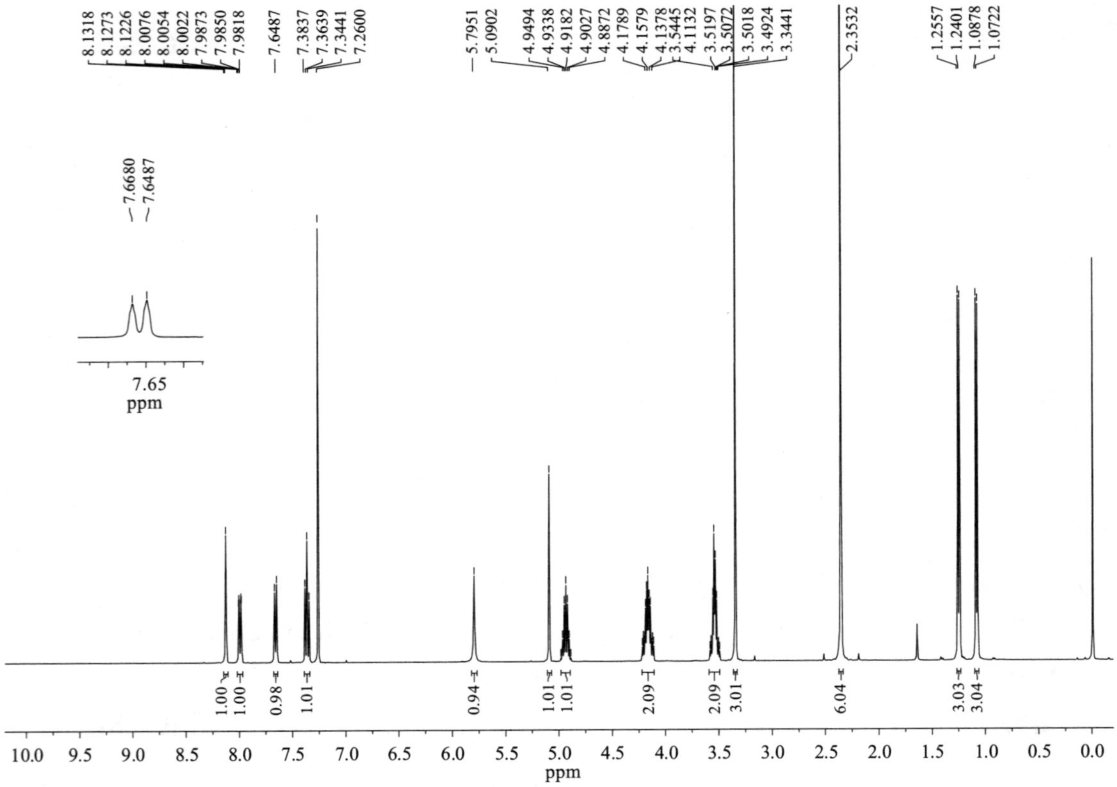

图 1　尼莫地平的[1]H NMR 谱（溶剂：$CDCl_3$）

^{1}H NMR：δ 8.13（H－22，t，J=2.0 Hz，1H），7.99（H－20，m，1H），7.66（H－18，d，J=7.8 Hz，1H），7.36（H－19，t，J=7.8 Hz，1H），5.80（NH，brs，1H,），5.09（H－4，s，1H），4.93（H－14，m，1H），4.33～4.10（H－10，m，2H），3.60～3.48（H－11，m，2H），3.34（H－12，s，3H），2.35（H－7，8，s，6H），1.25（H－15，d，J=6.2 Hz，3H），1.08（H－16，d，J=6.2 Hz，3H）

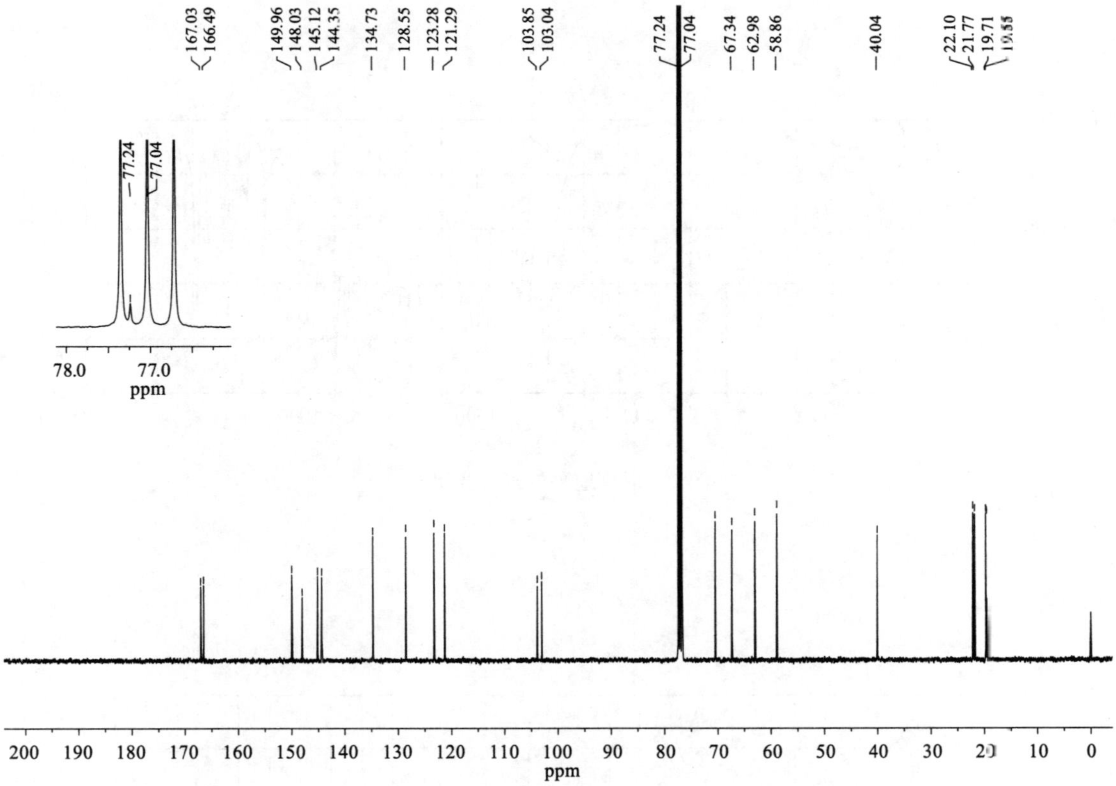

图2　尼莫地平的^{13}C NMR谱（溶剂：$CDCl_3$）

^{13}C NMR：δ 167.03（C－9），166.49（C－13），149.96（C－21），148.03（C－17），145.12（C－2），144.35（C－6），134.73（C－18），128.55（C－19），123.28（C－22），121.29（C－20），103.85（C－3），103.04（C－5），77.24（C－11），67.34（C－14），62.98（C－10），58.86（C－12），40.04（C－4），22.10（C－15），21.77（C－16），19.71（C－8），19.55（C－7）

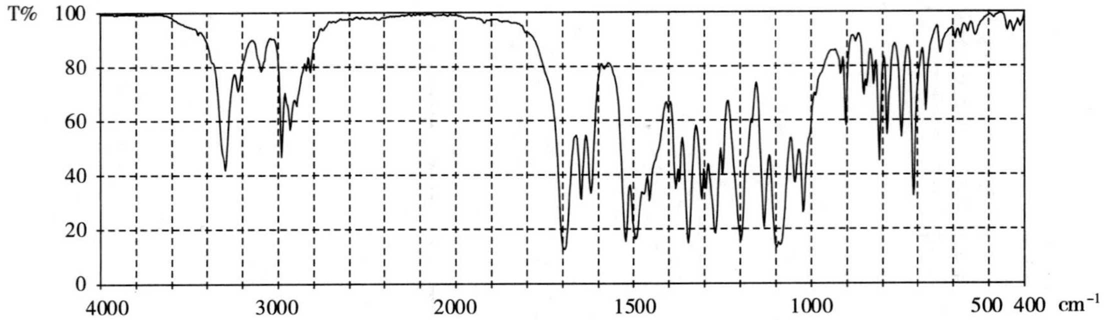

图 3　尼莫地平的红外光谱图

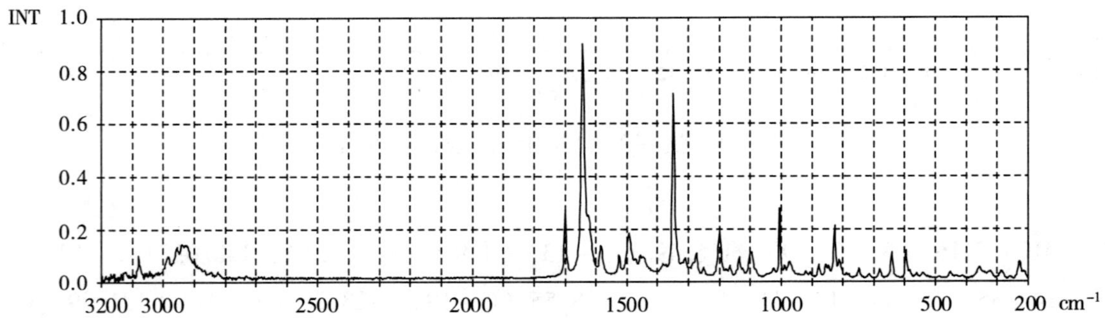

图 4　尼莫地平的拉曼光谱图

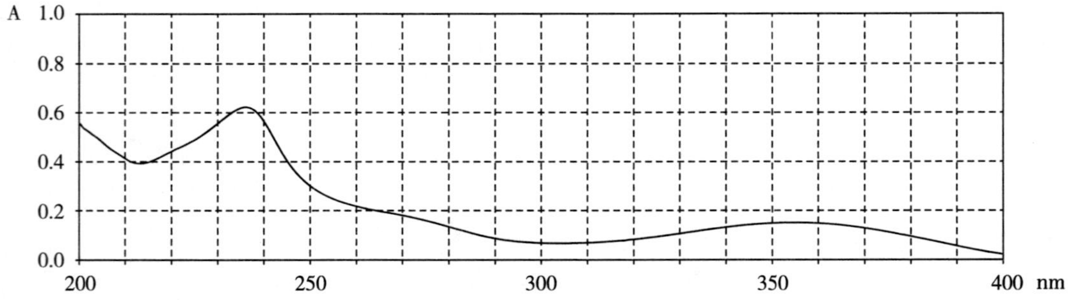

图 5　尼莫地平的紫外光谱图

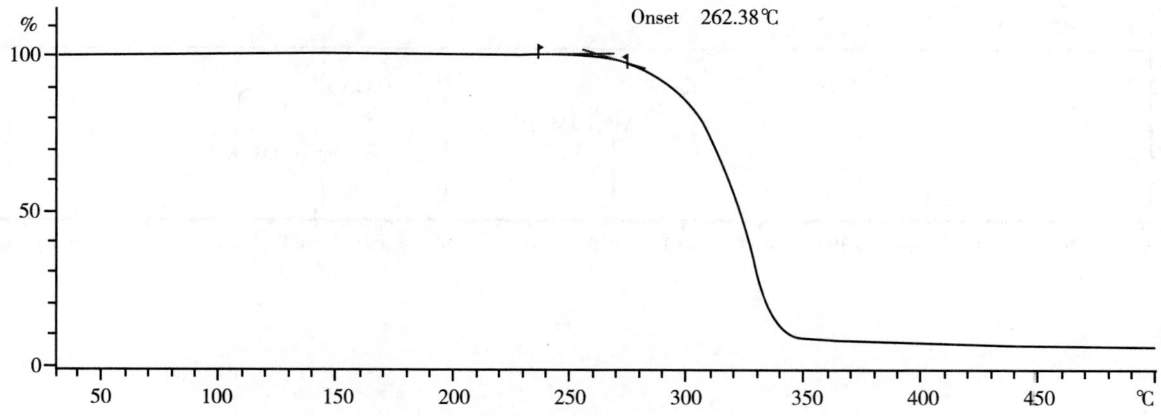

图 6　尼莫地平的 TG 图

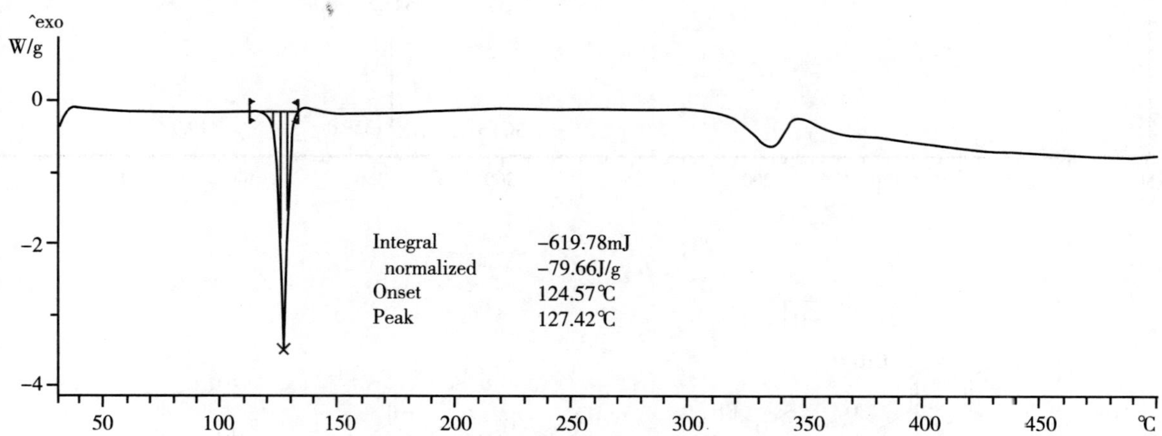

图 7　尼莫地平的 DSC 图

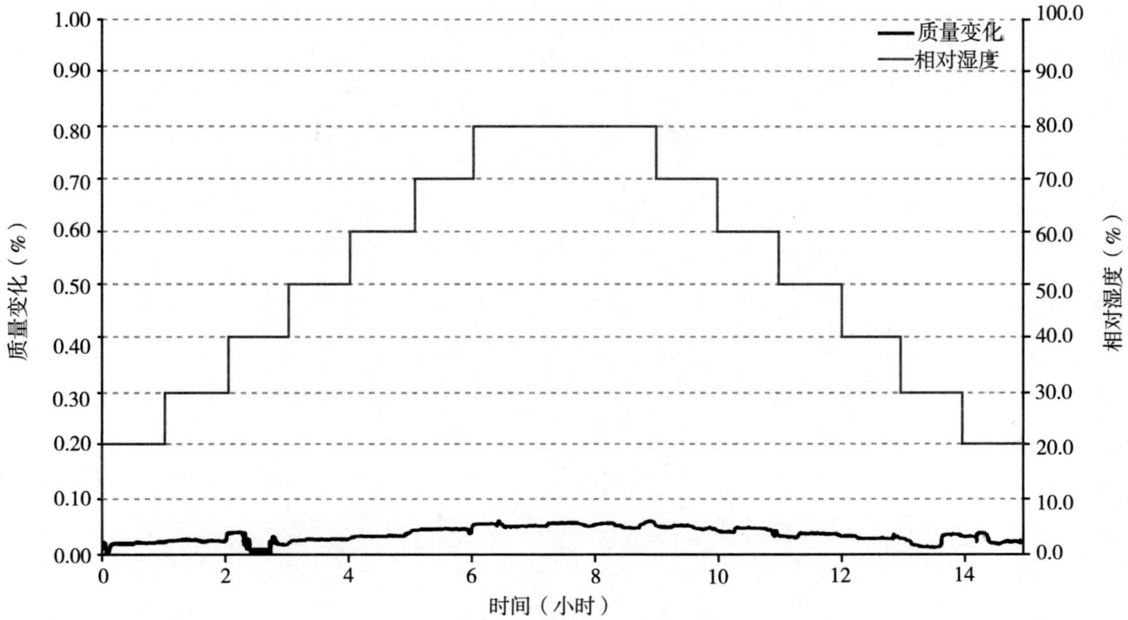

图 8　尼莫地平的 DVS 图

正离子扫描模式（一级）

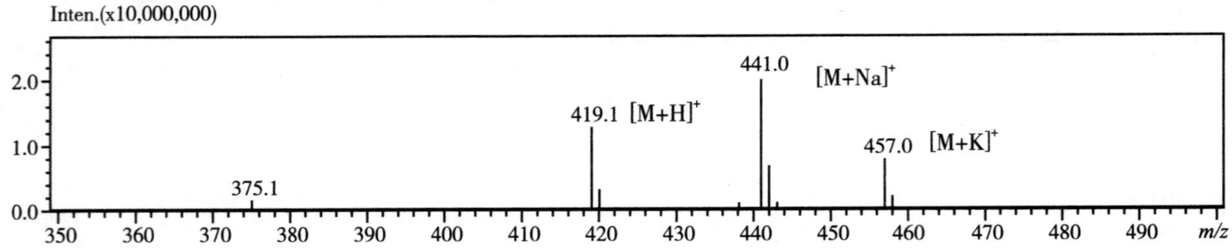

正离子扫描模式（二级）

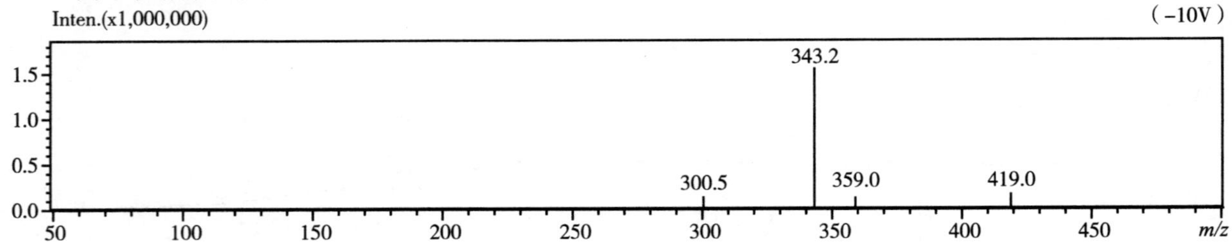

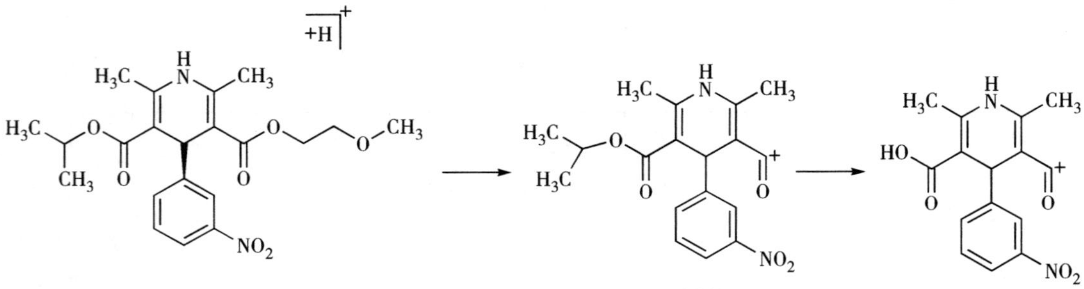

负离子扫描模式（一级）

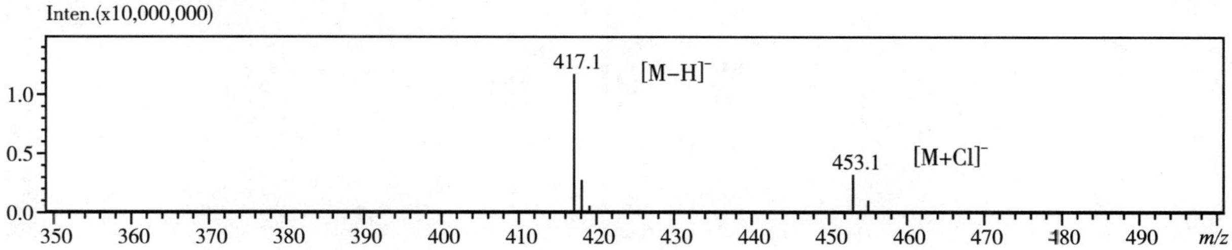

负离子扫描模式（二级）

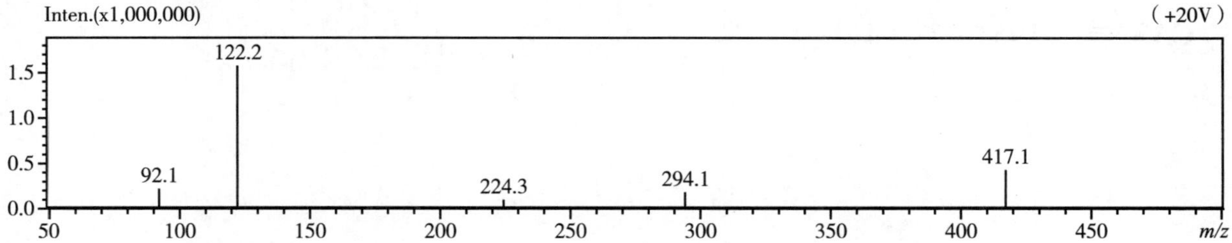

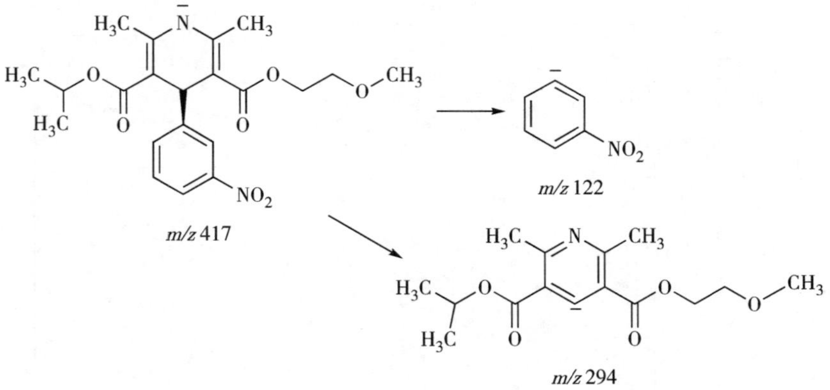

图 9　尼莫地平的质谱图

备注

1. **中文化学名**　2,6－二甲基－4－(3－硝基苯基)－1,4－二氢－3,5－吡啶二甲酸－2－甲氧乙酯异丙酯
2. **英文化学名**　2,6－dimethyl－4－(3－nitrophenyl)－1,4－dihydropyridine－3,5－dicarboxylic acid 5－methoxyethyl ester 3－isopropylester
3. **性状**　本品为淡黄色结晶性粉末；无臭，无味；遇光不稳定。
4. **溶解性**　本品在丙酮、三氯甲烷或乙酸乙酯中易溶，在乙醇中溶解，在乙醚中微溶，在水中几乎不溶。
5. **溶剂**　乙醇。
6. **对照品编号与批号**　100270－200002

蒿　甲　醚

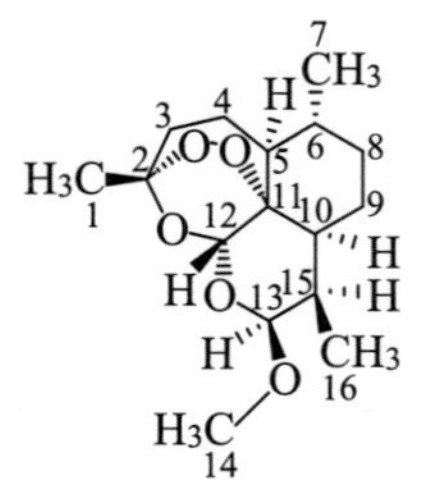

英文名　Artemether

分子式　$C_{16}H_{26}O_5$

分子量　298.37

CAS 号　71963 - 77 - 4

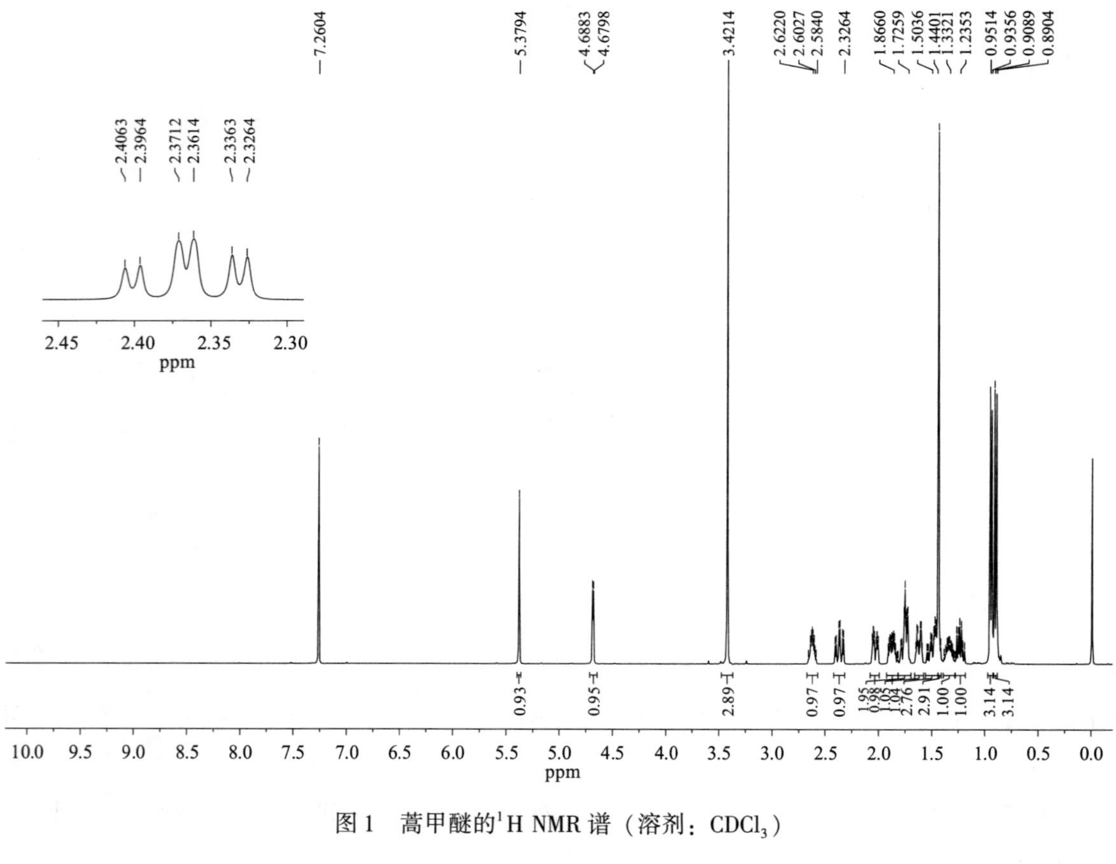

图 1　蒿甲醚的^{1}H NMR 谱（溶剂：$CDCl_3$）

^{1}H NMR：δ 5.38（H - 12，s，1H），4.68（H - 13，d，J = 3.4 Hz，1H），3.42（H - 14，s，3H），2.63（H - 15，m，1H），2.37（H - 8a，td，J = 14.0，4.0 Hz，1H），2.03（H - 3a，m，1H），1.87（H - 4a，m，1H），1.81 ~ 1.69（H - 4b，9a，m，2H），1.62（H - 3b，m，1H），1.55 ~ 1.44（H - 5，8b，9b，m，3H），1.44（H - 1，s，3H），1.35（H - 10，m，1H），1.23（H - 6，m，1H），0.94（H - 16，d，J = 6.3 Hz，3H），0.90（H - 7，d，J = 7.4 Hz，3H）

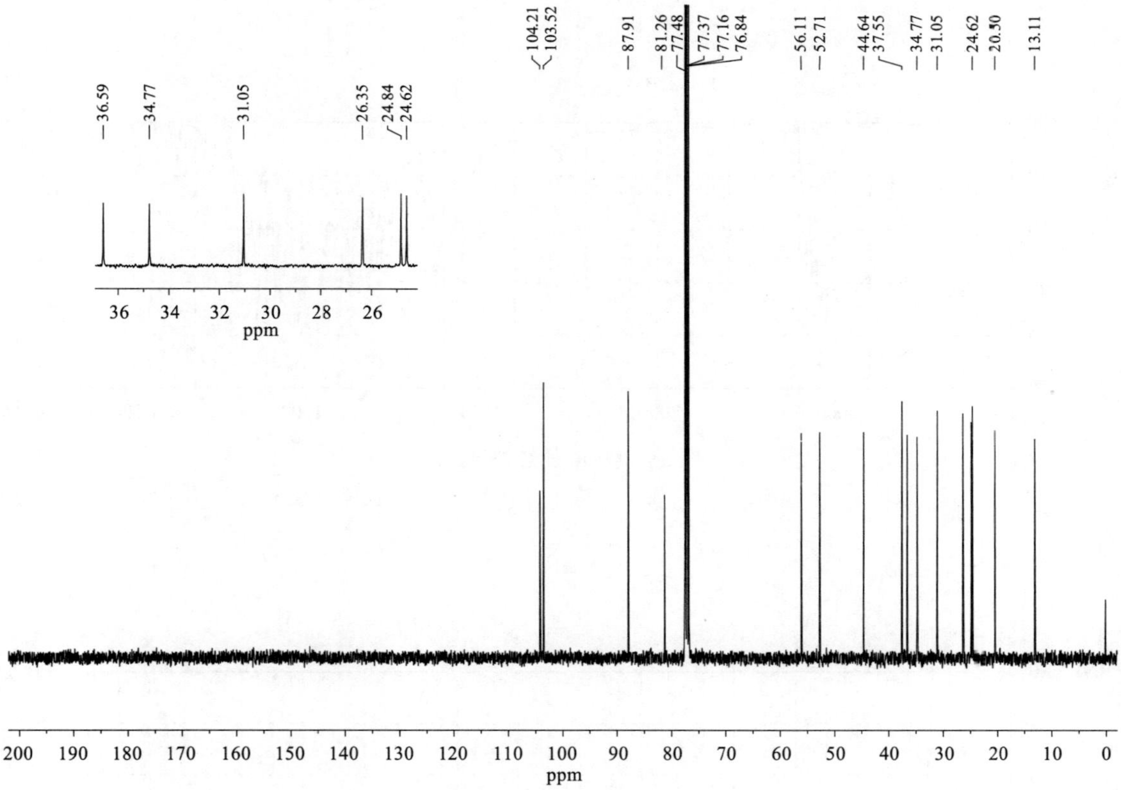

图2　蒿甲醚的[13]C NMR谱（溶剂：$CDCl_3$）

^{13}C NMR：δ 104.21（C－2），103.52（C－13），87.91（C－12），81.26（C－11），56.11（C－14），52.71（C－5），44.64（C－10），37.55（C－3），36.59（C－6），34.77（C－15），31.05（C－8），26.35（C－1），24.84（C－4），24.62（C－9），20.50（C－7），13.11（C－16）

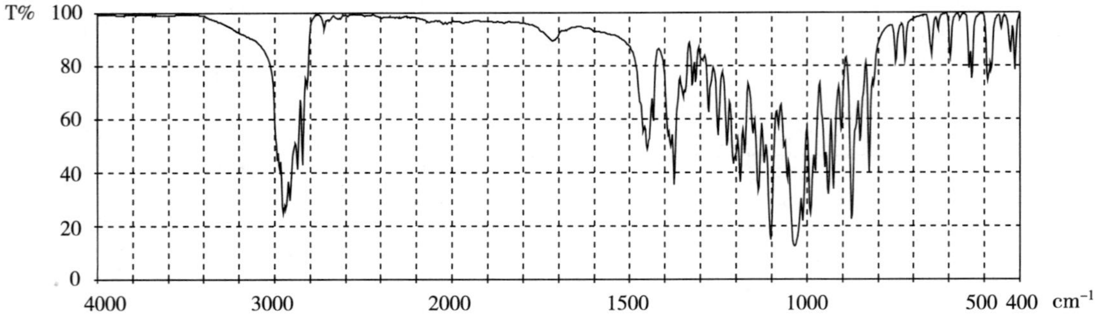

图 3　蒿甲醚的红外光谱图

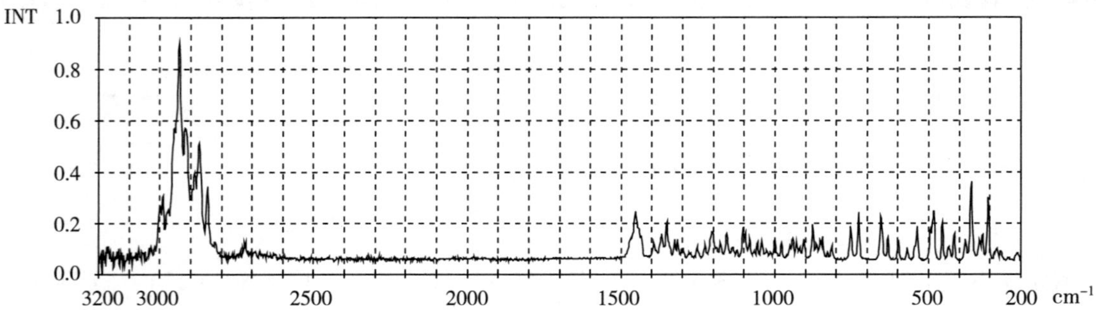

图 4　蒿甲醚的拉曼光谱图

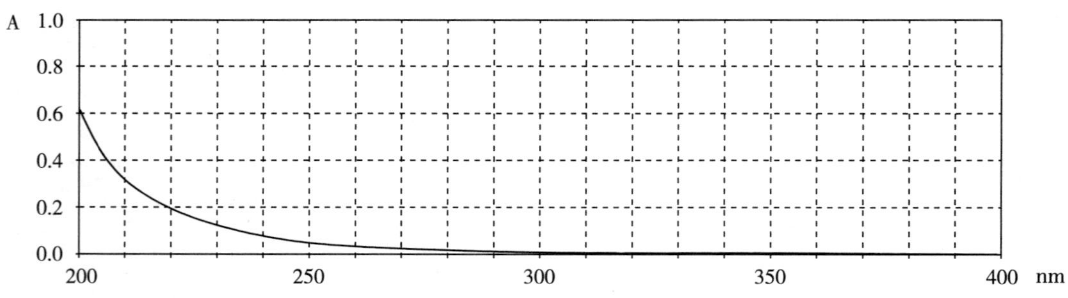

图 5　蒿甲醚的紫外光谱图

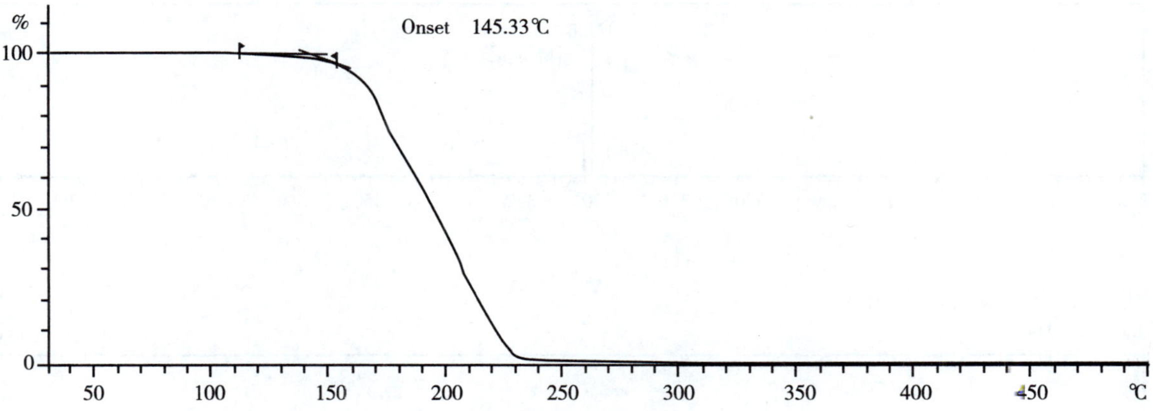

图 6 蒿甲醚的 TG 图

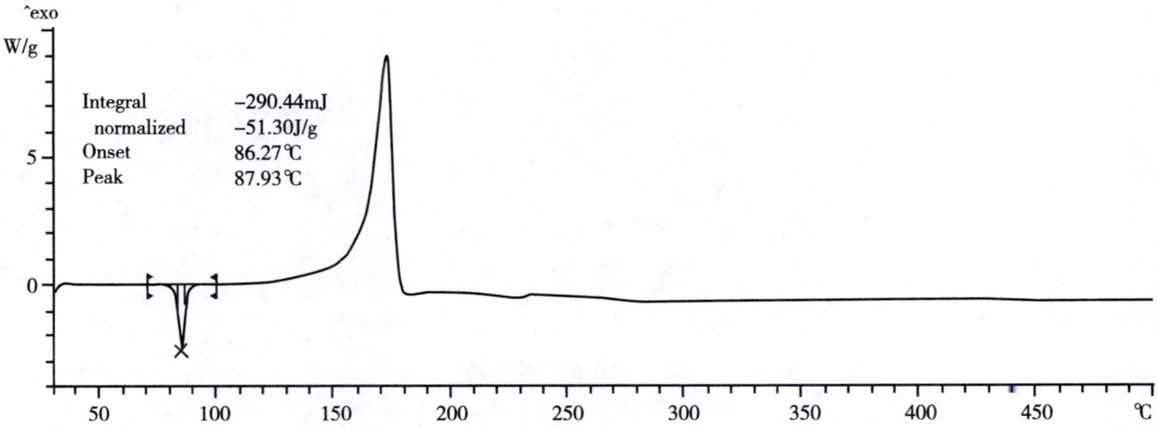

图 7 蒿甲醚的 DSC 图

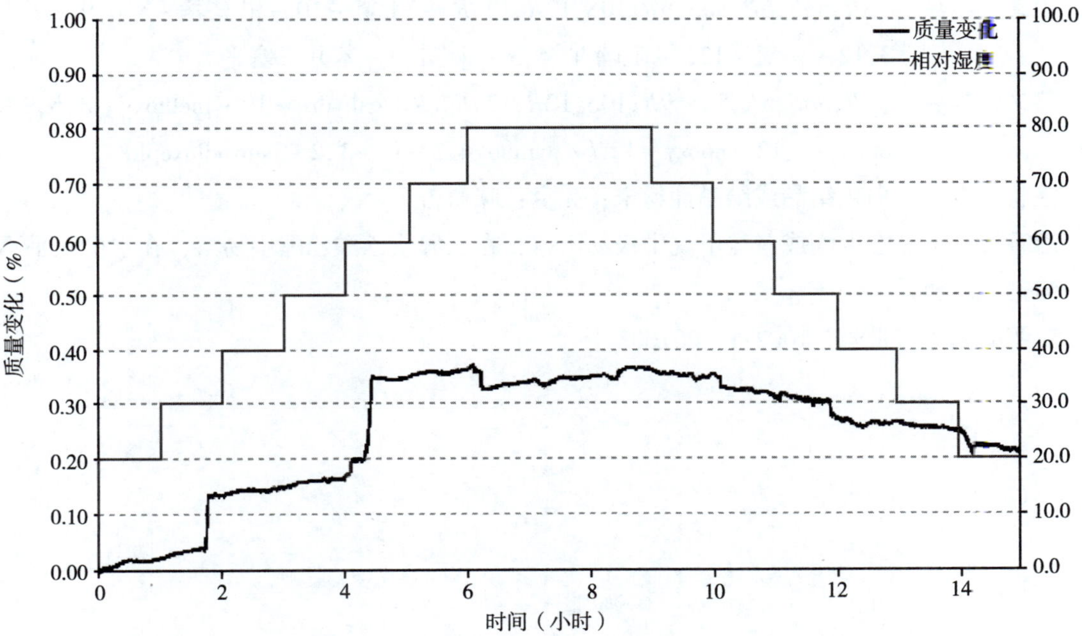

图 8 蒿甲醚的 DVS 图

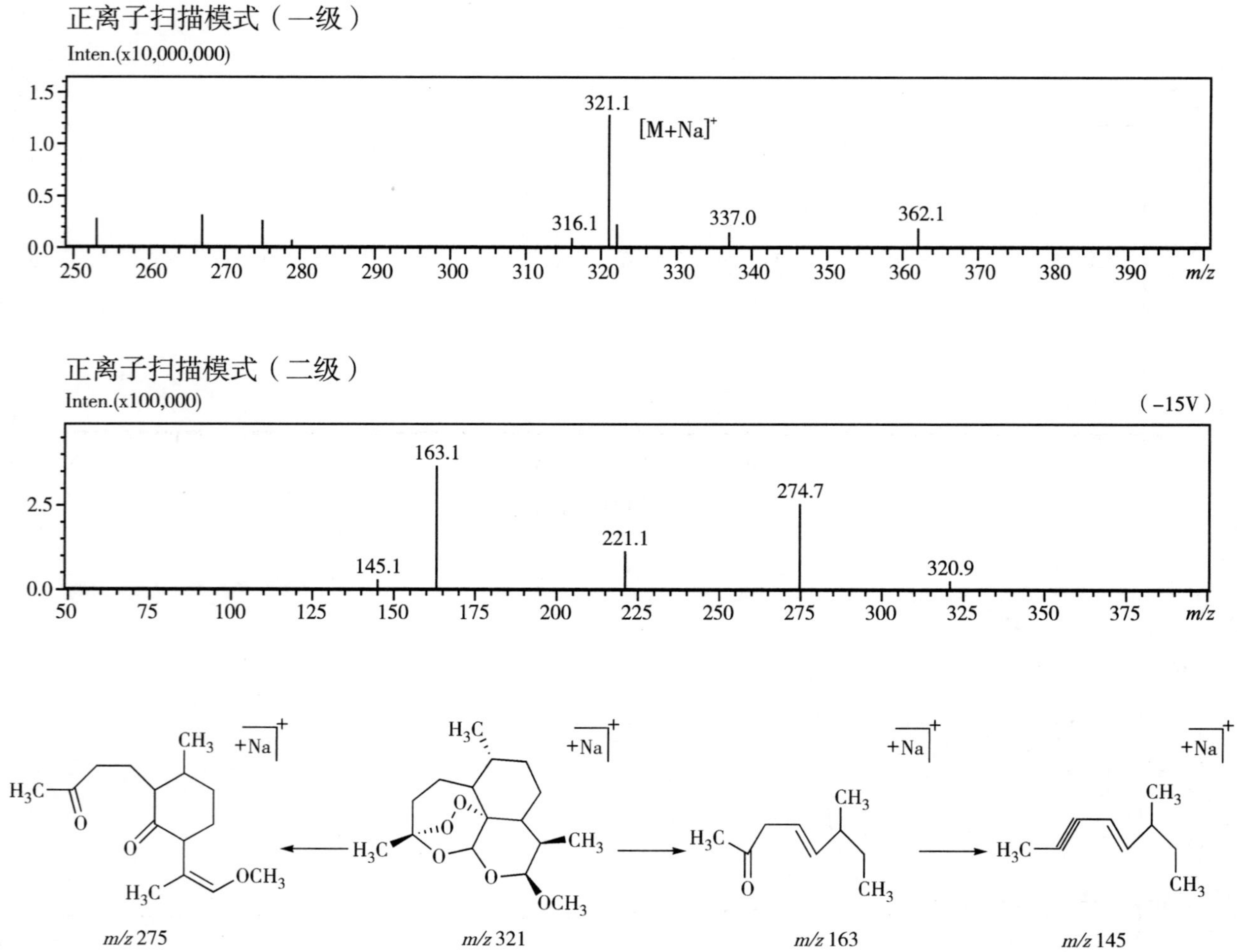

图9　蒿甲醚的质谱图

备注

1. 中文化学名　(3*R*,5*aS*,6*R*,8*aS*,9*R*,10*S*,12*R*,12*aR*)－十氢－10－甲氧基－3,6,9－三甲基－3,12－桥氧－12*H*－吡喃并[4,3－*j*]－1,2－苯并二塞平

2. 英文化学名　(3*R*,5*aS*,6*R*,8*aS*,9*R*,10*S*,12*R*,12*aR*)－decahydro－10－methoxy－3,6,9－trimethyl－3,12－epoxy－12*H*－pyrano[4,3－*j*]－1,2－benzodioxepin

3. 性状　本品为白色结晶或结晶性粉末；无臭；味微苦。

4. 溶解性　本品在丙酮或三氯甲烷中极易溶解，在乙醇或乙酸乙酯中易溶，在水中几乎不溶。

5. 溶剂　乙醇。

6. 对照品编号与批号　100271－201003

盐酸丙卡特罗

英文名 Procaterol Hydrochloride

分子式 $C_{16}H_{22}ClN_2O_3 \cdot HCl \cdot 1/2H_2O$

分子量 335.83

CAS 号 81262-93-3

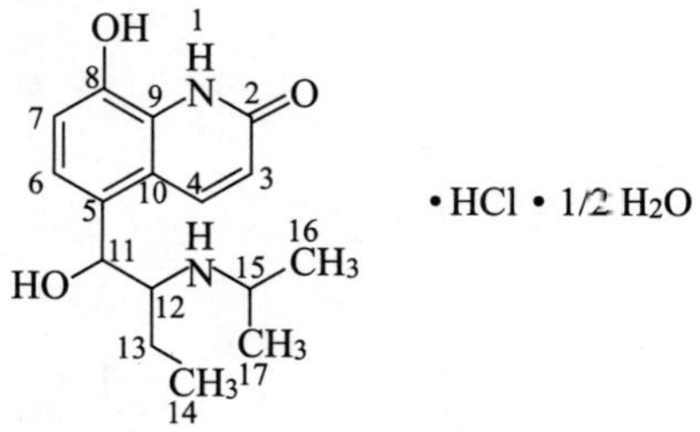

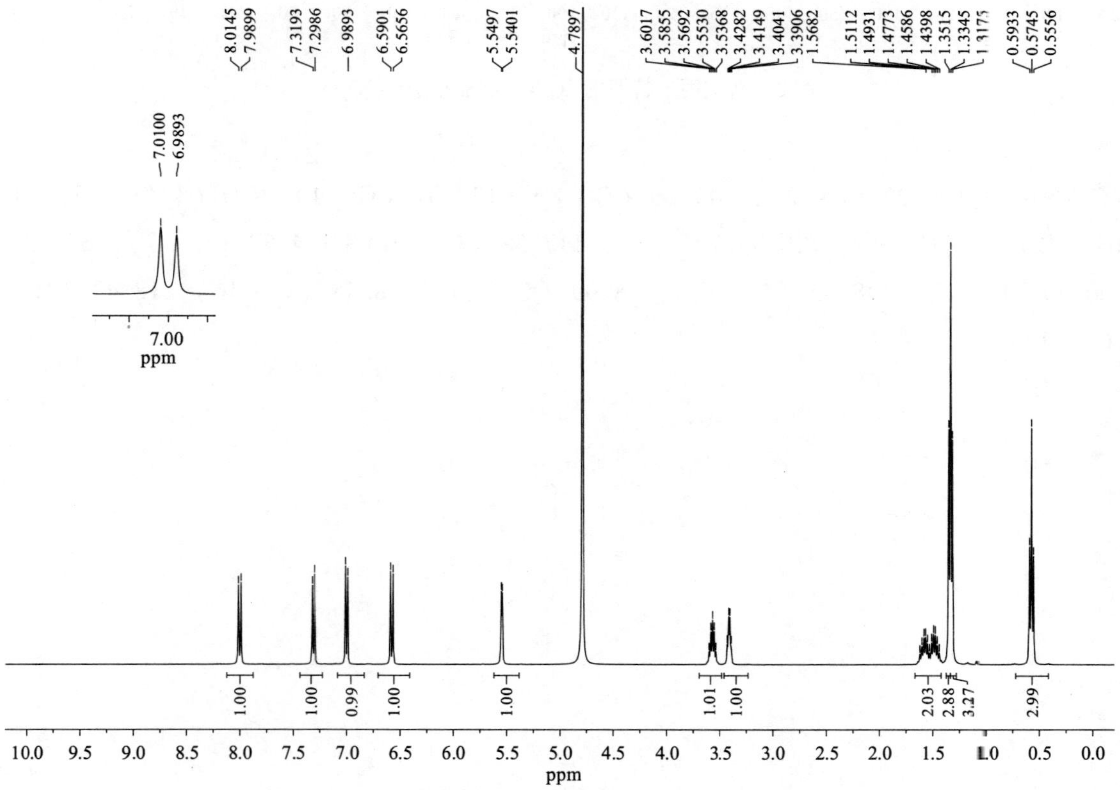

图 1 盐酸丙卡特罗的 ^{1}H NMR 谱（溶剂：D_2O）

^{1}H NMR：δ 8.00（H-4，d，J=9.8 Hz，1H），7.31（H-6，d，J=8.3 Hz，1H），7.00（H-7，d，J=8.3 Hz，1H），6.58（H-3，d，J=9.8 Hz，1H），5.54（H-11，d，J=3.8 Hz，1H），3.56（H-15，m，1H），3.41（H-12，m，1H），1.63～1.42（H-13，m，2H），1.34（H-16，d，J=6.8 Hz，3H），1.33（H-17，d，J=6.8 Hz，3H），0.57（H-14，t，J=7.5 Hz，3H）

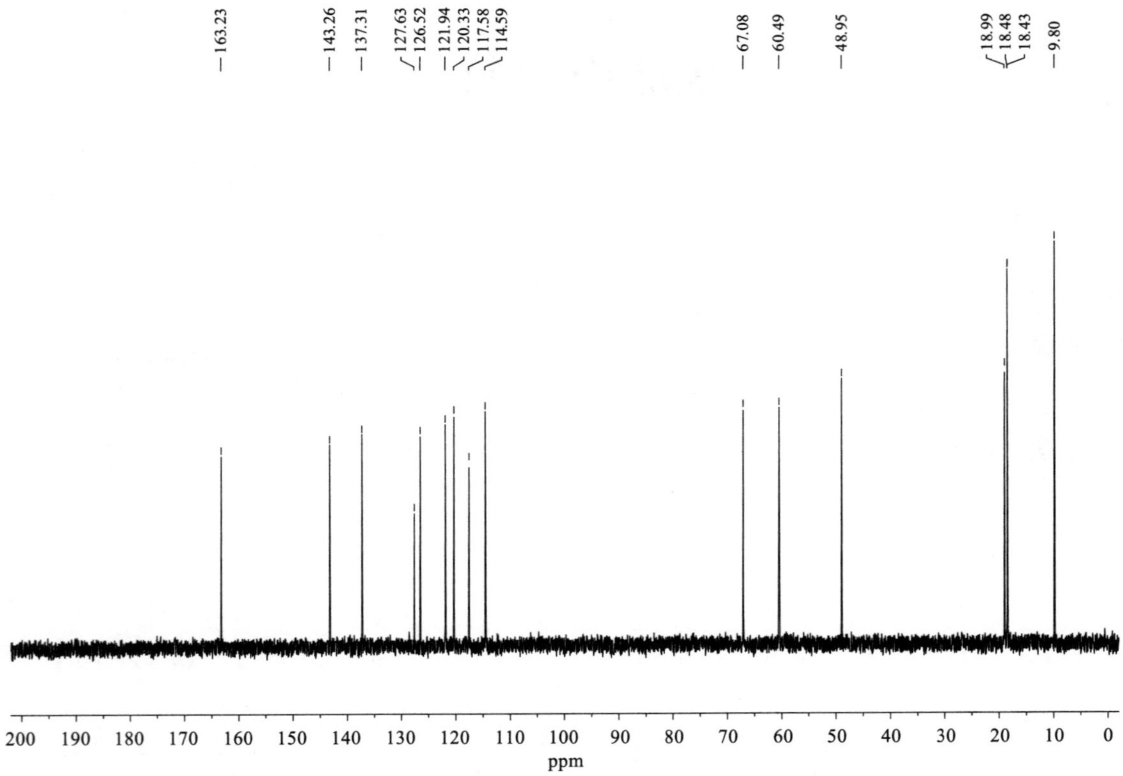

图 2 盐酸丙卡特罗的 ^{13}C NMR 谱（溶剂：D_2O）

^{13}C NMR：δ 163.23（C－2），143.26（C－8），137.31（C－4），127.63（C－5），126.52（C－6），121.94（C－9），120.33（C－3），117.58（C－10），114.59（C－7），67.08（C－11），60.49（C－12），48.95（C－15），18.99（C－13），18.48（C－16），18.43（C－17），9.80（C－14）

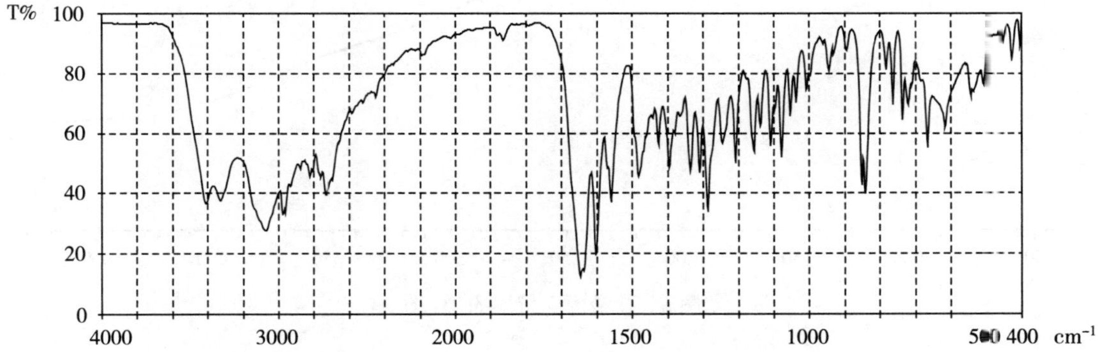

图 3　盐酸丙卡特罗的红外光谱图

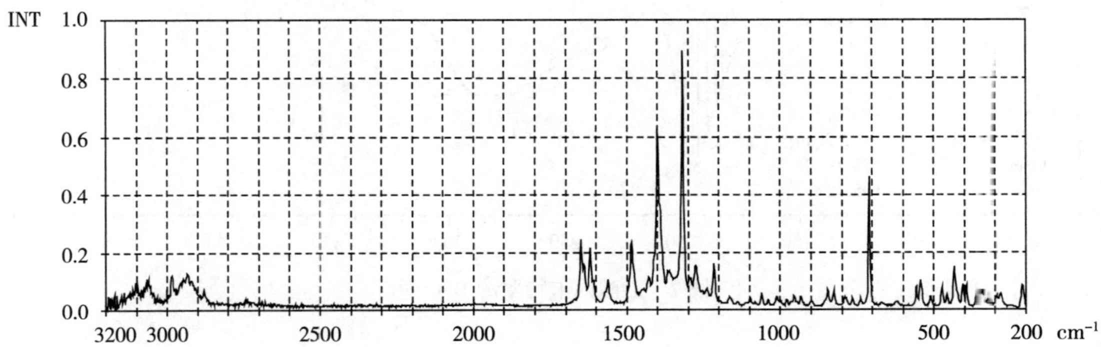

图 4　盐酸丙卡特罗的拉曼光谱图

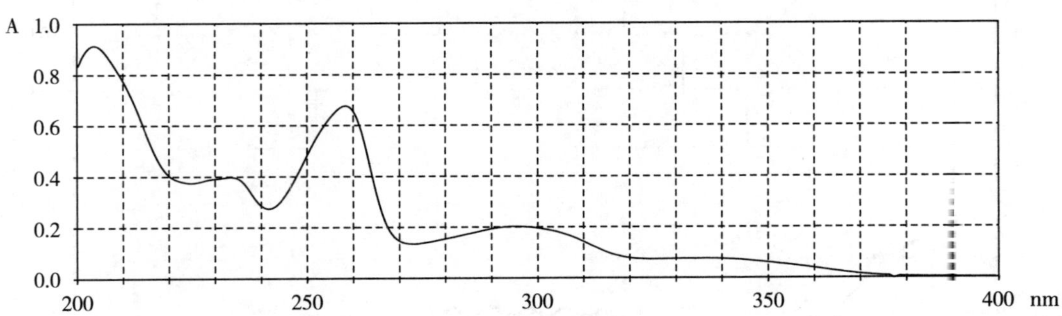

图 5　盐酸丙卡特罗的紫外光谱图

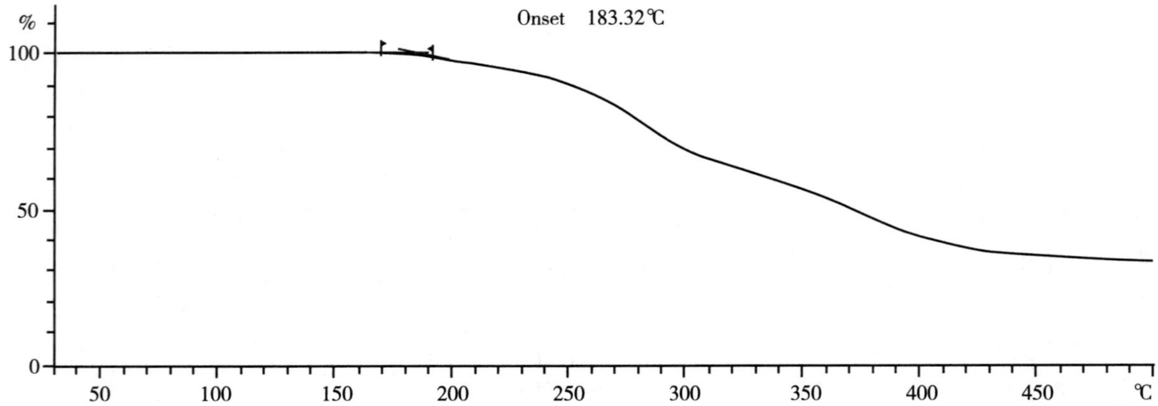

图 6　盐酸丙卡特罗的 TG 图

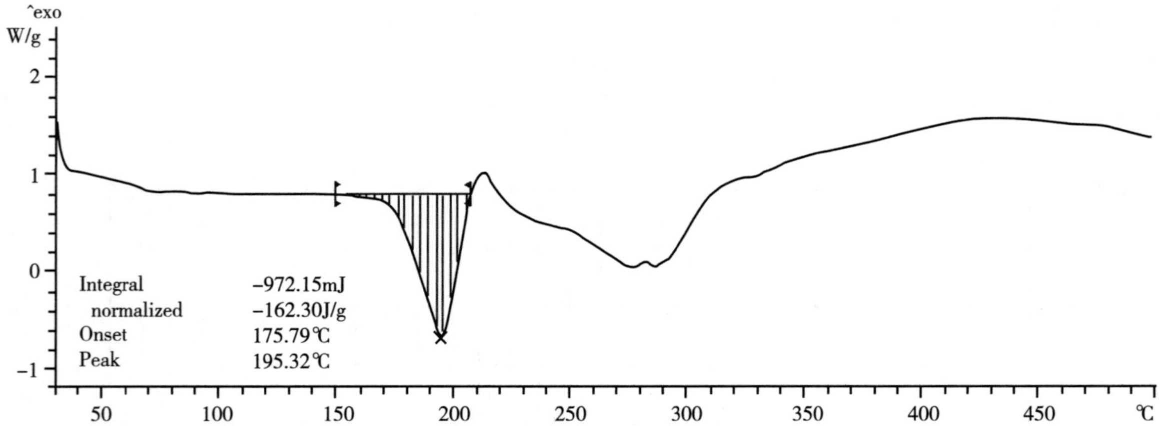

图 7　盐酸丙卡特罗的 DSC 图

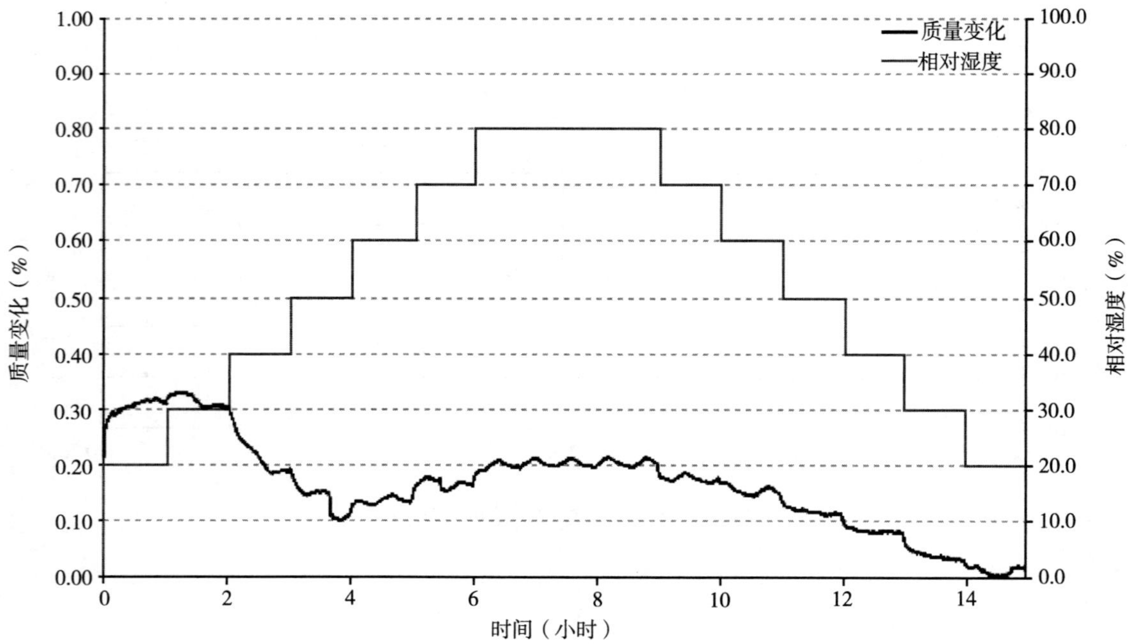

图 8　盐酸丙卡特罗的 DVS 图

正离子扫描模式（一级）

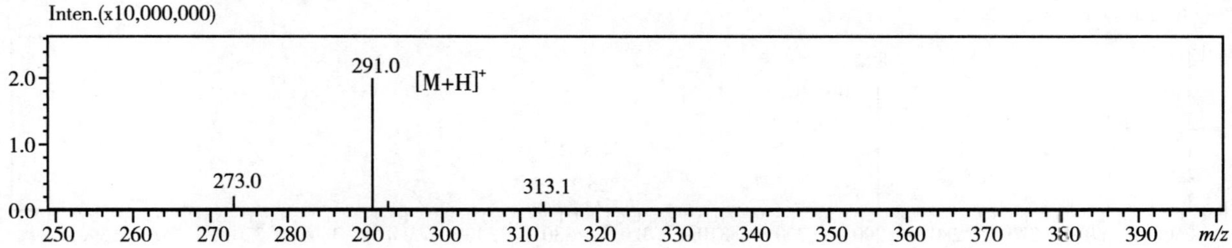

正离子扫描模式（二级）

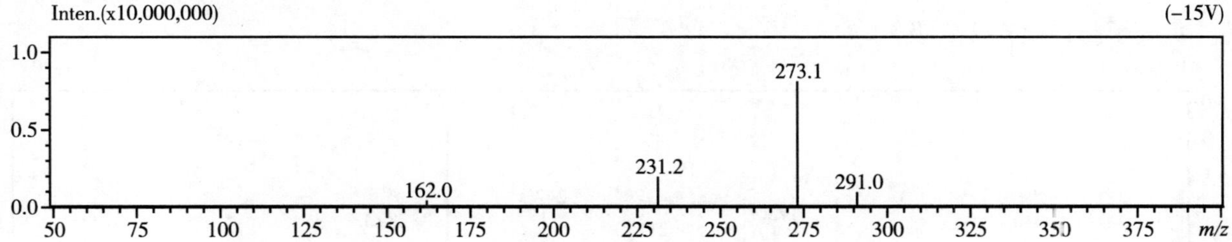

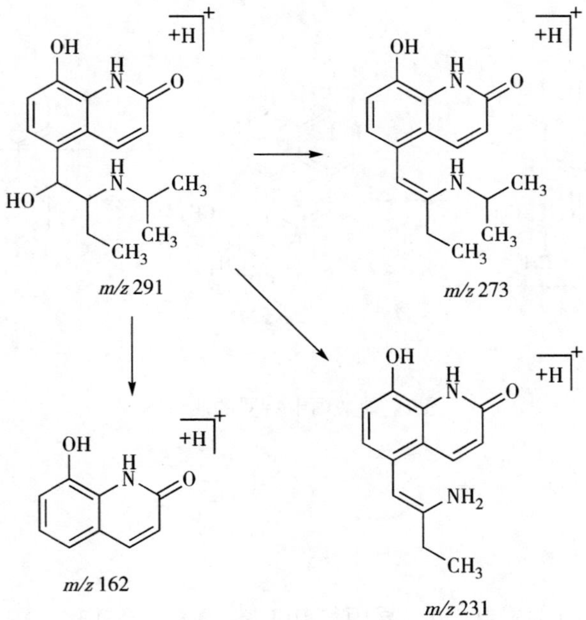

负离子扫描模式（一级）

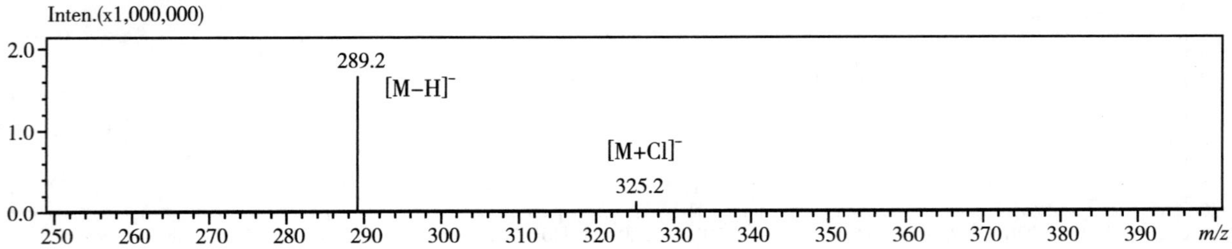

负离子扫描模式（二级）

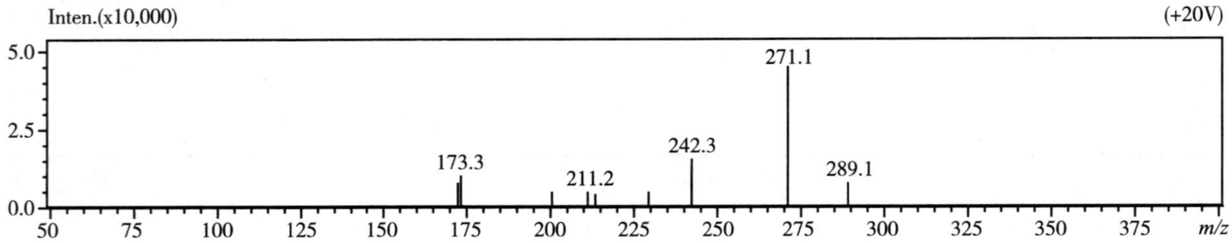

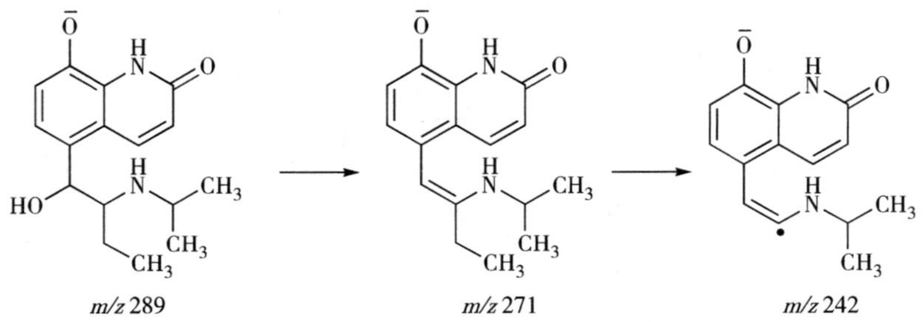

图 9　盐酸丙卡特罗的质谱图

备注

1. 中文化学名　5-(1-羟基-2-异丙氨基丁基)-8-羟基喹诺酮盐酸盐半水合物

2. 英文化学名　rel-8-hydroxy-5-[(1*R*,2*S*)-1-hydroxy-2-[(1-methylethyl)amino]butyl]-2(1*H*)-quinolinone hydrochloride hemihydrate

3. 性状　本品为白色或类白色结晶性粉末；无臭，味涩。

4. 溶解性　本品在水或甲醇中溶解，在乙醇中微溶，在乙醚中几乎不溶，在甲酸中溶解。

5. 溶剂　水。

6. 对照品编号与批号　100275-200702

格列吡嗪

英文名 Glipizide

分子式 $C_{21}H_{27}N_5O_4S$

分子量 445.54

CAS 号 29094-61-9

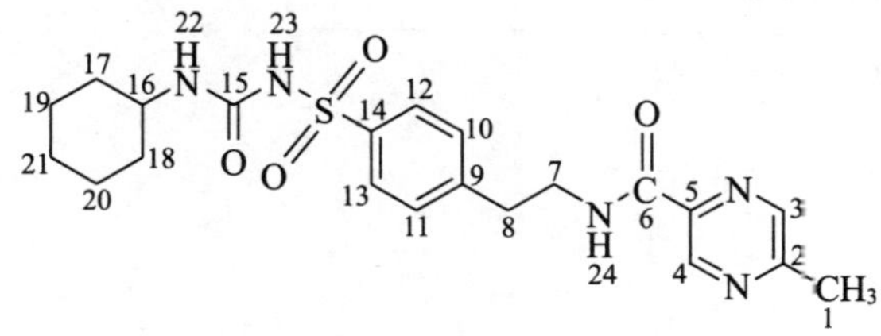

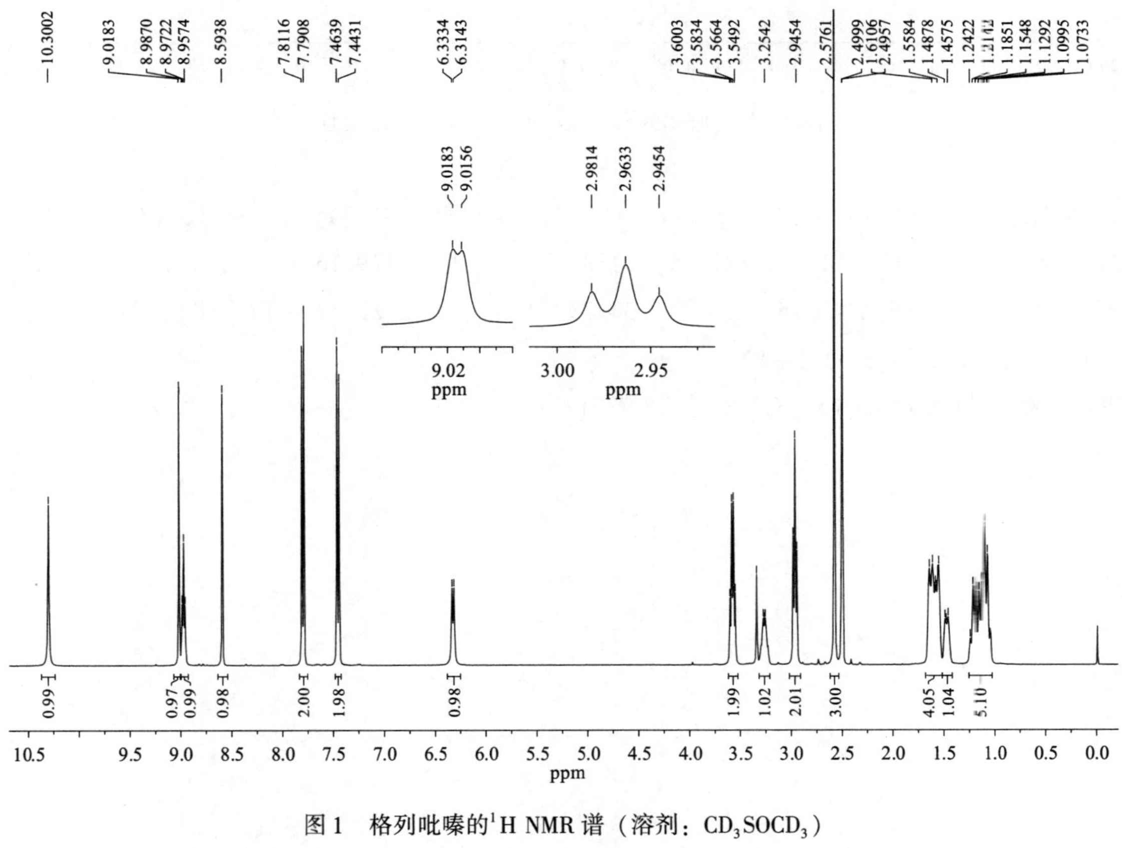

图 1 格列吡嗪的 ^1H NMR 谱（溶剂：CD_3SOCD_3）

^1H NMR：δ 10.30（H-23，s，1H），9.02（H-4，d，J=1.1 Hz，1H），8.97（H-24，t，J=5.9 Hz，1H），8.59（H-3，s，1H），7.80（H-12，13，d，J=8.3 Hz，2H），7.45（H-10，11，d，J=8.3 Hz，2H），6.32（H-22，d，J=7.7 Hz，1H），3.63～3.52（H-7，m，2H），3.26（H-16，m，1H），2.96（H-8，t，J=7.2 Hz，2H），2.58（H-1，s，3H），1.68～1.52（H-17，18，m，4H），1.47（H-21a，m，1H），1.27～1.01（H-19，20，21b，m，5H）

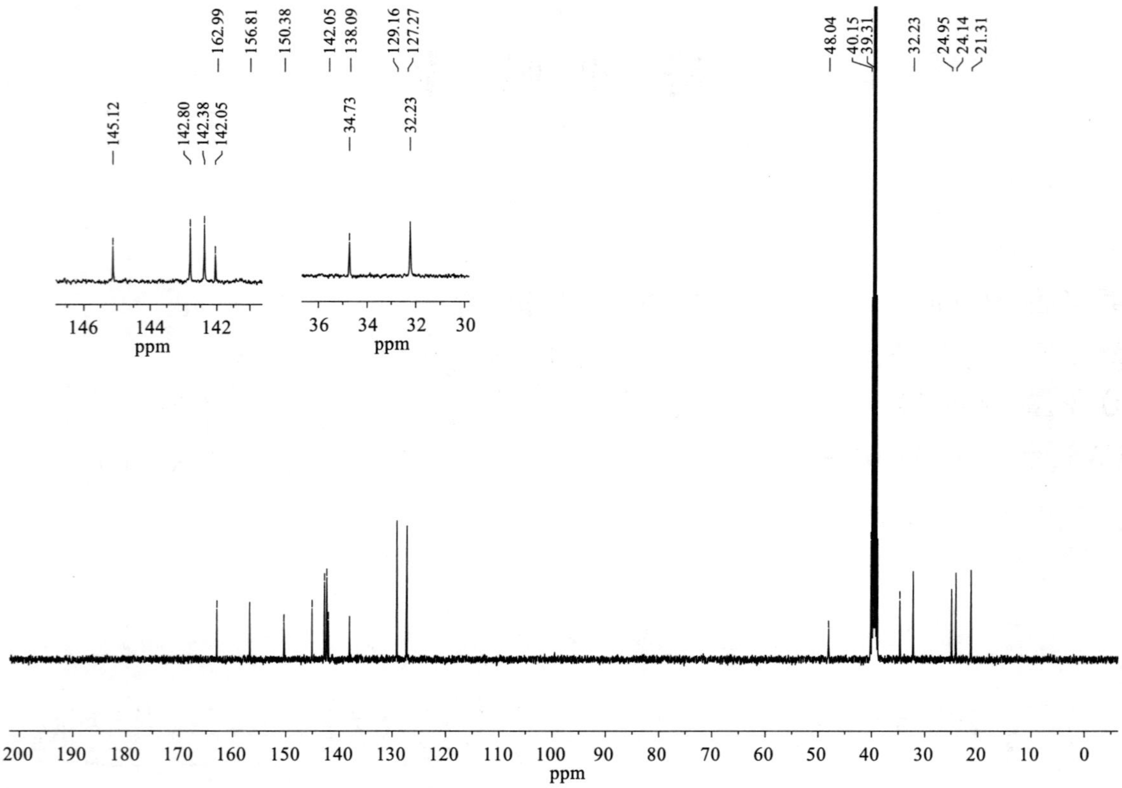

图2 格列吡嗪的^{13}C NMR谱（溶剂：CD_3SOCD_3）

^{13}C NMR：δ 162.99（C－6），156.81（C－2），150.38（C－15），145.12（C－14），142.80（C－3），142.38（C－4），142.05（C－5），138.09（C－9），129.16（C－10，11），127.27（C－12，13），48.04（C－16），40.15（C－8），34.73（C－7），32.23（C－17，18），24.95（C－21），24.14（C－19，20），21.31（C－1）

注：文献中归属为40.15（C－8），34.73（C－7）

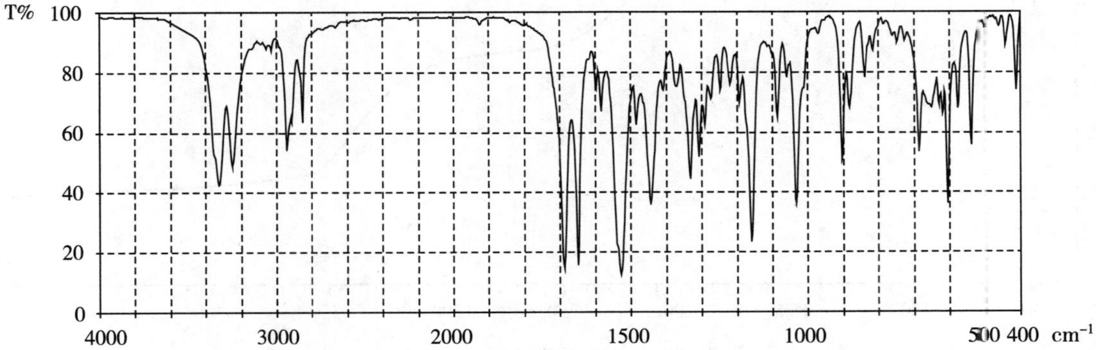

图 3　格列吡嗪的红外光谱图

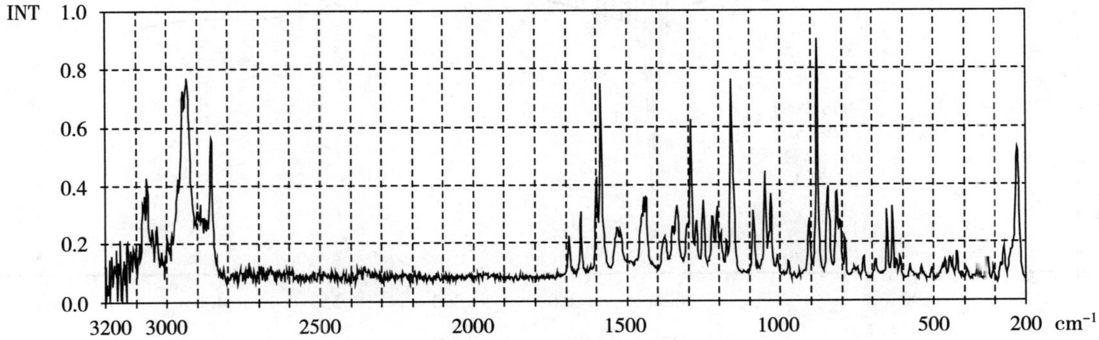

图 4　格列吡嗪的拉曼光谱图

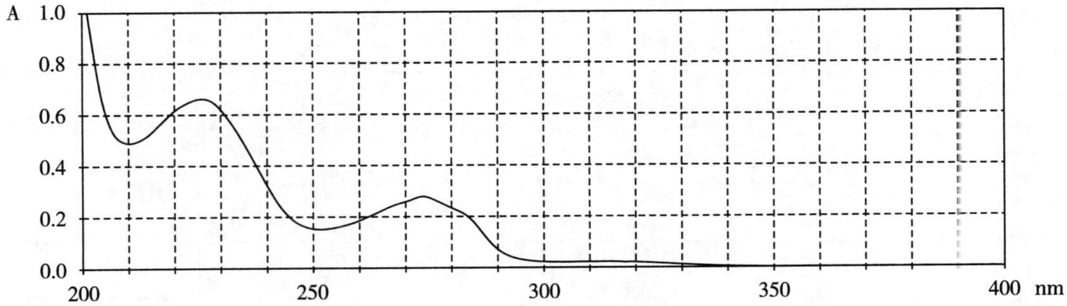

图 5　格列吡嗪的紫外光谱图

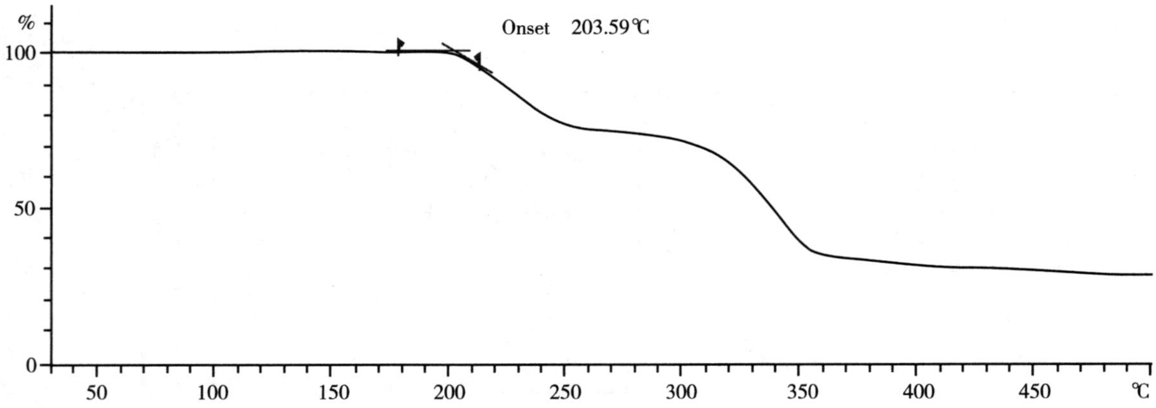

图 6　格列吡嗪的 TG 图

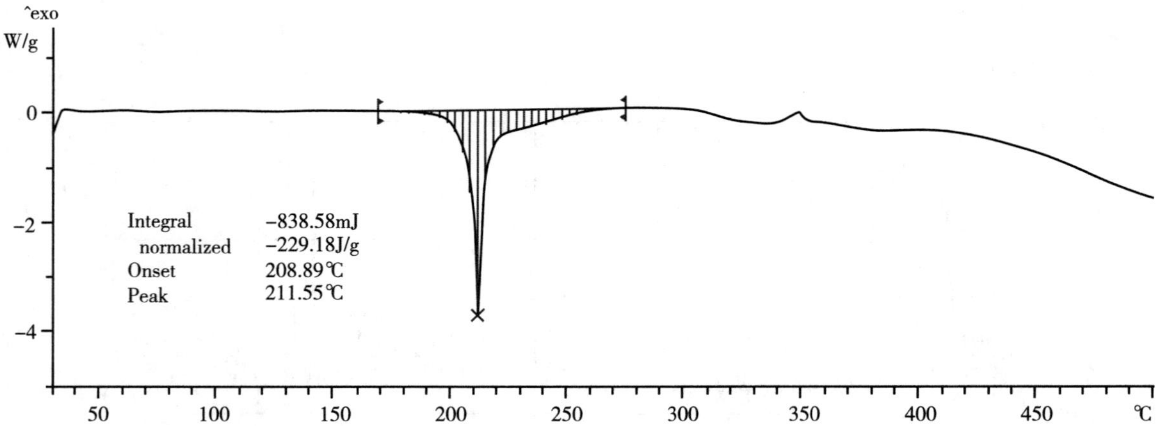

图 7　格列吡嗪的 DSC 图

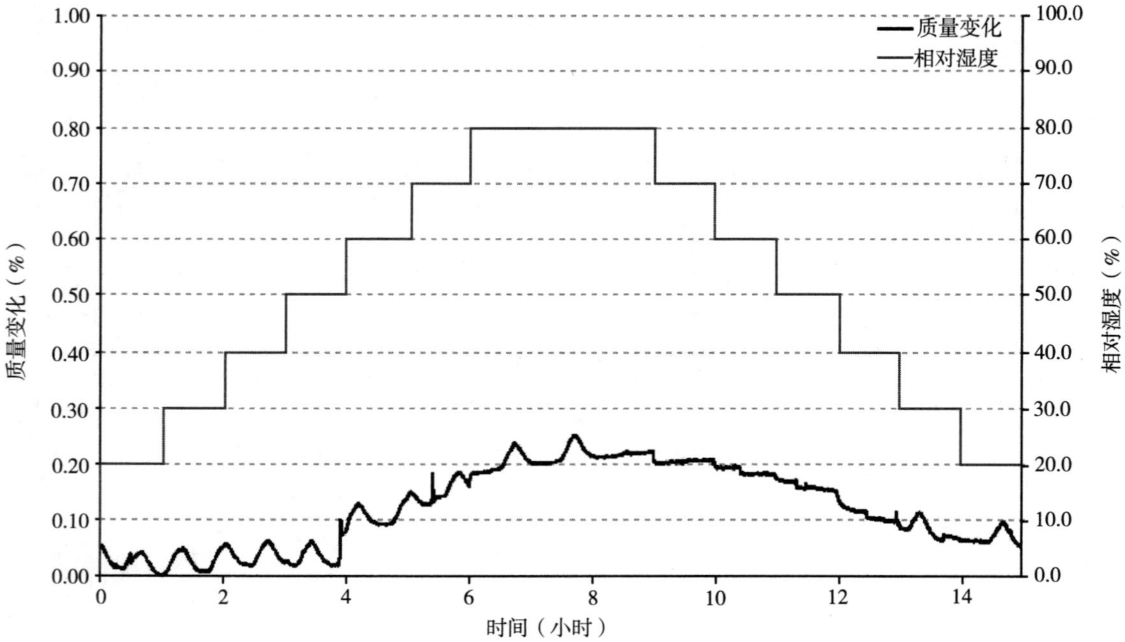

图 8　格列吡嗪的 DVS 图

正离子扫描模式（一级）

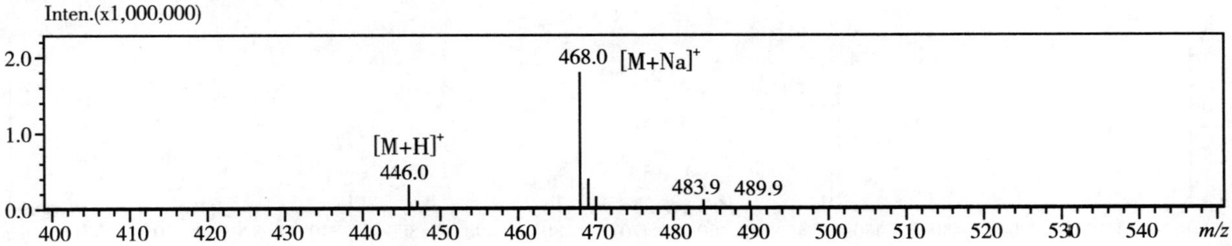

正离子扫描模式（二级）

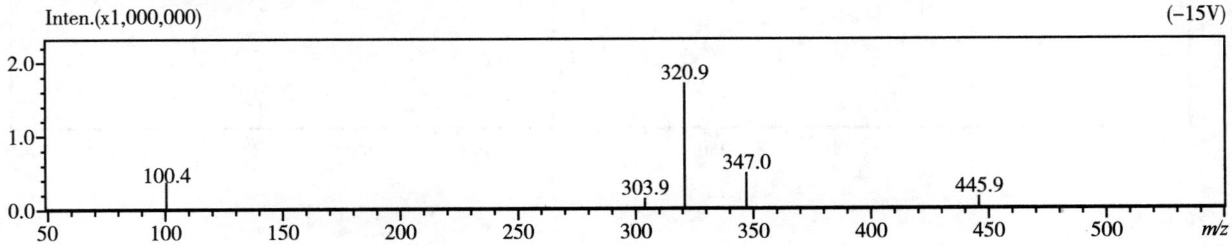

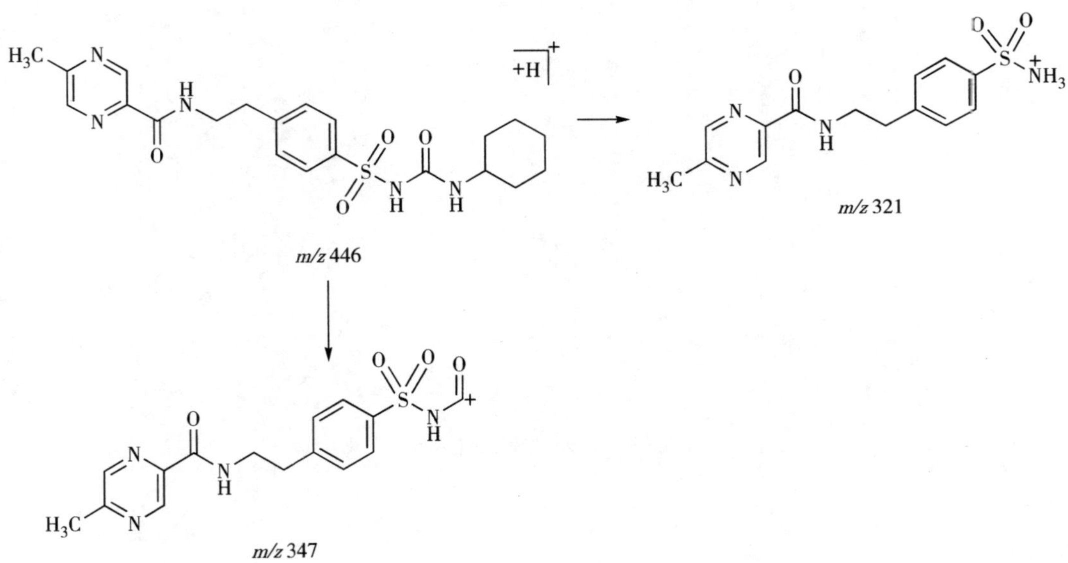

负离子扫描模式（一级）

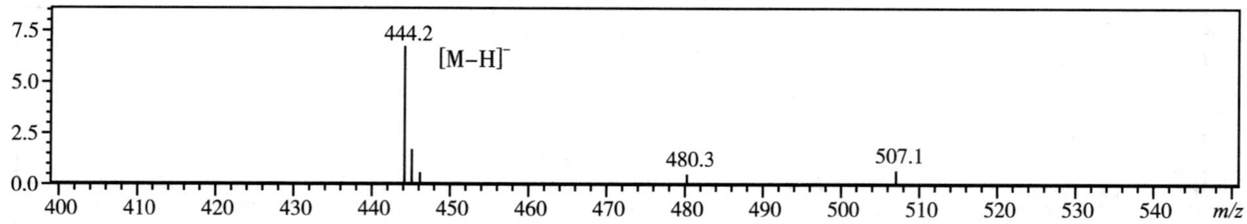

负离子扫描模式（二级）

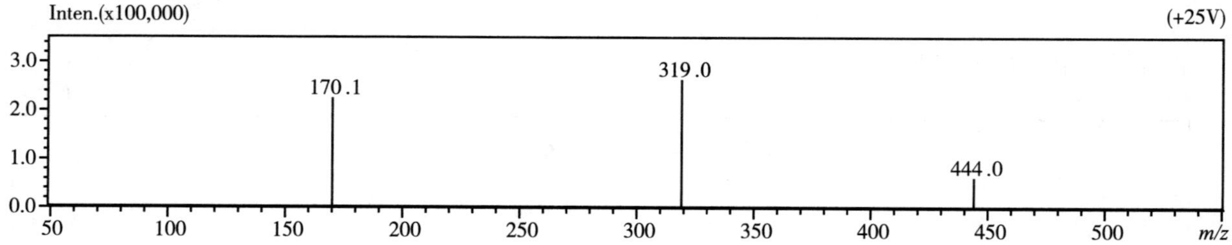

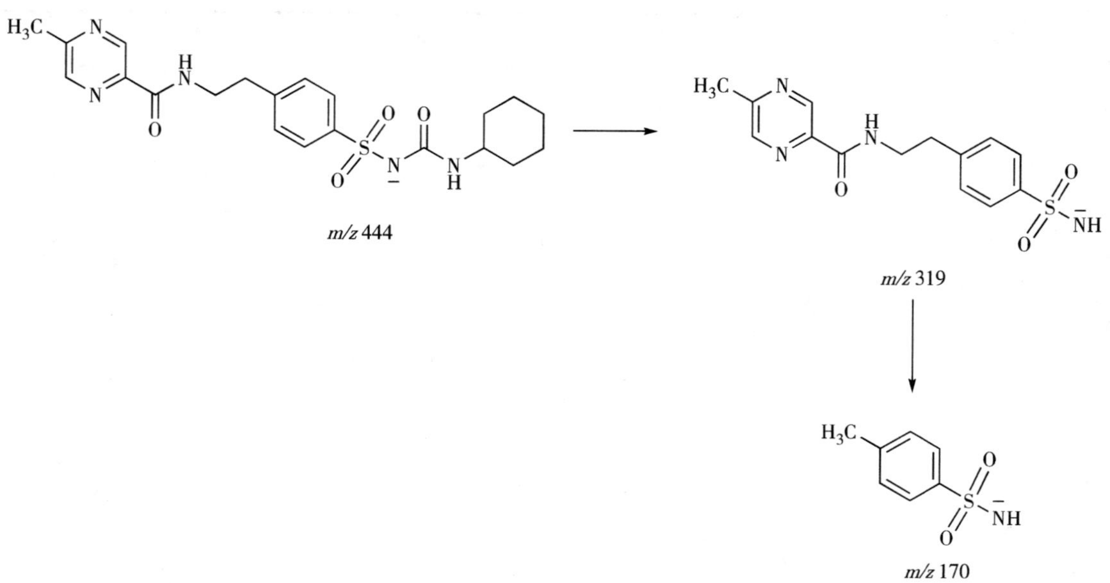

图9　格列吡嗪的质谱图

备注

1. 中文化学名　5－甲基－*N*－[2－[4－[[[(环己氨基)羧基]氨基]磺酰基]苯基]乙基]－吡嗪甲酰胺

2. 英文化学名　1－cyclohexyl－3－[[*p*－[2－(5－methylpyrazinecarboxamido)ethyl]phenyl]sulfonyl]urea

3. 性状　本品为白色或类白色的结晶性粉末；无臭；几乎无味。

4. 溶解性　本品在二甲基甲酰胺中易溶，在丙酮、三氯甲烷、二氧六环或甲醇中微溶，在乙醇中极微溶解，在水中几乎不溶，在稀氢氧化钠溶液中易溶。

5. 溶剂　乙醇。

6. 对照品编号与批号　100281－200602

吉 非 罗 齐

英文名 Gemfibrozil

分子式 $C_{15}H_{22}O_3$

分子量 250.34

CAS 号 25812-30-0

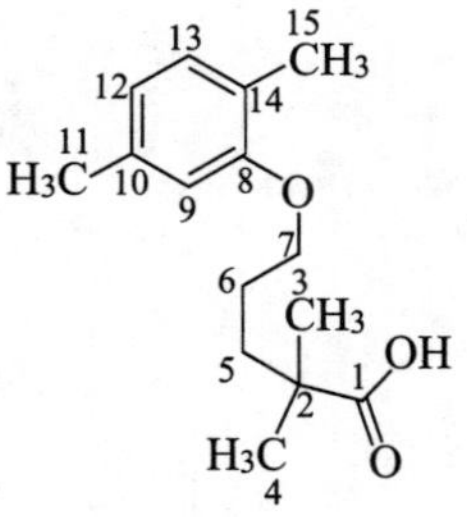

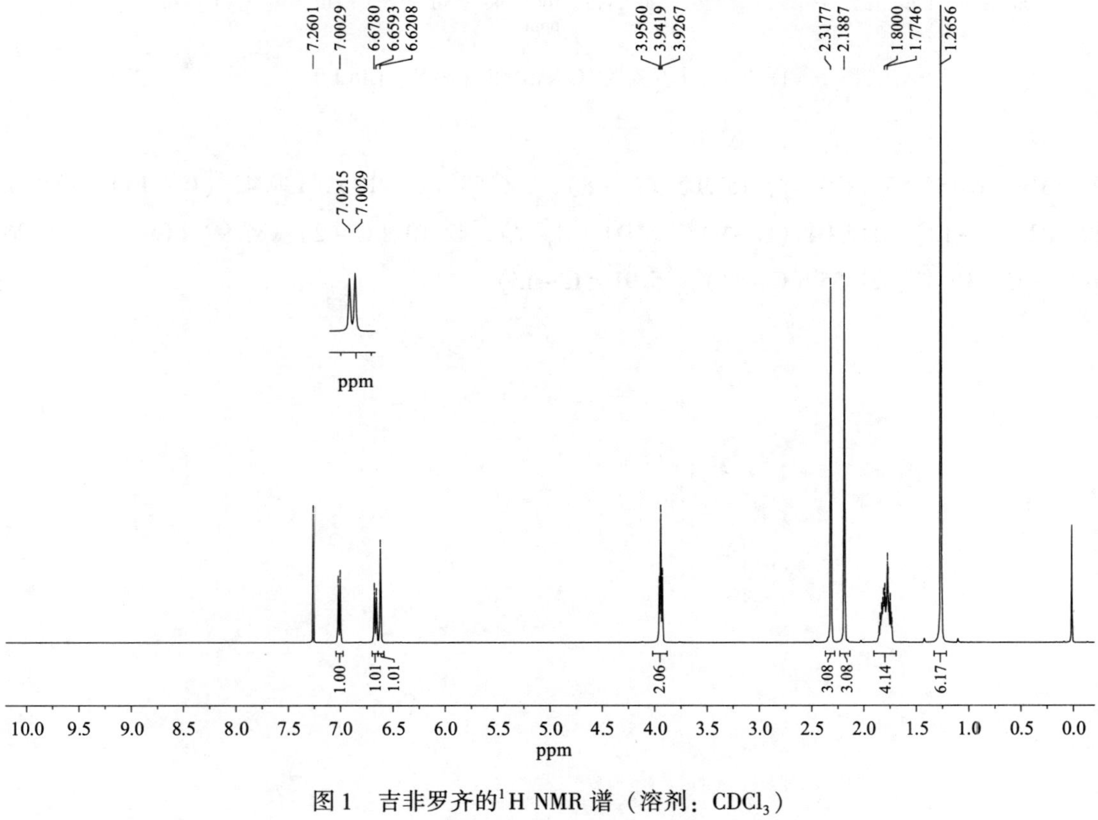

图 1 吉非罗齐的^{1}H NMR 谱（溶剂：$CDCl_3$）

^{1}H NMR：δ 7.01（H-13，d，J=7.4 Hz，1H），6.67（H-12，d，J=7.4 Hz，1H），6.62（H-9，s，1H），3.94（H-7，t，J=5.9 Hz，2H），2.32（H-15，s，3H），2.19（H-11，s，3H），1.90~1.69（H-5，6，m，4H），1.27（H-3，4，s，6H）

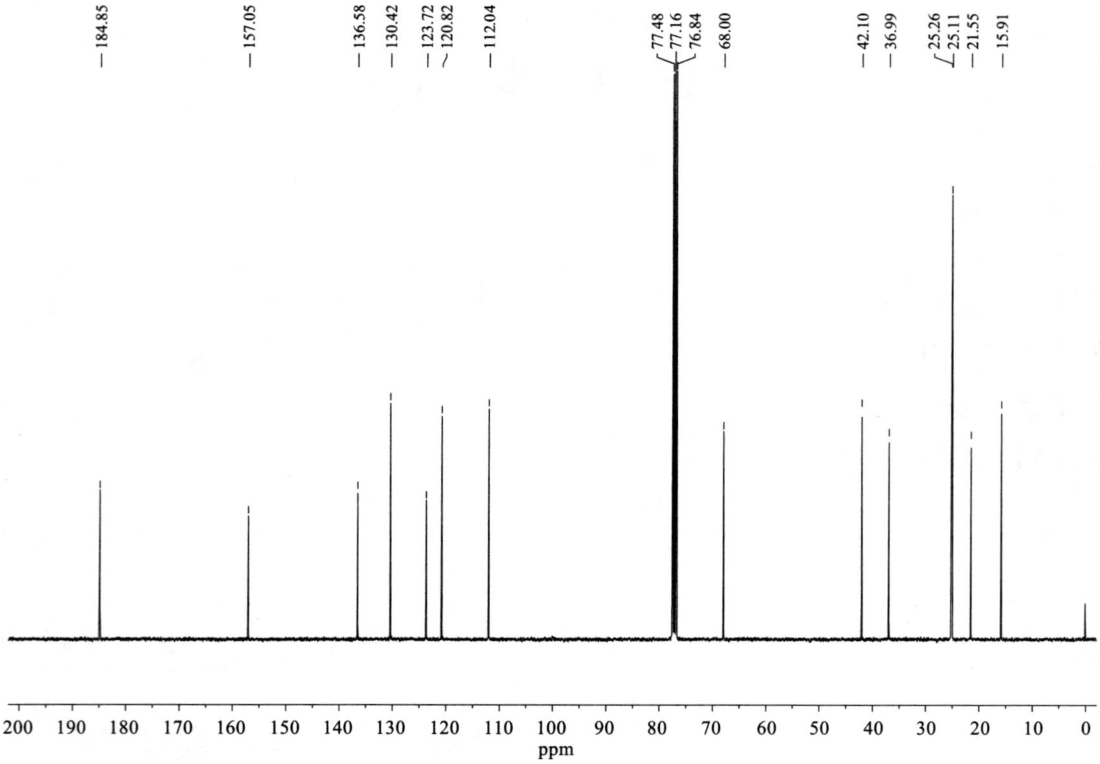

图2 吉非罗齐的^{13}C NMR谱（溶剂：$CDCl_3$）

^{13}C NMR：δ 184.85（C－1），157.05（C－8），136.58（C－10），130.42（C－13），123.72（C－14），120.82（C－12），112.04（C－9），68.00（C－7），42.10（C－2），36.99（C－5），25.26（C－6），25.11（C－3，4），21.55（C－11），15.91（C－15）

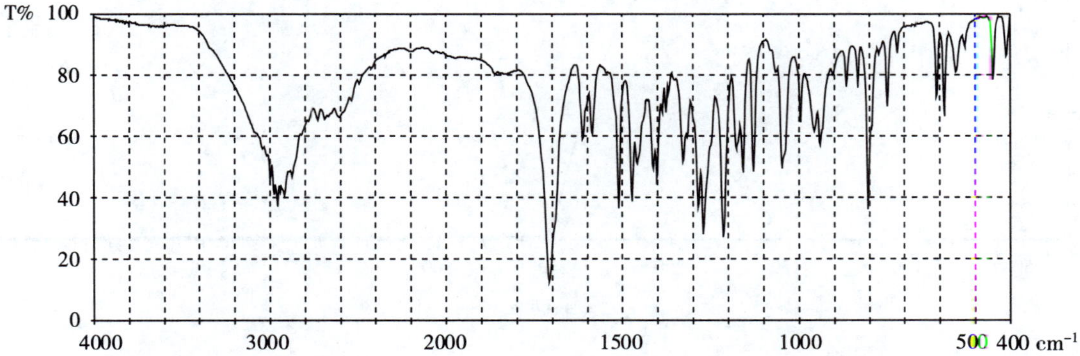

图 3　吉非罗齐的红外光谱图

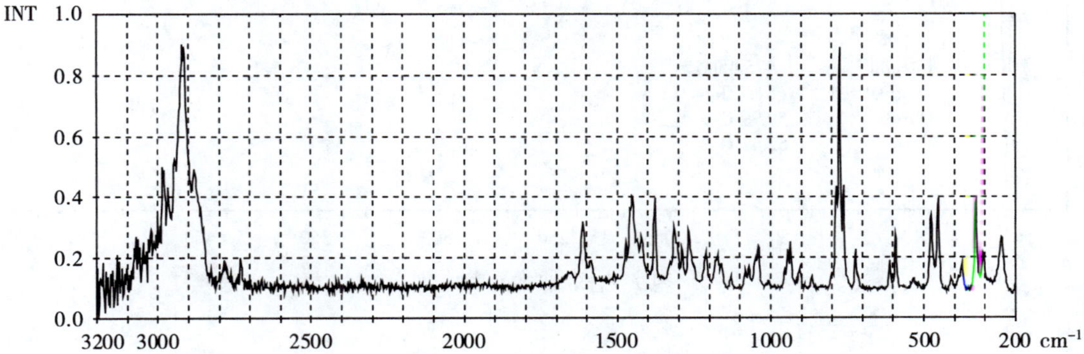

图 4　吉非罗齐的拉曼光谱图

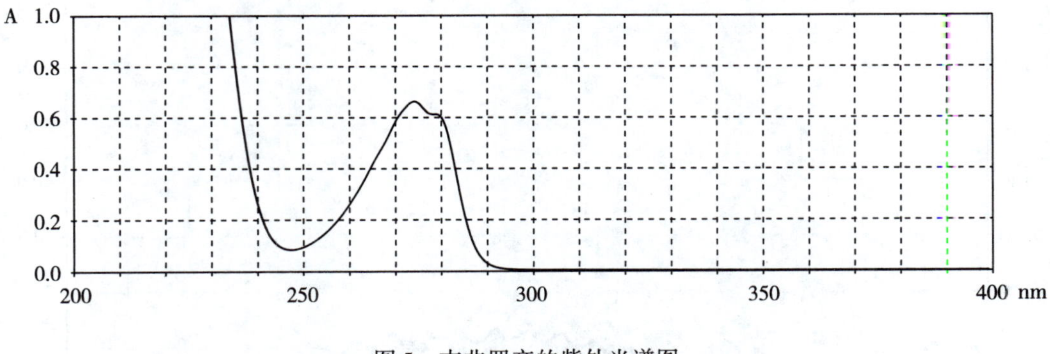

图 5　吉非罗齐的紫外光谱图

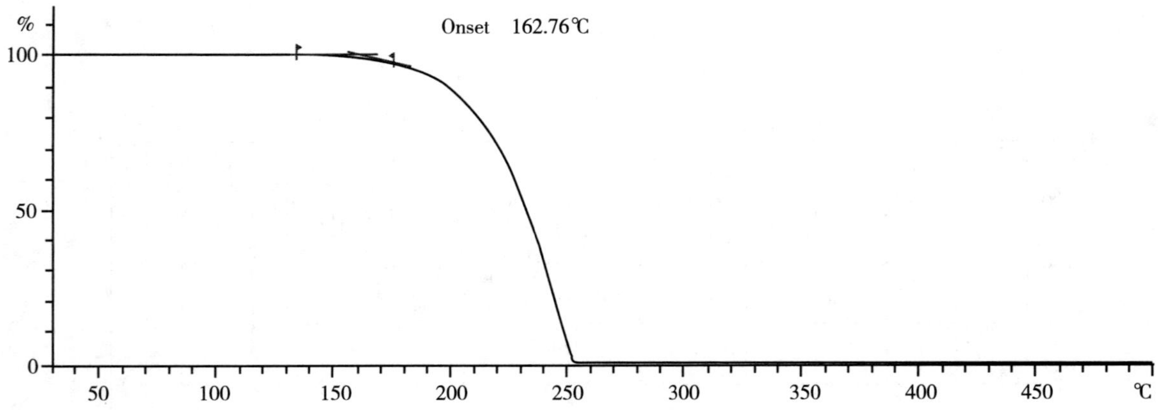

图 6　吉非罗齐的 TG 图

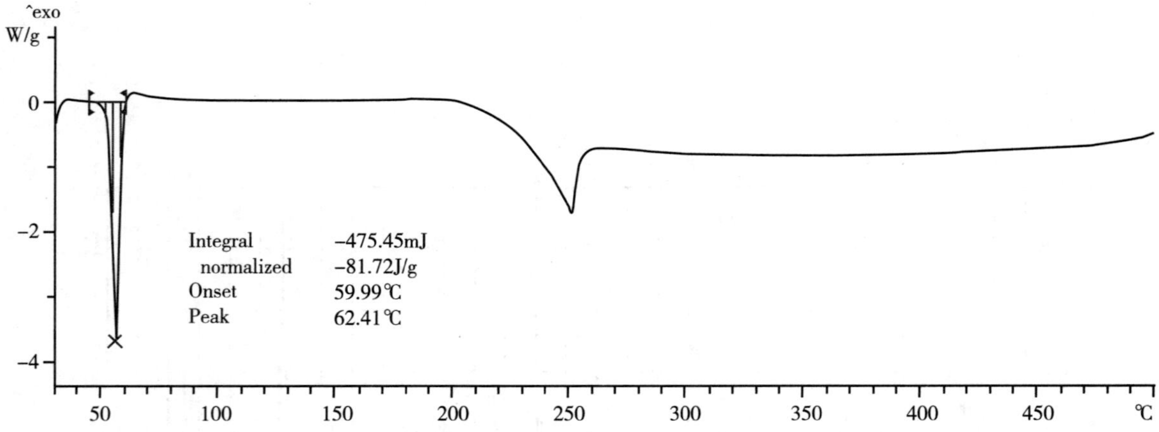

图 7　吉非罗齐的 DSC 图

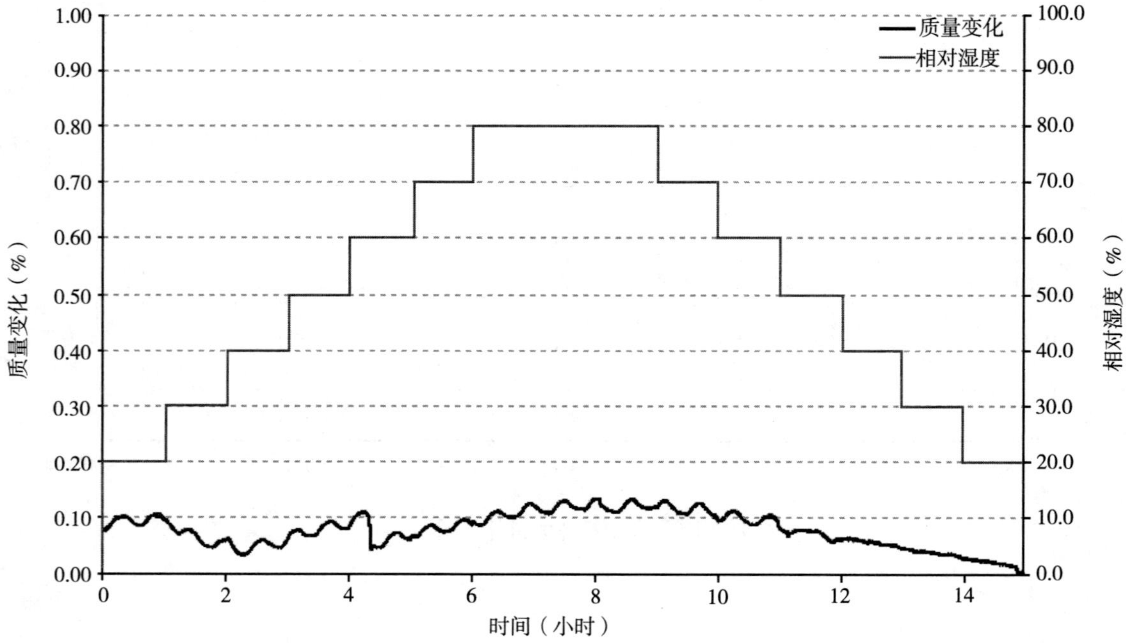

图 8　吉非罗齐的 DVS 图

负离子扫描模式（一级）

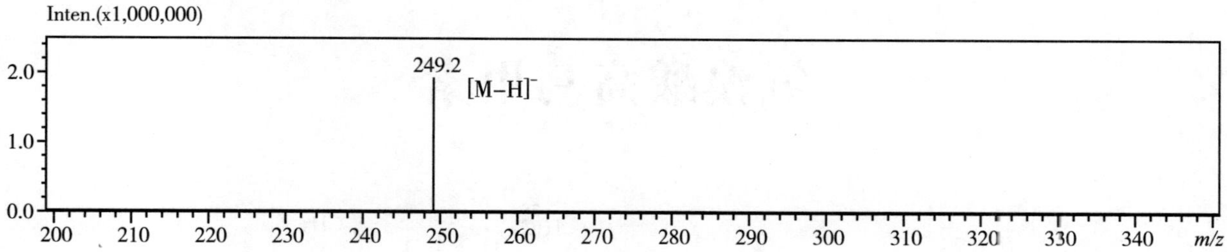

负离子扫描模式（二级）

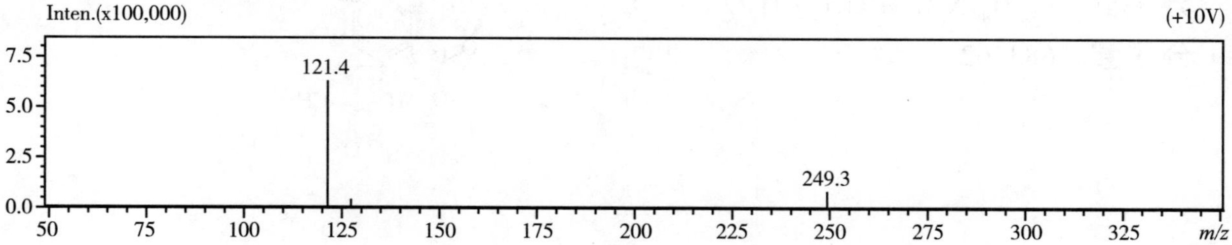

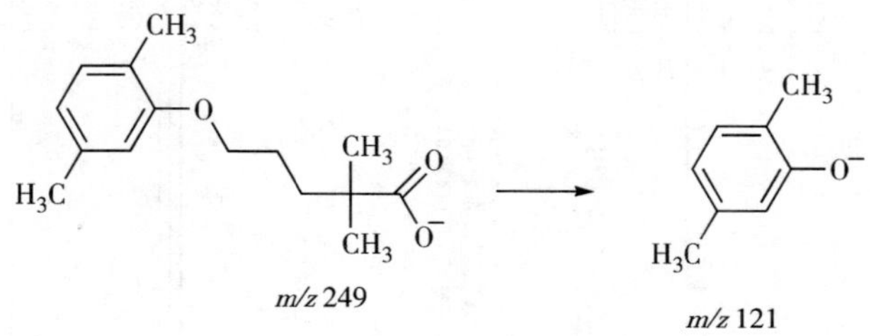

图9　吉非罗齐的质谱图

备注

1. **中文化学名**　2,2－二甲基－5－(2,5－二甲苯基氧基)－戊酸
2. **英文化学名**　2,2－dimethyl－5－(2,5－xylyloxy)valeric acid
3. **性状**　本品为白色结晶性粉末；无臭，无味。
4. **溶解性**　本品在三氯甲烷中极易溶解，在甲醇、乙醇、丙酮或己烷中易溶，在水中不溶，在氢氧化钠试液中易溶。
5. **溶剂**　0.1mol/L的氢氧化钠溶液。
6. **对照品编号与批号**　100284－200602

氢溴酸高乌甲素

英文名 Lappaconitine Hydrobromide

分子式 $C_{32}H_{44}N_2O_8 \cdot HBr \cdot H_2O$

分子量 683.62

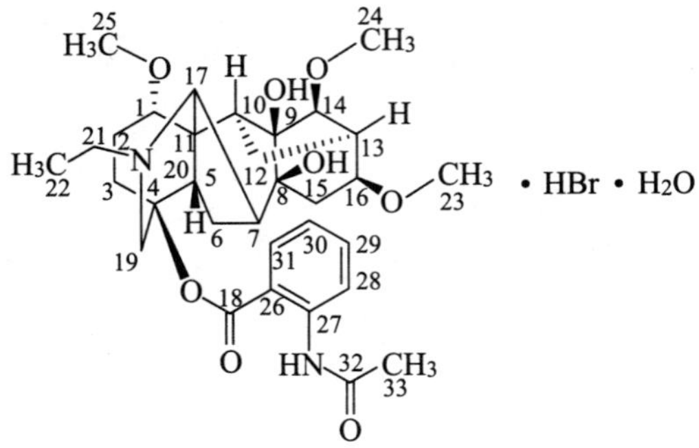

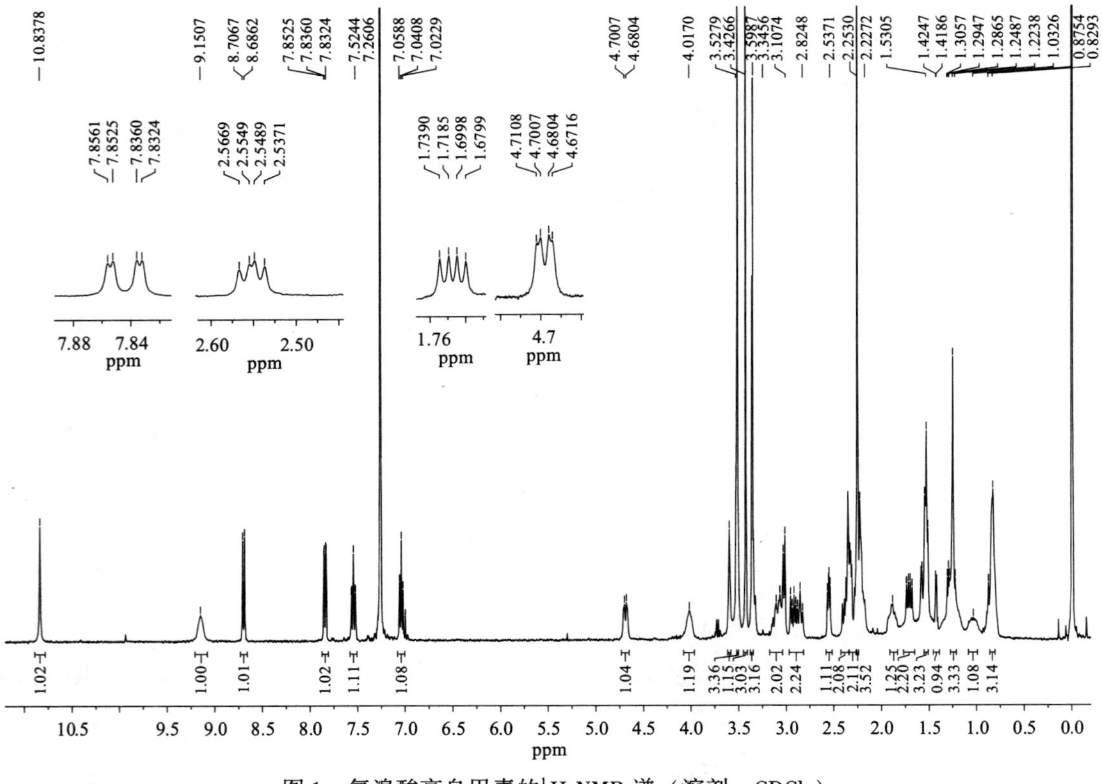

图 1 氢溴酸高乌甲素的 ^{1}H NMR 谱（溶剂：$CDCl_3$）

^{1}H NMR：δ 10.84 (NH, s, 1H), 9.15 (HBr, s, 1H), 8.70 (H－28, d, J=8.0 Hz, 1H), 7.84 (H－31, dd, J=8.0, 1.4 Hz, 1H), 7.55 (H－30, m, 1H), 7.05 (H－29, t, J=7.2 Hz, 1H), 4.70 (H－14, dd, J=11.9, 3.8 Hz, 1H), 4.02 (OH, brs, 1H), 3.60 (OH, s, 1H), 3.53 (H－25, s, 3H), 3.43 (H－23, s, 3H), 3.35 (H－24, s, 3H), 3.16～2.99 (m, 2H), 2.98～2.80 (m, 2H), 2.56 (dd, J=7.1, 4.7 Hz, 1H), 2.43～2.30 (m, 2H), 2.29～2.13 (m, 2H), 2.25 (H－33, s, 3H), 1.89 (m, 1H), 1.71 (dd, J=15.6, 8.1 Hz, 2H), 1.63～1.46 (m, 3H), 1.43 (m, 1H), 1.35～1.13 (m, 3H), 1.09 (m, 1H), 0.92～0.75 (H－22, m, 3H)

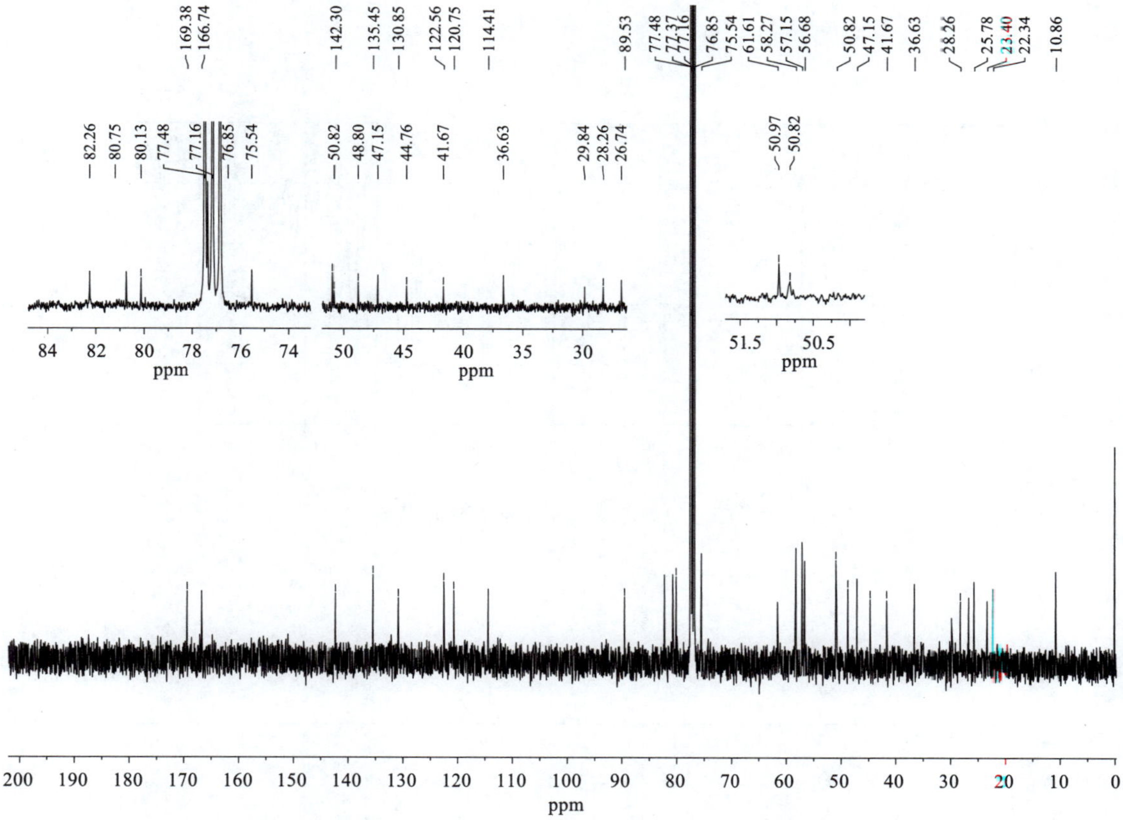

图 2　氢溴酸高乌甲素的^{13}C NMR 谱（溶剂：$CDCl_3$）

^{13}C NMR：δ 169.38（C－32），166.74（C－18），142.30（C－27），135.45（C－29），130.85（C－31），122.56（C－30），120.75（C－28），114.41（C－26），89.53（C－14），82.26（C－4），80.75（C－1），80.13（C－16），77.37（C－9），75.54（C－8），61.61（C－17），58.27（C－24），57.15（C－25），56.68（C－23），50.97（C－19），50.82（C－11），48.80（C－10），47.15（C－21），44.76（C－5），41.67（C－7），36.63（C－15），29.84（C－13），28.26（C－3），26.74（C－2），25.78（C－12），23.40（C－33），22.34（C－6），10.86（C－22）

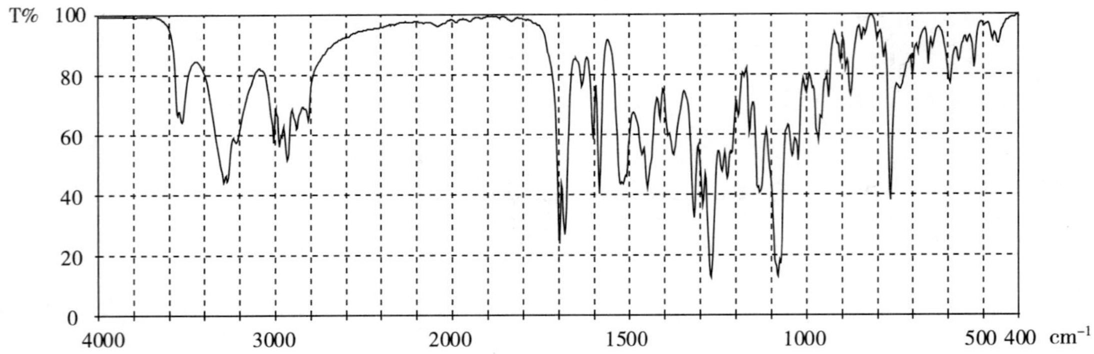

图 3　氢溴酸高乌甲素的红外光谱图

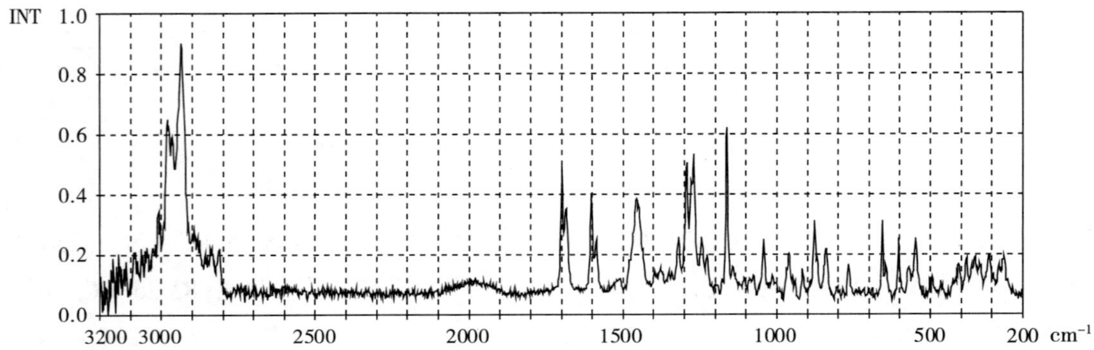

图 4　氢溴酸高乌甲素的拉曼光谱图

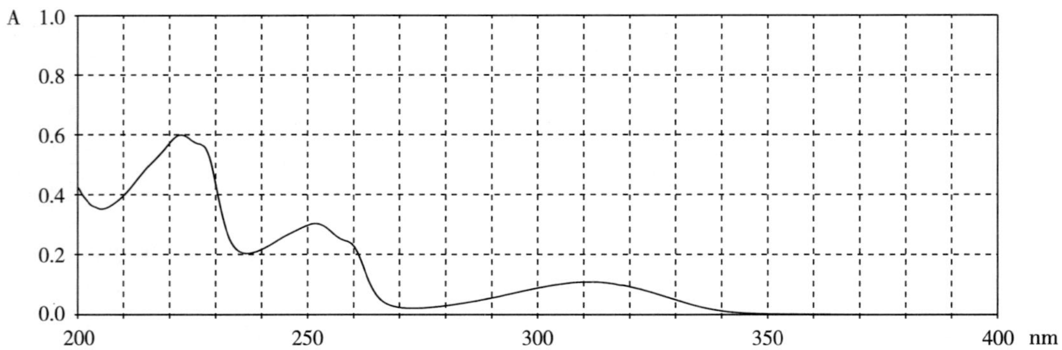

图 5　氢溴酸高乌甲素的紫外光谱图

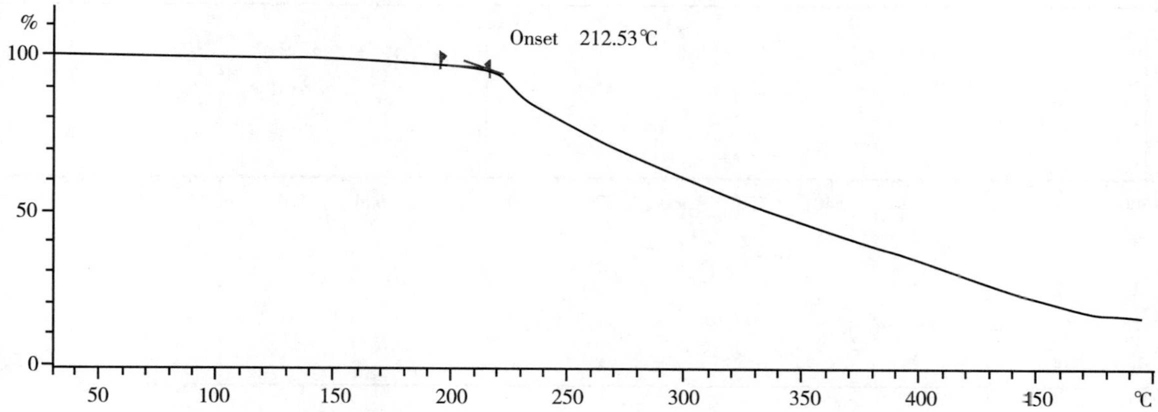

图 6　氢溴酸高乌甲素的 TG 图

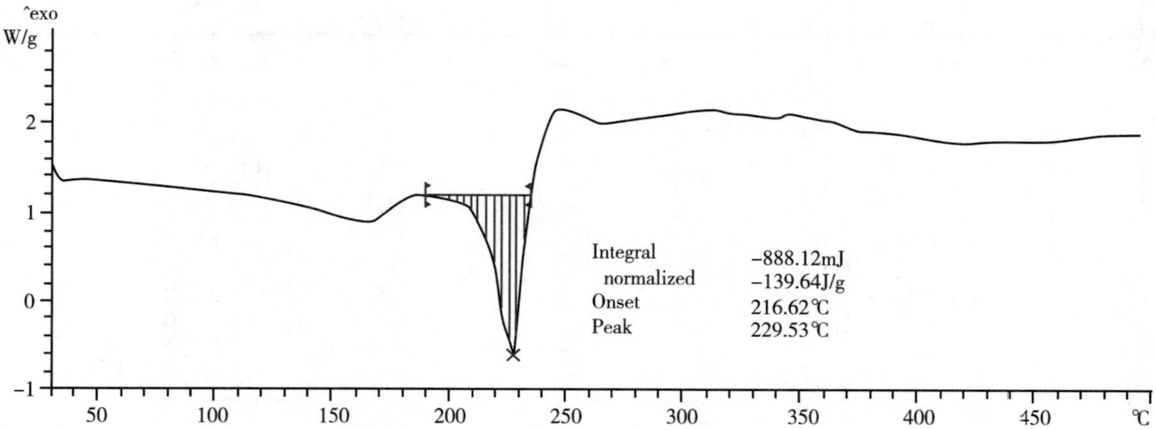

图 7　氢溴酸高乌甲素的 DSC 图

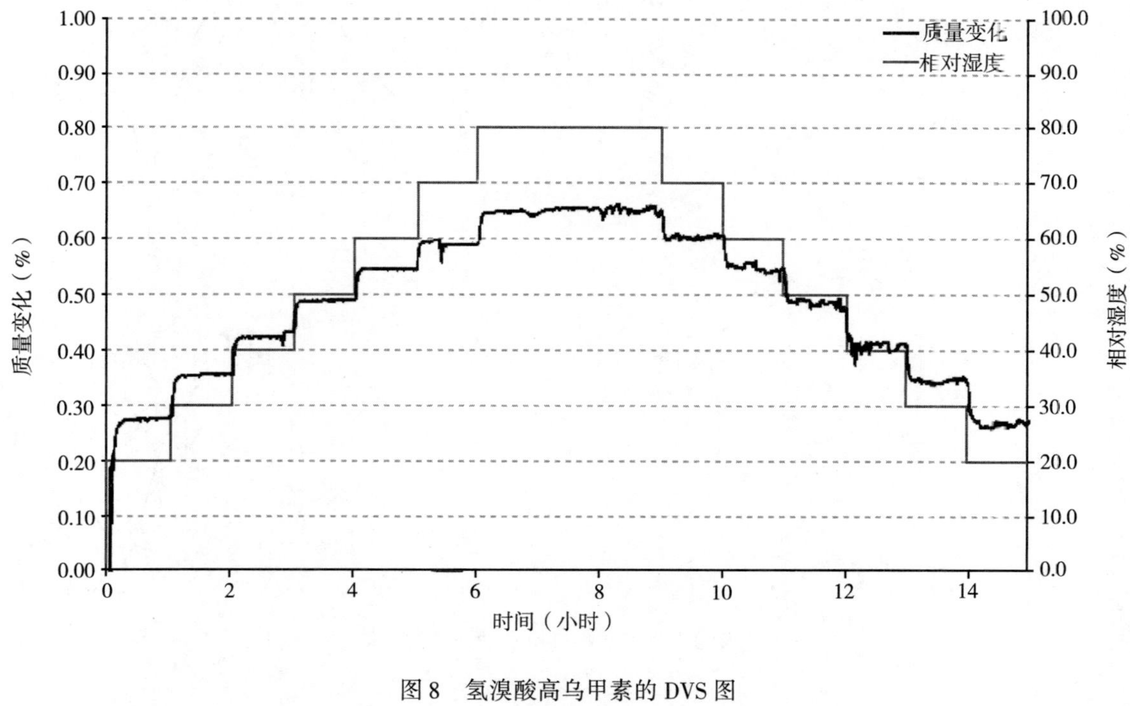

图 8　氢溴酸高乌甲素的 DVS 图

正离子扫描模式（一级）

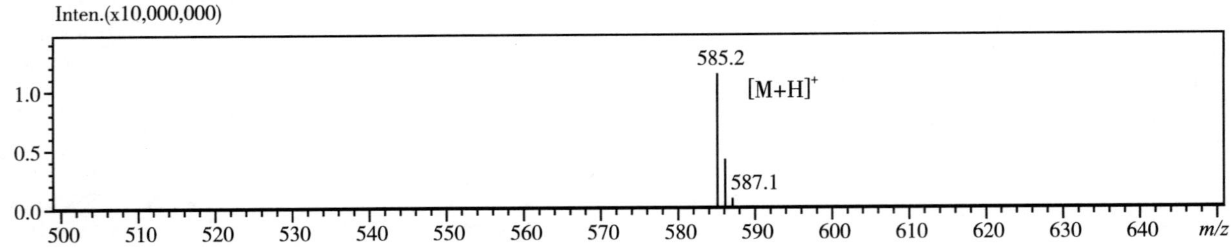

正离子扫描模式（二级）

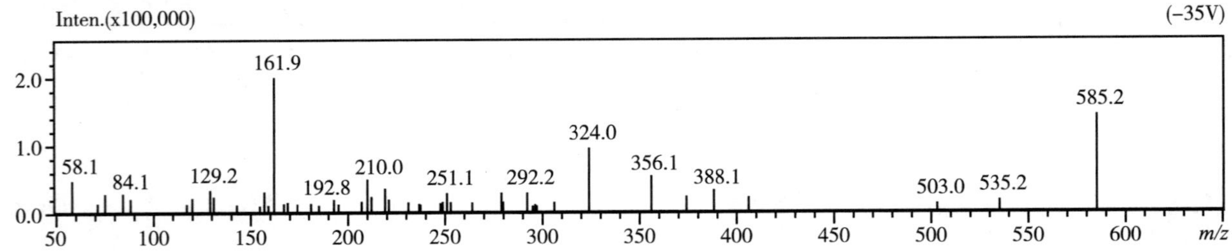

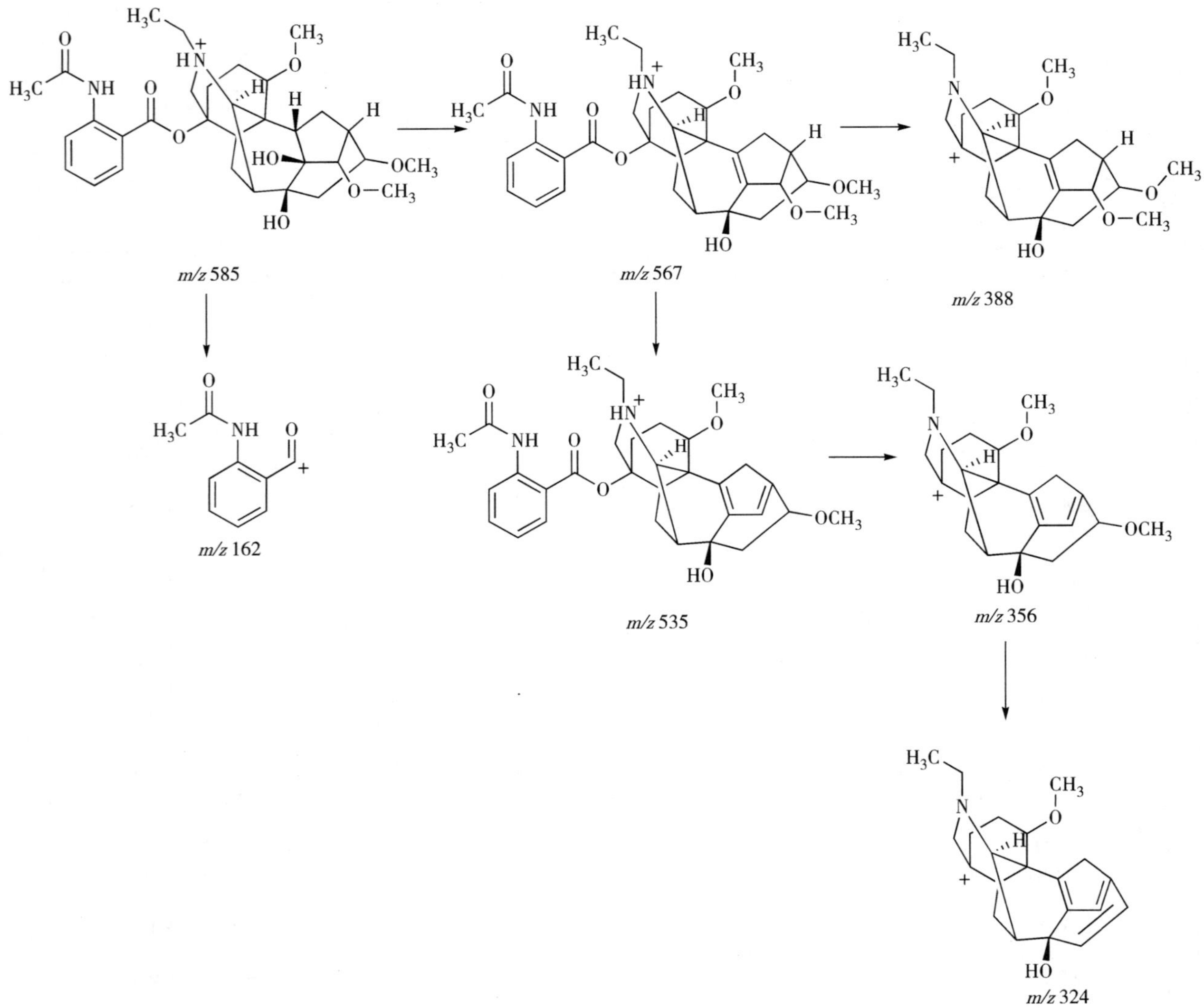

图 9　氢溴酸高乌甲素的质谱图

备注

1. **中文化学名** （1α,14α,16β）-20-乙基-1,14,16-三甲氧乌头烷-4,8,9-三醇 4-[2-（乙酰氨基）苯甲酸酯]氢溴酸盐一水化合物

2. **英文化学名** （1α,14α,16β）-20-ethyl-1,14,16-trimethoxyaconitane-4,8,9-triol 4-[2-(acetylamino) benzoate] hydrobromide monohydrate

3. **性状** 本品为白色结晶；无臭，味苦。

4. **溶解性** 本品在甲醇中溶解，在水中微溶，在乙醇中极微溶解，在三氯甲烷中几乎不溶。

5. **溶剂** 乙醇。

6. **对照品编号与批号** 100289-200902

乳酸依沙吖啶

英文名 Ethacridine Lactate Monohydrate

分子式 $C_{15}H_{15}N_3O \cdot C_3H_6O_3 \cdot H_2O$

分子量 361.40

CAS 号 6402 - 23 - 9

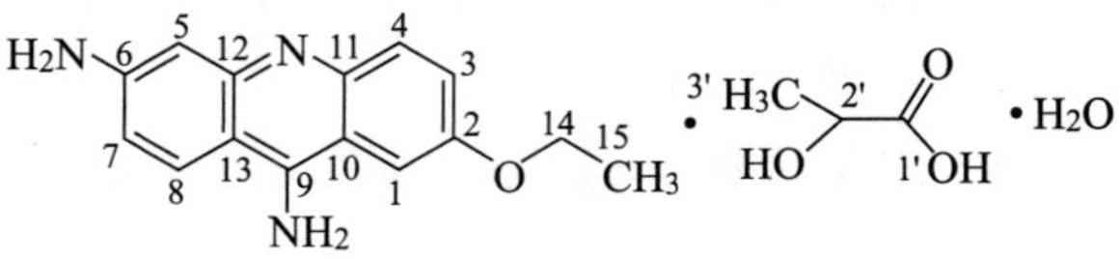

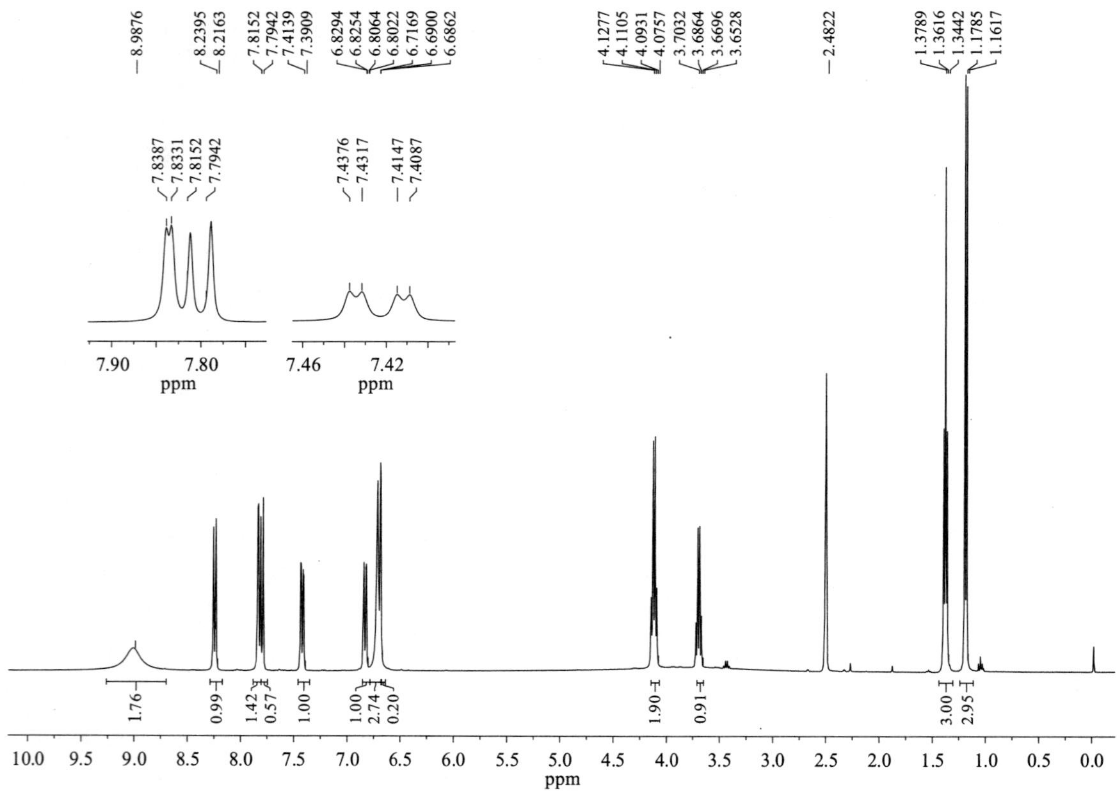

图 1　乳酸依沙吖啶的^{1}H NMR 谱（溶剂：CD_3SOCD_3）

^{1}H NMR：δ 8.99（NH，brs，2H），8.23（H-4，d，J=9.3 Hz，1H），7.83（H-1，d，J=2.3 Hz，1H），7.80（H-8，d，J=9.2 Hz，1H），7.42（H-7，dd，J=9.2，2.4 Hz，1H），6.82（H-3，dd，J=9.3，1.6 Hz，1H），6.72（NH_2，brs，2H），6.69（H-5，d，J=1.5 Hz，1H），4.12（H-14，q，J=6.9 Hz，2H），3.69（H-2′，q，J=6.7 Hz，1H），1.38（H-15，t，J=6.9 Hz，3H），1.19（H-3′，d，J=6.7 Hz，3H）

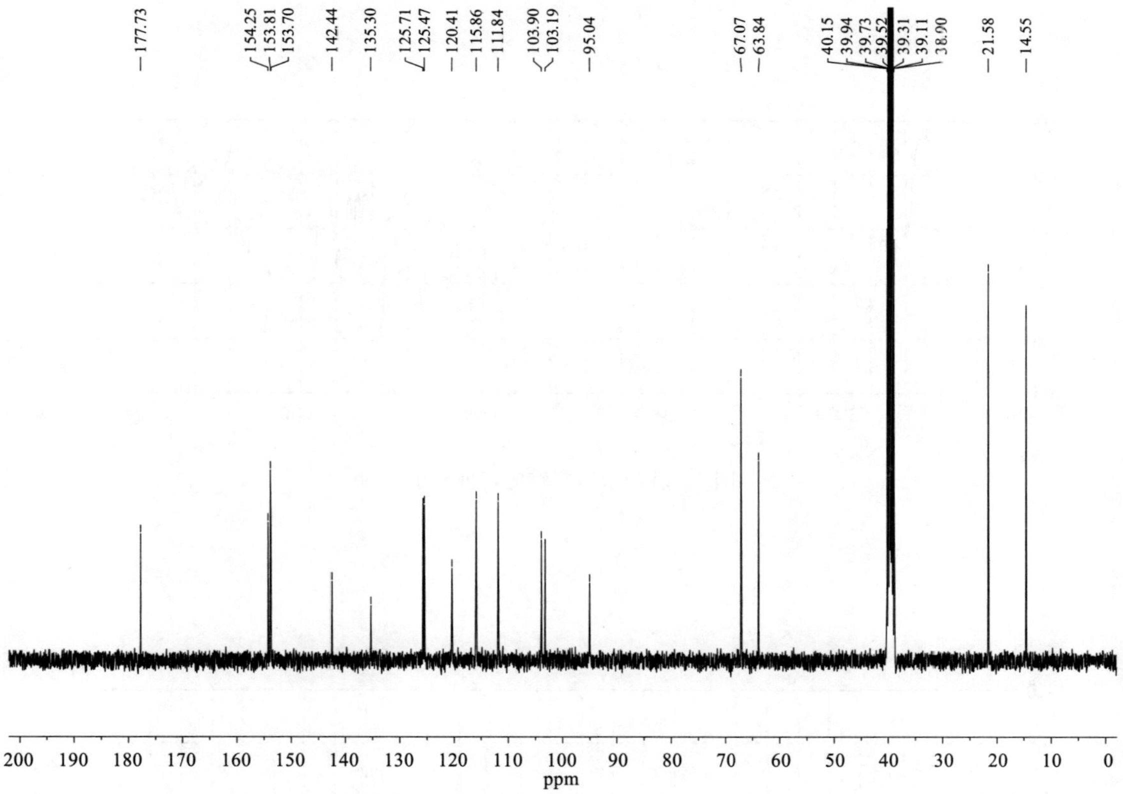

图 2　乳酸依沙吖啶的^{13}C NMR 谱（溶剂：CD_3SOCD_3）

^{13}C NMR：δ 177.73（C－1′），154.25（C－2），153.81（C－9），153.70（C－12），142.44（C－6），135.30（C－11），125.71（C－4），125.47（C－8），120.41（C－7），115.86（C－3），111.84（C－10），103.90（C－13），103.19（C－5），95.04（C－1），67.07（C－14），63.84（C－2′），21.58（C－3′），14.55（C－15）

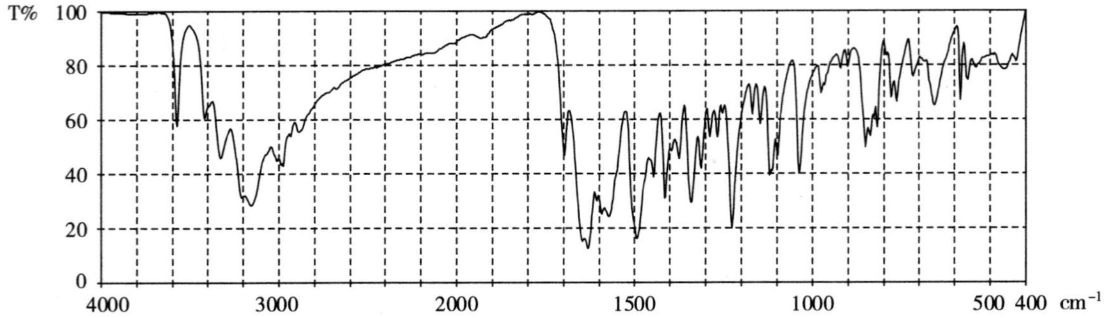

图 3　乳酸依沙吖啶的红外光谱图

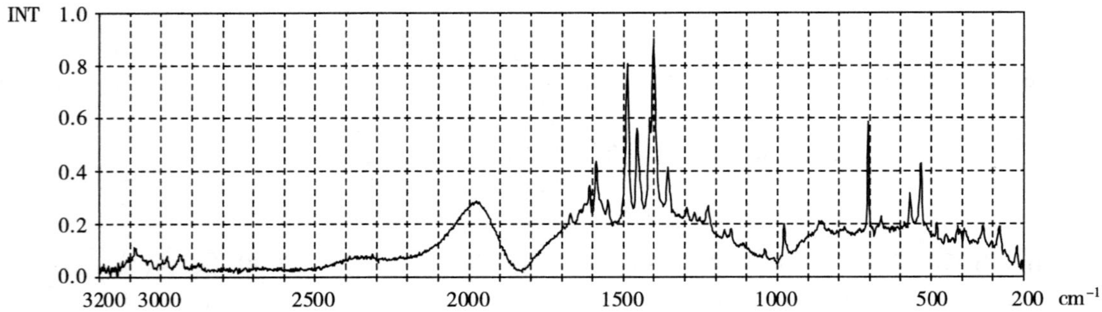

图 4　乳酸依沙吖啶的拉曼光谱图

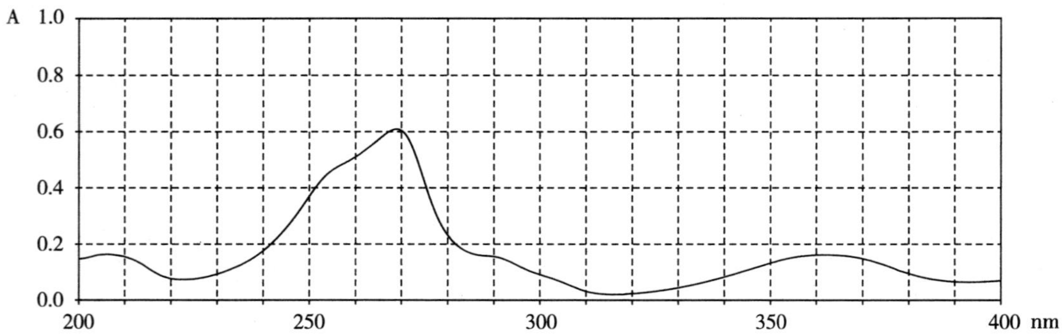

图 5　乳酸依沙吖啶的紫外光谱图

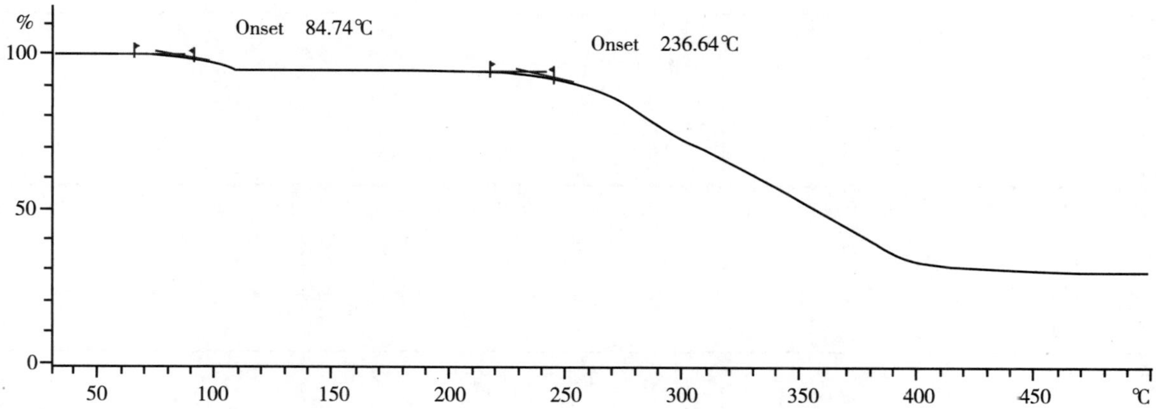

图 6　乳酸依沙吖啶的 TG 图

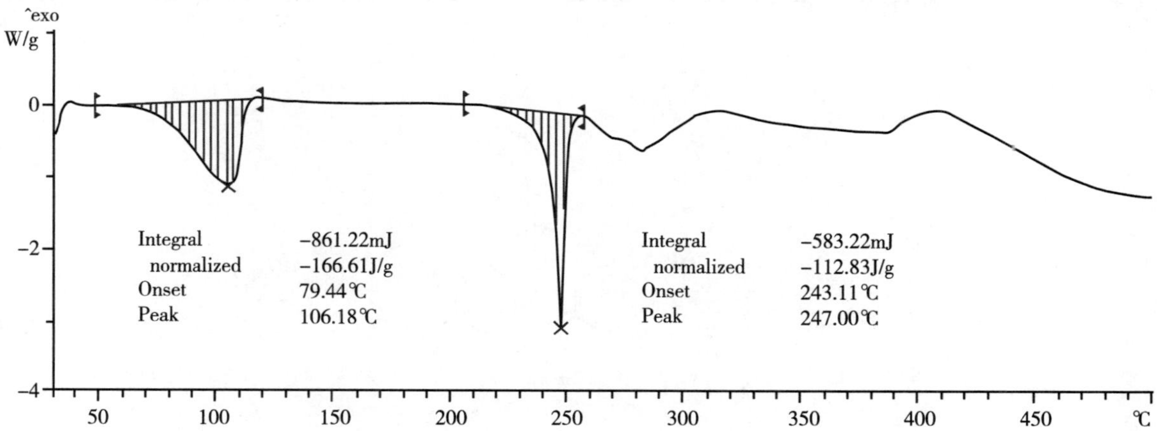

图 7　乳酸依沙吖啶的 DSC 图

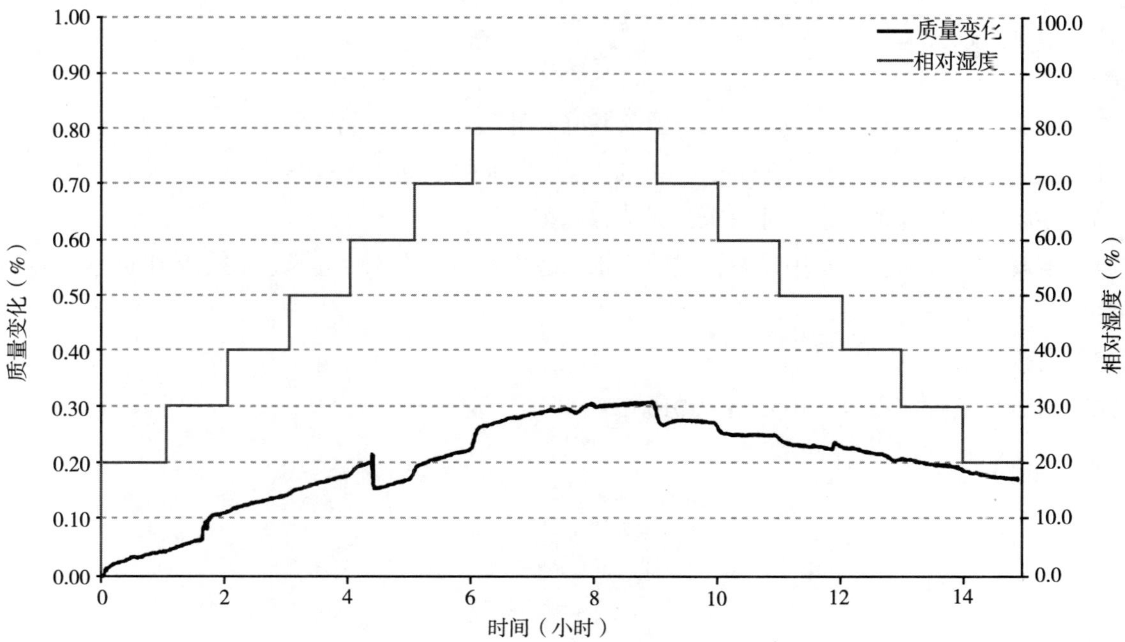

图 8　乳酸依沙吖啶的 DVS 图

正离子扫描模式（一级）

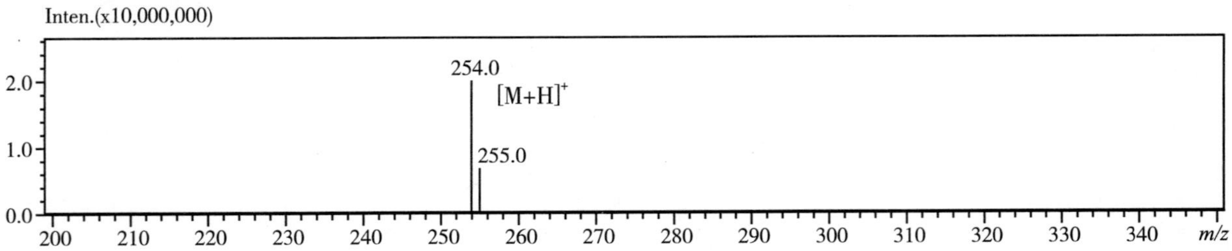

正离子扫描模式（二级）

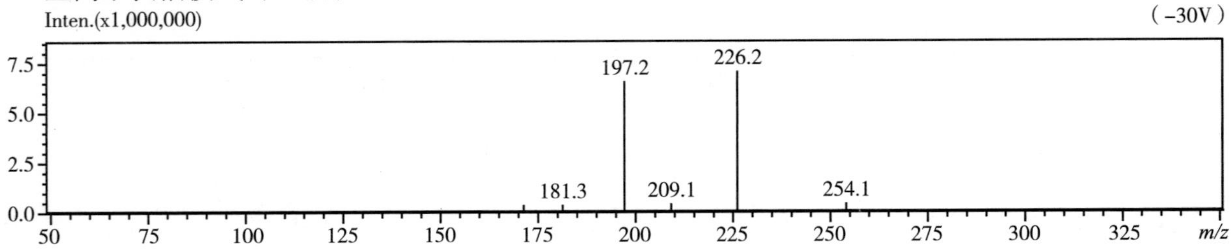

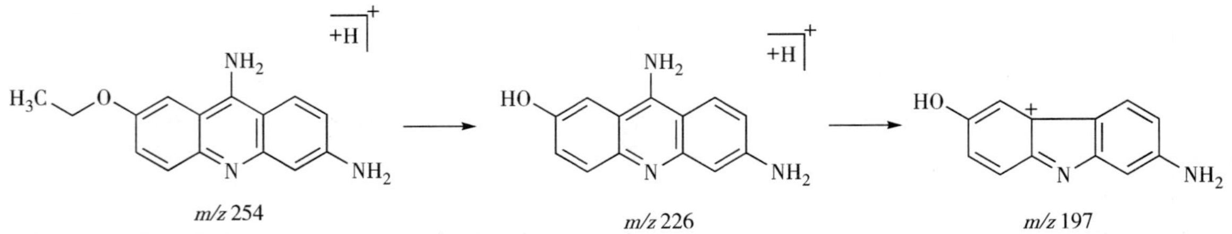

图 9　乳酸依沙吖啶的质谱图

备注

1. **中文化学名**　6,9-二氨基-2-乙氧基吖啶乳酸盐一水合物
2. **英文化学名**　2-hydroxypropanoic acid -7-ethoxyacridine-3,9-diamine monohydrate
3. **性状**　本品为黄色结晶性粉末；无臭，味苦。
4. **溶解性**　本品在热水中易溶，在沸无水乙醇中溶解，在水中略溶，在乙醇中微溶，在乙醚中不溶。
5. **溶剂**　水。
6. **对照品编号与批号**　100290-201002

生　物　素

英文名　Biotin

分子式　$C_{10}H_{16}N_2O_3S$

分子量　244.31

CAS 号　58 - 85 - 5

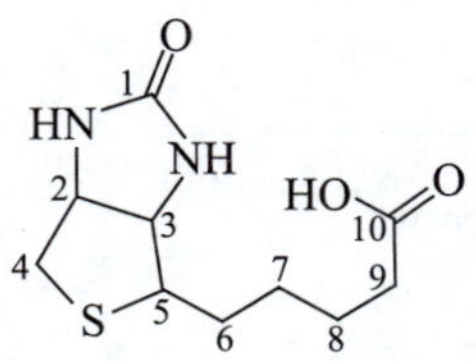

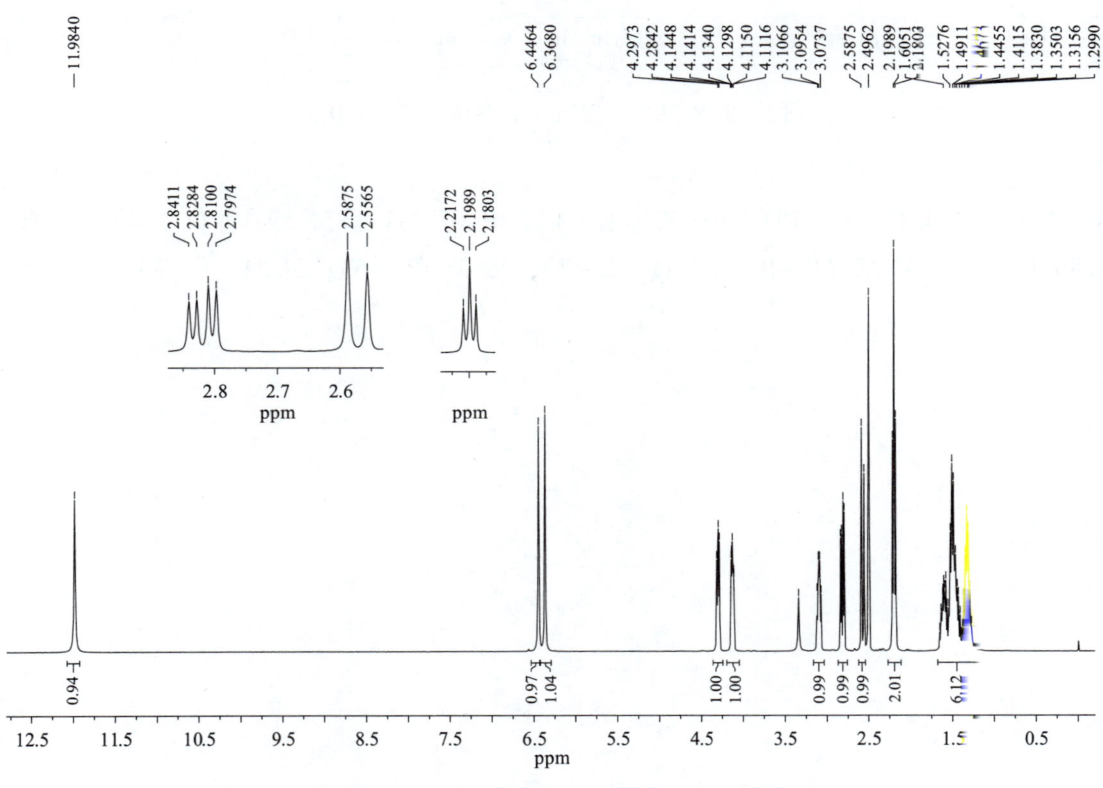

图 1　生物素的^{1}H NMR 谱（溶剂：CD_3SOCD_3）

^{1}H NMR：δ 11.98（COOH，s，1H），6.45（NH，s，1H），6.37（NH，s，1H），4.30（H-2，m，1H），4.12（H-3，m，1H），3.10（H-5，m，1H），2.82（H-4a，dd，J=12.4，5.1 Hz，1H），2.57（H-4b，d，J=12.4 Hz，1H），2.20（H-9，t，J=7.4 Hz，2H），1.68～1.22（H-6，7，8，m，6H）

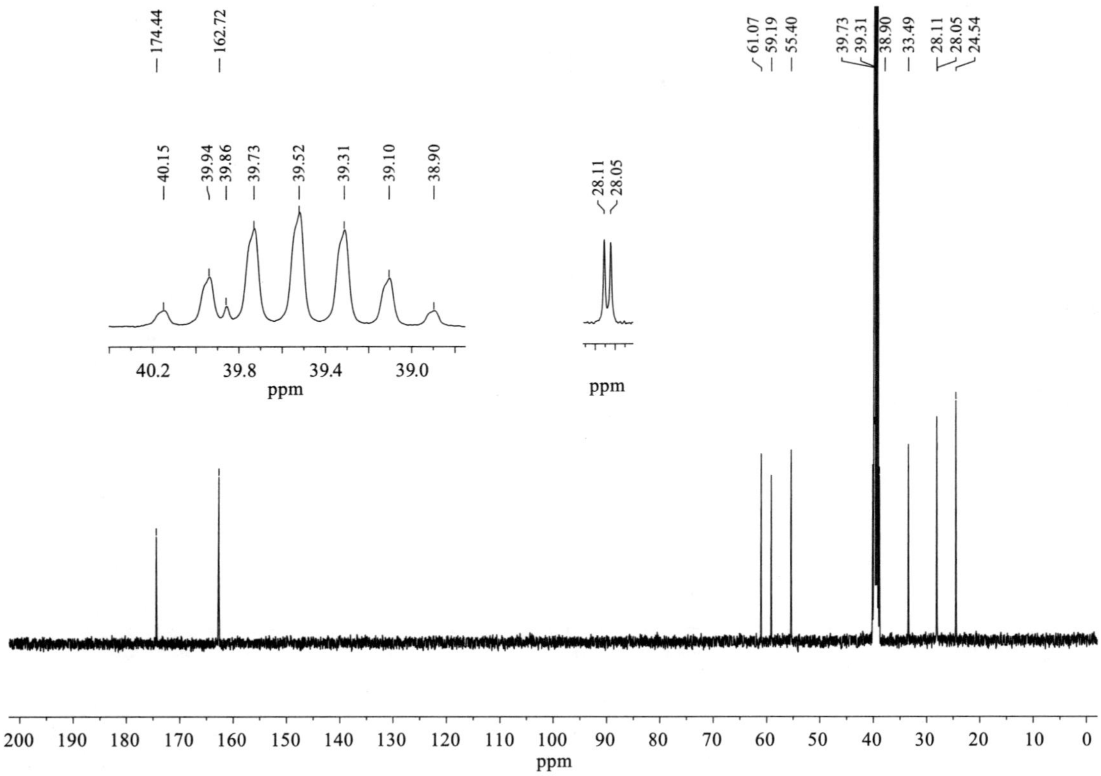

图 2 生物素的^{13}C NMR 谱（溶剂：CD_3SOCD_3）

^{13}C NMR：δ 174.44（C－10），162.72（C－1），61.07（C－3），59.19（C－2），55.40（C－5），39.86（C－4），33.49（C－9），28.11（C－7），28.05（C－6），24.54（C－8）

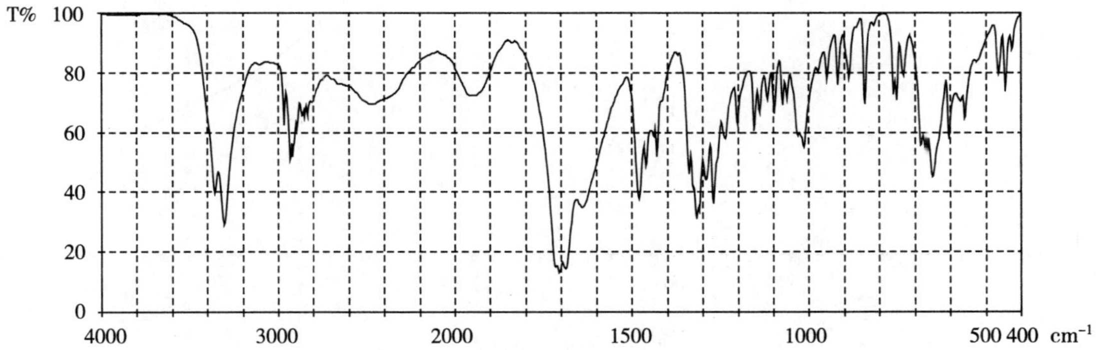

图 3　生物素的红外光谱图

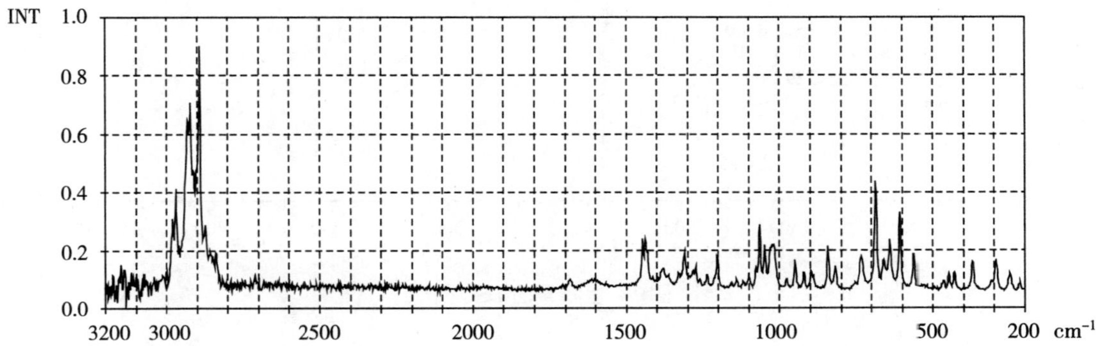

图 4　生物素的拉曼光谱图

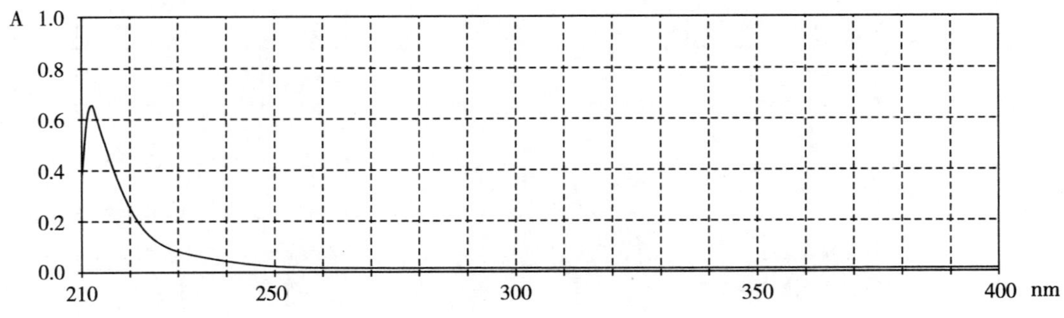

图 5　生物素的紫外光谱图

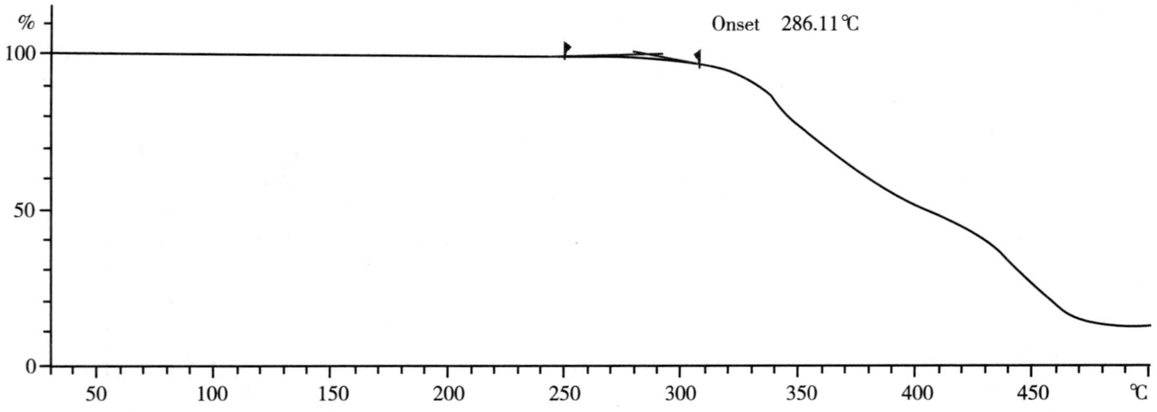

图 6　生物素的 TG 图

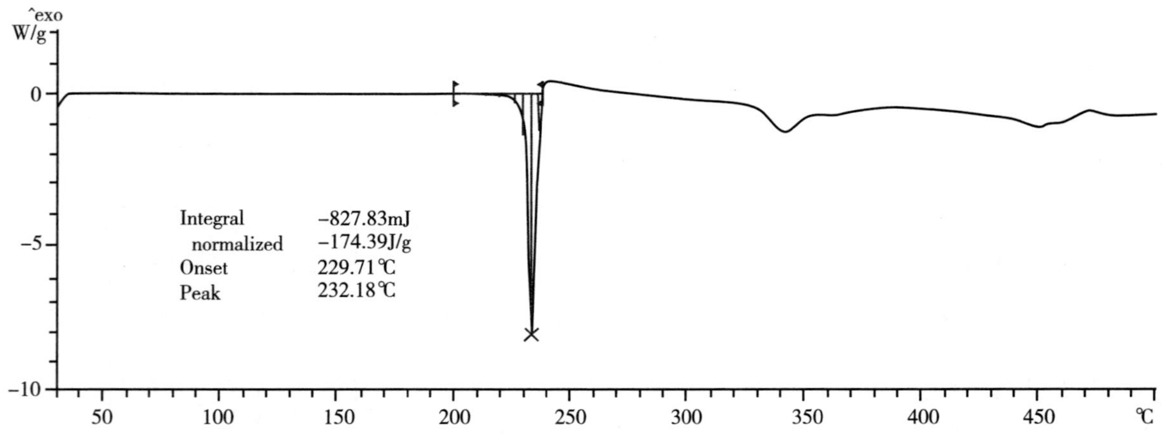

图 7　生物素的 DSC 图

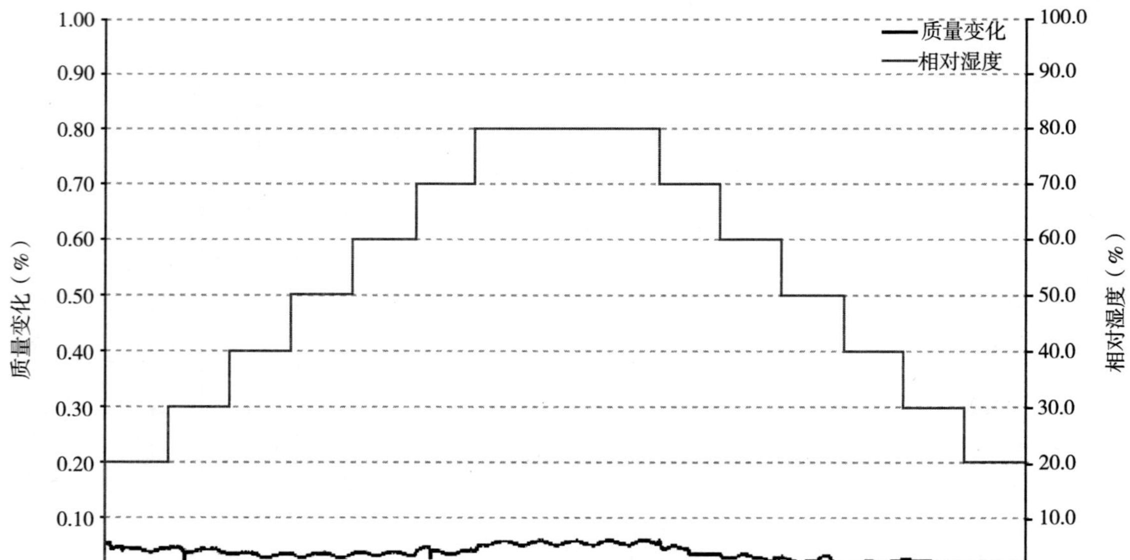

图 8　生物素的 DVS 图

正离子扫描模式（一级）

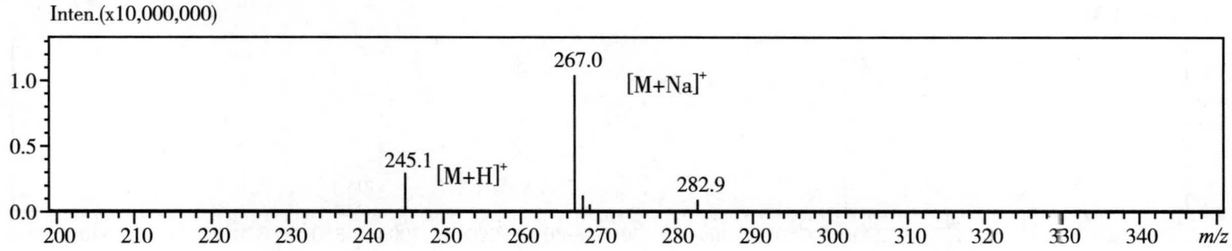

正离子扫描模式（二级）

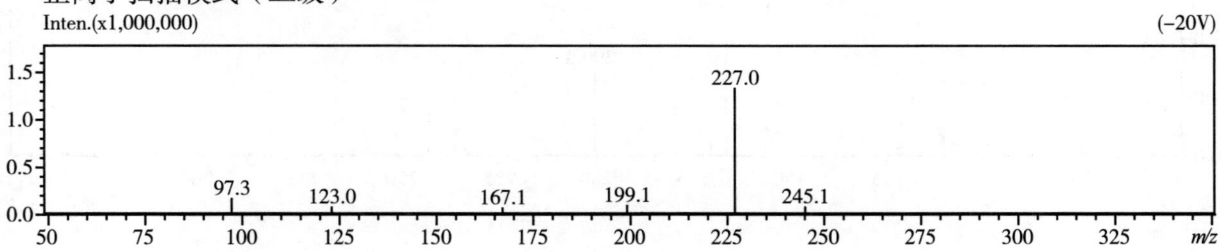

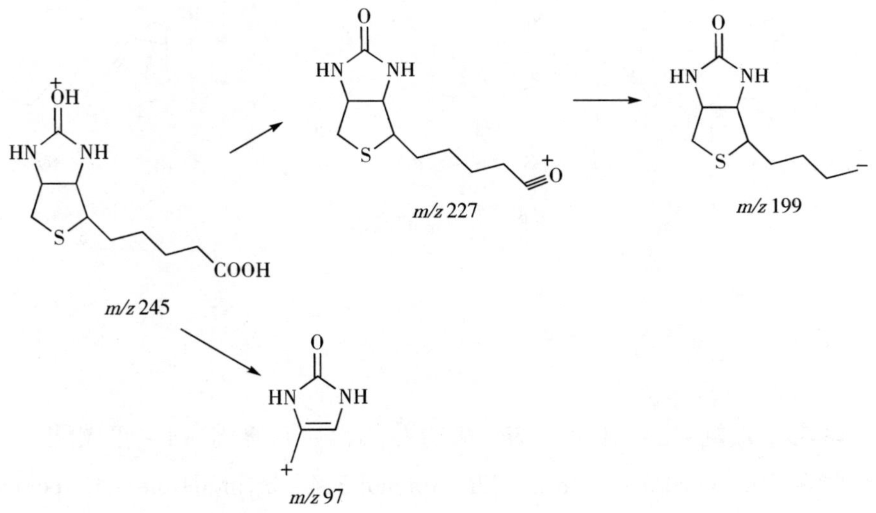

负离子扫描模式（一级）

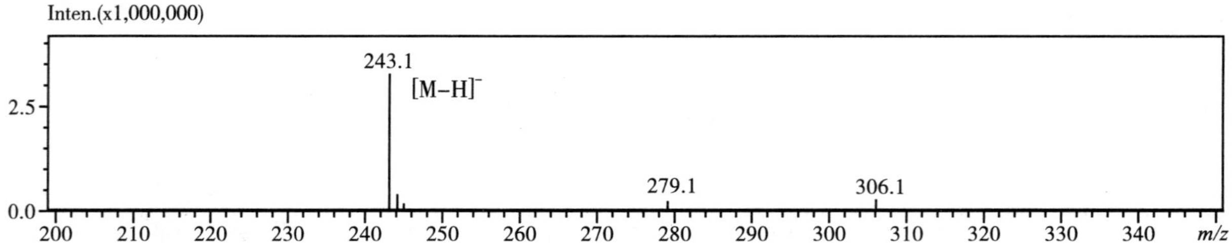

负离子扫描模式（二级）

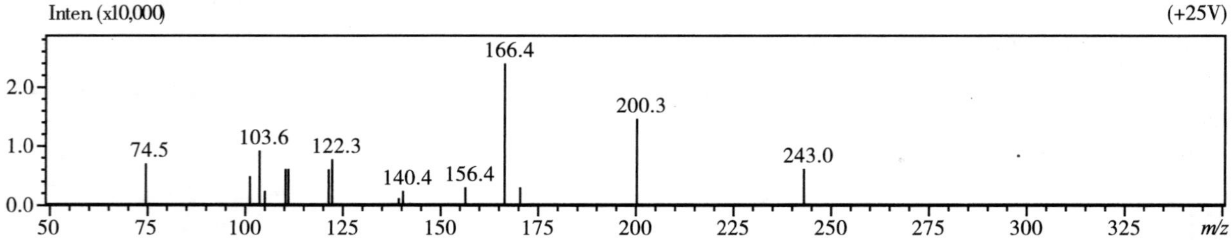

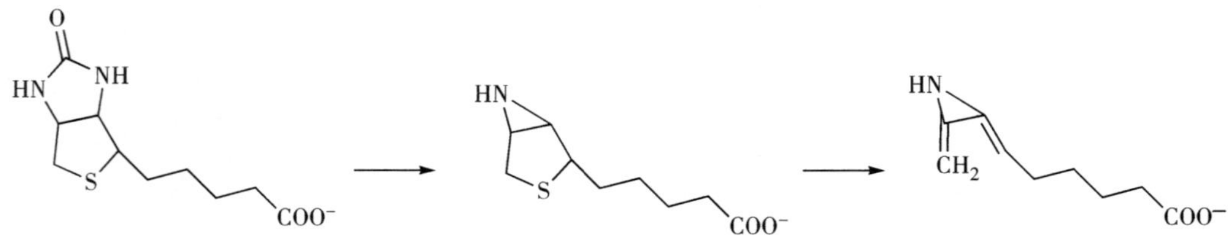

m/z 243　　　　*m/z* 200　　　　*m/z* 166

图 9　生物素的质谱图

备注

1. 中文化学名　六氢－2－氧代－1*H*－噻吩并[3,4－*d*]咪唑－4－正戊酸

2. 英文化学名　hexahydro－2－oxo－1*H*－thieno[3,4－*d*]imidazole－4－pentanoic acid

3. 性状　本品为白色结晶性粉末。

4. 溶解性　本品在热水中微溶，在水或乙醇中不溶，在冰醋酸或 0.1 mol/L 氢氧化钠溶液中略溶。

5. 溶剂　0.1mol/L 氢氧化钠溶液。

6. 对照品编号与批号　100291－200402

盐酸洛哌丁胺

英文名 Loperamide Hydrochloride

分子式 $C_{29}H_{33}ClN_2O_2 \cdot HCl$

分子量 513.51

CAS 号 34552-83-5

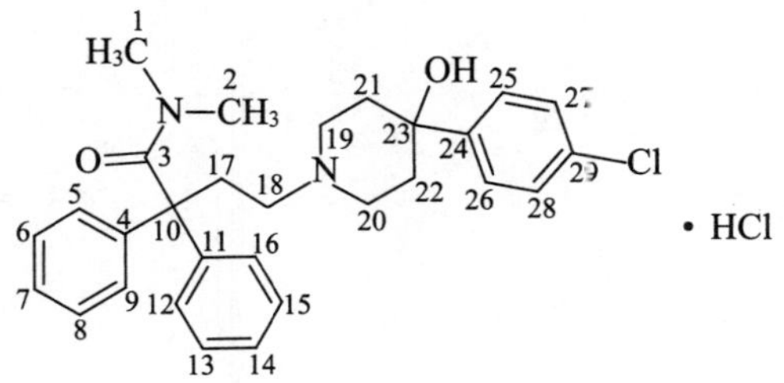

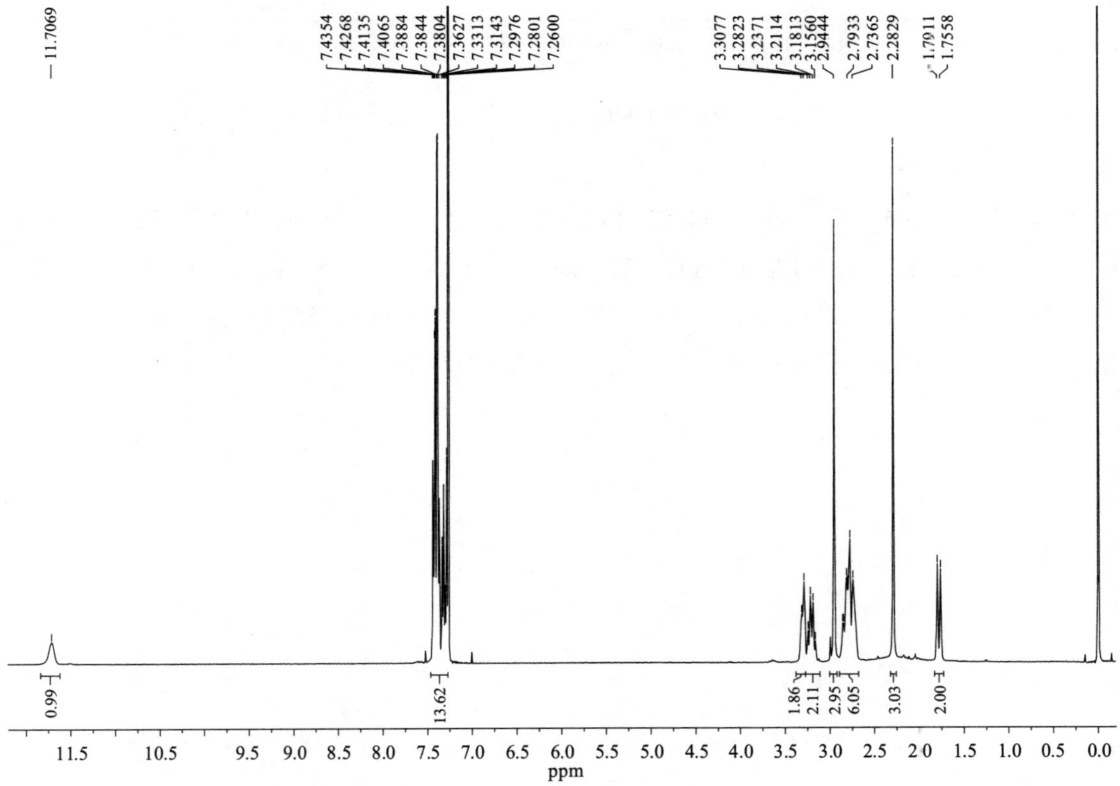

图 1 盐酸洛哌丁胺的 ^1H NMR 谱（溶剂：$CDCl_3$）

^1H NMR：δ 11.71（NHCl，s，1H），7.45～7.27（Ar-H，m，14H），3.30（H-19a，20a，m，2H），3.20（H-19b，20b，m，2H），2.94（H-1，s，3H），2.88～2.68（H-17，18，21a，22a，m，6H），2.28（H-2，s，3H），1.77（H-21b，22b，m，2H）

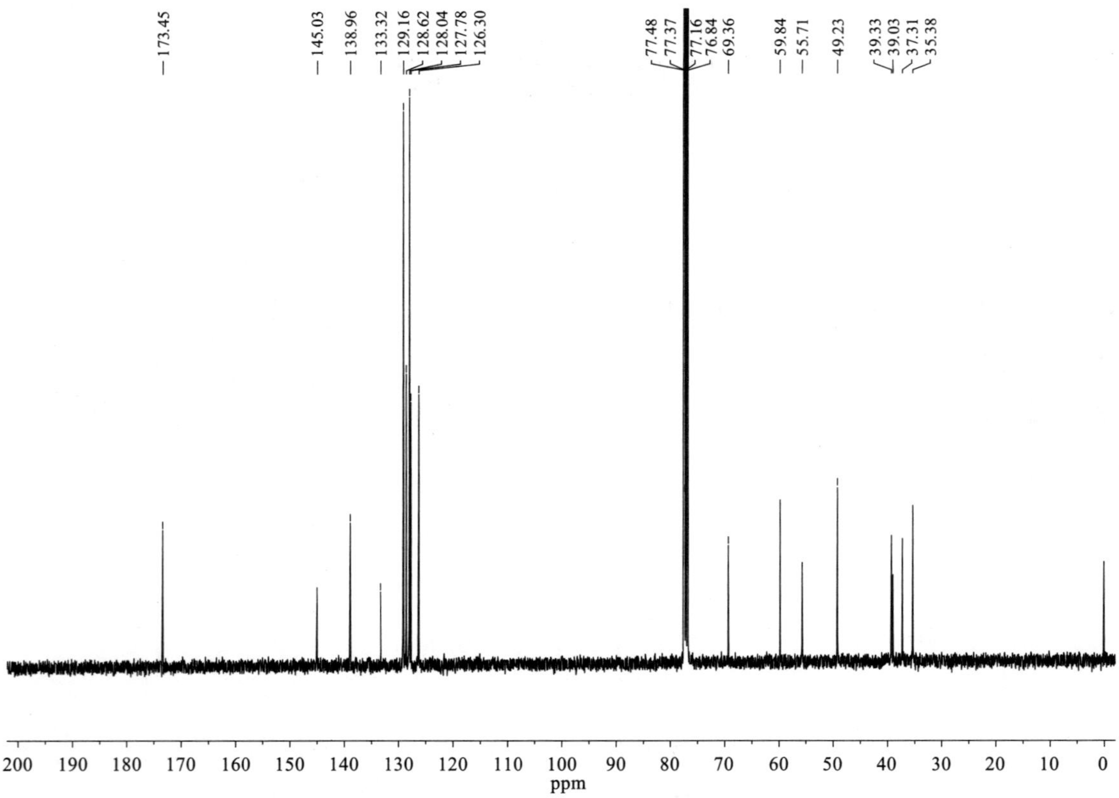

图2 盐酸洛哌丁胺的 ^{13}C NMR 谱（溶剂：$CDCl_3$）

^{13}C NMR：δ 173.45（C－3），145.03（C－24），138.96（C－4，11），133.32（C－29），129.16（C－6，8，13，15），128.62（C－27，28），128.04（C－5，9，12，16），127.78（C－7，14），126.30（C－25，26），69.36（C－23），59.84（C－18），55.71（C－10），49.23（C－19，20），39.33（C－1），39.03（C－2），37.31（C－21，22），35.38（C－17）

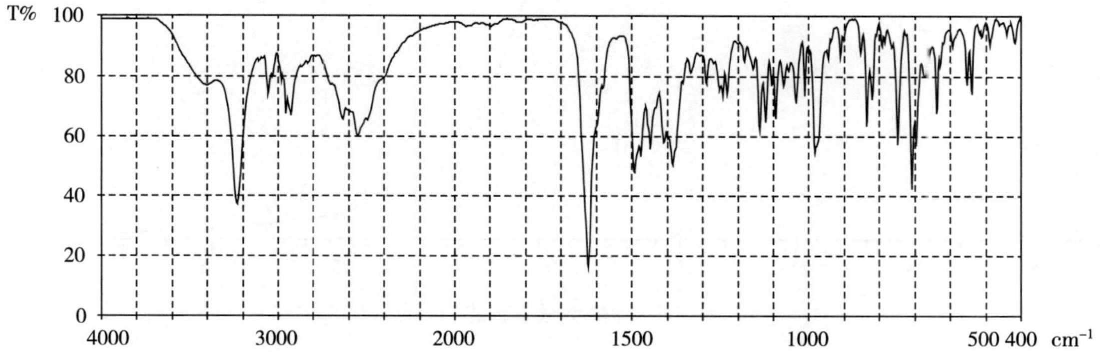

图 3　盐酸洛哌丁胺的红外光谱图

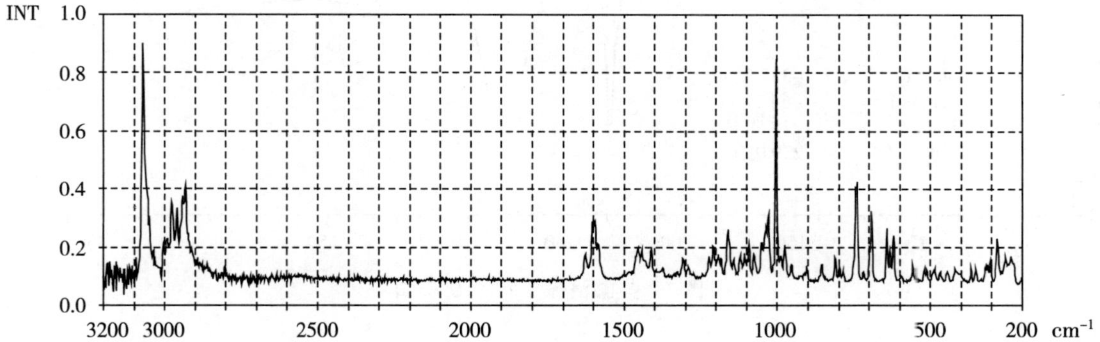

图 4　盐酸洛哌丁胺的拉曼光谱图

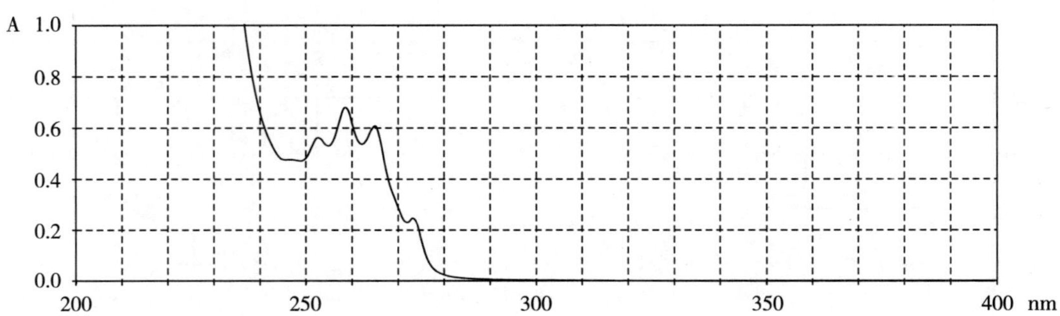

图 5　盐酸洛哌丁胺的紫外光谱图

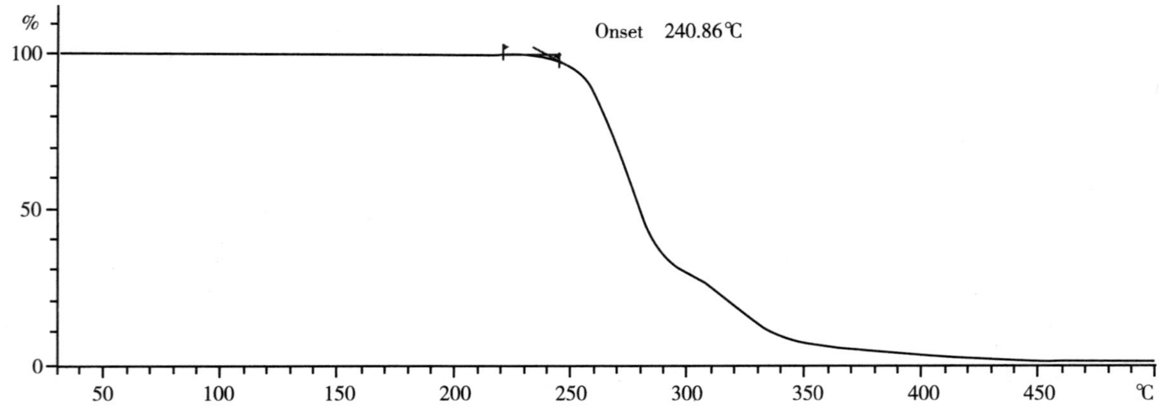

图 6　盐酸洛哌丁胺的 TG 图

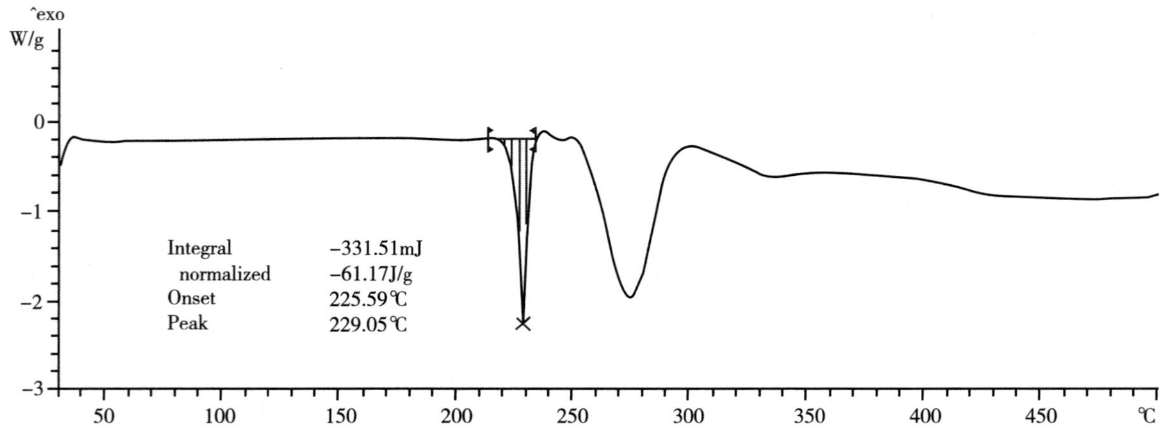

图 7　盐酸洛哌丁胺的 DSC 图

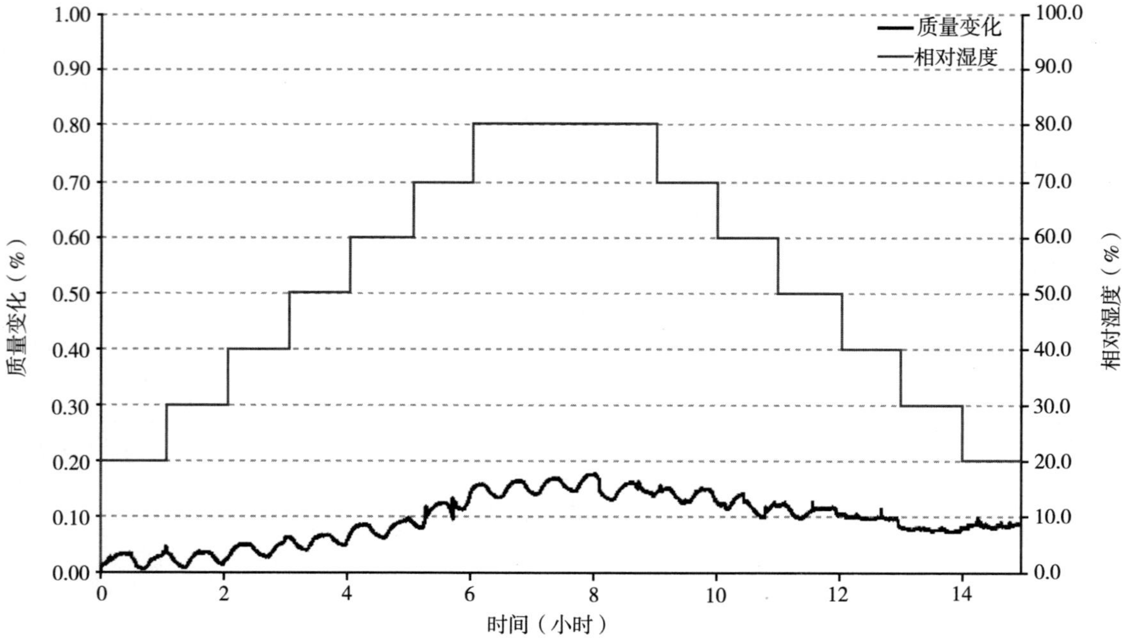

图 8　盐酸洛哌丁胺的 DVS 图

正离子扫描模式（一级）

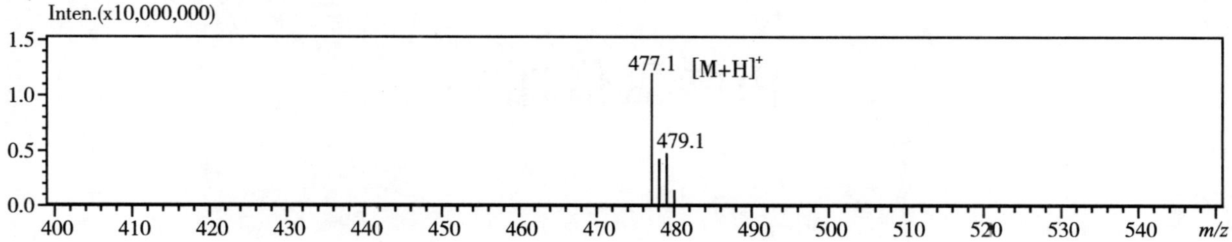

正离子扫描模式（二级）

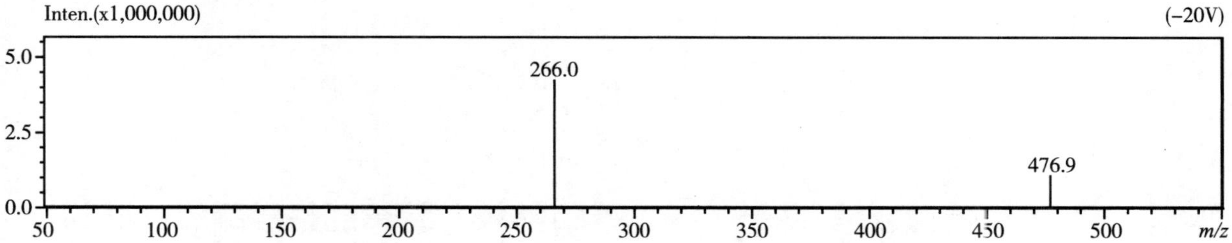

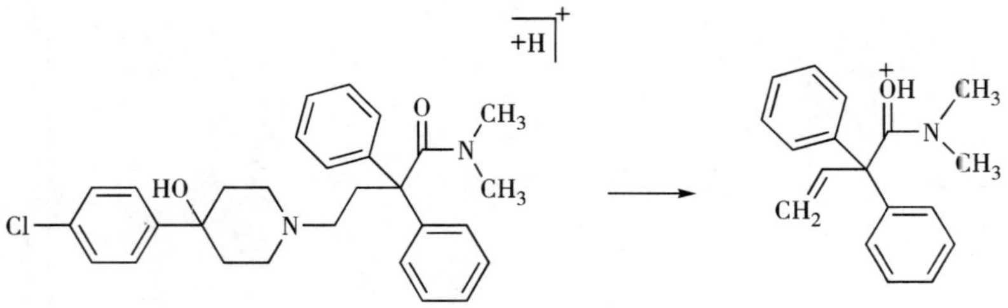

m/z 477　　*m/z* 266

图 9　盐酸洛哌丁胺的质谱图

备注

1. **中文化学名**　*N*,*N*－二甲基－α,α－二苯基－4－(对氯苯基)－4－羟基－1－哌啶丁酰胺盐酸盐
2. **英文化学名**　4－(4－chlorophenyl)－4－hydroxy－*N*,*N*－dimethyl－α,α－diphenyl－1－piperidine butanamide hydrochloride
3. **性状**　本品为白色或类白色的结晶性粉末；几乎无臭，味苦。
4. **溶解性**　本品在乙醇或冰醋酸中易溶，在水中微溶。
5. **溶剂**　乙醇。
6. **对照品编号与批号**　100300－200001

丙酸氯倍他索

英文名 Clobetasol Propionste

分子式 $C_{25}H_{32}ClFO_5$

分子量 466.99

CAS 号 25122－46－7

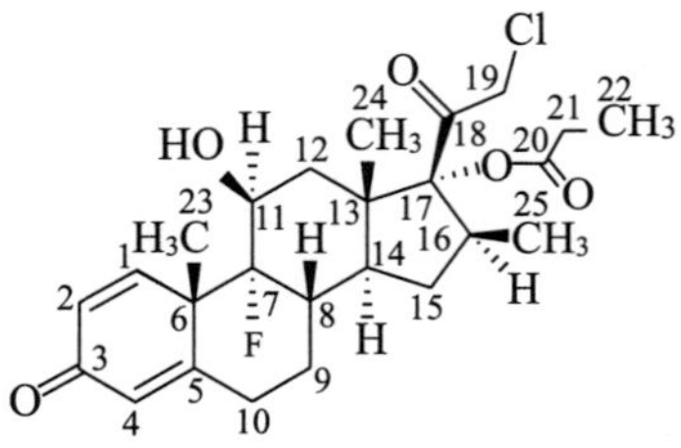

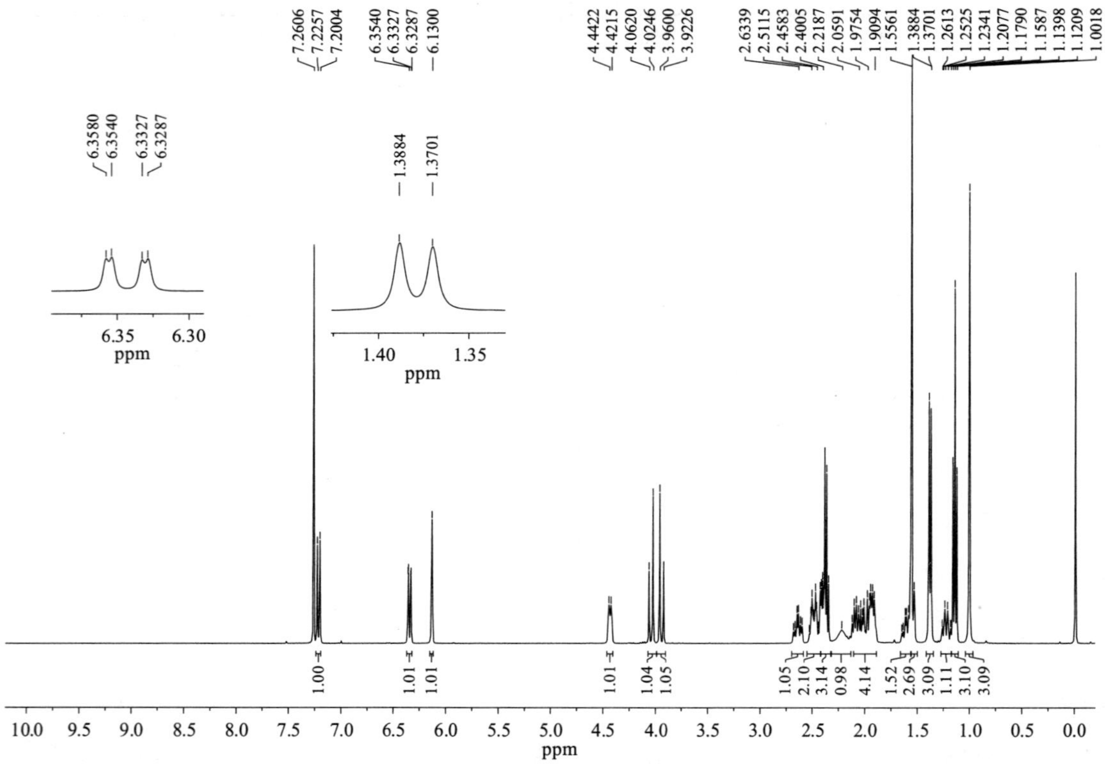

图 1 丙酸氯倍他索的^{1}H NMR 谱（溶剂：$CDCl_3$）

^{1}H NMR：δ 7.21（H－1，d，J＝10.1 Hz，1H），6.34（H－2，dd，J＝10.1，1.6 Hz，1H），6.13（H－4，s，1H），4.43（H－11，d，J＝8.3 Hz，1H），4.04（H－19a，d，J＝15.0 Hz，1H），3.94（H－19b，d，J＝15.0 Hz，1H），2.64（H－8，m，1H），2.55～2.43（m，2H），2.43～2.32（m，3H），2.22（m，1H），2.14～1.87（m，4H），1.66～1.50（m，2H），1.56（H－23，s，3H），1.38（H－25，d，J＝7.3 Hz，3H），1.22（H－15b，m，1H），1.15（H－22，t，J＝7.6 Hz，3H），1.00（H－24，s，3H）

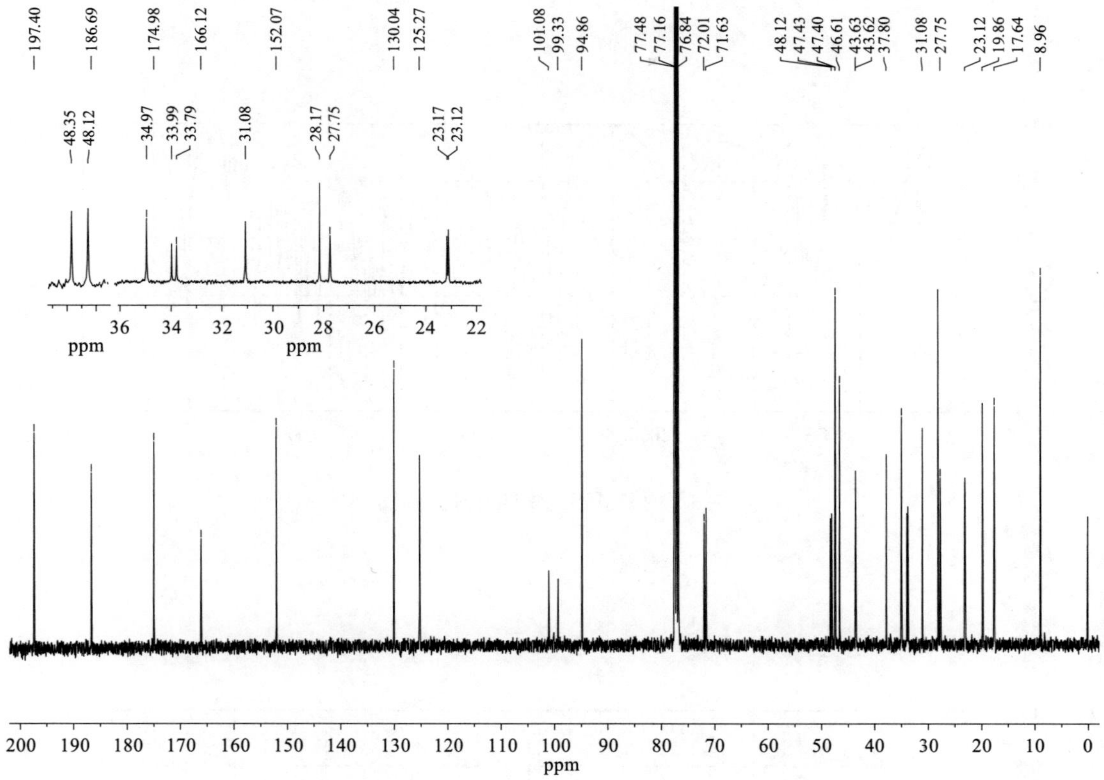

图2　丙酸氯倍他索的[13]C NMR 谱（溶剂：$CDCl_3$）

^{13}C NMR：δ 197.40（C－18），186.69（C－3），174.98（C－20），166.12（C－5），152.07（C－1），130.04（C－2），125.27（C－4），100.21（C－7，d，J＝176.8 Hz），94.86（C－17），71.82（C－11，d，J＝38.4 Hz），48.24（C－6，d，J＝23.2 Hz），47.43（C－19），47.40（C－16），46.61（C－13），43.63（C－14，d，J＝2.0 Hz），37.80（C－10），34.97（C－12），33.89（C－8，d，J＝19.2 Hz），31.08（C－15），28.17（C－21），27.75（C－9），23.15（C－23，d，J＝2.5 Hz），19.86（C－24），17.64（C－25），8.96（C－22）

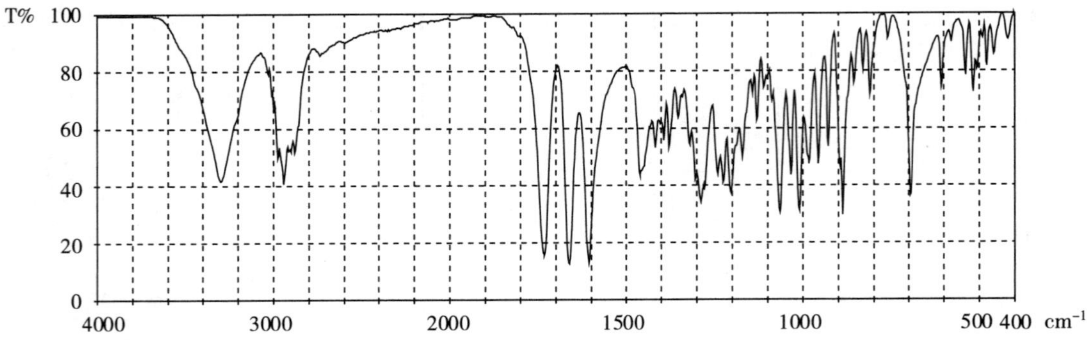

图 3　丙酸氯倍他索的红外光谱图

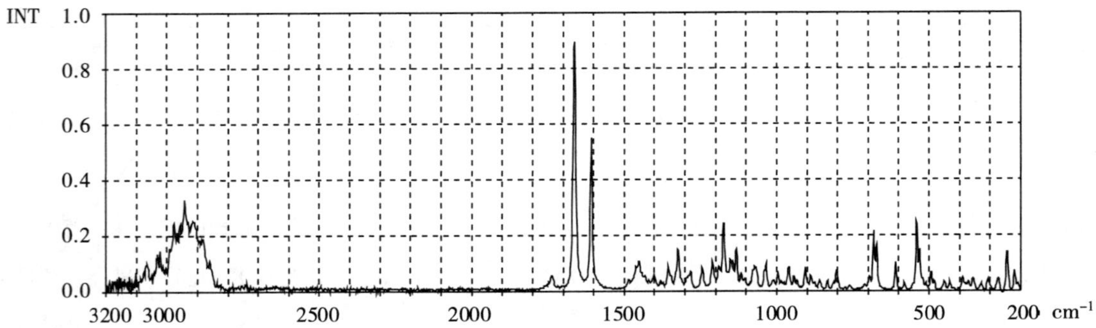

图 4　丙酸氯倍他索的拉曼光谱图

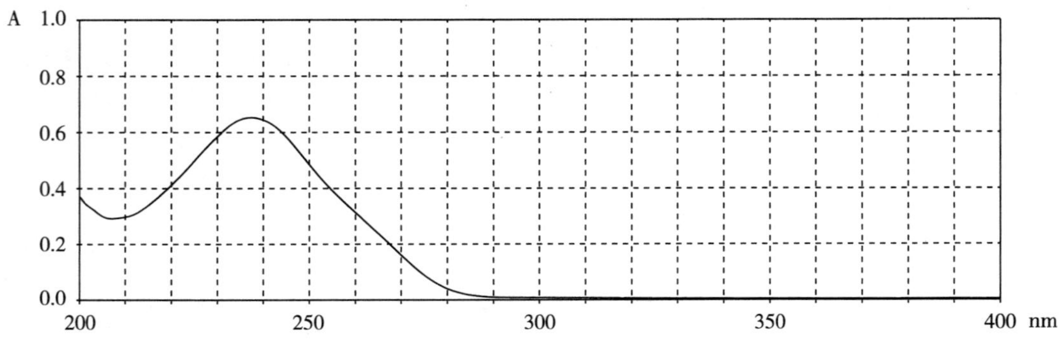

图 5　丙酸氯倍他索的紫外光谱图

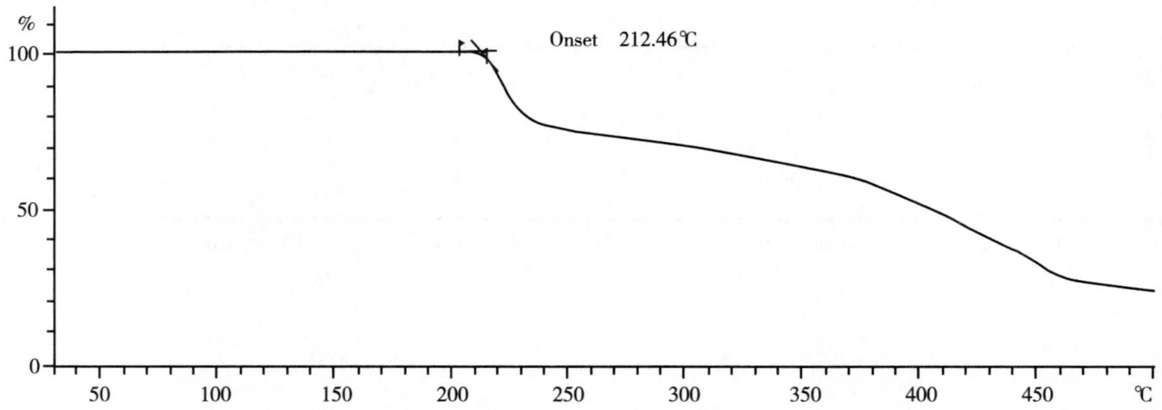

图 6　丙酸氯倍他索的 TG 图

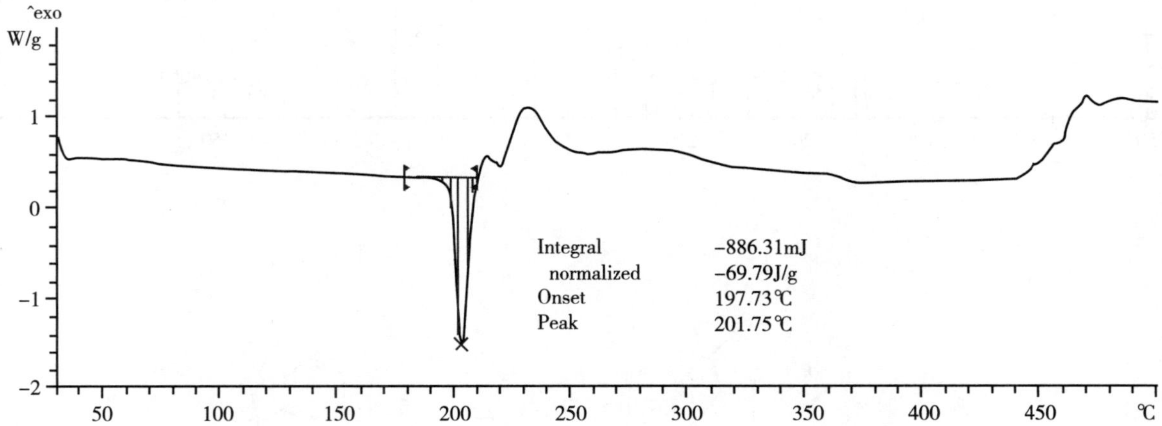

图 7　丙酸氯倍他索的 DSC 图

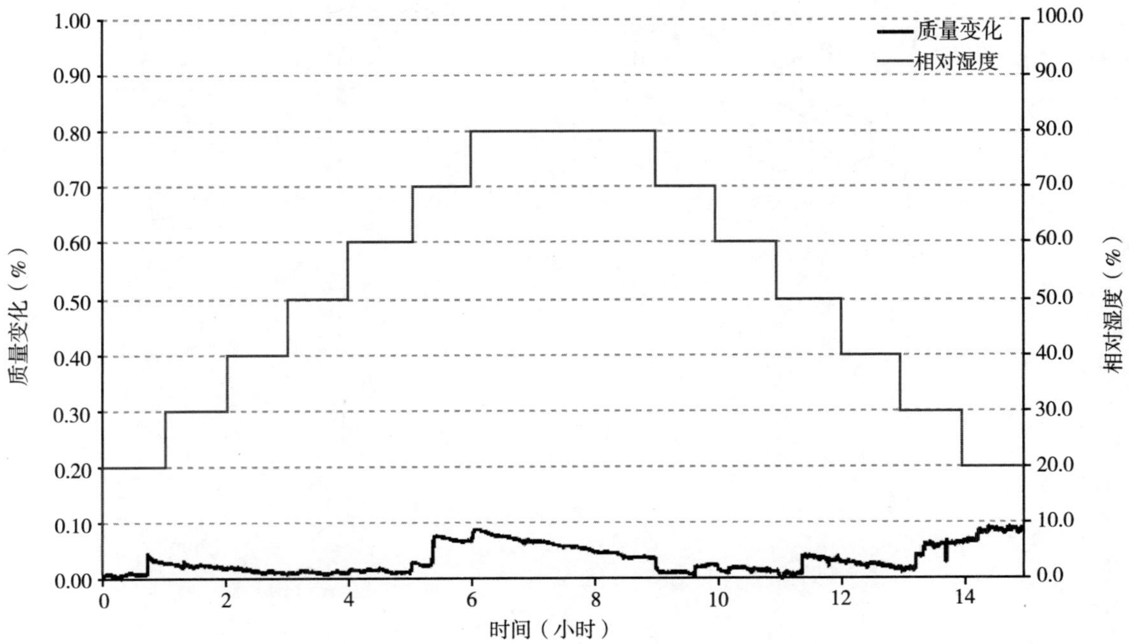

图 8　丙酸氯倍他索的 DVS 图

正离子扫描模式（一级）

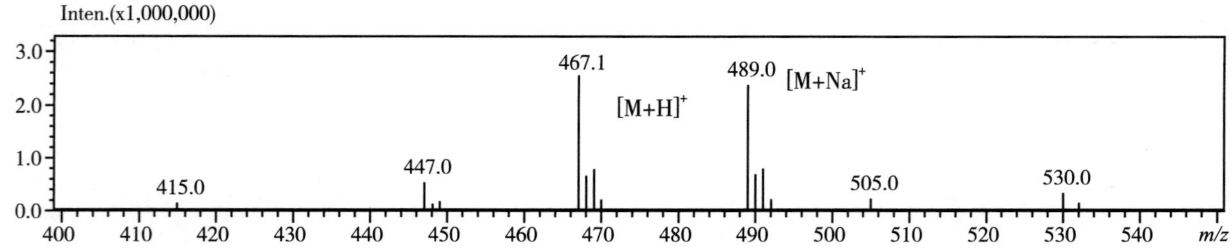

正离子扫描模式（二级）

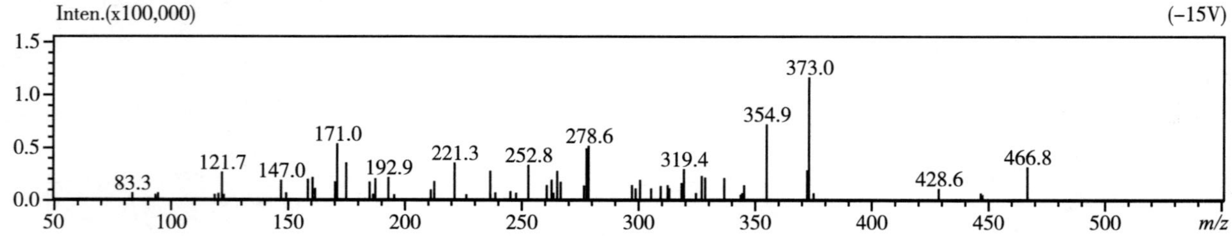

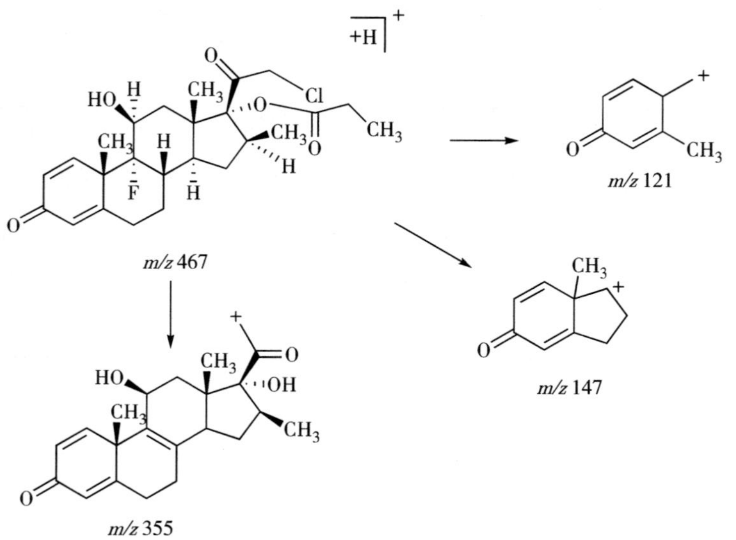

负离子扫描模式（一级）

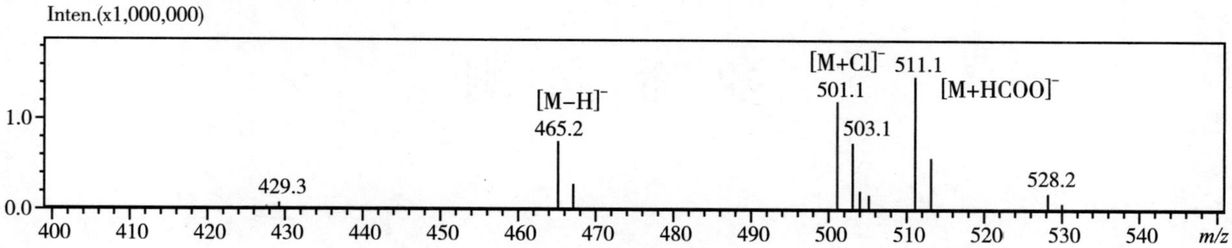

图 9　丙酸氯倍他索的质谱图

备注

1. **中文化学名**　16β－甲基－11β－羟基－17－（1－氧代丙基）－9－氟－21－氯－孕甾－1,4－二烯－3,20－二酮
2. **英文化学名**　（11β,16β）－21－chloro－9－fluoro－11－hydroxy－16－methylpregna－17－（1－oxopropyl）－1,4－diene－3,20－dione
3. **性状**　本品为类白色至微黄色的结晶性粉末。
4. **溶解性**　本品在三氯甲烷中易溶，在乙酸乙酯中溶解，在甲醇或乙醇中略溶，在水中不溶。
5. **溶剂**　乙醇。
6. **对照品编号与批号**　100302－200602

多潘立酮

英文名 Domperidone

分子式 $C_{22}H_{24}ClN_5O_2$

分子量 425.91

CAS 号 57808 - 66 - 9

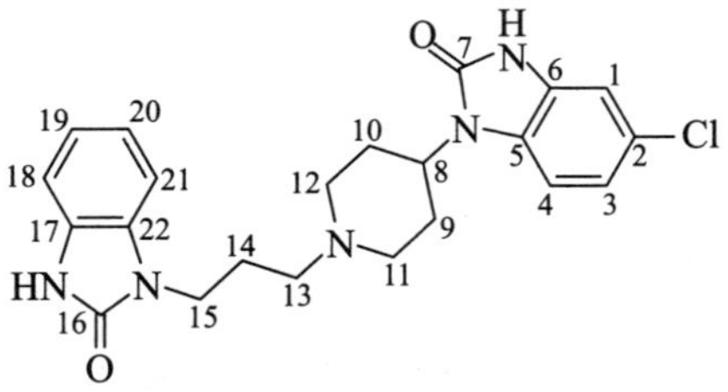

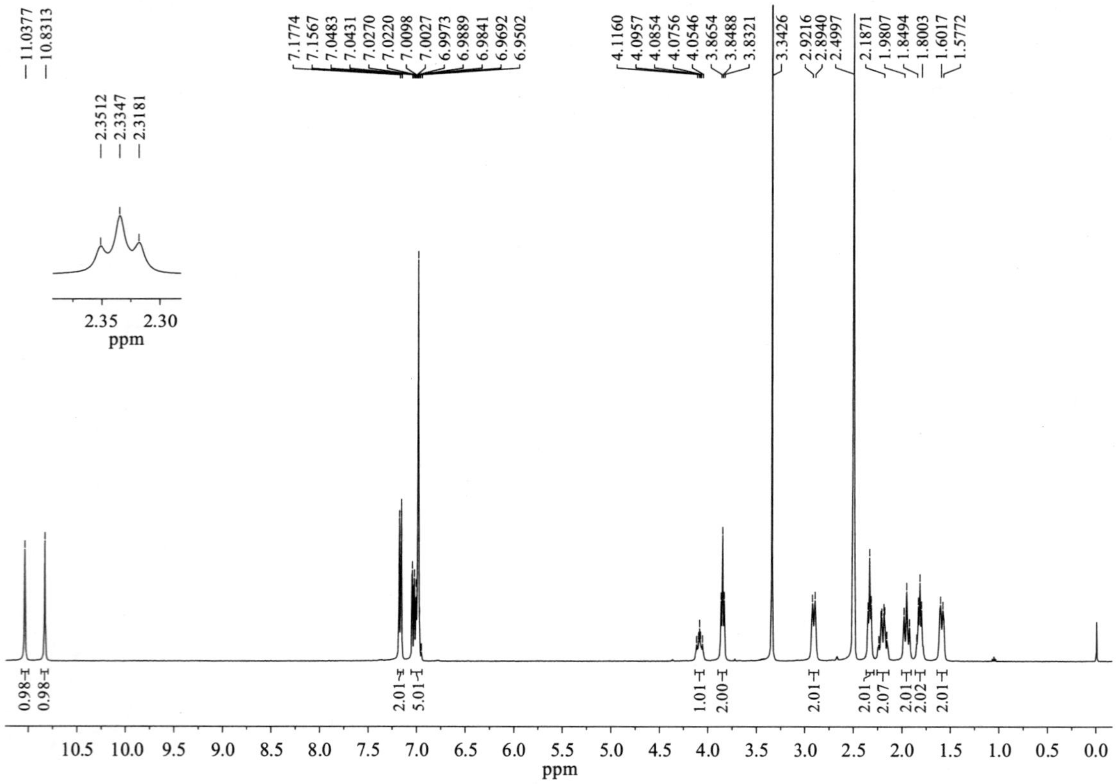

图 1 多潘立酮的[1]H NMR 谱（溶剂：CD_3SOCD_3）

^{1}H NMR：δ 11.04（NH，s，1H），10.83（NH，s，1H），7.22 ~ 7.09（Ar - H，m，2H），7.06 ~ 6.94（Ar - H，m，5H），4.09（H - 8，m，1H），3.85（H - 15，t，J = 6.7 Hz，2H），2.90 ~ 2.91（H - 11a，12a，m，2H），2.33（H - 13，t，J = 6.6 Hz，2H），2.26 ~ 2.14（H - 11b，12b，m，2H），1.95（H - 9a，10a，m，2H），1.87 ~ 1.75（H - 14，m，2H），1.56（H - 9b，10b，m，2H）

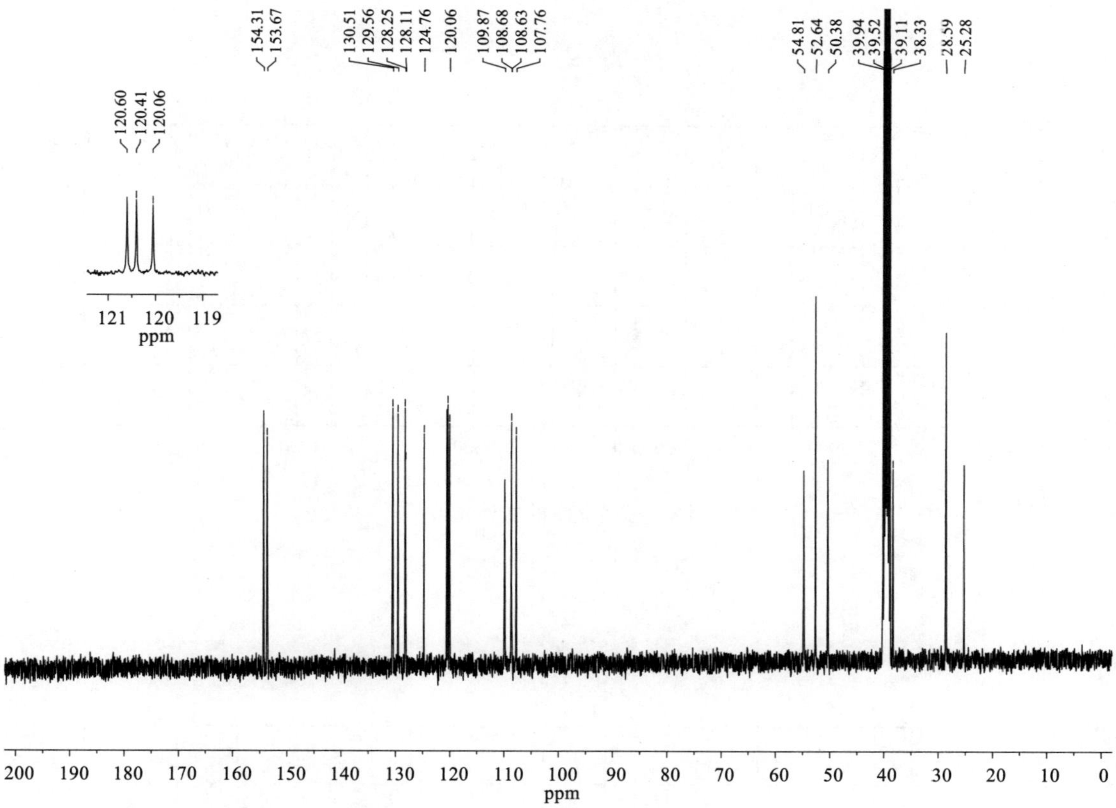

图 2　多潘立酮的 ^{13}C NMR 谱（溶剂：CD_3SOCD_3）

^{13}C NMR：δ 154.31（C－16），153.67（C－7），130.51（C－5），129.56（C－22），128.25（C－6），128.11（C－17），124.76（C－3），120.60（C－20），120.41（C－2），120.06（C－19），109.87（C－4），108.68（C－1），108.63（C－18），107.76（C－21），54.81（C－8），52.64（C－11，12），50.38（C－13），38.33（C－15），28.59（C－9，10），25.28（C－14）

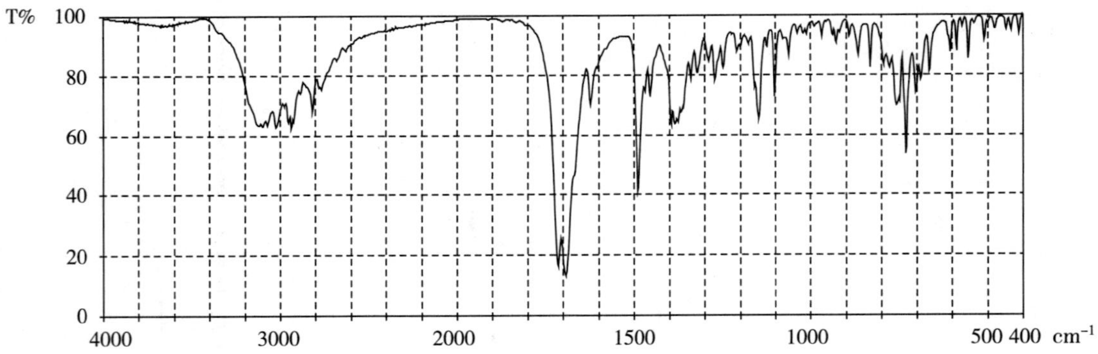

图 3　多潘立酮的红外光谱图

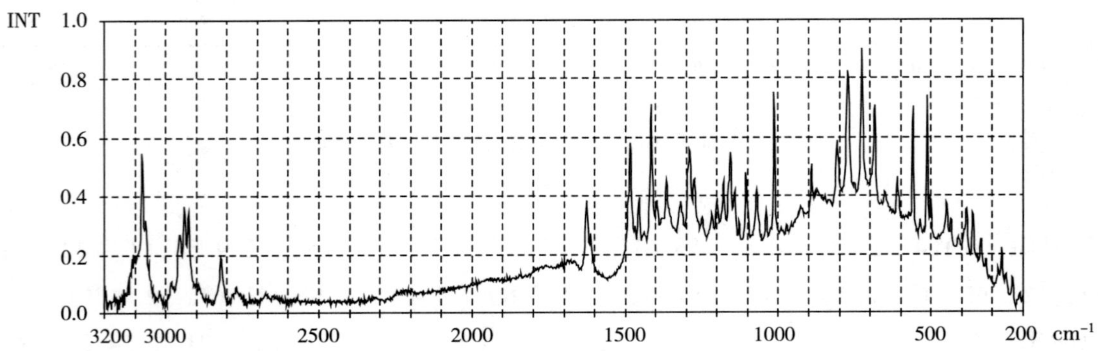

图 4　多潘立酮的拉曼光谱图

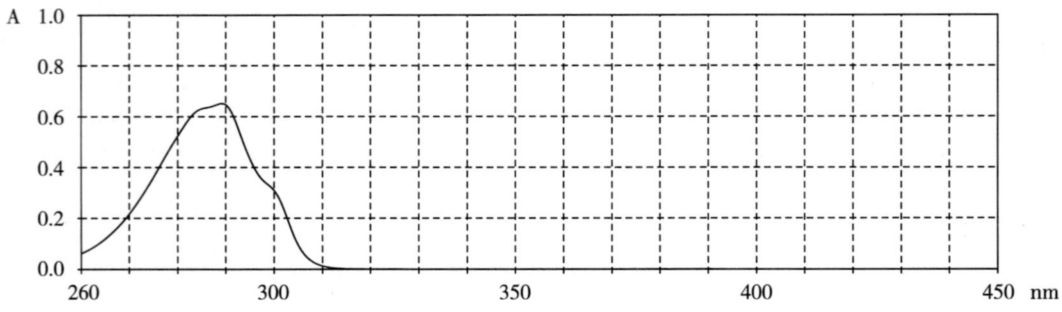

图 5　多潘立酮的紫外光谱图

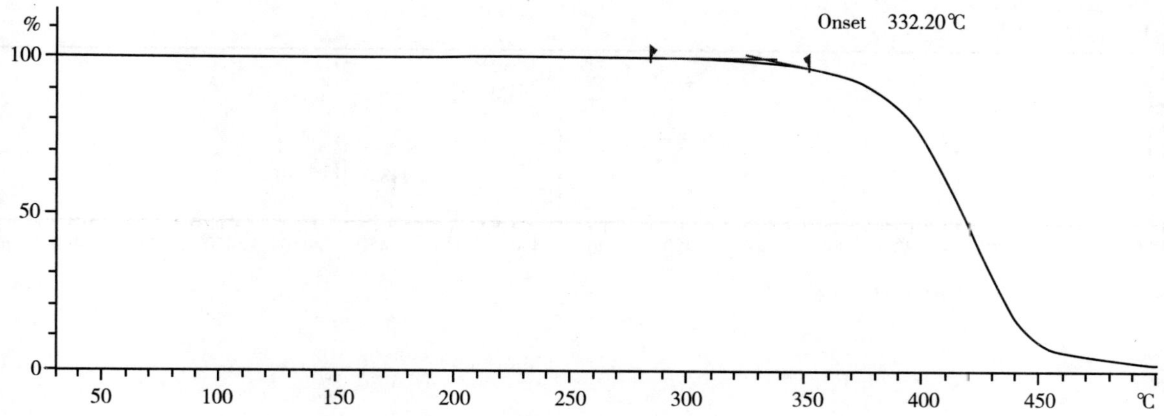

图 6　多潘立酮的 TG 图

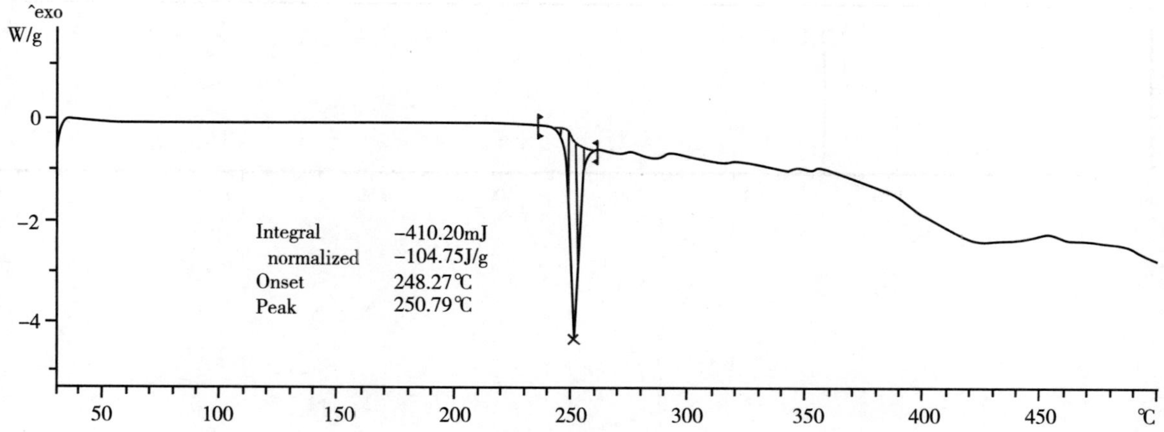

图 7　多潘立酮的 DSC 图

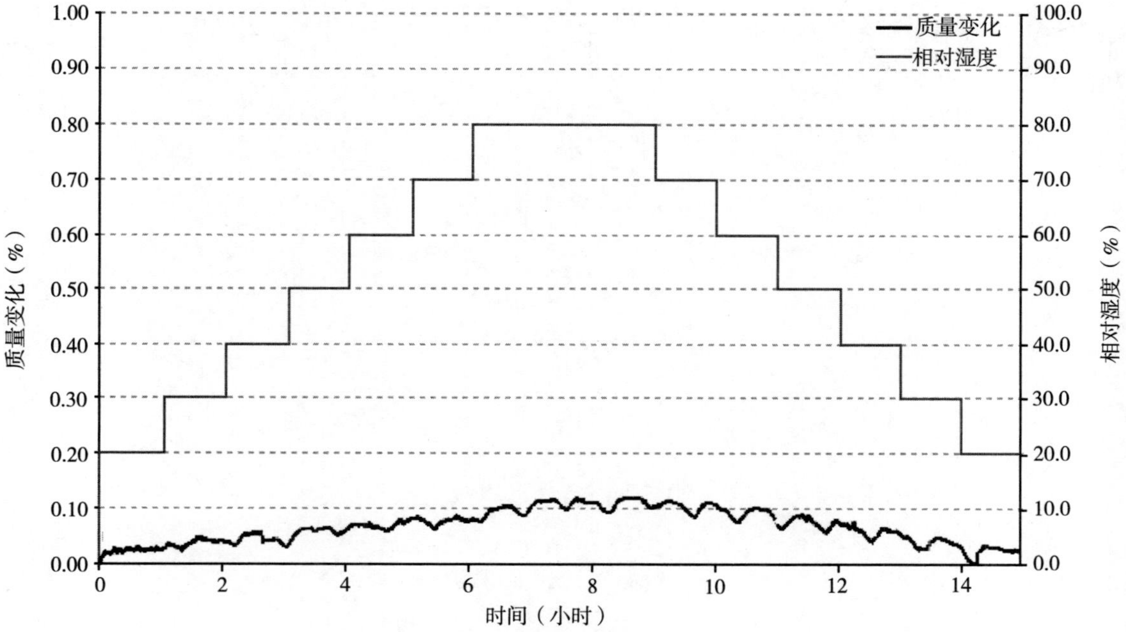

图 8　多潘立酮的 DVS 图

正离子扫描模式（一级）

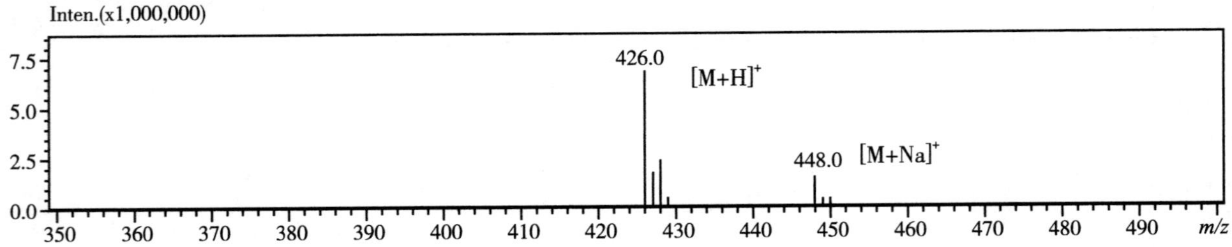

正离子扫描模式（二级）

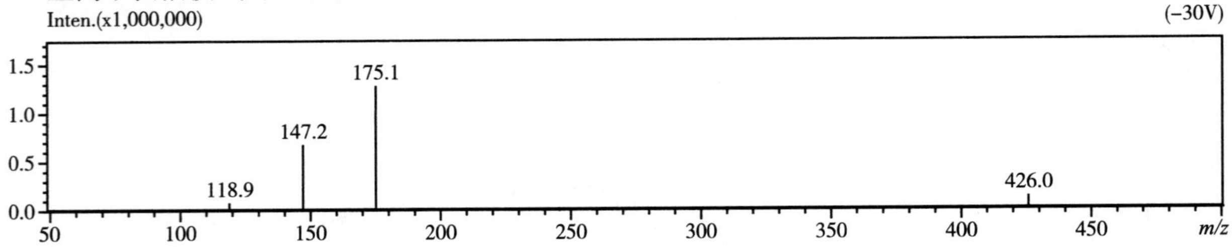

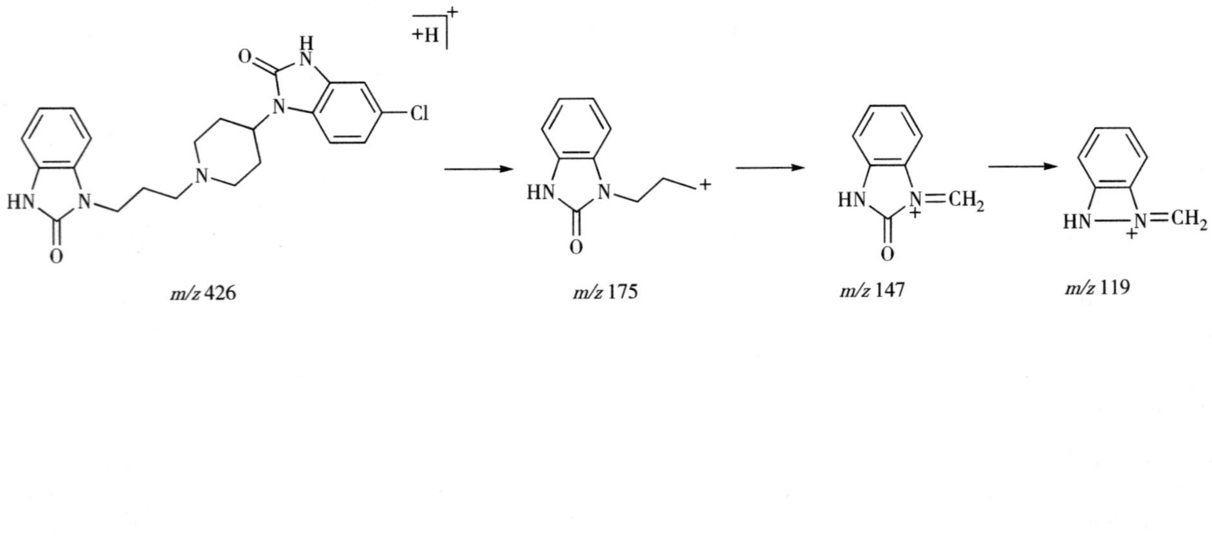

负离子扫描模式（一级）

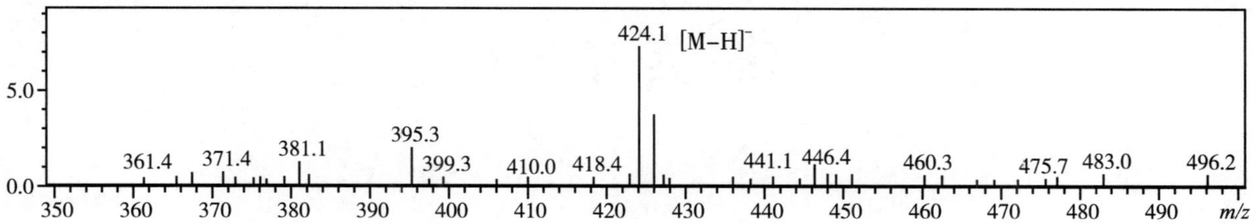

负离子扫描模式（二级）

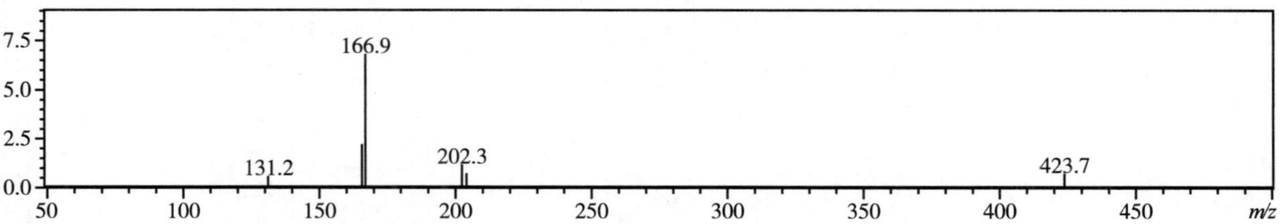

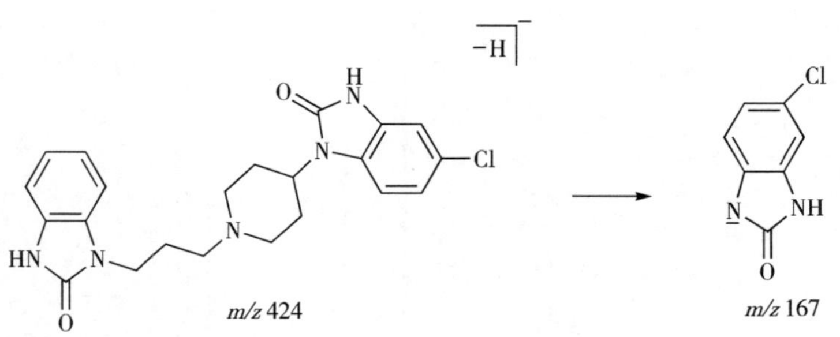

图9　多潘立酮的质谱图

备注

1. **中文化学名**　5-氯-1-[1-[3-(2-氧-1-苯并咪唑啉基)丙基]-4-哌啶基]-2-苯并咪唑啉酮
2. **英文化学名**　5-chloro-1-[1-[3-(2-oxo-1-benzimidazolinyl)propyl]-4-piperidyl]-2-benzimi dazolinone
3. **性状**　本品为白色或类白色的结晶性粉末，无臭，无味。
4. **溶解性**　本品在甲醇中极微溶解，在水中几乎不溶；在冰醋酸中易溶。
5. **溶剂**　异丙醇。
6. **对照品编号与批号**　100304-200502

法 莫 替 丁

英文名 Famotidine

分子式 $C_8H_{15}N_7O_2S_3$

分子量 337.45

CAS 号 76824 - 35 - 6

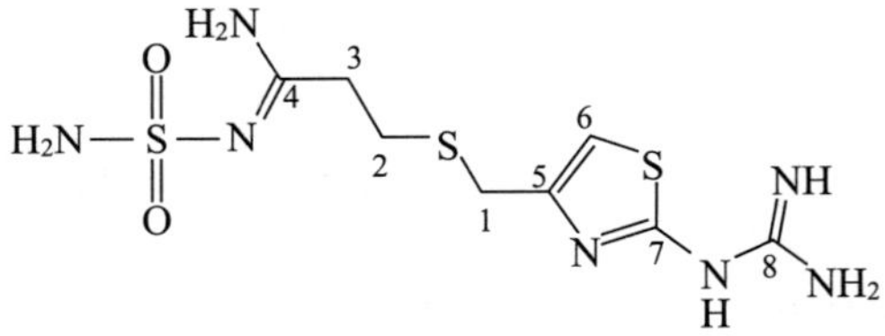

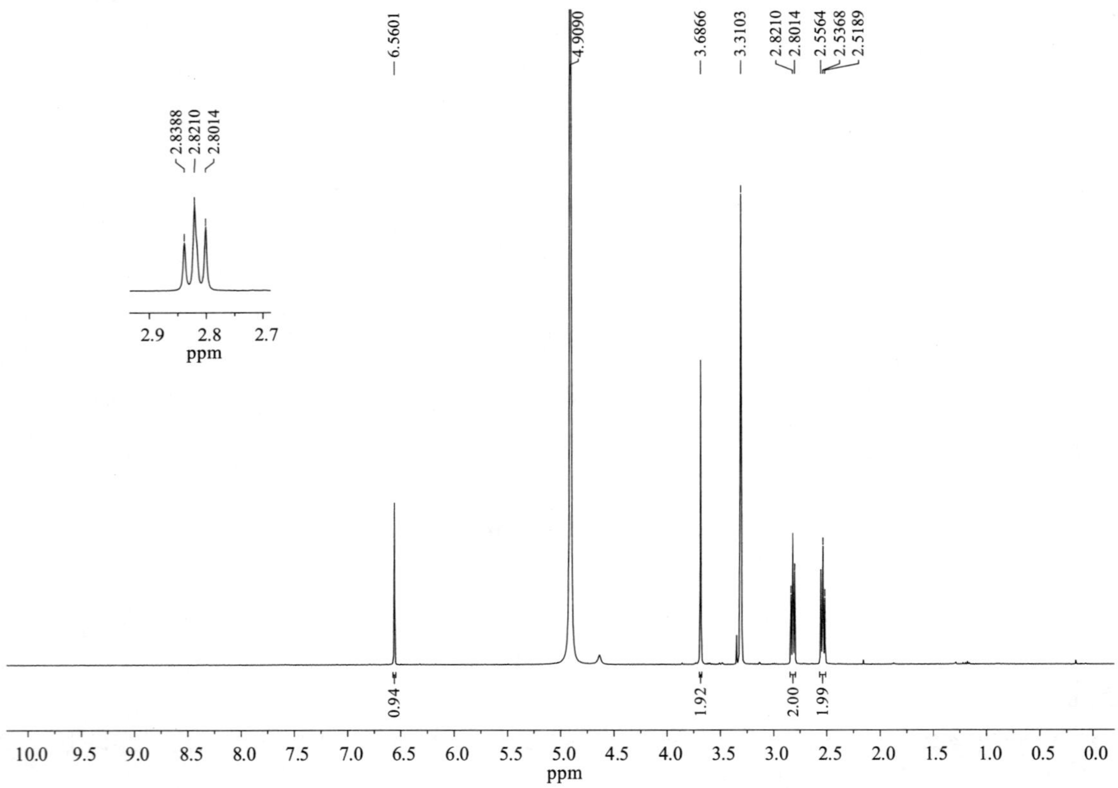

图 1　法莫替丁的 ^{1}H NMR 谱（溶剂：CD_3OD）

^{1}H NMR：δ 6.56（H－6，s，1H），3.69（H－1，s，2H），2.81（H－3，t，J＝7.5 Hz，2H），2.54（H－2，t，J＝7.5 Hz，2H）

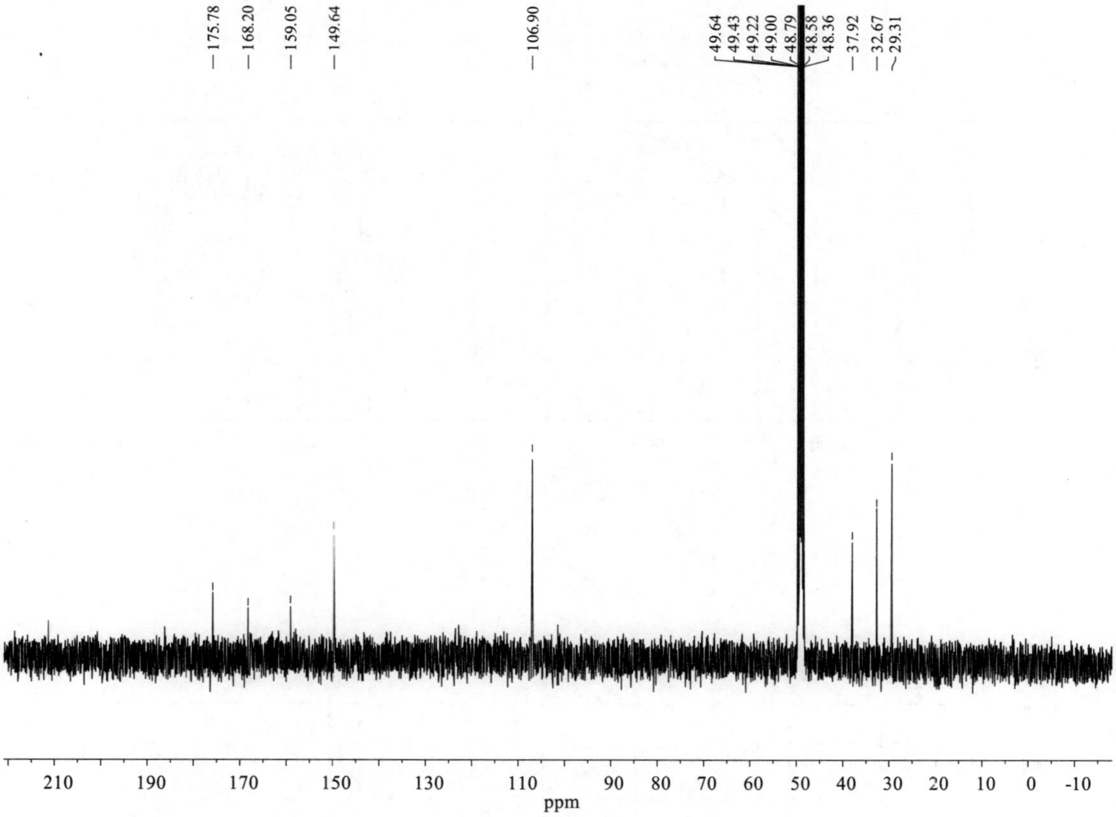

图2　法莫替丁的[13]C NMR谱（溶剂：CD_3OD）

^{13}C NMR：δ 175.78（C－7），168.20（C－4），159.05（C－8），149.64（C－5），106.90（C－6），37.92（C－3），32.67（C－1），29.31（C－2）

注：SDBS中为175.78（C－8），159.05（C－7）

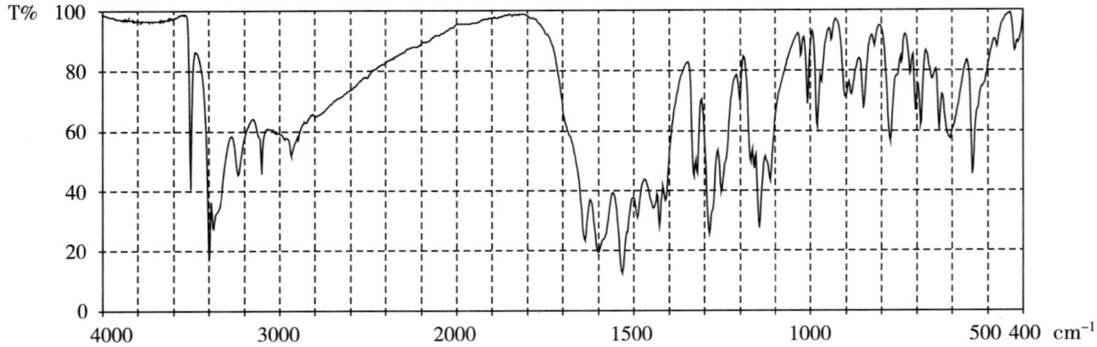

图 3　法莫替丁的红外光谱图

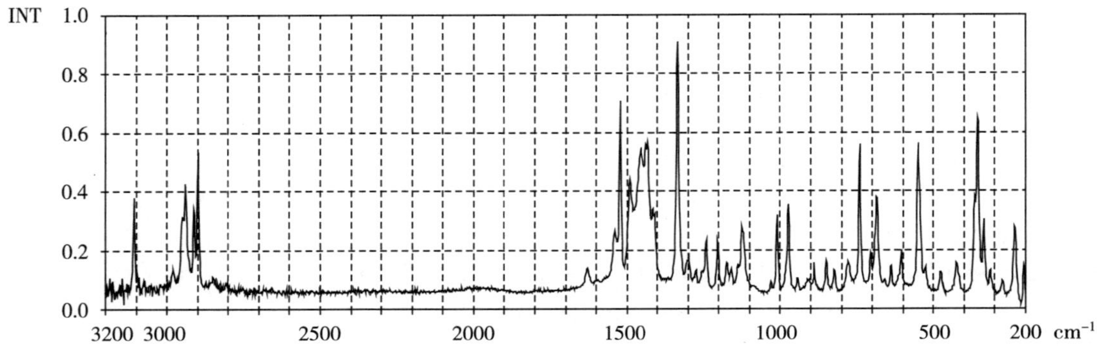

图 4　法莫替丁的拉曼光谱图

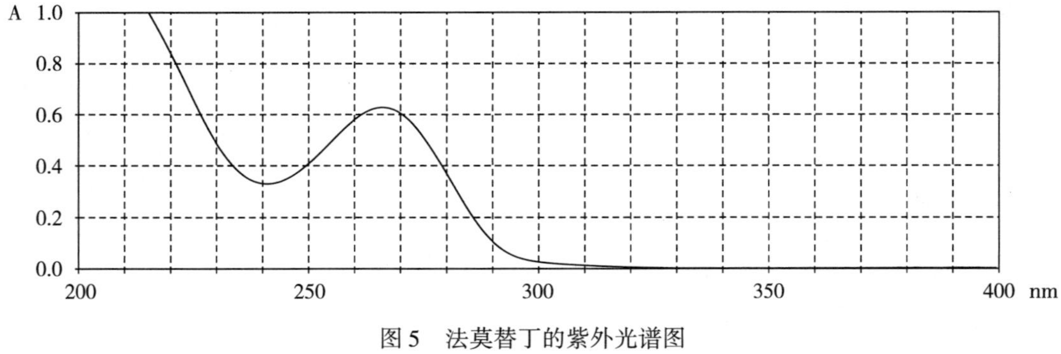

图 5　法莫替丁的紫外光谱图

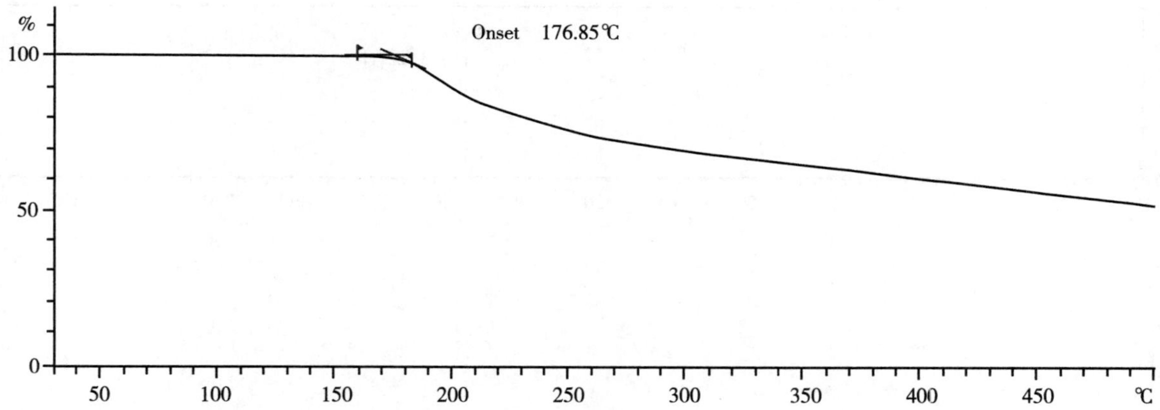

图 6　法莫替丁的 TG 图

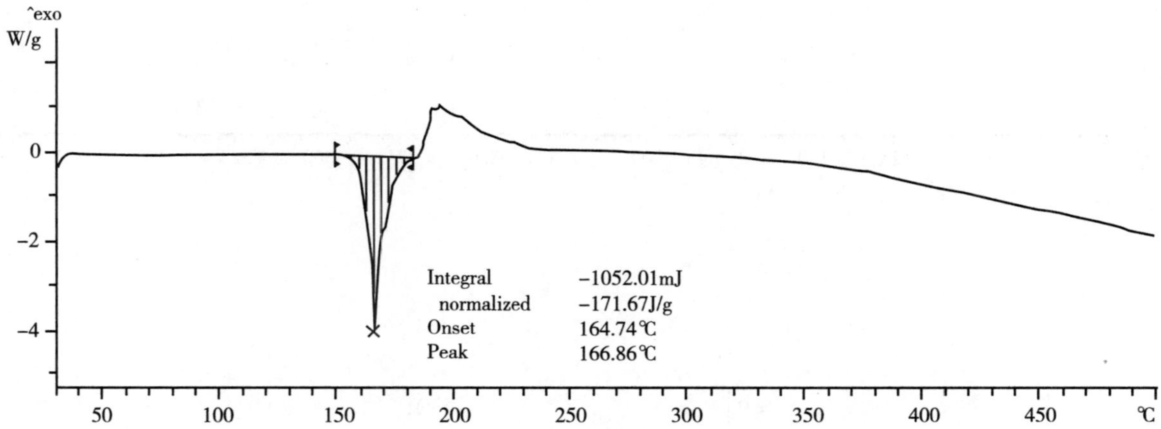

图 7　法莫替丁的 DSC 图

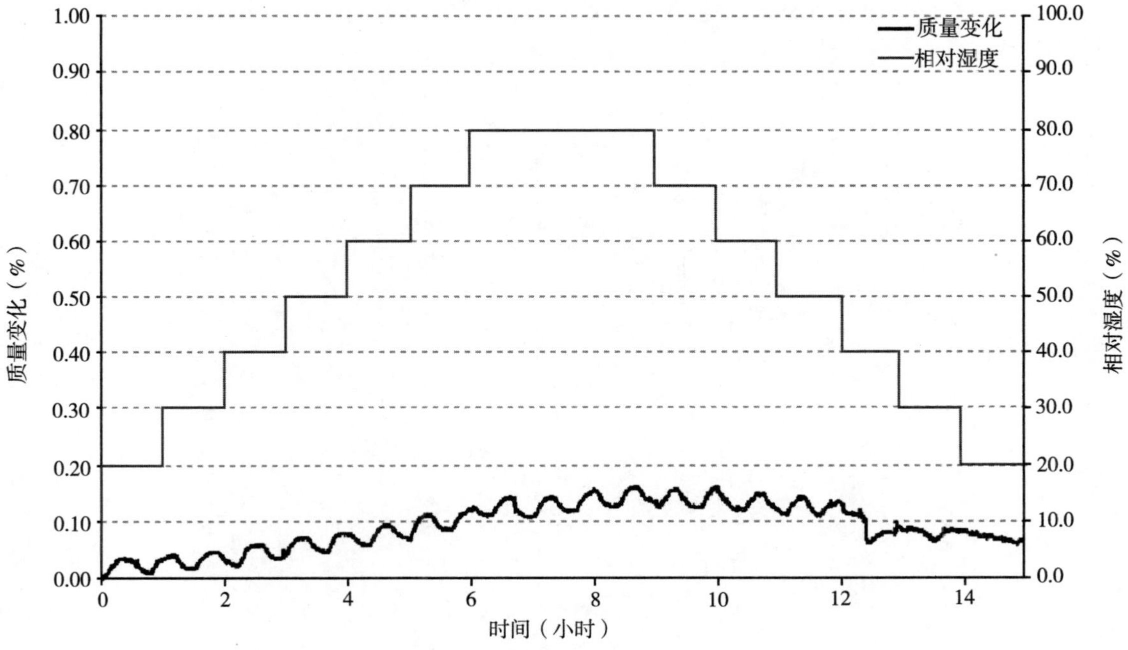

图 8　法莫替丁的 DVS 图

正离子扫描模式（一级）

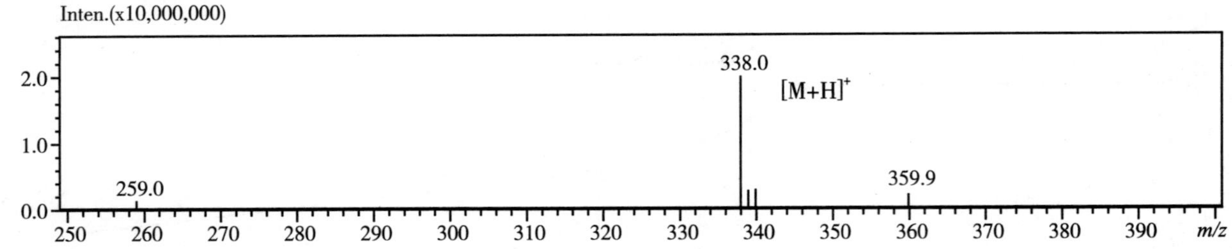

正离子扫描模式（二级）

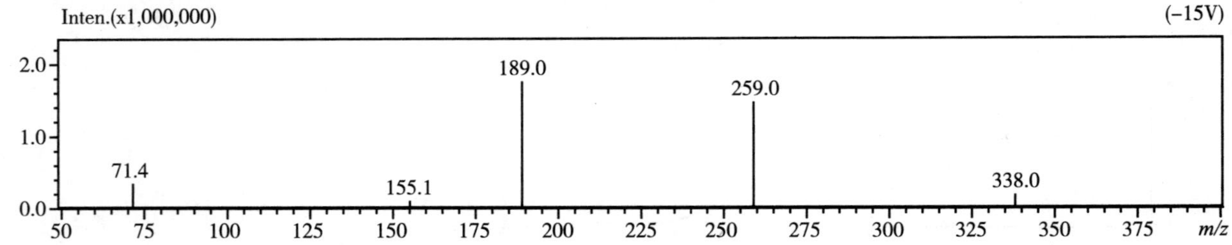

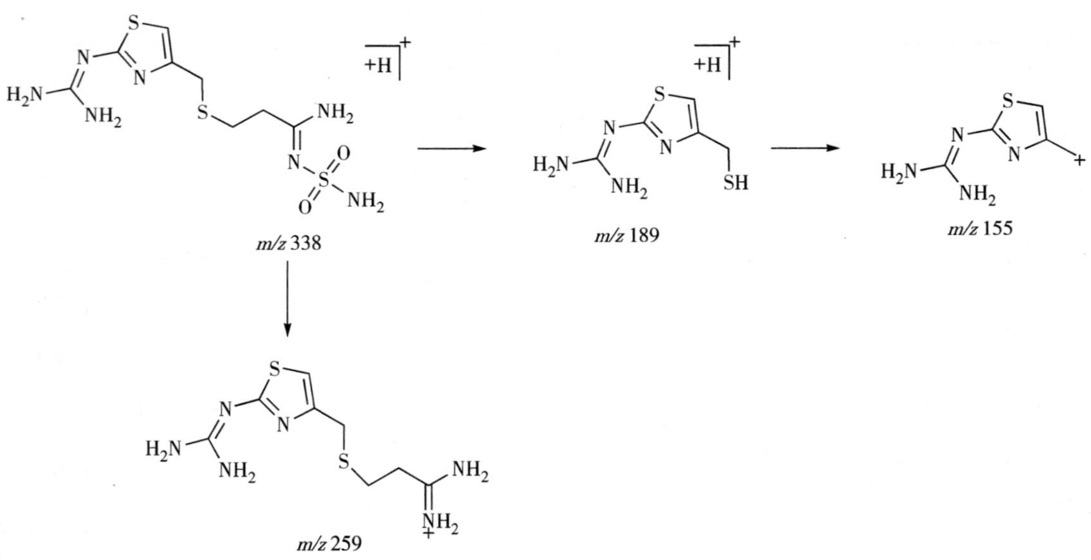

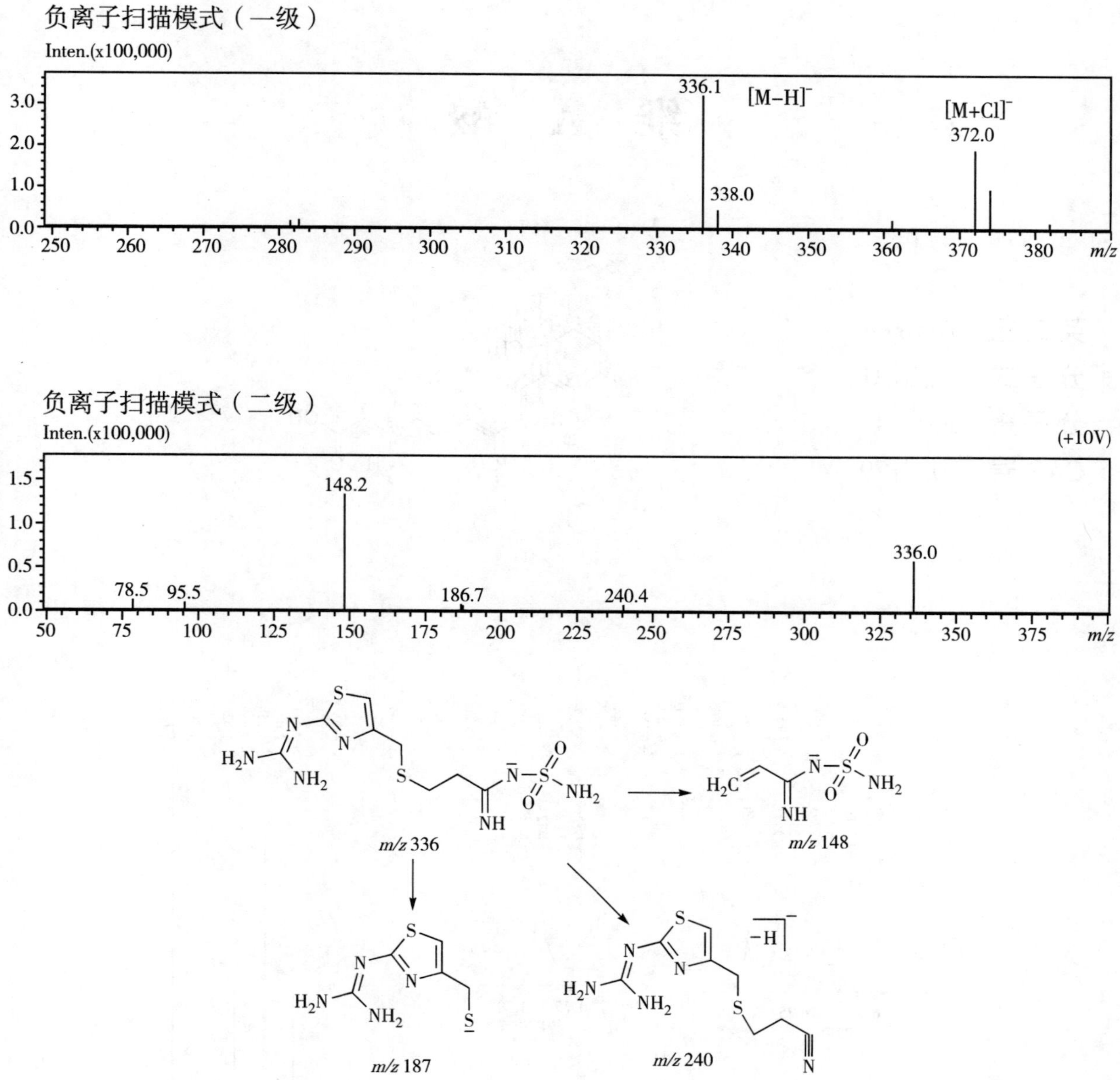

图9　法莫替丁的质谱图

备注

1. 中文化学名　[1－氨基－3－[[[2－[(二氨基亚甲基)氨基]－4－噻唑基]－甲基]硫代]亚丙基]磺酰胺

2. 英文化学名　[1－amino－3－[[[2－[(diaminomethylene)amino]－4－thiazolyl]methyl]thio]propylidene]sulfamide

3. 性状　本品为白色或类白色的结晶性粉末；味微苦；遇光色变深。

4. 溶解性　本品在甲醇中微溶，在丙酮中极微溶解，在水或三氯甲烷中几乎不溶；在冰醋酸中易溶。

5. 溶剂　乙酸。

6. 对照品编号与批号　100305－201003

维　A　酸

英文名　Tretinoin

分子式　$C_{20}H_{28}O_2$

分子量　300. 44

CAS 号　302 －79 －4

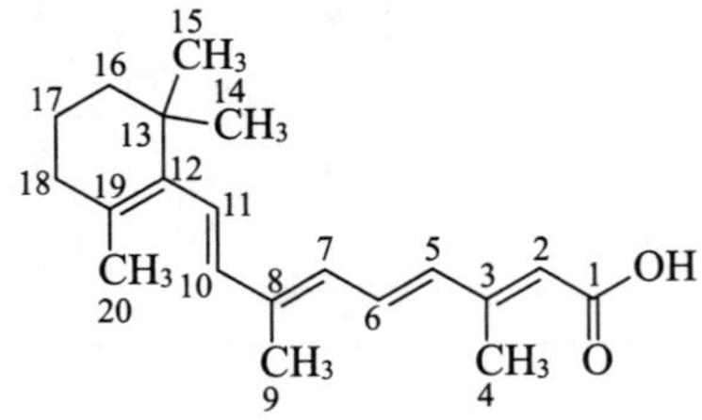

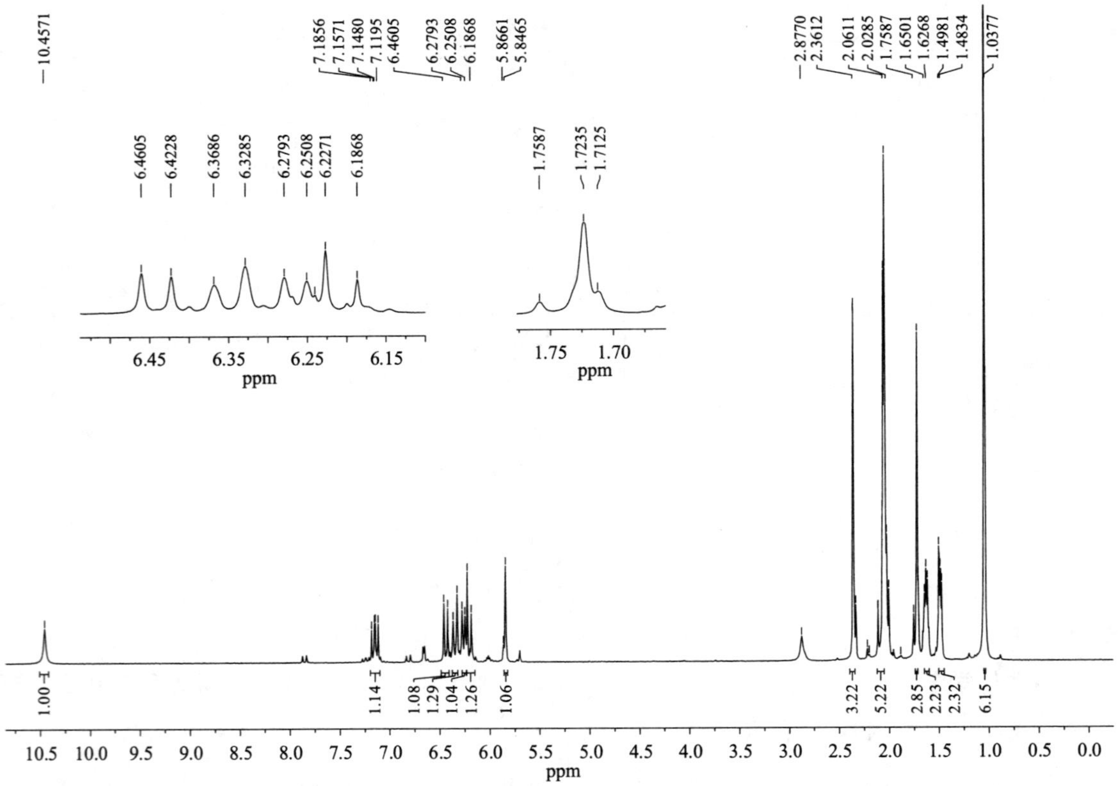

图 1　维 A 酸的^{1}H NMR 谱（溶剂：CD_3COCD_3）

^{1}H NMR：δ 10. 46 （COOH，s，1H），7. 15 （H－6，dd，J = 15. 1，11. 4 Hz，1H），6. 44 （H－5，d，J=15. 1 Hz，1H），6. 35 （H－11，d，J=16. 1 Hz，1H），6. 27 （H－7，d，J=11. 4 Hz，1H），6. 21 （H－10，d，J=16. 1 Hz，1H），5. 85 （H－2，s，1H），2. 36 （H－4，brs，3H），2. 12～2. 05 （H－9，18，m，5H），1. 72 （H－20，s，3H ），1. 65～1. 60 （H－17，m，2H），1. 55～1. 45 （H－16，m，2H），1. 04 （H－14，15，s，6H）

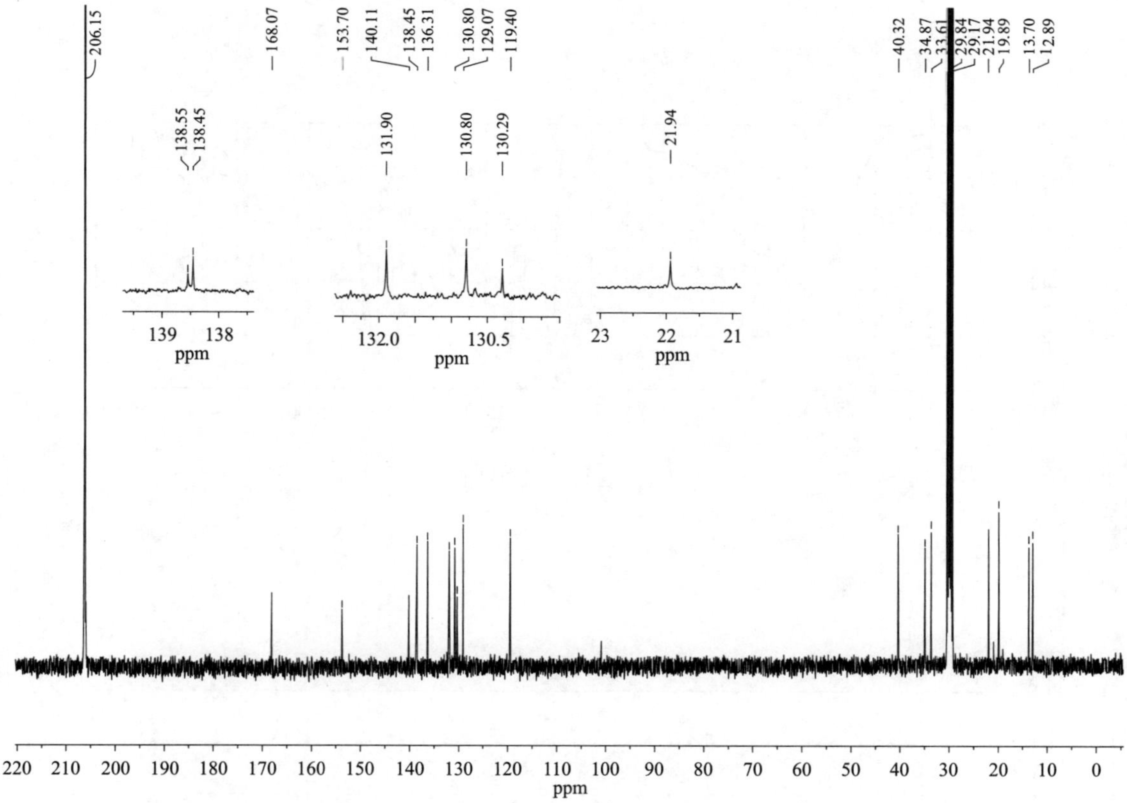

图2 维A酸的^{13}C NMR谱（溶剂：CD_3COCD_3）

^{13}C NMR：δ 168.07（C－1），153.70（C－3），140.11（C－12），138.55（C－8），138.45（C－10），136.31（C－5），131.90（C－6），130.80（C－7），130.29（C－19），129.07（C－11），119.40（C－2），40.32（C－16），34.87（C－13），33.61（C－18），29.17（C－14，15），21.94（C－20），19.89（C－17），13.70（C－4），12.89（C－9）

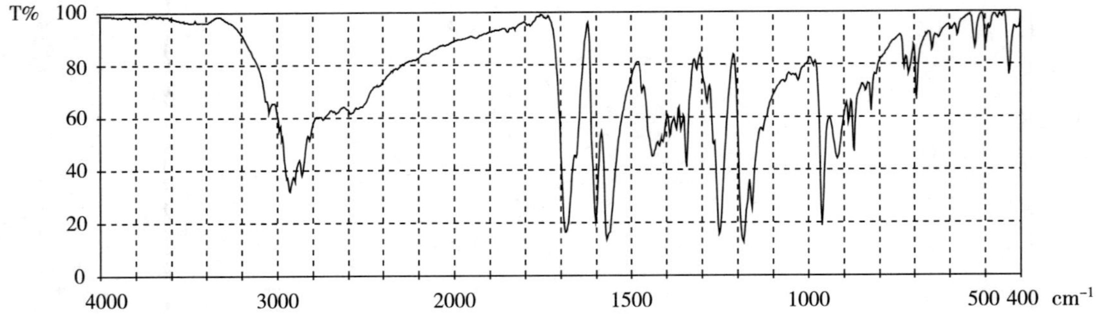

图 3　维 A 酸的红外光谱图

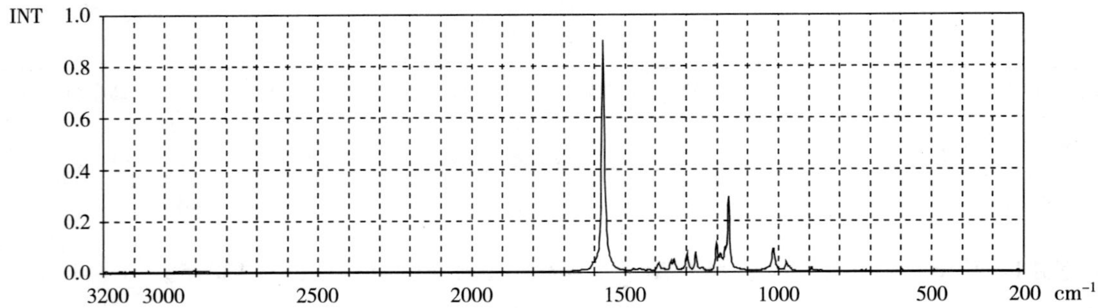

图 4　维 A 酸的拉曼光谱图

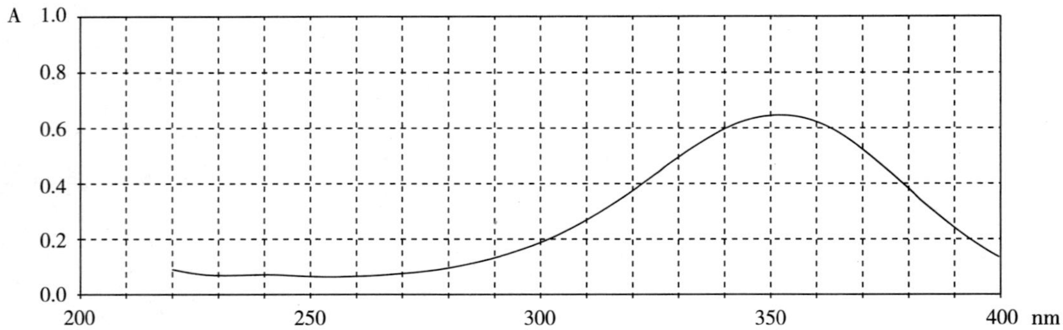

图 5　维 A 酸的紫外光谱图

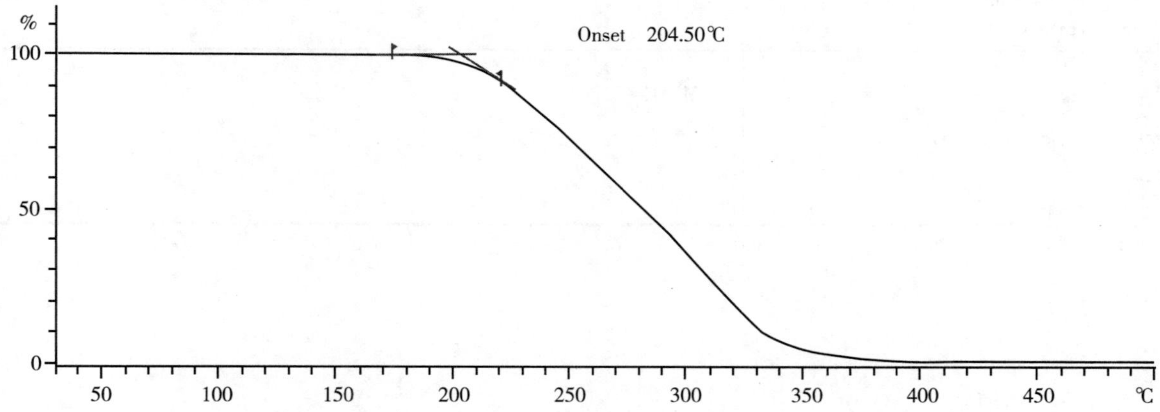

图 6　维 A 酸的 TG 图

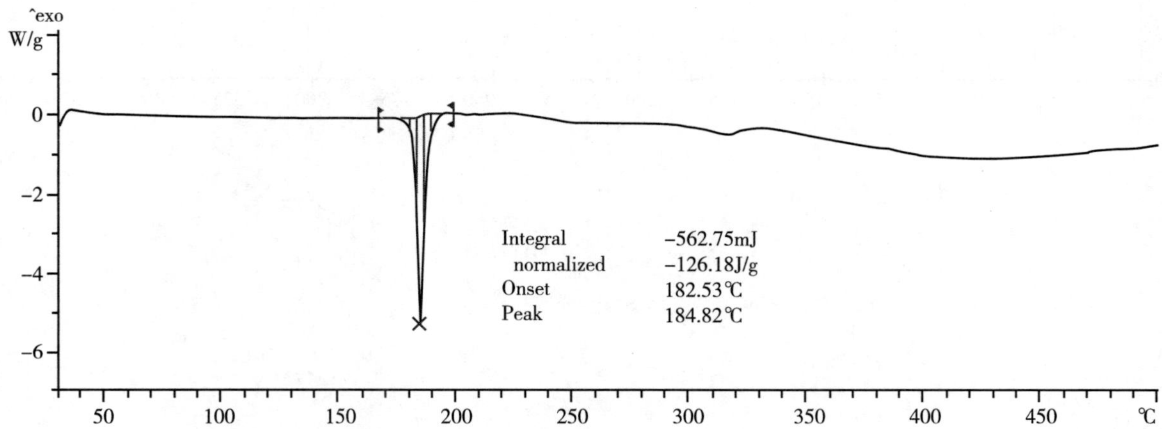

图 7　维 A 酸的 DSC 图

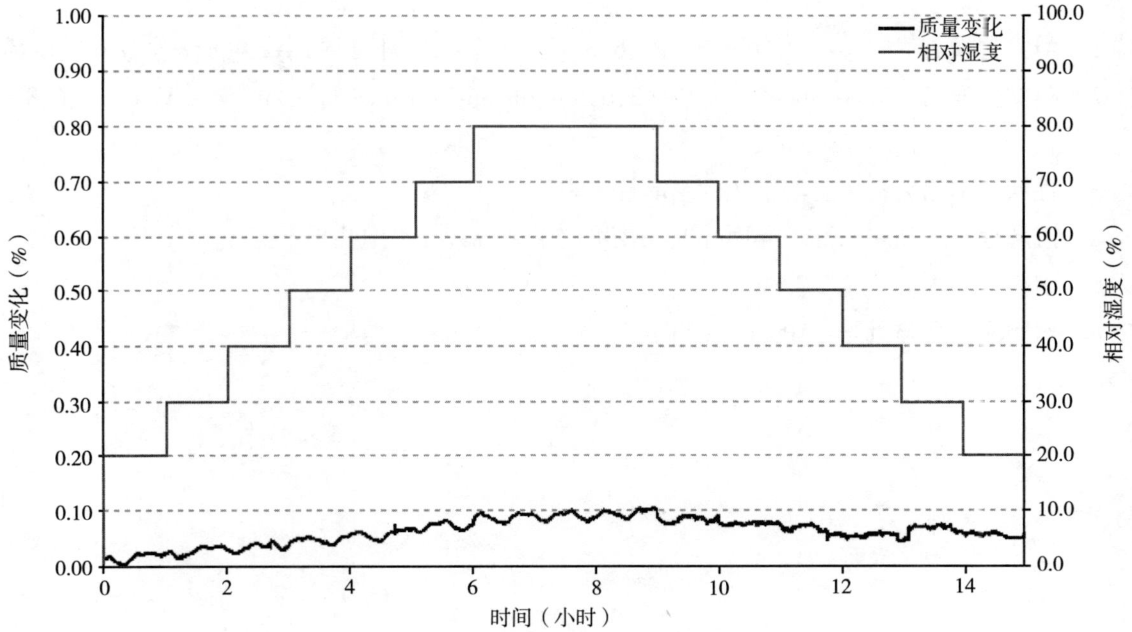

图 8　维 A 酸的 DVS 图

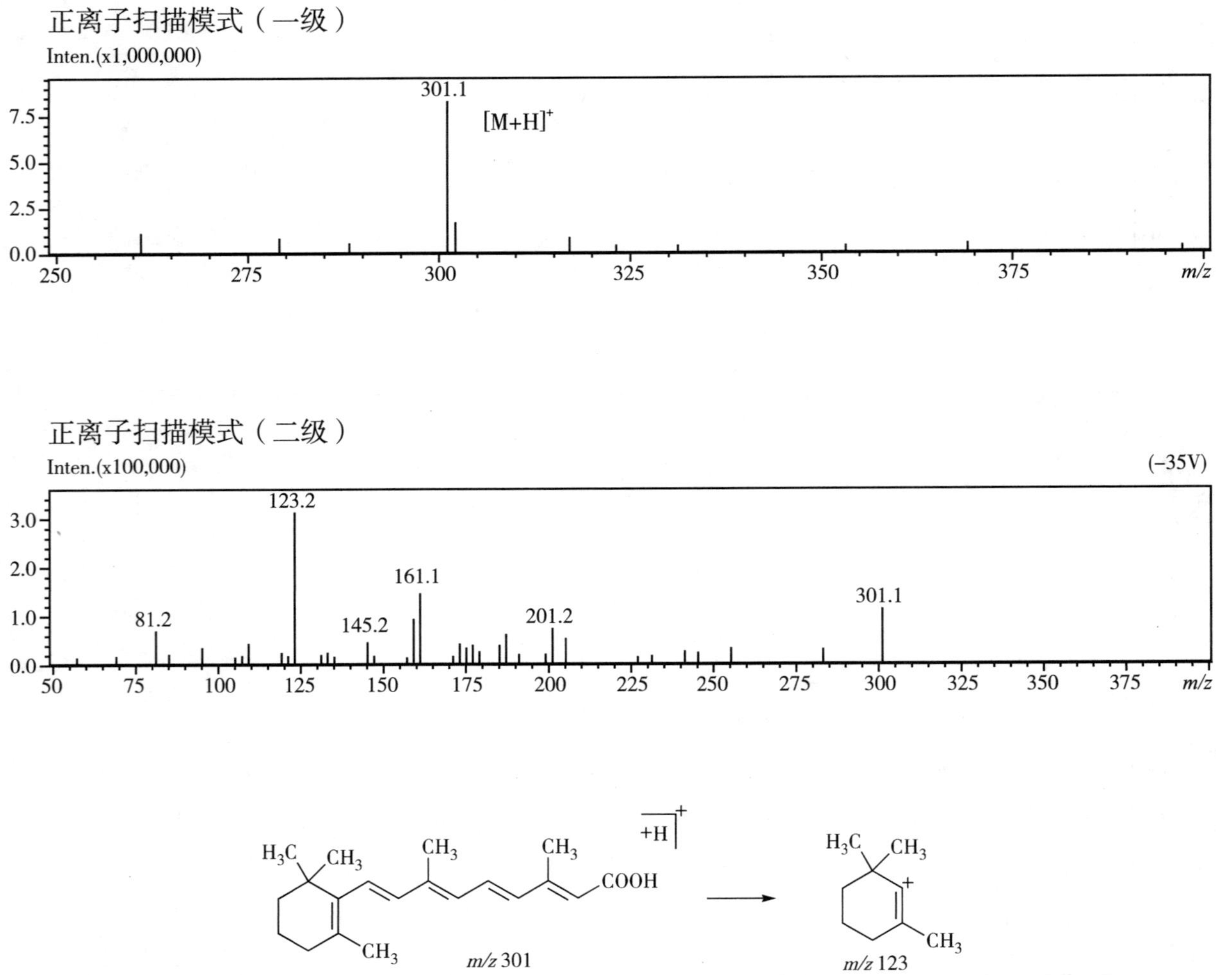

图9　维A酸的质谱图

备注

1. 中文化学名　3,7－二甲基－9－(2,6,6－三甲基－1－环己烯)－2,4,6,8全反式壬四烯酸

2. 英文化学名　3,7－dimethyl－9－(2,6,6－trimethyl－1－cyclohexen－1－yl)－2,4,6,8－nonatetraenoic acid

3. 性状　本品为黄色至淡橙色的结晶性粉末。

4. 溶解性　本品在乙醇、异丙醇或三氯甲烷中微溶，在水中几乎不溶。

5. 溶剂　异丙醇。

6. 对照品编号与批号　100307－200902

盐酸阿米洛利

英文名 Amiloride Hydrochloride

分子式 $C_6H_8ClN_7O \cdot HCl \cdot 2H_2O$

分子量 302.12

CAS 号 17440 - 83 - 4

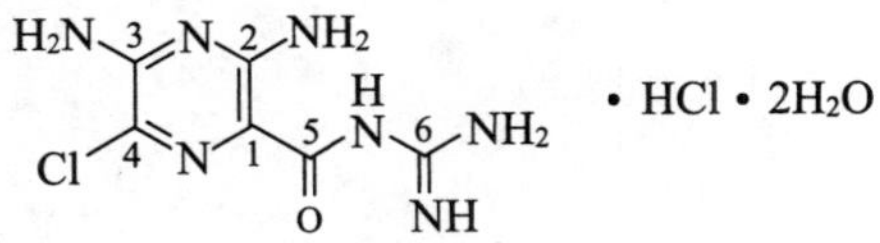

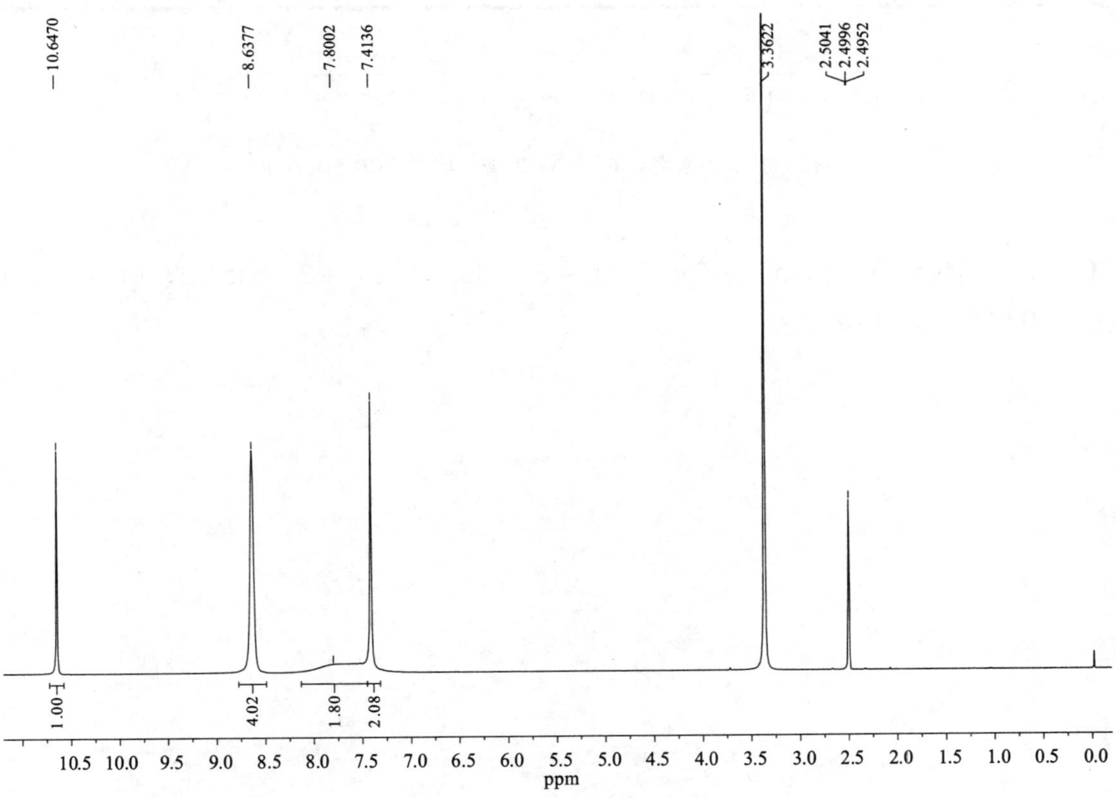

图 1 盐酸阿米洛利的[1]H NMR 谱（溶剂：CD_3SOCD_3）

^1H NMR：δ 10.65（C_5—NH，s，1H），8.64（$C_{2,3}$—NH_2，s，4H），7.80（C ═NH_2^+，brs，2H），7.41（C_6—NH_2，s，2H）

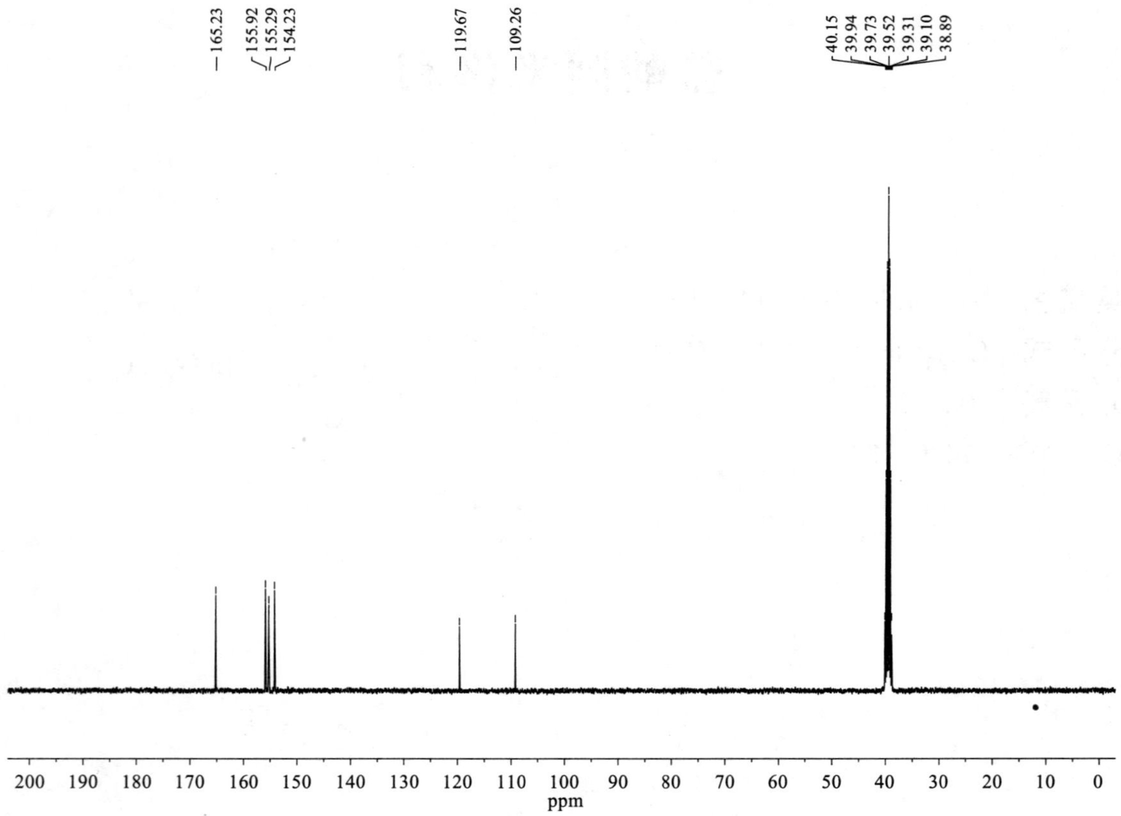

图 2　盐酸阿米洛利的^{13}C NMR 谱（溶剂：CD_3SOCD_3）

^{13}C NMR：δ 165.23（C－5），155.92（C－6），155.29（C－2），154.23（C－3），119.67（C－4），109.26（C－1）

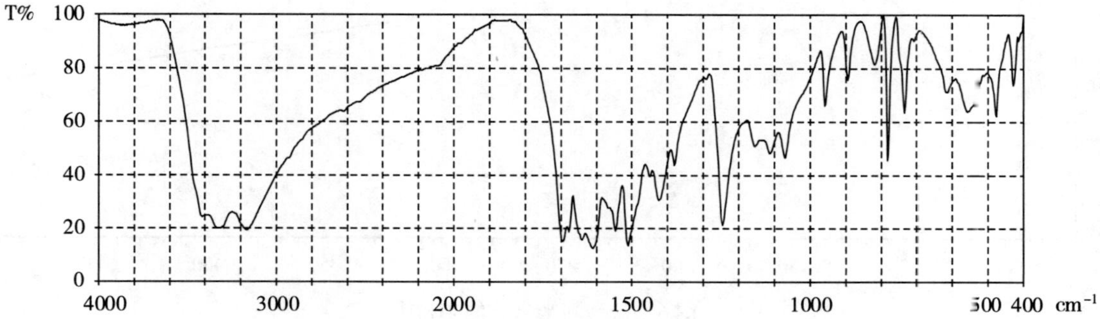

图 3　盐酸阿米洛利的红外光谱图

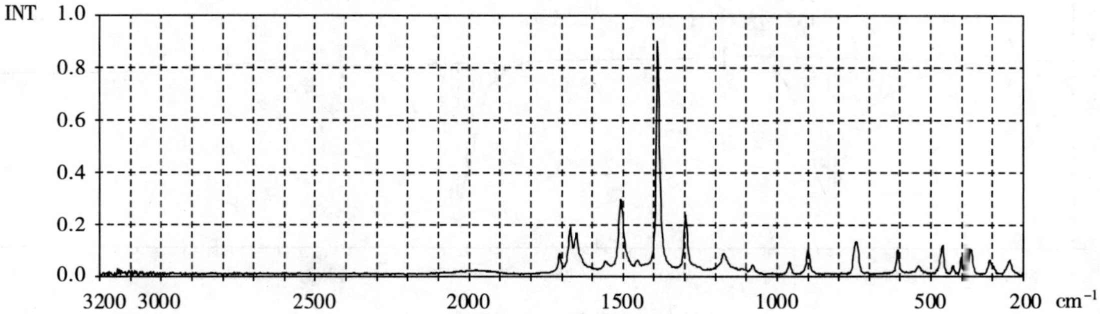

图 4　盐酸阿米洛利的拉曼光谱图

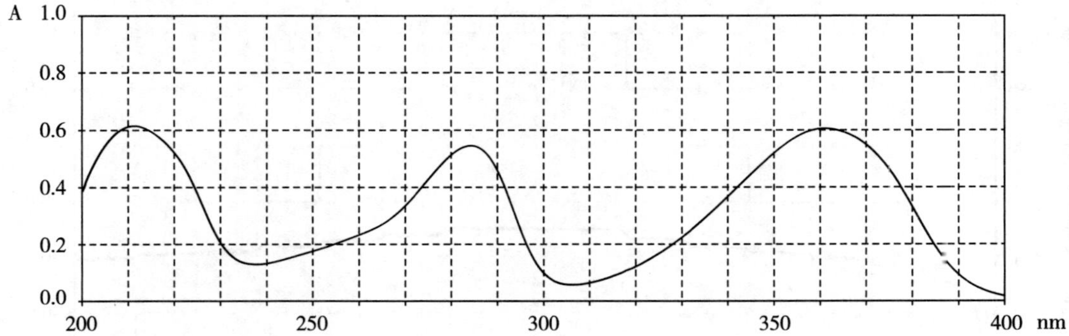

图 5　盐酸阿米洛利的紫外光谱图

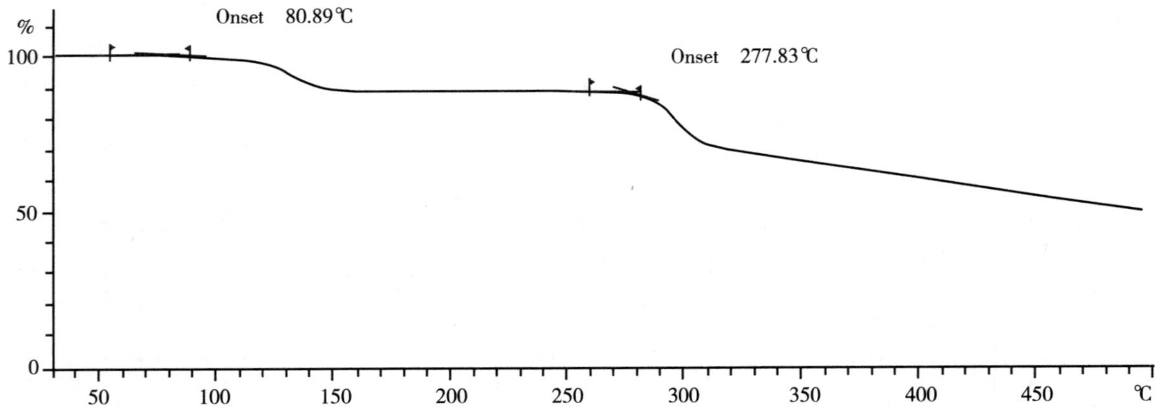

图 6 盐酸阿米洛利的 TG 图

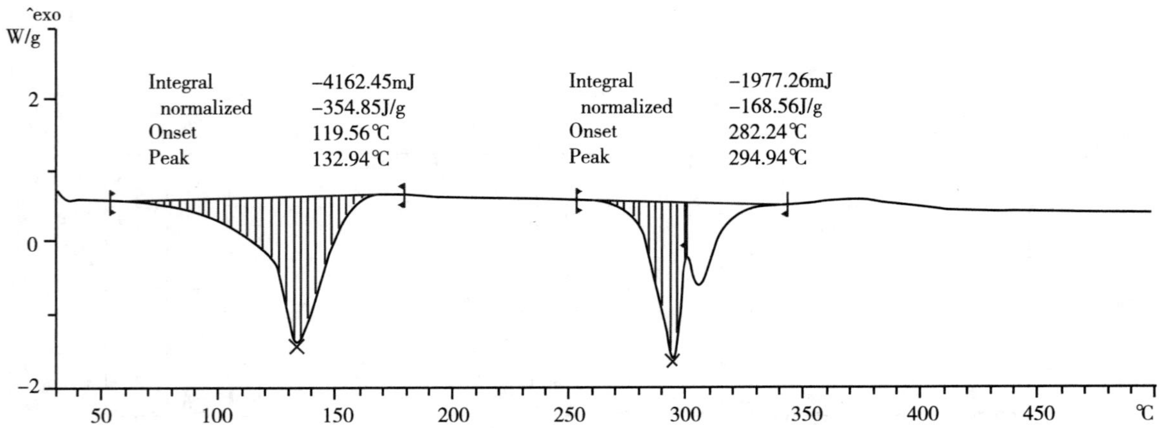

图 7 盐酸阿米洛利的 DSC 图

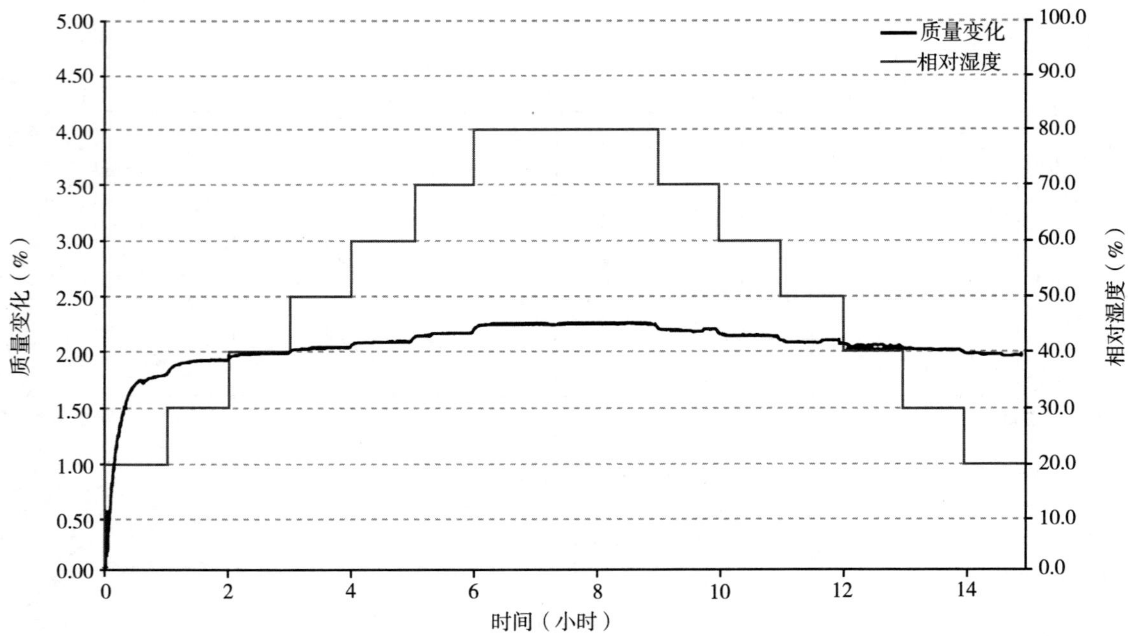

图 8 盐酸阿米洛利的 DVS 图

正离子扫描模式（一级）

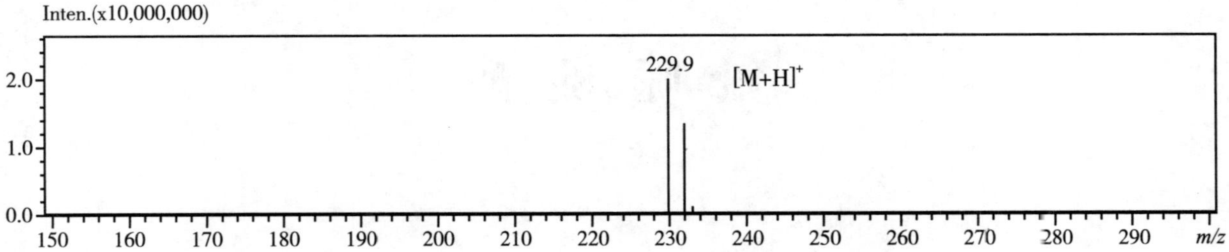

正离子扫描模式（二级）

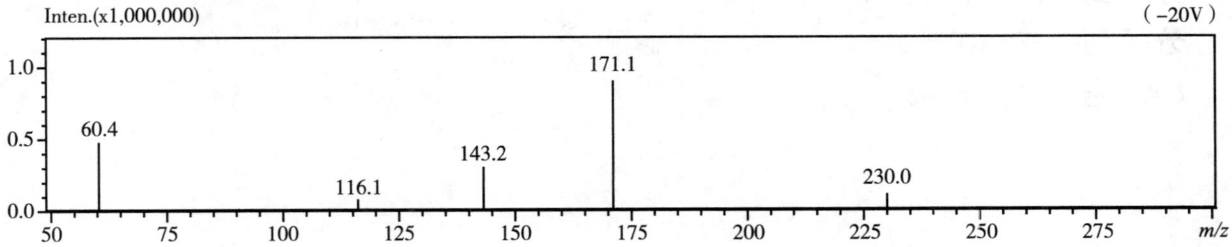

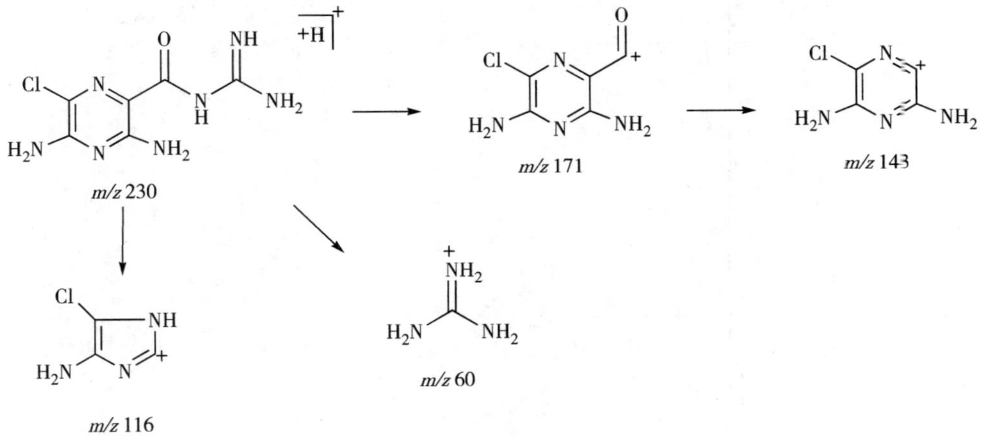

图 9　盐酸阿米洛利的质谱图

备注

1. 中文化学名　*N*－脒基－3,5－二氨基－6－氯吡嗪－2－甲酰胺盐酸盐二水合物

2. 英文化学名　3,5－diamino－*N*－carbamidoyl－6－chloropyrazine－2－carboxamide hydrochloride dihydrate

3. 性状　本品为淡黄色或黄绿色粉末；无臭或几乎无臭，味苦。

4. 溶解性　本品在水中微溶，在乙醇中极微溶解，在三氯甲烷或乙醚中几乎不溶。

5. 溶剂　0.1mol/L 盐酸溶液。

6. 对照品编号与批号　100310－200201

氟 哌 啶 醇

英文名 Haloperidol

分子式 $C_{21}H_{23}ClFNO_2$

分子量 375.87

CAS 号 52－86－8

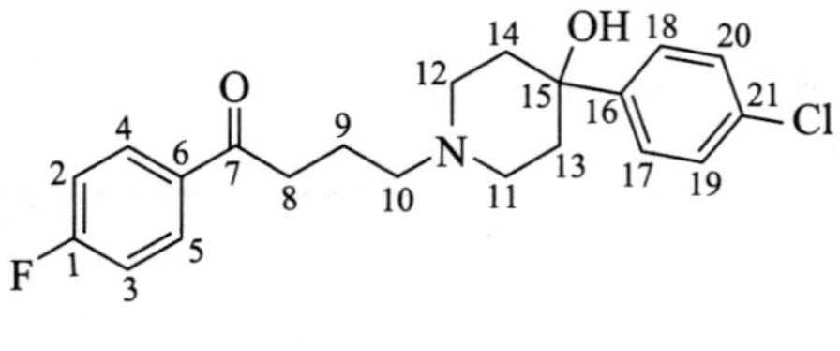

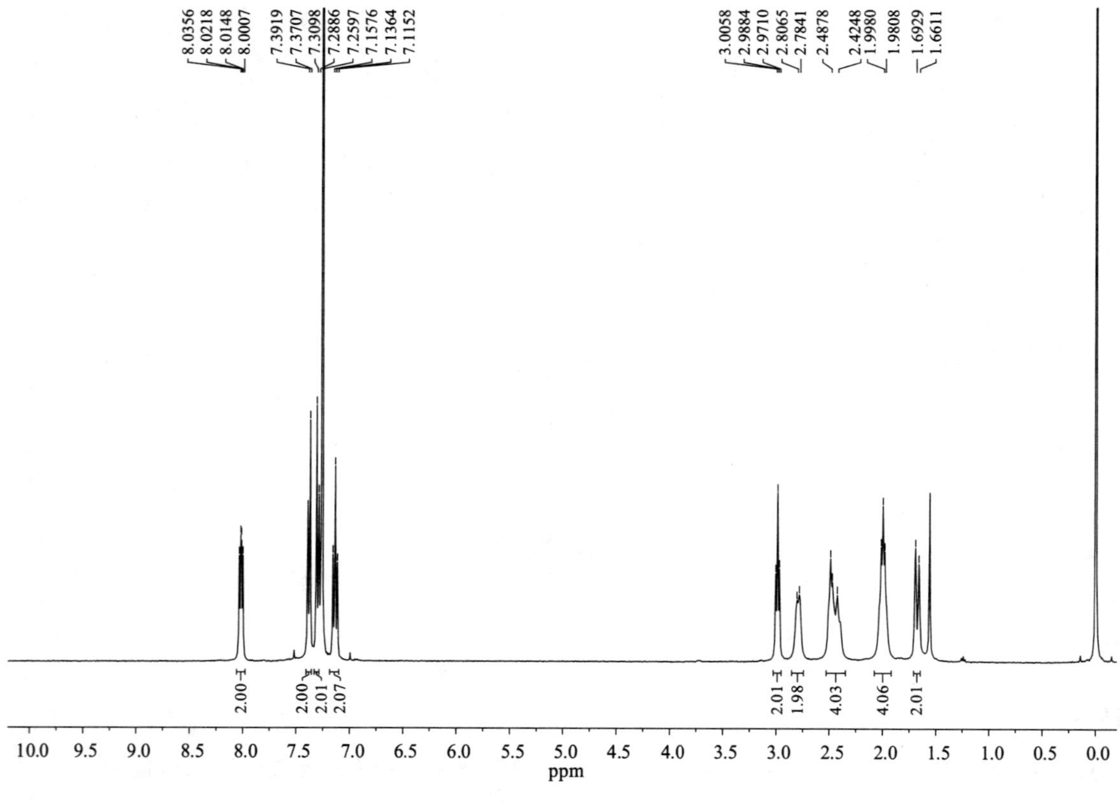

图 1 氟哌啶醇的 ${}^{1}H$ NMR 谱（溶剂：$CDCl_3$）

${}^{1}H$ NMR：δ 8.02（H－4，5，dd，J＝8.4，5.6 Hz，2H），7.38（H－17，18，d，J＝8.5 Hz，2H），7.29（H－19，20，d，J＝8.5 Hz，2H），7.14（H－2，3，t，J＝8.4 Hz，2H），2.99（H－8，t，J＝6.9 Hz，2H），2.86～2.72（H－10，m，2H），2.53～2.35（H－11，12，m，4H），2.08～1.92（H－13，14，m，4H），1.71～1.61（H－9，m，2H）

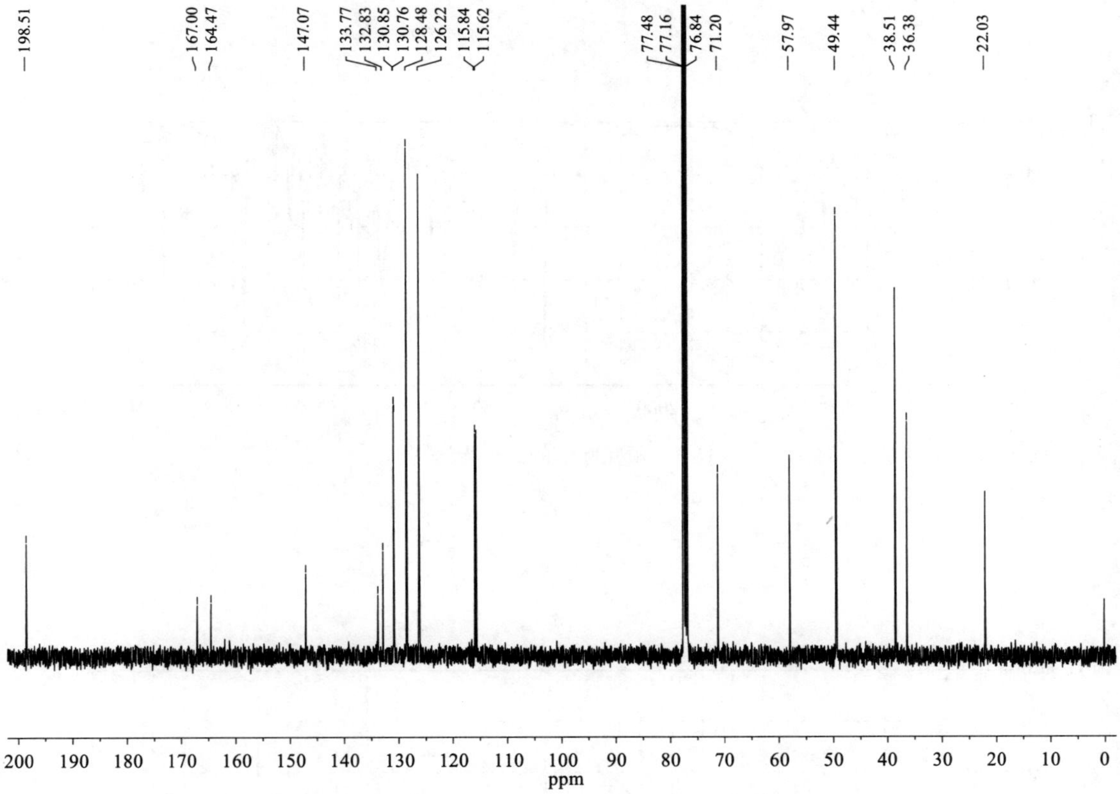

图 2　氟哌啶醇的^{13}C NMR 谱（溶剂：$CDCl_3$）

^{13}C NMR：δ 198.51（C-7），165.74（C-1，d，J=255.53 Hz），147.07（C-16），133.77（C-6），132.83（C-21），130.80（C-4，5，d，J=9.09 Hz），128.48（C-19，20），126.22（C-17，18），115.73（C-2，3，d，J=22.22 Hz），71.20（C-15），57.97（C-10），49.44（C-11，12），38.51（C-13，14），36.38（C-8），22.03（C-9）

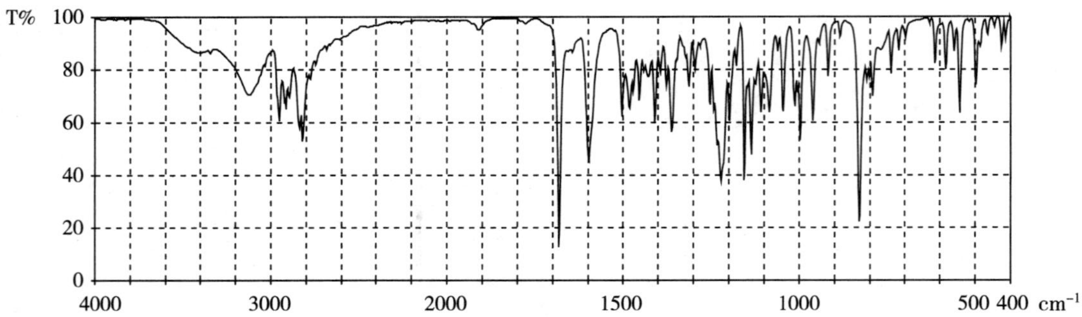

图 3　氟哌啶醇的红外光谱图

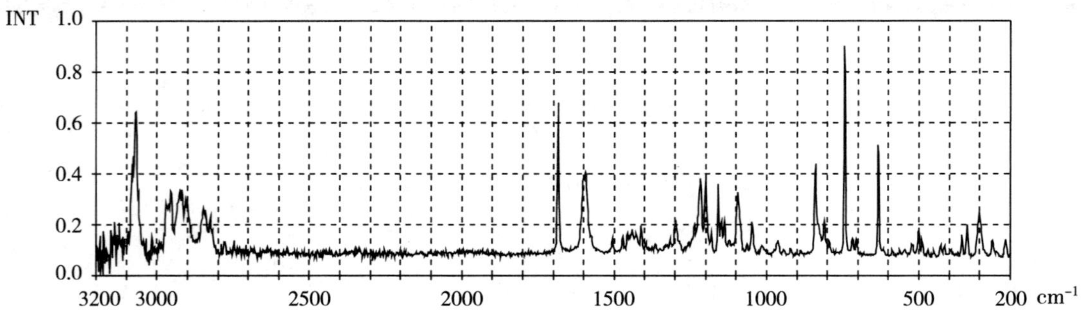

图 4　氟哌啶醇的拉曼光谱图

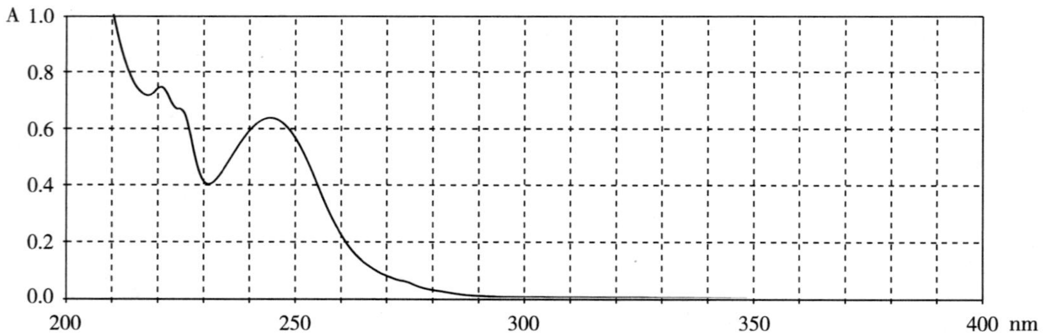

图 5　氟哌啶醇的紫外光谱图

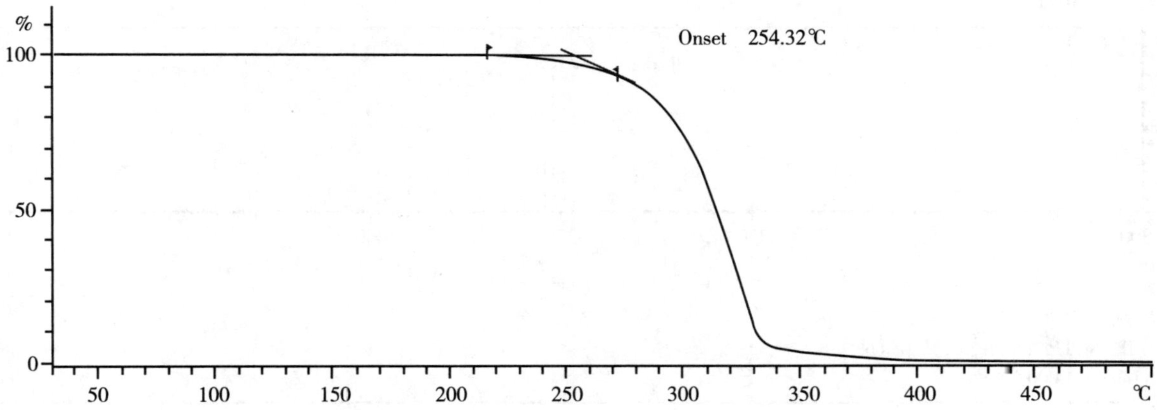

图 6　氟哌啶醇的 TG 图

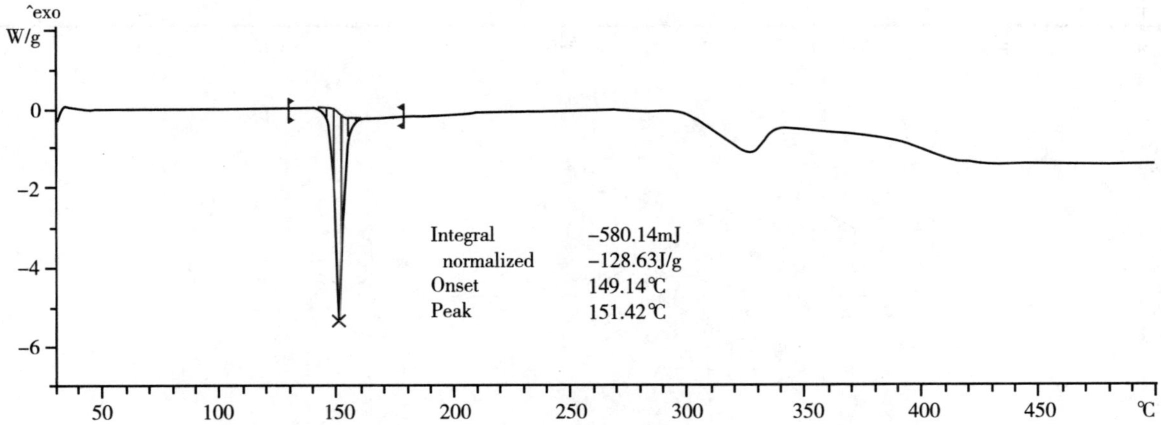

图 7　氟哌啶醇的 DSC 图

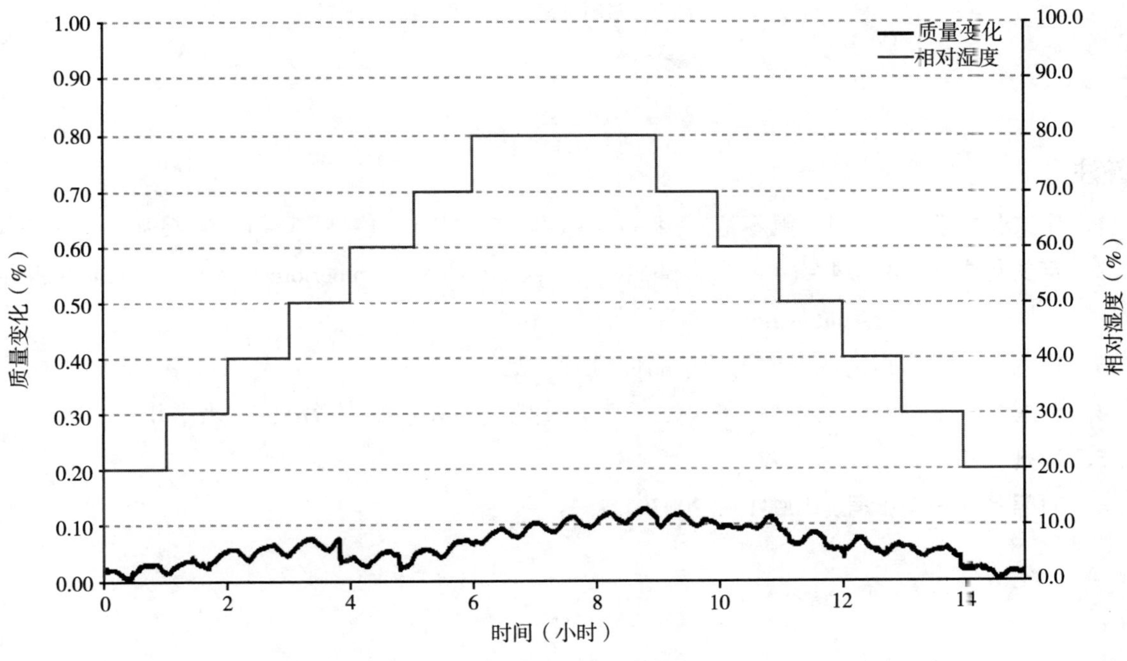

图 8　氟哌啶醇的 DVS 图

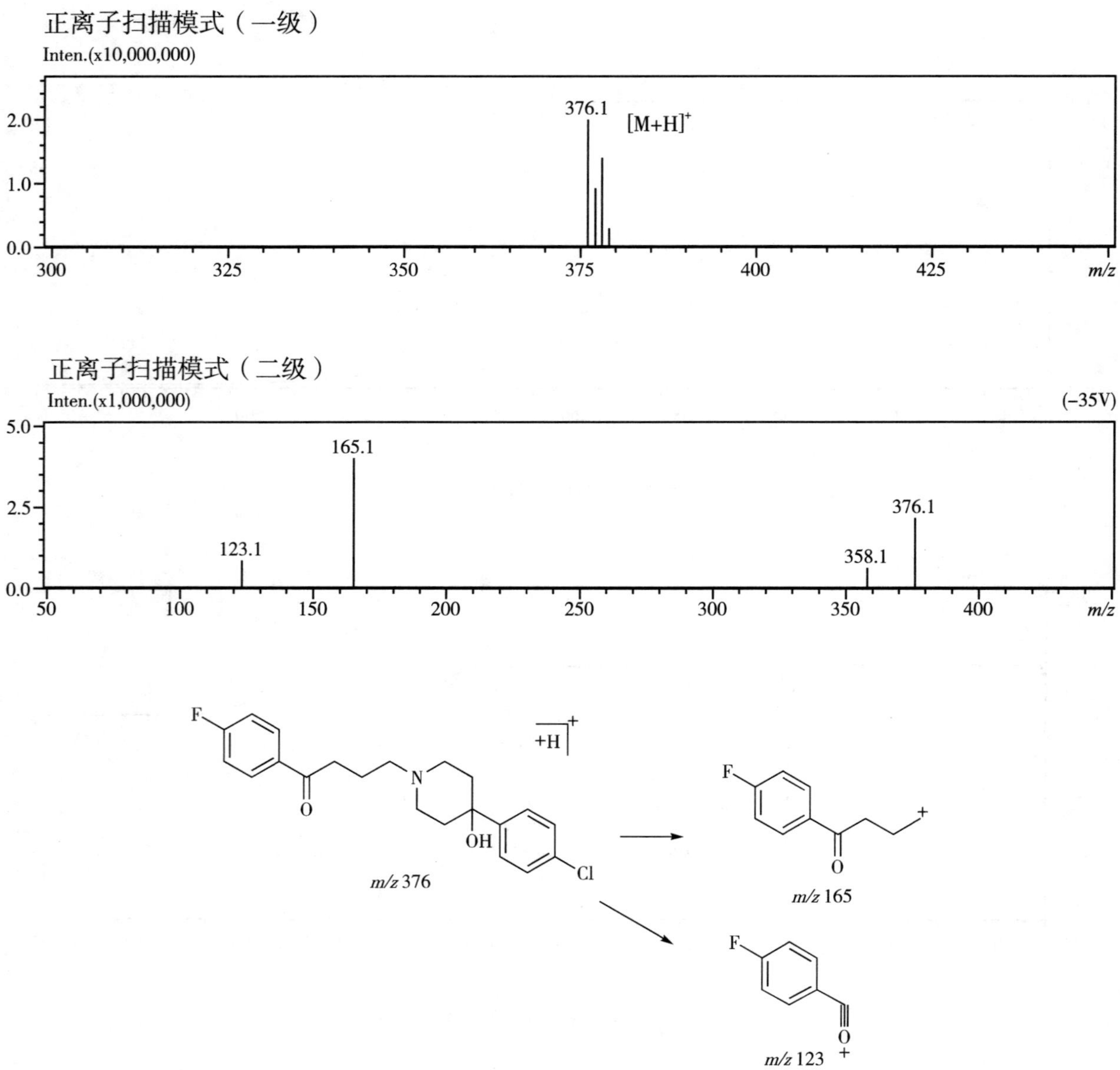

图 9　氟哌啶醇的质谱图

备注

1. 中文化学名　1－(4－氟苯基)－4－[4－(4－氯苯基)－4－羟基－1－哌啶基]－1－丁酮

2. 英文化学名　4－[4－(4－chlorophenyl)－4－hydroxy－1－piperidinyl]－1－(4－fluorophenyl)－1－butanone

3. 性状　本品为白色或类白色的结晶性粉末；无臭，无味。

4. 溶解性　本品在三氯甲烷中溶解，在乙醇中略溶，在乙醚中微溶，在水中几乎不溶。

5. 溶剂　乙醇。

6. 对照品编号与批号　100313－200301

卡托普利

英文名 Captopril

分子式 $C_9H_{15}NO_3S$

分子量 217.29

CAS 号 62571-86-2

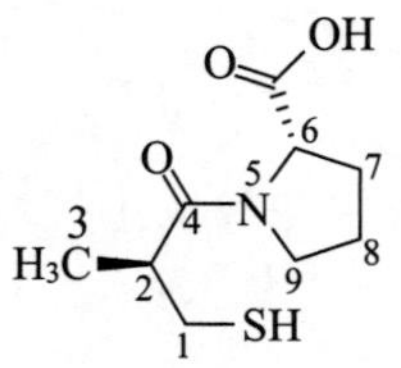

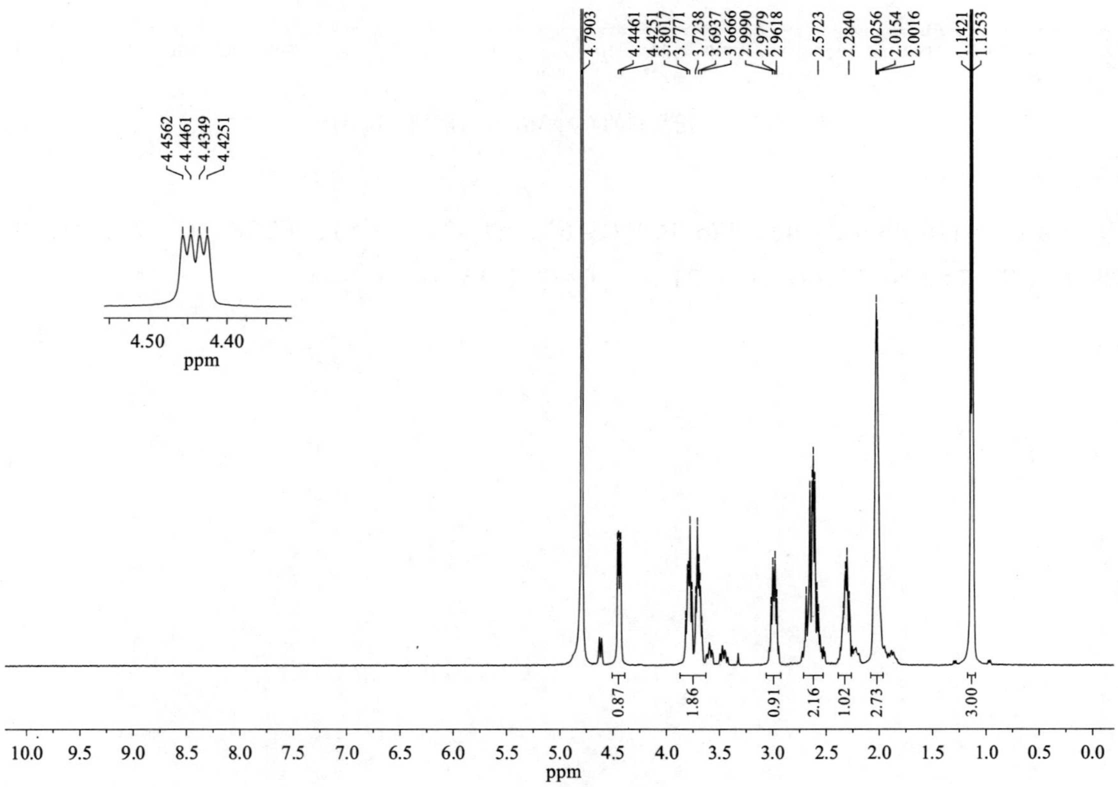

图 1 卡托普利的^{1}H NMR 谱（溶剂：D_2O）

^{1}H NMR：δ 4.44（H-5，dd，J=8.5，4.0 Hz，1H），3.87~3.63（H-9，m，2H），2.99（H-2，m，1H），2.71~2.53（H-1，m，2H），2.33（H-7a，m，1H），2.08~1.96（H-7b，8，m，3H），1.13（H-3，d，J=6.7 Hz，3H）

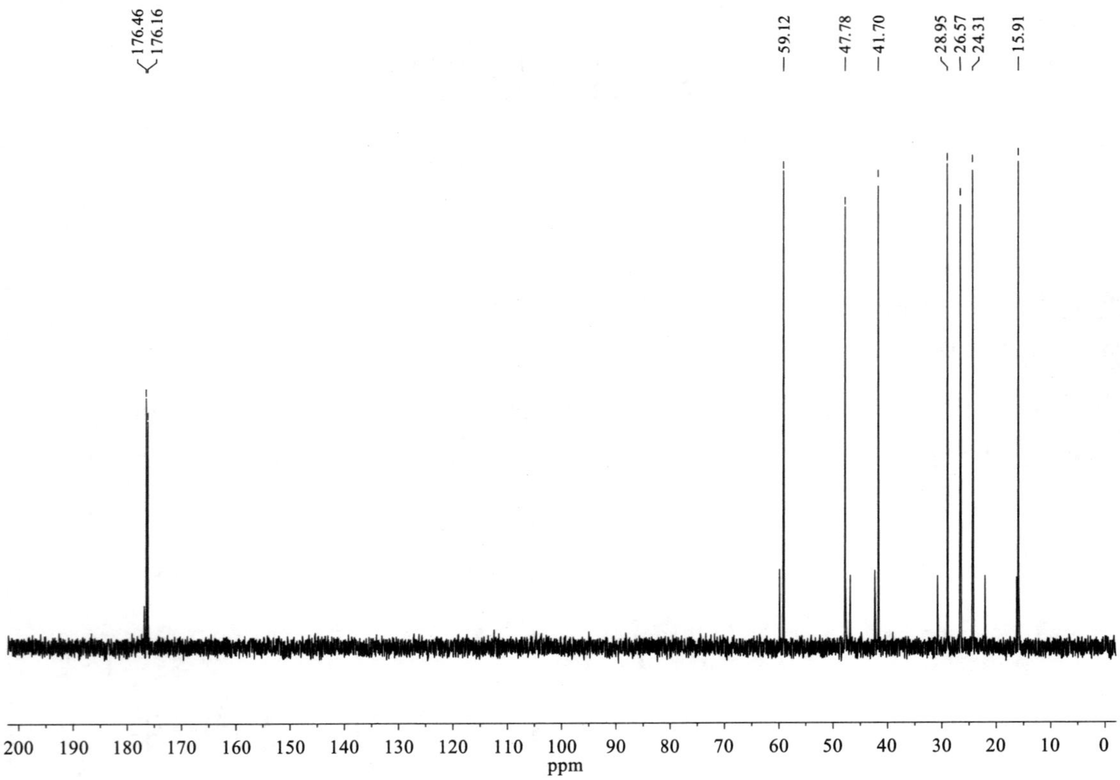

图2 卡托普利的^{13}C NMR谱（溶剂：D_2O）

^{13}C NMR：δ 176.46（C－4），176.16（C－6），59.12（C－5），47.78（C－9），41.70（C－2），28.95（C－7），26.57（C－1），24.31（C－8），15.91（C－3）

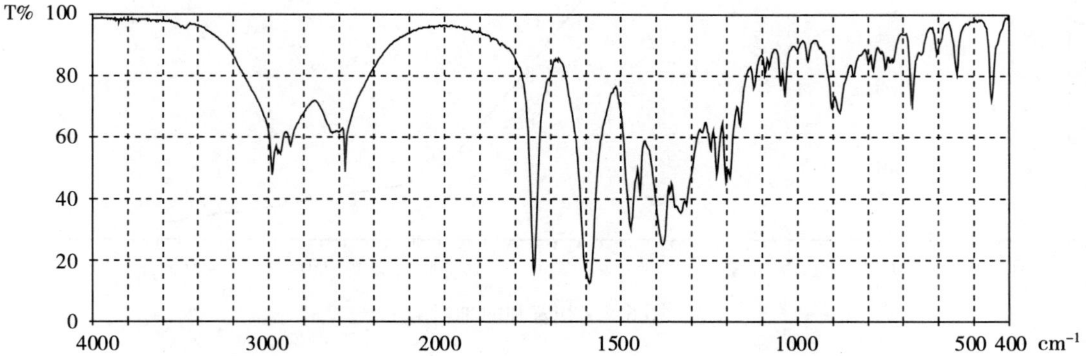

图 3　卡托普利的红外光谱图

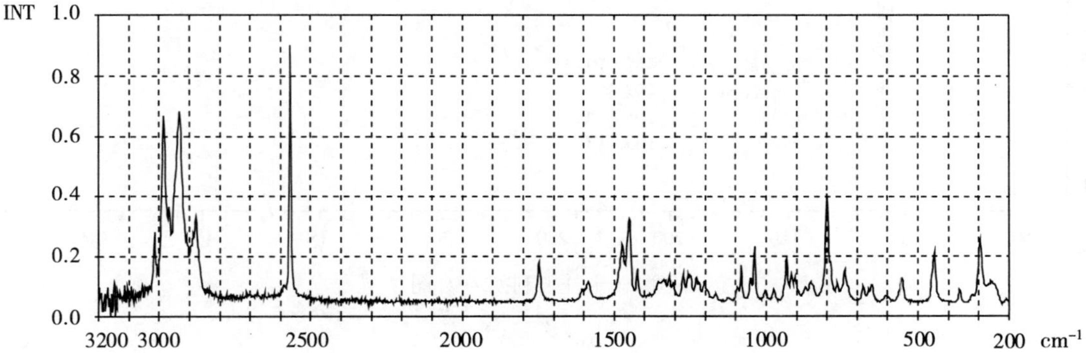

图 4　卡托普利的拉曼光谱图

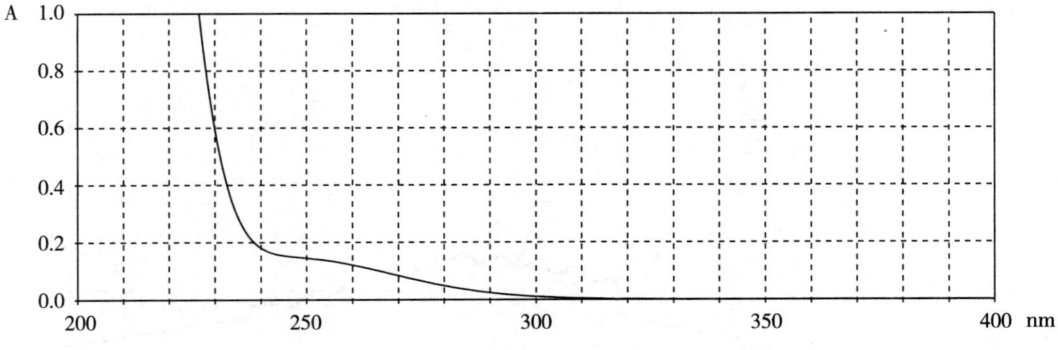

图 5　卡托普利的紫外光谱图

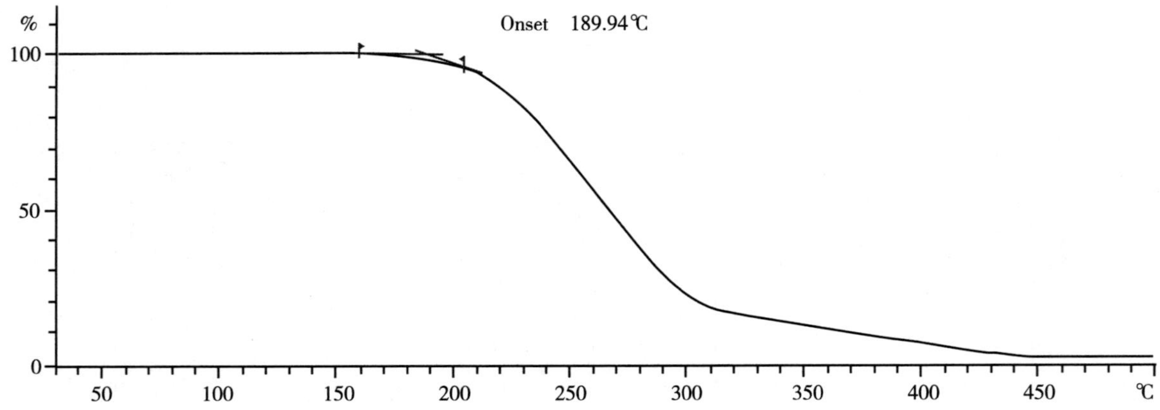

图 6 卡托普利的 TG 图

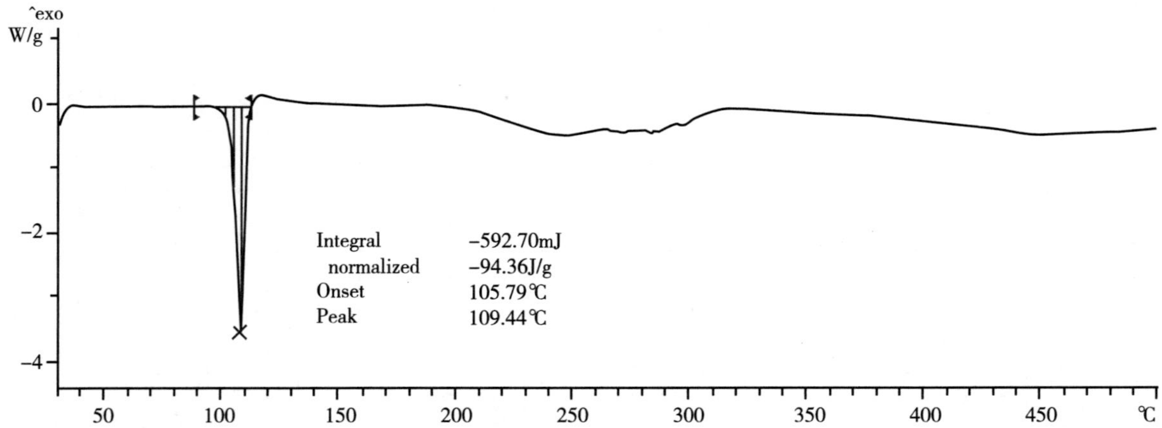

图 7 卡托普利的 DSC 图

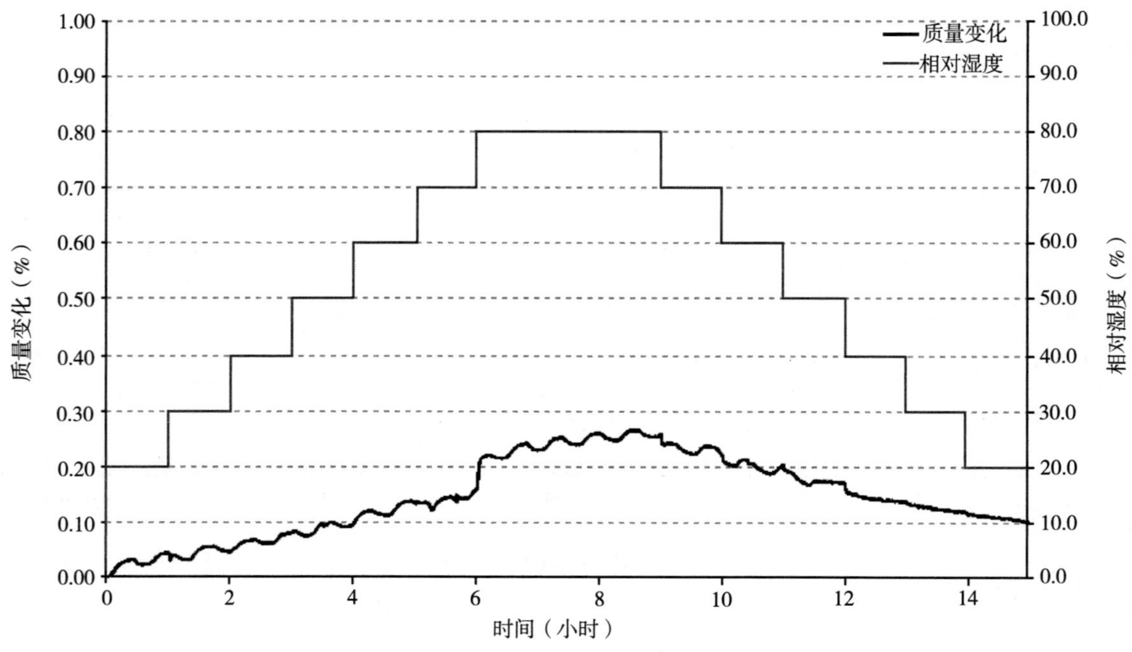

图 8 卡托普利的 DVS 图

负离子扫描模式（一级）

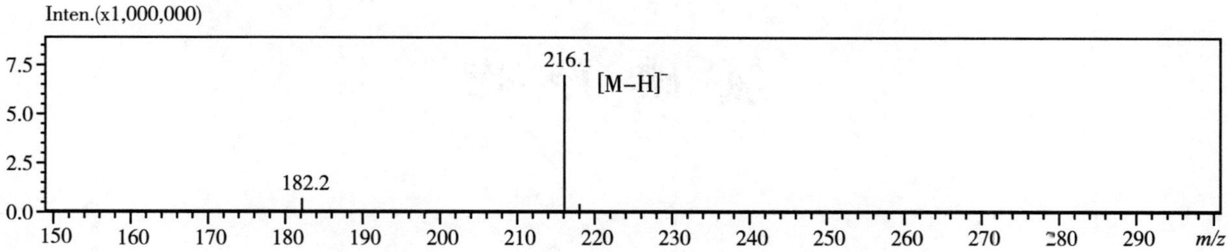

负离子扫描模式（二级）

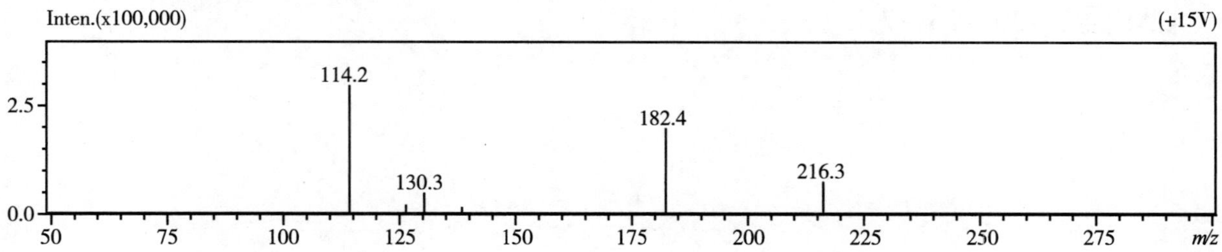

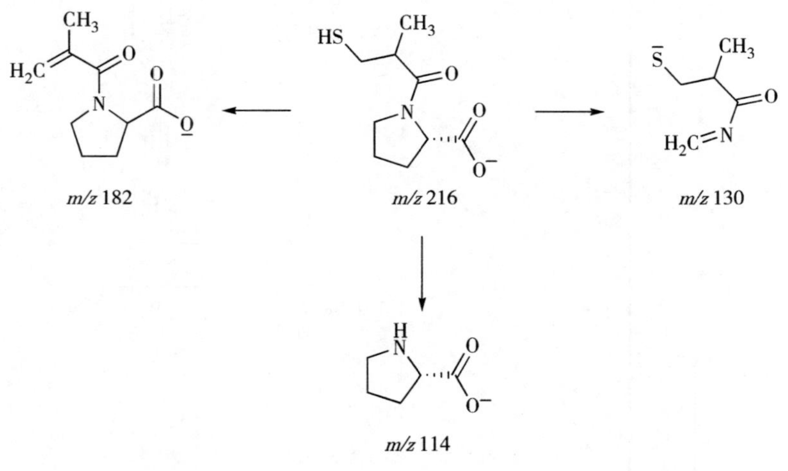

图 9　卡托普利的质谱图

备注

1. 中文化学名　1－[（2*S*）－2－甲基－3－巯基－1－氧代丙基]－*L*－脯氨酸

2. 英文化学名　1－[（2*S*）－3－mercapto－2－methyl－1－oxopropyl]－*L*－proline

3. 性状　本品为白色或类白色的结晶性粉末；有类似蒜的特臭，味咸。

4. 溶解性　本品在甲醇、乙醇或三氯甲烷中易溶，在水中溶解。

5. 溶剂　水。

6. 对照品编号与批号　100318－201103

氯碘羟喹

英文名 Clioquinol

分子式 C_9H_5ClINO

分子量 305.50

CAS 号 130-26-7

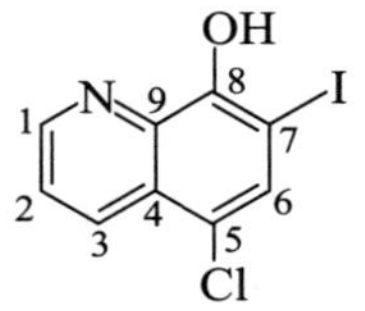

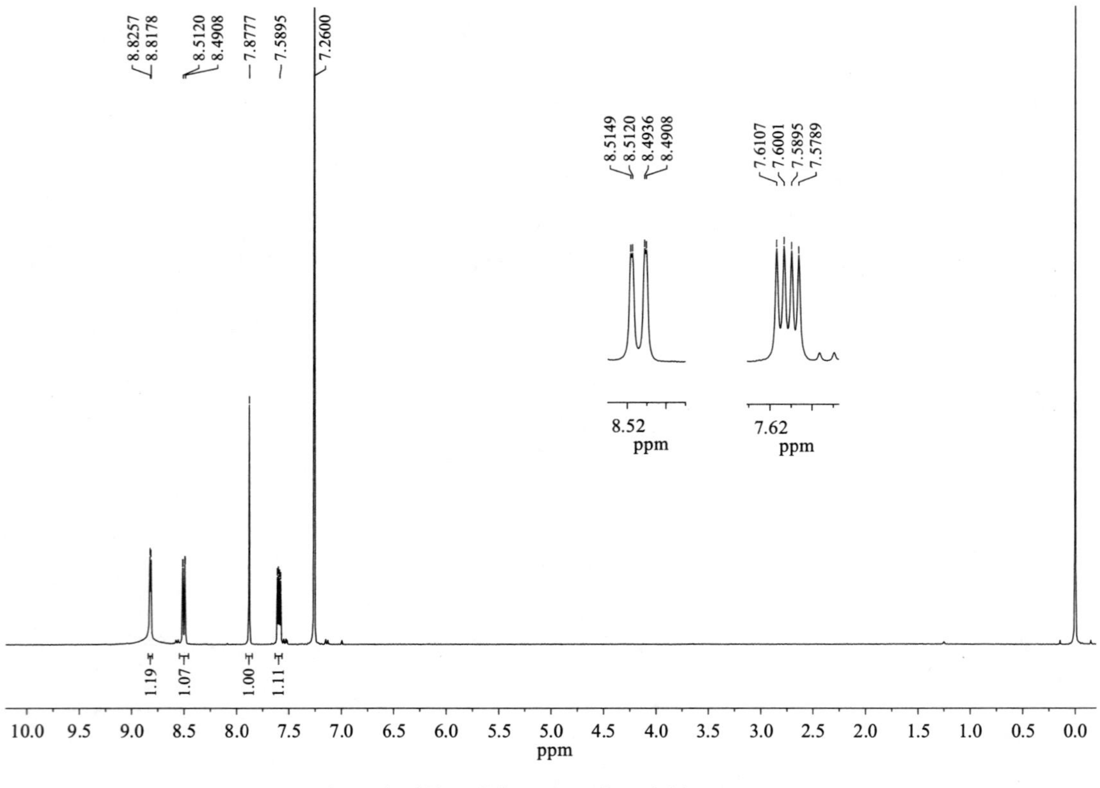

图 1 氯碘羟喹的 ^{1}H NMR 谱（溶剂：$CDCl_3$）

^{1}H NMR：δ 8.82（H-1，d，J=3.2 Hz，1H），8.50（H-3，dd，J=8.5，1.2 Hz，1H），7.88（H-6，s，1H），7.59（H-2，dd，J=8.5，4.2 Hz，1H）

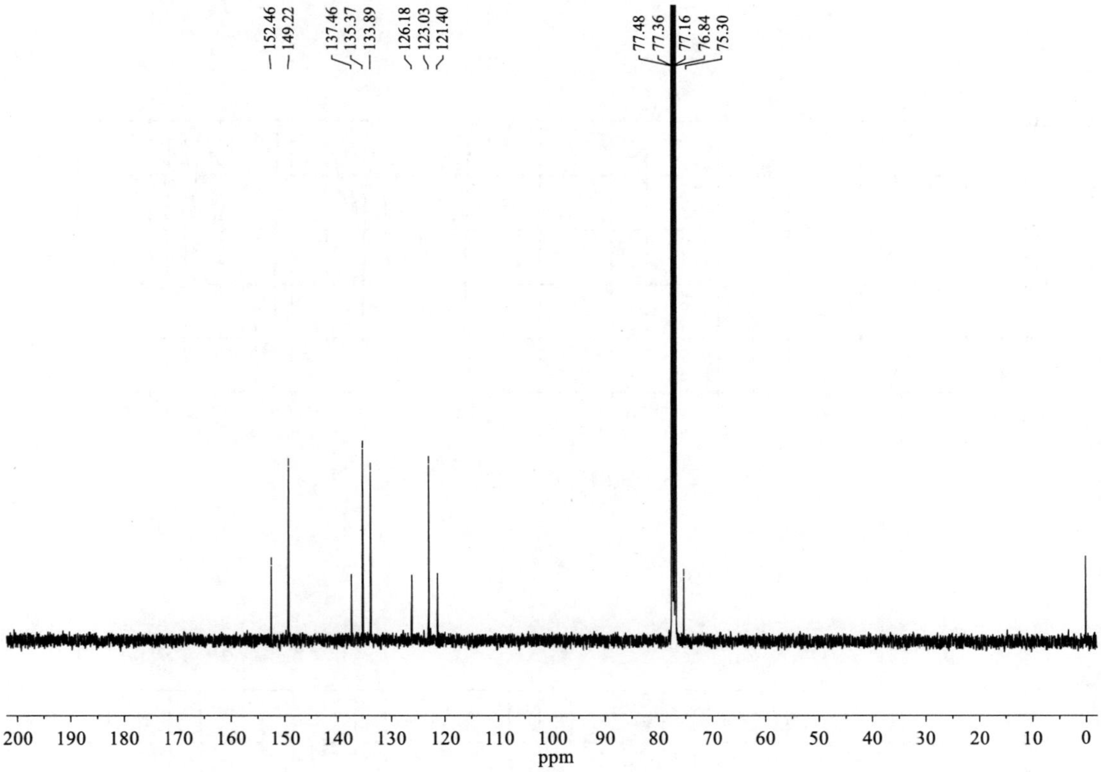

图2　氯碘羟喹的^{13}C NMR谱（溶剂：$CDCl_3$）

^{13}C NMR：δ 152.46（C-8），149.22（C-1），137.46（C-9），135.37（C-6），133.89（C-3），126.18（C-4），123.03（C-2），121.40（C-5），75.30（C-7）

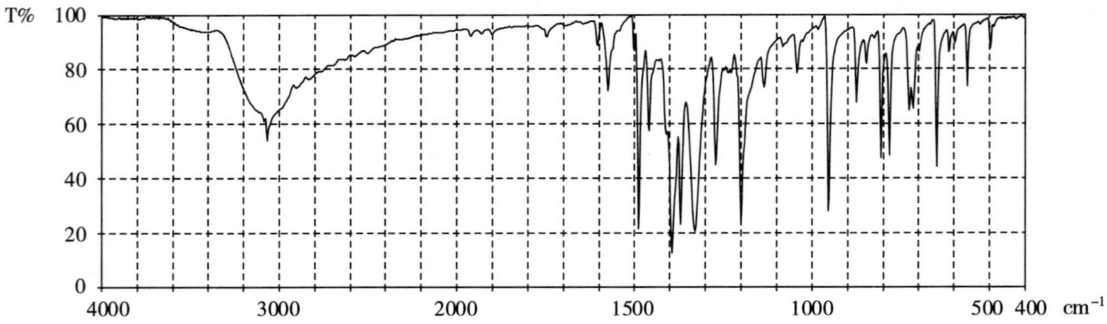

图 3　氯碘羟喹的红外光谱图

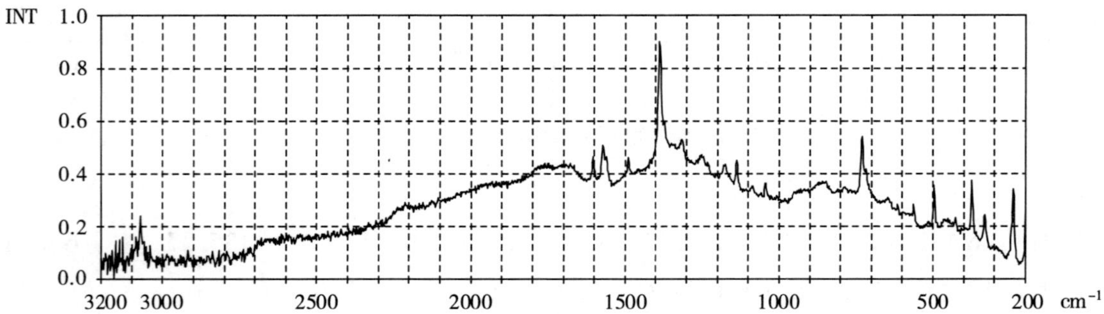

图 4　氯碘羟喹的拉曼光谱图

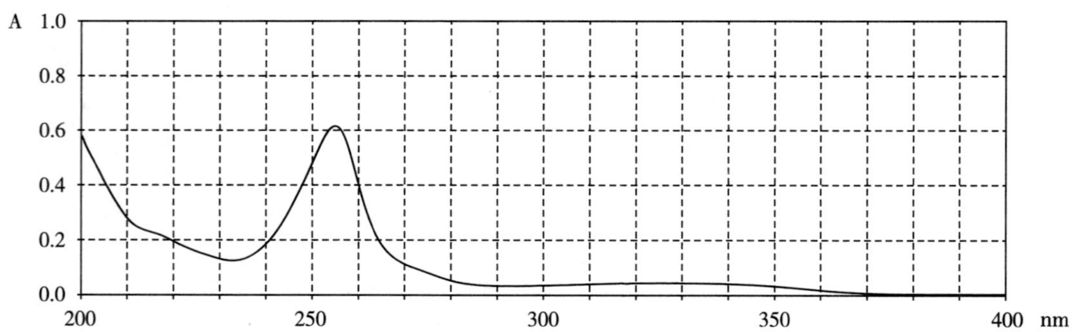

图 5　氯碘羟喹的紫外光谱图

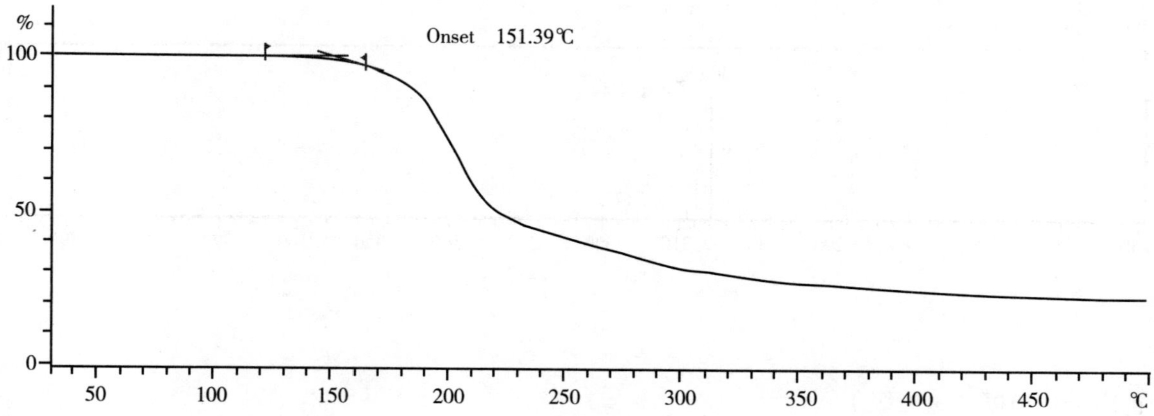

图6　氯碘羟喹的TG图

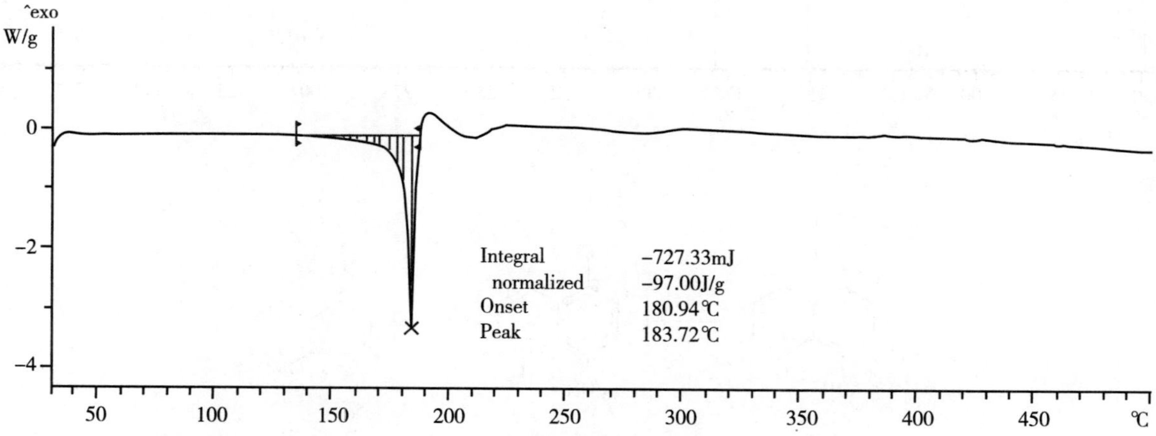

图7　氯碘羟喹的DSC图

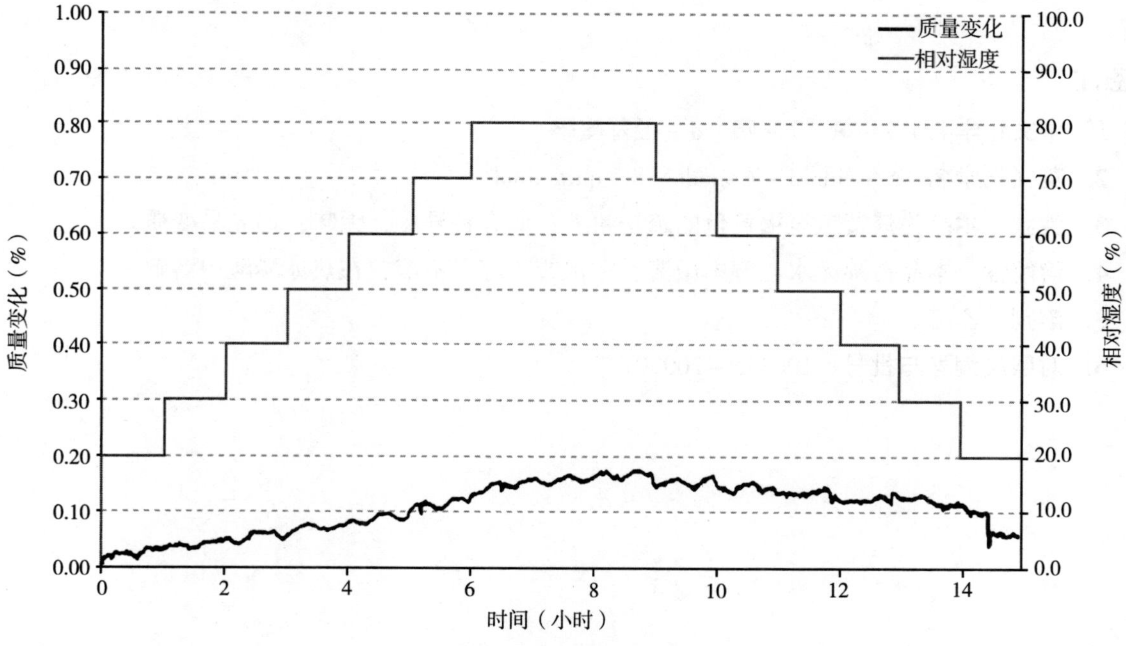

图8　氯碘羟喹的DVS图

正离子扫描模式（一级）

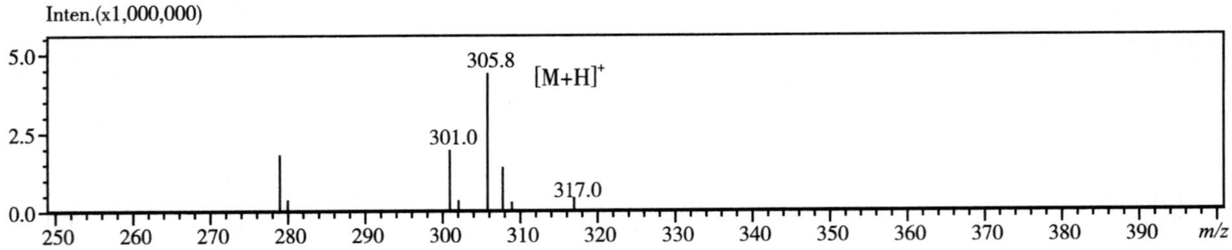

正离子扫描模式（二级）

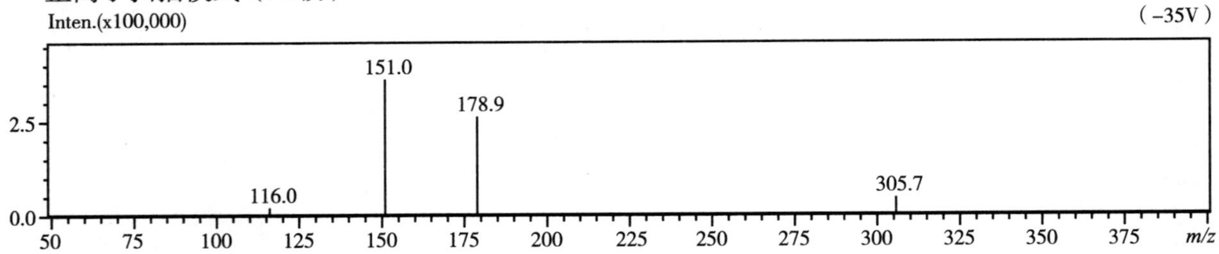

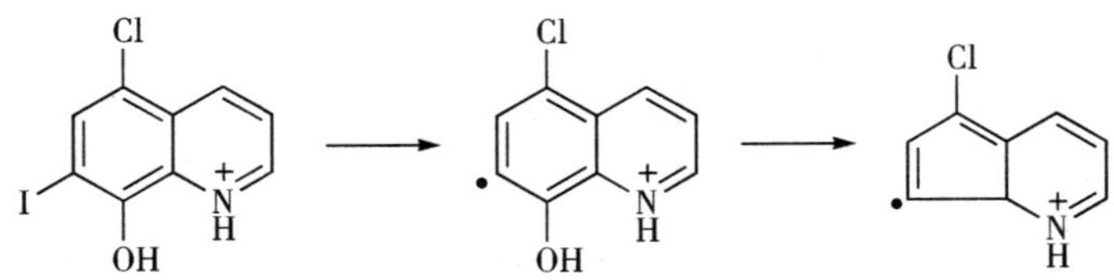

m/z 306　　*m/z* 179　　*m/z* 151

图 9　氯碘羟喹的质谱图

备注

1. 中文化学名　5－氯－7－碘－8－羟基喹啉

2. 英文化学名　5－chloro－7－iodo－8－quinolinol

3. 性状　本品为淡黄色至褐黄色的疏松粉末；似有特异臭，无味；遇光易变质。

4. 溶解性　本品在沸无水乙醇中微溶，在水或乙醇中不溶，在热冰醋酸中溶解。

5. 溶剂　乙醇。

6. 对照品编号与批号　100325－200901

硫酸沙丁胺醇

英文名 Salbutamol Sulfate

分子式 $(C_{13}H_{21}NO_3)_2 \cdot H_2SO_4$

分子量 576.70

CAS 号 51022-70-9

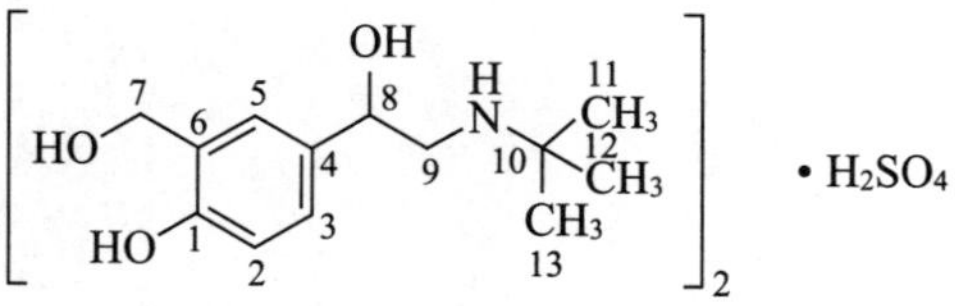

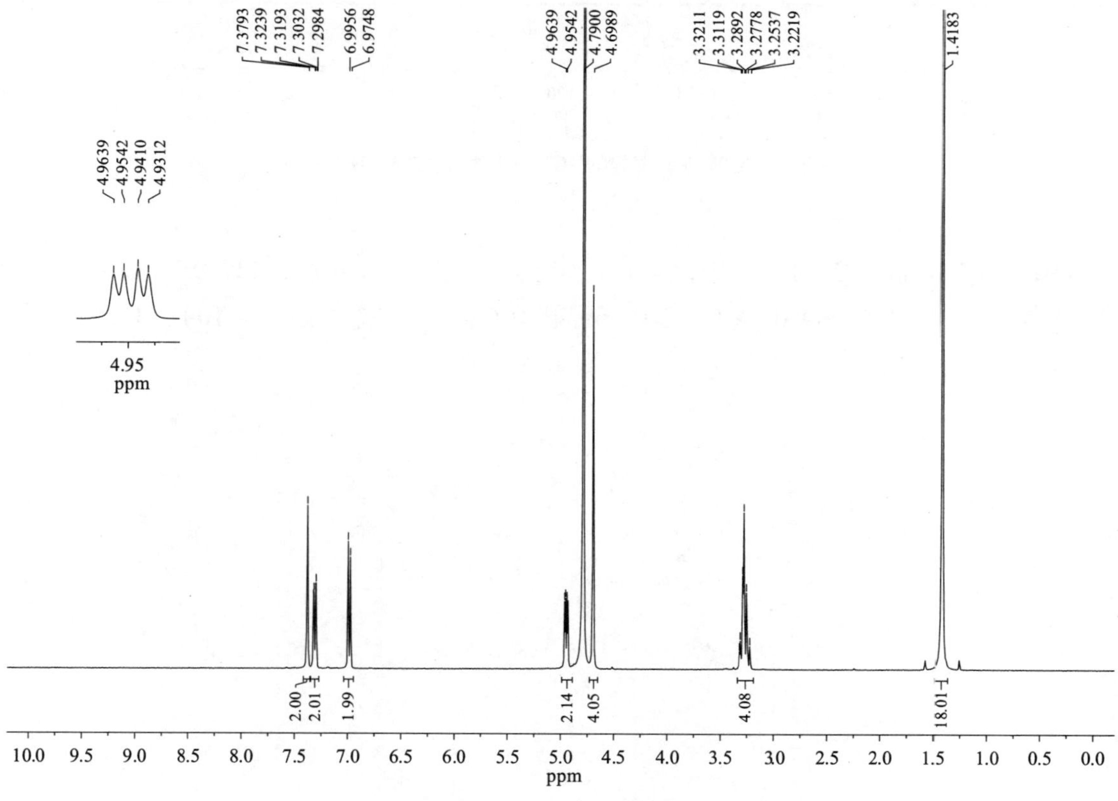

图1 硫酸沙丁胺醇的[1]H NMR 谱（溶剂：D_2O）

^{1}H NMR：δ 7.38（H-5，s，2H），7.31（H-3，dd，J=8.3，1.9 Hz，2H），6.99（H-2，d，J=8.3 Hz，2H），4.95（H-8，dd，J=9.2，3.9 Hz，2H），4.70（H-7，s，4H），3.34～3.19（H-9，m，4H），1.42（H-11，12，13，s，18H）

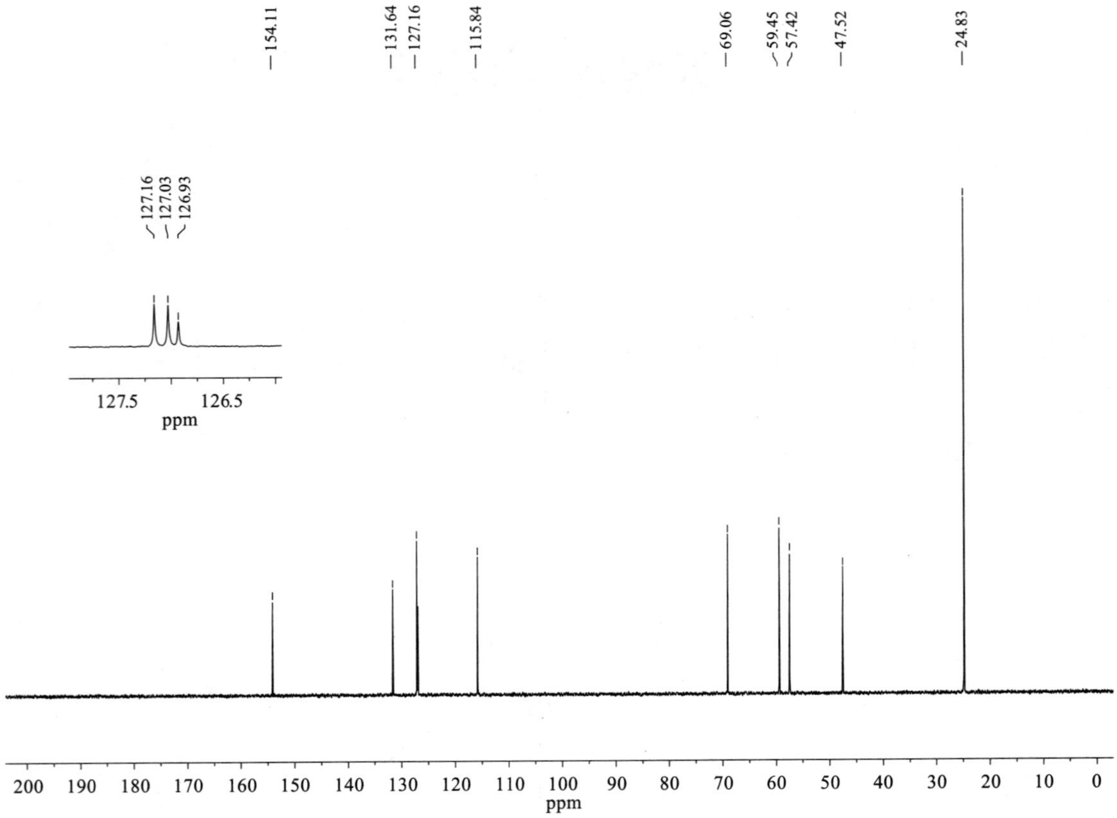

图 2　硫酸沙丁胺醇的^{13}C NMR 谱（溶剂：D_2O）

^{13}C NMR：δ 154. 11 （C－1），131. 64 （C－4），127. 16 （C－5），127. 03 （C－3），126. 93 （C－6），115. 84 （C－2），69. 06 （C－8），59. 45 （C－7），57. 42 （C－10），47. 52 （C－9），24. 83 （C－11，12，13）

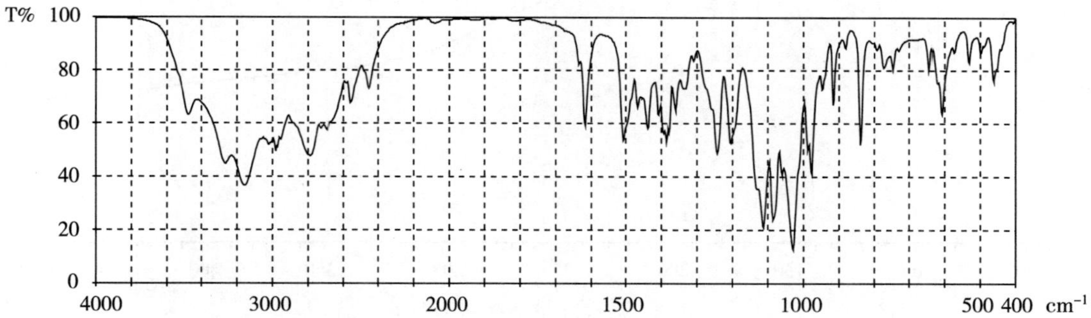

图 3　硫酸沙丁胺醇的红外光谱图

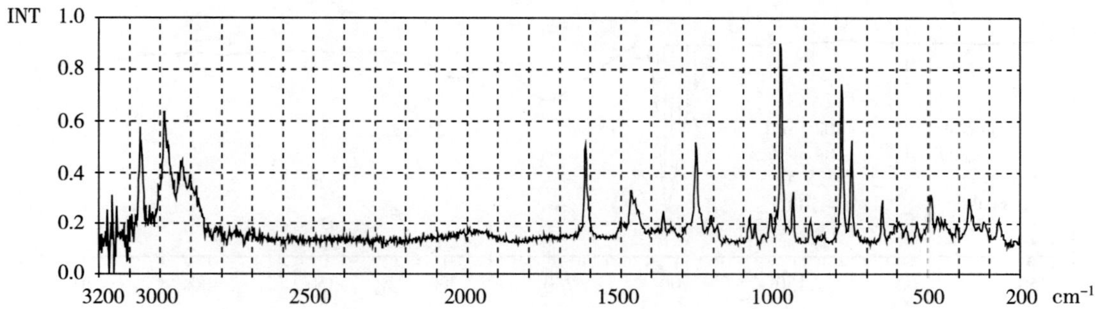

图 4　硫酸沙丁胺醇的拉曼光谱图

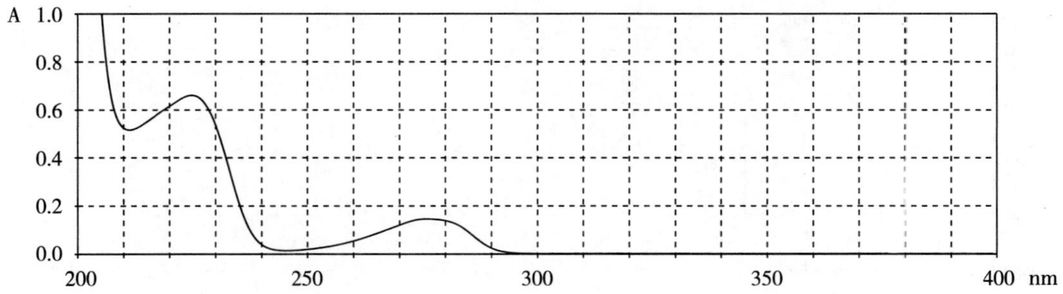

图 5　硫酸沙丁胺醇的紫外光谱图

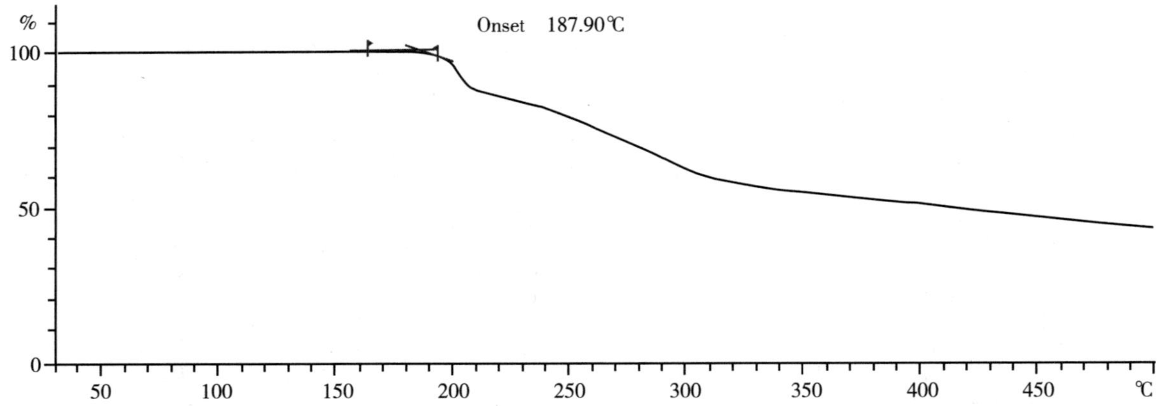

图 6　硫酸沙丁胺醇的 TG 图

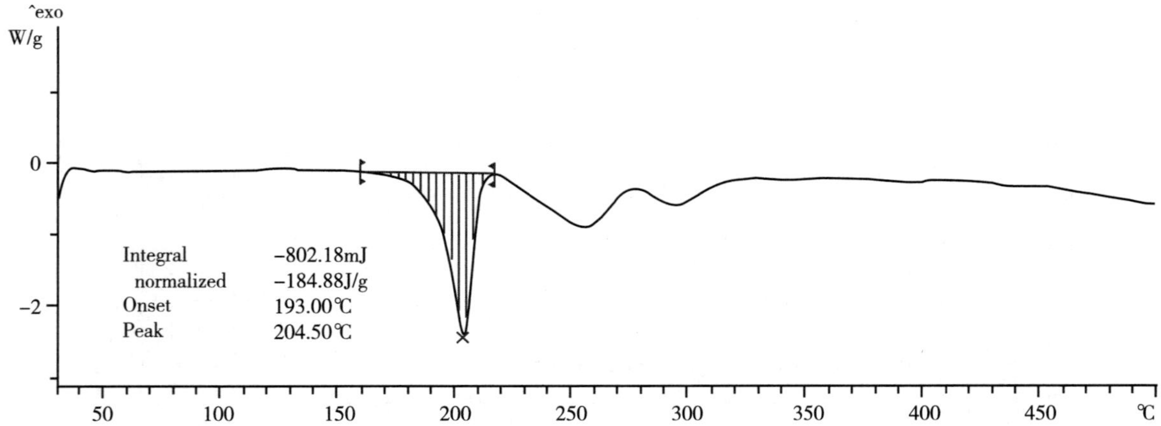

图 7　硫酸沙丁胺醇的 DSC 图

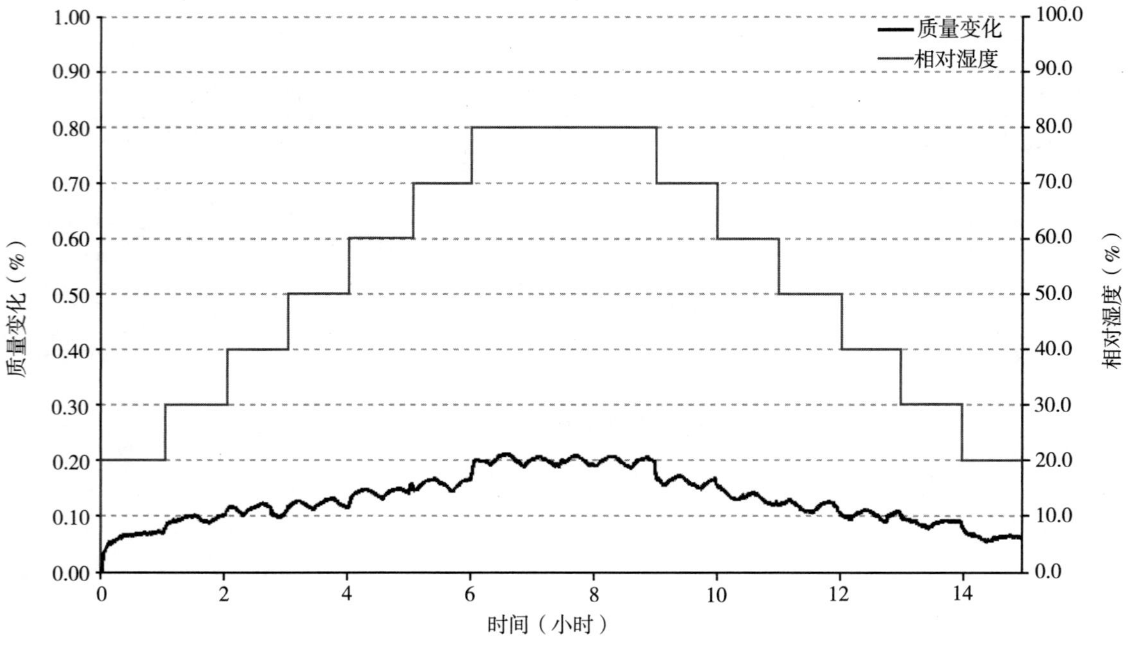

图 8　硫酸沙丁胺醇的 DVS 图

正离子扫描模式（一级）

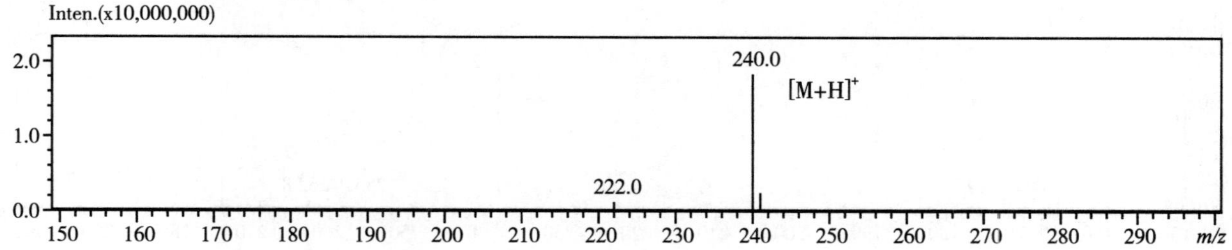

正离子扫描模式（二级）

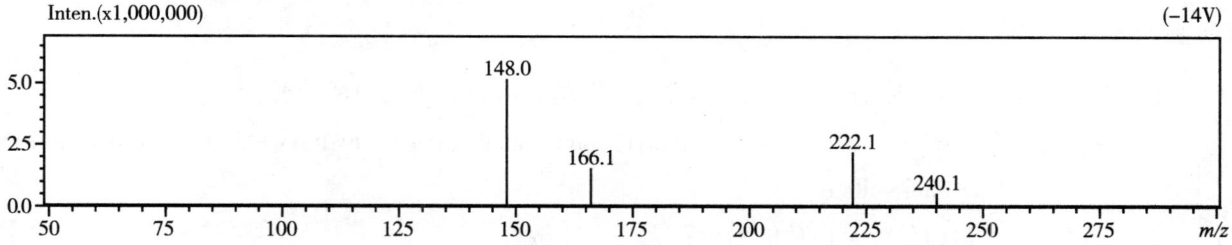

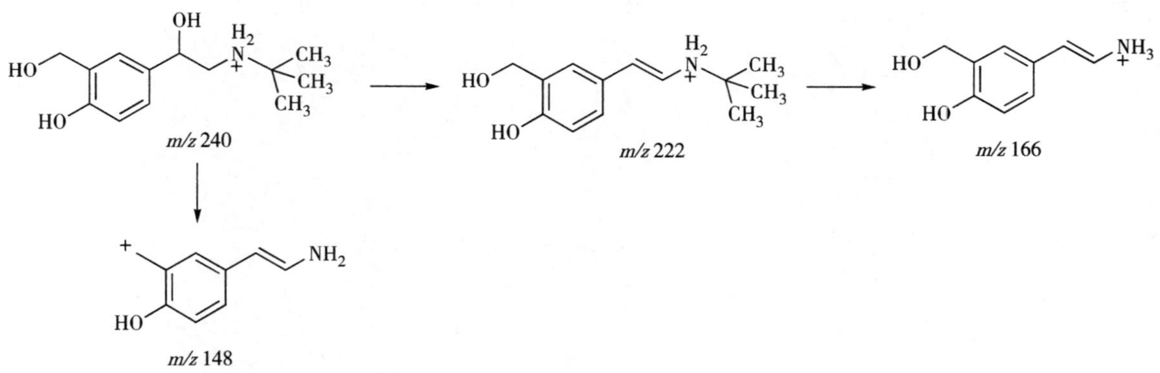

负离子扫描模式（一级）

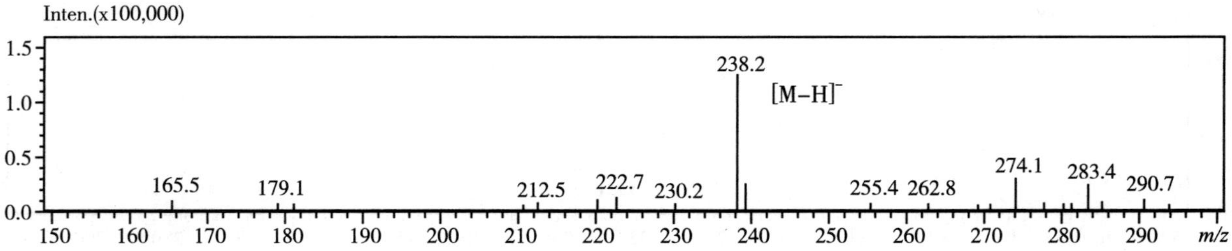

图 9　硫酸沙丁胺醇的质谱图

备注

1. **中文化学名**　4－羟基－α′－[（叔丁胺基）甲基]－1,3－苯二甲醇硫酸盐
2. **英文化学名**　α′－[[（1,1－dimethylethyl）amino]methyl]－4－hydroxy－1,3－benzene dimethanol sulfate
3. **性状**　本品为白色或类白色的粉末；无臭，味微苦。
4. **溶解性**　本品在水中易溶，在乙醇中极微溶解，在三氯甲烷或乙醚中几乎不溶。
5. **溶剂**　水。
6. **对照品编号与批号**　100328－200703

双氯芬酸钠

英文名 Diclofenac Sodium

分子式 $C_{14}H_{10}Cl_2NNaO_2$

分子量 318.13

CAS 号 15307-79-6

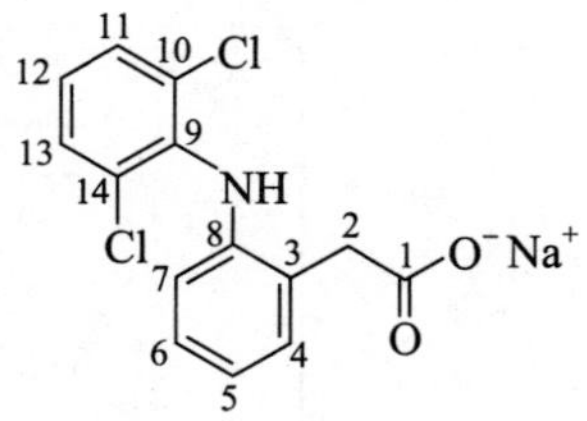

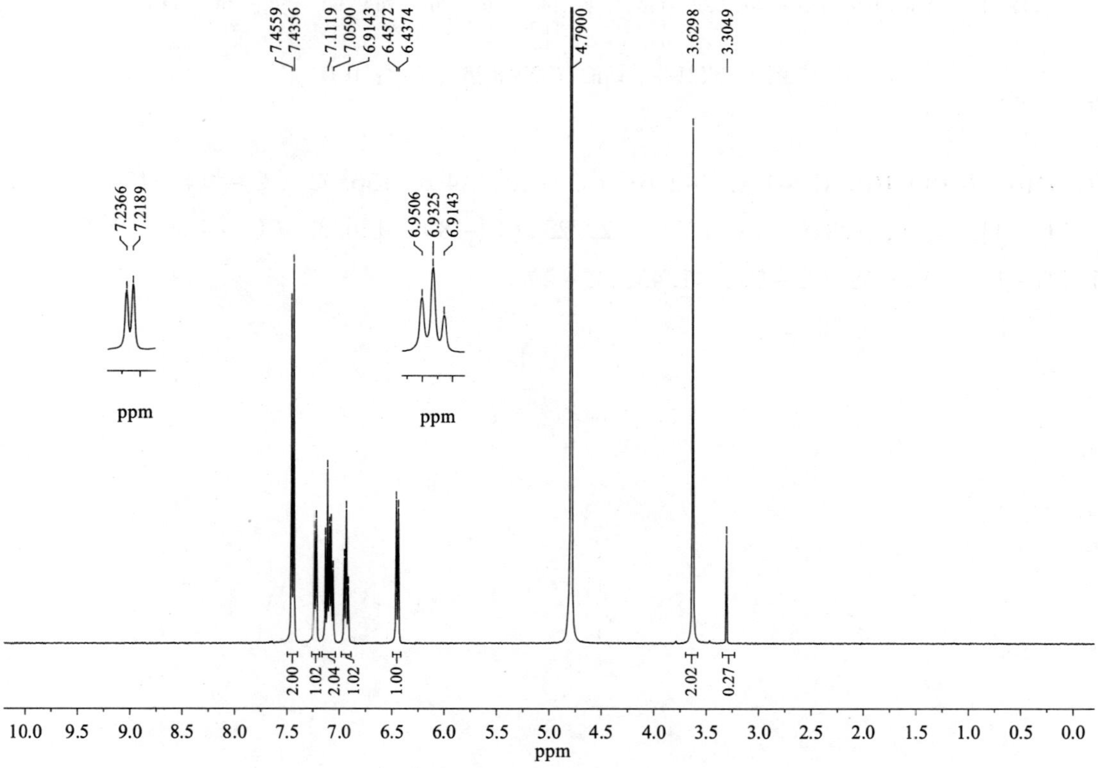

图1 双氯芬酸钠的^{1}H NMR谱（溶剂：D_2O）

^{1}H NMR：δ 7.45（H-11，13，d，J=8.1 Hz，2H），7.23（H-4，d，J=7.1 Hz，1H），7.16~7.04（H-12，6，m，2H），6.93（H-5，t，J=7.2 Hz，1H），6.45（H-7，d，J=7.9 Hz，1H），3.63（H-2，s，2H），3.30（NH，s，1H）

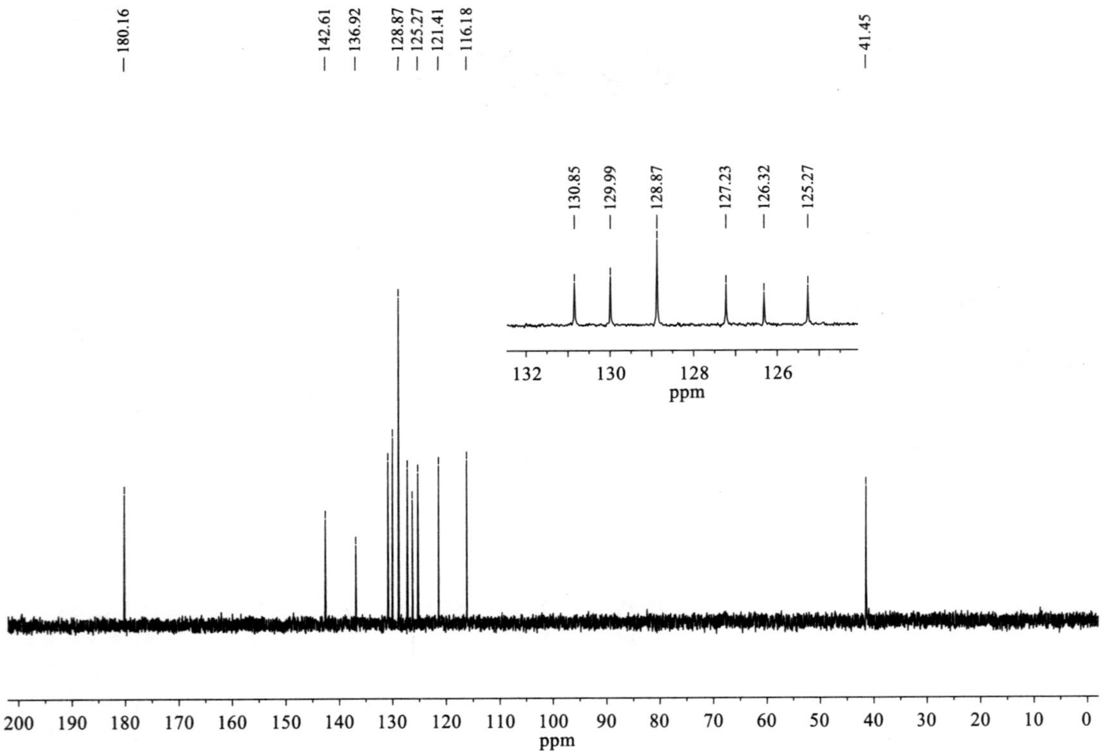

图2　双氯芬酸钠的^{13}C NMR谱（溶剂：D_2O）

^{13}C NMR：δ 180. 16 （C－1），142. 61 （C－10，14），136. 92 （C－9），130. 85 （C－6），129. 99 （C－11，13），128. 87 （C－7），127. 23 （C－8），126. 32 （C－4），125. 27 （C－3），121. 41 （C－12），116. 18 （C－5），41. 45 （C－2）

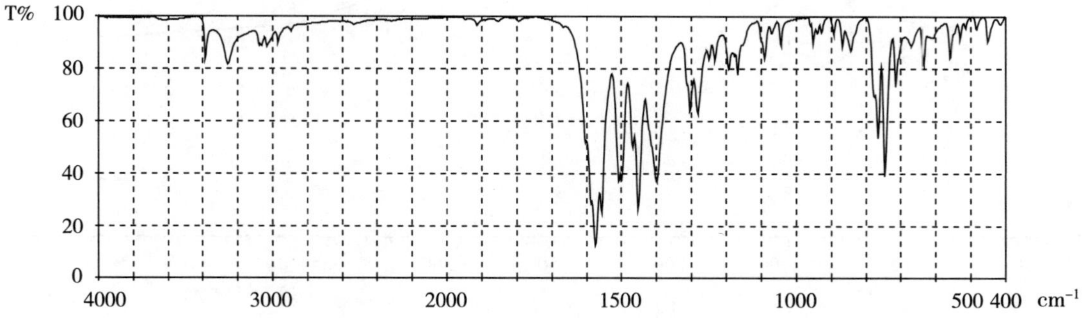

图 3　双氯芬酸钠的红外光谱图

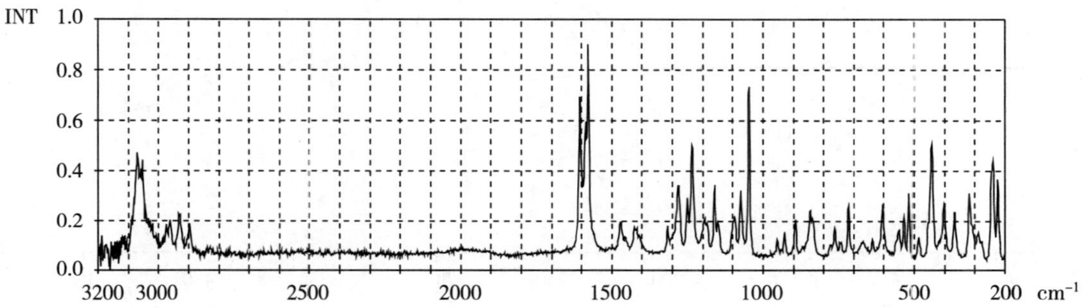

图 4　双氯芬酸钠的拉曼光谱图

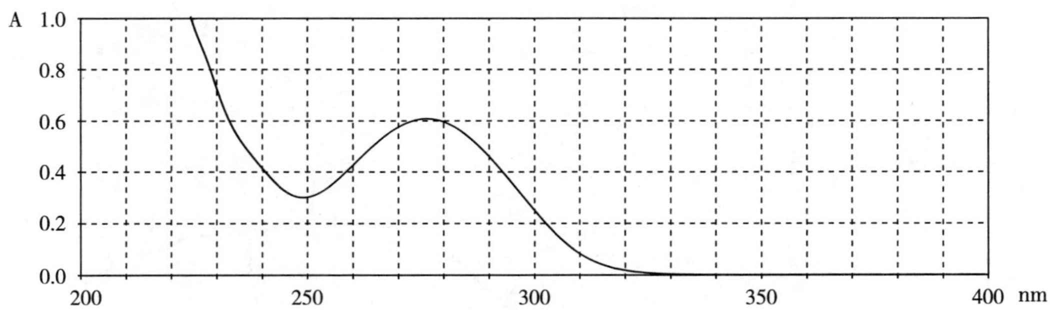

图 5　双氯芬酸钠的紫外光谱图

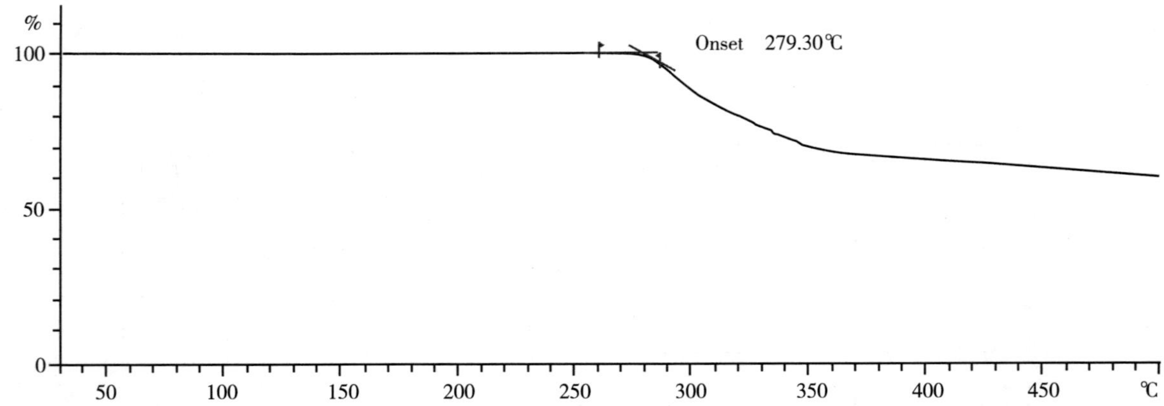

图 6　双氯芬酸钠的 TG 图

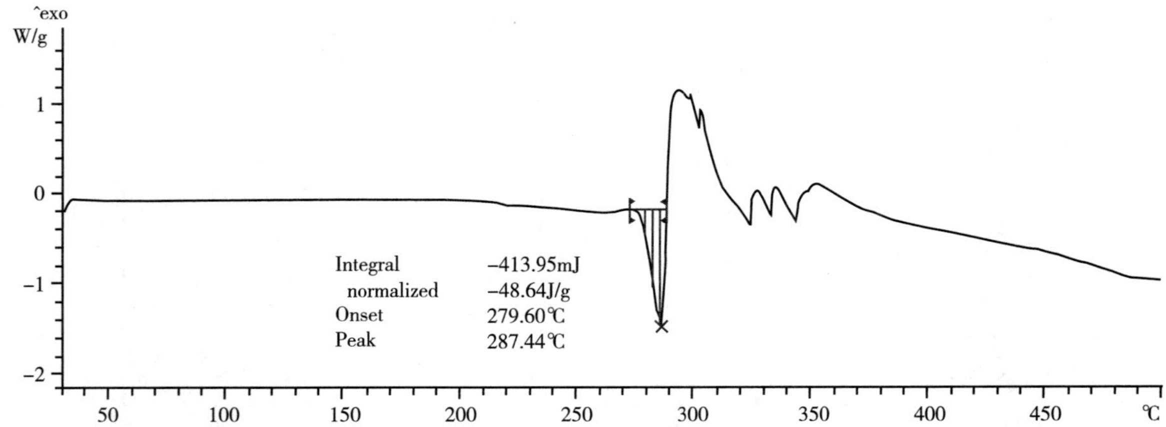

图 7　双氯芬酸钠的 DSC 图

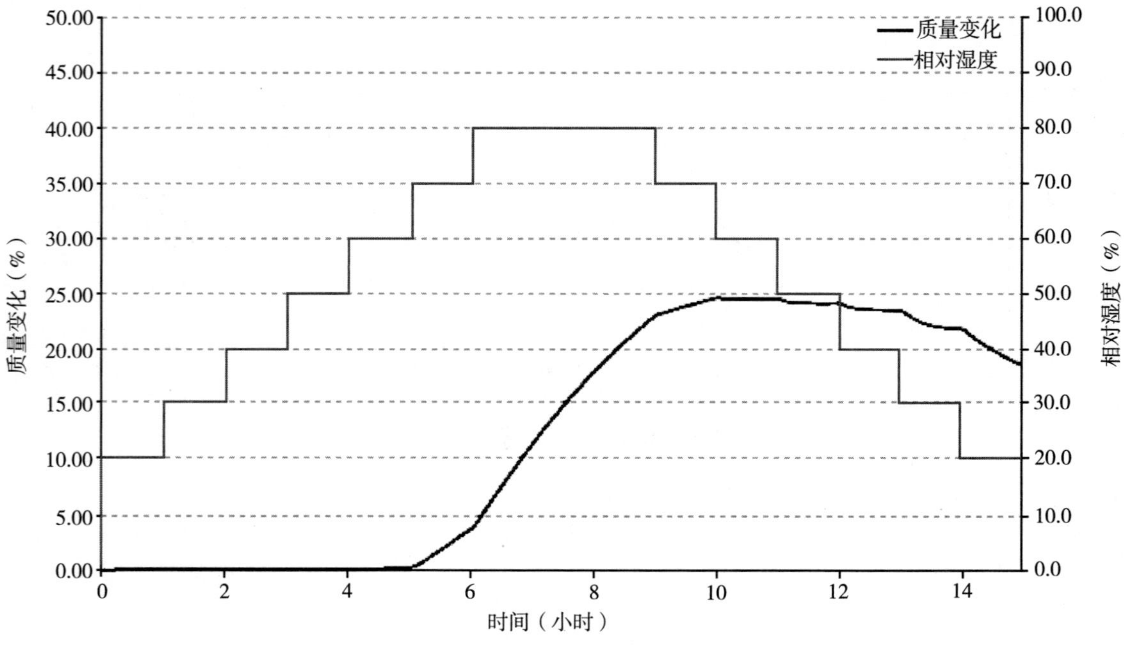

图 8　双氯芬酸钠的 DVS 图

正离子扫描模式（一级）

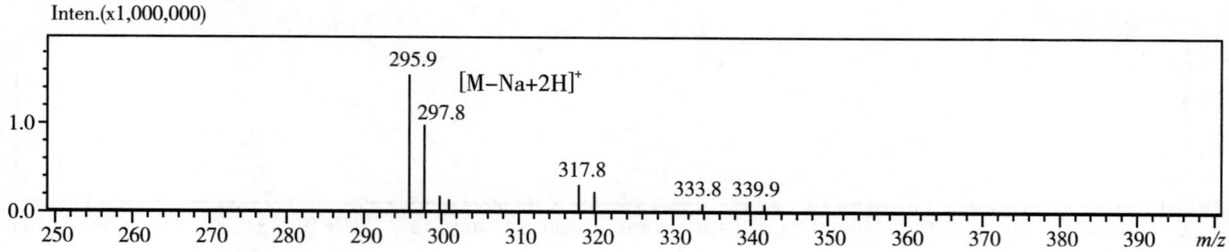

正离子扫描模式（二级）

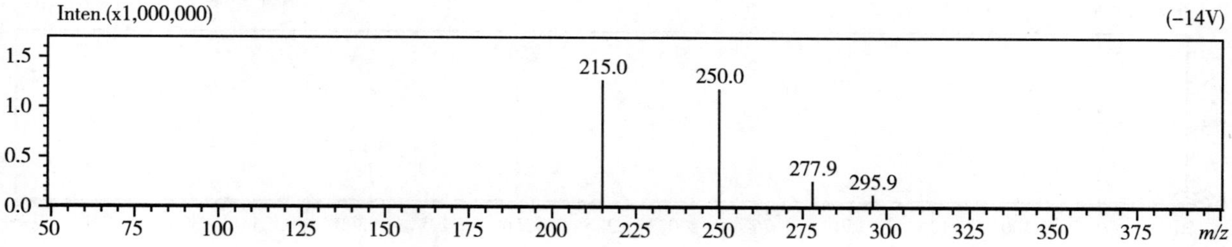

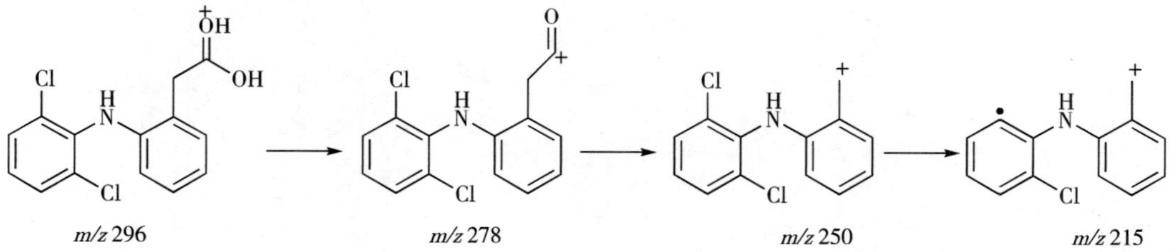

负离子扫描模式（一级）

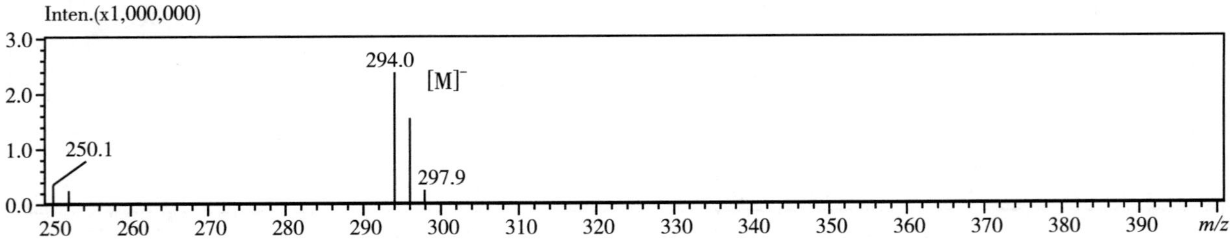

负离子扫描模式（二级）

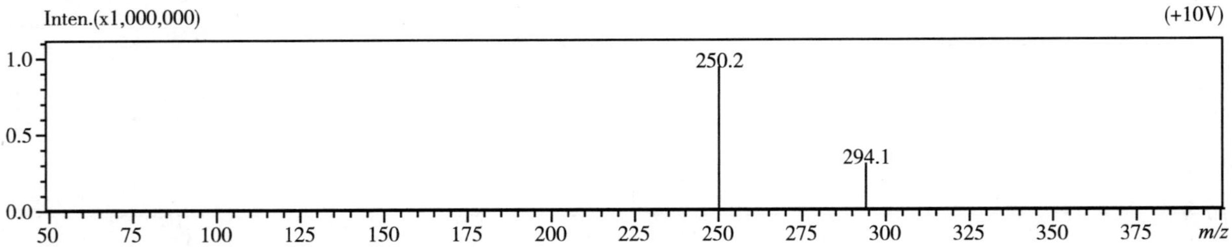

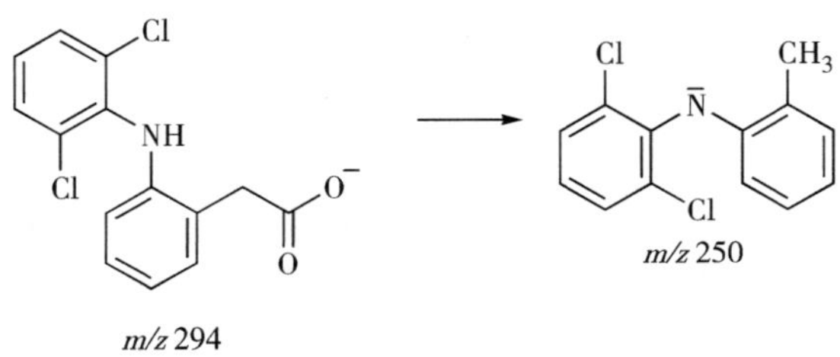

图 9　双氯芬酸钠的质谱图

备注

1. **中文化学名**　2－[(2,6－二氯苯基)氨基]－苯乙酸钠
2. **英文化学名**　2－[(2,6－dichlorophenyl)amino]benzeneacetic acid
3. **性状**　本品为白色或类白色的结晶性粉末；有刺鼻感。
4. **溶解性**　本品在乙醇中易溶，在水中略溶，在三氯甲烷中不溶。
5. **溶剂**　水。
6. **对照品编号与批号**　100334－200302

替 硝 唑

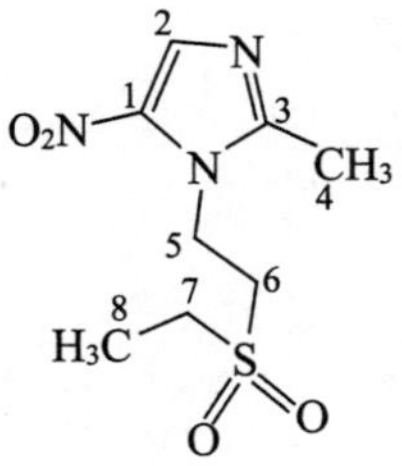

英文名 Tinidazole

分子式 $C_8H_{13}N_3O_4S$

分子量 247.28

CAS 号 19387 -91 -8

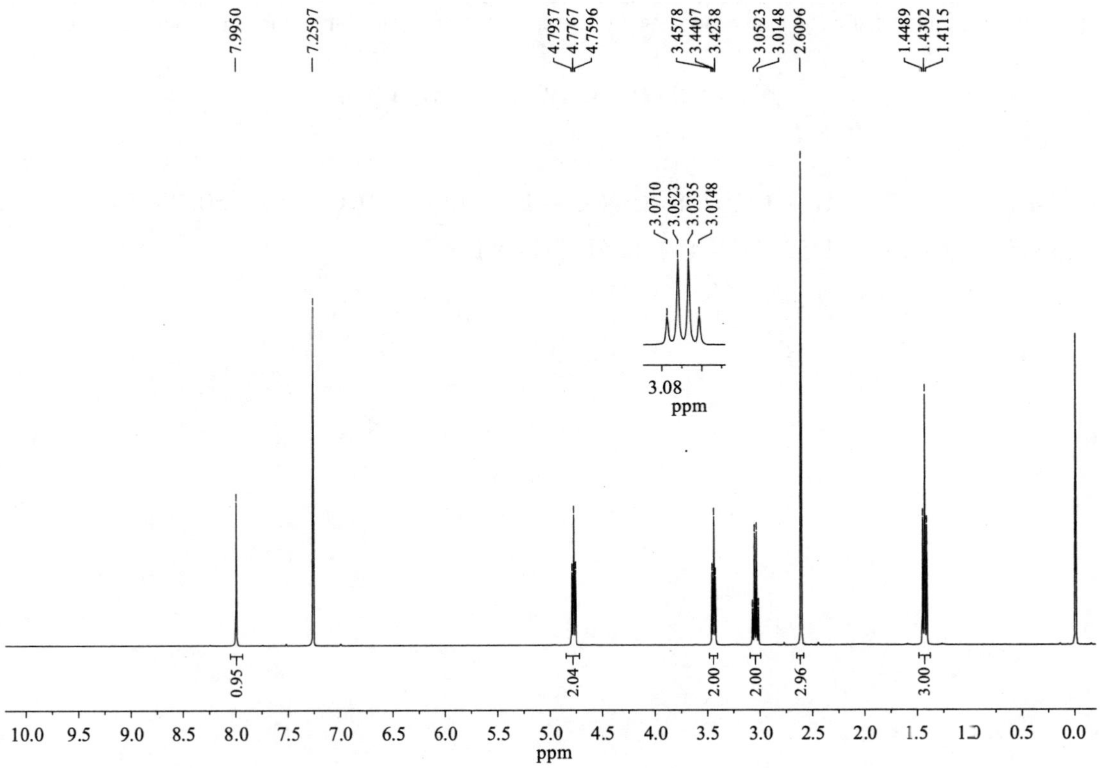

图 1 替硝唑的^{1}H NMR 谱（溶剂：$CDCl_3$）

^{1}H NMR：δ 8.00（H-2，s，1H），4.78（H-5，t，J=6.8 Hz，2H），3.44（H-6，t，J=6.8 Hz，2H），3.04（H-7，q，J=7.5 Hz，2H），2.61（H-4，s，3H），1.43（H-8，t，J=7.5 Hz，3H）

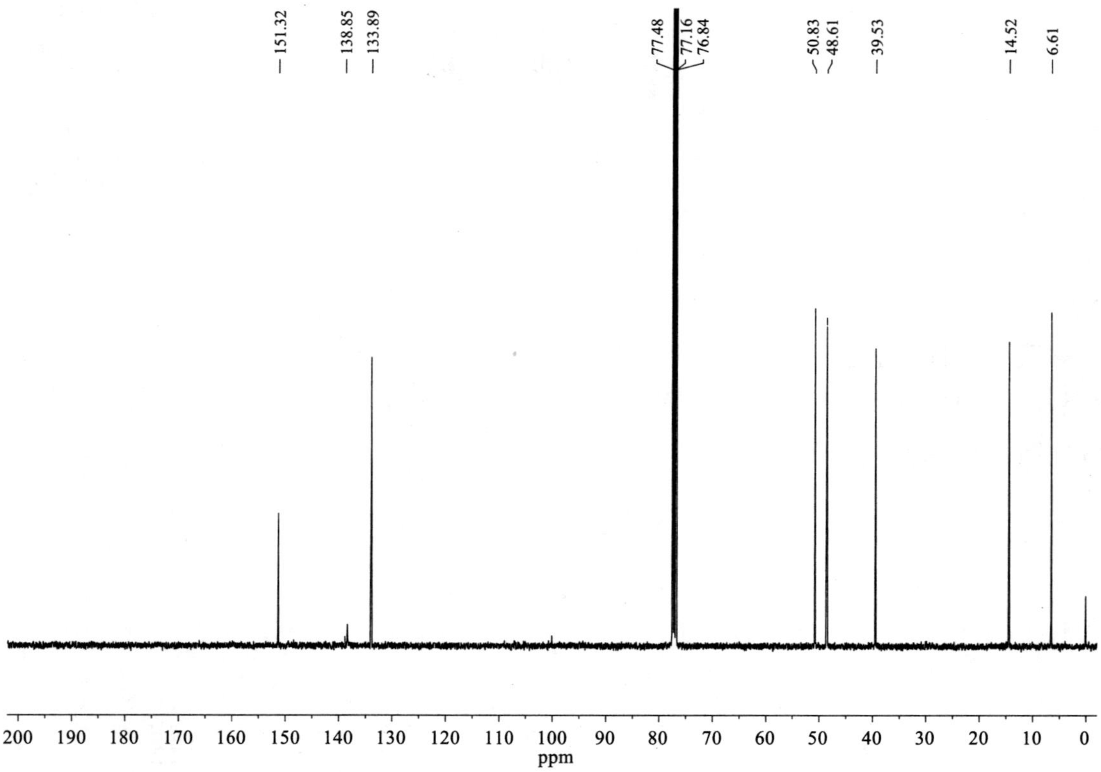

图2　替硝唑的^{13}C NMR 谱（溶剂：$CDCl_3$）

^{13}C NMR：δ 151.32（C－3），138.85（C－1），133.89（C－2），50.83（C－6），48.61（C－7），39.53（C－5），14.52（C－4），6.61（C－8）

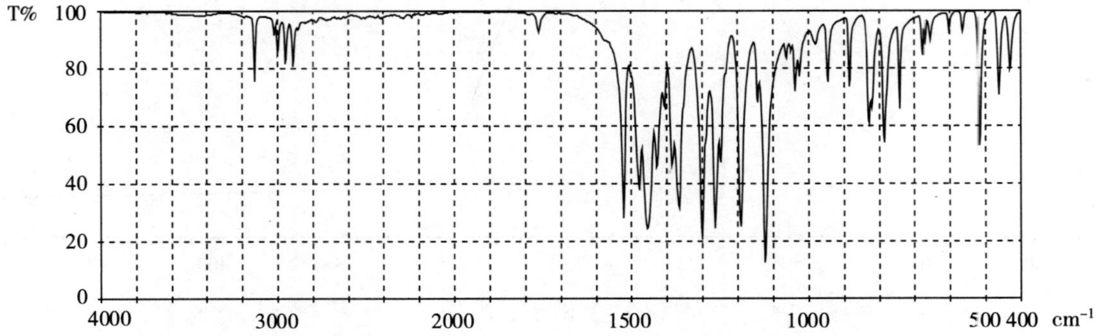

图 3　替硝唑的红外光谱图

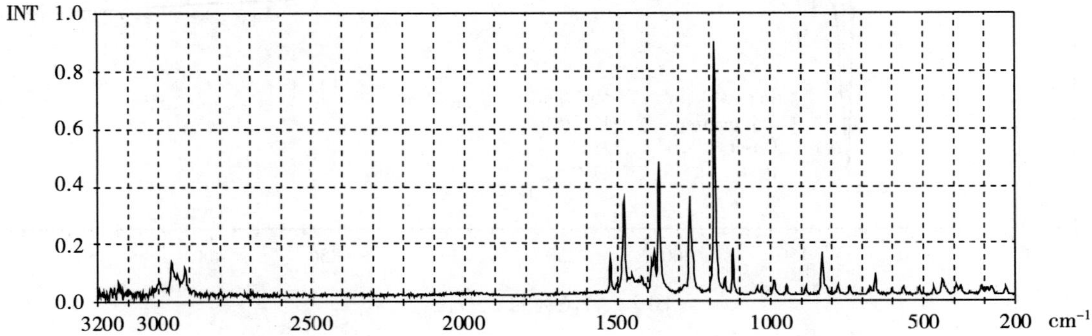

图 4　替硝唑的拉曼光谱图

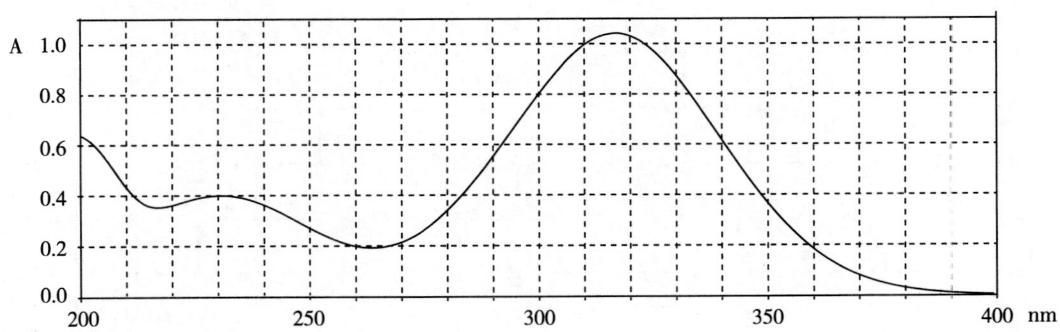

图 5　替硝唑的紫外光谱图

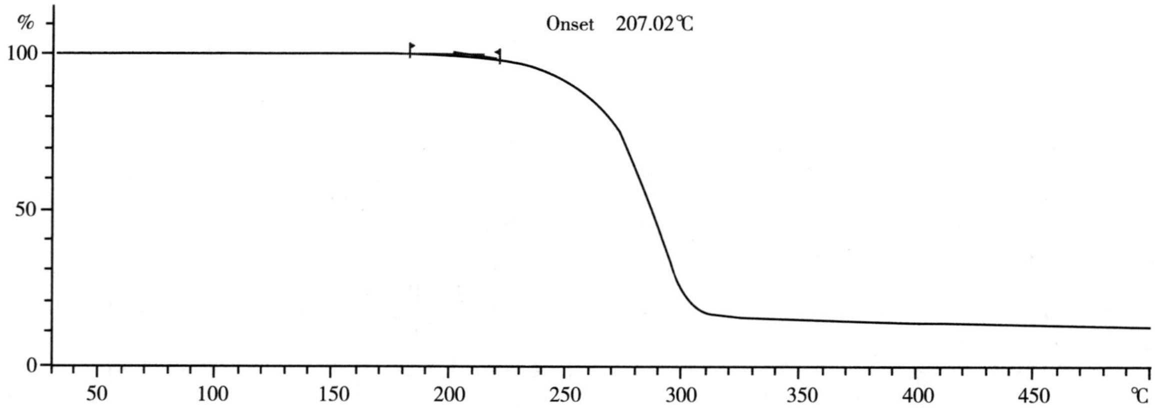

图 6 替硝唑的 TG 图

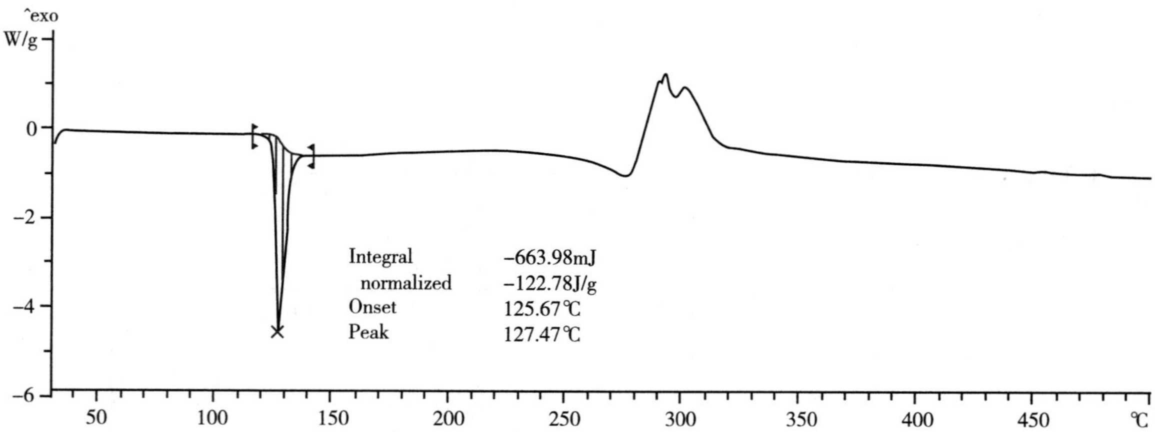

图 7 替硝唑的 DSC 图

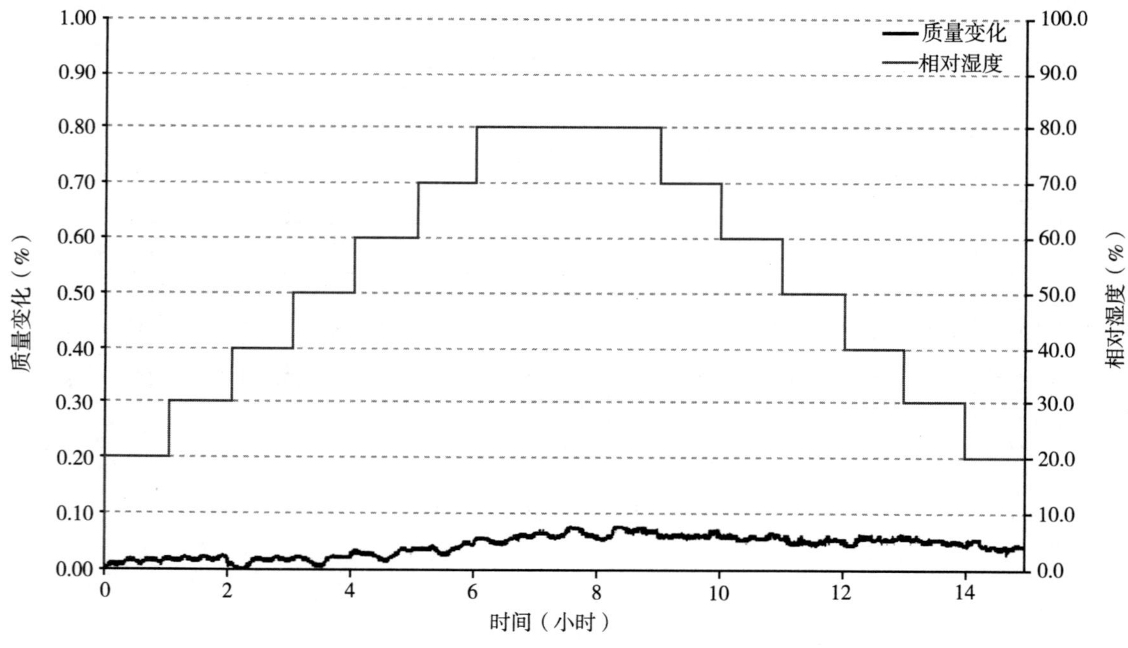

图 8 替硝唑的 DVS 图

正离子扫描模式（一级）

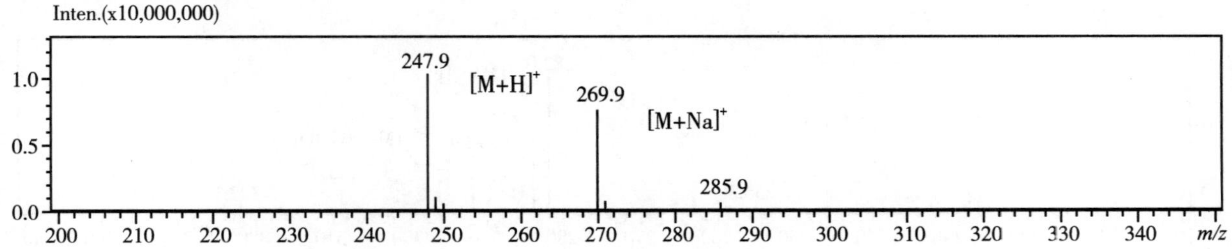

正离子扫描模式（二级）

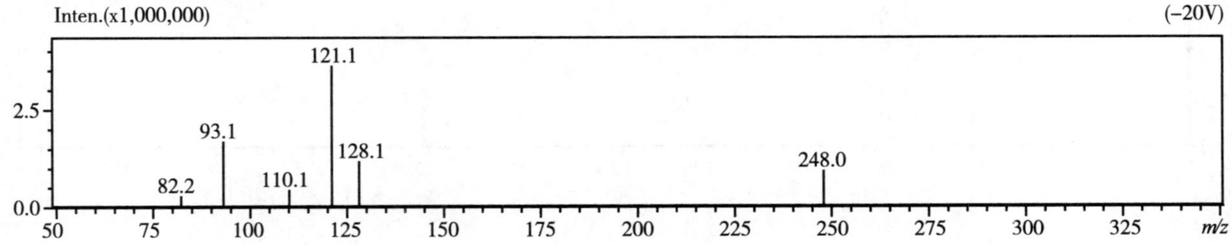

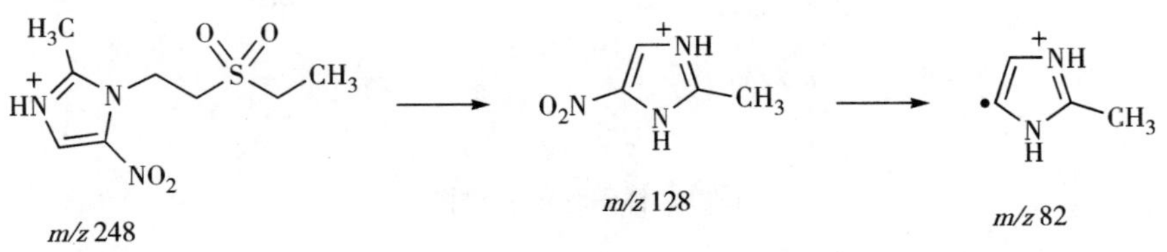

负离子扫描模式（一级）

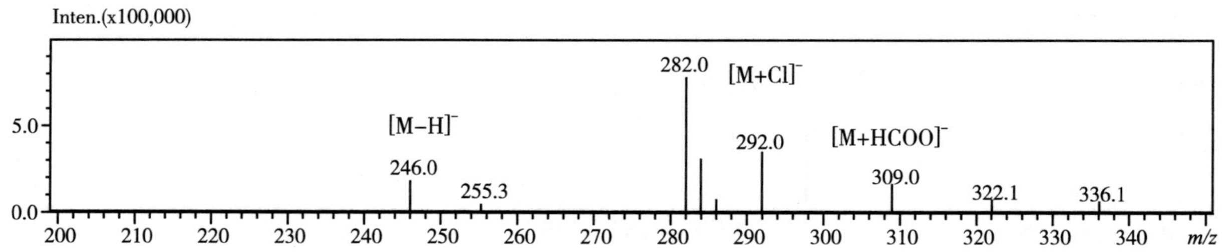

负离子扫描模式（二级）

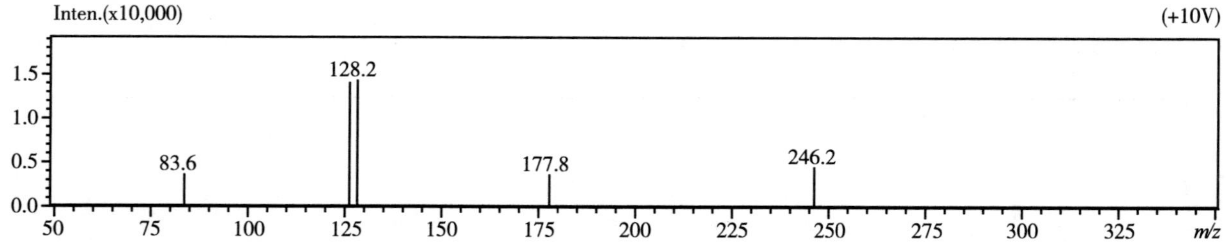

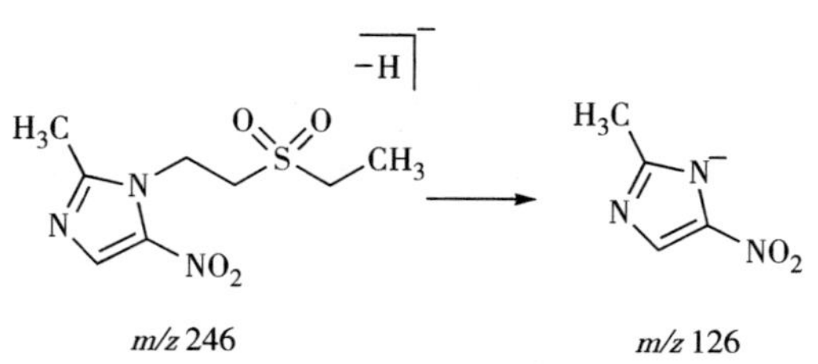

图9　替硝唑的质谱图

备注

1. **中文化学名**　2－甲基－1－［2－(乙基磺酰基)乙基］－5－硝基－1*H*－咪唑
2. **英文化学名**　1－［2－(ethylsulfonyl)ethyl］－2－methyl－5－nitro－1*H*－imidazole
3. **性状**　本品为白色至淡黄色的结晶或结晶性粉末；味微苦。
4. **溶解性**　本品在丙酮或三氯甲烷中溶解，在水或乙醇中微溶。
5. **溶剂**　水。
6. **对照品编号与批号**　100336－200703

酮 洛 芬

英文名 Ketoprofen

分子式 $C_{16}H_{14}O_3$

分子量 254.29

CAS 号 22071－15－4

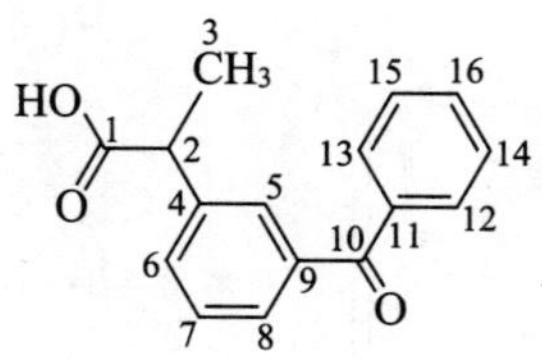

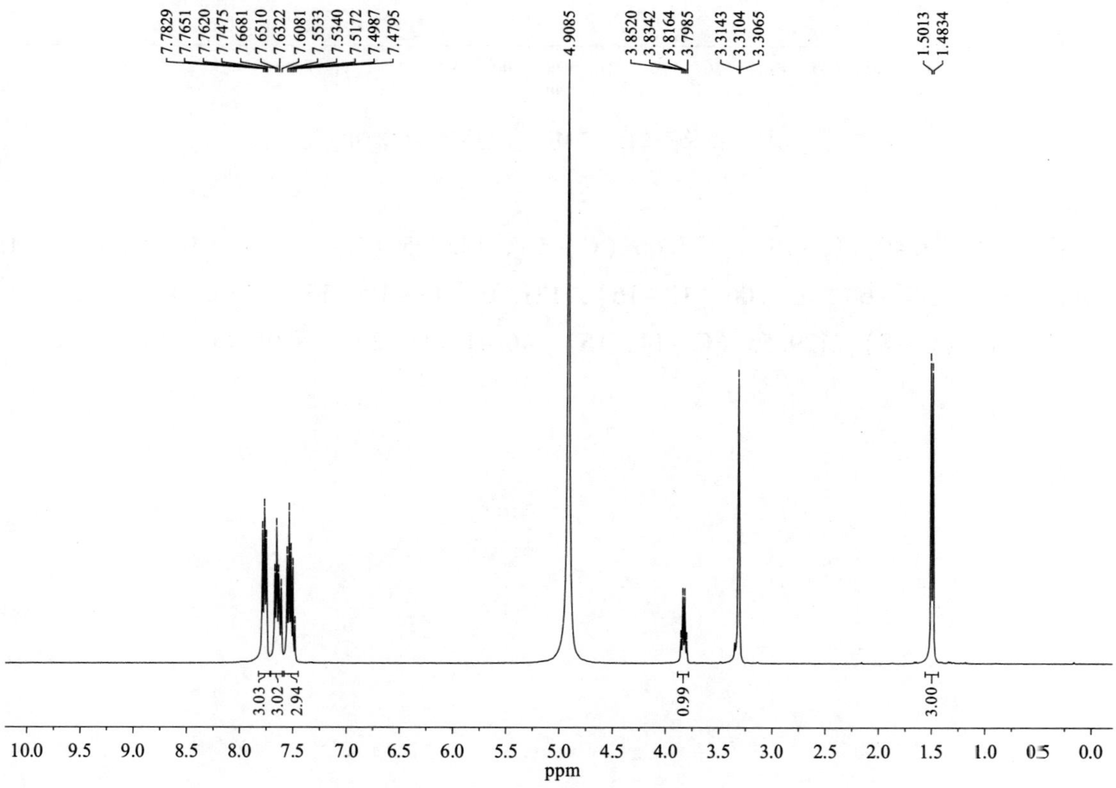

图 1 酮洛芬的^{1}H NMR 谱（溶剂：CD_3OD）

^{1}H NMR：δ 7.81～7.72（Ar－H，m，3H,），7.69～7.59（Ar－H，m，3H），7.57～7.46（Ar－H，m，3H），3.83（H－2，q，J=7.1 Hz，1H），1.49（H－3，d，J=7.1 Hz，3H）

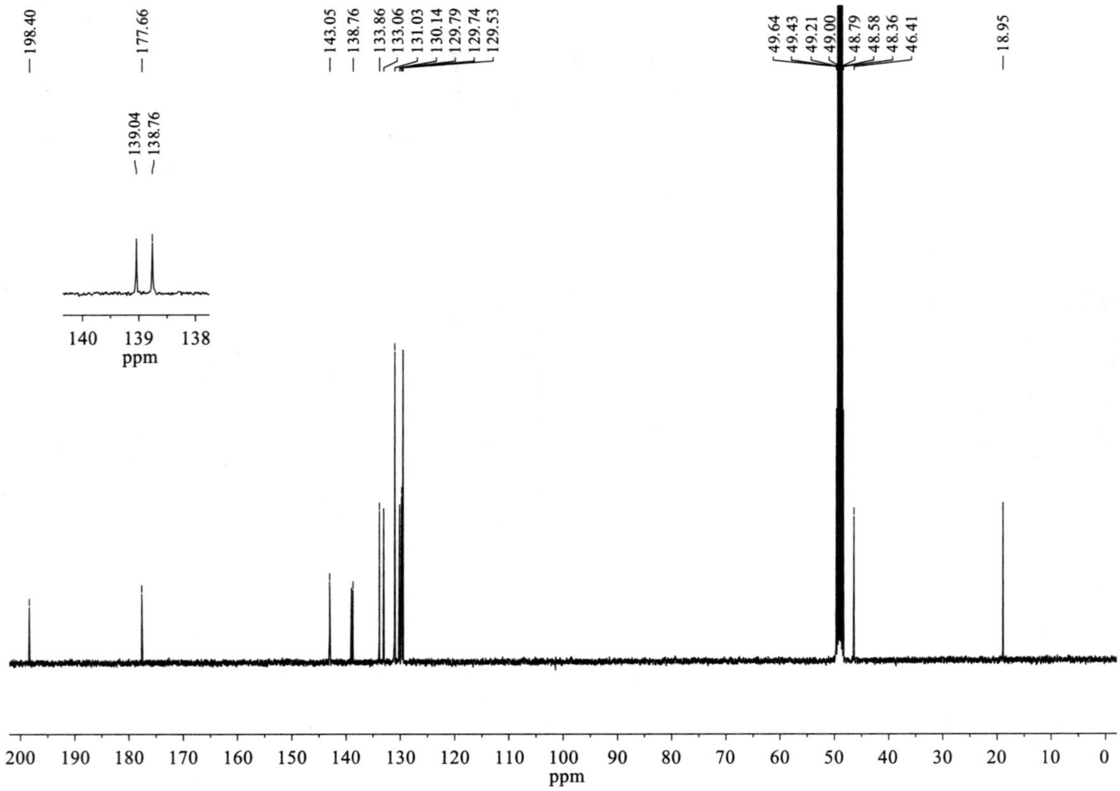

图 2　酮洛芬的 ^{13}C NMR 谱（溶剂：CD_3OD）

^{13}C NMR：δ 198.40（C－10），177.66（C－1），143.05（C－9），139.04（C－4），138.76（C－11），133.86（C－6），133.06（C－16），131.03（C－12，13），130.14（C－5），129.79（C－7），129.74（C－8），129.53（C－14，15），46.41（C－2），18.95（C－3）

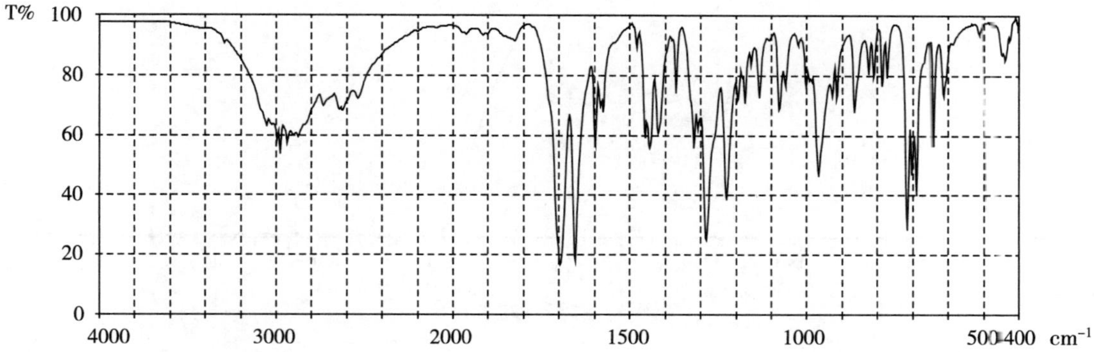

图 3　酮洛芬的红外光谱图

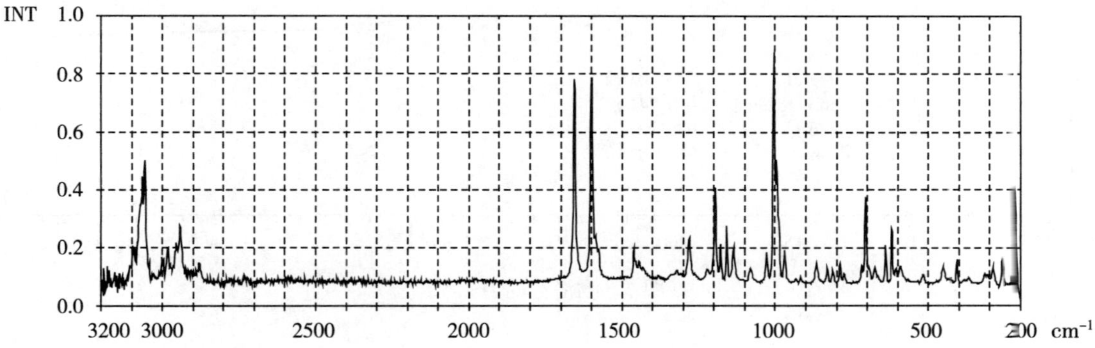

图 4　酮洛芬的拉曼光谱图

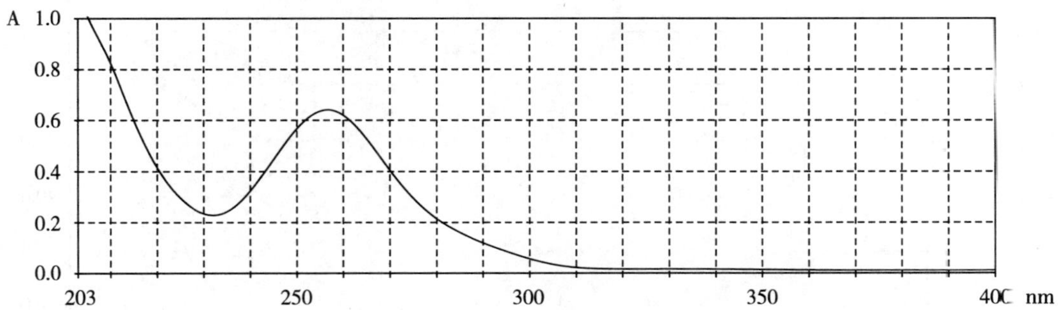

图 5　酮洛芬的紫外光谱图

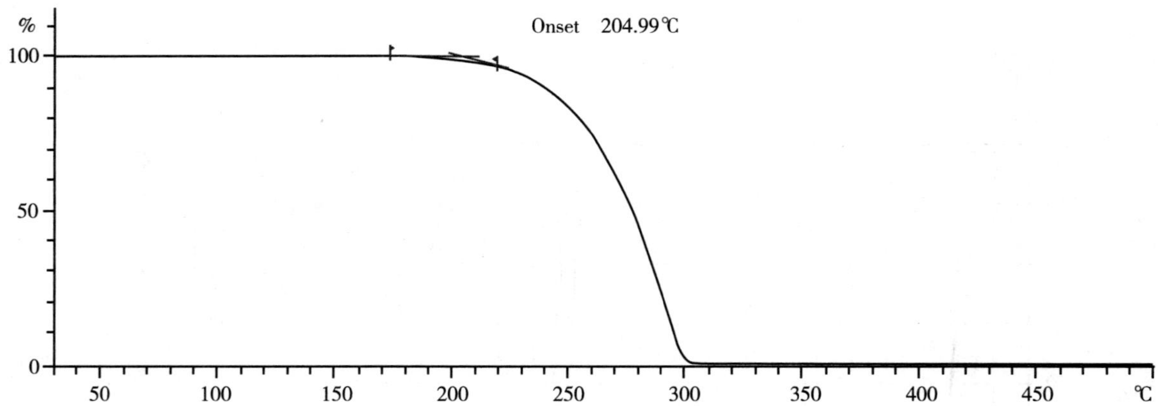

图 6　酮洛芬的 TG 图

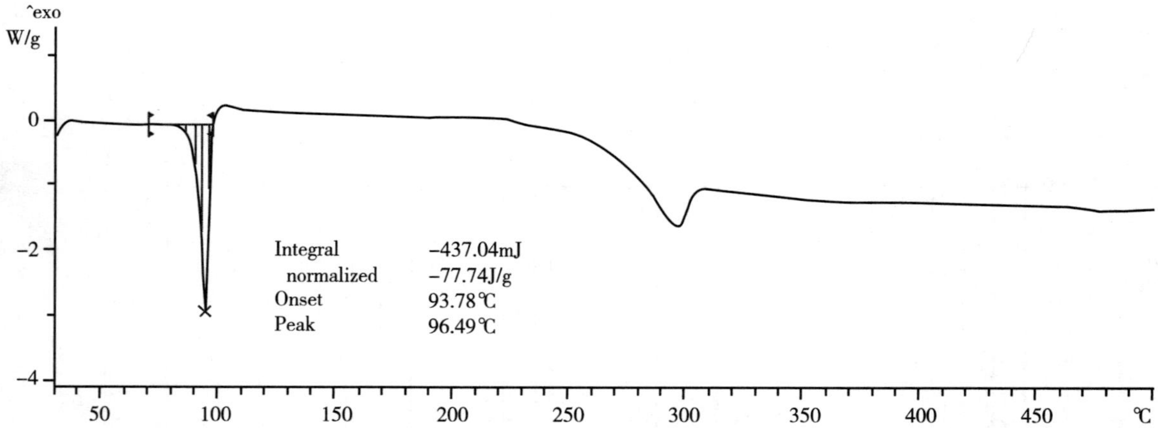

图 7　酮洛芬的 DSC 图

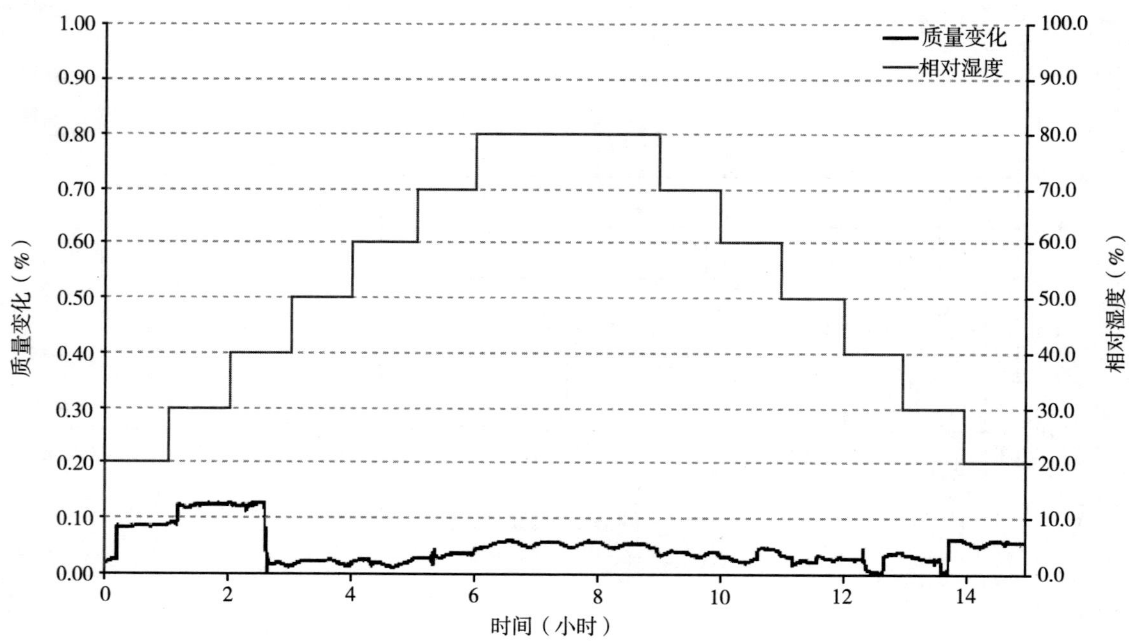

图 8　酮洛芬的 DVS 图

正离子扫描模式（一级）

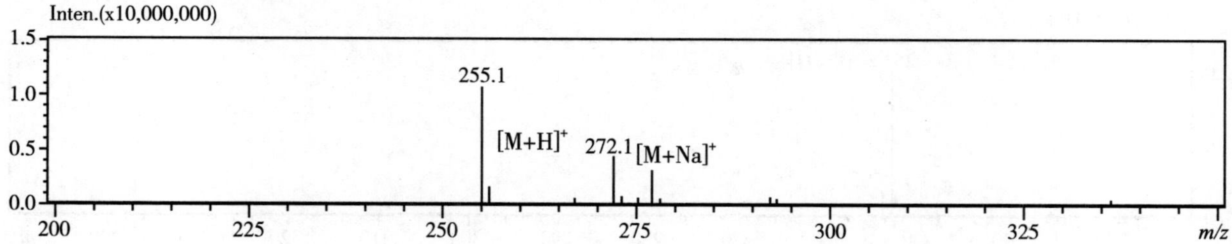

正离子扫描模式（二级）

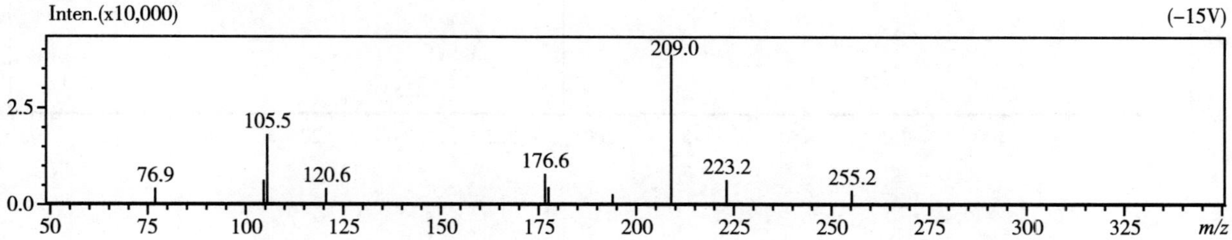

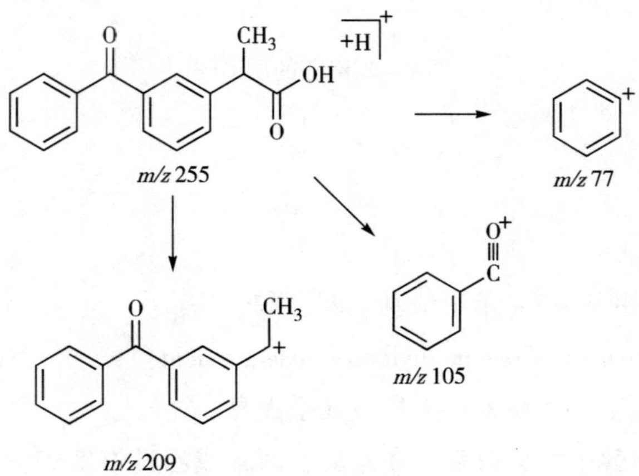

负离子扫描模式（一级）

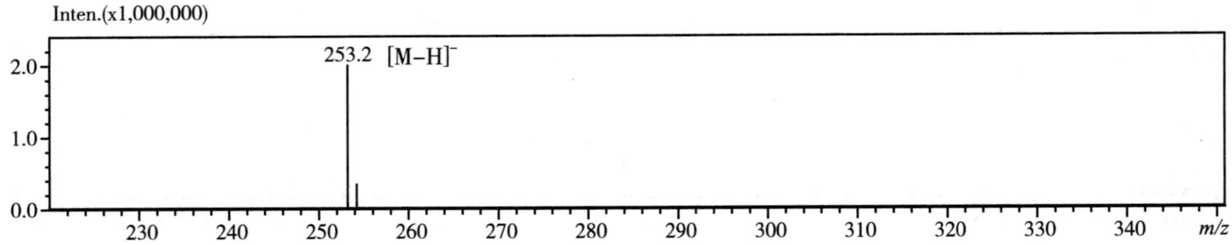

负离子扫描模式（二级）

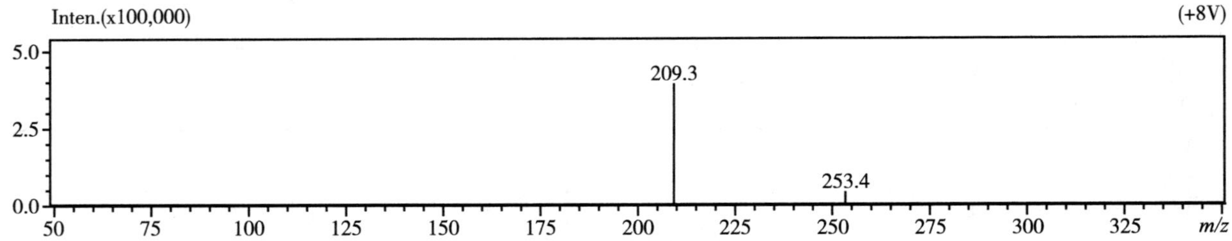

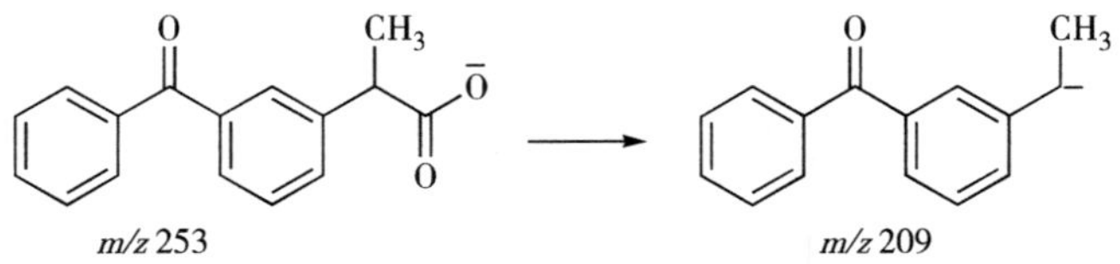

图 9　酮洛芬的质谱图

备注

1. **中文化学名**　α－甲基－3－苯甲酰基－苯乙酸
2. **英文化学名**　3－benzoyl－α－methylbenzeneacetic acid
3. **性状**　本品为白色结晶性粉末；无臭或几乎无臭。
4. **溶解性**　本品在甲醇中极易溶解，在乙醇、丙酮或乙醚中易溶，在水中几乎不溶。
5. **溶剂**　乙醇。
6. **对照品编号与批号**　100337－201003

硝 苯 地 平

英文名 Nifedipine

分子式 $C_{17}H_{18}N_2O_6$

分子量 346.34

CAS 号 21829－25－4

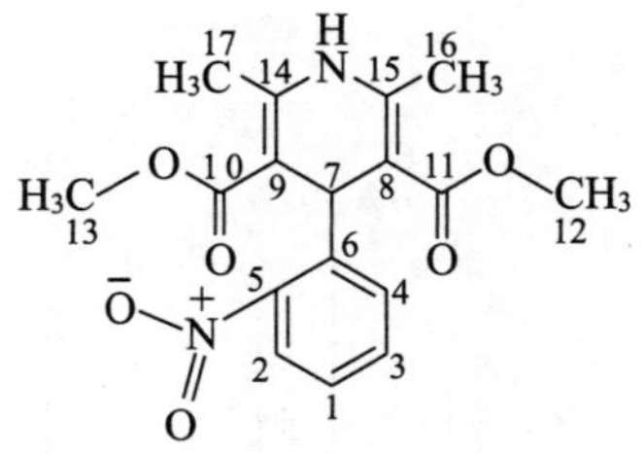

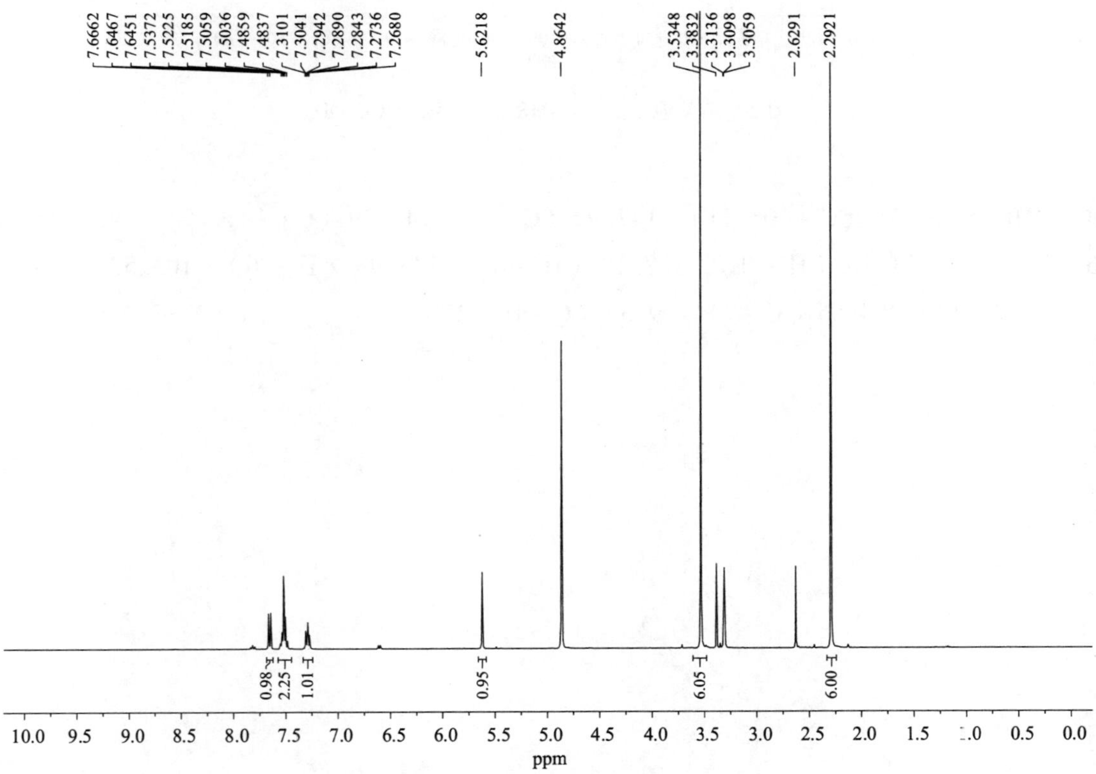

图 1　硝苯地平的^{1}H NMR 谱（溶剂：CD_3OD）

^{1}H NMR：δ 7.69～7.62（H－2，m，1H），7.58～7.44（H－1，H－3，m，2H），7.29（H－4，m，1H），5.62（H－7，s，1H），3.53（H－12，H－13，s，6H），2.29（H－16，H－17，s，6H）

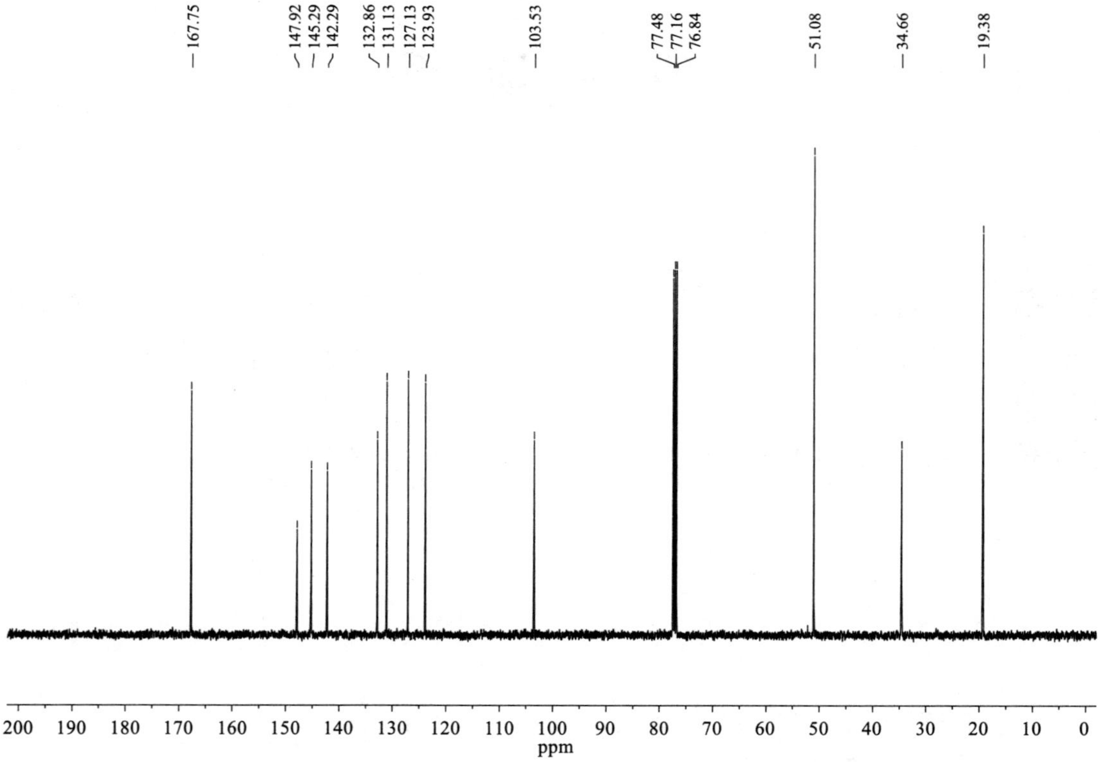

图 2　硝苯地平的^{13}C NMR 谱（溶剂：CD_3OD）

^{13}C NMR：δ 167.75（C－10，11），147.92（C－5），145.29（C－14，15），142.29（H－3），132.86（H－2），131.13（H－1），127.13（H－4），123.93（H－6），103.53（C－8，9），51.08（C－12，13），34.66（C－7），19.38（C－16，17）

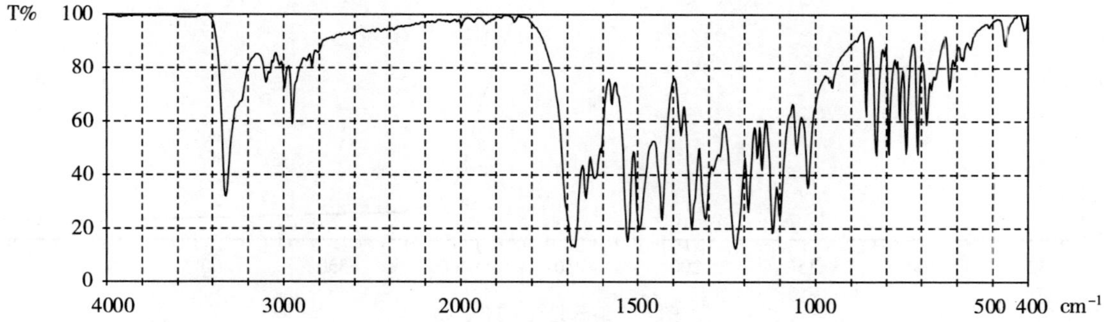

图 3　硝苯地平的红外光谱图

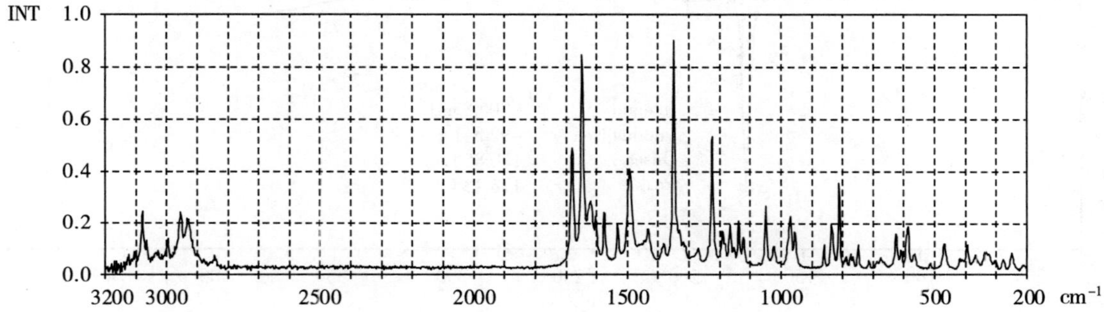

图 4　硝苯地平的拉曼光谱图

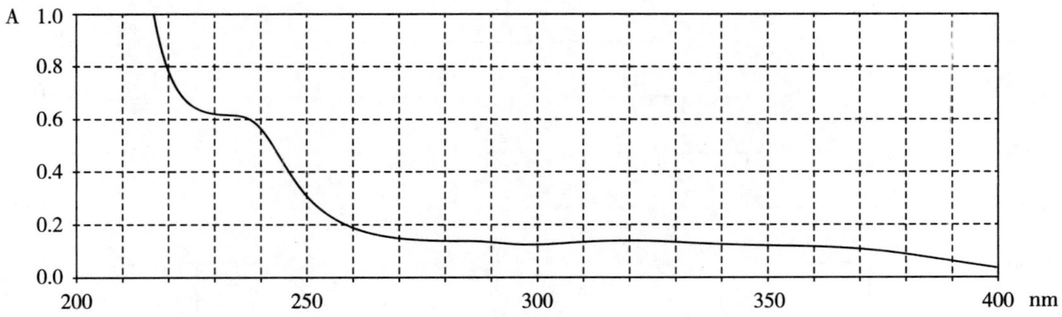

图 5　硝苯地平的紫外光谱图

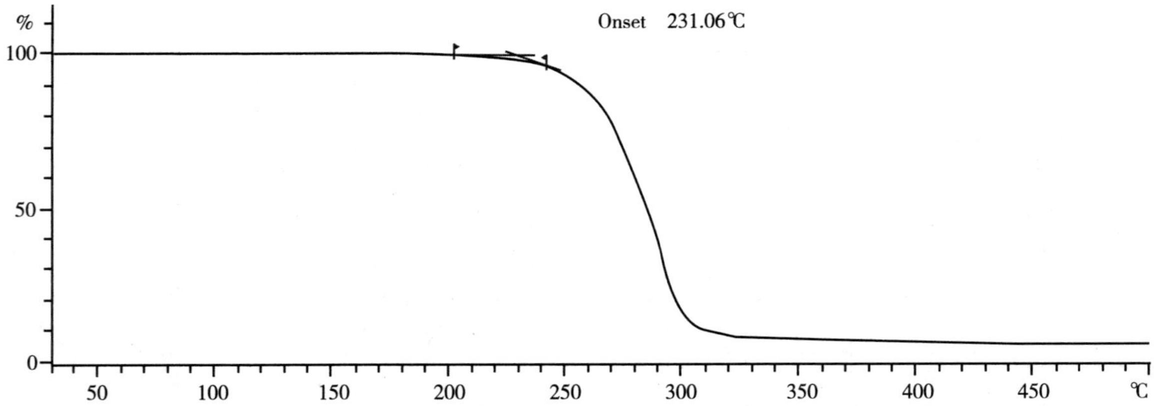

图 6　硝苯地平的 TG 图

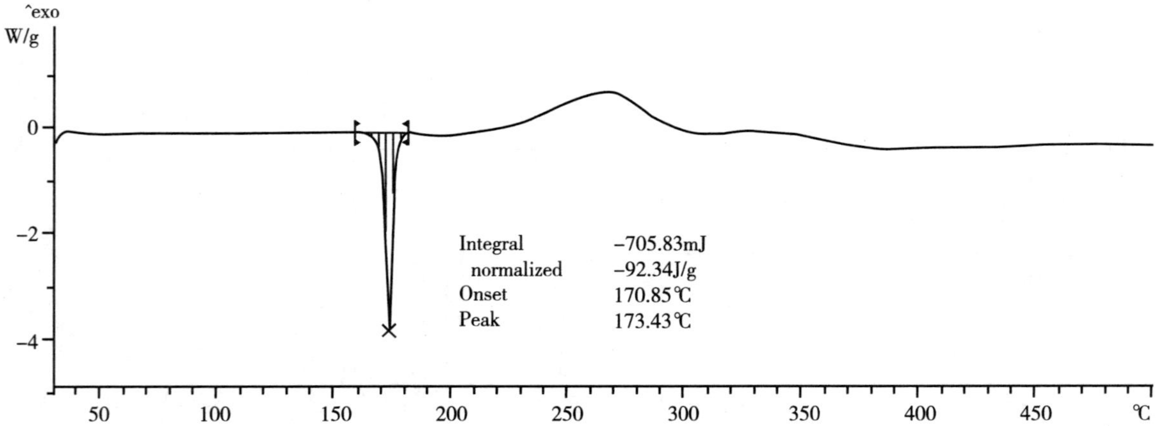

图 7　硝苯地平的 DSC 图

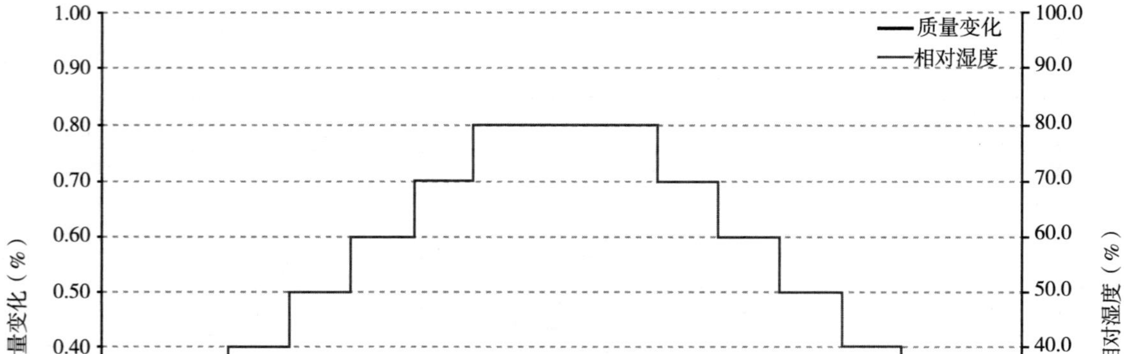

图 8　硝苯地平的 DVS 图

正离子扫描模式（一级）

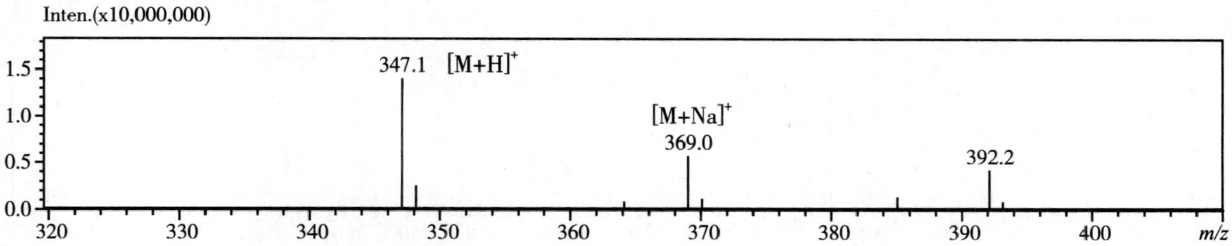

正离子扫描模式（二级）

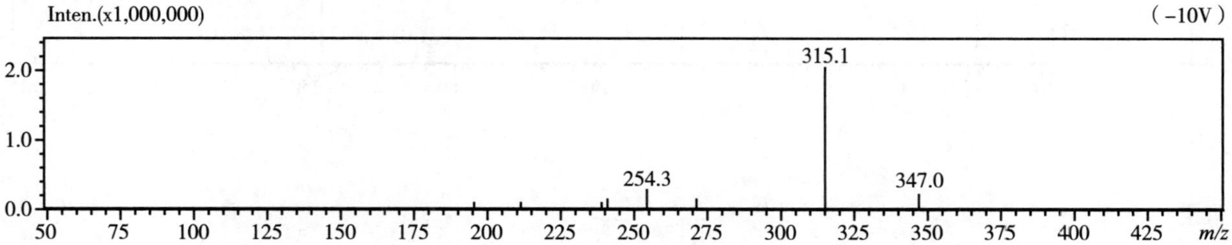

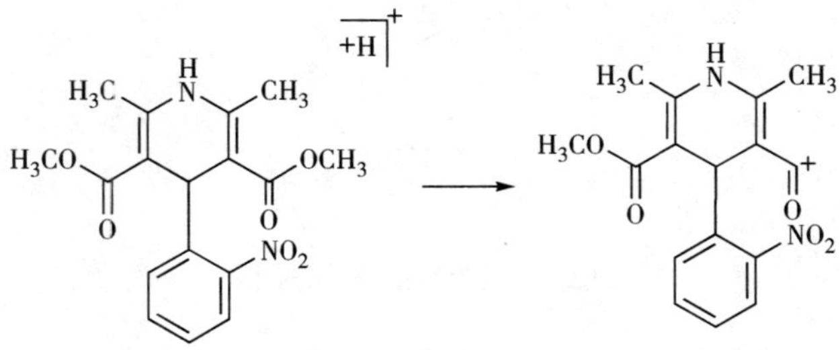

负离子扫描模式（一级）

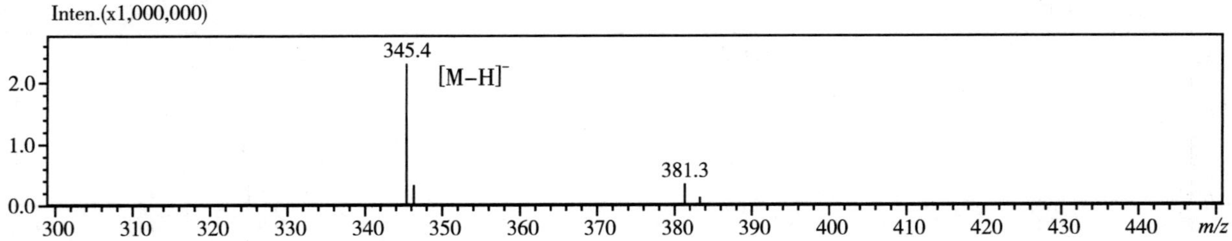

负离子扫描模式（二级）

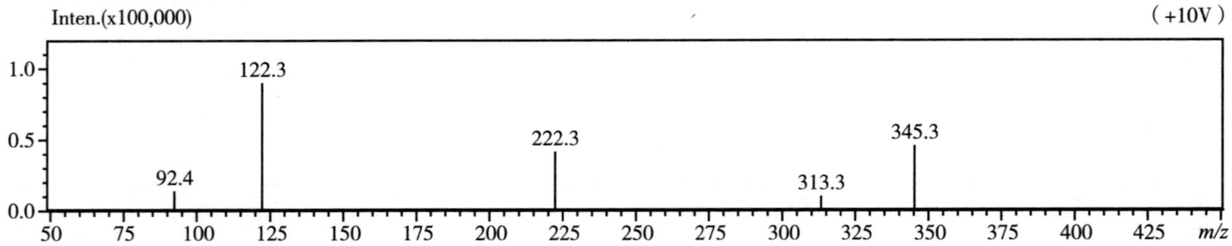

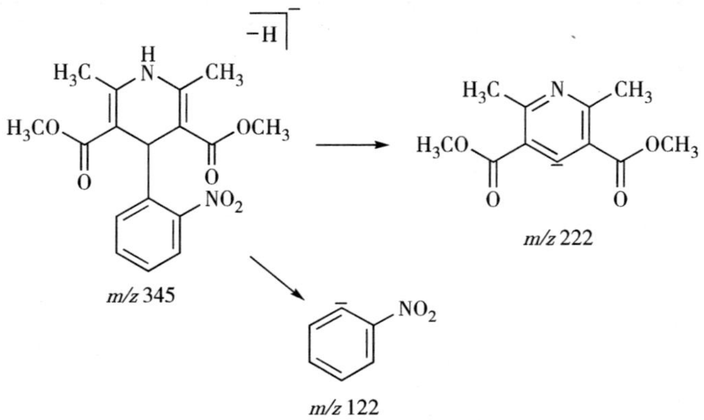

图9　硝苯地平的质谱图

备注

1. **中文化学名**　2,6－二甲基－4－(2－硝基苯基)－1,4－二氢－3,5－吡啶二甲酸二甲酯
2. **英文化学名**　1,4－dihydro－2,6－dimethyl－4－(2－nitrophenyl)－3,5－pyridinedicarboxylic acid dimethyl ester
3. **性状**　本品为黄色结晶性粉末；无臭，无味；遇光不稳定。
4. **溶解性**　本品在丙酮或三氯甲烷中易溶，在乙醇中略溶，在水中几乎不溶。
5. **溶剂**　三氯甲烷。
6. **对照品编号与批号**　100338－201103

盐酸利多卡因

英文名 Lidocaine Hydrochloride

分子式 $C_{14}H_{22}N_2O \cdot HCl \cdot H_2O$

分子量 288.82

CAS 号 6108-05-0

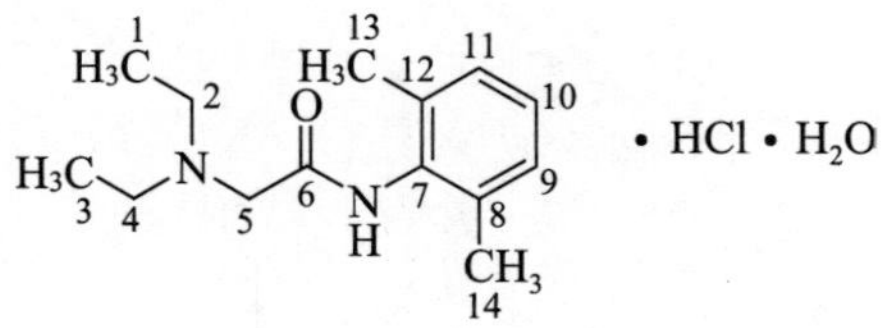

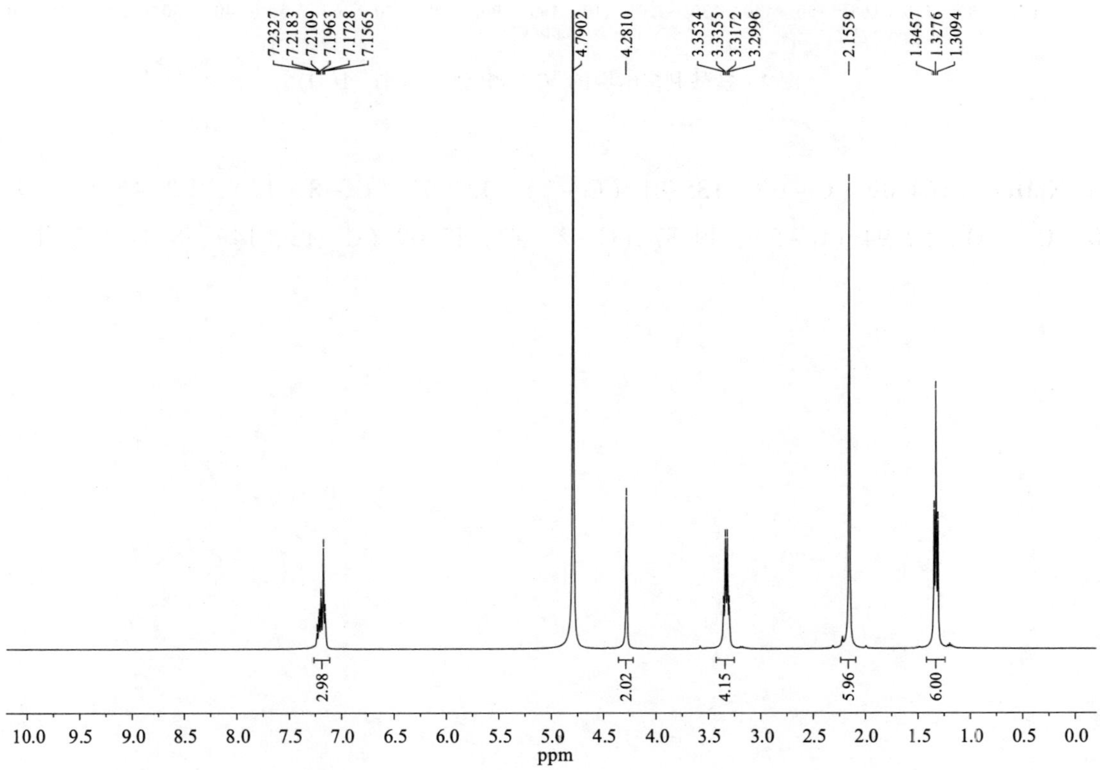

图 1　盐酸利多卡因的 ^{1}H NMR 谱（溶剂：D_2O）

^{1}H NMR：δ 7.31～7.06（H-9，10，11，m，3H），4.28（H-5，s，2H），3.33（H-2，4，q，J=7.3 Hz，4H），2.16（H-13，14，s，6H），1.33（H-1，3，t，J=7.3 Hz，6H）

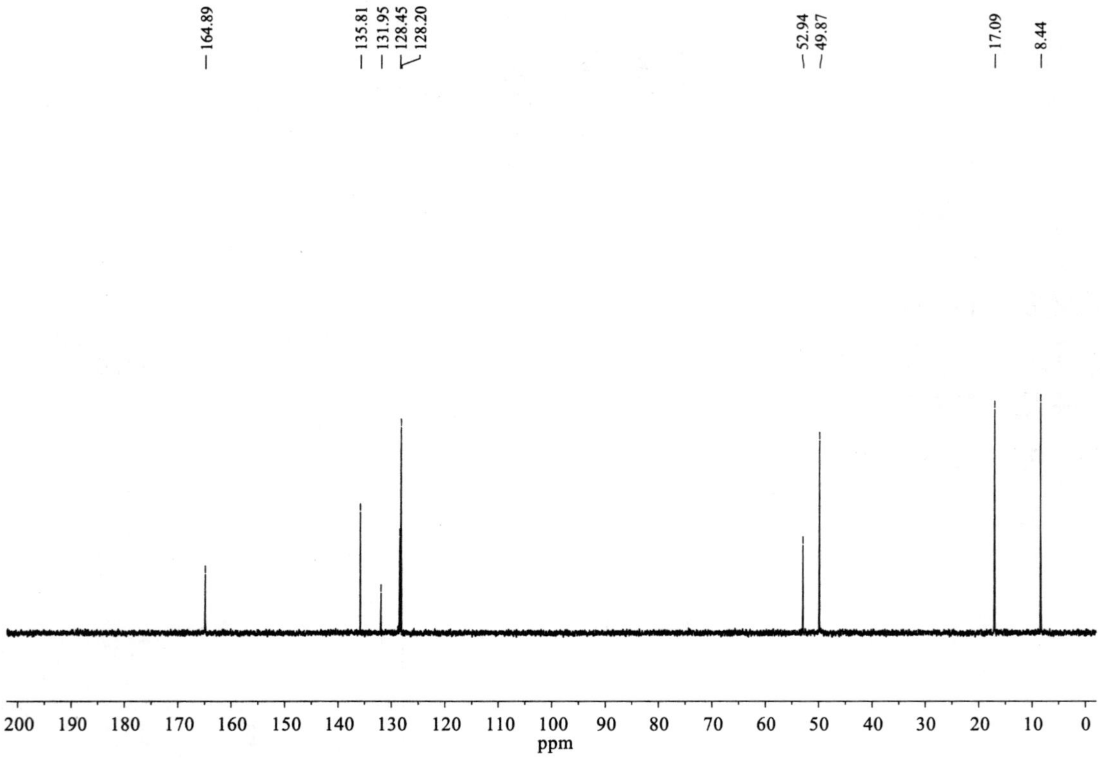

图2　盐酸利多卡因的^{13}C NMR谱（溶剂：D_2O）

^{13}C NMR：δ 164.89（C－6），135.81（C－7），131.95（C－8，12），128.45（C－9，11），128.20（C－10），52.94（C－5），49.87（C－2，4），17.09（C－13，14），8.44（C－1，3）

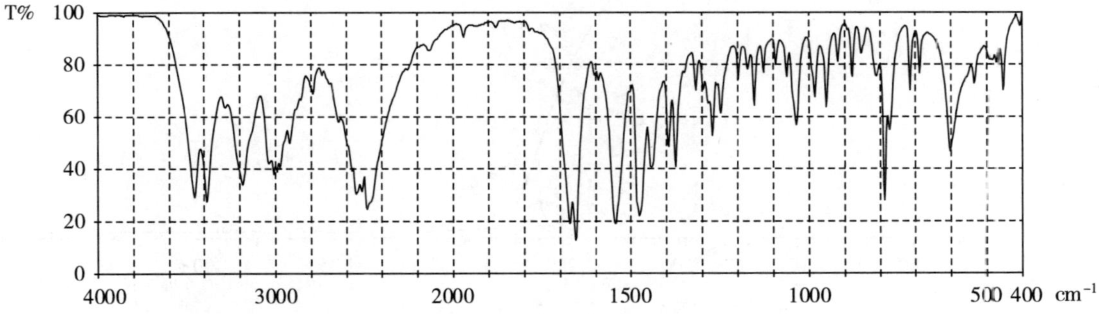

图 3　盐酸利多卡因的红外光谱图

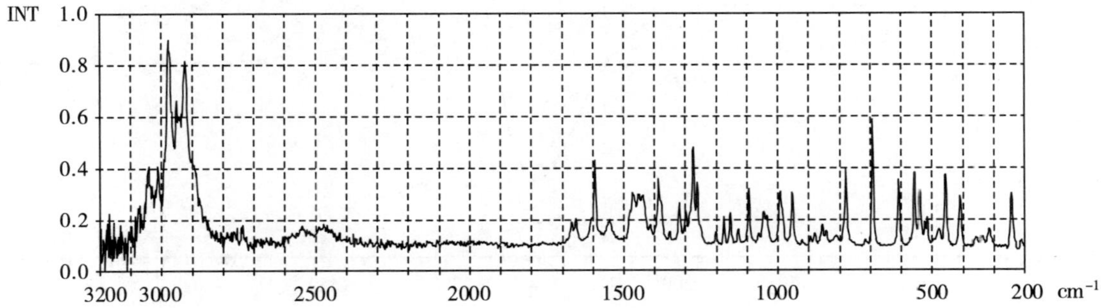

图 4　盐酸利多卡因的拉曼光谱图

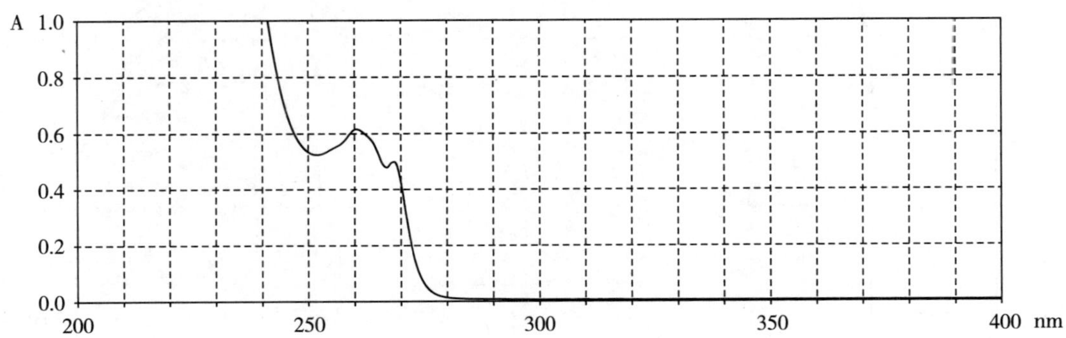

图 5　盐酸利多卡因的紫外光谱图

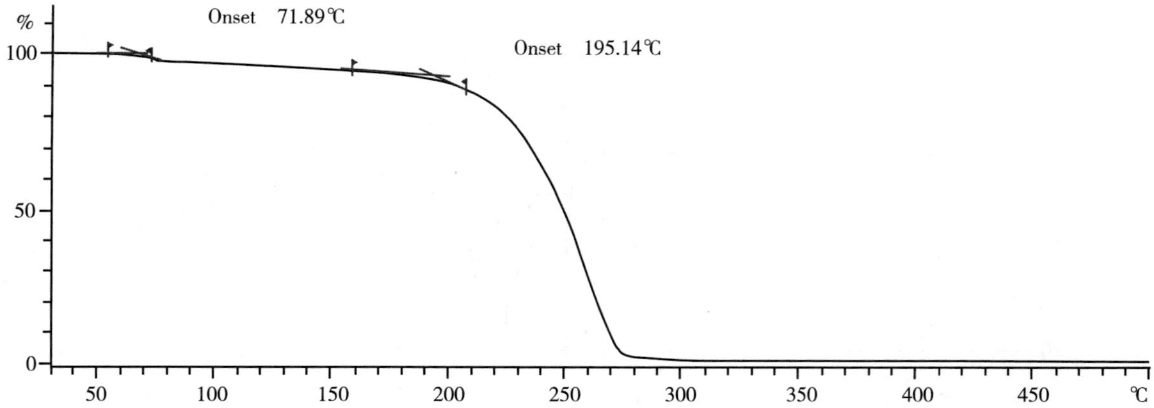

图 6　盐酸利多卡因的 TG 图

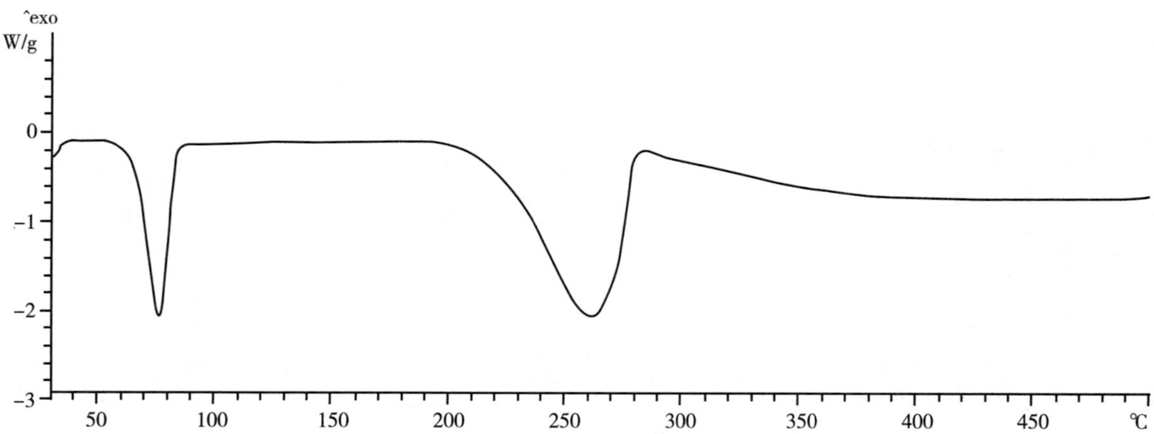

图 7　盐酸利多卡因的 DSC 图

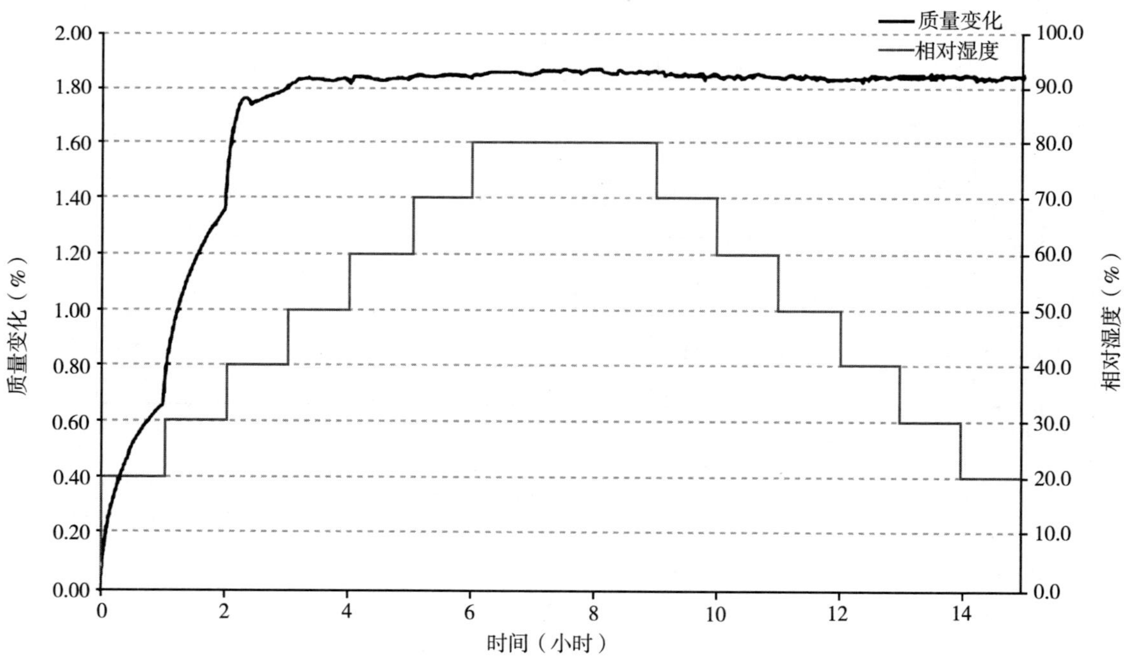

图 8　盐酸利多卡因的 DVS 图

正离子扫描模式（一级）

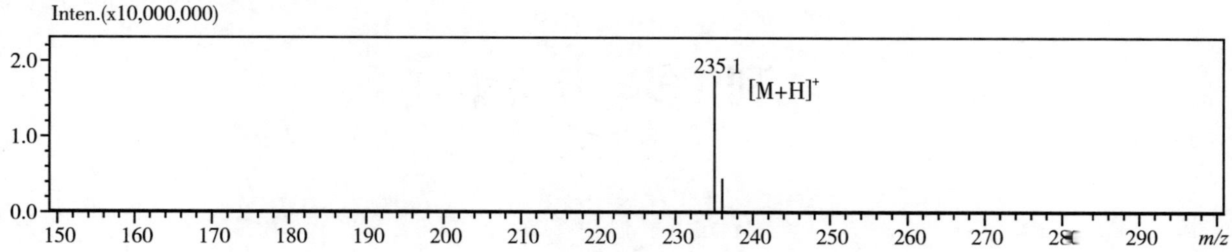

正离子扫描模式（二级）

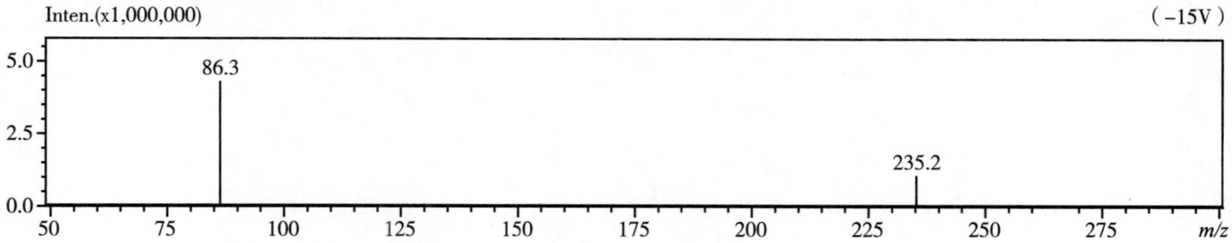

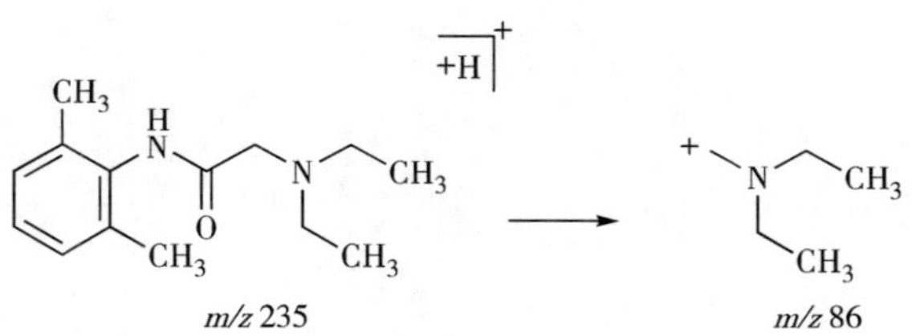

图 9　盐酸利多卡因的质谱图

备注

1. **中文化学名**　*N*－(2,6－二甲苯基)－2－(二乙氨基)乙酰胺盐一水合物

2. **英文化学名**　2－(diethylamino)－*N*－(2,6－dimethylphenyl) acetamide monohydrochloride monohydrate

3. **性状**　本品为白色结晶性粉末；无臭，味苦，继有麻木感。

4. **溶解性**　本品在水或乙醇中易溶，在三氯甲烷中溶解，在乙醚中不溶。

5. **溶剂**　水。

6. **对照品编号与批号**　100341－200702

利 多 卡 因

英文名 Lidocaine

分子式 $C_{14}H_{22}N_2O$

分子量 234.34

CAS 号 137 - 58 - 6

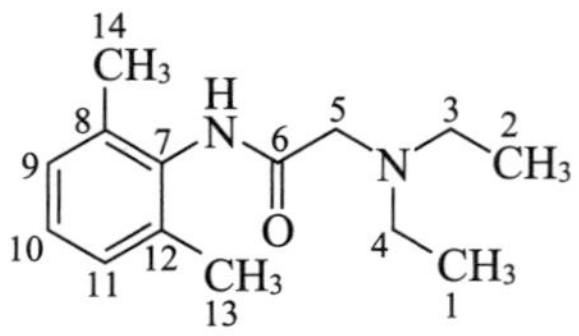

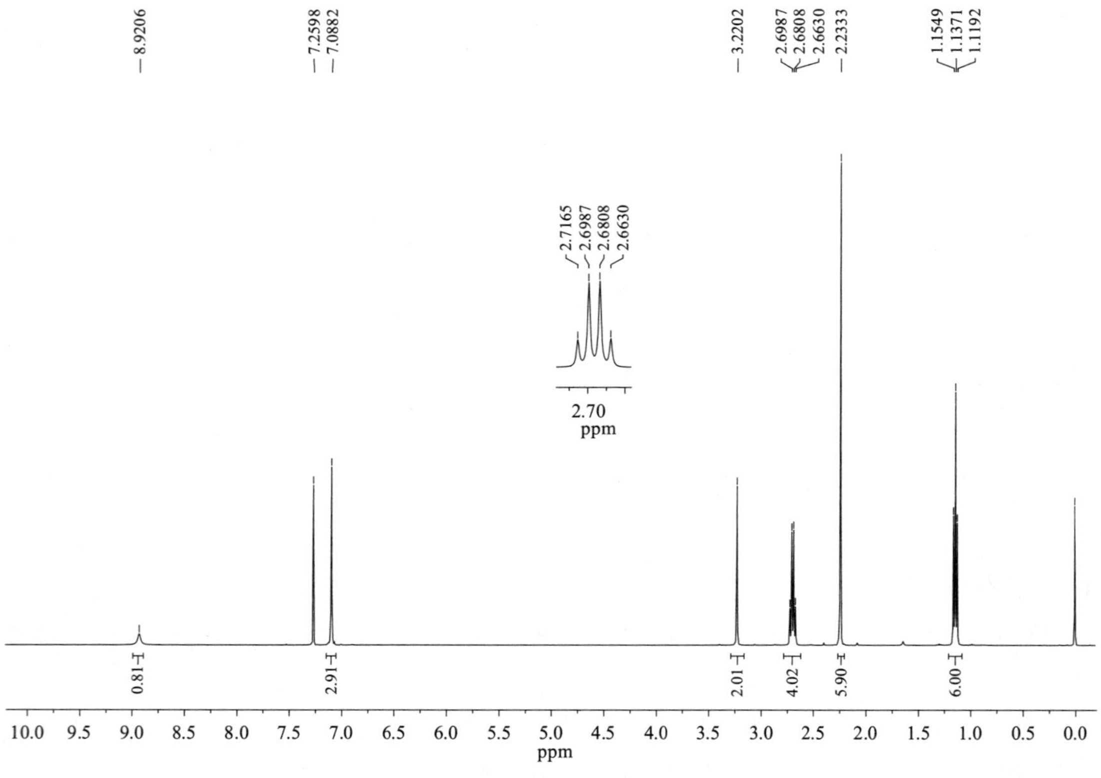

图 1 利多卡因的¹H NMR 谱（溶剂：$CDCl_3$）

^{1}H NMR：δ 8.92 (NH, s, 1H), 7.09 (H - 9, 10, 11, brs, 3H), 3.22 (H - 5, s, 2H), 2.69 (H - 3, 4, q, J = 7.1 Hz, 4H), 2.23 (H - 13, 14, s, 6H), 1.14 (H - 1, 2, t, J = 7.1 Hz, 6H)

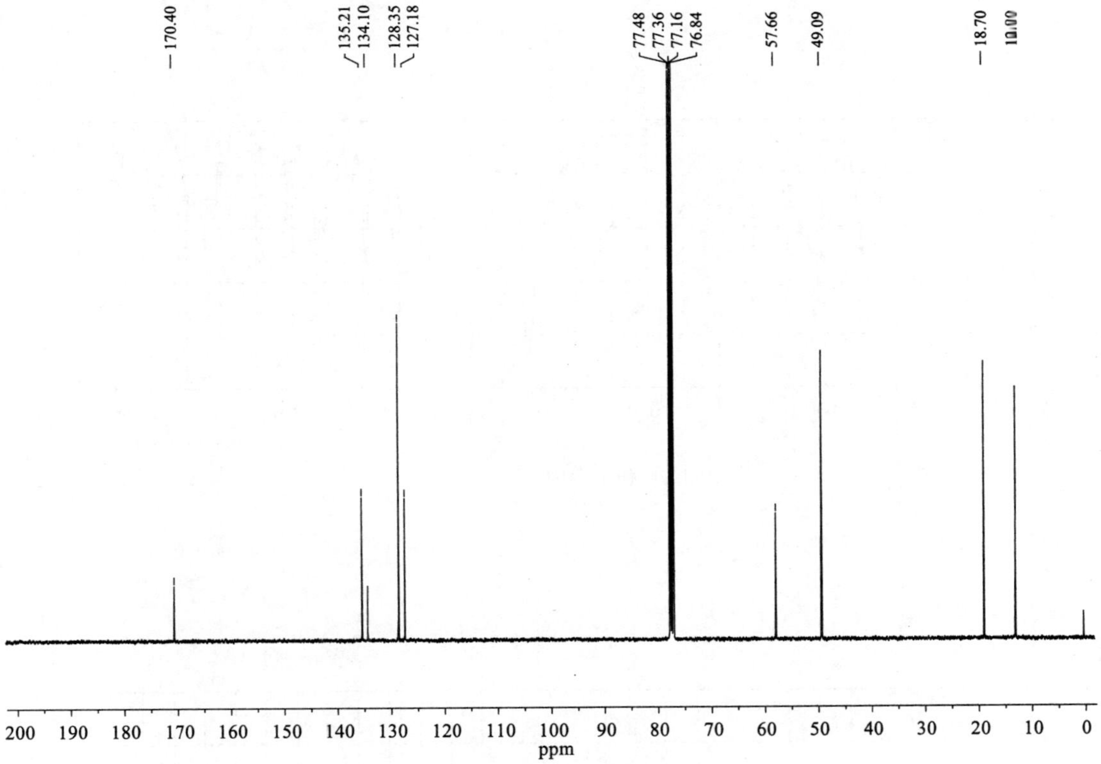

图2 利多卡因的^{13}C NMR谱（溶剂：$CDCl_3$）

^{13}C NMR：δ 170.40（C－6），135.21（C－8，12），134.10（C－7），128.35（C－9，11），127.18（C－10），57.66（C－5），49.09（C－3，4），18.70（C－13，14），12.80（C－1，2）

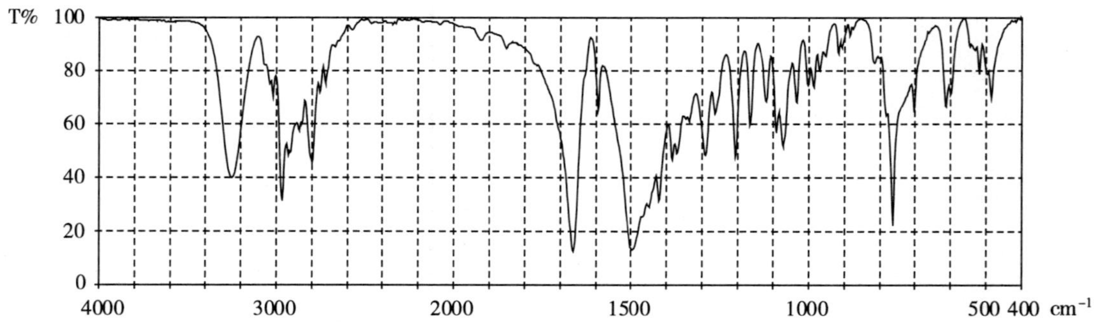

图 3　利多卡因的红外光谱图

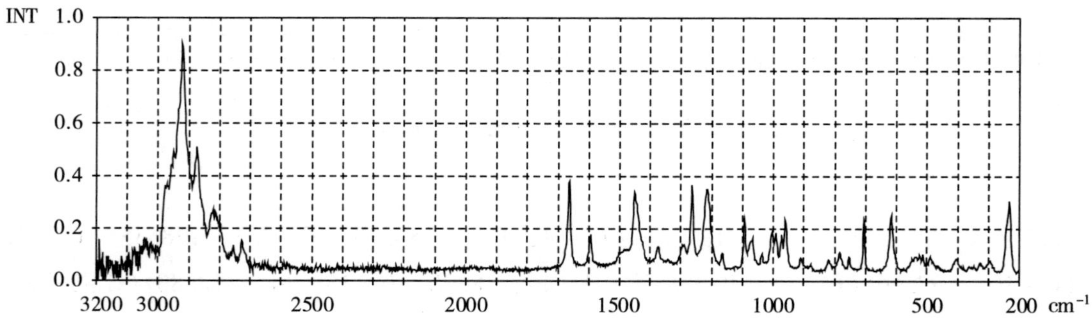

图 4　利多卡因的拉曼光谱图

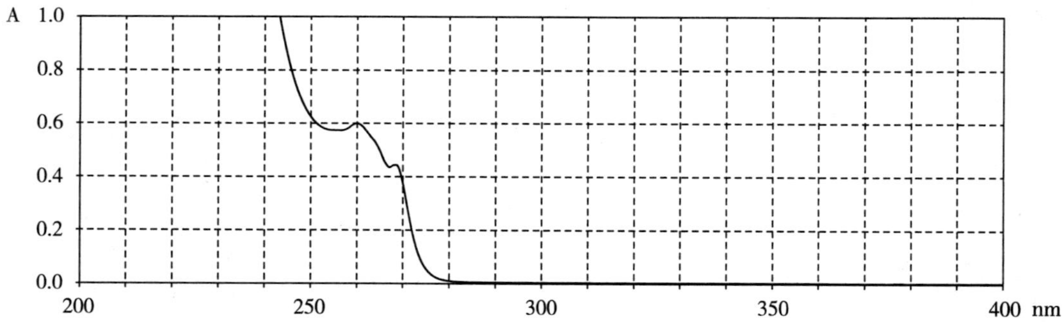

图 5　利多卡因的紫外光谱图

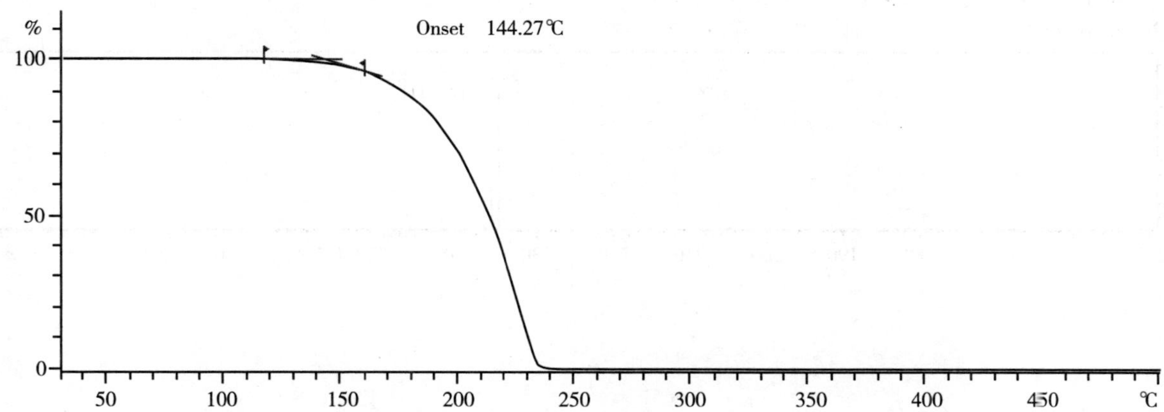

图 6　利多卡因的 TG 图

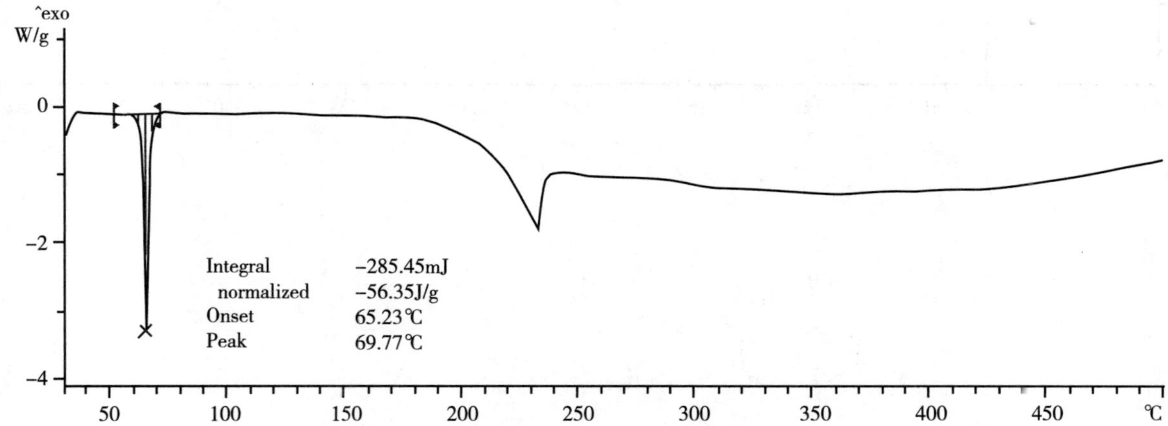

图 7　利多卡因的 DSC 图

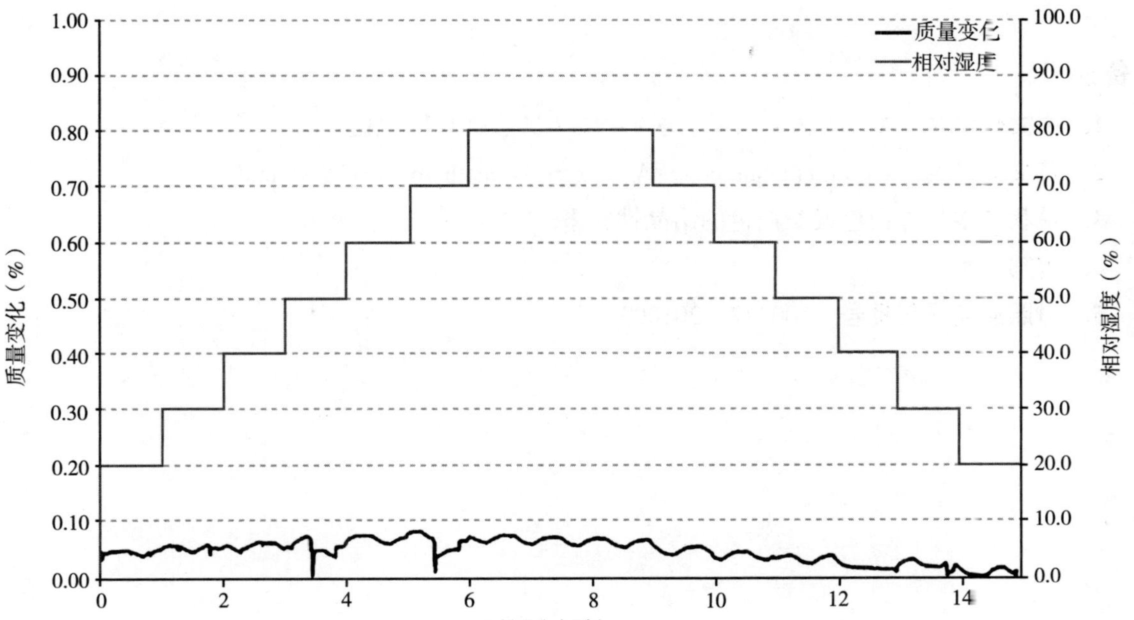

图 8　利多卡因的 DVS 图

正离子扫描模式（一级）

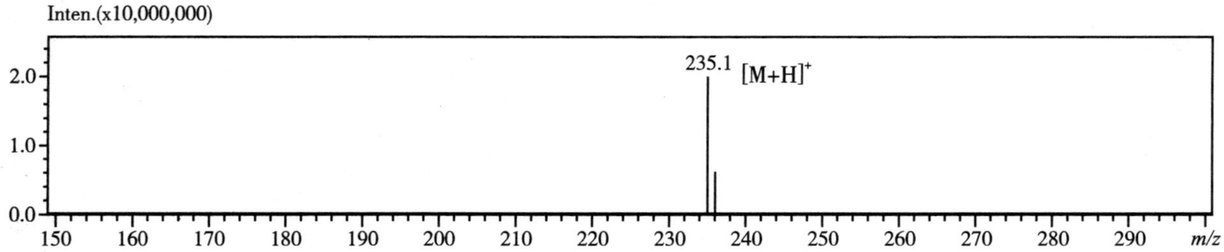

正离子扫描模式（二级）

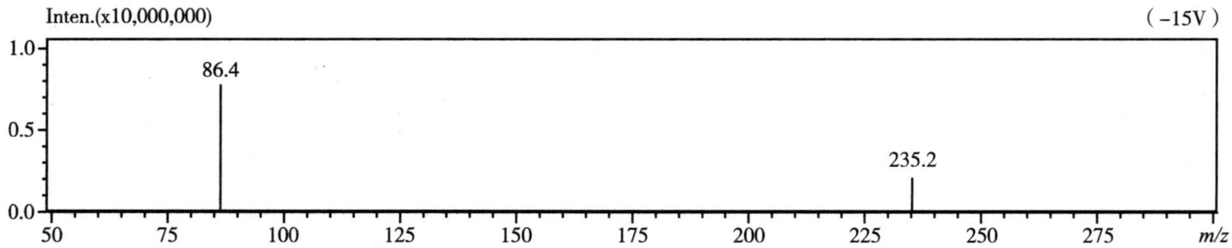

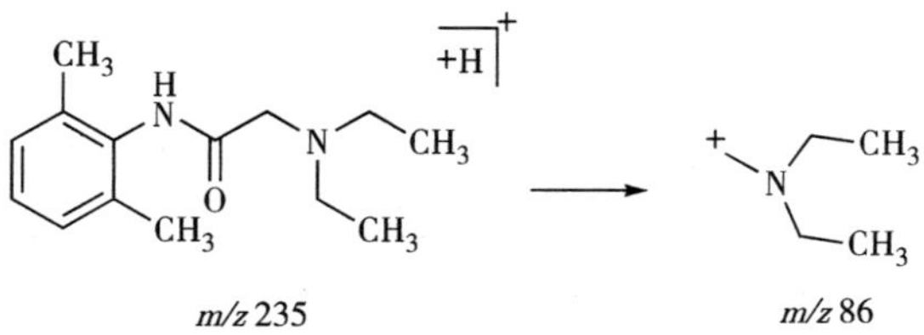

图 9　利多卡因的质谱图

备注

1. 中文化学名　*N*－(2,6－二甲苯基)－2－(二乙氨基)乙酰胺

2. 英文化学名　2－(diethylamino)－*N*－(2,6－dimethylphenyl)acetamide

3. 性状　本品为白色或类白色的结晶性粉末。

4. 溶剂　水。

5. 对照品编号与批号　100342－201003

黄 豆 苷 元

英文名 Daidzein

分子式 $C_{15}H_{10}O_4$

分子量 254.24

CAS 号 486-66-8

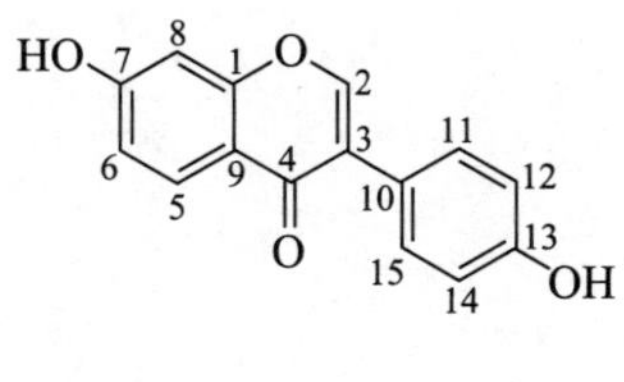

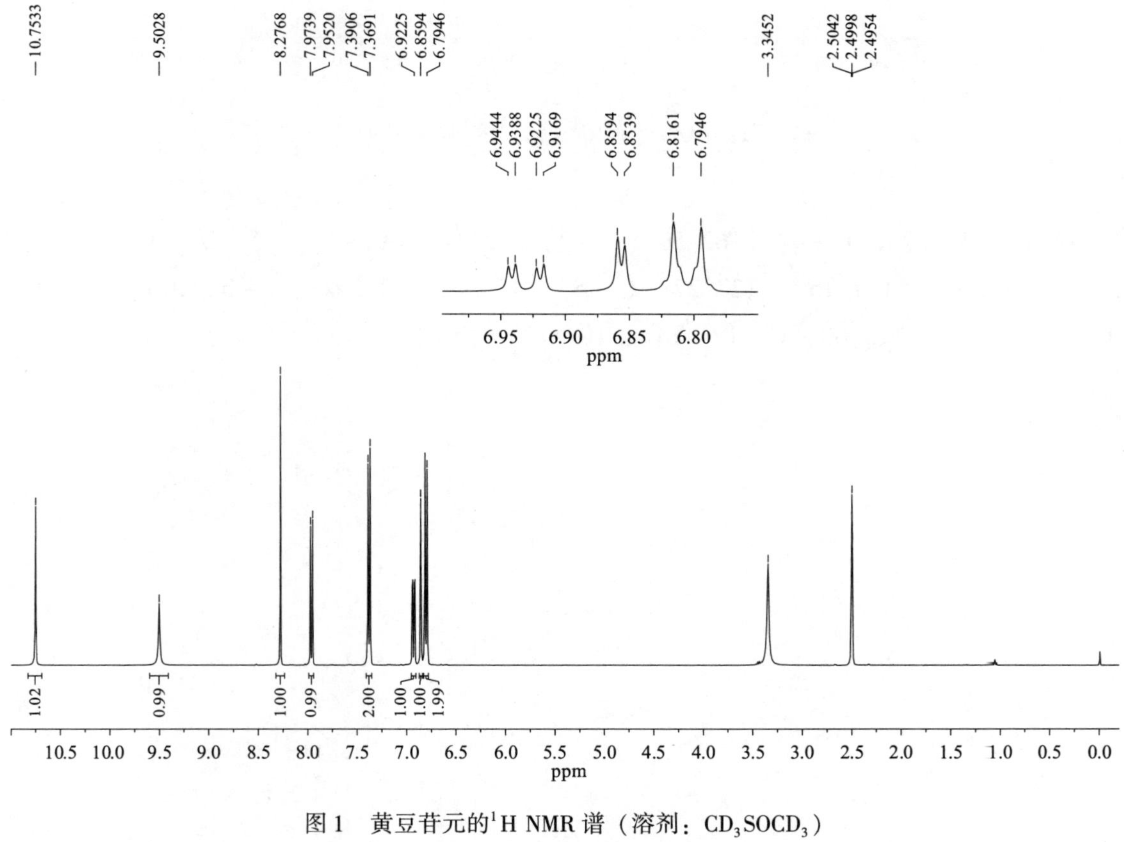

图 1 黄豆苷元的^{1}H NMR 谱（溶剂：CD_3SOCD_3）

^{1}H NMR：δ 10.75（OH-13，s，1H），9.50（OH-7，s，1H），8.28（H-2，s，1H），7.96（H-5，d，J=8.8 Hz，1H），7.38（H-11，15，d，J=8.6 Hz，2H），6.93（H-6，dd，J=8.8，2.2 Hz，1H），6.86（H-8，d，J=2.2 Hz，1H），6.81（H-12，14，d，J=8.6 Hz，2H）

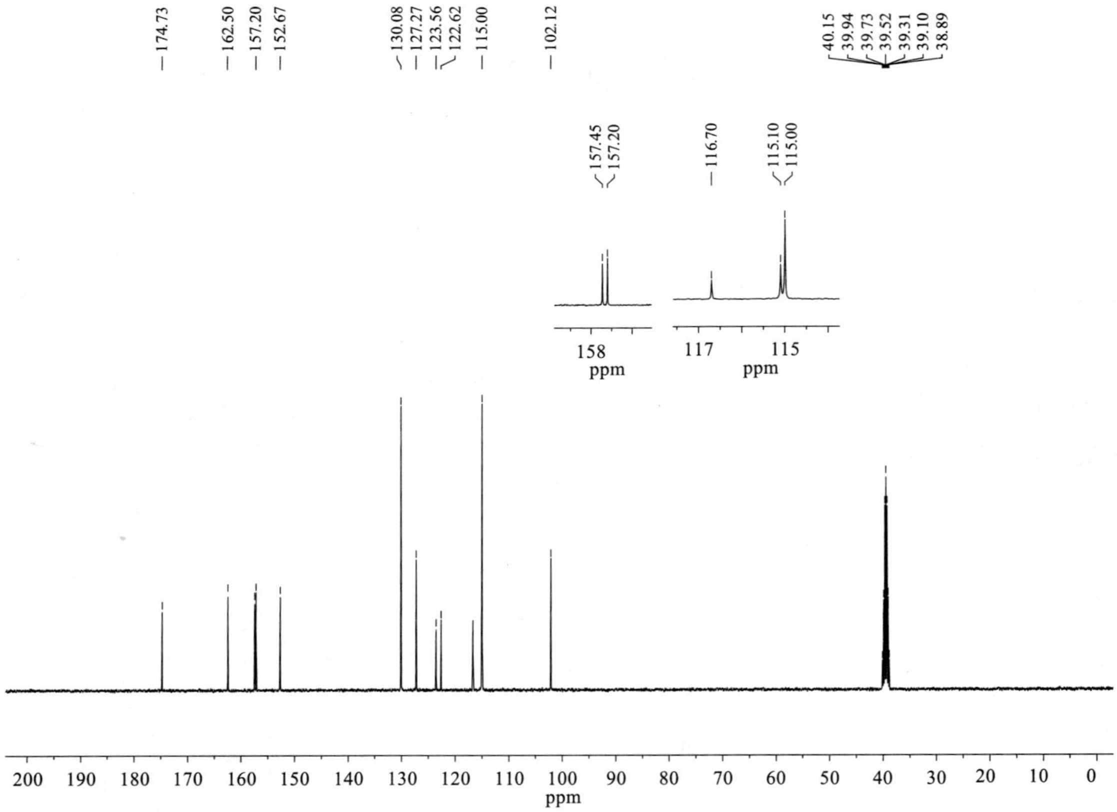

图 2　黄豆苷元的^{13}C NMR 谱（溶剂：CD_3SOCD_3）

^{13}C NMR：δ 174.73（C－4），162.50（C－7），157.45（C－1），157.20（C－13），152.67（C－2），130.08（C－11，15），127.27（C－5），123.56，122.62（C－3，10），116.70（C－9），115.10（C－6），115.00（C－12，14），102.12（C－8）

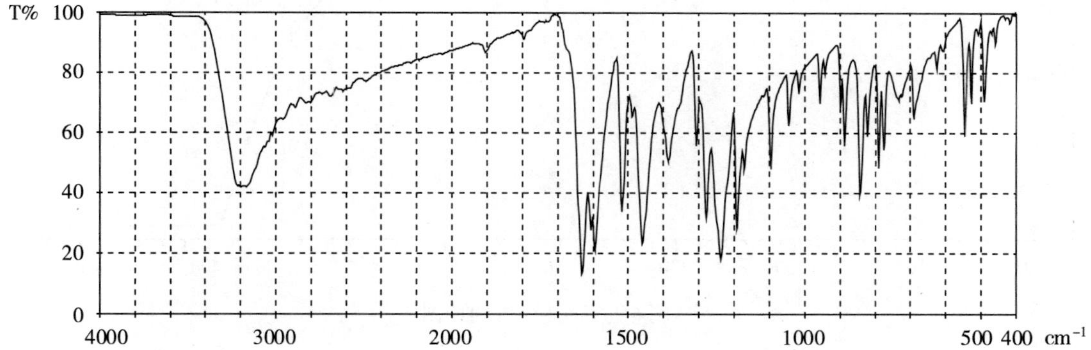

图 3　黄豆苷元的红外光谱图

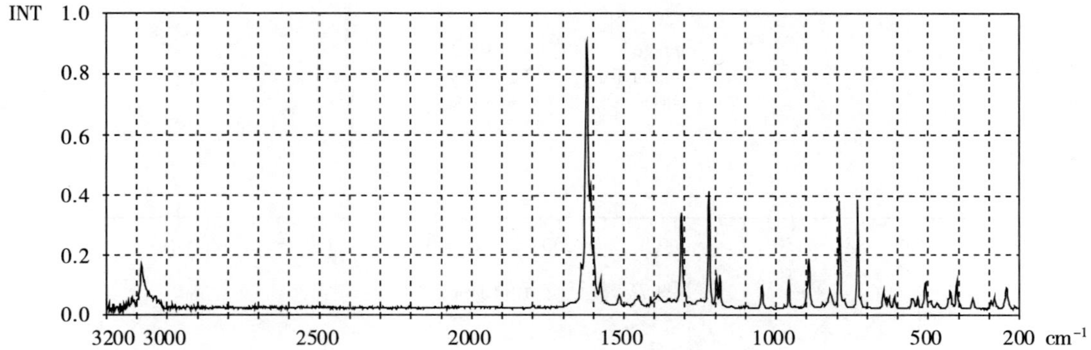

图 4　黄豆苷元的拉曼光谱图

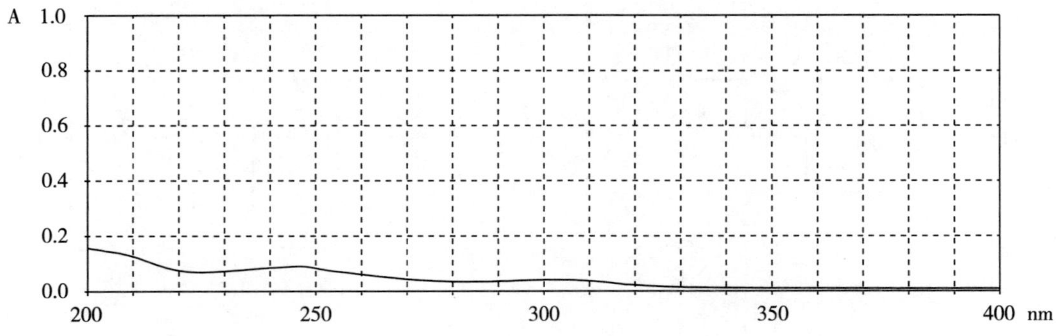

图 5　黄豆苷元的紫外光谱图

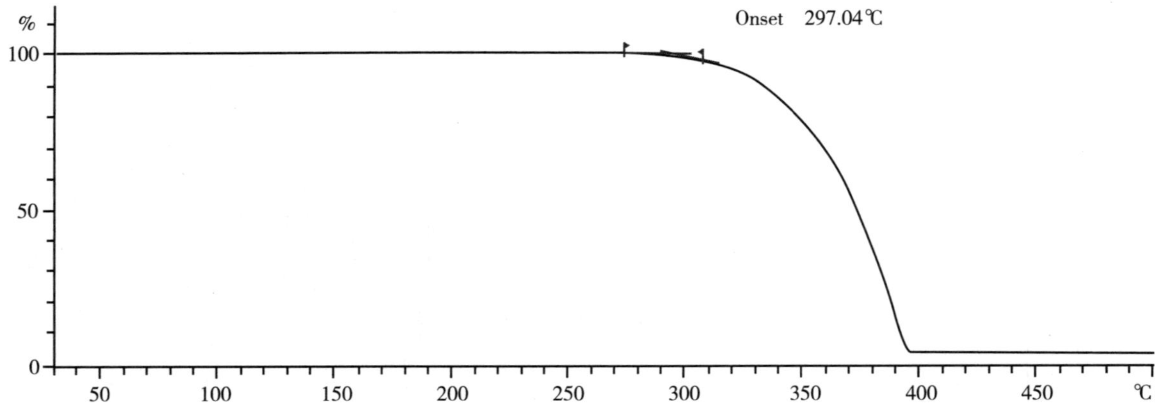

图 6 黄豆苷元的 TG 图

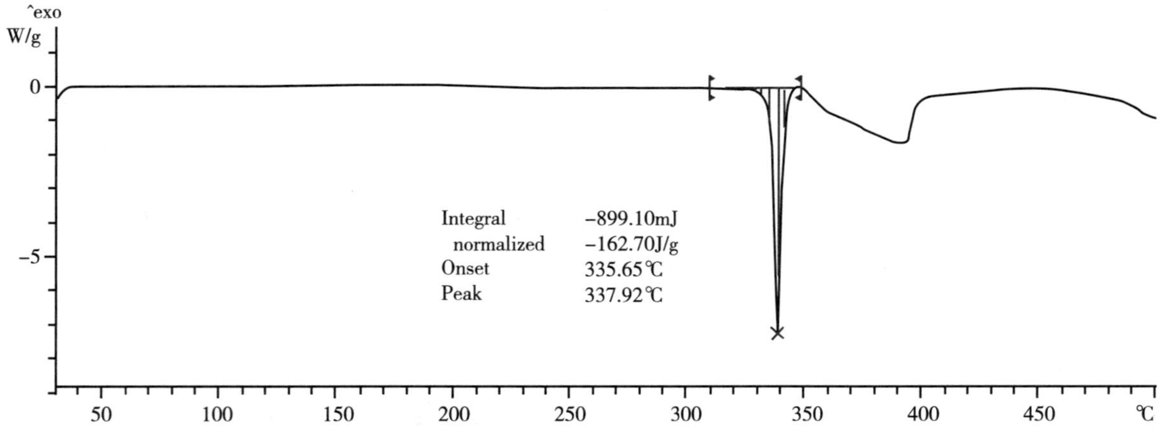

图 7 黄豆苷元的 DSC 图

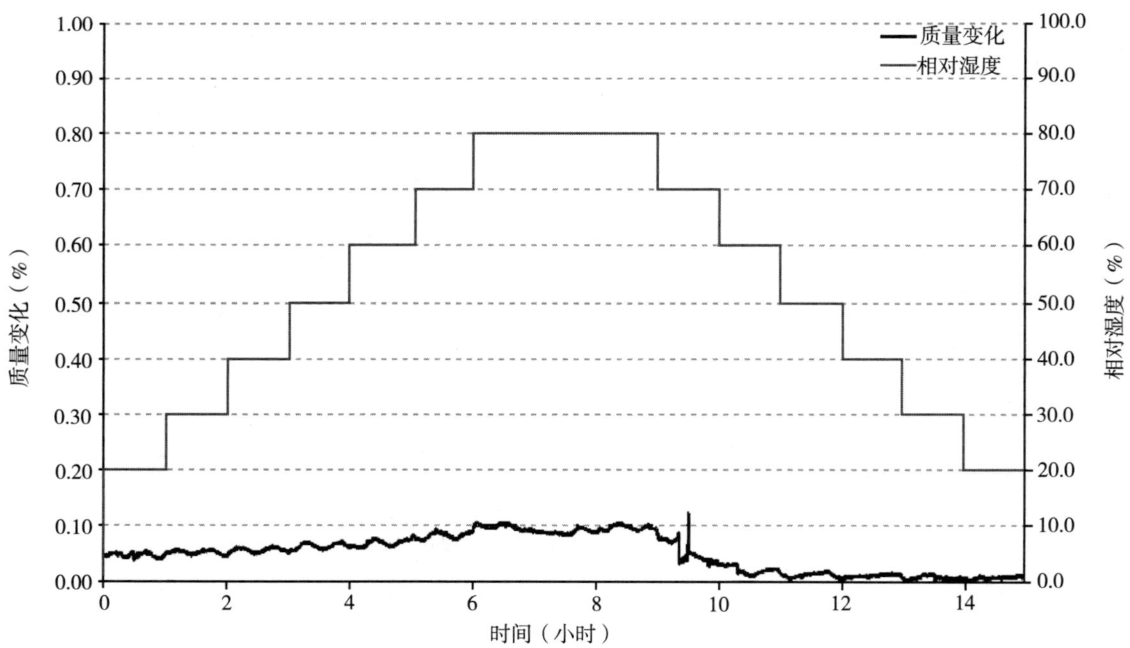

图 8 黄豆苷元的 DVS 图

正离子扫描模式（一级）

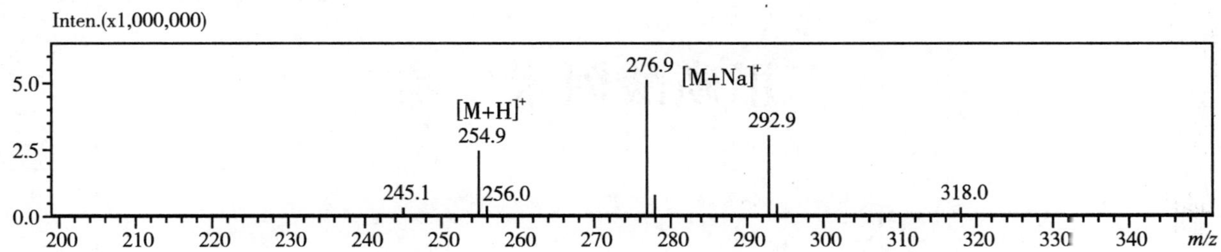

正离子扫描模式（二级）

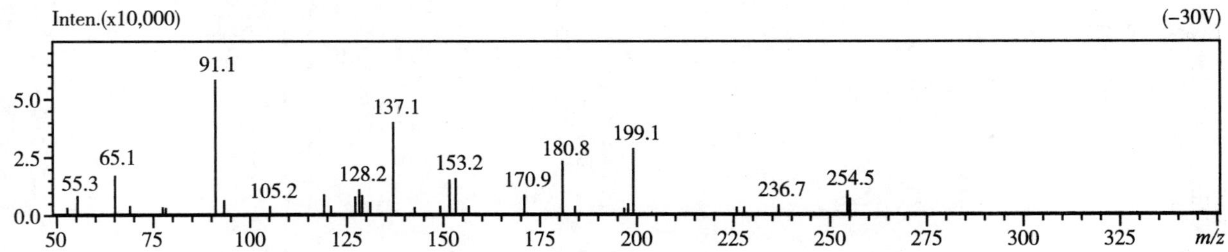

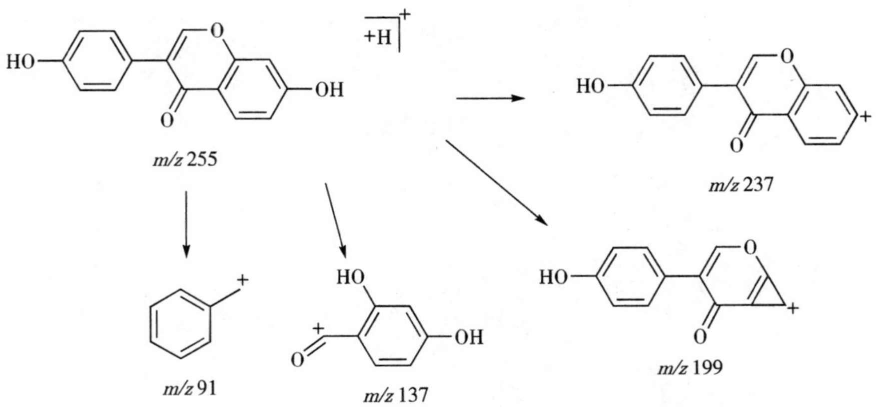

图9　黄豆苷元的质谱图

备注

1. **中文化学名**　7 - 羟基 - 3 - (4 - 羟基苯基) - 4*H* - 1 - 苯并吡喃 - 4 - 酮
2. **英文化学名**　7 - hydroxy - 3 - (4 - hydroxyphenyl) - 4*H* - 1 - benzopyran - 4 - one
3. **性状**　本品为类白色的结晶性粉末；无臭、无味。
4. **溶解性**　本品在热乙醇中微溶，在水、三氯甲烷中几乎不溶。
5. **溶剂**　水。
6. **对照品编号与批号**　100347 - 200702

二甲磺酸阿米三嗪

英文名 Almitrine Dimesylate

分子式 $C_{26}H_{29}F_2N_7 \cdot 2CH_3SO_3H$

分子量 669.76

CAS 号 29608－49－9

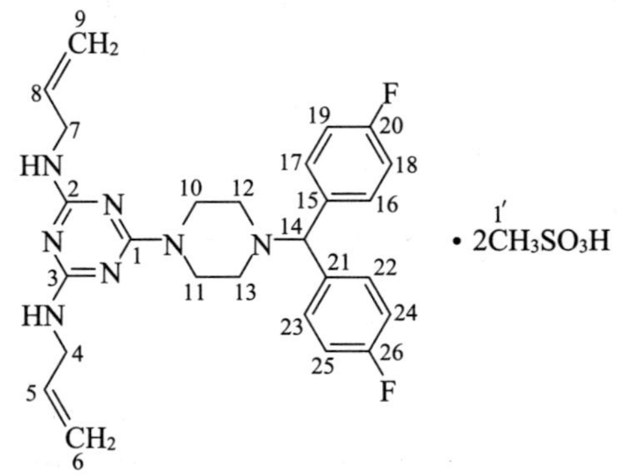

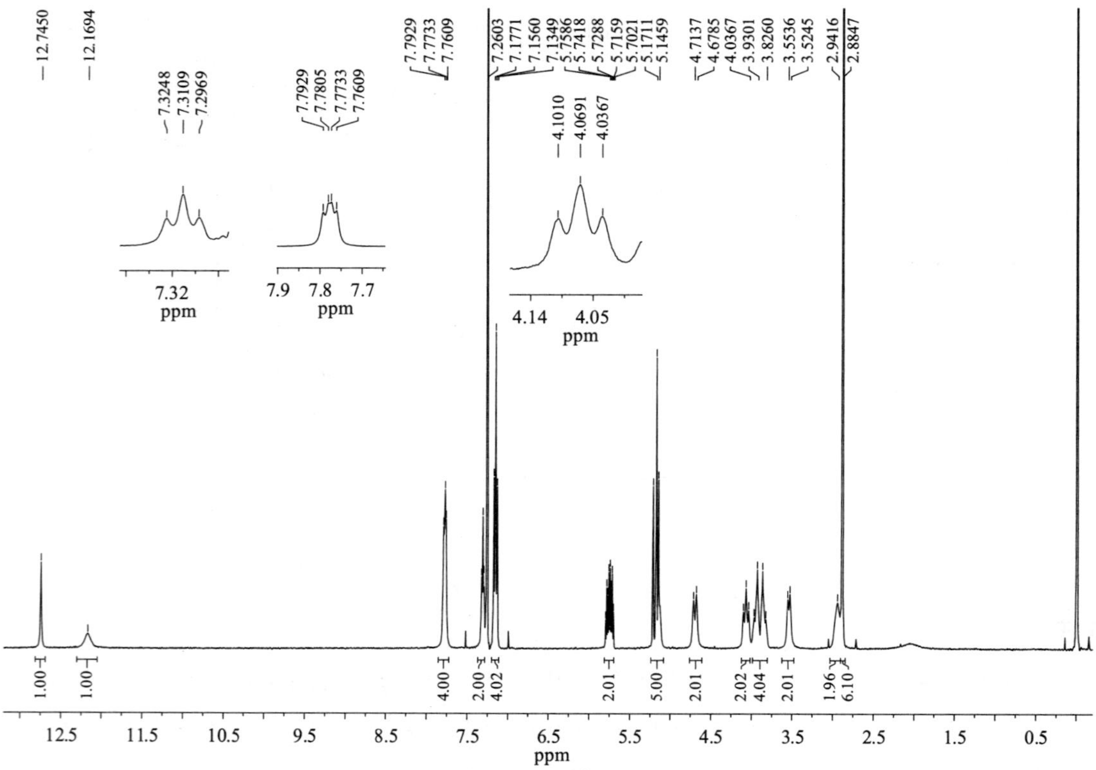

图 1　二甲磺酸阿米三嗪的^{1}H NMR 谱（溶剂：$CDCl_3$）

^{1}H NMR：δ 12.75（OH，s，1H），12.17（OH，s，1H），7.78（H－16，17，22，23，dd，J=7.8,5.0 Hz，4H），7.31（NH，t，J = 5.6 Hz，2H），7.16（H－18，19，24，25，t，J = 8.4 Hz，4H），5.75（H－5，8，m，2H），5.25～5.08（H－6，9，14，m，5H），4.70（H－10a，11a，d，J=14.1 Hz，2H），4.07（H－12a，13a，t，J=12.9 Hz，2H），4.01～3.78（H－4，7，m，4H），3.54（H－10b，11b，d，J=11.6 Hz，2H），3.03～2.86（H－12b，13b，m，2H），2.88（H－1′，s，6H）

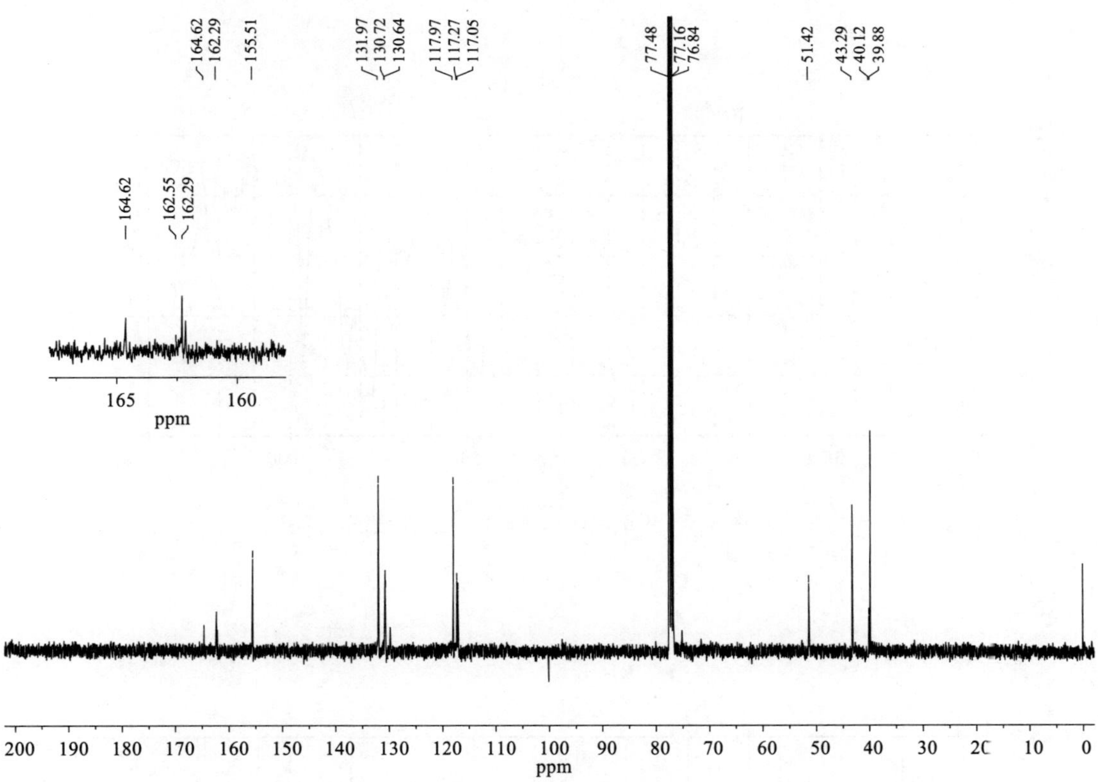

图 2　二甲磺酸阿米三嗪的^{13}C NMR 谱（溶剂：$CDCl_3$）

^{13}C NMR：δ 163.46（C－20，26，d，J＝235.33 Hz），162.55（C－1），155.51（C－2，3），131.97（C－16，17，22，23），130.72（C－5，8），130.64（C－15，21），117.97（C－6，9），117.16（C－18，19，24，25，d，J＝22.2 Hz），51.42（C－14），43.29（C－4，7，12，13），40.12（C－10，11），39.88（C－1′）

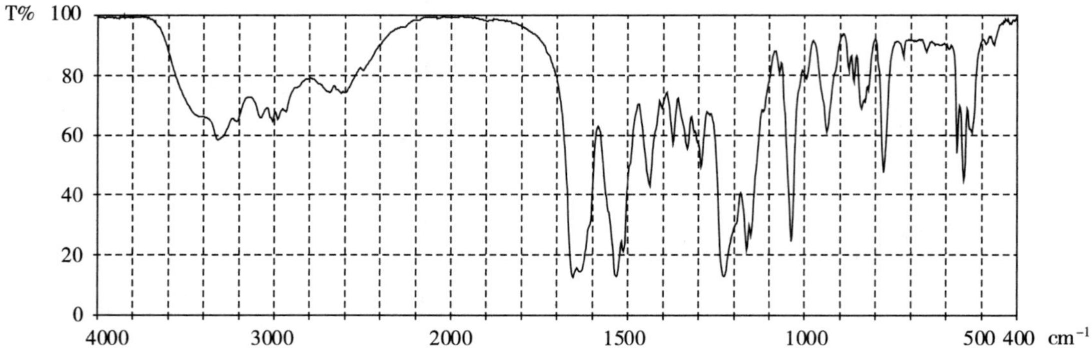

图 3　二甲磺酸阿米三嗪的红外光谱图

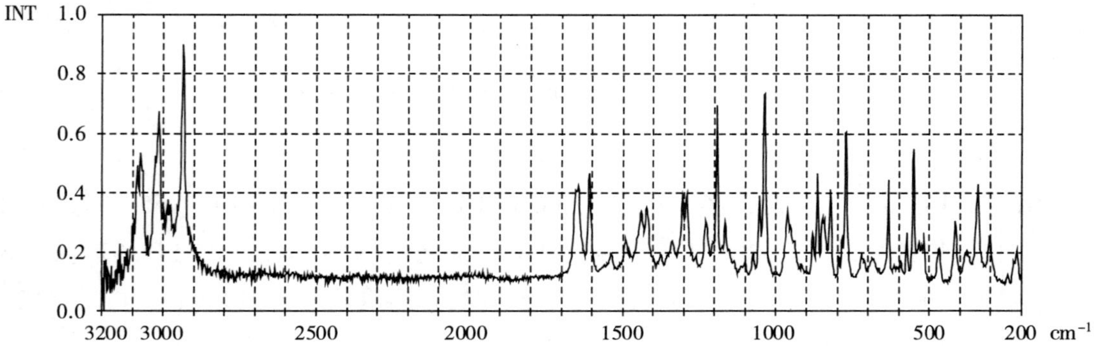

图 4　二甲磺酸阿米三嗪的拉曼光谱图

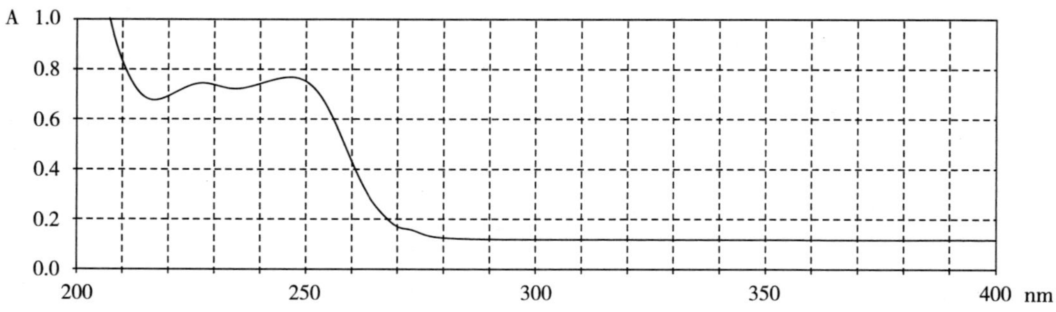

图 5　二甲磺酸阿米三嗪的紫外光谱图

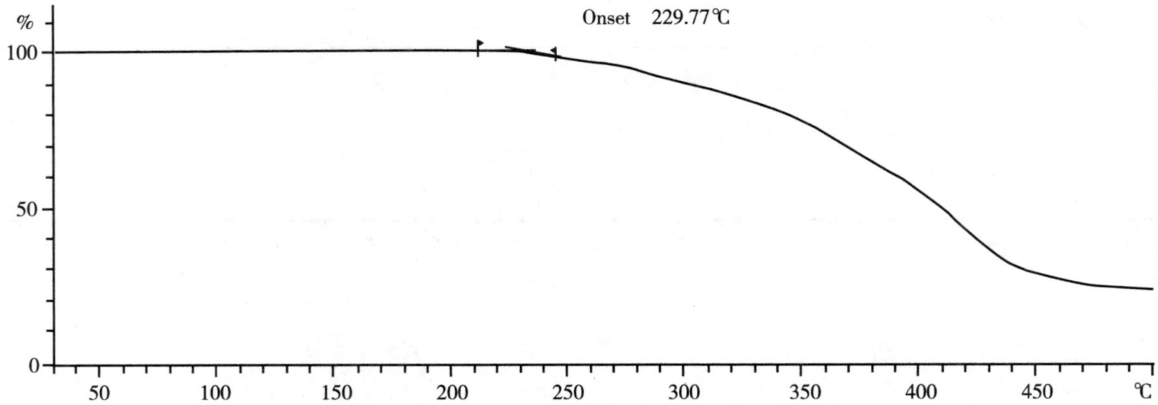

图 6　二甲磺酸阿米三嗪的 TG 图

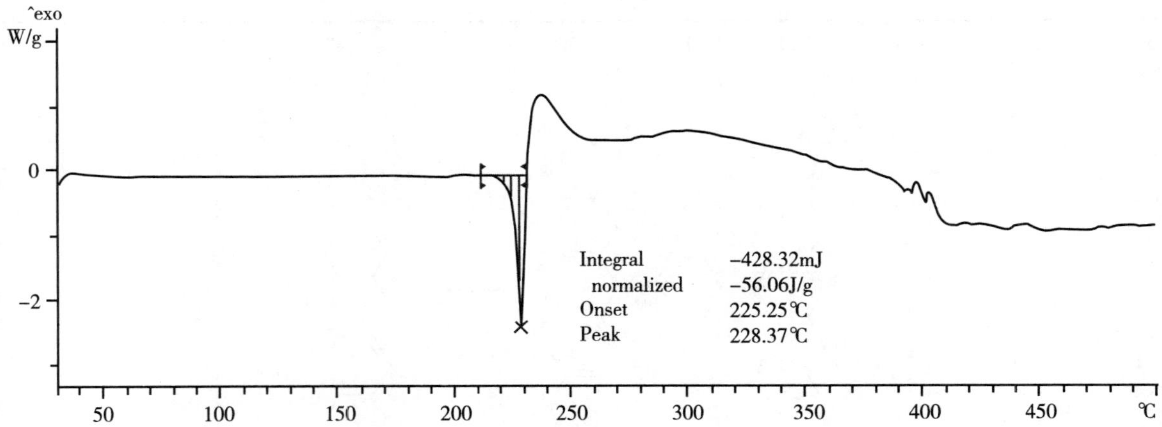

图 7　二甲磺酸阿米三嗪的 DSC 图

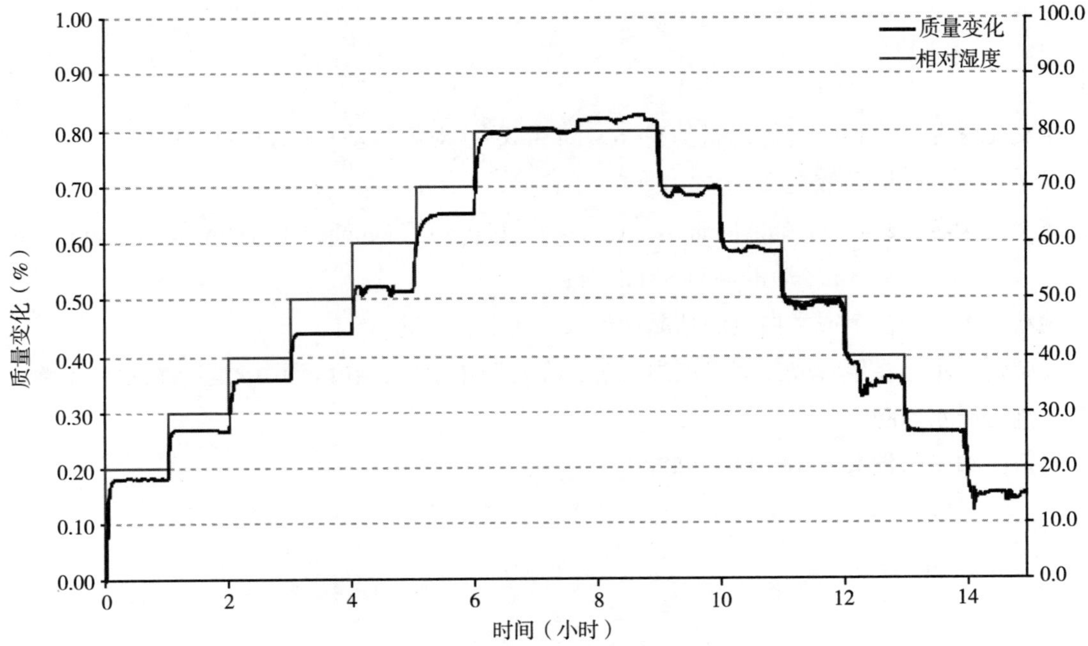

图 8　二甲磺酸阿米三嗪的 DVS 图

正离子扫描模式（一级）

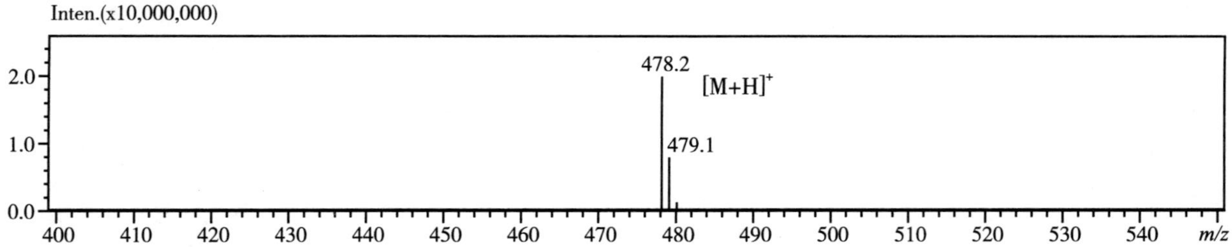

正离子扫描模式（二级）

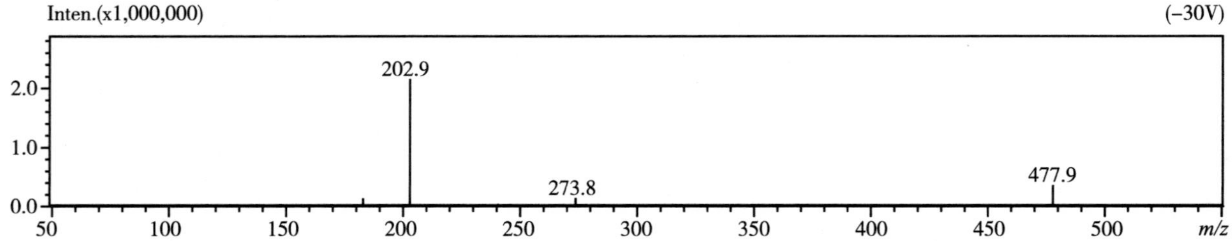

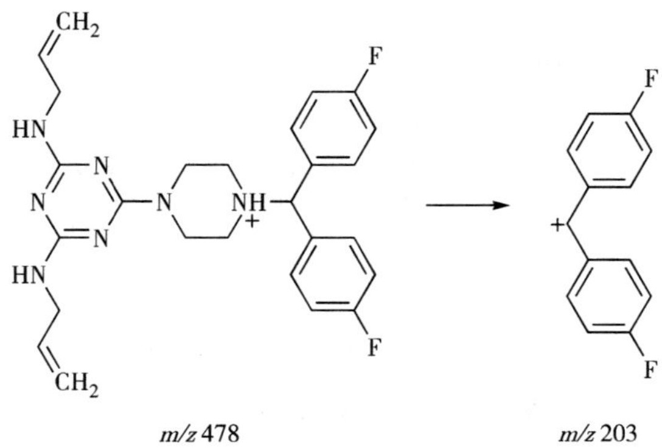

图9　二甲磺酸阿米三嗪的质谱图

备注

1. **中文化学名**　2,4－双(烯丙氨基)－6－［4－双－(对氟苯基)甲基］－1－哌嗪基－*S*－三嗪二甲磺酸盐
2. **英文化学名**　2,4－bis(allylamino)－6－［4－［bis(*p*－fluorophenyl)methyl］－1－piperazinyl］－*S*－triazine dimethanesulfonate
3. **性状**　本品为白色或类白色的结晶性粉末；无臭，无味。
4. **溶解性**　本品在甲醇或三氯甲烷中易溶，在乙醇中溶解，在丙酮中微溶，在水中不溶。
5. **溶剂**　无水乙醇。
6. **对照品编号与批号**　100349－200501

卡　莫　氟

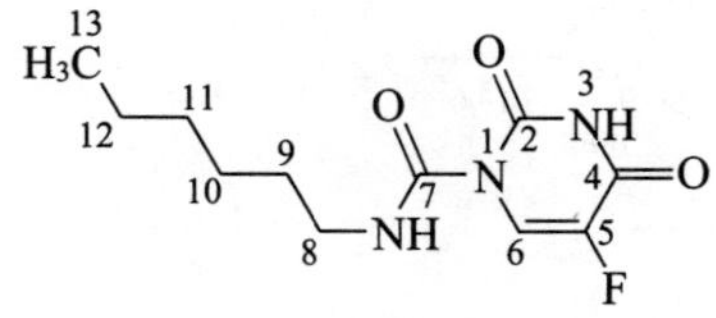

英文名　Carmofur

分子式　$C_{11}H_{16}FN_3O_3$

分子量　257.26

CAS 号　61422－45－5

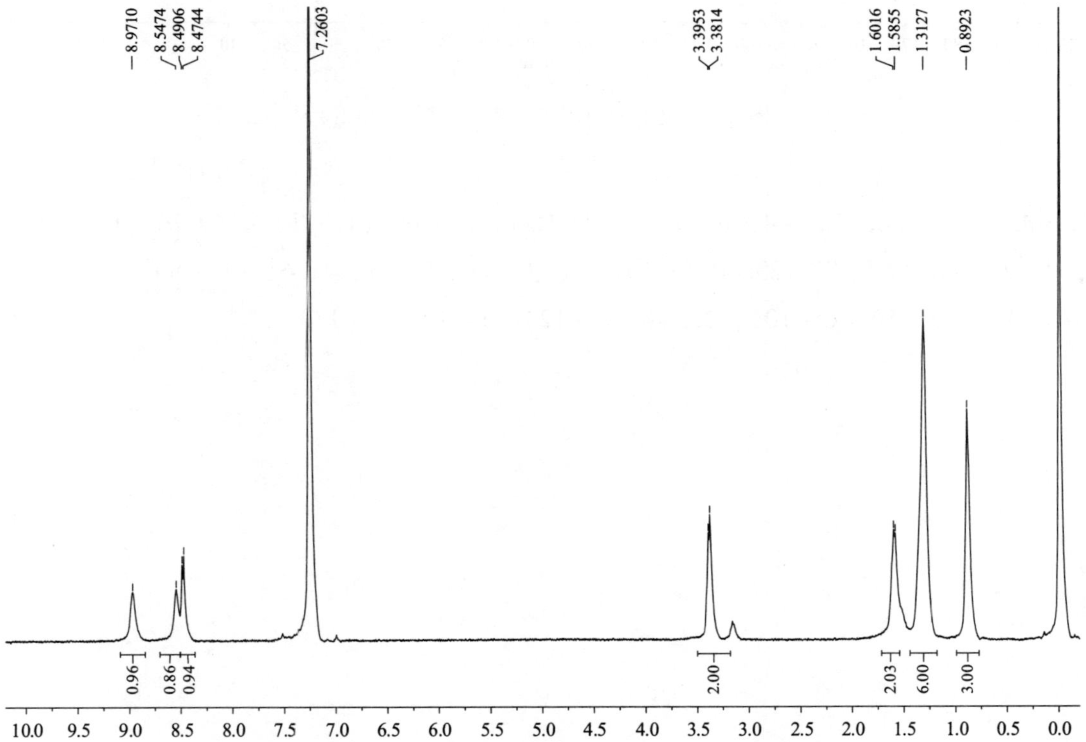

图 1　卡莫氟的^{1}H NMR 谱（溶剂：$CDCl_3$）

^{1}H NMR：δ 8.97（NH，brs，1H），8.55（NH，brs，1H），8.48（H－6，d，J＝6.5 Hz，1H），3.48～3.27（H－8，m，2H），1.70～1.45（H－9，m，2H），1.31（H－12，11，10，brs，6H），0.89（H－13，brs，3H）

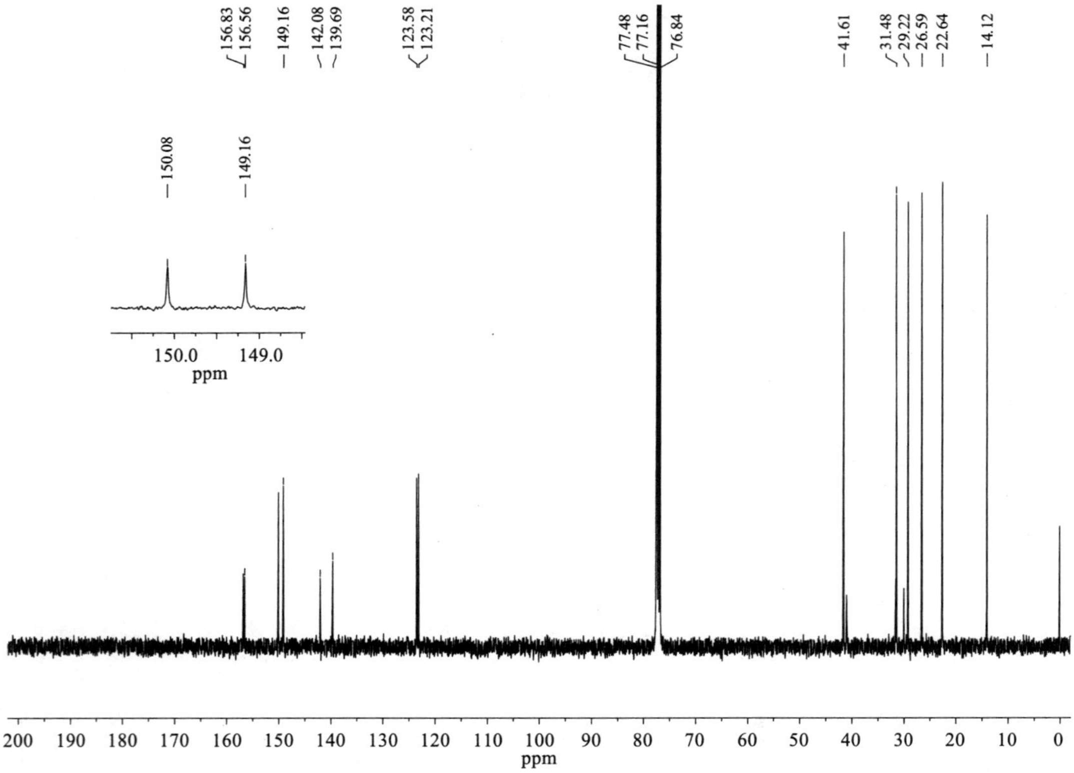

图 2　卡莫氟的^{13}C NMR 谱（溶剂：$CDCl_3$）

^{13}C NMR：δ 156.66（C－4，d，J＝27.27 Hz），150.08（C－7），149.16（C－2），140.88（C－5，d，J＝140.39 Hz），123.40（C－6，d，J＝37.37 Hz），41.61（C－8），31.48（C－9），29.22（C－11），26.59（C－10），22.64（C－12），14.12（C－13）

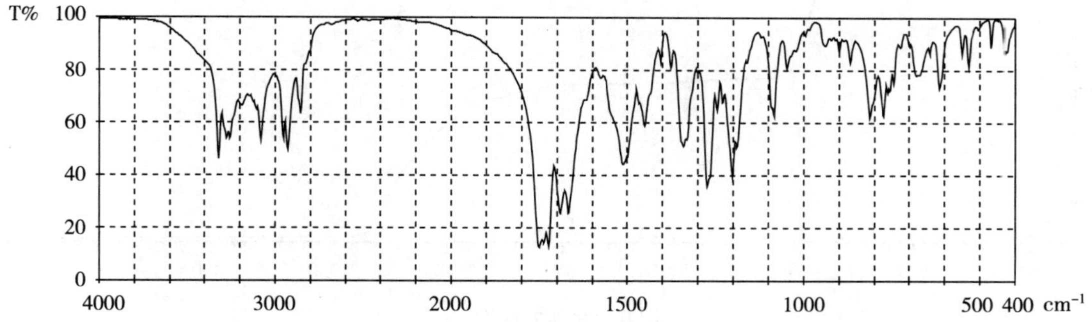

图 3　卡莫氟的红外光谱图

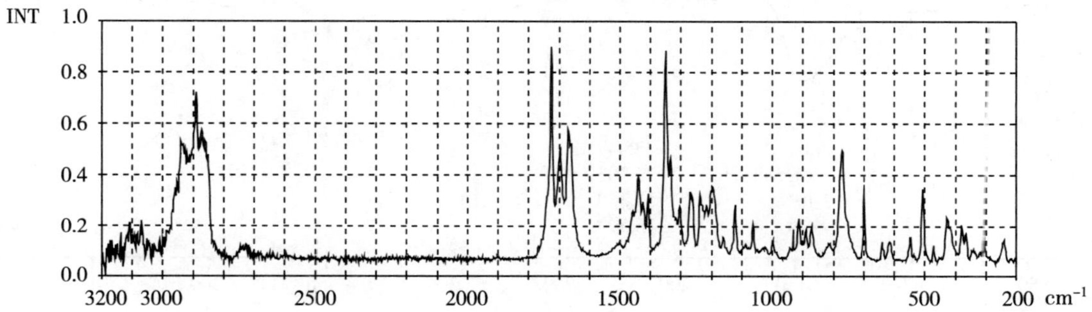

图 4　卡莫氟的拉曼光谱图

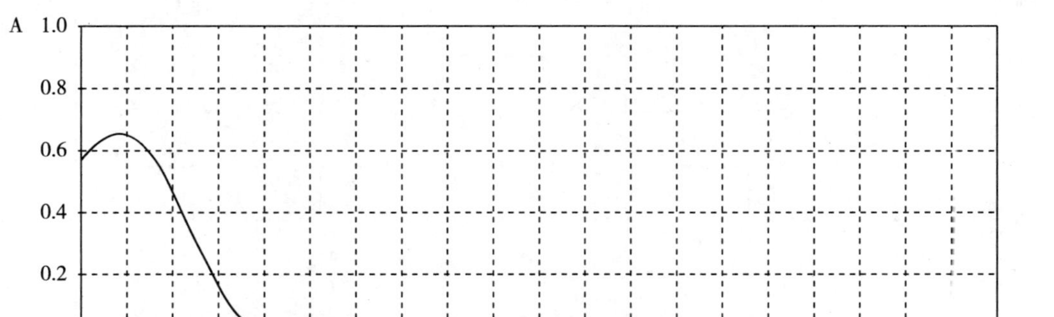

图 5　卡莫氟的紫外光谱图

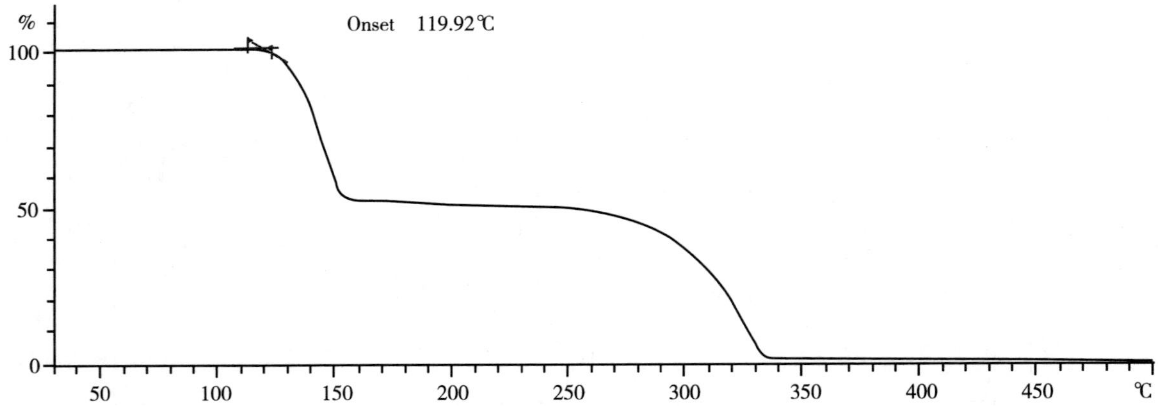

图 6　卡莫氟的 TG 图

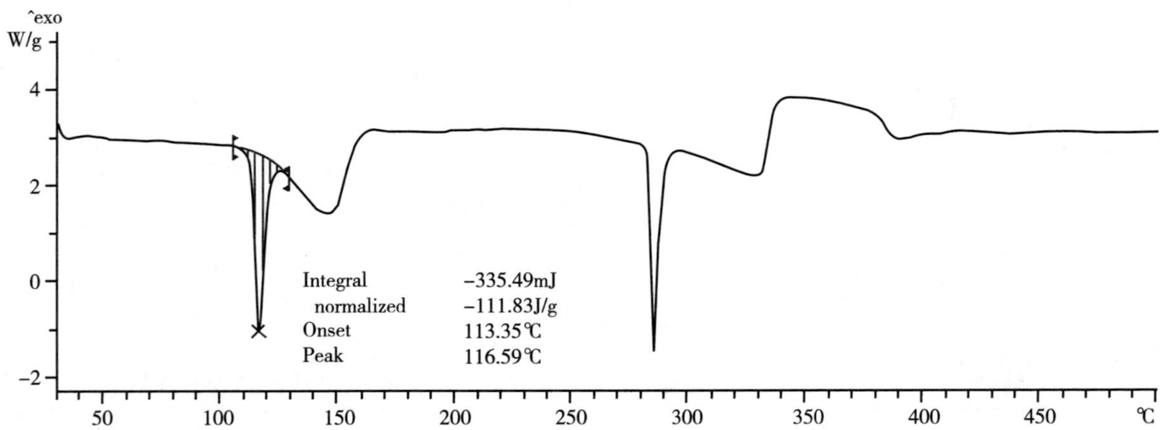

图 7　卡莫氟的 DSC 图

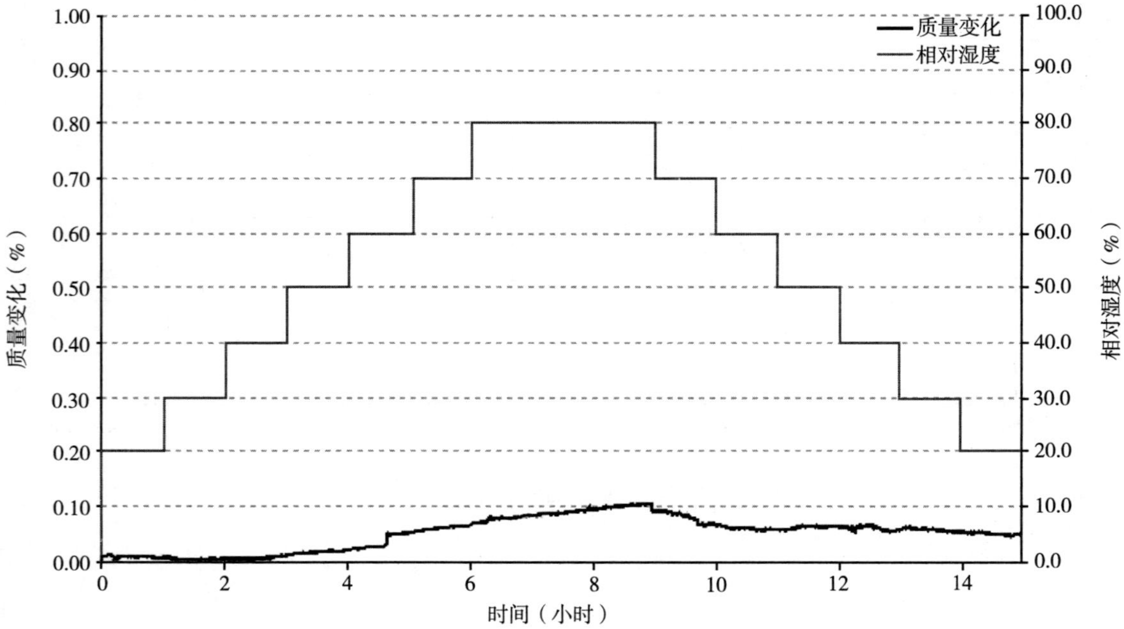

图 8　卡莫氟的 DVS 图

负离子扫描模式（一级）

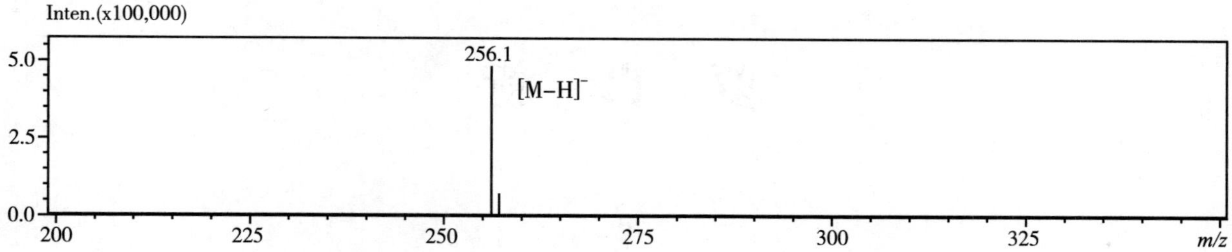

负离子扫描模式（二级）

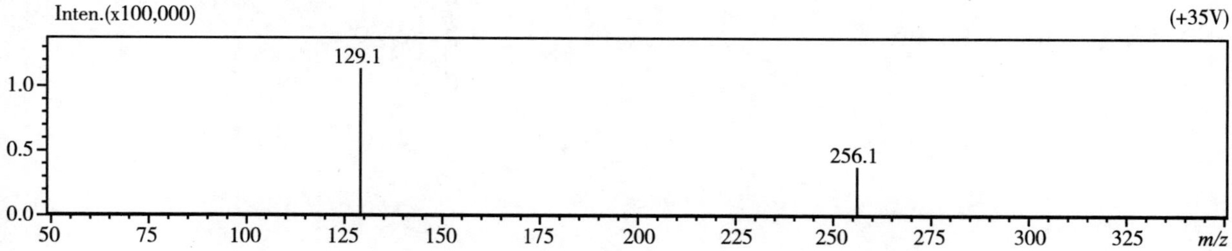

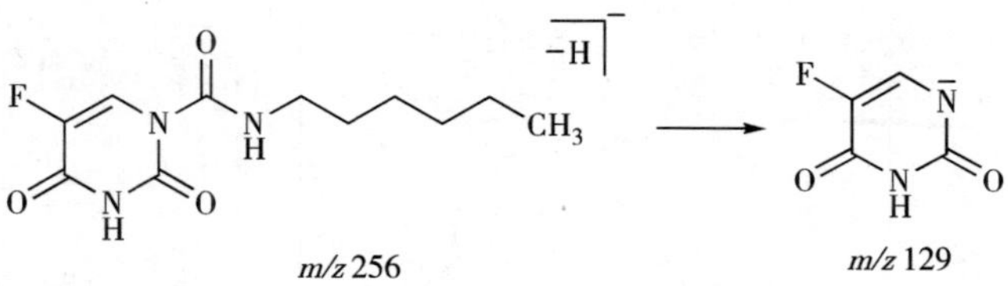

图9　卡莫氟的质谱图

备注

1. **中文化学名**　*N*－己基－5－氟－3,4－二氢－2,4－二氧代－1(2*H*)－嘧啶甲酰胺
2. **英文化学名**　5－fluoro－1－(hexylaminocarbonyl)uracil
3. **性状**　本品为白色结晶性粉末；无臭，无味。
4. **溶解性**　本品在二甲基甲酰胺中极易溶解，在三氯甲烷中易溶，在甲醇或乙醇中微溶，在水中几乎不溶。
5. **溶剂**　三氯甲烷。
6. **对照品编号与批号**　100352－201102

萝 巴 新

英文名 Raubasine

分子式 $C_{21}H_{24}N_2O_3$

分子量 352.43

CAS 号 483-04-5

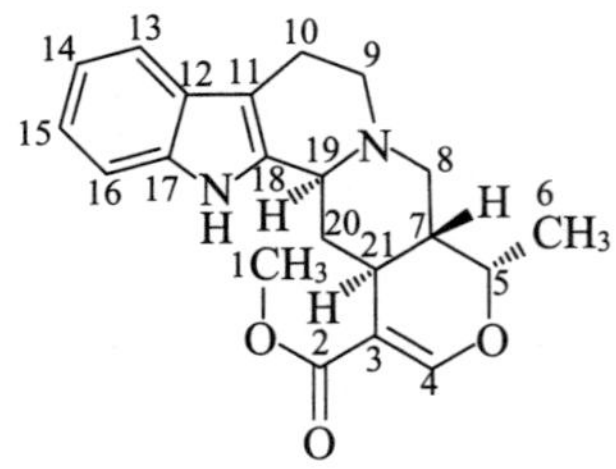

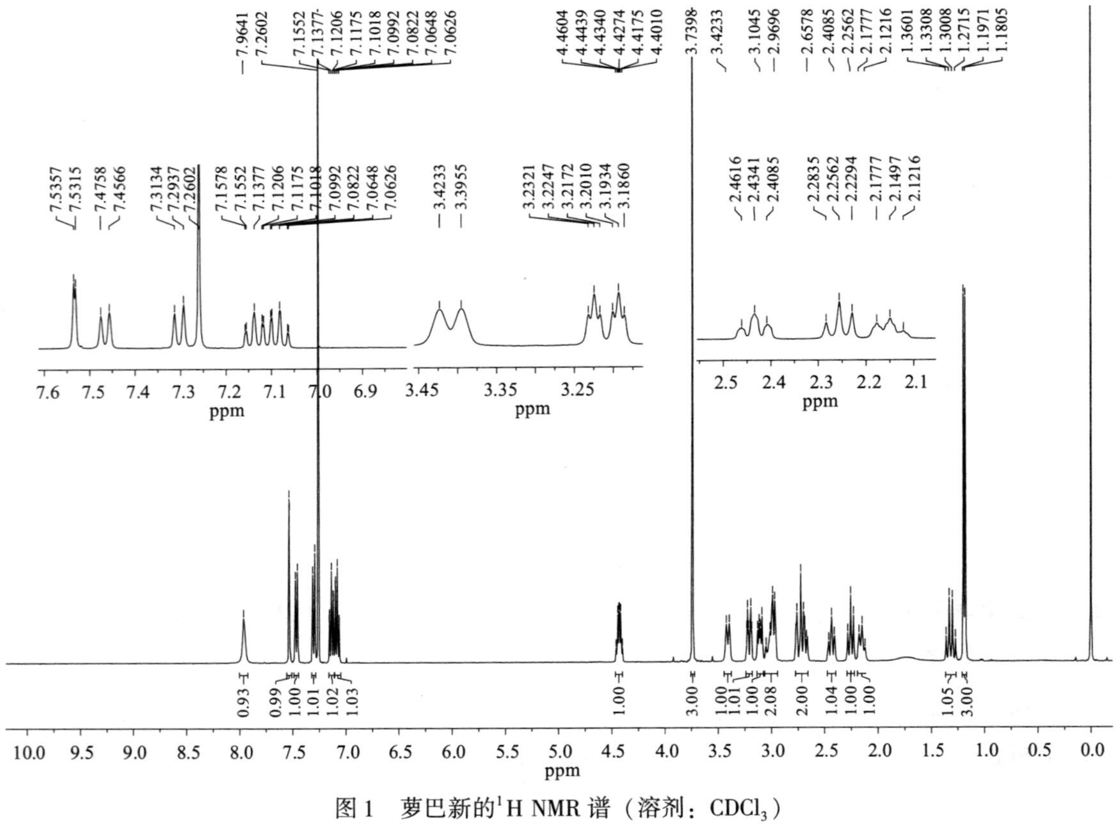

图1 萝巴新的¹H NMR谱（溶剂：$CDCl_3$）

¹H NMR：δ 7.96（NH，s，1H），7.53（H-4，d，J=1.7 Hz，1H），7.47（H-13，d，J=7.7 Hz，1H），7.30（H-16，d，J=7.9 Hz，1H），7.14（H-14，td，J=7.9，1.0 Hz，1H），7.08（H-15，td，J=7.7，1.0 Hz，1H），4.43（H-5，m，1H），3.74（H-1，s，3H），3.41（H-19，d，J=11.1 Hz，1H），3.21（H-20a，dt，J=12.5，3.0 Hz，1H），3.11（H-9a，m，1H），3.07~2.93（H-10b，8b，m，2H），2.78~2.66（H-10b，9b，m，2H），2.43（H-21，t，J=10.6 Hz，1H），2.26（H-8b，t，J=10.8 Hz，1H），2.15（H-7，t，J=11.2 Hz，1H），1.32（H-20b，q，J=11.7 Hz，1H），1.19（H-6，d，J=6.6 Hz，3H）

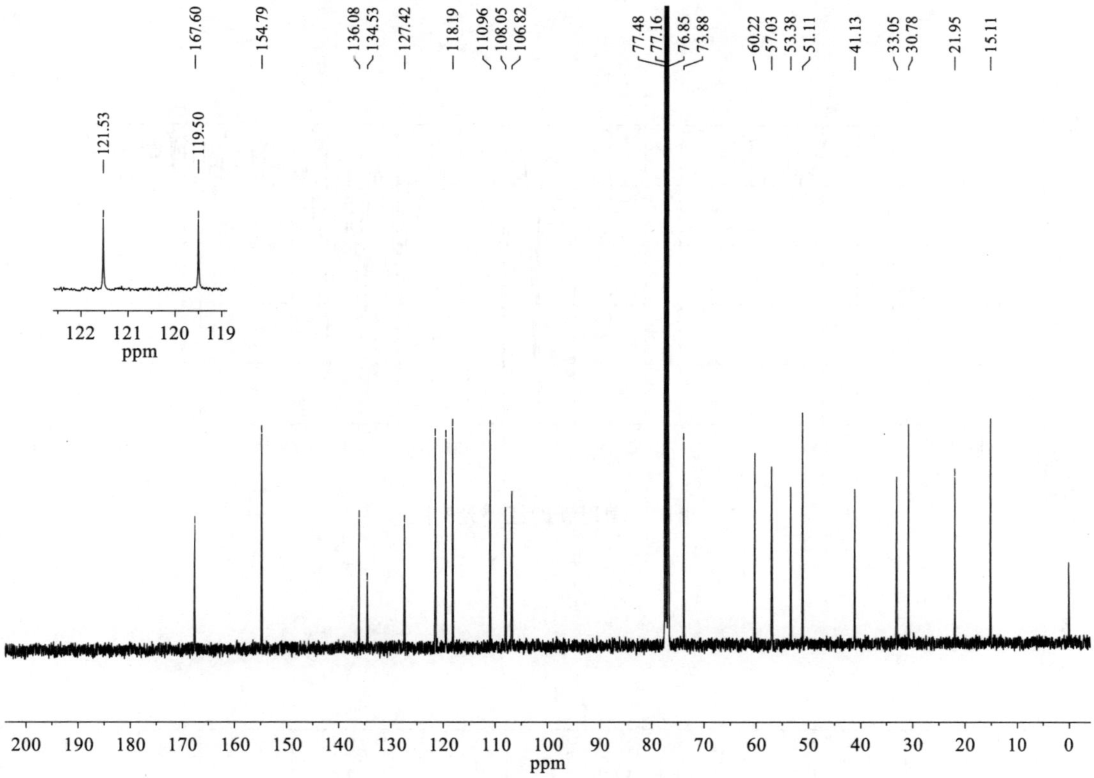

图2　萝巴新的^{13}C NMR谱（溶剂：$CDCl_3$）

^{13}C NMR：δ 167.60（C－2），154.79（C－4），136.08（C－17），134.53（C－18），127.42（C－12），121.53（C－15），119.50（C－14），118.19（C－13），110.96（C－16），108.05（C－3），106.82（C－11），73.88（C－5），60.22（C－19），57.03（C－8），53.38（C－9），51.11（C－1），41.13（C－7），33.05（C－20），30.78（C－21），21.95（C－10），15.11（C－6）

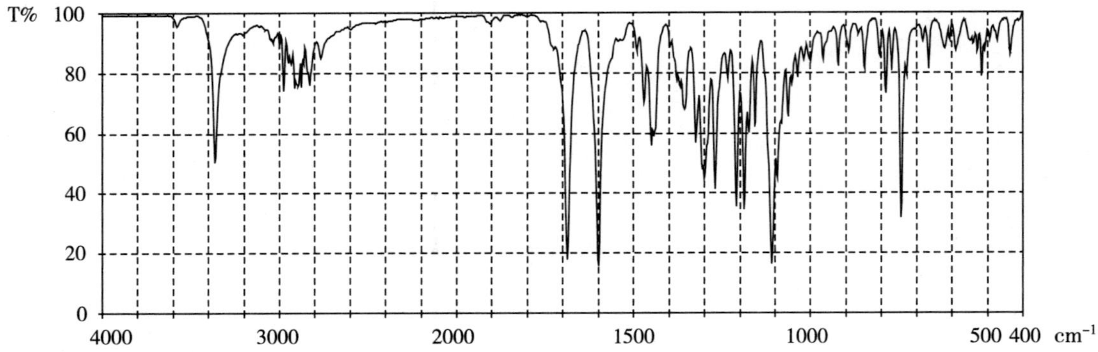

图 3　萝巴新的红外光谱图

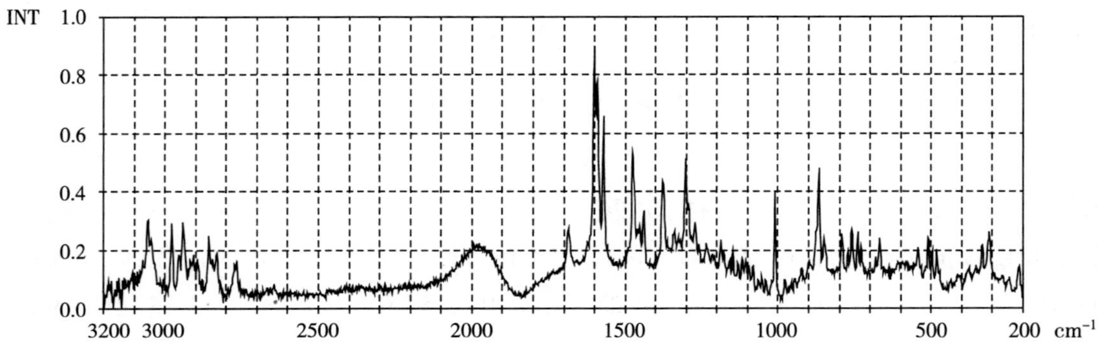

图 4　萝巴新的拉曼光谱图

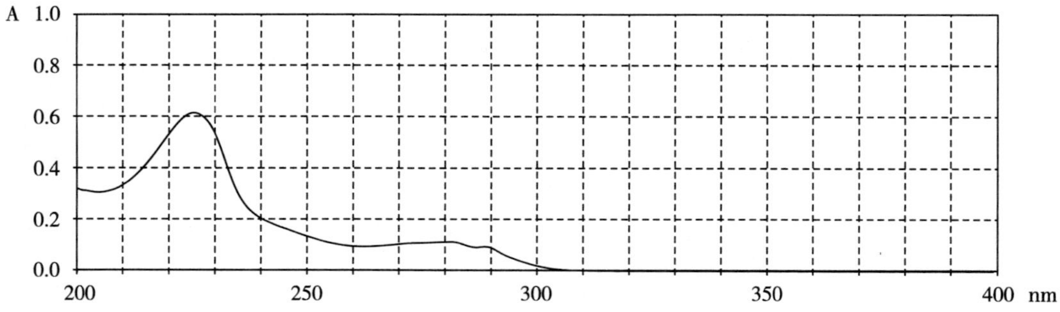

图 5　萝巴新的紫外光谱图

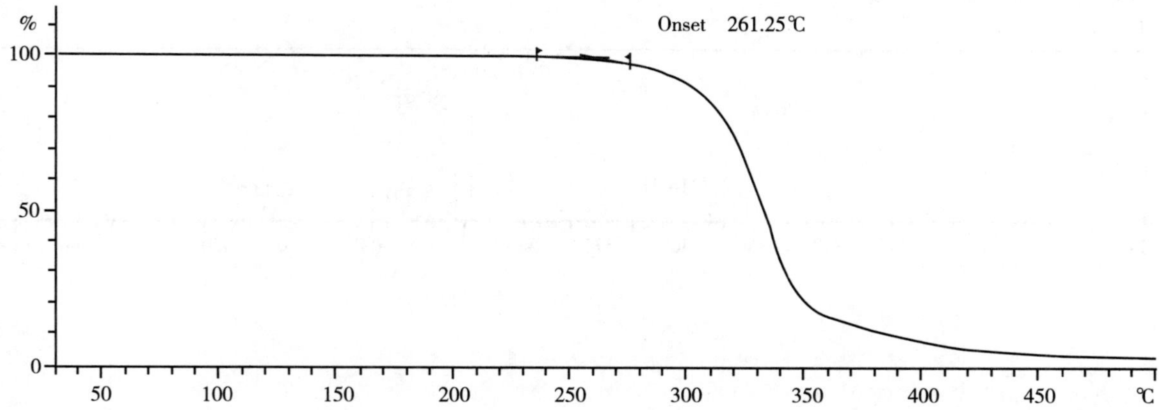

图 6　萝巴新的 TG 图

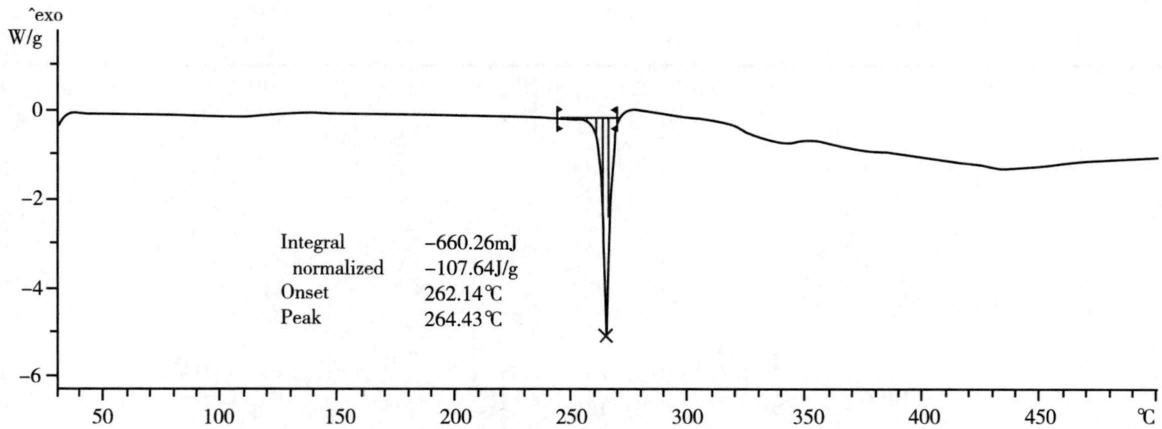

图 7　萝巴新的 DSC 图

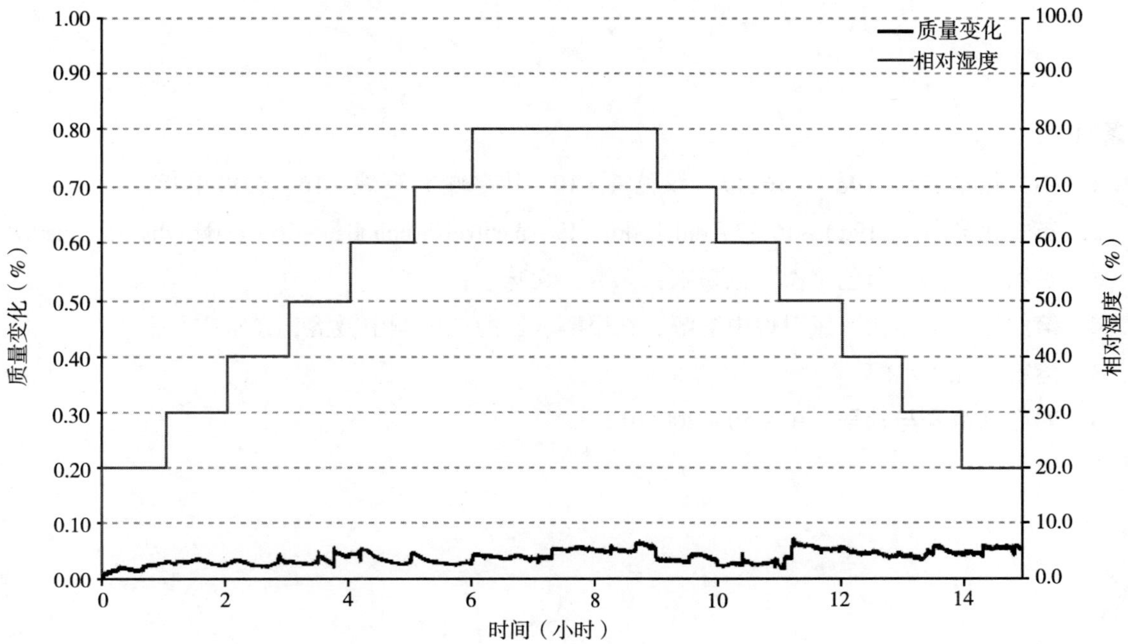

图 8　萝巴新的 DVS 图

负离子扫描模式（一级）

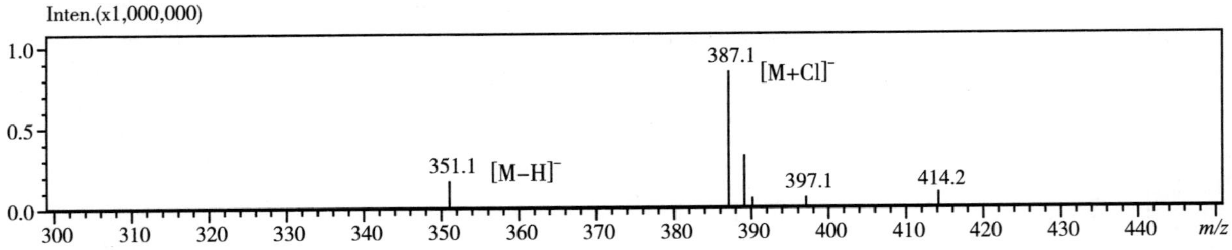

负离子扫描模式（二级）

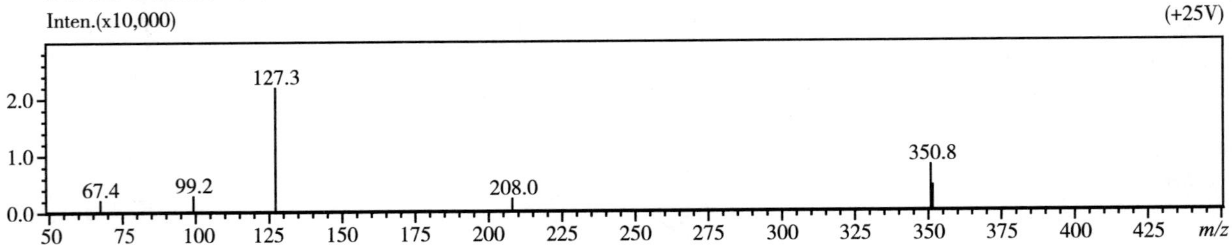

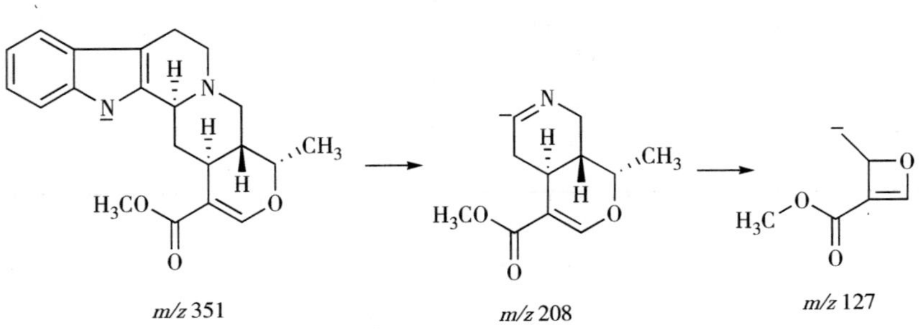

图9 萝巴新的质谱图

备注

1. **中文化学名** (19α) – 16,17 – 双脱氢 – 19 – 甲基噁育亨烷 – 16 – 羧酸甲酯
2. **英文化学名** (19α) – 16,17 – didehydro – 19 – methyloxayohimban – 16 – carboxylic acid methyl ester
3. **性状** 本品为白色至微黄色粉末；无臭，无味。
4. **溶解性** 本品在三氯甲烷中溶解，在甲醇、乙醇或丙酮中微溶，在水中几乎不溶。
5. **溶剂** 无水乙醇。
6. **对照品编号与批号** 100350 – 200501

西 洛 他 唑

英文名 Cilostazol

分子式 $C_{20}H_{27}N_5O_2$

分子量 369.46

CAS 号 73963－72－1

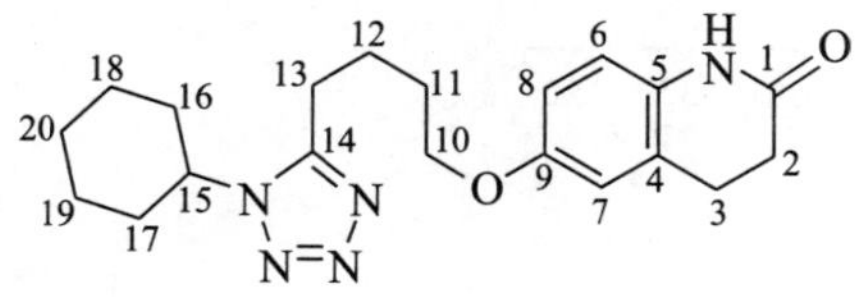

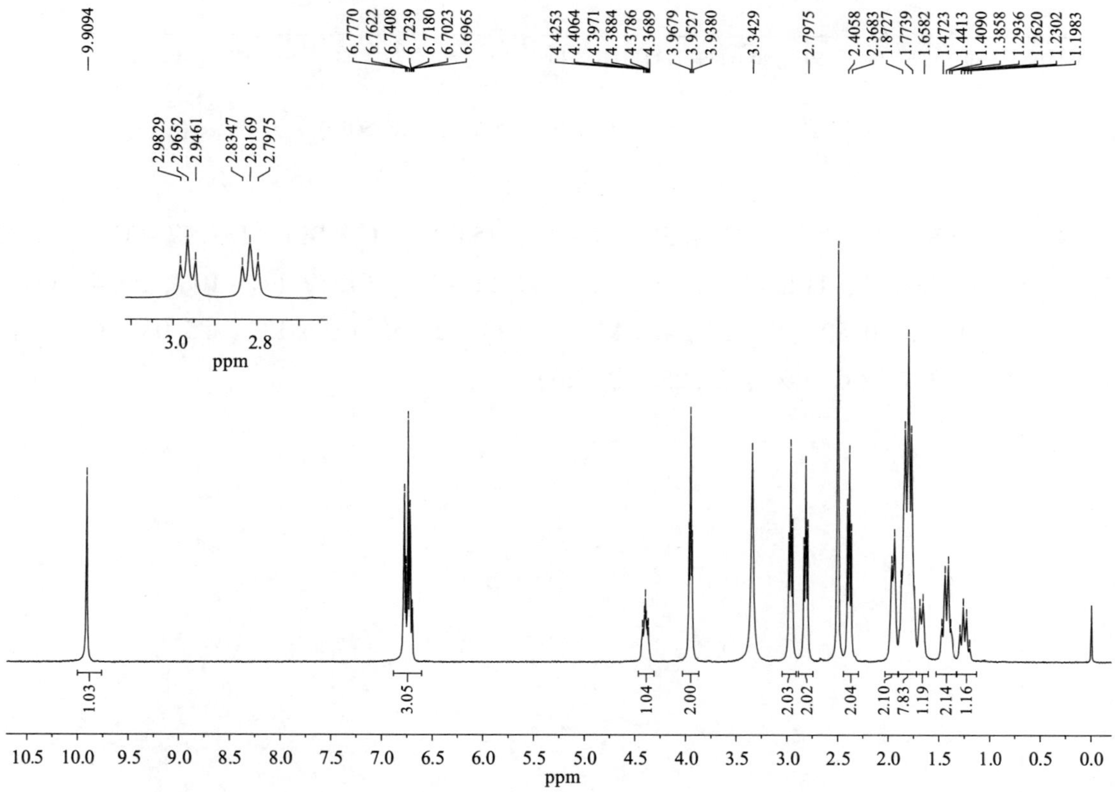

图 1 西洛他唑的^{1}H NMR 谱（溶剂：CD_3SOCD_3）

^{1}H NMR：δ 9.91（NH，brs，1H），6.88～6.61（H－6，7，8，m，3H），4.39（H－15，m，1H），3.95（H－10，t，J=6.0 Hz，2H），2.96（H－3，t，J=7.3 Hz，2H），2.82（H－2，t，J=7.3 Hz，2H），2.45～2.30（H－13，m，2H），2.01～1.90（m，2H），1.90～1.71（m，8H），1.66（m，1H），1.51～1.34（m，2H），1.25（m，1H）

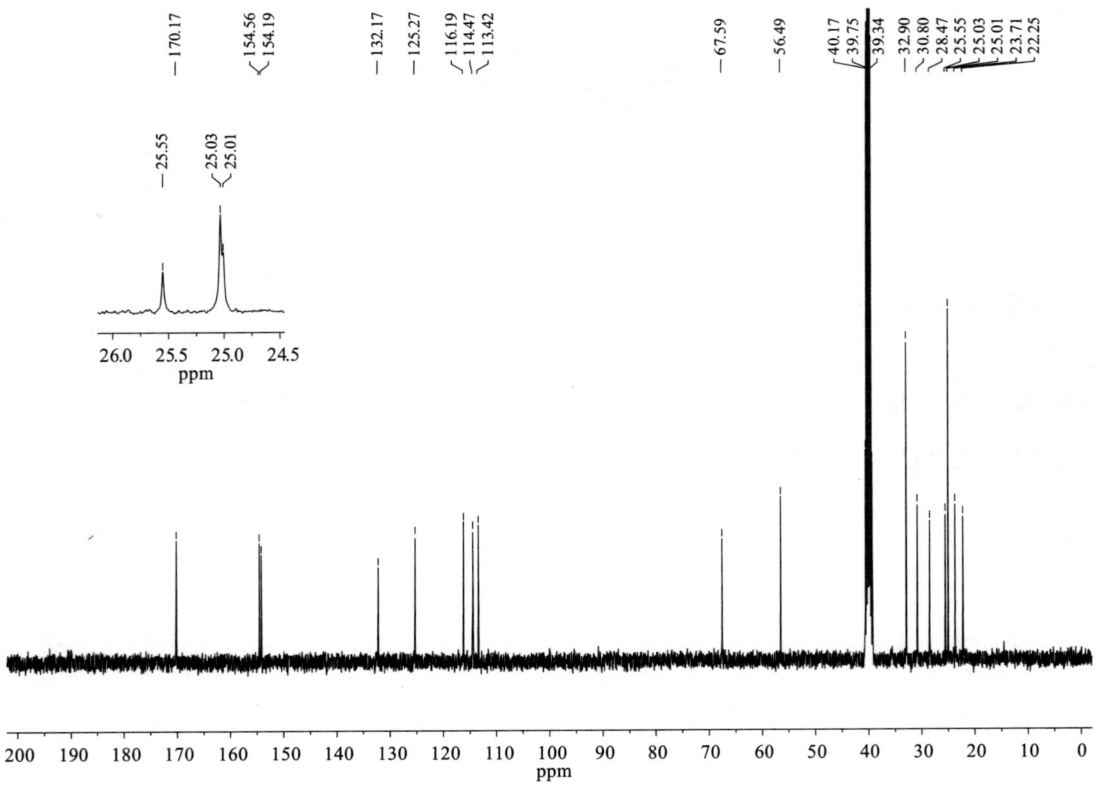

图 2　西洛他唑的 ^{13}C NMR 谱（溶剂：CD_3SOCD_3）

^{13}C NMR：δ 170. 17（C－1），154. 56（C－9），154. 19（C－14），132. 17（C－5），125. 27（C－4），116. 19（C－6），114. 47（C－8），113. 42（C－7），67. 59（C－10），56. 49（C－15），32. 90（C－16，17），30. 80（C－2），28. 47（C－3），25. 55（C－13），25. 03（C－18，19），25. 01（C－11），23. 71（C－12），22. 25（C－20）

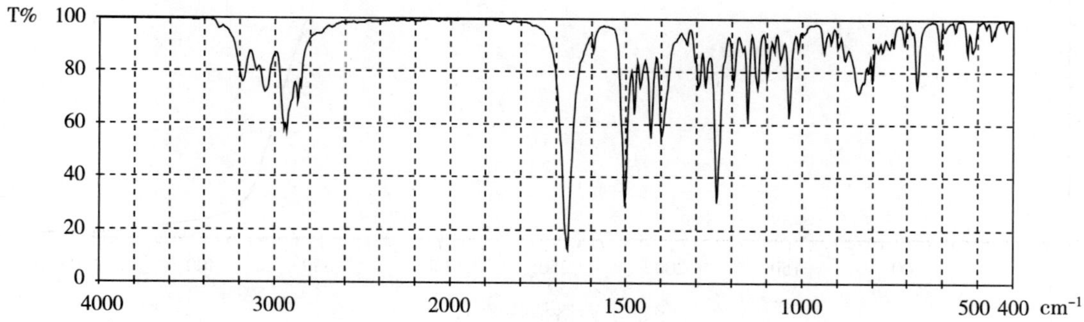

图 3　西洛他唑的红外光谱图

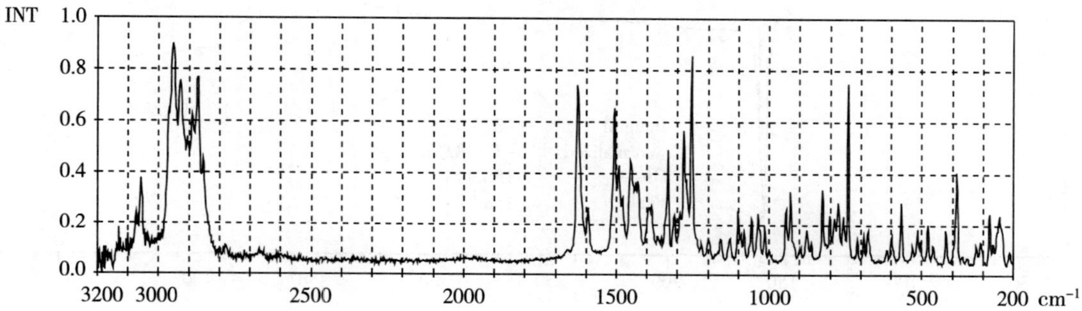

图 4　西洛他唑的拉曼光谱图

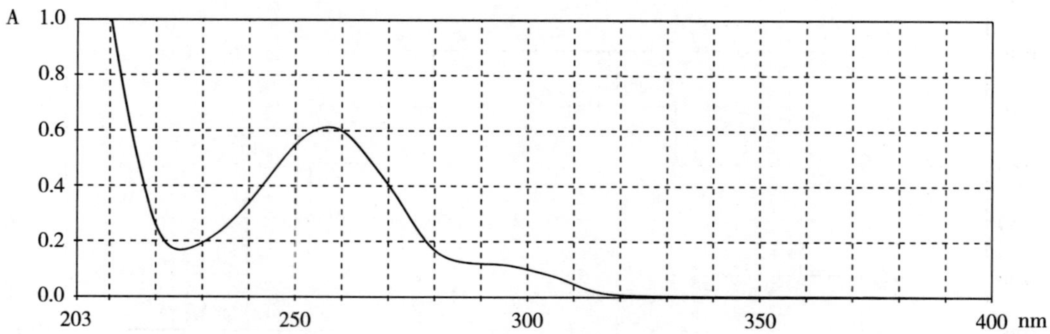

图 5　西洛他唑的紫外光谱图

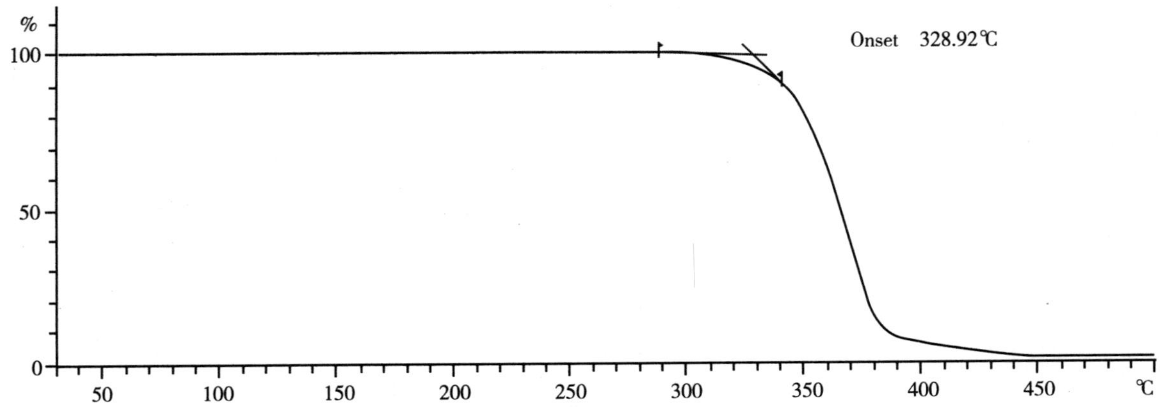

图 6　西洛他唑的 TG 图

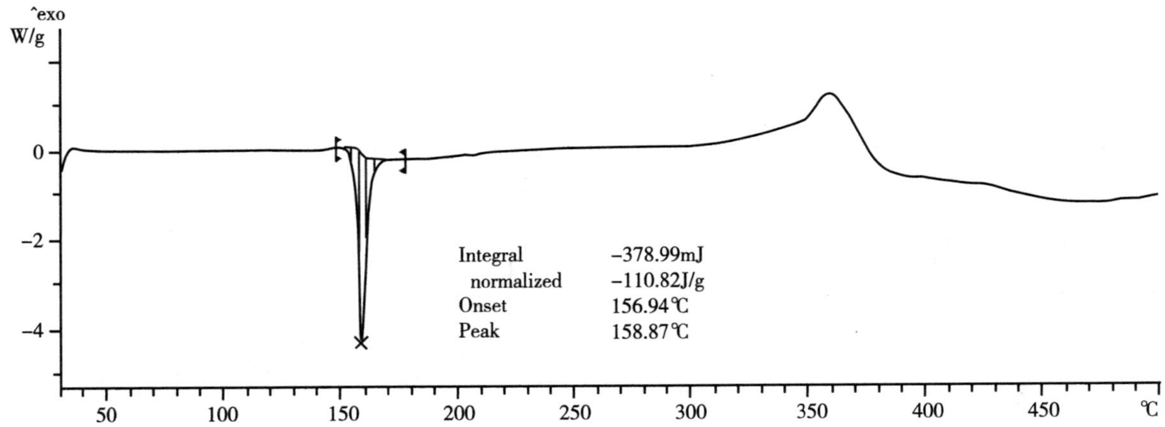

图 7　西洛他唑的 DSC 图

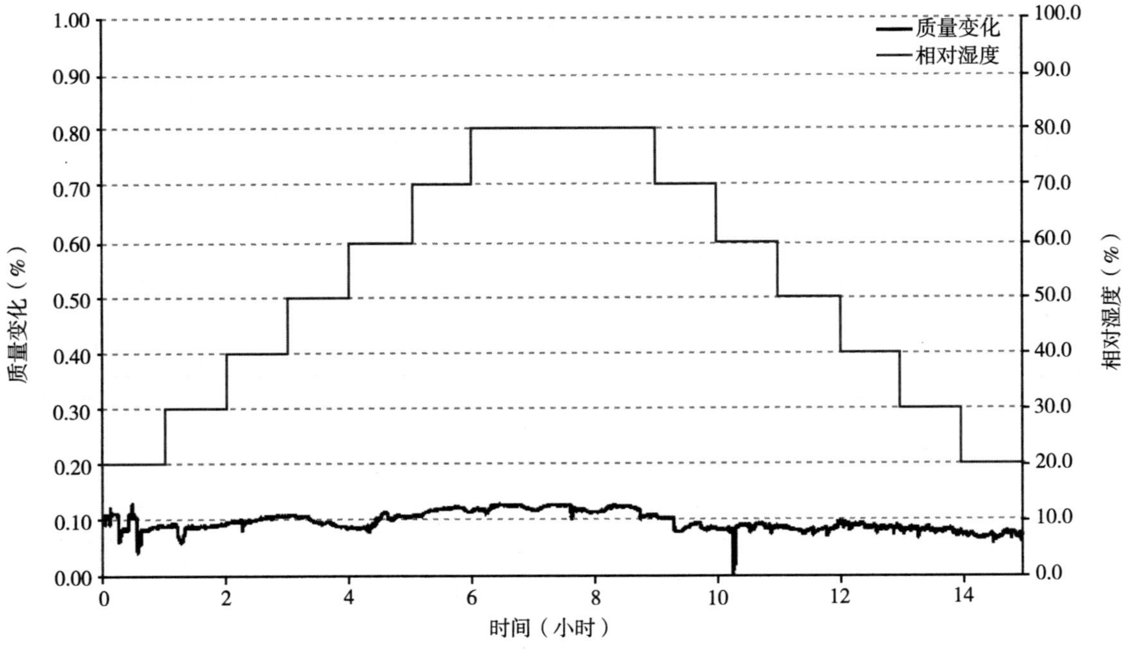

图 8　西洛他唑的 DVS 图

正离子扫描模式（一级）

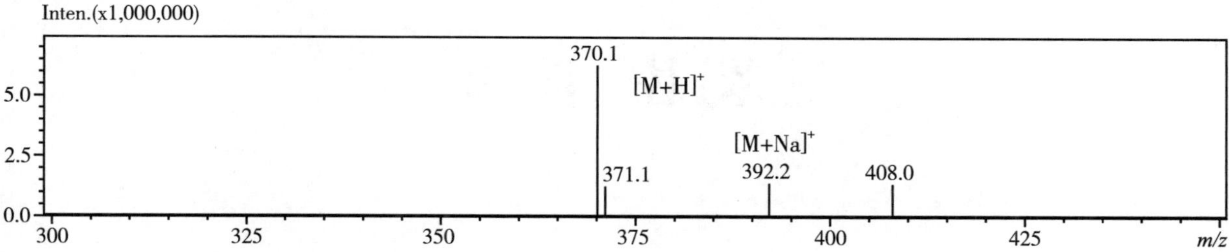

正离子扫描模式（二级）

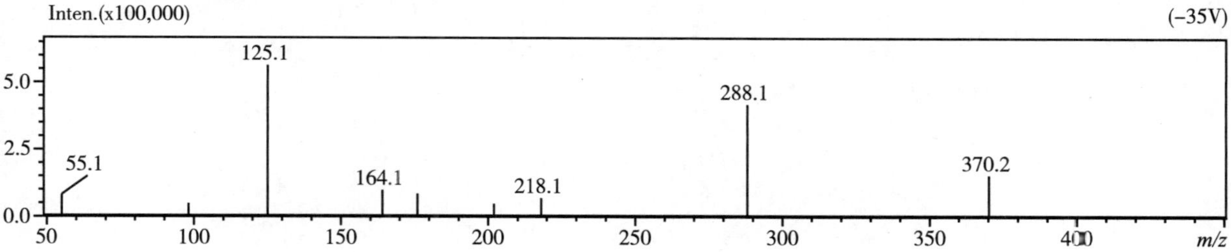

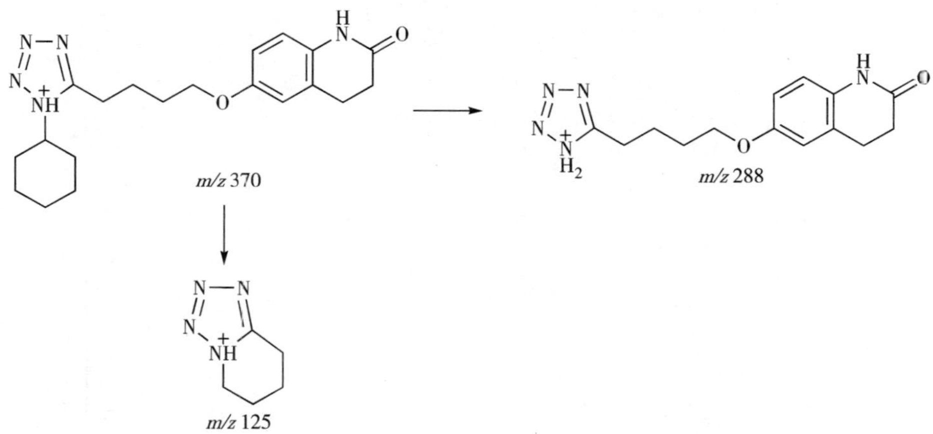

图9　西洛他唑的质谱图

备注

1. 中文化学名　6-[4-(1-环己基-1*H*-戊四唑-5-基)丁氧基]-3,4-二氢-2(1*H*)-喹诺酮

2. 英文化学名　6-[4-(1-cyclohexyl-1*H*-tetrazol-5-yl)butoxy]-3,4-dihydro-2(1*H*)-quinolinone

3. 性状　本品为白色或类白色的结晶性粉末；无臭。

4. 溶解性　本品在冰醋酸或三氯甲烷中易溶，在二甲基甲酰胺中溶解，在甲醇或无水乙醇中微溶，在水、0.1 mol/L盐酸溶液或0.1 mol/L氢氧化钠溶液中几乎不溶。

5. 溶剂　乙醇。

6. 对照品编号与批号　100363-201202

苯佐卡因

英文名 Benzocaine

分子式 $C_9H_{11}NO_2$

分子量 165.19

CAS 号 94-09-7

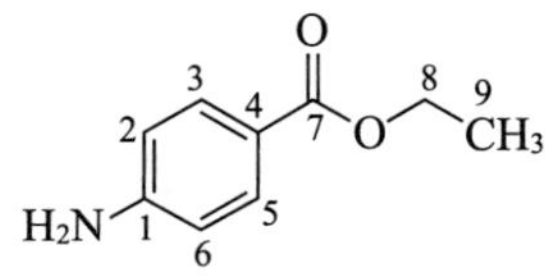

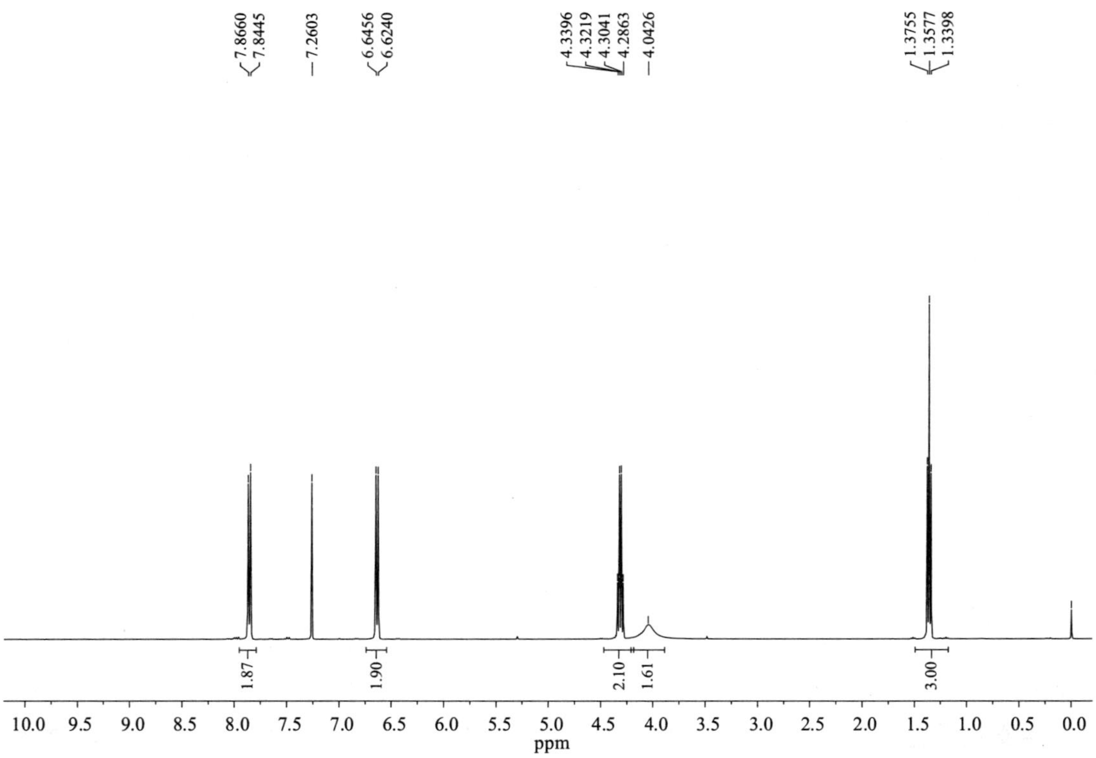

图 1 苯佐卡因的^1H NMR 谱（溶剂：$CDCl_3$）

^1H NMR：δ 7.86（H-3，5，d，J=8.6 Hz，2H），6.63（H-2，6，d，J=8.6 Hz，2H），4.31（H-8，q，J=7.1 Hz，2H），4.04（NH_2，brs，2H），1.36（H-9，t，J=7.1 Hz，3H）

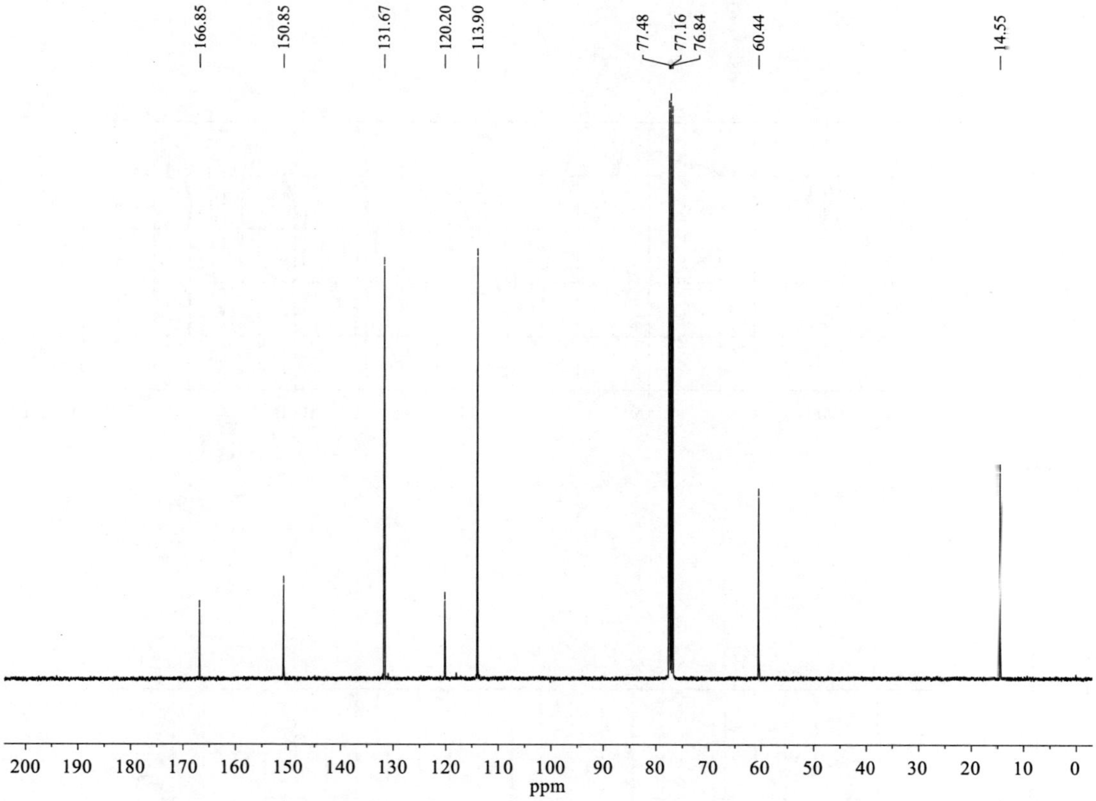

图2　苯佐卡因的^{13}C NMR谱（溶剂：$CDCl_3$）

^{13}C NMR：δ 166.85（C－7），150.85（C－1），131.67（C－3，5），120.20（C－4），113.90（C－2，6），60.44（C－8），14.55（C－9）

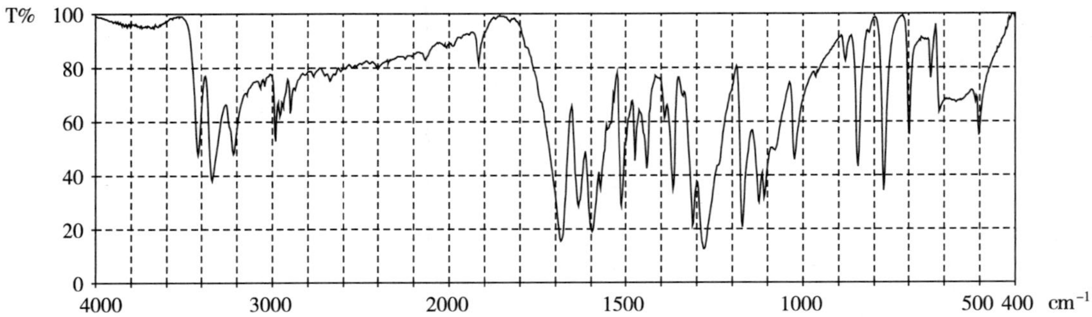

图 3　苯佐卡因的红外光谱图

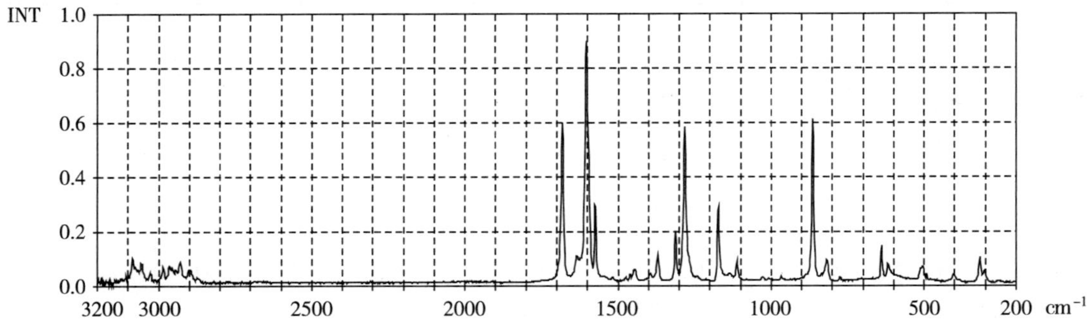

图 4　苯佐卡因的拉曼光谱图

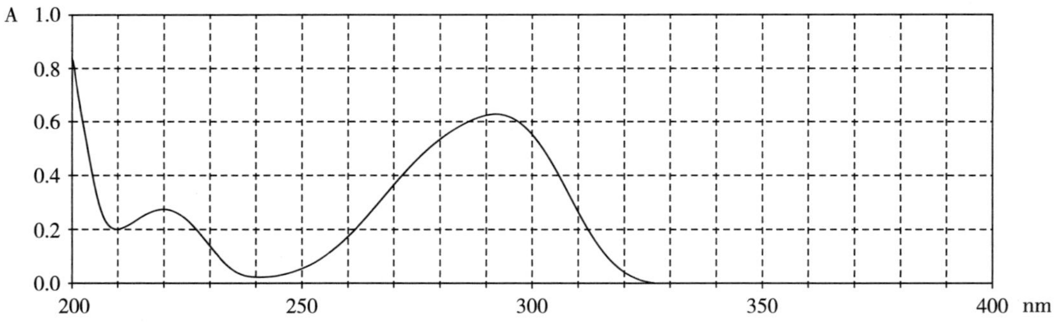

图 5　苯佐卡因的紫外光谱图

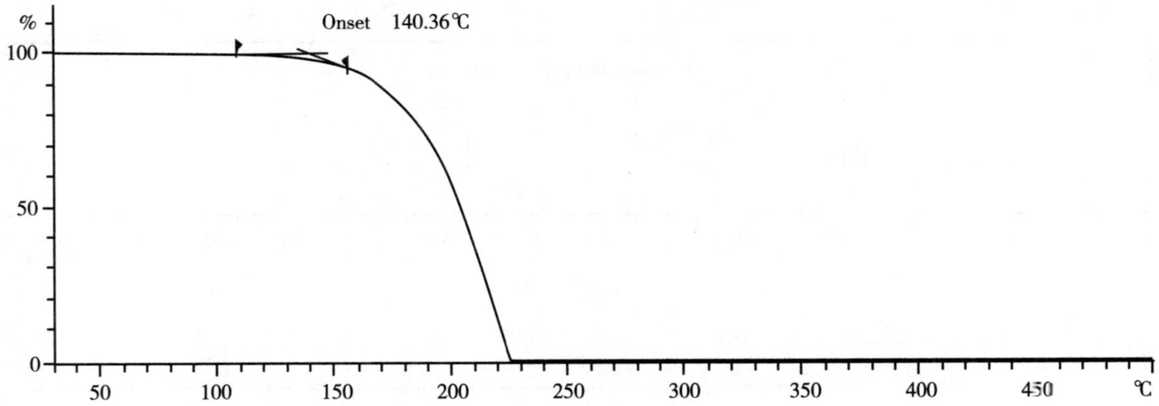

图 6　苯佐卡因的 TG 图

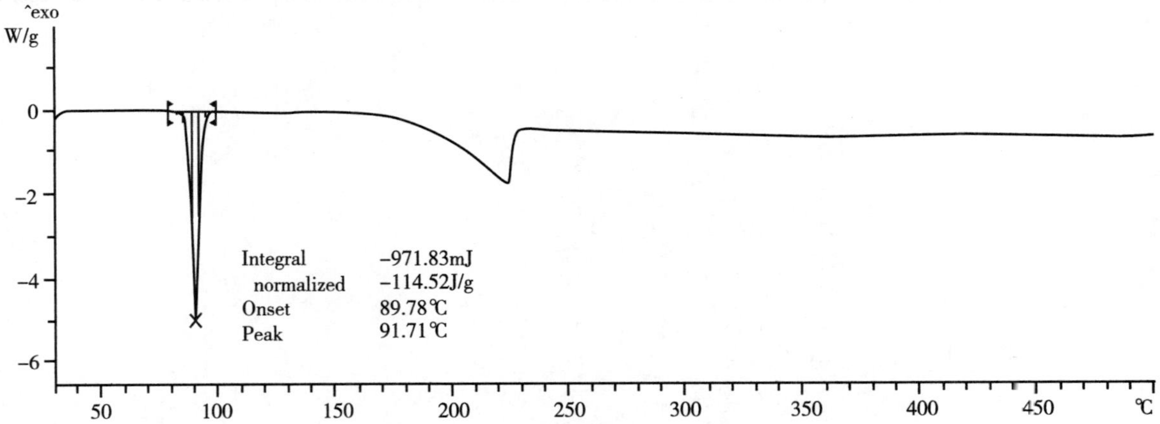

图 7　苯佐卡因的 DSC 图

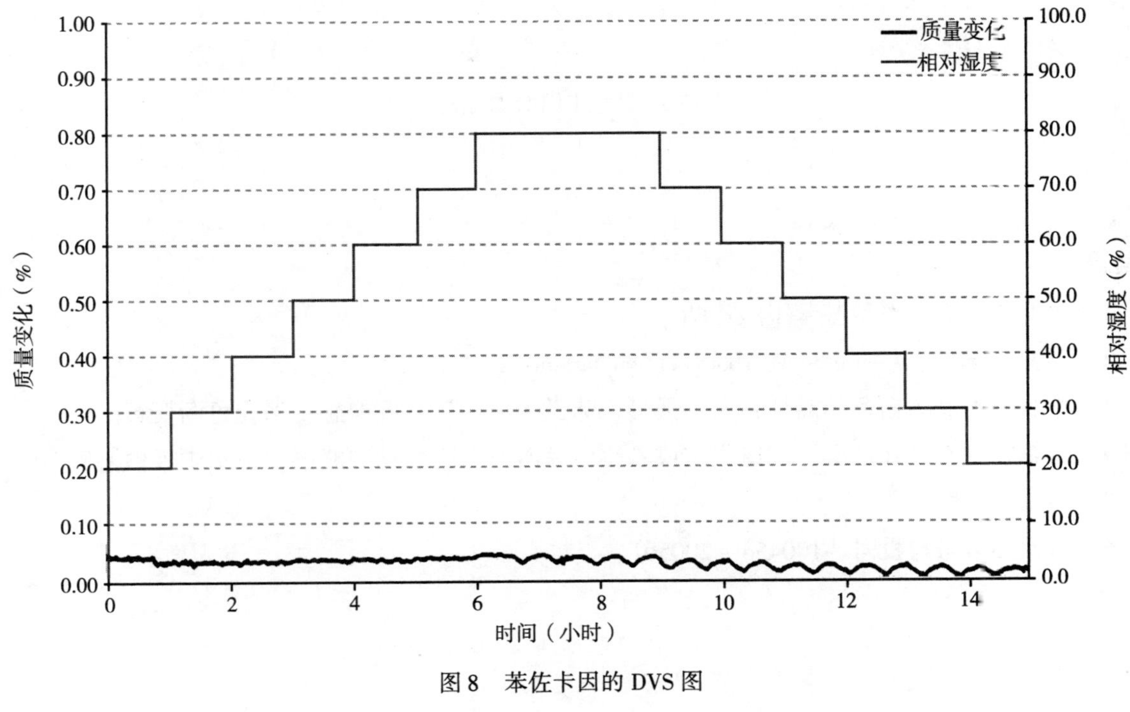

图 8　苯佐卡因的 DVS 图

正离子扫描模式（一级）

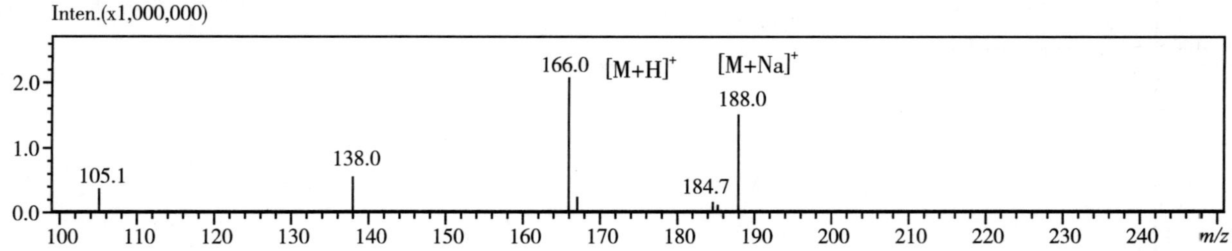

正离子扫描模式（二级）

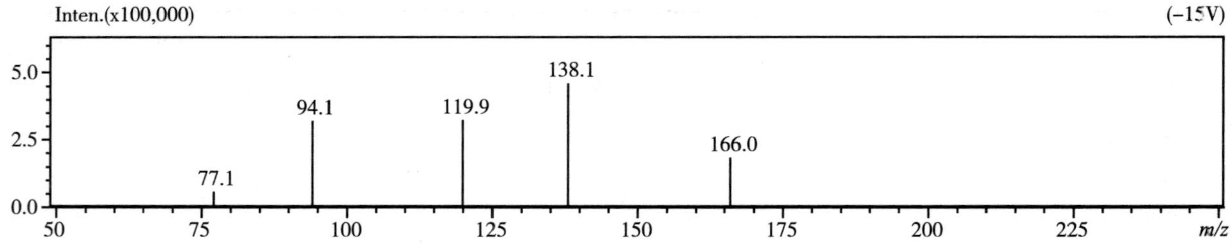

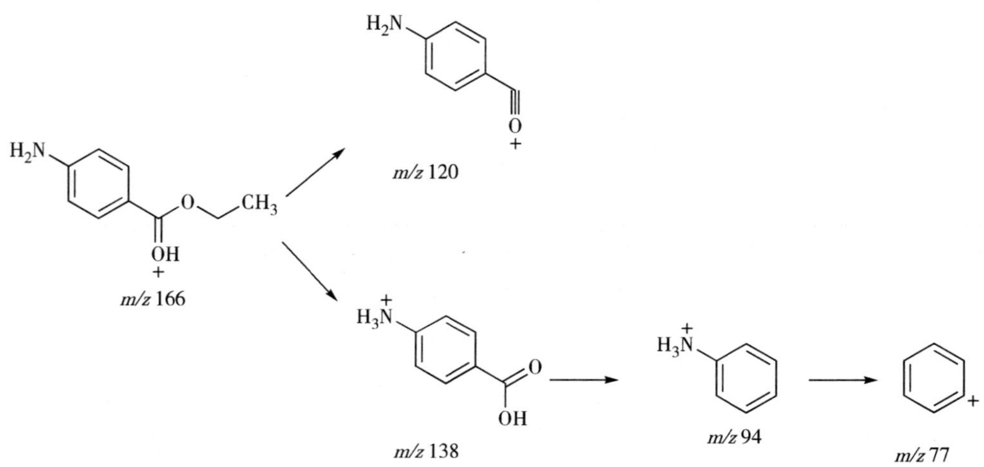

图 9　苯佐卡因的质谱图

备注

1. 中文化学名　对氨基苯甲酸乙酯

2. 英文化学名　4 –（ethoxycarbonyl）phenylamine

3. 性状　本品为白色结晶性粉末；无臭，味微苦，随后有麻痹感；遇光色渐变黄。

4. 溶解性　本品在乙醇、三氯甲烷或乙醚中易溶，在脂肪油中略溶，在水中极微溶解。

5. 溶剂　乙醇。

6. 对照品编号与批号　100454 – 200501

度 米 芬

英文名 Domiphen Bromide

分子式 $C_{22}H_{40}BrNO \cdot H_2O$

分子量 432.48

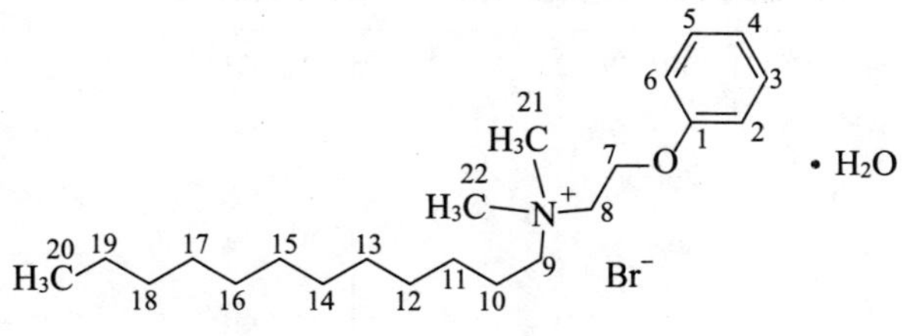

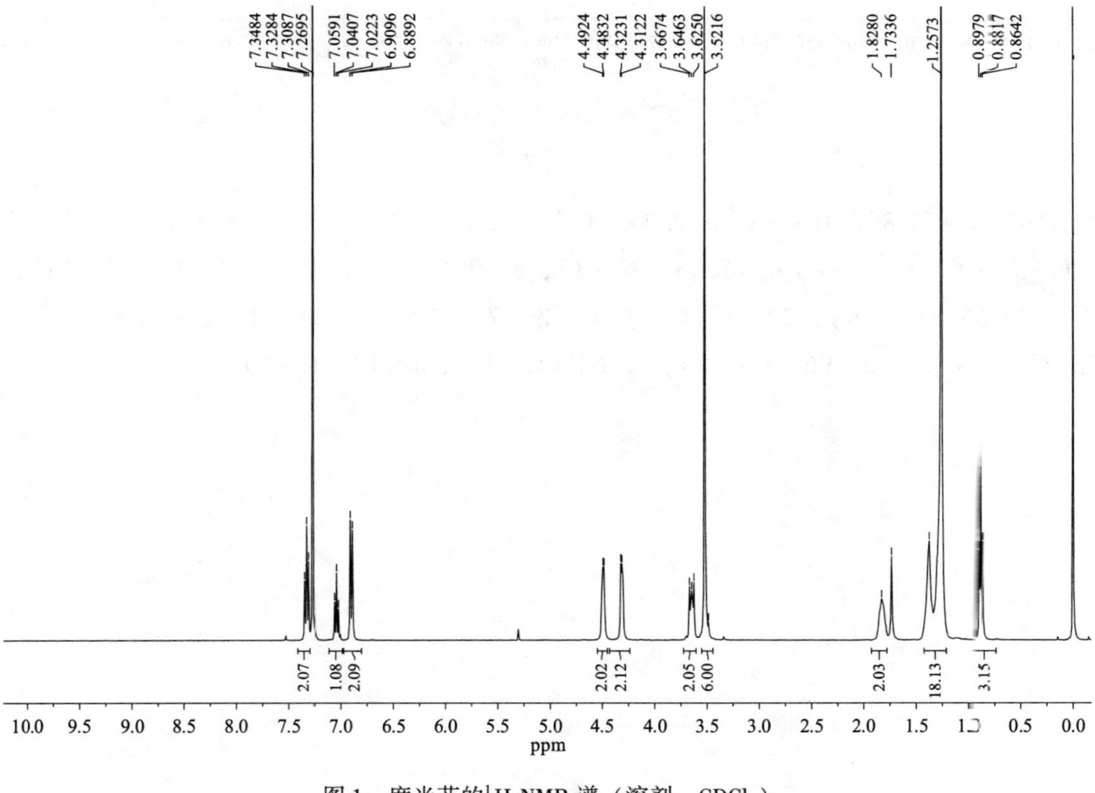

图 1 度米芬的^{1}H NMR 谱（溶剂：$CDCl_3$）

^{1}H NMR：δ 7.33（H－3，5，t，J＝7.9 Hz，2H），7.04（H－4，t，J＝7.4 Hz，1H），6.90（H－2，6，d，J＝8.2 Hz，2H），4.52～4.46（H－7，m，2H），4.34～4.29（H－8，m，2H），3.70～3.60（H－9，m，2H），3.52（H－21，22，s，6H），1.88～1.77（m，2H），1.44～1.20（m，18H），0.88（H－20，t，J＝6.7 Hz，3H）

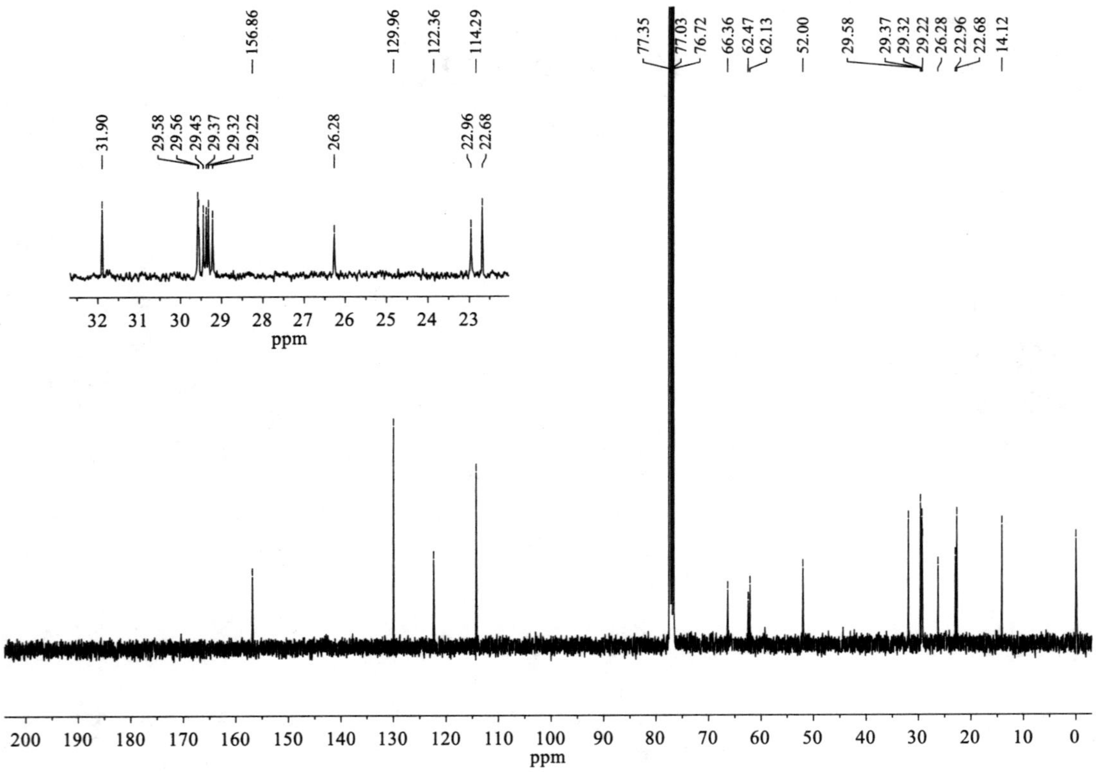

图2　度米芬的^{13}C NMR谱（溶剂：$CDCl_3$）

^{13}C NMR：δ 156.86（C－1），129.96（C－3，5），122.36（C－4），114.29（C－2，6），66.36（C－7），62.47（C－9），62.13（C－8），52.00（C－21，22），31.90（C－18），29.58（C－17），29.56（C－16），29.45（C－15），29.37（C－14），29.32（C－13），29.22（C－12），26.28（C－10），22.96（C－19），22.68（C－11），14.12（C－20）

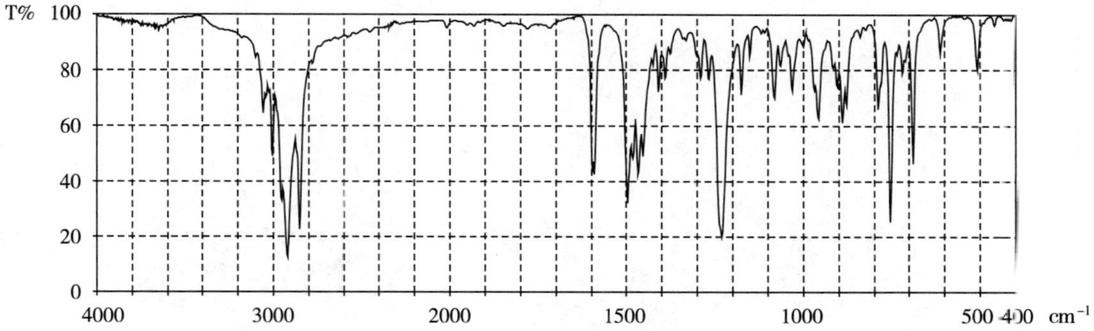

图 3　度米芬的红外光谱图

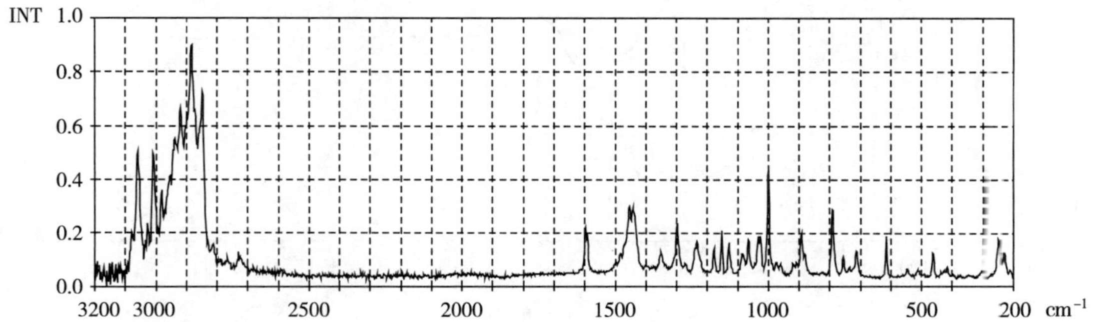

图 4　度米芬的拉曼光谱图

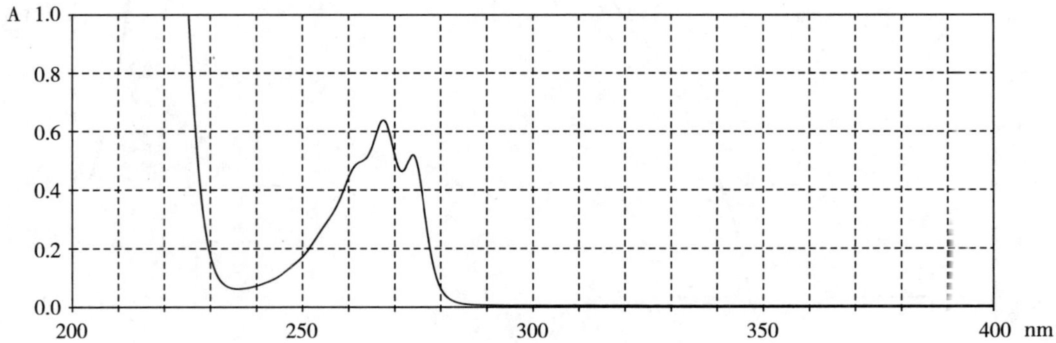

图 5　度米芬的紫外光谱图

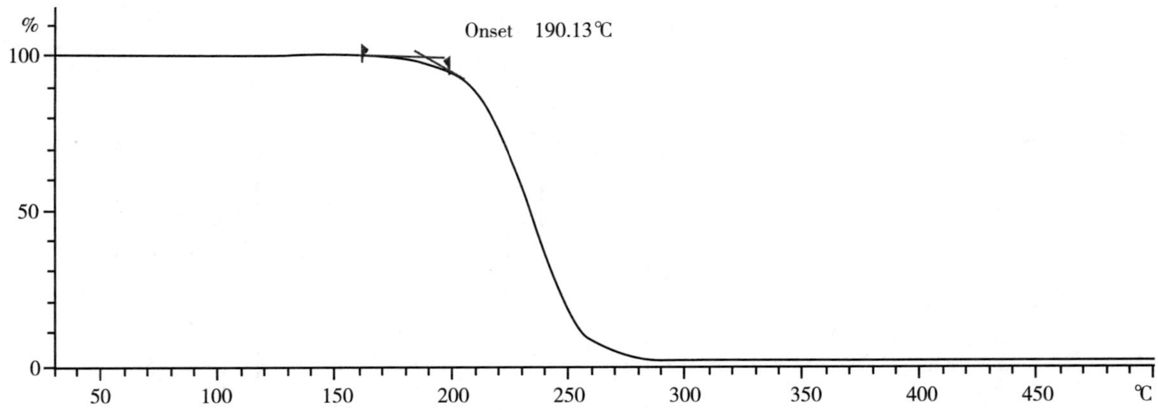

图 6　度米芬的 TG 图

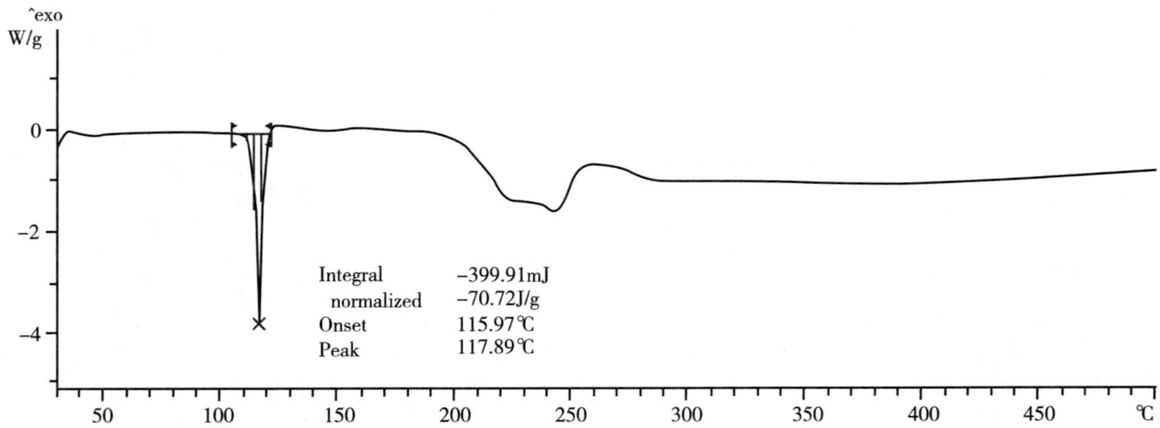

图 7　度米芬的 DSC 图

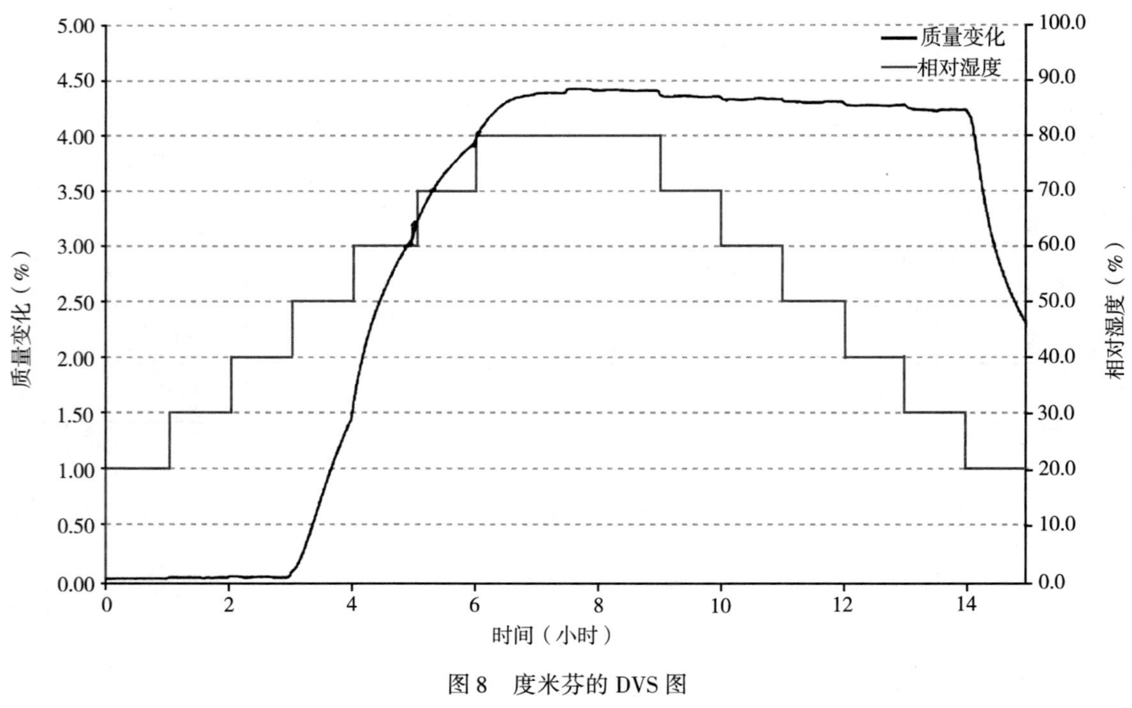

图 8　度米芬的 DVS 图

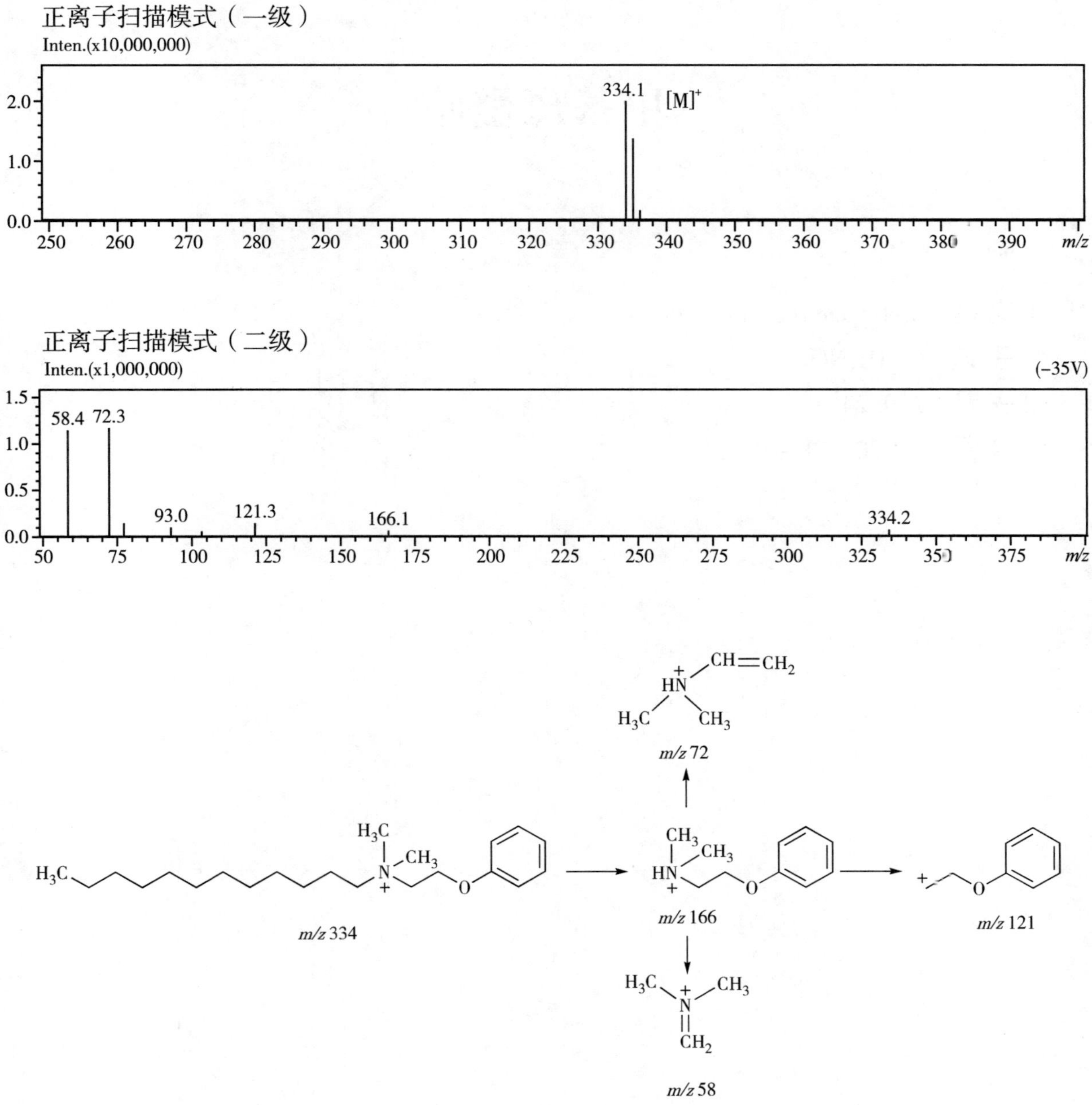

图9 度米芬的质谱图

备注

1. **中文化学名** 溴化 *N*,*N* – 二甲基 – *N* – (2 – 苯氧乙基) – 1 – 十二烷铵一水合物
2. **英文化学名** *N*, *N* – dimethyl – *N* – (2 – phenoxyethyl) – 1 – dodecanaminium bromide monohydrate
3. **性状** 本品为白色至微黄色的片状结晶，无臭或微带特臭，味苦，振摇则产生泡沫。
4. **溶解性** 本品在乙醇或三氯甲烷中极易溶解，在水中易溶，在丙酮中略溶，在乙醚中几乎不溶。
5. **溶剂** 水。
6. **对照品编号与批号** 100455 – 200401

甲基斑蝥胺

英文名 Methylcantharidinimide

分子式 $C_{11}H_{15}NO_3$

分子量 209.24

CAS 号 76970－78－0

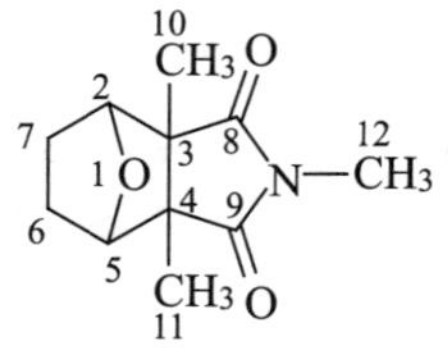

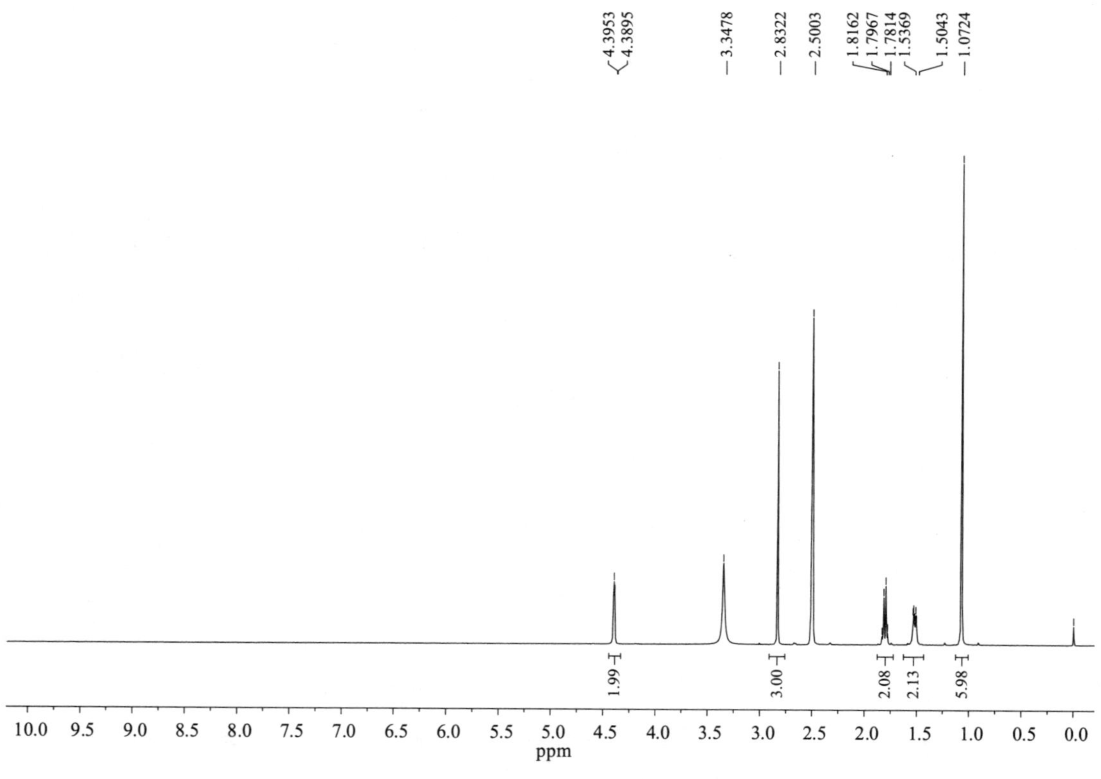

图 1　甲基斑蝥胺的¹H NMR 谱（溶剂：CD_3SOCD_3）

¹H NMR：δ 4.41～4.37（H－2，5，m，2H），2.83（H－12，s，3H），1.85～1.77（H－6a，7a，m，2H），1.56～1.49（H－6b，7b，m，2H），1.07（H－10，11，s，6H）

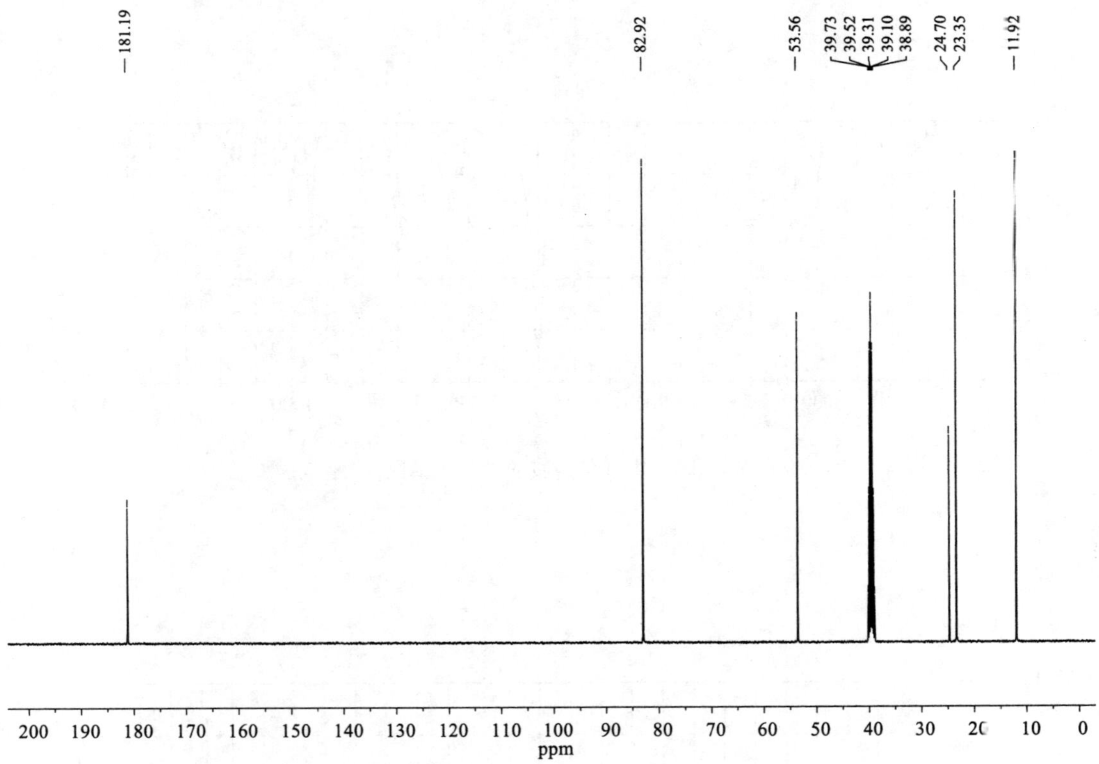

图 2　甲基斑蝥胺的^{13}C NMR 谱（溶剂：CD_3SOCD_3）

^{13}C NMR：δ 181.19（C－8，9），82.92（C－2，5），53.56（C－12），24.70（C－3，4），23.35（C－6，7），11.92（C－10，11）

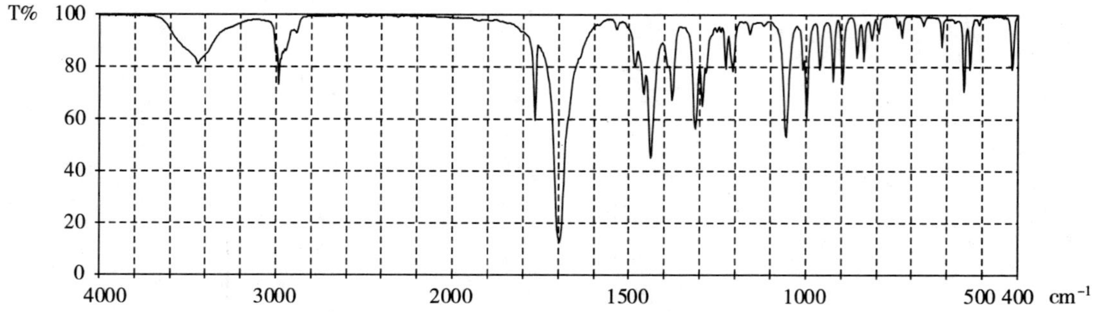

图 3　甲基斑蝥胺的红外光谱图

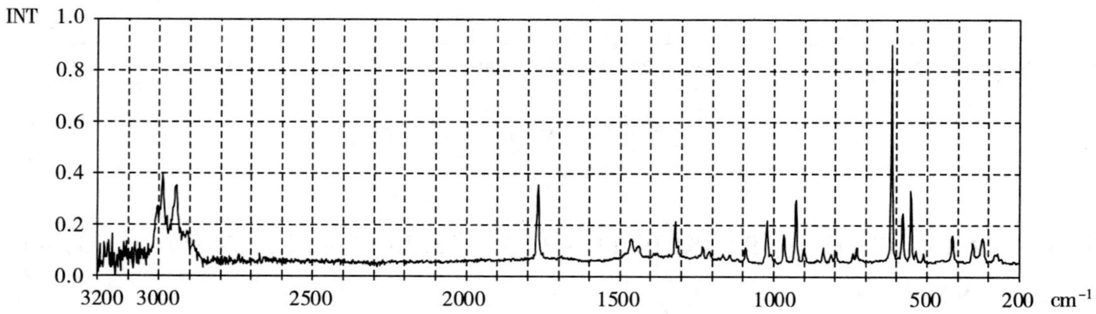

图 4　甲基斑蝥胺的拉曼光谱图

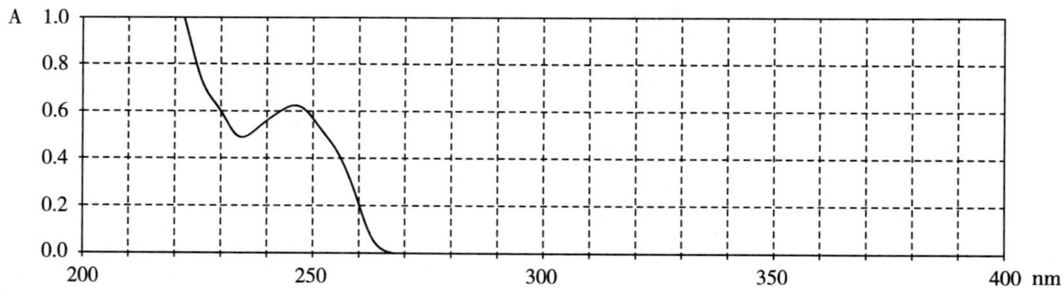

图 5　甲基斑蝥胺的紫外光谱图

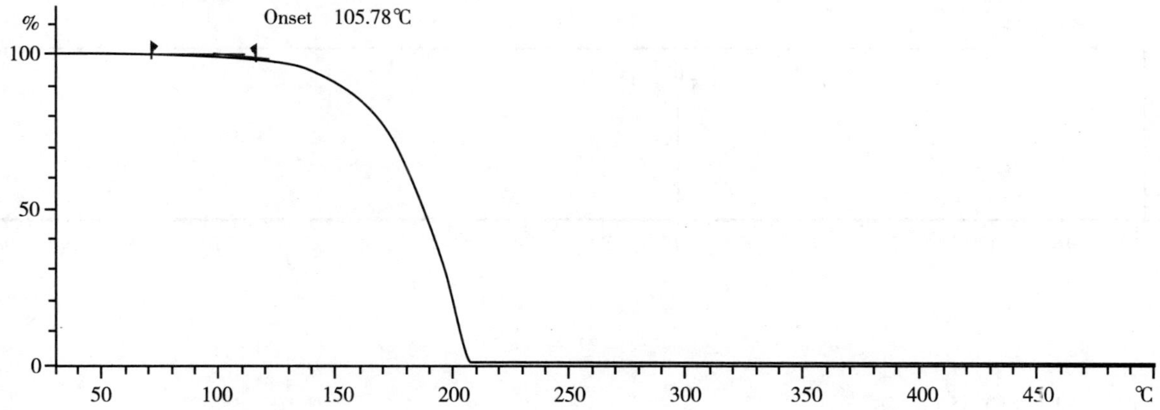

图 6　甲基斑蝥胺的 TG 图

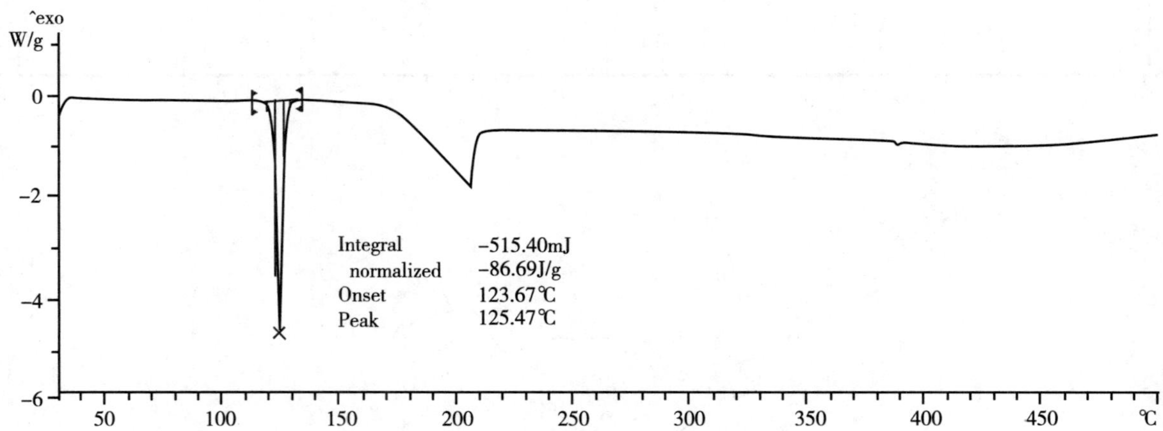

图 7　甲基斑蝥胺的 DSC 图

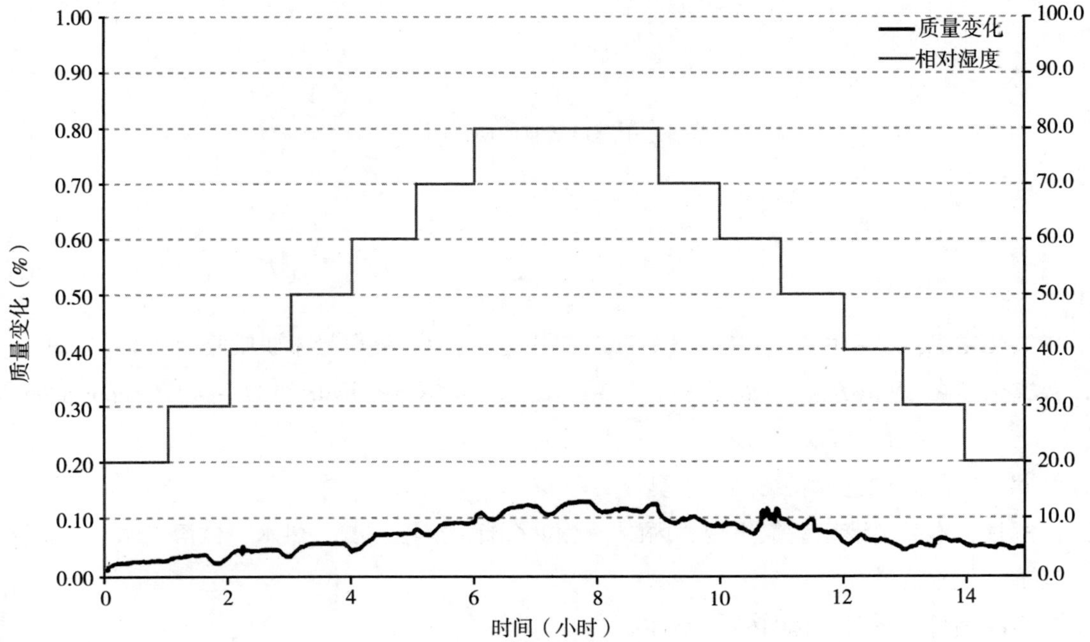

图 8　甲基斑蝥胺的 DVS 图

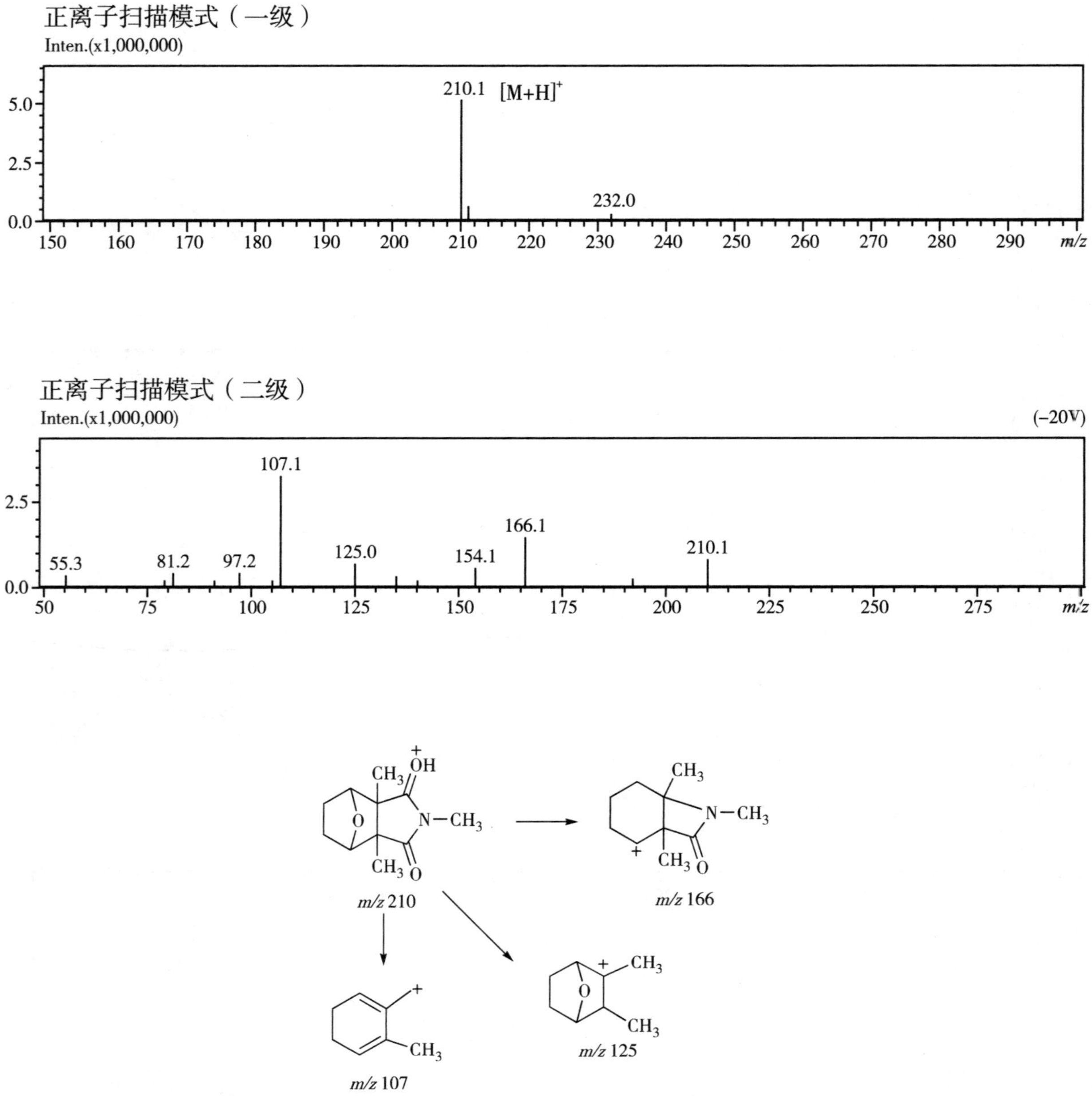

图9 甲基斑蝥胺的质谱图

备注

1. **中文化学名** *N*－甲基－六氢－3α,7α－二甲基－4,7－环氧异苯骈吡咯－1,3－二酮
2. **英文化学名** (3α*R*,4*S*,7*R*,7α*S*)－2,3α,7α－trimethylhexahydro－1*H*－4,7－epoxyisoindole－1,3(2*H*)－dione
3. **性状** 本品为白色针状结晶，无臭。
4. **溶解性** 本品易溶于三氯甲烷、丙酮、乙酸乙酯，溶于乙醇、热水，微溶于水、石油醚。
5. **溶剂** 无水乙醇。
6. **对照品编号与批号** 100465－200401

替 加 氟

英文名 Tegafur

分子式 $C_8H_9FN_2O_3$

分子量 200.17

CAS 号 17902-23-7

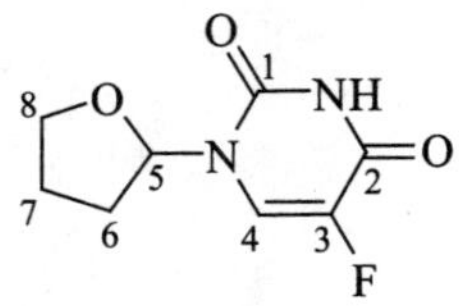

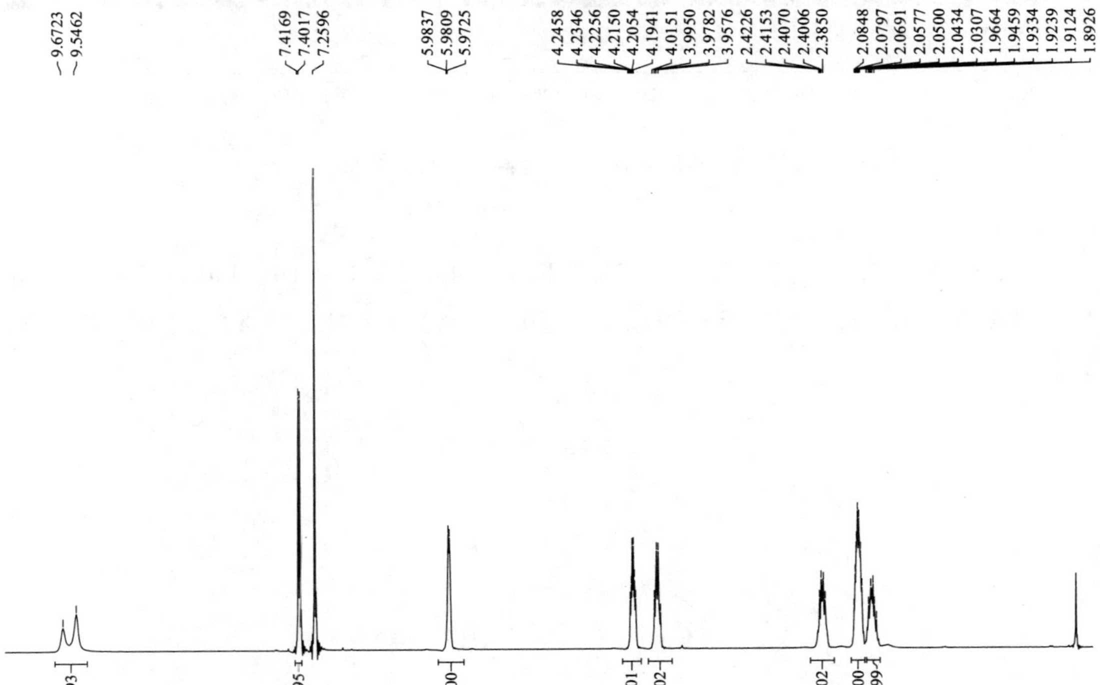

图1 替加氟的^{1}H NMR谱（溶剂：$CDCl_3$）

^{1}H NMR：δ 9.61（NH, d, J = 5.4 Hz, 1H），7.41（H-4, d, J = 6.1 Hz, 1H），5.98（H-5, m, 1H），4.22（H-8a, m, 1H），3.99（H-8b, m, 1H），2.41（H-6a, m, 1H），2.14～2.01（H-6b, 7a, m, 2H），1.93（H-7b, m, 1H）

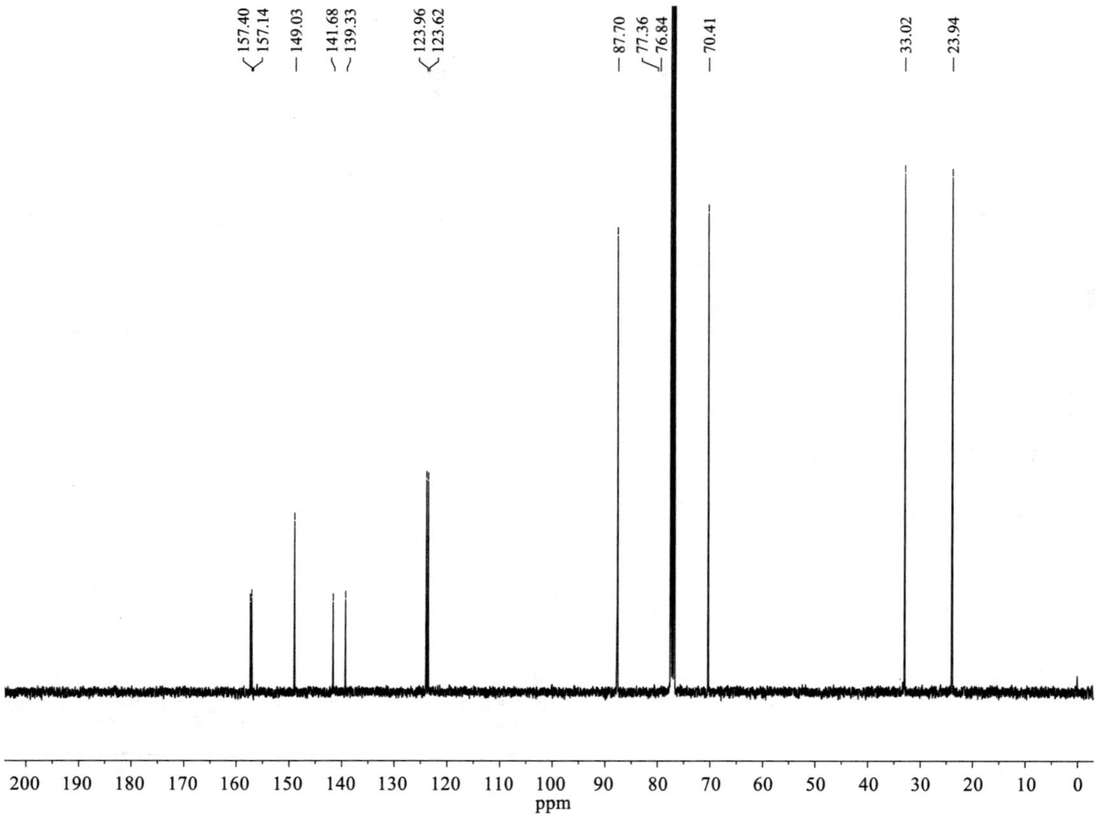

图2　替加氟的^{13}C NMR谱（溶剂：$CDCl_3$）

^{13}C NMR：δ 157.27（C－2，d，J = 26.5 Hz），149.03（C－1），140.50（C－3，d，J = 236.9 Hz），123.79（C－4，d，J = 33.9 Hz），87.70（C－5），70.41（C－8），33.02（C－6），23.94（C－7）

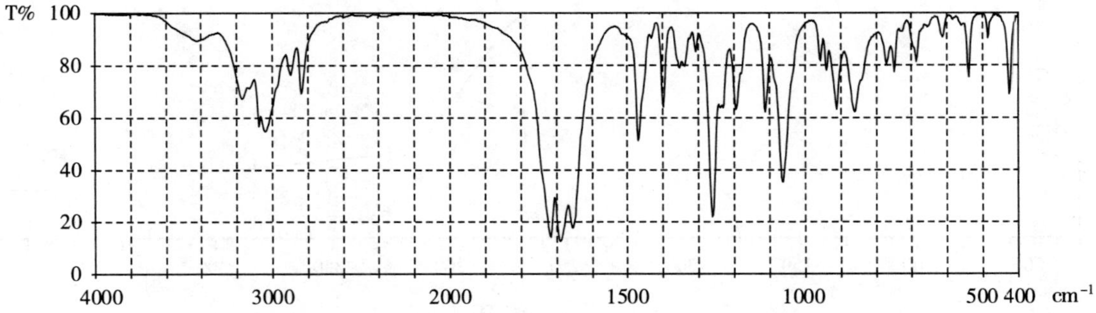

图 3　替加氟的红外光谱图

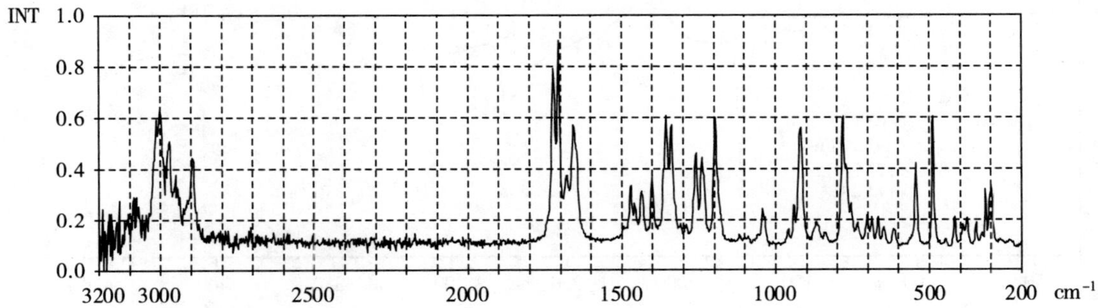

图 4　替加氟的拉曼光谱图

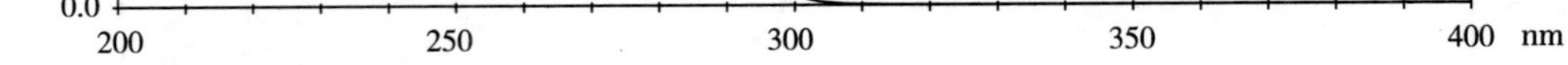

图 5　替加氟的紫外光谱图

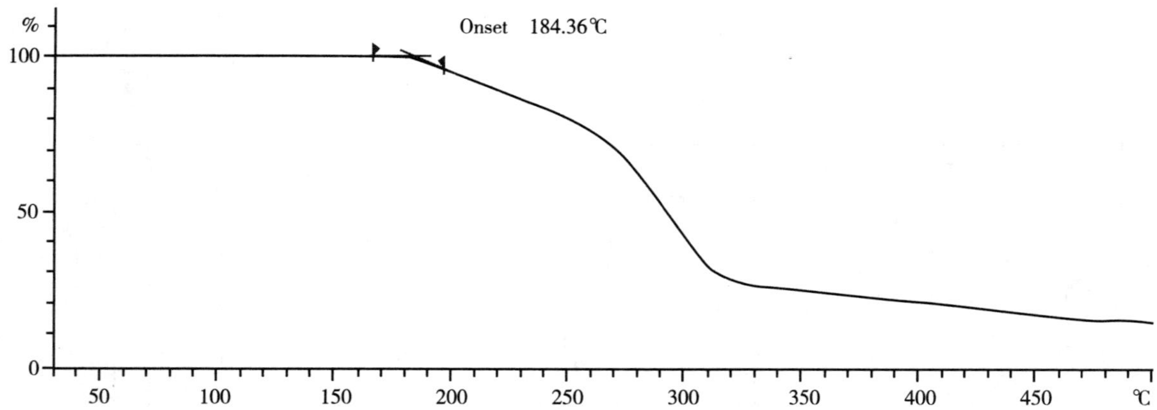

图 6　替加氟的 TG 图

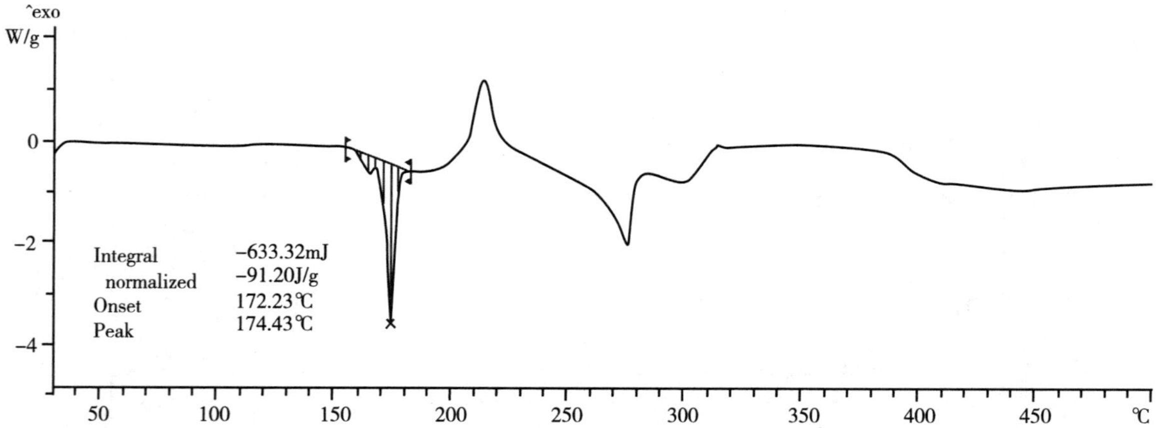

图 7　替加氟的 DSC 图

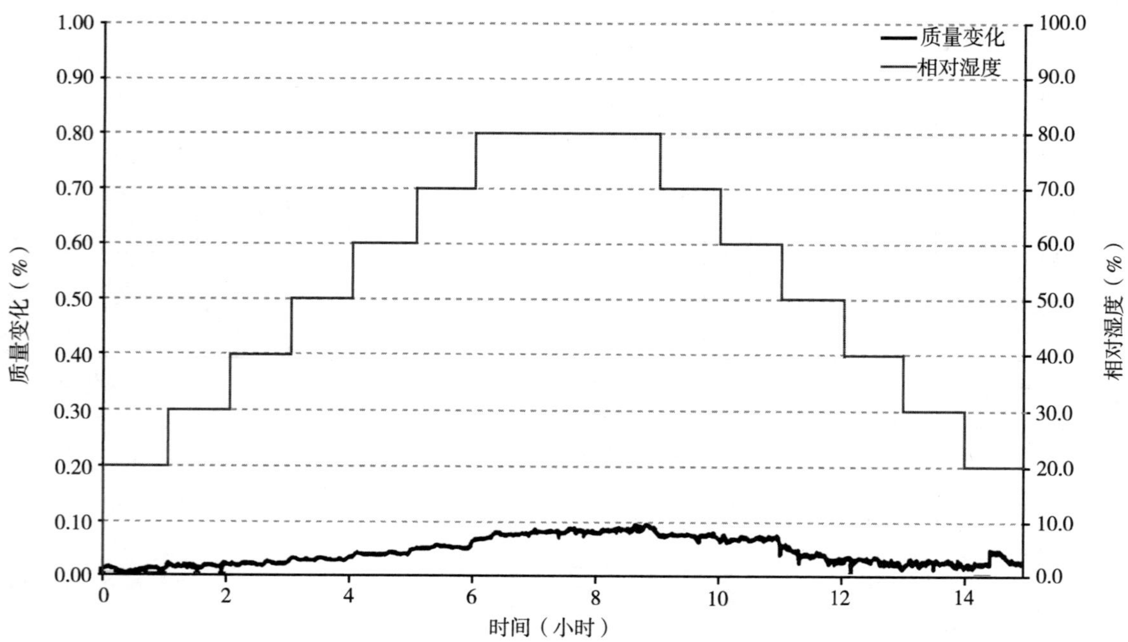

图 8　替加氟的 DVS 图

正离子扫描模式（一级）

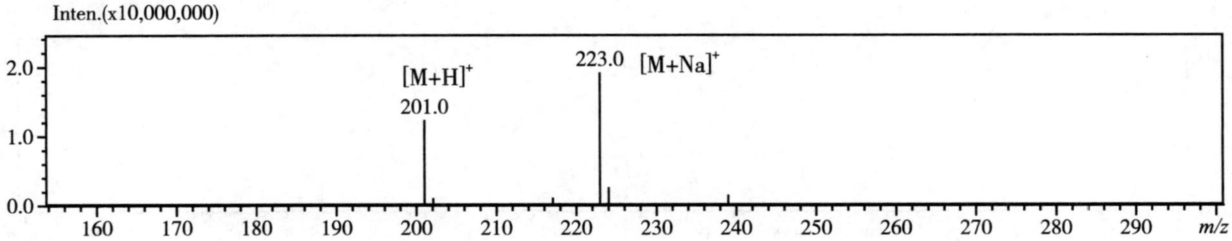

正离子扫描模式（二级）

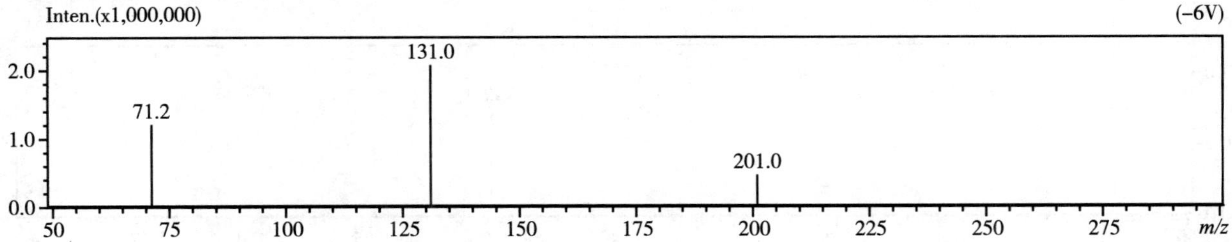

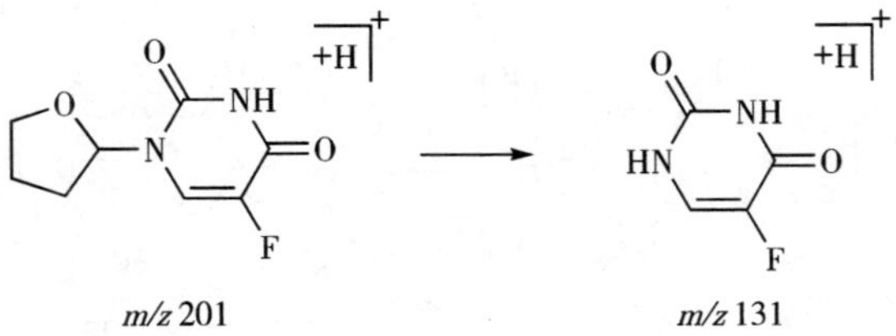

负离子扫描模式（一级）

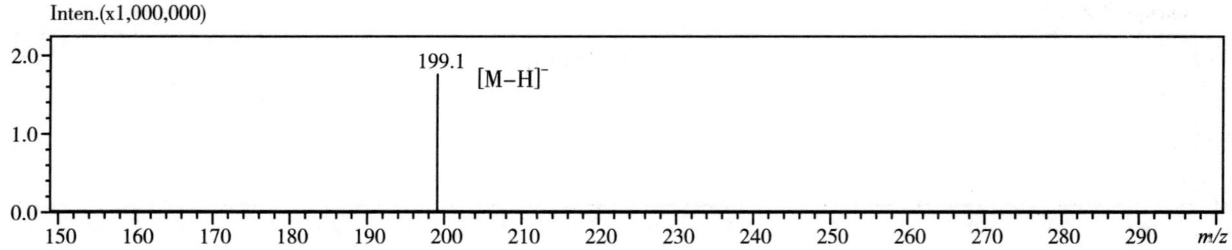

负离子扫描模式（二级）

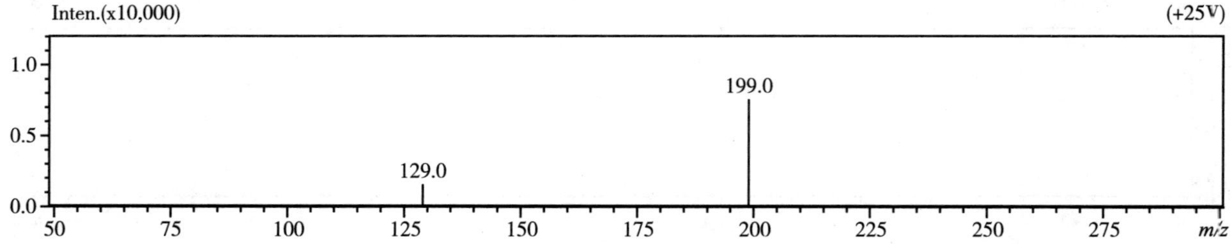

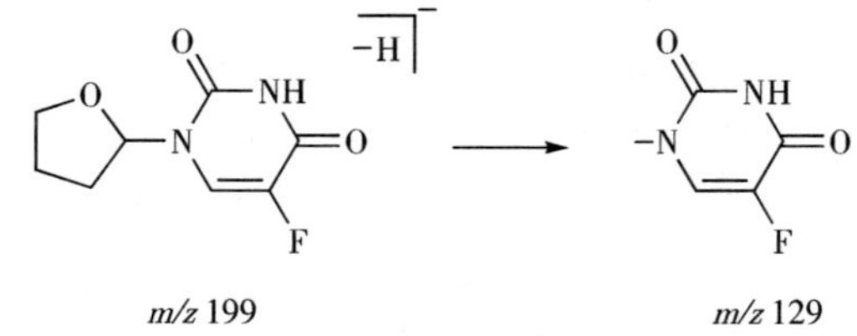

图9　替加氟的质谱图

备注

1. 中文化学名　1 -（四氢 - 2 - 呋喃基）- 5 - 氟 - 2,4(1*H*,3*H*) - 嘧啶二酮

2. 英文化学名　5 - fluoro - 1 - (tetrahydro - 2 - furanyl) - 2,4 - pyrimidinedione

3. 性状　本品为结晶性粉末；无臭。

4. 溶解性　本品在甲醇、丙醇或三氯甲烷中溶解，在水或乙醇中略溶，在乙醚中几乎不溶。

5. 溶剂　无水乙醇。

6. 对照品编号与批号　100468 - 200401

盐酸妥洛特罗

英文名 Tulobuterol Hydrochloride

分子式 $C_{12}H_{18}ClNO \cdot HCl$

分子量 264.19

CAS 号 56776-01-3

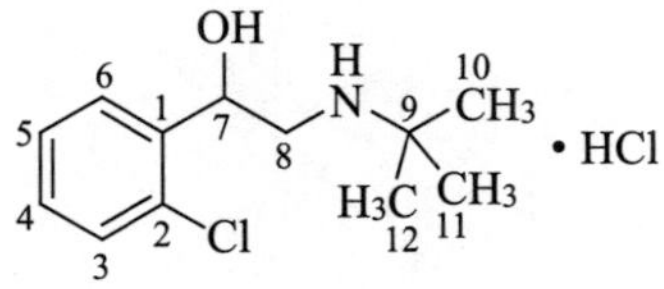

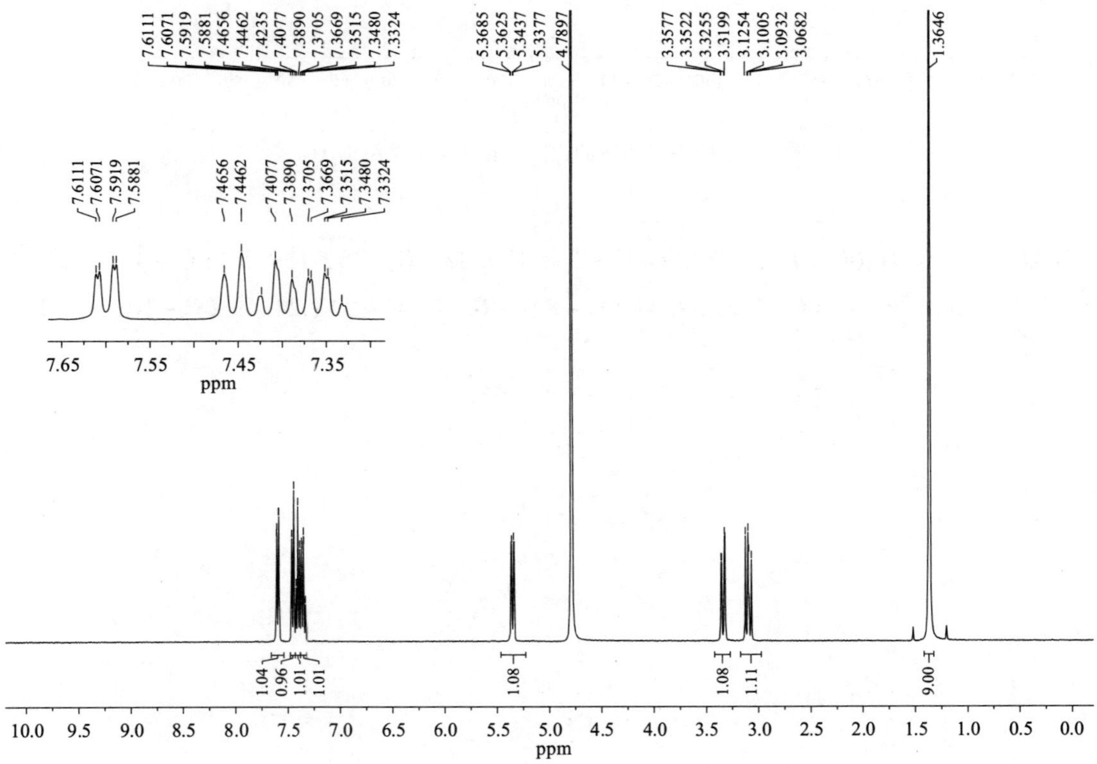

图 1　盐酸妥洛特罗的 ^{1}H NMR 谱（溶剂：D_2O）

^{1}H NMR：δ 7.60 (H-3, dd, J = 7.6, 1.5 Hz, 1H), 7.46 (H-6, d, J = 7.8 Hz, 1H), 7.41 (H-4, m, 1H), 7.35 (H-5, m, 1H), 5.35 (H-7, dd, J = 9.9, 2.2 Hz, 1H), 3.34 (H-8a, dd, J = 12.9, 2.2 Hz, 1H), 3.10 (H-8b, dd, J = 12.9, 9.9 Hz, 1H), 1.36 (H-10, 11, 12, s, 9H)

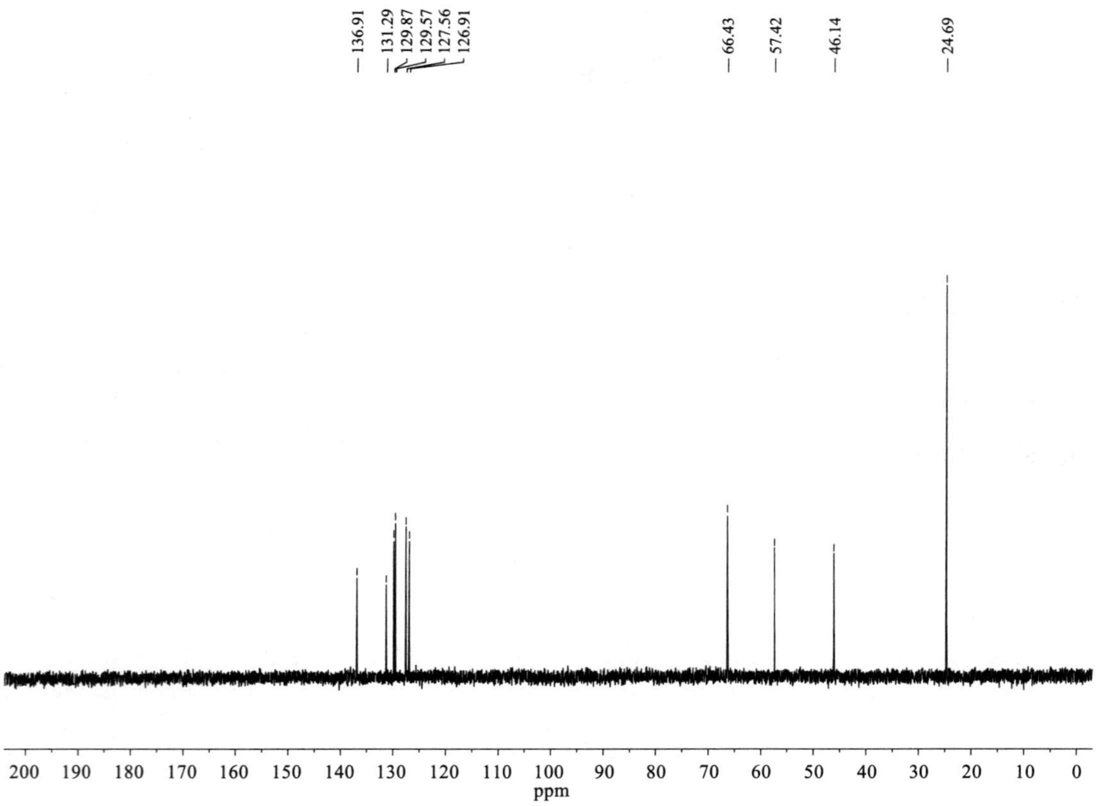

图2　盐酸妥洛特罗的^{13}C NMR 谱（溶剂：D_2O）

^{13}C NMR：δ 136.91（C－1），131.29（C－2），129.87（C－3），129.57（C－4），127.56（C－6），126.91（C－5），66.43（C－7），57.42（C－8），46.14（C－9），24.69（C－10，11，12）

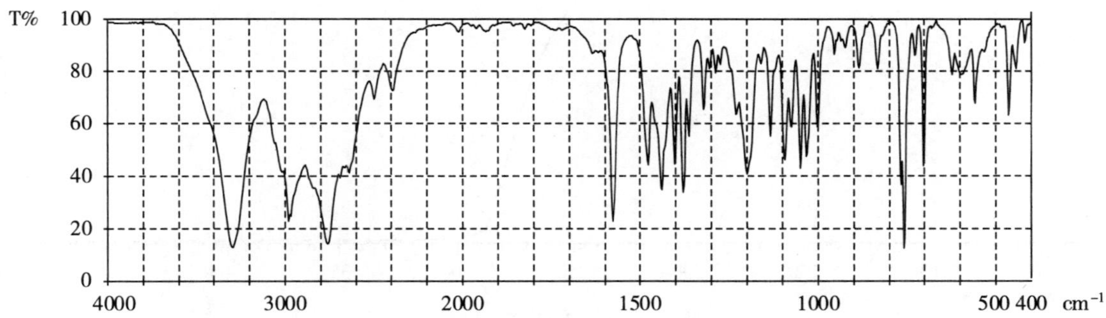

图 3　盐酸妥洛特罗的红外光谱图

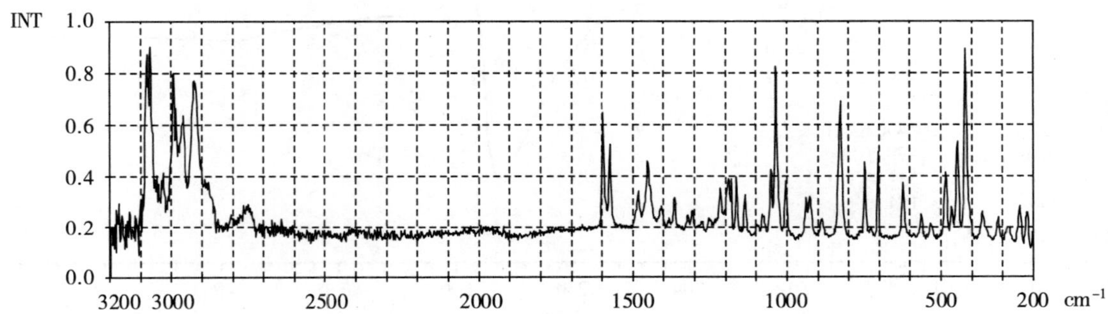

图 4　盐酸妥洛特罗的拉曼光谱图

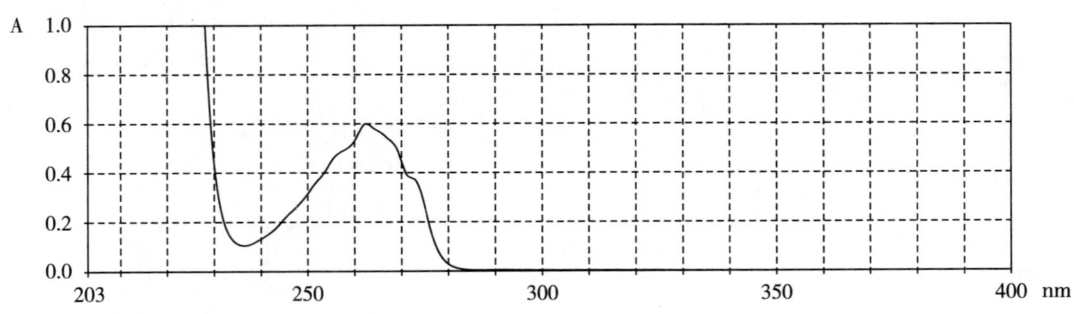

图 5　盐酸妥洛特罗的紫外光谱图

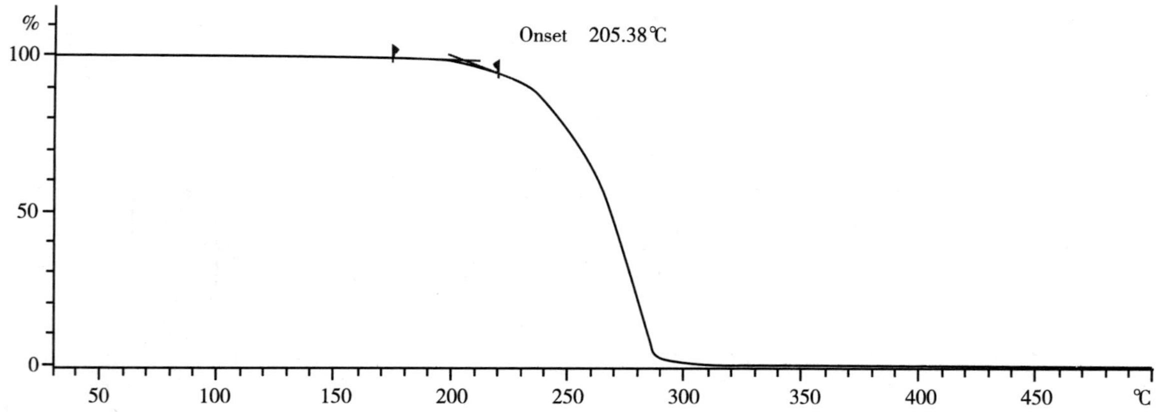

图 6　盐酸妥洛特罗的 TG 图

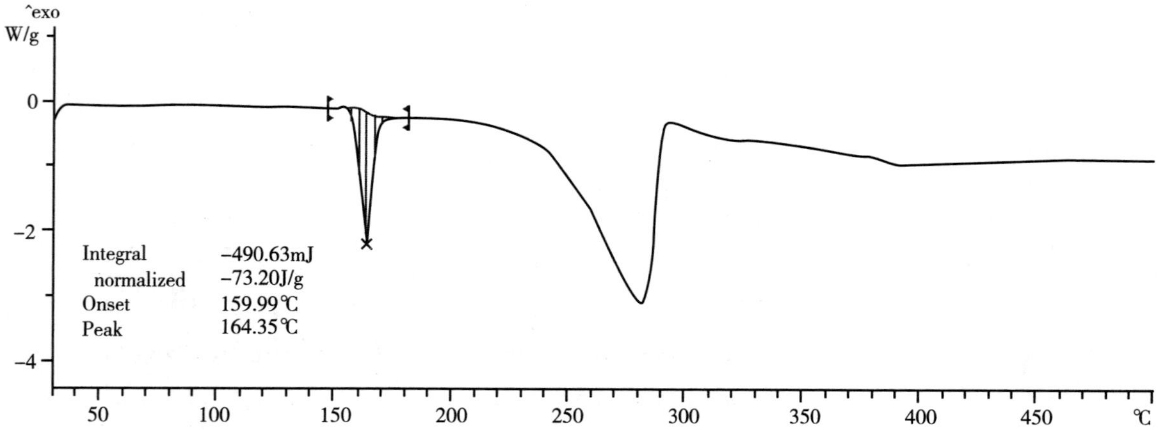

图 7　盐酸妥洛特罗的 DSC 图

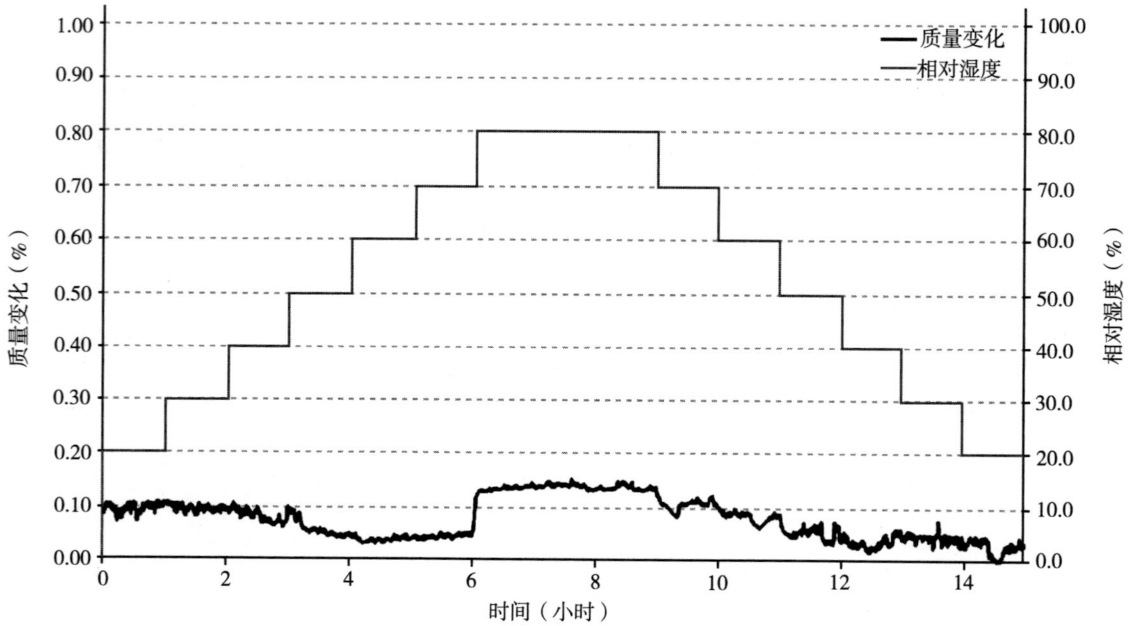

图 8　盐酸妥洛特罗的 DVS 图

正离子扫描模式（一级）

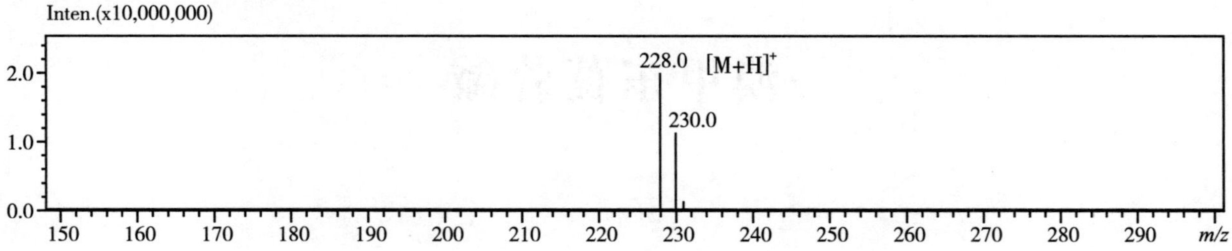

正离子扫描模式（二级）

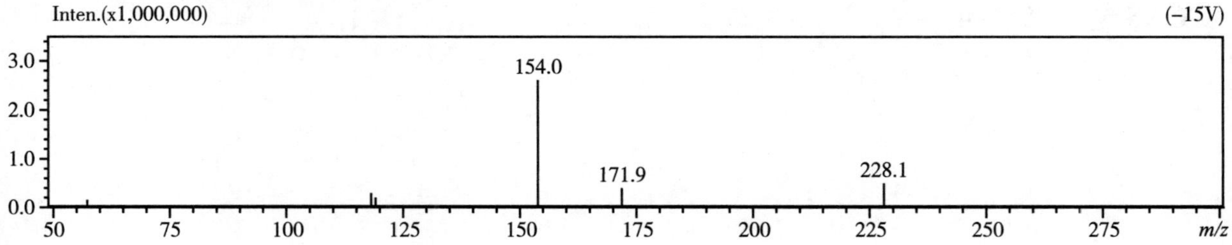

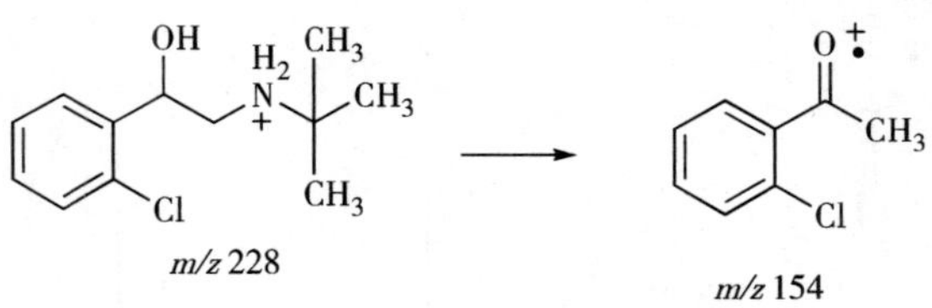

图 9　盐酸妥洛特罗的质谱图

备注

1. **中文化学名**　2－氯－2－[（叔丁基氨基）甲基]苯甲醇盐酸盐
2. **英文化学名**　2－*tert*－butylamino－1－（2－chlorophenyl）ethanol hydrochloride
3. **性状**　本品为白色或类白色的结晶性粉末；无臭，味苦。
4. **溶解性**　本品在水、乙醇中易溶，在丙酮中溶解，在乙酸乙酯中略溶，在乙醚中几乎不溶。
5. **溶剂**　无水乙醇。
6. **对照品编号与批号**　100472－200401

溴甲东莨菪碱

英文名 Methscopolamine Bromide

分子式 $C_{18}H_{24}BrNO_4$

分子量 398.29

CAS 号 155-41-9

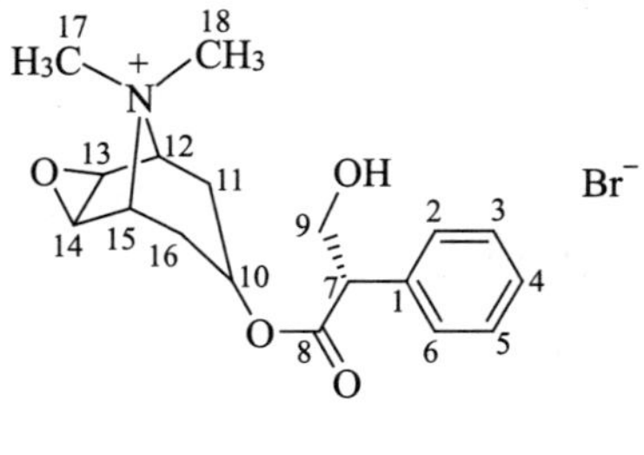

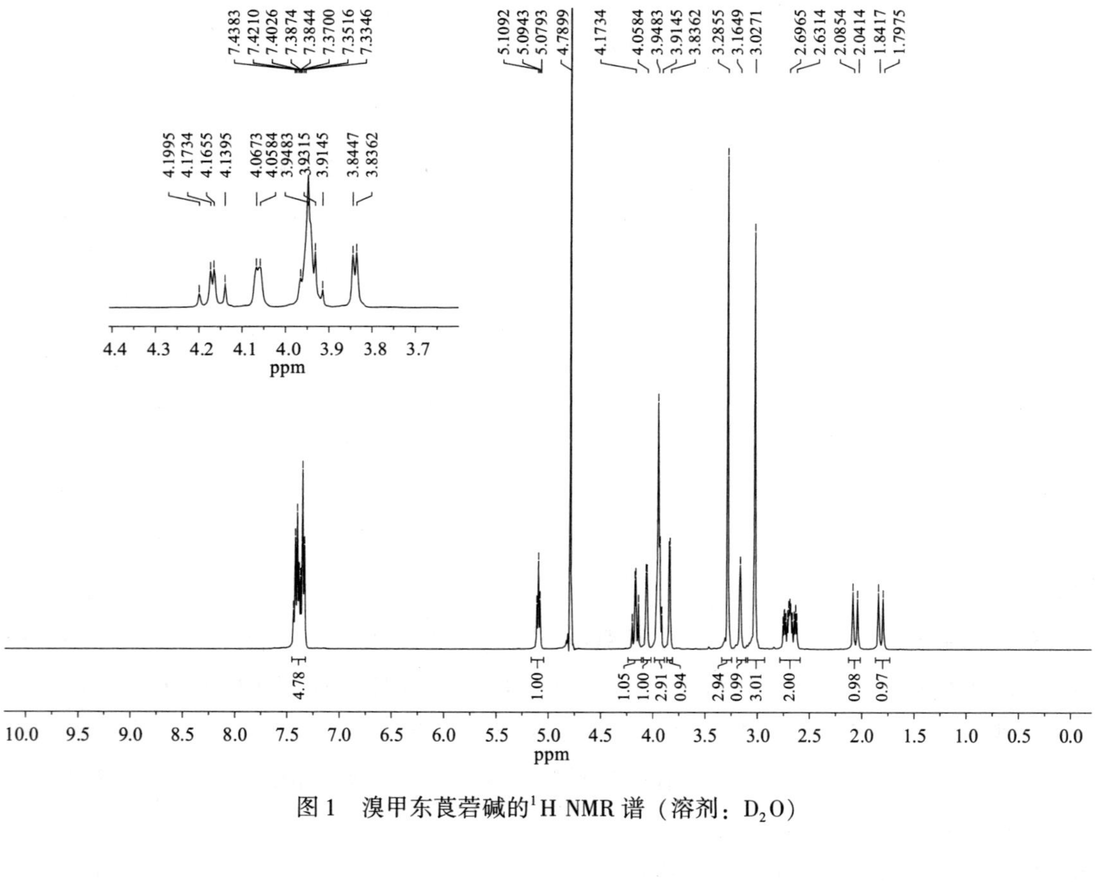

图 1 溴甲东莨菪碱的^{1}H NMR 谱（溶剂：D_2O）

^{1}H NMR：δ 7.45~7.30 (Ar-H, m, 5H), 5.09 (H-10, t, J = 6.0 Hz, 1H), 4.17 (H-7, m, 1H), 4.06 (H-15, m, 1H), 3.99~3.90 (H-9, 12, m, 3H), 3.84 (H-14, d, J = 3.4 Hz, 1H), 3.29 (H-17, s, 3H), 3.16 (H-13, m, 1H), 3.03 (H-18, s, 3H), 2.80~2.54 (H-11a, 16a, m, 2H), 2.06 (H-11b, d, J = 17.6 Hz, 1H), 1.82 (H-16b, d, J = 17.6 Hz, 1H)

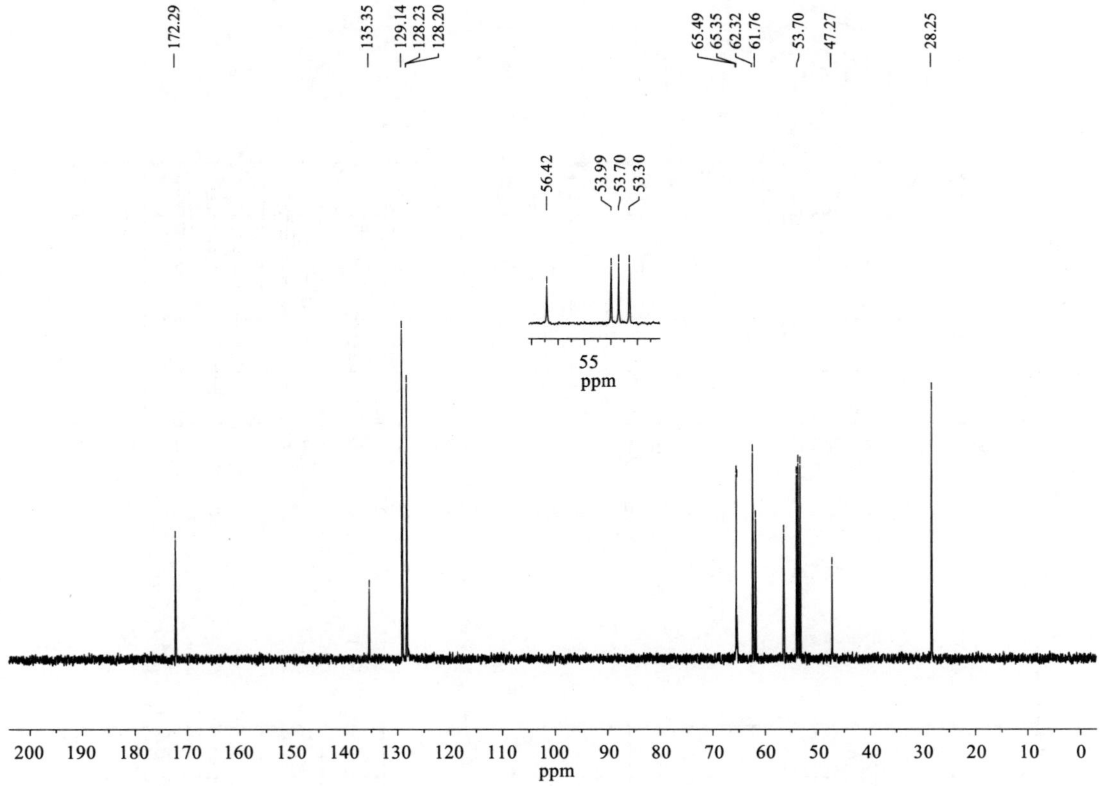

图 2　溴甲东莨菪碱的^{13}C NMR 谱（溶剂：D_2O）

^{13}C NMR：δ 172.29（C－8），135.35（C－1），129.14（C－3，5），128.23（C－2，6），128.20（C－4），65.49（C－12），65.35（C－15），62.32（C－10），61.76（C－9），56.42（C－18），53.99（C－14），53.70（C－13），53.30（C－7），47.27（C－17），28.25（C－11，16）

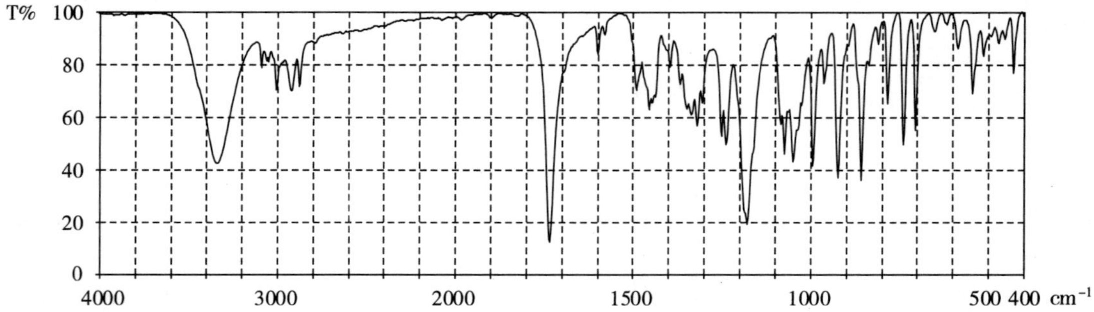

图 3　溴甲东莨菪碱的红外光谱图

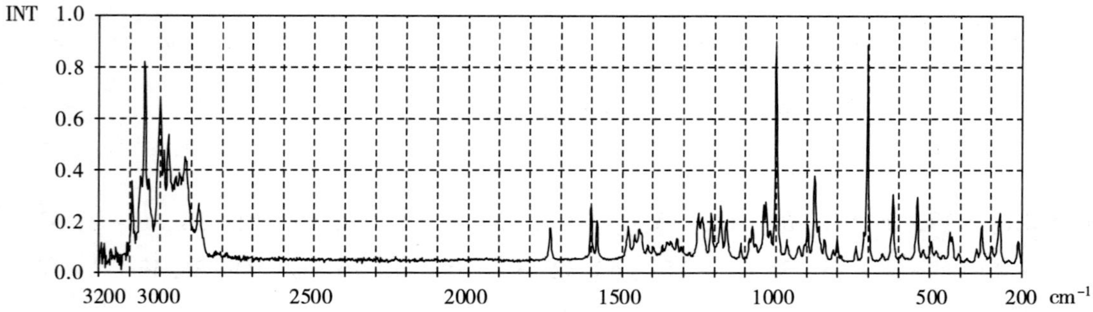

图 4　溴甲东莨菪碱的拉曼光谱图

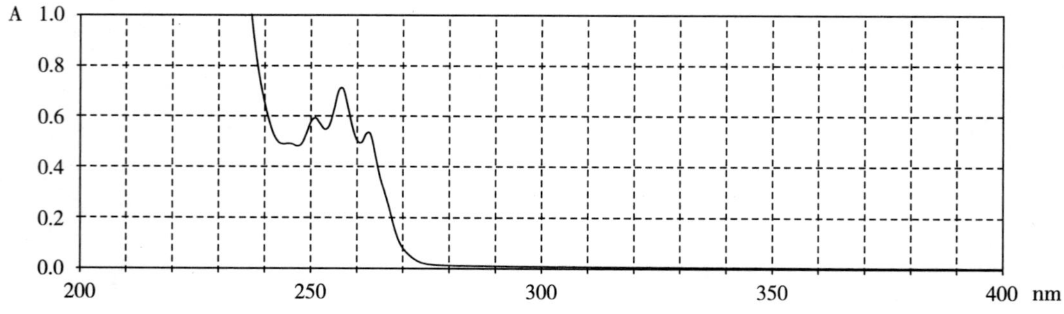

图 5　溴甲东莨菪碱的紫外光谱图

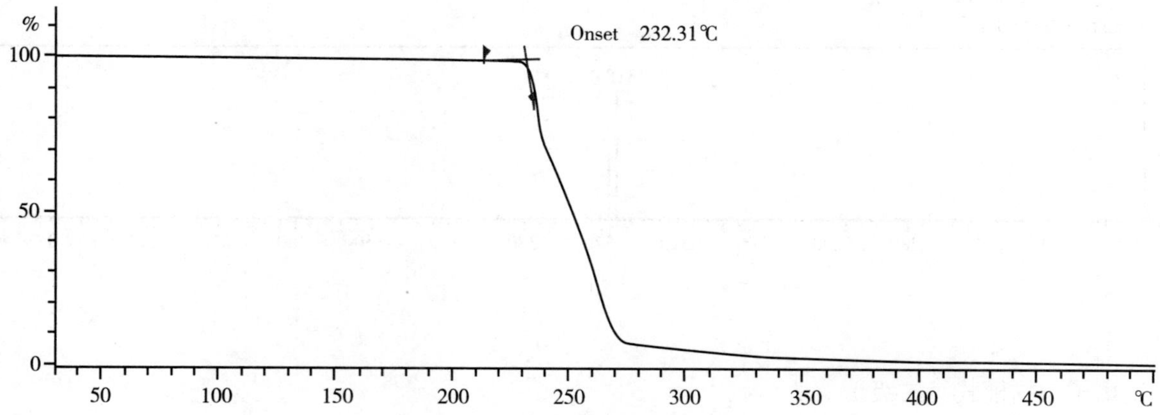

图 6　溴甲东莨菪碱的 TG 图

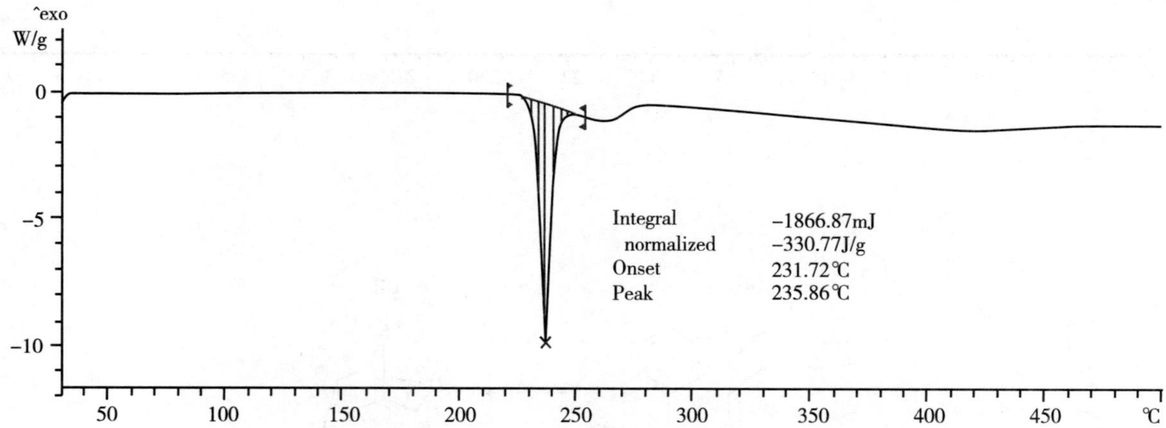

图 7　溴甲东莨菪碱的 DSC 图

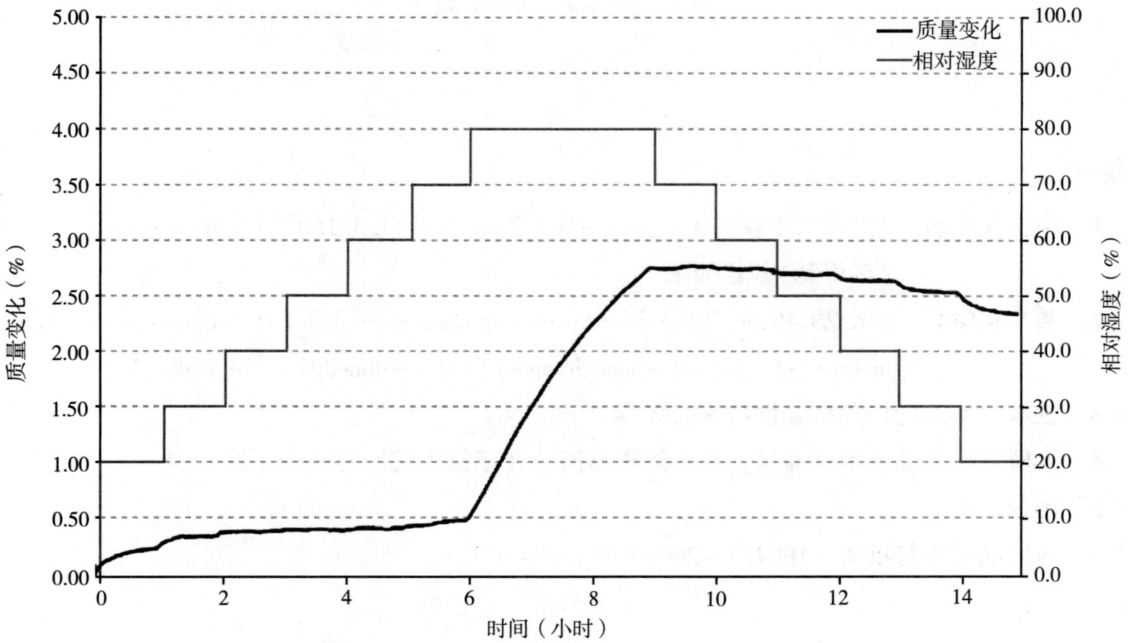

图 8　溴甲东莨菪碱的 DVS 图

正离子扫描模式（一级）

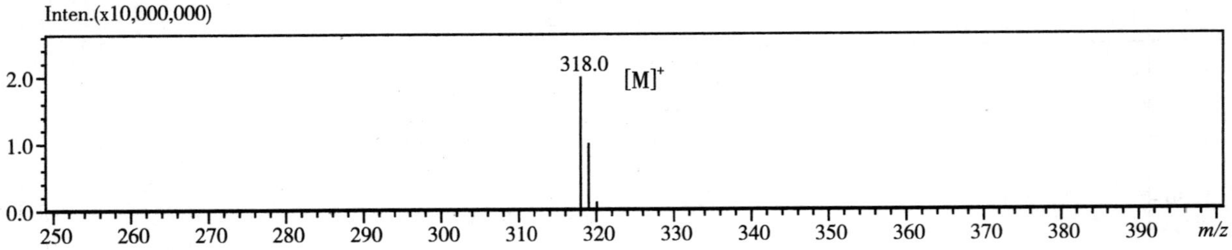

正离子扫描模式（二级）

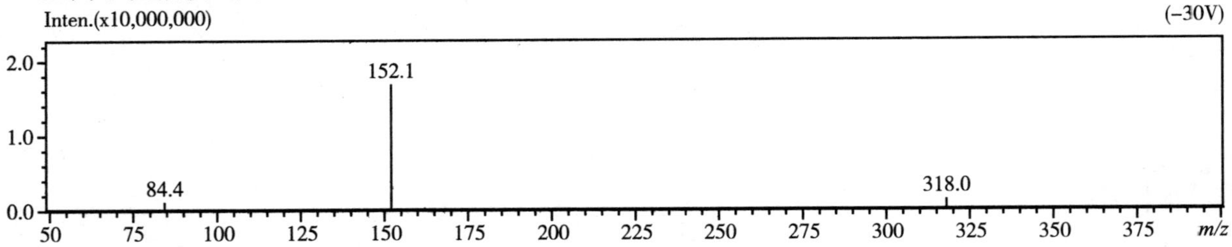

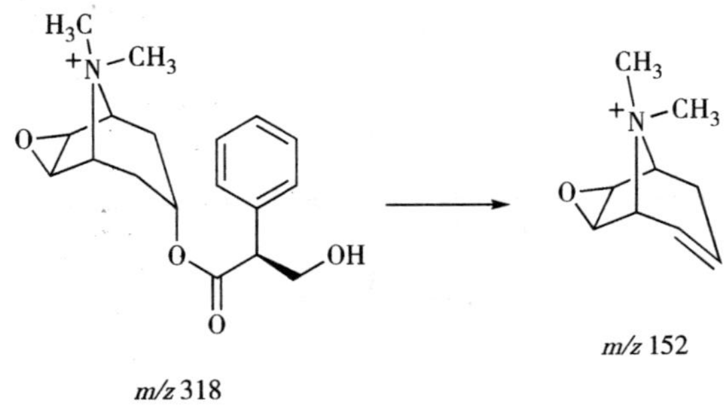

图 9　溴甲东莨菪碱的质谱图

备注

1. **中文化学名**　9,9－二甲基－3－氧杂－9－氮杂三环[3. 3. 1. $0^{2,4}$]壬烷－7－醇（－）－α－(羟甲基)苯乙酸酯
2. **英文化学名**　(1α,2β,4β,5α,7β)－3－oxa－9－azoniatricyclo[3. 3. 1. $0^{2,4}$]nonane－7－[(2*S*)－3－hydroxy－1－oxo－2－phenylpropoxy]－9,9－dimethyl－, bromide (1∶1)
3. **性状**　本品为白色结晶性粉末；无臭。
4. **溶解性**　本品在水中易溶，在乙醇中略溶，在三氯甲烷、乙醚中不溶。
5. **溶剂**　水。
6. **对照品编号与批号**　100476－200301

保 泰 松

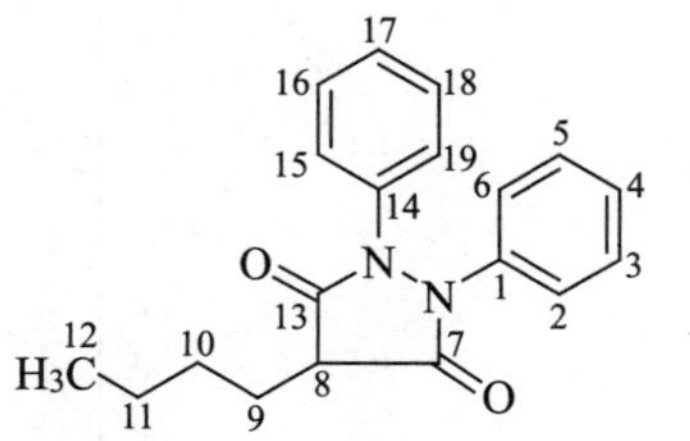

英文名 Phenylbutazone

分子式 $C_{19}H_{20}N_2O_2$

分子量 308.37

CAS 号 50-33-9

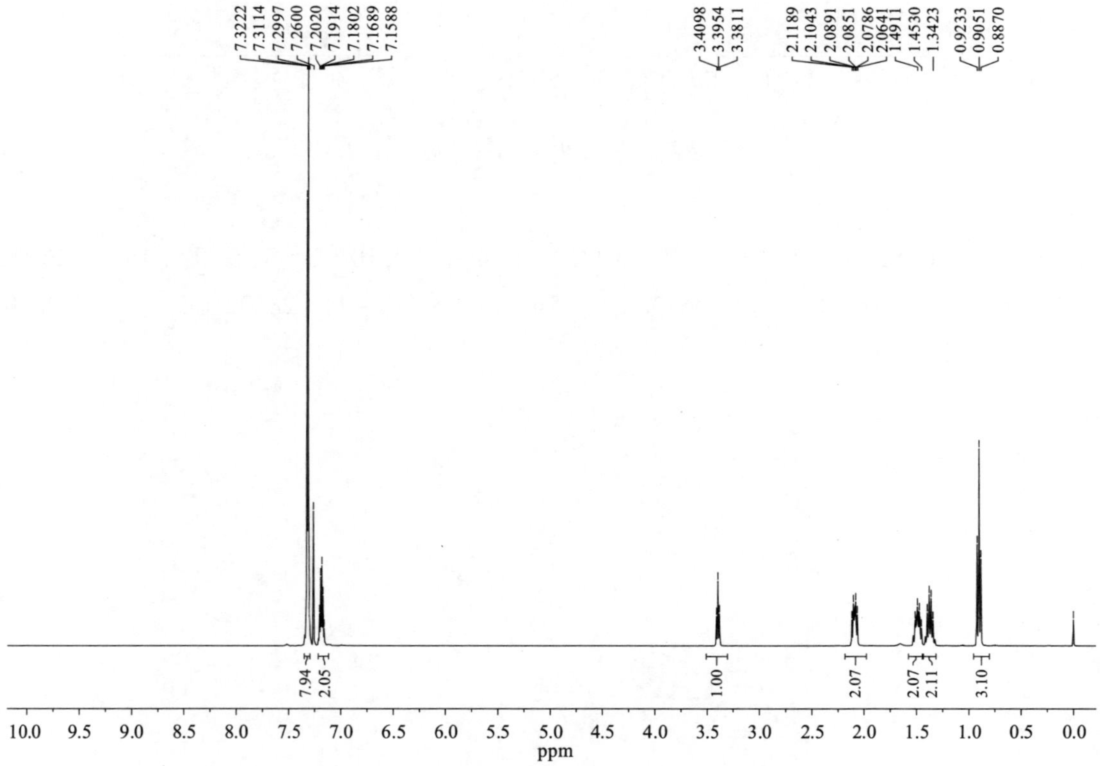

图 1 保泰松的^{1}H NMR 谱（溶剂：$CDCl_3$）

^{1}H NMR：δ 7.35～7.29（Ar-H，m，8H），7.22～7.15（H-4，17，m，2H），3.40（H-8，t，J = 5.7 Hz，1H），2.13～2.05（H-9，m，2H），1.55～1.44（H-10，m，2H），1.43～1.32（H-11，m，2H），0.91（H-12，t，J = 7.3 Hz，3H）

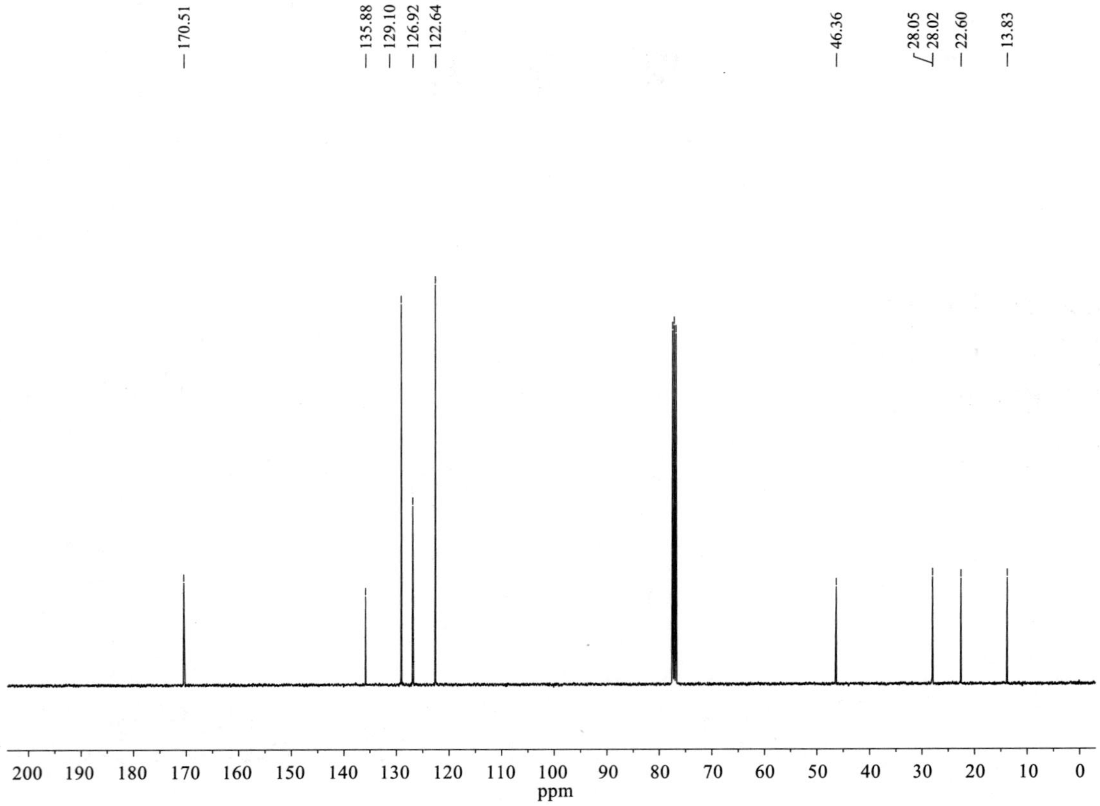

图 2　保泰松的 ^{13}C NMR 谱（溶剂：$CDCl_3$）

^{13}C NMR：δ 170.51（C－7, 13），135.88（C－1, 14），129.10（C－3, 5, 16, 18），126.92（C－4, 17），122.64（C－2, 6, 15, 19），46.36（C－8），28.05（C－9），28.02（C－10），22.60（C－11），13.83（C－12）

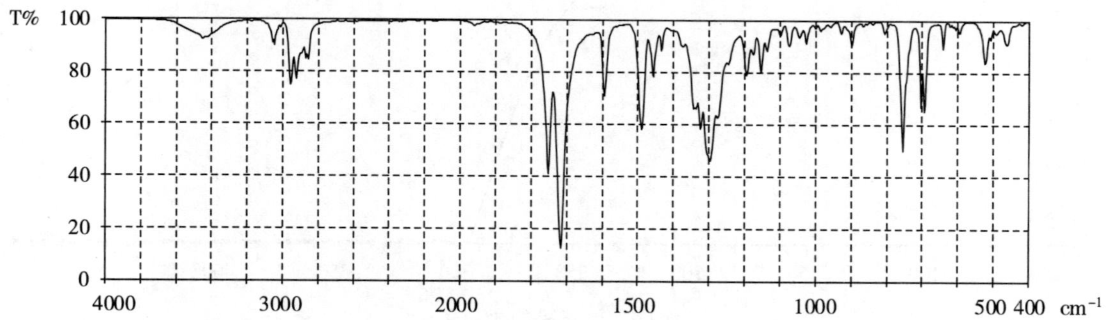

图 3　保泰松的红外光谱图

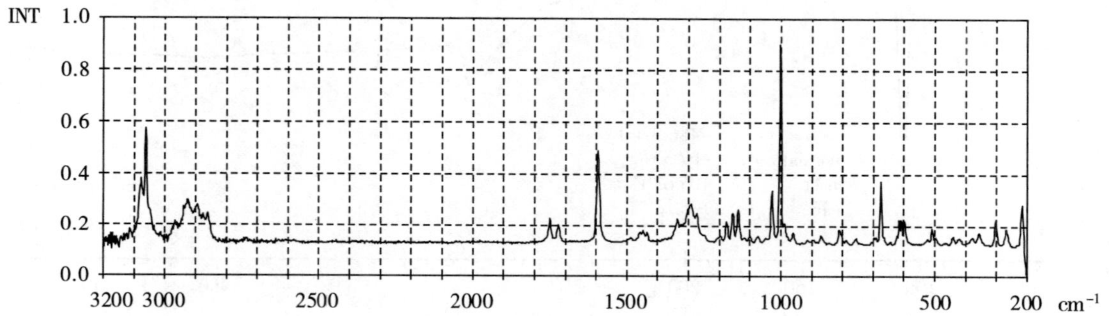

图 4　保泰松的拉曼光谱图

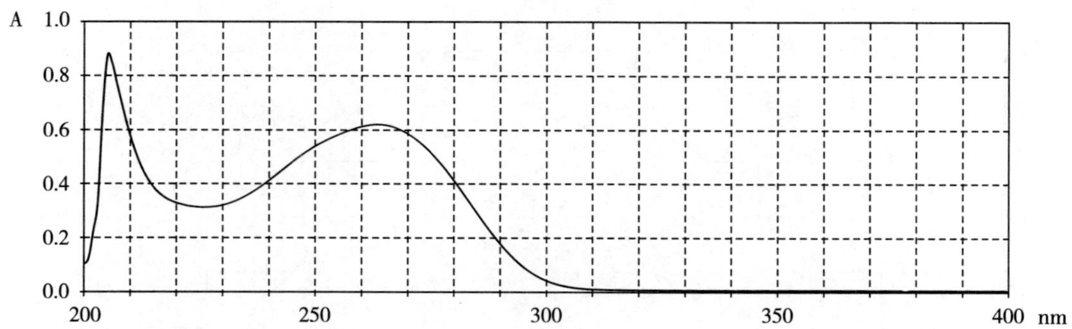

图 5　保泰松的紫外光谱图

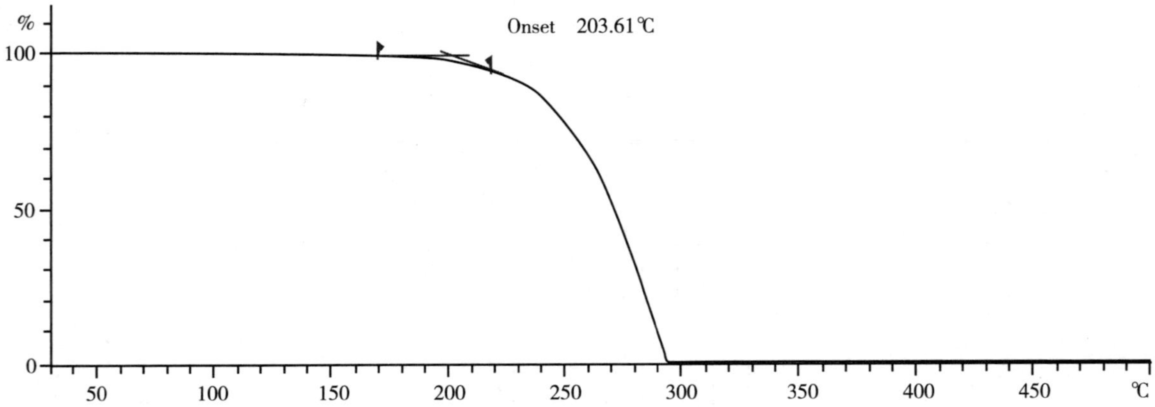

图 6　保泰松的 TG 图

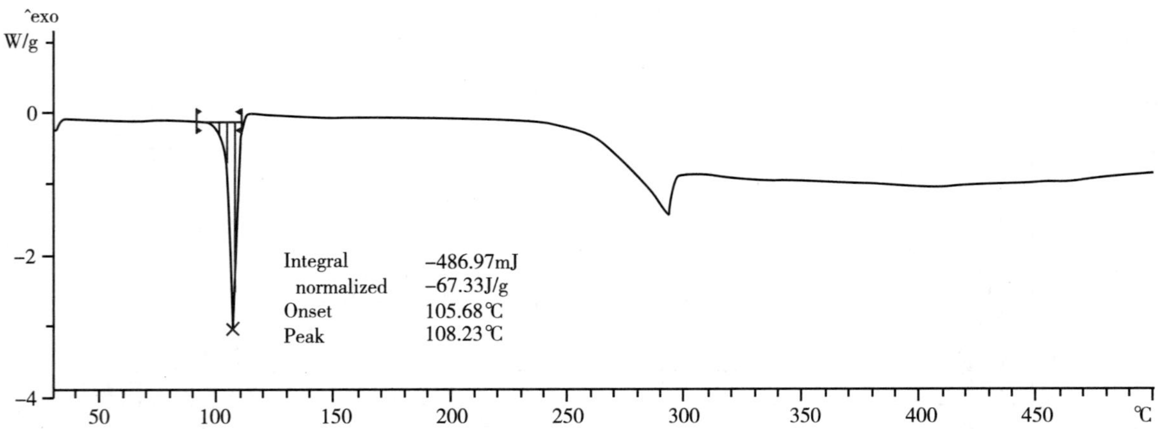

图 7　保泰松的 DSC 图

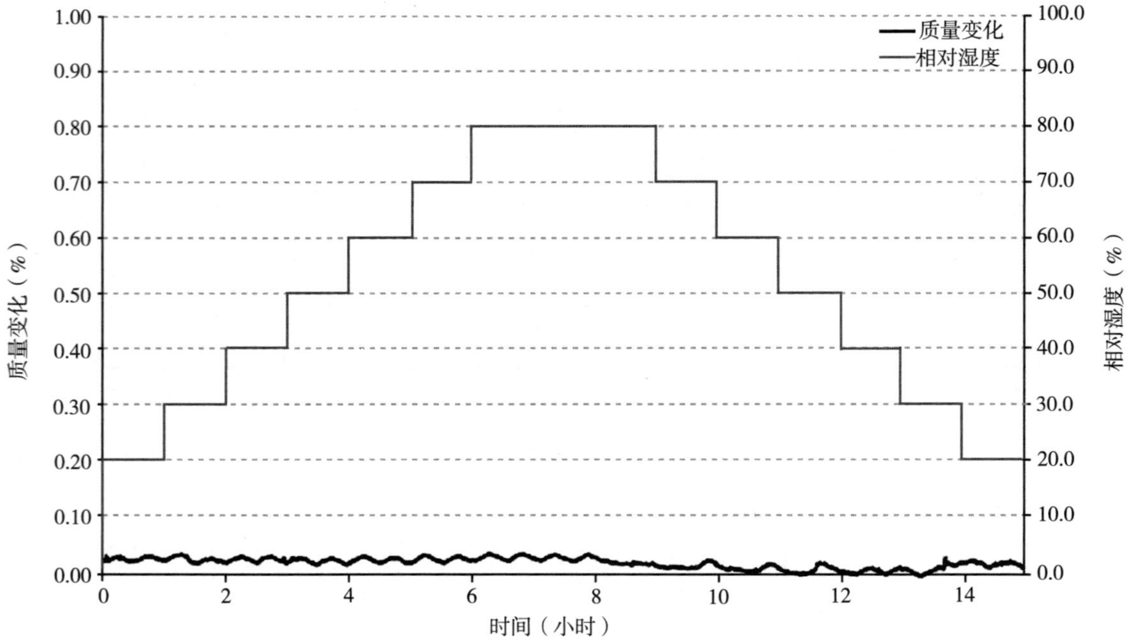

图 8　保泰松的 DVS 图

正离子扫描模式（一级）

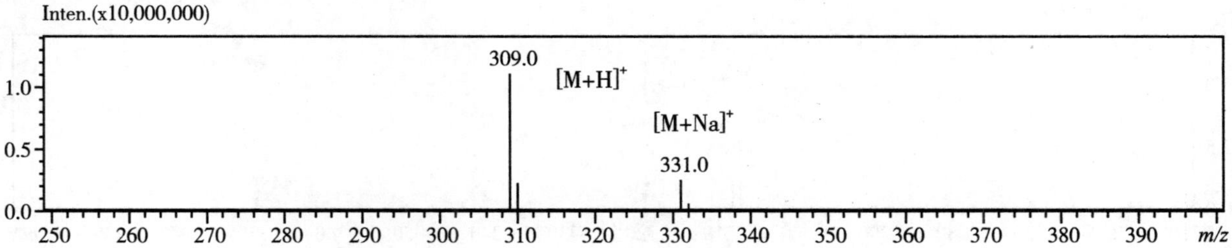

正离子扫描模式（二级）

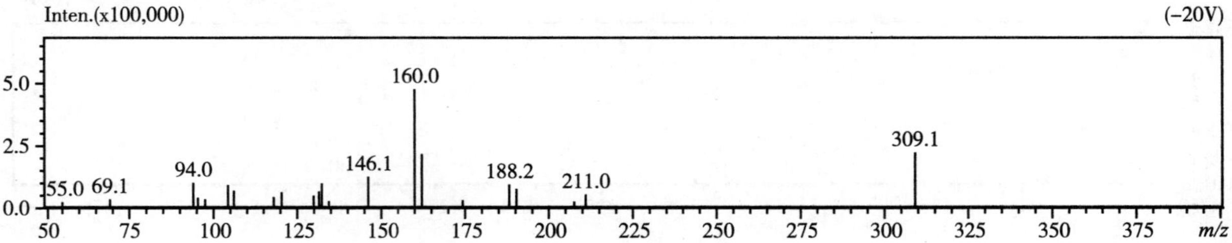

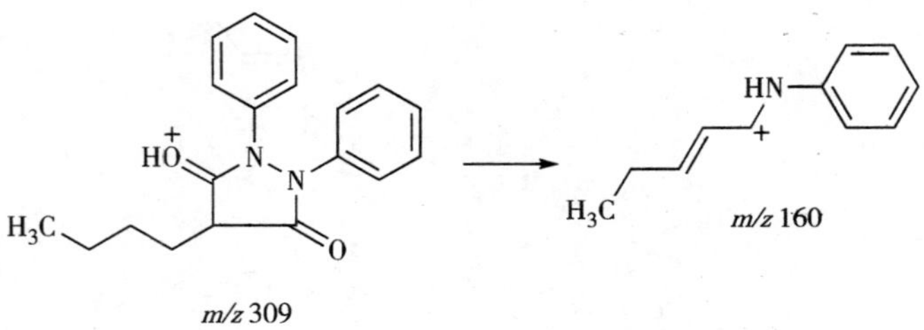

负离子扫描模式（一级）

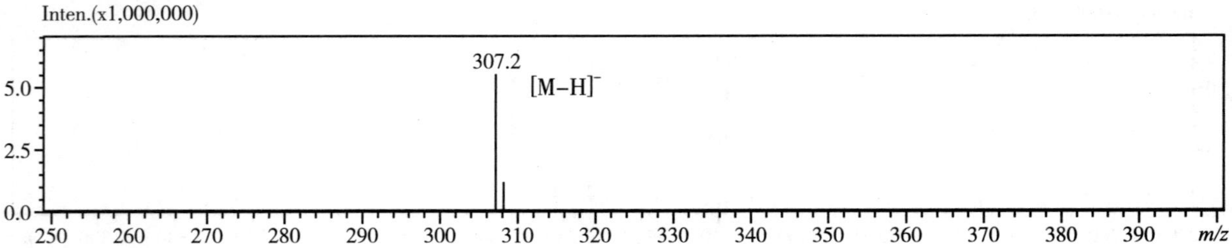

负离子扫描模式（二级）

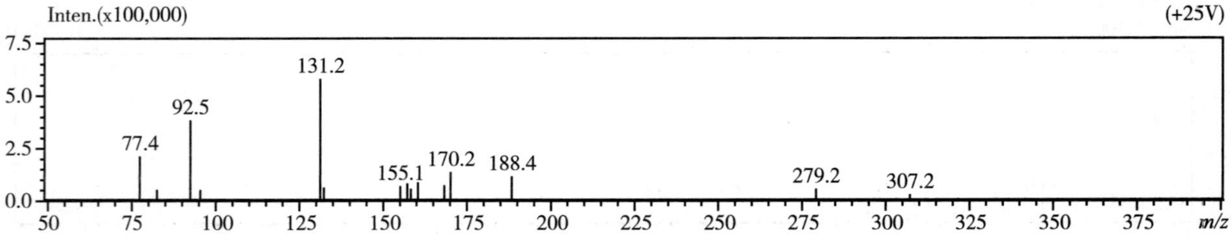

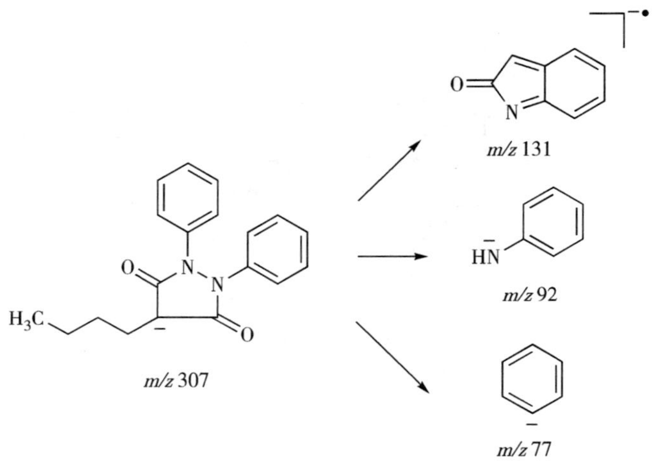

图 9　保泰松的质谱图

备注

1. **中文化学名**　4 – 丁基 – 1,2 – 二苯基 – 3,5 – 吡咯烷二酮
2. **英文化学名**　4 – butyl – 1,2 – diphenylpyrazolidine – 3,5 – dione
3. **性状**　本品为白色或类白色结晶性粉末;无臭,略带苦味。
4. **溶解性**　本品在丙酮或三氯甲烷中易溶,在乙醇或乙醚中溶解,在水中几乎不溶;在氢氧化钠溶液中溶解。
5. **溶剂**　0. 01mol/L 氢氧化钠溶液。
6. **对照品编号与批号**　100481 – 200601

盐酸吗啉呱

英文名 Moroxydine Hydrochloride

分子式 $C_6H_{13}N_5O \cdot HCl$

分子量 207.66

CAS 号 3160-91-6

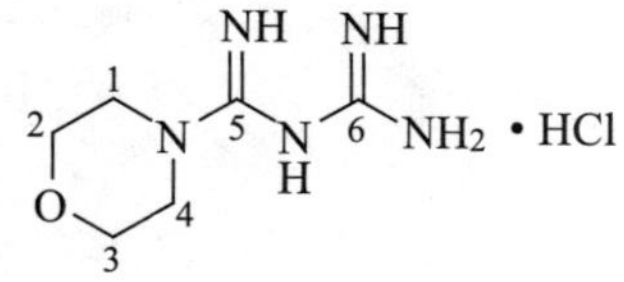

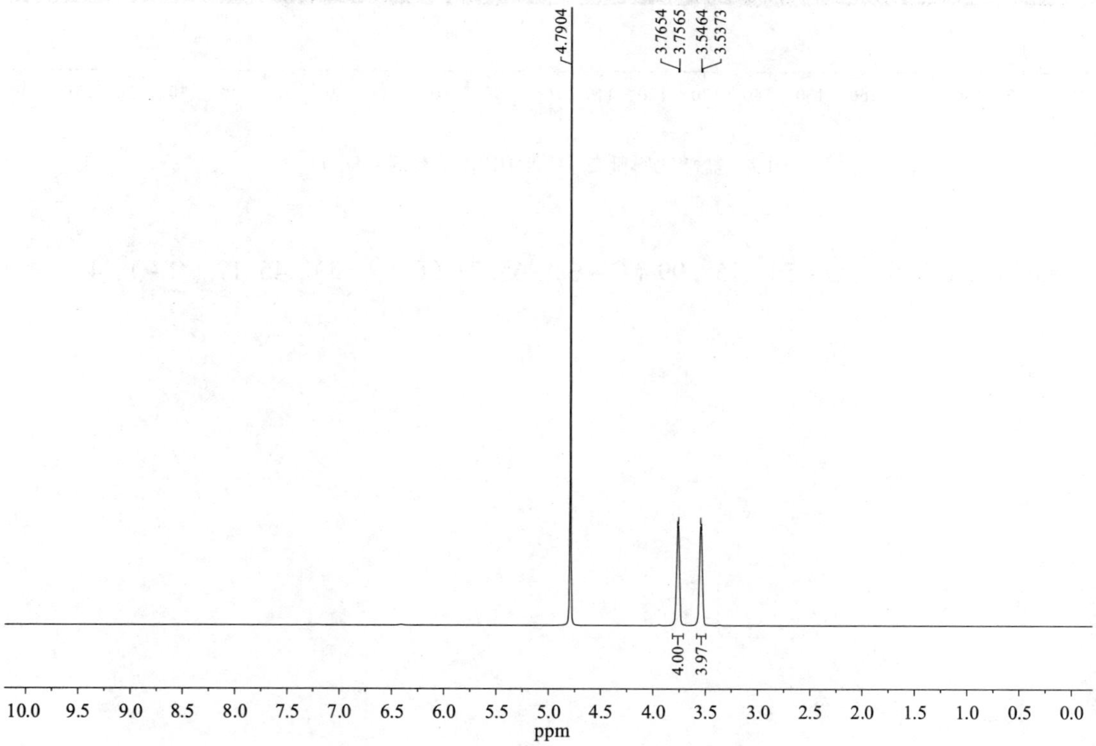

图 1 盐酸吗啉呱的^{1}H NMR 谱（溶剂：D_2O）

^{1}H NMR：δ 3.79～3.73（H-2, 3, m, 4H），3.58～3.51（H-1, 4, m, 4H）

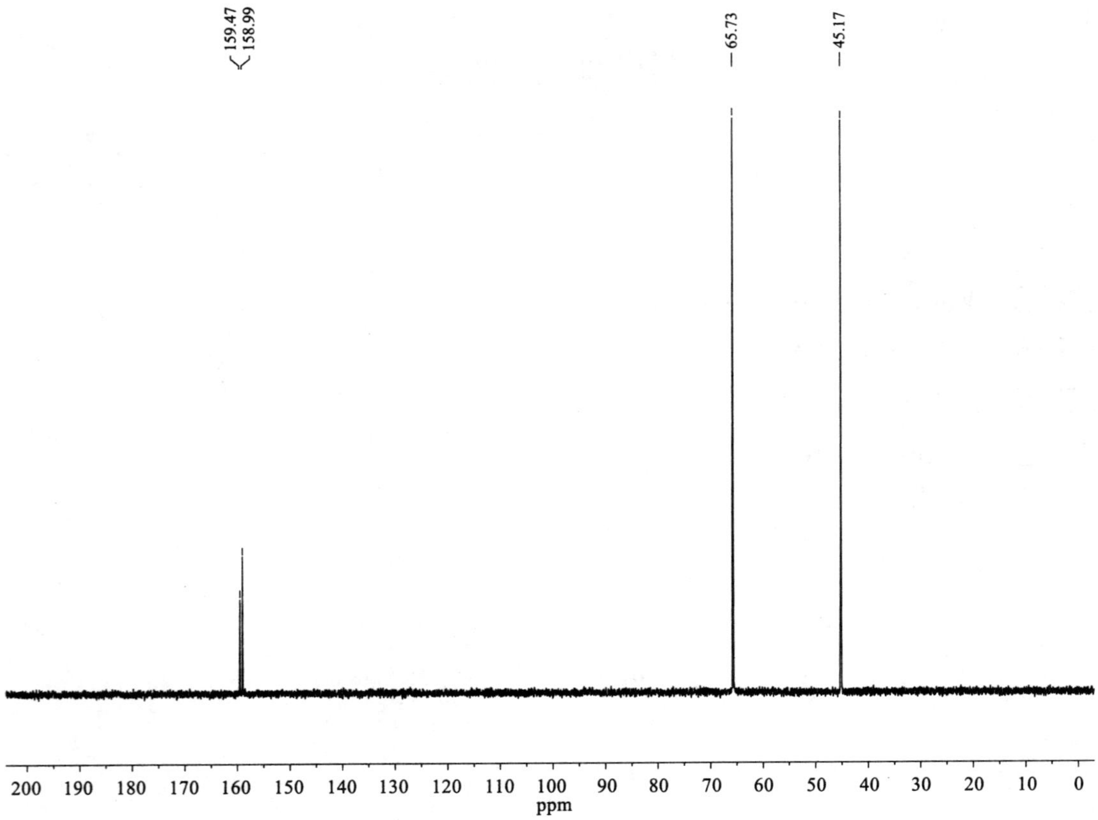

图 2　盐酸吗啉胍的^{13}C NMR 谱（溶剂：D_2O）

^{13}C NMR：δ 159.47（C－5），158.99（C－6），65.73（C－2，3），45.17（C－1，4）

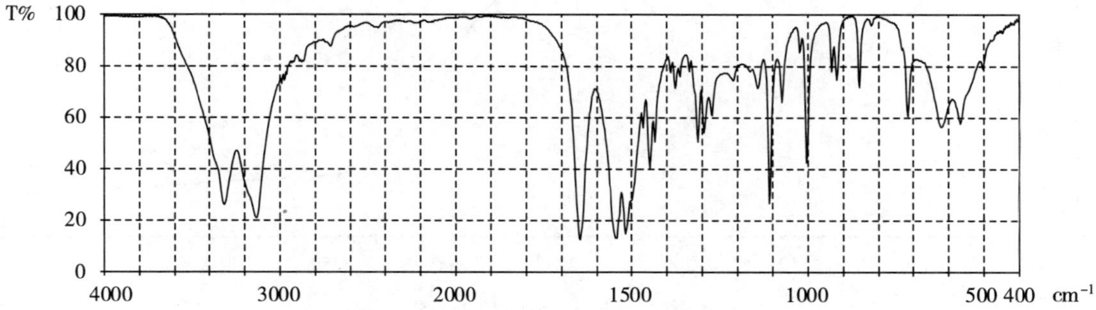

图 3　盐酸吗啉胍的红外光谱图

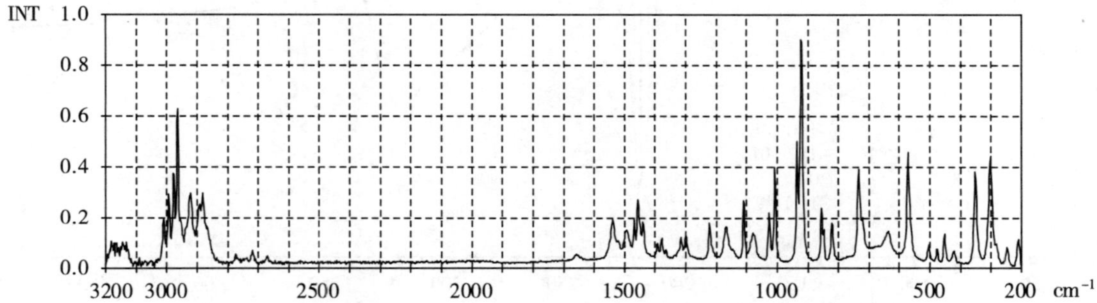

图 4　盐酸吗啉胍的拉曼光谱图

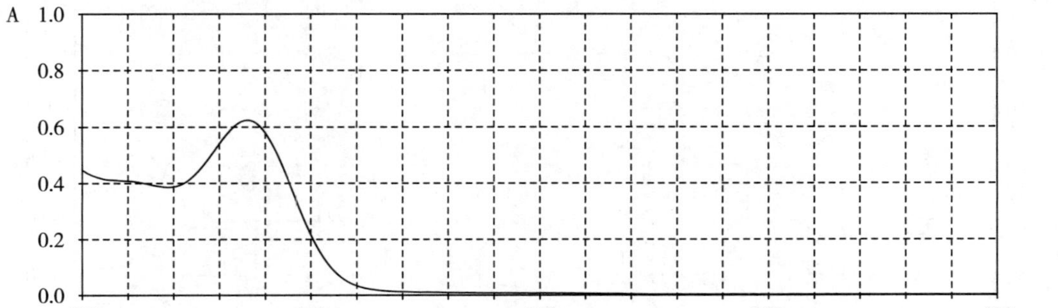

图 5　盐酸吗啉胍的紫外光谱图

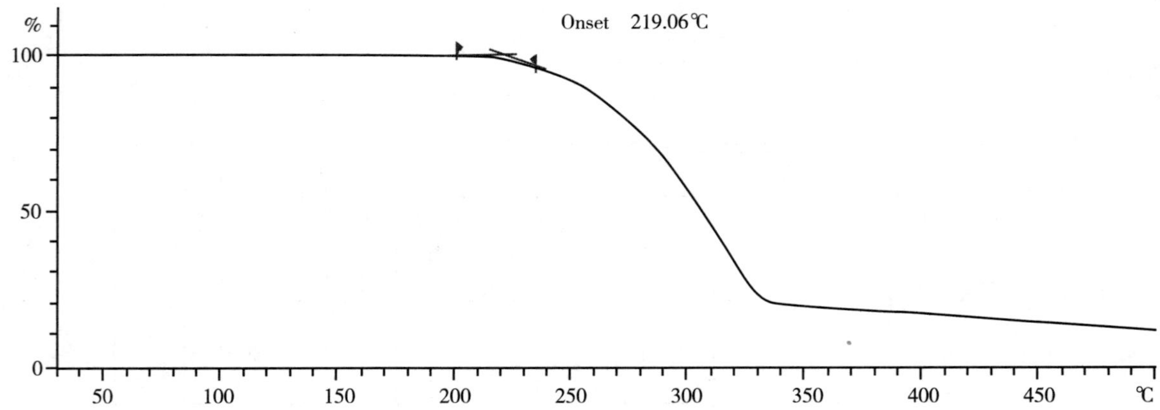

图 6　盐酸吗啉胍的 TG 图

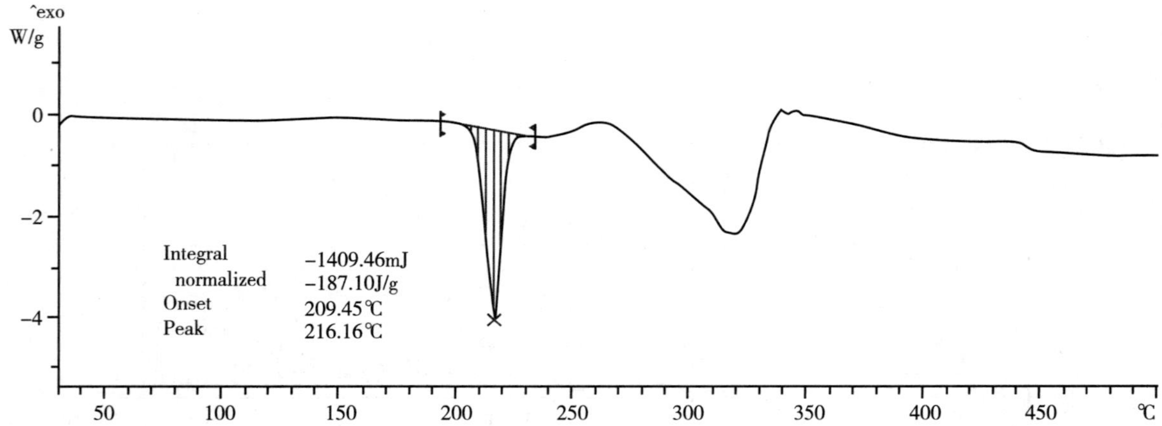

图 7　盐酸吗啉胍的 DSC 图

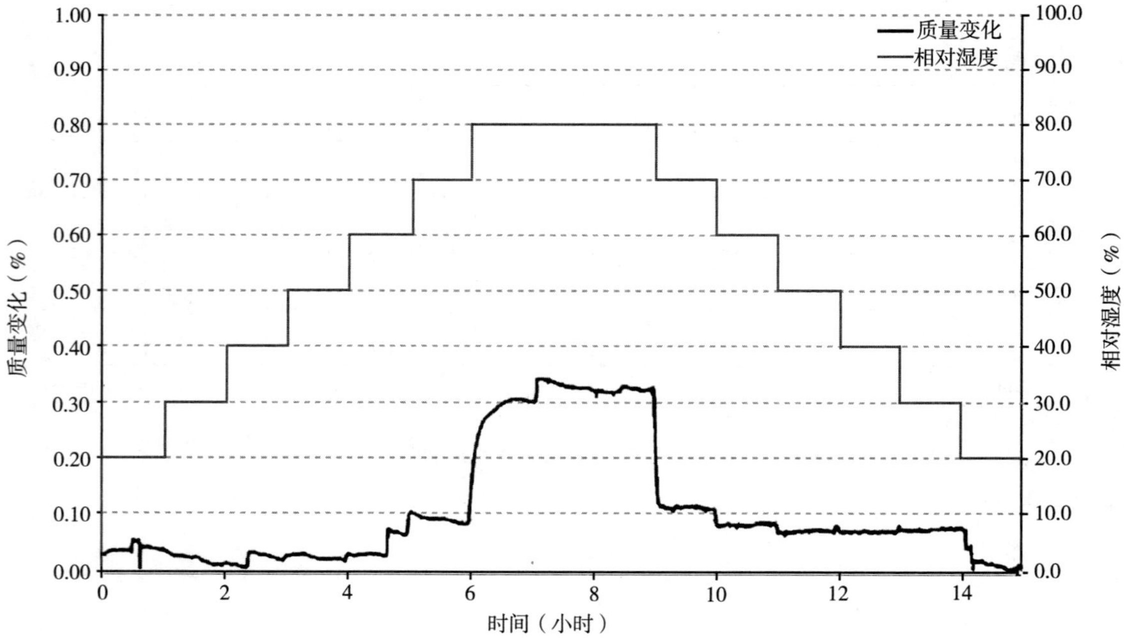

图 8　盐酸吗啉胍的 DVS 图

正离子扫描模式（一级）

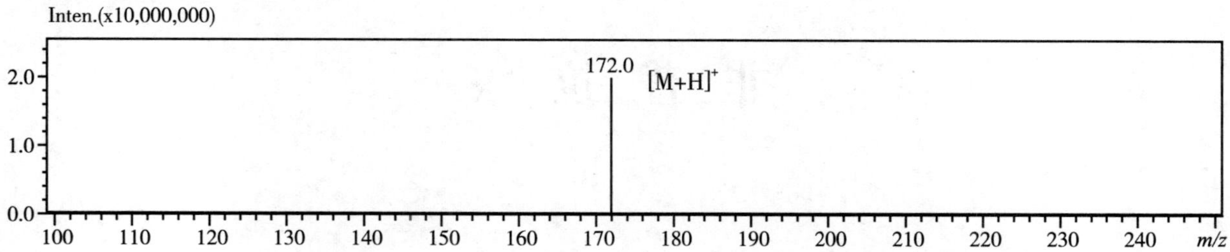

正离子扫描模式（二级）

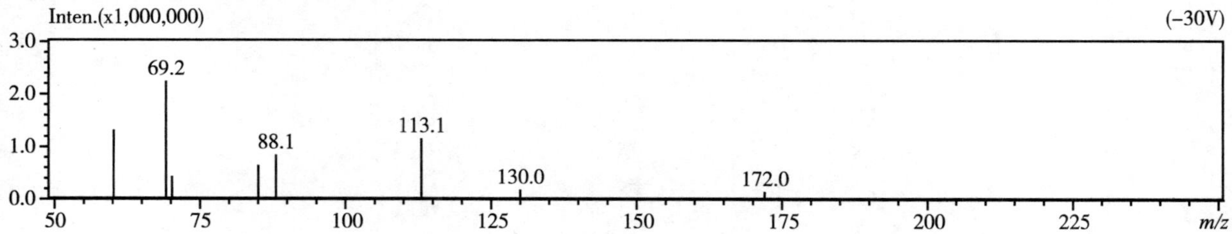

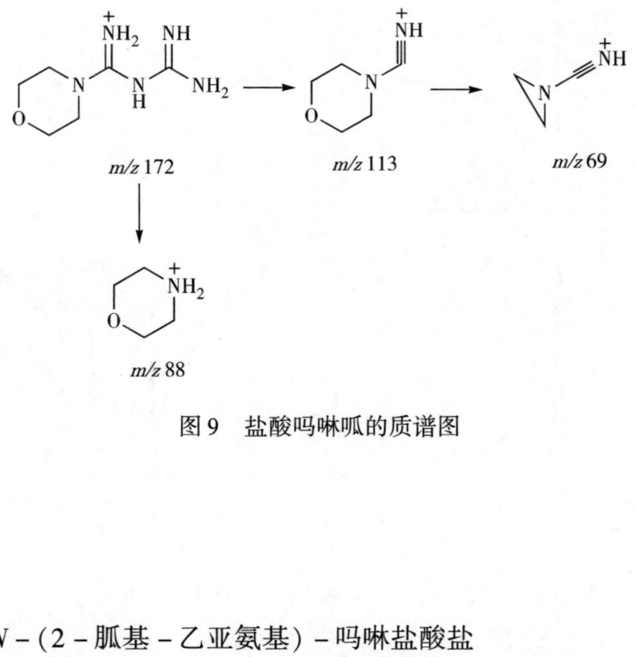

图 9　盐酸吗啉胍的质谱图

备注

1. 中文化学名　*N*－(2－胍基－乙亚氨基)－吗啉盐酸盐

2. 英文化学名　*N*－(aminoiminomethyl)－4－morpholinecarboximidamide hydrochloride

3. 性状　本品为白色结晶性粉末，无臭。

4. 溶解性　本品在水中易溶，在乙醚中微溶，在三氯甲烷中几乎不溶。

5. 溶剂　水。

6. 对照品编号与批号　100483－200402

非 普 拉 宗

英文名 Feprazone

分子式 $C_{20}H_{20}N_2O_2$

分子量 320.39

CAS 号 30748-29-9

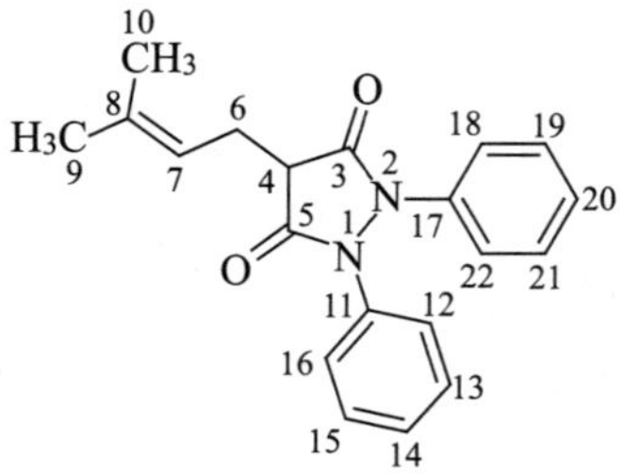

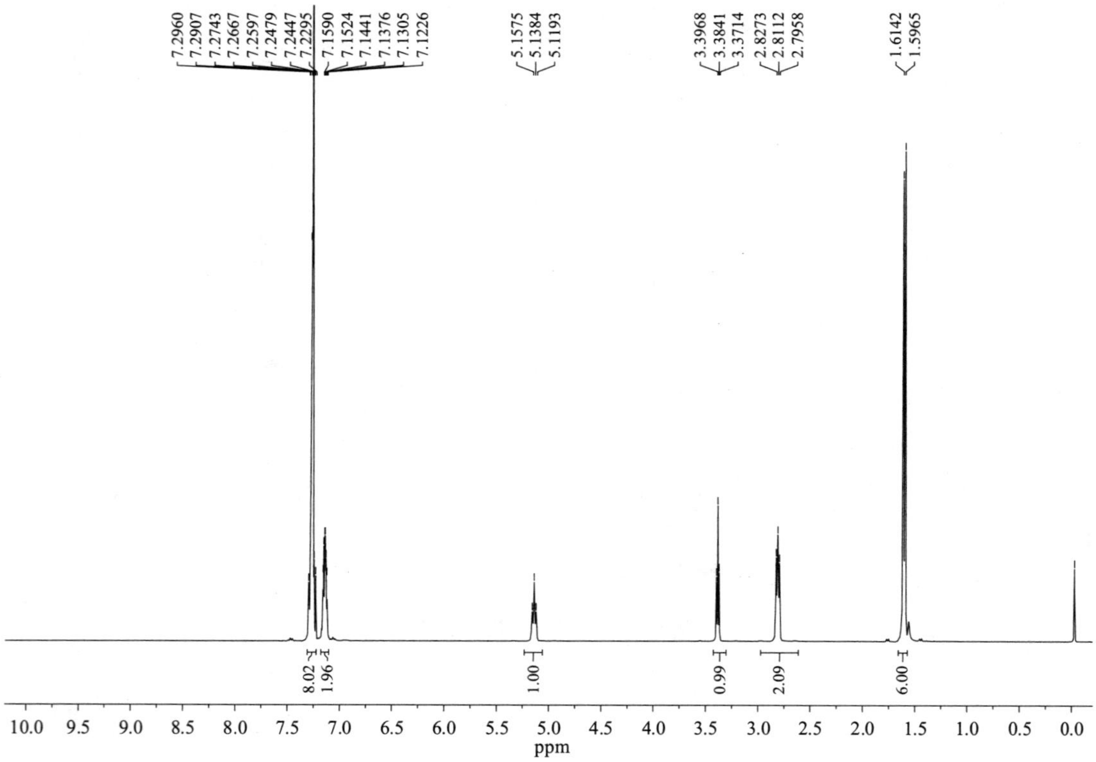

图 1　非普拉宗的^1H NMR 谱（溶剂：$CDCl_3$）

^1H NMR：δ 7.32～7.22（Ar-H，m，8H），7.18～7.11（Ar-H，m，2H），5.14（H-7，t，J = 7.7 Hz，1H），3.38（H-4，t，J = 5.1 Hz，1H），2.81（H-6，m，2H），1.61（H-9，s，3H），1.60（H-10，s，3H）

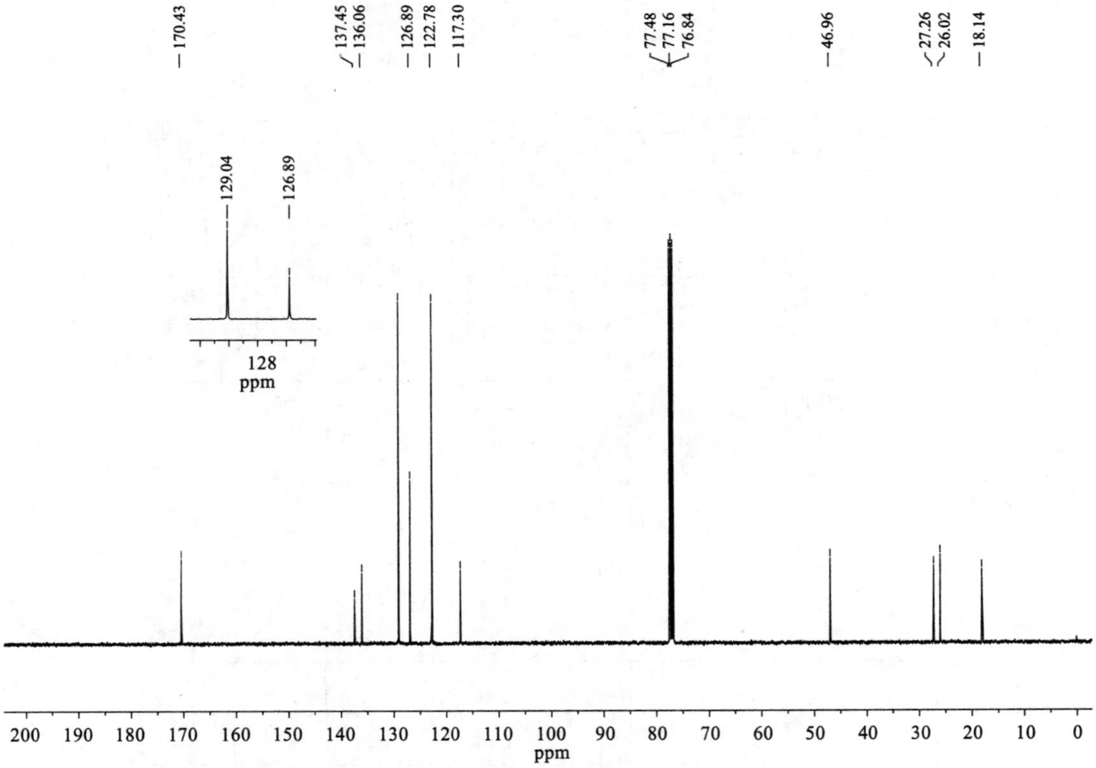

图2　非普拉宗的^{13}C NMR 谱（溶剂：$CDCl_3$）

^{13}C NMR：δ 170. 43（C－3，5），137. 45（C－8），136. 06（C－11，17），129. 04（C－13，15，19，21），126. 89（C－14，20），122. 78（C－12，16，18，22），117. 30（C－7），46. 96（C－4），27. 26（C－6），26. 02（C－9），18. 14（C－10）

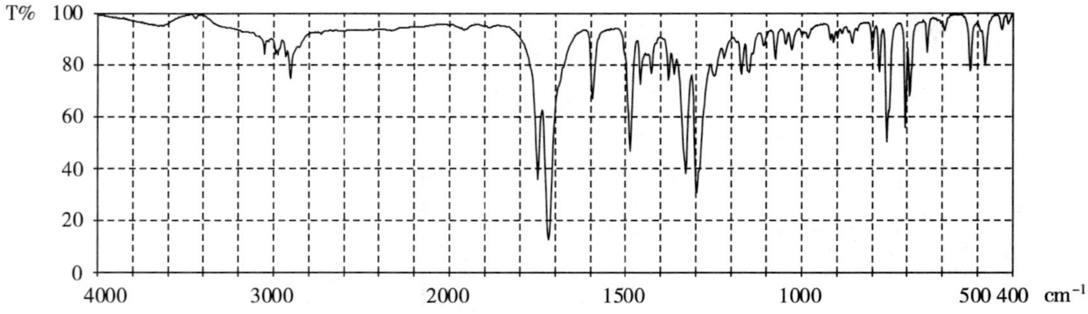

图 3　非普拉宗的红外光谱图

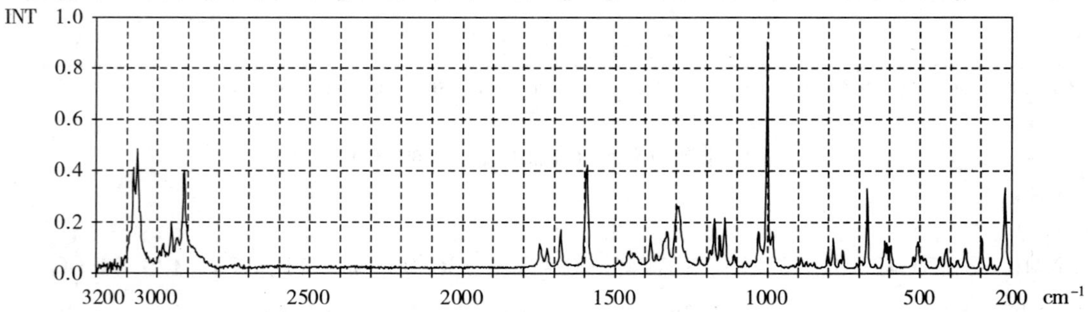

图 4　非普拉宗的拉曼光谱图

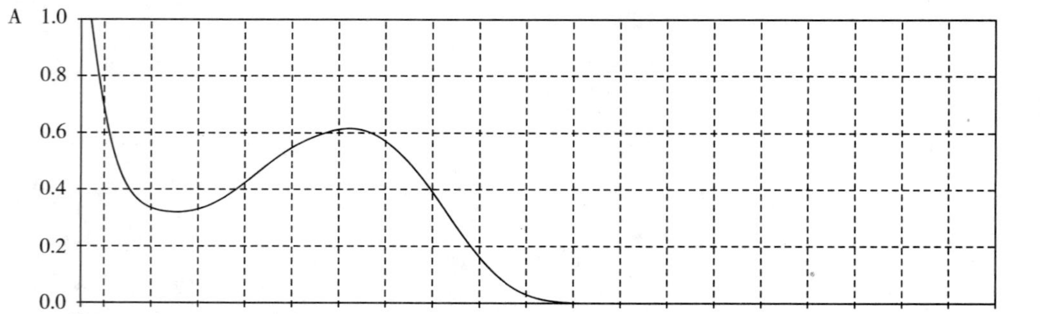

图 5　非普拉宗的紫外光谱图

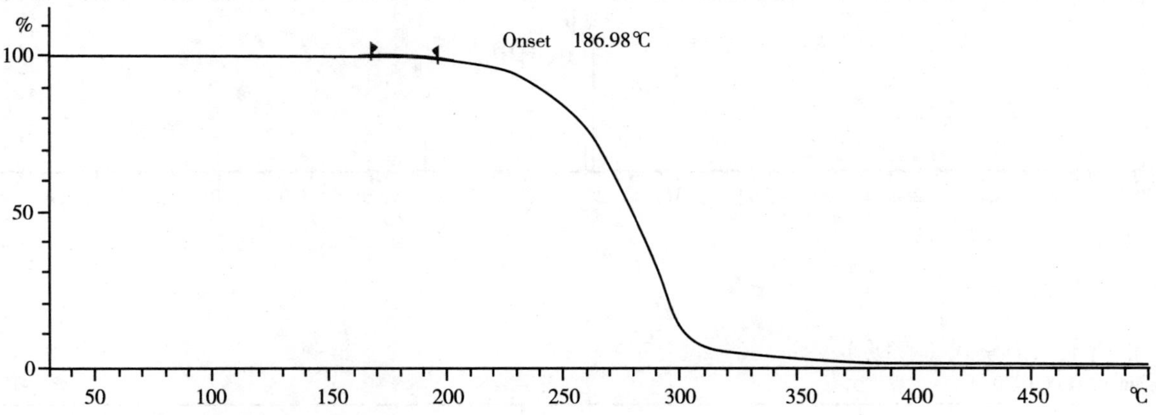

图 6 非普拉宗的 TG 图

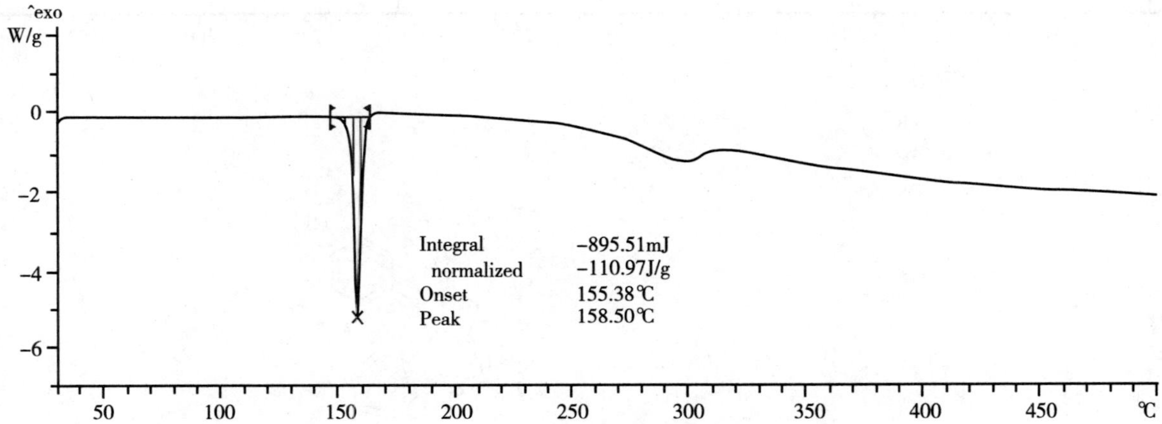

图 7 非普拉宗的 DSC 图

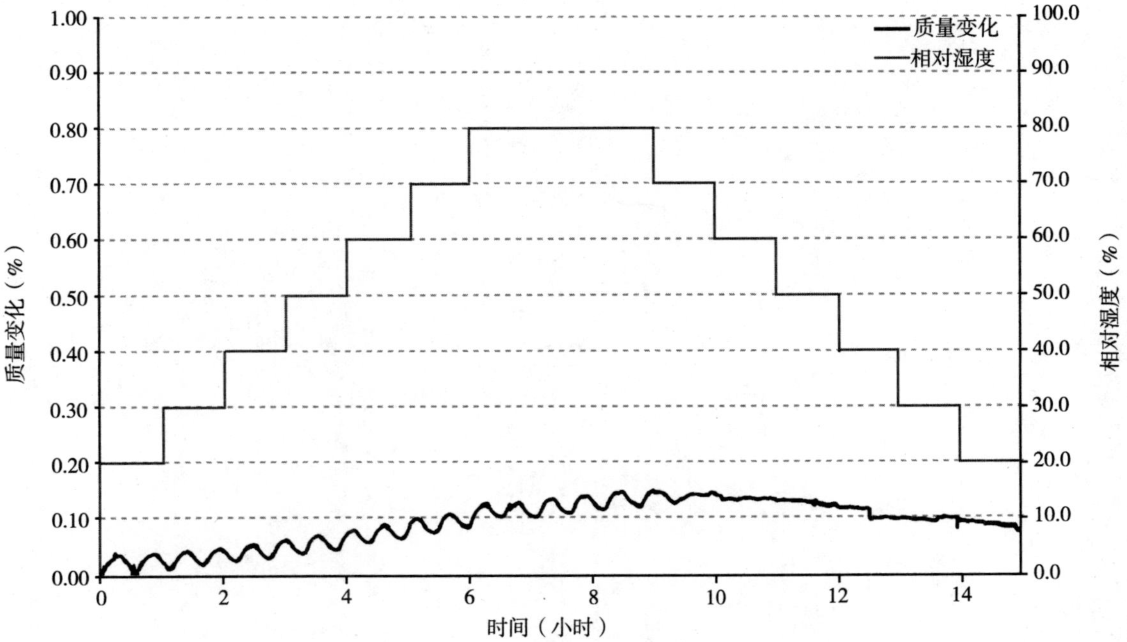

图 8 非普拉宗的 DVS 图

正离子扫描模式（一级）

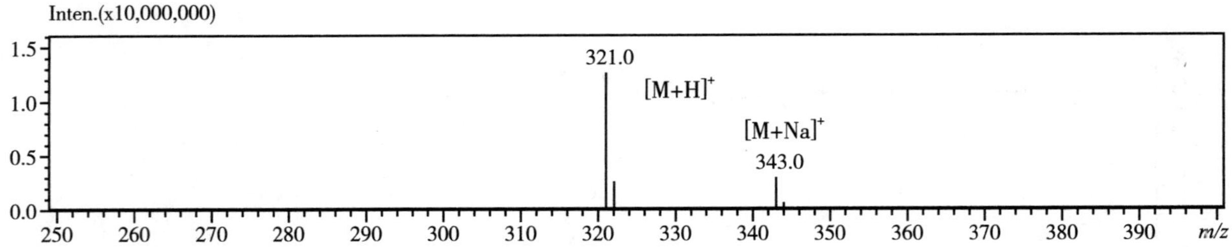

正离子扫描模式（二级）

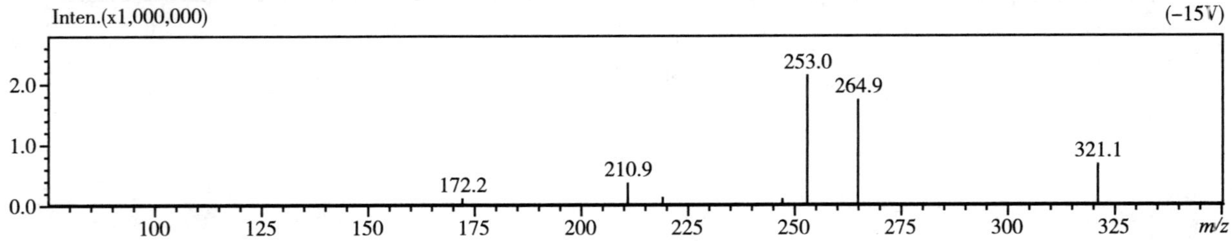

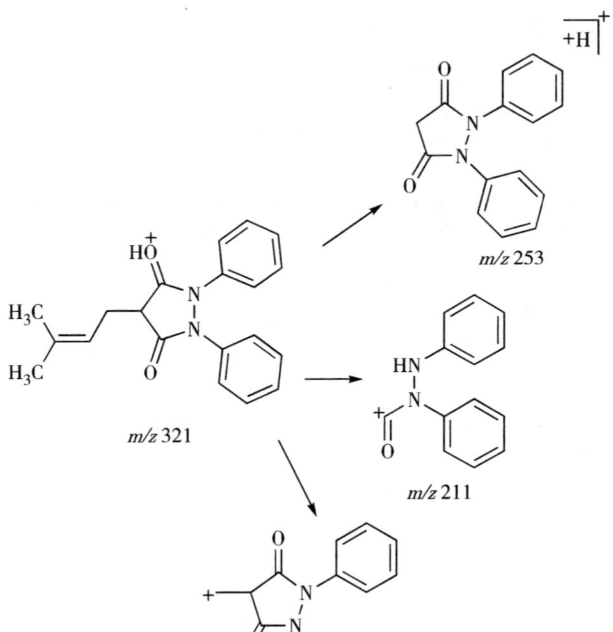

负离子扫描模式（一级）

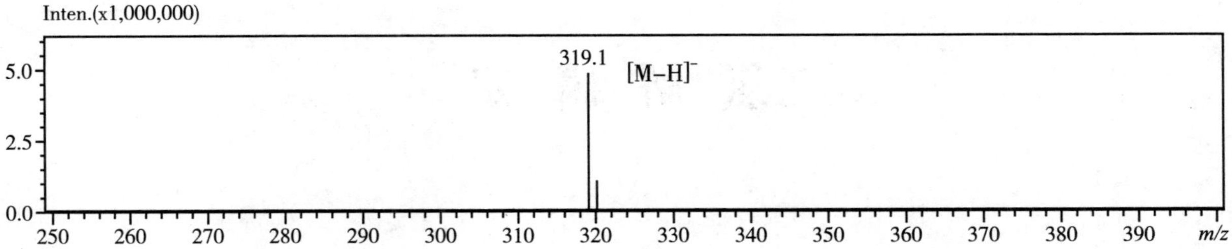

负离子扫描模式（二级）

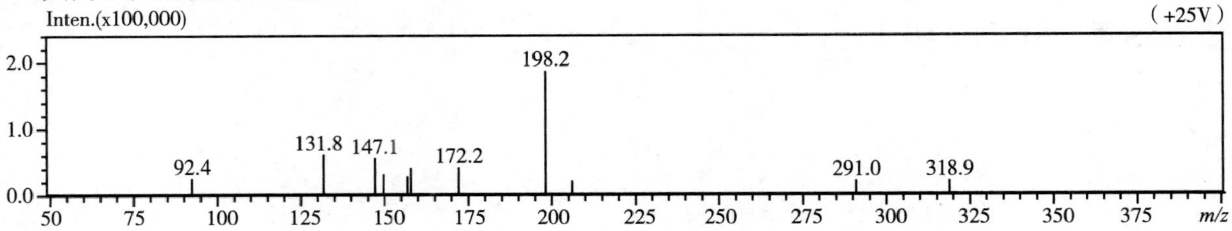

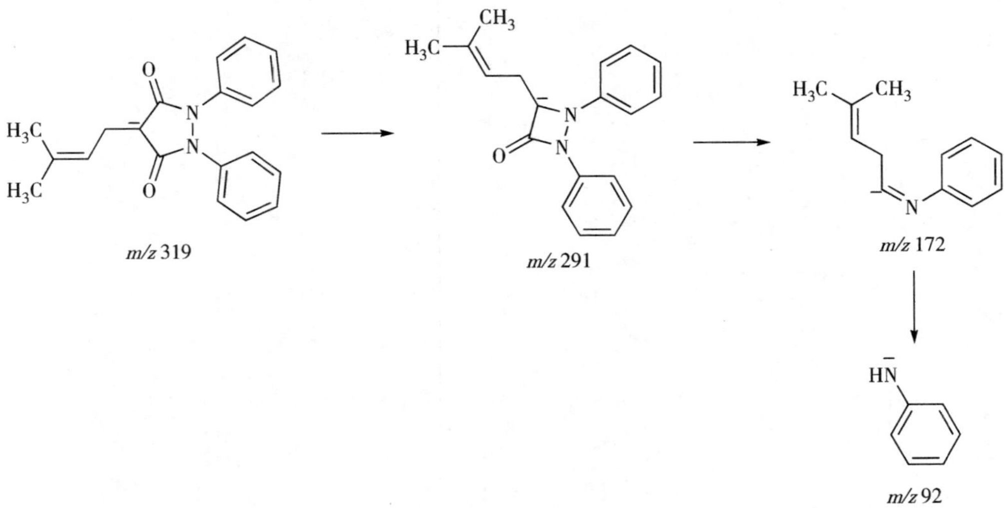

图 9　非普拉宗的质谱图

备注

1. **中文化学名**　1,2－二苯基－4－异戊烯基吡唑烷－3,5－二酮
2. **英文化学名**　1,2－diphenyl－4－(3－methyl－2－butenyl)－3,5－pyrazolidinedione
3. **性状**　本品为白色或类白色的结晶性粉末；无臭，味苦。
4. **溶解性**　本品在三氯甲烷中易溶，在丙酮、苯或 10% 氢氧化钠溶液中溶解，在甲醇或乙醇中微溶，在水中不溶。
5. **溶剂**　0.1mol/L 氢氧化钠溶液。
6. **对照品编号与批号**　100487－200301

氯解磷定

英文名　Pralidxime Chloride

分子式　$C_7H_9ClN_2O$

分子量　172.61

CAS 号　51-15-0

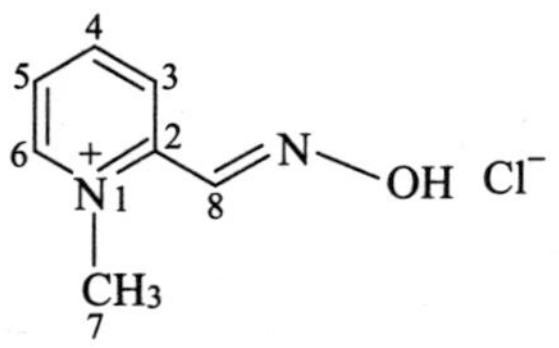

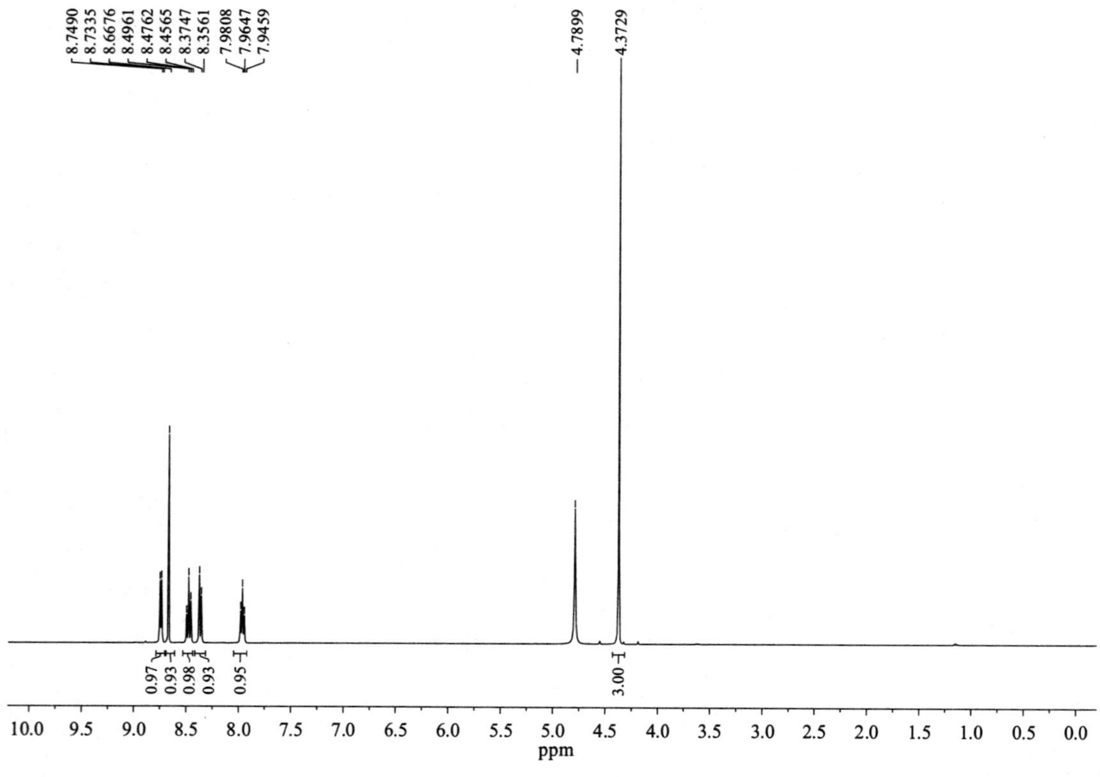

图 1　氯解磷定的^{1}H NMR 谱（溶剂：D_2O）

^{1}H NMR：δ 8.74 (H-6, d, J = 6.2 Hz, 1H), 8.67 (H-8, s, 1H), 8.48 (H-4, t, J = 7.9 Hz, 1H), 8.37 (H-3, d, J = 7.4 Hz, 1H), 7.96 (H-5, t, J = 7.0 Hz, 1H), 4.37 (H-7, s, 3H)

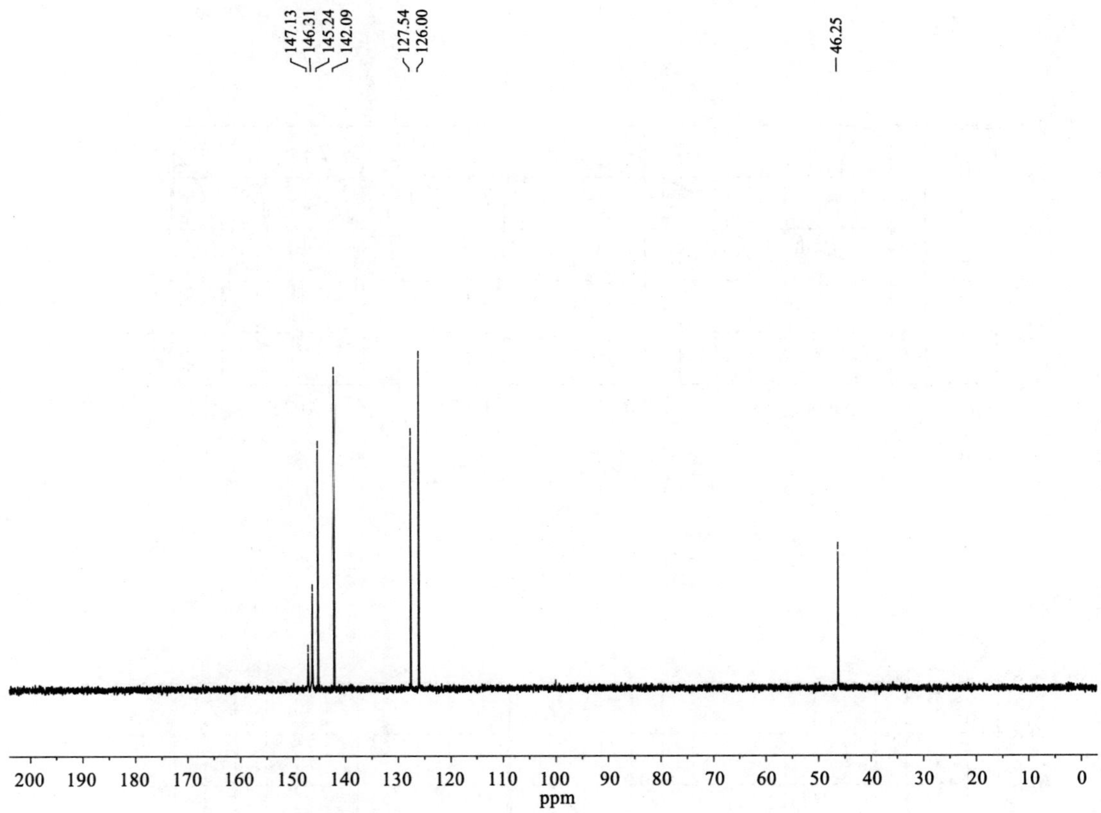

图 2　氯解磷定的^{13}C NMR 谱（溶剂：D_2O）

^{13}C NMR：δ 147. 13（C－8），146. 31（C－2），145. 24（C－6），142. 09（C－4），127. 54（C－5），126. 00（C－3），46. 25（C－7）

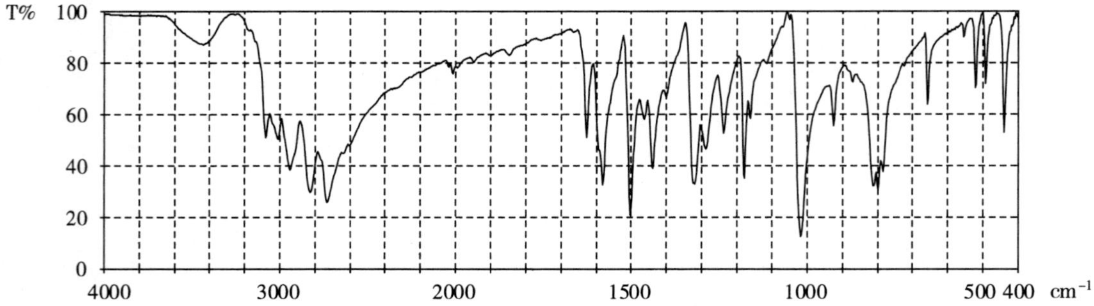

图 3　氯解磷定的红外光谱图

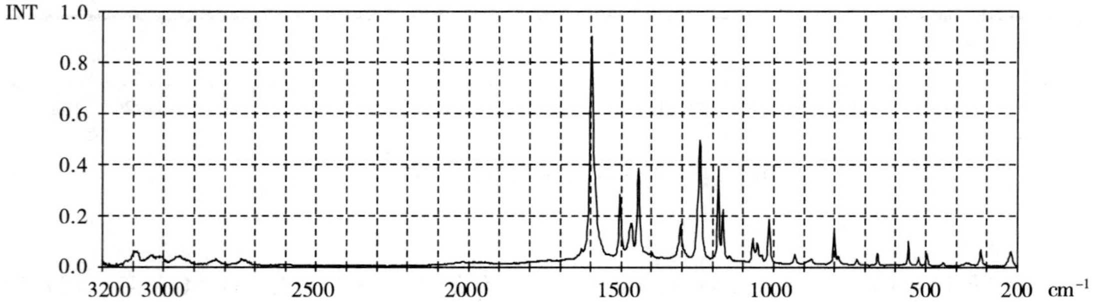

图 4　氯解磷定的拉曼光谱图

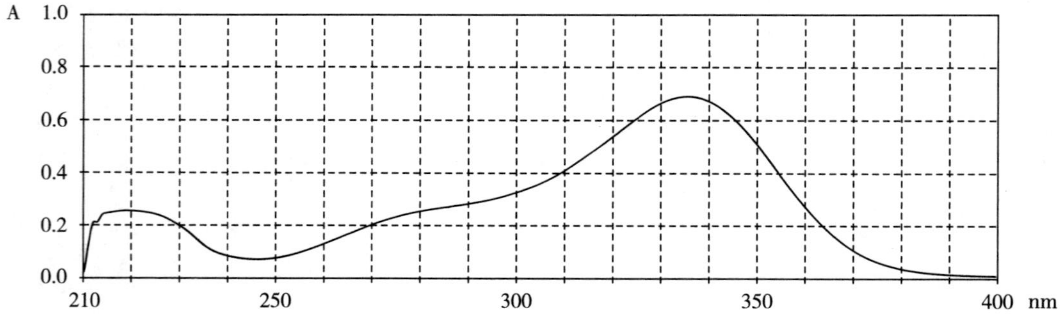

图 5　氯解磷定的紫外光谱图

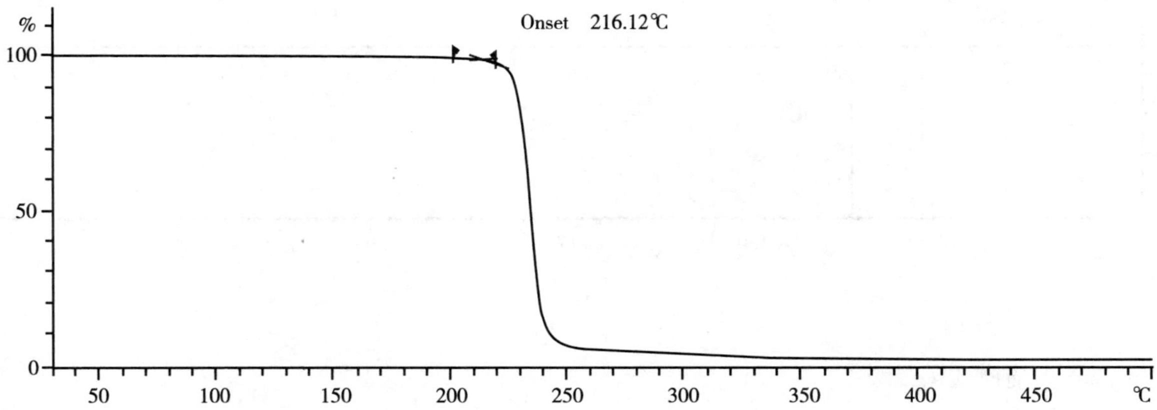

图 6　氯解磷定的 TG 图

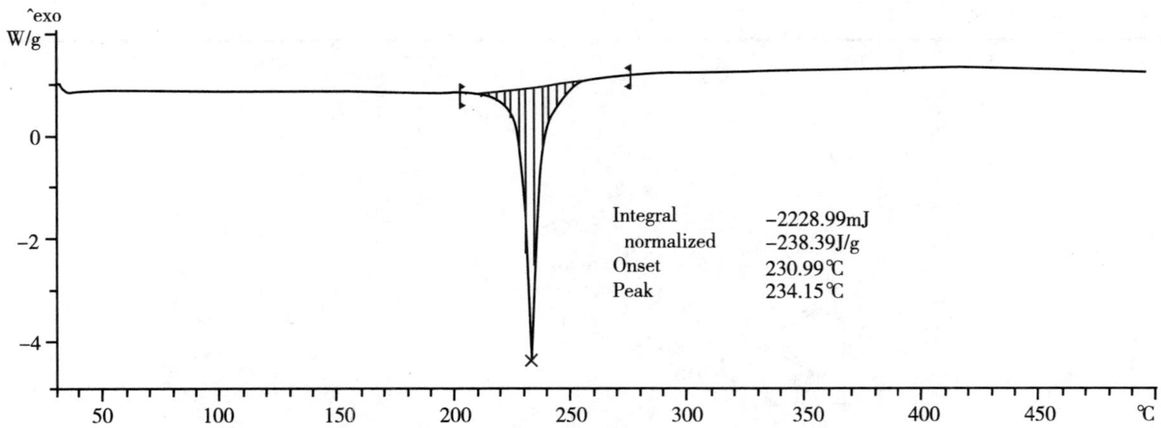

图 7　氯解磷定的 DSC 图

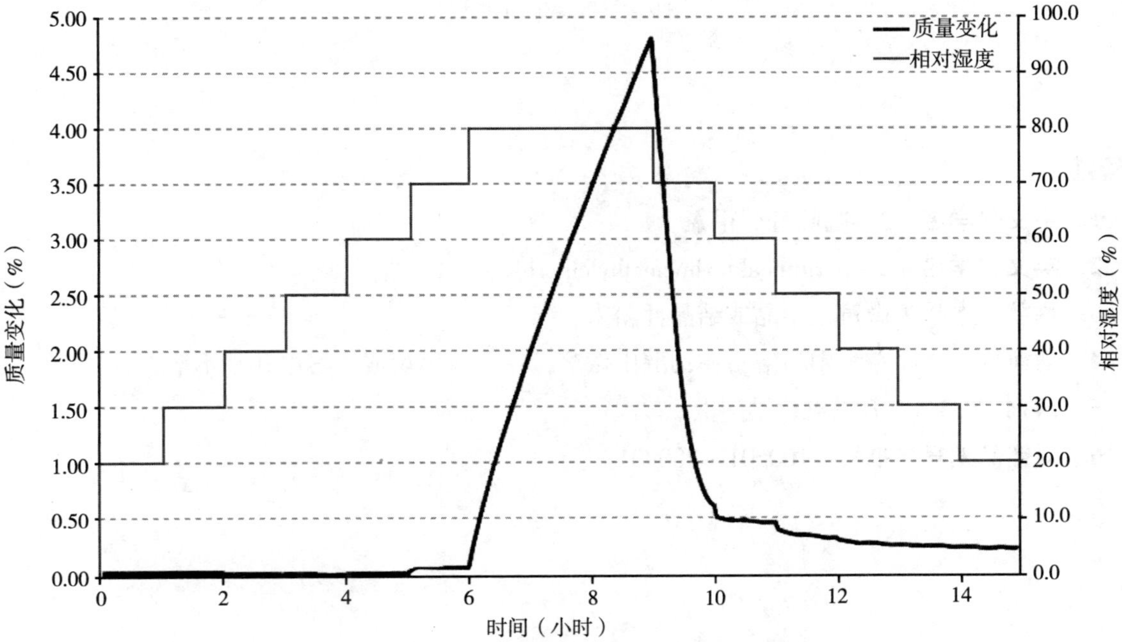

图 8　氯解磷定的 DVS 图

正离子扫描模式（一级）

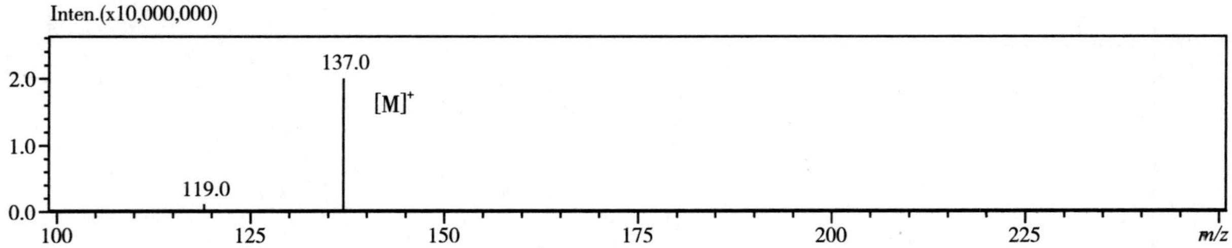

正离子扫描模式（二级）

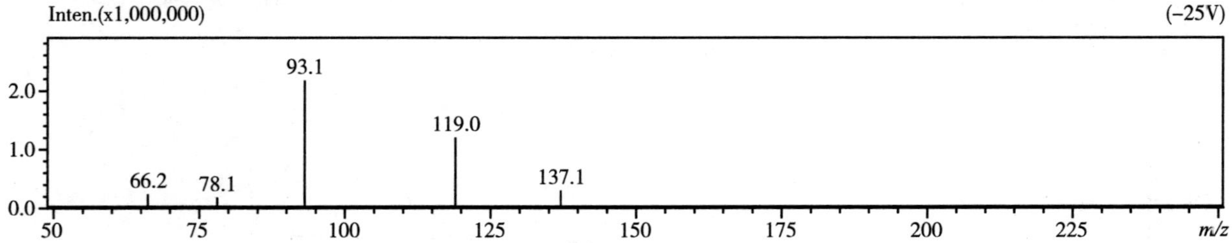

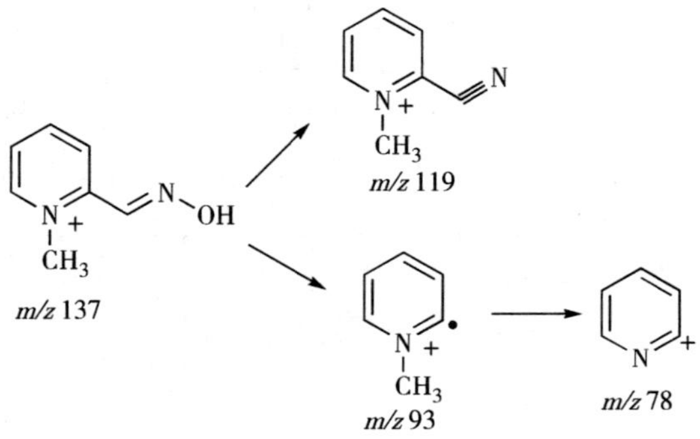

图 9　氯解磷定的质谱图

备注

1. **中文化学名**　2 - 吡啶醛肟甲氯
2. **英文化学名**　2 - pyridinealdoximemethylchloride
3. **性状**　本品为微黄色结晶或结晶性粉末。
4. **溶解性**　本品在水中易溶，在乙醇中微溶，在三氯甲烷或乙醚中几乎不溶。
5. **溶剂**　0. 1mol/L 氢氧化钠溶液。
6. **对照品编号与批号**　100501 - 200901

氨 基 比 林

英文名 Aminophenazonum

分子式 $C_{13}H_{17}N_3O$

分子量 231.30

CAS 号 58-15-1

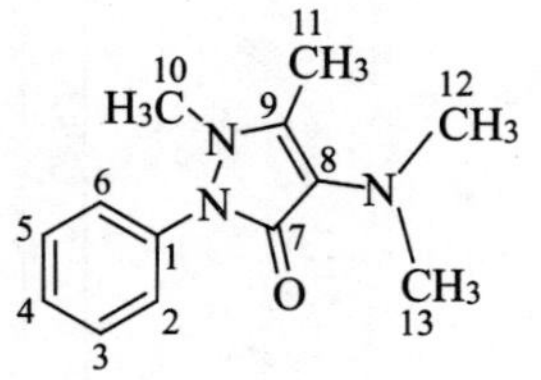

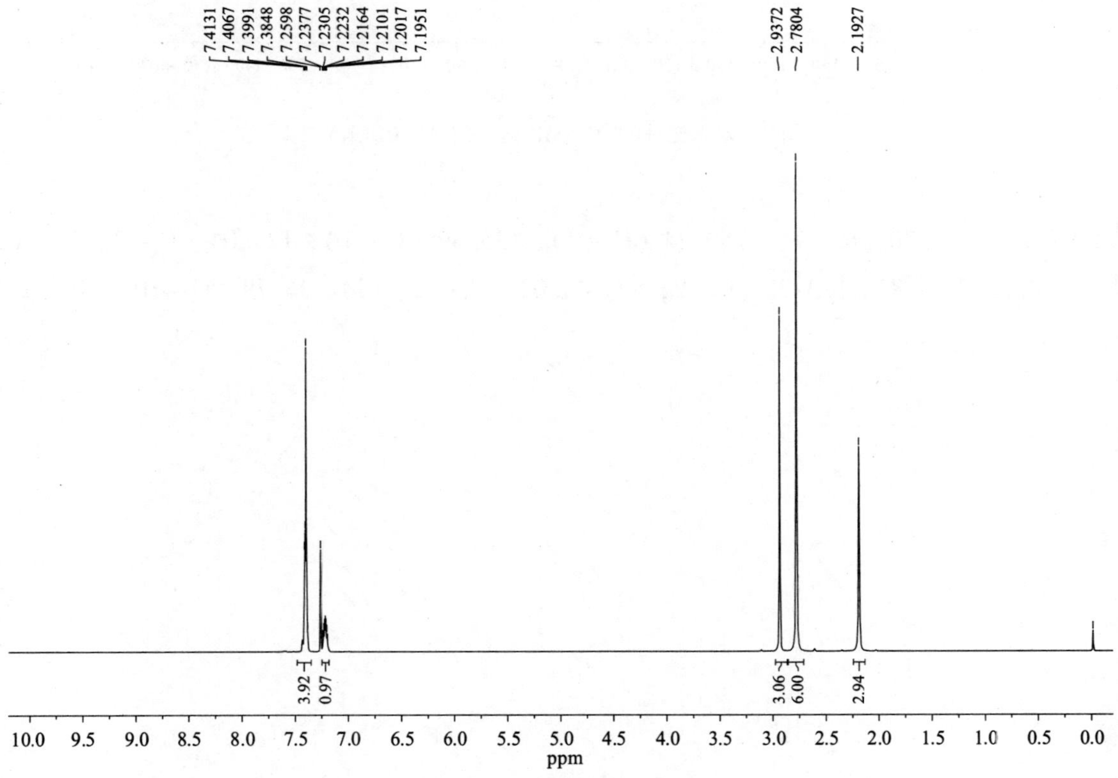

图 1 氨基比林的^{1}H NMR 谱（溶剂：$CDCl_3$）

^{1}H NMR：δ 7.42 ~ 7.38（H-2, 3, 5, 6, m, 4H），7.22（H-4, m, 1H），2.94（H-10, s, 3H），2.78（H-12, 13, s, 6H），2.19（H-11, s, 3H）

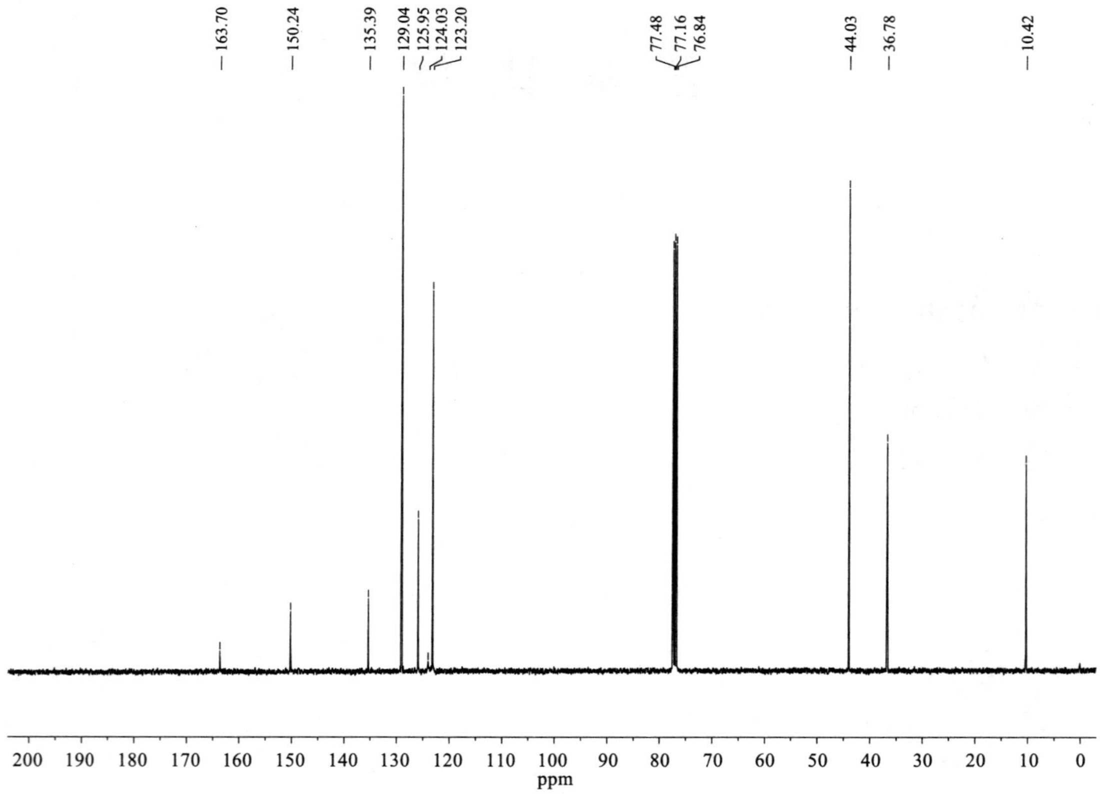

图 2　氨基比林的^{13}C NMR 谱（溶剂：$CDCl_3$）

^{13}C NMR：δ 163.70（C－7），150.24（C－9），135.39（C－1），129.04（C－3，5），125.95（C－4），124.03（C－8），123.20（C－2，6），44.03（C－12，13），36.78（C－10），10.42（C－11）

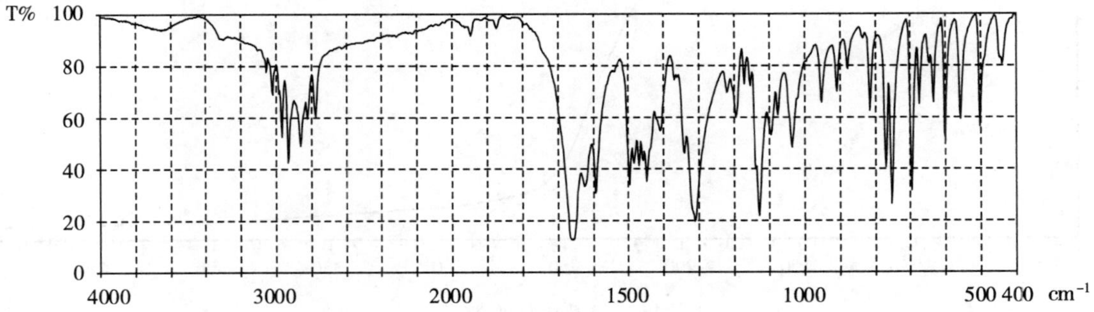

图 3　氨基比林的红外光谱图

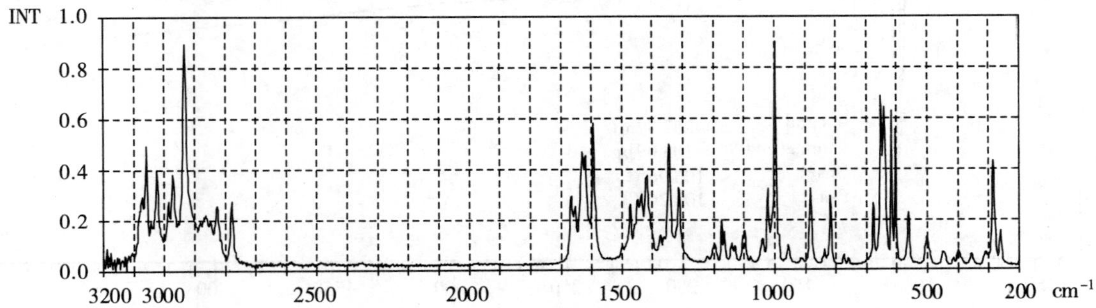

图 4　氨基比林的拉曼光谱图

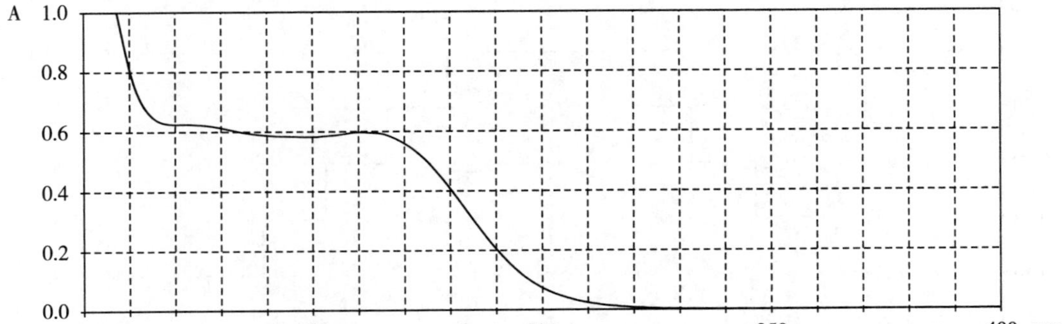

图 5　氨基比林的紫外光谱图

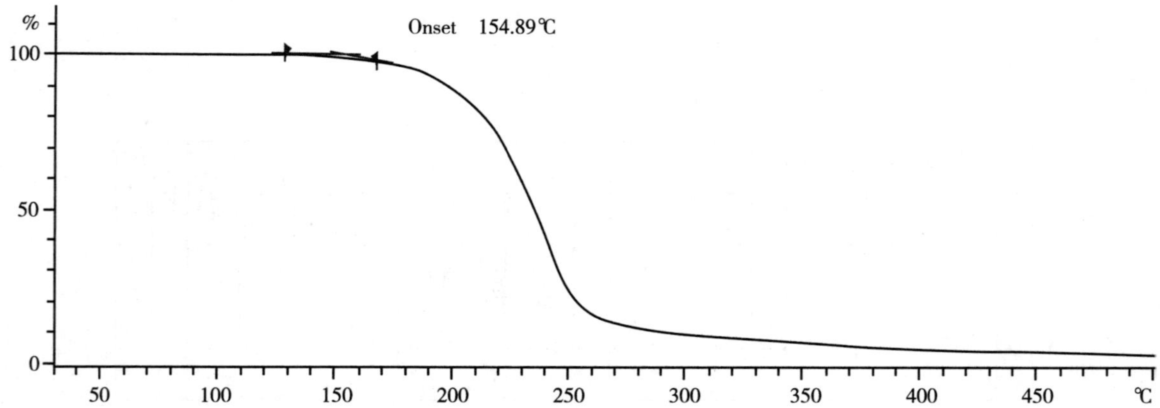

图 6　氨基比林的 TG 图

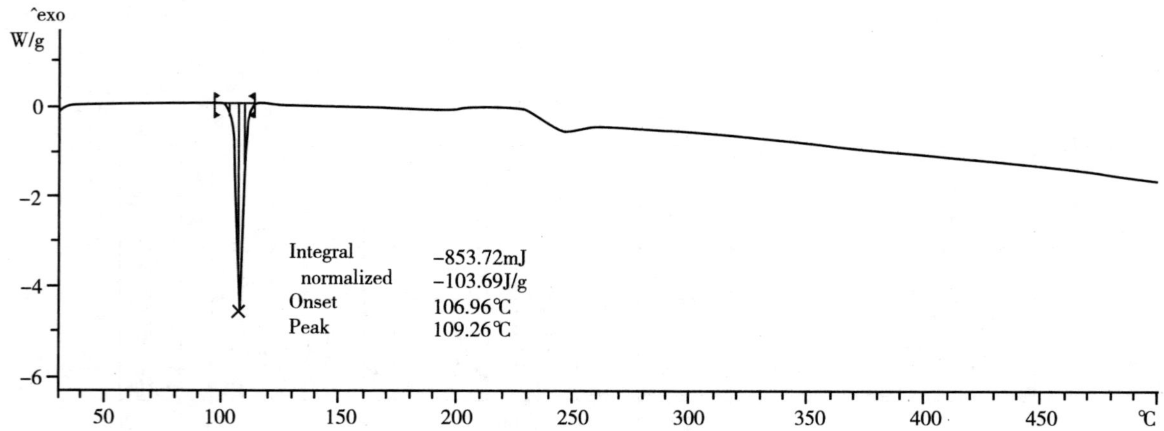

图 7　氨基比林的 DSC 图

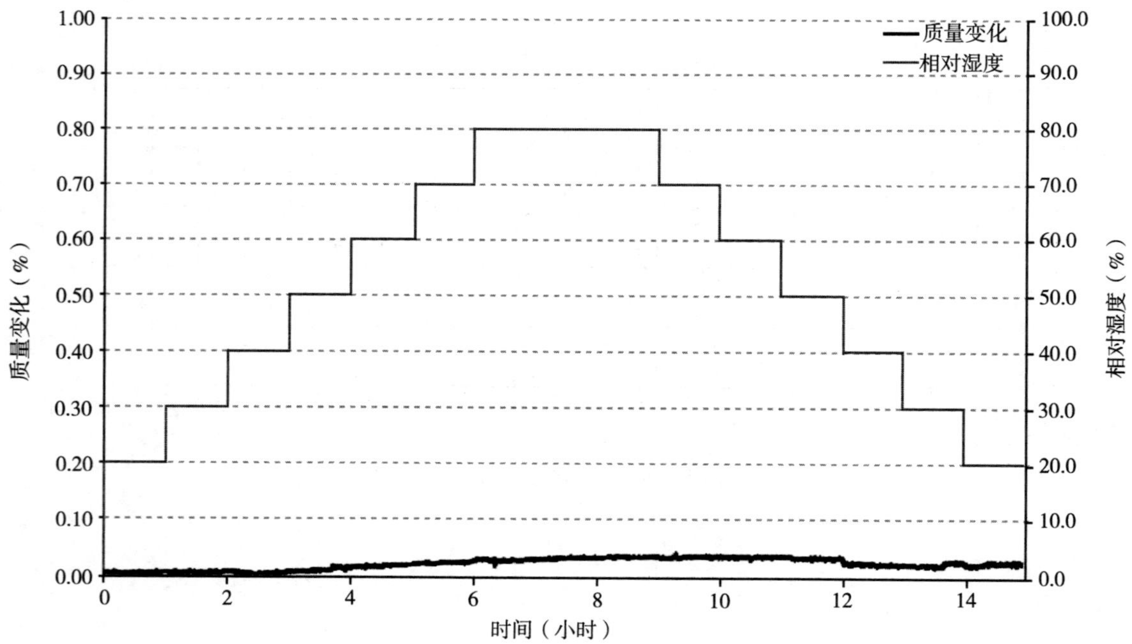

图 8　氨基比林的 DVS 图

正离子扫描模式（一级）

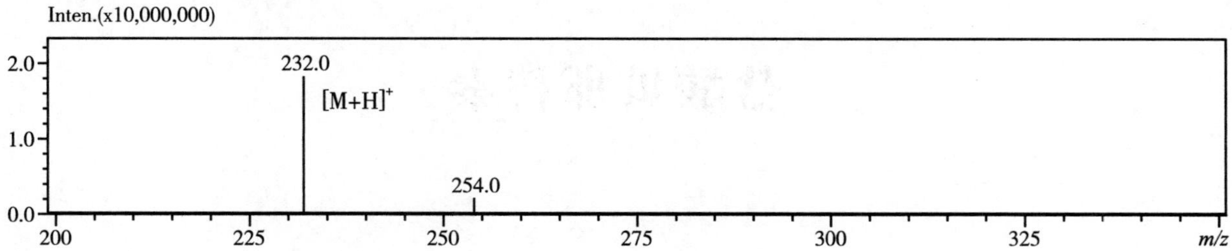

正离子扫描模式（二级）

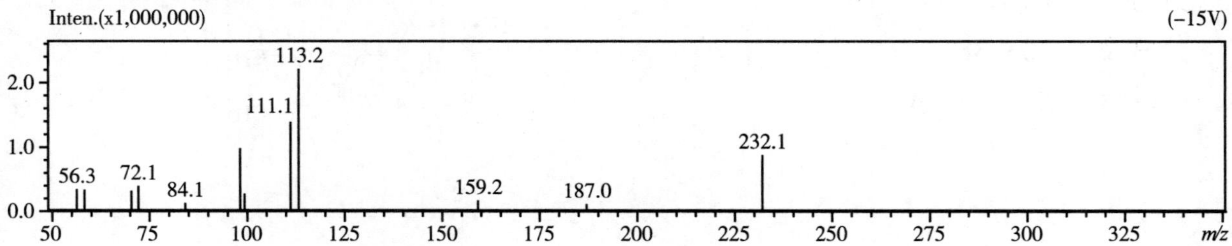

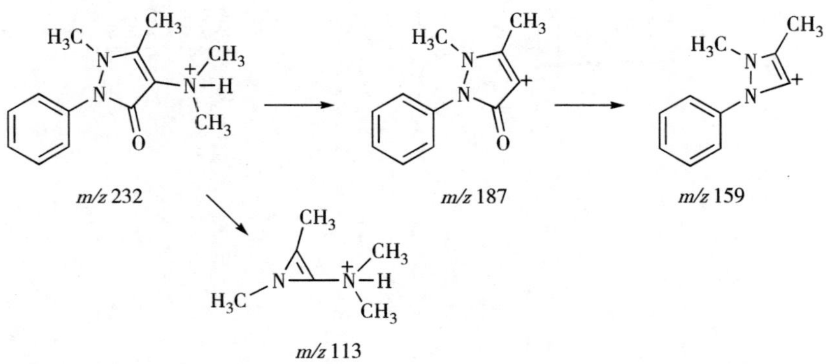

图9　氨基比林的质谱图

备注

1. **中文化学名**　1－苯基－2,3－二甲基－4－二甲基氨基－5－吡唑酮
2. **英文化学名**　1－phenyl－2,3－dimethyl－4－(dimethylamino)－5－pyrazolone
3. **性状**　本品为白色或几乎白色的结晶性粉末；无臭，味微苦；遇光可变质；水溶液显碱性反应。
4. **溶解性**　本品在乙醇或三氯甲烷中易溶，在水或乙醚中溶解。
5. **溶剂**　水。
6. **对照品编号与批号**　100503－200301

盐酸贝那替秦

英文名 Benactyzine Hydrochloride

分子式 $C_{20}H_{25}NO_3 \cdot HCl$

分子量 363.88

CAS 号 57-37-4

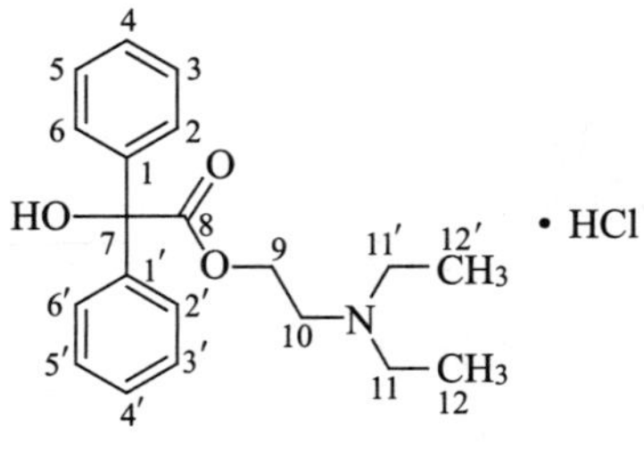

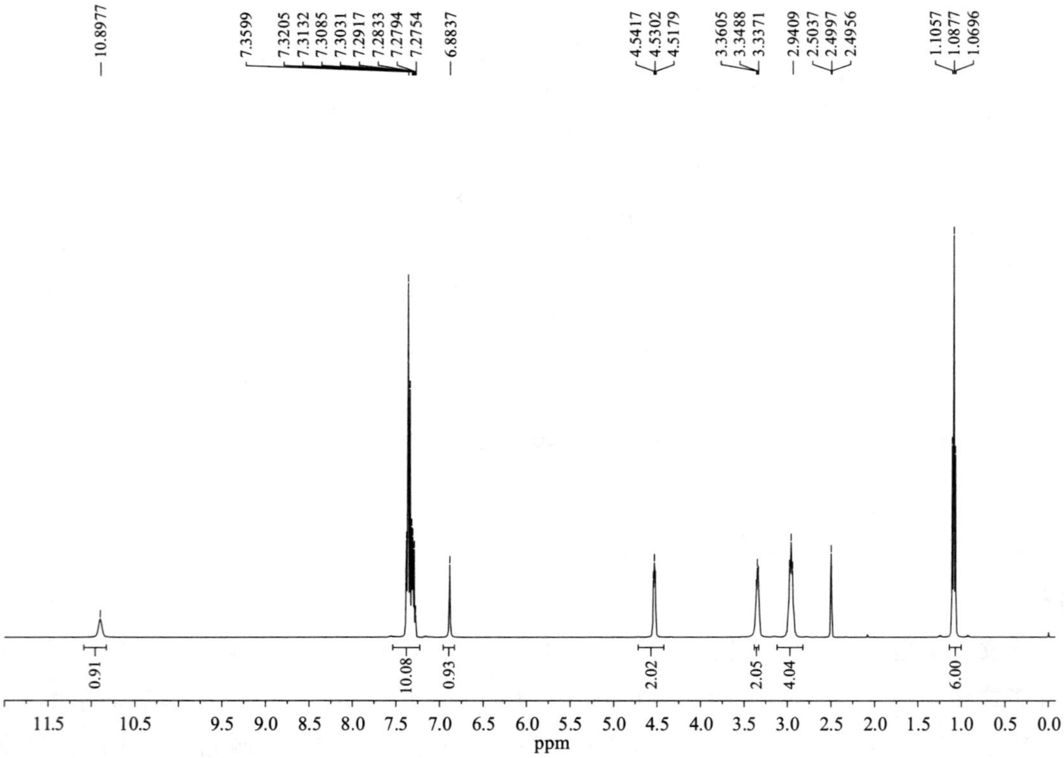

图 1 盐酸贝那替秦的 ^1H NMR 谱（溶剂：CD_3SOCD_3）

^1H NMR：δ 10.90（HCl，s，1H），7.42～7.26（Ar-H，m，10H），6.88（OH，s，1H），4.53（H-9，t，J = 4.6 Hz，2H），3.35（H-10，t，J = 4.6 Hz，2H），3.02～2.90（H-11，11′，m，4H），1.09（H-12，12′，t，J = 7.2 Hz，6H）

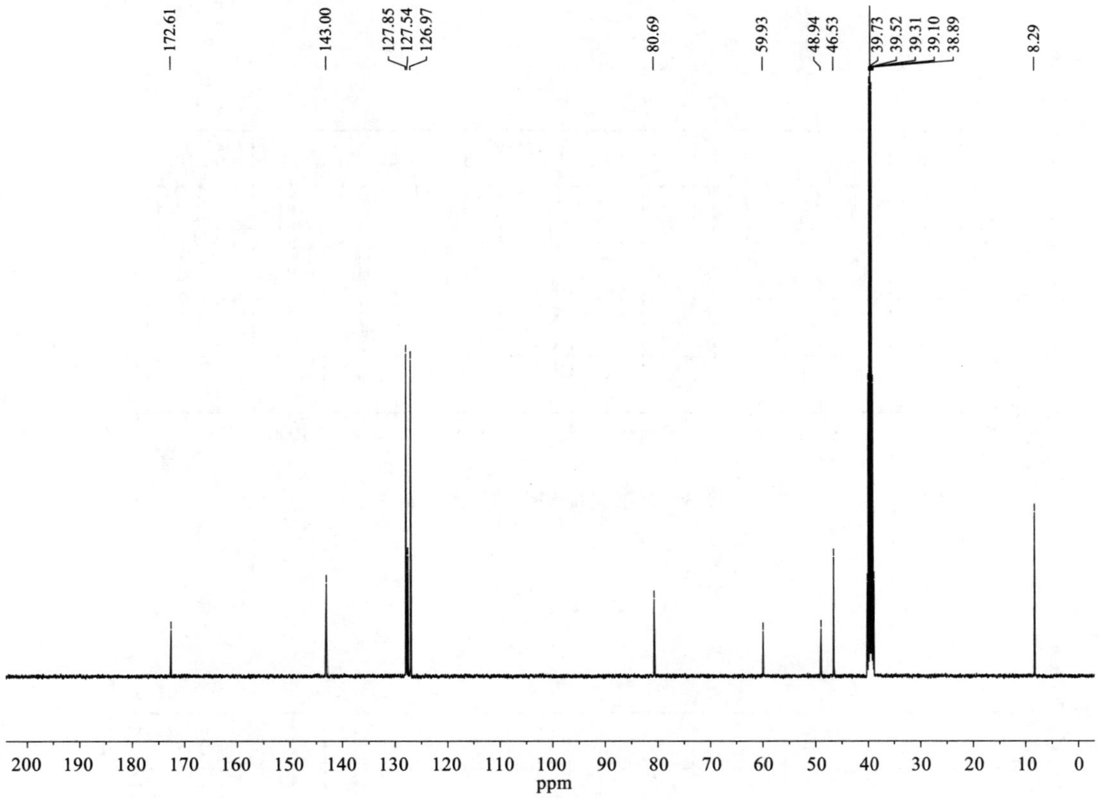

图2　盐酸贝那替秦的^{13}C NMR 谱（溶剂：CD_3SOCD_3）

^{13}C NMR：δ 172.61（C－8），143.00（C－1，1′），127.85（C－3，5，3′，5′），127.54（C－4，4′），126.97（C－2，6，2′，6′），80.69（C－7），59.93（C－9），48.94（C－10），46.53（C－11，11′），8.29（C－12，12′）

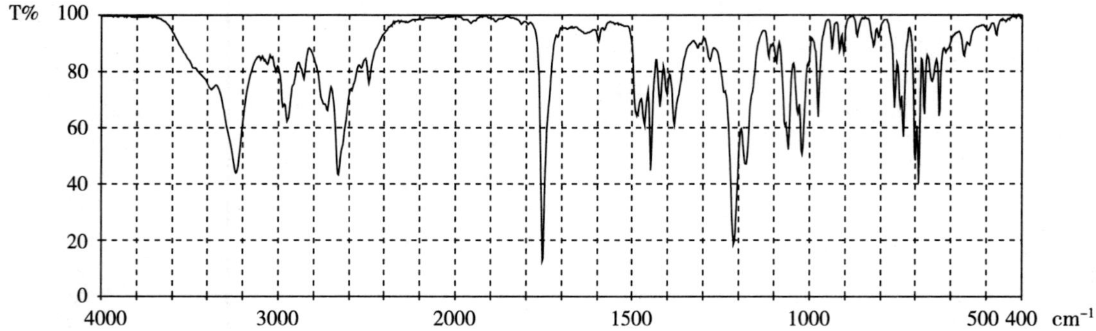

图 3　盐酸贝那替秦的红外光谱图

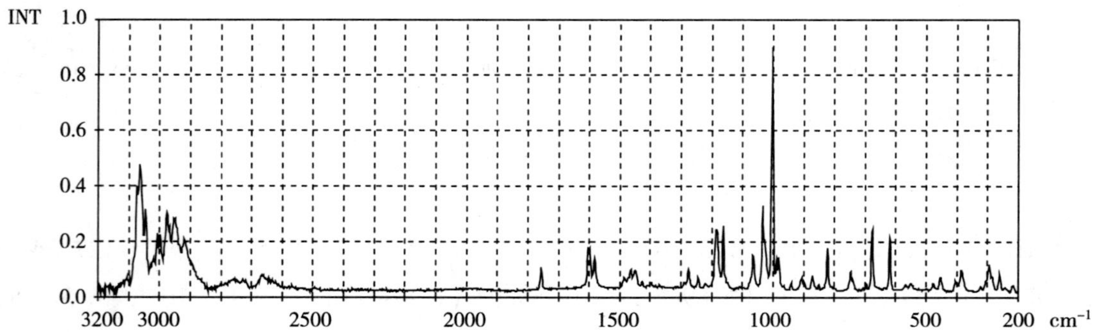

图 4　盐酸贝那替秦的拉曼光谱图

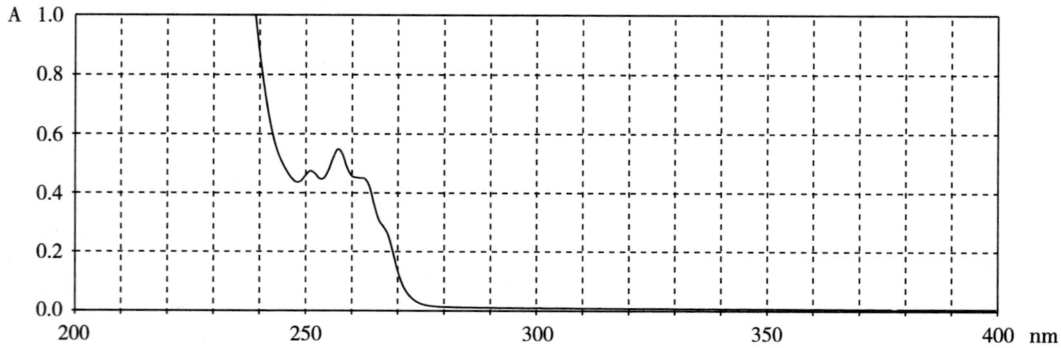

图 5　盐酸贝那替秦的紫外光谱图

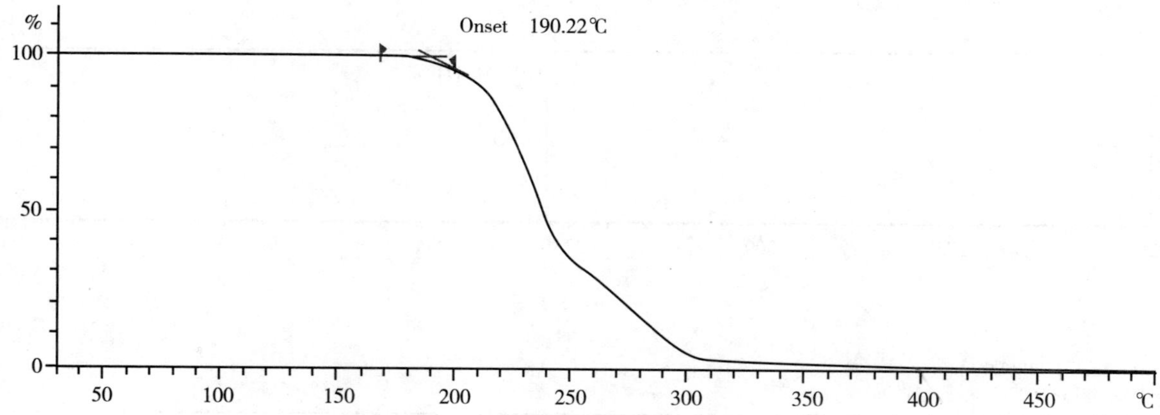

图 6　盐酸贝那替秦的 TG 图

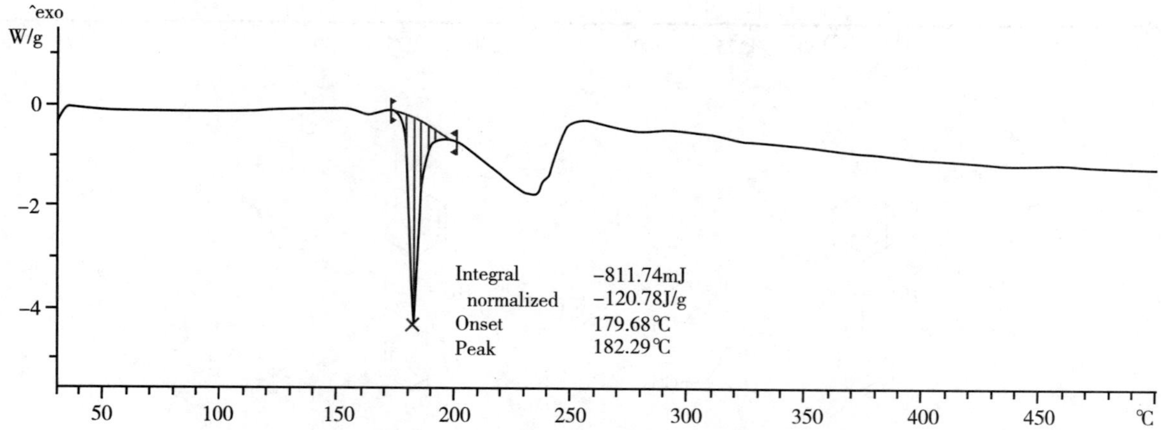

图 7　盐酸贝那替秦的 DSC 图

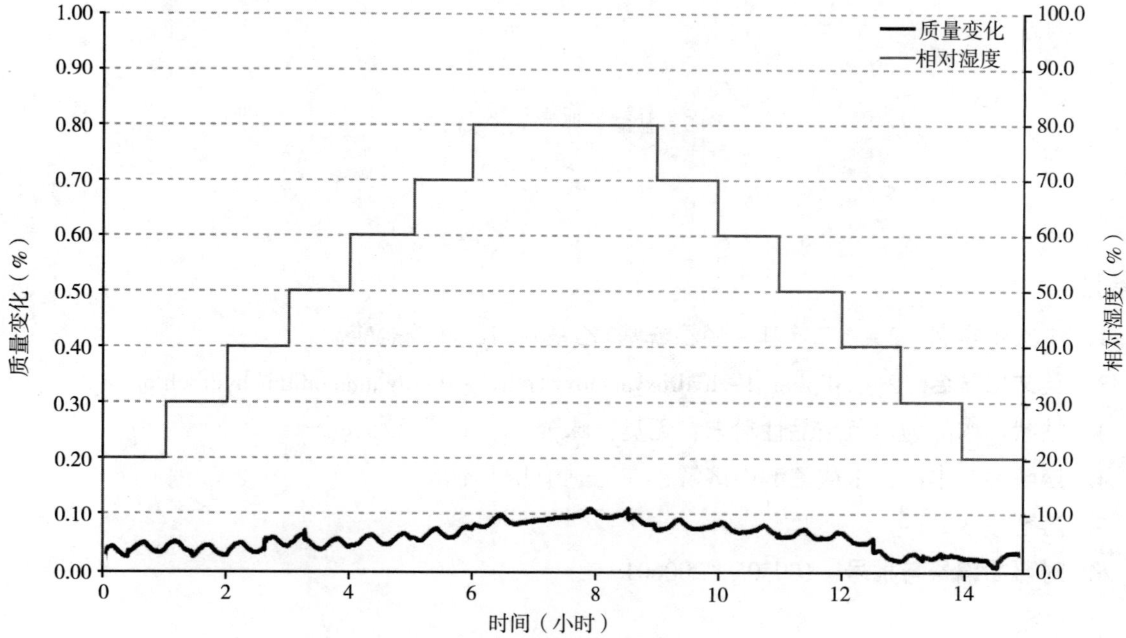

图 8　盐酸贝那替秦的 DVS 图

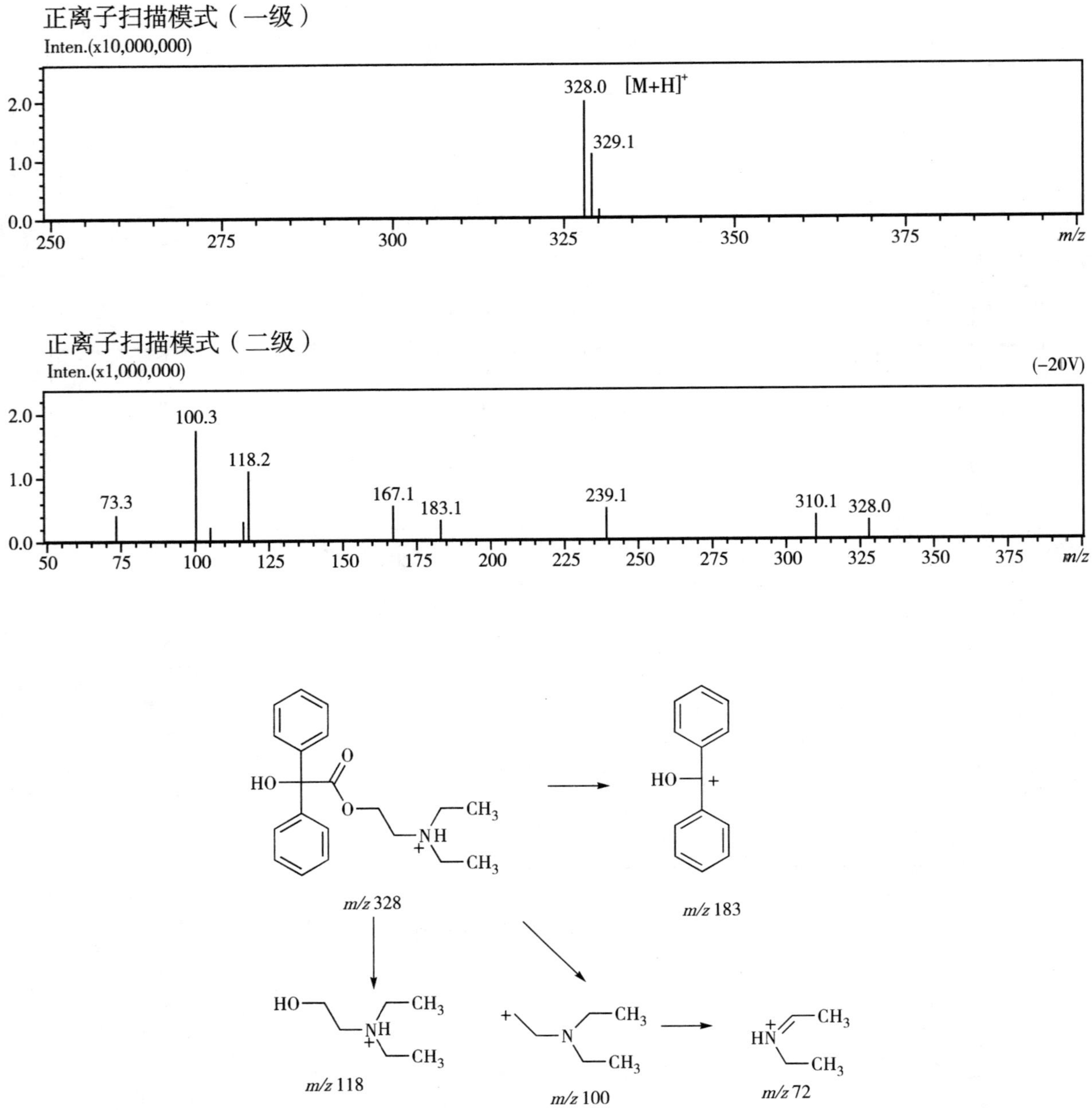

图 9　盐酸贝那替秦的质谱图

备注

1. **中文化学名**　2－(二苯基－羟乙酰基)乙基－二乙基胺盐酸盐
2. **英文化学名**　2－(diphenyl－hydroxyacetoxy)ethyl－diethylammonium hydrochloride
3. **性状**　本品为白色结晶性粉末；无臭，味苦。
4. **溶解性**　本品在水或乙醇中溶解，在乙醚中几乎不溶。
5. **溶剂**　水。
6. **对照品编号与批号**　100505－200601

安 替 比 林

英文名 Antipyrine

分子式 $C_{11}H_{12}N_2O$

分子量 188.23

CAS 号 60-80-0

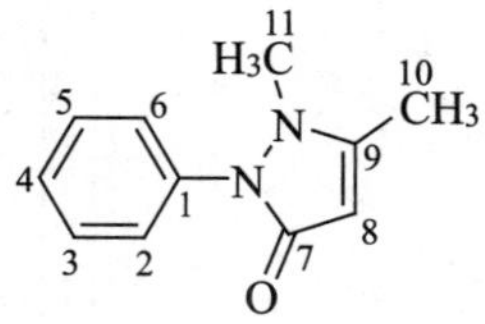

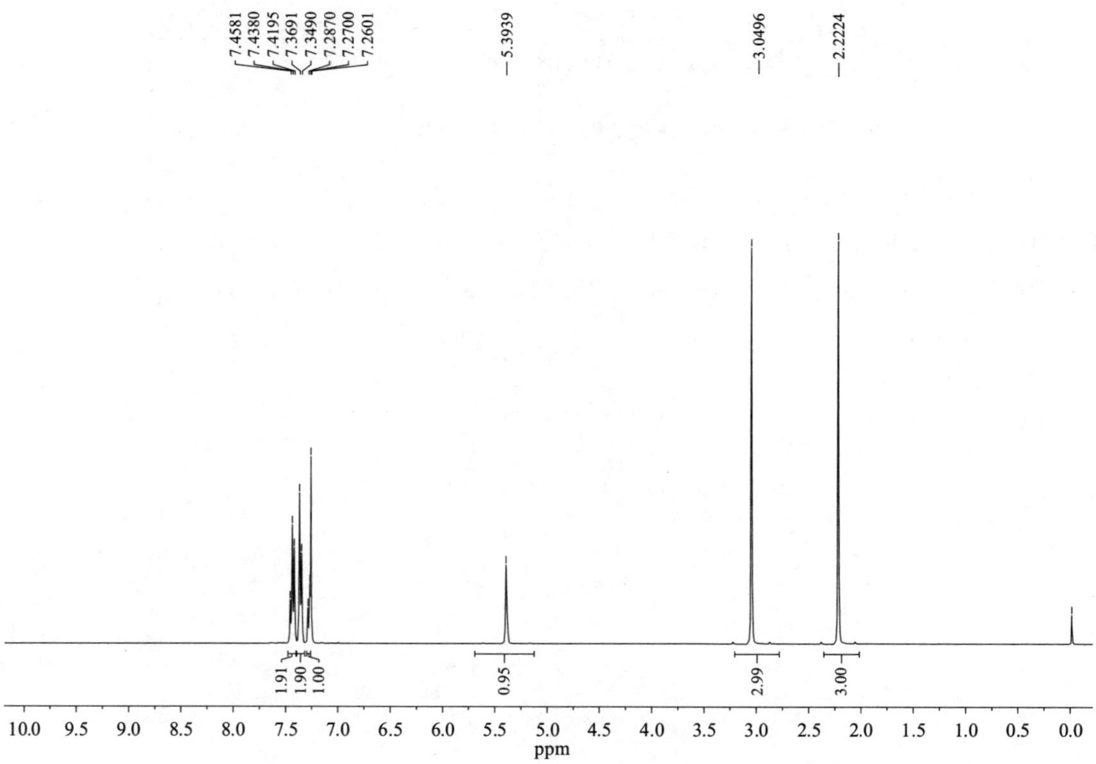

图 1　安替比林的^{1}H NMR 谱（溶剂：$CDCl_3$）

^{1}H NMR：δ 7.44（H-3, 5, t, J = 7.7 Hz, 2H）, 7.36（H-2, 6, d, J = 8.0 Hz, 2H）, 7.27（H-4, m, 1H）, 5.39（H-8, s, 1H）, 3.05（H-11, s, 3H）, 2.22（H-10, s, 3H）

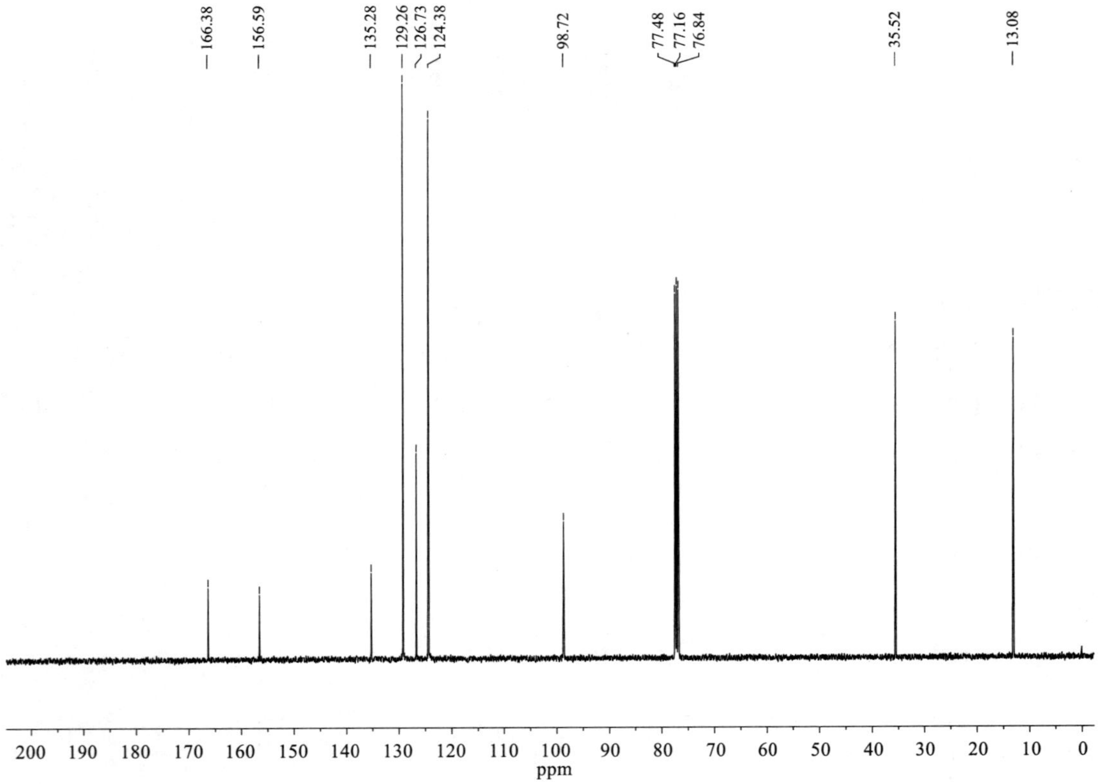

图2　安替比林的^{13}C NMR 谱（溶剂：$CDCl_3$）

^{13}C NMR：δ 166.38（C－7），156.59（C－9），135.28（C－1），129.26（C－3，5），126.73（C－4），124.38（C－2，6），98.72（C－8），35.52（C－11），13.08（C－10）

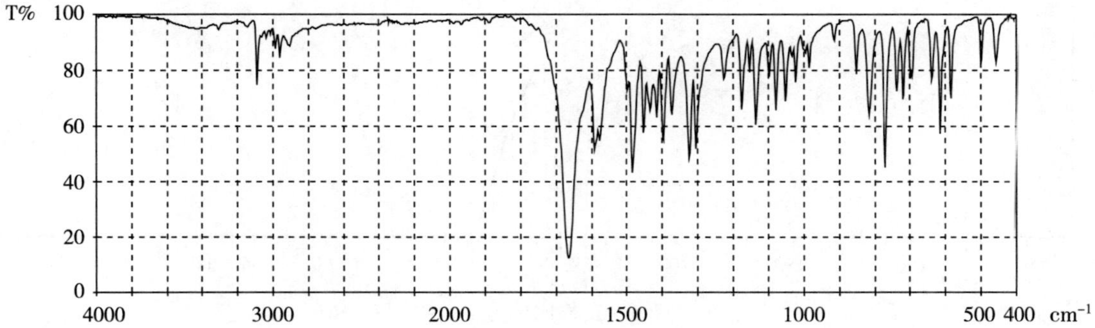

图 3　安替比林的红外光谱图

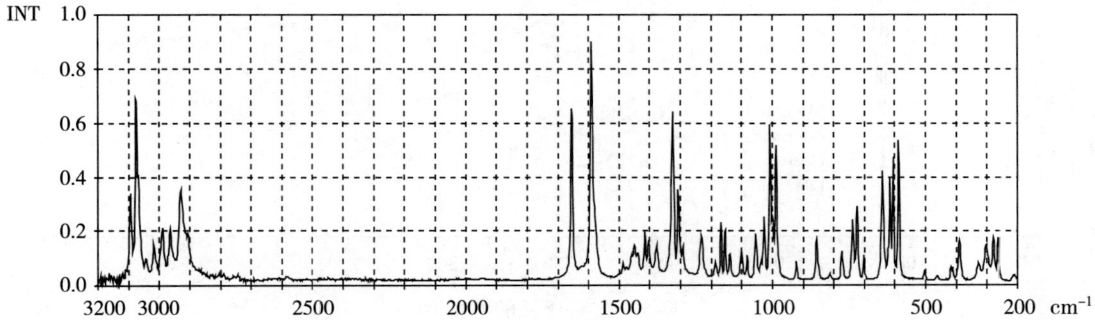

图 4　安替比林的拉曼光谱图

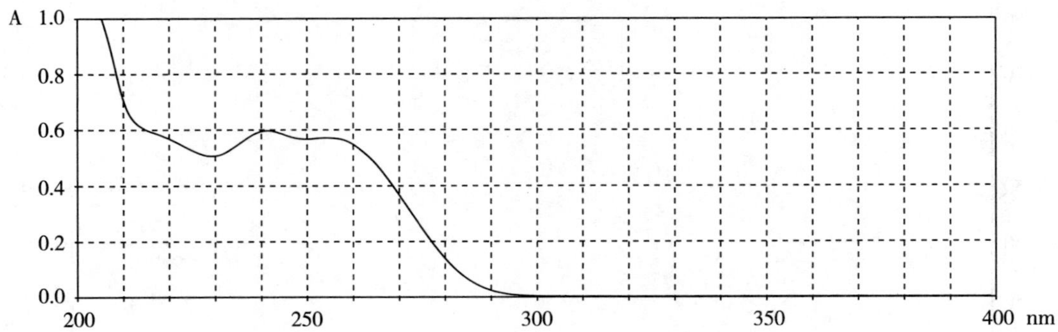

图 5　安替比林的紫外光谱图

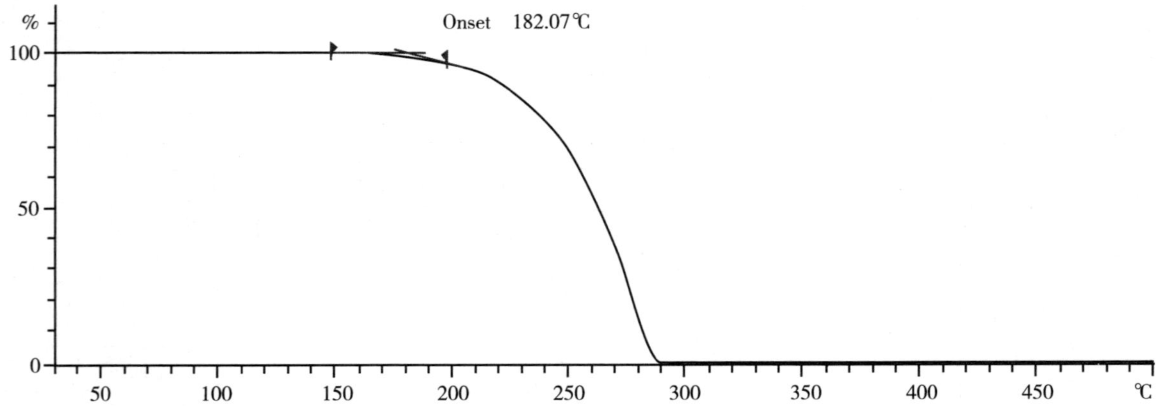

图 6　安替比林的 TG 图

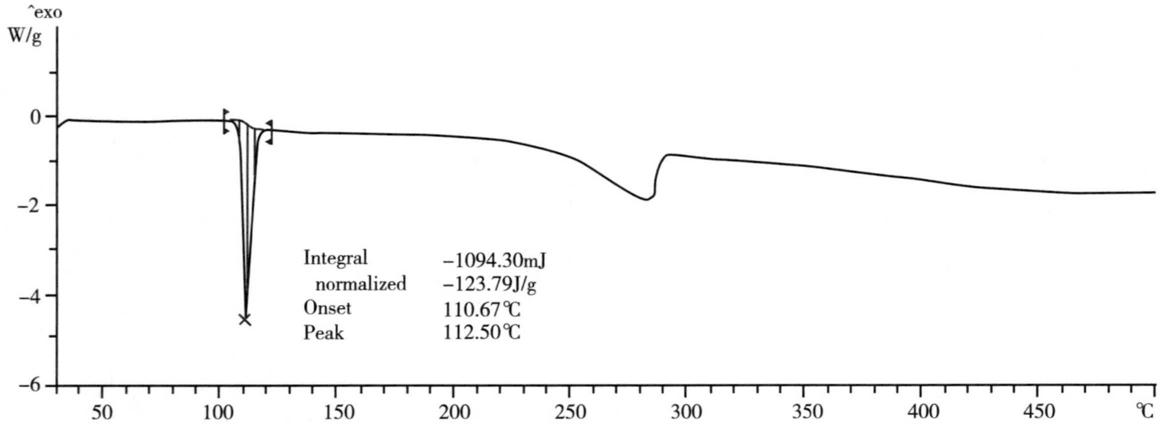

图 7　安替比林的 DSC 图

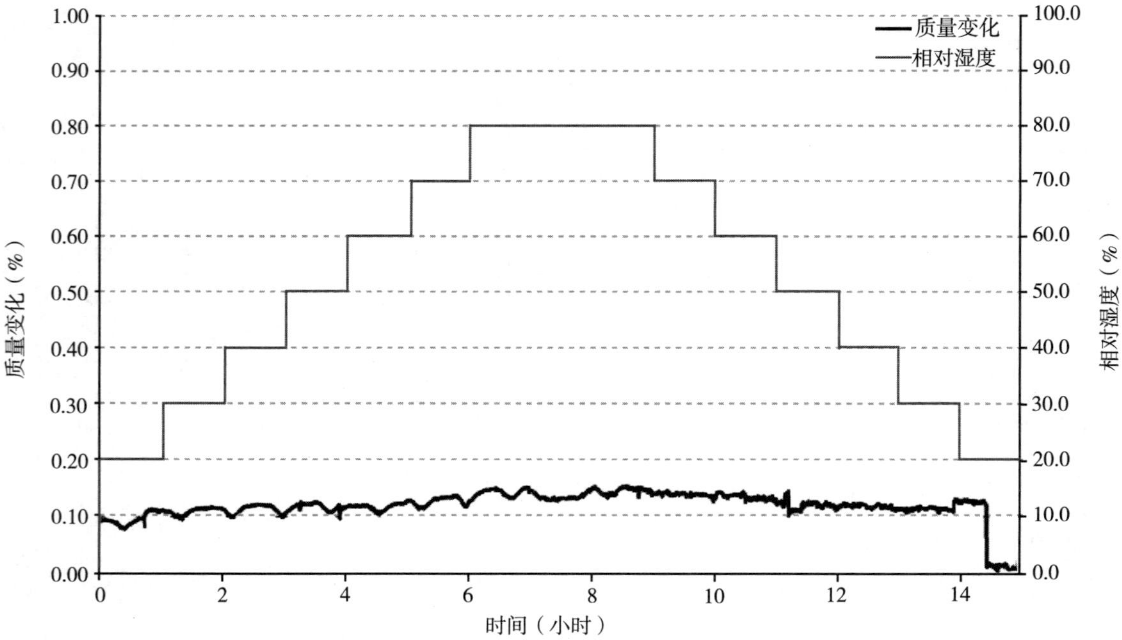

图 8　安替比林的 DVS 图

正离子扫描模式（一级）

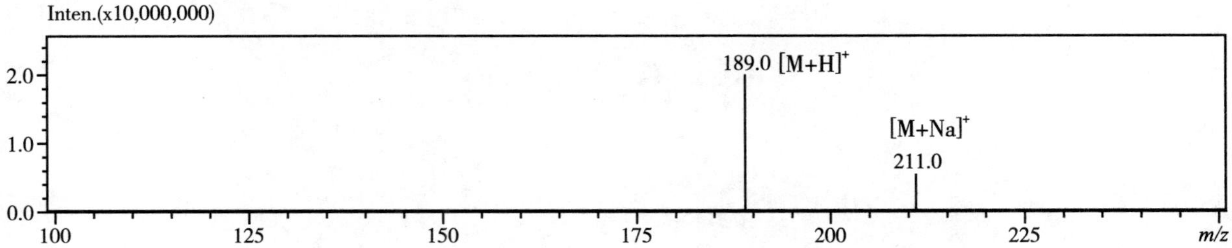

正离子扫描模式（二级）

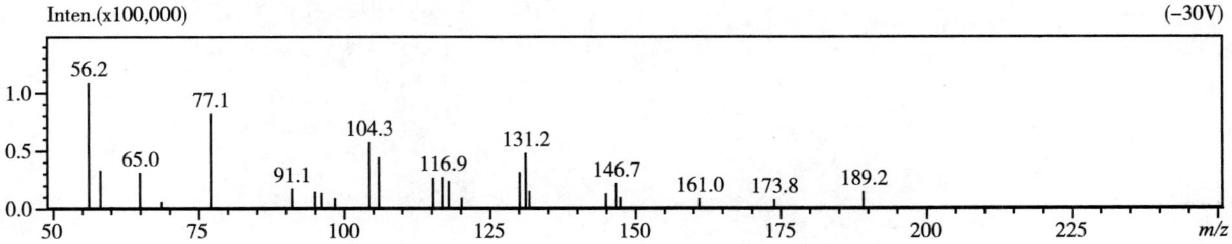

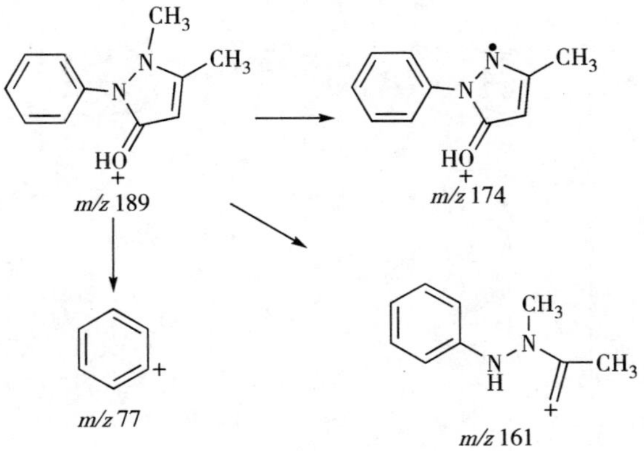

图9　安替比林的质谱图

备注

1. **中文化学名**　1,5－二甲基－2－苯基－3－吡唑啉酮
2. **英文化学名**　1,5－dimethyl－2－phenyl－3－pyrazolone
3. **性状**　本品为无色结晶或白色结晶性粉末，无臭，味微苦。
4. **溶解性**　本品在水、乙醇或三氯甲烷中易溶，在乙醚中略溶。
5. **溶剂**　水。
6. **对照品编号与批号**　100506－200301

麝 香 草 酚

英文名　Thymol

分子式　$C_{10}H_{14}O$

分子量　150. 22

CAS 号　89 – 83 – 8

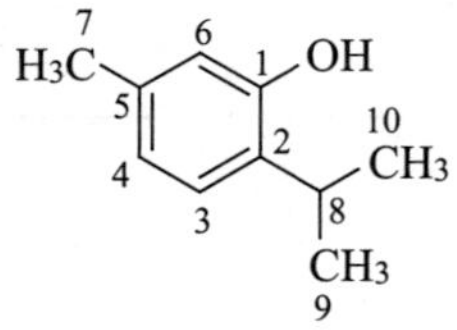

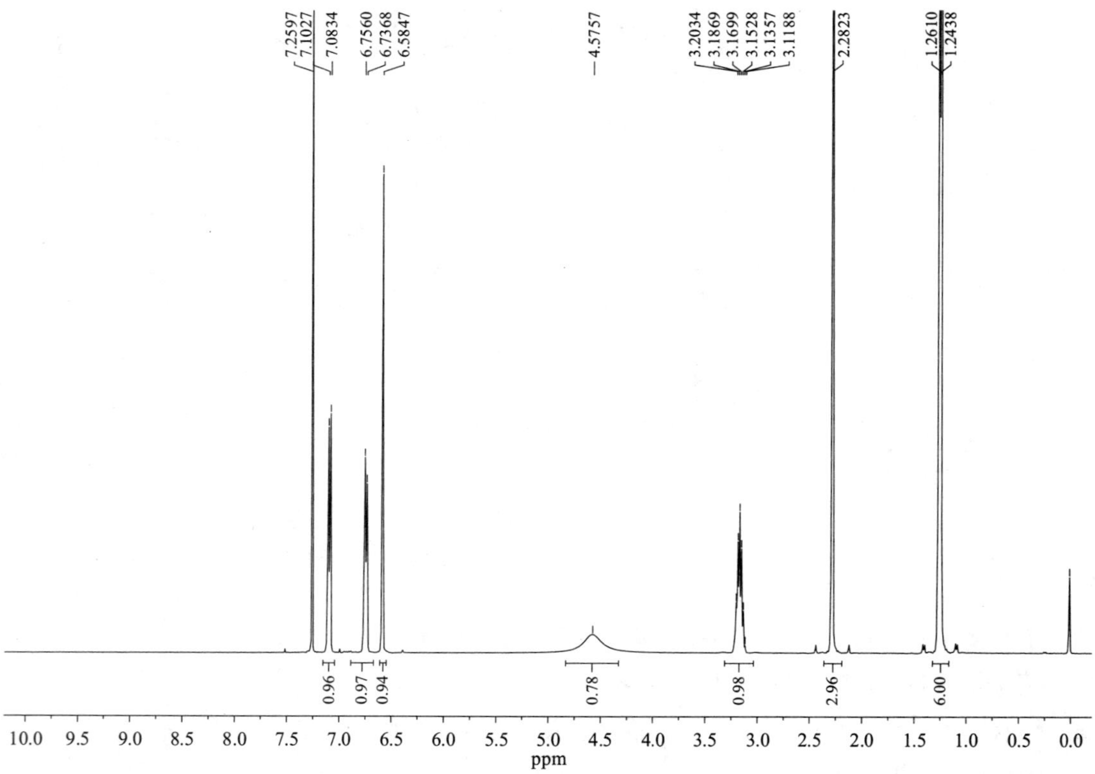

图 1　麝香草酚的^{1}H NMR 谱（溶剂：$CDCl_3$）

^{1}H NMR：δ 7. 09（H – 3, d, J = 7. 7 Hz, 1H）, 6. 75（H – 4, d, J = 7. 7 Hz, 1H）, 6. 58（H – 6, s, 1H）, 4. 58（OH, brs, 1H）, 3. 16（H – 8, m, 1H）, 2. 28（H – 7, s, 3H）, 1. 25（H – 9, 10, d, J = 6. 9 Hz, 6H）

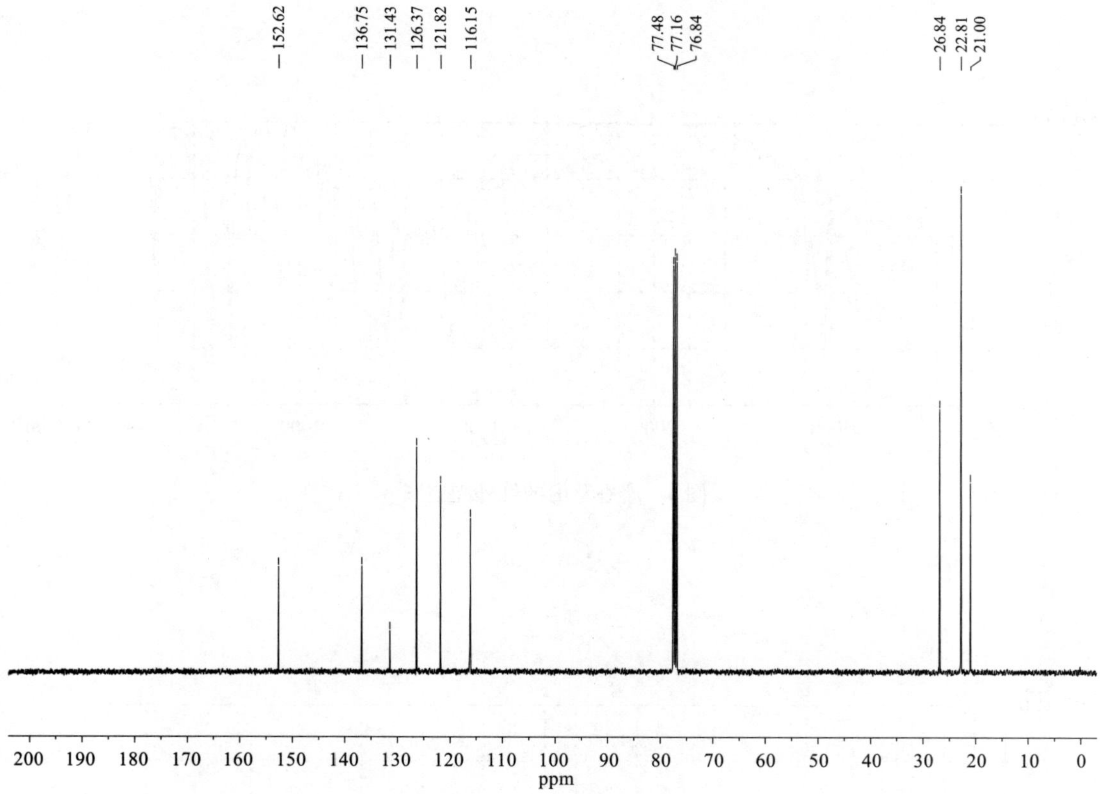

图2 麝香草酚的^{13}C NMR谱（溶剂：$CDCl_3$）

^{13}C NMR：δ 152.62（C-1），136.75（C-5），131.43（C-2），126.37（C-3），121.82（C-4），116.15（C-6），26.84（C-8），22.81（C-9，10），21.00（C-7）

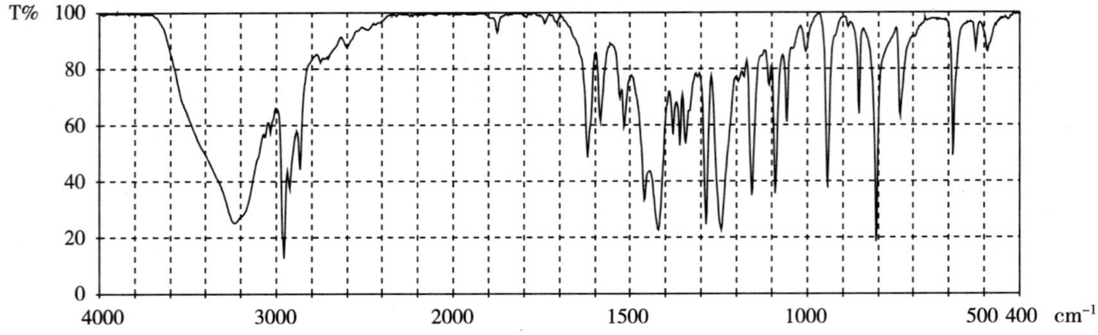

图 3　麝香草酚的红外光谱图

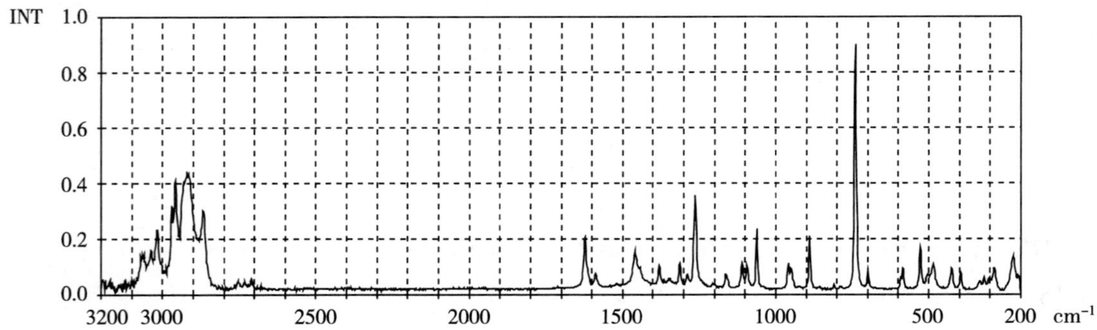

图 4　麝香草酚的拉曼光谱图

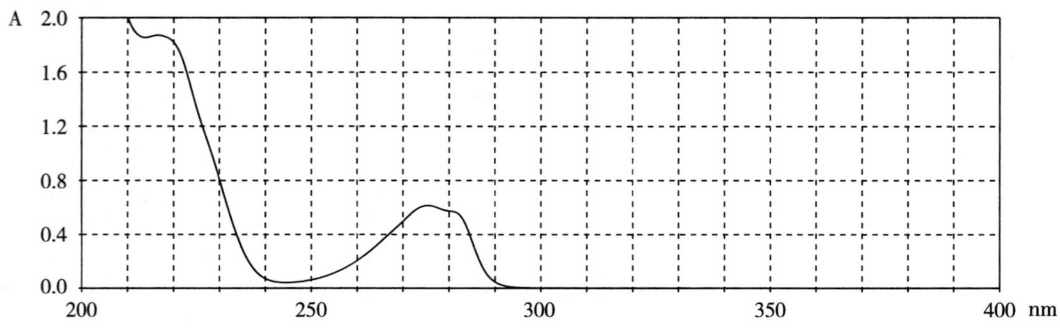

图 5　麝香草酚的紫外光谱图

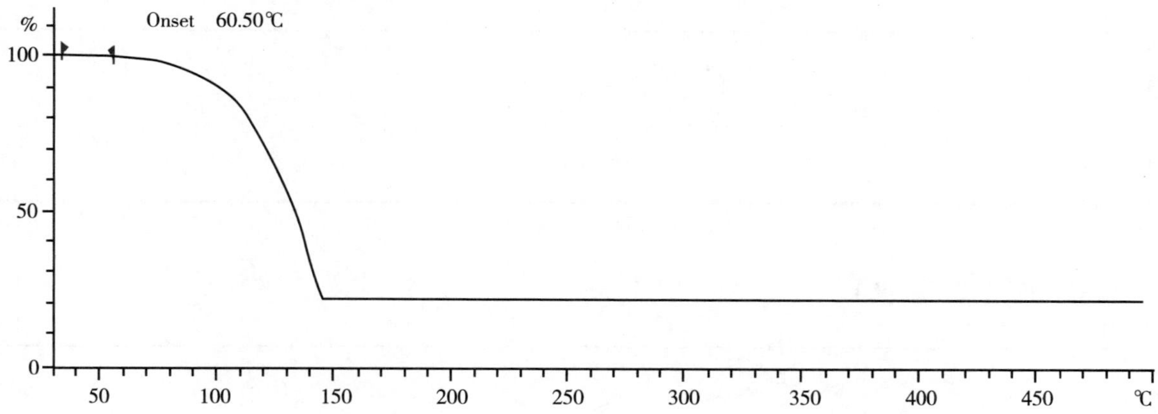

图 6　麝香草酚的 TG 图

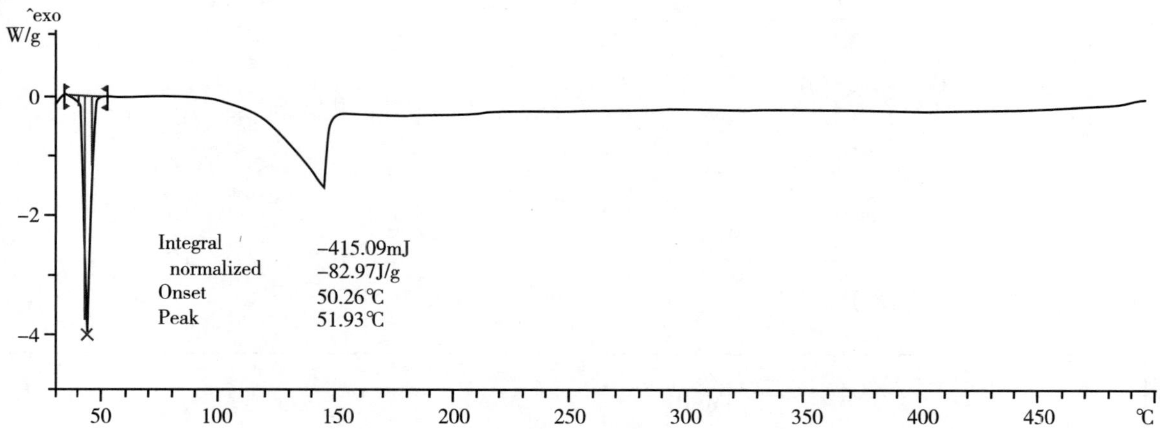

图 7　麝香草酚的 DSC 图

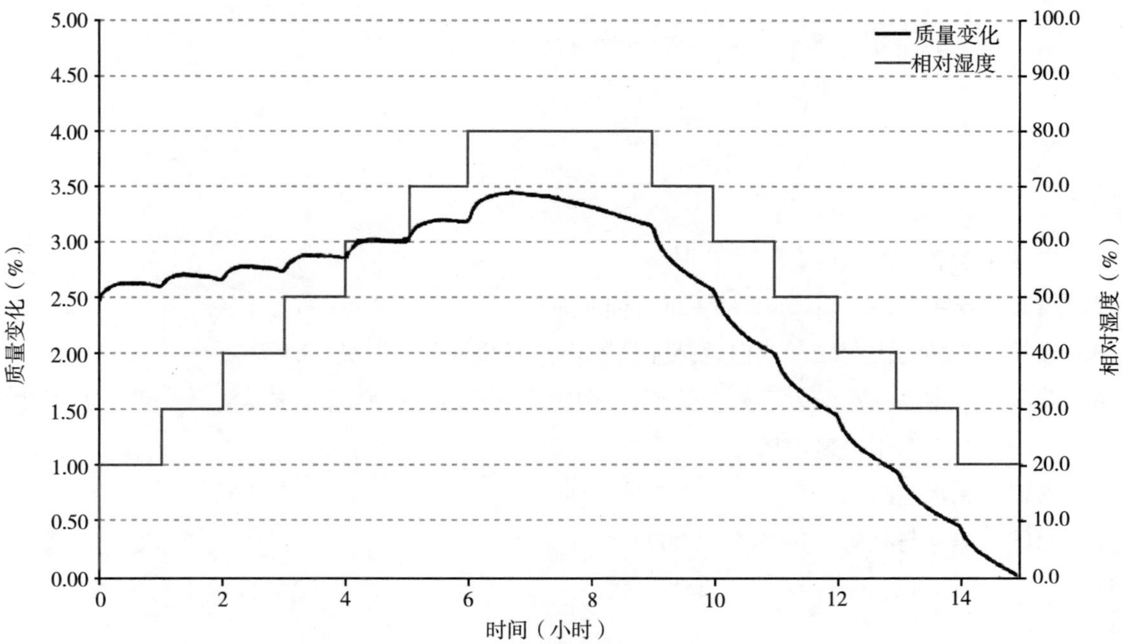

图 8　麝香草酚的 DVS 图

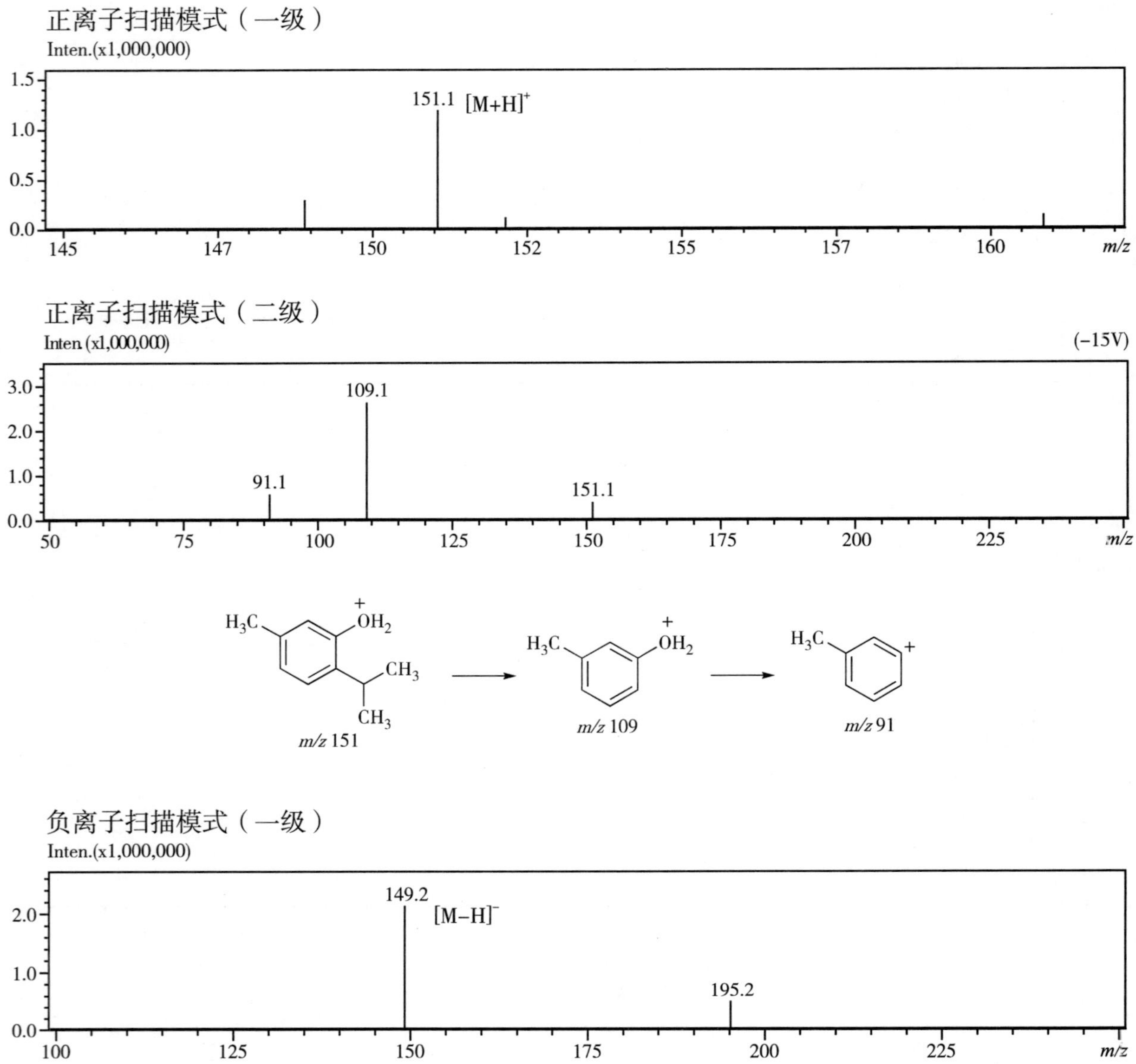

图 9　麝香草酚的质谱图

备注

1. 中文化学名　2－异丙基－5－甲基苯酚

2. 英文化学名　2－isopropyl－5－methylphenol

3. 性状　本品为无色结晶或白色结晶性粉末；有麝香草的特臭，味辛辣。

4. 溶解性　本品在乙醇、三氯甲烷或乙醚中极易溶解，在冰醋酸中易溶，在液状石蜡中溶解，在水中极微溶解。

5. 溶剂　无水乙醇。

6. 对照品编号与批号　100508－200902

盐酸氟西汀

英文名 Fluoxetine Hydrochloride

分子式 $C_{17}H_{18}F_3NO \cdot HCl$

分子量 345.79

CAS 号 59333－67－4

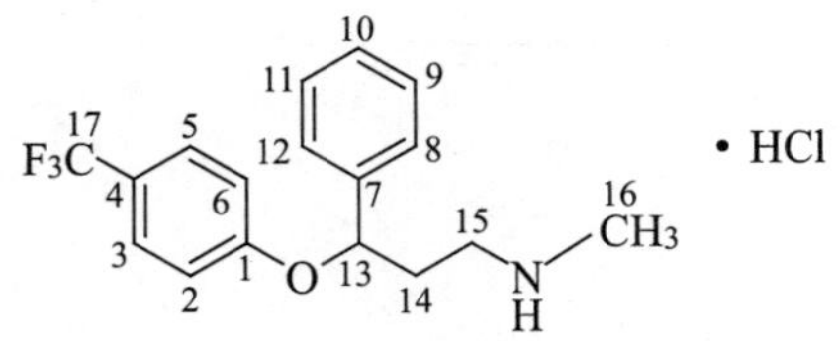

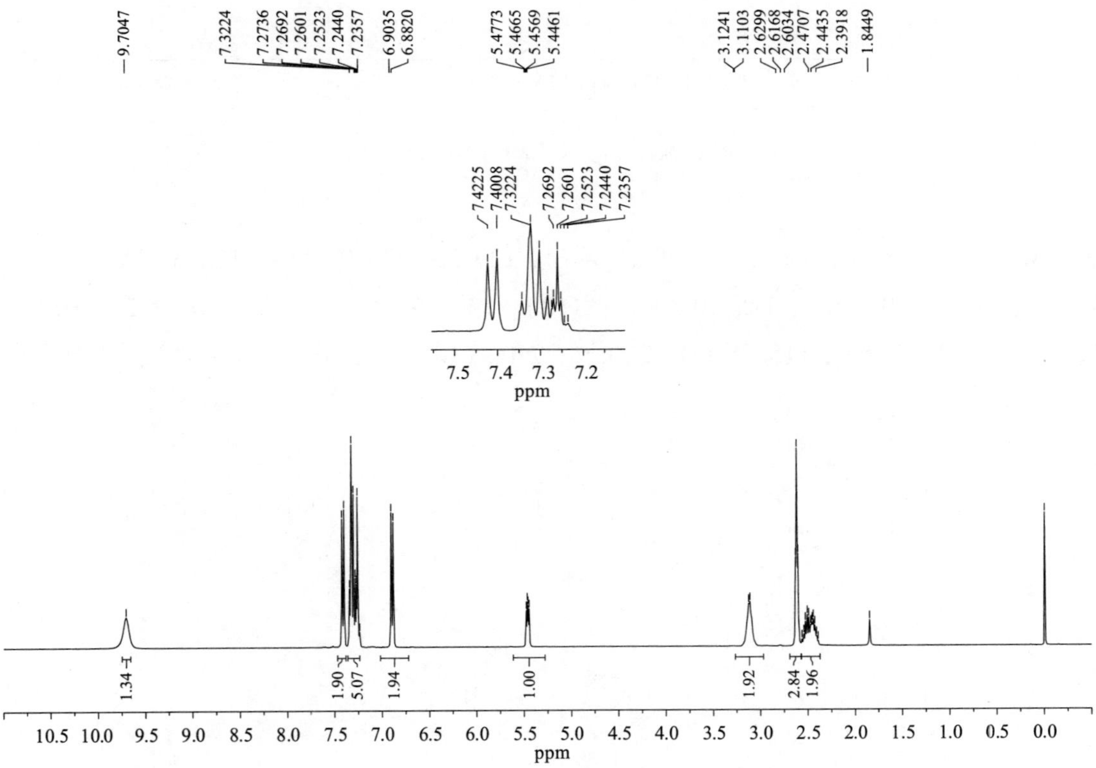

图 1　盐酸氟西汀的 ^1H NMR 谱（溶剂：$CDCl_3$）

^1H NMR：δ 9.70（HCl，s，1H），7.41（H－3，5，d，J = 8.6 Hz，2H），7.36～7.21（H－8，9，10，11，12，m，5H），6.89（H－2，6，d，J = 8.6 Hz，2H），5.46（H－13，dd，J = 8.2，4.3 Hz，1H），3.18～3.05（H－15，m，2H），2.62（H－16，t，J = 5.3 Hz，3H），2.56～2.37（H－14，m，2H）

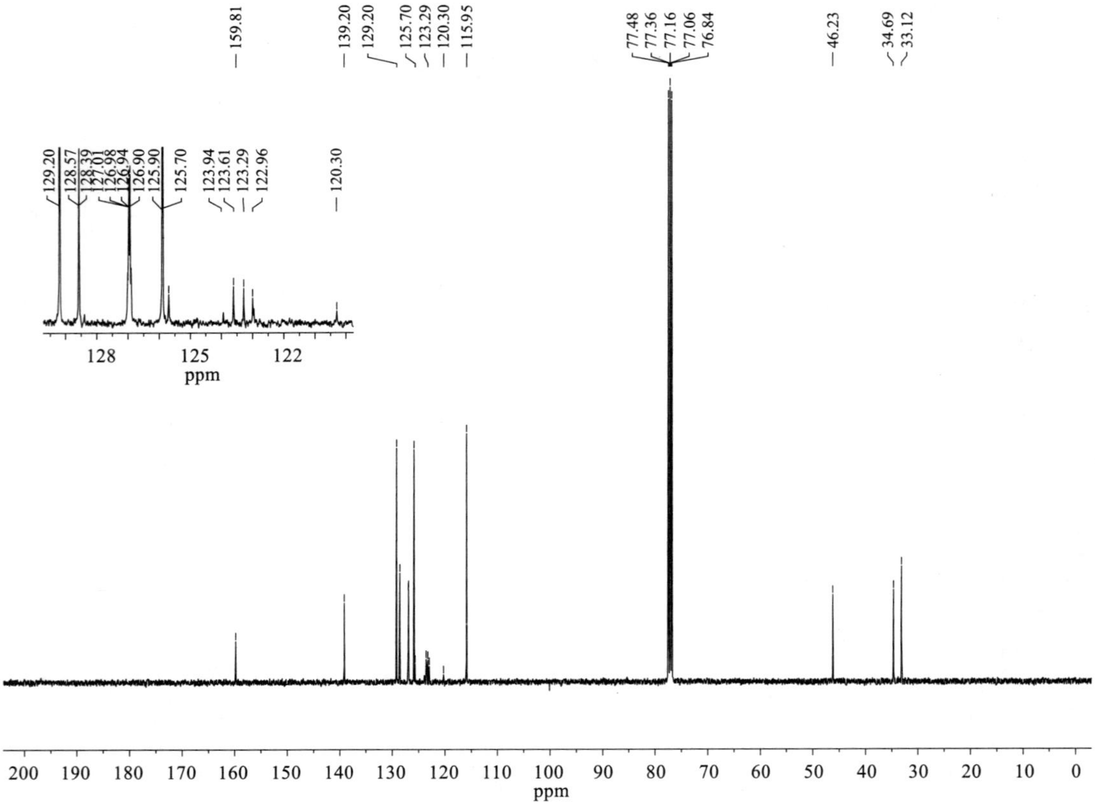

图 2　盐酸氟西汀的^{13}C NMR 谱（溶剂：$CDCl_3$）

^{13}C NMR：δ 159.81（C－1），139.20（C－7），129.20（C－9，11），128.57（C－10），126.96（C－3，5，q，J = 4.04 Hz），125.90（C－8，12），124.35（C－17，q，J = 272.7 Hz），123.45（C－4，q，J = 32.32 Hz），115.95（C－2，6），77.06（C－13），46.23（C－15），34.69（C－14），33.12（C－16）

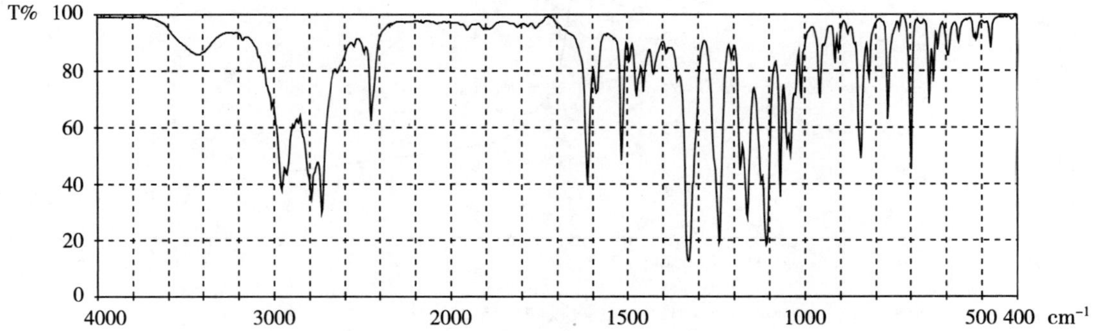

图 3　盐酸氟西汀的红外光谱图

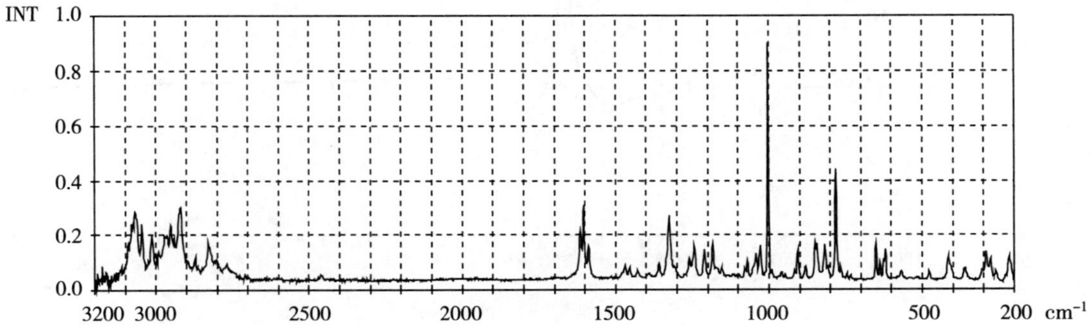

图 4　盐酸氟西汀的拉曼光谱图

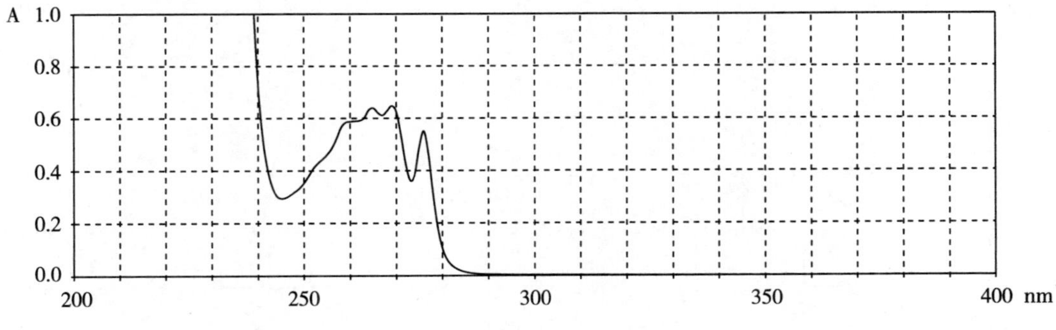

图 5　盐酸氟西汀的紫外光谱图

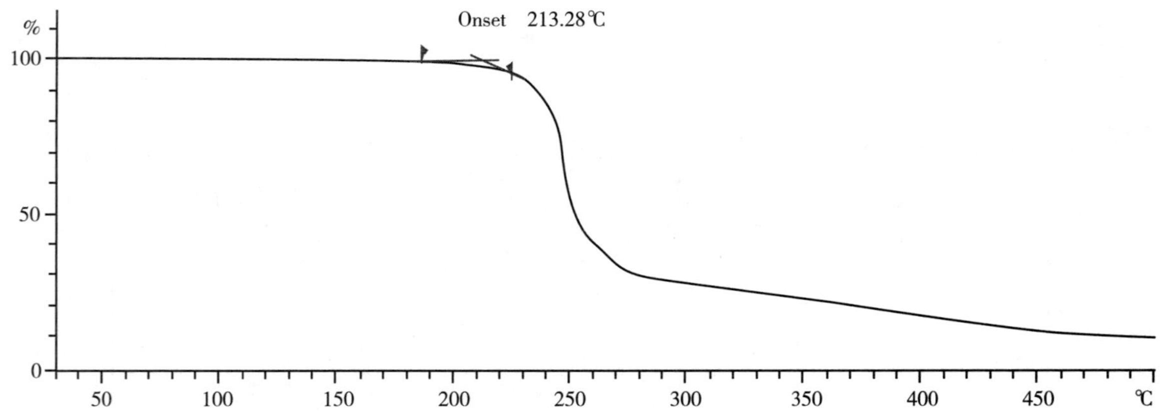

图 6　盐酸氟西汀的 TG 图

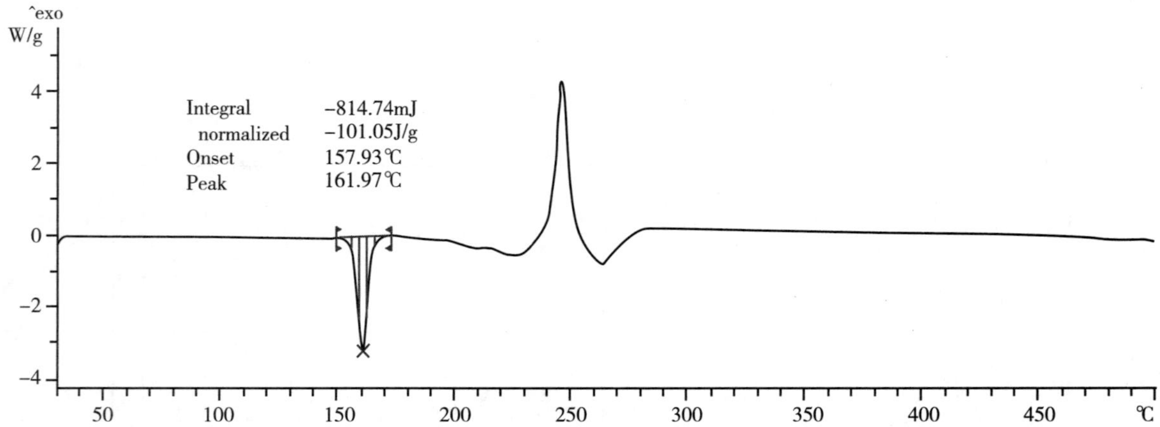

图 7　盐酸氟西汀的 DSC 图

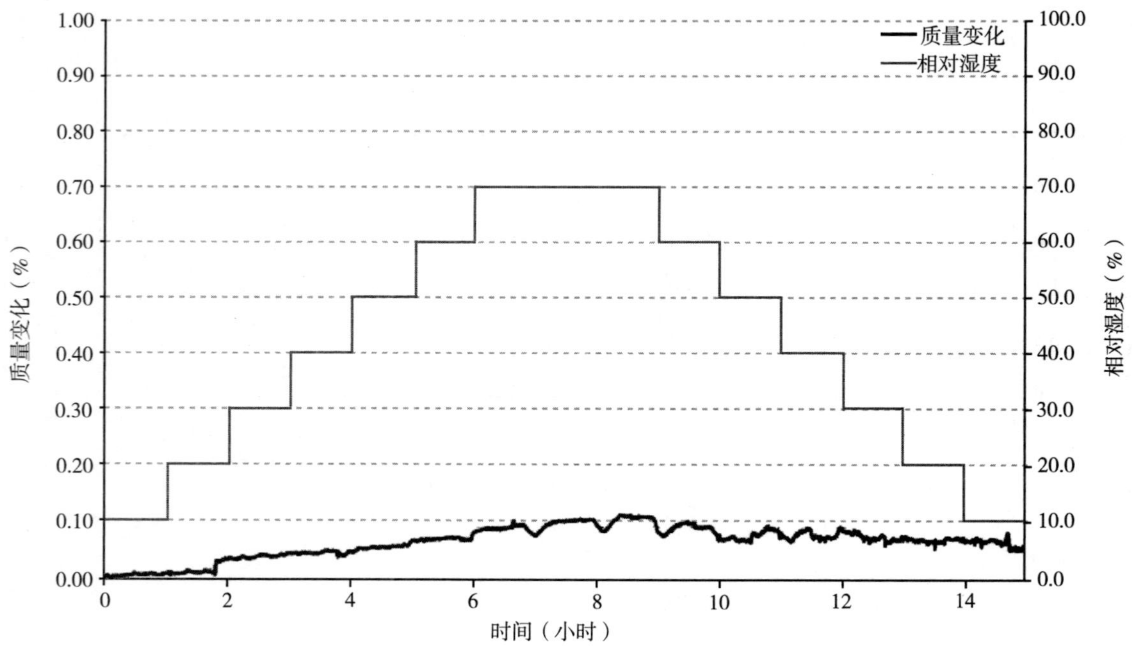

图 8　盐酸氟西汀的 DVS 图

正离子扫描模式（一级）

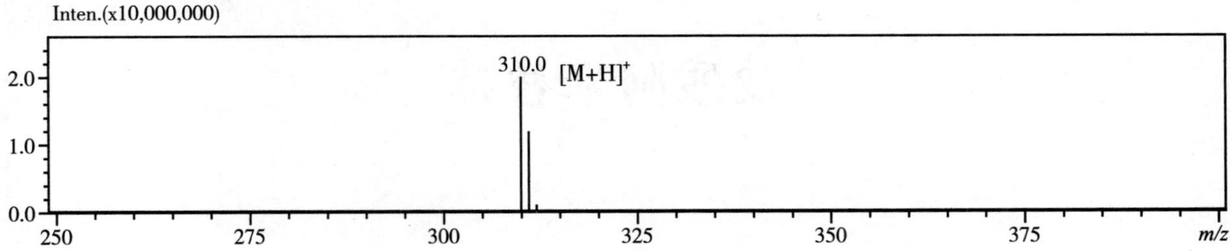

正离子扫描模式（二级）

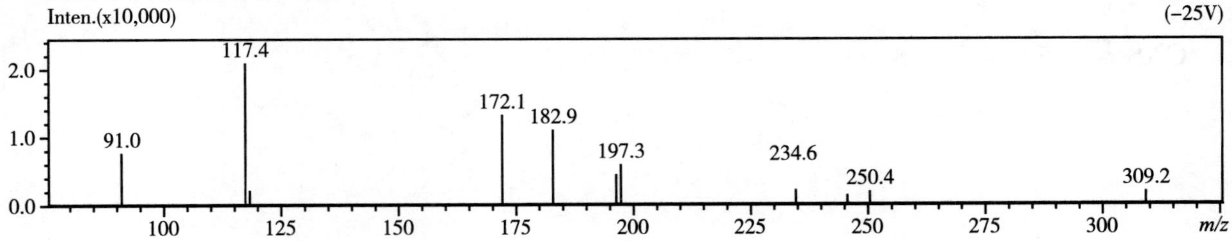

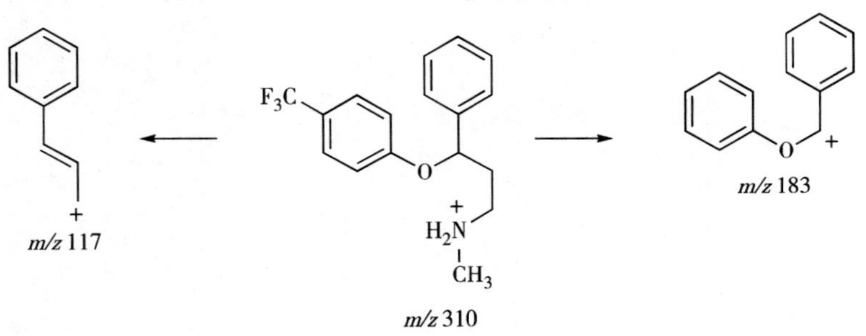

图 9　盐酸氟西汀的质谱图

备注

1. **中文化学名**　*N*－甲基－3－(对三氟甲基苯氧基)－3－苯基丙胺盐酸盐
2. **英文化学名**　*N*－methyl－3－(*p*－trifluoromethylphenoxy)－3－phenylpropylamine hydrochloride
3. **性状**　本品为白色或类白色的结晶或结晶性粉末；无臭，味苦。
4. **溶解性**　本品在甲醇或乙醇中易溶，在三氯甲烷中溶解，在水中微溶，在乙醚中不溶。
5. **溶剂**　无水乙醇。
6. **对照品编号与批号**　100513－200401

盐酸阿米替林

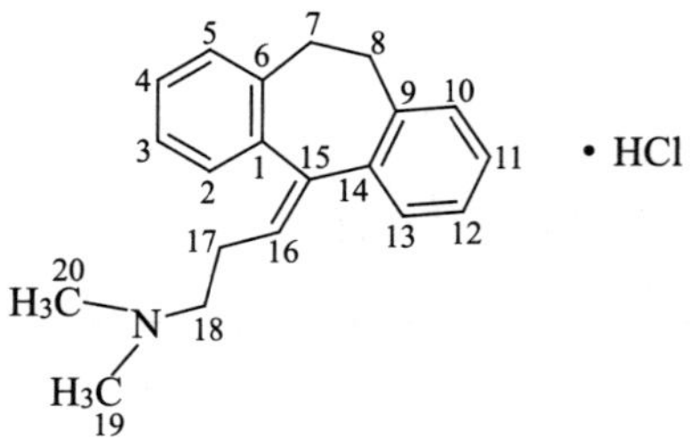

英文名 Amitriptyline Hydrochloride

分子式 $C_{20}H_{23}N \cdot HCl$

分子量 313. 86

CAS 号 549 - 18 - 8

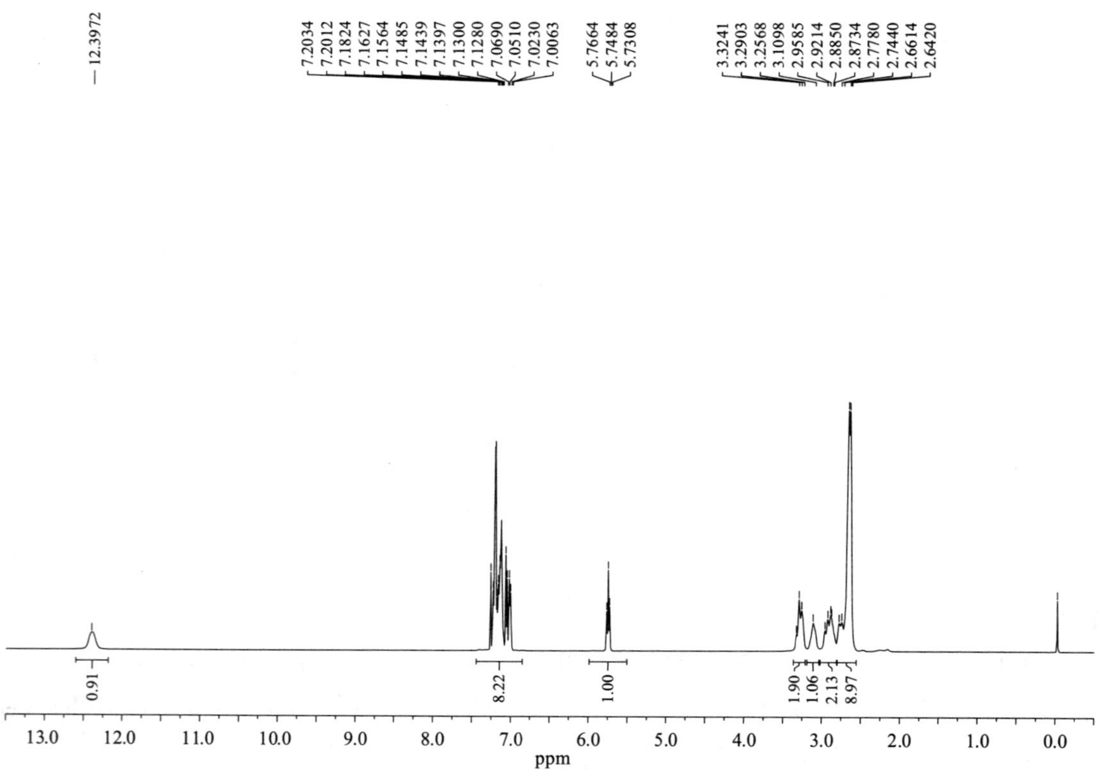

图 1 盐酸阿米替林的^{1}H NMR 谱（溶剂：$CDCl_3$）

^{1}H NMR：δ 12. 40（HCl，s，1H），7. 41 ~ 6. 85（Ar - H，m，8H），5. 75（H - 16，t，J = 7. 1 Hz，1H），3. 36 ~ 3. 21（m，2H），3. 11（m，1H），2. 99 ~ 2. 81（m，2H），2. 80 ~ 2. 60（m，3H），2. 66（H - 19，s，3H），2. 64（H - 20，s，3H）

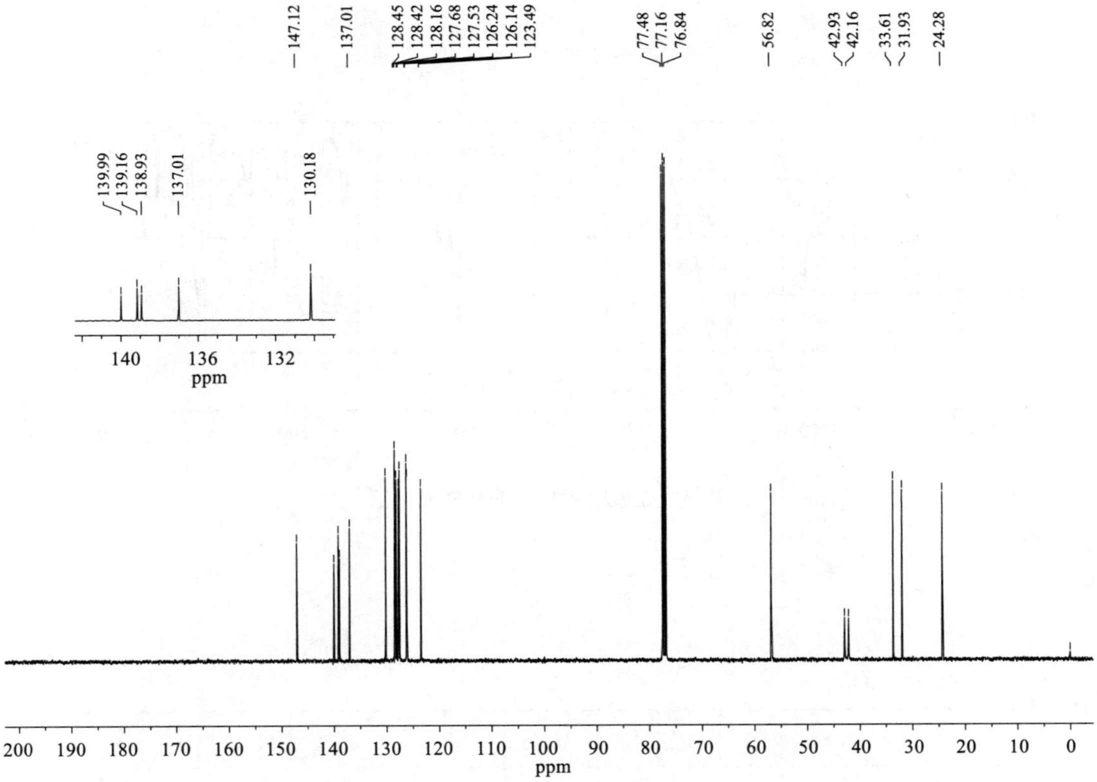

图2　盐酸阿米替林的^{13}C NMR 谱（溶剂：$CDCl_3$）

^{13}C NMR：δ 147.12（C－15），139.99，139.16，138.93（C－6，9），137.01（C－1，14），130.18，128.45，128.42（C－5，10），128.16（C－4，11），127.68，127.53，126.24（C－3，12），126.14（C－2，13），123.49（C－16），56.82（C－18），42.93，42.16（C－19，20），33.61，31.93（C－7，8），24.28（C－17）

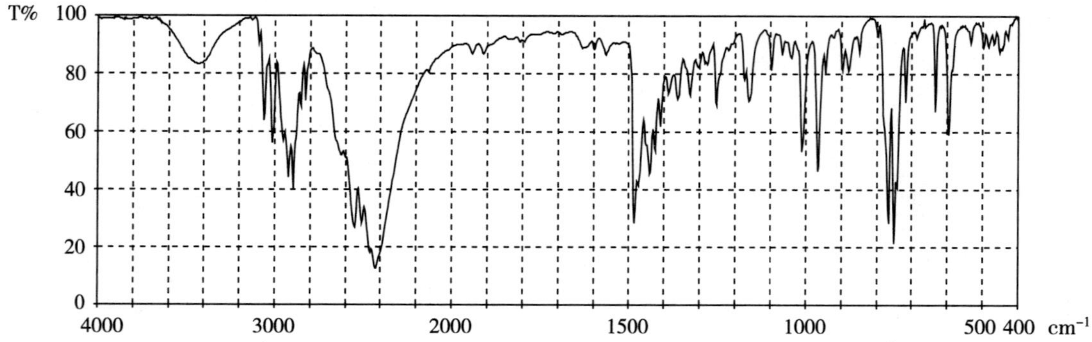

图 3　盐酸阿米替林的红外光谱图

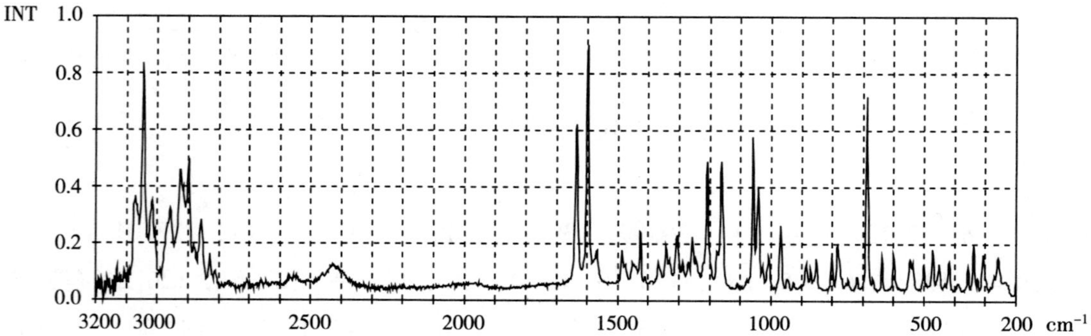

图 4　盐酸阿米替林的拉曼光谱图

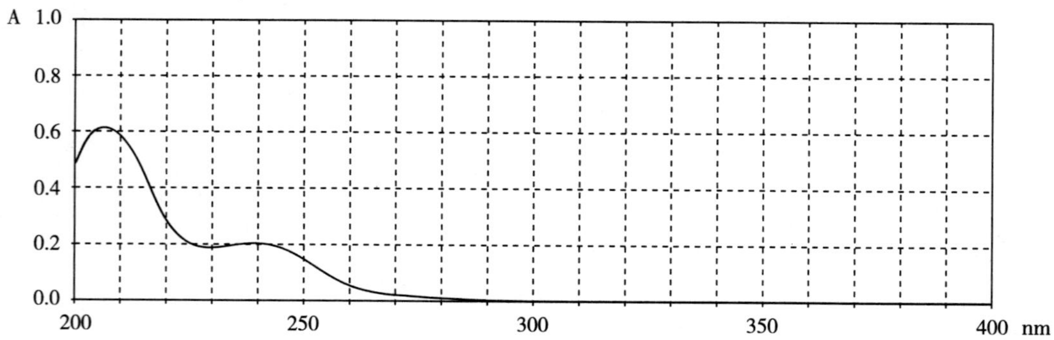

图 5　盐酸阿米替林的紫外光谱图

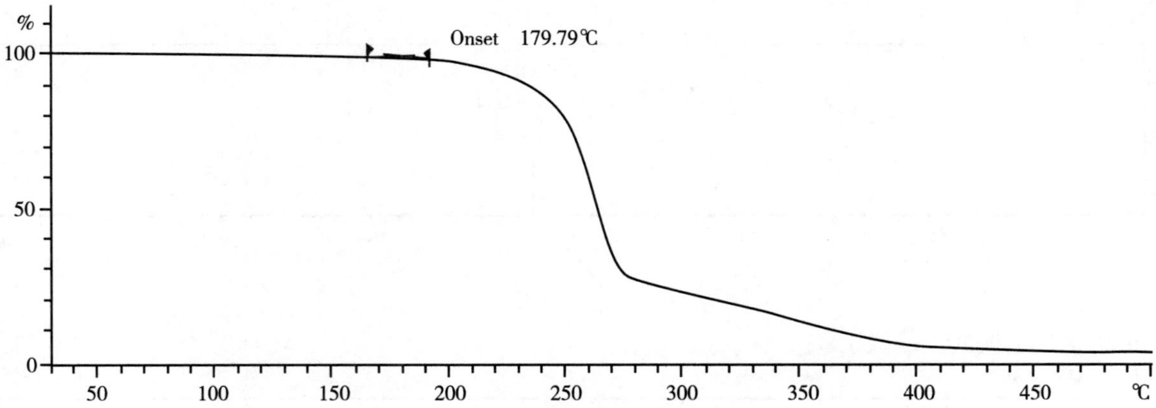

图 6　盐酸阿米替林的 TG 图

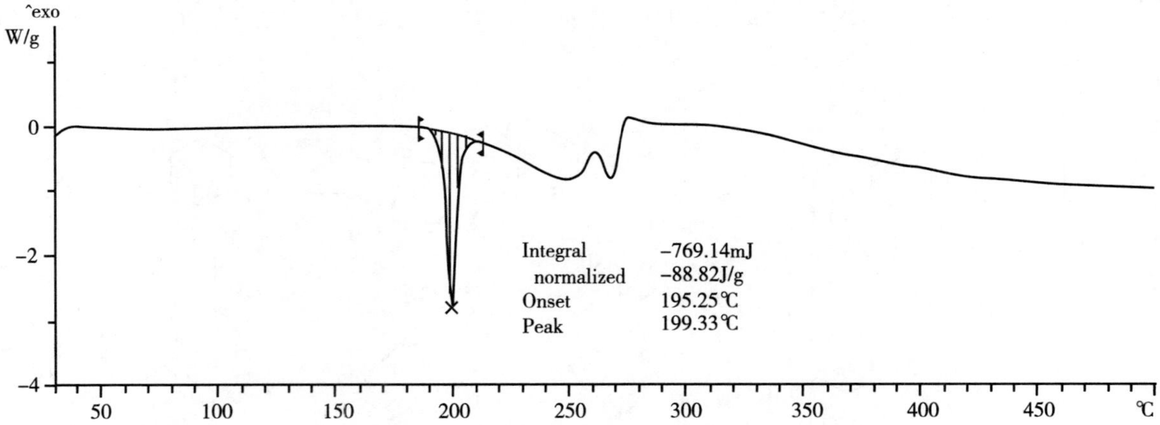

图 7　盐酸阿米替林的 DSC 图

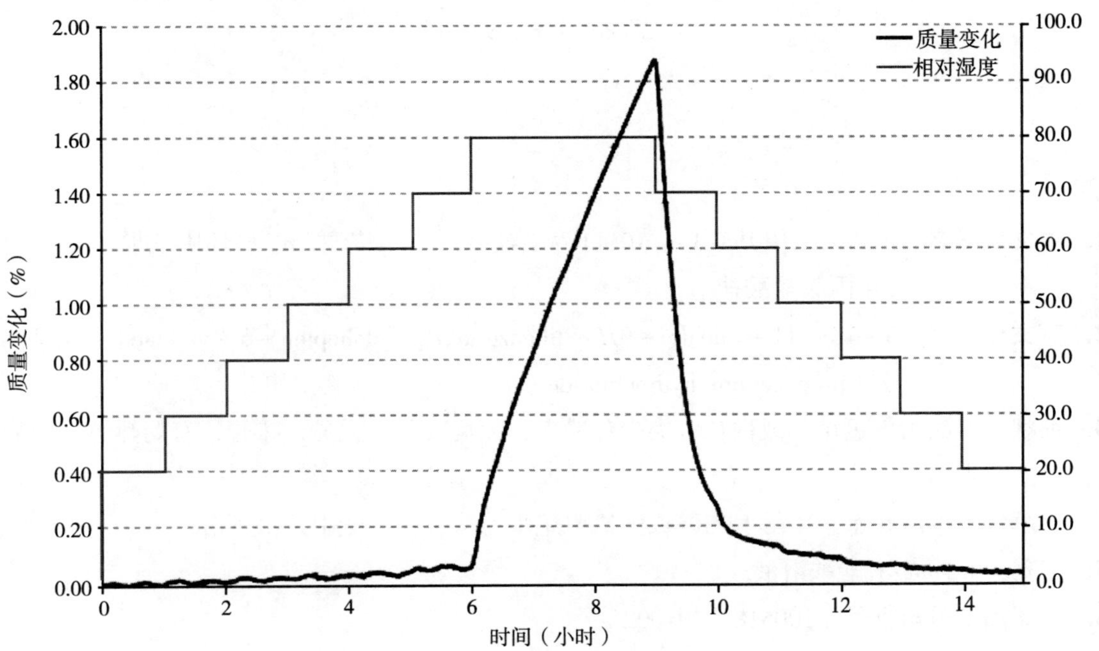

图 8　盐酸阿米替林的 DVS 图

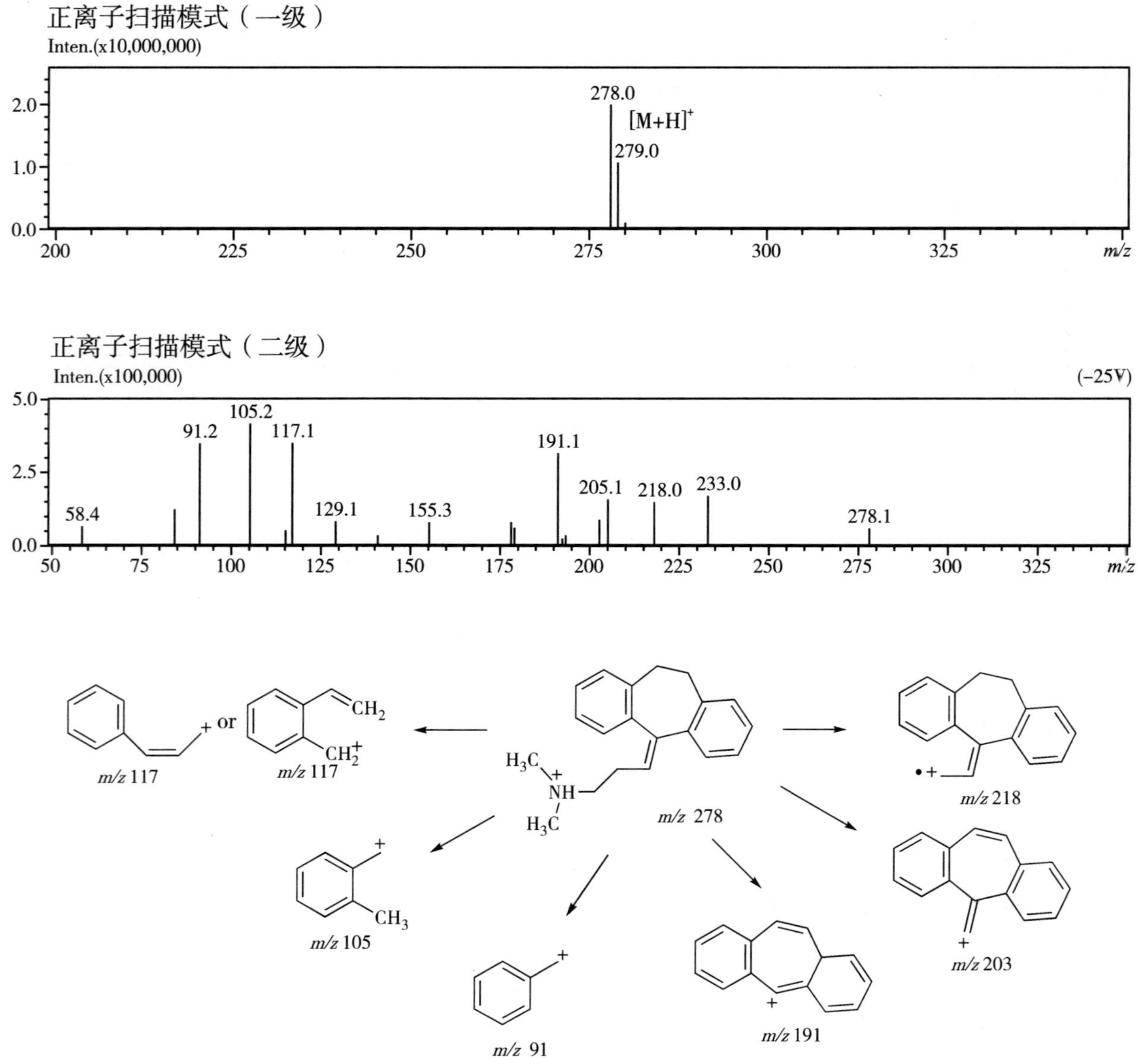

图 9　盐酸阿米替林的质谱图

备注

1. 中文化学名　*N*,*N*－二甲基－3－［10,11－二氢－5*H*－二苯并［*a*,*d*］环庚三烯－5－亚基］－1－丙胺盐酸盐

2. 英文化学名　3－［10,11－dihydro－5*H*－dibenzo［*a*,*d*］cyclohepten－5－ylidene］－*N*,*N*－dimethyl propanamine hydrochloride

3. 性状　本品为无色结晶或白色、类白色粉末；无臭或几乎无臭，味苦，有灼热感，随后有麻木感。

4. 溶解性　本品在水、甲醇、乙醇或三氯甲烷中易溶，在乙醚中几乎不溶。

5. 溶剂　0.1mol/L 盐酸溶液。

6. 对照品编号与批号　100518－201002

草乌甲素

英文名 Bulleyaconitine A

分子式 $C_{35}H_{49}NO_{10}$

分子量 643.77

CAS 号 107668-79-1

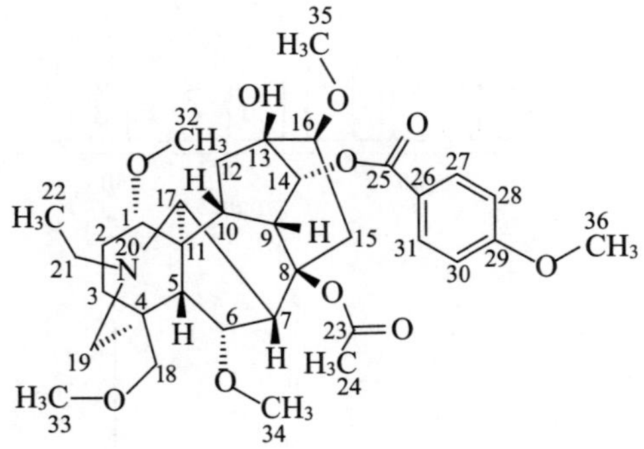

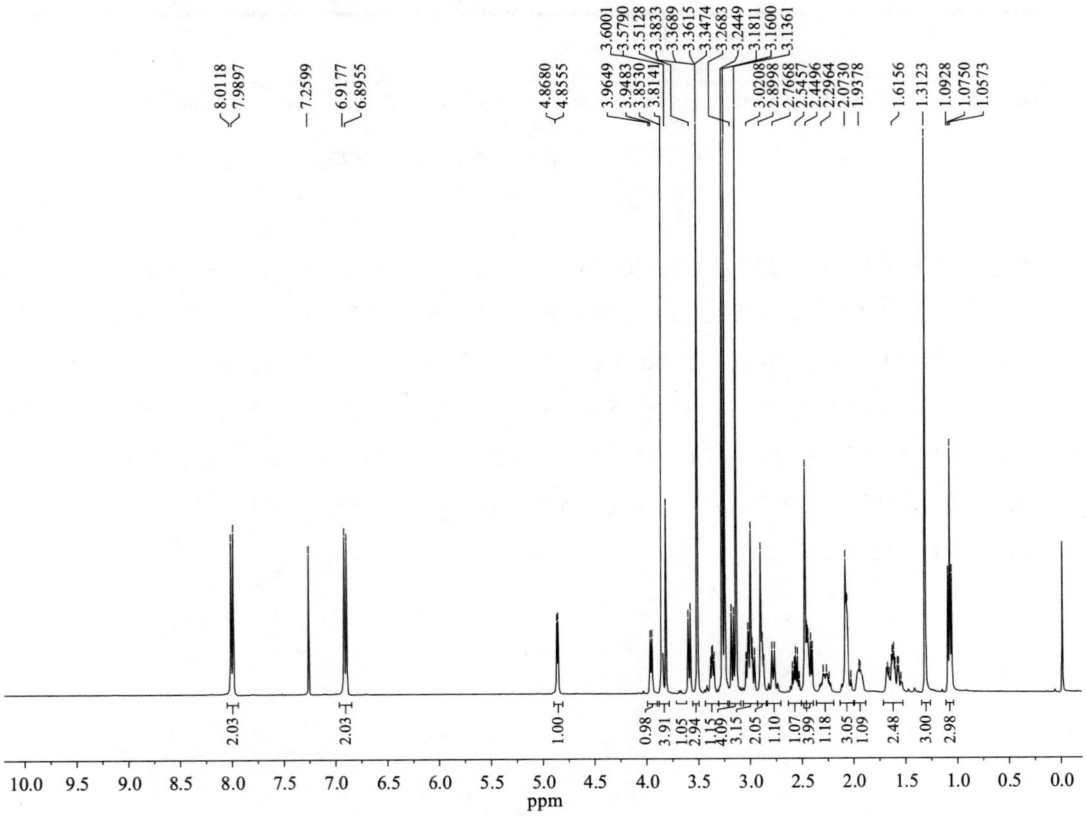

图1 草乌甲素的^{1}H NMR谱（溶剂：$CDCl_3$）

^{1}H NMR：δ 8.00（H-27, 31, d, J=8.9 Hz, 2H），6.90（H-28, 30, d, J=8.9 Hz, 2H），4.86（H-14, d, J=5.0 Hz, 1H），3.96（H-6, d, J=6.6 Hz, 1H），3.85（H-36, s, 3H），3.81（OH, s, 1H），3.59（H-18a, d, J=8.4 Hz, 1H），3.51（H-32, s, 3H），3.37（dd, J=8.7, 5.7 Hz, 1H），3.27（H-33, s, 3H），3.25（H-34, s, 3H），3.17（H-18b, d, J=8.4 Hz, 1H），3.14（H-35, s, 3H），3.06~2.94（m, 3H），2.92~2.84（m, 2H），2.78（m, 1H），2.56（m, 1H），2.51~2.38（m, 4H），2.27（m, 1H），2.14~2.00（m, 3H），1.94（m, 1H），1.73~1.50（m, 2H），1.31（H-24, s, 3H），1.08（H-22, t, J=7.1 Hz, 3H）

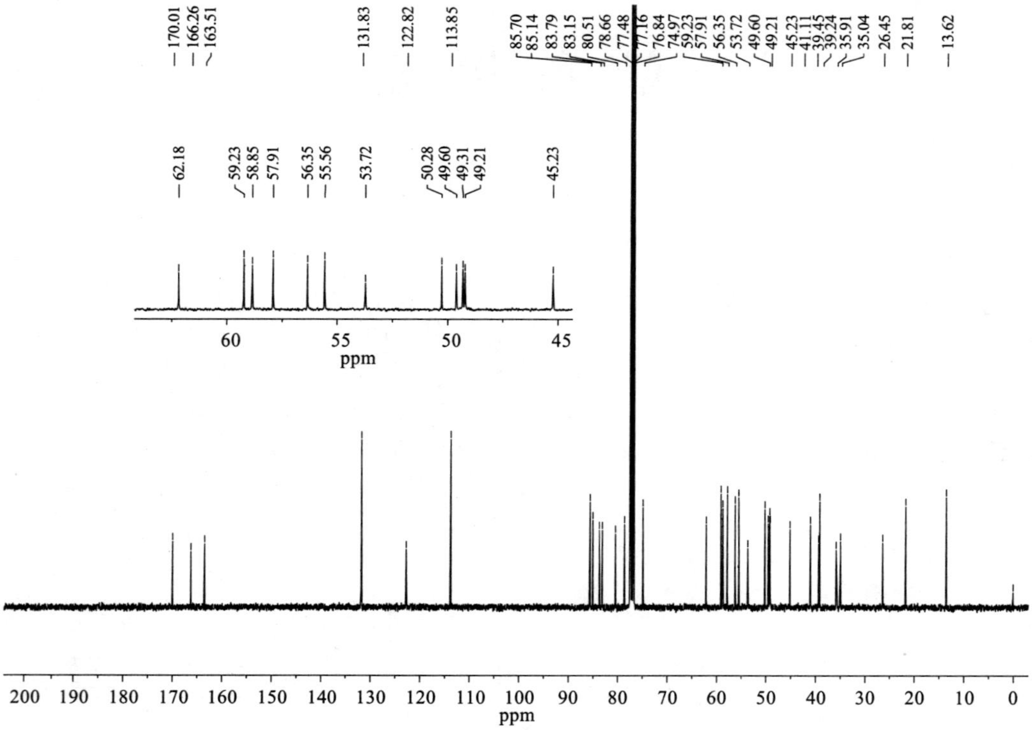

图 2　草乌甲素的 ^{13}C NMR 谱（溶剂：$CDCl_3$）

^{13}C NMR：δ 170.01（C－23），166.26（C－25），163.51（C－29），131.83（C－27，31），122.82（C－26），113.85（C－28，30），85.70（C－8），85.14（C－1），83.79（C－16），83.15（C－6），80.51（C－18），78.66（C－14），74.97（C－13），62.18（C－17），59.23（C－33），58.85（C－34），57.91（C－35），56.35（C－32），55.56（C－36），53.72（C－19），50.28（C－11），49.60（C－7），49.31（C－21），49.21（C－5），45.23（C－10），41.11（C－9），39.45（C－15），39.24（C－4），35.91（C－3），35.04（C－12），26.45（C－2），21.81（C－24），13.62（C－22）

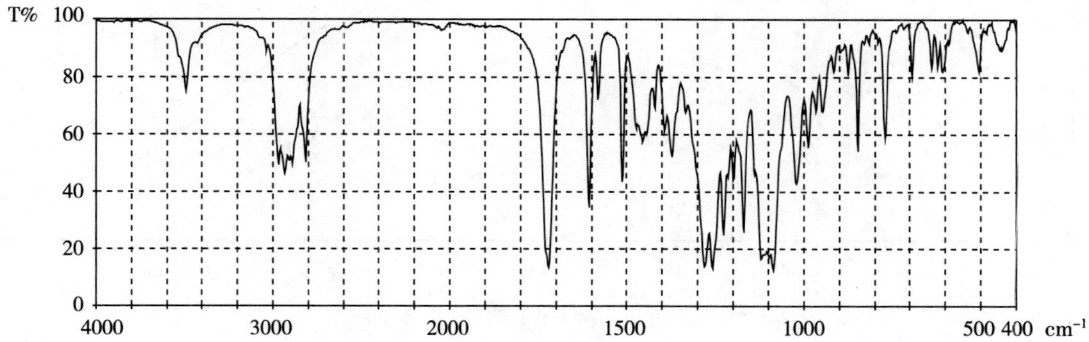

图 3　草乌甲素的红外光谱图

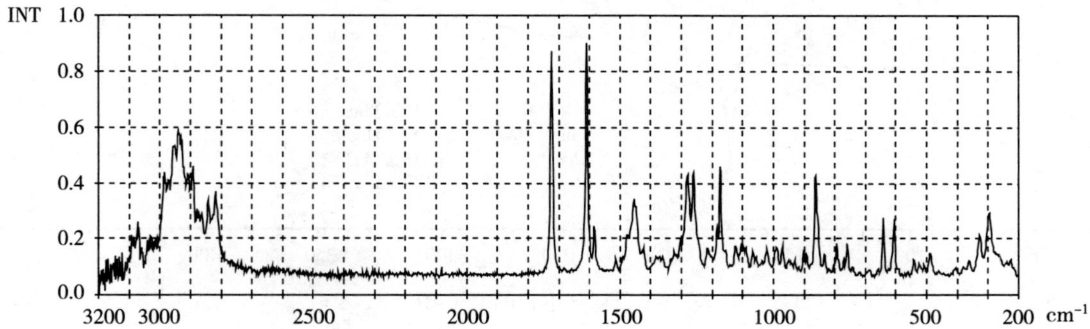

图 4　草乌甲素的拉曼光谱图

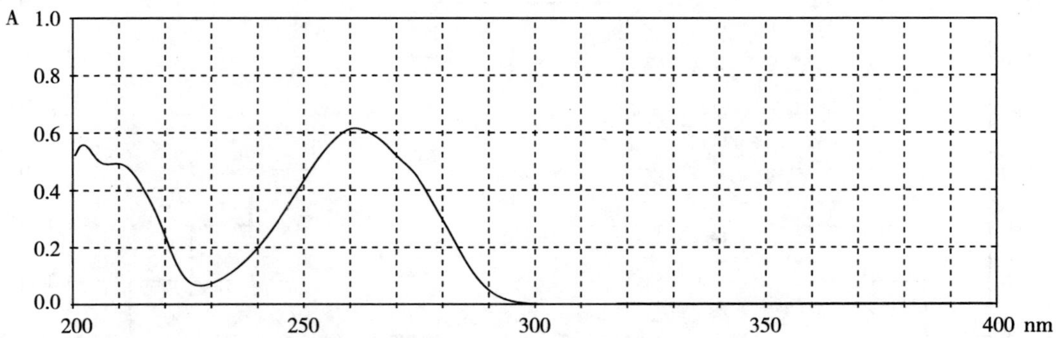

图 5　草乌甲素的紫外光谱图

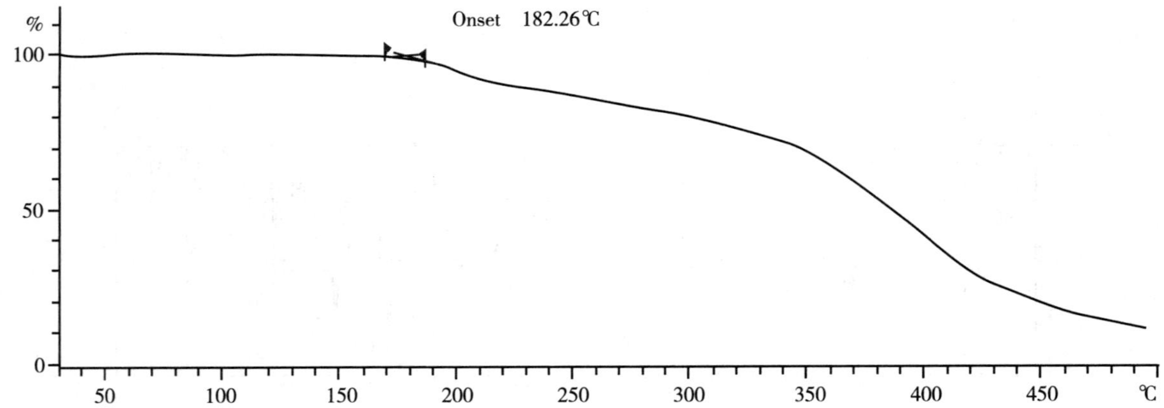

图 6　草乌甲素的 TG 图

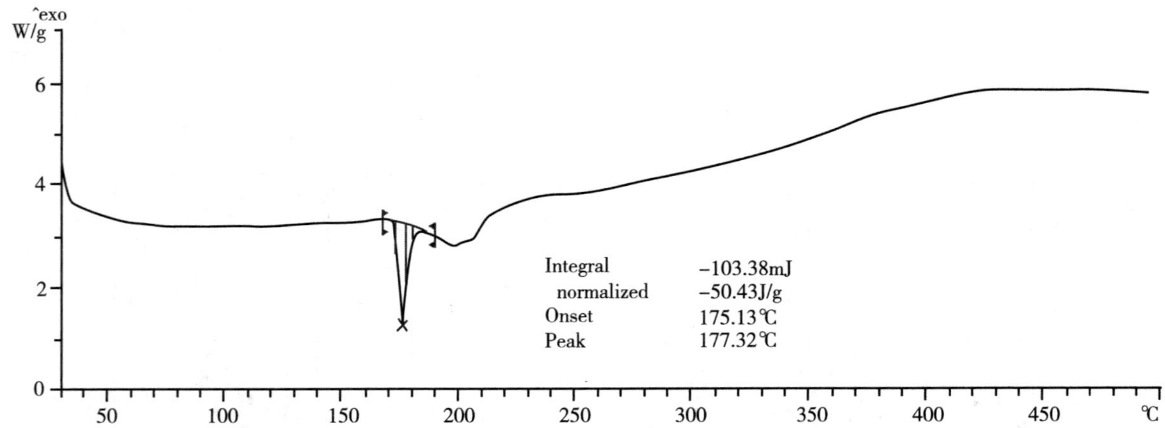

图 7　草乌甲素的 DSC 图

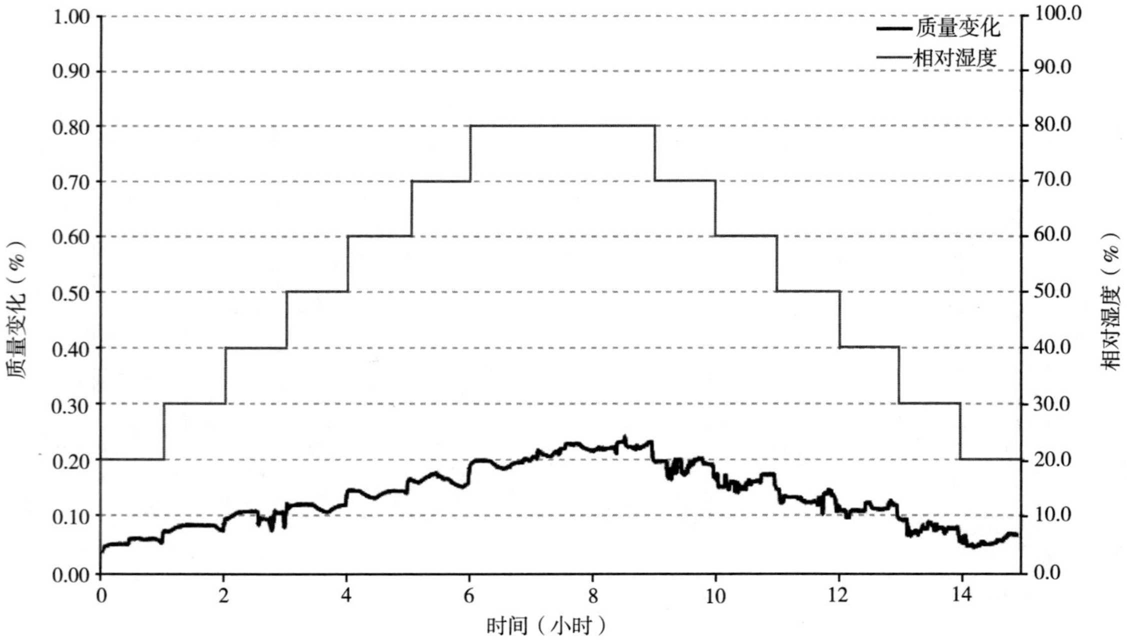

图 8　草乌甲素的 DVS 图

正离子扫描模式（一级）

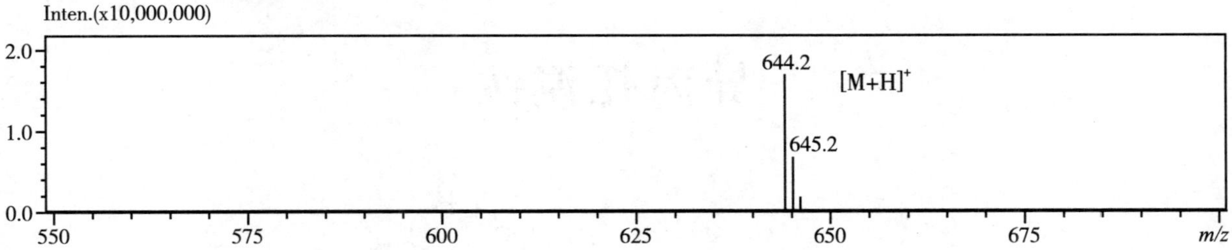

正离子扫描模式（二级）

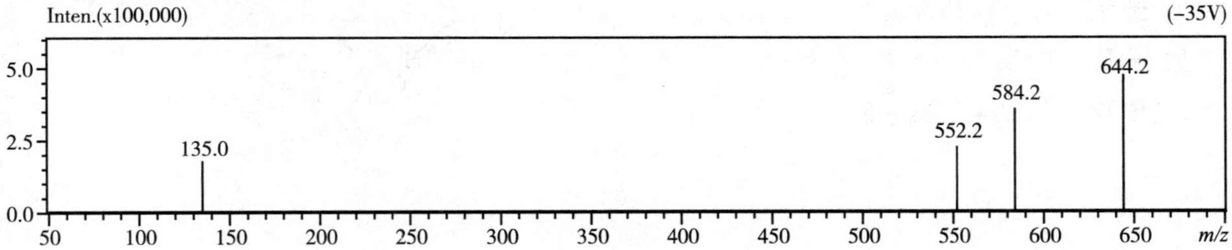

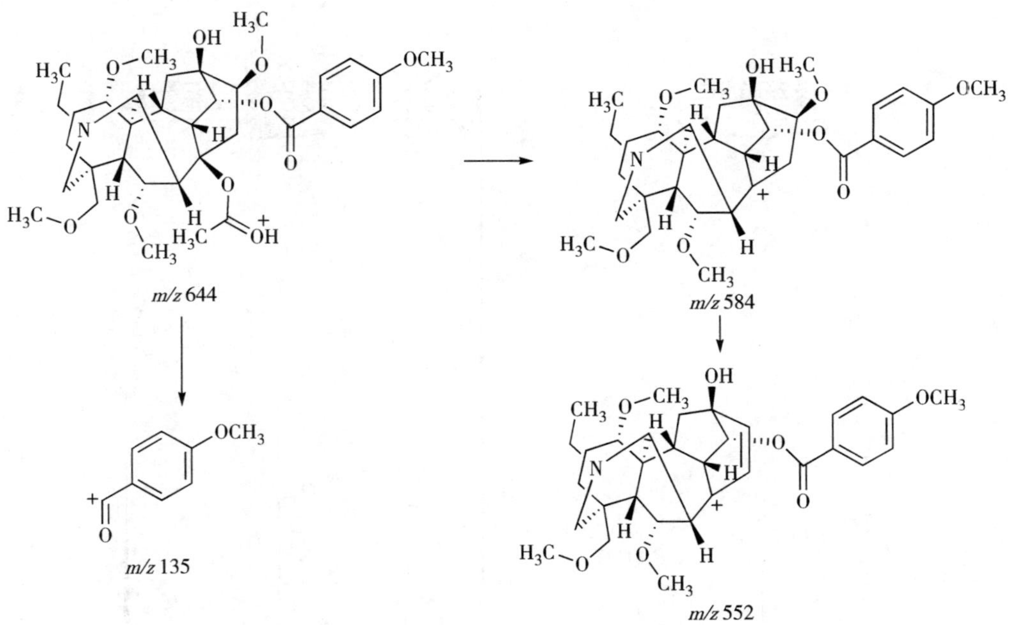

图9　草乌甲素的质谱图

备注

1. 中文化学名　(1α,6α,14α,16β)－四氢－8,13,14－三醇－20－乙基－1,6,16－三甲氧基－4－甲氧甲基－8－乙酰氧基－14－(4′－对甲氧基苯甲酯)乌头烷

2. 英文化学名　(1α,6α,14α,16β)－tetrahydro －8,13,14－triol－20－ethyl －1,6,16－trimethoxy－4－methoxy－8－acetoxy－14－(4′－methyl－*p*－methoxyphenoxy) alkoxy aconitum

3. 性状　本品为白色结晶或结晶性粉末。

4. 溶解性　本品在乙醇、三氯甲烷或乙醚中易溶，在水中不溶，在稀盐酸或稀硫酸中极易溶解。

5. 溶剂　0.1mol/L 盐酸溶液。

6. 对照品编号与批号　100530－200501

异丙托溴铵

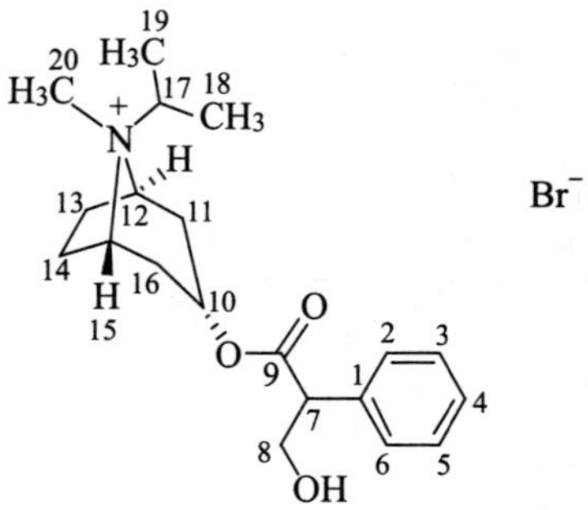

英文名　Ipratropium Bromide

分子式　$C_{20}H_{30}BrNO_3$

分子量　412.36

CAS 号　22254-24-6

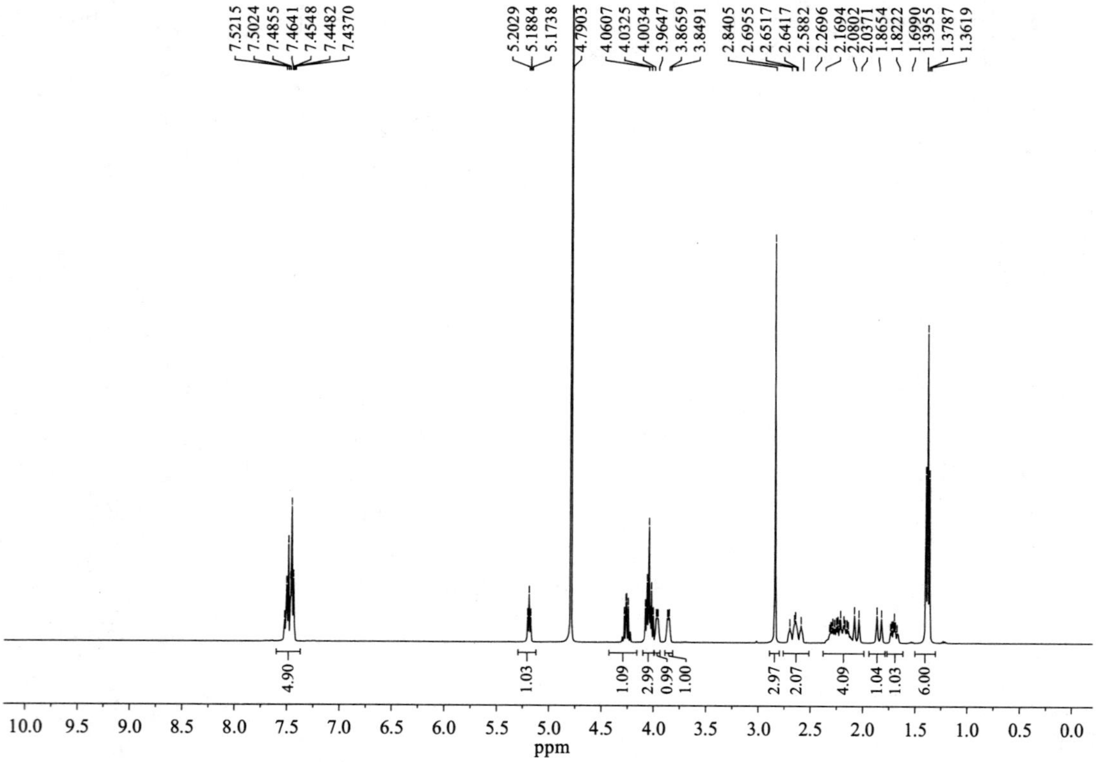

图 1　异丙托溴铵的^{1}H NMR 谱（溶剂：D_2O）

^{1}H NMR：δ 7.56～7.41（Ar－H，m，5H），5.19（H－10，t，J ＝ 5.8 Hz，1H），4.26（m，1H），4.10～3.99（m，3H），3.96（m，1H），3.86（m，1H），2.84（H－20，s，3H），2.74～2.56（m，2H），2.38～2.10（m，3H），2.06（d，J ＝ 17.3 Hz，1H），1.84（d，J ＝ 17.3 Hz，1H），1.70（m，1H），1.38（H－18，19，t，J ＝ 6.7 Hz，6H）

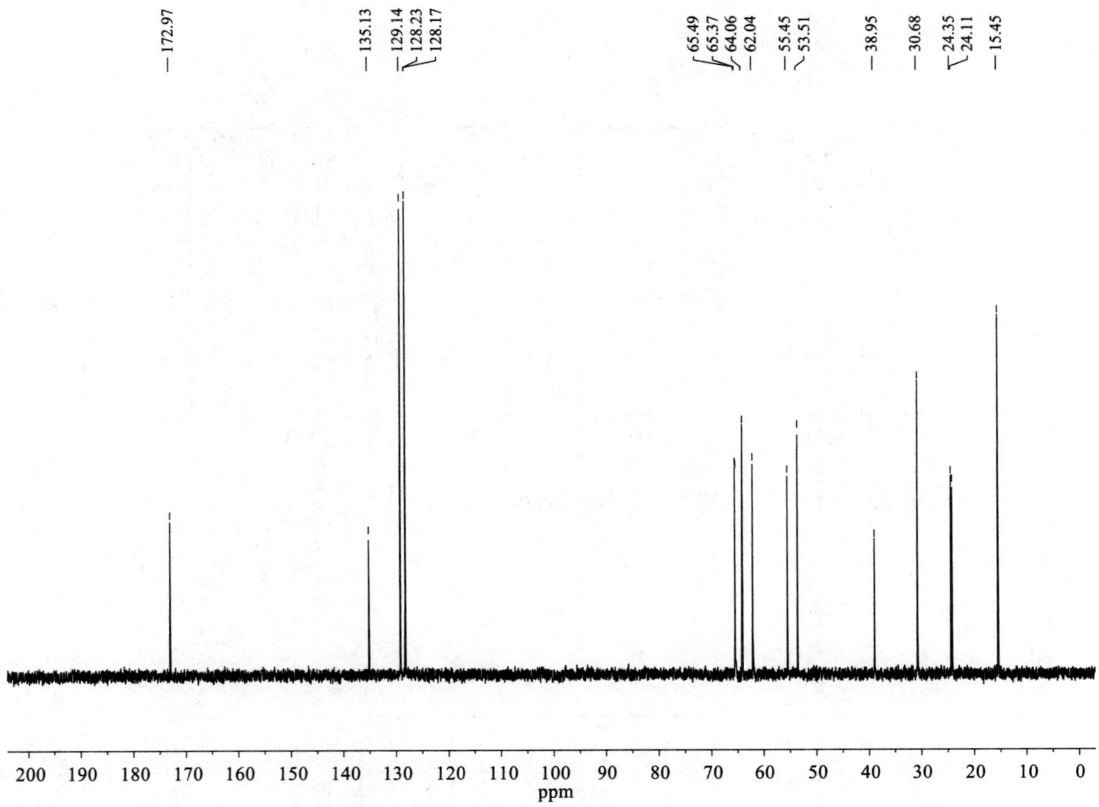

图 2　异丙托溴铵的 ^{13}C NMR 谱（溶剂：D_2O）

^{13}C NMR：δ 172.97（C-9），135.13（C-1），129.14（C-3，5），128.23（C-2，6），128.17（C-4），65.49（C-12），65.37（C-15），64.06（C-10），62.04（C-8），55.45（C-17），53.51（C-7），38.95（C-20），30.68（C-11，16），24.35（C-13），24.11（C-14），15.45（C-18，19）

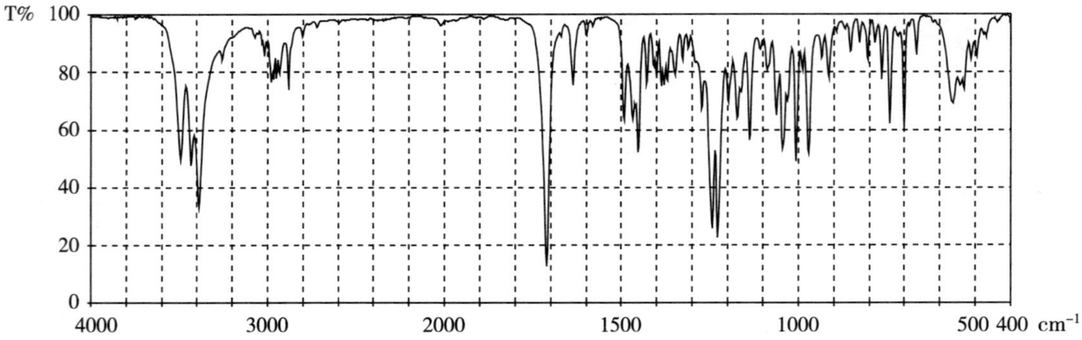

图 3　异丙托溴铵的红外光谱图

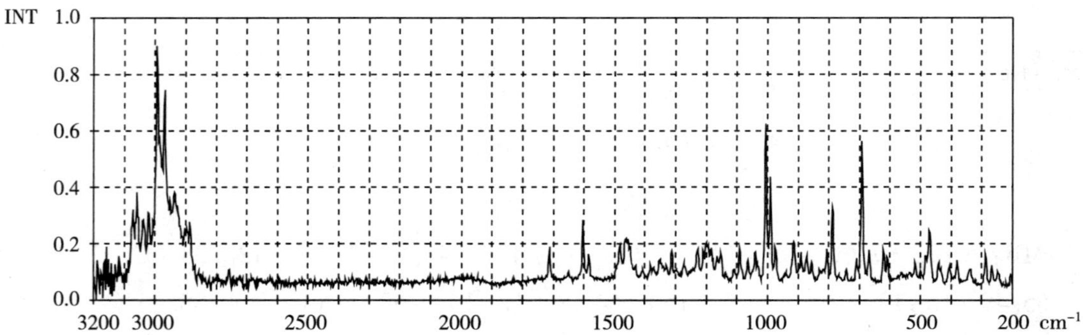

图 4　异丙托溴铵的拉曼光谱图

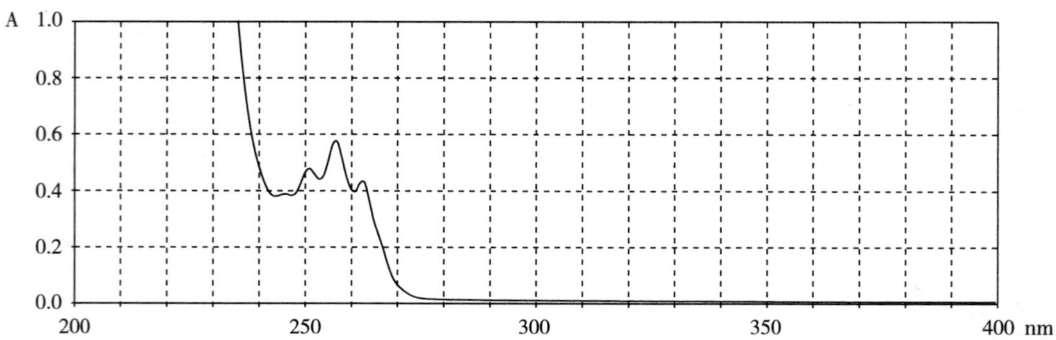

图 5　异丙托溴铵的紫外光谱图

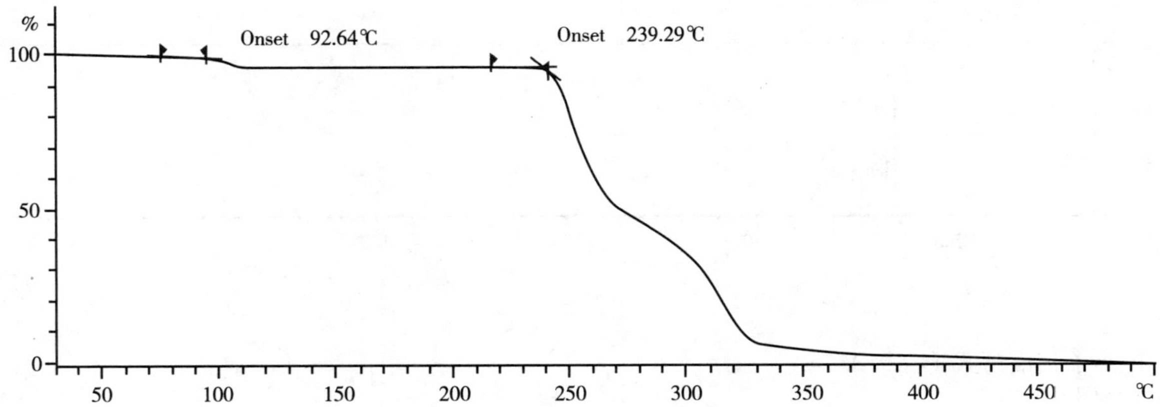

图 6　异丙托溴铵的 TG 图

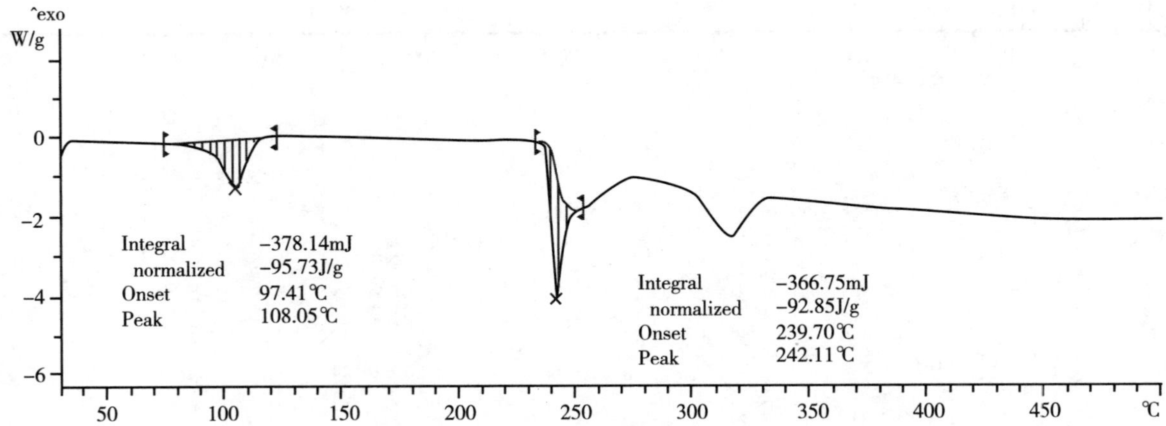

图 7　异丙托溴铵的 DSC 图

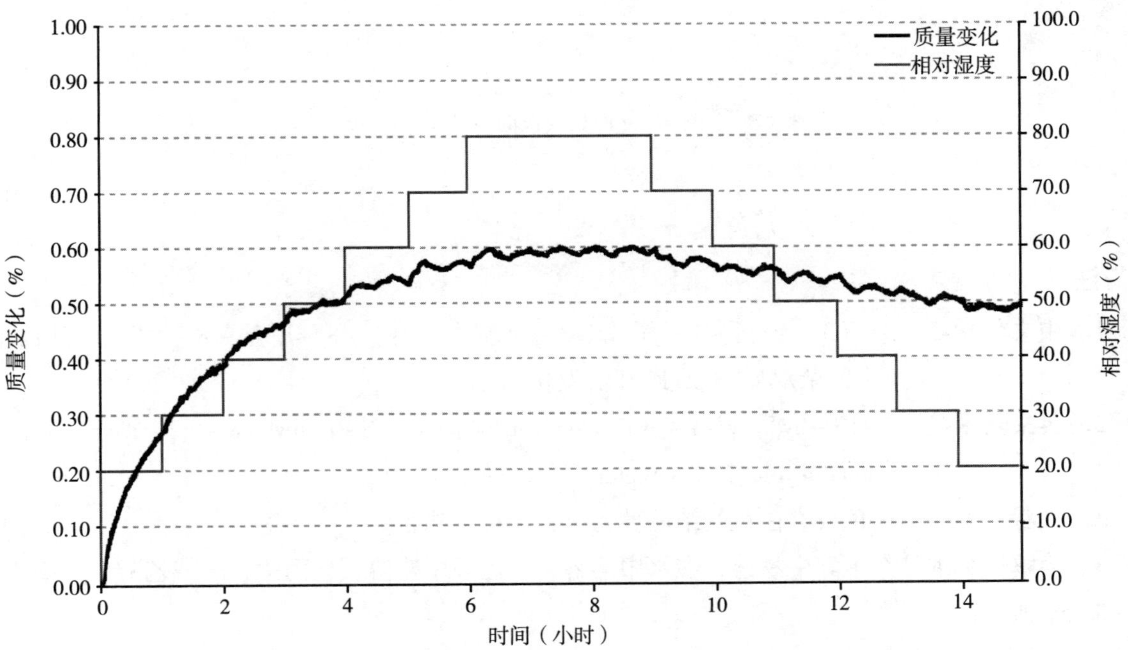

图 8　异丙托溴铵的 DVS 图

正离子扫描模式（一级）

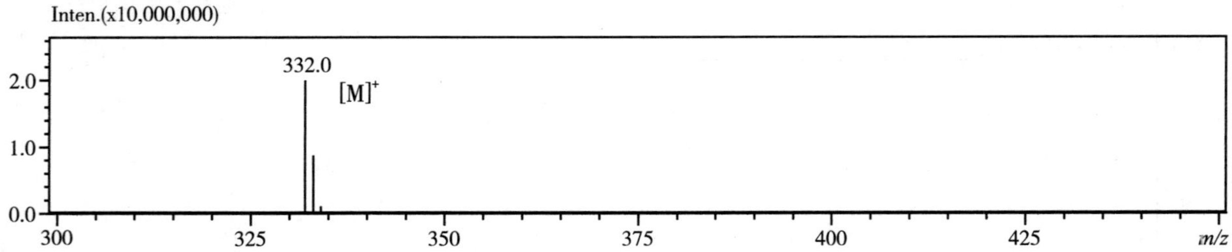

正离子扫描模式（二级）

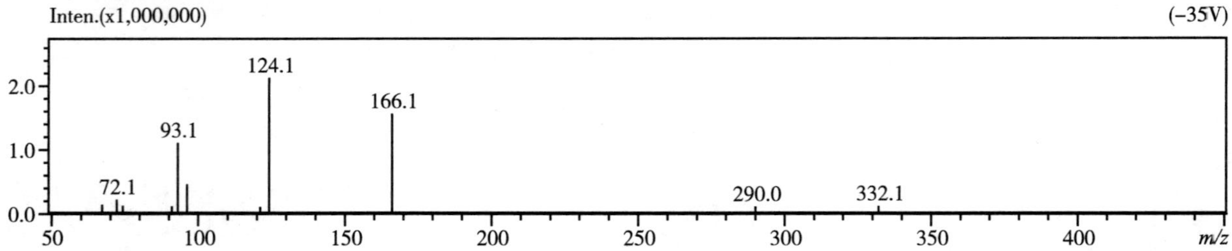

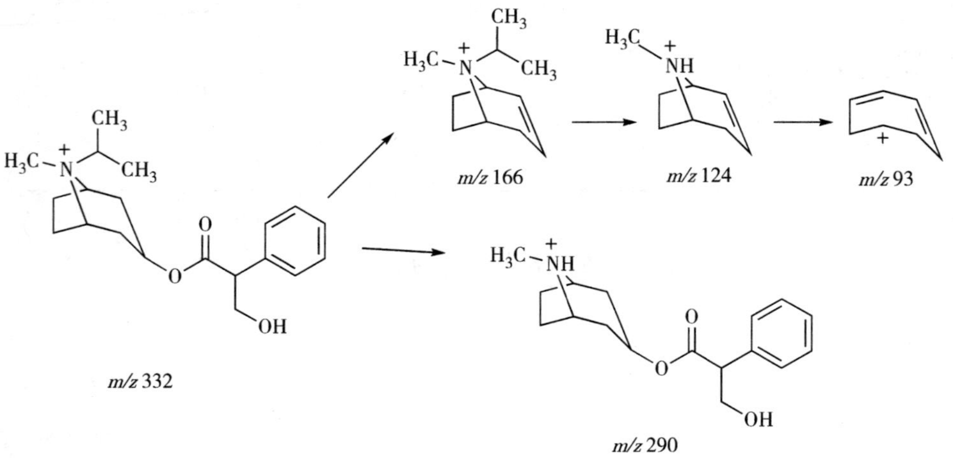

图 9　异丙托溴铵的质谱图

备注

1. 中文化学名　3－(3－羟基－1－氧代－2－苯基丙氧基)－8－甲基－8－(1－甲基乙基)－8－氮杂双环(3.2.1)辛烷溴化物

2. 英文化学名　3－(3－hydroxy－1－oxo－2－phenylpropoxy)－8－methyl－8－(1－methylethyl)－8－azoniabicyclo(3.2.1)octane bromide

3. 性状　本品为白色或类白色的结晶性粉末；无臭，味苦。

4. 溶解性　本品在甲醇中易溶，在水中溶解，在乙醇中略溶，在丙酮、苯或乙醚中几乎不溶。

5. 溶剂　水。

6. 对照品编号与批号　100522－200601

异丙安替比林

英文名 Propyphenazone

分子式 $C_{14}H_{18}N_2O$

分子量 230. 31

CAS 号 479 - 92 - 5

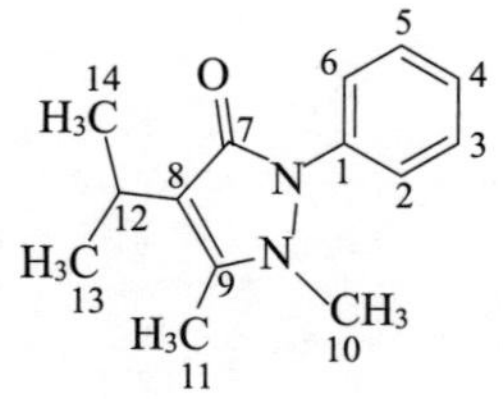

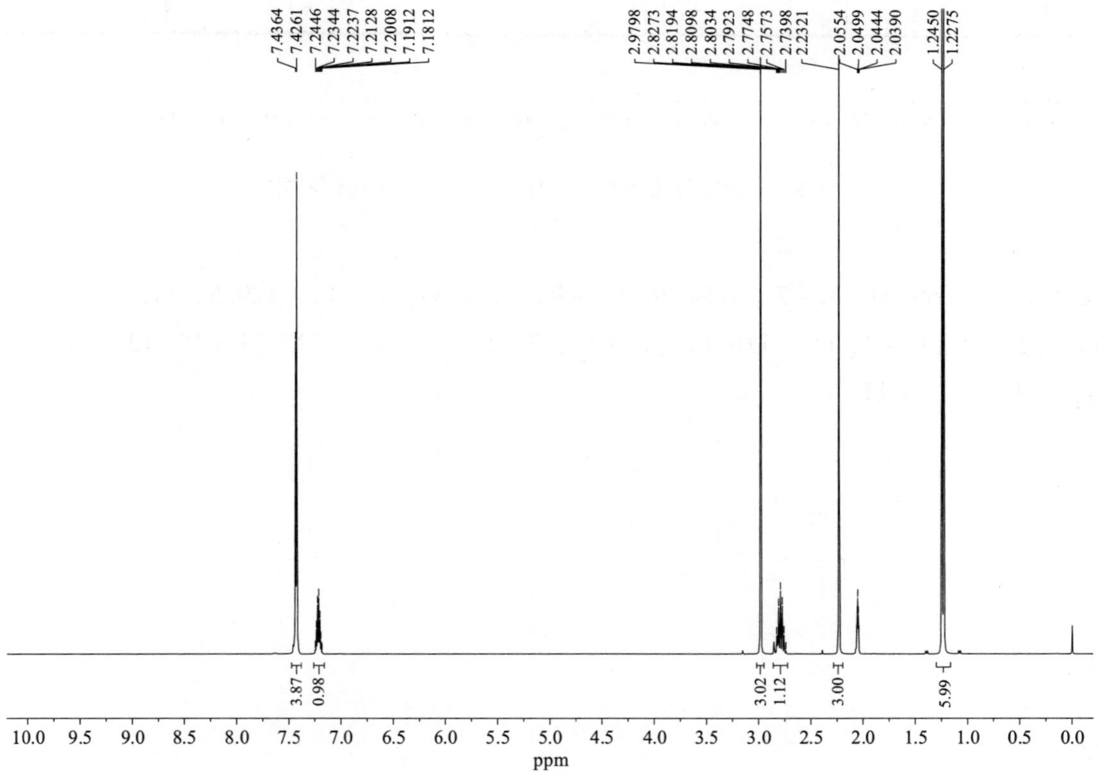

图 1 异丙安替比林的 ^{1}H NMR 谱（溶剂：CD_3COCD_3）

^{1}H NMR：δ 7. 46 ~ 7. 41（H - 2，3，5，6，m，4H），7. 21（H - 4，m，1H），2. 98（H - 10，s，3H），2. 79（H - 12，m，1H），2. 23（H - 11，s，3H），1. 24（H - 13，14，d，J = 7. 0 Hz，6H）

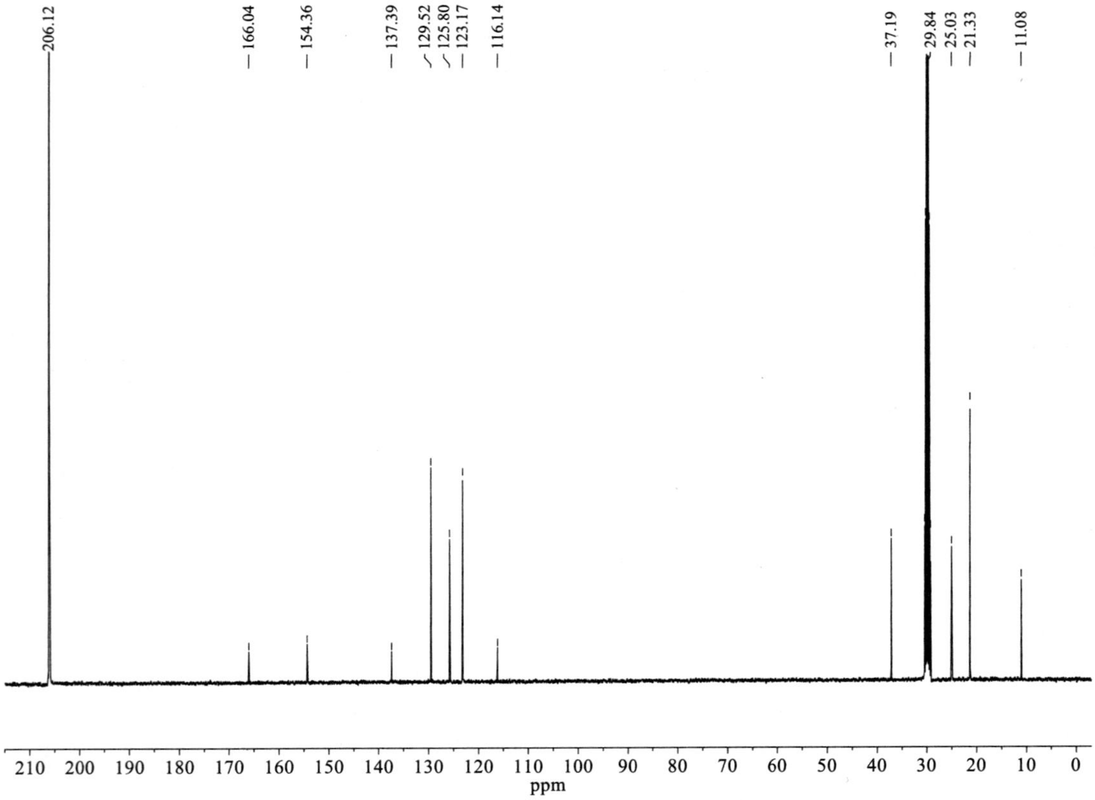

图 2　异丙安替比林的^{13}C NMR 谱（溶剂：CD_3COCD_3）

^{13}C NMR：δ 166.04（C－7），154.36（C－9），137.39（C－1），129.52（C－3，5），125.80（C－4），123.17（C－2，6），116.14（C－8），37.19（C－10），25.03（C－12），21.33（C－13，14），11.08（C－11）

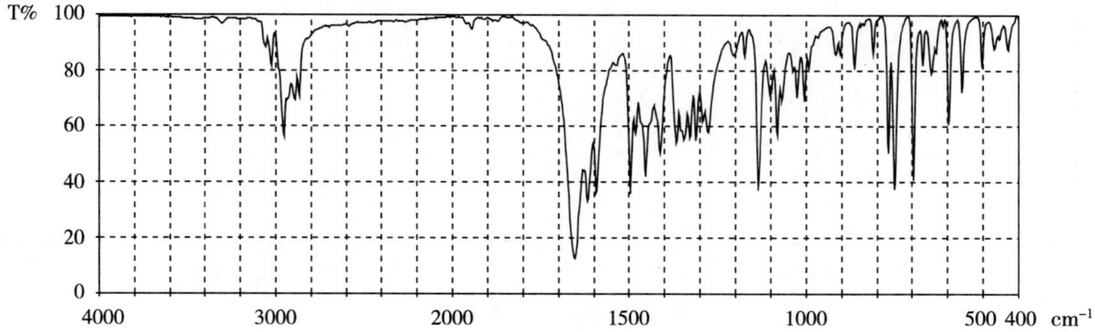

图 3　异丙安替比林的红外光谱图

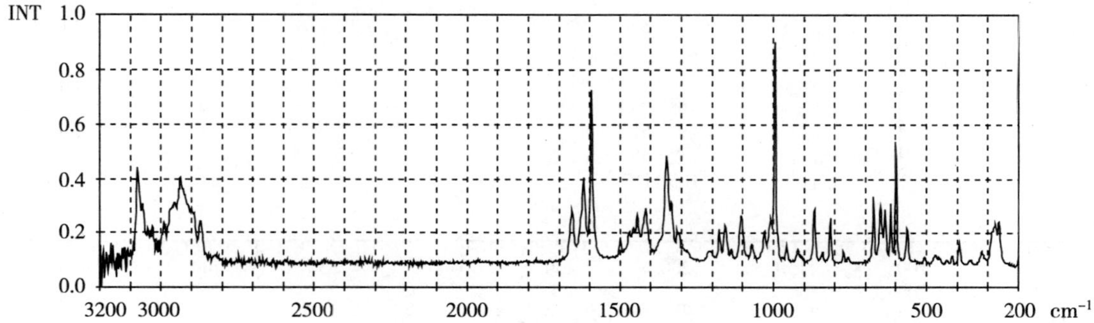

图 4　异丙安替比林的拉曼光谱图

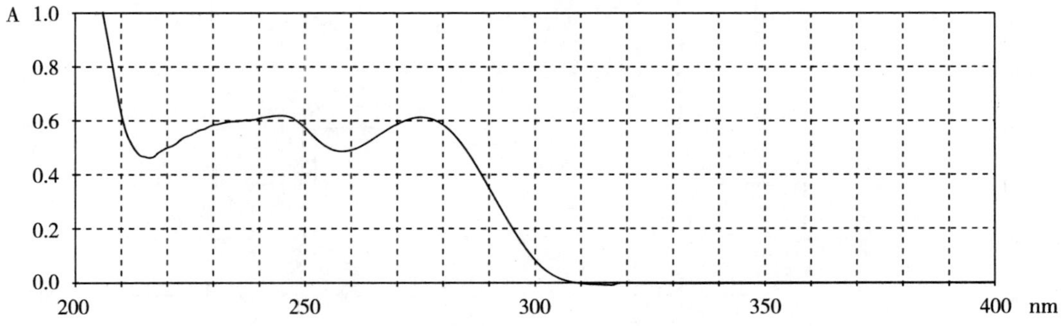

图 5　异丙安替比林的紫外光谱图

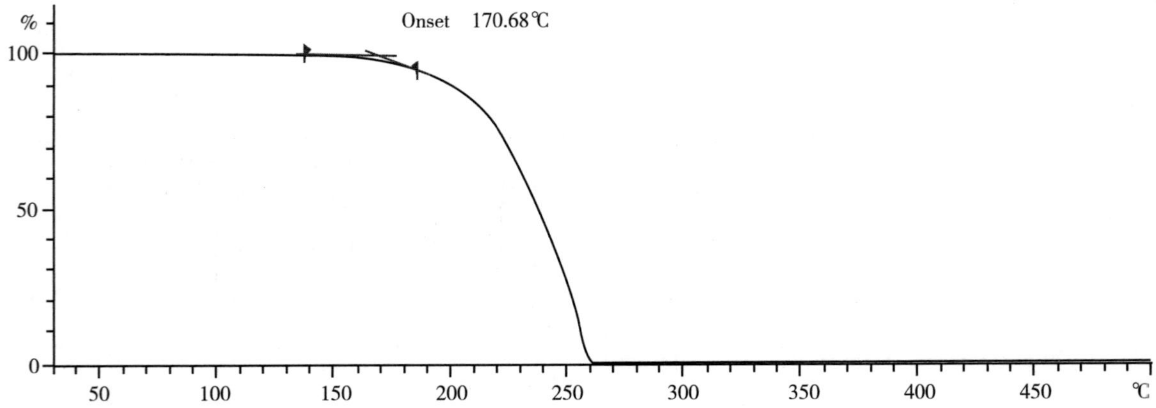

图 6　异丙安替比林的 TG 图

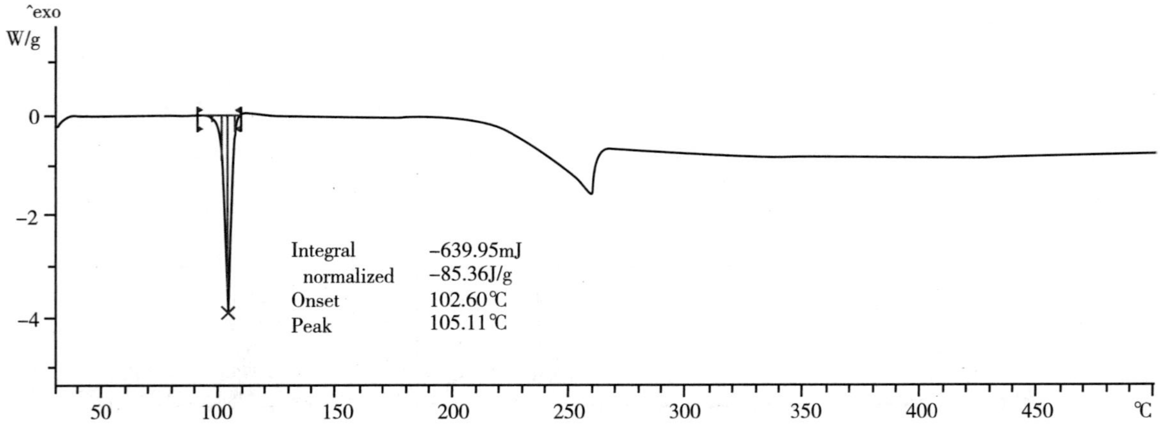

图 7　异丙安替比林的 DSC 图

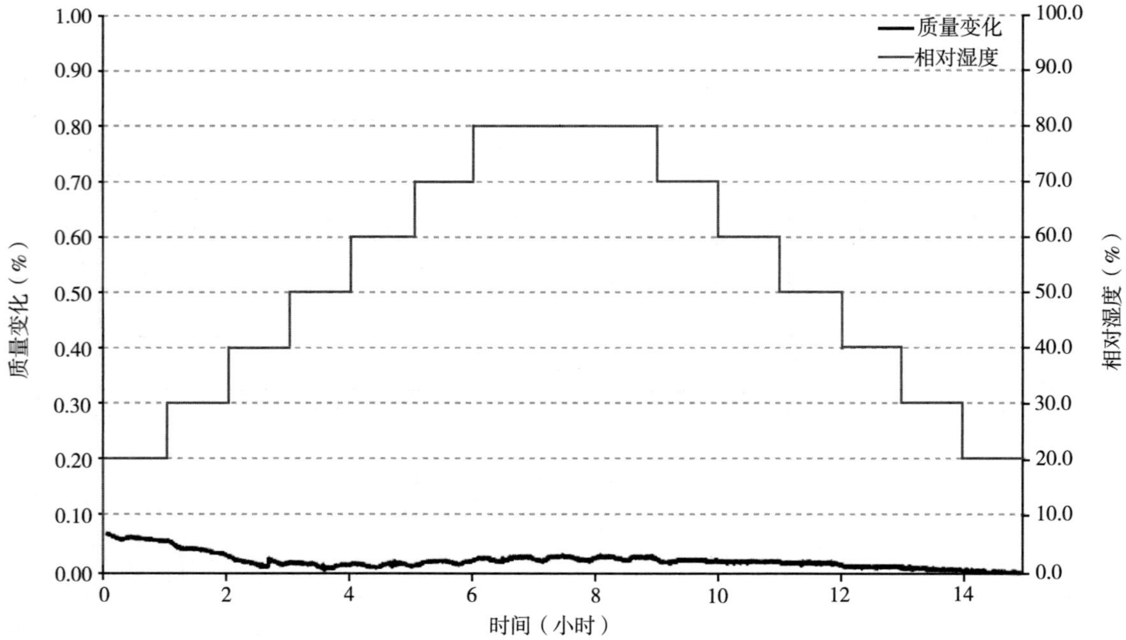

图 8　异丙安替比林的 DVS 图

正离子扫描模式（一级）

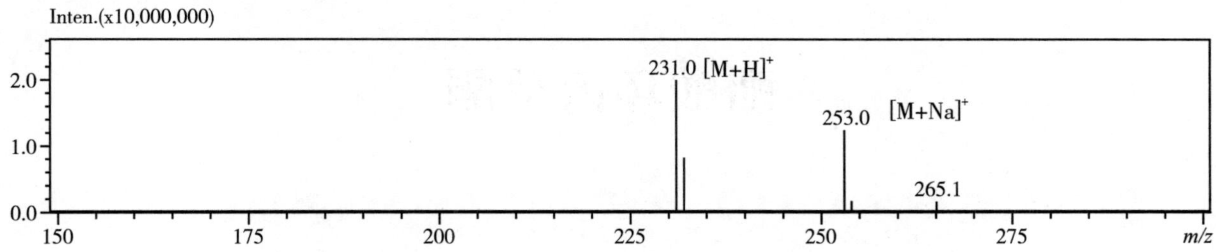

正离子扫描模式（二级）

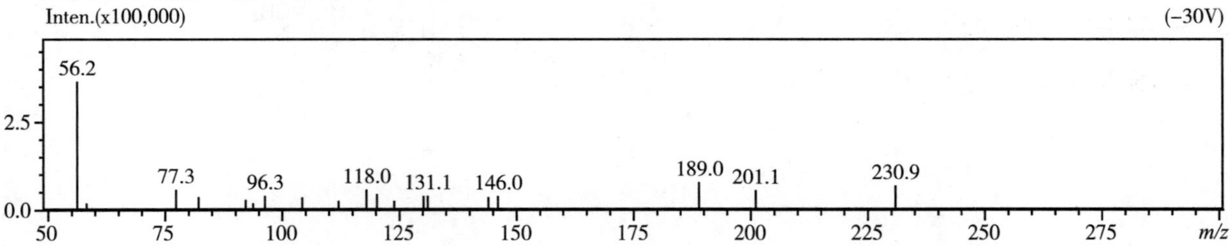

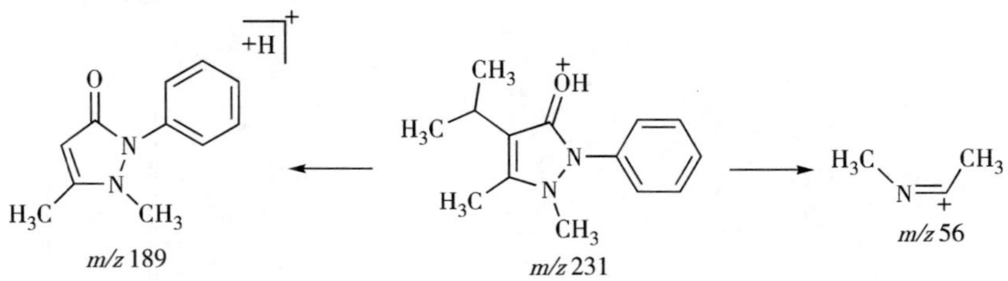

图 9　异丙安替比林的质谱图

备注

1. **中文化学名**　1,2 – 二氢 – 1,5 – 二甲基 – 4 – (1 – 甲基乙基) – 2 – 苯基 – 3*H* – 吡唑 – 3 – 酮
2. **英文化学名**　1,5 – dimethyl – 2 – phenyl – 4 – (propan – 2 – yl) – 1,2 – dihydro – 3*H* – pyrazol – 3 – one
3. **性状**　本品为白色结晶性粉末。
4. **溶解性**　本品在乙醇和二氯甲烷中易溶，在乙醚中溶解，在水中微溶。
5. **溶剂**　无水乙醇。
6. **对照品编号与批号**　100525 – 200301

醋酸环丙孕酮

英文名 Cyproterone Acetate
分子式 $C_{24}H_{29}ClO_4$
分子量 416.94
CAS 号 427-51-0

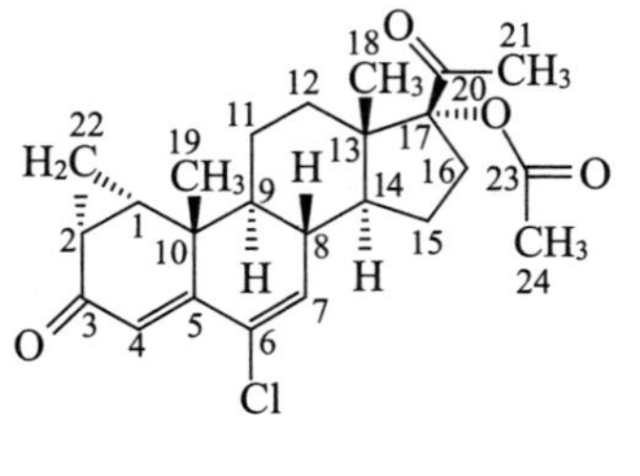

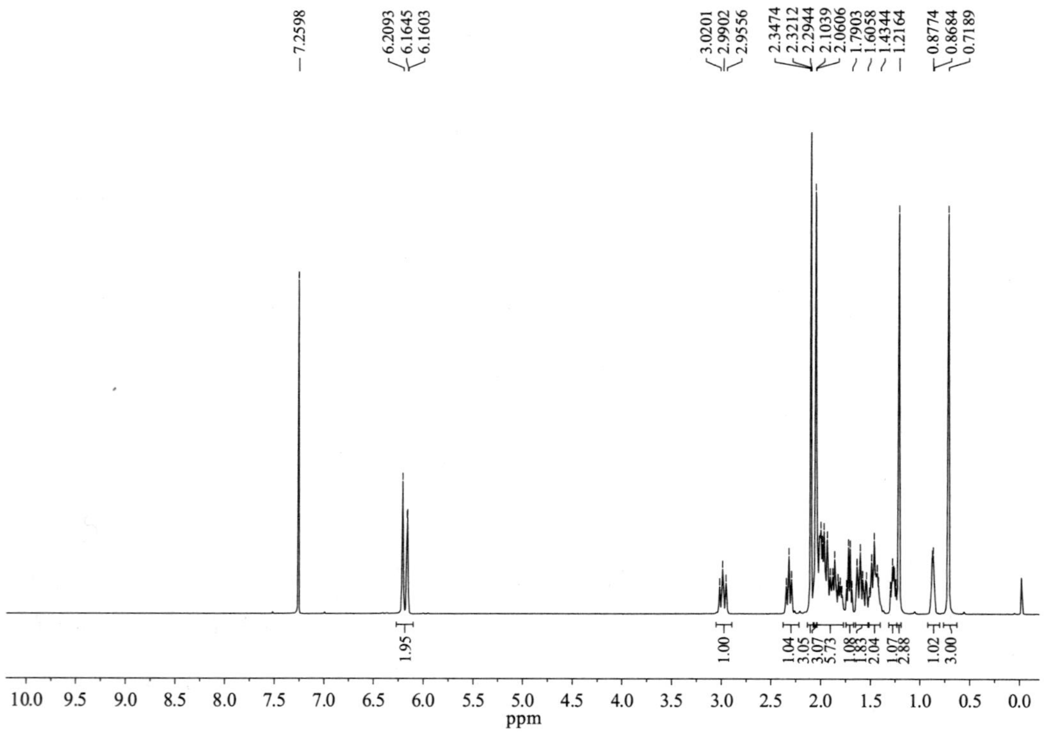

图 1 醋酸环丙孕酮的^{1}H NMR 谱（溶剂：$CDCl_3$）

^{1}H NMR：δ 6.21（H-4，s，1H），6.16（H-7，d，J=1.68 Hz，1H），2.99（H-8，t，J=12.9 Hz，1H），2.32（H-16a，t，J=10.6 Hz，1H），2.10（H-21，s，3H），2.06（H-24，s，3H），2.04～1.78（m，6H），1.72（m，1H），1.66～1.53（m，2H），1.53～1.38（m，2H），1.27（m，1H），1.22（H-19，s，3H），0.87（m，1H），0.72（H-18，s，3H）

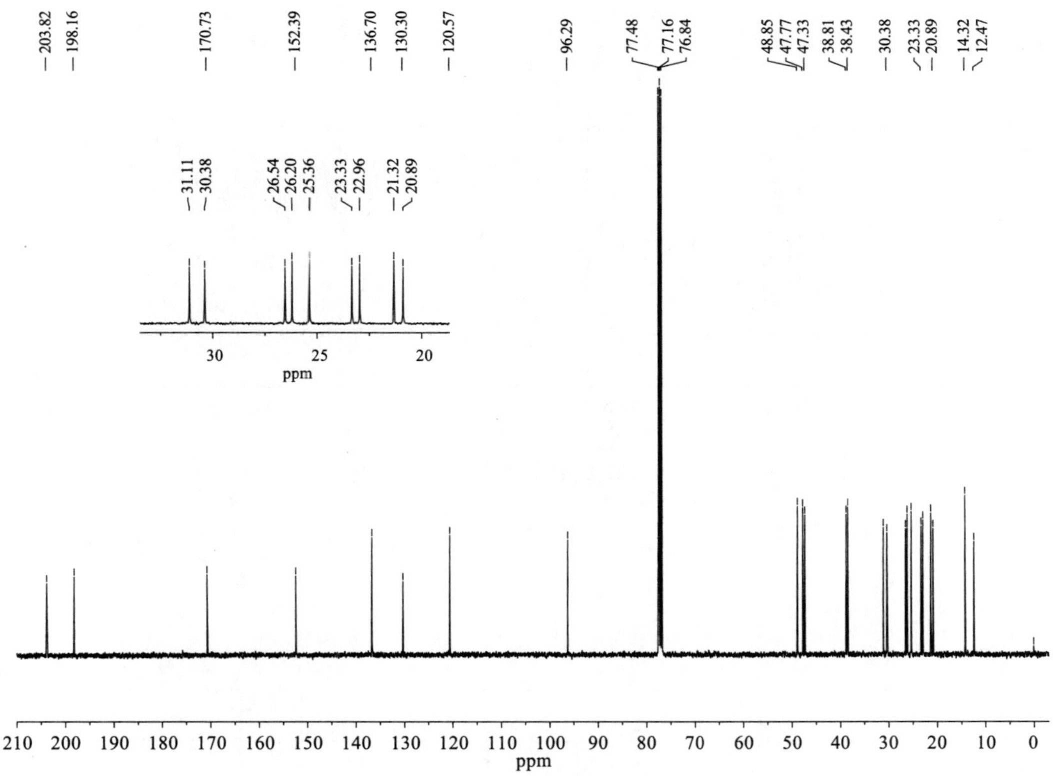

图2 醋酸环丙孕酮的^{13}C NMR 谱（溶剂：$CDCl_3$）

^{13}C NMR：δ 203. 82 （C－20），198. 16 （C－3），170. 73 （C－23），152. 39 （C－5），136. 70 （C－7），130. 30 （C－6），120. 57 （C－4），96. 29 （C－17），48. 85 （C－14），47. 77 （C－9），47. 33 （C－13），38. 81 （C－10），38. 43 （C－8），31. 11 （C－12），30. 38 （C－16），26. 54 （C－21），26. 20 （C－2），25. 36 （C－1），23. 33 （C－15），22. 96 （C－19），21. 32 （C－24），20. 89 （C－11），14. 32 （C－18），12. 47 （C－22）

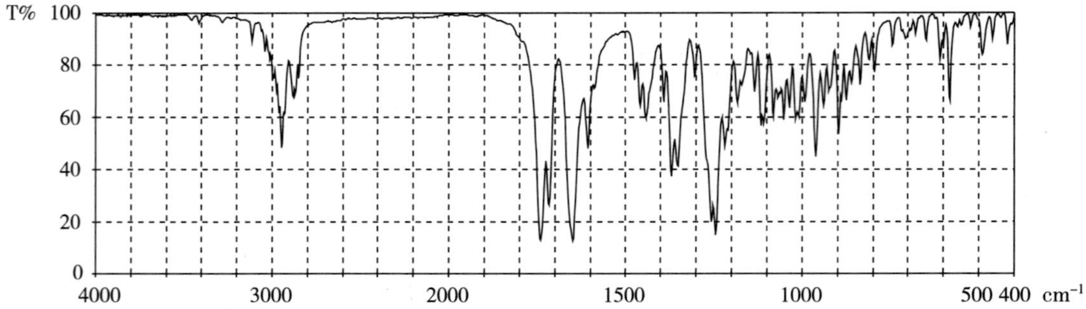

图 3　醋酸环丙孕酮的红外光谱图

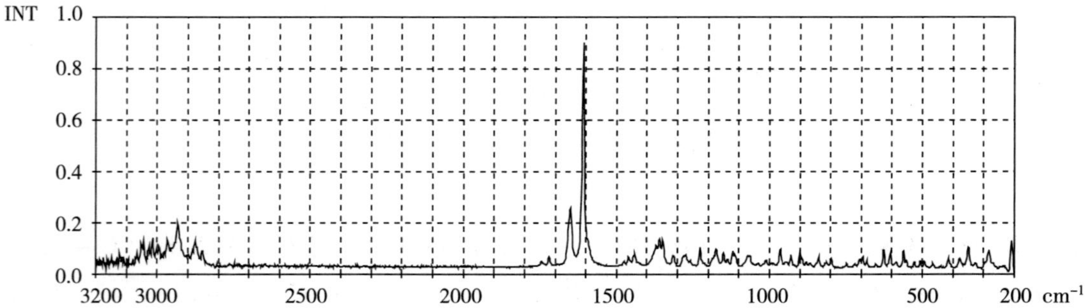

图 4　醋酸环丙孕酮的拉曼光谱图

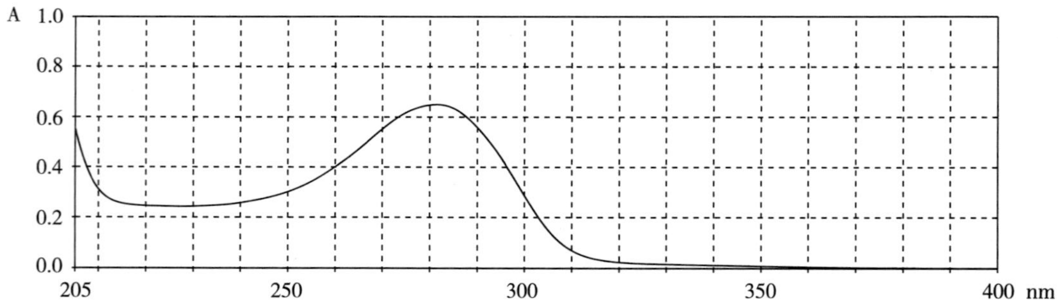

图 5　醋酸环丙孕酮的紫外光谱图

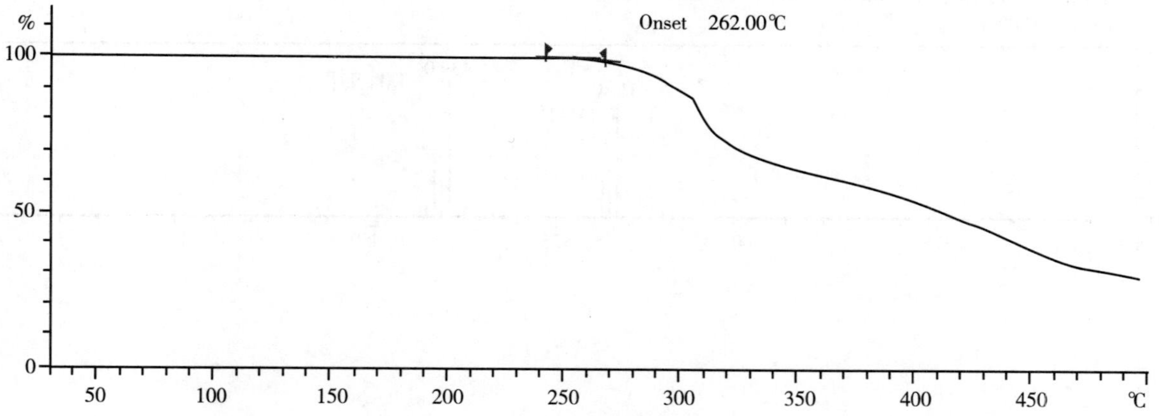

图 6　醋酸环丙孕酮的 TG 图

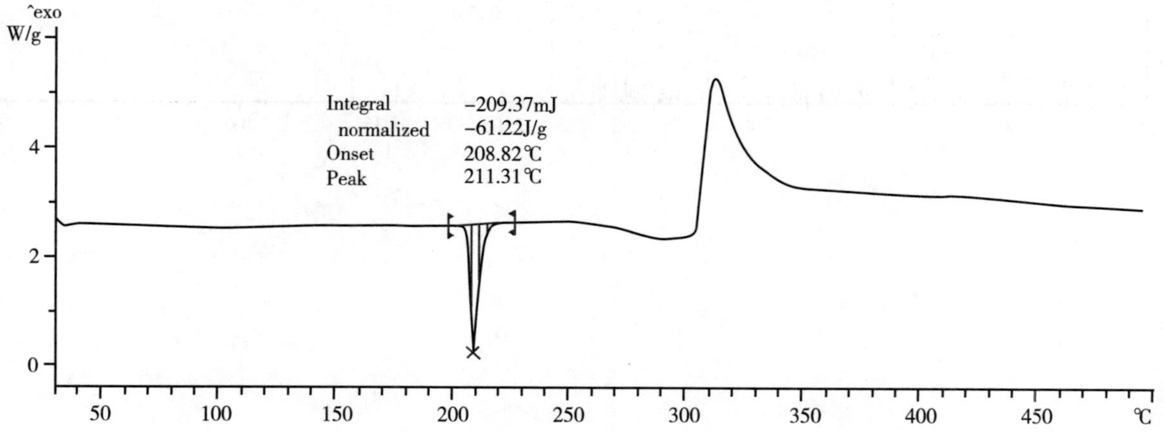

图 7　醋酸环丙孕酮的 DSC 图

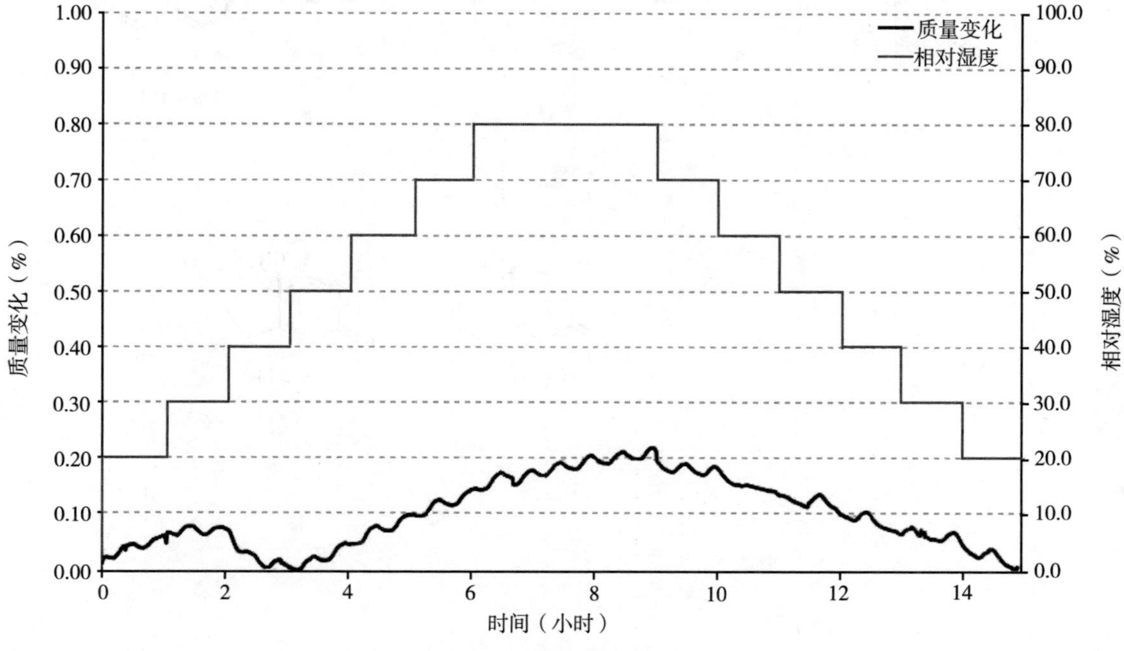

图 8　醋酸环丙孕酮的 DVS 图

正离子扫描模式（一级）

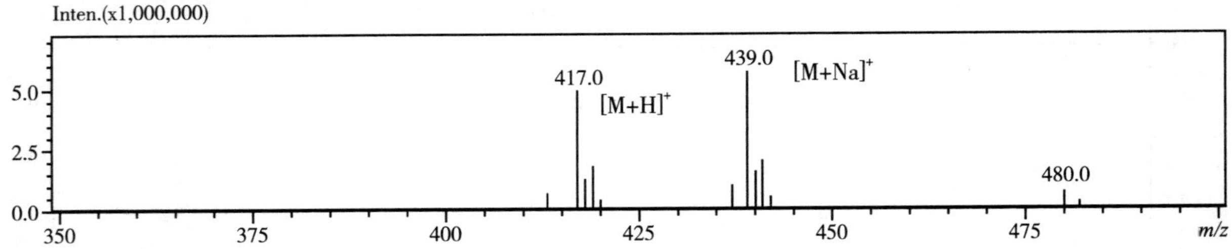

正离子扫描模式（二级）

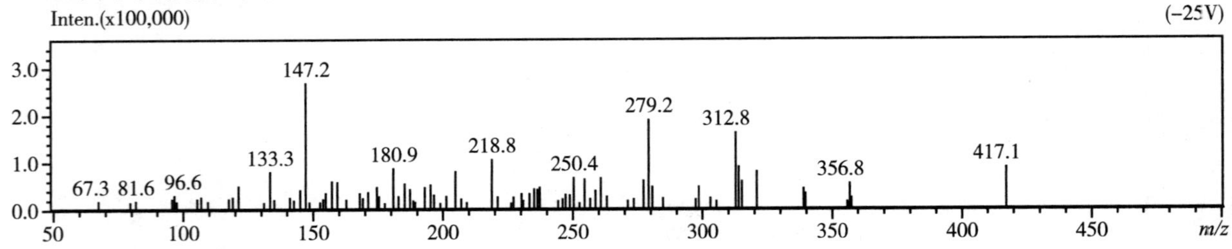

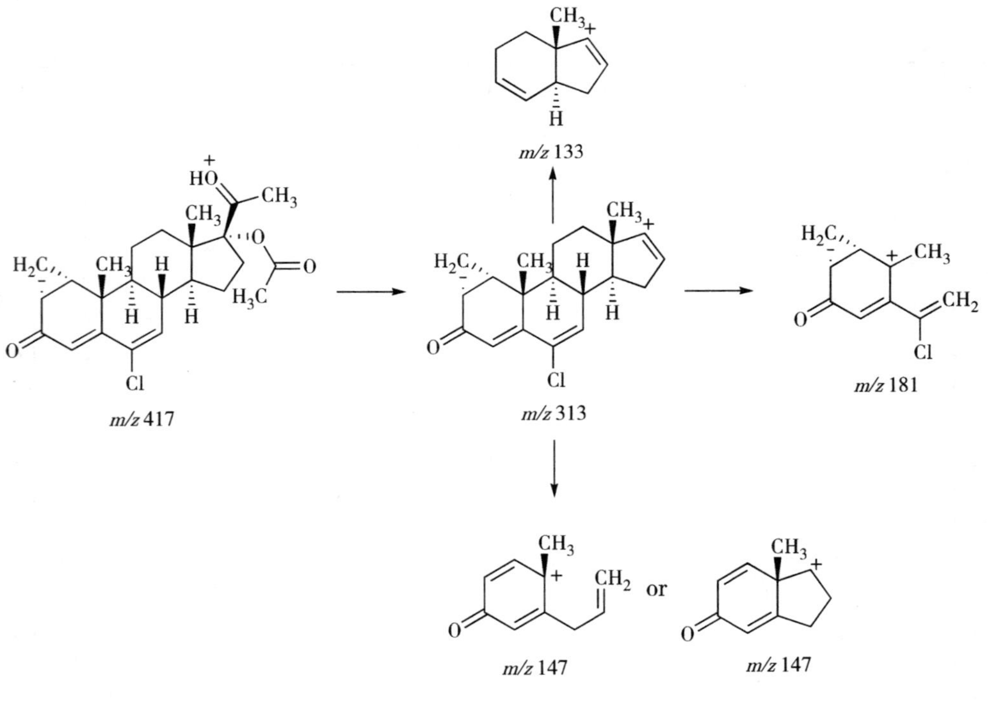

负离子扫描模式（一级）

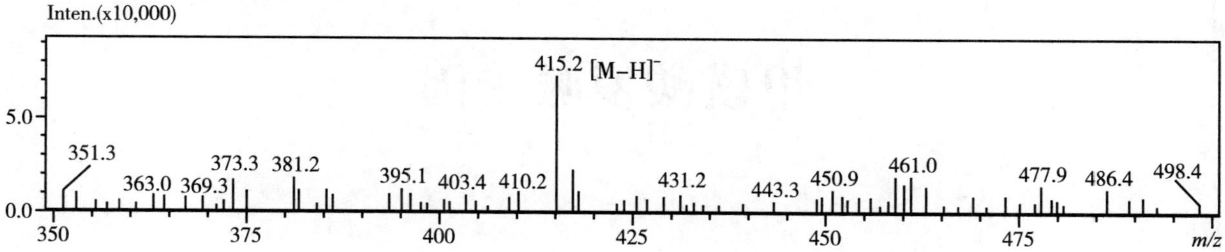

图 9　醋酸环丙孕酮的质谱图

备注

1. **中文化学名**　6－氯－1α,2α－亚甲基－4,6－孕甾二烯－17α－羟基－3,20－二酮－17－醋酸酯
2. **英文化学名**　6－chloro－3,20－dioxo－1β,2β－dihydro－3′*H*－cyclopropa[1,2]pregna－1,4,6－trien－17－yl acetate
3. **性状**　本品为白色或类白色的结晶性粉末。
4. **溶解性**　本品极易溶于二氯甲烷，易溶于丙酮，在甲醇中溶解，在无水乙醇中略溶，本品几乎不溶于水。
5. **溶剂**　无水乙醇。
6. **对照品编号与批号**　100536－200501

甲磺酸罗哌卡因

英文名 Ropivacaine Mesylate

分子式 $C_{17}H_{26}N_2O \cdot CH_4O_3S$

分子量 370.51

CAS 号 854056-07-8

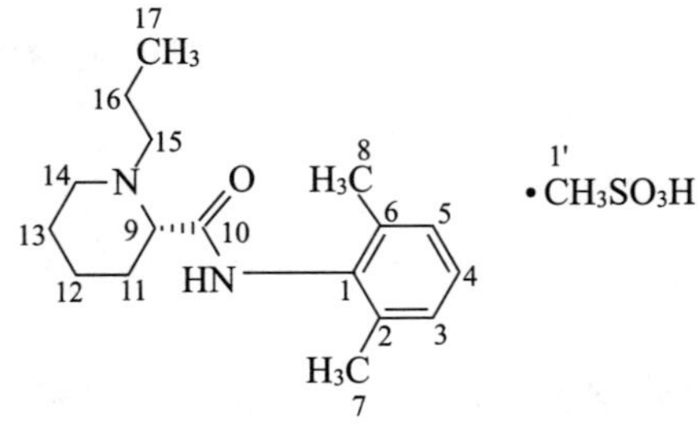

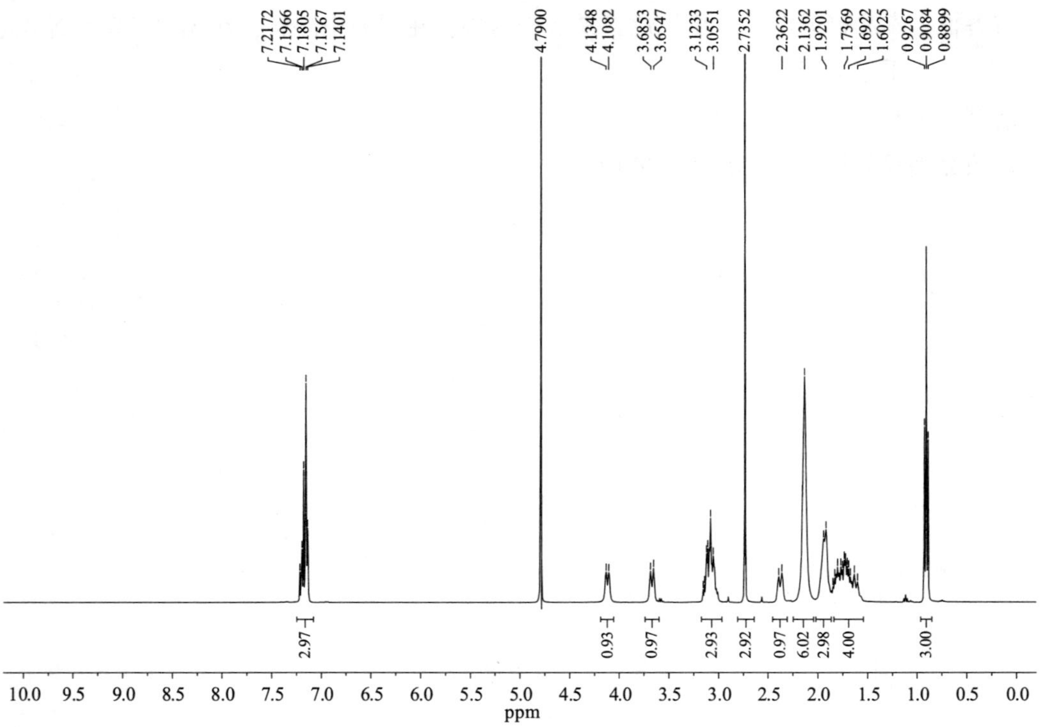

图 1　甲磺酸罗哌卡因的^{1}H NMR 谱（溶剂：D_2O）

^{1}H NMR：δ 7.26～7.09（H-3，4，5，m，3H），4.12（H-9，m，1H），3.67（H-14a，m，1H），3.18～2.99（H-14b，15，m，3H），2.74（H-1′，s，3H），2.38（H-11a，m，1H），2.14（H-7，8，s，6H），2.00～1.87（m，3H），1.87～1.53（m，4H），0.91（H-17，t，J=7.4 Hz，3H）

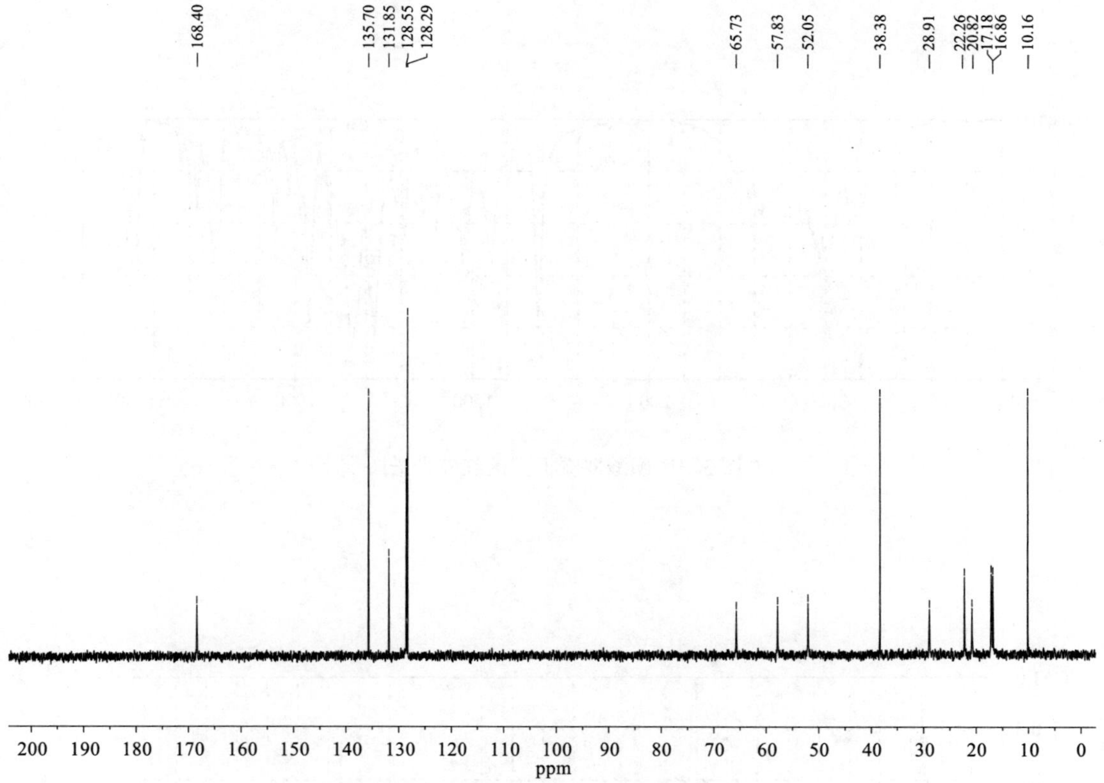

图2　甲磺酸罗哌卡因的^{13}C NMR谱（溶剂：D_2O）

^{13}C NMR：δ 168.40（C－10），135.70（C－2，6），131.85（C－1），128.55（C－4），128.29（C－3，5），65.73（C－9），57.83，52.05（C－14，15），38.38（C－1′），28.91，22.26，20.82，17.18，16.86，10.16（C－7，8）

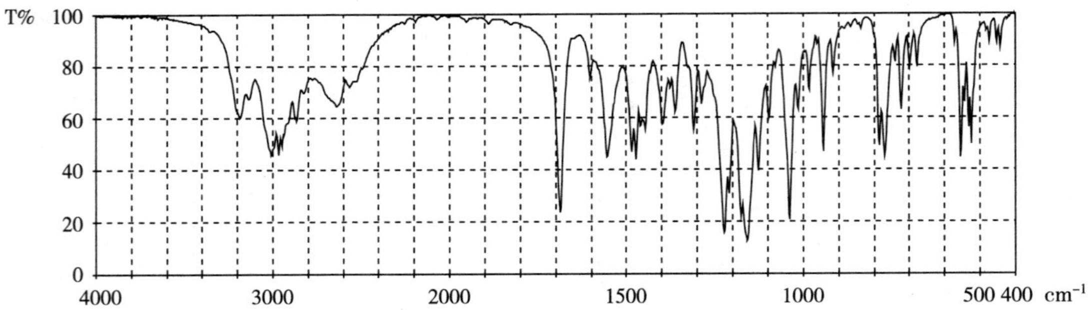

图 3　甲磺酸罗哌卡因的红外光谱图

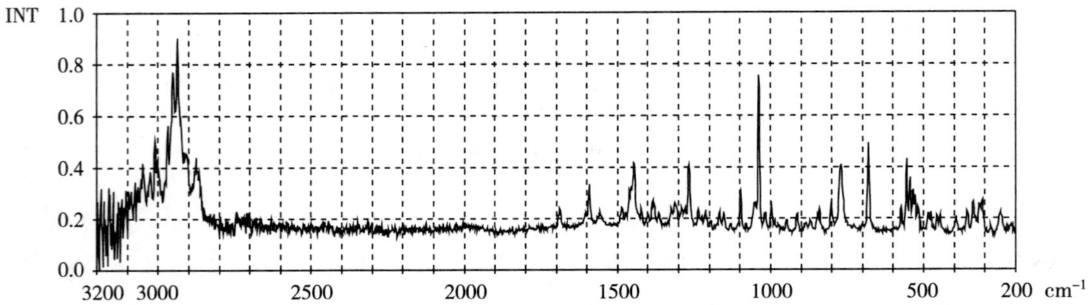

图 4　甲磺酸罗哌卡因的拉曼光谱图

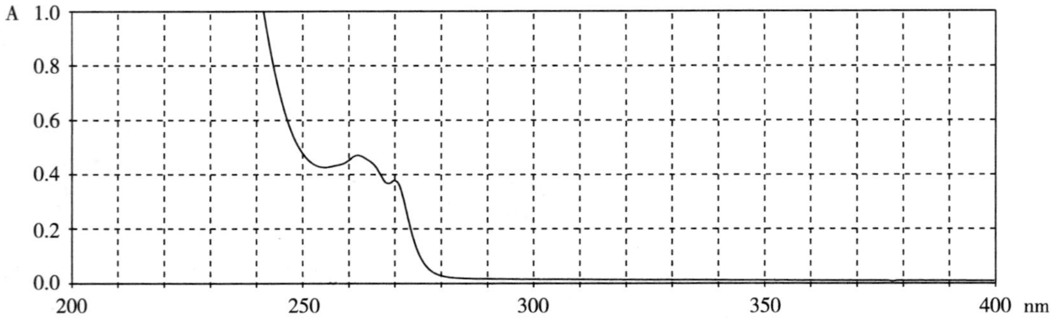

图 5　甲磺酸罗哌卡因的紫外光谱图

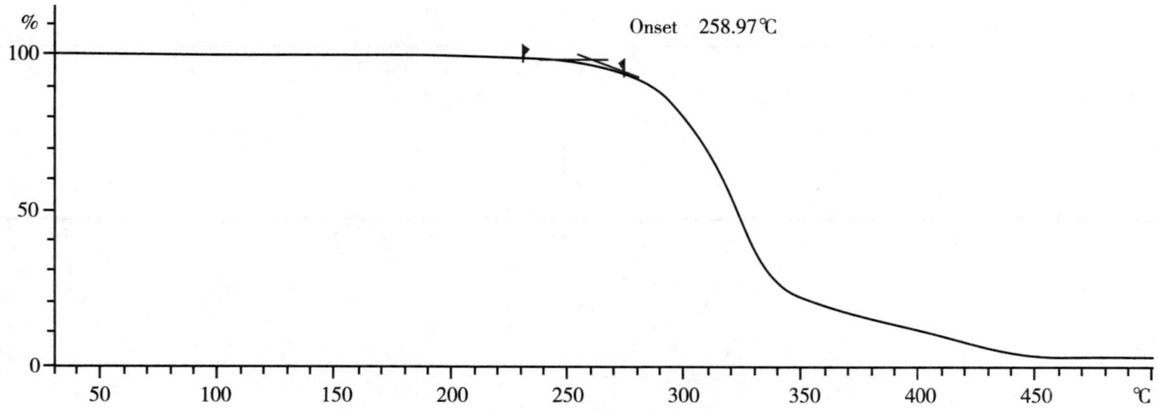

图 6　甲磺酸罗哌卡因的 TG 图

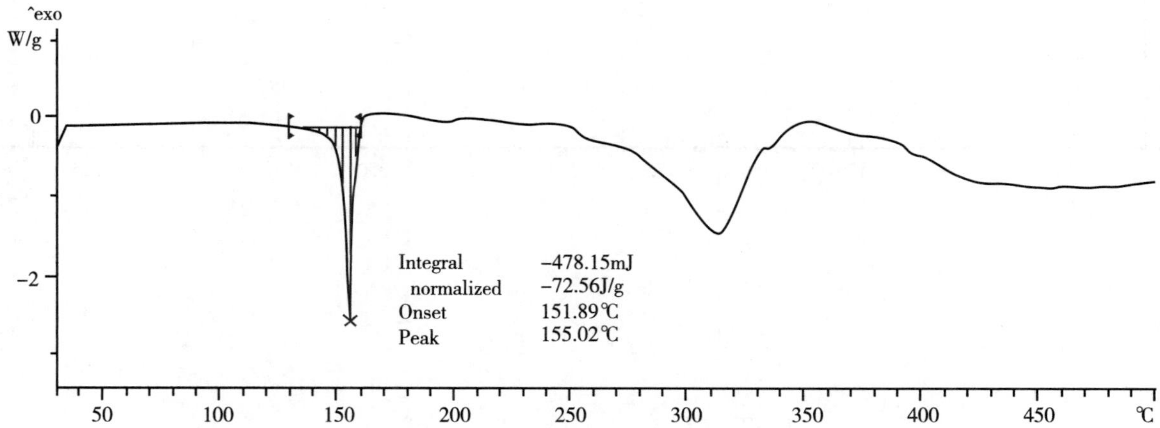

图 7　甲磺酸罗哌卡因的 DSC 图

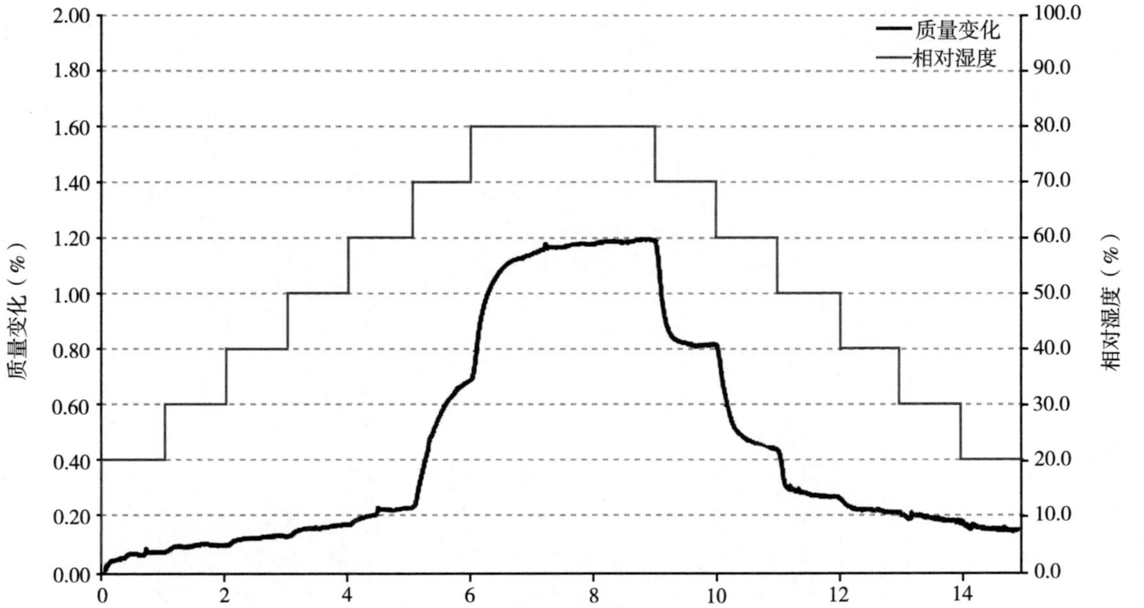

图 8　甲磺酸罗哌卡因的 DVS 图

正离子扫描模式（一级）

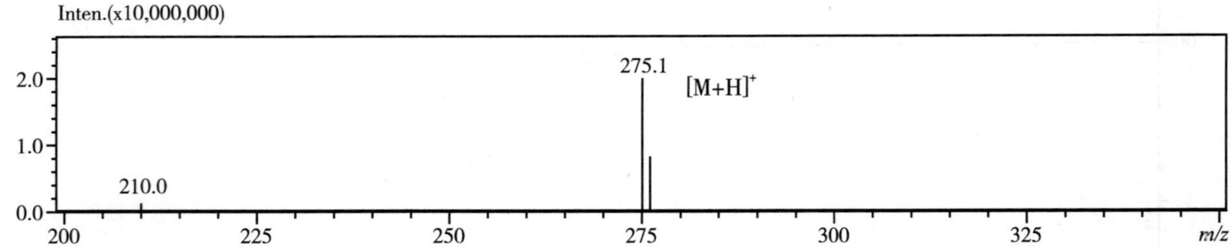

正离子扫描模式（二级）

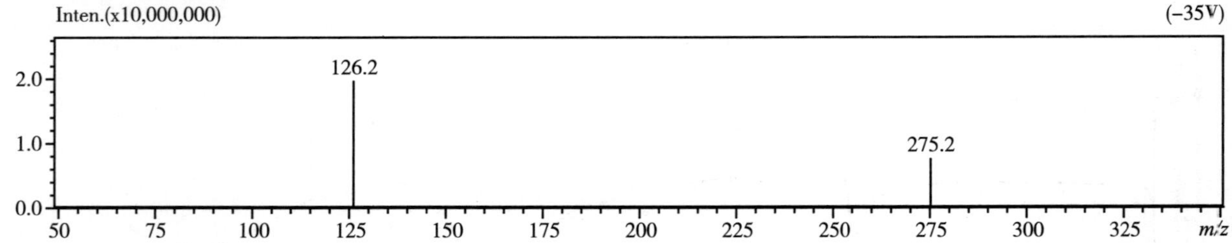

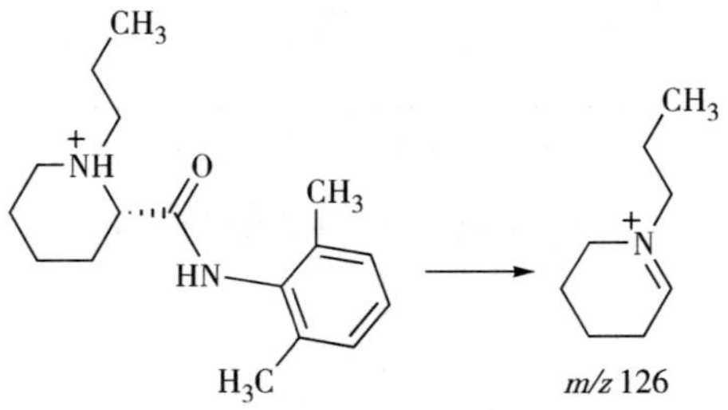

负离子扫描模式（一级）

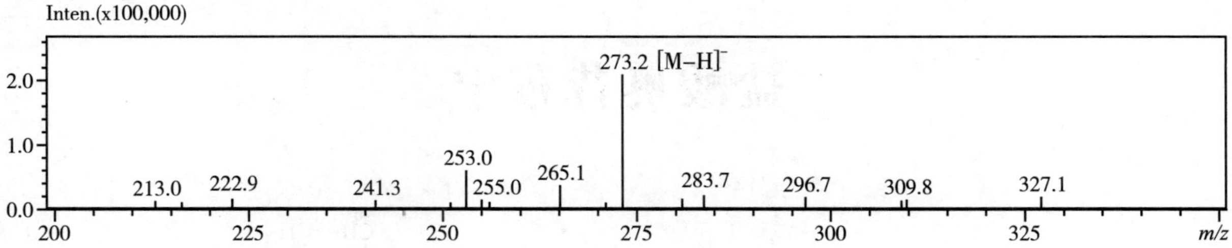

负离子扫描模式（二级）

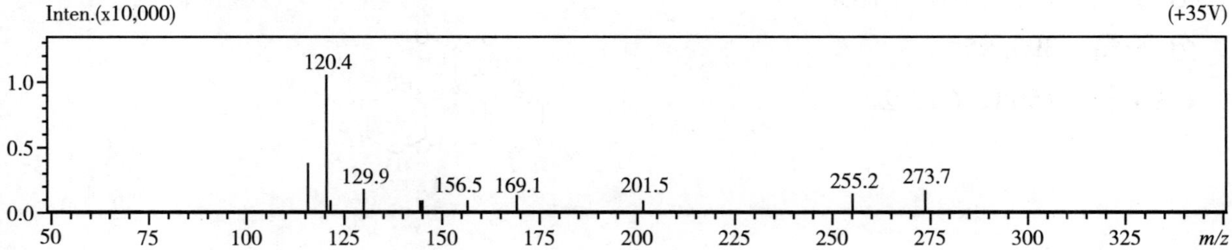

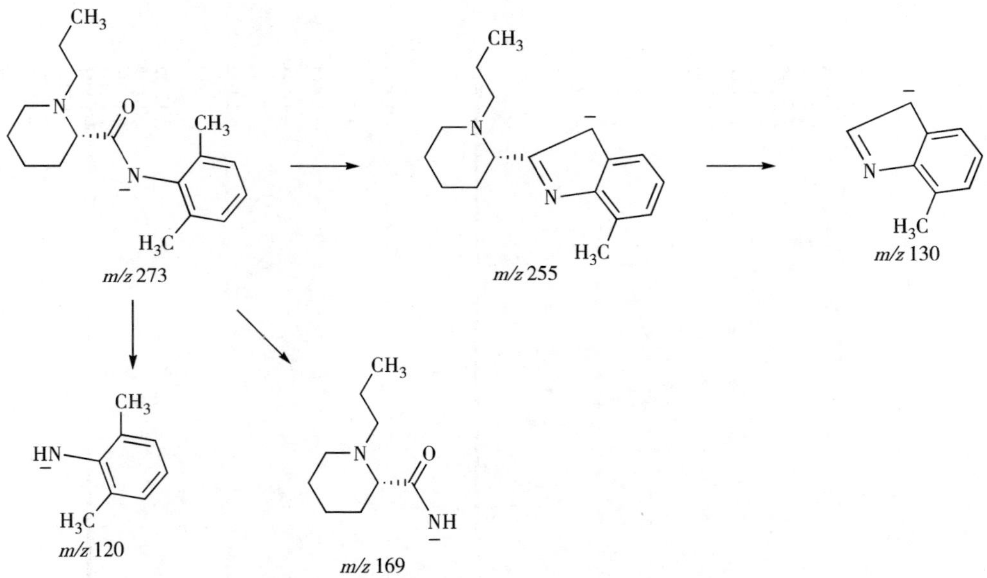

图 9　甲磺酸罗哌卡因的质谱图

备注

1. **中文化学名**　*N*－(2,6－二甲基苯基)－1－正丙基哌啶－2－甲酰胺甲磺酸盐
2. **英文化学名**　(2*S*)－*N*－(2,6－dimethylphenyl)－1－propyl－2－piperidinecarboxamide monomethanesulfonate
3. **性状**　本品为白色结晶或结晶性粉末；无臭；味苦。
4. **溶解性**　本品在乙醇或水中易溶，在丙酮中难溶，在乙醚中不溶。
5. **溶剂**　水。
6. **对照品编号与批号**　100548－200401

盐酸奥昔布宁

英文名 Oxybutynin Hydrochloride

分子式 $C_{22}H_{31}NO_3 \cdot HCl$

分子量 393.95

CAS 号 1508 -65 -2

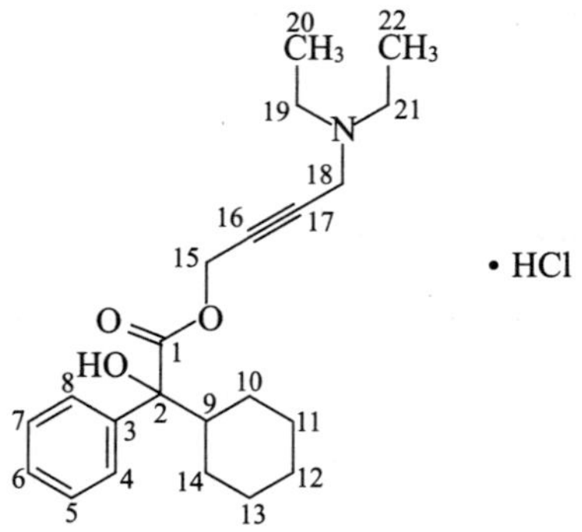

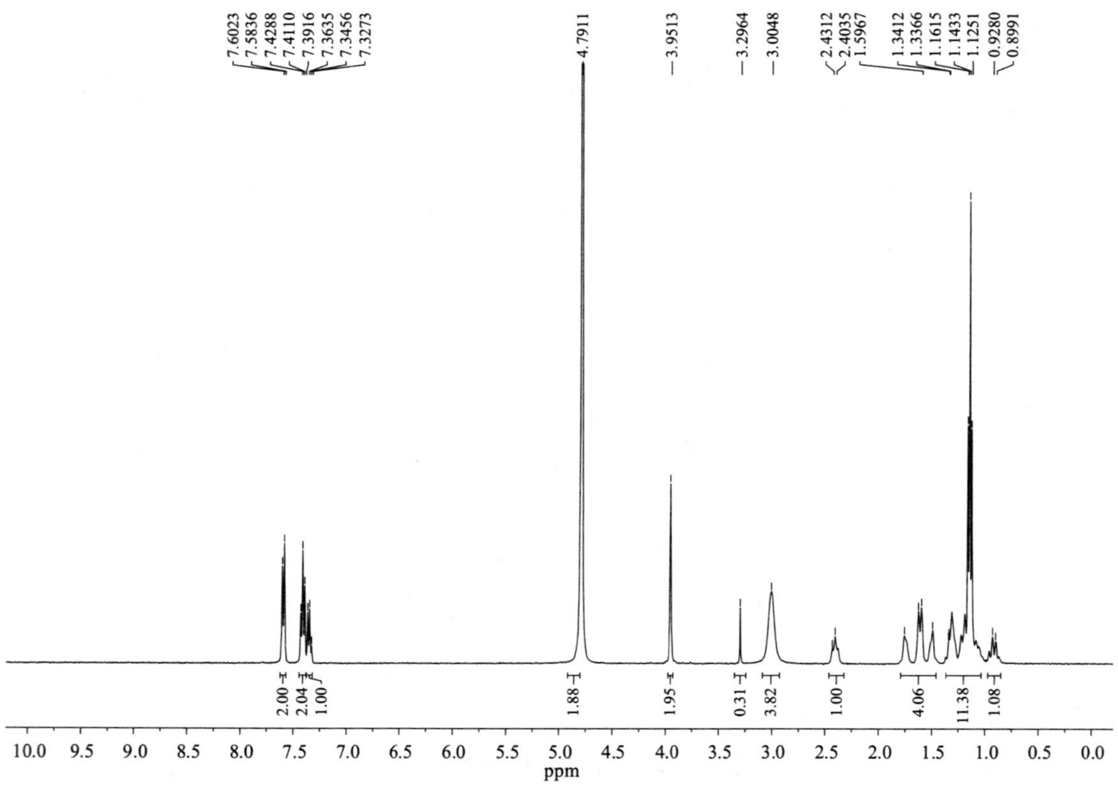

图 1 盐酸奥昔布宁的^{1}H NMR 谱（溶剂：D_2O）

^{1}H NMR：δ 7.59（H－4，8，d，J＝7.5 Hz，2H），7.41（H－5，7，t，J＝7.5 Hz，2H），7.35（H－6，t，J＝7.2 Hz，1H），4.79（H－15，s，2H），3.95（H－18，s，2H），3.30（OH，s，1H），3.08～2.92（H－19，21，m，4H），2.40（H－9，m，1H），1.80～1.46（H－10a，11a，13a，14a，m，4H），1.14（H－20，22，t，J＝7.3 Hz，6H），1.36～1.03（H－10b，11b，12a，13b，14b，m，5H），0.91（H－12b，m，1H）

注：δ 4.79（H－15，s，2H）和溶剂峰重合

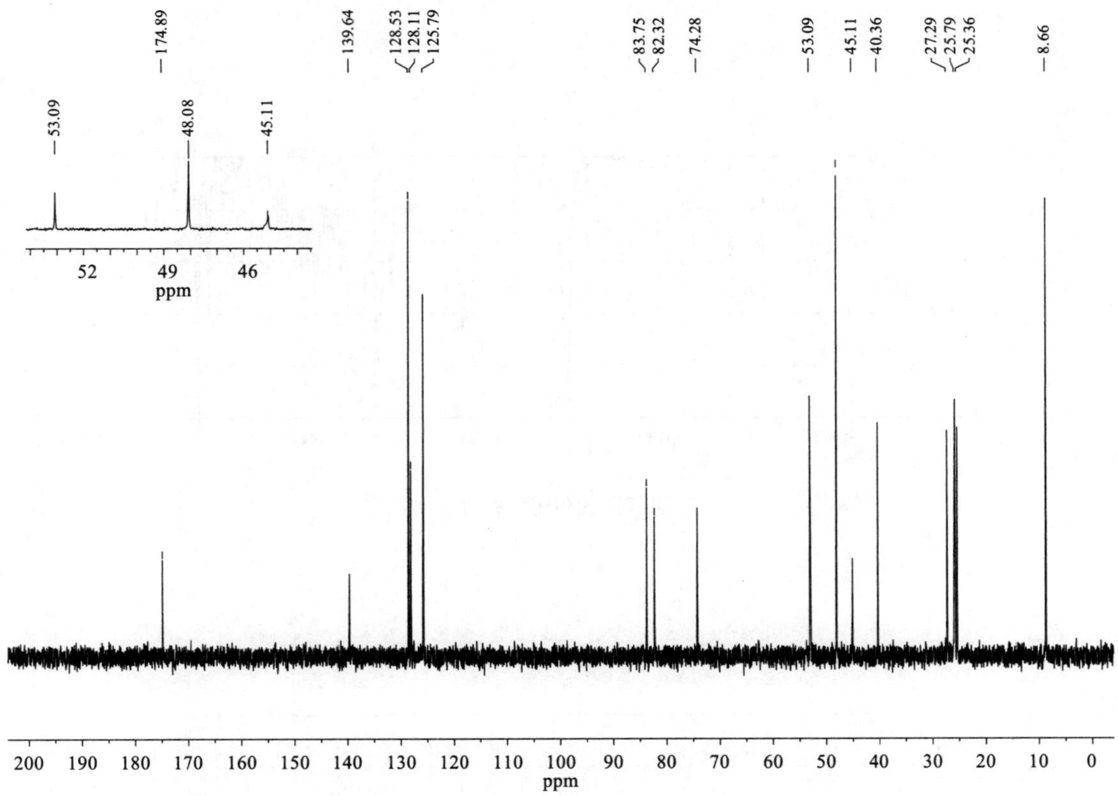

图2　盐酸奥昔布宁的^{13}C NMR谱（溶剂：D_2O）

^{13}C NMR：δ 174.89（C－1），139.64（C－3），128.53（C－5，7），128.11（C－6），125.79（C－4，8），83.75（C－17），82.32（C－2），74.28（C－16），53.09（C－15），48.08（C－19，21），45.11（C－9），40.36（C－18），27.29（C－10，14），25.79（C－11，13），25.36（C－12），8.66（C－20，22）

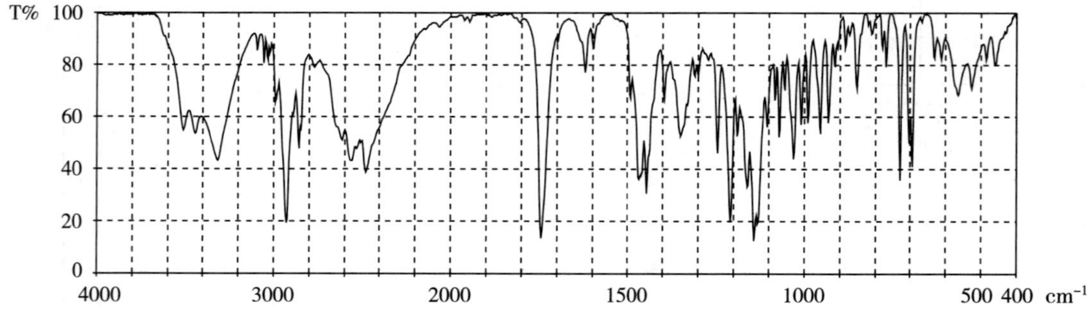

图 3　盐酸奥昔布宁的红外光谱图

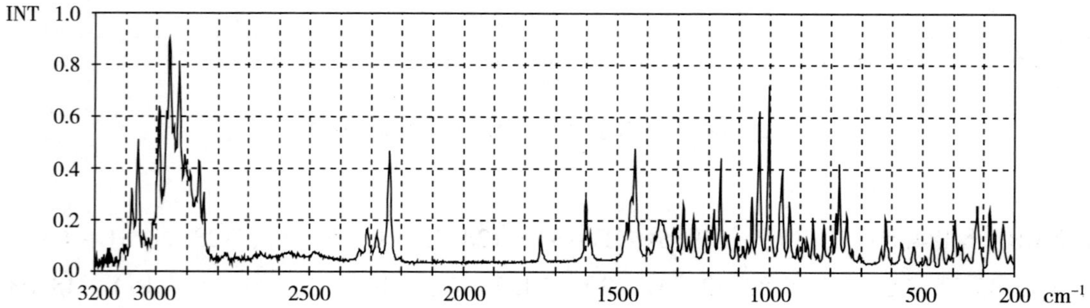

图 4　盐酸奥昔布宁的拉曼光谱图

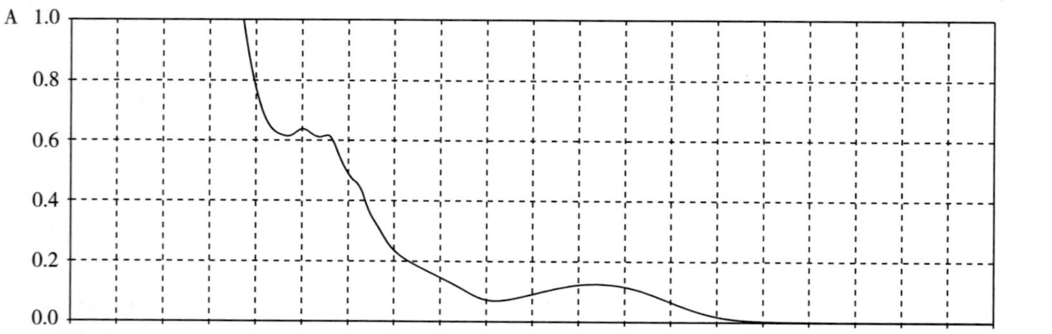

图 5　盐酸奥昔布宁的紫外光谱图

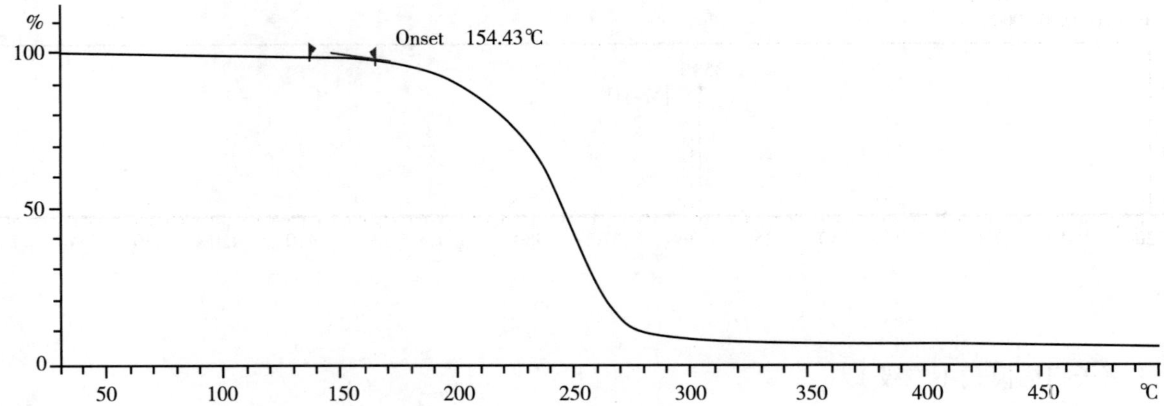

图 6 盐酸奥普布宁的 TG 图

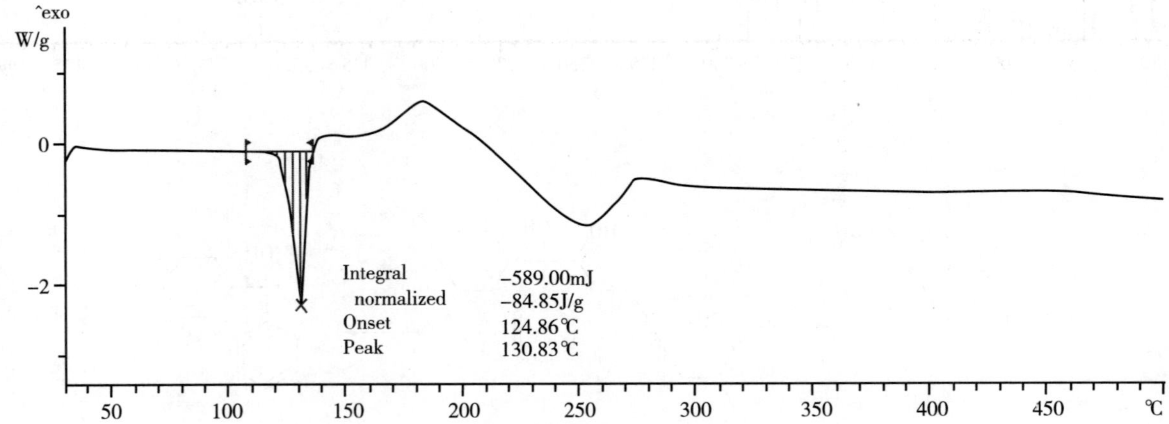

图 7 盐酸奥普布宁的 DSC 图

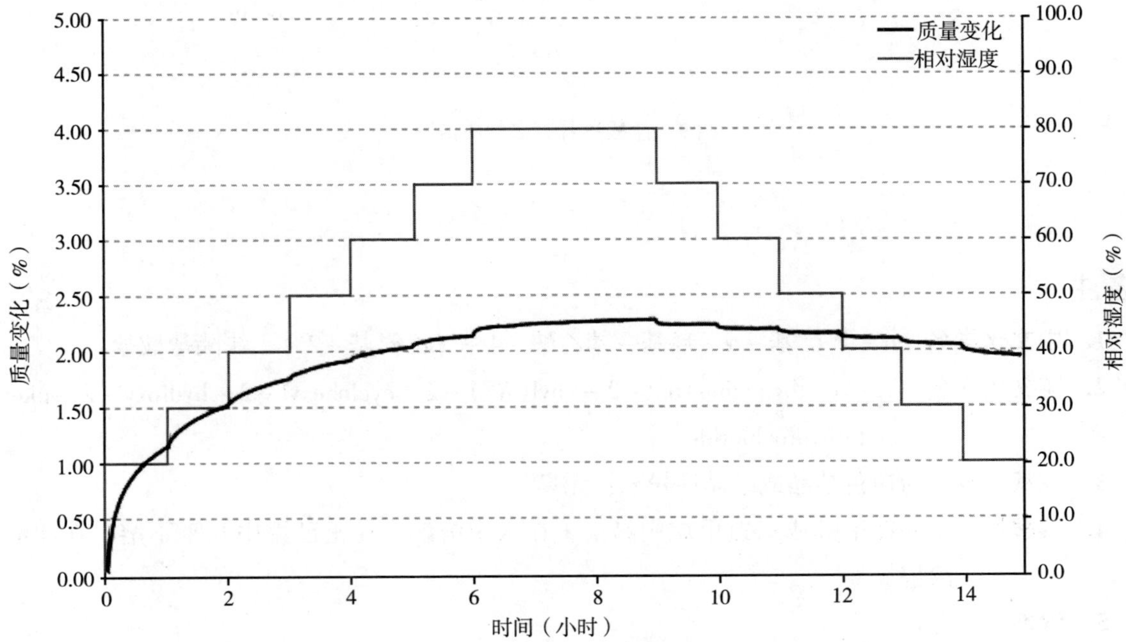

图 8 盐酸奥普布宁的 DVS 图

正离子扫描模式（一级）

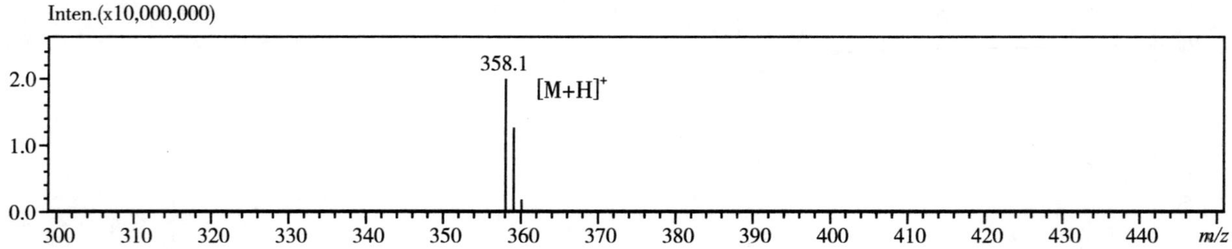

正离子扫描模式（二级）

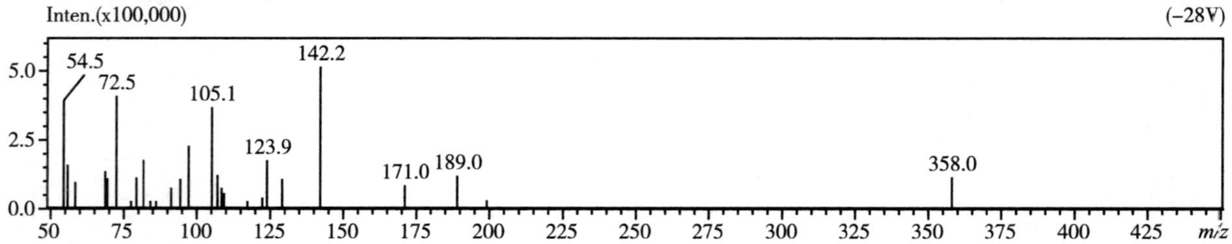

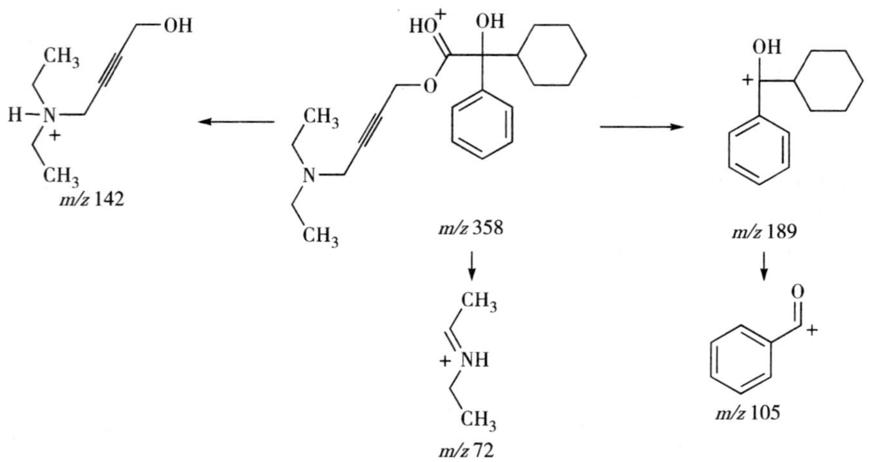

图 9　盐酸奥昔布宁的质谱图

备注

1. **中文化学名**　α-环己基-α-羟基-苯乙酸-4-二乙氨基-2-丁炔酯盐酸盐
2. **英文化学名**　4-(diethylamino)but-2-ynyl(*RS*)-2-cyclohexyl-2-hydroxy-2-phenylacetate hydrochloride
3. **性状**　本品为白色结晶或结晶性粉末；无臭。
4. **溶解性**　本品在甲醇或三氯甲烷中易溶，在水中溶解，在正己烷中几乎不溶，在冰醋酸中溶解。
5. **溶剂**　乙醇。
6. **对照品编号与批号**　100556-200901

奥 扎 格 雷

英文名　Ozagrel

分子式　$C_{13}H_{12}N_2O_2$

分子量　228.25

CAS 号　82571-53-7

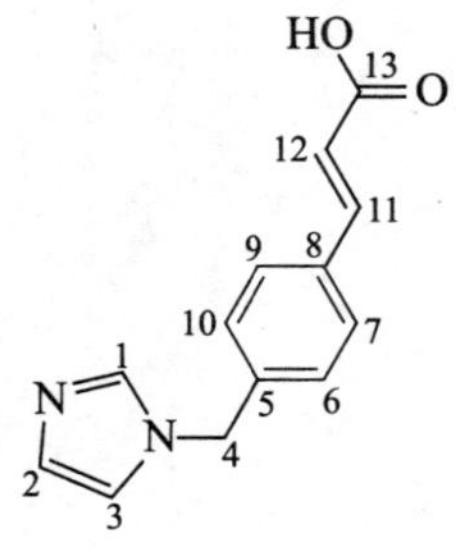

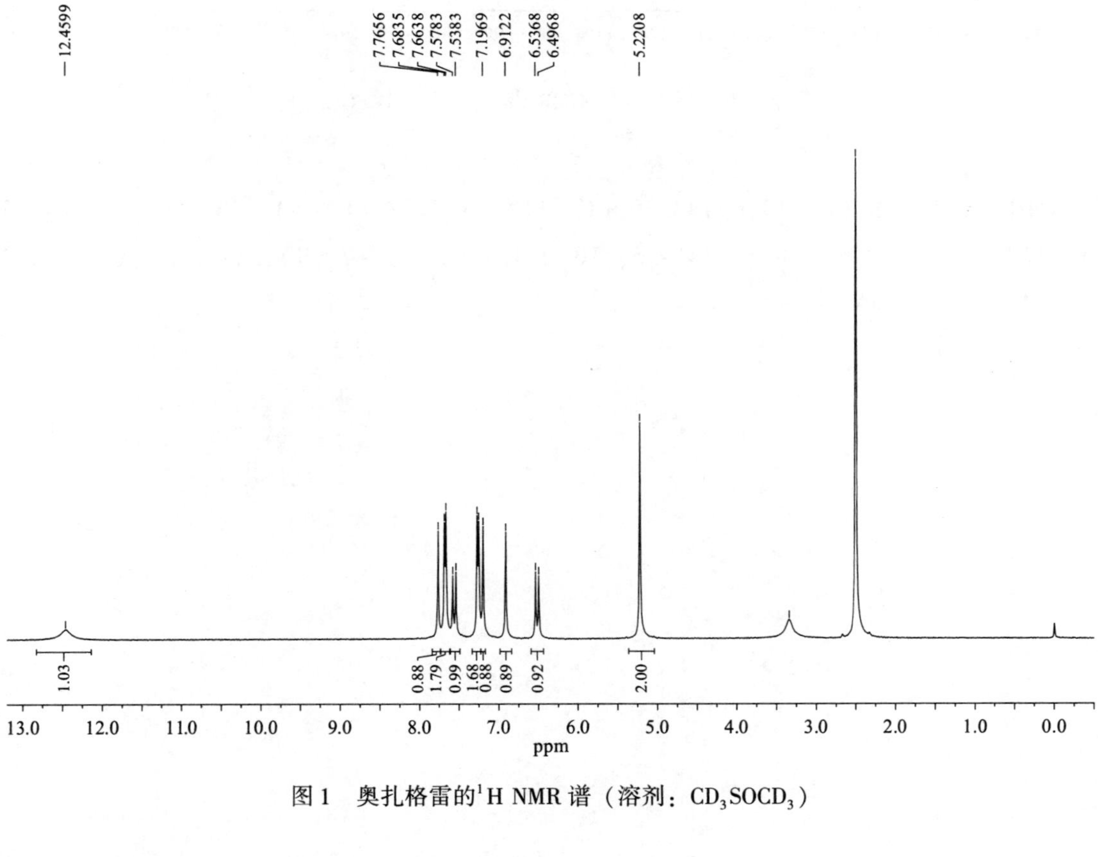

图 1　奥扎格雷的^{1}H NMR 谱（溶剂：CD_3SOCD_3）

^{1}H NMR：δ 12.46（COOH，s，1H），7.77（H-1，s，1H），7.67（H-7，9，d，J=7.9 Hz，2H），7.56（H-11，d，J=16.0 Hz，1H），7.26（H-6，10，d，J=7.9 Hz，2H），7.20（H-3，s，1H），6.91（H-2，s，1H），6.52（H-12，d，J=16.0 Hz，1H），5.22（H-4，s，2H）

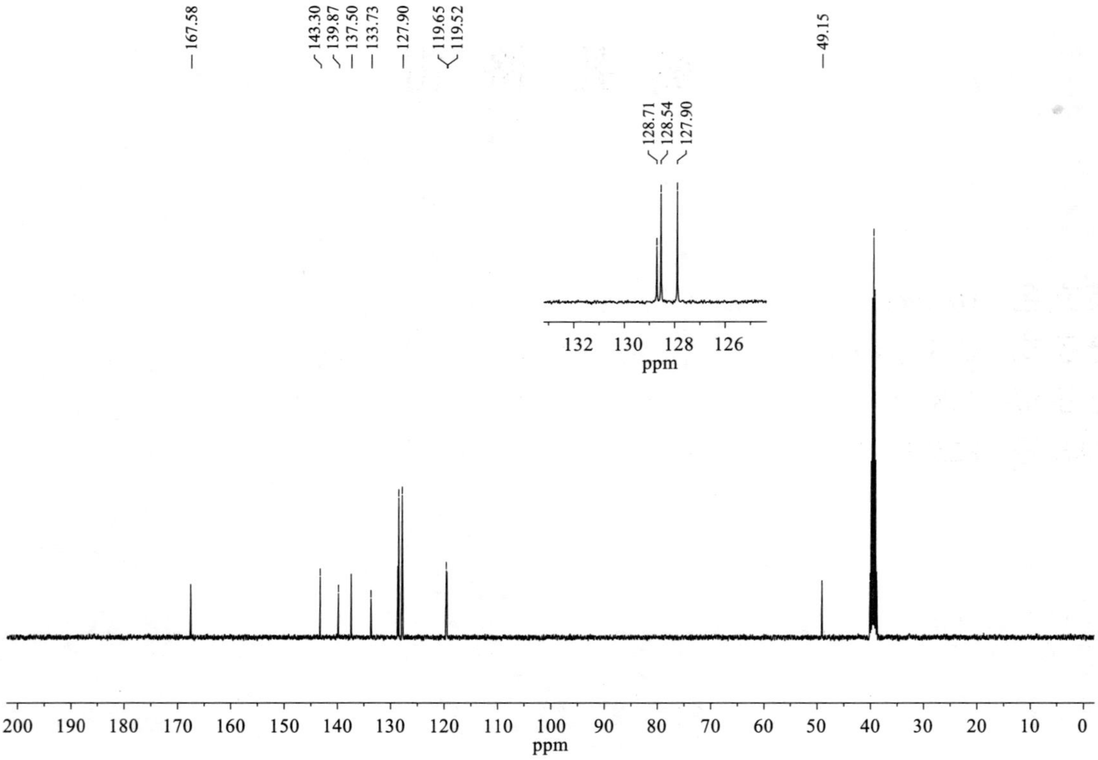

图2　奥扎格雷的^{13}C NMR 谱（溶剂：CD_3SOCD_3）

^{13}C NMR：δ 167.58（C－13），143.30（C－11），139.87（C－5），137.50（C－1），133.73（C－8），128.71（C－2），128.54（C－6，10），127.90（C－7，9），119.65（C－3），119.52（C－12），49.15（C－4）

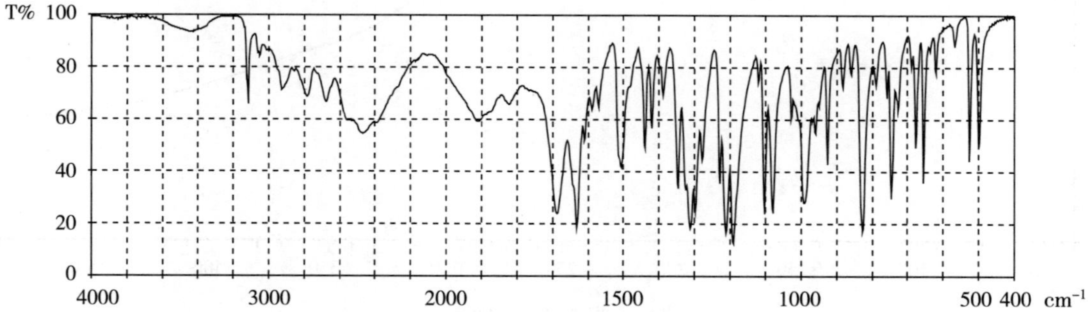

图 3　奥扎格雷的红外光谱图

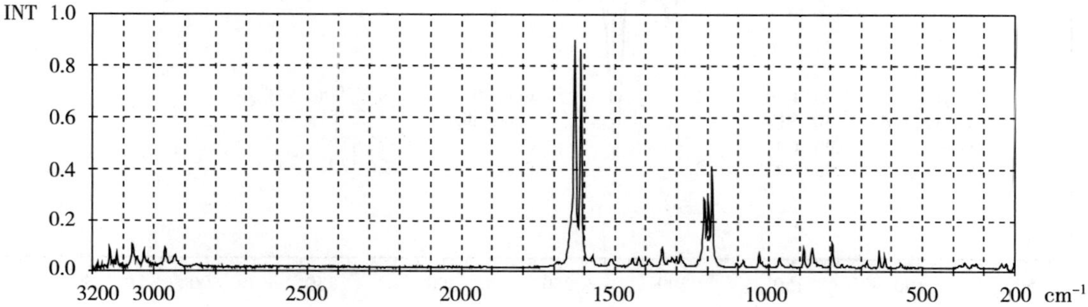

图 4　奥扎格雷的拉曼光谱图

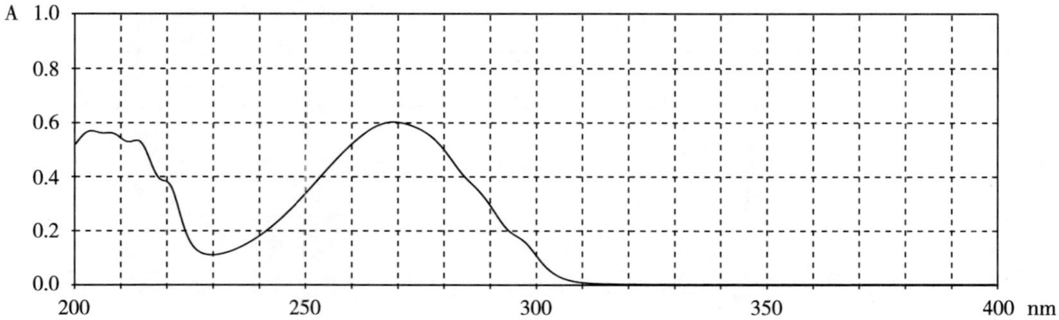

图 5　奥扎格雷的紫外光谱图

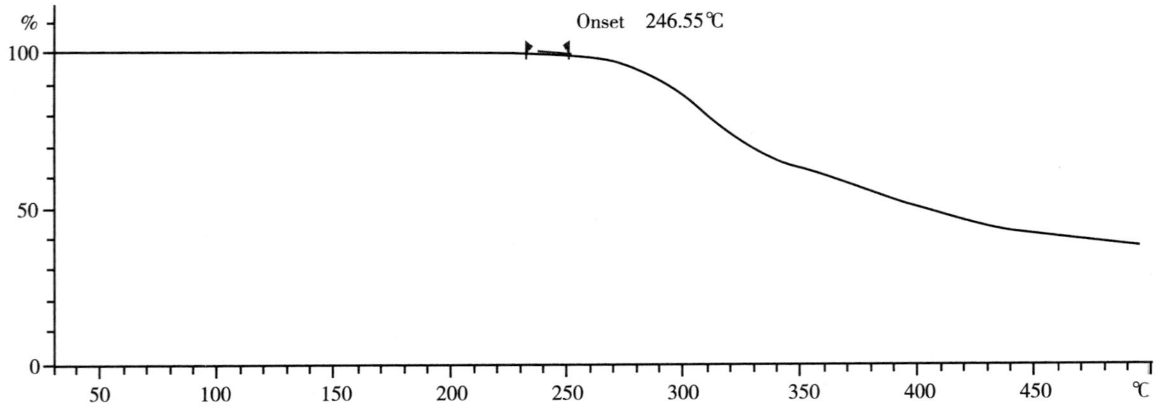

图 6　奥扎格雷的 TG 图

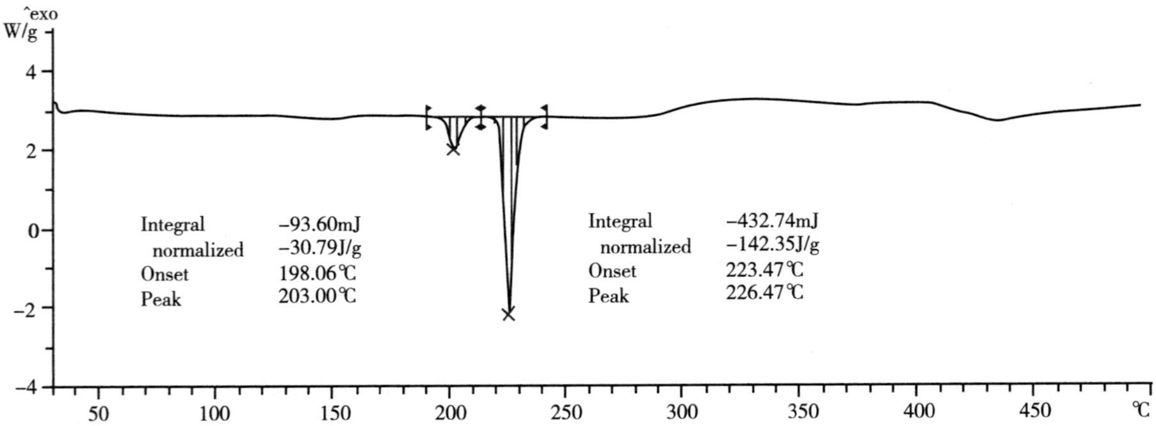

图 7　奥扎格雷的 DSC 图

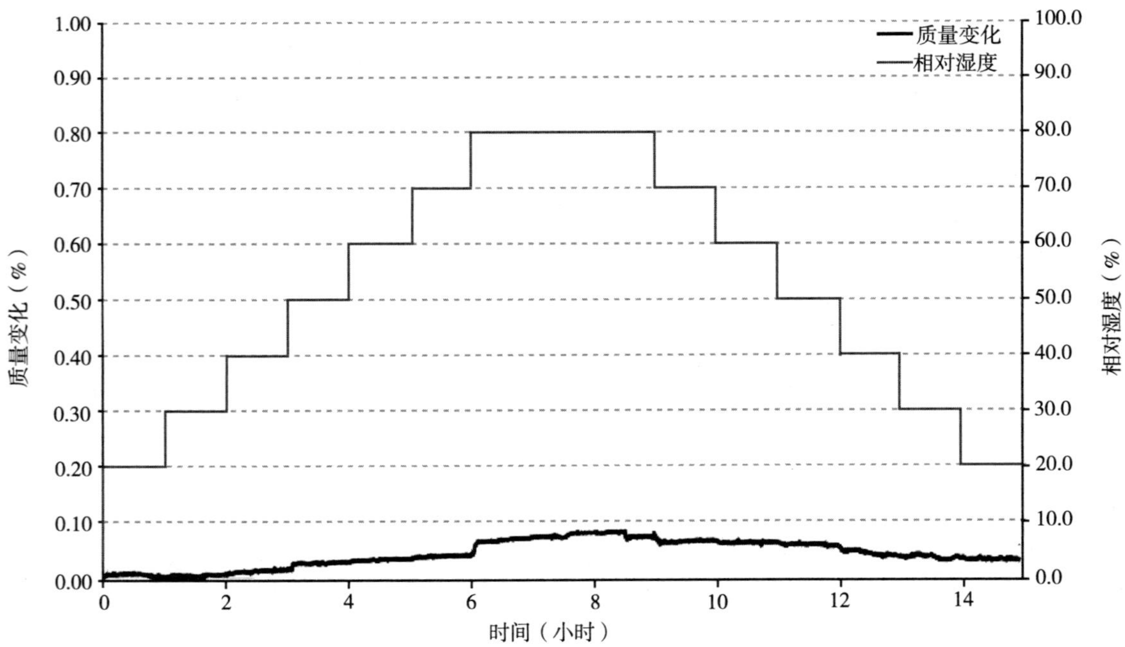

图 8　奥扎格雷的 DVS 图

正离子扫描模式（一级）

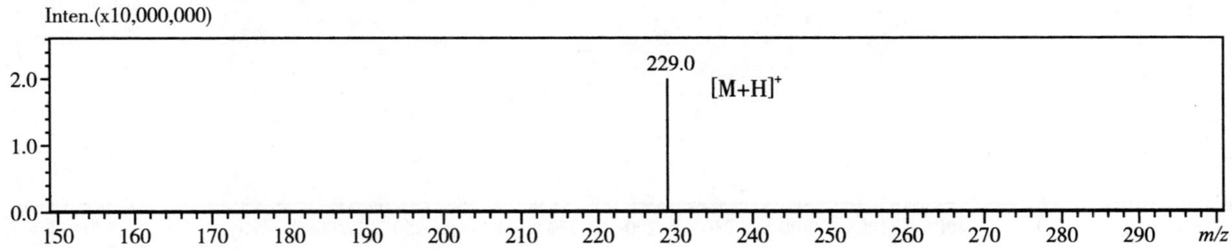

正离子扫描模式（二级）

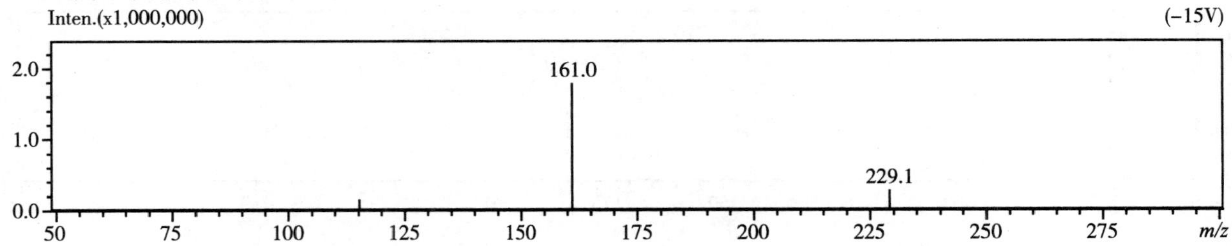

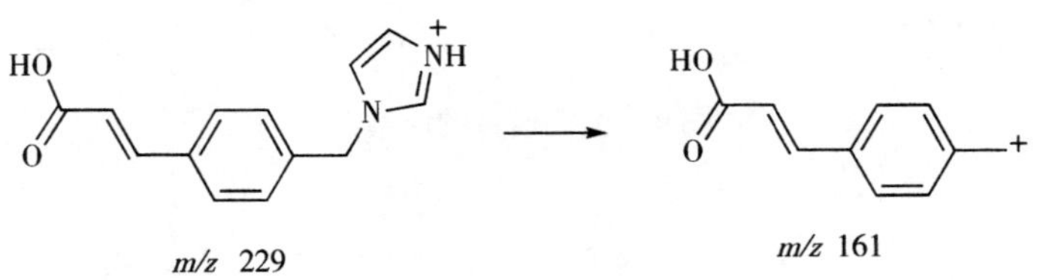

负离子扫描模式（一级）

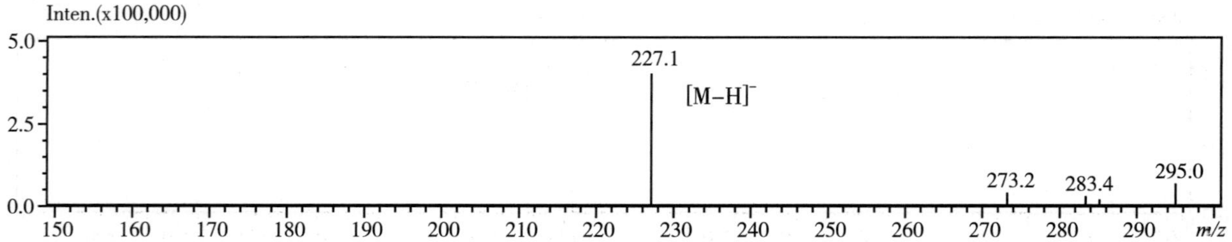

负离子扫描模式（二级）

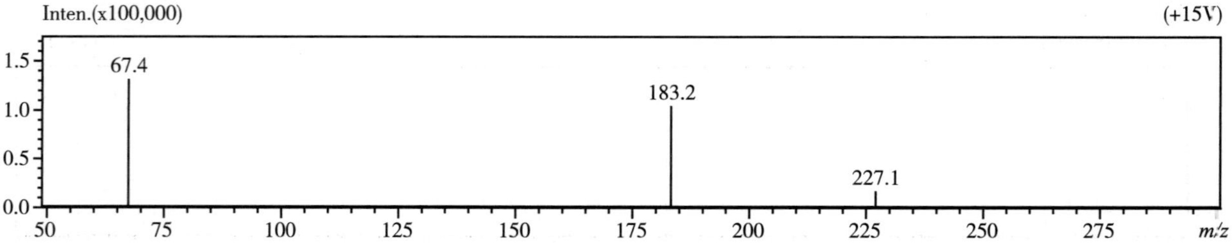

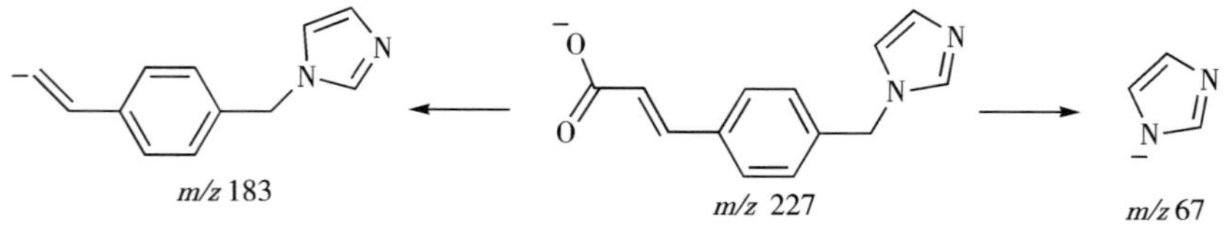

图 9 奥扎格雷的质谱图

备注

1. **中文化学名** 反式－3－［4－(1H－咪唑－1－基甲基)苯基］－2－丙烯酸
2. **英文化学名** 3－［4－(1H－imidazol－1－ylmethyl)phenyl］－2E－propenoic acid
3. **性状** 本品为白色或类白色的结晶性粉末。
4. **溶解性** 本品在甲醇中微溶，在水中极微溶解，在三氯甲烷中几乎不溶，在氢氧化钠试液中溶解。
5. **溶剂** 水。
6. **对照品编号与批号** 100557－200902

盐酸昂丹司琼

英文名 Ondansetron Hydrochloride

分子式 $C_{18}H_{19}N_3O \cdot HCl \cdot 2H_2O$

分子量 365.86

CAS 号 103639-04-9

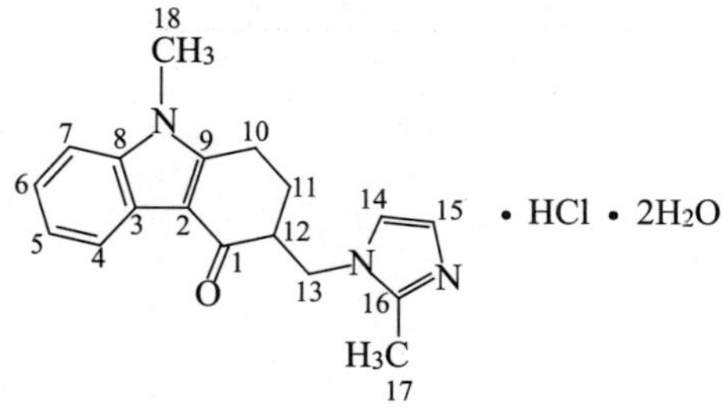

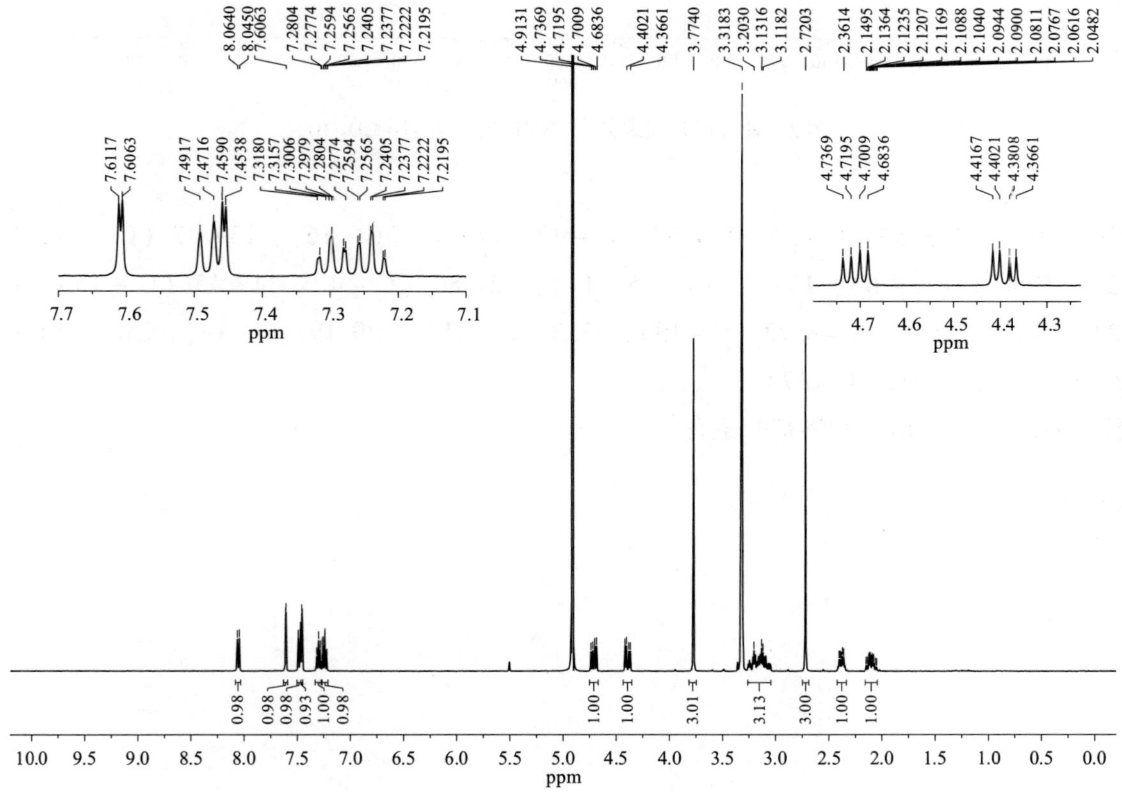

图 1 盐酸昂丹司琼的^{1}H NMR 谱（溶剂：CD_3OD）

^{1}H NMR：δ 8.05（H-4，d，J=7.6 Hz，1H），7.61（H-14，d，J=2.1 Hz，1H），7.48（H-7，d，J=8.0 Hz，1H），7.46（H-15，d，J=2.1 Hz，1H），7.30（H-6，td，J=7.2，1.0 Hz，1H），7.24（H-5，td，J=7.2，1.0 Hz，1H），4.71（H-13a，dd，J=14.4，6.9 Hz，1H），4.39（H-13b，dd，J=14.4，5.9 Hz，1H），3.77（H-18，s，3H），3.26～3.04（H-10，12，m，3H），2.72（H-17，s，3H），2.38（H-11a，m，1H），2.10（H-11b，m，1H）

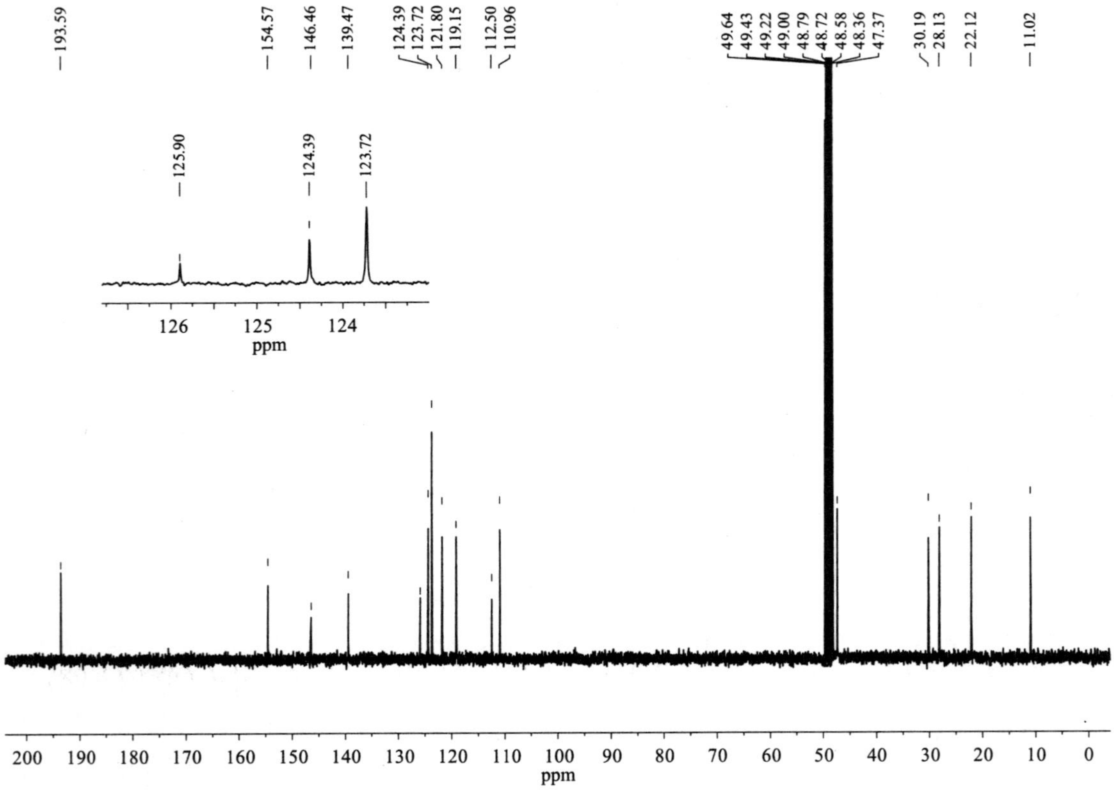

图 2　盐酸昂丹司琼的^{13}C NMR 谱（溶剂：CD_3OD）

^{13}C NMR：δ 193.59（C－1），154.57（C－9），146.46（C－16），139.47（C－8），125.90（C－3），124.39（C－6），123.72（C－5，14），121.80（C－4），119.15（C－15），112.50（C－2），110.96（C－7），48.72（C－13），47.37（C－12），30.19（C－18），28.13（C－11），22.12（C－10），11.02（C－17）

注：48.72（C－13）和溶剂峰重合

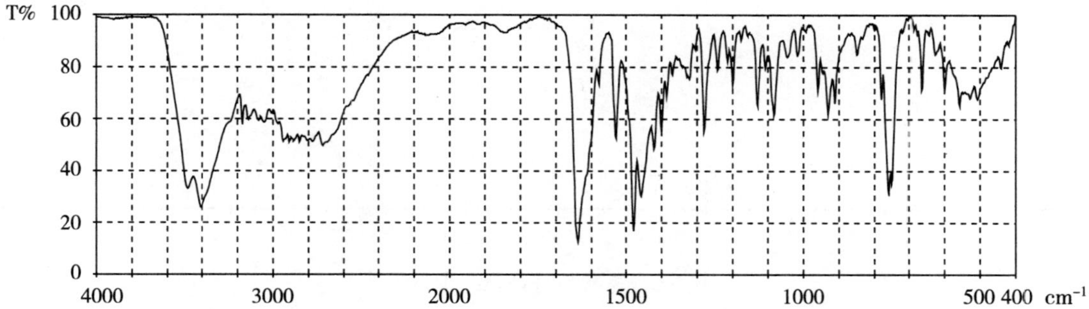

图 3　盐酸昂丹司琼的红外光谱图

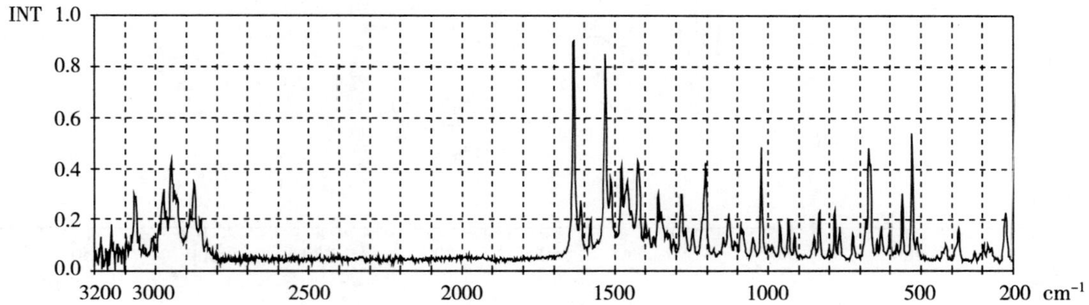

图 4　盐酸昂丹司琼的拉曼光谱图

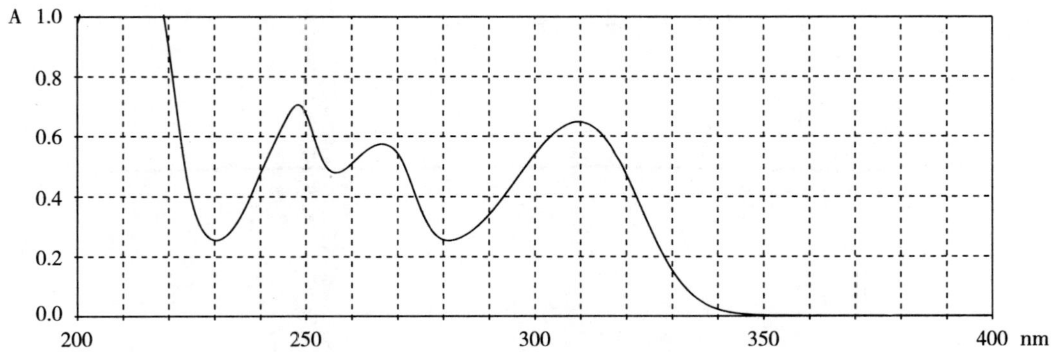

图 5　盐酸昂丹司琼的紫外光谱图

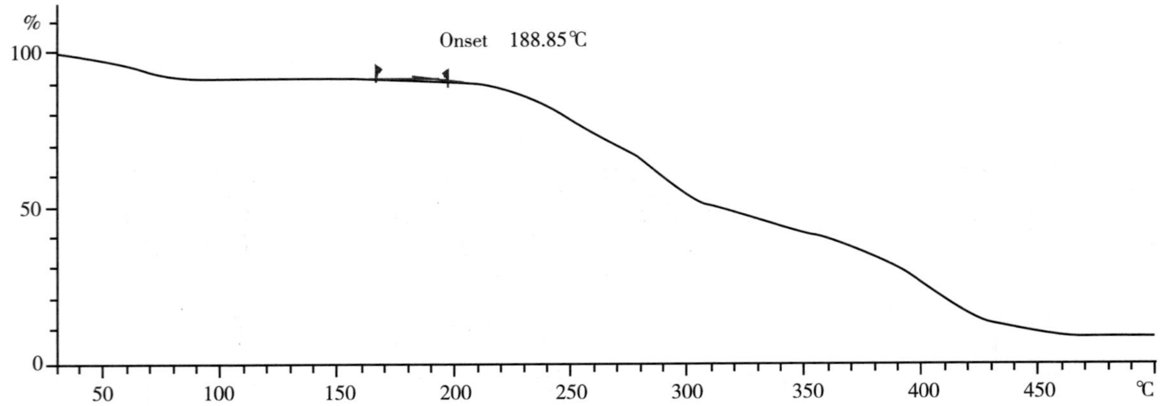

图 6　盐酸昂丹司琼的 TG 图

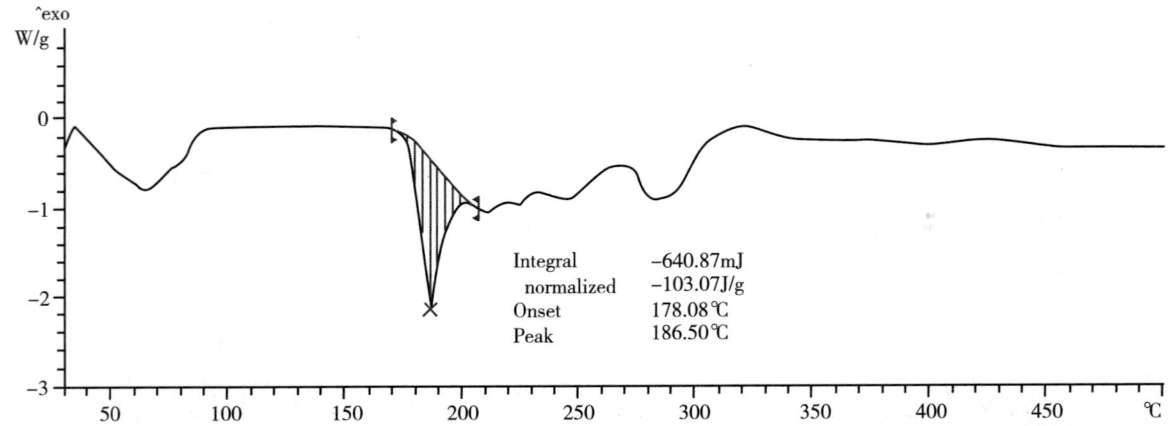

图 7　盐酸昂丹司琼的 DSC 图

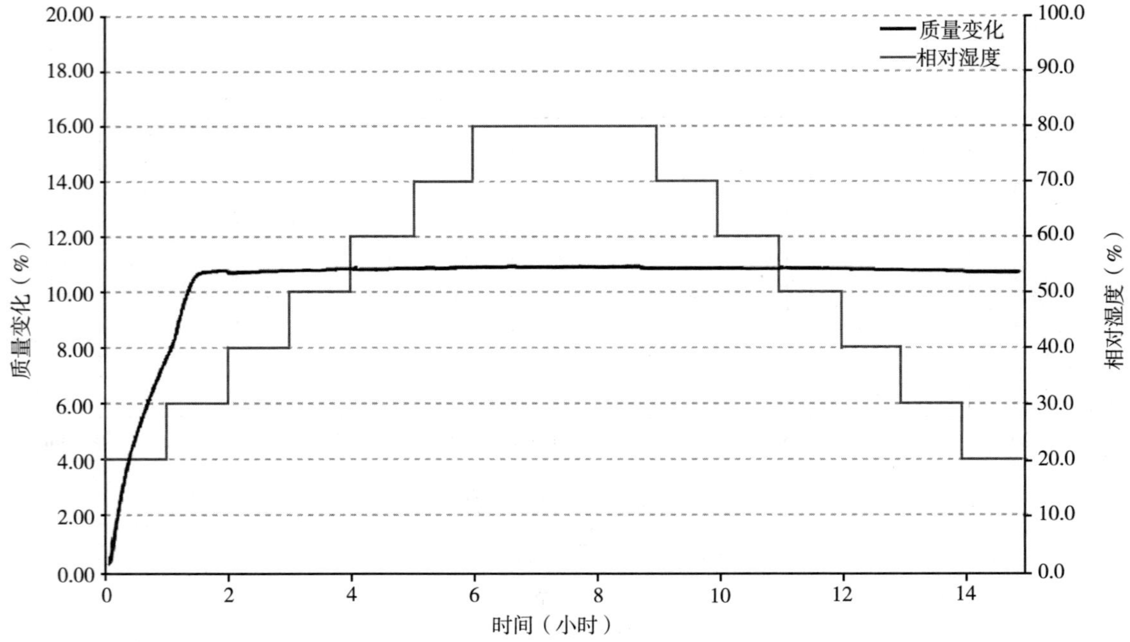

图 8　盐酸昂丹司琼的 DVS 图

正离子扫描模式（一级）

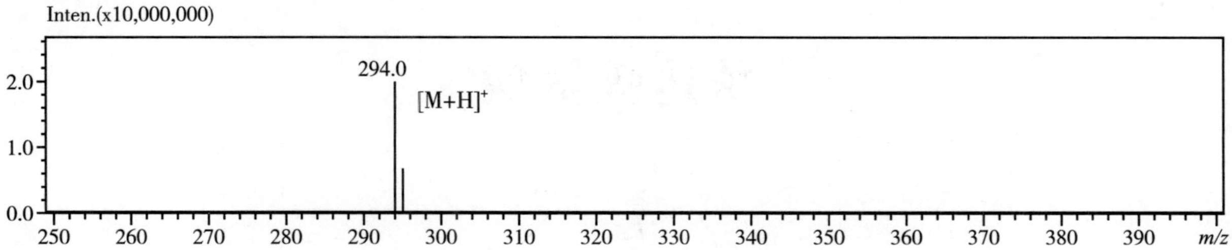

正离子扫描模式（二级）

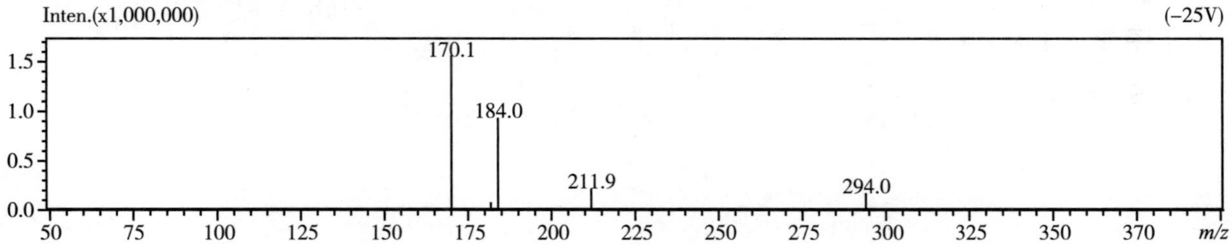

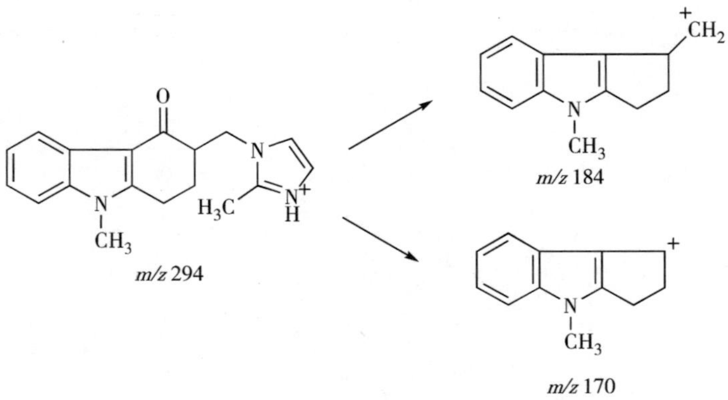

图 9　盐酸昂丹司琼的质谱图

备注

1. **中文化学名**　2,3－四氢－9－甲基－3－［(2－甲基咪唑－1－基)甲基］－4－氧代咔唑盐酸盐二水合物
2. **英文化学名**　9－methyl－3－［(2－methylimidazol－1－yl)methyl］－2,3－dihydro－1*H*－carbazol－4－one dihydrate
3. **性状**　本品为白色或类白色的结晶性粉末；无臭，味苦。
4. **溶解性**　本品在甲醇中易溶，在水中略溶，在丙酮中微溶，在 0.1 mol/L 盐酸溶液中略溶。
5. **溶剂**　0.1mol/L 盐酸溶液。
6. **对照品编号与批号**　100559－200301

苄达赖氨酸

英文名 Bendazac Lysine

分子式 $C_6H_{14}N_2O_2 \cdot C_{16}H_{14}N_2O_3$

分子量 428.49

CAS 号 81919－14－4

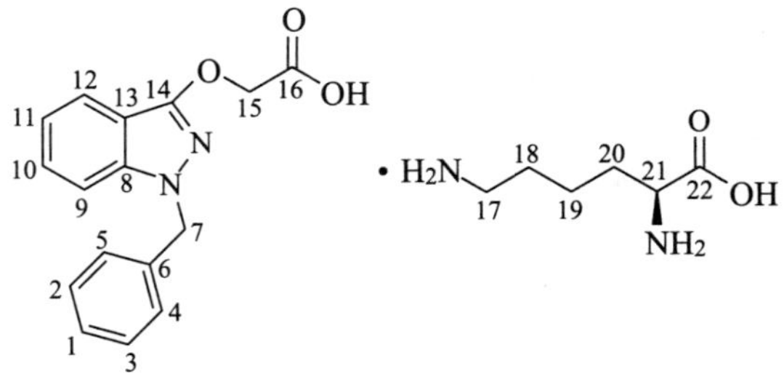

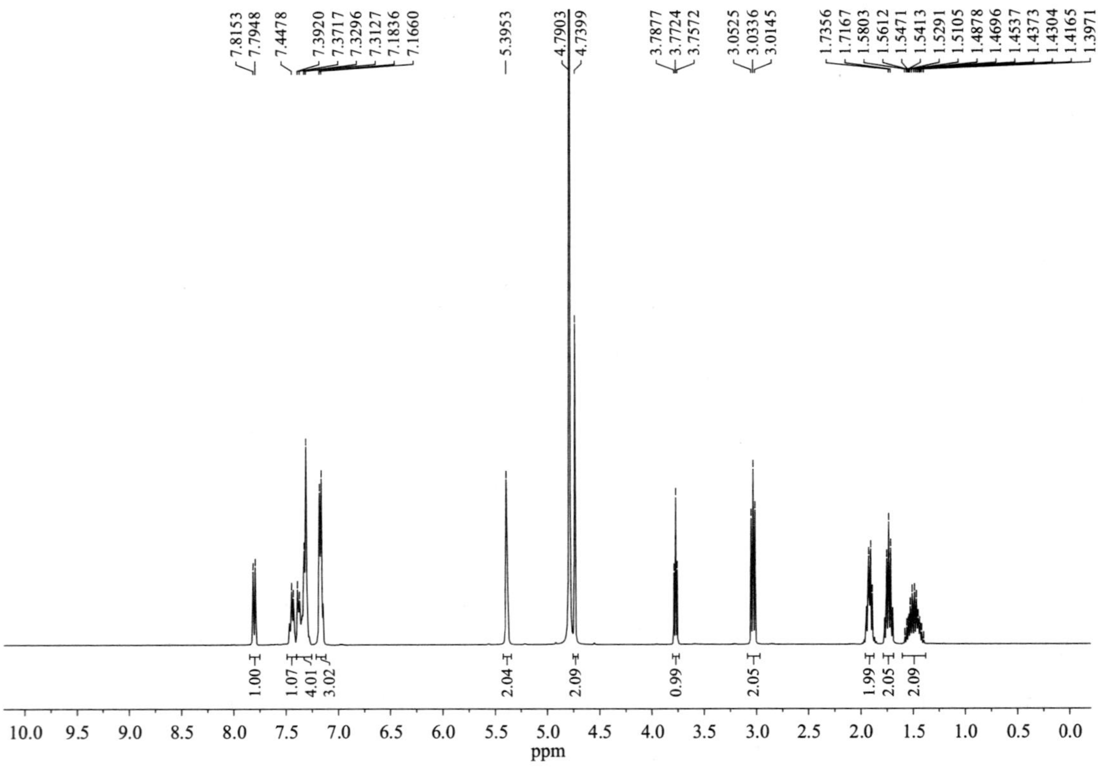

图 1 苄达赖氨酸的^{1}H NMR 谱（溶剂：D_2O）

^{1}H NMR：δ 7.81 (H－9, d, J=8.2 Hz, 1H), 7.46 (H－12, m, J=6.8 Hz, 1H), 7.41～7.26 (H－2, 3, 10, 11, m, 4H), 7.21～7.13 (H－1, 4, 5, m, J=7.1 Hz, 3H), 5.40 (H－7, s, 2H), 4.74 (H－15, s, 2H), 3.77 (H－21, t, J=6.1 Hz, 1H), 3.08～2.99 (H－17, m, 2H), 1.96～1.88 (H－20, m, 2H), 1.78～1.68 (H－18, m, 2H), 1.60～1.38 (H－19, m, 2H)

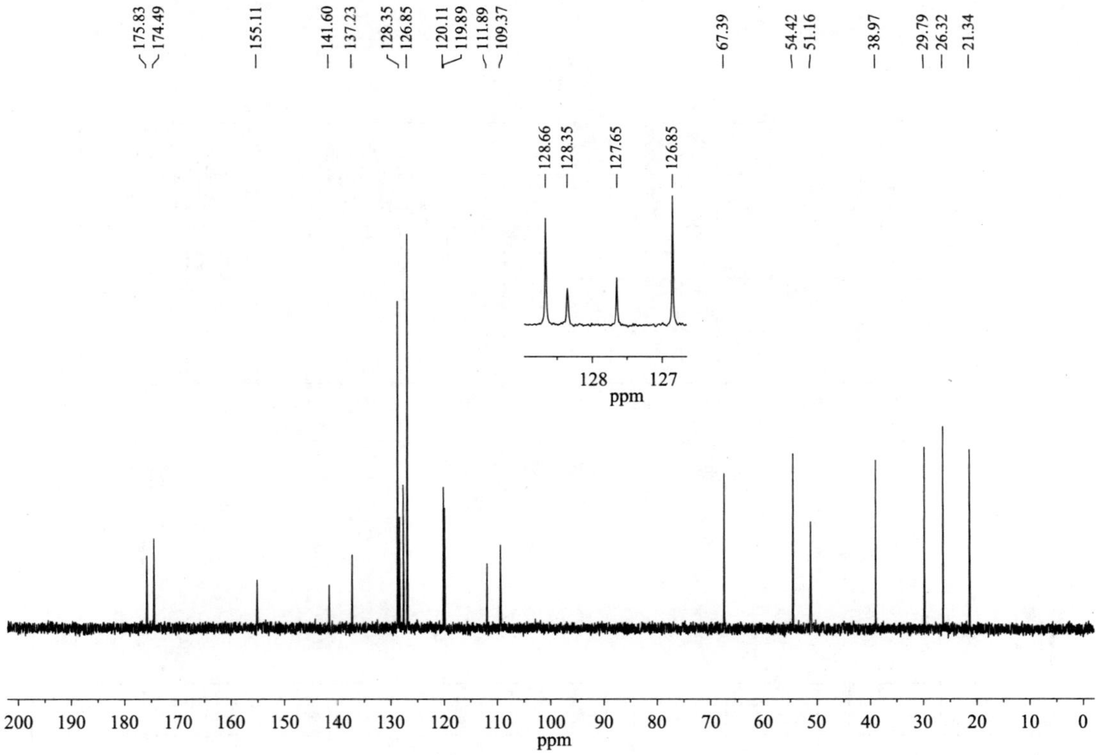

图 2　苄达赖氨酸的^{13}C NMR 谱（溶剂：D_2O）

^{13}C NMR：δ 175.83（C－22），174.49（C－16），155.11（C－8），141.60（C－14），137.23（C－6），128.66（C－2，3），128.35（C－1），127.65（C－10），126.85（C－4，5），120.11（C－13），119.89（C－11），111.89（C－12），109.37（C－9），67.39（C－15），54.42（C－21），51.16（C－7），38.97（C－17），29.79（C－20），26.32（C－18），21.34（C－19）

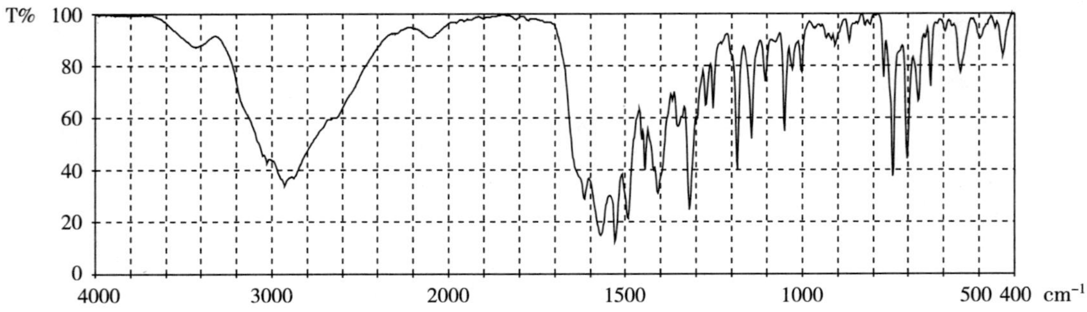

图3　苄达赖氨酸的红外光谱图

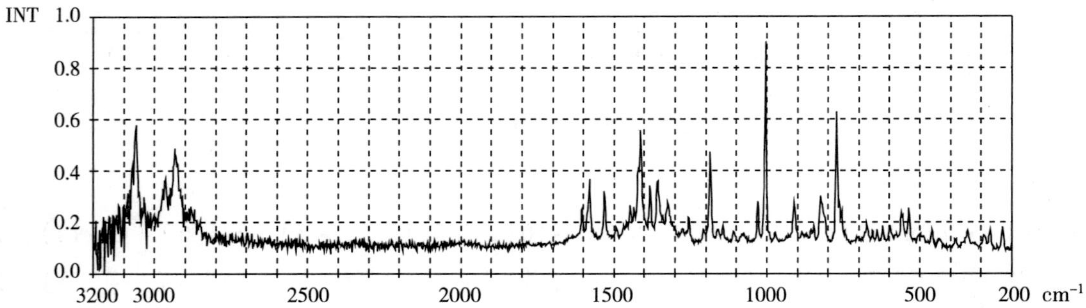

图4　苄达赖氨酸的拉曼光谱图

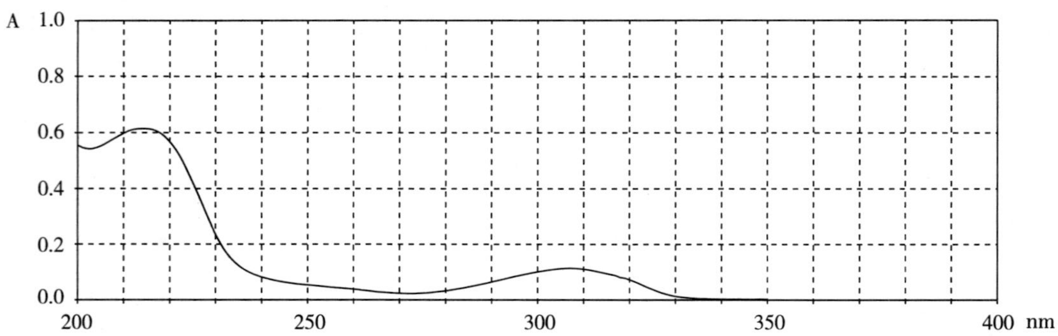

图5　苄达赖氨酸的紫外光谱图

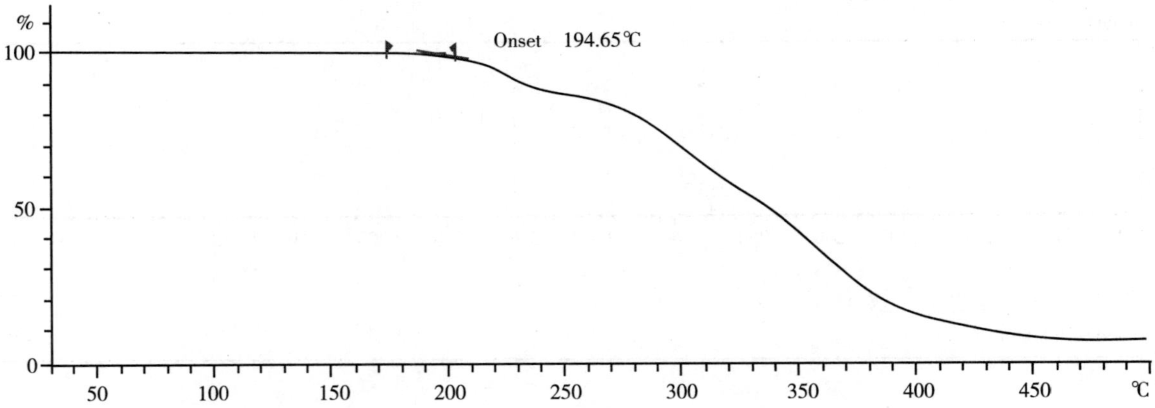

图 6　苄达赖氨酸的 TG 图

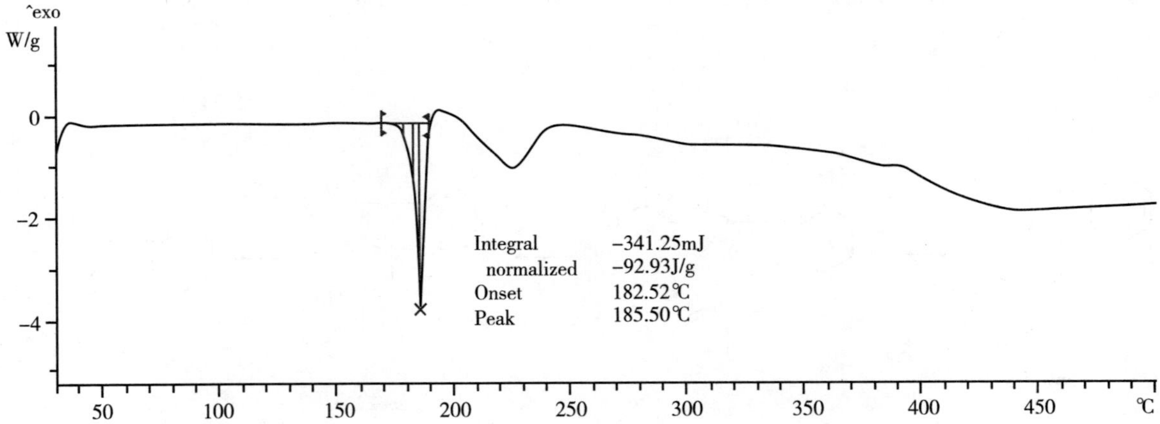

图 7　苄达赖氨酸的 DSC 图

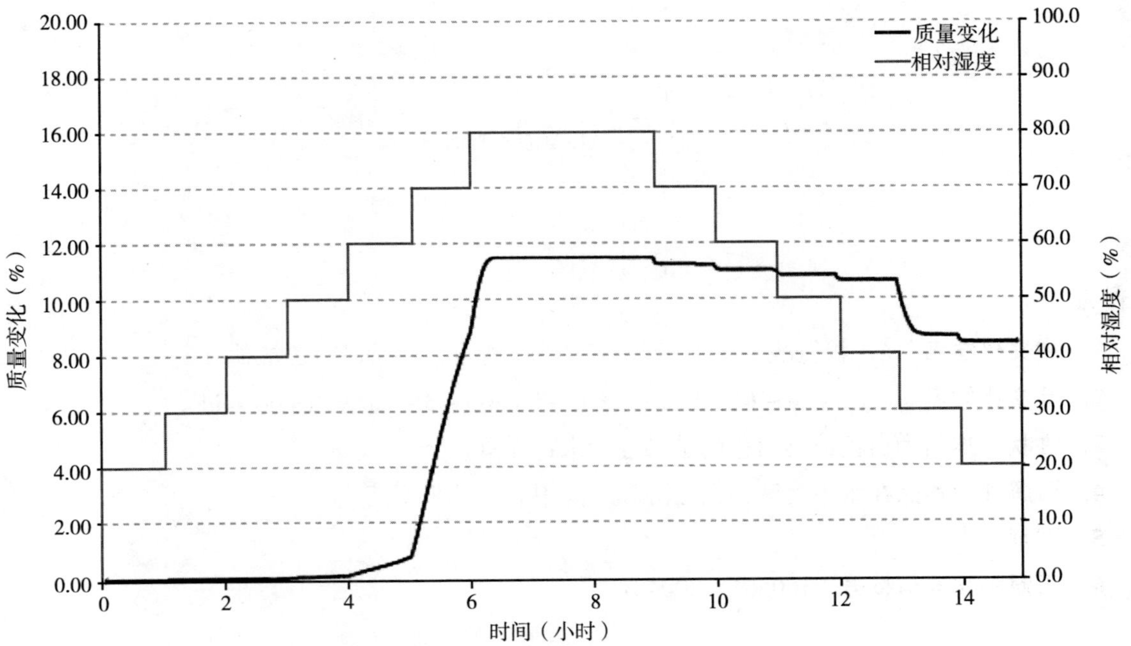

图 8　苄达赖氨酸的 DVS 图

负离子扫描模式（一级）

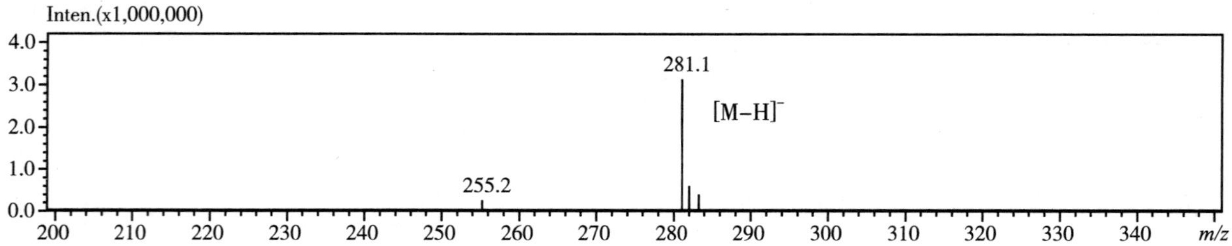

负离子扫描模式（二级）

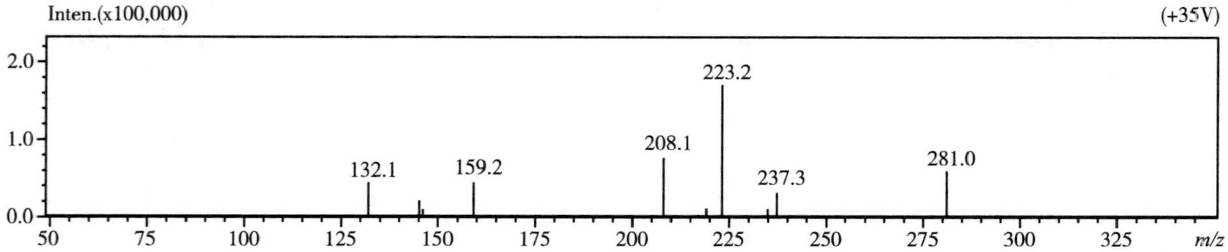

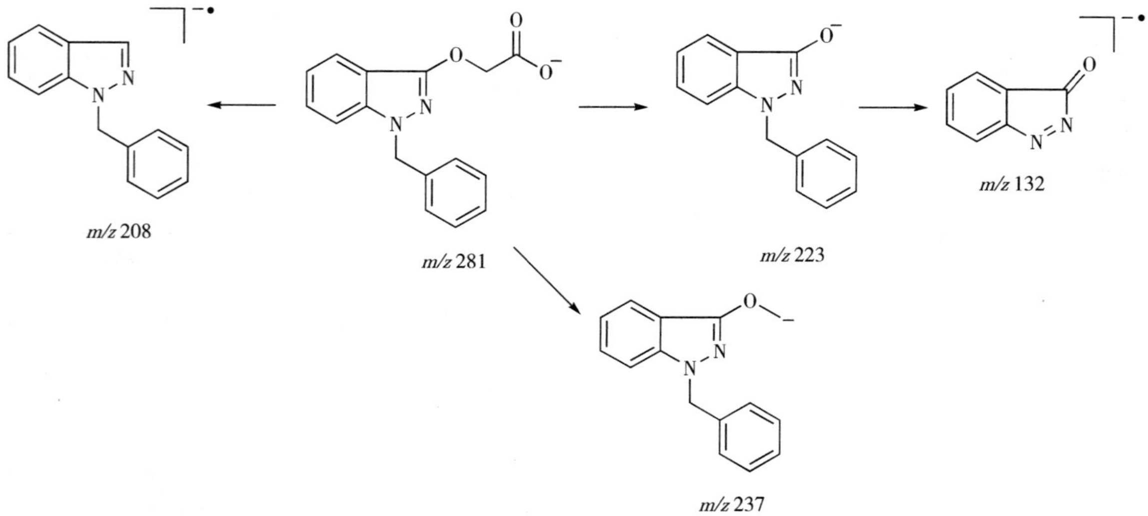

图 9　苄达赖氨酸的质谱图

备注

1. 中文化学名　*L*－赖氨酸－(1－苄基－1*H*－吲哒唑－3－氧基)乙酸盐

2. 英文化学名　*L*－lysine－(1－benzyl－1*H*－indazol－3－yloxy)acetic acid

3. 性状　本品为白色或类白色的结晶性粉末；无臭，味苦。

4. 溶解性　本品在水中溶解，在乙醇和三氯甲烷中几乎不溶。

5. 溶剂　水。

6. 对照品编号与批号　100561－200401

甲磺酸多沙唑嗪

英文名 Doxazosin Mesylate

分子式 $C_{23}H_{25}N_5O_5 \cdot CH_3SO_3H$

分子量 547.58

CAS 号 77883 - 43 - 3

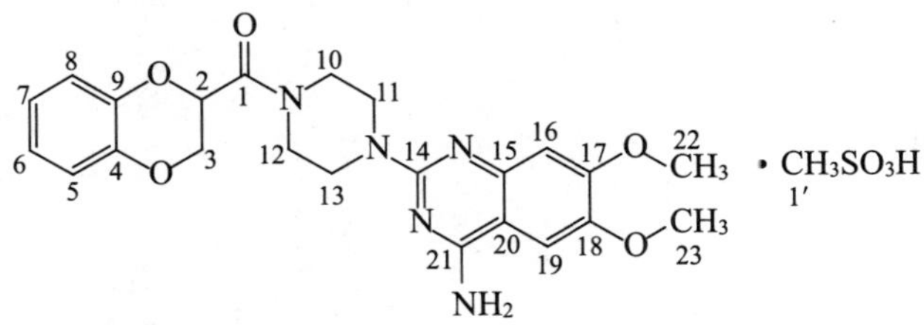

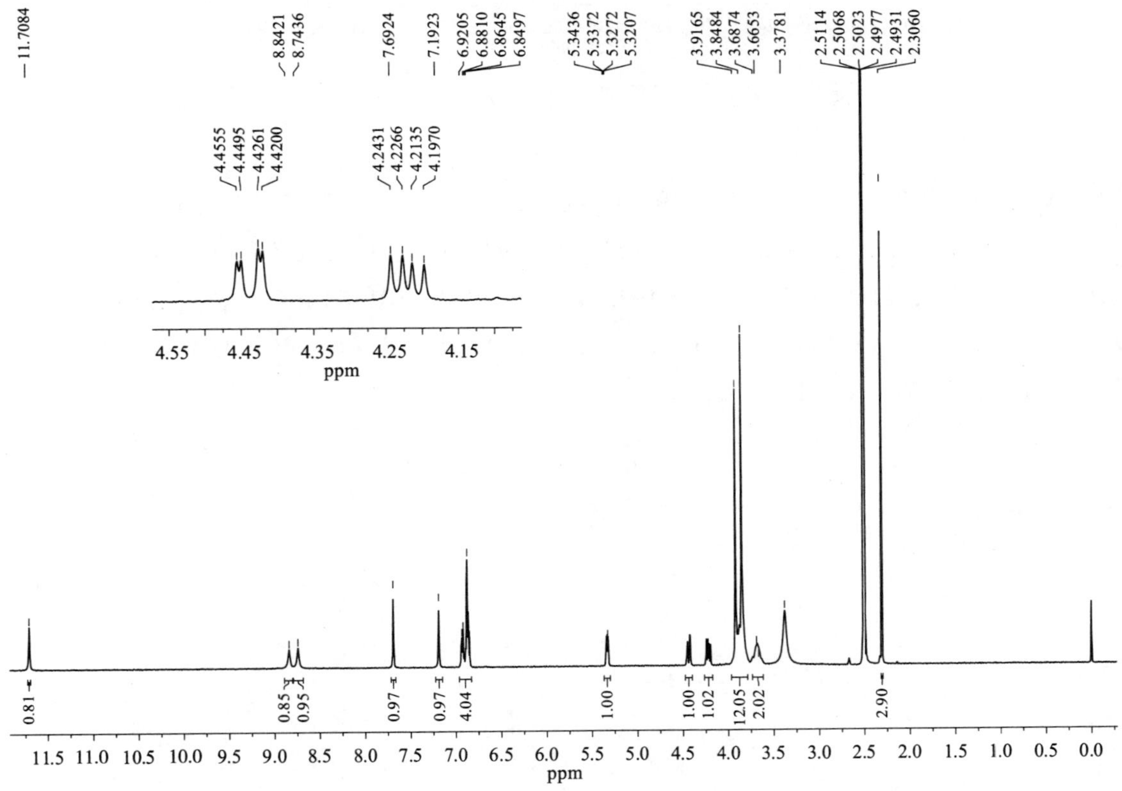

图 1 甲磺酸多沙唑嗪的^{1}H NMR 谱（溶剂：CD_3SOCD_3）

^{1}H NMR：δ 11.71（OH，brs，1H），8.84（NH，brs，1H），8.74（NH，brs，1H），7.69（H-16，s，1H），7.19（H-19，s，1H），6.96 ~ 6.83（H-5，6，7，8，m，4H），5.33（H-2，dd，J = 6.6，2.6 Hz，1H），4.44（H-3a，dd，J = 11.9，2.6 Hz，1H），4.22（H-3b，dd，J = 11.9，6.5 Hz，1H），3.92（H-22，s，3H），3.85（H-23，s，3H），3.90 ~ 3.78（H-10a，11，12a，13，m，6H），3.75 ~ 3.61（H-10b，12b，m，2H），2.31（H-1′，s，3H）

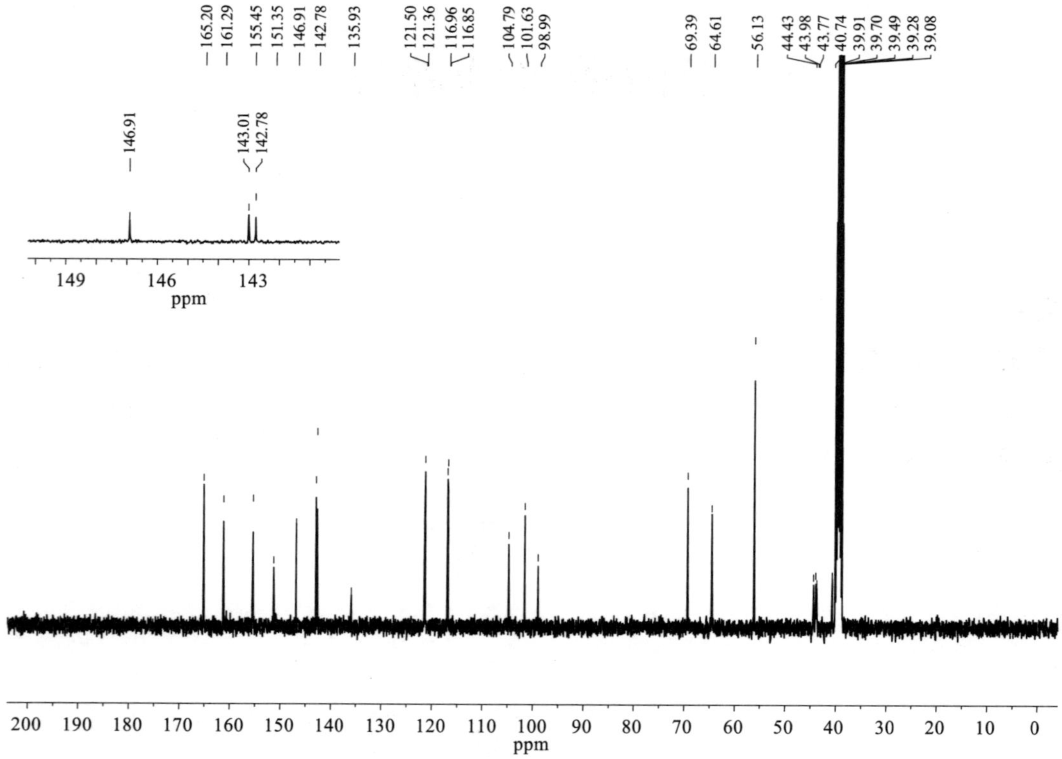

图2 甲磺酸多沙唑嗪的^{13}C NMR 谱（溶剂：CD_3SOCD_3）

^{13}C NMR：δ 165.20（C－1），161.29（C－14），155.45（C－21），151.35（C－17），146.91（C－18），143.01（C－9），142.78（C－15），135.93（C－4），121.50（C－6），121.36（C－7），116.96（C－8），116.85（C－5），104.79（C－19），101.63（C－16），98.99（C－20），69.39（C－2），64.61（C－3），56.13（C－22，23），44.43（C－10，12），43.98（C－11），43.77（C－13），40.74（C－1′）

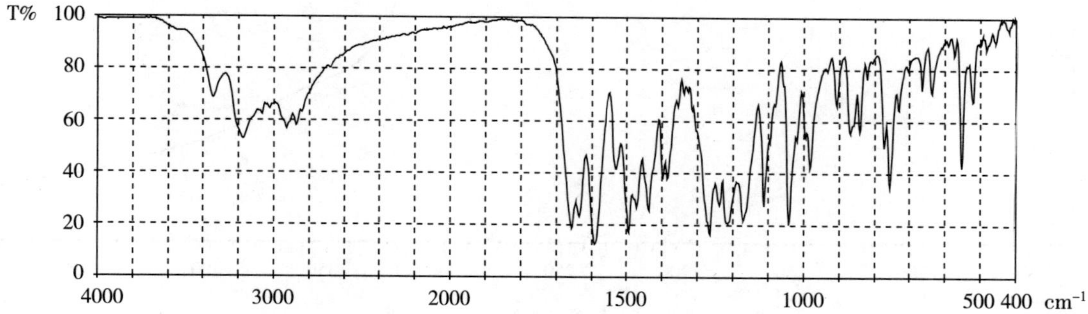

图 3　甲磺酸多沙唑嗪的红外光谱图

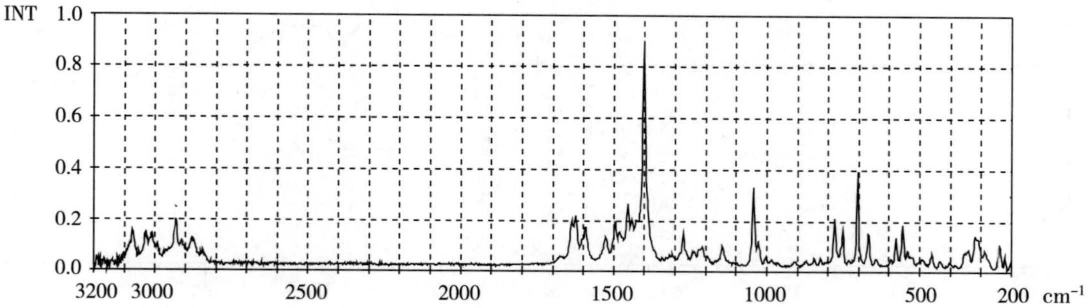

图 4　甲磺酸多沙唑嗪的拉曼光谱图

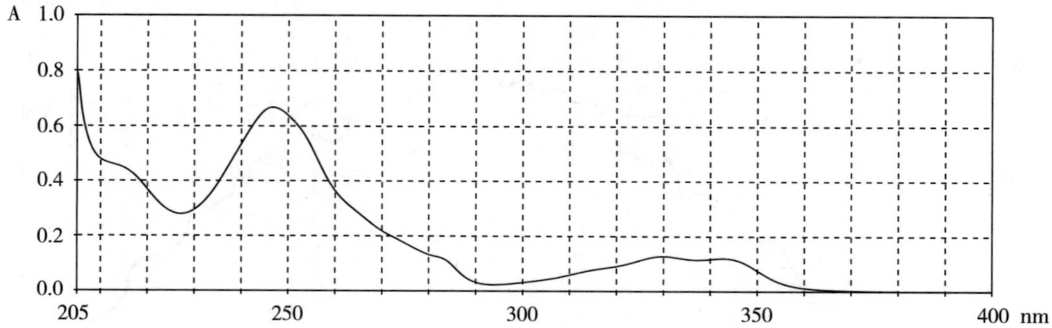

图 5　甲磺酸多沙唑嗪的紫外光谱图

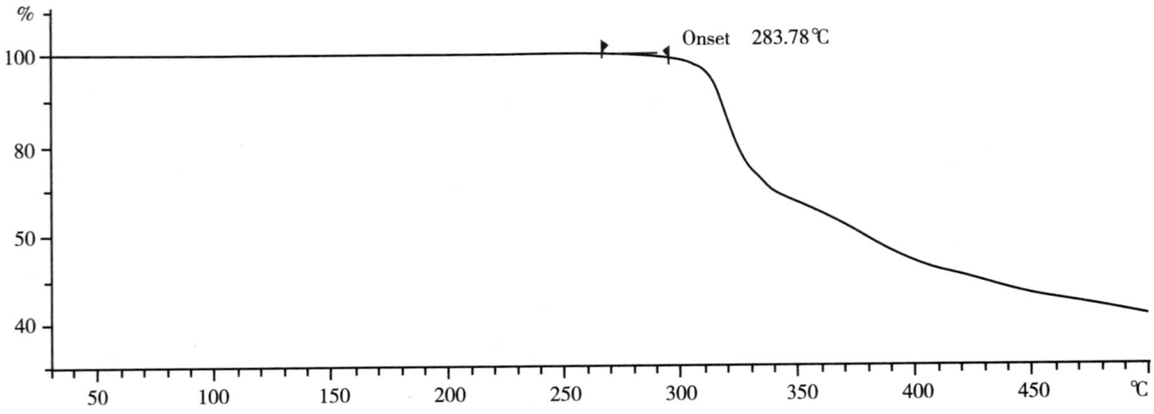

图 6　甲磺酸多沙唑嗪的 TG 图

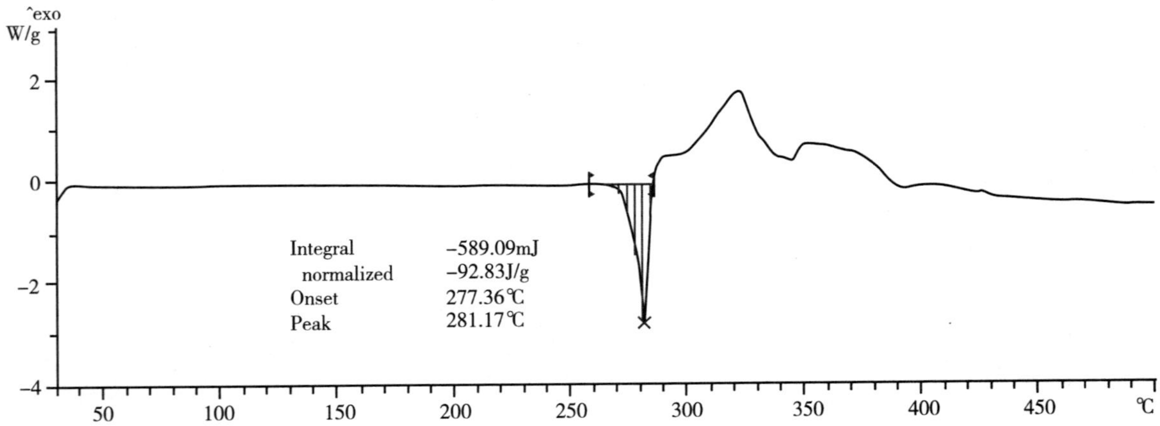

图 7　甲磺酸多沙唑嗪的 DSC 图

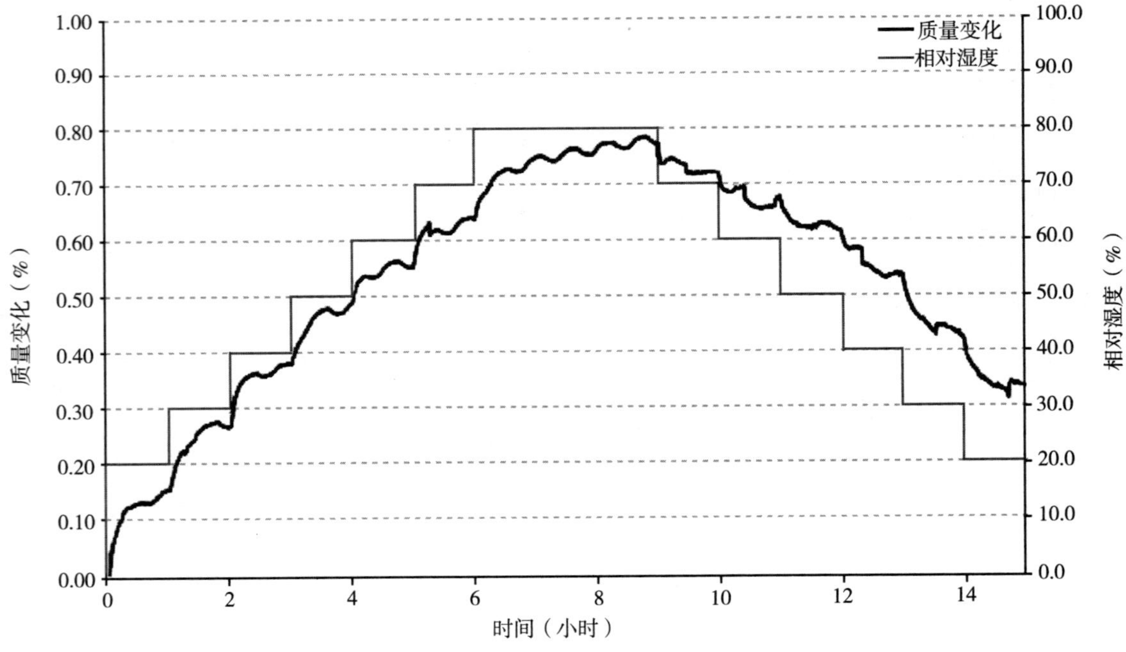

图 8　甲磺酸多沙唑嗪的 DVS 图

正离子扫描模式（一级）

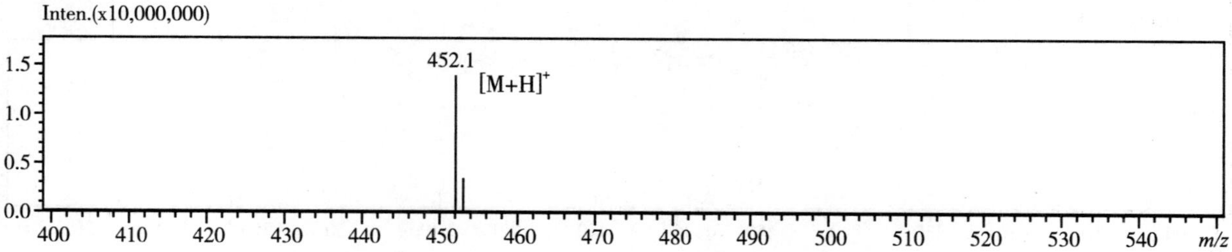

正离子扫描模式（二级）

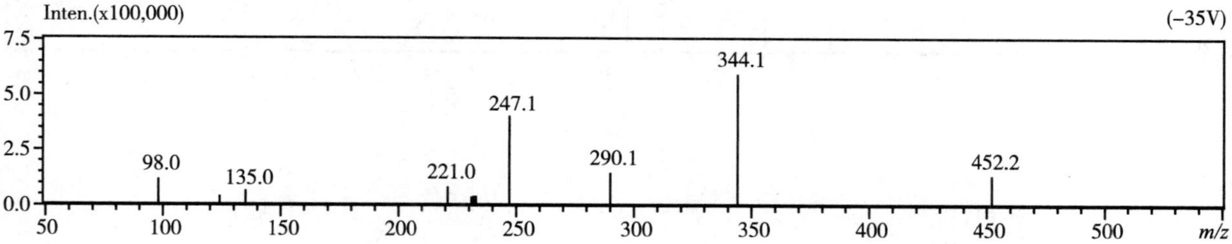

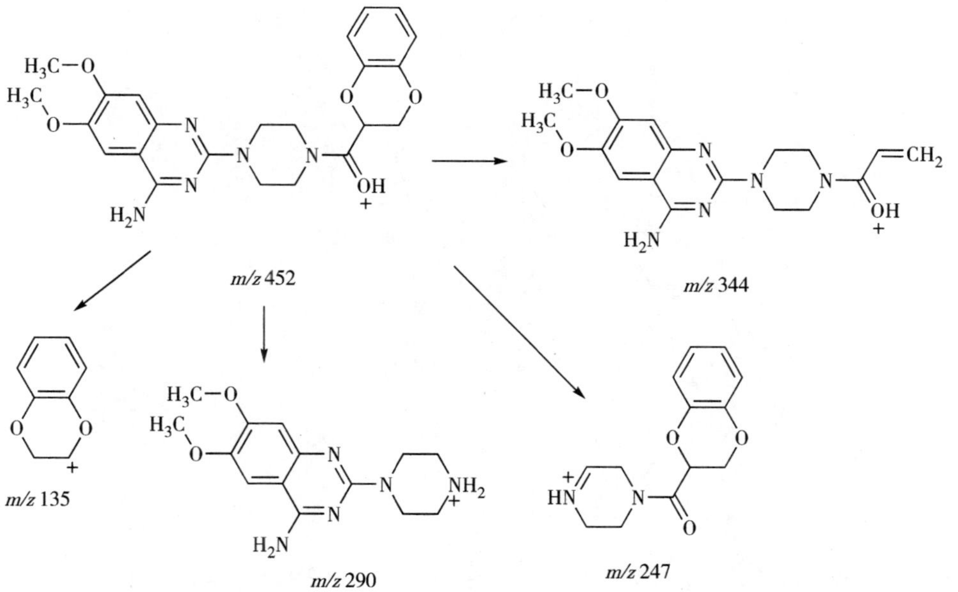

负离子扫描模式（一级）

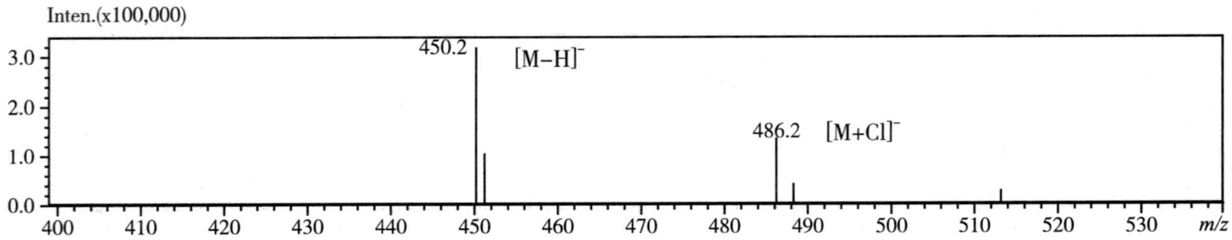

负离子扫描模式（二级）

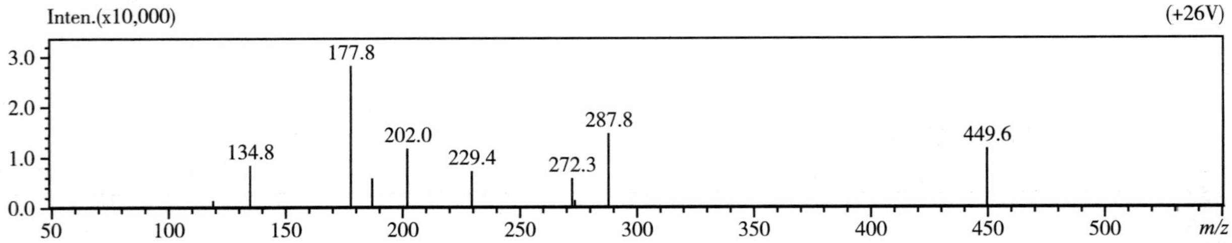

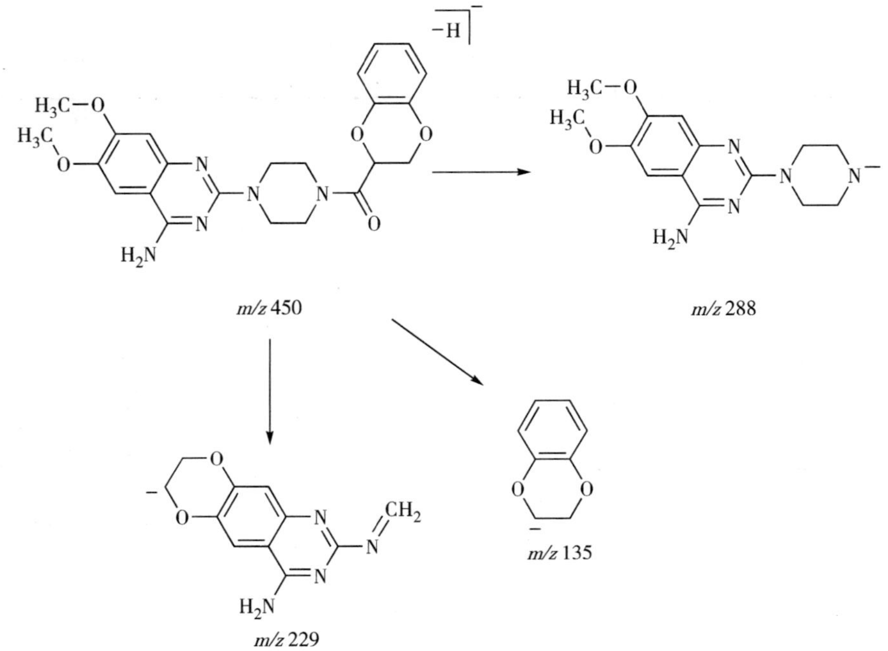

图 9　甲磺酸多沙唑嗪的质谱图

备注

1. **中文化学名**　1 –（4 – 氨基 – 6，7 – 二甲氧基 – 2 – 喹唑啉基）– 4 –（1，4 – 苯并二噁烷 – 2 – 基羰基）哌嗪甲磺酸盐
2. **英文化学名**　［4 –（4 – amino – 6，7 – dimethoxy – 2 – quinazolinyl） – 1 – piperazinyl］（2，3 – dihydro – 1，4 – benzodioxin – 2 – yl），methanesulfonate
3. **性状**　本品为白色或类白色结晶性粉末；无臭，无味。
4. **溶解性**　本品在甲醇中微溶，在水中极微溶解。
5. **溶剂**　无水乙醇。
6. **对照品编号与批号**　100566 – 200401

昔萘酸沙美特罗

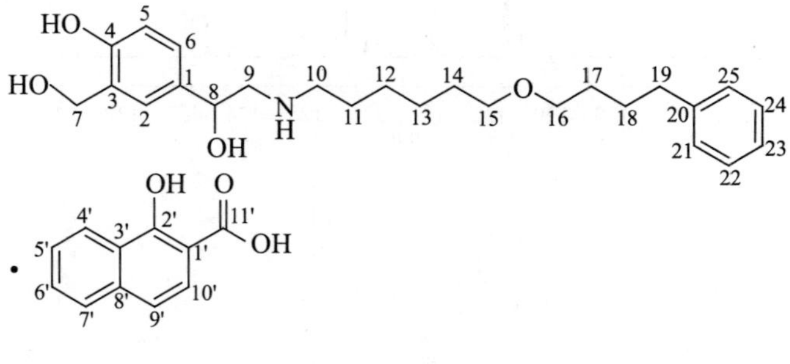

英文名 Salmeterol Xinafoate

分子式 $C_{25}H_{37}NO_4 \cdot C_{11}H_8O_3$

分子量 603.74

CAS 号 94749-08-3

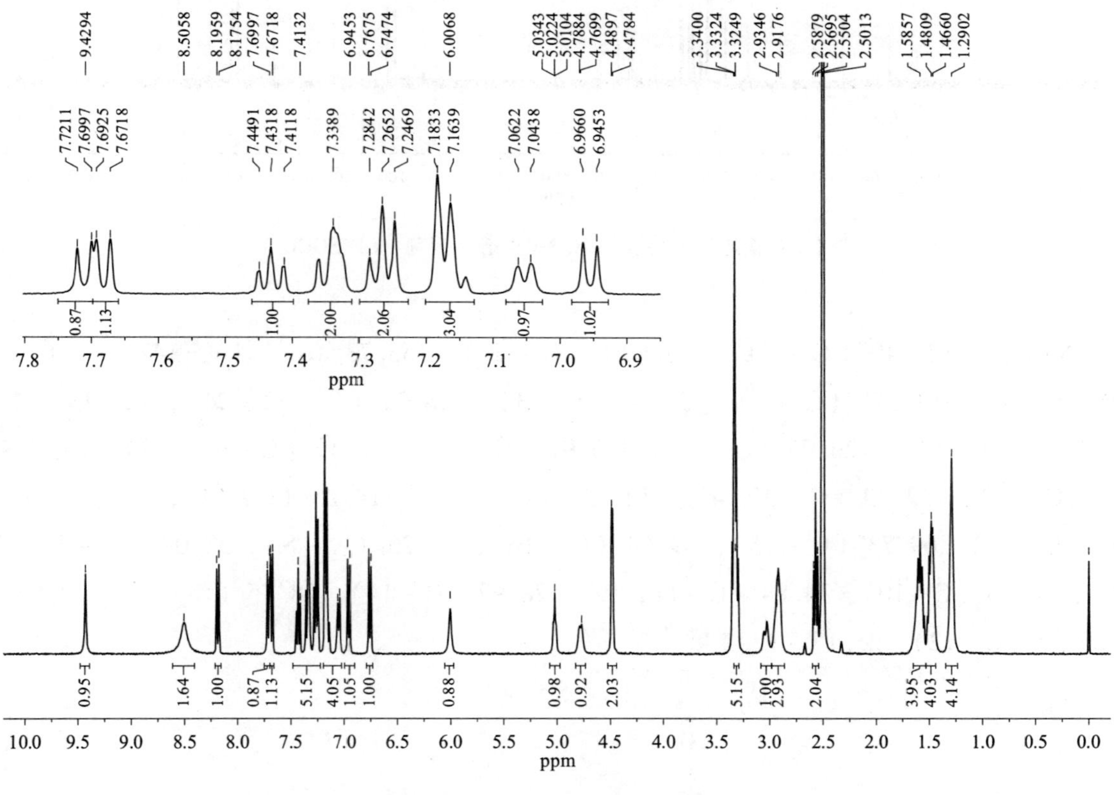

图 1 昔萘酸沙美特罗的^{1}H NMR 谱（溶剂：CD_3SOCD_3）

^{1}H NMR：δ 9.43（COOH，s，1H），8.50（$C_{2'}$，C_4—OH，brs，2H），8.19（H-4′，d，J=8.2 Hz，1H），7.71（H-7′，d，J=8.6 Hz，1H），7.68（H-10′，d，J=8.3 Hz，1H），7.43（H-6′，t，J=7.9 Hz，1H），7.38～7.31（H-2，5′，m，2H），7.27（H-22，24，t，J=7.5 Hz，2H），7.21～7.12（H-21，23，25，m，3H），7.05（H-6，d，J=7.4 Hz，1H），6.96（H-9′，d，J=8.3 Hz，1H），6.76（H-5，d，J=8.0 Hz，1H），6.01（NH，brs，1H），5.02（C_7—OH，t，J=4.5 Hz，1H），4.77（C_8—OH，d，J=4.2 Hz，1H），4.48（H-7，d，J=4.5 Hz，2H），3.38～3.27（H-8，15，16，m，5H），3.03（H-9a，m，1H），2.98～2.85（H-9b，10，m，3H），2.57（H-19，t，J=7.5 Hz，2H），1.68～1.53（H-17，18，m，4H），1.53～1.41（H-13，14，m，4H），1.36～1.23（H-11，12，m，4H）

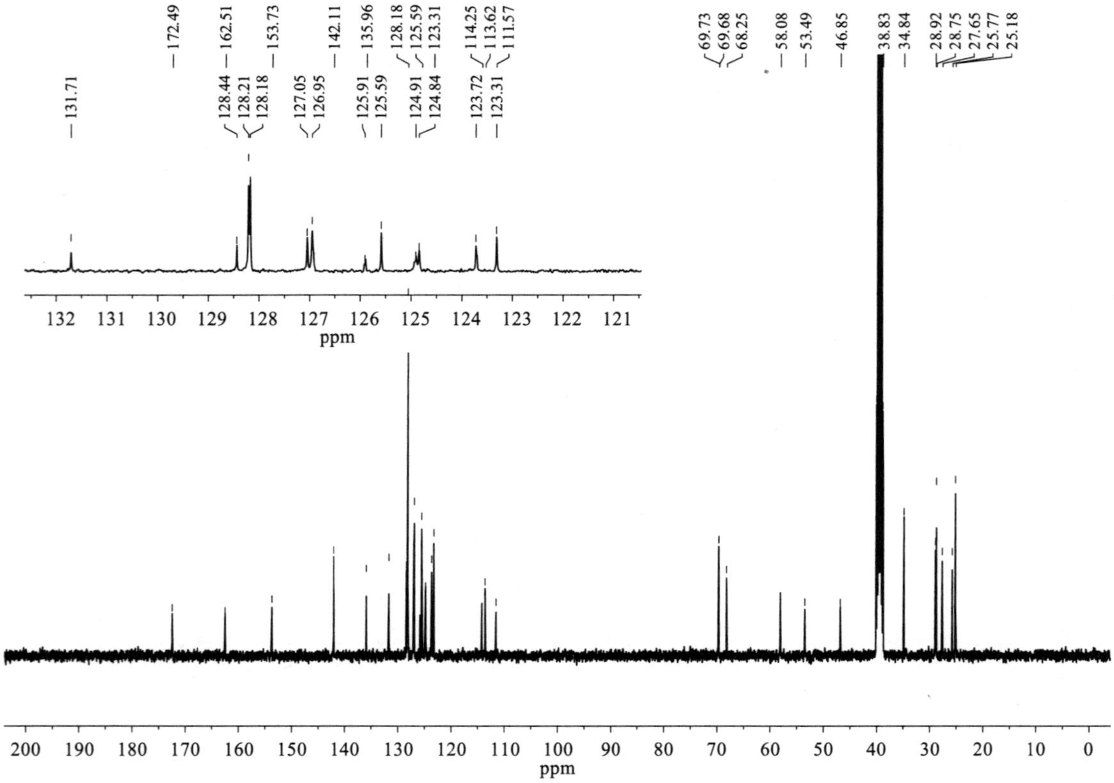

图2　昔萘酸沙美特罗的^{13}C NMR谱（溶剂：CD_3SOCD_3）

^{13}C NMR：δ 172.49（C－11′），162.51（C－2′），153.73（C－4），142.11（C－20），135.96（C－8′），131.71（C－1），128.44（C－3），128.21（C－22，24），128.18（C－21，25），127.05（C－6′），126.95（C－7′），125.91（C－2），125.59（C－6），124.91（C－23），124.84（C－5′），123.72（C－3′，4′），123.31（C－10′），114.25（C－9′），113.62（C－5），111.57（C－1′），69.73（C－15），69.68（C－16），68.25（C－8），58.08（C－7），53.49（C－9），46.85（C－10），34.84（C－11，19），28.92（C－14），28.75（C－17），27.65（C－18），25.77（C－12），25.18（C－13）

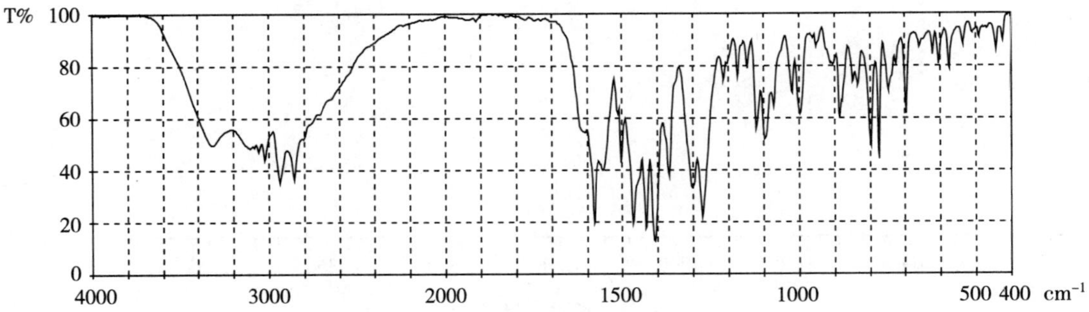

图 3　昔萘酸沙美特罗的红外光谱图

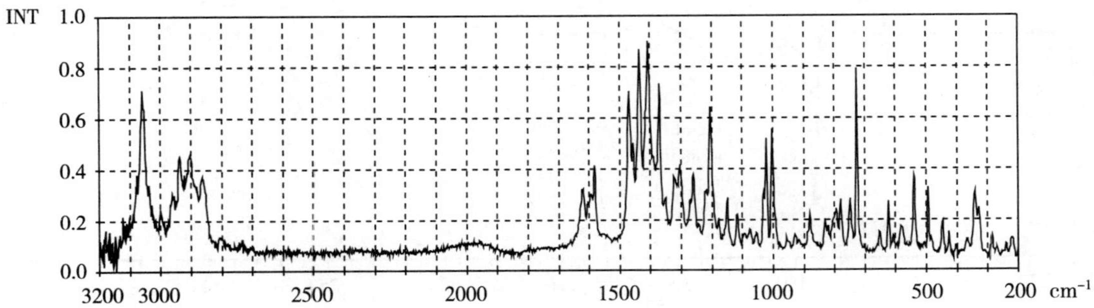

图 4　昔萘酸沙美特罗的拉曼光谱图

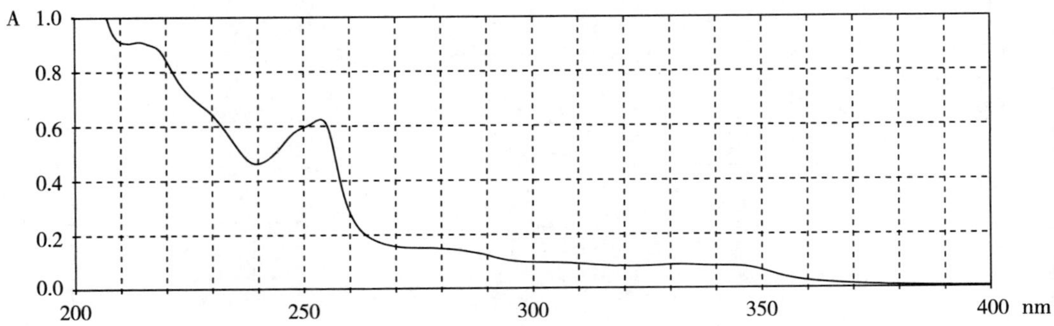

图 5　昔萘酸沙美特罗的紫外光谱图

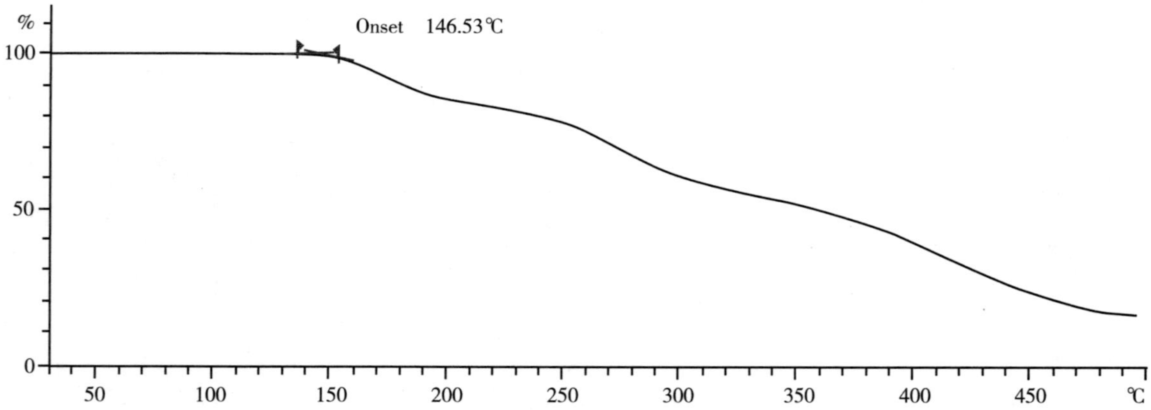

图 6　昔萘酸沙美特罗的 TG 图

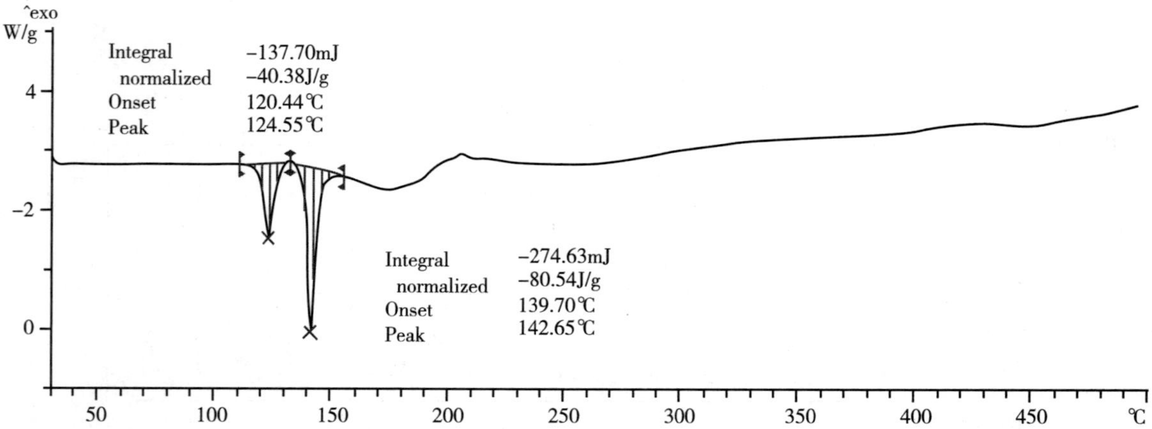

图 7　昔萘酸沙美特罗的 DSC 图

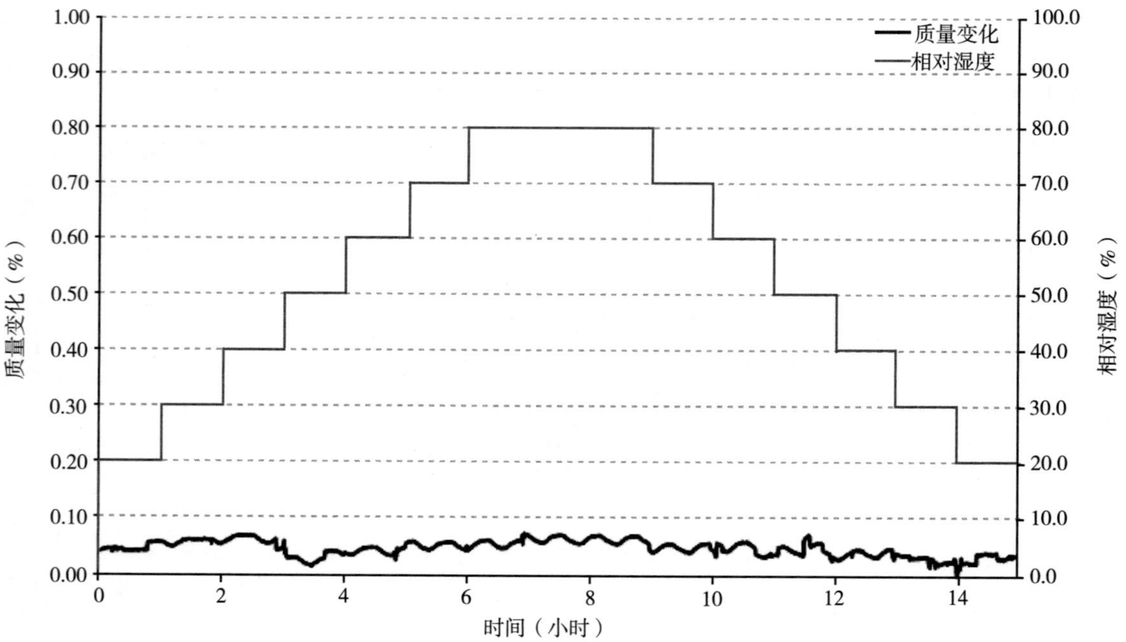

图 8　昔萘酸沙美特罗的 DVS 图

正离子扫描模式（一级）

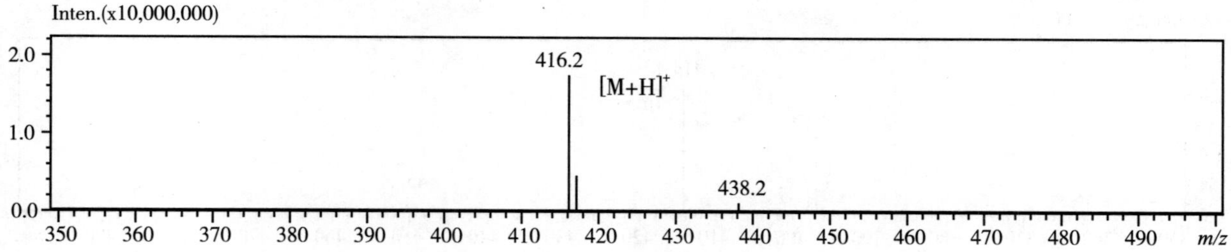

正离子扫描模式（二级）

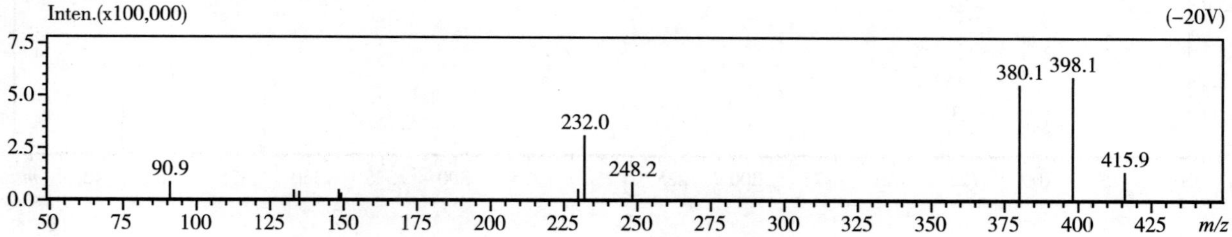

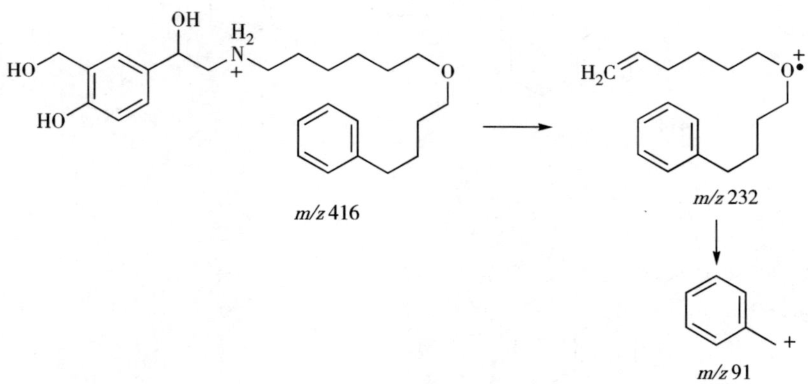

负离子扫描模式（一级）

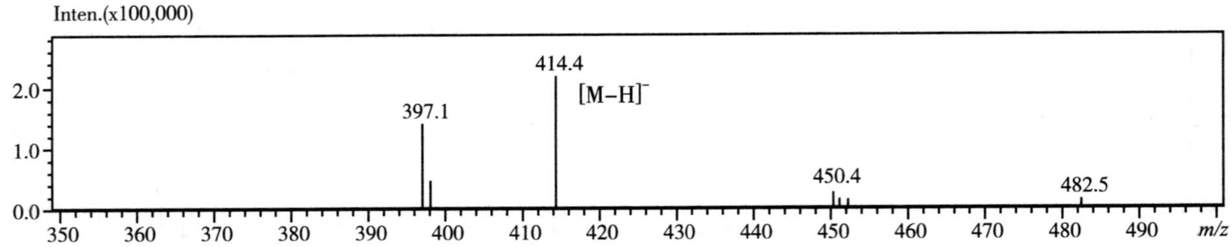

负离子扫描模式（二级）

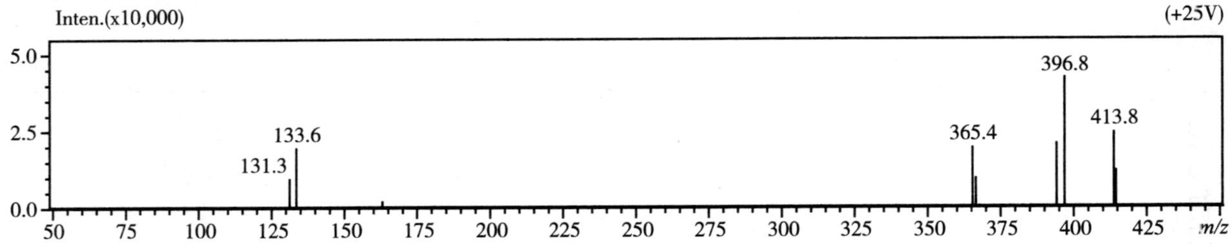

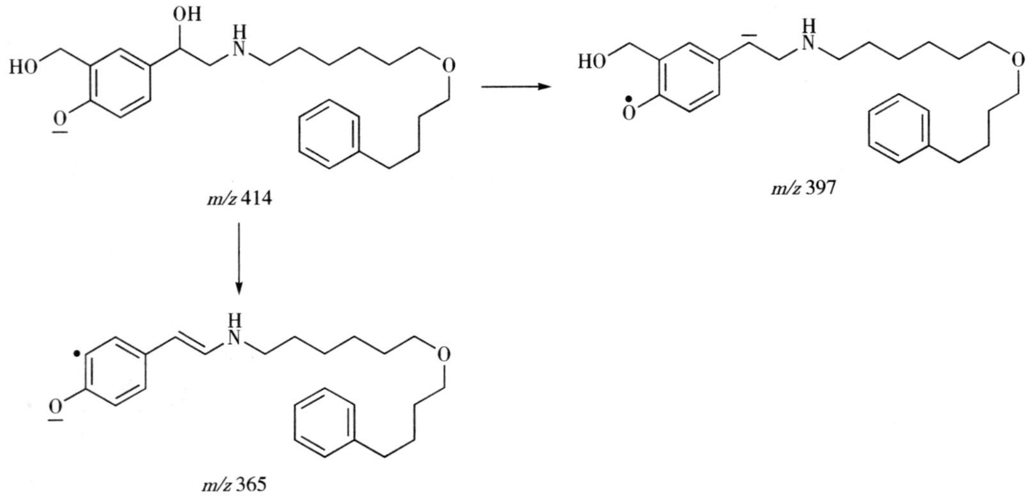

图 9　昔萘酸沙美特罗的质谱图

备注

1. **中文化学名**　4－羟基－α′－[[[6－(4－苯丁氧基)己基]胺]甲基]－1,3－苯二甲醇－1－羟基－2－萘甲酸盐
2. **英文化学名**　4－hydroxy－1－[[[6－(4－phenylbutoxy)hexyl]amino]methyl]－1,3－benzenedimethanol
3. **性状**　本品为白色或类白色细粉。
4. **溶解性**　本品在甲醇中溶解，在乙醇或三氯甲烷中微溶，在水中几乎不溶。
5. **溶剂**　无水乙醇。
6. **对照品编号与批号**　100567－200501

来 氟 米 特

英文名 Leflunomide

分子式 $C_{12}H_9F_3N_2O_2$

分子量 270.20

CAS 号 75706 - 12 - 6

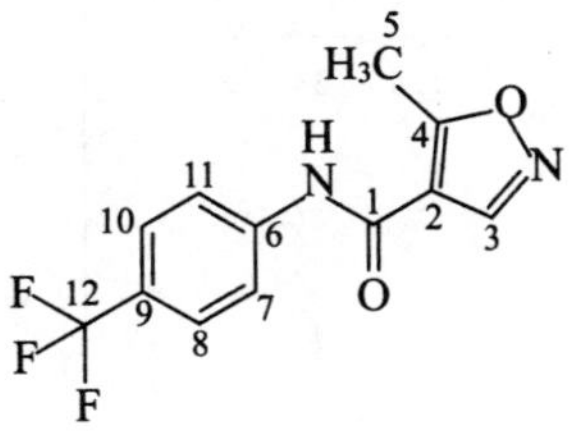

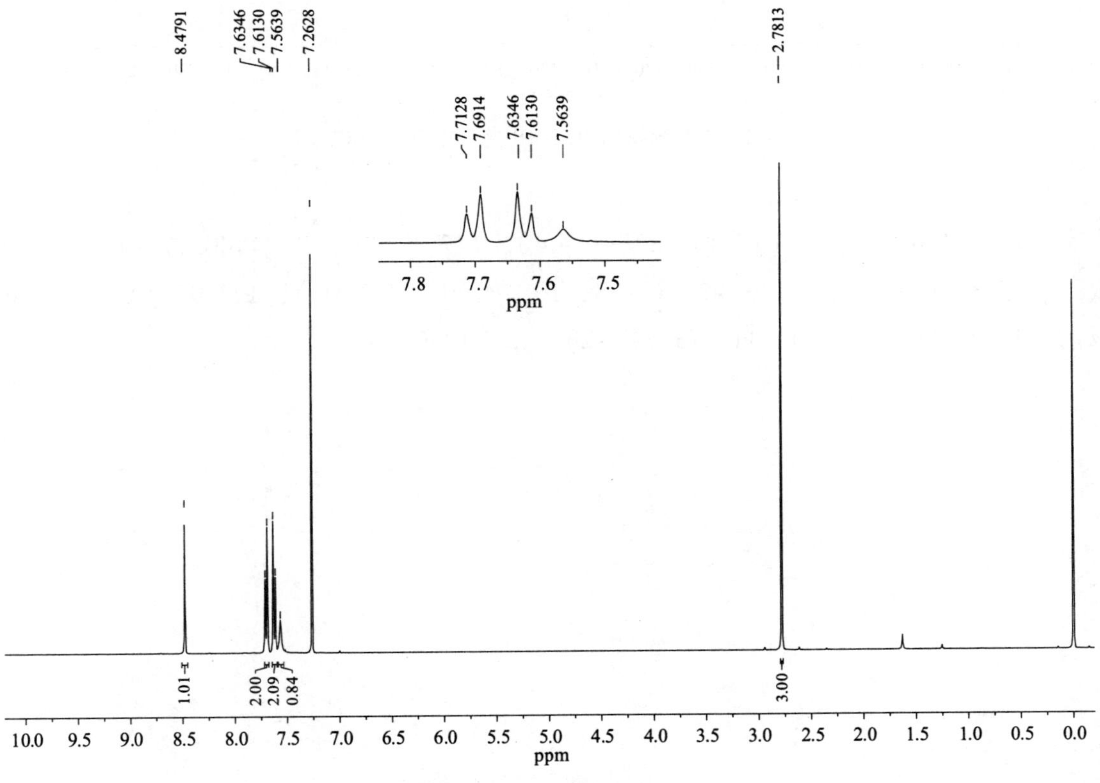

图1 来氟米特的^{1}H NMR 谱（溶剂：$CDCl_3$）

^{1}H NMR：δ 8.48（H－3，s，1H），7.70（H－8，10，d，J=8.5 Hz，2H），7.62（H－7，11，d，J=8.5 Hz，2H），7.56（NH，brs，1H），2.78（H－5，s，3H）

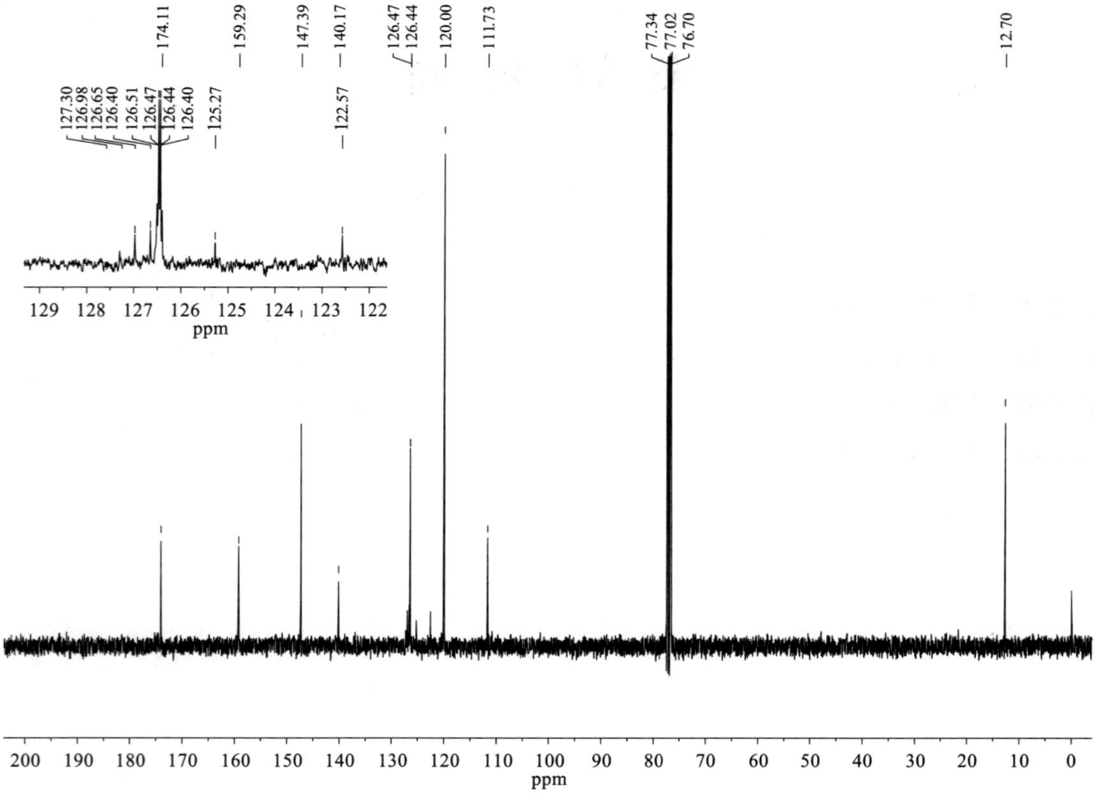

图 2　来氟米特的^{13}C NMR 谱（溶剂：$CDCl_3$）

^{13}C NMR：δ 174.11（C－1），159.29（C－4），147.39（C－3），140.17（C－6），126.82（C－9，q，J = 33.33 Hz），126.46（C－8，10，q，J = 3.7 Hz），123.92（C－12，d，J = 270 Hz），120.00（C－7，11），111.73（C－2），12.70（C－5）

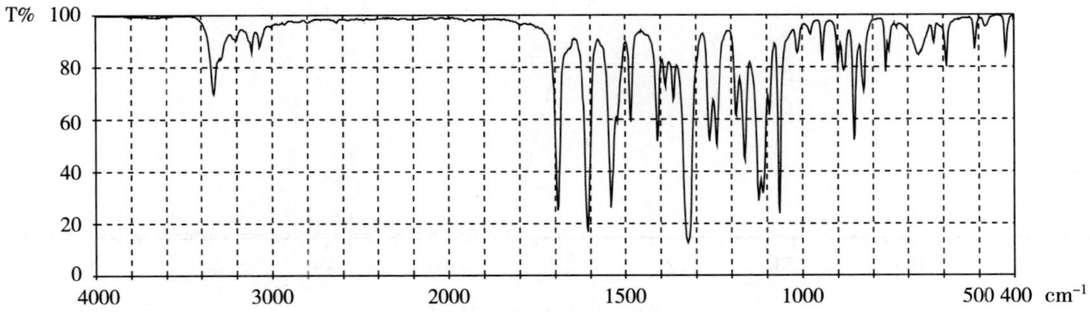

图3　来氟米特的红外光谱图

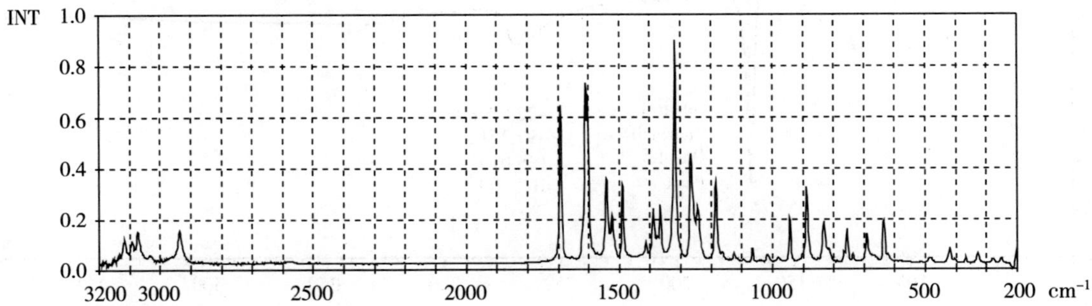

图4　来氟米特的拉曼光谱图

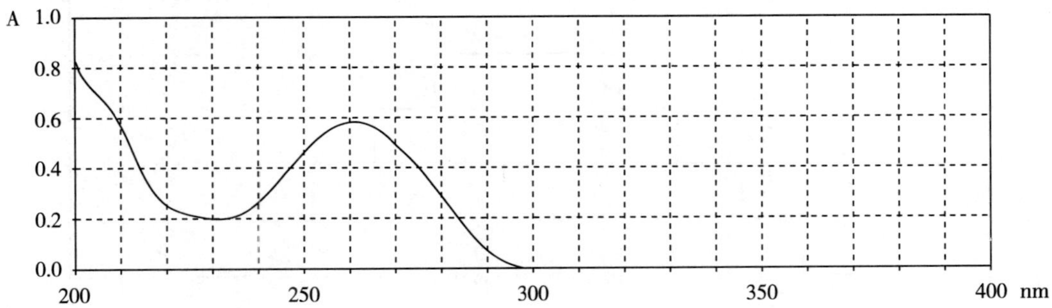

图5　来氟米特的紫外光谱图

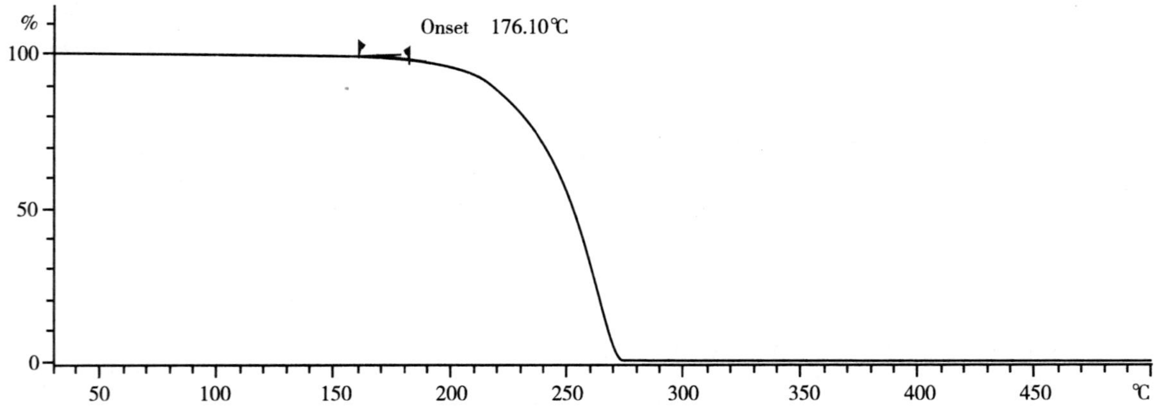

图6 来氟米特的TG图

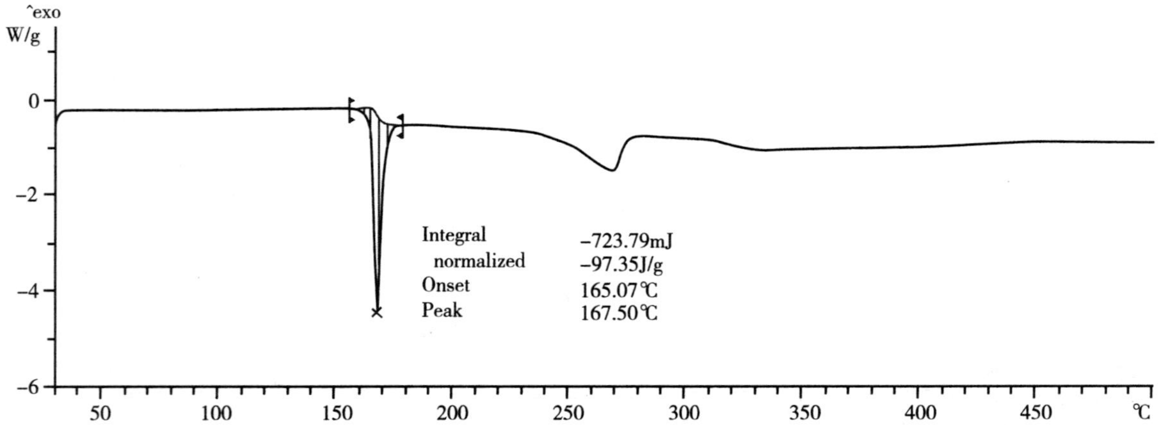

图7 来氟米特的DSC图

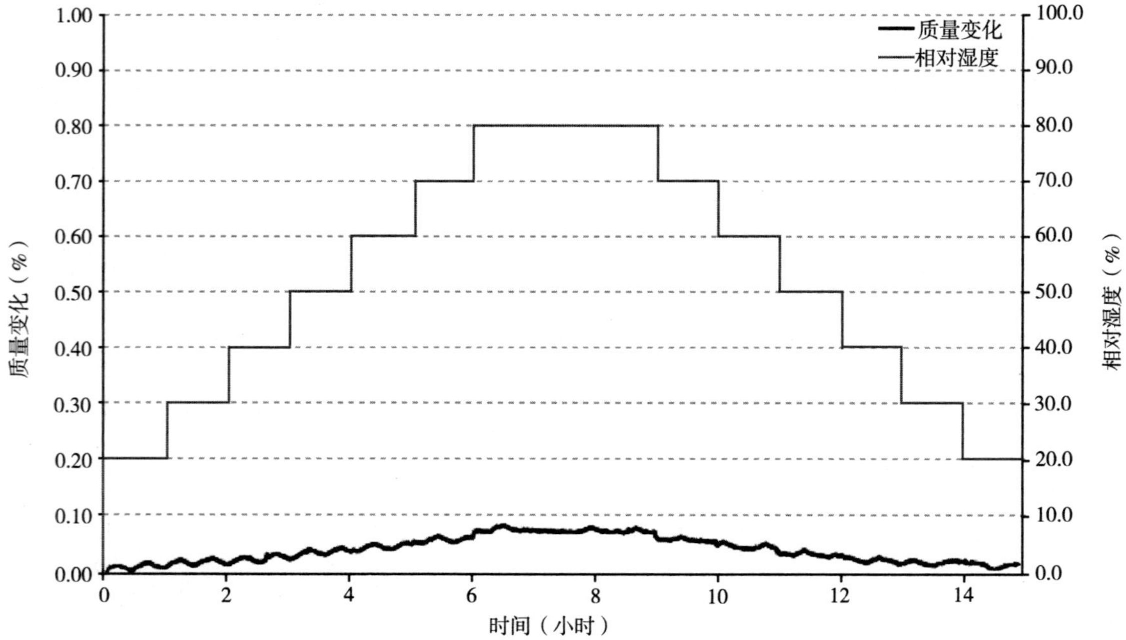

图8 来氟米特的DVS图

负离子扫描模式（一级）

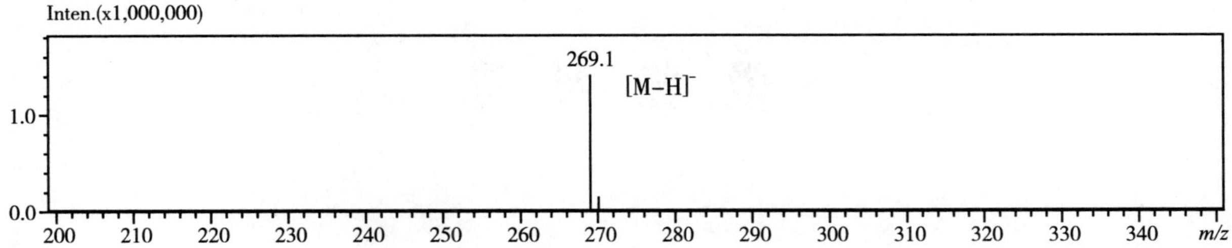

负离子扫描模式（二级）

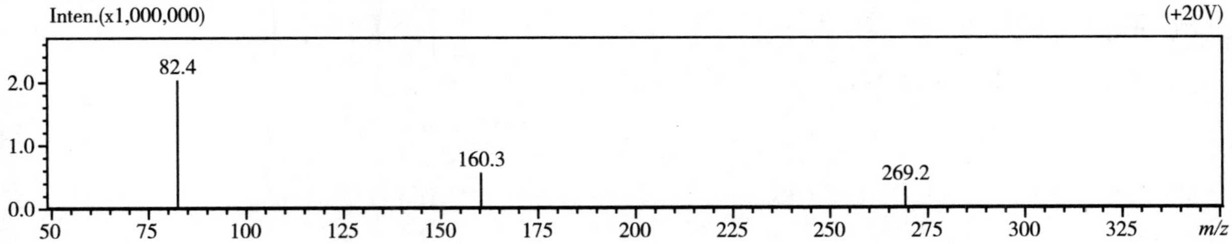

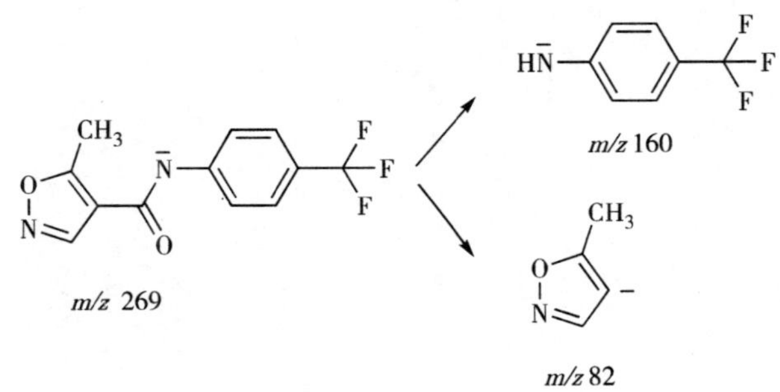

图9　来氟米特的质谱图

备注

1. **中文化学名**　5－甲基－*N*－[4－(三氟甲基)苯基]－4－异噁唑甲酰胺
2. **英文化学名**　5－methylisoxazole－4－(4－trifluoromethylcarboxanilide)
3. **性状**　本品为白色结晶或粉末；无臭。
4. **溶解性**　本品在甲醇或冰醋酸中易溶，在乙醇中溶解，在三氯甲烷中略溶，在水中几乎不溶。
5. **溶剂**　乙醇。
6. **对照品编号与批号**　100571－200601

爱普列特

英文名 Epristeride
分子式 $C_{25}H_{37}NO_3$
分子量 399.57
CAS 号 119169-78-7

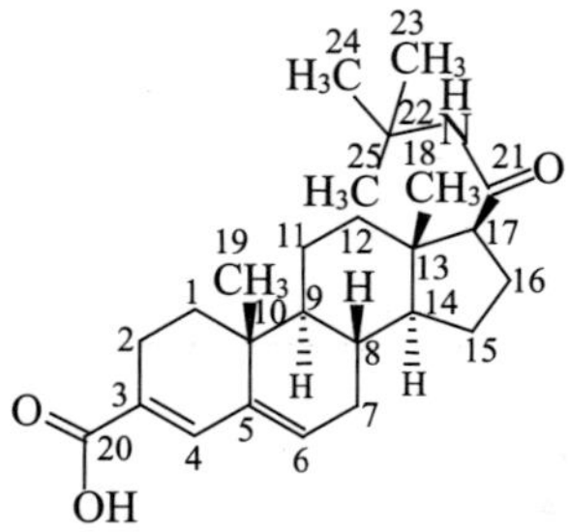

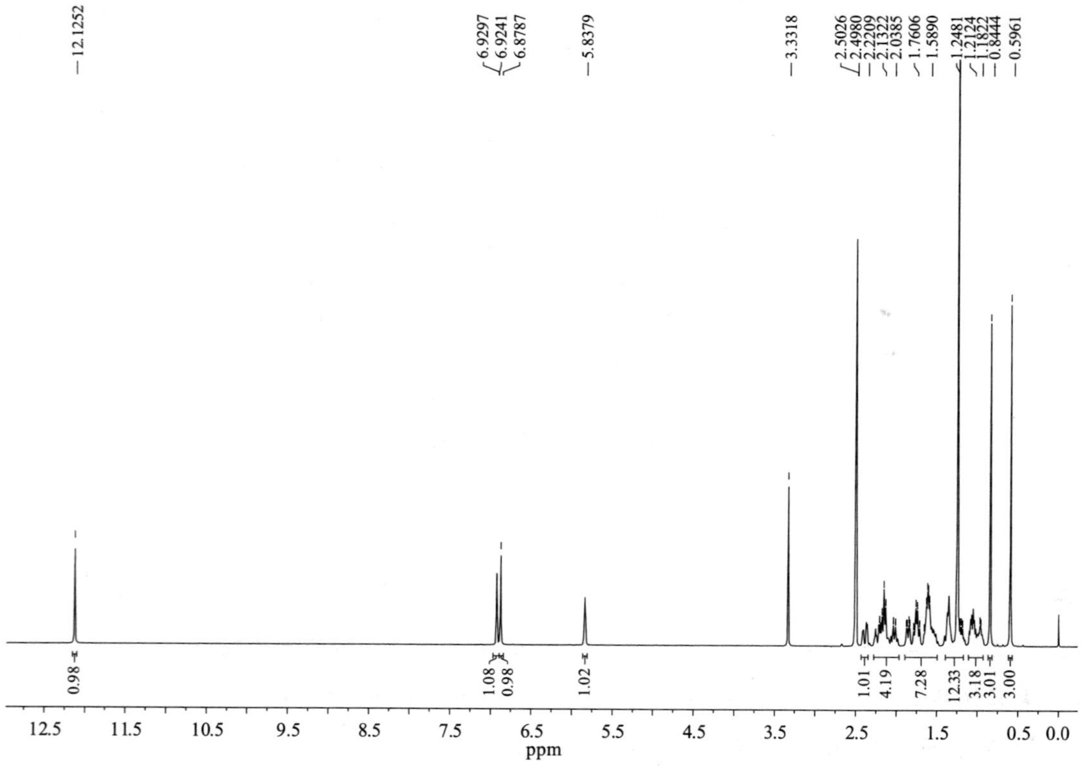

图1 爱普列特的^{1}H NMR 谱（溶剂：CD_3SOCD_3）

^{1}H NMR：δ 12.13（COOH，s，1H），6.93（H-6，d，J=2.2 Hz，1H），6.88（H-4，s，1H），5.84（NH，brs，1H），2.39（m，1H），2.28～1.97（m，4H），1.85（m，1H），1.81～1.70（m，2H），1.47～1.68（m，4H），1.31～1.42（m，2H），1.25（H-23，24，25，s，9H），1.18（m，1H），1.11～0.93（m，3H），0.84（H-19，s，3H），0.60（H-18，s，3H）

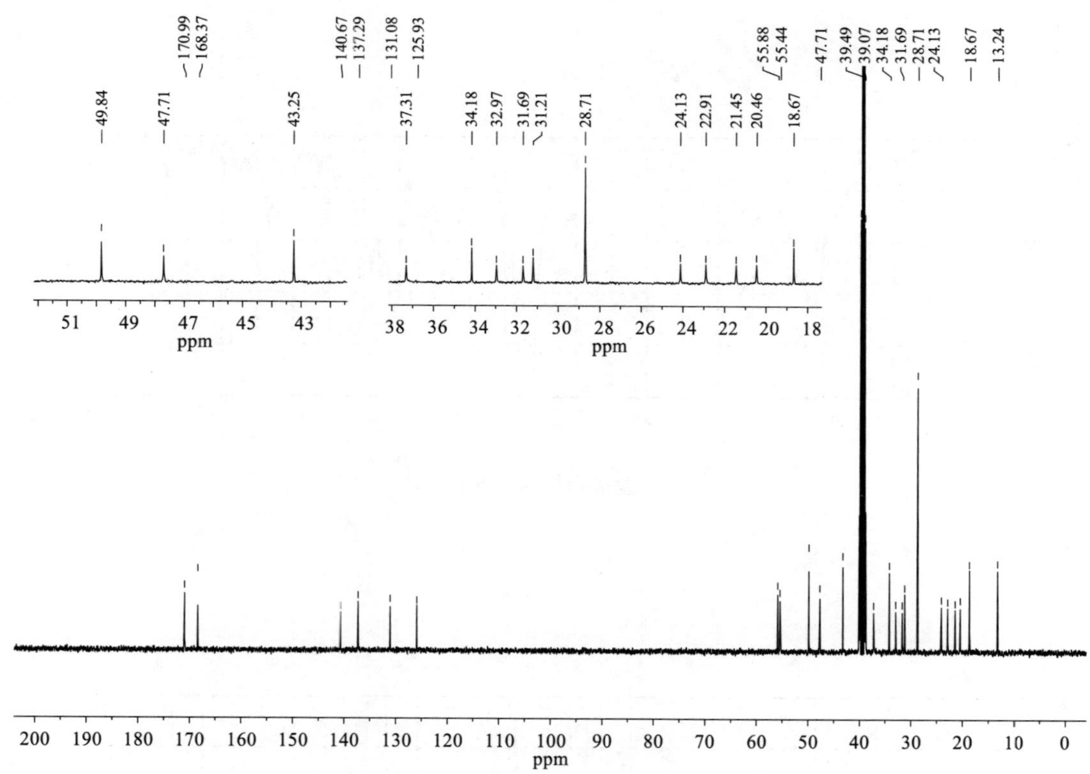

图 2　爱普列特的^{13}C NMR 谱（溶剂：CD_3SOCD_3）

^{13}C NMR：δ 170.99（C－21），168.37（C－20），140.67（C－5），137.29（C－4），131.08（C－3），125.93（C－6），55.88（C－14），55.44（C－22），49.84（C－17），47.71（C－13），43.25（C－9），37.31（C－12），34.18（C－10），32.97（C－1），31.69（C－8），31.21（C－7），28.71（C－23，24，25），24.13（C－15），22.91（C－2），21.45（C－16），20.46（C－11），18.67（C－19），13.24（C－18）

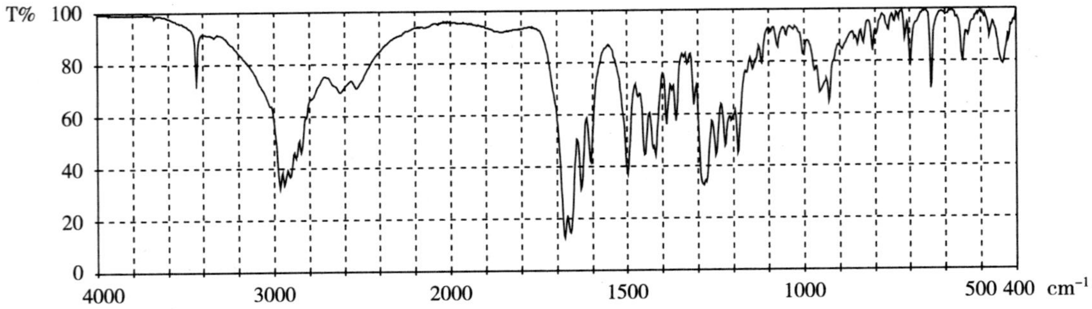

图 3　爱普列特的红外光谱图

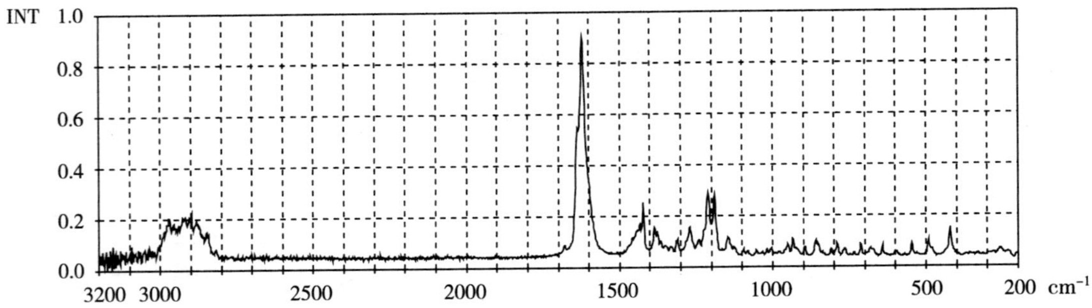

图 4　爱普列特的拉曼光谱图

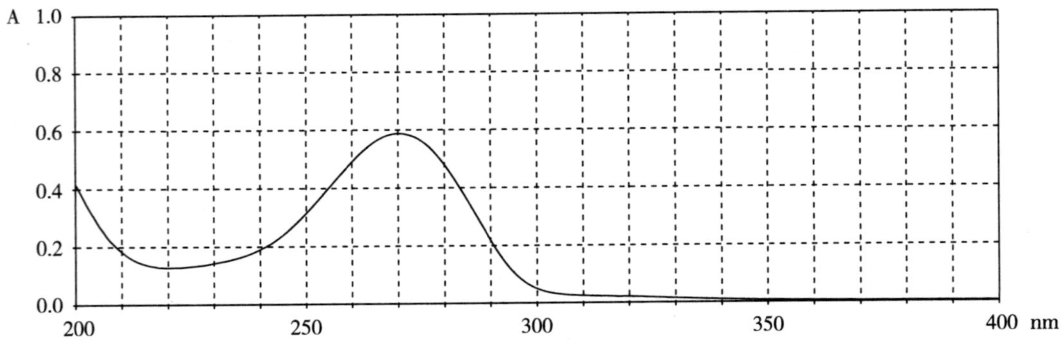

图 5　爱普列特的紫外光谱图

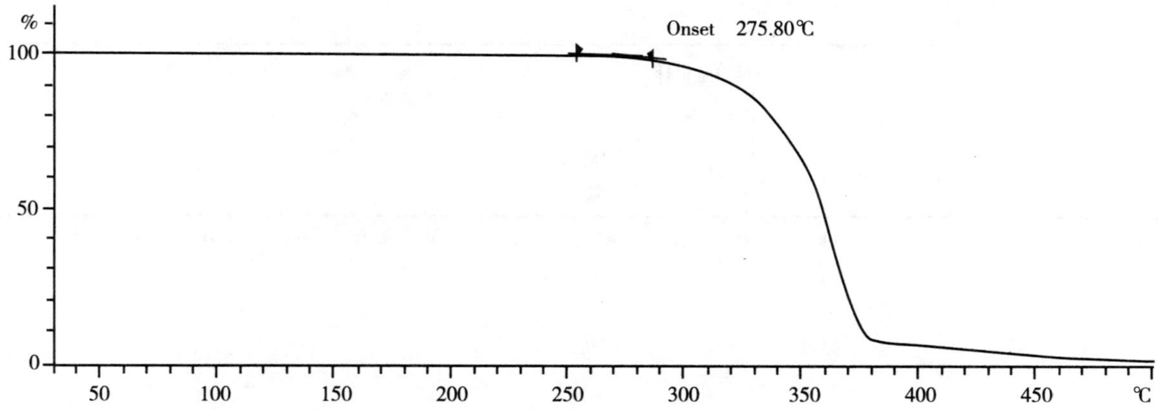

图 6　爱普列特的 TG 图

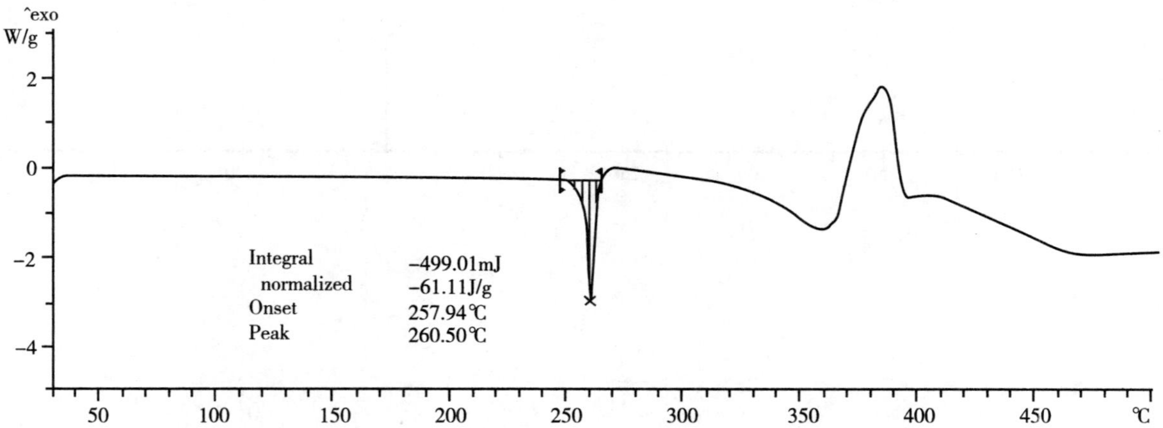

图 7　爱普列特的 DSC 图

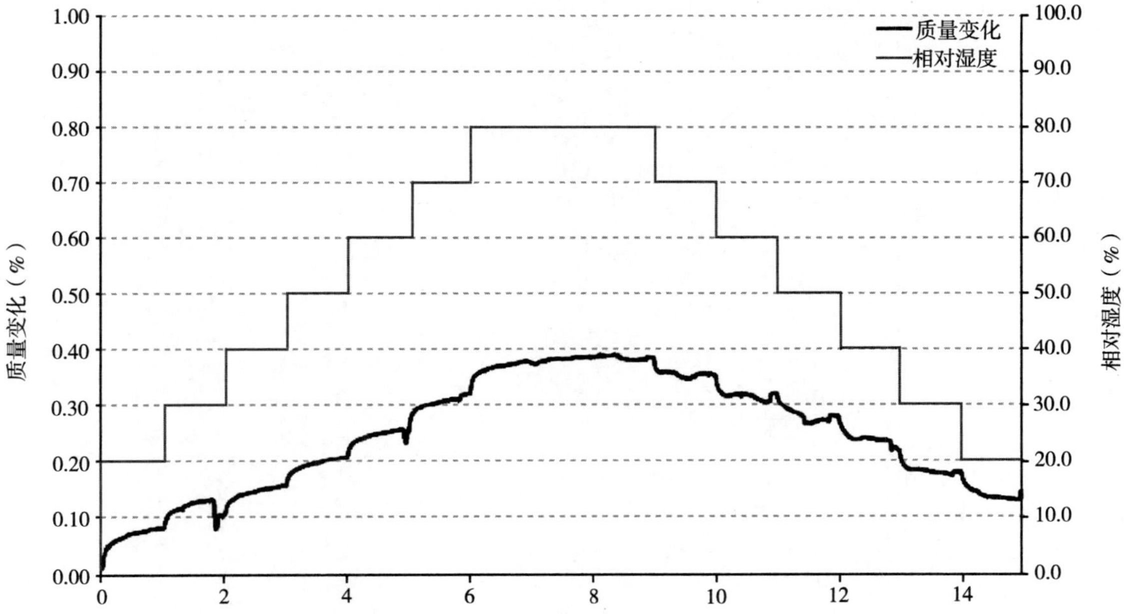

图 8　爱普列特的 DVS 图

正离子扫描模式（一级）

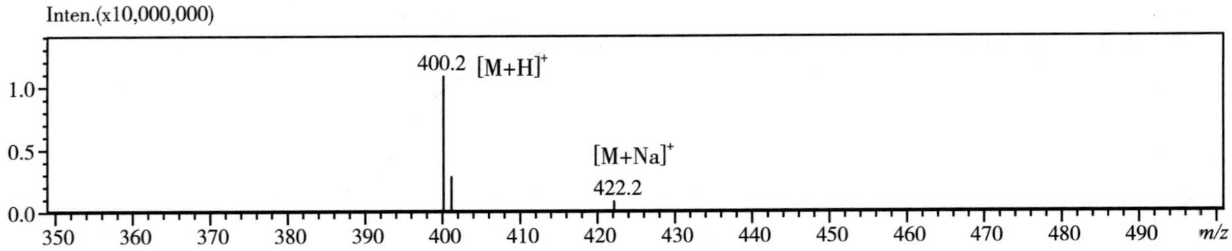

正离子扫描模式（二级）

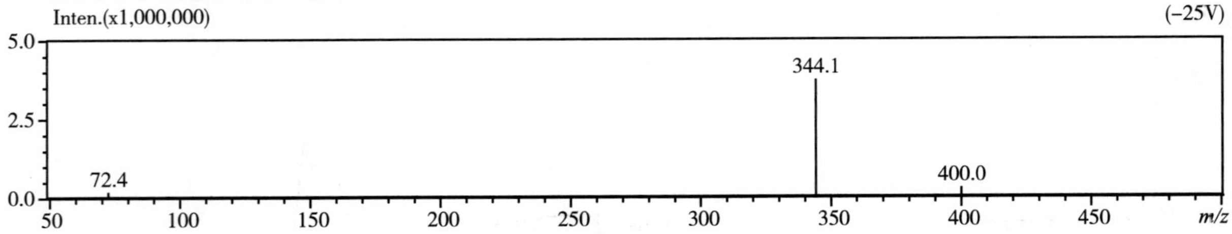

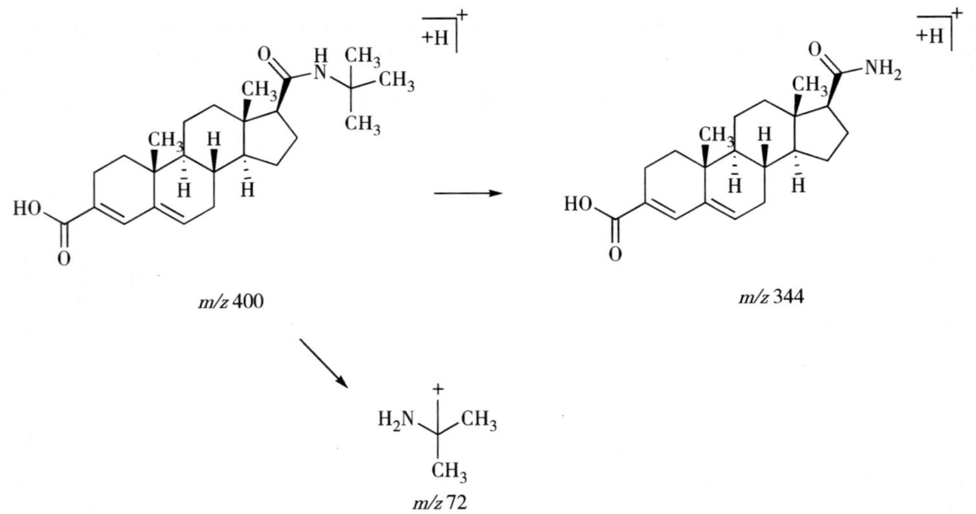

负离子扫描模式（一级）

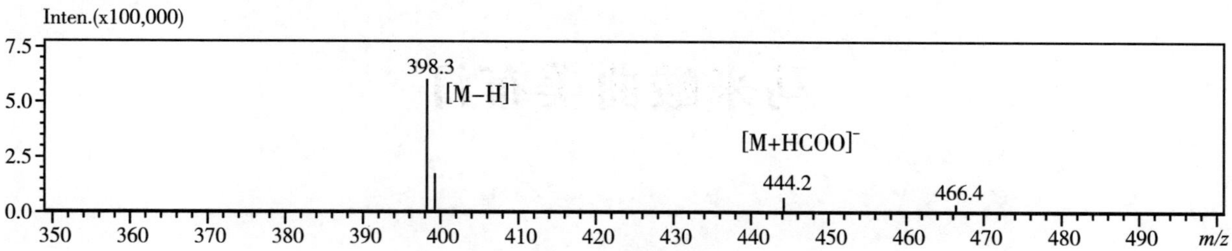

图 9　爱普列特的质谱图

备注

1. 中文化学名　17*β*-(*N*-叔丁基-氨基-甲酰基)雄甾-3,5-二烯基-3-羧酸

2. 英文化学名　(17*β*)-17-[[(1,1-dimethylethyl)amino]carbonyl]androsta-3,5-diene-3-carboxylic acid

3. 性状　本品为白色结晶性粉末。

4. 溶解性　本品在二氧六环或乙醇中溶解，在乙酸乙酯中略溶，在丙酮中微溶，在水中不溶。

5. 溶剂　乙醇。

6. 对照品编号与批号　100572-200401

马来酸曲美布汀

英文名 Trimebutine Maleate

分子式 $C_{22}H_{29}NO_5 \cdot C_4H_4O_4$

分子量 503.54

CAS 号 34140 - 59 - 5

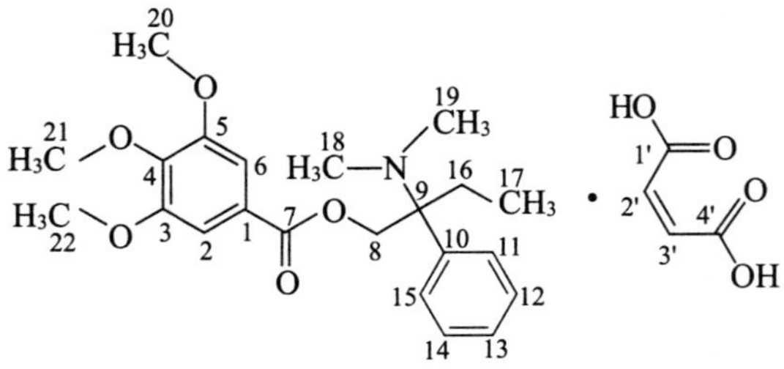

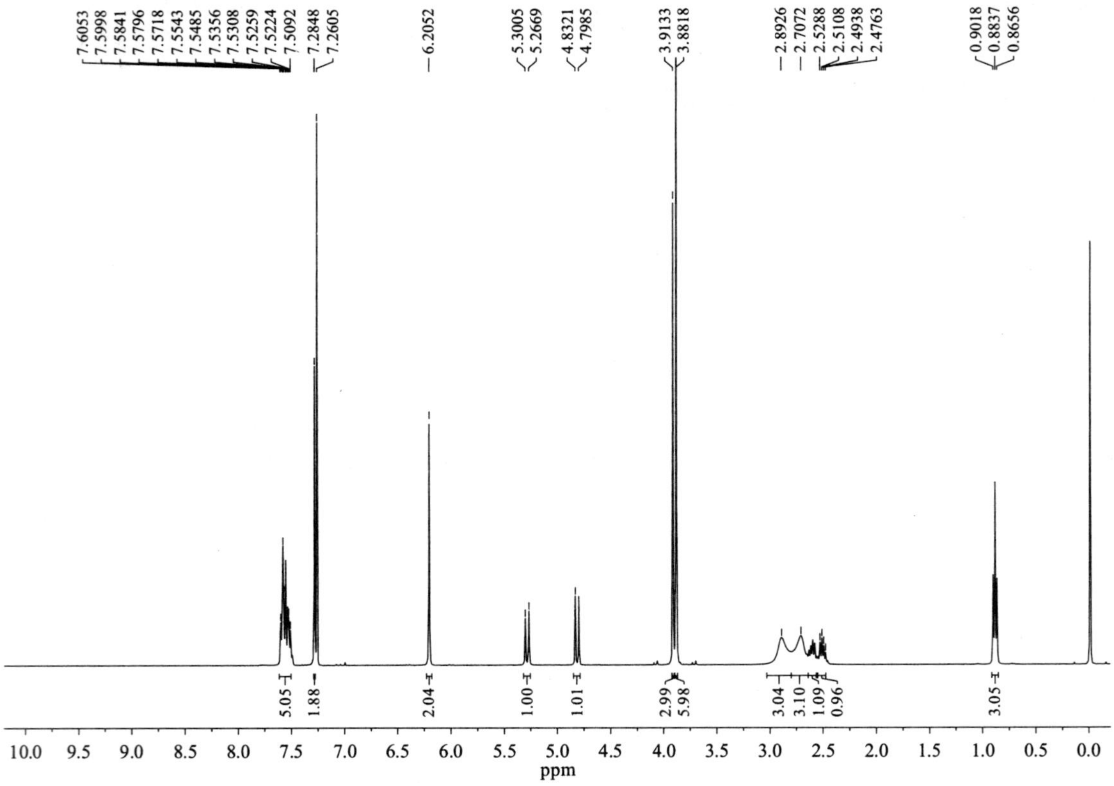

图 1　马来酸曲美布汀的¹H NMR 谱（溶剂：$CDCl_3$）

^{1}H NMR：δ 7.62 ~ 7.50（H - 11，12，13，14，15，m，5H），7.28（H - 2，6，s，2H），6.21（H - 2′，3′，s，2H），5.28（H - 8a，d，*J* = 13.5 Hz，1H），4.82（H - 8b，d，*J* = 13.5 Hz，1H），3.91（H - 21，s，3H），3.88（H - 20，22，s，6H），2.89（H - 19，s，3H），2.71（H - 18，s，3H），2.60（H - 16a，m，1H），2.51（H - 16b，m，1H），0.88（H - 17，t，*J* = 7.3 Hz，3H）

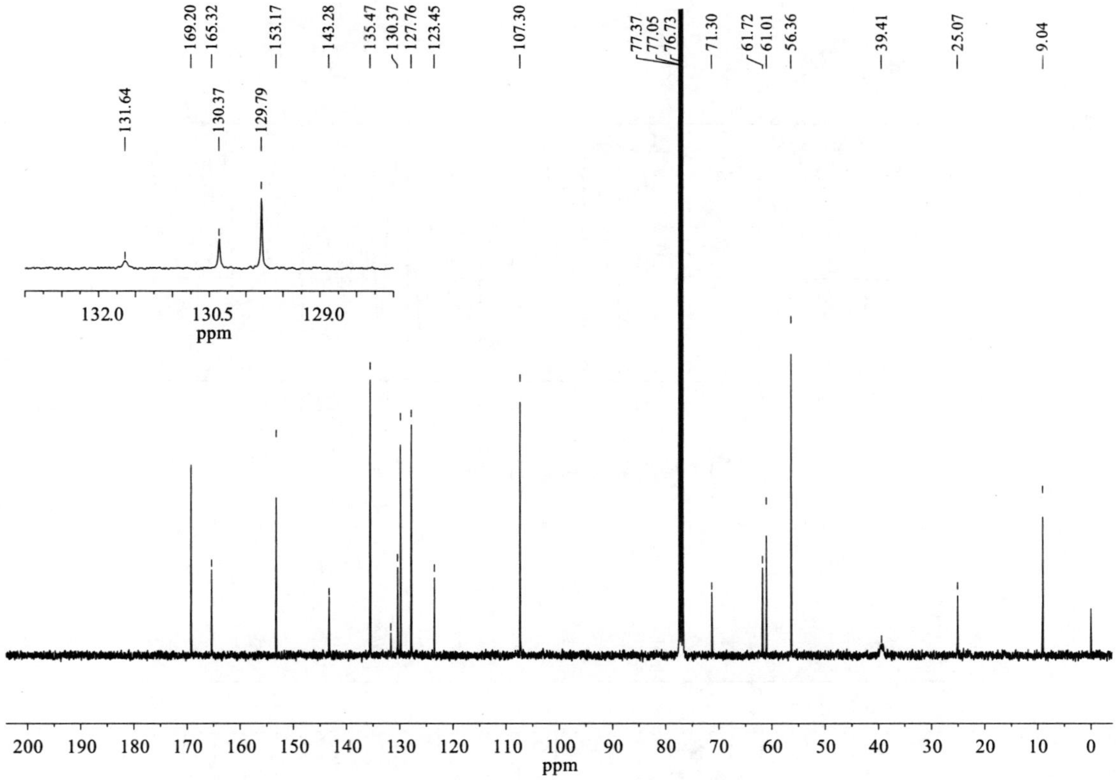

图 2　马来酸曲美布汀的^{13}C NMR 谱（溶剂：$CDCl_3$）

^{13}C NMR：δ 169.20（C－1′，4′），165.32（C－7），153.17（C－3，5），143.28（C－4），135.47（C－2′，3′），131.64（C－10），130.37（C－13），129.79（C－11，15），127.76（C－12，14），123.45（C－1），107.30（C－2，6），71.30（C－9），61.72（C－8），61.01（C－21），56.36（C－20，22），39.41（C－18，19），25.07（C－16），9.04（C－17）

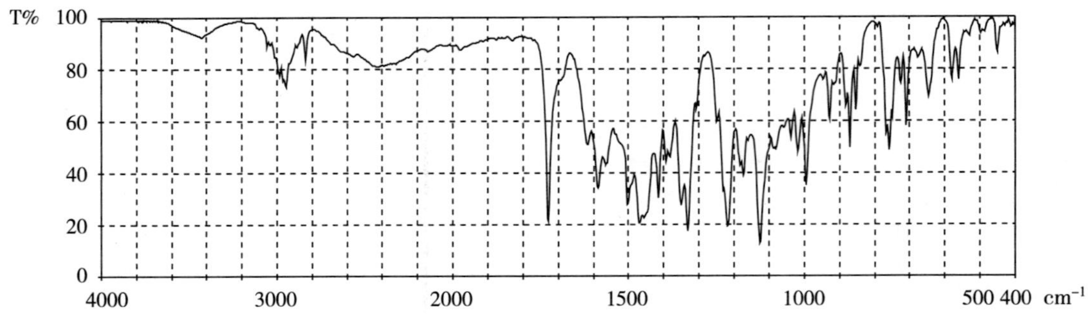

图 3　马来酸曲美布汀的红外光谱图

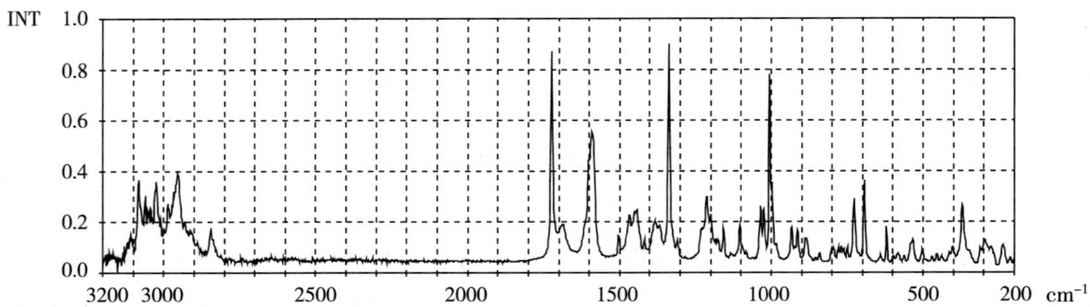

图 4　马来酸曲美布汀的拉曼光谱图

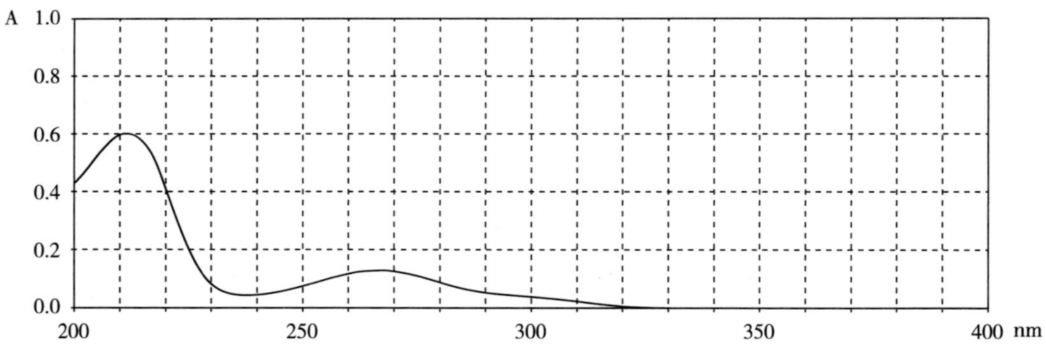

图 5　马来酸曲美布汀的紫外光谱图

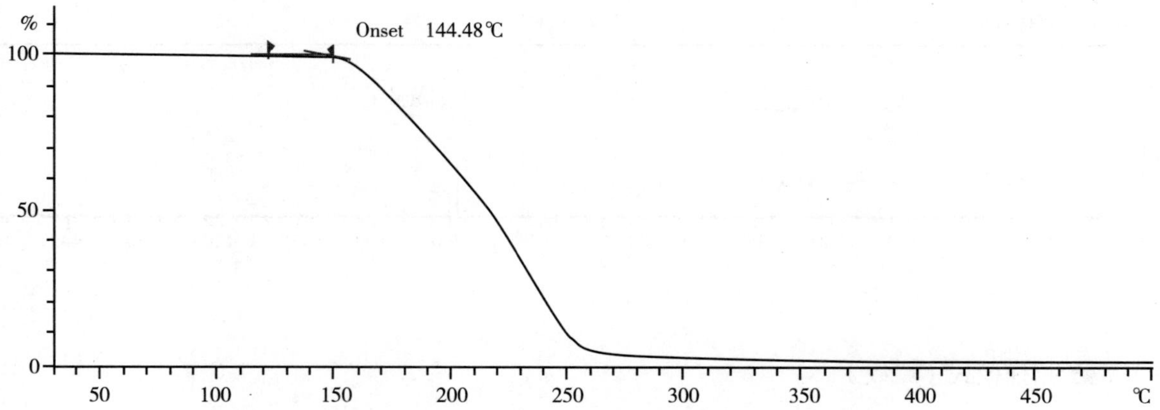

图 6　马来酸曲美布汀的 TG 图

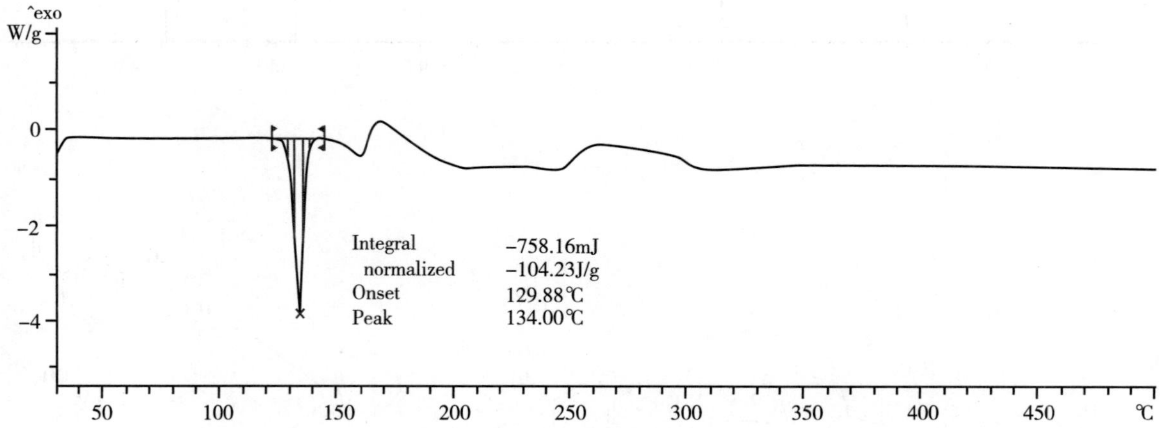

图 7　马来酸曲美布汀的 DSC 图

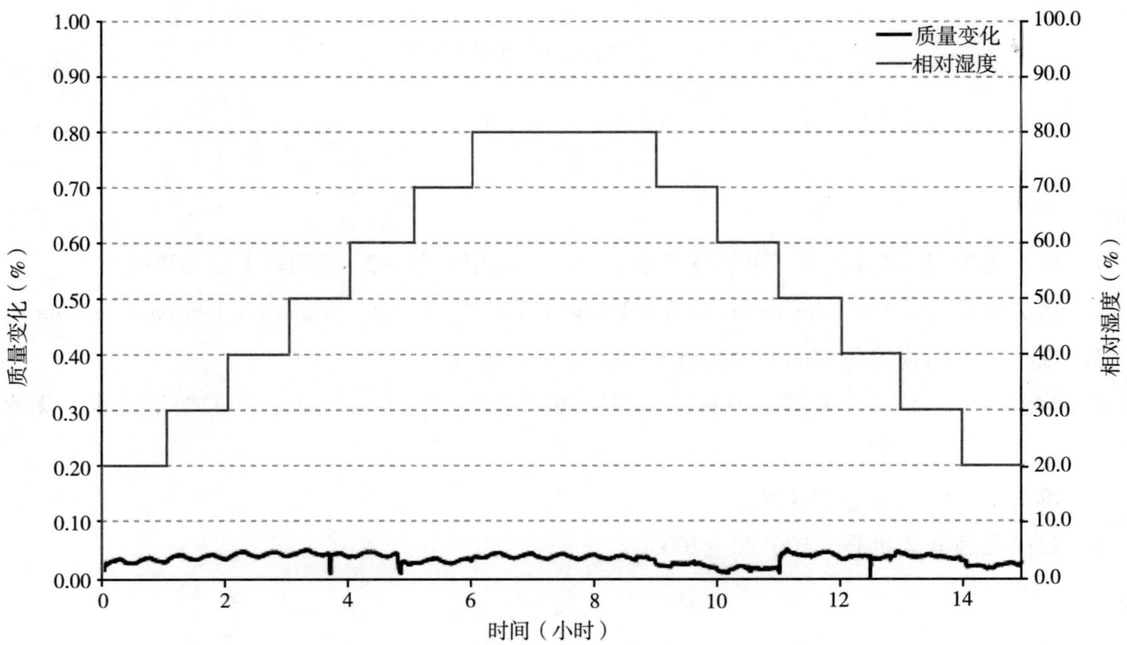

图 8　马来酸曲美布汀的 DVS 图

正离子扫描模式（一级）

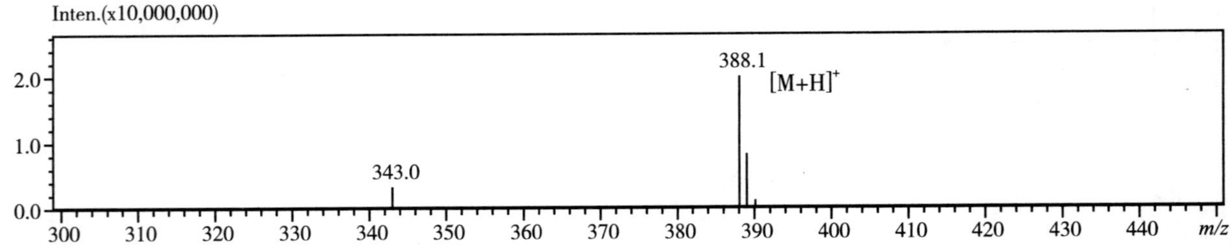

正离子扫描模式（二级）

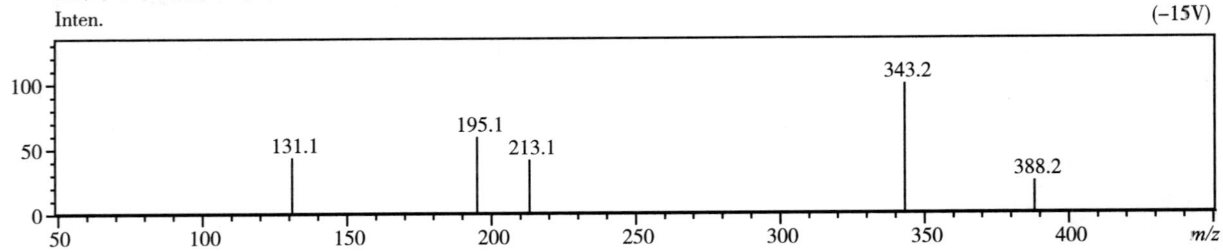

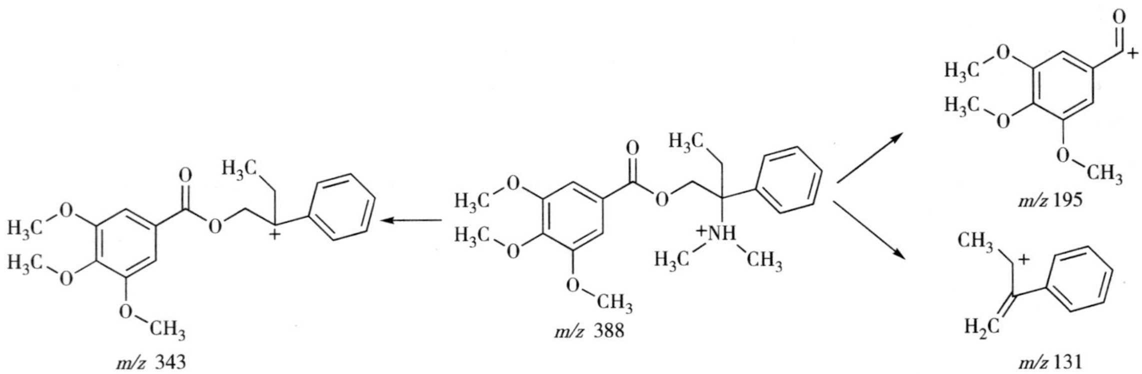

图9　马来酸曲美布汀的质谱图

备注

1. 中文化学名　3,4,5－三甲氧基苯甲酸－(2－二甲氧基－2－苯基)丁酯马来酸盐

2. 英文化学名　2－(dimethylamino)－2－phenylbutyl－3,4,5－trimethoxybenzoate maleate

3. 性状　本品为白色结晶或结晶性粉末；无臭，味苦。

4. 溶解性　本品在三氯甲烷中易溶，在甲醇中溶解，在0.01 mol/L盐酸溶液、水、无水乙醇中微溶。

5. 溶剂　0.1mol/L盐酸溶液。

6. 对照品编号与批号　100580－200501

吗 氯 贝 胺

英文名 Moclobemide

分子式 $C_{13}H_{17}ClN_2O_2$

分子量 268.74

CAS 号 71320-77-9

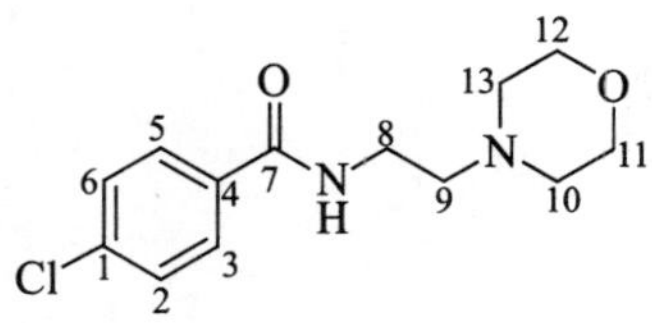

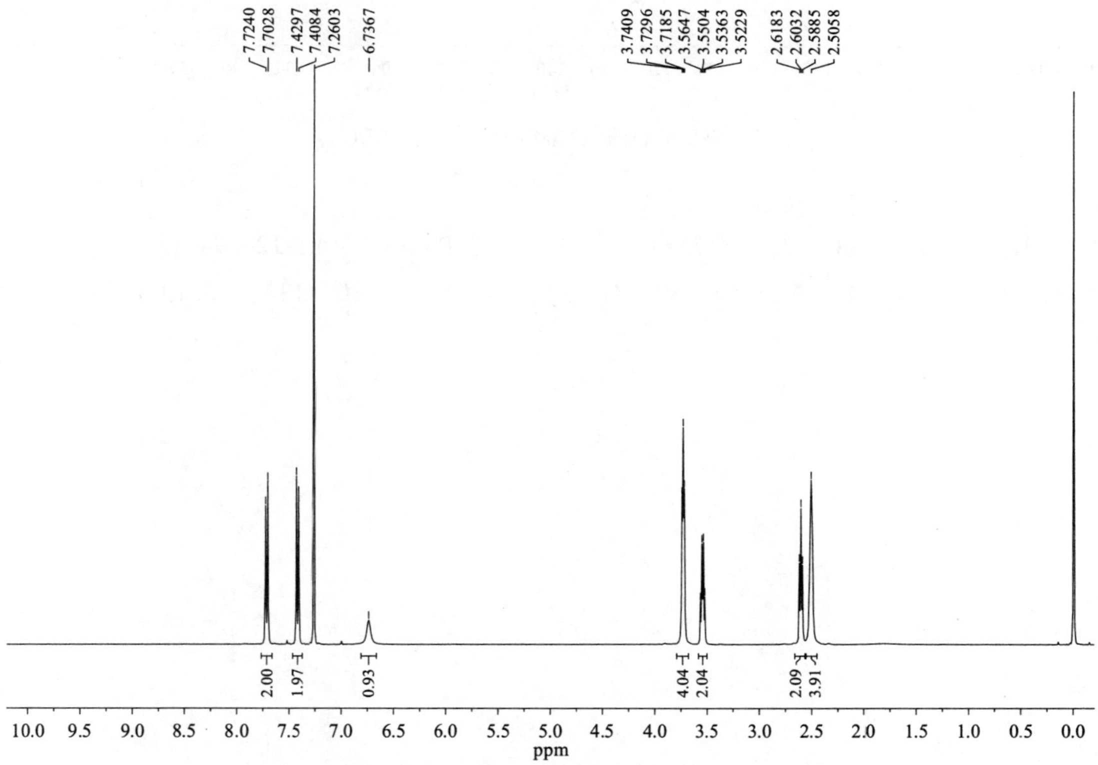

图1 吗氯贝胺的^{1}H NMR 谱（溶剂：$CDCl_3$）

^{1}H NMR：δ 7.71（H-3，5，d，J=8.5 Hz，2H），7.42（H-2，6，d，J=8.5 Hz，2H），6.74（NH，s，1H），3.79～3.68（H-11，12，m，4H），3.58～3.51（H-8，m，2H），2.60（H-9，t，J=6.0 Hz，2H），2.55～2.47（H-10，13，m，4H）

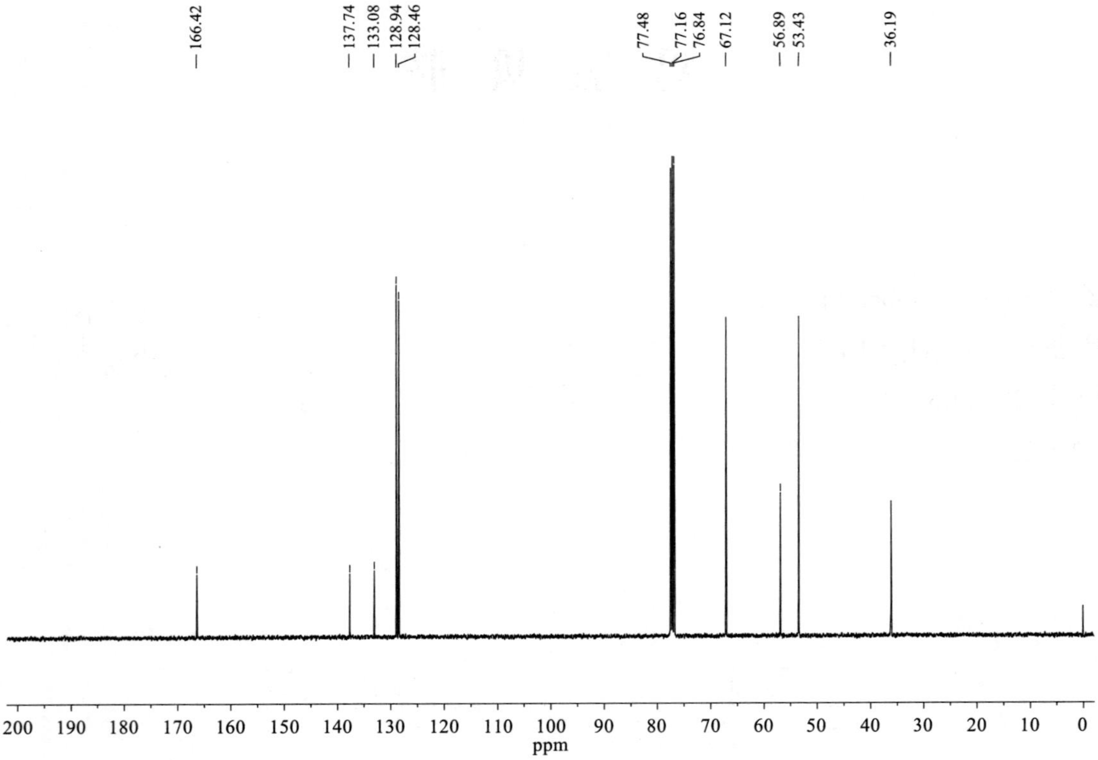

图 2　吗氯贝胺的^{13}C NMR 谱（溶剂：$CDCl_3$）

^{13}C NMR：δ 166.42（C－7），137.74（C－1），133.08（C－4），128.94（C－3，5），128.46（C－2，6），67.12（C－11，12），56.89（C－9），53.43（C－10，13），36.19（C－8）

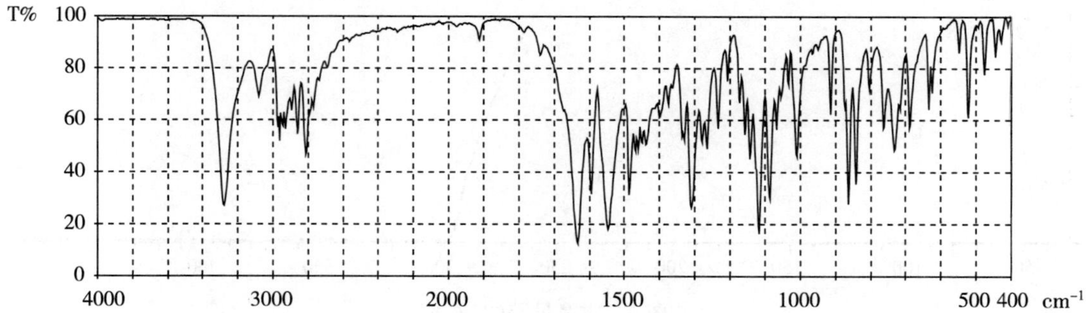

图 3　吗氯贝胺的红外光谱图

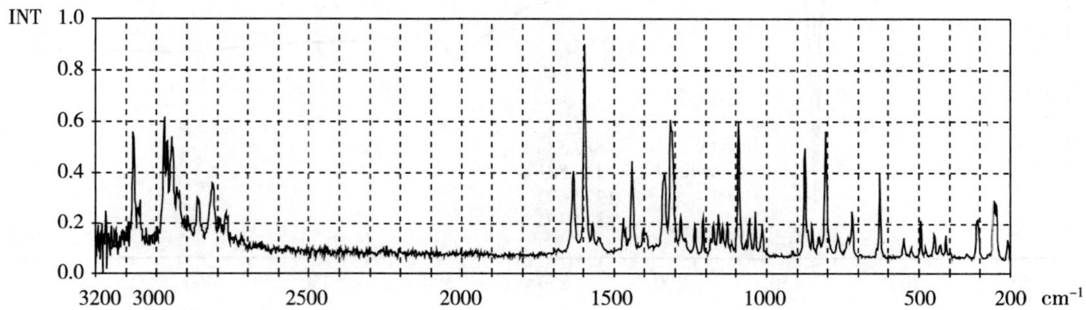

图 4　吗氯贝胺的拉曼光谱图

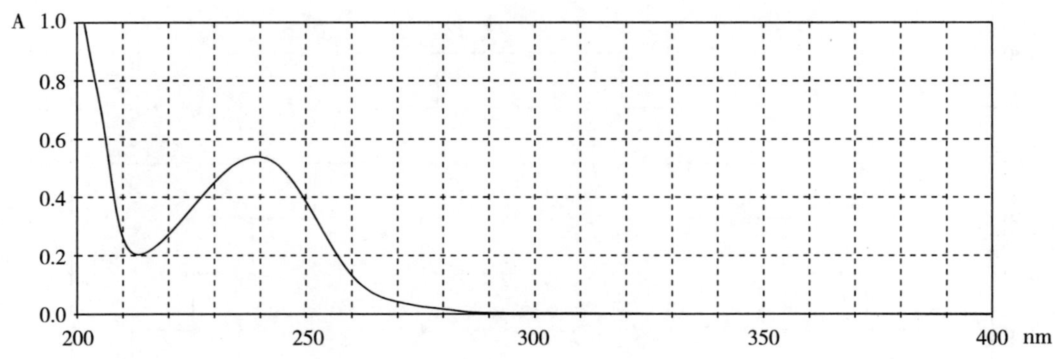

图 5　吗氯贝胺的紫外光谱图

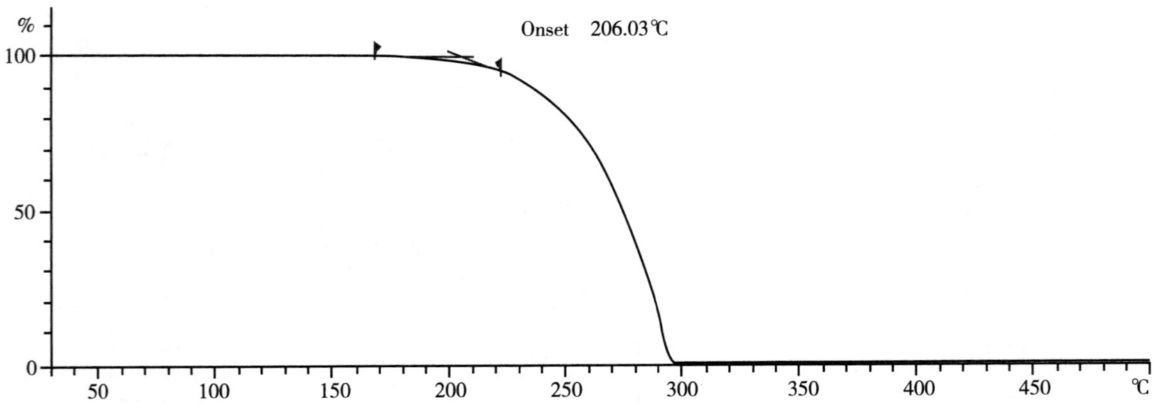

图 6　吗氯贝胺的 TG 图

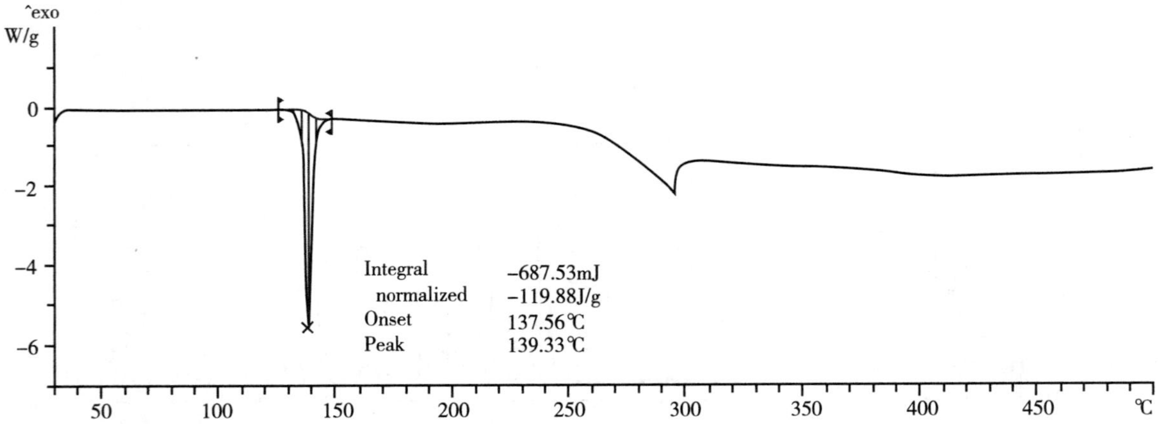

图 7　吗氯贝胺的 DSC 图

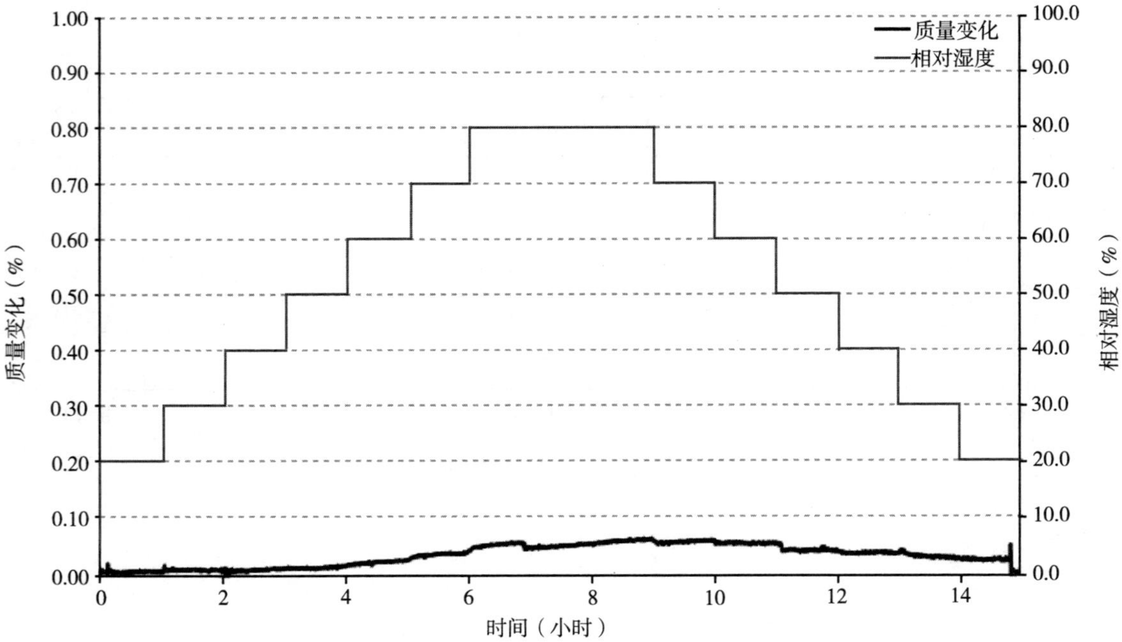

图 8　吗氯贝胺的 DVS 图

正离子扫描模式（一级）

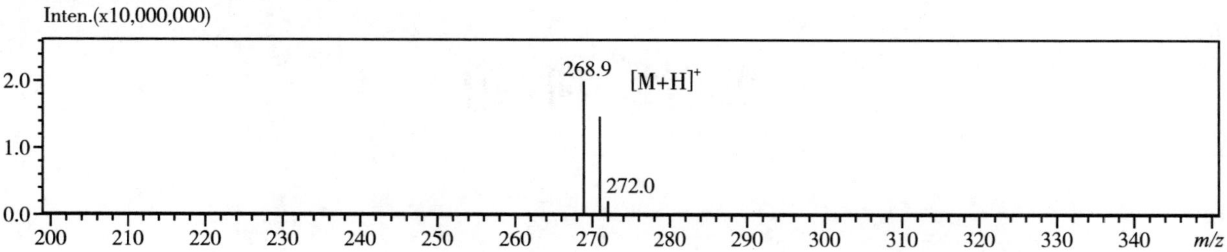

正离子扫描模式（二级）

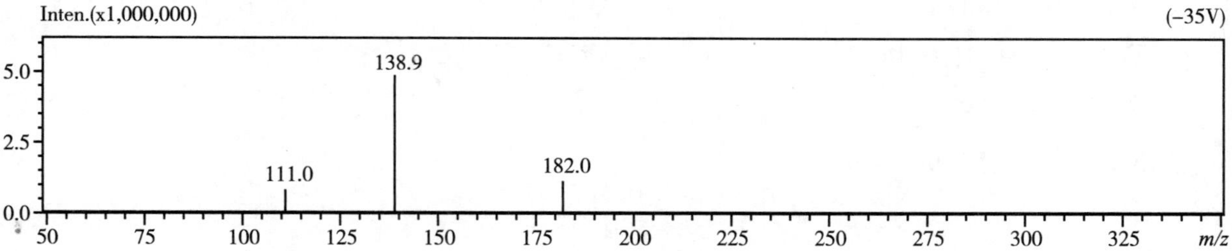

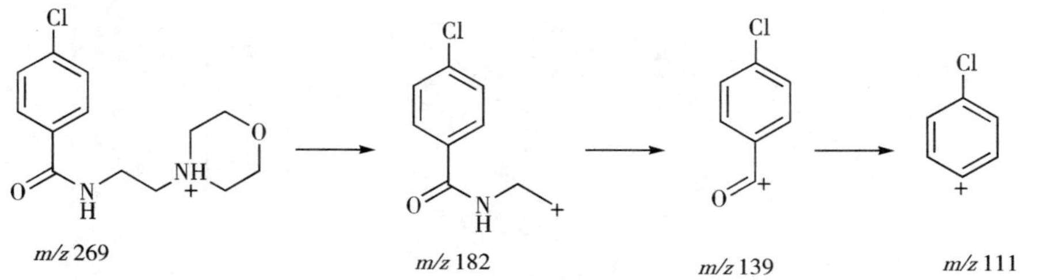

负离子扫描模式（一级）

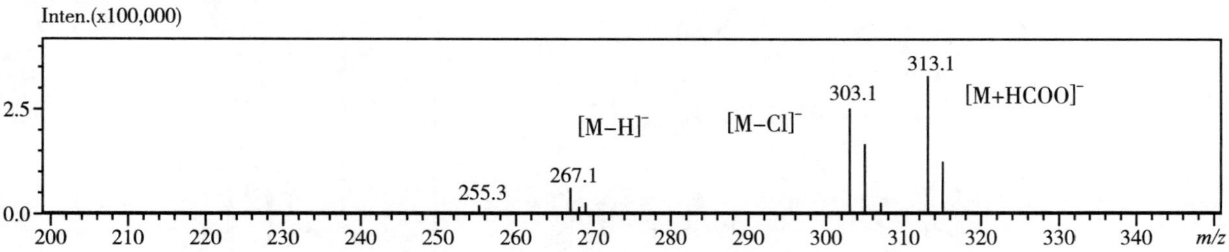

图9　吗氯贝胺的质谱图

备注

1. **中文化学名**　4－氯－*N*－2－(4－吗啉基)乙基苯甲酰胺
2. **英文化学名**　*p*－chloro－*N*－(2－morpholinoethyl)benzamide
3. **性状**　本品为白色或类白色结晶或结晶性粉末；无臭，味微苦。
4. **溶解性**　本品在甲醇、乙醇或三氯甲烷中易溶，在丙酮中溶解，在水中微溶，在冰醋酸中易溶。
5. **溶剂**　0.1mol/L盐酸溶液。
6. **对照品编号与批号**　100583－200401

奥沙利铂

英文名 Oxaliplatin

分子式 $C_8H_{14}N_2O_4Pt$

分子量 397.29

CAS 号 61825－94－3

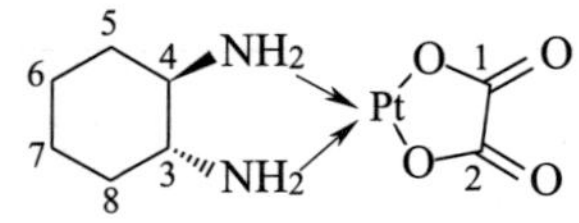

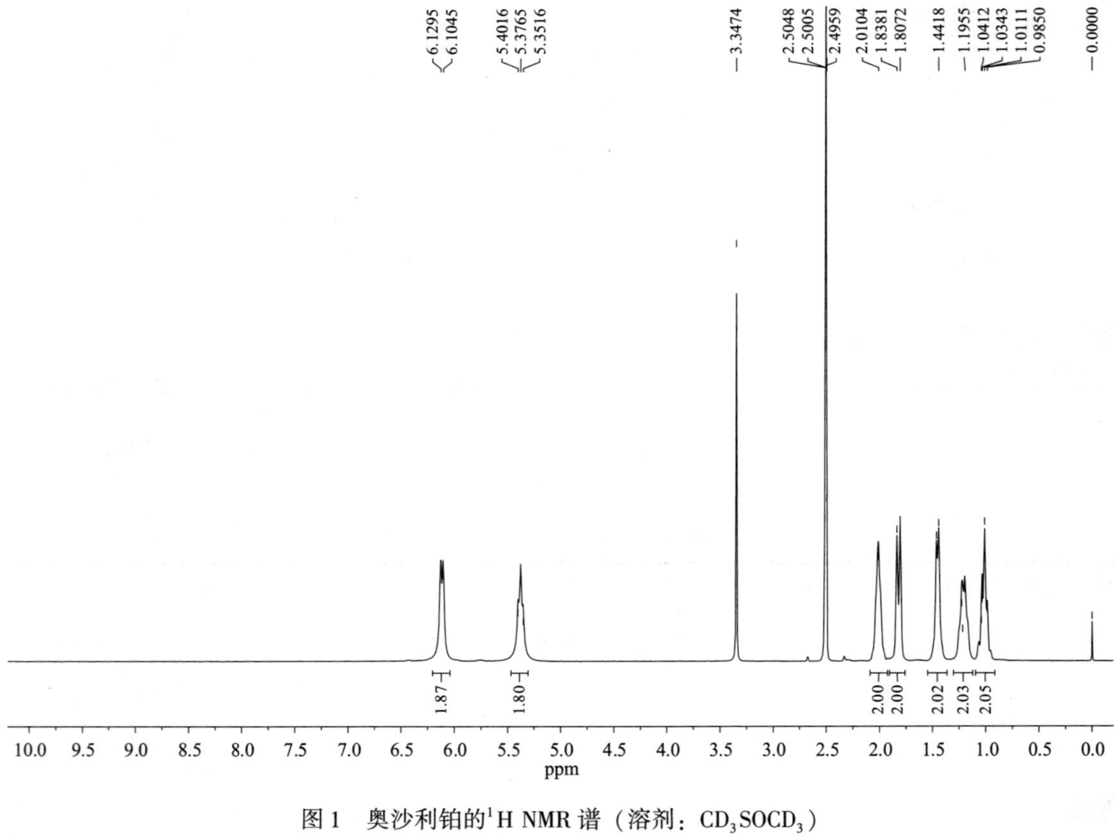

图 1 奥沙利铂的^{1}H NMR 谱（溶剂：CD_3SOCD_3）

^{1}H NMR：δ 6.12（NH_2, m, 2H），5.38（NH_2, m, 2H），2.01（H－3, 4, brs, 2H），1.88～1.76（H－5a, 8a, m, 2H），1.52～1.35（H－5b, 8b, m, 2H），1.29～1.12（H－6a, 7a, m, 2H），1.10～0.92（H－6b, 7b, m, 2H）

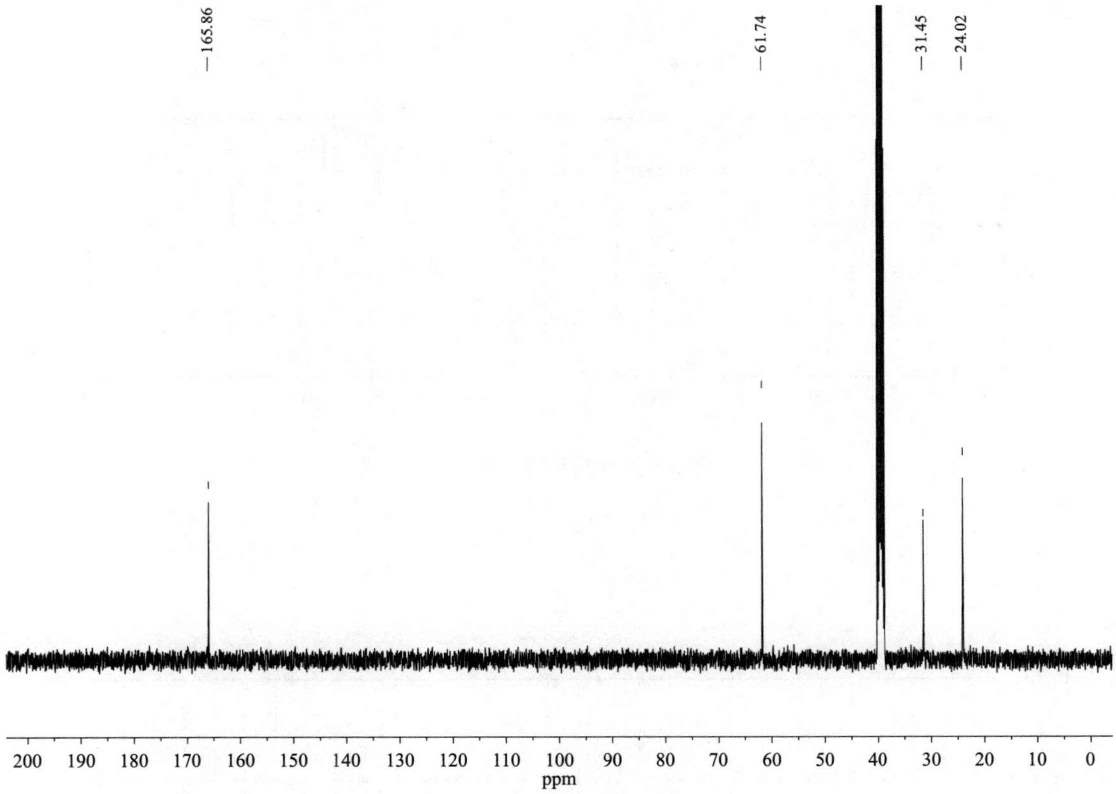

图 2　奥沙利铂的^{13}C NMR 谱（溶剂：CD_3SOCD_3）

^{13}C NMR：δ 165.86（C－1，2），61.74（C－3，4），31.45（C－5，8），24.02（C－6，7）

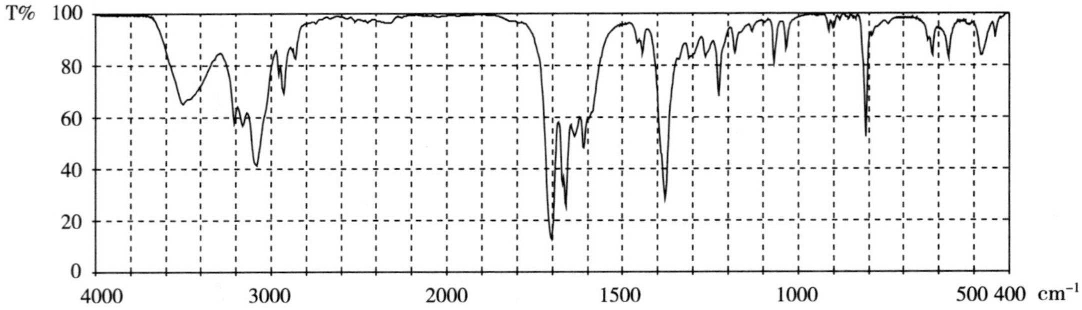

图 3　奥沙利铂的红外光谱图

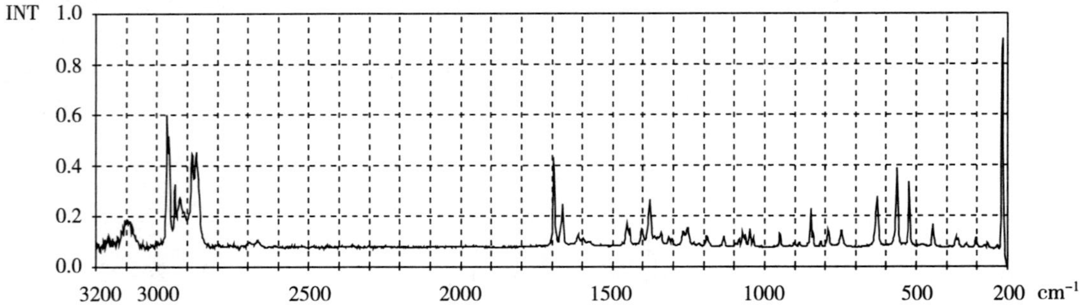

图 4　奥沙利铂的拉曼光谱图

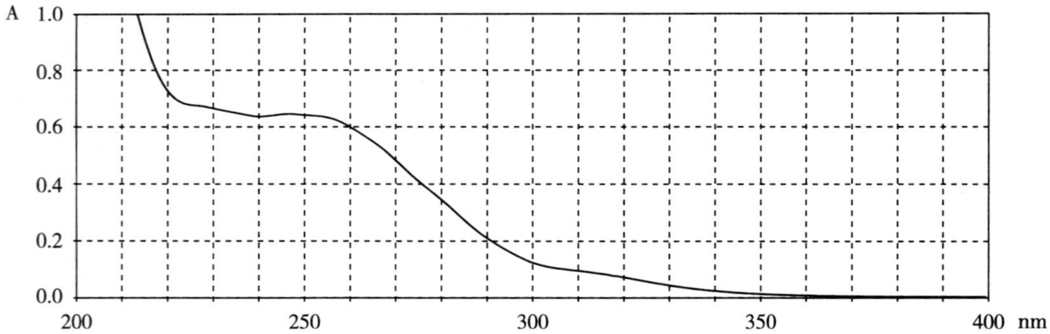

图 5　奥沙利铂的紫外光谱图

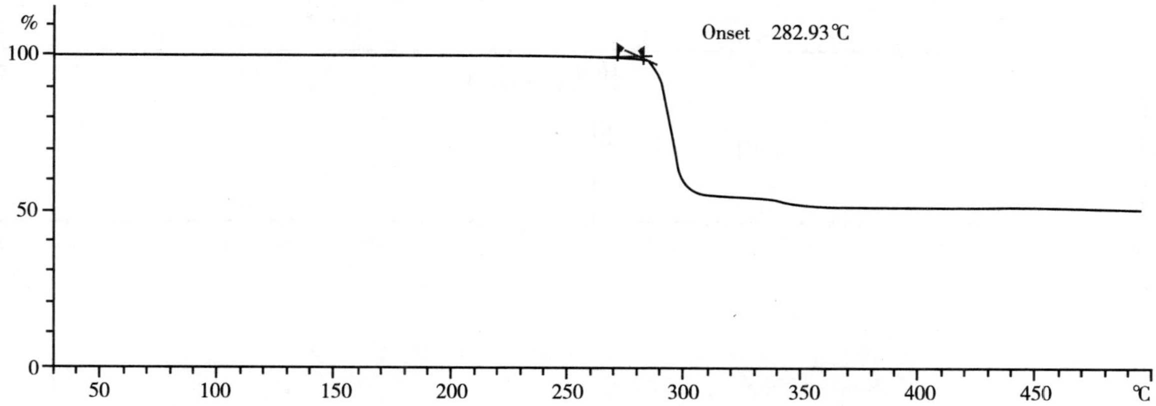

图 6　奥沙利铂的 TG 图

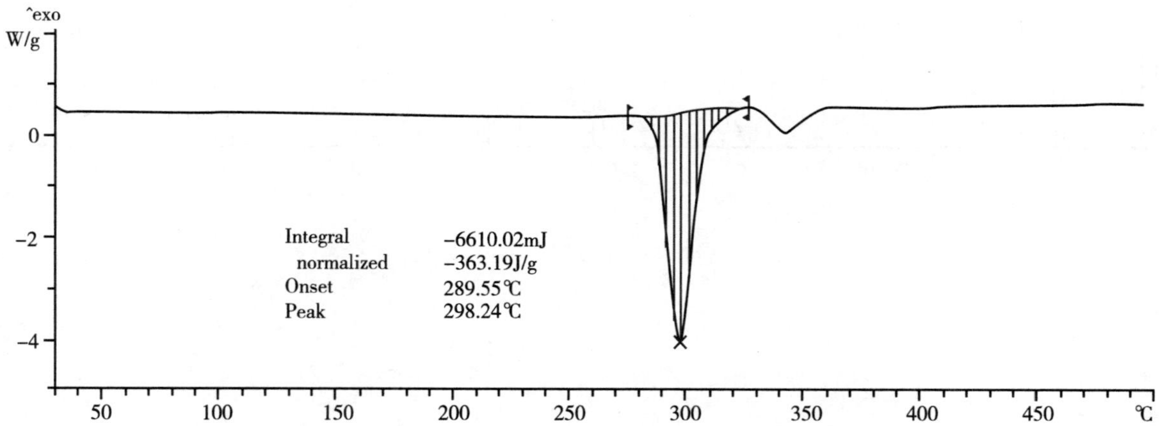

图 7　奥沙利铂的 DSC 图

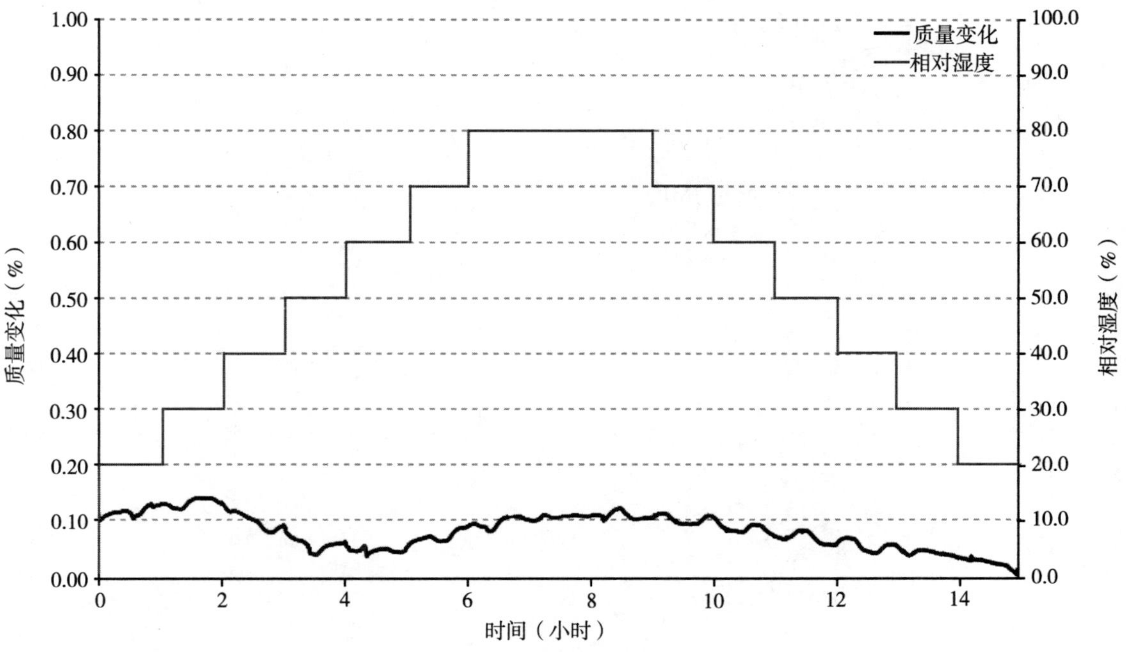

图 8　奥沙利铂的 DVS 图

正离子扫描模式（一级）

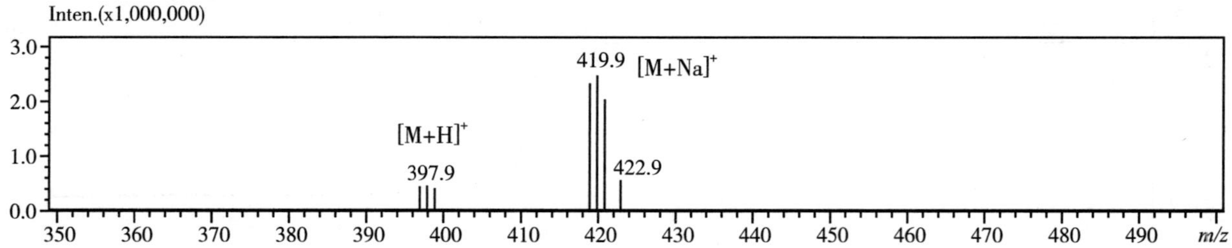

正离子扫描模式（二级）

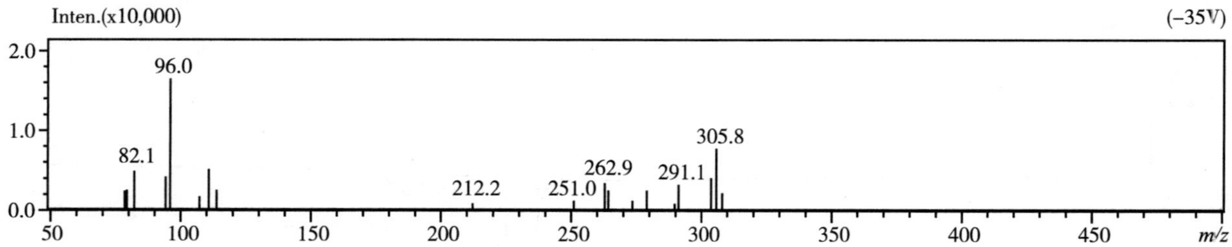

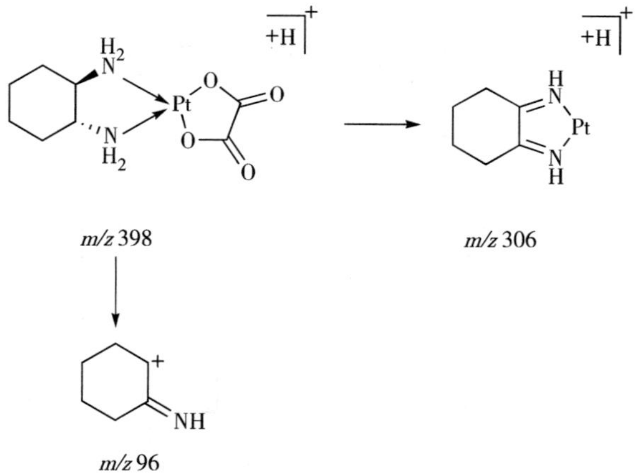

负离子扫描模式（一级）

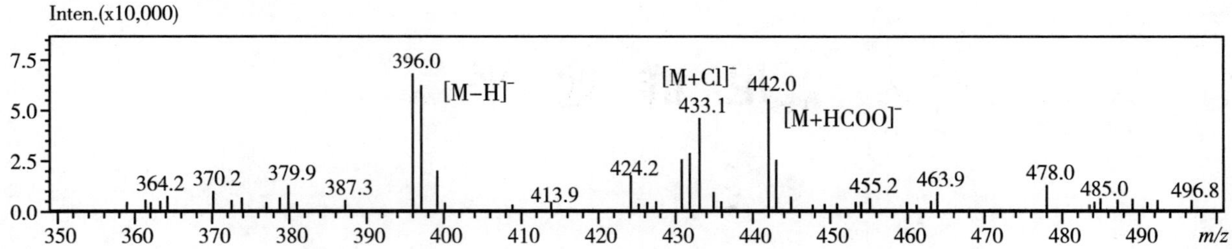

图 9　奥沙利铂的质谱图

备注

1. **中文化学名**　左旋反式二氨环己烷草酸铂
2. **英文化学名**　[*SP*-4-2-(1*R*-*trans*)]-(1,2-cyclohexanediamine-*N*,*N′*)[ethanedioata(2-)-*O*,*O′*]platinum
3. **性状**　本品为白色或类白色结晶性粉末；无臭。
4. **溶解性**　本品在*N*,*N*-二甲基甲酰胺中略溶，在水或甲醇中微溶，在三氯甲烷或乙醚中几乎不溶。
5. **溶剂**　水。
6. **对照品编号与批号**　100584-200902

尼 群 地 平

英文名 Nitrendipine

分子式 $C_{18}H_{20}N_2O_6$

分子量 360.36

CAS 号 39562－70－4

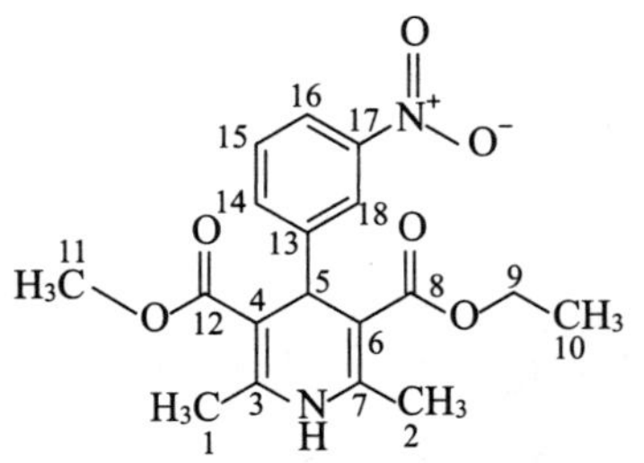

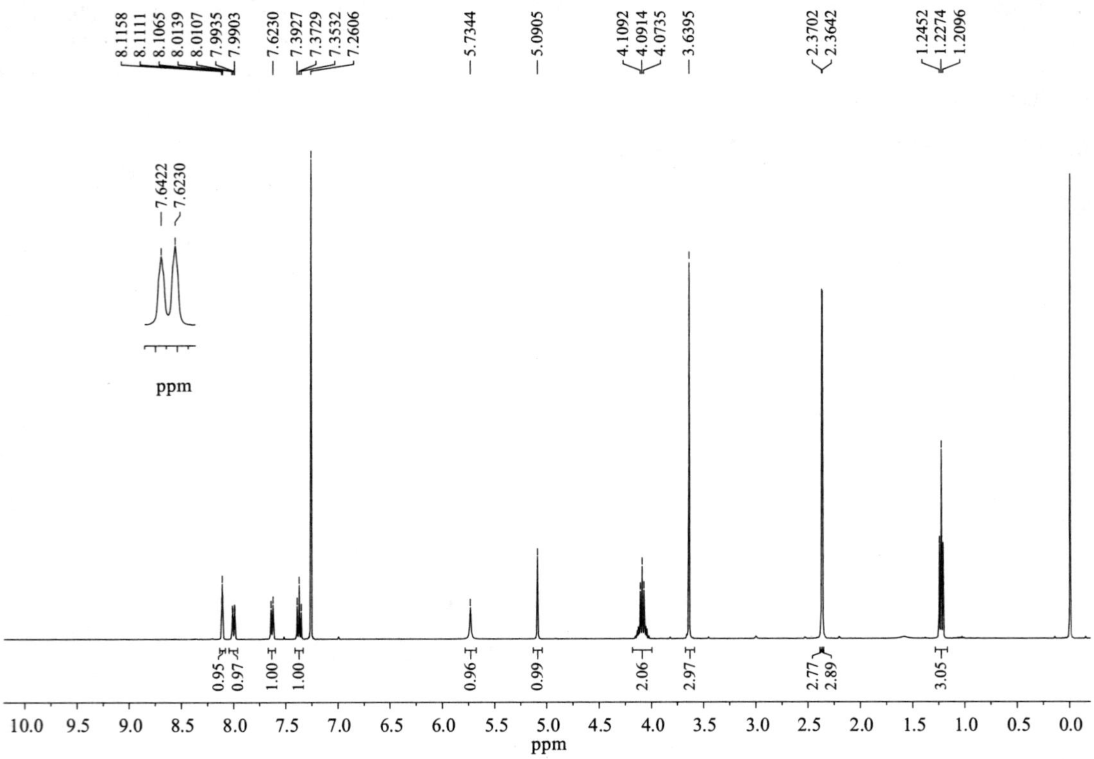

图 1　尼群地平的^{1}H NMR 谱（溶剂：$CDCl_3$）

^{1}H NMR：δ 8.11（H－18，t，J＝1.9 Hz，1H），8.00（H－16，dd，J＝8.2，1.3 Hz，1H），7.63（H－14，d，J＝7.7 Hz，1H），7.37（H－15，t，J＝7.9 Hz，1H），5.73（NH，s，1H），5.09（H－5，s，1H），4.09（H－9，t，J＝9.0 Hz，2H），3.64（H－11，s，3H），2.37（H－1，s，3H），2.36（H－2，s，3H），1.23（H－10，t，J＝7.1 Hz，3H）

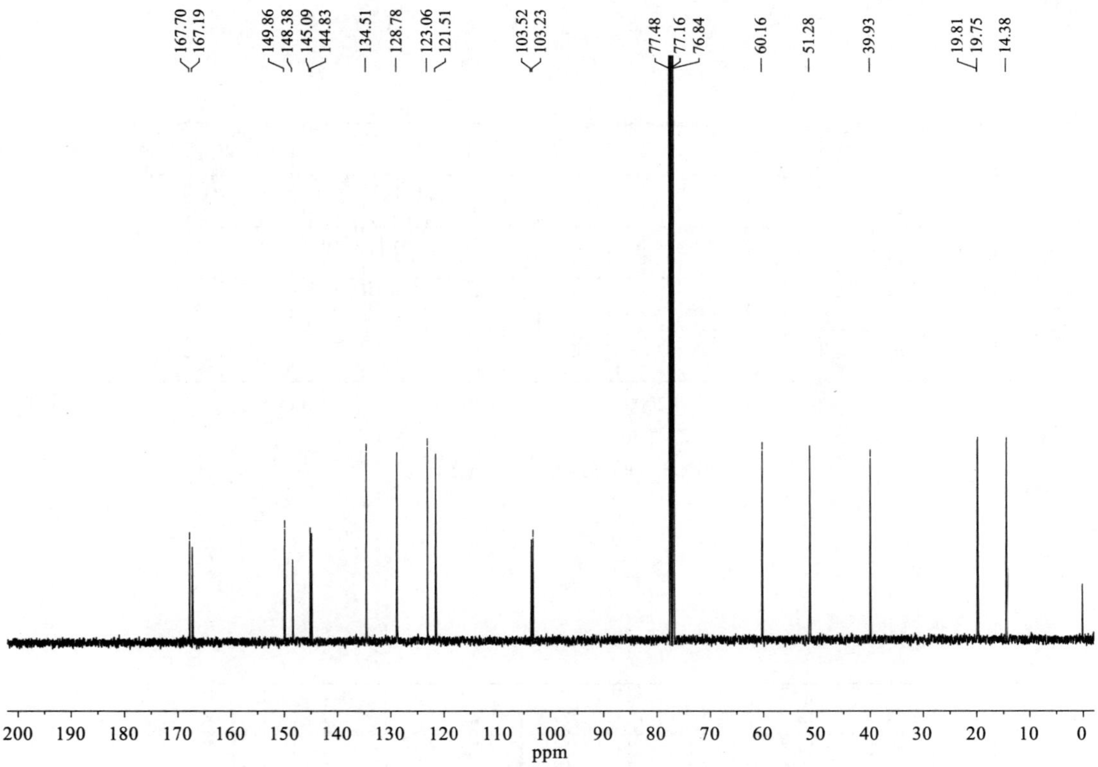

图2　尼群地平的^{13}C NMR谱（溶剂：$CDCl_3$）

^{13}C NMR：δ 167.70（C－12），167.19（C－8），149.86（C－13），148.38（C－17），145.09（C－7），144.83（C－3），134.51（C－14），128.78（C－15），123.06（C－18），121.51（C－16），103.52（C－4），103.23（C－6），60.16（C－9），51.28（C－11），39.93（C－5），19.81（C－2），19.75（C－1），14.38（C－10）

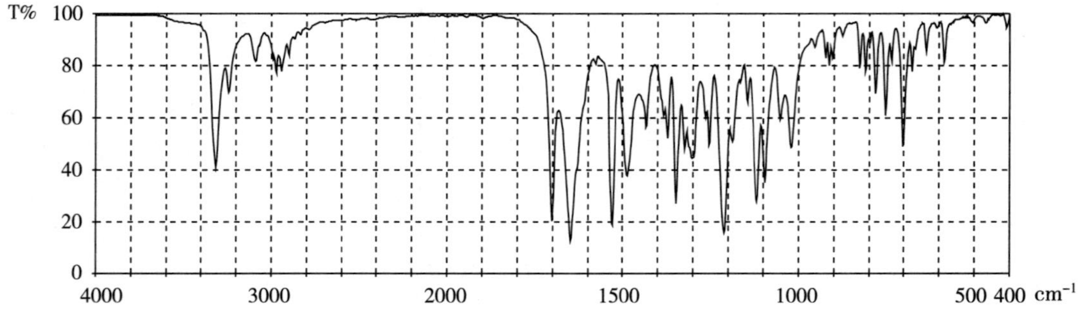

图 3　尼群地平的红外光谱图

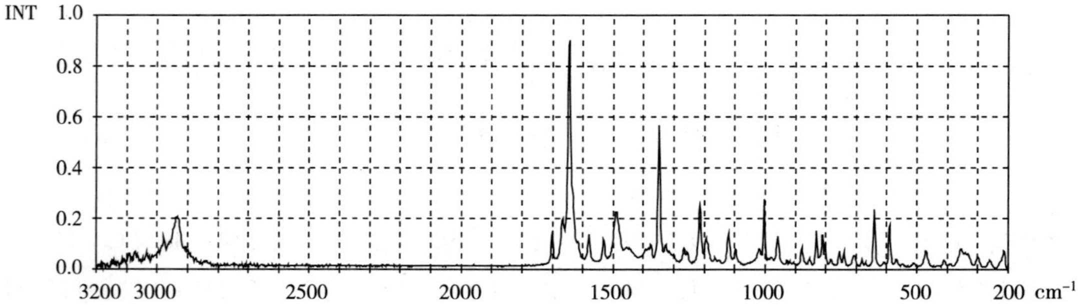

图 4　尼群地平的拉曼光谱图

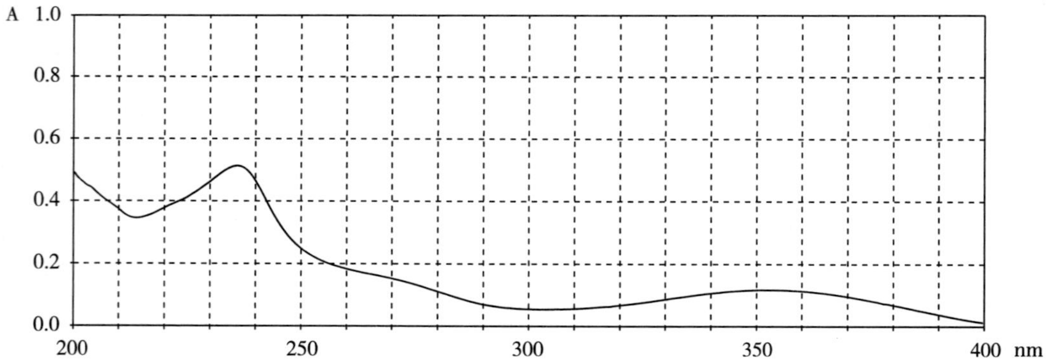

图 5　尼群地平的紫外光谱图

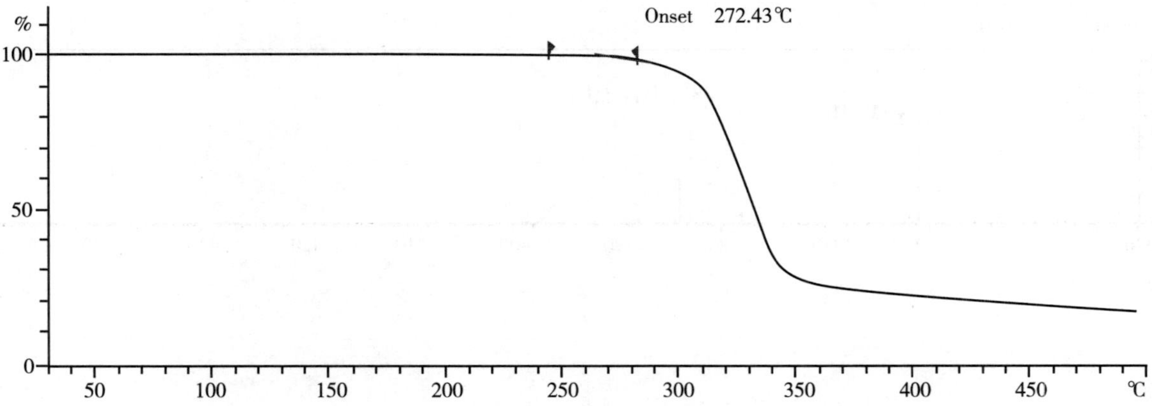

图 6　尼群地平的 TG 图

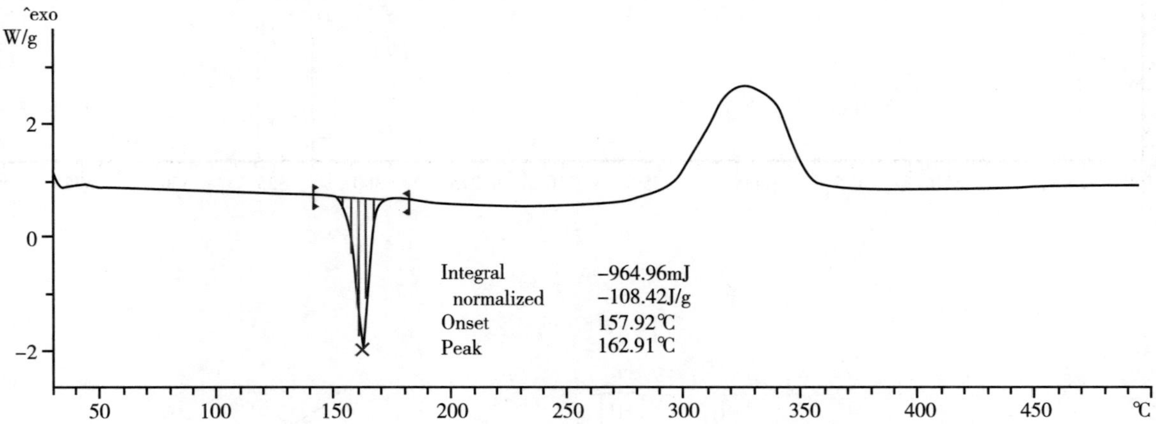

图 7　尼群地平的 DSC 图

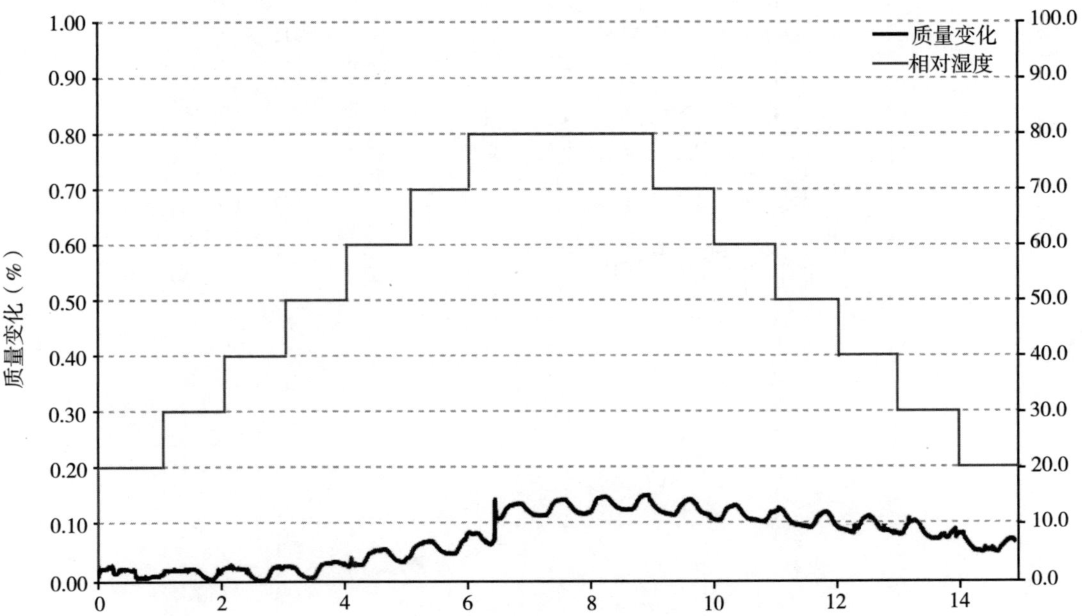

图 8　尼群地平的 DVS 图

正离子扫描模式（一级）

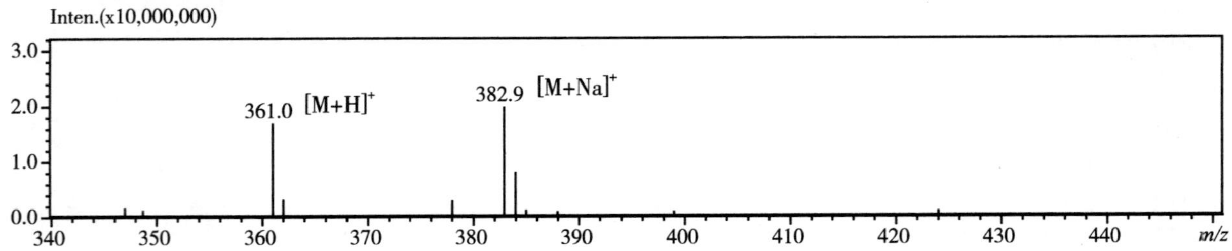

正离子扫描模式（二级）

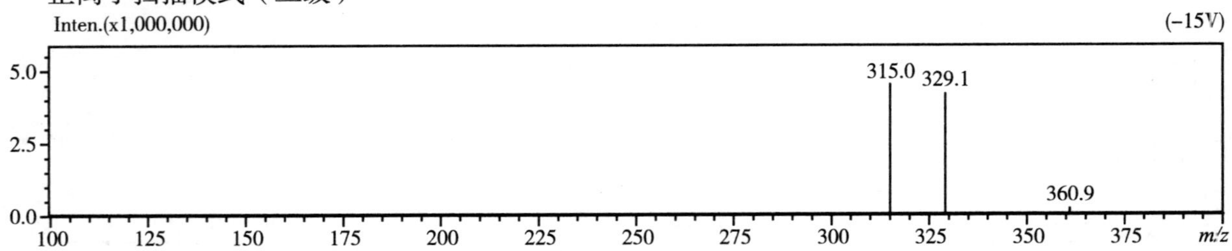

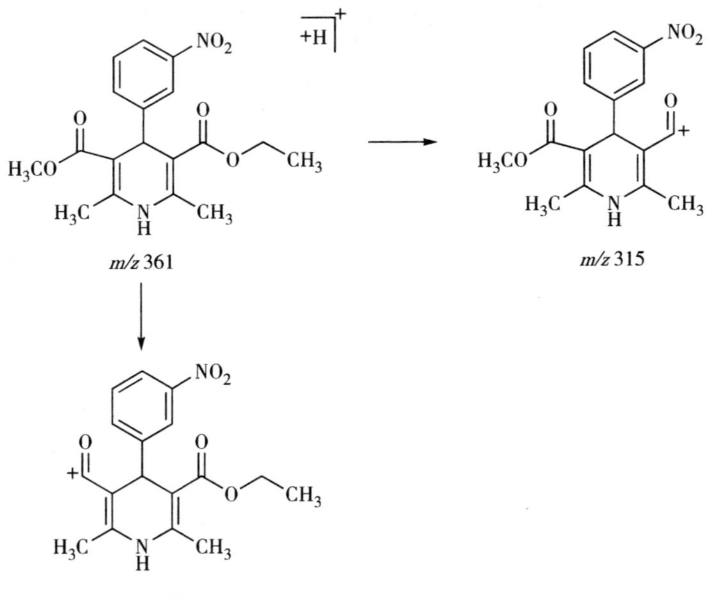

负离子扫描模式（一级）

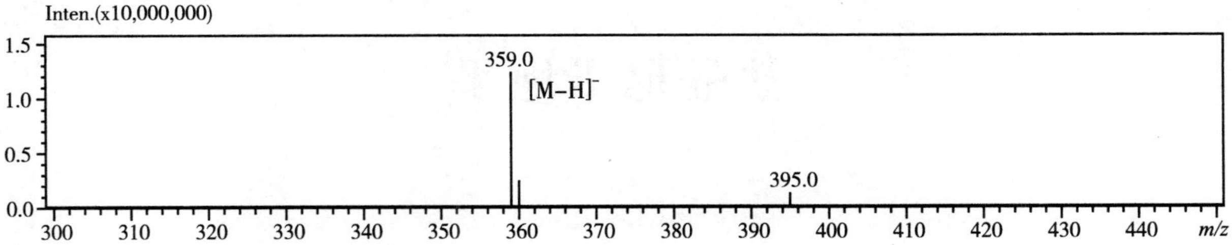

负离子扫描模式（二级）

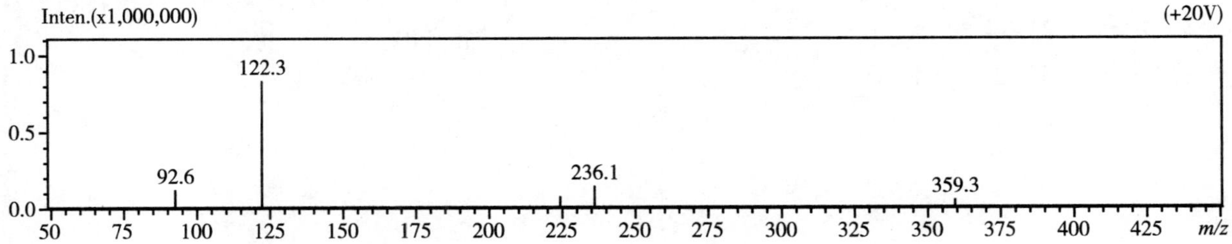

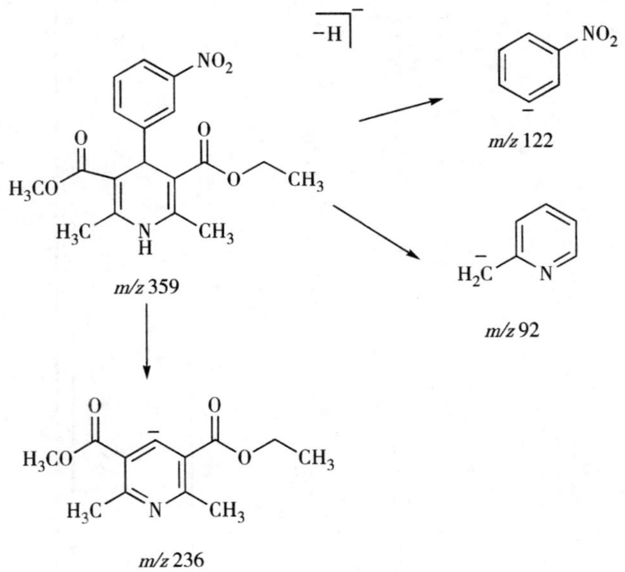

图9　尼群地平的质谱图

备注

1. **中文化学名**　2,6-二甲基-4-(3-硝基苯基)-1,4-二氢-3,5-吡啶二甲酸甲乙酯
2. **英文化学名**　1,4-dihydro-2,6-dimethyl-4-(3-nitrophenyl)-3,5-pyridine dicarboxylic acid ethyl methyl ester
3. **性状**　本品为黄色结晶或结晶性粉末；无臭，无味；遇光易变质。
4. **溶解性**　本品在丙酮或三氯甲烷中易溶，在甲醇或乙醇中略溶，在水中几乎不溶。
5. **溶剂**　乙醇。
6. **对照品编号与批号**　100585-201104

盐酸尼卡地平

英文名 Nicardipine Hydrochloride

分子式 $C_{26}H_{29}N_3O_6 \cdot HCl$

分子量 515.99

CAS 号 54527-84-3

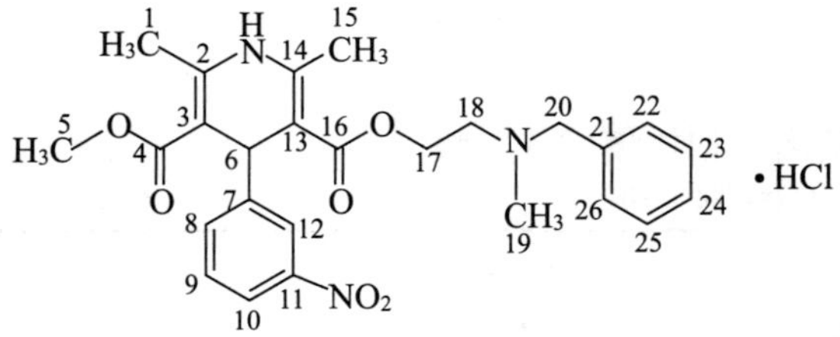

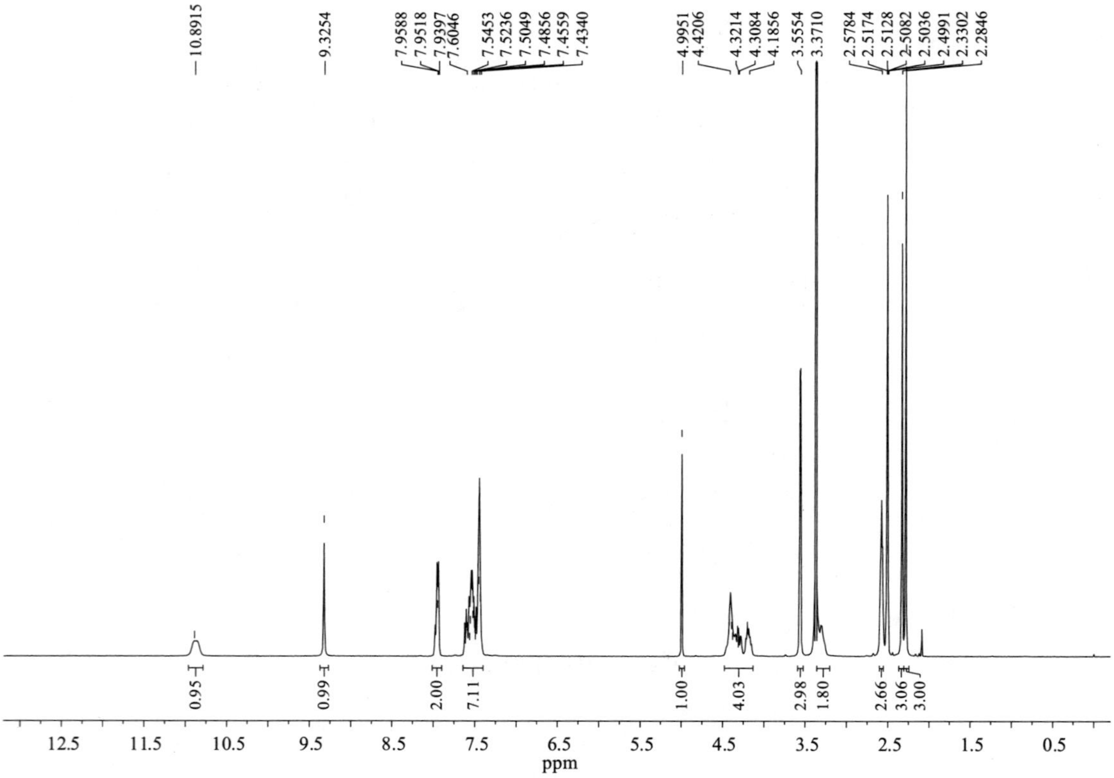

图 1 盐酸尼卡地平的^{1}H NMR 谱（溶剂：CD_3SOCD_3）

^{1}H NMR：δ 10.89（NH，brs，1H），9.33（HCl，s，1H），8.01 ~ 7.90（H-10，12，m，2H），7.64 ~ 7.40（H-8，9，22，23，24，25，26，m，7H），5.00（H-6，s，1H），4.47 ~ 4.14（H-17，18，m，4H），3.56（H-5，s，3H），3.36 ~ 3.20（H-20，m，2H），2.62 ~ 2.54（H-19，m，3H），2.33（H-15，s，3H），2.28（H-1，s，3H）

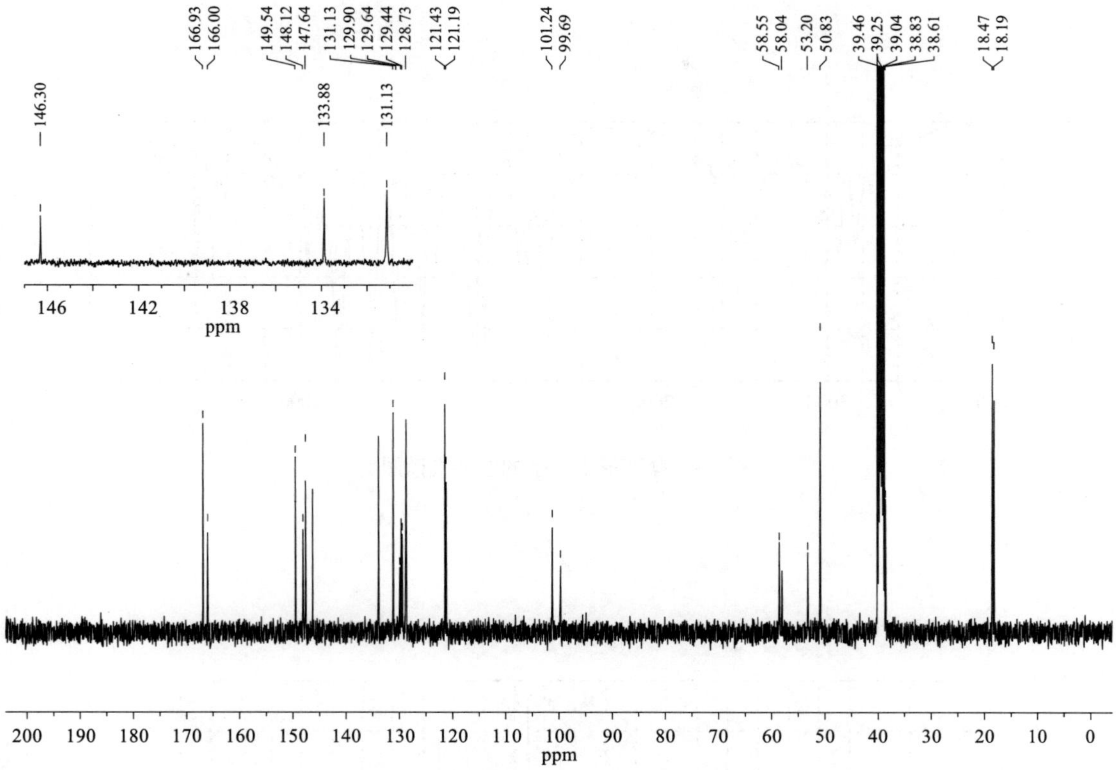

图 2　盐酸尼卡地平的^{13}C NMR 谱（溶剂：CD_3SOCD_3）

^{13}C NMR：δ 166.93（C－4），166.00（C－16），149.54（C－14），148.12（C－7），147.64（C－11），146.30（C－2），133.88（C－8），131.13（C－22，26），129.90（C－21），129.64（C－9），129.44（C－24），128.73（C－23，25），121.43（C－12），121.19（C－10），101.24（C－13），99.69（C－3），58.55（C－17），58.04（C－20），53.20（C－18），50.83（C－5），39.04（C－6），38.61（C－19），18.47（C－15），18.19（C－1）

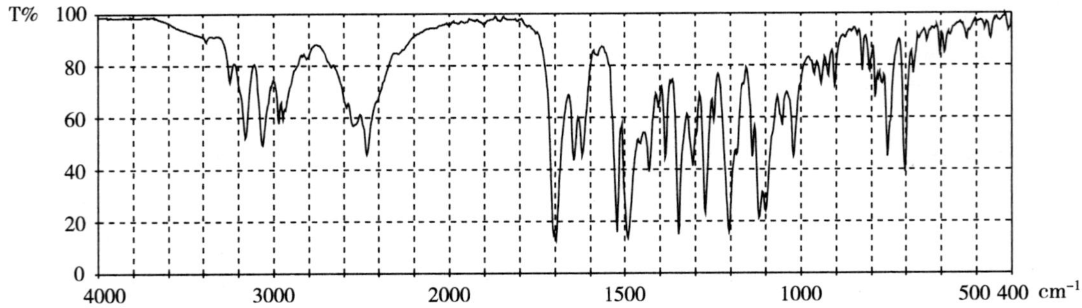

图 3　盐酸尼卡地平的红外光谱图

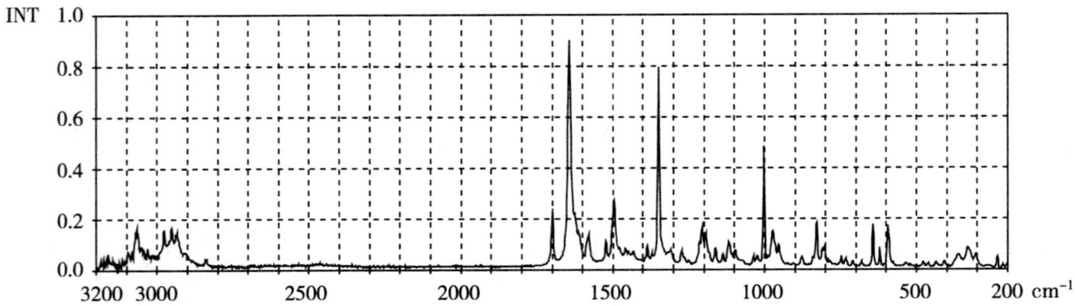

图 4　盐酸尼卡地平的拉曼光谱图

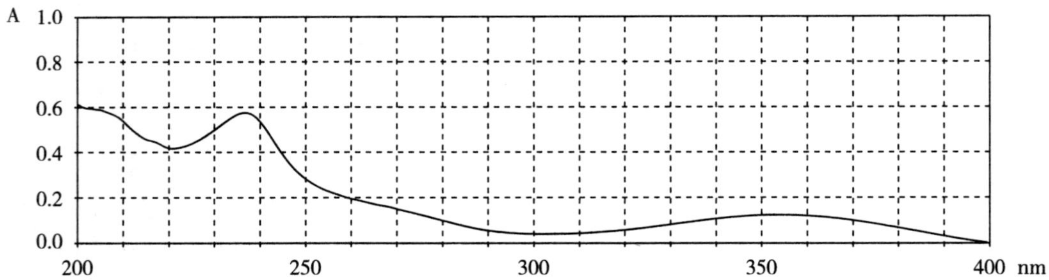

图 5　盐酸尼卡地平的紫外光谱图

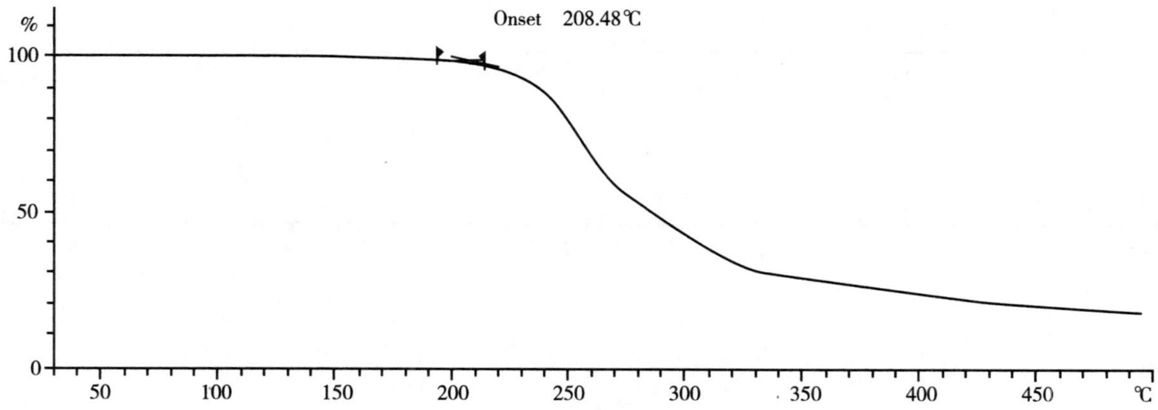

图 6　盐酸尼卡地平的 TG 图

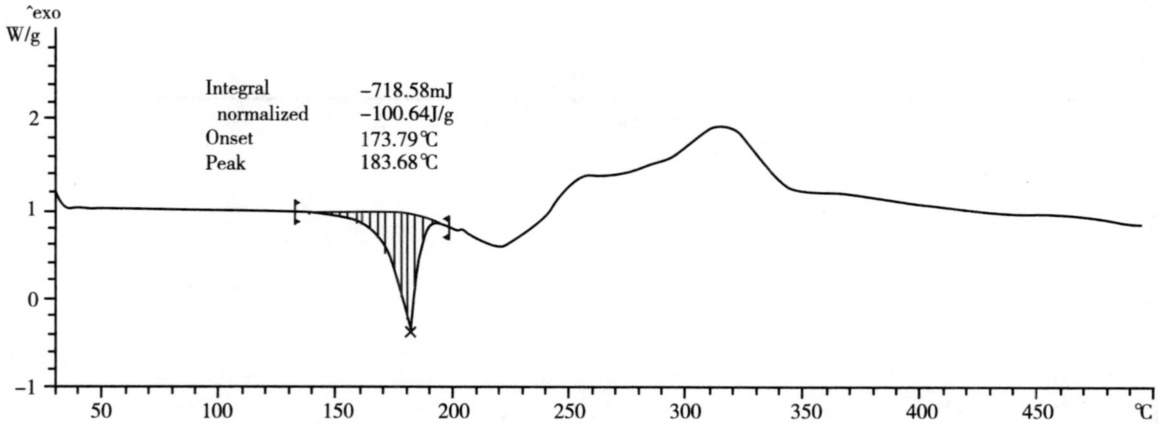

图 7　盐酸尼卡地平的 DSC 图

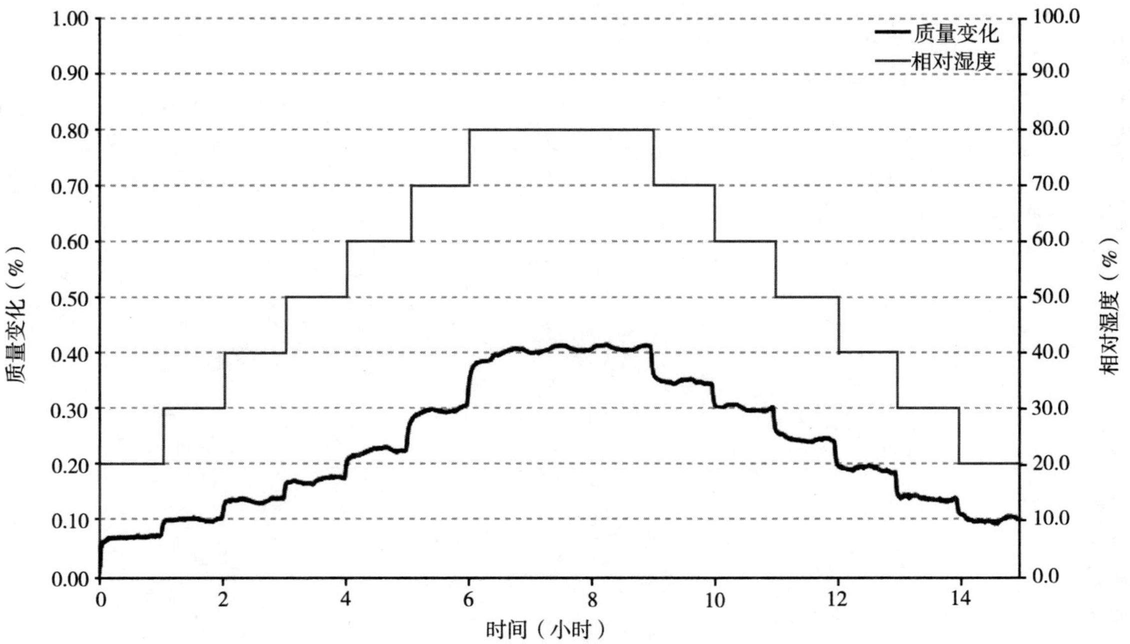

图 8　盐酸尼卡地平的 DVS 图

正离子扫描模式（一级）

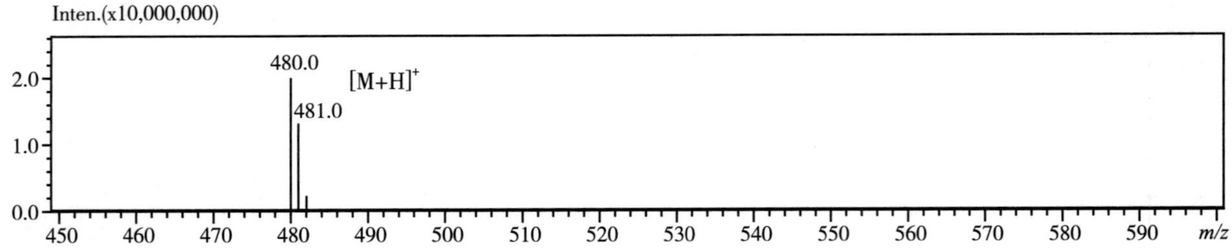

正离子扫描模式（二级）

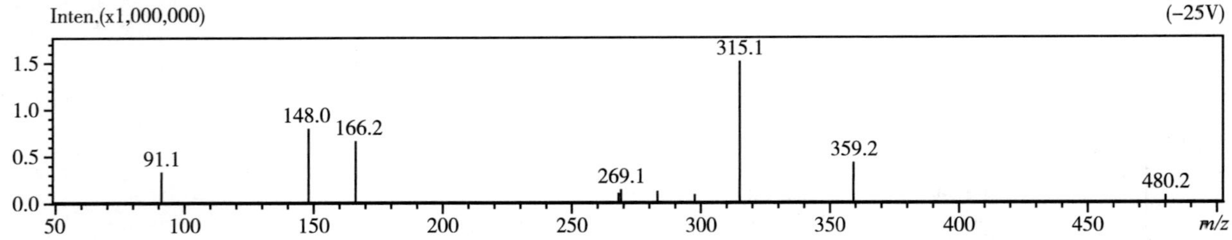

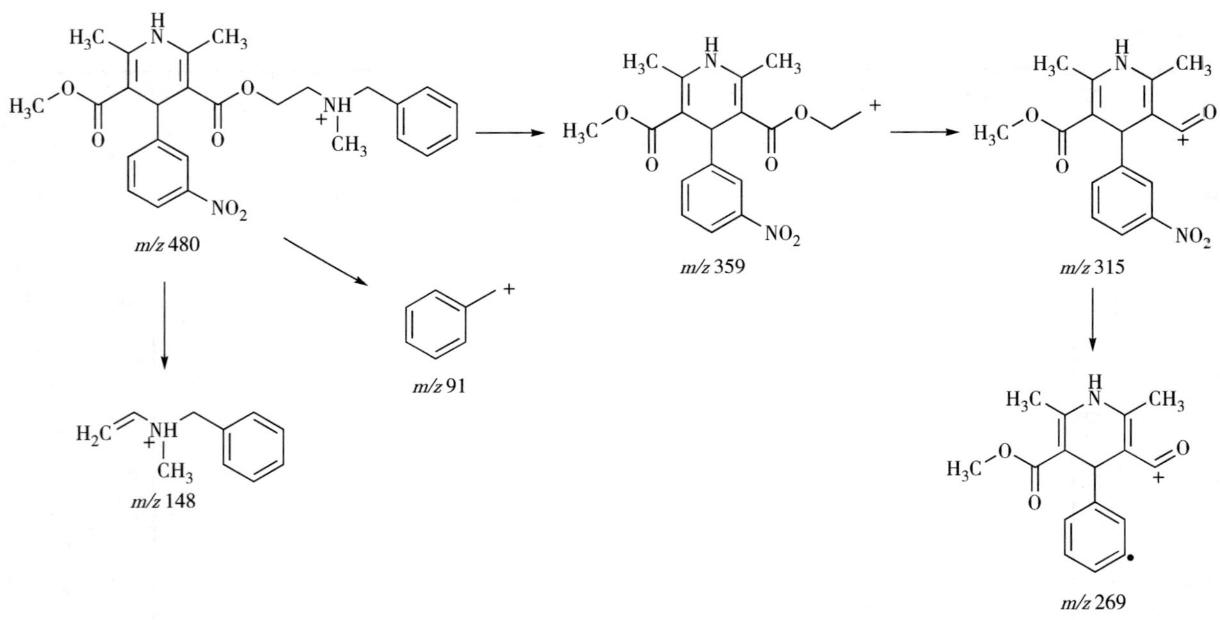

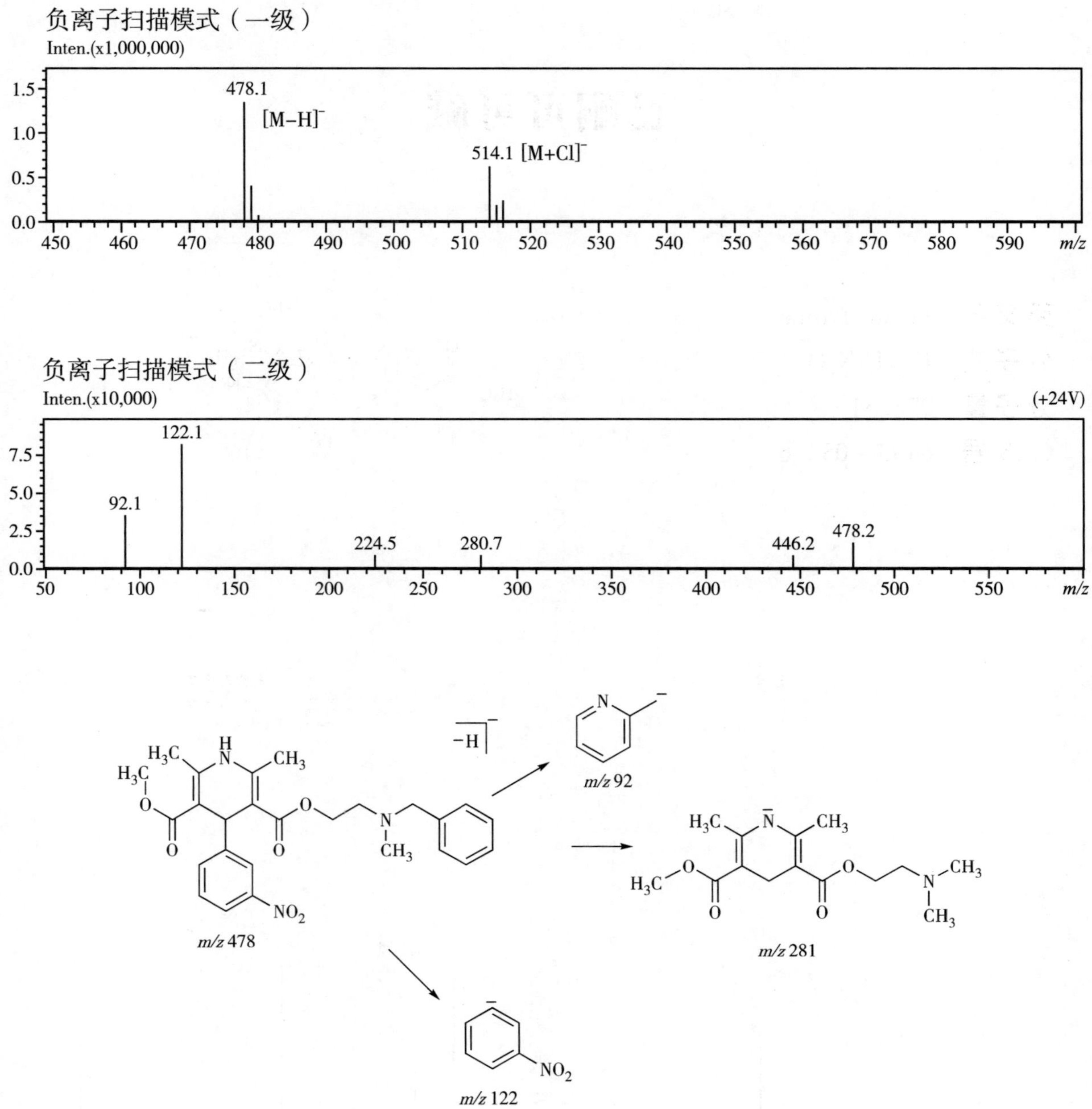

图9　盐酸尼卡地平的质谱图

备注

1. **中文化学名**　2,6－二甲基－4－(3′－硝基苯基)－1,4－二氢吡啶－3,5－二羧酸,3－[β－(*N*－苄基－*N*－甲基氨基)]－乙酯－5－甲酯盐酸盐
2. **英文化学名**　3,5－pyridinedicarboxylic acid,1,4－dihydro－2,6－dimethyl－4－(3－nitrophenyl)－, 3－methyl－5－[2－[methyl(phenylmethyl)amino]ethyl] ester,hydrochloride
3. **性状**　本品为淡黄色粉末或黄色结晶性粉末；无臭，几乎无味。
4. **溶解性**　本品在甲醇中溶解，在乙醇、三氯甲烷中略溶，在水或乙醚中几乎不溶；在冰醋酸中溶解。
5. **溶剂**　乙醇。
6. **对照品编号与批号**　100586－201102

己酮可可碱

英文名 Pentoxifylline

分子式 $C_{13}H_{18}N_4O_3$

分子量 278.31

CAS 号 6493-05-6

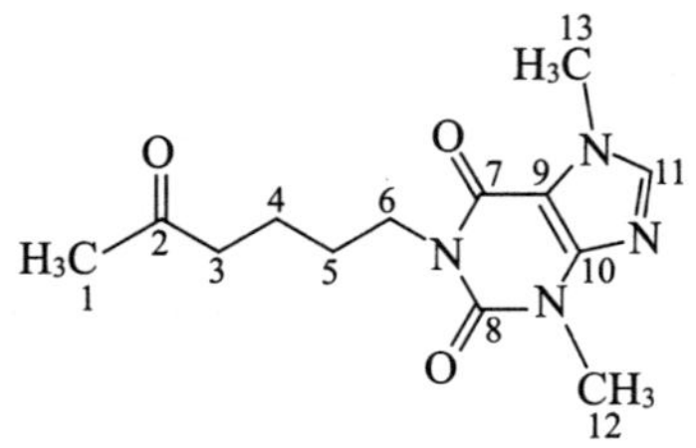

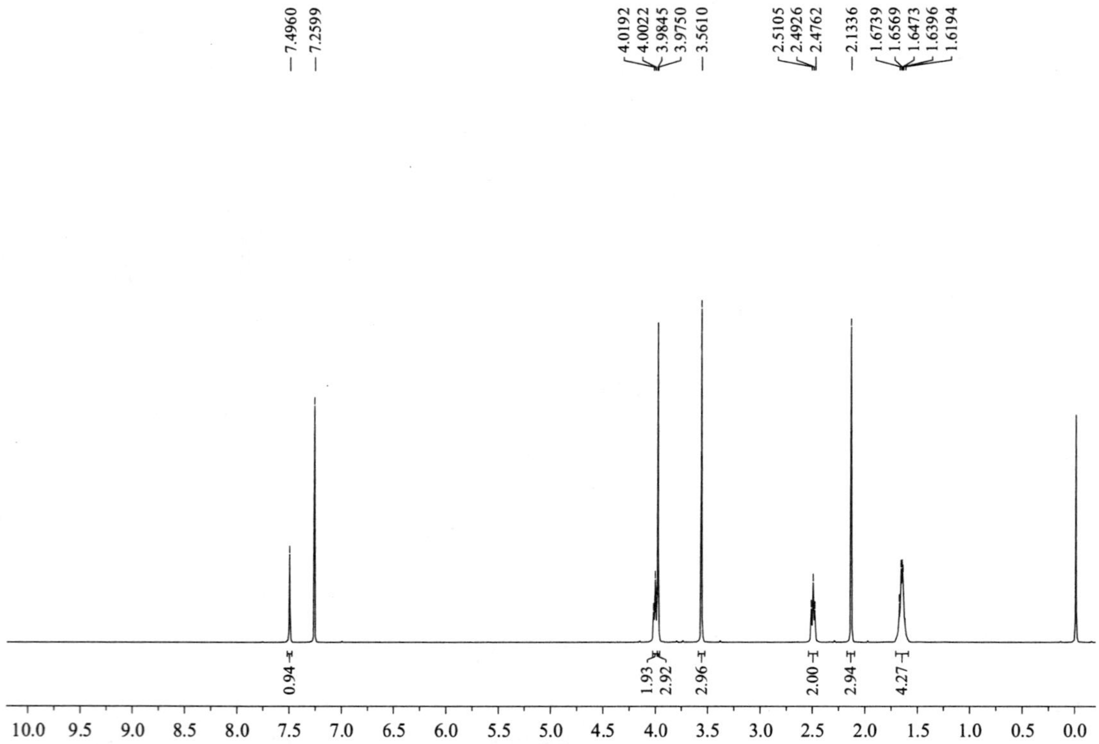

图 1 己酮可可碱的^{1}H NMR 谱（溶剂：$CDCl_3$）

^{1}H NMR：δ 7.50（H-11，s，1H），4.00（H-6，t，$J=6.9$ Hz，2H），3.98（H-13，s，3H），3.56（H-12，s，3H），2.49（H-3，t，$J=6.9$ Hz，2H），2.13（H-1，s，3H），1.71~1.57（H-4，5，m，4H）

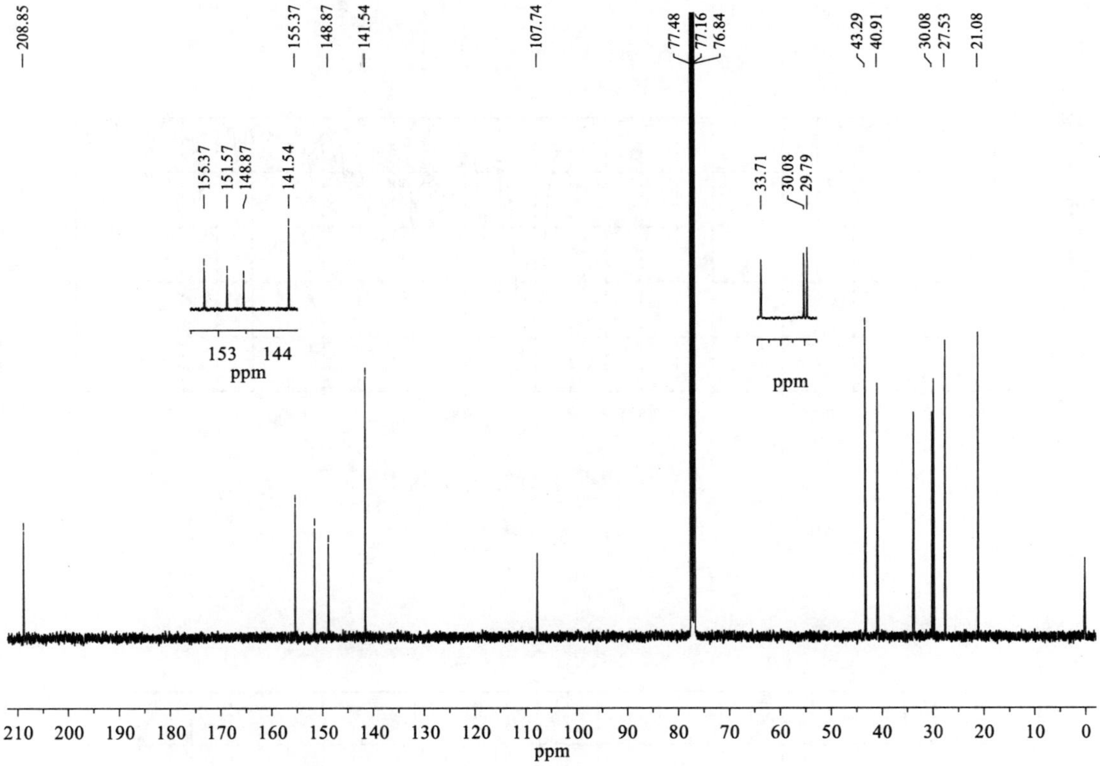

图2　己酮可可碱的 ^{13}C NMR 谱（溶剂：$CDCl_3$）

^{13}C NMR：δ 208.85（C－2），155.37（C－7），151.57（C－10），148.87（C－8），141.54（C－11），107.74（C－9），43.29（C－6），40.91（C－3），33.71（C－13），30.08（C－1），29.79（C－12），27.53（C－5），21.08（C－4）

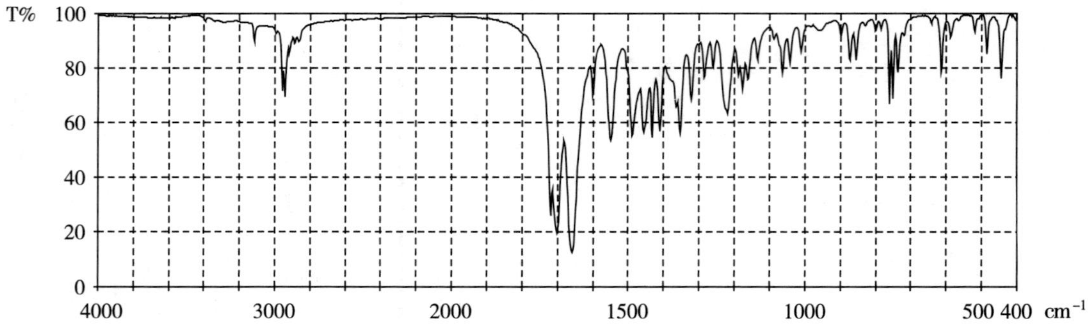

图 3　己酮可可碱的红外光谱图

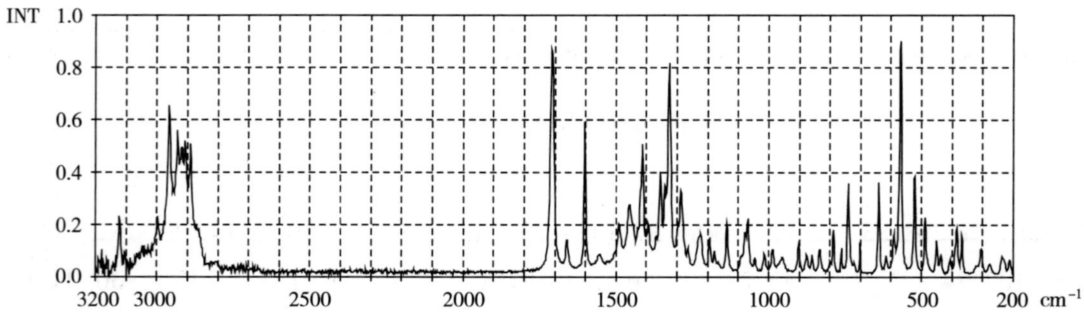

图 4　己酮可可碱的拉曼光谱图

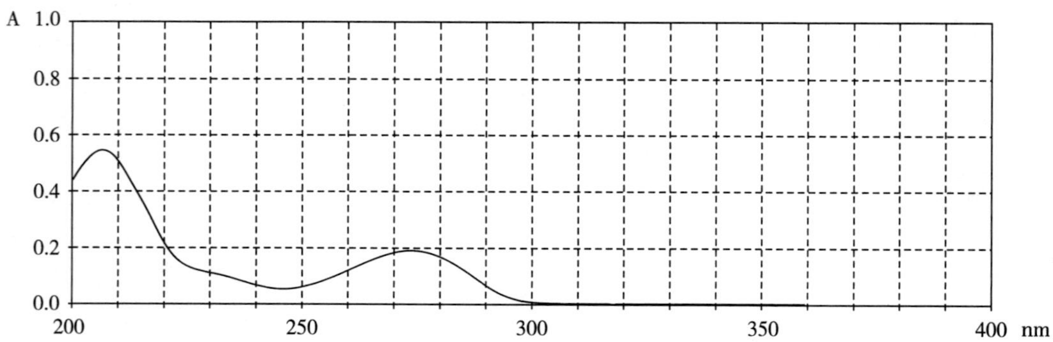

图 5　己酮可可碱的紫外光谱图

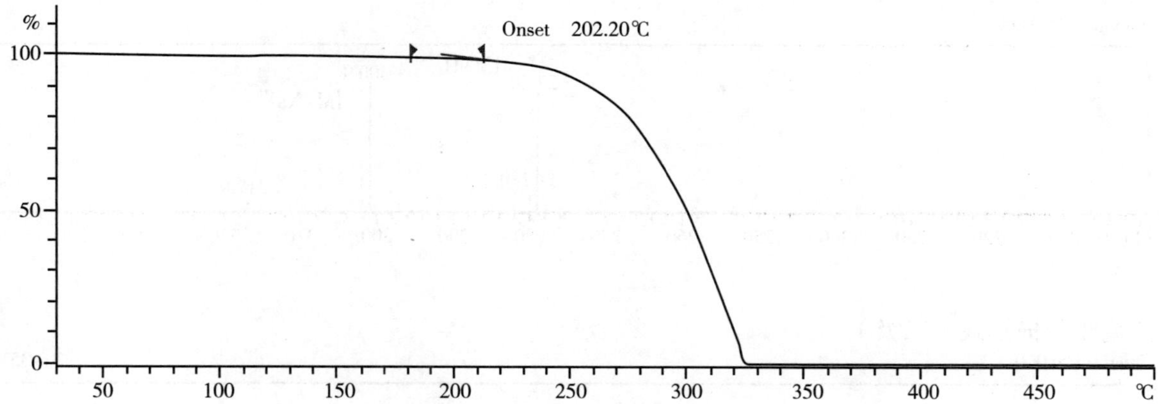

图 6　己酮可可碱的 TG 图

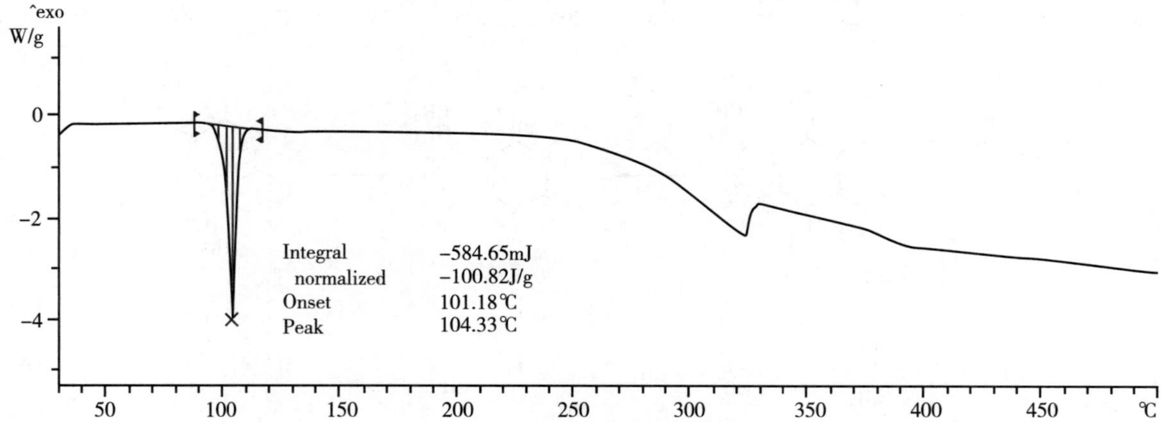

图 7　己酮可可碱的 DSC 图

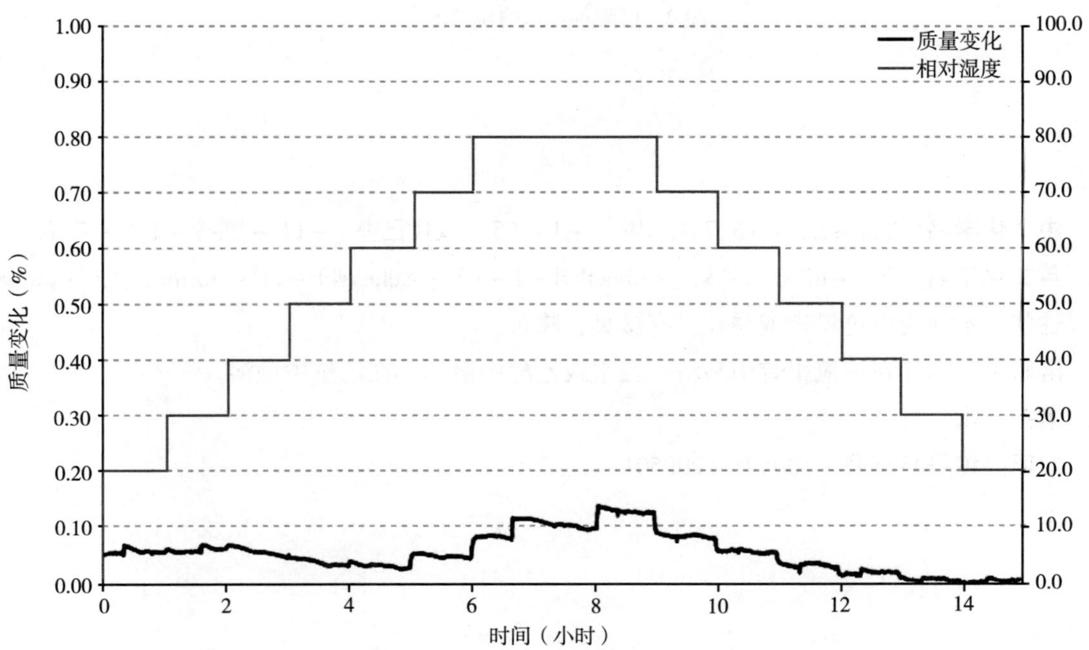

图 8　己酮可可碱的 DVS 图

正离子扫描模式（一级）

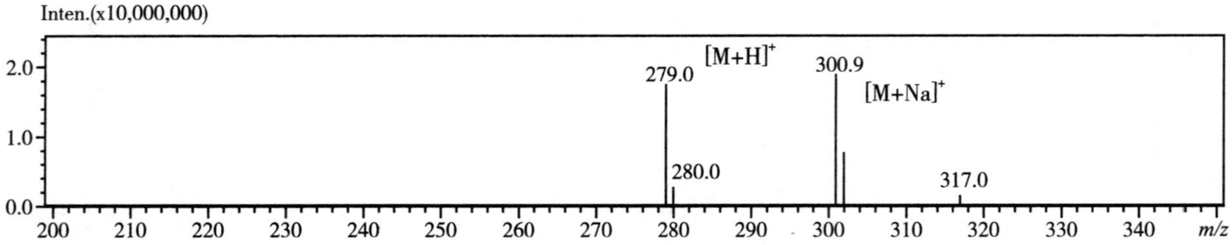

正离子扫描模式（二级）

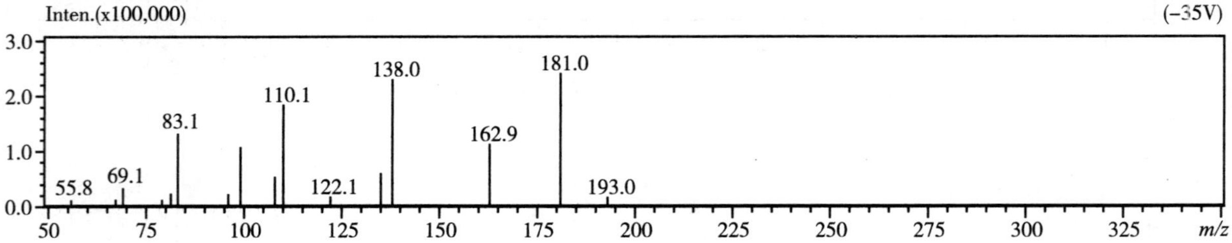

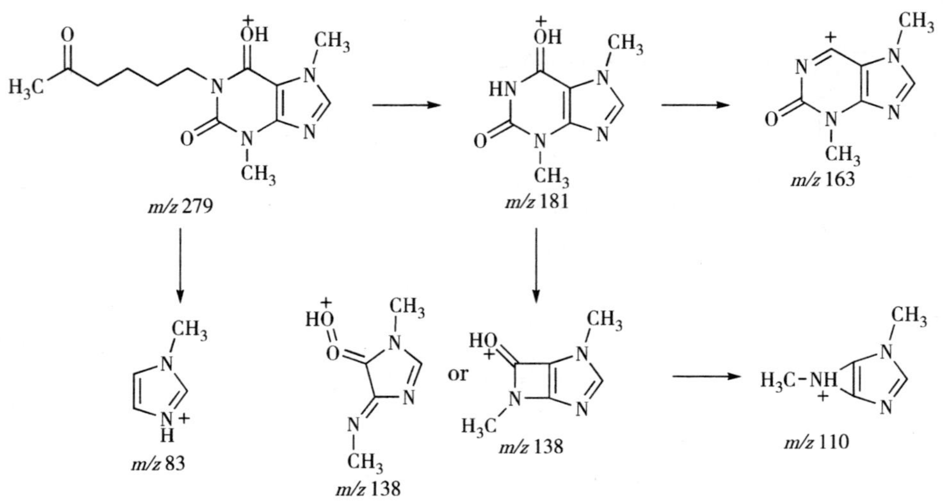

图9　己酮可可碱的质谱图

备注

1. 中文化学名　3,7-二氢-3,7-二甲基-1-(5-氧代己基)-1*H*-嘌呤-2,6-二酮

2. 英文化学名　3,7-dihydro-3,7-dimethyl-1-(5-oxohexyl)-1*H*-purine-2,6-dione

3. 性状　本品为白色粉末或颗粒；有微臭，味苦。

4. 溶解性　本品在三氯甲烷中易溶，在水或乙醇中溶解，在乙醚中微溶。

5. 溶剂　水。

6. 对照品编号与批号　100591-200501

异 丁 司 特

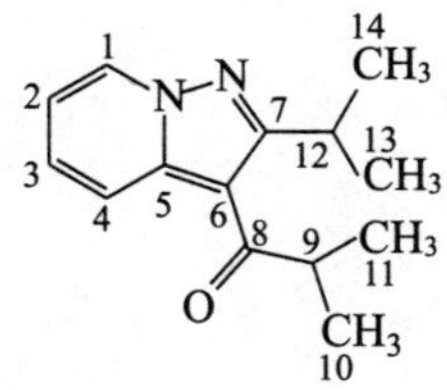

英文名 Ibudilast

分子式 $C_{14}H_{18}N_2O$

分子量 230.30

CAS 号 50847-11-5

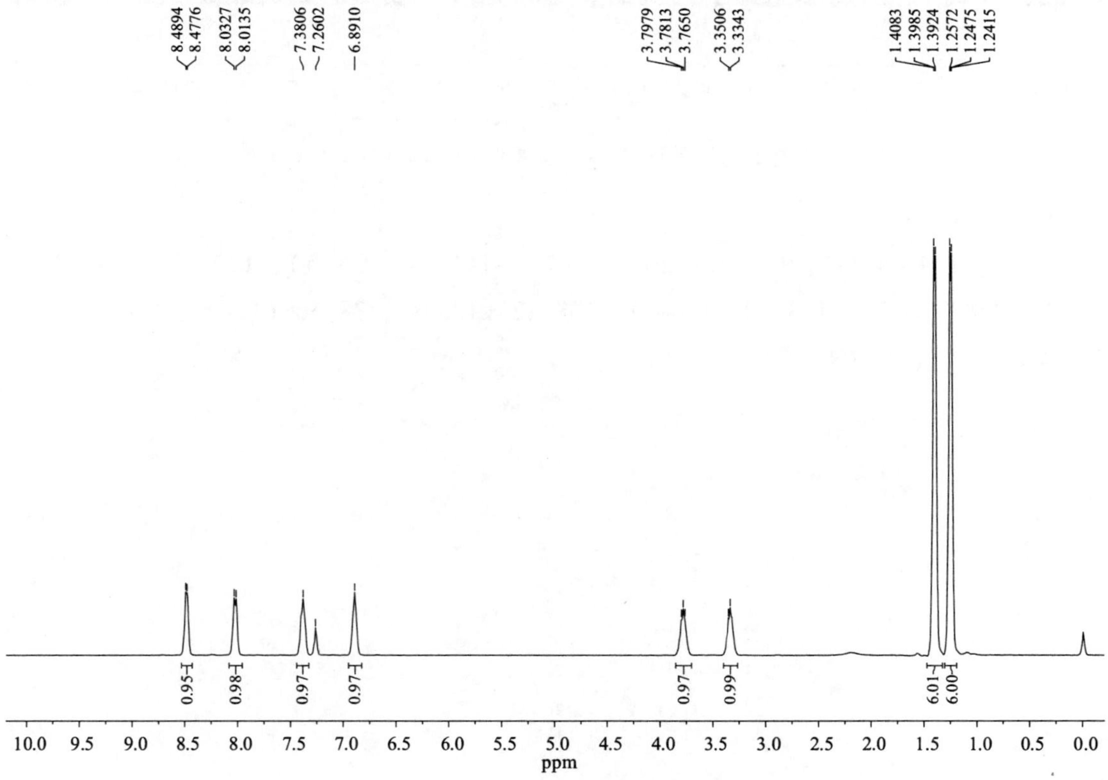

图 1 异丁司特的^{1}H NMR 谱（溶剂：$CDCl_3$）

^{1}H NMR：δ 8.48（H-1，d，J=4.7 Hz，1H），8.02（H-4，d，J=7.7 Hz，1H），7.38（H-3，m，1H），6.89（H-2，m，1H），3.78（H-12，m，1H），3.34（H-9，m，1H），1.47~1.33（H-13，14，m，6H），1.30~1.19（H-10，11，m，6H）

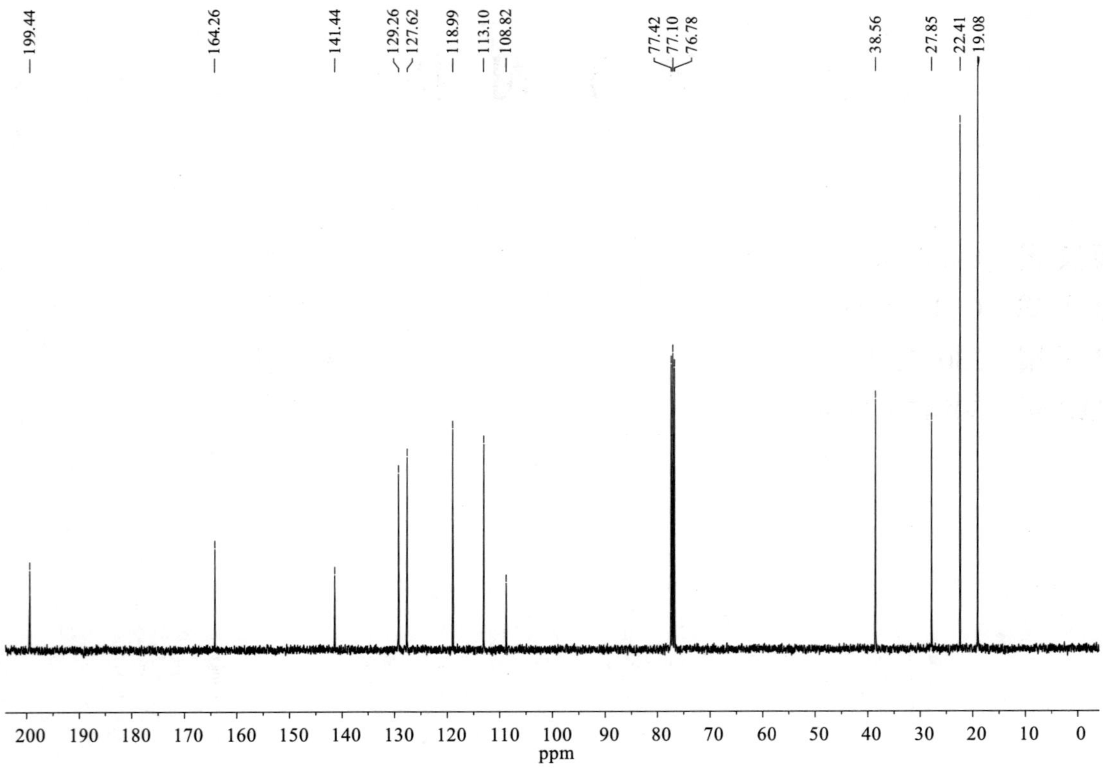

图2　异丁司特的^{13}C NMR 谱（溶剂：$CDCl_3$）

^{13}C NMR：δ 199.44（C－8），164.26（C－7），141.44（C－5），129.26（C－3），127.62（C－1），118.99（C－2），113.10（C－4），108.82（C－6），38.56（C－9），27.85（C－12），22.41（C－13，14），19.08（C－10，11）

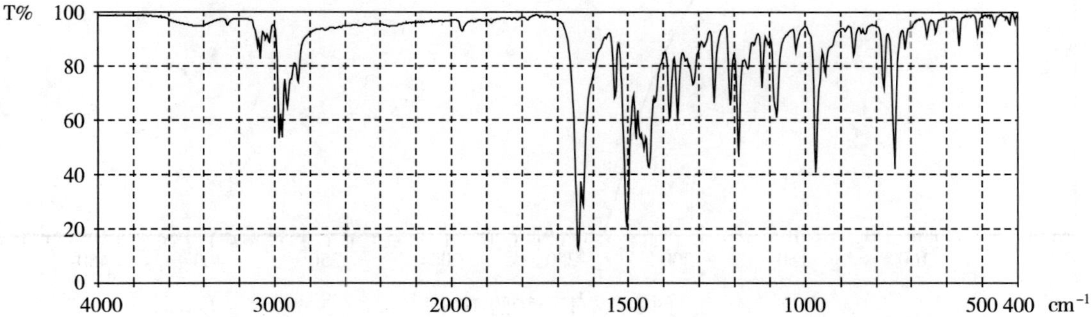

图 3　异丁司特的红外光谱图

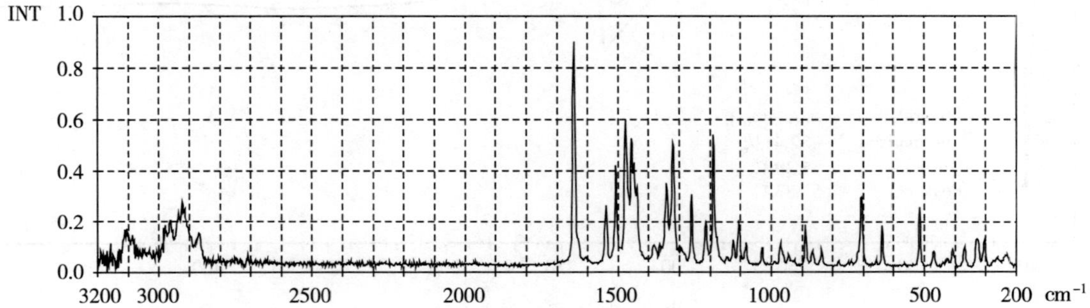

图 4　异丁司特的拉曼光谱图

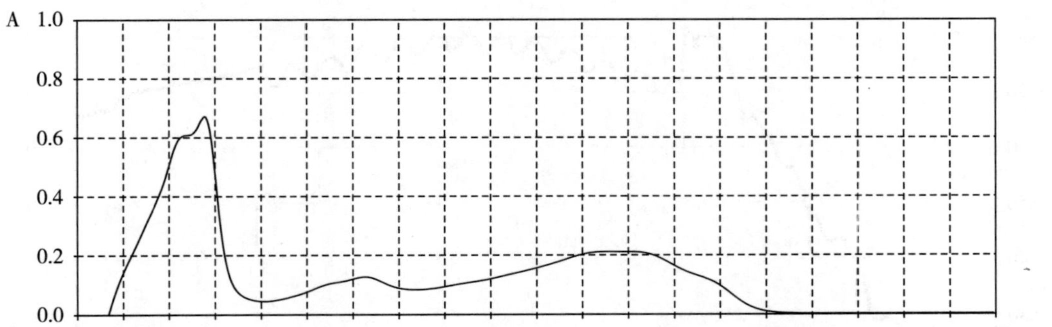

图 5　异丁司特的紫外光谱图

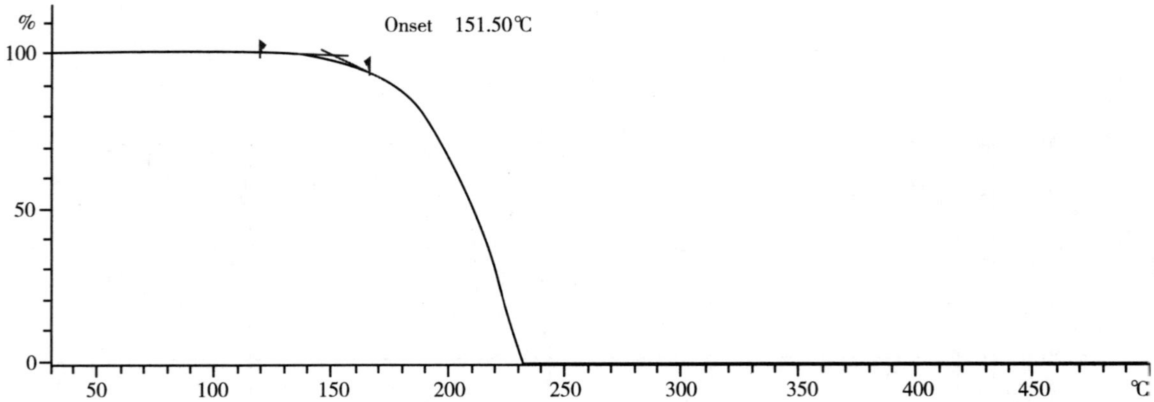

图 6　异丁司特的 TG 图

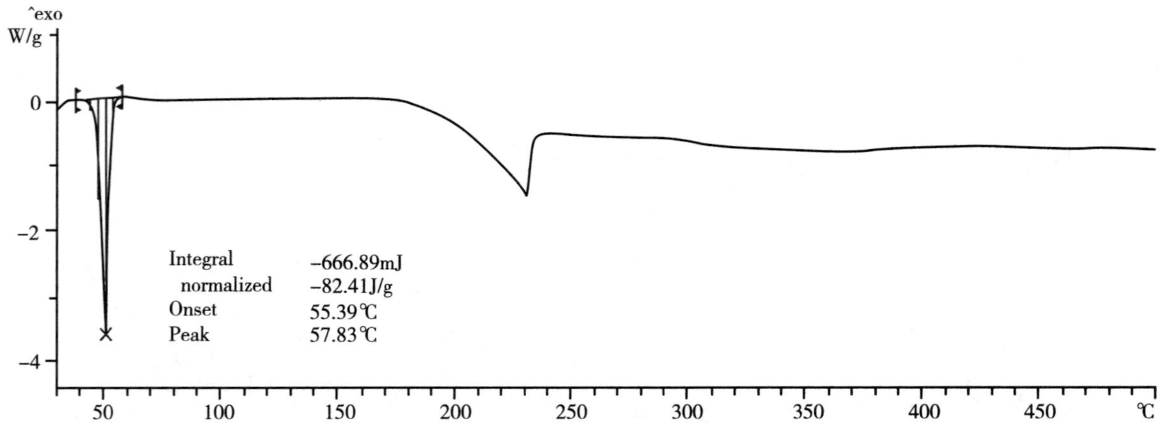

图 7　异丁司特的 DSC 图

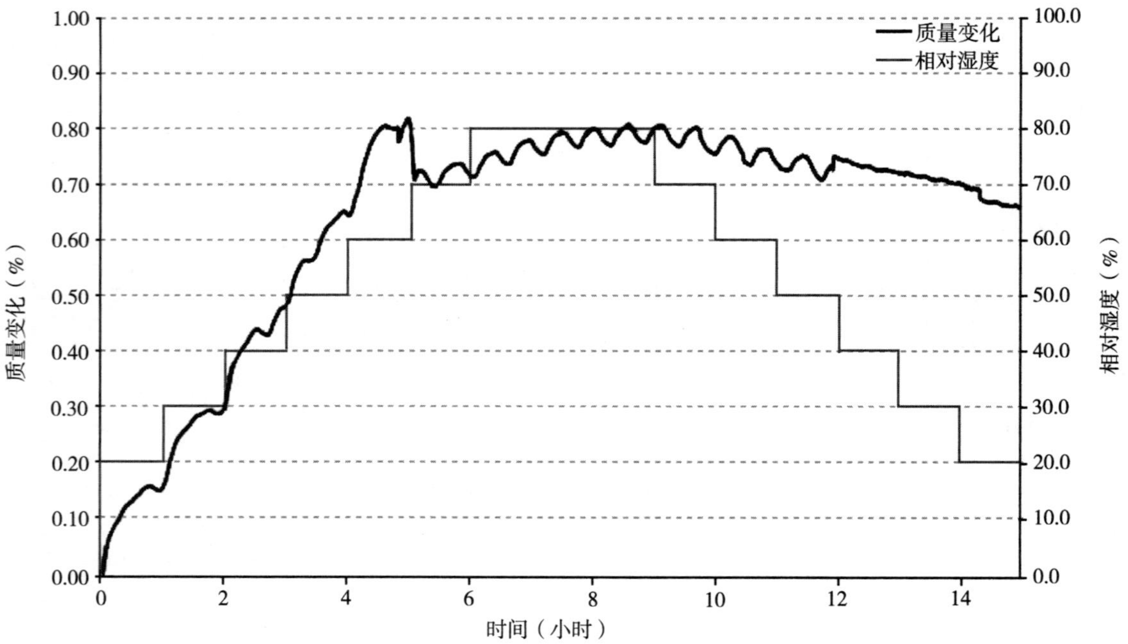

图 8　异丁司特的 DVS 图

正离子扫描模式（一级）

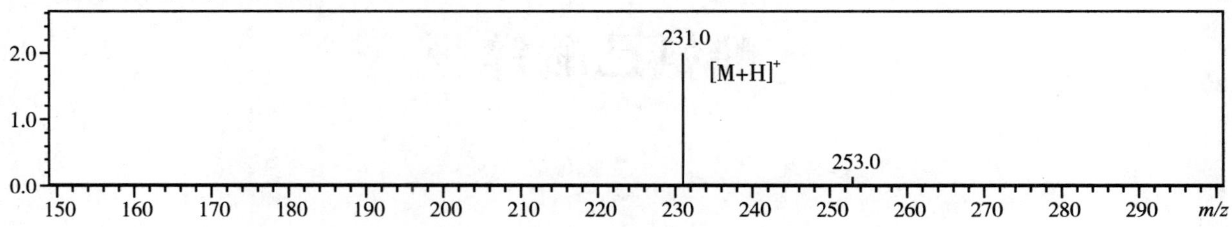

正离子扫描模式（二级）

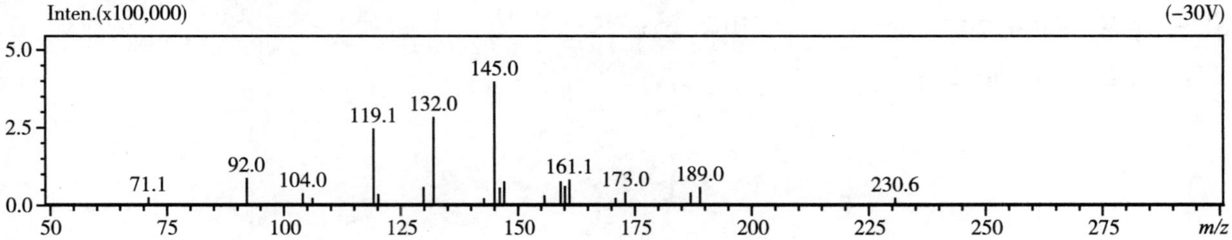

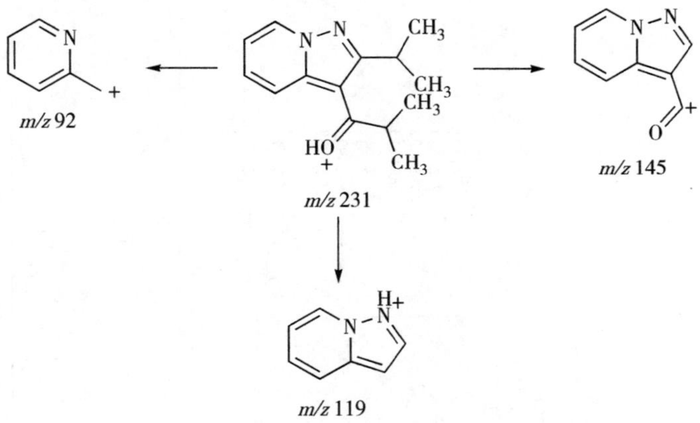

图9 异丁司特的质谱图

备注

1. **中文化学名** 2-甲基-1-[2-(1-甲基乙基)吡唑啉[1,5-*a*]吡啶-3-基]-1-丙酮
2. **英文化学名** 2-methyl-1-[2-(1-methylethyl)pyrazolo[1,5-*a*]pyridin-3-yl]-1-propanone
3. **性状** 本品为白色结晶或结晶性粉末,无臭、无味。
4. **溶解性** 本品在甲醇、乙醇或乙醚中易溶,在水中几乎不溶。
5. **溶剂** 无水乙醇。
6. **对照品编号与批号** 100593-200401

醋氨己酸锌

英文名 Zinc Acexamate

分子式 $C_{16}H_{28}N_2O_6Zn$

分子量 409.79

CAS 号 70020－71－2

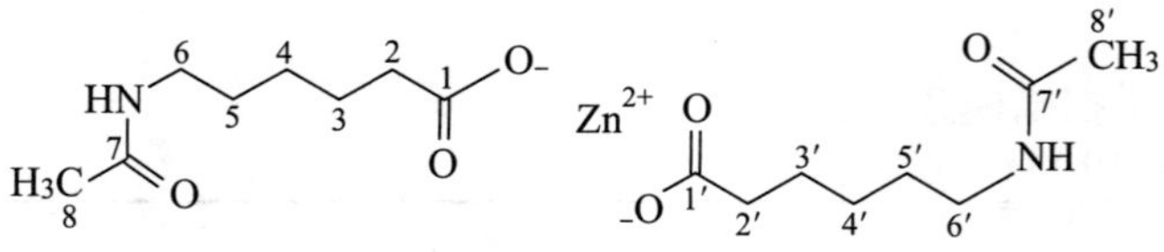

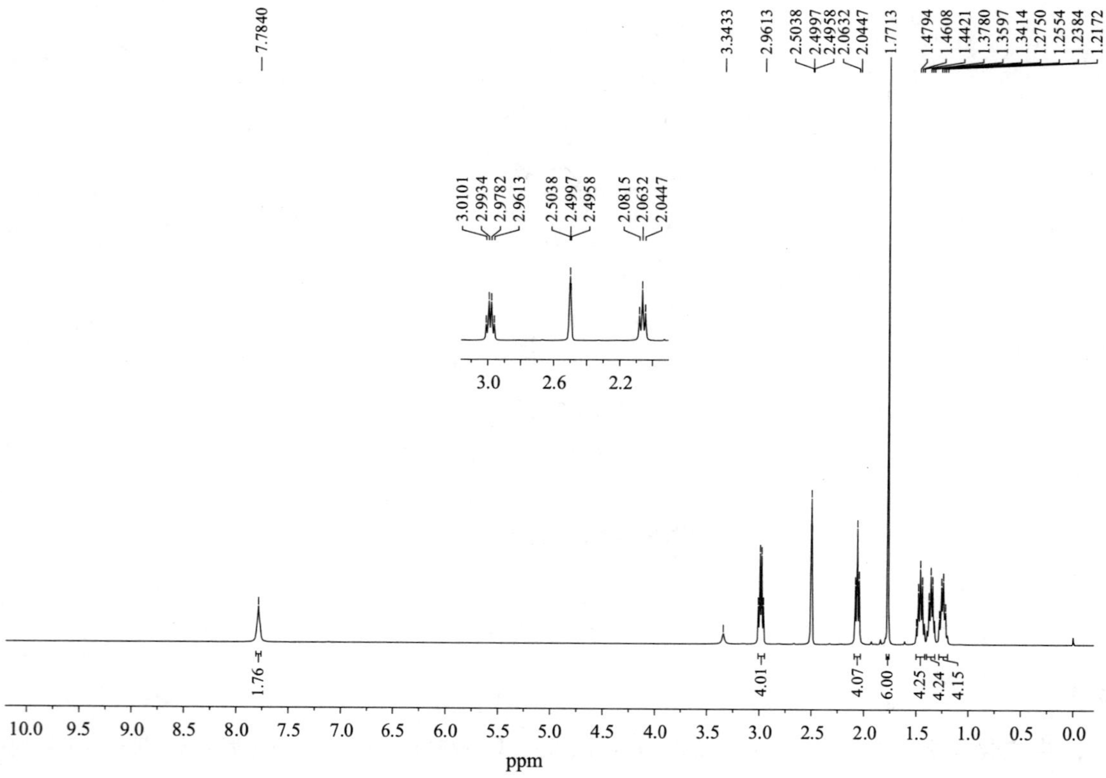

图 1　醋氨己酸锌的^{1}H NMR 谱（溶剂：CD_3SOCD_3）

^{1}H NMR：δ 7.78（NH，s，2H），2.99（H－6，6′，dd，J＝12.8，6.7 Hz，4H），2.06（H－2，2′，t，J＝7.4 Hz，4H），1.77（H－8，8′，s，6H），1.51～1.41（H－5，5′，m，4H），1.40～1.31（H－3，3′，m，4H），1.29～1.19（H－4，4′，m，4H）

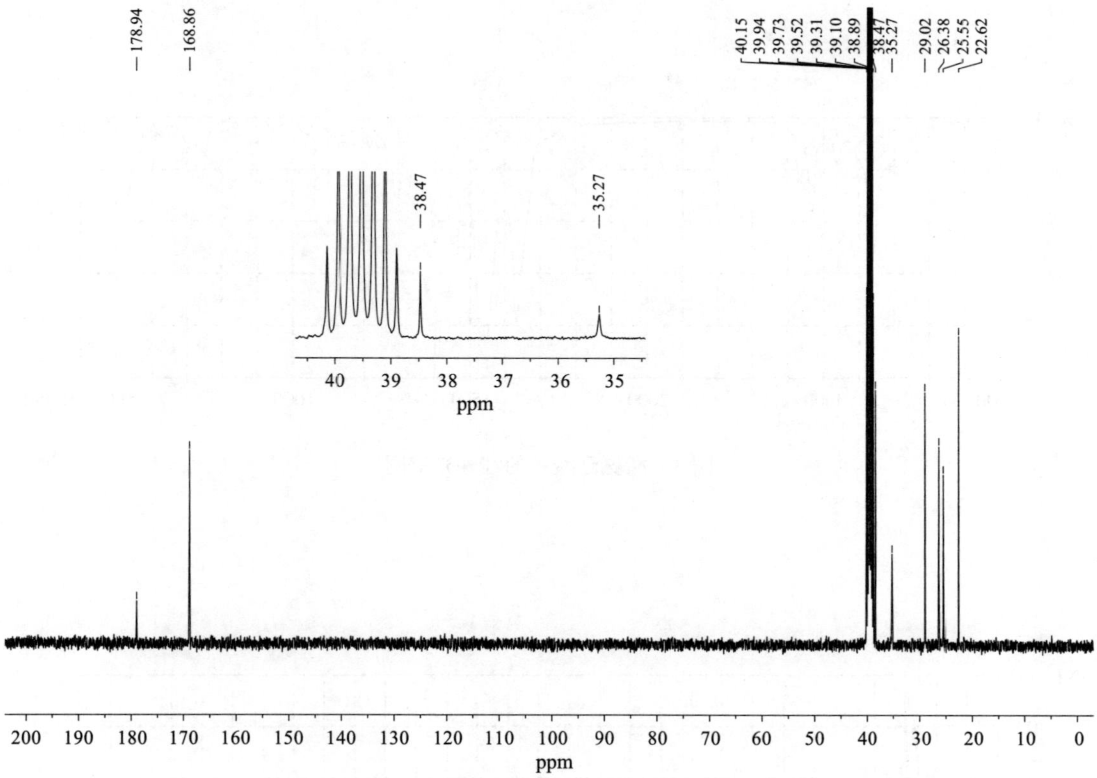

图 2　醋氨己酸锌的^{13}C NMR 谱（溶剂：CD_3SOCD_3）

^{13}C NMR：δ 178.94（C-1，1′），168.86（C-7，7′），38.47（C-6，6′），35.27（C-2，2′），29.02（C-4，4′），26.38（C-5，5′），25.55（C-3，3′），22.62（C-8，8′）

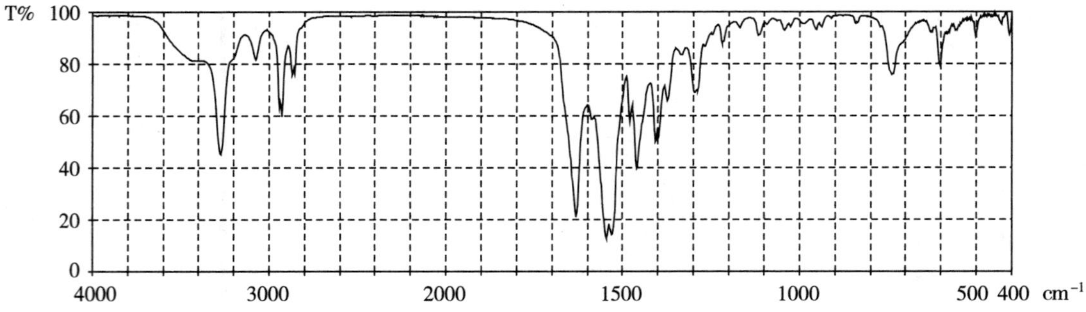

图 3　醋氨己酸锌的红外光谱图

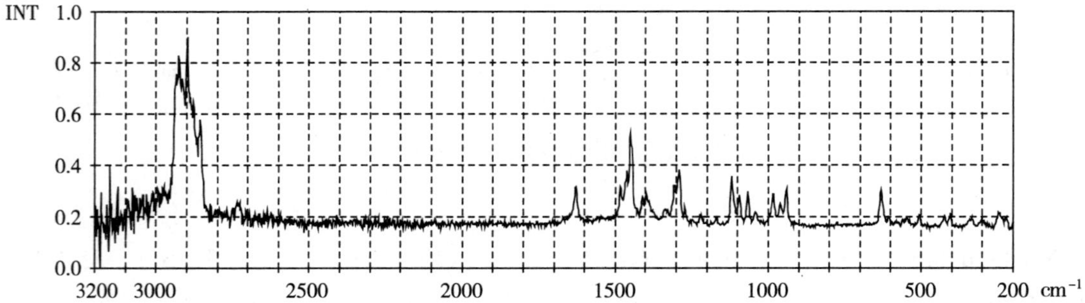

图 4　醋氨己酸锌的拉曼光谱图

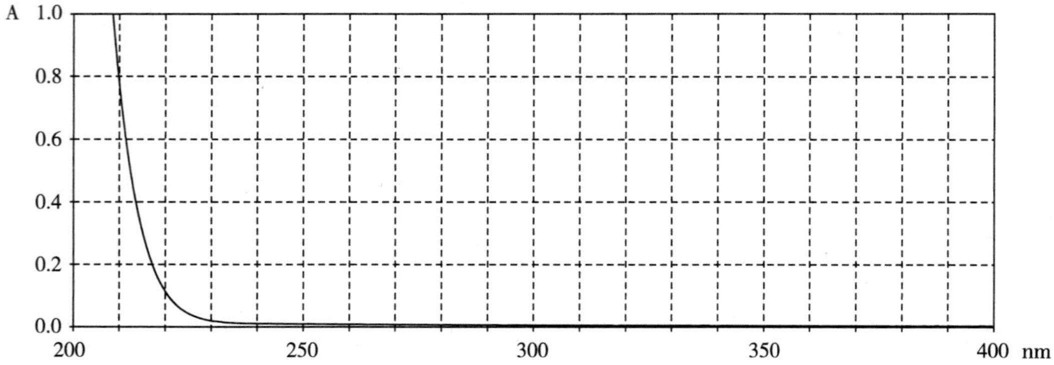

图 5　醋氨己酸锌的紫外光谱图

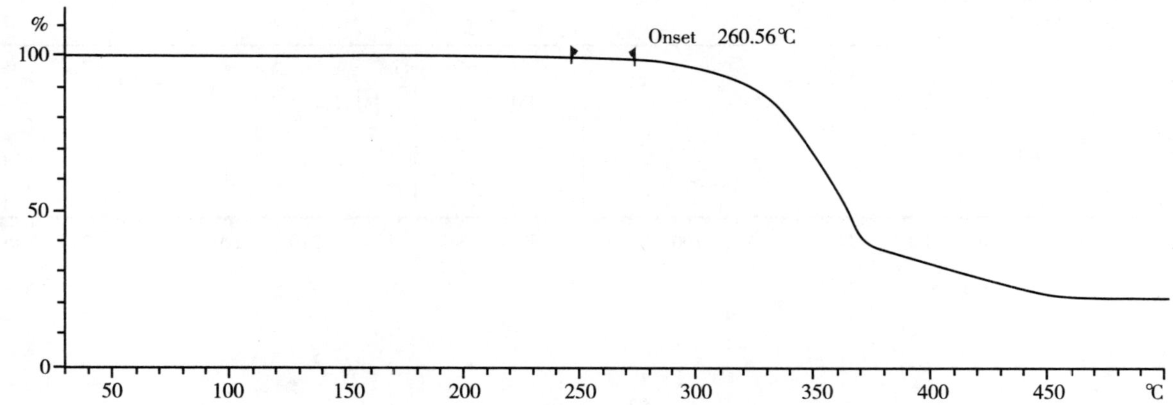

图 6　醋氨己酸锌的 TG 图

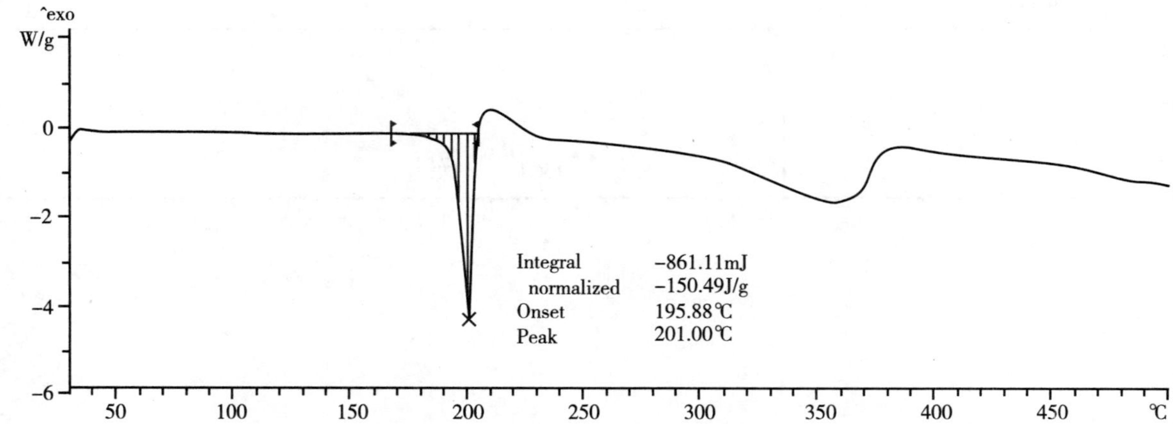

图 7　醋氨己酸锌的 DSC 图

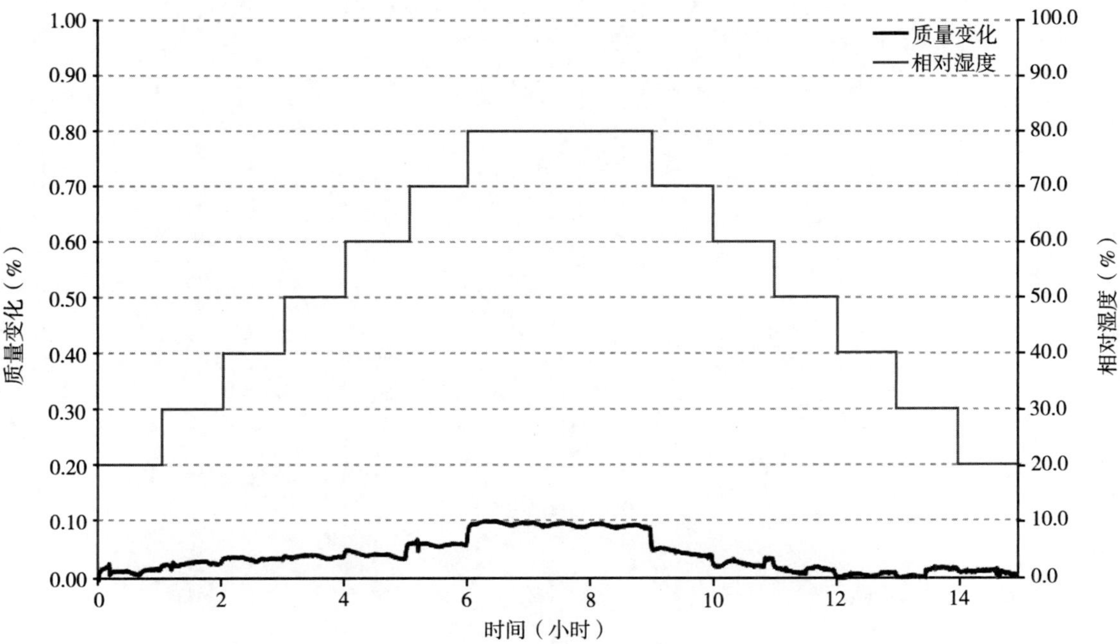

图 8　醋氨己酸锌的 DVS 图

正离子扫描模式（一级）

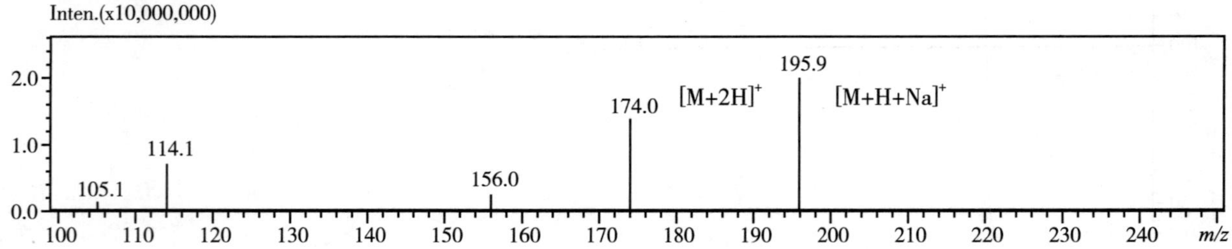

正离子扫描模式（二级）

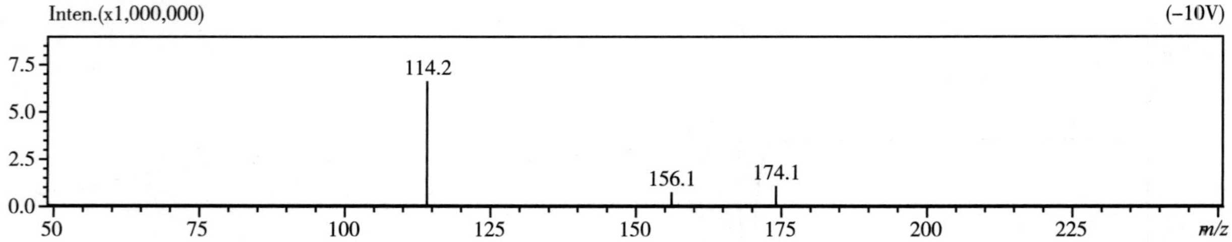

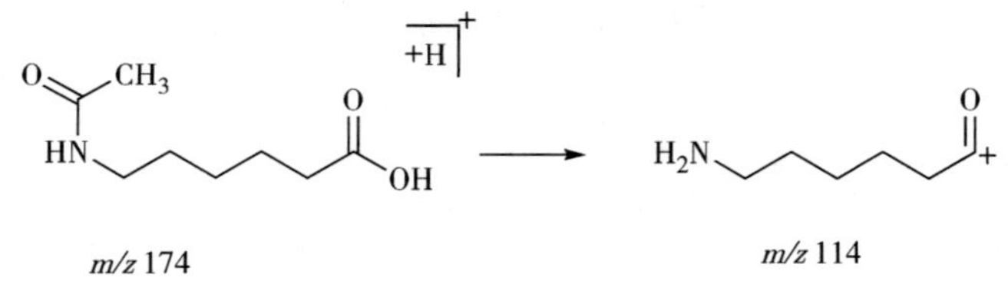

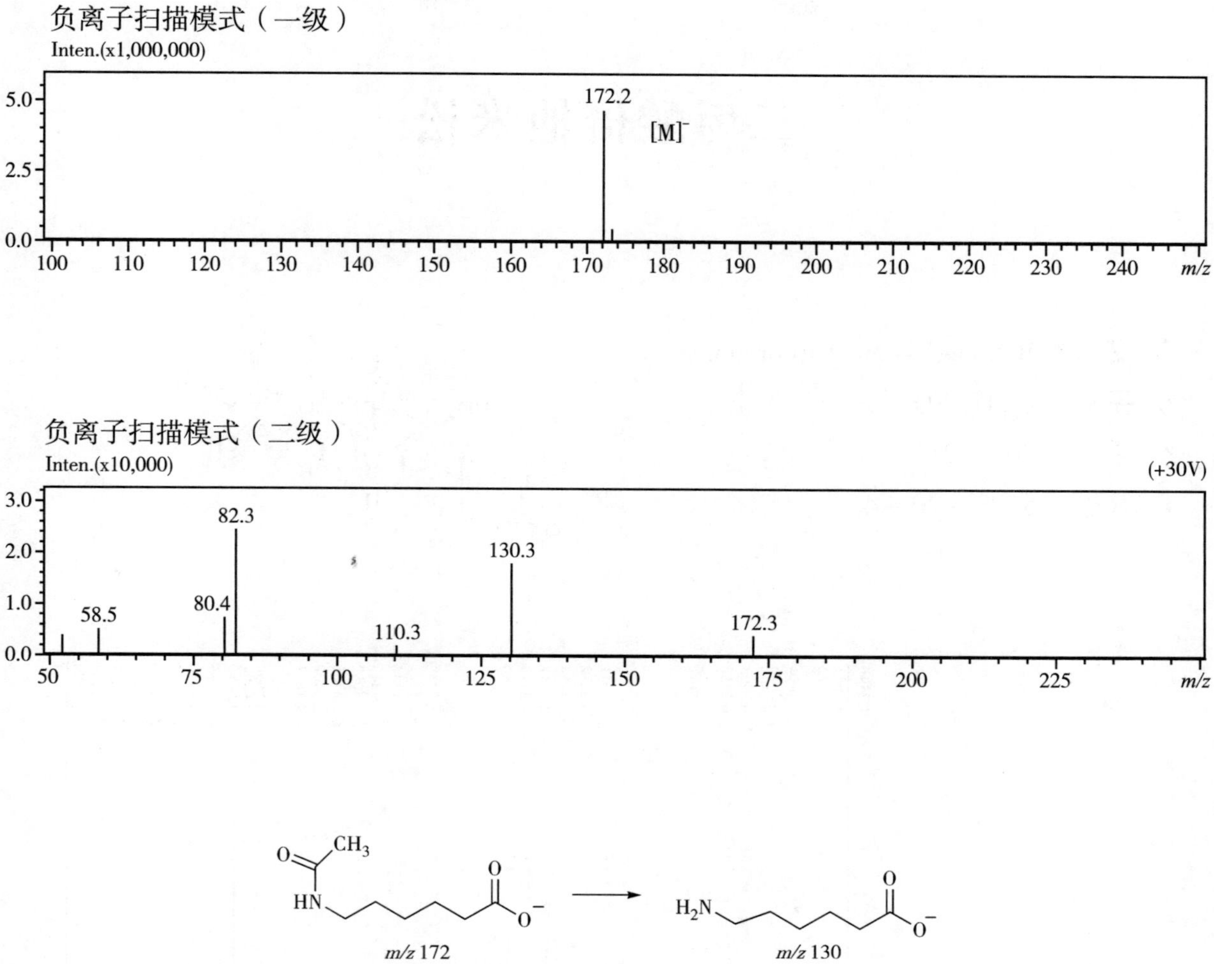

图9　醋氨己酸锌的质谱图

备注

1. **中文化学名**　6－乙酰氨基己酸锌盐
2. **英文化学名**　6－acetylamino－hexanoic acid zinc salt（2∶1）
3. **性状**　本品为白色或类白色的结晶性粉末；无臭。
4. **溶解性**　本品在沸水中易溶，在水中微溶，在乙醇或三氯甲烷中不溶。
5. **溶剂**　水。
6. **对照品编号与批号**　100594－200801

二丙酸倍他米松

英文名 Betamethasone Dipropionate

分子式 $C_{28}H_{37}FO_7$

分子量 504.59

CAS 号 5593 - 20 - 4

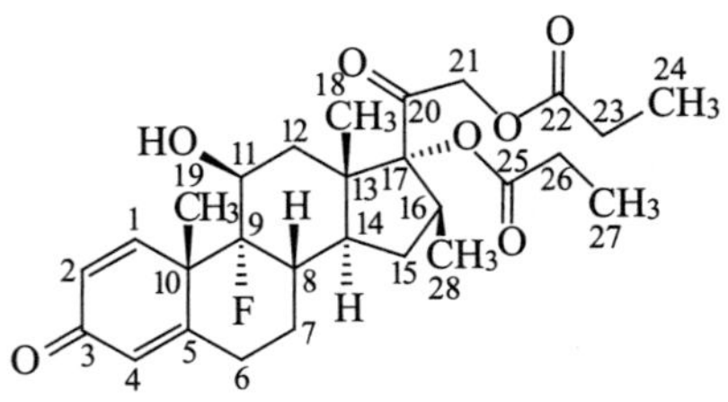

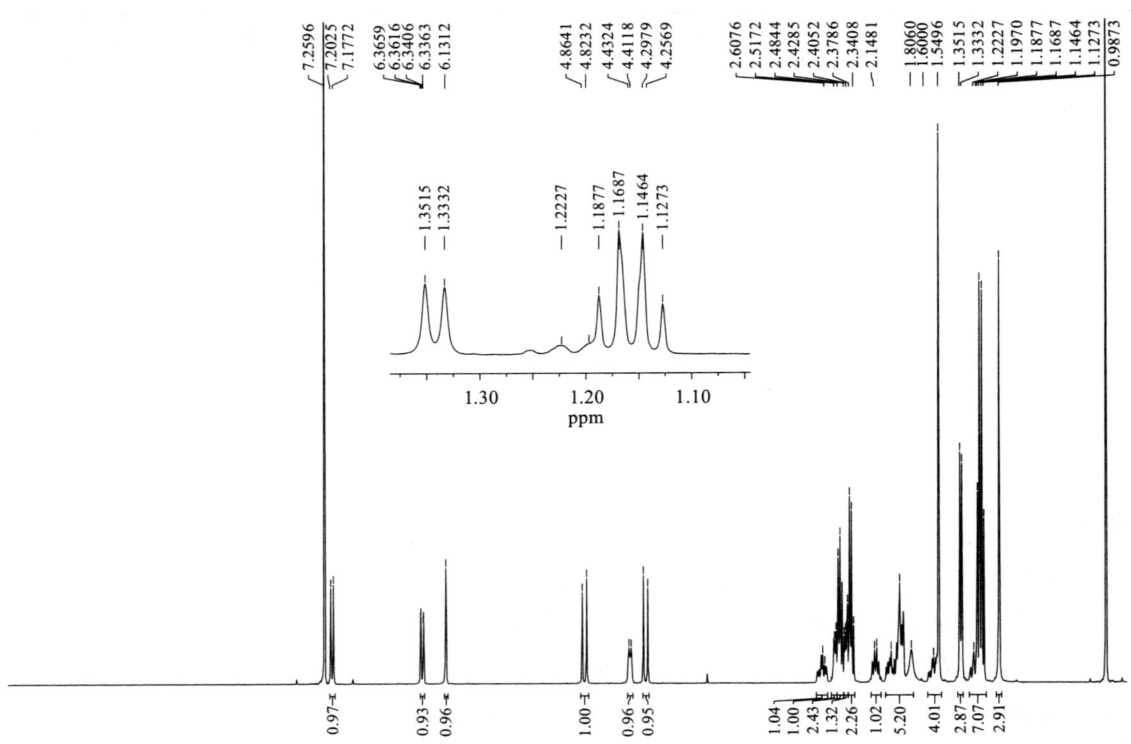

图 1 二丙酸倍他米松的 ¹H NMR 谱（溶剂：$CDCl_3$）

¹H NMR：δ 7.19（H-2，d，*J*=10.1 Hz，1H），6.35（H-1，dd，*J*=10.1，1.7 Hz，1H），6.13（H-4，s，1H），4.84（H-21a，d，*J*=16.4 Hz，1H），4.42（H-11，d，*J*=8.2 Hz，1H），4.28（H-21b，d，*J*=16.4 Hz，1H），2.63（m，1H），2.52（m，1H），2.52~2.44（H-23，m，2H），2.41（m，1H），2.39~2.33（H-26，m，2H），2.14（m，1H），1.99（m，1H），1.95~1.87（m，3H），1.81（brs，1H）1.60（m，1H），1.55（H-19，s，3H），1.34（H-28，d，*J*=7.3 Hz，3H），1.24（m，1H），1.16（H-24，27，q，*J*=7.6 Hz，6H），0.99（H-18，s，3H）

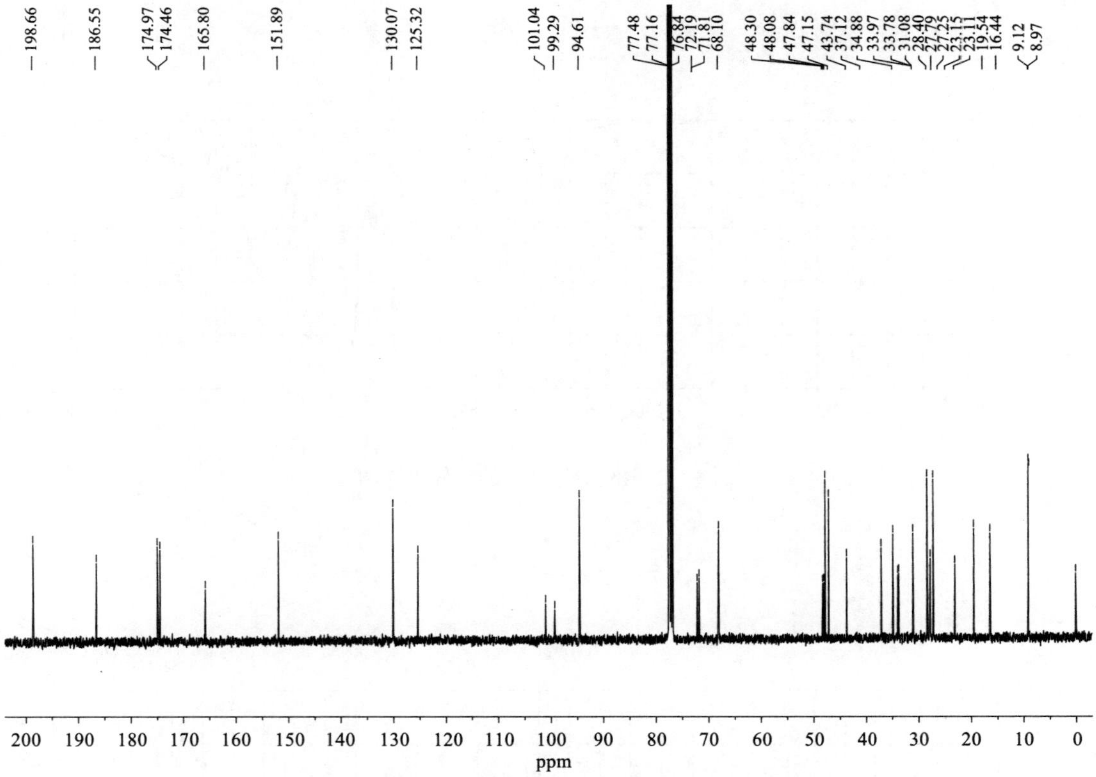

图 2　二丙酸倍他米松的 ^{13}C NMR 谱（溶剂：$CDCl_3$）

^{13}C NMR：δ 198.66（C－20），186.55（C－3），174.97（C－22），174.46（C－25），165.80（C－5），151.89（C－1），130.07（C－2），125.32（C－4），100.17（C－9，d，J＝175.9 Hz），94.61（C－17），72.00（C－11，d，J＝38.0 Hz,），68.10（C－21），48.19（C－10，d，J＝22.7 Hz），47.84（C－13），47.15（C－16），43.74（C－14），37.12（C－15），34.88（C－12），33.87（C－8，d，J＝19.5 Hz），31.08（C－6），28.40（C－26），27.79（C－7），27.25（C－23），23.13（C－19，d，J＝5.8 Hz），19.54（C－28），16.44（C－18），9.12（C－24），8.97（C－27）

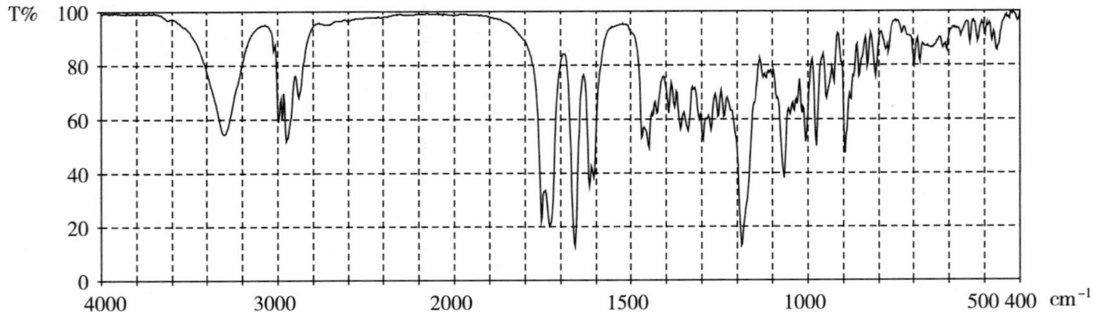

图 3　二丙酸倍他米松的红外光谱图

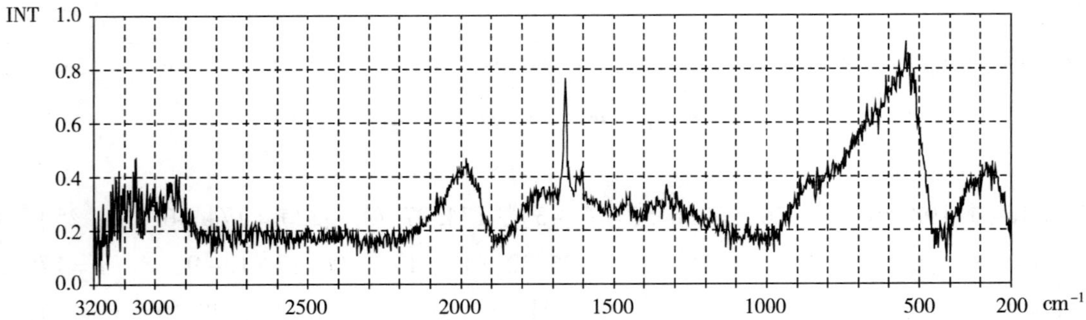

图 4　二丙酸倍他米松的拉曼光谱图

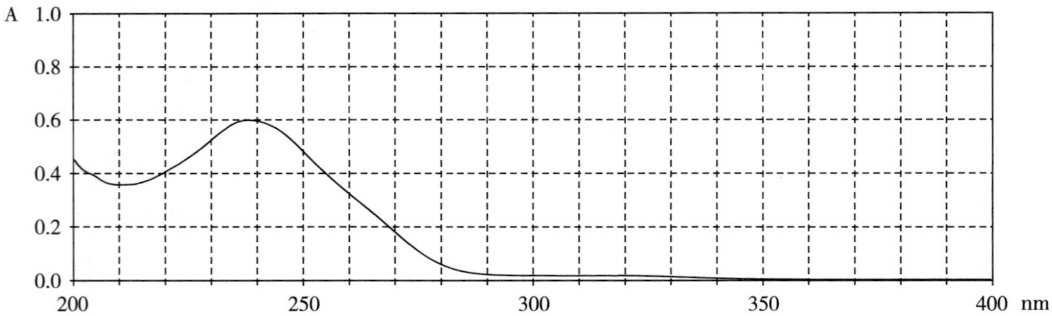

图 5　二丙酸倍他米松的紫外光谱图

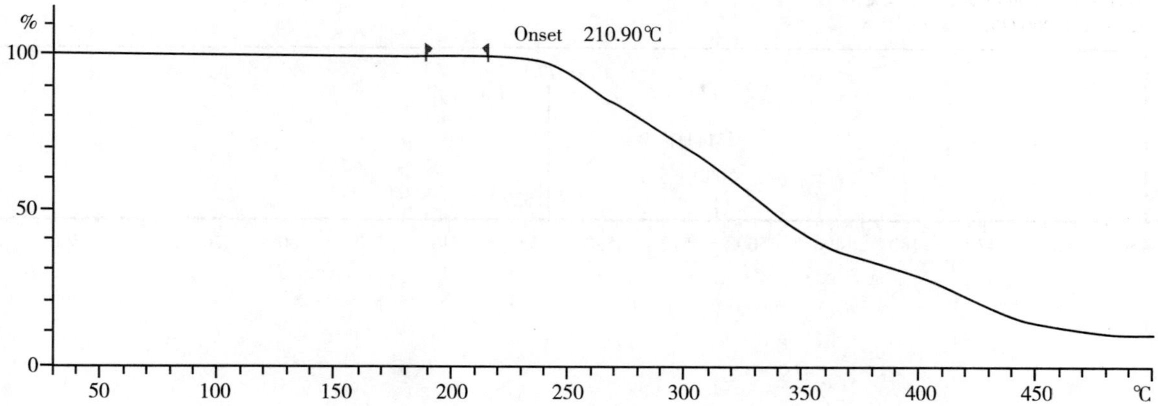

图 6　二丙酸倍他米松的 TG 图

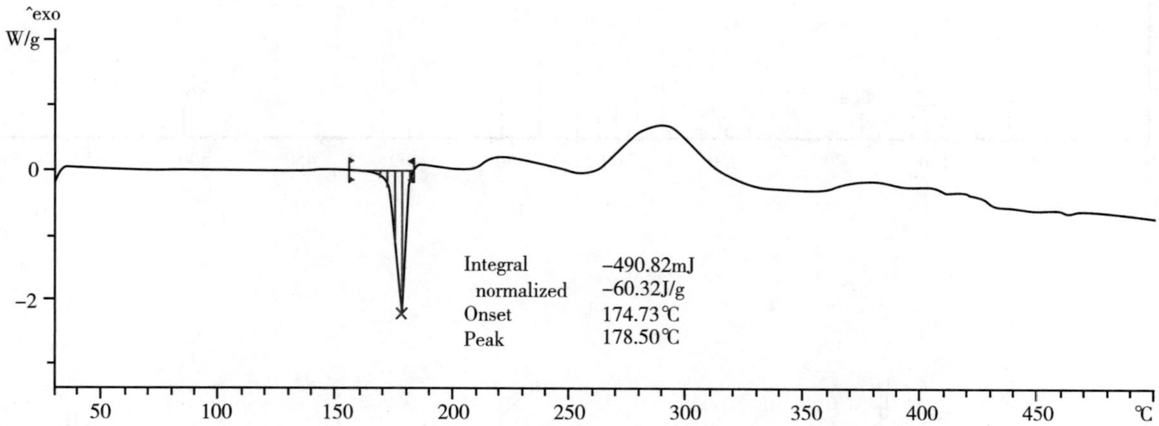

图 7　二丙酸倍他米松的 DSC 图

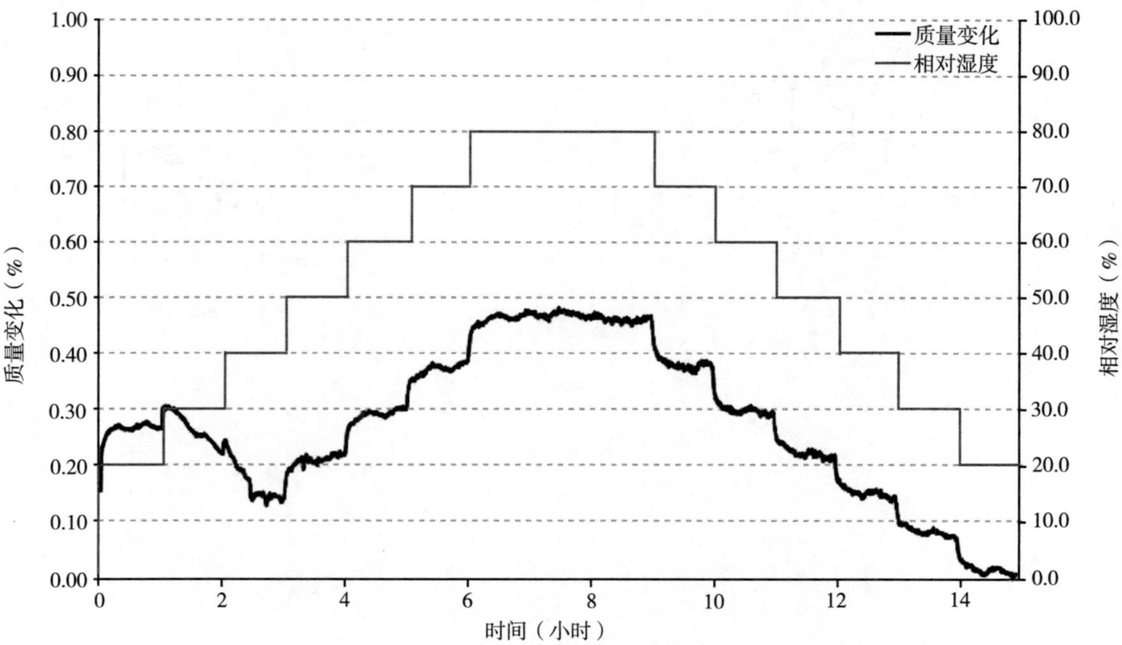

图 8　二丙酸倍他米松的 DVS 图

正离子扫描模式（一级）

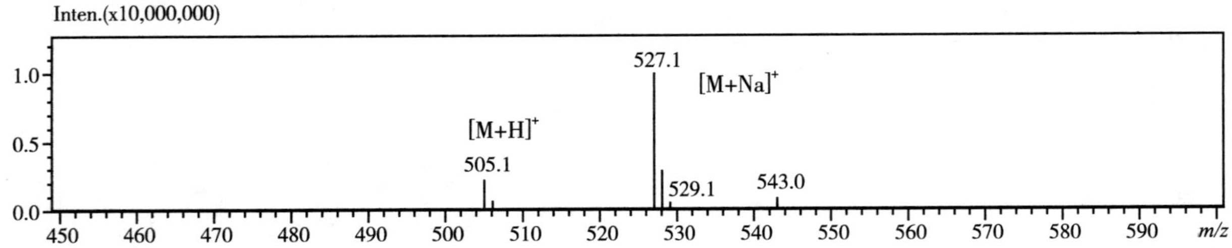

正离子扫描模式（二级）

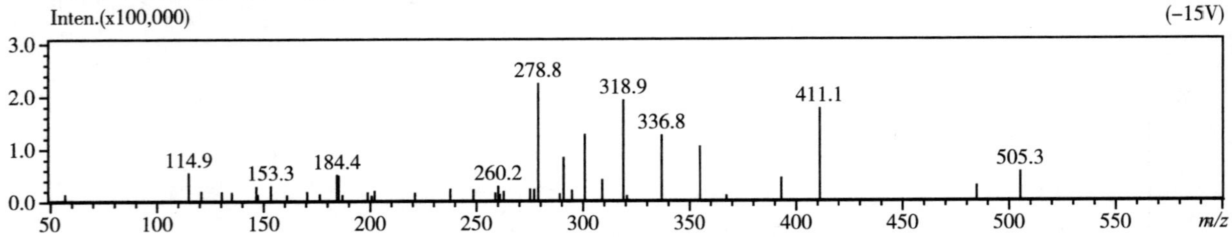

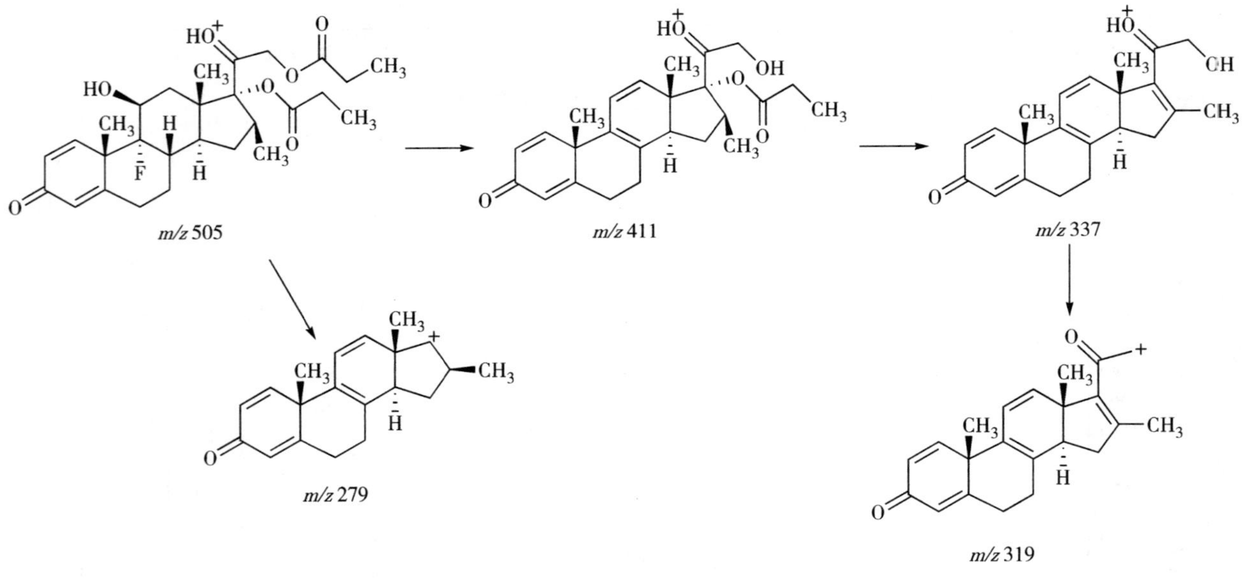

负离子扫描模式（一级）

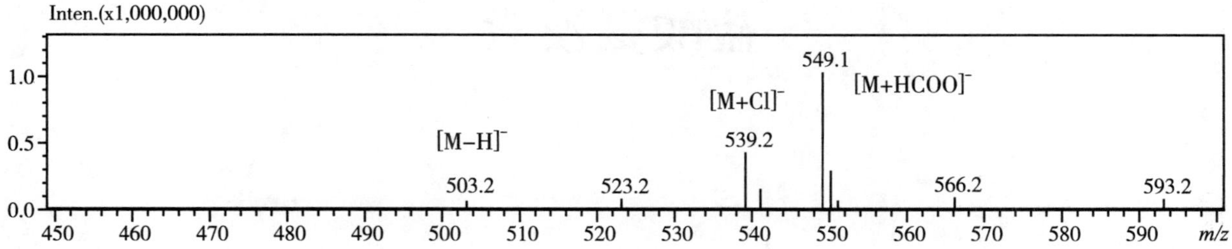

负离子扫描模式（二级）

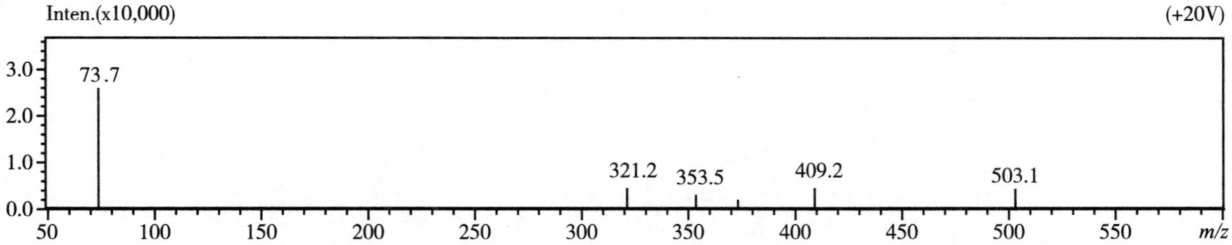

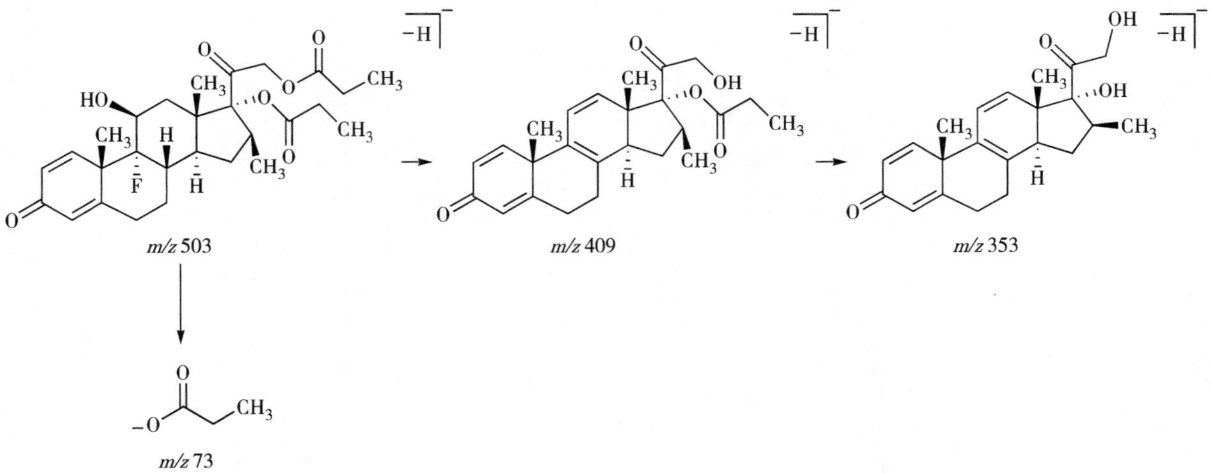

图 9　二丙酸倍他米松的质谱图

备注

1. **中文化学名**　16β－甲基－11β－羟基－17,21－(2－丙酸酯基)－9－氟－孕甾－1,4－二烯－3,20－二酮
2. **英文化学名**　(11β, 16β) – 9 – fluoro – 11 – hydroxy – 16 – methyl – 17, 21 – bis (1 – oxopropoxy) – pregna – 1,4 – diene – 3,20 – dione
3. **性状**　本品为白色或类白色的结晶性粉末。
4. **溶剂**　乙醇。
5. **对照品编号与批号**　100596－200601

盐酸氨溴索

英文名 Ambroxol Hydrochloride

分子式 $C_{13}H_{18}Br_2N_2O \cdot HCl$

分子量 414.56

CAS 号 23828 -92 -4

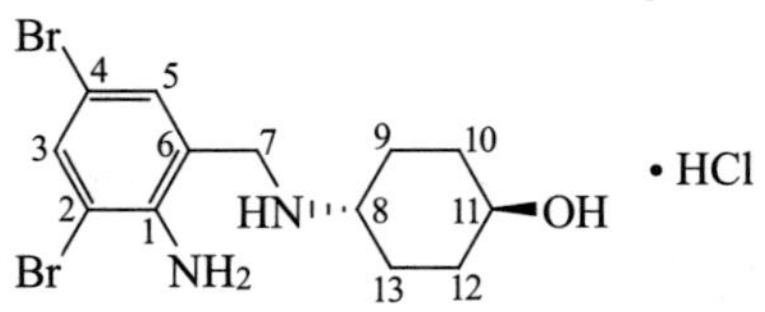

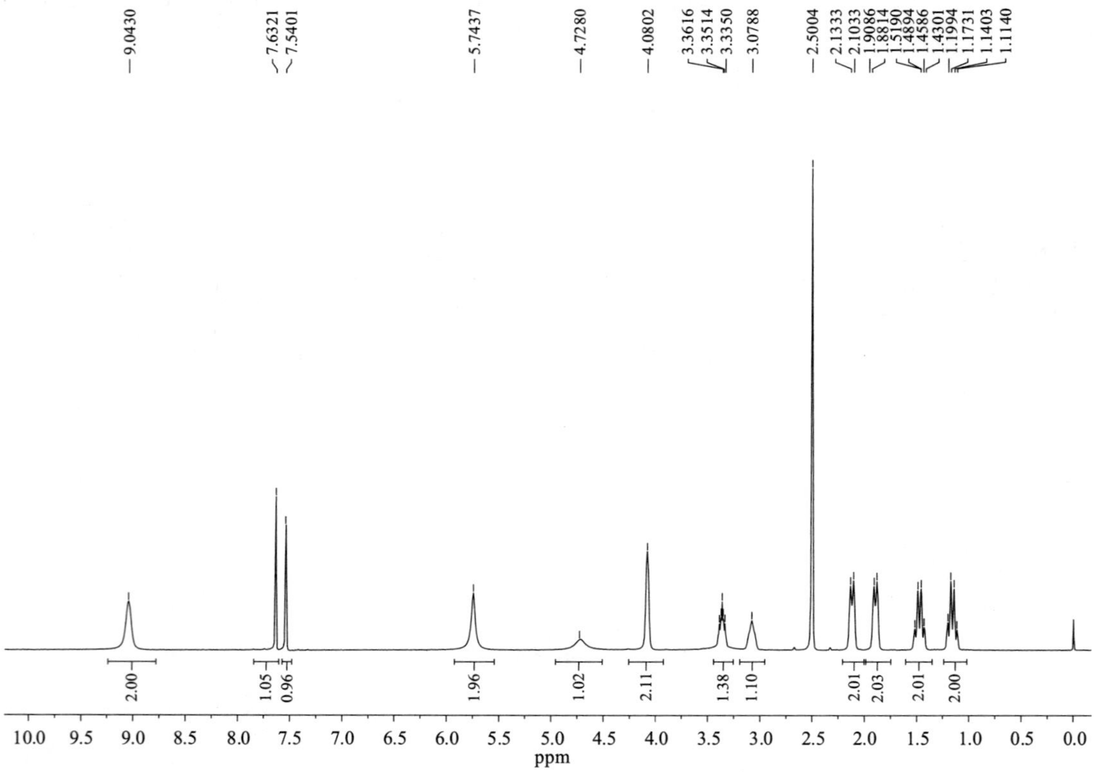

图 1 盐酸氨溴索的^{1}H NMR 谱（溶剂：CD_3SOCD_3）

^{1}H NMR：δ 9.04 （NH，s，2H），7.63 （H－3，s，1H），7.54 （H－5，s，1H），5.74 （NH_2，s，2H），4.73 （OH，brs，1H），4.08 （H－7，s，2H），3.36 （H－11，m，1H），3.08 （H－8，m，1H），2.12 （H－10a，12a，d，J = 12.0 Hz，2H），1.90 （H－9a，13a，d，J = 10.9 Hz，2H），1.47 （H－10b，12b，q，J = 11.6 Hz，2H），1.16 （H－9b，13b，q，J = 10.5 Hz，2H）

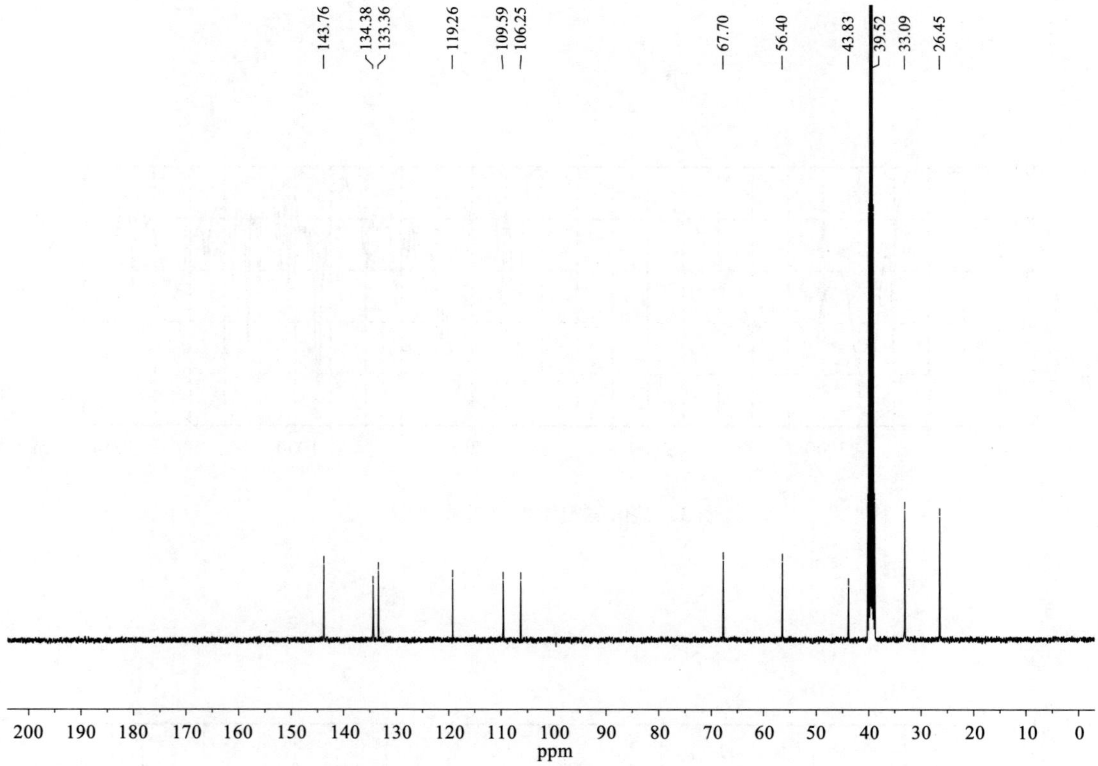

图 2　盐酸氨溴索的^{13}C NMR 谱（溶剂：CD_3SOCD_3）

^{13}C NMR：δ 143.76（C－3），134.38（C－1），133.36（C－5），119.26（C－6），109.59（C－2），106.25（C－4），67.70（C－11），56.40（C－7），43.83（C－8），33.09（C－10，12），26.45（C－9，13）

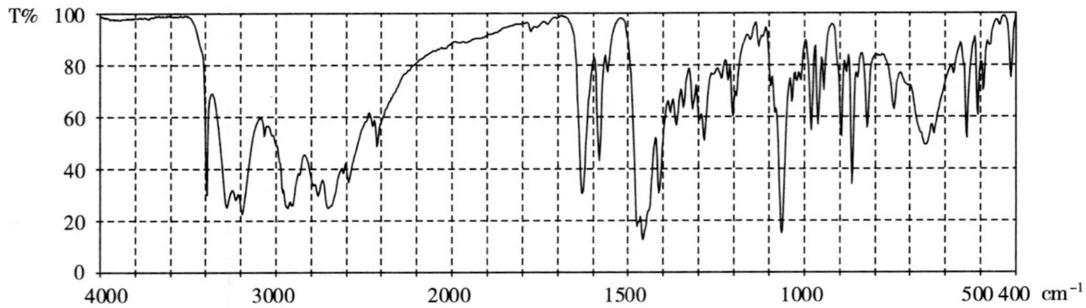

图 3　盐酸氨溴索的红外光谱图

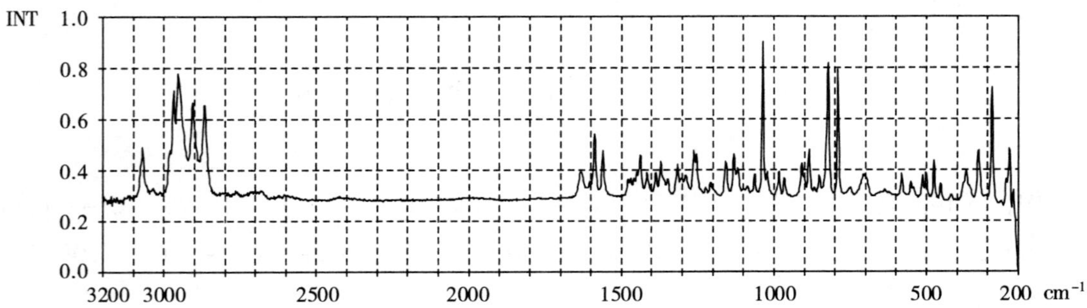

图 4　盐酸氨溴索的拉曼光谱图

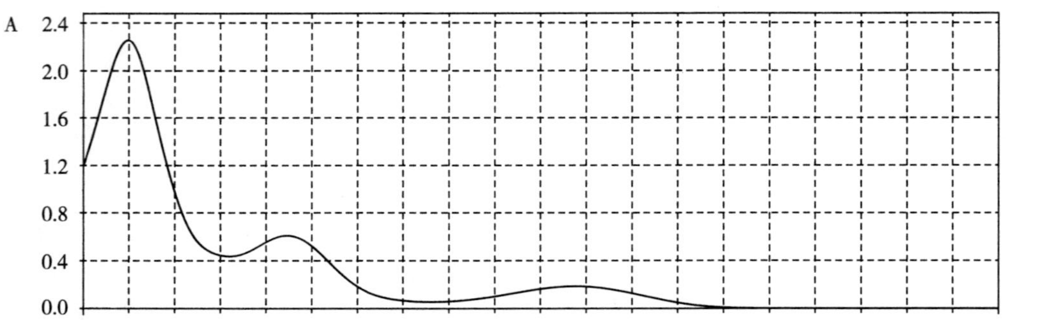

图 5　盐酸氨溴索的紫外光谱图

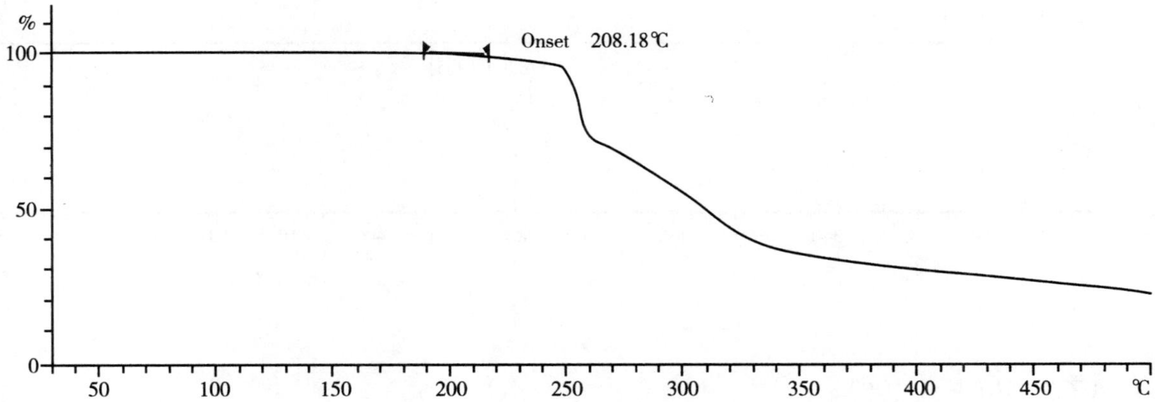

图 6　盐酸氨溴索的 TG 图

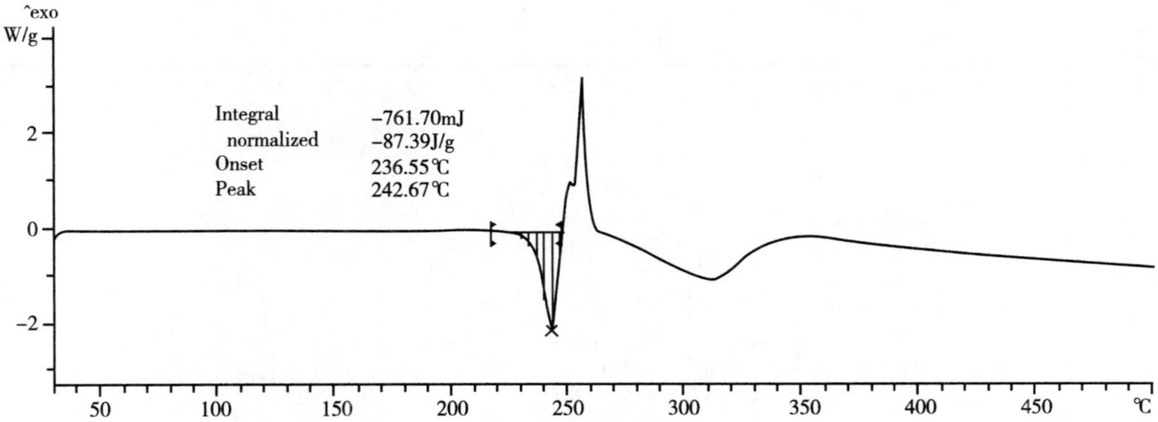

图 7　盐酸氨溴索的 DSC 图

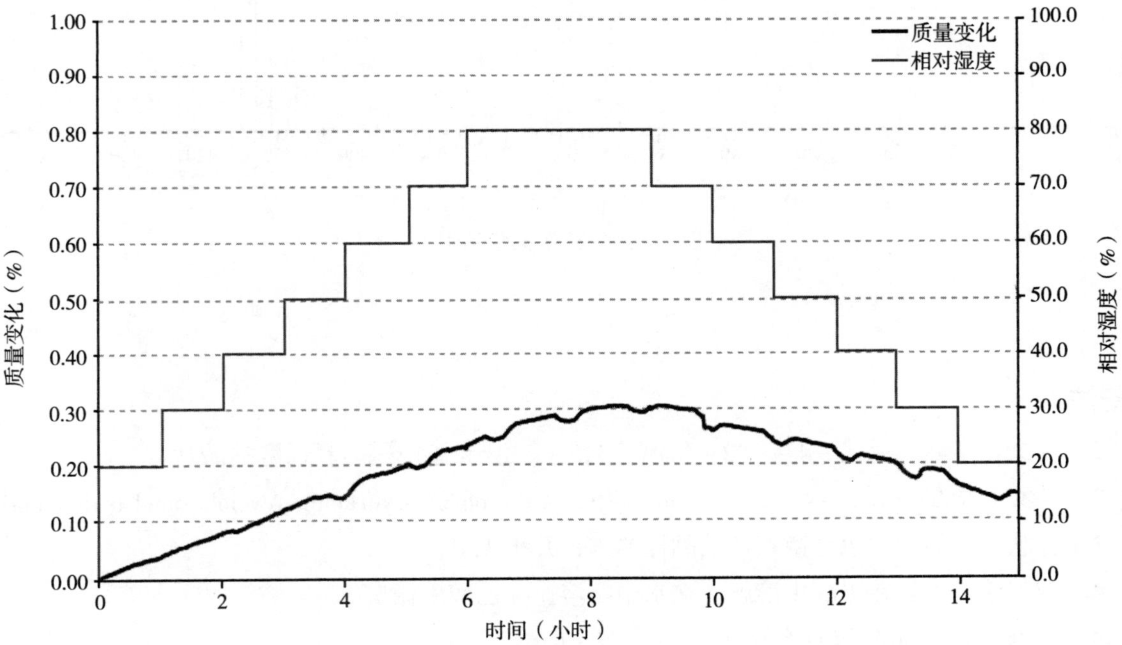

图 8　盐酸氨溴索的 DVS 图

正离子扫描模式（一级）

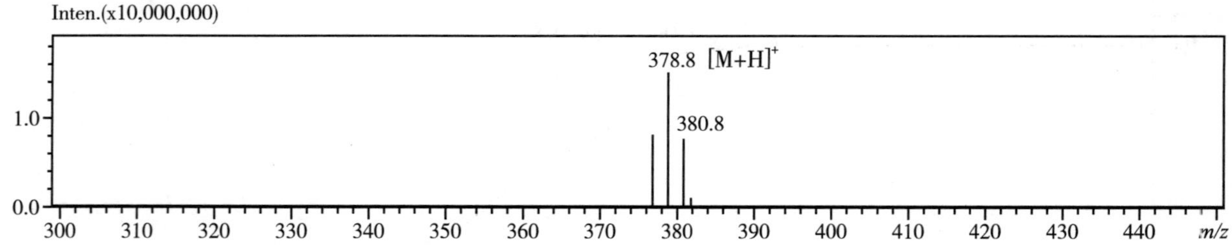

正离子扫描模式（二级）

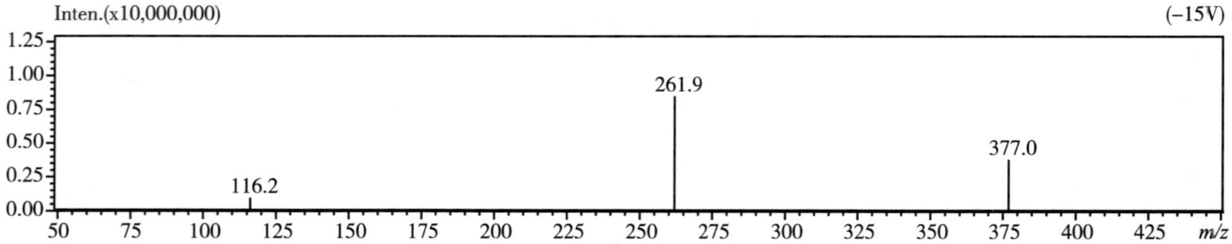

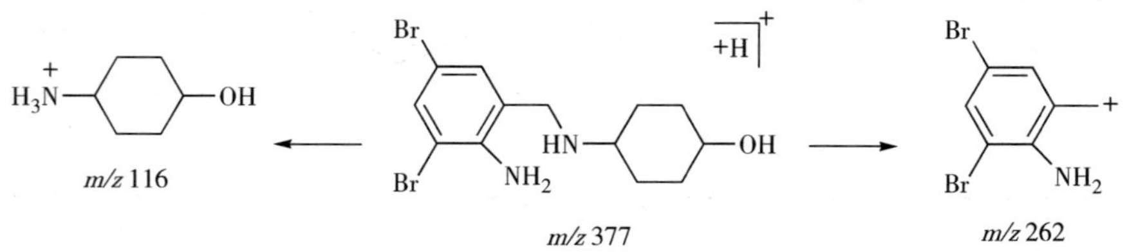

负离子扫描模式（一级）

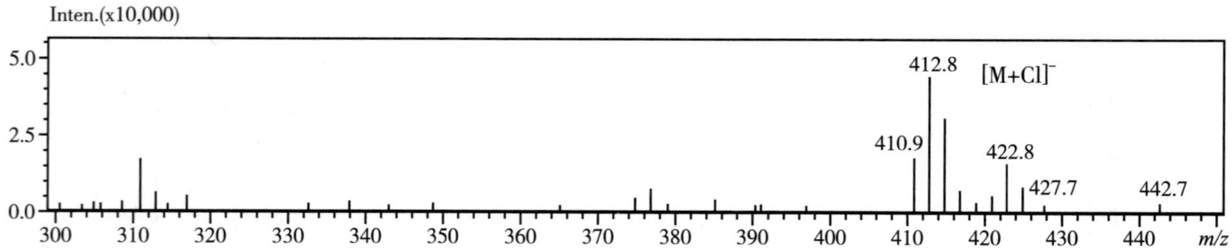

图9　盐酸氨溴索的质谱图

备注

1. 中文化学名　反式－4－［(2－氨基－3,5－二溴苄基)氨基］环己醇盐酸盐

2. 英文化学名　*trans*－4－［(2－amino－3,5－dibromobenzyl)amino］cyclohexanol hydrochloride

3. 性状　本品为白色至微黄色结晶性粉末；几乎无臭。

4. 溶解性　本品在甲醇中溶解，在水中略溶，在乙醇中微溶。

5. 溶剂　0.1mol/L 盐酸溶液。

6. 对照品编号与批号　100599－200502

辛伐他汀

英文名 Simvastatin

分子式 $C_{25}H_{38}O_5$

分子量 418.56

CAS 号 79902－63－9

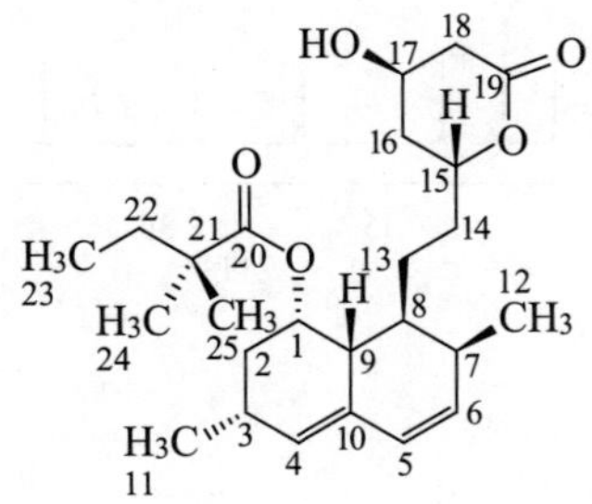

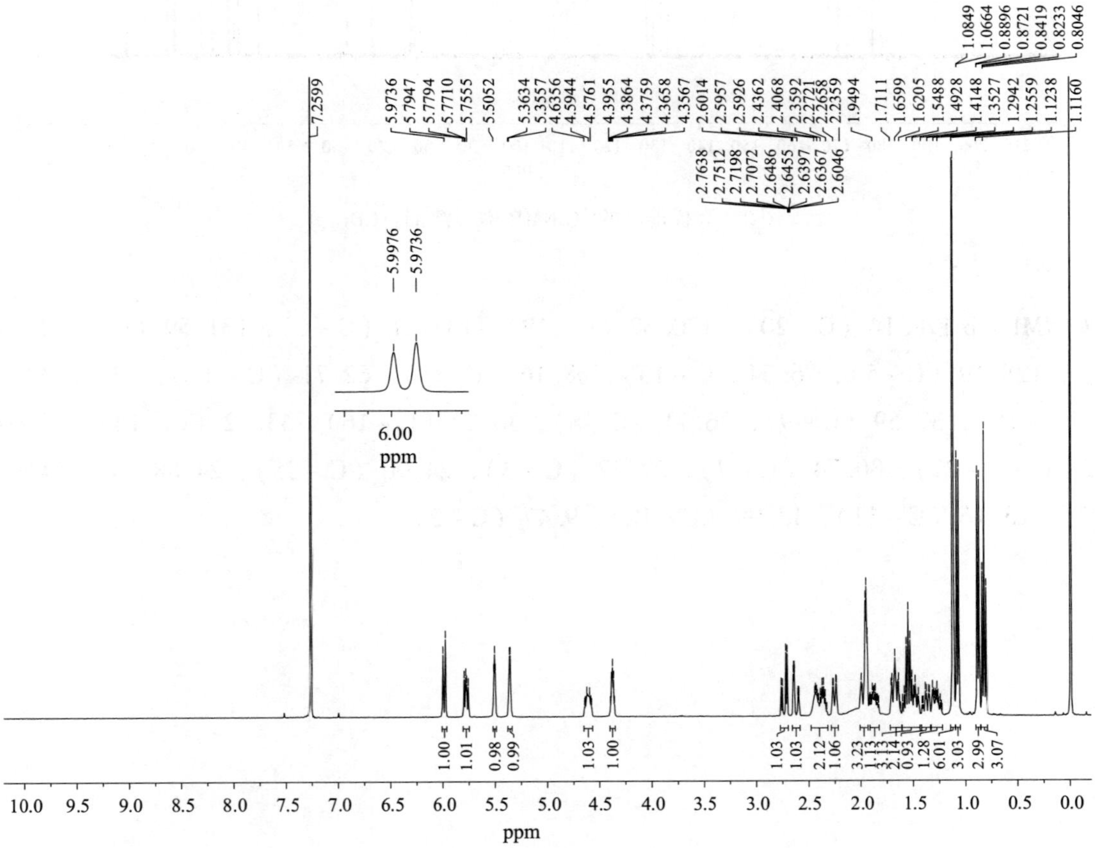

图 1 辛伐他汀的^{1}H NMR 谱（溶剂：$CDCl_3$）

^{1}H NMR：δ 5.99（H－5，d，J＝9.6 Hz，1H），5.78（H－6，dd，J＝9.5，6.2 Hz，1H），5.51（H－4，m，1H），5.36（H－1，m，1H），4.61（H－15，m，1H），4.38（H－17，m，1H），2.74（H－18a，dd，J＝17.6，5.0 Hz，1H），2.62（H－18b，ddd，J＝17.6，3.6，1.2 Hz，1H），2.43（H－3，m，1H），2.36（H－7，m，1H），2.25（H－9，dd，J＝12.0，2.5 Hz，1H），2.03～1.81（H－2，14a，16a，m，4H），1.74～1.43（H－8，13a，16b，22，m，5H），1.43～1.20（H－13b，14b，m，2H），1.12（H－24，25，d，J＝3.1 Hz，6H），1.08（H－11，d，J＝7.4 Hz，3H），0.88（H－12，d，J＝7.0 Hz，3H），0.82（H－23，t，J＝7.5 Hz，3H）

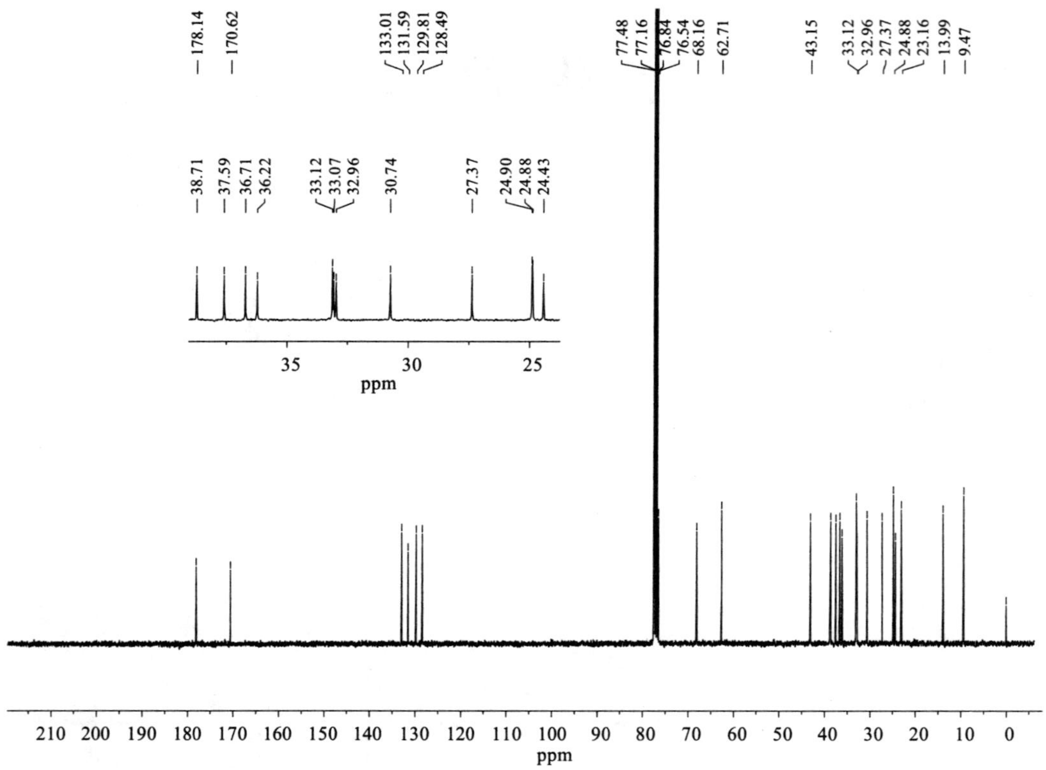

图 2　辛伐他汀的^{13}C NMR 谱（溶剂：$CDCl_3$）

^{13}C NMR：δ 178. 14 （C－20），170. 62 （C－19），133. 01 （C－6），131. 59 （C－10），129. 81 （C－4），128. 49 （C－5），76. 54 （C－15），68. 16 （C－1），62. 71 （C－17），43. 15 （C－21），38. 71 （C－18），37. 59 （C－9），36. 71 （C－8），36. 22 （C－16），33. 12 （C－14），33. 07 （C－2），32. 96 （C－22），30. 74 （C－7），27. 37 （C－3），24. 90 （C－25），24. 88 （C－24），24. 43 （C－13），23. 16 （C－11），13. 99 （C－12），9. 47 （C－23）

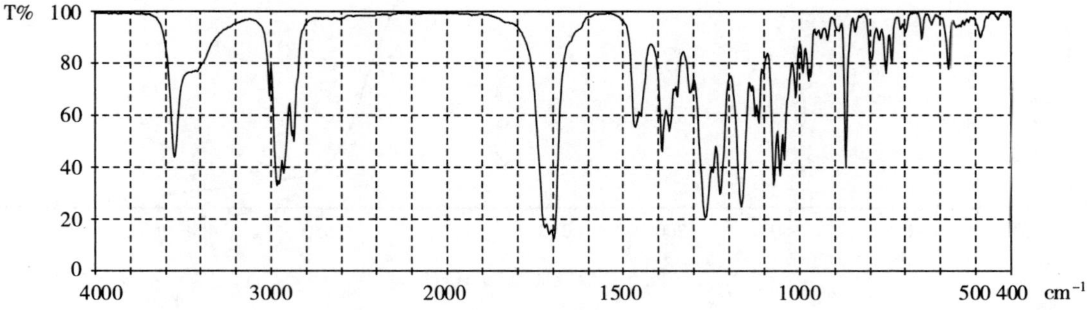

图 3　辛伐他汀的红外光谱图

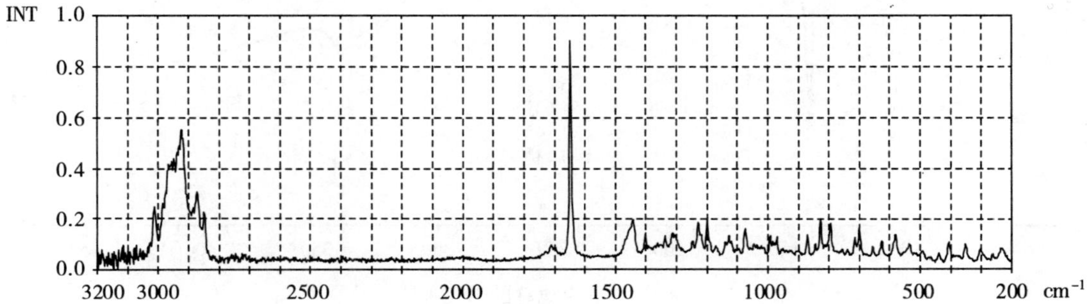

图 4　辛伐他汀的拉曼光谱图

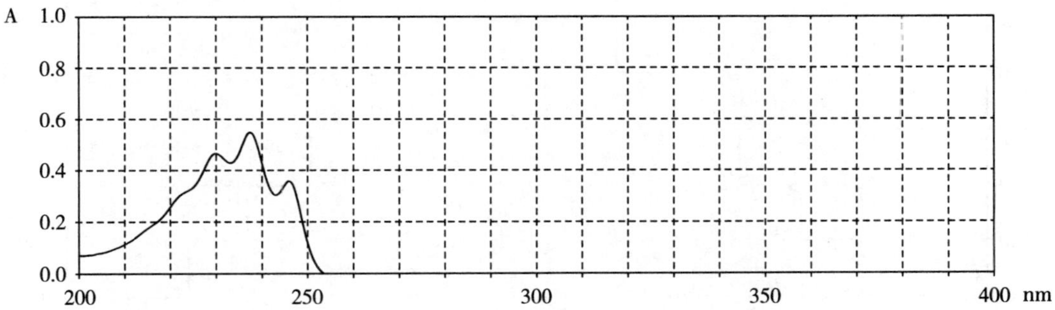

图 5　辛伐他汀的紫外光谱图

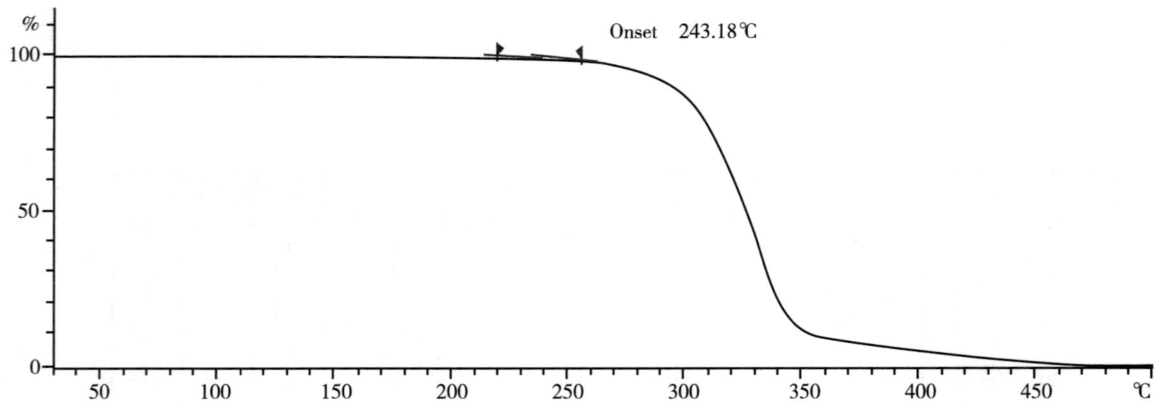

图 6　辛伐他汀的 TG 图

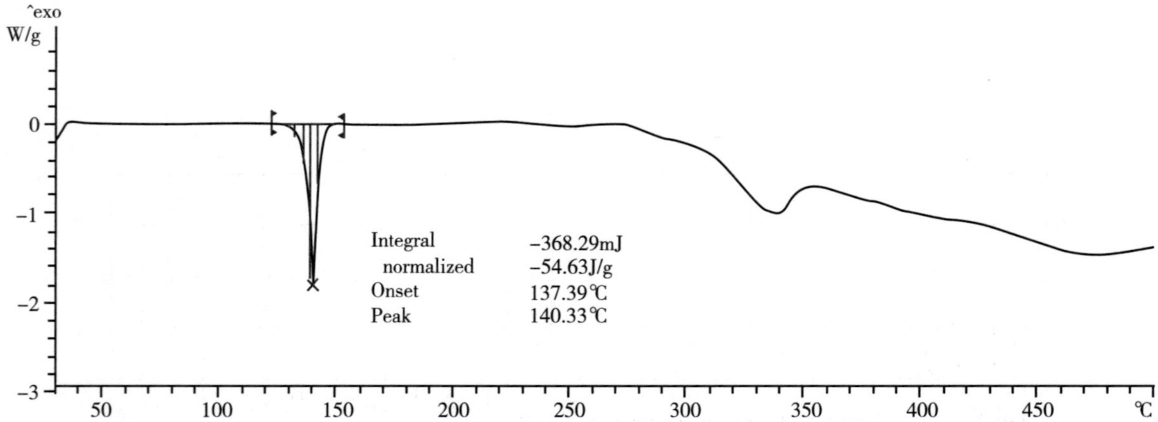

图 7　辛伐他汀的 DSC 图

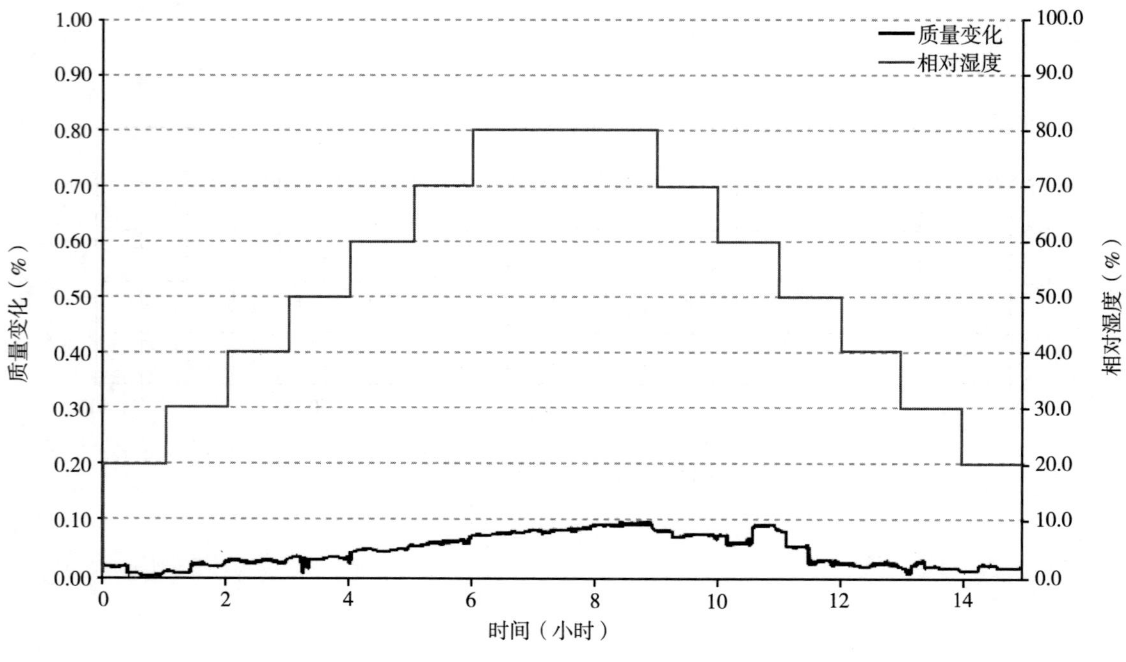

图 8　辛伐他汀的 DVS 图

正离子扫描模式（一级）

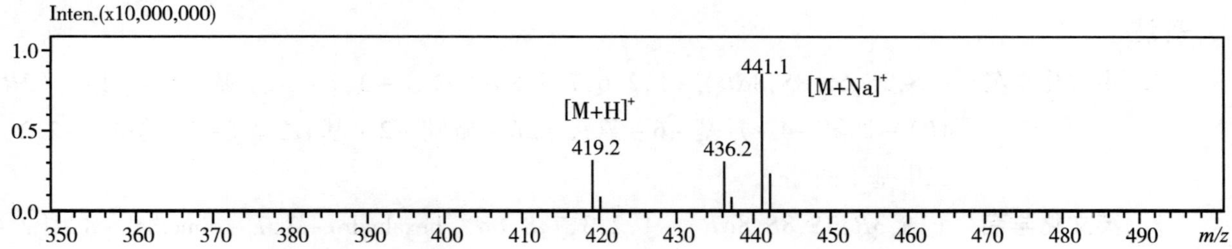

正离子扫描模式（二级）

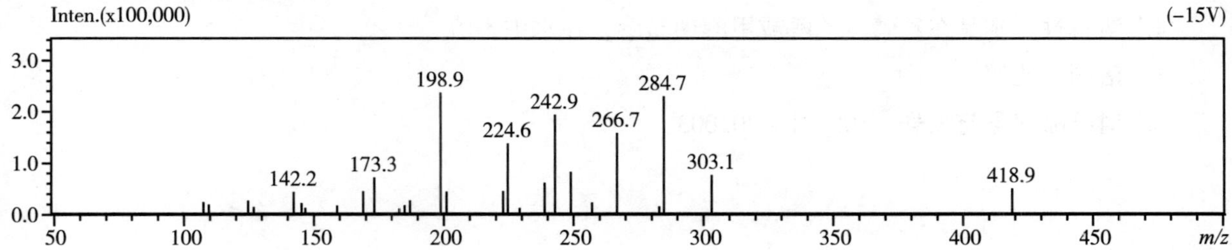

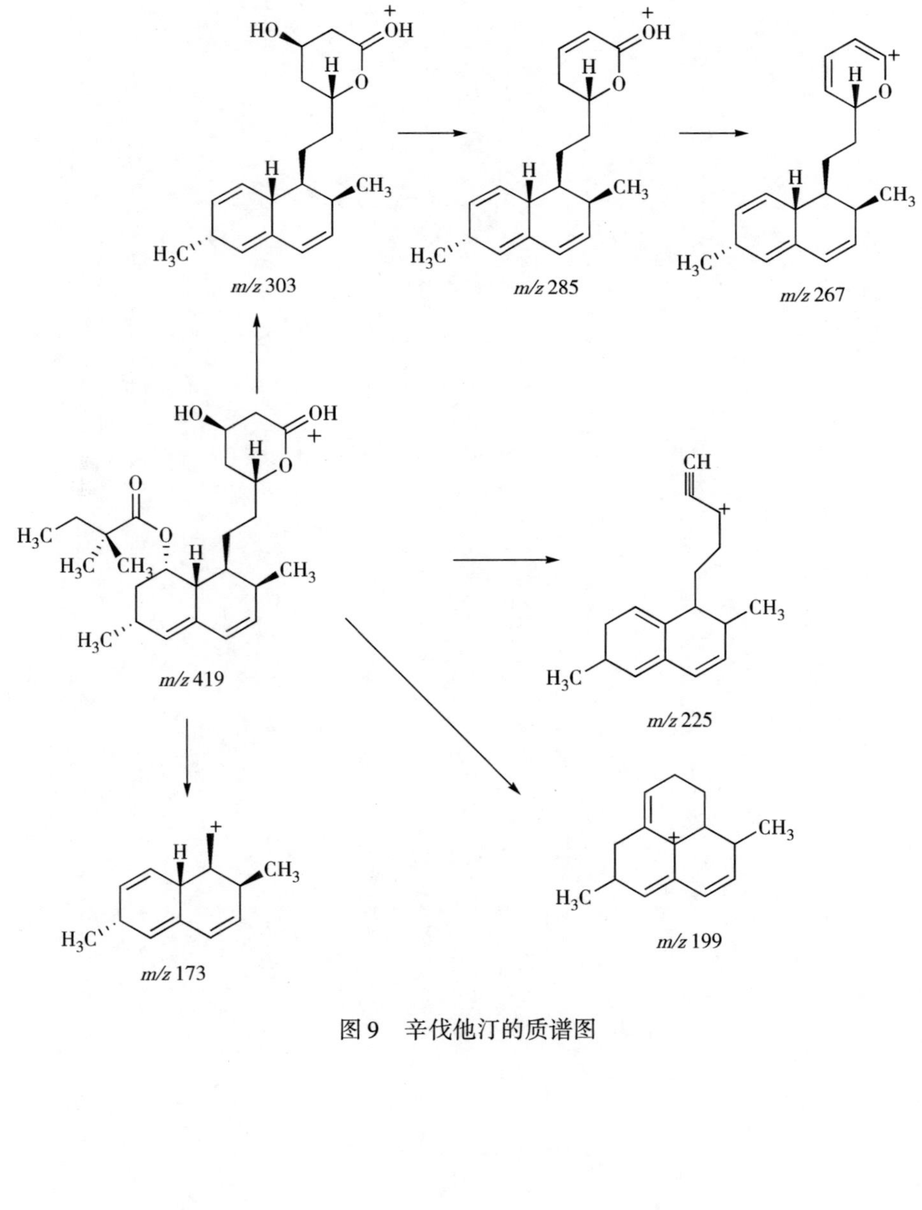

图 9　辛伐他汀的质谱图

备注

1. 中文化学名 (1*S*,2*S*,6*S*,8*S*,8α*R*)－1,2,6,7,8,8α－六氢－3,7－二甲基－8－[2－[(2*R*,4*R*)－四氢－4－羟基－6－氧代－2*H*－吡喃－2－基]乙基]－1－萘酚 －2,2－二甲基丁酸酯

2. 英文化学名 (1*S*,3*R*,7*S*,8*S*,8α*R*)－1,2,3,7,8,8α－hexahydro－3,7－dimethyl－8－[2－[(2*R*,4*R*)－tetrahydro－4－hydroxy－6－oxo－2*H*－pyran－2－yl]ethyl]－1－naphthalenyly－2,2－dimethyl butanoate

3. 性状 本品为白色或类白色粉末或结晶性粉末。

4. 溶解性 本品在乙腈、乙醇或甲醇中易溶，在水中不溶。

5. 溶剂 乙醇。

6. 对照品编号与批号 100601－201003

厄 多 司 坦

英文名　Erdosteine

分子式　$C_8H_{11}NO_4S_2$

分子量　249. 31

CAS 号　84611 - 23 - 4

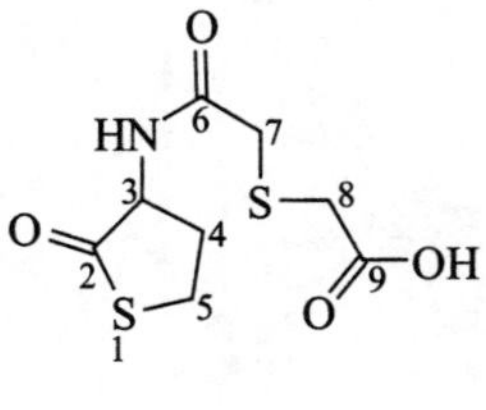

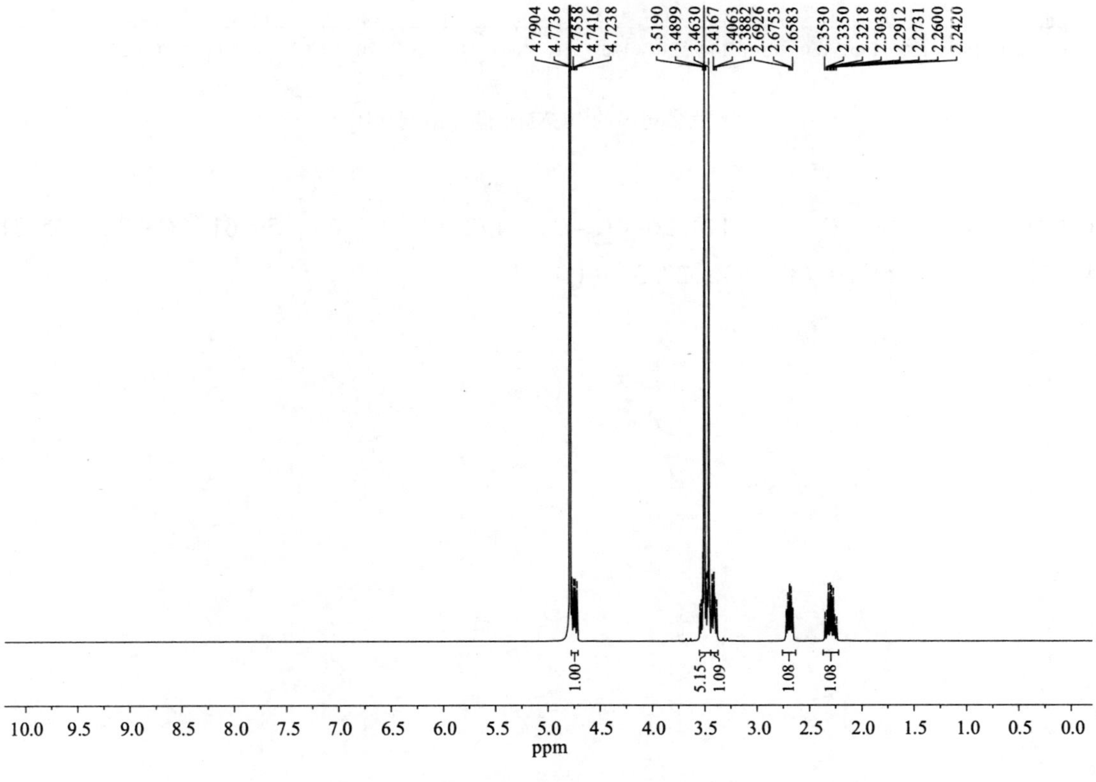

图 1　厄多司坦的 ^1H NMR 谱（溶剂：D_2O）

^1H NMR：δ 4. 75（H - 3，dd，J = 12. 8，7. 1 Hz，1H），3. 53（H - 5a，m，1H），3. 51（H - 8，s，2H），3. 46（H - 7，s，2H），3. 41（H - 5b，m，1H），2. 69（H - 4a，m，1H），2. 30（H - 4b，m，1H）

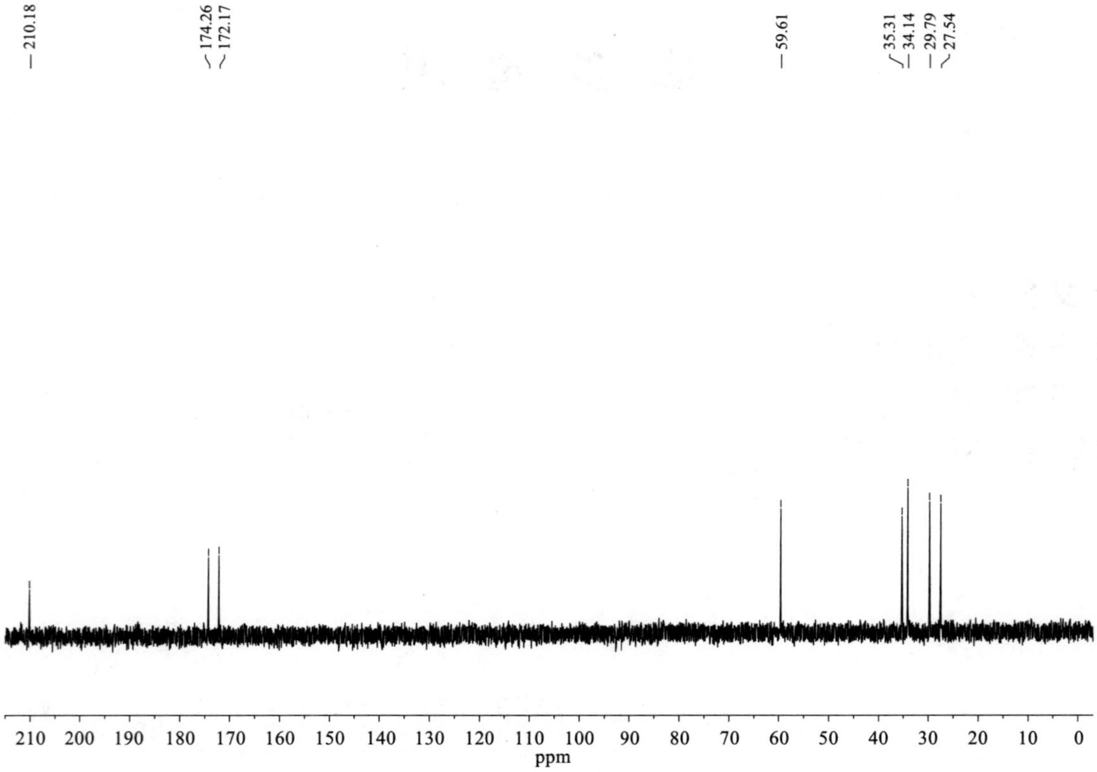

图2　厄多司坦的^{13}C NMR谱（溶剂：D_2O）

^{13}C NMR：δ 210.18（C－2），174.26（C－9），172.17（C－6），59.61（C－3），35.31（C－8），34.14（C－7），29.79（C－5），27.54（C－4）

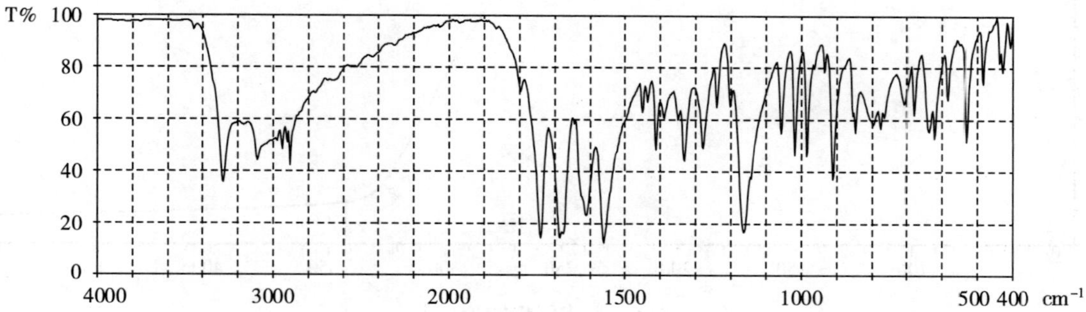

图 3　厄多司坦的红外光谱图

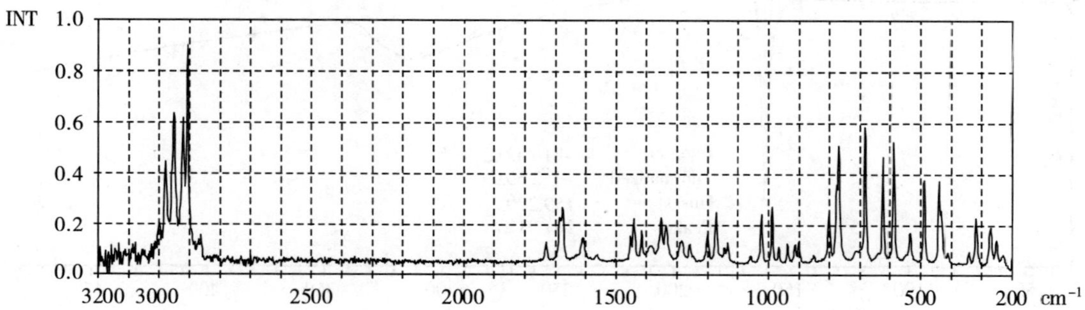

图 4　厄多司坦的拉曼光谱图

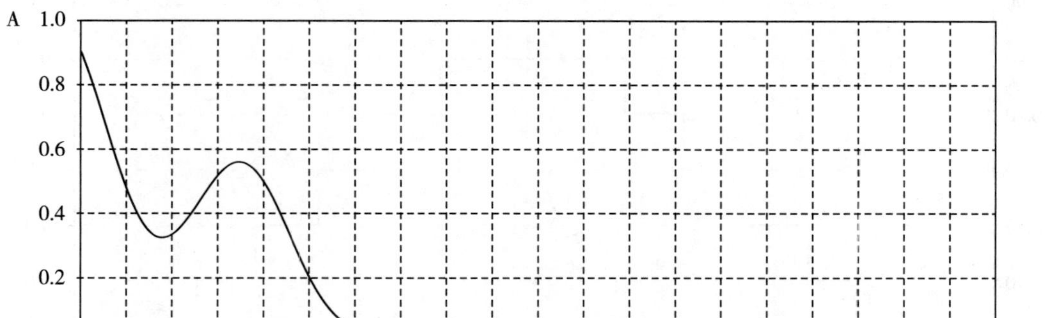

图 5　厄多司坦的紫外光谱图

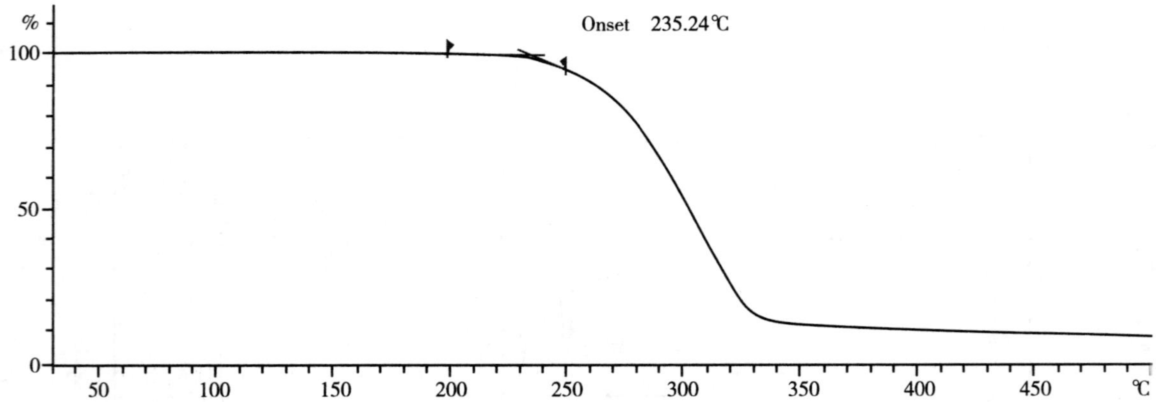

图 6 厄多司坦的 TG 图

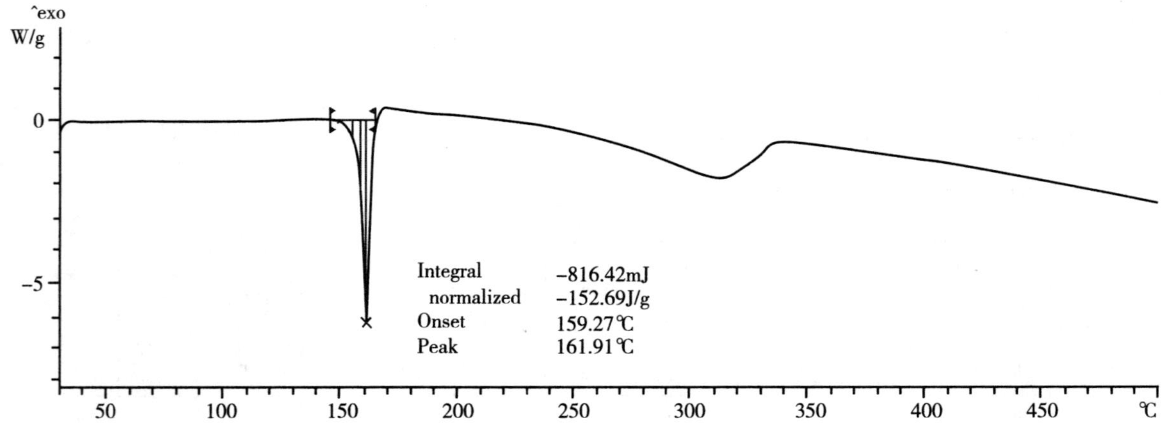

图 7 厄多司坦的 DSC 图

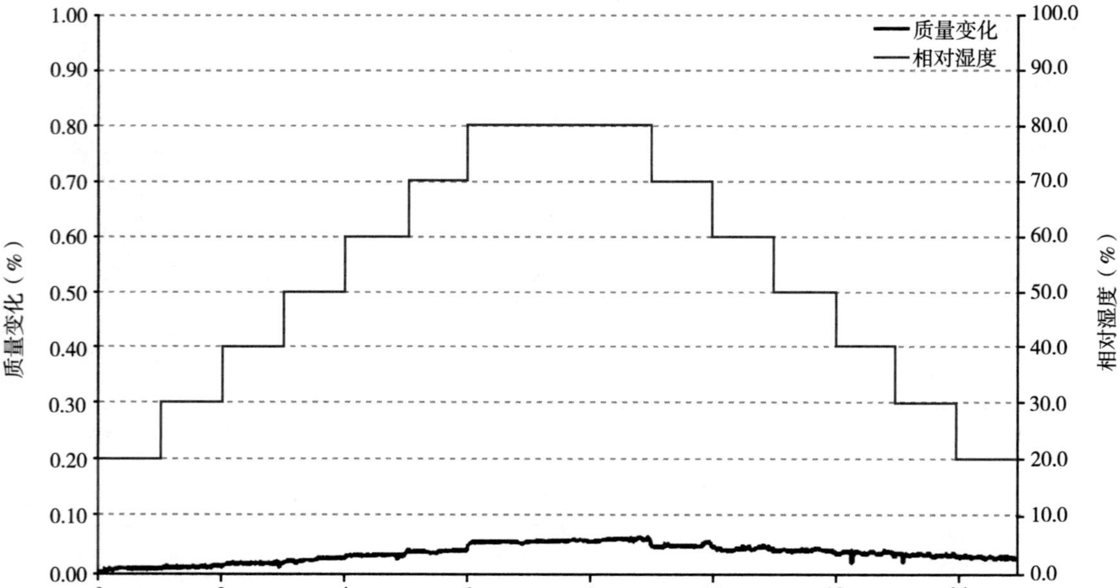

图 8 厄多司坦的 DVS 图

正离子扫描模式（一级）

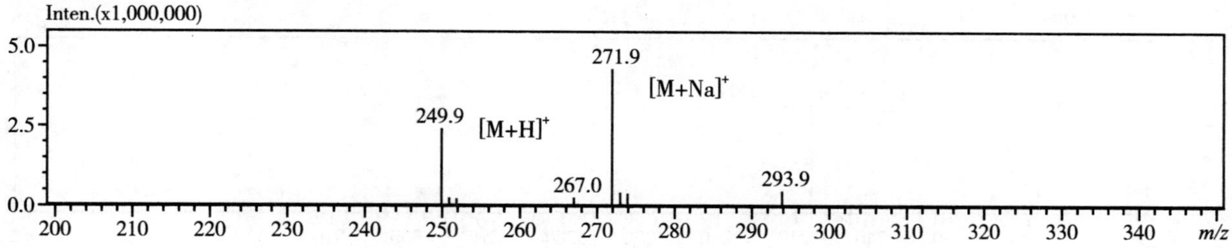

正离子扫描模式（二级）

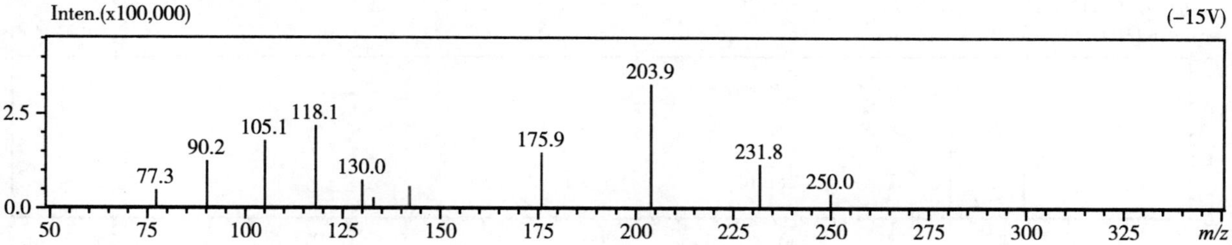

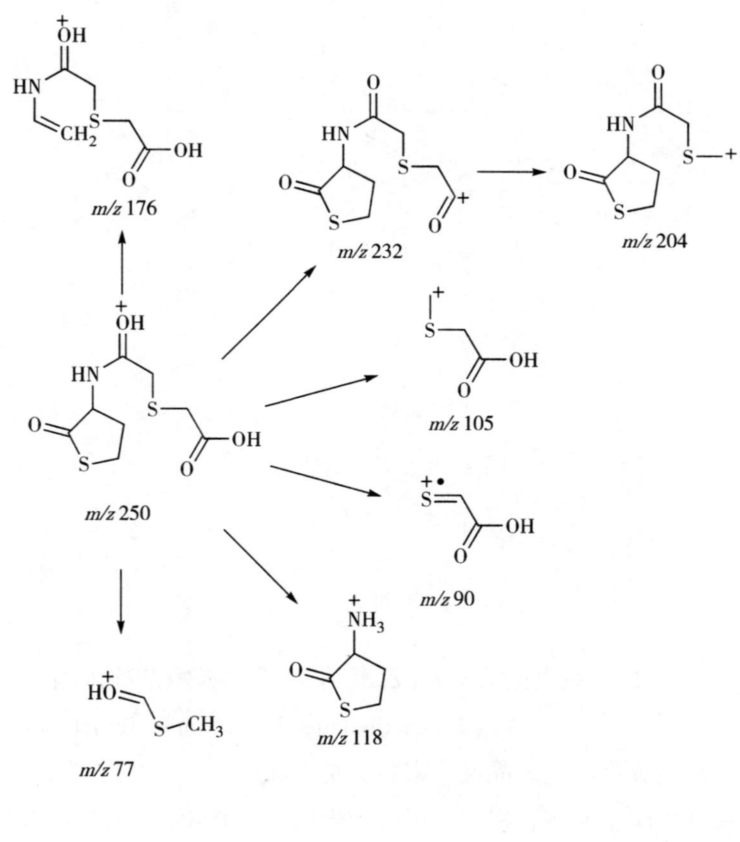

负离子扫描模式（一级）

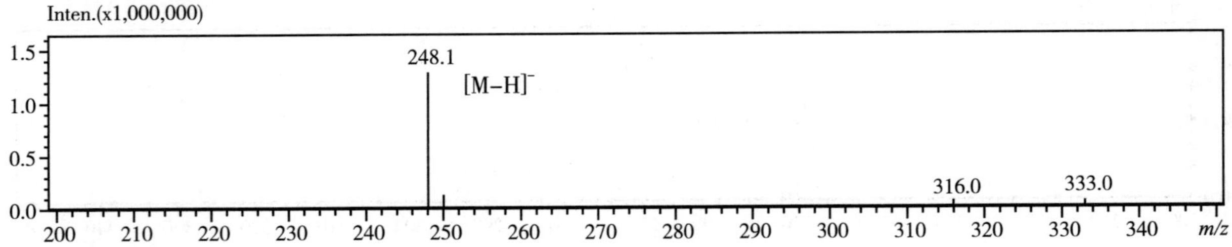

负离子扫描模式（二级）

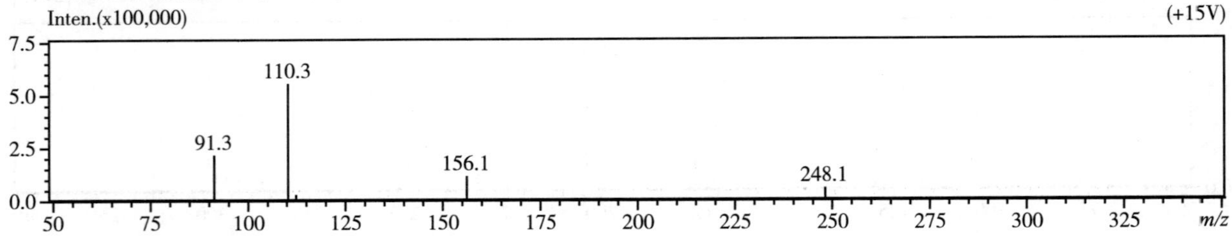

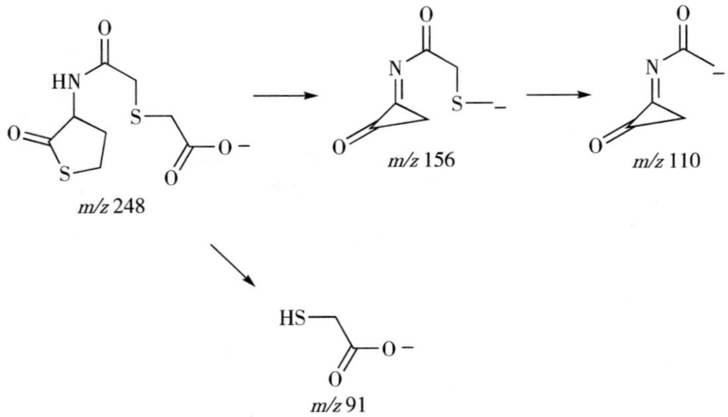

图 9　厄多司坦的质谱图

备注

1. **中文化学名**　*N* – [2 – (羧甲基巯基) – 乙酰基] – 高半胱氨酸硫内酯
2. **英文化学名**　2 – [2 – oxo – 2 – [(2 – oxothiolan – 3 – yl)amino]ethyl]sulfanylacetic acid
3. **性状**　本品为白色或类白色结晶性粉末；微臭，味酸。
4. **溶解性**　本品在丙酮中略溶，在水或甲醇中微溶，在 0.4% 氢氧化钠溶液中略溶。
5. **溶剂**　水。
6. **对照品编号与批号**　100602 – 200301

琥珀酸舒马普坦

英文名 Sumatriptan Succinate

分子式 $C_{14}H_{21}N_3O_2S \cdot C_4H_6O_4$

分子量 413.49

CAS 号 103628-48-4

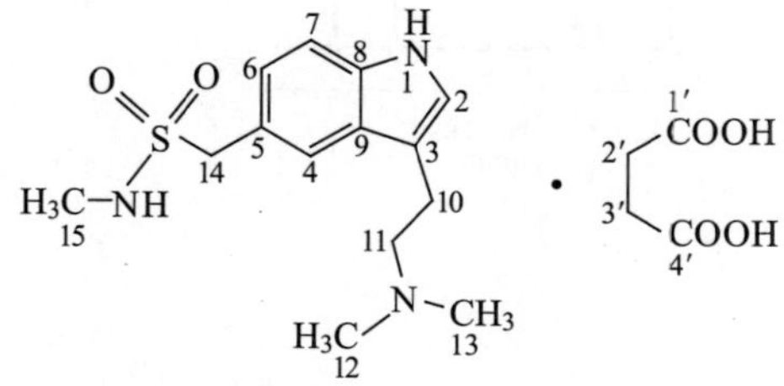

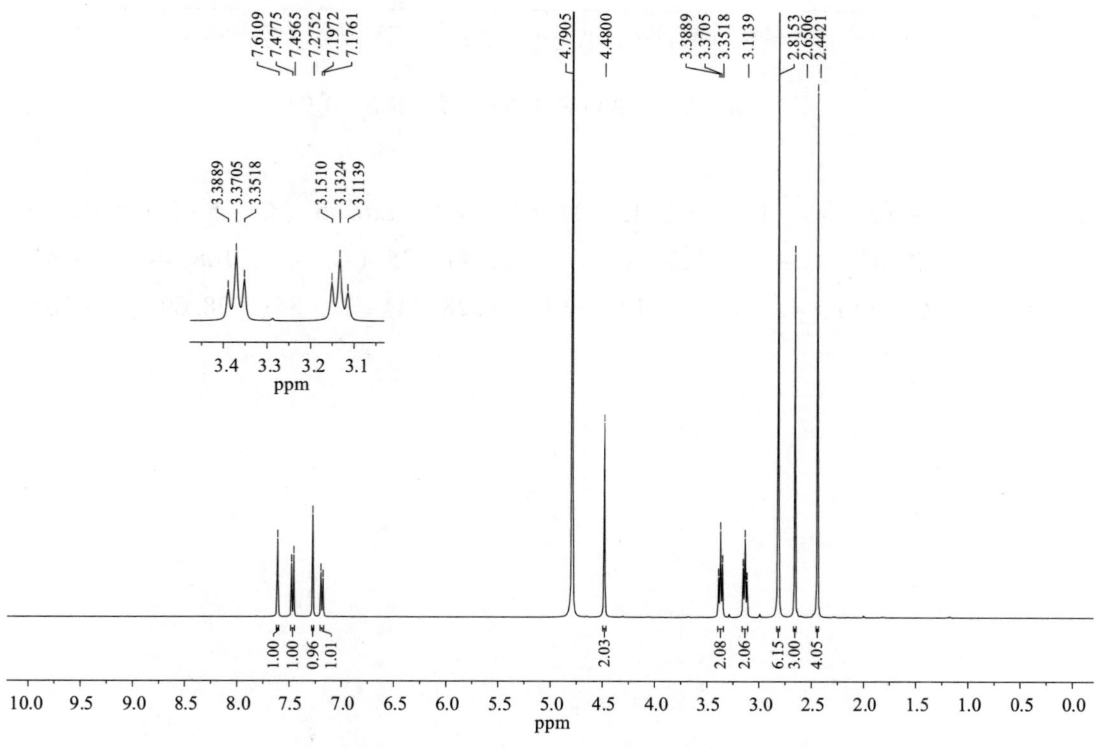

图 1 琥珀酸舒马普坦的^{1}H NMR 谱（溶剂：D_2O）

^{1}H NMR：δ 7.61（H-4，s，1H），7.46（H-7，d，J=8.4 Hz，1H），7.28（H-2，s，1H），7.18（H-6，d，J=8.4 Hz，1H），4.48（H-14，s，2H），3.37（H-11，t，J=7.4 Hz，2H），3.13（H-10，t，J=7.4 Hz，2H），2.81（H-12，13，s，6H），2.65（H-15，s，3H），2.44（H-2′，3′，s，4H）

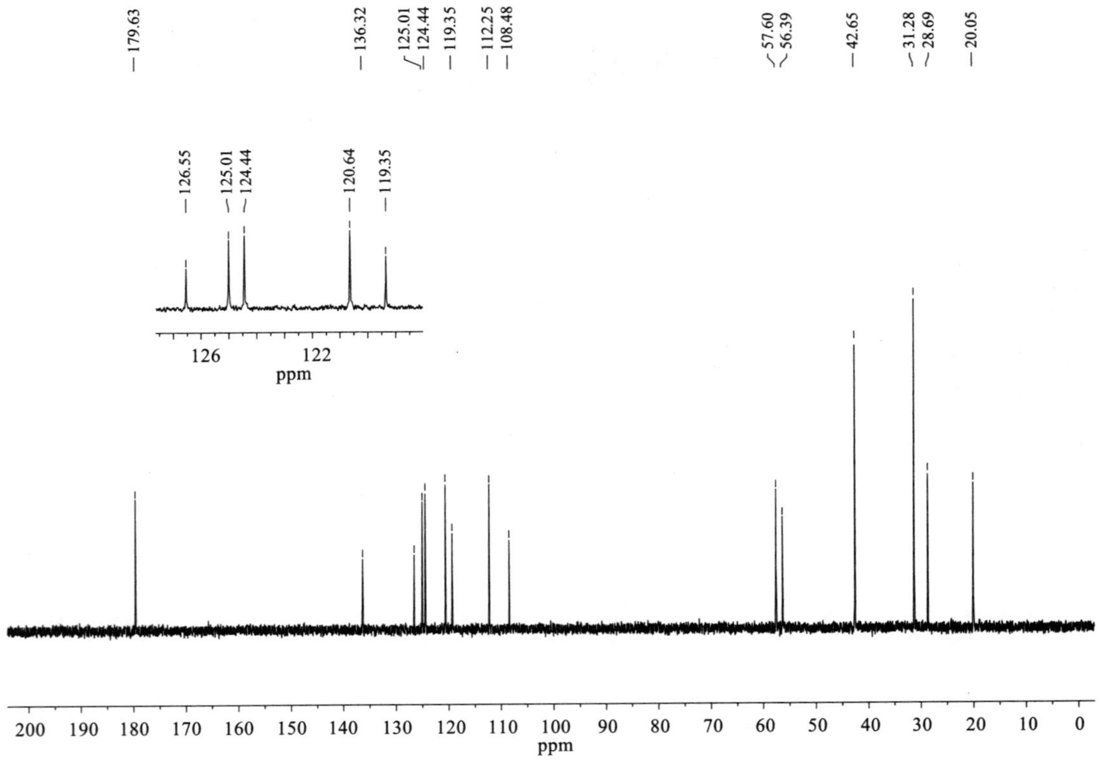

图2　琥珀酸舒马普坦的^{13}C NMR 谱（溶剂：D_2O）

^{13}C NMR：δ 179.63（C－1′，4′），136.32（C－8），126.55（C－5），125.01（C－9），124.44（C－2），120.64（C－4），119.35（C－6），112.25（C－7），108.48（C－3），57.60（C－11），56.39（C－14），42.65（C－12，13），31.28（C－2′，3′），28.69（C－10），20.05（C－15）

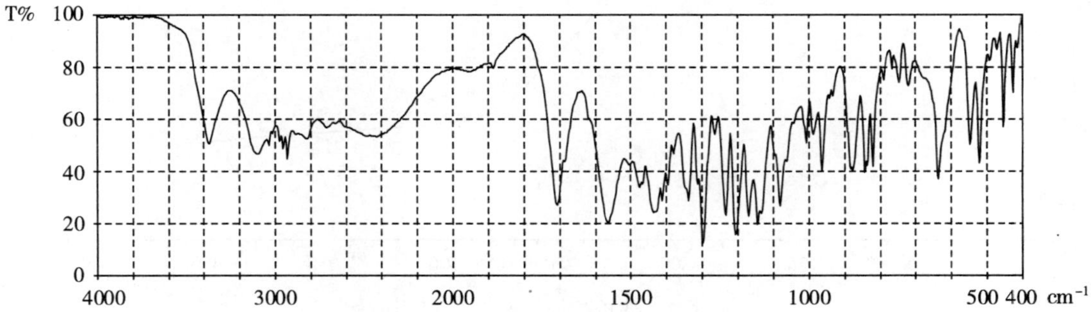

图 3　琥珀酸舒马普坦的红外光谱图

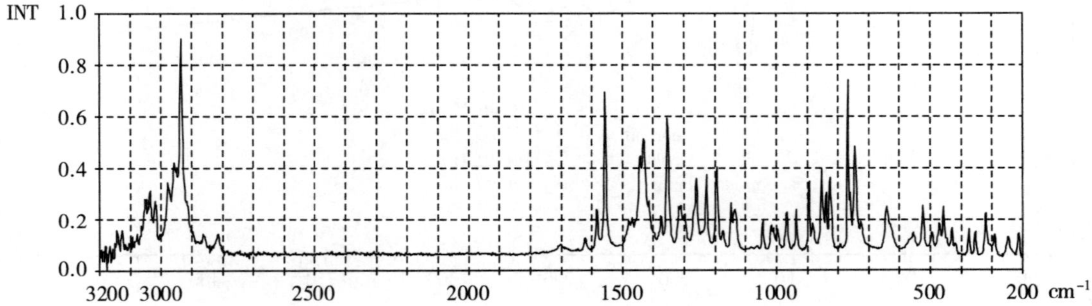

图 4　琥珀酸舒马普坦的拉曼光谱图

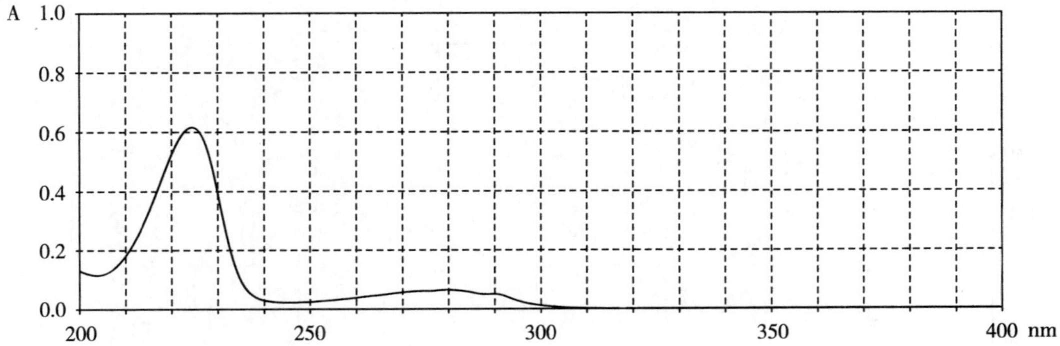

图 5　琥珀酸舒马普坦的紫外光谱图

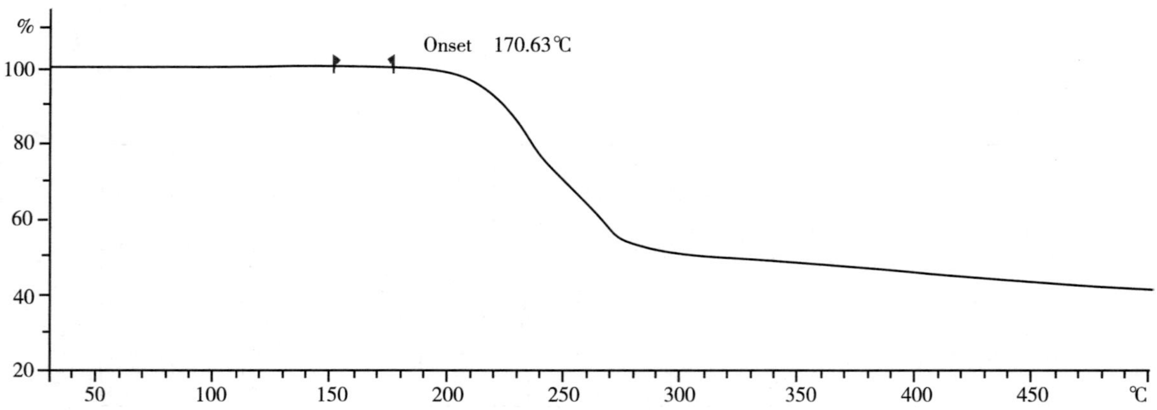

图 6 琥珀酸舒马普坦的 TG 图

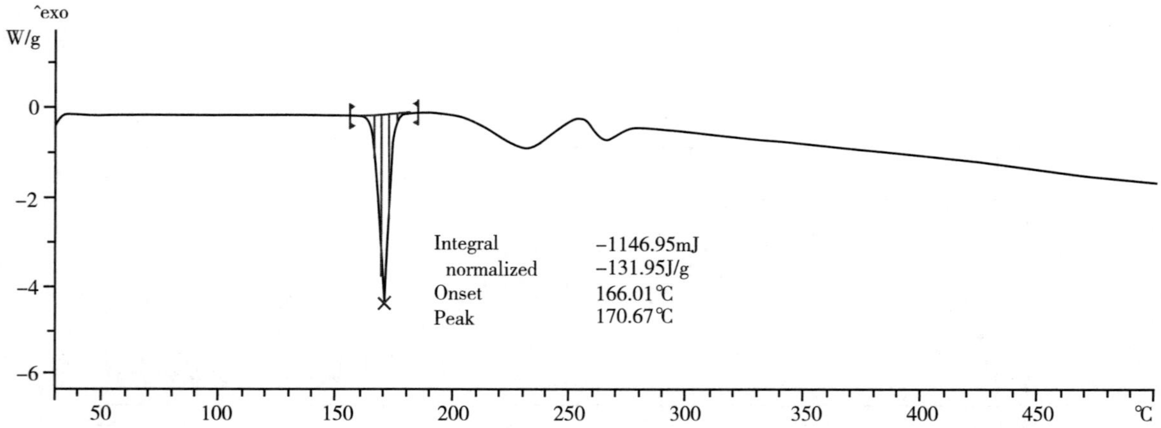

图 7 琥珀酸舒马普坦的 DSC 图

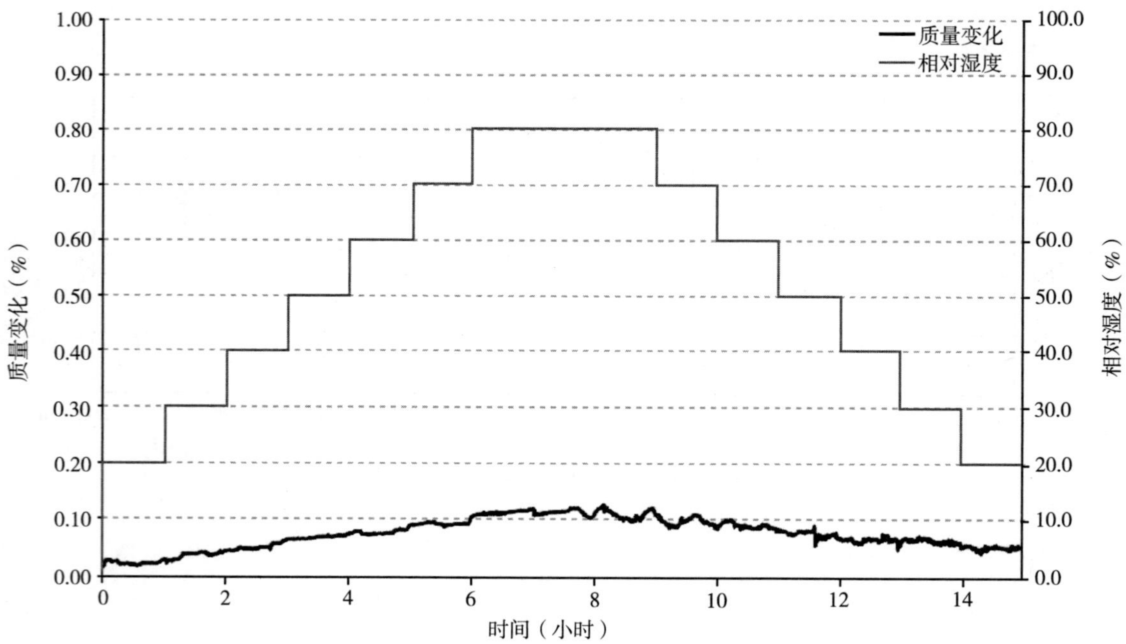

图 8 琥珀酸舒马普坦的 DVS 图

正离子扫描模式（一级）

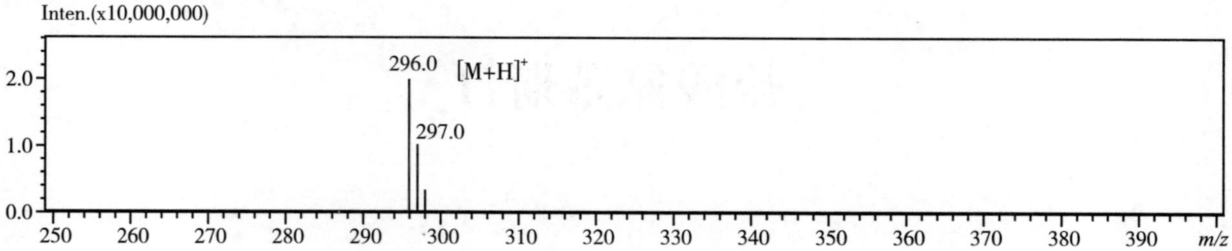

正离子扫描模式（二级）

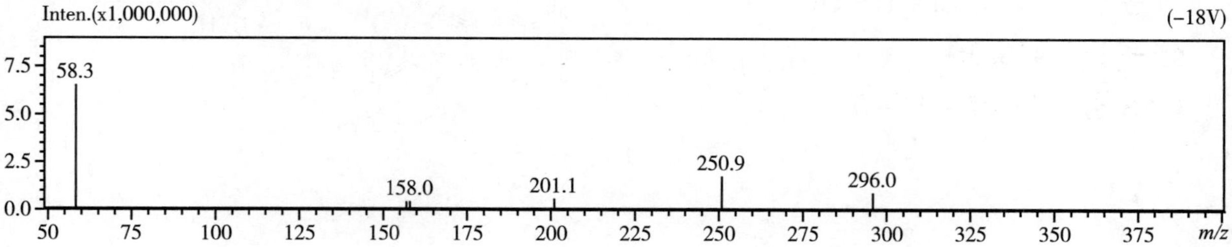

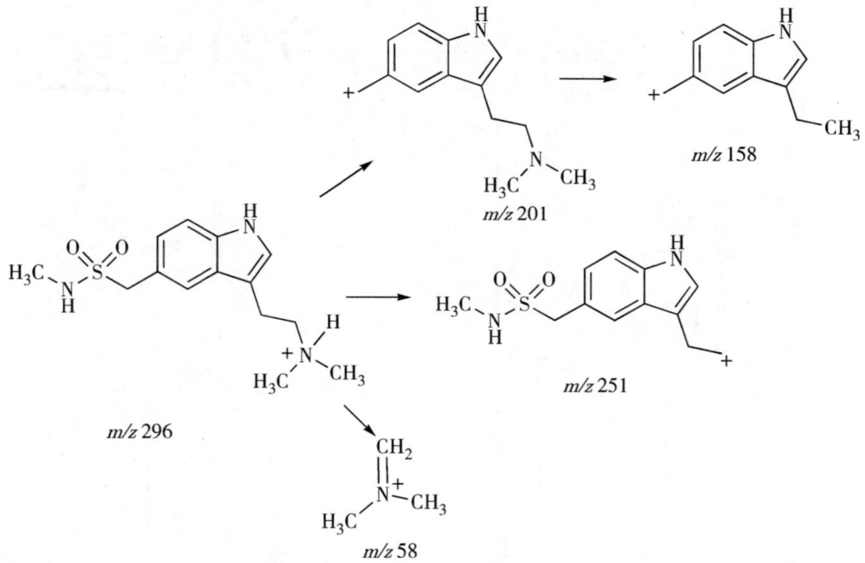

图 9 琥珀酸舒马普坦的质谱图

备注

1. **中文化学名** 3－[2－(二甲胺基)乙基]－*N*－甲基－1*H*－吲哚－5－基甲基磺酰胺琥珀酸盐
2. **英文化学名** 3－[2－(dimethylamino) ethyl] － *N* － methyl － 1*H* － indole － 5 － methanesulfonamide succinate
3. **性状** 本品为白色至类白色粉末。
4. **溶解性** 本品在水中易溶，在甲醇中微溶，在二氯甲烷中几乎不溶。
5. **溶剂** 水。
6. **对照品编号与批号** 100603－200401

盐酸氮䓬斯汀

英文名 Azelastine Hydrochloride

分子式 $C_{22}H_{24}ClN_3O \cdot HCl$

分子量 418.36

CAS 号 79307-93-0

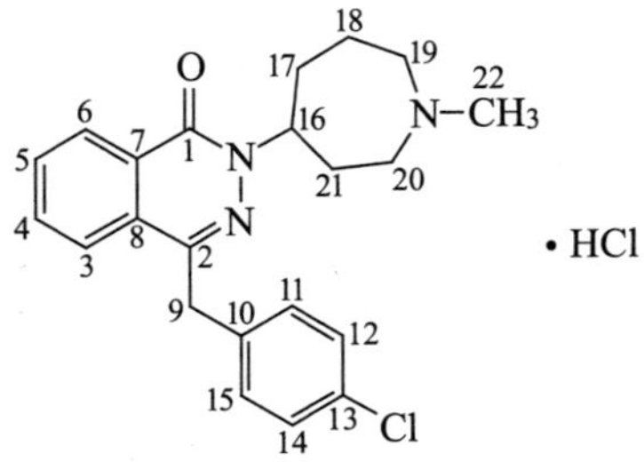

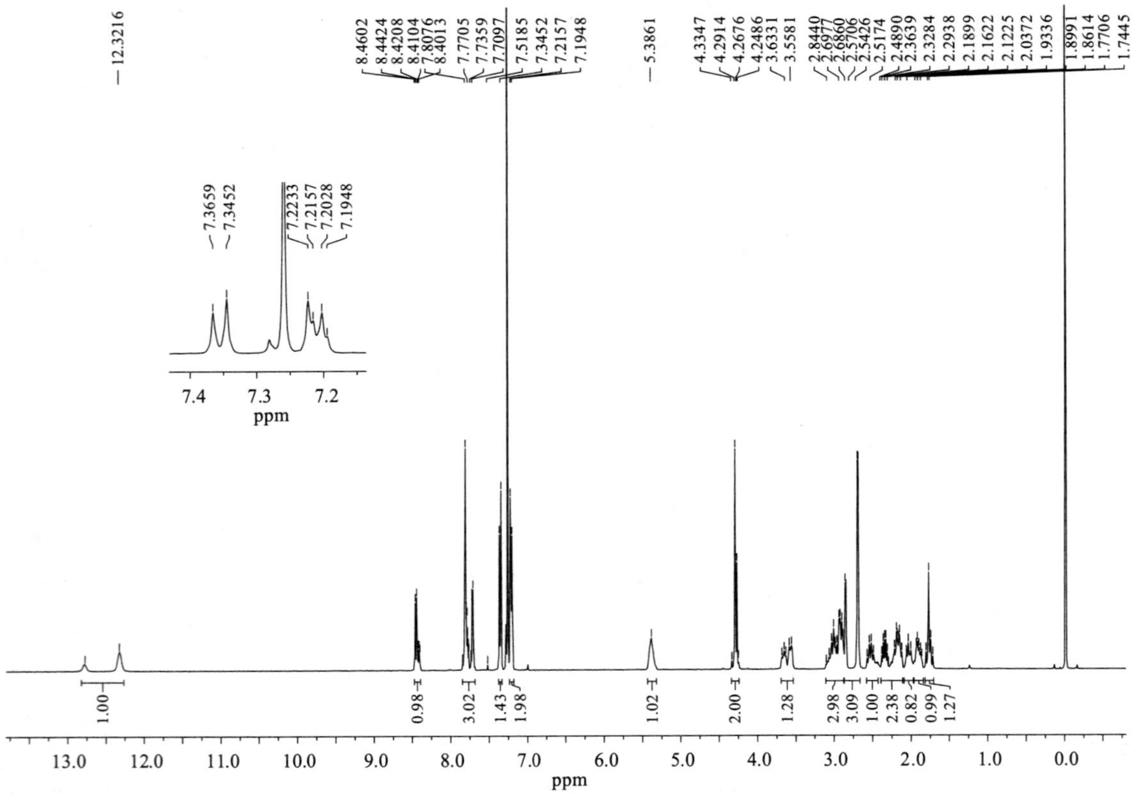

图 1　盐酸氮䓬斯汀的 ^{1}H NMR 谱（溶剂：$CDCl_3$）

^{1}H NMR：δ 12.32（HCl，brs，1H），8.43（H-6，m，1H），7.87 ~ 7.67（H-3，4，5，m，3H），7.36（H-12，14，d，J=8.3 Hz，2H），7.21（H-11，15，dd，J=8.3，3.1 Hz，2H），5.39（H-16，s，1H），4.35 ~ 4.24（H-9，m，2H），3.63（H-19a，m，1H），3.15 ~ 2.81（H-19b，20，m，3H），2.70（H-22，d，J=4.7 Hz，3H），2.53（dd，J=21.4，11.3 Hz，1H），2.41 ~ 2.11（m，2H），2.09 ~ 1.84（m，2H），1.74（m，1H）

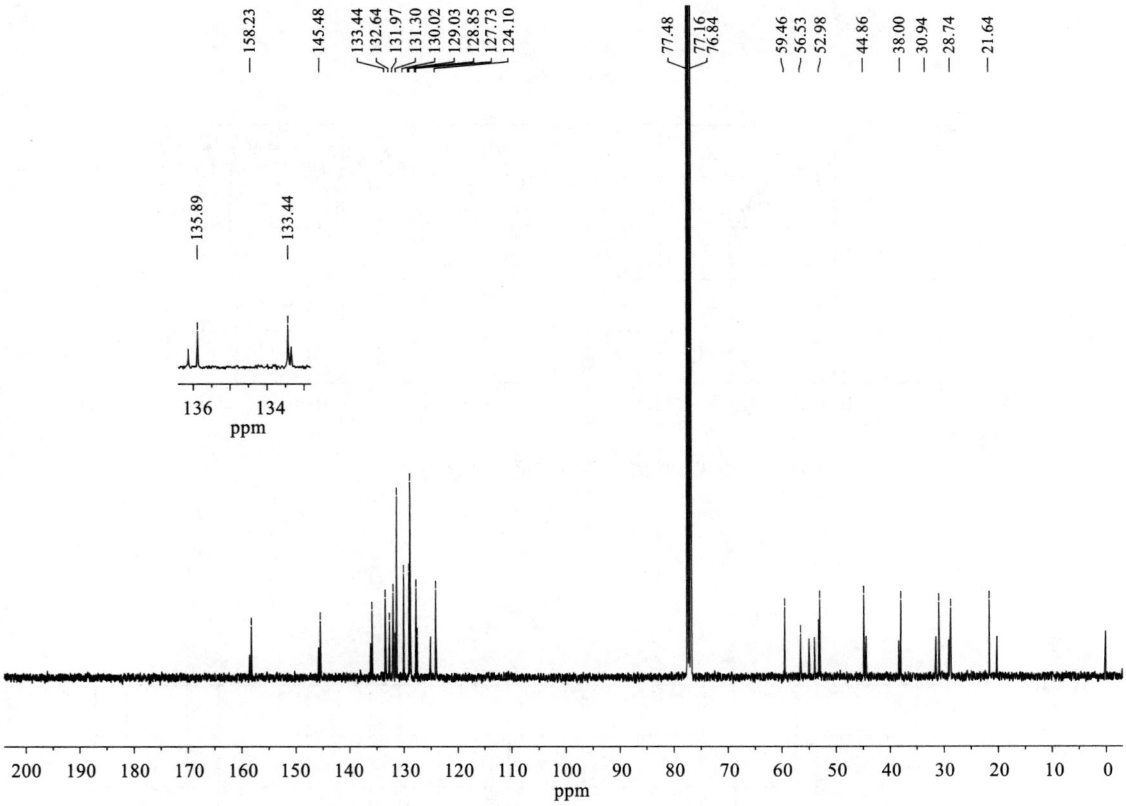

图 2　盐酸氮草斯汀的^{13}C NMR 谱（溶剂：$CDCl_3$）

^{13}C NMR：δ 158.23（C－1），145.48（C－2），135.89（C－10），133.44（C－4），132.64（C－13），131.97（C－5），131.30（C－11，15），130.02（C－8），129.03（C－7），128.85（C－12，14），127.73（C－6），124.10（C－3），59.46（C－19），56.53（C－20），52.98（C－16），44.86（C－22），38.00（C－9），30.94（C－17），28.74（C－21），21.64（C－18）

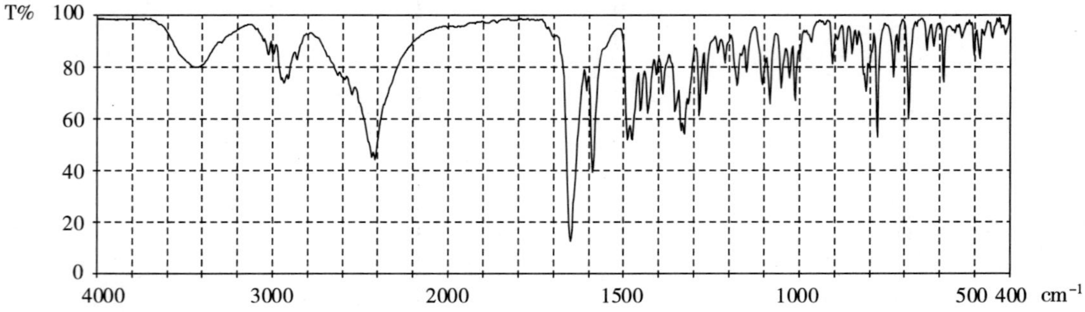

图 3　盐酸氮䓬斯汀的红外光谱图

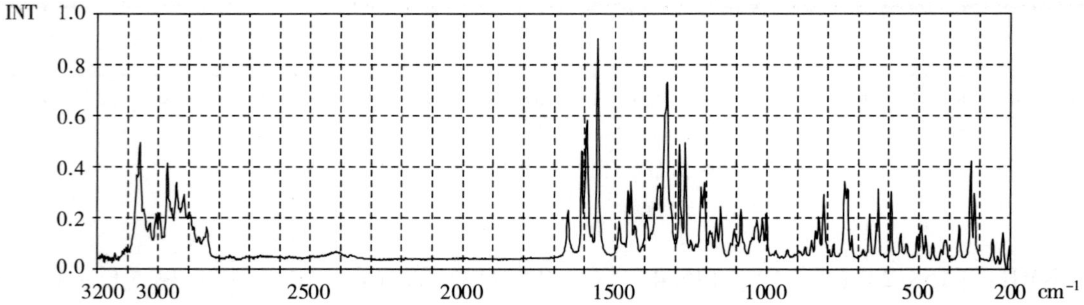

图 4　盐酸氮䓬斯汀的拉曼光谱图

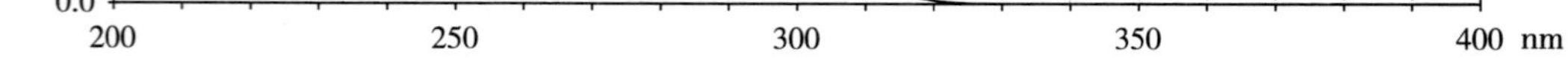

图 5　盐酸氮䓬斯汀的紫外光谱图

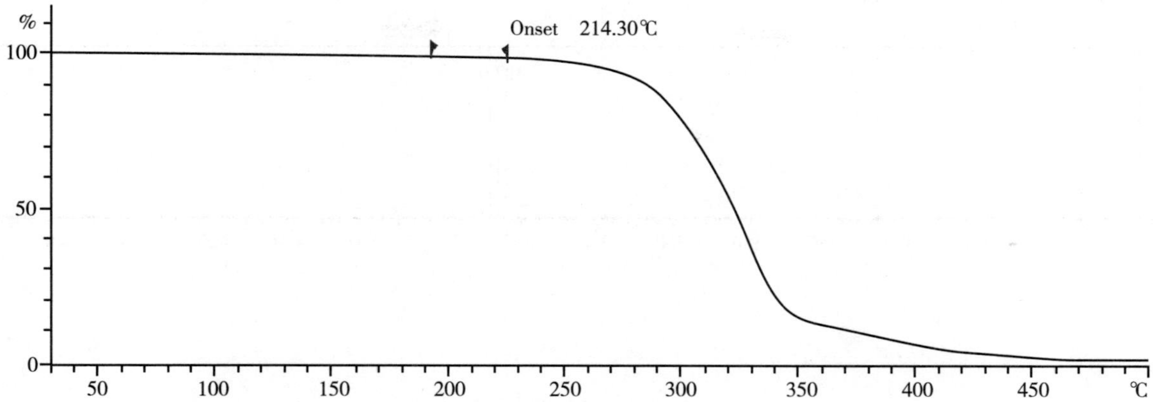

图 6　盐酸氮䓬斯汀的 TG 图

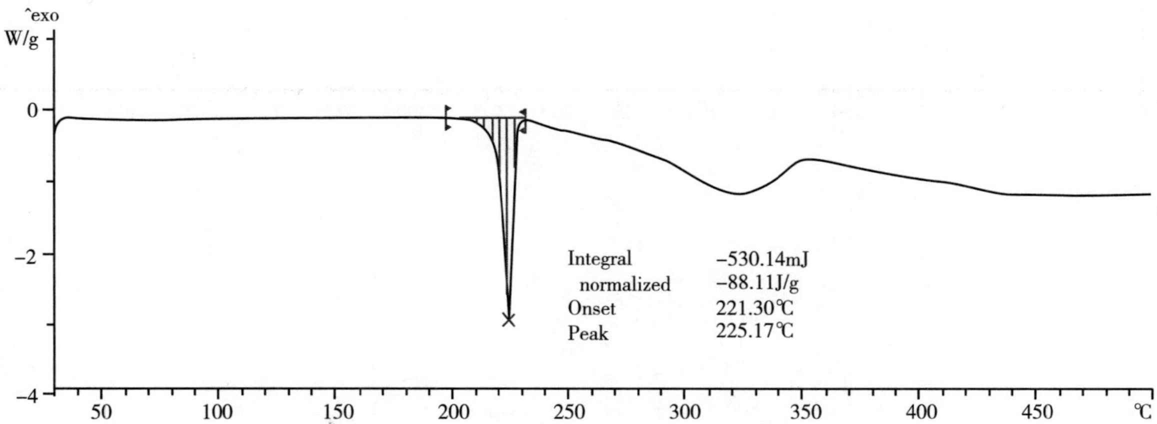

图 7　盐酸氮䓬斯汀的 DSC 图

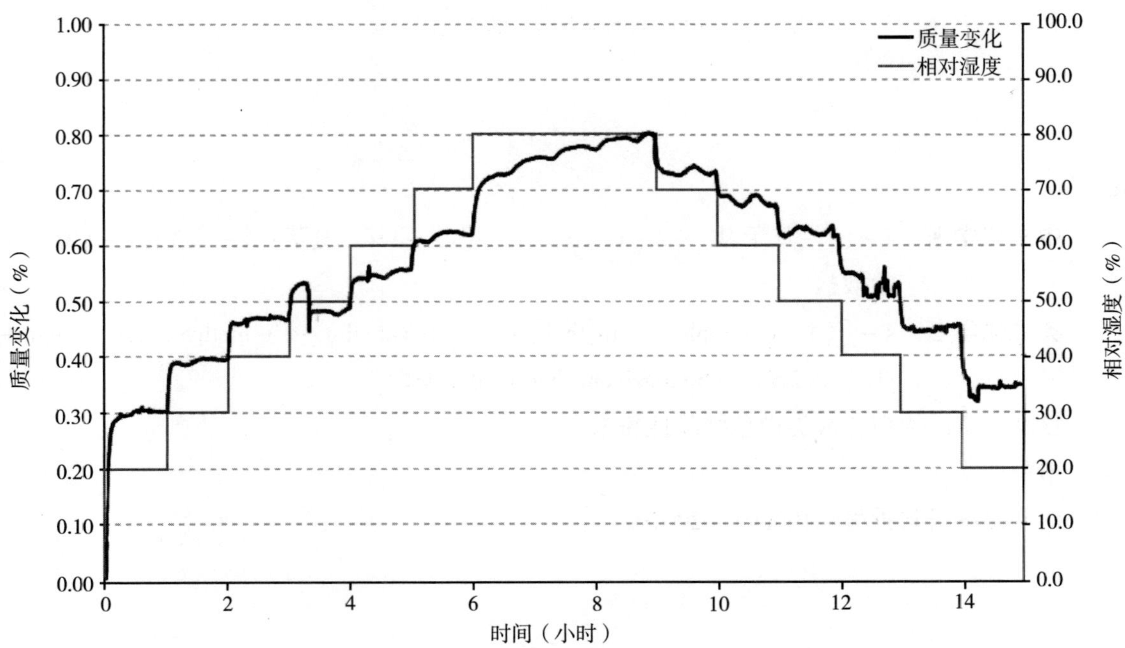

图 8　盐酸氮䓬斯汀的 DVS 图

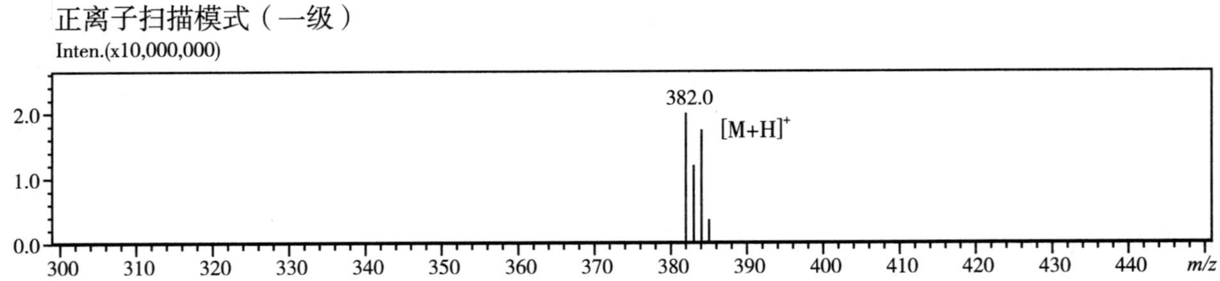

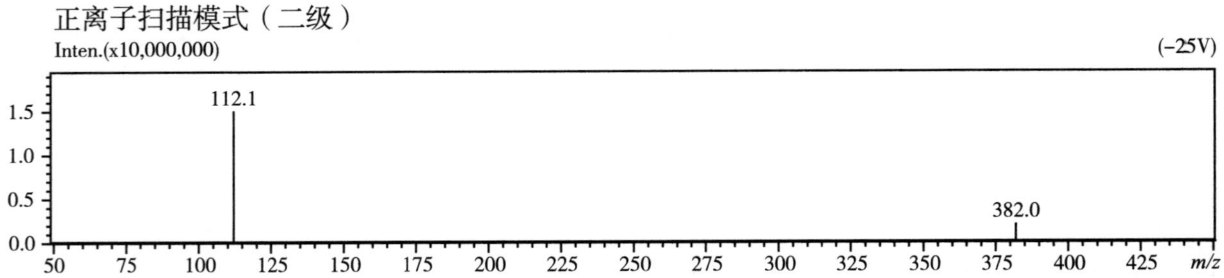

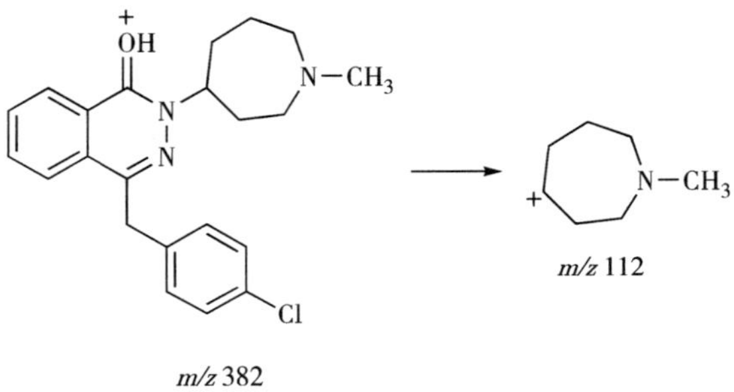

图 9　盐酸氮䓬斯汀的质谱图

备注

1. **中文化学名**　4－(4－氯苄基)－2－(六氢－1－甲基－1*H*－氮䓬－4－基)－1－(2*H*)－酞嗪盐酸盐
2. **英文化学名**　4－[(4－chlorophenyl)methyl]－2－(hexahydro－1－methyl－1*H*－azepin－4－yl)－1(2*H*)－phthalazinone hydrochloride
3. **性状**　本品为白色或类白色结晶性粉末。
4. **溶剂**　水。
5. **对照品编号与批号**　100604－200701

托 拉 塞 米

英文名 Torasemide

分子式 $C_{16}H_{20}N_4O_3S$

分子量 348.43

CAS 号 56211-40-6

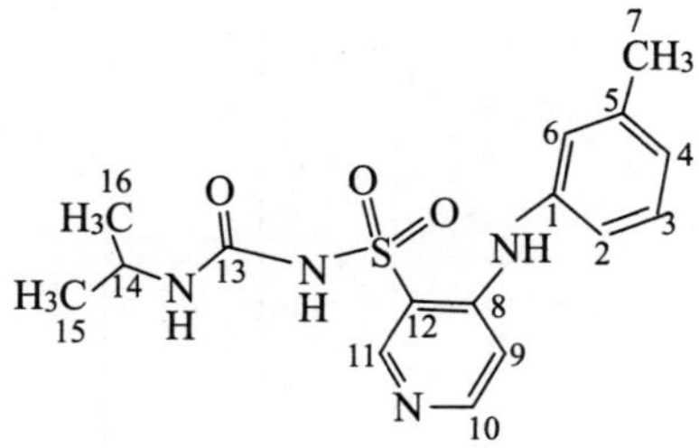

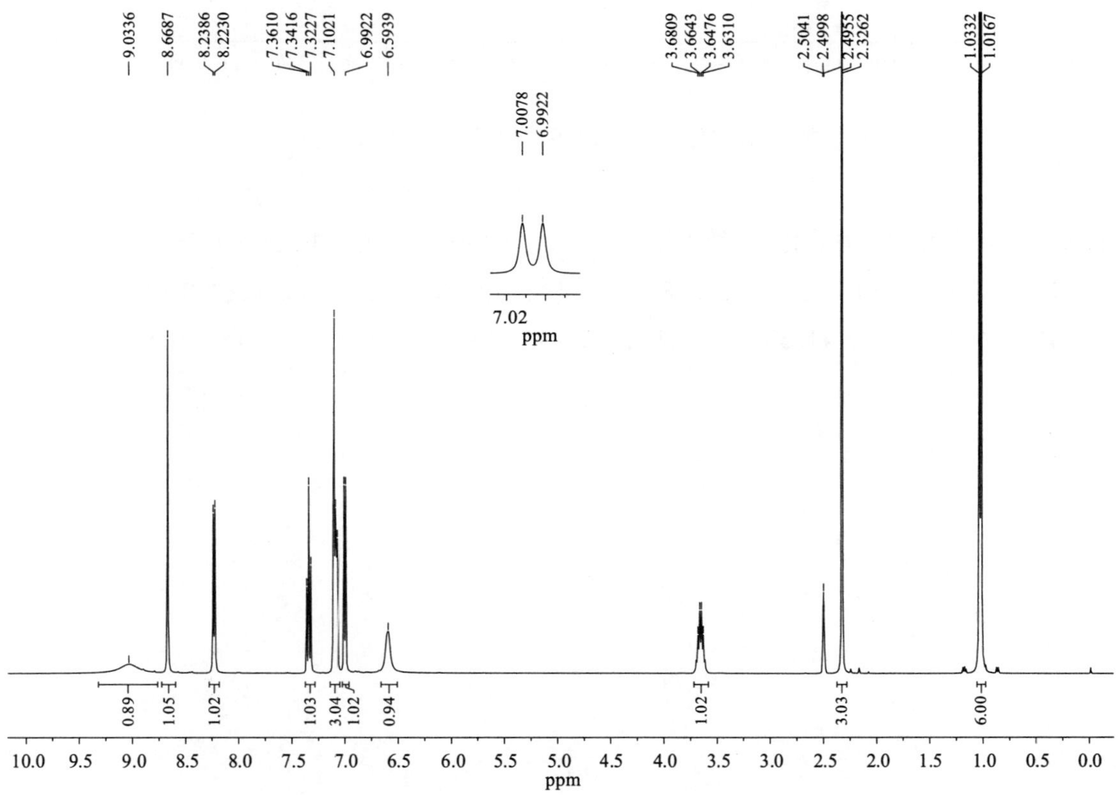

图1 托拉塞米的^{1}H NMR谱（溶剂：CD_3SOCD_3）

^{1}H NMR：δ 9.03（SO_2NH，brs，1H），8.67（H-11，s，1H），8.23（H-10，d，J=6.2 Hz，1H），7.34（H-3，t，J=7.7 Hz，1H），7.14～7.05（H-2，4，6，m，3H），7.00（H-9，d，J=6.2 Hz，1H），6.59（NH，s，1H），3.66（H-14，m，1H），2.33（H-7，s，3H），1.02（H-15，16，d，J=6.6 Hz，6H）

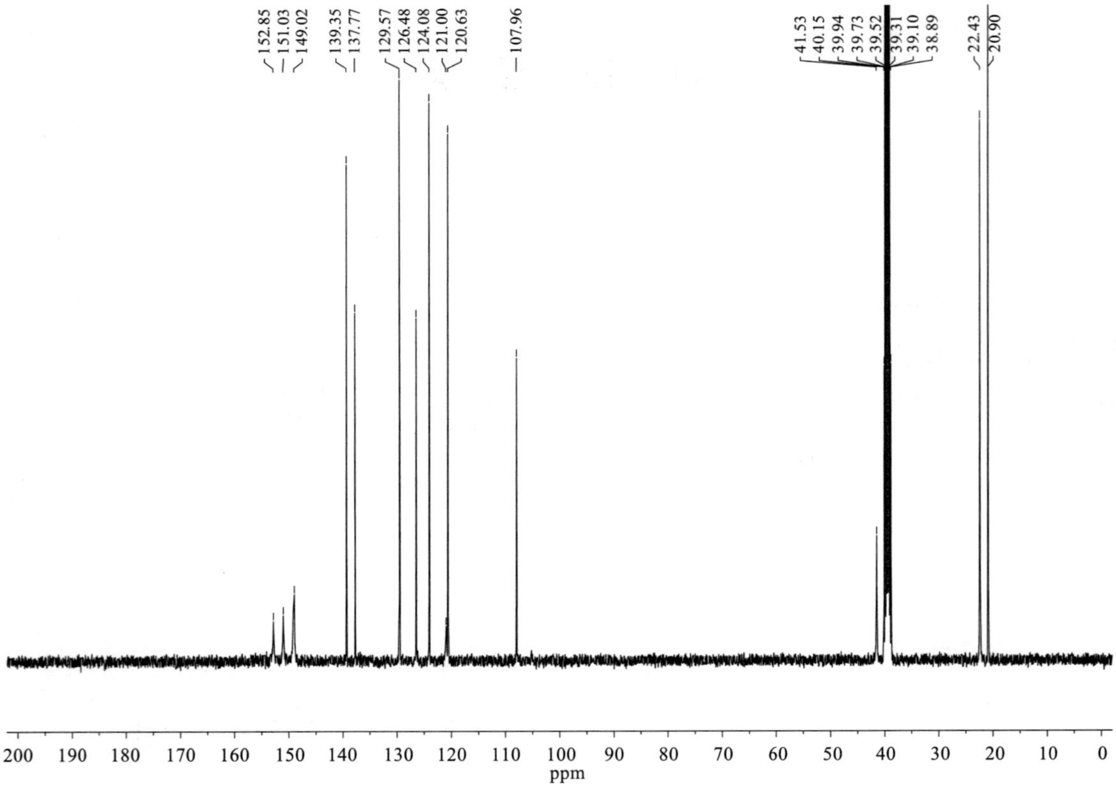

图2　托拉塞米的^{13}C NMR 谱（溶剂：CD_3SOCD_3）

^{13}C NMR：δ 152.85（C－13），151.03（C－8），149.02（C－1），139.35（C－5），137.77（C－10，11），129.57（C－3），126.48（C－4），124.08（C－6），121.00（C－12），120.63（C－2），107.96（C－9），41.53（C－14），22.43（C－7），20.90（C－15，16）

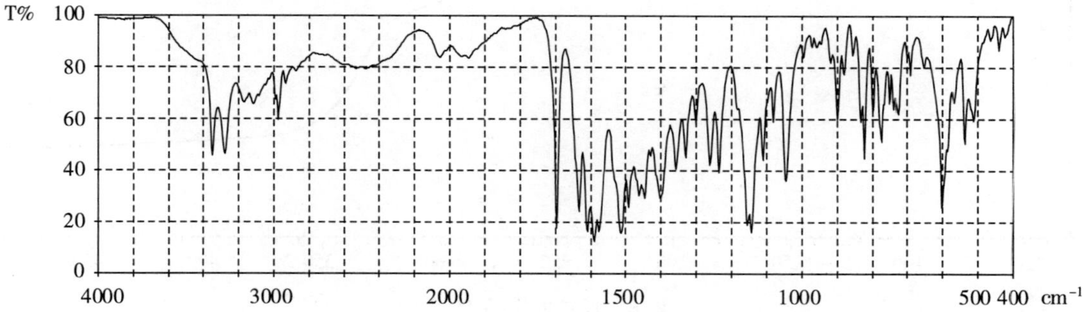

图 3　托拉塞米的红外光谱图

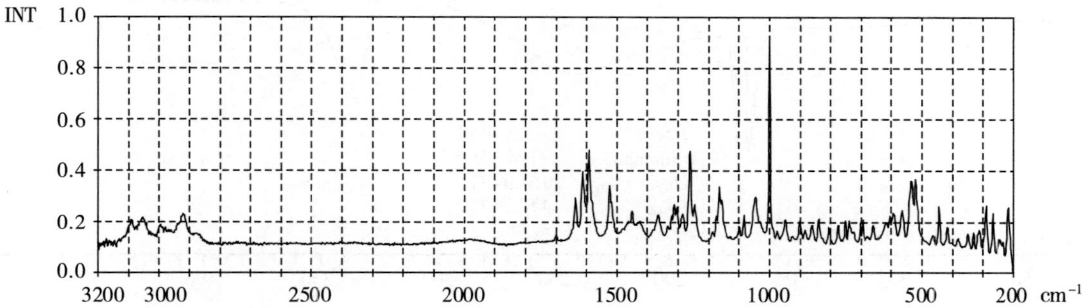

图 4　托拉塞米的拉曼光谱图

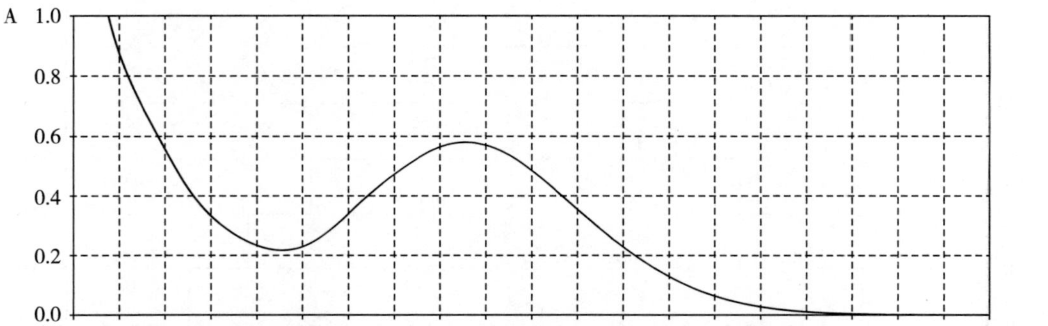

图 5　托拉塞米的紫外光谱图

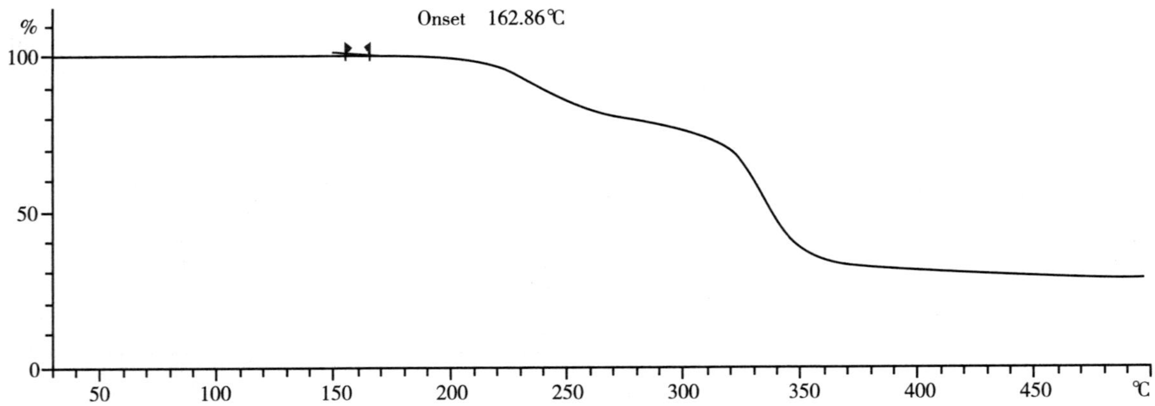

图 6　托拉塞米的 TG 图

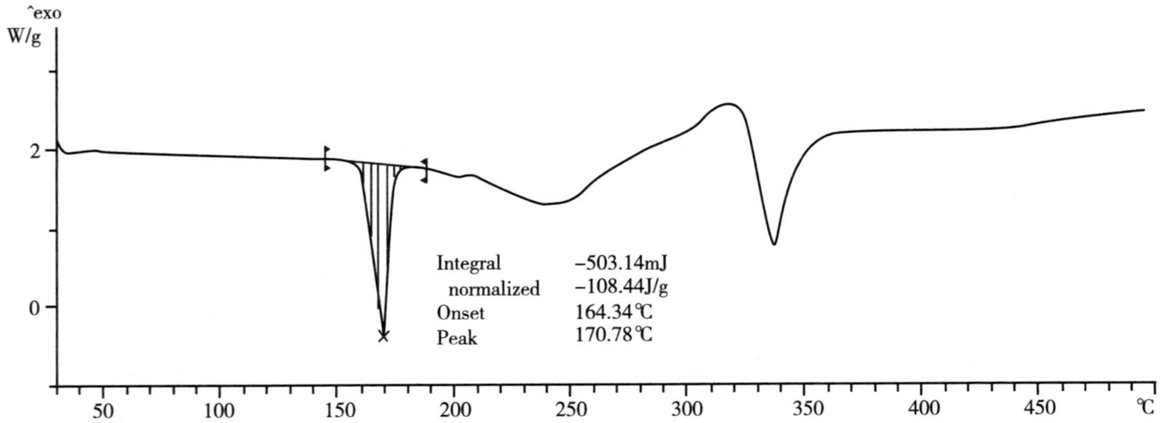

图 7　托拉塞米的 DSC 图

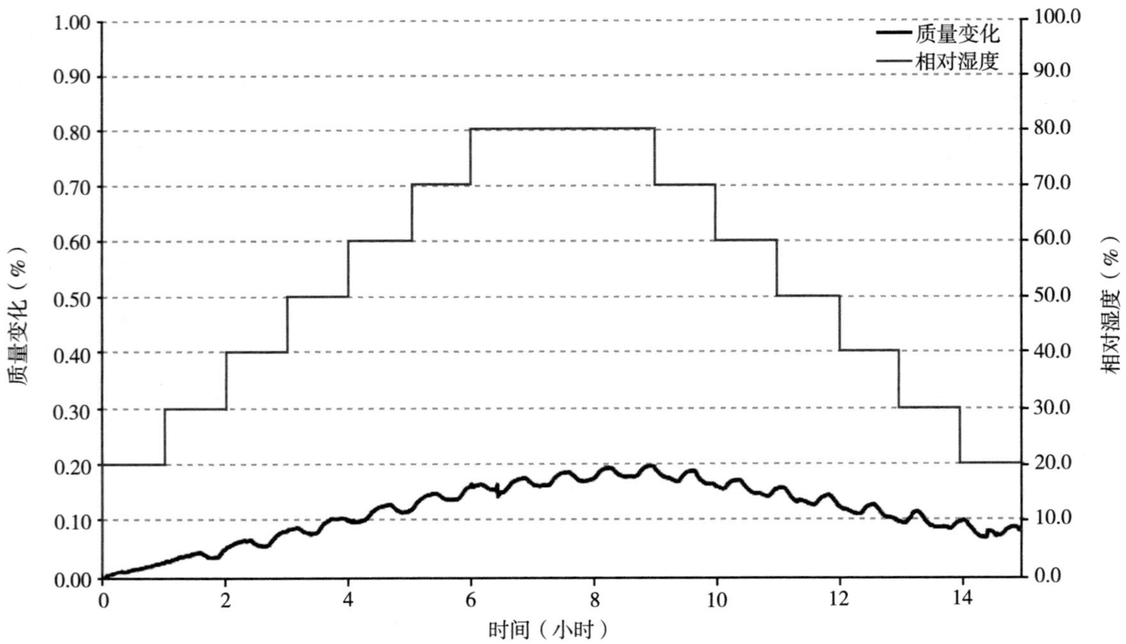

图 8　托拉塞米的 DVS 图

正离子扫描模式（一级）

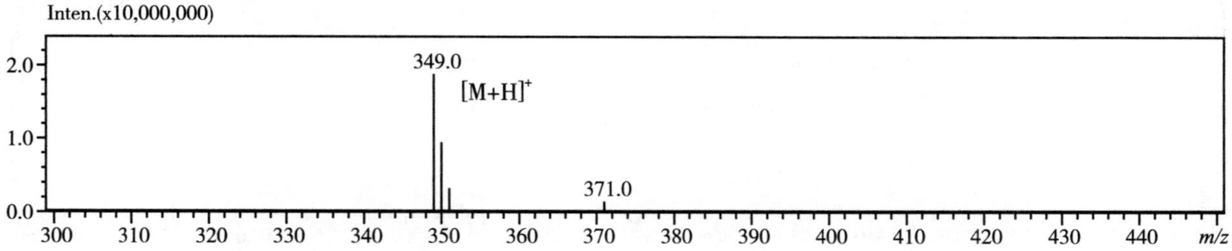

正离子扫描模式（二级）

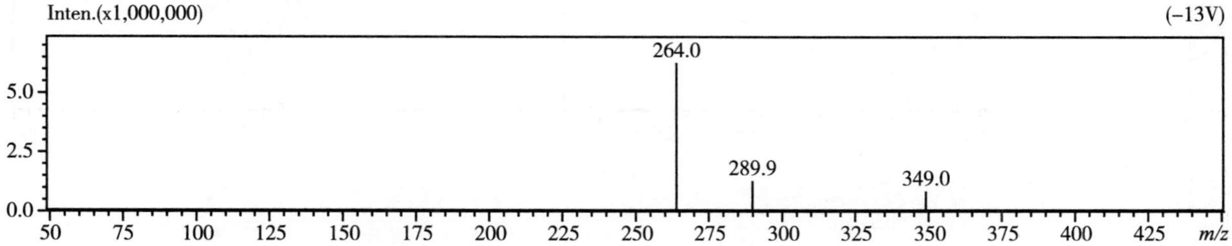

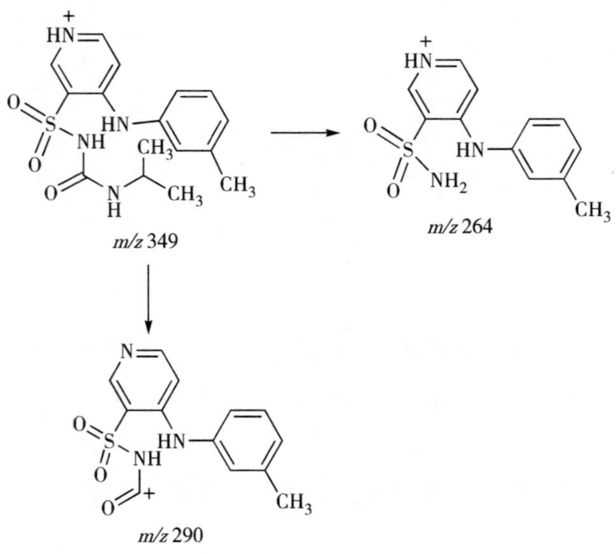

负离子扫描模式（一级）

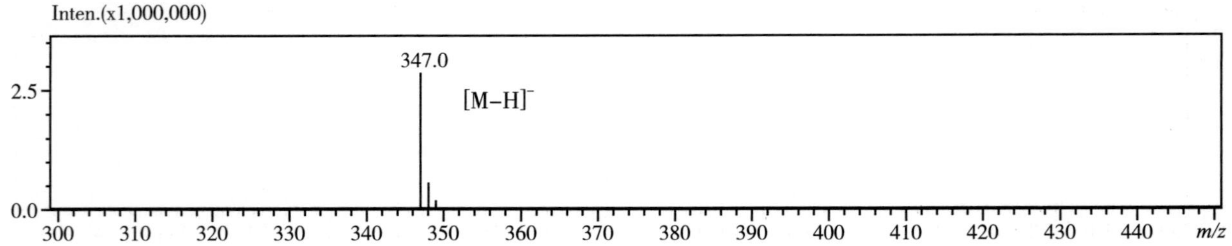

负离子扫描模式（二级）

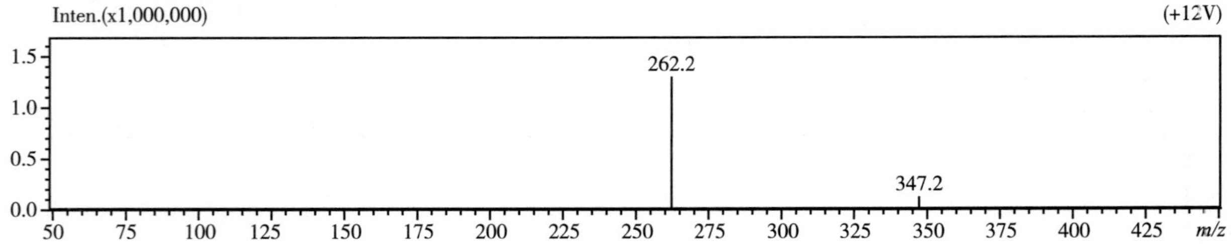

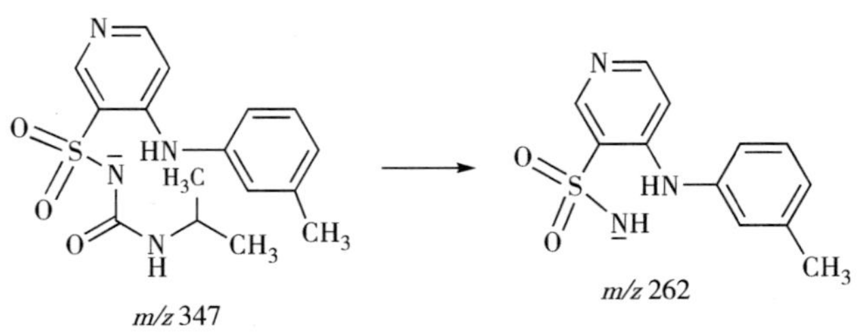

图 9　托拉塞米的质谱图

备注

1. **中文化学名**　1 –［4 –（3 – 甲基苯基）氨基吡啶 – 3 – 基］磺酰 – 3 – 异丙基脲
2. **英文化学名**　1 –［4 –（3 – methylphenyl）aminopyridin – 3 – yl］sulfonyl – 3 – propan – 2 – yl – urea
3. **性状**　本品为白色或类白色结晶性粉末，无臭，无味。
4. **溶剂**　水。
5. **对照品编号与批号**　100605 – 200401

马来酸替加色罗

英文名 Tegaserol Maleate

分子式 $C_{16}H_{23}N_5O \cdot C_4H_4O_4$

分子量 417.45

CAS 号 189188 - 57 - 6

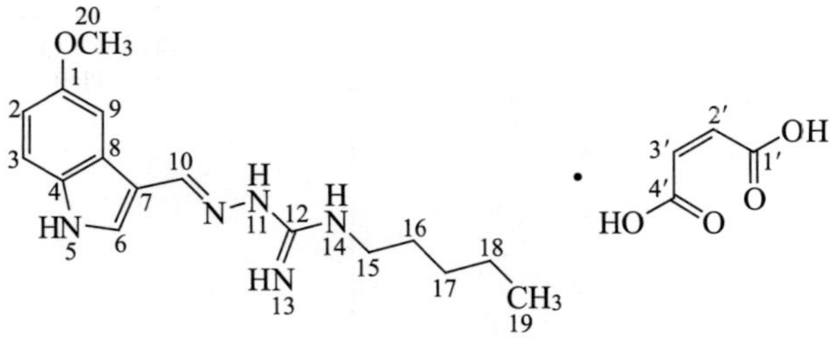

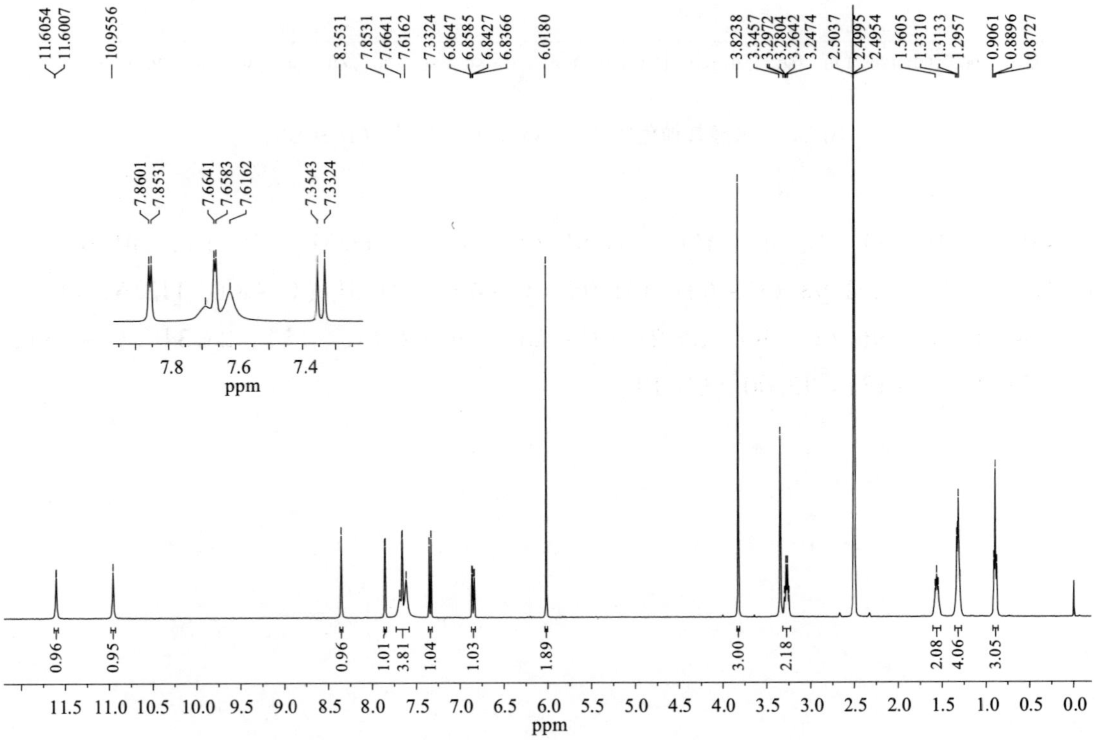

图 1　马来酸替加色罗的^{1}H NMR 谱（溶剂：CD_3SOCD_3）

^{1}H NMR：δ 11.60（OH，d，J=1.9 Hz，1H），10.96（OH，s，1H），8.35（H－6，s，1H），7.86（H－10，d，J=2.8 Hz，1H），7.66（H－9，d，J=2.3 Hz，1H），7.62（NH，brs，3H），7.34（H－3，d，J=8.8 Hz，1H），6.85（H－2，dd，J=8.8，2.5 Hz，1H），6.02（H－2′，3′，s，2H），3.82（H－20，s，3H），3.27（H－15，q，J=6.7 Hz，2H），1.61～1.51（H－16，m，2H），1.37～1.27（H－17，18，m，4H），0.89（H－19，t，J=6.7 Hz，3H）

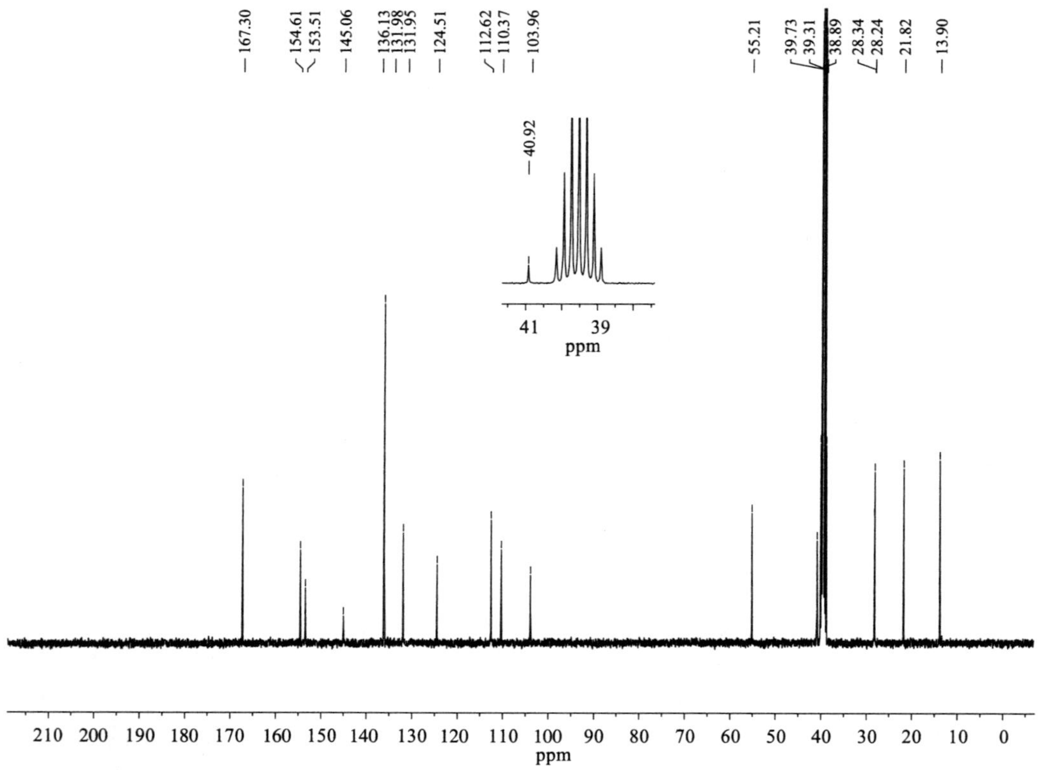

图 2　马来酸替加色罗的 ^{13}C NMR 谱（溶剂：CD_3SOCD_3）

^{13}C NMR：δ 167.30（C－1′，4′），154.61（C－12），153.51（C－1），145.06（C－10），136.13（C－2′，3′），131.98（C－6），131.95（C－4），124.51（C－8），112.62（C－2，3），110.37（C－7），103.96（C－9），55.21（C－20），40.92（C－15），28.34（C－16），28.24（C－17），21.82（C－18），13.90（C－19）

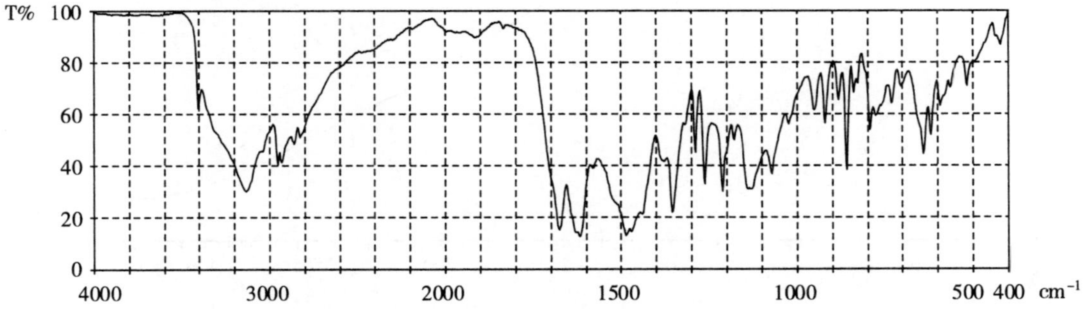

图3　马来酸替加色罗的红外光谱图

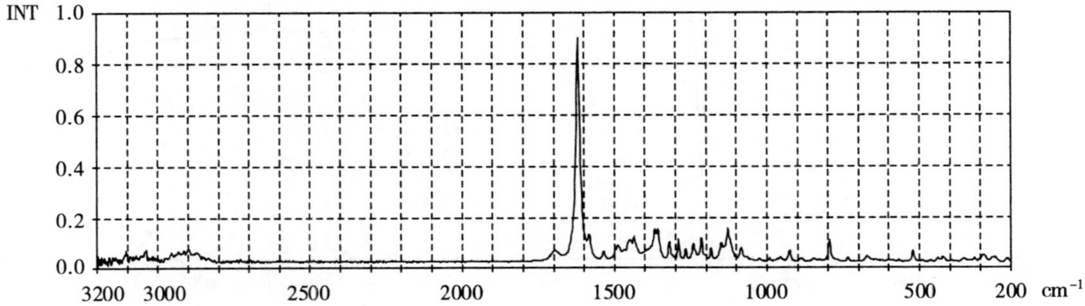

图4　马来酸替加色罗的拉曼光谱图

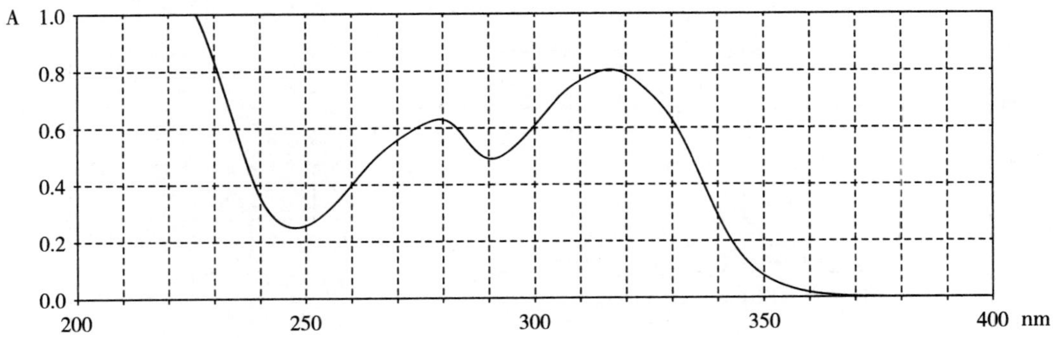

图5　马来酸替加色罗的紫外光谱图

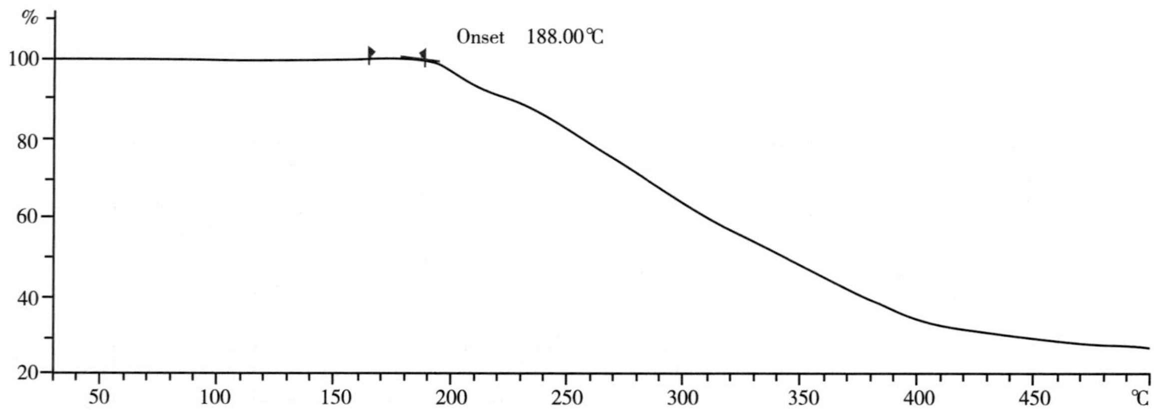

图 6　马来酸替加色罗的 TG 图

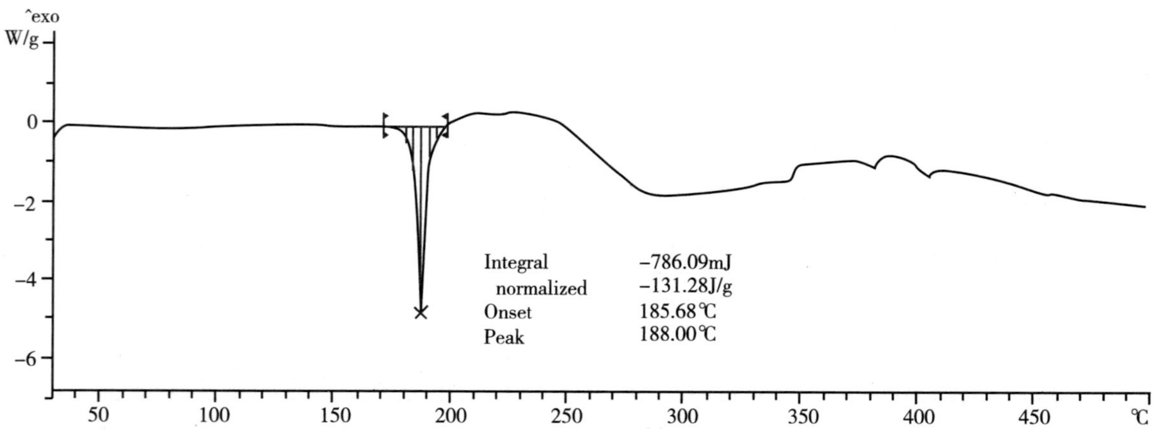

图 7　马来酸替加色罗的 DSC 图

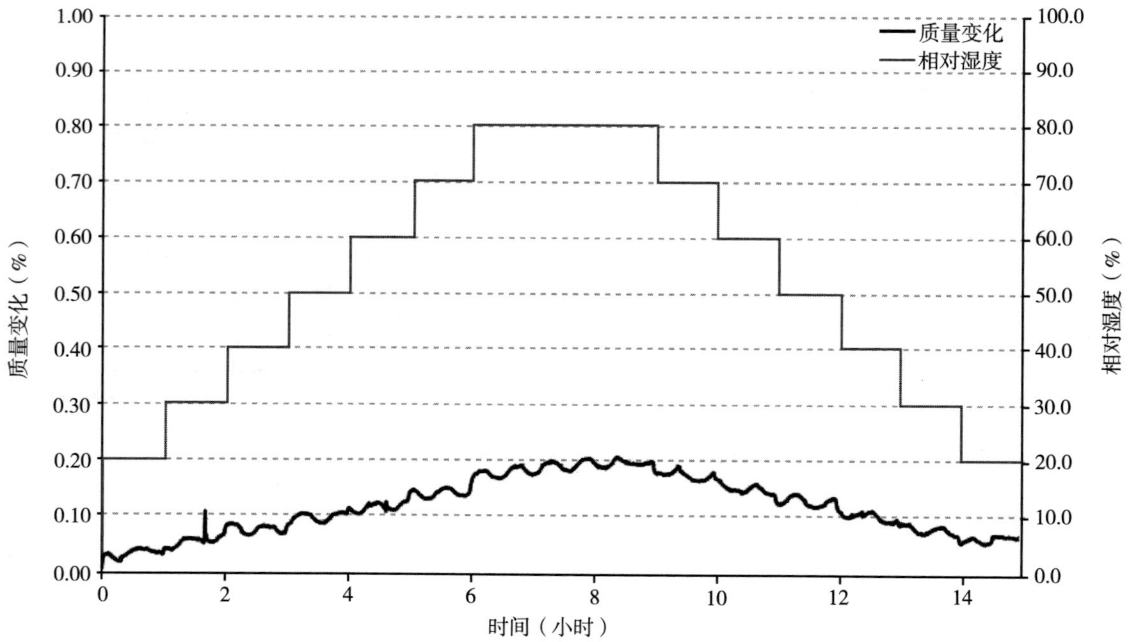

图 8　马来酸替加色罗的 DVS 图

正离子扫描模式（一级）

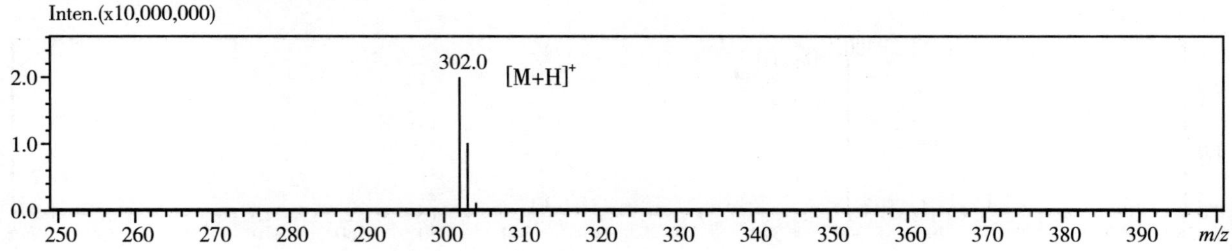

正离子扫描模式（二级）

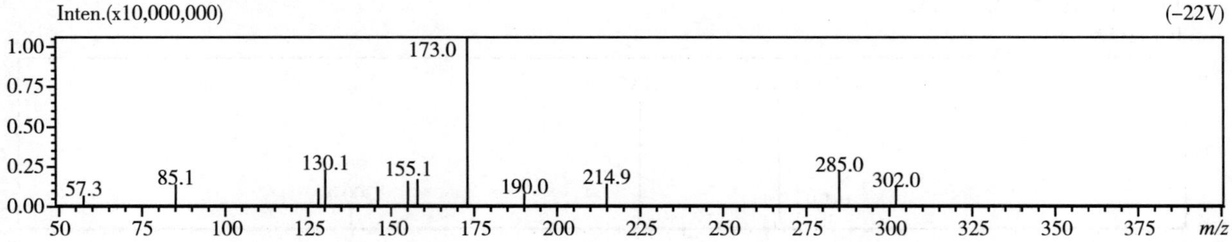

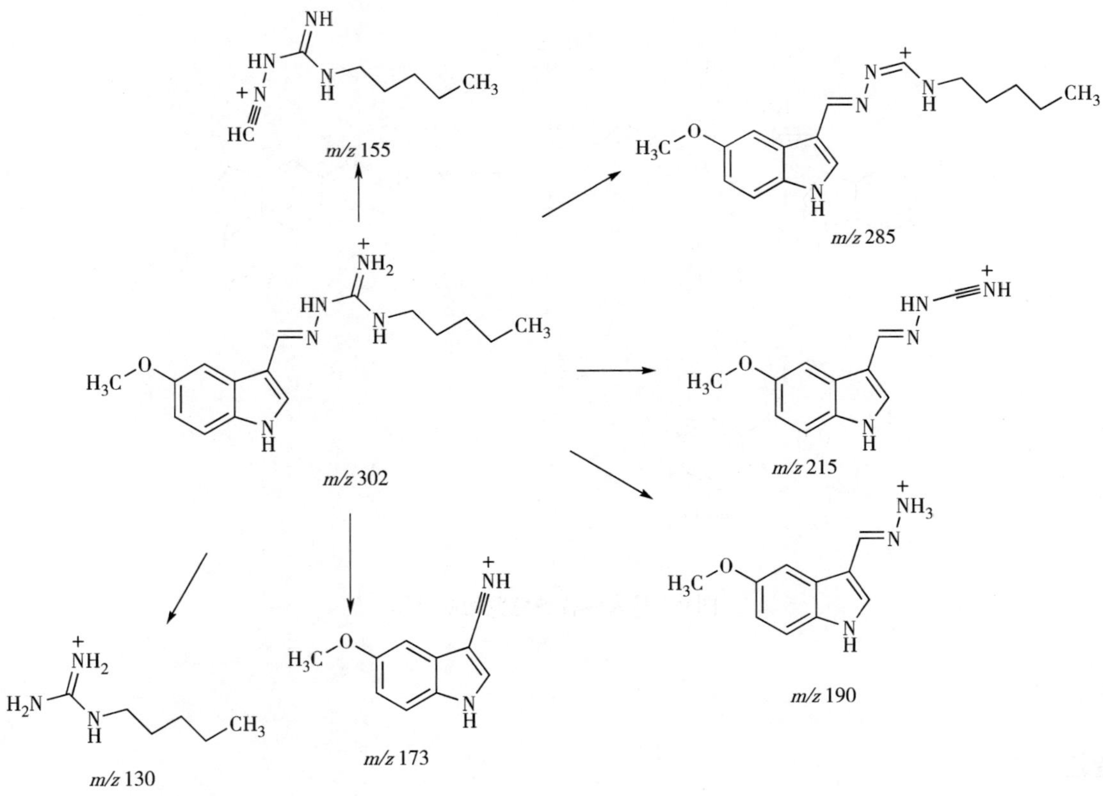

负离子扫描模式（一级）

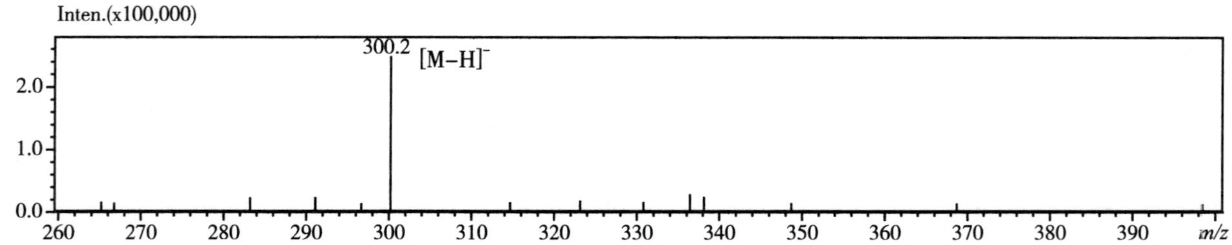

负离子扫描模式（二级）

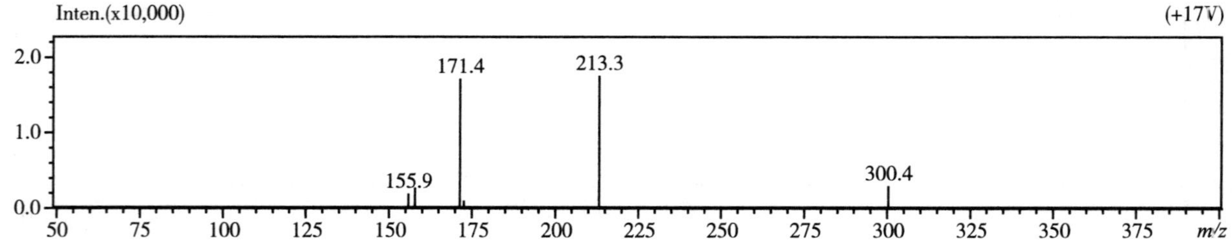

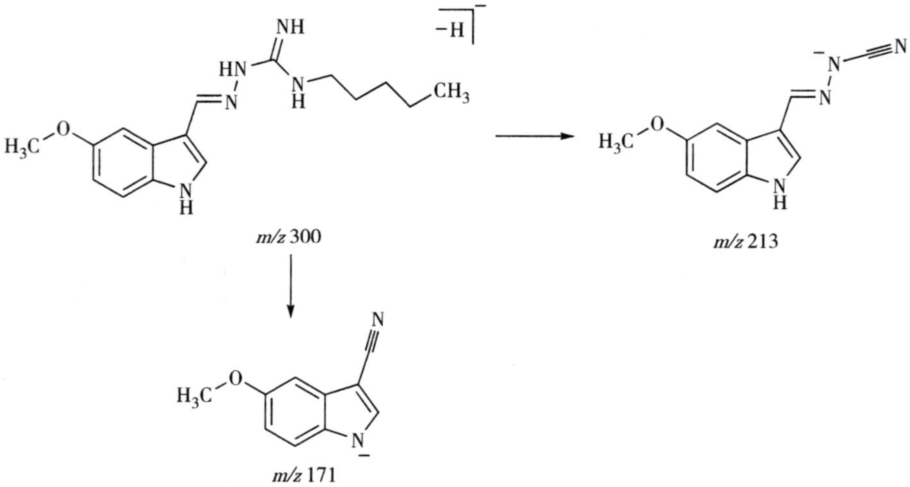

图9　马来酸替加色罗的质谱图

备注

1. 中文化学名　2－[(5－甲氧基－1*H*－吲哚－3－基)亚甲基]－*N*－戊基卡巴肼马来酸盐

2. 英文化学名　2－[(5－methoxy－1*H*－indol－3－yl)methylene]－*N*－pentylhydrazinecarboximidamide maleate

3. 性状　本品为白色结晶性粉末。

4. 溶剂　乙醇。

5. 对照品编号与批号　100609－200401

非那雄胺

英文名 Finasteride

分子式 $C_{23}H_{36}N_2O_2$

分子量 372.54

CAS 号 98319－26－7

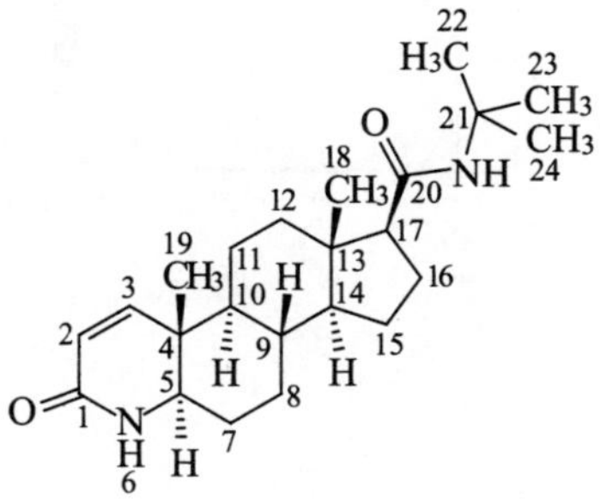

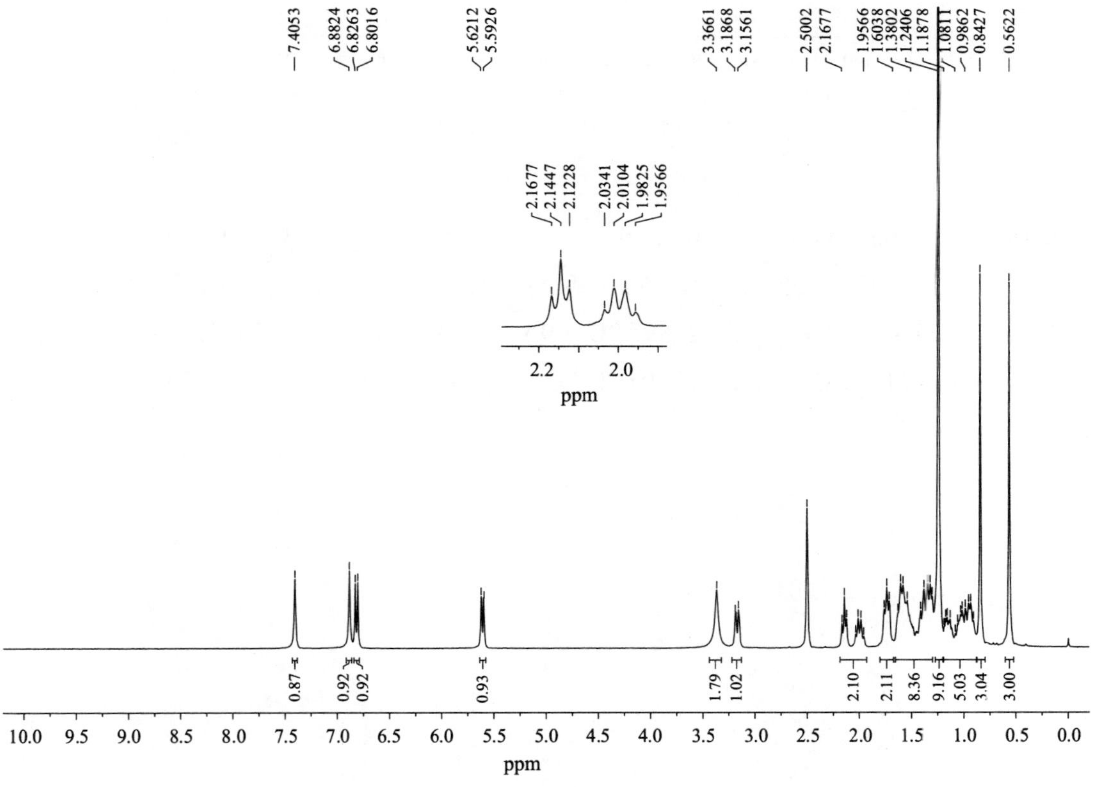

图1 非那雄胺的^{1}H NMR 谱（溶剂：CD_3SOCD_3）

^{1}H NMR：δ 7.41（NH，s，1H），6.88（NH，s，1H），6.81（H－3，d，J＝9.9 Hz，1H），5.61（H－2，d，J＝11.5 Hz，1H），3.17（H－5，m，1H），2.14（t，J＝9.0 Hz，1H），1.99（dd，J＝21.1，9.9 Hz，1H），1.77～1.67（m，2H），1.66～1.46（m，4H），1.45～1.29（m，4H），1.24（H－22，23，24，s，9H），1.16（m，1H），1.08～0.90（m，3H），0.84（H－19，s，3H），0.56（H－18，s，3H）

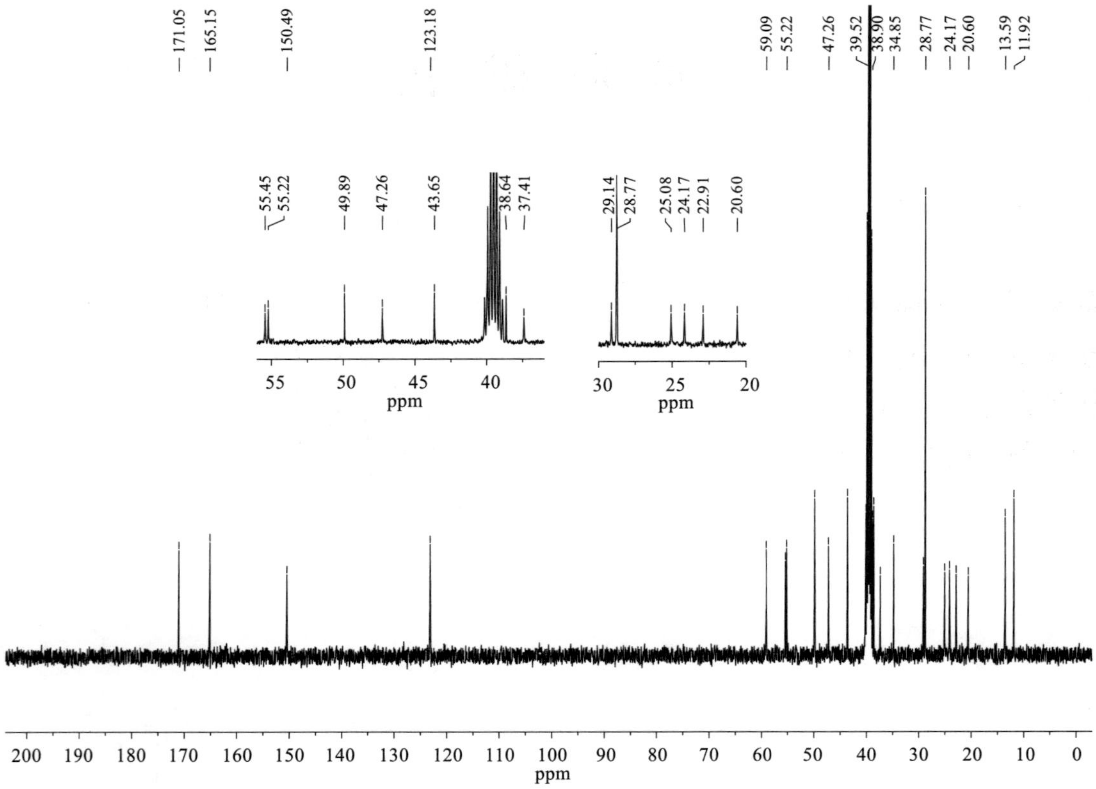

图 2 非那雄胺的^{13}C NMR 谱（溶剂：CD_3SOCD_3）

^{13}C NMR：δ 171.05（C－20），165.15（C－1），150.49（C－3），123.18（C－2），59.09（C－14），55.45（C－17），55.22（C－5），49.89（C－10），47.26（C－21），43.65（C－13），38.64（C－12），37.41（C－4），34.85（C－9），29.14（C－7），28.77（C－22，23，24），25.08（C－15），24.17（C－16），22.91（C－8），20.60（C－11），13.59（C－19），11.92（C－18）

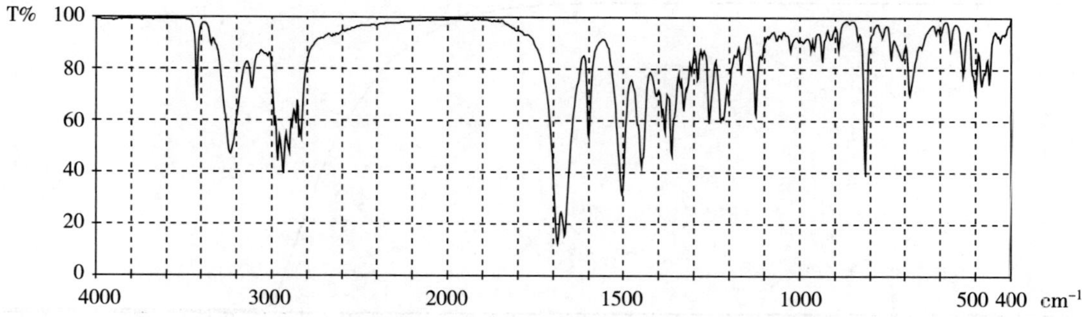

图 3　非那雄胺的红外光谱图

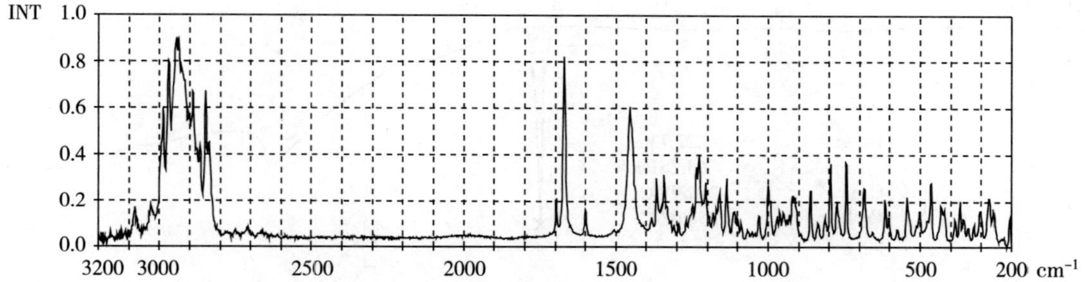

图 4　非那雄胺的拉曼光谱图

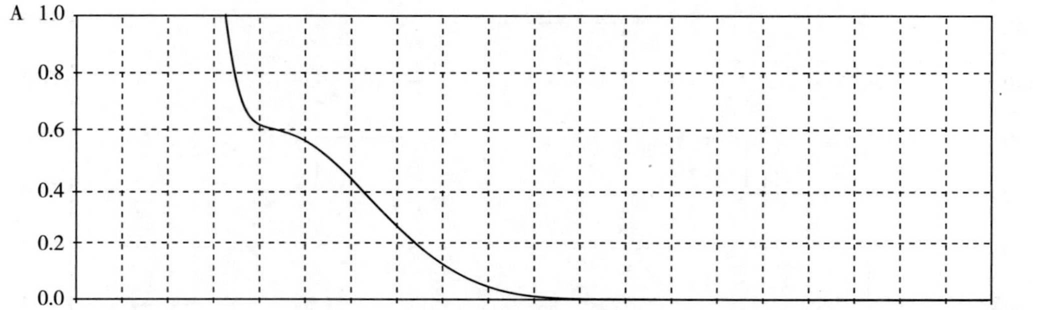

图 5　非那雄胺的紫外光谱图

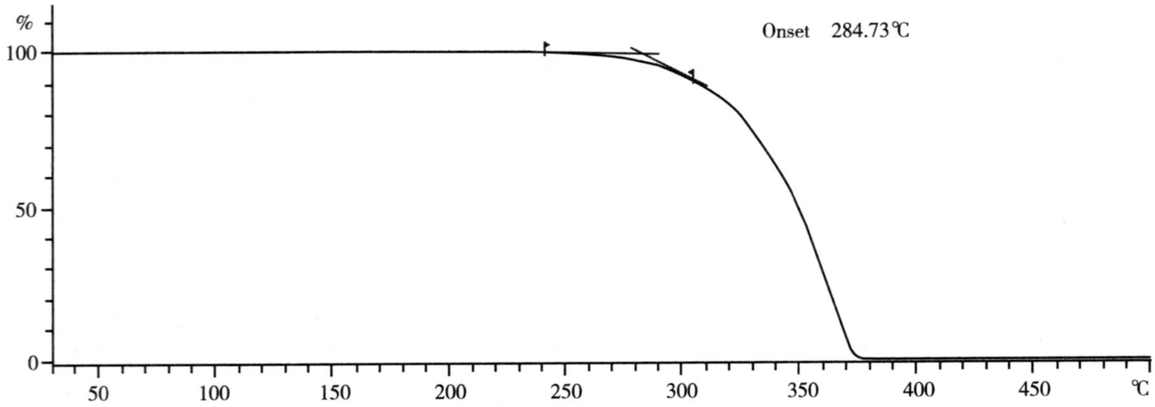

图 6 非那雄胺的 TG 图

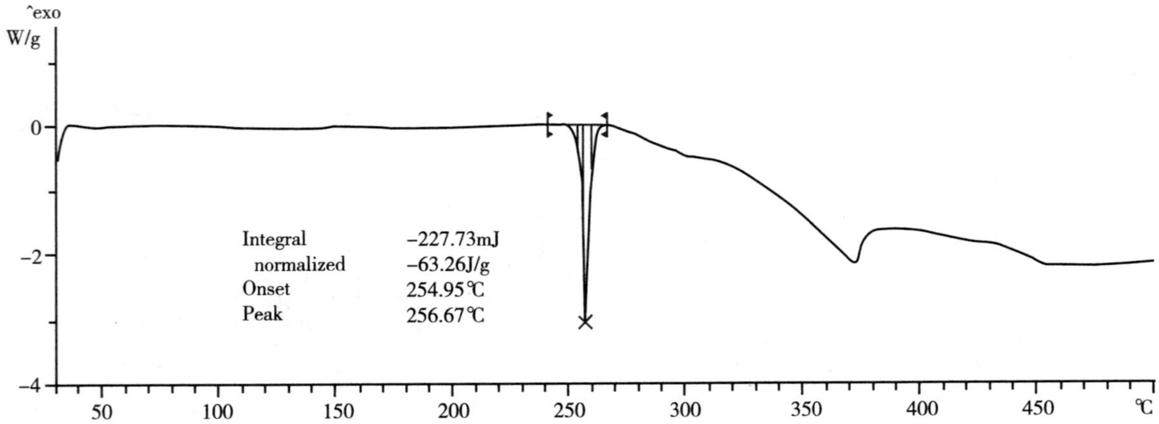

图 7 非那雄胺的 DSC 图

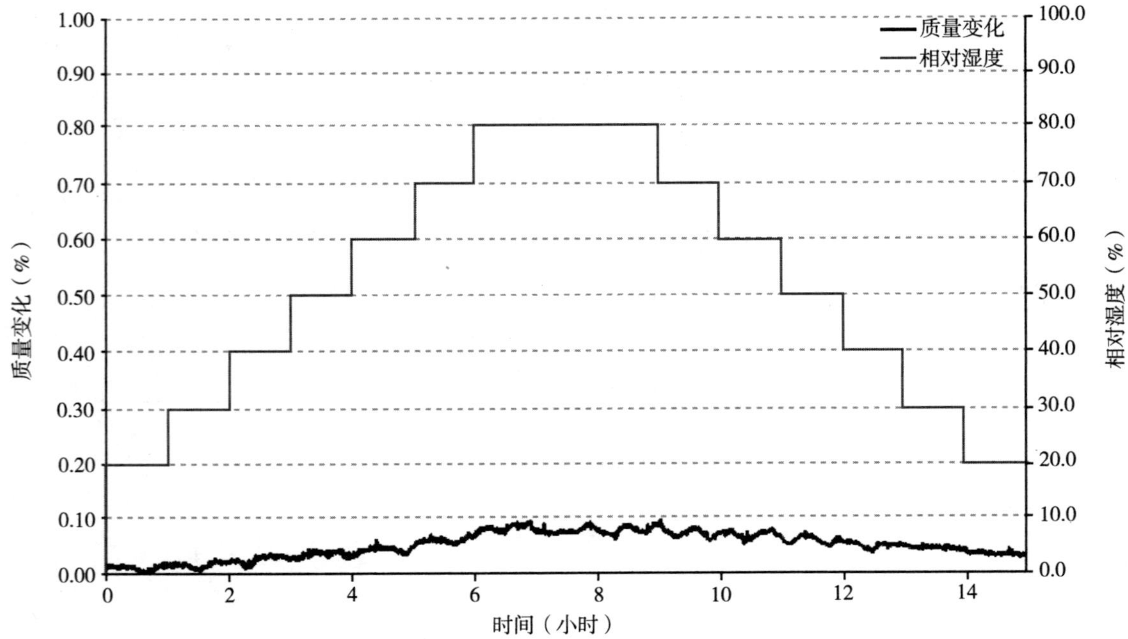

图 8 非那雄胺的 DVS 图

正离子扫描模式（一级）

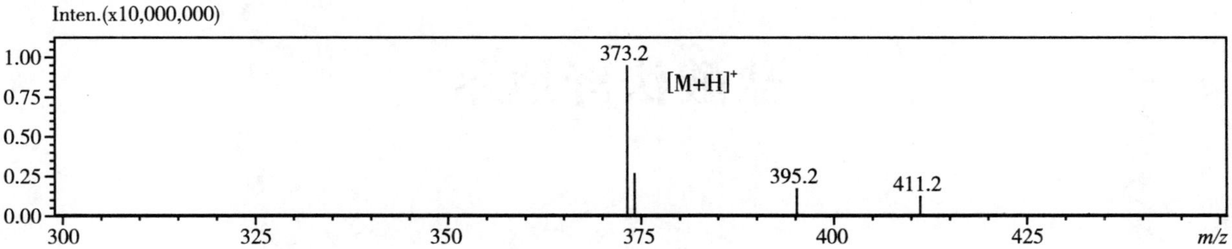

正离子扫描模式（二级）

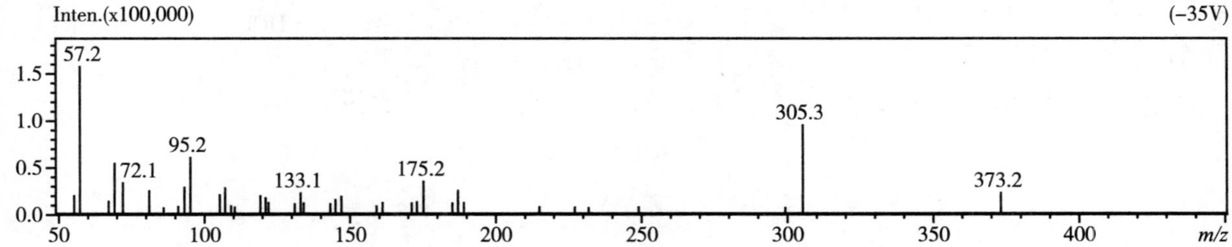

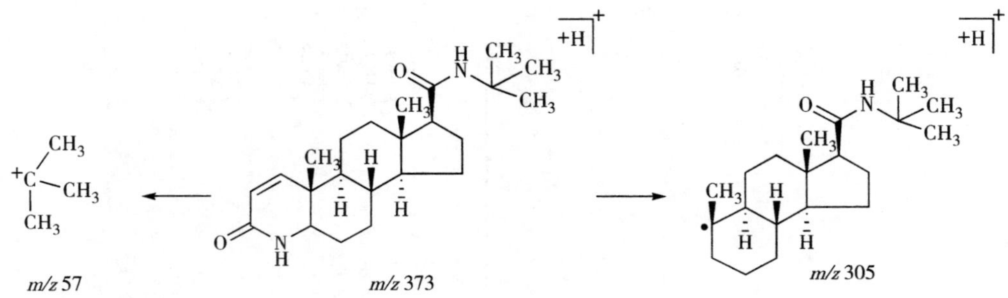

图 9　非那雄胺的质谱图

备注

1. **中文化学名**　*N*－叔丁基－3－氧代－4－氮杂－5α－雄甾－1－烯－17β－甲酰胺
2. **英文化学名**　(5α,17β)－(1,1－dimethylethyl)－3－oxo－4－azaandrost－1－ene－17－carboxamide
3. **性状**　本品为白色或类白色结晶性粉末；无臭，味苦。
4. **溶解性**　本品在冰醋酸、甲醇中易溶，在乙腈、乙酸乙酯中略溶，在水中几乎不溶。
5. **溶剂**　乙醇。
6. **对照品编号与批号**　100611－200301

盐酸法舒地尔

英文名 Fasudil Hydrochloride

分子式 $C_{14}H_{17}N_3O_2S \cdot HCl$

分子量 327.83

CAS 号 105628－07－7

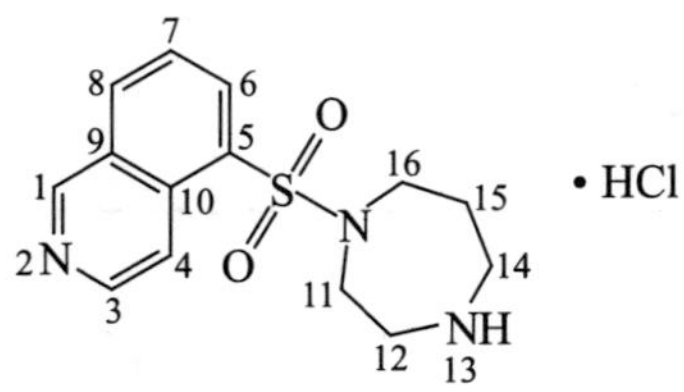

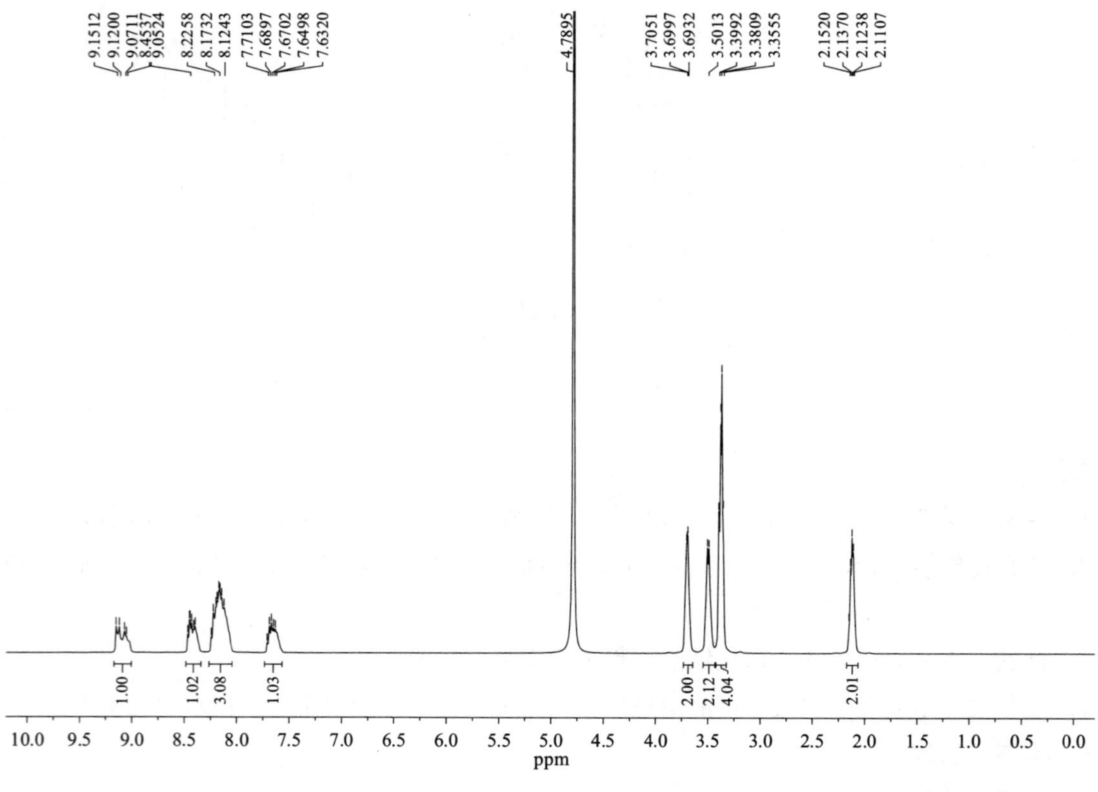

图1 盐酸法舒地尔的^{1}H NMR谱（溶剂：D_2O）

^{1}H NMR：δ 9.08（H－1，m，1H），8.43（H－3，m，1H），8.26～8.04（H－4，6，8，m，3H），7.67（H－7，m，1H），3.74～3.65（m，2H），3.54～3.44（m，2H），3.42～3.33（m，4H），2.17～2.07（H－15，m，2H）

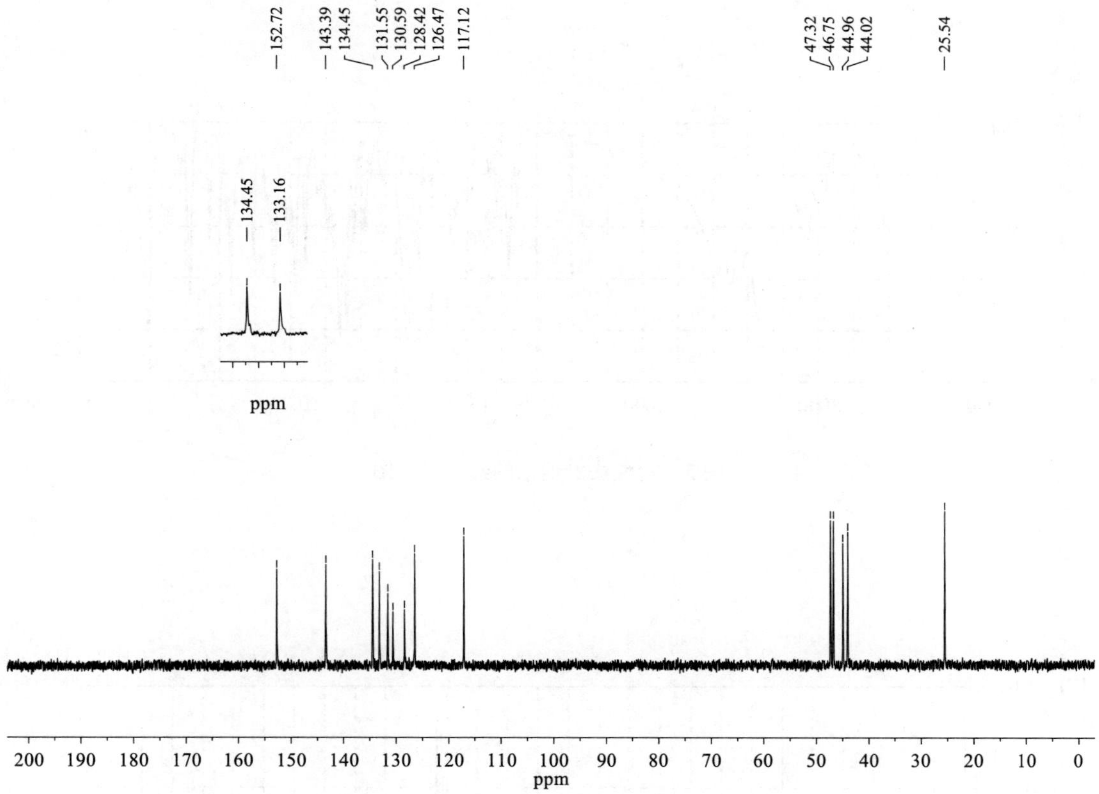

图2 盐酸法舒地尔的^{13}C NMR谱（溶剂：D_2O）

^{13}C NMR：δ 152.72（C－1），143.39（C－3），134.45（C－8），133.16（C－6），131.55（C－5），130.59（C－10），128.42（C－9），126.47（C－7），117.12（C－4），47.32（C－16），46.75（C－12），44.96（C－11），44.02（C－14），25.54（C－15）

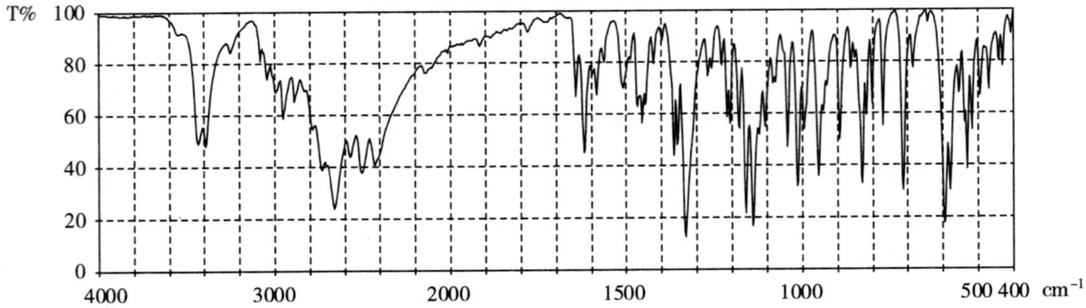

图 3　盐酸法舒地尔的红外光谱图

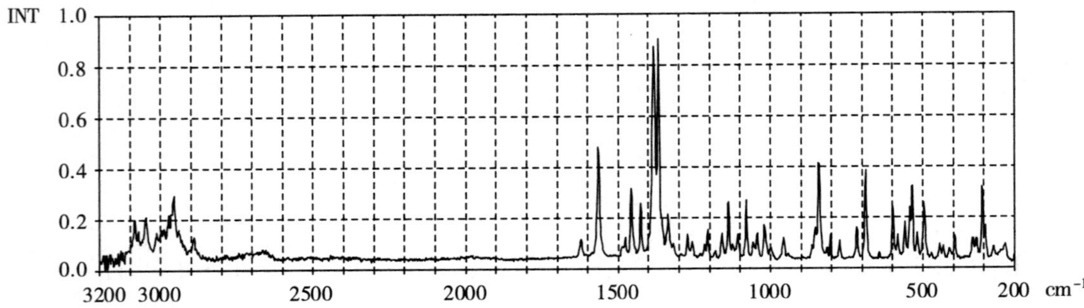

图 4　盐酸法舒地尔的拉曼光谱图

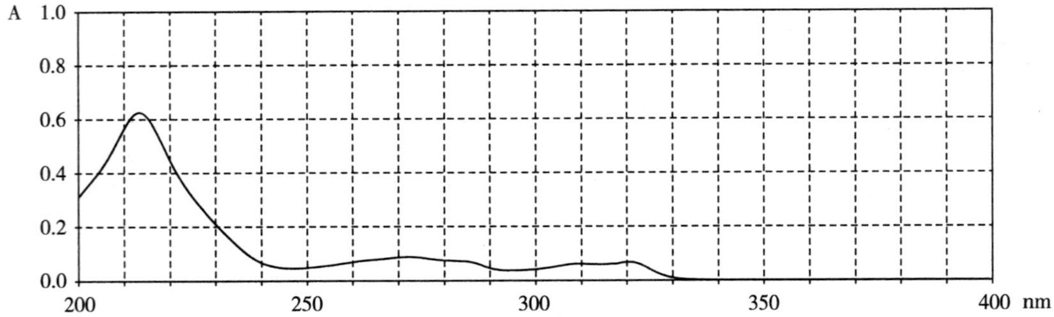

图 5　盐酸法舒地尔的紫外光谱图

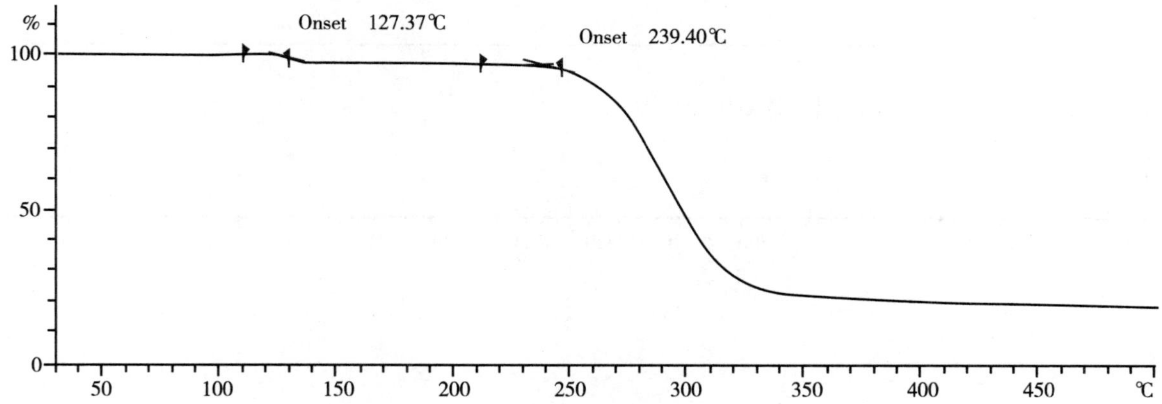

图 6　盐酸法舒地尔的 TG 图

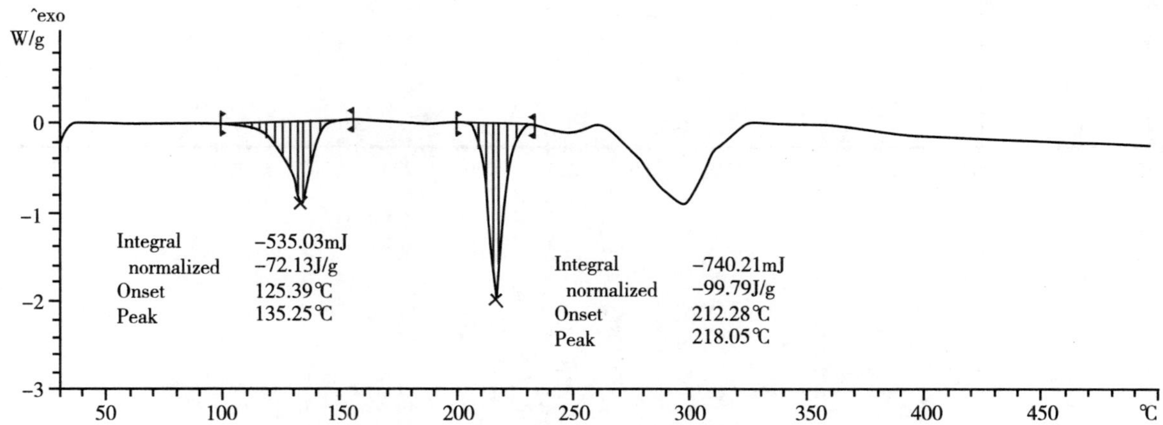

图 7　盐酸法舒地尔的 DSC 图

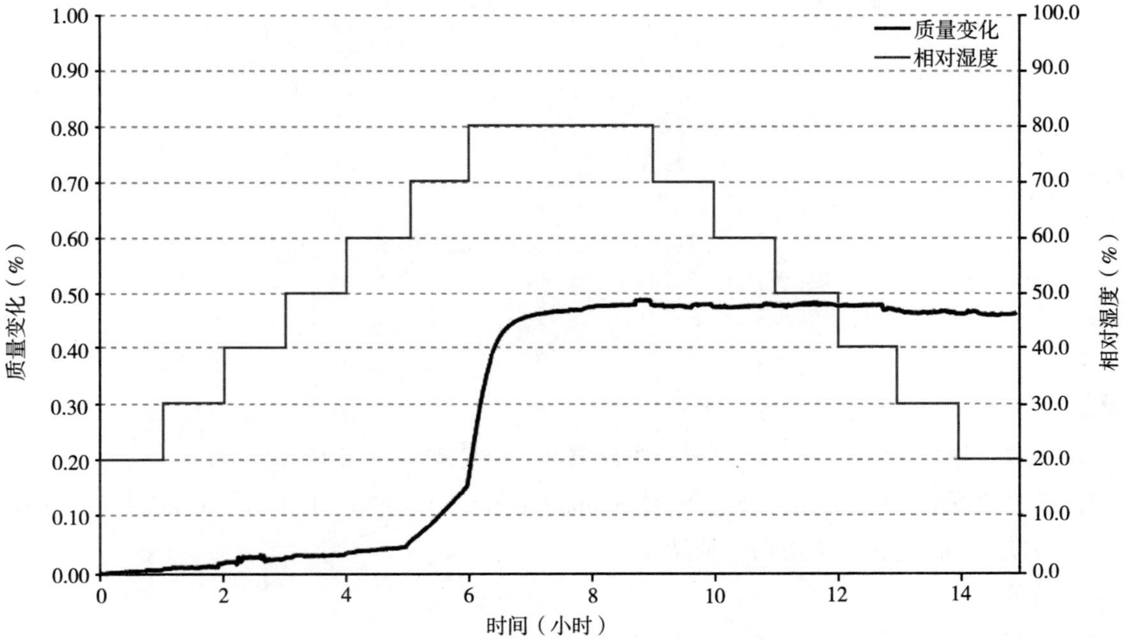

图 8　盐酸法舒地尔的 DVS 图

正离子扫描模式（一级）

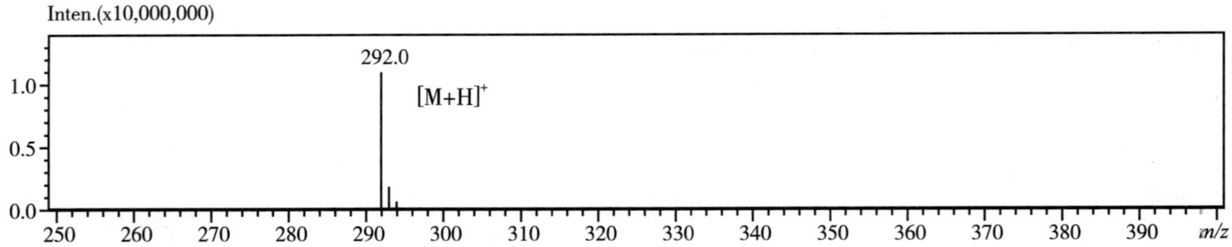

正离子扫描模式（二级）

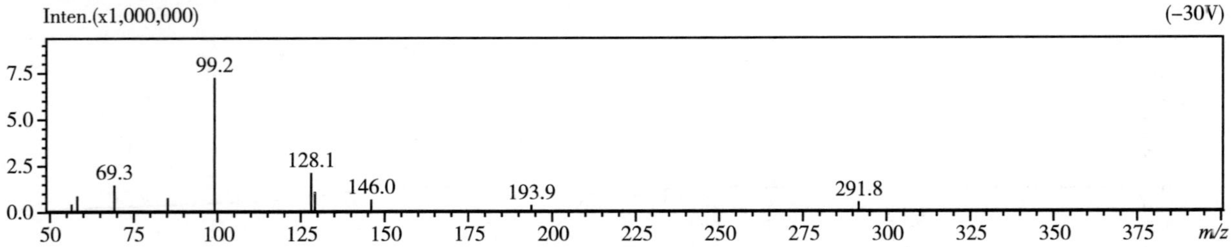

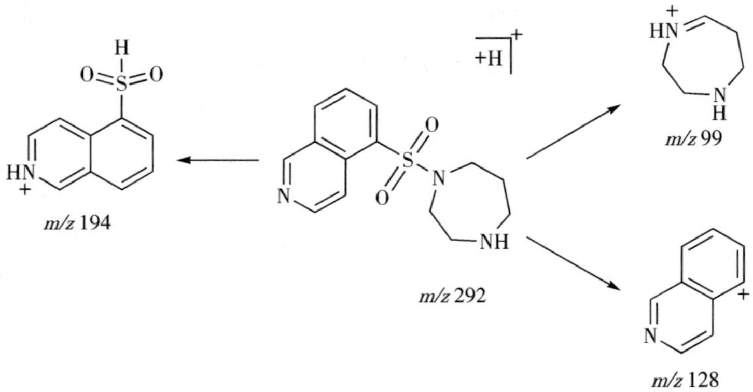

图 9　盐酸法舒地尔的质谱图

备注

1. **中文化学名**　六氢 - 1 -（5 - 异喹啉磺酰基）- 1*H* - 1,4 - 二氮杂䓬盐酸盐
2. **英文化学名**　hexahydro - 1 -（5 - isoquinolinylsulfonyl）- 1*H* - 1,4 - diazepine hydrochloride
3. **性状**　本品为白色或类白色结晶性粉末。
4. **溶剂**　水。
5. **对照品编号与批号**　100614 - 201202

氯 雷 他 定

英文名 Loratadine

分子式 $C_{22}H_{23}ClN_2O_2$

分子量 382.88

CAS 号 79794－75－5

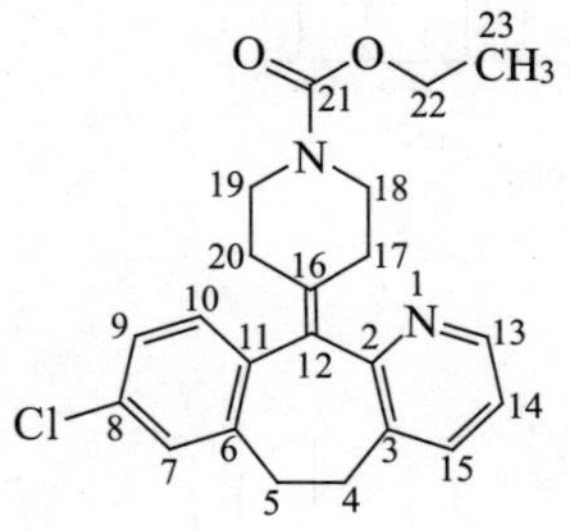

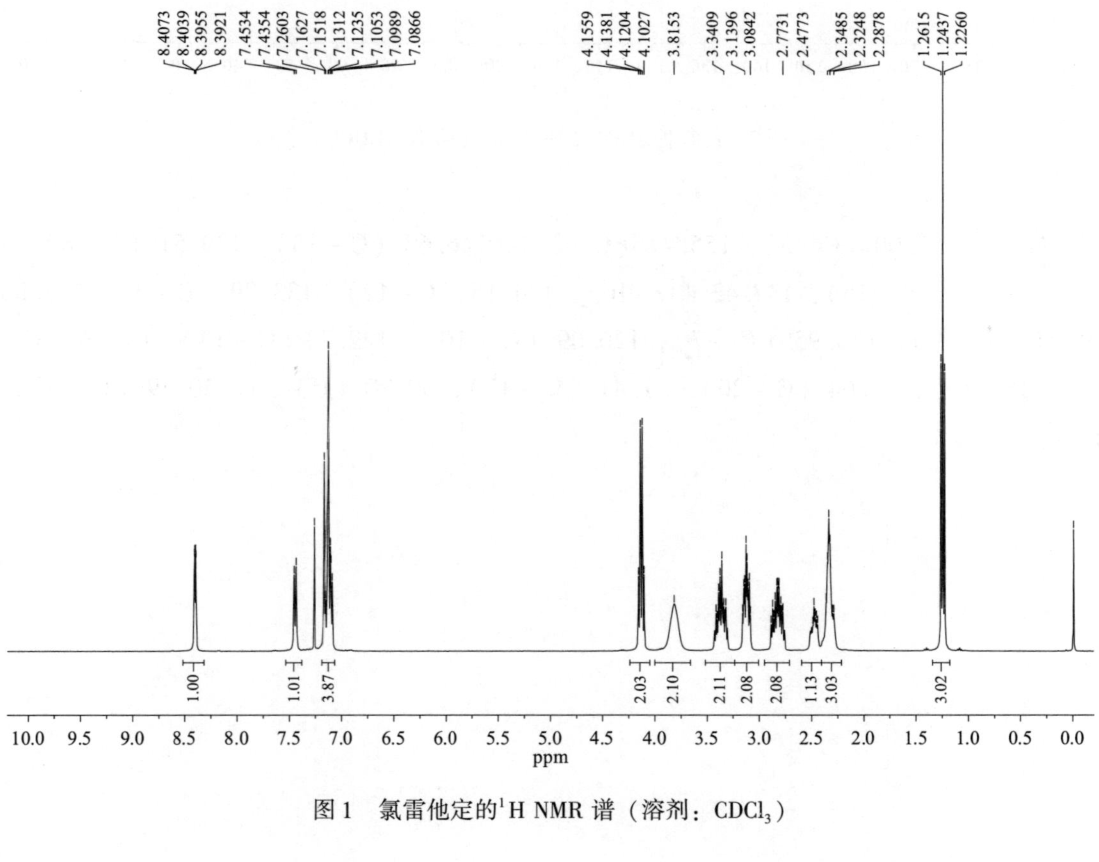

图 1 氯雷他定的^{1}H NMR 谱（溶剂：$CDCl_3$）

^{1}H NMR：δ 8.40（H－13，dd，J＝4.7，1.4 Hz，1H），7.44（H－15，d，J＝7.2 Hz，1H），7.16（H－7，s，1H），7.18～7.07（H－9，10，14，m，3H），4.13（H－22，q，J＝7.1 Hz，2H），3.82（H－18，brs，2H），3.46～3.28（H－5，m，2H），3.18～3.06（H－19，m，2H），2.92～2.73（H－4，m，2H），2.47（H－17a，m，1H），2.40～2.24（H－17b，20，m，3H），1.24（H－23，t，J＝7.1 Hz，3H）

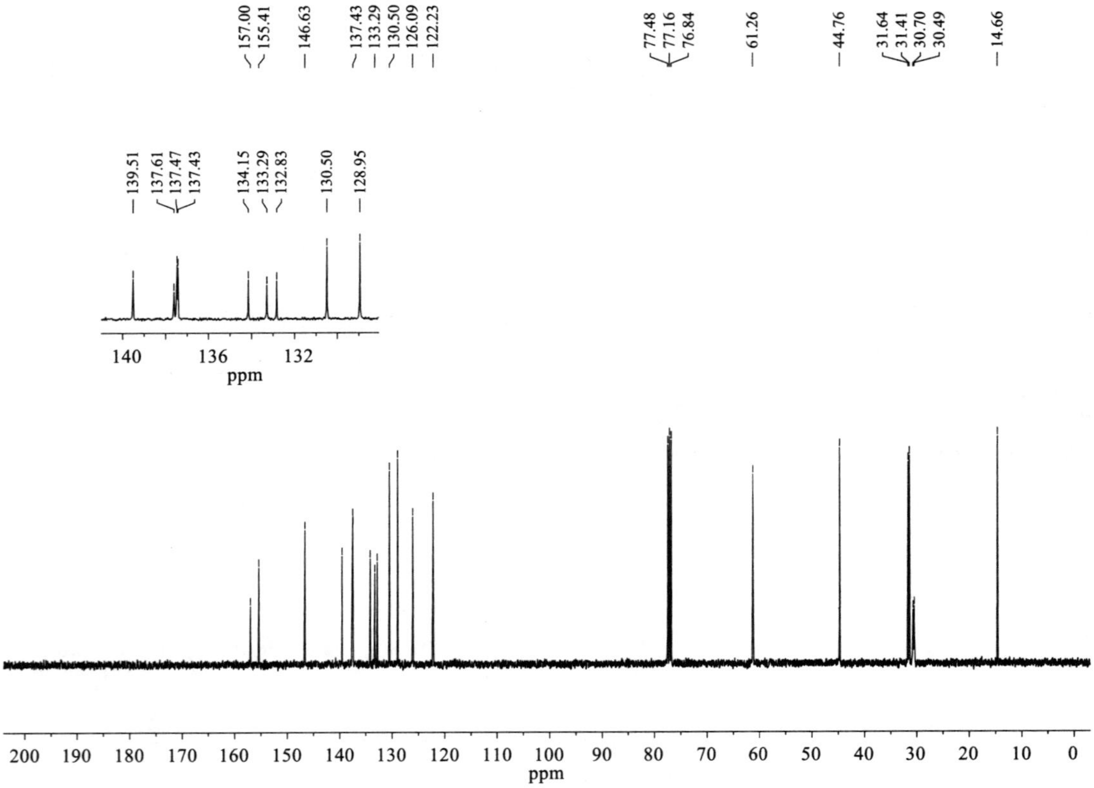

图2　氯雷他定的^{13}C NMR 谱（溶剂：$CDCl_3$）

^{13}C NMR：δ 157.00（C－2），155.41（C－21），146.63（C－13），139.51（C－8），137.61（C－11），137.47（C－15），137.43（C－16），134.15（C－12），133.29（C－3），132.83（C－6），130.50（C－9），128.95（C－7），126.09（C－10），122.23（C－14），61.26（C－22），44.76（C－18，19），31.64（C－20），31.41（C－17），30.70（C－5），30.49（C－4），14.66（C－23）

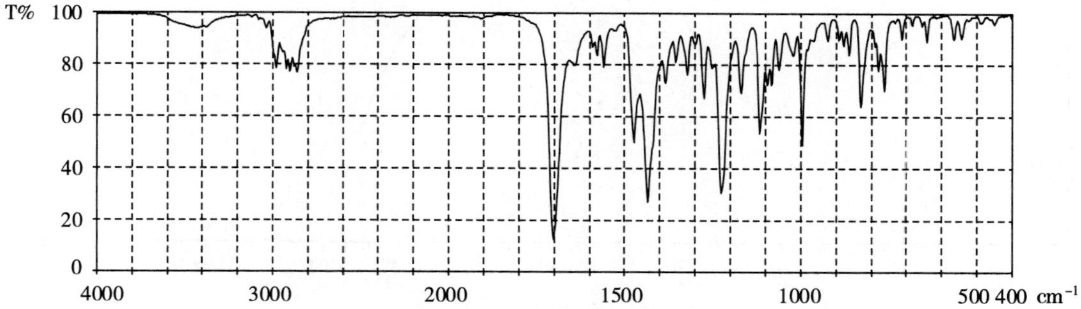

图 3　氯雷他定的红外光谱图

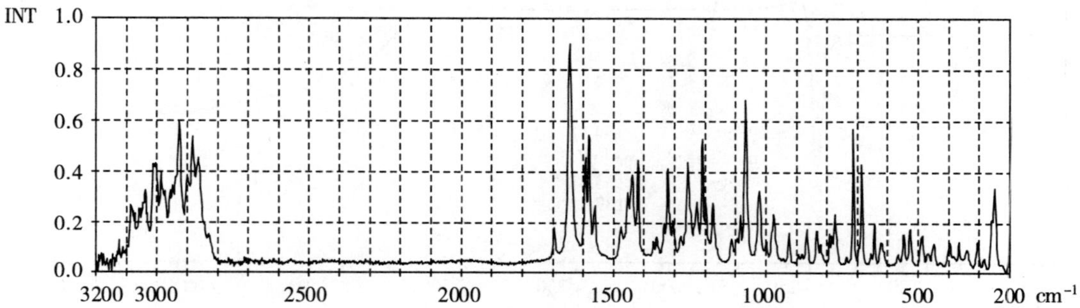

图 4　氯雷他定的拉曼光谱图

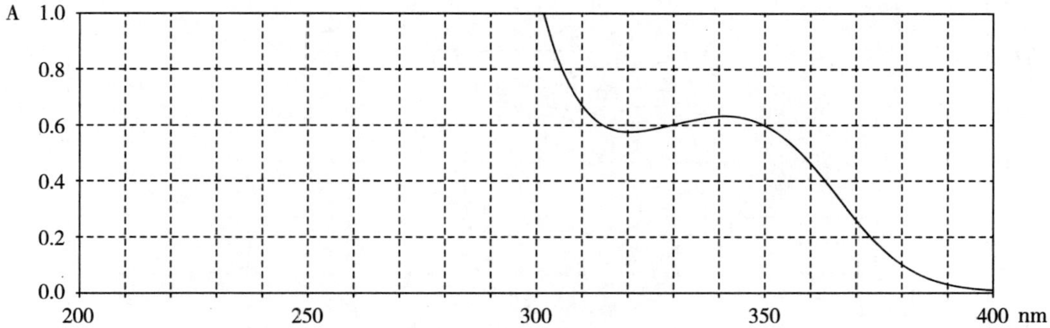

图 5　氯雷他定的紫外光谱图

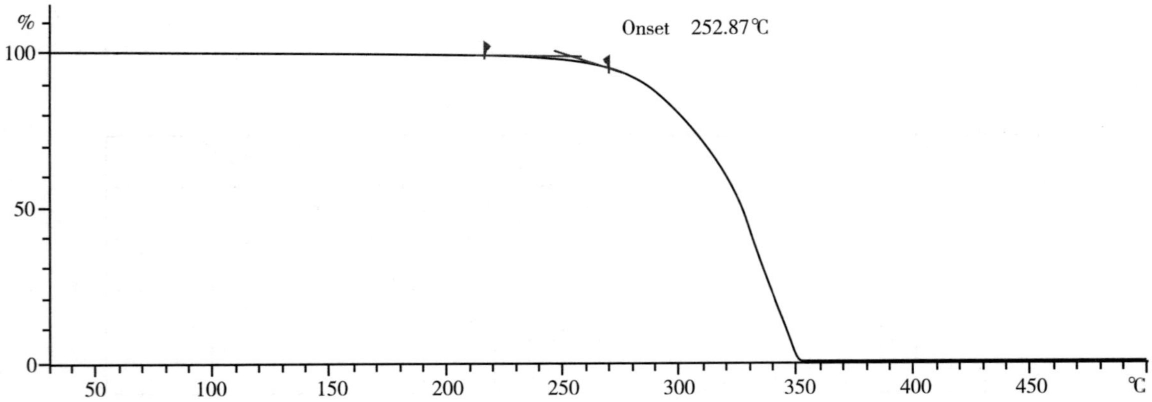

图 6　氯雷他定的 TG 图

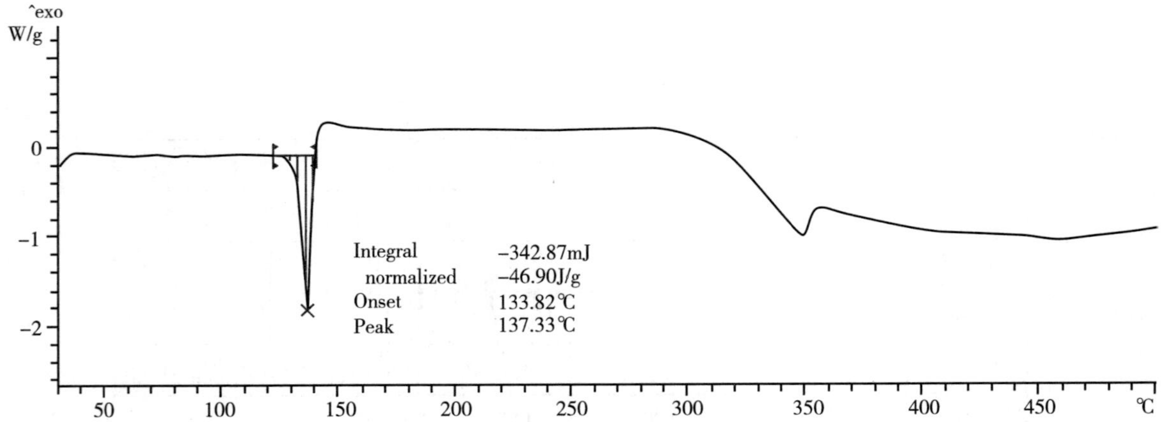

图 7　氯雷他定的 DSC 图

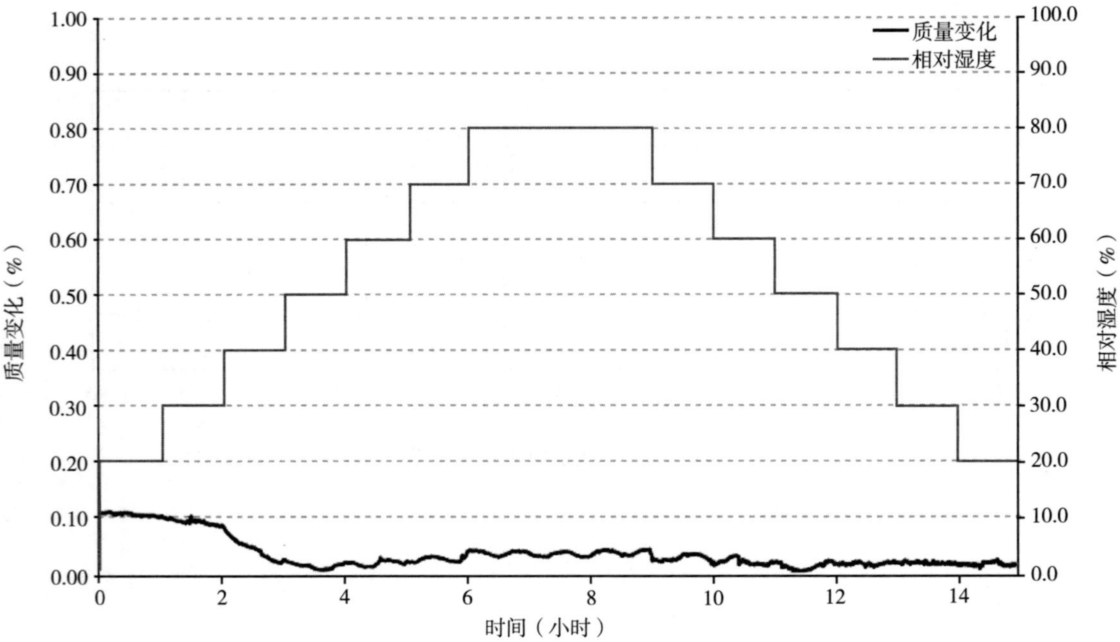

图 8　氯雷他定的 DVS 图

正离子扫描模式（一级）

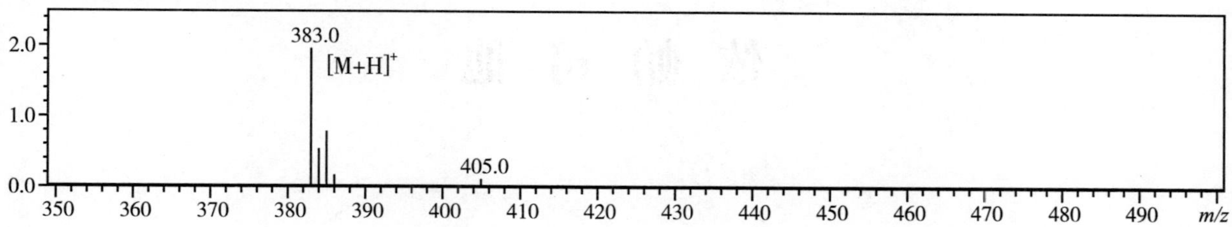

正离子扫描模式（二级）

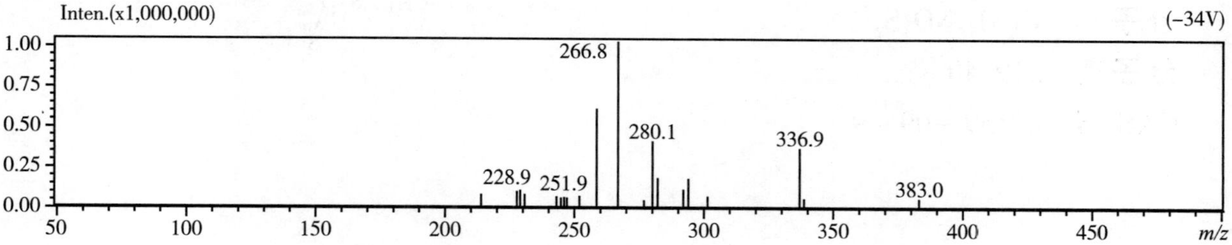

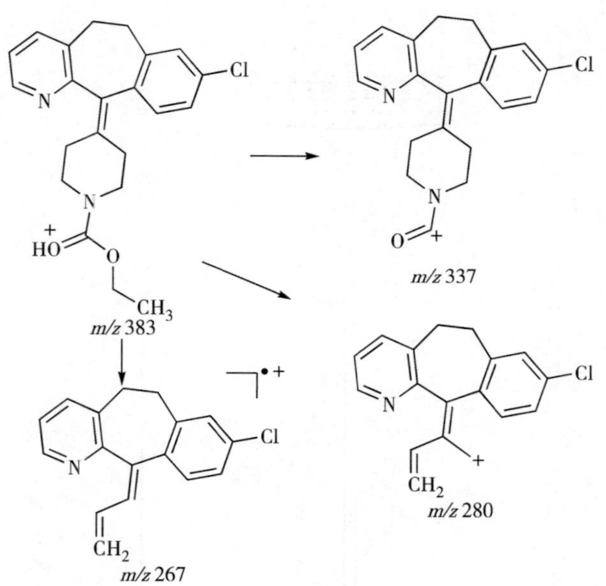

图9　氯雷他定的质谱图

备注

1. 中文化学名　4－［8－氯－5,6－二氢－11*H*－苯并［5,6］环庚基［1,2－*b*］并吡啶－11－烯］－1－哌啶羧酸乙脂

2. 英文化学名　4－［8－chloro－5,6－dihydro－11*H*－benzo［5,6］cyclohepta［1,2－*b*］pyridin－11－ylidene］－1－piperidinecarboxylic acid ethyl ester

3. 性状　本品为白色或类白色结晶性粉末。

4. 溶解性　本品在水中几乎不溶，在丙酮或甲醇中易溶。

5. 溶剂　乙醇。

6. 对照品编号与批号　100615－201103

依 帕 司 他

英文名 Epalrestat

分子式 $C_{15}H_{13}NO_3S_2$

分子量 319.40

CAS 号 82159 - 09 - 9

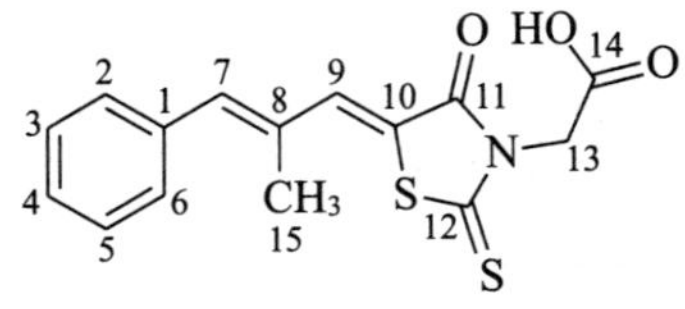

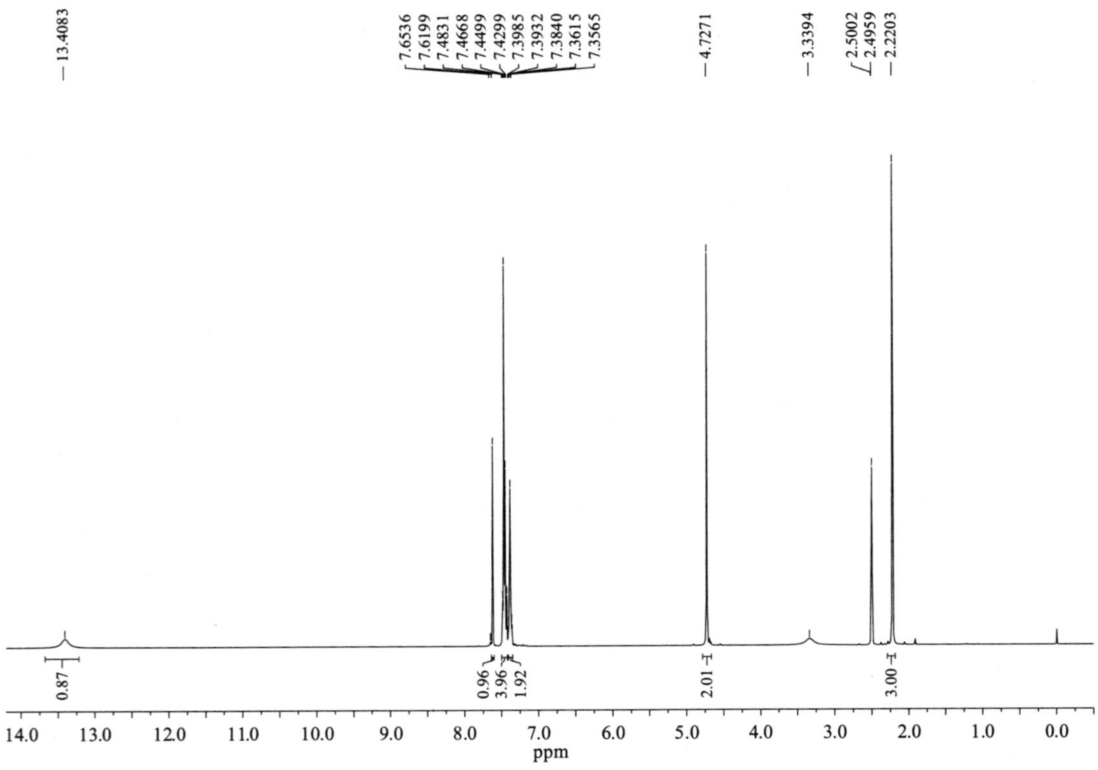

图 1　依帕司他的¹H NMR 谱（溶剂：CD_3SOCD_3）

^{1}H NMR：δ 13.41（COOH，s，1H），7.62（H-9，s，1H），7.51 ~ 7.42（H-2，3，5，6，m，4H），7.41 ~ 7.34（H-4，7，m，2H），4.73（H-13，s，2H），2.22（H-15，s，3H）

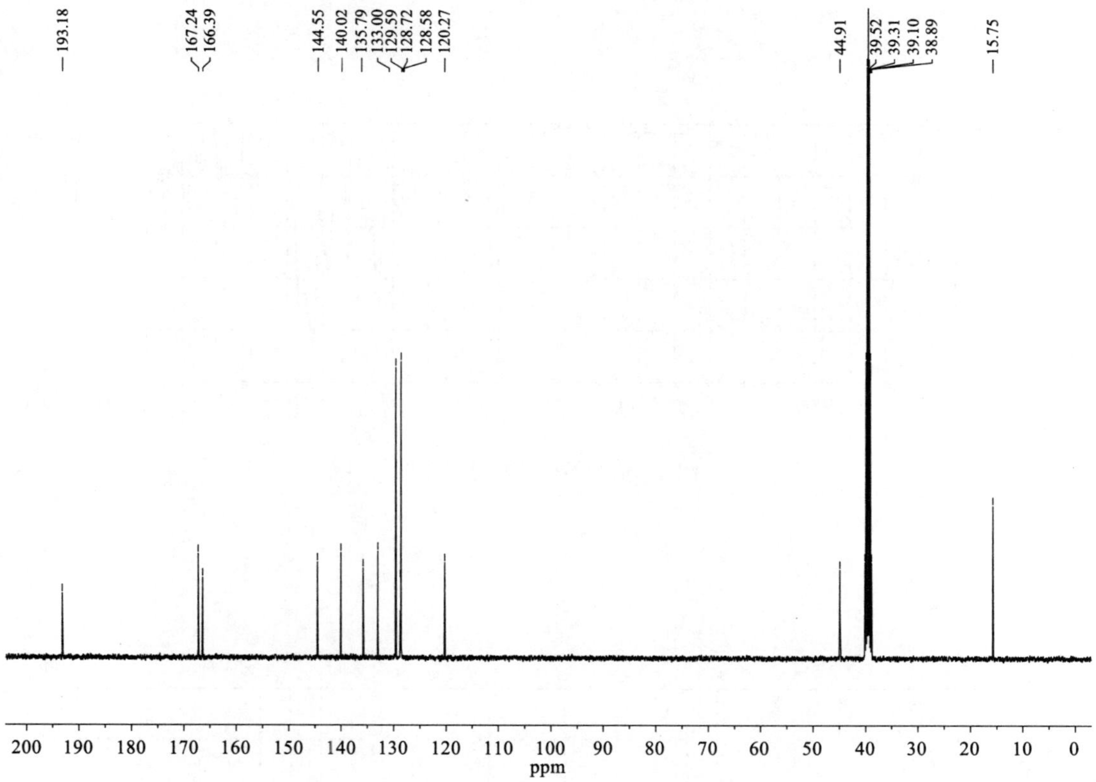

图 2 依帕司他的^{13}C NMR 谱（溶剂：CD_3SOCD_3）

^{13}C NMR：δ193.18（C－12），167.24（C－14），166.39（C－11），144.55（C－9），140.02（C－1），135.79（C－8），133.00（C－4），129.59（C－3，5），128.72（C－7），128.58（C－2，6），120.27（C－10），44.91（C－13），15.75（C－15）

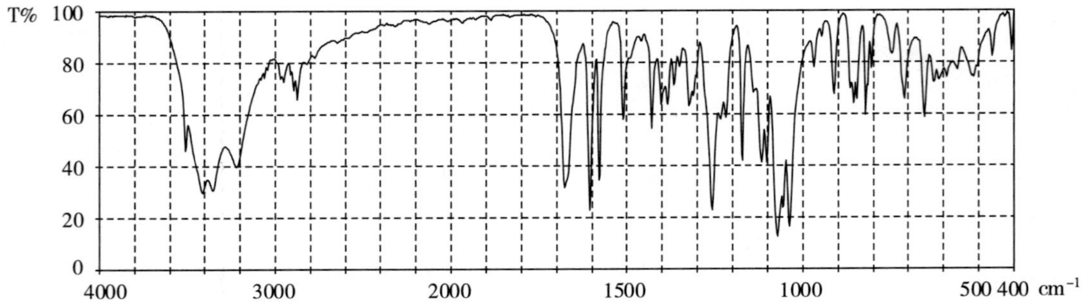

图 3　依帕司他的红外光谱图

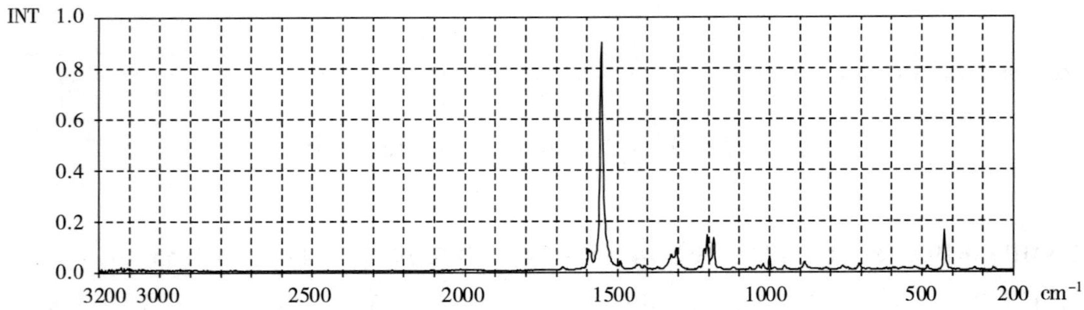

图 4　依帕司他的拉曼光谱图

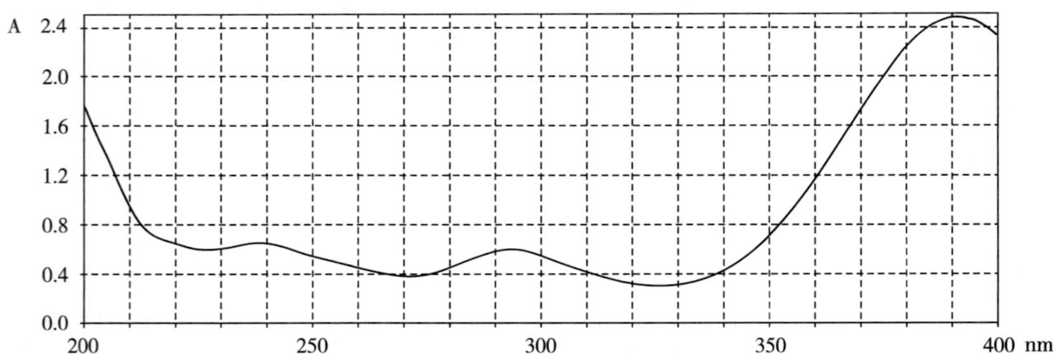

图3　紫外光谱图

图 5　依帕司他的紫外光谱图

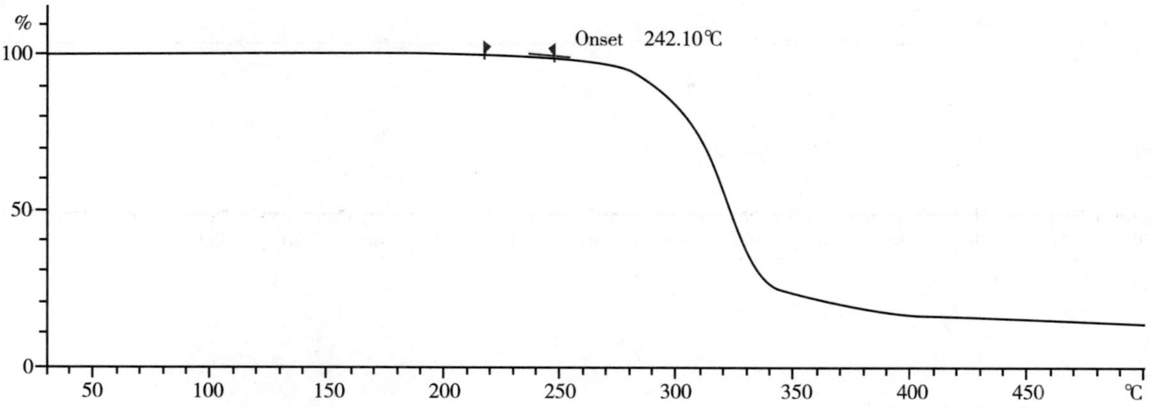

图 6　依帕司他的 TG 图

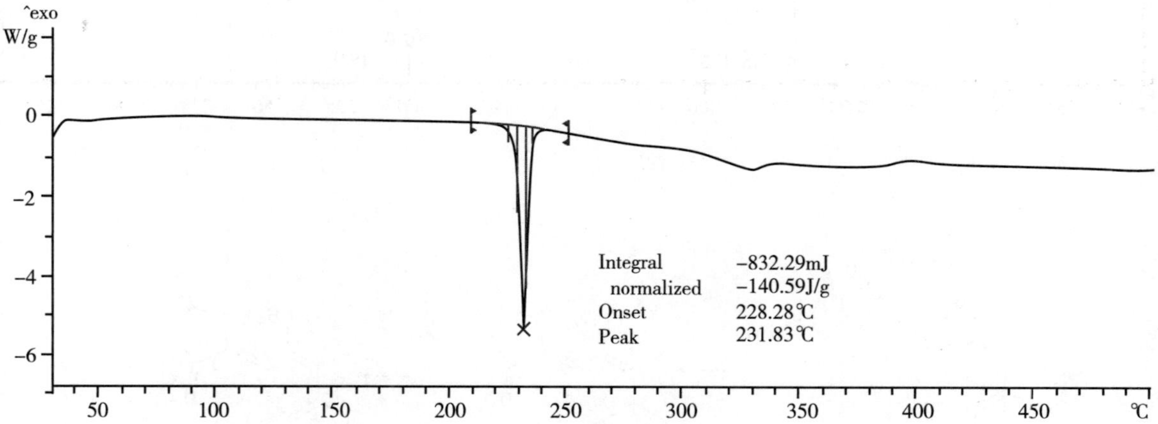

图 7　依帕司他的 DSC 图

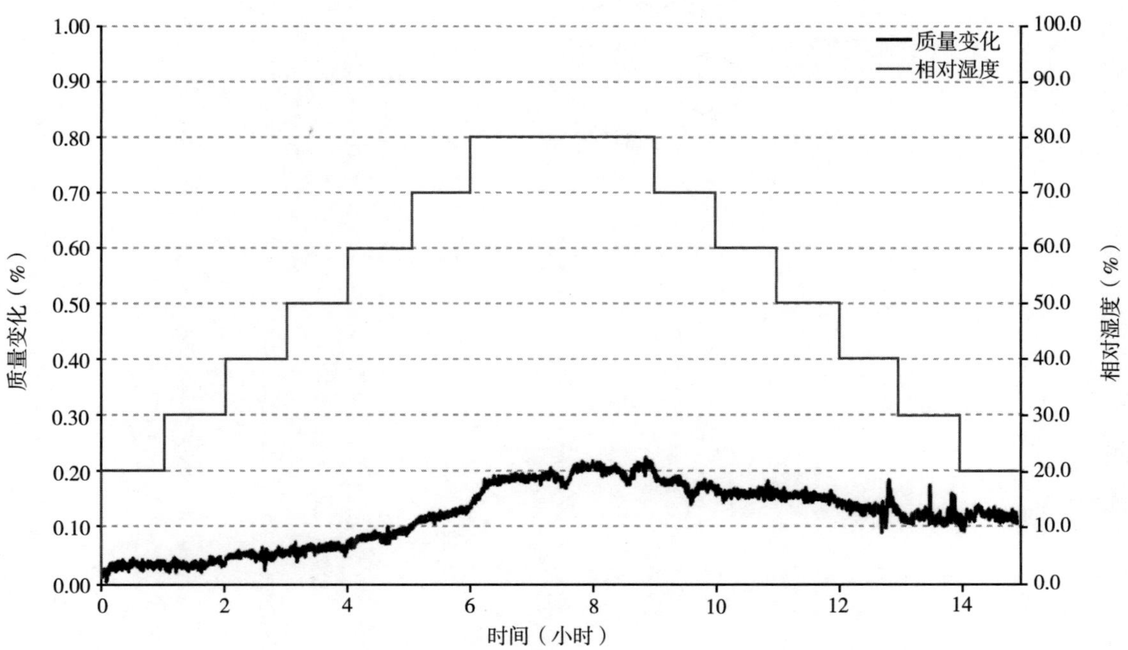

图 8　依帕司他的 DVS 图

正离子扫描模式（一级）

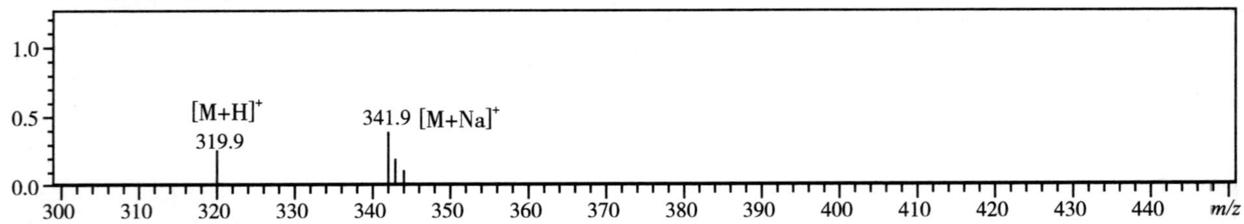

正离子扫描模式（二级）

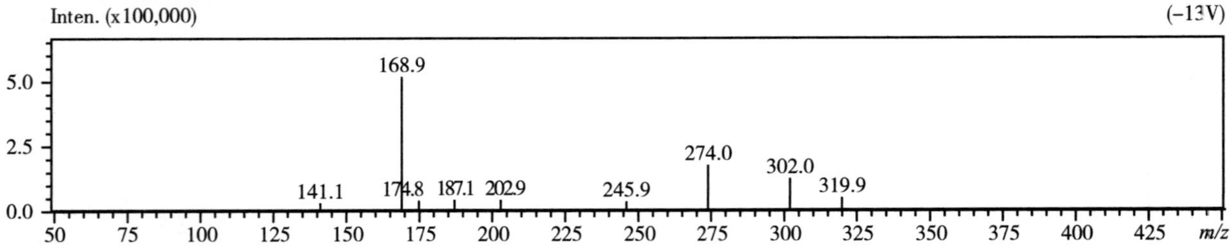

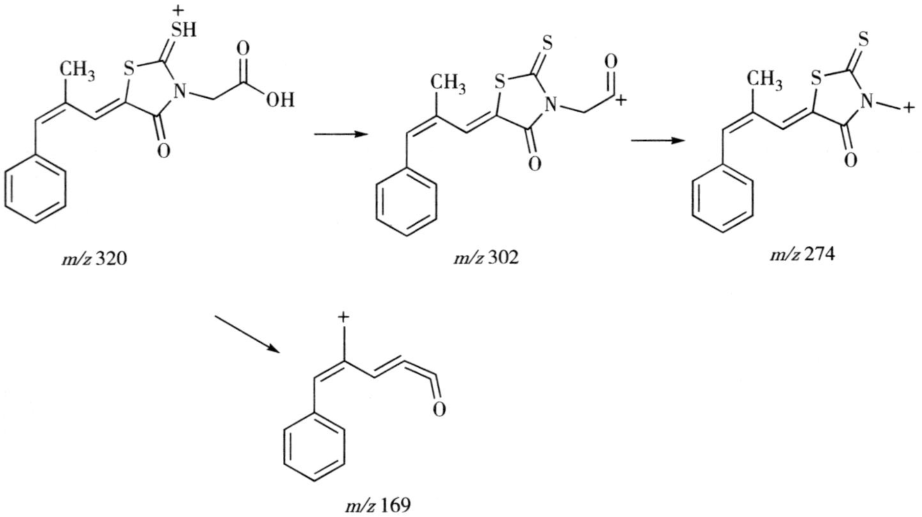

负离子扫描模式（一级）

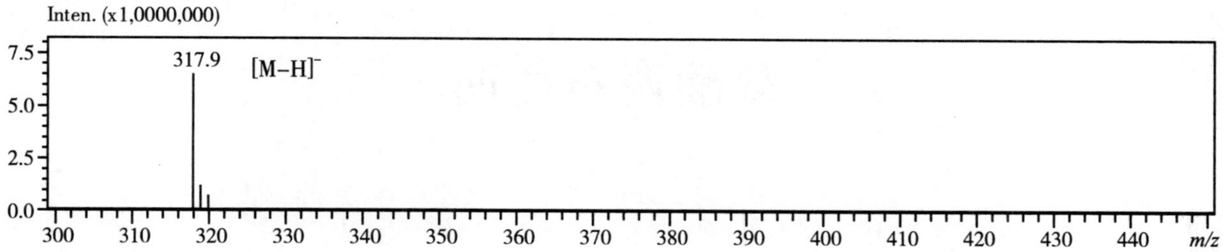

负离子扫描模式（二级）

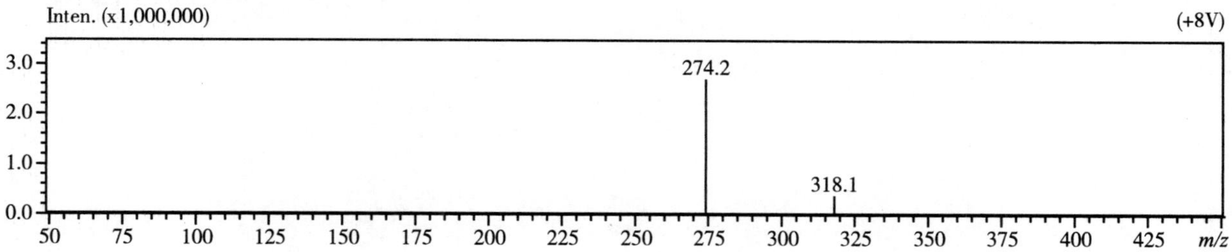

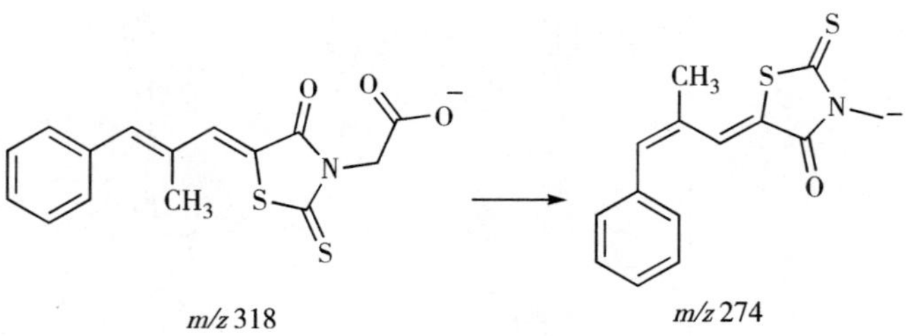

图9　依帕司他的质谱图

备注

1. **中文化学名**　5－[(1Z,2E)－2－甲基－3－苯基－2－亚丙烯基]－4－氧代－2－硫酮－3－噻唑烷乙酸
2. **英文化学名**　5－[(1Z,2E)－2－methyl－3－phenyl－2－propenylidene]－4－oxo－2－thioxo－3－thiazolidineacetic acid
3. **性状**　本品为黄色至橙红色结晶性粉末，无臭，味微苦。
4. **溶解性**　本品在四氢呋喃、二甲基甲酰胺中溶解，在丙酮中略溶，在乙醇中微溶，在水中不溶。
5. **溶剂**　乙醇。
6. **对照品编号与批号**　100618－200401

盐酸西布曲明

英文名 Sibutramine Hydrochloride

分子式 $C_{17}H_{26}ClN \cdot HCl \cdot H_2O$

分子量 334.32

CAS 号 125494－59－9

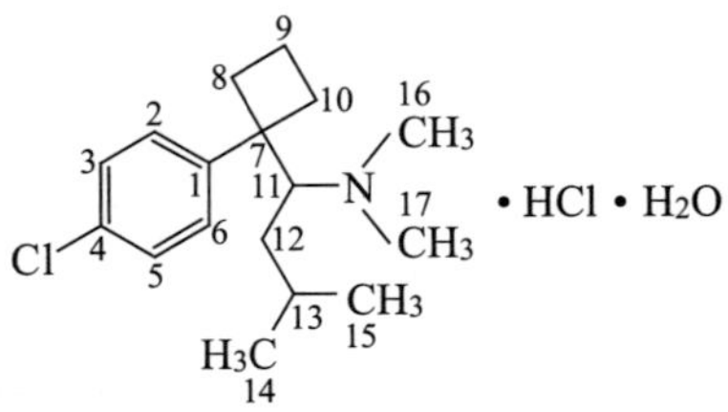

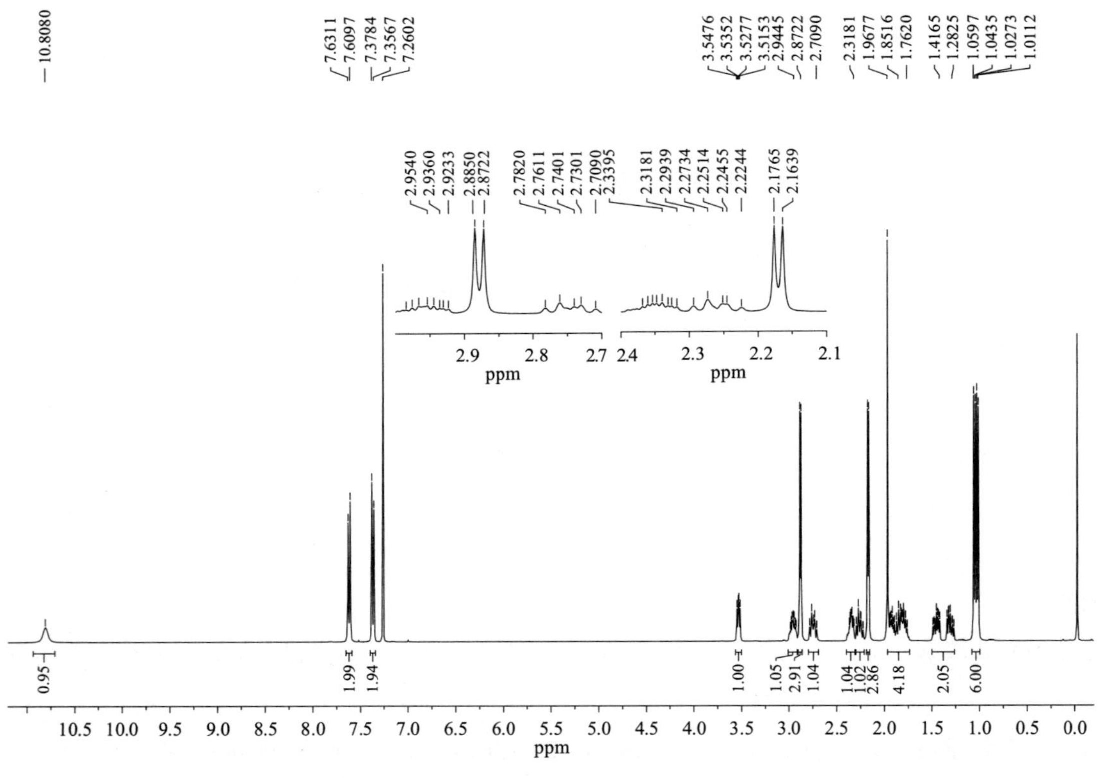

图 1　盐酸西布曲明的[1]H NMR 谱（溶剂：$CDCl_3$）

^{1}H NMR：δ 10.81（HCl，s，1H），7.62（H－3，5，d，J＝8.6 Hz，2H），7.37（H－2,6，d，J＝8.6 Hz，2H），3.53（H－11，dd，J＝8.0，5.0 Hz，1H），2.93（H－13，m，1H），2.88（H－16，d，J＝5.1 Hz，3H），2.75（H－8a，m，1H），2.34（H－10a，m，1H），2.27（H－8b，m，1H），2.17（H－17，d，J＝5.1 Hz，3H），1.95～1.74（H－9，10b，13，m，4H），1.45（H－12a，m，1H），1.30（H－12b，m，1H），1.05（H－14，d，J ＝ 6.5 Hz，3H），1.02（H－15，d，J ＝ 6.5 Hz，3H）

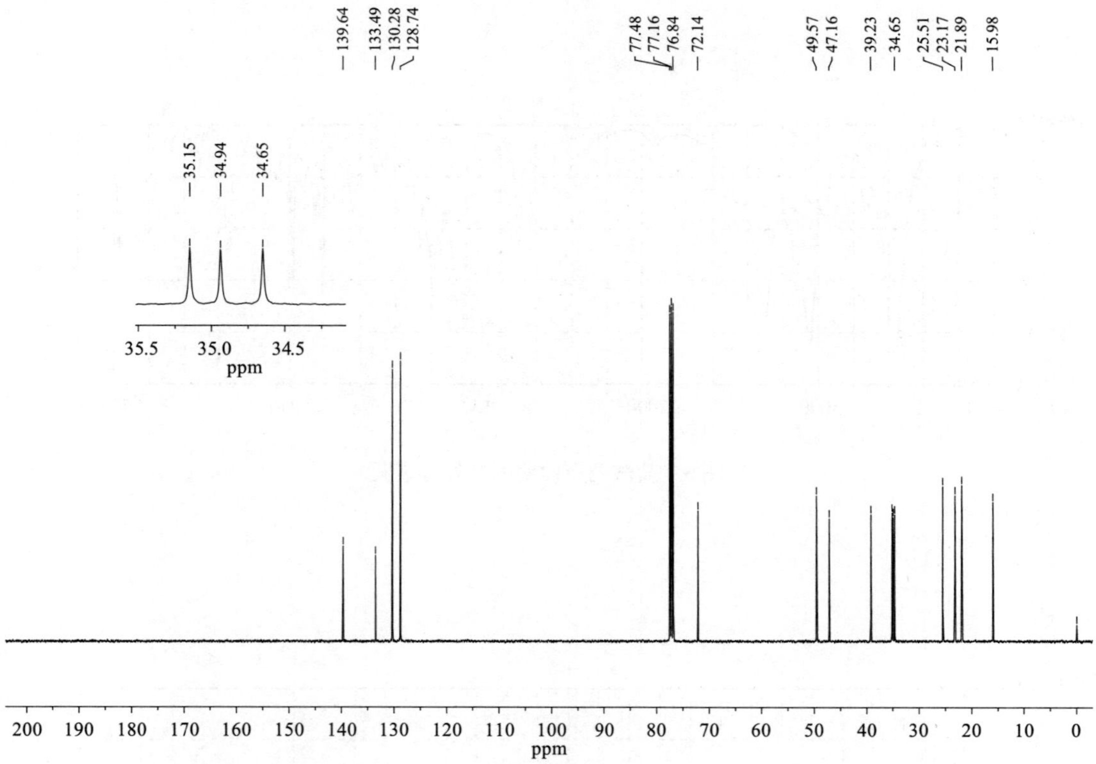

图 2　盐酸西布曲明的 ^{13}C NMR 谱（溶剂：$CDCl_3$）

^{13}C NMR：δ 139.64（C－1），133.49（C－4），130.28（C－2，6），128.74（C－3，5），72.14（C－11），49.57（C－7），47.16（C－17），39.23（C－16），35.15（C－10），34.94（C－12），34.65（C－8），25.51（C－13），23.17（C－14），21.89（C－15），15.98（C－9）

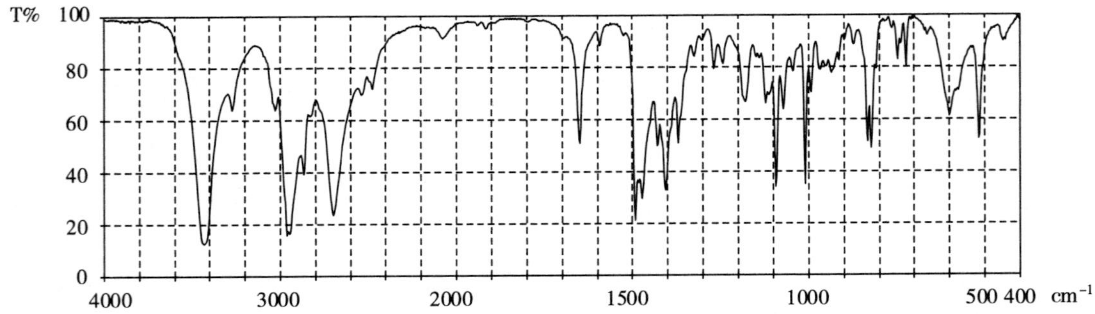

图 3　盐酸西布曲明的红外光谱图

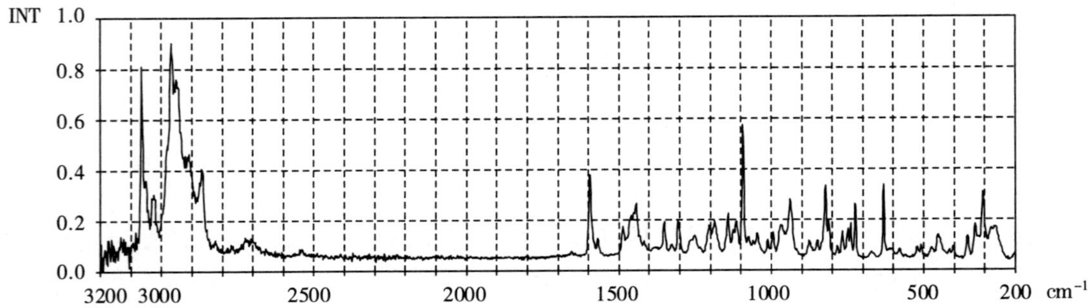

图 4　盐酸西布曲明的拉曼光谱图

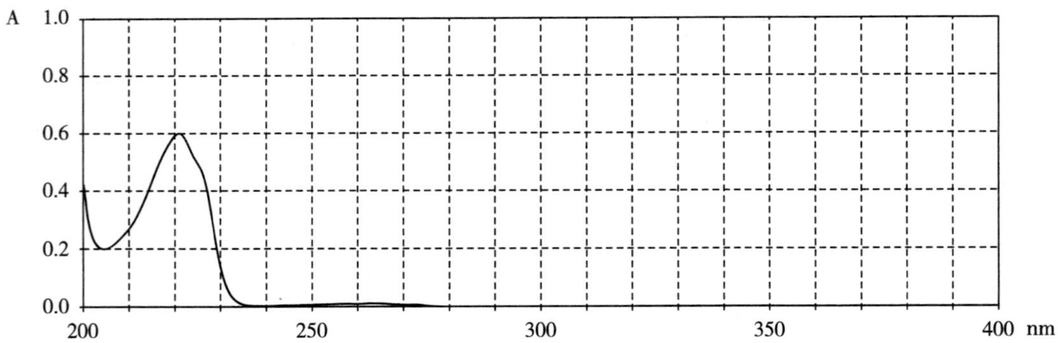

图 5　盐酸西布曲明的紫外光谱图

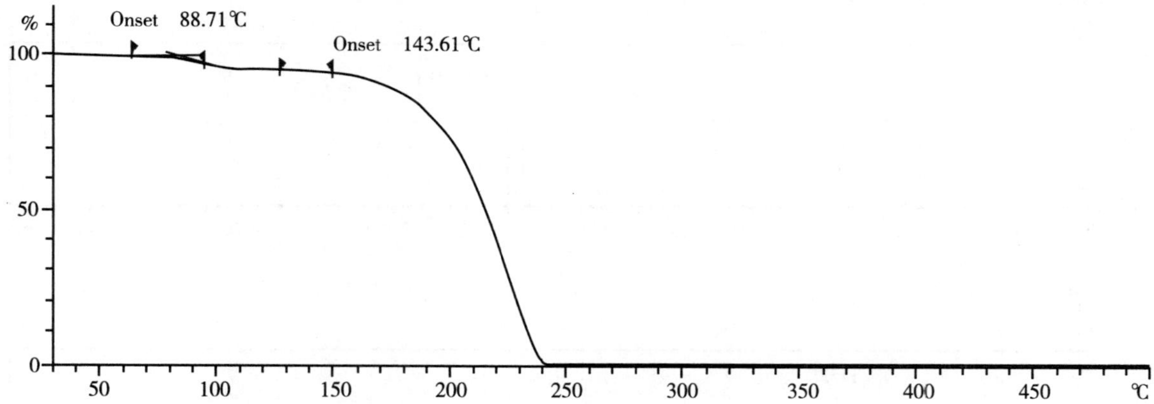

图 6　盐酸西布曲明的 TG 图

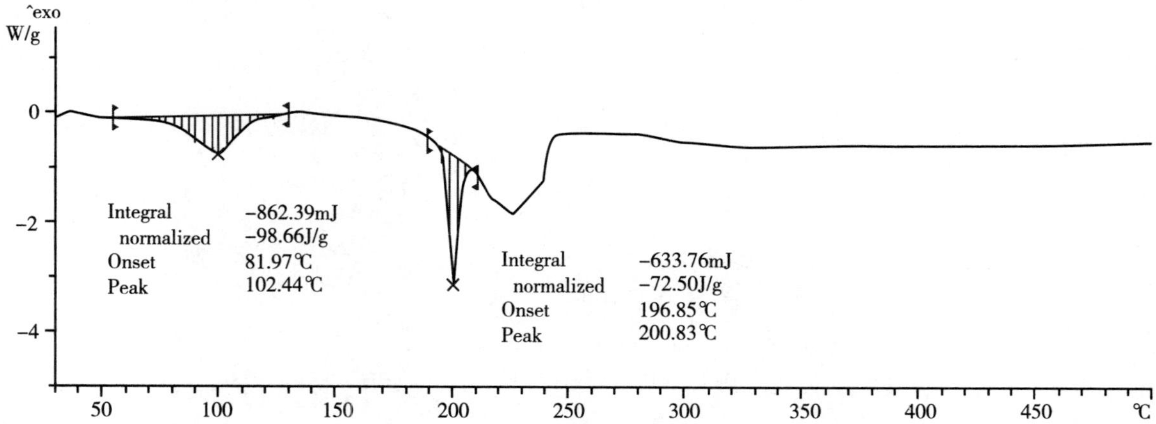

图 7　盐酸西布曲明的 DSC 图

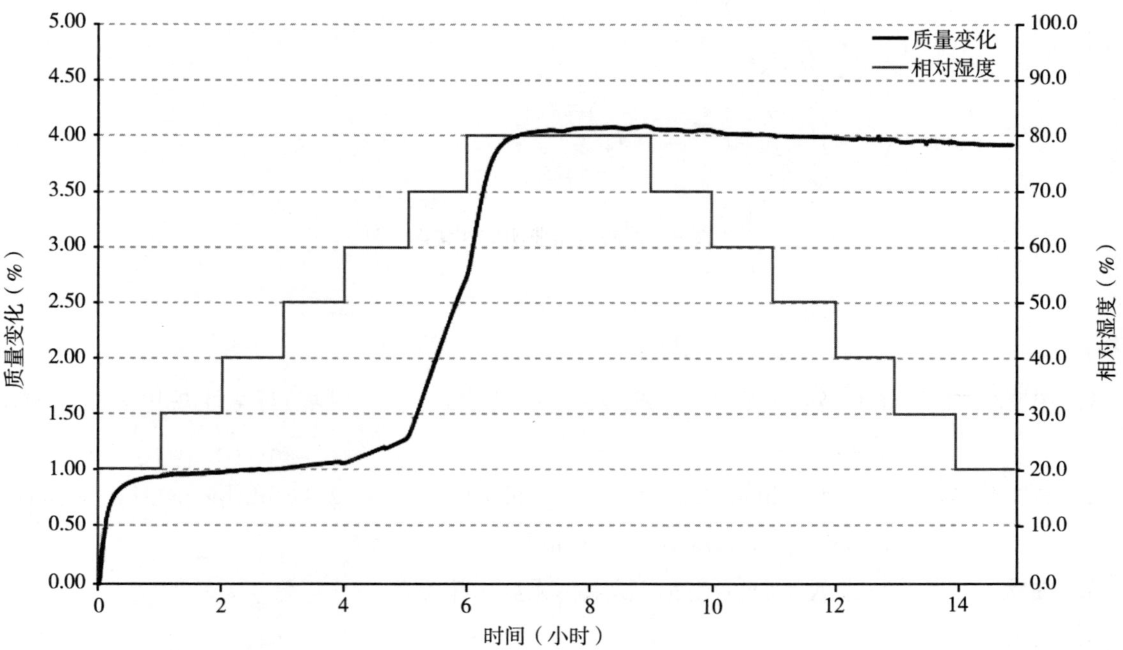

图 8　盐酸西布曲明的 DVS 图

正离子扫描模式（一级）

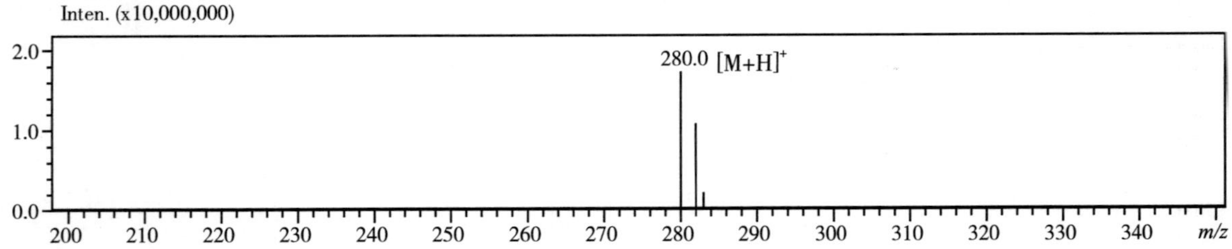

正离子扫描模式（二级）

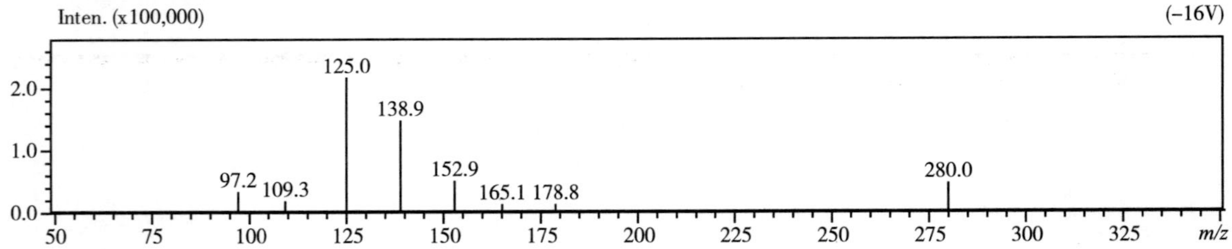

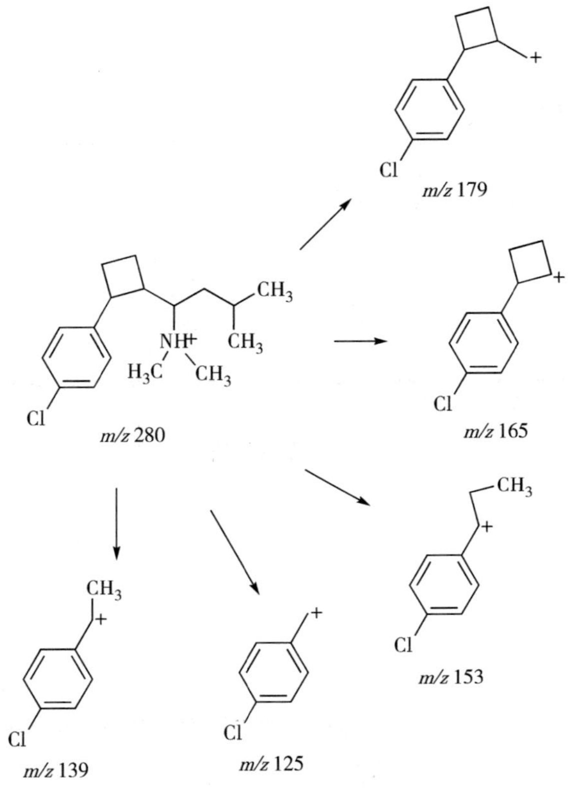

图 9　盐酸西布曲明的质谱图

备注

1. **中文化学名**　1－(4－氯苯基)－*N*,*N*－二甲基－α－(2－甲基)环氧丁烷甲烷胺盐酸盐一水合物
2. **英文化学名**　1－(4－chlorophenyl)－*N*,*N*－dimethyl－α－(2－methylpropyl)cyclobutane methanamine, hydrochloride, monohydrate
3. **性状**　本品为白色或类白色结晶性粉末；无臭，味微苦。
4. **溶剂**　水。
5. **对照品编号与批号**　100624－200401

伊 曲 康 唑

英文名　Itraconazole

分子式　$C_{35}H_{38}Cl_2N_8O_4$

分子量　705.63

CAS 号　84625－61－6

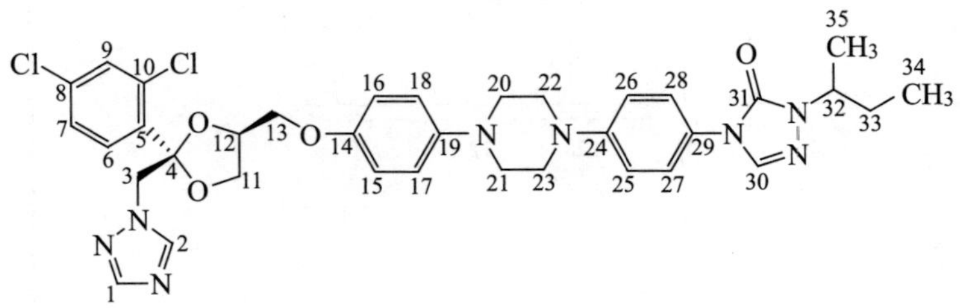

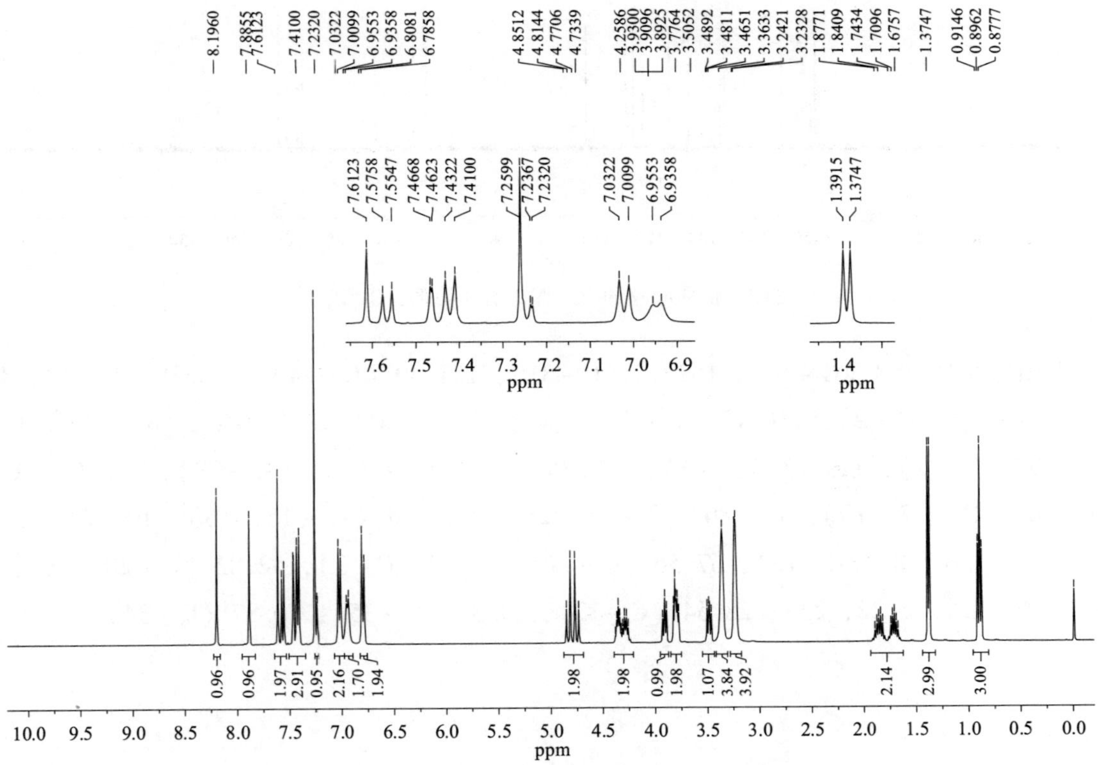

图 1　伊曲康唑的^{1}H NMR 谱（溶剂：$CDCl_3$）

^{1}H NMR：δ 8.20（H－2，s，1H），7.89（H－1，s，1H），7.61（H－30，s，1H），7.57（H－6，d，J＝8.4 Hz，1H），7.46（H－9，d，J＝2.0 Hz，1H），7.42（H－27，28，d，J＝8.9 Hz，2H），7.23（H－7，dd，J＝8.4，2.0 Hz，1H），7.03（H－25，26，d，J＝8.9 Hz，2H），6.95（H－17，18，d，J＝8.9 Hz，2H），6.80（H－15，16，d，J＝8.9 Hz，2H），4.83（H－3a，d，J＝14.7 Hz，1H），4.75（H－3b，d，J＝14.7 Hz，1H），4.37（H－12，m，1H），4.28（H－32，m，1H），3.91（H－11a，t，J＝7.5 Hz，1H），3.85～3.75（H－13，m，2H），3.48（H－11b，dd，J＝9.6，6.4 Hz，1H），3.36（H－22，23，brs，4H），3.24（H－20，21，brs，4H），1.86（H－33a，m，1H），1.71（H－33b，m，1H），1.37（H－35，d，J＝6.7 Hz，3H），0.90（H－34，t，J＝7.4 Hz，3H）

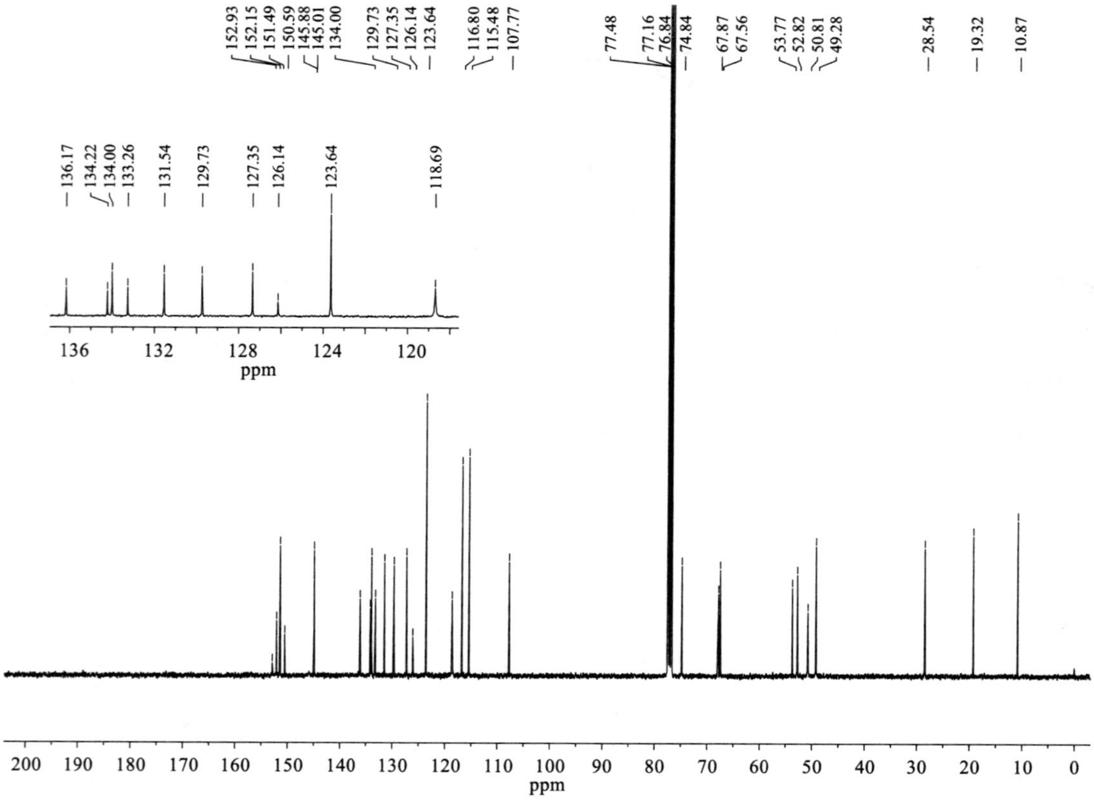

图2 伊曲康唑的^{13}C NMR谱（溶剂：$CDCl_3$）

^{13}C NMR：δ 152.93（C－14），152.15（C－31），151.49（C－24），150.59（C－1），145.88（C－19），145.01（C－2），136.17（C－5），134.22（C－30），134.00（C－8），133.26（C－10），131.54（C－9），129.73（C－6），127.35（C－7），126.14（C－29），123.64（C－27，28），118.69（C－17，18），116.80（C－25，26），115.48（C－15，16），107.77（C－4），74.84（C－12），67.87（C－13），67.56（C－11），53.77（C－3），52.82（C－20，21），50.81（C－32），49.28（C－22，23），28.54（C－33），19.32（C－35），10.87（C－34）

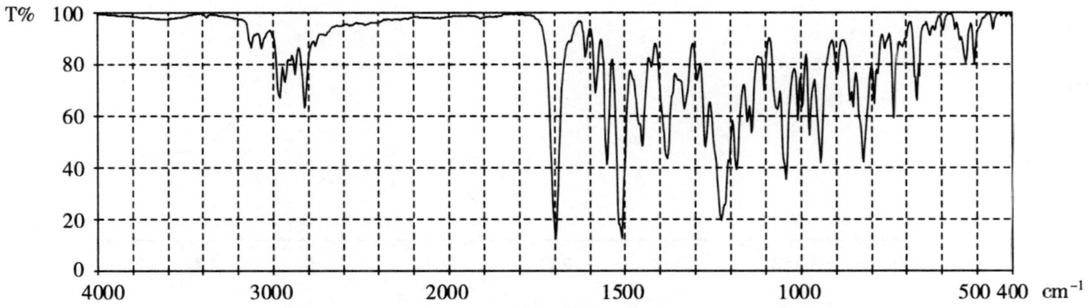

图 3　伊曲康唑的红外光谱图

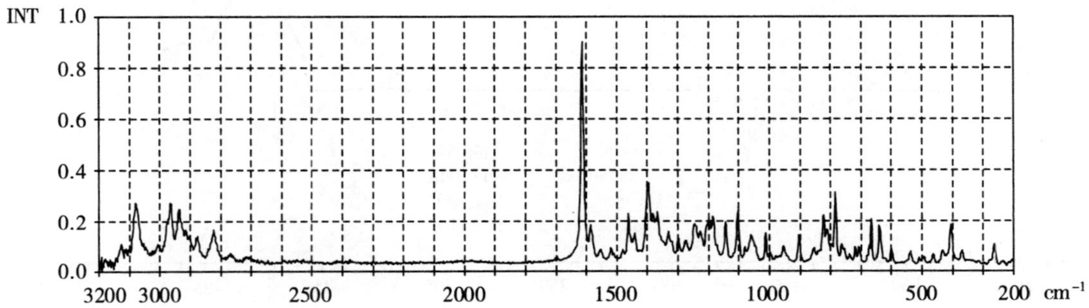

图 4　伊曲康唑的拉曼光谱图

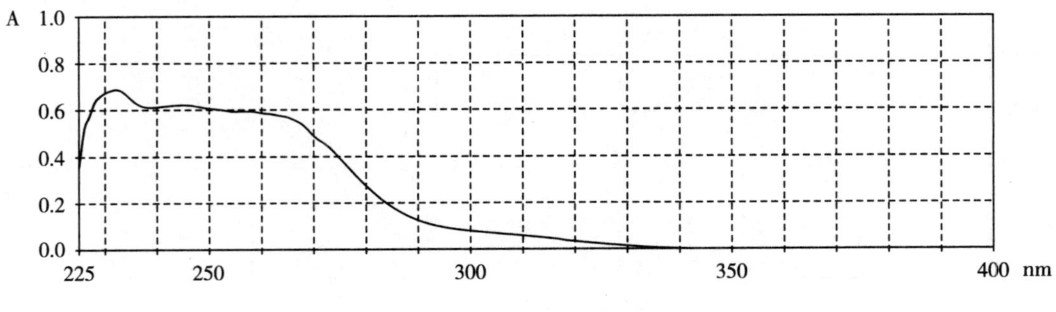

图 5　伊曲康唑的紫外光谱图

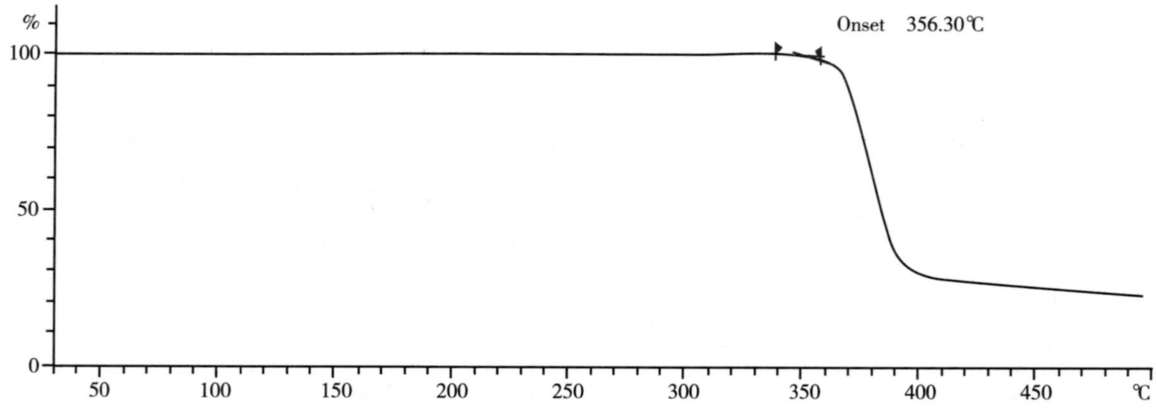

图 6　伊曲康唑的 TG 图

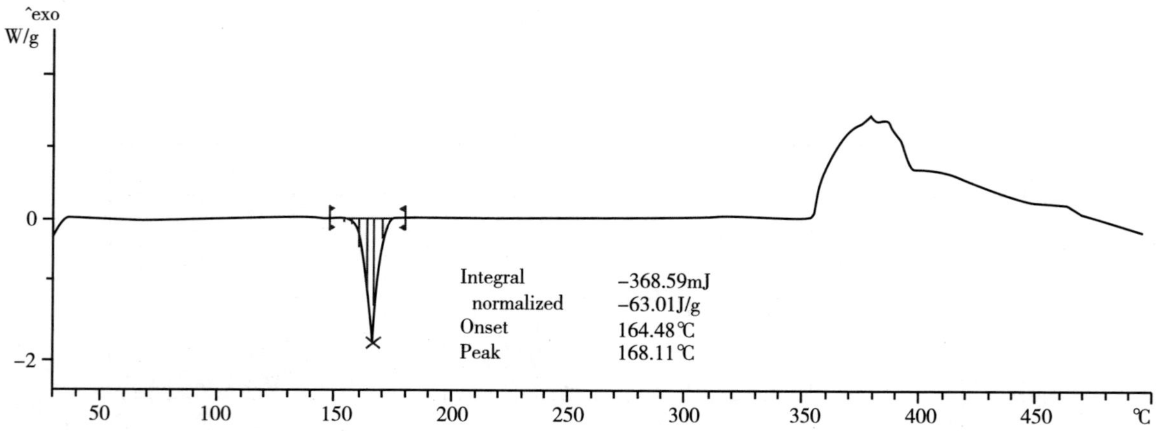

图 7　伊曲康唑的 DSC 图

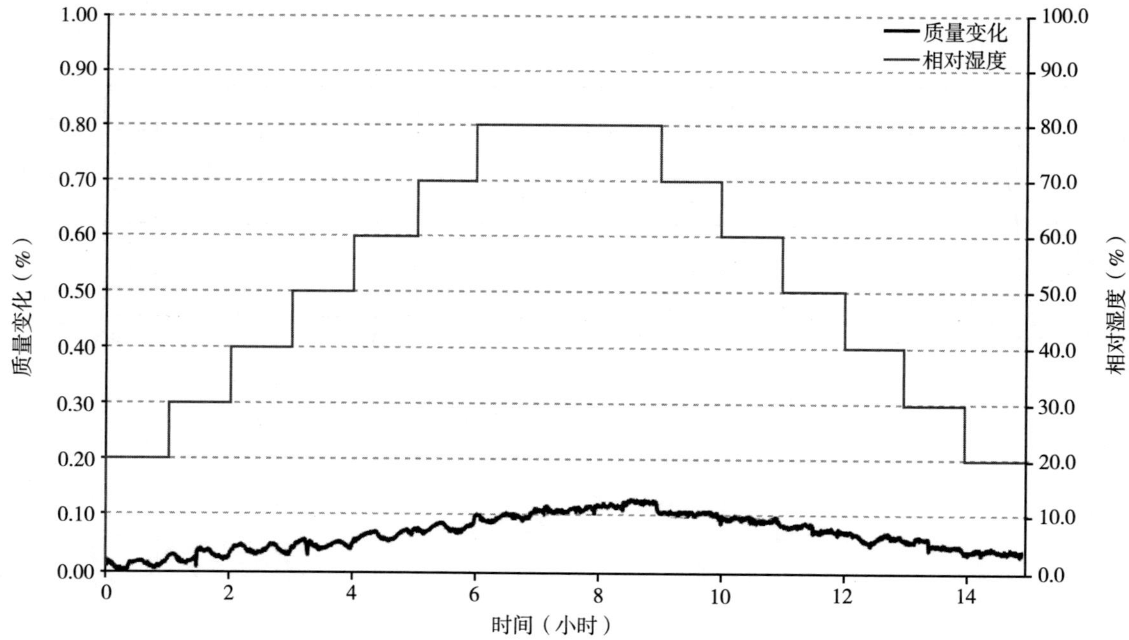

图 8　伊曲康唑的 DVS 图

正离子扫描模式（一级）

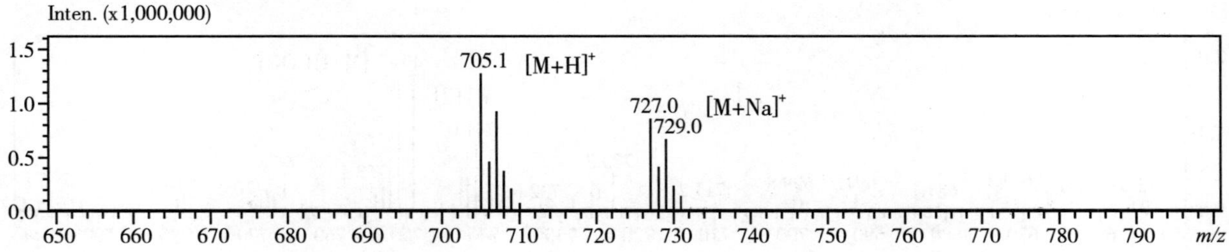

正离子扫描模式（二级）

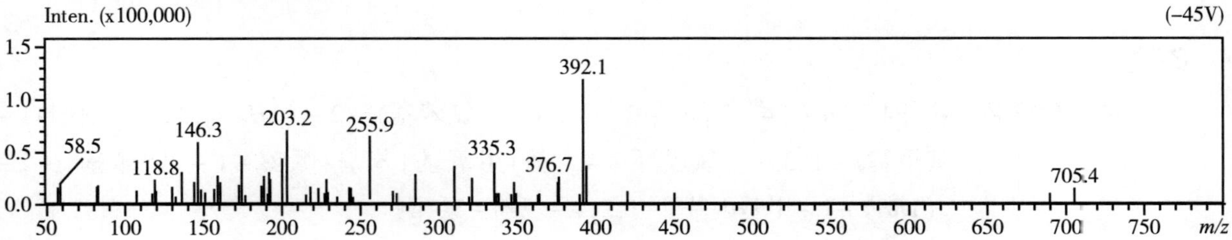

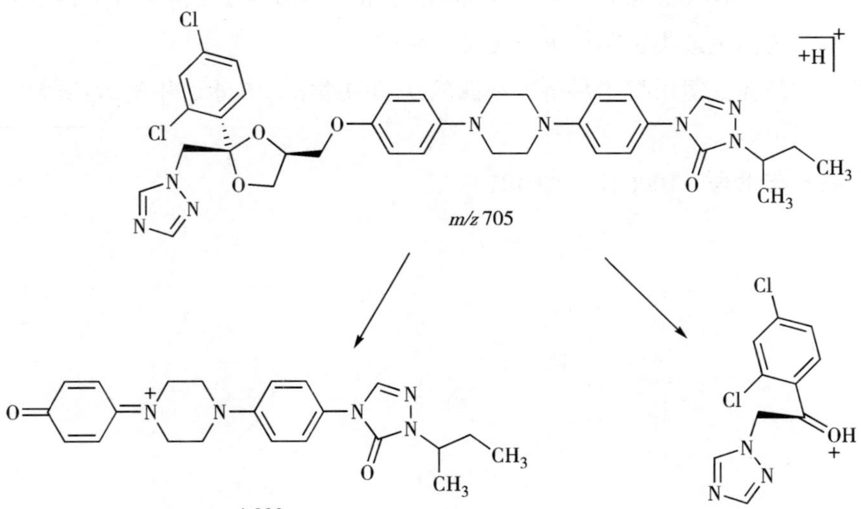

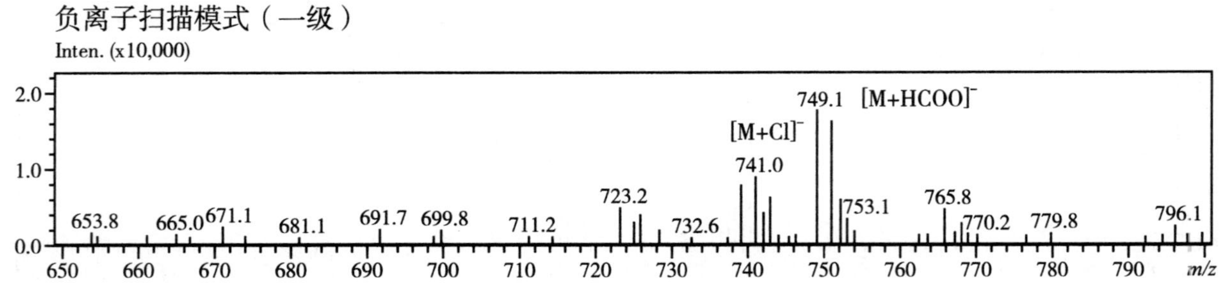

图9　伊曲康唑的质谱图

备注

1. **中文化学名**　4－[4－[4－[4－[[*cis*－2－(2,4－二氯苯基)－2－(1*H*－1,2,4－三唑－1－基甲基)－1,3－二氧戊环－4－基]甲氧基]苯基]哌嗪－1－基]苯基]－2－[(1*RS*)－1－甲基丙基]－1,2,4－三唑－3－酮
2. **英文化学名**　4－[4－[4－[4－[[2－(2,4－dichlorophenyl)－2－(1*H*－1,2,4－triazol－1－ylmethyl)－1,3－dioxolan－4－yl]methoxy]phenyl]－1－piperazinyl]phenyl]－2,4－dihydro－2－(1－methylpropyl)－3*H*－1,2,4－triazol－3－one
3. **性状**　本品为白色或类白色粉末；无臭，无味。
4. **溶解性**　本品在二氯甲烷中易溶，在四氢呋喃中略溶，在水、甲醇或乙醇中几乎不溶。
5. **溶剂**　二氯甲烷。
6. **对照品编号与批号**　100631－200401

盐酸吡格列酮

英文名 Pioglitazone Hydrochloride

分子式 $C_{19}H_{20}N_2O_3S \cdot HCl$

分子量 392.89

CAS 号 112529-15-4

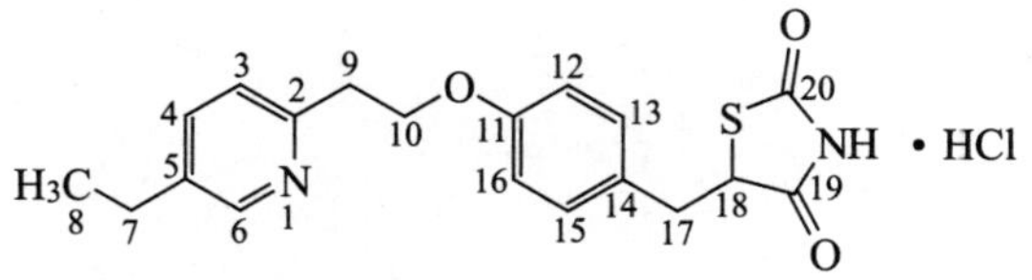

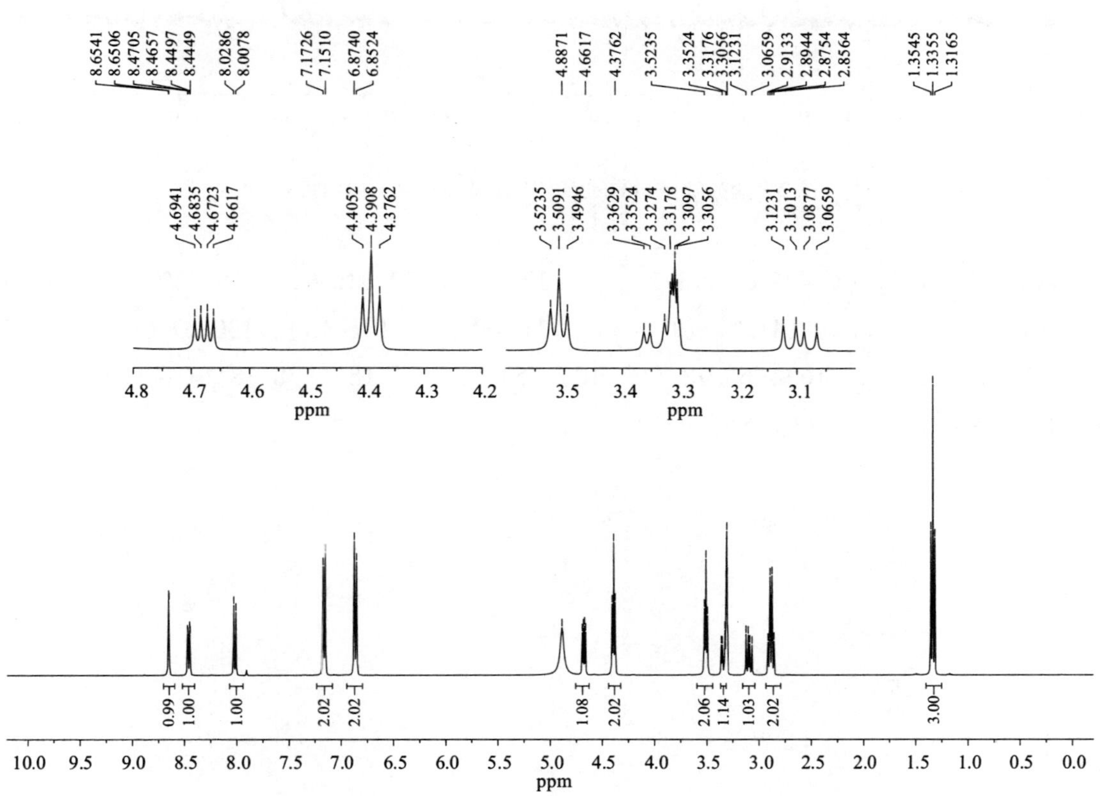

图 1 盐酸吡格列酮的 ^1H NMR 谱（溶剂：CD_3OD）

^1H NMR：δ 8.65（H-6，d，J=1.4 Hz，1H），8.46（H-4，dd，J=8.3，1.9 Hz，1H），8.02（H-3，d，J=8.3 Hz，1H），7.16（H-13，15，d，J=8.6 Hz，2H），6.86（H-12，16，d，J=8.6 Hz，2H），4.68（H-18，dd，J=8.7，4.2 Hz，1H），4.39（H-10，t，J=5.8 Hz，2H），3.51（H-9，t，J=5.8 Hz，2H），3.34（H-17a，dd，J=14.1，4.1 Hz，1H），3.09（H-17b，dd，J=14.2，8.7 Hz，1H），2.88（H-7，q，J=7.6 Hz，2H），1.34（H-8，t，J=7.6 Hz，3H）

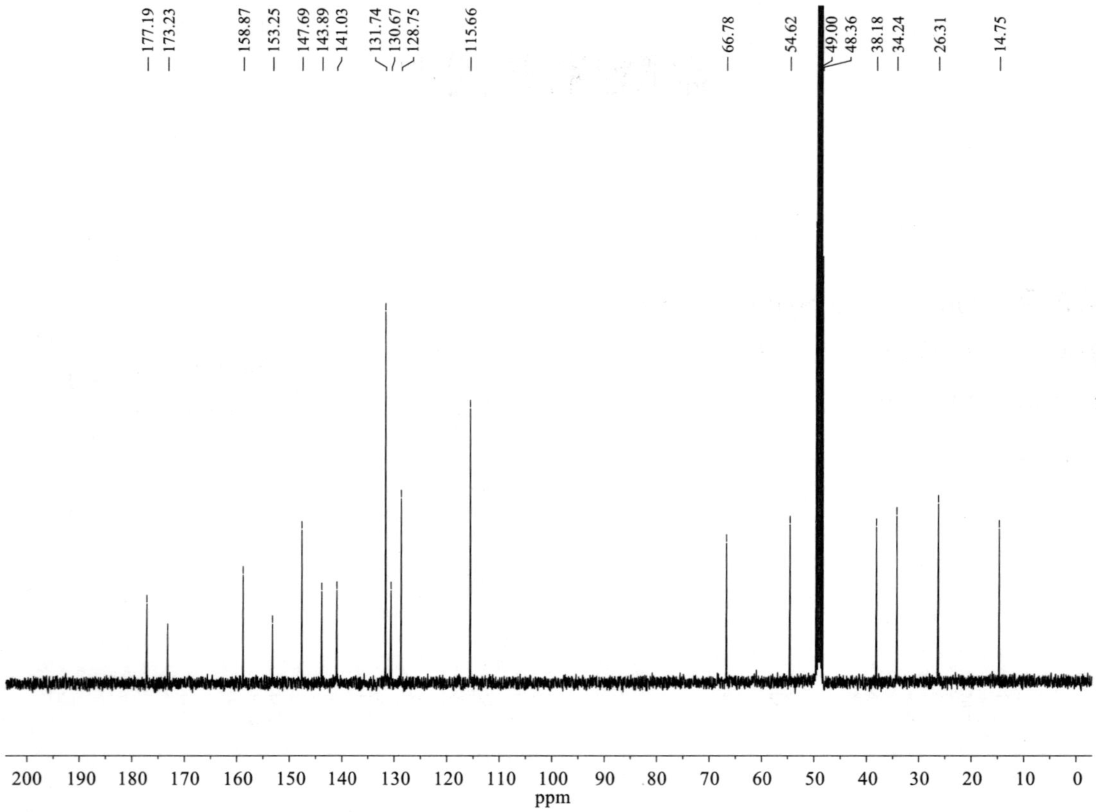

图 2　盐酸吡格列酮的 ^{13}C NMR 谱（溶剂：CD_3OD）

^{13}C NMR：δ 177.19（C－19），173.23（C－20），158.87（C－2），153.25（C－5），147.69（C－4），143.89（C－11），141.03（C－6），131.74（C－13，15），130.67（C－14），128.75（C－3），115.66（C－12，16），66.78（C－10），54.62（C－18），38.18（C－17），34.24（C－9），26.31（C－7），14.75（C－8）

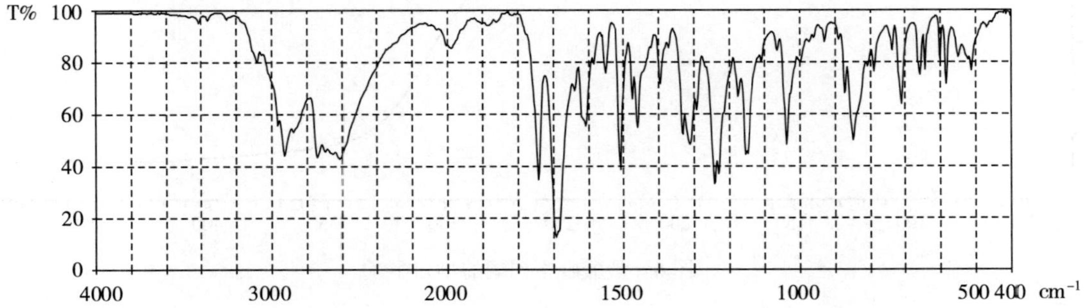

图 3　盐酸吡格列酮的红外光谱图

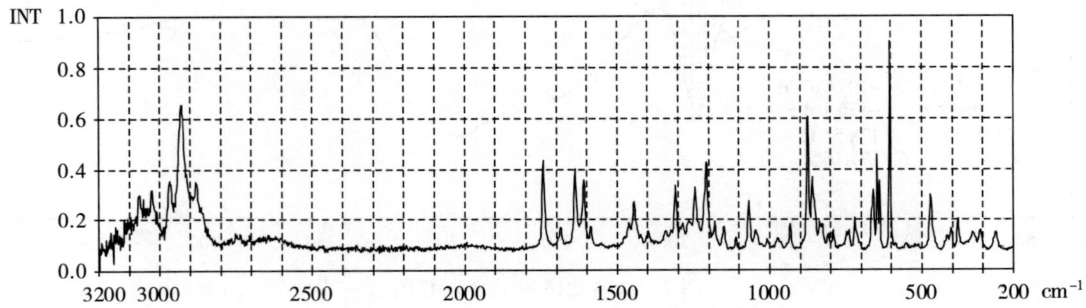

图 4　盐酸吡格列酮的拉曼光谱图

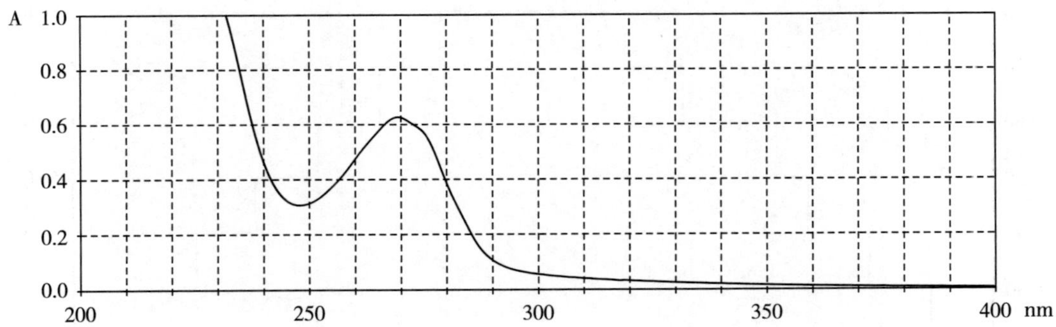

图 5　盐酸吡格列酮的紫外光谱图

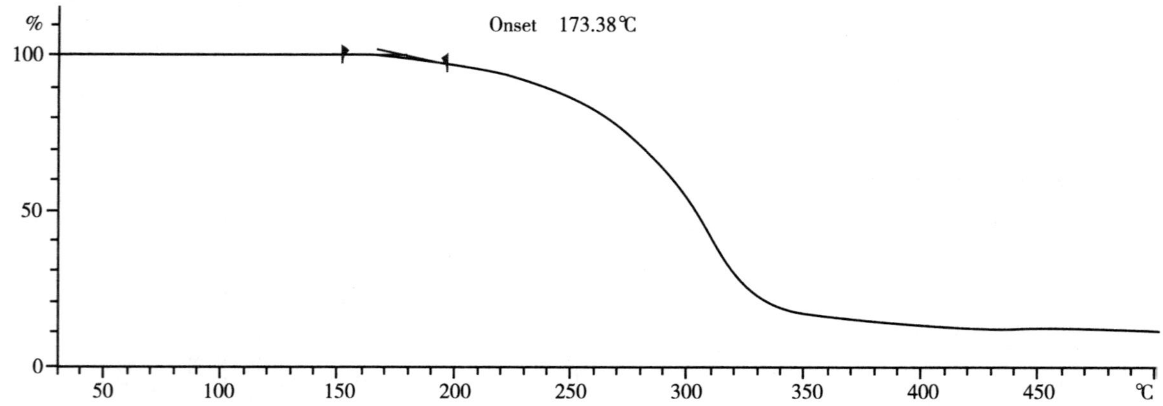

图 6　盐酸吡格列酮的 TG 图

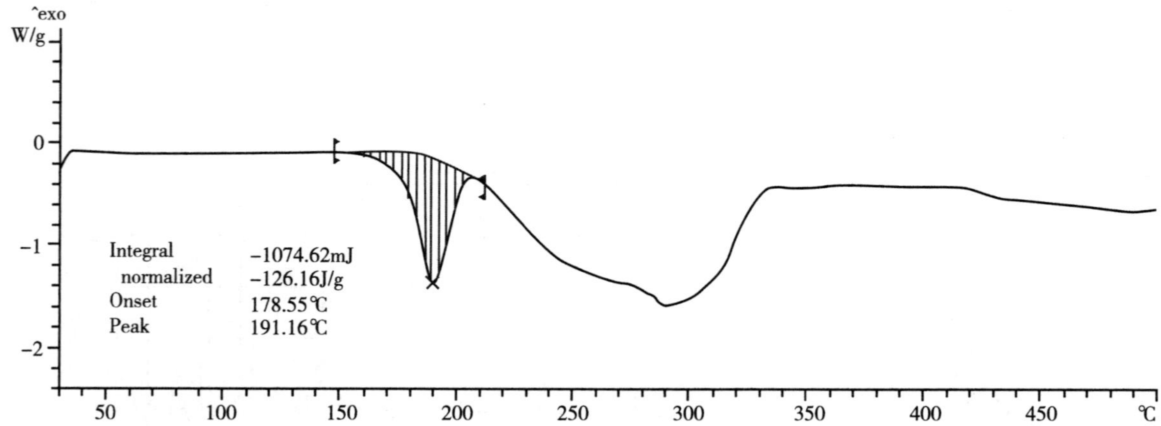

图 7　盐酸吡格列酮的 DSC 图

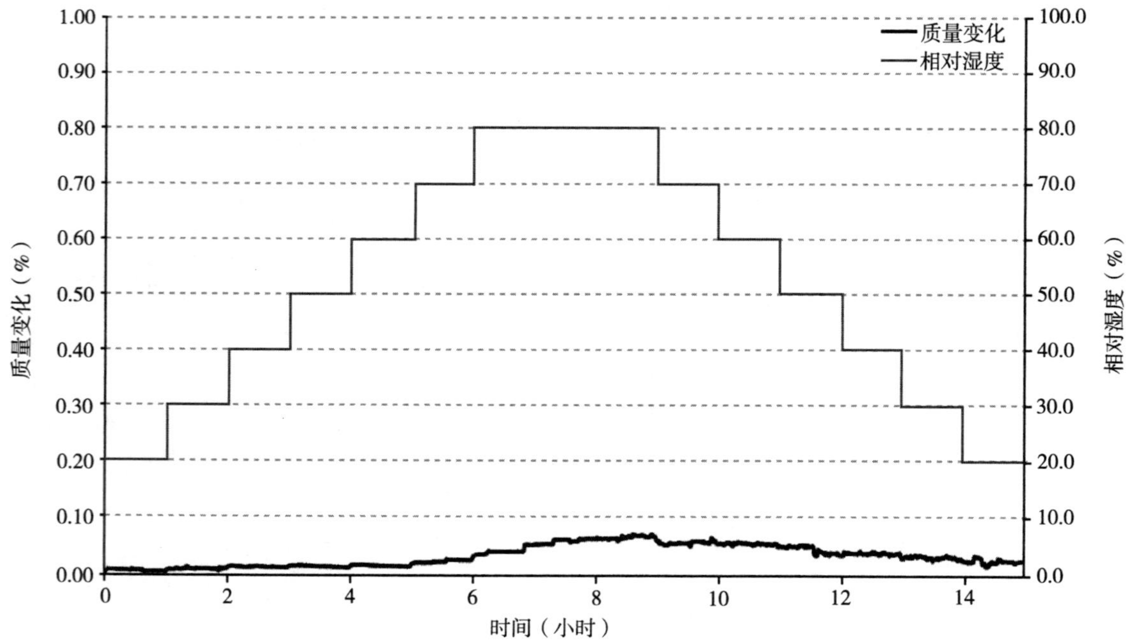

图 8　盐酸吡格列酮的 DVS 图

正离子扫描模式（一级）

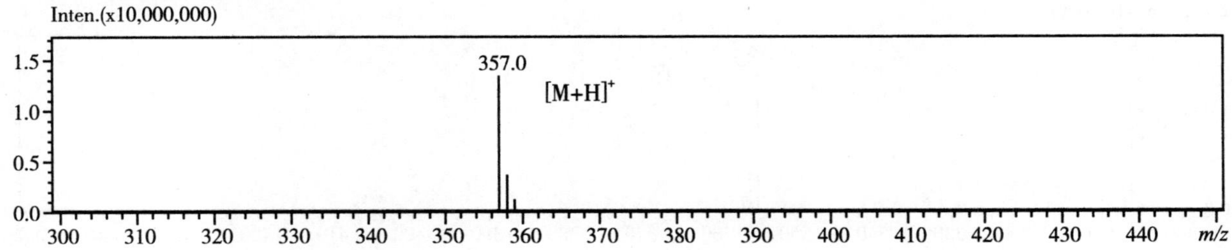

正离子扫描模式（二级）

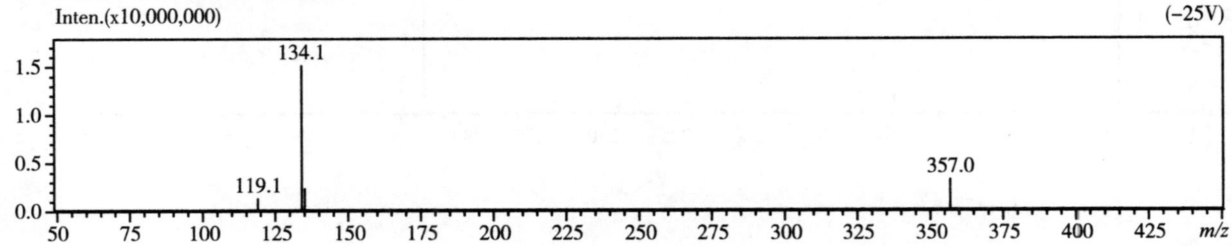

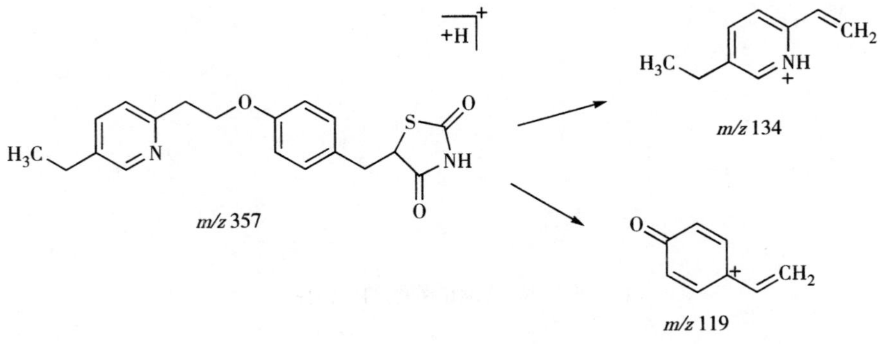

负离子扫描模式（一级）

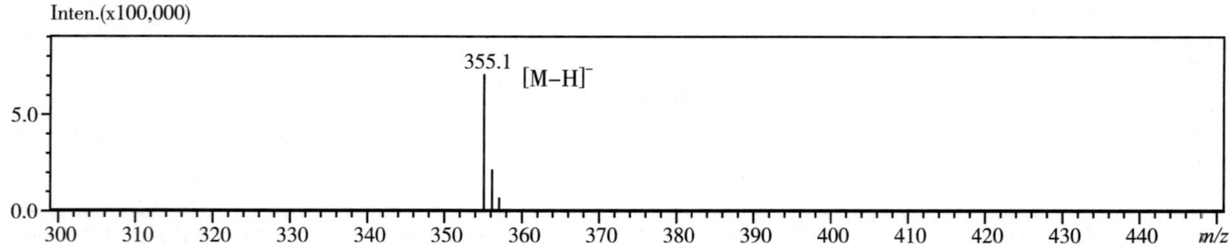

负离子扫描模式（二级）

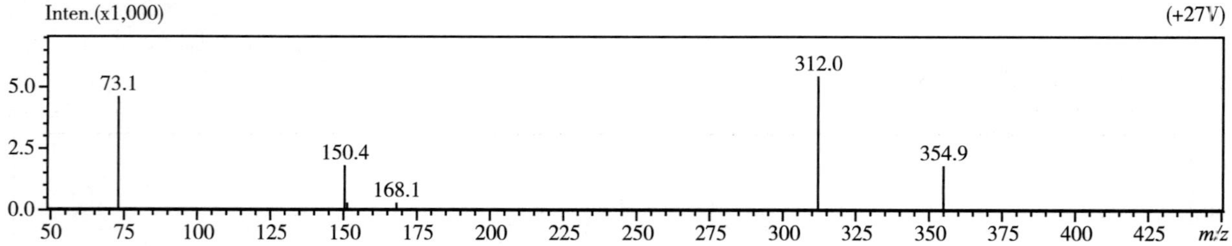

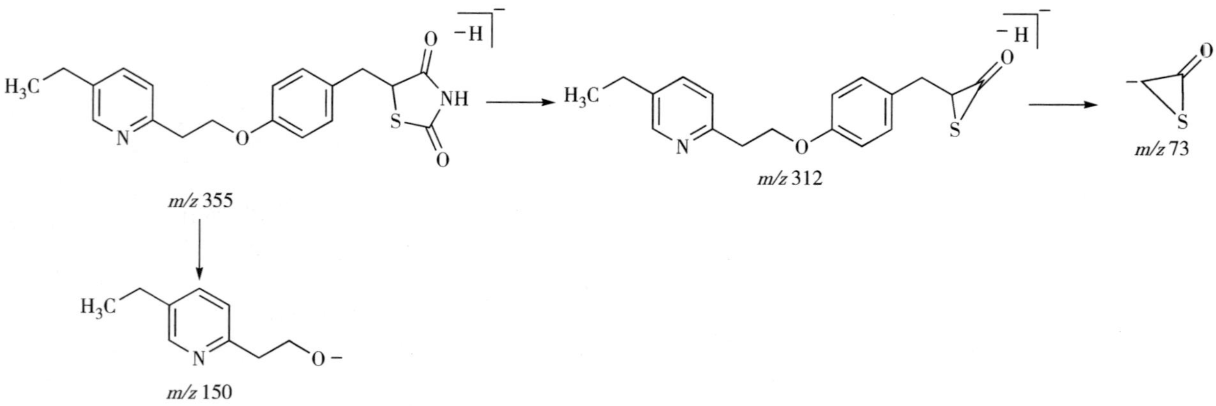

图 9　盐酸吡格列酮的质谱图

备注

1. 中文化学名　5－[4－[2－(5－乙基－2－吡啶)－乙氧基]－苯基]－2,4－噻唑烷二酮盐酸盐

2. 英文化学名　5－[[4－[2－(5－ethyl－2－pyridinyl) ethoxy] phenyl] methyl]－2,4－thiazolidinedione hydrochloride

3. 性状　本品为白色或类白色结晶性粉末；无臭。

4. 溶解性　本品在甲醇中溶解，在乙醇或0.1 mol/L盐酸溶液中微溶，在水或三氯甲烷中几乎不溶。

5. 溶剂　无水乙醇。

6. 对照品编号与批号　100634－201202

洛索洛芬钠

英文名 Loxoprofen Sodium

分子式 $C_{15}H_{17}NaO_3 \cdot 2H_2O$

分子量 304.22

CAS号 80382-23-6

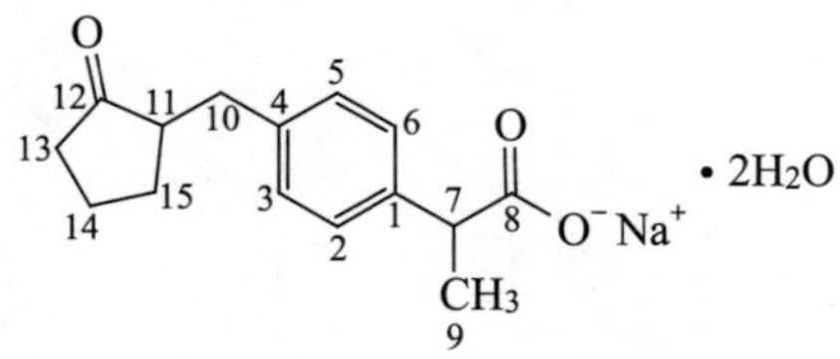

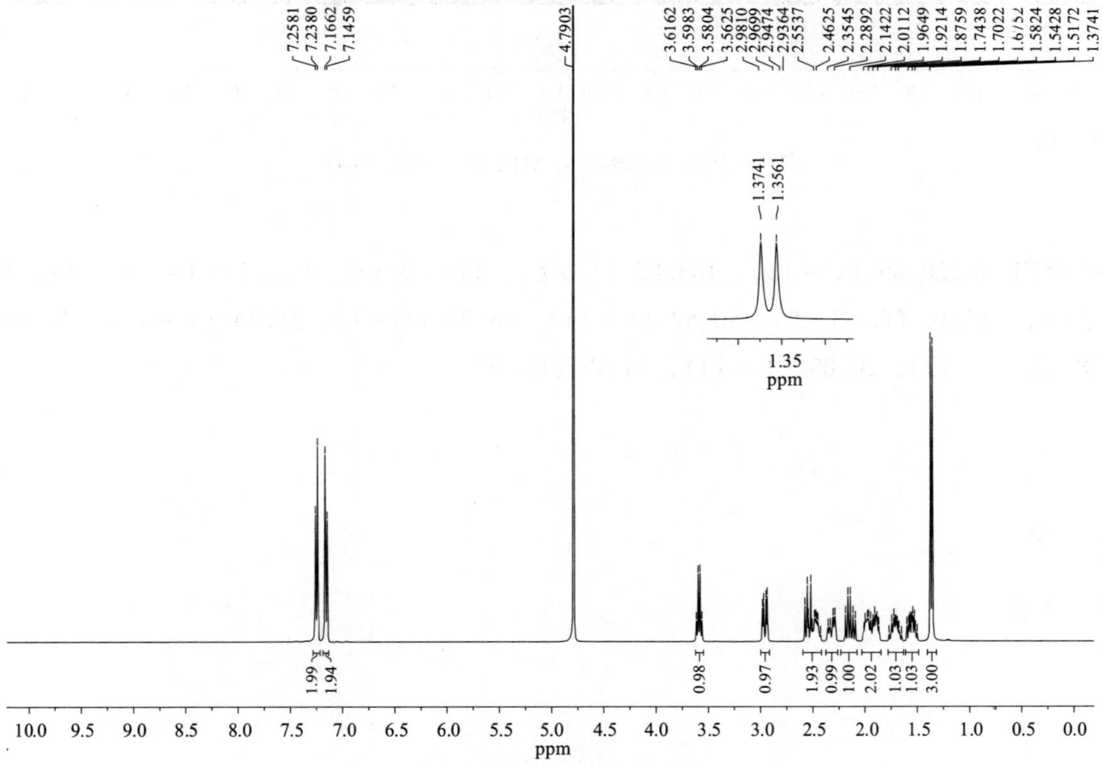

图1 洛索洛芬钠的^1H NMR谱（溶剂：D_2O）

^1H NMR：δ 7.25（H-2，6，d，J=8.1 Hz，2H），7.16（H-3，5，d，J=8.1 Hz，2H），3.59（H-7，q，J=7.2 Hz，1H），2.96（H-10a，dd，J=13.4，4.4 Hz，1H），2.55（H-10b，m，1H），2.47（H-11，m，1H），2.32（H-13a，m，1H），2.14（H-13b，m，1H），2.04～1.84（H-14a，15a，m，2H），1.71（H-14b，m，1H），1.55（H-15b，m，1H），1.37（H-9，d，J=7.2 Hz，3H）

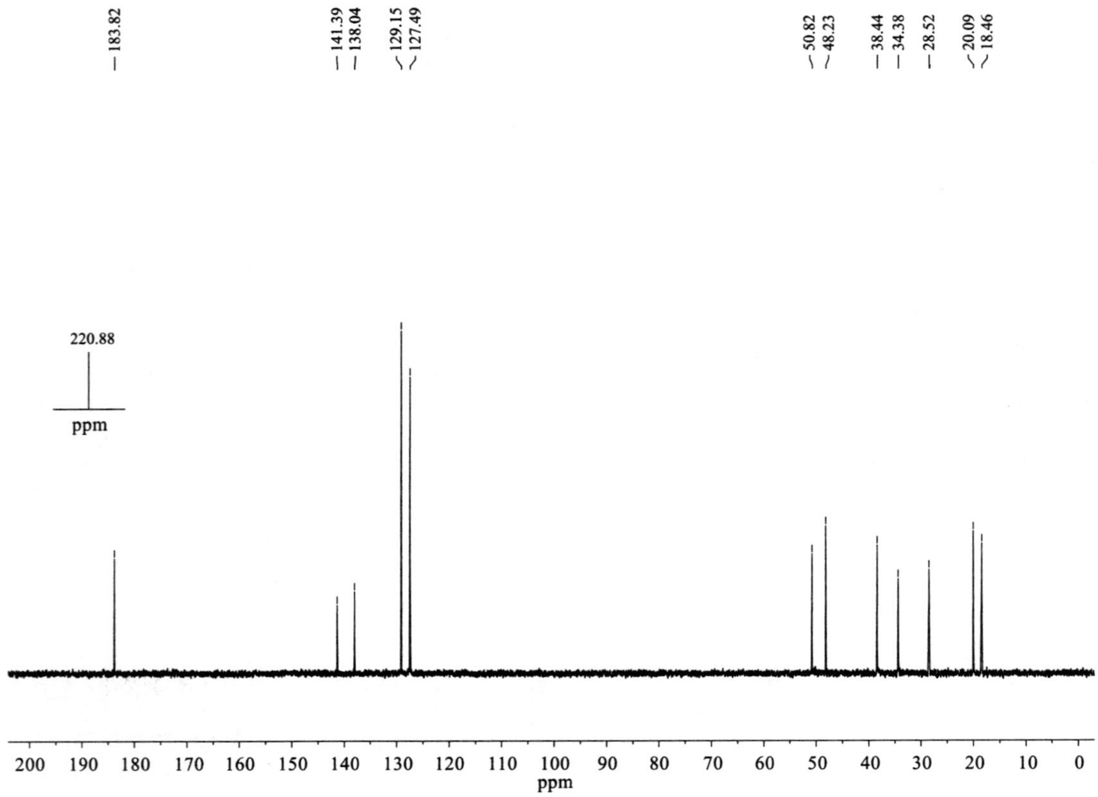

图 2　洛索洛芬钠的 ^{13}C NMR 谱（溶剂：D_2O）

^{13}C NMR：δ 220.86（C－12），183.82（C－8），141.39（C－1），138.04（C－4），129.15（C－2，6），127.49（C－3，5），50.82（C－11），48.23（C－7），38.44（C－13），34.38（C－10），28.52（C－15），20.09（C－14），18.46（C－9）

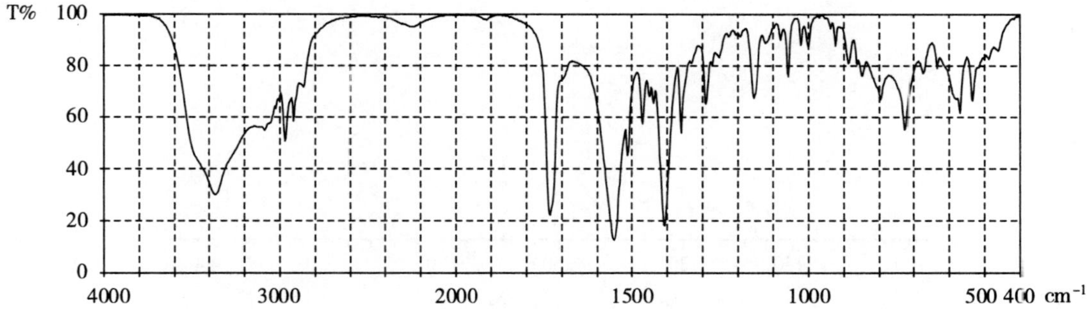

图 3　洛索洛芬钠的红外光谱图

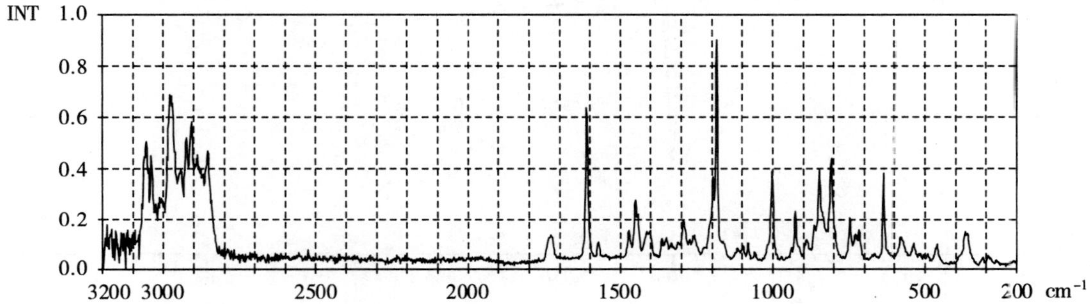

图 4　洛索洛芬钠的拉曼光谱图

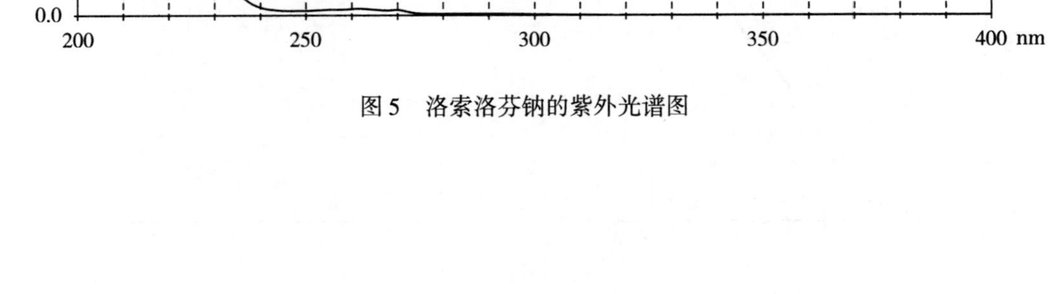

图 5　洛索洛芬钠的紫外光谱图

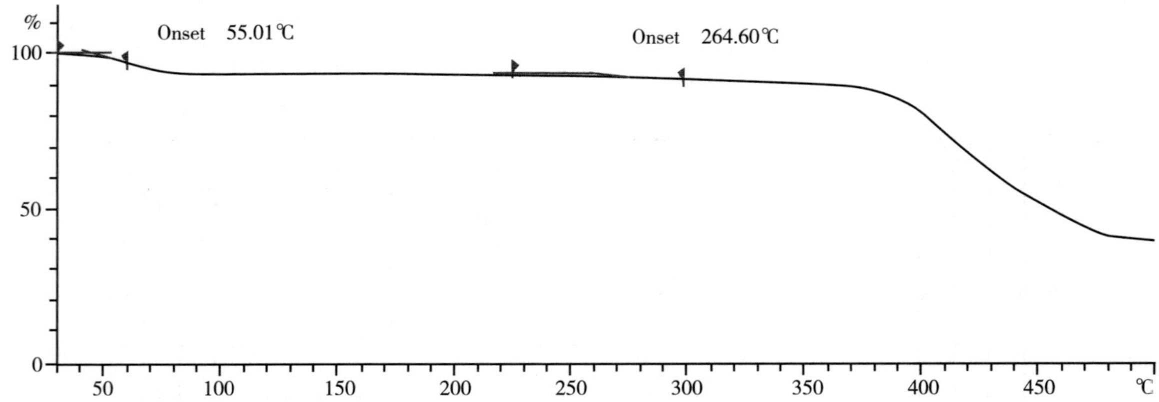

图 6　洛索洛芬钠的 TG 图

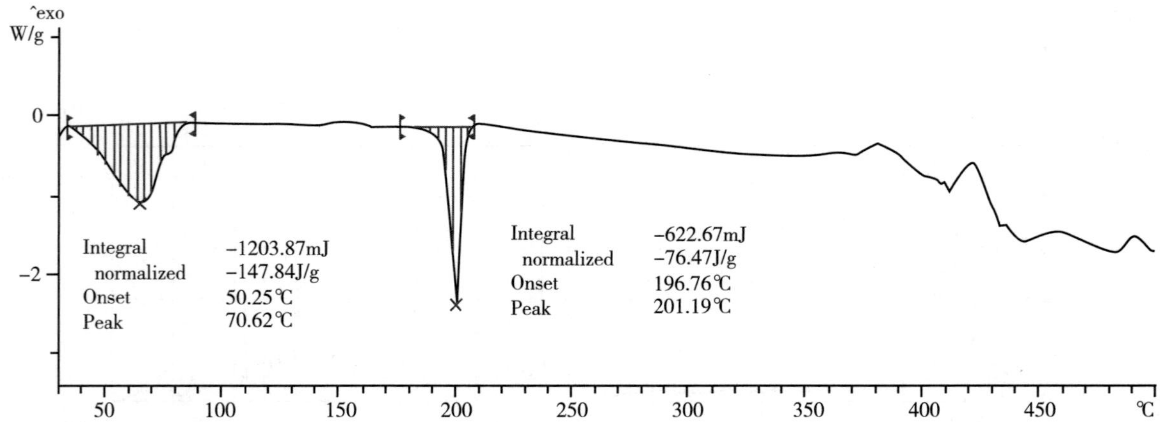

图 7　洛索洛芬钠的 DSC 图

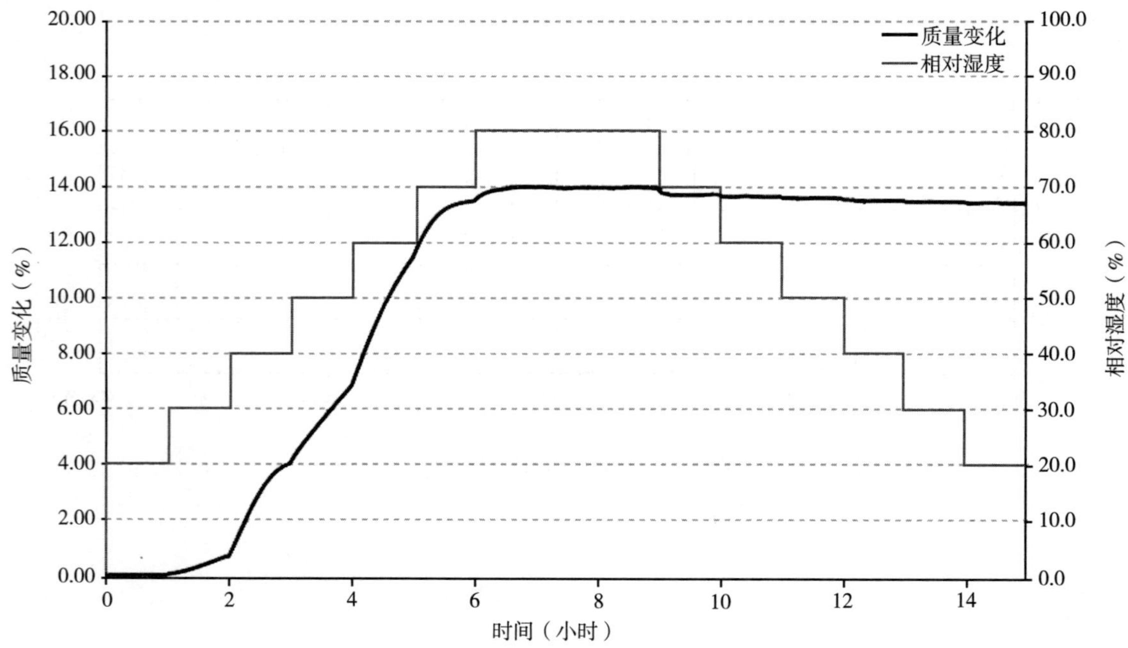

图 8　洛索洛芬钠的 DVS 图

正离子扫描模式（一级）

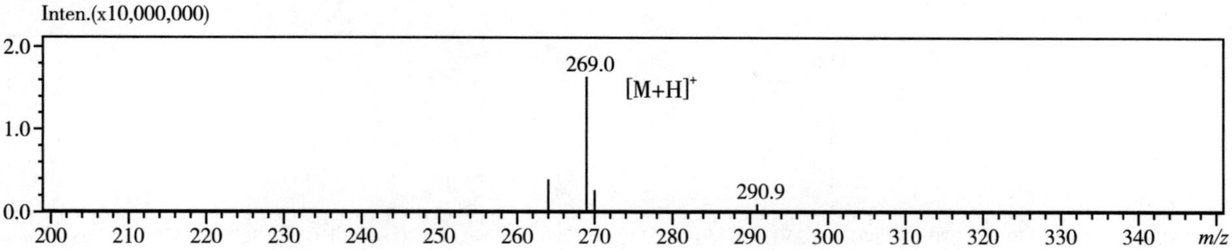

正离子扫描模式（二级）

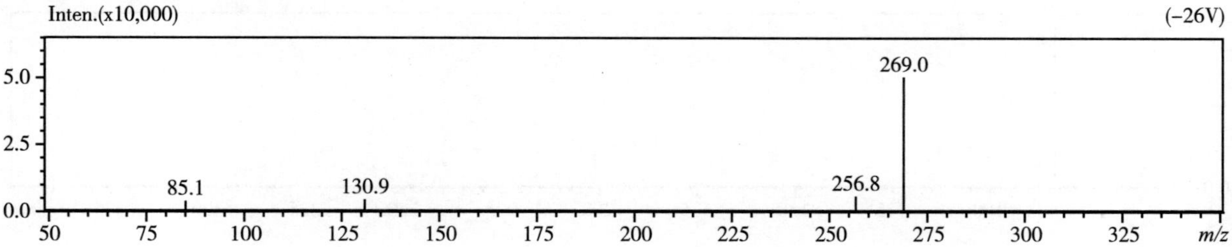

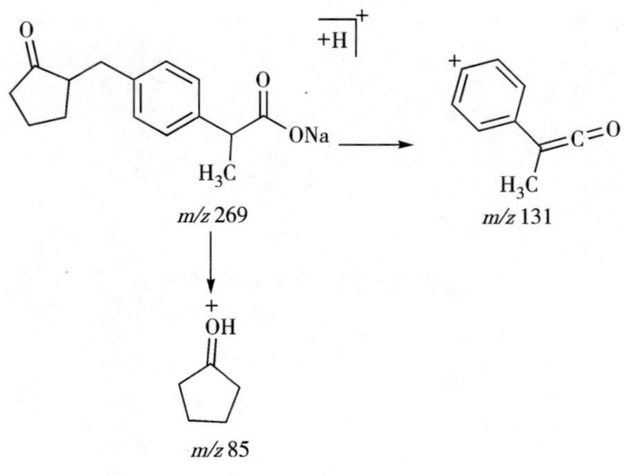

负离子扫描模式（一级）

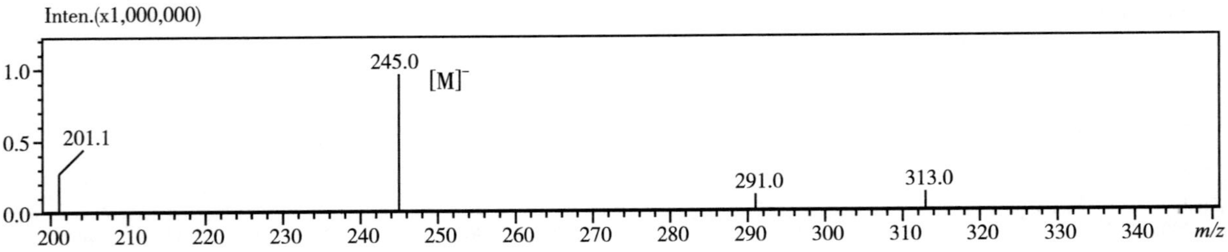

负离子扫描模式（二级）

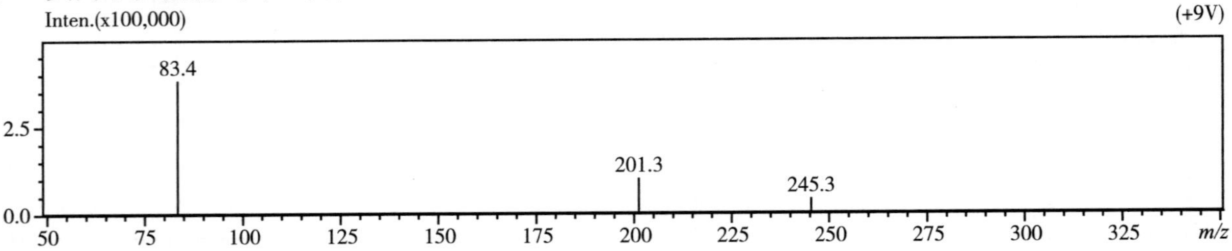

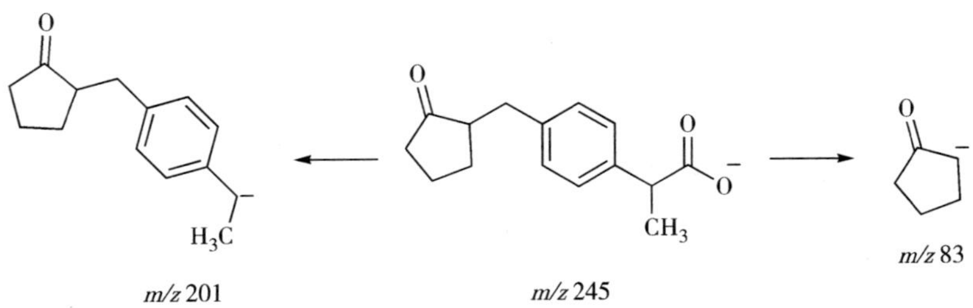

图9　洛索洛芬钠的质谱图

备注

1. 中文化学名　2－[4－(2－氧代环戊烷－1－基甲基)苯基]丙酸钠二水合物

2. 英文化学名　α－methy－[4－[(2－oxocyclopenty)methyl]phenyl]benzeneacetate sodium salt dihydrate

3. 性状　本品为白色结晶或结晶性粉末。

4. 溶解性　本品在水或甲醇中极易溶解，在乙醇中易溶，在乙醚中几乎不溶。

5. 溶剂　水。

6. 对照品编号与批号　100638－200401

盐酸替扎尼定

英文名 Tizanidine Hydrochloride

分子式 $C_9H_8ClN_5S \cdot HCl$

分子量 290.17

CAS 号 64461－82－1

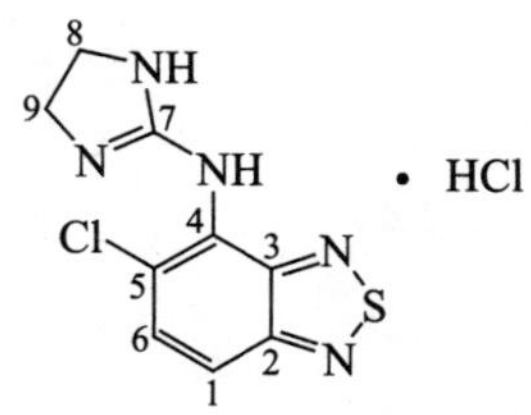

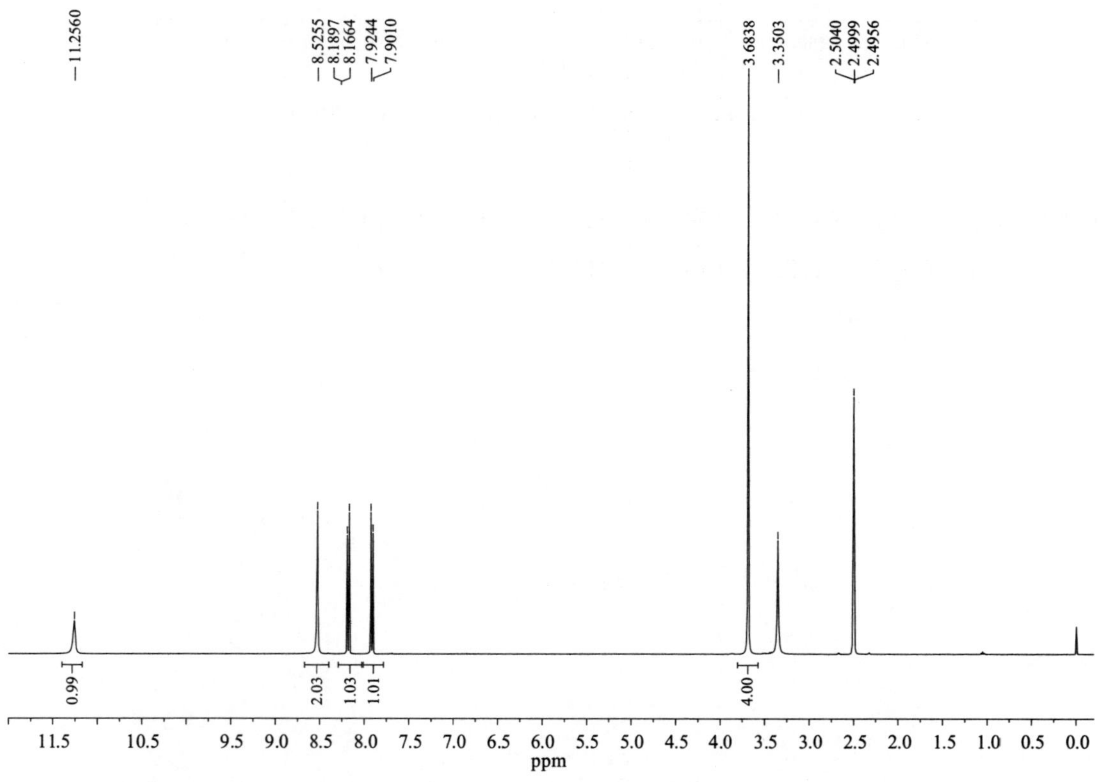

图 1　盐酸替扎尼定的^{1}H NMR 谱（溶剂：CD_3SOCD_3）

^{1}H NMR：δ 11.26（HCl，s，1H），8.53（NH，s，2H），8.18（H－6，d，J=9.3 Hz，1H），7.91（H－1，d，J=9.3 Hz，1H），3.68（H－8，9，s，4H）

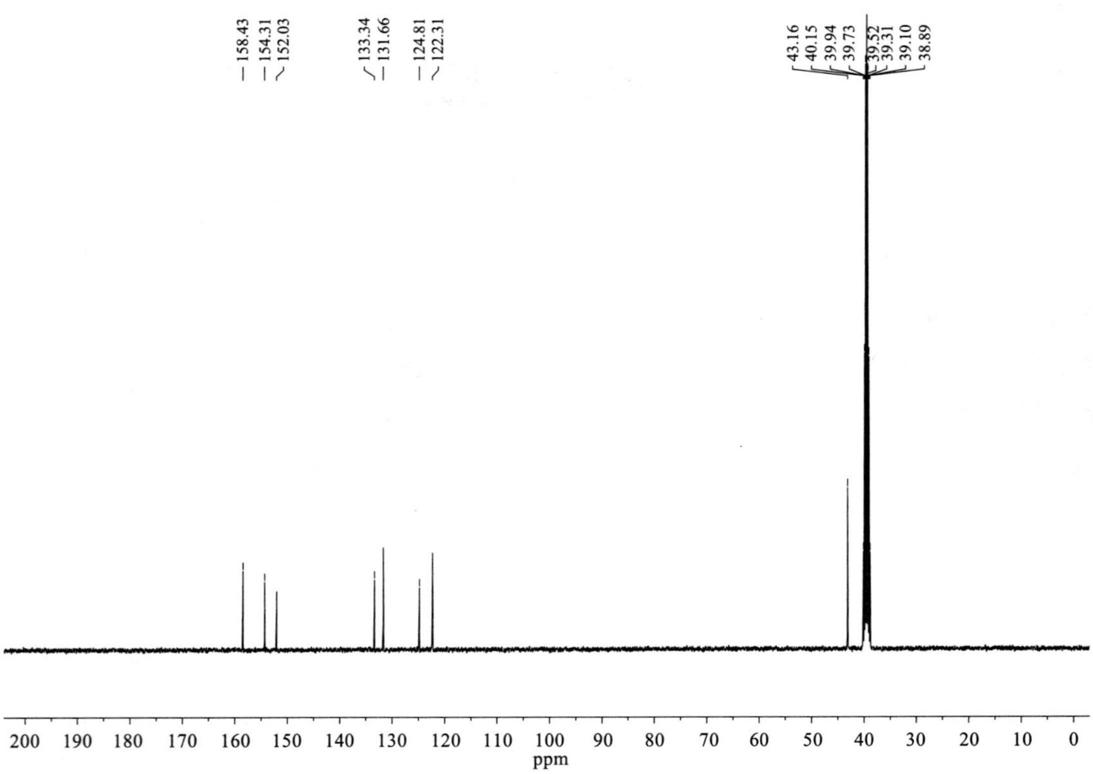

图 2　盐酸替扎尼定的^{13}C NMR 谱（溶剂：CD_3SOCD_3）

^{13}C NMR：δ 158.43（C－7），154.31（C－2），152.03（C－3），133.34（C－4），131.66（C－6），124.81（C－5），122.31（C－1），43.16（C－8，9）

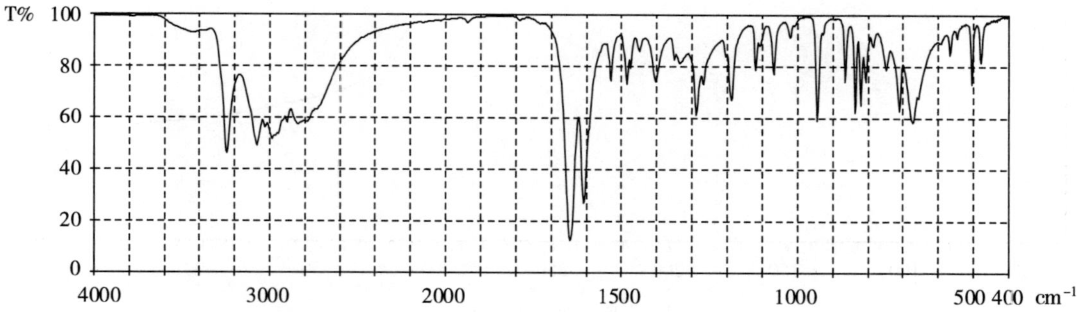

图 3　盐酸替扎尼定的红外光谱图

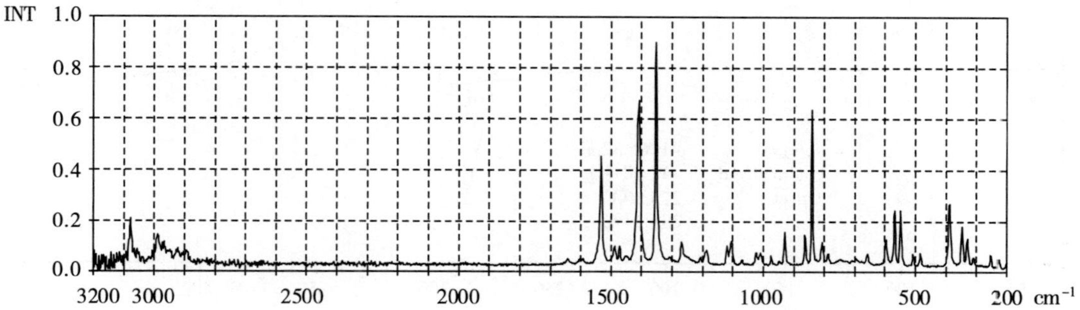

图 4　盐酸替扎尼定的拉曼光谱图

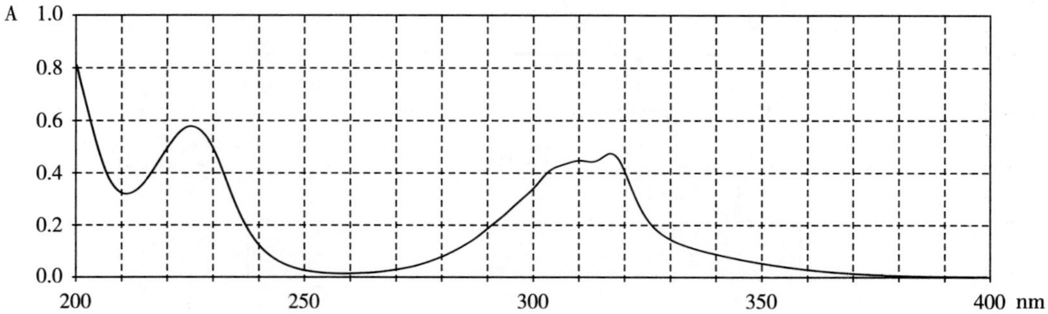

图 5　盐酸替扎尼定的紫外光谱图

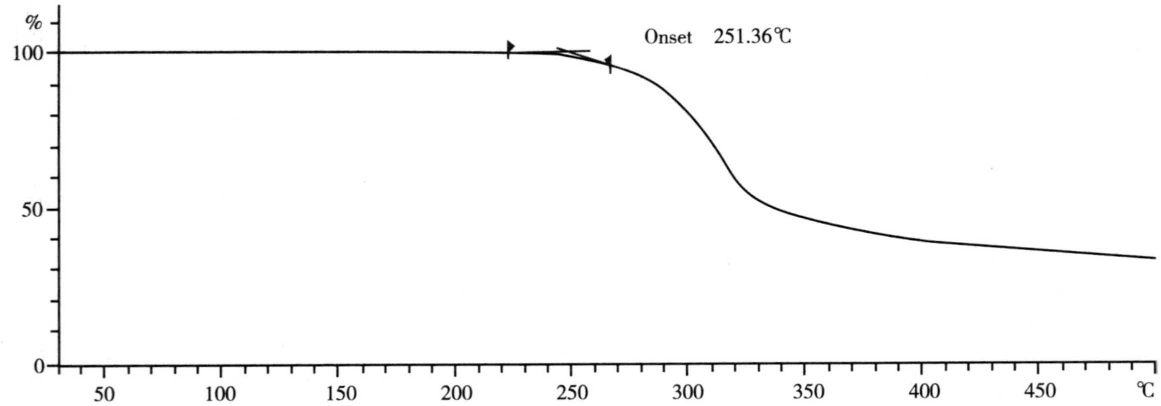

图 6　盐酸替扎尼定的 TG 图

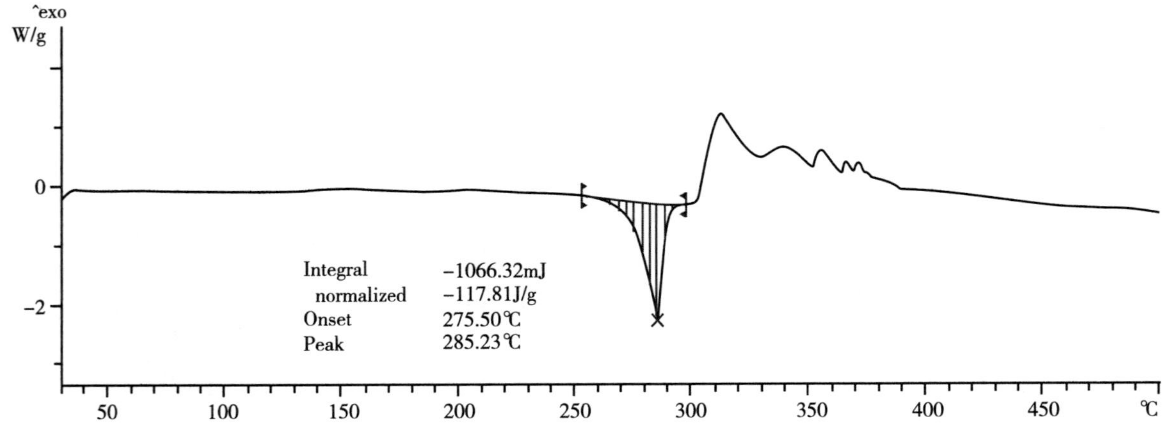

图 7　盐酸替扎尼定的 DSC 图

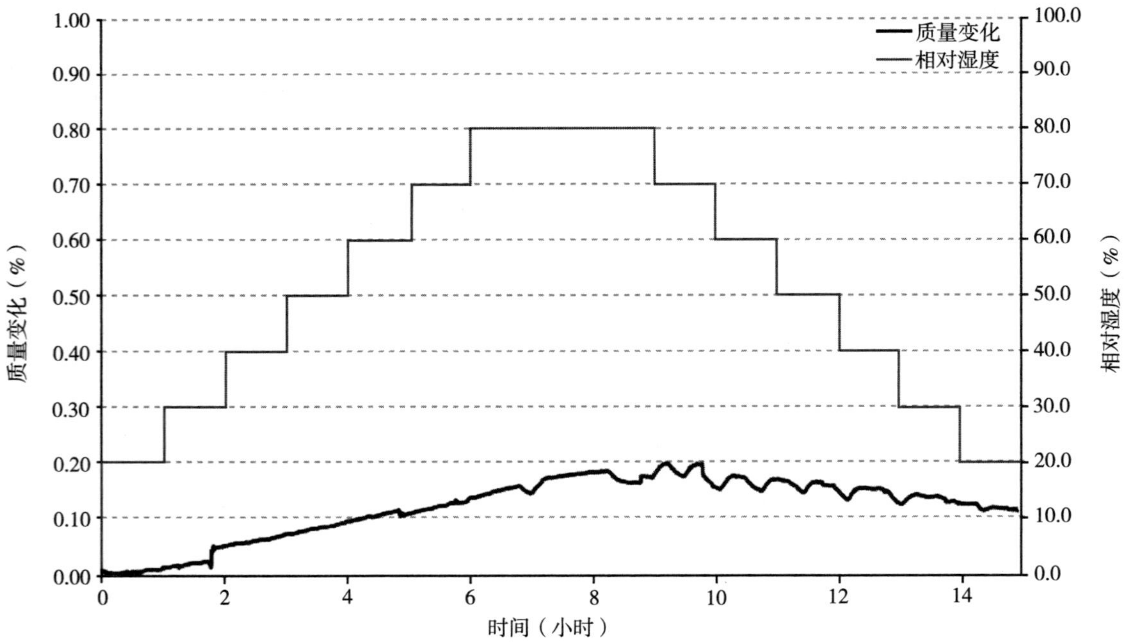

图 8　盐酸替扎尼定的 DVS 图

正离子扫描模式（一级）

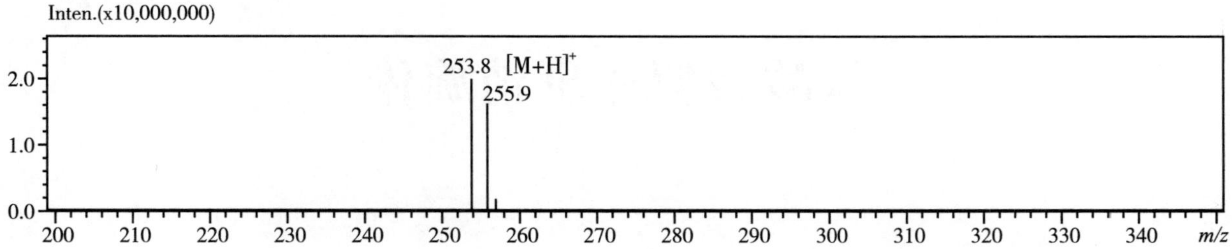

正离子扫描模式（二级）

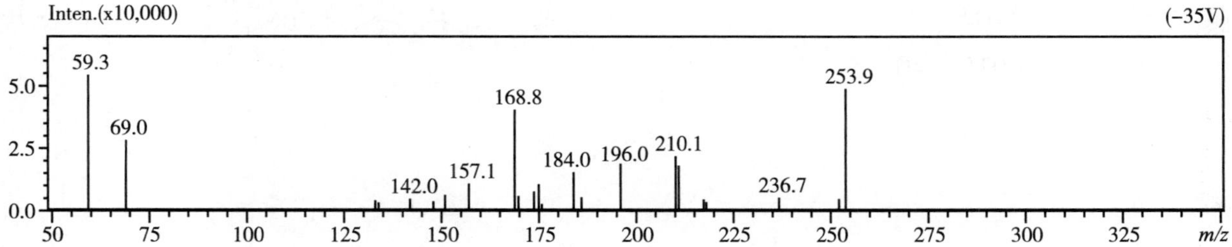

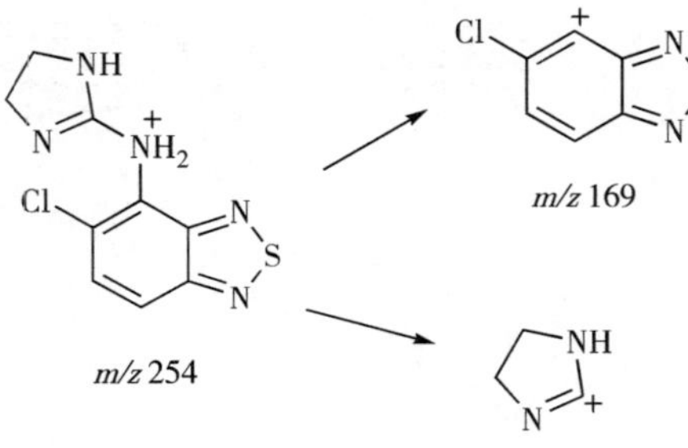

图 9　盐酸替扎尼定的质谱图

备注

1. **中文化学名**　5 - 氯 - *N* -（4,5 - 二氢 - 1*H* - 咪唑 - 2 - 基）- 2,1,3 - 苯并噻二唑 - 4 - 胺盐酸盐
2. **英文化学名**　5 - chloro - 4 - [(4,5 - dihydro - 1*H* - imidazol - 2 - yl) amino] - 2,1,3 - benzothiadiazole hydrochloride
3. **性状**　本品为类白色或浅黄色结晶性粉末；无臭，味微甜。
4. **溶解性**　本品在水中溶解，在甲醇中微溶，在乙醚、丙酮中不溶。
5. **溶剂**　水。
6. **对照品编号与批号**　100644 - 200401

盐酸替罗非班消旋体

英文名 Racemic Tirofiban Hydrochloride

分子式 $C_{22}H_{36}N_2O_5S \cdot HCl \cdot H_2O$

分子量 495.07

CAS 号 150915-40-5

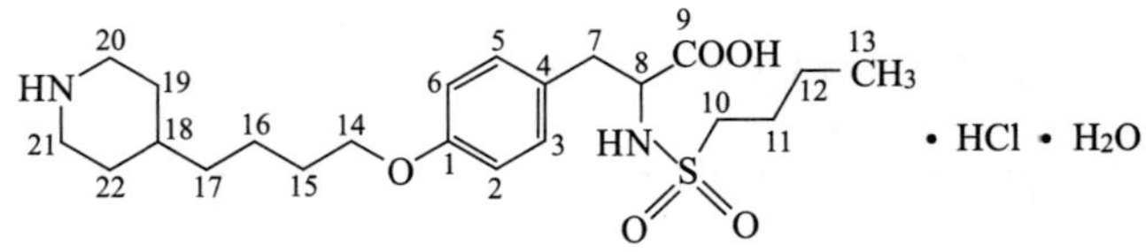

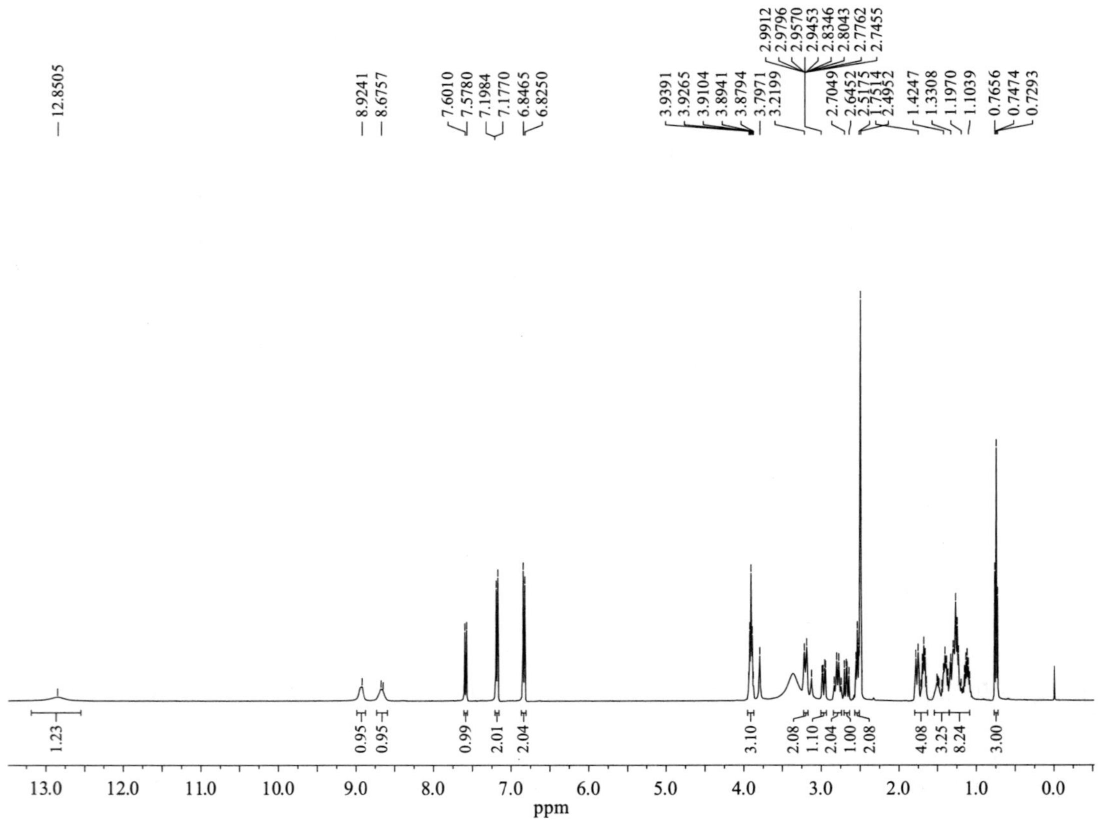

图 1 盐酸替罗非班消旋体的[1]H NMR 谱（溶剂：CD_3SOCD_3）

^{1}H NMR：δ 12.85（OH，s，1H），8.92（HCl，brs，1H），8.67（C_8—NH，brs，1H），7.59（S—NH，d，J=9.2 Hz，1H），7.19（H-3，5，d，J=8.6 Hz，2H），6.84（H-2，6，d，J=8.6 Hz，2H），3.98～3.85（H-8，14，m，3H），3.28～3.05（m，2H），2.97（dd，J=13.7，4.7 Hz，1H），2.79（q，J=12.2 Hz，2H），2.68（m，1H），2.57～2.51（m，2H），1.81～1.73（m，2H），1.72～1.63（m，2H），1.50（m，1H），1.45～1.35（m，2H），1.35～1.19（m，6H），1.17～1.05（H-12，m，2H），0.75（H-13，t，J=7.2 Hz，3H）

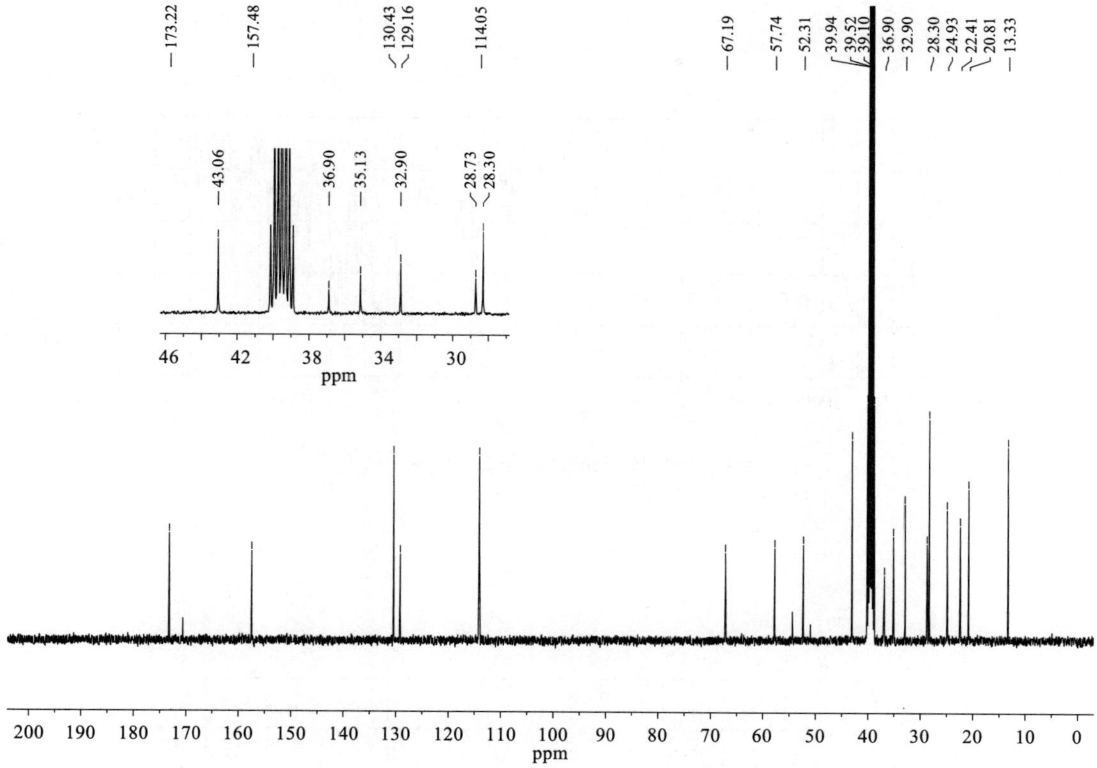

图2　盐酸替罗非班消旋体的^{13}C NMR 谱（溶剂：CD_3SOCD_3）

^{13}C NMR：δ 173. 22 （C－9），157. 48 （C－1），130. 43 （C－3，5），129. 16 （C－4），114. 05 （C－2，6），67. 19 （C－14），57. 74 （C－8），52. 31 （C－10），43. 06 （C－20，21），36. 90 （C－7），35. 13 （C－17），32. 90 （C－18），28. 73 （C－15），28. 30 （C－19，22），24. 93 （C－11），22. 41 （C－16），20. 81 （C－12），13. 33 （C－13）

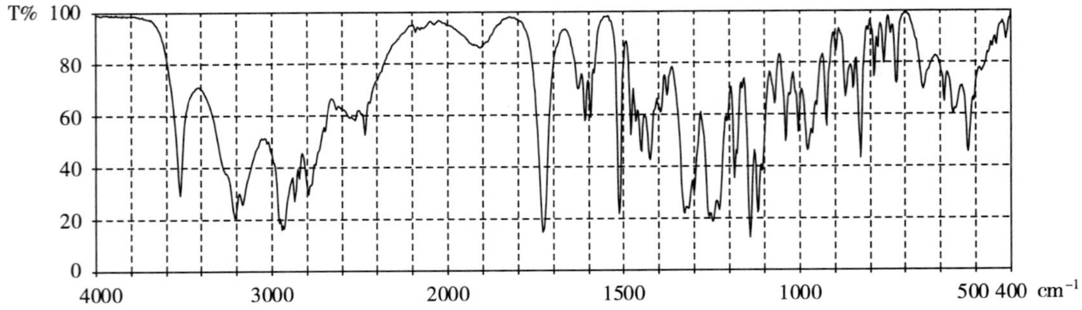

图 3　盐酸替罗非班消旋体的红外光谱图

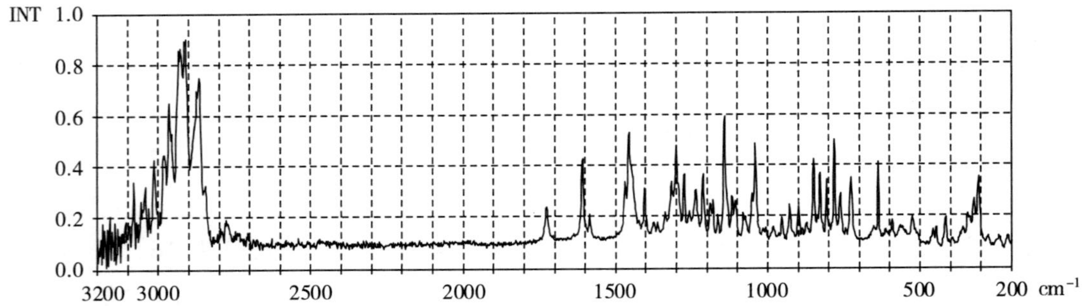

图 4　盐酸替罗非班消旋体的拉曼光谱图

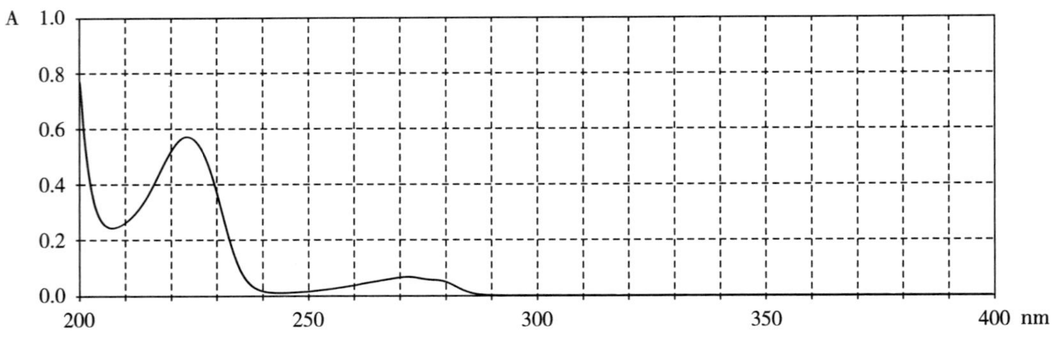

图 5　盐酸替罗非班消旋体的紫外光谱图

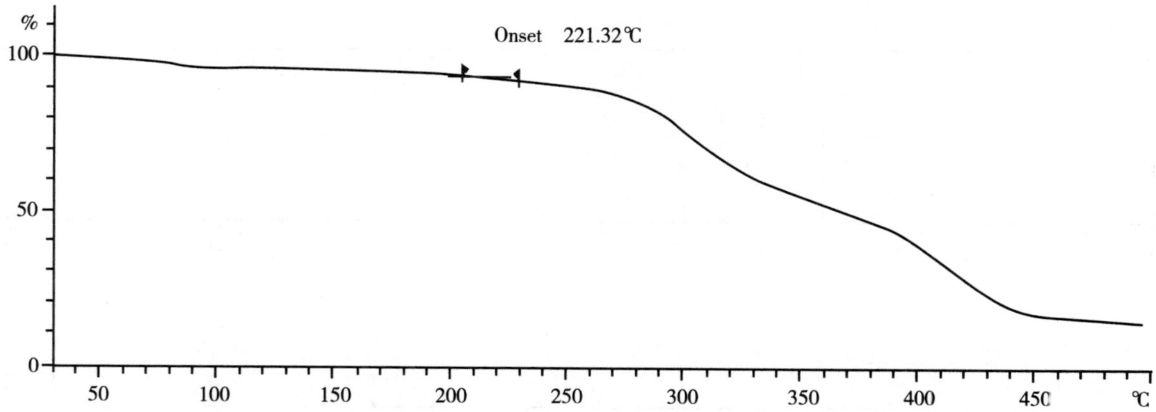

图 6　盐酸替罗非班消旋体的 TG 图

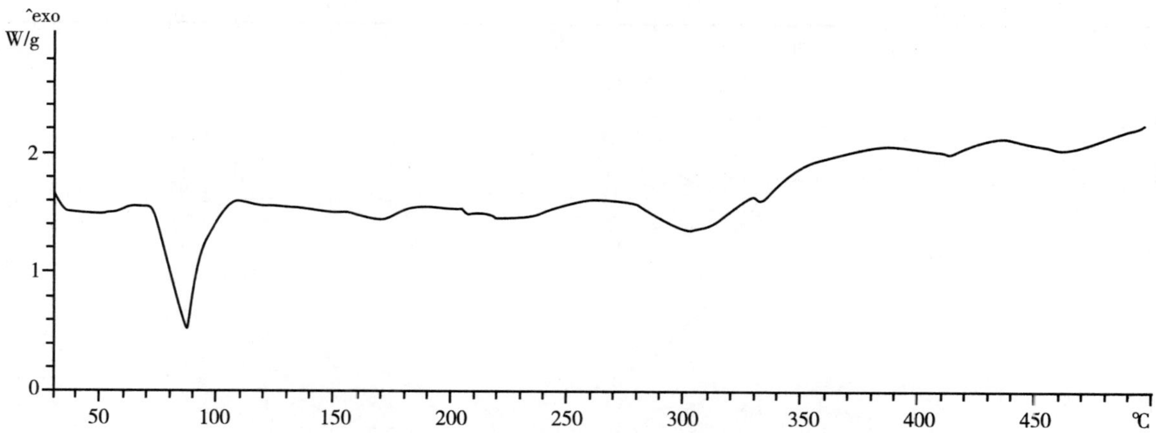

图 7　盐酸替罗非班消旋体的 DSC 图

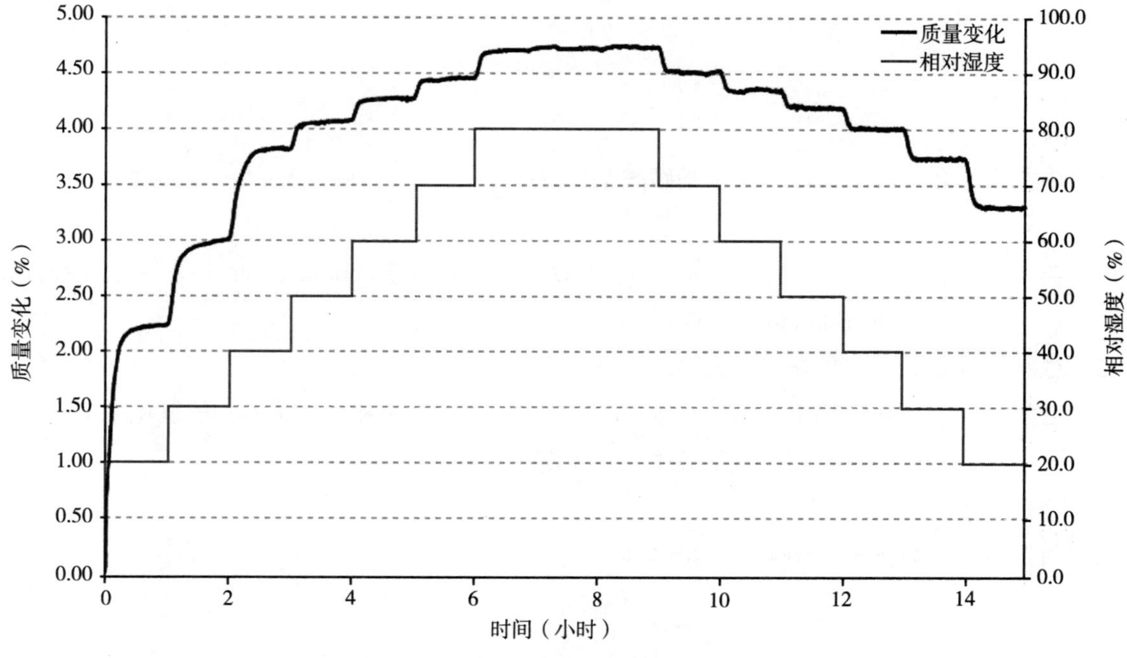

图 8　盐酸替罗非班消旋体的 DVS 图

正离子扫描模式（一级）

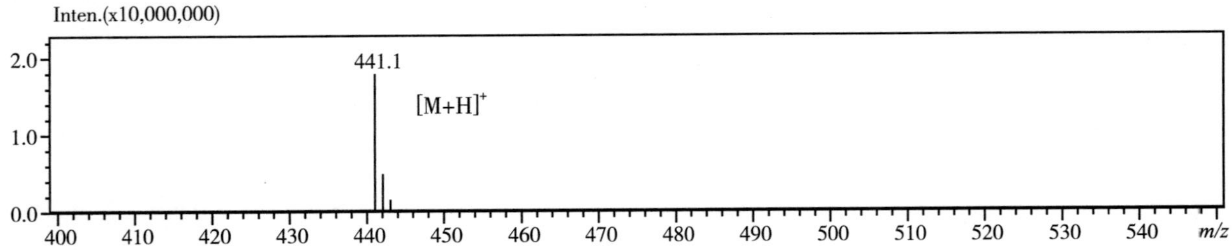

正离子扫描模式（二级）

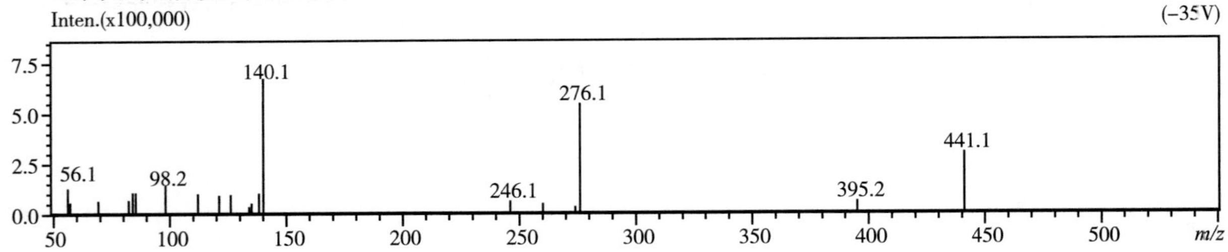

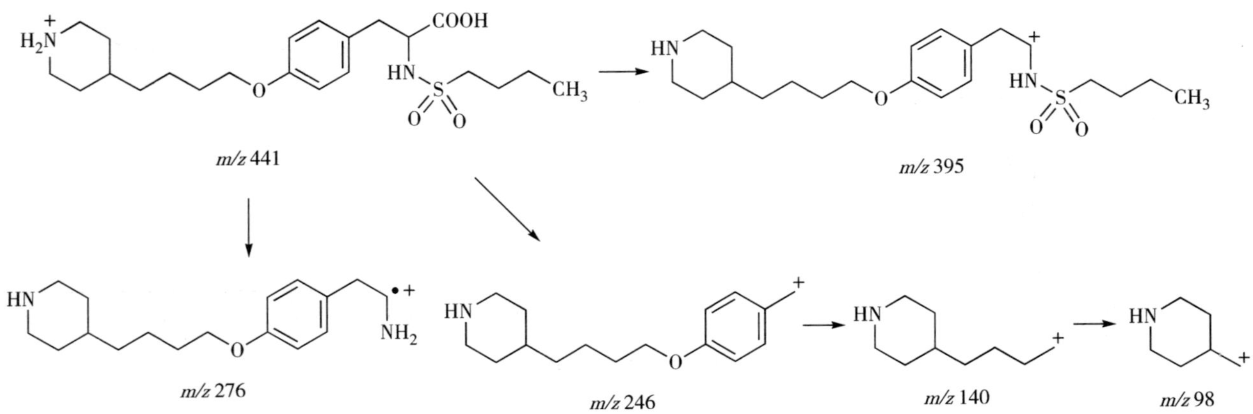

图 9　盐酸替罗非班消旋体的质谱图

备注

1. 中文化学名　(*S*) - *N* -（正丁基磺酰基）- *O* -［4 -（4 - 哌啶基）丁烷］- *L* - 酪氨酸盐酸盐一水合物

2. 英文化学名　(*S*) - *N* - (butylsulfonyl) - *O* - [4 - (4 - piperidinyl) butyl] - *L* - tyrosine hydrochloride monohydrate

3. 性状　本品为类白色粉末；无臭。

4. 溶解性　本品在乙醇中易溶，在水、0. 1 mol/L 盐酸溶液和 0. 1 mol/L 氢氧化钠溶液中微溶，在乙酸乙酯和三氯甲烷中几乎不溶。

5. 溶剂　水。

6. 对照品编号与批号　100648 - 200401

盐酸丙哌维林

英文名 Propiverine Hydrochloride

分子式 $C_{23}H_{29}NO_3 \cdot HCl$

分子量 403. 94

CAS 号 54556 - 98 - 8

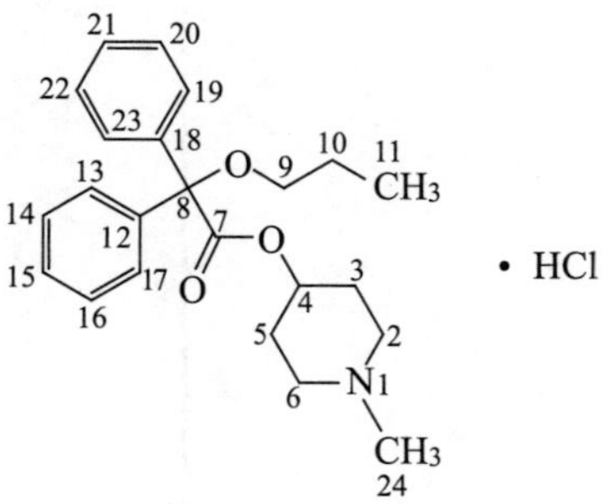

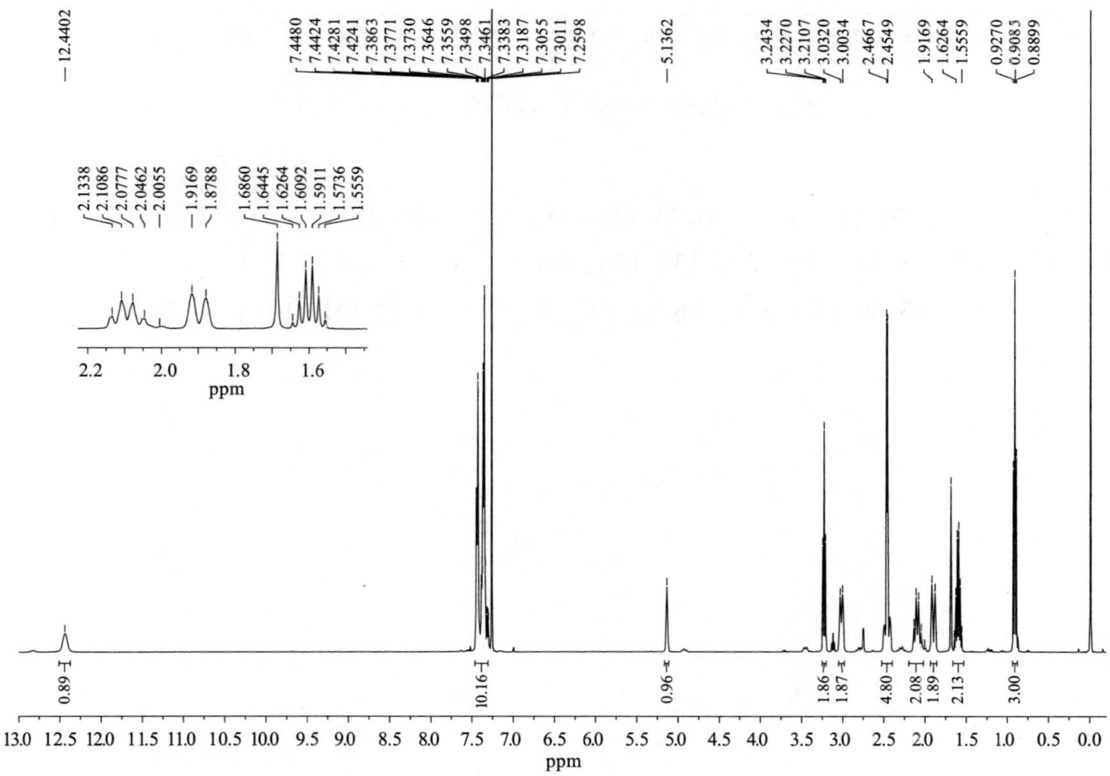

图 1 盐酸丙哌维林的 ^{1}H NMR 谱（溶剂：$CDCl_3$）

^{1}H NMR：δ 12. 44（HCl，s，1H），7. 49 ~ 7. 29（Ar - H，m，10H），5. 14（H - 4，m，1H），3. 23（H - 9，t，J = 6. 6 Hz，2H），3. 02（H - 2a，6a，d，J = 11. 4 Hz，2H），2. 53 ~ 2. 40（H - 2b，6b，24，m，5H），2. 16 ~ 2. 02（H - 3a，5a，m，2H），1. 90（H - 3b，5b，d，J = 15. 3 Hz，2H），1. 65 ~ 1. 54（H - 10，m，2H），0. 91（H - 11，t，J = 7. 4 Hz，3H）

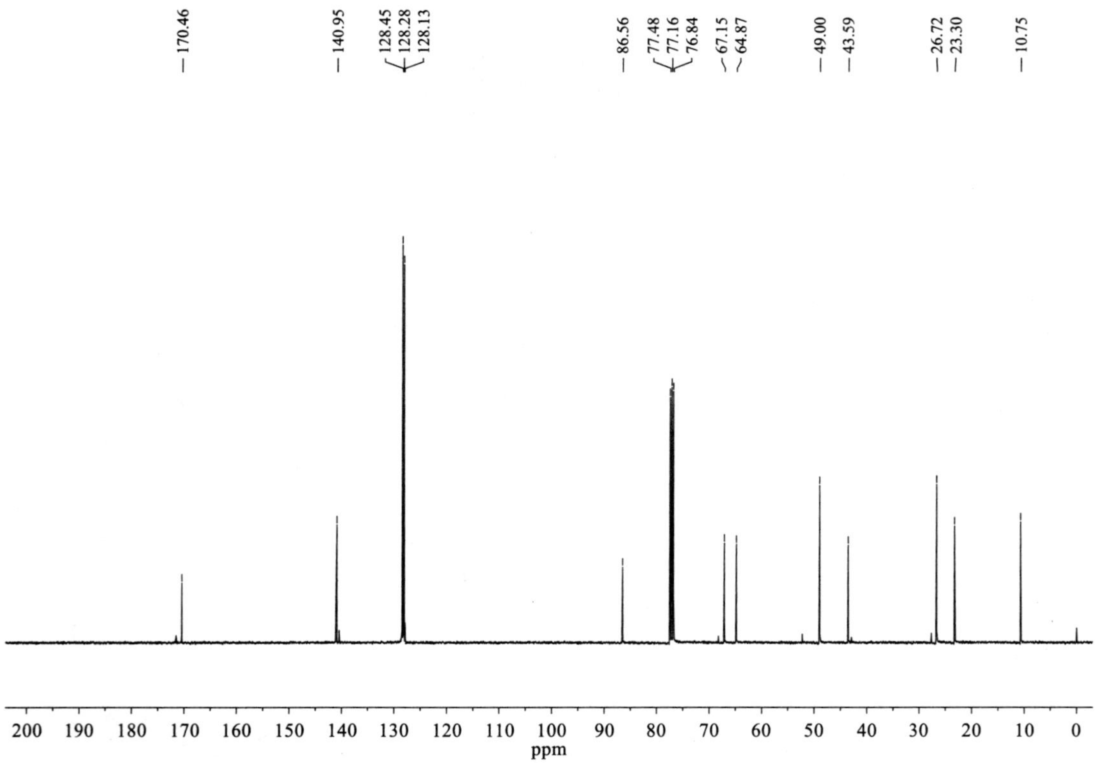

图 2　盐酸丙哌维林的^{13}C NMR 谱（溶剂：$CDCl_3$）

^{13}C NMR：δ 170.46（C－7），140.95（C－18，12），128.45（C－20，22，14，16），128.28（C－21，15），128.13（C－19，23，13，17），86.56（C－8），67.15（C－4），64.87（C－9），49.00（C－2，6），43.59（C－24），26.72（C－3，5），23.30（C－10），10.75（C－11）

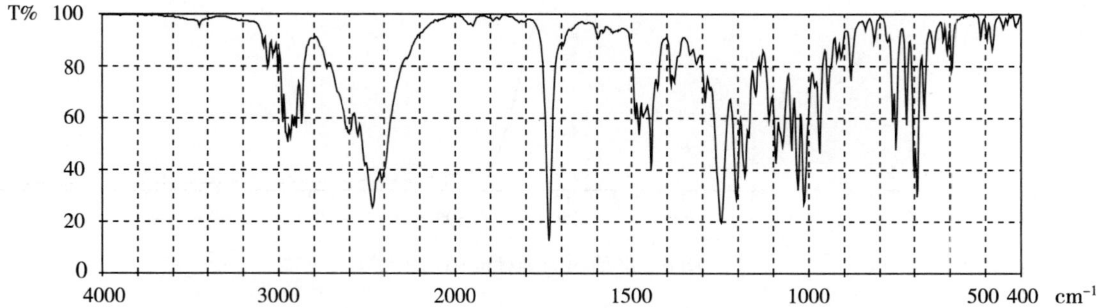

图 3　盐酸丙哌维林的红外光谱图

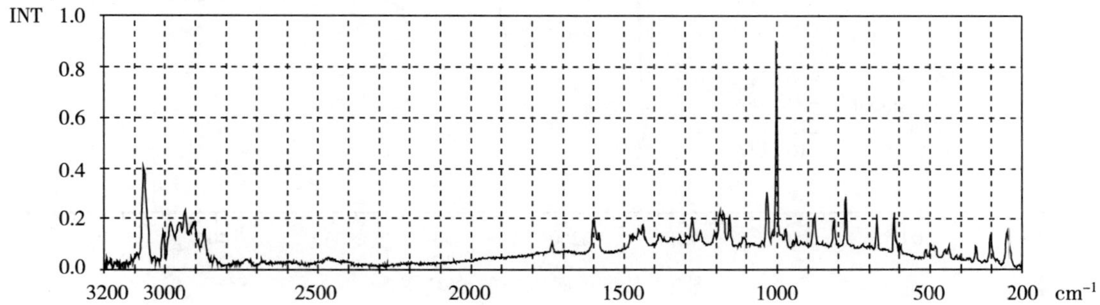

图 4　盐酸丙哌维林的拉曼光谱图

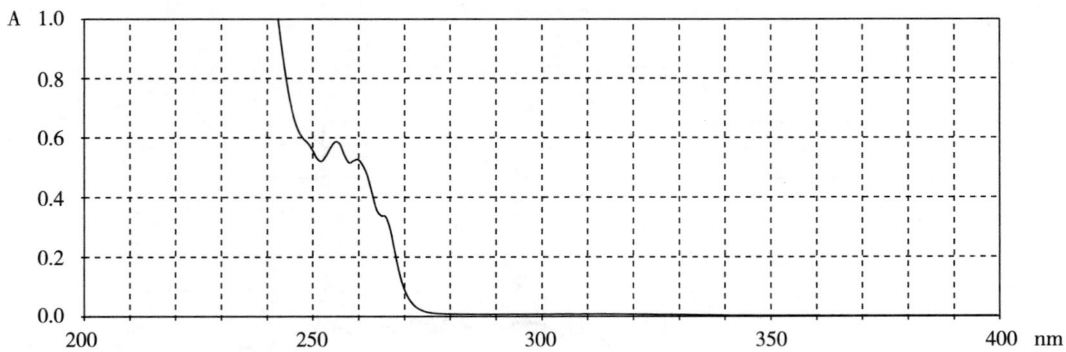

图 5　盐酸丙哌维林的紫外光谱图

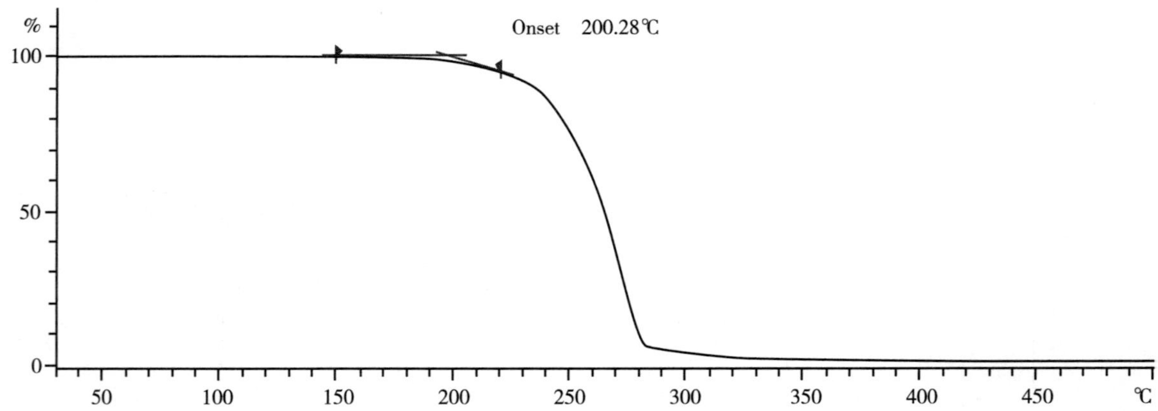

图 6 盐酸丙哌维林的 TG 图

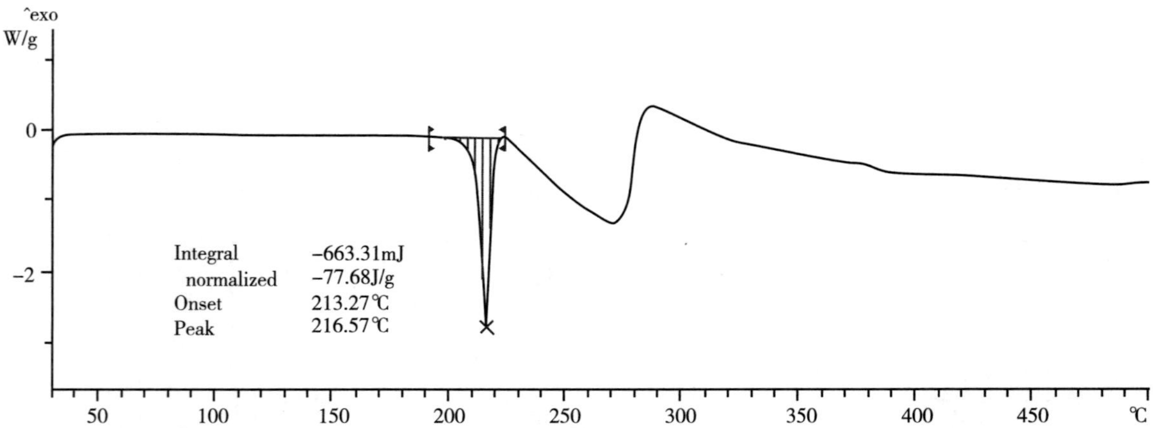

图 7 盐酸丙哌维林的 DSC 图

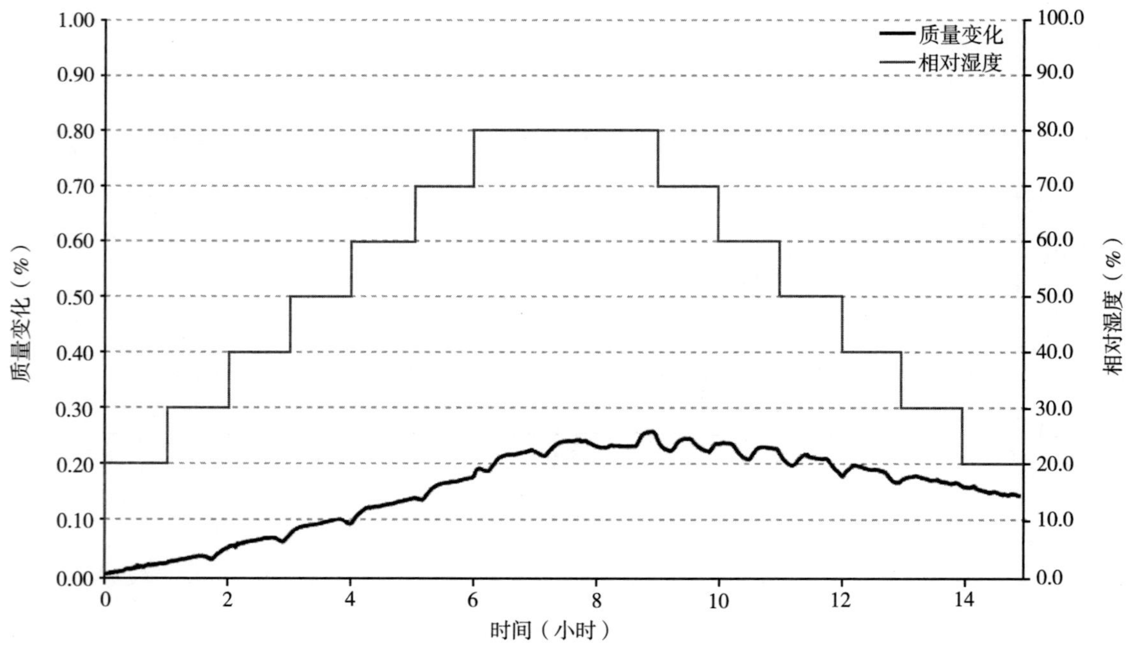

图 8 盐酸丙哌维林的 DVS 图

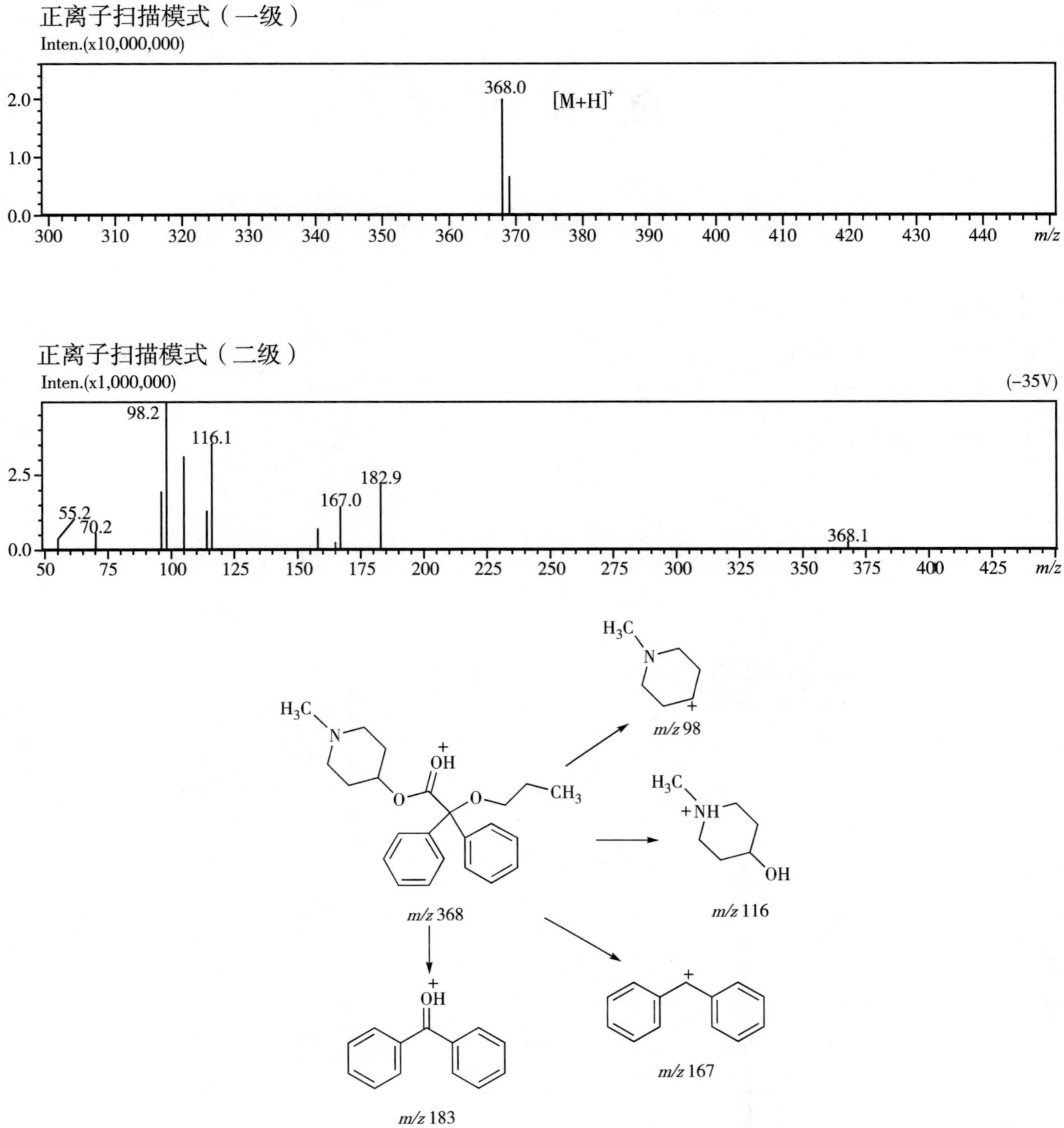

图9　盐酸丙哌维林的质谱图

备注

1. 中文化学名　1－甲基－4－哌啶基二苯基丙氧乙酸酯盐酸盐

2. 英文化学名　1－methyl－4－piperidyldiphenylpropoxyacetate hydrochloride

3. 性状　本品为白色针状结晶或结晶性粉末，无臭。

4. 溶解性　本品在甲醇或三氯甲烷中易溶，在水或乙醇中溶解，在丙酮中略溶，在冰醋酸中易溶。

5. 溶剂　水。

6. 对照品编号与批号　100649－200401

奥卡西平

英文名 Oxcarbazepine

分子式 $C_{15}H_{12}N_2O_2$

分子量 252.27

CAS 号 28721-07-5

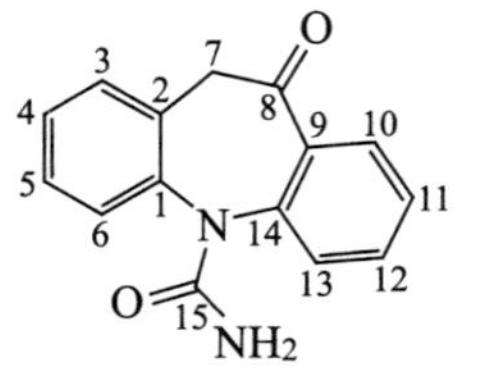

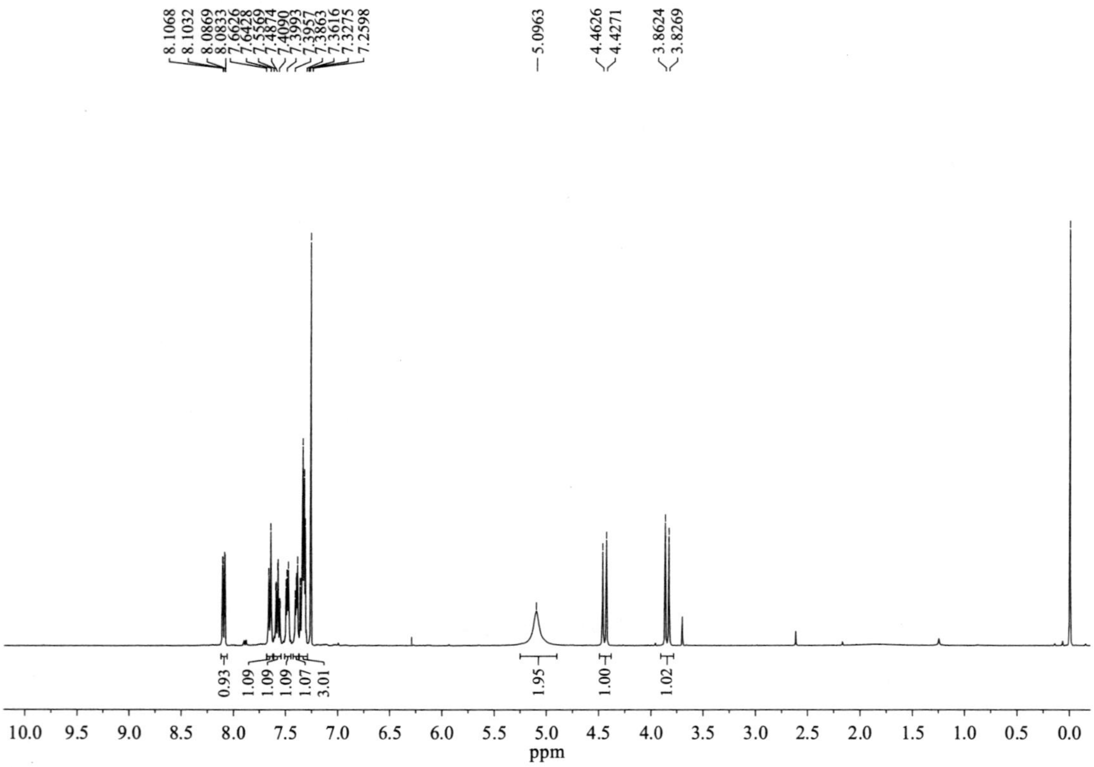

图1 奥卡西平的^{1}H NMR 谱（溶剂：$CDCl_3$）

^{1}H NMR：δ 8.09（H-10，dd，J=8.0，1.4 Hz，1H），7.65（Ar-H，d，J=7.9 Hz，1H），7.57（Ar-H，m，1H），7.48（Ar-H，m，1H），7.39（Ar-H，dd，J=5.3，3.8 Hz，1H），7.37~7.29（Ar-H，m，3H），5.10（NH_2，brs，2H），4.44（H-7a，d，J=14.2 Hz，1H），3.84（H-7b，d，J=14.2 Hz，1H）

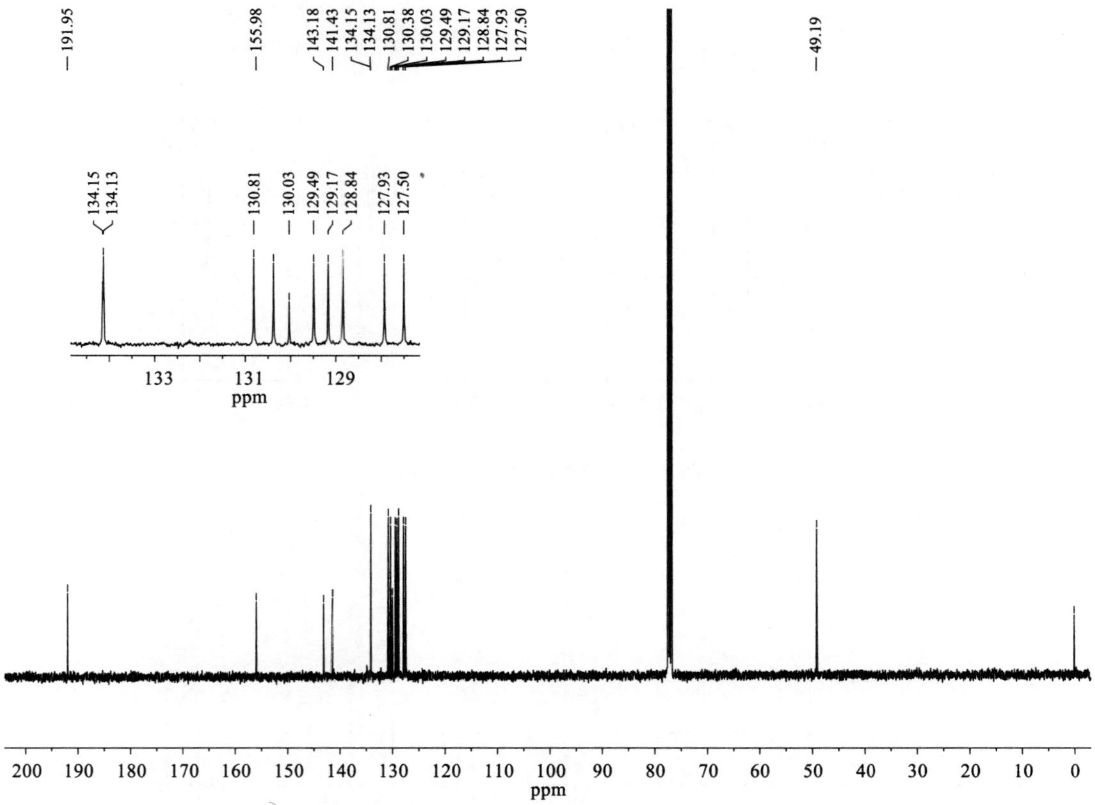

图2　奥卡西平的^{13}C NMR谱（溶剂：$CDCl_3$）

^{13}C NMR：δ 191.95（C－8），155.98（C－15），143.18（C－14），141.43（C－1），134.15（Ar－C），134.13（Ar－C），130.81（Ar－C），130.38（Ar－C），130.03（Ar－C），129.49（Ar－C），129.17（Ar－C），128.84（Ar－C），127.93（Ar－C），127.50（Ar－C），49.19（C－7）

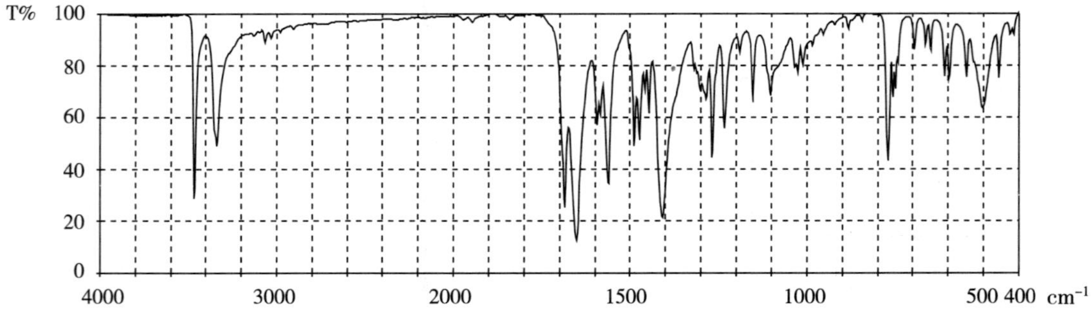

图 3　奥卡西平的红外光谱图

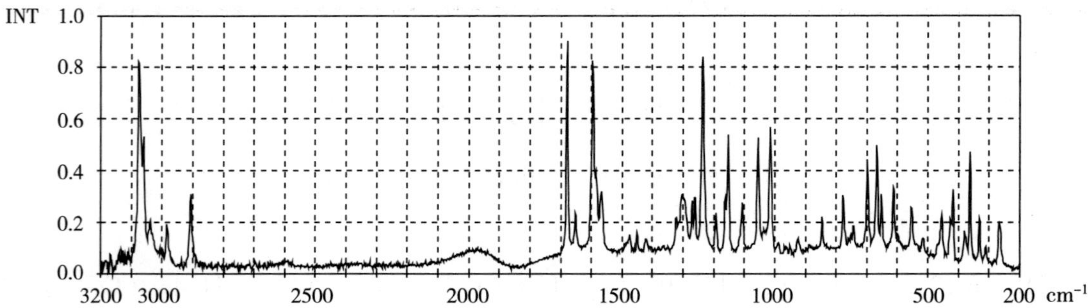

图 4　奥卡西平的拉曼光谱图

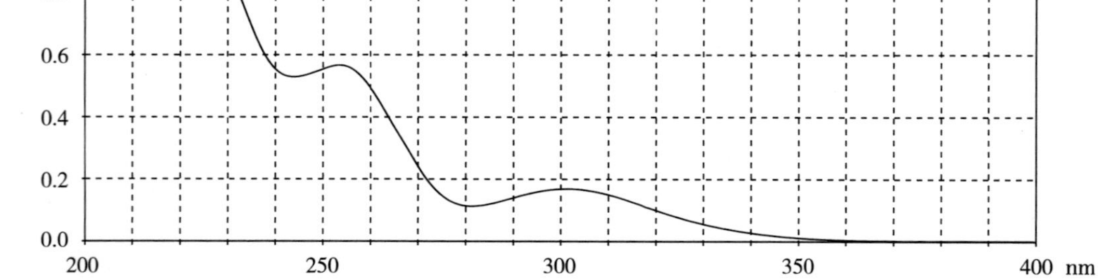

图 5　奥卡西平的紫外光谱图

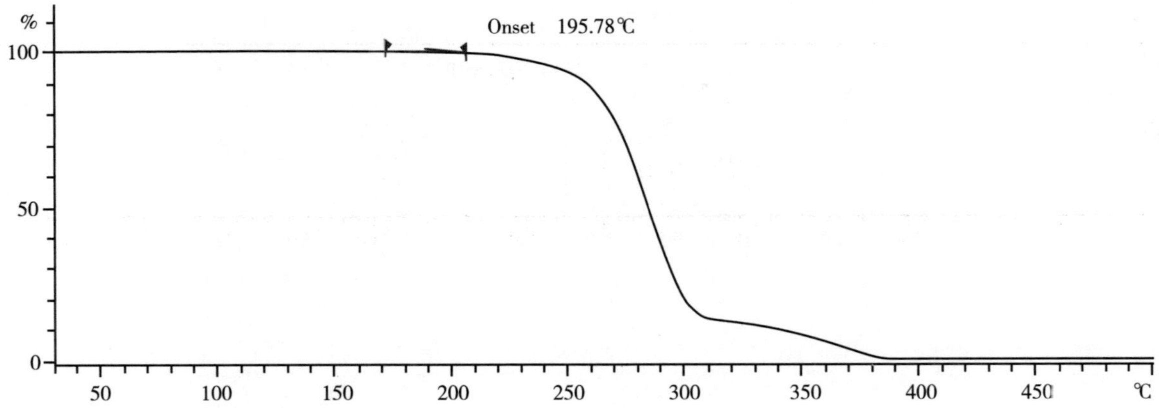

图 6　奥卡西平的 TG 图

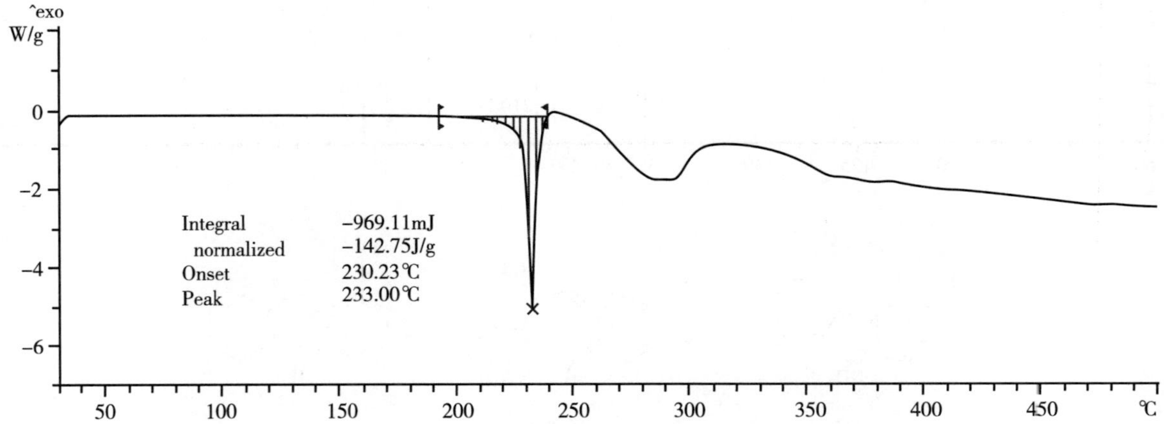

图 7　奥卡西平的 DSC 图

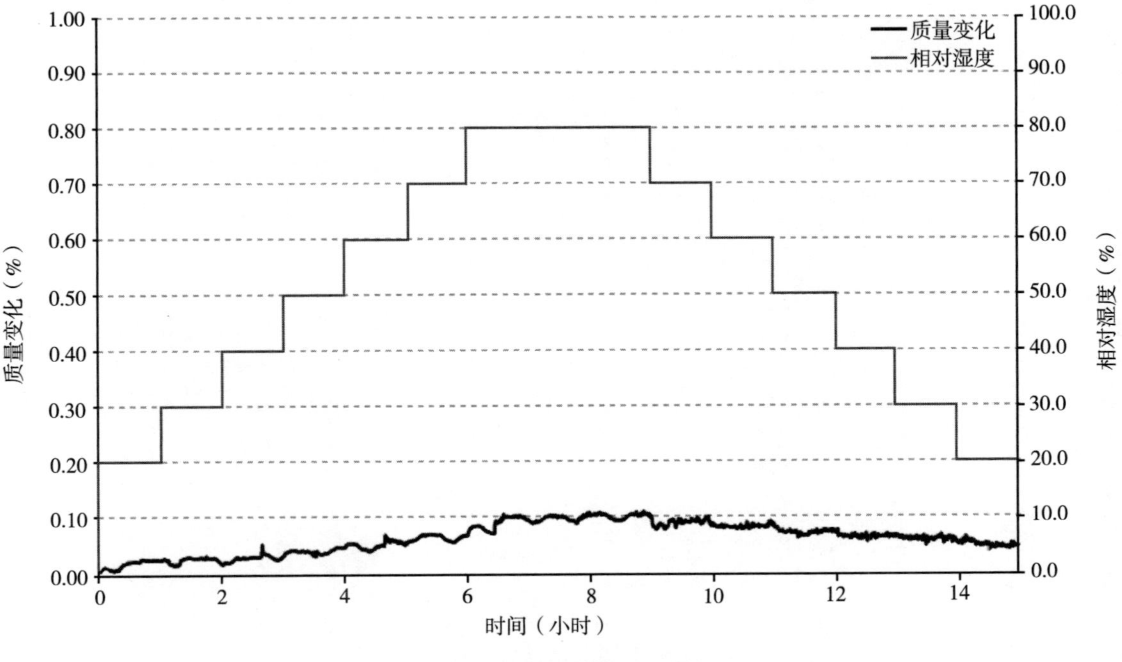

图 8　奥卡西平的 DVS 图

正离子扫描模式（一级）

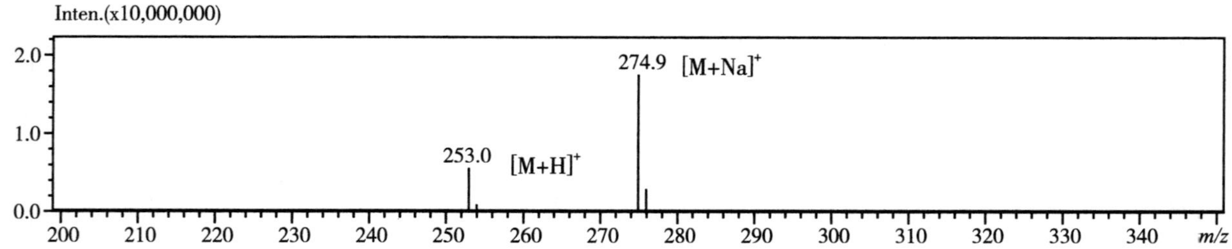

正离子扫描模式（二级）

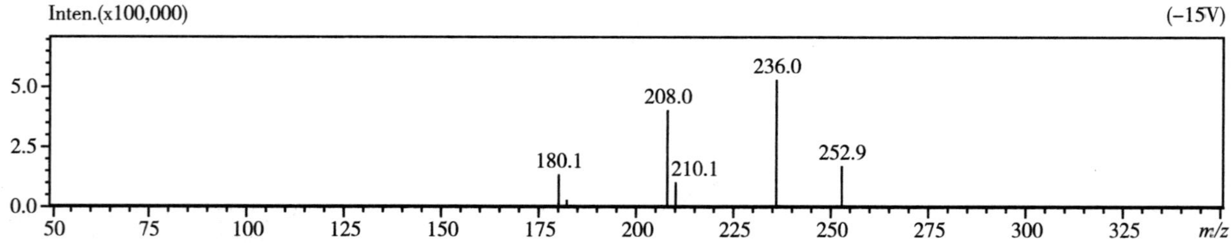

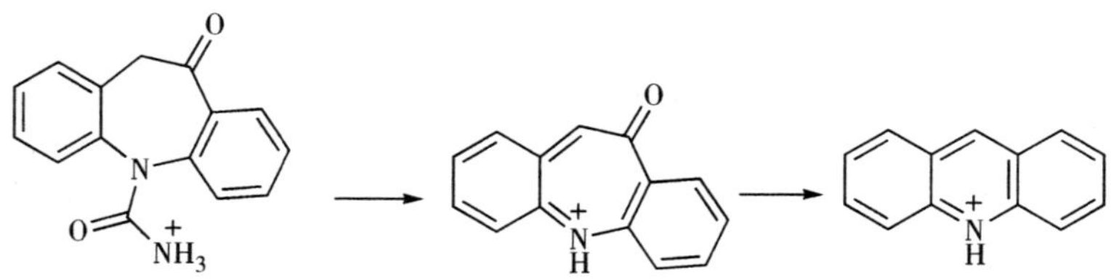

m/z 253 *m/z* 208 *m/z* 180

负离子扫描模式（一级）

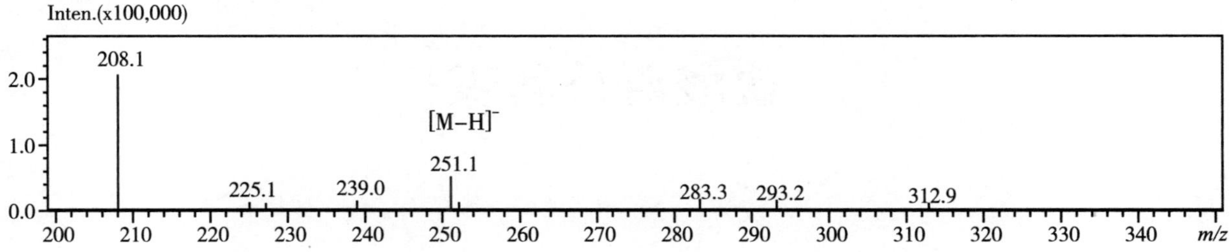

图9　奥卡西平的质谱图

备注

1. **中文化学名**　10,11-二氢-10-氧代-5*H*-二苯并[*b*,*f*]氮杂䓬-5-甲酰胺
2. **英文化学名**　10,11-dihydro-10-oxo-5*H*-dibenz[*b*,*f*]azepine-5-carboxamide
3. **性状**　本品为白色结晶性粉末。
4. **溶解性**　本品在三氯甲烷中略溶，在甲醇、丙酮、二氯甲烷中微溶，在水、乙醇、0.1 mol/L 盐酸溶液或0.1 mol/L 氢氧化钠溶液中几乎不溶。
5. **溶剂**　水。
6. **对照品编号与批号**　100657-200401

盐酸西替利嗪

英文名 Cetirizine Hydrochloride

分子式 $C_{21}H_{25}ClN_2O_3 \cdot 2HCl$

分子量 461.82

CAS 号 83881－52－1

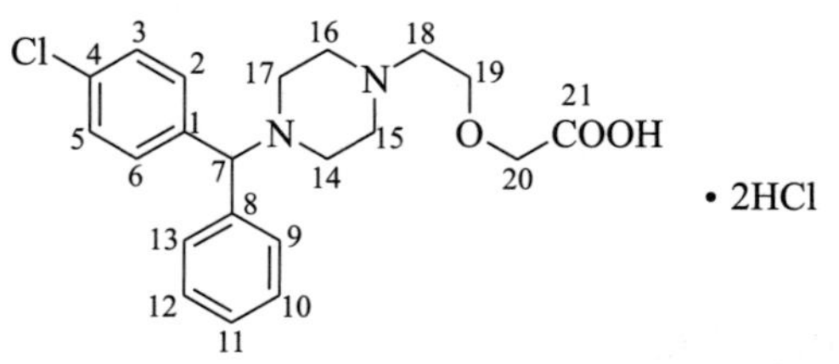

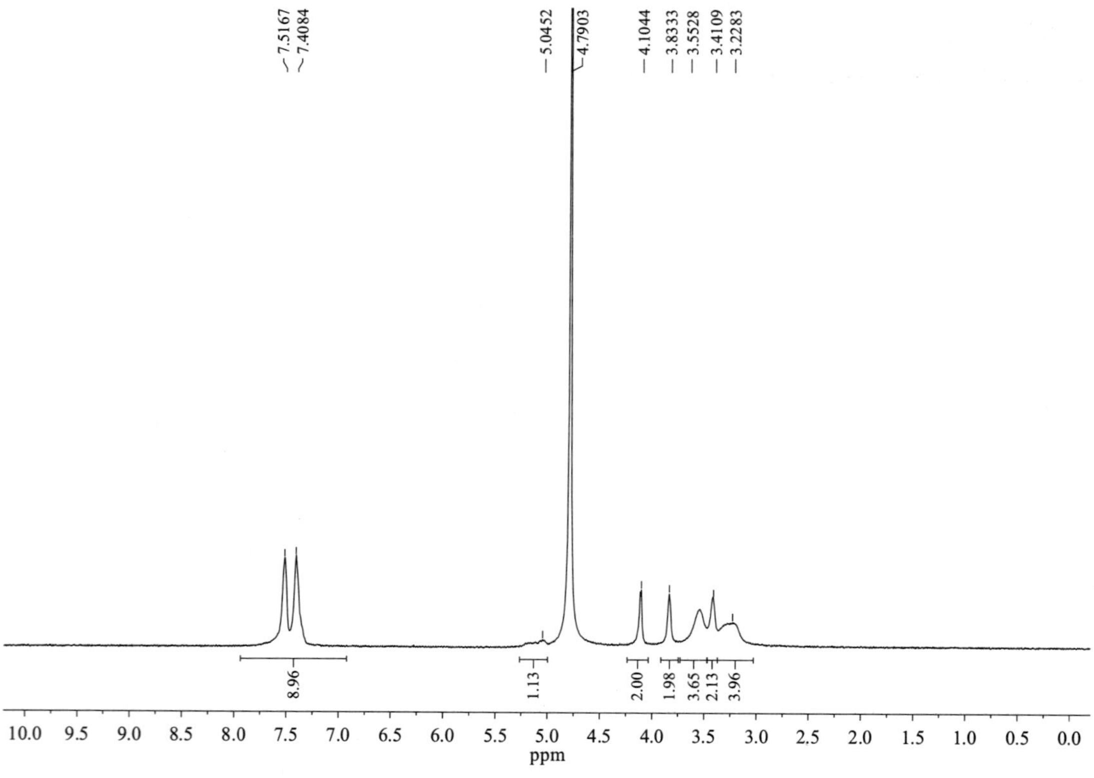

图 1 盐酸西替利嗪的^{1}H NMR 谱（溶剂：D_2O）

^{1}H NMR：δ 7.95～7.46（Ar－H，m，4H），7.45～6.85（Ar－H，m，5H），5.05（H－7，s，1H），4.10（H－20，s，2H），3.83（H－19，brs，2H），3.55（H－15，16，brs，4H），3.41（H－18，brs，2H），3.23（H－14，17，brs，4H）

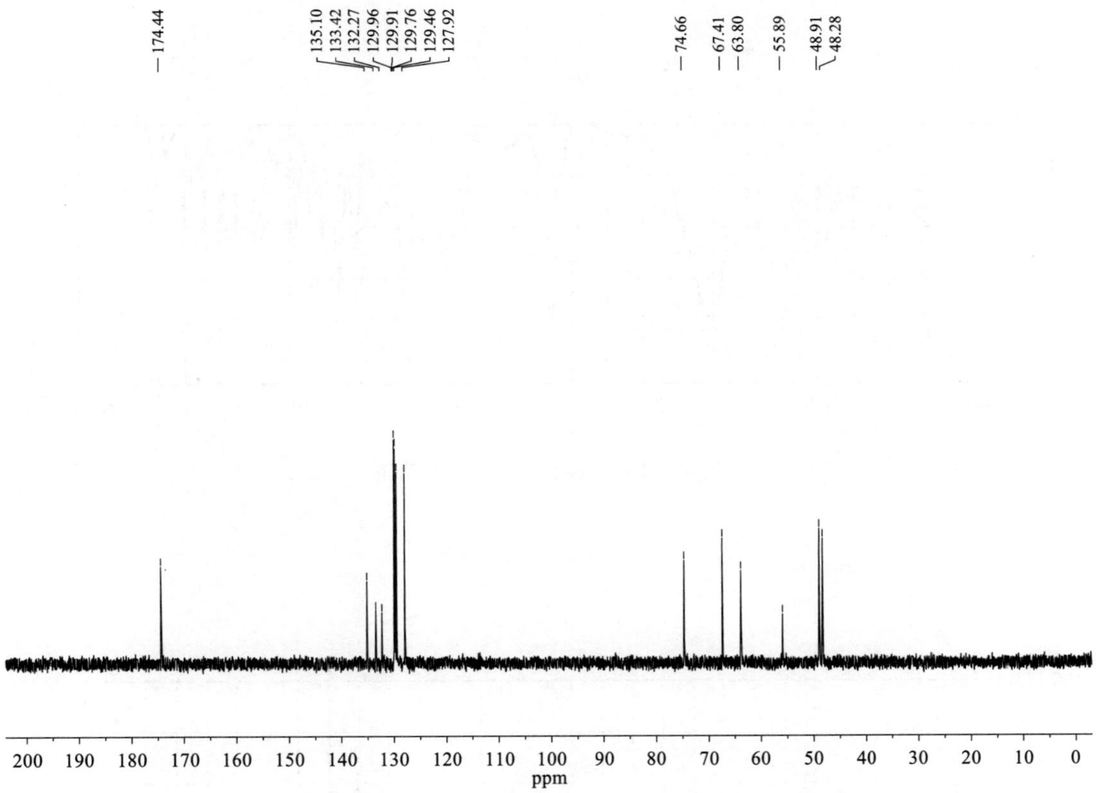

图 2　盐酸西替利嗪的^{13}C NMR 谱（溶剂：D_2O）

^{13}C NMR：δ 174.44（C－21），135.10（C－8），133.42（C－1），132.27（C－4），129.96（C－11），129.91（C－2，6），129.76（C－3，5），129.46（C－10，12），127.92（C－9，13），74.66（C－7），67.41（C－20），63.80（C－19），55.89（C－18），48.91（C－15，16），48.28（C－14，17）

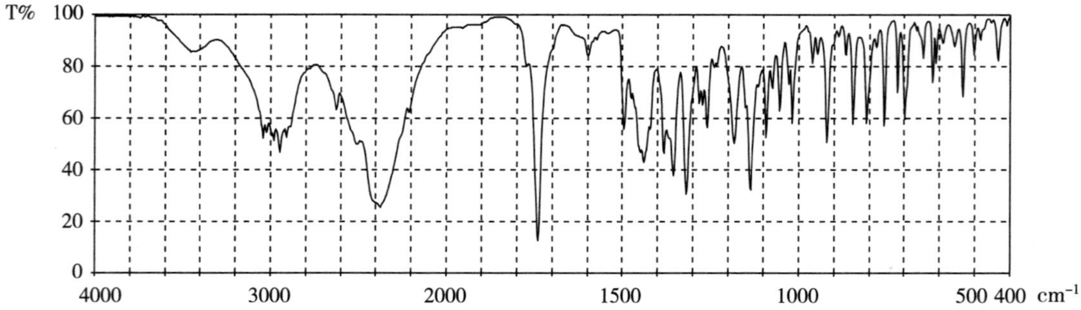

图 3　盐酸西替利嗪的红外光谱图

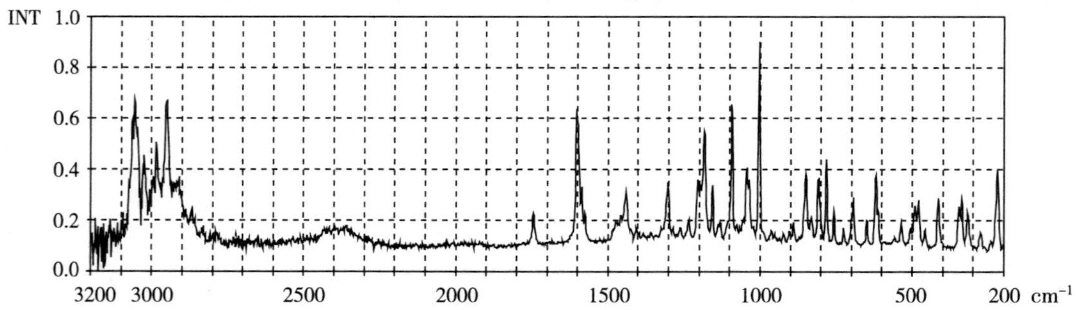

图 4　盐酸西替利嗪的拉曼光谱图

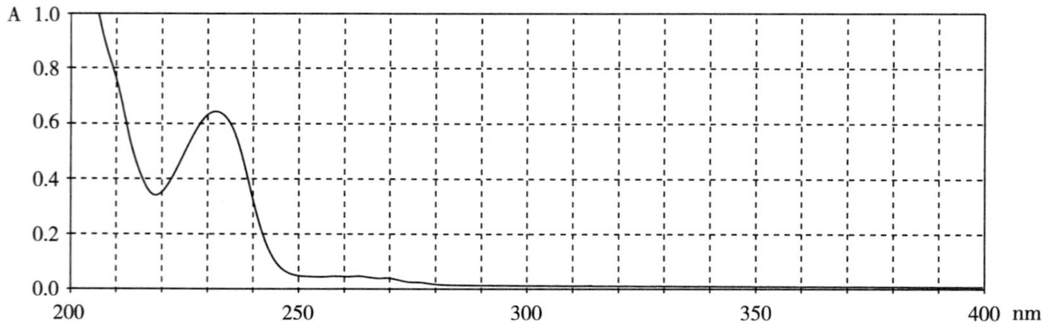

图 5　盐酸西替利嗪的紫外光谱图

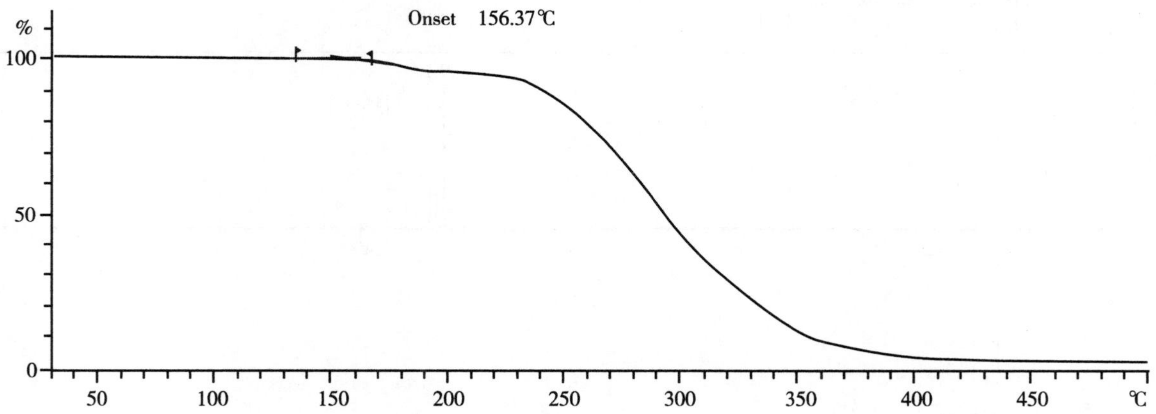

图 6　盐酸西替利嗪的 TG 图

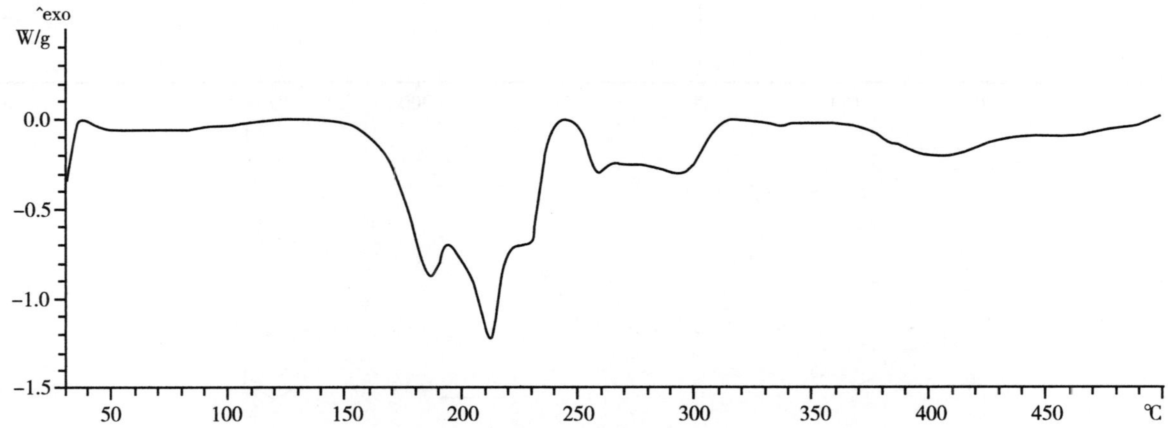

图 7　盐酸西替利嗪的 DSC 图

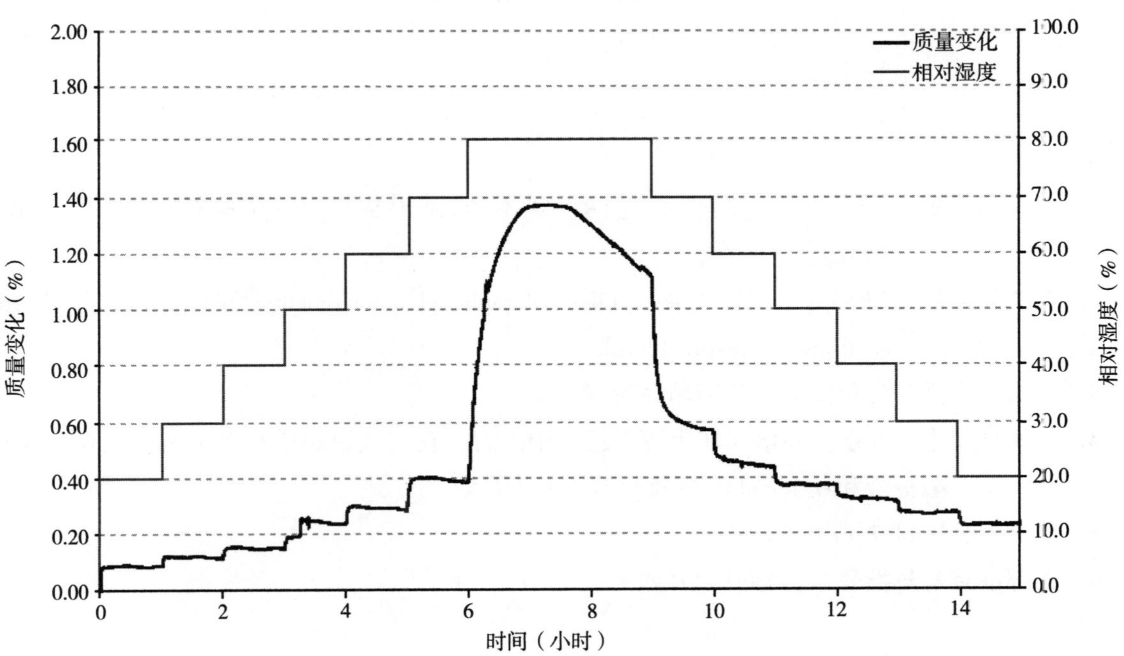

图 8　盐酸西替利嗪的 DVS 图

正离子扫描模式（一级）

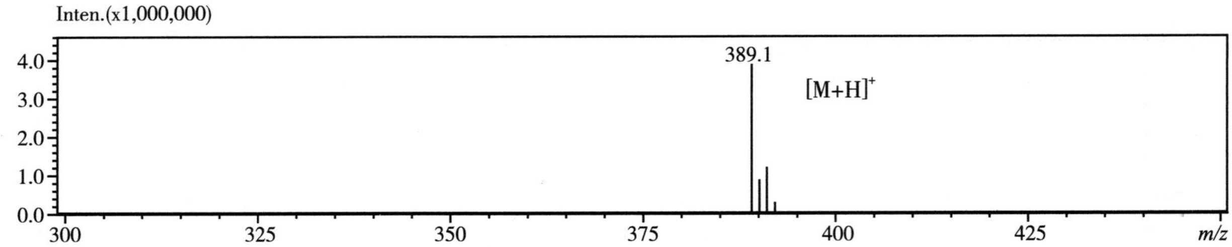

正离子扫描模式（二级）

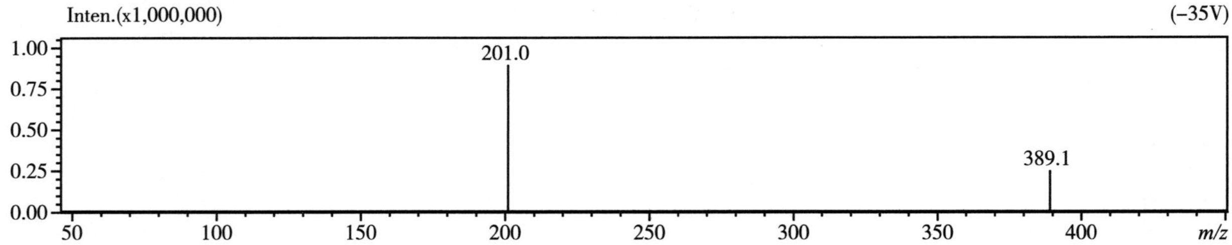

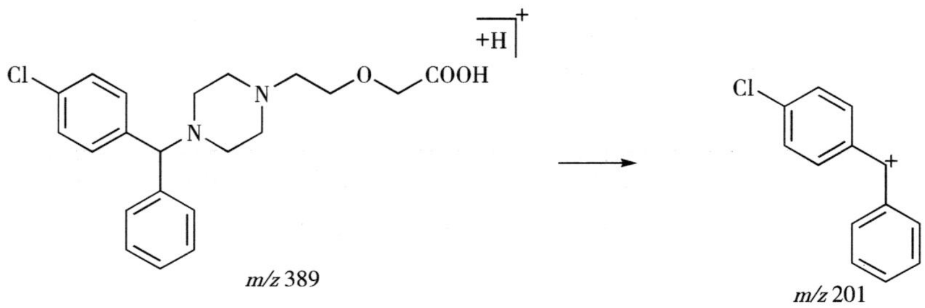

图 9　盐酸西替利嗪的质谱图

备注

1. **中文化学名**　(±)-2-[2-[4-[(4-氯苯基)苯甲基]-1-哌嗪基]乙氧基]乙酸二盐酸盐
2. **英文化学名**　(*RS*)-2-[2-[4-[(4-chlorophenyl)phenylmethyl]piperazin-1-yl]ethoxy]acetic acid dihydrochloride
3. **性状**　本品为白色或类白色结晶性粉末。
4. **溶解性**　本品在水中易溶，在甲醇、乙醇中溶解，在三氯甲烷中几乎不溶，在 0.1 mol/L 盐酸溶液和 0.1 mol/L 氢氧化钠溶液中易溶。
5. **溶剂**　0.1mol/L 盐酸溶液。
6. **对照品编号与批号**　100660-200401

二氯乙酸二异丙胺

英文名 Diisopropylamine Dichloroacetate

分子式 $C_6H_{15}N \cdot C_2H_2Cl_2O_2$

分子量 230. 13

CAS 号 660 – 27 – 5

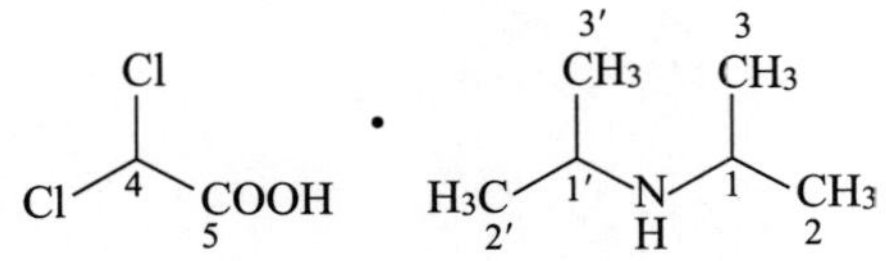

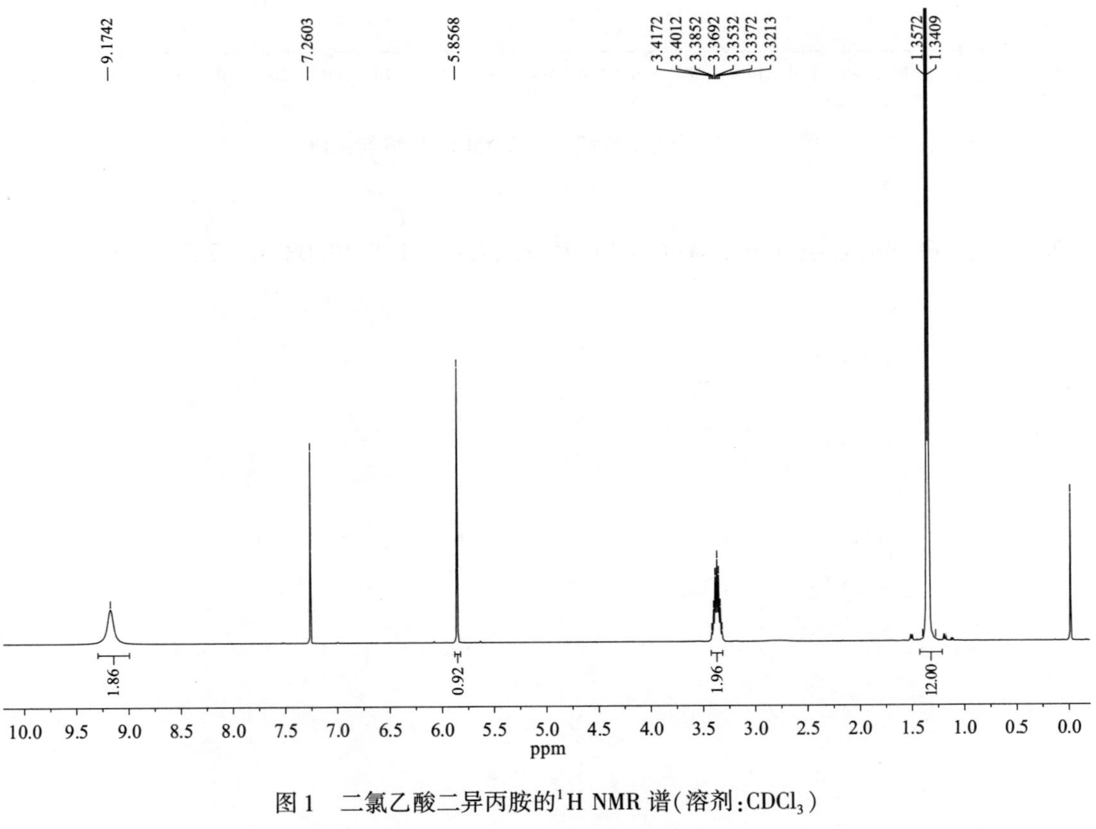

图 1　二氯乙酸二异丙胺的 ^{1}H NMR 谱(溶剂:$CDCl_3$)

^{1}H NMR: δ 9. 17(OH, brs, 1H), 5. 86(H – 4, s, 1H), 3. 37(H – 1, 1′, sept, J = 6. 5 Hz, 2H, 2H), 1. 34(H – 2, 2′, 3, 3′, d, J = 6. 5 Hz, 12H)

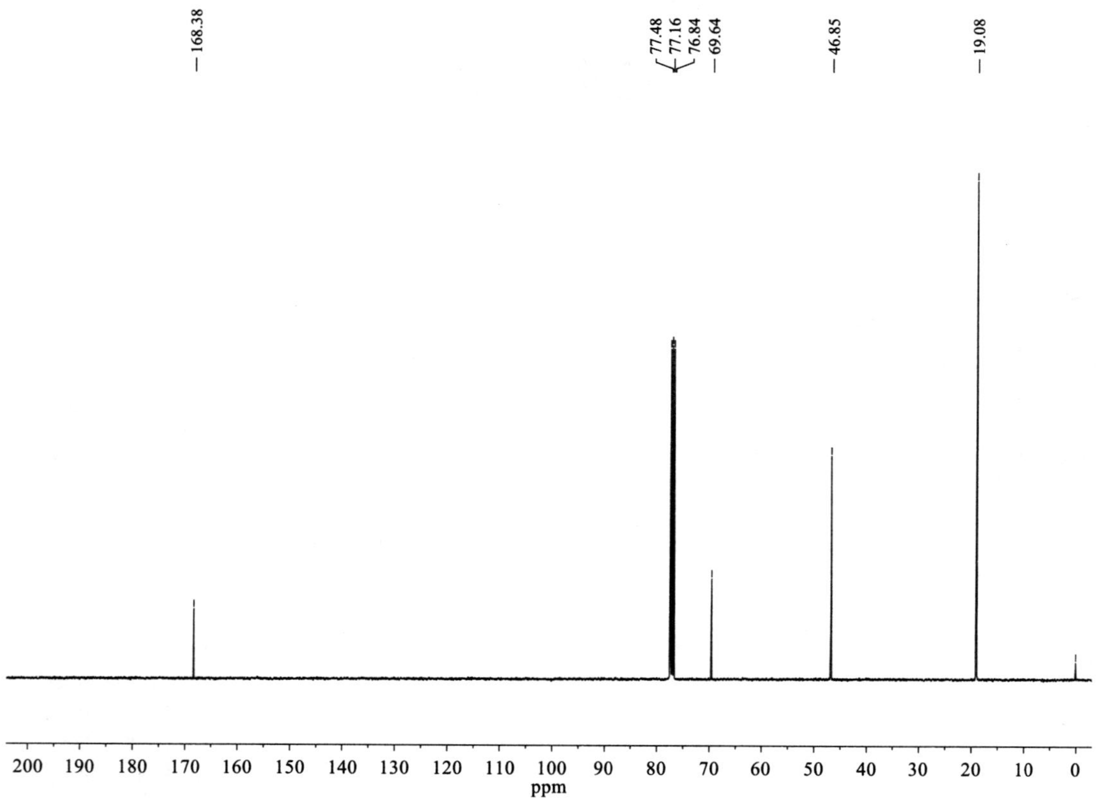

图2　二氯乙酸二异丙胺的^{13}C NMR谱(溶剂:$CDCl_3$)

^{13}C NMR: δ 168.38(C-5),69.64(C-4),46.85(C-1,1′),19.08(C-2,2′,3,3′)

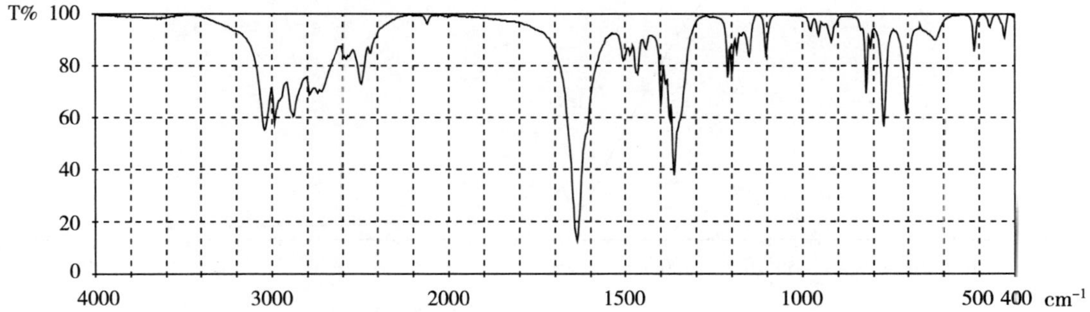

图 3　二氯乙酸二异丙胺的红外光谱图

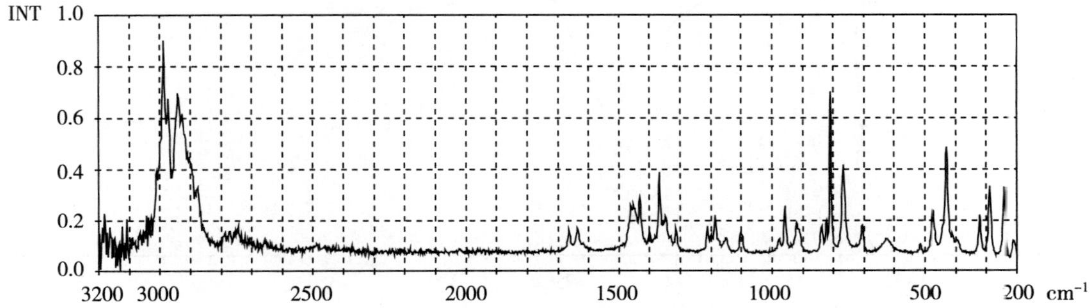

图 4　二氯乙酸二异丙胺的拉曼光谱图

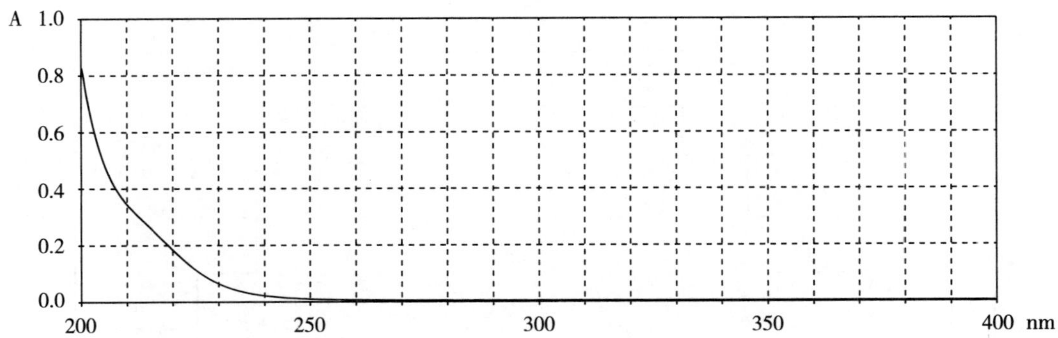

图 5　二氯乙酸二异丙胺的紫外光谱图

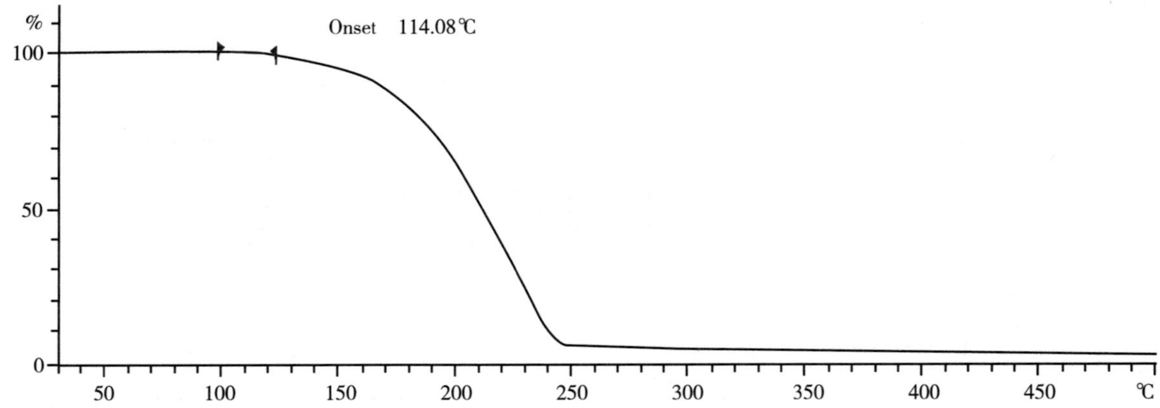

图 6　二氯乙酸二异丙胺的 TG 图

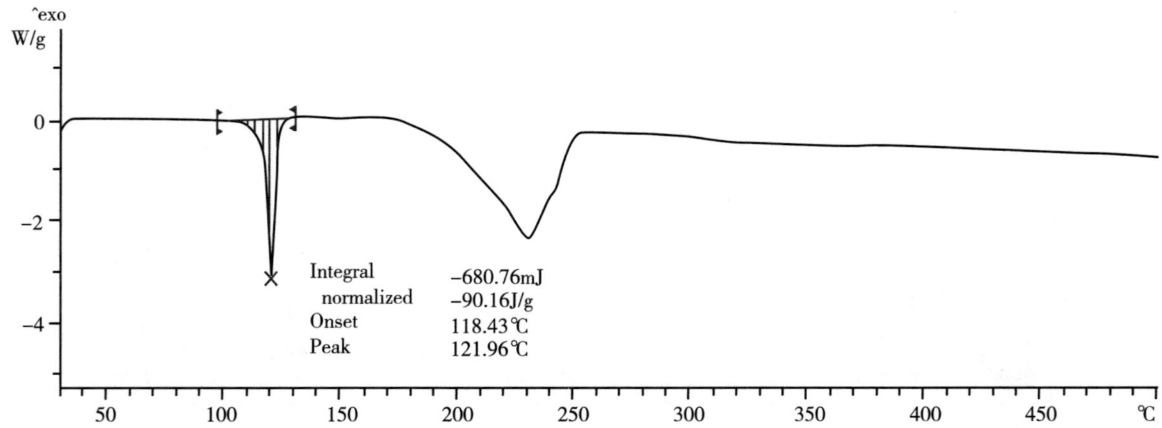

图 7　二氯乙酸二异丙胺的 DSC 图

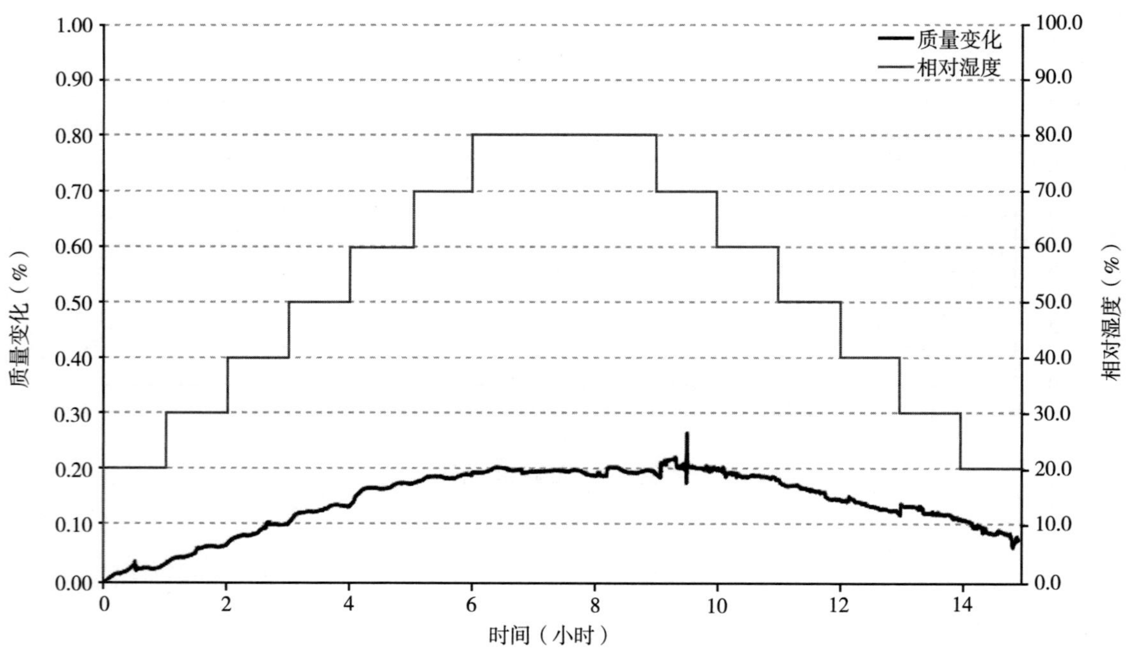

图 8　二氯乙酸二异丙胺的 DVS 图

(1) 二异丙胺

正离子扫描模式（一级）

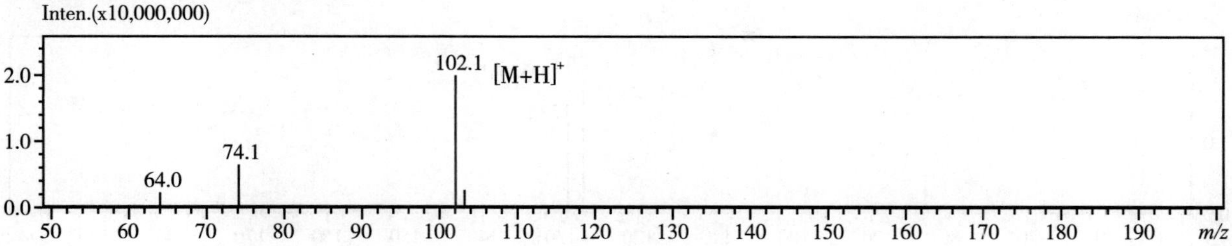

正离子扫描模式（二级）

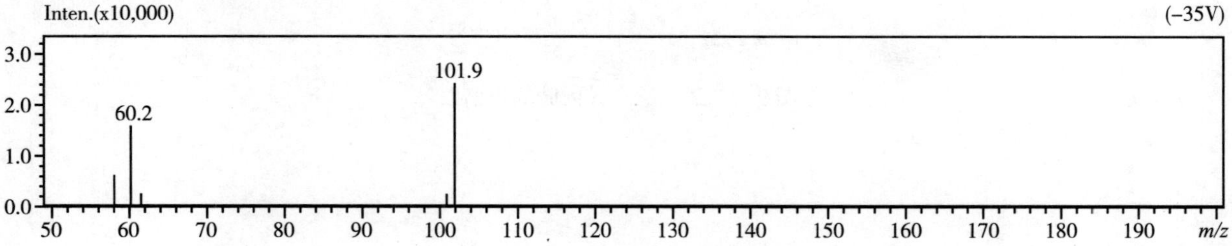

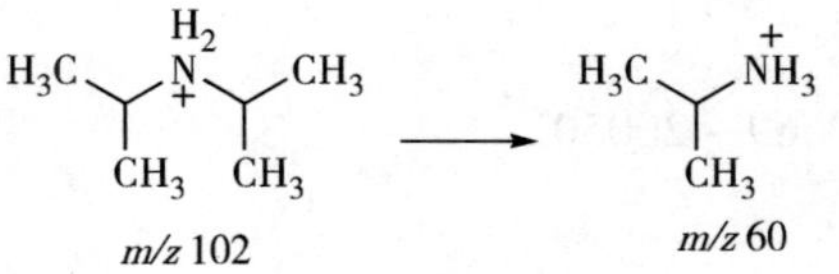

（2）二氯乙酸

负离子扫描模式（一级）

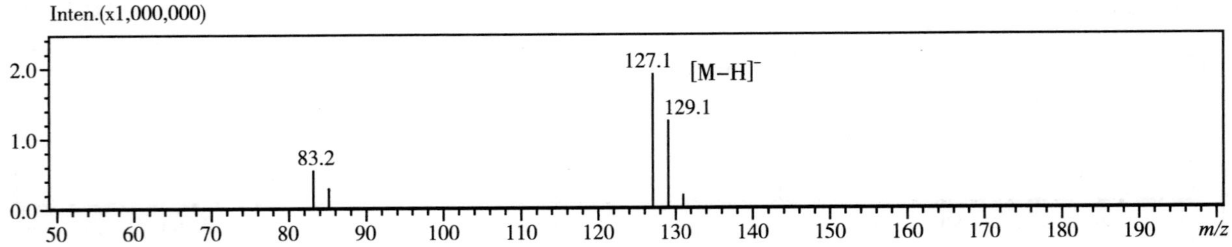

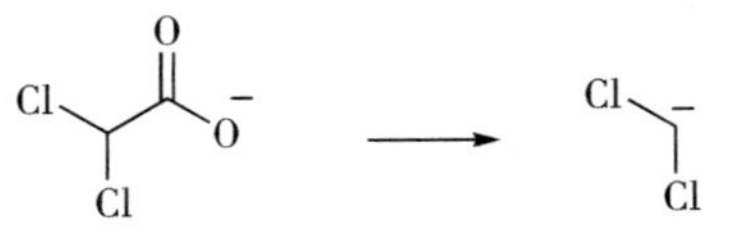

m/z 127　　*m/z* 83

图 9　二氯乙酸二异丙胺的质谱图

备注

1. 中文化学名　二氯乙酸与 *N*－(1－甲基乙基)－2－丙胺化合物(1∶1)

2. 英文化学名　dichloroacetic acid compound with *N*－(1－methylethyl)－2－propanamine(1∶1)

3. 性状　本品为白色结晶性粉末。

4. 溶解性　本品在水、甲醇、冰醋酸中极易溶解，在乙醇或乙酸乙酯中易溶，在乙醚中溶解，在石油醚中几乎不溶。

5. 溶剂　水。

6. 对照品编号与批号　100669－200501

齐 多 夫 定

英文名 Zidovudine

分子式 $C_{10}H_{13}N_5O_4$

分子量 267.24

CAS 号 30516-87-1

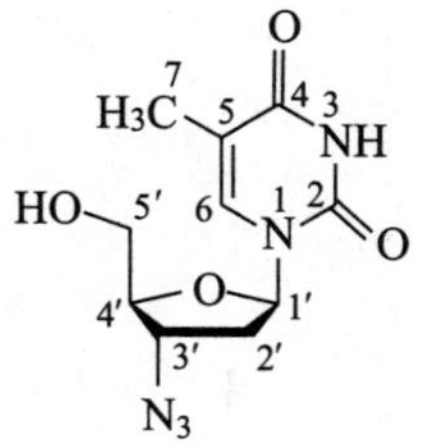

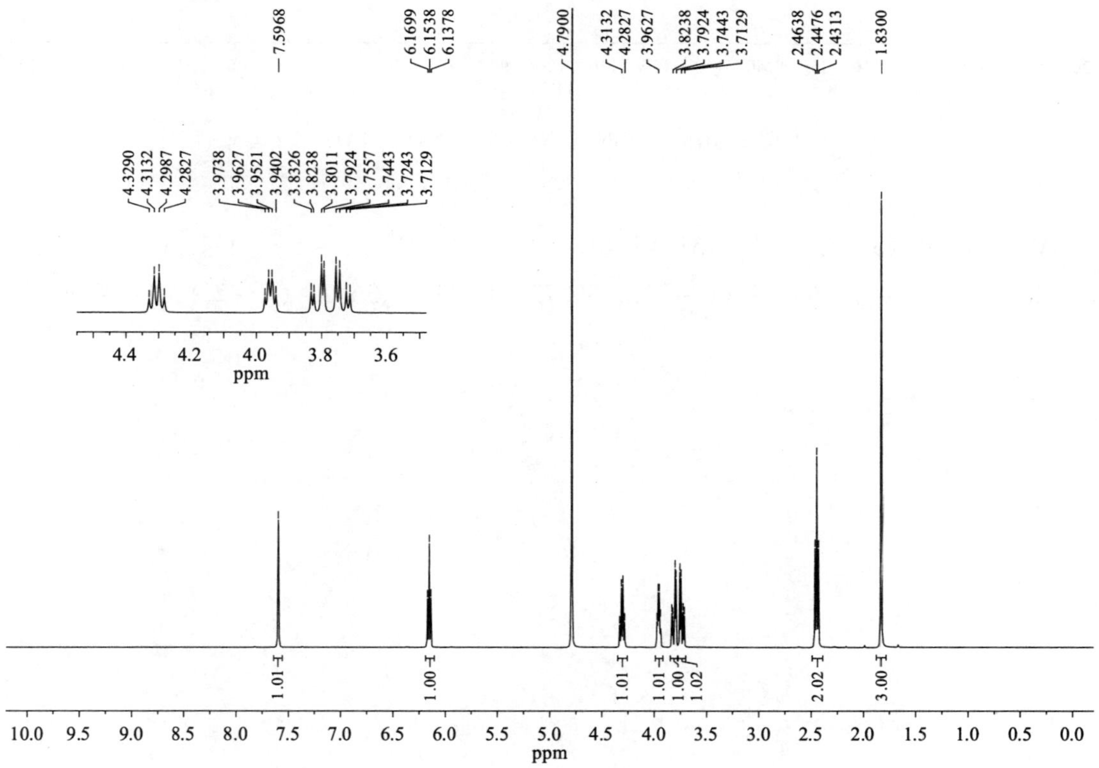

图 1 齐多夫定的^{1}H NMR 谱（溶剂：D_2O）

^{1}H NMR：δ 7.60（H-6，s，1H），6.15（H-1′，t，J=6.4 Hz，1H），4.31（H-3′，q，J=6.4 Hz，1H），3.96（H-4′，dd，J=8.8，4.6 Hz，1H），3.81（H-5′a，dd，J=12.6，3.5 Hz，1H），3.73（H-5′b，dd，J=12.6，4.6 Hz，1H），2.45（H-2′，t，J=6.5 Hz，2H），1.83（H-7，s，3H）

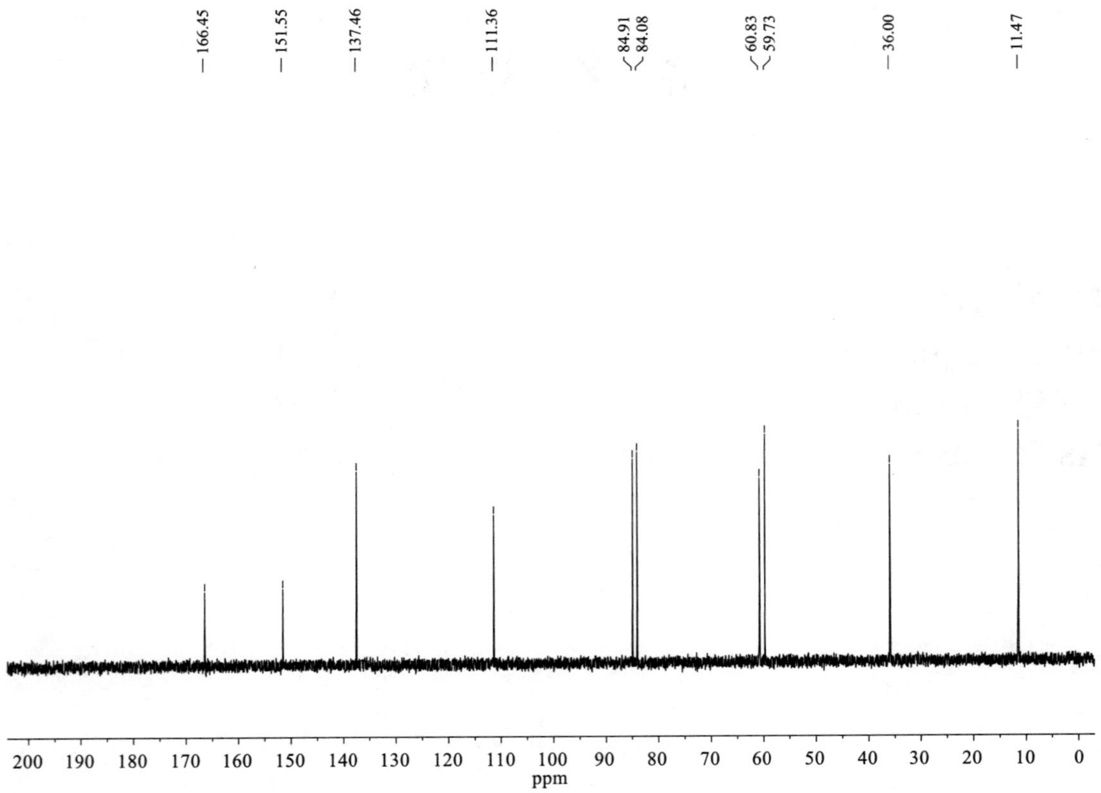

图2　齐多夫定的^{13}C NMR谱（溶剂：D_2O）

^{13}C NMR：δ 166.45（C－4），151.55（C－2），137.46（C－6），111.36（C－5），84.91（C－1′），84.08（C－4′），60.83（C－5′），59.73（C－3′），36.00（C－2′），11.47（C－7）

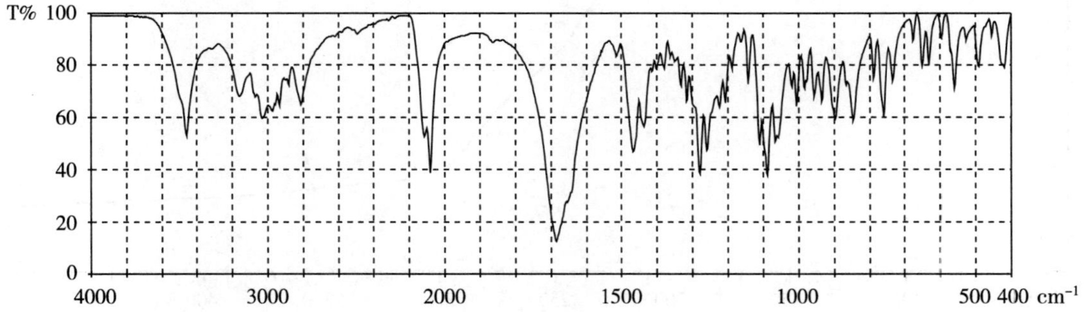

图 3　齐多夫定的红外光谱图

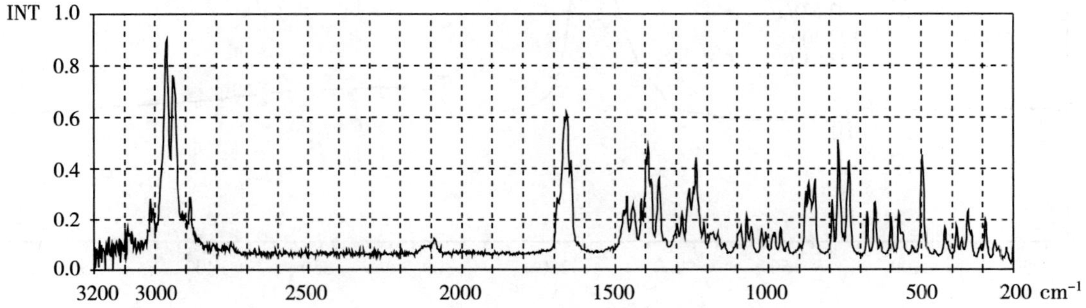

图 4　齐多夫定的拉曼光谱图

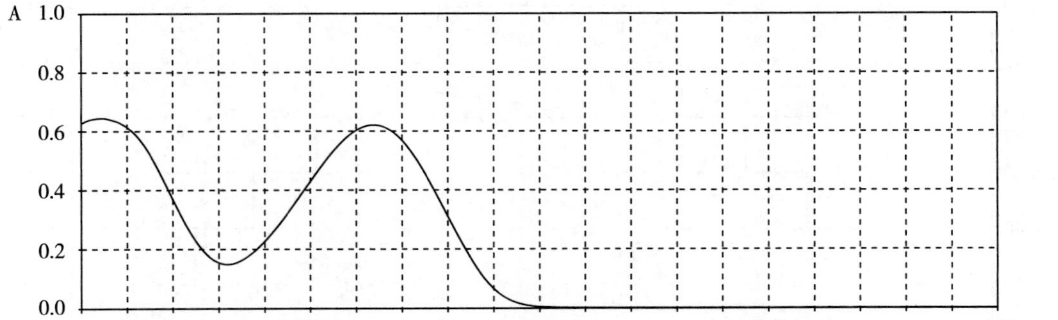

图 5　齐多夫定的紫外光谱图

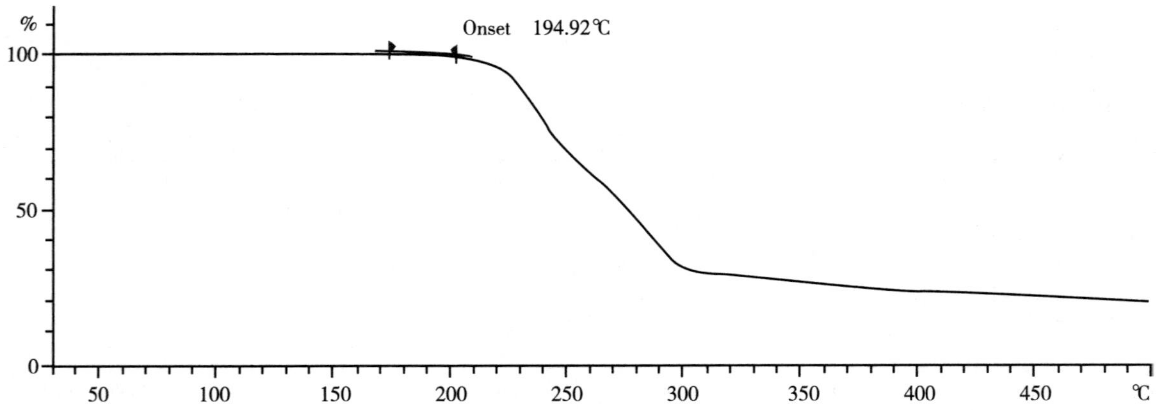

图 6　齐多夫定的 TG 图

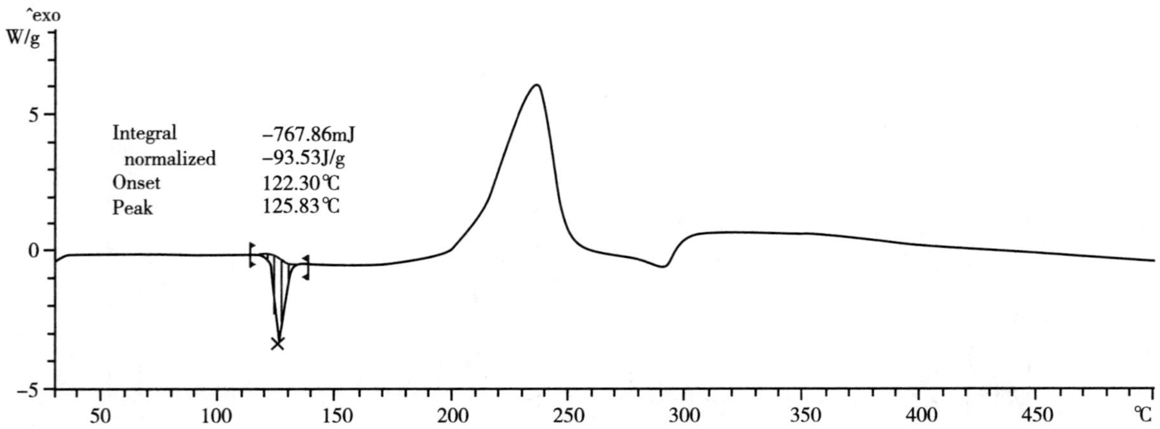

图 7　齐多夫定的 DSC 图

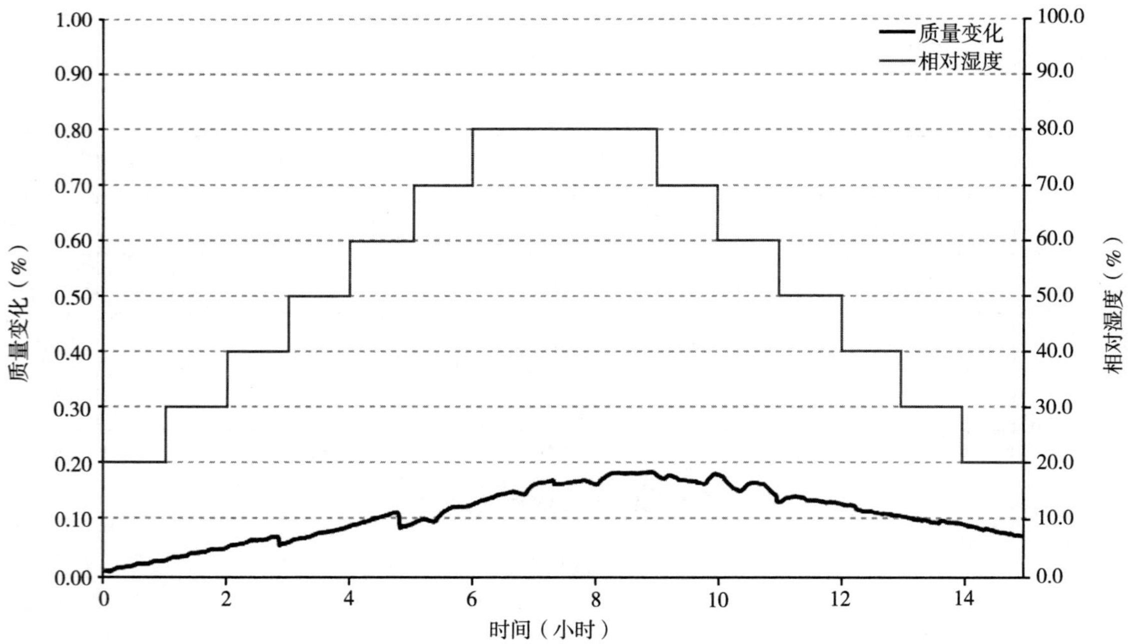

图 8　齐多夫定的 DVS 图

正离子扫描模式（一级）

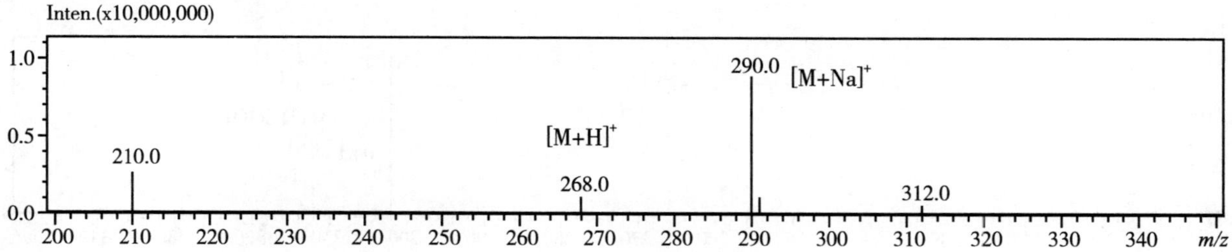

正离子扫描模式（二级）

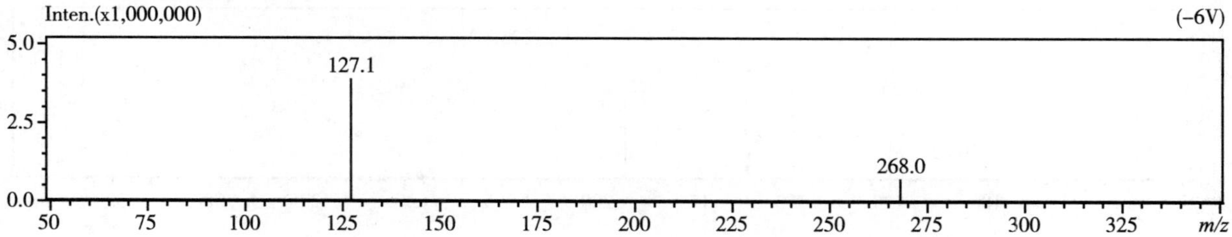

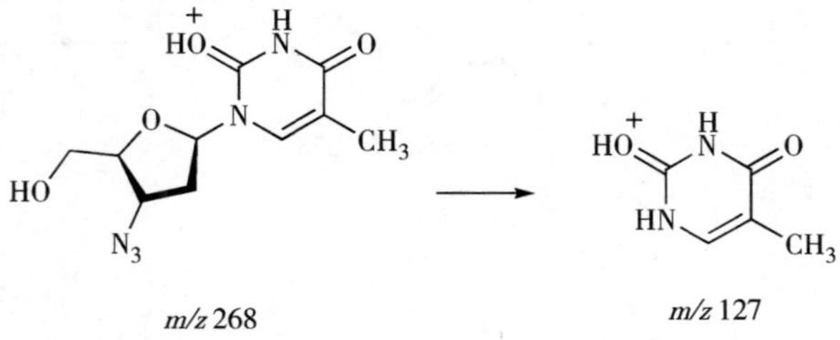

负离子扫描模式（一级）

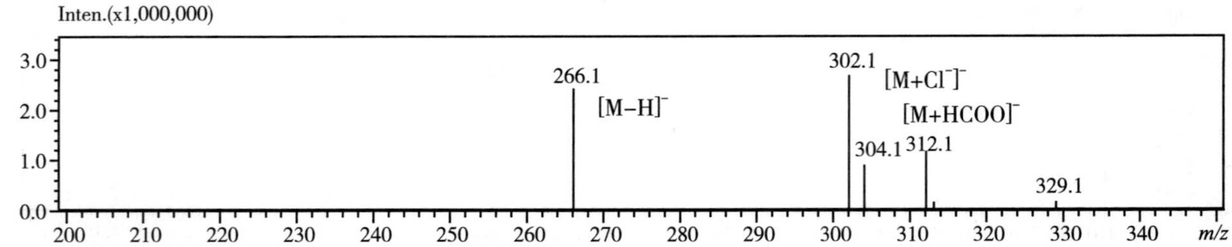

负离子扫描模式（二级）

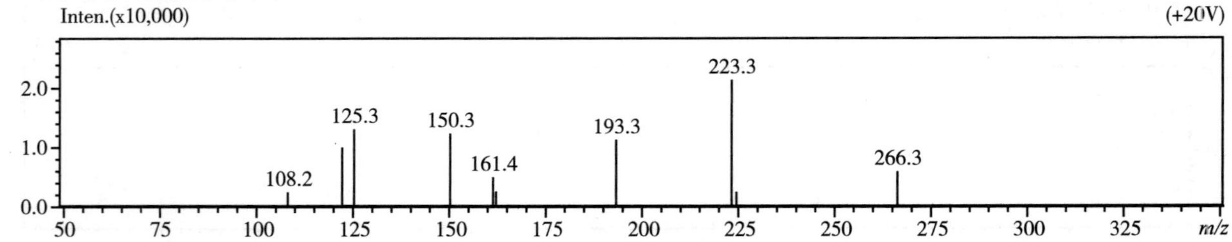

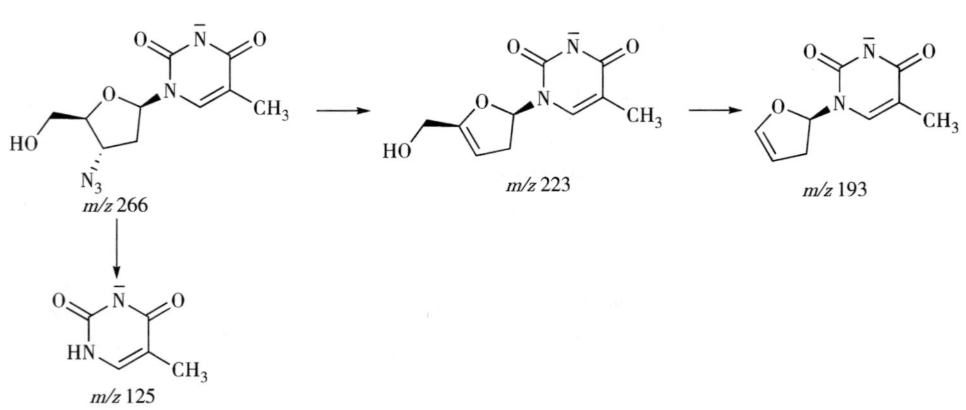

图 9　齐多夫定的质谱图

备注

1. **中文化学名**　3′－叠氮－3′－脱氧胸苷
2. **英文化学名**　3′－azido－3′－deoxythymidine
3. **性状**　本品为白色或棕色粉末。
4. **溶解性**　本品在水中略溶，在无水乙醇中溶解。
5. **溶剂**　水。
6. **对照品编号与批号**　100672－200401

格 列 美 脲

英文名 Glimepiride

分子式 $C_{24}H_{34}N_4O_5S$

分子量 490. 62

CAS 号 93479 – 97 – 1

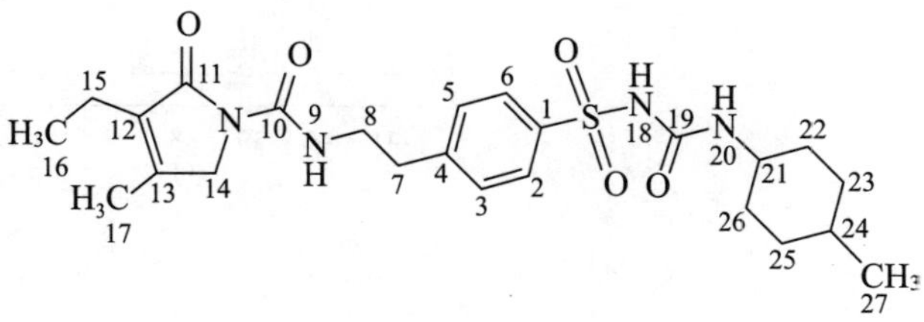

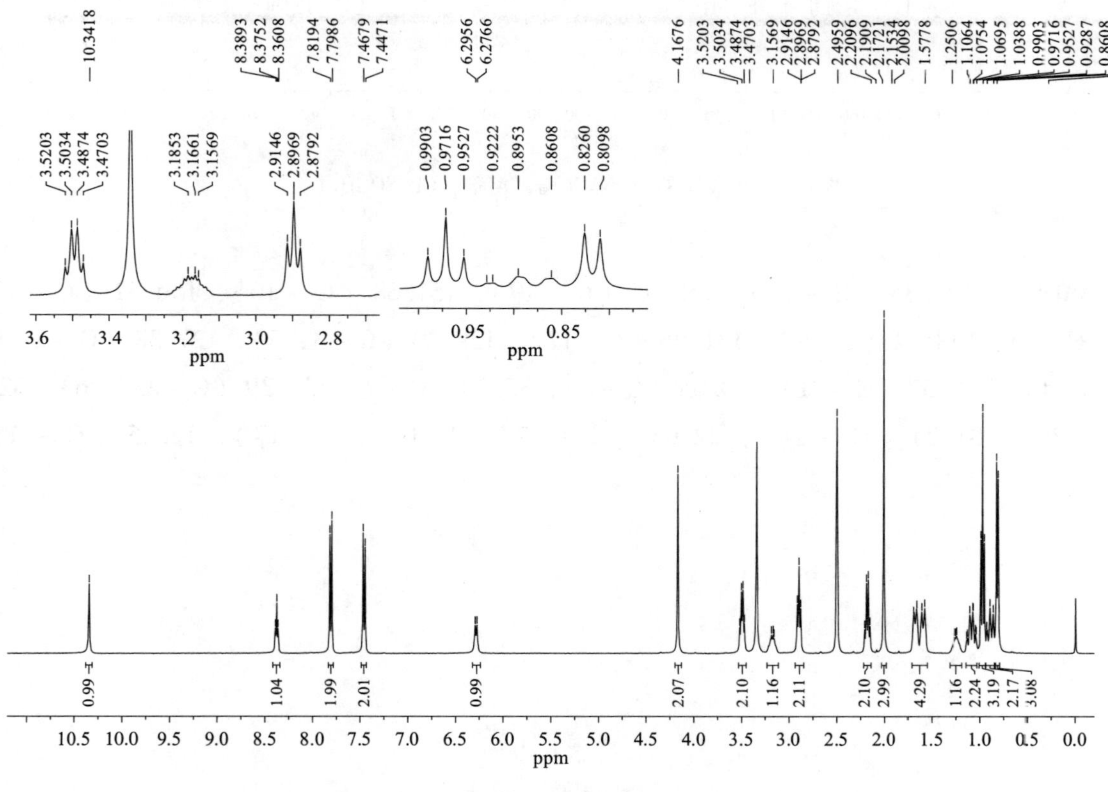

图 1　格列美脲的[1]H NMR 谱（溶剂：CD_3SOCD_3）

^{1}H NMR：δ 10. 34（H – 18，s，1H），8. 38（H – 9，t，J = 5. 7 Hz，1H），7. 81（H – 2，6，d，J = 8. 3 Hz，2H），7. 46（H – 3，5，d，J = 8. 3 Hz，2H），6. 29（H – 20，d，J = 7. 6 Hz，1H），4. 17（H – 14，s，2H），3. 50（H – 8，q，J = 6. 7，2H），3. 15（H – 21，m，1H），2. 90（H – 7，t，J = 7. 1 Hz，2H），2. 17（H – 15，q，J = 7. 5 Hz，2H），2. 01（H – 17，s，3H），1. 72 ~ 1. 55（H – 22a，26a，23a，25a，m，4H），1. 25（H – 24，m，1H），1. 15 ~ 1. 03（H – 22b，26b，m，2H），0. 97（H – 16，t，J = 7. 5 Hz，3H），0. 94 ~ 0. 85（H – 23b，25b，m，2H），0. 82（H – 27，d，J = 6. 5 Hz，3H）

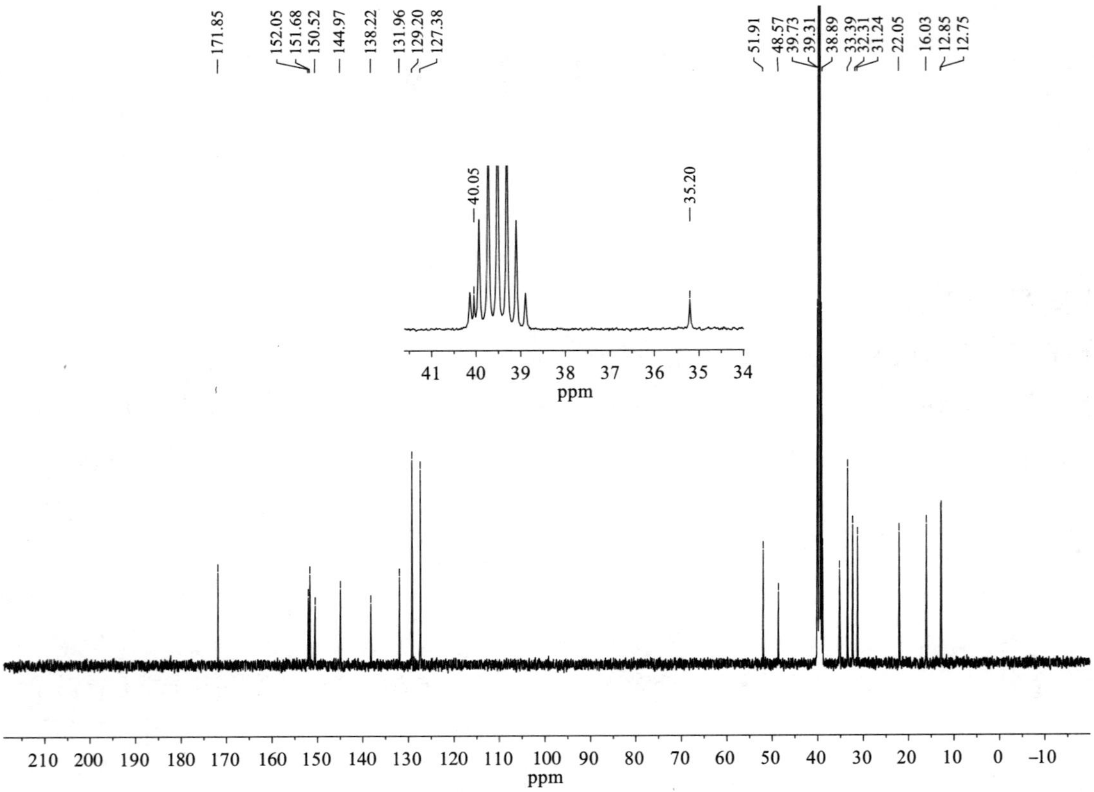

图 2　格列美脲的^{13}C NMR 谱（溶剂：CD_3SOCD_3）

^{13}C NMR：δ 171.85（C－11），152.05（C－19），151.68（C－10），150.52（C－13），144.97（C－4），138.22（C－1），131.96（C－12），129.20（C－3，5），127.38（C－2，6），51.91（C－14），48.57（C－21），40.05（C－8），35.20（C－7），33.39（C－22，26），32.31（C－23，25），31.24（C－24），22.05（C－27），16.03（C－17），12.85（C－15），12.75（C－16）

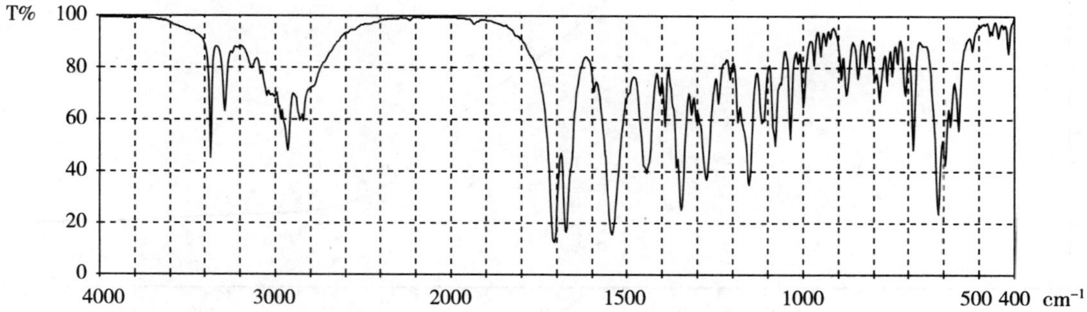

图 3　格列美脲的红外光谱图

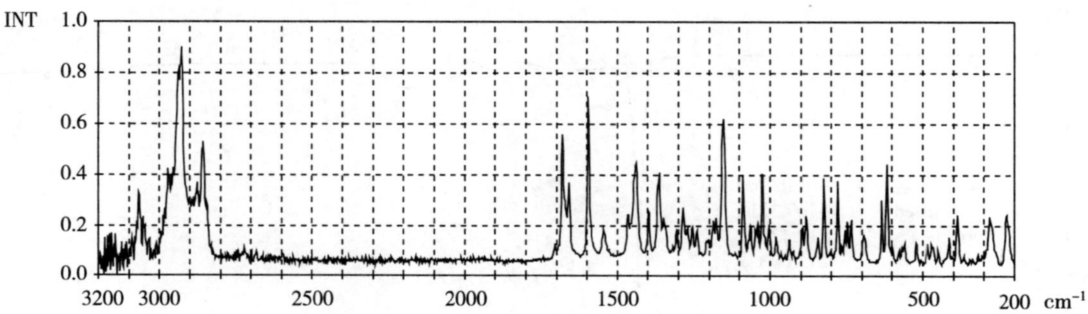

图 4　格列美脲的拉曼光谱图

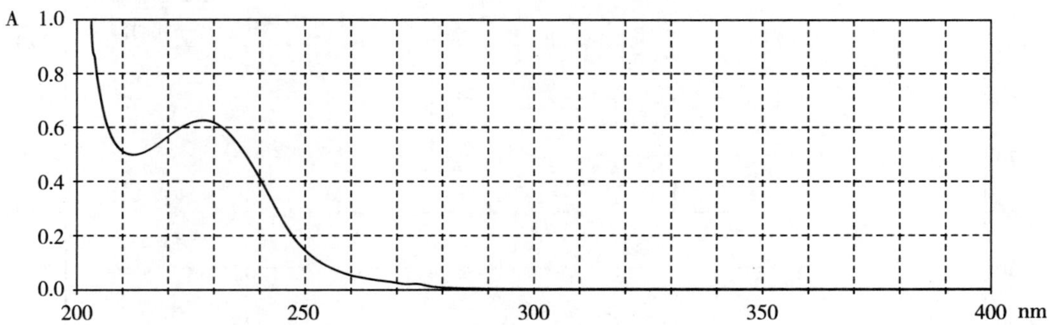

图 5　格列美脲的紫外光谱图

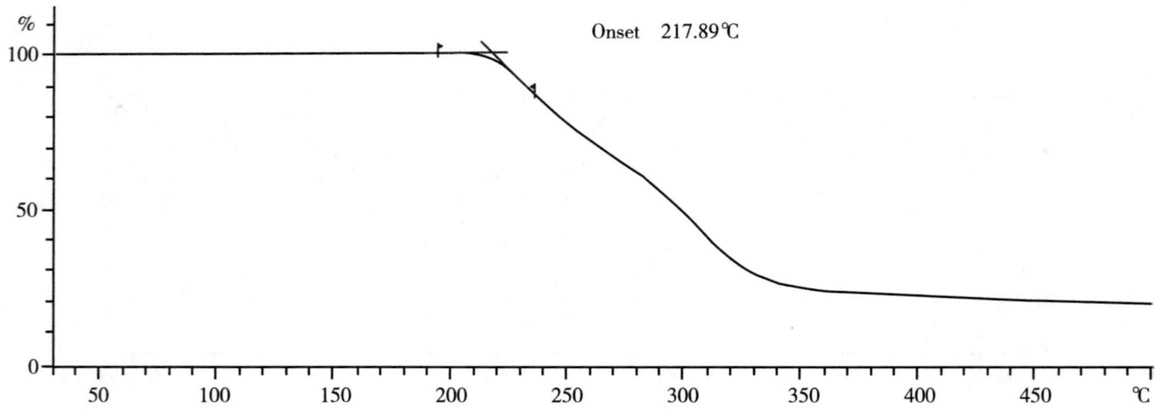

图 6　格列美脲的 TG 图

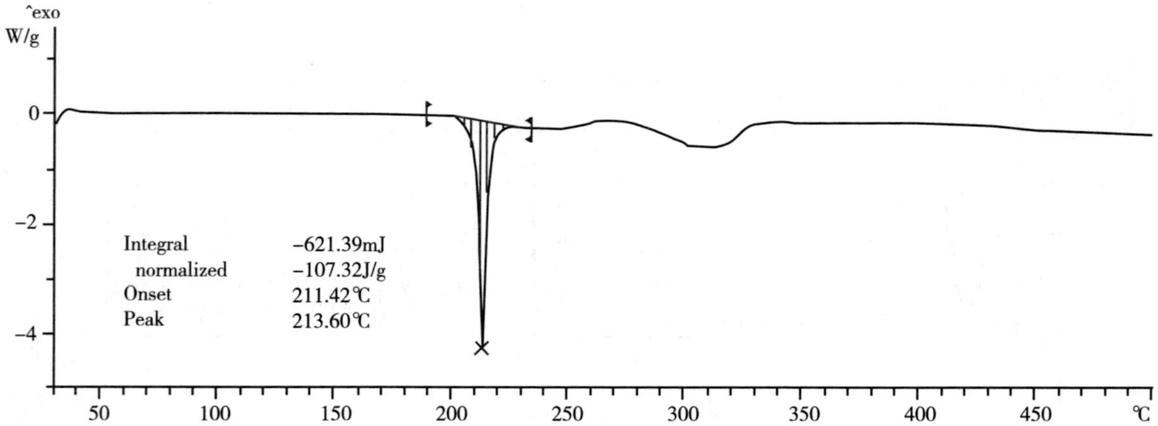

图 7　格列美脲的 DSC 图

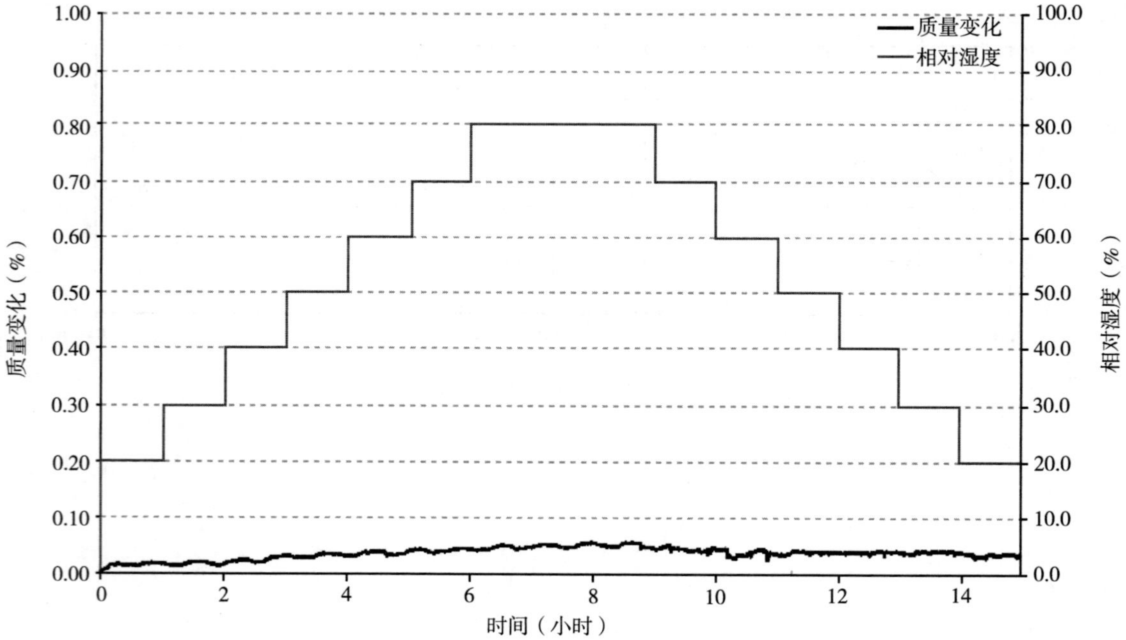

图 8　格列美脲的 DVS 图

正离子扫描模式（一级）

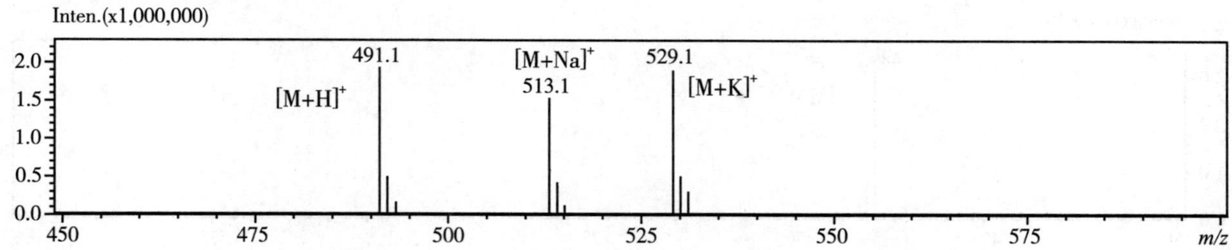

正离子扫描模式（二级）

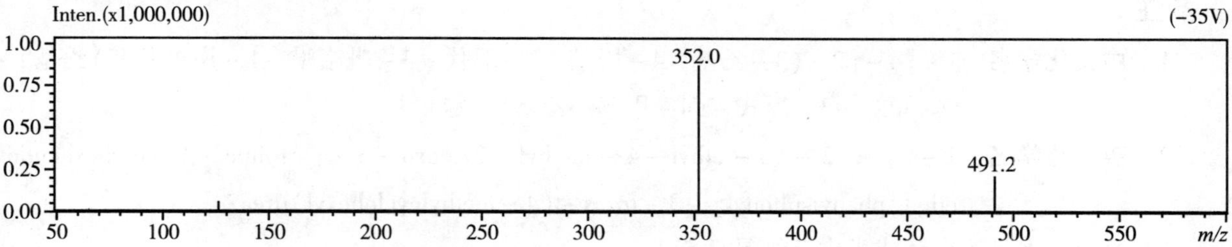

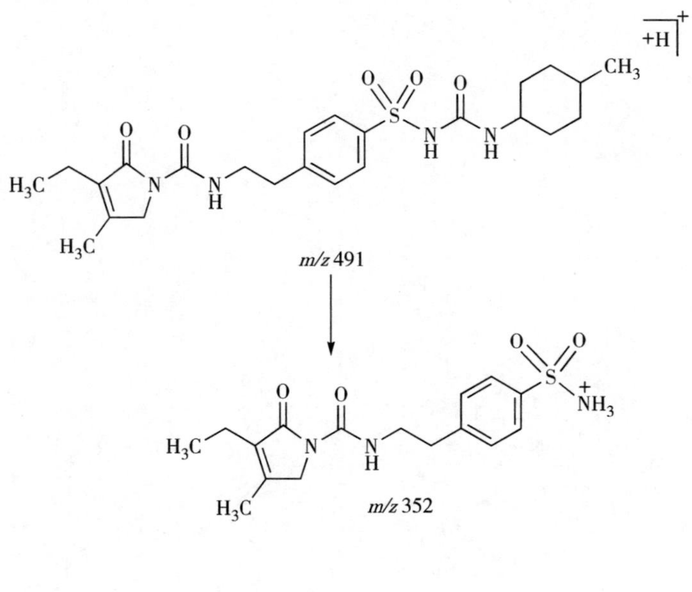

正离子扫描模式（一级）

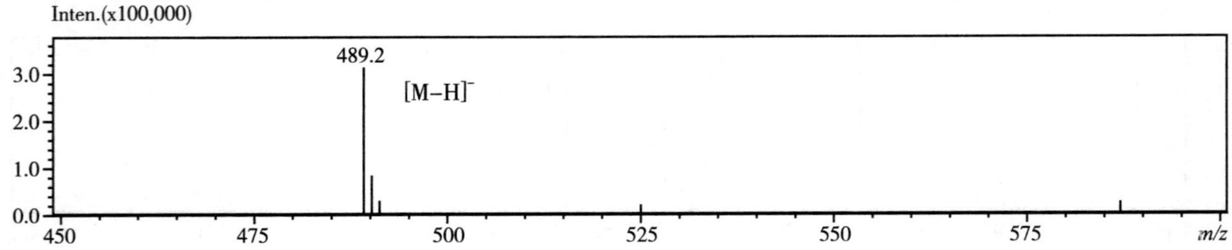

图9　格列美脲的质谱图

备注

1. **中文化学名**　1－[4－[2－(3－乙基－4－甲基－2－氧代－3－吡咯啉－1－甲酰胺基)乙基]－苯磺酸]－3－反式－(4－甲基环乙基)－脲
2. **英文化学名**　1－[4－[2－(3－ethyl－4－methyl－2－oxo－3－pyrroline－1－carboxamido) ethyl]phenylsulfonyl]－3－*trans*－(4－methylcyclohexyl)urea
3. **性状**　本品为白色或类白色结晶性粉末。
4. **溶解性**　本品在三氯甲烷中溶解，在甲醇或乙醇中极微溶解，在水或乙醚中不溶。
5. **溶剂**　乙醇。
6. **对照品编号与批号**　100674－201102

苯 溴 马 隆

英文名 Benzbromarone

分子式 $C_{17}H_{12}Br_2O_3$

分子量 424.08

CAS 号 3562 - 84 - 3

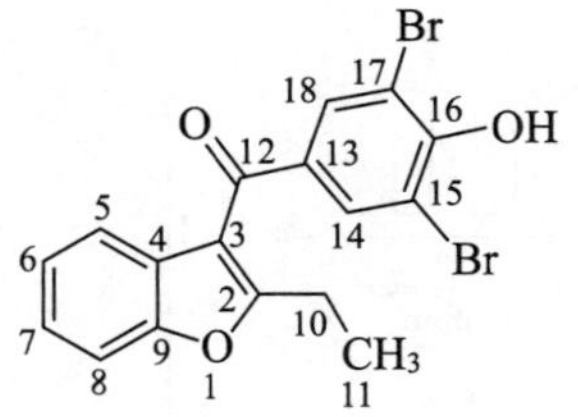

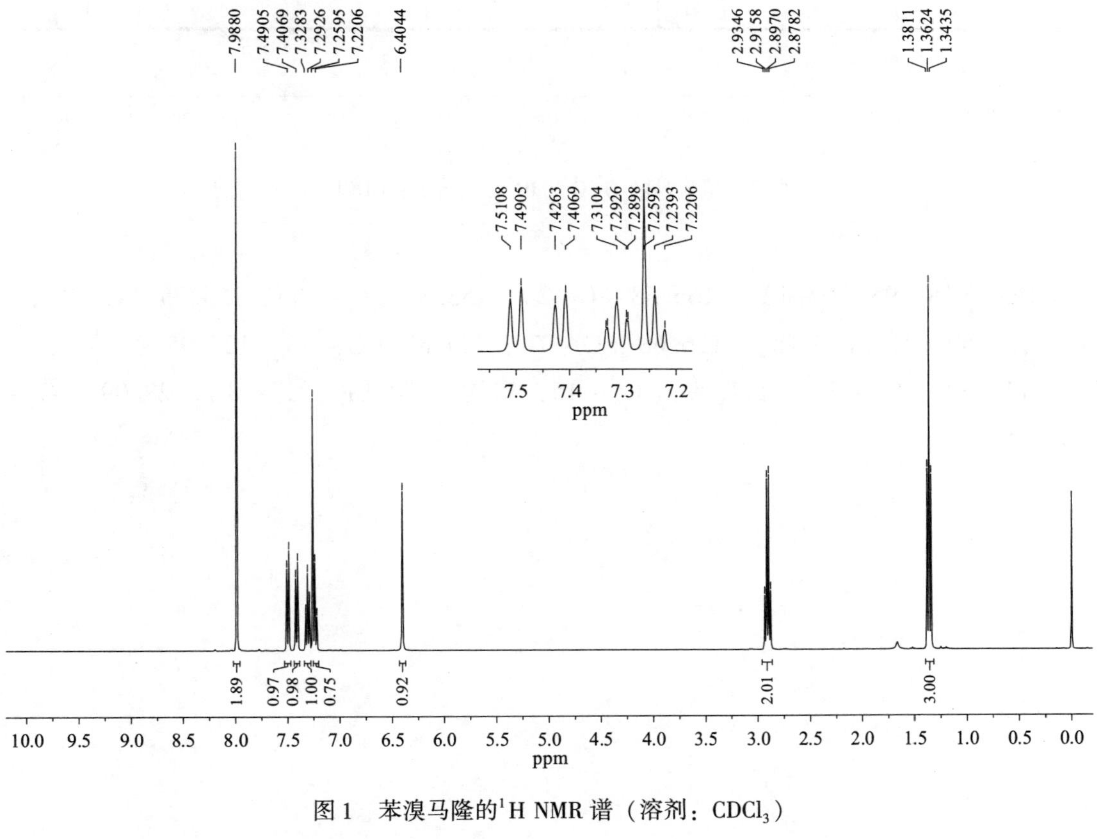

图 1 苯溴马隆的^{1}H NMR 谱（溶剂：$CDCl_3$）

^{1}H NMR：δ 7.99（H - 14，18，s，2H），7.50（H - 8，d，J = 8.1 Hz，1H），7.42（H - 5，d，J = 7.8 Hz，1H），7.29（H - 6，t，J = 7.8 Hz，1H），7.23（H - 7，t，J = 7.5 Hz，1H），6.40（OH，s，1H），2.91（H - 10，q，J = 7.5 Hz，2H），1.36（H - 11，t，J = 7.5 Hz，3H）

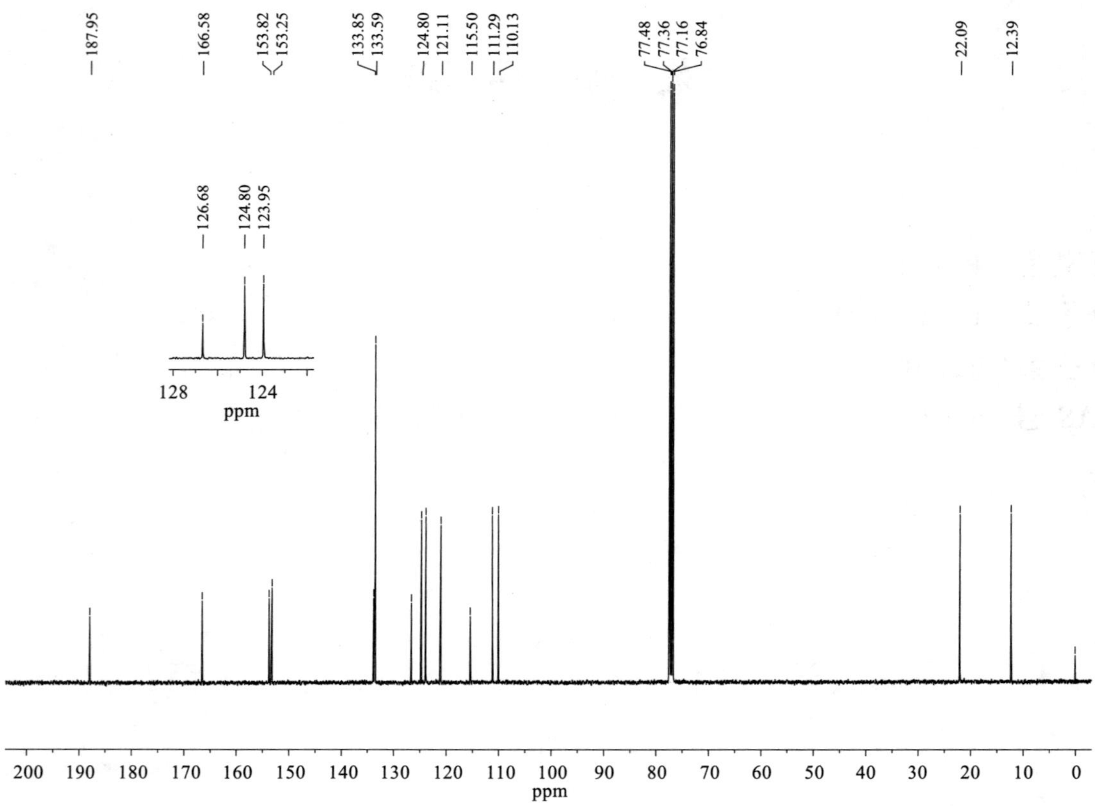

图 2　苯溴马隆的^{13}C NMR 谱（溶剂：$CDCl_3$）

^{13}C NMR：δ 187.95（C－12），166.58（C－2），153.82（C－16），153.25（C－9），133.85（C－13），133.59（C－14，18），126.68（C－7），124.80（C－4），123.95（C－6），121.11（C－5），115.50（C－3），111.29（C－15，17），110.13（C－8），22.09（C－10），12.39（C－11）

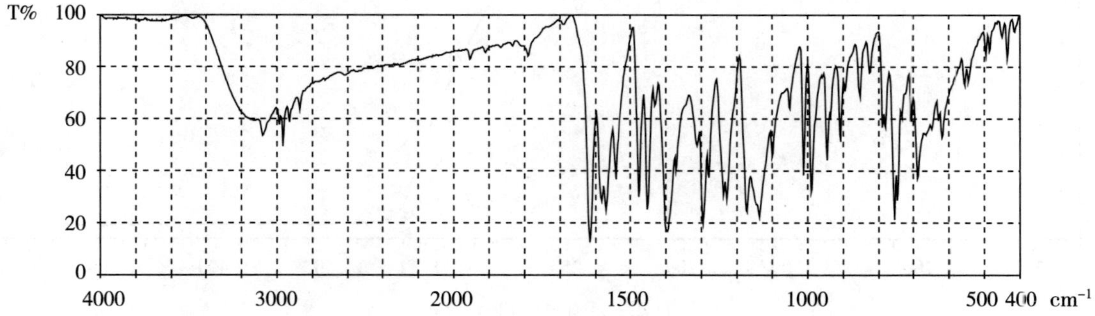

图 3　苯溴马隆的红外光谱图

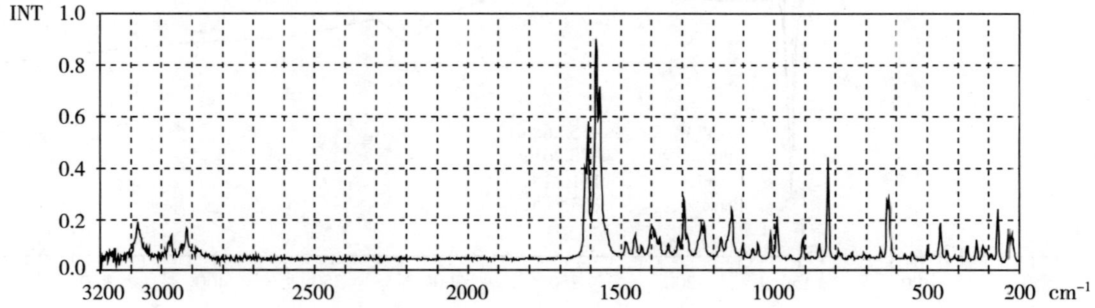

图 4　苯溴马隆的拉曼光谱图

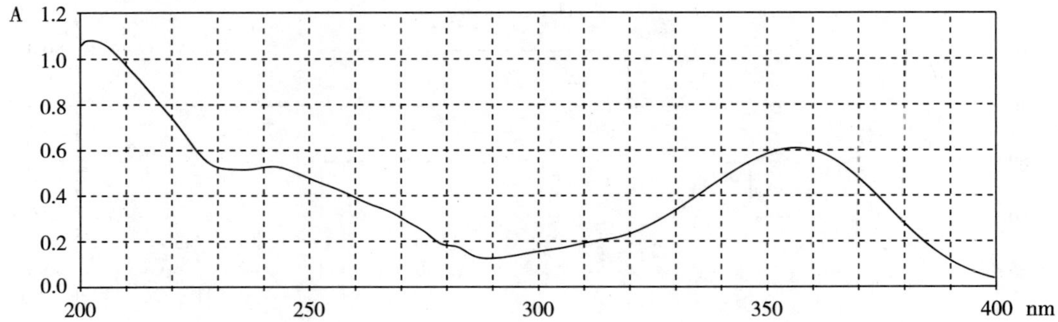

图 5　苯溴马隆的紫外光谱图

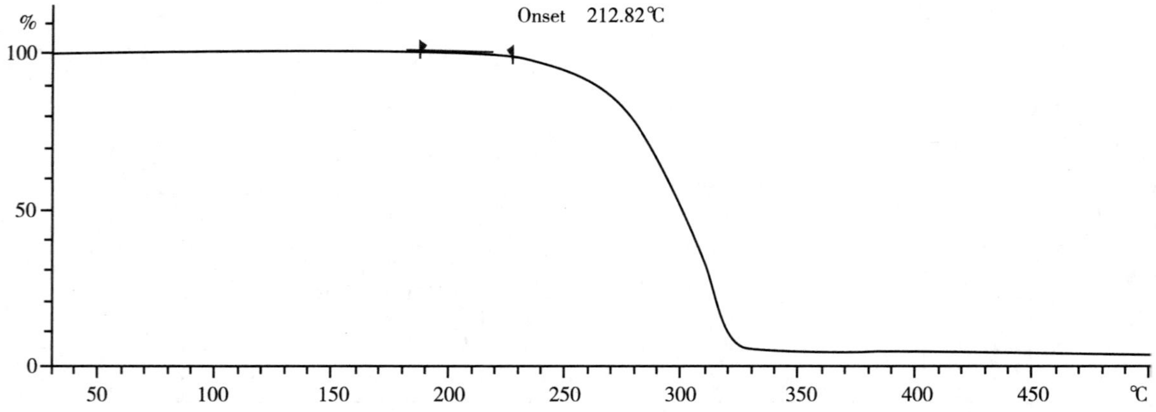

图 6　苯溴马隆的 TG 图

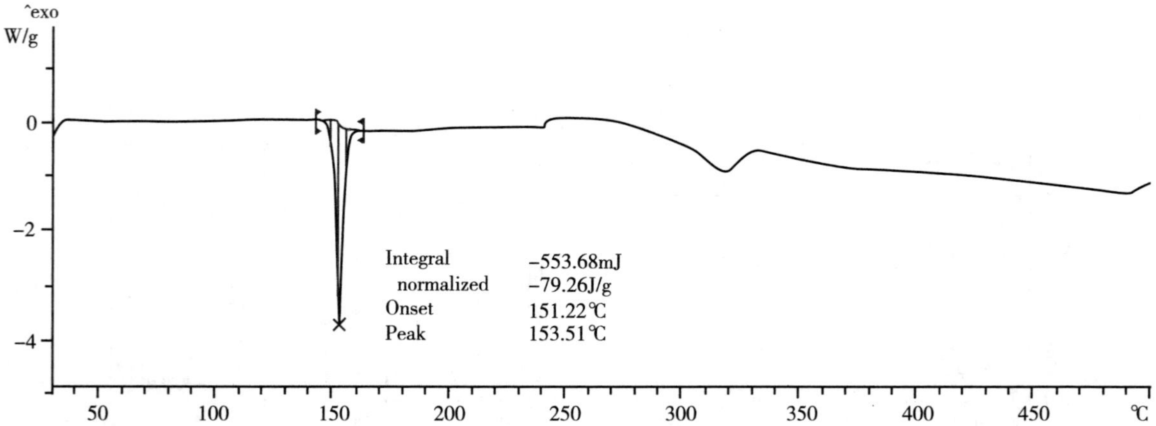

图 7　苯溴马隆的 DSC 图

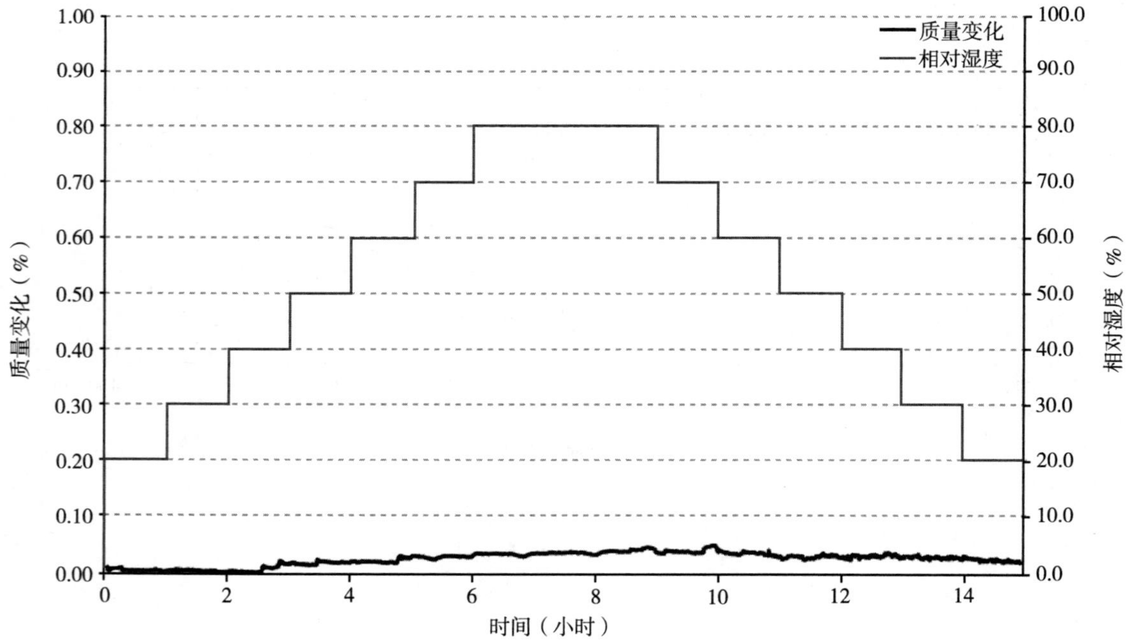

图 8　苯溴马隆的 DVS 图

正离子扫描模式（一级）

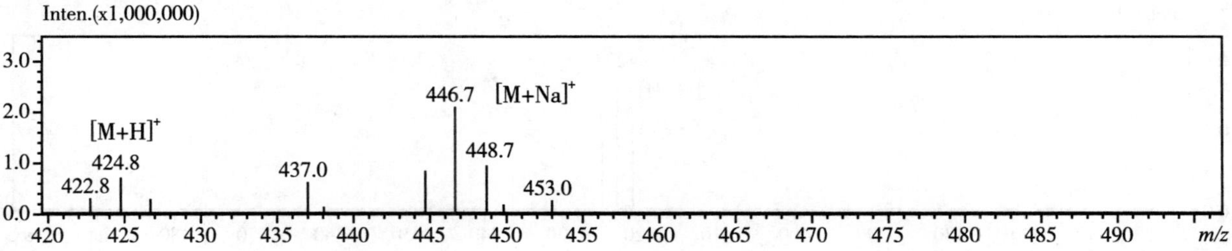

正离子扫描模式（二级）

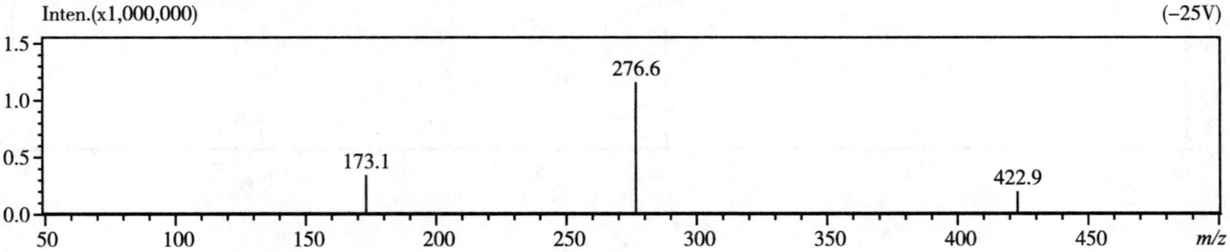

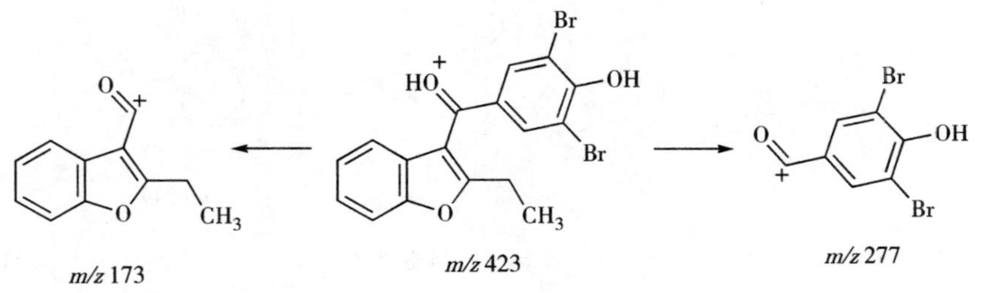

负离子扫描模式（一级）

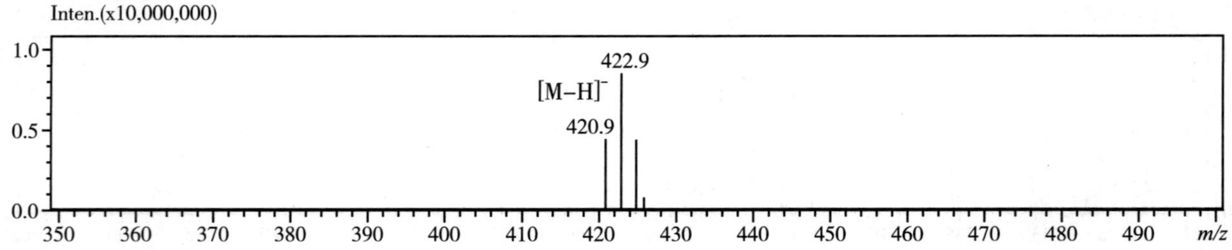

负离子扫描模式（二级）

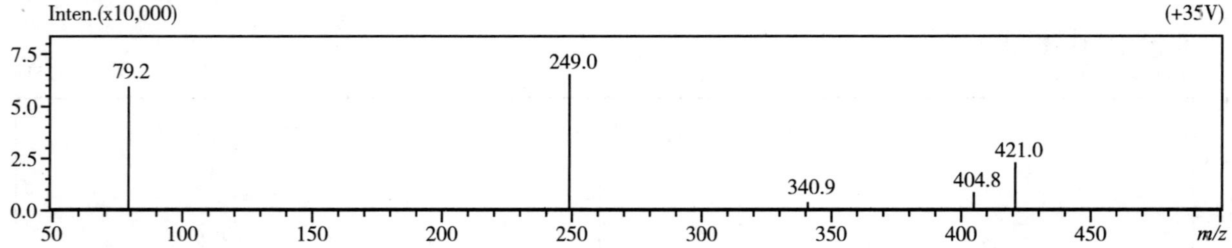

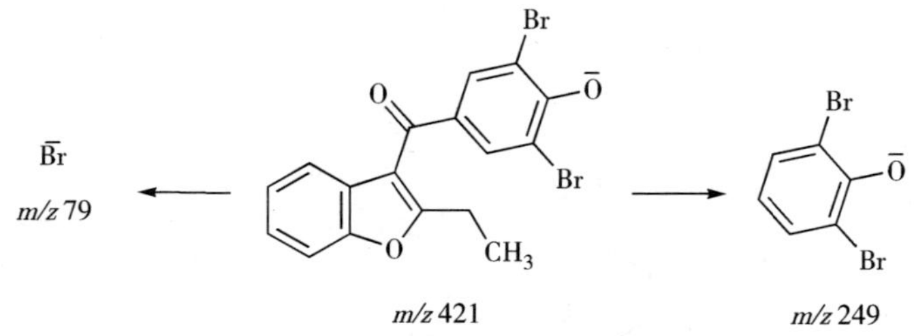

图 9　苯溴马隆的质谱图

备注

1. 中文化学名　(3,5－二溴－4－羟基苯基)－(2－乙基－3－苯并呋喃基)甲酮

2. 英文化学名　(3,5－dibromo－4－hydroxyphenyl)－(2－ethyl－3－benzofuranyl)methanone

3. 性状　本品为白色至微黄色结晶性粉末；无臭，无味。

4. 溶解性　本品在二甲基甲酰胺中极易溶解，在三氯甲烷或丙酮中易溶，在乙醚中溶解。

5. 溶剂　0.1mol/L 氢氧化钠溶液。

6. 对照品编号与批号　100677－200401

乙氧苯柳胺

英文名 Etofesalamide

分子式 $C_{15}H_{15}NO_3$

分子量 257.28

CAS 号 64700-55-6

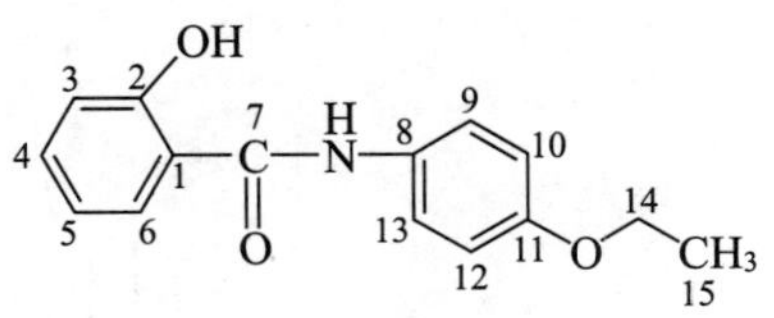

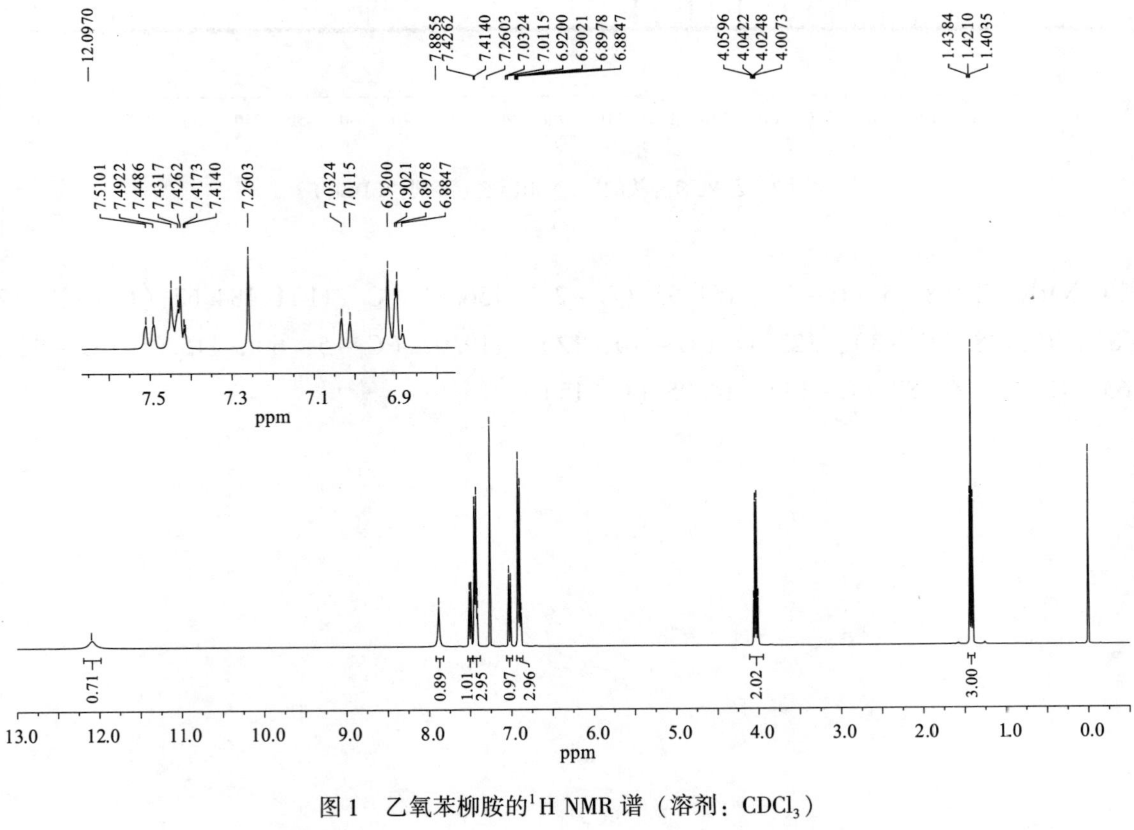

图 1 乙氧苯柳胺的^{1}H NMR 谱（溶剂：$CDCl_3$）

^{1}H NMR：δ 12.10（OH，brs，1H），7.89（NH，brs，1H），7.50（H-6，d，J=7.2 Hz，1H），7.47～7.38（H-4，10，12，m，3H），7.02（H-3，d，J=8.4 Hz，1H），6.90（H-5，9，13，dd，J=7.9，6.2 Hz，3H），4.03（H-14，q，J=7.0 Hz，2H），1.42（H-15，t，J=7.0 Hz，3H）

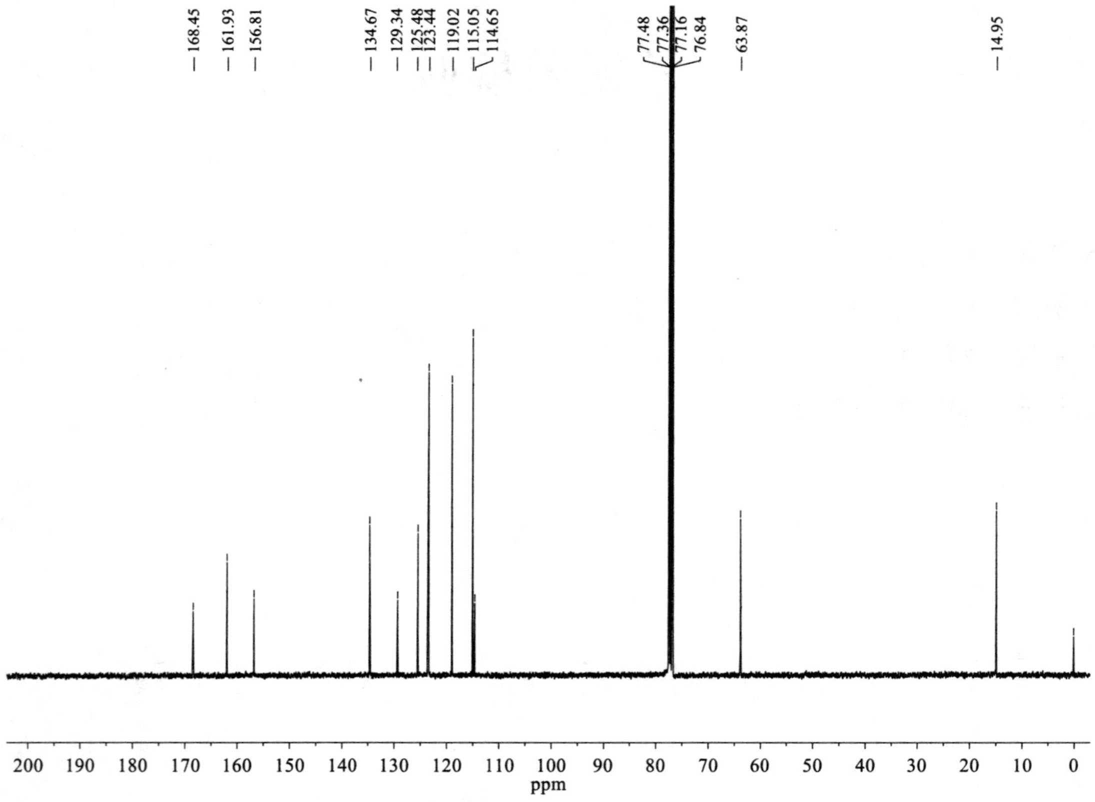

图 2　乙氧苯柳胺的 ^{13}C NMR 谱（溶剂：$CDCl_3$）

^{13}C NMR：δ 168.45（C－7），161.93（C－2），156.81（C－11），134.67（C－4），129.34（C－8），125.48（C－3），123.44（C－10，12），119.02（C－5，6），115.05（C－9，13），114.65（C－1），63.87（C－14），14.95（C－15）

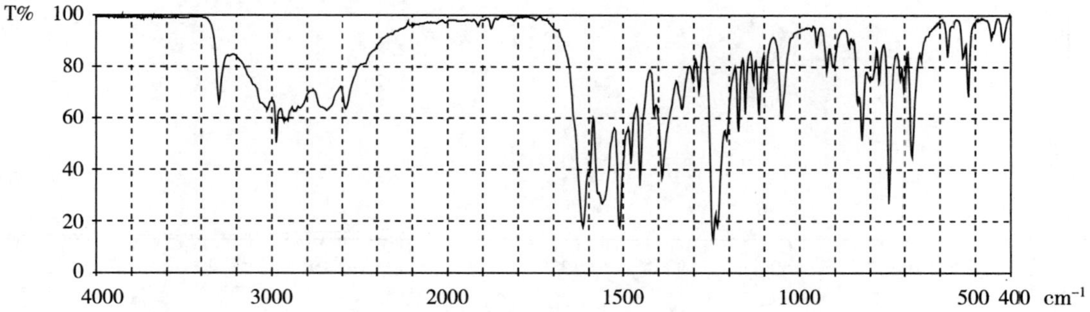

图 3　乙氧苯柳胺的红外光谱图

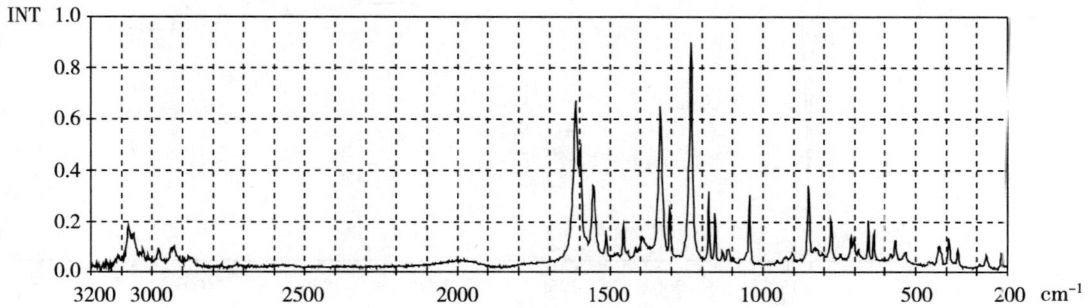

图 4　乙氧苯柳胺的拉曼光谱图

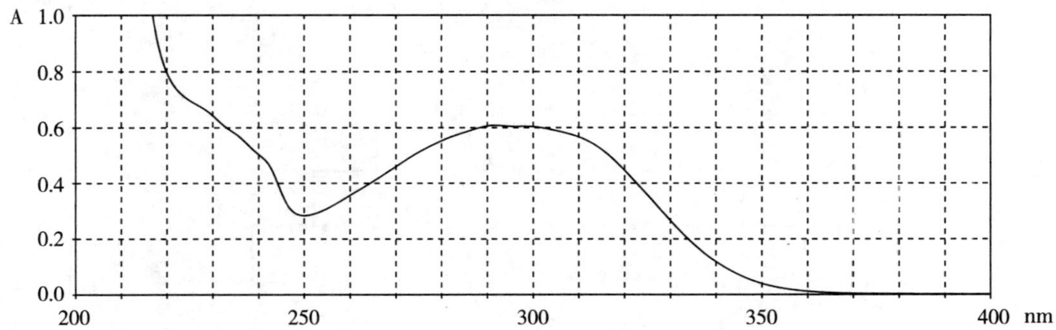

图 5　乙氧苯柳胺的紫外光谱图

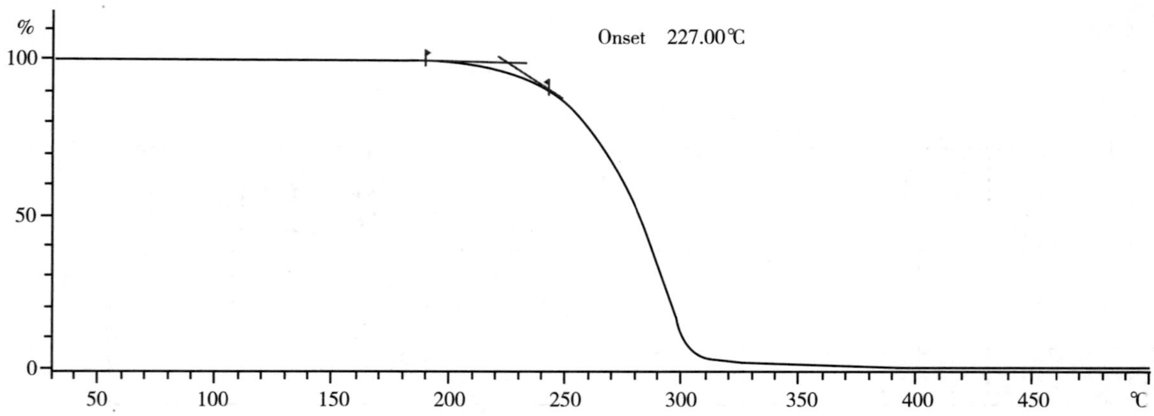

图 6 乙氧苯柳胺的 TG 图

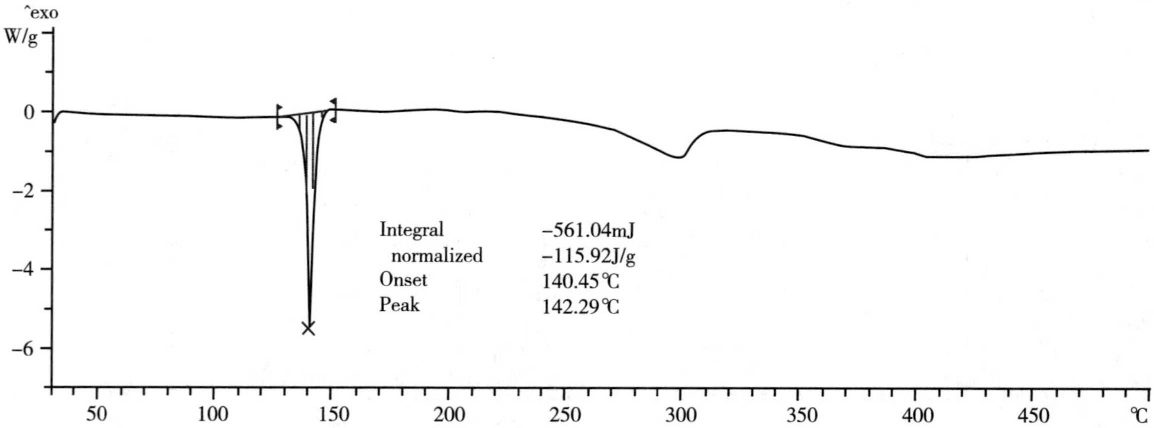

图 7 乙氧苯柳胺的 DSC 图

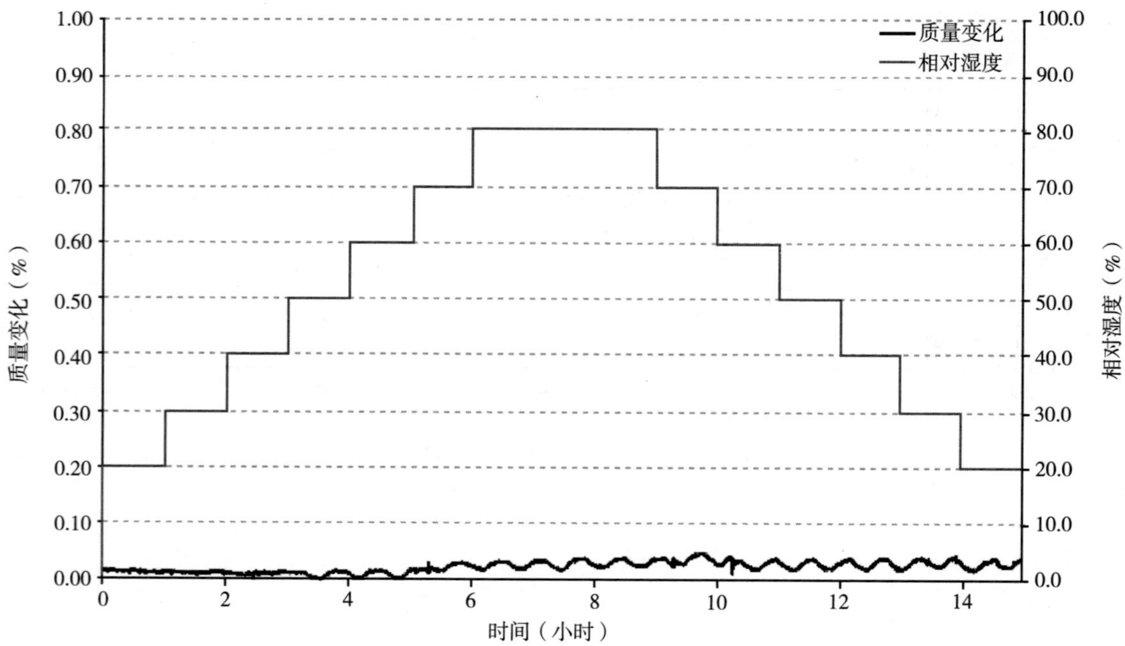

图 8 乙氧苯柳胺的 DVS 图

正离子扫描模式（一级）

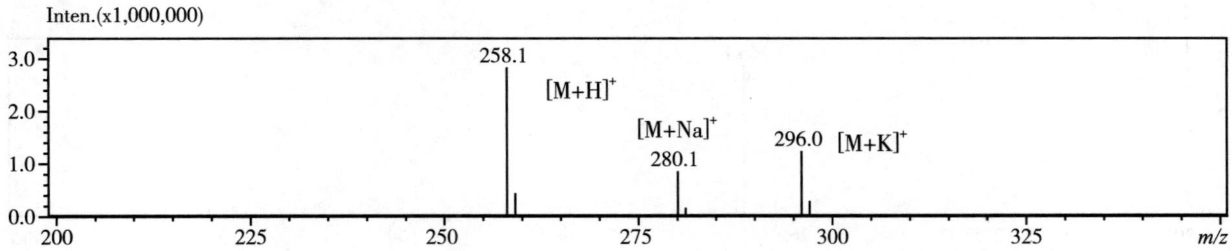

正离子扫描模式（二级）

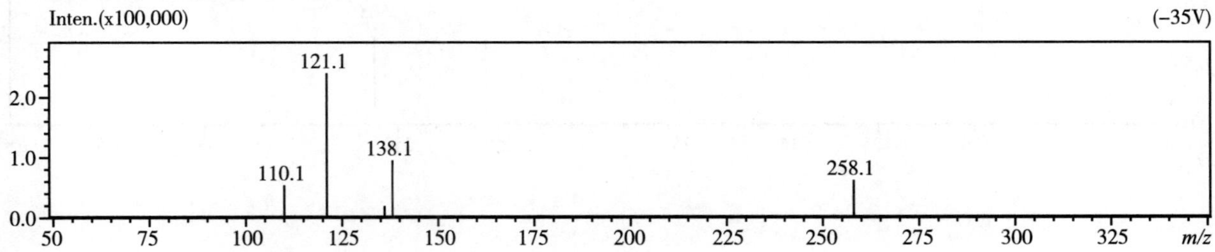

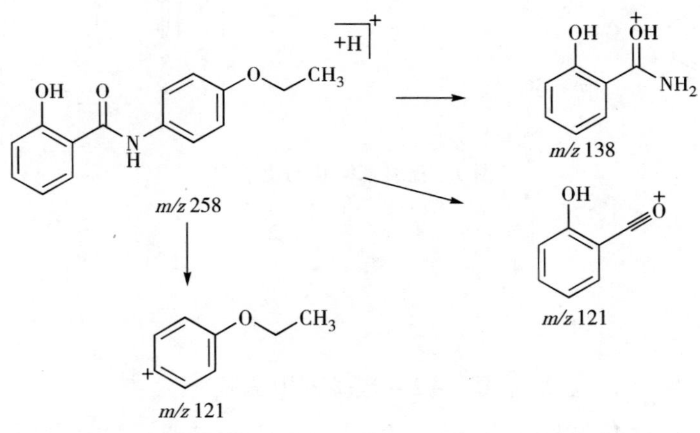

负离子扫描模式（一级）

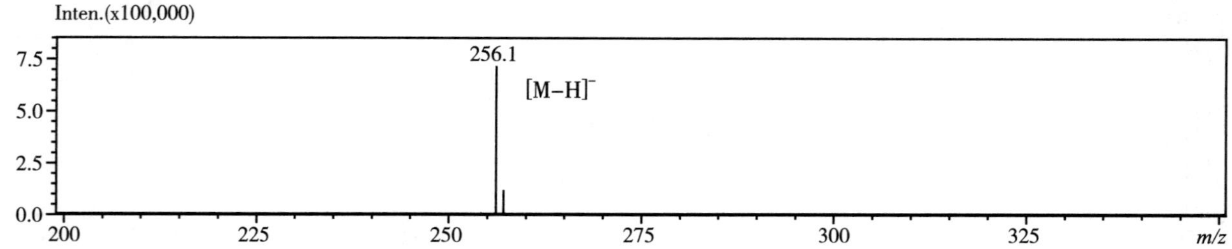

负离子扫描模式（二级）

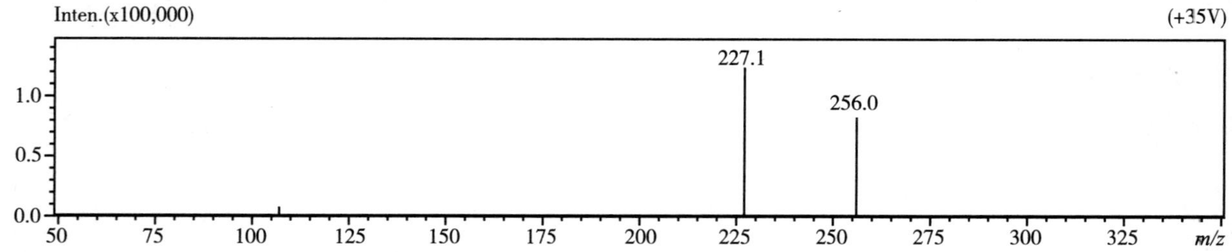

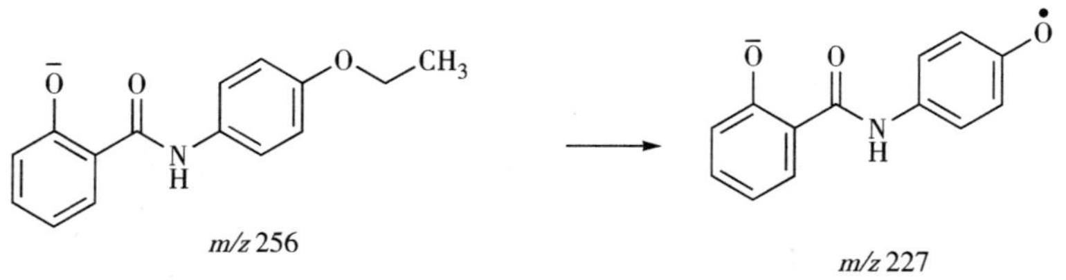

图9　乙氧苯柳胺的质谱图

备注

1. **中文化学名**　*N*－(4－乙氧苯基)－2－羟基苯甲酰胺
2. **英文化学名**　*N*－(4－ethoxyphenyl)－2－hydroxybenzamide
3. **性状**　本品为白色或类白色结晶性粉末；无臭，无味。
4. **溶解性**　本品在丙酮中易溶，在三氯甲烷或乙酸乙酯中溶解，在甲醇、乙醇或乙醚中略溶，在水中几乎不溶。
5. **溶剂**　无水乙醇。
6. **对照品编号与批号**　100680－200901

盐酸布替萘芬

英文名 Butenafine Hydrochloride

分子式 $C_{23}H_{27}N \cdot HCl$

分子量 353.93

CAS 号 101827-46-7

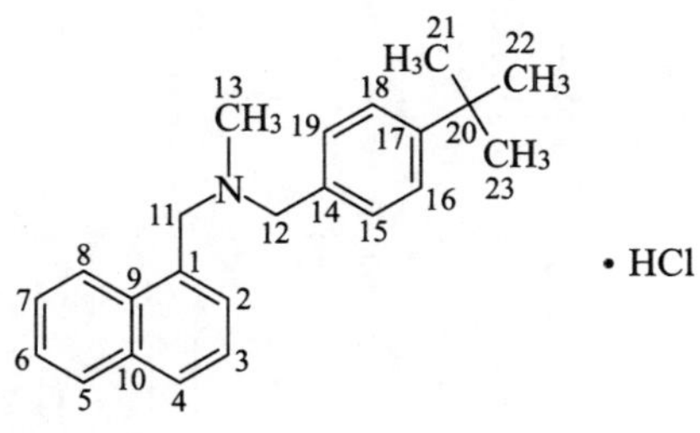

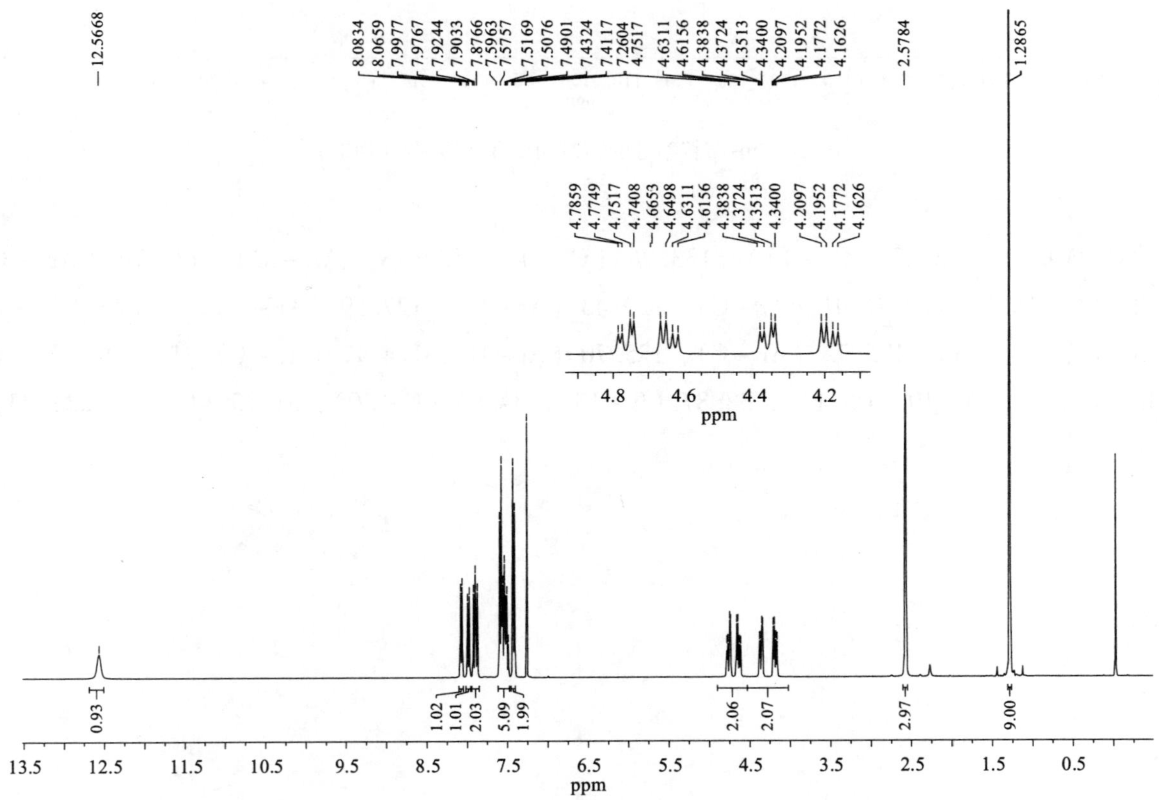

图 1 盐酸布替萘芬的^{1}H NMR 谱（溶剂：$CDCl_3$）

^{1}H NMR：δ 12.57（HCl，brs，1H），8.07（H-8，d，J=7.0 Hz，1H），7.99（H-5，d，J=8.4 Hz，1H），7.90（Ar-H，m，2H），7.59（H-16，18，d，J=8.2 Hz，2H），7.57～7.48（Ar-H，m，3H），7.43（H-15，19，d，J=8.2 Hz，2H），4.70（H-11，ddd，J=19.9，13.7，5.3 Hz，2H），4.28（H-12，ddd，J=18.8，13.0，5.2 Hz，2H），2.58（H-13，s，3H），1.29（H-21，22，23，s，9H）

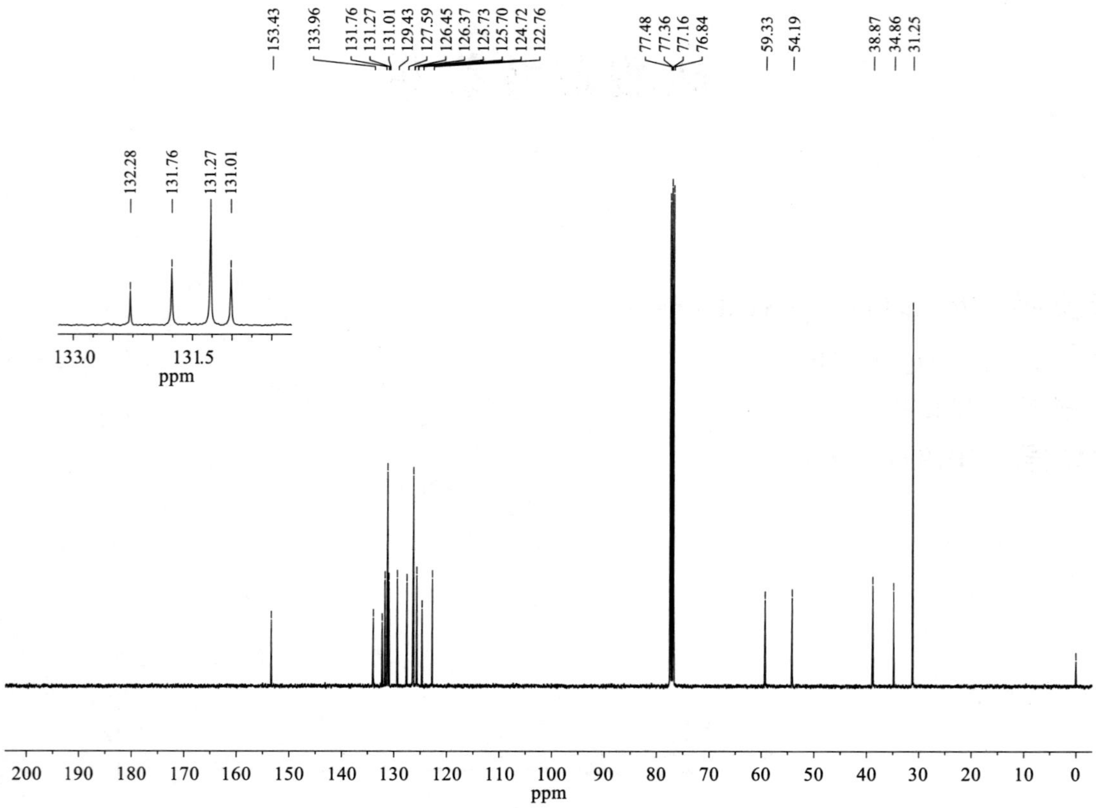

图 2　盐酸布替萘芬的^{13}C NMR 谱（溶剂：$CDCl_3$）

^{13}C NMR：δ 153.43（C－17），133.96（C－1），132.28（Ar－C），131.76（Ar－C），131.27（C－15，19），131.01（Ar－C），129.43（Ar－C），127.59（Ar－C），126.45（Ar－C），126.37（C－16，18），125.73（Ar－C），125.70（Ar－C），124.72（Ar－C），122.76（Ar－C），59.33（C－12），54.19（C－11），38.87（C－13），34.86（C－20），31.25（C－21，22，23）

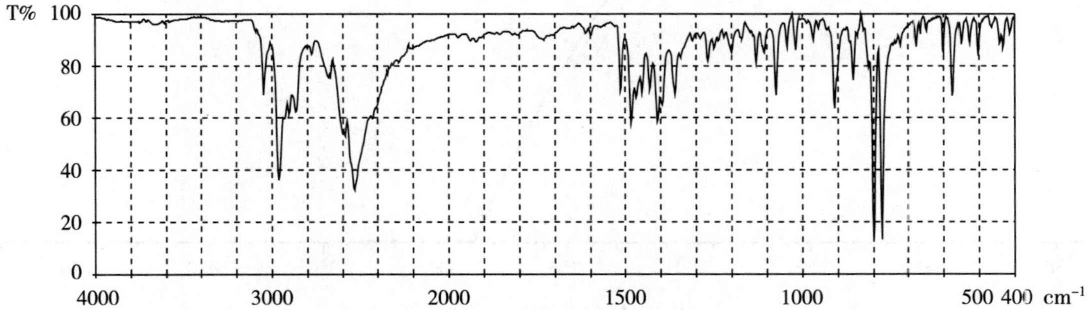

图 3　盐酸布替萘芬的红外光谱图

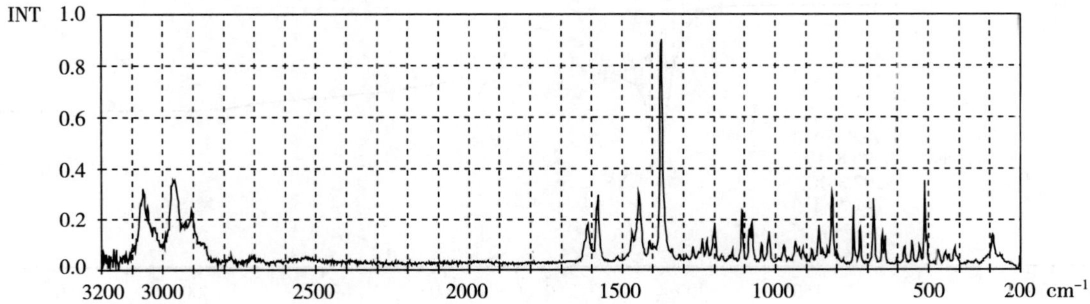

图 4　盐酸布替萘芬的拉曼光谱图

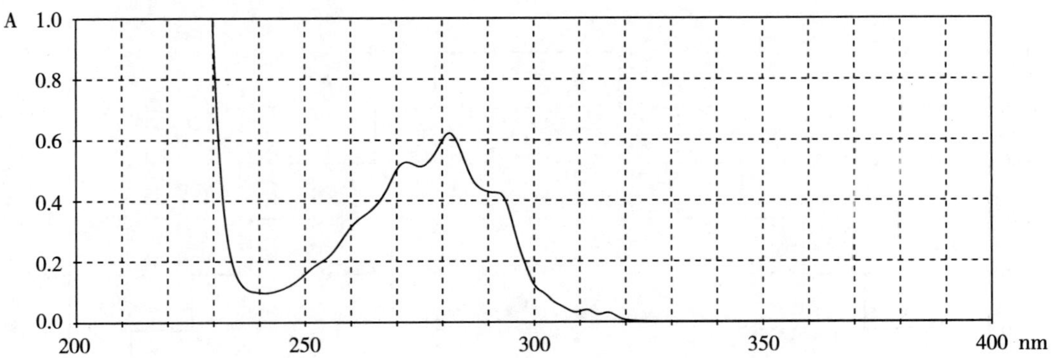

图 5　盐酸布替萘芬的紫外光谱图

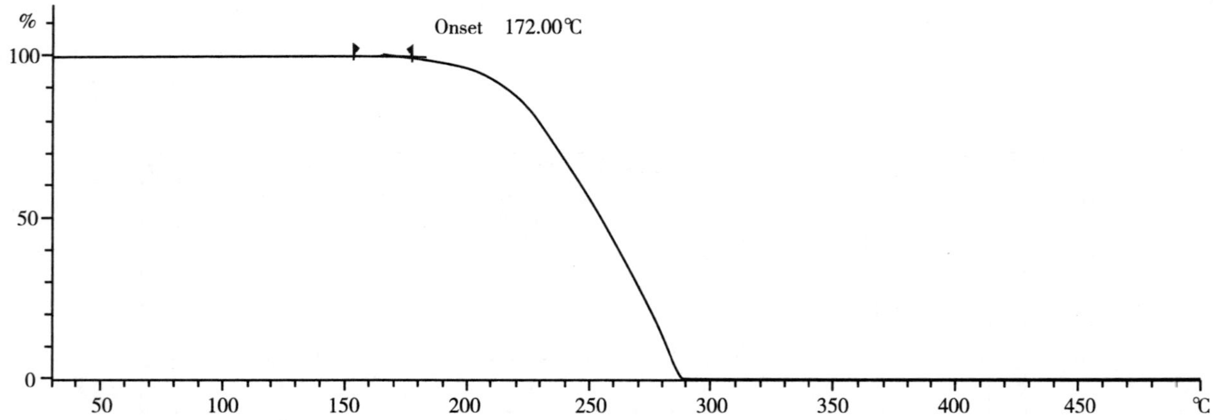

图 6　盐酸布替萘芬的 TG 图

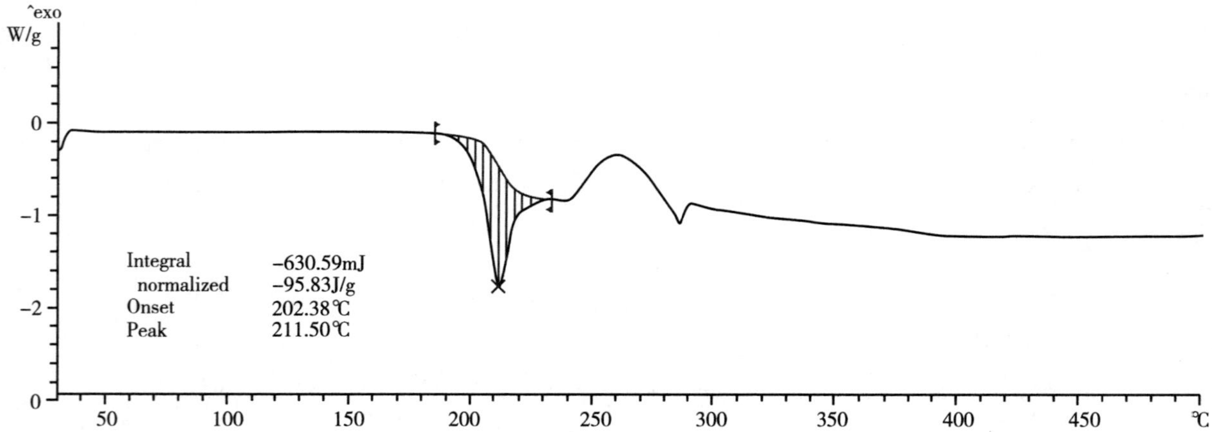

图 7　盐酸布替萘芬的 DSC 图

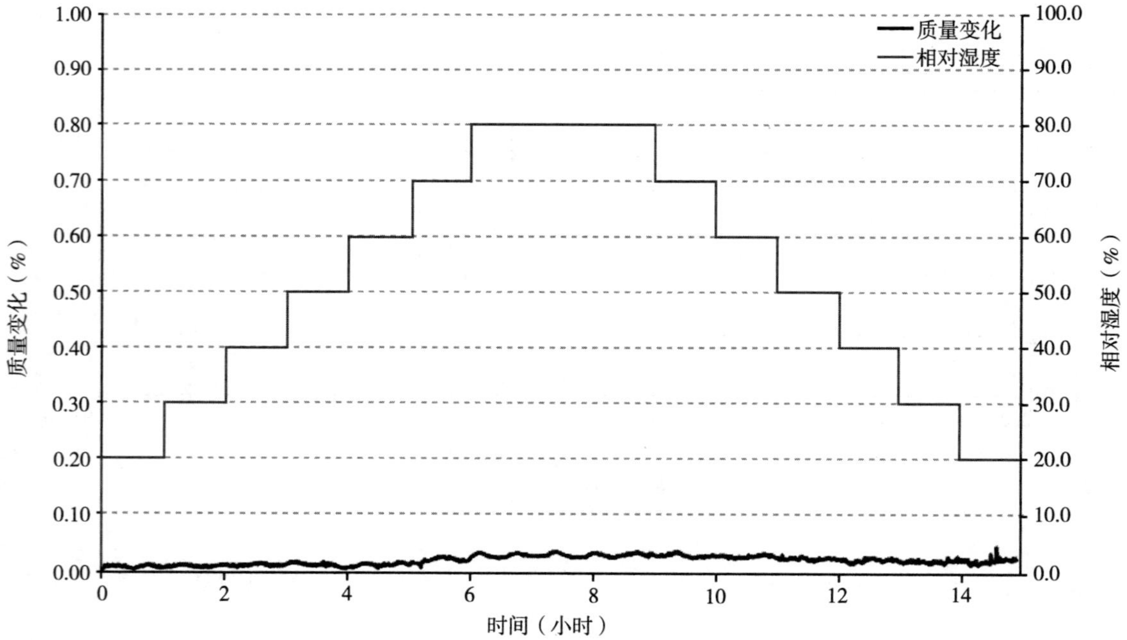

图 8　盐酸布替萘芬的 DVS 图

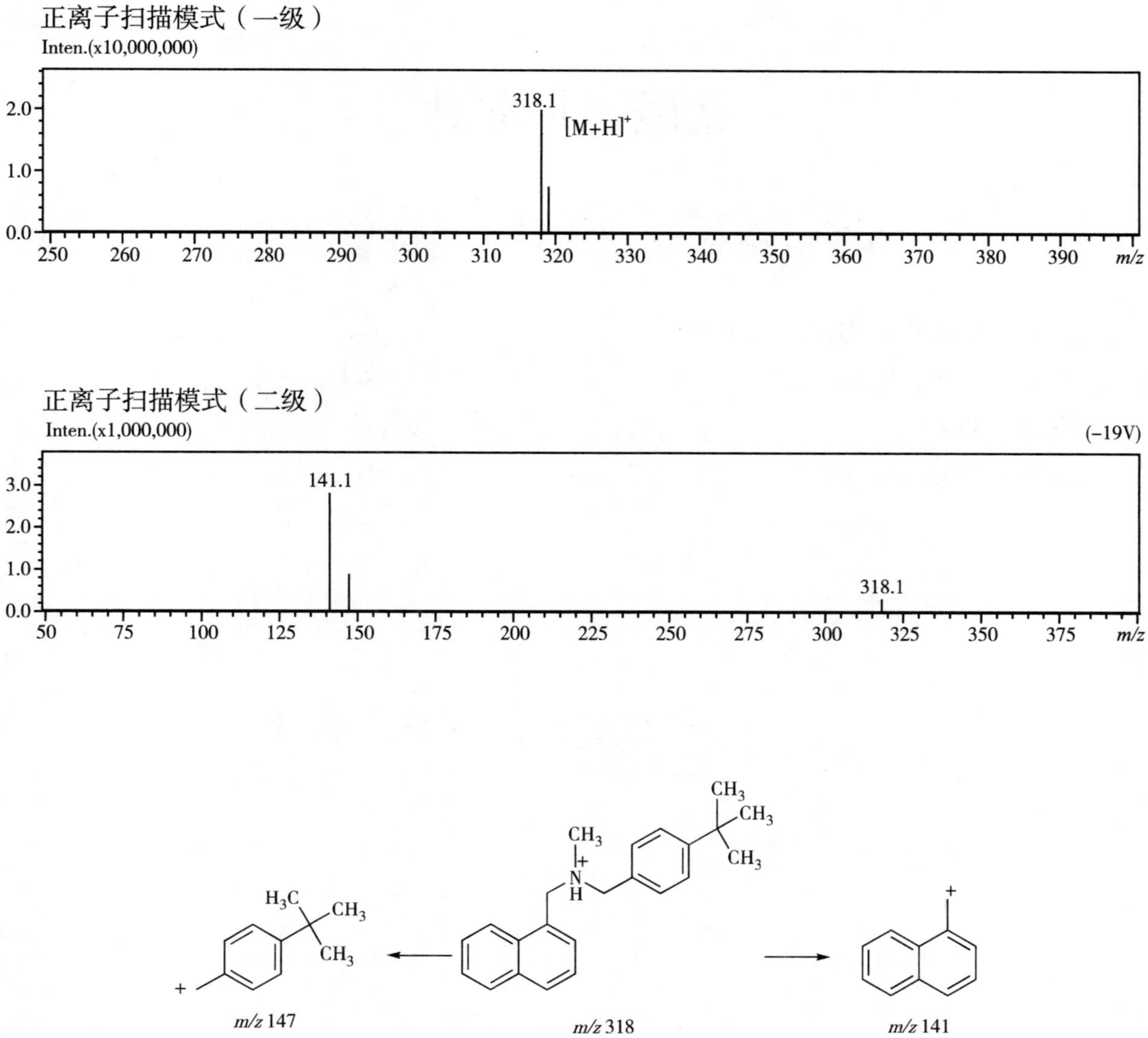

图9　盐酸布替萘芬的质谱图

备注

1. 中文化学名　*N*－甲基－*N*－［4－(叔丁基)苄基］－1－萘甲胺盐酸盐

2. 英文化学名　*N*－［［4－(1,1－dimethylethyl)phenyl］methyl］－*N*－methyl－1－naphthalene-methanamine hydrochloride

3. 性状　本品为白色或类白色结晶性粉末；微有异臭，味微苦。

4. 溶解性　本品在甲醇或三氯甲烷中易溶，在乙醇中溶解，在丙酮中微溶，在水、乙醚或盐酸溶液中几乎不溶。

5. 溶剂　无水乙醇。

6. 对照品编号与批号　100681－200301

盐酸二甲弗林

英文名　Dimefline Hydrochloride

分子式　$C_{20}H_{21}NO_3 \cdot HCl$

分子量　359.85

CAS 号　2740-04-7

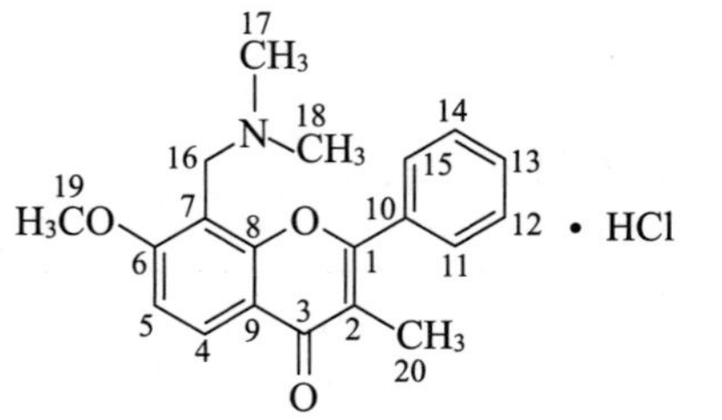

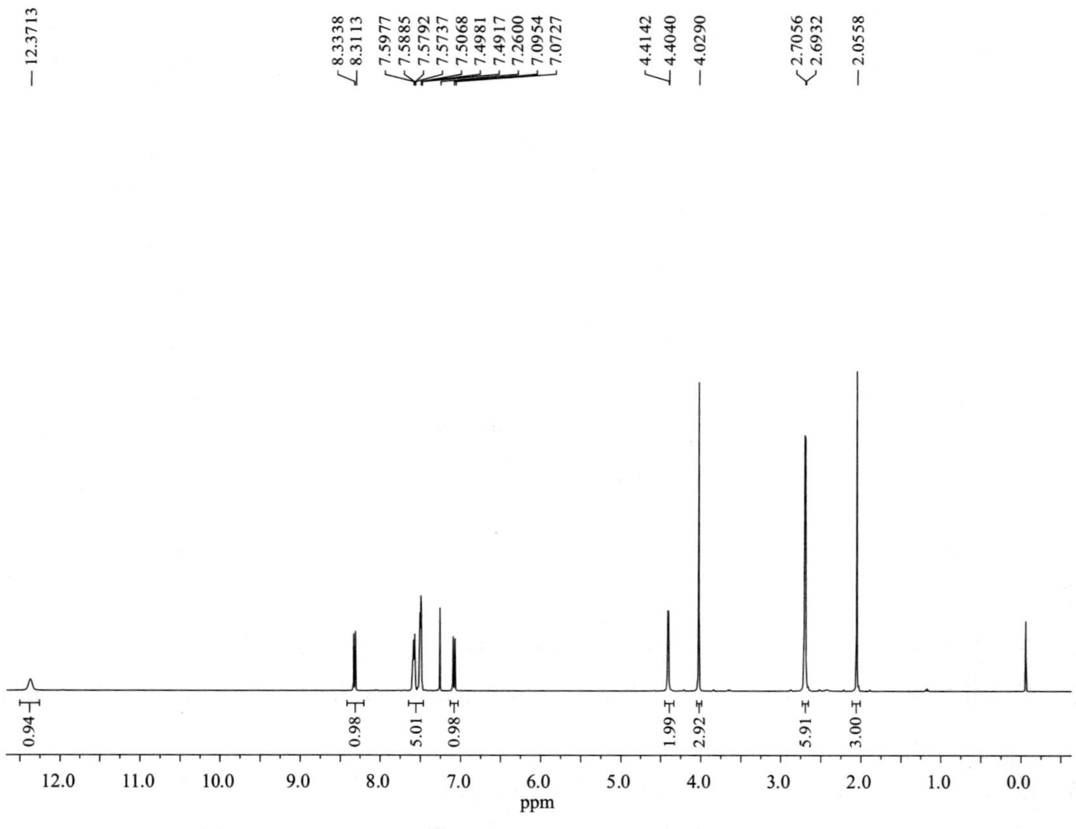

图 1　盐酸二甲弗林的 ^{1}H NMR 谱（溶剂：$CDCl_3$）

^{1}H NMR：δ 12.37（HCl，brs，1H），8.32（H-4，d，J=9.0 Hz，1H），7.65～7.57（H-11，15，m，2H），7.55～7.46（H-12，13，14，m，3H），7.09（H-5，d，J=9.0 Hz，1H），4.40（H-16，d，J=4.1 Hz，2H），4.03（H-19，s，3H），2.71（H-18，s，3H），2.69（H-17，s，3H），2.06（H-20，s，3H）

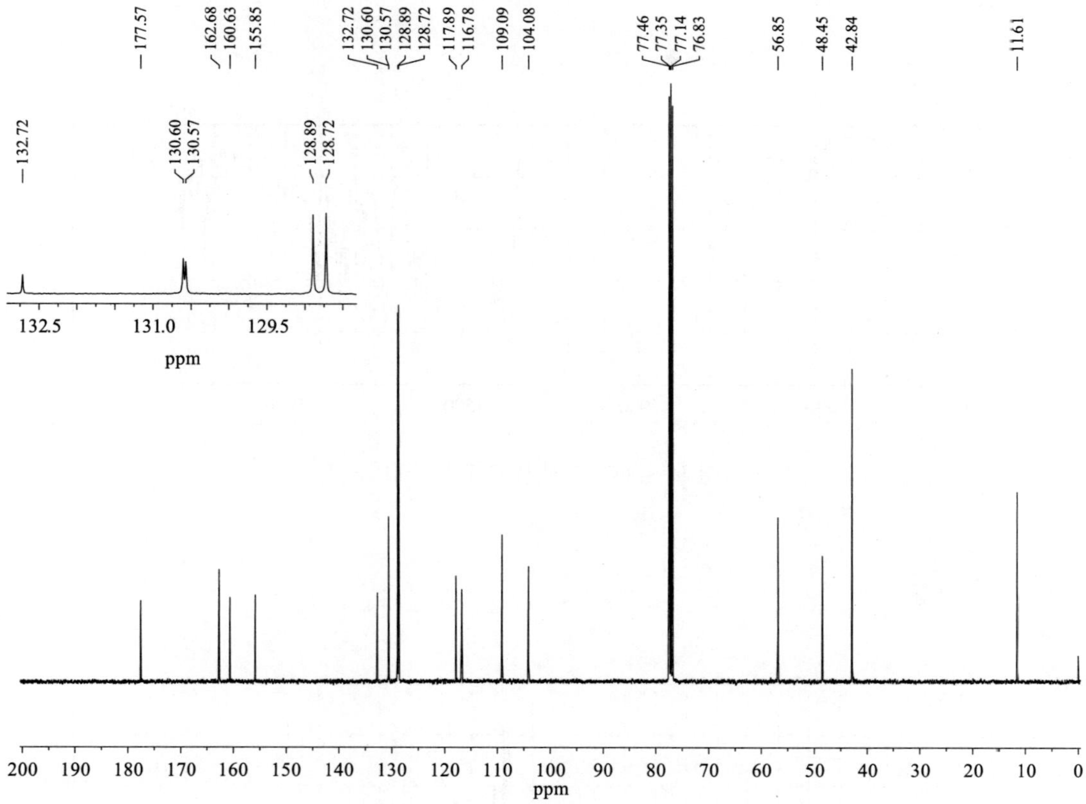

图 2　盐酸二甲弗林的^{13}C NMR 谱（溶剂：$CDCl_3$）

^{13}C NMR：δ 177.57（C－3），162.68（C－6），160.63（C－1），155.85（C－8），132.72（C－10），130.60（C－13），130.57（C－4），128.89（C－11，15），128.72（C－12，14），117.89（C－2），116.78（C－9），109.09（C－5），104.08（C－7），56.85（C－19），48.45（C－16），42.84（C－17，18），11.61（C－20）

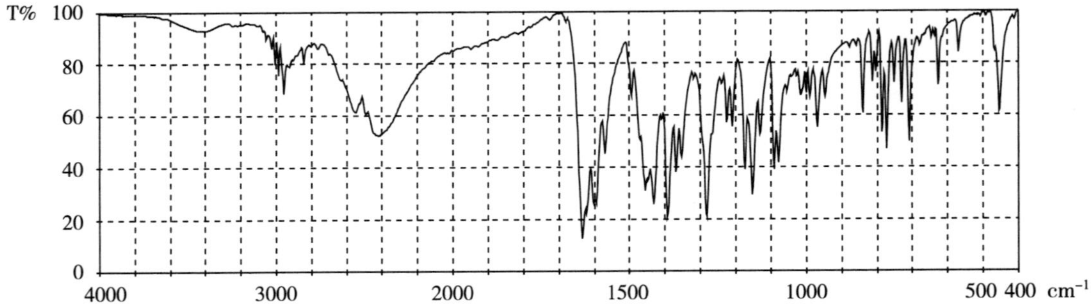

图 3　盐酸二甲弗林的红外光谱图

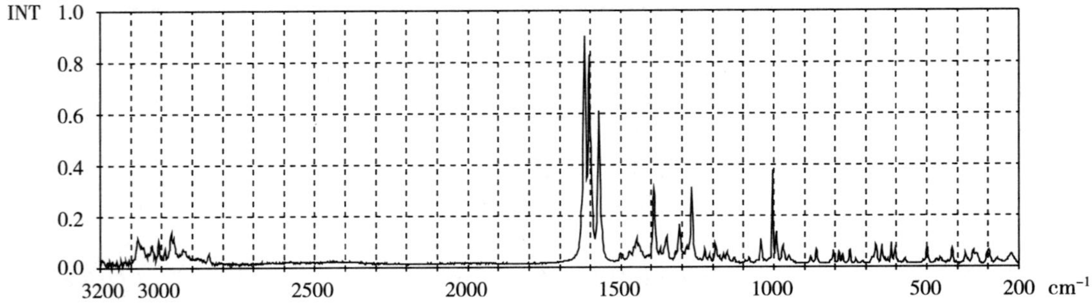

图 4　盐酸二甲弗林的拉曼光谱图

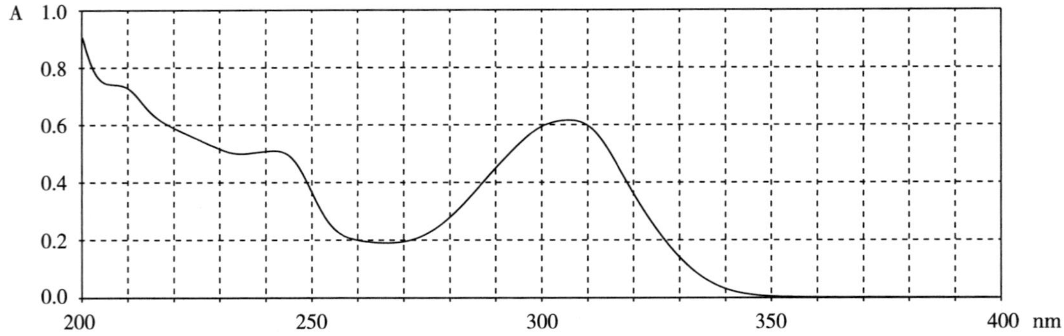

图 5　盐酸二甲弗林的紫外光谱图

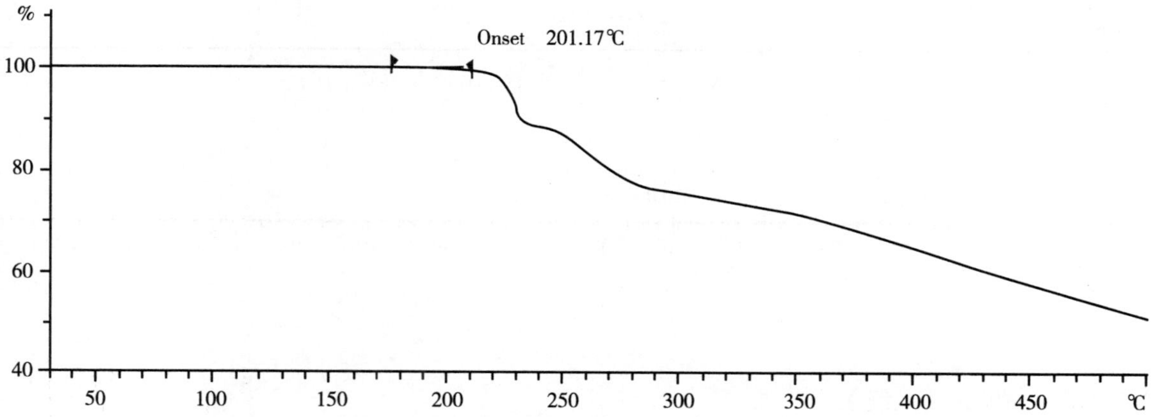

图 6 盐酸二甲弗林的 TG 图

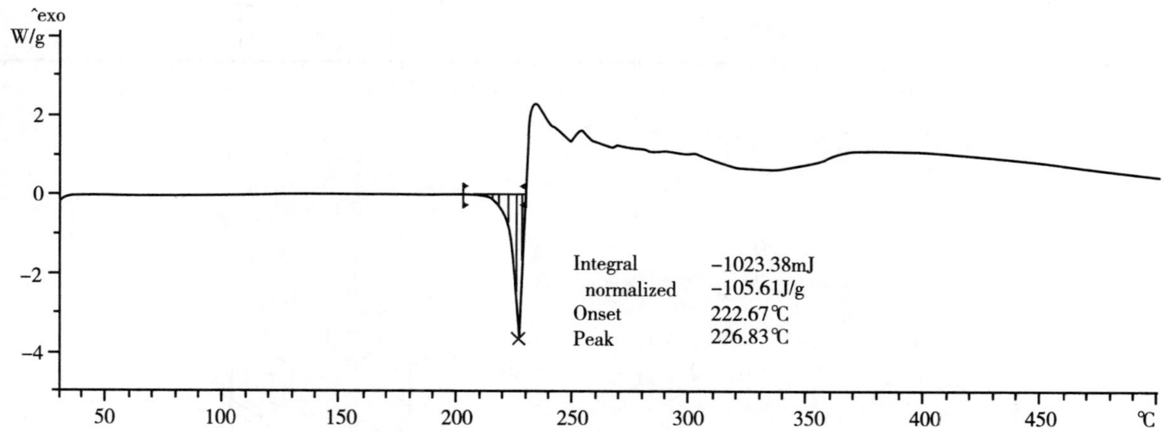

图 7 盐酸二甲弗林的 DSC 图

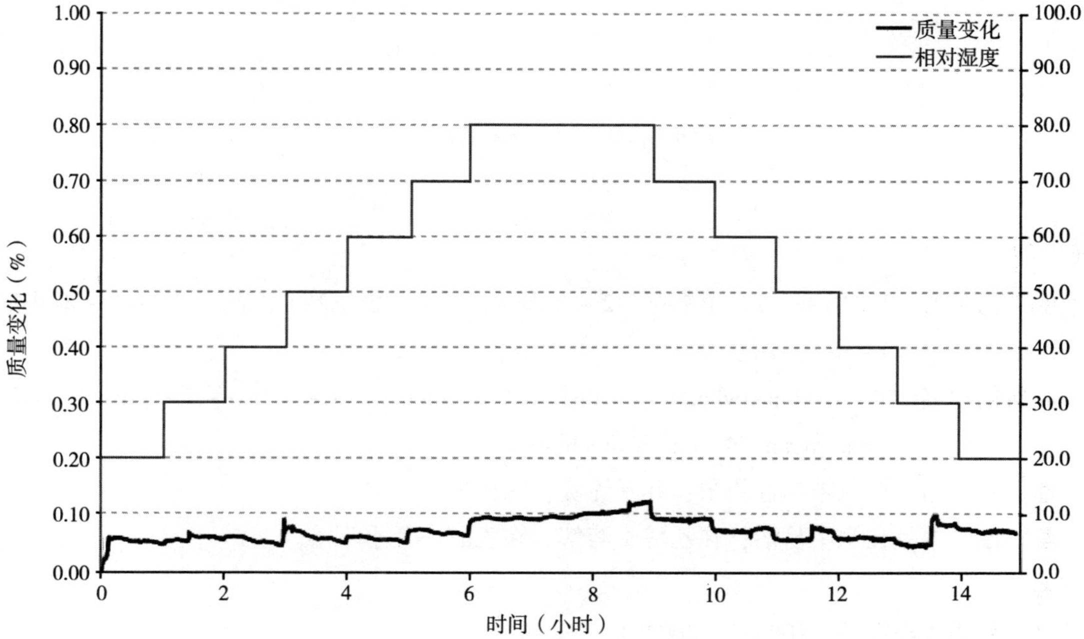

图 8 盐酸二甲弗林的 DVS 图

正离子扫描模式（一级）

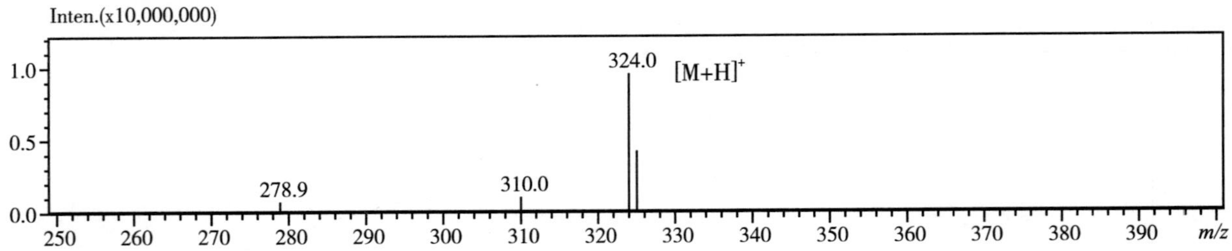

正离子扫描模式（二级）

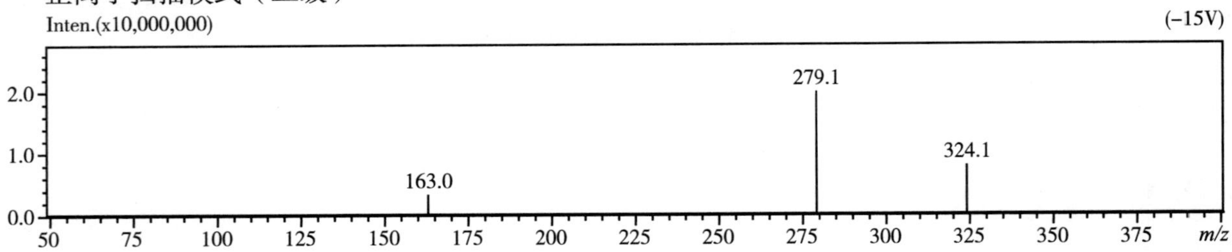

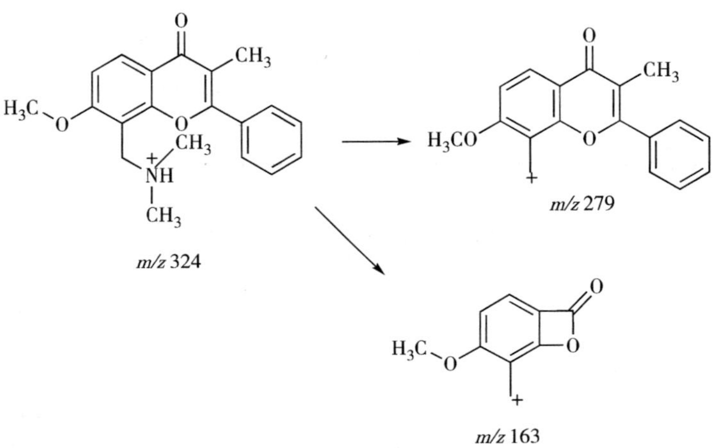

图 9　盐酸二甲弗林的质谱图

备注

1. 中文化学名　3－甲基－7－甲氧基－2－苯基－8－[（二甲氨基）甲基]－4*H*－1－苯并吡喃－4－酮盐酸盐

2. 英文化学名　8－[（dimethylamino）methyl]－7－methoxy－3－methyl－2－phenyl－4*H*－1－benzopyran－4－one hydrochloride

3. 性状　本品为白色结晶性粉末；几乎无臭；味极苦。

4. 溶解性　本品在水中易溶，在乙醇中溶解，在乙醚中几乎不溶。

5. 溶剂　水。

6. 对照品编号与批号　100687－200401

托 芬 那 酸

英文名 Tolfenamic Acid

分子式 $C_{14}H_{12}ClNO_2$

分子量 261.70

CAS 号 13710-19-5

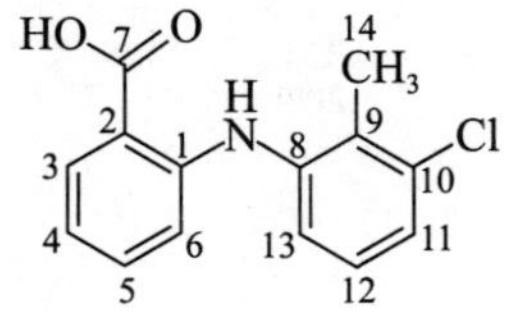

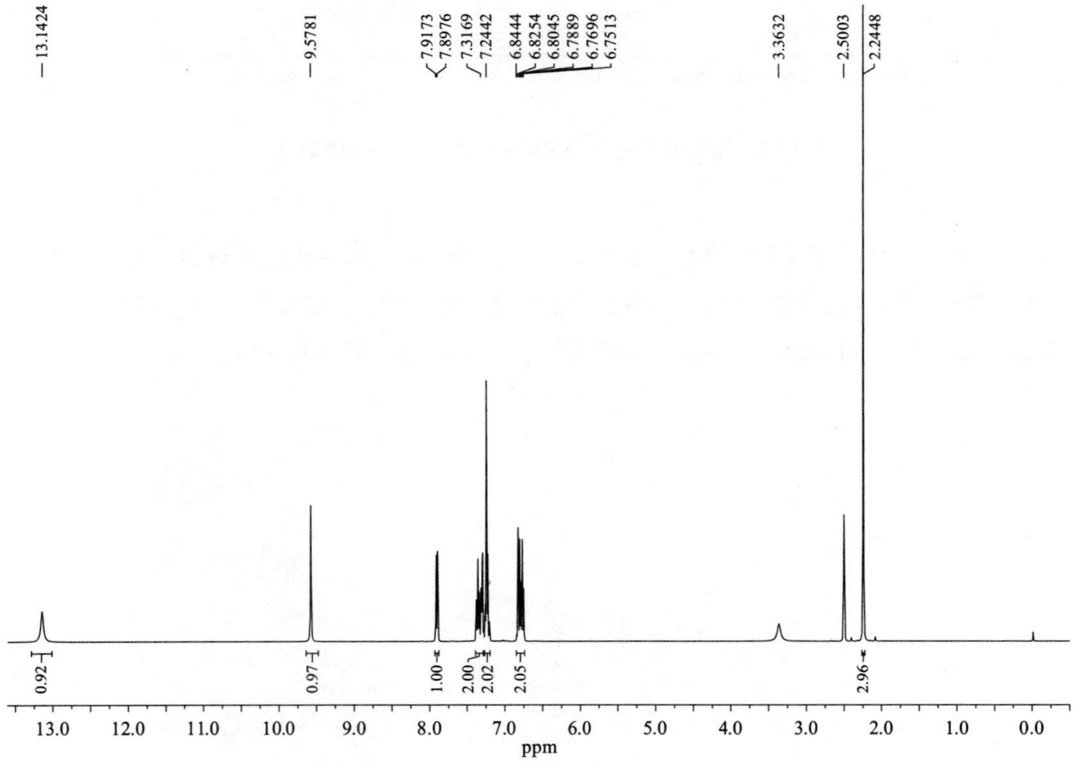

图 1 托芬那酸的 ^1H NMR 谱（溶剂：CD_3SOCD_3）

^1H NMR：δ 13.14（COOH，brs，1H），9.58（NH，brs，1H），7.91（H-3，d，J=7.9 Hz，1H），7.39~7.29（H-5，13，m，2H），7.27~7.18（H-11，12，m，2H），6.85~6.74（H-4，6，m，2H），2.24（H-14，s，3H）

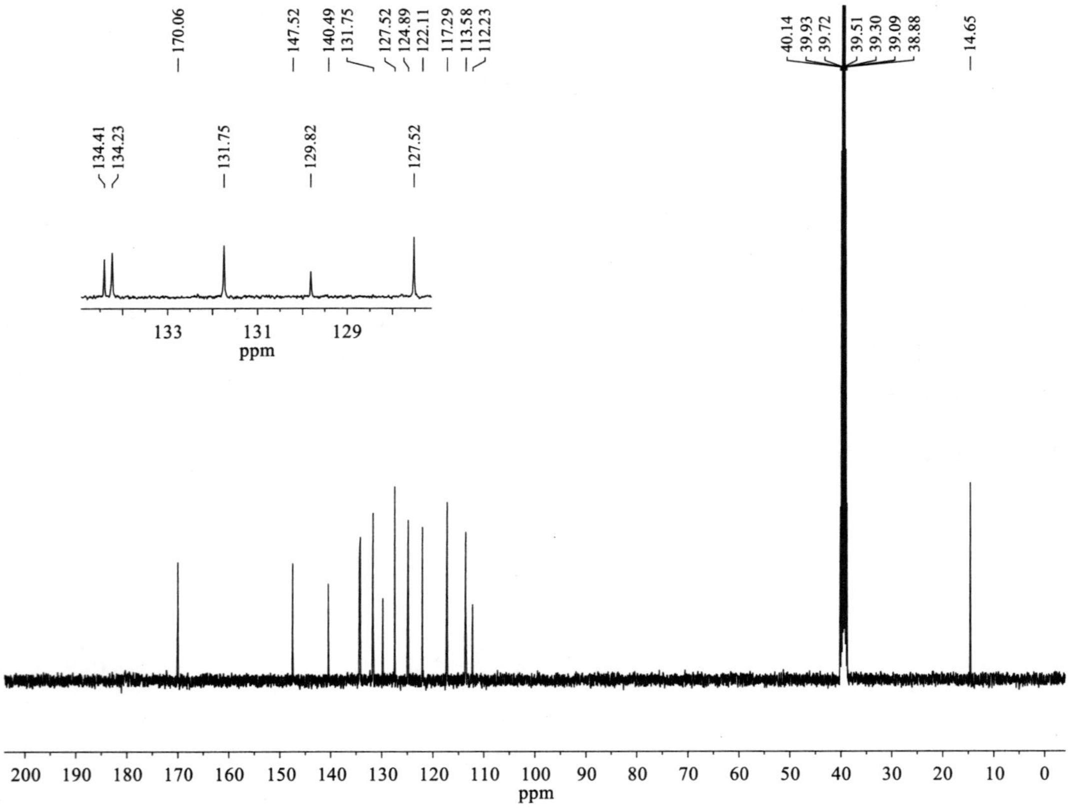

图 2　托芬那酸的 ^{13}C NMR 谱（溶剂：CD_3SOCD_3）

^{13}C NMR：δ 170.06（C－7），147.52（C－1），140.49（C－8），134.41（C－10），134.23（C－5），131.75（C－3），129.82（C－9），127.52（C－12），124.89（C－11），122.11（C－13），117.29（C－4），113.58（C－6），112.23（C－2），14.65（C－14）

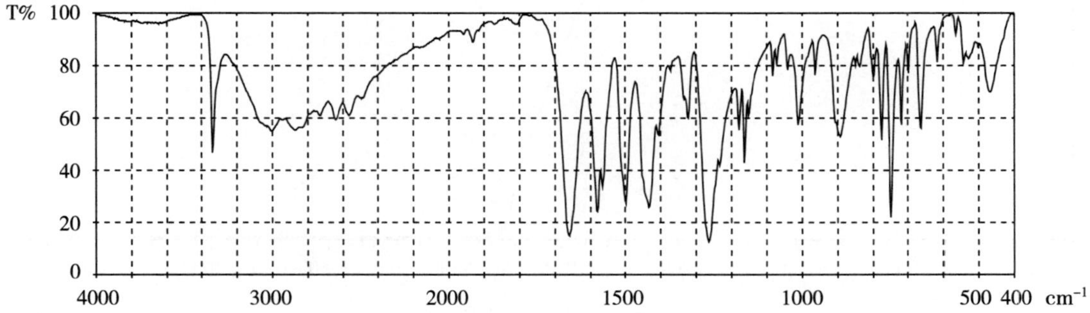

图 3　托芬那酸的红外光谱图

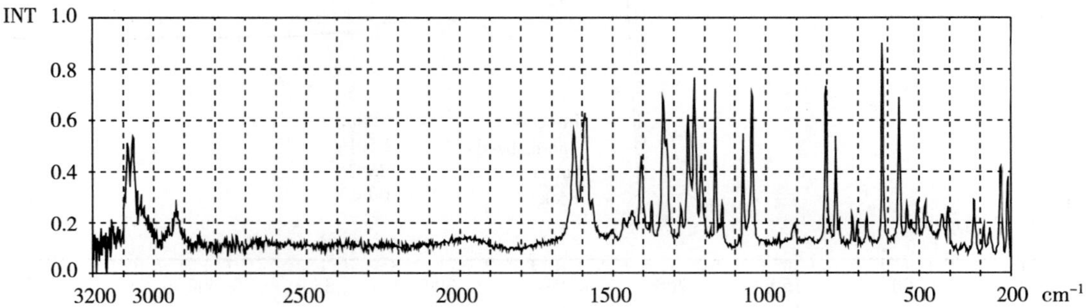

图 4　托芬那酸的拉曼光谱图

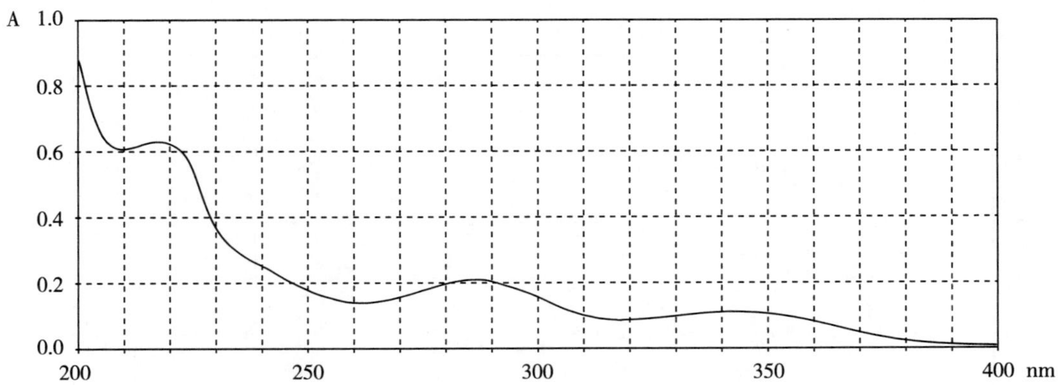

图 5　托芬那酸的紫外光谱图

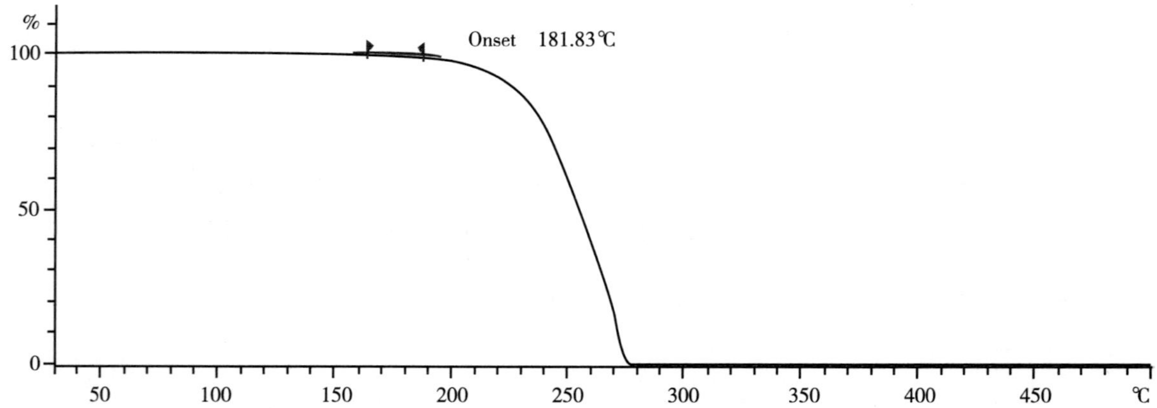

图 6 托芬那酸的 TG 图

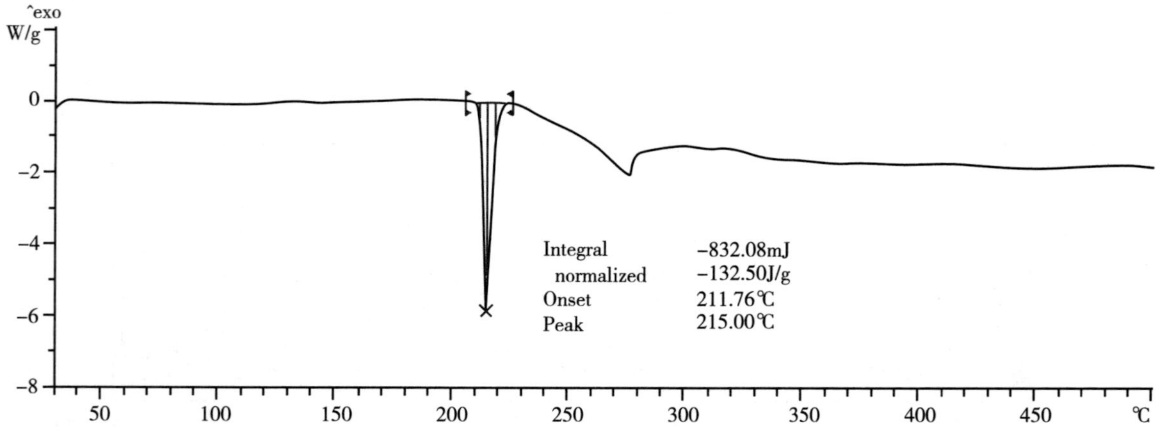

图 7 托芬那酸的 DSC 图

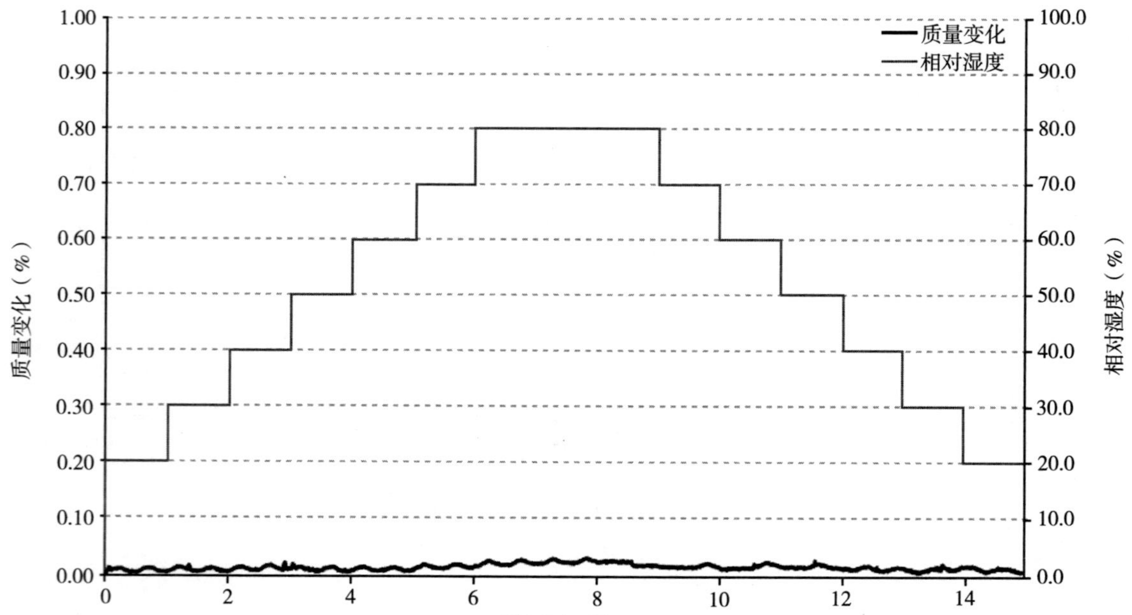

图 8 托芬那酸的 DVS 图

正离子扫描模式（一级）

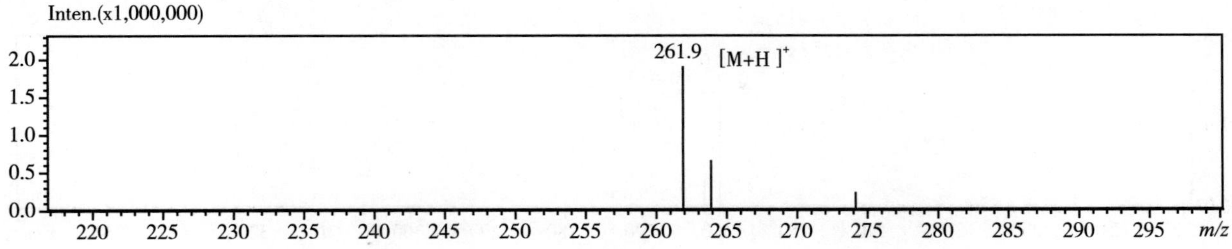

正离子扫描模式（二级）

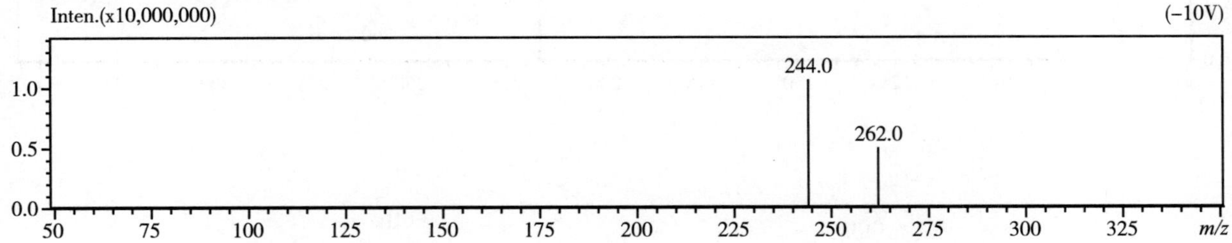

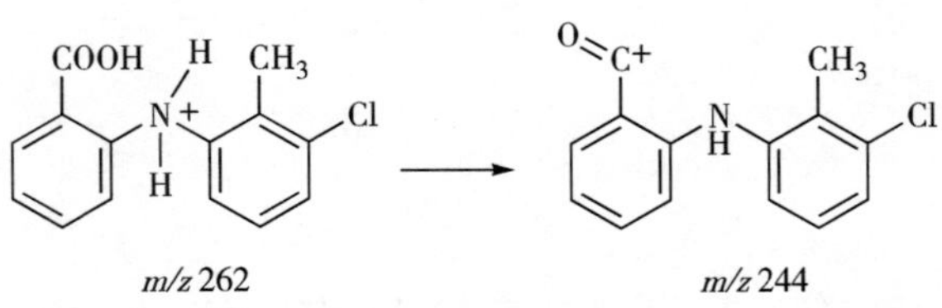

负离子扫描模式（一级）

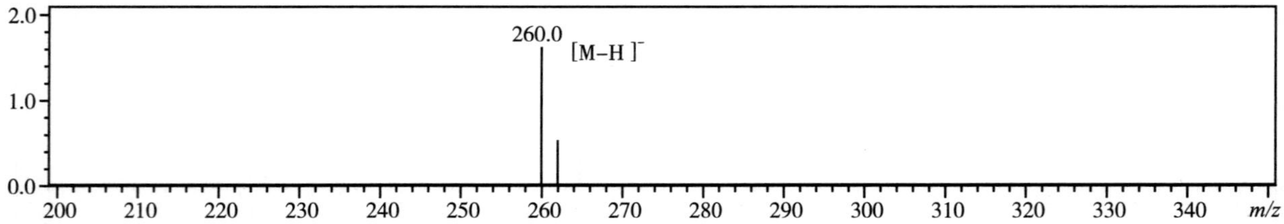

负离子扫描模式（二级）

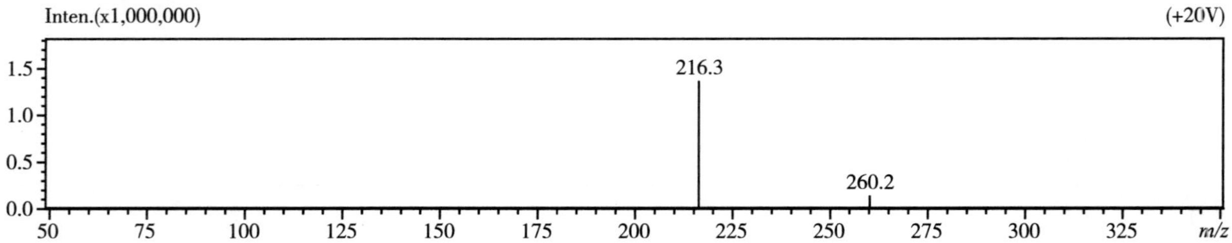

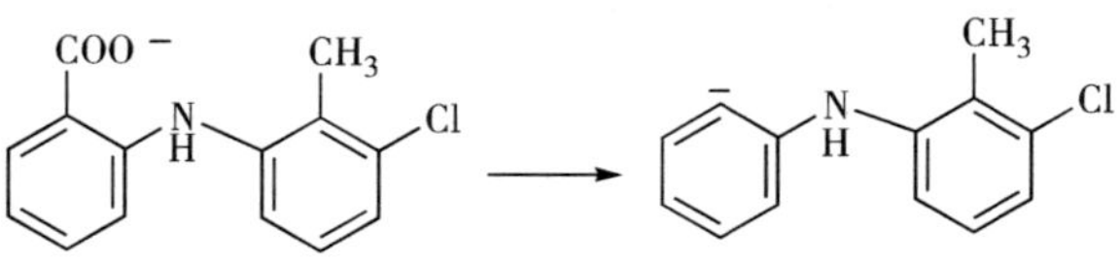

m/z 260　　*m/z* 216

图 9　托芬那酸的质谱图

备注

1. **中文化学名**　2-[(3-氯-2-甲基苯基)氨基]苯甲酸
2. **英文化学名**　2-[(3-chloro-2-methylphenyl)amino]benzoic acid
3. **性状**　本品为白色或微黄色结晶性粉末。
4. **溶解性**　本品在乙醚、丙酮中略溶，在甲醇、乙醇中微溶，在水中不溶。
5. **溶剂**　乙醇。
6. **对照品编号与批号**　100690-200401

佐米曲普坦

英文名 Zolmitriptan

分子式 $C_{16}H_{21}N_3O_2$

分子量 287.36

CAS 号 139264-17-8

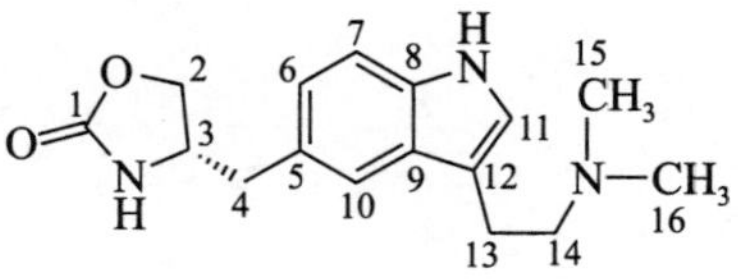

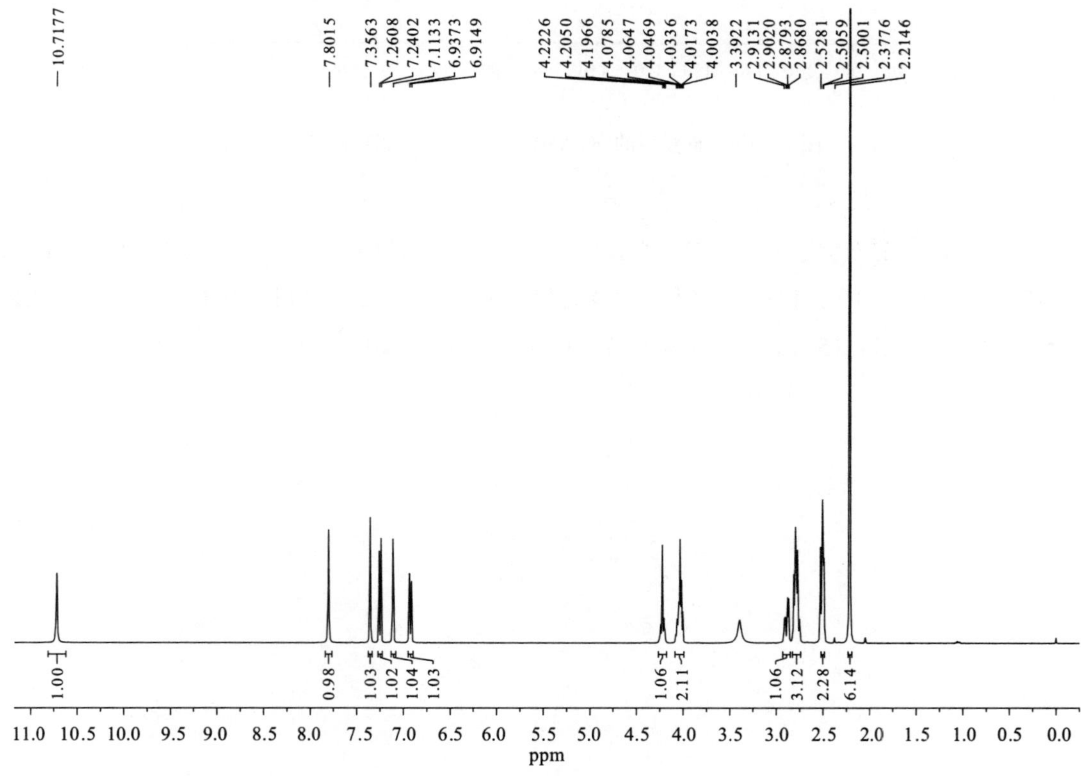

图 1 佐米曲普坦的 ^{1}H NMR 谱（溶剂：CD_3SOCD_3）

^{1}H NMR：δ 10.72（C_1—NH，s，1H），7.80（C_8—NH，s，1H），7.36（H-10，s，1H），7.25（H-7，d，J=8.8 Hz，1H），7.11（H-11，s，1H），6.93（H-6，d，J=8.8 Hz，1H），4.22（H-2a，m，1H），3.98（H-3，2b，m，2H），2.89（H-4a，dd，J=13.6，4.5 Hz，1H），2.84～2.72（H-13，4b，m，3H），2.55～2.46（H-14，m，2H），2.21（H-15，16，s，6H）

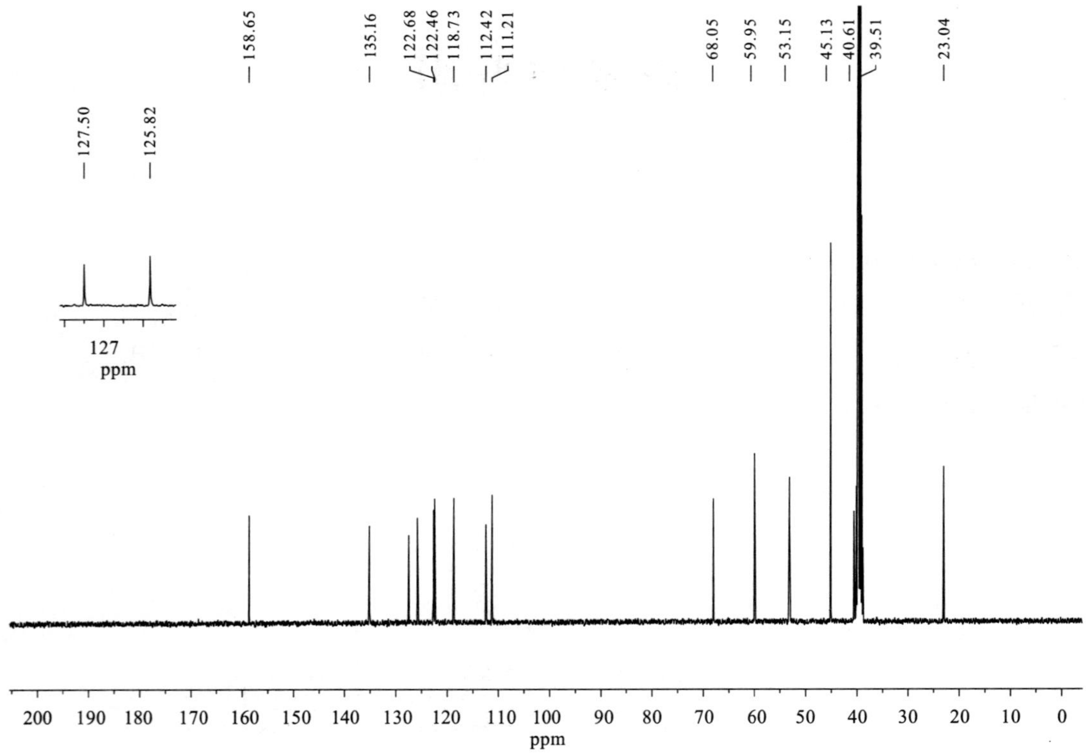

图 2　佐米曲普坦的^{13}C NMR 谱（溶剂：CD_3SOCD_3）

^{13}C NMR：δ 158.65（C－1），135.16（C－8），127.50（C－5），125.82（C－9），122.68（C－6），122.46（C－11），118.73（C－10），112.42（C－12），111.21（C－7），68.05（C－2），59.95（C－14），53.15（C－3），45.13（C－15，16），40.61（C－4），23.04（C－13）

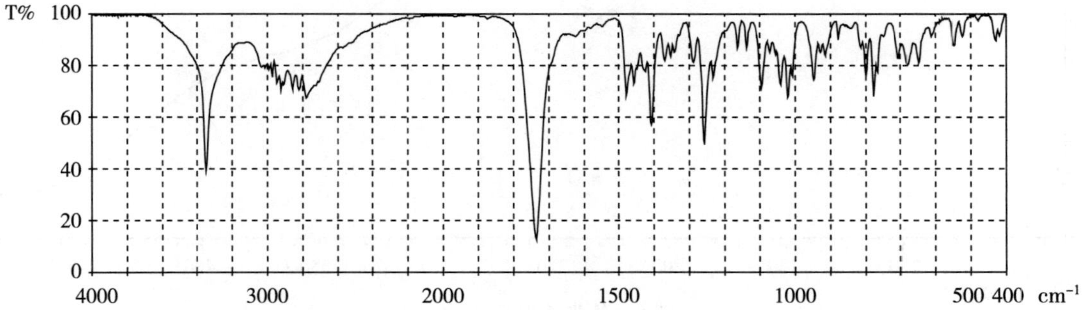

图 3　佐米曲普坦的红外光谱图

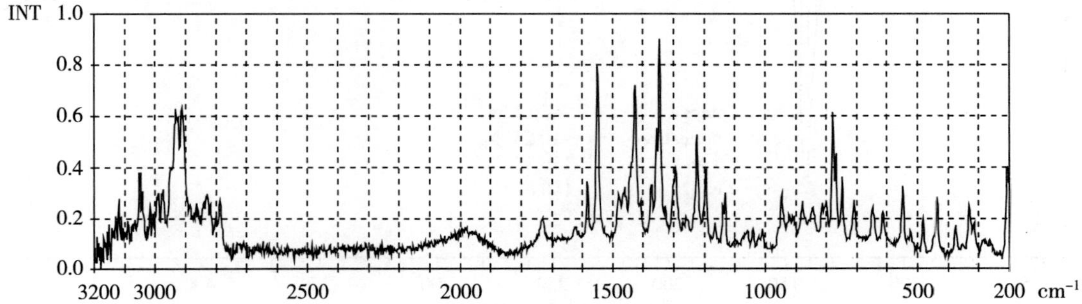

图 4　佐米曲普坦的拉曼光谱图

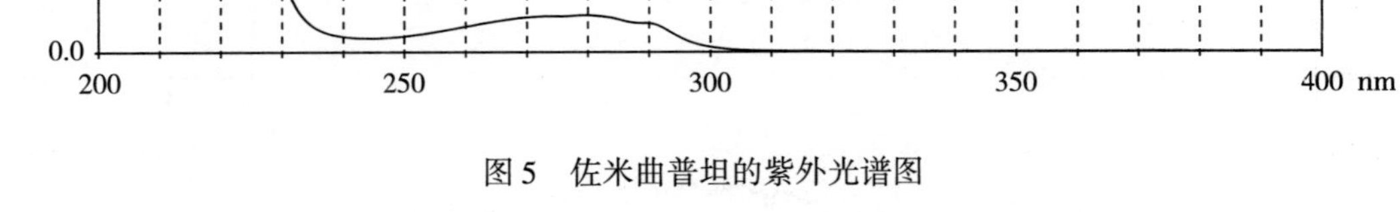

图 5　佐米曲普坦的紫外光谱图

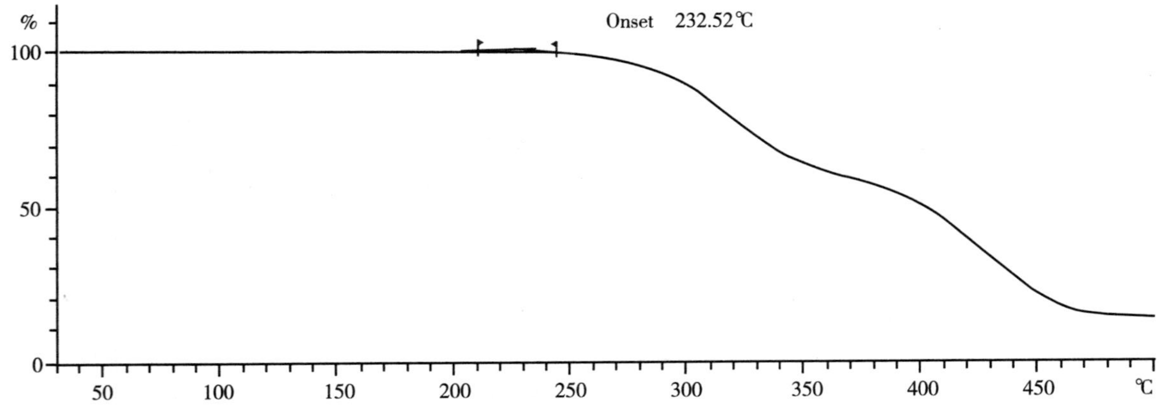

图 6　佐米曲普坦的 TG 图

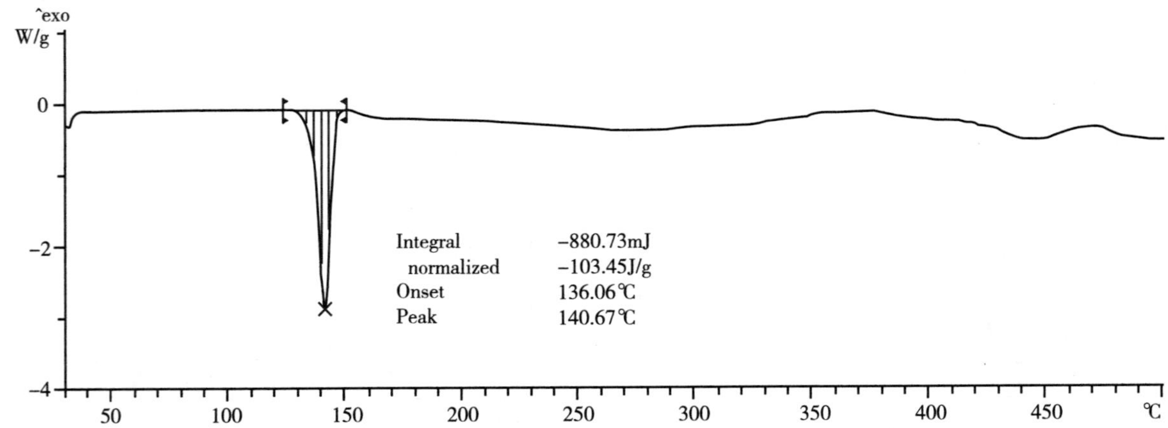

图 7　佐米曲普坦的 DSC 图

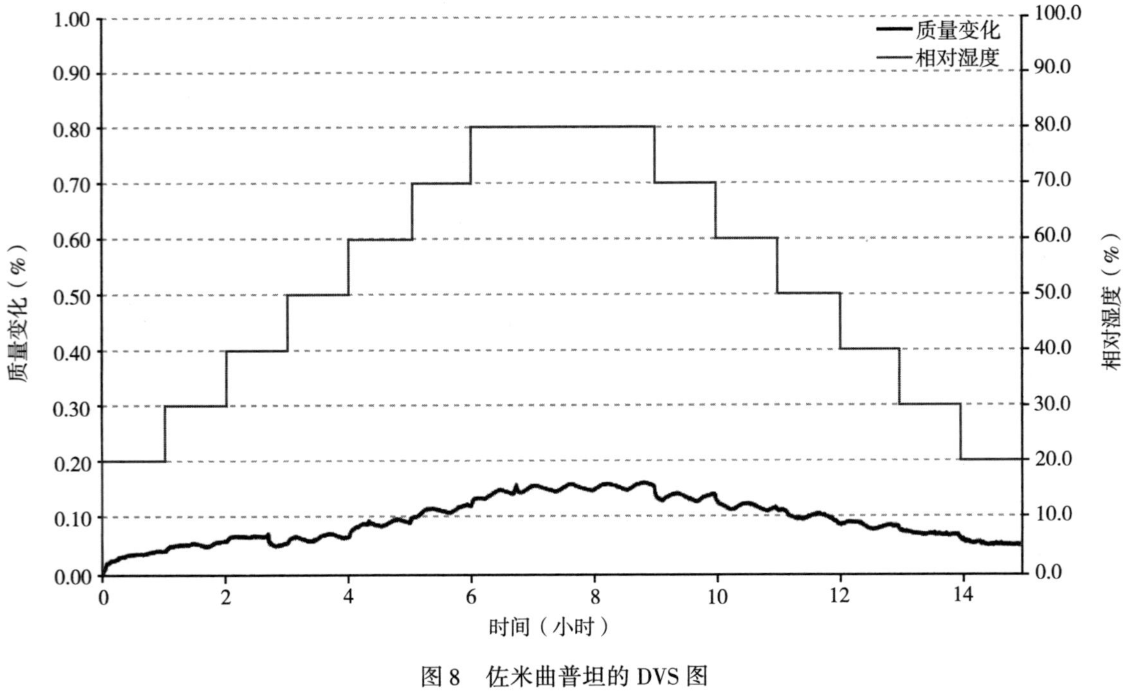

图 8　佐米曲普坦的 DVS 图

正离子扫描模式（一级）

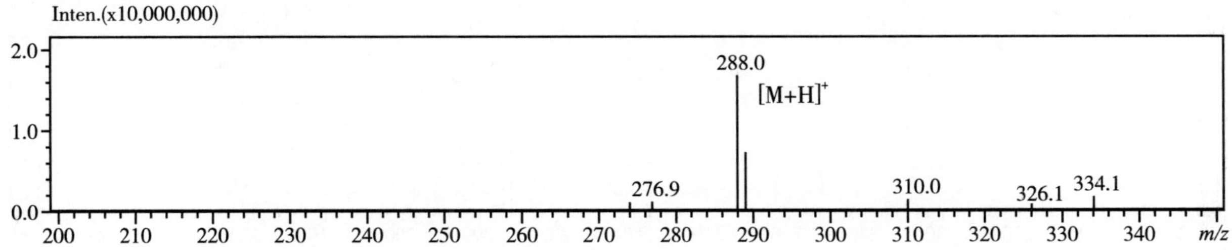

正离子扫描模式（二级）

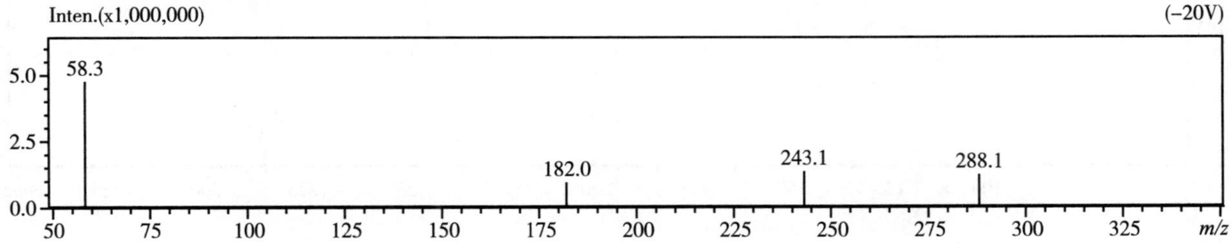

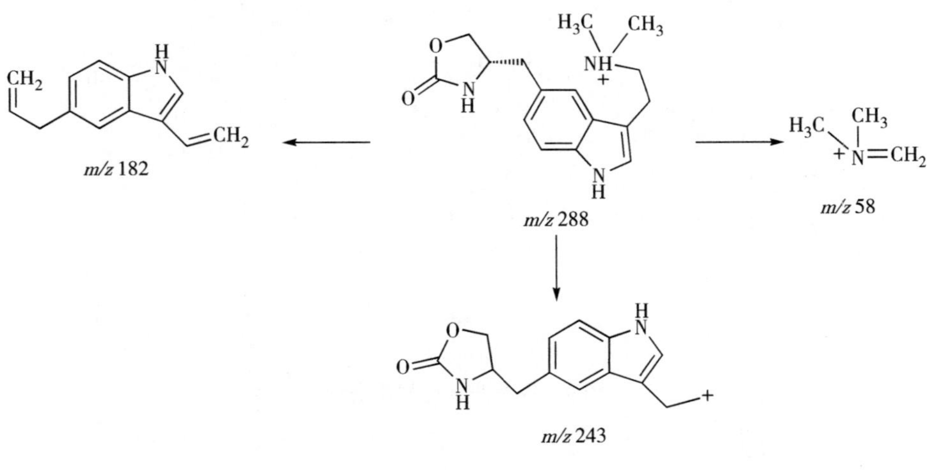

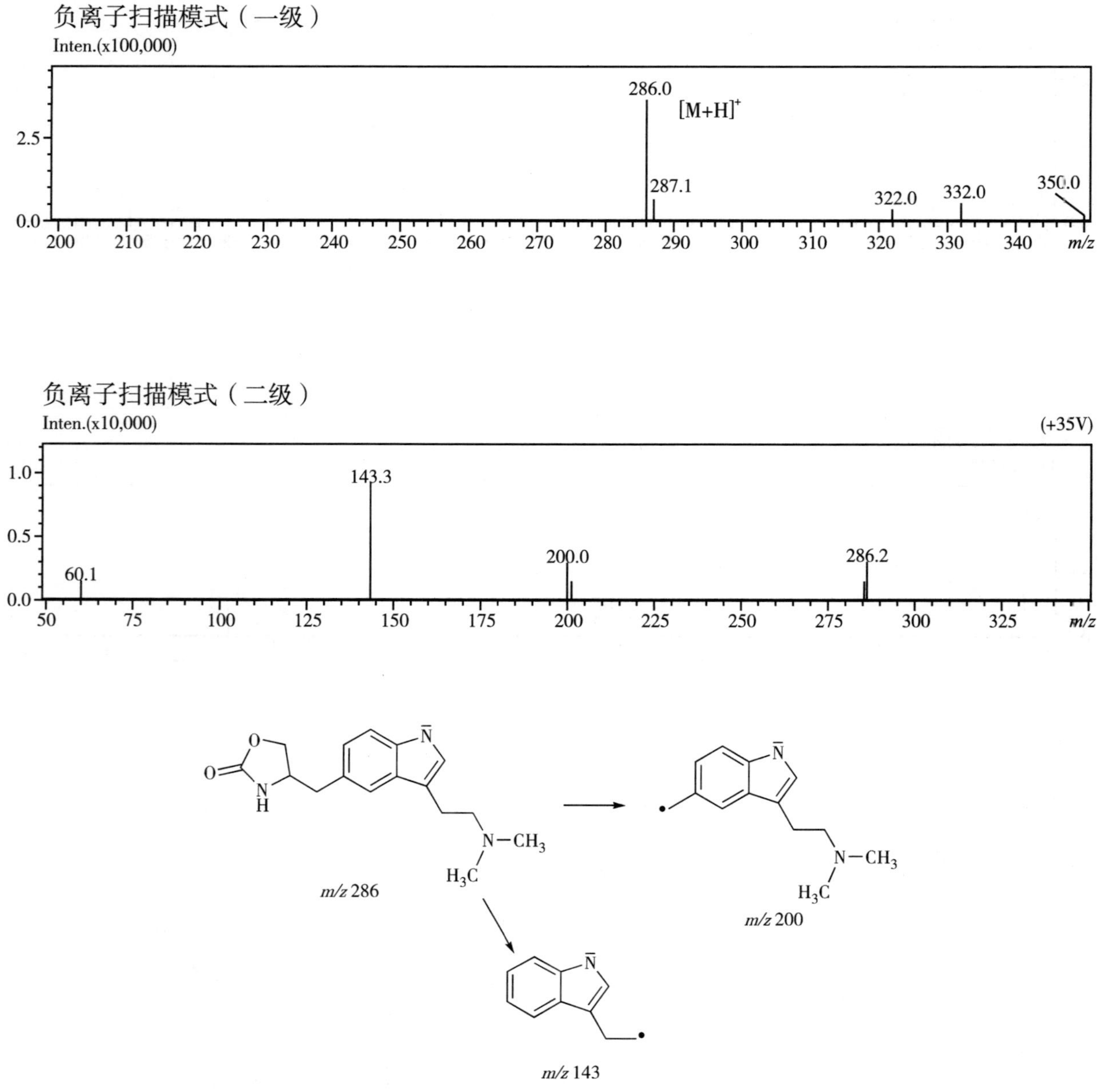

图9　佐米曲普坦的质谱图

备注

1. 中文化学名　(*S*)-4-[3-[2-(二甲胺基)乙基]-1*H*-吲哚-5-甲基]-2-唑烷酮

2. 英文化学名　(4*S*)-4-[[3-[2-(dimethylamino)ethyl]-1*H*-indol-5-yl]methyl]-2-oxazolidinone

3. 性状　本品为白色或类白色结晶性粉末。

4. 溶解性　本品在甲醇中易溶，在乙醇中溶解，在乙腈、乙酸乙酯、0.1 mol/L 盐酸溶液中微溶，在水中几乎不溶。

5. 溶剂　水。

6. 对照品编号与批号　100698-200501

富马酸比索洛尔

英文名 Bisoprolol Fumarate

分子式 $(C_{18}H_{31}NO_4)_2 \cdot C_4H_4O_4$

分子量 766.96

CAS 号 104344－23－2

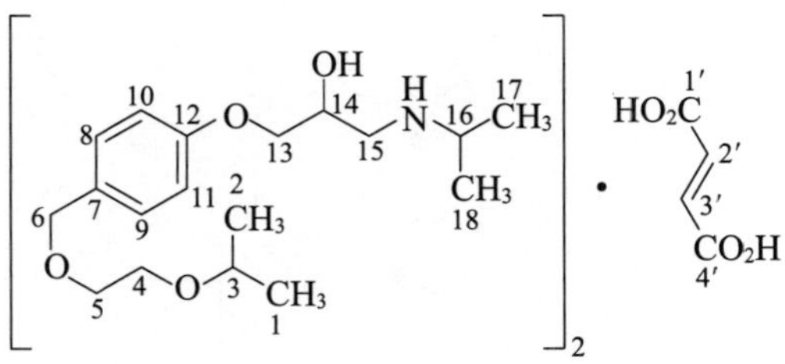

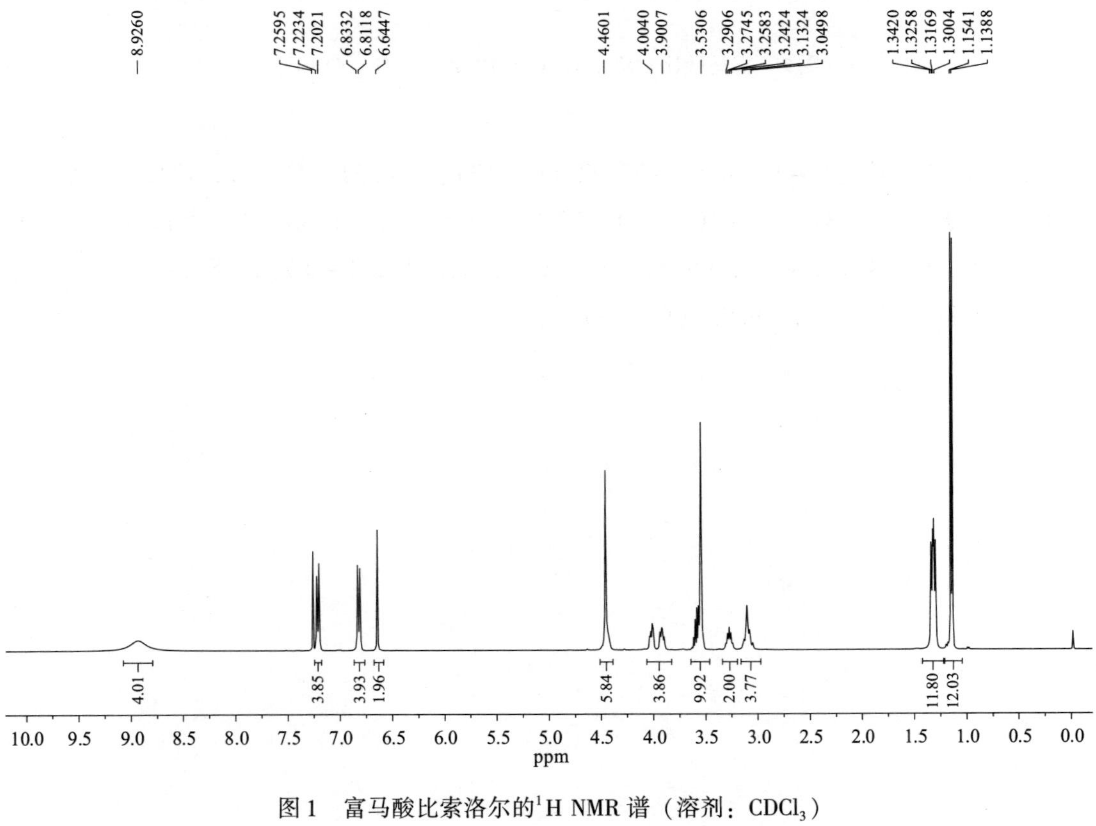

图 1 富马酸比索洛尔的 ^1H NMR 谱（溶剂：$CDCl_3$）

^1H NMR：δ 8.93（COOH，NH，brs，4H），7.21（H－8，9，d，J＝8.5 Hz，4H），6.82（H－10，11，d，J＝8.5 Hz，4H），6.64（H－2′，3′，s，2H），4.53～4.38（H－6，13a，m，6H），4.03（H－14，m，2H），3.92（H－3，m，2H），3.67～3.47（H－4，5，13b，m，10H），3.27（H－16，m，2H），3.17～3.02（H－15，m，4H），1.33（H－17，d，J＝6.5 Hz，6H），1.31（H－18，d，J＝6.5 Hz，6H），1.15（H－1，2，d，J＝6.1 Hz，12H）

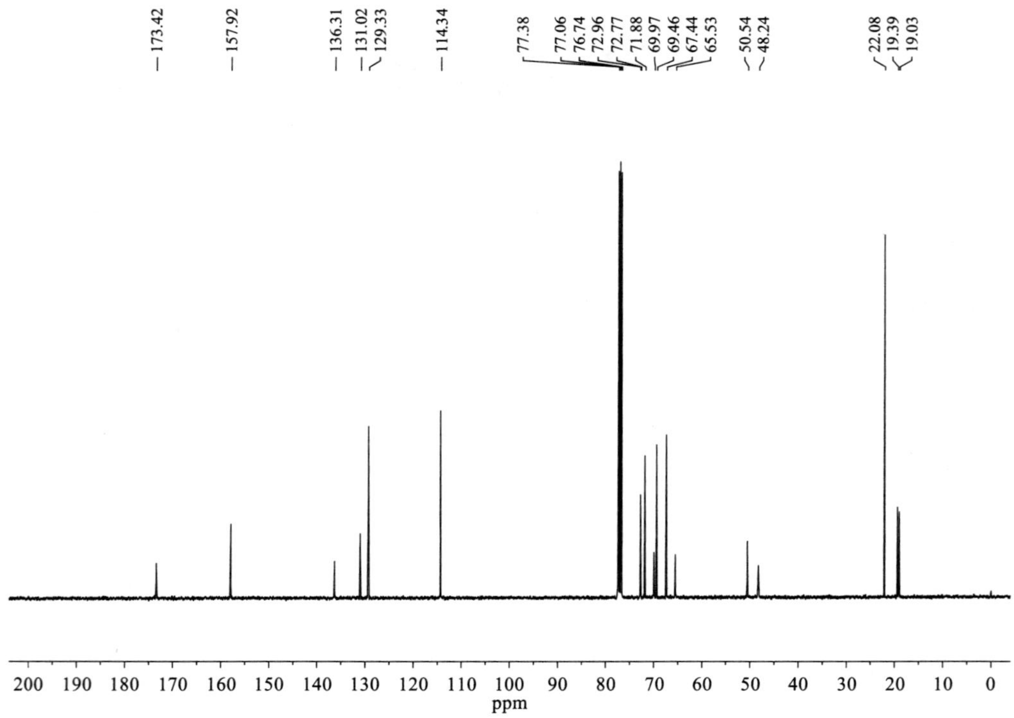

图 2　富马酸比索洛尔的^{13}C NMR 谱（溶剂：$CDCl_3$）

^{13}C NMR：δ 173.42（C－1′，4′），157.92（C－12），136.31（C－7），131.02（C－2′，3′），129.33（C－8，9），114.34（C－10，11），72.77（C－6），71.88（C－5），69.97（C－3），69.46（C－13），67.44（C－4），65.53（C－14），50.54（C－16），48.24（C－15），22.08（C－1，2），19.39（C－17），19.03（C－18）

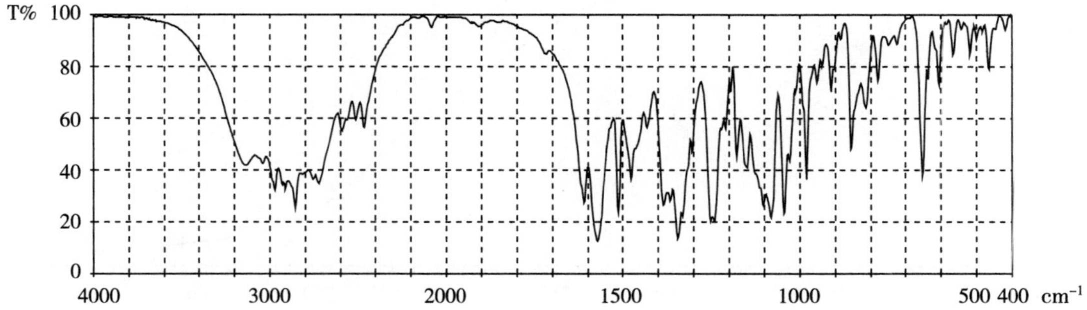

图 3　富马酸比索洛尔的红外光谱图

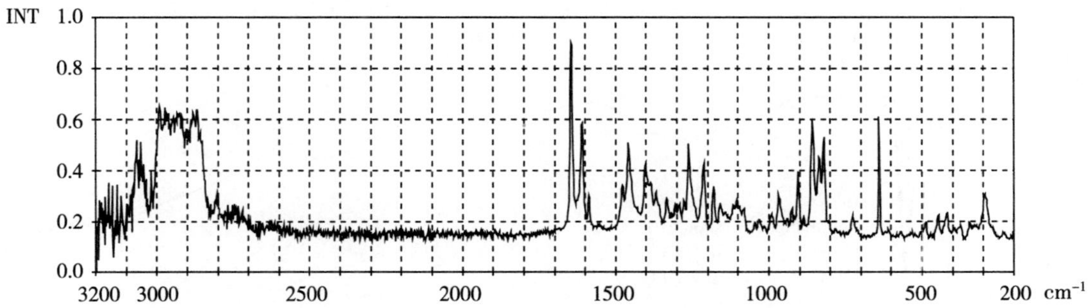

图 4　富马酸比索洛尔的拉曼光谱图

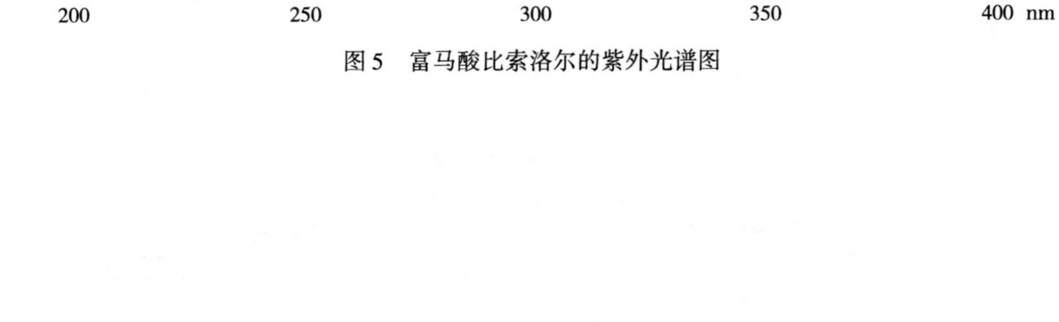

图 5　富马酸比索洛尔的紫外光谱图

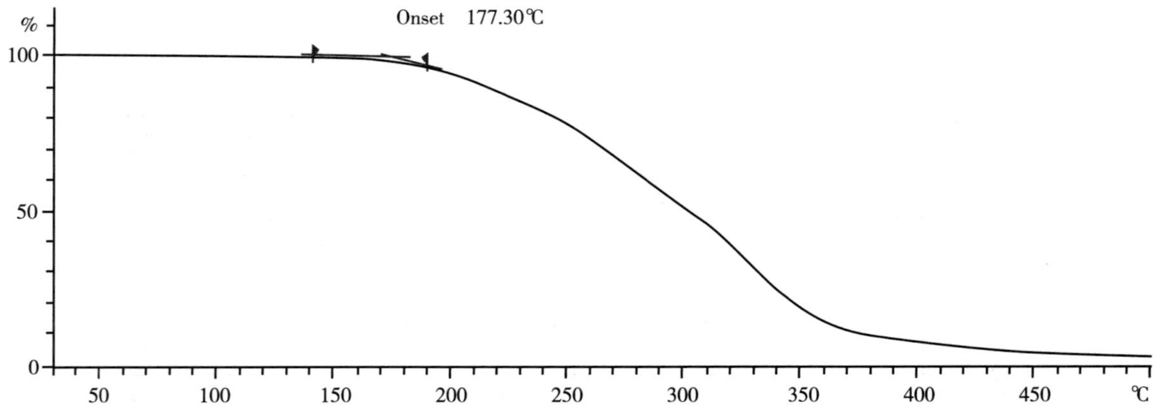

图 6　富马酸比索洛尔的 TG 图

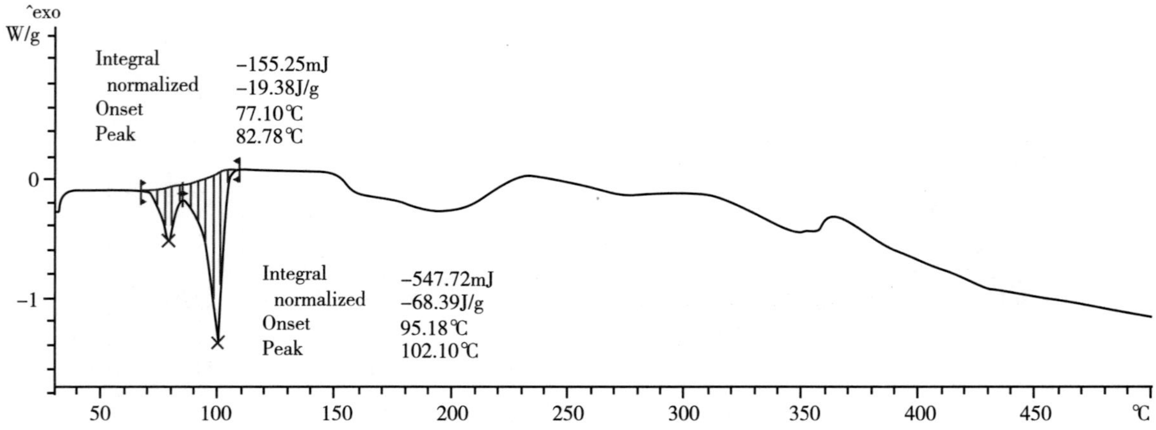

图 7　富马酸比索洛尔的 DSC 图

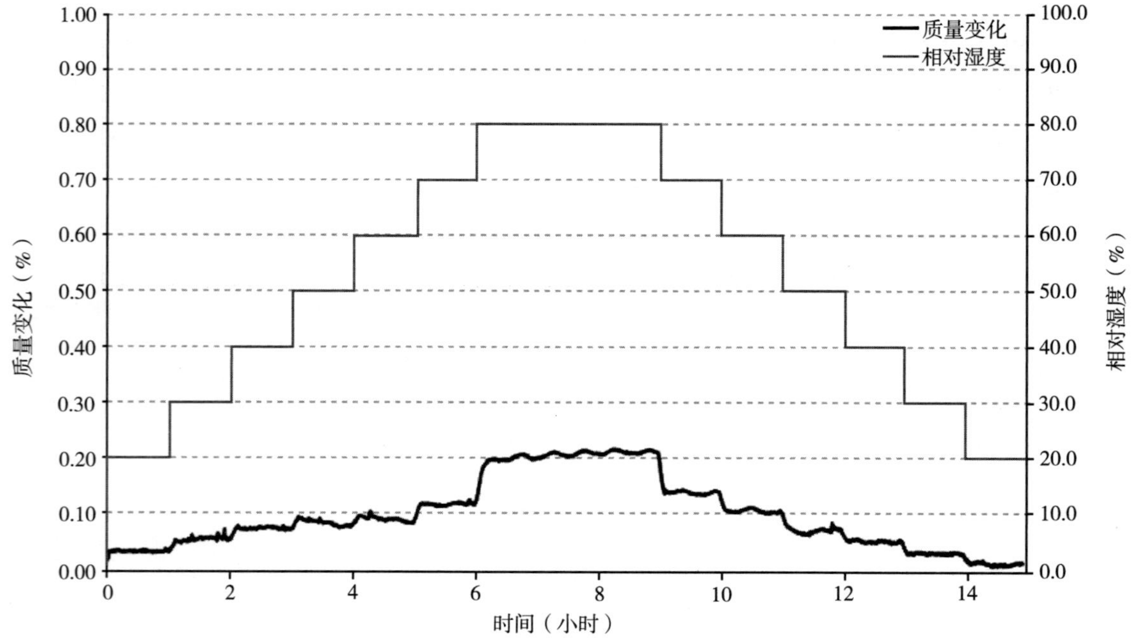

图 8　富马酸比索洛尔的 DVS 图

正离子扫描模式（一级）

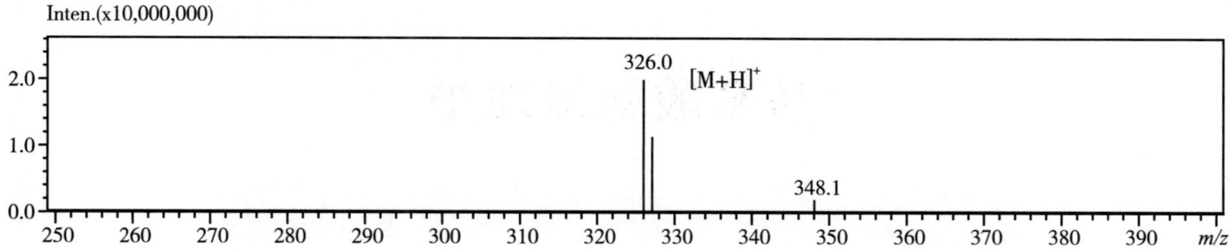

正离子扫描模式（二级）

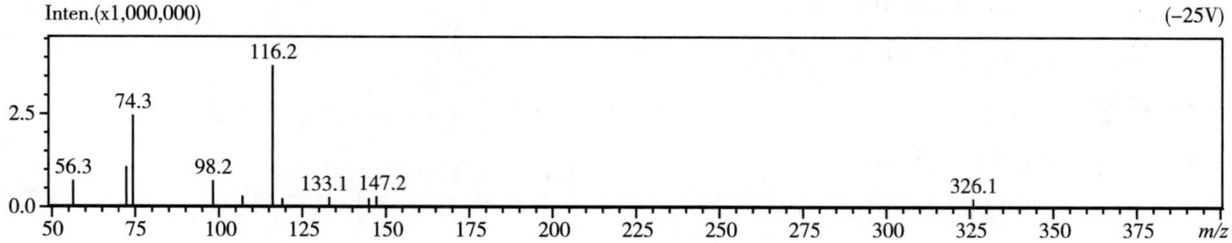

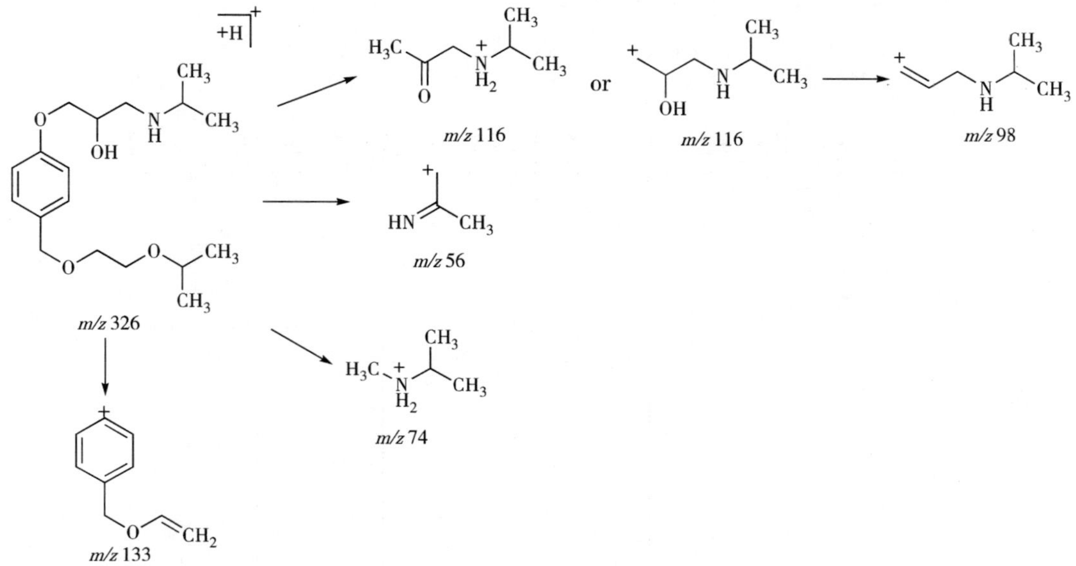

图 9　富马酸比索洛尔的质谱图

备注

1. 中文化学名　（±）-1-[4-[[2-(1-甲基乙氧基)乙氧基]甲基]-苯氧基]-3-[(1-甲基乙基)胺基]-2-丙醇富马酸盐

2. 英文化学名　（±）-1-[[α-(2-isoproproxyethoxy)-*p*-tolyl]oxy]-3-(isopropylamino)-2-propanol fumarate(2∶1)(salt)

3. 性状　本品为白色粉末;无臭。

4. 溶解性　本品在水中极易溶解,在乙醇中易溶,在丙酮中微溶,在乙醚中不溶。

5. 溶剂　0.1mol/L 盐酸溶液。

6. 说明　本品种中"M"代表

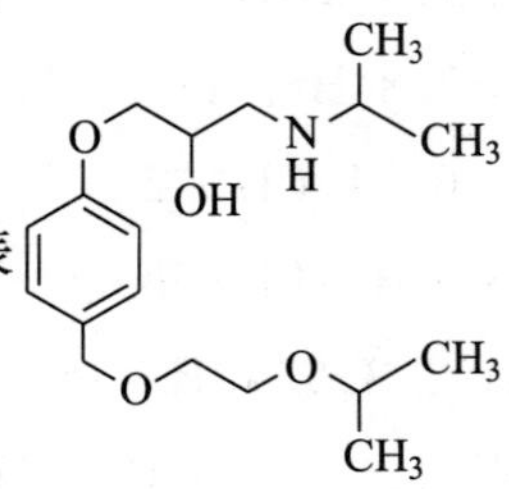

7. 对照品编号与批号　100711-200401

马来酸氨氯地平

英文名 Amlodipine Maleate

分子式 $C_{20}H_{25}ClN_2O_5 \cdot C_4H_4O_4$

分子量 524.96

CAS 号 88150 - 47 - 4

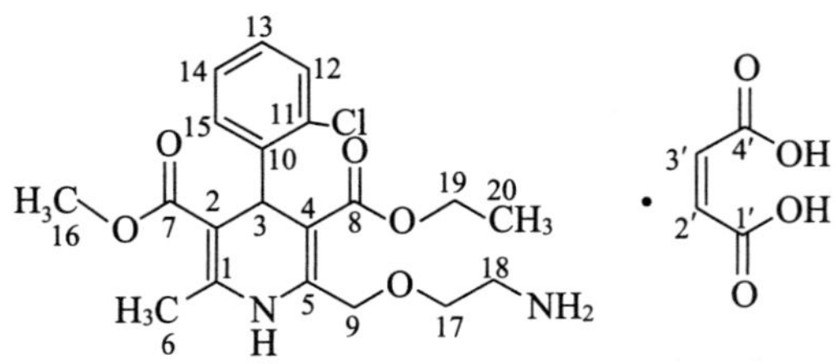

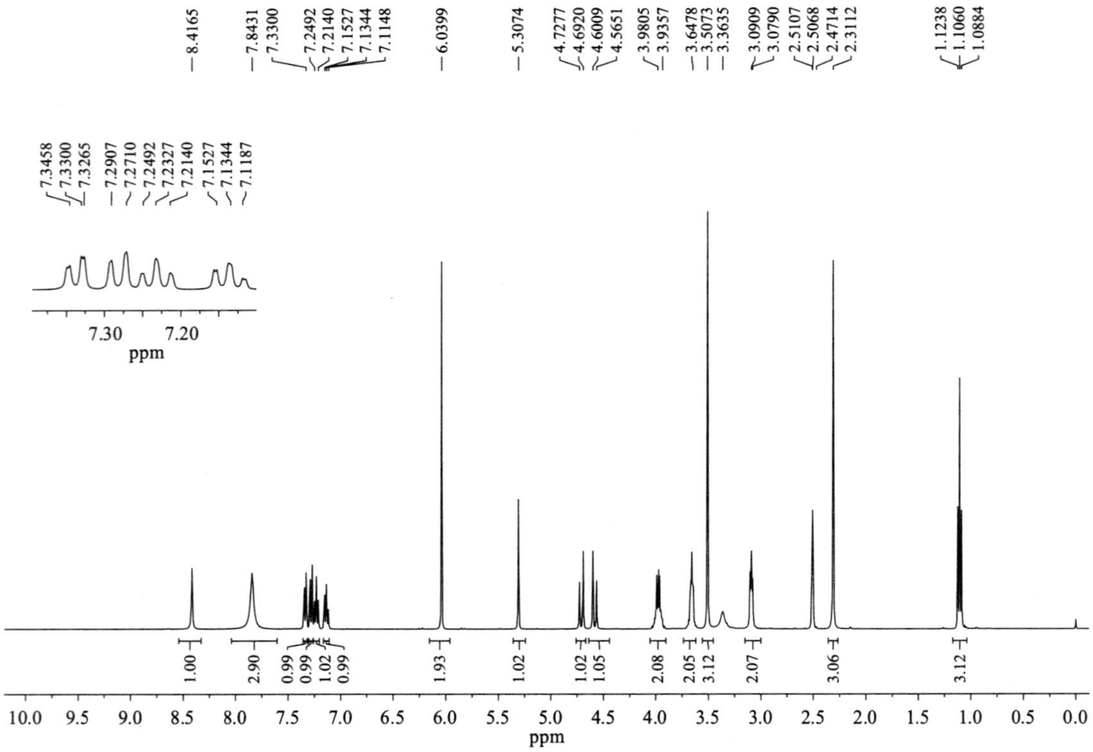

图 1 马来酸氨氯地平的^{1}H NMR 谱（溶剂：CD_3SOCD_3）

^{1}H NMR：δ 8.42（NH，brs，1H），7.84（2OH，NH，brs，3H），7.34（H－15，dd，J＝7.8，1.6 Hz，1H），7.28（H－12，d，J＝7.8 Hz，1H），7.23（H－13，t，J＝7.8 Hz，1H），7.14（H－14，td，J＝7.8，1.6 Hz，1H），6.04（H－2′，3′，s，2H），5.31（H－3，s，1H），4.71（H－9a，d，J＝14.3 Hz，1H），4.58（H－9b，d，J＝14.3 Hz，1H），4.07～3.89（H－17，m，2H），3.69～3.62（H－19，m，2H），3.51（H－16，s，3H），3.15～3.00（H－18，m，2H），2.31（H－6，s，3H），1.11（H－20，t，J＝7.1 Hz，3H）

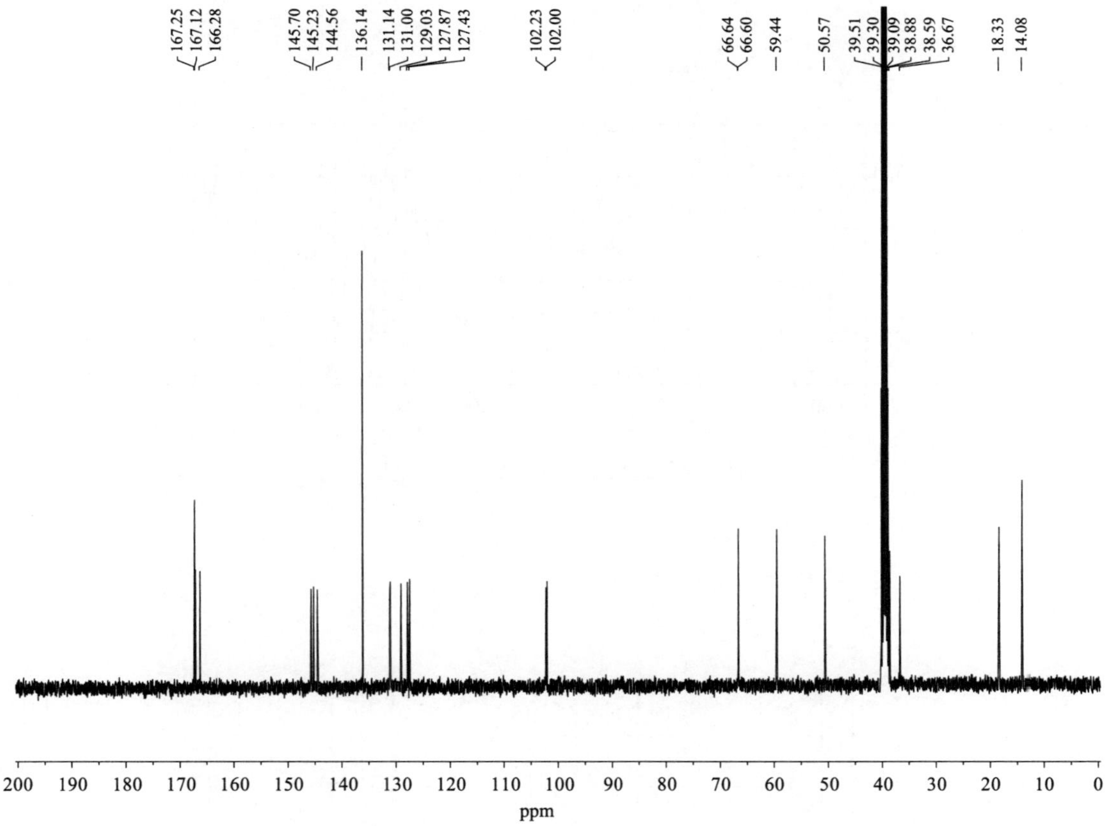

图 2　马来酸氨氯地平的^{13}C NMR 谱（溶剂：CD_3SOCD_3）

^{13}C NMR：δ 167.25 （C－1′，4′），167.12 （C－8），166.28 （C－7），145.70 （C－5），145.23 （C－1），144.56 （C－10），136.14 （C－2′，3′），131.14 （C－11），131.00 （C－15），129.03 （C－14），127.87 （C－13），127.43 （C－12），102.23 （C－4），102.00 （C－2），66.64 （C－9），66.60 （C－17），59.44 （C－19），50.57 （C－16），38.59 （C－18），36.67 （C－3），18.33 （C－6），14.08 （C－20）

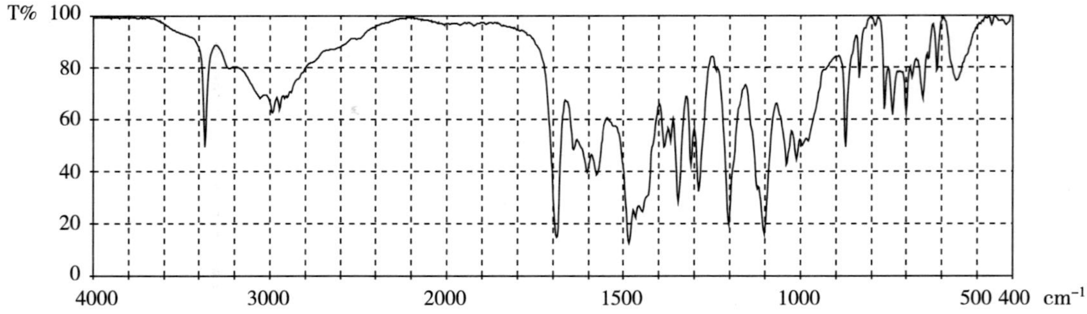

图 3 马来酸氨氯地平的红外光谱图

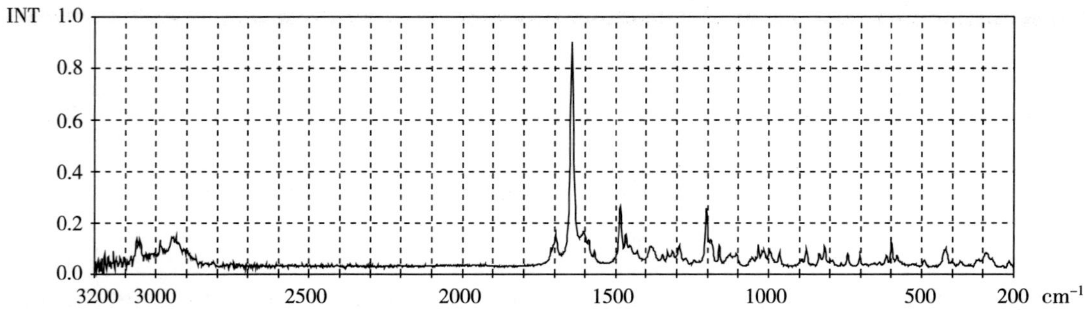

图 4 马来酸氨氯地平的拉曼光谱图

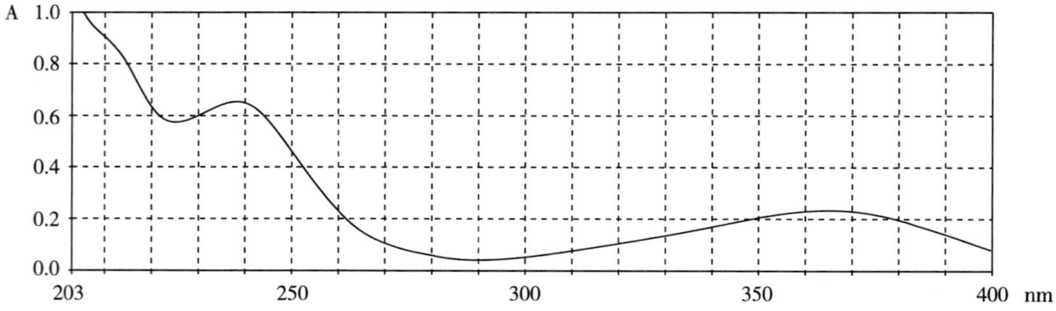

图 5 马来酸氨氯地平的紫外光谱图

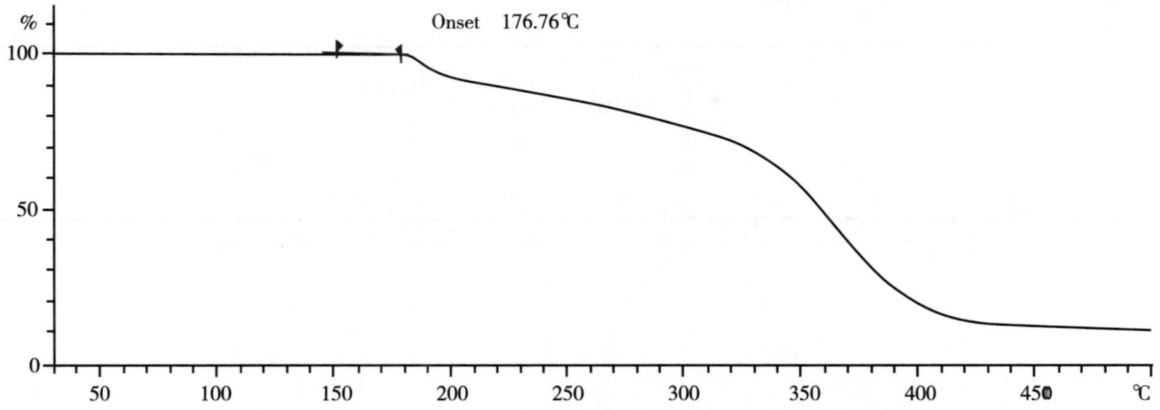

图 6　马来酸氨氯地平的 TG 图

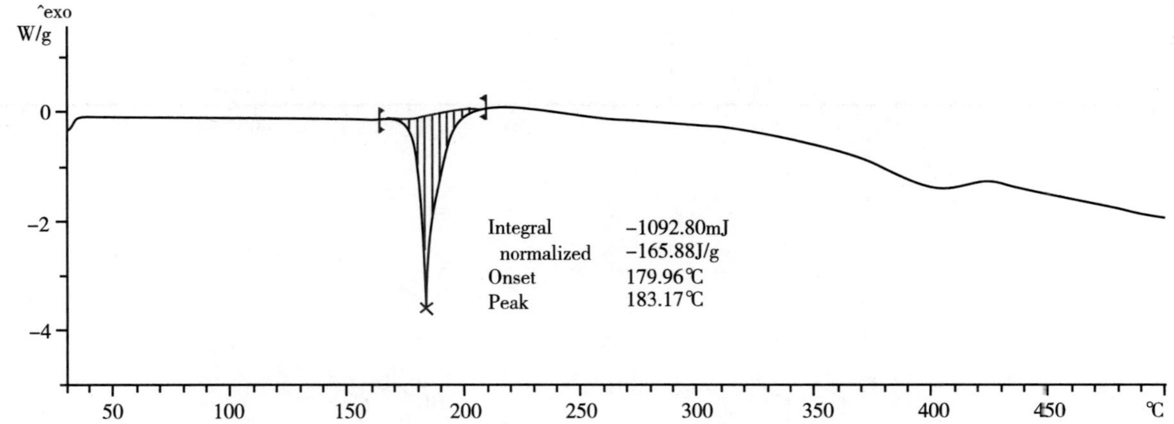

图 7　马来酸氨氯地平的 DSC 图

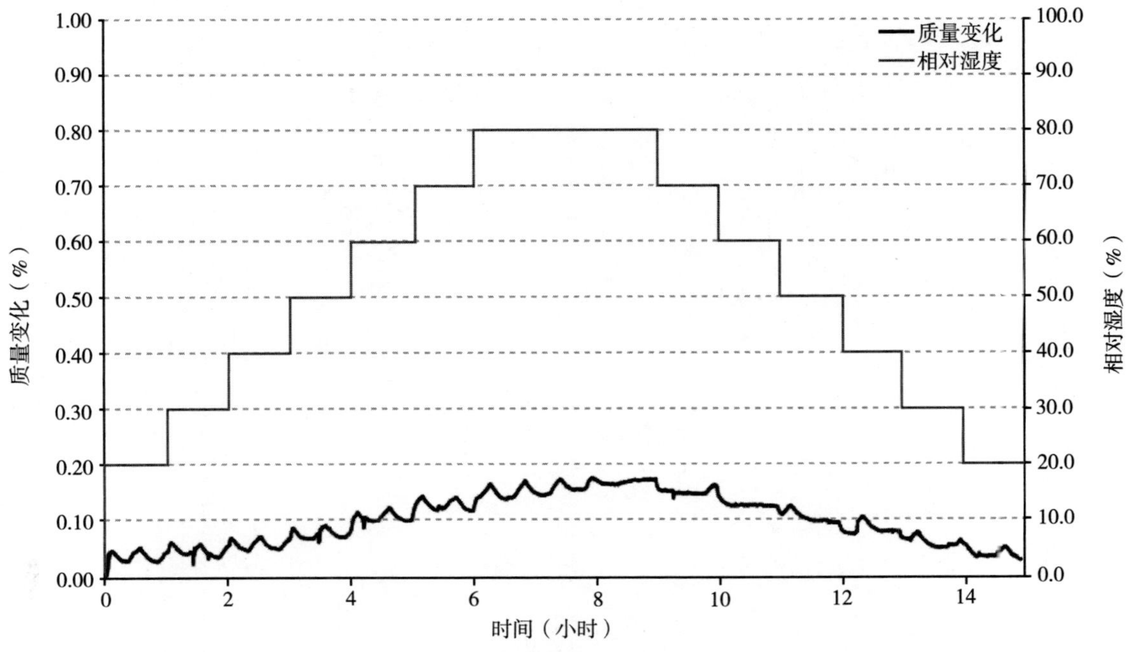

图 8　马来酸氨氯地平的 DVS 图

正离子扫描模式（一级）

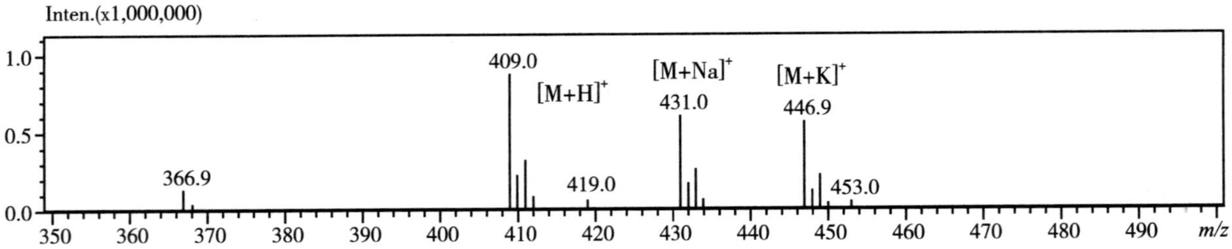

正离子扫描模式（二级）

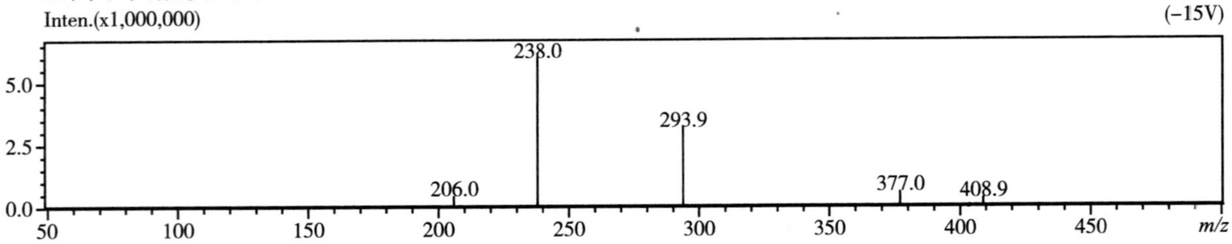

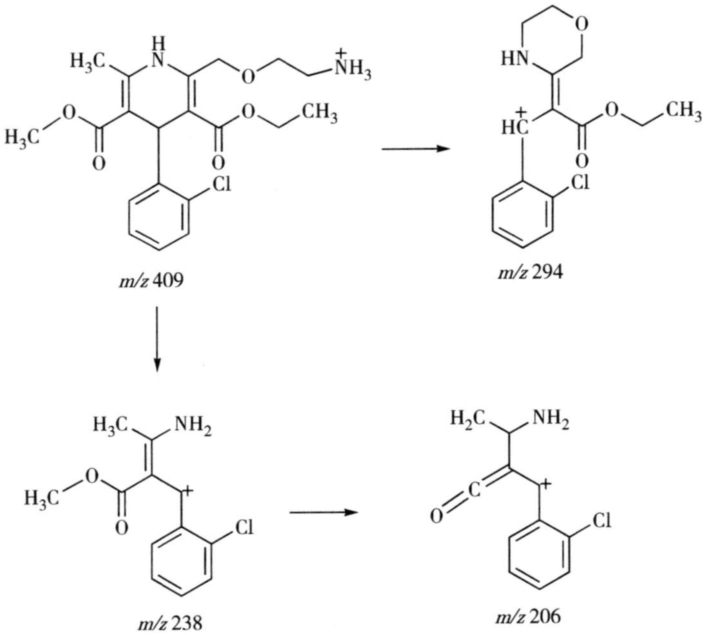

负离子扫描模式（一级）

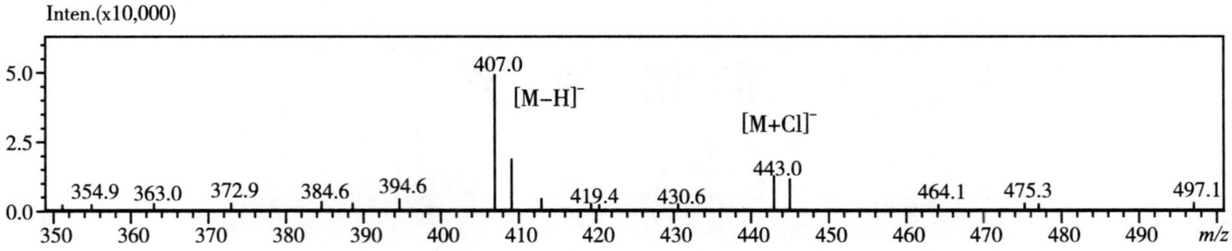

图 9　马来酸氨氯地平的质谱图

备注

1. **中文化学名**　2－［(2－氨基乙氧基)甲基］－4－(2－氯苯基)－1,4－二氢－6－甲基－3,5－吡啶二羧酸－3－乙基－5－甲酯顺丁烯二酸盐

2. **英文化学名**　3－ethyl－5－methyl(4*RS*)－2－［(2－aminoethoxy)methyl］－4－(2－chlorophenyl)－6－methyl－1,4－dihydropyridine－3,5－dicarboxylate maleate

3. **性状**　本品为类白色或微黄色结晶性粉末；无臭，味微苦。

4. **溶解性**　本品在冰醋酸中易溶，在甲醇中溶解，在水或丙酮中微溶，在三氯甲烷或乙酸乙酯中不溶。

5. **溶剂**　0.1mol/L 盐酸溶液。

6. **对照品编号与批号**　100712－200401

非 洛 地 平

英文名 Felodipine

分子式 $C_{18}H_{19}Cl_2NO_4$

分子量 384.25

CAS 号 72509－76－3

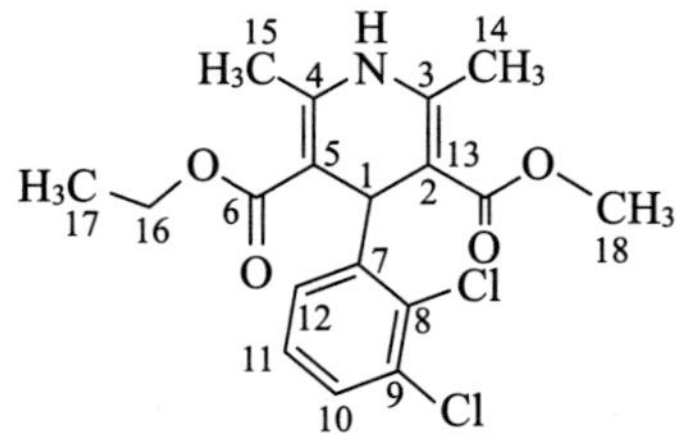

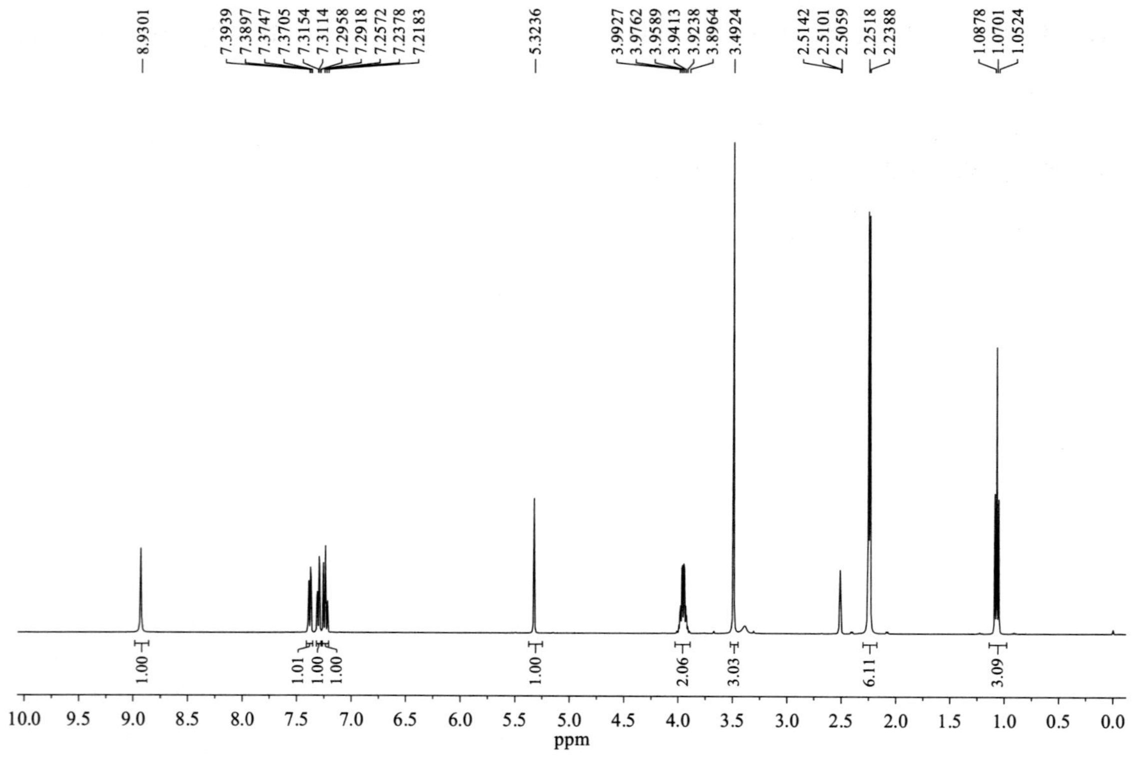

图 1　非洛地平的^{1}H NMR 谱（溶剂：CD_3SOCD_3）

^{1}H NMR：δ 8.93（NH，s，1H），7.38（H－12，dd，J＝7.8，1.6 Hz，1H），7.30（H－10，dd，J＝7.8，1.6 Hz，1H），7.24（H－11，t，J＝7.8 Hz，1H），5.32（H－1，s，1H），3.99～3.90（H－16，m，2H），3.49（H－18，s，3H），2.25（H－15，s，3H），2.24（H－14，s，3H），1.07（H－17，t，J＝7.1 Hz，3H）

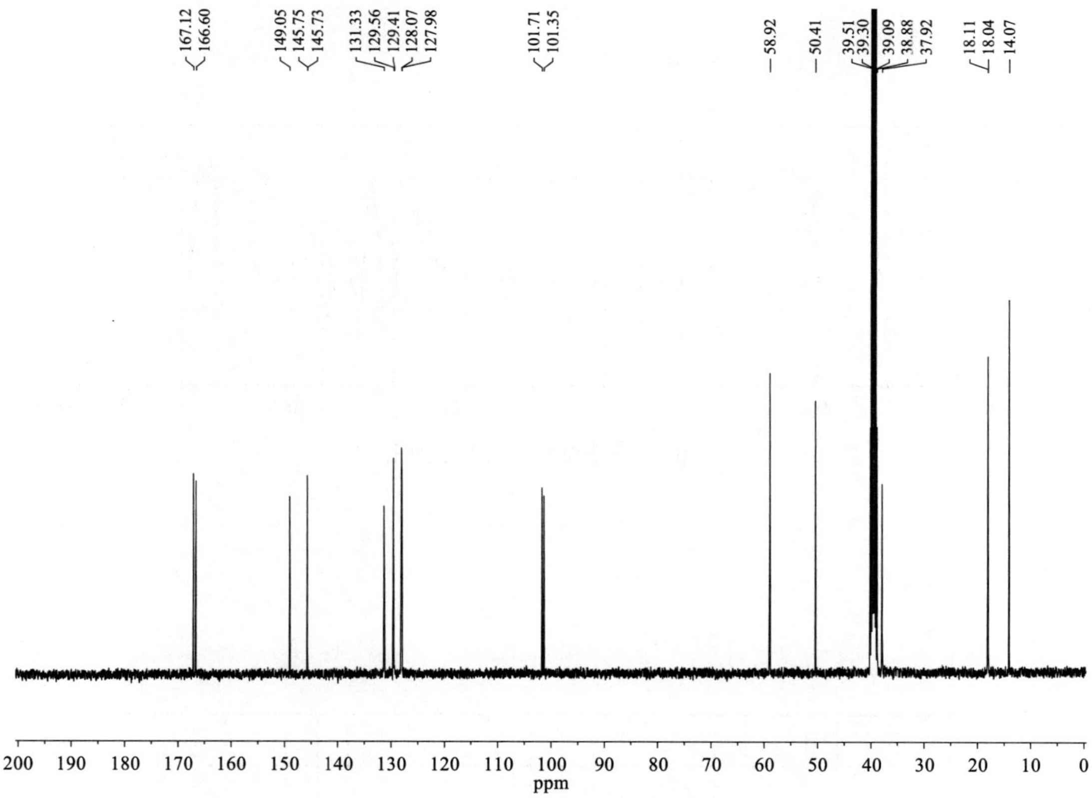

图 2　非洛地平的^{13}C NMR 谱（溶剂：CD_3SOCD_3）

^{13}C NMR：δ 167.12（C－13），166.60（C－6），149.05（C－7），145.75（C－3），145.73（C－4），131.33（C－9），129.56（C－12），129.41（C－8），128.07（C－10），127.98（C－11），101.71（C－5），101.35（C－2），58.92（C－16），50.41（C－18），37.92（C－1），18.11（C－14），18.04（C－15），14.07（C－17）

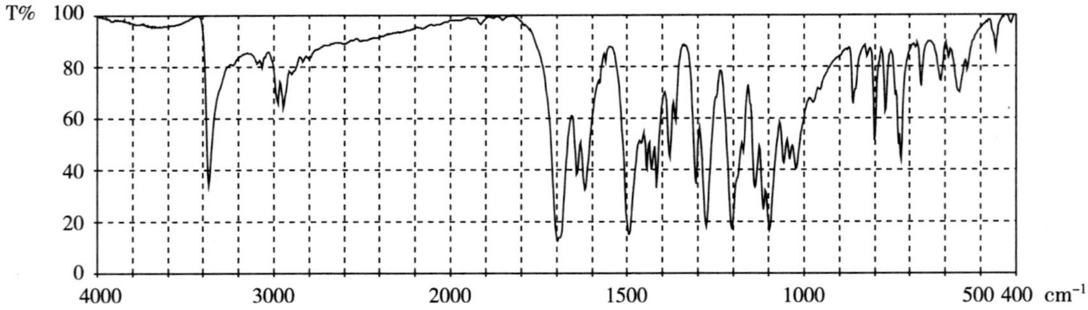

图 3　非洛地平的红外光谱图

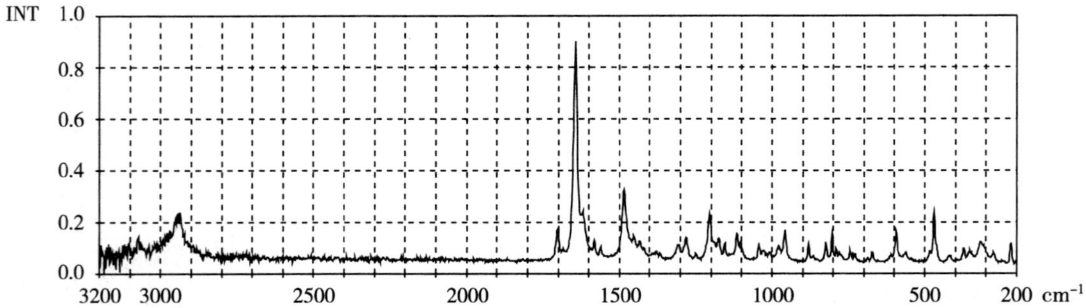

图 4　非洛地平的拉曼光谱图

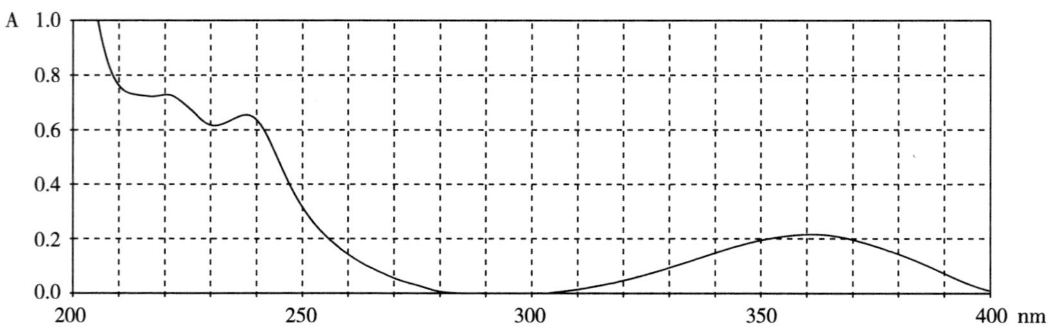

图 5　非洛地平的紫外光谱图

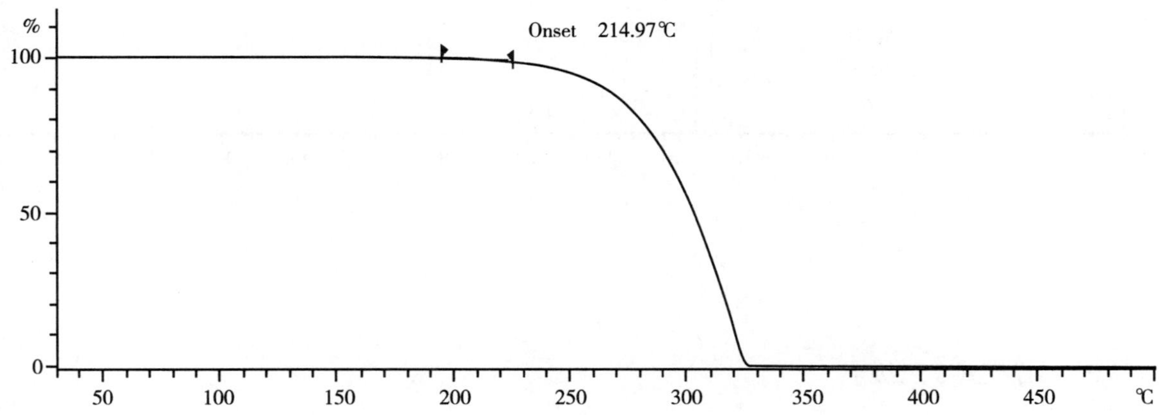

图 6　非洛地平的 TG 图

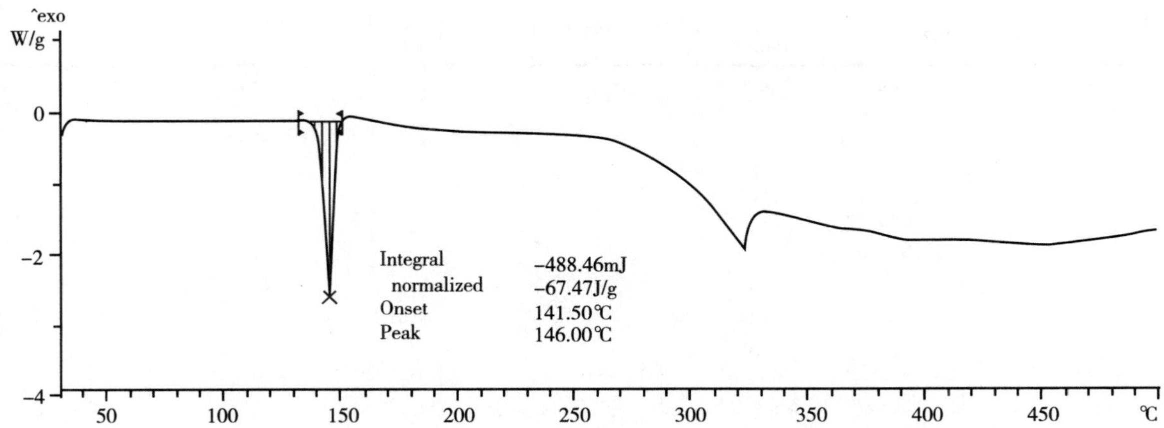

图 7　非洛地平的 DSC 图

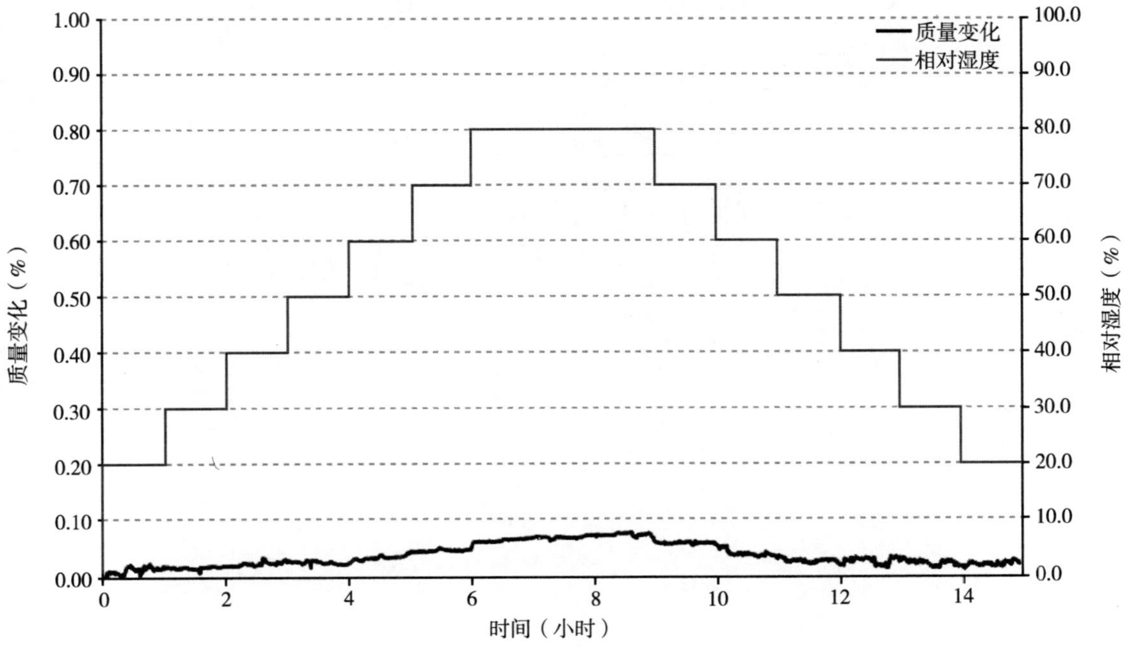

图 8　非洛地平的 DVS 图

正离子扫描模式（一级）

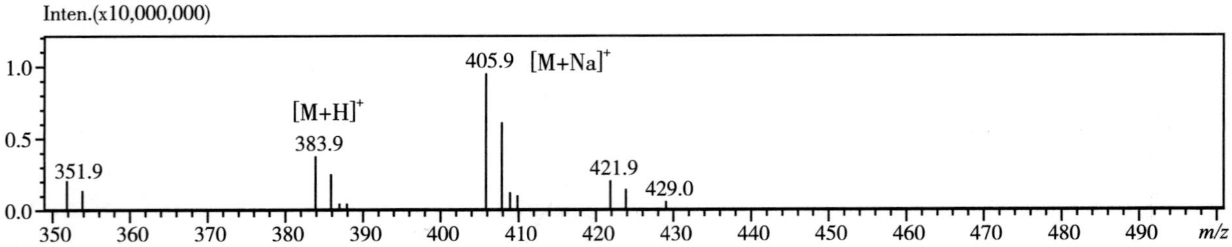

正离子扫描模式（二级）

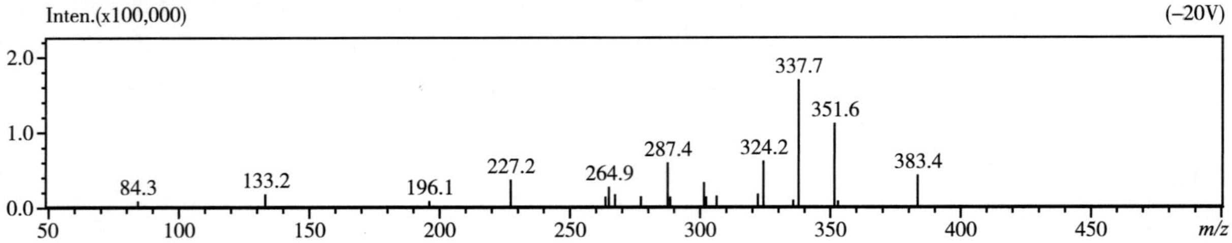

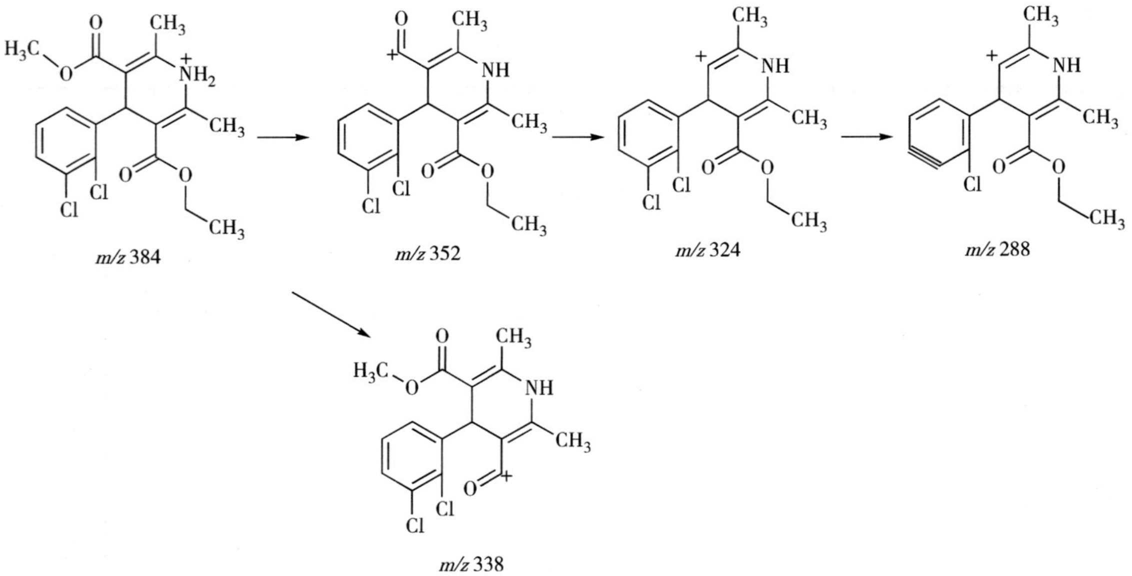

负离子扫描模式（一级）

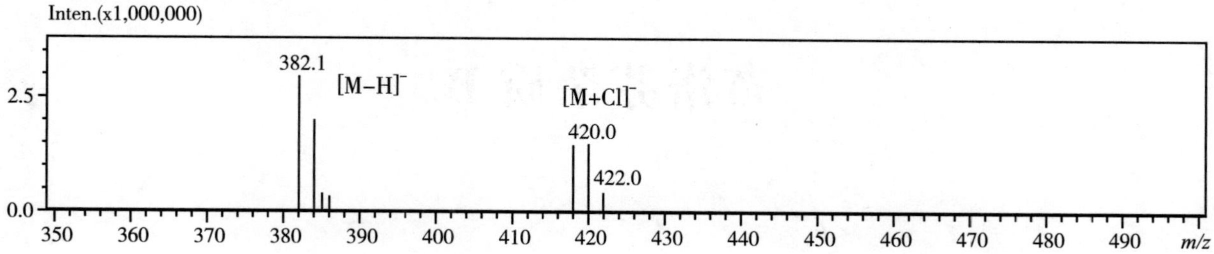

负离子扫描模式（二级）

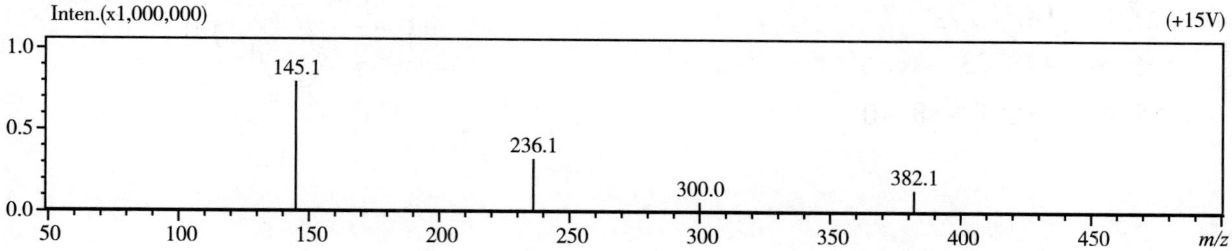

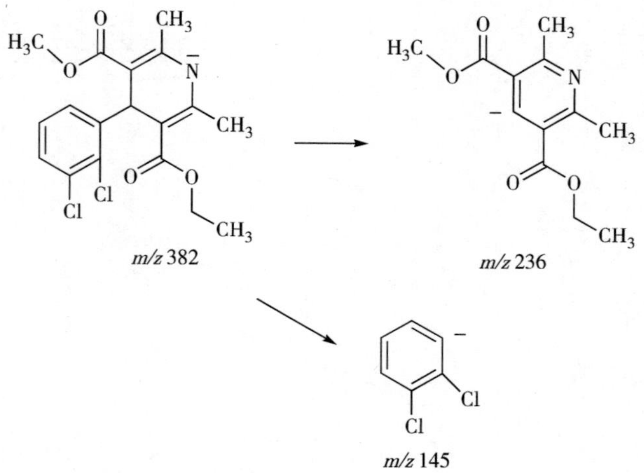

图9　非洛地平的质谱图

备注

1. **中文化学名**　（±）-2,6-二甲基-4-（2,3-二氯苯基）-1,4-二氢-3,5-吡啶二甲酸甲酯乙酯
2. **英文化学名**　（±）-ethyl methyl-4-（2,3-dichlorophenyl）-1,4-dihydro-2,6-dimethyl-3,5-pyridinedicarboxylate
3. **性状**　本品为白色至淡黄色结晶或结晶性粉末；无臭，无味；遇光不稳定。
4. **溶解性**　本品在丙酮、甲醇或乙醇中易溶，在水中几乎不溶。
5. **溶剂**　乙醇。
6. **对照品编号与批号**　100717-201002

布洛芬杂质 B

英文名 Ibuprofen Impurity B

分子式 $C_{11}H_{14}O_2$

分子量 178.23

CAS 号 38861-88-0

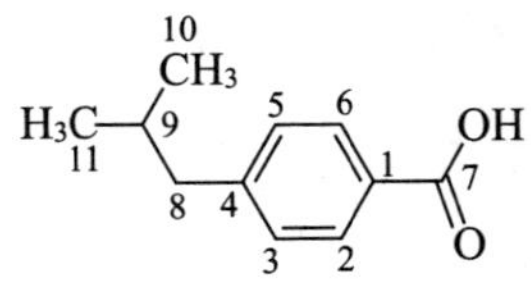

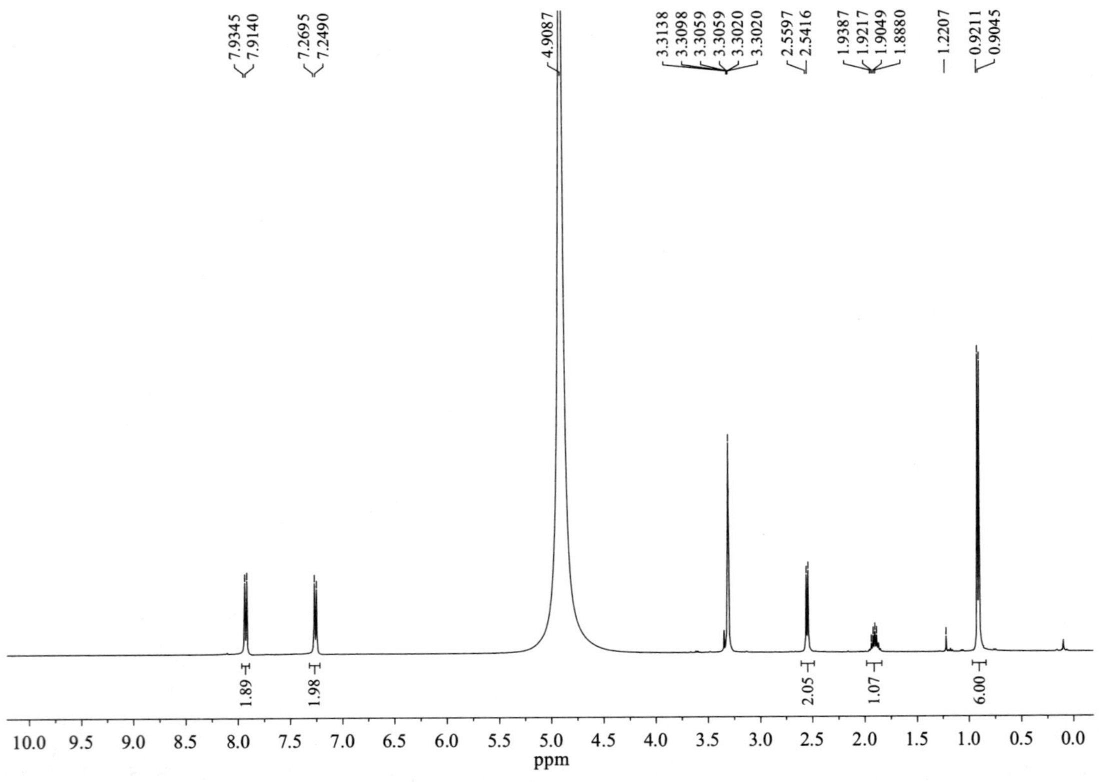

图 1　布洛芬杂质 B 的 ^{1}H NMR 谱（溶剂：CD_3OD）

^{1}H NMR：δ 7.92（H-2，6，d，J=8.2 Hz，2H），7.26（H-3，5，d，J=8.2 Hz，2H），2.55（H-8，d，J=7.2 Hz，2H），1.91（H-9，m，1H），0.91（H-10，11，d，J=6.6 Hz，6H）

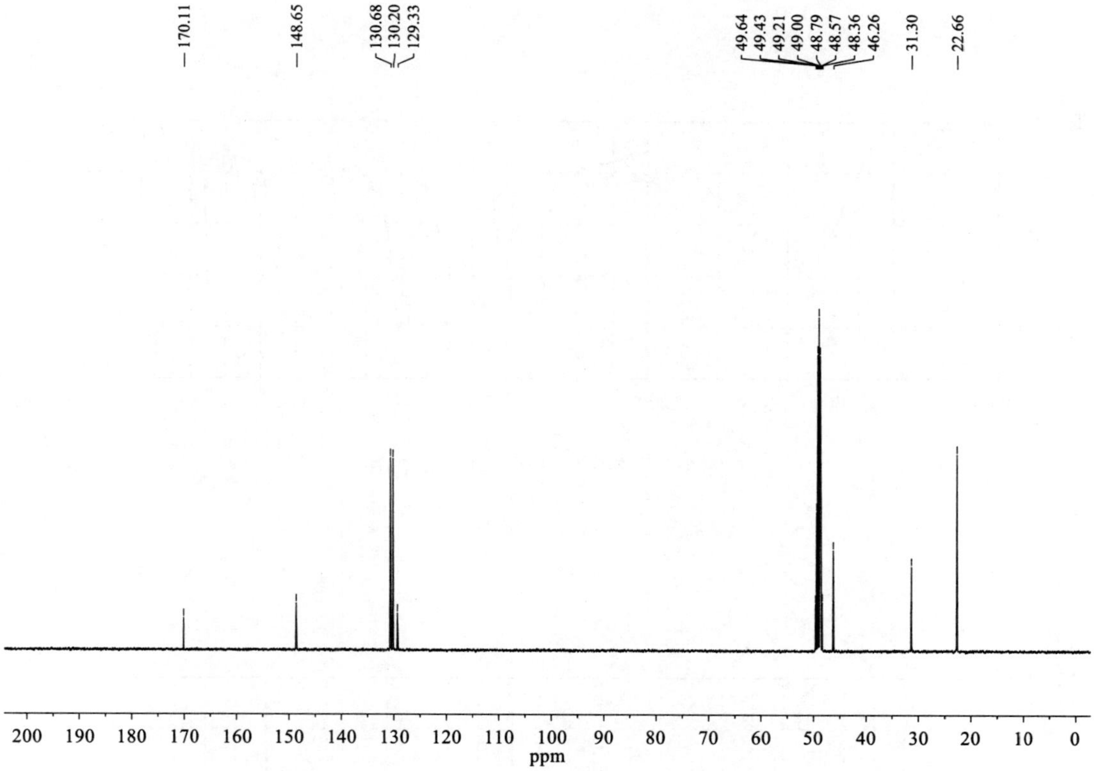

图 2　布洛芬杂质 B 的 ^{13}C NMR 谱（溶剂：CD_3OD）

^{13}C NMR：δ 170.11（C－7），148.65（C－4），130.68（C－2，6），130.20（C－3，5），129.33（C－1），46.26（C－8），31.30（C－9），22.66（C－10，11）

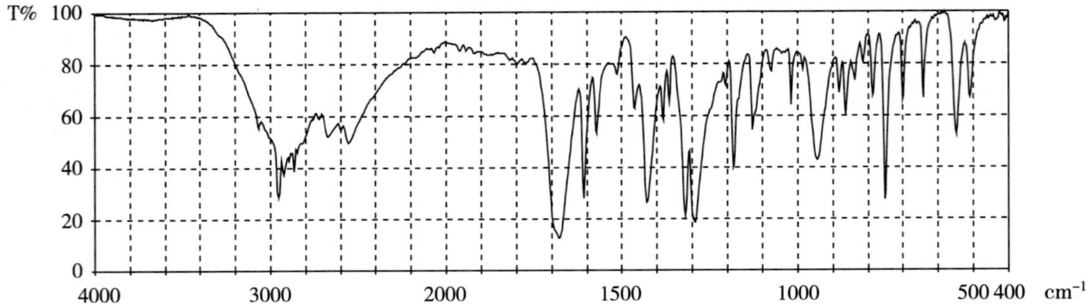

图 3　布洛芬杂质 B 的红外光谱图

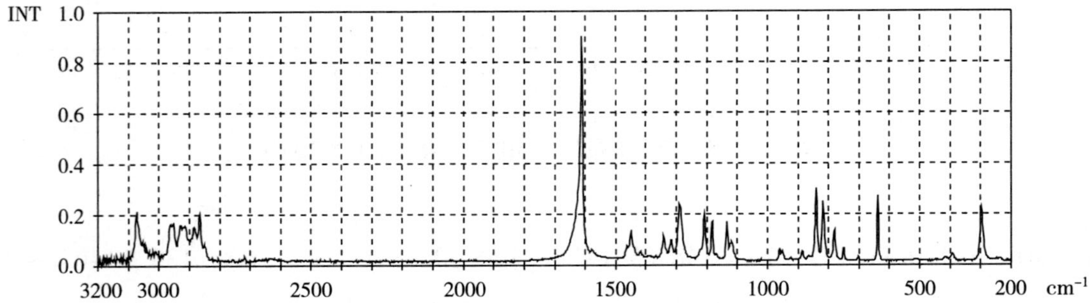

图 4　布洛芬杂质 B 的拉曼光谱图

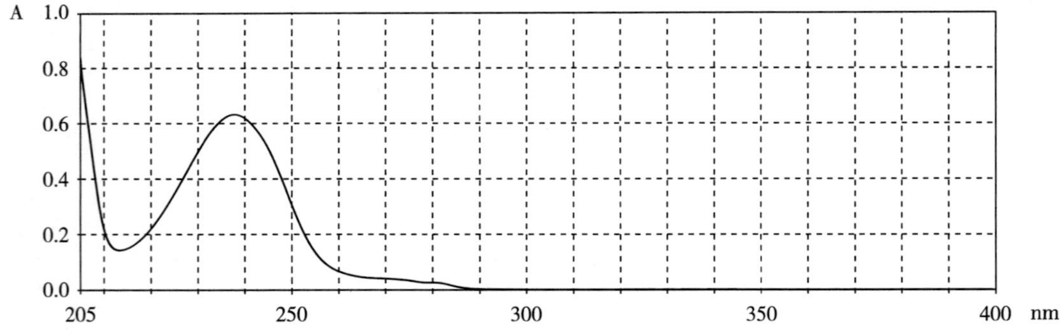

图 5　布洛芬杂质 B 的紫外光谱图

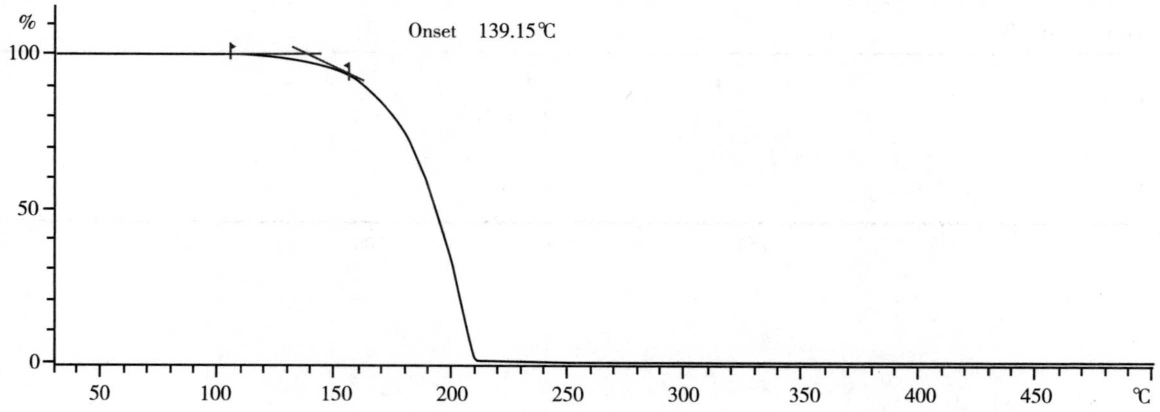

图 6 布洛芬杂质 B 的 TG 图

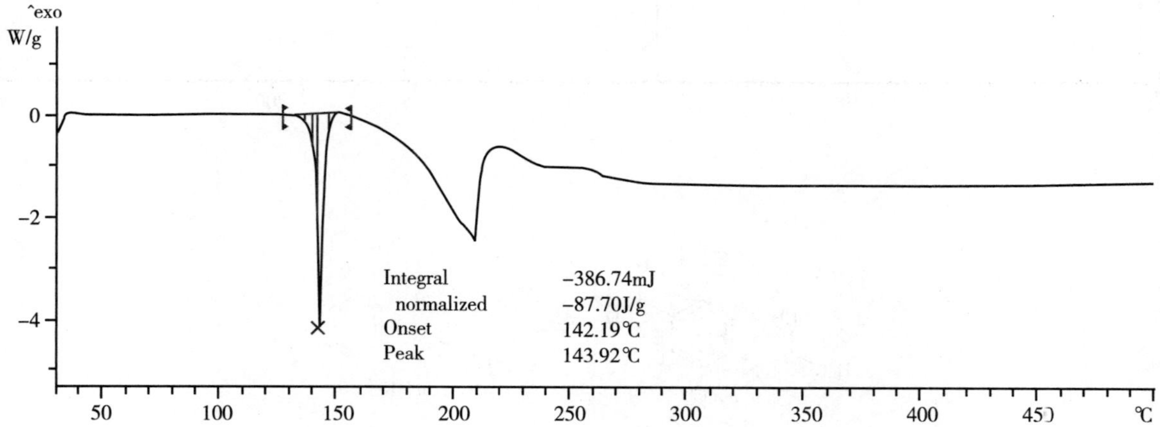

图 7 布洛芬杂质 B 的 DSC 图

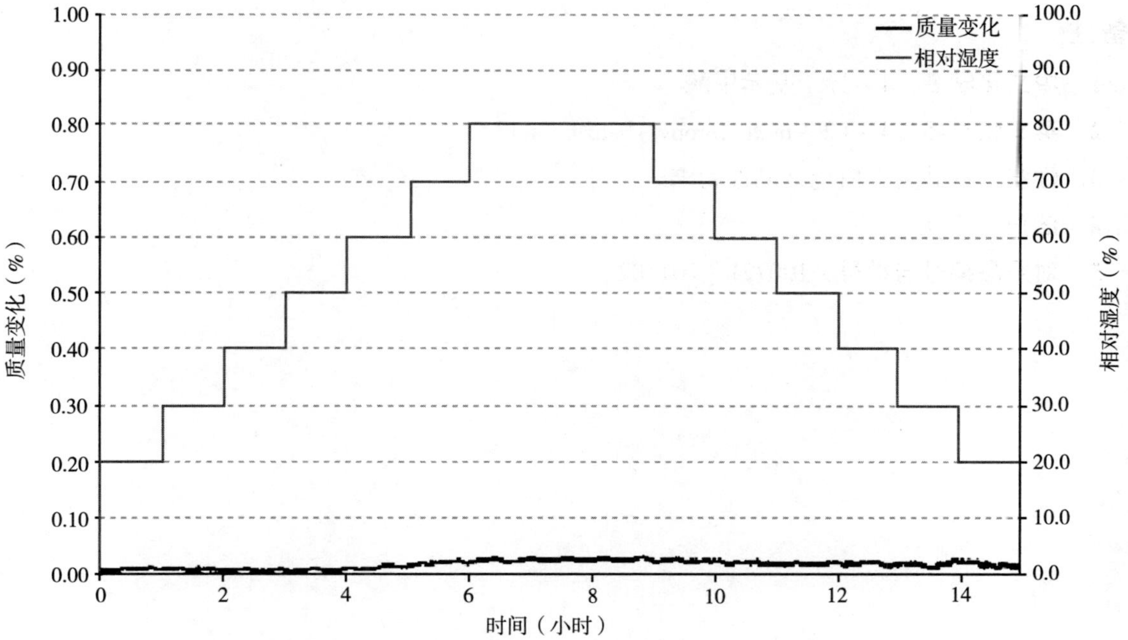

图 8 布洛芬杂质 B 的 DVS 图

负离子扫描模式（一级）

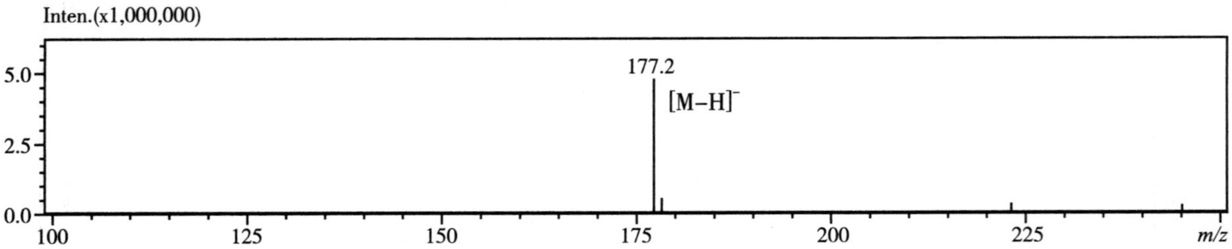

负离子扫描模式（二级）

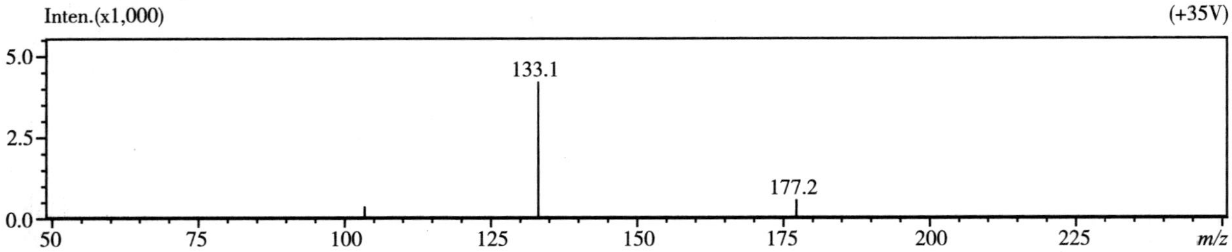

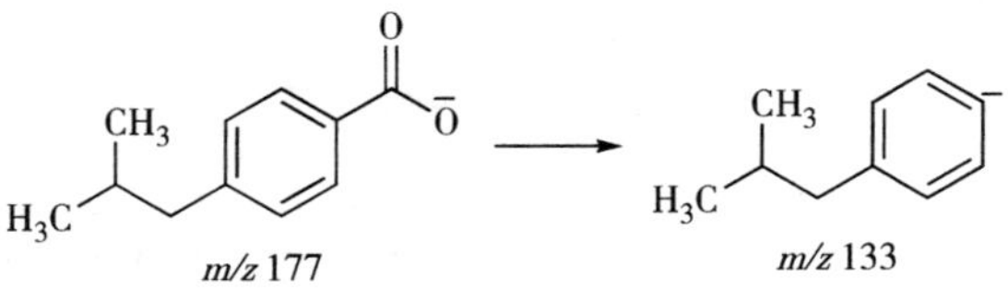

图 9　布洛芬杂质 B 的质谱图

备注

1. **中文化学名**　4－异丁基苯甲酸
2. **英文化学名**　4－(2－methylpropyl) benzoic acid
3. **性状**　本品为类白色结晶性粉末。
4. **溶剂**　乙醇。
5. **对照品编号与批号**　100721－201102

丁二酸洛沙平

英文名 Loxapine Succinate

分子式 $C_{18}H_{18}ClN_3O \cdot C_4H_6O_4$

分子量 445.90

CAS 号 27833－64－3

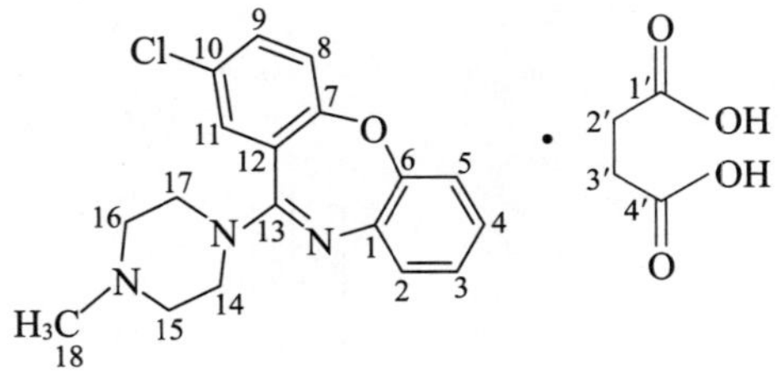

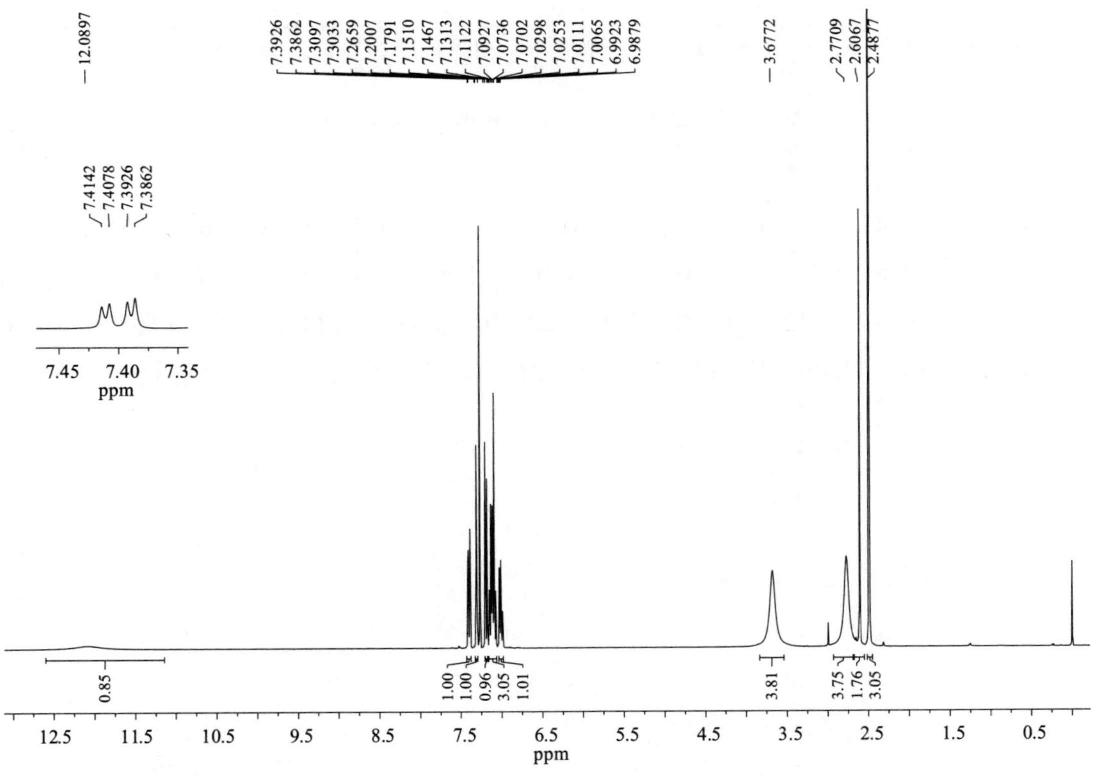

图 1 丁二酸洛沙平的^{1}H NMR 谱（溶剂：$CDCl_3$）

^{1}H NMR：δ 12.09（COOH，brs，1H），7.40（H－9，dd，J＝8.6，2.6 Hz，1H），7.31（H－11，d，J＝2.6 Hz，1H），7.19（H－8，d，J＝8.6 Hz，1H），7.06～7.16（H－2，4，5，m，3H），7.01（H－3，m，1H），3.98～3.51（H－15，16，m，4H），2.98～2.62（H－14，17，m，4H），2.61（H－2′，3′，s，2H），2.49（H－18，s，3H）

注：核磁分析表明丁二酸与洛沙平的比例为 1∶2，非 1∶1

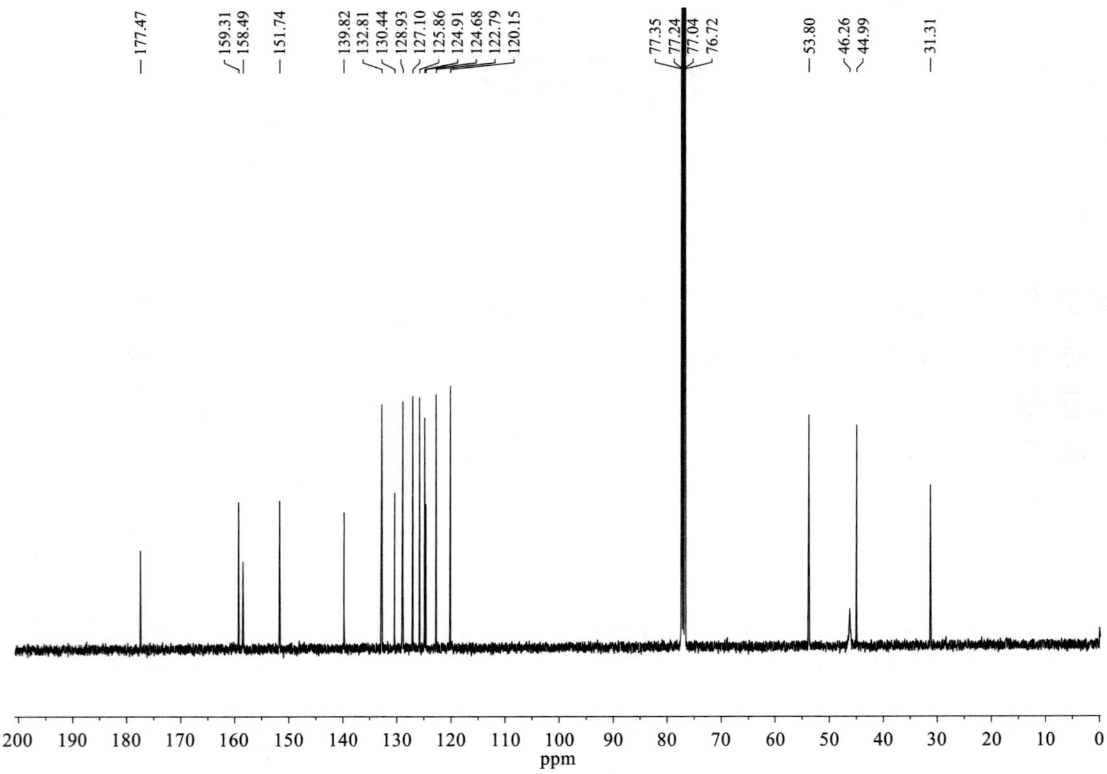

图 2　丁二酸洛沙平的^{13}C NMR 谱（溶剂：$CDCl_3$）

^{13}C NMR：δ 177.47（C－1′，4′），159.31（C－13），158.49（C－6），151.74（C－7），139.82（C－1），132.81（C－9），130.44（C－10），128.93（C－11），127.10（C－4），125.86（C－3），124.9 1（C－2），124.68（C－12），122.79（C－8），120.15（C－5），53.80（C－15，16），46.26（C－18），44.99（C－14，17），31.31（C－2′，3′）

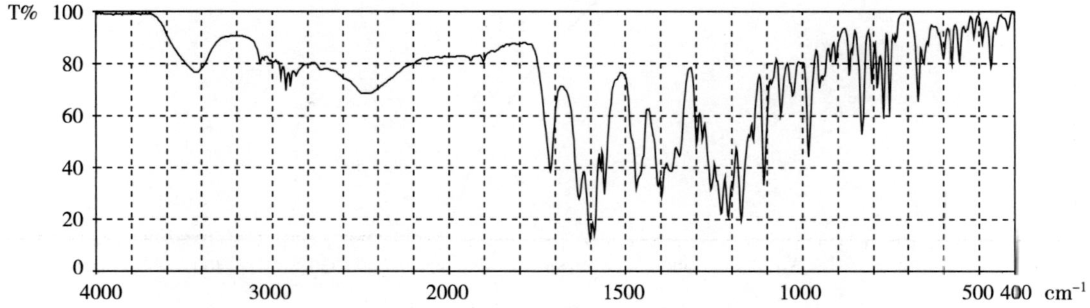

图 3　丁二酸洛沙平的红外光谱图

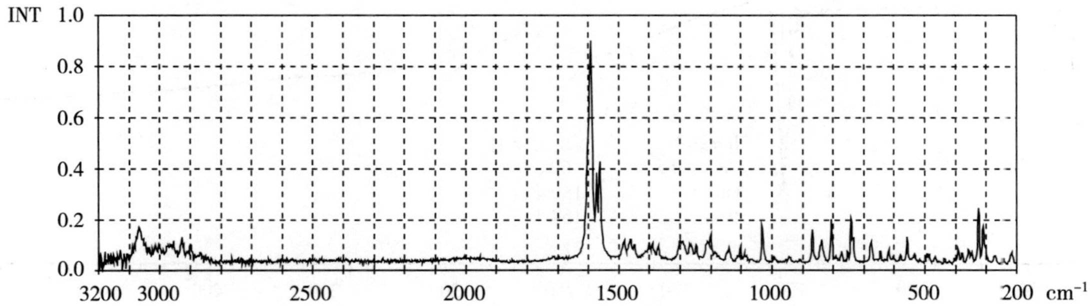

图 4　丁二酸洛沙平的拉曼光谱图

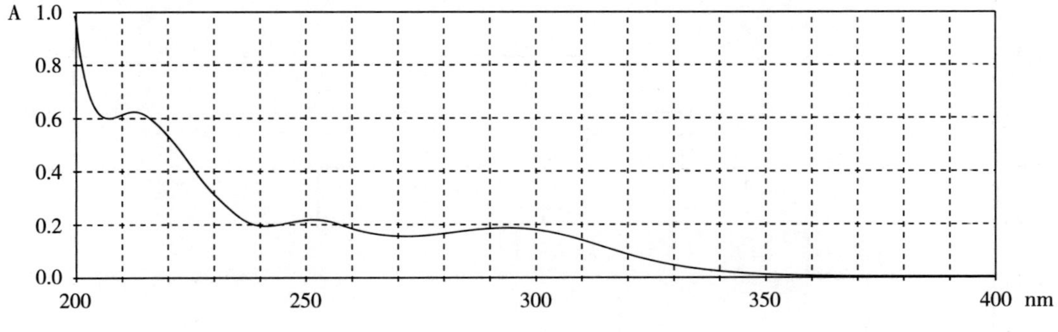

图 5　丁二酸洛沙平的紫外光谱图

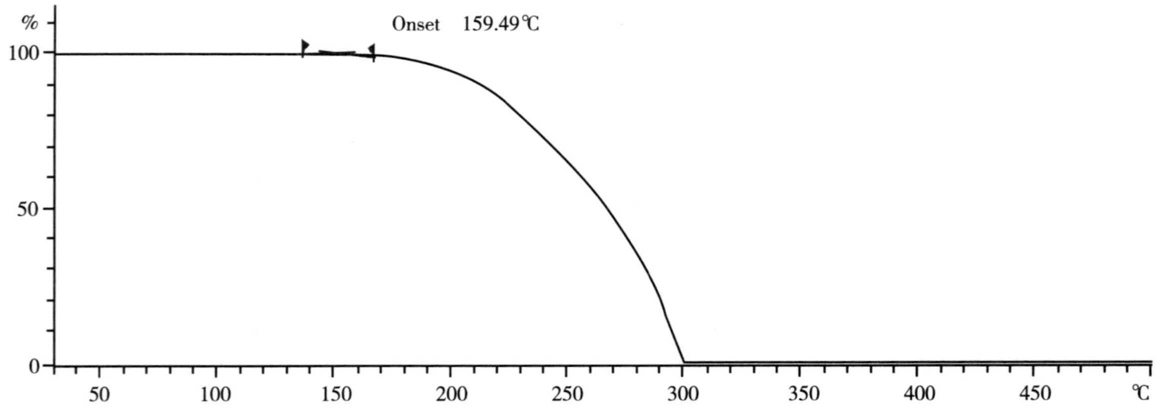

图 6　丁二酸洛沙平的 TG 图

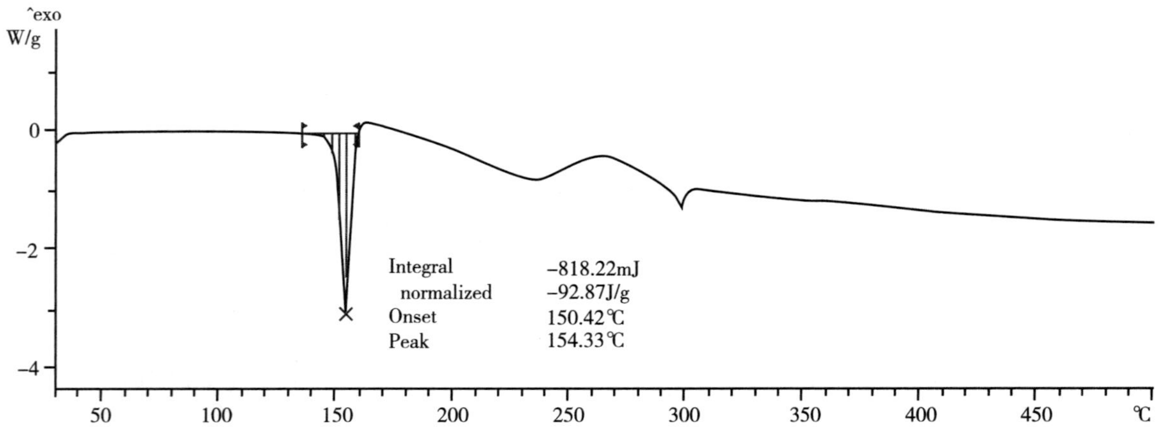

图 7　丁二酸洛沙平的 DSC 图

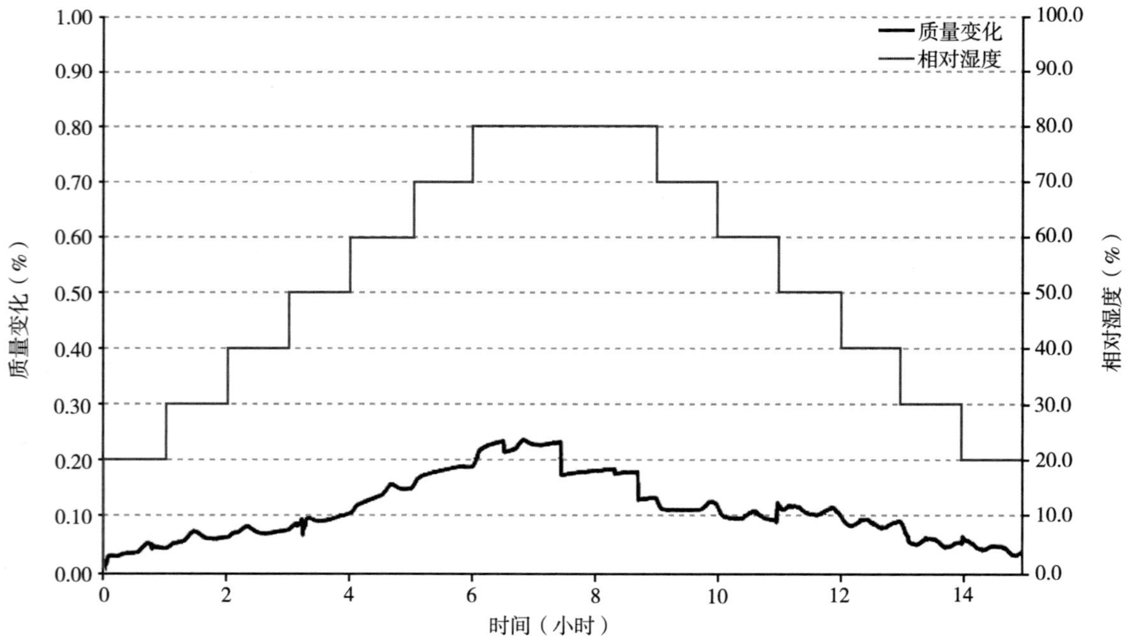

图 8　丁二酸洛沙平的 DVS 图

正离子扫描模式（一级）

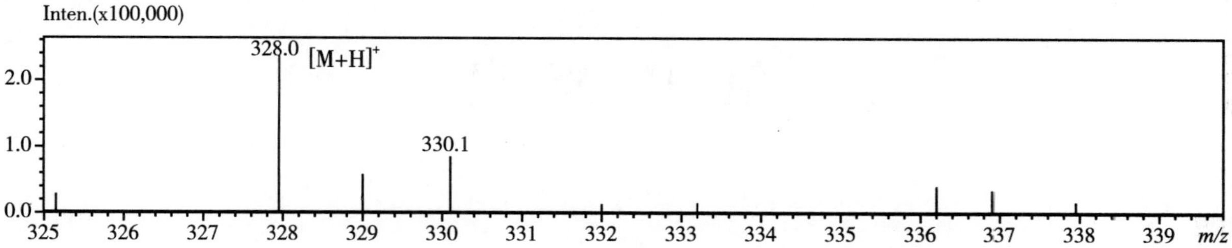

正离子扫描模式（二级）

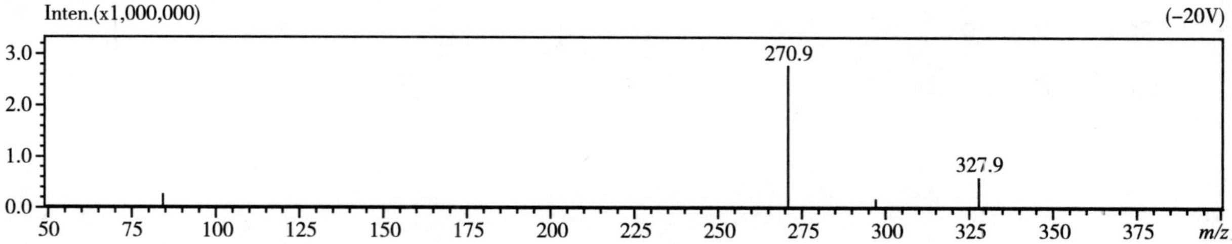

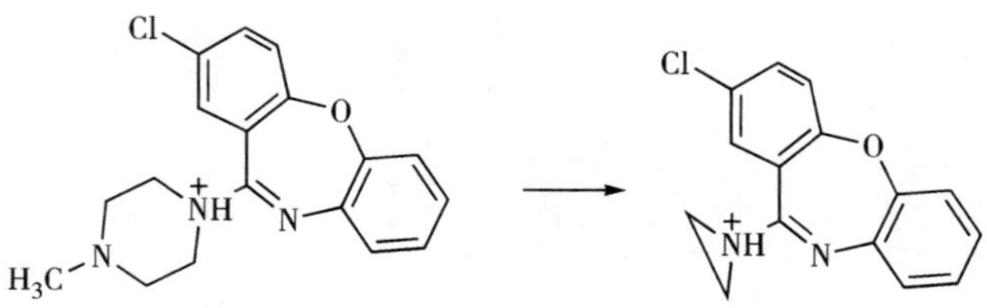

m/z 328　　　　*m/z* 271

图 9　丁二酸洛沙平的质谱图

备注

1. 中文化学名　2 - 氯 - 11 - (4 - 甲基 - 1 - 哌嗪基)二苯并[*b*,*f*][1,4]氧氮杂丁二酸盐(1∶1)

2. 英文化学名　2 - chloro - 11 - (4 - methyl - 1 - piperazinyl) dibenz[*b*,*f*][1,4]oxazepine succinate (1∶1)

3. 性状　本品为白色粉末。

4. 溶剂　0. 1mol/L 盐酸溶液。

5. 对照品编号与批号　100724 - 200401

氟马西尼

英文名 Flumazenil

分子式 $C_{15}H_{14}FN_3O_3$

分子量 303.29

CAS 号 78755-81-4

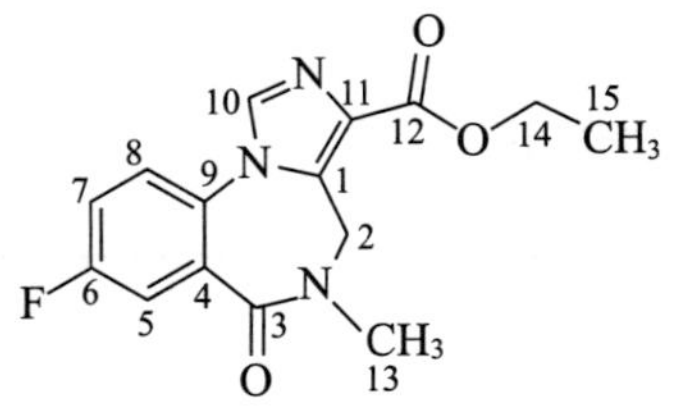

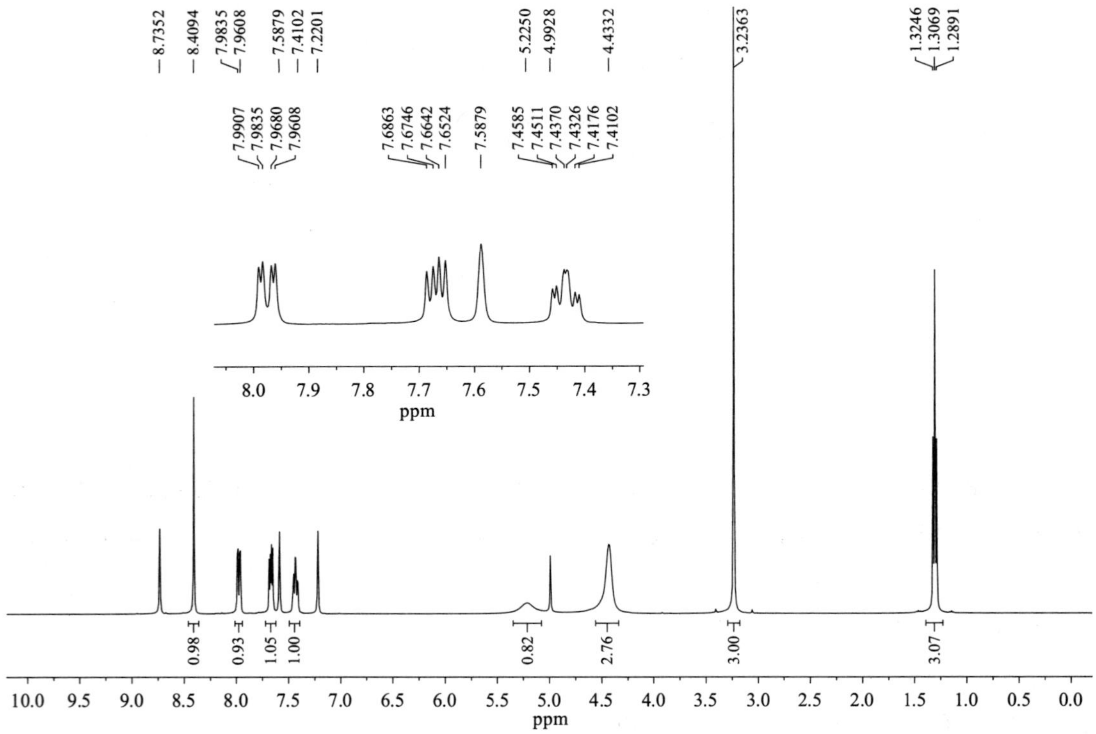

图1 氟马西尼的^{1}H NMR谱（溶剂：C_5D_5N）

^{1}H NMR：δ 8.41（H-10，s，1H），7.98（H-5，dd，J=9.1，2.9 Hz，1H），7.66（H-8，dd，J=8.8，4.7 Hz，1H），7.43（H-7，m，1H），5.23（H-2a，brs，1H），4.43（H-2b，14，brs，3H），3.24（H-13，s，3H），1.30（H-15，t，J=7.1 Hz，3H）

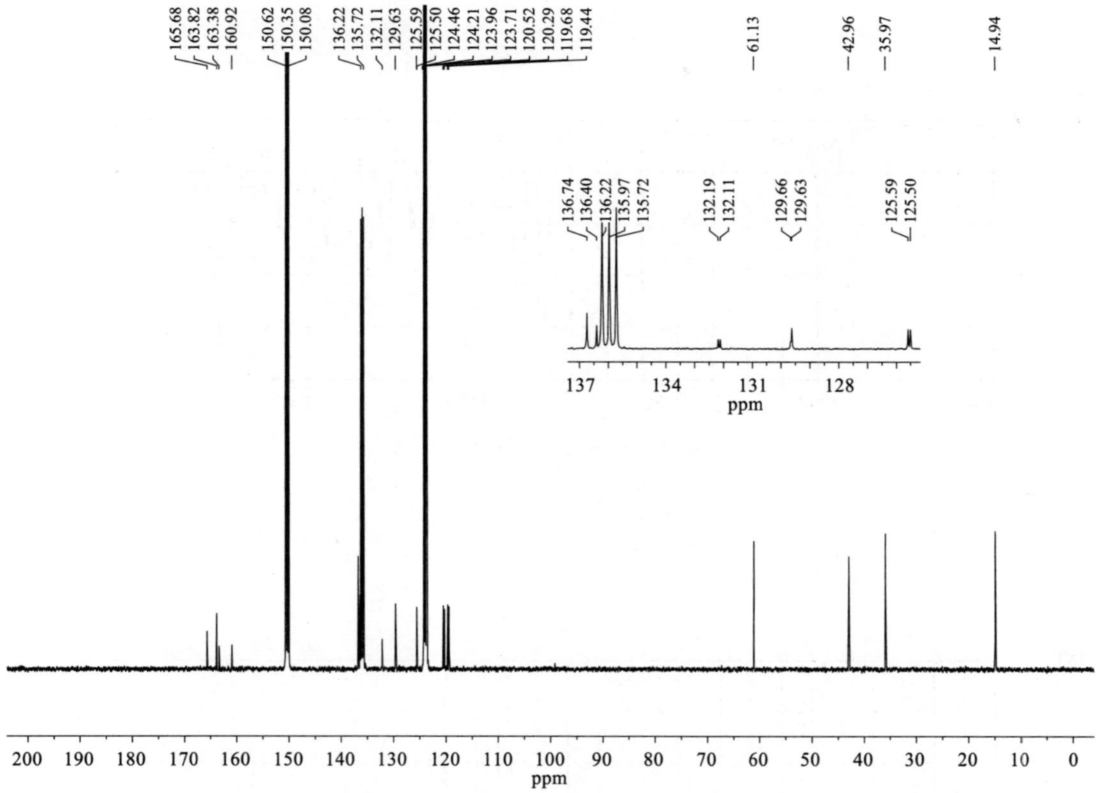

图 2　氟马西尼的^{13}C NMR 谱（溶剂：C_5D_5N）

^{13}C NMR：δ 165.68（C－3），163.82（C－12），162.09（C－6，d，J＝248.5 Hz），136.74（C－1，10），136.40（C－11），132.15（C－4，d，J＝8.1 Hz），129.64（C－9，d，J＝3.0 Hz），125.55（C－8，d，J＝8.1 Hz），120.40（C－5，d，J＝23.2 Hz），119.56（C－7，d，J＝23.2 Hz），61.13（C－14），42.96（C－2），35.97（C－13），14.94（C－15）

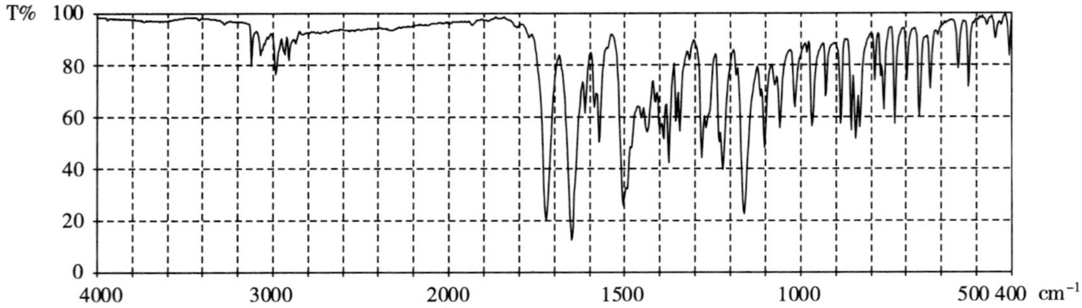

图 3　氟马西尼的红外光谱图

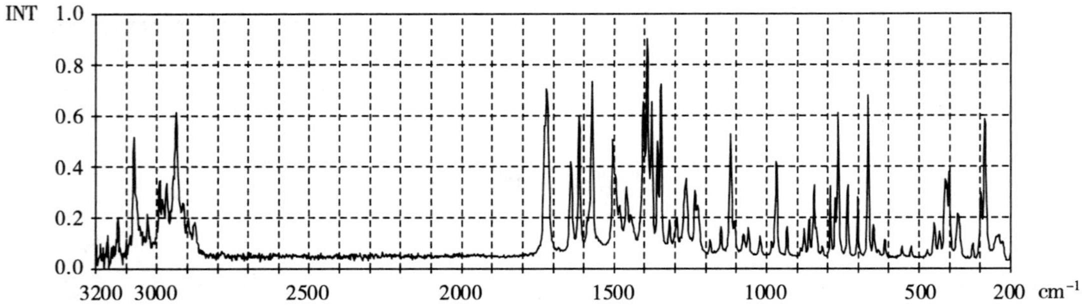

图 4　氟马西尼的拉曼光谱图

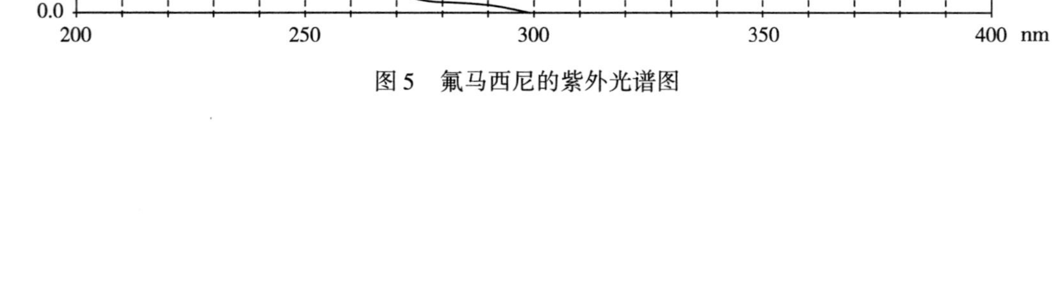

图 5　氟马西尼的紫外光谱图

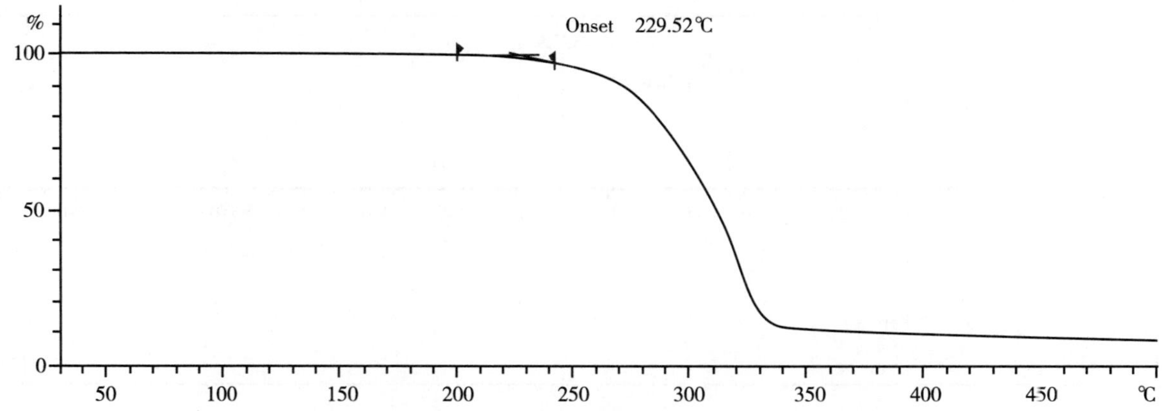

图 6　氟马西尼的 TG 图

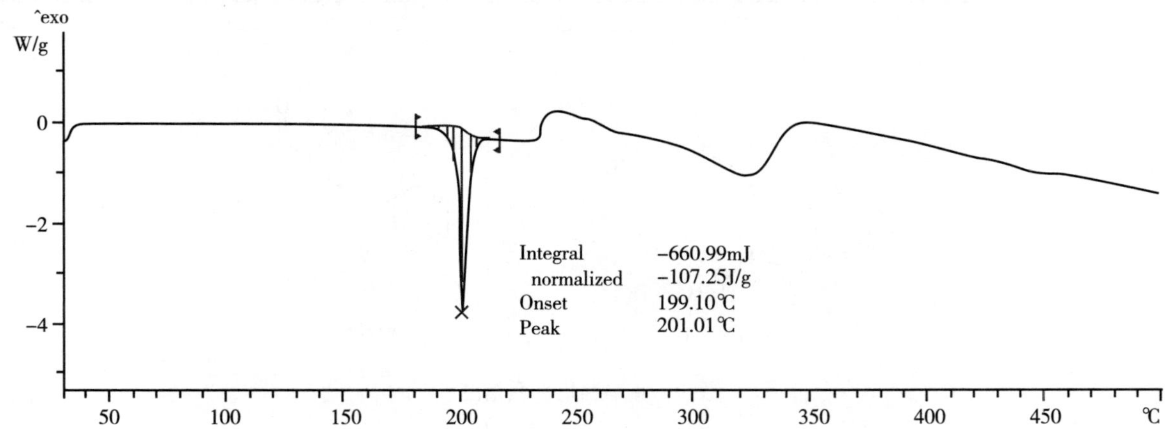

图 7　氟马西尼的 DSC 图

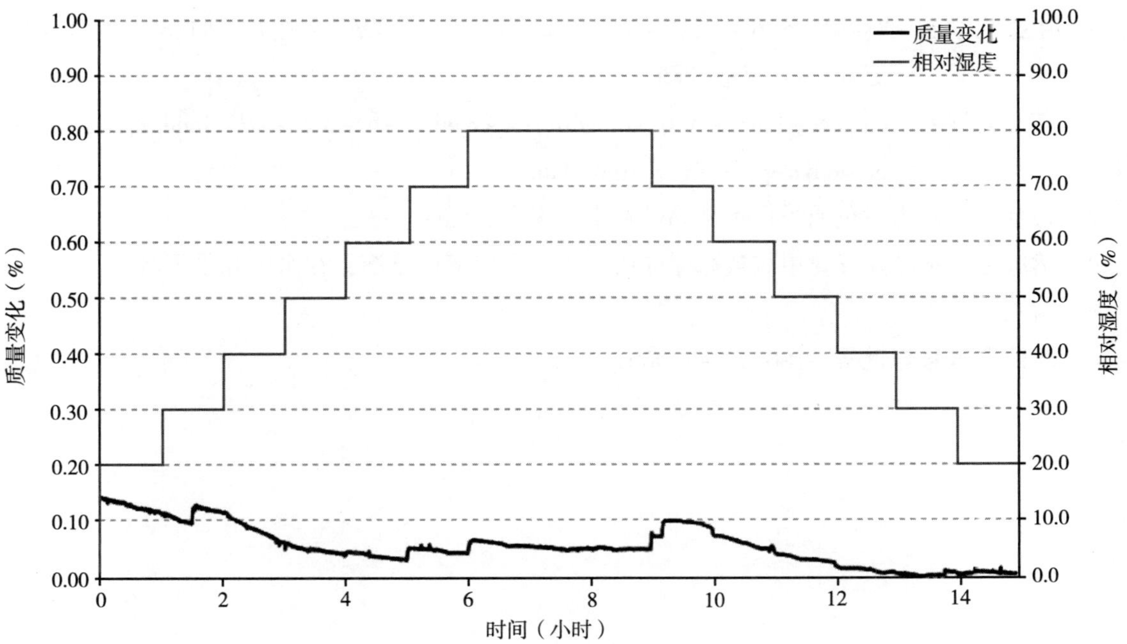

图 8　氟马西尼的 DVS 图

正离子扫描模式（一级）

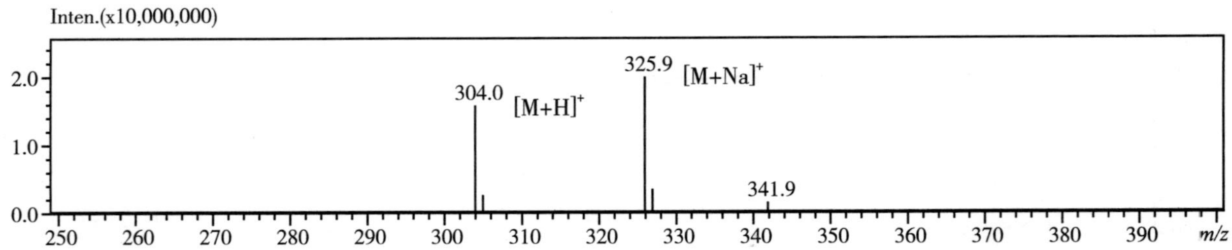

正离子扫描模式（二级）

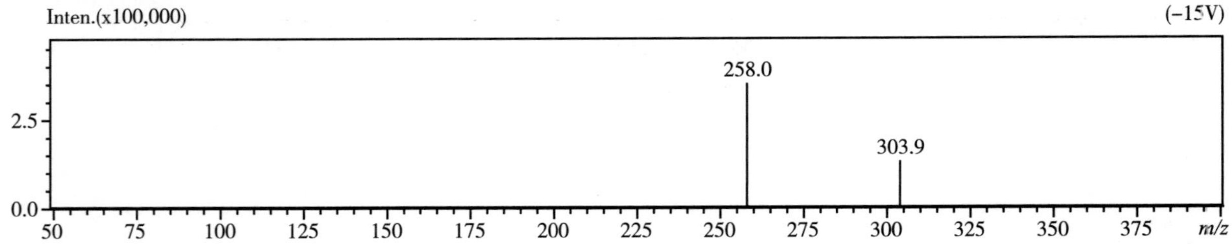

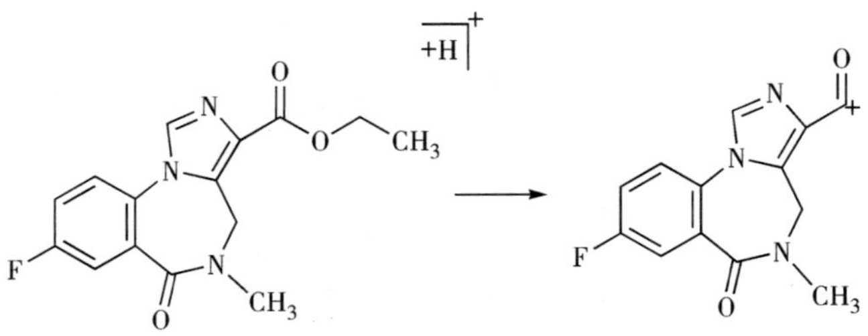

m/z 304　　　　*m/z* 258

图 9　氟马西尼的质谱图

备注

1. **中文化学名**　8－氟－5,6－二氢－5－甲基－6－氧代－4*H*－咪唑并－[1,5－*a*][1,4]苯并二氮䓬－3－甲酸乙酯
2. **英文化学名**　ethyl 8－fuoro－5,6－dihydro－5－methyl－6－oxo－4*H*－imidazo[1,5－*a*][1,4]benzodiazepine－3－carboxylate
3. **性状**　本品为白色或类白色结晶性粉末；无臭，无味。
4. **溶解性**　本品在三氯甲烷或冰醋酸中易溶，在甲醇中略溶，在水中几乎不溶。
5. **溶剂**　乙醇。
6. **对照品编号与批号**　100727－200601

盐酸阿夫唑嗪

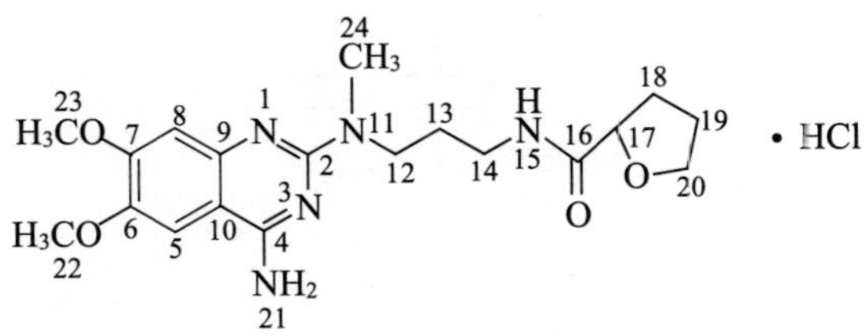

英文名 Alfuzosin Hydrochloride

分子式 $C_{19}H_{27}N_5O_4 \cdot HCl$

分子量 425.92

CAS 号 81403-68-1

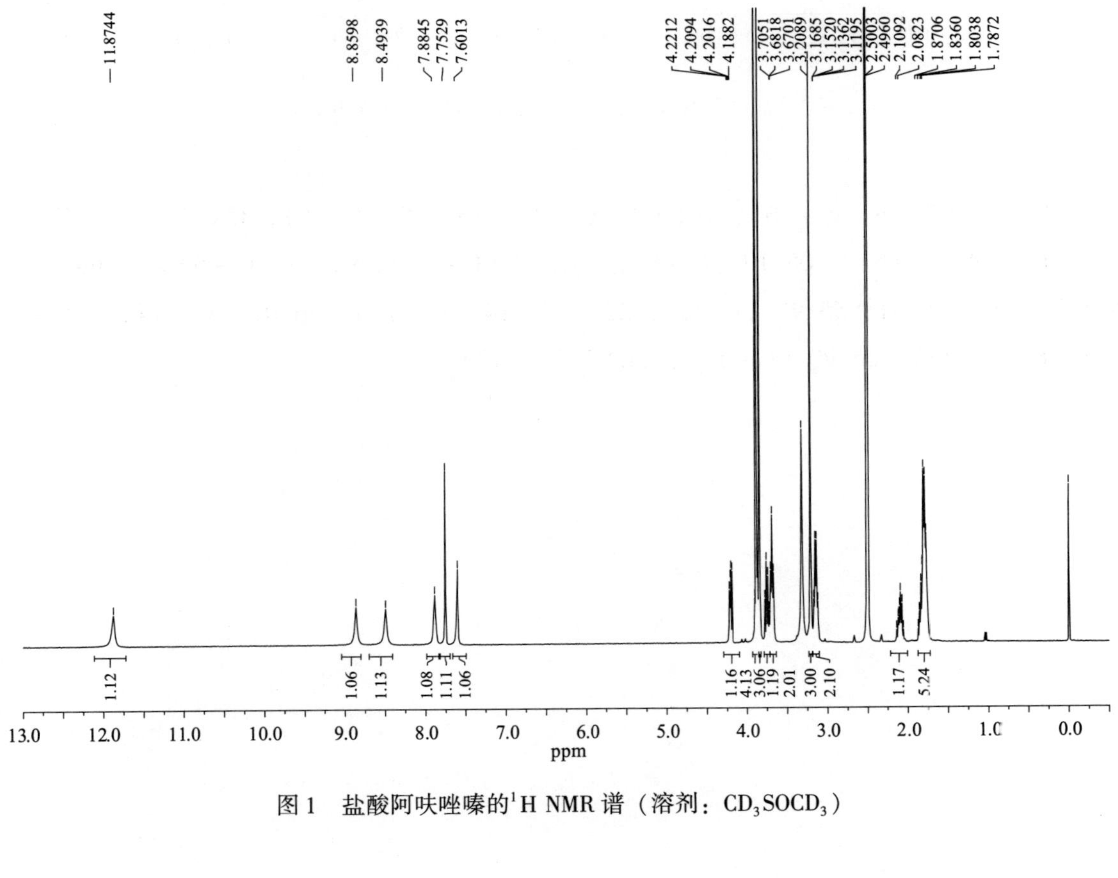

图 1 盐酸阿夫唑嗪的 ^1H NMR 谱（溶剂：CD_3SOCD_3）

^1H NMR：δ 11.87（HCl，brs，1H），8.86（NH，brs，1H），8.49（NH，brs，1H），7.88（NH，brs，1H），7.75（H-8，s，1H），7.60（H-5，s，1H），4.21（H-17、dd，J=8.2，5.0 Hz，1H），3.89（H-20a，m，1H），3.88（H-23，s，3H），3.84（H-22，s，3H），3.75（H-20b，m，1H），3.69（H-12，t，J=7.0 Hz，2H），3.21（H-24，s，3H），3.14（H-14，dd，J=13.0，6.7 Hz，2H），2.10（m，1H），1.88～1.72（m，5H）

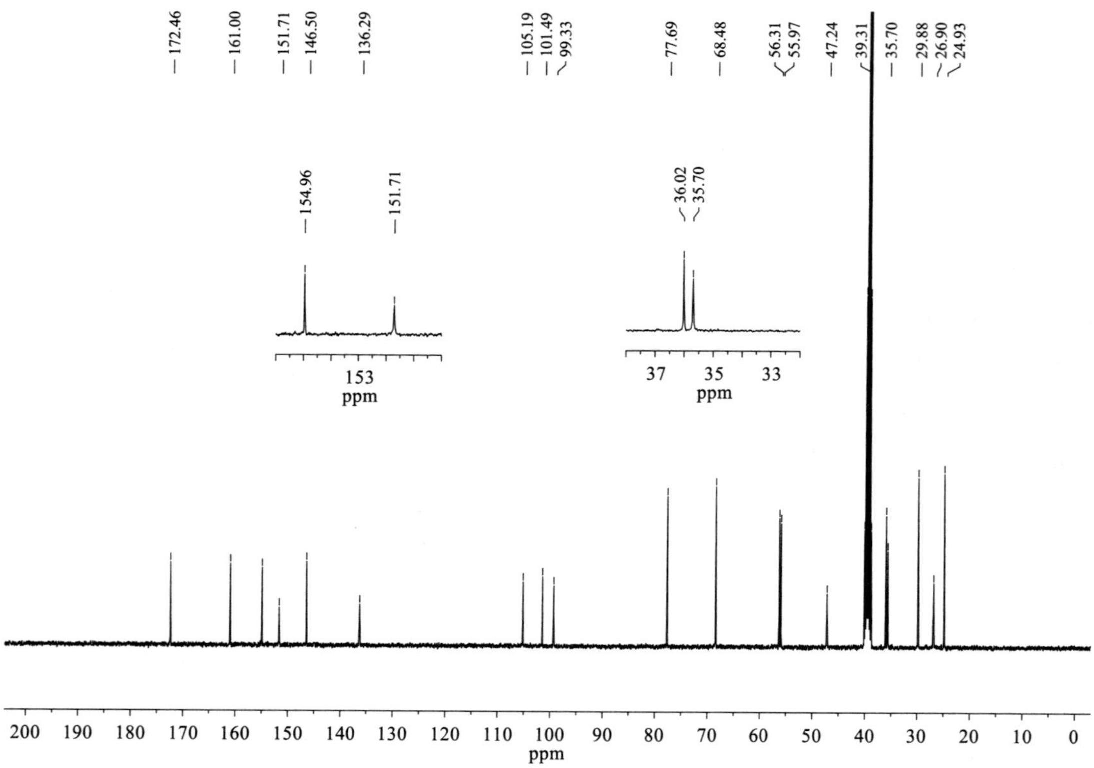

图 2　盐酸阿呋唑嗪的^{13}C NMR 谱（溶剂：CD_3SOCD_3）

^{13}C NMR：δ 172.46（C－16），161.00（C－2），154.96（C－4），151.71（C－7），146.50（C－9），136.29（C－6），105.19（C－8），101.49（C－10），99.33（C－5），77.69（C－17），68.48（C－20），56.31，55.97（C－22，23），47.24（C－12），36.02（C－14），35.70（C－24），29.88（C－18），26.90（C－13），24.93（C－19）

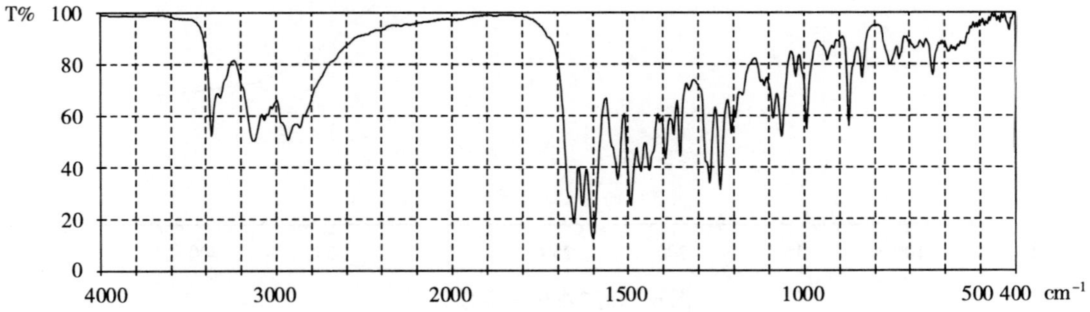

图 3　盐酸阿呋唑嗪的红外光谱图

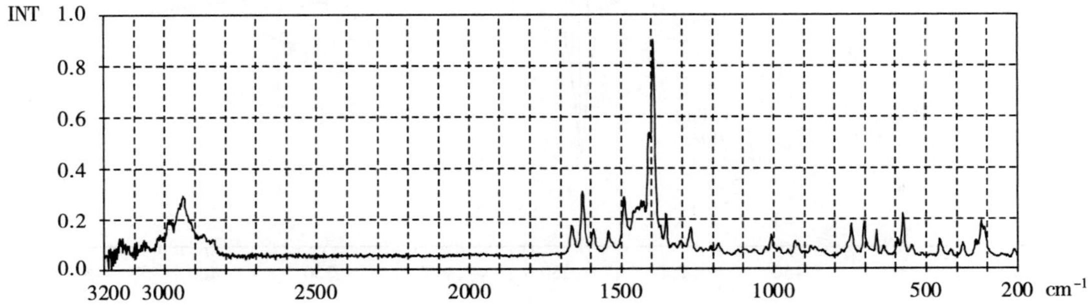

图 4　盐酸阿呋唑嗪的拉曼光谱图

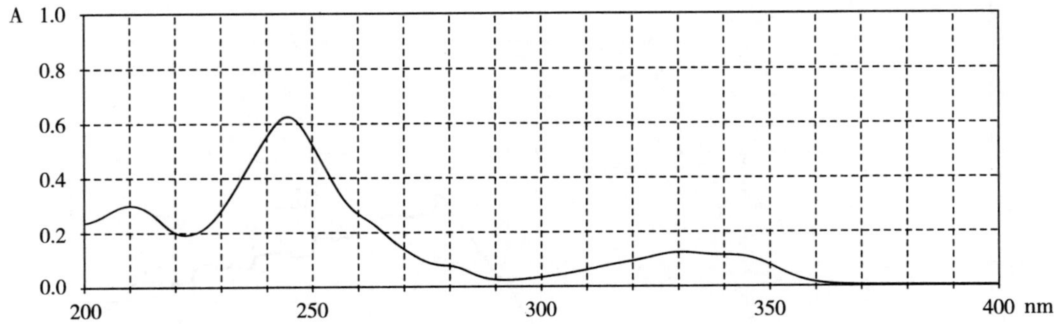

图 5　盐酸阿呋唑嗪的紫外光谱图

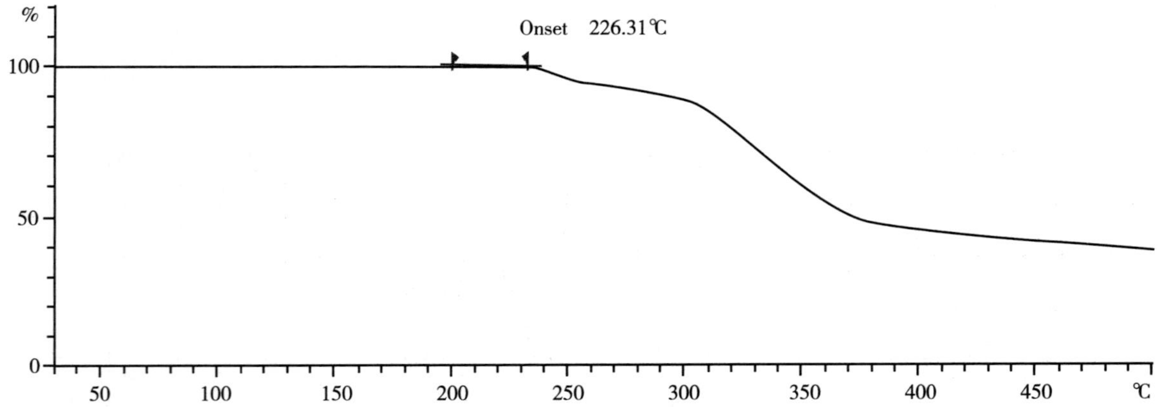

图 6　盐酸阿呋唑嗪的 TG 图

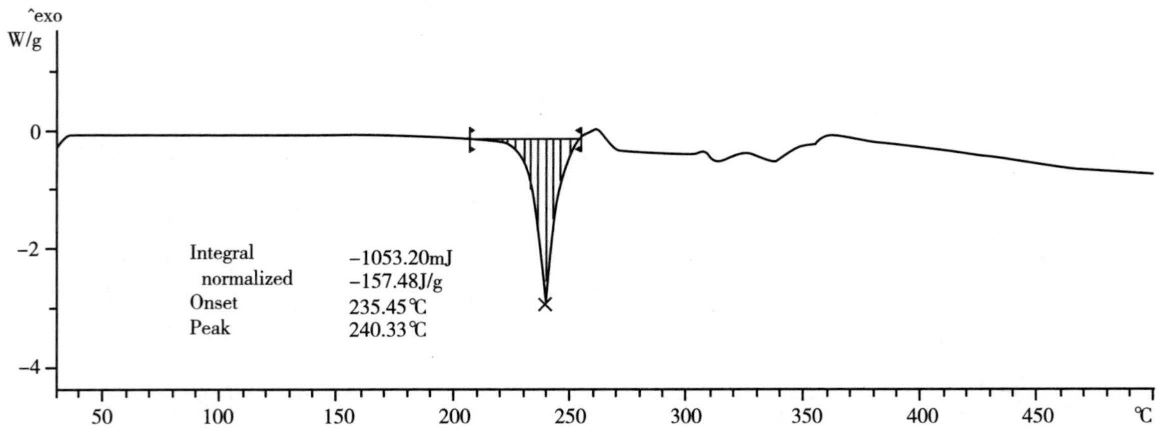

图 7　盐酸阿呋唑嗪的 DSC 图

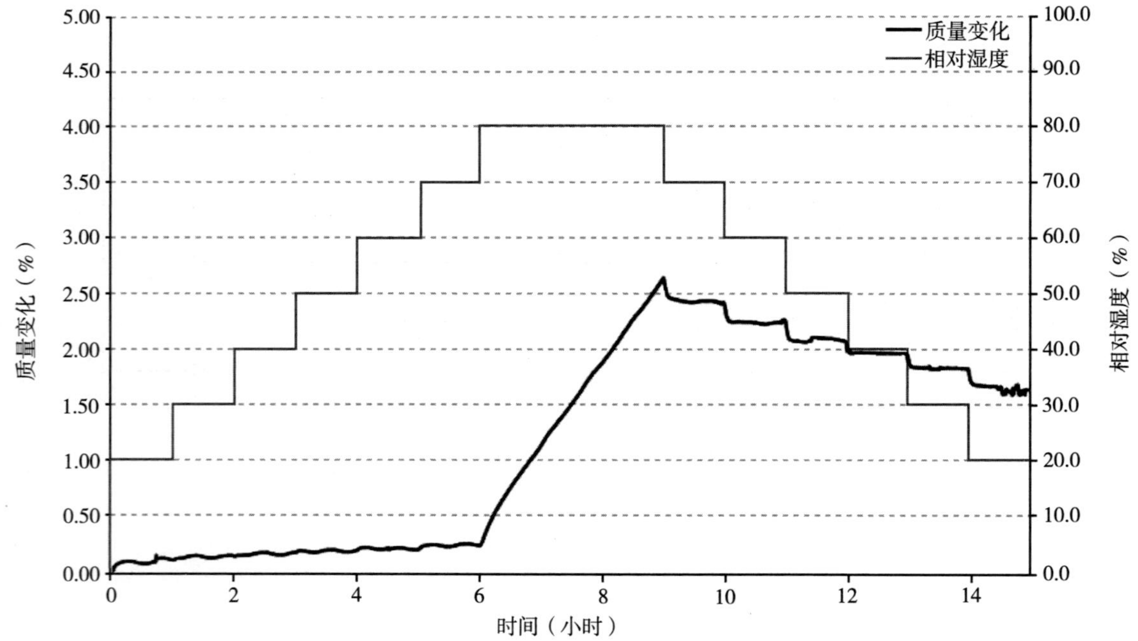

图 8　盐酸阿呋唑嗪的 DVS 图

正离子扫描模式（一级）

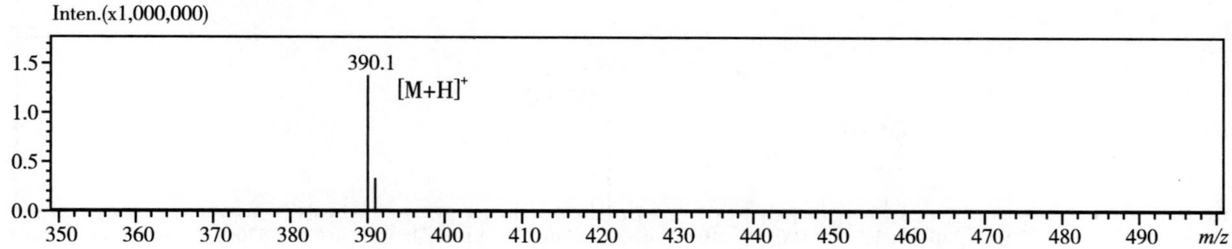

正离子扫描模式（二级）

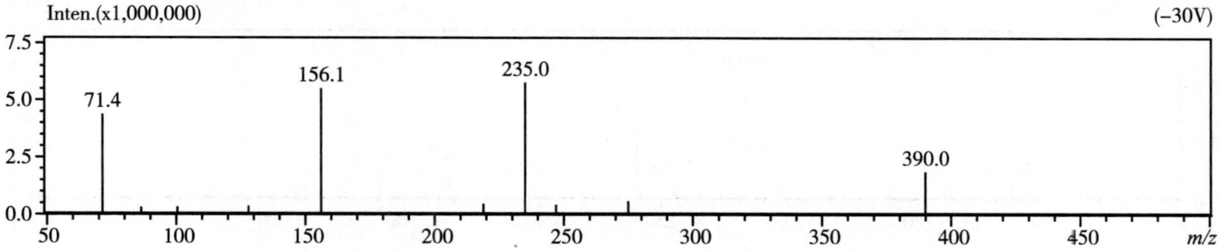

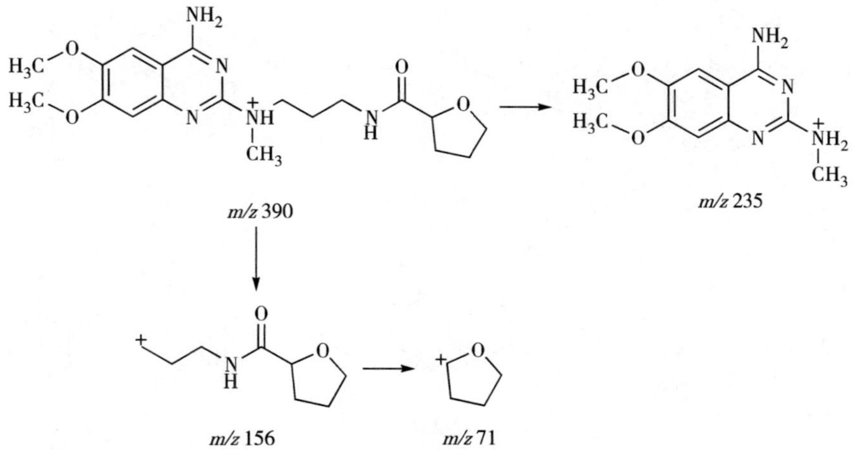

负离子扫描模式（一级）

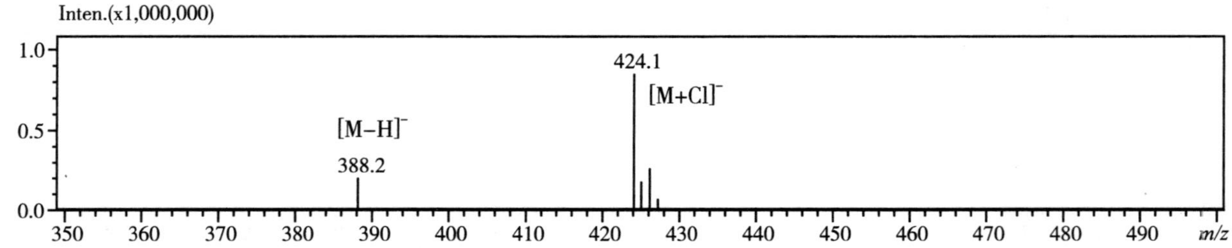

负离子扫描模式（二级）

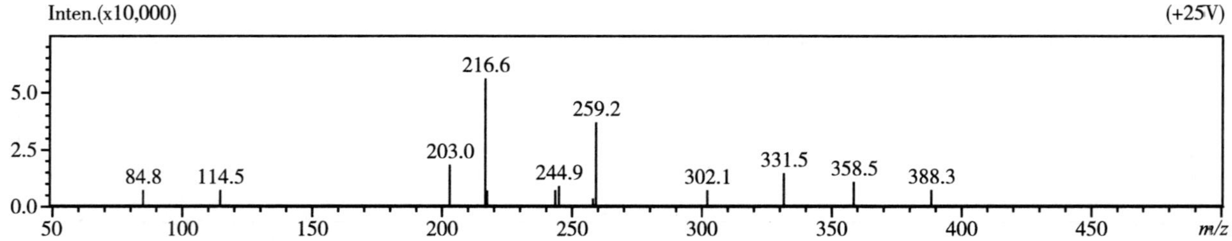

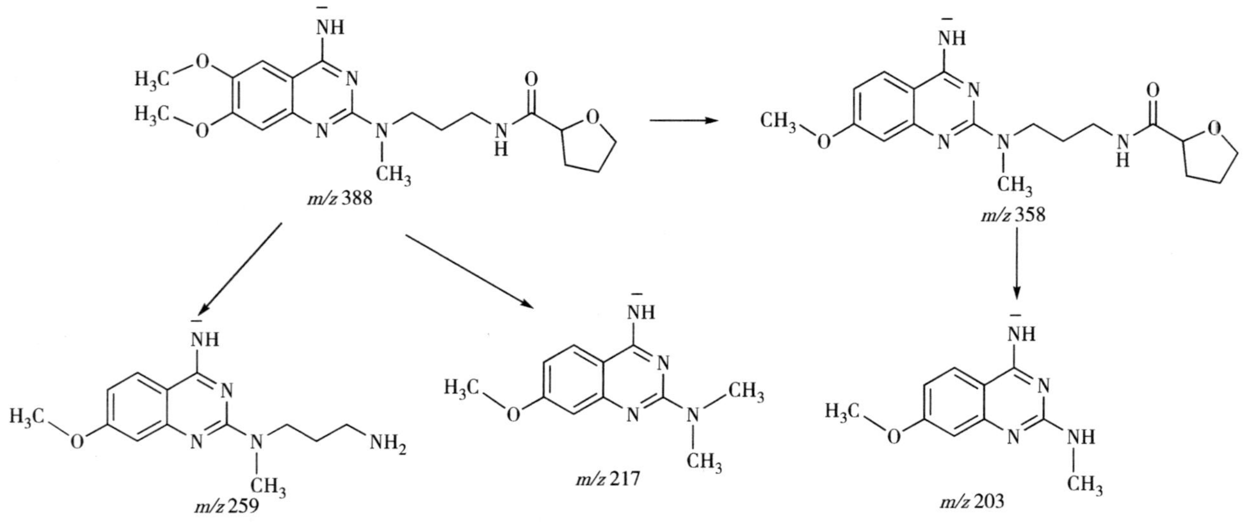

图 9　盐酸阿夫唑嗪的质谱图

备注

1. **中文化学名**　(2*RS*) – *N* –［3 –［(4 – 氨基 – 6，7 – 二甲氧基 – 2 – 喹唑啉基) 甲基氨基］丙基］四氢 – 2 – 呋喃甲酰胺盐酸盐
2. **英文化学名**　(2*RS*) – *N* –［3 –［(4 – amino – 6，7 – dimethoxyquinazolin – 2 – yl) methylamino］propyl］tetrahydrofuran – 2 – carboxamide hydrochloride
3. **性状**　本品为白色或类白色结晶性粉末。
4. **溶剂**　水。
5. **对照品编号与批号**　100728 – 200501

卡 维 地 洛

英文名 Carvedilol

分子式 $C_{24}H_{26}N_2O_4$

分子量 406.48

CAS 号 72956-09-3

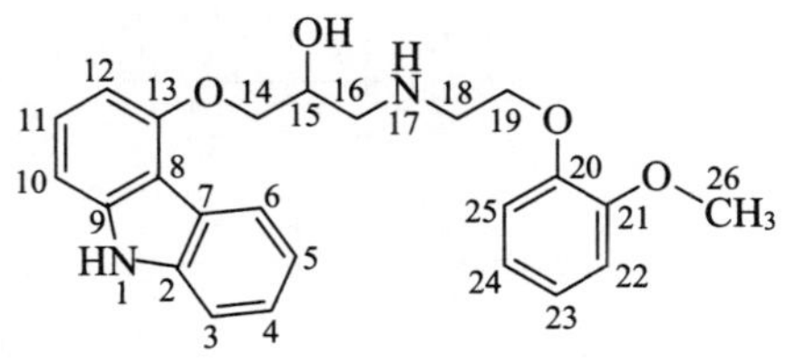

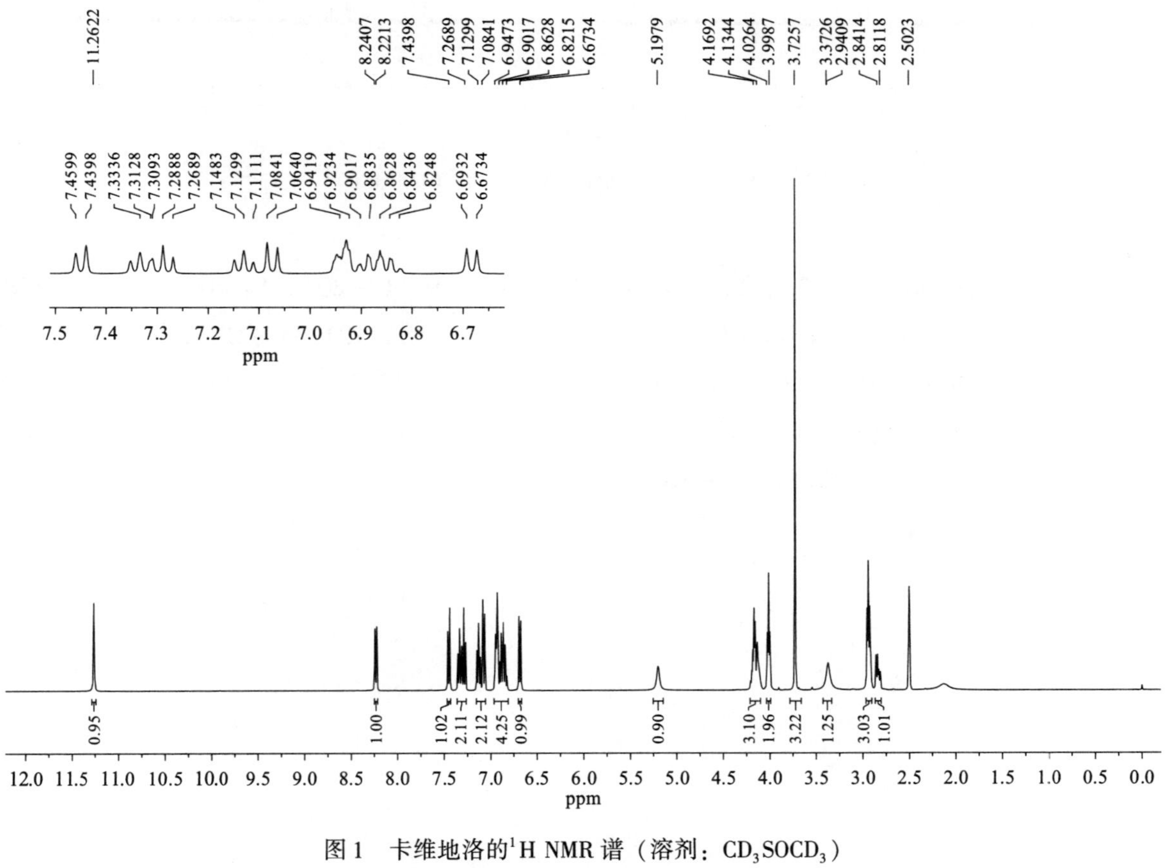

图 1 卡维地洛的 ^1H NMR 谱（溶剂：CD_3SOCD_3）

^1H NMR：δ 11.26（H-1，s，1H），8.23（H-6，d，J=7.8 Hz，1H），7.45（H-3，d，J=8.0 Hz，1H），7.33（H-4，t，J=7.4 Hz，1H），7.29（H-11，t，J=8.0 Hz，1H），7.13（H-5，t，J=7.4 Hz，1H），7.07（H-10，d，J=8.0 Hz，1H），6.98～6.80（H-22，23，24，25，m，4H），6.68（H-12，d，J=8.0 Hz，1H），5.20（OH，brs，1H），4.29～4.07（H-14，15，m，3H），4.01（H-19，t，J=5.5 Hz，2H），3.73（H-26，s，3H），3.37（H-17，brs，1H），2.98～2.89（H-16a，18，m，3H），2.83（H-16b，m，1H）

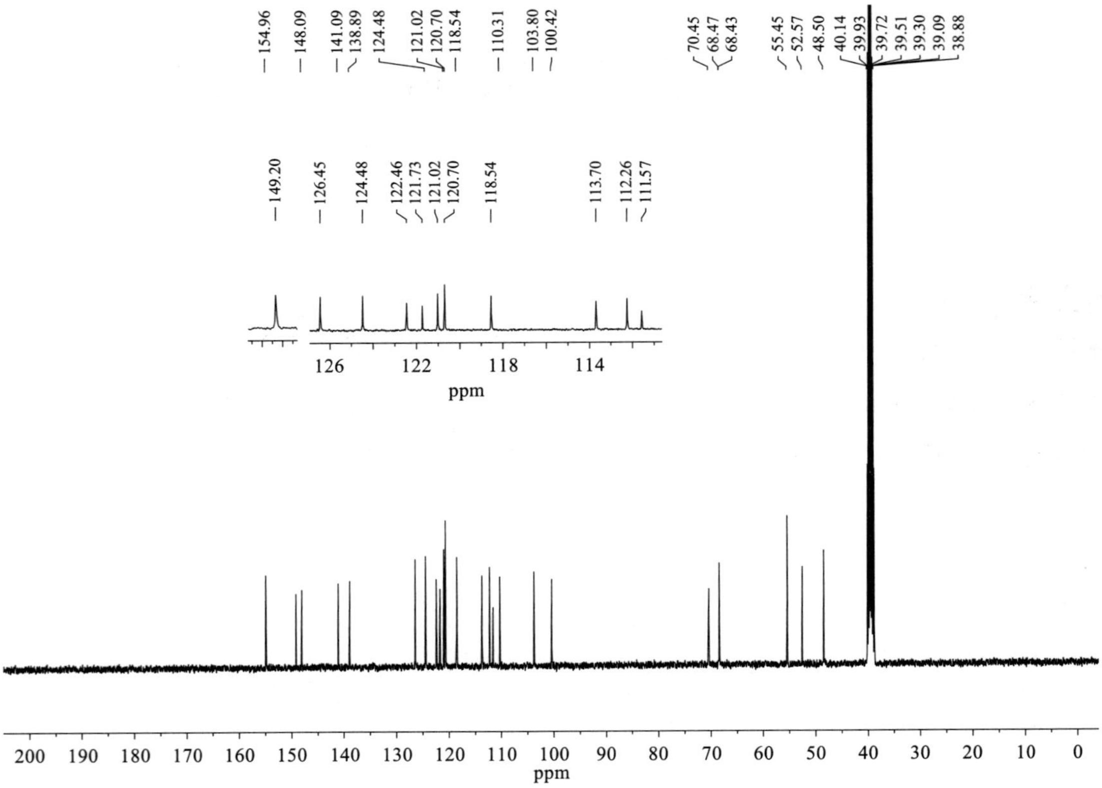

图 2　卡维地洛的^{13}C NMR 谱（溶剂：CD_3SOCD_3）

^{13}C NMR：δ 154.96（C－13），149.20（C－21），148.09（C－20），141.09（C－2），138.89（C－9），126.45（C－4），124.48（C－11），122.46（C－5），121.73（C－7），121.02（C－23），120.70（C－24），118.54（C－6），113.70（C－25），112.26（C－22），111.57（C－8），110.31（C－3），103.80（C－10），100.42（C－12），70.45（C－14），68.47（C－19），68.43（C－15），55.45（C－26），52.57（C－16），48.50（C－18）

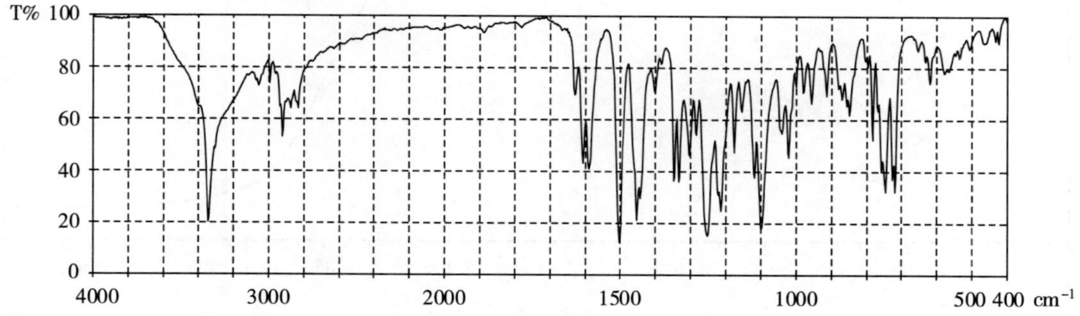

图 3　卡维地洛的红外光谱图

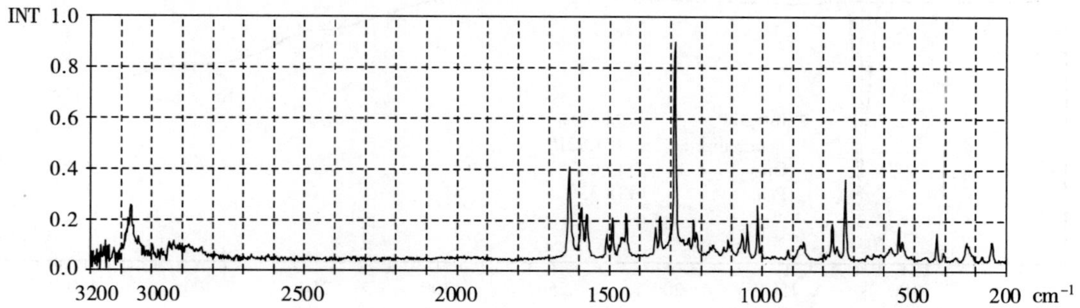

图 4　卡维地洛的拉曼光谱图

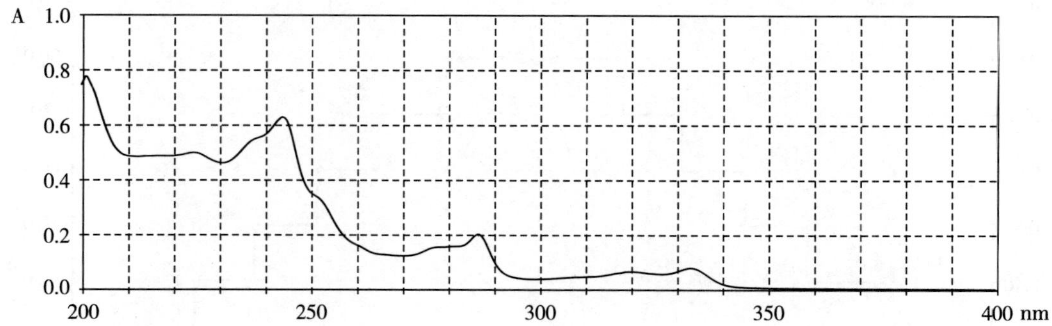

图 5　卡维地洛的紫外光谱图

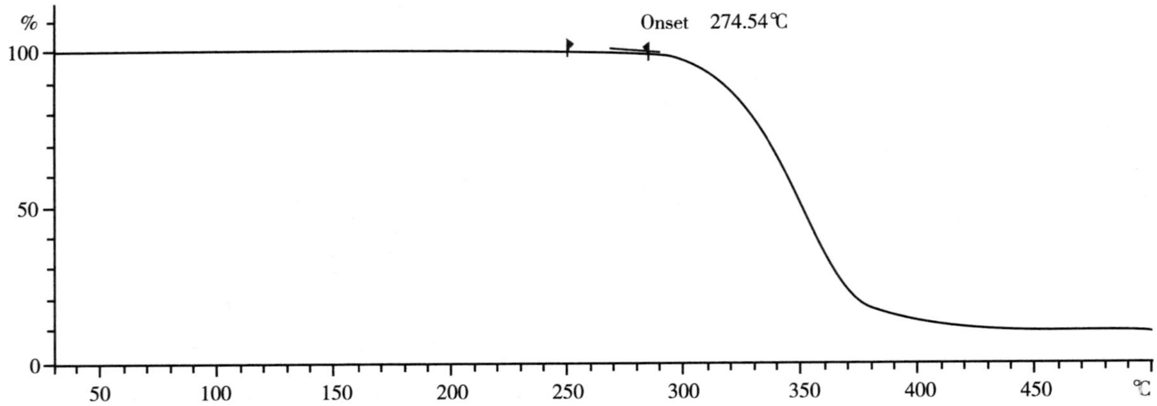

图 6　卡维地洛的 TG 图

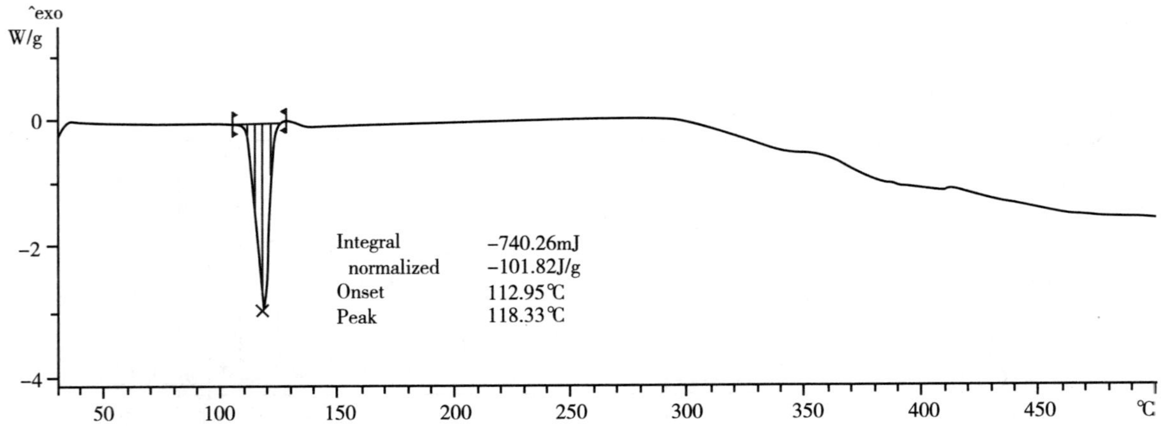

图 7　卡维地洛的 DSC 图

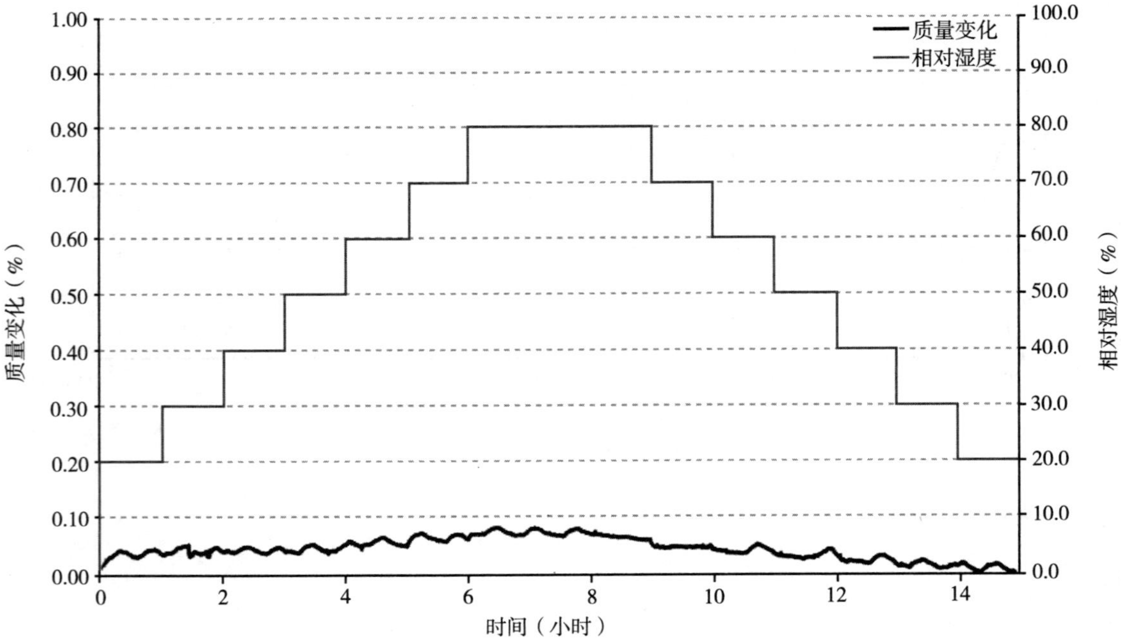

图 8　卡维地洛的 DVS 图

负离子扫描模式（一级）

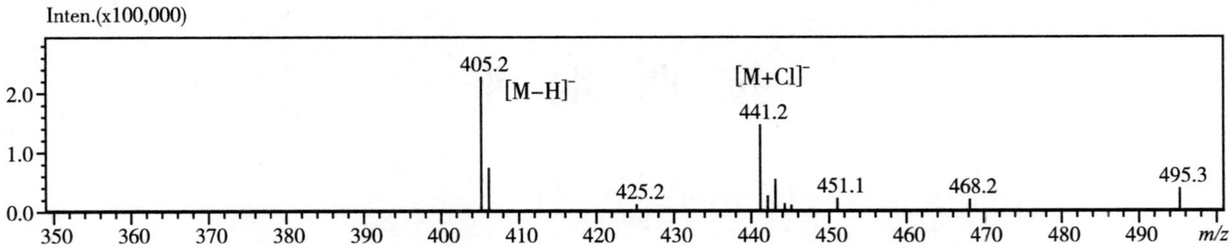

负离子扫描模式（二级）

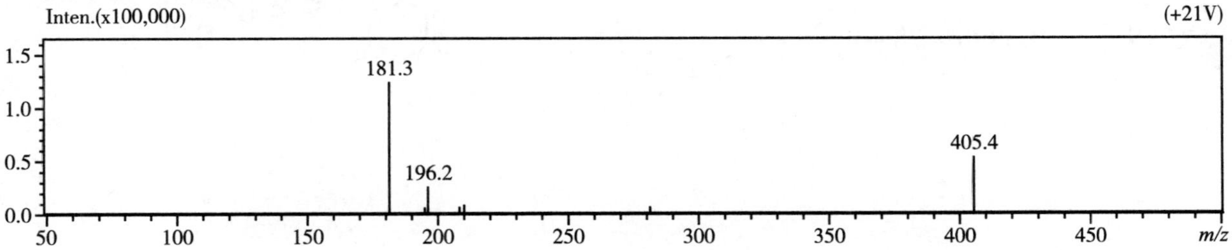

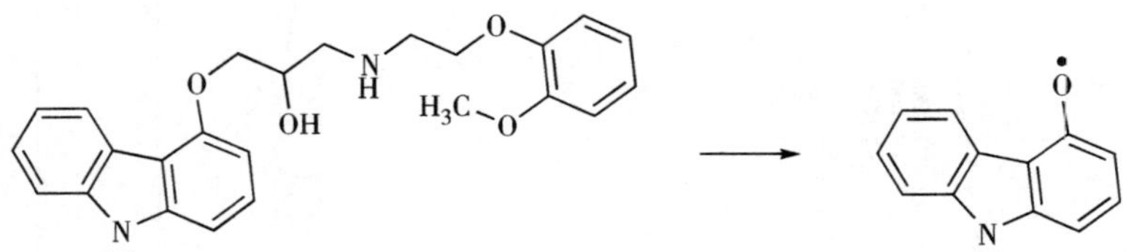

m/z 405　　　　*m/z* 181

图 9　卡维地洛的质谱图

备注

1. **中文化学名**　1 - (9*H* - 咔唑 - 4 - 氧基) - 3 - [2 - (2 - 甲氧基苯氧基) 乙基氨基] - 2 - 丙醇
2. **英文化学名**　1 - (9*H* - carbazol - 4 - yloxy) - 3 - [[2 - (2 - methoxyphenoxy) ethyl] amino] - 2 - propanol
3. **性状**　本品为白色或类白色结晶性粉末；无臭。
4. **溶解性**　本品在三氯甲烷中溶解，在甲醇或乙酸乙酯中略溶，在水中不溶，在冰醋酸中易溶。
5. **溶剂**　乙醇。
6. **对照品编号与批号**　100730 - 200401

拉 西 地 平

英文名 Lacidipine

分子式 $C_{26}H_{33}NO_6$

分子量 455.54

CAS 号 103890－78－4

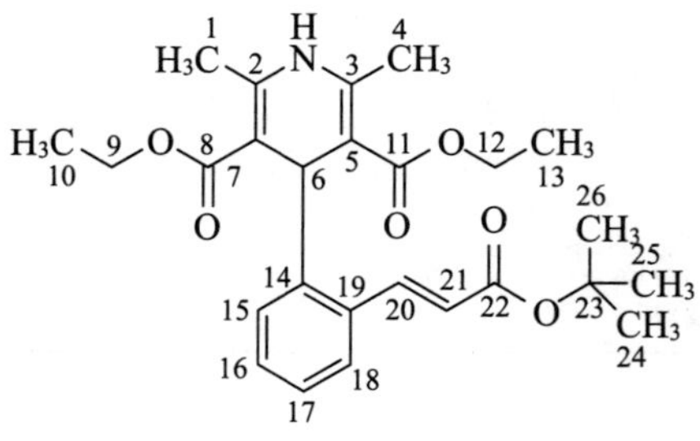

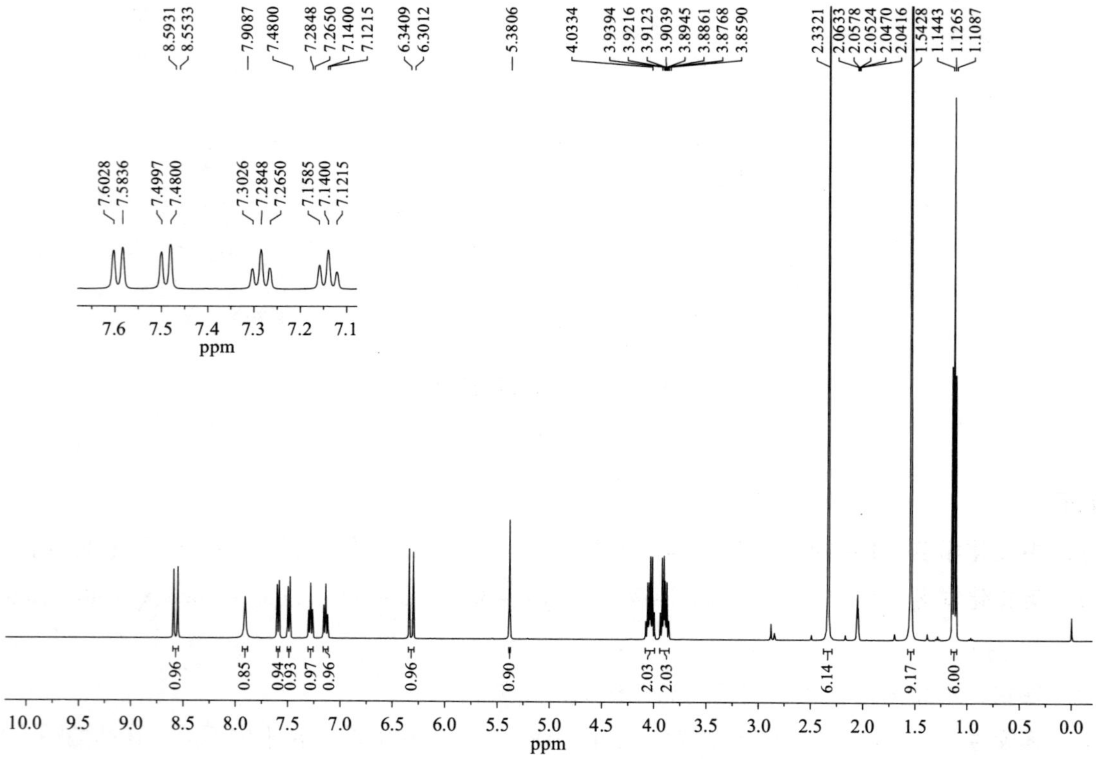

图 1 拉西地平的 ^1H NMR 谱（溶剂：CD_3COCD_3）

^1H NMR：δ 8.57（H－20，d，J=15.9 Hz，1H），7.91（NH，brs，1H），7.59（H－15，d，J=7.8 Hz，1H），7.49（H－18，d，J=7.8 Hz，1H），7.28（H－16，t，J=7.5 Hz，1H），7.13（H－17，t，J=7.5 Hz，1H），6.32（H－21，d，J=15.9 Hz，1H），5.38（H－6，s，1H），4.10～3.98（H－12，m，2H），3.96～3.84（H－9，m，2H），2.33（H－1，4，s，6H），1.54（H－24，25，26，s，9H），1.13（H－10，13，t，J=7.1 Hz，6H）

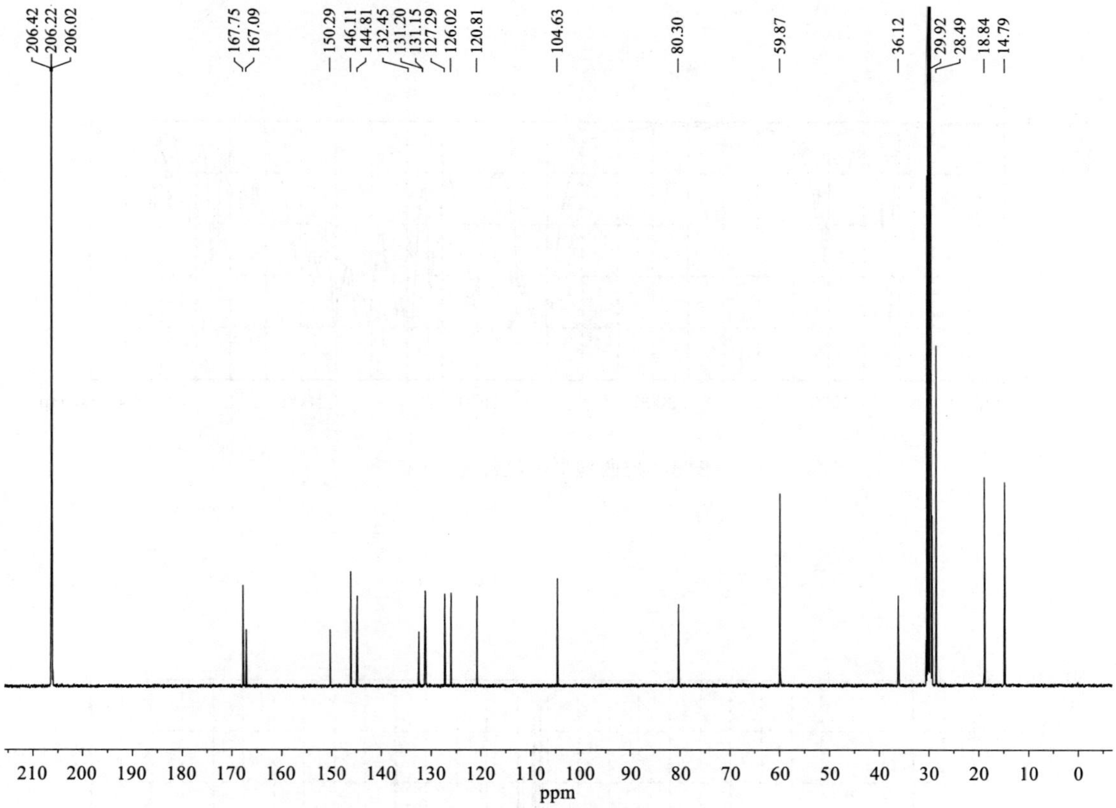

图 2　拉西地平的^{13}C NMR 谱（溶剂：CD_3COCD_3）

^{13}C NMR：δ 167.75（C－8，11），167.09（C－22），150.29（C－19），146.11（C－2，3），144.81（C－20），132.45（C－14），131.20（C－18），131.15（C－15），127.29（C－17），126.02（C－16），120.81（C－21），104.63（C－5，7），80.30（C－23），59.87（C－9，12），36.12（C－6），28.49（C－24，25，26），18.84（C－1，4），14.79（C－10，13）

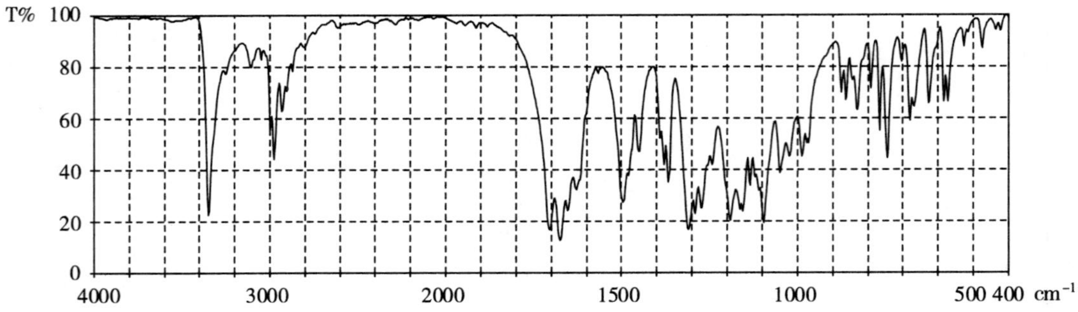

图 3　拉西地平的红外光谱图

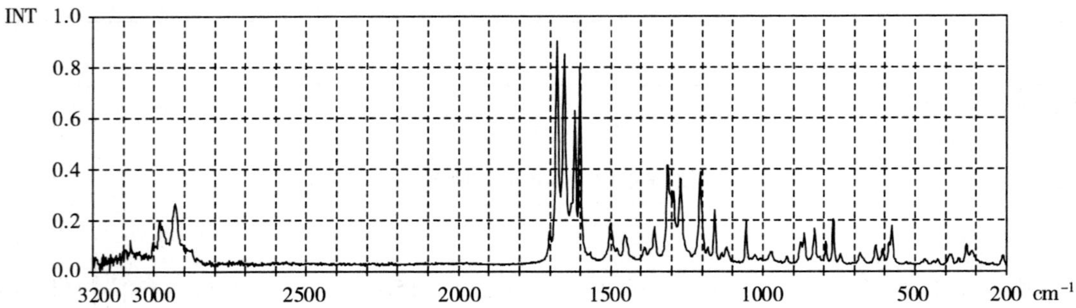

图 4　拉西地平的拉曼光谱图

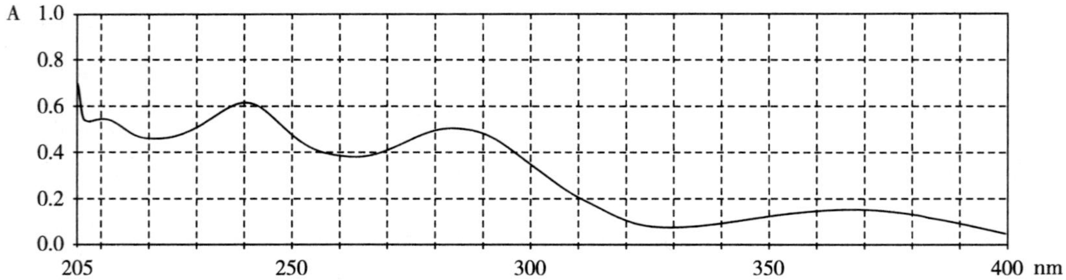

图 5　拉西地平的紫外光谱图

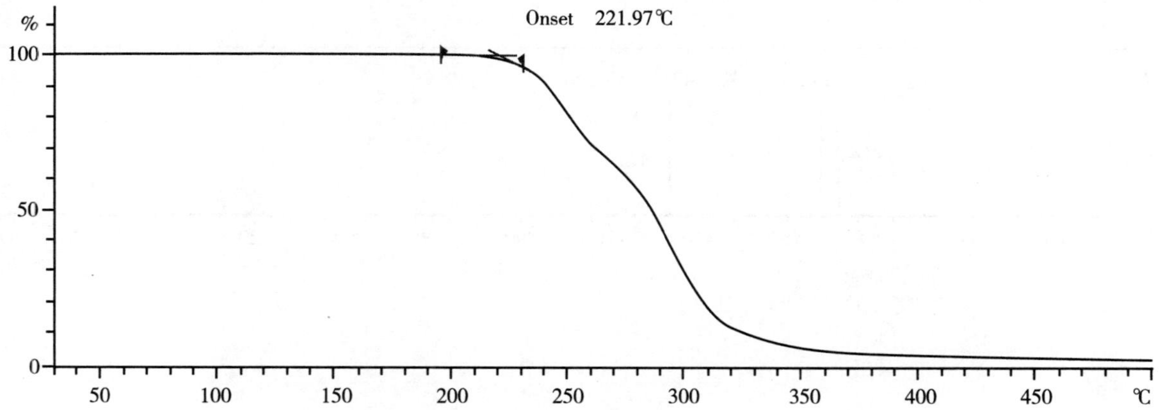

图 6 拉西地平的 TG 图

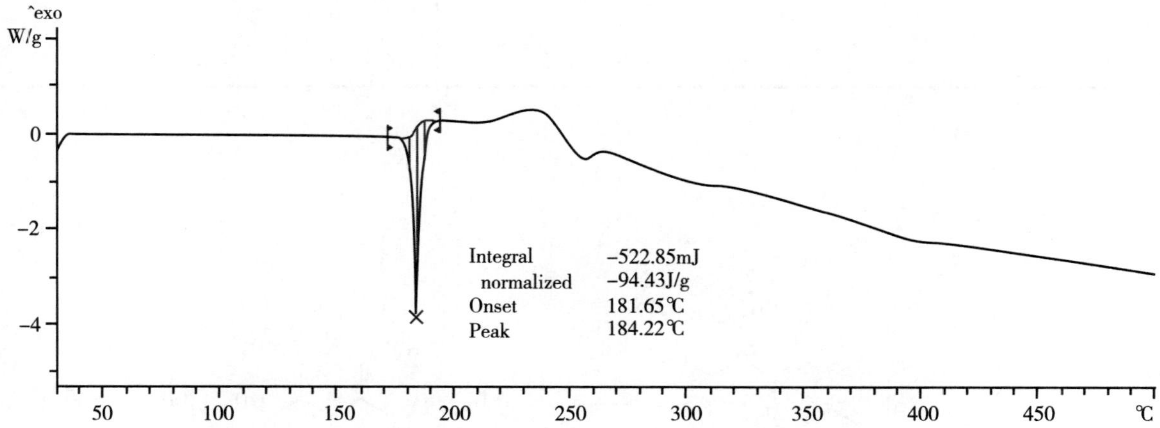

图 7 拉西地平的 DSC 图

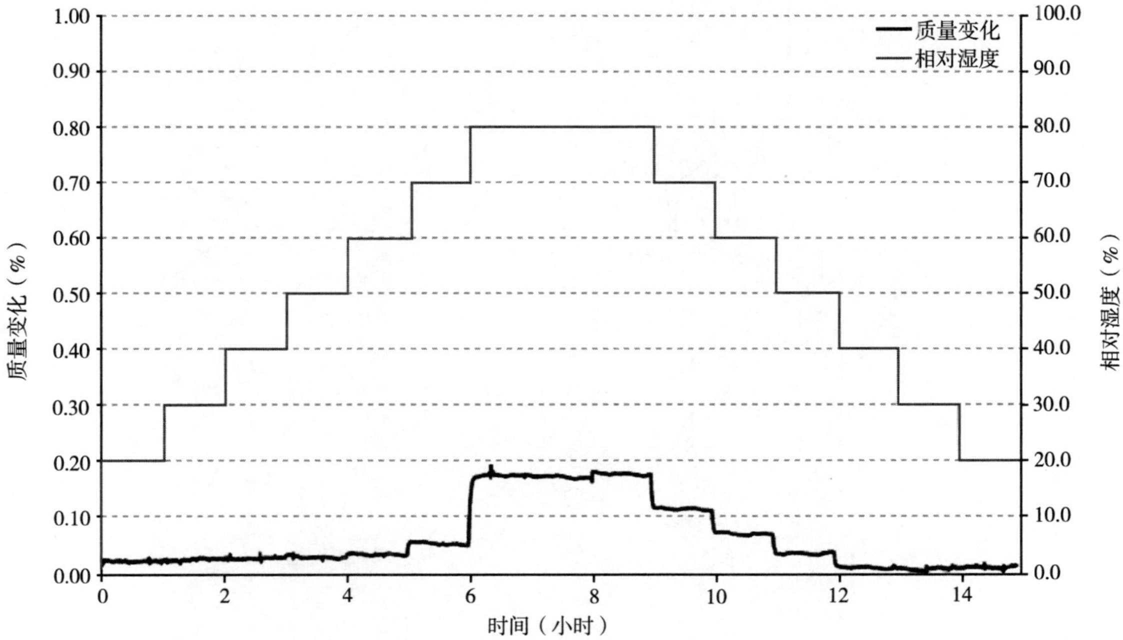

图 8 拉西地平的 DVS 图

正离子扫描模式（一级）

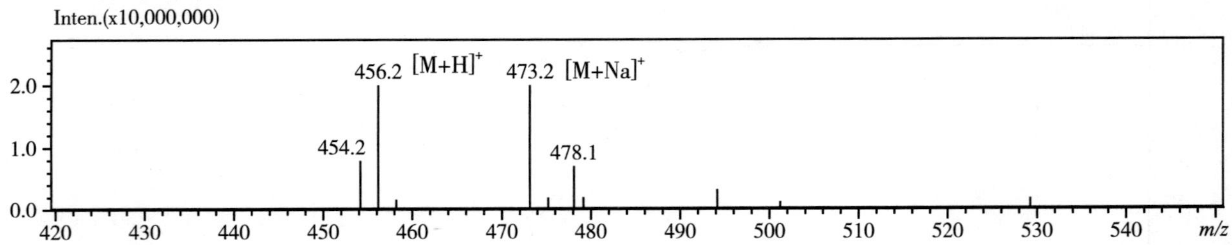

正离子扫描模式（二级）

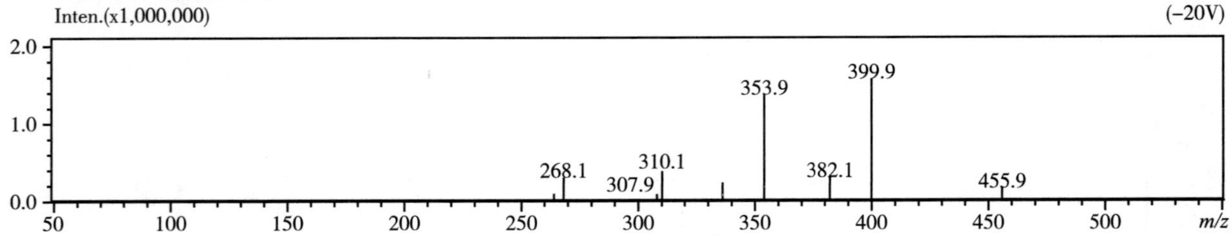

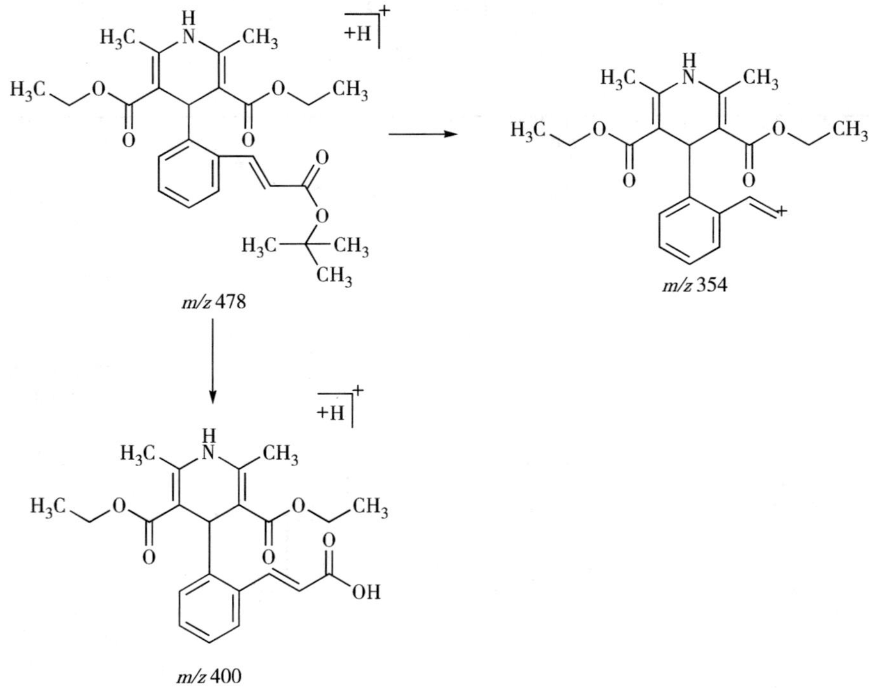

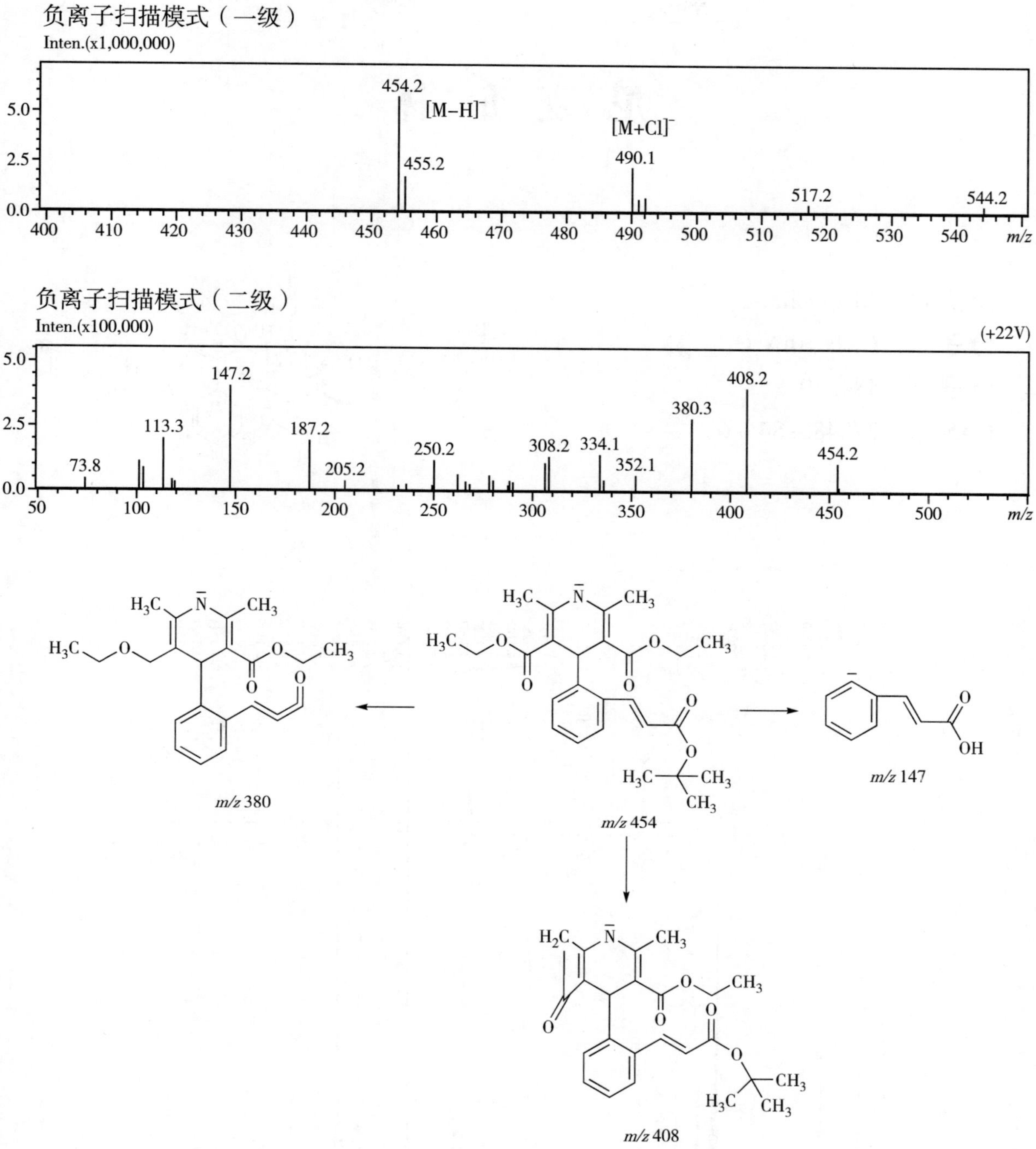

图 9　拉西地平的质谱图

备注

1. 中文化学名　(*E*) −4 −［2 −［3 −（羧叔丁基）−3 −氧代 −1 −丙烯基］苯基］−1,4 −二氢 −2,6 −二甲基 −3,5 −吡啶 −二甲酸二乙酯

2. 英文化学名　(*E*) −4 −［2 −［3 −（1,1 −dimethylethoxy）−3 −oxo −1 −propenyl］phenyl］−1,4 −dihydro −2,6 −dimethyl −3,5 −pyridinedicarboxylic acid diethyl ester

3. 性状　本品为白色或类白色结晶性粉末；无臭，无味；遇光不稳定。

4. 溶解性　本品在乙酸乙酯中易溶，在丙酮中溶解，在甲醇或乙醇中略溶，在水中几乎不溶。

5. 溶剂　无水乙醇。

6. 对照品编号与批号　100741 −200802

尼麦角林

英文名 Nicergoline

分子式 $C_{24}H_{26}BrN_3O_3$

分子量 484.39

CAS 号 27848 - 84 - 6

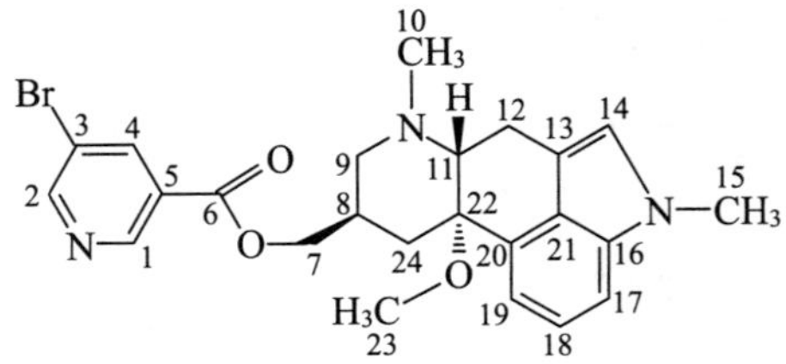

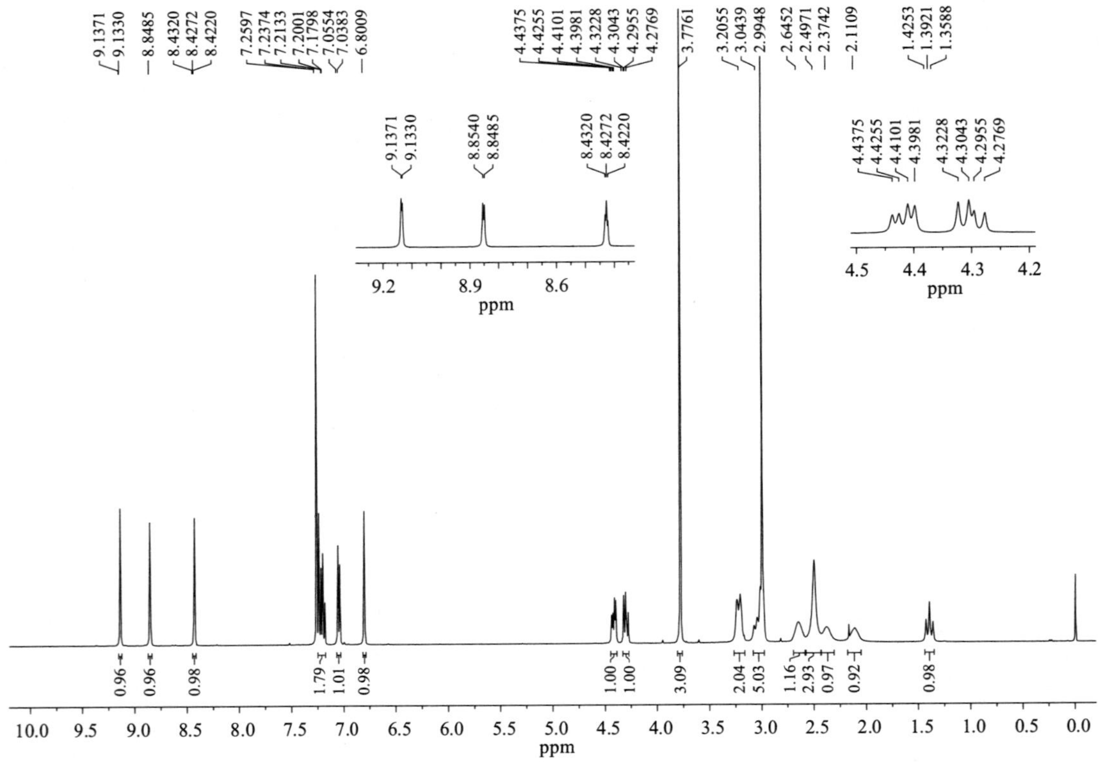

图 1 尼麦角林的 ^{1}H NMR 谱（溶剂：$CDCl_3$）

^{1}H NMR：δ 9.13（H-1，d，J=1.6 Hz，1H），8.85（H-2，d，J=2.2 Hz，1H），8.40（H-4，t，J=2.0 Hz，1H），7.25（H-17，d，J=6.8 Hz，1H），7.20（H-18，t，J=6.8 Hz，1H），7.05（H-19，d，J=6.8 Hz，1H），6.80（H-14，s，1H），4.42（H-7a，dd，J=11.0，4.8 Hz，1H），4.30（H-7b，dd，J=11.0，7.4 Hz，1H），3.78（H-23，s，3H），3.29～3.14（H-11，9a，m，2H），3.11～2.94（H-12，m，2H），2.99（H-15，s，3H），2.65（H-9b，brs，1H），2.49（H-10，s，3H），2.37（H-8，brs，1H），2.11（H-12a，brs，1H），1.39（H-12b，t，J=13.3 Hz，1H）

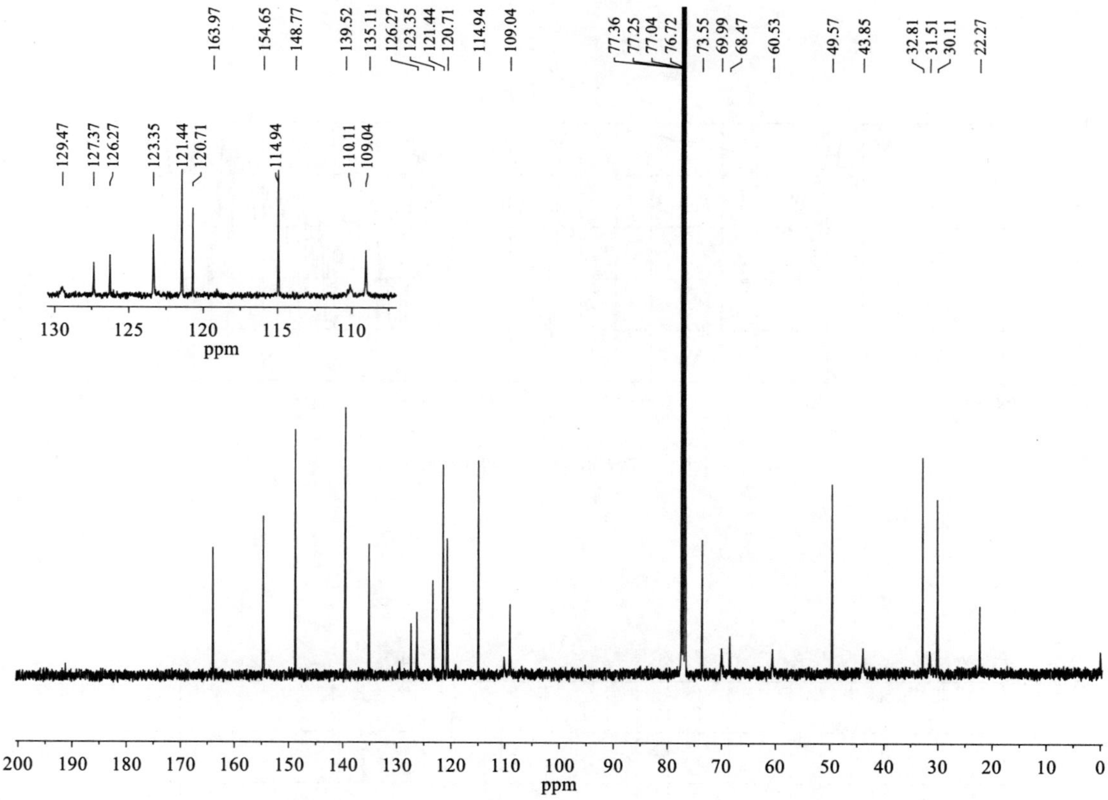

图 2　尼麦角林的^{13}C NMR 谱（溶剂：$CDCl_3$）

^{13}C NMR：δ 163.97（C－6），154.65（C－2），148.77（C－1），139.52（C－4），135.11（C－14），129.47（C－16），127.37（C－20），126.27（C－21），123.35（C－5），121.44（C－18），120.71（C－3），114.94（C－19），110.11（C－13），109.04（C－17），73.55（C－7），69.99（C－22），68.47（C－11），60.53（C－9），49.57（C－23），43.85（C－8），32.81（C－10），31.51（C－15），30.11（C－24），22.27（C－12）

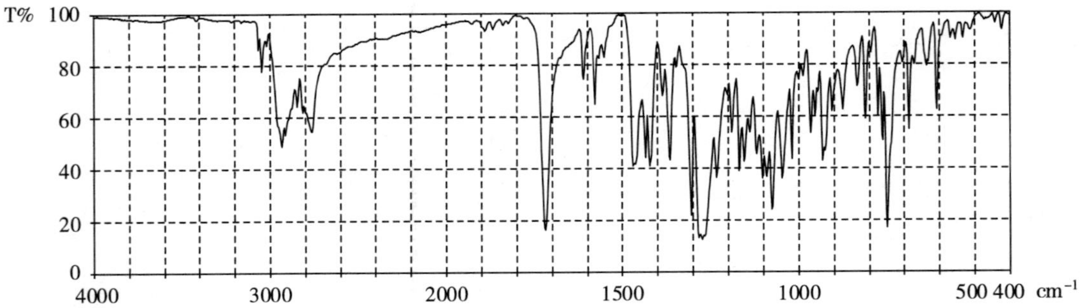

图 3　尼麦角林的红外光谱图

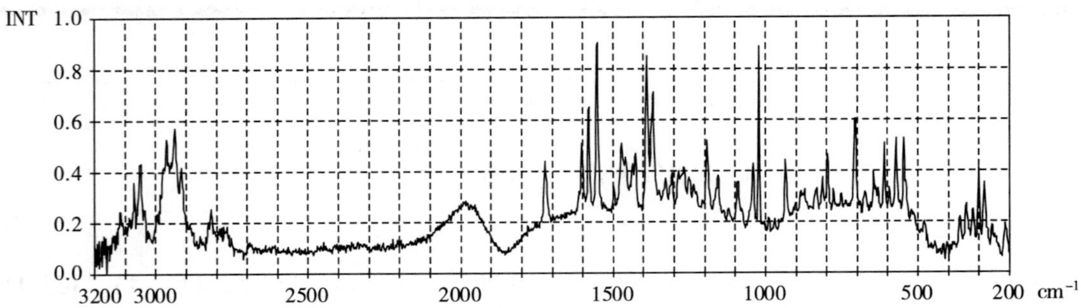

图 4　尼麦角林的拉曼光谱图

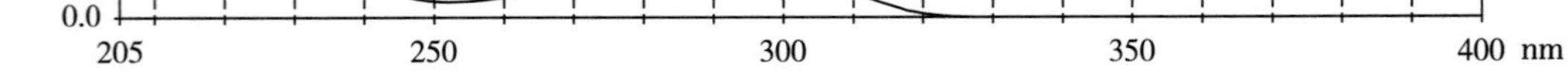

图 5　尼麦角林的紫外光谱图

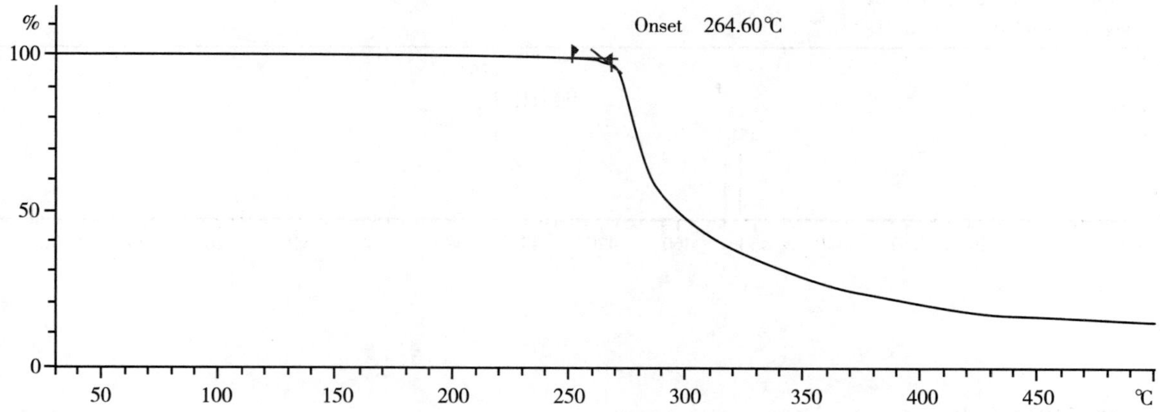

图 6　尼麦角林的 TG 图

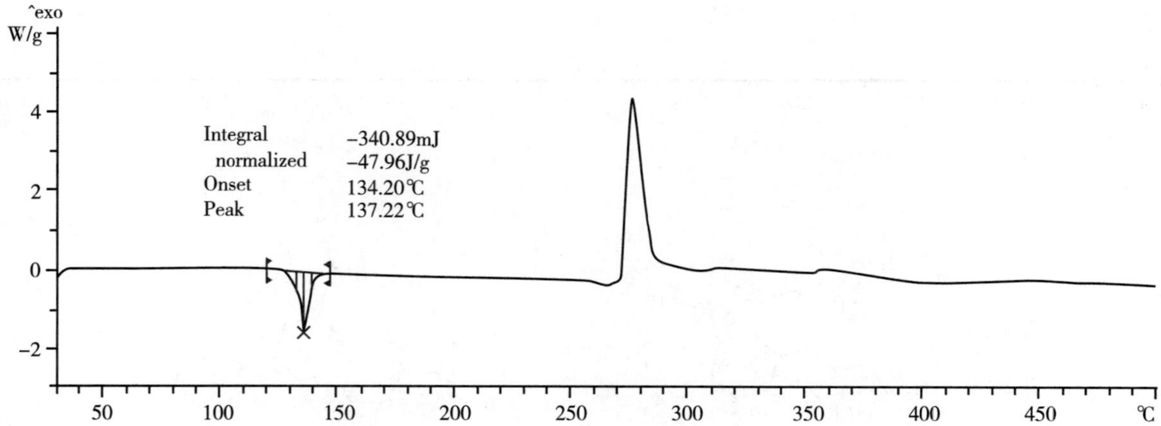

图 7　尼麦角林的 DSC 图

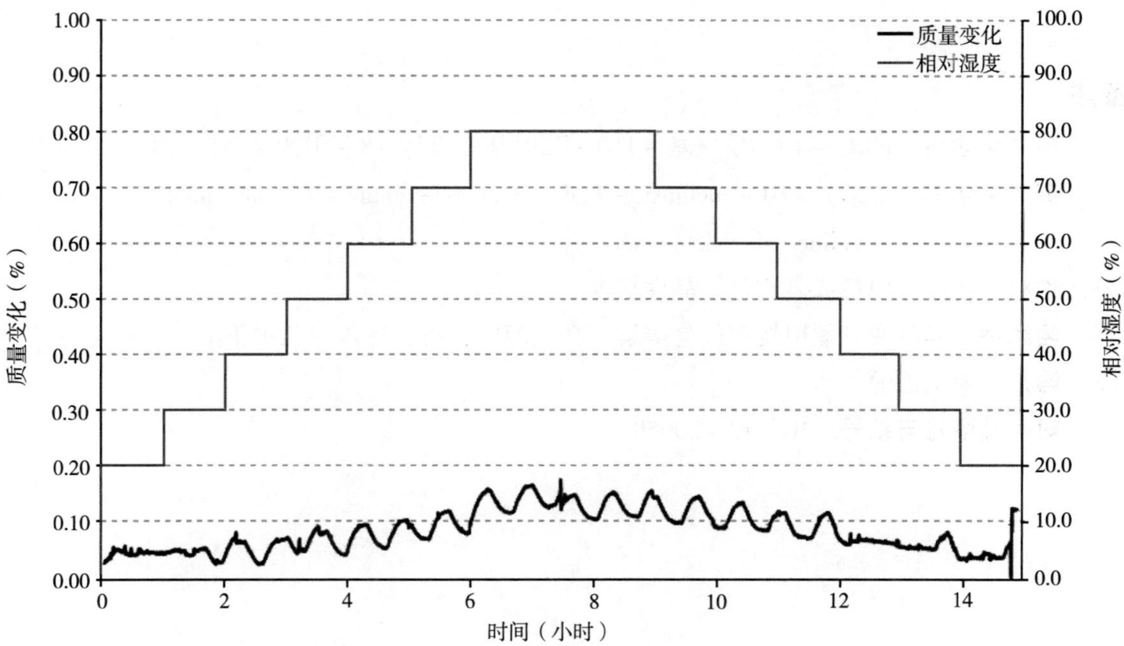

图 8　尼麦角林的 DVS 图

正离子扫描模式（一级）

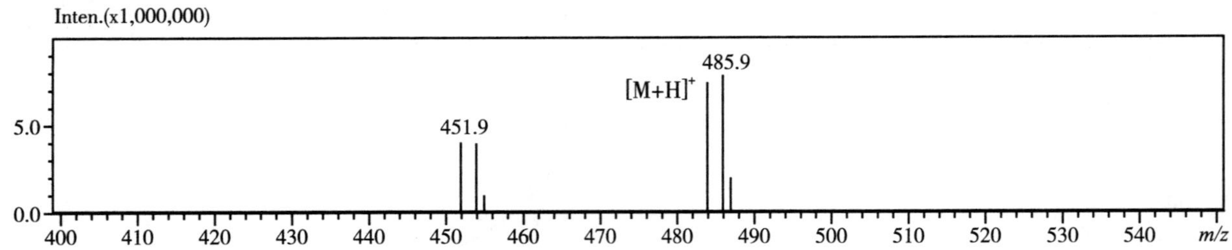

正离子扫描模式（二级）

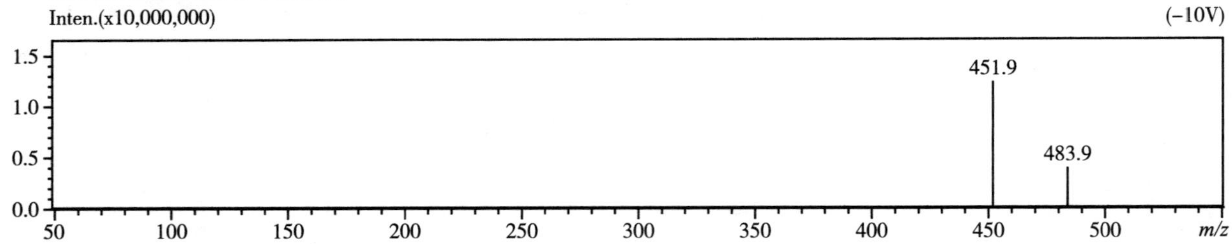

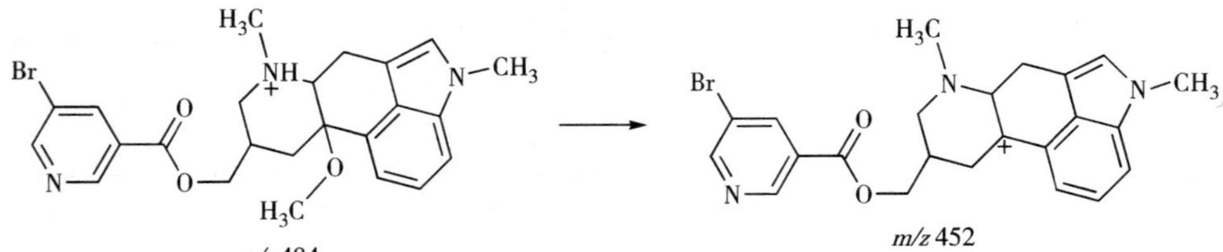

图 9　尼麦角林的质谱图

备注

1. **中文化学名**　(8β) - 10 - 甲氧基 - 1,6 - 二甲基麦角林 - 8 - 甲醇基 - 5 - 溴 - 3 - 吡啶羧酸酯
2. **英文化学名**　(8β) - 10 - methoxy - 1,6 - dimethylergoline - 8 - methanol - 5 - bromo - 3 - pyridinecarboxylate ester
3. **性状**　本品为白色或微黄色结晶性粉末。
4. **溶解性**　本品在三氯甲烷中极易溶解，在乙醇中溶解，在水中几乎不溶。
5. **溶剂**　无水乙醇。
6. **对照品编号与批号**　100742 - 200501

长 春 胺

英文名 Vincamine

分子式 $C_{21}H_{26}N_2O_3$

分子量 354.44

CAS 号 1617 - 90 - 9

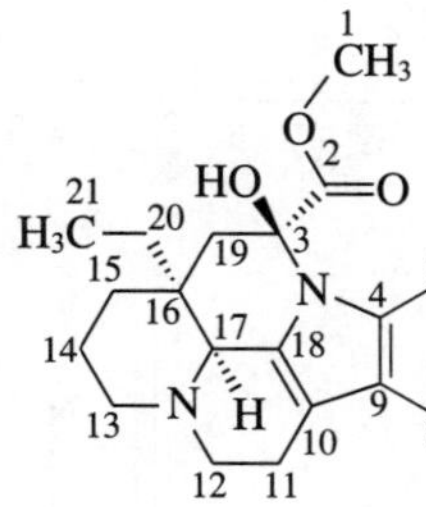

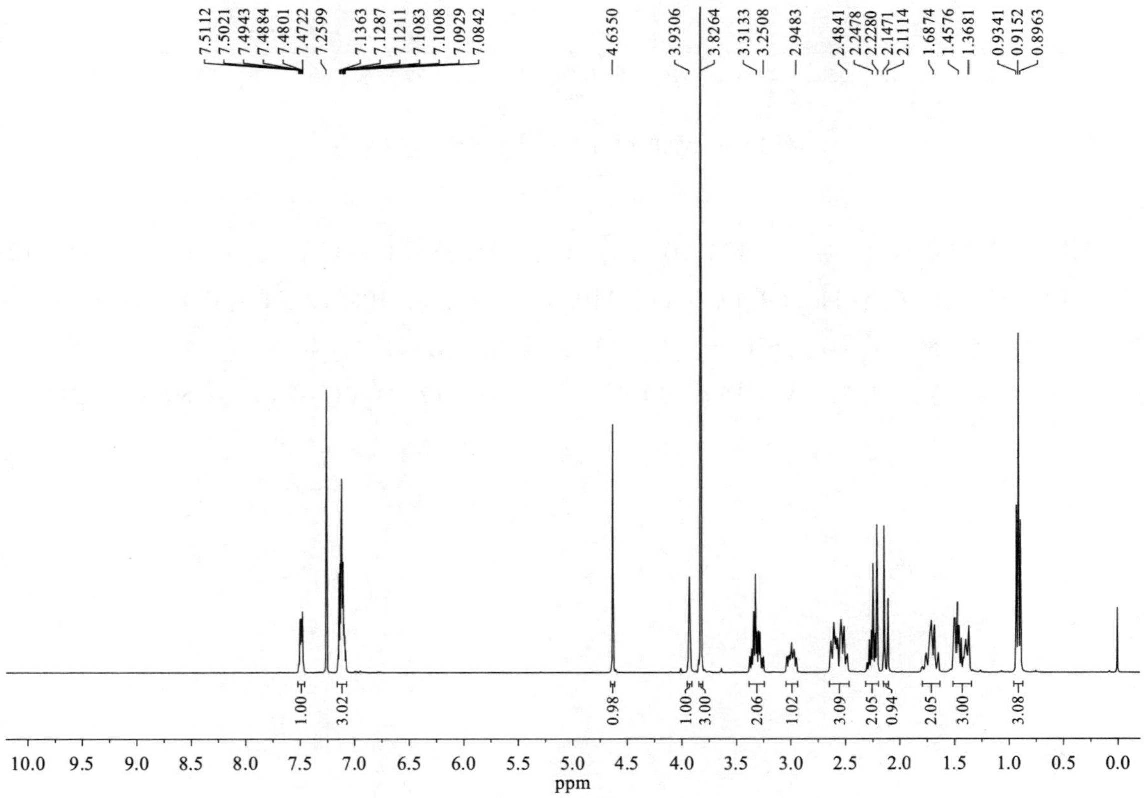

图 1 长春胺的 ^1H NMR 谱（溶剂：$CDCl_3$）

^1H NMR：δ 7.50（H - 8，m，1H），7.18 ~ 7.07（H - 5，6，7，m，3H），4.64（OH，s，1H），3.94（H - 17，s，1H），3.83（H - 1，s，3H），3.39 ~ 3.25（H - 12，m，2H），3.00（H - 11a，m，1H），2.66 ~ 2.48（H - 11b，13，m，3H），2.25（H - 20a，m，1H），2.24（H - 19a，d，J = 14.3 Hz，1H），2.14（H - 19b，d，J = 14.3 Hz，1H），1.84 ~ 1.64（H - 14a，15a，m，2H），1.56 ~ 1.33（H - 14b，15b，20b，m，3H），0.92（H - 21，t，J = 7.6 Hz，3H）

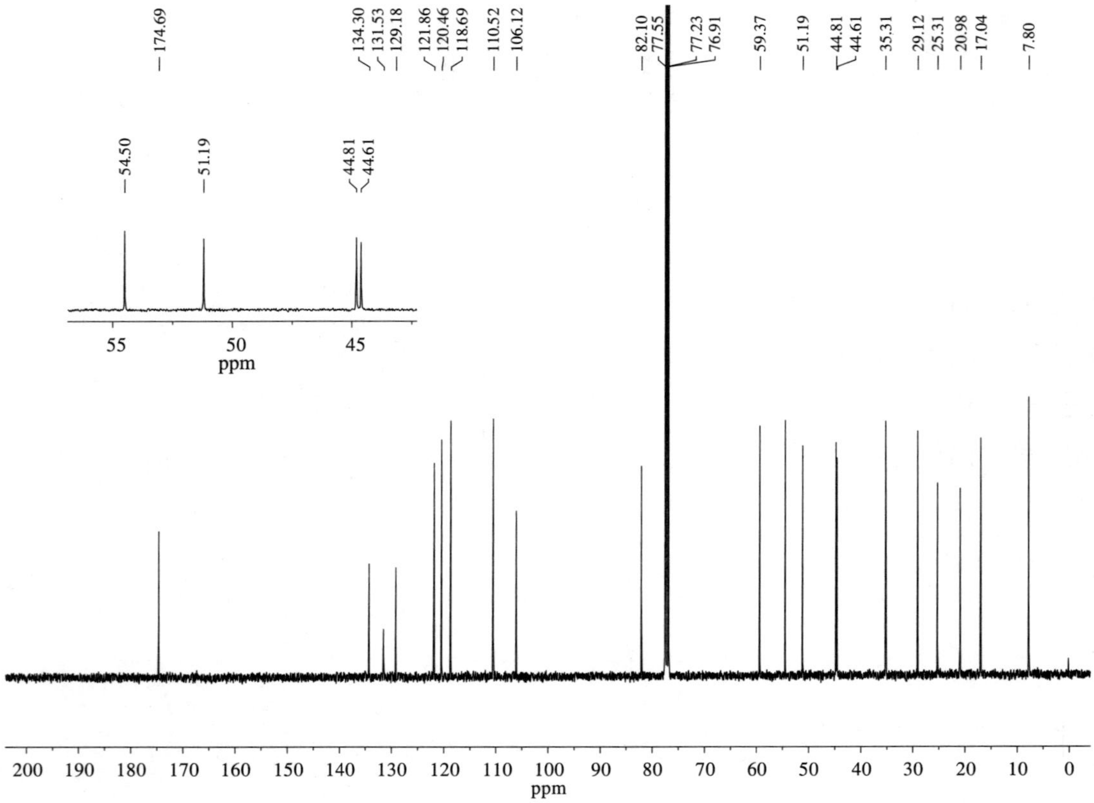

图2　长春胺的^{13}C NMR谱（溶剂：$CDCl_3$）

^{13}C NMR：δ 174.69（C－2），134.30（C－4），131.53（C－18），129.18（C－9），121.86（C－7），120.46（C－6），118.69（C－8），110.52（C－5），106.12（C－10），82.10（C－3），59.37（C－17），54.50（C－1），51.19（C－12），44.81（C－13），44.61（C－19），35.31（C－16），29.12（C－20），25.31（C－15），20.98（C－14），17.04（C－11），7.80（C－21）

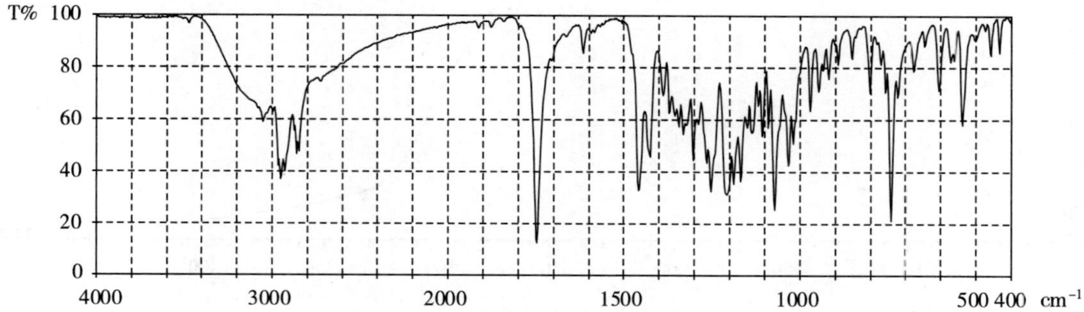

图 3　长春胺的红外光谱图

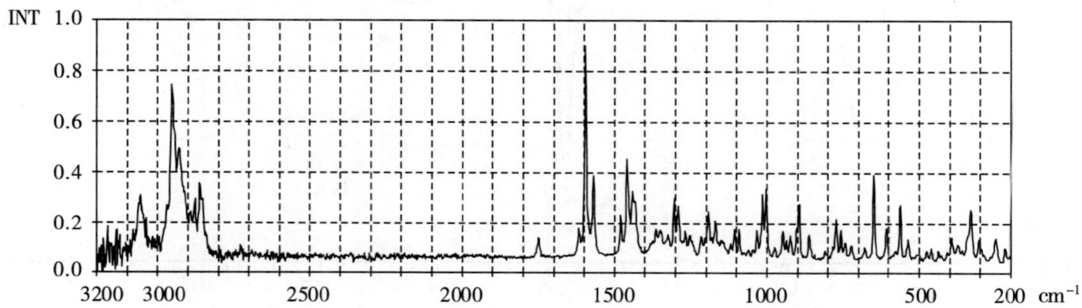

图 4　长春胺的拉曼光谱图

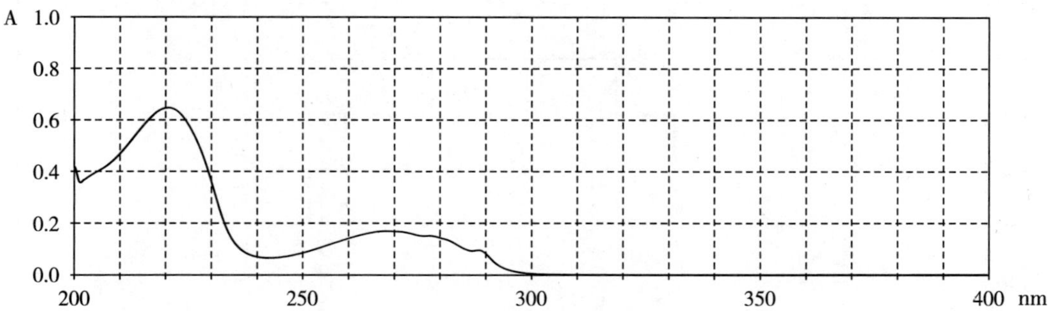

图 5　长春胺的紫外光谱图

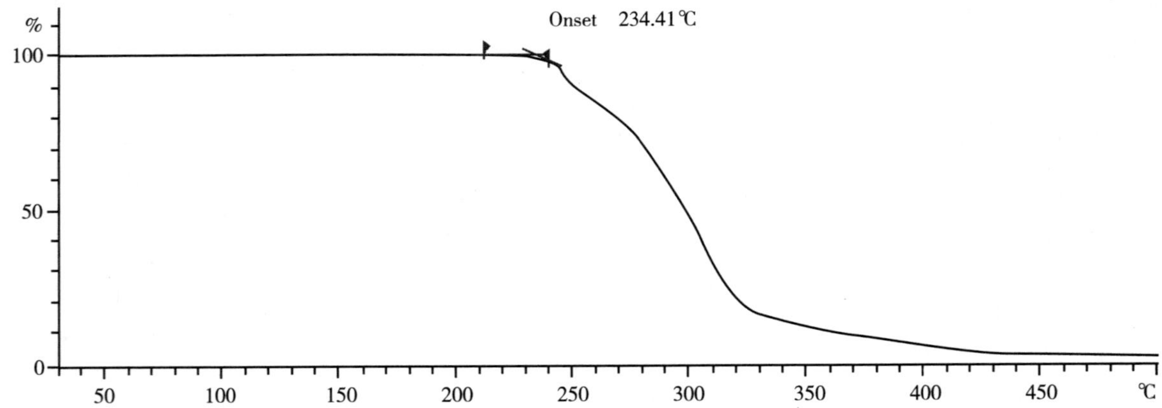

图 6 长春胺的 TG 图

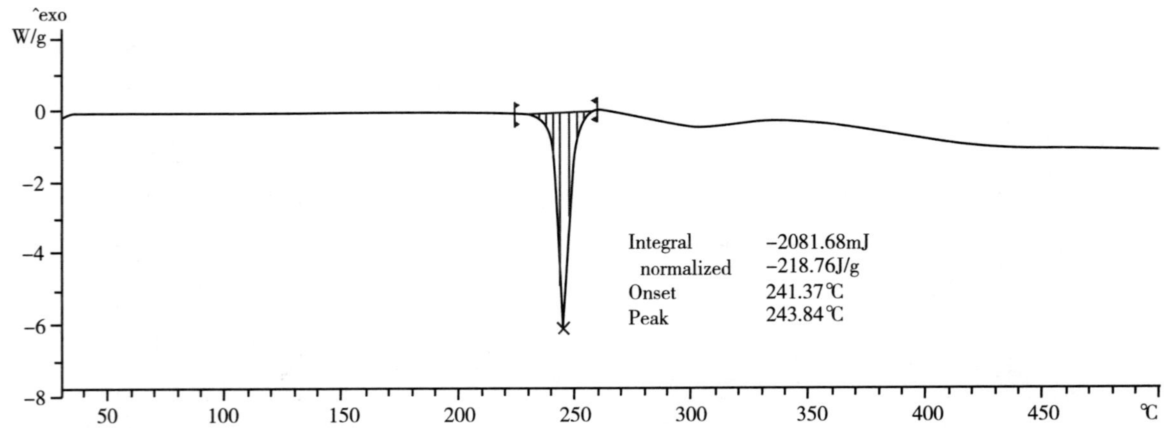

图 7 长春胺的 DSC 图

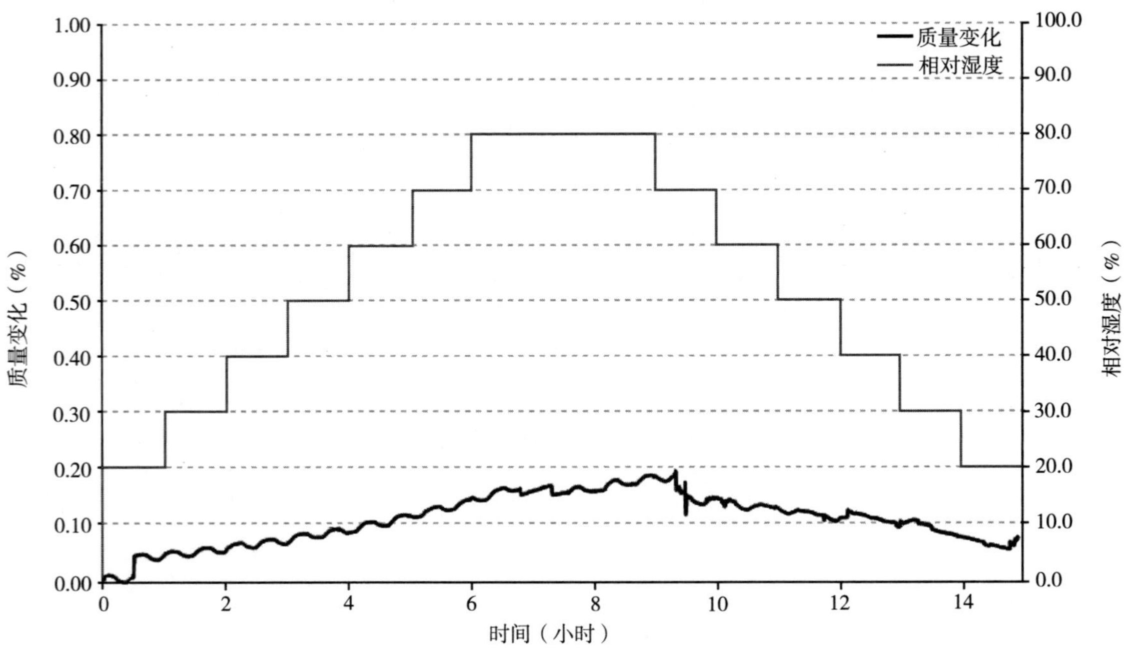

图 8 长春胺的 DVS 图

正离子扫描模式（一级）

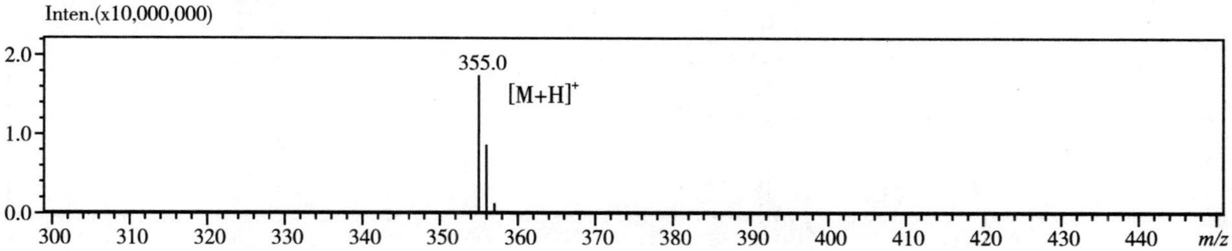

正离子扫描模式（二级）

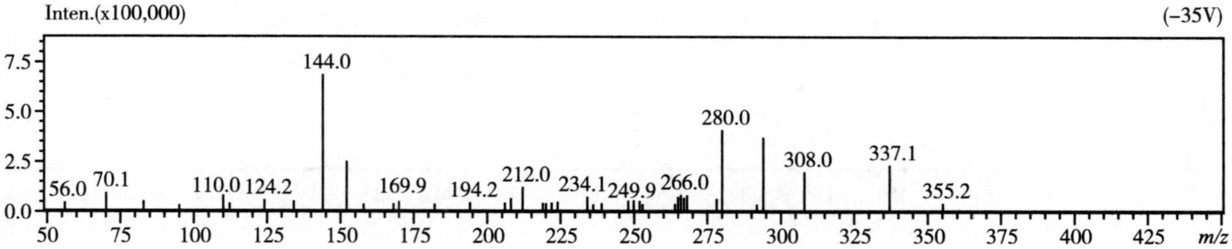

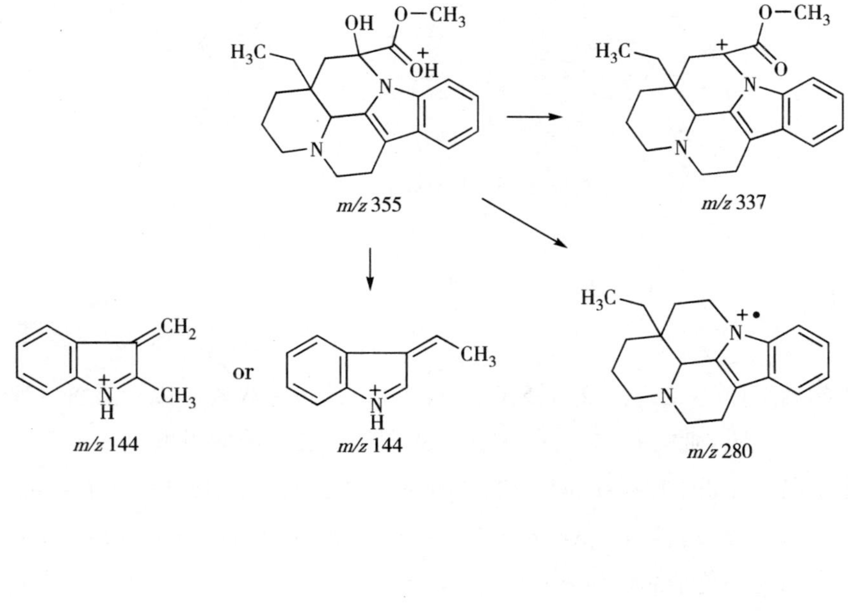

负离子扫描模式（一级）

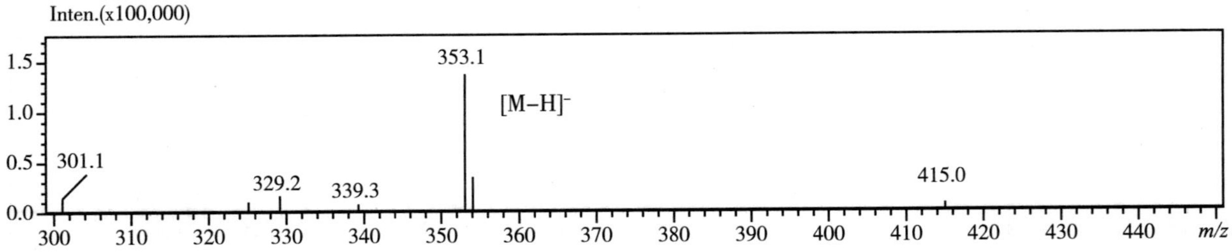

负离子扫描模式（二级）

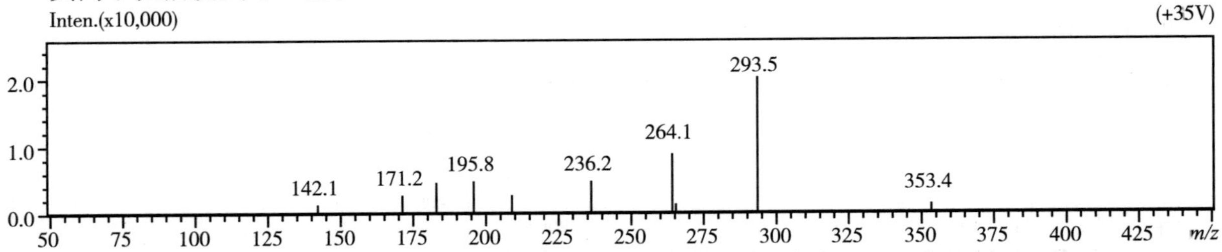

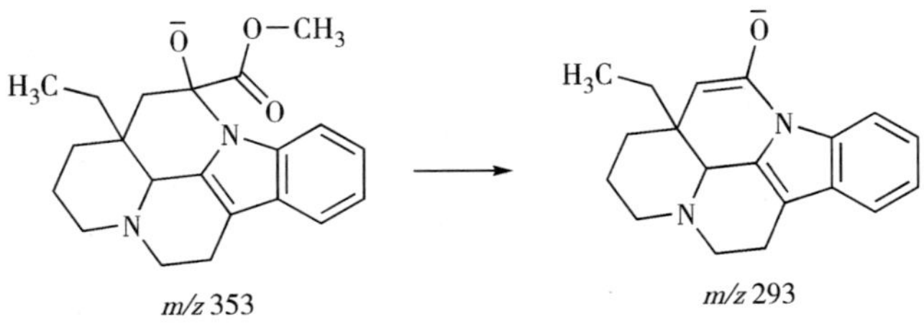

图 9　长春胺的质谱图

备注

1. **中文化学名**　13*a* – 乙基 – 2,3,5,6,12,13,13*a*,13*b* – 八氢 – 12 – 氢氧 – 1*H* – 吲哚[3,2,1 – 脱]吡啶并[3,2,1 – *ij*][1,5]萘啶 – 12 – 羧酸甲酯
2. **英文化学名**　methyl 13*a* – ethyl – 12 – hydroxy – 2,3,5,6,12,13,13*a*,13*b* – octahydro – 1*H* – indolo[3,2,1 – *de*]pyrido[3,2,1 – *ij*][1,5]naphthyridine – 12 – carboxylate
3. **性状**　本品为白色结晶性粉末；无味。
4. **溶解性**　本品在三氯甲烷中溶解，在乙醚或乙醇中微溶，在水中几乎不溶。
5. **溶剂**　0.1mol/L 盐酸溶液。
6. **对照品编号与批号**　100747 – 200501

瑞格列奈

英文名 Repaglinide

分子式 $C_{27}H_{36}N_2O_4$

分子量 452.59

CAS 号 135062－02－1

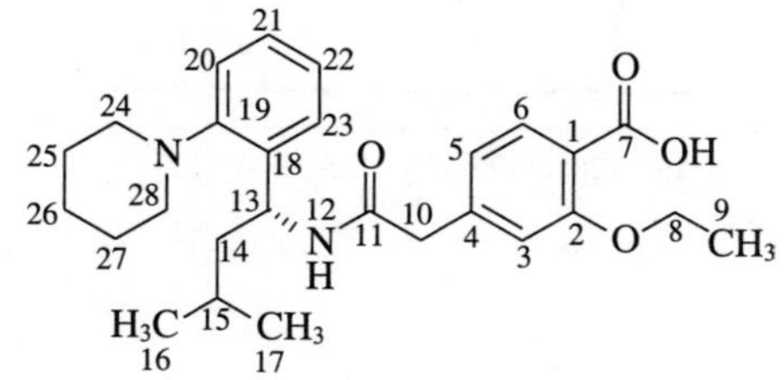

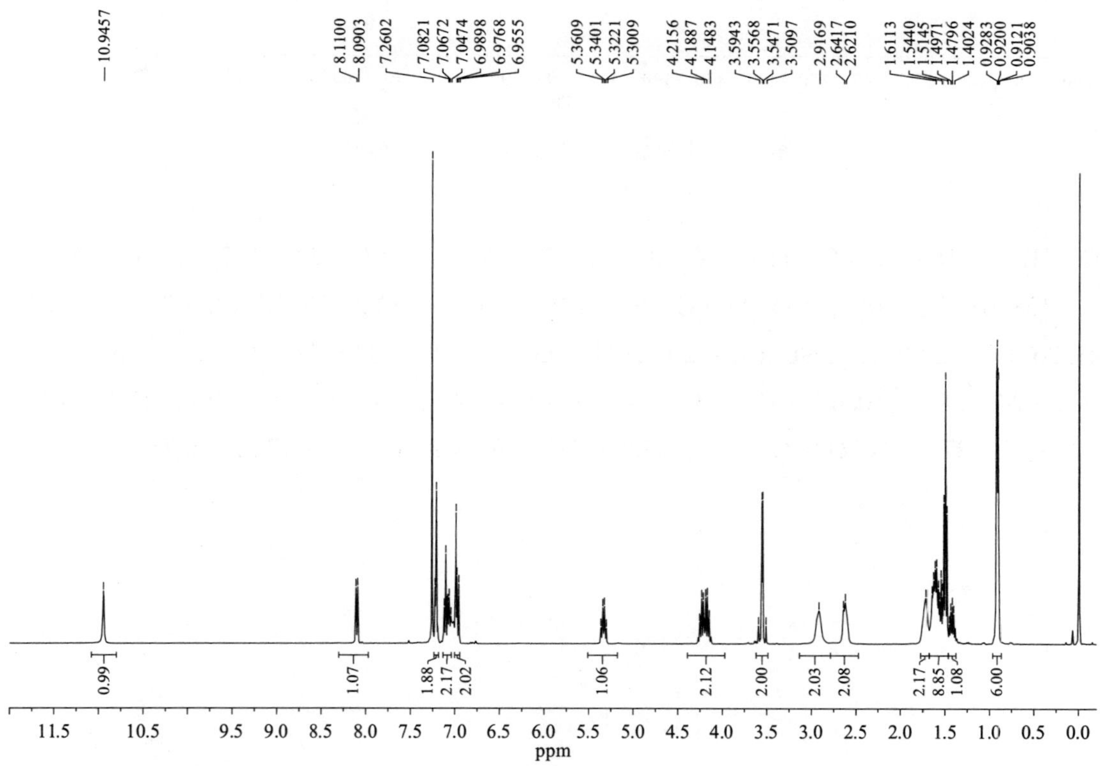

图 1　瑞格列奈的^{1}H NMR 谱（溶剂：$CDCl_3$）

^{1}H NMR：δ 10.95（OH，s，1H），8.10（H－6，d，J=7.9 Hz，1H），7.24～7.18（Ar－H，m，2H），7.14～7.04（Ar－H，m，2H），7.00～6.92（Ar－H，m，2H），5.33（H－13，dd，J=15.6，8.4 Hz，1H），4.29～4.12（H－8，m，2H），3.61～3.49（H－10，m，2H），3.00～2.84（H－24a，28a，m，2H），2.75～2.55（H－24b，28b，m，2H），1.79～1.68（H－14，m，2H），1.67～1.52（H－25，26，27，m，6H），1.50（H－9，t，J=7.0 Hz，3H），1.40（H－15，m，1H），0.93（H－16，d，J=6.5 Hz，3H），0.91（H－17，d，J=6.5 Hz，3H）

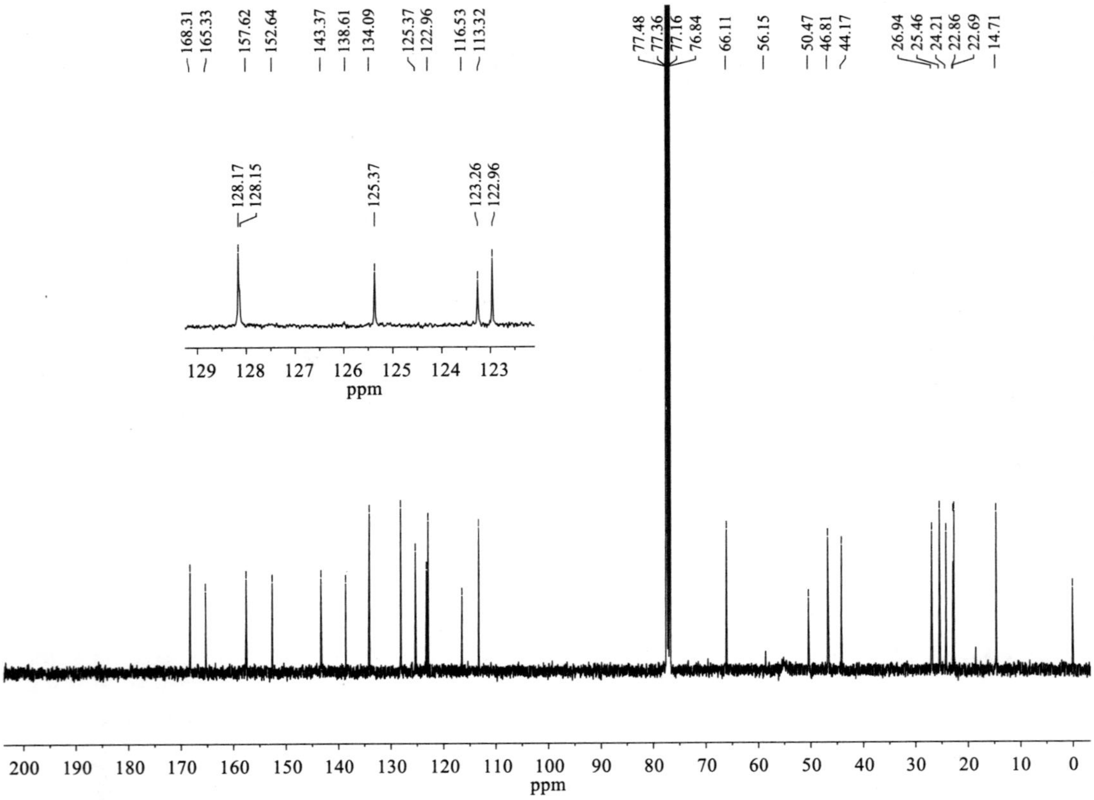

图2 瑞格列奈的^{13}C NMR 谱（溶剂：$CDCl_3$）

^{13}C NMR：δ 168.31（C－11），165.33（C－7），157.62（C－2），152.64（C－19），143.37（C－4），138.61（C－18），134.09（C－6），128.17（C－23），128.15（C－21），125.37（C－5），123.26（C－22），122.96（C－20），116.53（C－1），113.32（C－3），66.11（C－8），56.15（C－24，28），50.47（C－13），46.81（C－14），44.17（C－10），26.94（C－26），25.46（C－25，27），24.21（C－15），22.86（C－16），22.69（C－17），14.71（C－9）

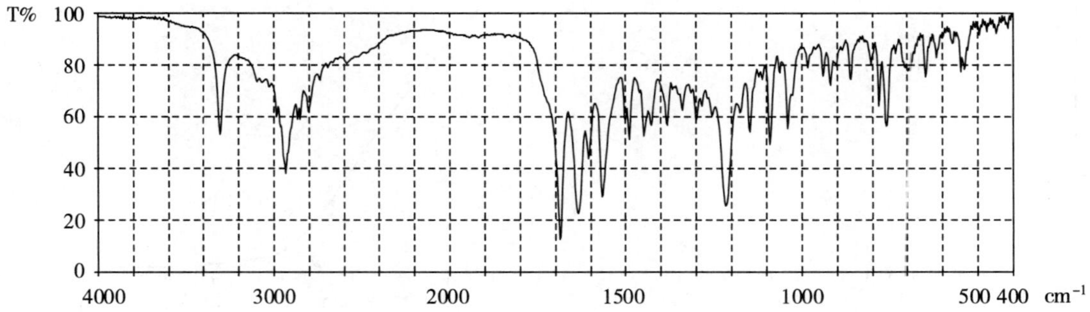

图 3　瑞格列奈的红外光谱图

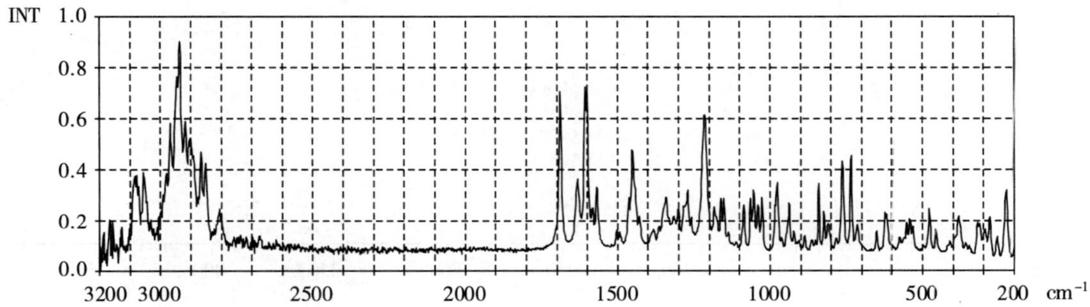

图 4　瑞格列奈的拉曼光谱图

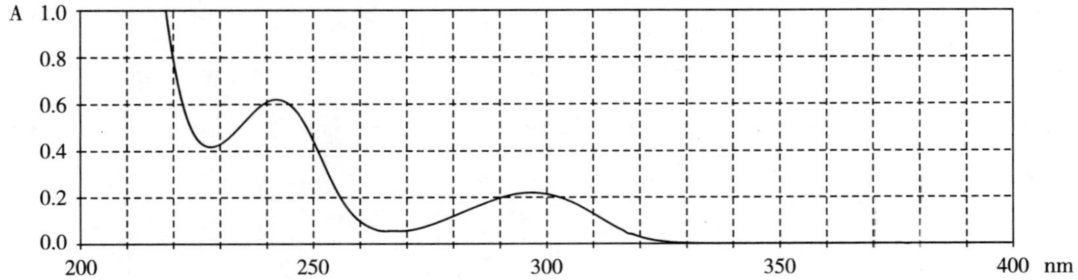

图 5　瑞格列奈的紫外光谱图

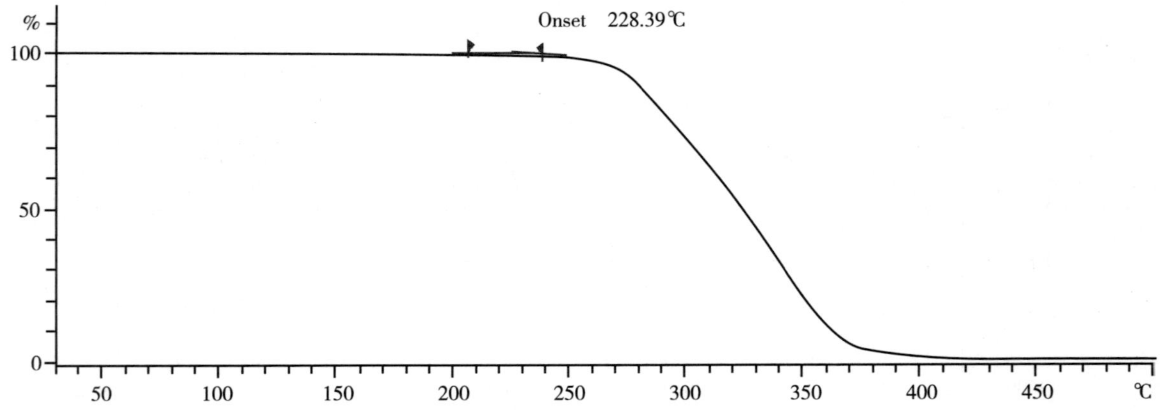

图 6　瑞格列奈的 TG 图

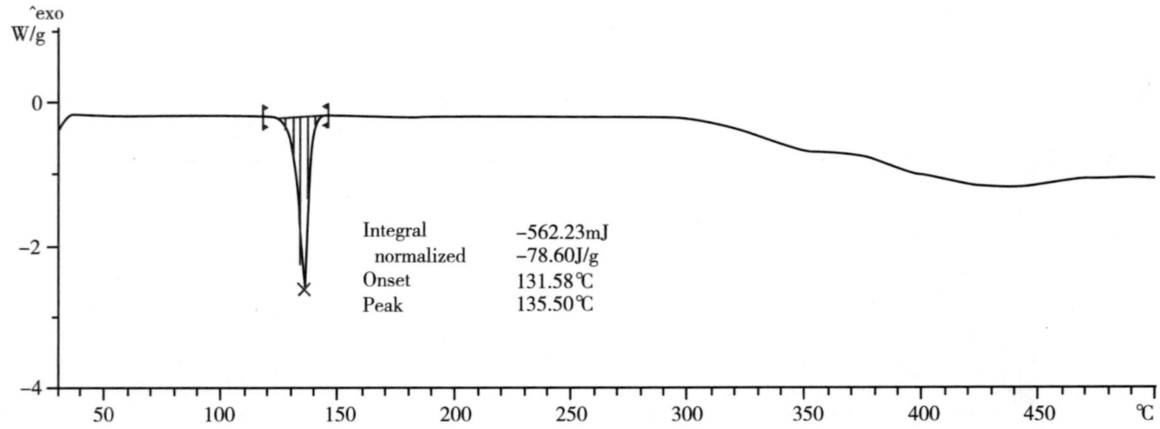

图 7　瑞格列奈的 DSC 图

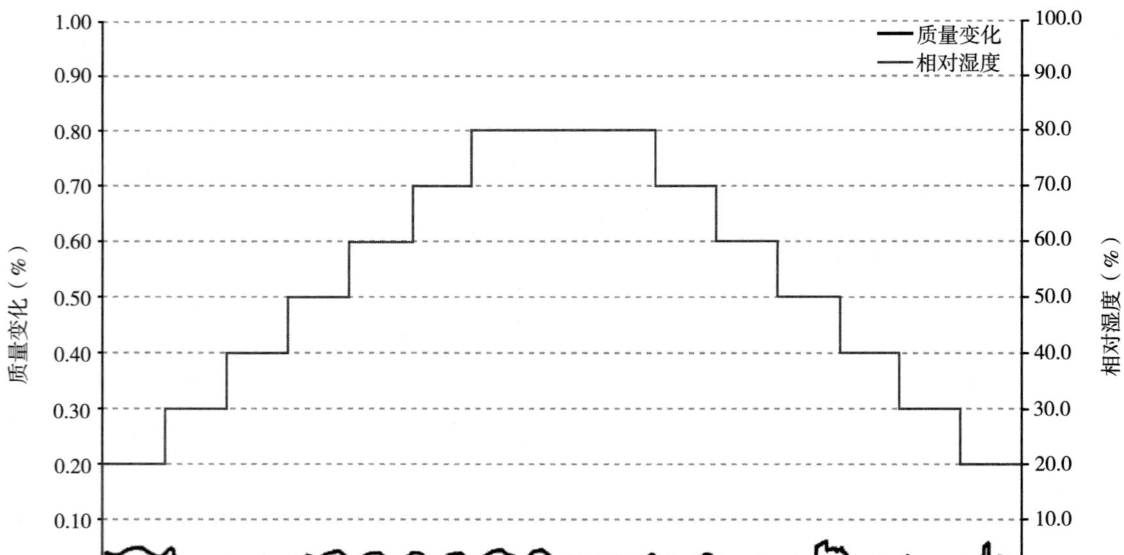

图 8　瑞格列奈的 DVS 图

正离子扫描模式（一级）

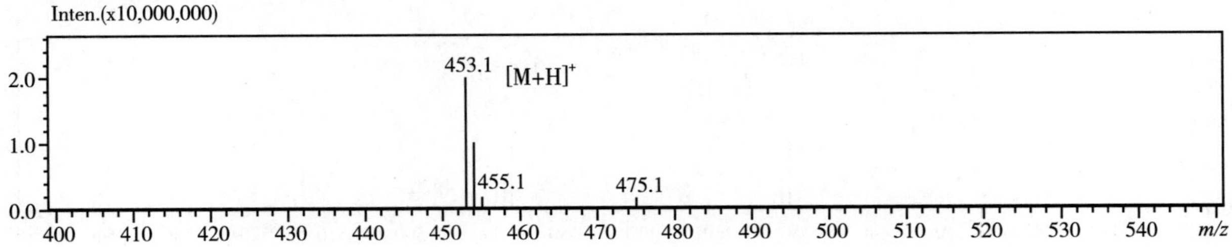

正离子扫描模式（二级）

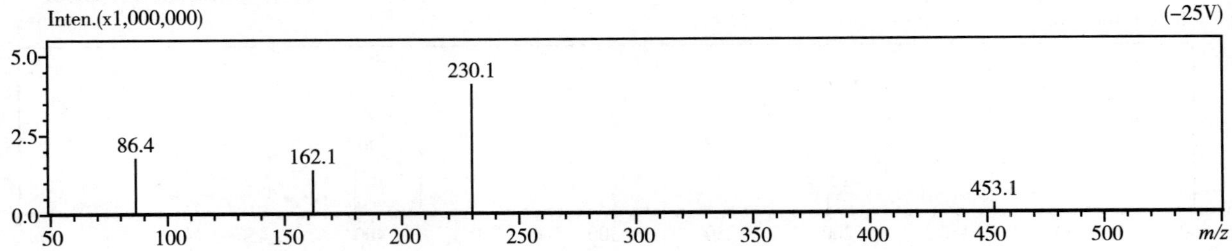

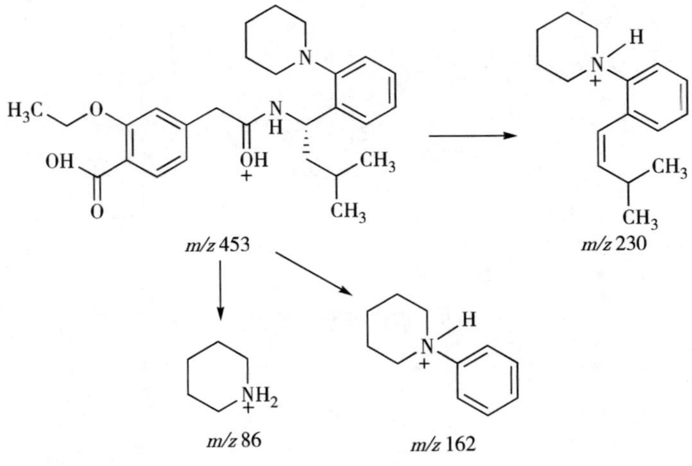

负离子扫描模式（一级）

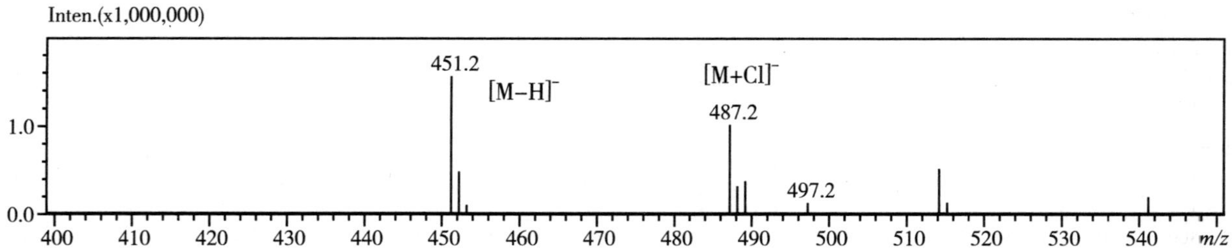

负离子扫描模式（二级）

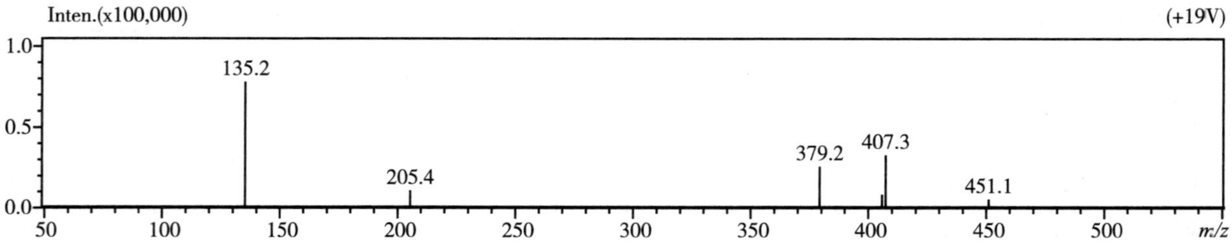

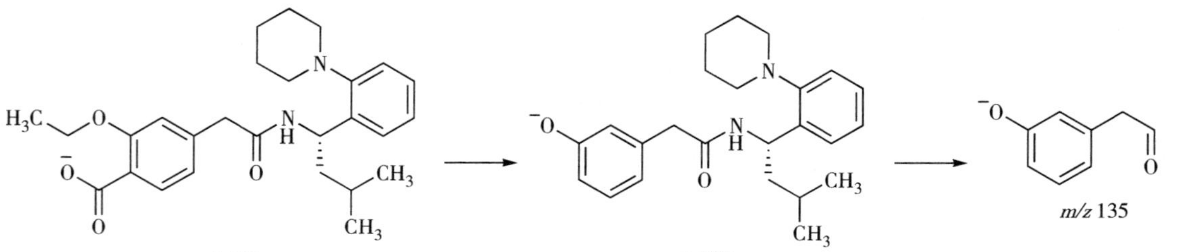

图9　瑞格列奈的质谱图

备注

1. 中文化学名　(*S*) -2 - 乙氧基 -4 - [2 - [[甲基 -1 - [2 - (1 - 哌啶基) 苯基] 丁基] 氨基] -2 - 氧代乙基] 苯甲酸

2. 英文化学名　2 - ethoxy -4 - [2 - [[(1*S*) -3 - methyl -1 - [2 - (1 - piperidinyl) phenyl] butyl] amino] -2 - oxoethyl] benzoic acid

3. 性状　本品为白色或类白色结晶性粉末；无臭。

4. 溶解性　本品在三氯甲烷中易溶，在乙醇或丙酮中略溶，在水中几乎不溶，在0.1 mol/L盐酸溶液中微溶。

5. 溶剂　0.1mol/L盐酸溶液。

6. 对照品编号与批号　100753 -201102

盐酸伐昔洛韦

英文名 Valaciclovir Hydrochloride

分子式 $C_{13}H_{20}N_6O_4 \cdot HCl$

分子量 360.80

CAS 号 124832－27－5

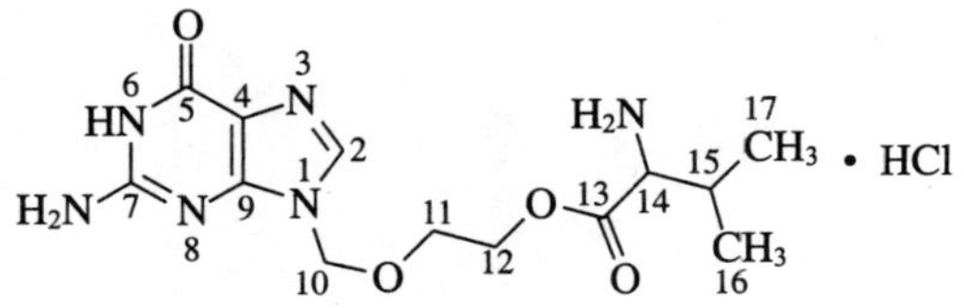

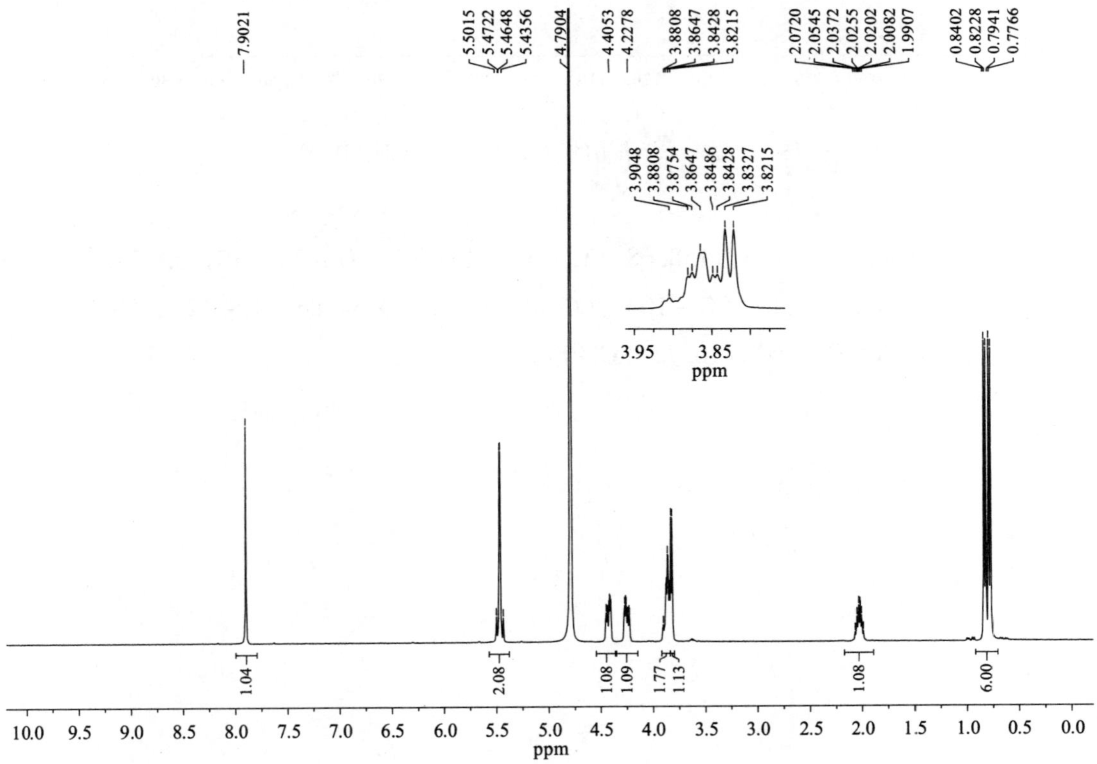

图1　盐酸伐昔洛韦的[1]H NMR 谱（溶剂：D_2O）

^{1}H NMR：δ 7.90（H－2，s，1H），5.46（H－10，dd，J＝11.7，3.0 Hz，2H），4.42（H－12a，m，1H），4.25（H－12b，m，1H），3.92～3.84（H－11，m，2H），3.82（H－14，d，J＝4.5 Hz，1H），2.03（H－15，m，1H），0.83（H－16，d，J＝7.0 Hz，3H），0.78（H－17，d，J＝7.0 Hz，3H）

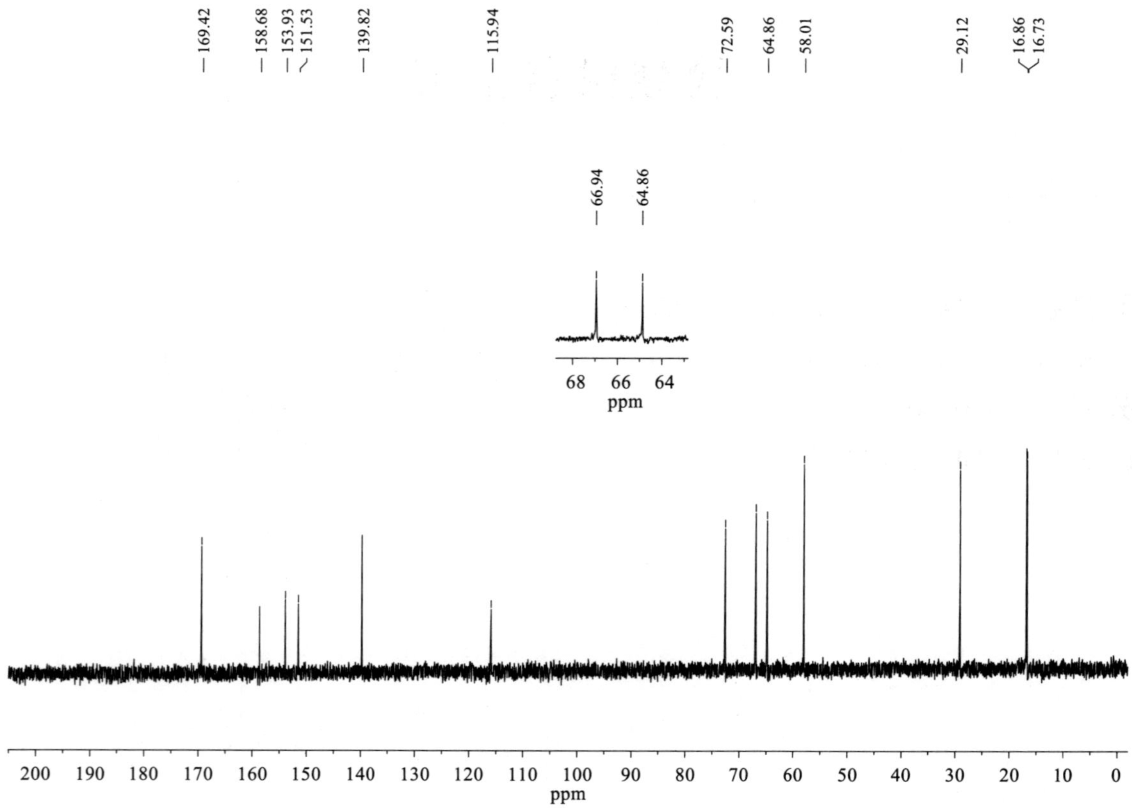

图 2　盐酸伐昔洛韦的^{13}C NMR 谱（溶剂：D_2O）

^{13}C NMR：δ 169.42（C－13），158.68（C－5），153.93（C－7），151.53（C－9），139.82（C－2），115.94（C－4），72.59（C－10），66.94（C－11），64.86（C－12），58.01（C－14），29.12（C－15），16.86（C－16），16.73（C－17）

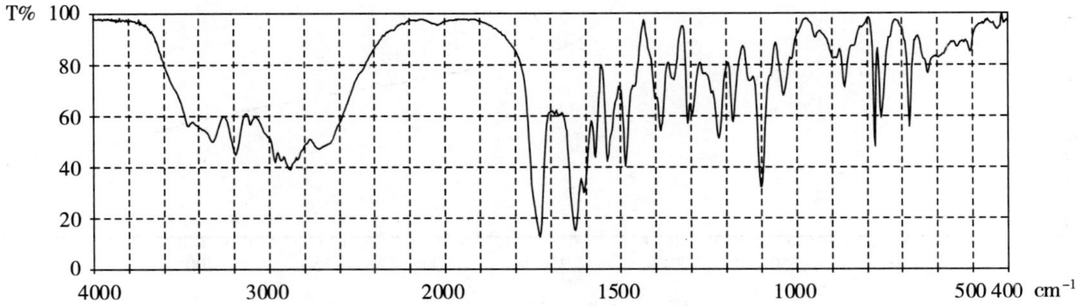

图 3　盐酸伐昔洛韦的红外光谱图

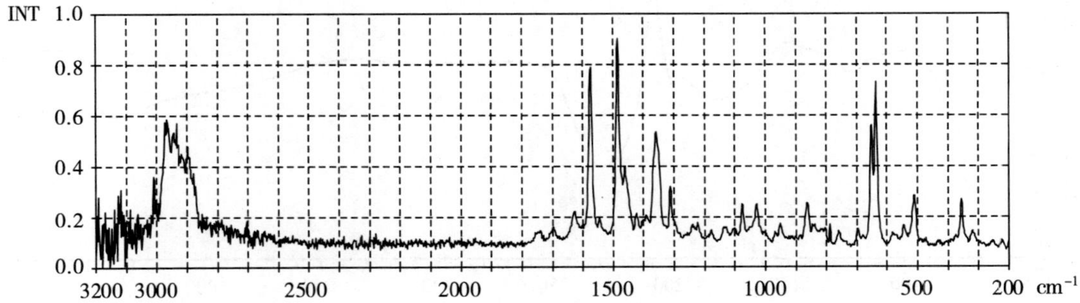

图 4　盐酸伐昔洛韦的拉曼光谱图

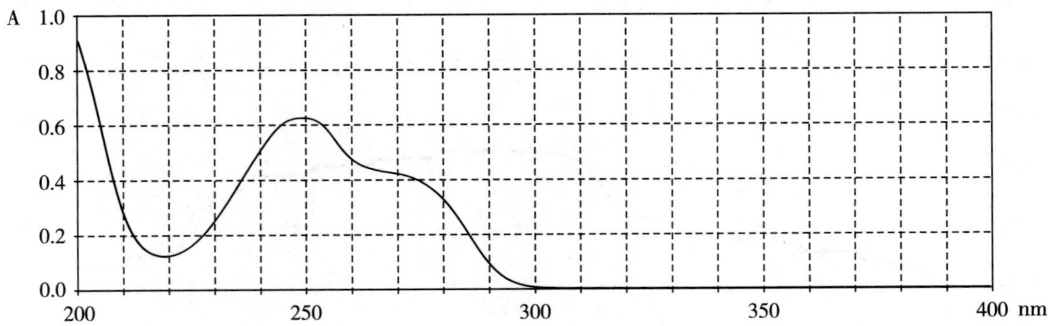

图 5　盐酸伐昔洛韦的紫外光谱图

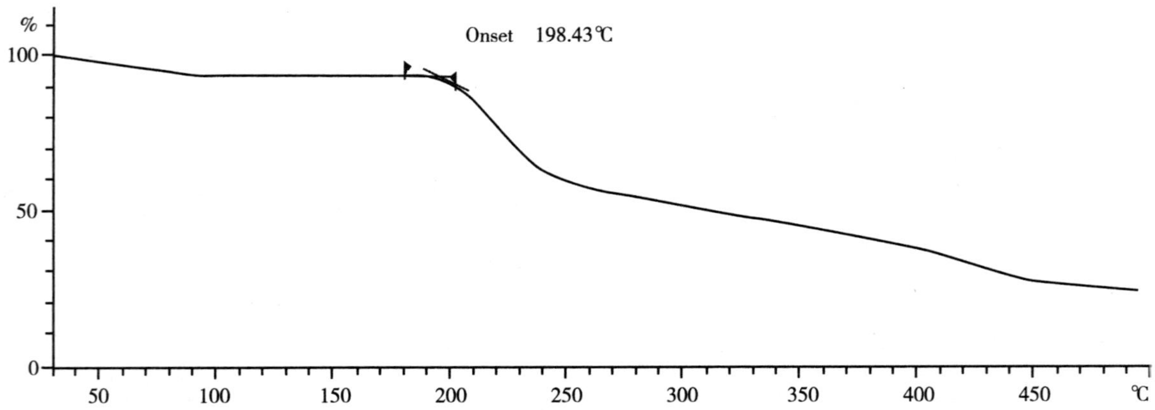

图 6 盐酸伐昔洛韦的 TG 图

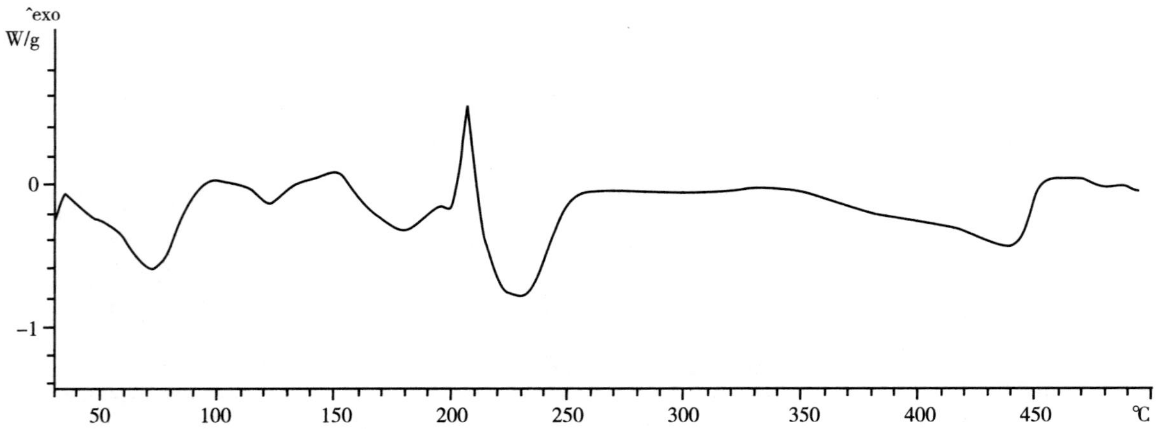

图 7 盐酸伐昔洛韦的 DSC 图

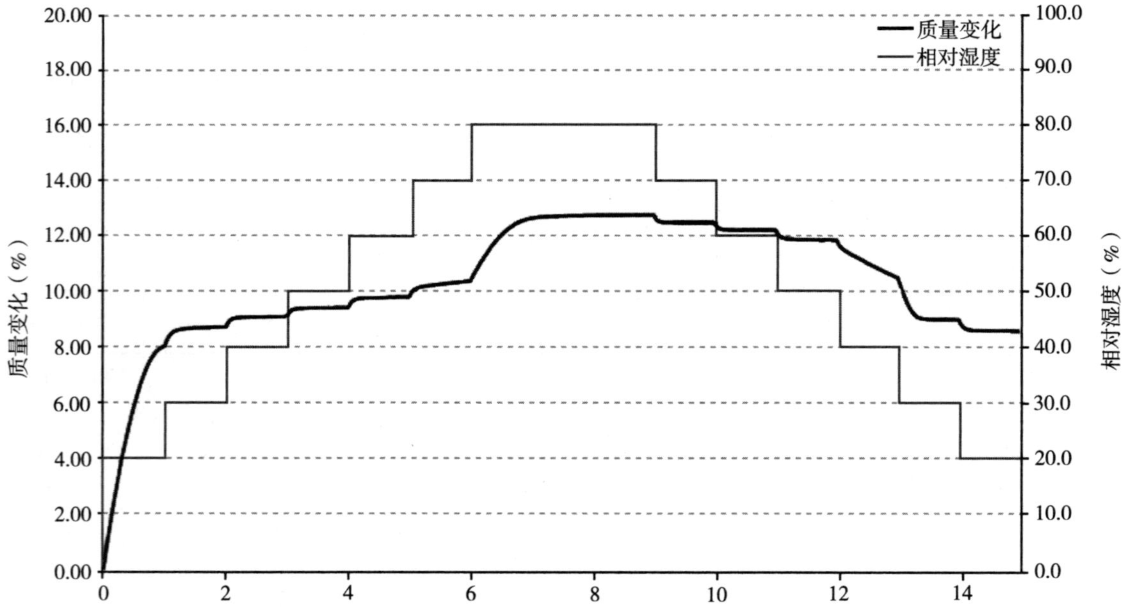

图 8 盐酸伐昔洛韦的 DVS 图

负离子扫描模式（一级）

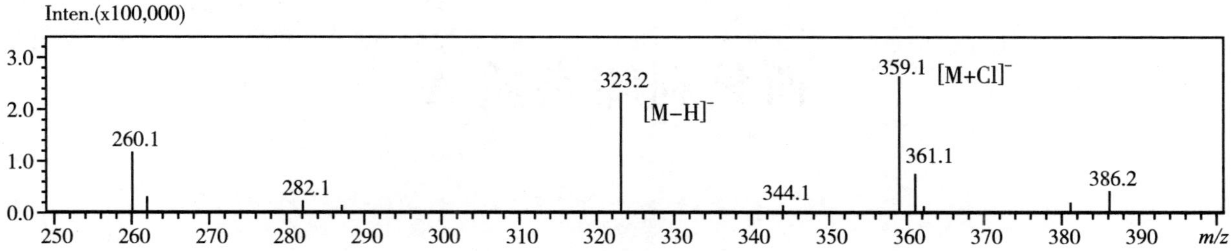

负离子扫描模式（二级）

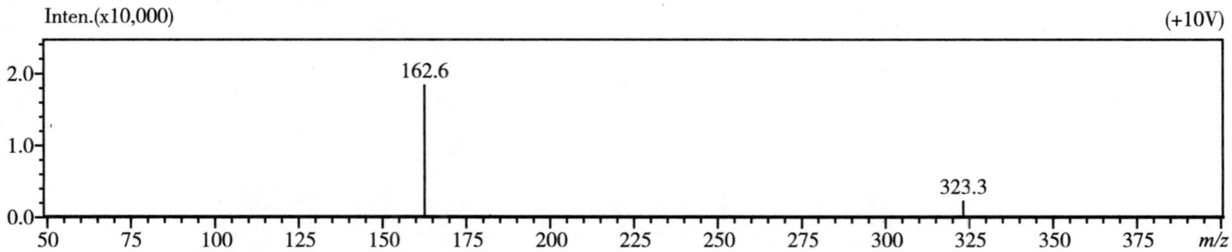

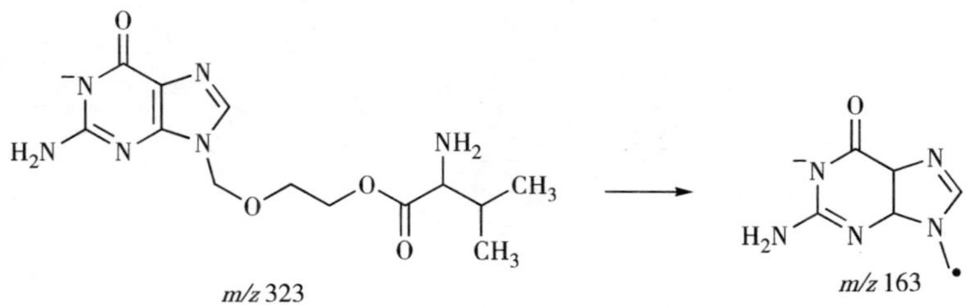

图9　盐酸伐昔洛韦的质谱图

备注

1. 中文化学名　L－缬氨酸－2－[（2－氨基－1,6－二氢－6－氧代－9H－嘌呤－9－基）甲氧基]乙酯盐酸盐

2. 英文化学名　L－valine－2－[（2－amino－1,6－dihydro－6－oxo－9*H*－purin－9－yl）methoxy]ethyl ester, monohydrochloride

3. 性状　本品为白色或类白色结晶性粉末；无臭，味微苦；有引湿性。

4. 溶解性　本品在水中易溶，在甲醇中微溶，在乙醇中极微溶解，在二氯甲烷中不溶。

5. 溶剂　水。

6. 对照品编号与批号　100754－201003

西替利嗪杂质 A

英文名　Citirizine Impurity A

分子式　$C_{17}H_{19}ClN_2$

分子量　286.80

CAS 号　303-26-4

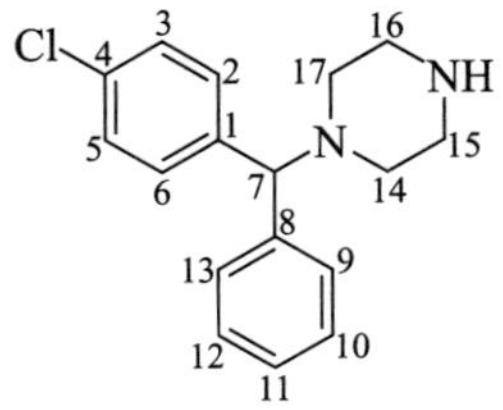

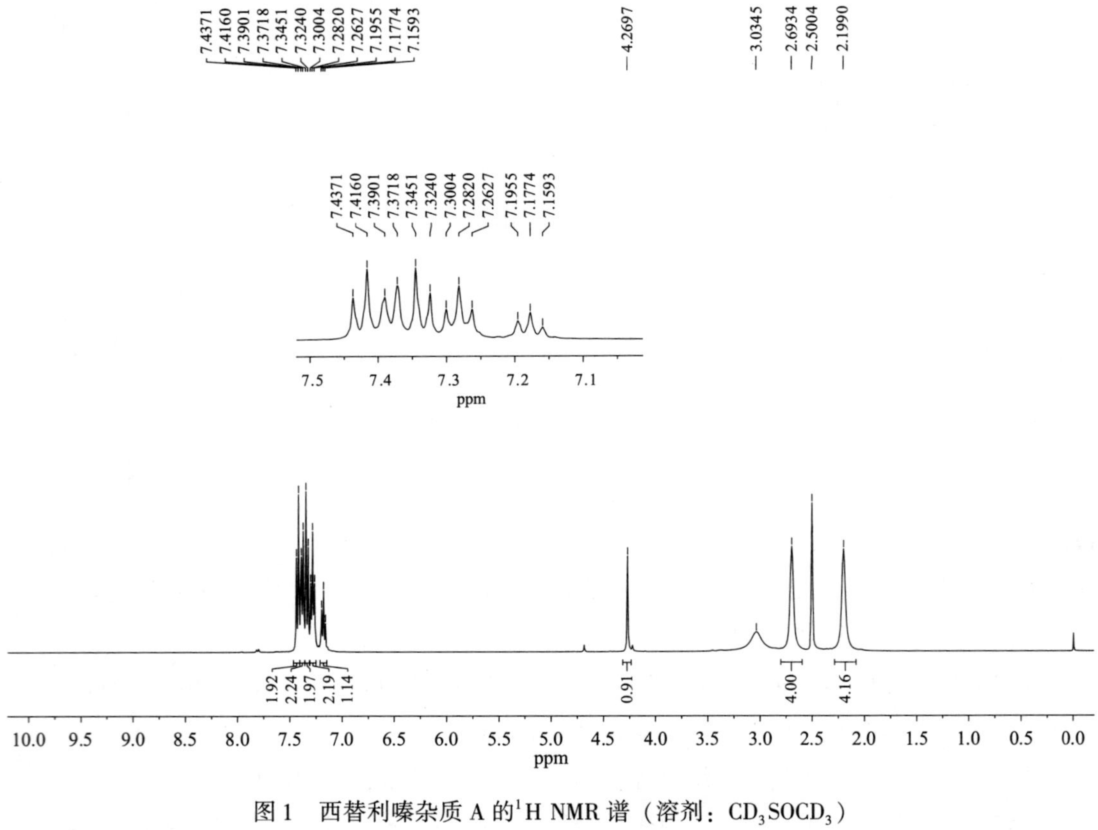

图 1　西替利嗪杂质 A 的 ^{1}H NMR 谱（溶剂：CD_3SOCD_3）

^{1}H NMR：δ 7.43（H-3，5，d，J=8.5 Hz，2H），7.38（H-9，13，d，J=7.3 Hz，2H），7.33（H-2，6，d，J=8.5 Hz，2H），7.28（H-10，12，t，J=7.5 Hz，2H），7.18（H-11，t，J=7.2 Hz，1H），4.27（H-7，s，1H），2.69（H-15，16，brs，4H），2.20（H-14，17，brs，4H）

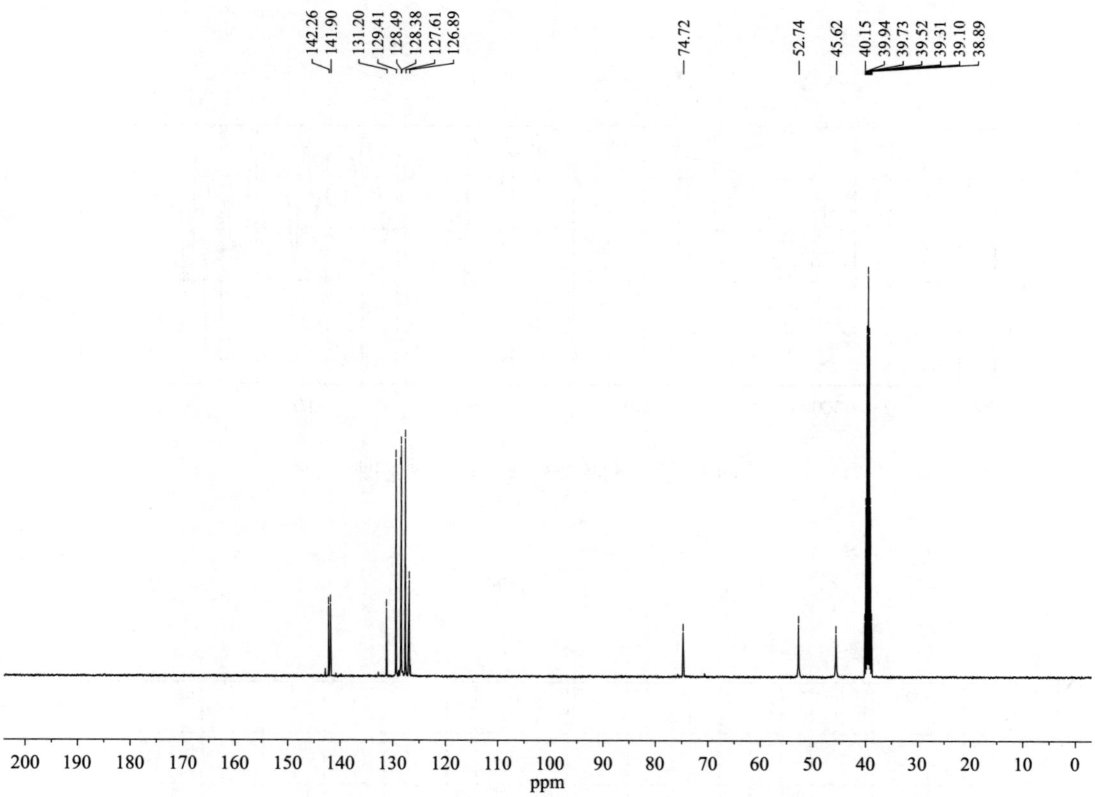

图 2　西替利嗪杂质 A 的 ^{13}C NMR 谱（溶剂：CD_3SOCD_3）

^{13}C NMR：δ 142.26（C－8），141.90（C－1），131.20（C－4），129.41（C－2，6），128.49（C－3，5），128.38（C－10，12），127.61（C－9，13），126.89（C－11），74.72（C－7），52.74（C－14，17），45.62（C－15，16）

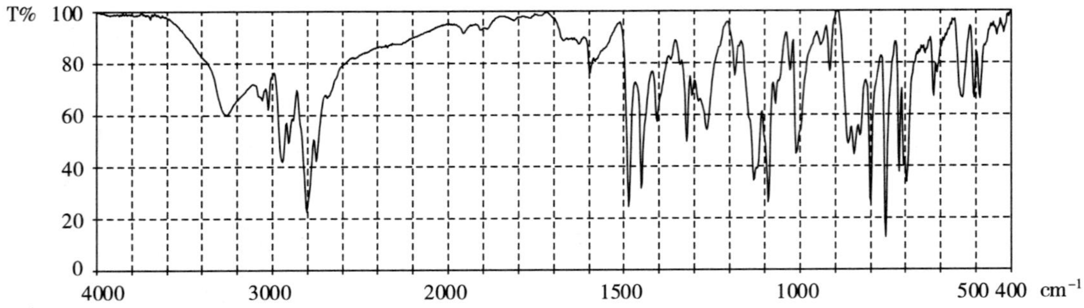

图 3　西替利嗪杂质 A 的红外光谱图

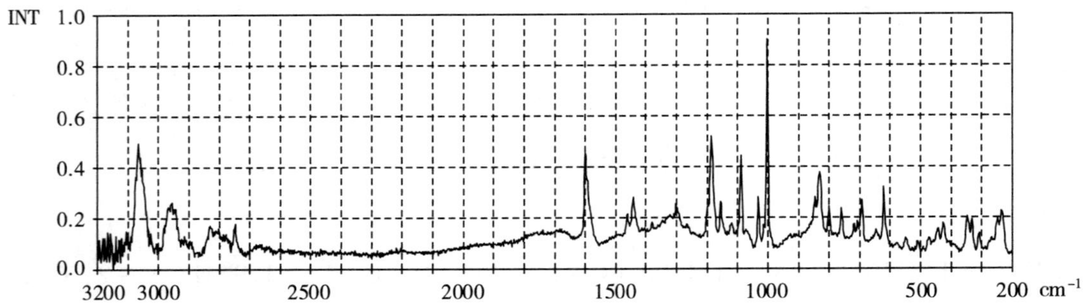

图 4　西替利嗪杂质 A 的拉曼光谱图

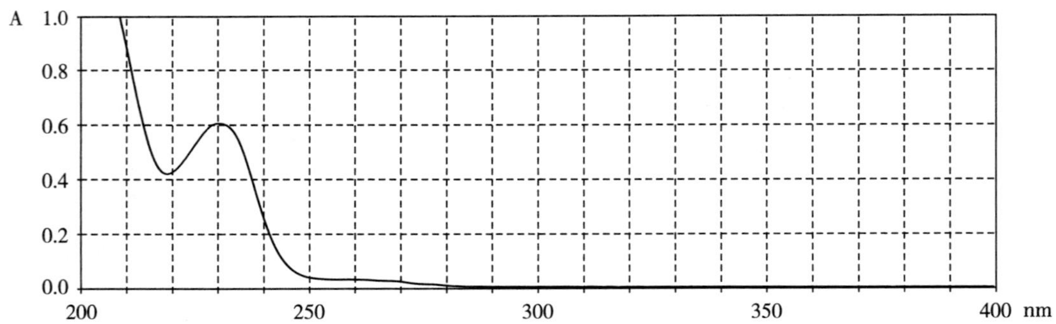

图 5　西替利嗪杂质 A 的紫外光谱图

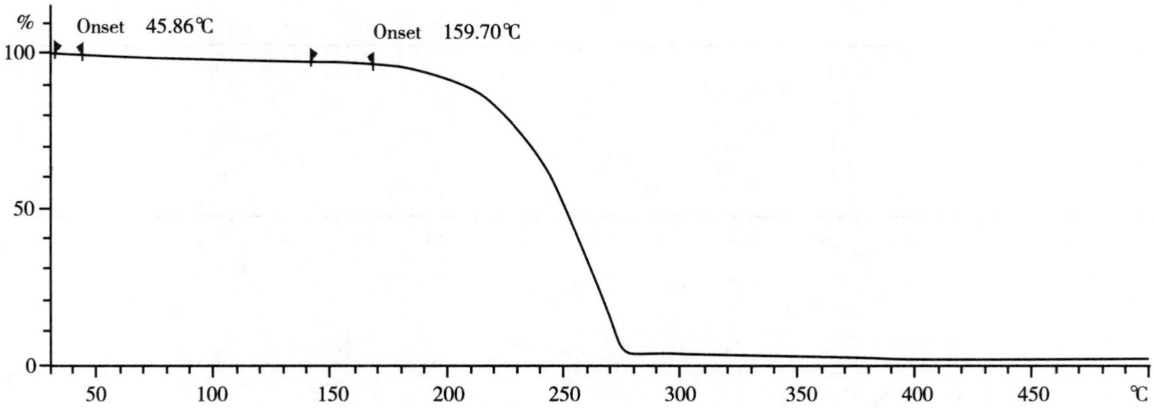

图 6　西替利嗪杂质 A 的 TG 图

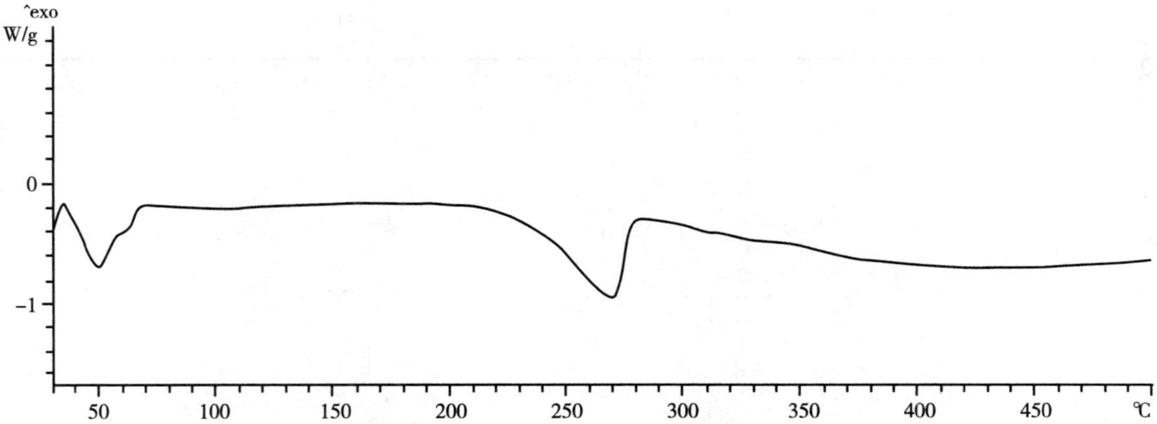

图 7　西替利嗪杂质 A 的 DSC 图

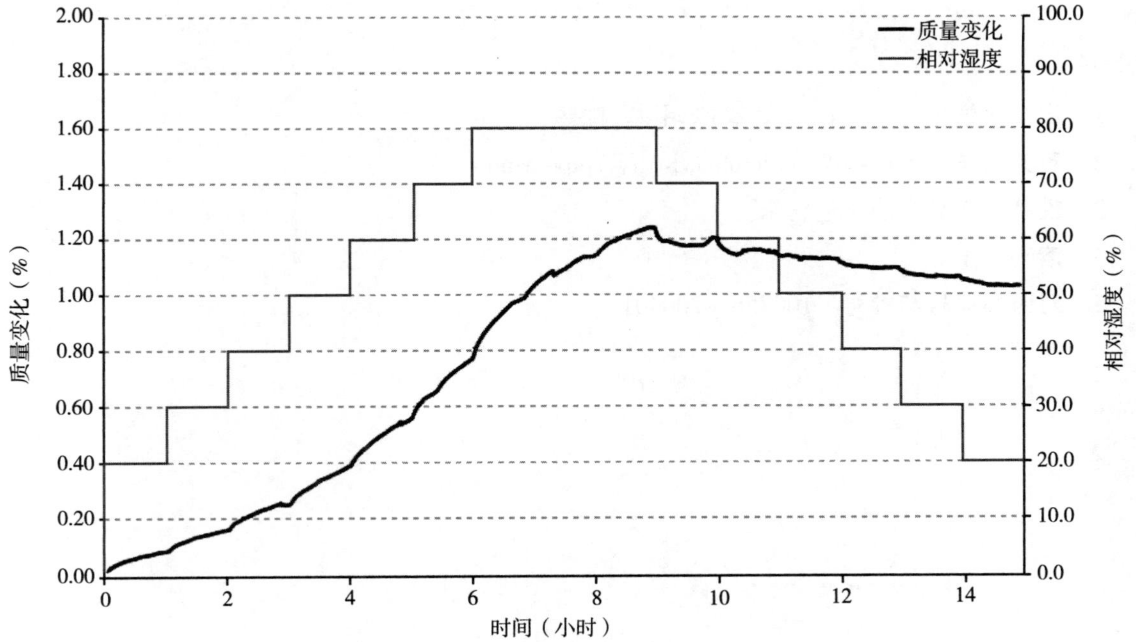

图 8　西替利嗪杂质 A 的 DVS 图

正离子扫描模式（一级）

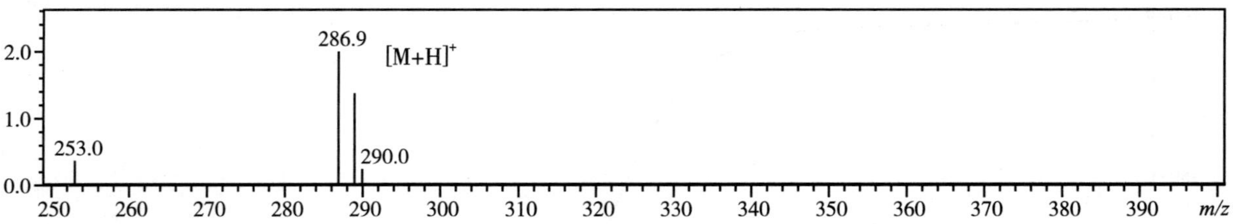

正离子扫描模式（二级）

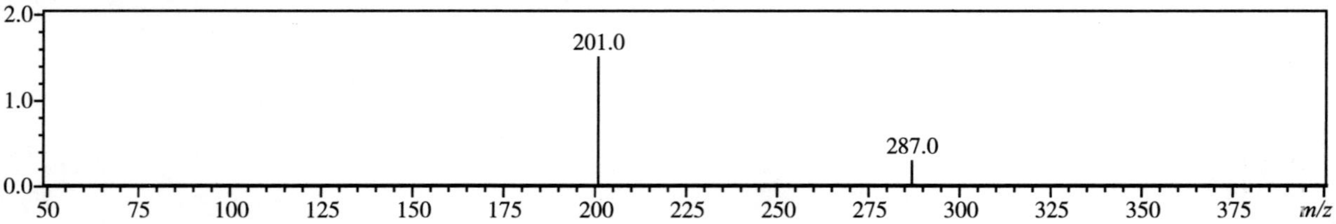

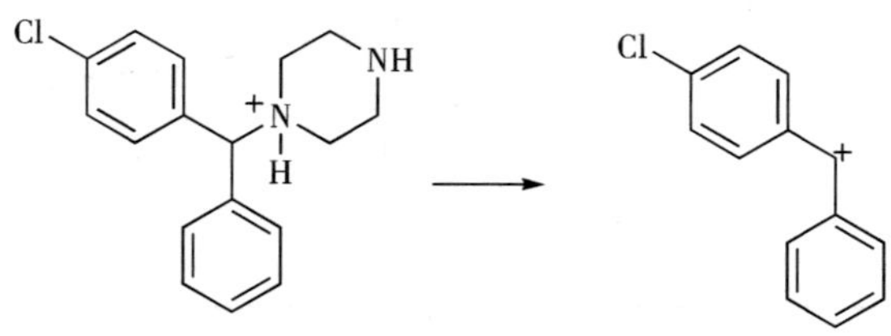

m/z 287　　*m/z* 201

图 9　西替利嗪杂质 A 的质谱图

备注

1. **中文化学名**　1 -［(4 - 氯苯)苯甲基］哌嗪
2. **英文化学名**　1 - (4 - chlorobenzhydryl) piperazine
3. **性状**　本品为淡黄色粉末。
4. **溶剂**　水。
5. **对照品编号与批号**　100756 - 200401

异环磷酰胺化合物Ⅲ

英文名 Isosfamide Compound Ⅲ

分子式 $C_7H_{13}Cl_2N_2O_3P$

分子量 275.10

CAS 号 72578－71－3

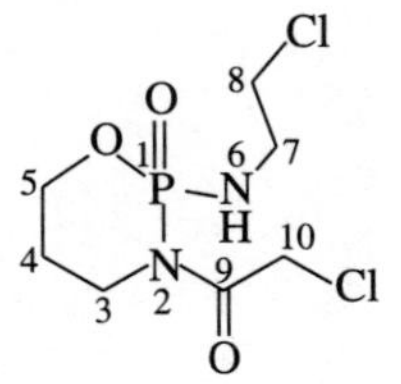

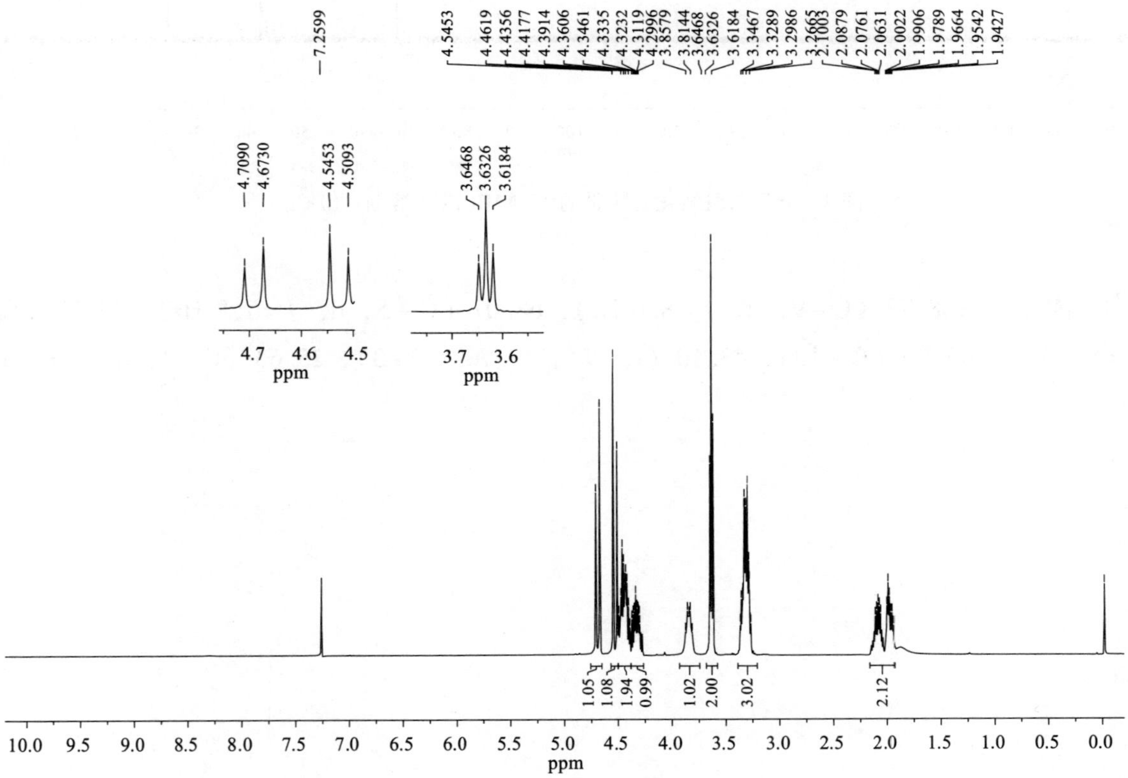

图 1 异环磷酰胺化合物Ⅲ的[1]H NMR 谱（溶剂：$CDCl_3$）

^{1}H NMR：δ 4.69（H－10a，d，J＝14.4 Hz，1H），4.53（H－10b，d，J＝14.4 Hz，1H），4.50～4.38（H－5，m，2H），4.32（H－3a，m，1H），3.84（H－6，m，1H），3.63（H－8，t，J＝5.7 Hz，2H），3.38～3.26（H－3b，7，m，3H），2.16～1.90（H－4，m，2H）

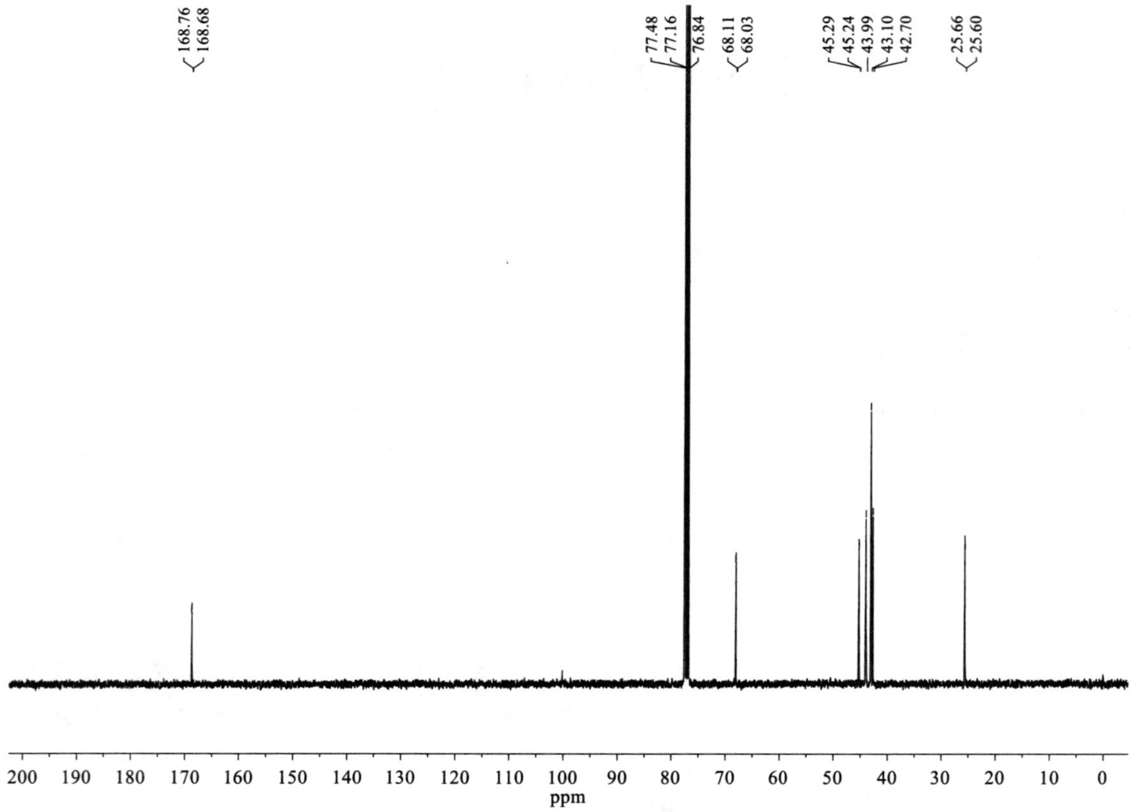

图 2　异环磷酰胺化合物Ⅲ的^{13}C NMR 谱（溶剂：$CDCl_3$）

^{13}C NMR：δ 168.72（C－9，d，J=8.6 Hz），68.07（C－5，d，J=7.8 Hz），45.27（C－8，d，J=5.7 Hz），43.99（C－10），43.10（C－7），42.70（C－3），25.63（C－4，d，J=5.6 Hz）

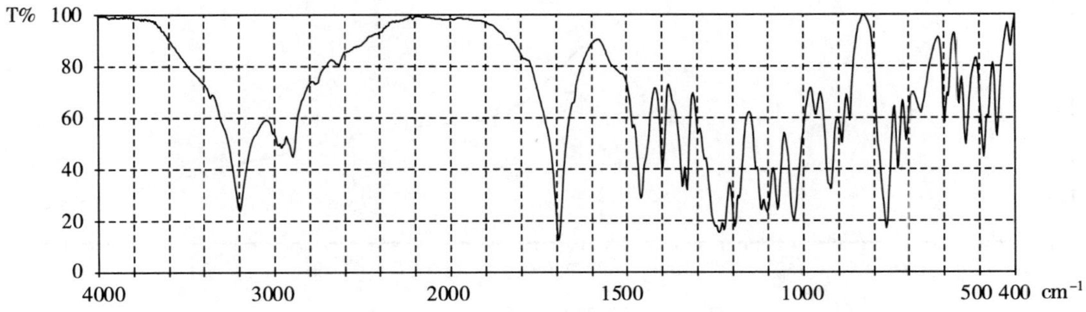

图 3　异环磷酰胺化合物Ⅲ的红外光谱图

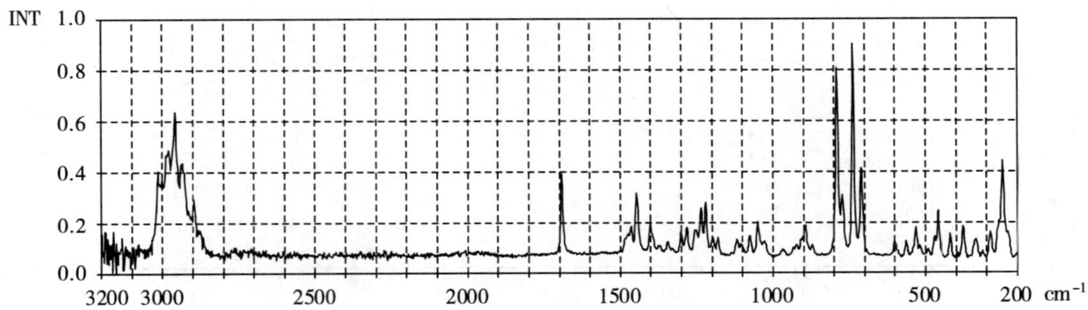

图 4　异环磷酰胺化合物Ⅲ的拉曼光谱图

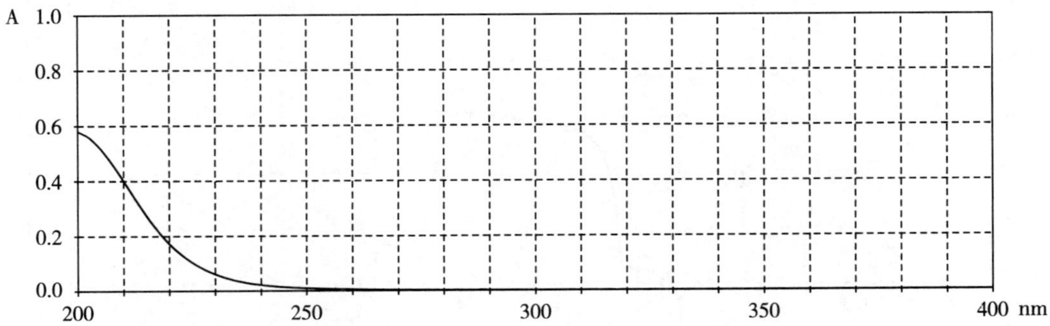

图 5　异环磷酰胺化合物Ⅲ的紫外光谱图

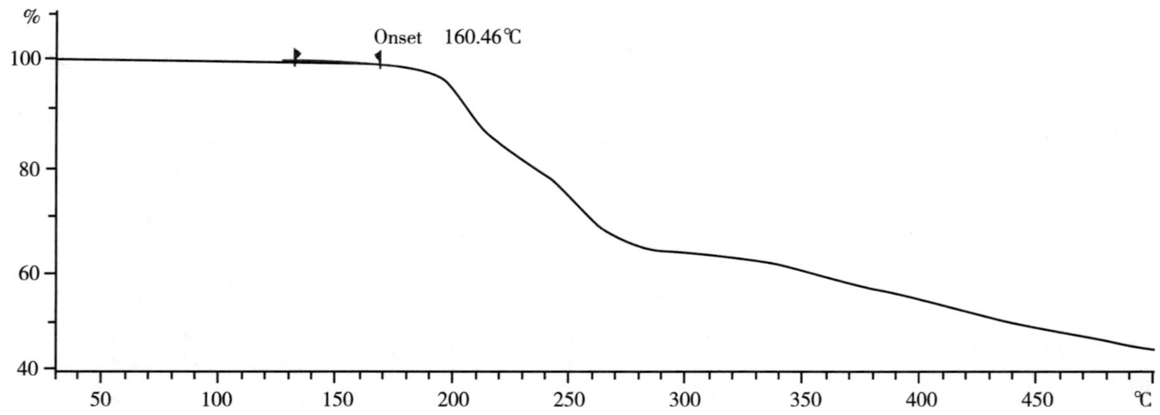

图 6 异环磷酰胺化合物Ⅲ的 TG 图

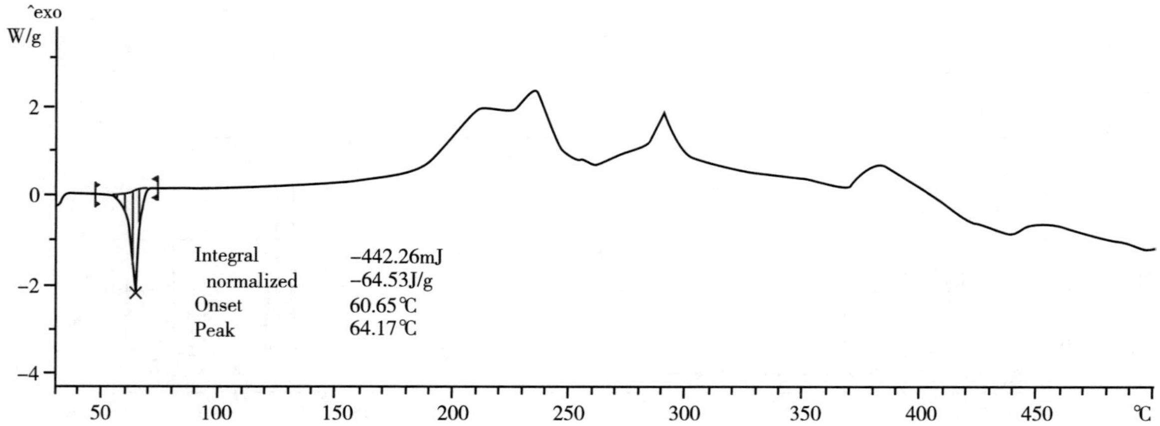

图 7 异环磷酰胺化合物Ⅲ的 DSC 图

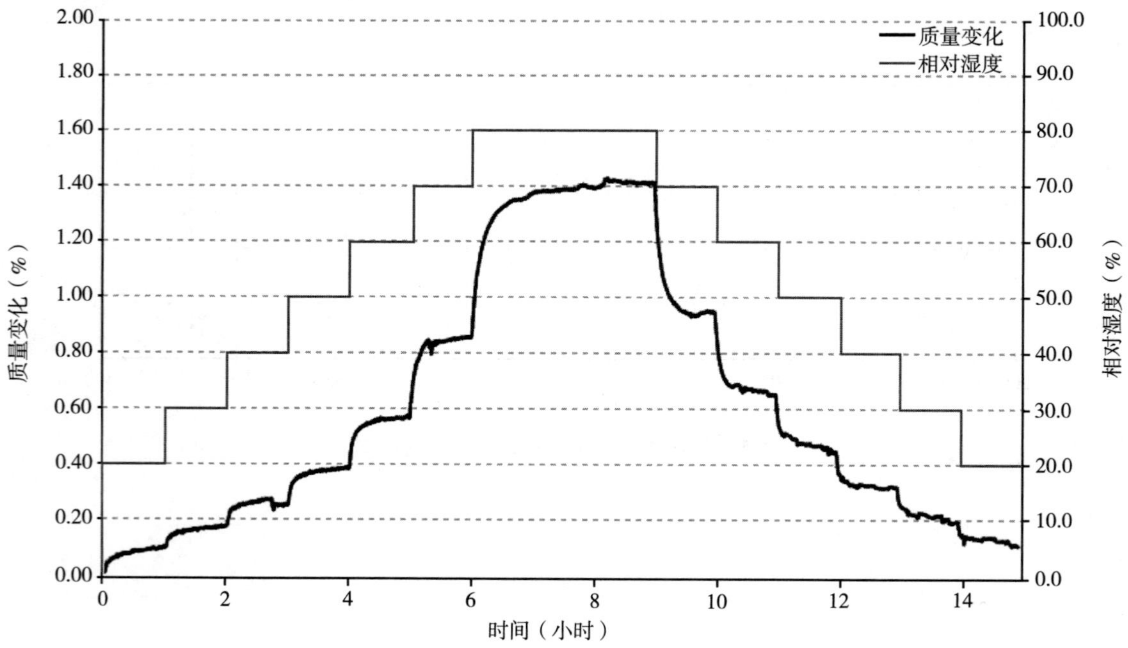

图 8 异环磷酰胺化合物Ⅲ的 DVS 图

正离子扫描模式（一级）

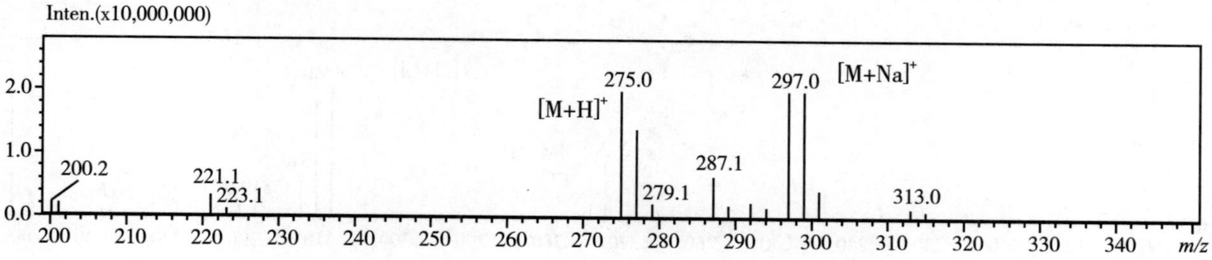

正离子扫描模式（二级）

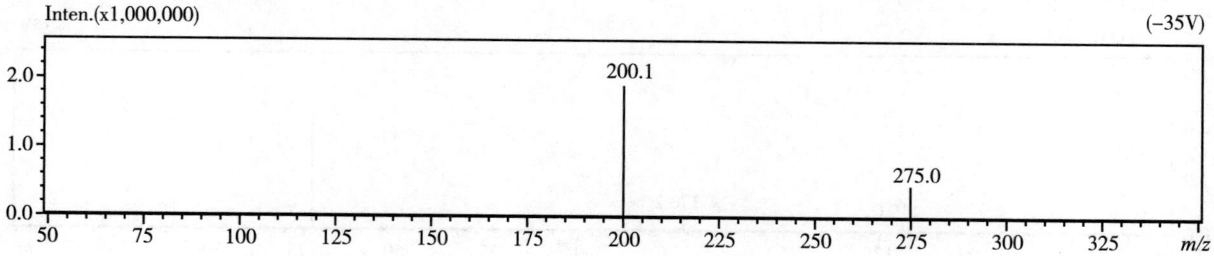

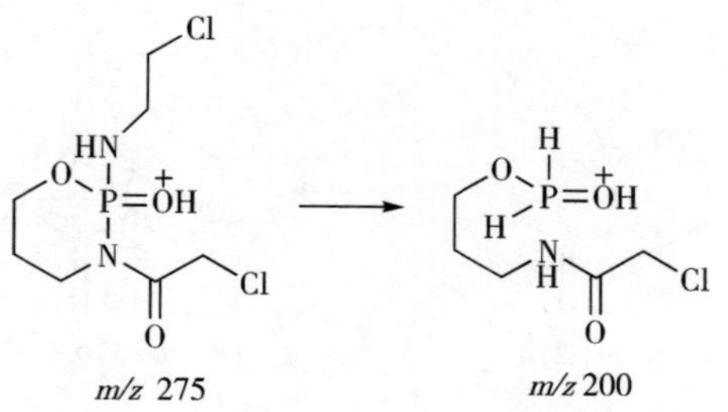

负离子扫描模式（一级）

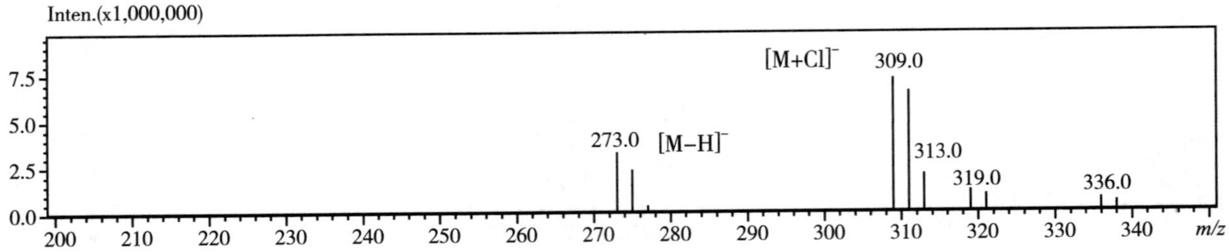

负离子扫描模式（二级）

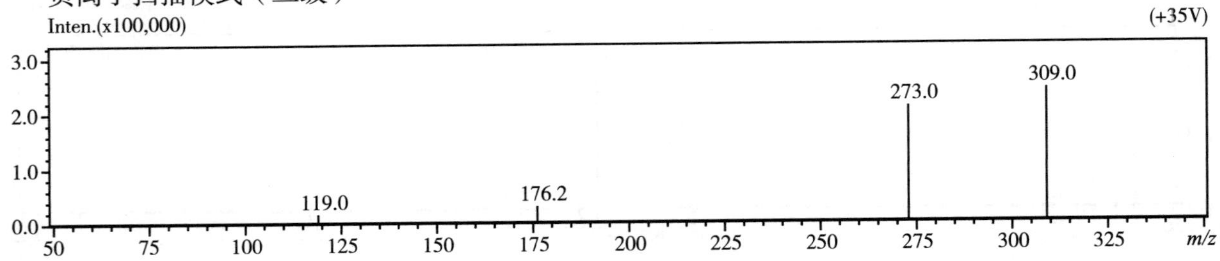

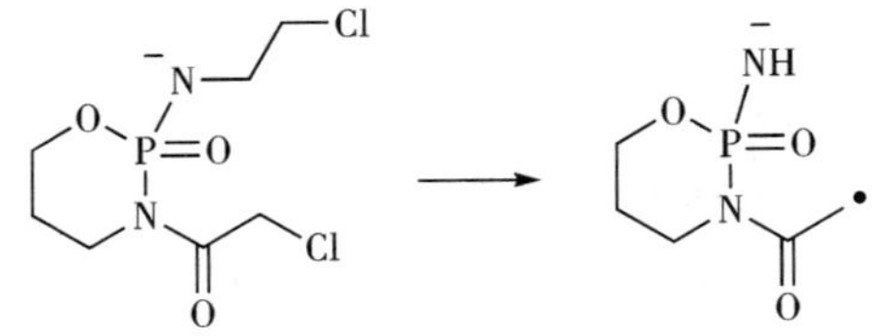

m/z 273　　*m/z* 176

图9　异环磷酰胺化合物Ⅲ的质谱图

备注

1. **中文化学名**　3－(2－氯乙酰基)－2－[(2－氯乙基)氨基]－四氢－2*H*－1,3,2－噁磷－2－氧化物
2. **英文化学名**　3－(2－chloroethyl)－2－[(2－chloroethyl)amino]perhydro－2*H*－1,3,2－oxazaphosphorineoxide
3. **性状**　本品为白色结晶性粉末。
4. **溶剂**　水。
5. **对照品编号与批号**　100762－200501

盐酸地匹福林杂质 A

英文名 Dipivefrin Hydrochloride Impurity A

分子式 $C_{19}H_{27}NO_5 \cdot HClO_4$

分子量 449.88

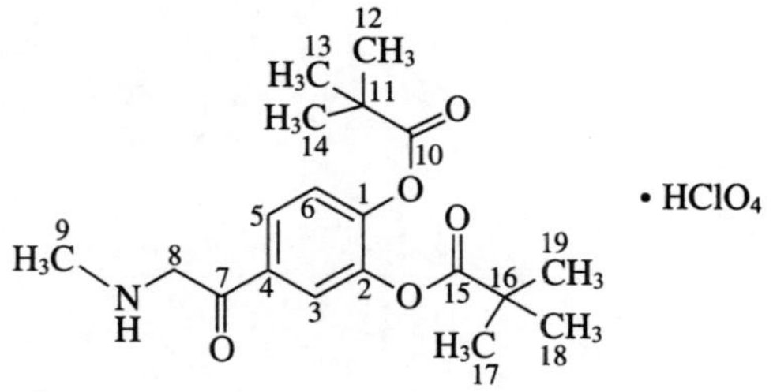

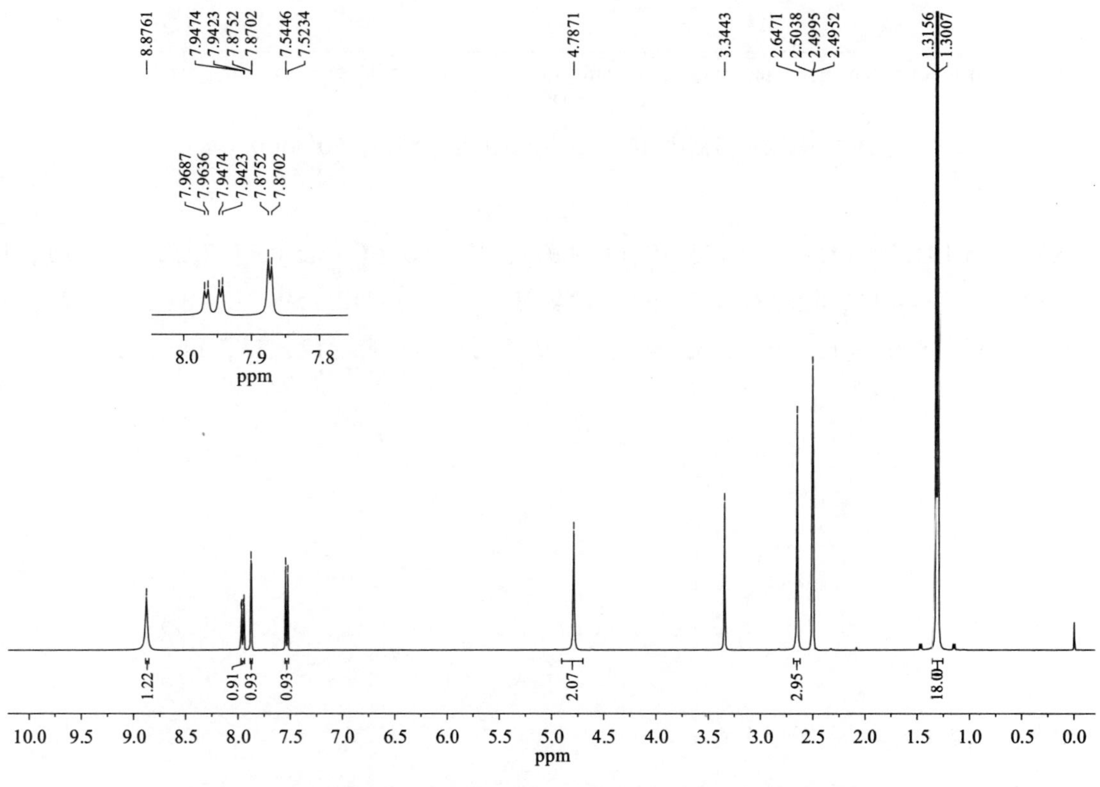

图 1 盐酸地匹福林杂质 A 的 ^1H NMR 谱（溶剂：CD_3SOCD_3）

^1H NMR：δ 8.88（NH，s，1H），7.96（H－5，dd，J＝8.5，2.1 Hz，1H），7.88（H－3，d，J＝2.0 Hz，1H），7.54（H－6，d，J＝8.5 Hz，1H），4.79（H－8，s，2H），2.65（H－9，s，3H），1.32（H－12，13，14，s，9H），1.30（H－17，18，19，s，9H）

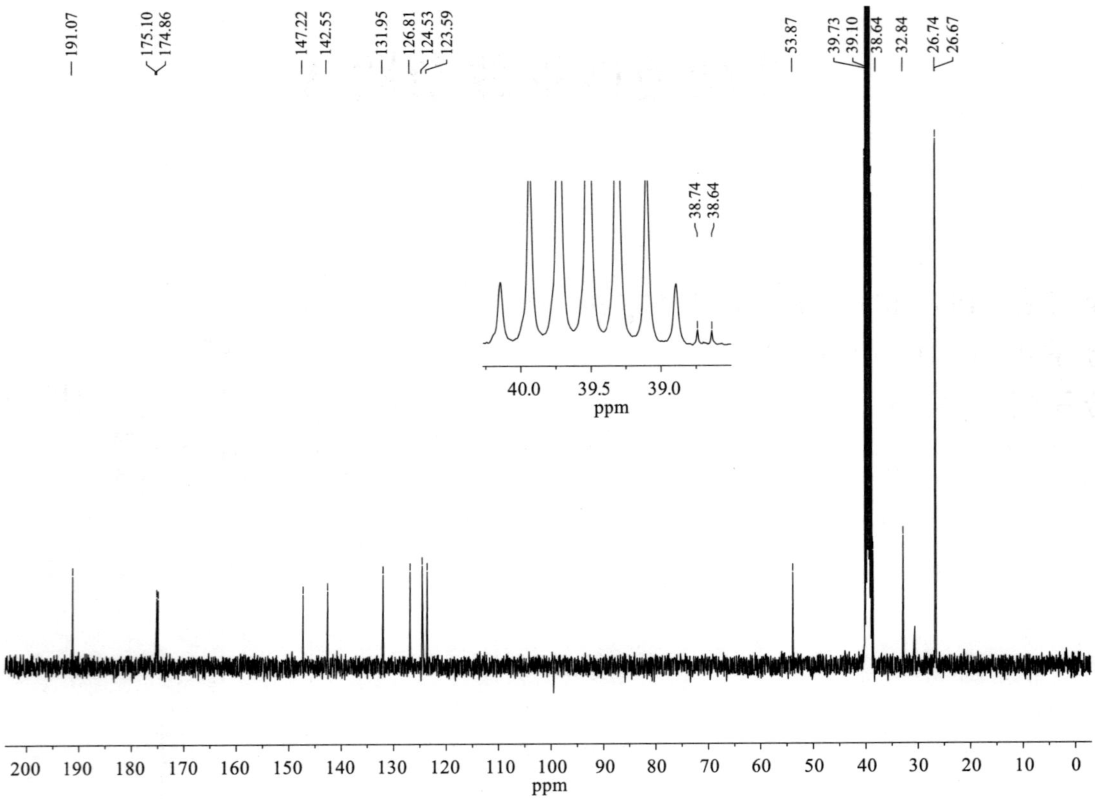

图 2　盐酸地匹福林杂质 A 的^{13}C NMR 谱（溶剂：CD_3SOCD_3）

^{13}C NMR：δ 191.07（C－7），175.10（C－10），174.86（C－15），147.22（C－1），142.55（C－2），131.95（C－4），126.81（C－5），124.53（C－6），123.59（C－3），53.87（C－8），38.74（C－11），38.64（C－16），32.84（C－9），26.74（C－12，13，14），26.67（C－17，18，19）

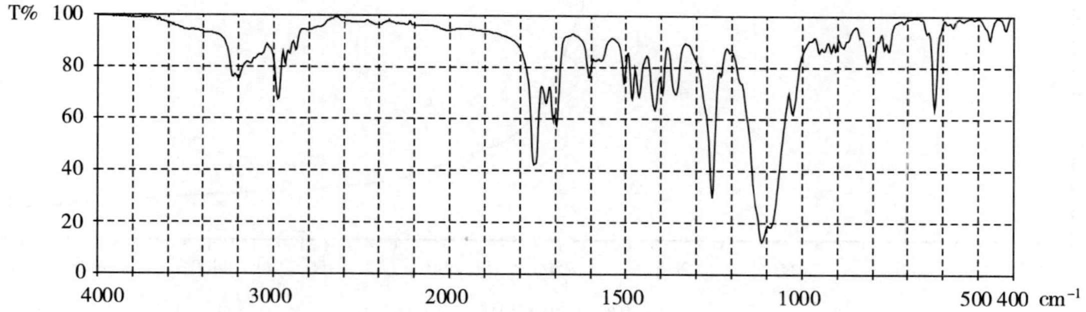

图 3　盐酸地匹福林杂质 A 的红外光谱图

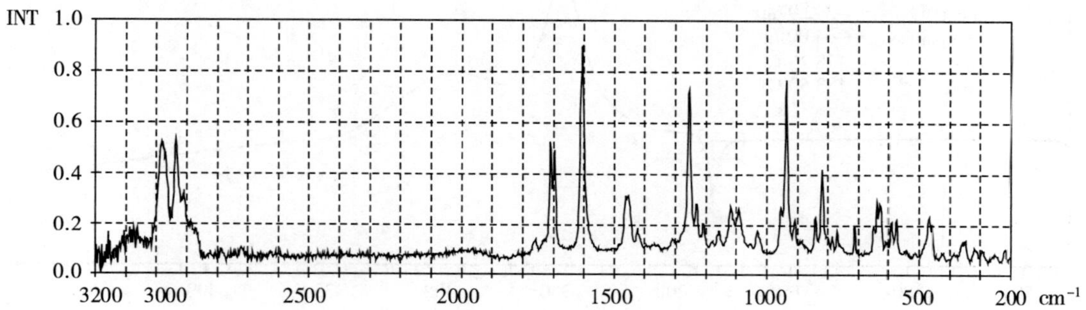

图 4　盐酸地匹福林杂质 A 的拉曼光谱图

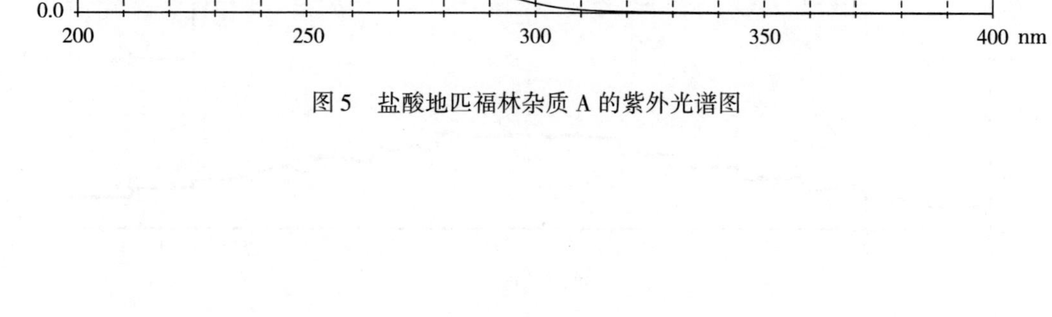

图 5　盐酸地匹福林杂质 A 的紫外光谱图

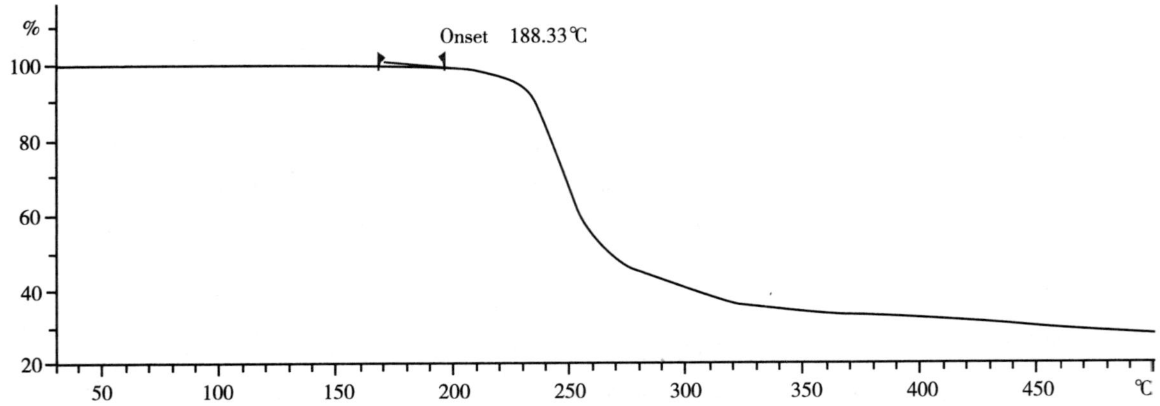

图 6　盐酸地匹福林杂质 A 的 TG 图

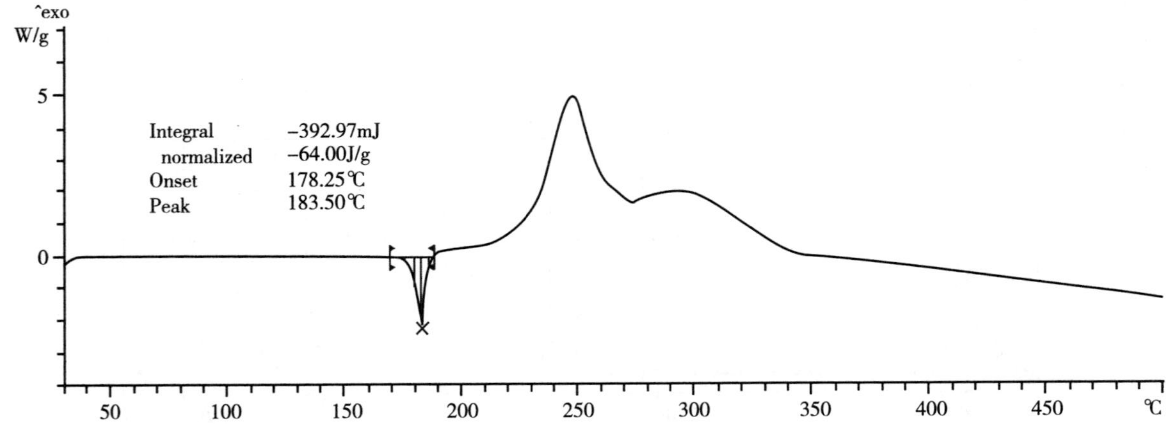

图 7　盐酸地匹福林杂质 A 的 DSC 图

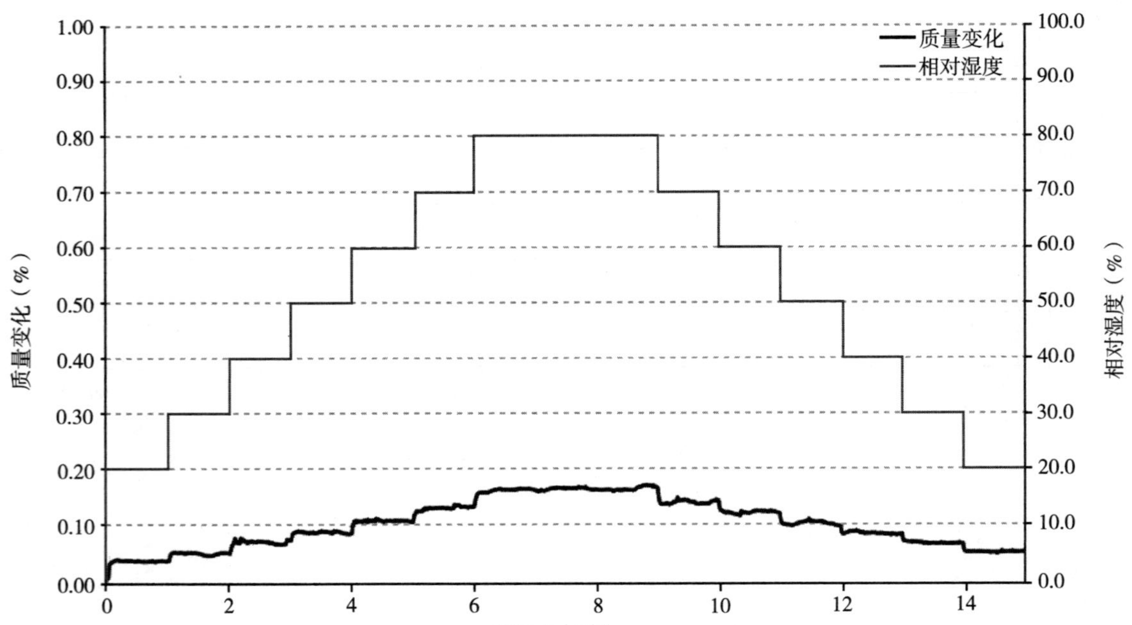

图 8　盐酸地匹福林杂质 A 的 DVS 图

正离子扫描模式（一级）

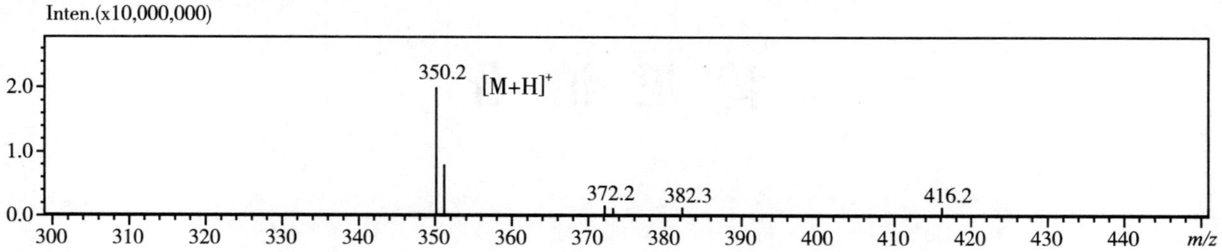

正离子扫描模式（二级）

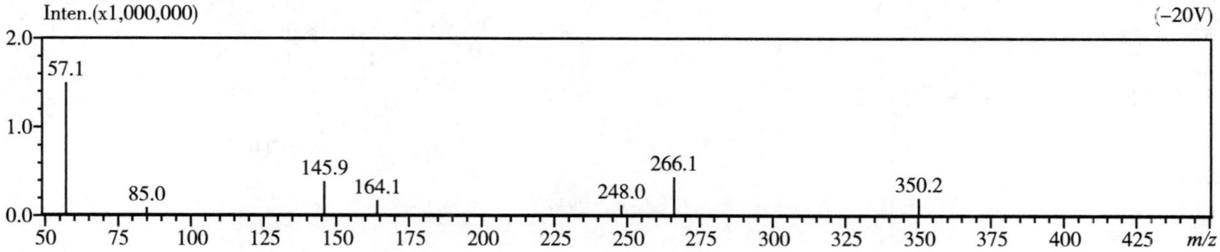

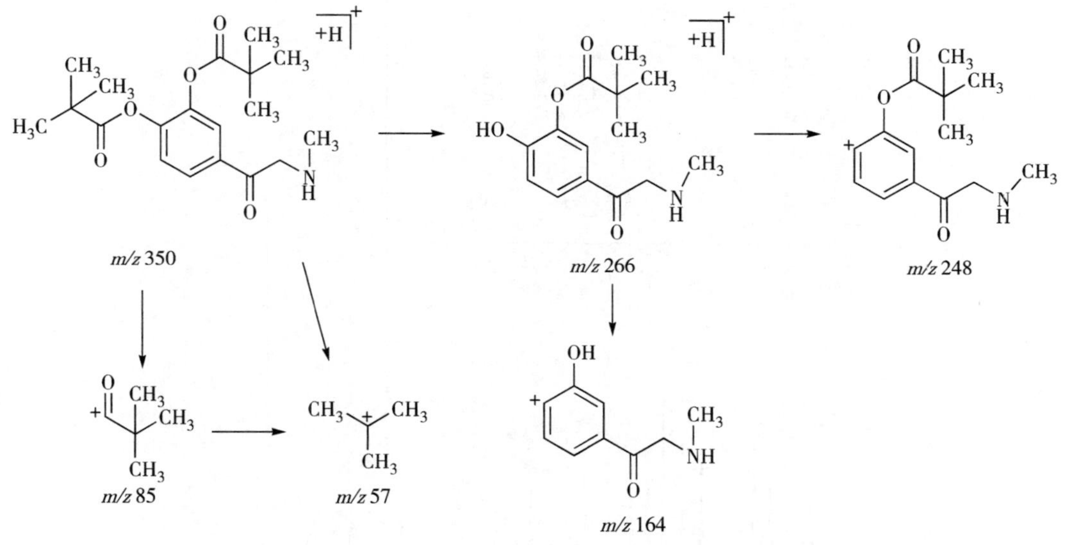

图9　盐酸地匹福林杂质A的质谱图

备注

1. **中文化学名**　（±）-3,4-二羟基-2′-甲氨基苯乙酮-3,4-二新戊酸酯高氯酸盐
2. **英文化学名**　propanoicacid,2,2-dimethyl-,1,1′-［4-［2-（methylamino）acetyl］-1,2-phenylene］ester
3. **性状**　本品为白色结晶性粉末。
4. **溶剂**　水。
5. **对照品编号与批号**　100764-200501

替尼泊苷

英文名 Teniposide

分子式 $C_{32}H_{32}O_{13}S$

分子量 656.67

CAS 号 29767－20－2

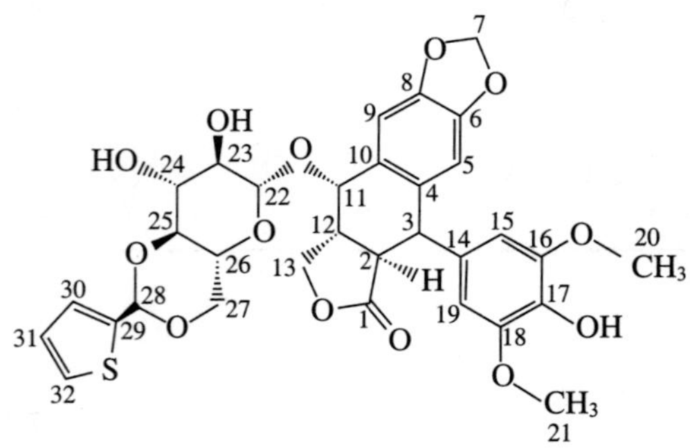

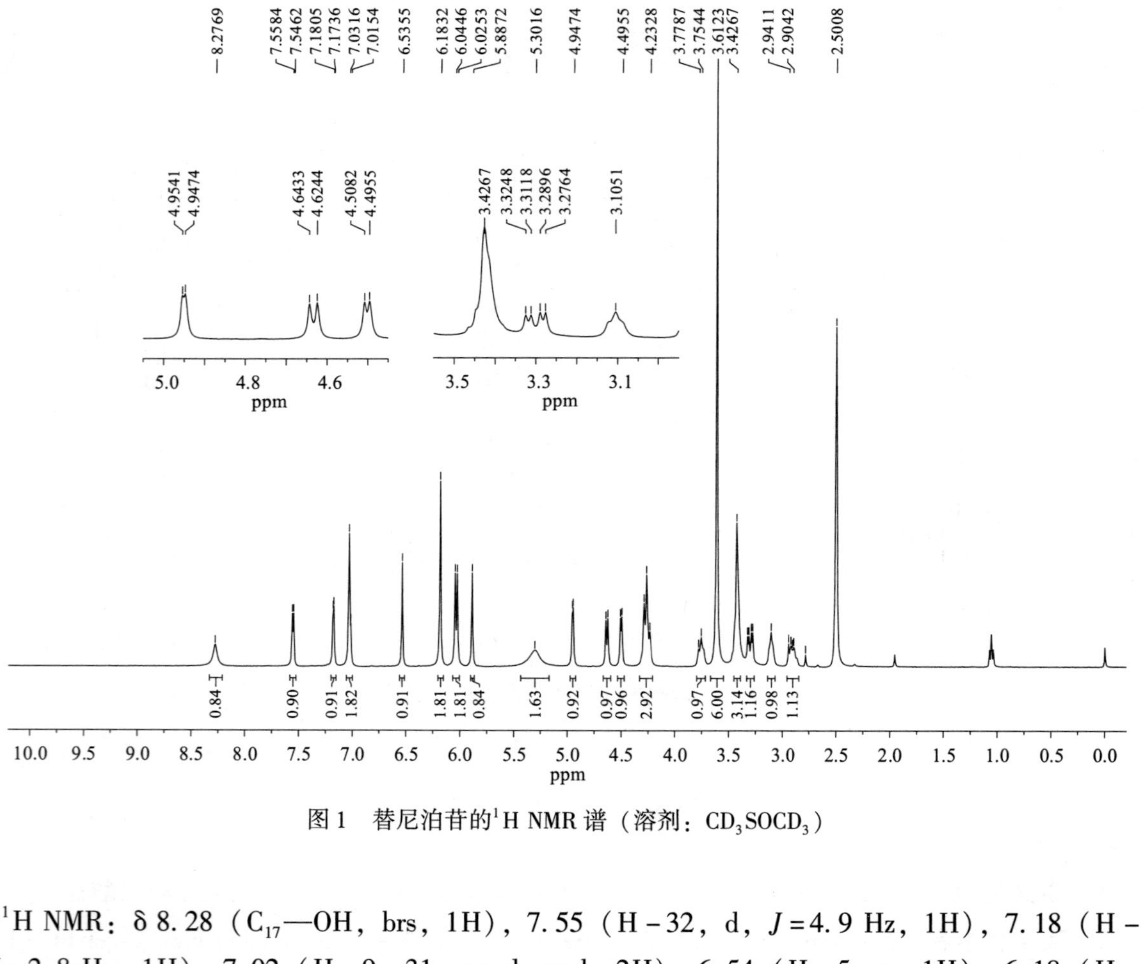

图 1　替尼泊苷的 ^{1}H NMR 谱（溶剂：CD_3SOCD_3）

^{1}H NMR：δ 8.28（C_{17}—OH，brs，1H），7.55（H－32，d，J=4.9 Hz，1H），7.18（H－30，d，J=2.8 Hz，1H），7.02（H－9，31，overlapped，2H），6.54（H－5，s，1H），6.18（H－15，19，s，2H），6.03（H－7，d，J=7.7 Hz，2H），5.89（H－28，s，1H），5.30（G_{23}—OH，C_{24}—OH brs，2H），4.95（H－11，d，J=2.7 Hz，1H），4.63（H－22，d，J=7.6 Hz，1H），4.50（H－3，d，J=5.1 Hz，1H），4.33～4.21（H－13，27a，m，3H），3.77（H－27b，d，J=9.7 Hz，1H），3.61（H－20，21，s，6H），3.43（H－24，25，26，overlapped，3H），3.30（H－2，dd，J=14.1，5.3 Hz，1H），3.11（H－23，m，1H），2.91（H－12，m，1H）

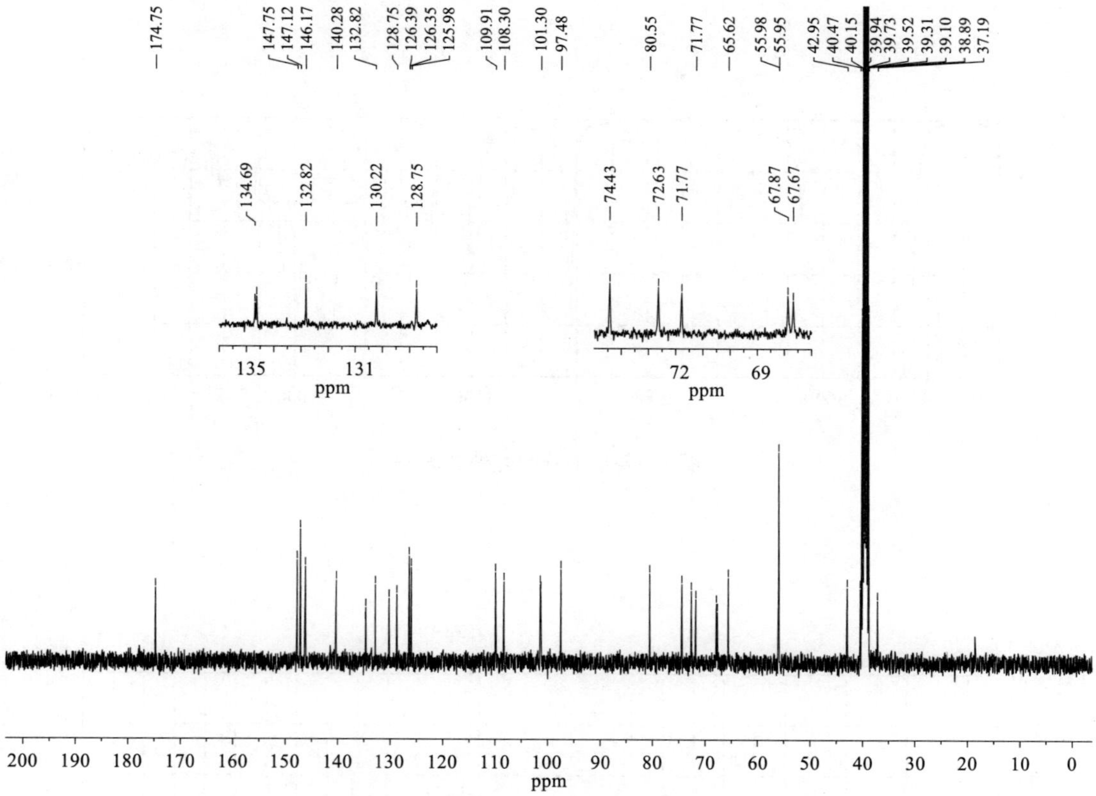

图2　替尼泊苷的^{13}C NMR 谱（溶剂：CD_3SOCD_3）

^{13}C NMR：δ 174.75（C－1），147.75（C－6），147.12（C－16，18），146.17（C－8），140.28（C－29），134.69（C－17），132.82（C－4），130.22（C－14），128.75（C－10），126.39（C－32），126.35（C－31），125.98（C－30），109.91（C－5，9），108.30（C－15，19），101.42（C－22），101.30（C－7），97.48（C－28），80.55（C－25），74.43（C－23），72.63（C－24），71.77（C－11），67.87（C－27），67.67（C－13），65.62（C－26），55.98（C－20），55.95（C－21），42.95（C－3），40.47（C－2），37.19（C－12）

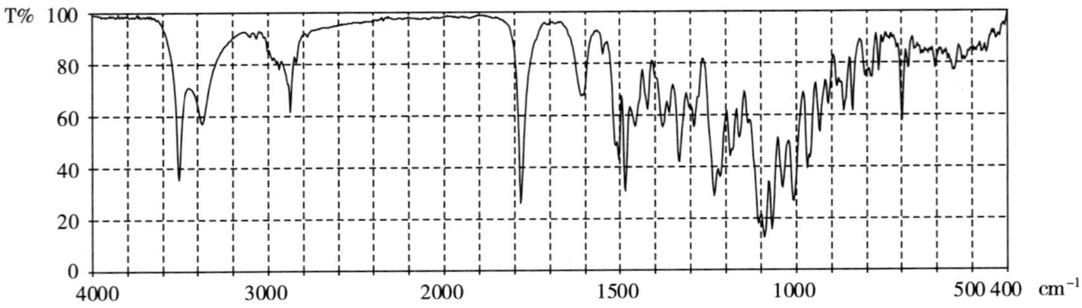

图 3　替尼泊苷的红外光谱图

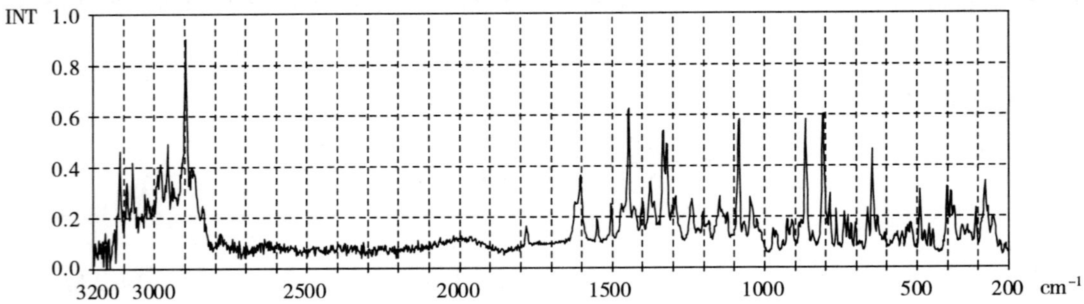

图 4　替尼泊苷的拉曼光谱图

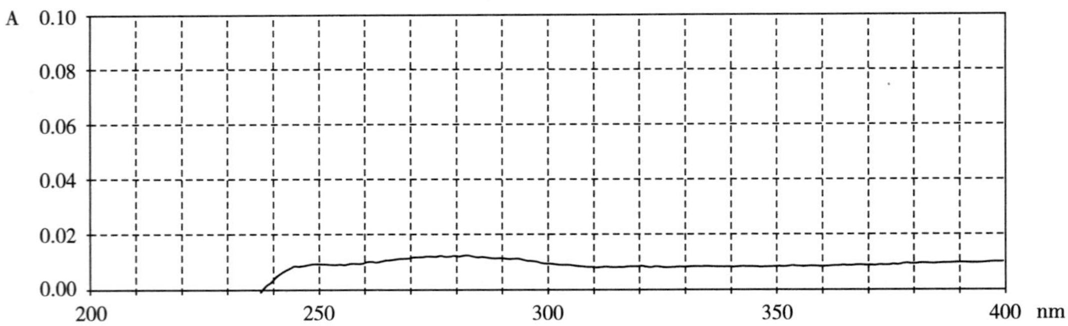

图 5　替尼泊苷的紫外光谱图

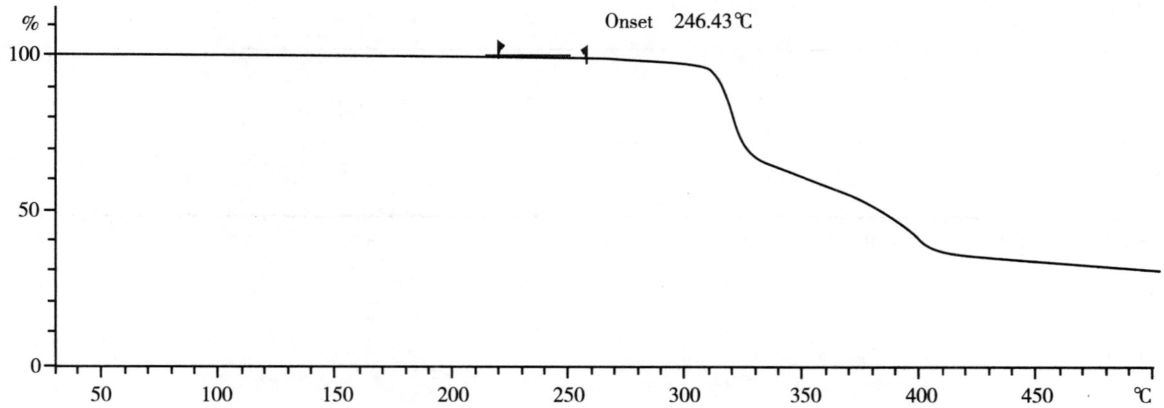

图 6　替尼泊苷的 TG 图

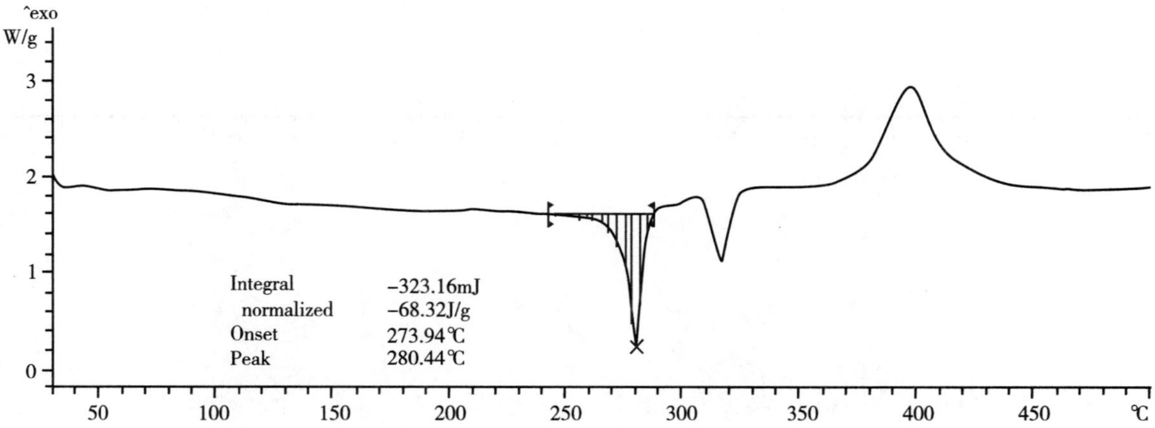

图 7　替尼泊苷的 DSC 图

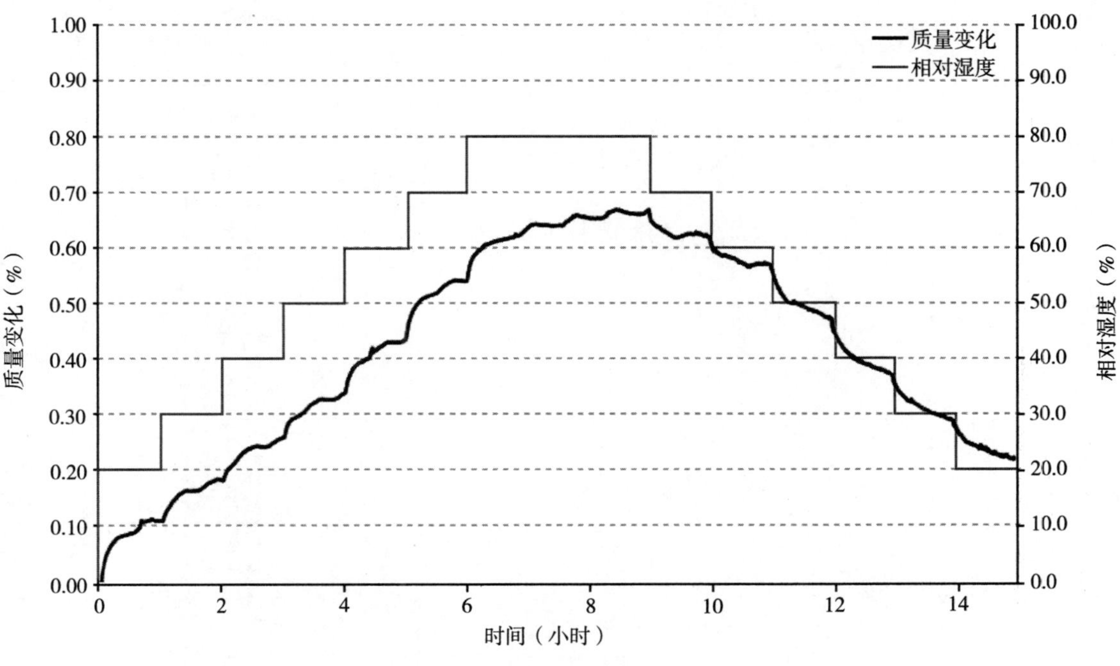

图 8　替尼泊苷的 DVS 图

正离子扫描模式（一级）

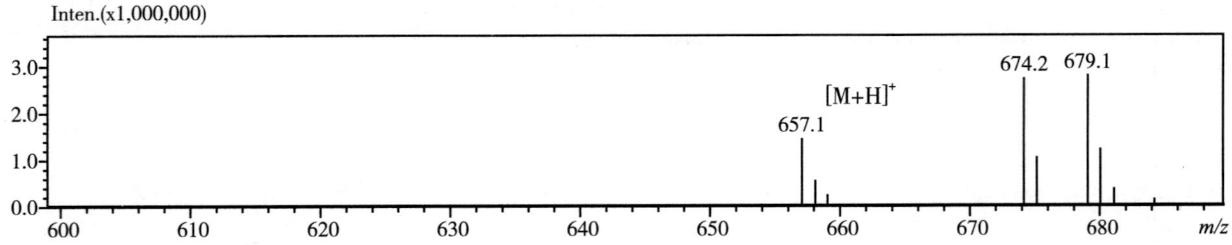

正离子扫描模式（二级）

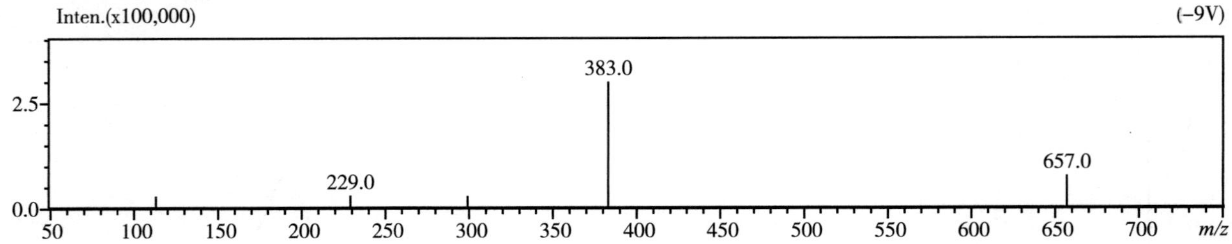

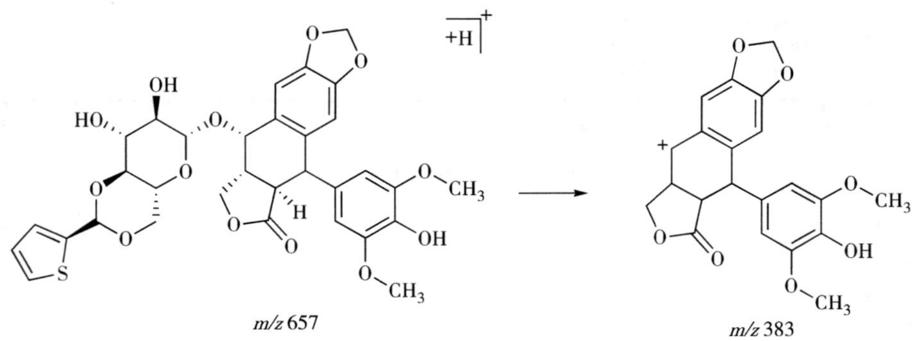

负离子扫描模式（一级）

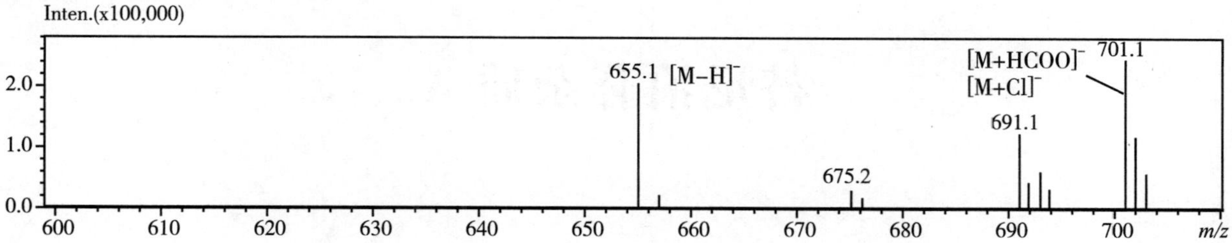

负离子扫描模式（二级）

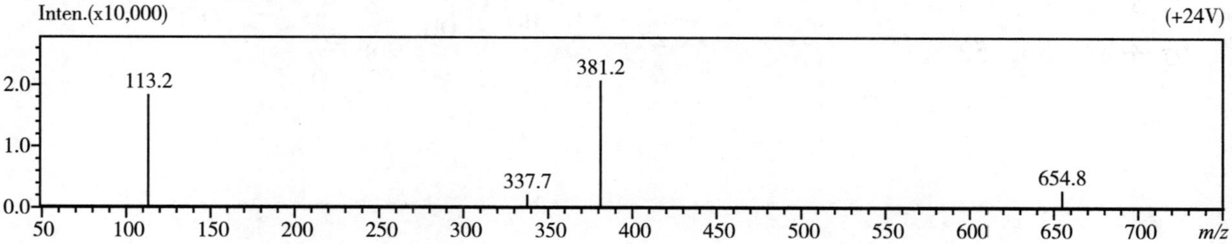

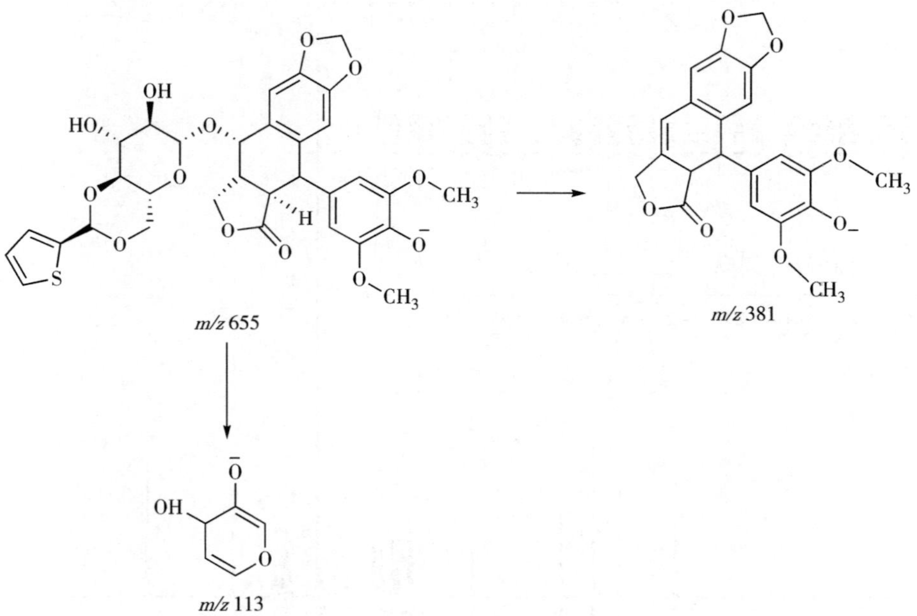

图9　替尼泊苷的质谱图

备注

1. **中文化学名**　4′-去甲基表鬼臼毒-β-D-噻吩亚甲基吡喃葡萄糖苷
2. **英文化学名**　4′-demethylepipodophyllotoxin-β-D-thenylidine glucoside
3. **性状**　本品为白色或类白色结晶性粉末；无臭。
4. **溶解性**　本品在二甲基酰胺中易溶，在丙酮或乙腈中微溶，在三氯甲烷或甲醇中极微溶解，在乙醇或水中几乎不溶。
5. **溶剂**　水。
6. **对照品编号与批号**　100765-200901

替尼泊苷杂质 A

英文名 Teniposide Impurity A

分子式 $C_{27}H_{30}O_{13}$

分子量 562.52

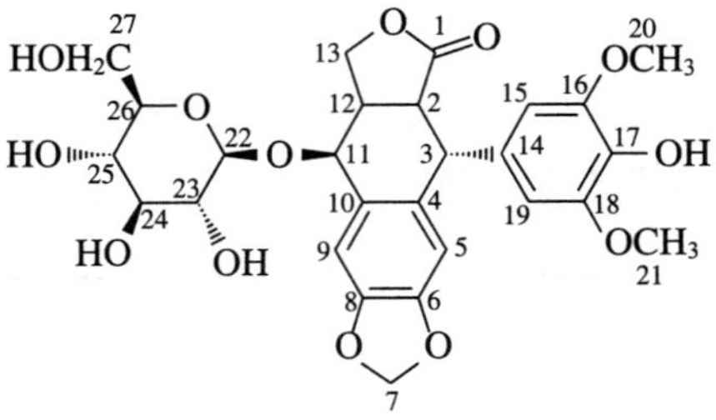

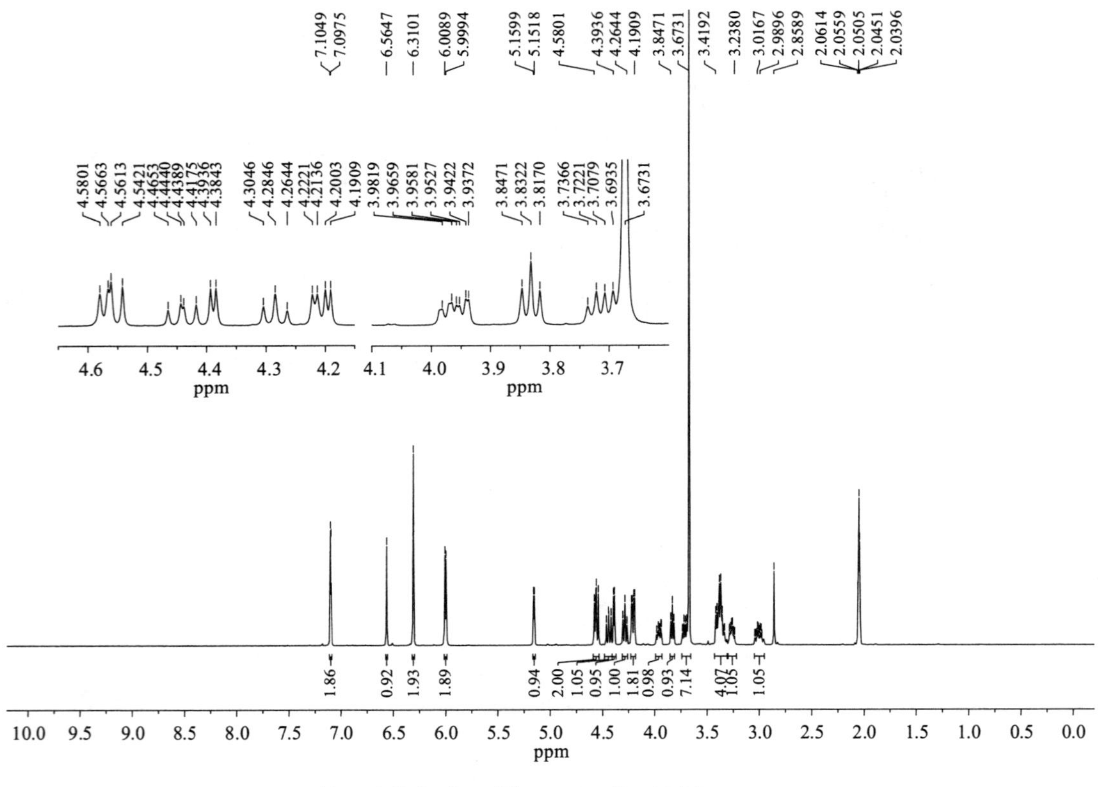

图 1　替尼泊苷杂质 A 的^{1}H NMR 谱（溶剂：CD_3COCD_3）

^{1}H NMR：δ 7.10（H－9，s，1H），7.09（H－5，s，1H），6.56（OH－17，s，1H），6.31（H－15，19，s，2H），6.00（H－7，d，J＝3.8 Hz，2H），5.16（H－11，d，J＝3.2 Hz，1H），4.56（H－13，dd，J＝8.6，6.6 Hz，2H），4.44（H－3，dd，J＝10.6，8.6 Hz，1H），4.39（H－22，d，J＝3.7 Hz，1H），4.28（OH，t，J＝8.0 Hz，1H），4.21（OH，d，J＝3.6 Hz，1H），4.19（OH，d，J＝3.6 Hz，1H），3.92～4.00（H－27a，m，1H），3.83（H－24，t，J＝6.0 Hz，1H），3.72（H－27b，m，1H），3.67（H－20，21，s，6H），3.44～3.30（H－23，25，26，OH，m，4H），3.26（H－2，m，1H），3.00（H－12，m，1H）

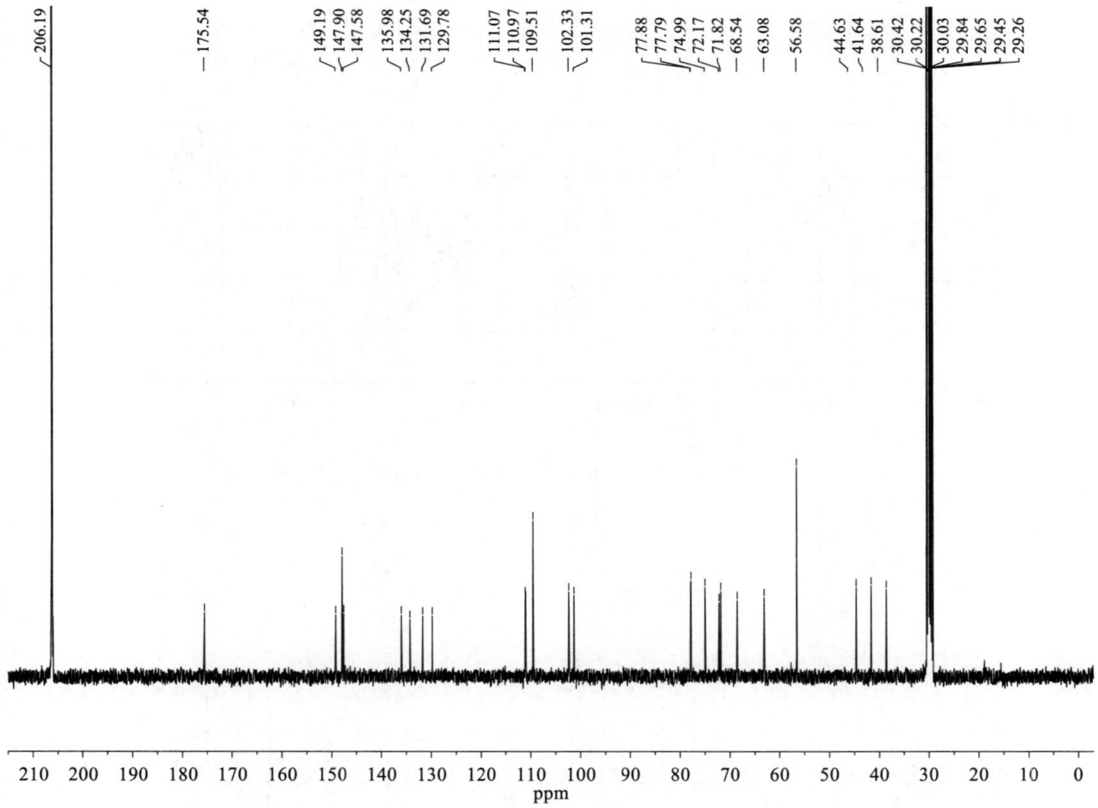

图2　替尼泊苷杂质A的^{13}C NMR谱（溶剂：CD_3COCD_3）

^{13}C NMR：δ 175.54（C－1），149.19（C－8），147.90（C－16，18），147.58（C－6），135.98（C－14），134.25（C－17），131.69（C－4），129.78（C－10），111.07（C－5），110.97（C－9），109.51（C－15，19），102.33（C－22），101.31（C－7），77.88（C－11），77.79（C－26），74.99（C－24），72.17（C－23），71.82（C－13），68.54（C－25），63.08（C－27），56.58（C－20，21），44.63（C－2），41.64（C－3），38.61（C－12）

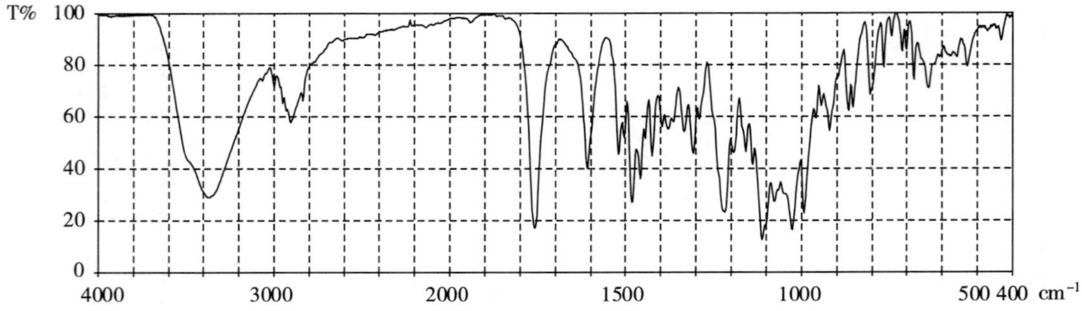

图 3　替尼泊苷杂质 A 的红外光谱图

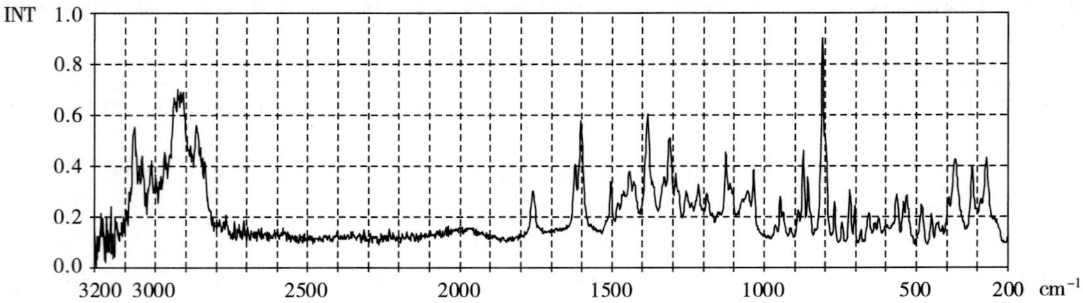

图 4　替尼泊苷杂质 A 的拉曼光谱图

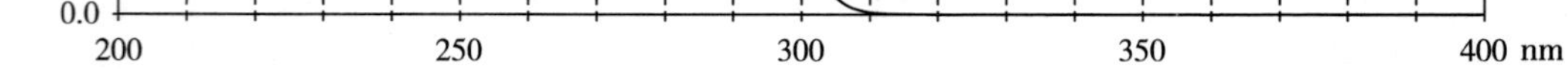

图 5　替尼泊苷杂质 A 的紫外光谱图

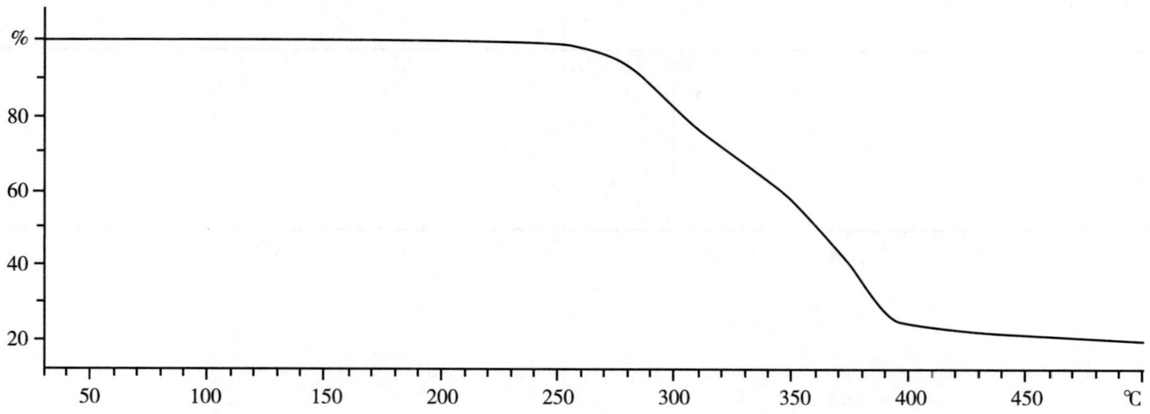

图 6　替尼泊苷杂质 A 的 TG 图

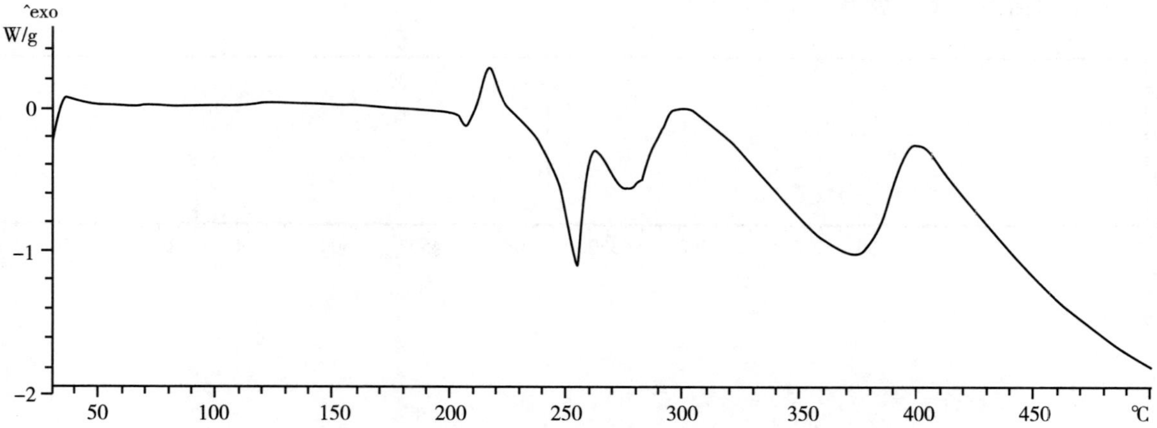

图 7　替尼泊苷杂质 A 的 DSC 图

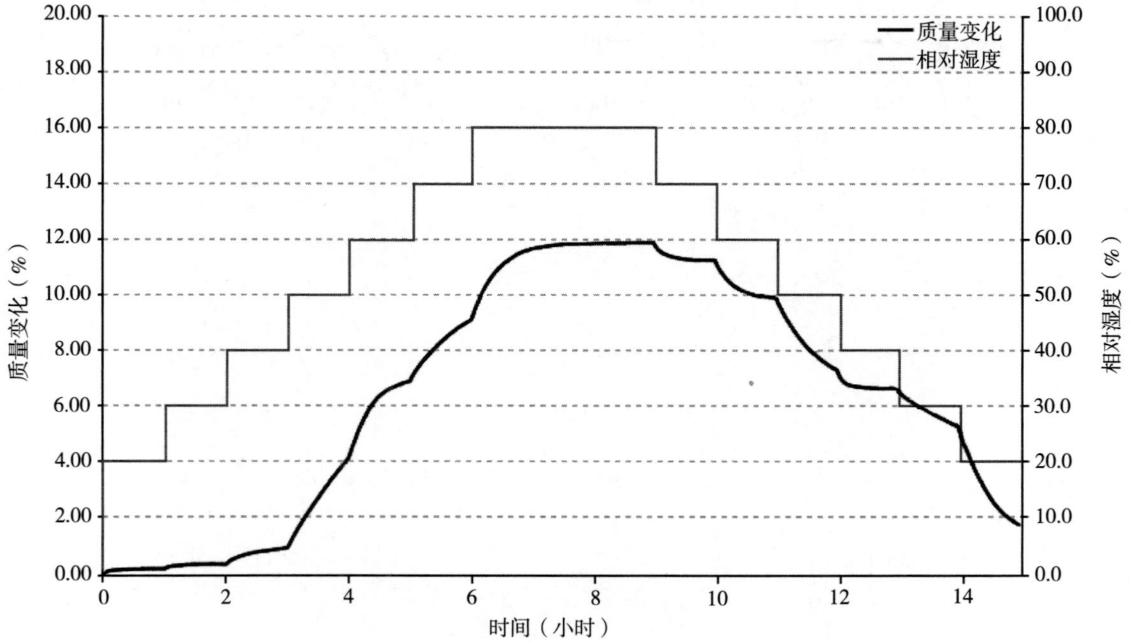

图 8　替尼泊苷杂质 A 的 DVS 图

正离子扫描模式（一级）

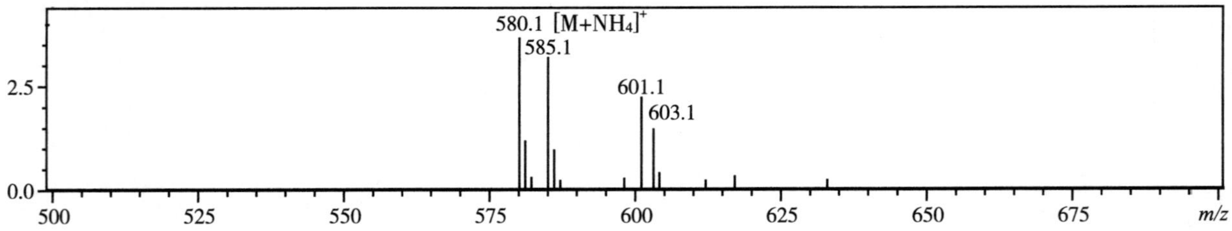

正离子扫描模式（二级）

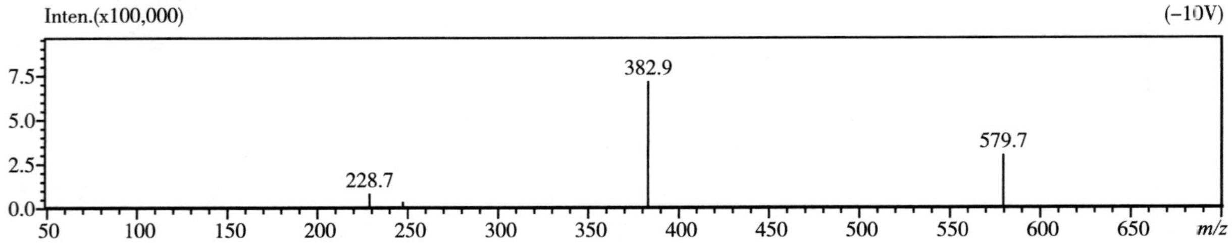

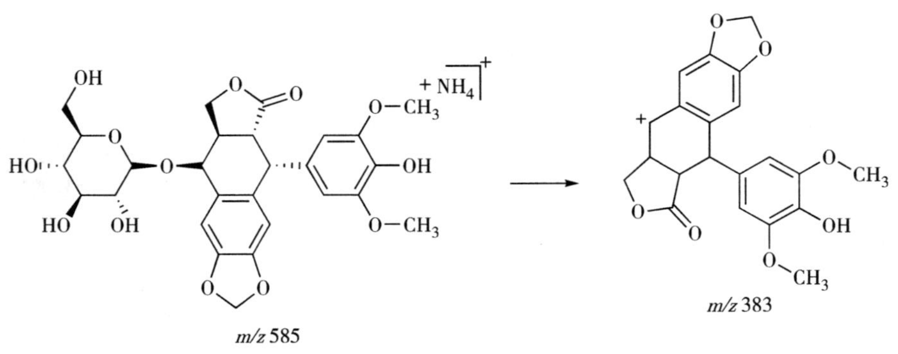

负离子扫描模式（一级）

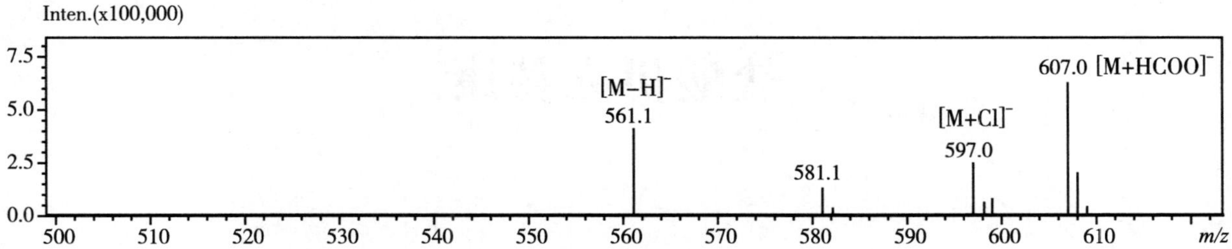

负离子扫描模式（二级）

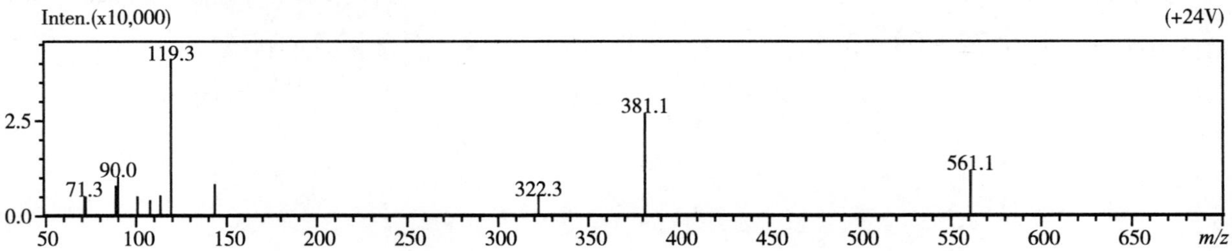

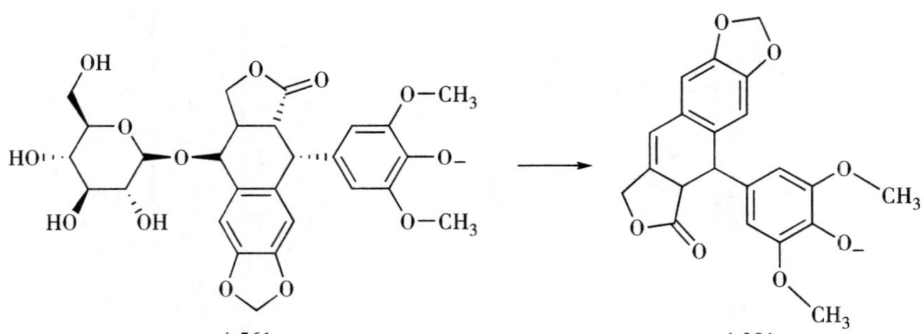

m/z 561　　　　　*m/z* 381

图 9　替尼泊苷杂质 A 的质谱图

备注

1. **中文化学名**　4′－去甲基表鬼臼毒－*β*－*D*－吡喃葡萄糖苷
2. **英文化学名**　4′－demethylepipodophyllotoxin－*β*－*D*－gucopyranoside
3. **性状**　本品为白色结晶性粉末；无臭。
4. **溶剂**　水。
5. **对照品编号与批号**　100766－200801

盐酸伊立替康

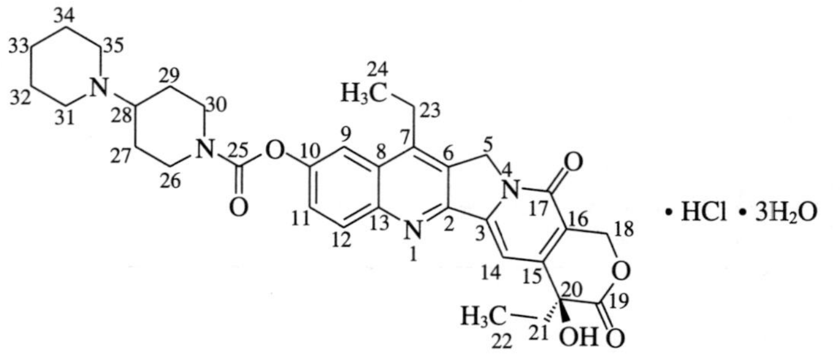

英文名　Irinotecan Hydrochloride

分子式　$C_{33}H_{38}N_4O_6 \cdot HCl \cdot 3H_2O$

分子量　677.19

CAS 号　136572-09-3

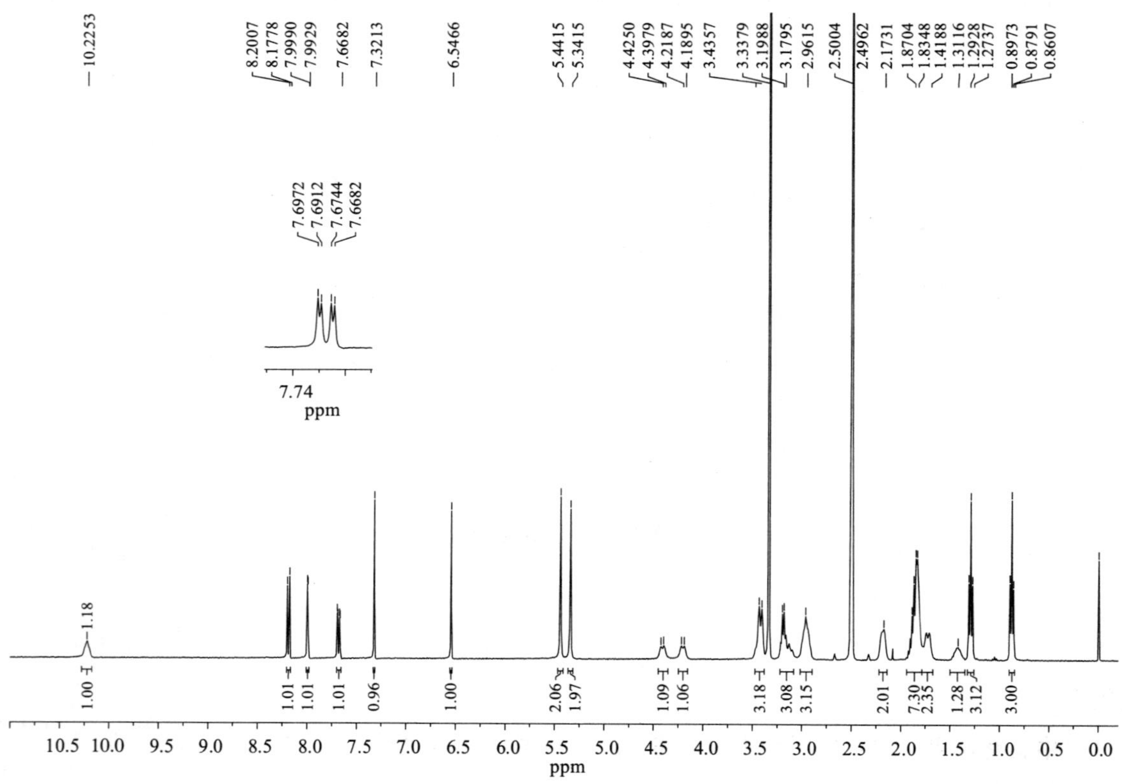

图 1　盐酸伊立替康的[1]H NMR 谱（溶剂：CD_3SOCD_3）

^{1}H NMR：δ 10.23（HCl，brs，1H），8.19（H-12，d，J=9.2 Hz，1H），8.00（H-9，d，J=2.4 Hz，1H），7.69（H-11，dd，J=9.2，2.4 Hz，1H），7.32（H-14，s，1H），6.55（OH，s，1H），5.44（H-18，s，2H），5.34（H-5，s，2H），4.41（H-26a，m，1H），4.21（H-30a，m，1H），3.48～3.38（m，3H），3.28～3.06（m，3H），3.06～2.88（m，3H），2.24～2.12（m，2H），1.96～1.79（m，7H），1.77～1.68（m，2H），1.42（m，1H），1.29（H-24，t，J=7.6 Hz，3H），0.88（H-22，t，J=7.3 Hz，3H）

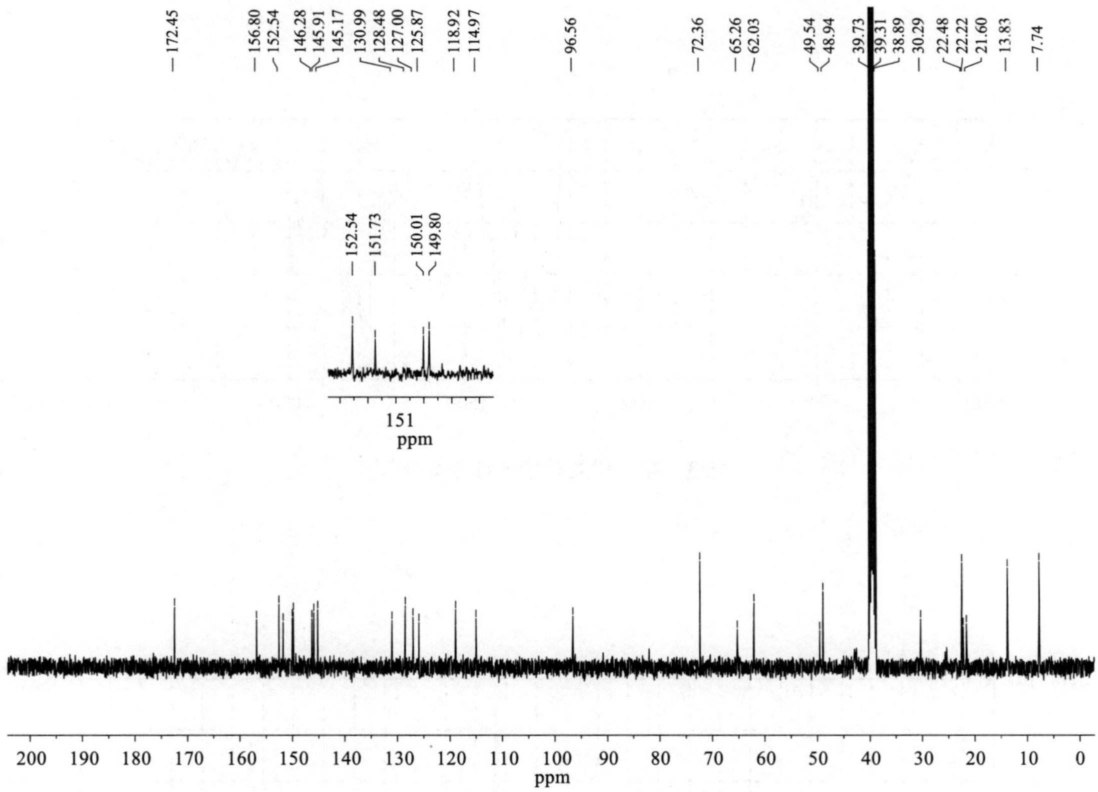

图2　盐酸伊立替康的^{13}C NMR 谱（溶剂：CD_3SOCD_3）

^{13}C NMR：δ 172.45（C－19），156.80（C－17），152.54（C－25），151.73（C－2），150.01（C－10），149.80（C－7），146.28（C－13），145.91（C－3），145.17（C－15），130.99（C－12），128.48（C－11），127.00（C－6），125.87（C－16），118.92（C－9），114.97（C－8），96.56（C－14），72.36（C－18），65.26（C－20），62.03（C－5），49.54（C－28），48.94（C－26，30，31，35），30.29（C－33），22.48（C－27，29，32，34），22.22（C－23），21.60（C－21），13.83（C－24），7.74（C－22）

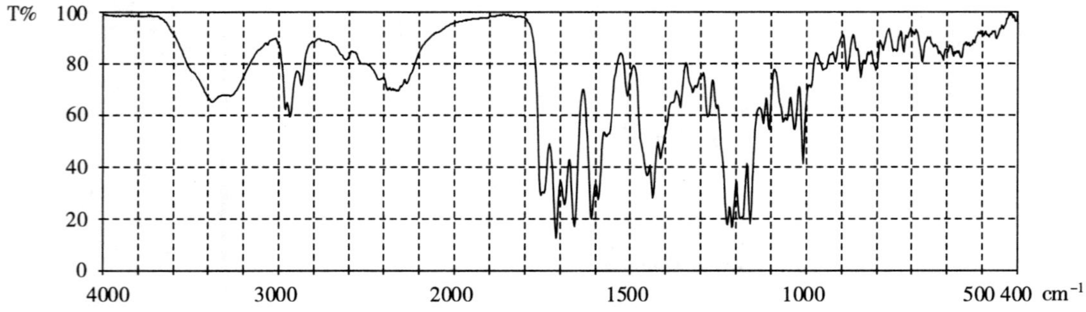

图 3 盐酸伊立替康的红外光谱图

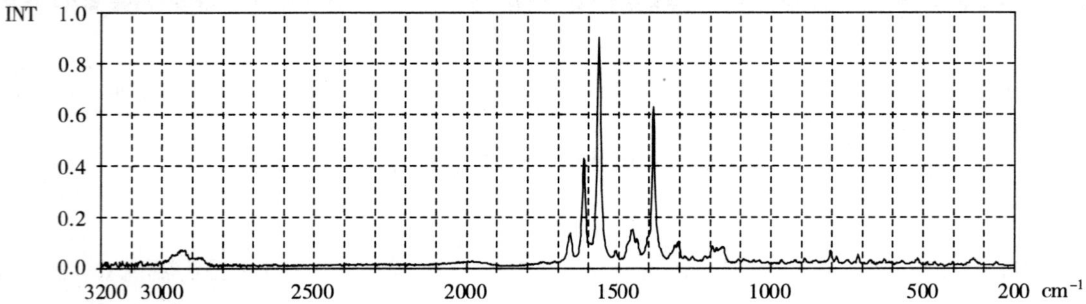

图 4 盐酸伊立替康的拉曼光谱图

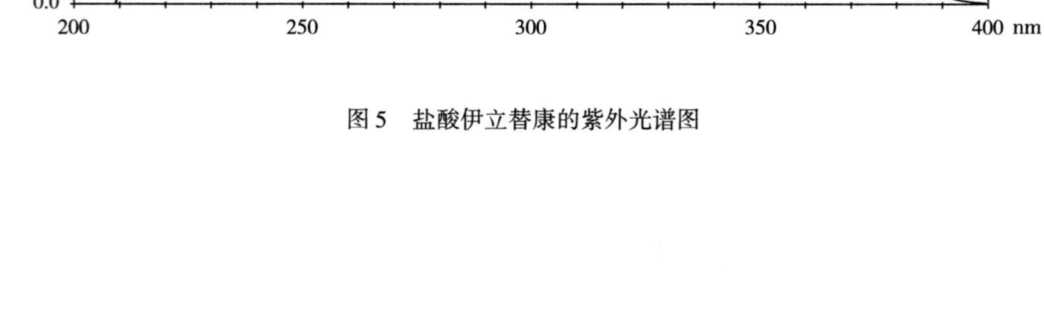

图 5 盐酸伊立替康的紫外光谱图

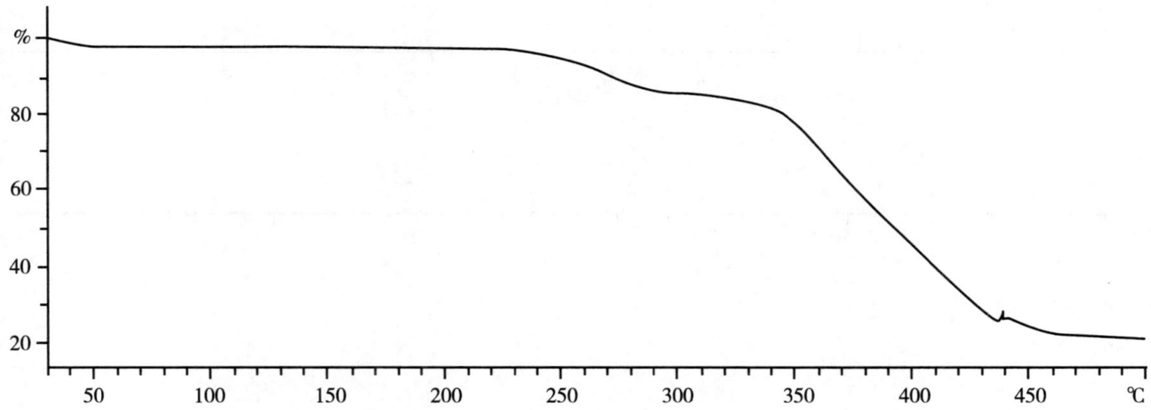

图 6　盐酸伊立替康的 TG 图

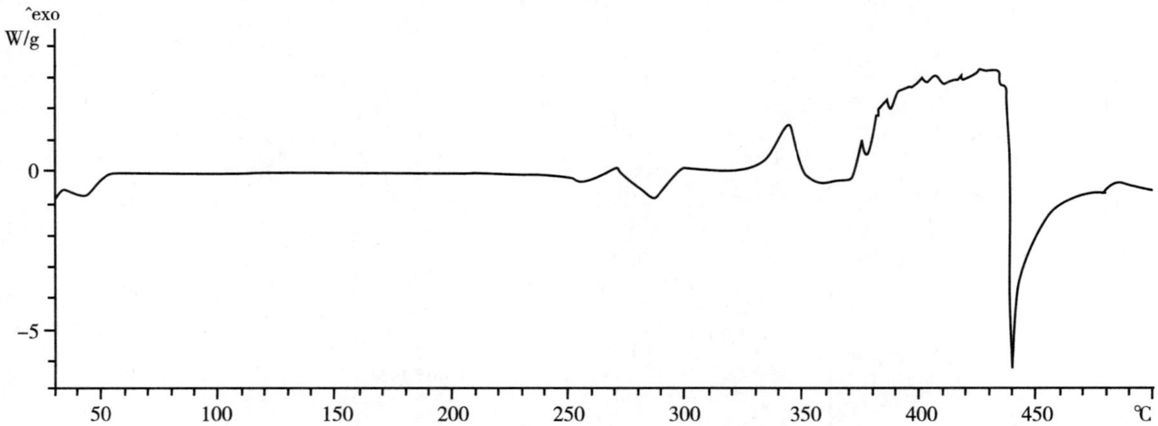

图 7　盐酸伊立替康的 DSC 图

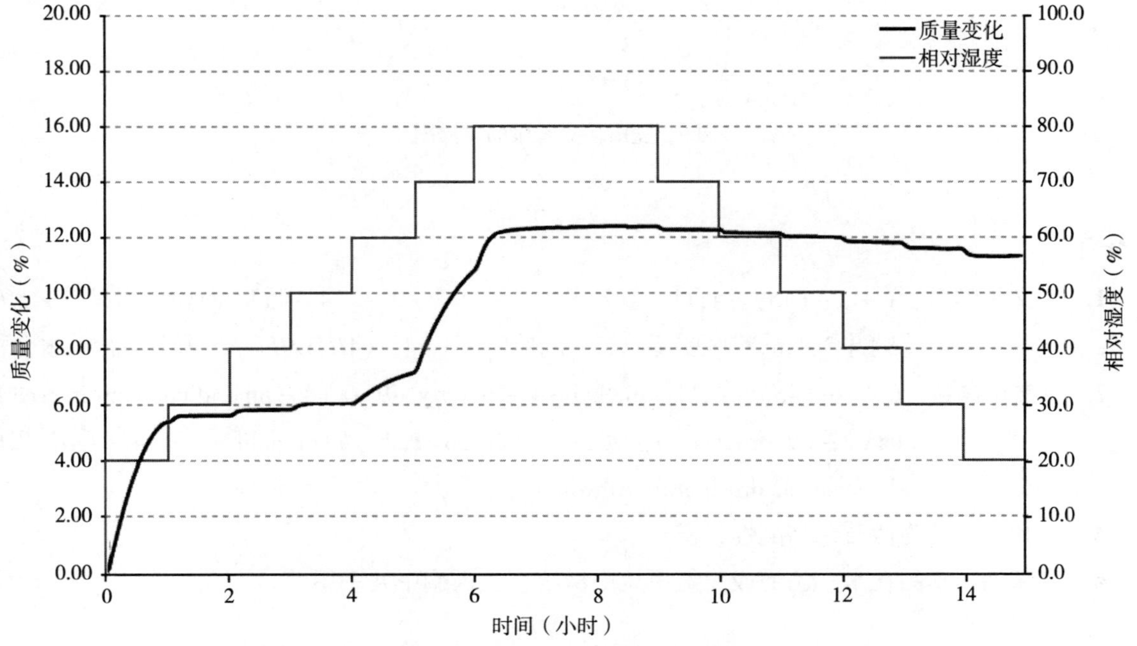

图 8　盐酸伊立替康的 DVS 图

正离子扫描模式（一级）

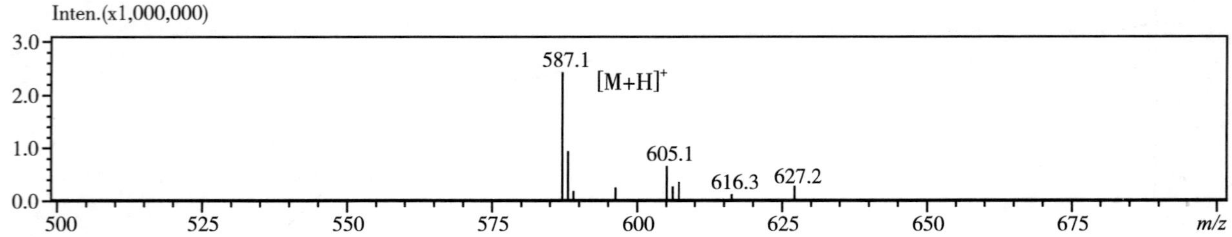

正离子扫描模式（二级）

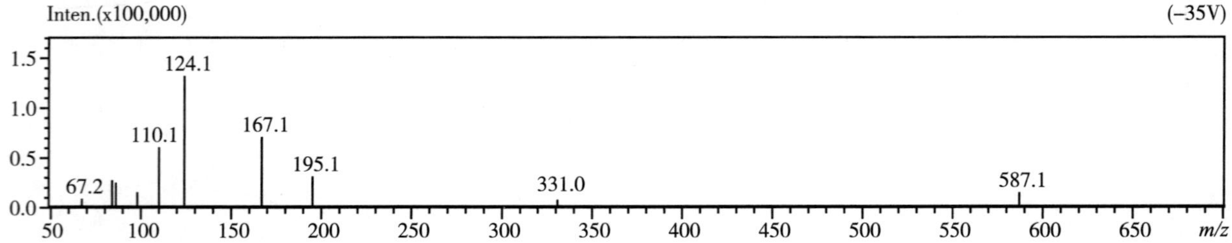

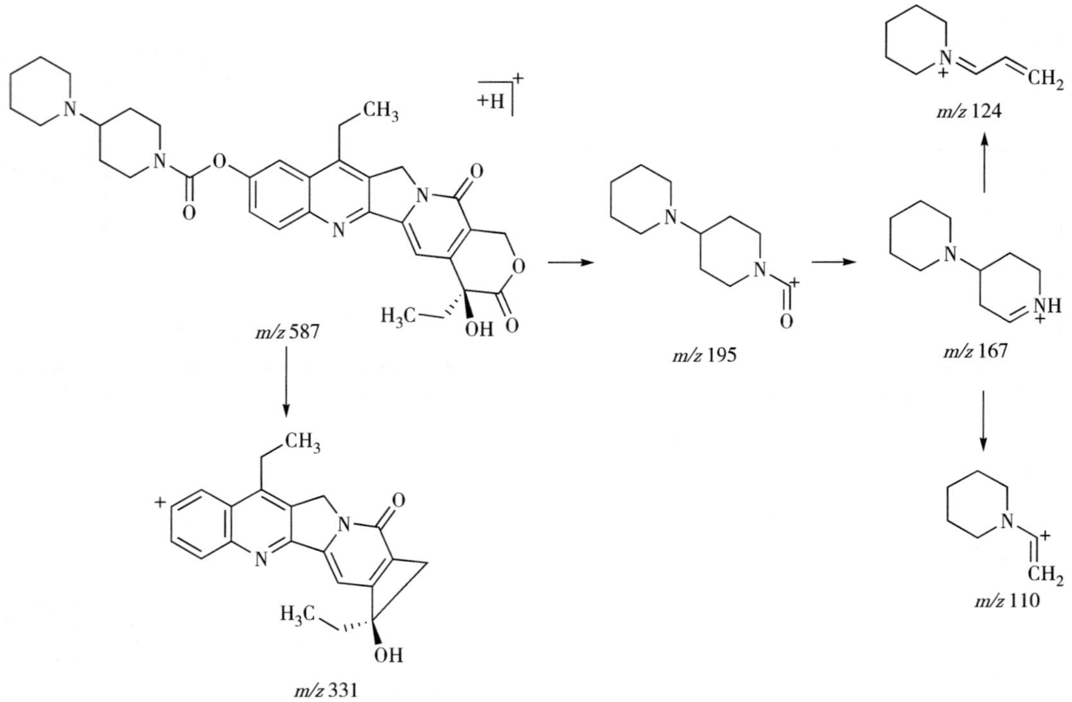

图 9　盐酸伊立替康的质谱图

备注

1. 中文化学名　（+）-(4*S*)-4,11-二乙基-4-羟基-9-[(4-哌啶基哌啶)羰基]-1*H*-吡喃并3,4,6,7]吲哚嗪[1,2-*b*]喹啉-3,14-(4*H*,12*H*)-二酮盐酸盐三水合物

2. 英文化学名　（+）-(4*S*)-4,11-diethyl-4-hydroxy-9-[(4-piperidinopiperidino)carbonyloxy]-1*H*-pyrano[3,4,6,7]indolizino[1,2-*b*]quinoline-3,14-(4*H*,12*H*)-dionemonohydrochloride trihydrate

3. 性状　本品为微黄色结晶性粉末。

4. 溶解性　本品在水、乙醇或三氯甲烷中微溶，在丙酮中几乎不溶。

5. 溶剂　水。

6. 对照品编号与批号　100767-201102

醋 氯 芬 酸

英文名 Aceclofenac

分子式 $C_{16}H_{13}Cl_2NO_4$

分子量 354.18

CAS 号 89796－99－6

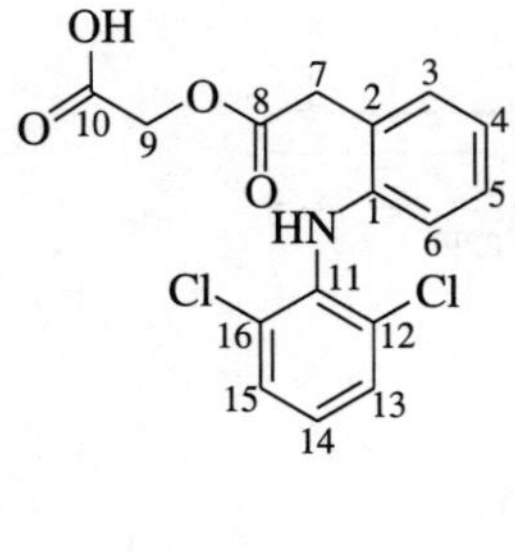

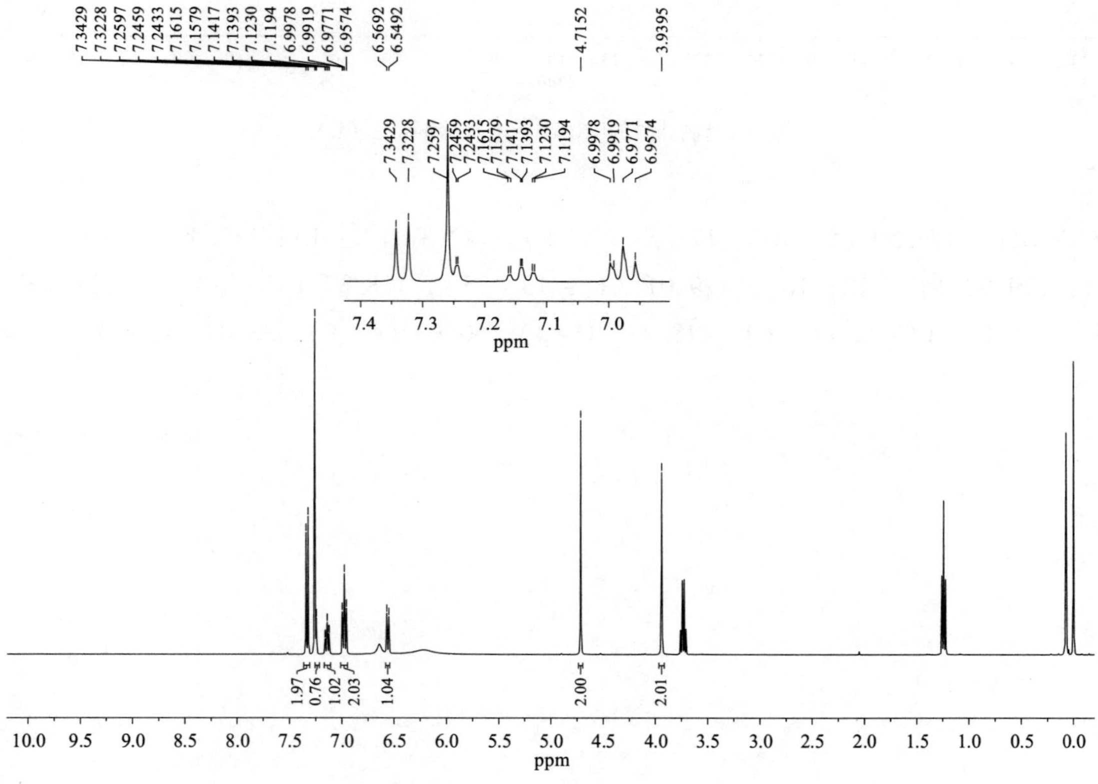

图 1　醋氯芬酸的^{1}H NMR 谱（溶剂：$CDCl_3$）

^{1}H NMR：δ 7.33（H－13，15，d，J＝8.1 Hz，2H），7.24（H－3，d，J＝1.4 Hz，1H），7.14（H－14，td，J＝8.0，1.4 Hz，1H），6.98（H－4，5，m，2H），6.56（H－6，d，J＝8.0 Hz，1H），4.72（H－9，s，2H），3.94（H－7，s，2H）

注：样品含有乙醇杂质，δ 3.75（CH_2，q，J＝7.0 Hz，2H），1.24（CH_3，t，J＝7.0 Hz，3H）

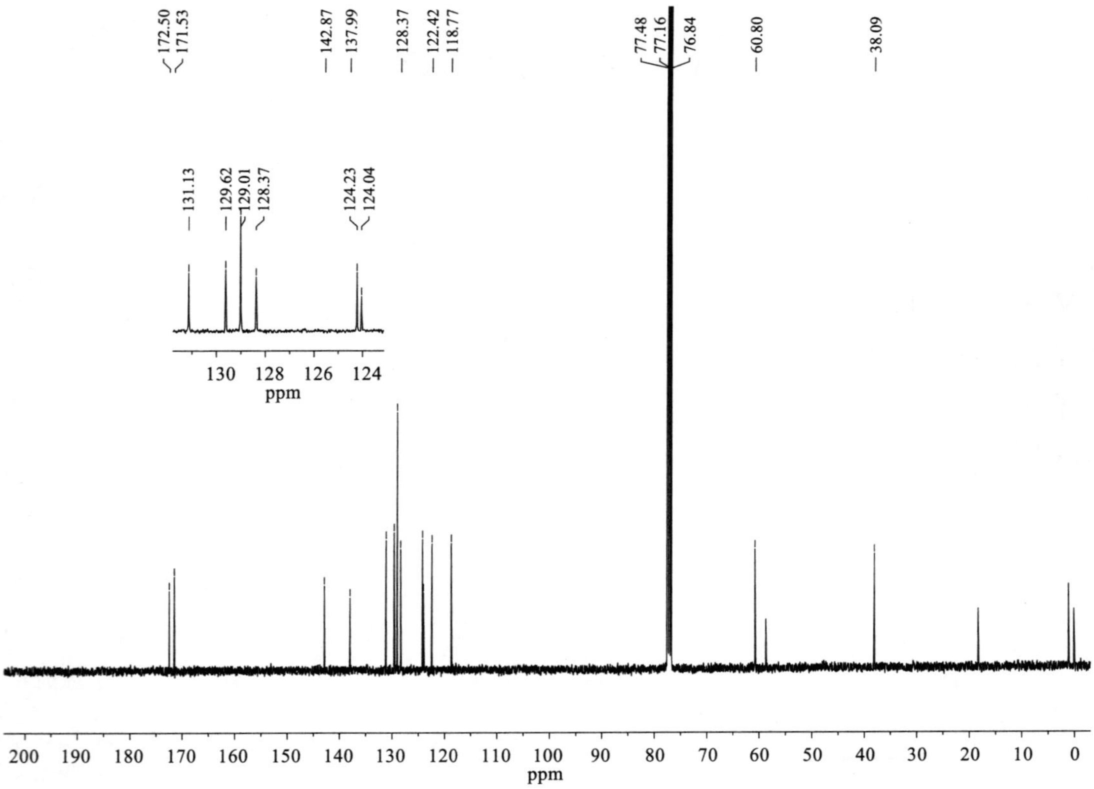

图 2　醋氯芬酸的^{13}C NMR 谱（溶剂：$CDCl_3$）

^{13}C NMR：δ 172.50（C-10），171.53（C-8），142.87（C-1），137.99（C-11），131.13（C-3），129.62（C-12，16），129.01（C-13，15），128.37（C-5），124.23（C-2），124.04（C-14），122.42（C-6），118.77（C-4），60.80（C-9），38.09（C-7）

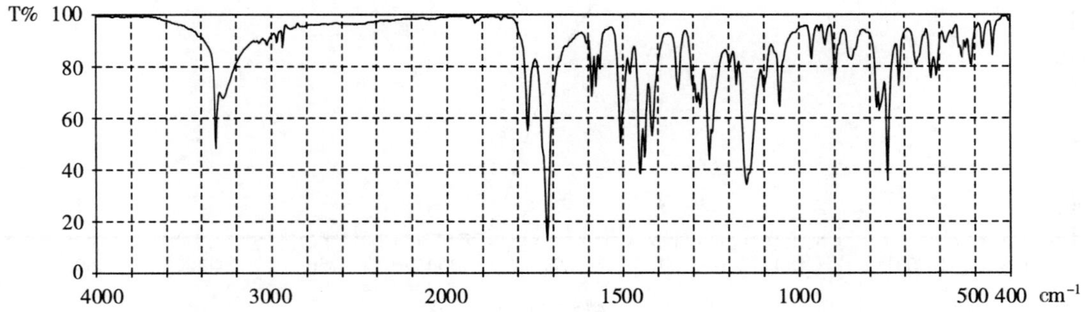

图 3　醋氯芬酸的红外光谱图

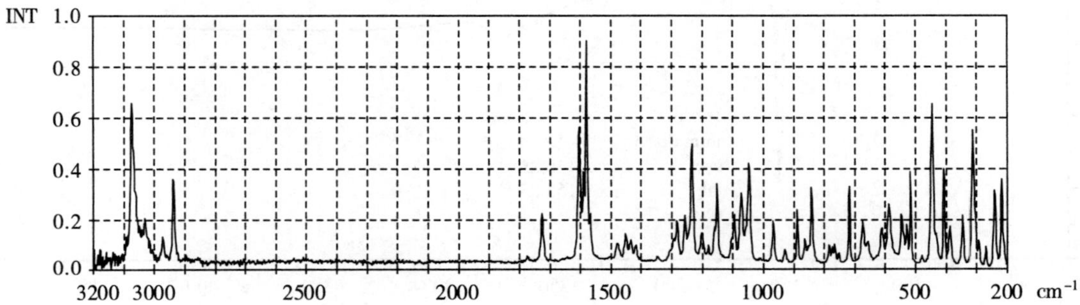

图 4　醋氯芬酸的拉曼光谱图

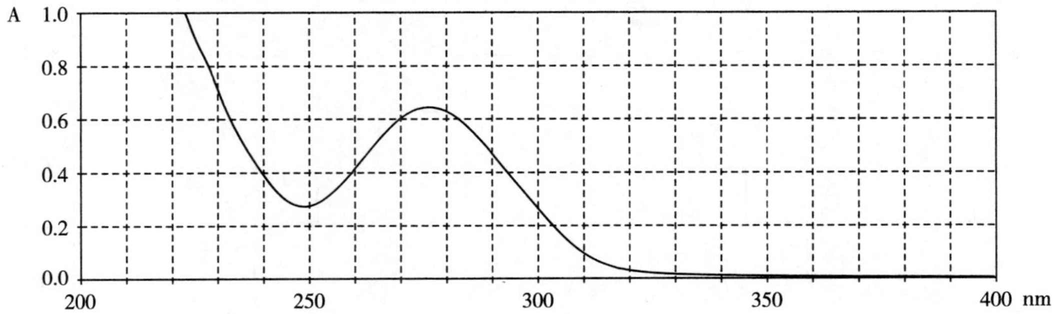

图 5　醋氯芬酸的紫外光谱图

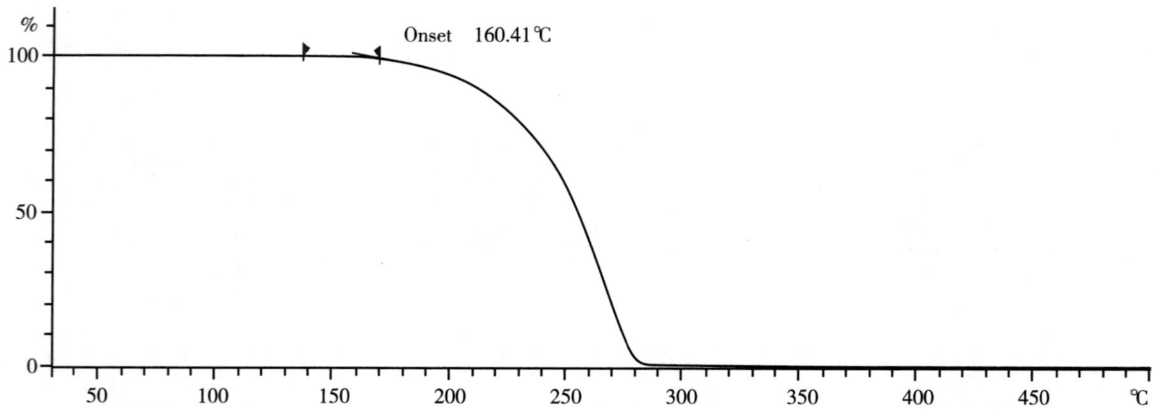

图 6　醋氯芬酸的 TG 图

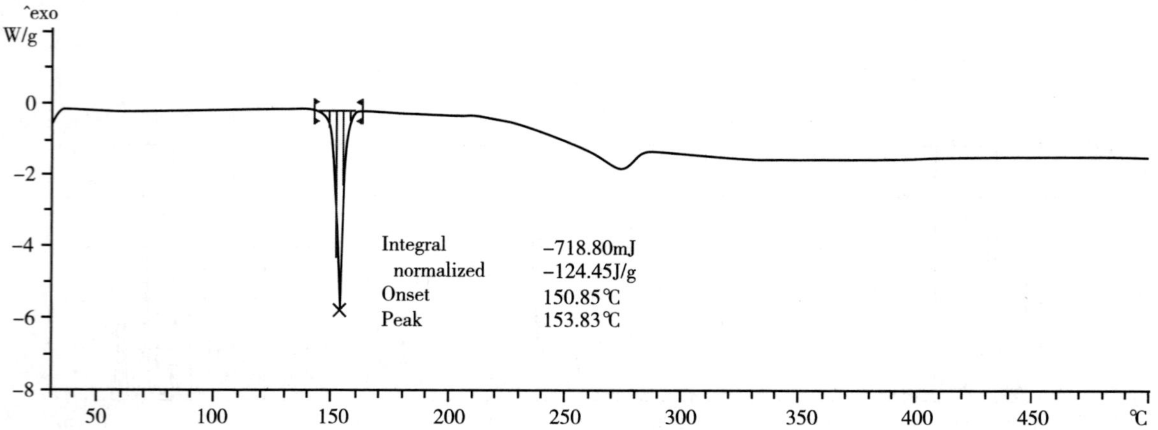

图 7　醋氯芬酸的 DSC 图

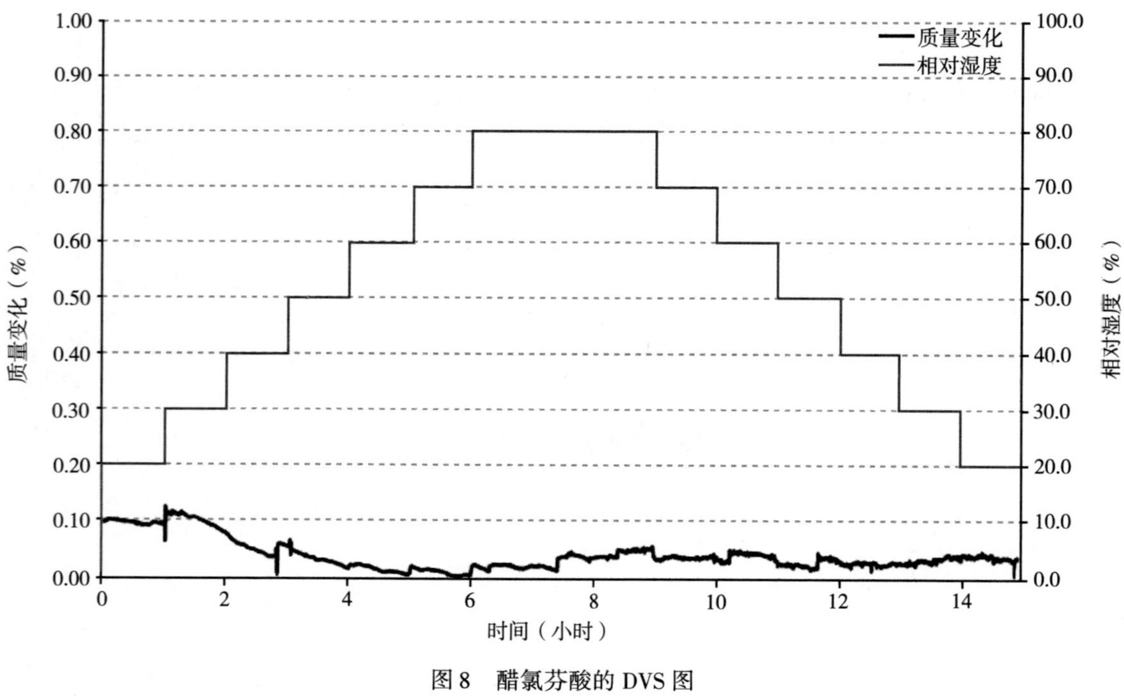

图 8　醋氯芬酸的 DVS 图

正离子扫描模式（一级）

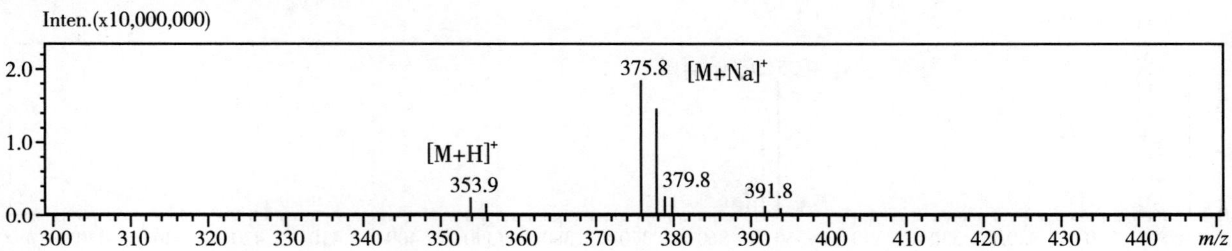

正离子扫描模式（二级）

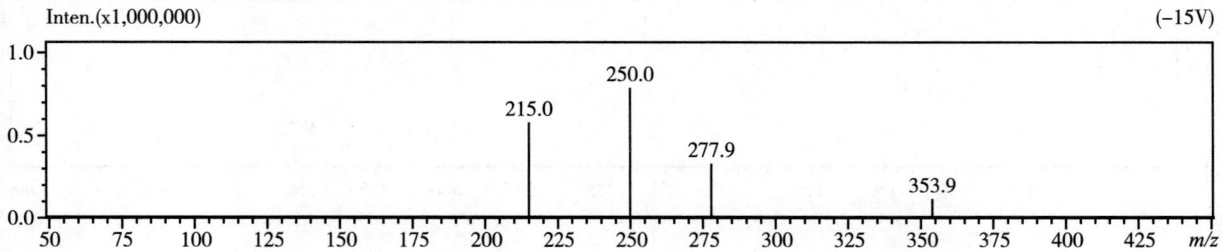

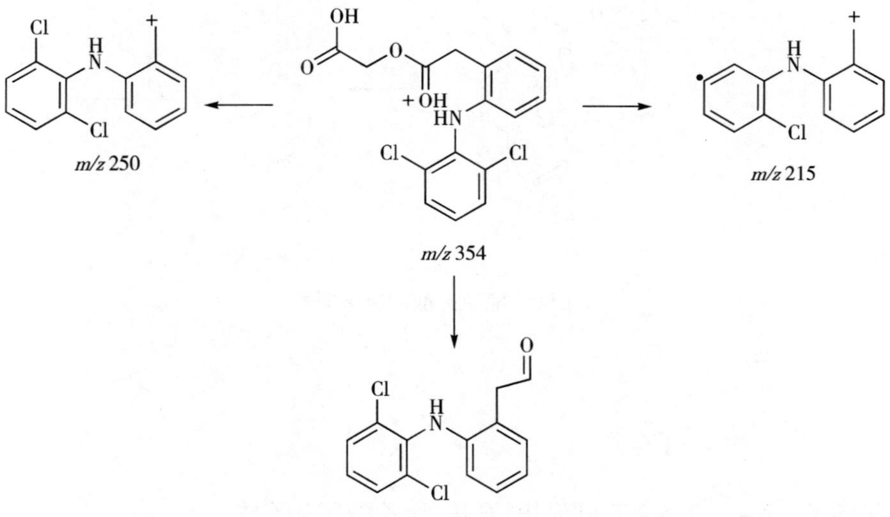

负离子扫描模式（一级）

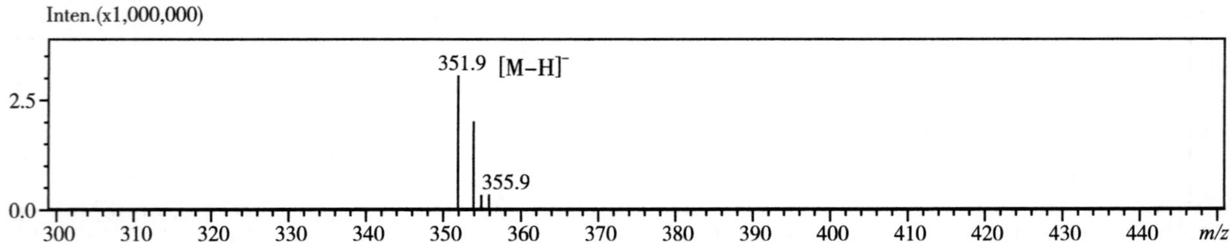

负离子扫描模式（二级）

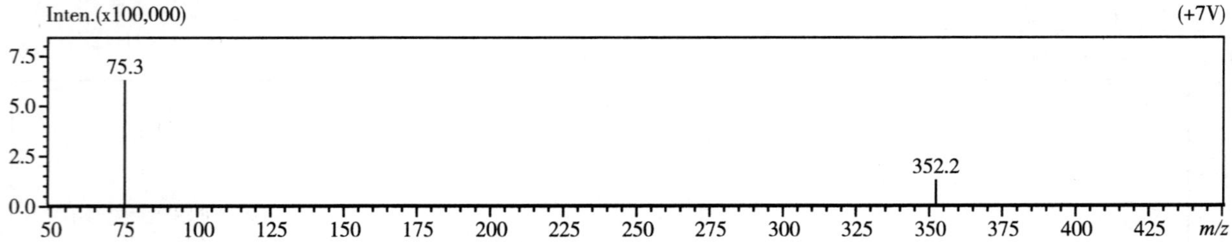

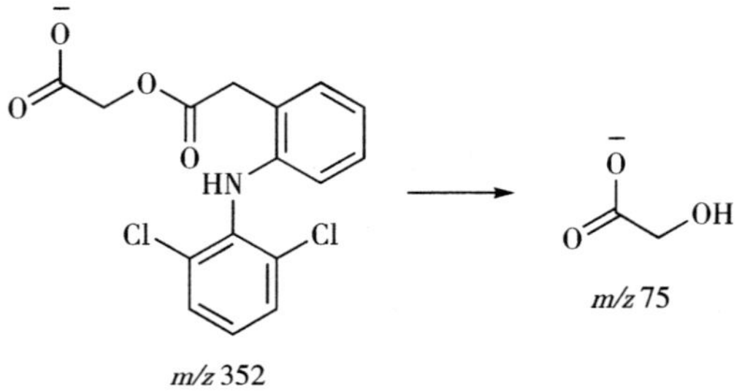

图 9　醋氯芬酸的质谱图

备注

1. **中文化学名**　2 -［［2,6 - 二氯苯基］氨基］苯乙酰氧基乙酸
2. **英文化学名**　2 -［2 -［2 -（2,6 - dichlorophenyl）aminophenyl］acetyl］oxyacetic acid
3. **性状**　本品为白色或类白色结晶性粉末。
4. **溶解性**　本品在乙醇中略溶，在三氯甲烷中微溶，在水、稀盐酸溶液与稀氢氧化钠溶液中不溶。
5. **溶剂**　乙醇。
6. **对照品编号与批号**　100777 - 200401

格列美脲杂质 I

英文名 Glimepiride Impurity I

分子式 $C_{19}H_{25}N_3O_6S$

分子量 423.48

CAS 号 318515-70-7

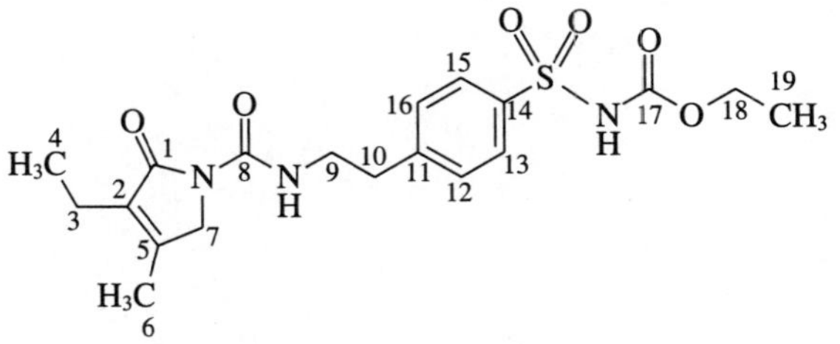

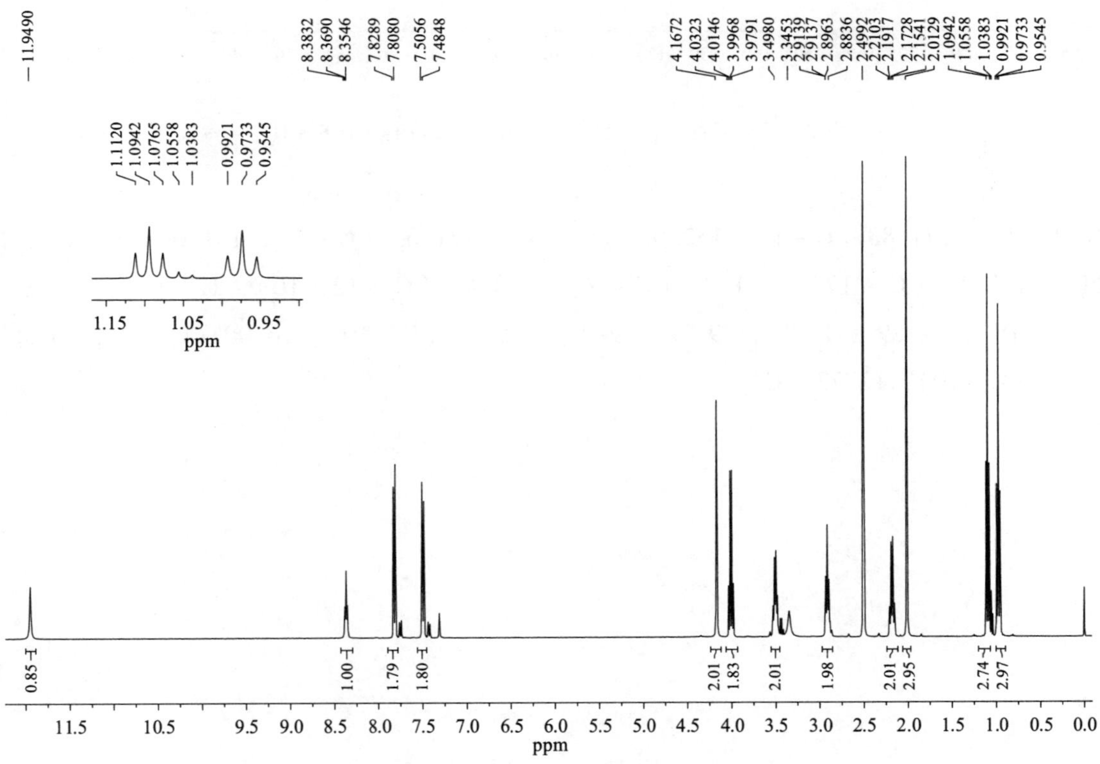

图 1 格列美脲杂质 I 的^{1}H NMR 谱（溶剂：CD_3SOCD_3）

^{1}H NMR：δ 11.95（SO_2NH，brs，1H），8.37（CONH，t，J=5.7 Hz，1H），7.82（H-13，15，d，J=8.3 Hz，2H），7.50（H-12，16，d，J=8.3 Hz，2H），4.17（H-7，s，2H），4.01（H-18，q，J=7.1 Hz，2H），3.55～3.46（H-9，m，2H），2.91（H-10，t，J=7.1 Hz，2H），2.18（H-3，q，J=7.5 Hz，2H），2.01（H-6，s，3H），1.06（H-19，t，J=7.1 Hz，3H），0.97（H-4，t，J=7.5 Hz，3H）

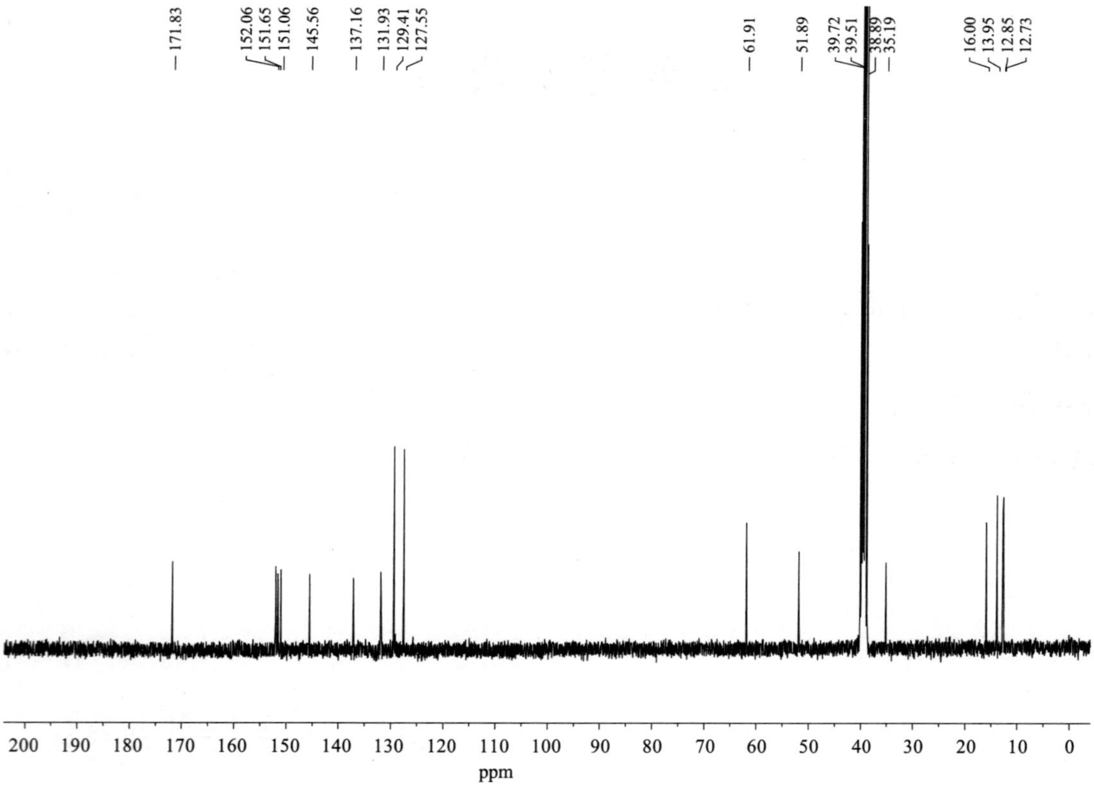

图2 格列美脲杂质Ⅰ的^{13}C NMR 谱（溶剂：CD_3SOCD_3）

^{13}C NMR：δ 171. 83 （C－1），152. 06 （C－17），151. 65 （C－5），151. 06 （C－8），145. 56 （C－11），137. 16 （C－17），131. 93 （C－2），129. 41 （C－12，16），127. 55 （C－13，15），61. 91 （C－18），51. 89 （C－7），39. 72 （C－9），35. 19 （C－10），16. 00 （C－3），13. 95 （C－6），12. 85 （C－19），12. 73 （C－4）

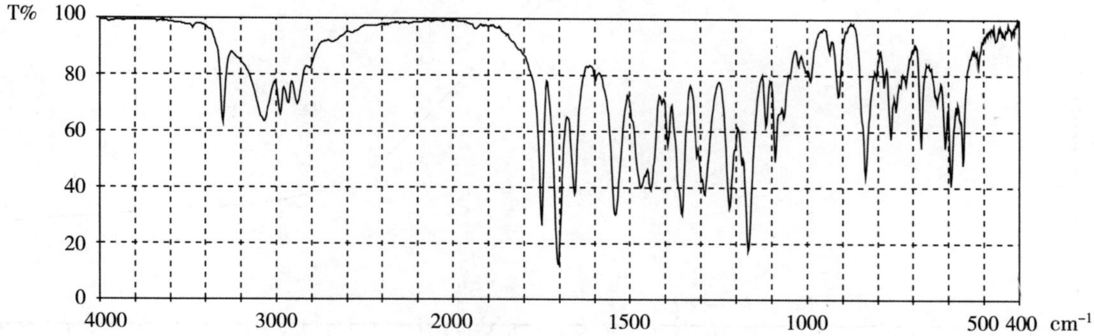

图 3　格列美脲杂质 Ⅰ 的红外光谱图

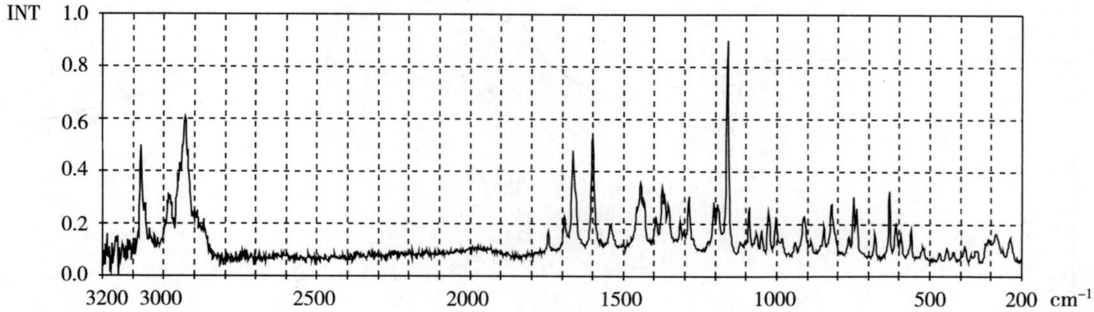

图 4　格列美脲杂质 Ⅰ 的拉曼光谱图

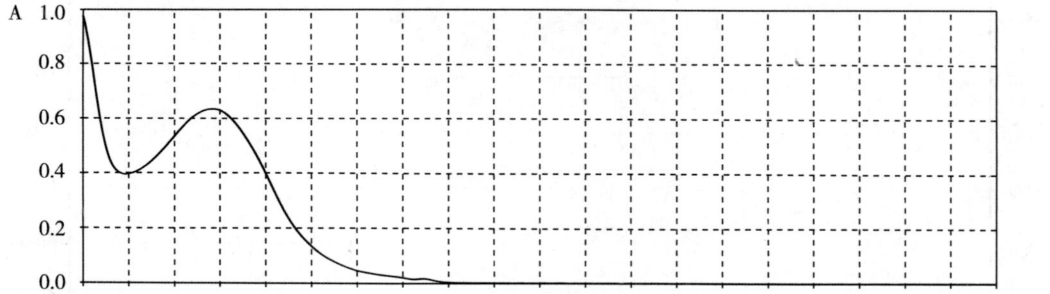

图 5　格列美脲杂质 Ⅰ 的紫外光谱图

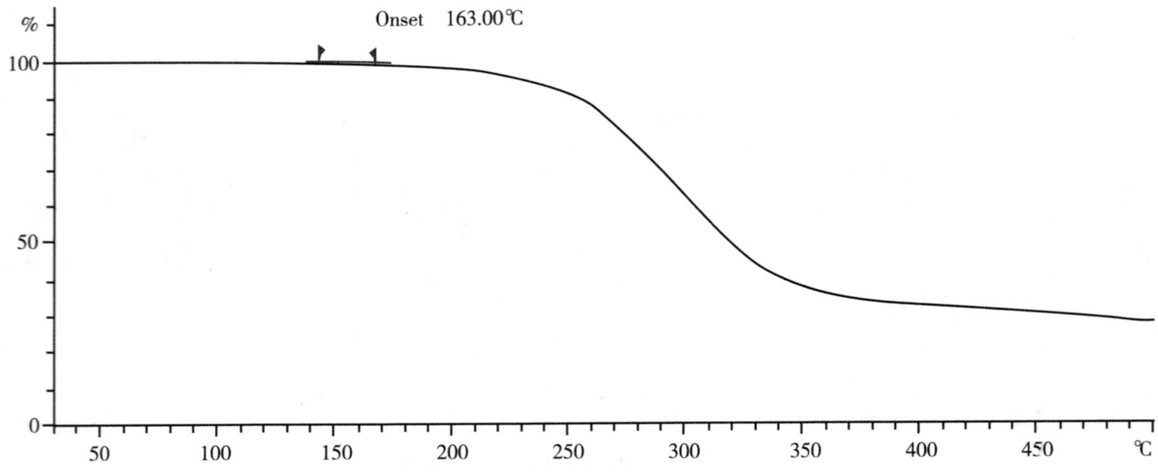

图 6　格列美脲杂质Ⅰ的 TG 图

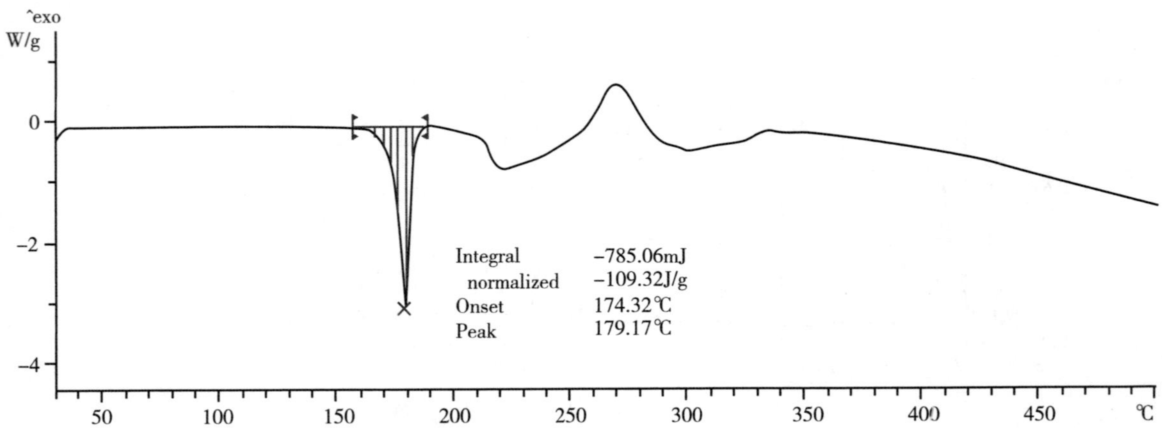

图 7　格列美脲杂质Ⅰ的 DSC 图

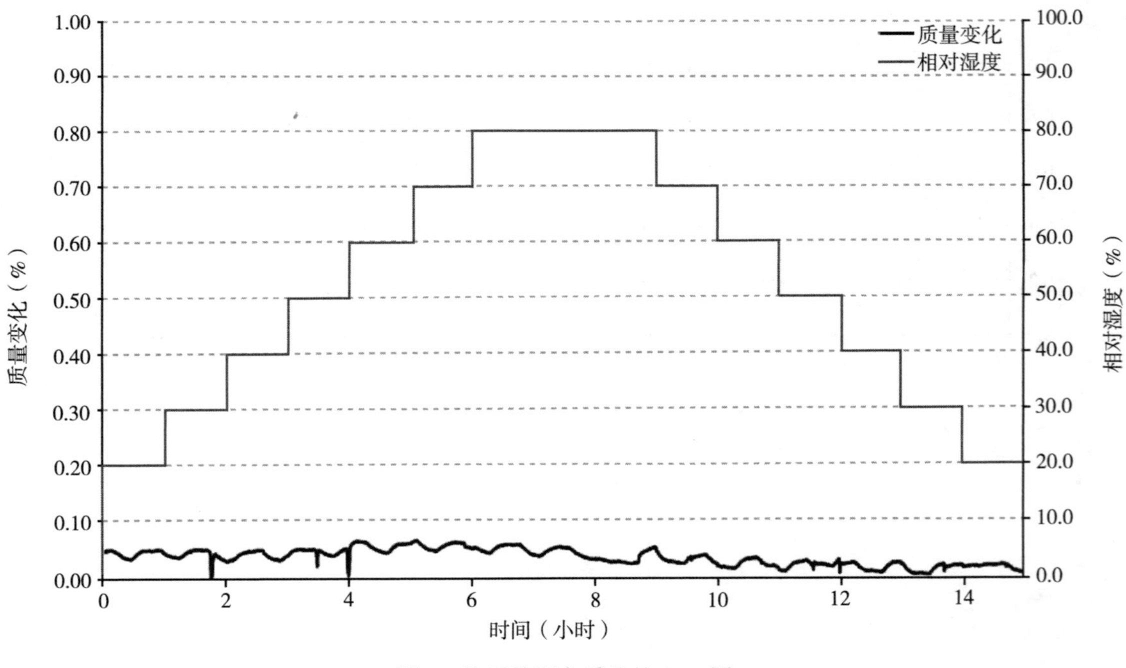

图 8　格列美脲杂质Ⅰ的 DVS 图

正离子扫描模式（一级）

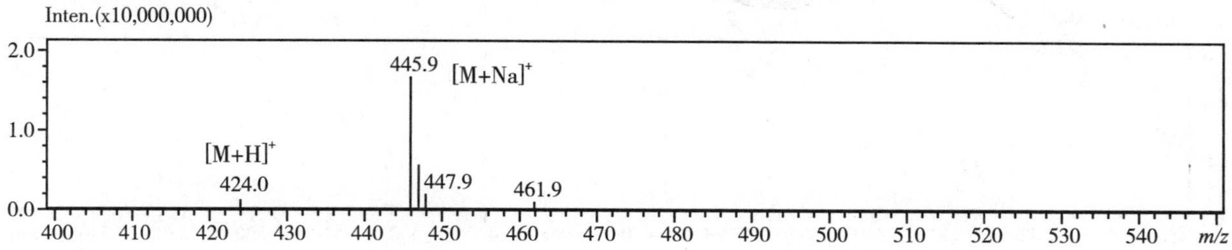

正离子扫描模式（二级）

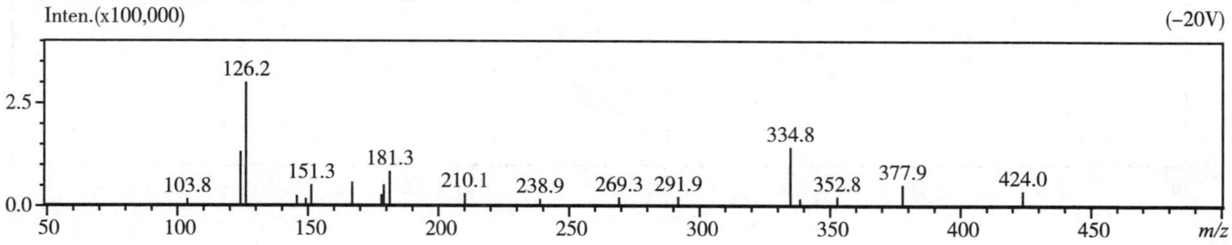

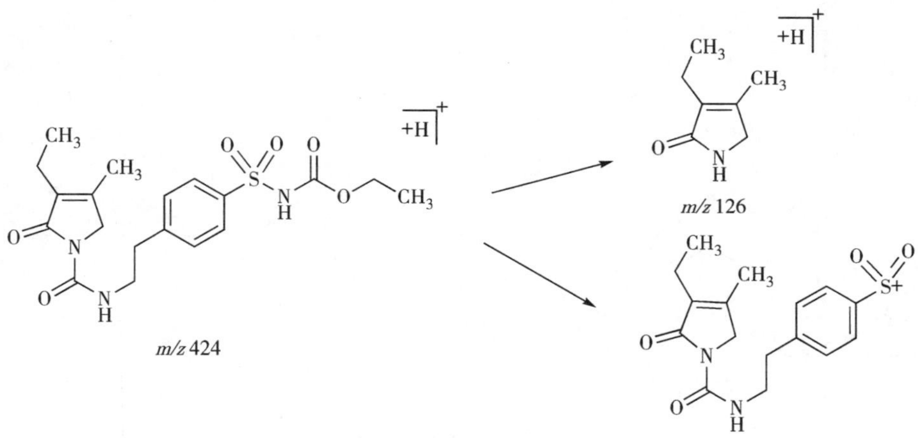

负离子扫描模式（一级）

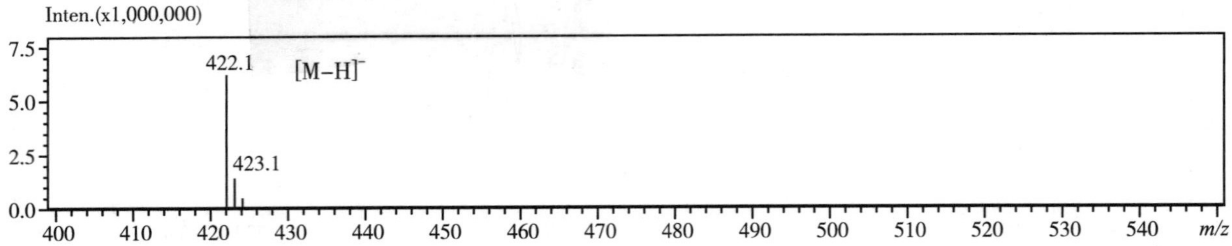

负离子扫描模式（二级）

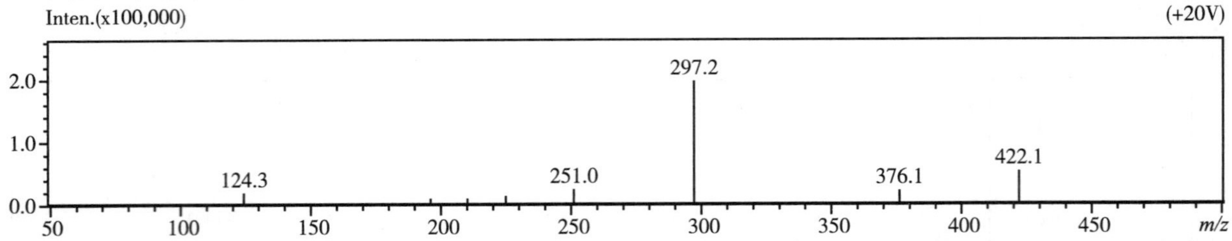

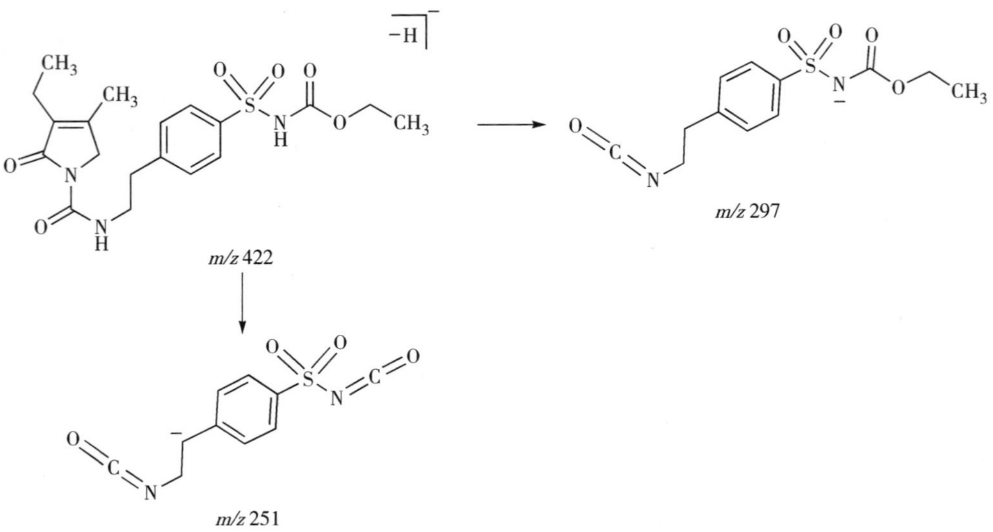

图 9　格列美脲杂质 I 的质谱图

备注

1. 中文化学名　4－[2－(3－乙基－4－甲基－2－氧－3－吡咯啉－1－甲基酰胺基)乙基]苯磺酰胺甲酸乙酯

2. 英文化学名　ethyl[4－[2－(3－ethyl－4－methyl－2－oxo－2,5－dihydro－1*H*－pyrrole－1－carboxamido)ethyl]phenyl]sulfonylcarbamate

3. 性状　本品为白色结晶性粉末。

4. 溶剂　乙醇。

5. 对照品编号与批号　100781－200501

3 - 吲哚甲酸

英文名　3 - Indolecarboxylic Acid

分子式　$C_9H_7NO_2$

分子量　161.16

CAS 号　771 - 50 - 6

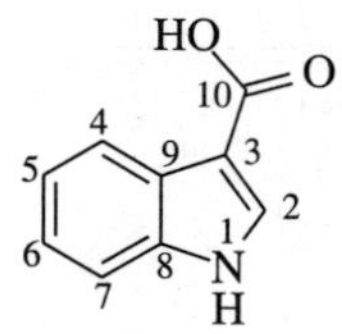

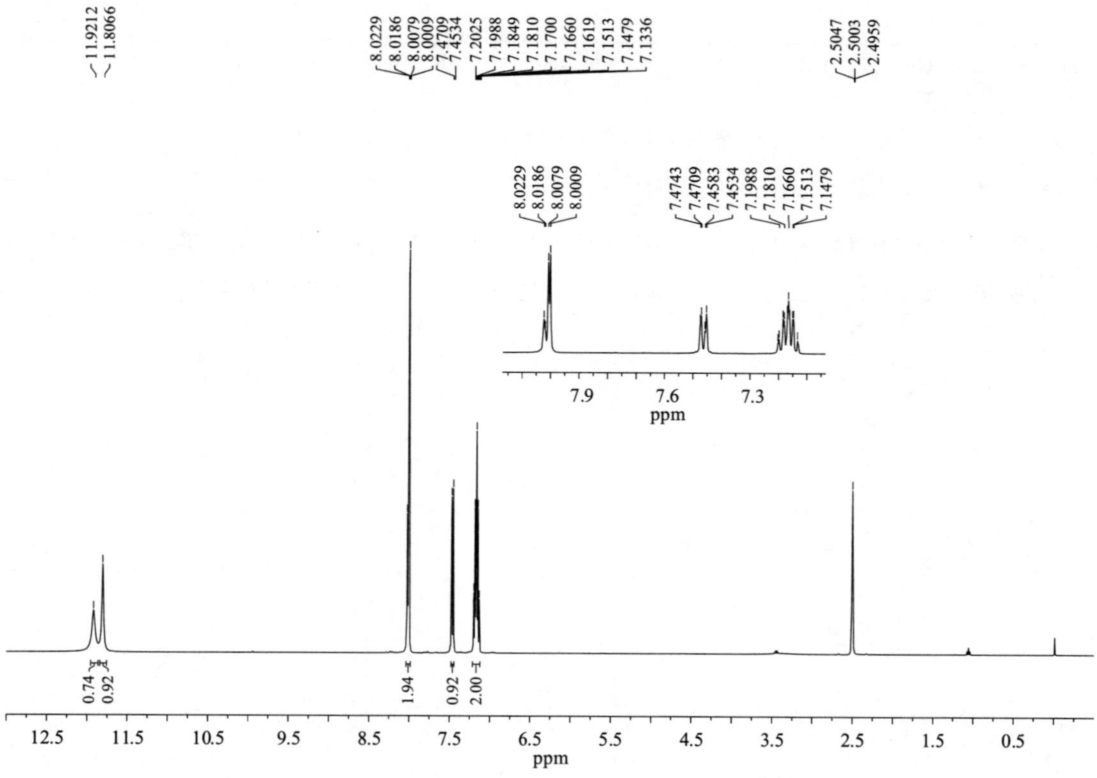

图 1　3 - 吲哚甲酸的 ^{1}H NMR 谱（溶剂：CD_3SOCD_3）

^{1}H NMR：δ 11.92（OH，brs，1H），11.81（H - 1，s，1H），8.01（H - 2，4，m，2H），7.46（H - 7，dd，J = 6.7，1.7 Hz，1H），7.21 ~ 7.12（H - 5，6，m，2H）

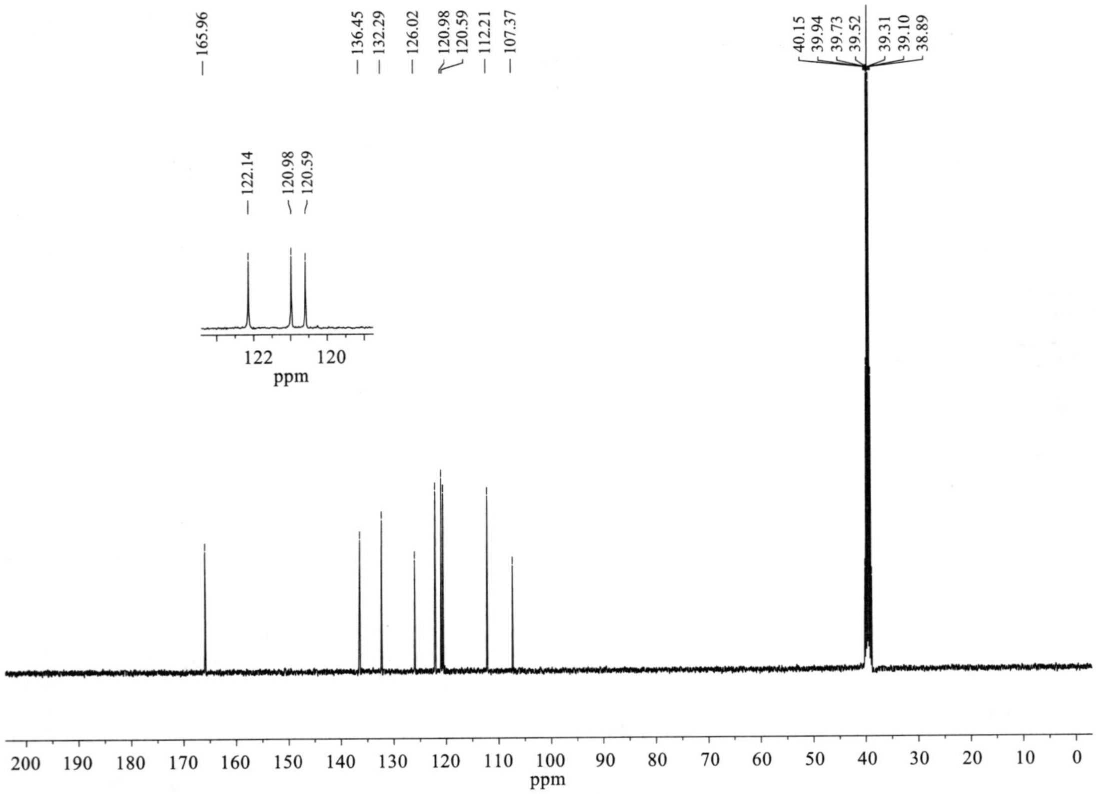

图2　3 - 吲哚甲酸的^{13}C NMR 谱（溶剂：CD_3SOCD_3）

^{13}C NMR：δ 165.96（C - 10），136.45（C - 9），132.29（C - 2），126.02（C - 8），122.14（C - 5），120.98（C - 6），120.59（C - 4），112.21（C - 7），107.37（C - 3）

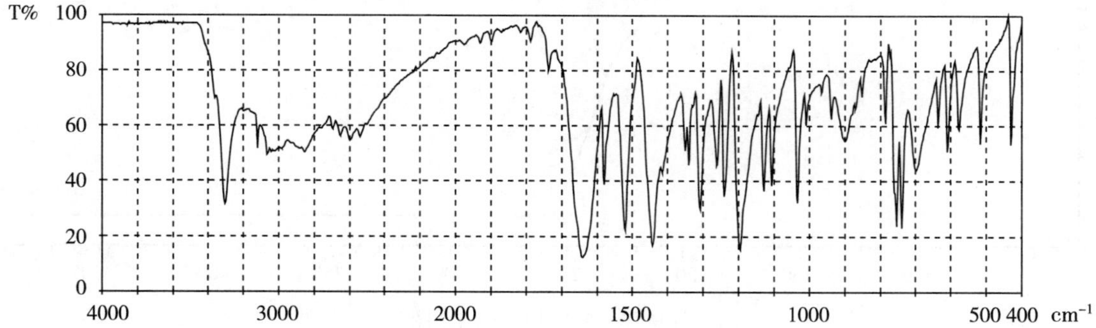

图 3　3 – 吲哚甲酸的红外光谱图

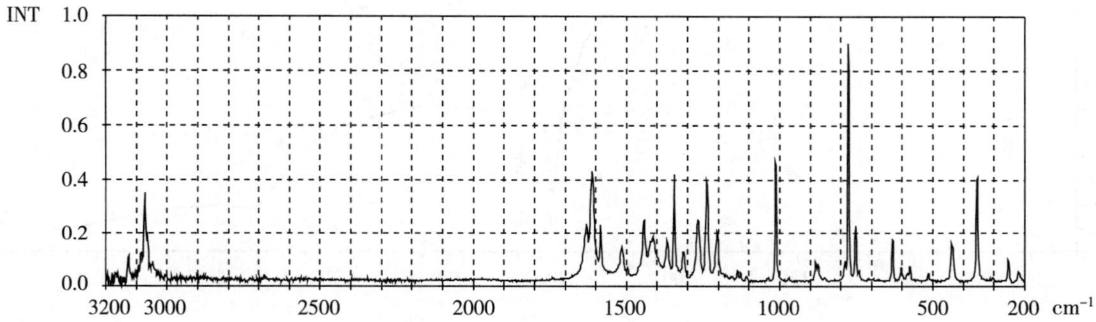

图 4　3 – 吲哚甲酸的拉曼光谱图

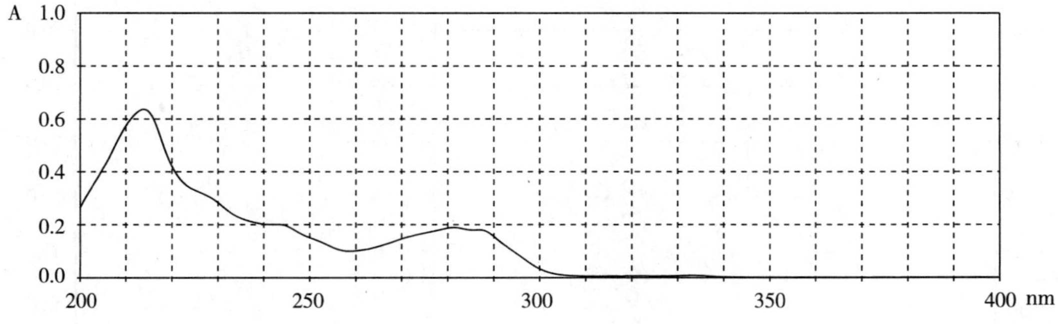

图 5　3 – 吲哚甲酸的紫外光谱图

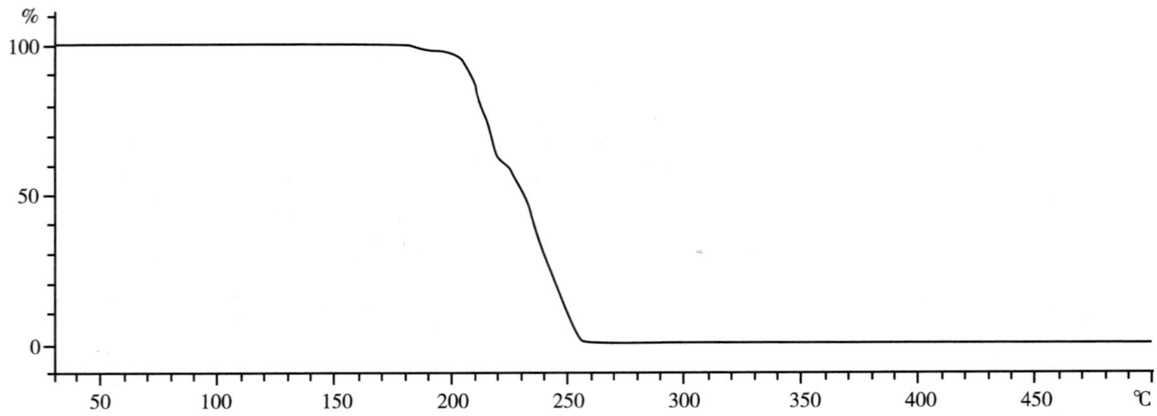

图 6　3 – 吲哚甲酸的 TG 图

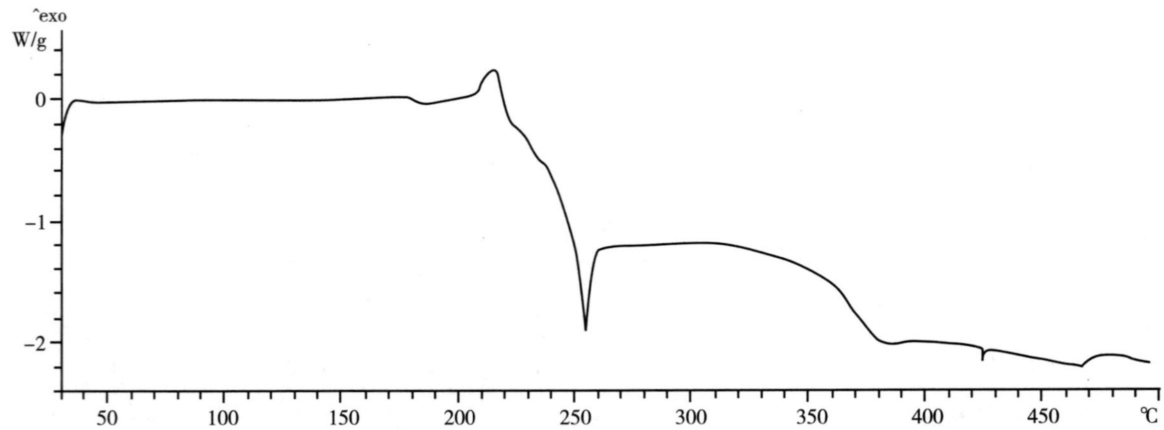

图 7　3 – 吲哚甲酸的 DSC 图

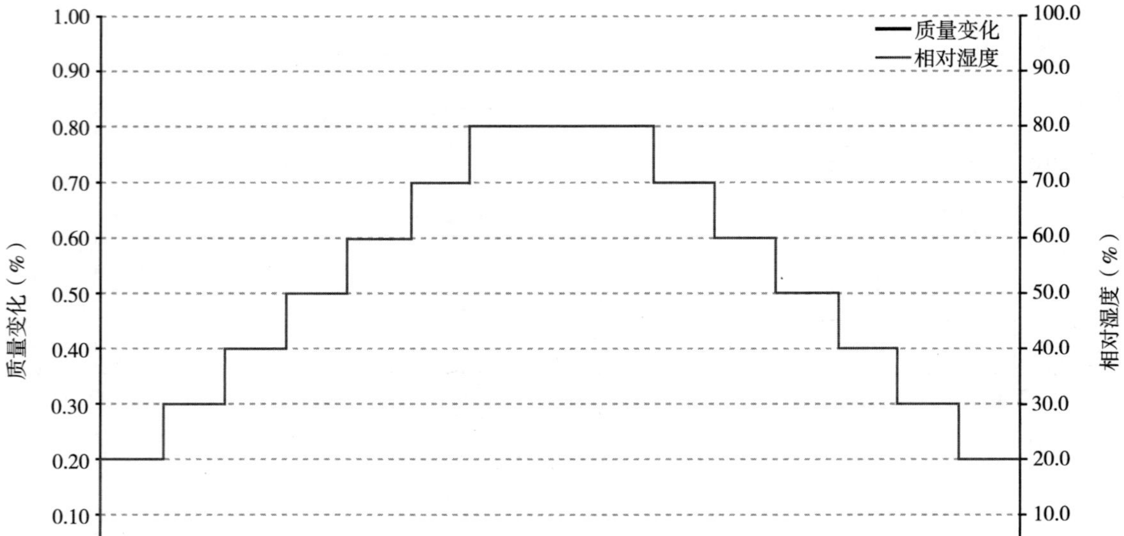

图 8　3 – 吲哚甲酸的 DVS 图

正离子扫描模式（一级）

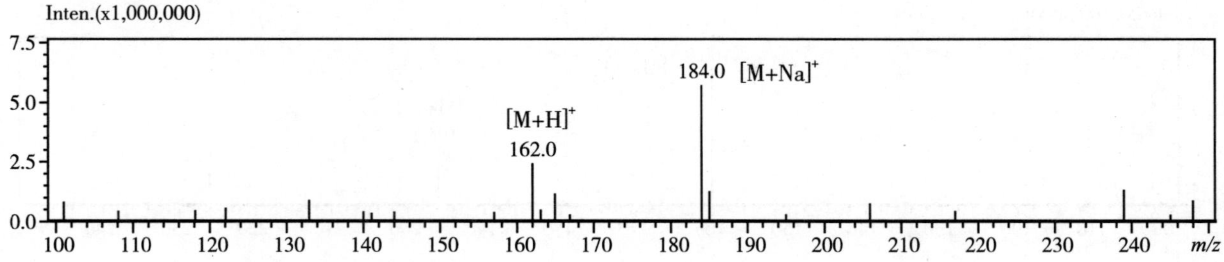

正离子扫描模式（二级）

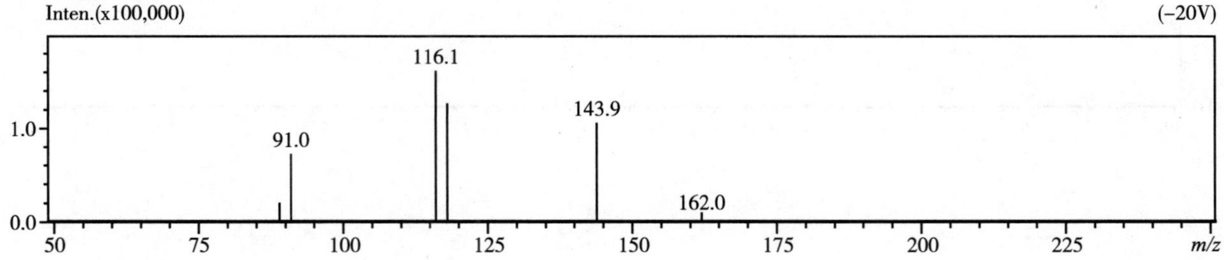

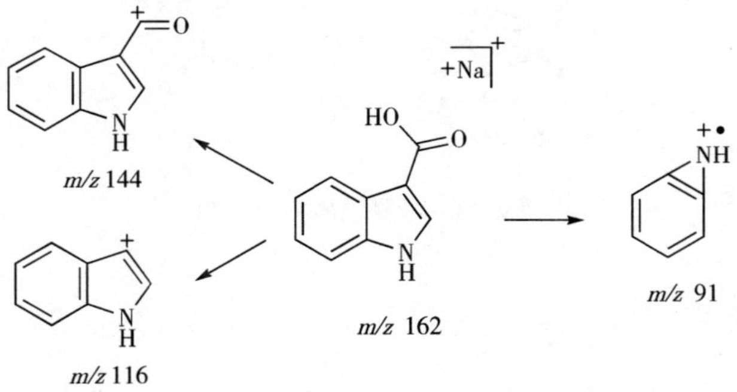

负离子扫描模式（一级）

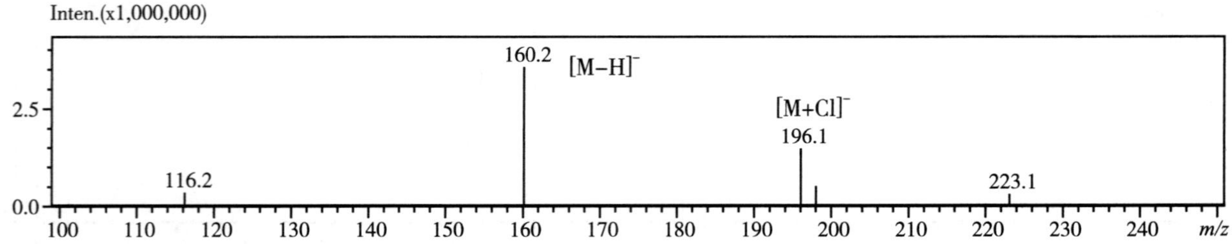

负离子扫描模式（二级）

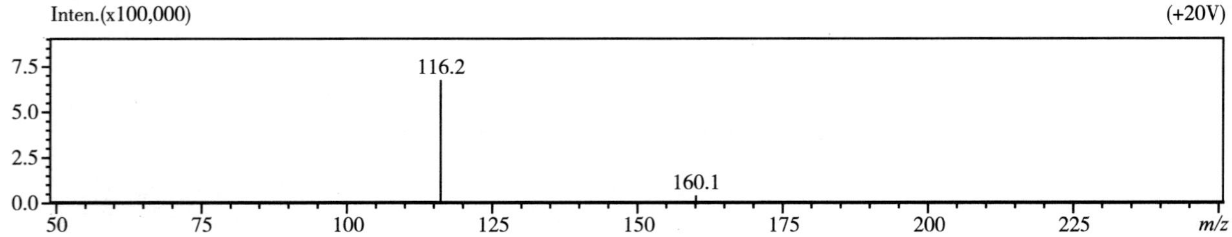

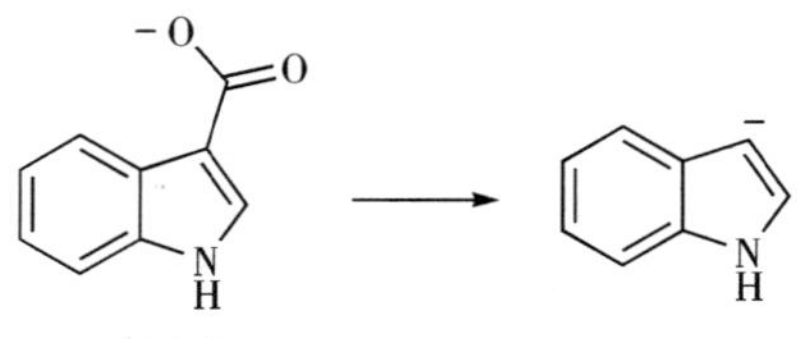

图 9　3－吲哚甲酸的质谱图

备注

1. 性状　本品为类白色结晶性粉末。

2. 溶剂　乙醇。

3. 对照品编号与批号　100788－200501

马来酸氟伐沙明

英文名 Fluvoxamine Maleate

分子式 $C_{15}H_{21}F_3N_2O_2 \cdot C_4H_4O_4$

分子量 434.41

CAS 号 61718-82-9

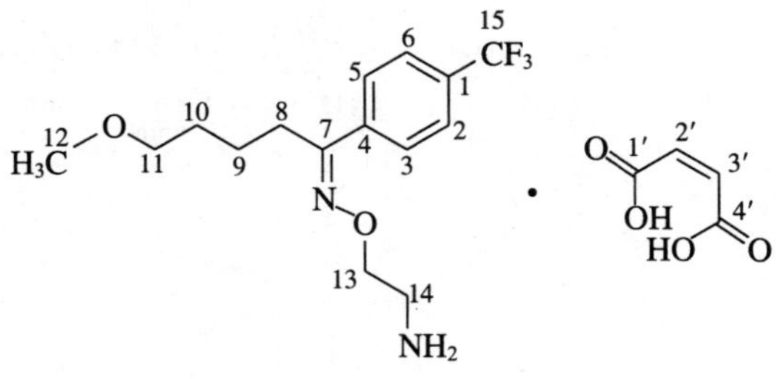

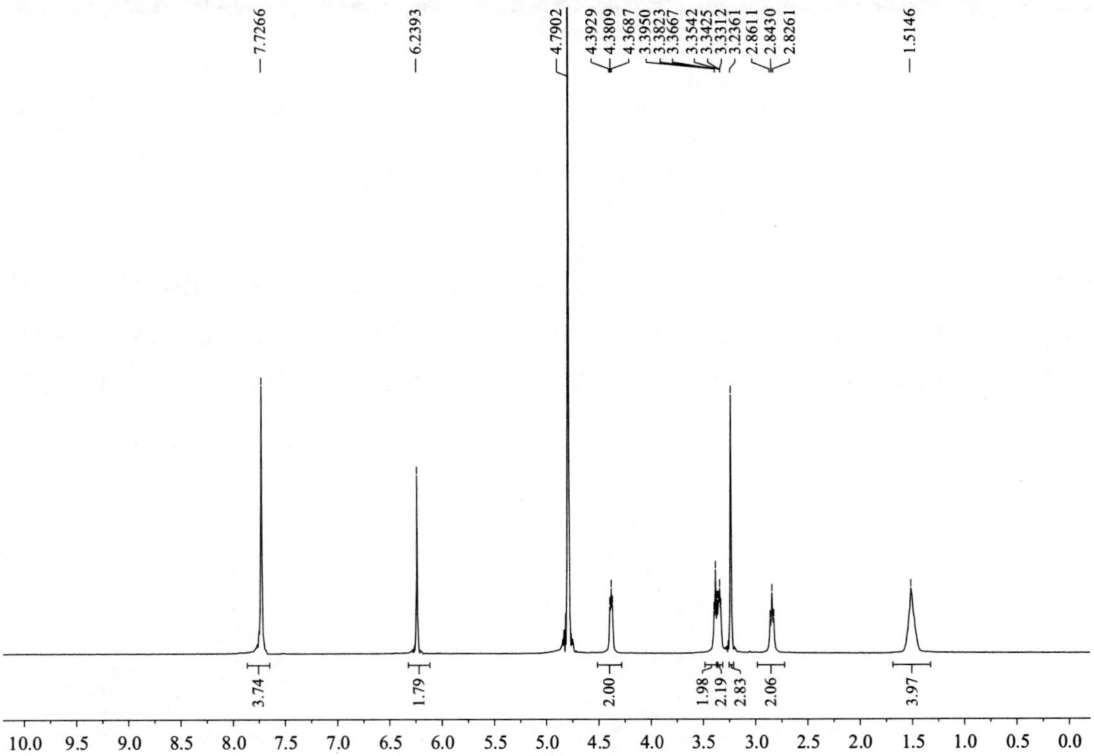

图1 马来酸氟伐沙明的^{1}H NMR 谱（溶剂：D_2O）

^{1}H NMR：δ 7.73（H-2, 3, 5, 6, s, 4H），6.24（H-2′, 3′, s, 2H），4.38（H-13, t, J=4.8 Hz, 2H），3.38（H-11, t, J=5.7 Hz, 2H），3.34（H-14, t, J=4.8 Hz, 2H），3.24（H-12, s, 3H），2.84（H-8, t, J=7.0 Hz, 2H），1.51（H-9, 10, m, 4H）

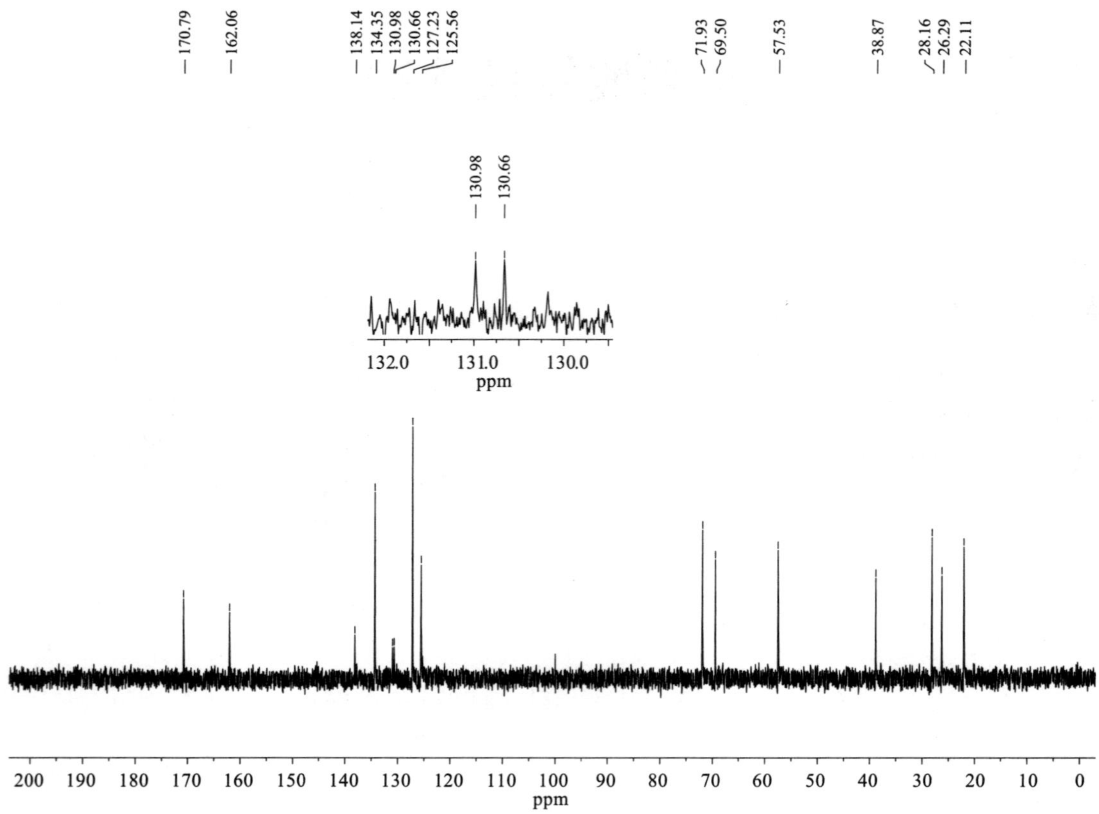

图 2　马来酸氟伐沙明的^{13}C NMR 谱（溶剂：D_2O）

^{13}C NMR：δ 170.79（C－1′，4′），162.06（C－7），138.14（C－4），134.35（C－2′，3′），130.82（C－1），127.23（C－3，5），125.56（C－2，6，15），71.93（C－13），69.50（C－11），57.53（C－12），38.87（C－14），28.16（C－8），26.29（C－10），22.11（C－9）

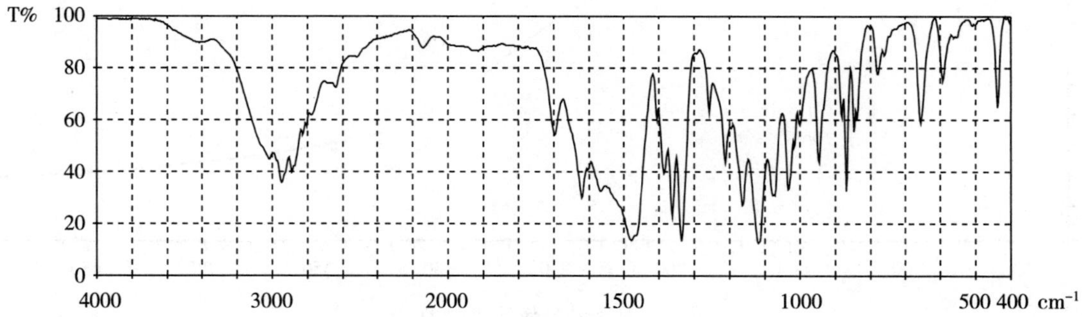

图 3　马来酸氟伐沙明的红外光谱图

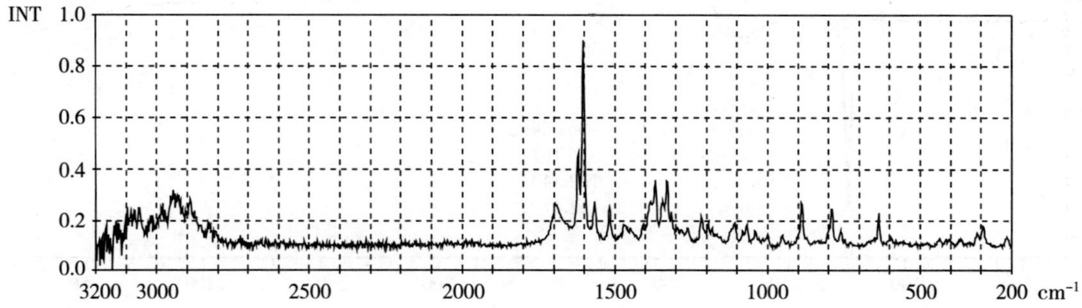

图 4　马来酸氟伐沙明的拉曼光谱图

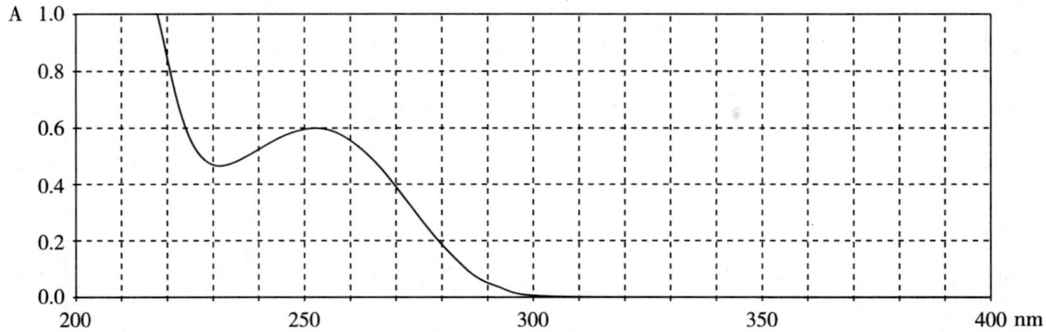

图 5　马来酸氟伐沙明的紫外光谱图

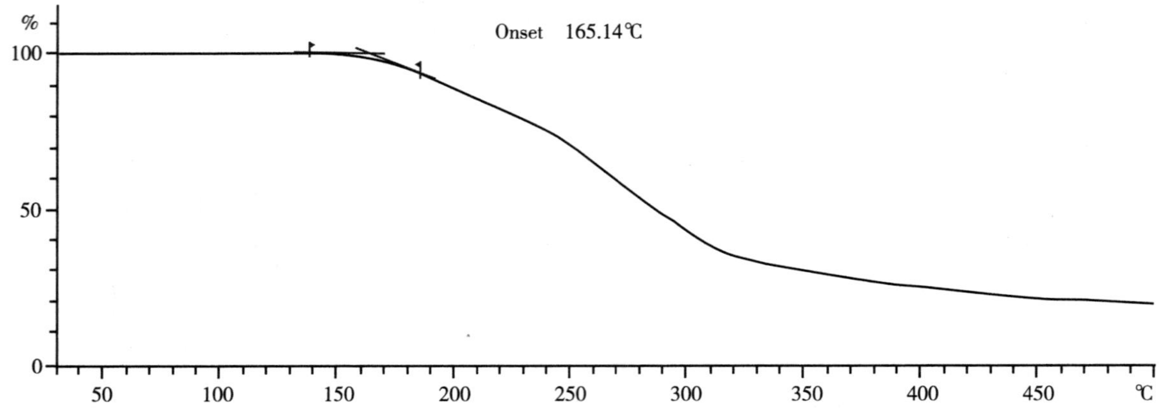

图 6 马来酸氟伐沙明的 TG 图

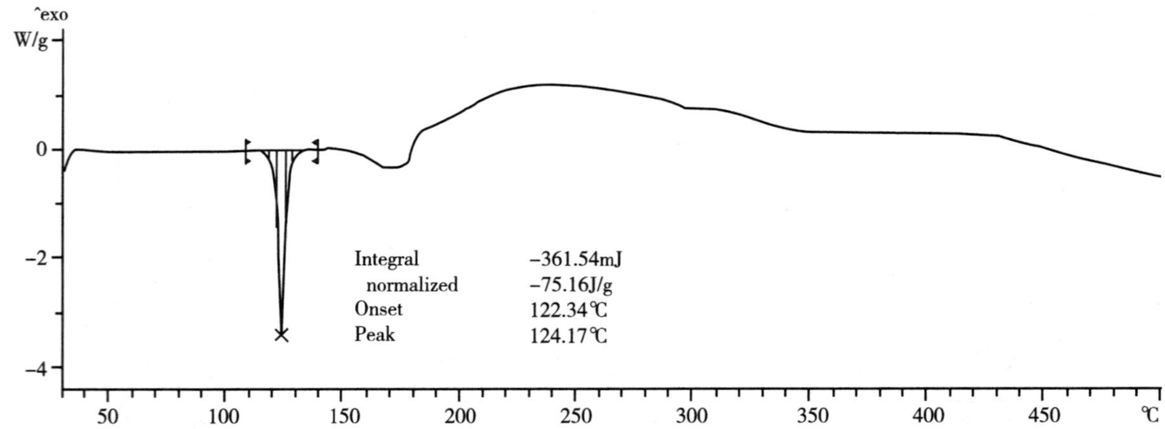

图 7 马来酸氟伐沙明的 DSC 图

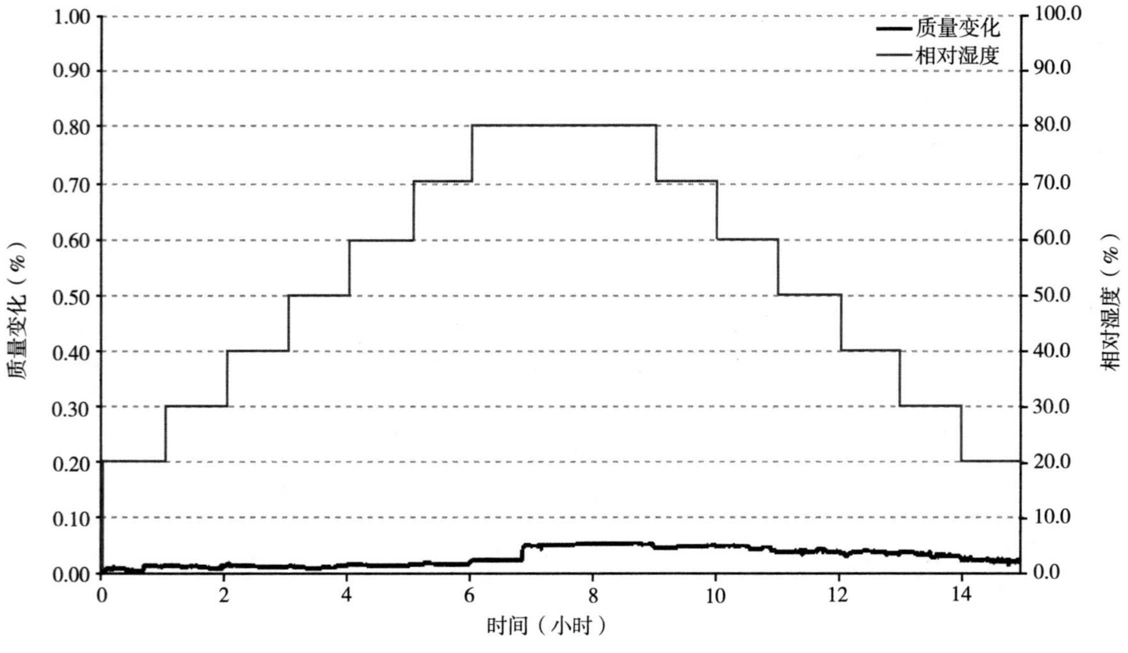

图 8 马来酸氟伐沙明的 DVS 图

正离子扫描模式（一级）

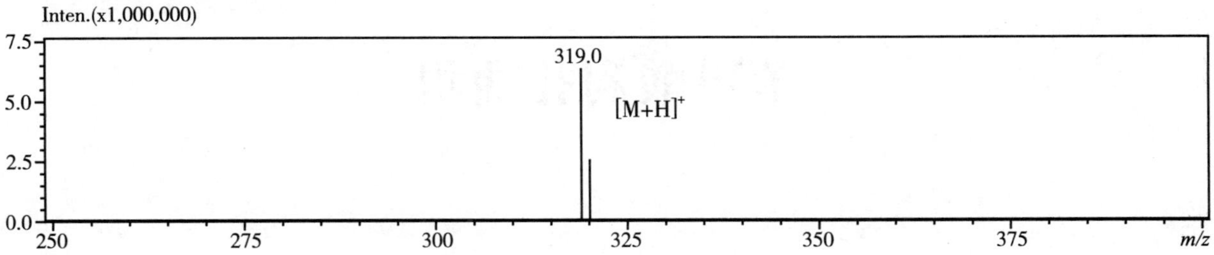

正离子扫描模式（二级）

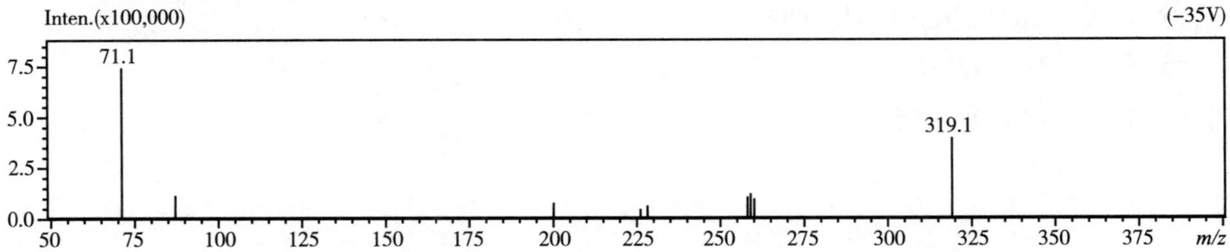

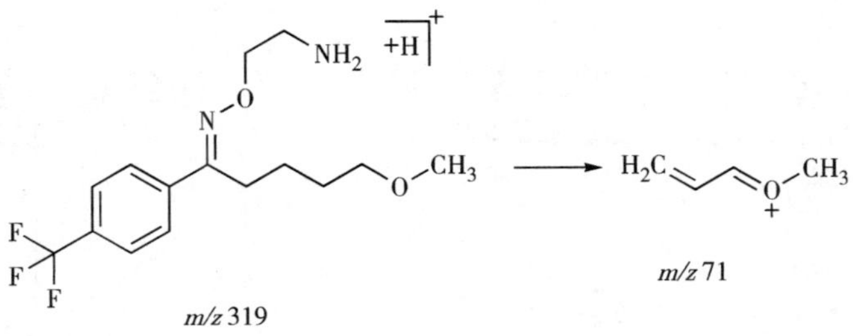

图9　马来酸氟伐沙明的质谱图

备注

1. **中文化学名**　(*E*)-5-甲氧基-4′-三氟甲基苯戊酮-氧-(2-氨乙酰基肟)马来酸盐
2. **英文化学名**　(*E*)-5-methoxy-4′-trifluoromethylvalerophenone-*O*-2-aminoethyloxime maleate
3. **性状**　本品为白色或类白色结晶性粉末；无臭。
4. **溶解性**　本品在甲醇、乙醇中易溶，在水中略溶。
5. **溶剂**　乙醇。
6. **对照品编号与批号**　100792-200601

苯甲酸利扎曲坦

英文名 Rizatriptan Benzoate

分子式 $C_{15}H_{19}N_5 \cdot C_6H_5COOH$

分子量 391.47

CAS 号 145202 - 66 - 0

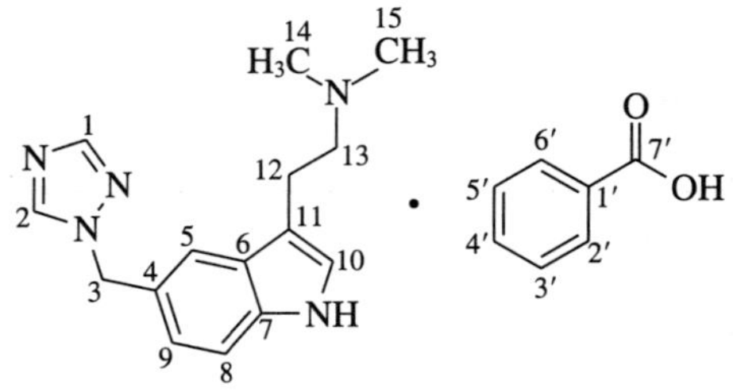

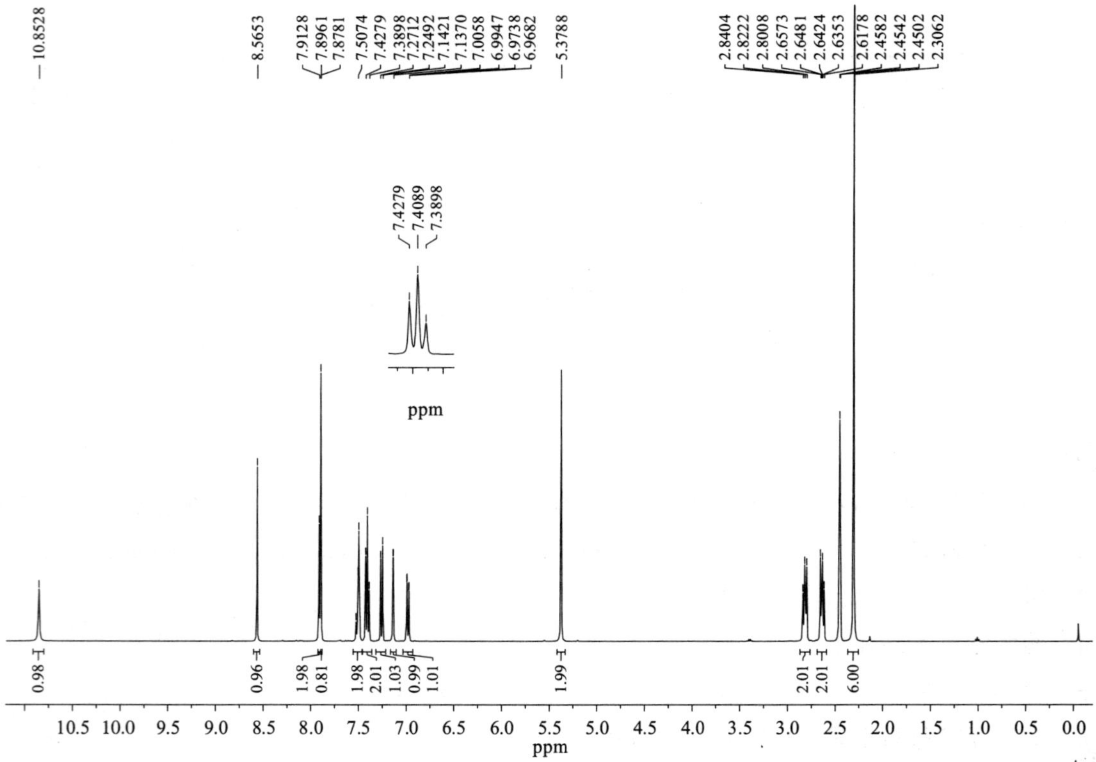

图 1 苯甲酸利扎曲坦的^{1}H NMR 谱（溶剂：CD_3SOCD_3）

^{1}H NMR：δ 10.85（OH，s，1H），8.57（H－1，s，1H），7.91（H－2，s，1H），7.90（H－6′，2′，d，J=7.6 Hz，2H），7.56～7.44（H－9，4′，m，2H），7.41（H－3′，5′，t，J= 7.6 Hz，2H），7.26（H－8，d，J=8.3 Hz，1H），7.14（H－10，d，J=2.0 Hz，1H），6.99（H－5，dd，J=8.3，1.2 Hz，1H），5.38（H－3，s，2H），2.88～2.77（H－13，m，2H），2.69～2.58（H－12，m，2H），2.31（H－14，15，s，6H）

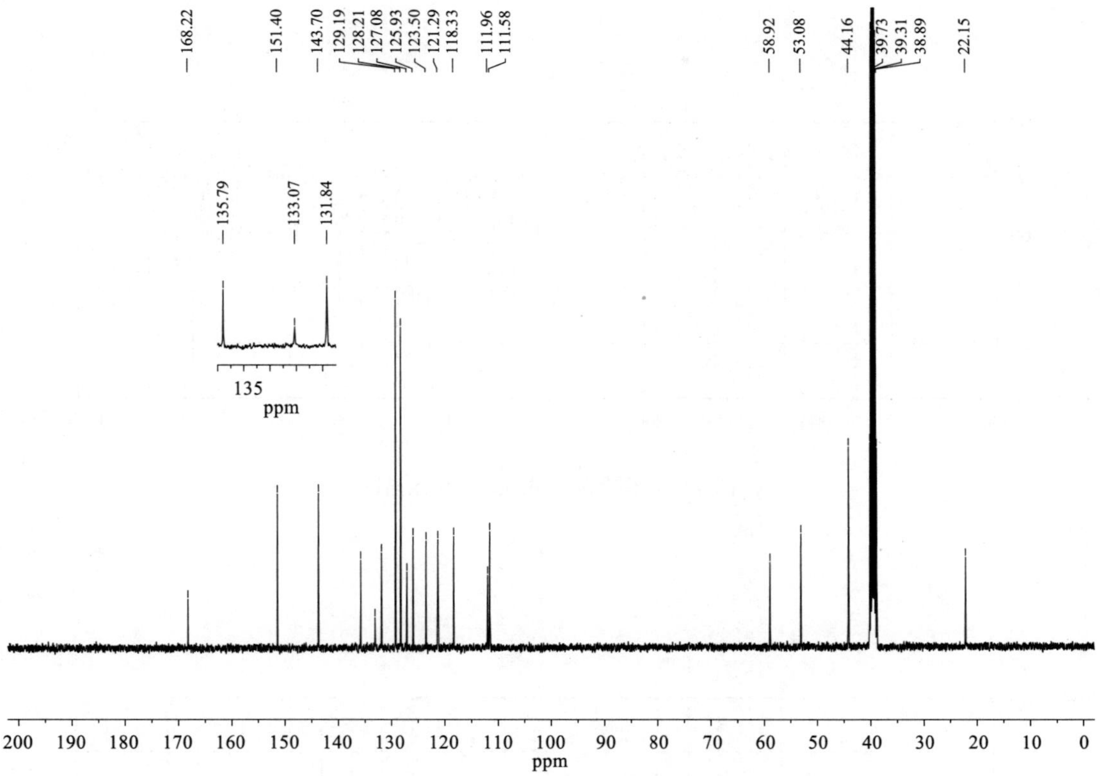

图 2　苯甲酸利扎曲坦的^{13}C NMR 谱（溶剂：CD_3SOCD_3）

^{13}C NMR：δ 168.22（C－7′），151.40（C－1），143.70（C－2），135.79（C－11），133.07（C－9），131.84（C－4′），129.19（C－6′，2′），128.21（C－3′，5′），127.08（C－4），125.93（C－1′），123.50（C－5），121.29（C－7），118.33（C－6），111.96（C－8），111.58（C－11），58.92（C－13），53.08（C－3），44.16（C－14，15），22.15（C－12）

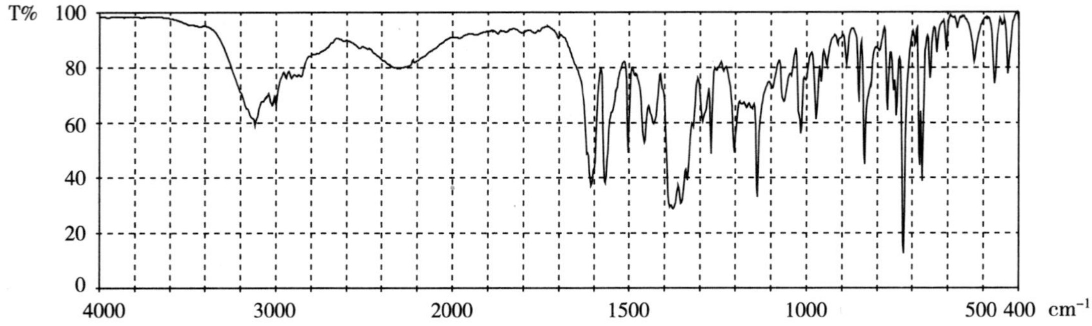

图 3　苯甲酸利扎曲坦的红外光谱图

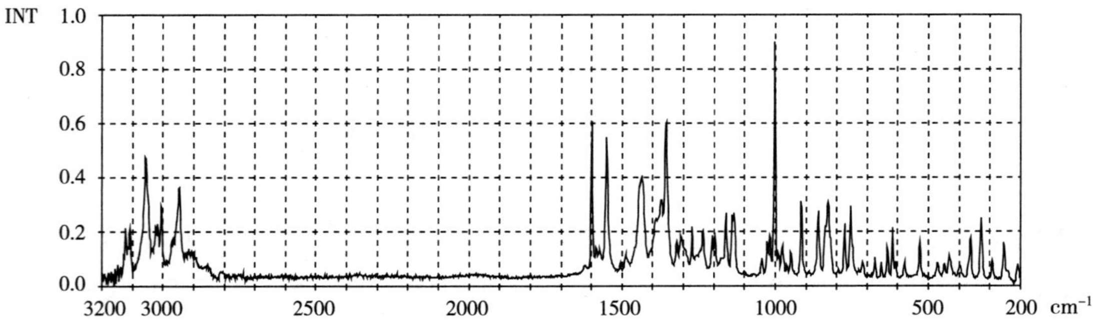

图 4　苯甲酸利扎曲坦的拉曼光谱图

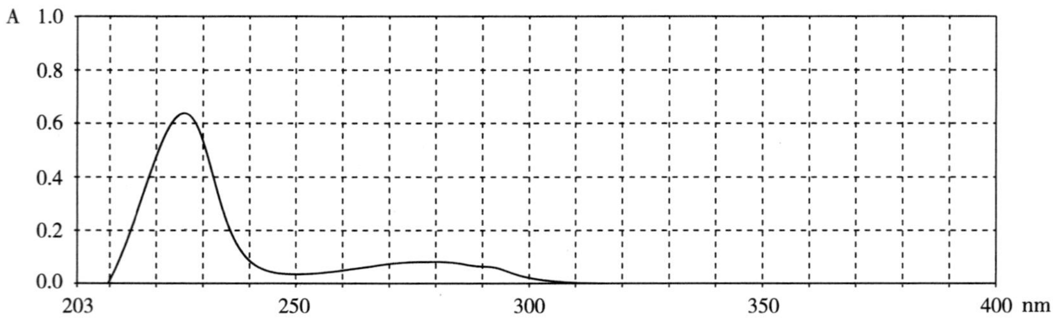

图 5　苯甲酸利扎曲坦的紫外光谱图

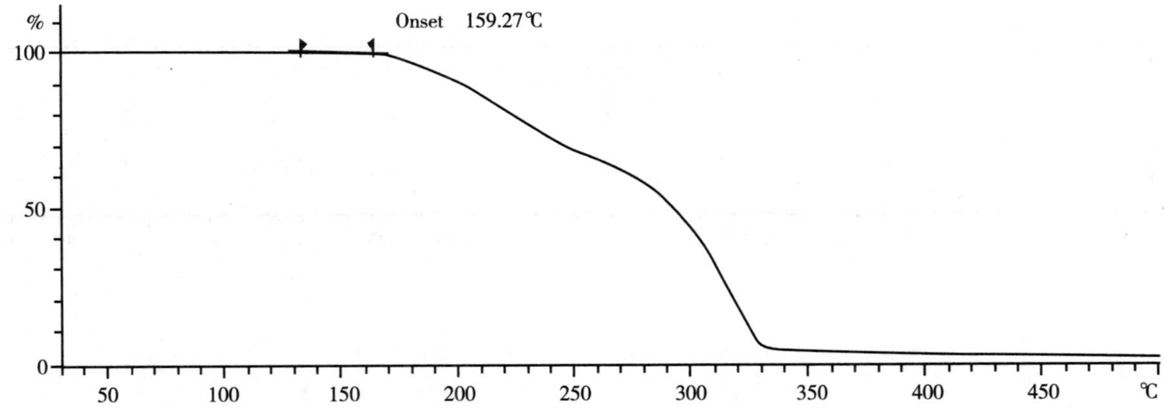

图 6　苯甲酸利扎曲坦的 TG 图

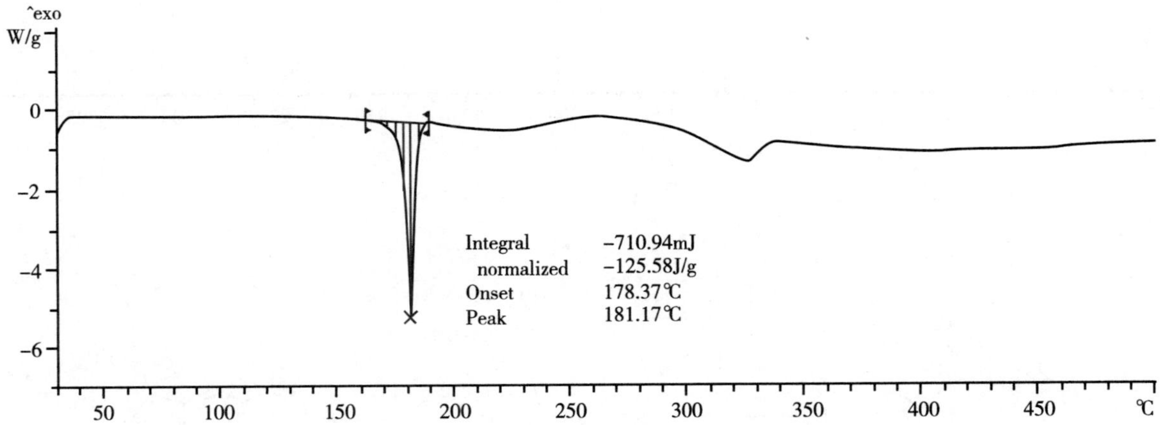

图 7　苯甲酸利扎曲坦的 DSC 图

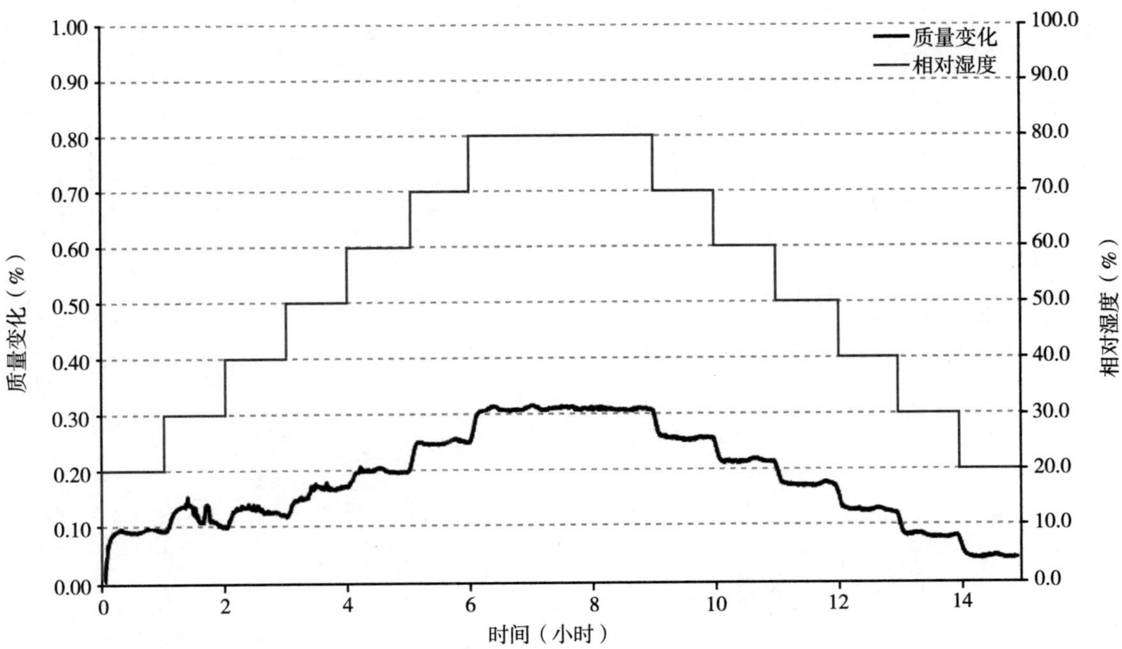

图 8　苯甲酸利扎曲坦的 DVS 图

正离子扫描模式（一级）

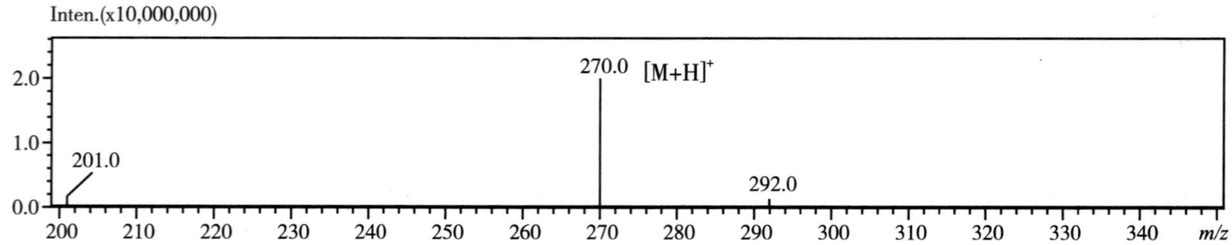

正离子扫描模式（二级）

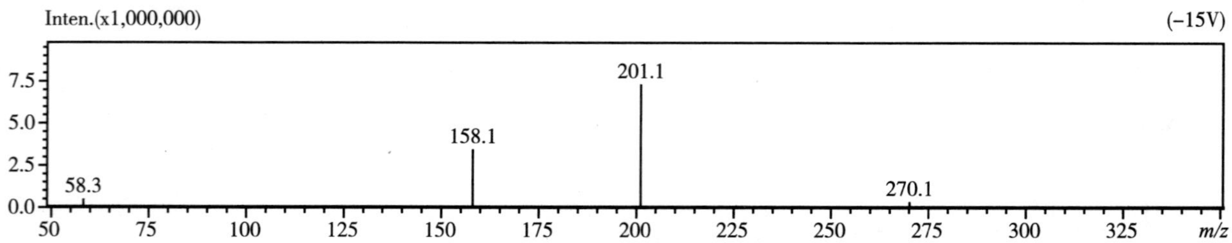

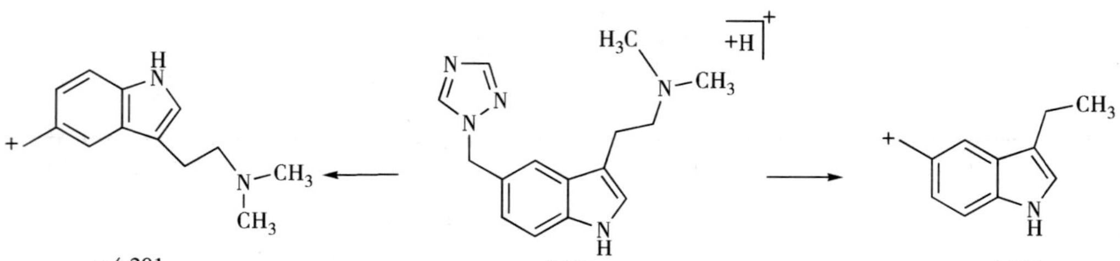

负离子扫描模式（一级）

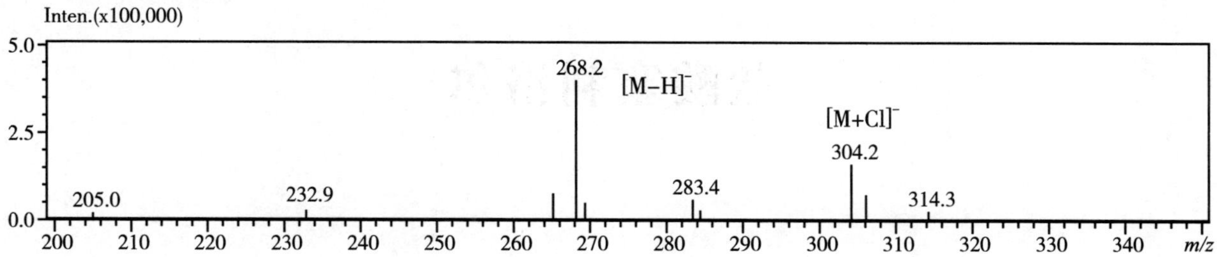

负离子扫描模式（二级）

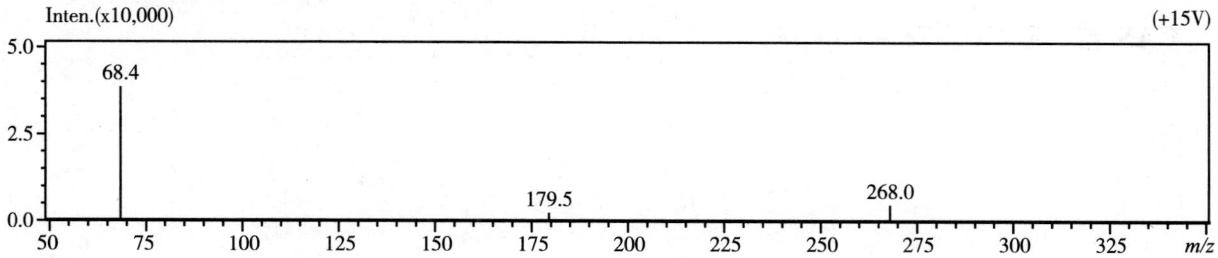

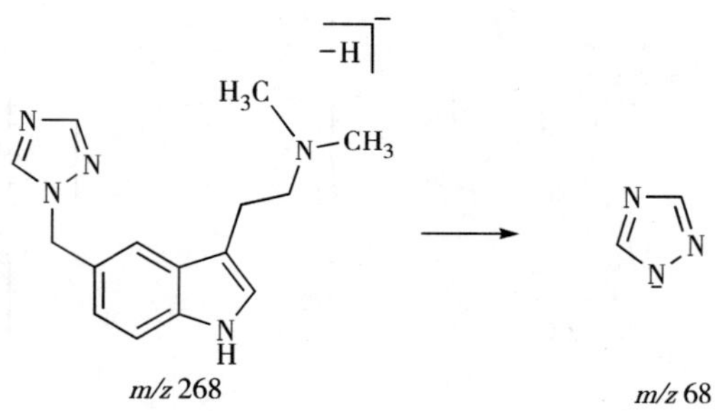

图 9　苯甲酸利扎曲坦的质谱图

备注

1. **中文化学名**　*N*,*N* - 二甲基 - 2 - ［5 - （1,2,4 - 三唑 - 1 - 基甲基）- 1*H* - 吲哚 - 3 - 基］乙胺苯甲酸盐
2. **英文化学名**　*N*,*N* - dimethyl - 2 - ［5 - （1,2,4 - triazol - 1 - ylmethyl）- 1*H* - indol - 3yl］ethylamine monobenzoate
3. **性状**　本品为白色或类白色结晶性粉末。
4. **溶解性**　本品在水或甲醇中溶解，在乙醇中略溶，在乙酸乙酯中极微溶解；在 0.1 mol/L 盐酸溶液中微溶。
5. **溶剂**　水。
6. **对照品编号与批号**　100793 - 200501

盐酸塞利洛尔

英文名 Celiprolol Hydrochloride

分子式 $C_{20}H_{33}N_3O_4 \cdot HCl$

分子量 415.95

CAS 号 57470－78－7

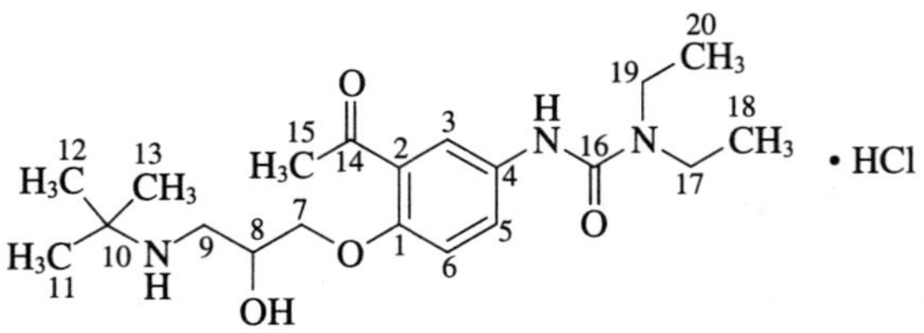

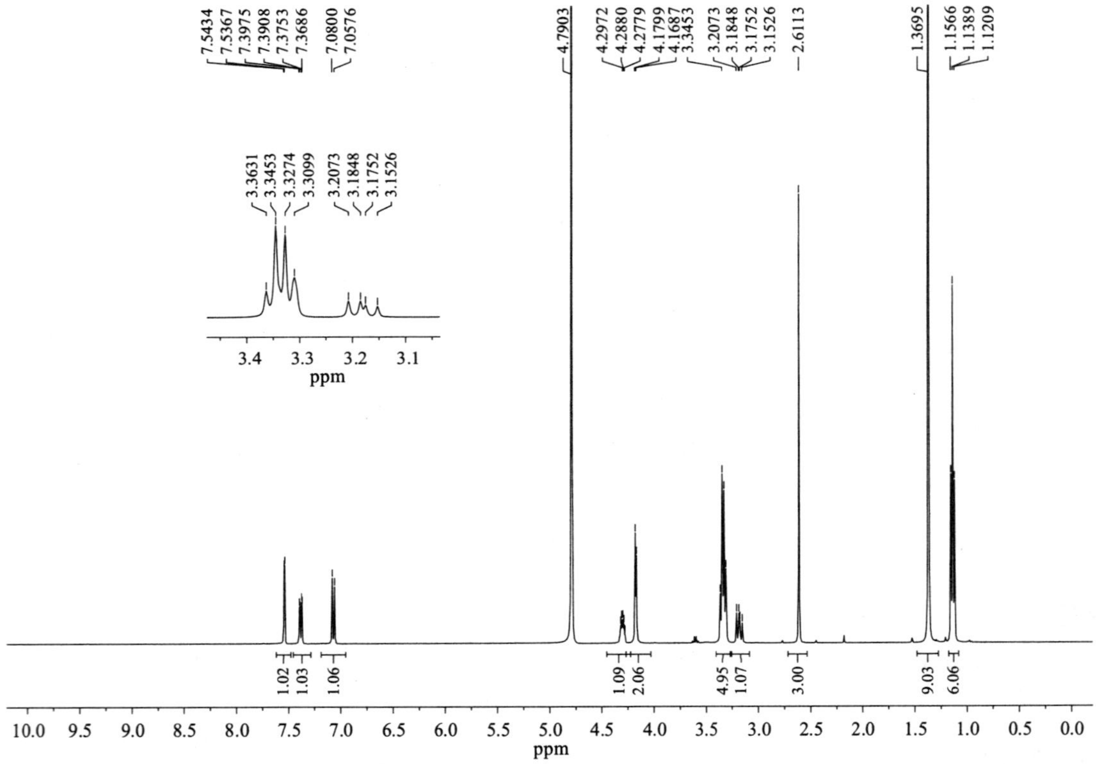

图 1　盐酸塞利洛尔的^{1}H NMR 谱（溶剂：D_2O）

^{1}H NMR：δ 7.54（H－3，d，J＝2.7 Hz，1H），7.38（H－5，dd，J＝8.9，2.7 Hz，1H），7.06（H－6，d，J＝8.9 Hz，1H），4.29（H－7a，m，1H），4.19～4.16（H－7b，8，m，2H），3.38～3.29（H－17，19，9a，m，5H），3.18（H－9b，dd，J＝12.9，9.0 Hz，1H），2.61（H－15，s，3H），1.37（H－11，12，13，s，9H），1.13（H－18，20，t，J＝7.1 Hz，6H）

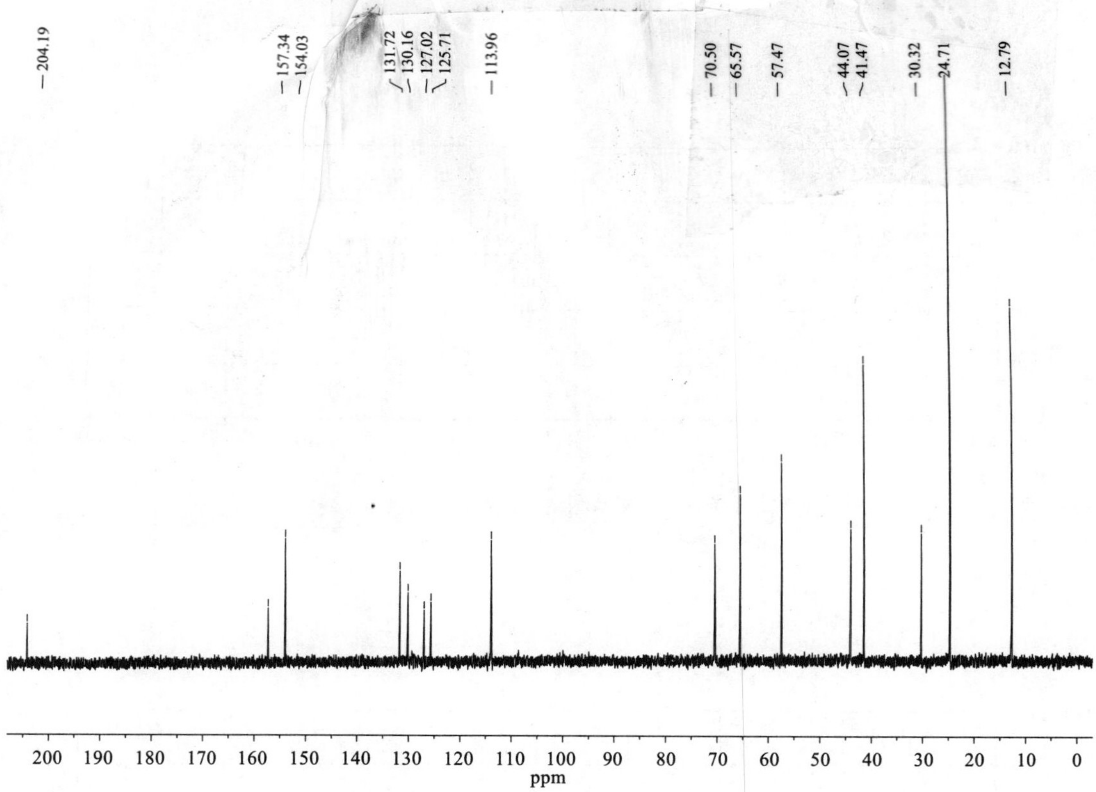

图2　盐酸塞利洛尔的^{13}C NMR谱（溶剂：D_2O）

^{13}C NMR：δ 204.19（C－14），157.34（C－1），154.03（C－16），131.72（C－4），130.16（C－5），127.02（C－2），125.71（C－3），113.96（C－6），70.50（C－7），65.57（C－8），57.47（C－10），44.07（C－9），41.47（C－17，19），30.32（C－15），24.71（C－11，12，13），12.79（C－18，20）

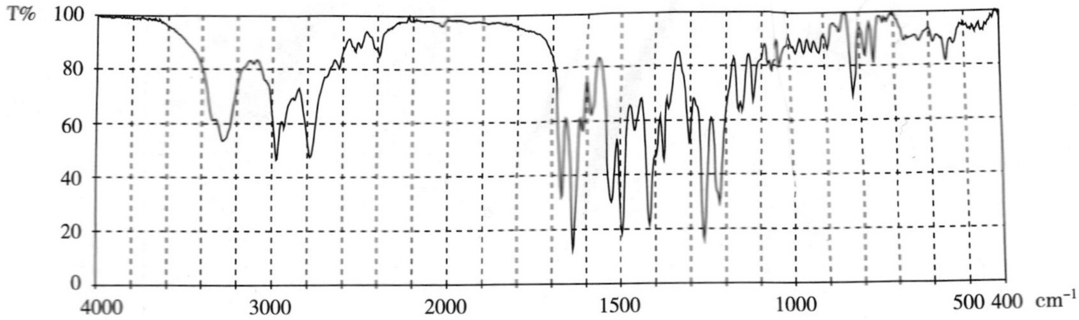

图 3　盐酸塞利洛尔的红外光谱图

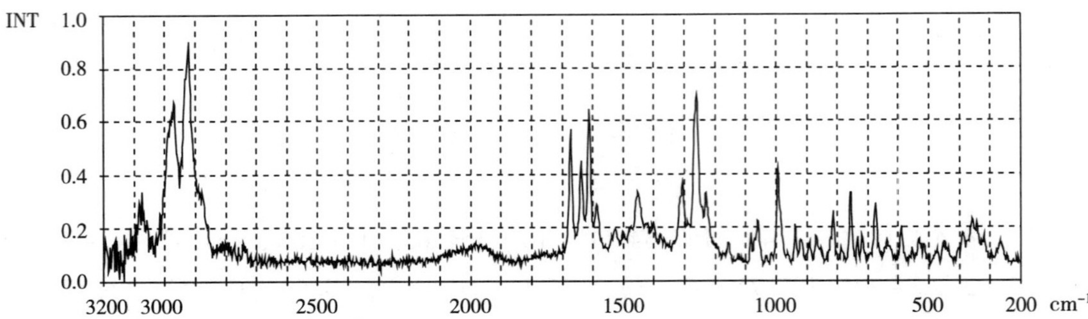

图 4　盐酸塞利洛尔的拉曼光谱图

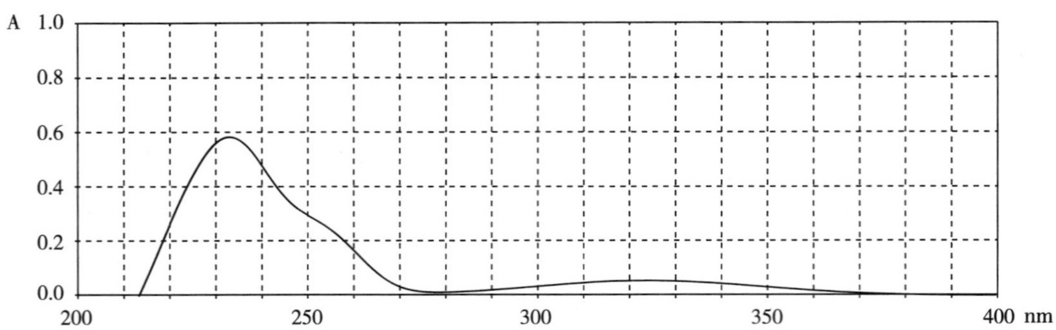

图 5　盐酸塞利洛尔的紫外光谱图

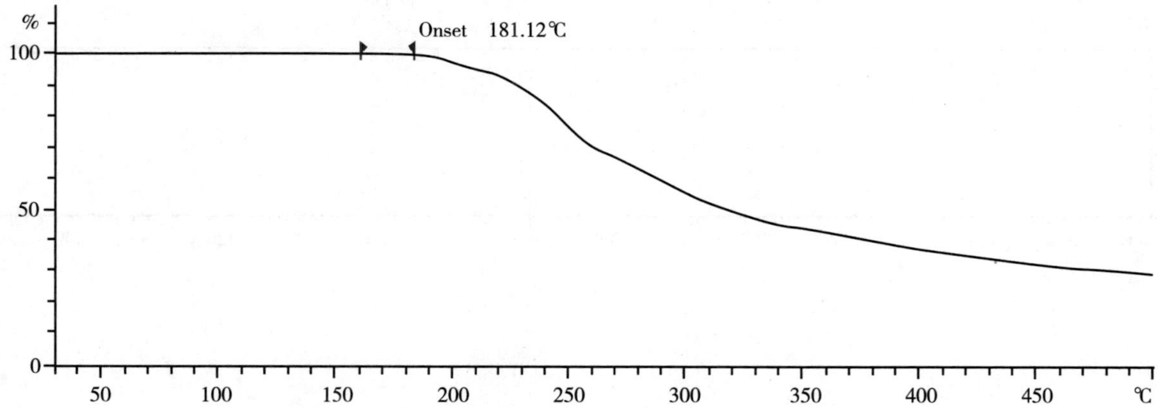

图 6 盐酸塞利洛尔的 TG 图

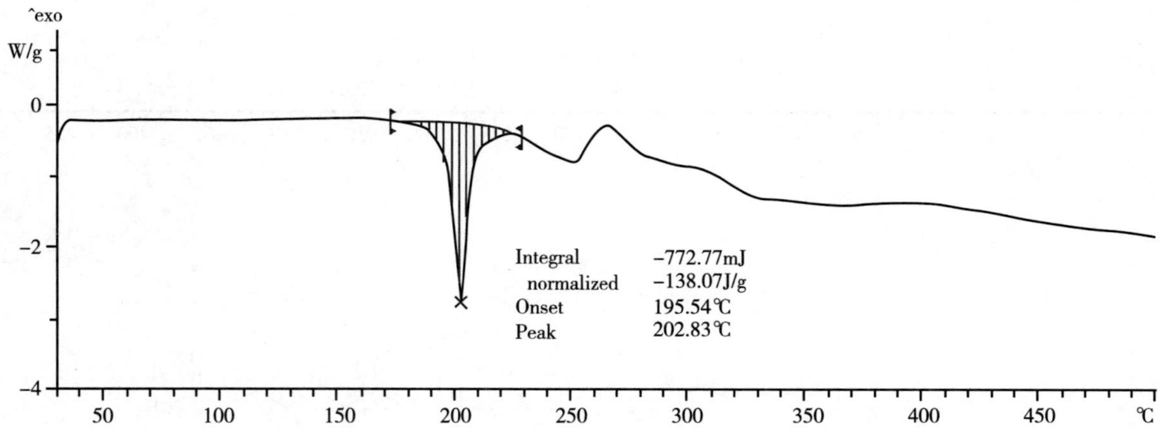

图 7 盐酸塞利洛尔的 DSC 图

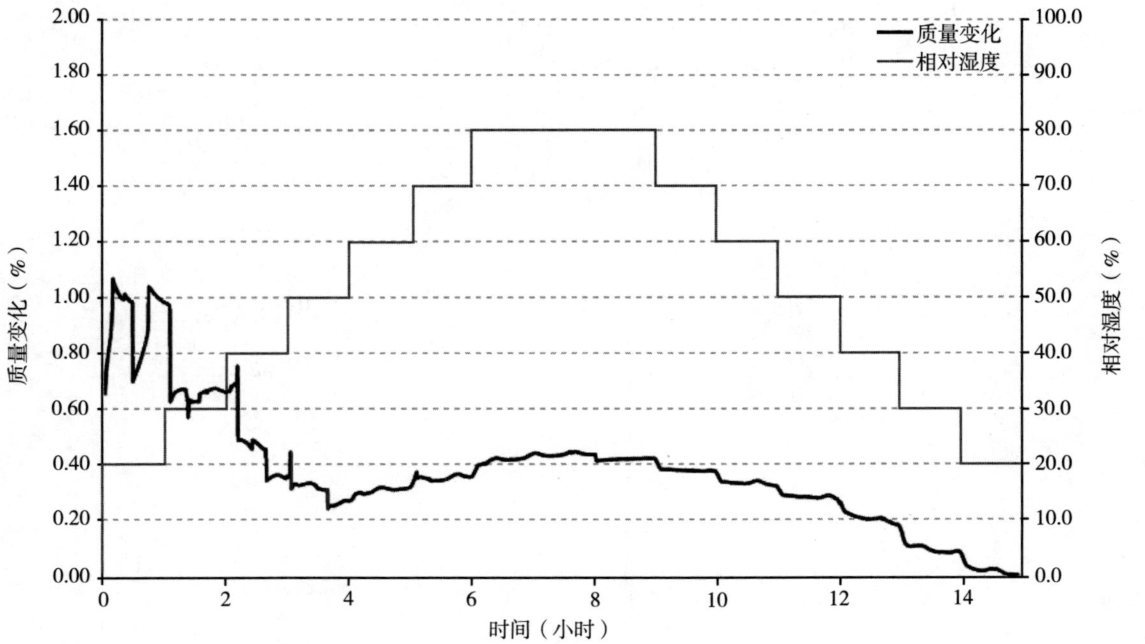

图 8 盐酸塞利洛尔的 DVS 图

正离子扫描模式（一级）

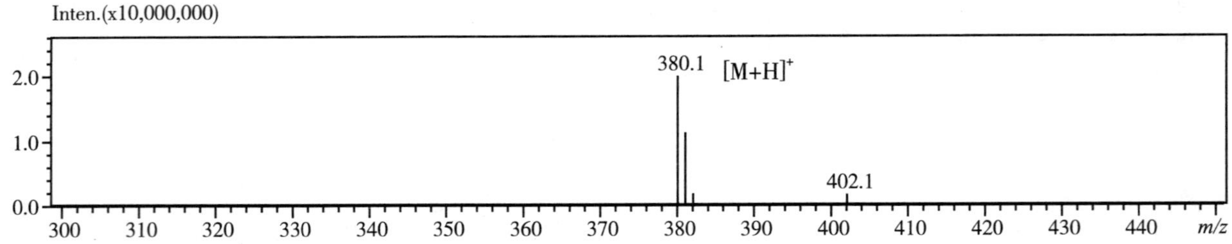

正离子扫描模式（二级）

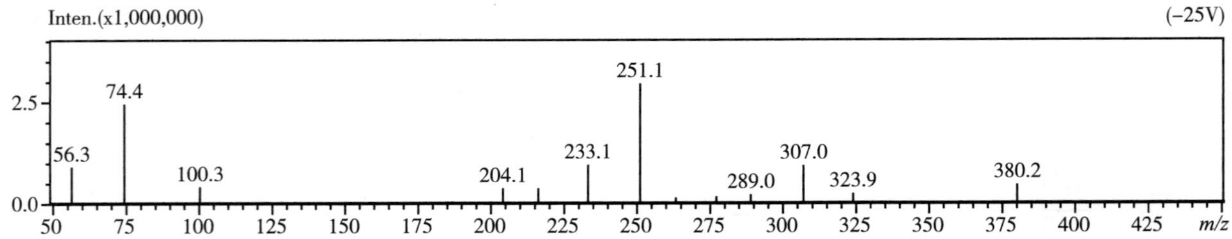

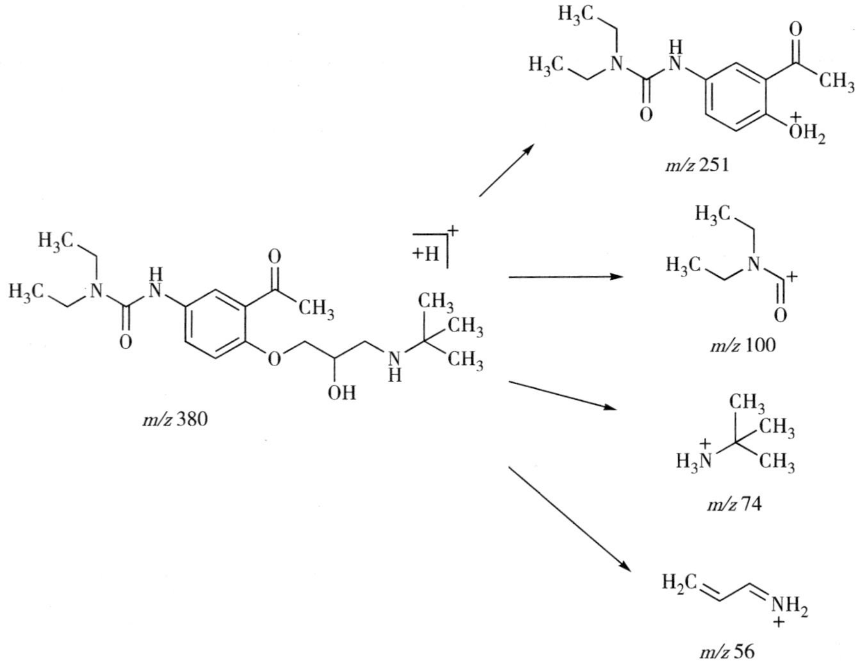

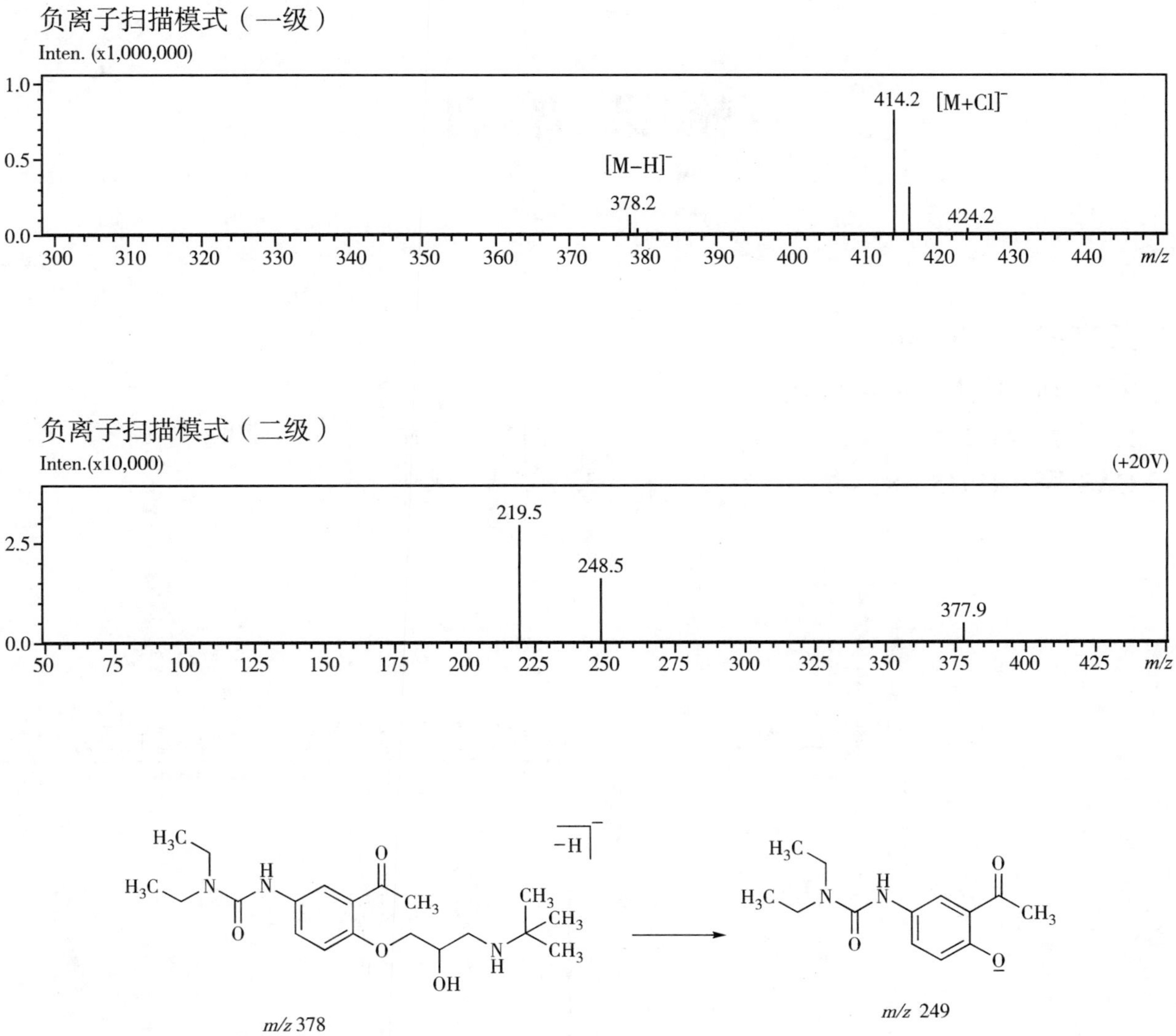

图9　盐酸塞利洛尔的质谱图

备注

1. 中文化学名　3－[3－乙酰基－4－(3－叔丁氨基－2－羟基)丙氧基]苯基－1,1－二乙基脲盐酸盐

2. 英文化学名　3－[3－acetyl－4－(3－*tert*－butylamino－2－hydroxy)propoxy]phenyl－1,1－diethylurea hydrochloride

3. 性状　本品为白色或类白色结晶性粉末；无臭；味苦。

4. 溶解性　本品在水或甲醇中易溶，在无水乙醇中略溶，在丙酮中几乎不溶。

5. 溶剂　水。

6. 对照品编号与批号　100807－200501

赖诺普利

英文名　Lisinopril

分子式　$C_{21}H_{31}N_3O_5 \cdot 2H_2O$

分子量　441.52

CAS 号　83915－83－7

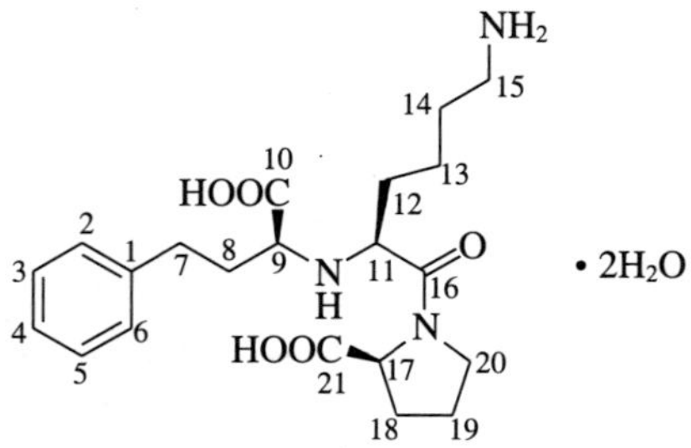

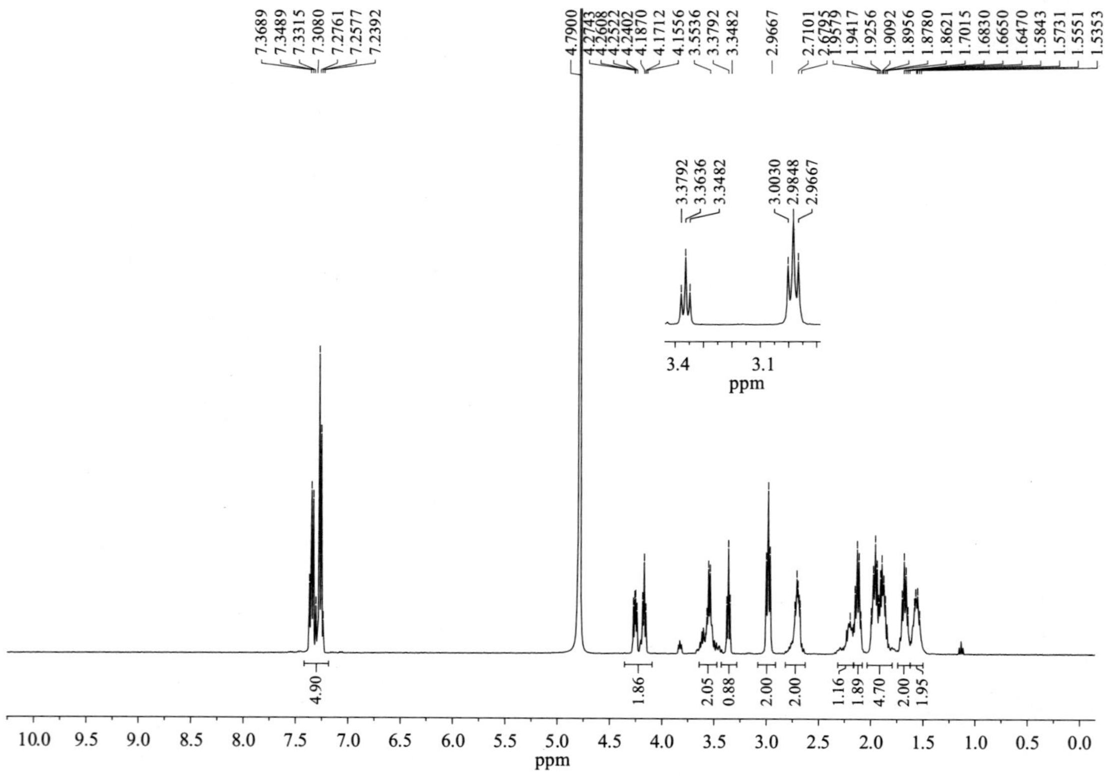

图 1　赖诺普利的[1]H NMR 谱（溶剂：D_2O）

^{1}H NMR：δ 7.49～7.19（Ar－H，m，5H），4.26（H－17，dd，J＝8.5，5.1 Hz，1H），4.17（H－11，t，J＝6.3 Hz，1H），3.70～3.44（H－9，20a，m，2H），3.36（H－20b，t，J＝6.2 Hz，1H），2.98（H－15，t，J＝7.3 Hz，2H），2.70（H－7，2H），2.19（m，1H），2.17～2.07（m，2H），2.04～1.78（m，5H），1.74～1.63（m，2H），1.62～1.48（m，2H）

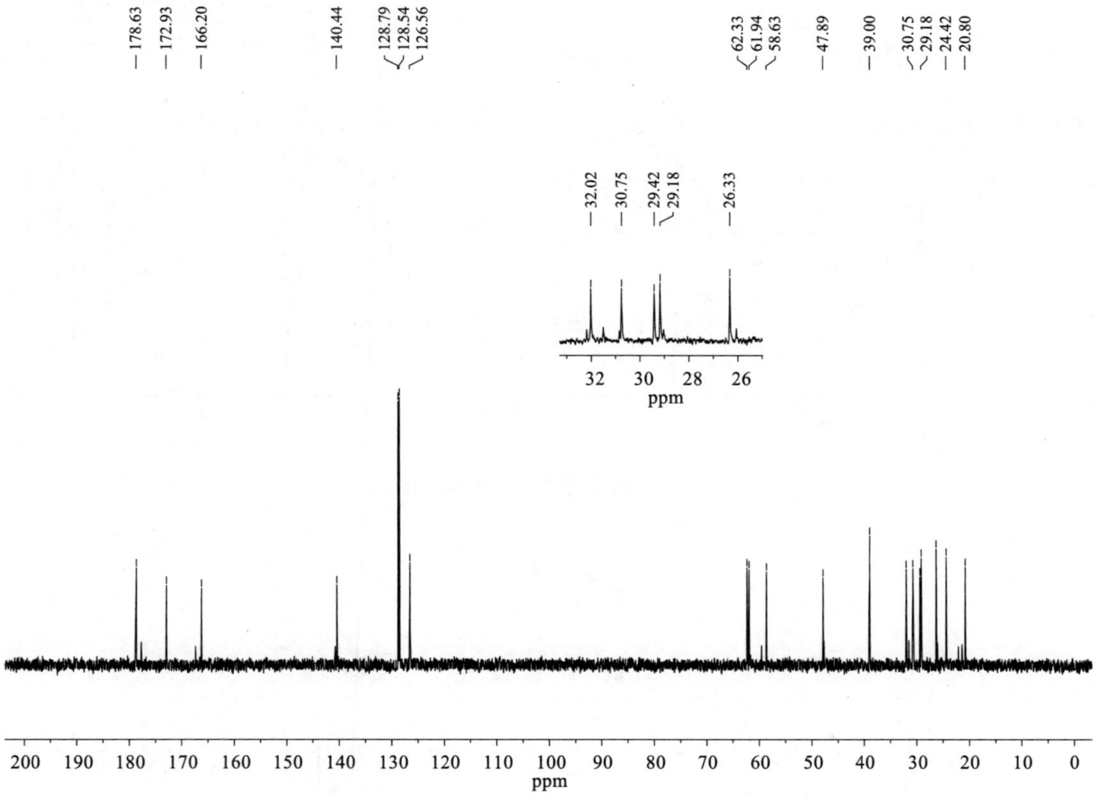

图2　赖诺普利的^{13}C NMR 谱（溶剂：D_2O）

^{13}C NMR：δ 178.63（C－21），172.93（C－10），166.20（C－16），140.44（C－1），128.79（C－3，5），128.54（C－2，6），126.56（C－4），62.33（C－17），61.94（C－9），58.63（C－11），47.89（C－20），39.00（C－15），32.02（C－12），30.75（C－8），29.42（C－14），29.18（C－7），26.33（C－18），24.42（C－13），20.80（C－19）

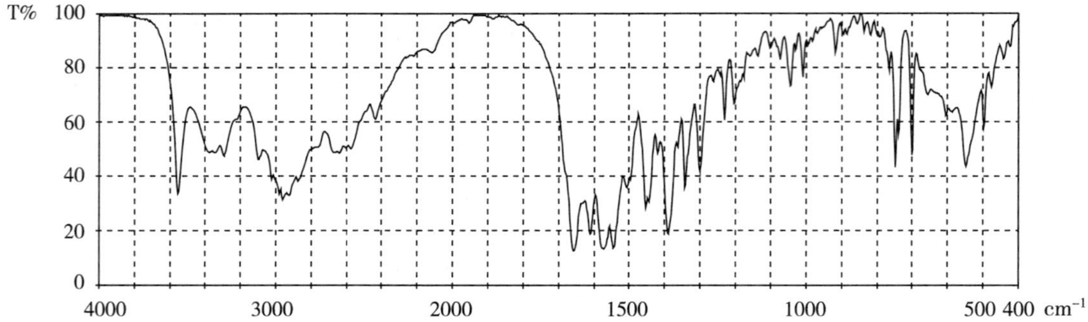

图 3　赖诺普利的红外光谱图

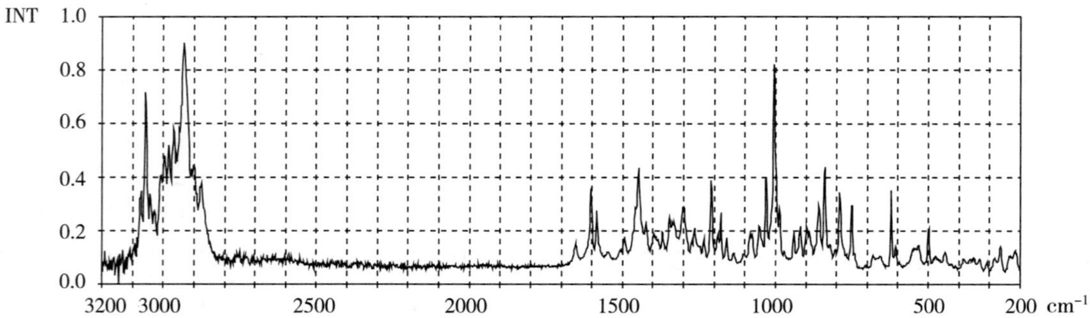

图 4　赖诺普利的拉曼光谱图

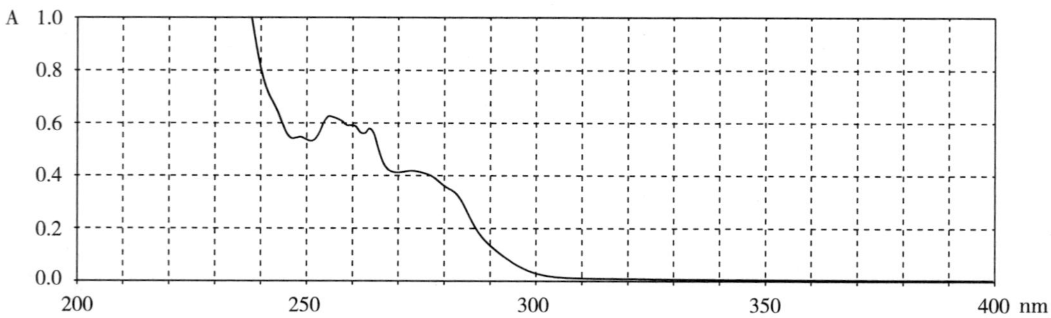

图 5　赖诺普利的紫外光谱图

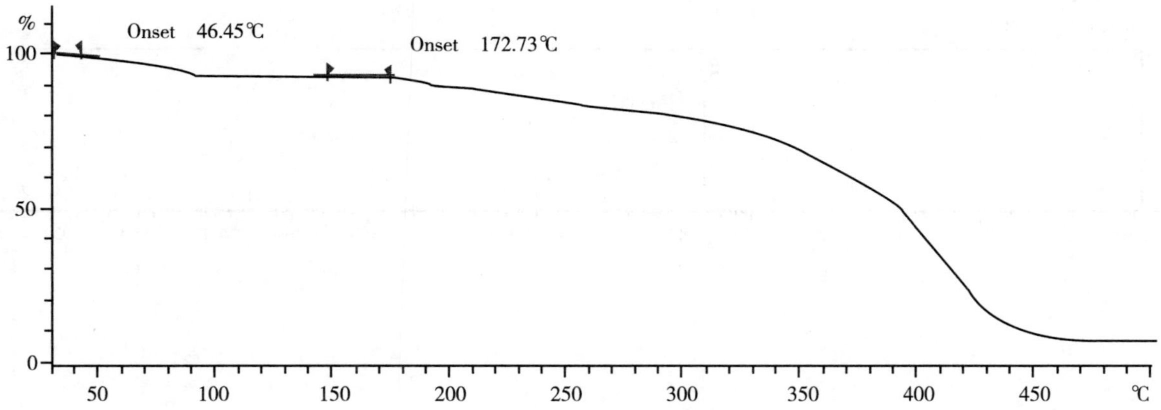

图 6　赖诺普利的 TG 图

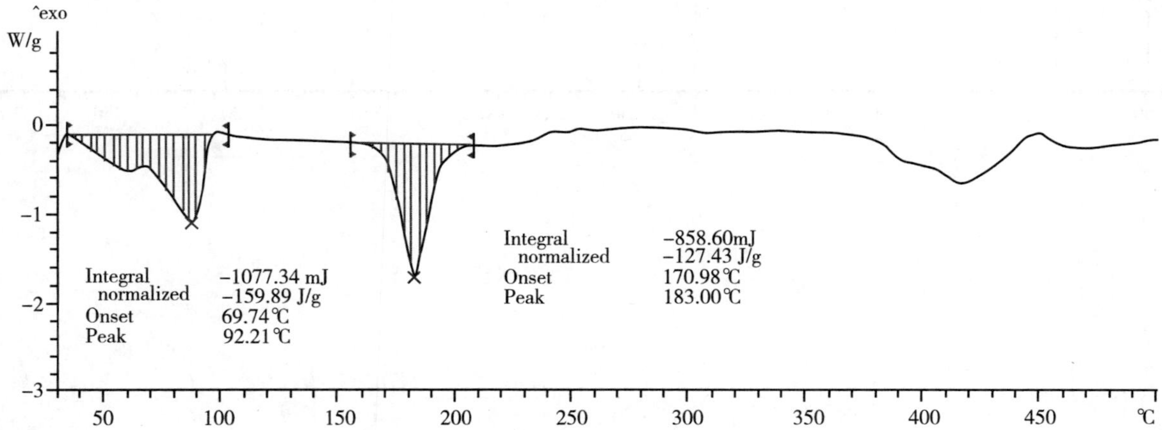

图 7　赖诺普利的 DSC 图

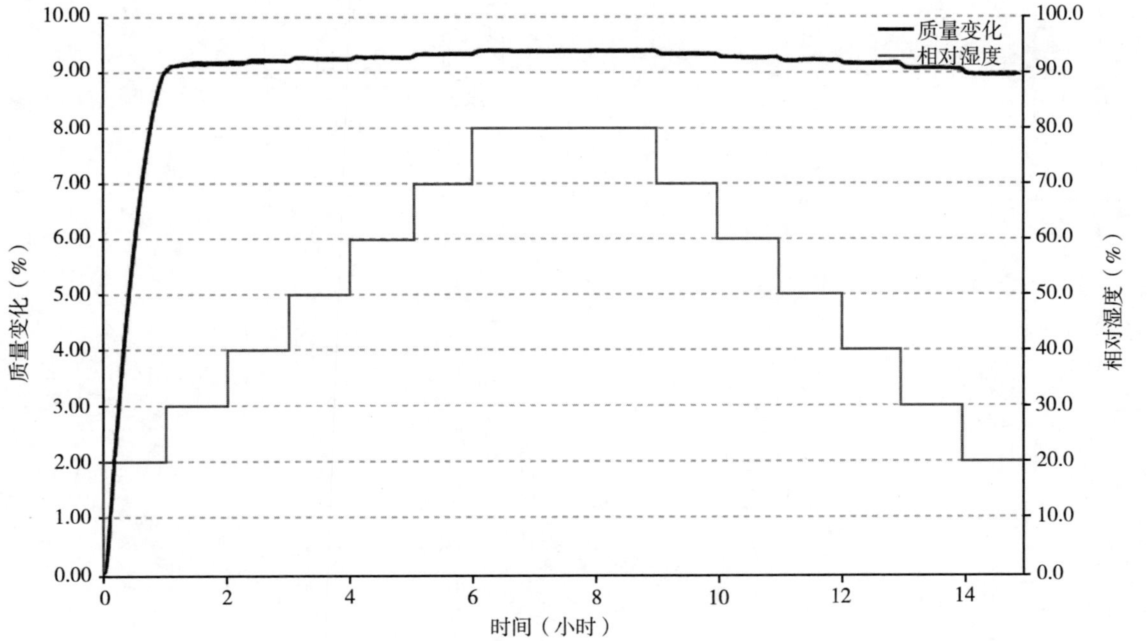

图 8　赖诺普利的 DVS 图

正离子扫描模式（一级）

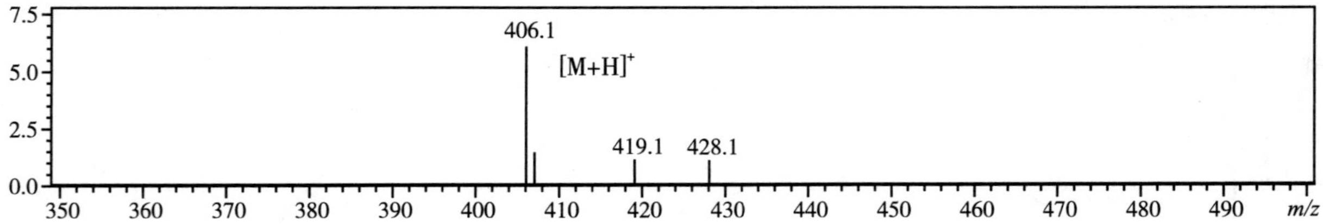

正离子扫描模式（二级）

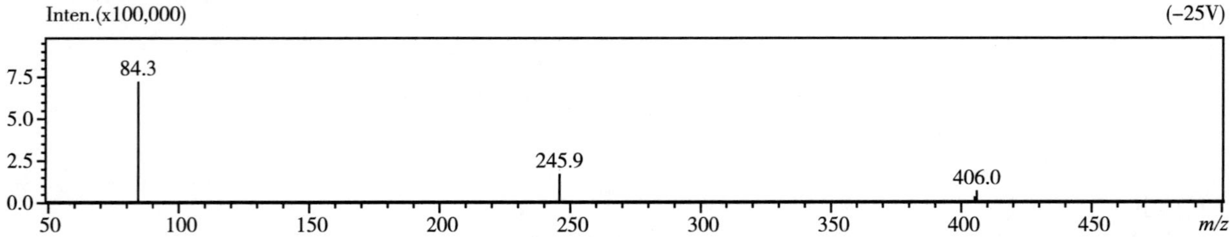

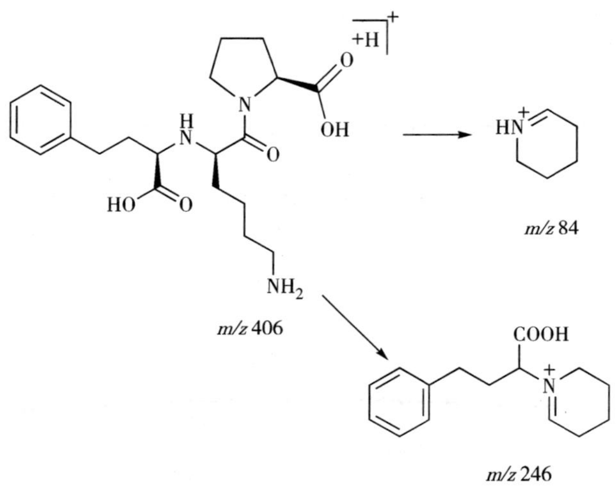

负离子扫描模式（一级）

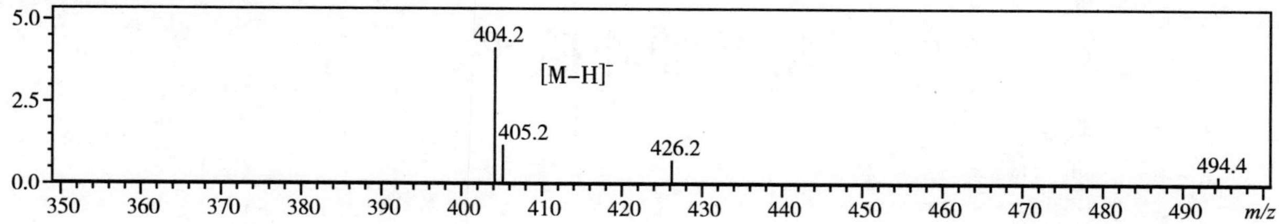

负离子扫描模式（二级）

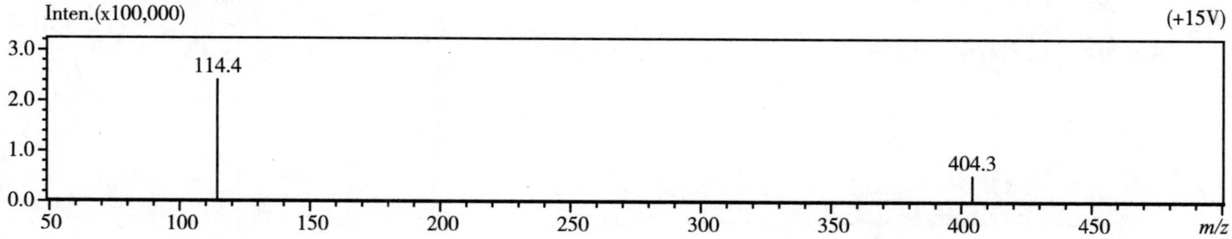

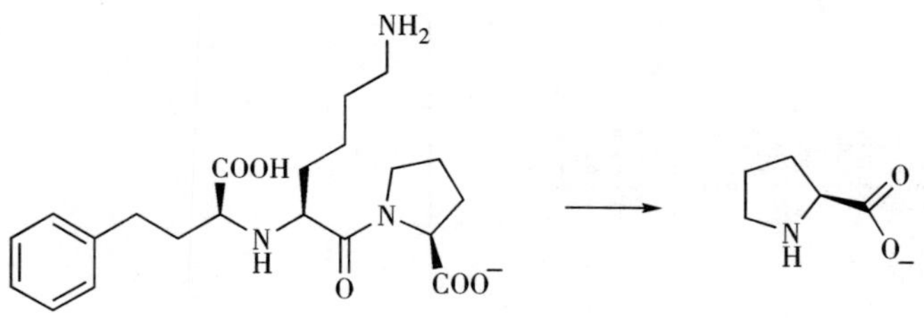

m/z 404　　　*m/z* 114

图 9　赖诺普利的质谱图

备注

1. **中文化学名**　1－［*N′*－［（*S*）－1－羧基－3－苯基丙基］－*L*－赖氨酰］－*L*－脯氨酸二水合物
2. **英文化学名**　1－［*N′*－［（*S*）－1－carboxy－3－phenylpropyl］－*L*－lysyl］－*L*－proline dihydrate
3. **性状**　本品为白色或类白色结晶性粉末；无臭。
4. **溶解性**　本品在水中溶解，在甲醇中略溶，在乙醇或三氯甲烷中几乎不溶。
5. **溶剂**　水。
6. **对照品编号与批号**　100814－200701

富马酸喹硫平

英文名 Quetiapine Fumarate

分子式 $C_{21}H_{25}N_3O_2S \cdot 1/2C_4H_4O_4$

分子量 441.54

CAS 号 111974－72－2

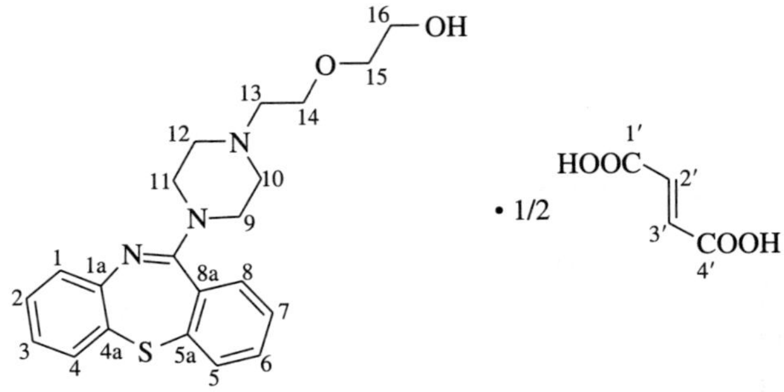

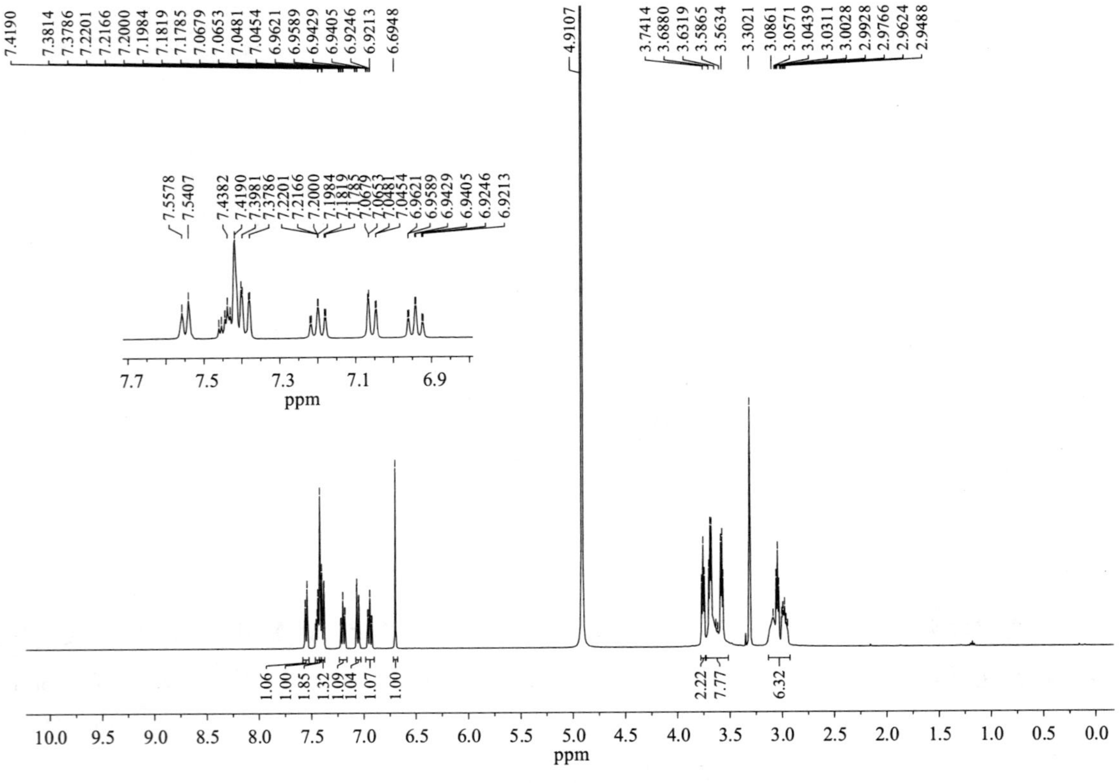

图1 富马酸喹硫平的^{1}H NMR 谱（溶剂：CD_3OD）

^{1}H NMR：δ 7.55（H－8，d，J=6.9 Hz，1H），7.45（H－5，m，1H），7.42（H－1，6，s，2H），7.39（H－7，dd，J=7.9，1.2 Hz，1H），7.20（H－3，td，J=8.0，1.4 Hz，1H），7.06（H－4，dd，J=8.0，1.0 Hz，1H），6.94（H－2，td，J=7.7，1.3 Hz，1H），6.69（H－2′，3′，s，1H），3.75（H－16，t，J=5.2 Hz，2H），3.70～3.56（m，8H），3.15～2.93（m，6H）

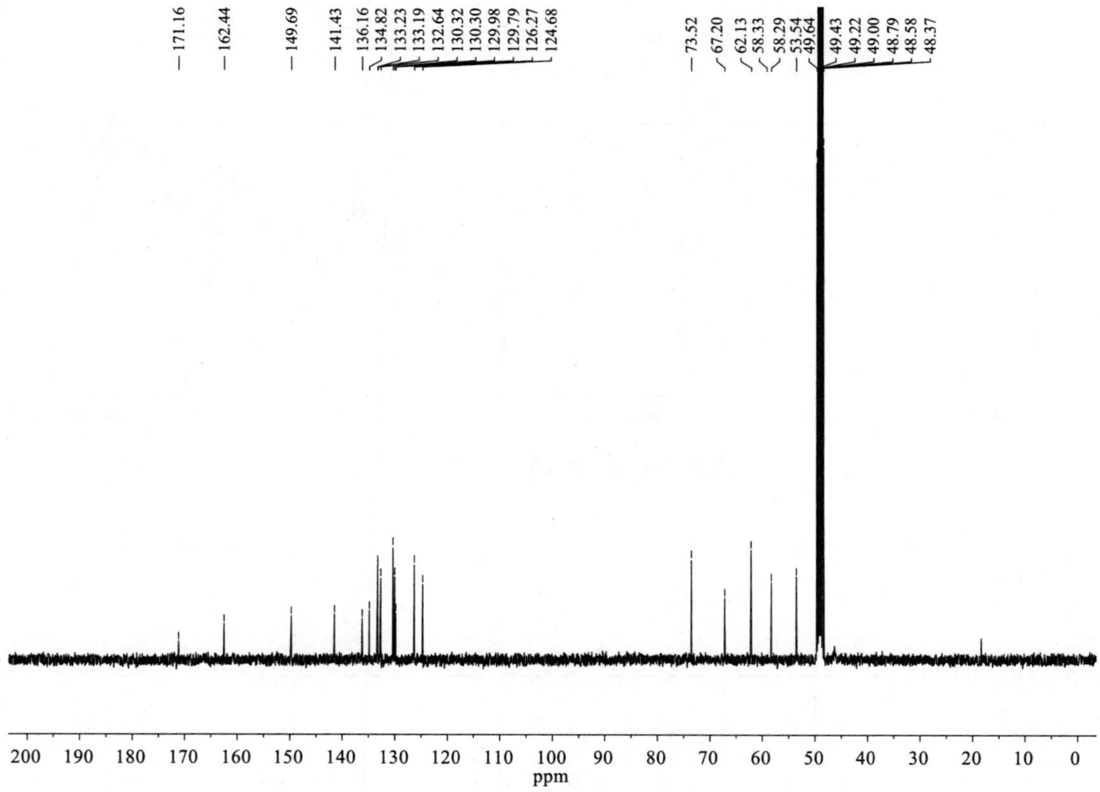

图2　富马酸喹硫平的^{13}C NMR 谱（溶剂：CD_3OD）

^{13}C NMR：δ 171.16（C-1′, 4′），162.44（C=N），149.69（C-1a），141.43（C-8a），136.16（C-5a），134.82（C-4a），133.23（C-4），133.19（C-5），132.64（C-6），130.32（C-2′, 3′），130.30（C-2），129.98（C-3），129.79（C-7），126.27（C-8），124.68（C-1），73.52（C-15），67.20（C-14），62.13（C-16），58.33（C-13），58.29（C-10, 12），53.54（C-9, 11）

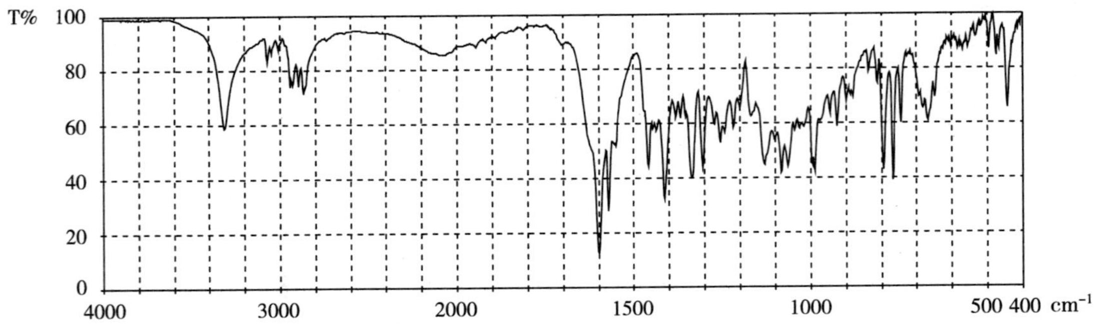

图 3　富马酸喹硫平的红外光谱图

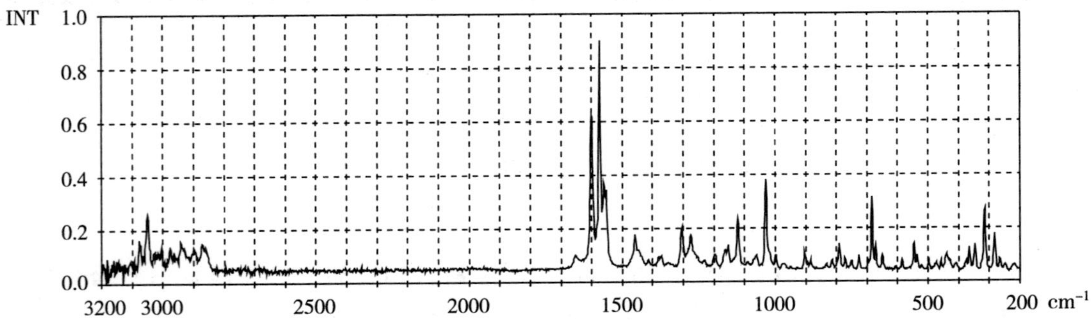

图 4　富马酸喹硫平的拉曼光谱图

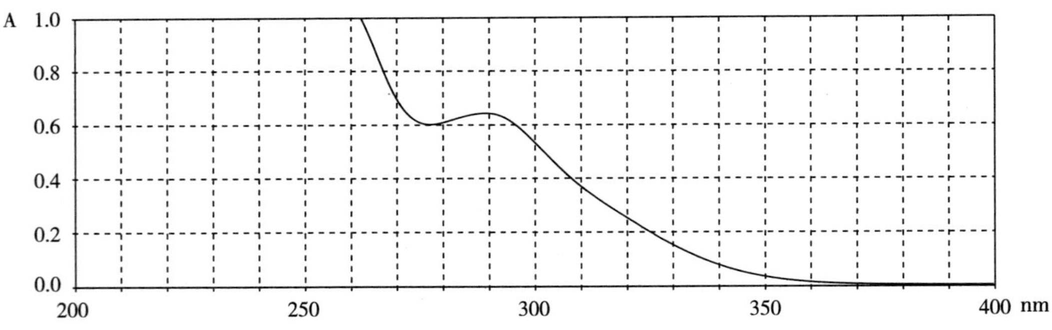

图 5　富马酸喹硫平的紫外光谱图

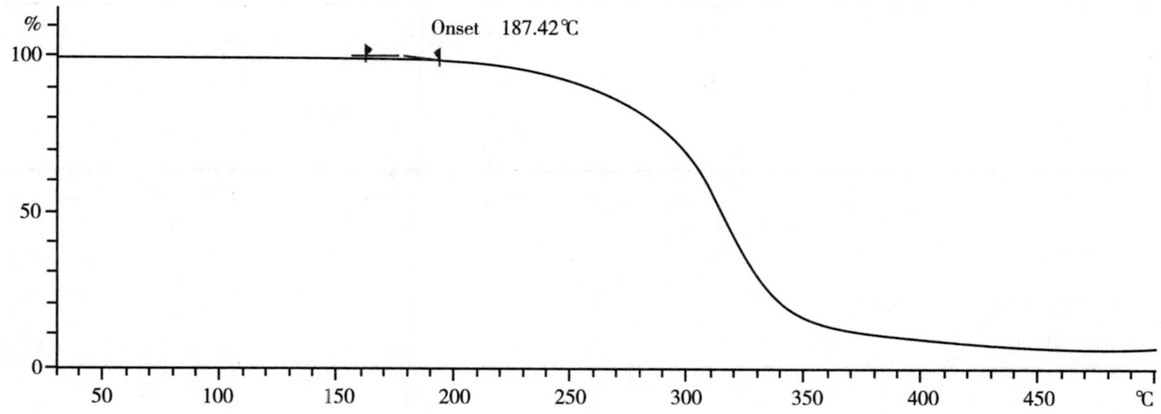

图 6　富马酸喹硫平的 TG 图

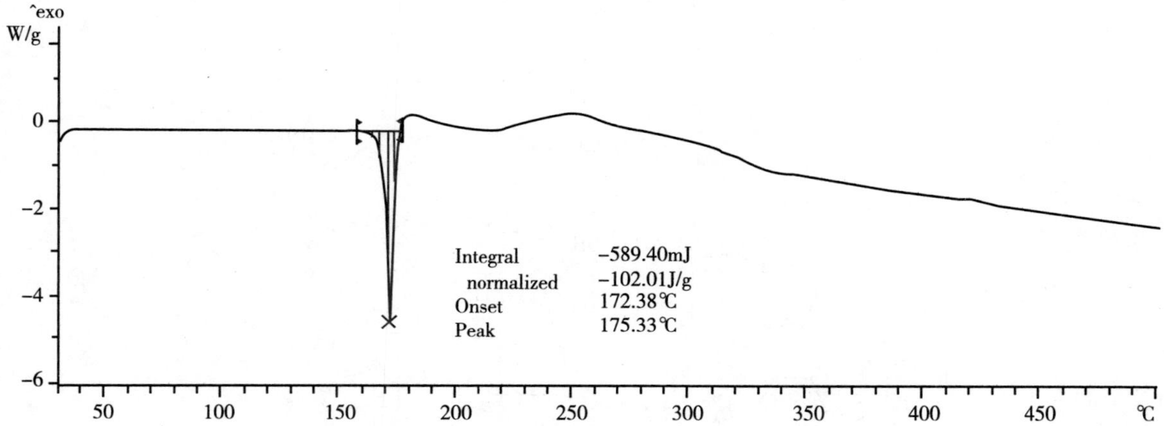

图 7　富马酸喹硫平的 DSC 图

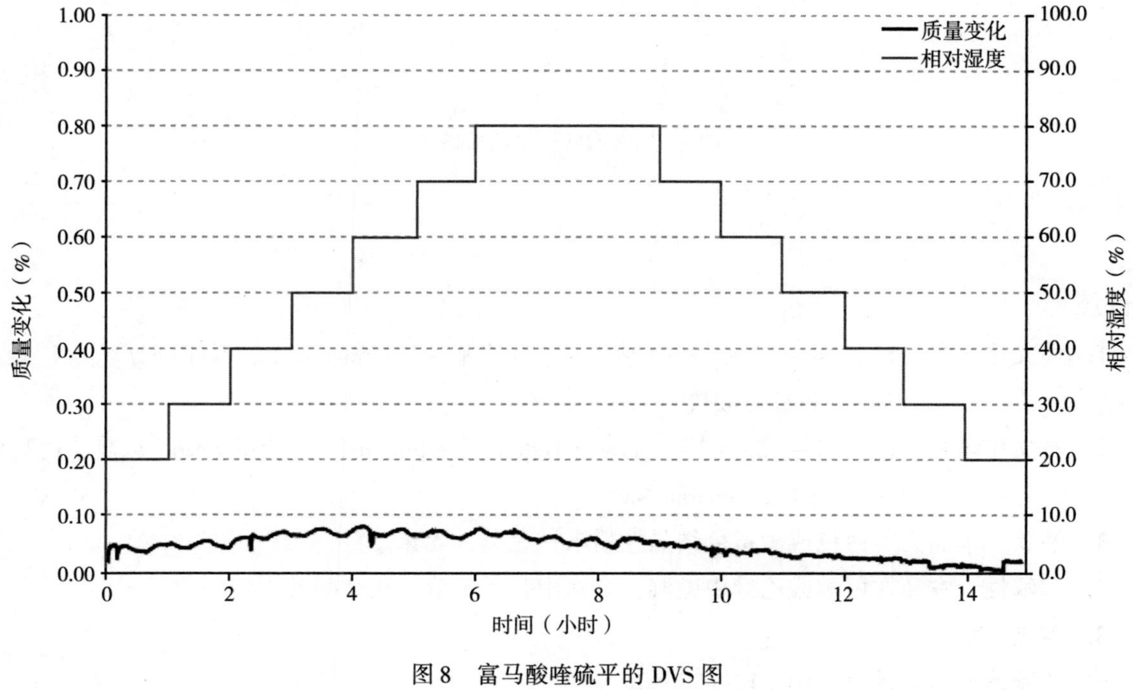

图 8　富马酸喹硫平的 DVS 图

正离子扫描模式（一级）

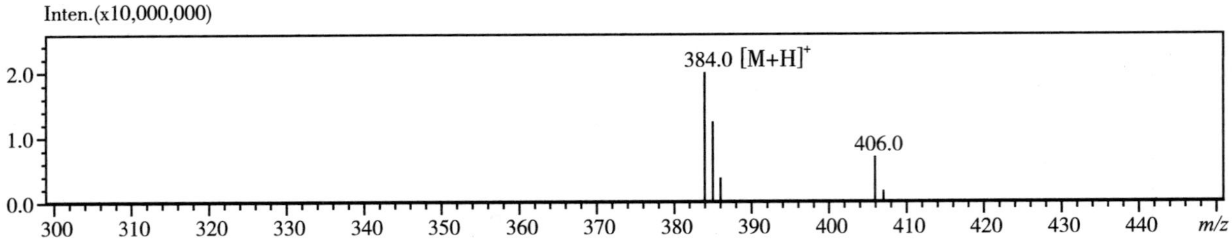

正离子扫描模式（二级）

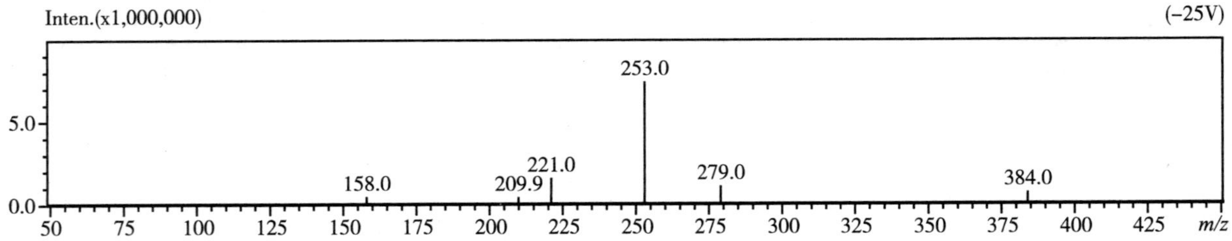

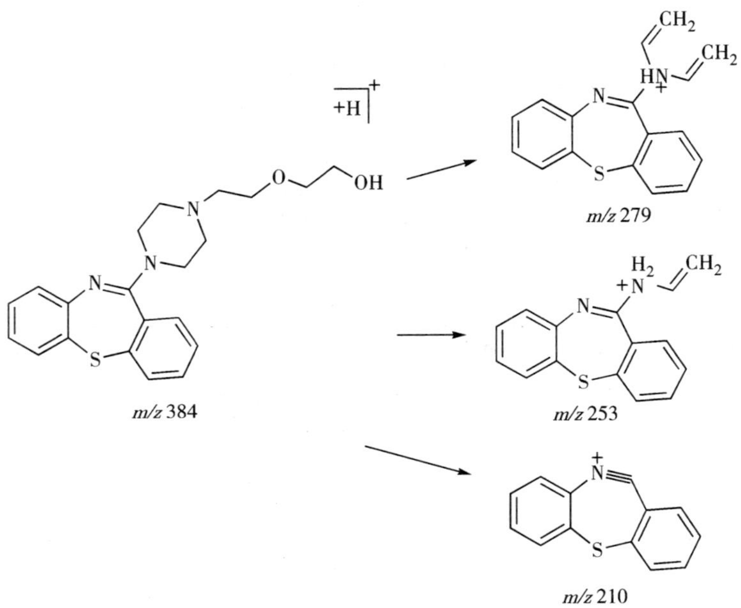

图 9　富马酸喹硫平的质谱图

备注

1. **中文化学名**　11－［4－［2－［2－(羧乙氧基)乙基－1－哌嗪］］］二苯并［*b*,*f*］［1,4］硫氮杂䓬·1/2 富马酸盐
2. **英文化学名**　11－［4－［2－［2－(carboxy)ethyl－1－piperazinyl］］］dibenzo［*b*,*f*］［1,4］thiazepine ·1/2 fumarate salt
3. **性状**　本品为类白色或微黄色结晶性粉末；无臭，无味。
4. **溶解性**　本品在甲醇或乙醇中微溶，在水中几乎不溶，在冰醋酸中溶解。
5. **溶剂**　水。
6. **对照品编号与批号**　100815－200501

曲 昔 匹 特

英文名 Troxipide

分子式 $C_{15}H_{22}N_2O_4$

分子量 294.35

CAS 号 30751－05－4

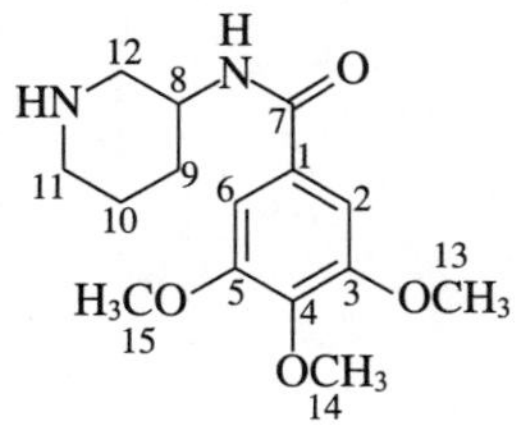

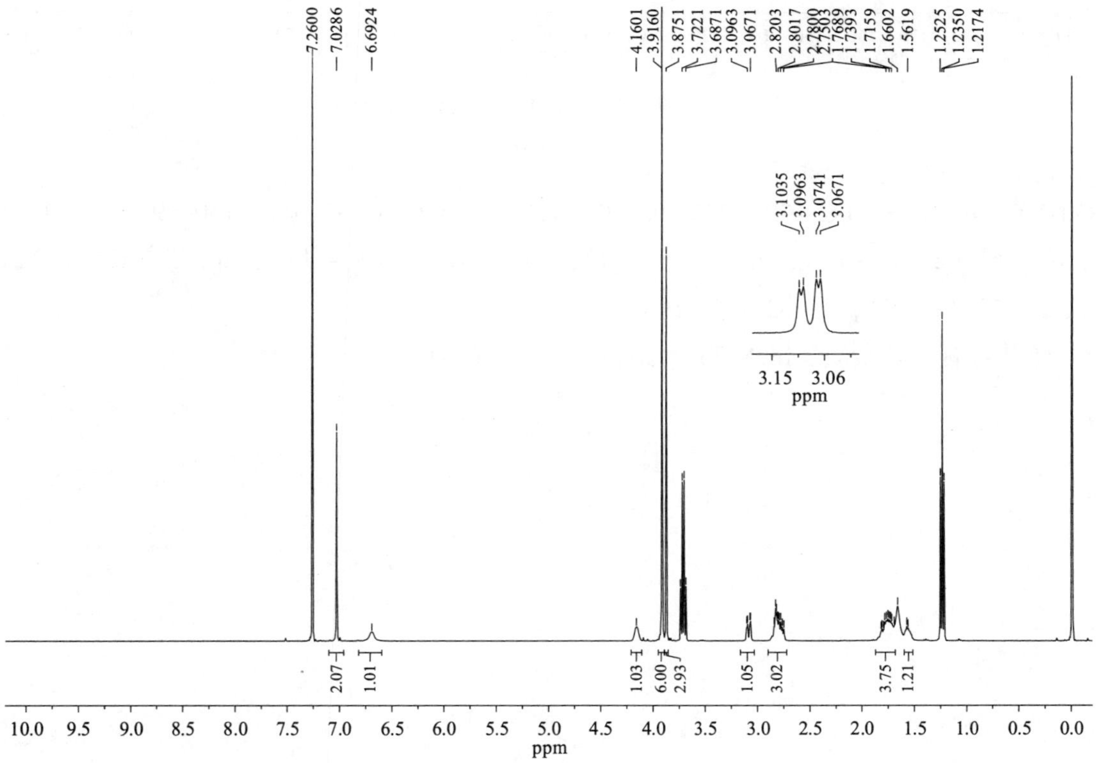

图 1　曲昔匹特的^{1}H NMR 谱（溶剂：$CDCl_3$）

^{1}H NMR：δ 7.03（H－2，6，s，2H），6.69（CONH，s，1H），4.16（NH，s，1H），3.92（H－13，15，s，6H），3.88（H－14，s，3H），3.09（H－8，dd，J＝11.7，2.9 Hz，1H），2.93～2.72（m，3H），1.90～1.69（m，4H），1.56（m，1H）

注：样品含有乙醇杂质，δ 3.71（CH_2，q，J＝7.0 Hz，2H），1.23（CH_3，t，J＝7.0 Hz，3H）

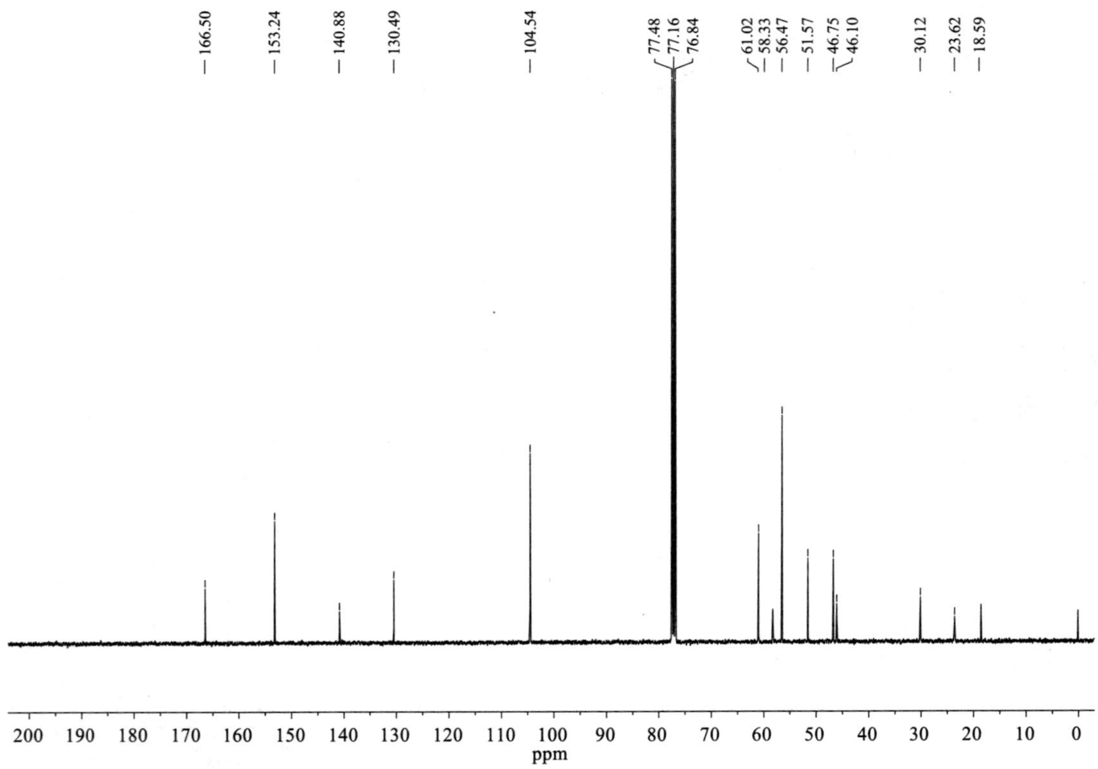

图 2　曲昔匹特的^{13}C NMR 谱（溶剂：$CDCl_3$）

^{13}C NMR：δ 166.50（C-7），153.24（C-3，5），140.88（C-4），130.49（C-1），104.54（C-2，6），61.02（C-14），56.47（C-13，15），51.57（C-12），46.75（C-11），46.10（C-8），30.12（C-9），23.62（C-10）

注：样品含有乙醇杂质，δ 58.33（CH_2），18.59（CH_3）

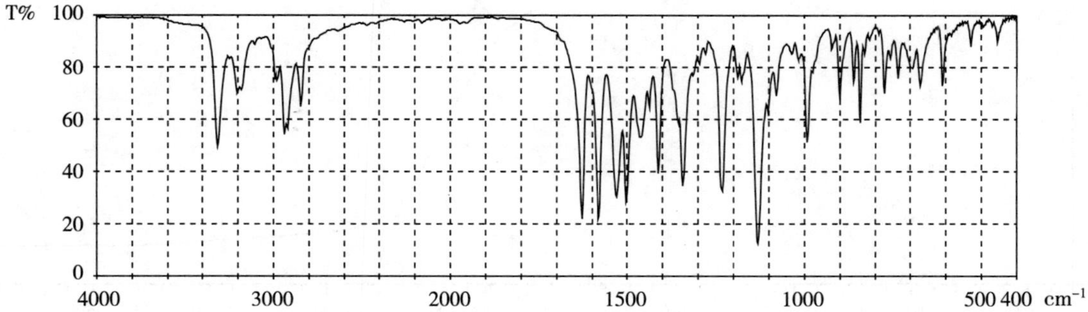

图 3　曲普匹特的红外光谱图

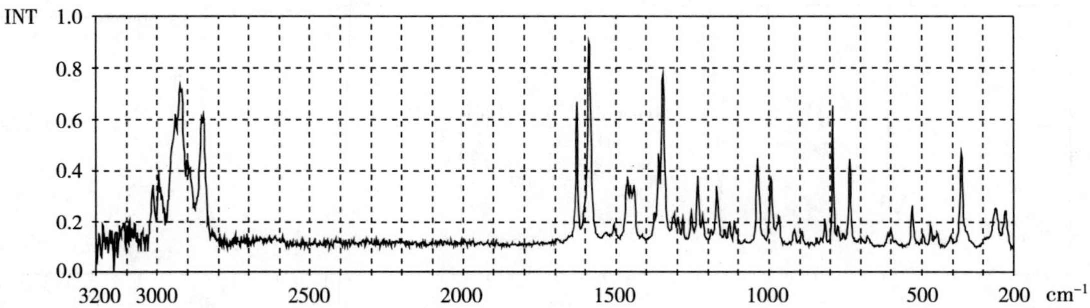

图 4　曲普匹特的拉曼光谱图

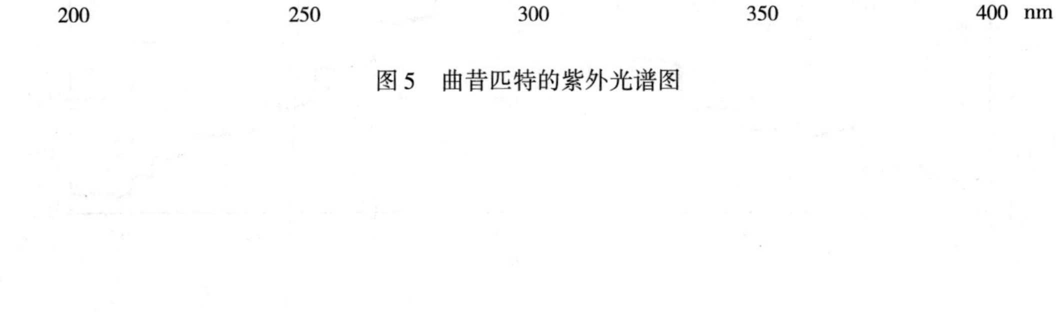

图 5　曲普匹特的紫外光谱图

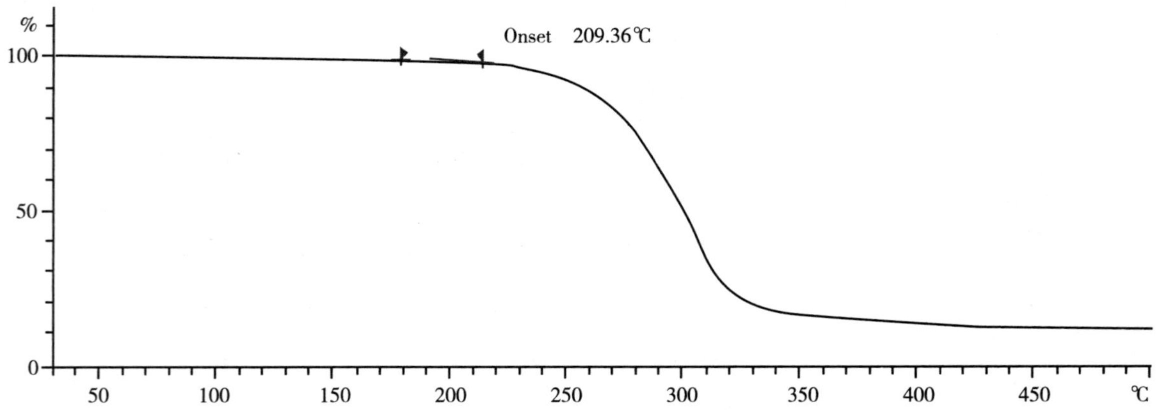

图 6　曲昔匹特的 TG 图

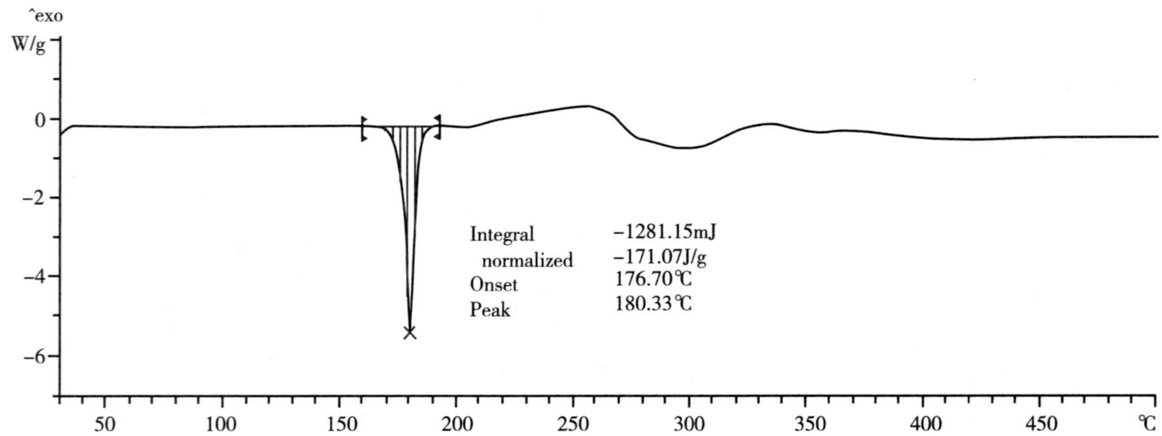

图 7　曲昔匹特的 DSC 图

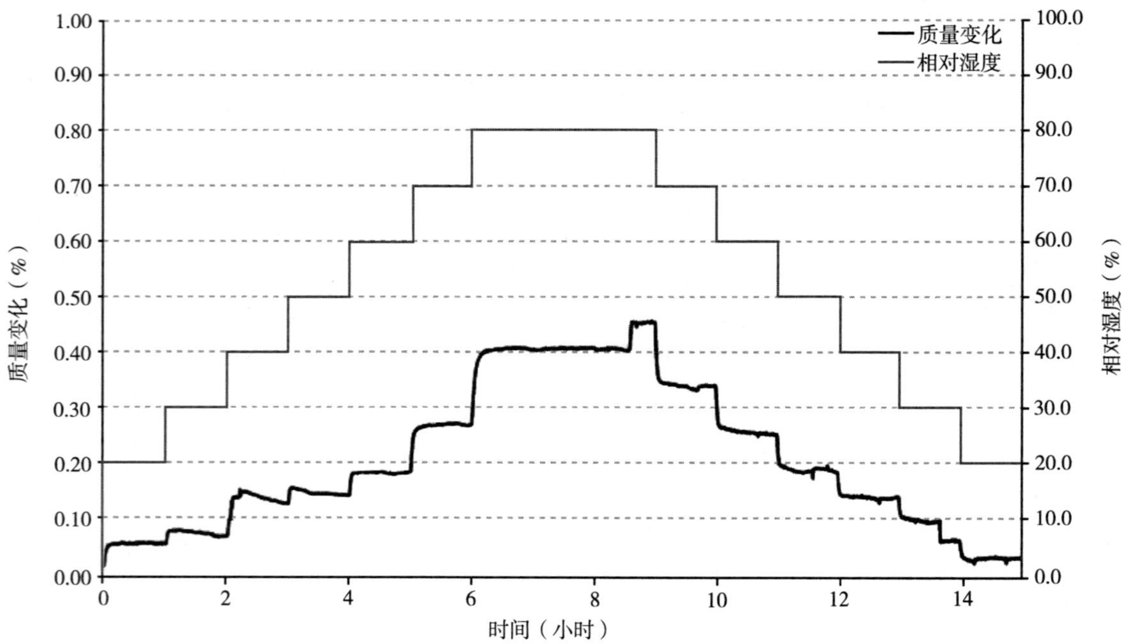

图 8　曲昔匹特的 DVS 图

正离子扫描模式（一级）

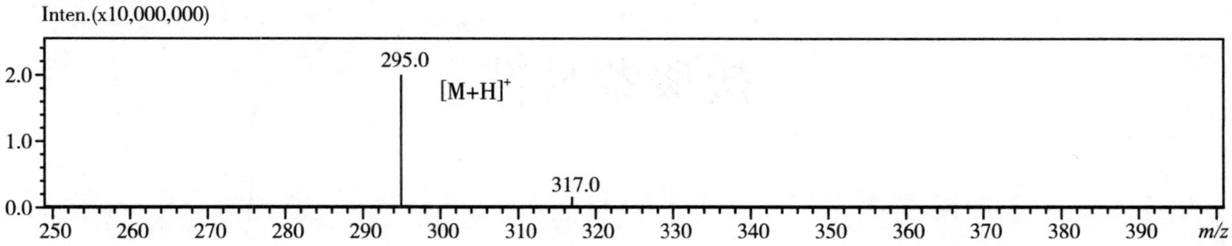

正离子扫描模式（二级）

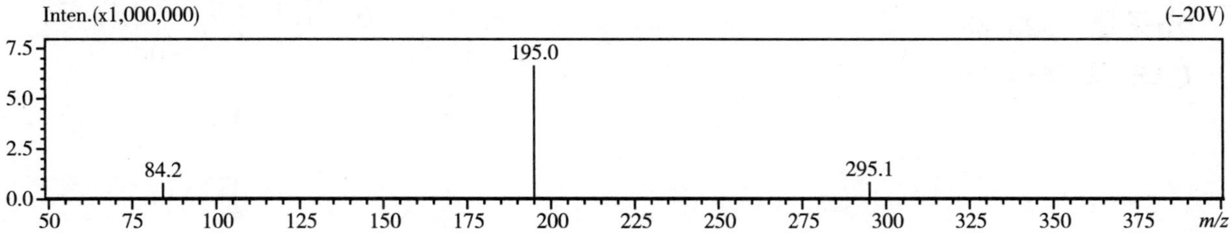

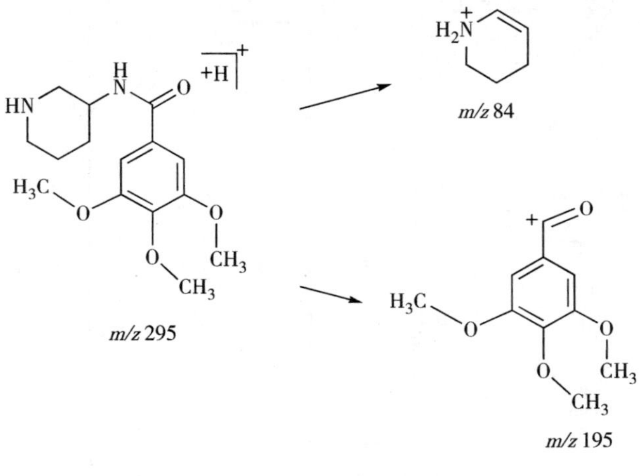

图9　曲昔匹特的质谱图

备注

1. **中文化学名**　(±)3,4,5-三甲氧基-*N*-3-哌啶基苯甲酰胺
2. **英文化学名**　(±)3,4,5 - trimethoxy - *N* - 3 - piperidinylbenzamide
3. **性状**　本品为白色结晶性粉末。
4. **溶解性**　本品在丙酮中易溶，在甲醇中溶解，在乙醇中略溶，在水中微溶。
5. **溶剂**　0.1mol/L 盐酸溶液。
6. **对照品编号与批号**　100817-200501

盐酸萘替芬

英文名 Naftifine Hydrochloride

分子式 $C_{21}H_{21}N \cdot HCl$

分子量 323.88

CAS 号 65473-14-5

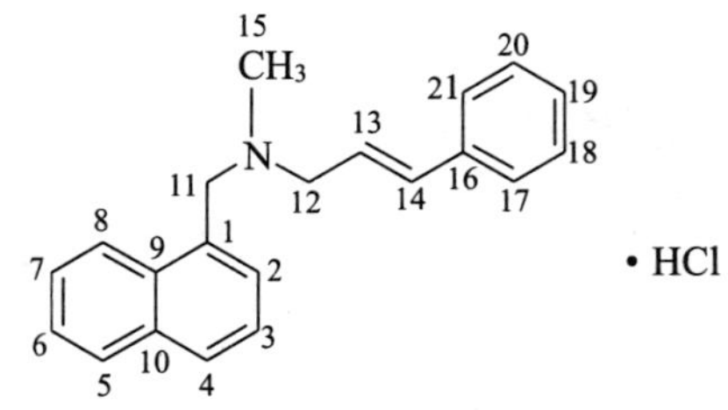

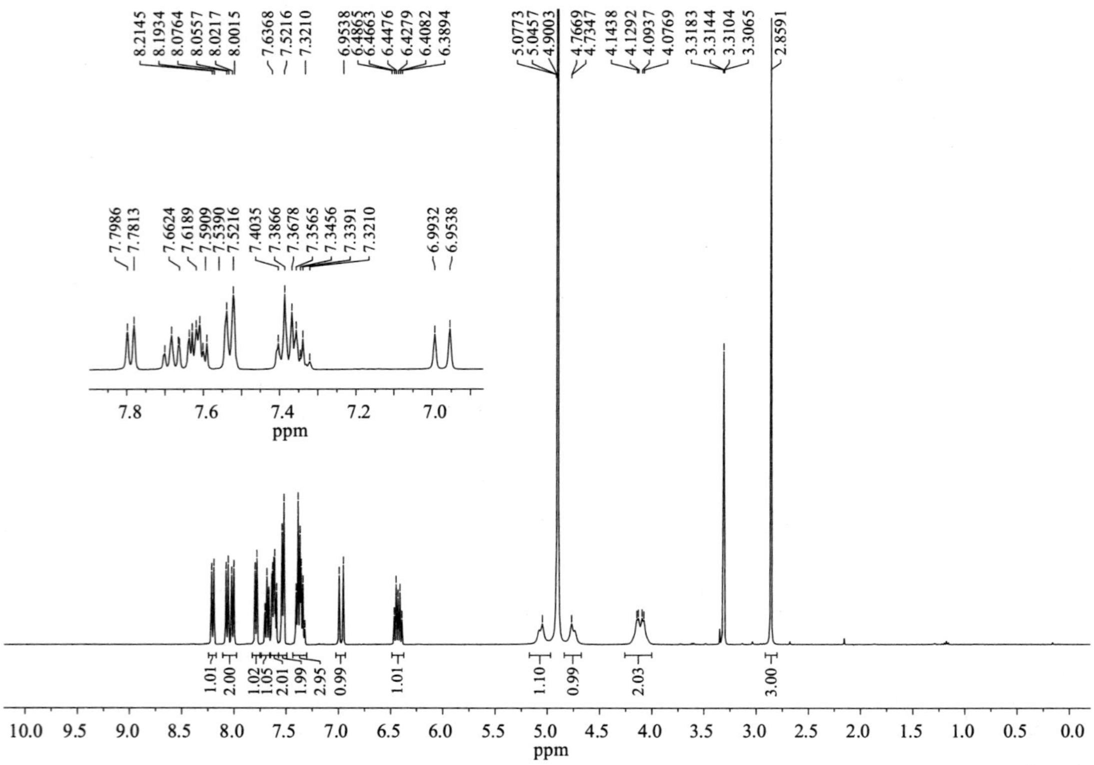

图1 盐酸萘替芬的^{1}H NMR 谱（溶剂：CD_3OD）

^{1}H NMR：δ 8.20 (H-8, d, J=8.5 Hz, 1H), 8.07 (H-5, d, J=8.3 Hz, 1H), 8.01 (H-4, d, J=8.1 Hz, 1H), 7.79 (H-7, d, J=6.9 Hz, 1H), 7.68 (H-6, m, 1H), 7.65~7.58 (H-2, 3, m, 2H), 7.53 (H-17, 21, d, J=7.0 Hz, 2H), 7.39~7.29 (H-18, 19, 20, m, 3H), 6.97 (H-14, d, J=15.4 Hz, 1H), 6.43 (H-13, dt, J=15.4, 7.5 Hz, 1H), 5.06 (H-11a, d, J=12.6 Hz, 1H), 4.75 (H-11b, d, J=12.6 Hz, 1H), 4.11 (H-12, m, 2H), 2.86 (H-15, s, 3H)

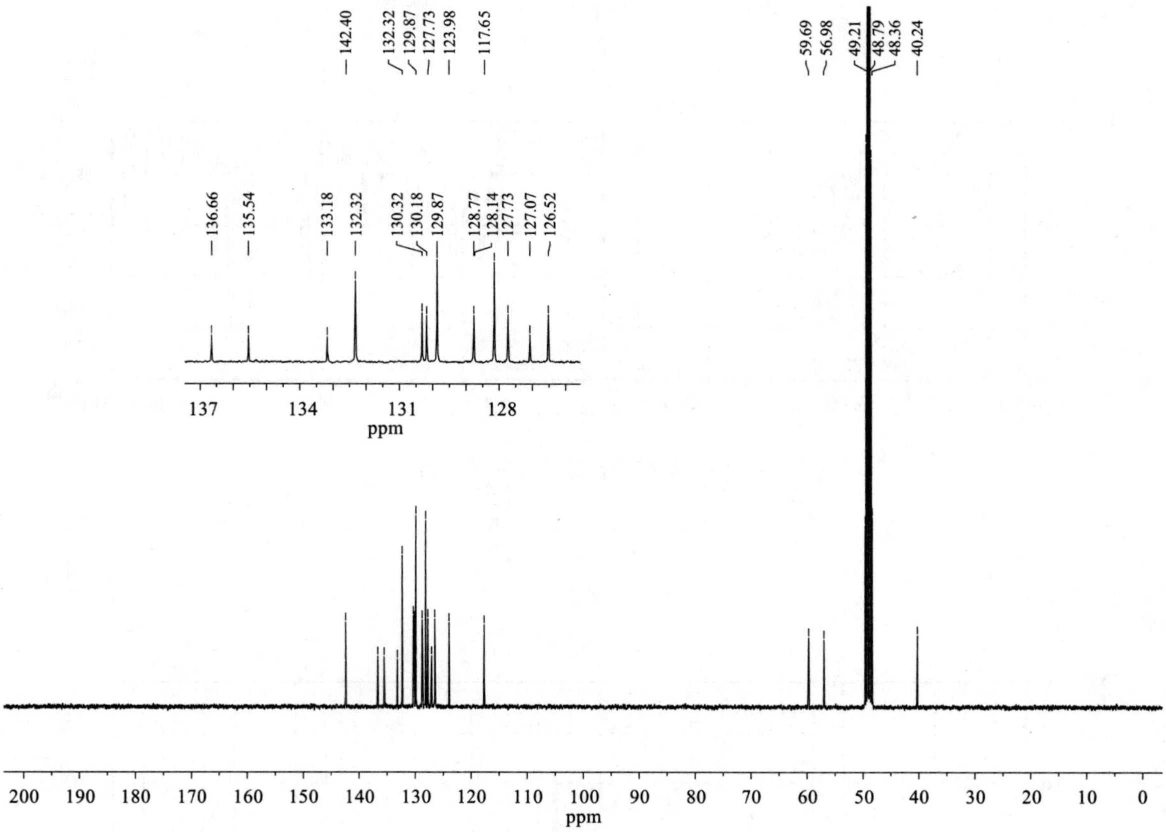

图2　盐酸萘替芬的^{13}C NMR 谱（溶剂：CD_3OD）

^{13}C NMR：δ 142.40（C－16），136.66（C－1），135.54（C－10），133.18（C－9），132.32（C－13），130.32（C－14），130.18（C－5），129.87（C－18，20），128.77（C－19），128.14（C－17，21），127.73（C－4），127.07（C－7），126.52（C－6），123.98（C－2），117.65（C－8），59.69（C－11），56.98（C－12），40.24（C－15）

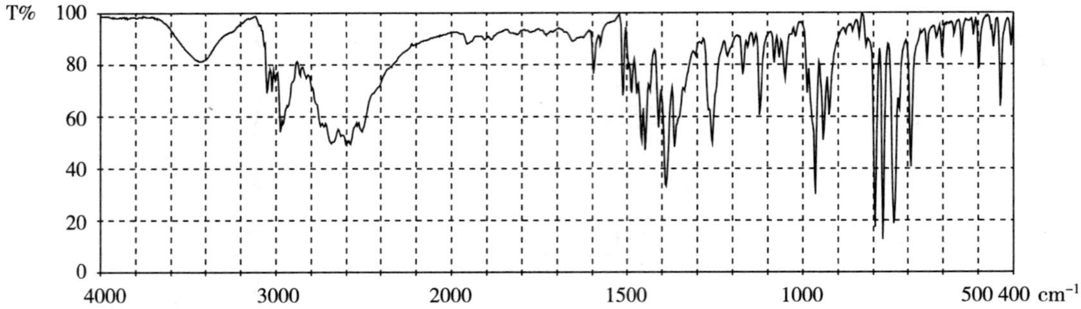

图 3　盐酸萘替芬的红外光谱图

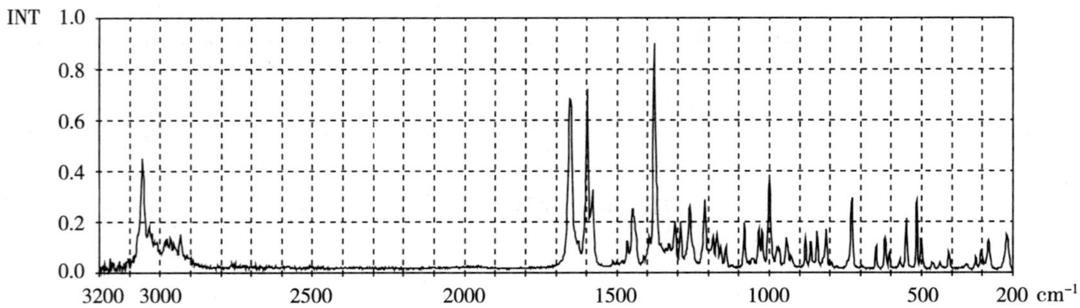

图 4　盐酸萘替芬的拉曼光谱图

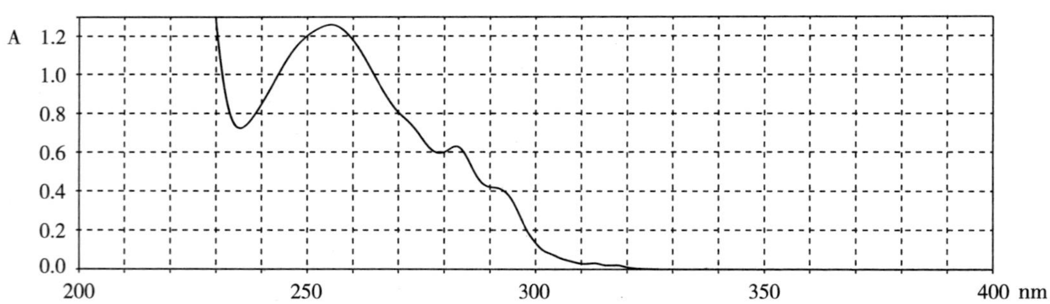

图 5　盐酸萘替芬的紫外光谱图

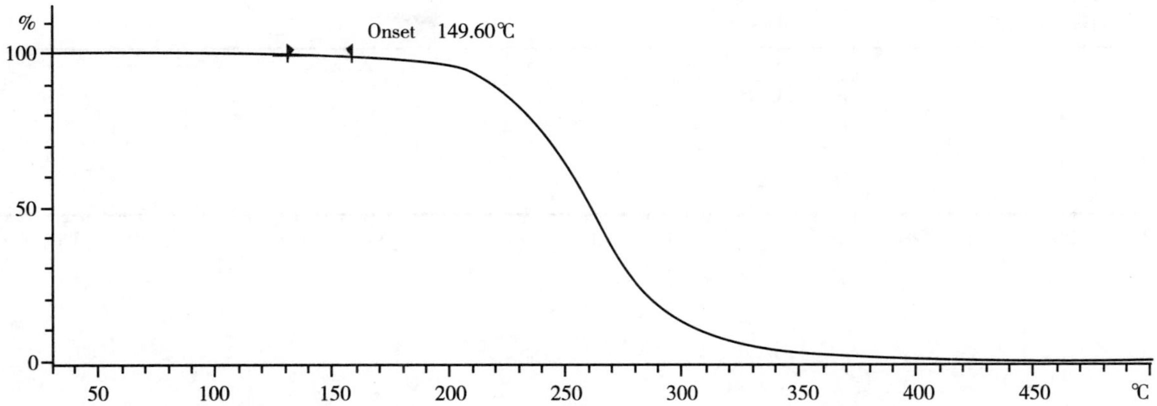

图 6　盐酸萘替芬的 TG 图

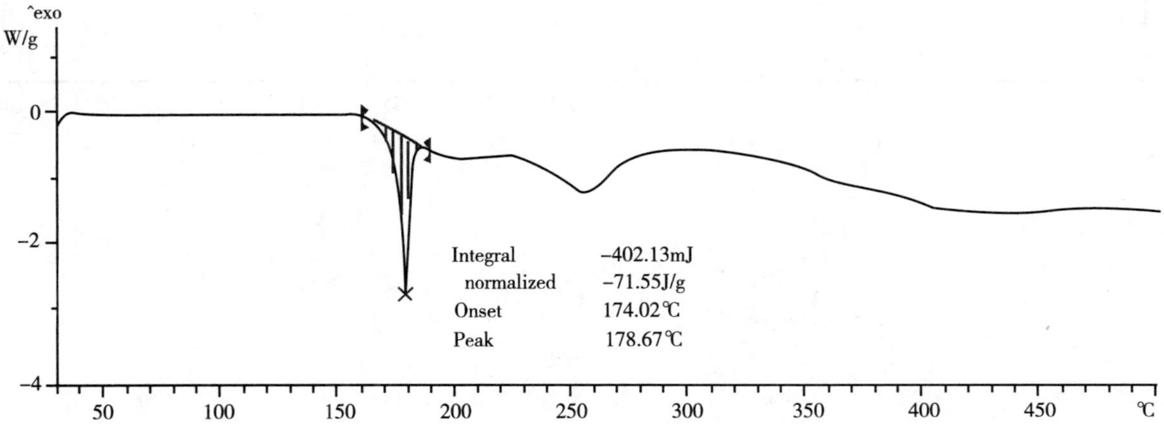

图 7　盐酸萘替芬的 DSC 图

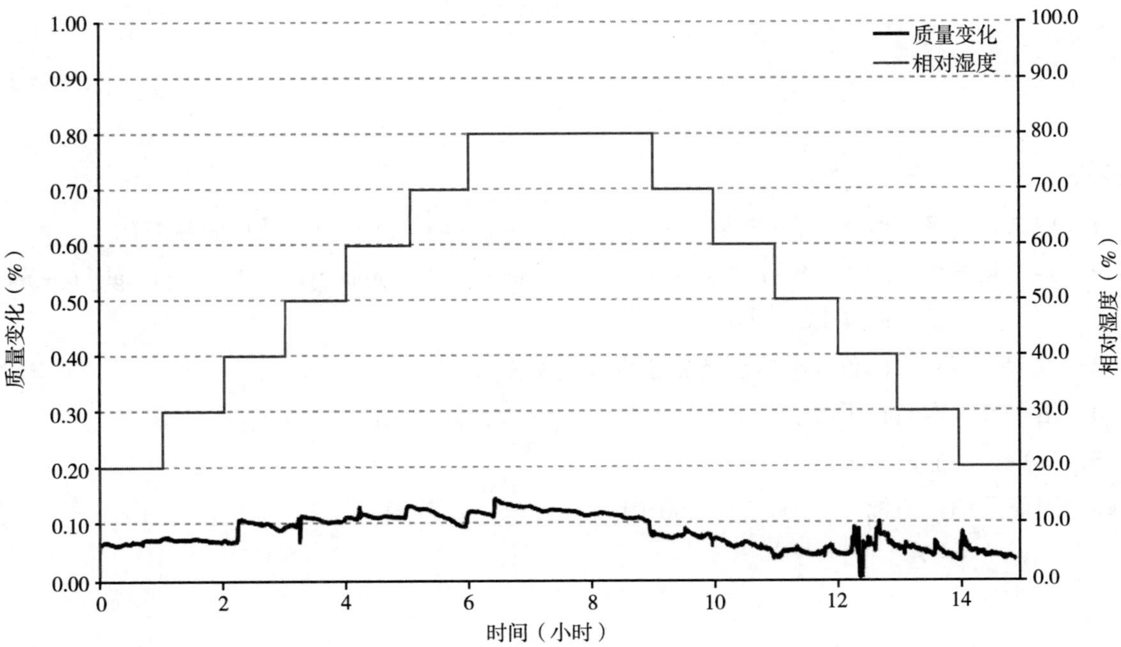

图 8　盐酸萘替芬的 DVS 图

正离子扫描模式（一级）

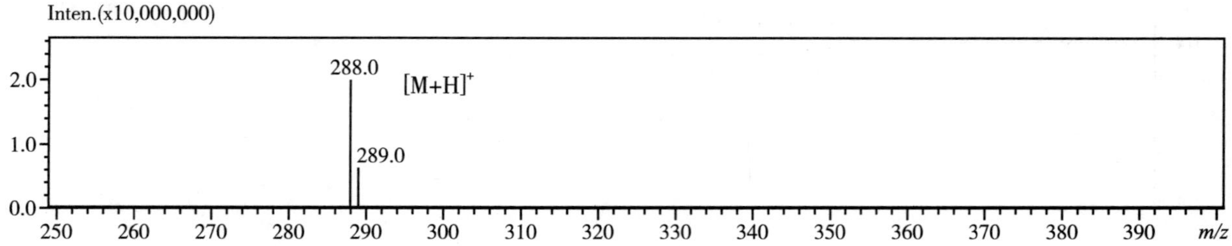

正离子扫描模式（二级）

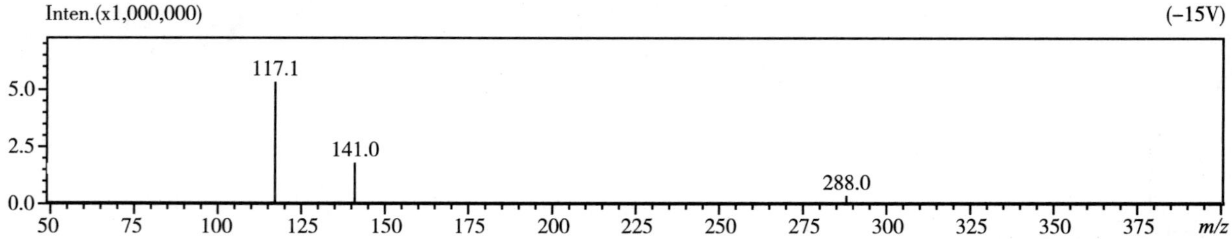

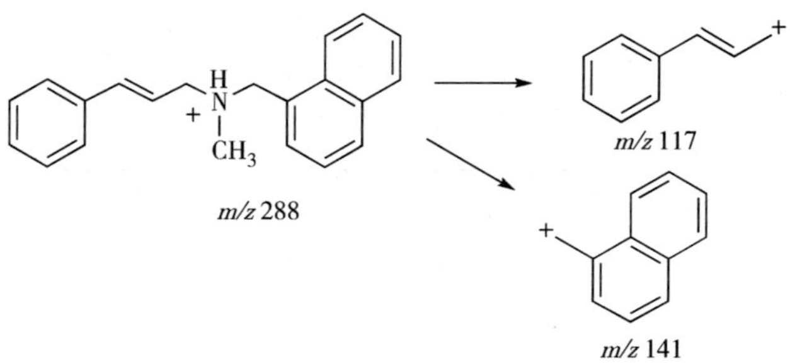

图9　盐酸萘替芬的质谱图

备注

1. **中文化学名**　（*E*）－*N*－甲基－*N*－（3－苯基－2－丙烯基）－1－萘甲胺盐酸盐
2. **英文化学名**　（*E*）－*N*－methyl－*N*－（3－phenyl－2－propenyl）－1－naphthalene－methylamine hydrochloride
3. **性状**　本品为白色或类白色结晶性粉末；无臭。
4. **溶解性**　本品在甲醇、三氯甲烷中易溶，在水中几乎不溶。
5. **溶剂**　乙醇。
6. **对照品编号与批号**　100823－200501

琥珀酸甲泼尼龙

英文名 Methylprednisolone Hemisuccinate

分子式 $C_{26}H_{34}O_{8}$

分子量 474.55

CAS 号 2921-57-5

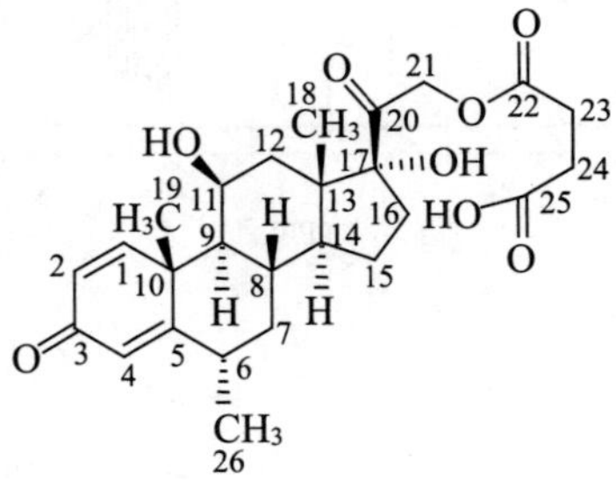

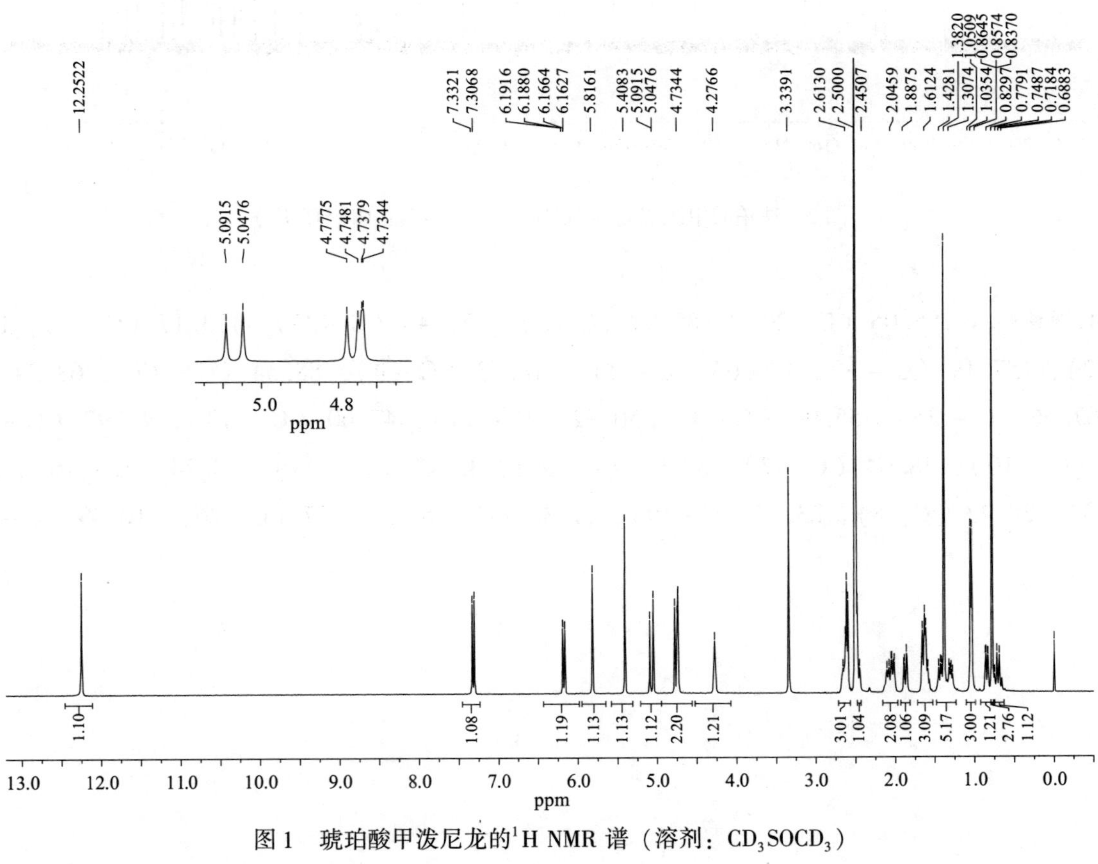

图 1 琥珀酸甲泼尼龙的 ^{1}H NMR 谱（溶剂：CD_3SOCD_3）

^{1}H NMR：δ 12.25（COOH，s，1H），7.32（H-2，d，J=10.1 Hz，1H），6.18（H-1，dd，J=10.1，1.5 Hz，1H），5.82（OH，s，1H），5.41（H-4，s，1H），5.07（H-21a，d，J=17.6 Hz，1H），4.75（H-11，21b，overlapped，2H），4.28（OH，s，1H），2.74～2.59（m，3H），2.47（d，J=10.8 Hz，1H），2.21～1.99（m，2H），1.88（m，1H），1.71～1.54（m，3H），1.45（m，1H），1.39（H-19，s，3H），1.30（d，J=11.4 Hz，1H），1.05（H-26，d，J=6.2 Hz，3H），0.85（dd，J=11.0，2.9 Hz，1H），0.78（H-18，s，3H），0.71（q，J=12.1 Hz，1H）

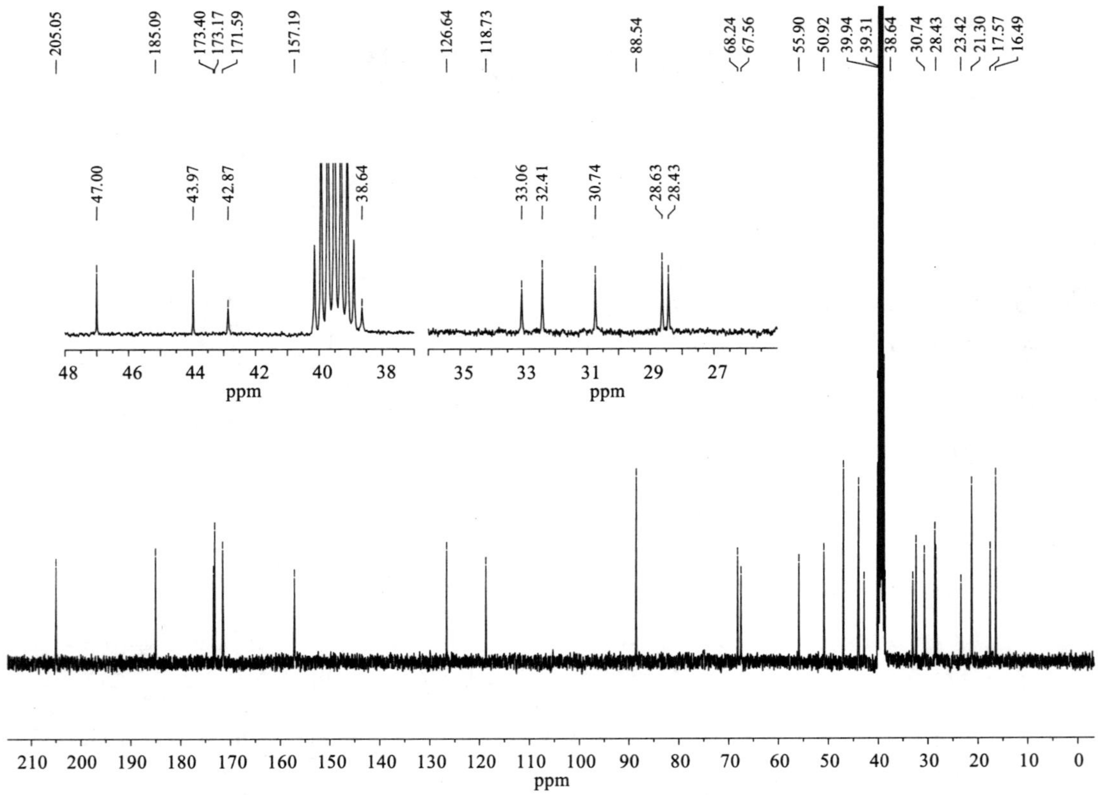

图 2　琥珀酸甲泼尼龙的 ^{13}C NMR 谱（溶剂：CD_3SOCD_3）

^{13}C NMR：δ 205.05（C－20），185.09（C－3），173.40（C－25），173.17（C－5），171.59（C－22），157.19（C－1），126.64（C－2），118.73（C－4），88.54（C－17），68.24（C－11），67.56（C－21），55.90（C－9），50.92（C－14），47.00（C－13），43.97（C－12），42.87（C－10），38.64（C－7），33.06（C－6），32.41（C－24），30.74（C－16），28.63（C－23），28.43（C－8），23.42（C－19），21.30（C－15），17.57（C－26），16.49（C－18）

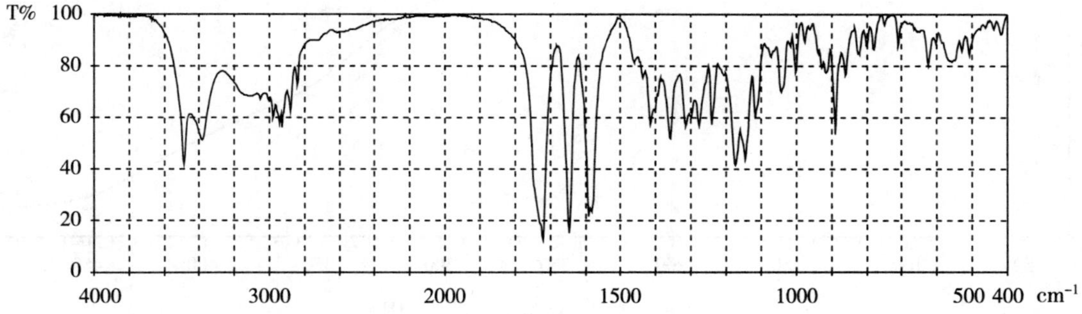

图 3　琥珀酸甲泼尼龙的红外光谱图

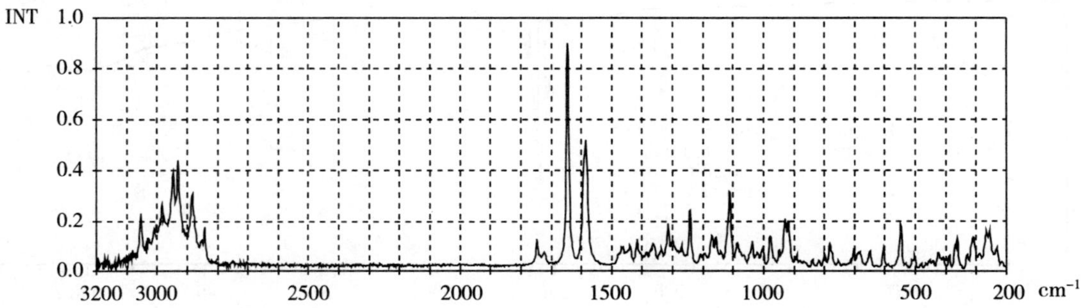

图 4　琥珀酸甲泼尼龙的拉曼光谱图

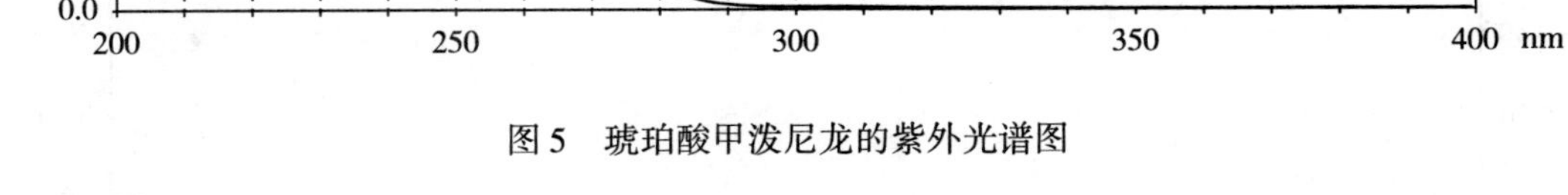

图 5　琥珀酸甲泼尼龙的紫外光谱图

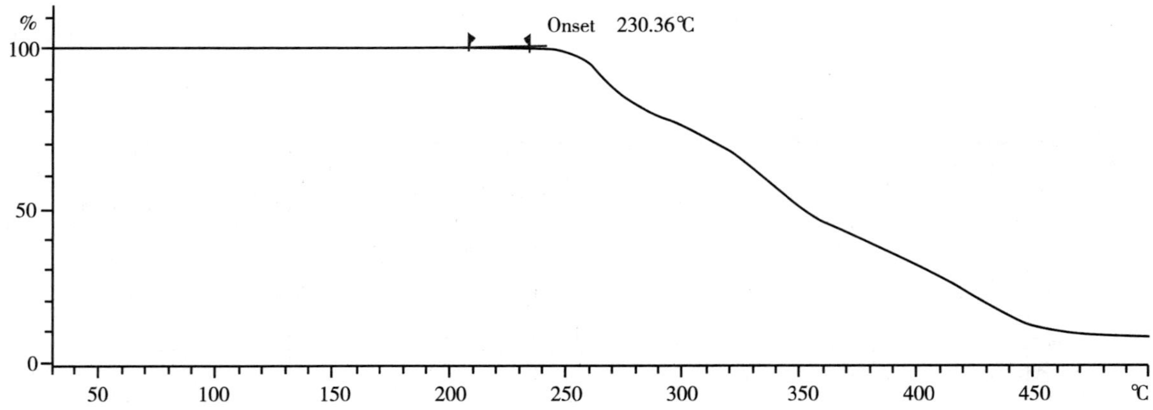

图 6 琥珀酸甲泼尼龙的 TG 图

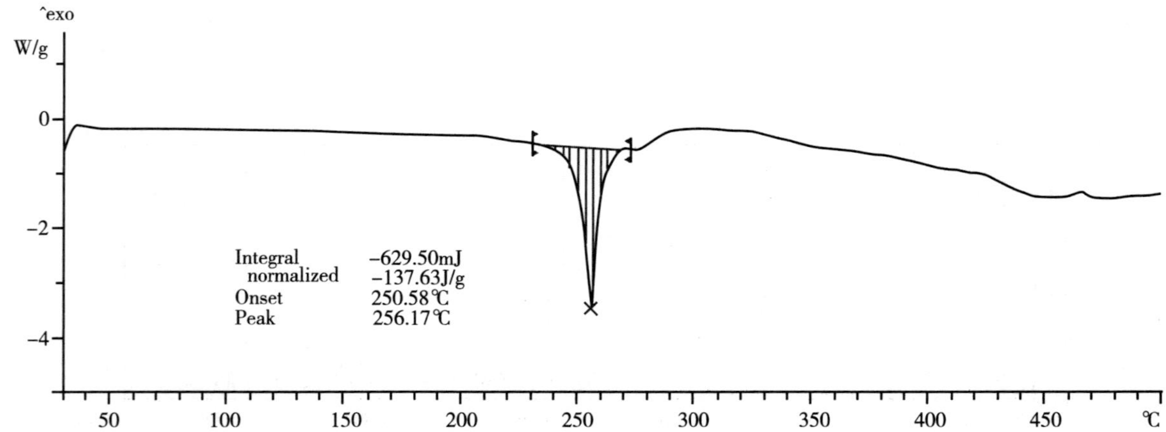

图 7 琥珀酸甲泼尼龙的 DSC 图

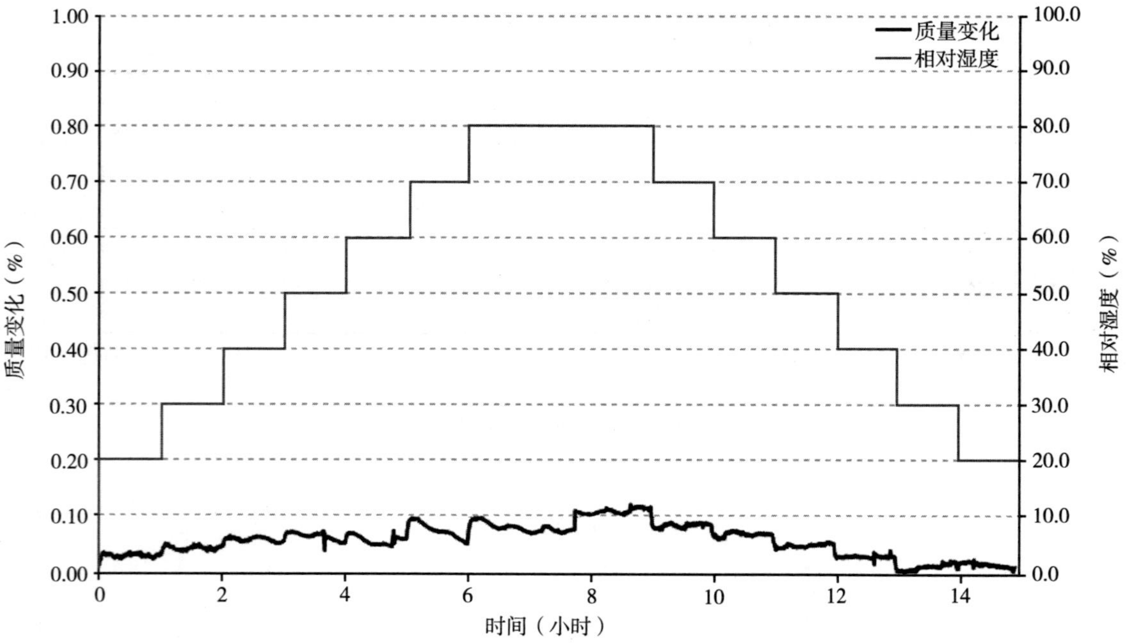

图 8 琥珀酸甲泼尼龙的 DVS 图

正离子扫描模式（一级）

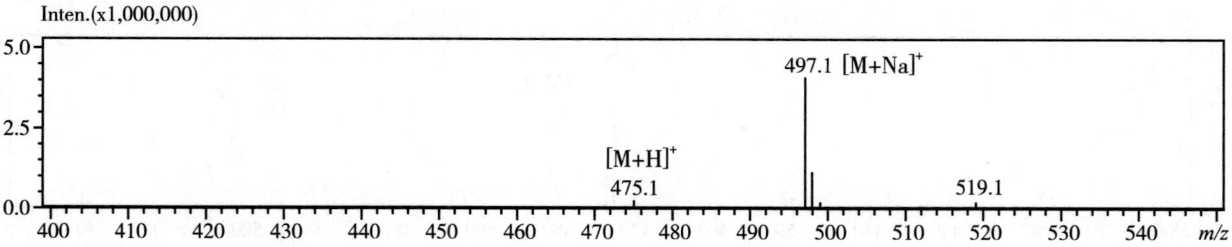

正离子扫描模式（二级）

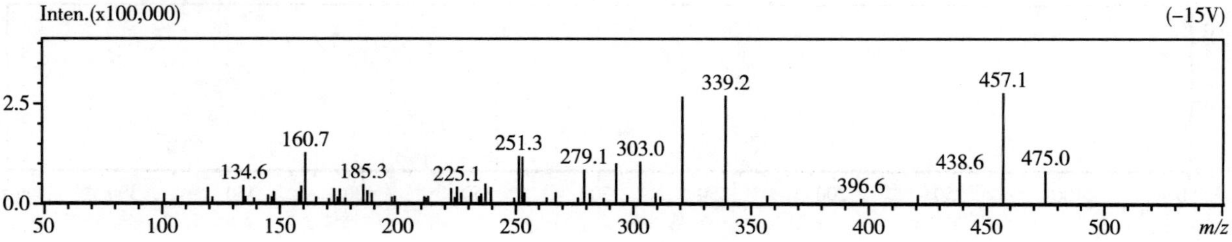

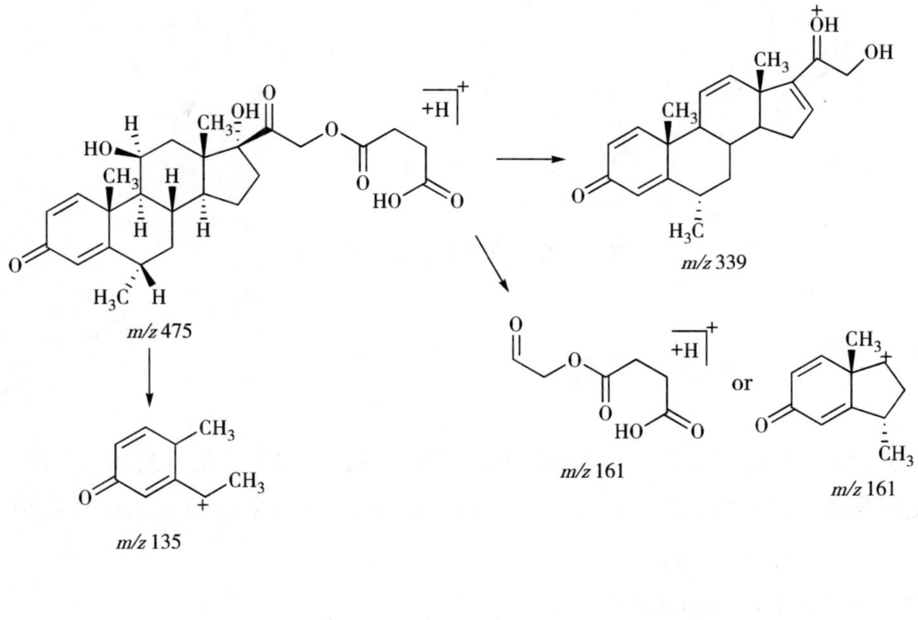

负离子扫描模式（一级）

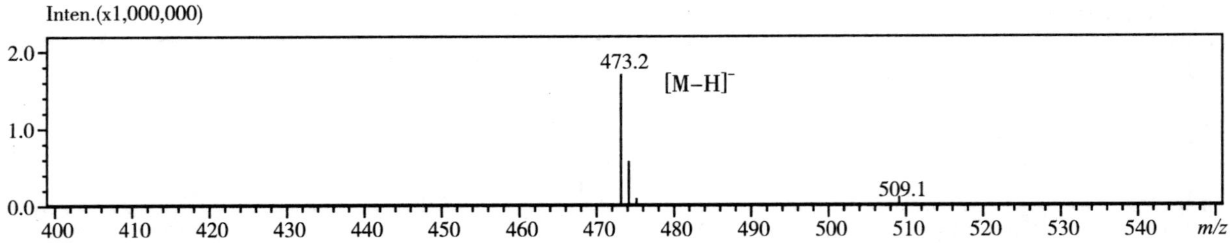

负离子扫描模式（二级）

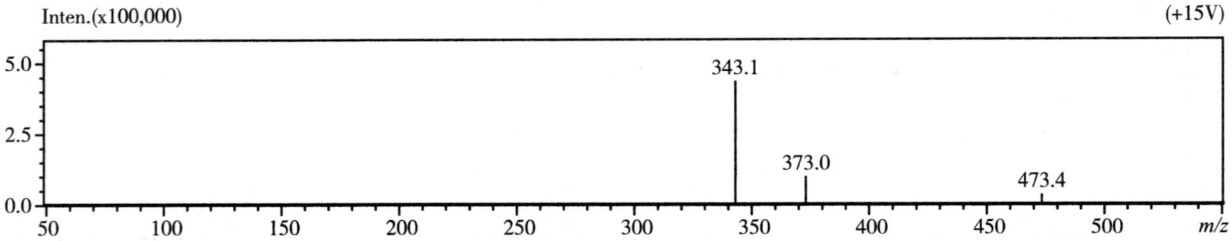

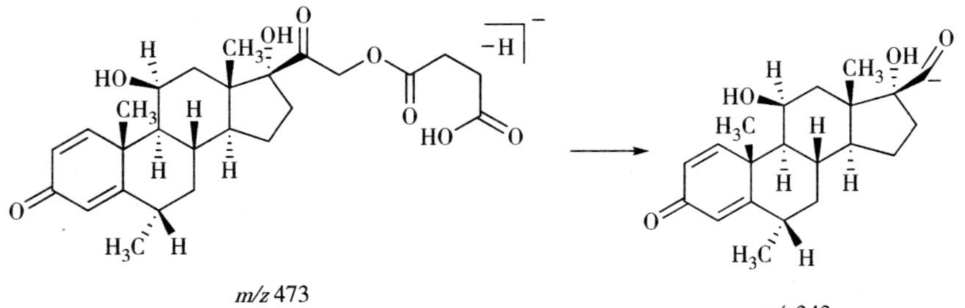

图 9　琥珀酸甲泼尼龙的质谱图

备注

1. **中文化学名**　11β,17α,21－三羟基－6α－甲基孕甾－1,4－二烯－3,20－二酮－21－琥珀酸
2. **英文化学名**　11β,17α,21－trihydroxy－6α－methyl－pregna－1,4－diene－3,20－dione－21－succinic acid
3. **性状**　本品为类白色结晶性粉末；无臭。
4. **溶解性**　本品在四氢呋喃中易溶，在二氧六环中溶解，在乙醇或丙酮中略溶，在水中或三氯甲烷中几乎不溶。
5. **溶剂**　无水乙醇。
6. **对照品编号与批号**　100827－200501

甲泼尼龙

英文名 Methylprednisolone

分子式 $C_{22}H_{30}O_5$

分子量 374.47

CAS 号 83-43-2

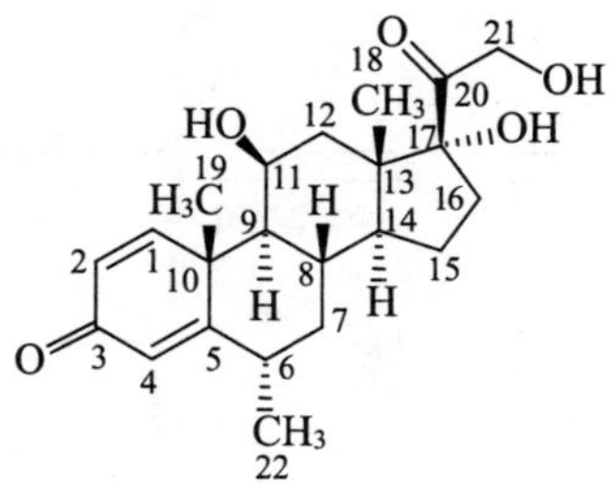

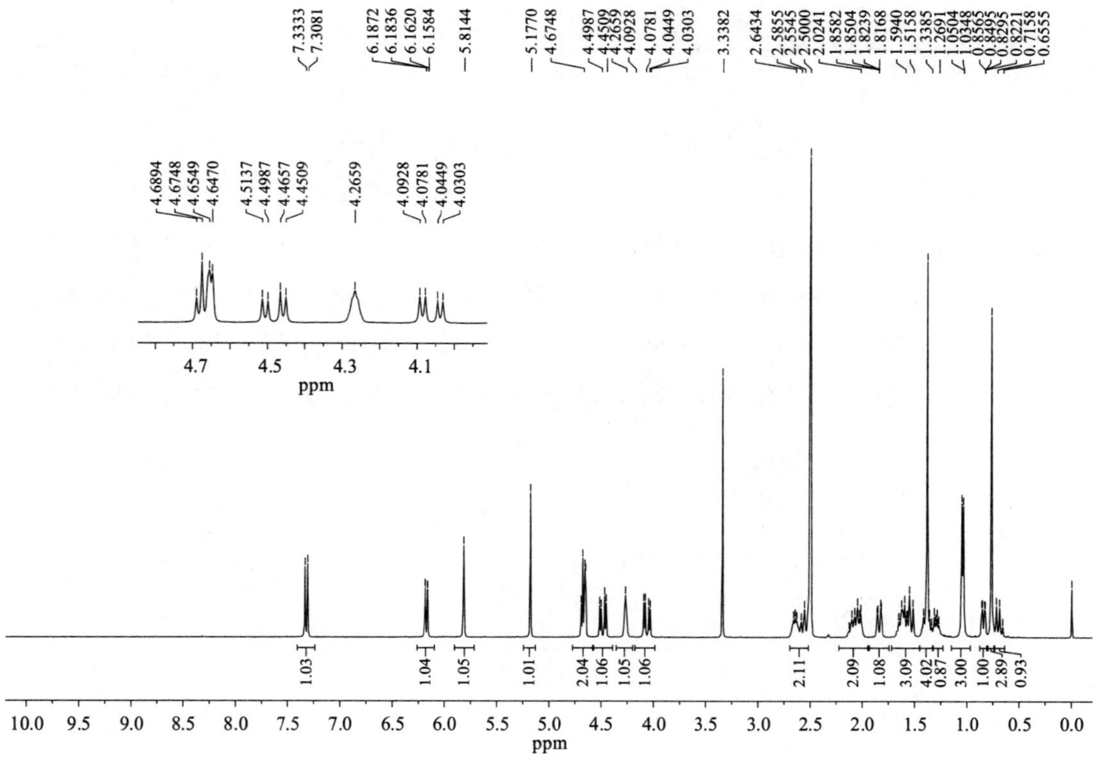

图 1　甲泼尼龙的^{1}H NMR 谱（溶剂：CD_3SOCD_3）

^{1}H NMR：δ 7.32（H-2，d，J=10.1 Hz，1H），6.18（H-1，dd，J=10.1，1.4 Hz，1H），5.81（OH，s，1H），5.17（H-4，s，1H），4.67（H-11，OH，dd，J=12.5，4.5 Hz，2H），4.49（H-21a，dd，J=19.2，6.0 Hz，1H），4.27（OH，brs，1H），4.06（H-21b，dd，J=19.2，6.0 Hz，1H），2.71～2.52（m，2H），2.17～1.98（m，2H），1.84（dd，J=13.6，3.0 Hz，1H），1.71～1.48（m，3H），1.34（H-19，s，3H），1.37～1.21（m，2H），1.05（H-22，d，J=6.3 Hz，3H），0.84（dd，J=11.0，2.8 Hz，1H），0.72（H-18，s，3H），0.68（m，1H）

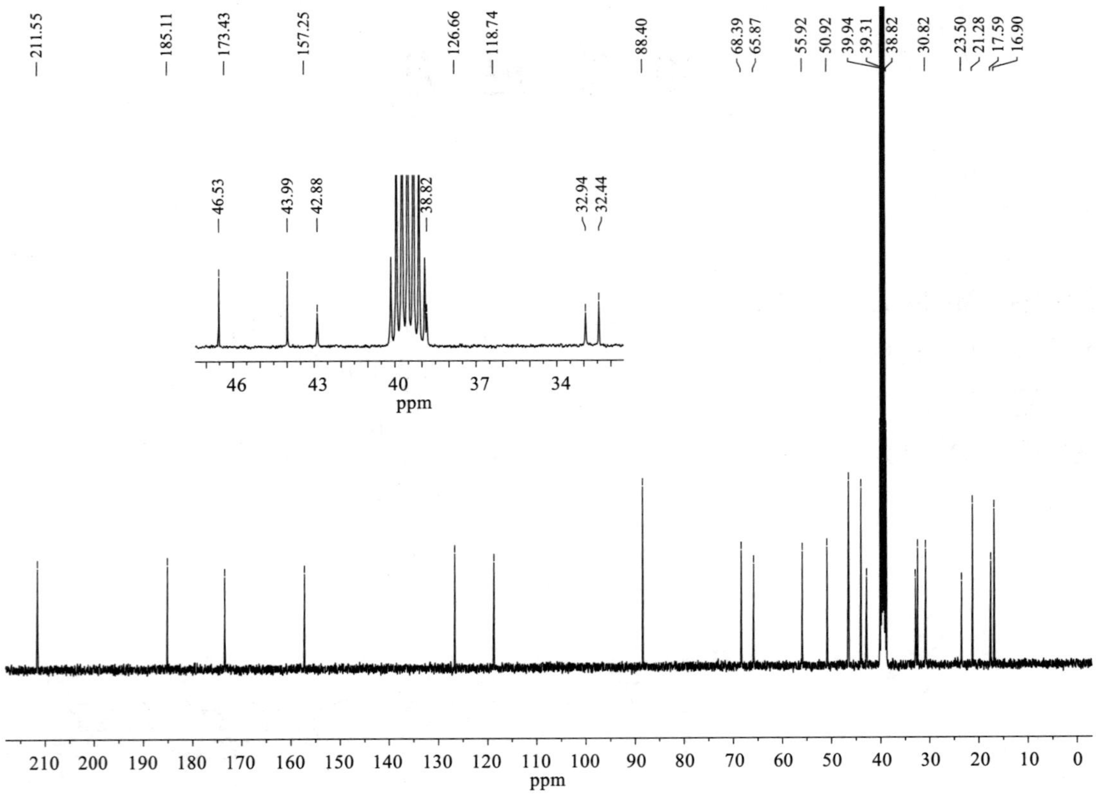

图2　甲泼尼龙的^{13}C NMR 谱（溶剂：CD_3SOCD_3）

^{13}C NMR：δ 211.55（C－20），185.11（C－3），173.43（C－5），157.25（C－1），126.66（C－2），118.74（C－4），88.40（C－17），68.39（C－11），65.87（C－21），55.92（C－9），50.92（C－14），46.53（C－13），43.99（C－12），42.88（C－10），38.82（C－7），32.94（C－6），32.44（C－16），30.82（C－8），23.50（C－19），21.28（C－15），17.59（C－22），16.90（C－18）

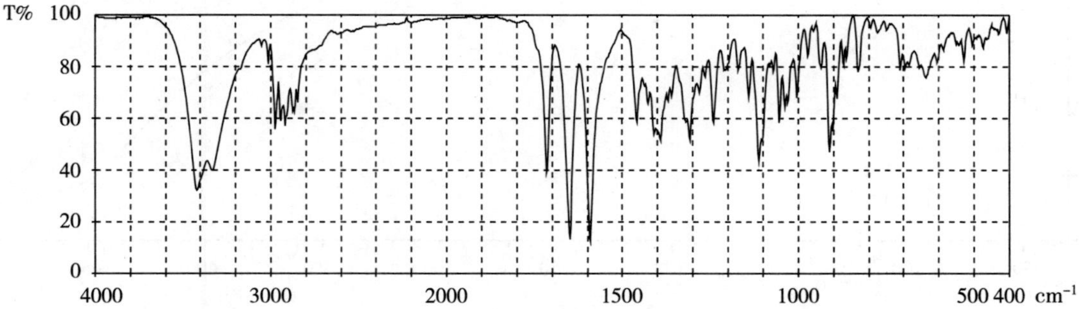

图 3　甲泼尼龙的红外光谱图

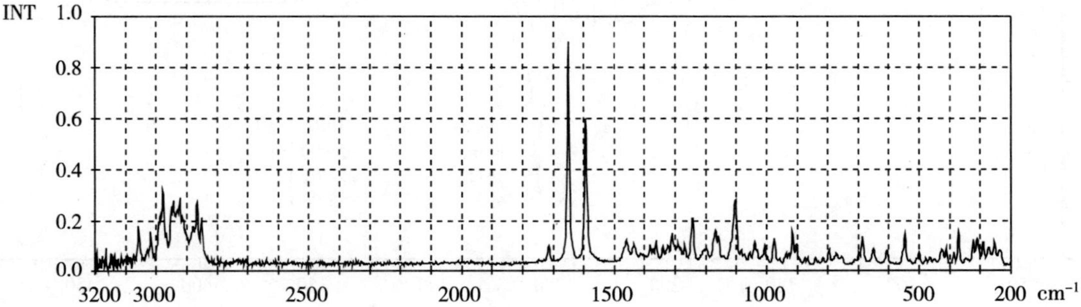

图 4　甲泼尼龙的拉曼光谱图

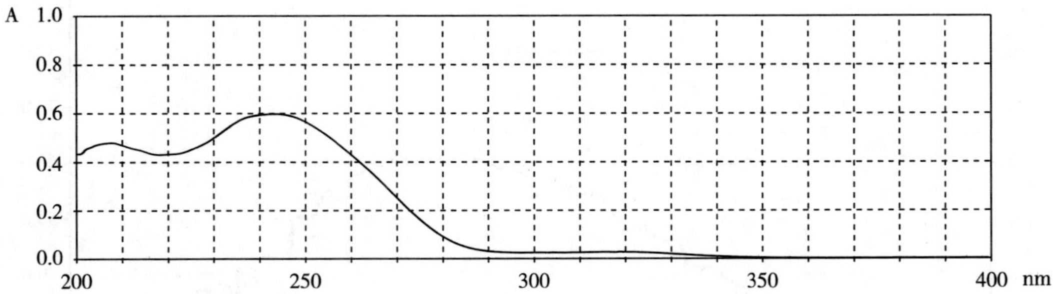

图 5　甲泼尼龙的紫外光谱图

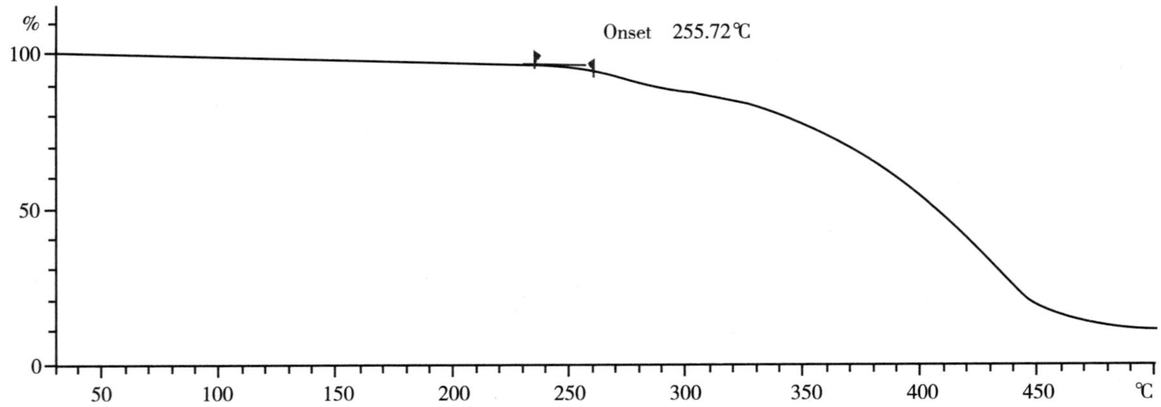

图 6　甲泼尼龙的 TG 图

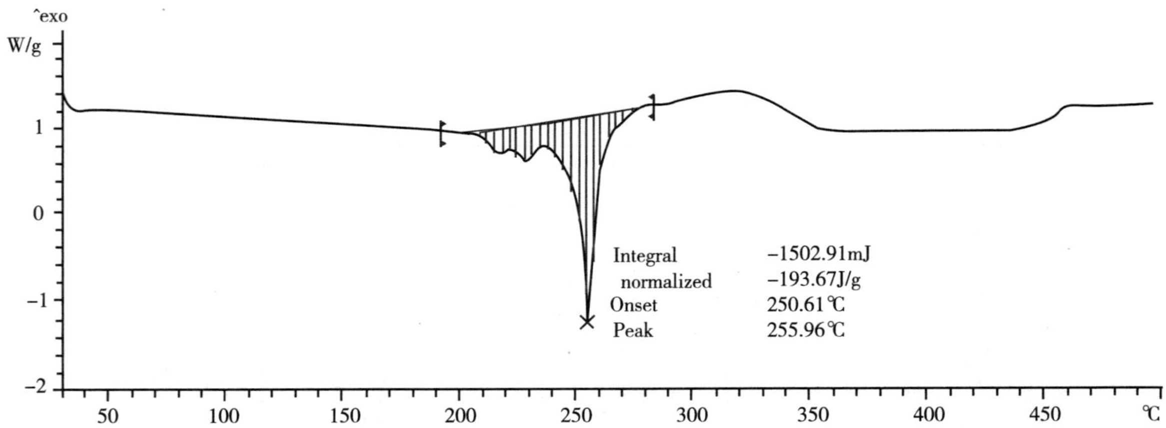

图 7　甲泼尼龙的 DSC 图

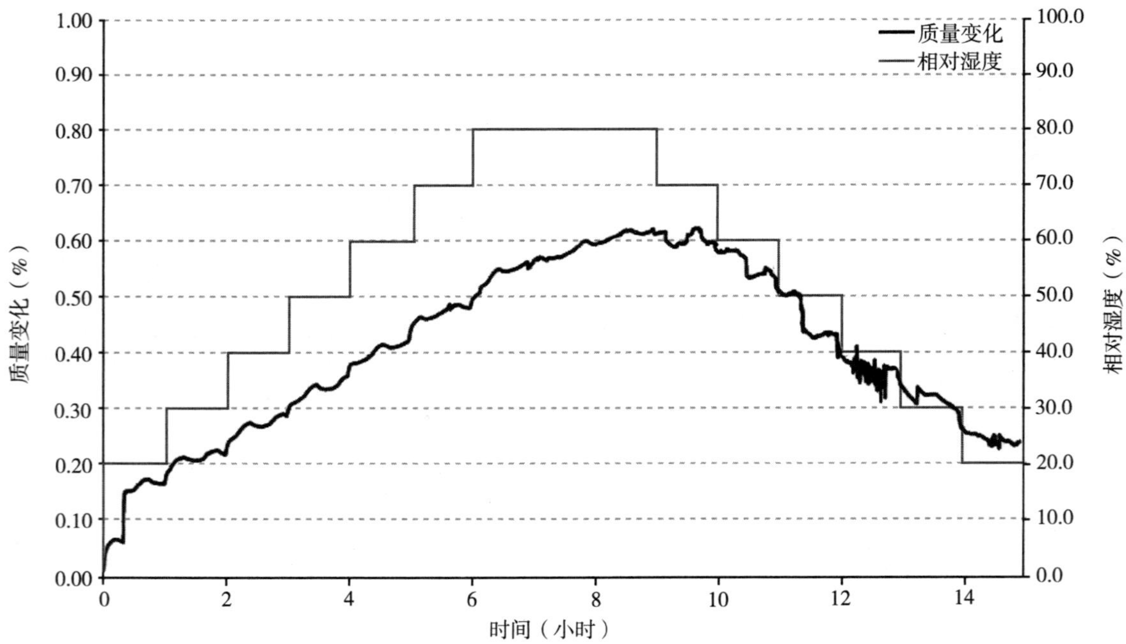

图 8　甲泼尼龙的 DVS 图

正离子扫描模式（一级）

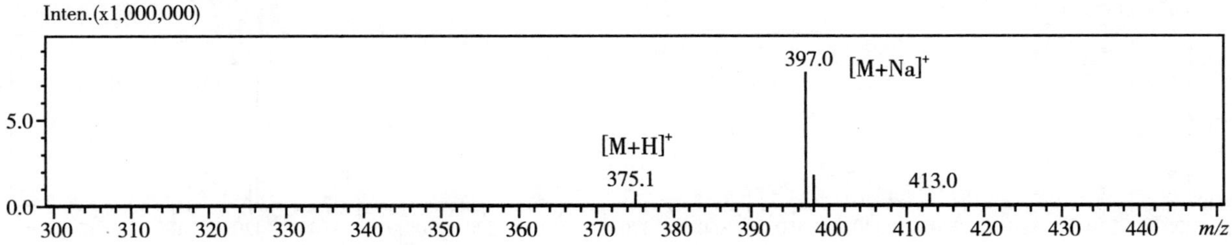

正离子扫描模式（二级）

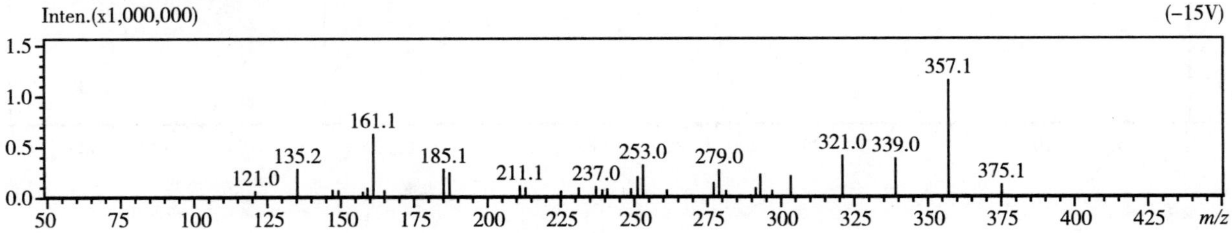

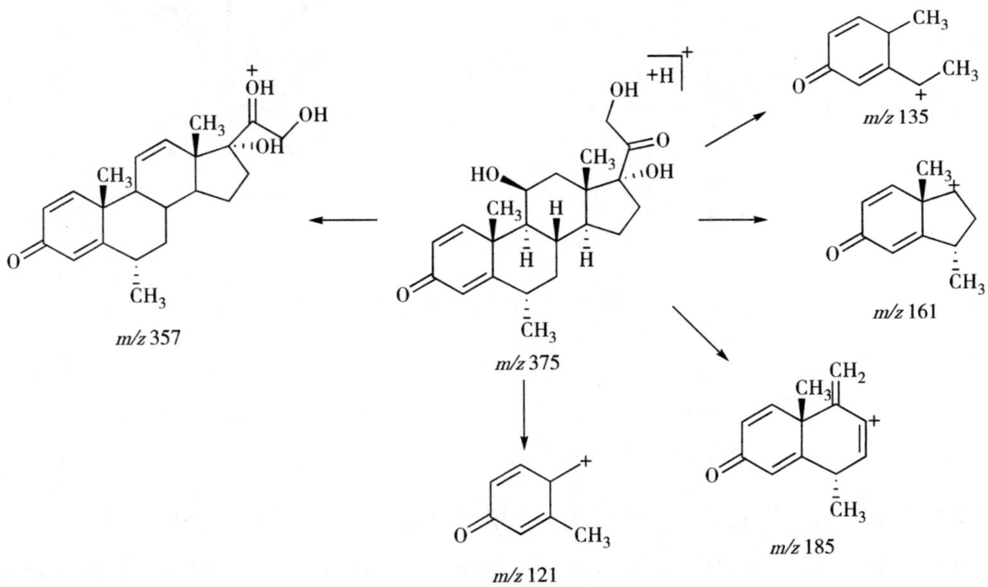

负离子扫描模式（一级）

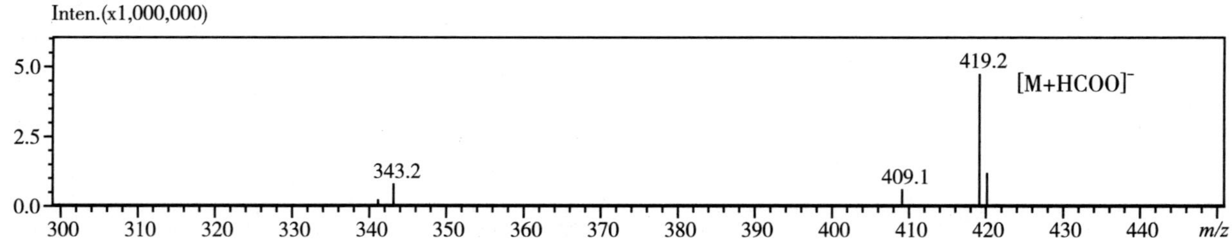

负离子扫描模式（二级）

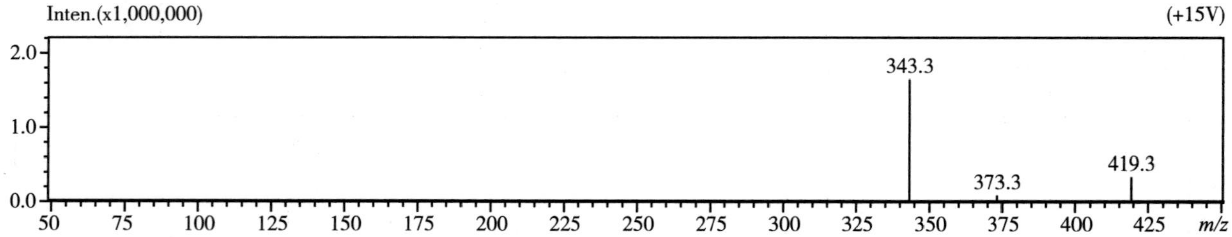

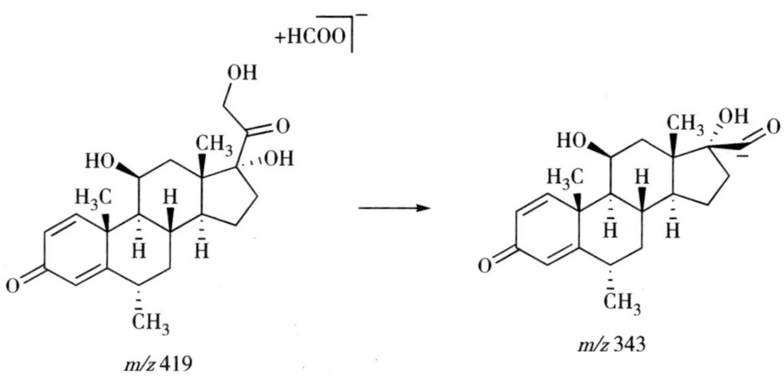

图 9　甲泼尼龙的质谱图

备注

1. 中文化学名　11β,17α,21－三羟基－6α－甲基孕甾－1,4－二烯－3,20－二酮

2. 英文化学名　11β,17α,21－trihydroxy－6α－methyl－pregna－1,4－diene－3,20－dione

3. 性状　本品为白色结晶性粉末；无臭。

4. 溶解性　本品在甲醇、乙醇或二氧六环中略溶，在丙酮中微溶，在三氯甲烷中极微溶解，在水或乙醚中几乎不溶。

5. 溶剂　无水乙醇。

6. 对照品编号与批号　100828－200501

盐酸地芬尼多

英文名 Diphenidol Hydrochloride

分子式 $C_{21}H_{27}NO \cdot HCl$

分子量 345.91

CAS 号 3254－89－5

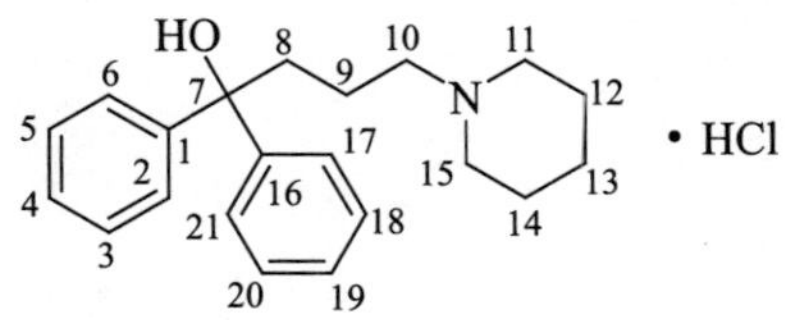

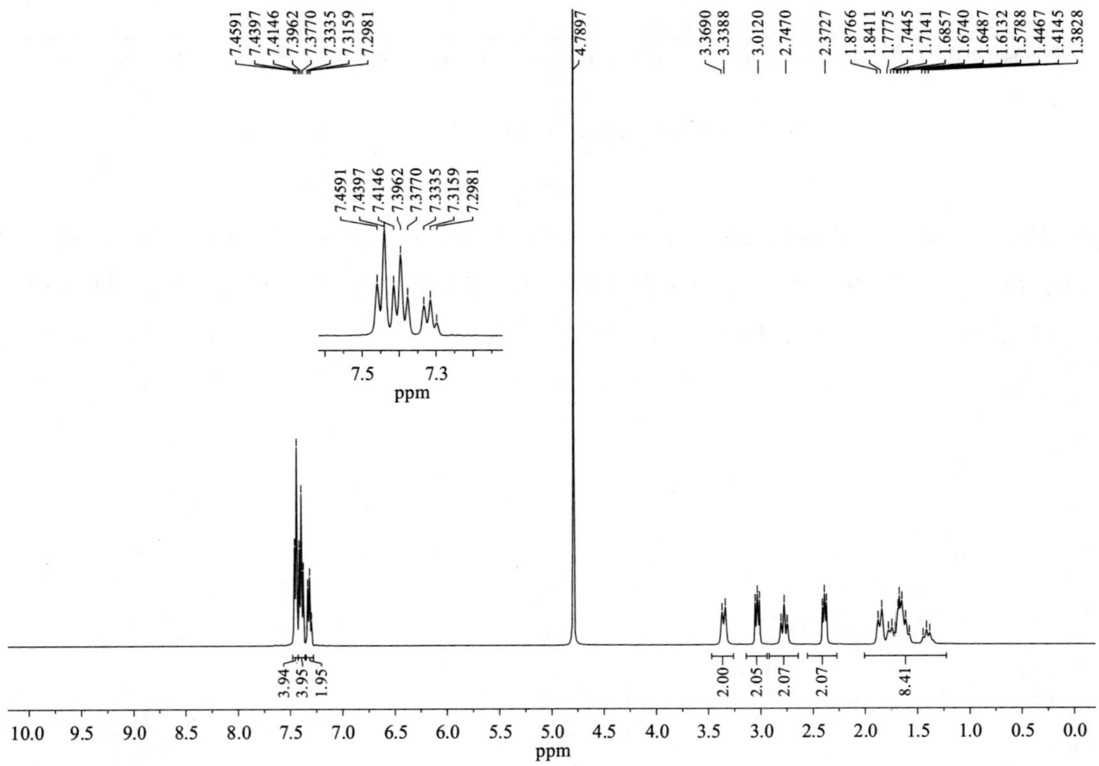

图 1　盐酸地芬尼多的¹H NMR 谱（溶剂：D_2O）

¹H NMR：δ 7.45（H－2，6，17，21，d，J＝7.7 Hz，4H），7.40（H－3，5，18，20，t，J＝7.5 Hz，4H），7.32（H－4，19，t，J＝7.1 Hz，2H），3.37～3.34（H－11a，15a，m，2H），3.07～3.0（H－10，m，2H），2.84～2.72（H－11b，15b，m，2H），2.44～2.35（H－8，m，2H），1.95～1.27（H－9，12，13，14，m，8H）

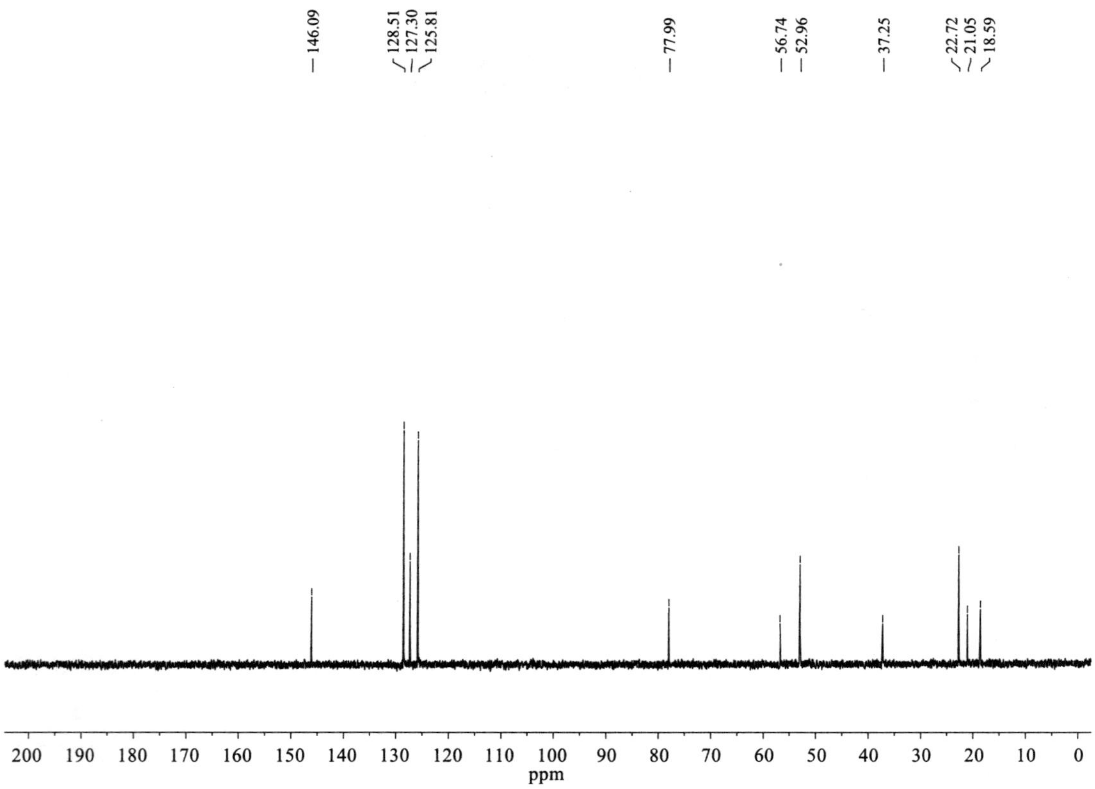

图2　盐酸地芬尼多的^{13}C NMR 谱（溶剂：D_2O）

^{13}C NMR：δ 146.09（C－1，16），128.51（C－3，5，18，20），127.30（C－4，19），125.81（C－2，6，17，21），77.99（C－7），56.74（C－10），52.96（C－11，15），37.25（C－8），22.72（C－12，14），21.05（C－13），18.59（C－9）

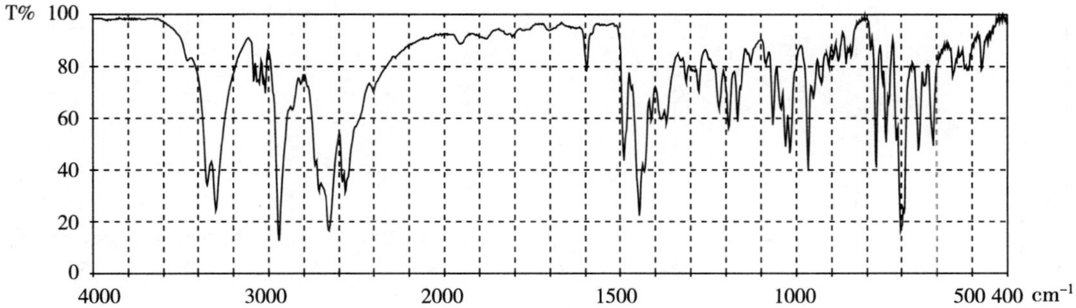

图 3　盐酸地芬尼多的红外光谱图

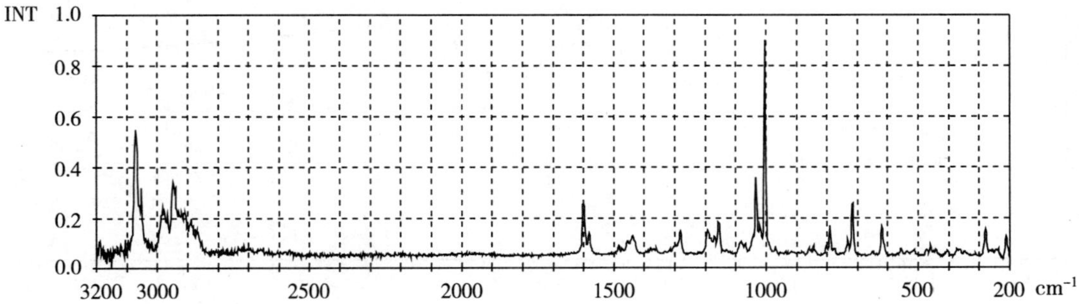

图 4　盐酸地芬尼多的拉曼光谱图

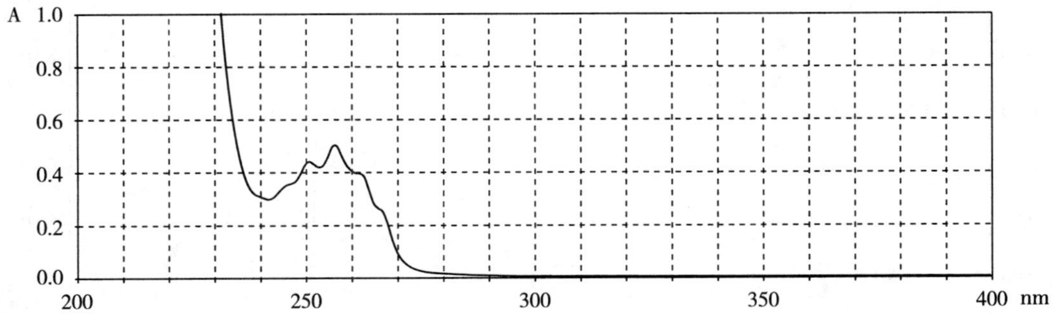

图 5　盐酸地芬尼多的紫外光谱图

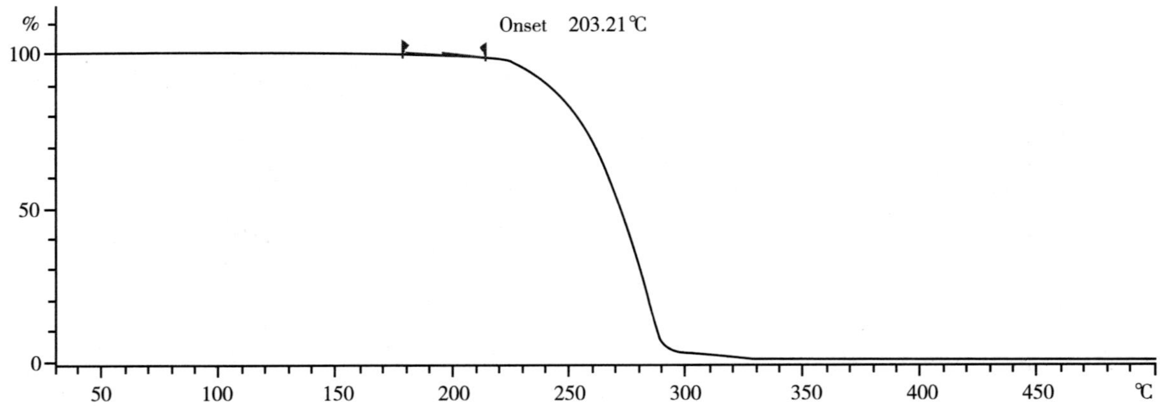

图 6 盐酸地芬尼多的 TG 图

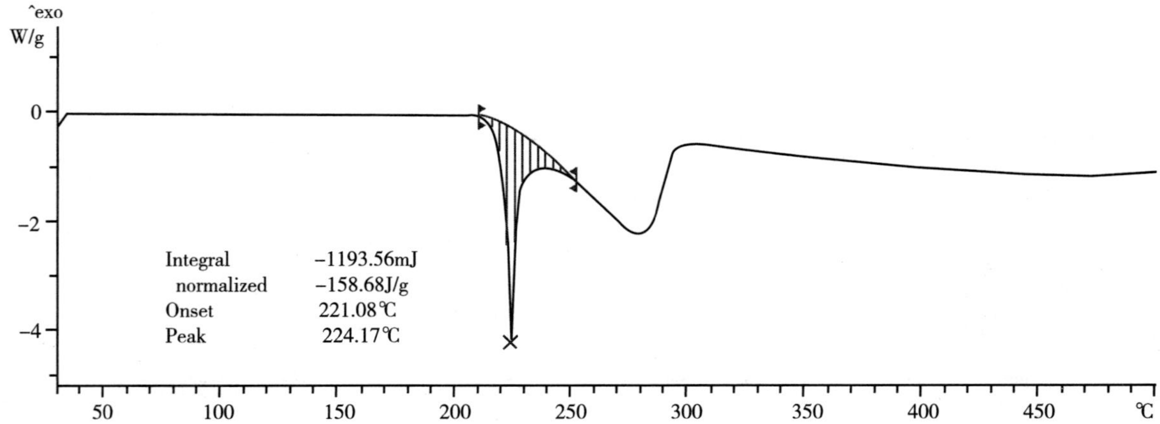

图 7 盐酸地芬尼多的 DSC 图

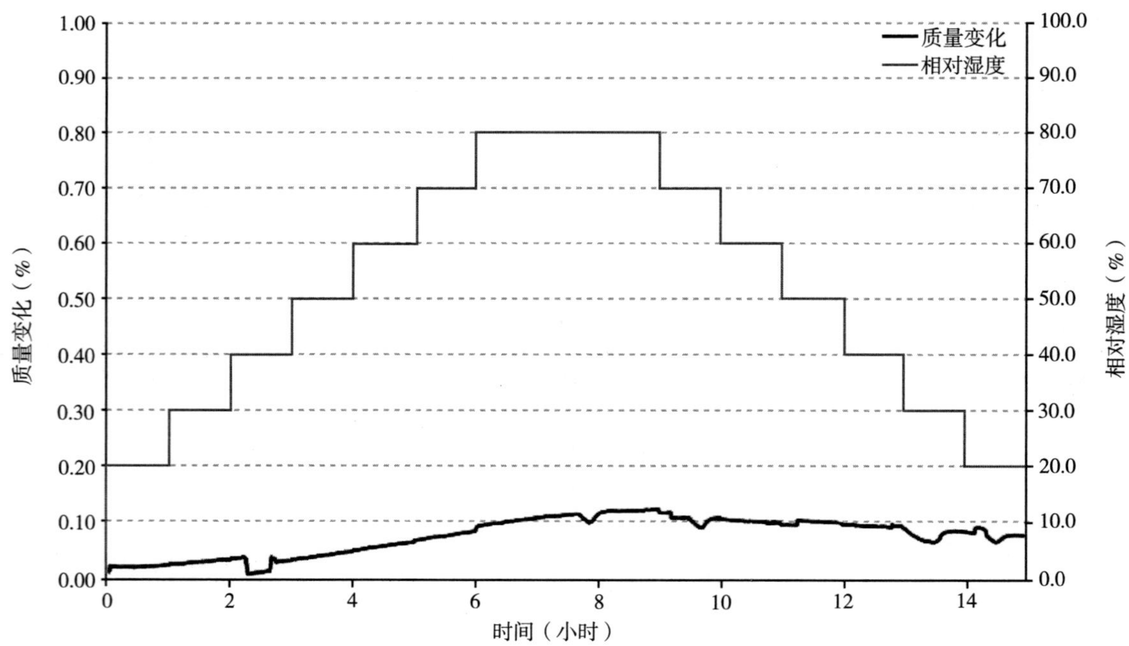

图 8 盐酸地芬尼多的 DVS 图

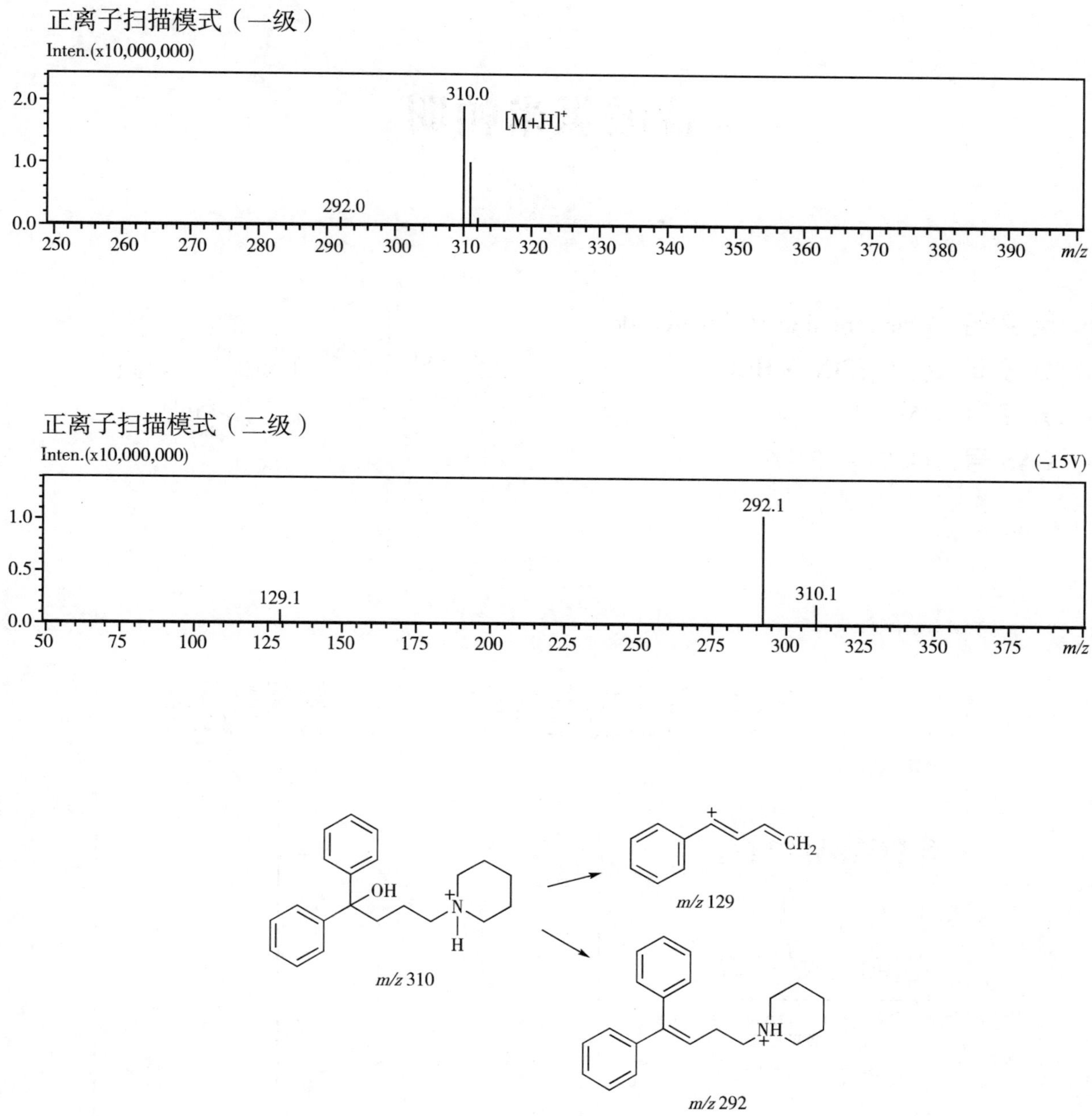

图9　盐酸地芬尼多的质谱图

备注

1. **中文化学名**　1,1－二苯基－4－(1－哌啶基)－1－丁醇盐酸盐
2. **英文化学名**　1,1－diphenyl－4－(1－piperidyl)butan－1－ol hydrochloride
3. **性状**　本品为白色结晶性粉末；无臭，味涩。
4. **溶解性**　本品在甲醇中易溶，在乙醇中溶解，在水或三氯甲烷中略溶。
5. **溶剂**　乙醇。
6. **对照品编号与批号**　100841－201102

盐酸氯米帕明

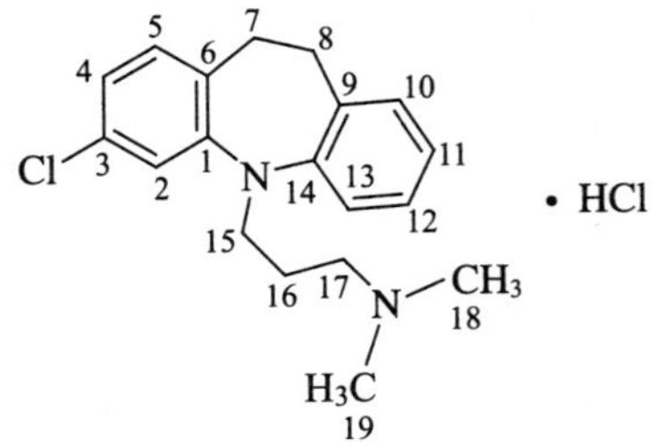

英文名 Clomipramine Hydrochloride

分子式 $C_{19}H_{23}ClN_2 \cdot HCl$

分子量 351.31

CAS 号 17321-77-6

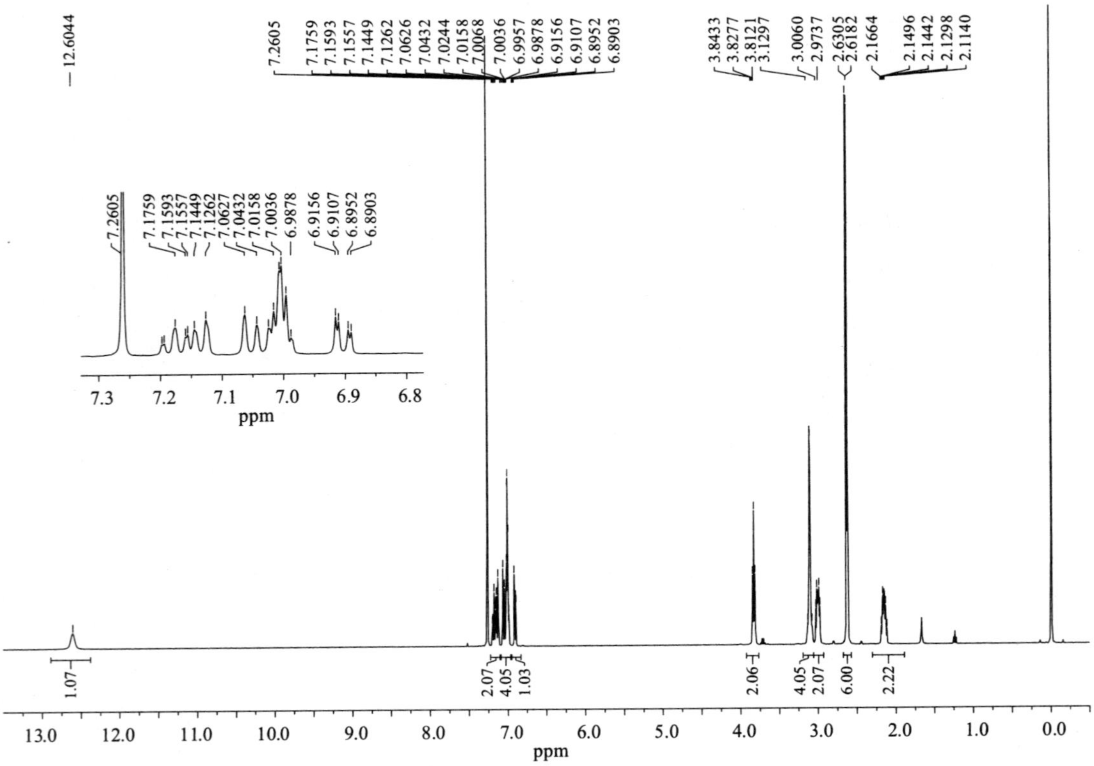

图 1 盐酸氯米帕明的^{1}H NMR 谱（溶剂：$CDCl_3$）

^{1}H NMR：δ 12.60 (HCl, s, 1H), 7.18 (H-12, m, 1H), 7.14 (H-10, d, J=7.5 Hz, 1H), 7.05 (H-2, d, J=7.8 Hz, 1H), 7.03~6.97 (H-5, 11, 13, m, 3H), 6.90 (H-4, dd, J=8.2, 2.0 Hz, 1H), 3.83 (H-15, t, J=6.3 Hz, 2H), 3.13 (H-7, 8, brs, 4H), 3.04~2.96 (H-17, m, 2H), 2.62 (H-18, 19, d, J=4.9 Hz, 6H), 2.20~2.10 (H-16, m, 2H)

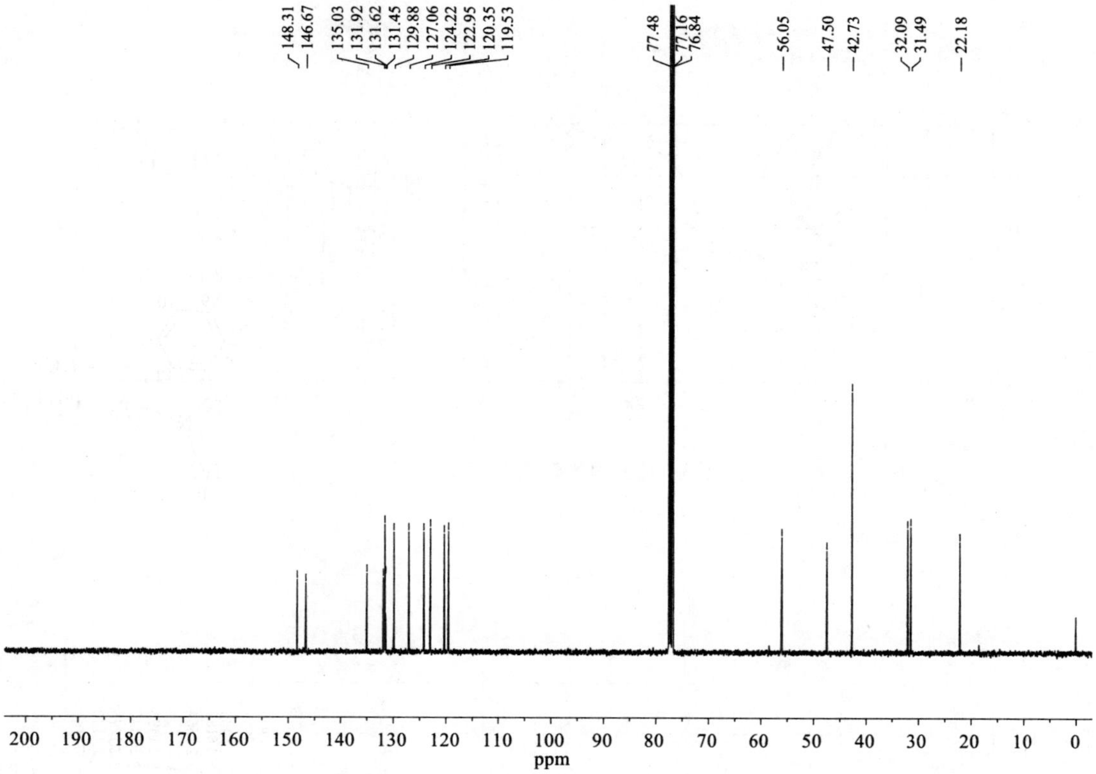

图2　盐酸氯米帕明的^{13}C NMR谱（溶剂：$CDCl_3$）

^{13}C NMR：δ 148.31（C－1），146.67（C－14），135.03（C－9），131.92（C－6），131.62（C－5），131.45（C－3），129.88（C－10），127.06（C－12），124.22（C－11），122.95（C－4），120.35（C－13），119.53（C－2），56.05（C－17），47.50（C－15），42.73（C－18，19），32.09（C－7），31.49（C－8），22.18（C－16）

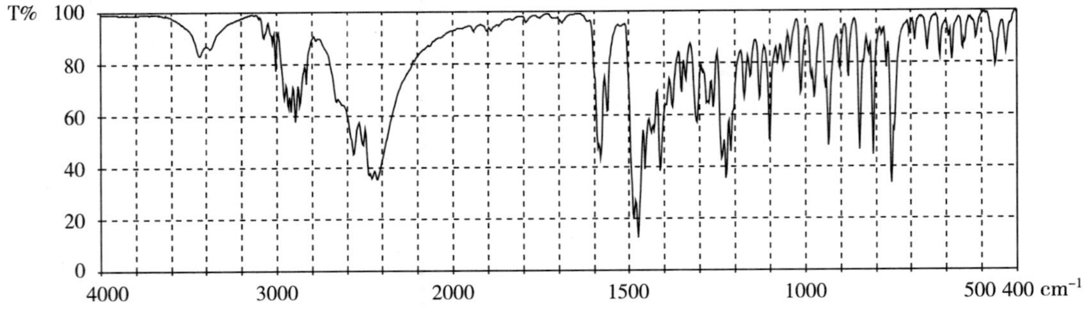

图 3　盐酸氯米帕明的红外光谱图

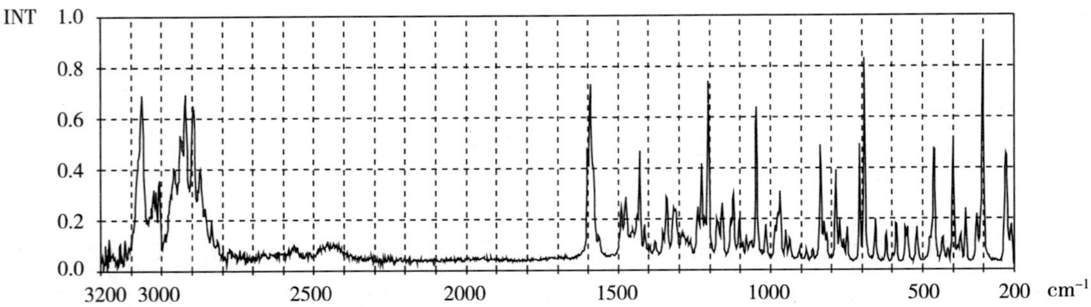

图 4　盐酸氯米帕明的拉曼光谱图

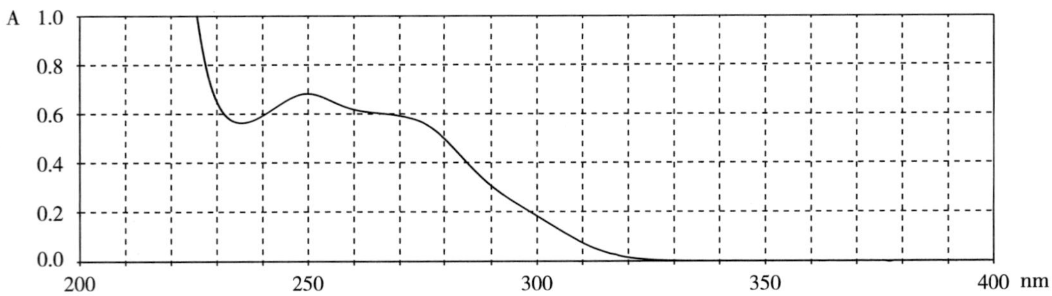

图 5　盐酸氯米帕明的紫外光谱图

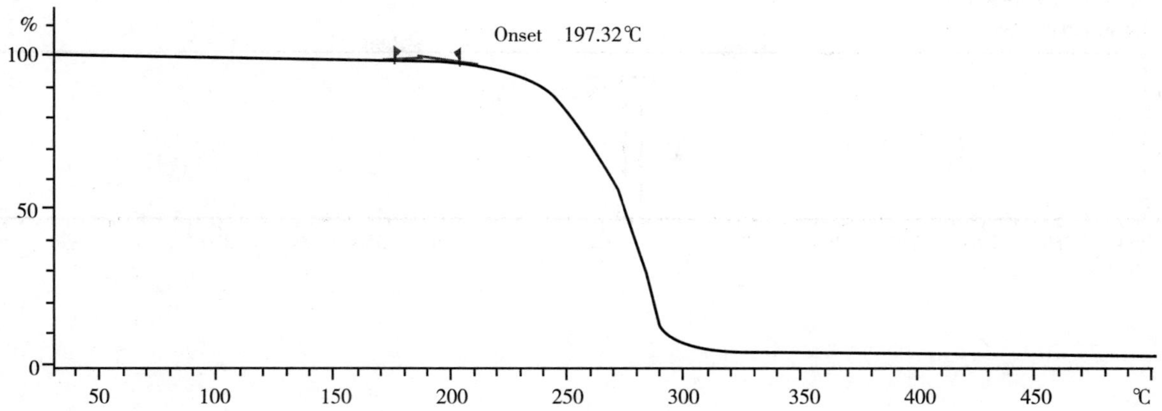

图 6　盐酸氯米帕明的 TG 图

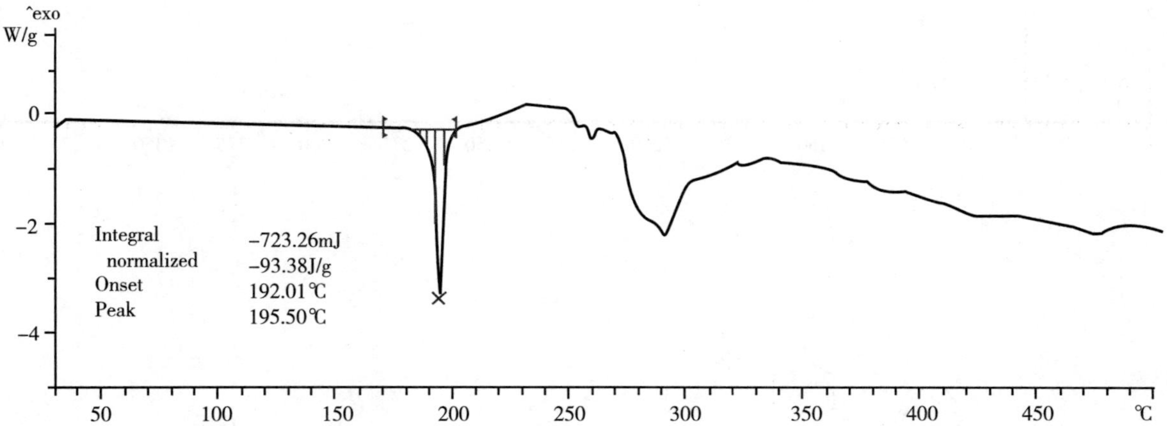

图 7　盐酸氯米帕明的 DSC 图

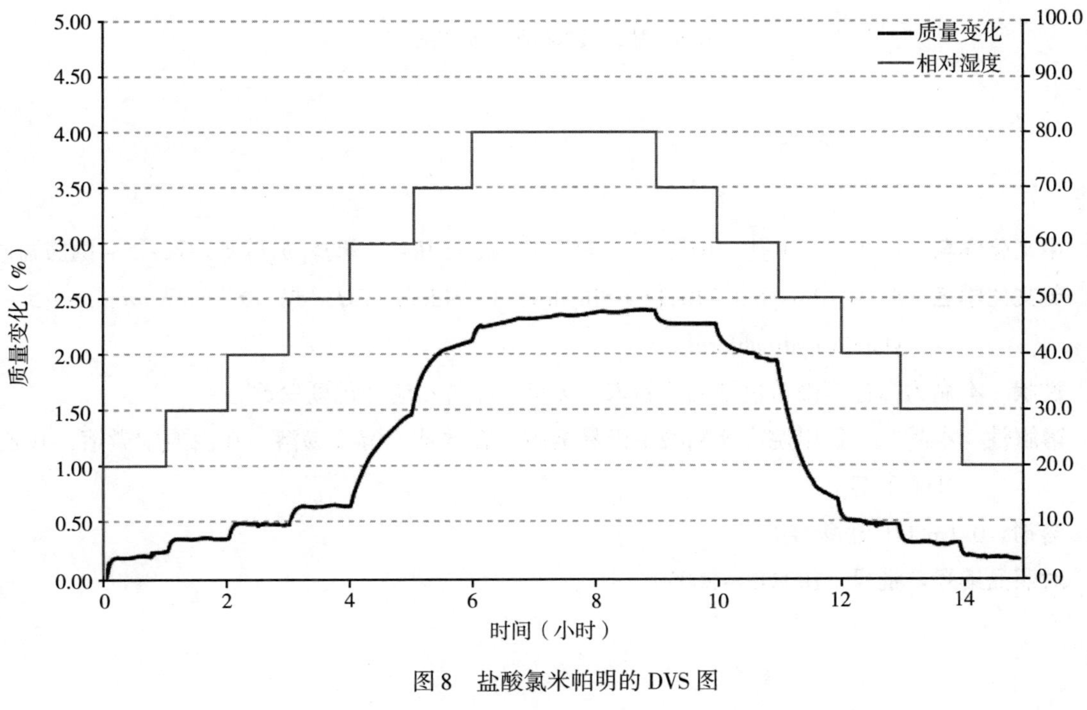

图 8　盐酸氯米帕明的 DVS 图

正离子扫描模式（一级）

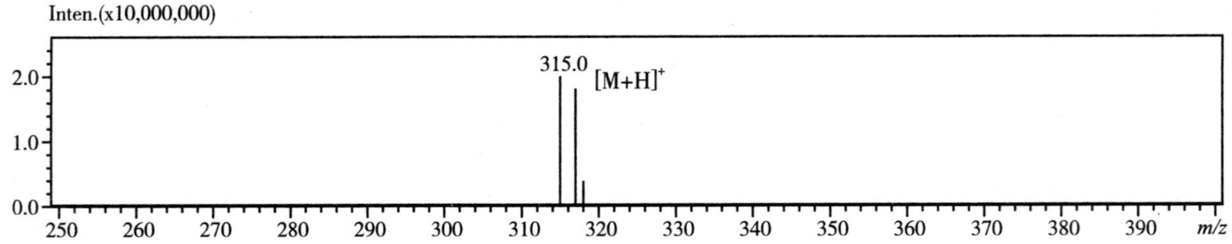

正离子扫描模式（二级）

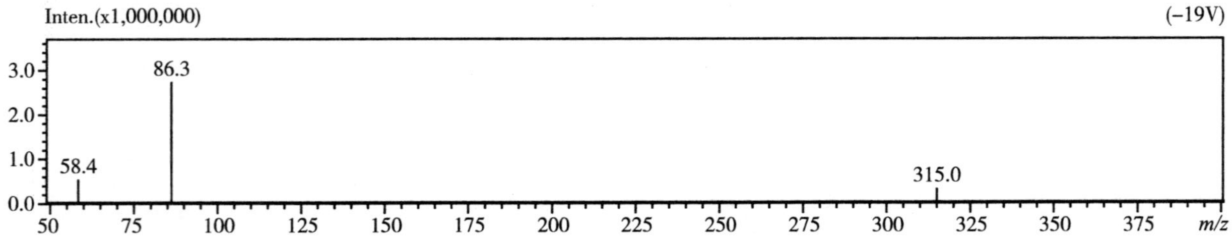

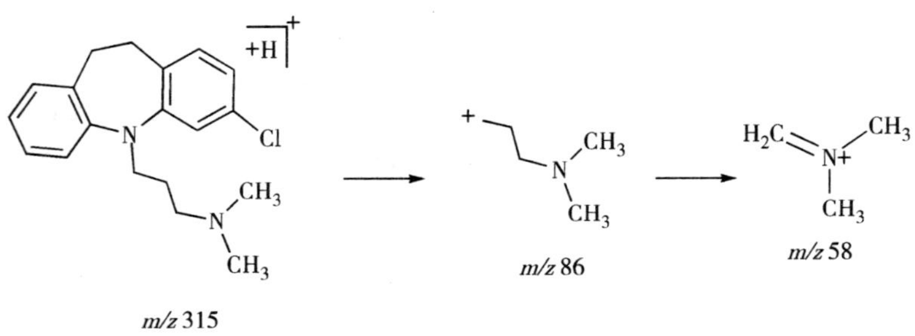

图9　盐酸氯米帕明的质谱图

备注

1. **中文化学名**　*N*,*N*－二甲基－10,11－二氢－3－氯－5*H*－二苯并[*b*,*f*]氮杂䓬－5－丙胺盐酸盐
2. **英文化学名**　*N*,*N*－dimethyl－10,11－dihydro－3－chloro－5*H*－dibenz [*b*,*f*] azepine－5－propylamin hydrochloride
3. **性状**　本品为白色至微黄色结晶性粉末；无臭，味苦；遇光色渐变黄。
4. **溶解性**　本品在三氯甲烷或冰醋酸中极易溶解，在水或乙醇中易溶，在丙酮中微溶，在乙醚中几乎不溶。
5. **溶剂**　0.1mol/L 盐酸溶液。
6. **对照品编号与批号**　100843－200501

磷酸川芎嗪

英文名 Ligustrazine Phosphate

分子式 $C_8H_{12}N_2 \cdot H_3PO_4 \cdot H_2O$

分子量 252.20

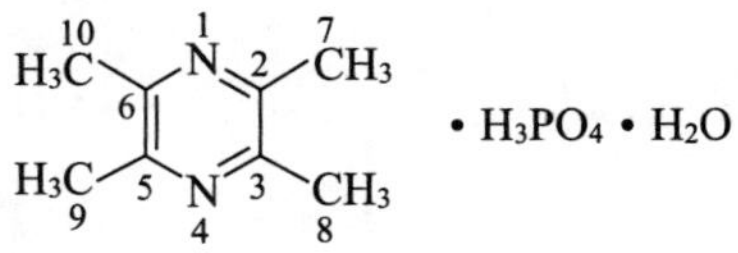

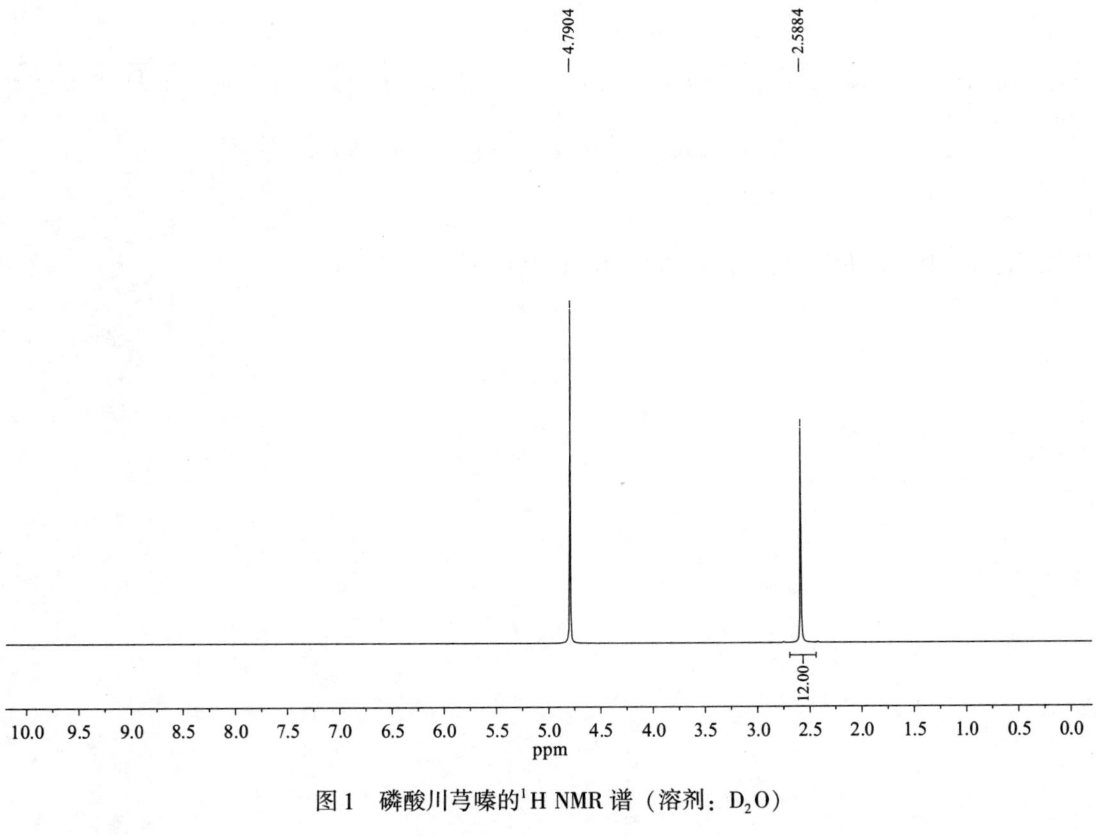

图1 磷酸川芎嗪的^{1}H NMR谱（溶剂：D_2O）

^{1}H NMR：δ 2.59（H-7，8，9，10，s，12H）

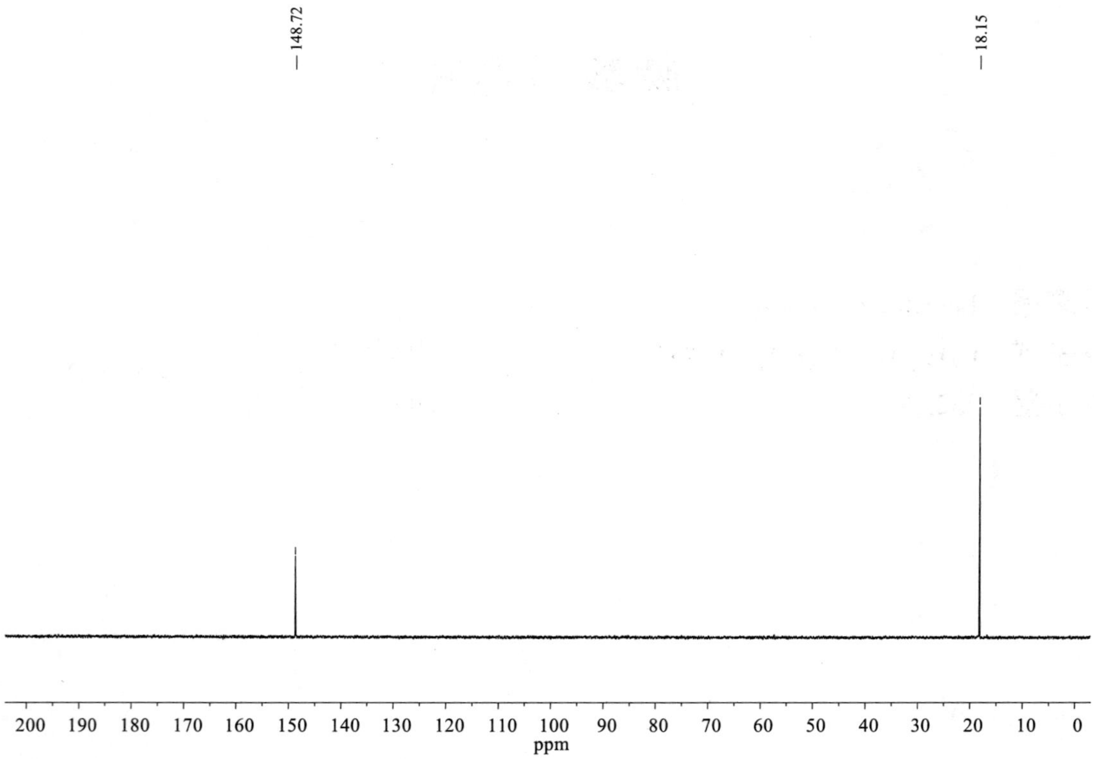

图2　磷酸川芎嗪的^{13}C NMR谱（溶剂：D_2O）

^{13}C NMR：δ 148.72（C-2，3，5，6），18.15（C-7，8，9，10）

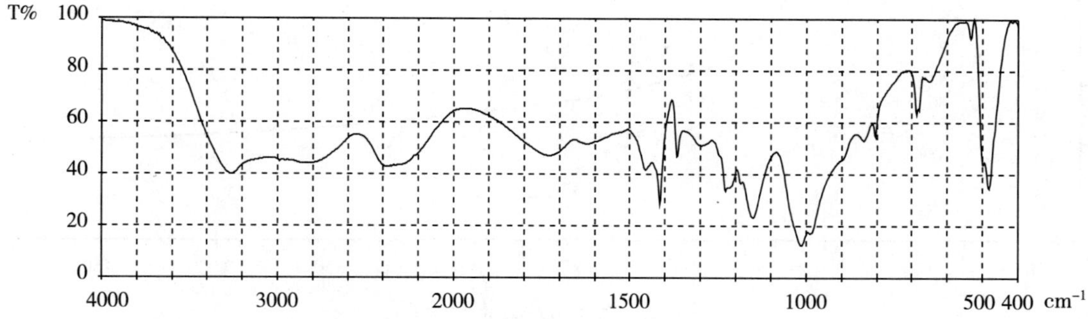

图 3　磷酸川芎嗪的红外光谱图

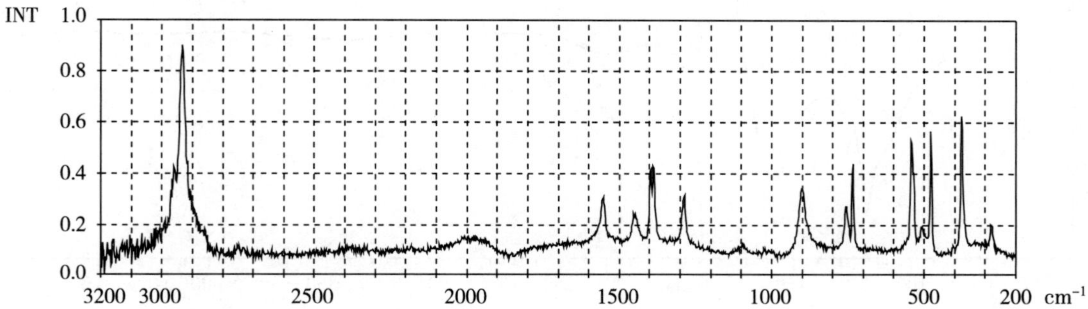

图 4　磷酸川芎嗪的拉曼光谱图

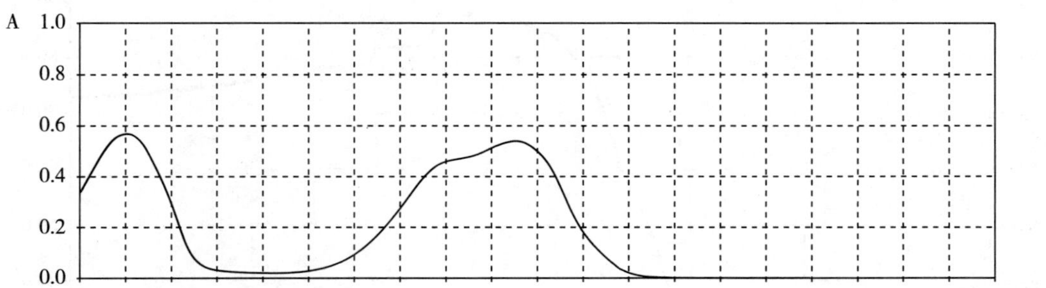

图 5　磷酸川芎嗪的紫外光谱图

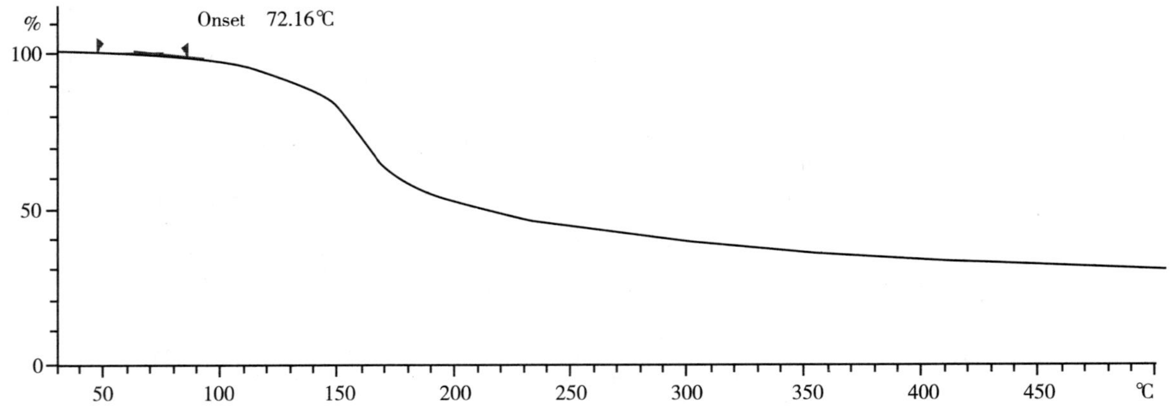

图 6　磷酸川芎嗪的 TG 图

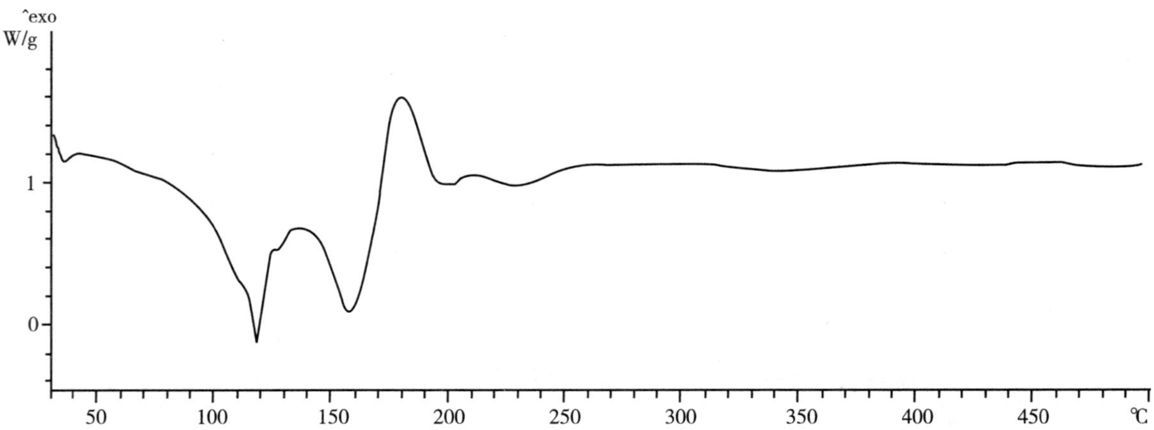

图 7　磷酸川芎嗪的 DSC 图

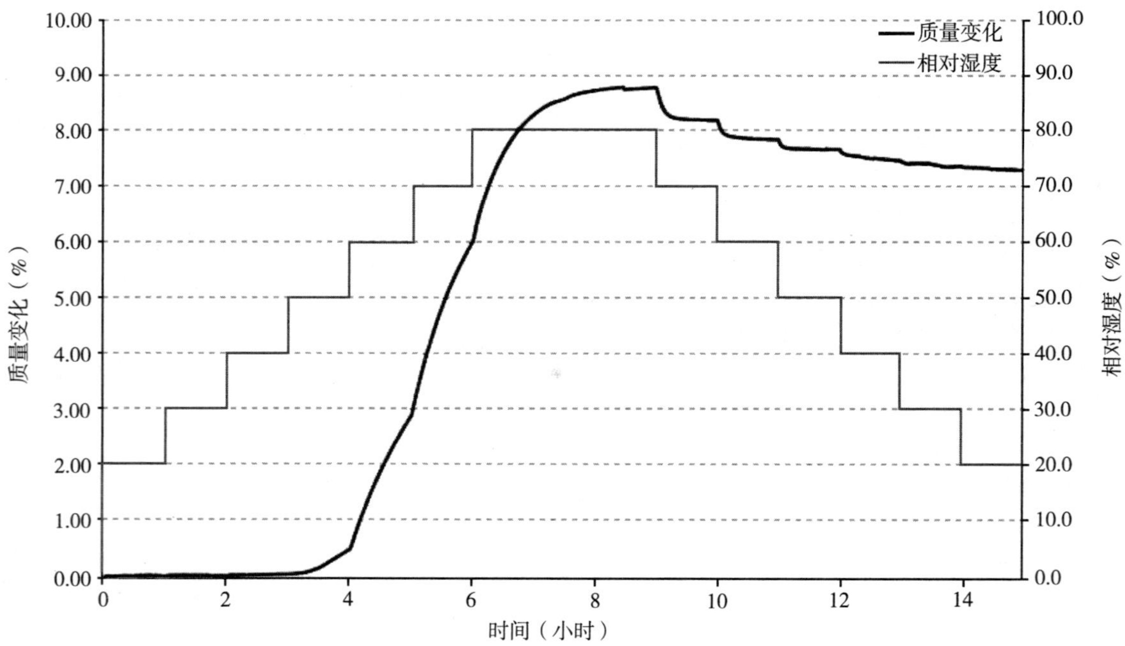

图 8　磷酸川芎嗪的 DVS 图

正离子扫描模式（一级）

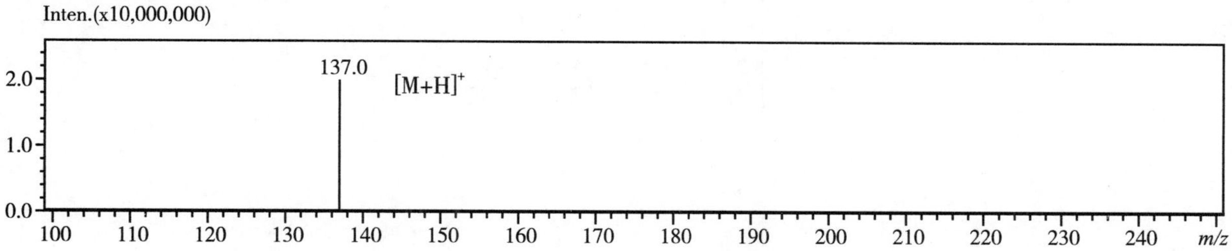

正离子扫描模式（二级）

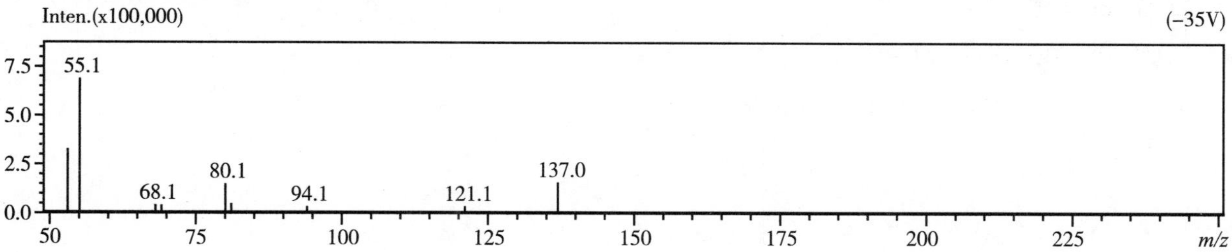

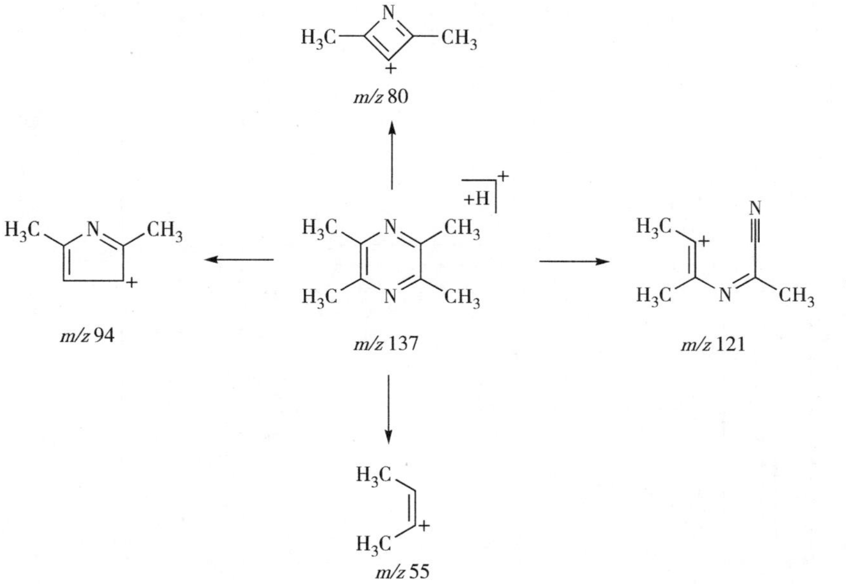

图9　磷酸川芎嗪的质谱图

备注

1. 中文化学名　2,3,5,6－四甲基哌嗪磷酸盐一水合物

2. 英文化学名　2,3,5,6－tetramethyl－piperazine phosphate monohydrate

3. 性状　本品为白色或类白色结晶性粉末；微臭，味苦。

4. 溶解性　本品在水或乙醇中溶解，在三氯甲烷中不溶。

5. 溶剂　水。

6. 对照品编号与批号　100845－201002

佐 匹 克 隆

英文名 Zopiclone

分子式 $C_{17}H_{17}ClN_6O_3$

分子量 388.81

CAS 号 43200-80-2

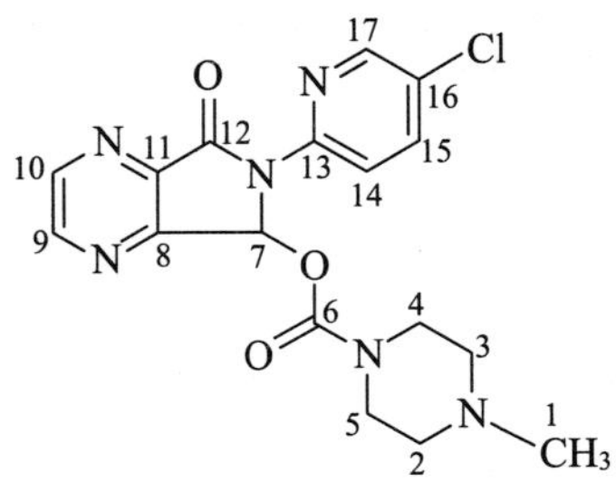

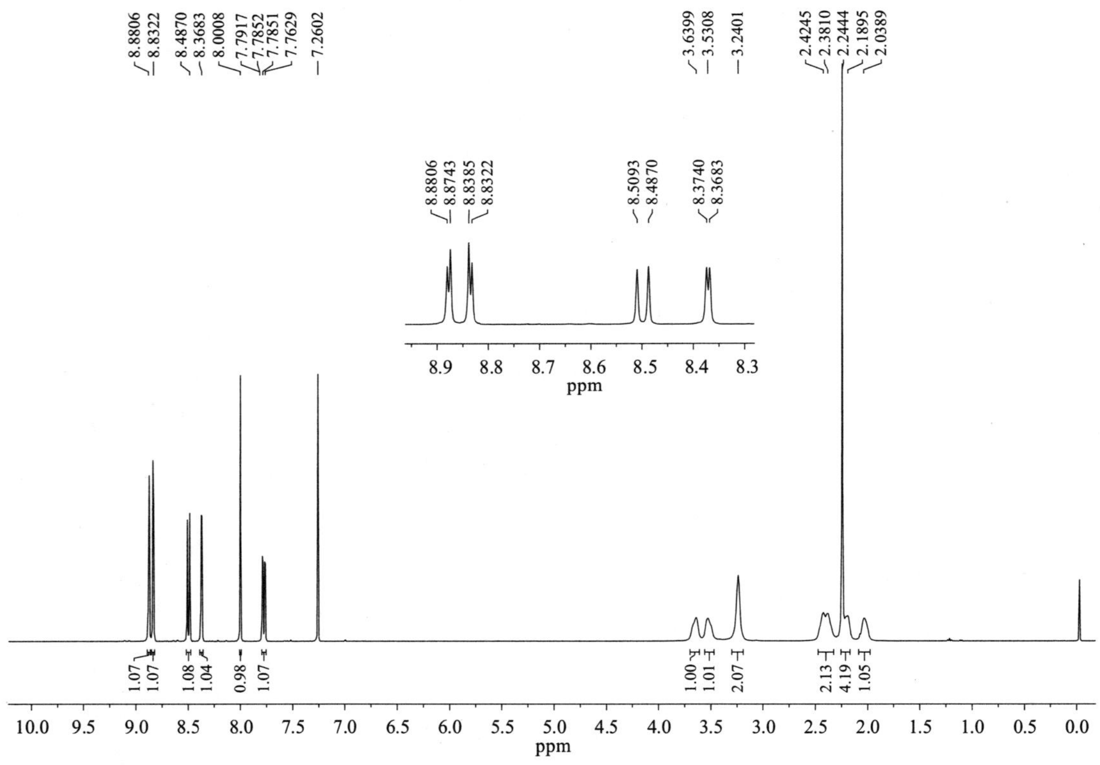

图1 佐匹克隆的^{1}H NMR谱（溶剂：$CDCl_3$）

^{1}H NMR：δ 8.88（H-9，d，J=2.5 Hz，1H），8.84（H-10，d，J=2.5 Hz，1H），8.50（H-14，d，J=8.9 Hz，1H），8.37（H-17，d，J=2.4 Hz，1H），8.00（H-7，s，1H），7.78（H-15，dd，J=8.9，2.4 Hz，1H），3.64（H-4a，brs，1H），3.53（H-5a，brs，1H），3.24（H-4b，5b，brs，2H），2.52~2.30（H-2a，3a，m，2H），2.24（H-1，s，3H），2.23（H-2b，m，1H），2.04（H-3b，brs，1H）

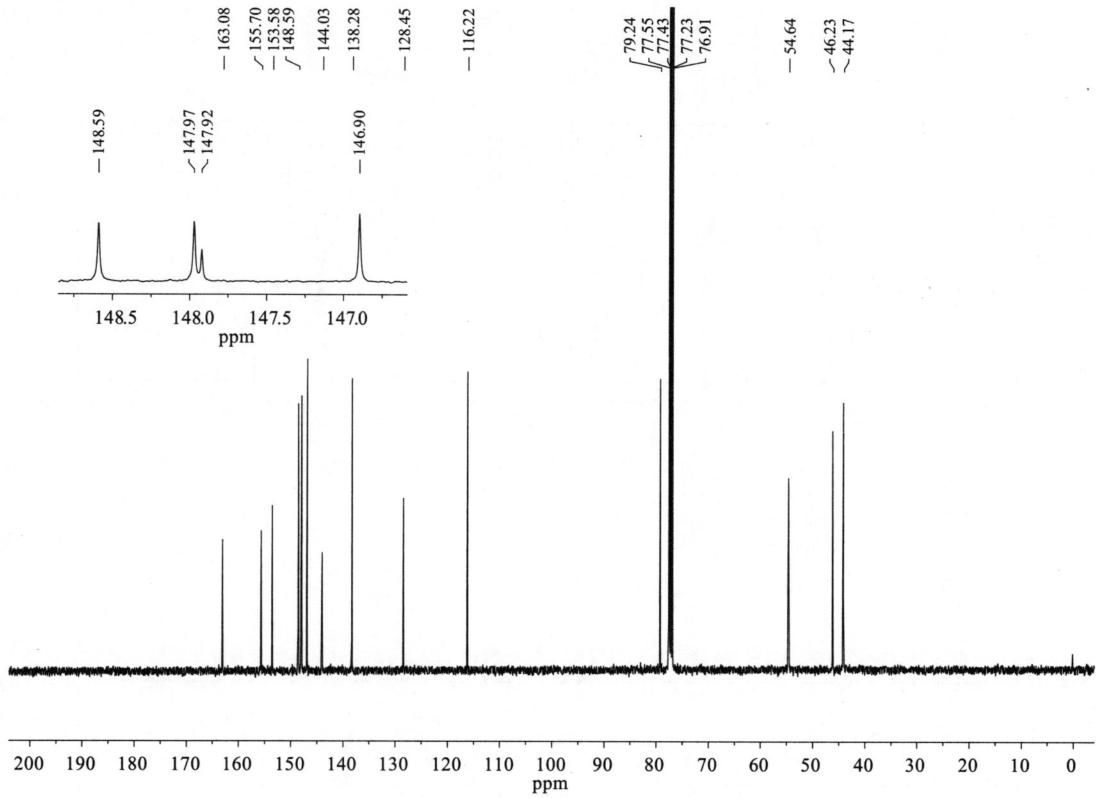

图2 佐匹克隆的 ^{13}C NMR 谱（溶剂：$CDCl_3$）

^{13}C NMR：δ 163.08 （C－12），155.70 （C－11），153.58 （C－6），148.59 （C－10），147.97 （C－13），147.92 （C－9），146.90 （C－17），144.03 （C－8），138.28 （C－15），128.45 （C－16），116.22 （C－14），79.24 （C－7），54.64 （C－2，3），46.23 （C－1），44.17 （C－4，5）

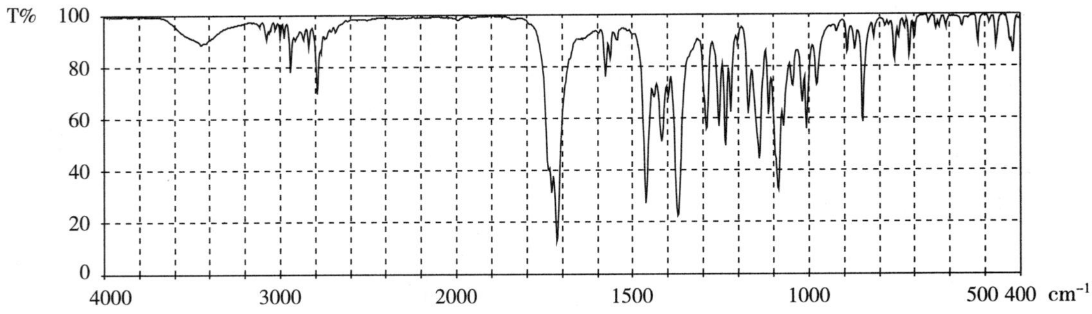

图 3　佐匹克隆的红外光谱图

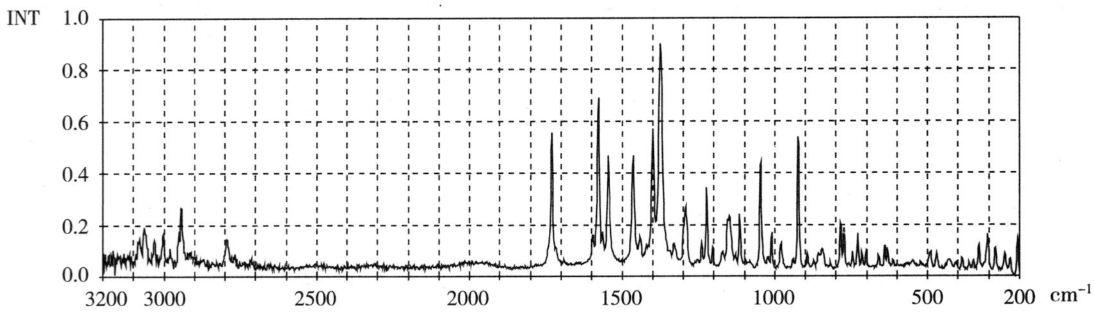

图 4　佐匹克隆的拉曼光谱图

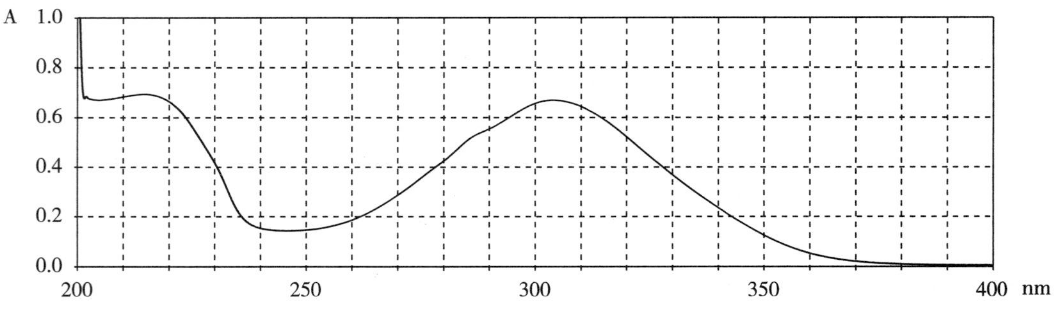

图 5　佐匹克隆的紫外光谱图

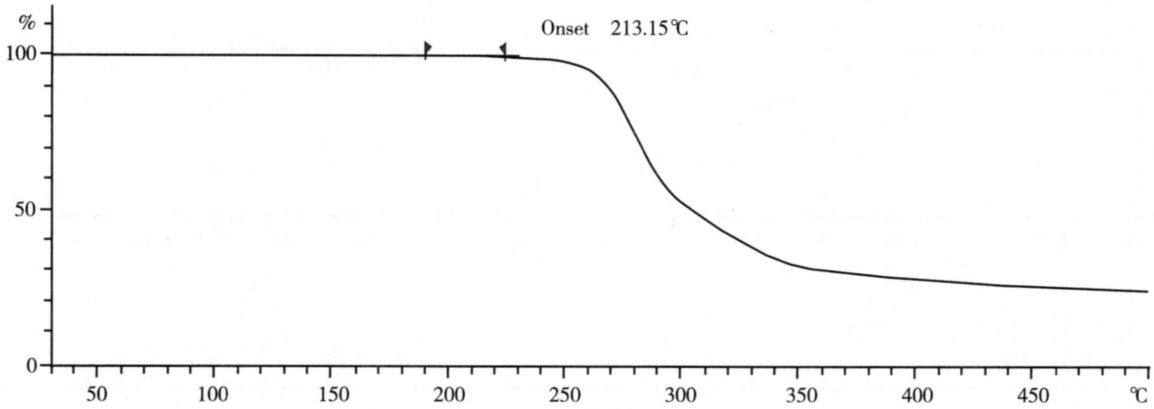

图 6 佐匹克隆的 TG 图

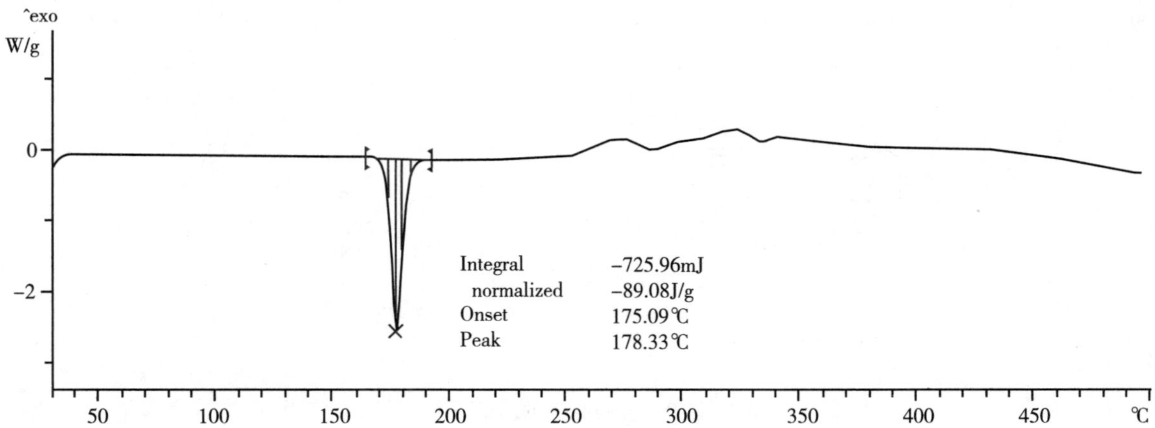

图 7 佐匹克隆的 DSC 图

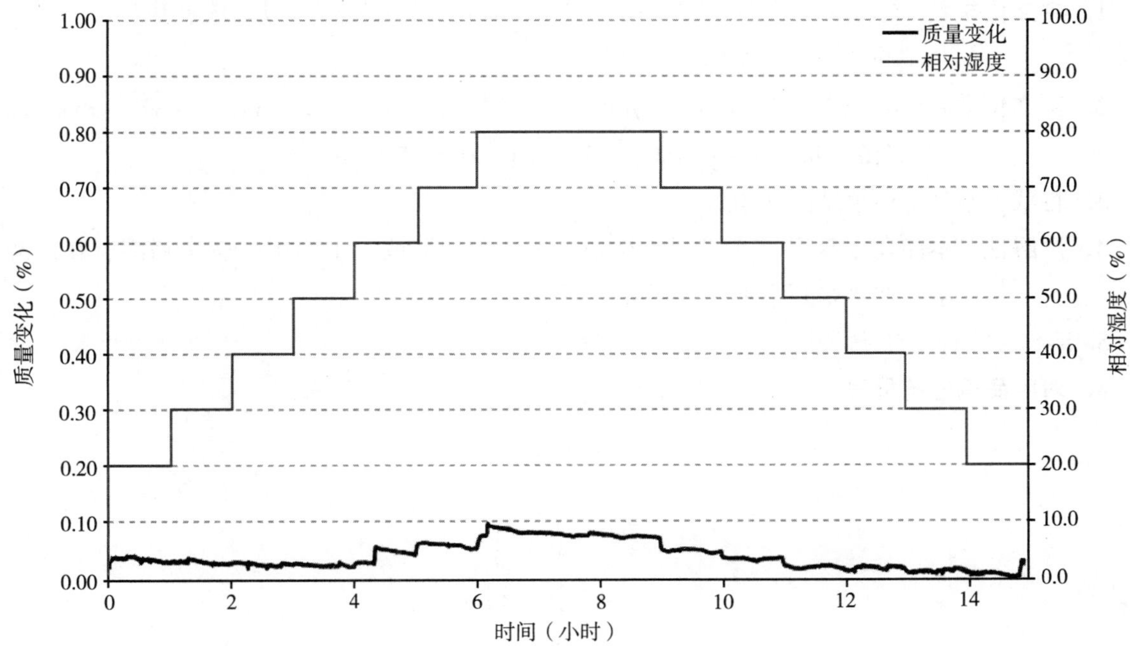

图 8 佐匹克隆的 DVS 图

正离子扫描模式（一级）

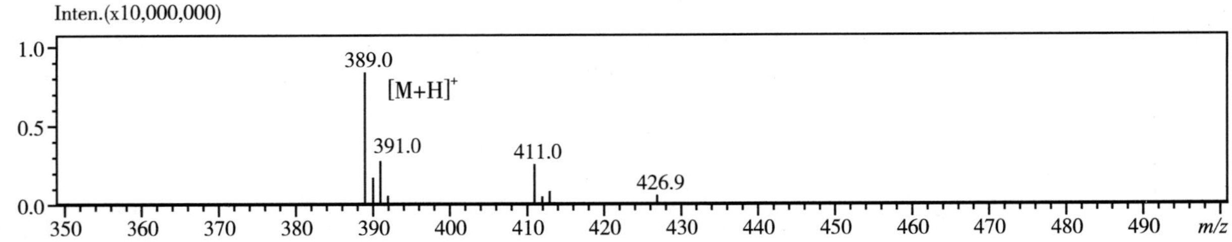

正离子扫描模式（二级）

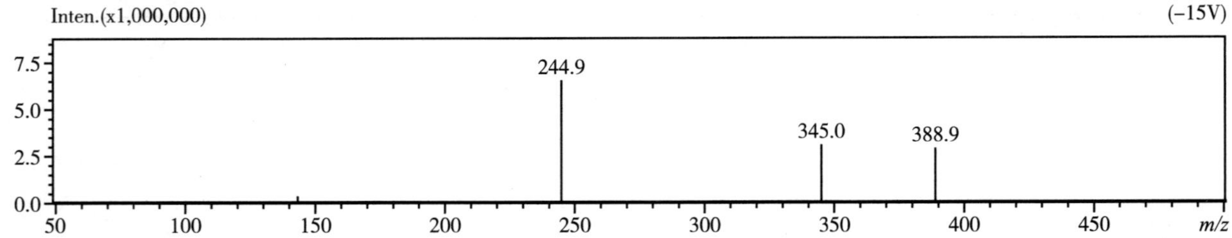

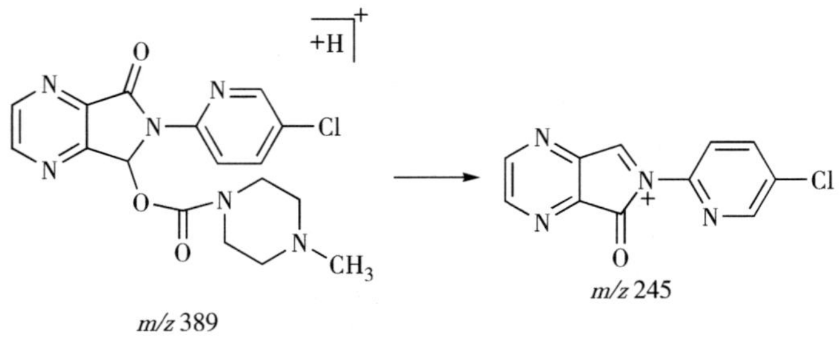

图9　佐匹克隆的质谱图

备注

1. **中文化学名**　6－(5－氯吡啶－2－基)－7－[(4－甲基哌嗪－1－基)羰氧基]－5,6－二氢吡并[3,4－*b*]吡嗪－5－酮

2. **英文化学名**　6－(5－chloro－2－yl)－7－[(4－methyl－piperazin－1－yl)carbonyloxy]－5,6－dihydro－pyrrolo[3,4－*b*] pyrazin－5－one

3. **性状**　本品为白色结晶性粉末。

4. **溶解性**　本品在三氯甲烷或二氯乙烷中易溶，在甲醇或二甲基甲酰胺中略溶，在乙醇中微溶，在水中几乎不溶或不溶。

5. **溶剂**　0.1mol/L 盐酸溶液。

6. **对照品编号与批号**　100870－200801

右佐匹克隆

英文名 Dexzopiclone

分子式 $C_{17}H_{17}ClN_6O_3$

分子量 388.81

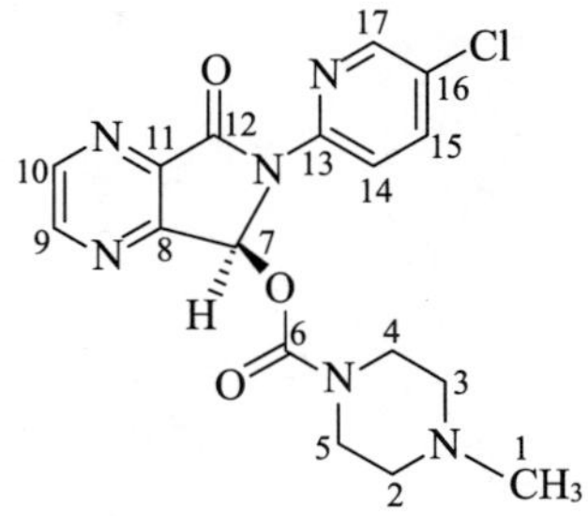

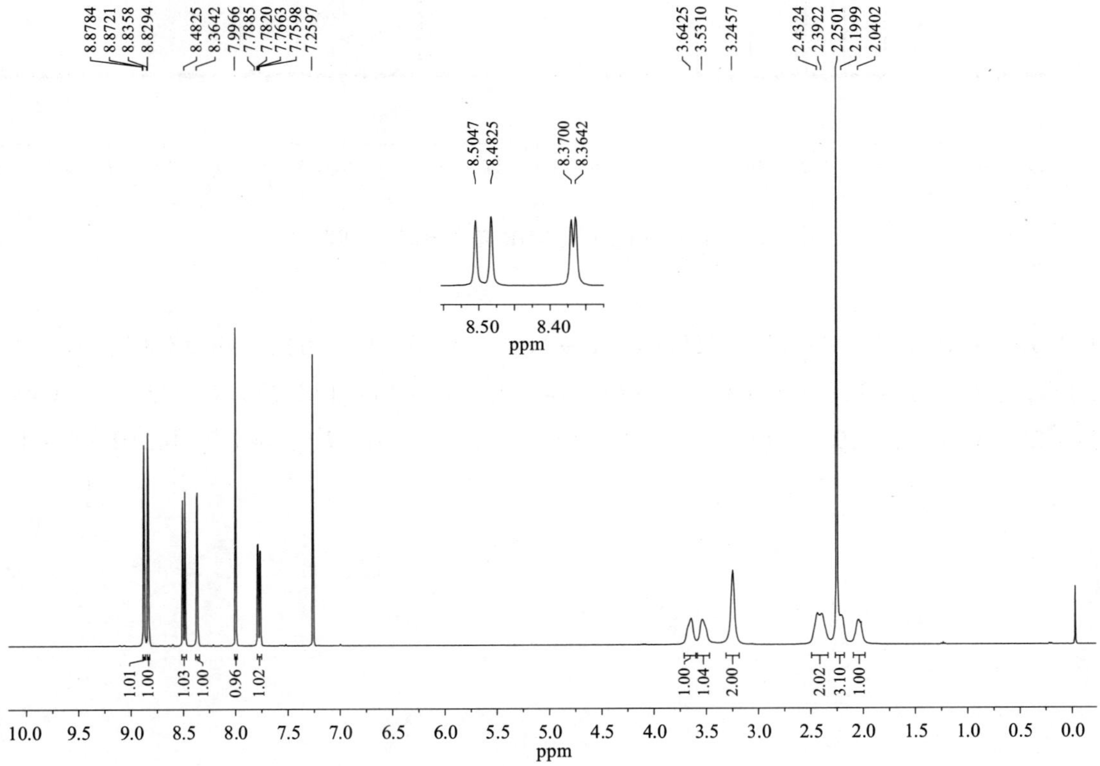

图 1 右佐匹克隆的 ^{1}H NMR 谱（溶剂：$CDCl_3$）

^{1}H NMR：δ 8.88（H－9，d，J=2.5 Hz，1H），8.83（H－10，d，J=2.5 Hz，1H），8.49（H－14，d，J=8.9 Hz，1H），8.37（H－17，d，J=2.4 Hz，1H），8.00（H－7，s，1H），7.77（H－15，dd，J=8.9，2.4 Hz，1H），3.64（H－4a，brs，1H），3.53（H－5a，brs，1H），3.24（H－4b，5b，brs，2H），2.53～2.31（H－2a，3a，m，2H），2.25（H－1，s，3H），2.25（H－2b，m，1H），2.04（H－3b，m，1H）

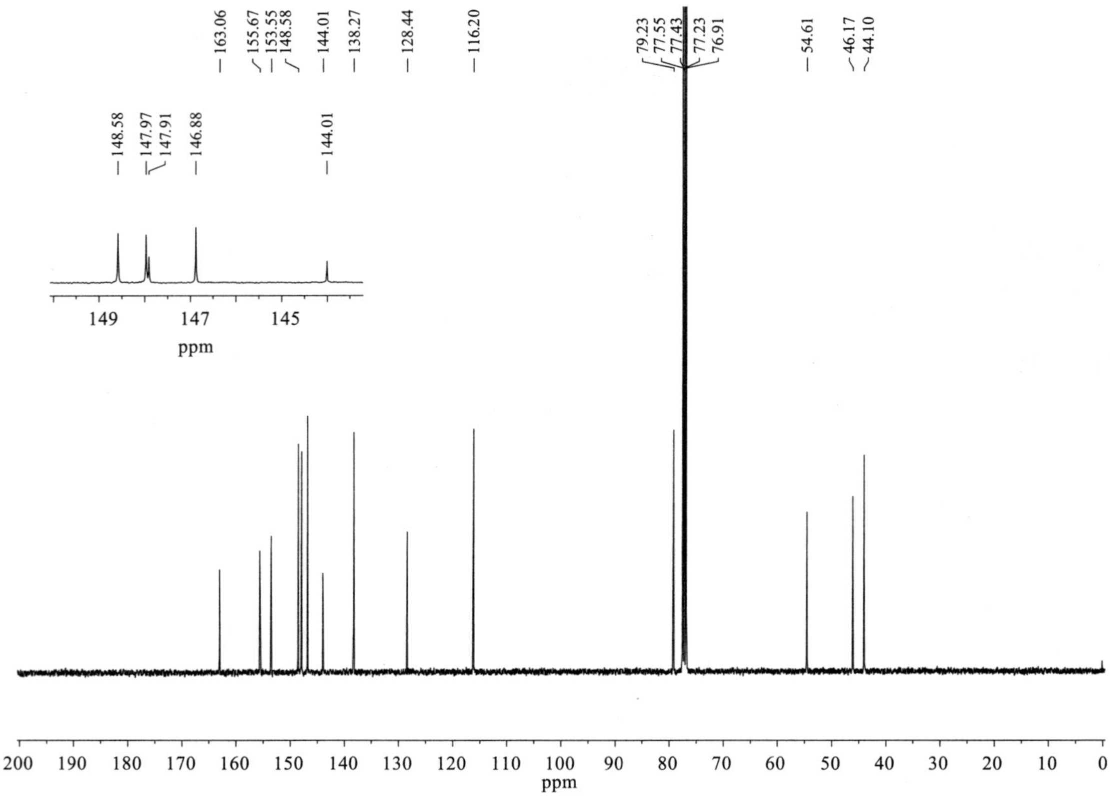

图 2　右佐匹克隆的^{13}C NMR 谱（溶剂：$CDCl_3$）

^{13}C NMR：δ 163.06（C－12），155.67（C－11），153.55（C－6），148.58（C－10），147.97（C－13），147.91（C－9），146.88（C－17），144.01（C－8），138.27（C－15），128.44（C－16），116.20（C－14），79.23（C－7），54.61（C－2，3），46.17（C－1），44.10（C－4，5）

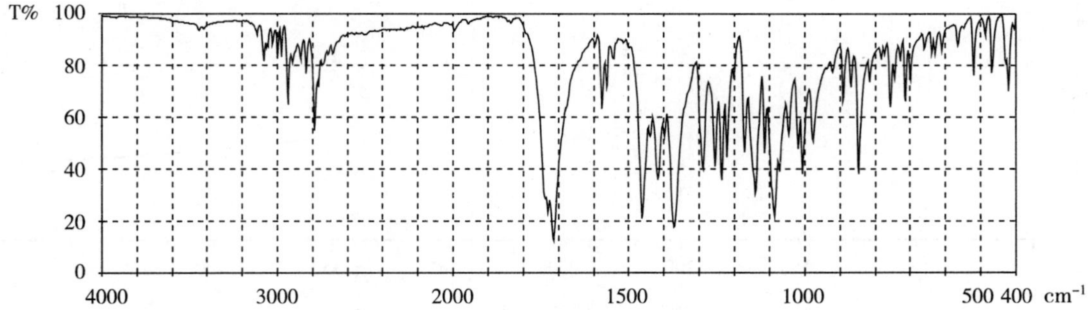

图 3　右佐匹克隆的红外光谱图

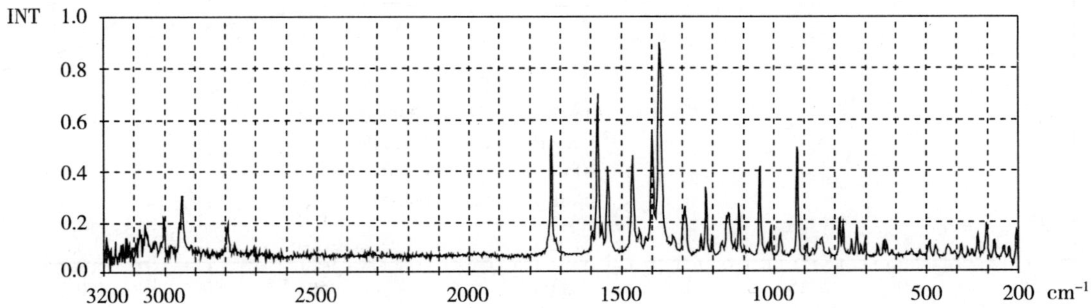

图 4　右佐匹克隆的拉曼光谱图

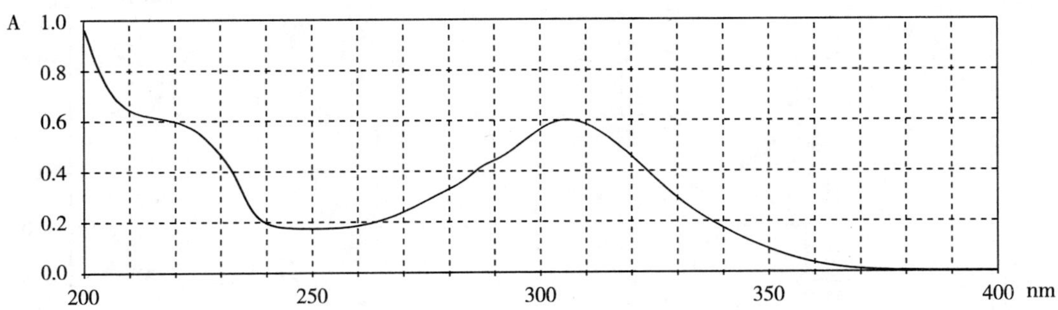

图 5　右佐匹克隆的紫外光谱图

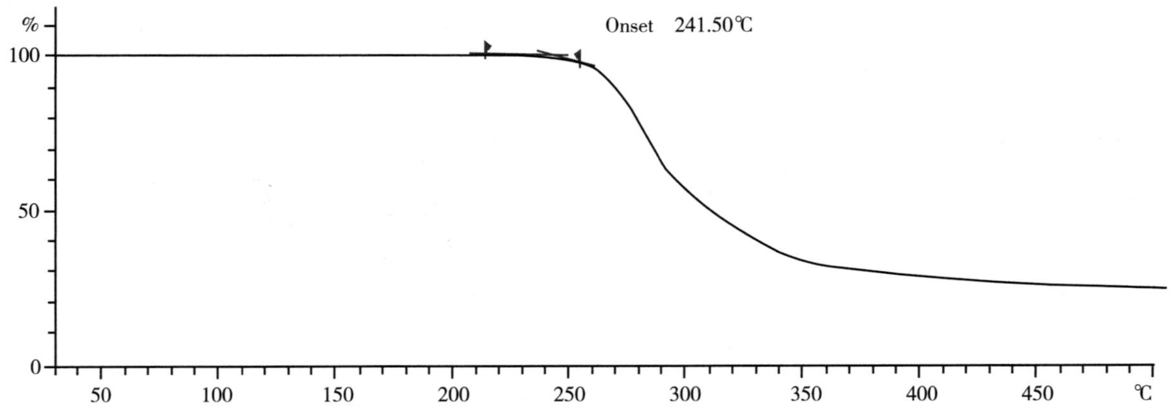

图 6　右佐匹克隆的 TG 图

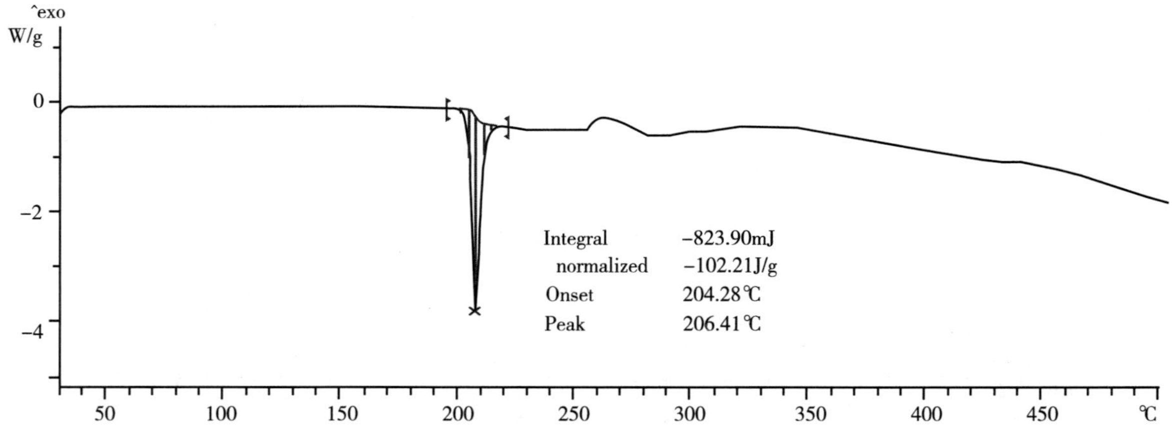

图 7　右佐匹克隆的 DSC 图

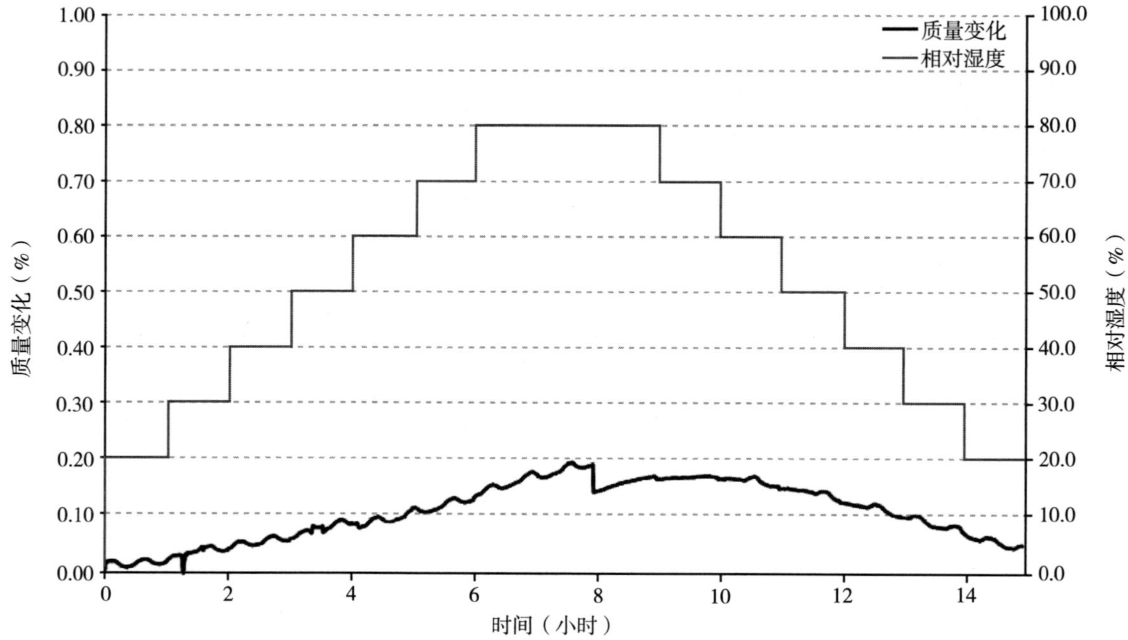

图 8　右佐匹克隆的 DVS 图

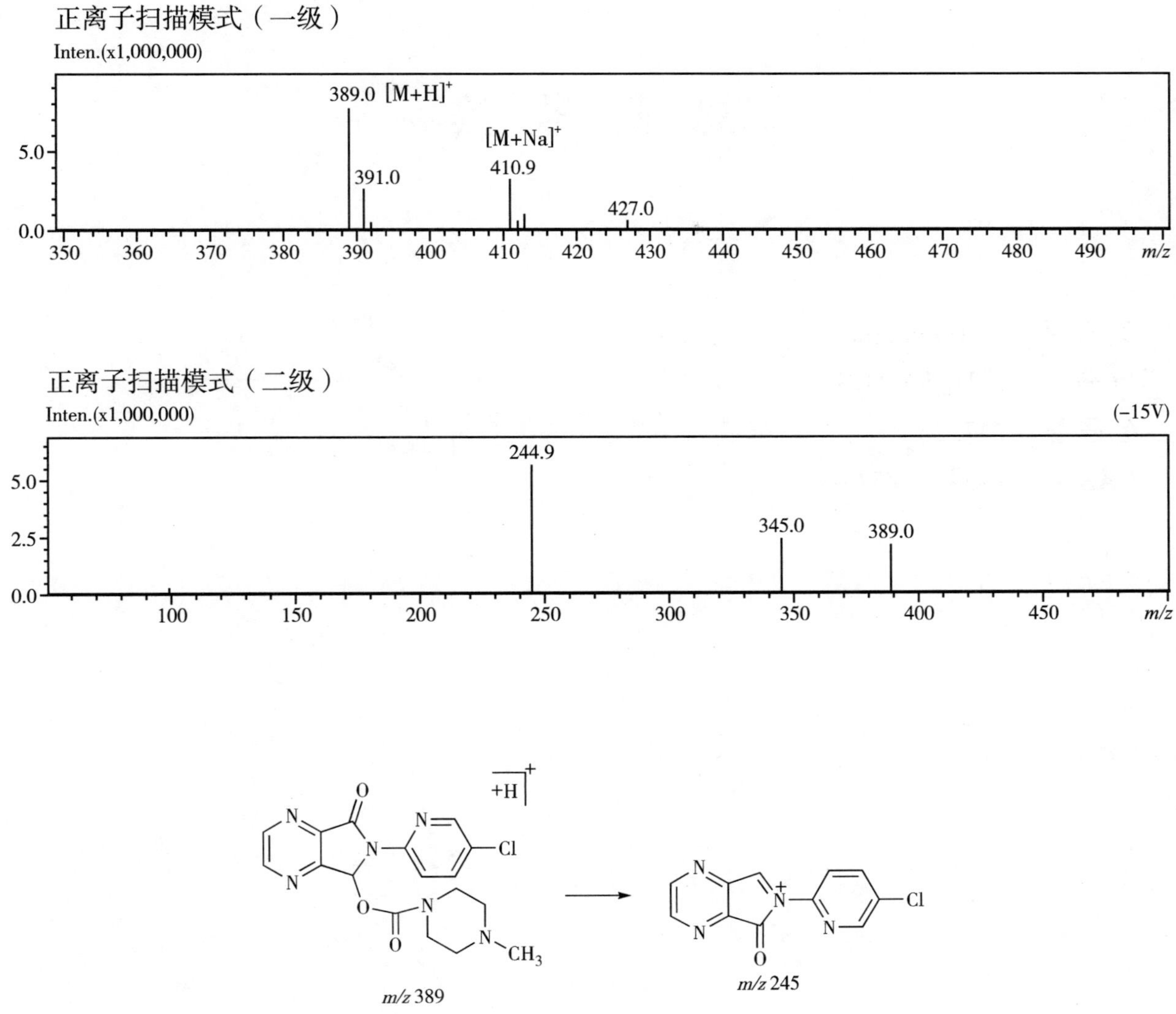

图 9　右佐匹克隆的质谱图

备注

1. 中文化学名　(+)-6-(5-氯-吡啶-2-基)-7-[(4-甲基哌嗪-1-基)羰氧基]-5,6-二氢吡咯[3,4-*b*]吡嗪-5-酮

2. 英文化学名　(+)-6-(5-chloro-pyridin-2-yl)-7-[(4-methyl-piperazin-1-yl)carbonyloxy]-5,6-dihydro-pyrrolo[3,4-*b*]pyrazin-5-one

3. 性状　本品为白色至类白色结晶或结晶性粉末；无臭，味极苦。

4. 溶解性　本品在三氯甲烷中易溶，在甲醇或丙酮中微溶，在乙醇中极微溶解，在水中几乎不溶，在 0.1 mol/L 盐酸溶液中溶解。

5. 溶剂　乙醇。

6. 对照品编号与批号　100871-200801

恩 曲 他 滨

英文名 Emtricitabine

分子式 $C_8H_{10}FN_3O_3S$

分子量 247.25

CAS 号 143491 - 57 - 0

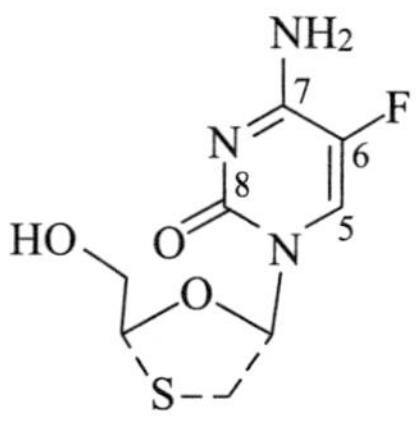

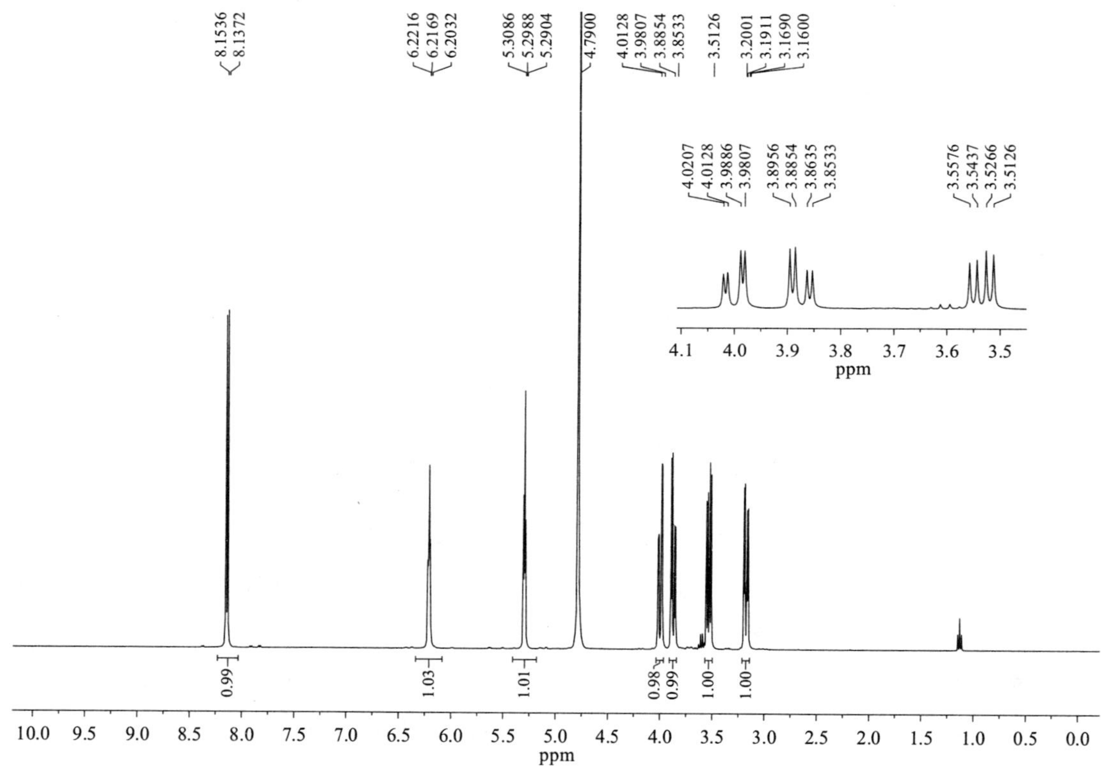

图 1 恩曲他滨的^{1}H NMR 谱（溶剂：D_2O）

^{1}H NMR：δ 8.14（H - 5，d，J = 6.6 Hz，1H），6.22（H - 4，m，1H），5.30（H - 2，t，J = 3.6 Hz，1H），4.00（H - 1a，dd，J = 12.9，3.2 Hz，1H），3.87（H - 1b，dd，J = 12.9，4.1 Hz，1H），3.54（H - 3a，dd，J = 12.4，5.6 Hz，1H），3.18（H - 3b，dd，J = 12.4，3.6 Hz，1H）

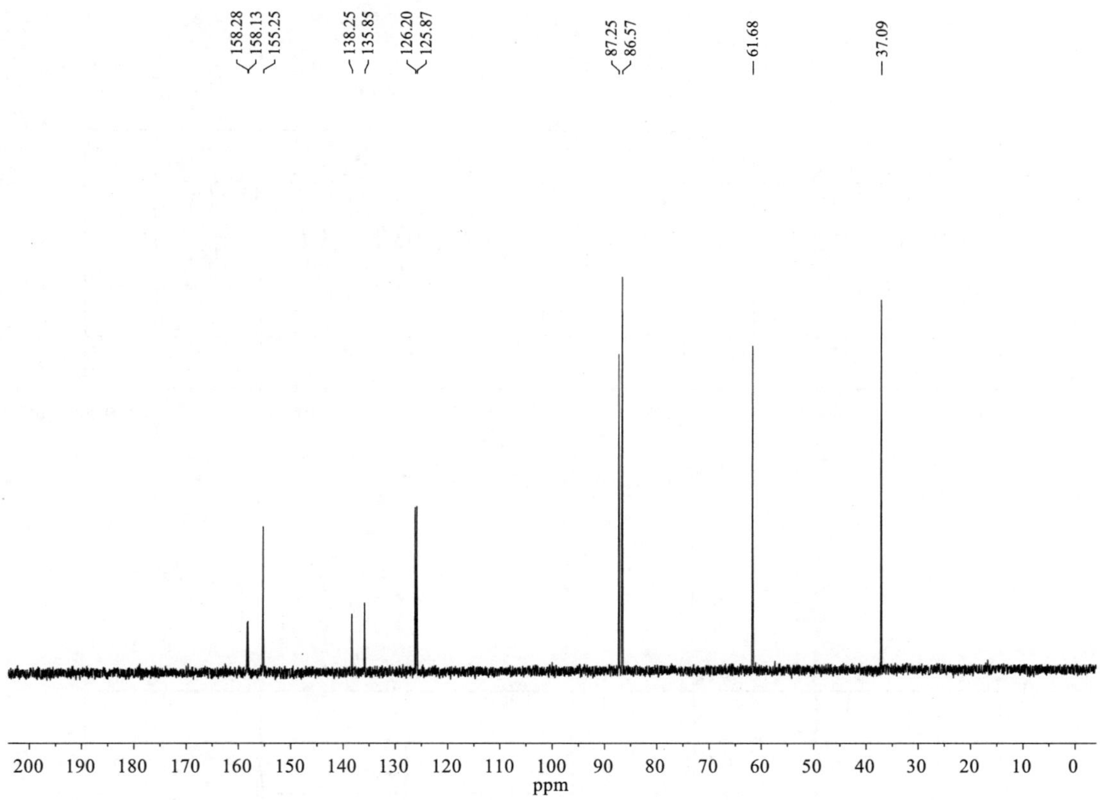

图2 恩曲他滨的 ^{13}C NMR 谱（溶剂：D_2O）

^{13}C NMR：δ 158.21（C－7，d，J＝15.2 Hz），155.25（C－8），137.06（C－6，d，J＝242.4 Hz），126.04（C－5，d，J＝33.3 Hz），87.25（C－4），86.57（C－2），61.68（C－1），37.09（C－3）

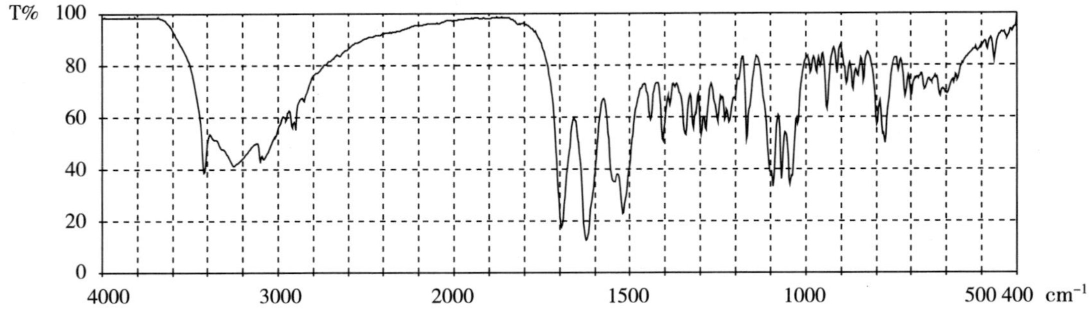

图 3　恩曲他滨的红外光谱图

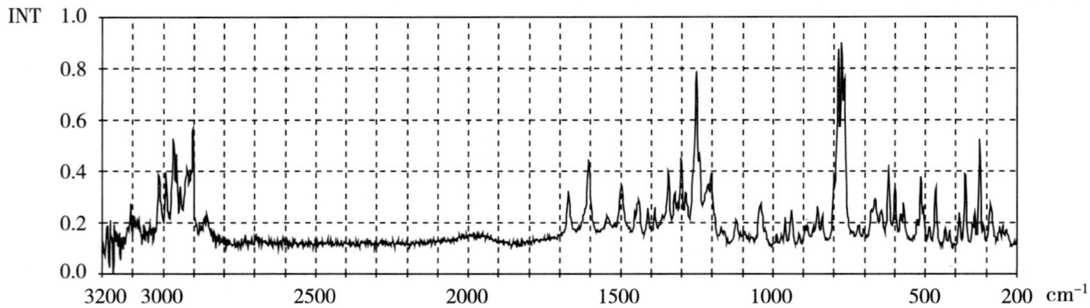

图 4　恩曲他滨的拉曼光谱图

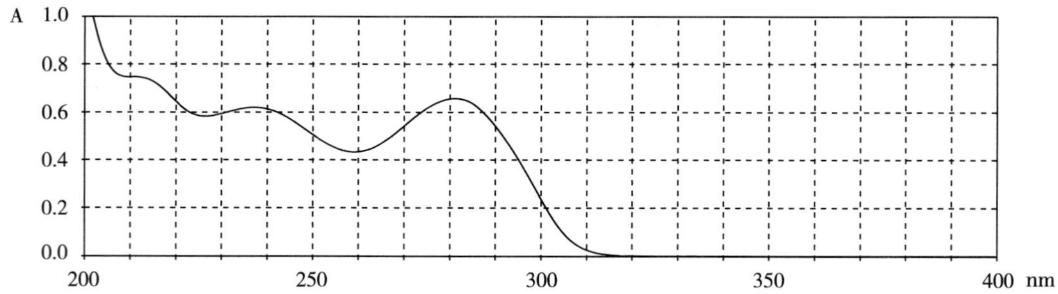

图 5　恩曲他滨的紫外光谱图

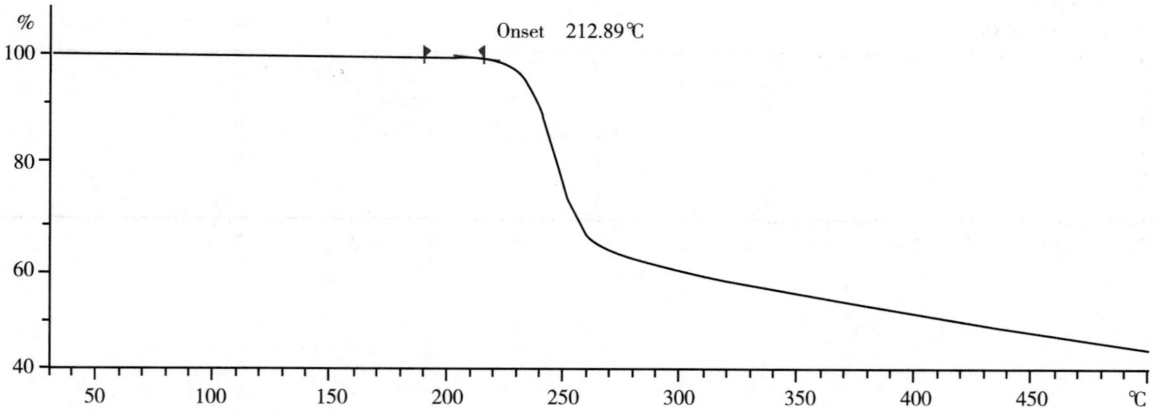

图 6　恩曲他滨的 TG 图

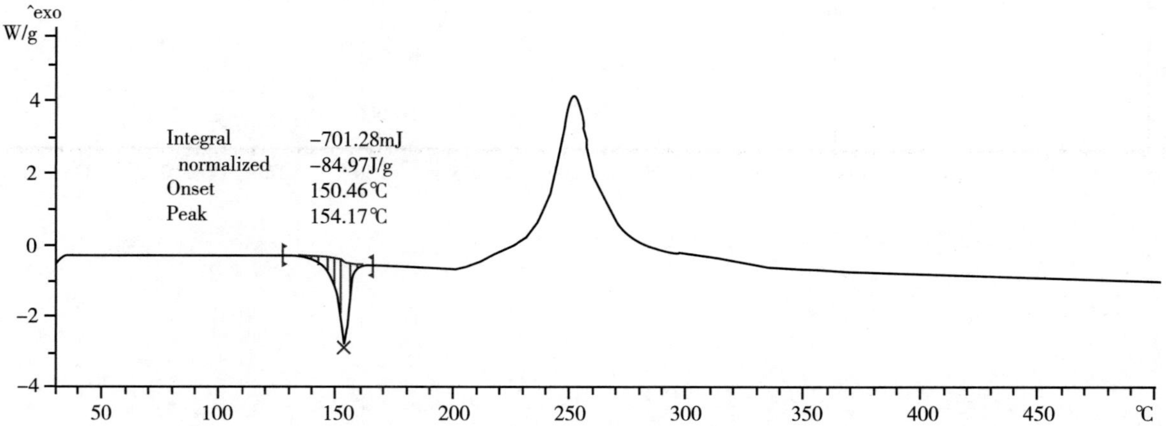

图 7　恩曲他滨的 DSC 图

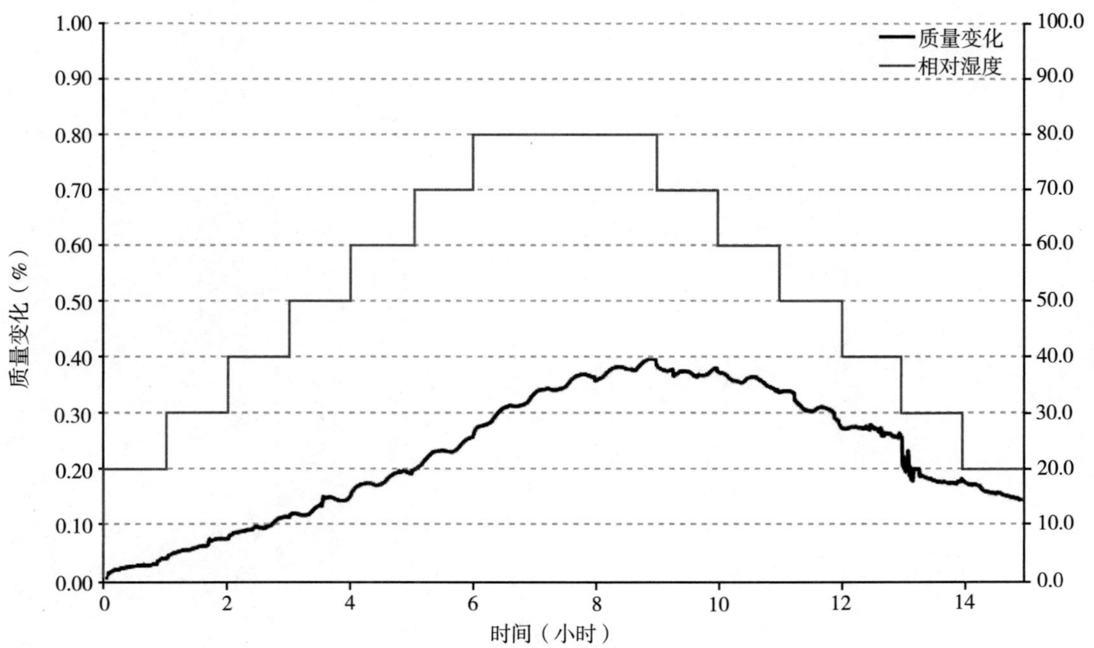

图 8　恩曲他滨的 DVS 图

正离子扫描模式（一级）

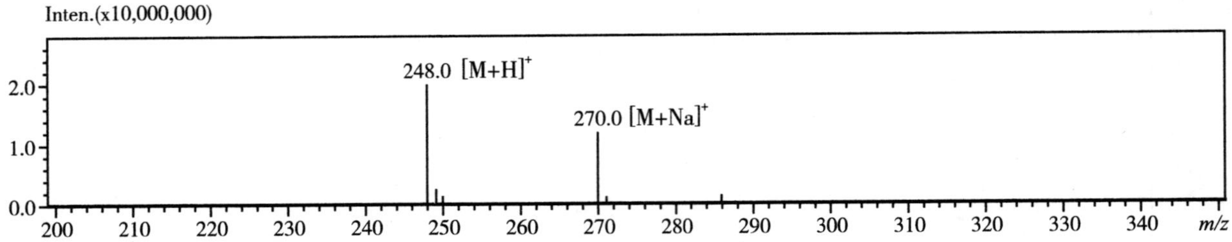

正离子扫描模式（二级）

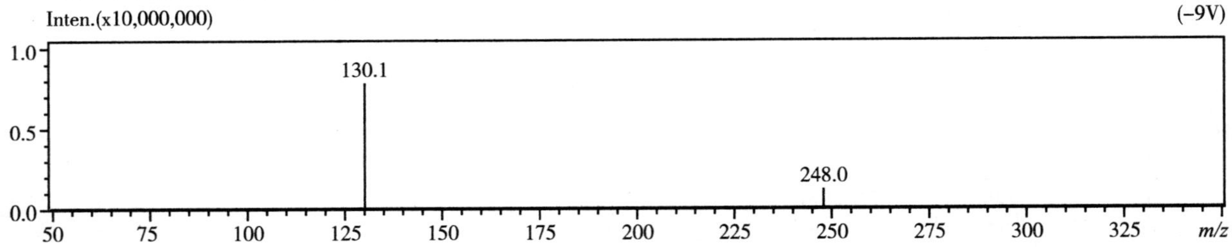

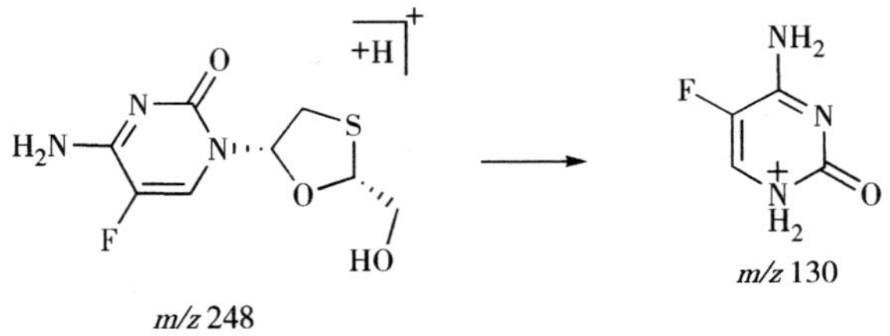

负离子扫描模式（一级）

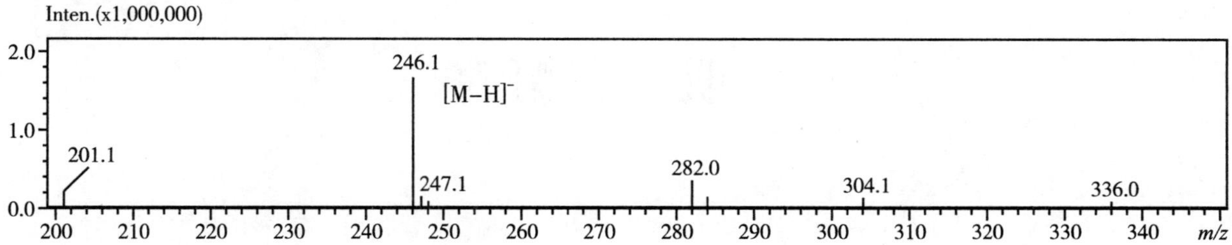

负离子扫描模式（二级）

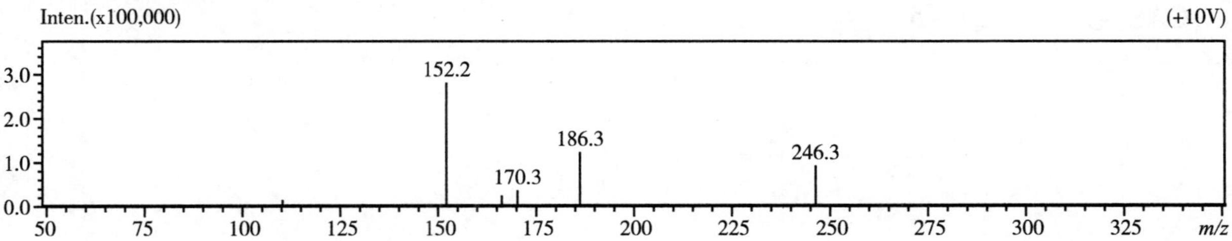

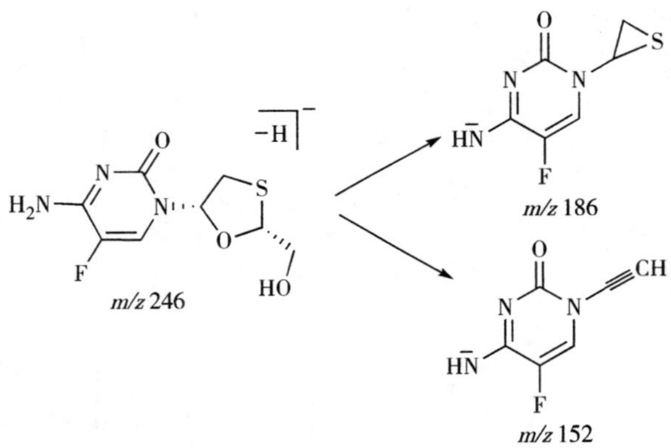

图 9　恩曲他滨的质谱图

备注

1. **中文化学名**　(2*R*,5*S*) –4 – 氨基 –5 – 氟 –1 –［2 – 羟甲基 –［1,3］氧硫杂环戊烷 –5 – 基］– 1*H* – 嘧啶 –2 – 酮
2. **英文化学名**　(2*R*,5*S*) –4 – amino –5 – fluoro –1 –［2 –（hydroxymethyl）–［1,3］oxathiolan – 5 – yl］1*H* – pyrimidin –2 – one
3. **性状**　本品为白色或类白色粉末或结晶性粉末。
4. **溶剂**　水。
5. **对照品编号与批号**　100873 –200901

肌　　酐

英文名　Creatinine

分子式　$C_4H_7N_3O$

分子量　113.12

CAS 号　60－27－5

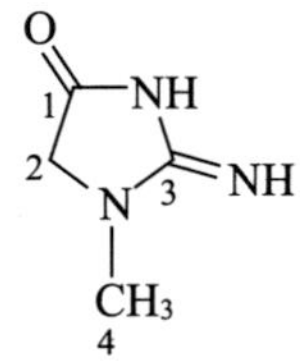

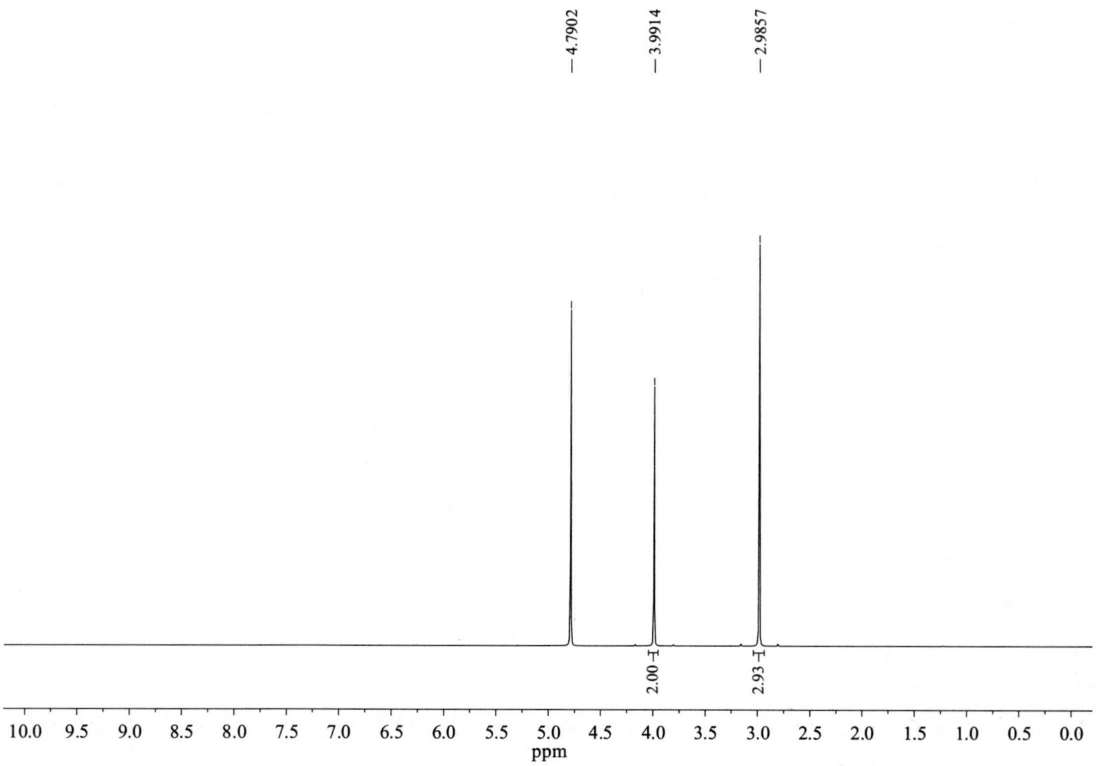

图 1　肌酐的 ^{1}H NMR 谱（溶剂：D_2O）

^{1}H NMR：δ 3.99（H－2，s，2H），2.99（H－4，s，3H）

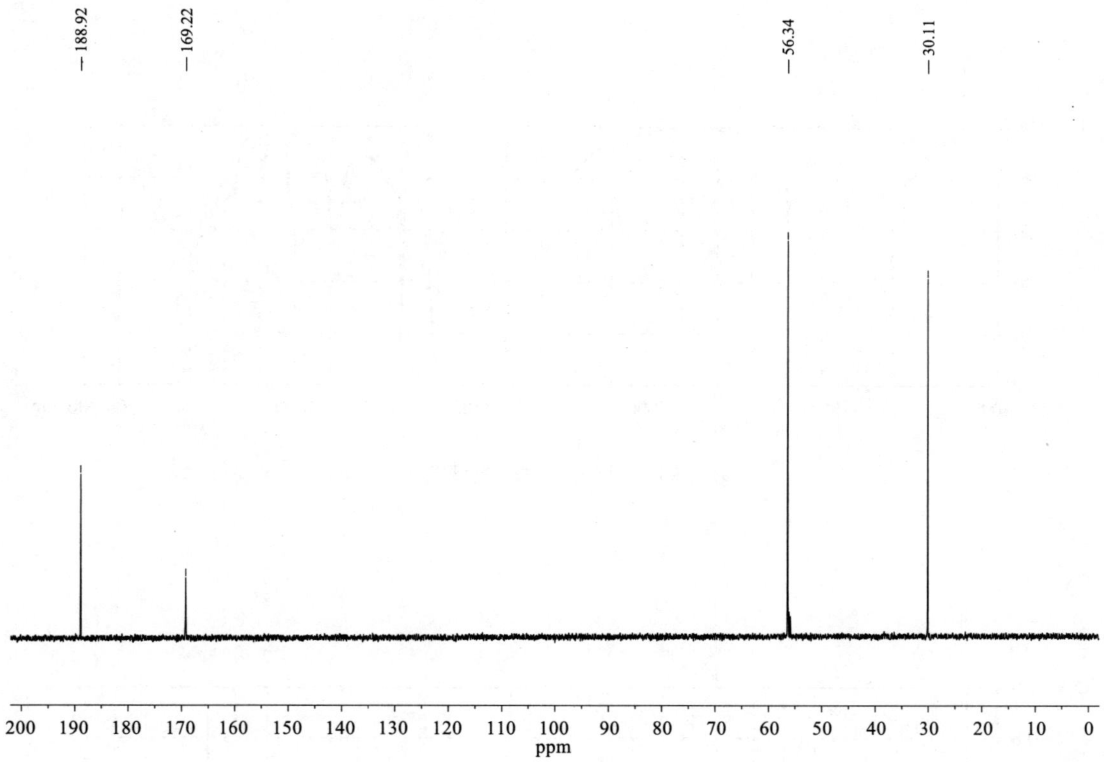

图2　肌酐的^{13}C NMR谱（溶剂：D_2O）

^{13}C NMR：δ 188.92（C－1），169.22（C－3），56.34（C－2），30.11（C－4）

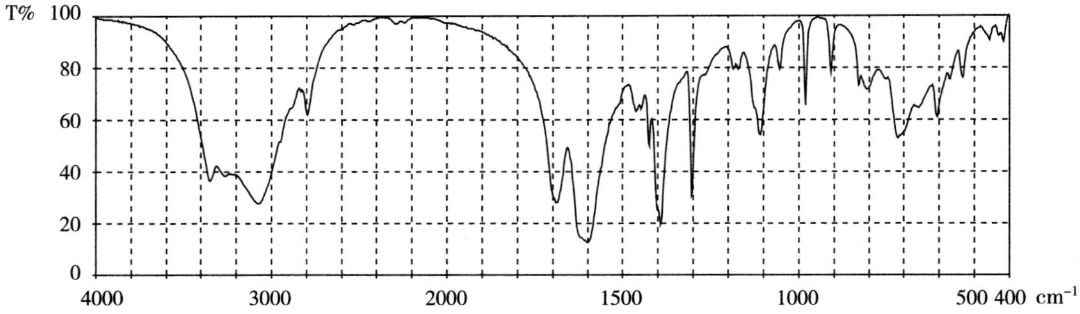

图 3　肌酐的红外光谱图

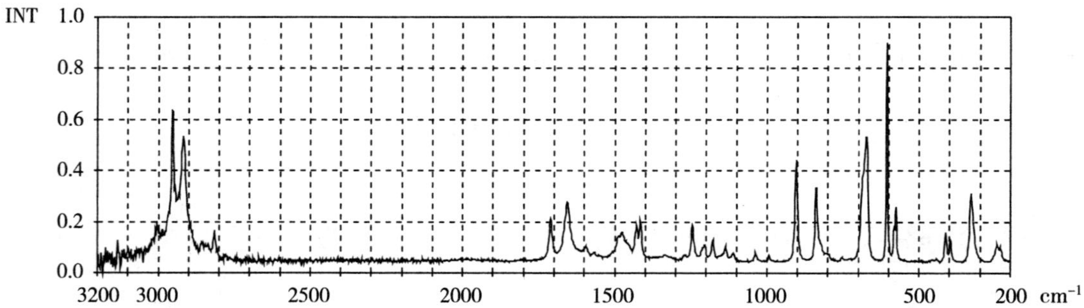

图 4　肌酐的拉曼光谱图

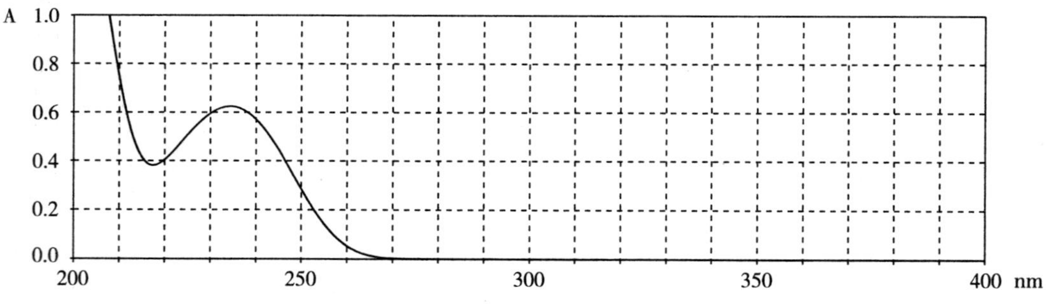

图 5　肌酐的紫外光谱图

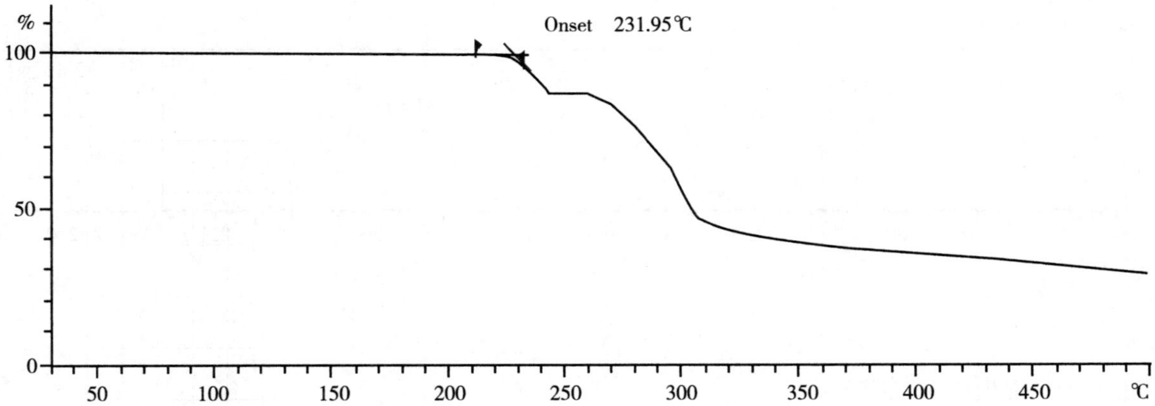

图 6　肌酐的 TG 图

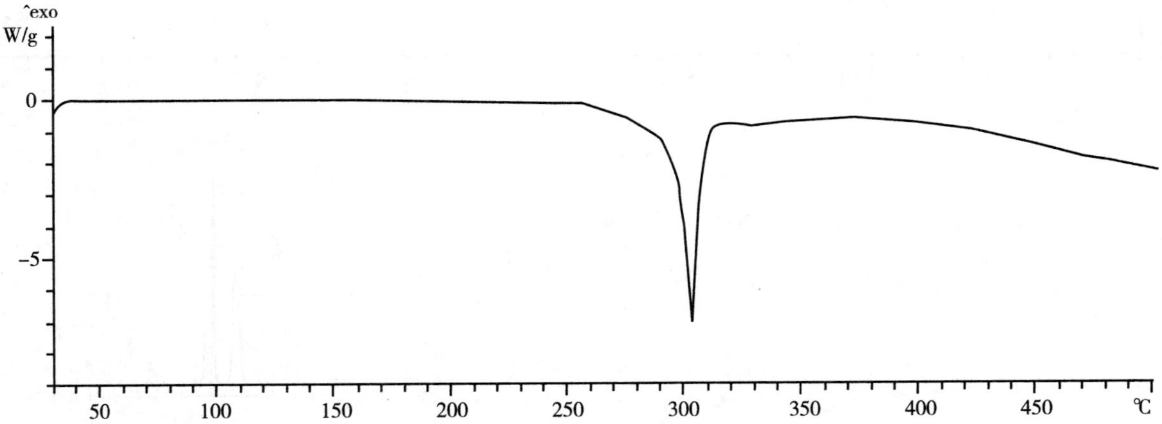

图 7　肌酐的 DSC 图

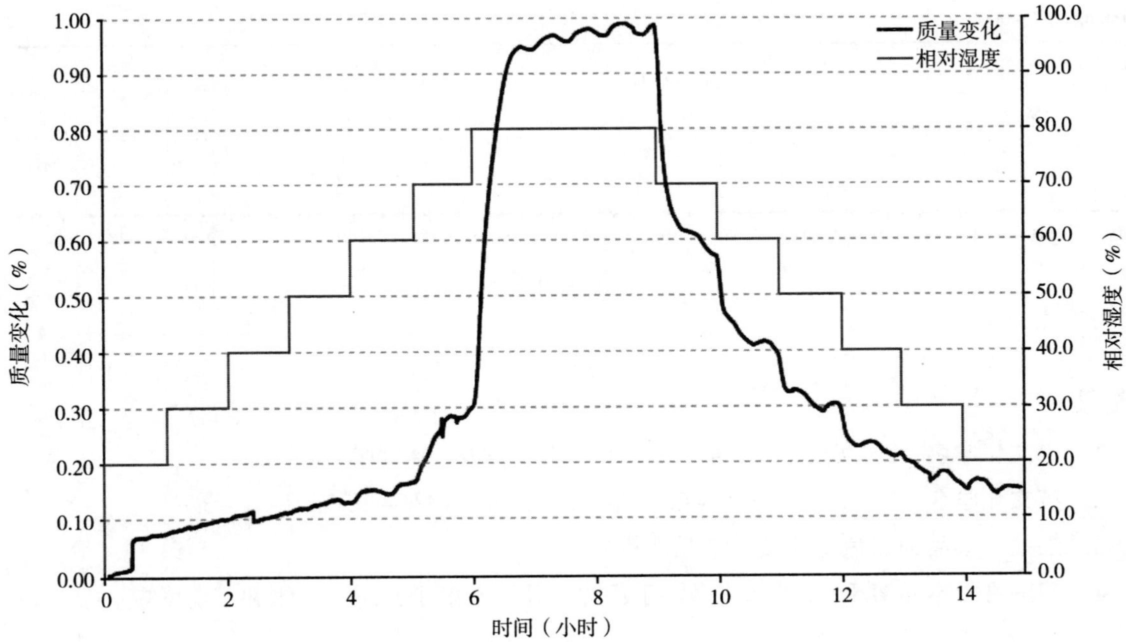

图 8　肌酐的 DVS 图

正离子扫描模式（一级）

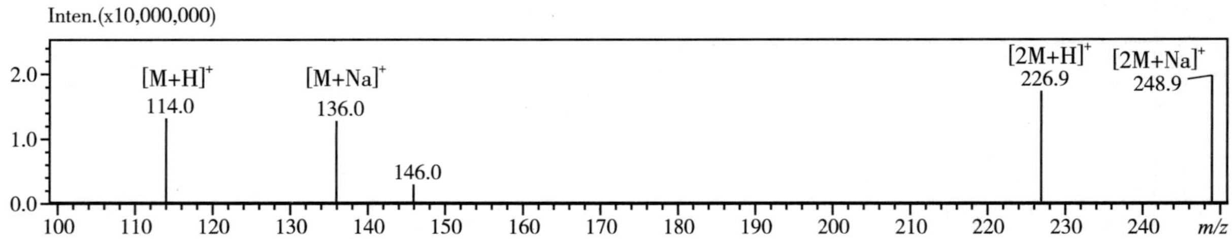

正离子扫描模式（二级）

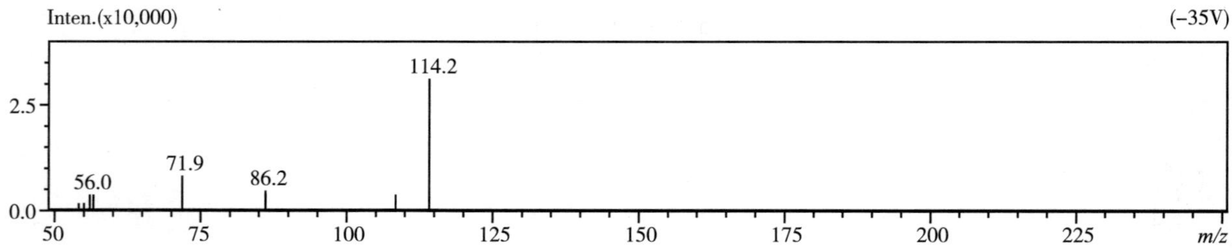

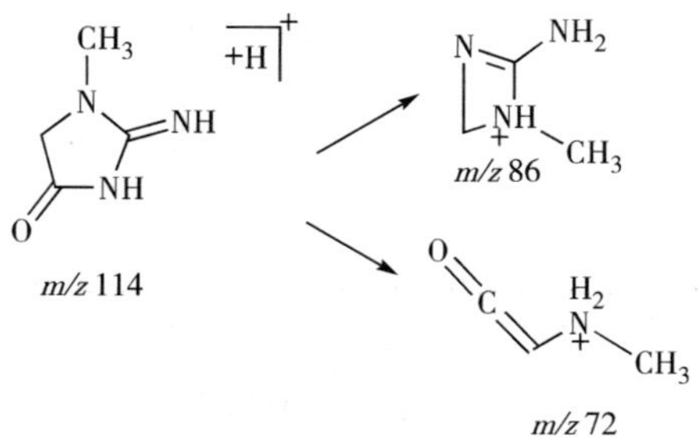

负离子扫描模式（一级）

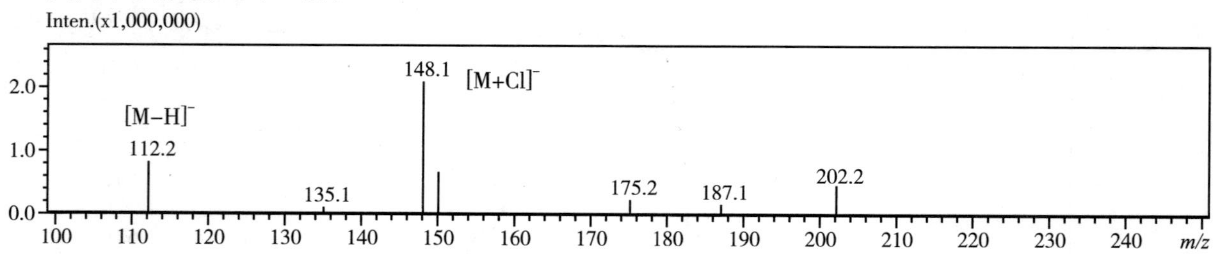

图 9　肌酐的质谱图

备注

1. 中文化学名　2-氨基-1,5-二氢-1-甲基-4*H*-咪唑啉-4-酮

2. 英文化学名　2-amino-1,5-dihydro-1-methyl-4*H*-imidazol-4-one

3. 性状　本品为白色至淡黄色结晶性粉末。

4. 溶解性　本品溶于12份水，微溶于乙醇，几乎不溶于乙醚、丙酮和三氯甲烷。

5. 溶剂　水。

6. 对照品编号与批号　100877-200901

盐酸曲美他嗪

英文名 Trimetazidine Hihydrochloride

分子式 $C_{14}H_{22}N_2O_3 \cdot 2HCl$

分子量 339.26

CAS 号 13171-25-0

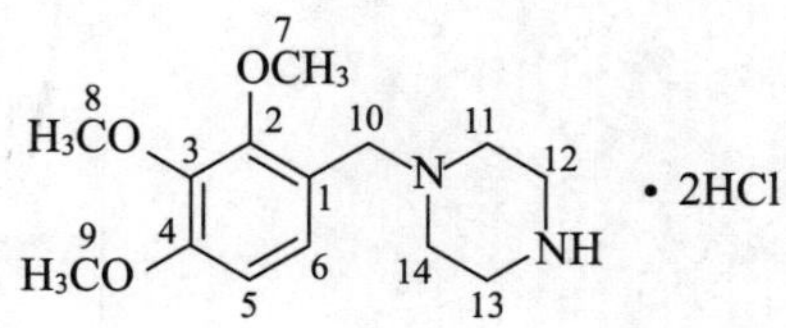

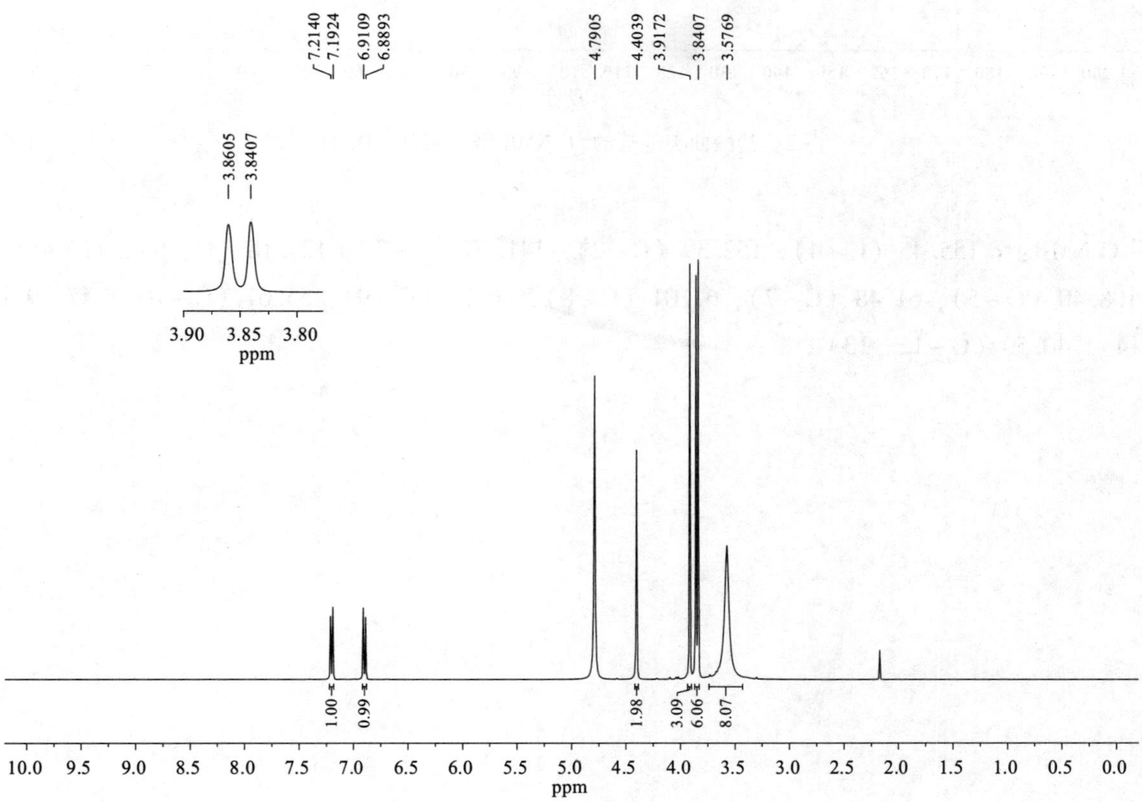

图 1 盐酸曲美他嗪的 ^1H NMR 谱（溶剂：D_2O）

^1H NMR：δ 7.20（H-6，d，J=8.6 Hz，1H），6.90（H-5，d，J=8.6 Hz，1H），4.40（H-10，s，2H），3.92（H-7，s，3H），3.86（H-9，s，3H），3.84（H-8，s，3H），3.58（H-11，12，13，14，brs，8H）

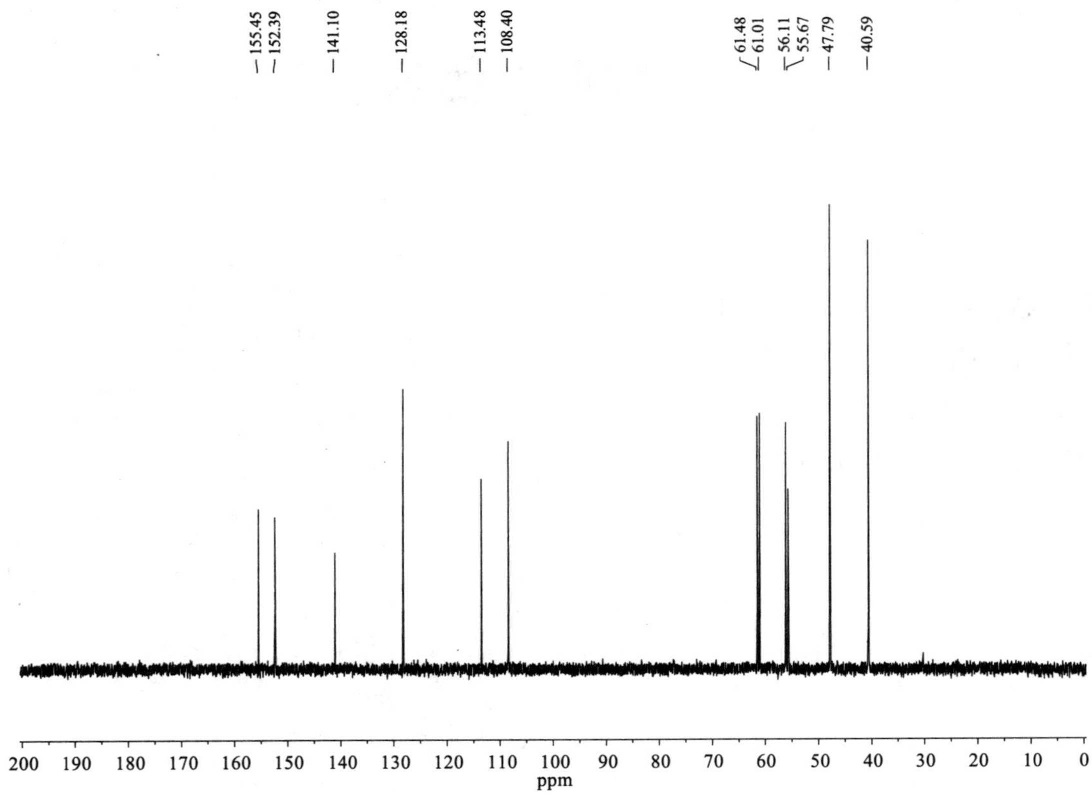

图 2　盐酸曲美他嗪的 ^{13}C NMR 谱（溶剂：D_2O）

^{13}C NMR：δ 155.45（C－4），152.39（C－2），141.10（C－3），128.18（C－6），113.48（C－1），108.40（C－5），61.48（C－7），61.01（C－8），56.11（C－9），55.67（C－10），47.79（C－11，14），40.59（C－12，13）

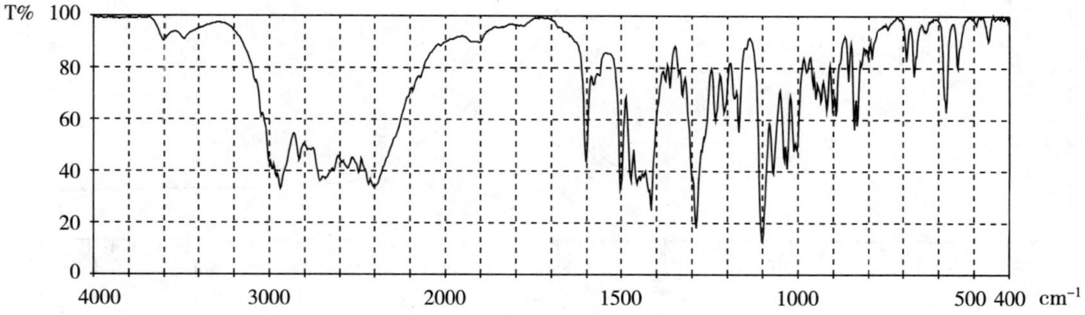

图 3　盐酸曲美他嗪的红外光谱图

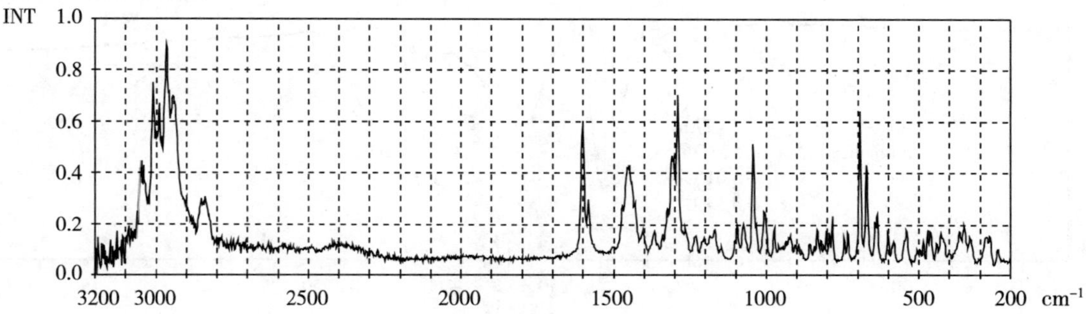

图 4　盐酸曲美他嗪的拉曼光谱图

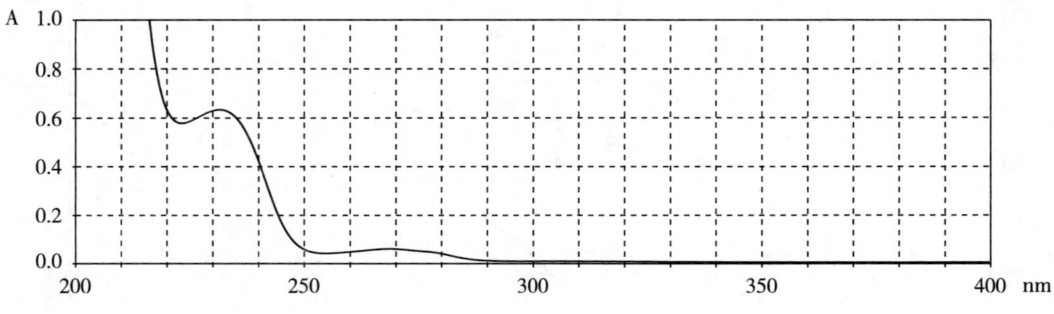

图 5　盐酸曲美他嗪的紫外光谱图

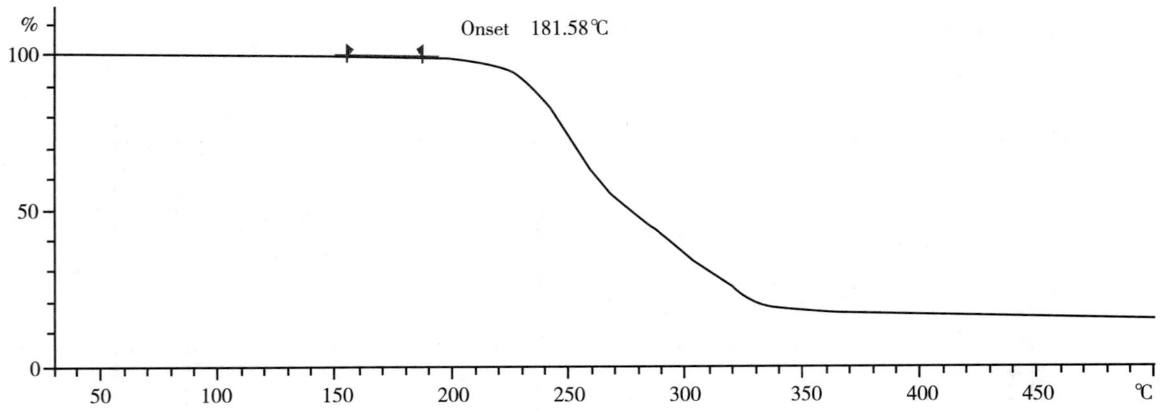

图 6　盐酸曲美他嗪的 TG 图

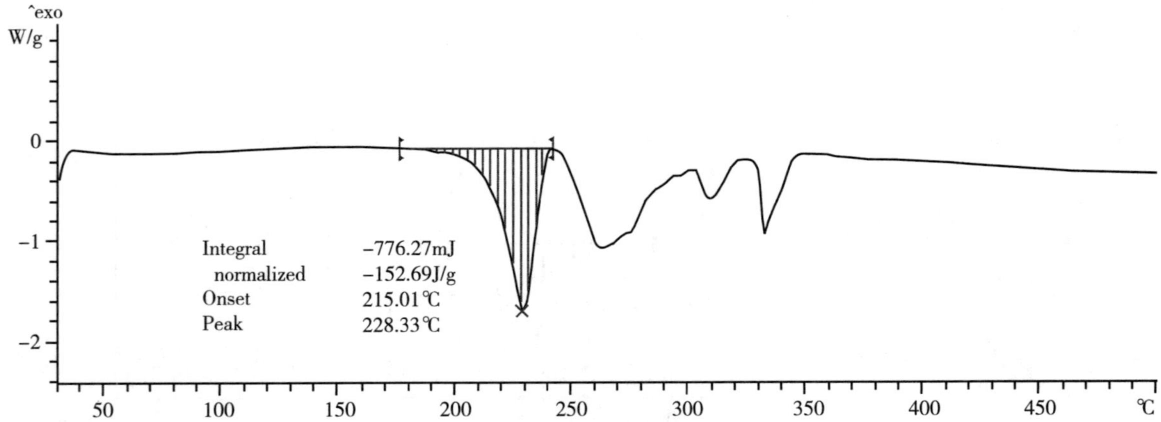

图 7　盐酸曲美他嗪的 DSC 图

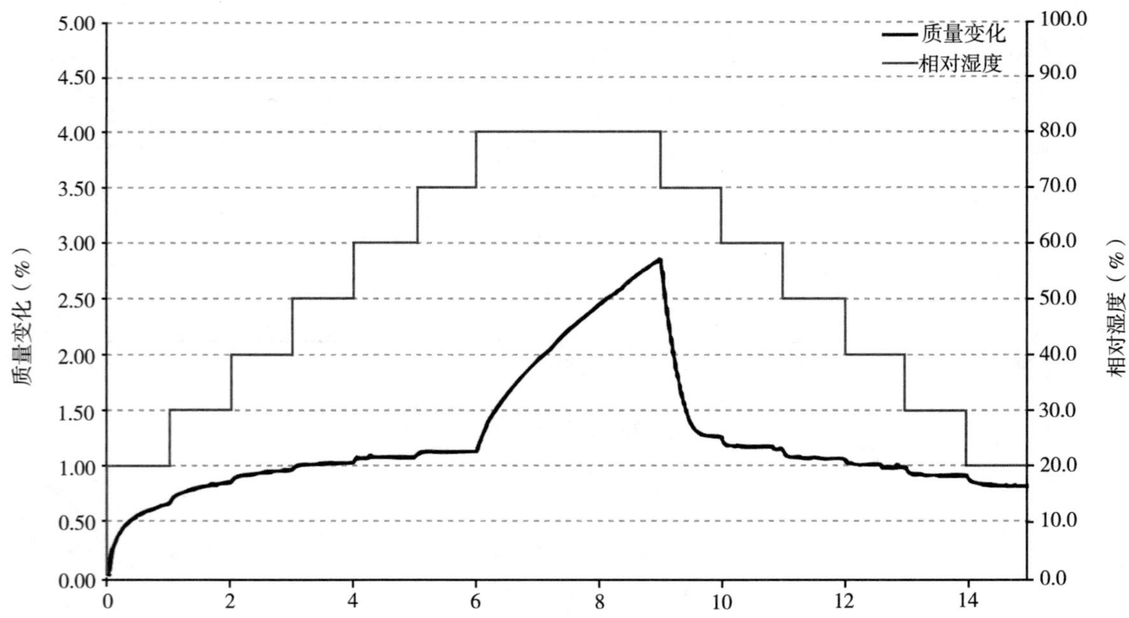

图 8　盐酸曲美他嗪的 DVS 图

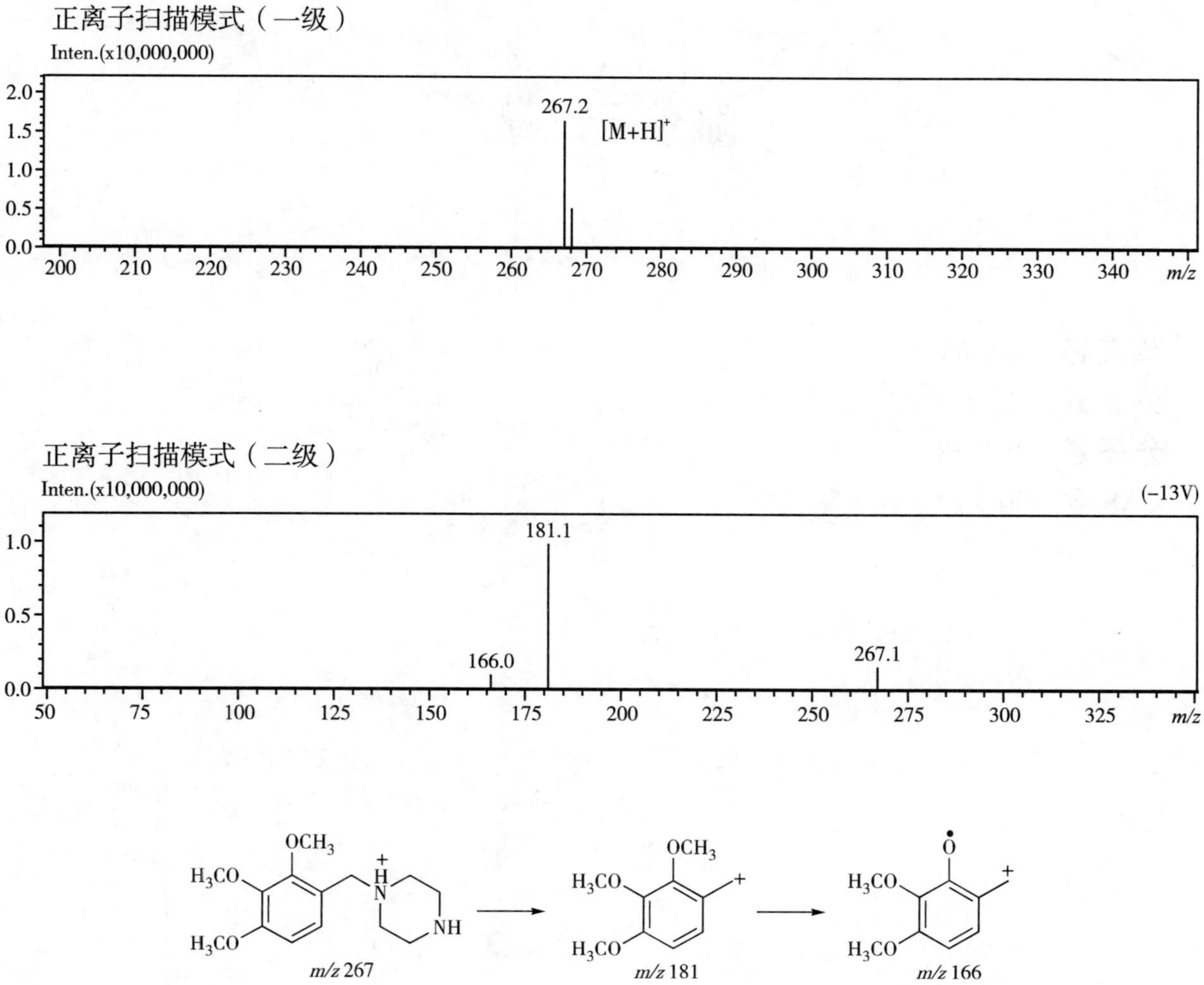

图9　盐酸曲美他嗪的质谱图

备注

1. 中文化学名　1－(2,3,4－三甲氧基苄基)哌嗪二盐酸盐

2. 英文化学名　1－[(2,3,4－trimethoxyphenyl)methyl]piperazine dihydrochloride

3. 性状　本品为白色结晶性粉末。

4. 溶解性　本品在水和甲酸中极易溶解，在甲醇中略溶，在乙醇中微溶。

5. 溶剂　0.1mol/L 盐酸溶液。

6. 对照品编号与批号　100889－200901

雌 三 醇

英文名 Estriol

分子式 $C_{18}H_{24}O_3$

分子量 288.38

CAS 号 50－27－1

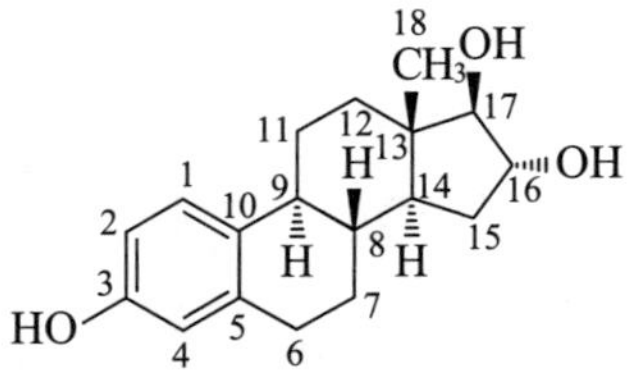

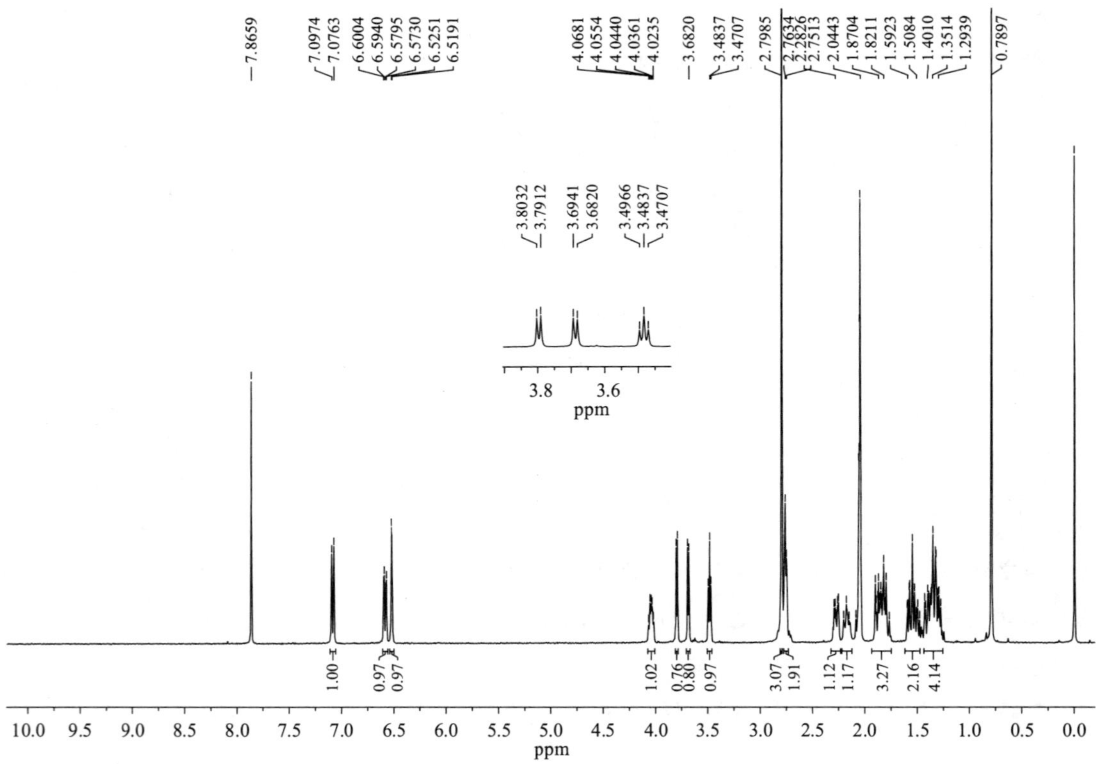

图 1 雌三醇的 ^{1}H NMR 谱（溶剂：CD_3COCD_3）

^{1}H NMR：δ 7.86（C_3—OH，s，1H），7.09（H－1，d，J＝8.4 Hz，1H），6.59（H－2，dd，J＝8.4，2.6 Hz，1H），6.52（H－4，d，J＝2.6 Hz，1H），4.06（H－16，m，1H），3.80（C_{16}—OH，d，J＝4.8 Hz，1H），3.69（C_{17}—OH，d，J＝4.8 Hz，1H），3.49（H－17，t，J＝5.2 Hz，1H），2.79～2.72（H－7，m，2H），2.28（H－15a，m，1H），2.17（H－9，m，1H），1.94～1.75（H－6a，11a，15b，m，3H），1.62～1.48（H－12，m，2H），1.48～1.22（H－6b，8，11b，14，m，4H），0.79（H－18，s，3H）

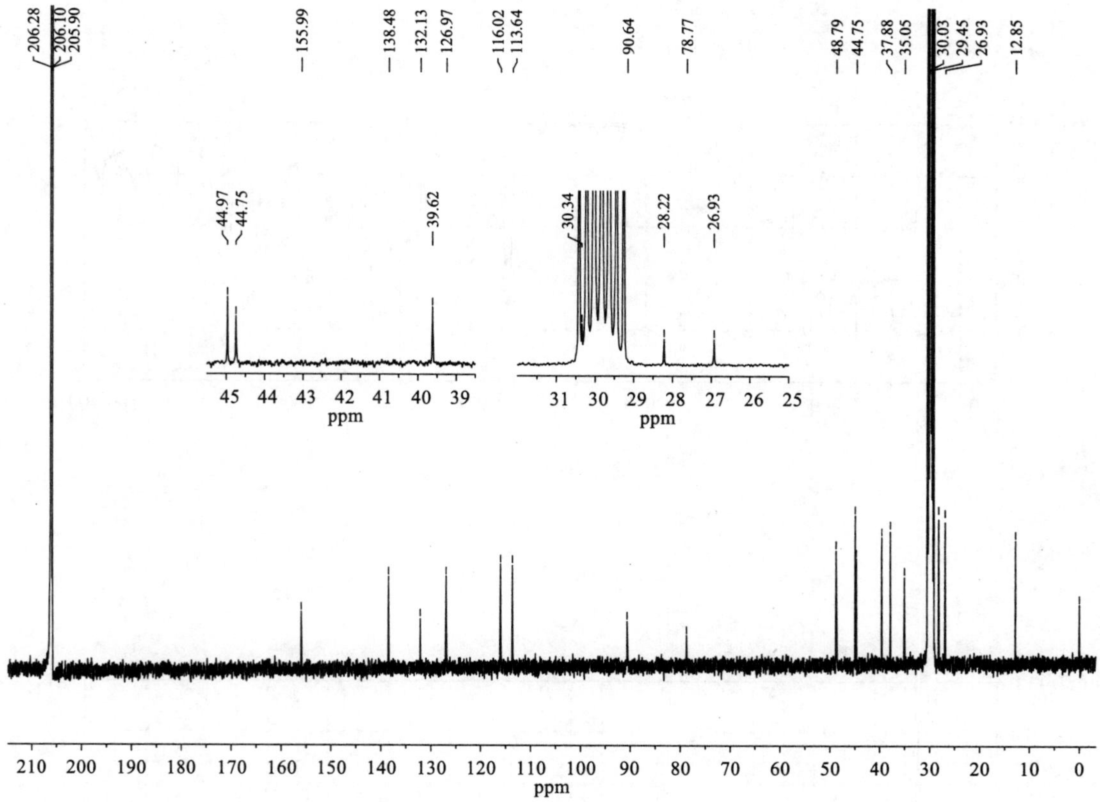

图 2　雌三醇的 ^{13}C NMR 谱（溶剂：CD_3COCD_3）

^{13}C NMR：δ 155.99（C－3），138.48（C－5），132.13（C－10），126.97（C－1），116.02（C－4），113.64（C－2），90.64（C－17），78.77（C－16），48.79（C－14），44.97（C－9），44.75（C－13），39.62（C－8），37.88（C－6），35.05（C－12），30.34（C－7），28.22（C－11），26.93（C－15），12.85（C－18）

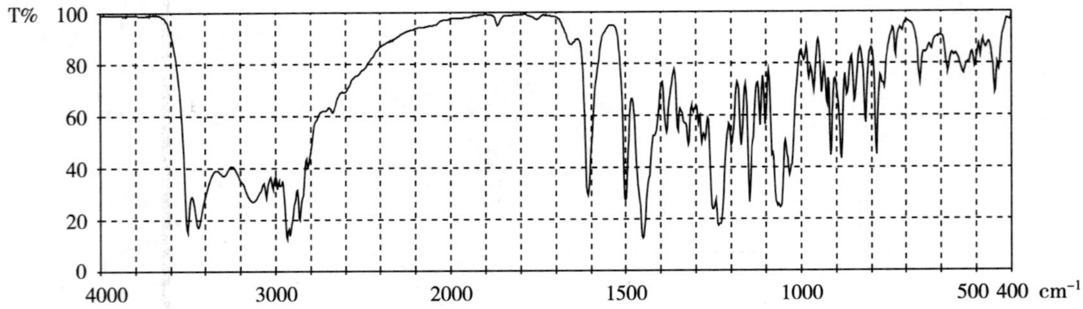

图 3　雌三醇的红外光谱图

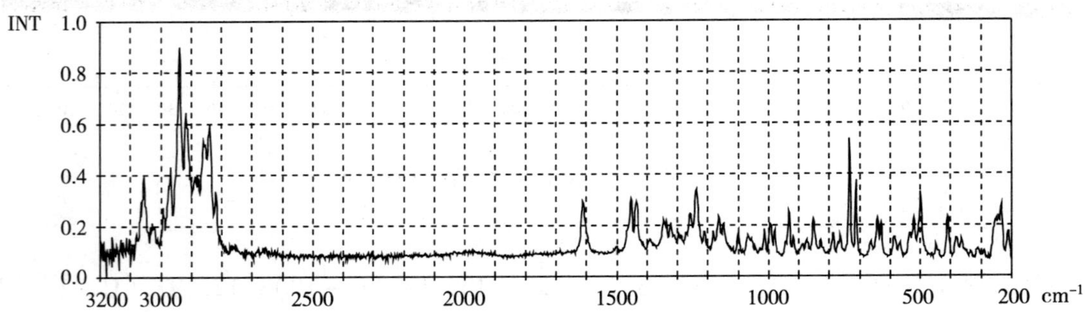

图 4　雌三醇的拉曼光谱图

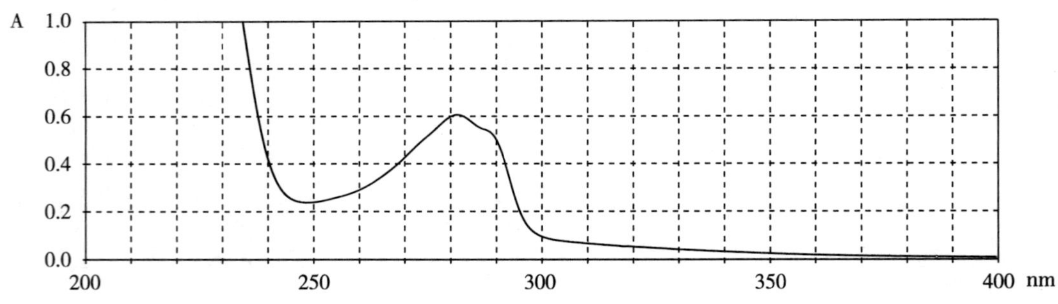

图 5　雌三醇的紫外光谱图

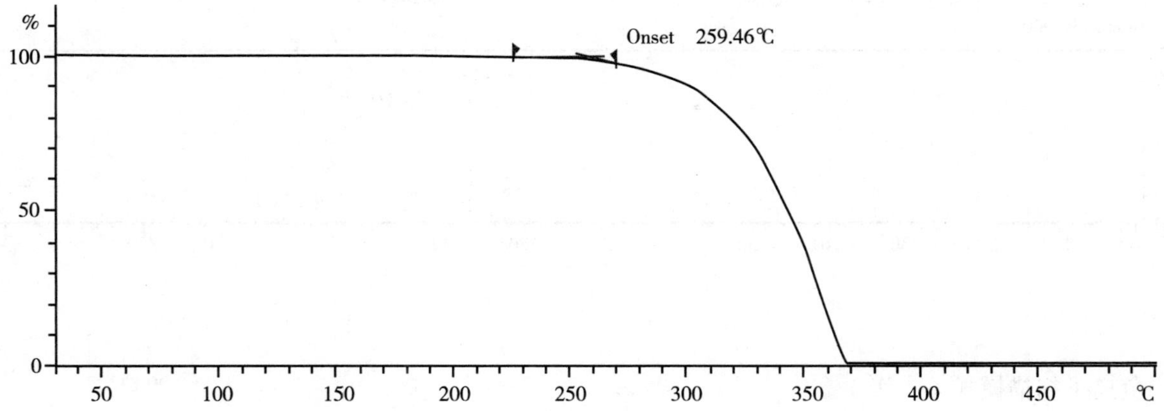

图 6　雌三醇的 TG 图

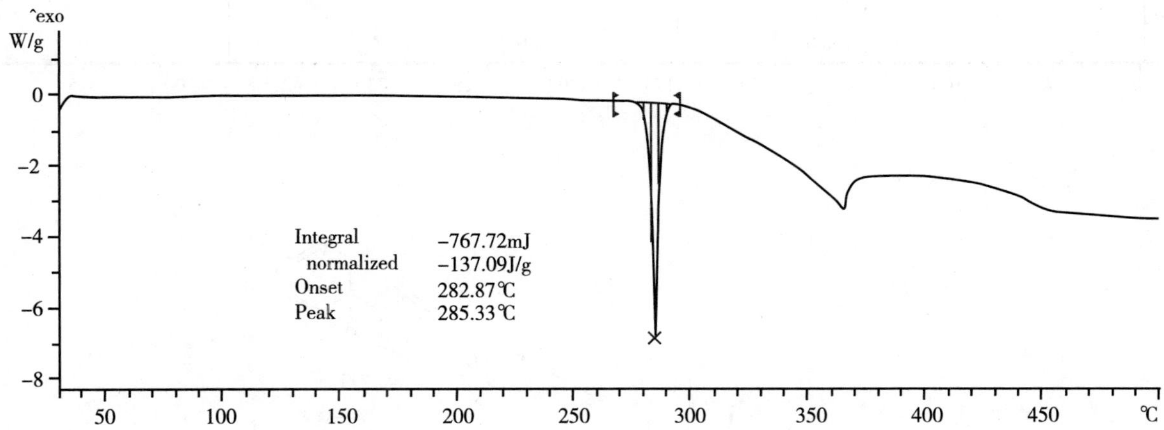

图 7　雌三醇的 DSC 图

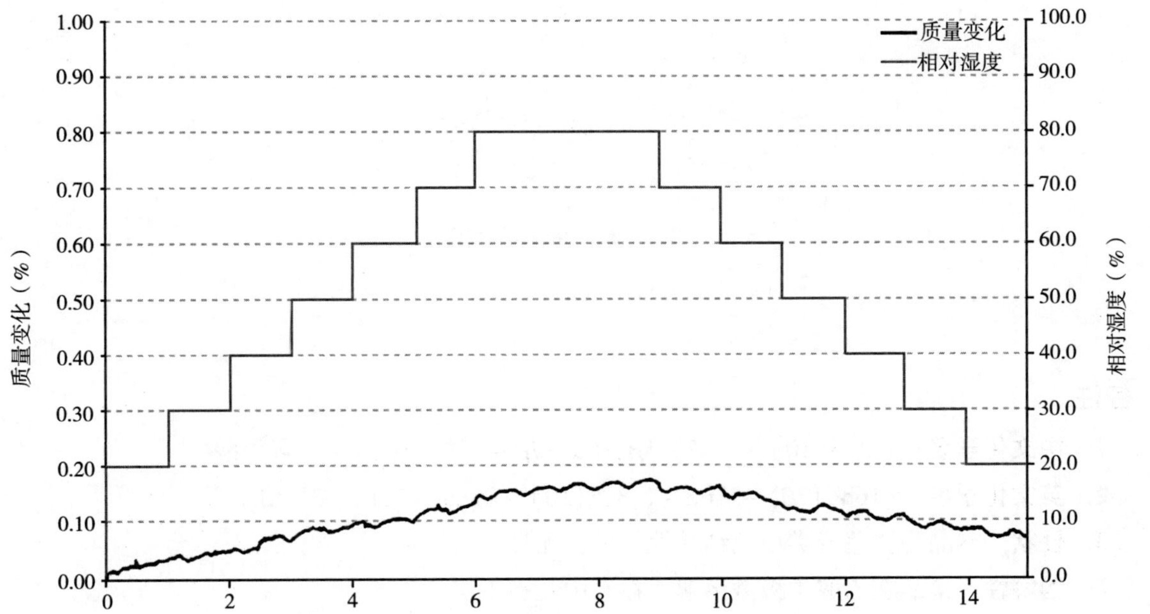

图 8　雌三醇的 DVS 图

负离子扫描模式（一级）

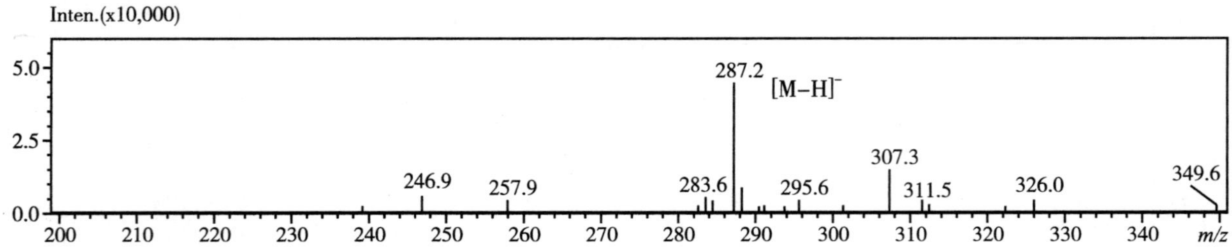

负离子扫描模式（二级）

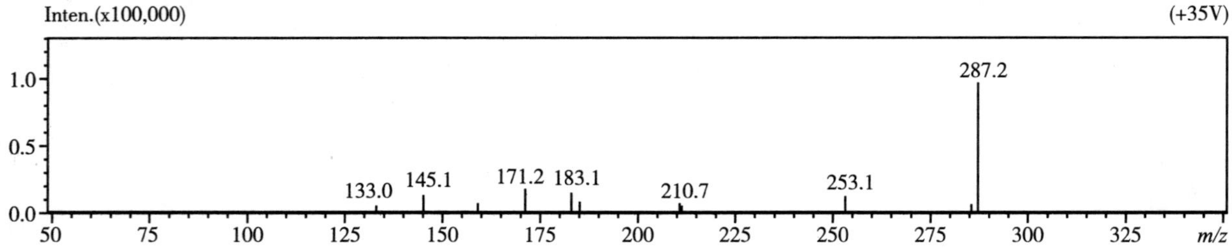

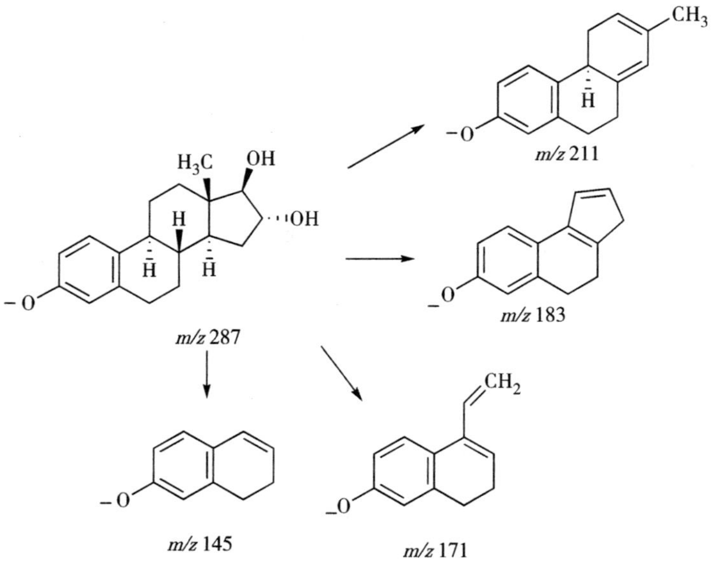

图 9　雌三醇的质谱图

备注

1. 中文化学名　1,3,5(10)－三烯－3β,16α,17β－三醇 16,17－二羟甾醇

2. 英文化学名　(16α,17β)－estra－1,3,5(10)－triene－3,16,17－triol

3. 性状　本品为白色或类白色结晶性粉末；无臭。

4. 溶解性　本品在乙醇中极微溶解，在水中几乎不溶。

5. 溶剂　乙醇。

6. 对照品编号与批号　100934－200701

呱西替柳

英文名 Guacetisal

分子式 $C_{16}H_{14}O_5$

分子量 286.28

CAS 号 55482-89-8

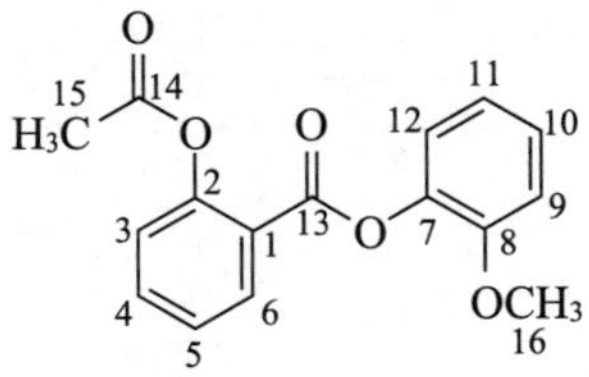

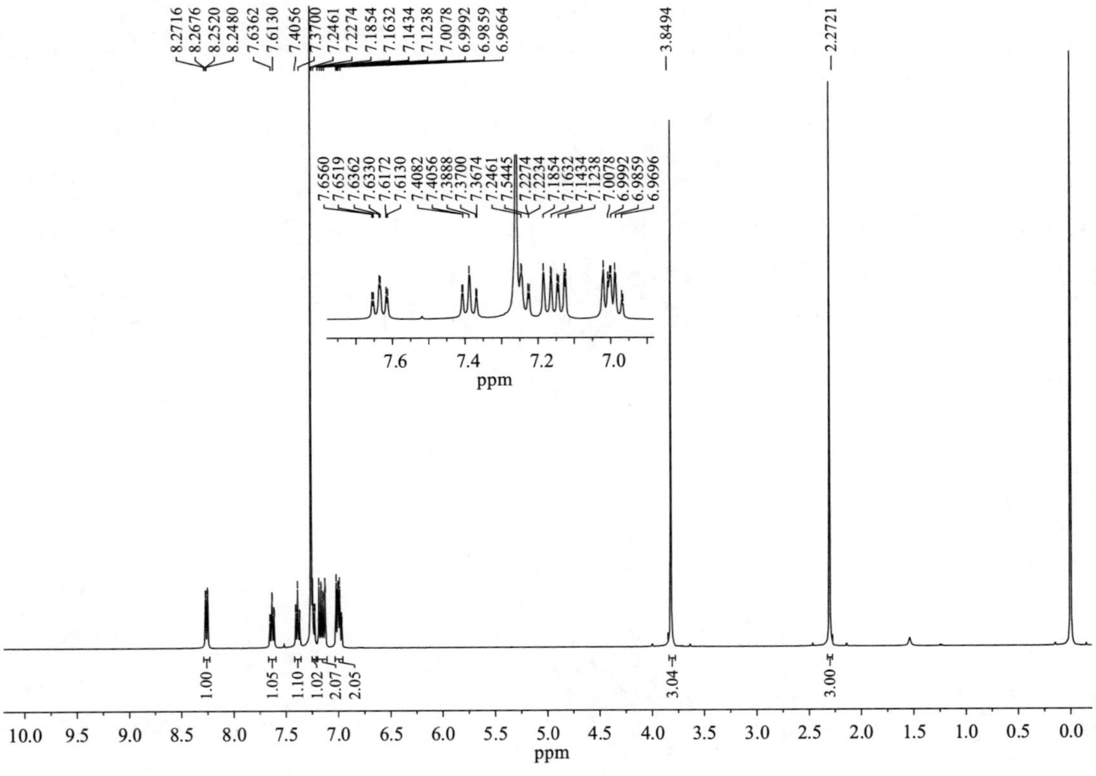

图 1 呱西替柳的 ^{1}H NMR 谱（溶剂：$CDCl_3$）

^{1}H NMR：δ 8.26（H-6，dd，J=7.9，1.6 Hz，1H），7.63（H-4，td，J=7.9，1.6 Hz，1H），7.39（H-10，td，J=7.9，1.0 Hz，1H），7.22（H-3，dd，J=7.9，1.6 Hz，1H），7.17（H-12，dd，J=7.9，1.0 Hz，1H），7.11（H-5，dd，J=7.9，1.6 Hz，1H），6.99（H-9，H-11，m，2H），3.85（H-16，s，3H），2.27（H-15，s，3H）

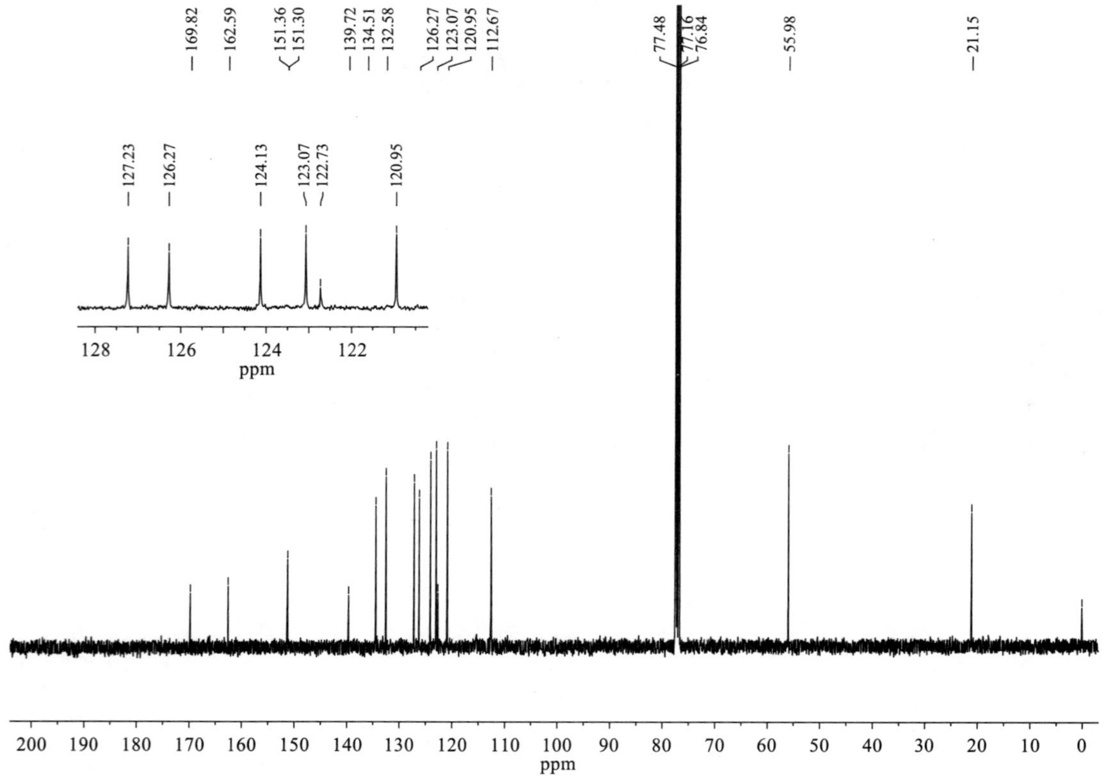

图2 呱西替柳的^{13}C NMR谱（溶剂：$CDCl_3$）

^{13}C NMR：δ 169.82（C－14），162.59（C－13），151.36（C－2），151.30（C－8），139.72（C－7），134.51（C－4），132.58（C－6），127.23（C－5），126.27（C－10），124.13（C－3），123.07（C－11），122.73（C－1），120.95（C－9），112.67（C－12），55.98（C－16），21.15（C－15）

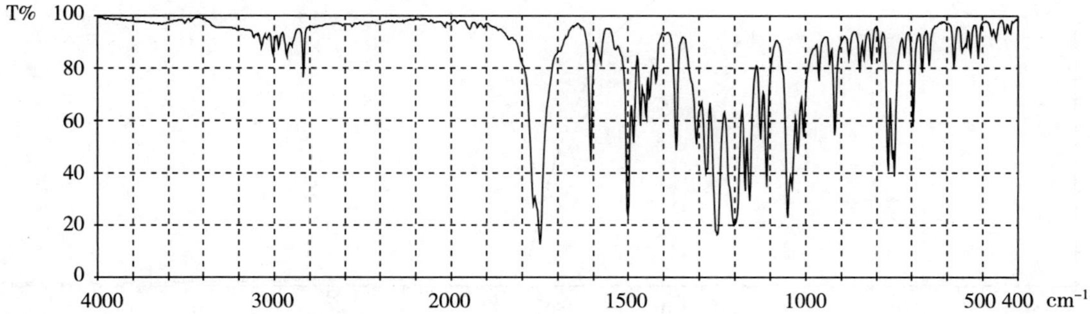

图 3　哌西替柳的红外光谱图

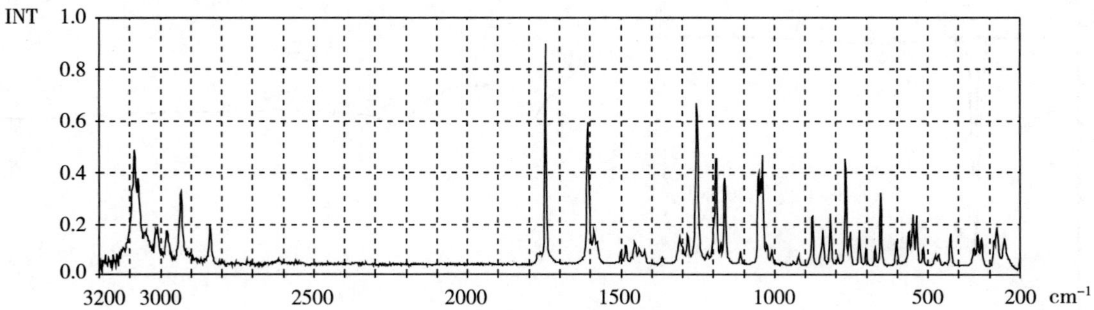

图 4　哌西替柳的拉曼光谱图

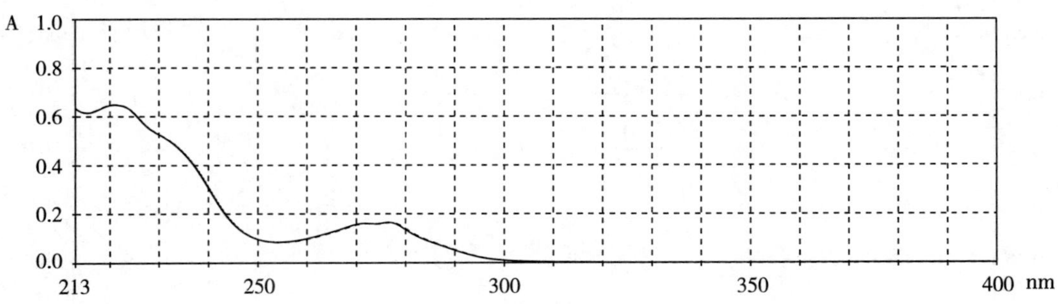

图 5　哌西替柳的紫外光谱图

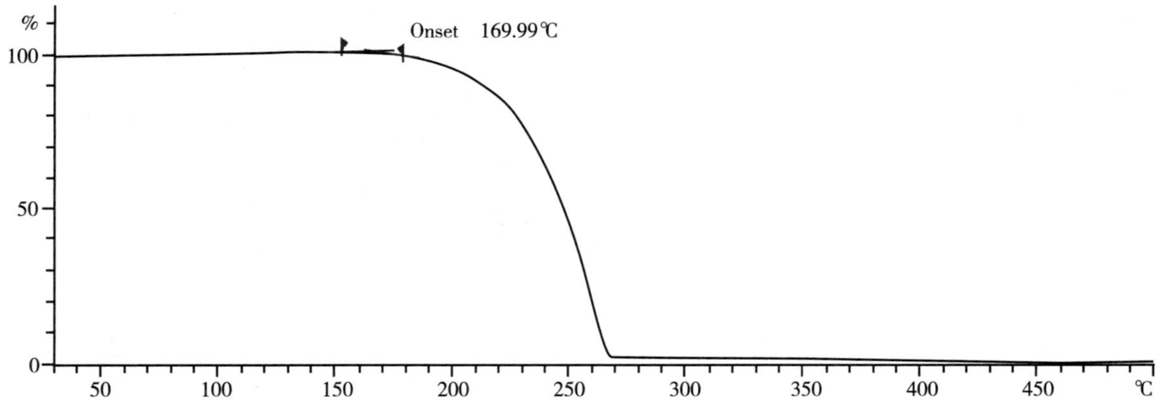

图 6 呱西替柳的 TG 图

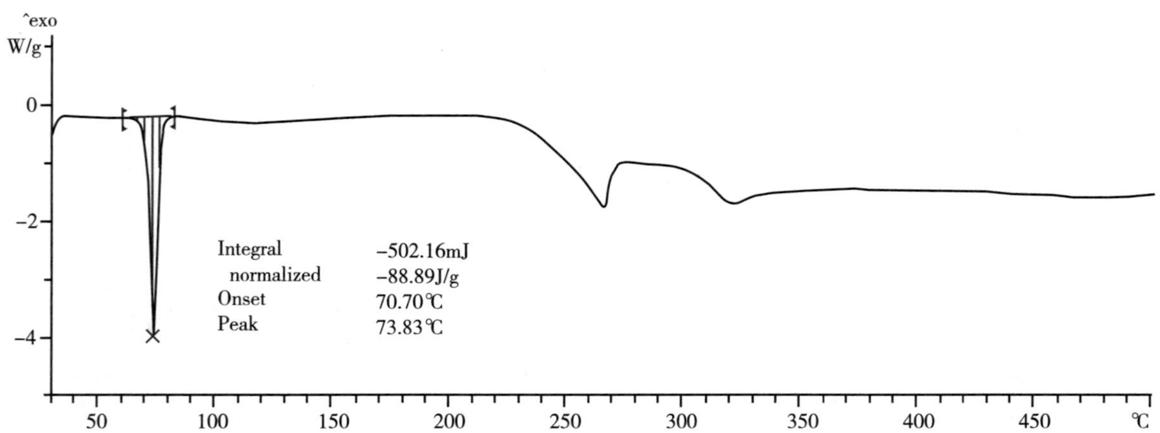

图 7 呱西替柳的 DSC 图

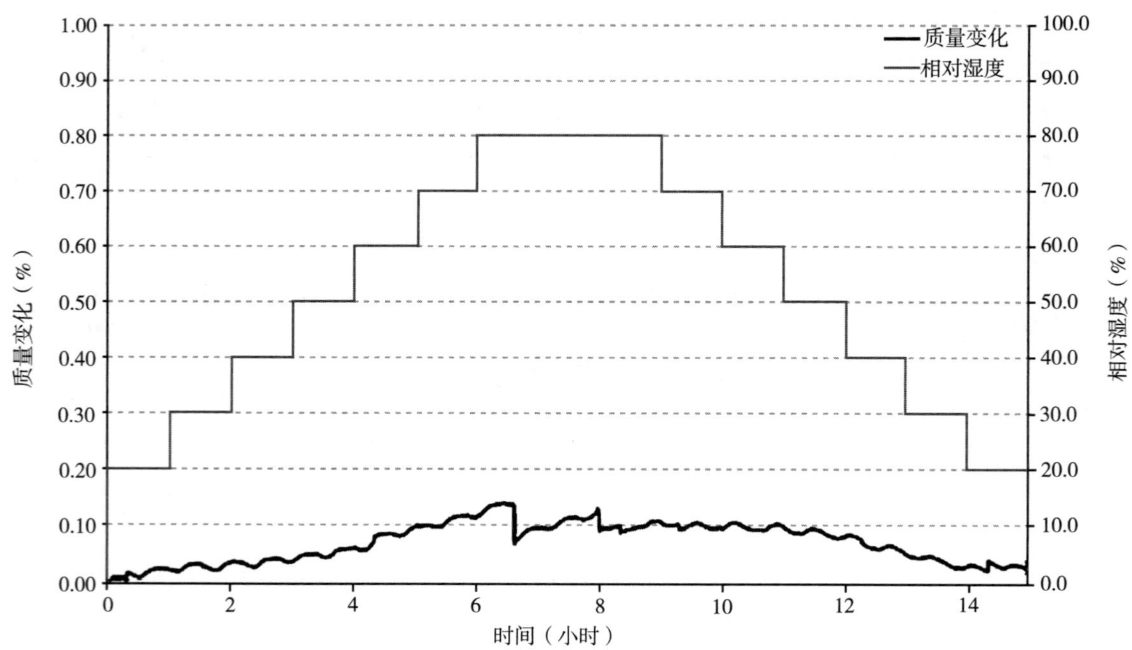

图 8 呱西替柳的 DVS 图

正离子扫描模式（一级）

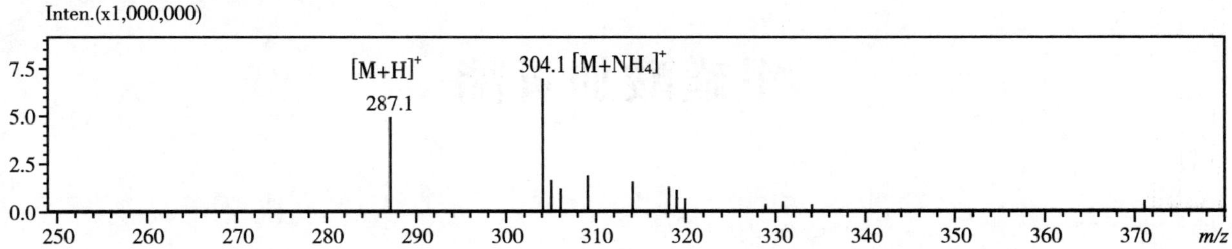

正离子扫描模式（二级）

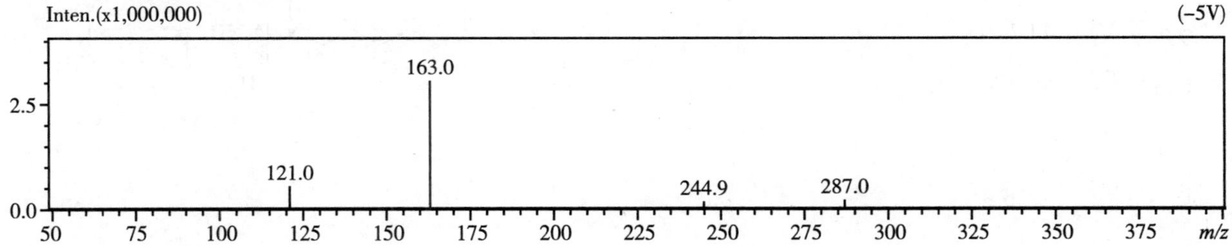

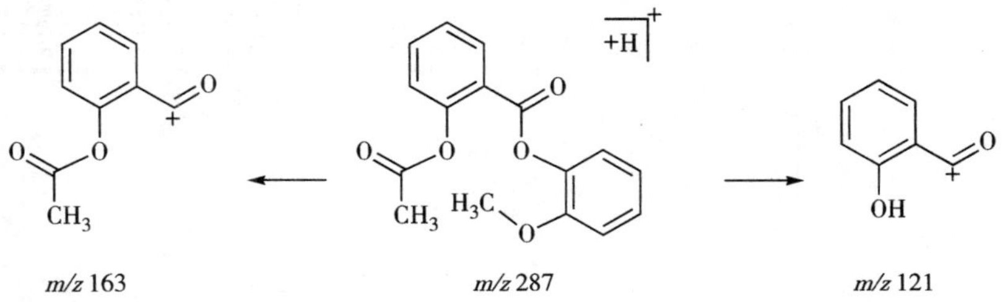

图 9　呱西替柳的质谱图

备注

1. **中文化学名**　2－(乙酰氧基)苯甲酸－2－甲氧基苯酯
2. **英文化学名**　2－methoxyphenyl－2－ acetylsalicylate
3. **性状**　本品为白色结晶性粉末；几乎无臭，无味。
4. **溶解性**　本品在三氯甲烷或苯中易溶，在热乙醇或无水乙醚中溶解，在水中不溶。
5. **溶剂**　无水乙醇。
6. **对照品编号与批号**　100959－200801

甲磺酸加贝酯

英文名 Gabexate Mesylate

分子式 $C_{16}H_{23}N_3O_4 \cdot CH_4O_3S$

分子量 417.48

CAS 号 56974－61－9

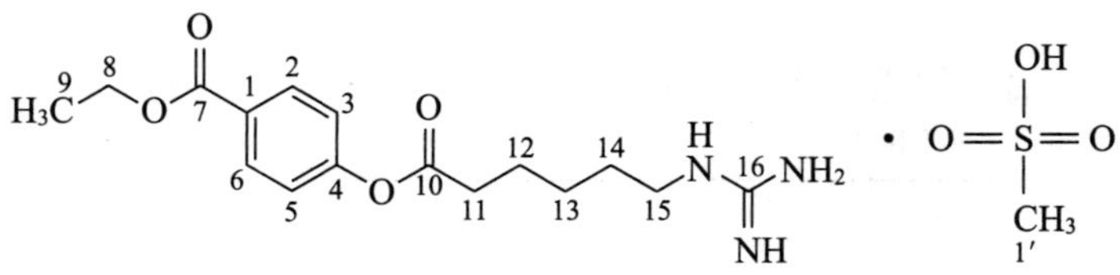

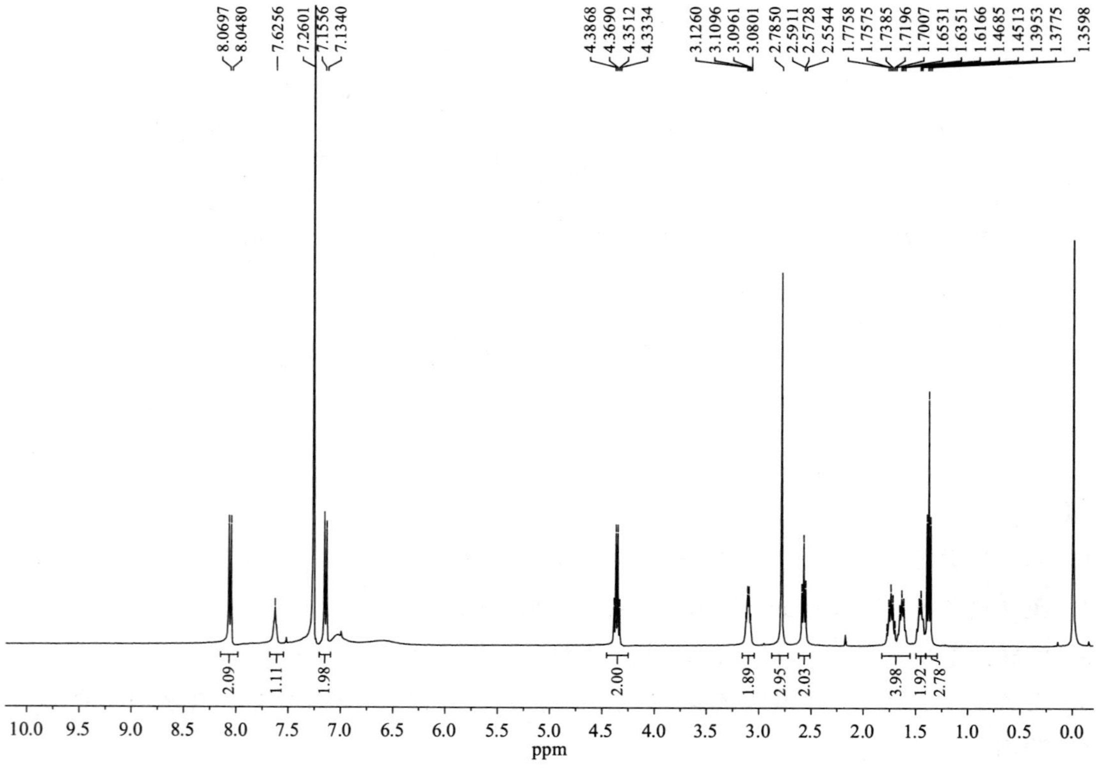

图 1 甲磺酸加贝酯的 ^{1}H NMR 谱（溶剂：$CDCl_3$）

^{1}H NMR：δ 8.06（H－2，6，d，J=8.7 Hz，2H），7.63（NH，s，1H），7.14（H－3，5，d，J=8.7 Hz，2H），4.36（H－8，q，J=7.1 Hz，2H），3.16～3.06（H－15，m，2H），2.79（H－1′，s，3H），2.57（H－11，t，J=7.3 Hz，2H），1.81～1.69（H－12，m，2H），1.68～1.57（H－14，m，2H），1.46（H－13，d，J=6.9 Hz，2H），1.38（H－9，t，J=7.1 Hz，3H）

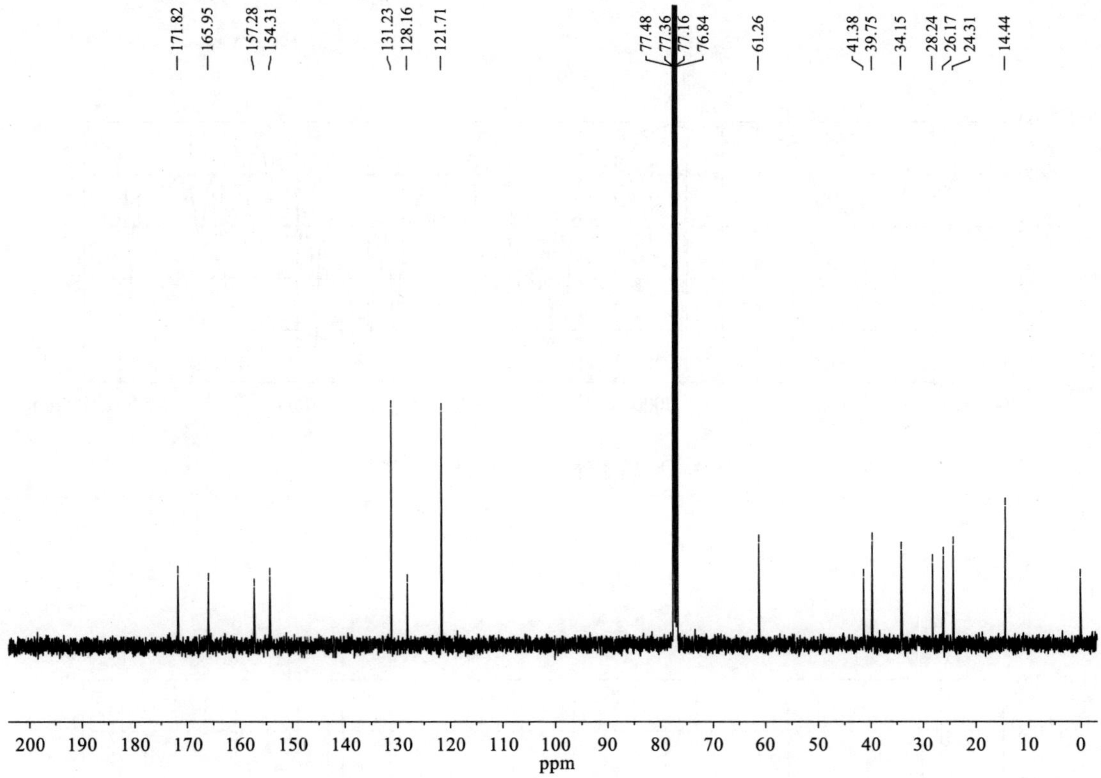

图2　甲磺酸加贝酯的^{13}C NMR 谱（溶剂：$CDCl_3$）

^{13}C NMR：δ 171.82（C－10），165.95（C－7），157.28（C－16），154.31（C－4），131.23（C－2，6），128.16（C－1），121.71（C－3，5），61.26（C－8），41.38（C－15），39.75（C－1′），34.15（C－11），28.24（C－14），26.17（C－13），24.31（C－12），14.44（C－9）

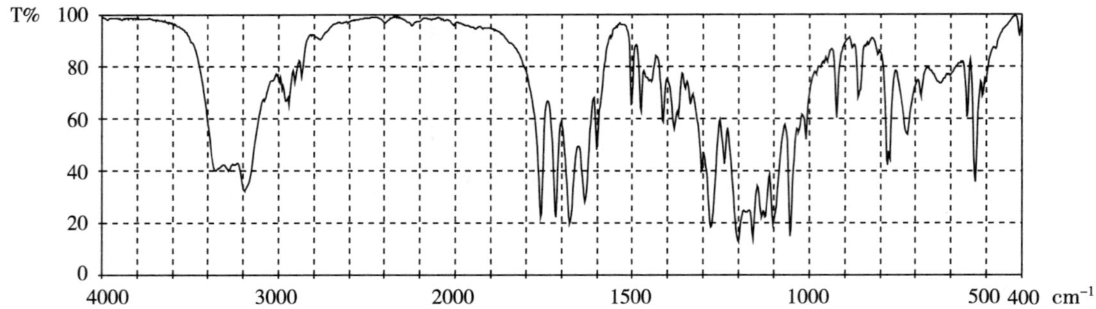

图 3　甲磺酸加贝酯的红外光谱图

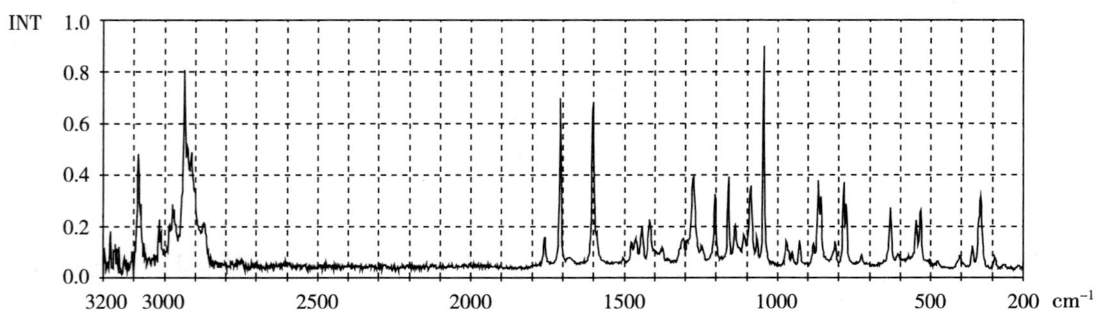

图 4　甲磺酸加贝酯的拉曼光谱图

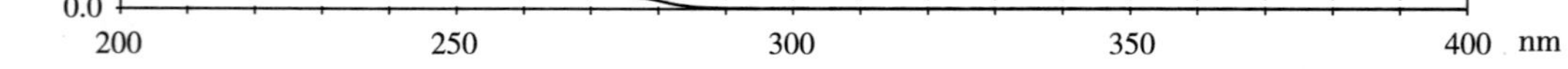

图 5　甲磺酸加贝酯的紫外光谱图

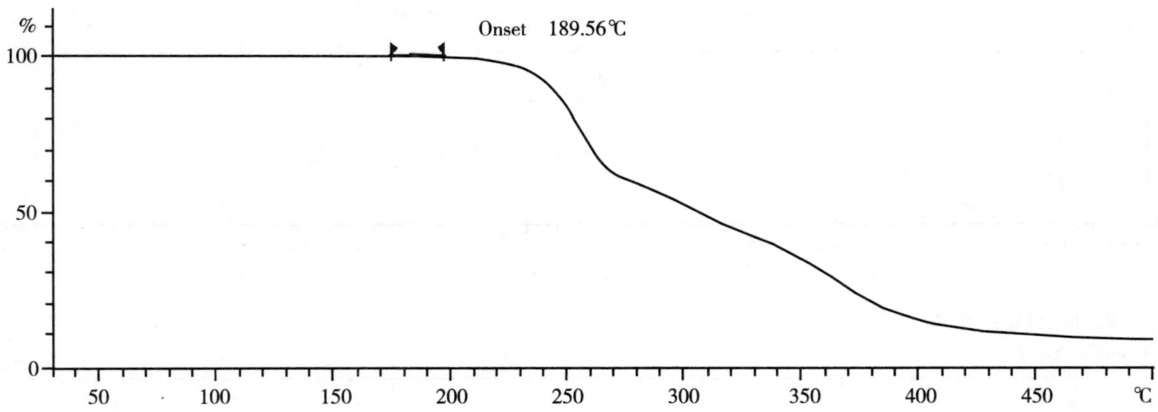

图 6 甲磺酸加贝酯的 TG 图

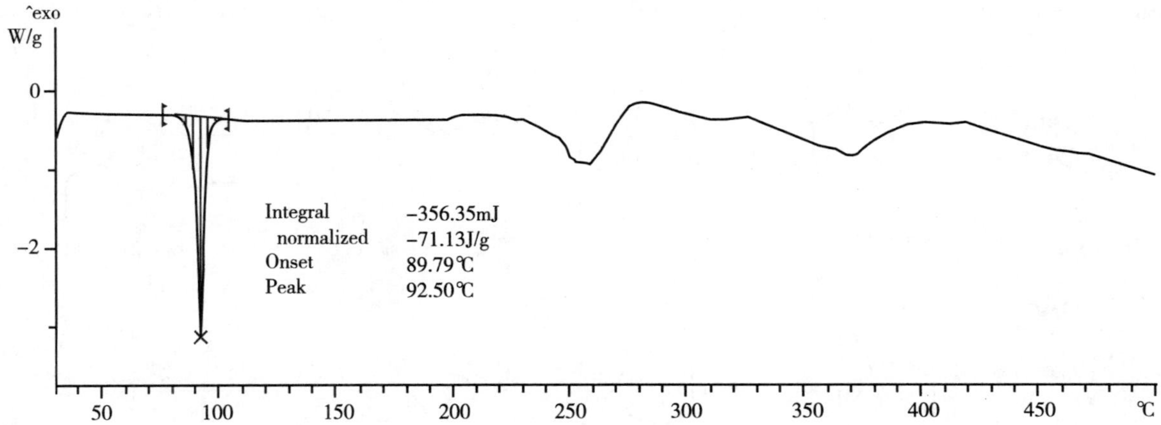

图 7 甲磺酸加贝酯的 DSC 图

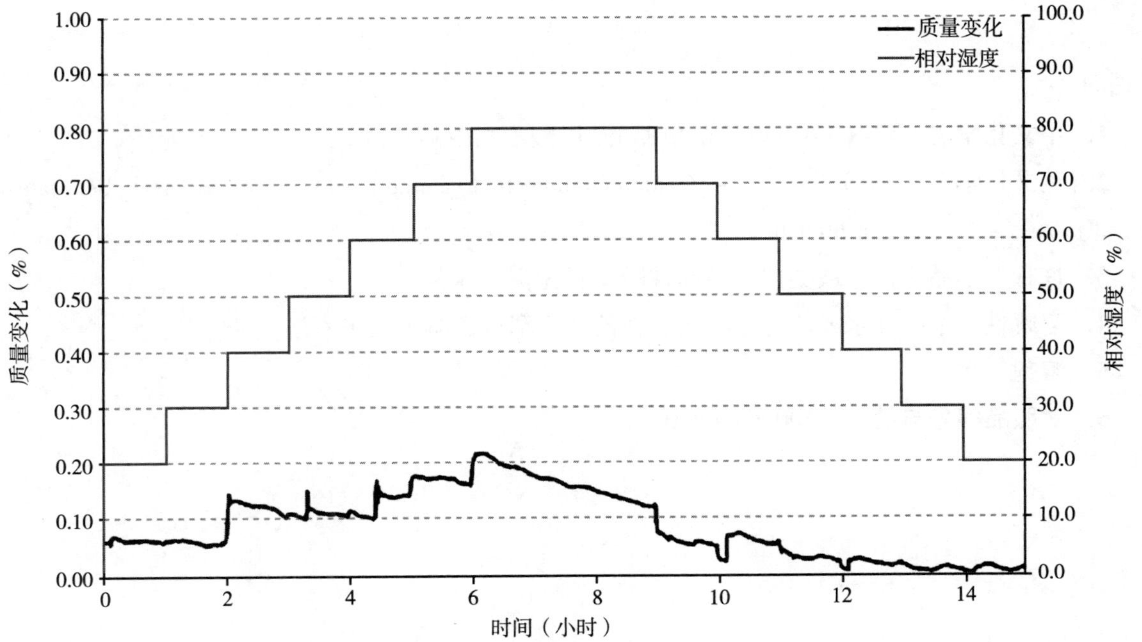

图 8 甲磺酸加贝酯的 DVS 图

正离子扫描模式（一级）

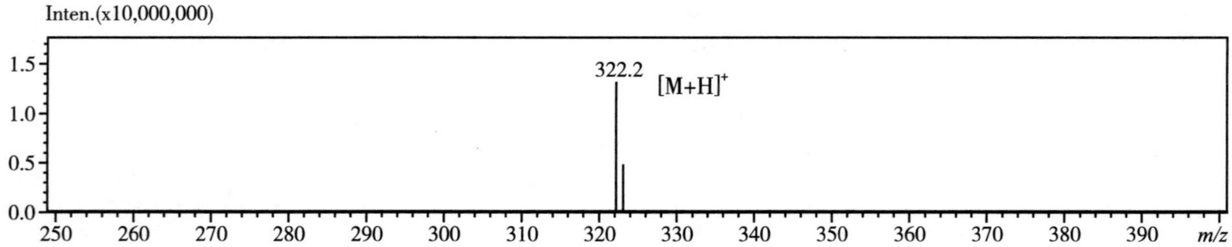

正离子扫描模式（二级）

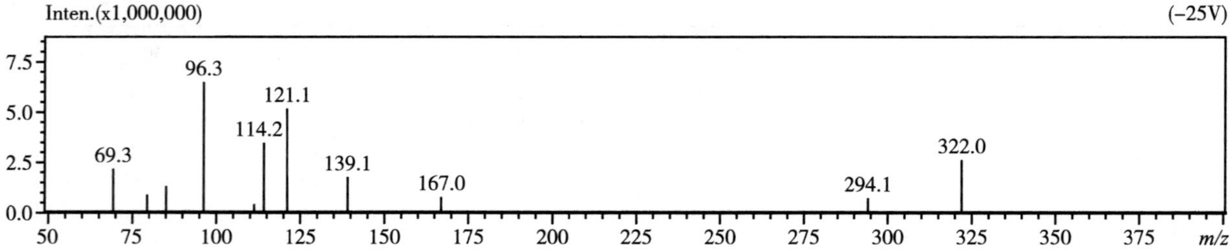

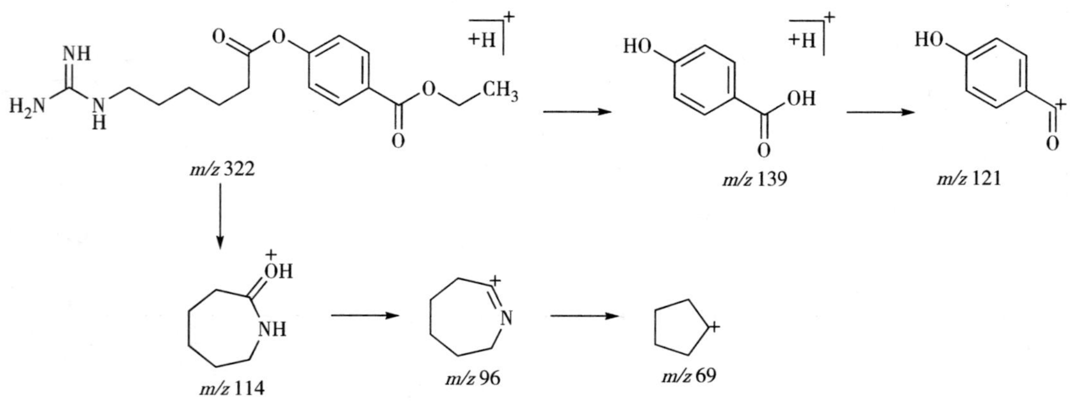

图 9　甲磺酸加贝酯的质谱图

备注

1. **中文化学名**　4 –(6 – 胍基己酰氧基)苯甲酸乙酯甲磺酸盐
2. **英文化学名**　ethyl 4 – [[6 – [(aminoiminomethyl) amino] – 1 – oxohexyl] oxyl] benzoate methanesulfonate(1∶1)
3. **性状**　本品为白色或类白色结晶性粉末；无臭，味苦。
4. **溶解性**　本品在水或乙醇中易溶，在乙酸乙酯或乙醚中几乎不溶。
5. **溶剂**　水。
6. **对照品编号与批号**　100966 – 200701

扁 桃 酸

英文名 Mandelic Acid

分子式 $C_8H_8O_3$

分子量 152.15

CAS 号 90－64－2

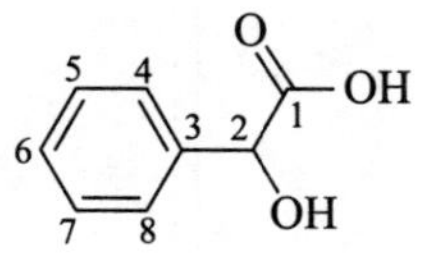

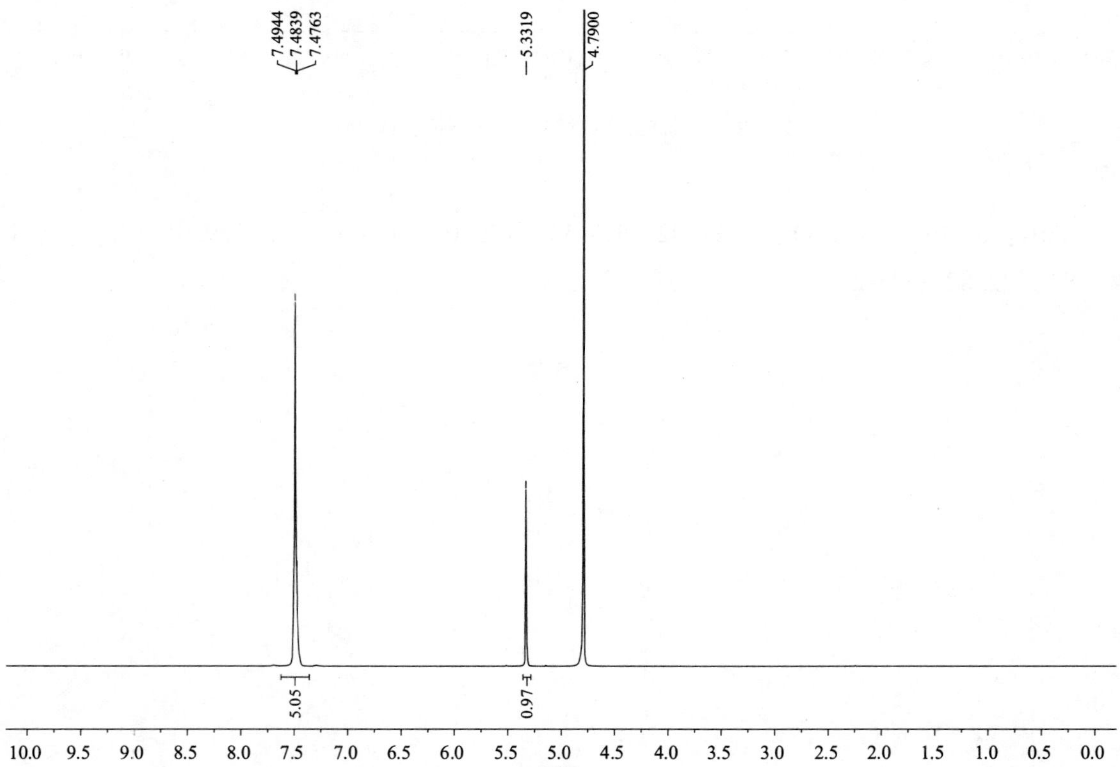

图1 扁桃酸的^{1}H NMR 谱（溶剂：D_2O）

^{1}H NMR：δ 7.49（H－4，5，6，7，8，m，5H），5.33（H－2，s，1H）

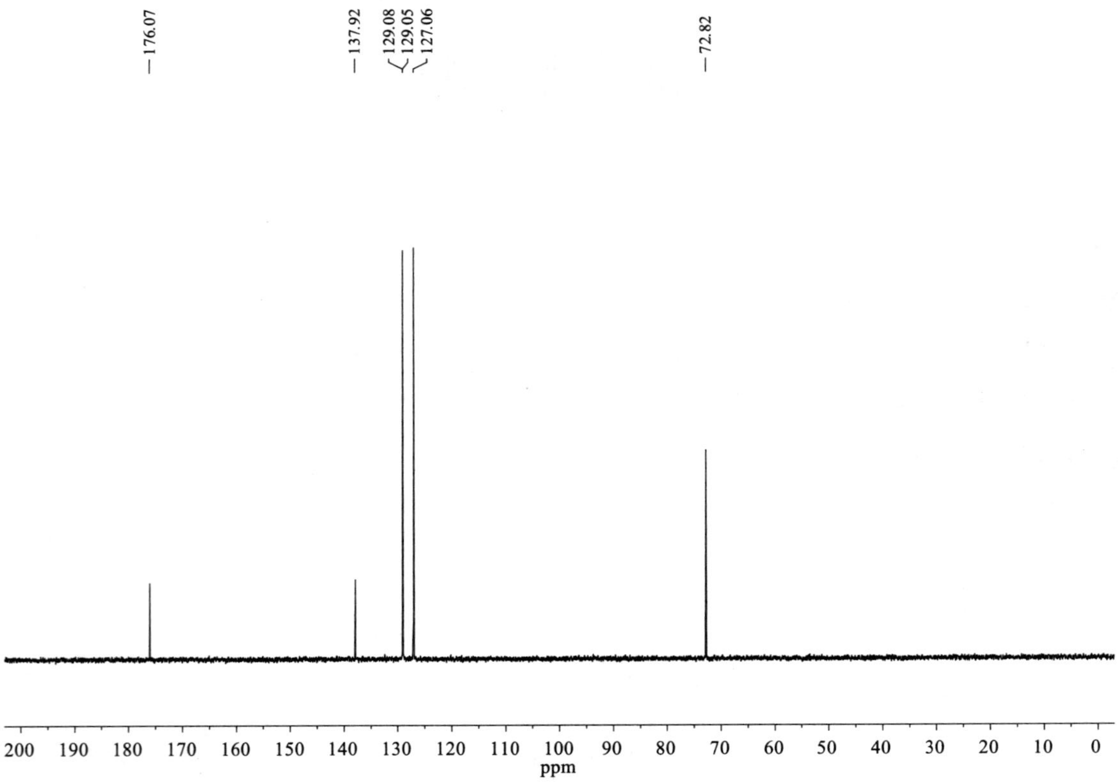

图 2　扁桃酸的^{13}C NMR 谱（溶剂：D_2O）

^{13}C NMR：δ 176. 07（C－1），137. 92（C－3），129. 08（C－5，7），129. 05（C－6），127. 06（C－4，8），72. 82（C－2）

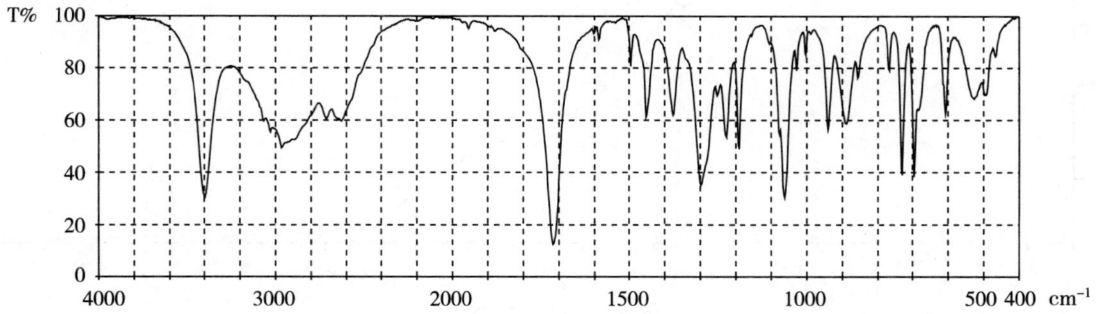

图 3　扁桃酸的红外光谱图

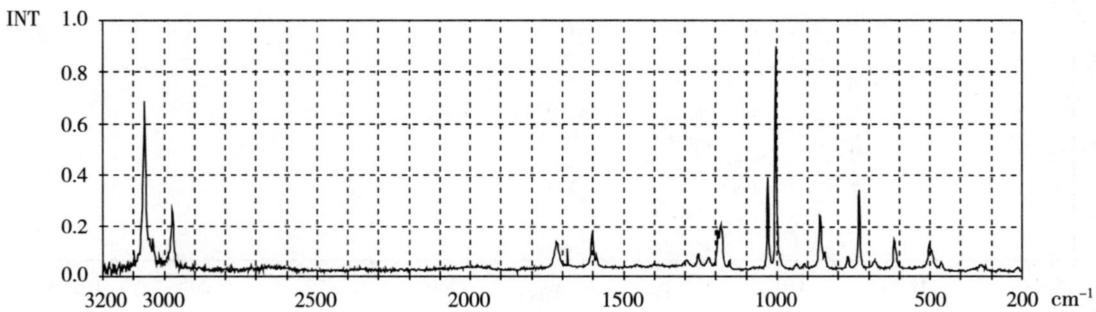

图 4　扁桃酸的拉曼光谱图

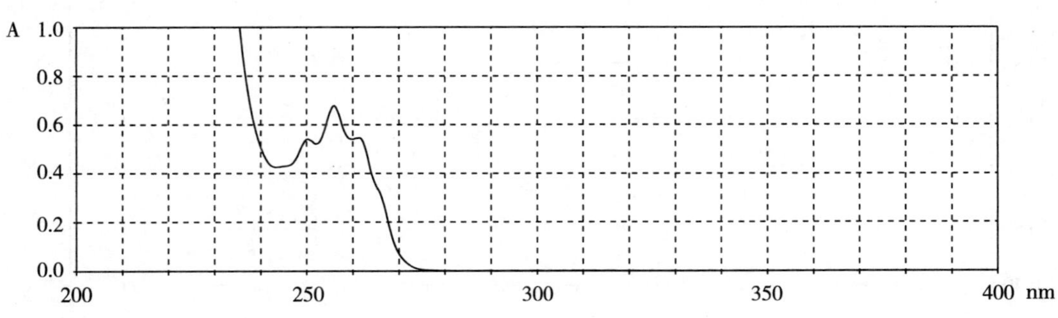

图 5　扁桃酸的紫外光谱图

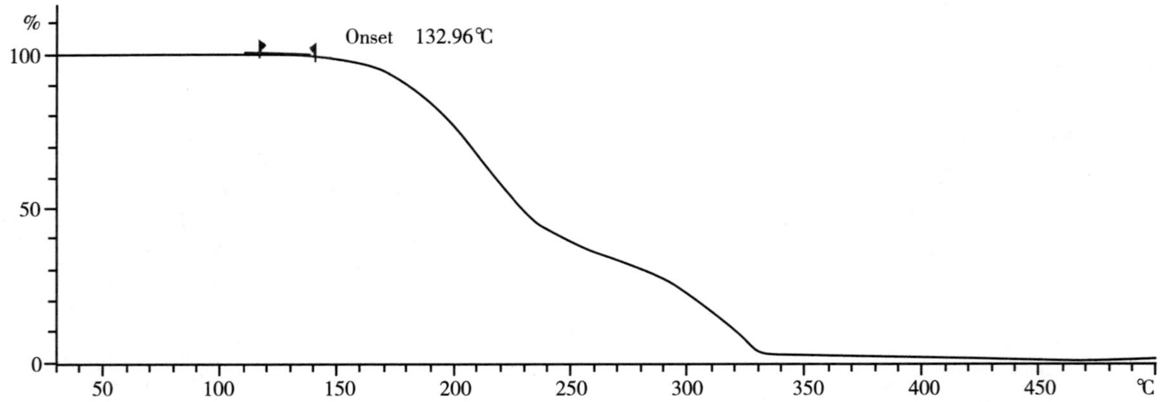

图 6　扁桃酸的 TG 图

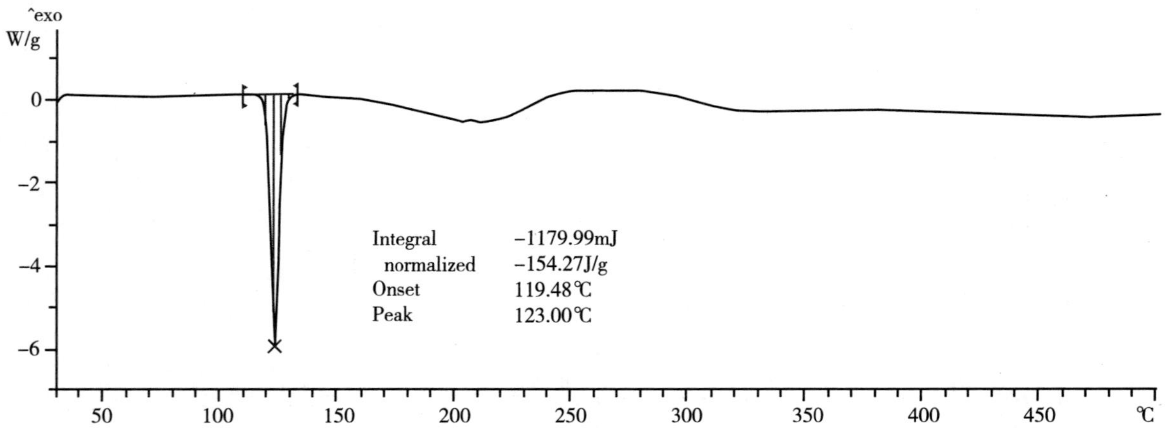

图 7　扁桃酸的 DSC 图

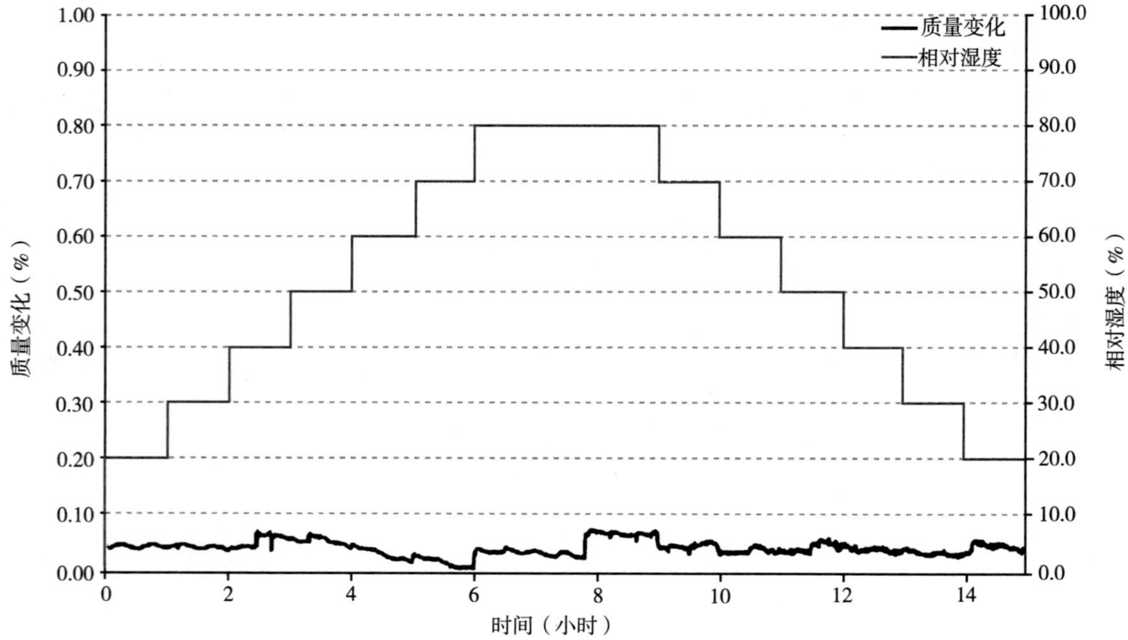

图 8　扁桃酸的 DVS 图

负离子扫描模式（一级）

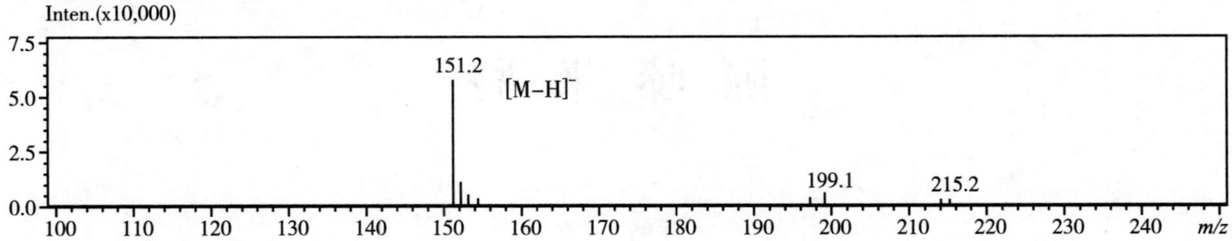

负离子扫描模式（二级）

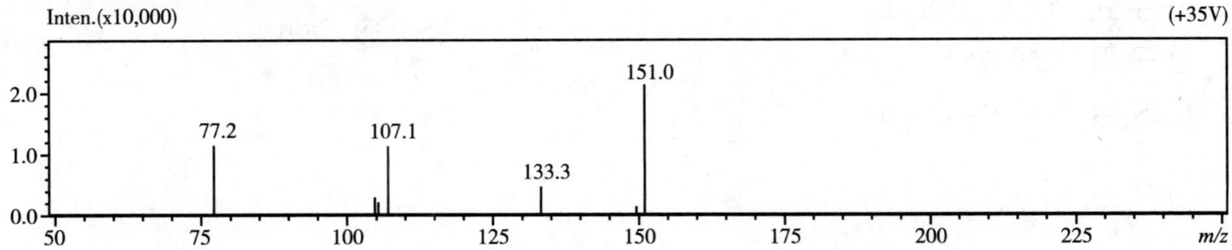

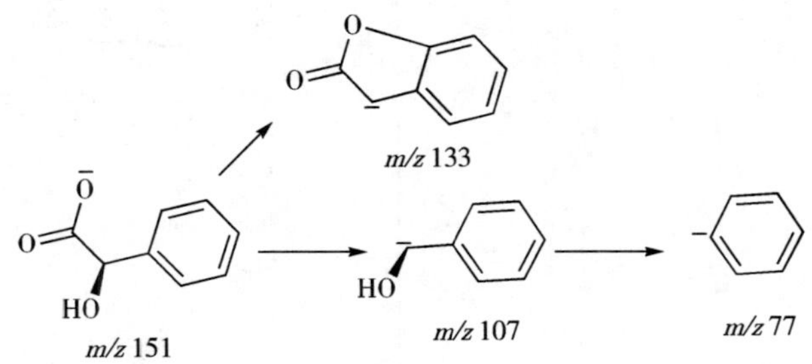

图 9　扁桃酸的质谱图

备注

1. **中文化学名**　α - 羟基苯乙酸
2. **英文化学名**　α - hydroxybenzeneacetic acid
3. **性状**　本品为白色结晶或结晶性粉末；无味或稍带芳香气味；遇光色渐变黑并分解。
4. **溶解性**　本品在水、乙醚或乙醇中易溶。
5. **溶剂**　水。
6. **对照品编号与批号**　100980 - 200701

阿 嗪 米 特

英文名 Azintamide

分子式 $C_{10}H_{14}ClN_3OS$

分子量 259.76

CAS 号 1830-32-6

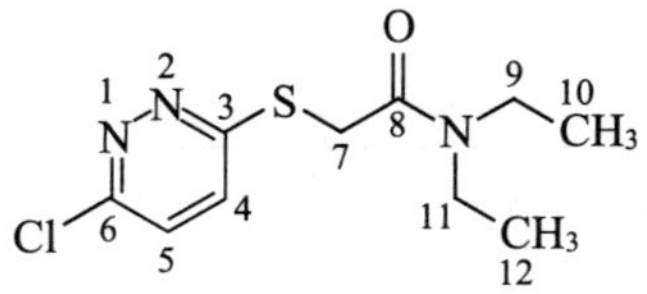

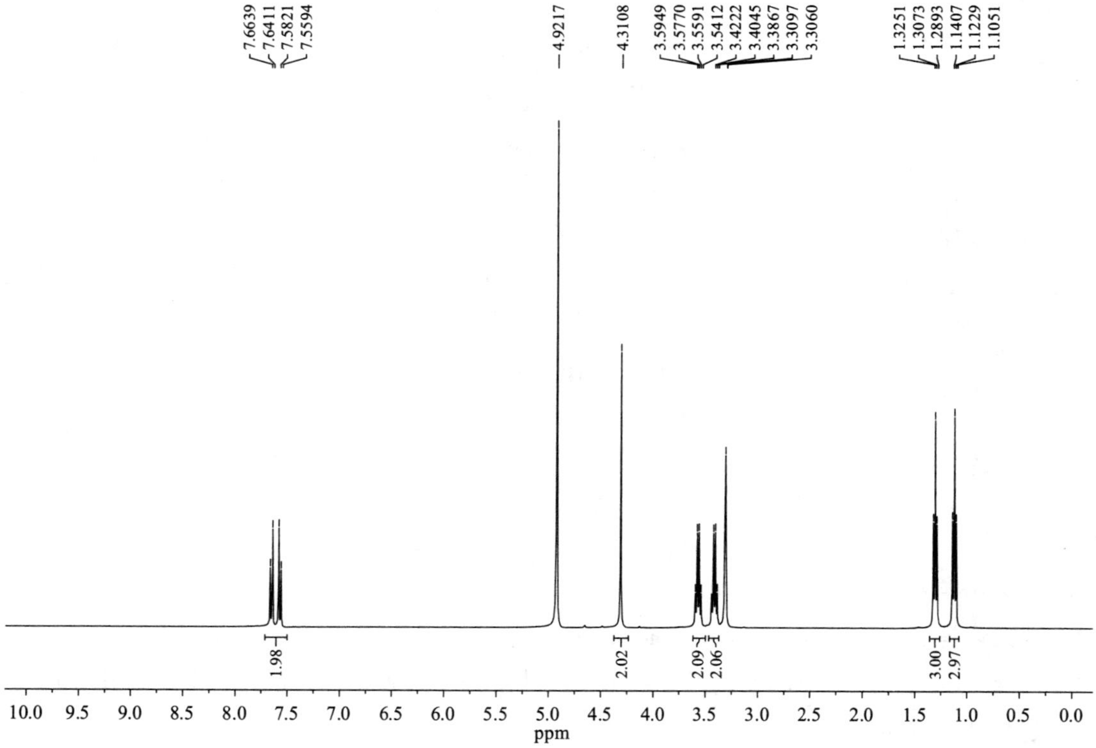

图 1 阿嗪米特的^{1}H NMR 谱（溶剂：CD_3OD）

^{1}H NMR：δ 7.65（H-5，d，J=9.1 Hz，1H），7.57（H-4，d，J=9.1 Hz，1H），4.31（H-7，s，2H），3.57（H-9，q，J=7.2 Hz，2H），3.40（H-11，q，J=7.2 Hz，2H），1.31（H-10，t，J=7.2 Hz，3H），1.12（H-12，t，J=7.2 Hz，3H）

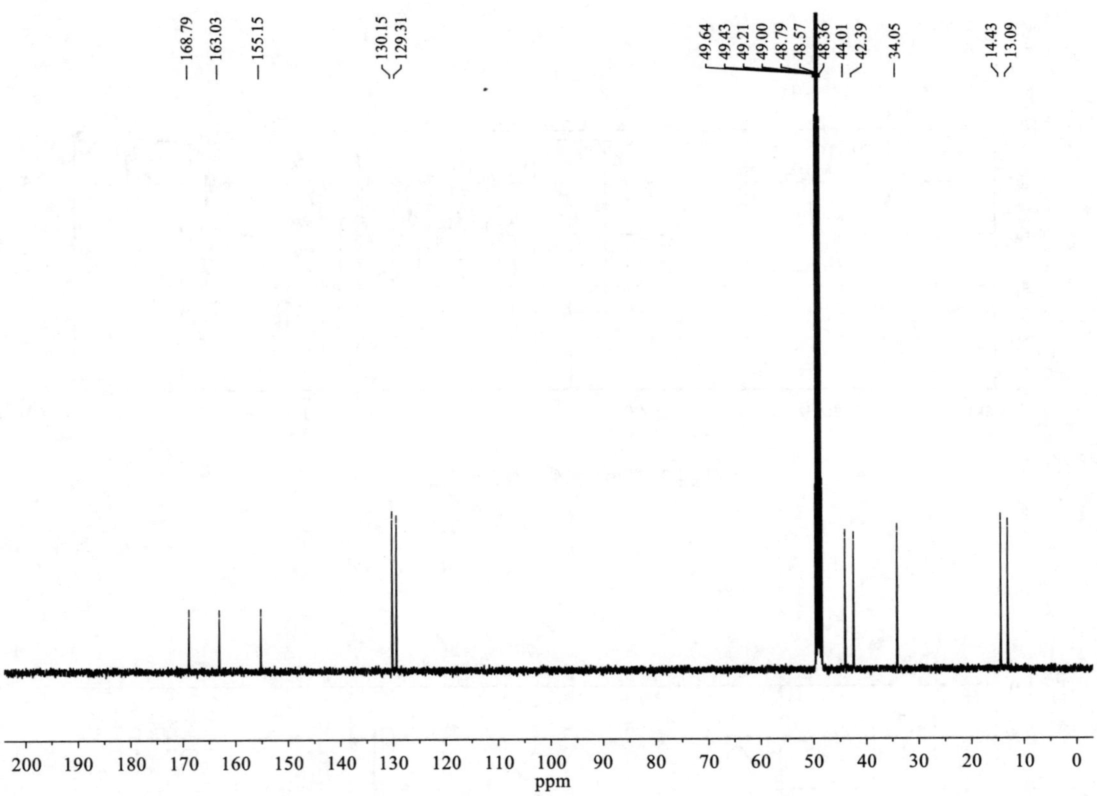

图 2　阿嗪米特的^{13}C NMR 谱（溶剂：CD_3OD）

^{13}C NMR：δ 168.79（C－8），163.03（C－3），155.15（C－6），130.15（C－5），129.31（C－4），44.01（C－9），42.39（C－11），34.05（C－7），14.43（C－10），13.09（C－12）

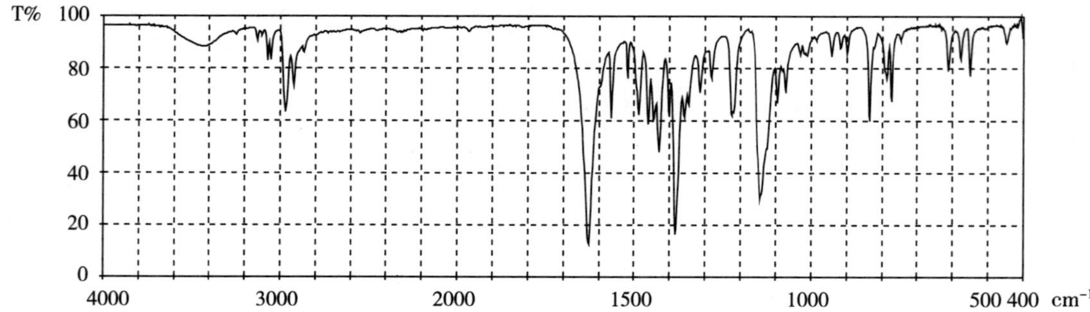

图 3　阿嗪米特的红外光谱图

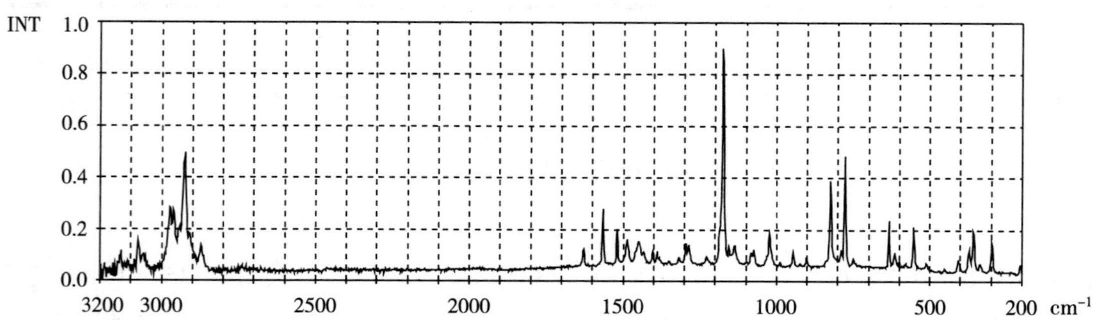

图 4　阿嗪米特的拉曼光谱图

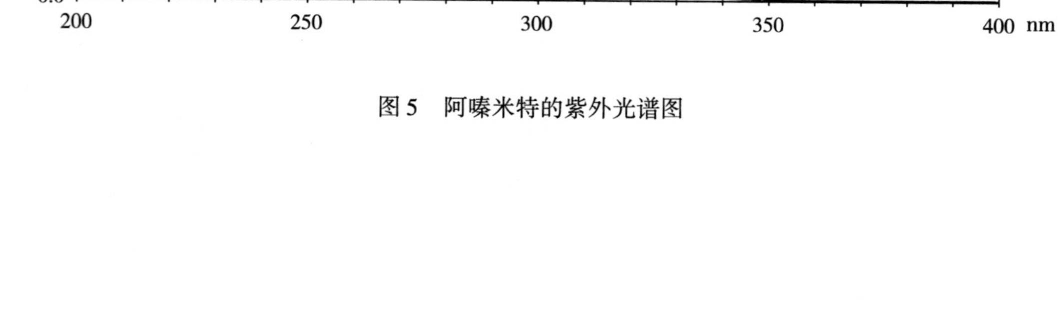

图 5　阿嗪米特的紫外光谱图

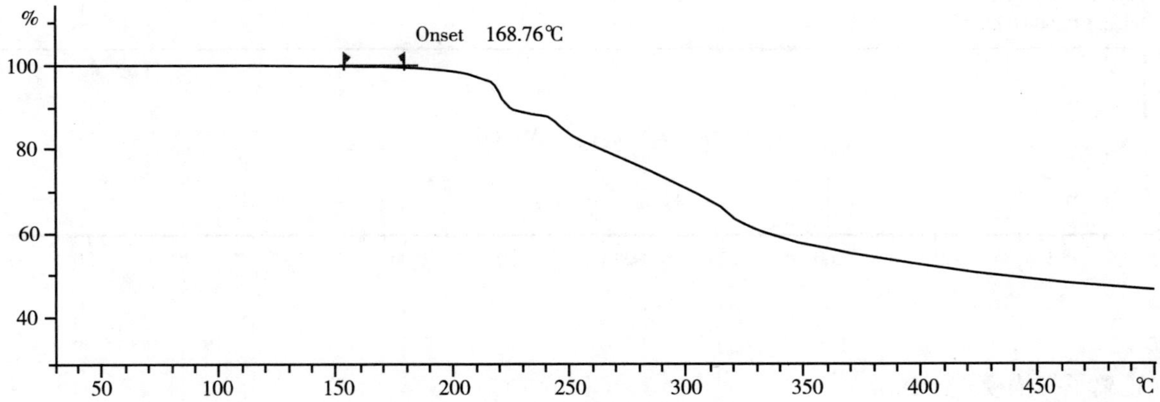

图 6　阿嗪米特的 TG 图

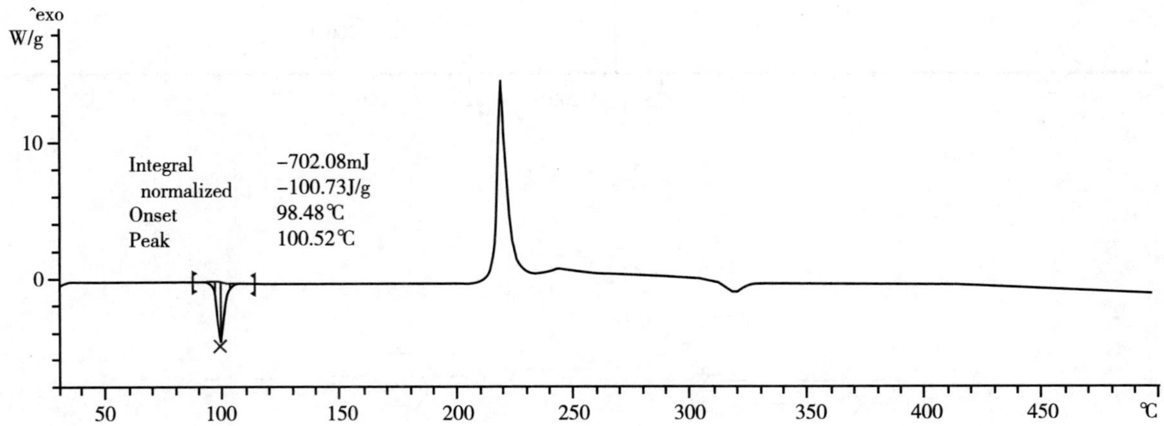

图 7　阿嗪米特的 DSC 图

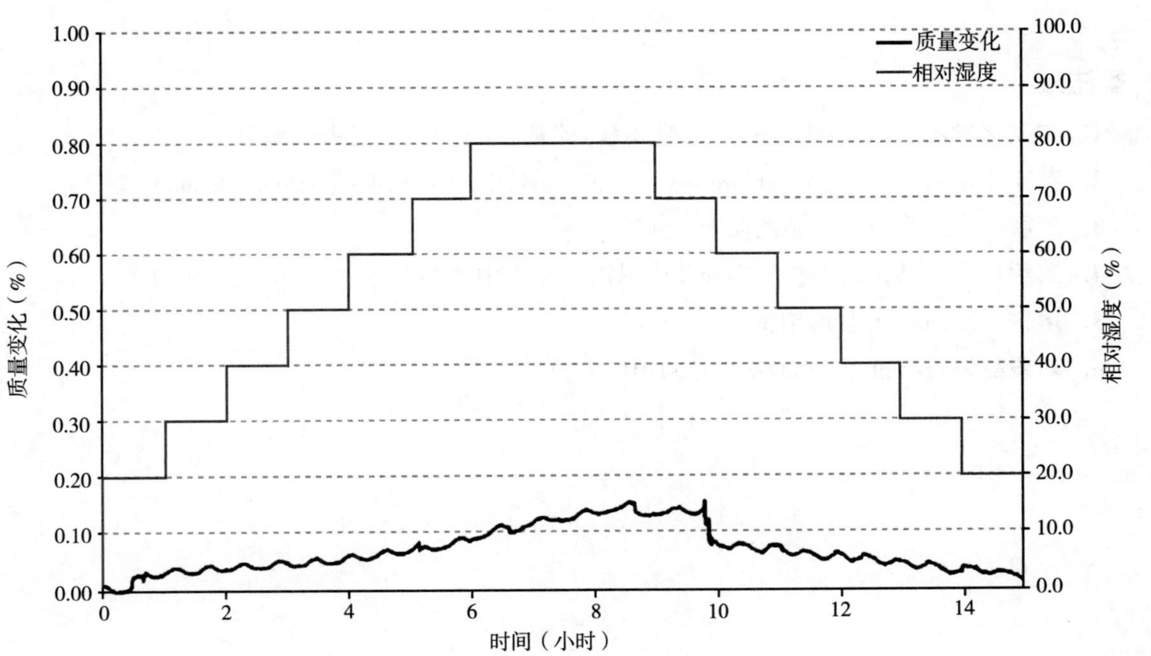

图 8　阿嗪米特的 DVS 图

正离子扫描模式（一级）

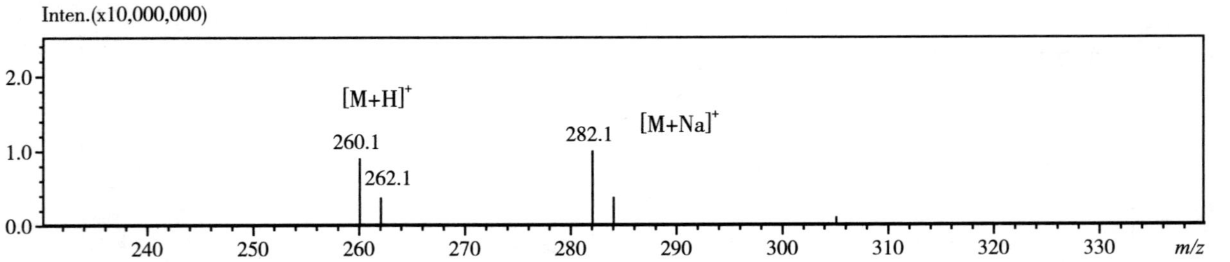

正离子扫描模式（二级）

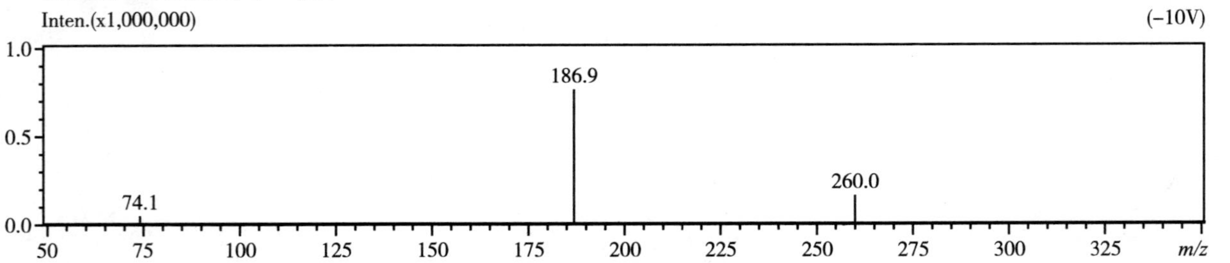

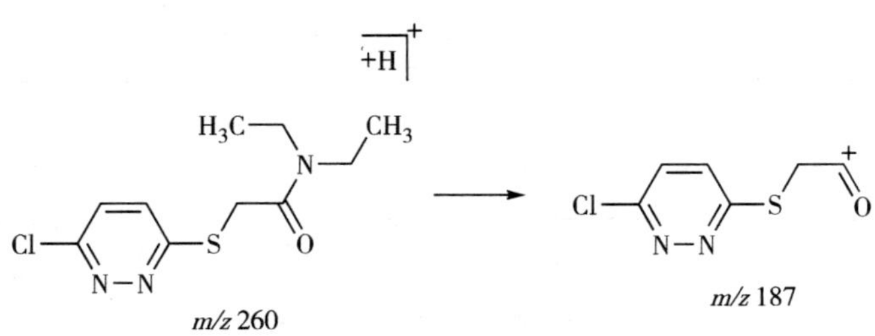

图9　阿嗪米特的质谱图

备注

1. **中文化学名**　2-[(6-氯-3-哒嗪基)硫基]-*N*,*N*-二乙基乙酰胺
2. **英文化学名**　2-[(6-chloro-3-pyridazinyl)thio]-*N*,*N*-diethylacetamide
3. **性状**　本品为白色结晶性粉末；无味。
4. **溶解性**　本品在乙醇、丙酮和苯中易溶，在水中微溶。
5. **溶剂**　0.1mol/L 盐酸溶液。
6. **对照品编号与批号**　100982-200701

盐酸氯普鲁卡因

英文名 Chloroprocaine Hydrochloride

分子式 $C_{13}H_{19}ClN_2O_2 \cdot HCl$

分子量 307.22

CAS 号 3858－89－7

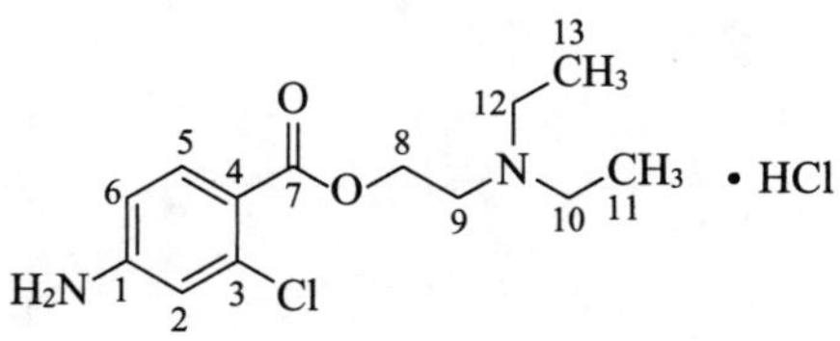

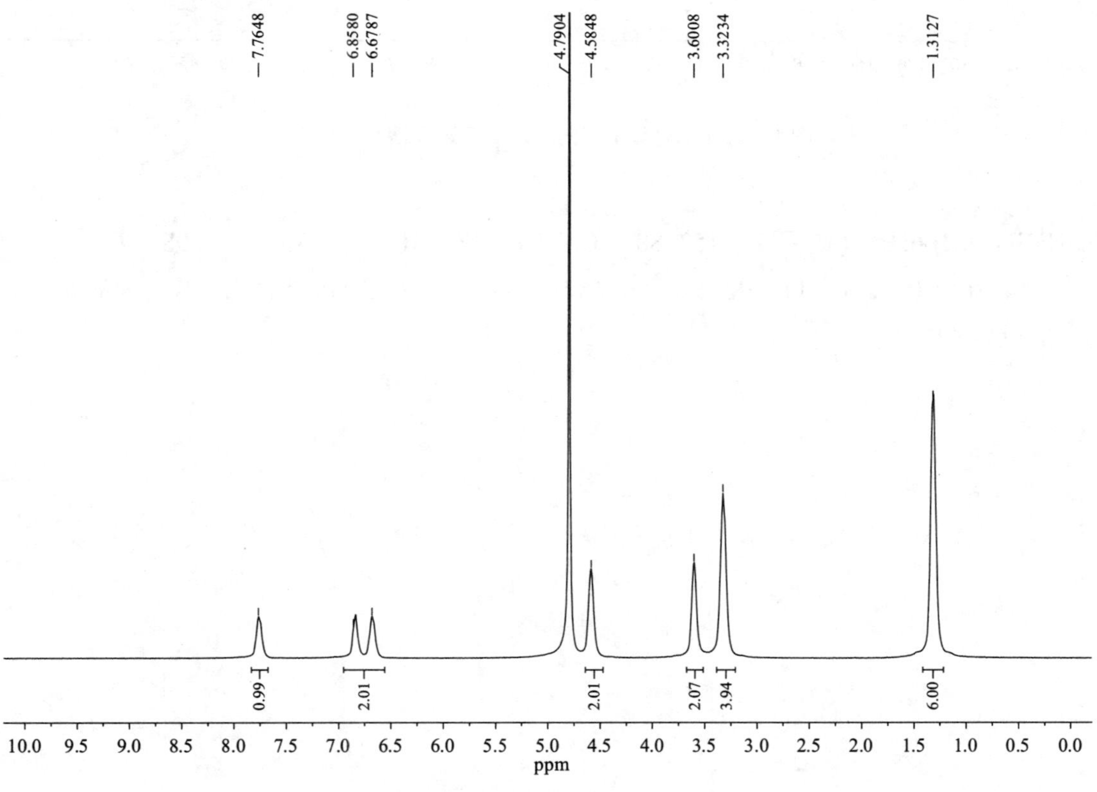

图1　盐酸氯普鲁卡因的[1]H NMR 谱（溶剂：D_2O）

^{1}H NMR：δ 7.76（H－5，brs，1H），6.86（H－6，brs，1H），6.68（H－2，brs，1H），4.58（H－8，brs，2H），3.60（H－9，brs，2H），3.32（H－10，12，brs，4H），1.31（H－11，13，brs，6H）

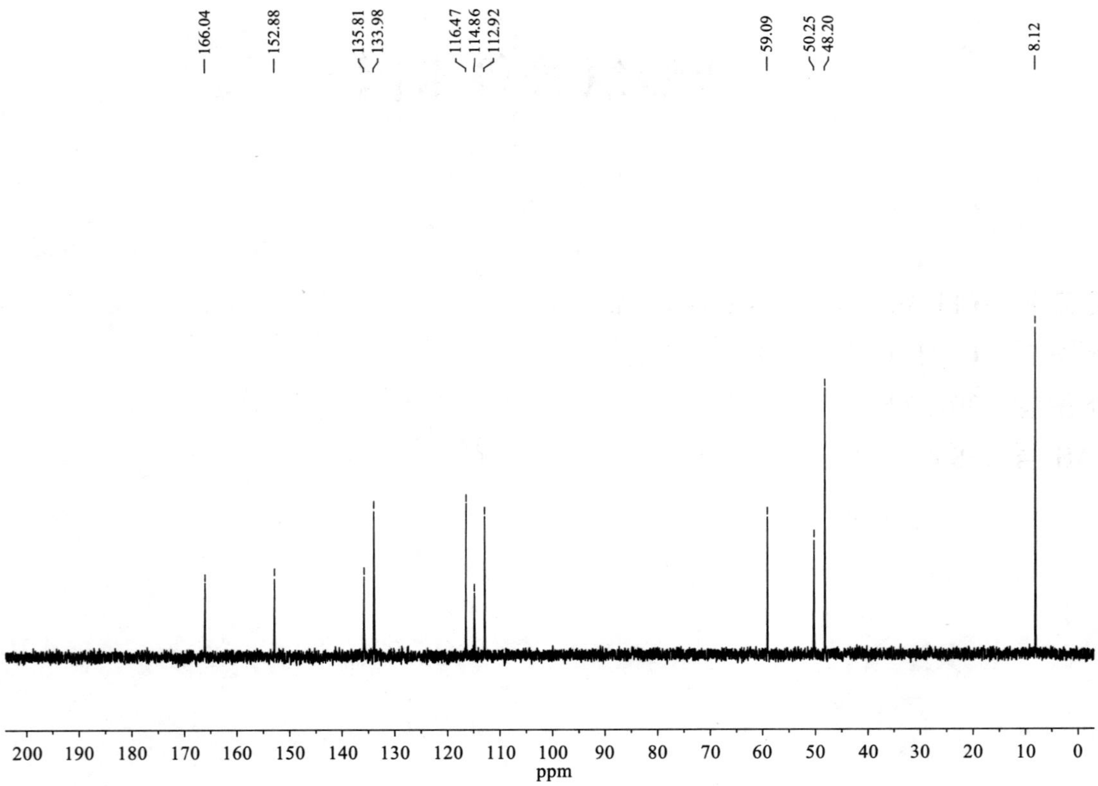

图2　盐酸氯普鲁卡因的^{13}C NMR 谱（溶剂：D_2O）

^{13}C NMR：δ 166.04（C－7），152.88（C－1），135.81（C－3），133.98（C－5），116.47（C－2），114.86（C－4），112.92（C－6），59.09（C－8），50.25（C－9），48.20（C－10，12），8.12（C－11，13）

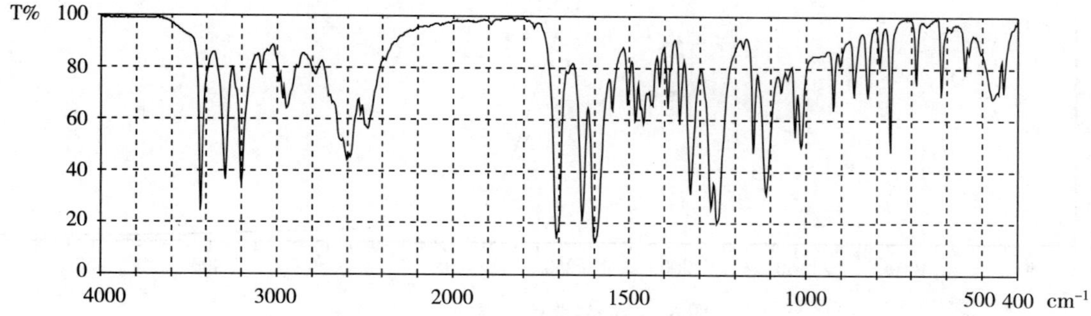

图 3　盐酸氯普鲁卡因的红外光谱图

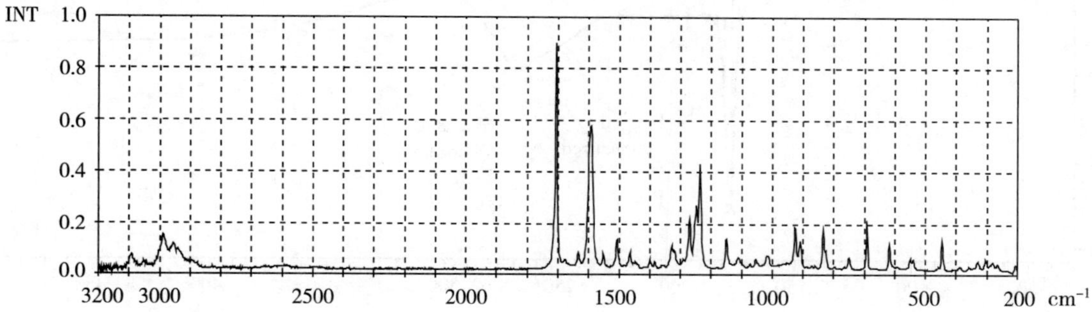

图 4　盐酸氯普鲁卡因的拉曼光谱图

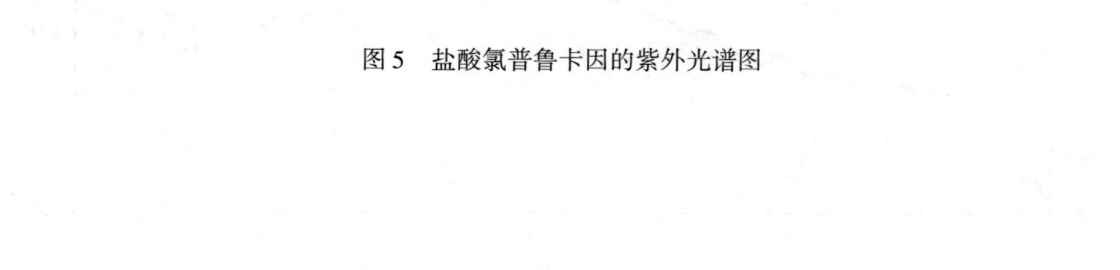

图 5　盐酸氯普鲁卡因的紫外光谱图

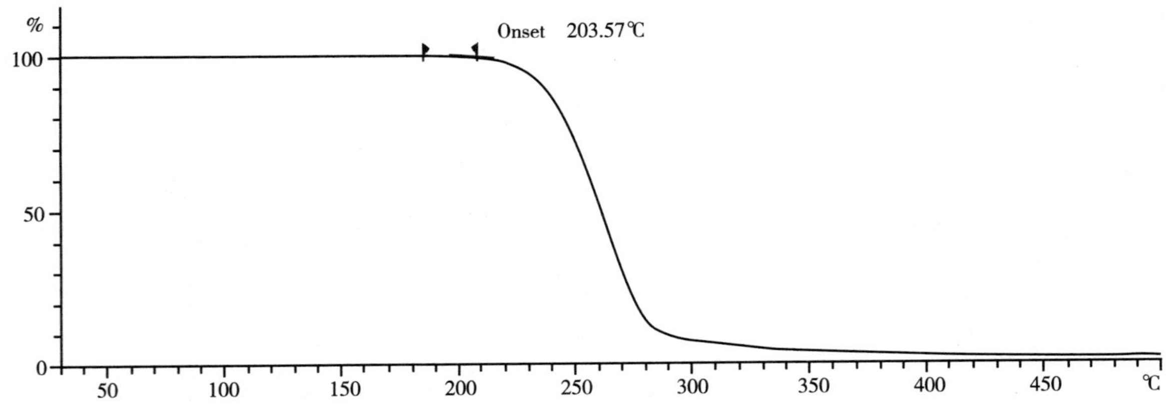

图 6　盐酸氯普鲁卡因的 TG 图

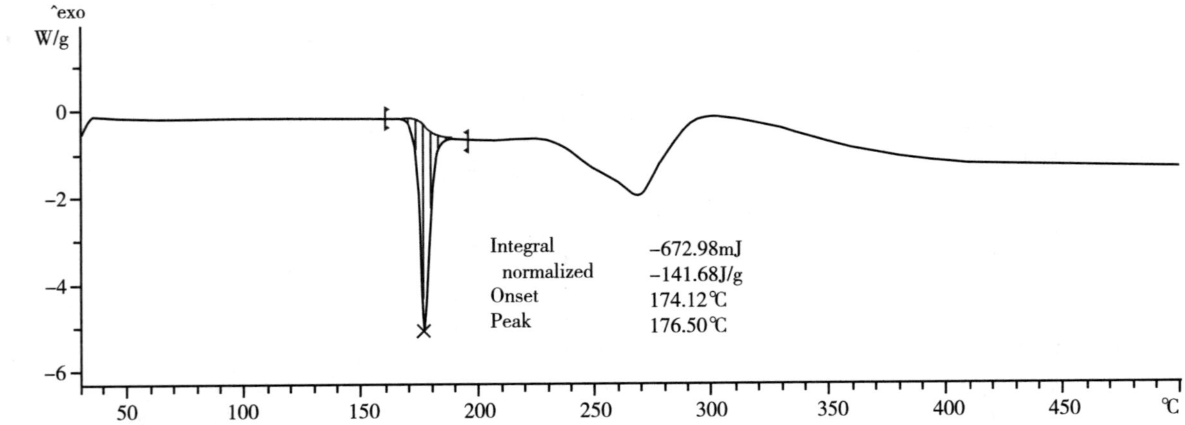

图 7　盐酸氯普鲁卡因的 DSC 图

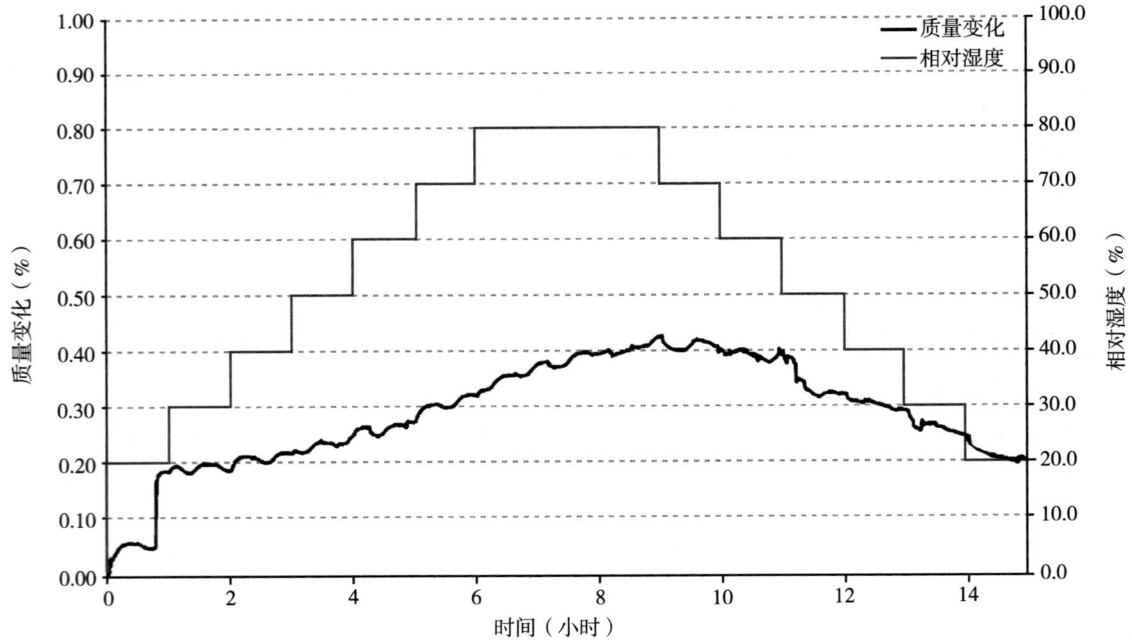

图 8　盐酸氯普鲁卡因的 DVS 图

正离子扫描模式（一级）

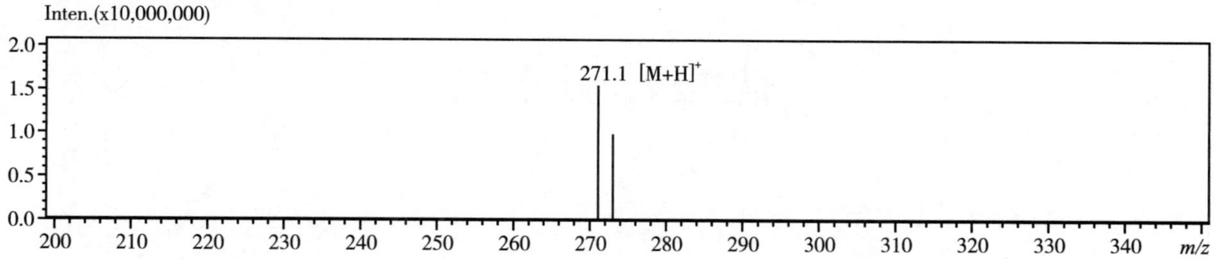

正离子扫描模式（二级）

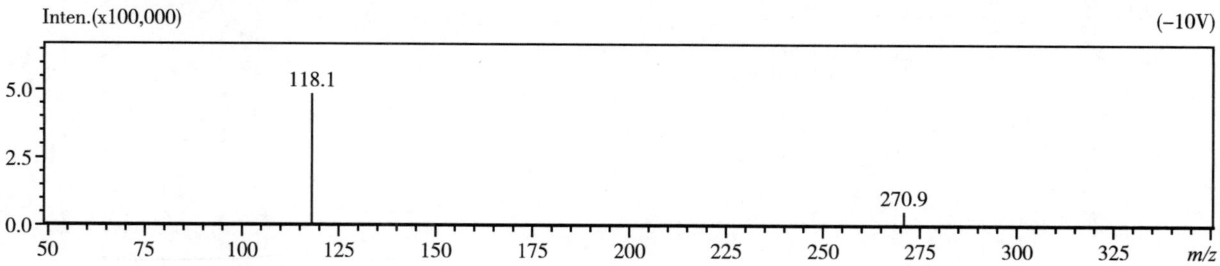

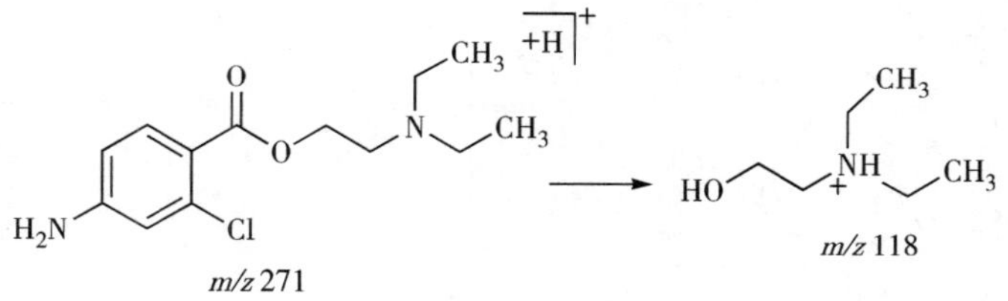

图 9　盐酸氯普鲁卡因的质谱图

备注

1. **中文化学名**　4－氨基－2－氯苯甲酸　－2－(二乙氨基)乙酯盐酸盐
2. **英文化学名**　2－diethylaminoethyl－4－amino－2－chlorobenzoate hydrochloride
3. **性状**　本品为白色或类白色针状结晶；无臭，味苦，有麻痹感。
4. **溶解性**　本品在水中溶解，在甲醇中略溶，在乙酸乙酯中不溶。
5. **溶剂**　水。
6. **对照品编号与批号**　100984－200801

盐酸乙哌立松

英文名 Eperison Hydrochloride

分子式 $C_{17}H_{25}NO \cdot HCl$

分子量 295.85

CAS 号 56839 - 43 - 1

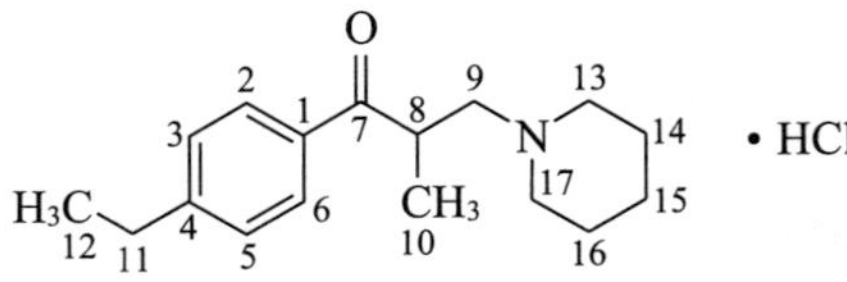

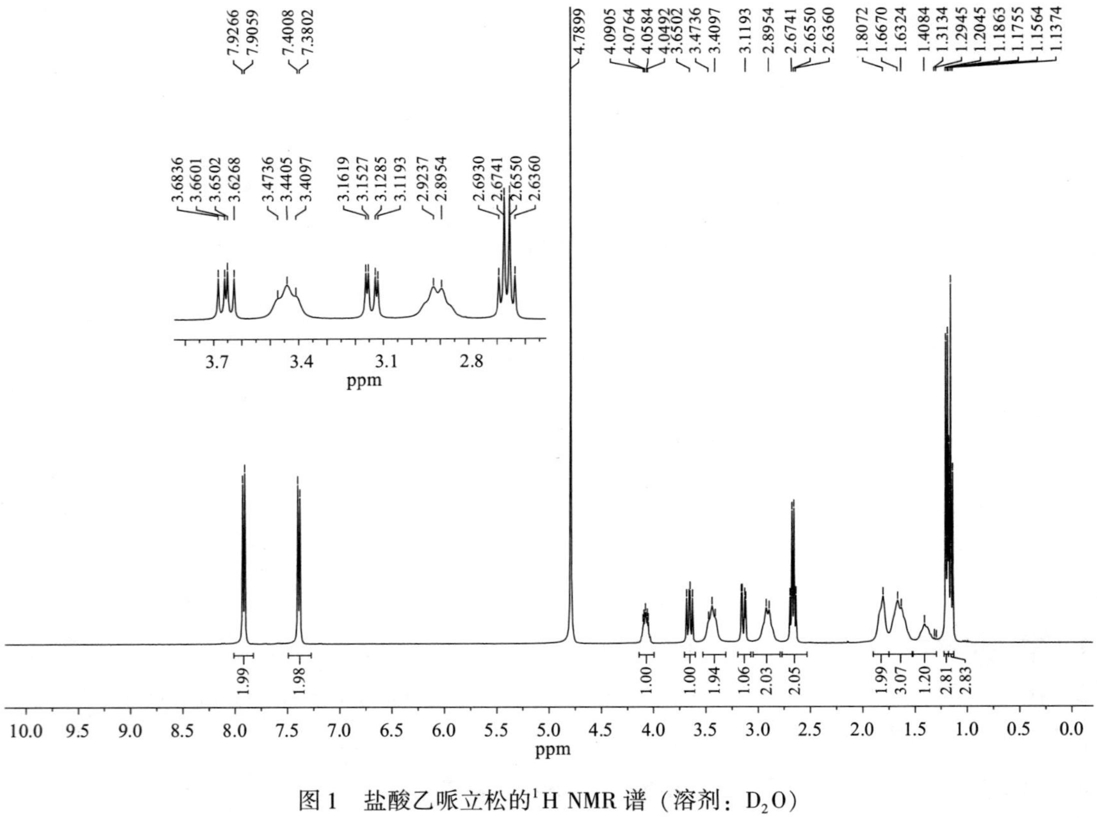

图 1　盐酸乙哌立松的[1]H NMR 谱（溶剂：D_2O）

^{1}H NMR：δ 7.92（H - 2，6，d，J = 8.3 Hz，2H），7.39（H - 3，5，d，J = 8.2 Hz，2H），4.08（H - 8，m，1H），3.66（H - 9a，dd，J = 13.3，9.4 Hz，1H），3.44（H - 13a，H - 17a，m，2H），3.14（H - 9b，dd，J = 13.3，9.4 Hz，1H），2.91（H - 13b，H - 17b，m，2H），2.66（H - 11，q，J = 7.6 Hz，2H），1.93 ~ 1.76（m，2H），1.74 ~ 1.52（m，3H），1.40（m，1H），1.20（H - 10，d，J = 7.3 Hz，3H），1.16（H - 12，t，J = 7.6 Hz，3H）

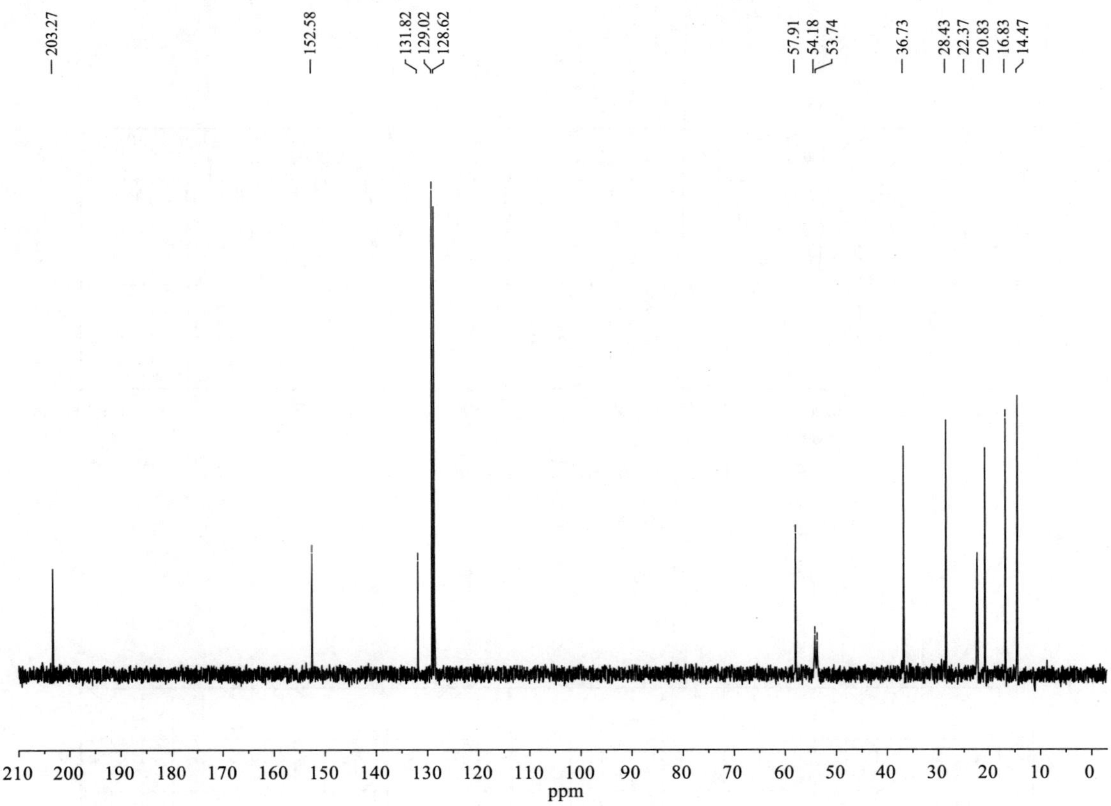

图2　盐酸乙哌立松的^{13}C NMR谱（溶剂：D_2O）

^{13}C NMR：δ 203.27（C－7），152.58（C－4），131.82（C－1），129.02（C－2，6），128.62（C－3，5），57.91（C－9），54.18（C－13），53.74（C－17），36.73（C－8），28.43（C－11），22.37（C－14，16），20.83（C－15），16.83（C－12），14.47（C－10）

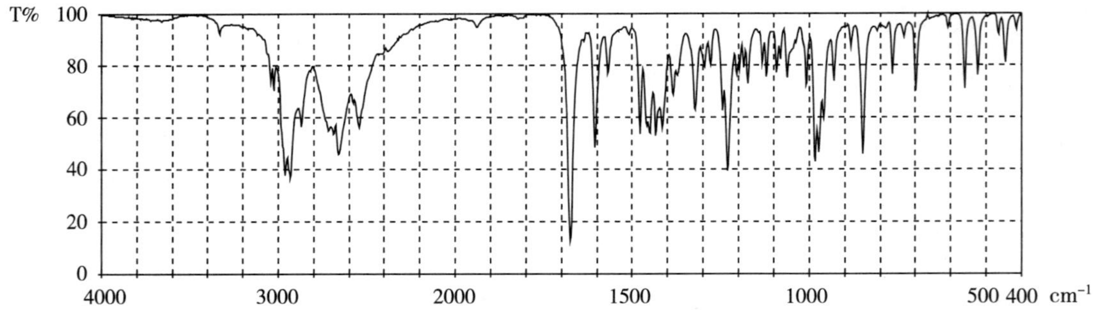

图 3　盐酸乙哌立松的红外光谱图

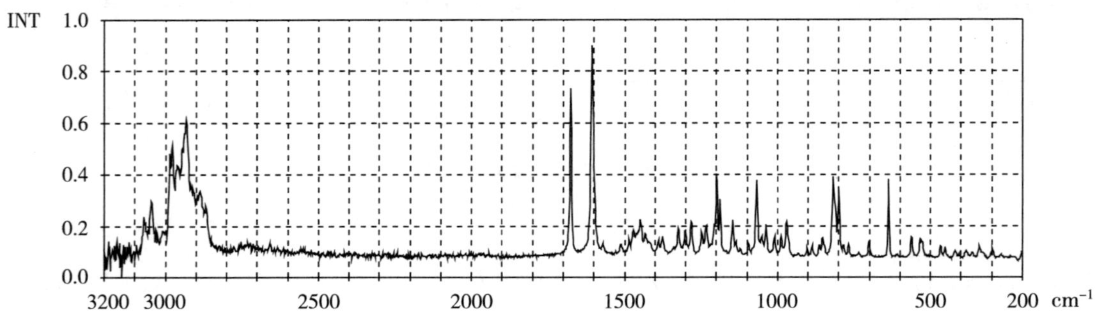

图 4　盐酸乙哌立松的拉曼光谱图

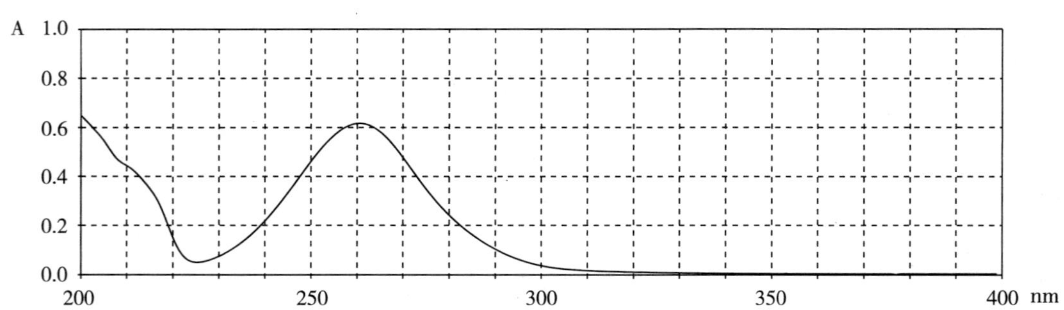

图 5　盐酸乙哌立松的紫外光谱图

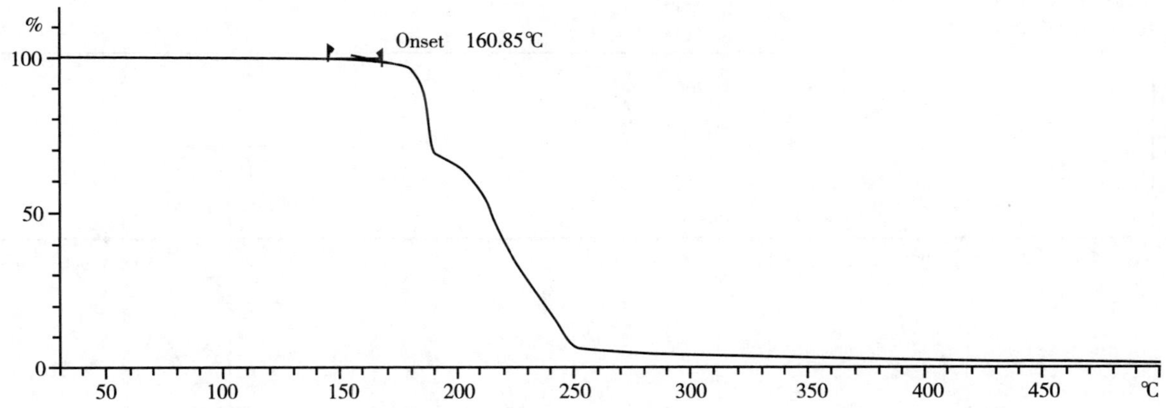

图 6　盐酸乙哌立松的 TG 图

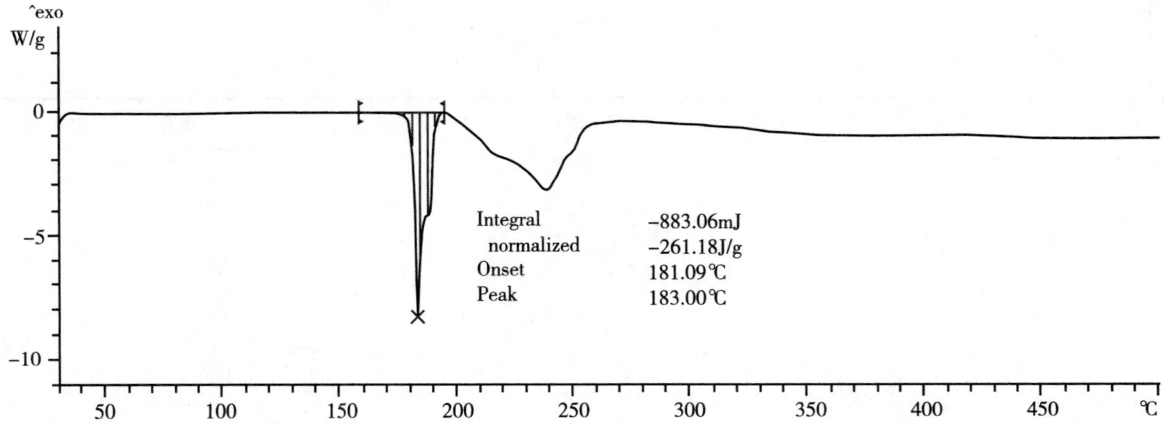

图 7　盐酸乙哌立松的 DSC 图

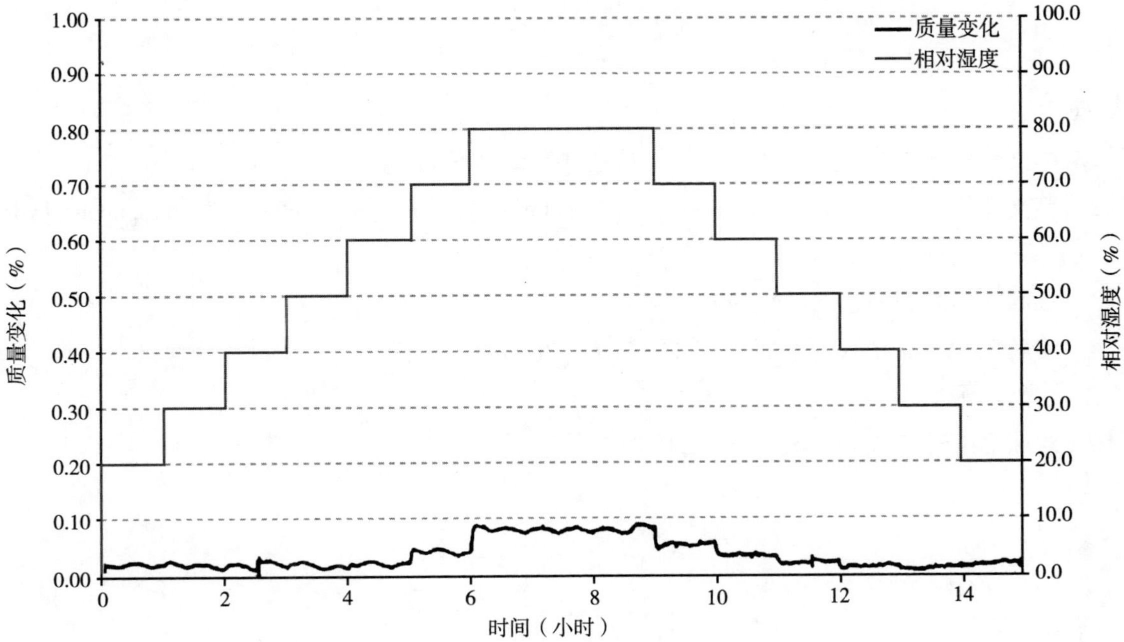

图 8　盐酸乙哌立松的 DVS 图

正离子扫描模式（一级）

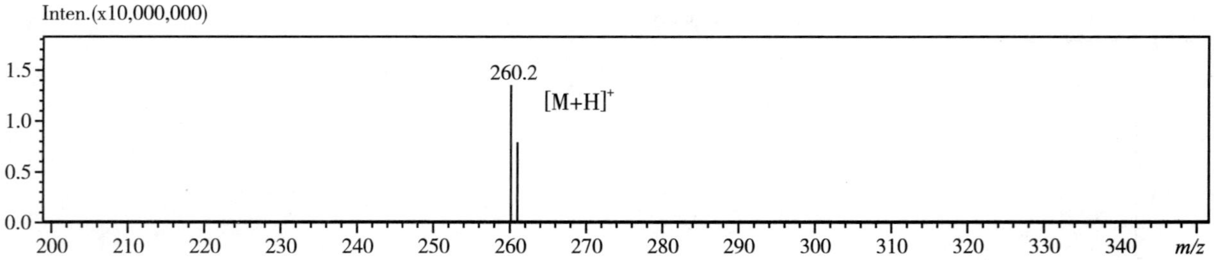

正离子扫描模式（二级）

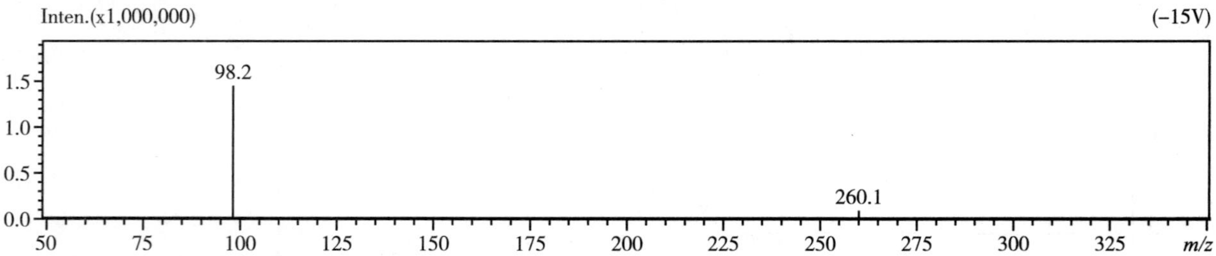

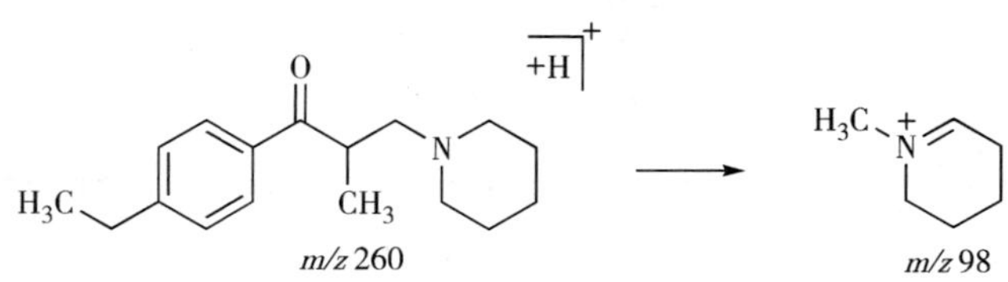

图 9　盐酸乙哌立松的质谱图

备注

1. **中文化学名**　4－乙基－2－甲基－3－哌啶基苯丙酮盐酸盐
2. **英文化学名**　1－（4－ethylphenyl）－2－methyl－3－（1－piperidinyl）－1－propanone hydrochloride
3. **性状**　本品为白色结晶性粉末。
4. **溶解性**　本品在水、甲醇和乙酸中易溶，在乙醇中溶解。
5. **溶剂**　水。
6. **对照品编号与批号**　100986－200801

硫 普 罗 宁

英文名 Tiopronin

分子式 $C_5H_9NO_3S$

分子量 163.19

CAS 号 1953-02-2

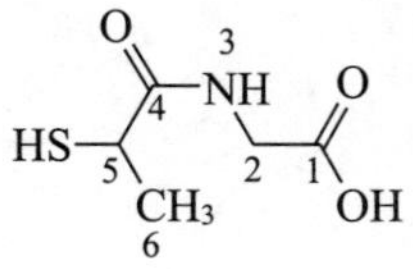

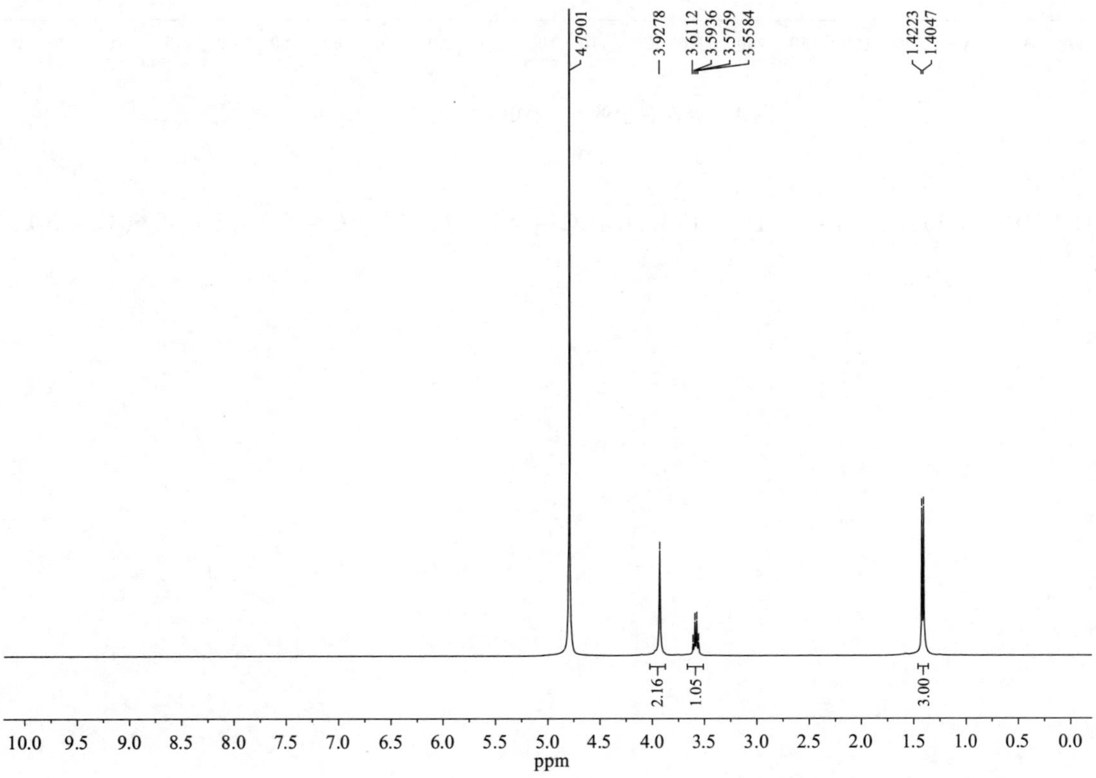

图 1　硫普罗宁的^{1}H NMR 谱（溶剂：D_2O）

^{1}H NMR：δ 3.93（H-2，s，2H），3.58（H-5，q，J=7.0 Hz，1H），1.41（H-6，d，J=7.0 Hz，3H）

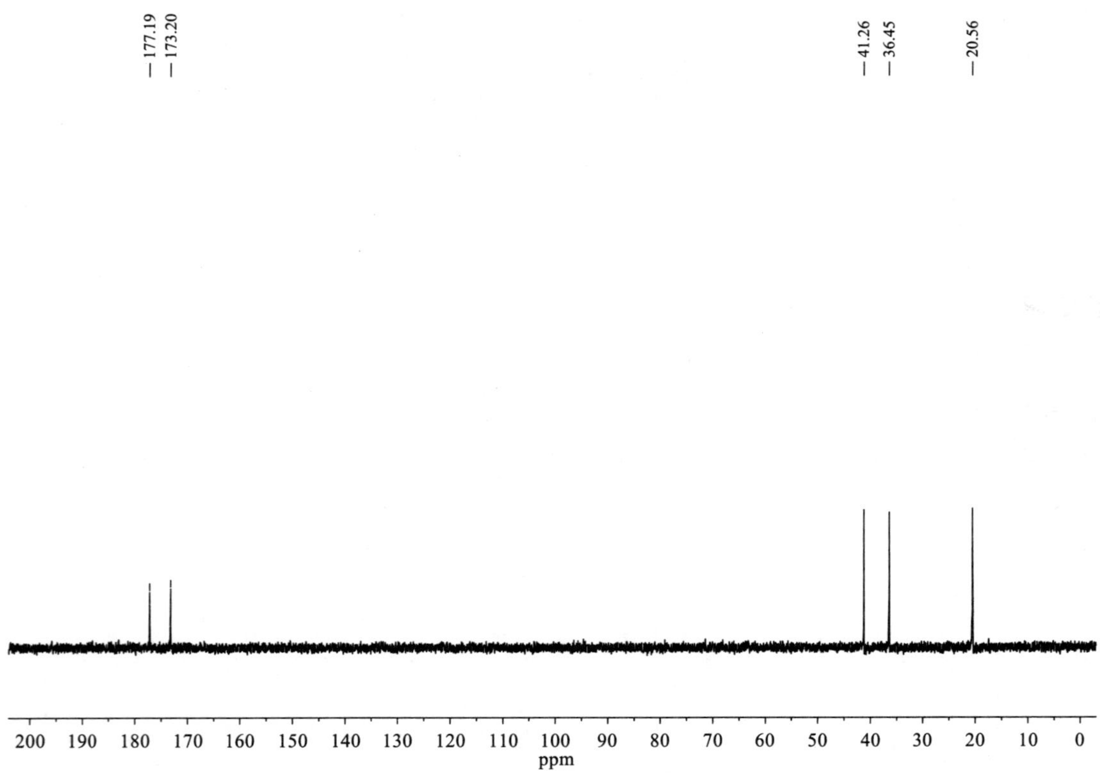

图2　硫普罗宁的^{13}C NMR谱（溶剂：D_2O）

^{13}C NMR：δ 177.19（C－1），173.20（C－4），41.26（C－2），36.45（C－5），20.56（C－6）

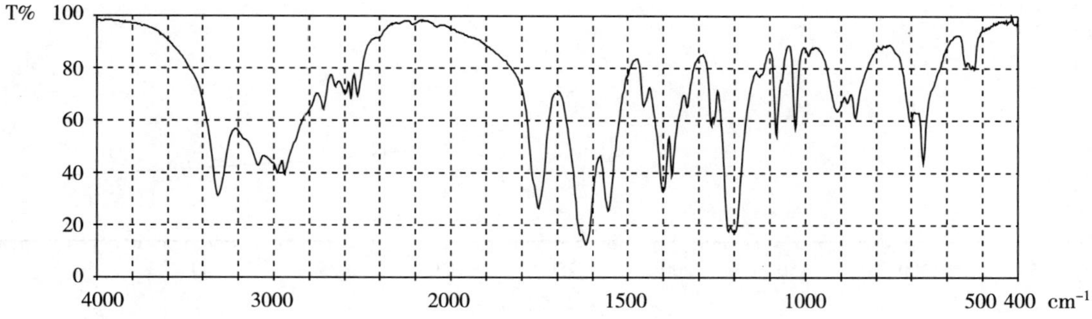

图 3　硫普罗宁的红外光谱图

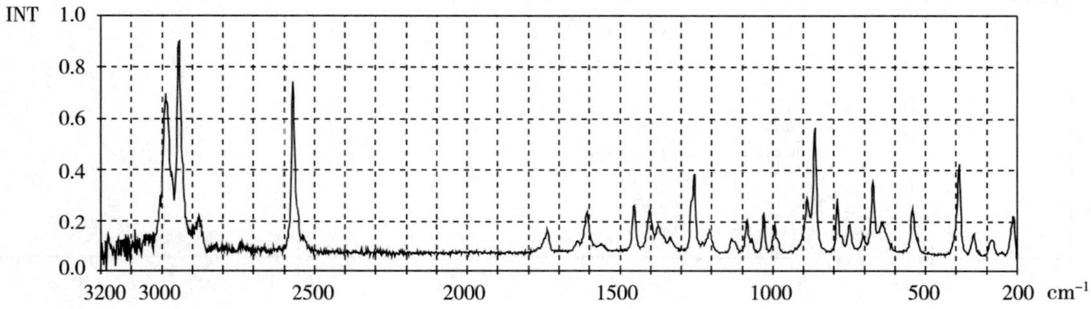

图 4　硫普罗宁的拉曼光谱图

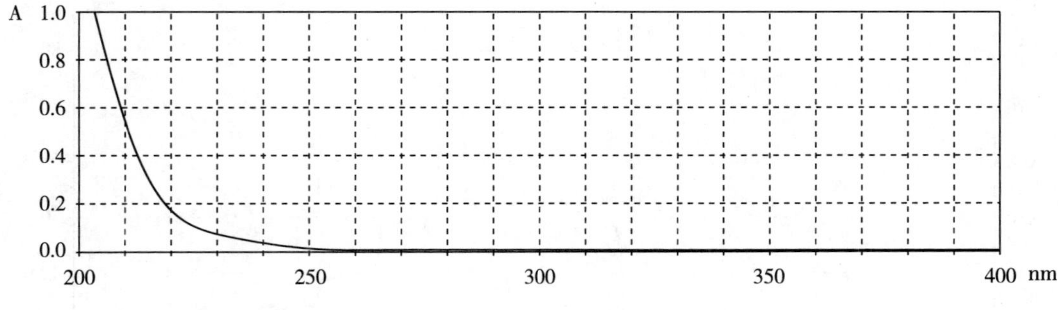

图 5　硫普罗宁的紫外光谱图

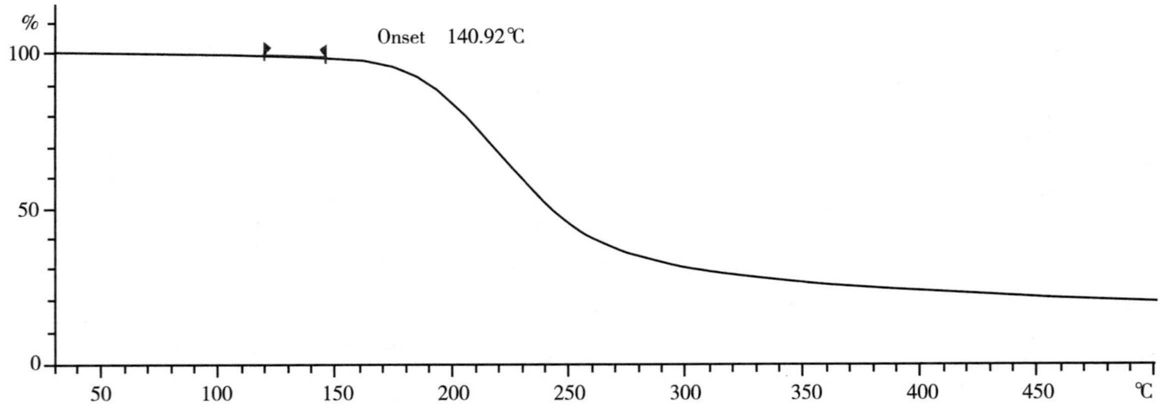

图 6　硫普罗宁的 TG 图

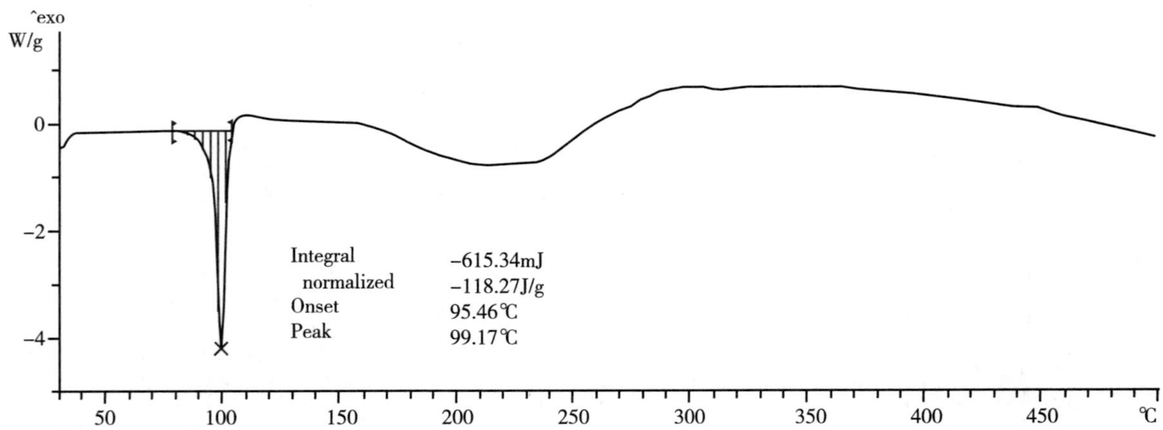

图 7　硫普罗宁的 DSC 图

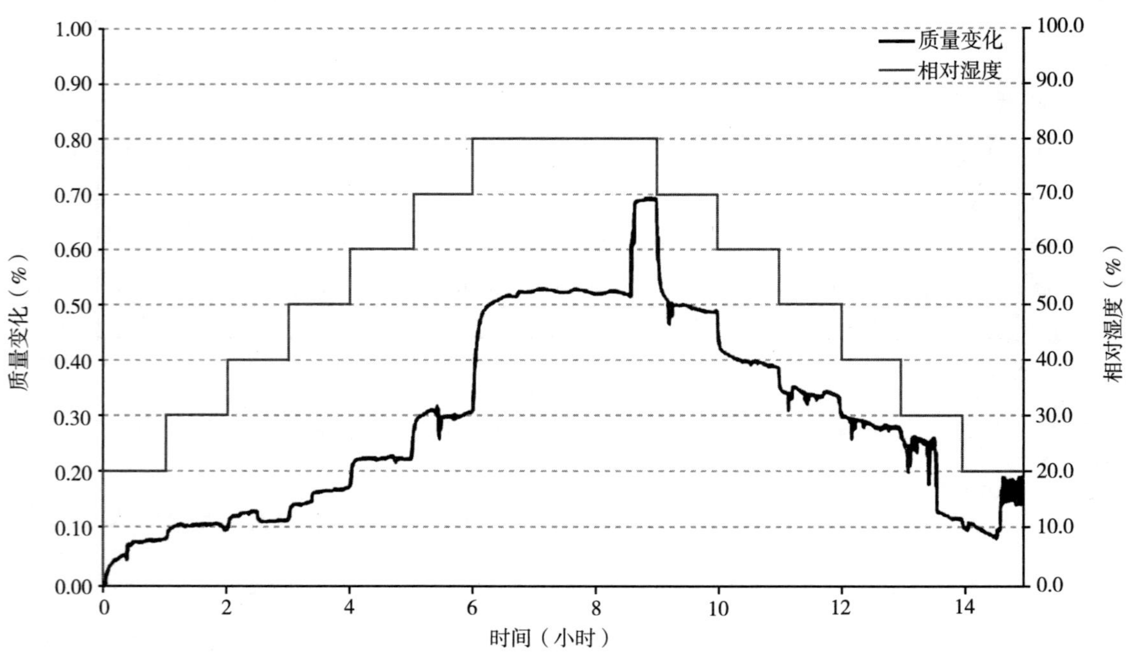

图 8　硫普罗宁的 DVS 图

正离子扫描模式（一级）

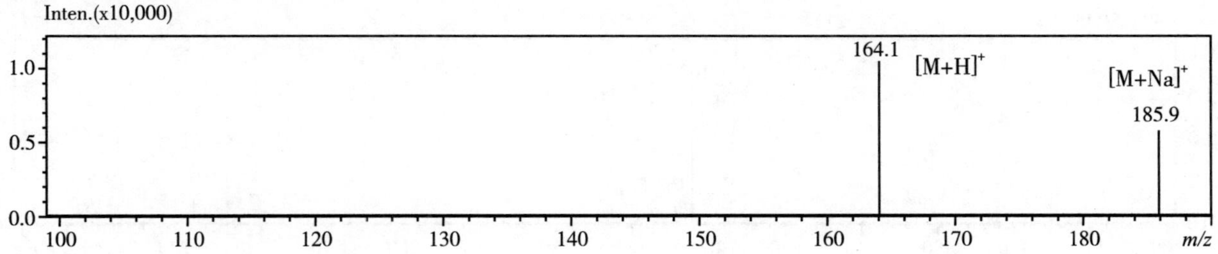

正离子扫描模式（二级）

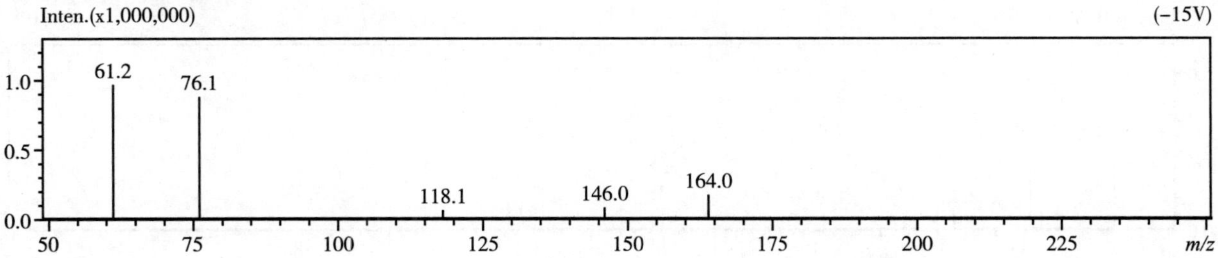

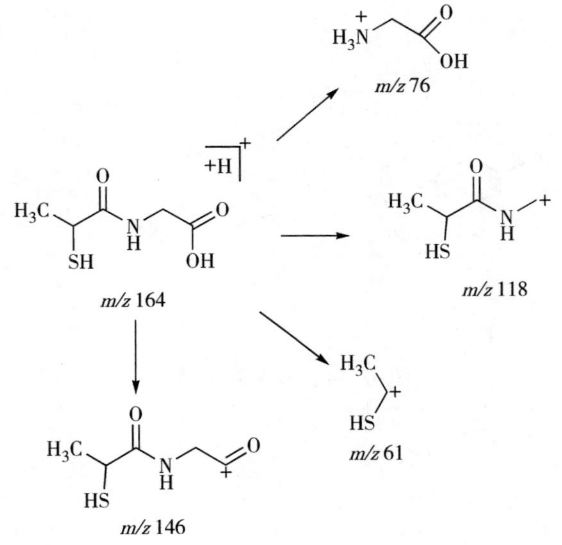

负离子扫描模式（一级）

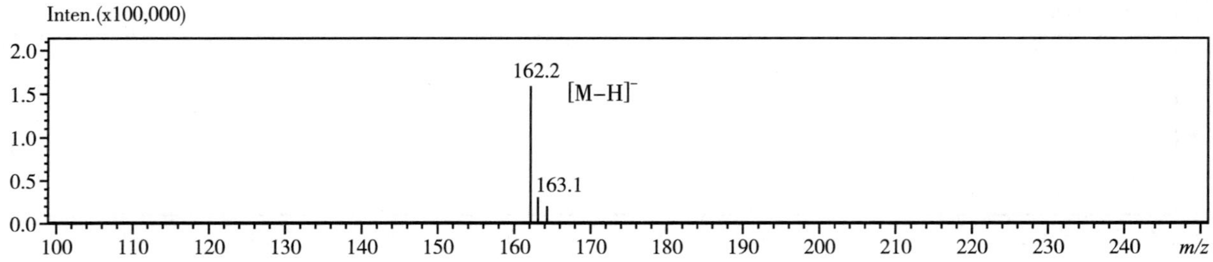

负离子扫描模式（二级）

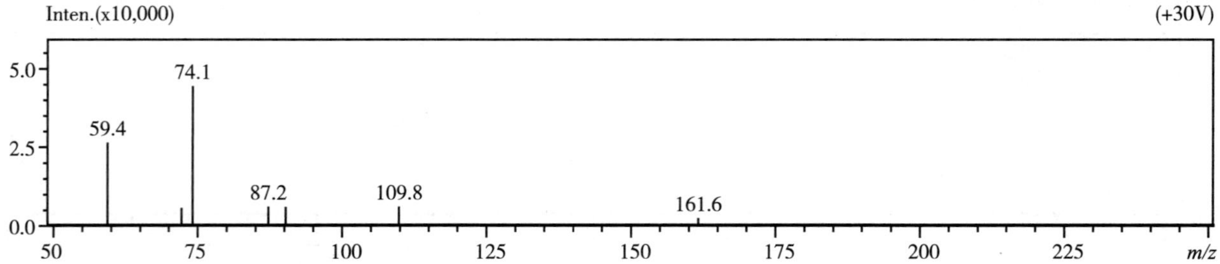

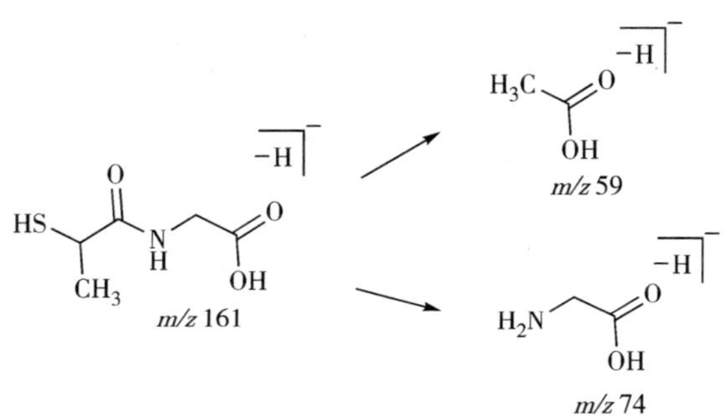

图 9　硫普罗宁的质谱图

备注

1. **中文化学名**　*N*－(2－巯基丙酰基)－甘氨酸
2. **英文化学名**　*N*－(2－mercapto－1－oxopropyl) glycine
3. **性状**　本品为白色结晶性粉末；有特臭，味酸。
4. **溶解性**　本品在水或乙醇中易溶，在乙醚或三氯甲烷中极微溶解。
5. **溶剂**　水。
6. **对照品编号与批号**　100991－200901

西 尼 地 平

英文名 Cilnidipine

分子式 $C_{27}H_{28}N_2O_7$

分子量 492.52

CAS 号 132203－70－4

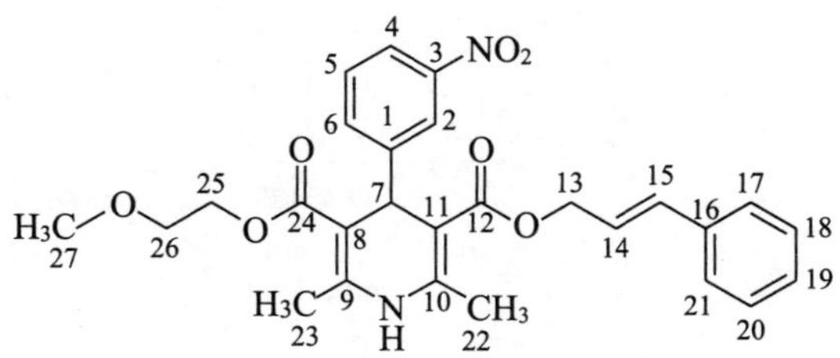

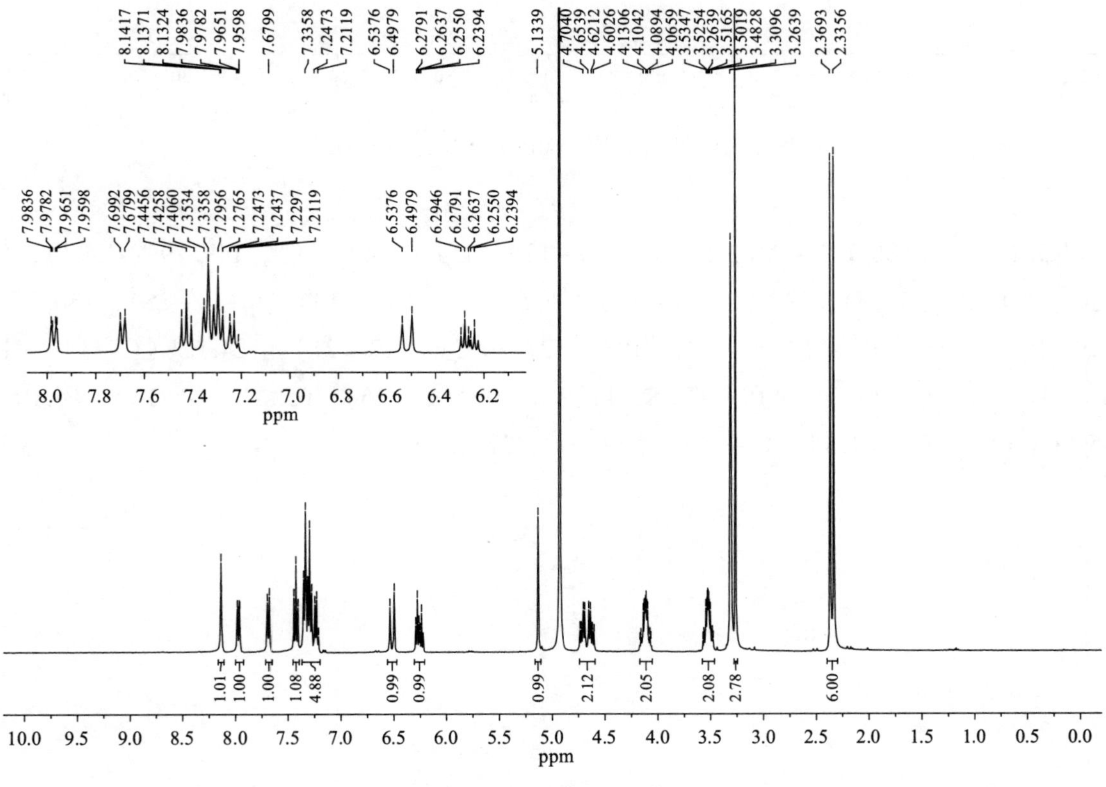

图 1 西尼地平的 ^{1}H NMR 谱（溶剂：CD_3OD）

^{1}H NMR：δ 8.14（H－2，t，J＝1.8 Hz，1H），7.98（H－4，dd，J＝7.4，2.1 Hz，1H），7.69（H－6，d，J＝7.7 Hz，1H），7.43（H－5，t，J＝7.9 Hz，1H），7.28（H－17，18，19，20，21，m，5H），6.52（H－15，d，J＝15.9 Hz，1H），6.27（H－14，m，1H），5.13（H－7，s，1H），4.75～4.59（H－13，m，2H），4.18～4.05（H－25，m，2H），3.58～3.46（H－26，m，2H），3.27（H－27，s，3H），2.37（H－22，s，3H），2.34（H－23，s，3H）

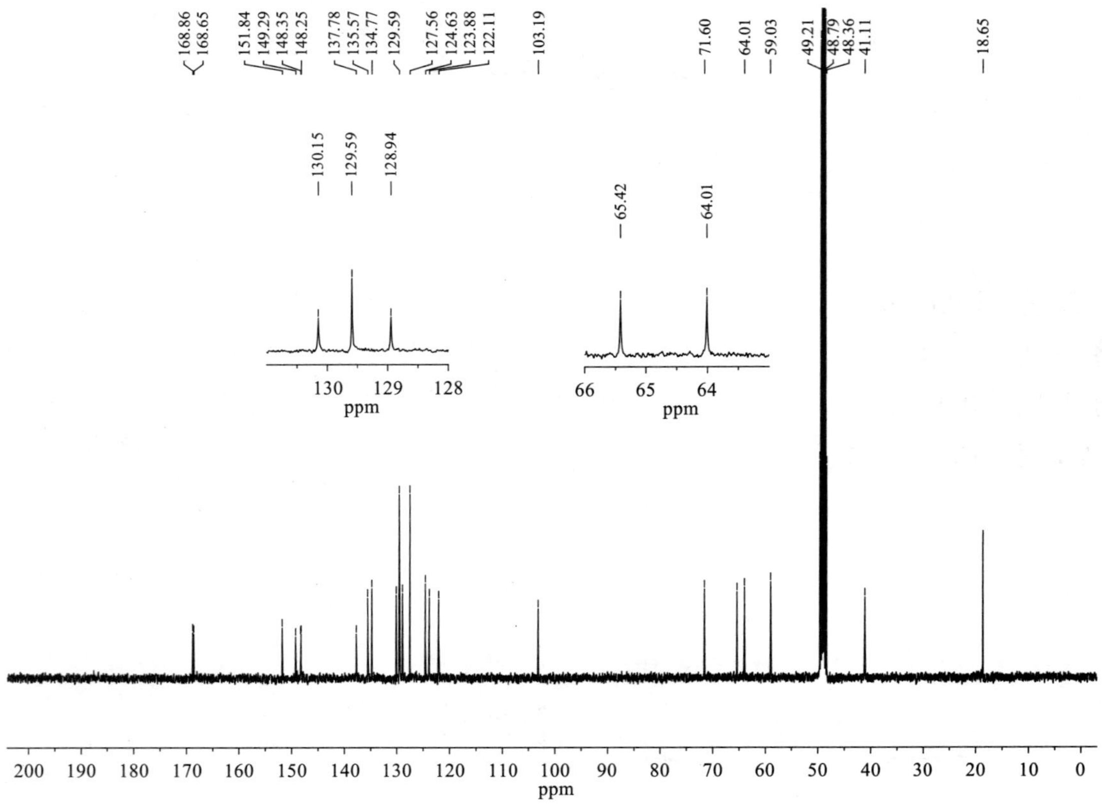

图 2　西尼地平的^{13}C NMR 谱（溶剂：CD_3OD）

^{13}C NMR：δ 168.86（C－24），168.65（C－12），151.84（C－1），149.29（C－3），148.35（C－10），148.25（C－9），137.78（C－6），135.57（C－16），134.77（C－15），130.15（C－5），129.59（C－18，20），128.94（C－19），127.56（C－17，21），124.63（C－14），123.88（C－2），122.11（C－4），103.19（C－8，11），71.60（C－26），65.42（C－13），64.01（C－25），59.03（C－27），41.11（C－7），18.65（C－22，23）

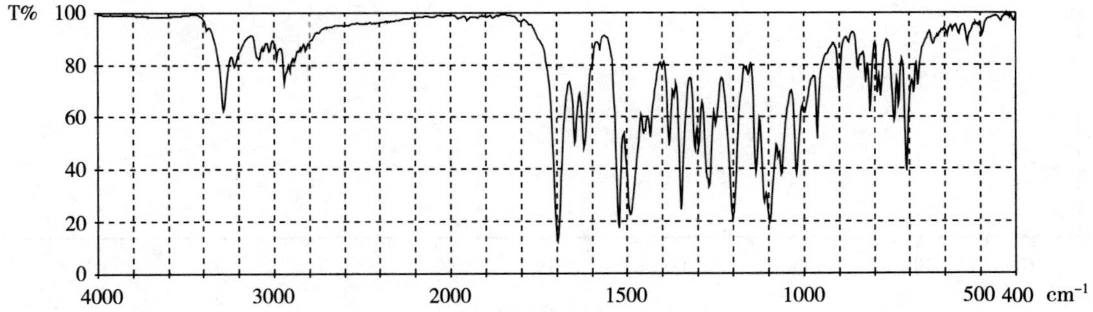

图 3 西尼地平的红外光谱图

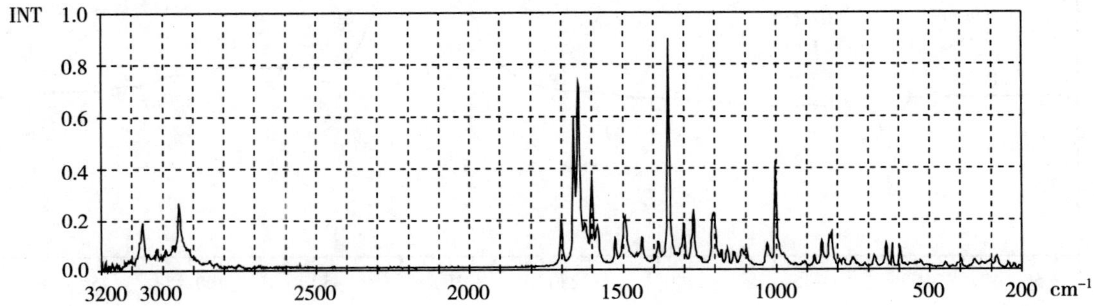

图 4 西尼地平的拉曼光谱图

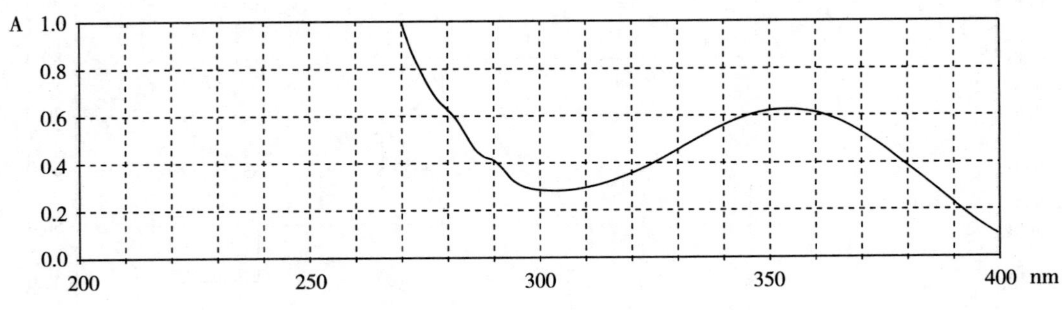

图 5 西尼地平的紫外光谱图

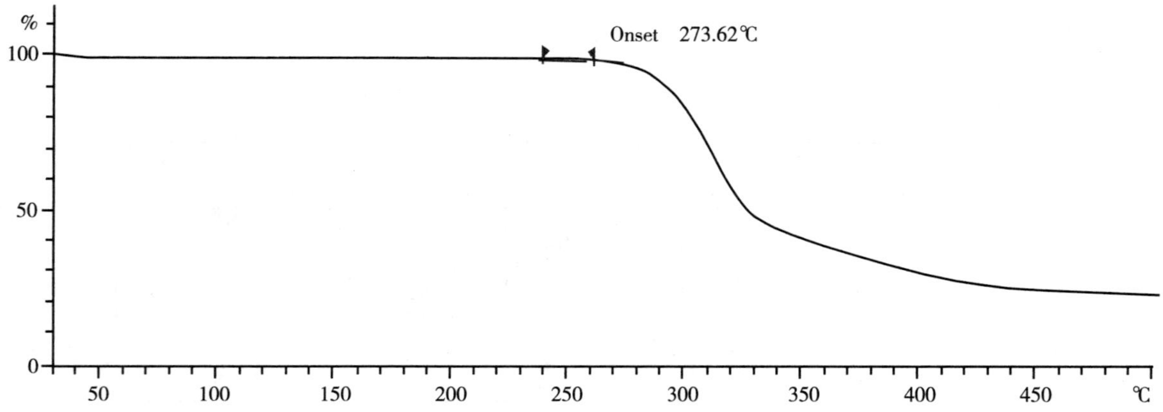

图 6 西尼地平的 TG 图

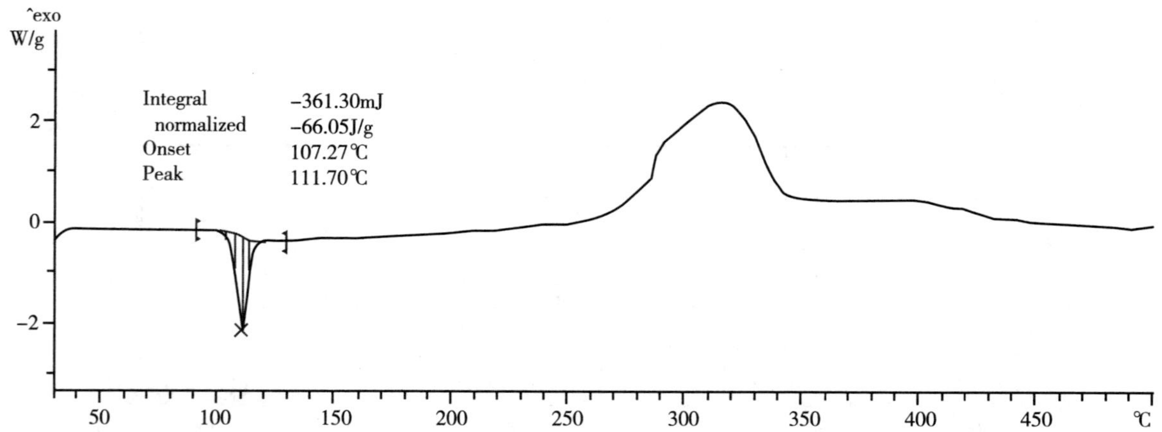

图 7 西尼地平的 DSC 图

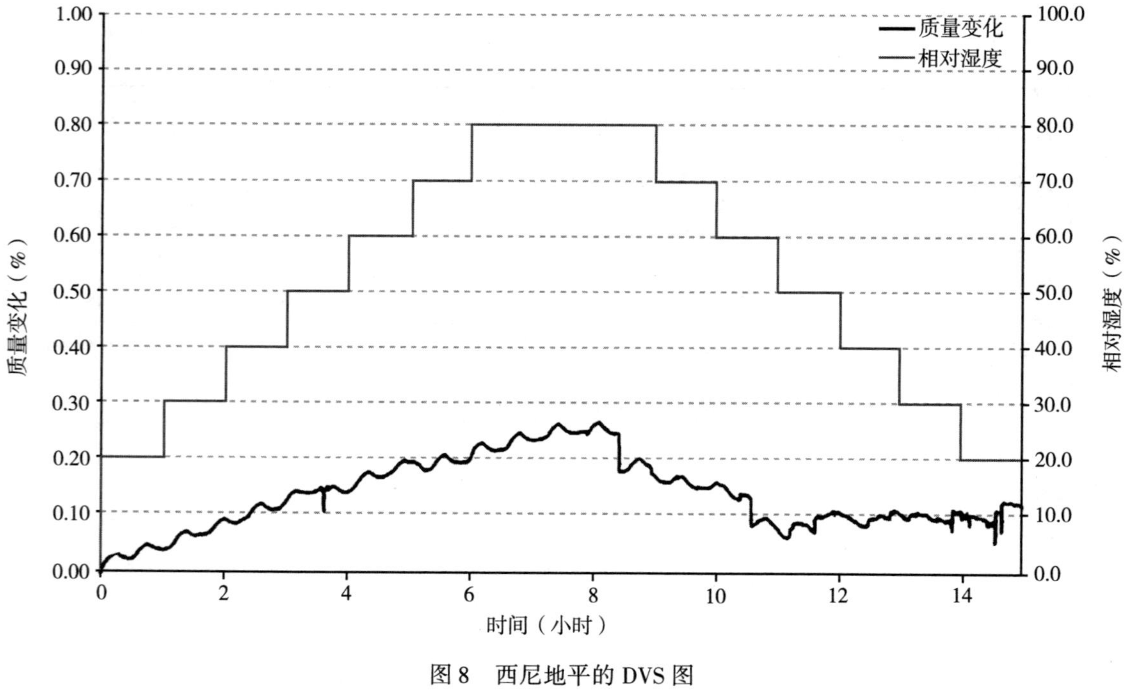

图 8 西尼地平的 DVS 图

正离子扫描模式（一级）

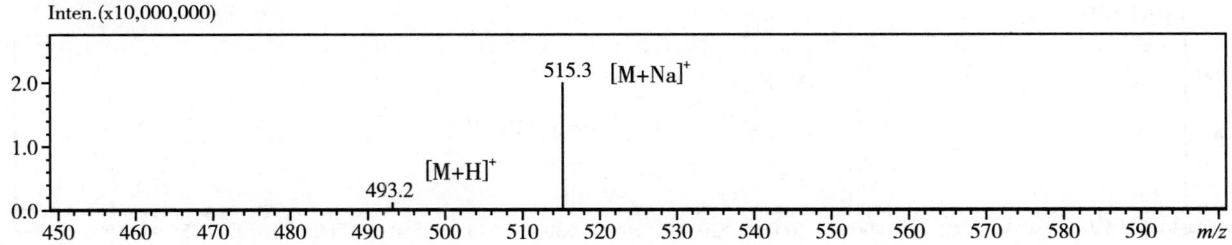

正离子扫描模式（二级）

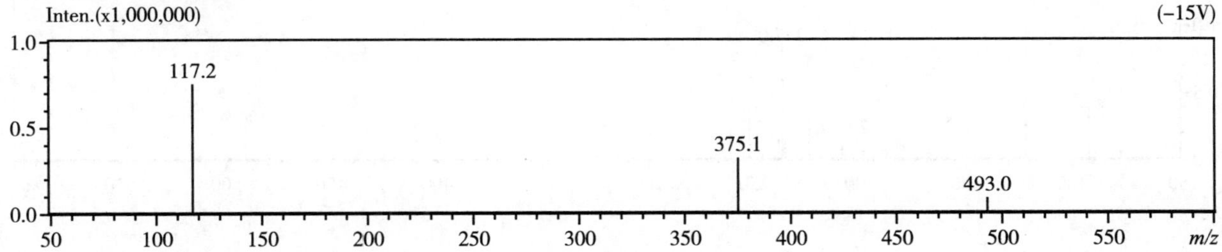

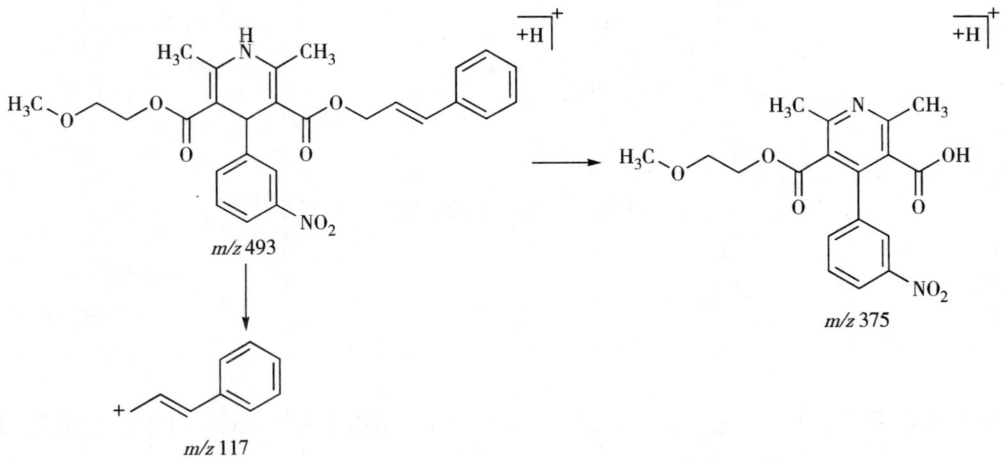

负离子扫描模式（一级）

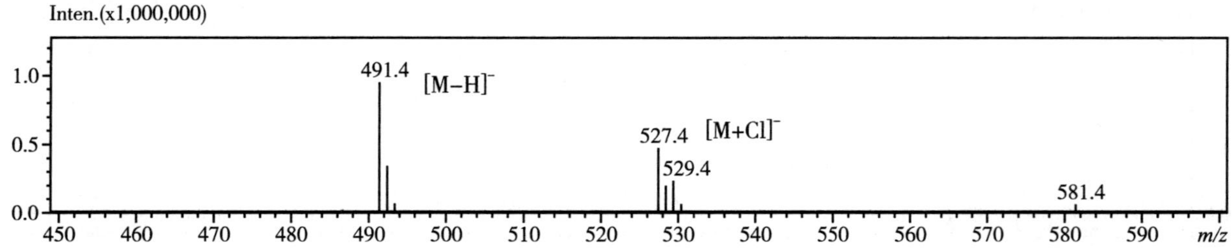

负离子扫描模式（二级）

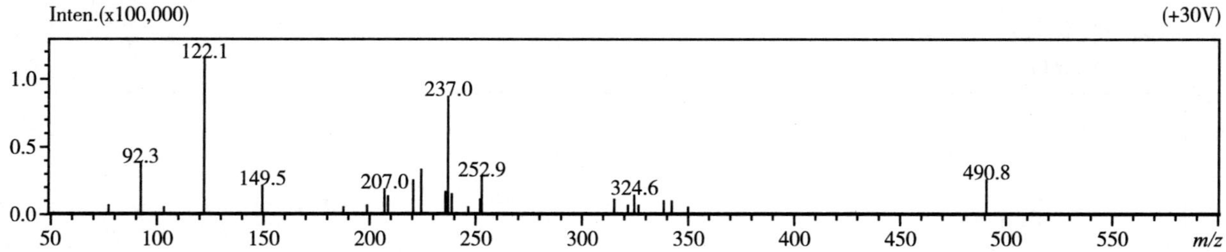

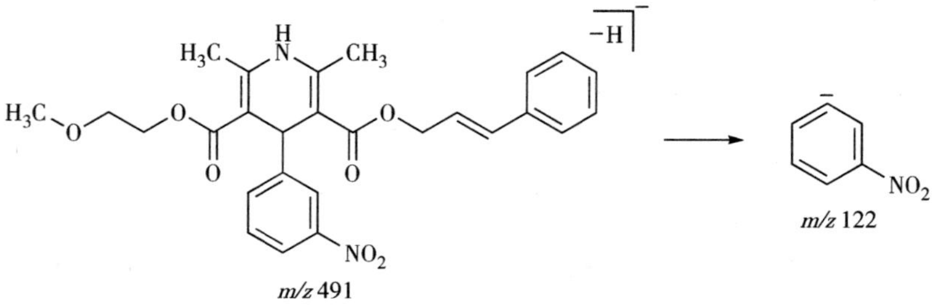

图 9　西尼地平的质谱图

备注

1. **中文化学名**　1,4－二氢－2,6－二甲基－4－(3－硝基苯基)－3,5－吡啶二羧酸－2－甲氧基乙酯肉桂醇酯
2. **英文化学名**　2－methoxyethyl cinnamyl 2,6－dimethyl－4－(3－nitrophenyl)－1,4－dihydropyridine－3,5－dicarboxylate
3. **性状**　本品为淡黄色粉末。
4. **溶解性**　本品在丙酮或乙酸乙酯中易溶，在甲醇或乙醇中略溶，在水中几乎不溶。
5. **溶剂**　无水乙醇。
6. **对照品编号与批号**　100993－200701

盐酸美金刚

英文名 Memantine Hydrochloride

分子式 $C_{12}H_{21}N \cdot HCl$

分子量 215.76

CAS 号 41100-52-1

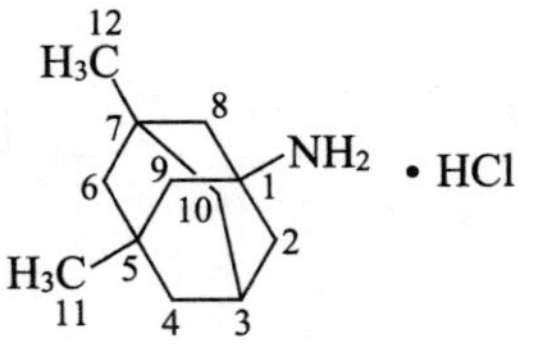

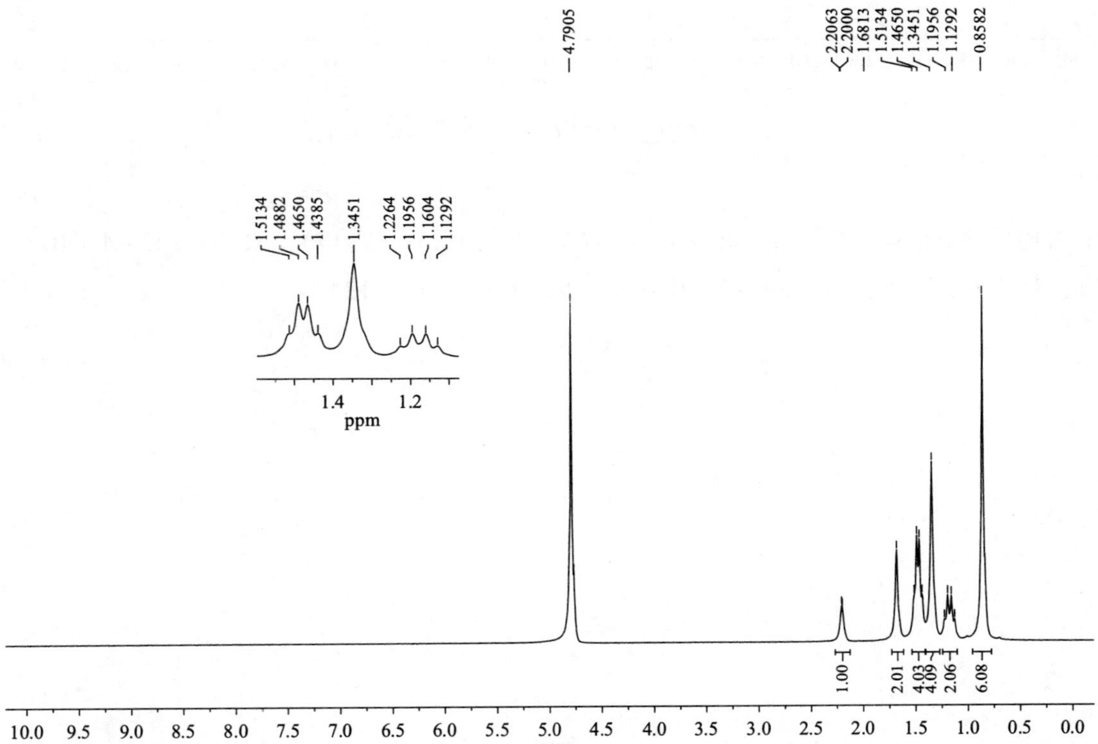

图 1 盐酸美金刚的^1H NMR 谱（溶剂：D_2O）

^1H NMR：δ 2.20（H-3，m，1H），1.68（s，2H），1.48（q，J=10.3 Hz，4H），1.35（s，4H），1.18（q，J=12.4 Hz，2H），0.86（H-11，12，s，6H）

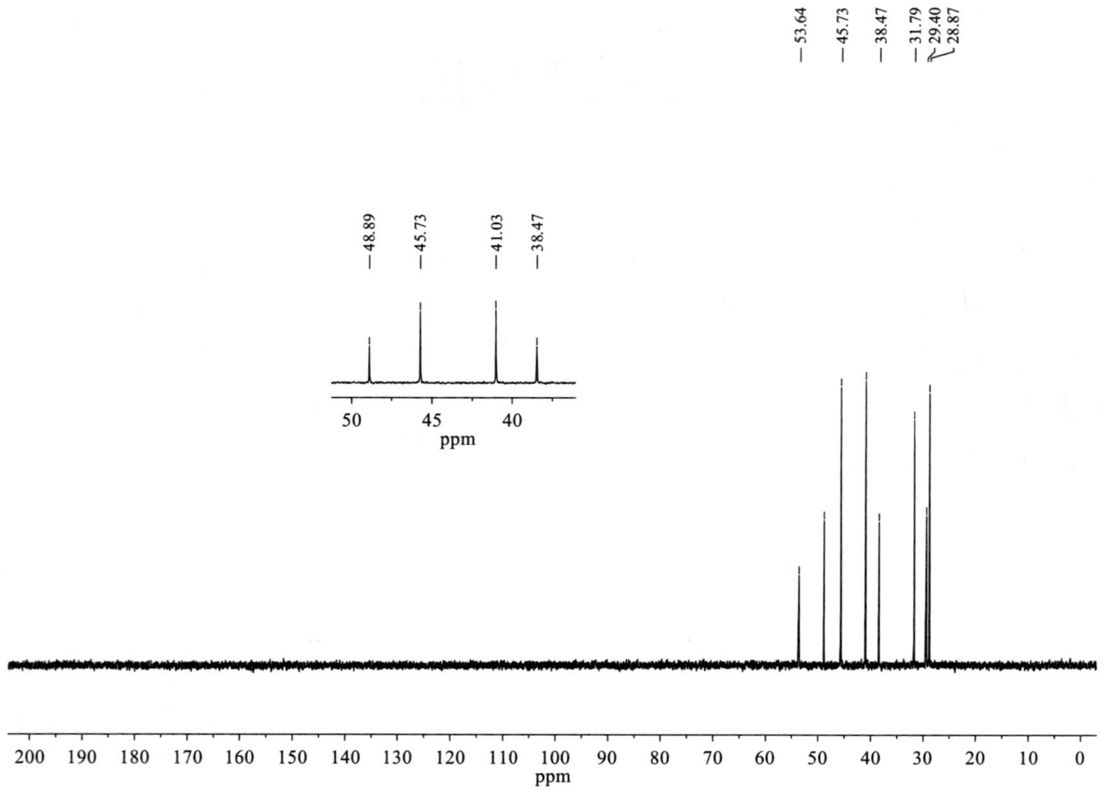

图 2　盐酸美金刚的^{13}C NMR 谱（溶剂：D_2O）

^{13}C NMR：δ 53.64（C－1），48.89（C－6），45.73（C－8，9），41.03（C－4，10），38.47（C－2），31.79（C－5，7），29.40（C－3），28.87（C－11，12）

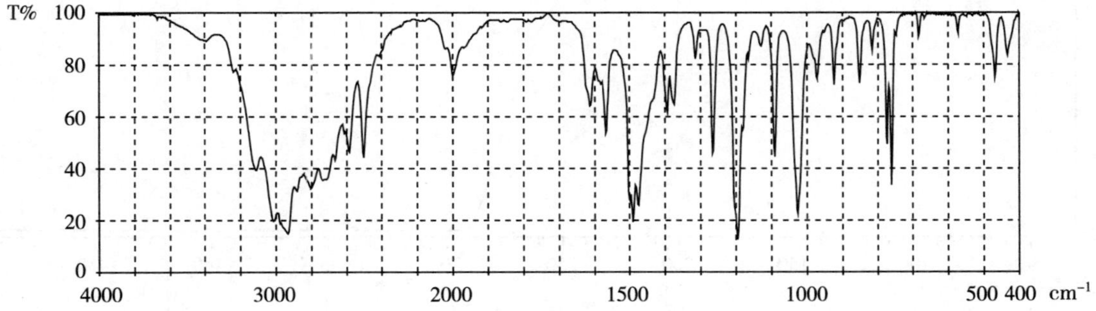

图 3　盐酸美金刚的红外光谱图

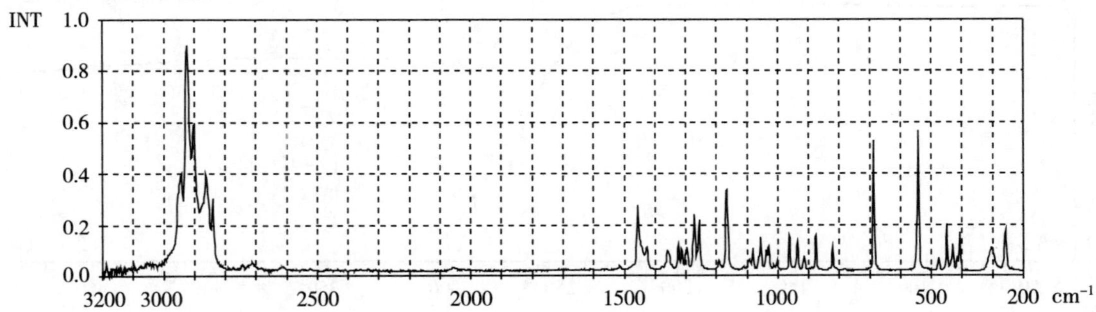

图 4　盐酸美金刚的拉曼光谱图

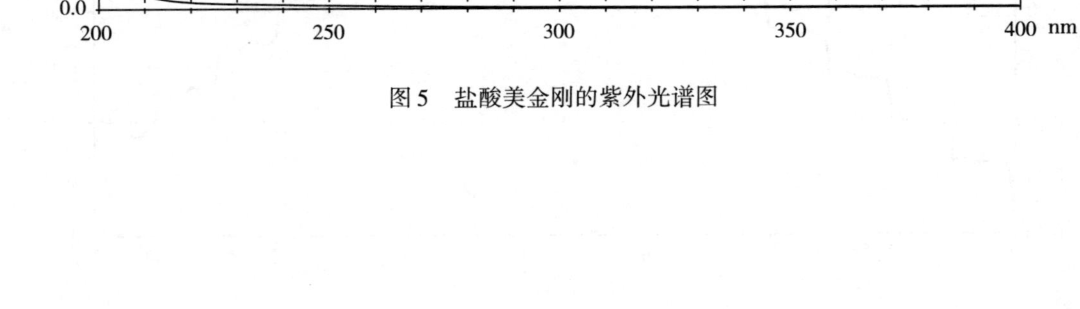

图 5　盐酸美金刚的紫外光谱图

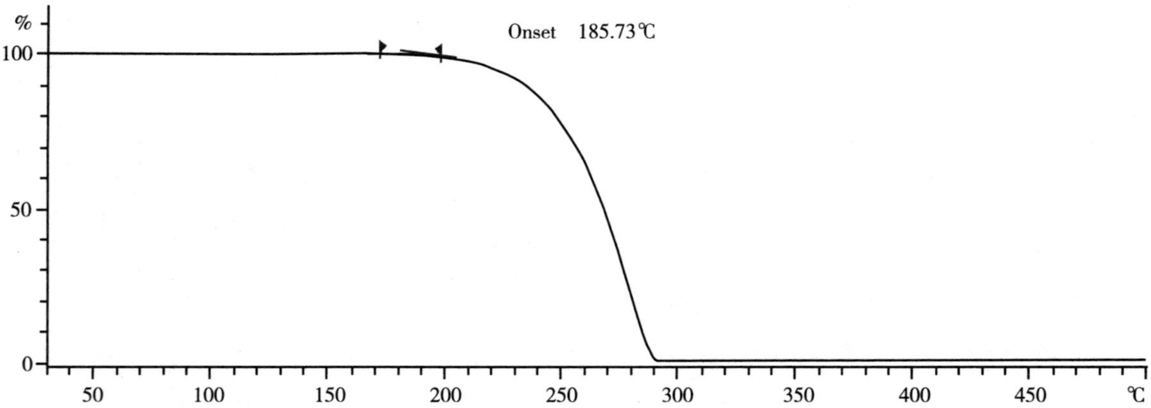

图 6　盐酸美金刚的 TG 图

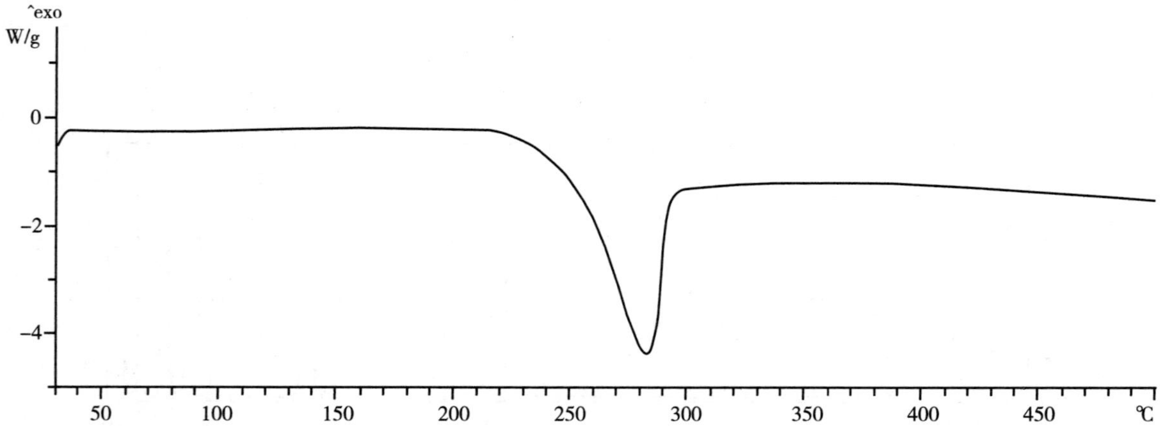

图 7　盐酸美金刚的 DSC 图

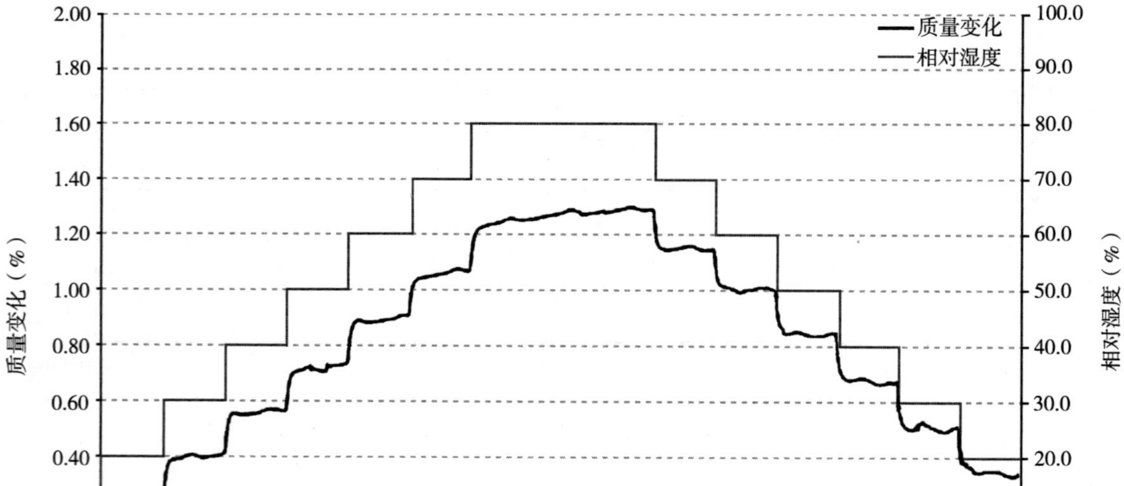

图 8　盐酸美金刚的 DVS 图

正离子扫描模式（一级）

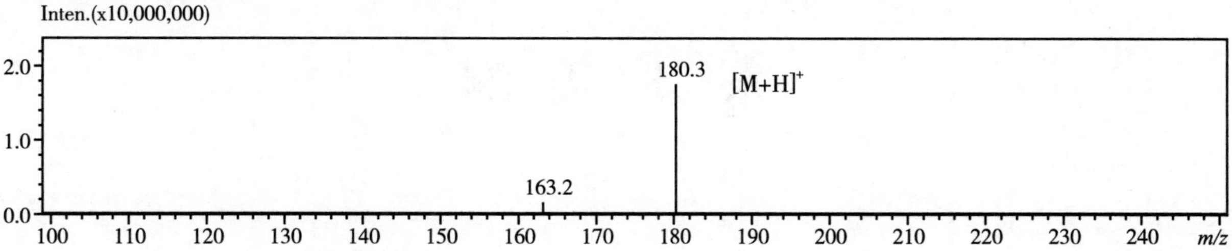

正离子扫描模式（二级）

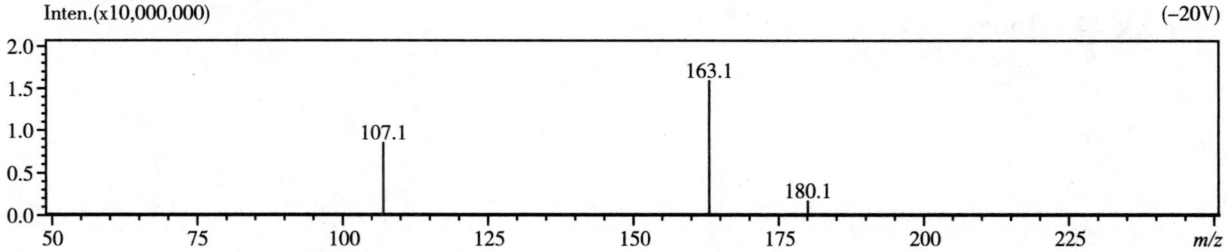

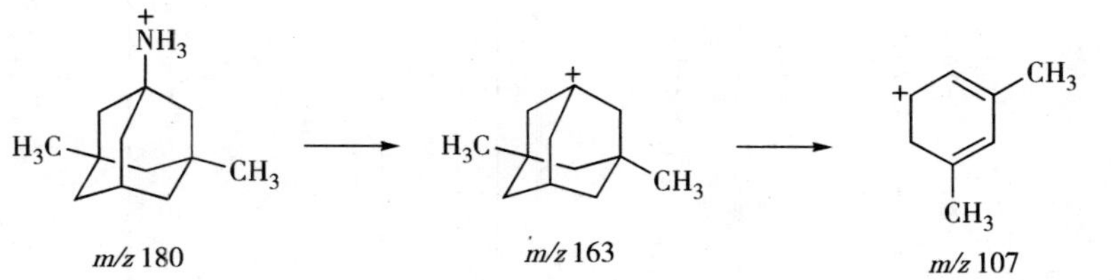

图 9　盐酸美金刚的质谱图

备注

1. **中文化学名**　1 - 氨基 - 3,5 - 二甲基金刚胺盐酸盐
2. **英文化学名**　3,5 - dimethyltricyclo[3. 3. 1. $1^{3,7}$]decan - 1 - amine hydrochloride
3. **性状**　本品为白色结晶性粉末；无臭，味苦。
4. **溶解性**　本品在乙醇中易溶，在水中溶解，在三氯甲烷、冰醋酸中略溶。
5. **溶剂**　水。
6. **对照品编号与批号**　100996 - 200701

萘丁美酮

英文名 Nabumetone

分子式 $C_{15}H_{16}O_2$

分子量 228.29

CAS 号 42924－53－8

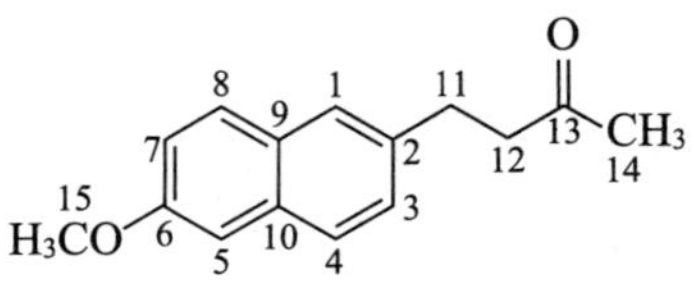

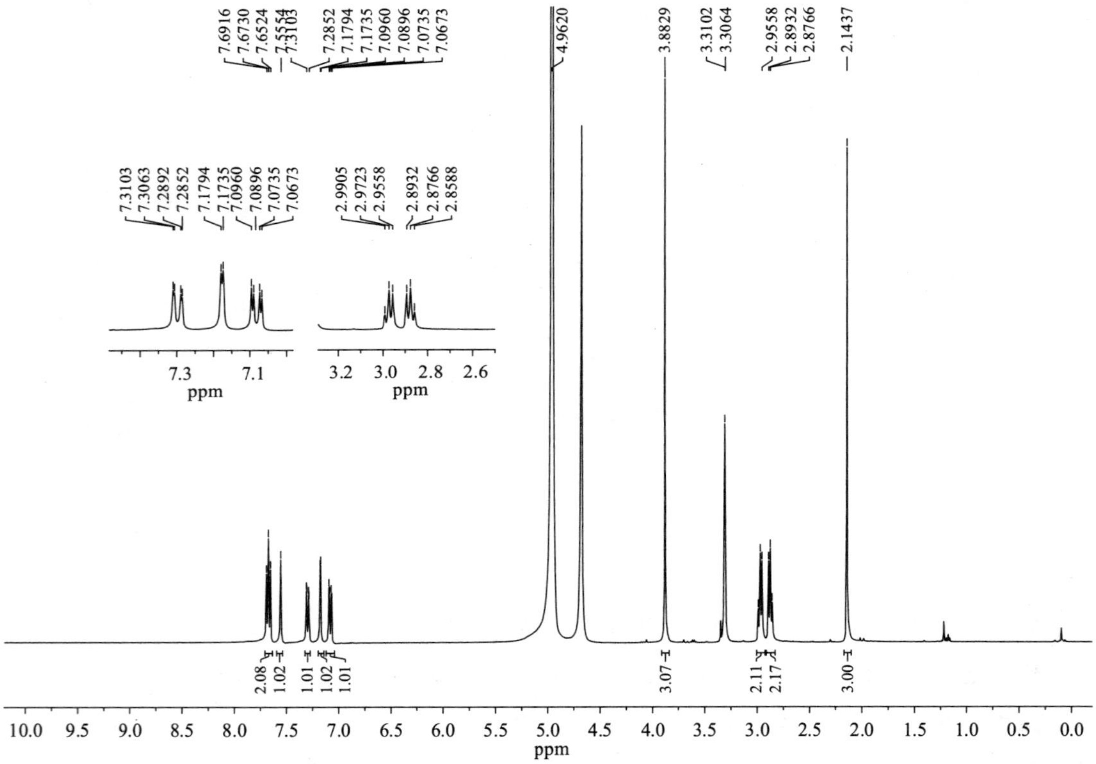

图 1　萘丁美酮的^{1}H NMR 谱（溶剂：CD_3OD）

^{1}H NMR：δ 7.71～7.64（H－4，8，m，2H），7.56（H－1，s，1H），7.30（H－3，dd，J＝8.4，1.6 Hz，1H），7.18（H－5，d，J＝2.4 Hz，1H），7.08（H－7，dd，J＝9.0，2.5 Hz，1H），3.88（H－15，s，3H），2.97（H－11，t，J＝6.9 Hz，2H），2.88（H－12，t，J＝6.9 Hz，2H），2.14（H－14，s，3H）

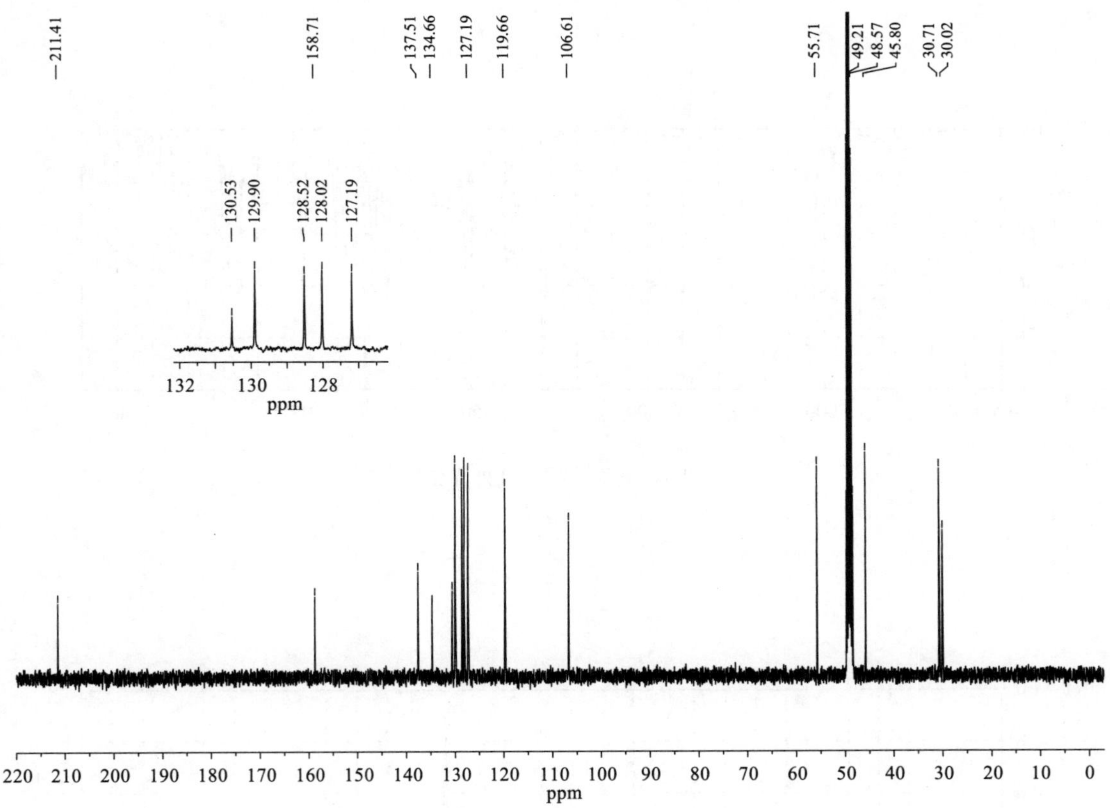

图2　萘丁美酮的[13]C NMR谱（溶剂：CD_3OD）

^{13}C NMR：δ 211.41（C－13），158.71（C－6），137.51（C－2），134.66（C－10），130.53（C－9），129.90（C－8），128.52（C－3），128.02（C－1），127.19（C－4），119.66（C－7），106.61（C－5），55.71（C－15），45.80（C－12），30.71（C－14），30.02（C－11）

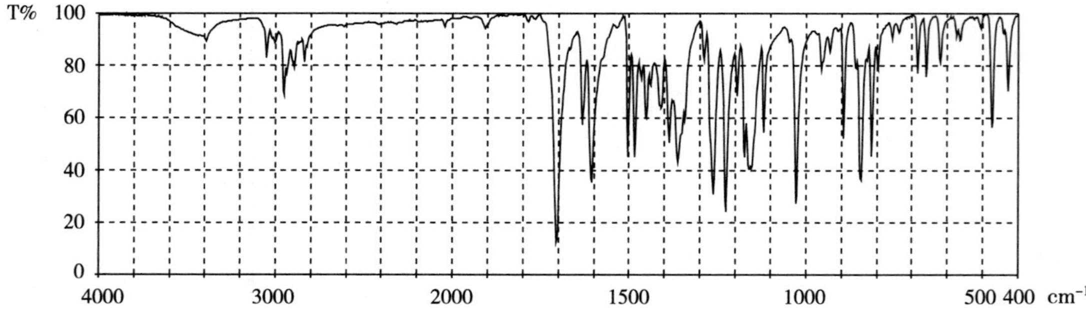

图 3　萘丁美酮的红外光谱图

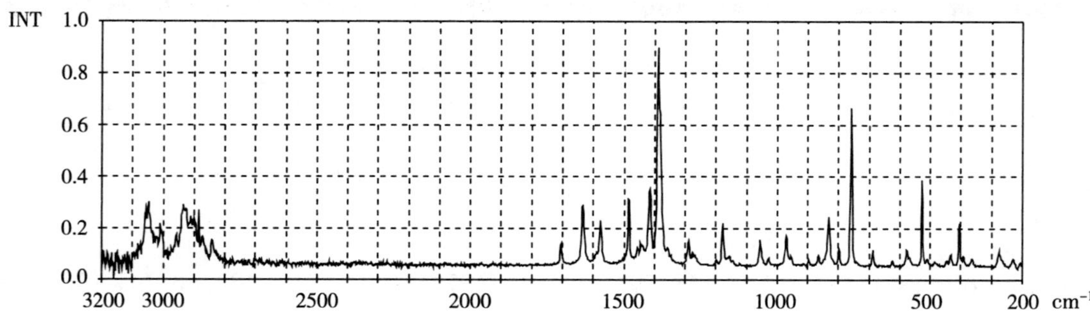

图 4　萘丁美酮的拉曼光谱图

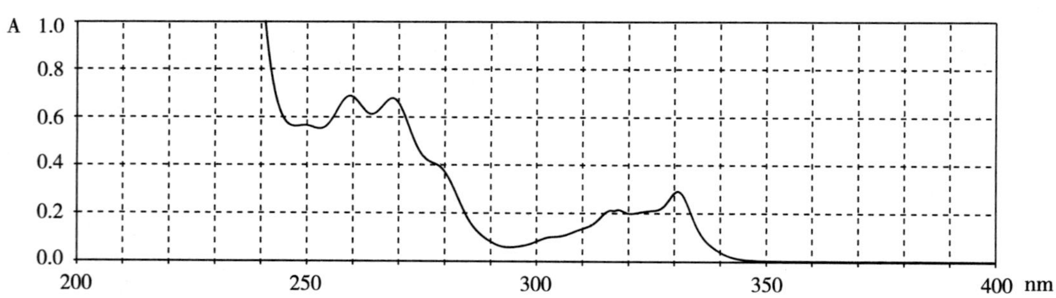

图 5　萘丁美酮的紫外光谱图

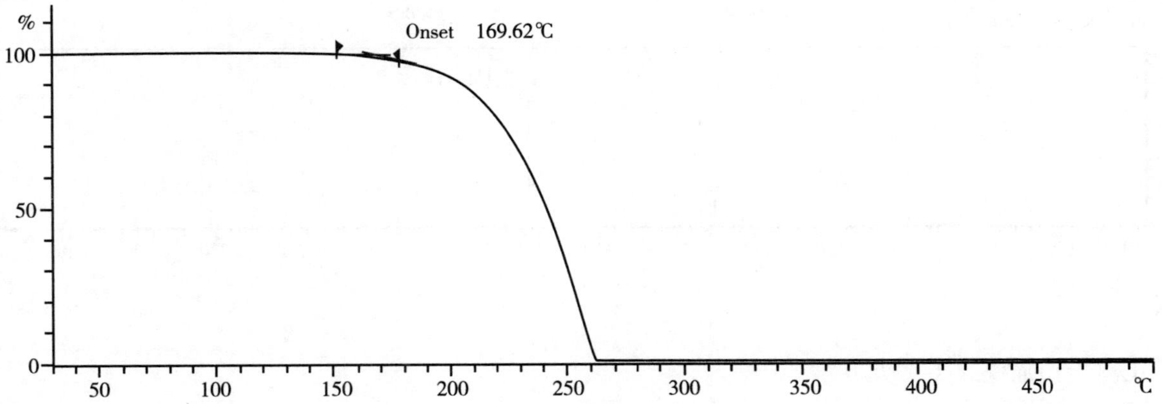

图 6　萘丁美酮的 TG 图

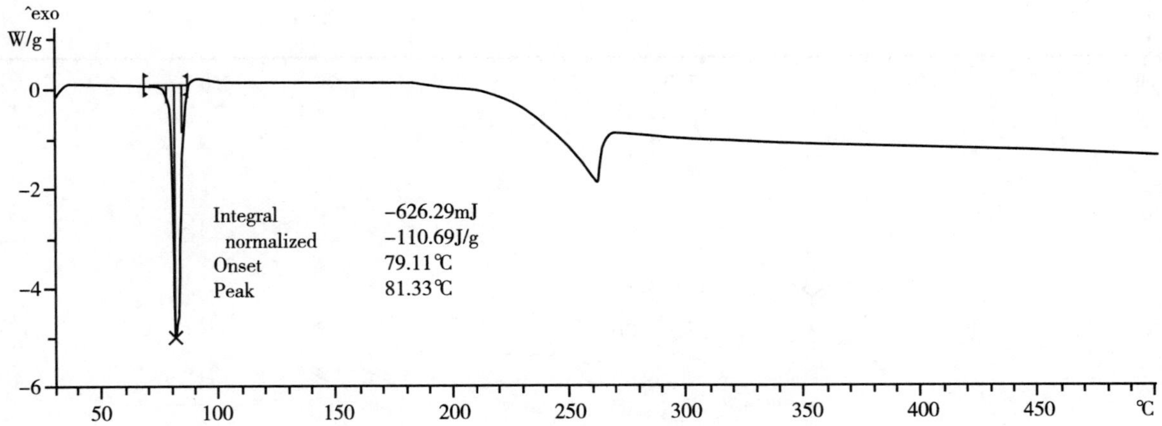

图 7　萘丁美酮的 DSC 图

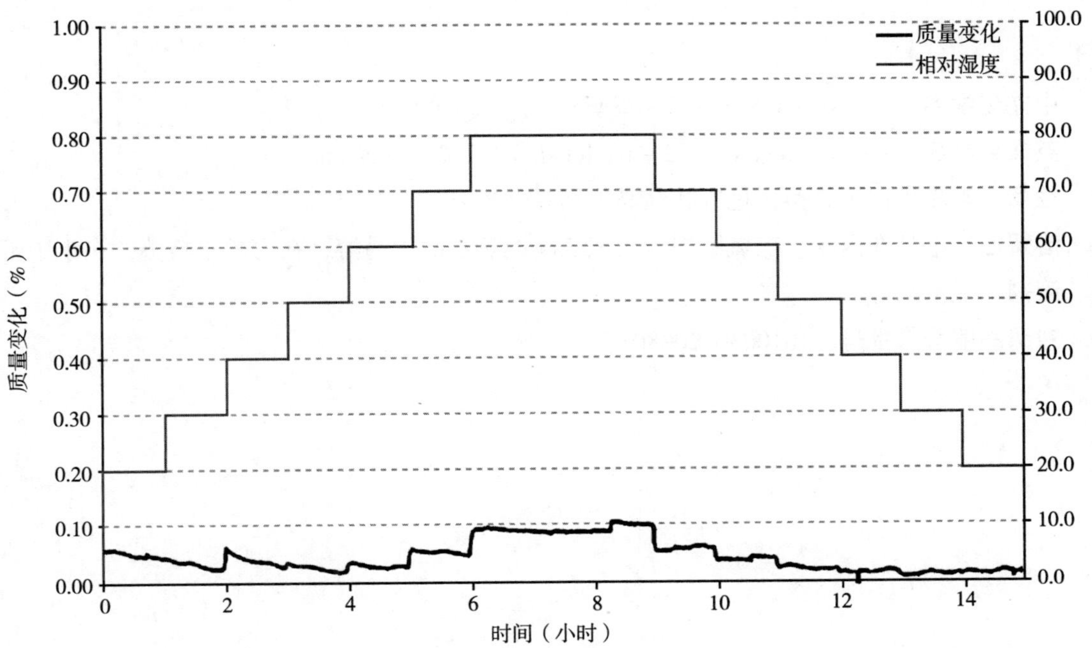

图 8　萘丁美酮的 DVS 图

正离子扫描模式（一级）

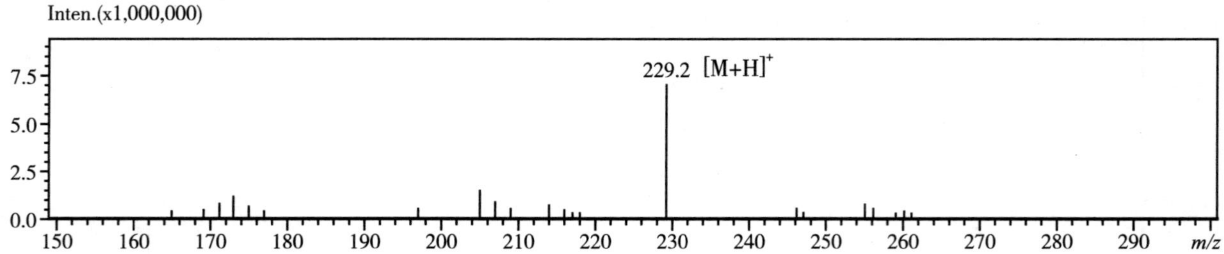

正离子扫描模式（二级）

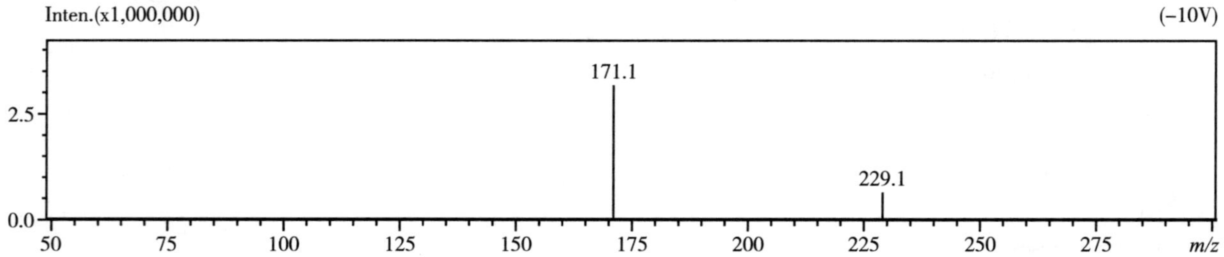

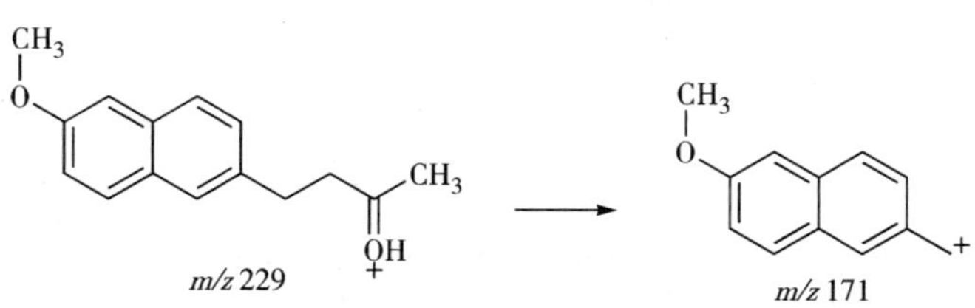

图 9　萘丁美酮的质谱图

备注

1. 中文化学名　4－(6－甲氧基－2－萘基)－丁－2－酮

2. 英文化学名　4－(6－methoxy－2－naphthalenyl)－2－butanone

3. 性状　本品为白色或类白色针状结晶或结晶性粉末。

4. 溶解性　本品在丙酮、三氯甲烷、乙酸乙酯或热乙醇中易溶，在乙醇中略溶，在水中不溶。

5. 溶剂　无水乙醇。

6. 对照品编号与批号　101003－200801

托 吡 卡 胺

英文名 Tropicamide

分子式 $C_{17}H_{20}N_2O_2$

分子量 284.36

CAS 号 1508 - 75 - 4

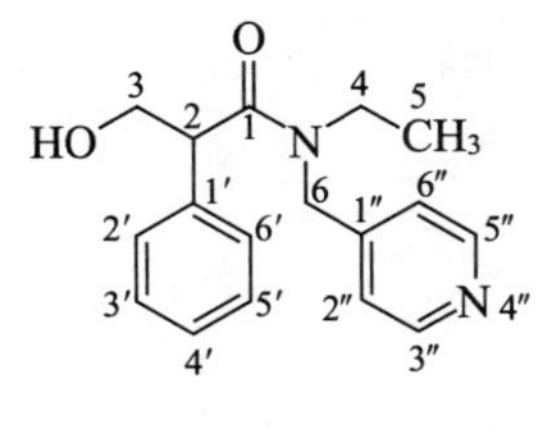

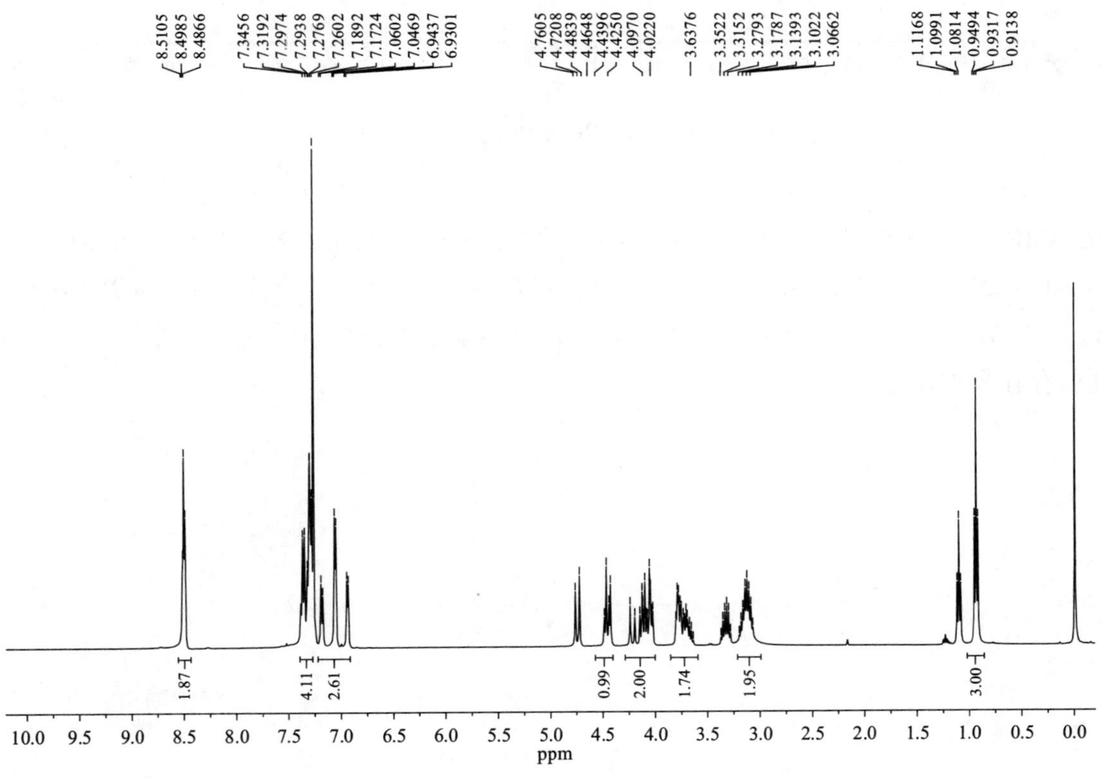

图 1 托吡卡胺的^{1}H NMR 谱（溶剂：$CDCl_3$）

^{1}H NMR：δ 8.50（H - 3″, 5″, t, J = 4.8 Hz, 2H），7.42 ~ 7.27（H - 2″, 6″, 3′, 5′, m, 4H），7.21 ~ 6.92（H - 2′, 4′, 6′, m, 3H），4.45（dd, J = 16.8, 6.7 Hz, 1H），4.30 ~ 4.00（m, 2H），3.93 ~ 3.57（m, 2H），3.46 ~ 2.94（H - 4, m, 2H），0.93（H - 5, t, J = 7.1 Hz, 3H）

注：存在异构体

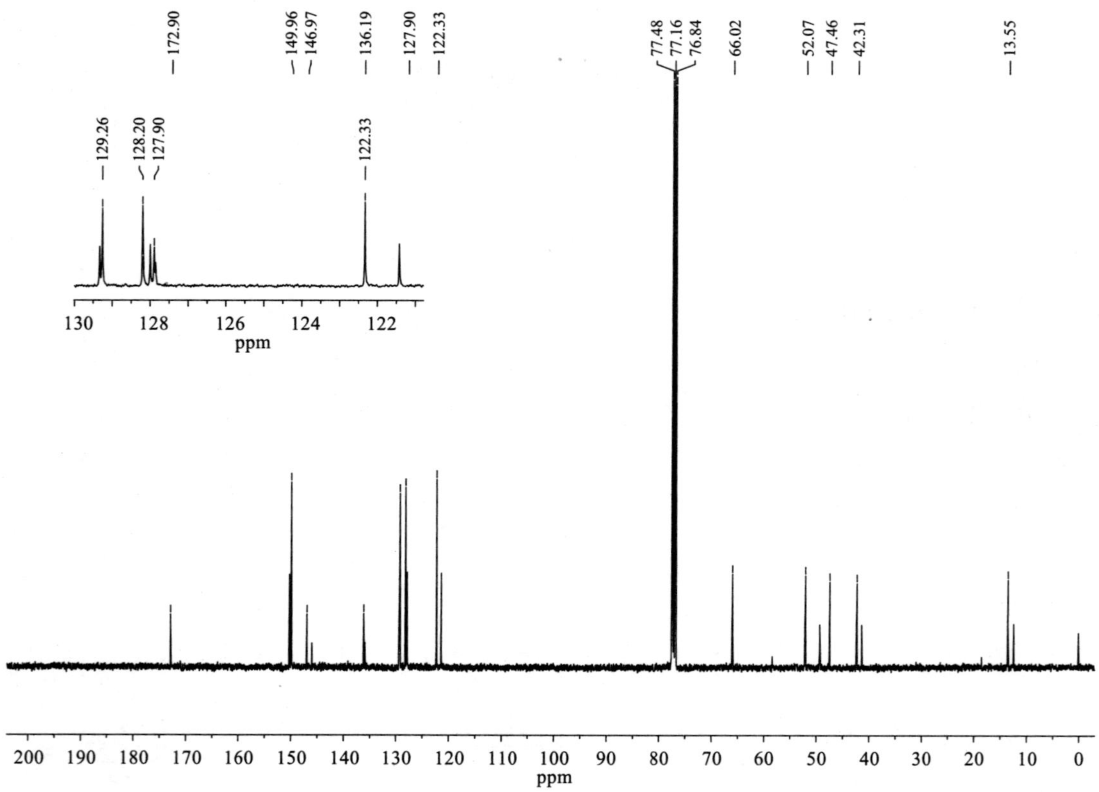

图2　托吡卡胺的^{13}C NMR 谱（溶剂：$CDCl_3$）

^{13}C NMR：δ 172.90（C－1），149.96（C－3″，5″），146.97（C－1″），136.19（C－1′），129.26（C－2′，6′），128.20（C－3′，5′），127.90（C－4′），122.33（C－2″，6″），66.02（C－3），52.07（C－6），47.46（C－2），42.31（C－4），13.55（C－5）

注：存在异构体

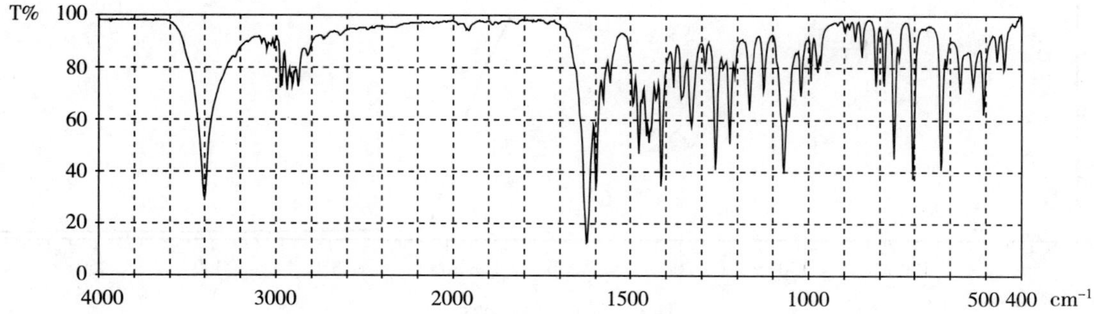

图 3　托吡卡胺的红外光谱图

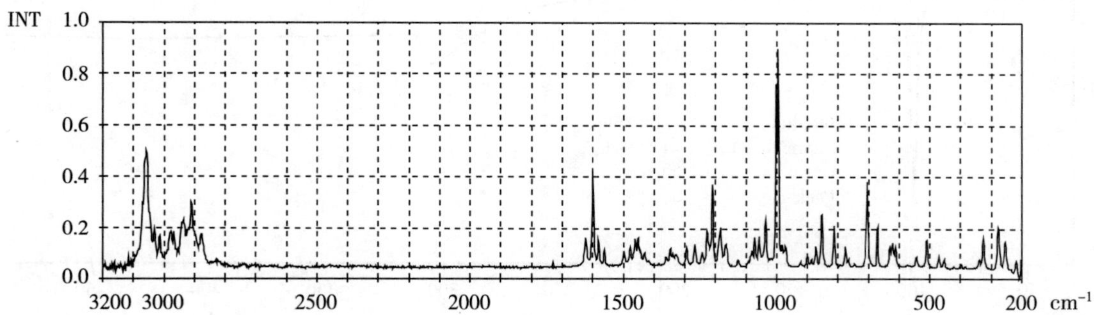

图 4　托吡卡胺的拉曼光谱图

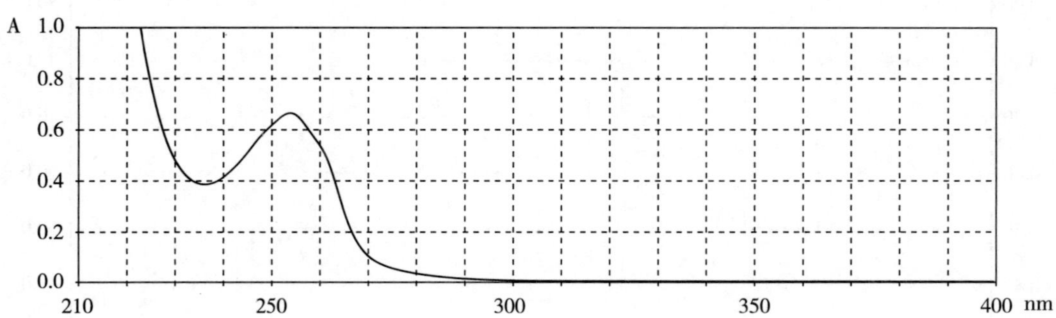

图 5　托吡卡胺的紫外光谱图

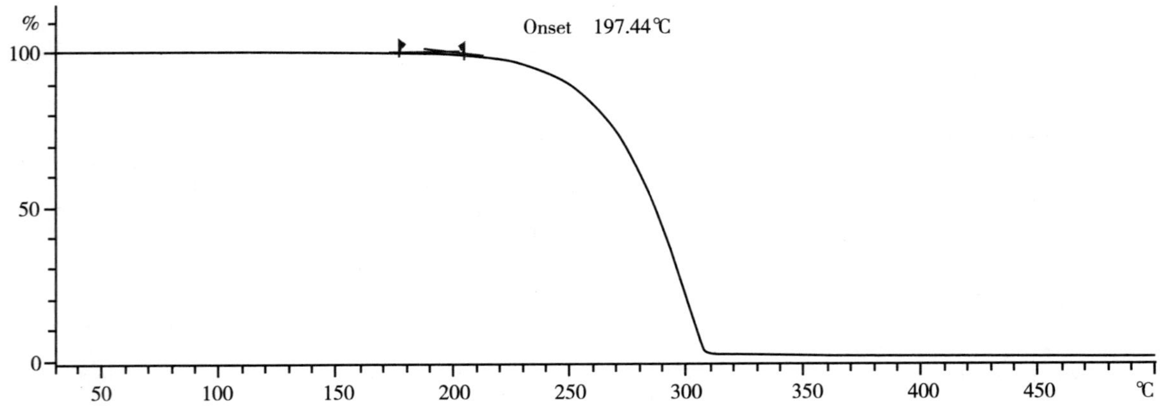

图 6 托吡卡胺的 TG 图

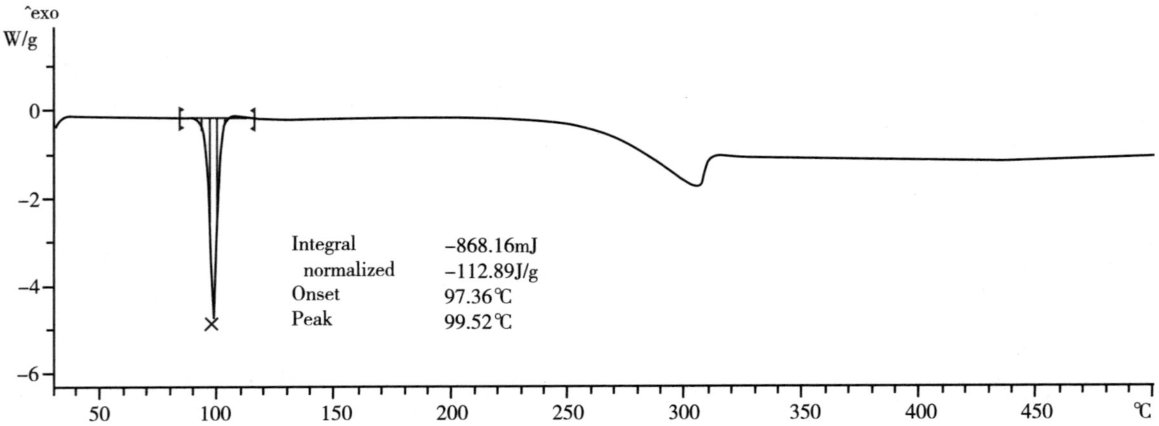

图 7 托吡卡胺的 DSC 图

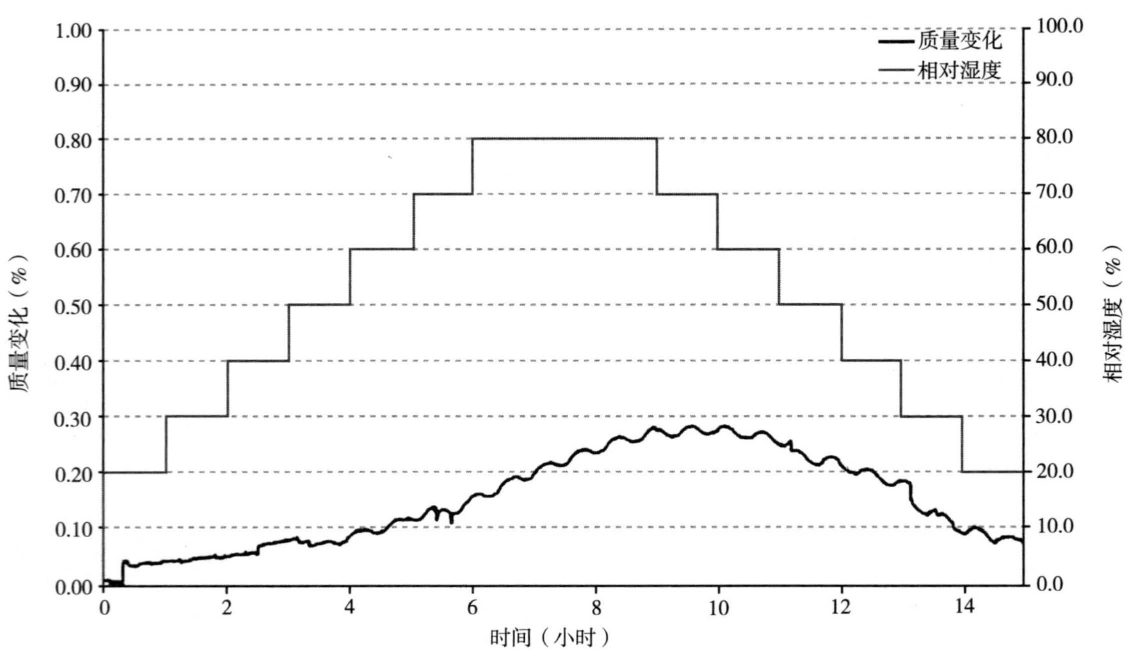

图 8 托吡卡胺的 DVS 图

正离子扫描模式（一级）

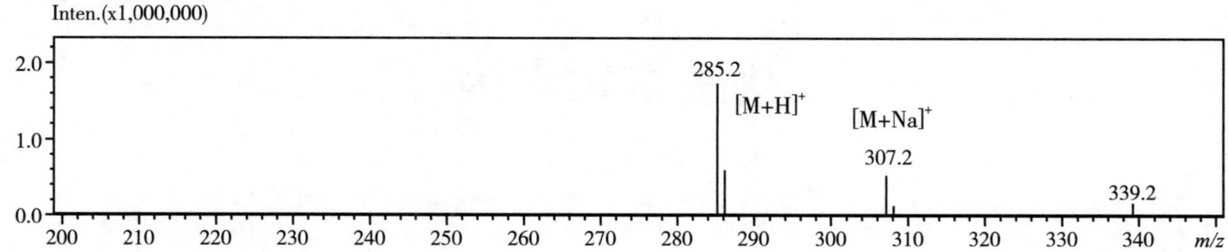

正离子扫描模式（二级）

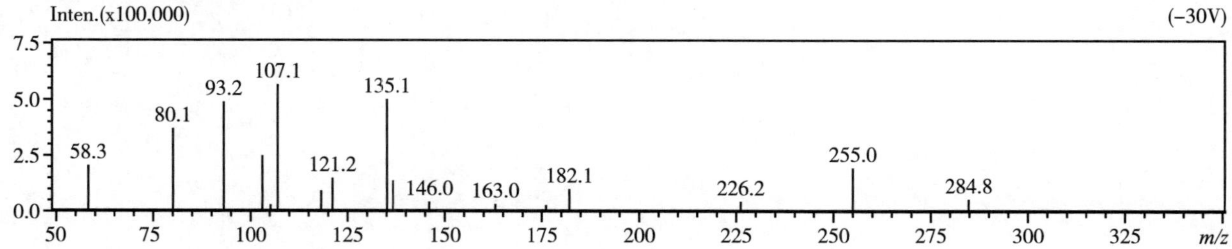

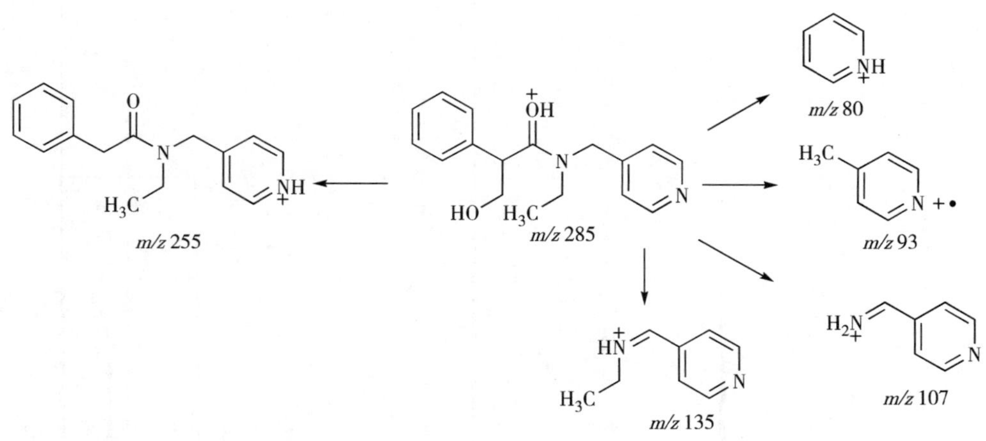

图 9　托吡卡胺的质谱图

备注

1. **中文化学名**　*N*－乙基－2－苯基－*N*－(4－吡啶甲基)羟丙酰胺
2. **英文化学名**　*N*－ethyl－*N*－(hydroxymethyl)－*N*－(4－pyridinylmethyl)benzeneacetamide
3. **性状**　本品为白色结晶性粉末；无臭。
4. **溶解性**　本品在乙醇或三氯甲烷中易溶，在水中微溶；在稀盐酸或稀硫酸中易溶。
5. **溶剂**　0.1mol/L 盐酸溶液。
6. **对照品编号与批号**　101019－200801

盐酸布比卡因

英文名 Bupivacaine Hydrochloride

分子式 $C_{18}H_{28}N_2O \cdot HCl \cdot H_2O$

分子量 342.90

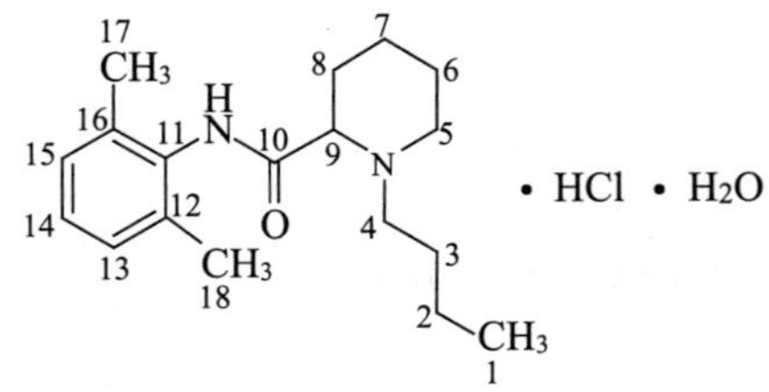

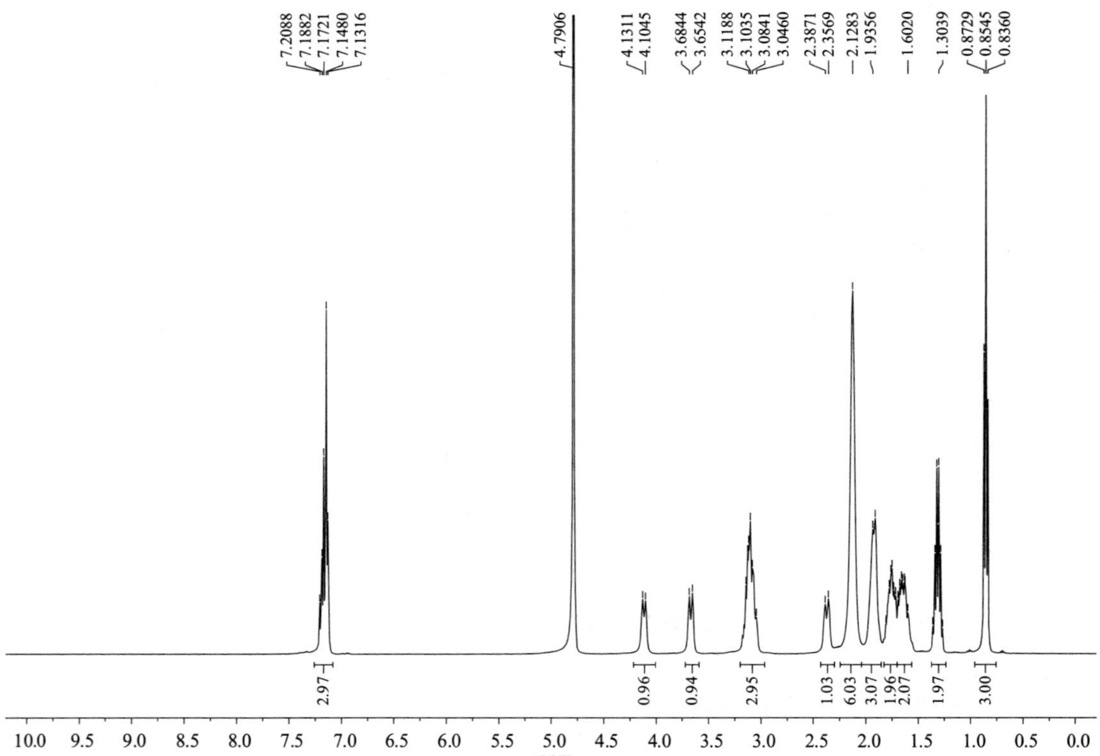

图1 盐酸布比卡因的^{1}H NMR谱（溶剂：D_2O）

^{1}H NMR：δ 7.22～7.09（H－13，14，15，m，3H），4.12（H－9，m，1H），3.67（H－5a，m，1H），3.20～2.97（H－4，8a，m，3H），2.37（H－5b，m，1H），2.13（H－17，18，s，6H），2.02～1.85（H－7，8b，m，3H），1.82～1.70（H－6，m，2H），1.70～1.57（H－3，m，2H），1.39～1.25（H－2，m，2H），0.85（H－1，t，J = 7.4 Hz，3H）

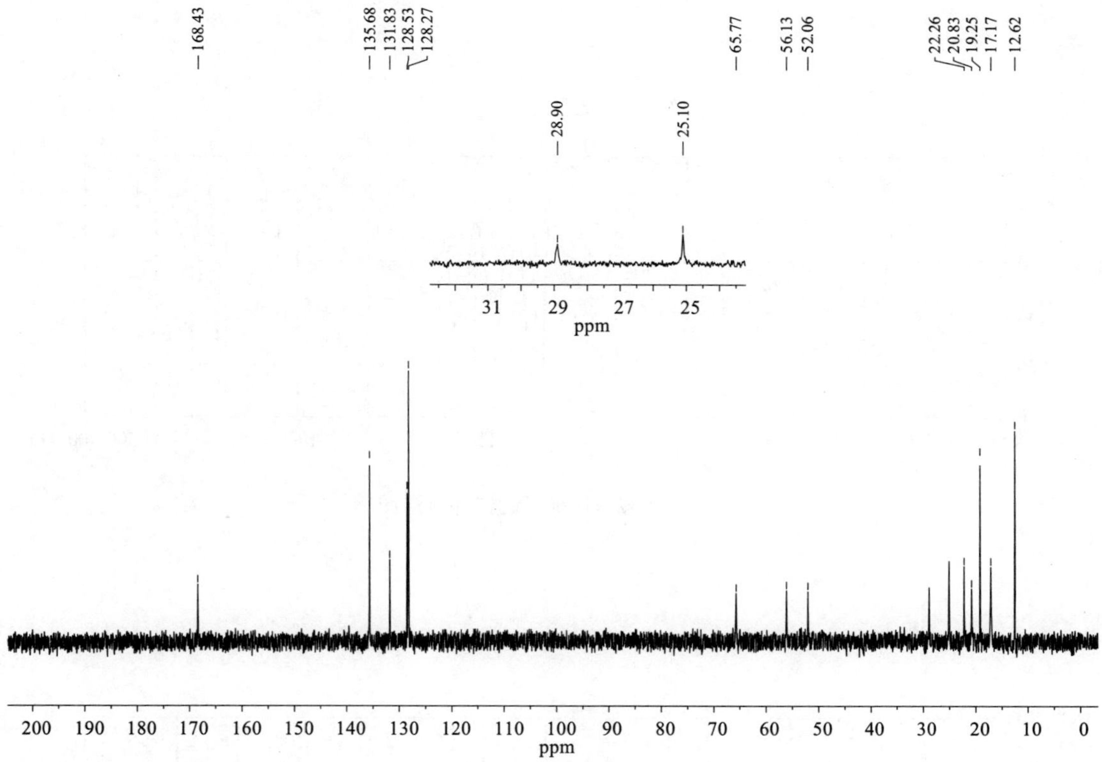

图2　盐酸布比卡因的^{13}C NMR谱（溶剂：D_2O）

^{13}C NMR：δ 168.43（C－10），135.68（C－12，16），131.83（C－11），128.53（C－14），128.27（C－13，15），65.77（C－9），56.13（C－4），52.06（C－5），28.90（C－3），25.10（C－7），22.26（C－8），20.83（C－6），19.25（C－2），17.17（C－17，18），12.62（C－1）

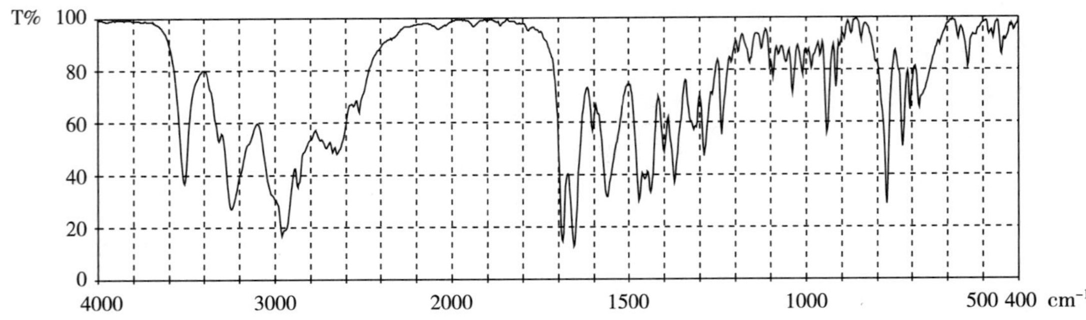

图 3　盐酸布比卡因的红外光谱图

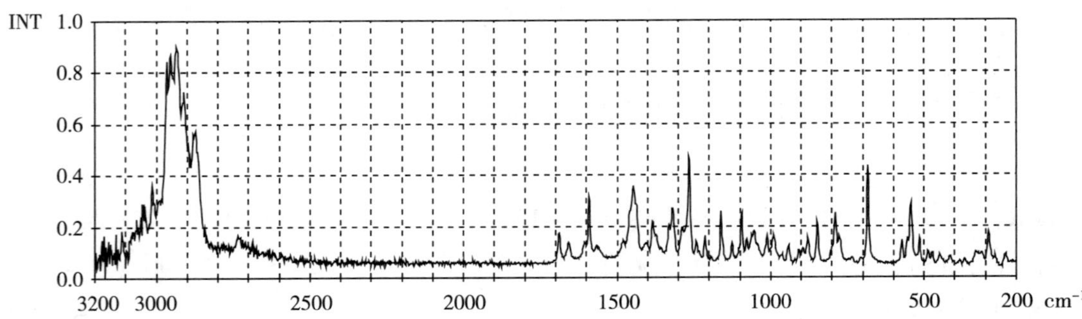

图 4　盐酸布比卡因的拉曼光谱图

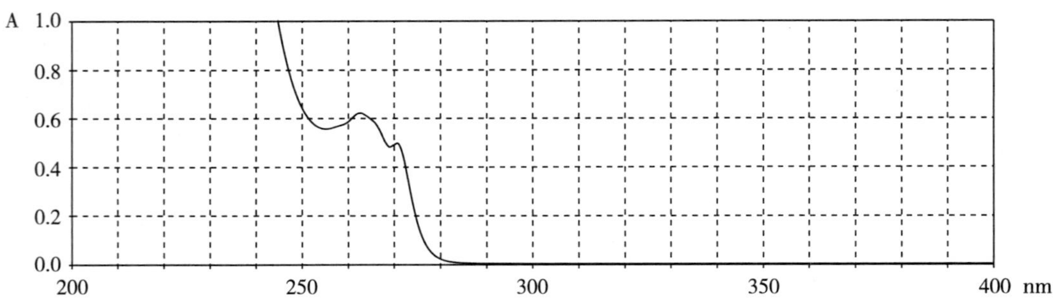

图 5　盐酸布比卡因的紫外光谱图

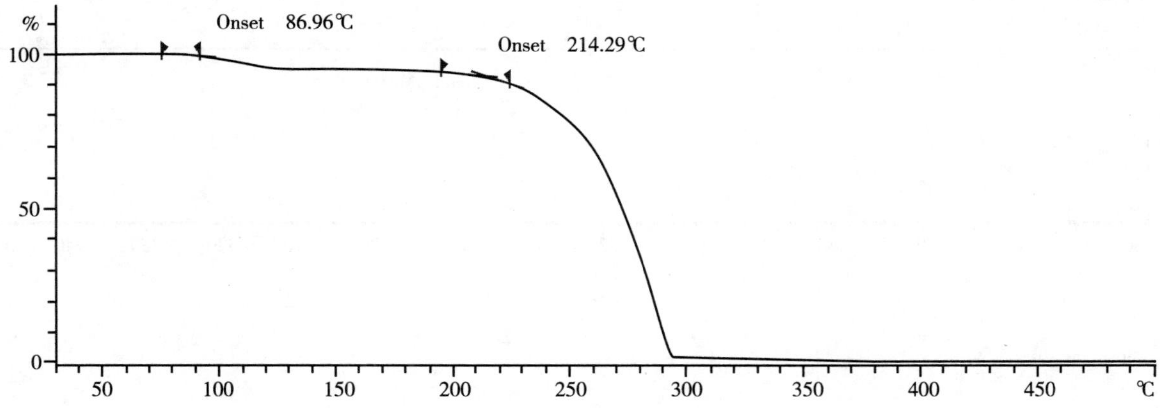

图 6　盐酸布比卡因的 TG 图

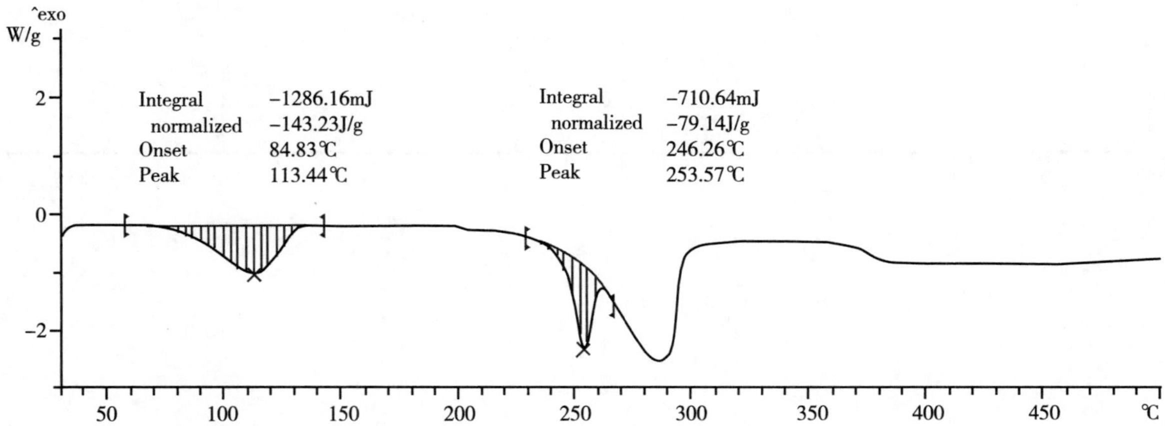

图 7　盐酸布比卡因的 DSC 图

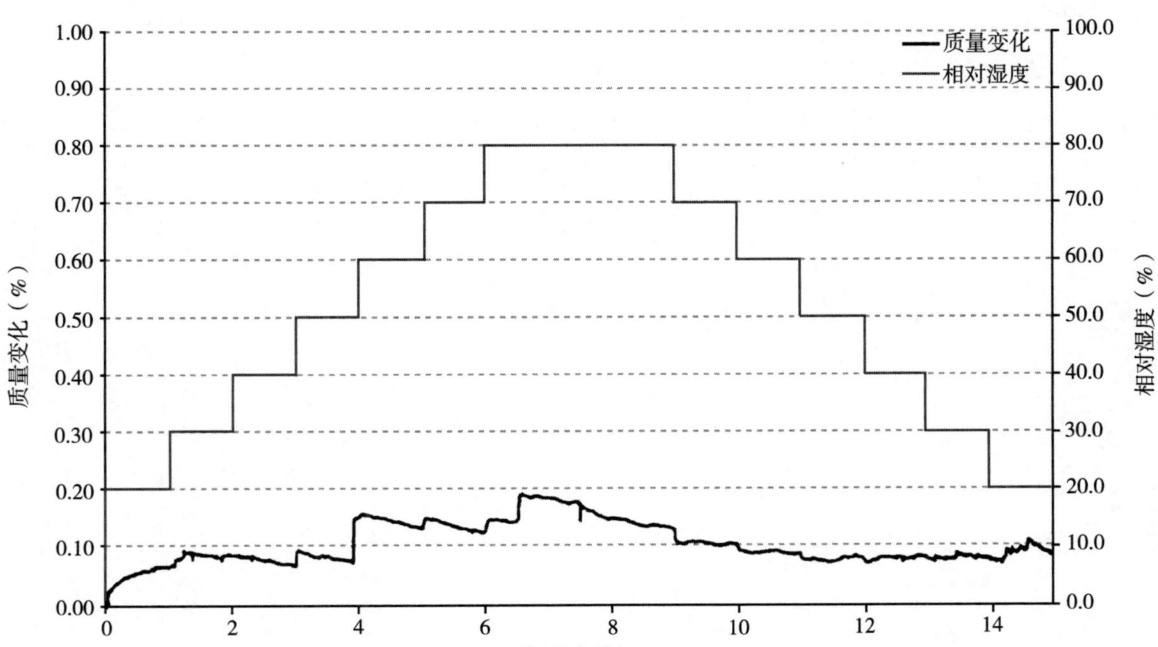

图 8　盐酸布比卡因的 DVS 图

正离子扫描模式（一级）

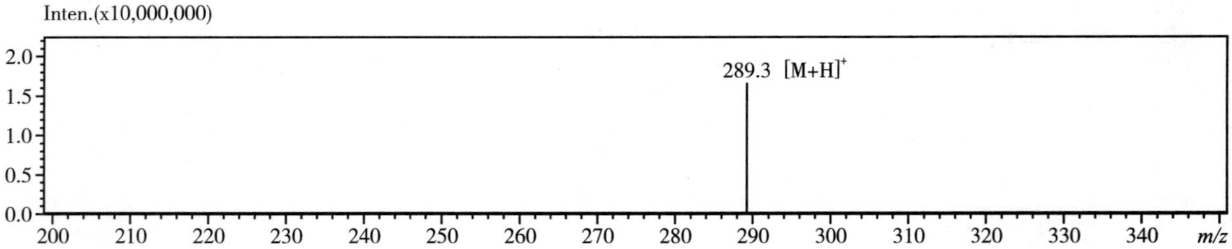

正离子扫描模式（二级）

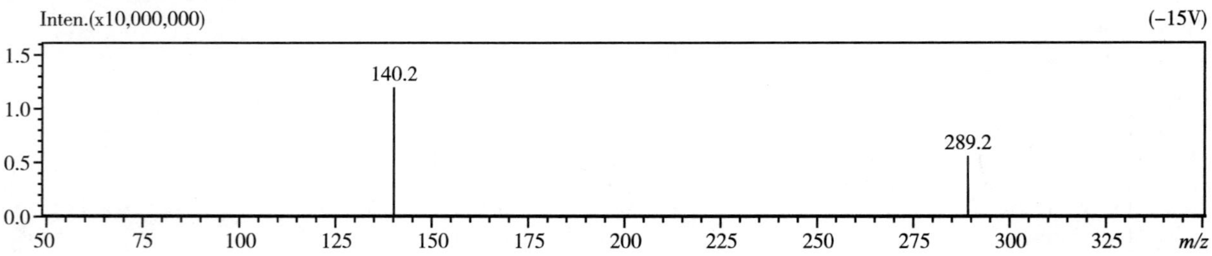

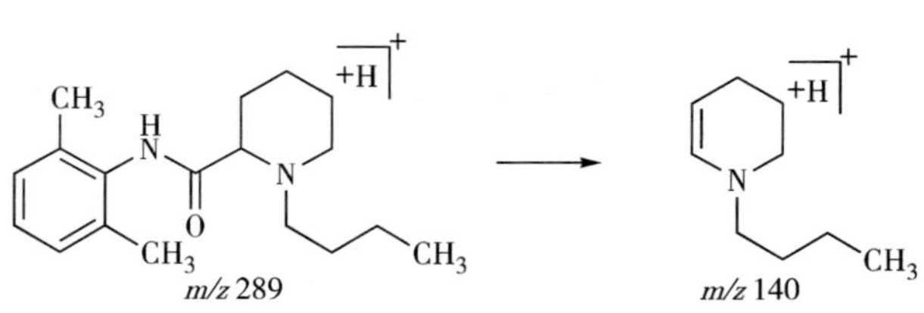

负离子扫描模式（一级）

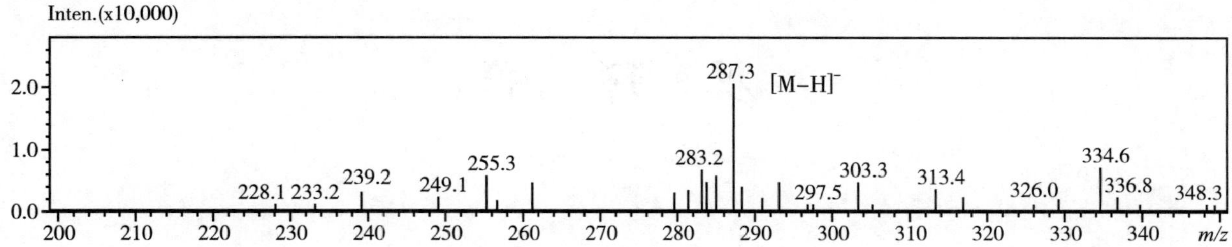

负离子扫描模式（二级）

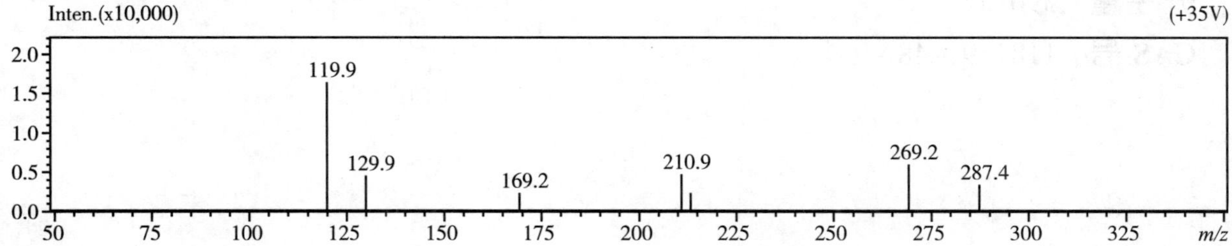

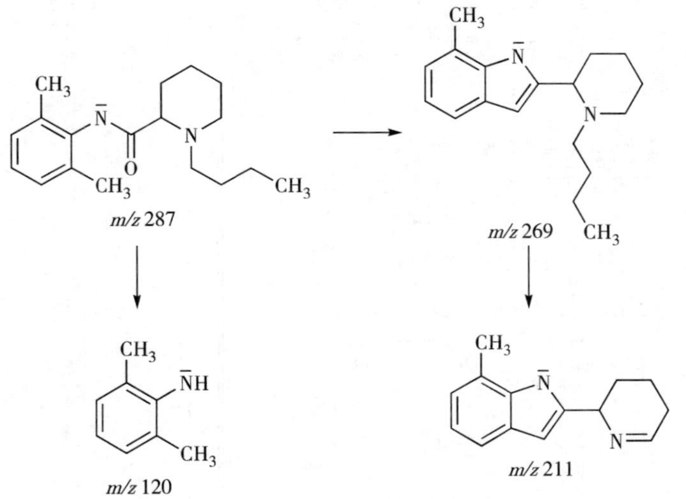

图 9　盐酸布比卡因的质谱图

备注

1. **中文化学名**　1－丁基－2－[*N*－(2,6－二甲基苯胺甲酰基)]哌啶盐酸盐一水合物
2. **英文化学名**　1－butyl－*N*－(2,6－dimethylphenyl)－2－piperidinecarboxamide hydrochloride monohydrate
3. **性状**　本品为白色结晶性粉末；无臭，味苦。
4. **溶解性**　本品在乙醇中易溶，在水中溶解，在三氯甲烷中微溶，在乙醚中几乎不溶。
5. **溶剂**　0.1mol/L 盐酸。
6. **对照品编号与批号**　101034－200801

双 环 醇

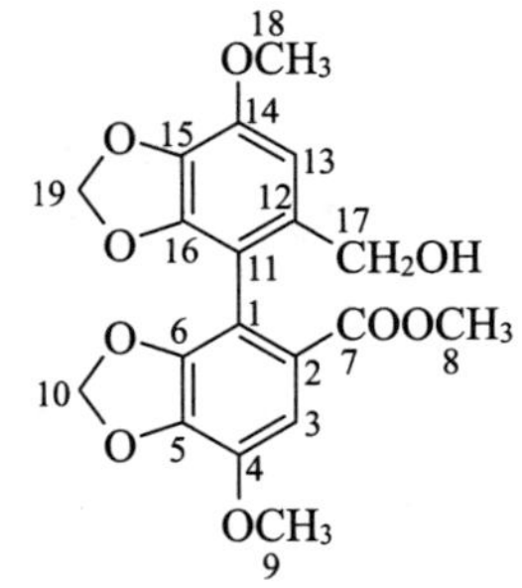

英文名 Bicyclol

分子式 $C_{19}H_{18}O_9$

分子量 390. 34

CAS 号 118159 - 48 - 1

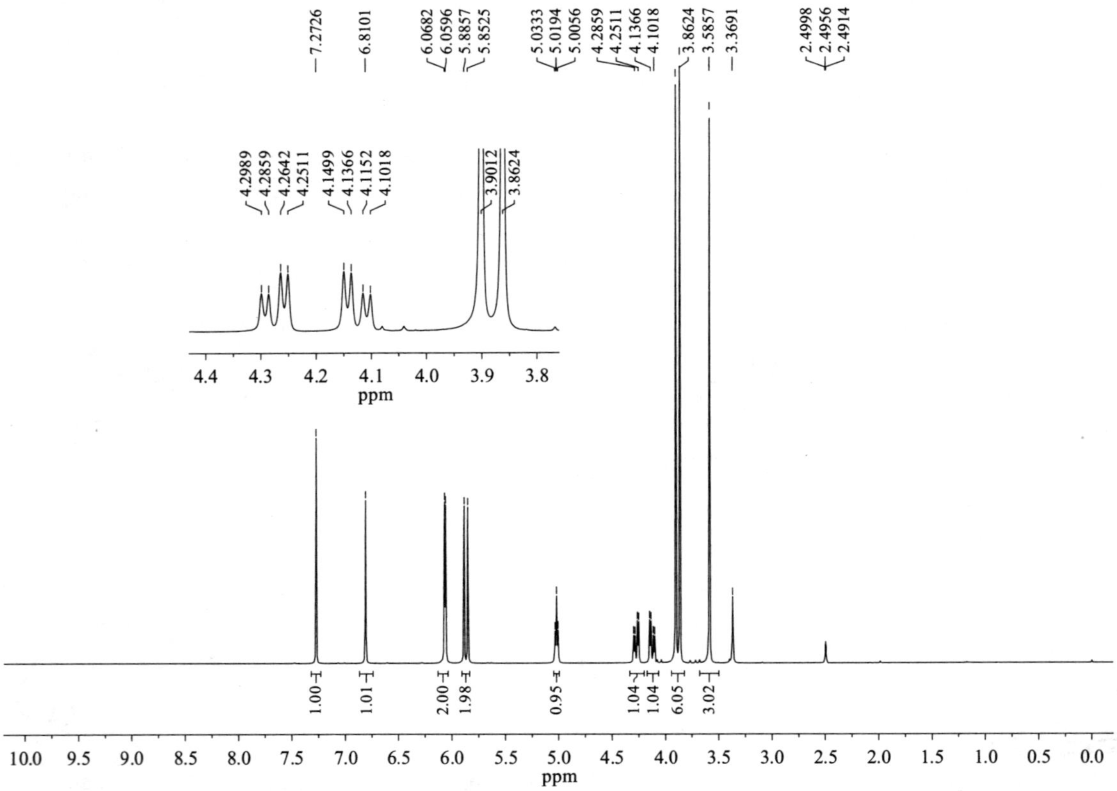

图 1 双环醇的¹H NMR 谱（溶剂：CD_3SOCD_3）

^{1}H NMR：δ 7. 27 （H - 3，s，1H），6. 81 （H - 13，s，1H），6. 06 （H - 10，d，J = 3. 4 Hz，2H），5. 87 （H - 19，d，J = 13. 3 Hz，2H），5. 02 （OH，t，J = 5. 5 Hz，1H），4. 28 （H - 17a，dd，J = 13. 9，5. 2 Hz，1H），4. 13 （H - 17b，dd，J = 13. 9，5. 4 Hz，1H），3. 90 （H - 9，s，3H），3. 86 （H - 18，s，3H），3. 59 （H - 8，s，3H）

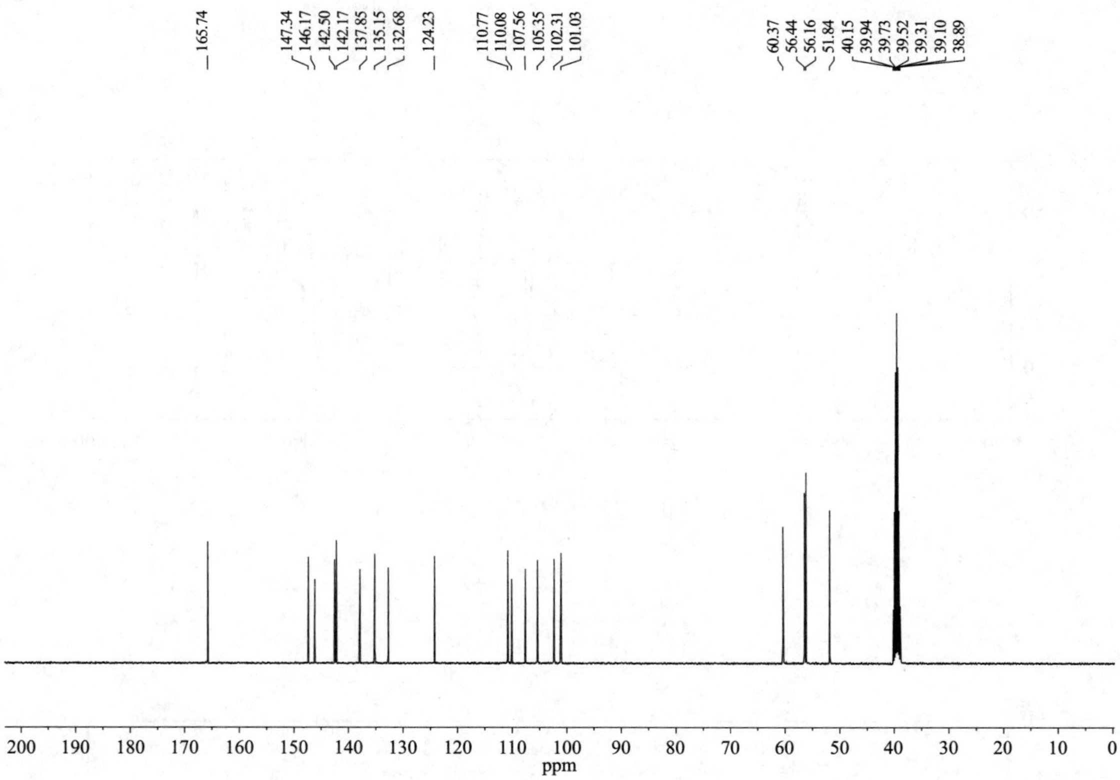

图 2　双环醇的^{13}C NMR 谱（溶剂：CD_3SOCD_3）

^{13}C NMR：δ 165.74（C－7），147.34（C－14），146.17（C－4），142.50（C－6），142.17（C－16），137.85（C－5），135.15（C－15），132.68（C－12），124.23（C－2），110.77（C－11），110.08（C－1），107.56（C－3），105.35（C－13），102.31（C－10），101.03（C－19），60.37（C－17），56.44，56.16（C－9，18），51.84（C－8）

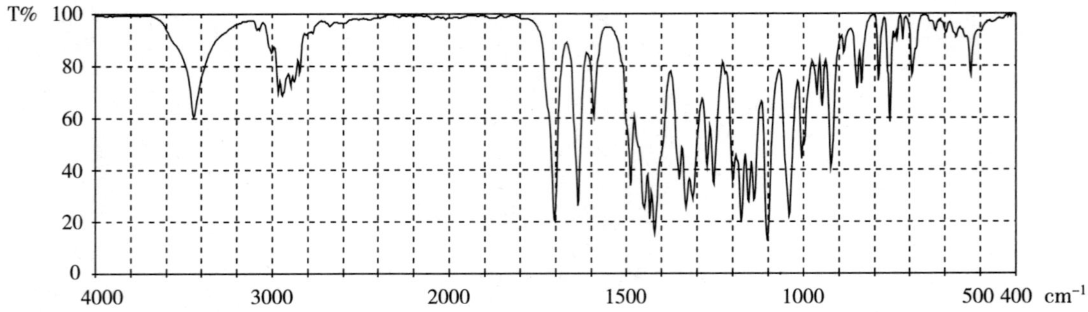

图 3　双环醇的红外光谱图

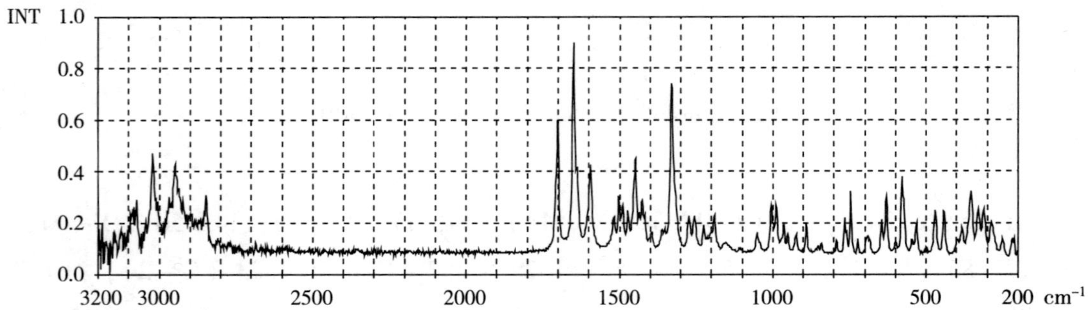

图 4　双环醇的拉曼光谱图

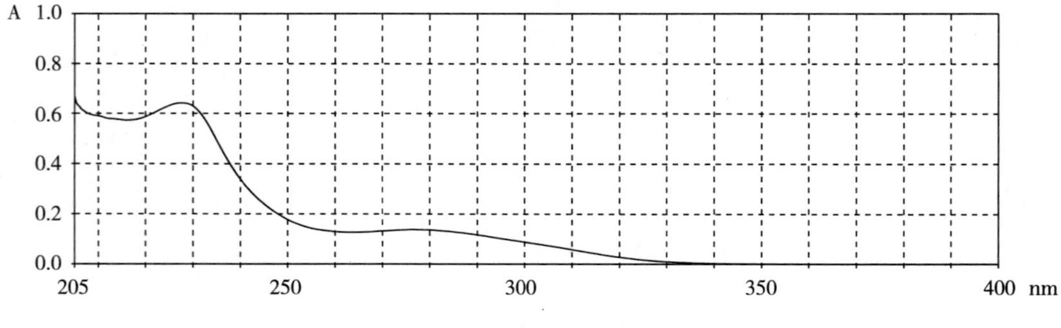

图 5　双环醇的紫外光谱图

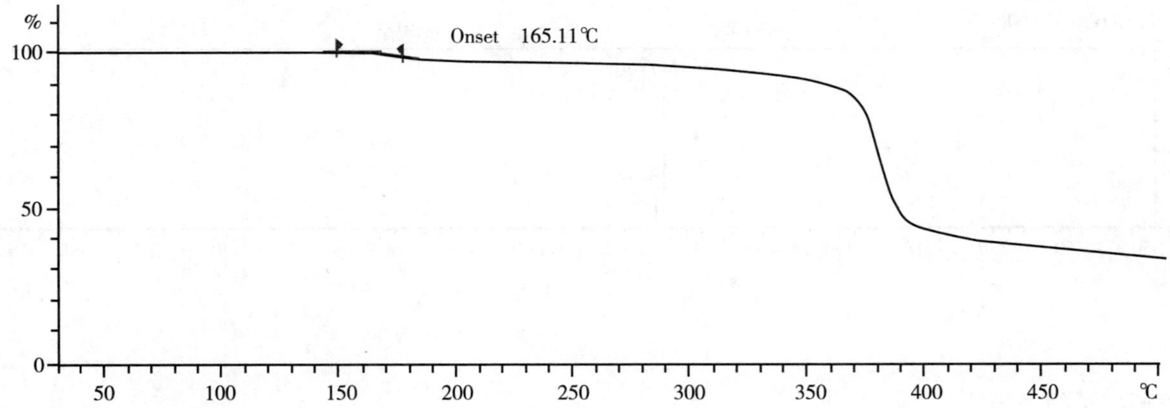

图 6　双环醇的 TG 图

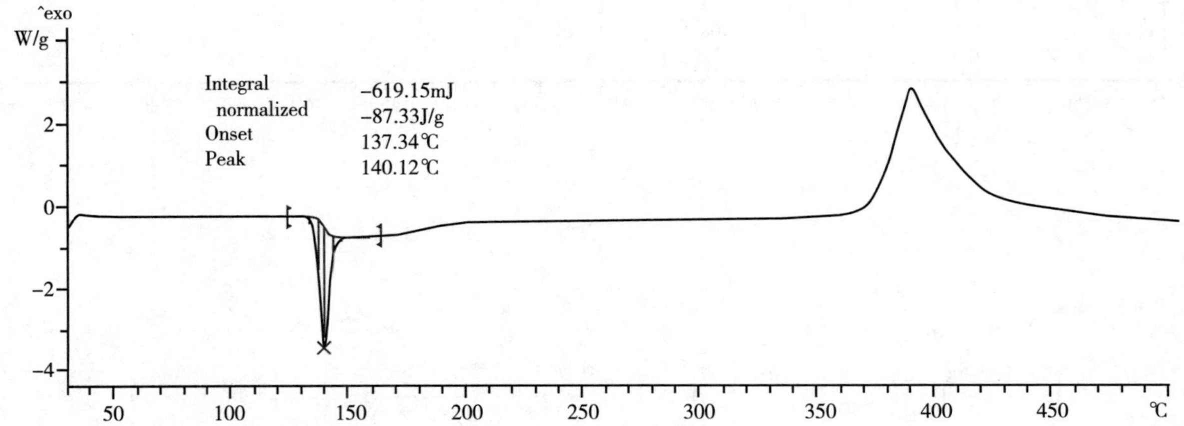

图 7　双环醇的 DSC 图

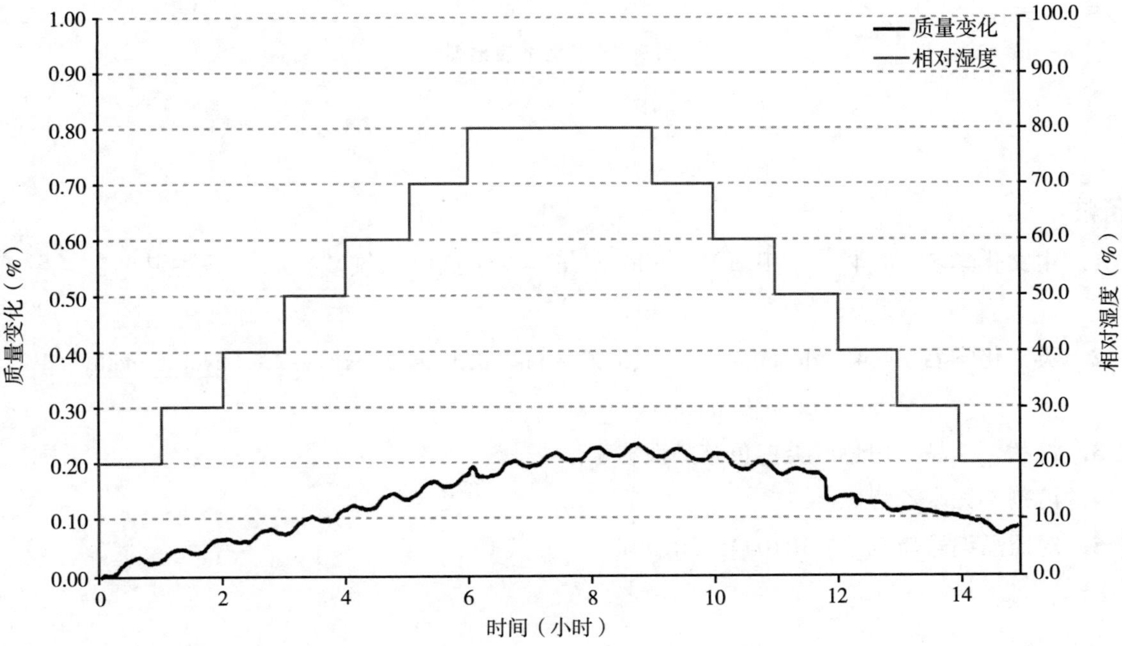

图 8　双环醇的 DVS 图

正离子扫描模式（一级）

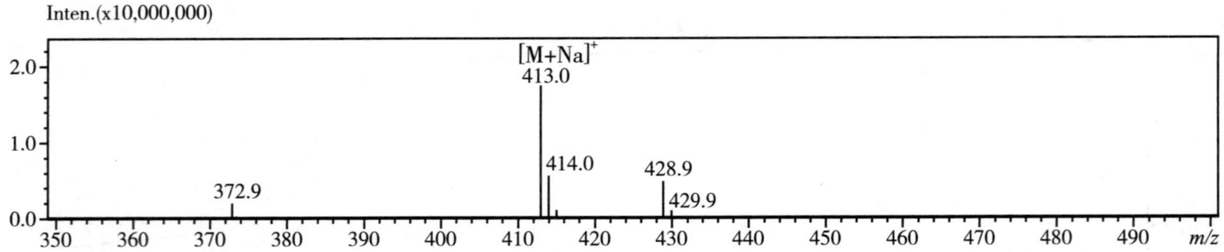

正离子扫描模式（二级）

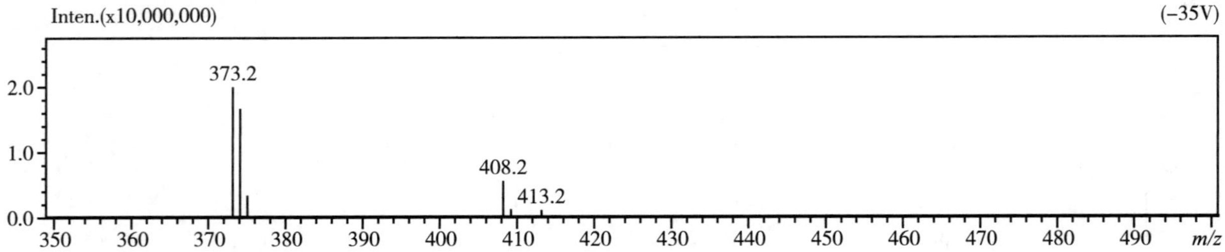

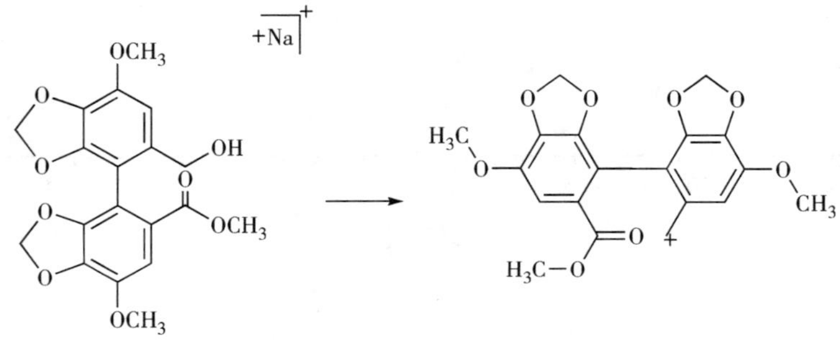

m/z 413　　　*m/z* 373

图 9　双环醇的质谱图

备注

1. 中文化学名　4,4′-二甲氧基-5,6,5′,6′-双(亚甲二氧基)-2-羟甲基-2′-甲氧羰基联苯

2. 英文化学名　4,4′-dimethoxy-5,6,5′,6′-bis(methylenedioxy)-2-(hydroxymethyl)-2′-methoxycarbonylbiphenyl

3. 性状　本品为白色或类白色结晶性粉末。

4. 溶剂　无水乙醇。

5. 对照品编号与批号　101044-201001

来曲唑

英文名 Letrozole

分子式 $C_{17}H_{11}N_5$

分子量 285.30

CAS 号 112809-51-5

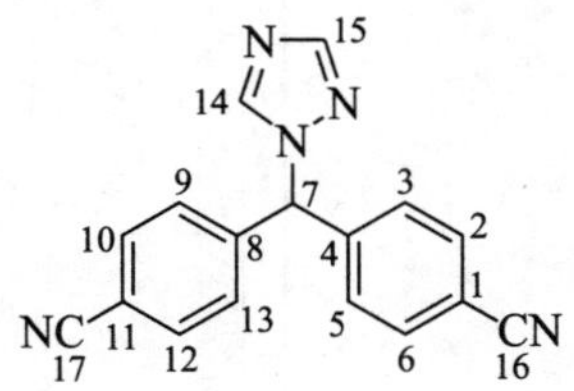

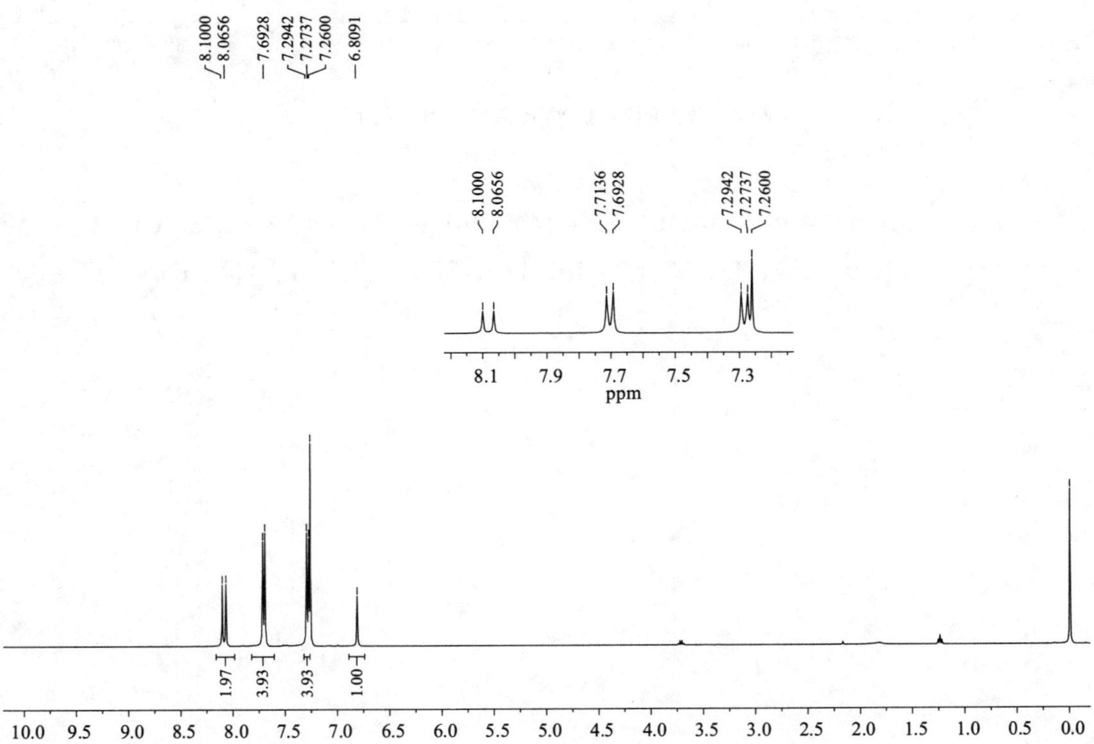

图 1 来曲唑的^{1}H NMR 谱（溶剂：$CDCl_3$）

^{1}H NMR：δ 8.10（H-14，s，1H），8.07（H-15，s，1H），7.70（H-2，6，10，12，d，J=8.2 Hz，4H），7.28（H-3，5，9，13，d，J=8.2 Hz，4H），6.81（H-7，s，1H）

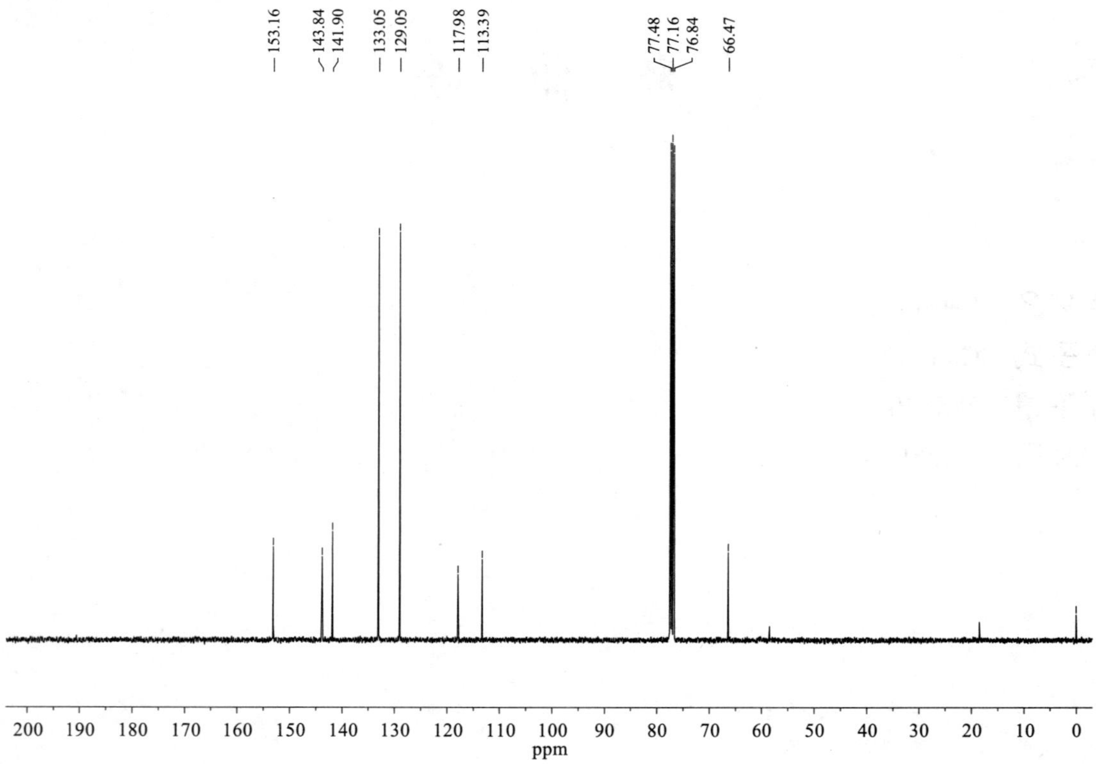

图 2　来曲唑的 ^{13}C NMR 谱（溶剂：$CDCl_3$）

^{13}C NMR：δ 153.16（C－15），143.84（C－14），141.90（C－4，8），133.05（C－2，6，10，12），129.05（C－3，5，9，13），117.98（C－16，17），113.39（C－1，11），66.47（C－7）

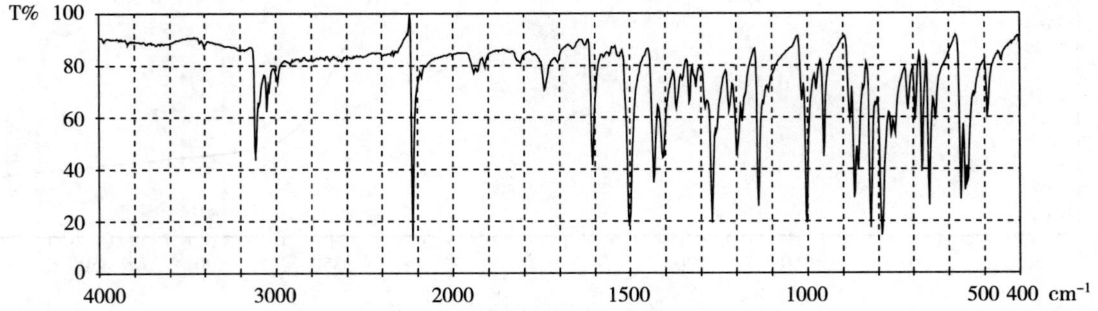

图 3　来曲唑的红外光谱图

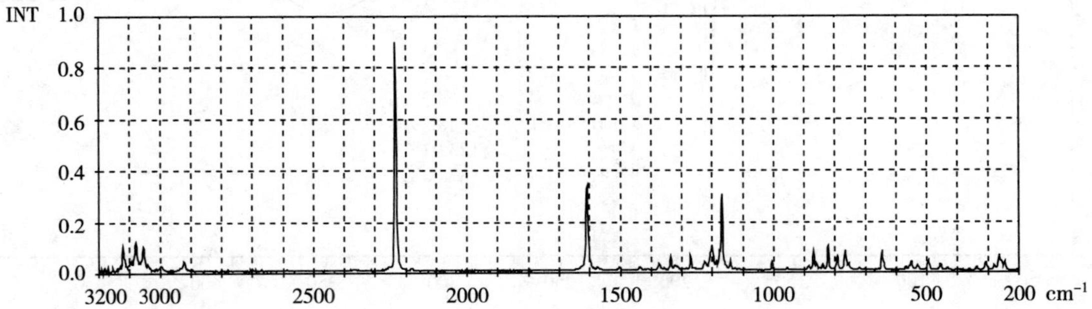

图 4　来曲唑的拉曼光谱图

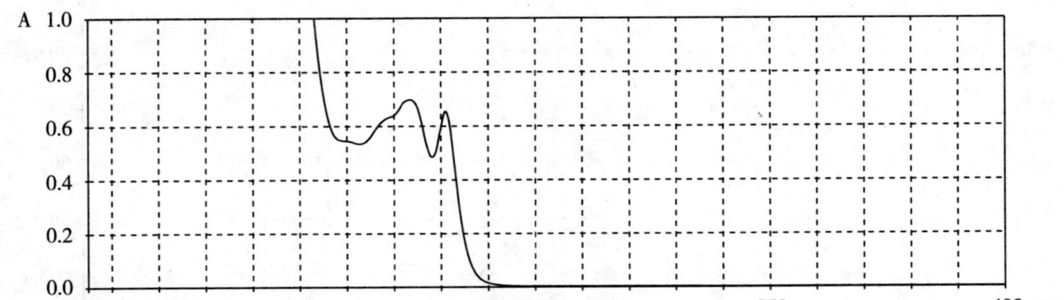

图 5　来曲唑的紫外光谱图

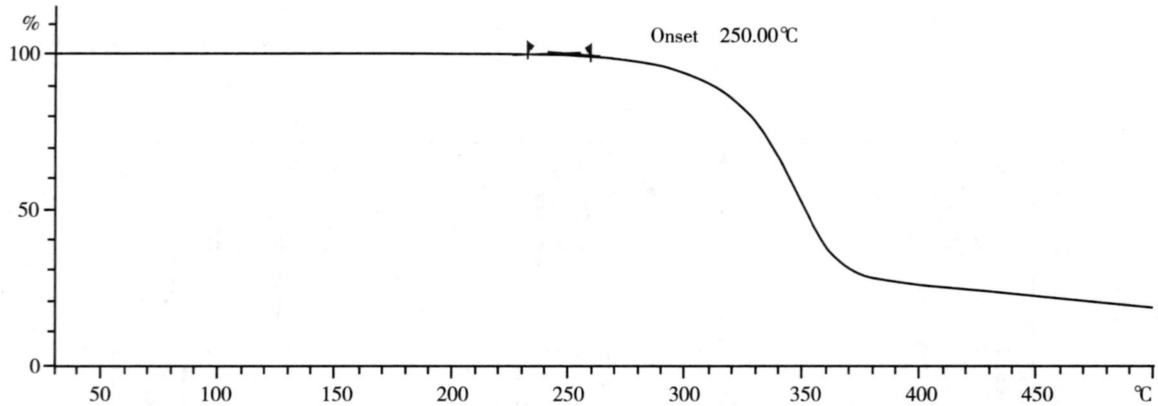

图 6 来曲唑的 TG 图

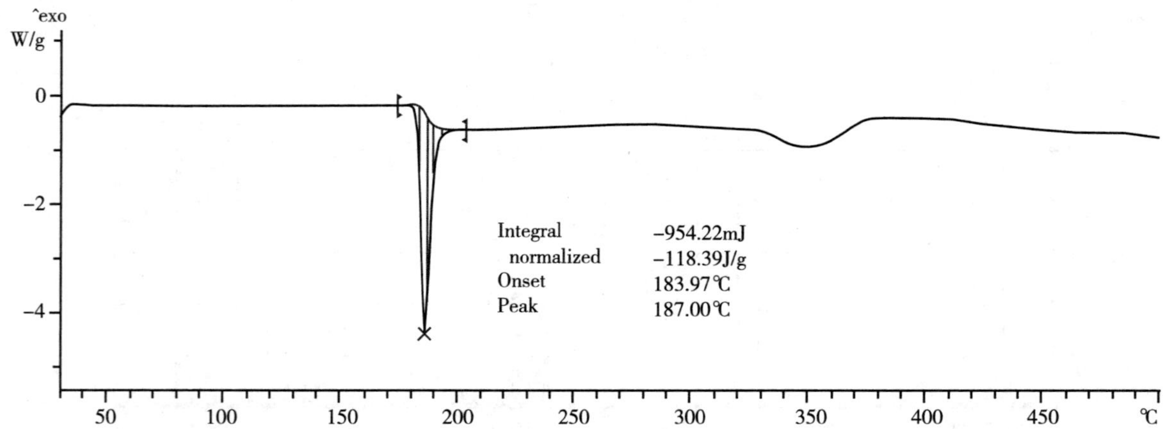

图 7 来曲唑的 DSC 图

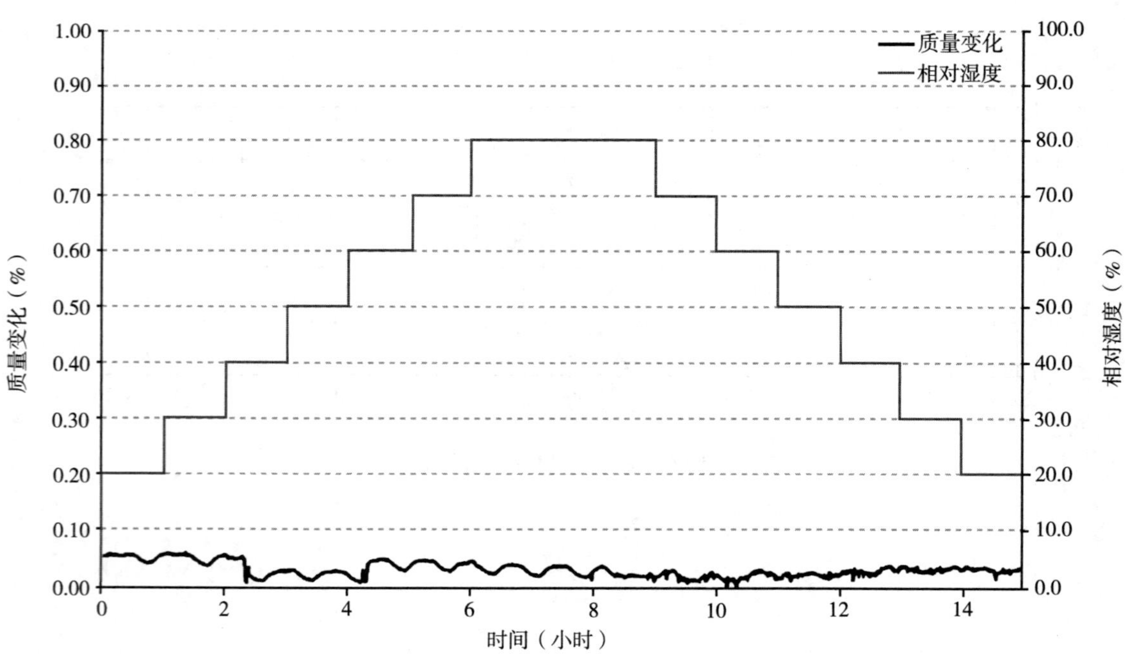

图 8 来曲唑的 DVS 图

负离子扫描模式（一级）

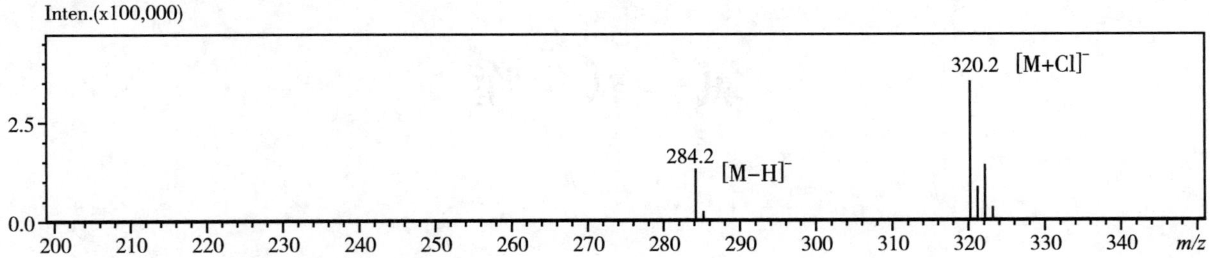

负离子扫描模式（二级）

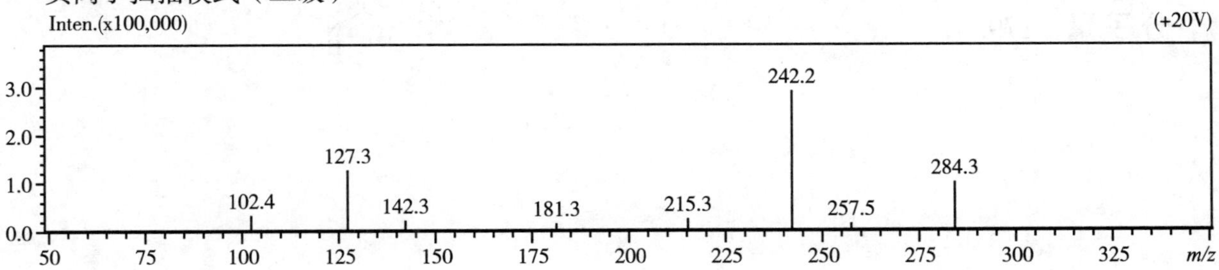

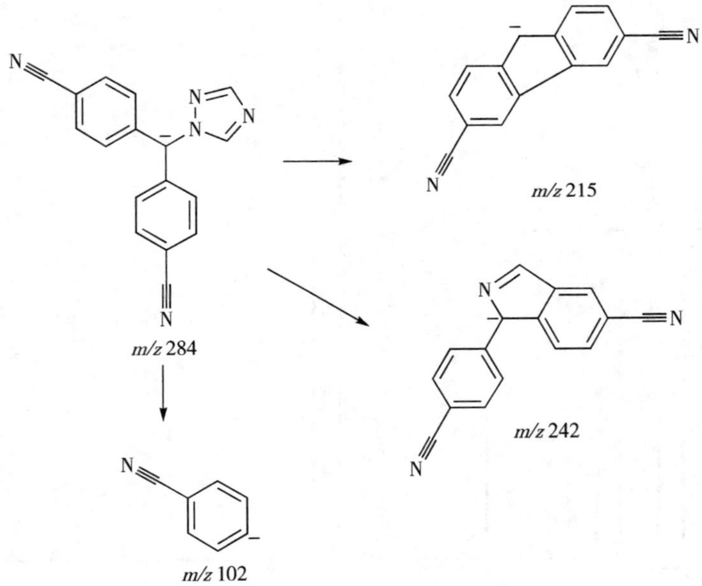

图9 来曲唑的质谱图

备注

1. 中文化学名 4,4′-(1*H*-1,2,4-三氮唑基-亚甲基)-二苯腈

2. 英文化学名 4,4′-(1*H*-1,2,4-triazol-1-ylmethylene)bisbenzonitrile

3. 性状 本品为白色或类白色结晶性粉末；无臭。

4. 溶解性 本品在三氯甲烷或丙酮中溶解，在甲醇中略溶，在水中几乎不溶。

5. 溶剂 无水乙醇。

6. 对照品编号与批号 101045-201101

氯　氧　喹

英文名　Chloroxoquinoline

分子式　C_9H_6ClNO

分子量　179.61

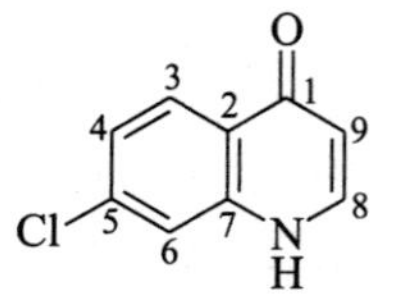

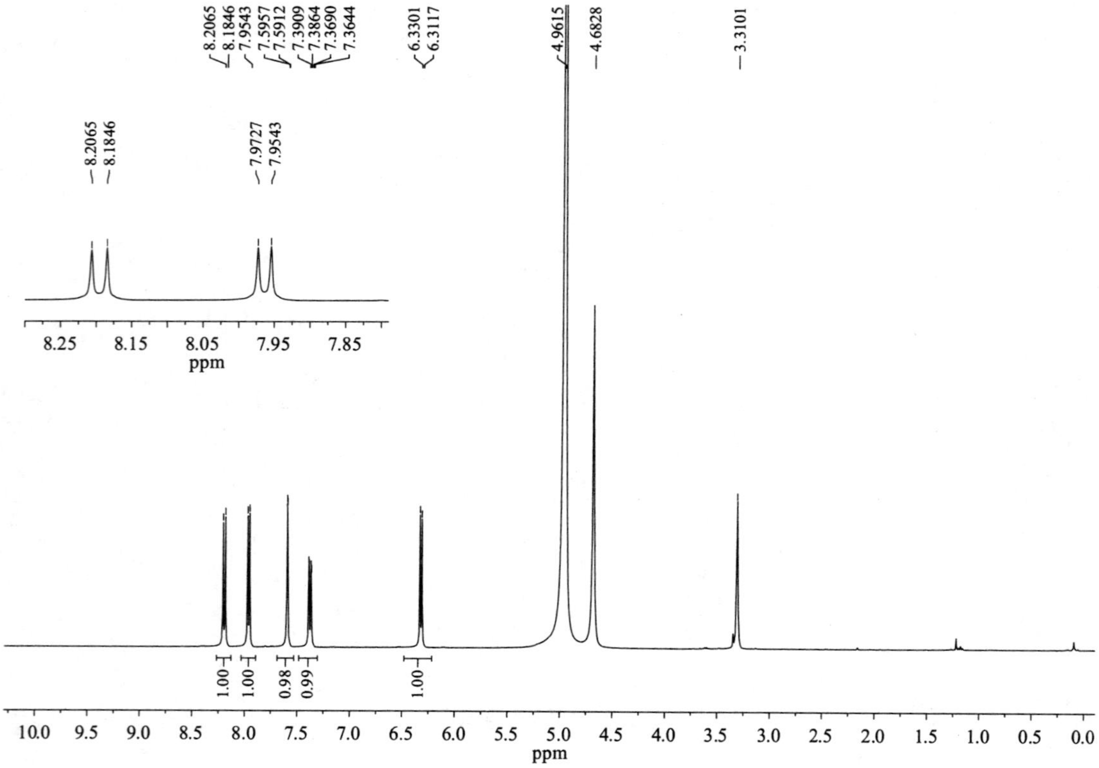

图 1　氯氧喹的^{1}H NMR 谱（溶剂：CD_3OD）

^{1}H NMR：δ 8.20（H－3，d，J = 8.8 Hz，1H），7.96（H－8，d，J = 7.3 Hz，1H），7.59（H－6，d，J = 1.8 Hz，1H），7.38（H－4，dd，J = 8.8，1.8 Hz，1H），6.32（H－9，d，J = 7.3 Hz，1H）

注：4.57 处应该是氘代甲醇的杂质峰

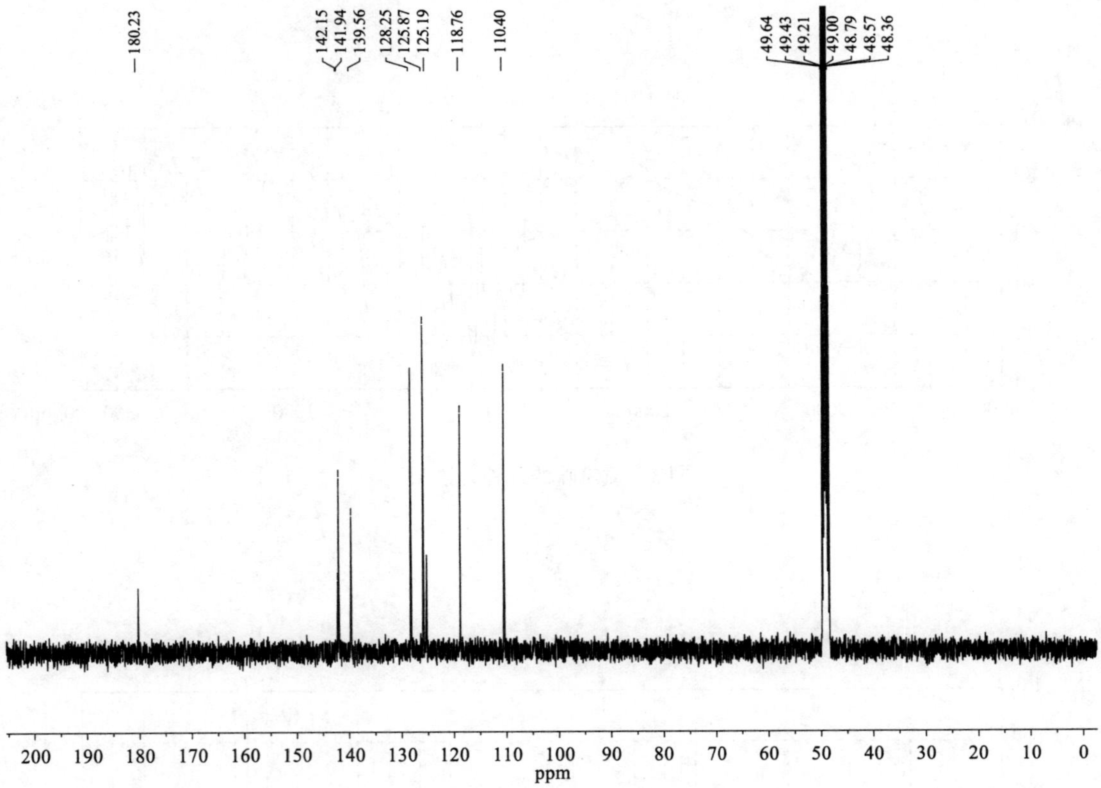

图 2　氯氧喹的^{13}C NMR 谱（溶剂：CD_3OD）

^{13}C NMR：δ 180.23（C－1），142.15（C－7），141.94（C－8），139.56（C－5），128.25（C－3），125.87（C－4），125.19（C－2），118.76（C－6），110.40（C－9）

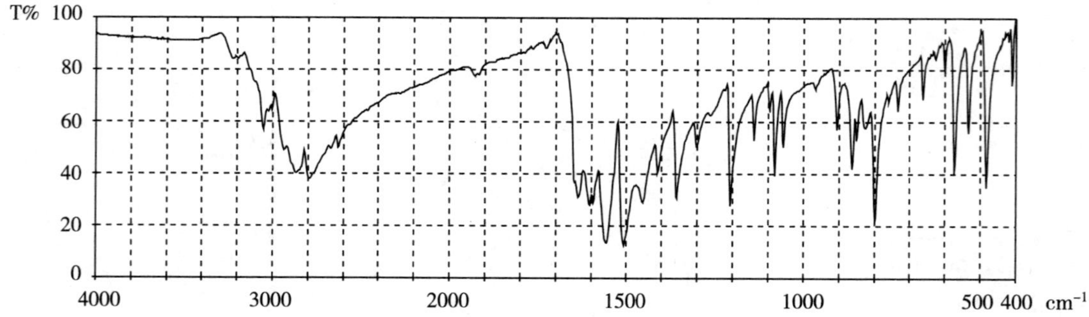

图 3　氯氧喹的红外光谱图

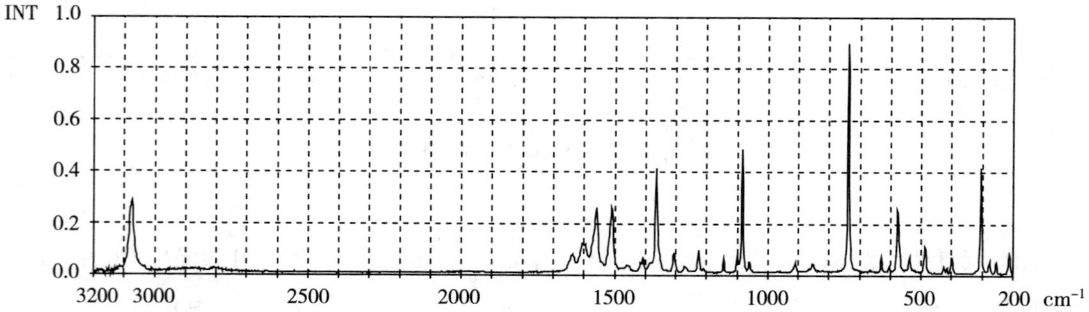

图 4　氯氧喹的拉曼光谱图

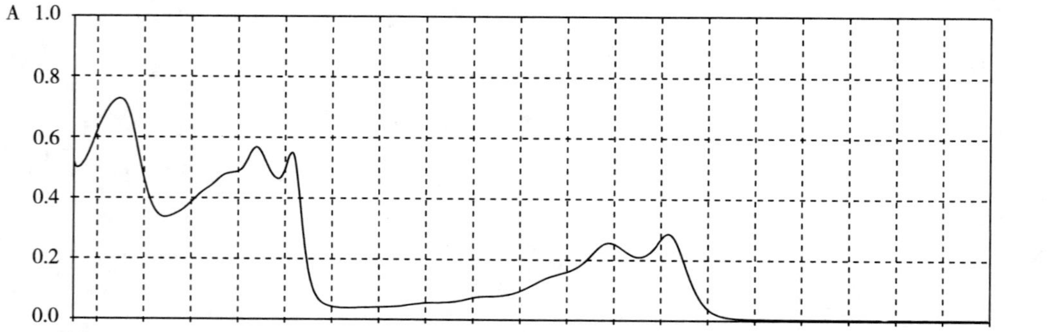

图 5　氯氧喹的紫外光谱图

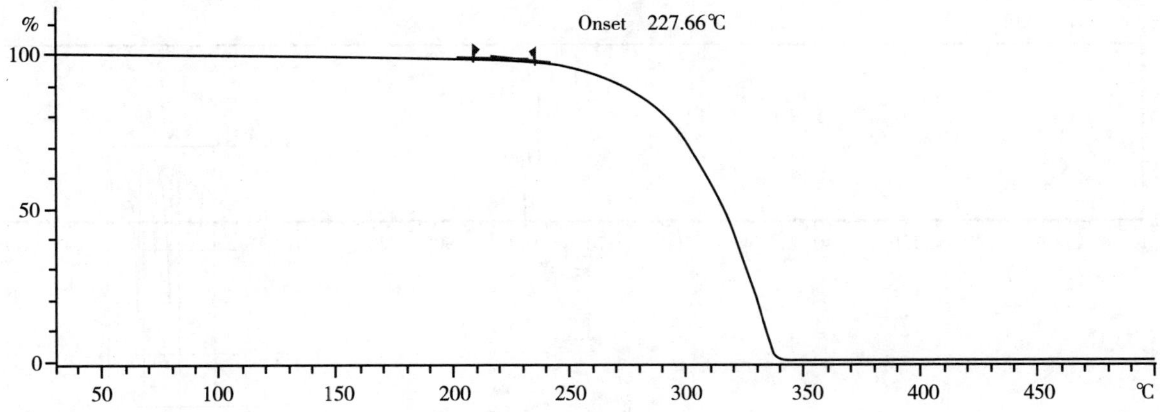

图 6　氯氧喹的 TG 图

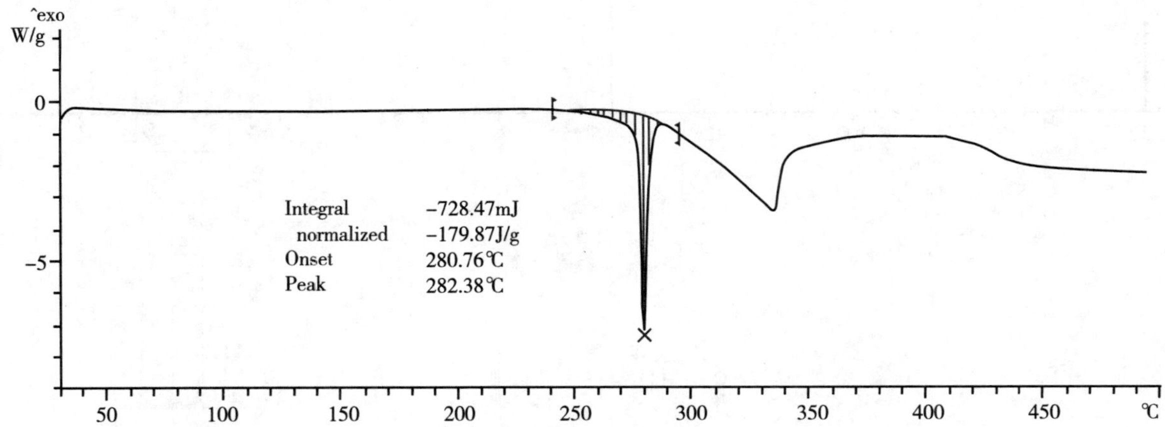

图 7　氯氧喹的 DSC 图

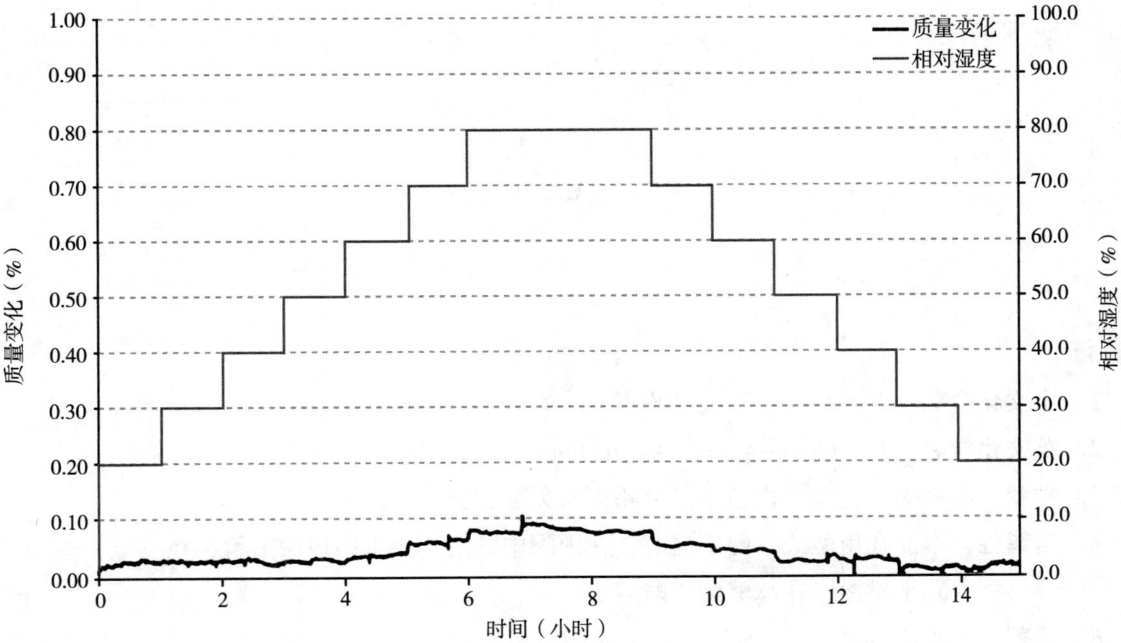

图 8　氯氧喹的 DVS 图

负离子扫描模式（一级）

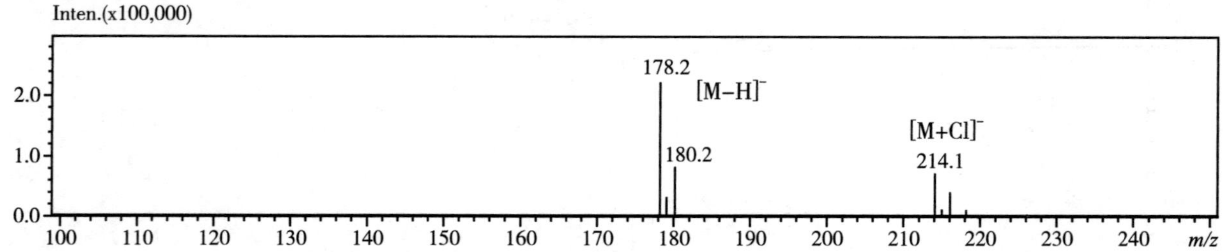

负离子扫描模式（二级）

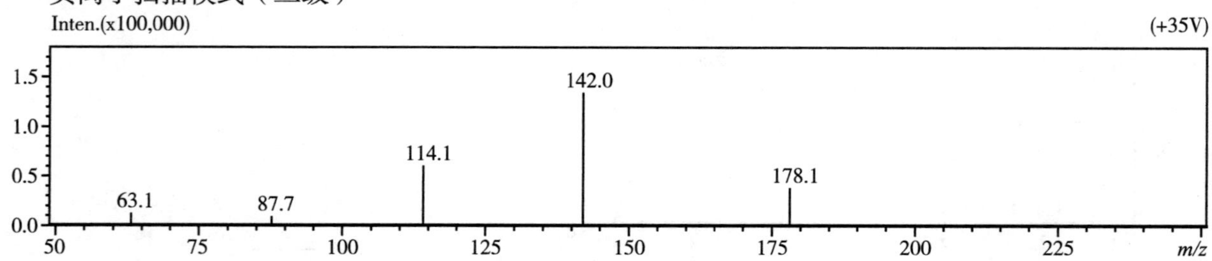

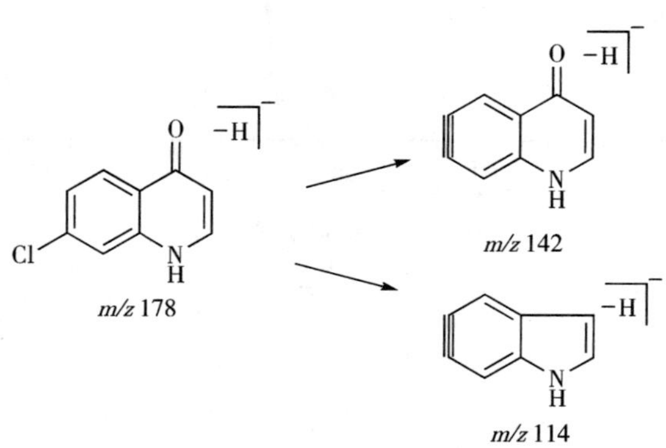

图 9　氯氧喹的质谱图

备注

1. **中文化学名**　7－氯－4－氧代－喹啉
2. **英文化学名**　7－chloro－4－oxo－quinoline
3. **性状**　本品为白色或类白色结晶性粉末；无臭，味苦。
4. **溶解性**　本品在甲醇或乙醇中略溶，在丙酮中微溶，在水中极微溶解，在三氯甲烷或乙醚中几乎不溶，在冰醋酸中略溶。
5. **溶剂**　无水乙醇。
6. **对照品编号与批号**　101058－200901

吲哚布芬

英文名 Indobufen
分子式 $C_{18}H_{17}NO_3$
分子量 295.33
CAS 号 63610－08－2

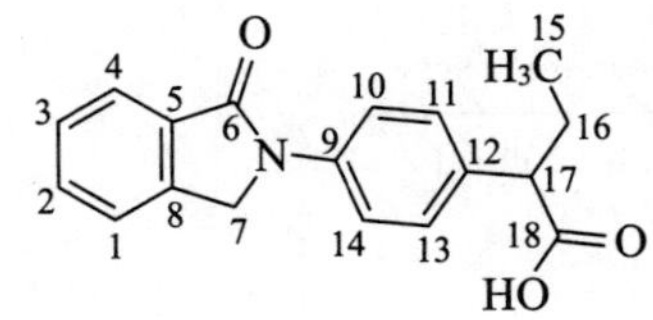

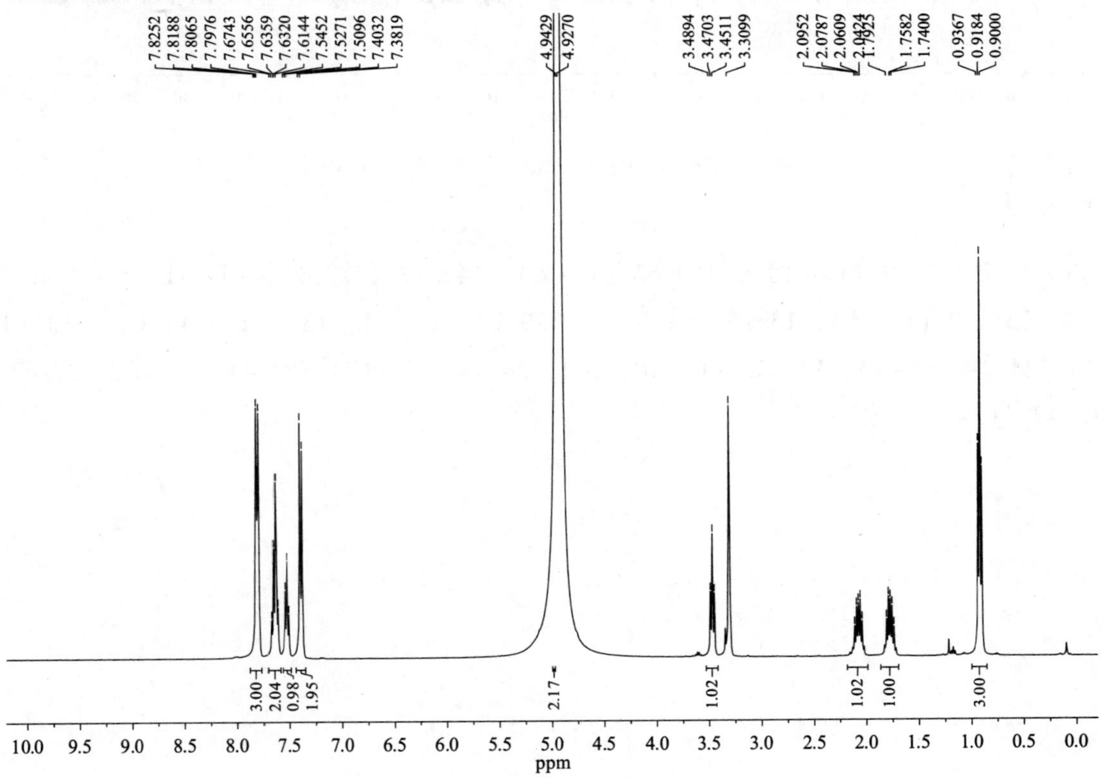

图1 吲哚布芬的^{1}H NMR谱（溶剂：CD_3OD）

^{1}H NMR：δ 7.87～7.77（H－4，10，14，m，3H），7.72～7.57（H－1，2，m，2H），7.53（H－3，t，J＝7.1 Hz，1H），7.39（H－11，13，d，J＝8.5 Hz，2H），4.93（H－7，s，2H），3.47（H－17，t，J＝7.7 Hz，1H），2.10（H－16a，m，1H），1.78（H－16b，m，1H），0.92（H－15，t，J＝7.3 Hz，3H）

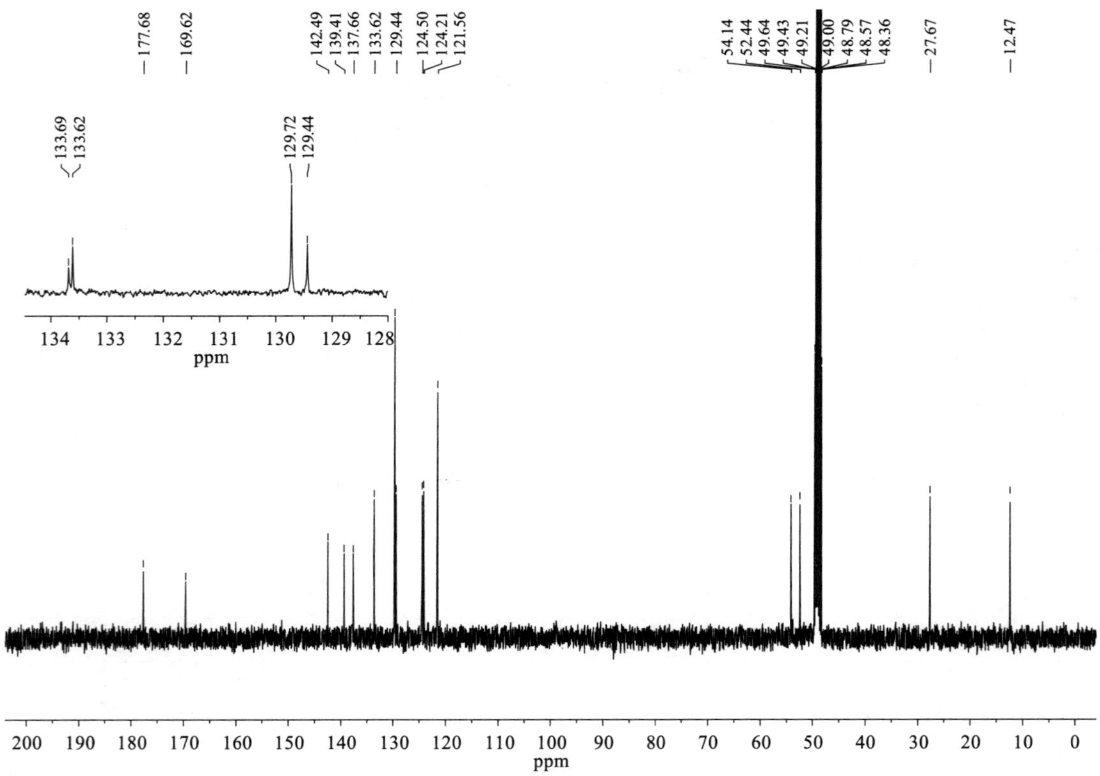

图 2　吲哚布芬的^{13}C NMR 谱（溶剂：CD_3OD）

^{13}CNMR：δ 177.68（C－18），169.62（C－6），142.49（C－8），139.41（C－9），137.66（C－12），133.69（C－5），133.62（C－2），129.72（C－11，13），129.44（C－3），124.50（C－1），124.21（C－4），121.56（C－10，14），54.14（C－17），52.44（C－7），27.67（C－16），12.47（C－15）

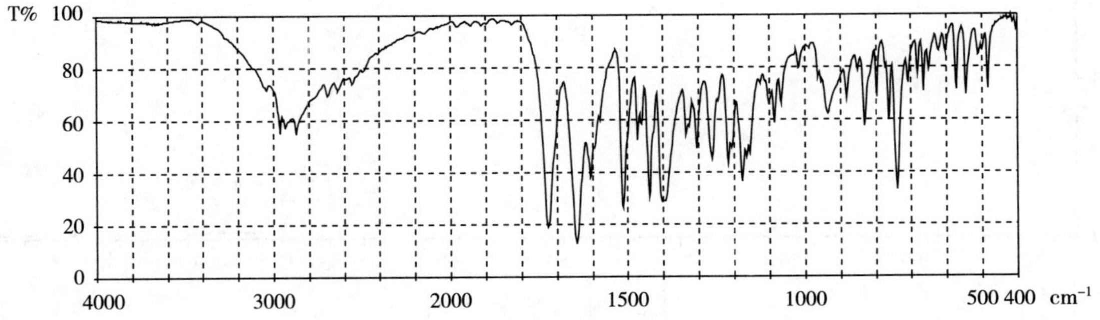

图 3　吲哚布芬的红外光谱图

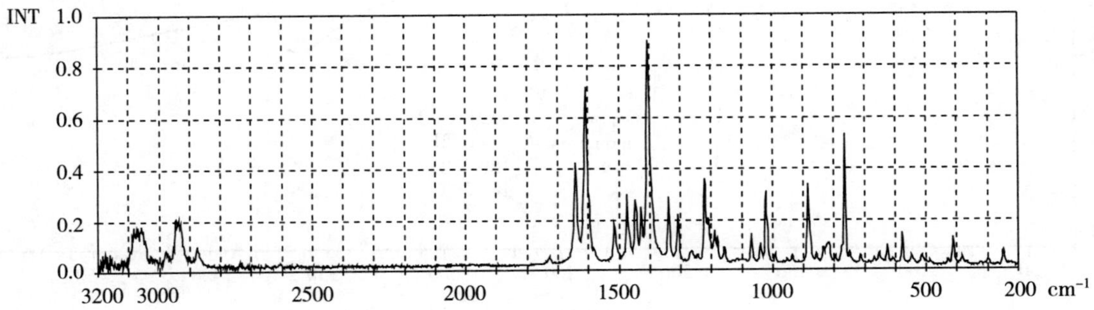

图 4　吲哚布芬的拉曼光谱图

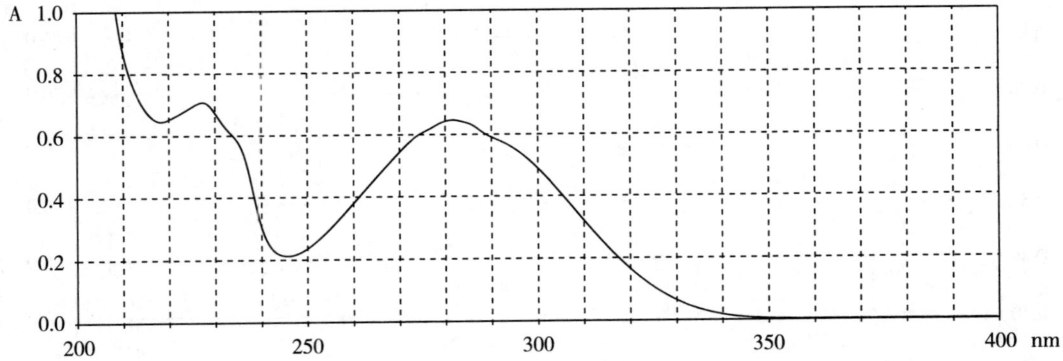

图 5　吲哚布芬的紫外光谱图

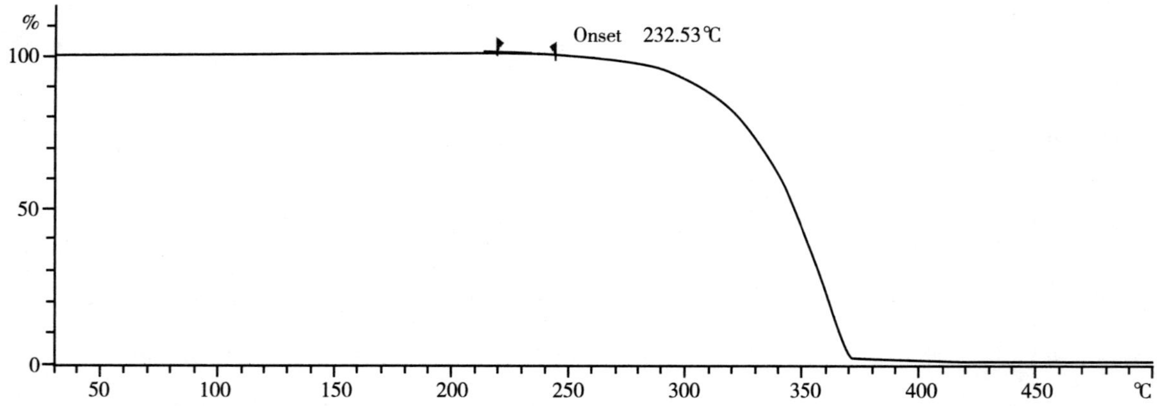

图 6　吲哚布芬的 TG 图

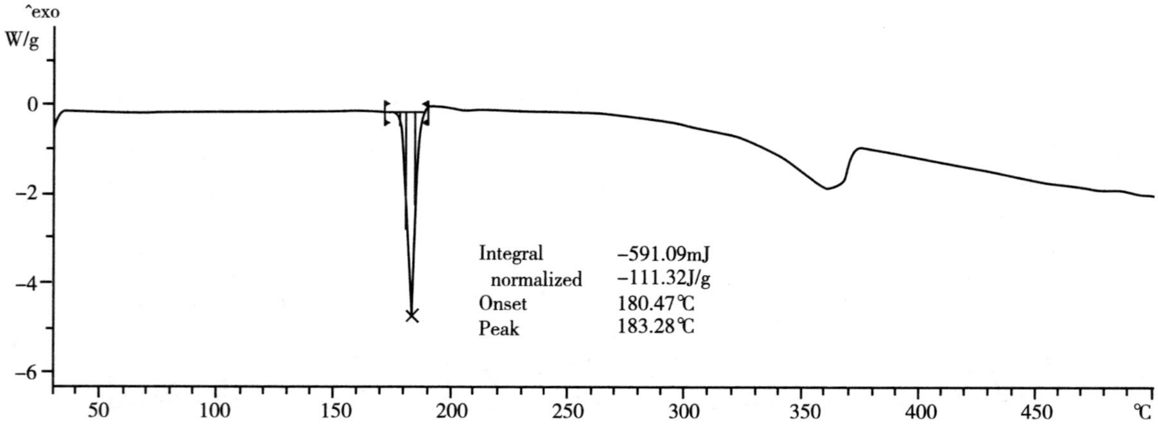

图 7　吲哚布芬的 DSC 图

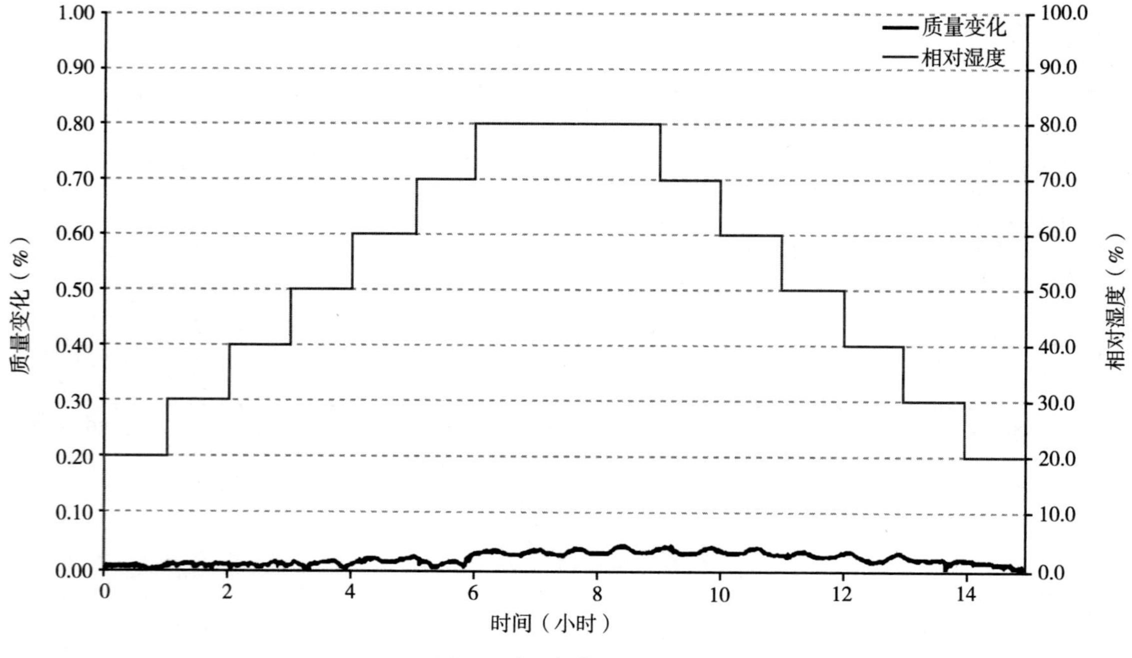

图 8　吲哚布芬的 DVS 图

正离子扫描模式（一级）

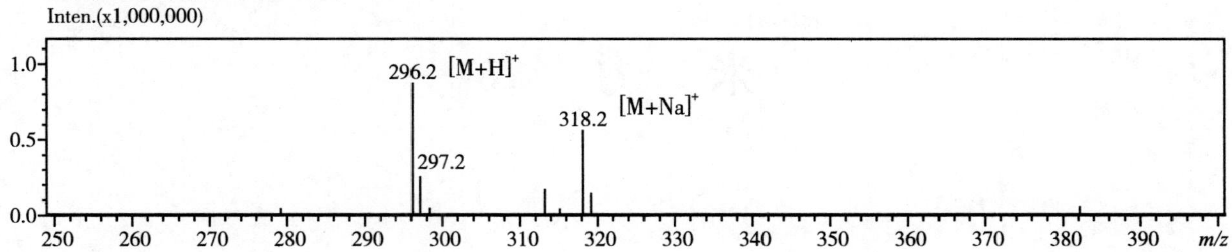

正离子扫描模式（二级）

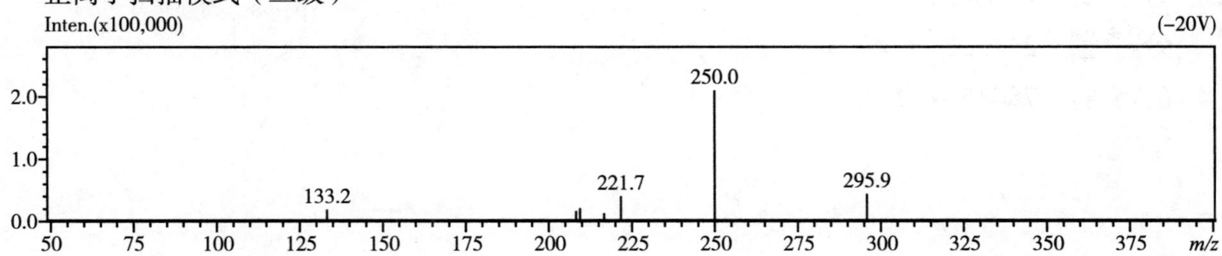

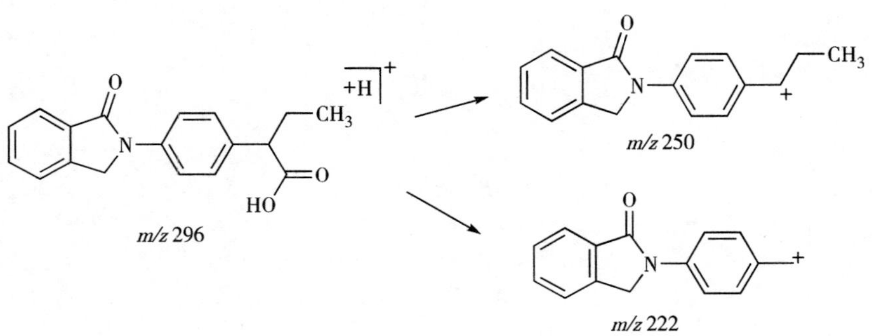

图 9　吲哚布芬的质谱图

备注

1. **中文化学名**　(±)[4－(1－氧代－2－异二氢吲哚基)苯基]丁酸
2. **英文化学名**　4－[1,3－dihydro－1－oxo－(2*H*)－isoindol－2－yl]－α－ethylbenzeneacetic acid
3. **性状**　本品为白色结晶性粉末；无臭，无味。
4. **溶解性**　本品在丙酮中略溶，在甲醇、乙醇中微溶，在水中不溶。
5. **溶剂**　无水乙醇。
6. **对照品编号与批号**　101060－201001

米 力 农

英文名 Milrinone

分子式 $C_{12}H_9N_3O$

分子量 211.22

CAS 号 78415－72－2

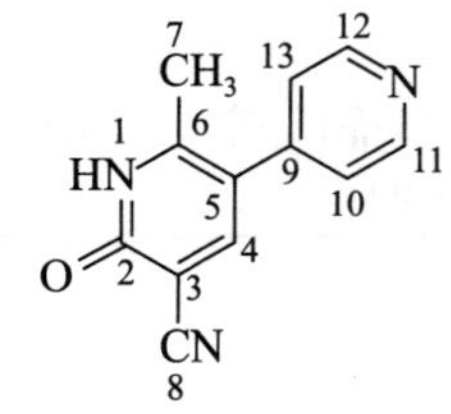

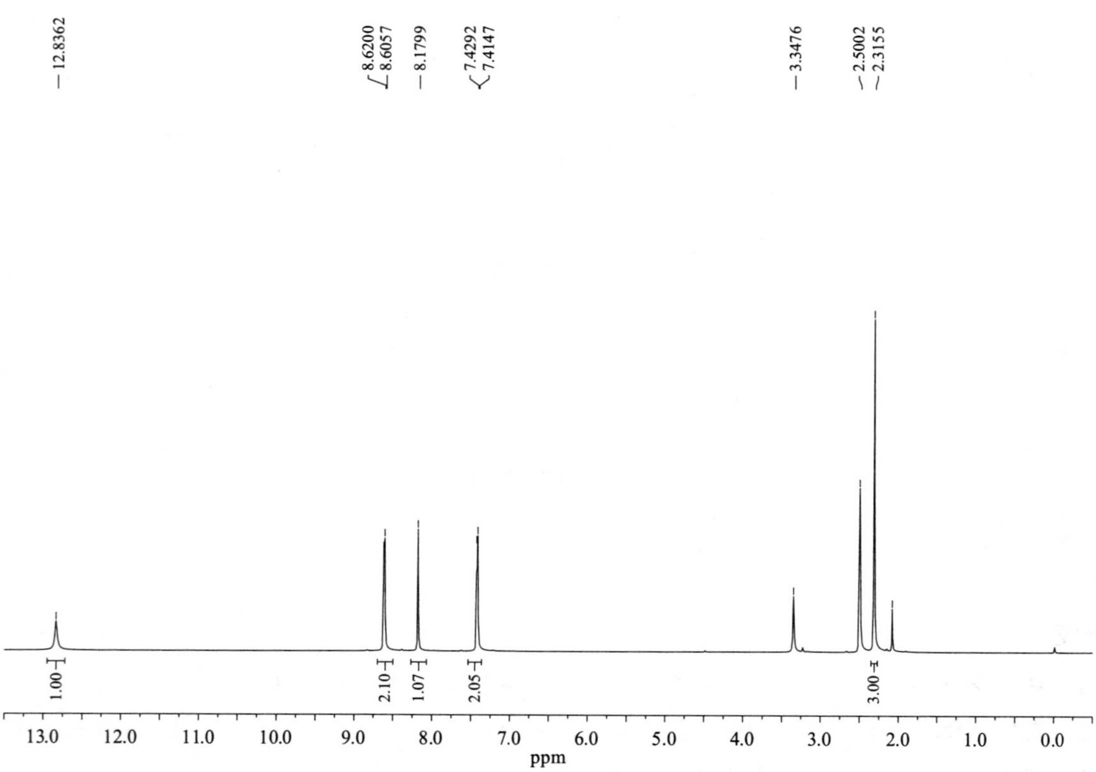

图 1 米力农的[1]H NMR 谱（溶剂：CD_3SOCD_3）

^{1}H NMR：δ 12.84（H－1，s，1H），8.61（H－11，12，d，J＝5.8 Hz，2H），8.18（H－4，s，1H），7.42（H－10，13，d，J＝5.8 Hz，2H），2.32（H－8，s，3H）

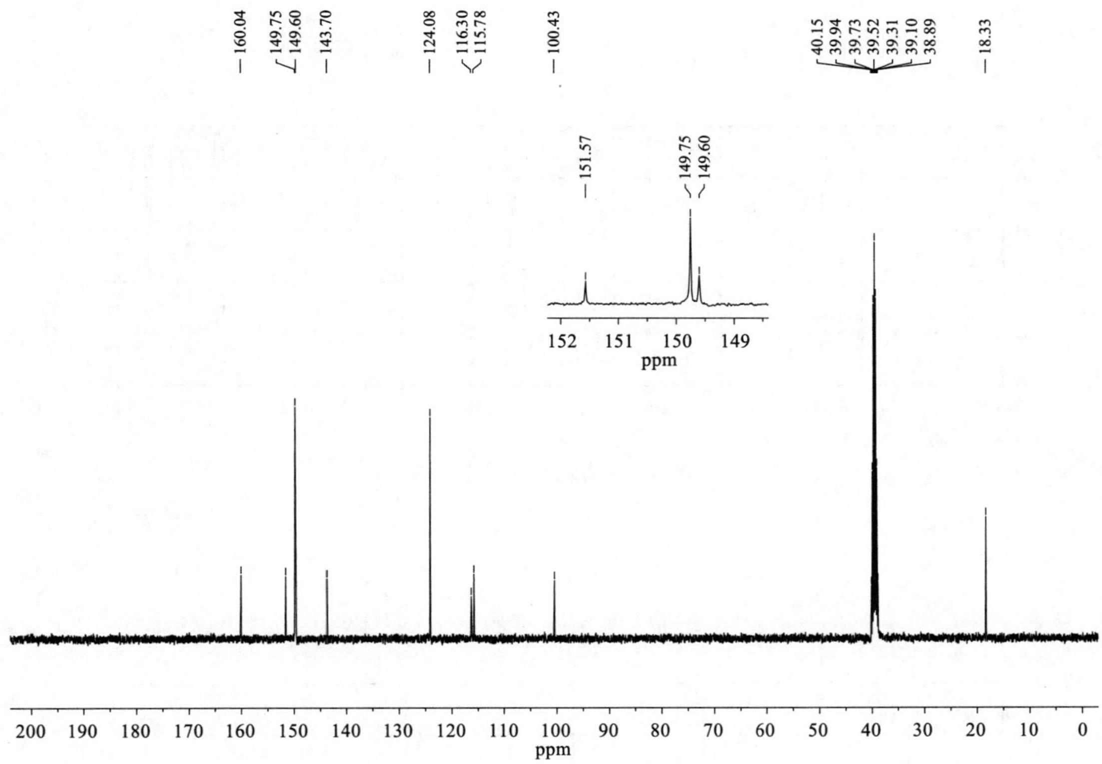

图 2　米力农的 ^{13}C NMR 谱（溶剂：CD_3SOCD_3）

^{13}C NMR：δ 160.04（C－2），151.57（C－4），149.75（C－11，12），149.60（C－9），143.70（C－5），124.08（C－10，13），116.30（C－6），115.78（C－8），100.43（C－3），18.33（C－7）

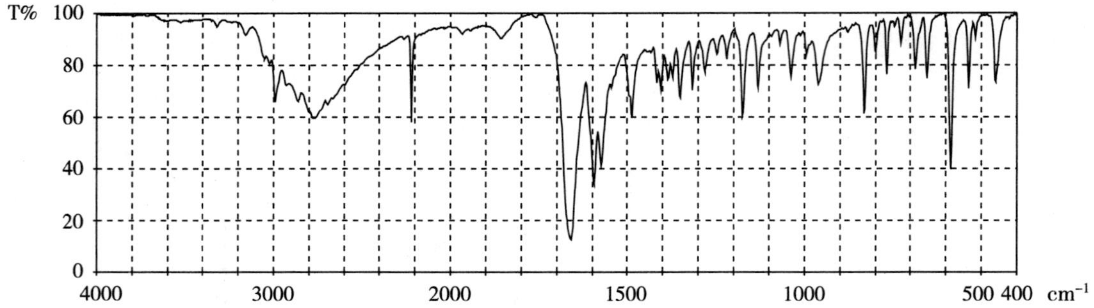

图 3　米力农的红外光谱图

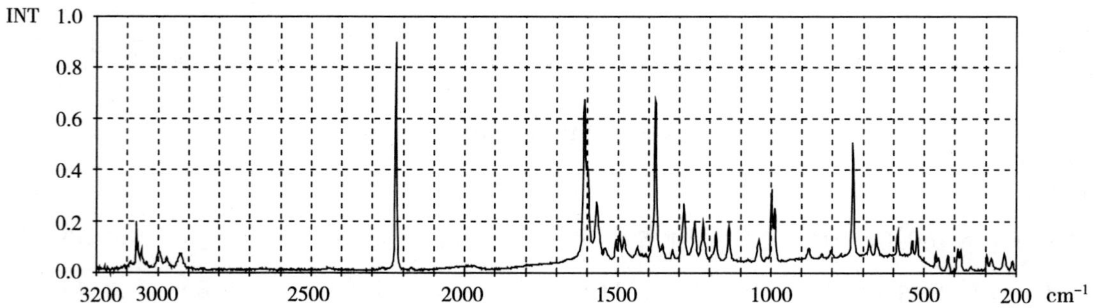

图 4　米力农的拉曼光谱图

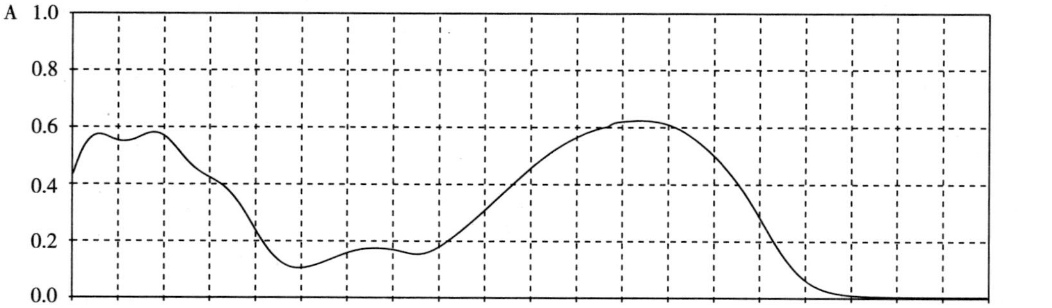

图 5　米力农的紫外光谱图

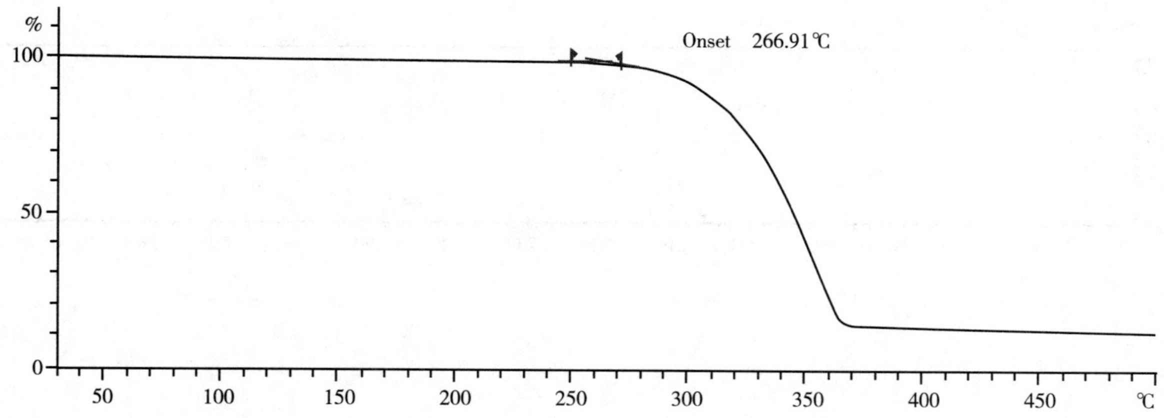

图 6　米力农的 TG 图

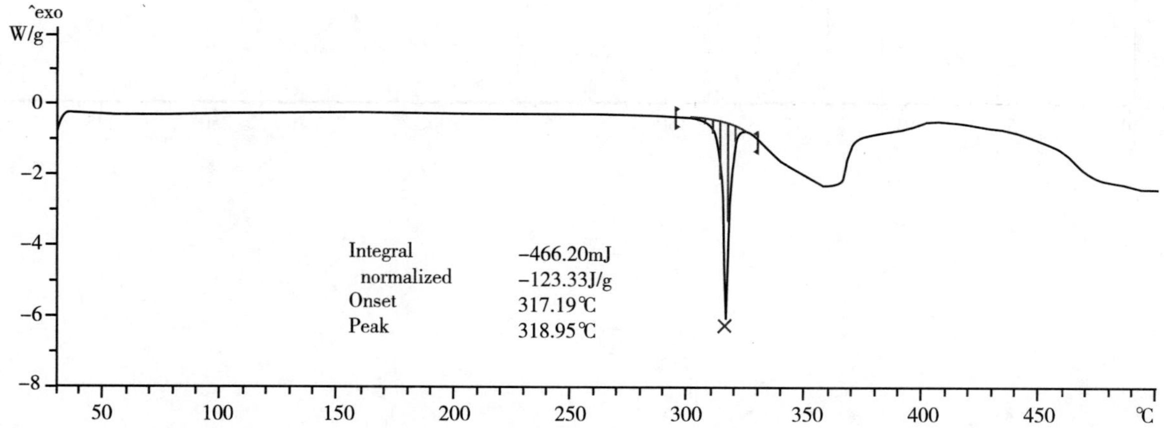

图 7　米力农的 DSC 图

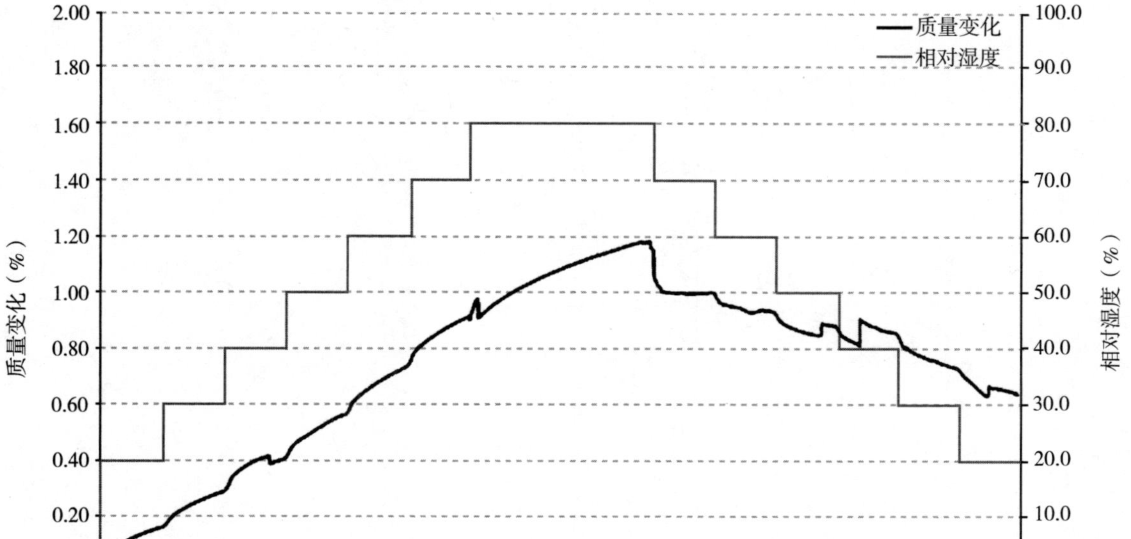

图 8　米力农的 DVS 图

正离子扫描模式（一级）

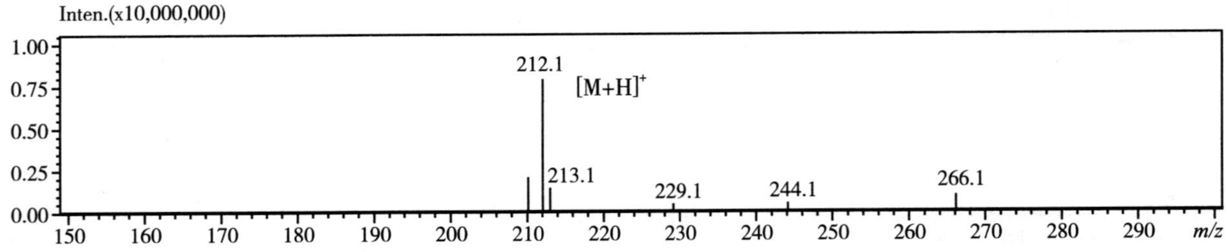

正离子扫描模式（二级）

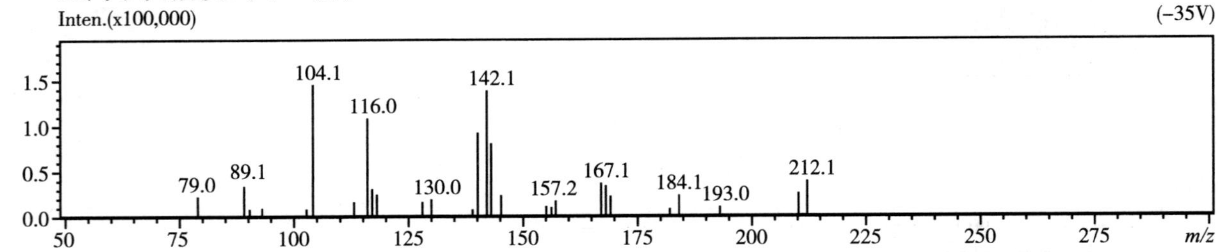

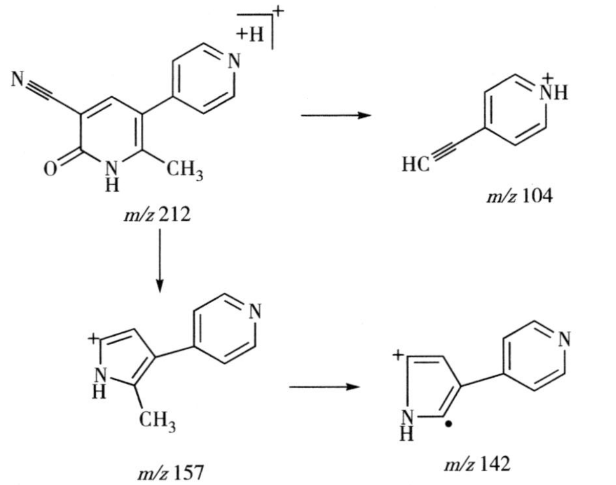

负离子扫描模式（一级）

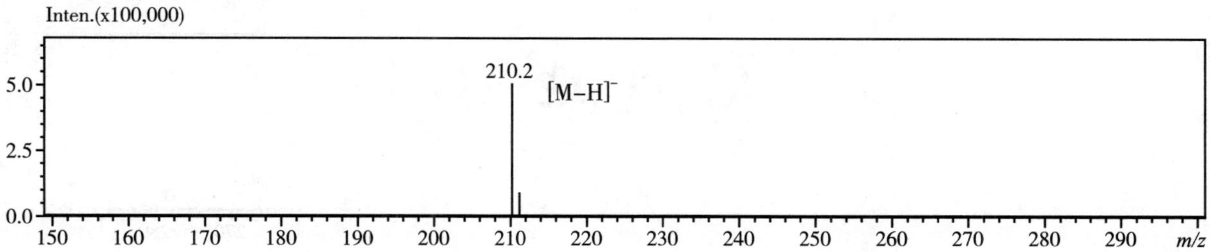

负离子扫描模式（二级）

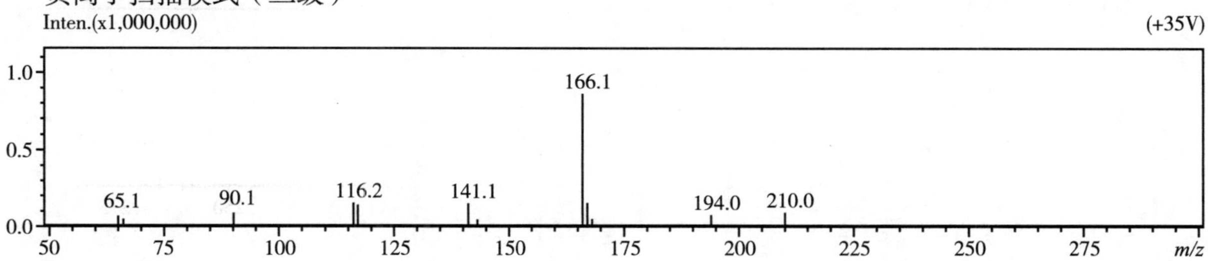

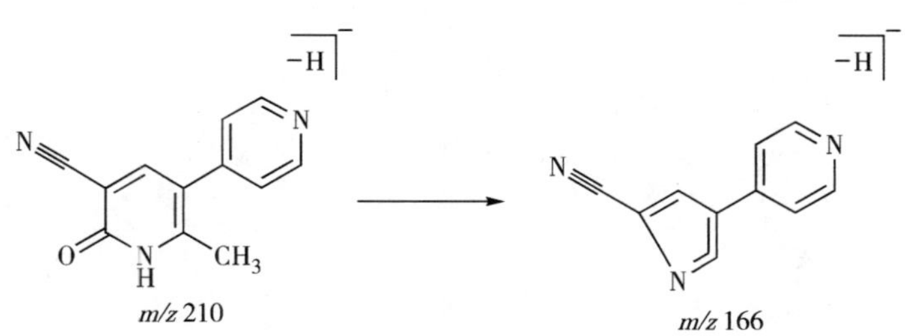

图9　米力农的质谱图

备注

1. **中文化学名**　1,6－二氢－2－甲基－6－氧代－(3,4′－双吡啶)－5－甲腈
2. **英文化学名**　1,6－dihydro－2－methyl－6－oxo－(3,4′－bipyridine)－5－carbonitrile
3. **性状**　本品为类白色结晶性粉末；无臭。
4. **溶解性**　本品在水或乙醇中几乎不溶，在稀盐酸中略溶。
5. **溶剂**　0.1mol/L盐酸溶液。
6. **对照品编号与批号**　101065－201001

尼 可 地 尔

英文名 Nicorandil

分子式 $C_8H_9N_3O_4$

分子量 211.18

CAS 号 65141-46-0

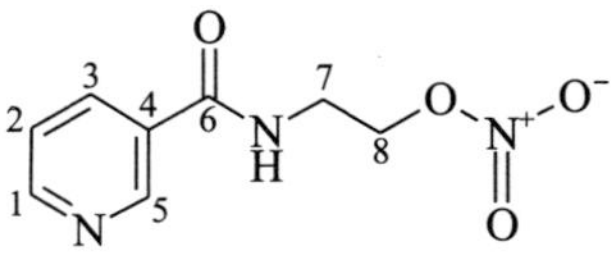

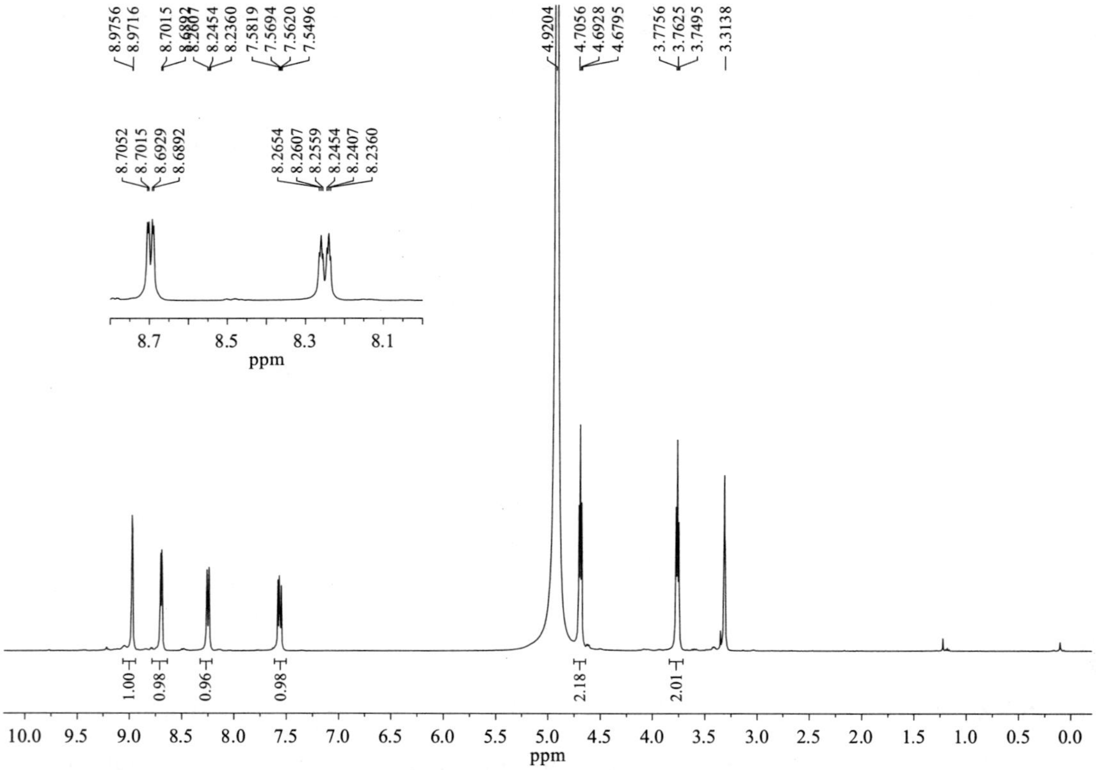

图1 尼可地尔的^{1}H NMR 谱（溶剂：CD_3OD）

^{1}H NMR：δ 8.97（H-5，d，J=1.6 Hz，1H），8.70（H-1，dd，J=4.9，1.5 Hz，1H），8.25（H-3，dt，J=8.0，1.9 Hz，1H），7.57（H-2，dd，J=8.0，5.0 Hz，1H），4.69（H-8，t，J=5.2 Hz，2H），3.76（H-7，t，J=5.2 Hz，2H）

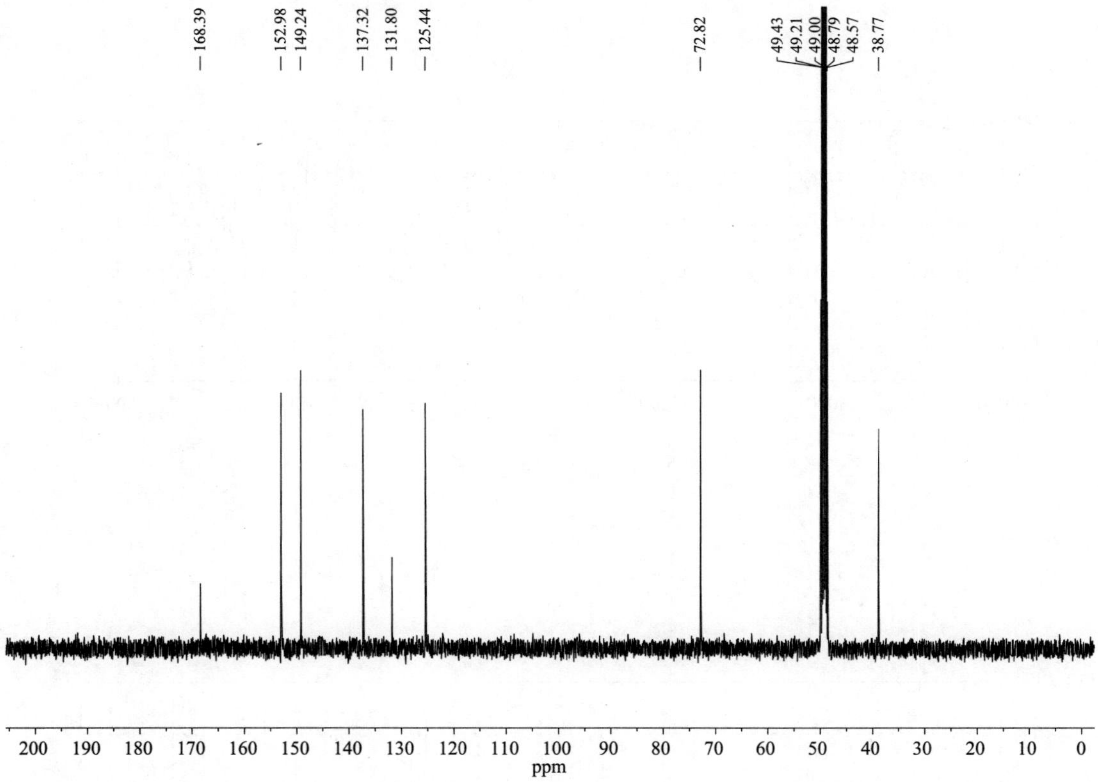

图 2　尼可地尔的^{13}C NMR 谱（溶剂：CD_3OD）

^{13}C NMR：δ 168.39（C－6），152.98（C－5），149.24（C－1），137.32（C－3），131.80（C－4），125.44（C－2），72.82（C－8），38.77（C－7）

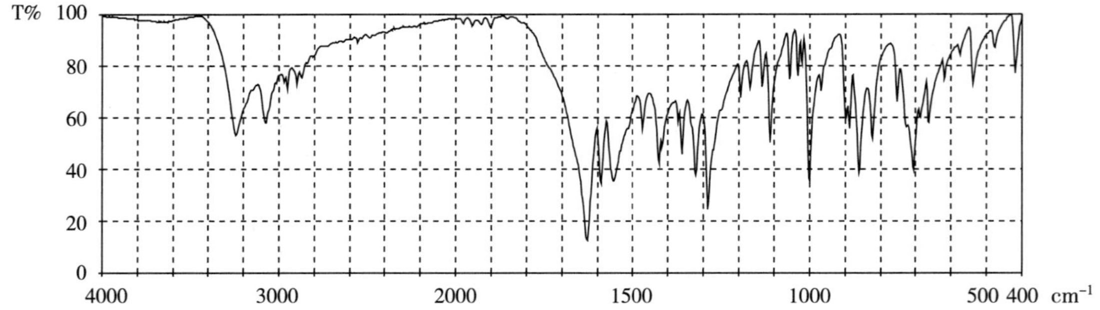

图 3　尼可地尔的红外光谱图

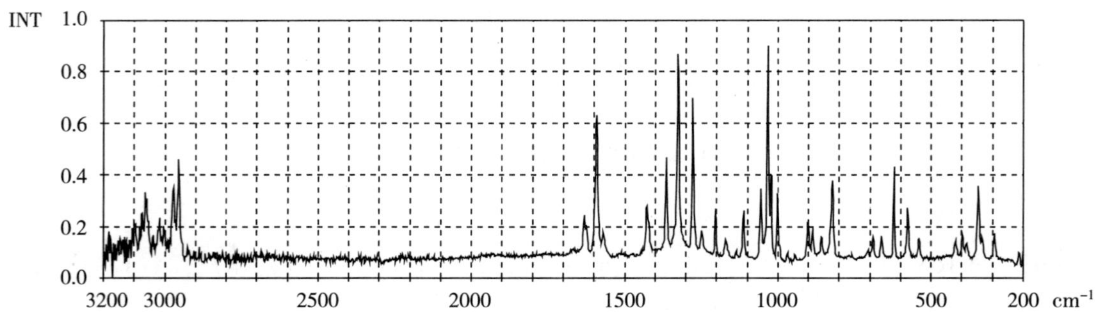

图 4　尼可地尔的拉曼光谱图

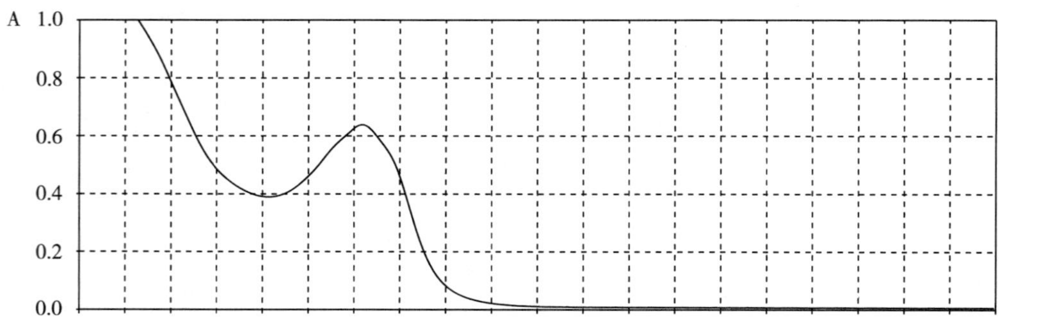

图 5　尼可地尔的紫外光谱图

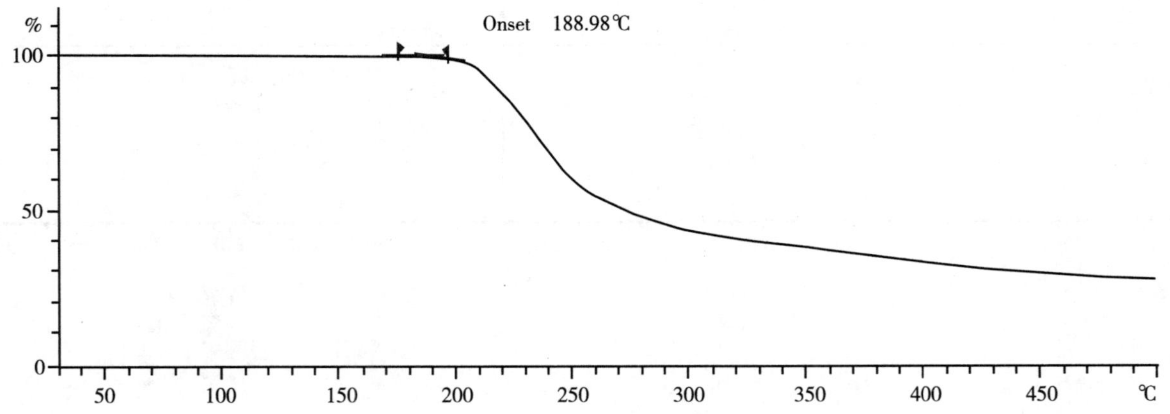

图 6 尼可地尔的 TG 图

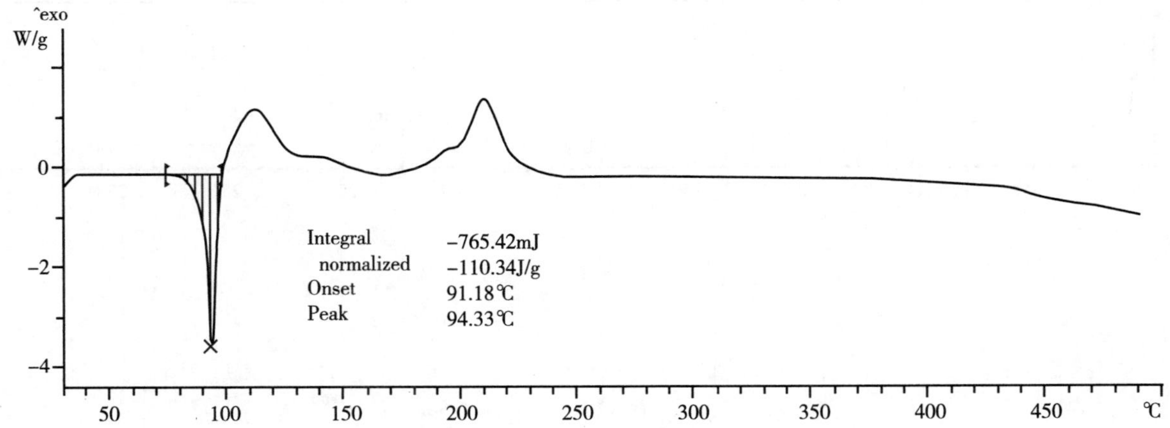

图 7 尼可地尔的 DSC 图

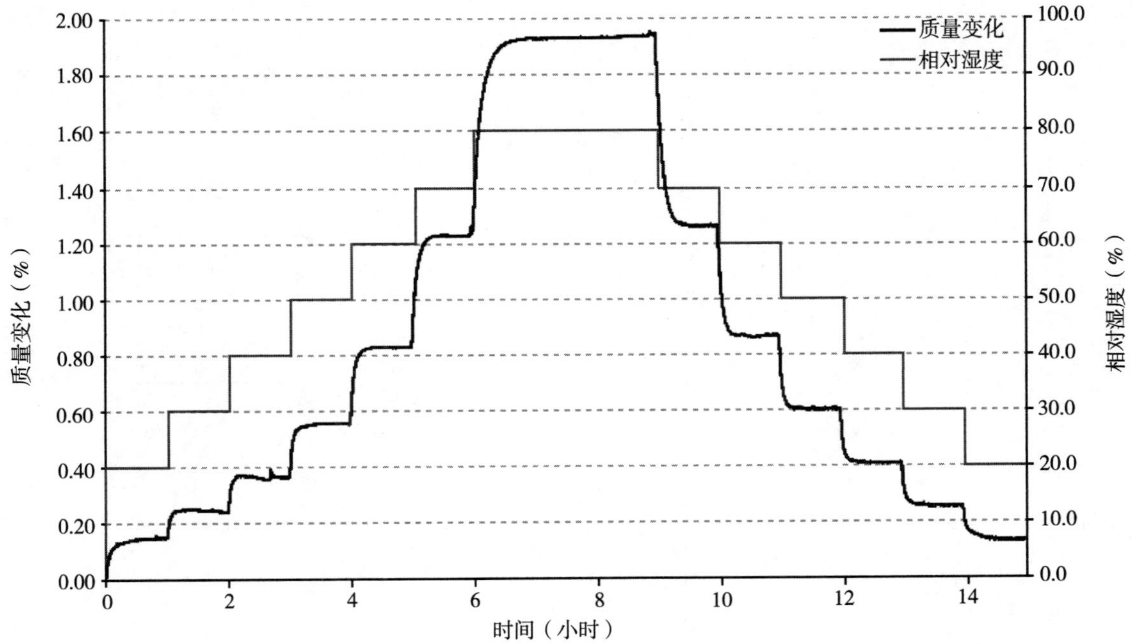

图 8 尼可地尔的 DVS 图

正离子扫描模式（一级）

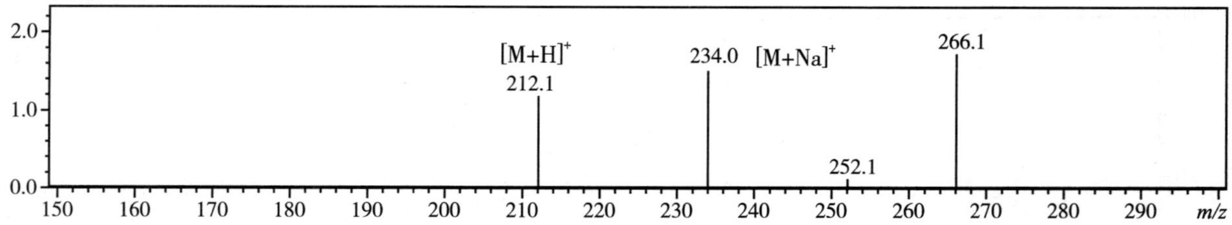

正离子扫描模式（二级）

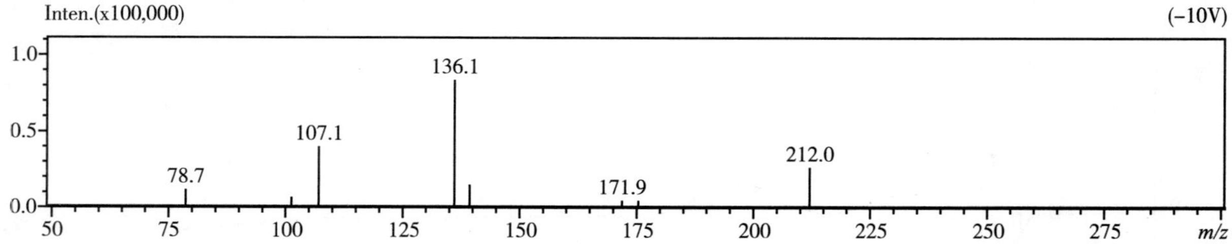

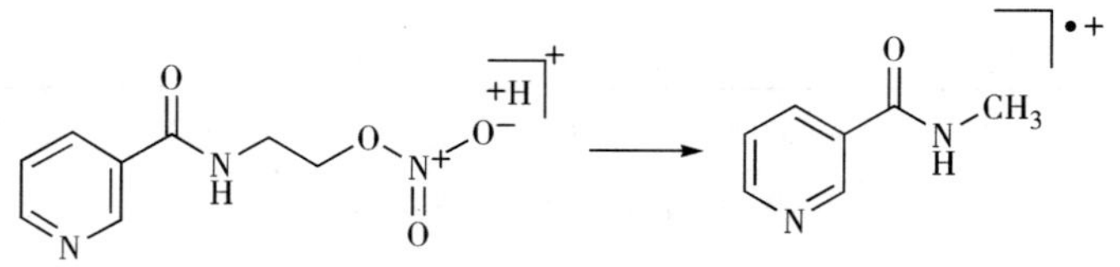

负离子扫描模式（一级）

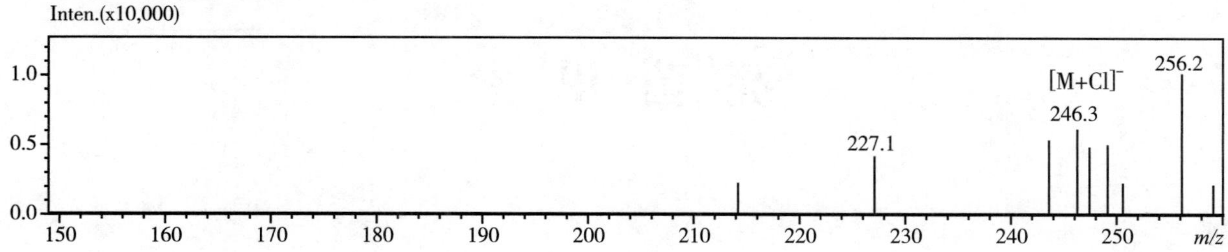

负离子扫描模式（二级）

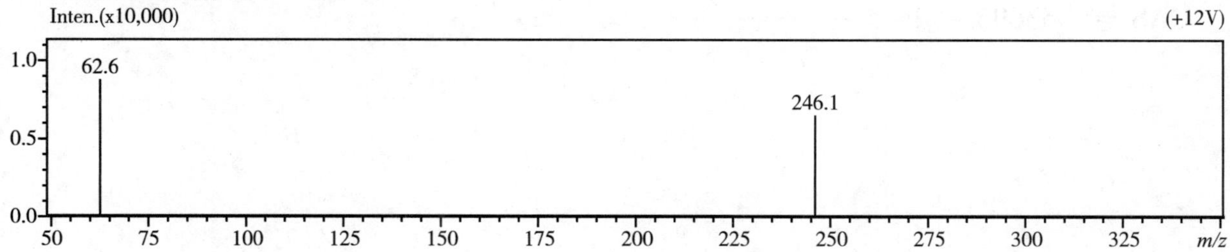

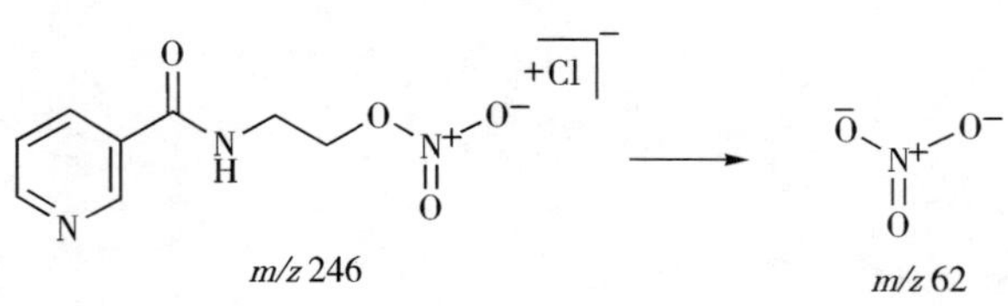

图9　尼可地尔的质谱图

备注

1. **中文化学名**　*N*－(2－硝氧乙基)烟酰胺硝酸酯
2. **英文化学名**　*N*－[2－(nitrooxy)ethyl]－3－pyridinecarboxamide
3. **性状**　本品为白色或类白色针状结晶或结晶性粉末;无臭或微有特臭,味苦。
4. **溶解性**　本品在甲醇、乙醇、丙酮、冰醋酸及稀乙醇中易溶，在三氯甲烷中溶解，在水中略溶，在乙醚中几乎不溶。
5. **溶剂**　0.1mol/L 盐酸溶液。
6. **对照品编号与批号**　101079－201001

亮菌甲素

英文名 Armillarisin A

分子式 $C_{12}H_{10}O_5$

分子量 234.20

CAS 号 53696－74－5

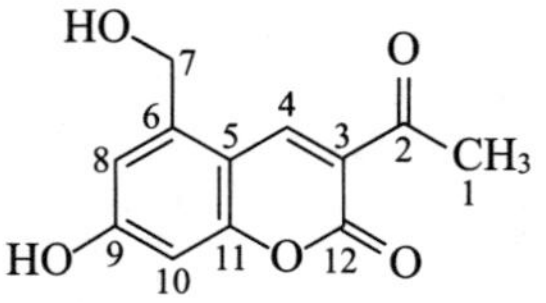

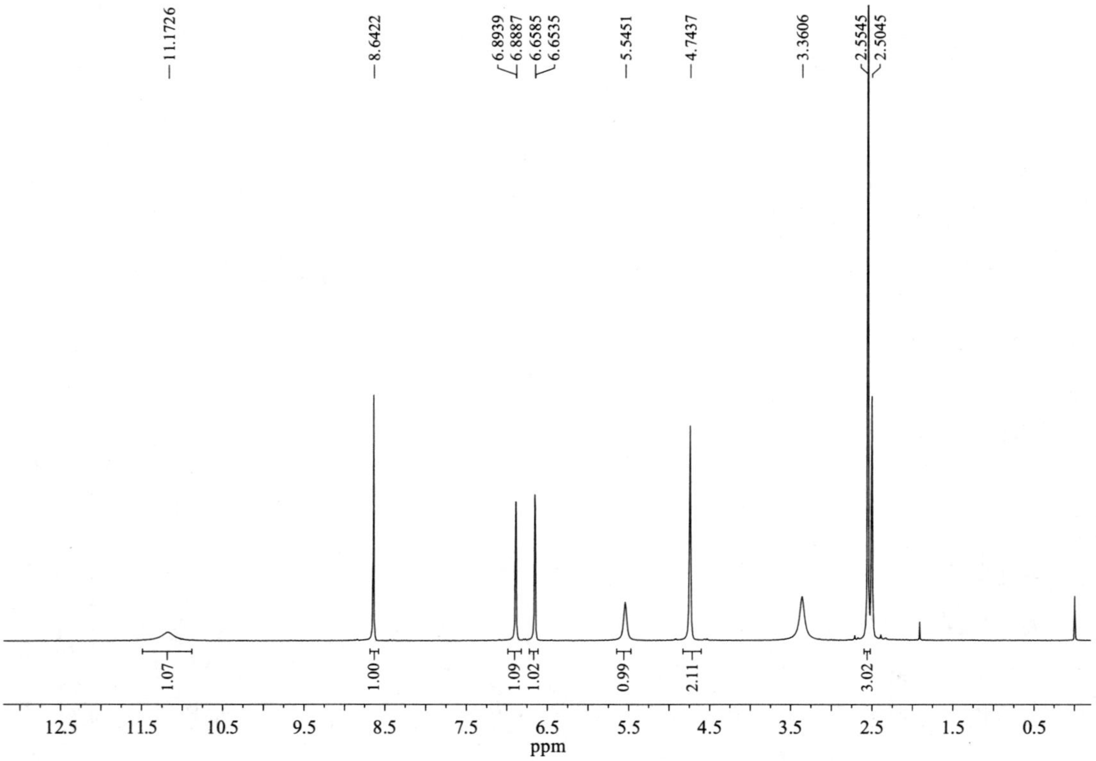

图 1　亮菌甲素的^{1}H NMR 谱（溶剂：CD_3SOCD_3）

^{1}H NMR：δ 11.17（C_9—OH，brs，1H），8.64（H－4，s，1H），6.89（H－8，d，J＝2.0 Hz，1H），6.66（H－10，d，J＝2.0 Hz，1H），5.55（C_7—OH，brs，1H），4.74（H－7，s，2H），2.55（H－1，s，3H）

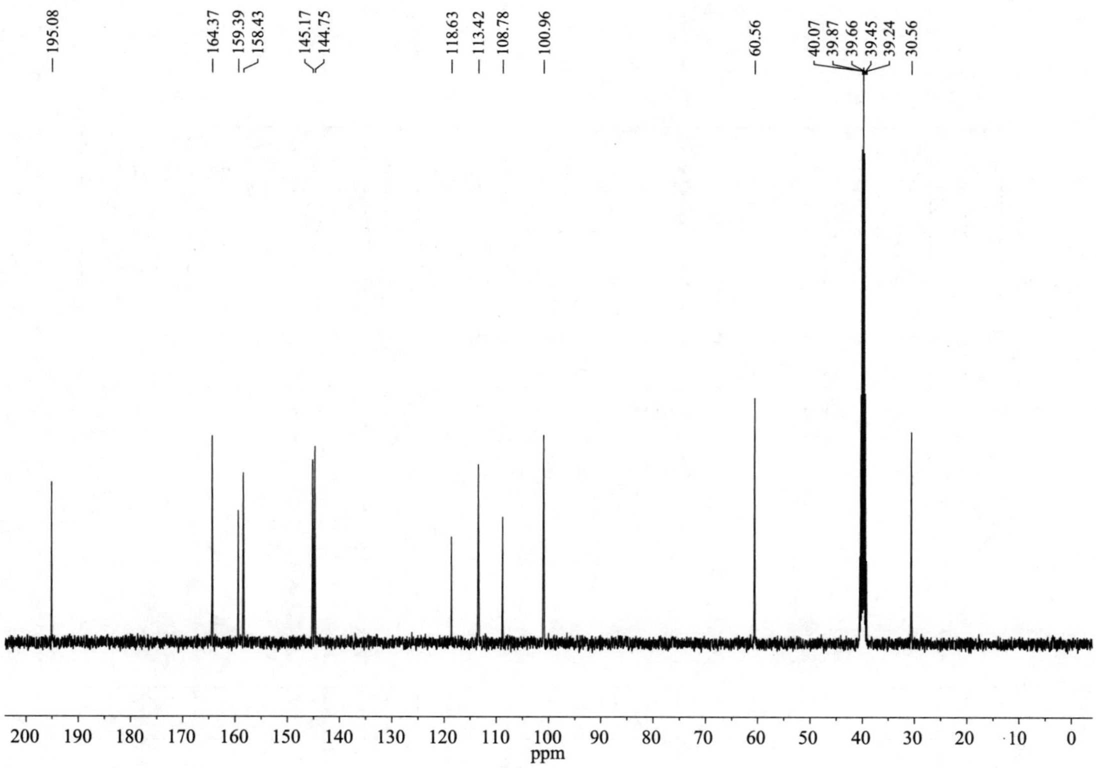

图2　亮菌甲素的^{13}C NMR谱（溶剂：CD_3SOCD_3）

^{13}C NMR：δ 195.08（C－2），164.37（C－12），159.39（C－9），158.43（C－11），145.17（C－6），144.75（C－4），118.63（C－3），113.42（C－8），108.78（C－5），100.96（C－10），60.56（C－7），30.56（C－1）

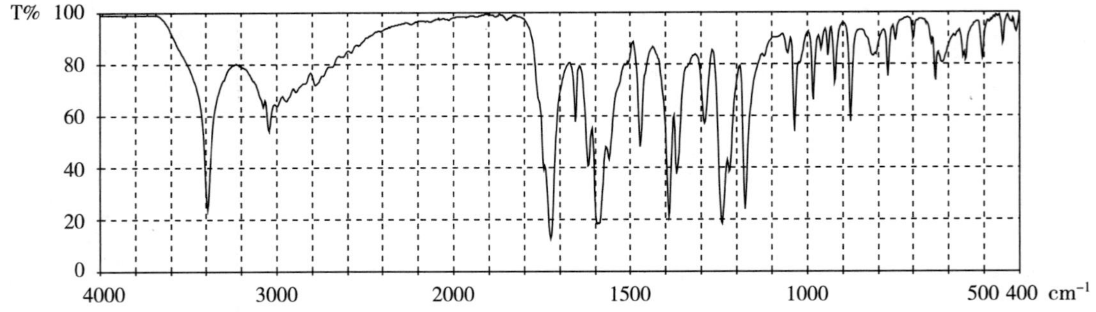

图 3　亮菌甲素的红外光谱图

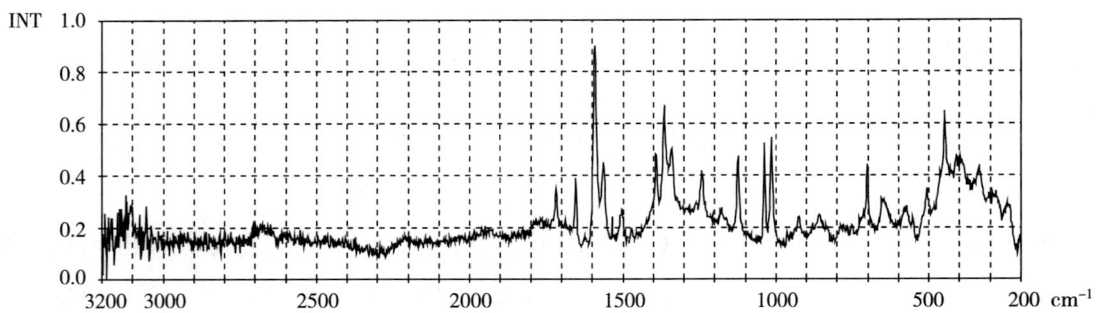

图 4　亮菌甲素的拉曼光谱图

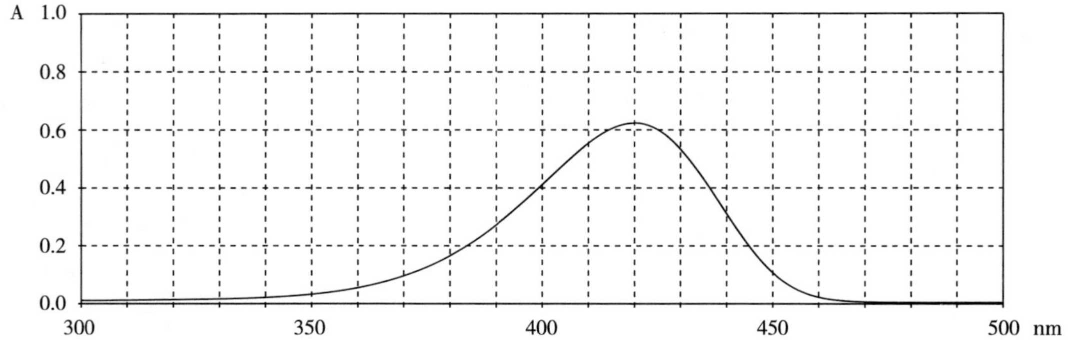

图 5　亮菌甲素的紫外光谱图

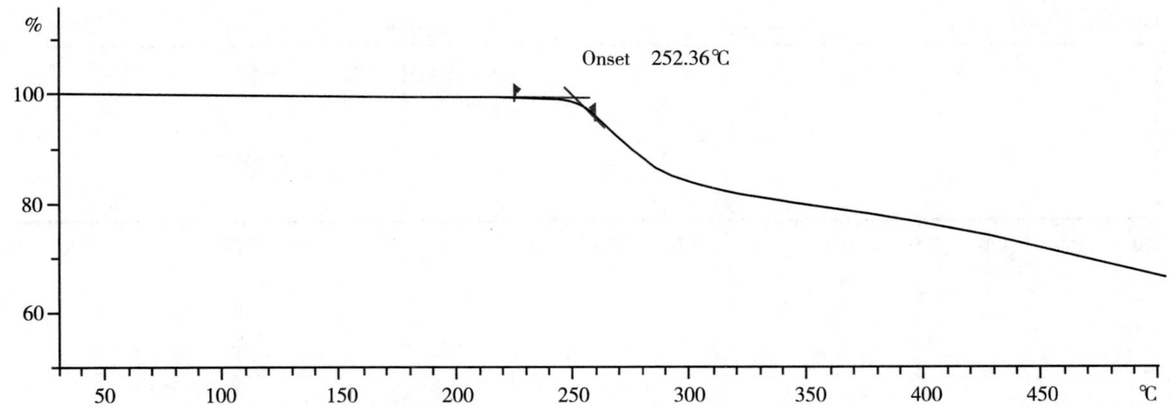

图 6 亮菌甲素的 TG 图

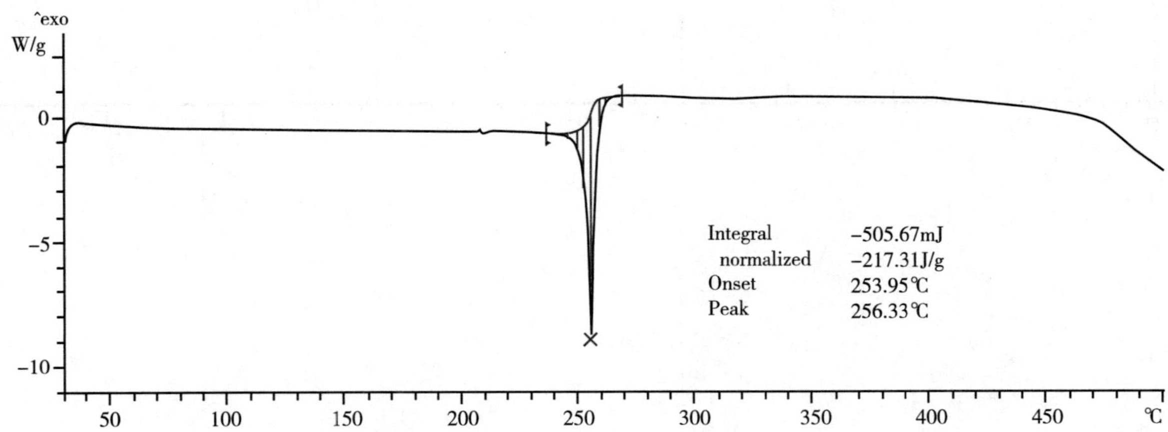

图 7 亮菌甲素的 DSC 图

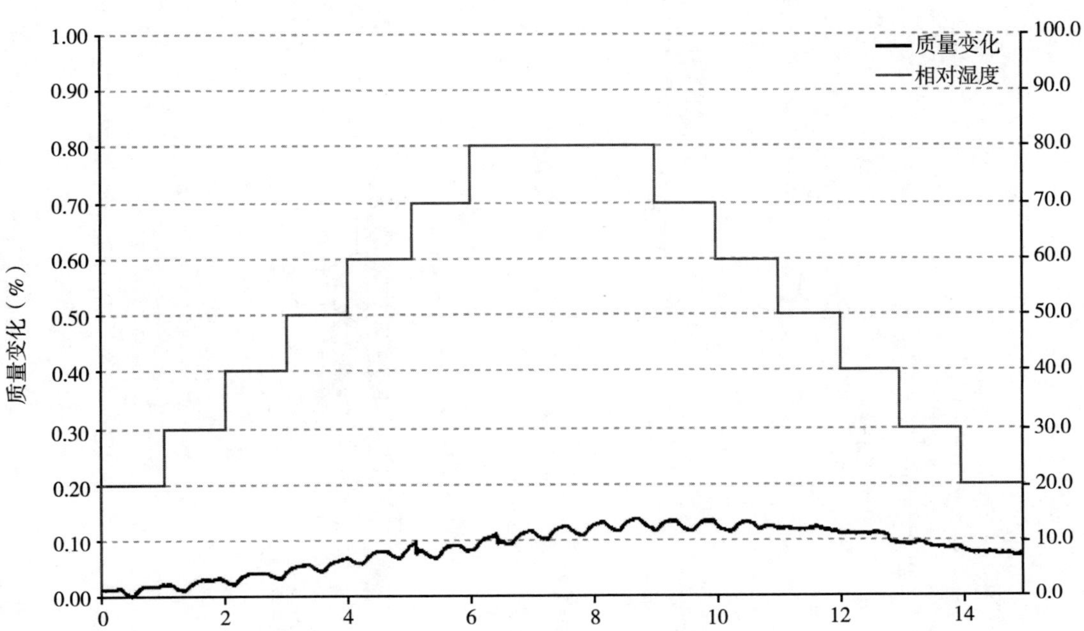

图 8 亮菌甲素的 DVS 图

正离子扫描模式（一级）

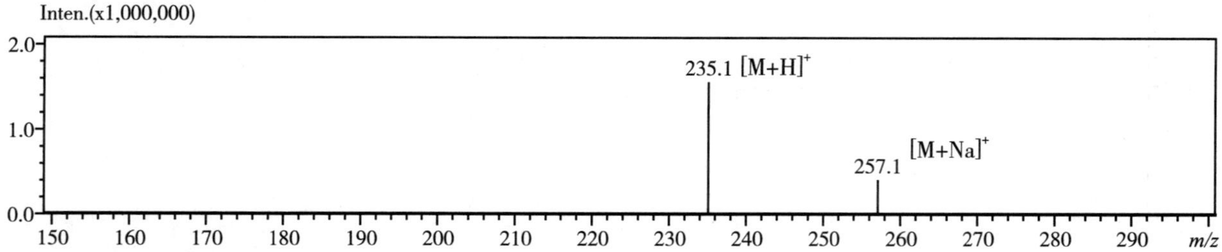

正离子扫描模式（二级）

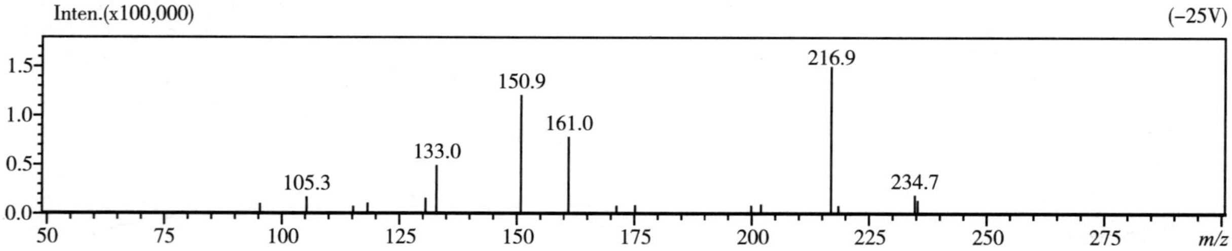

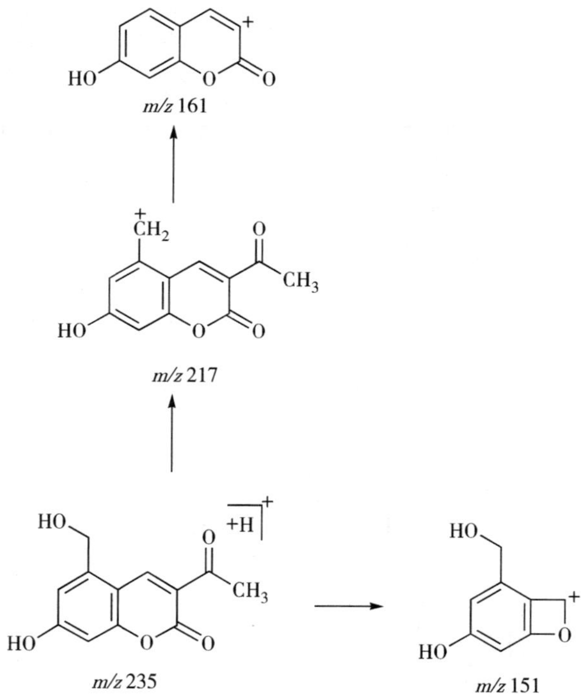

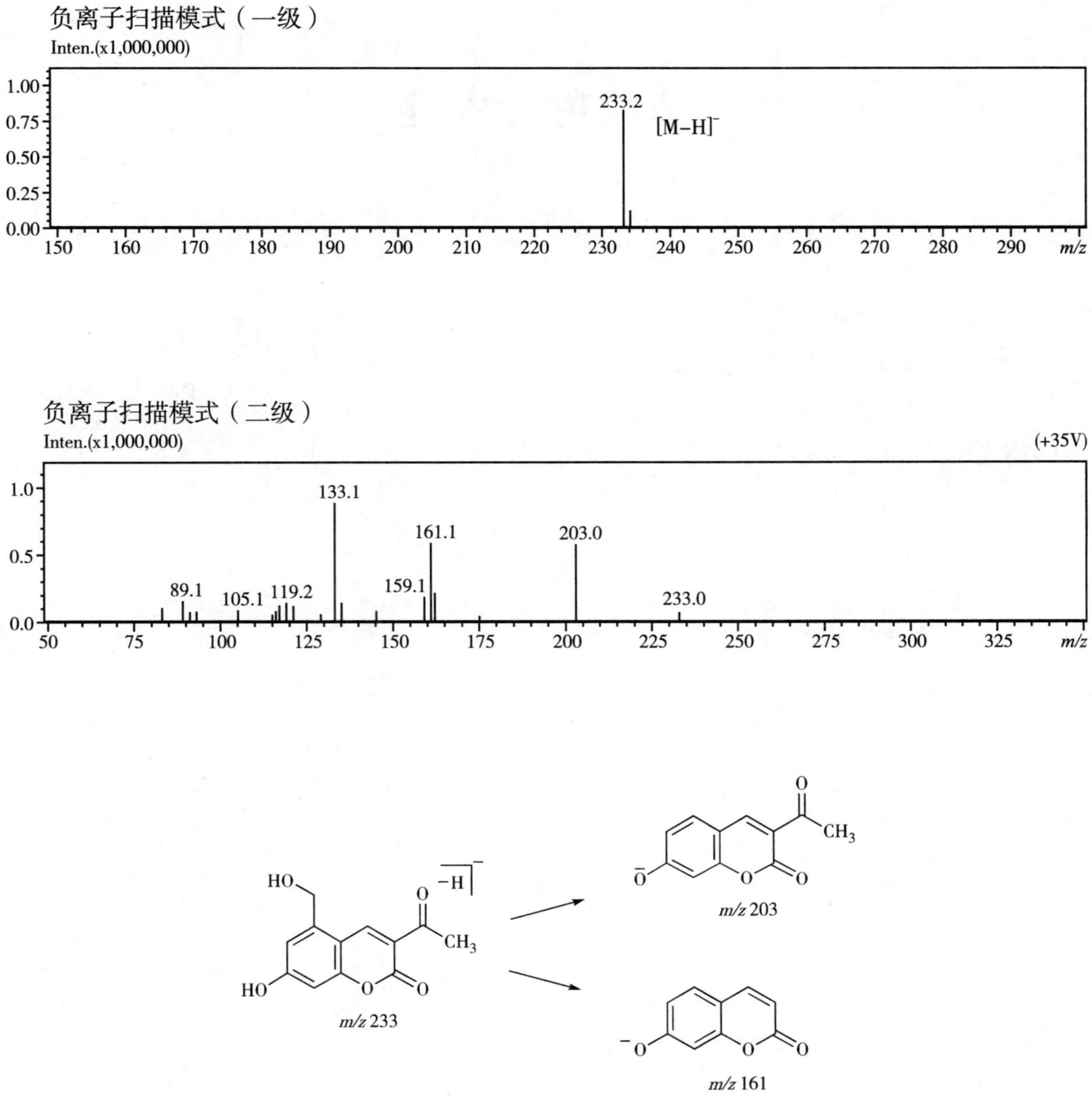

图9　亮菌甲素的质谱图

备注

1. **中文化学名**　3－乙酰基－5－羟甲基－7－羟基香豆素

2. **英文化学名**　3－acetyl－5－hydroxymethyl－7－hydroxycoumarin

3. **性状**　本品为黄色或橙黄色结晶性粉末；无臭。

4. **溶解性**　本品在稀碱溶液中溶解，在乙醇或甲醇中极微溶解，在水中几乎不溶。

5. **溶剂**　0. 1mol/L 氢氧化钠溶液。

6. **对照品编号与批号**　101091－200901

硝酸奥昔康唑

英文名　Oxiconazole Nitrate

分子式　$C_{18}H_{13}Cl_4N_3O \cdot HNO_3$

分子量　492.15

CAS 号　64211－46－7

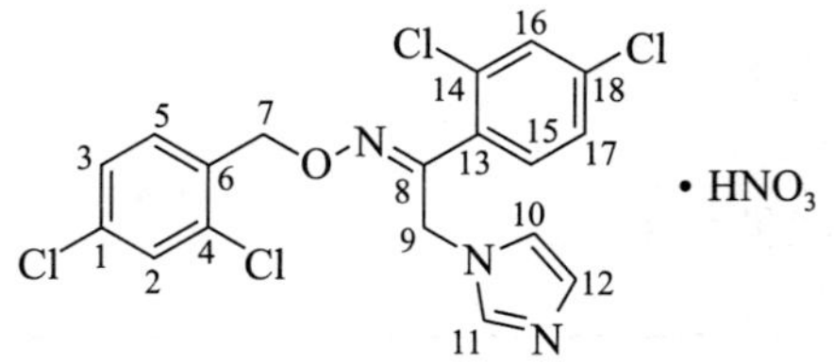

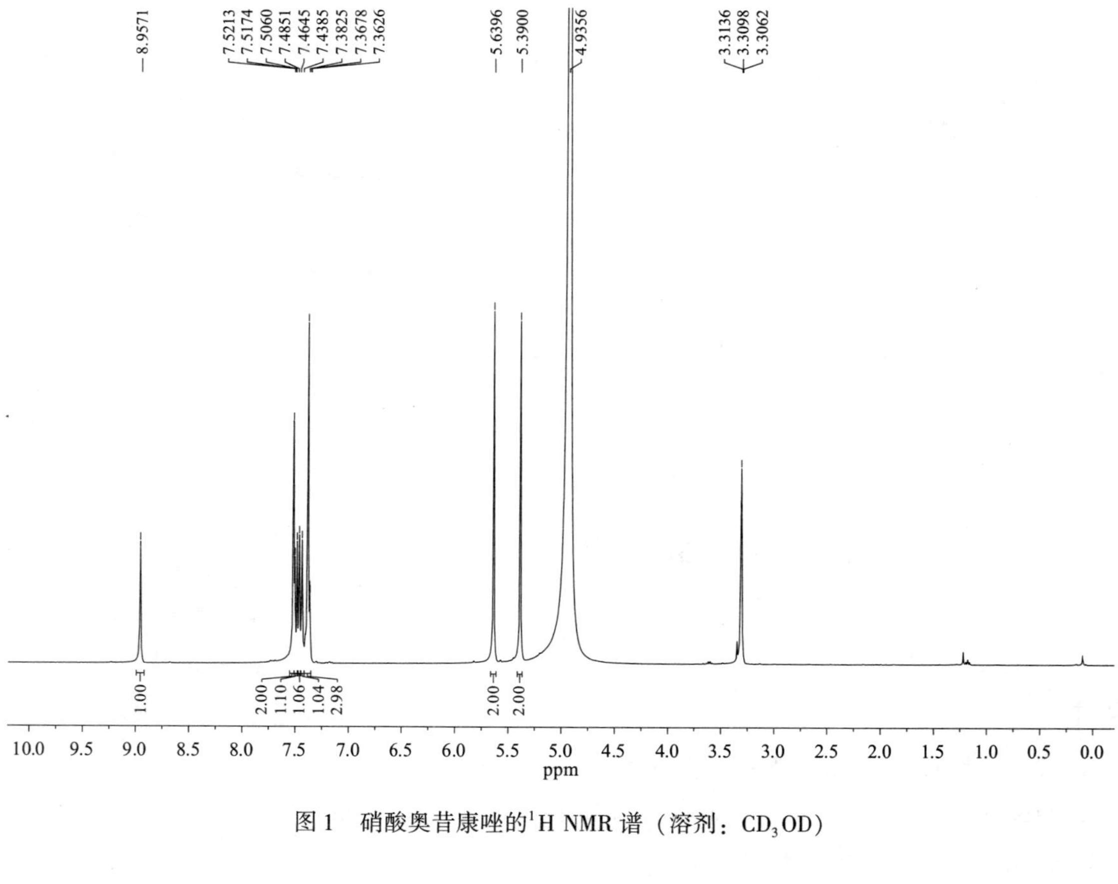

图1　硝酸奥昔康唑的^{1}H NMR谱（溶剂：CD_3OD）

^{1}H NMR：δ 8.96（H－11，s，1H），7.52（H－2，16，d，J＝1.6 Hz，2H），7.49（H－5，d，J＝8.3 Hz，1H），7.46（H－3，m，1H），7.43（H－15，m，1H），7.41～7.34（H－10，12，17，m，3H），5.64（H－9，s，2H），5.39（H－7，s，2H）

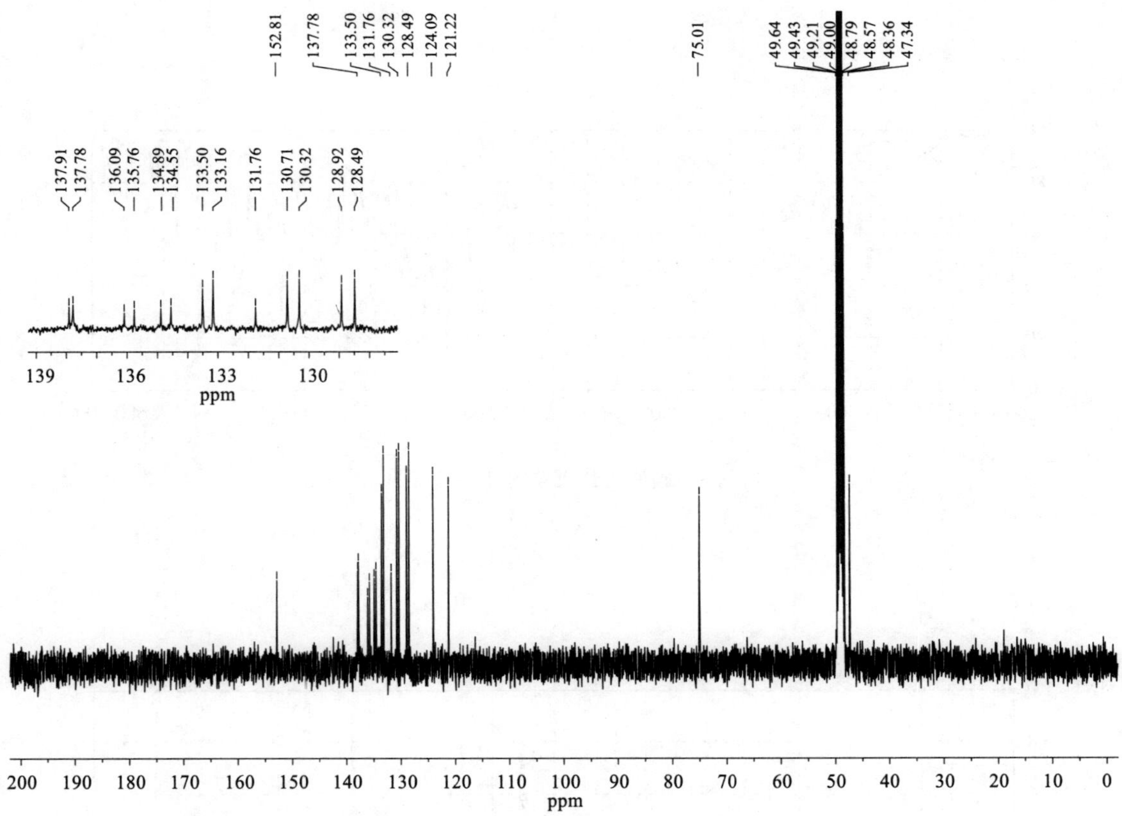

图 2　硝酸奥昔康唑的^{13}C NMR 谱（溶剂：CD_3OD）

^{13}C NMR：δ 152. 81（C－8），137. 91（C－11），137. 78（C－18），136. 09（C－4），135. 76（C－6），134. 89（C－1），134. 55（C－14），133. 50（C－15），133. 16（C－17），131. 76（C－13），130. 71（C－5），130. 32（C－2），128. 92（C－12），128. 49（C－16），124. 09（C－3），121. 22（C－10），75. 01（C－7），47. 34（C－9）

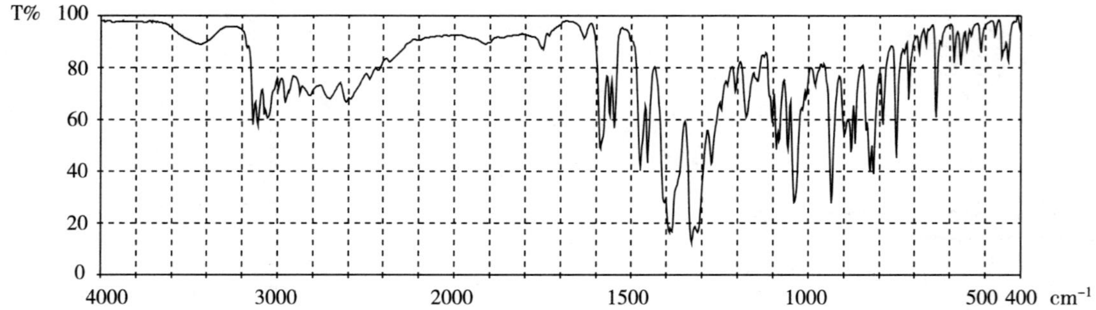

图 3　硝酸奥昔康唑的红外光谱图

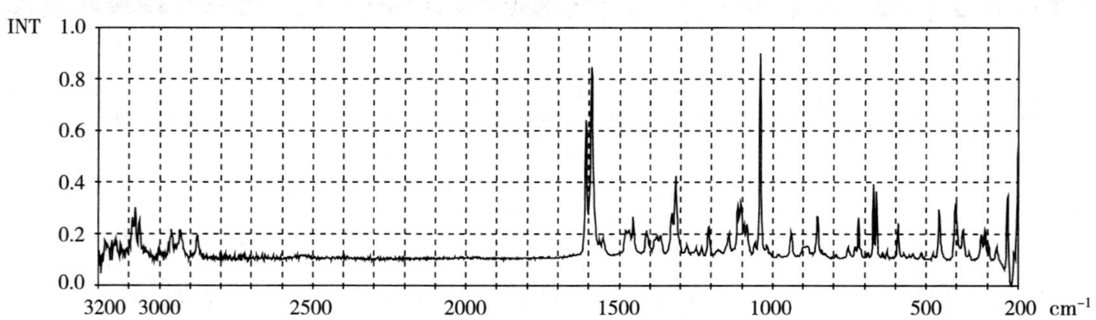

图 4　硝酸奥昔康唑的拉曼光谱图

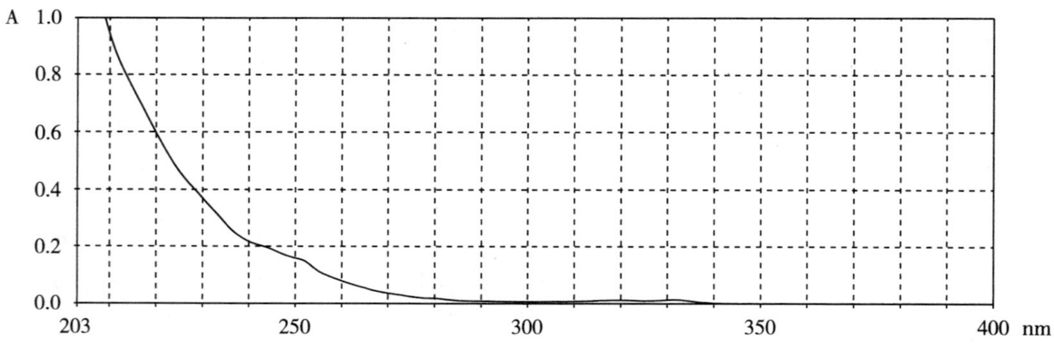

图 5　硝酸奥昔康唑的紫外光谱图

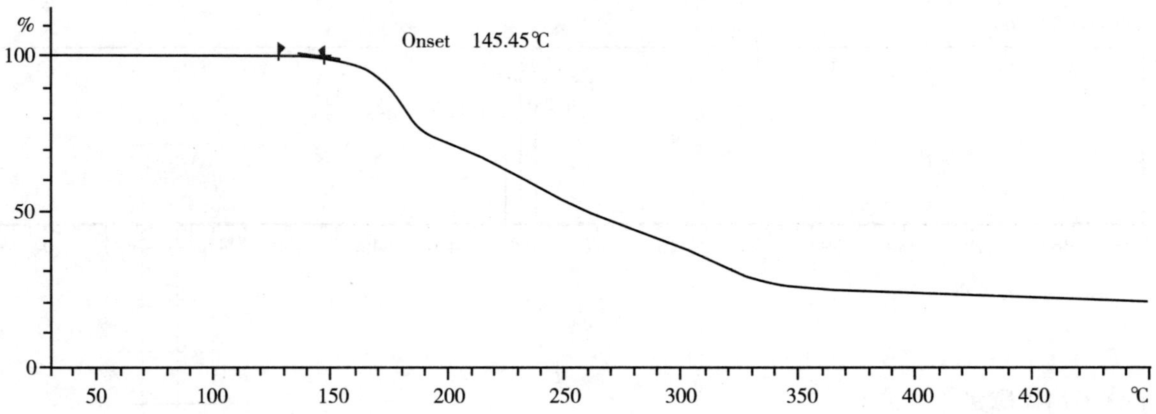

图 6　硝酸奥昔康唑的 TG 图

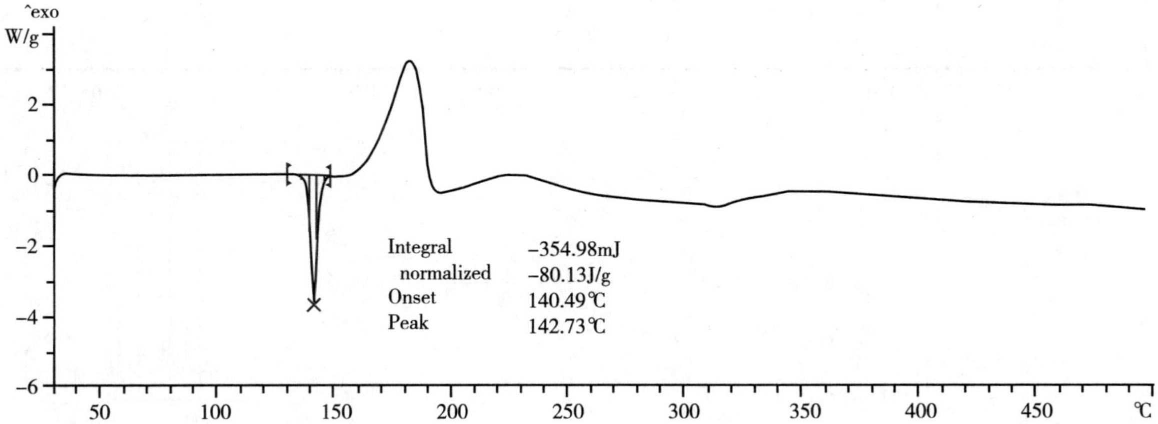

图 7　硝酸奥昔康唑的 DSC 图

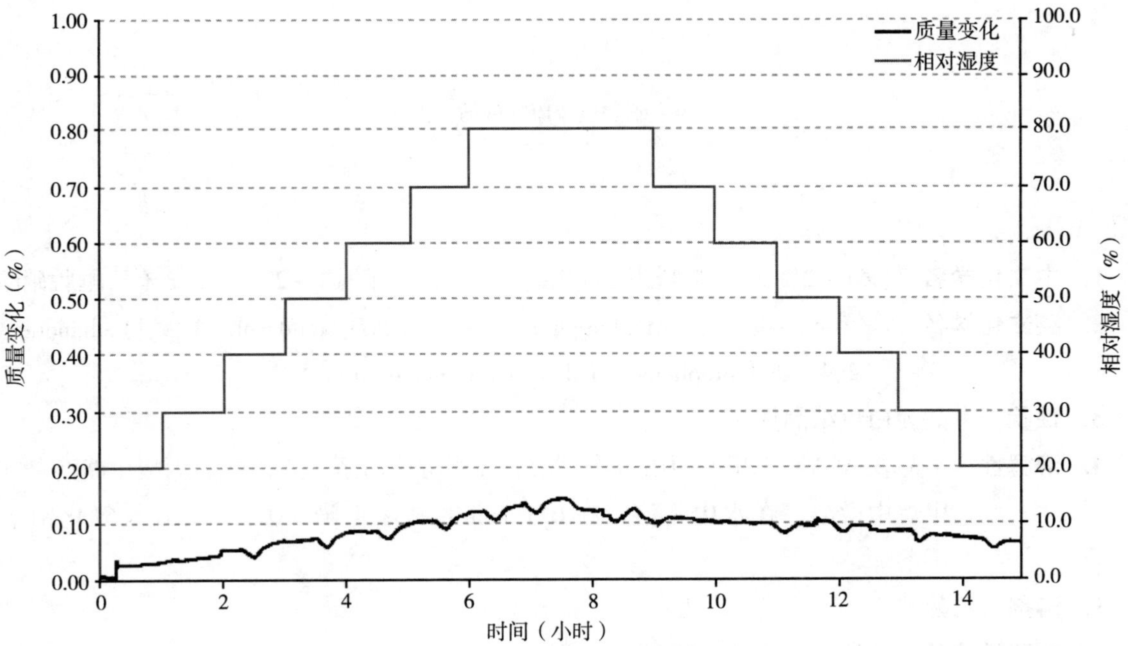

图 8　硝酸奥昔康唑的 DVS 图

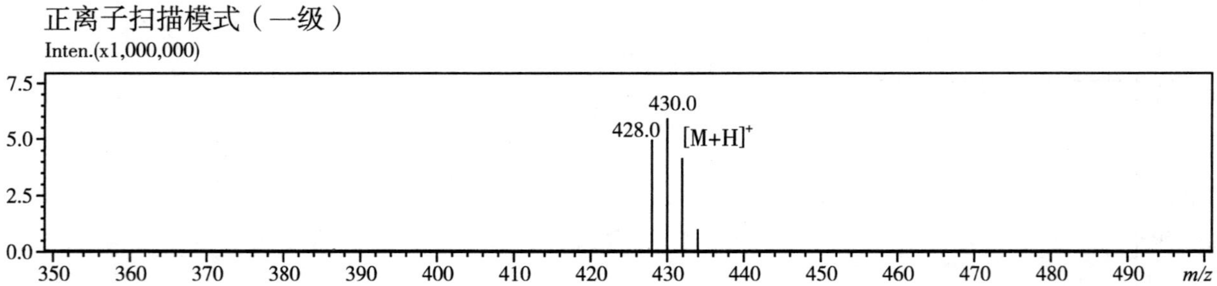

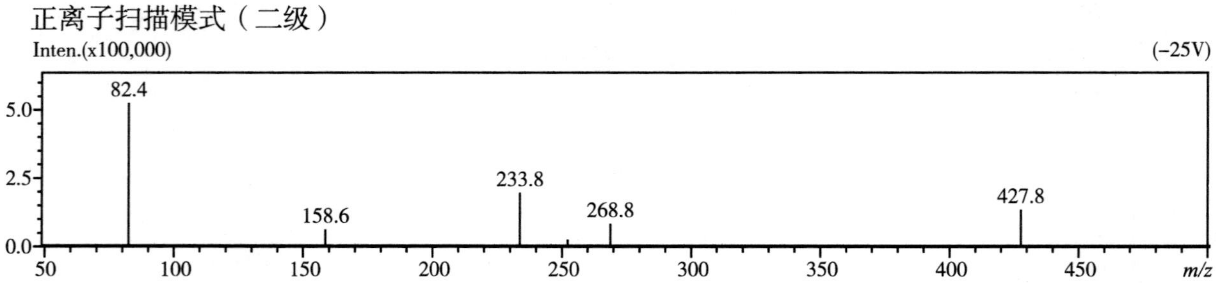

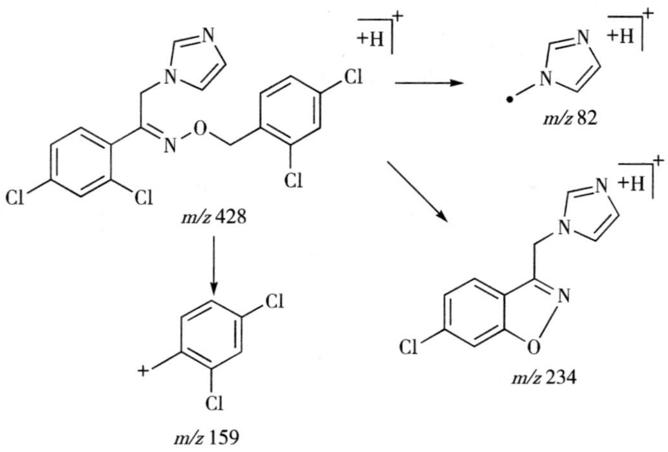

图 9　硝酸奥昔康唑的质谱图

备注

1. 中文化学名　（*Z*）-2′-（1-咪唑基）-*O*-（2,4-二氯苄基）-2,4-二氯苯乙酮肟硝酸盐

2. 英文化学名　（*Z*）-1-（2,4-dichlorophenyl）-2-（1*H*-imidazol-1-yl）ethanone-*O*-[（2,4-dichlorophenyl）methyl]oxime mononitrate

3. 性状　本品为白色结晶性粉末。

4. 溶解性　本品在*N*,*N*-二甲基甲酰胺中易溶，在甲醇中溶解，在乙醇、丙酮中略溶，在二氯甲烷中微溶，在水中不溶，在 0.1 mol/L 盐酸溶液、0.1 mol/L 氢氧化钠溶液中不溶。

5. 溶剂　乙醇。

6. 对照品编号与批号　101105-201001

重酒石酸肾上腺素

英文名 Adrenaline Bitartrate

分子式 $C_9H_{13}NO_3 \cdot C_4H_6O_6$

分子量 333.29

CAS 号 51－42－3

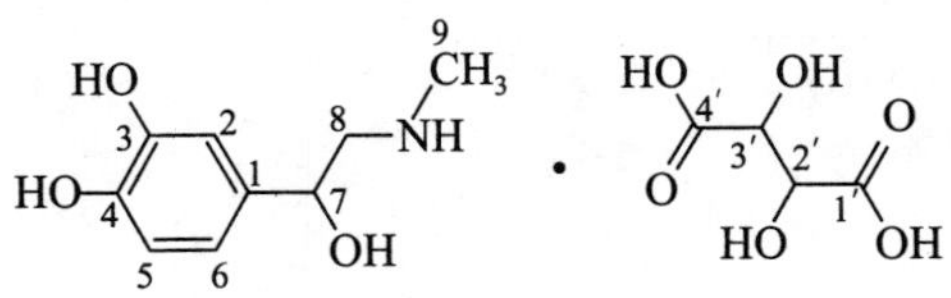

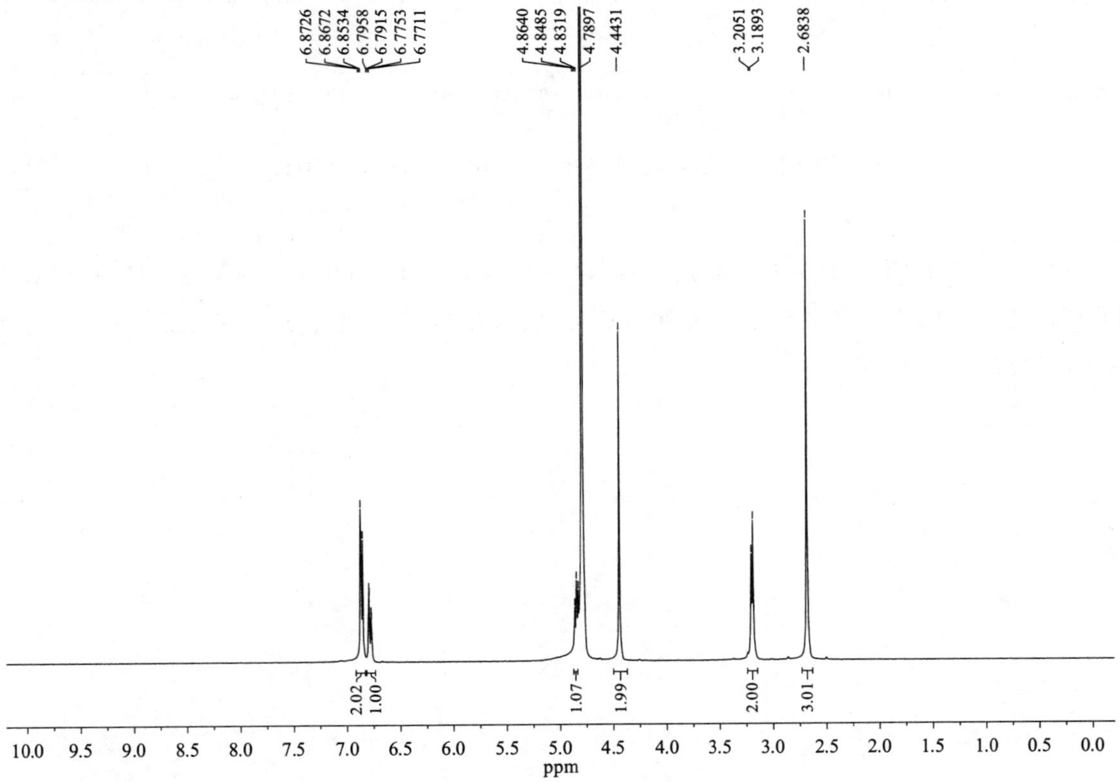

图 1　重酒石酸肾上腺素的^{1}H NMR 谱（溶剂：D_2O）

^{1}H NMR：δ 6.91～6.83（H－2，5，m，2H），6.78（H－6，dd，J＝8.2，1.7 Hz，1H），4.84（H－7，m，1H），4.44（H－2′，3′，s，2H），3.20（H－8，d，J＝6.3 Hz，2H），2.68（H－9，s，3H）

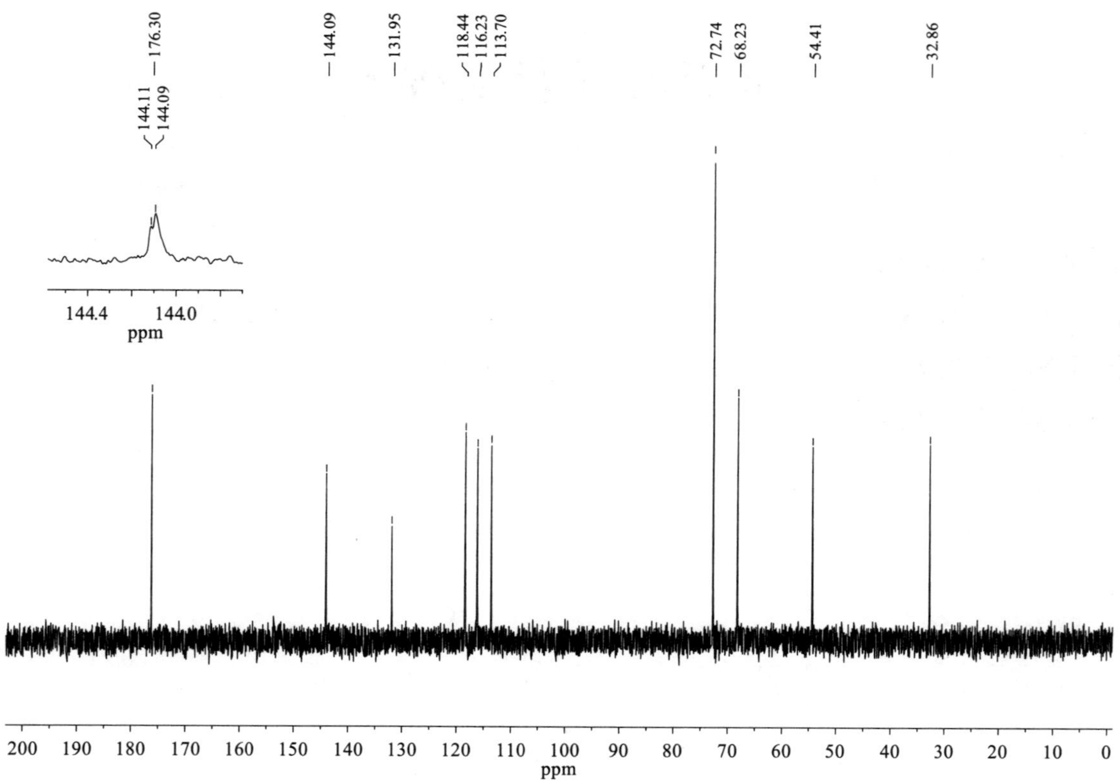

图 2　重酒石酸肾上腺素的^{13}C NMR 谱（溶剂：D_2O）

^{13}C NMR：δ 176.30（C－1′，4′），144.11（C－4），144.09（C－3），131.95（C－1），118.44（C－6），116.23（C－5），113.70（C－2），72.74（C－2′，3′），68.23（C－7），54.41（C－8），32.86（C－9）

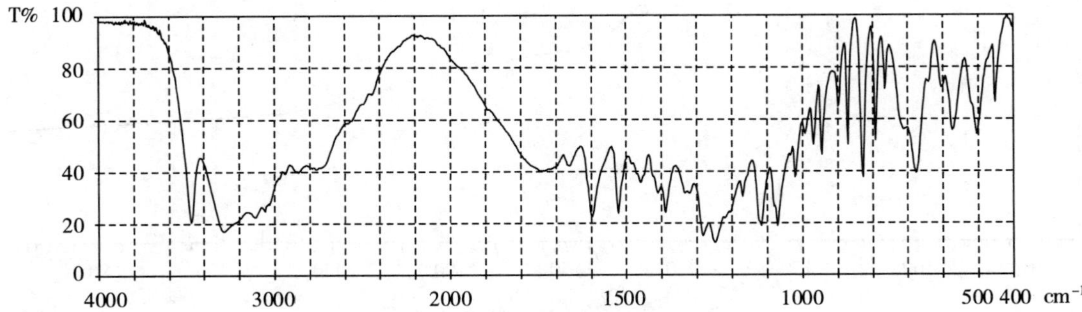

图 3　重酒石酸肾上腺素的红外光谱图

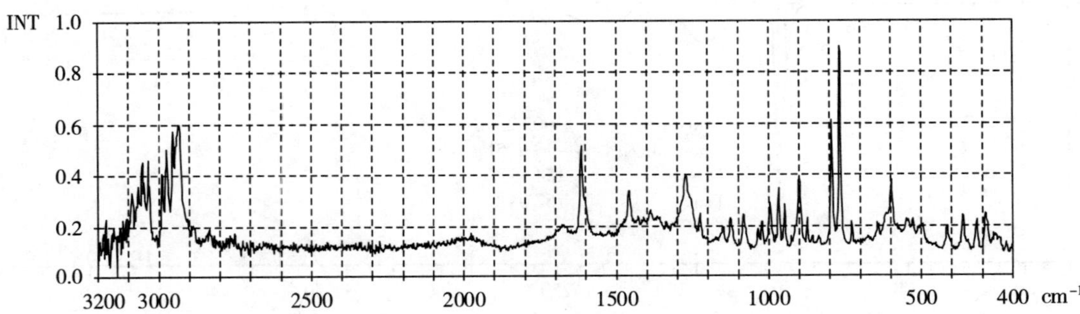

图 4　重酒石酸肾上腺素的拉曼光谱图

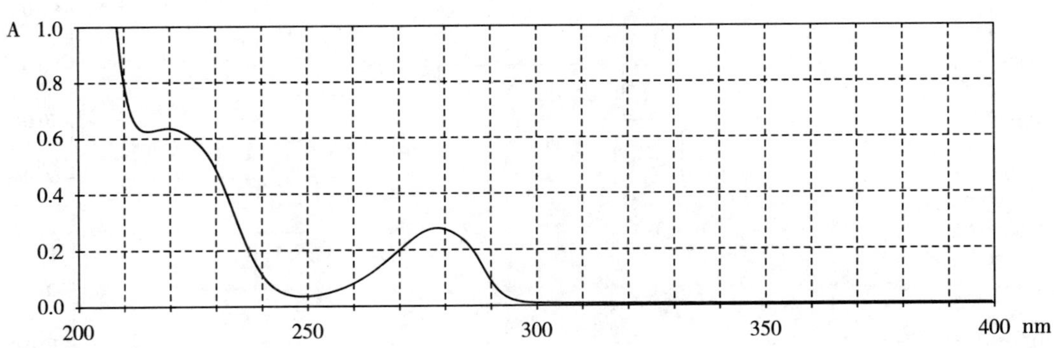

图 5　重酒石酸肾上腺素的紫外光谱图

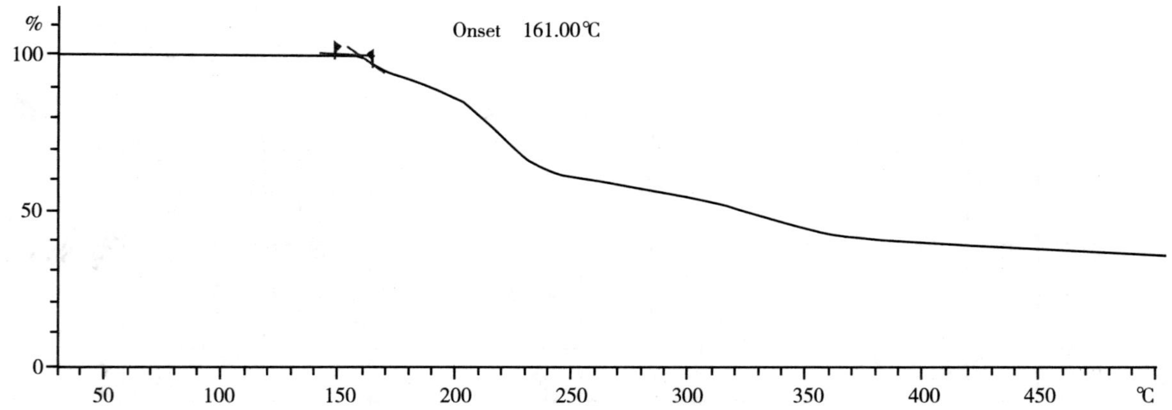

图 6　重酒石酸肾上腺素的 TG 图

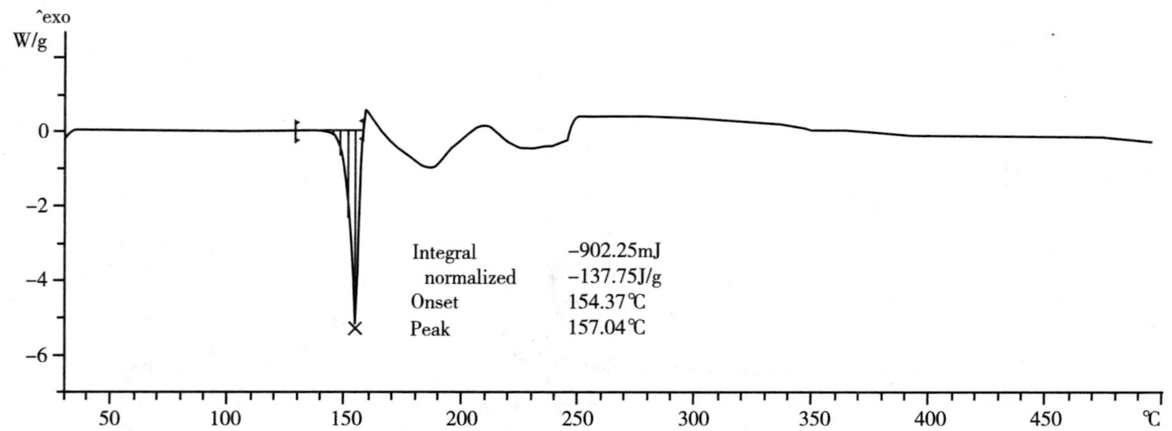

图 7　重酒石酸肾上腺素的 DSC 图

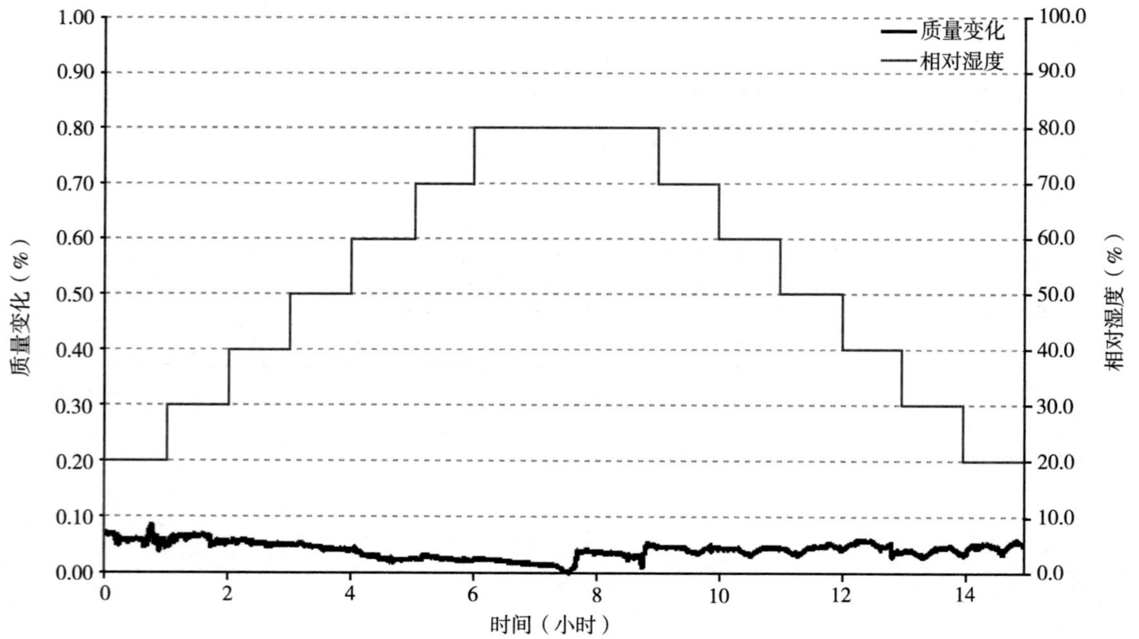

图 8　重酒石酸肾上腺素的 DVS 图

负离子扫描模式（一级）

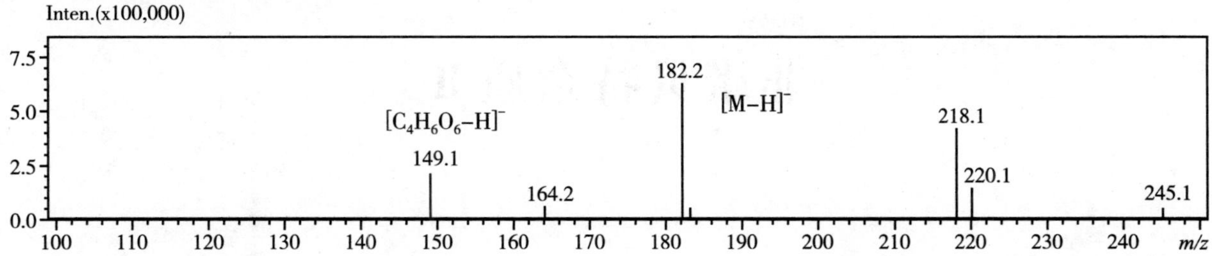

负离子扫描模式（二级）

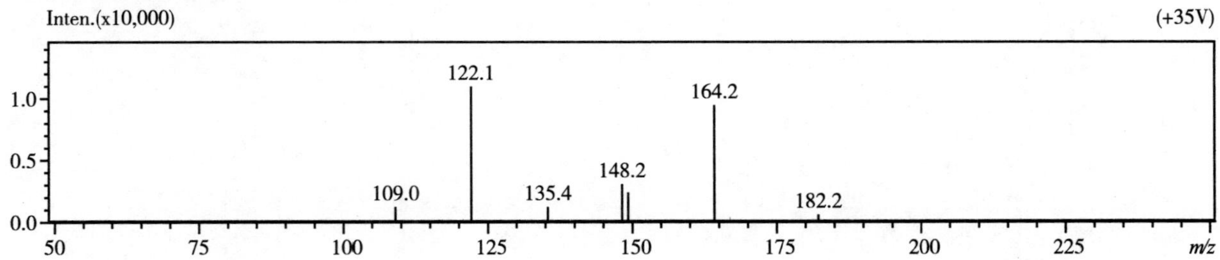

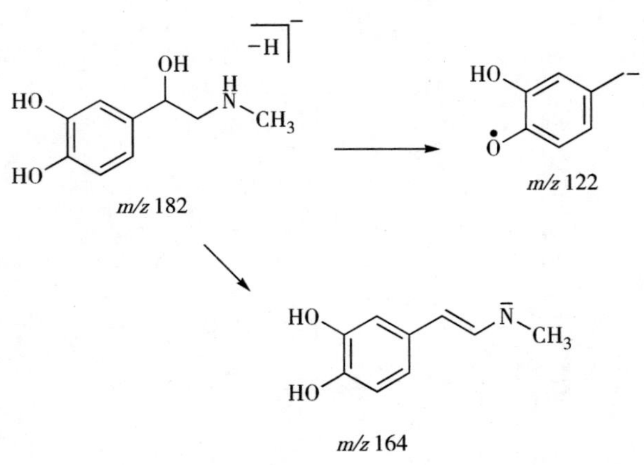

图 9　重酒石酸肾上腺素的质谱图

备注

1. **中文化学名**　*L*－3,4－二羟基－α－[（甲氨基）甲基]苄醇 *D*－酒石酸氢盐
2. **英文化学名**　（－）－3,4－dihydroxy－α－[（methylamino）methyl]benzyl alcohol（＋）－ tartrate（1∶1）salt
3. **性状**　本品为白色结晶性粉末。
4. **溶解性**　本品在水中易溶，在乙醇中微溶。
5. **溶剂**　水。
6. **对照品编号与批号**　101120－201001

非诺贝特杂质Ⅱ

英文名 Fenofibrate Impurity Ⅱ

分子式 $C_{17}H_{15}ClO_4$

分子量 318.75

CAS 号 42017-89-0

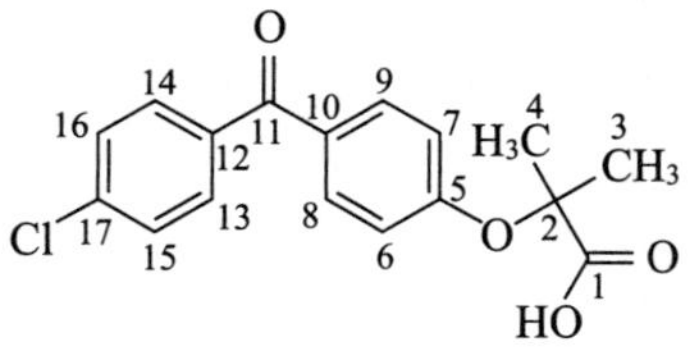

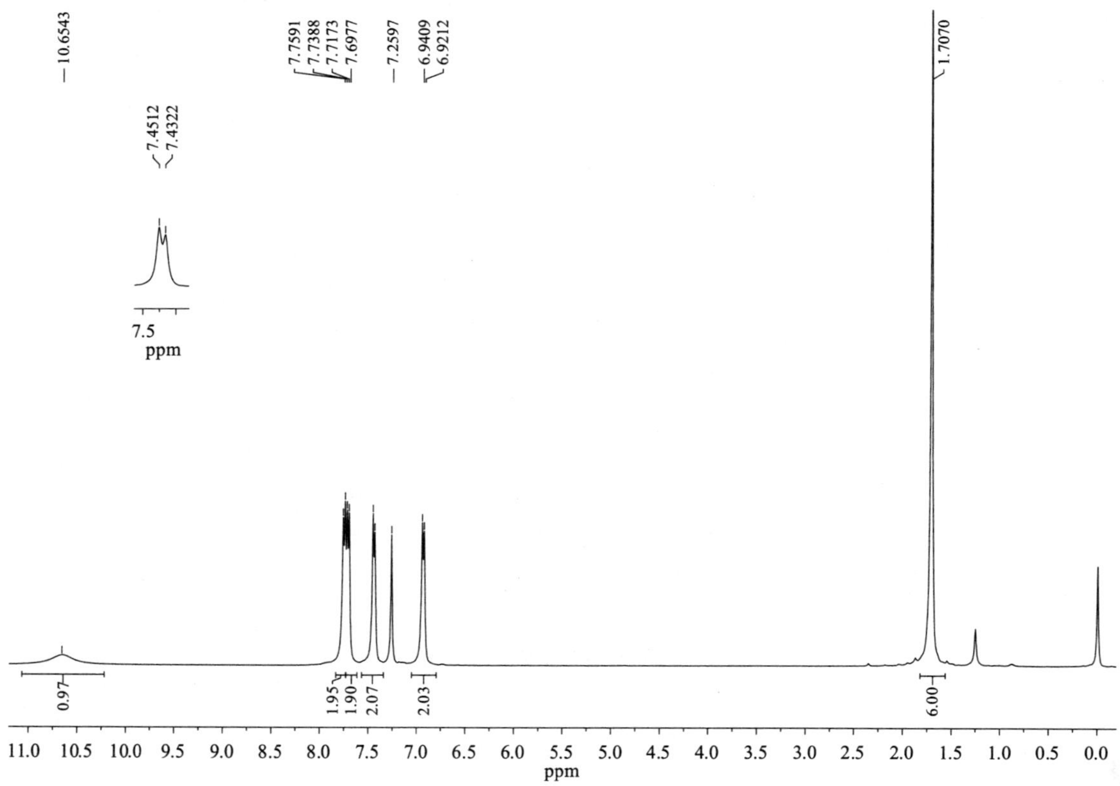

图1 非诺贝特杂质Ⅱ的^{1}H NMR 谱（溶剂：$CDCl_3$）

^{1}H NMR：δ 10.65（COOH，s，1H），7.75（H-13，14，d，J=8.0 Hz，2H），7.71（H-8，9，d，J=8.0 Hz，2H），7.44（H-15，16，d，J=8.0 Hz，2H），6.93（H-6，7，d，J=8.0 Hz，2H），1.71（H-3，4，s，6H）

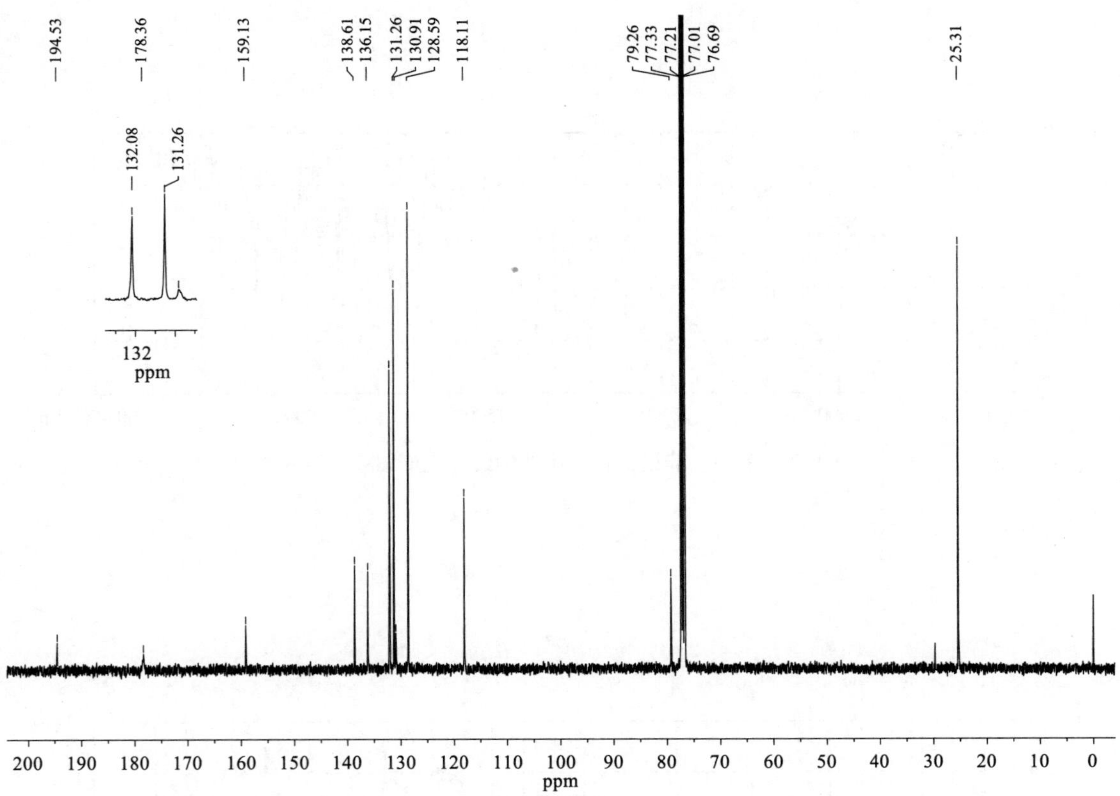

图 2　非诺贝特杂质Ⅱ的^{13}C NMR 谱（溶剂：$CDCl_3$）

^{13}C NMR：δ 194.53（C－11），178.36（C－1），159.13（C－5），138.61（C－17），136.15（C－12），132.08（C－8，9），131.26（C－13，14），130.91（C－10），128.59（C－15，16），118.11（C－6，7），79.26（C－2），25.31（C－3，4）

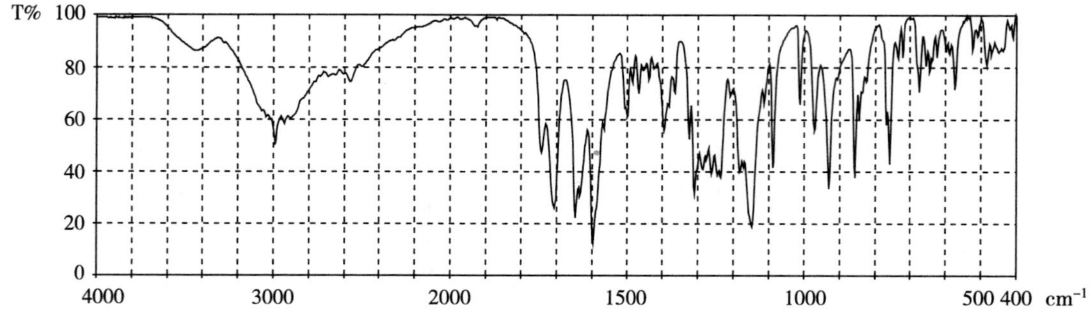

图 3　非诺贝特杂质Ⅱ的红外光谱图

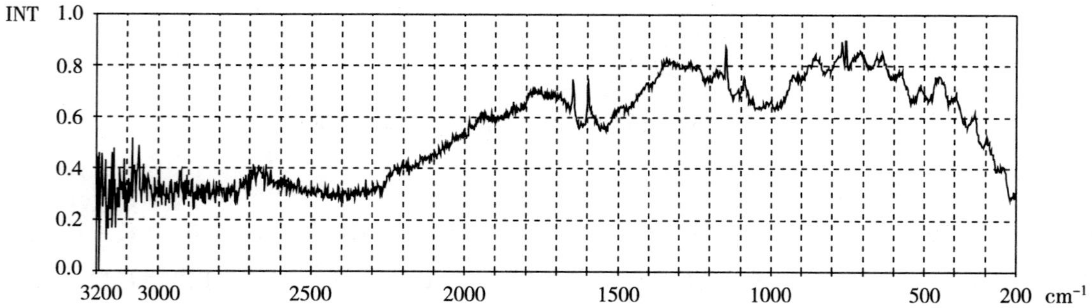

图 4　非诺贝特杂质Ⅱ的拉曼光谱图

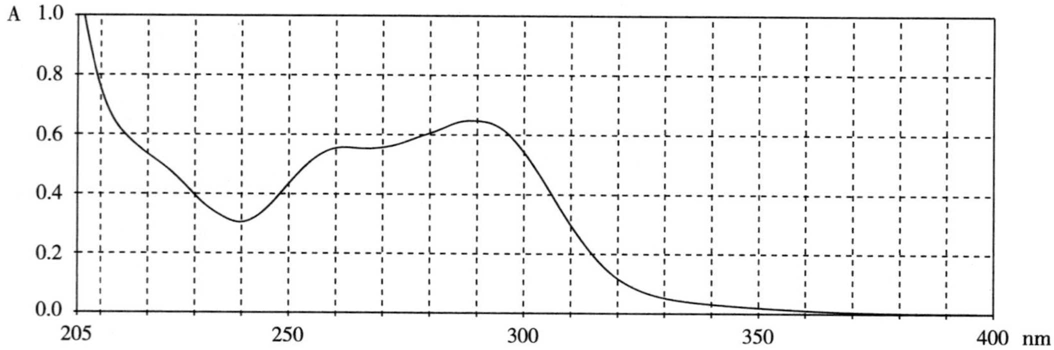

图 5　非诺贝特杂质Ⅱ的紫外光谱图

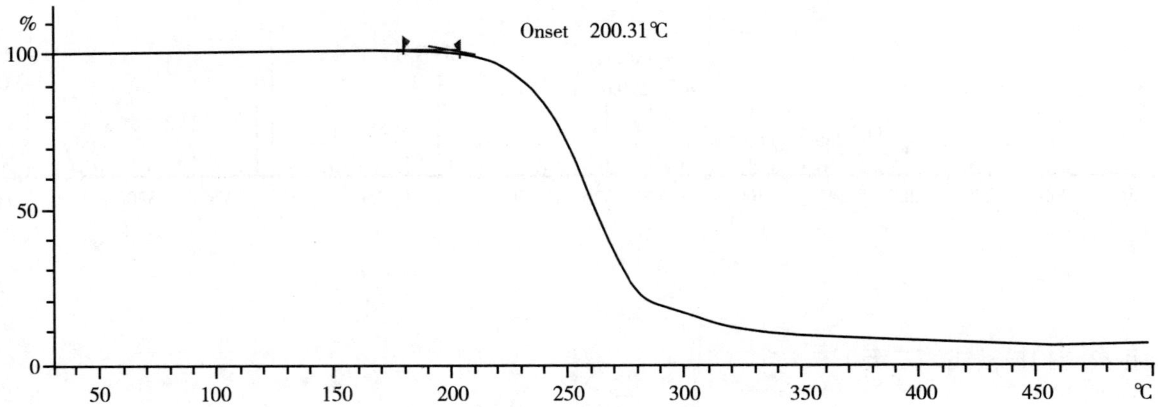

图 6　非诺贝特杂质Ⅱ的 TG 图

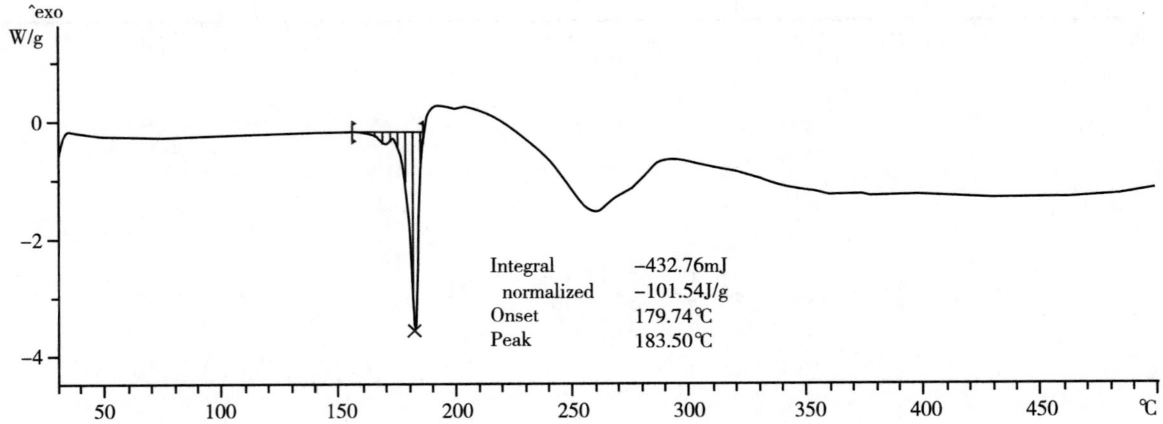

图 7　非诺贝特杂质Ⅱ的 DSC 图

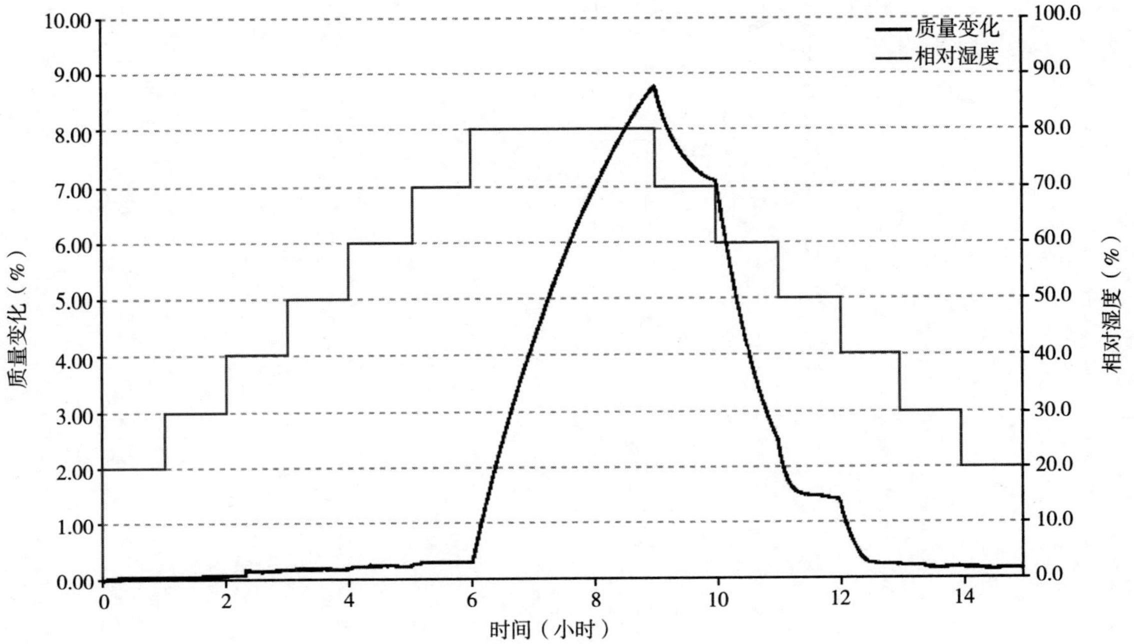

图 8　非诺贝特杂质Ⅱ的 DVS 图

正离子扫描模式（一级）

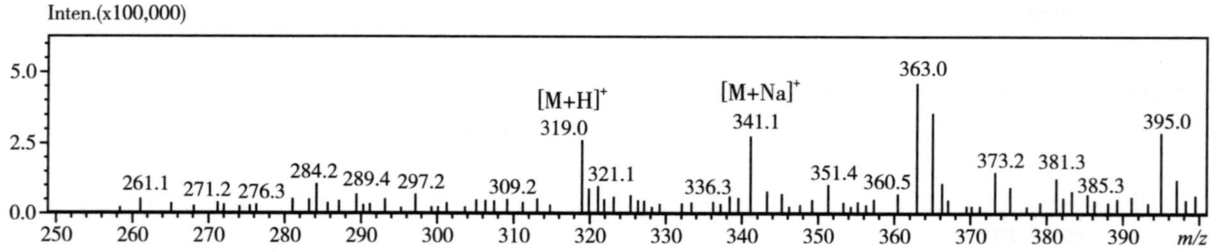

正离子扫描模式（二级）

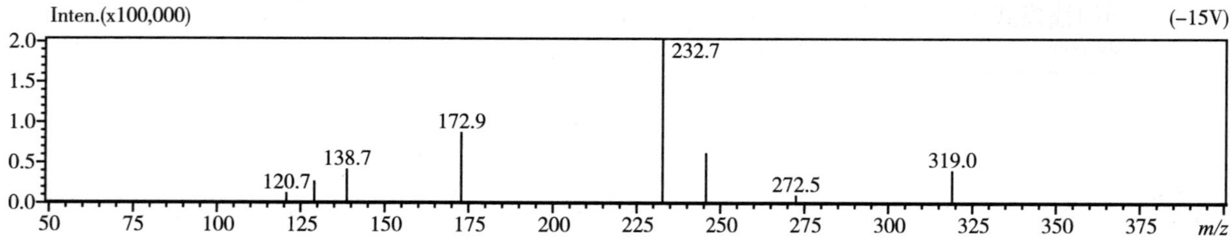

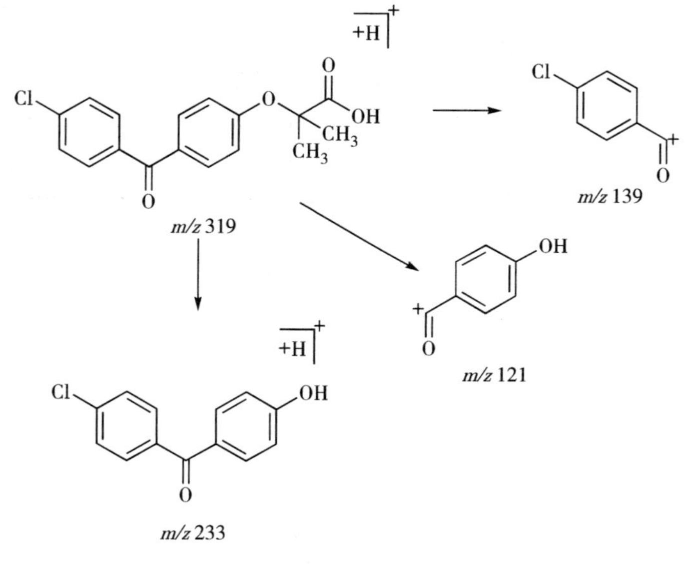

负离子扫描模式（一级）

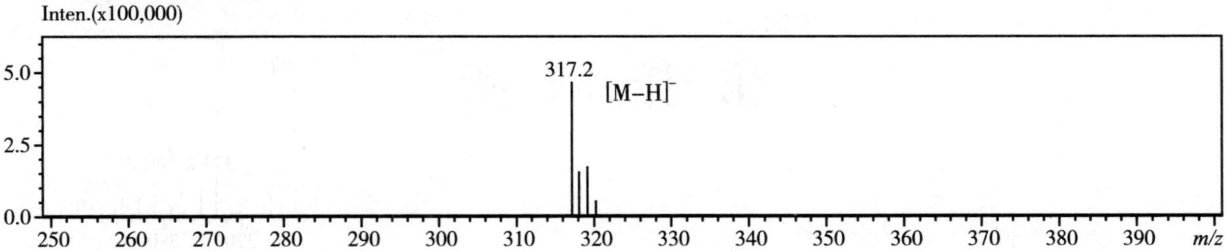

负离子扫描模式（二级）

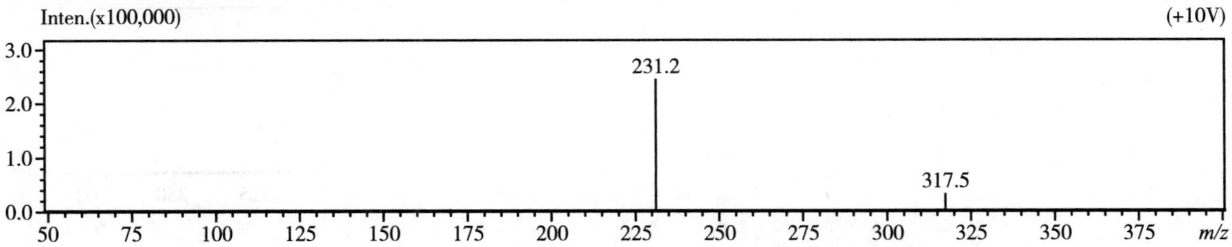

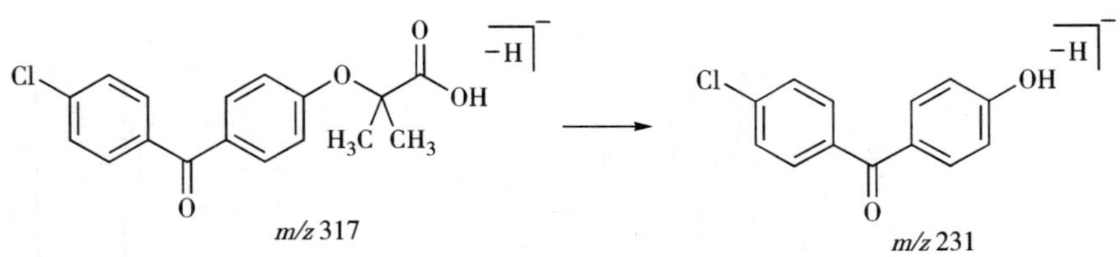

图9　非诺贝特杂质Ⅱ的质谱图

备注

1. **中文化学名**　2－［4－（4－氯苯甲酰）－苯氧基］－2－甲基丙酸
2. **英文化学名**　2－［4－（4－chlorobenzoyl）phenoxy］－2－methylpropanoic acid
3. **性状**　本品为浅黄色粉末。
4. **溶剂**　无水乙醇。
5. **对照品编号与批号**　101122－201001

依 托 咪 酯

英文名 Etomidate

分子式 $C_{14}H_{16}N_2O_2$

分子量 244.29

CAS 号 33125 -97 -2

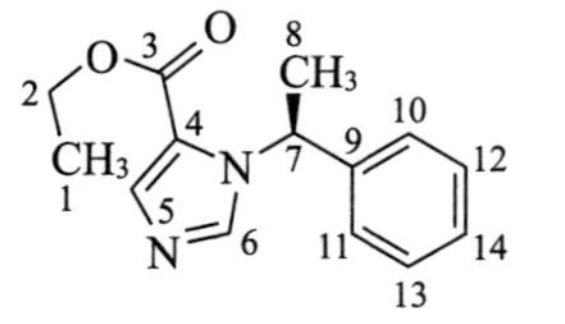

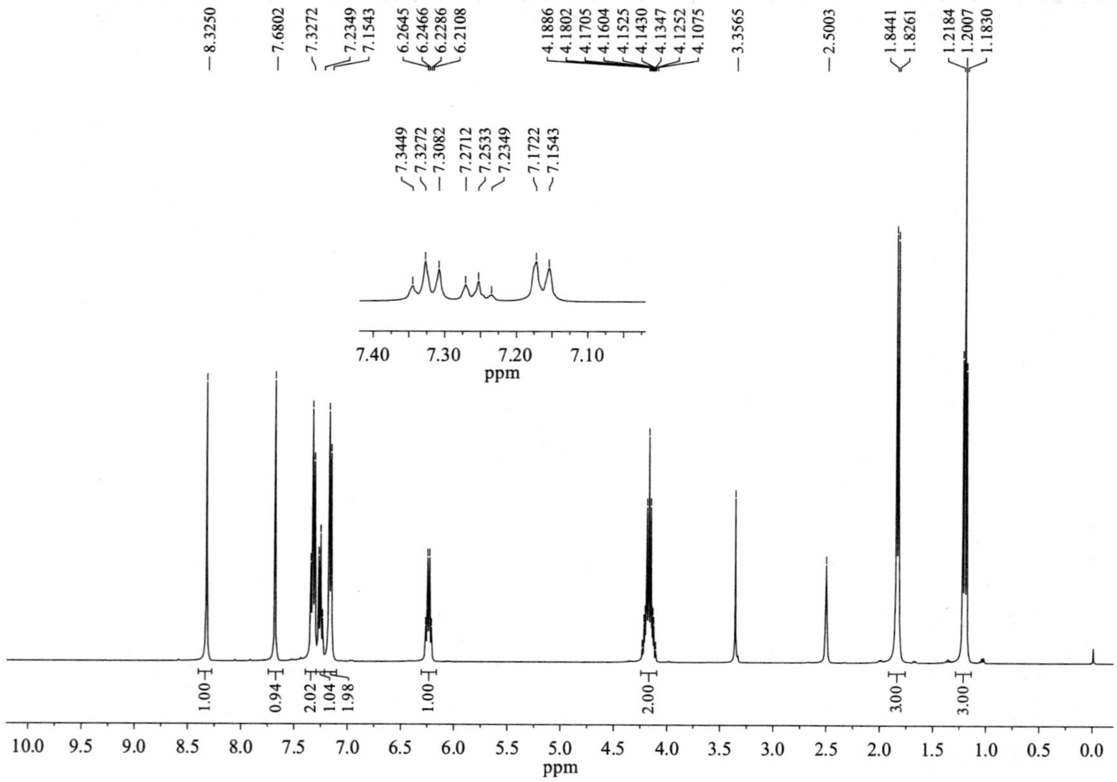

图 1　依托咪酯的^{1}H NMR 谱（溶剂：CD_3SOCD_3）

^{1}H NMR：δ 8.33（H－6，s，1H），7.68（H－5，s，1H），7.33（H－12，13，t，J=7.3 Hz，2H），7.25（H－14，t，J=7.3 Hz，1H），7.16（H－10，11，d，J=7.3 Hz，2H），6.24（H－7，q，J=7.2 Hz，1H），4.24～4.10（H－2，m，2H），1.84（H－8，d，J=7.2 Hz，3H），1.20（H－1，t，J=7.1 Hz，3H）

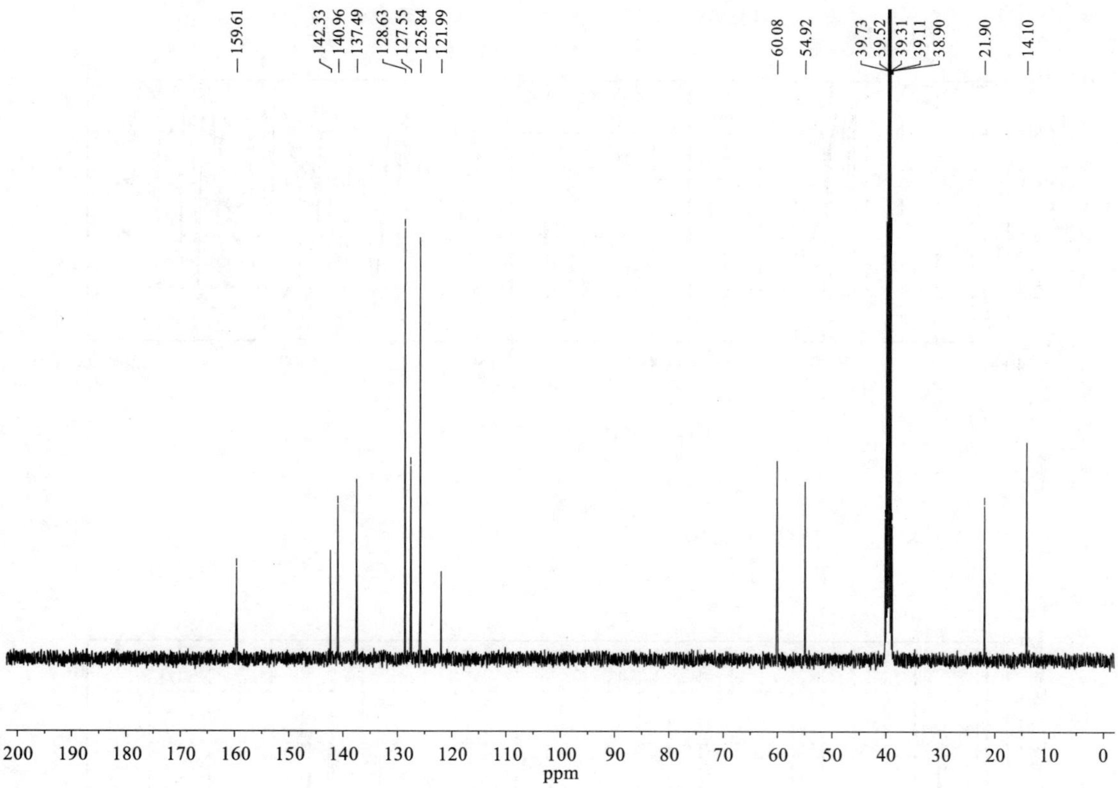

图2　依托咪酯的^{13}C NMR 谱（溶剂：CD_3SOCD_3）

^{13}C NMR：δ 159.61（C－3），142.33（C－9），140.96（C－6），137.49（C－5），128.63（C－12，13），127.55（C－14），125.84（C－10，11），121.99（C－4），60.08（C－2），54.92（C－7），21.90（C－8），14.10（C－1）

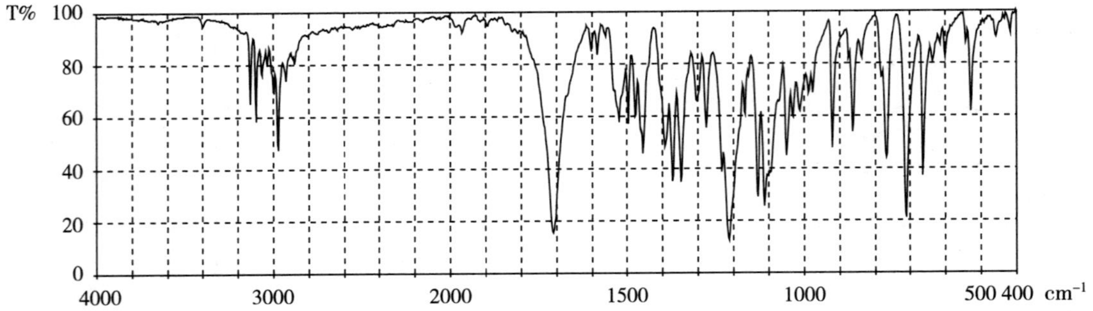

图 3　依托咪酯的红外光谱图

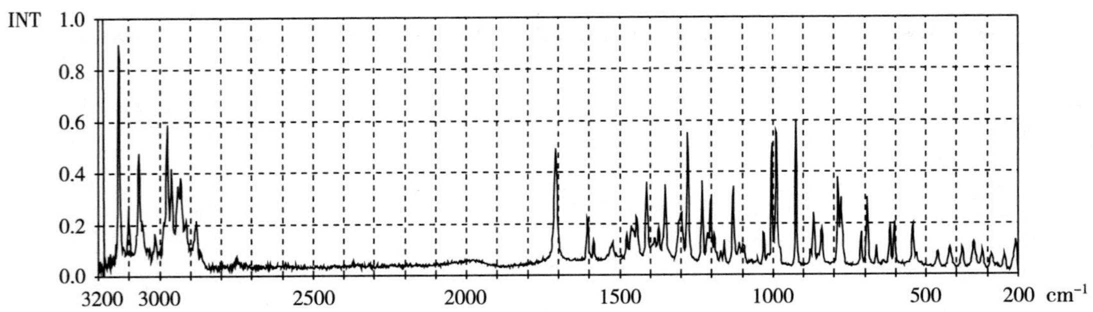

图 4　依托咪酯的拉曼光谱图

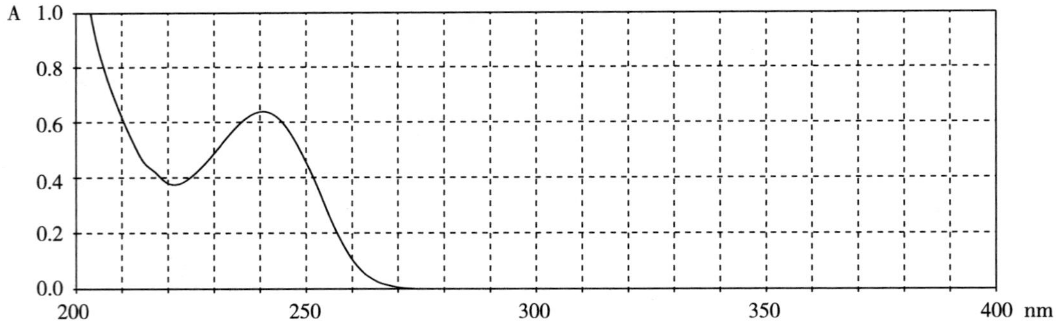

图 5　依托咪酯的紫外光谱图

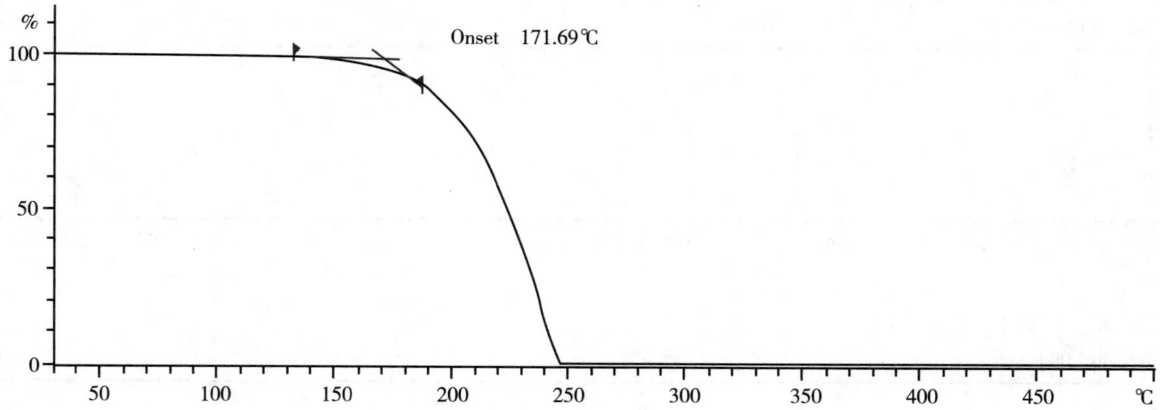

图 6　依托咪酯的 TG 图

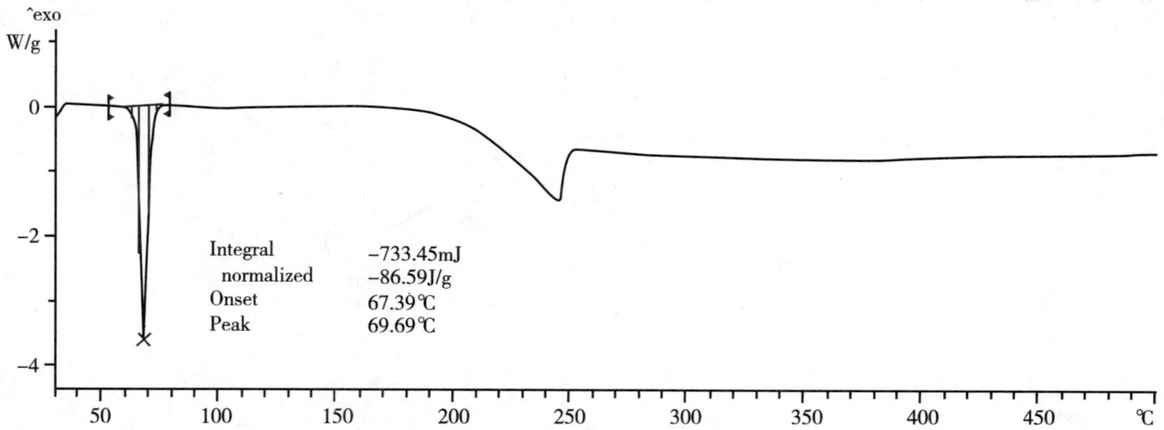

图 7　依托咪酯的 DSC 图

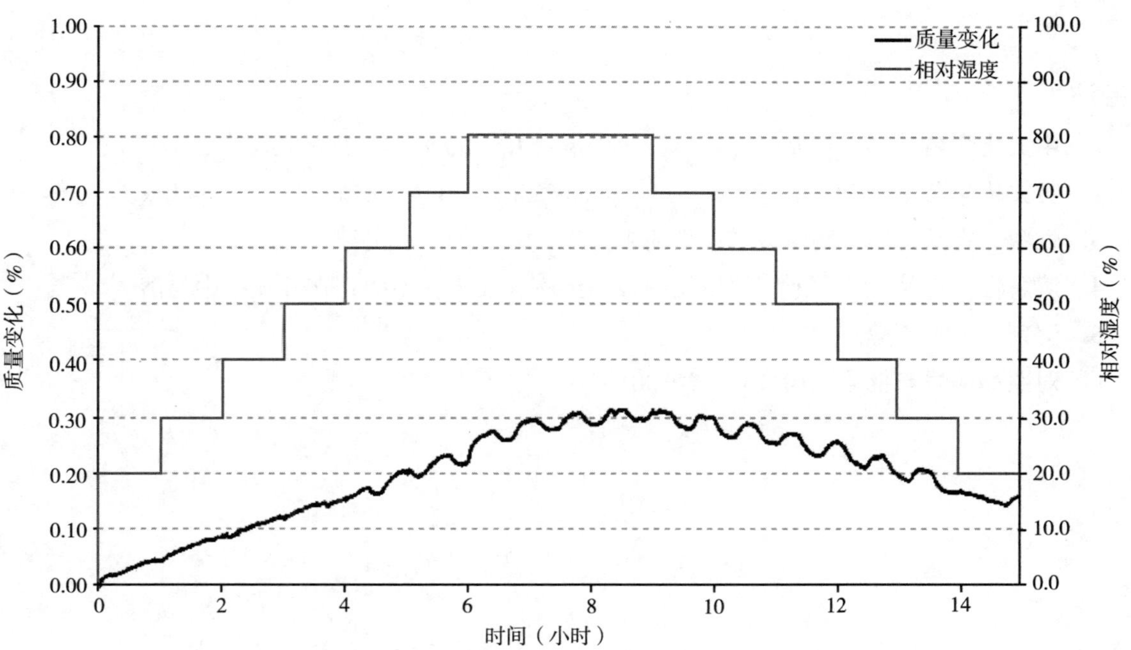

图 8　依托咪酯的 DVS 图

正离子扫描模式（一级）

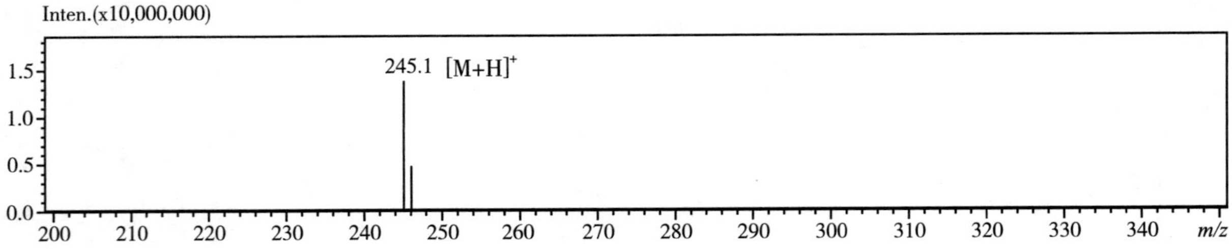

正离子扫描模式（二级）

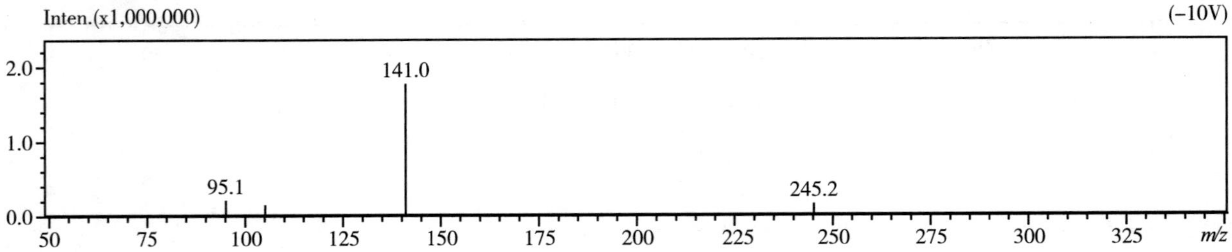

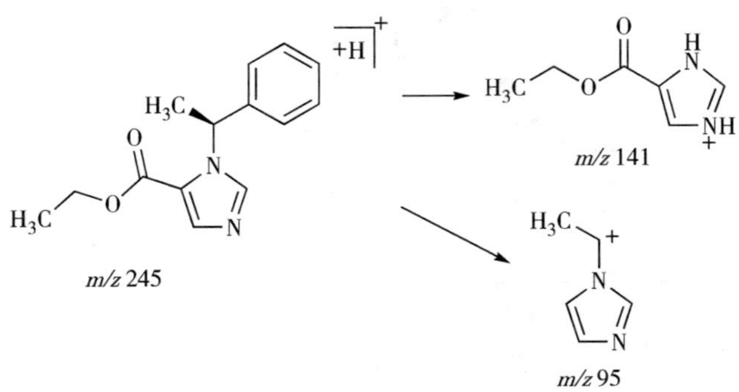

图 9　依托咪酯的质谱图

备注

1. **中文化学名**　1 –［（1*R*）–（1 – 苯乙基）］– 1*H* – 咪唑 – 5 – 甲酸乙酯
2. **英文化学名**　ethyl – 1 –［（1*R*）– 1 – phenylethyl］– 1*H* – imidazole – 5 – carboxylate
3. **性状**　本品为白色结晶或结晶性粉末。
4. **溶解性**　本品在乙醇或三氯甲烷中极易溶解，在水中不溶；在稀盐酸中易溶。
5. **溶剂**　无水乙醇。
6. **对照品编号与批号**　101132 – 201001

盐酸地芬尼多杂质

英文名 Difenidol Hydrochloride Impurity

分子式 $C_{21}H_{25}N \cdot HCl$

分子量 327.89

CAS 号 89410－63－9

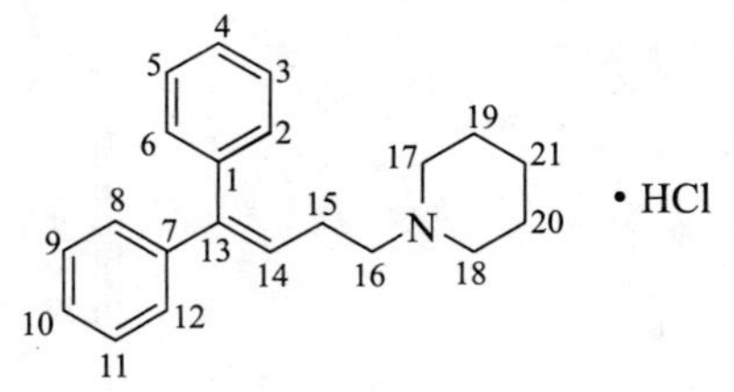

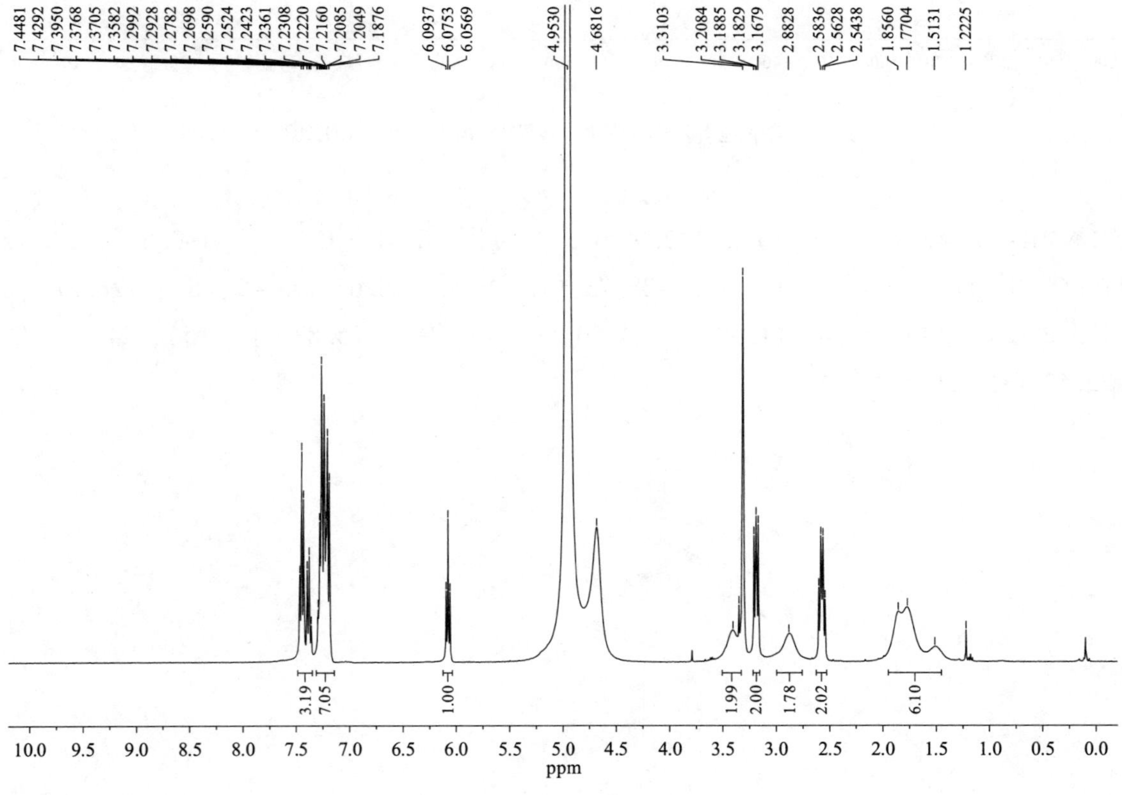

图 1　盐酸地芬尼多杂质的 ^1H NMR 谱（溶剂：CD_3OD）

^1H NMR：δ 7.49～7.32（Ar－H，m，3H），7.14～7.32（Ar－H，m，7H），6.08（H－14，t，J＝7.4 Hz，1H），3.49～3.32（H－17a，18a，m，2H），3.23～3.13（H－16，m，2H），3.00～2.75（H－17b，18b，m，2H），2.63～2.51（H－15，m，2H），1.95～1.44（H－19，20，21，m，6H）

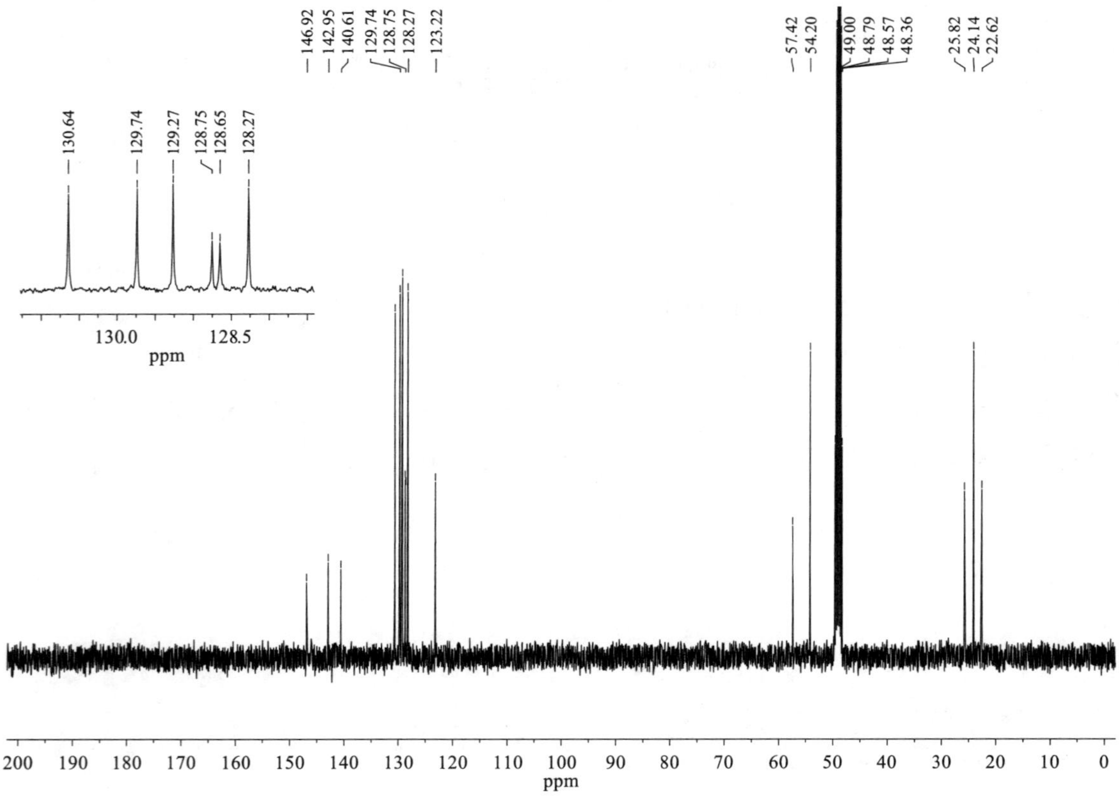

图 2　盐酸地芬尼多杂质的^{13}C NMR 谱（溶剂：CD_3OD）

^{13}C NMR：δ 146.92（C－13），142.95（C－7），140.61（C－1），130.64（C－3，5），129.74（C－9，11），129.27（C－4），128.75（C－10），128.65（C－2，6），128.27（C－8，12），123.22（C－14），57.42（C－16），54.20（C－17，18），25.82（C－15），24.14（C－19，20），22.62（C－21）

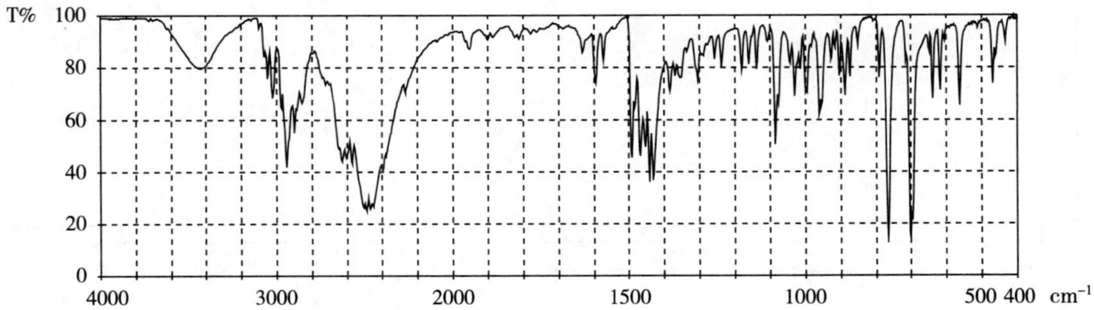

图 3　盐酸地芬尼多杂质的红外光谱图

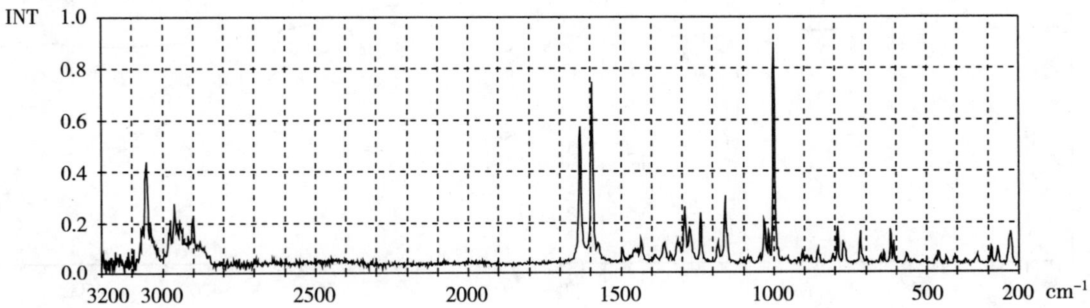

图 4　盐酸地芬尼多杂质的拉曼光谱图

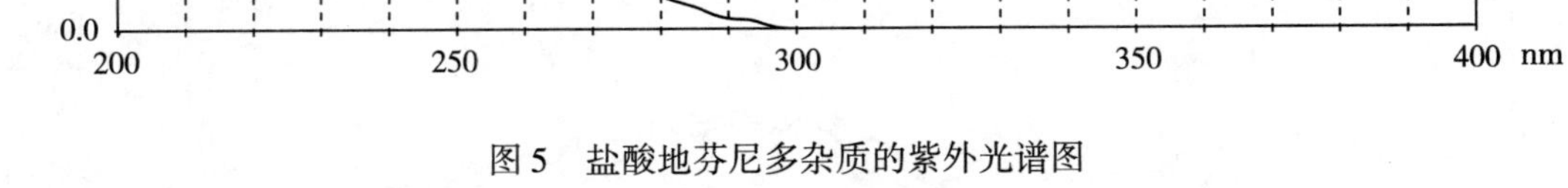

图 5　盐酸地芬尼多杂质的紫外光谱图

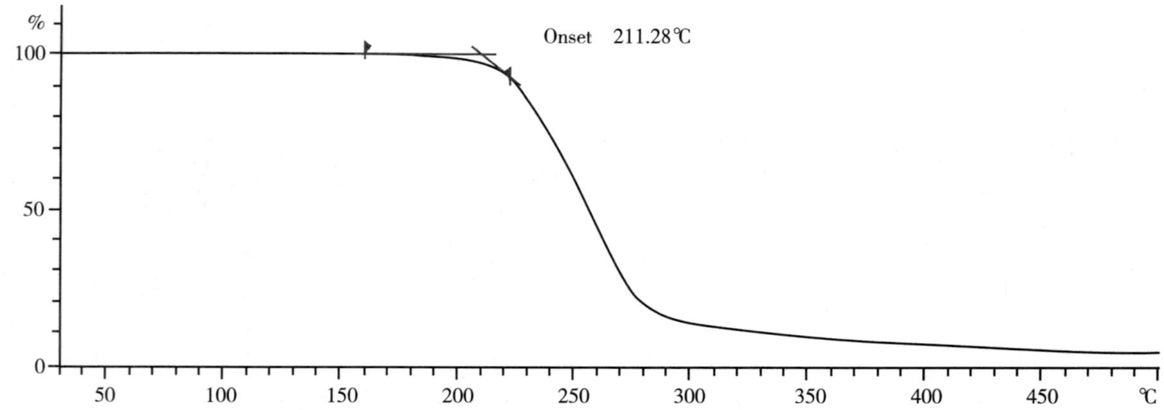

图 6　盐酸地芬尼多杂质的 TG 图

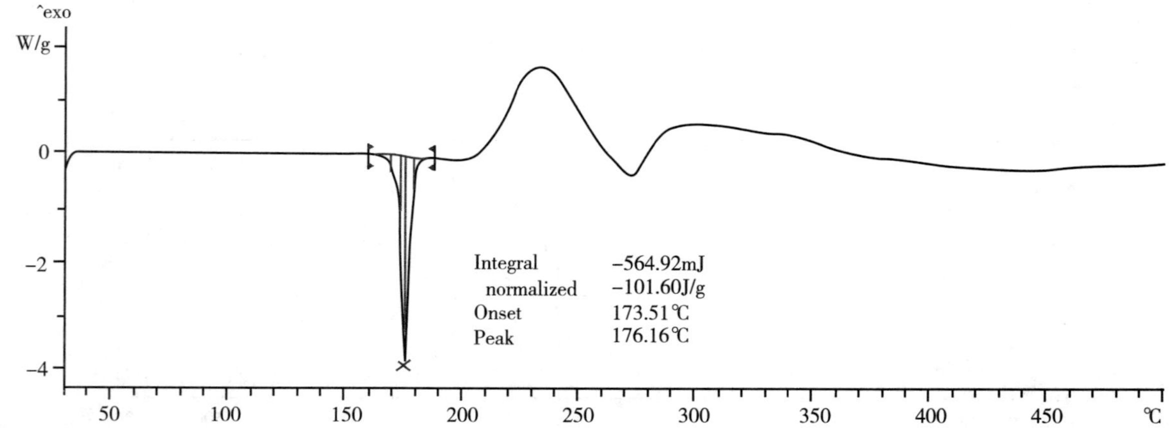

图 7　盐酸地芬尼多杂质的 DSC 图

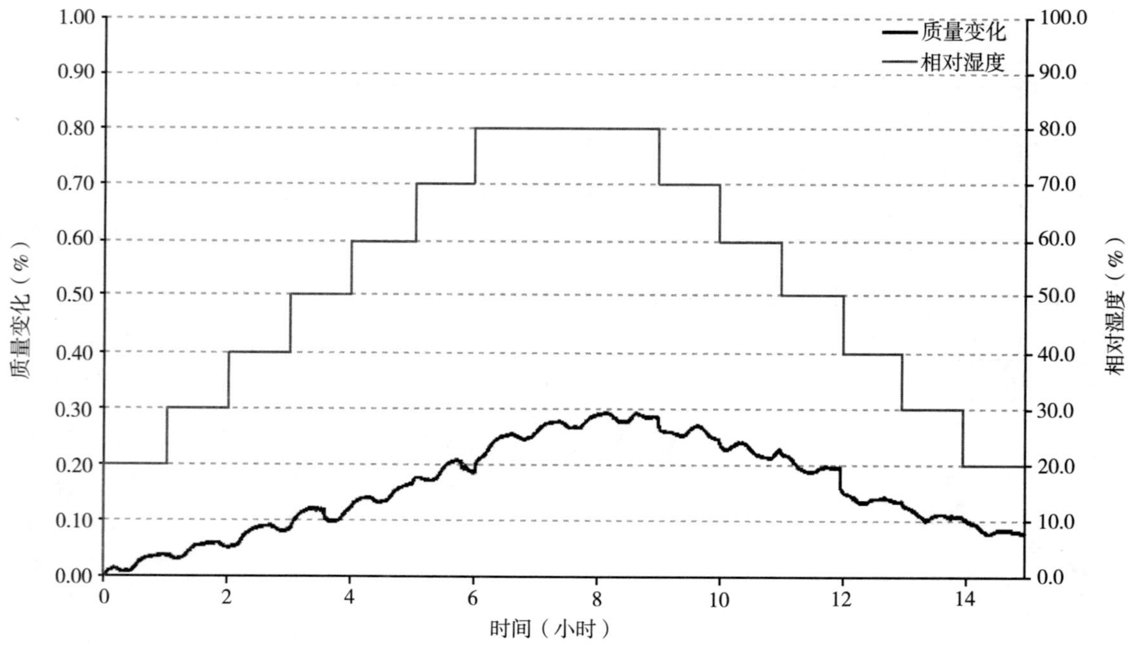

图 8　盐酸地芬尼多杂质的 DVS 图

正离子扫描模式（一级）

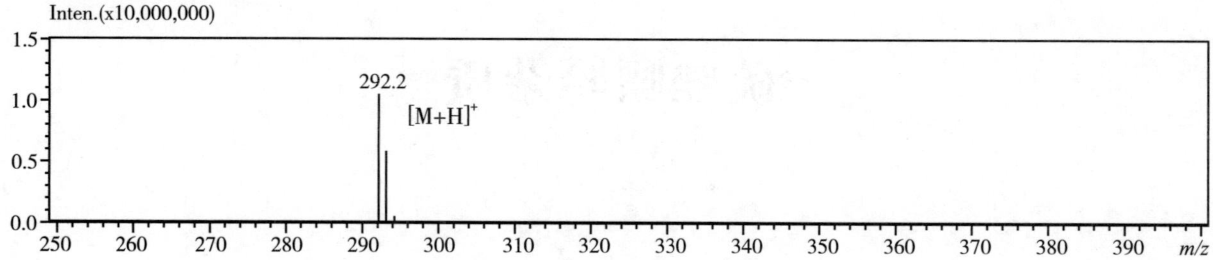

正离子扫描模式（二级）

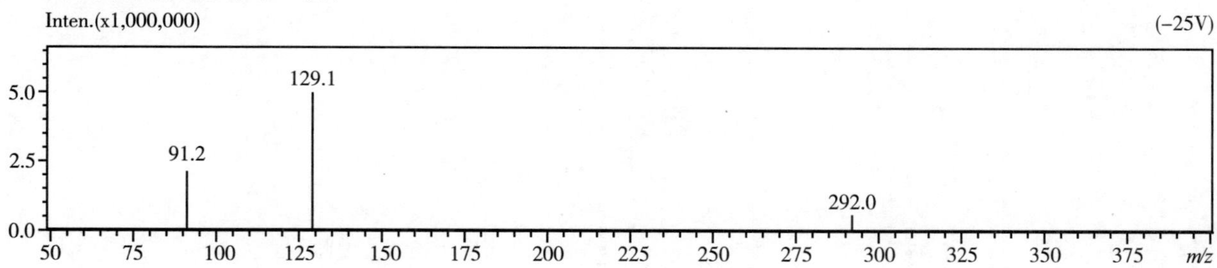

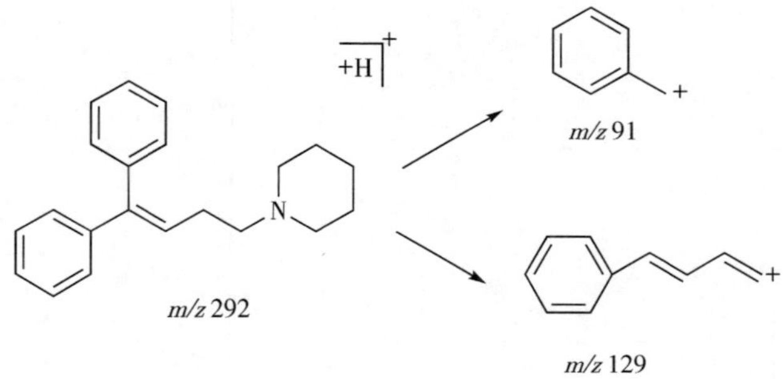

图 9　盐酸地芬尼多杂质的质谱图

备注

1. 中文化学名　1,1－二苯基－4－哌啶－1－丁烯盐酸盐

2. 英文化学名　1,1－diphenyl－4－piperidino－1－butene hydrochloride

3. 性状　本品为白色或类白色结晶或结晶性粉末。

4. 溶解性　本品在乙醇、三氯甲烷、二氯乙烷及热水中溶解。

5. 溶剂　无水乙醇。

6. 对照品编号与批号　101133－201101

硫唑嘌呤杂质

英文名 Azathioprine Impurity
分子式 $C_4H_4ClN_3O_2$
分子量 161.55
CAS 号 4897－25－0

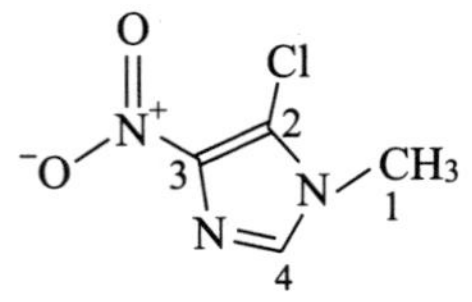

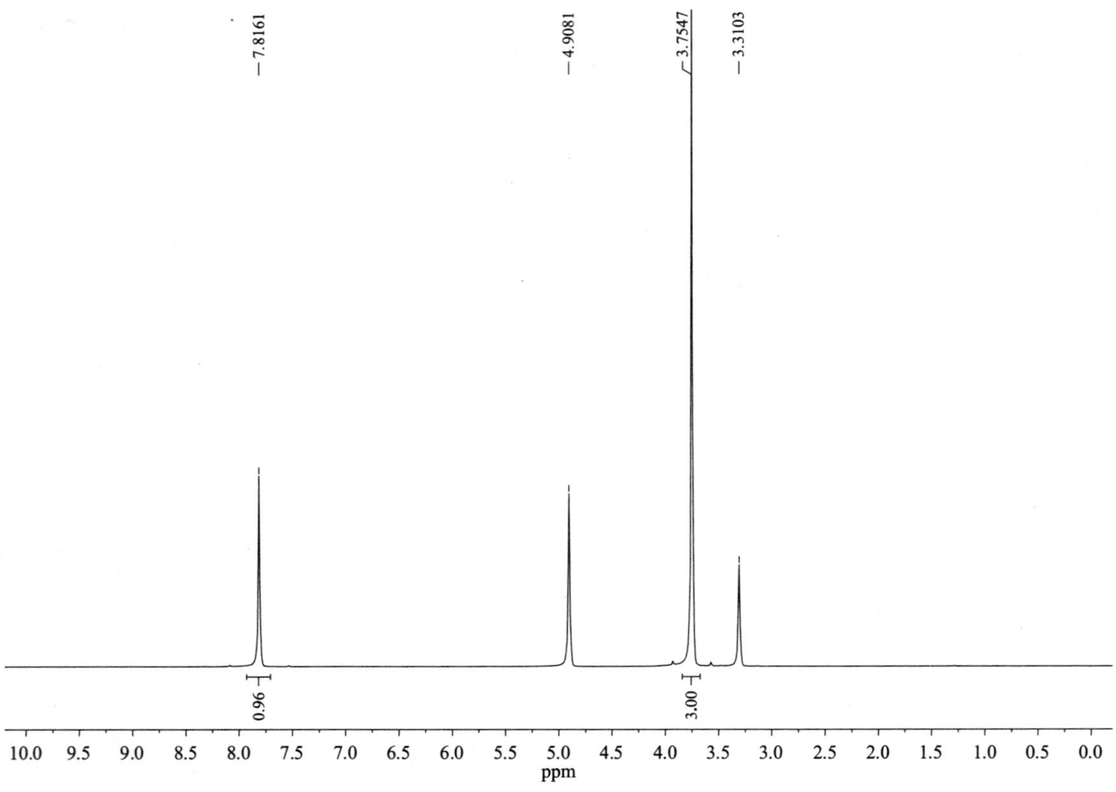

图 1　硫唑嘌呤杂质的^{1}H NMR 谱（溶剂：CD_3OD）

^{1}H NMR：δ 7.82（H－4，s，1H），3.75（H－1，s，3H）

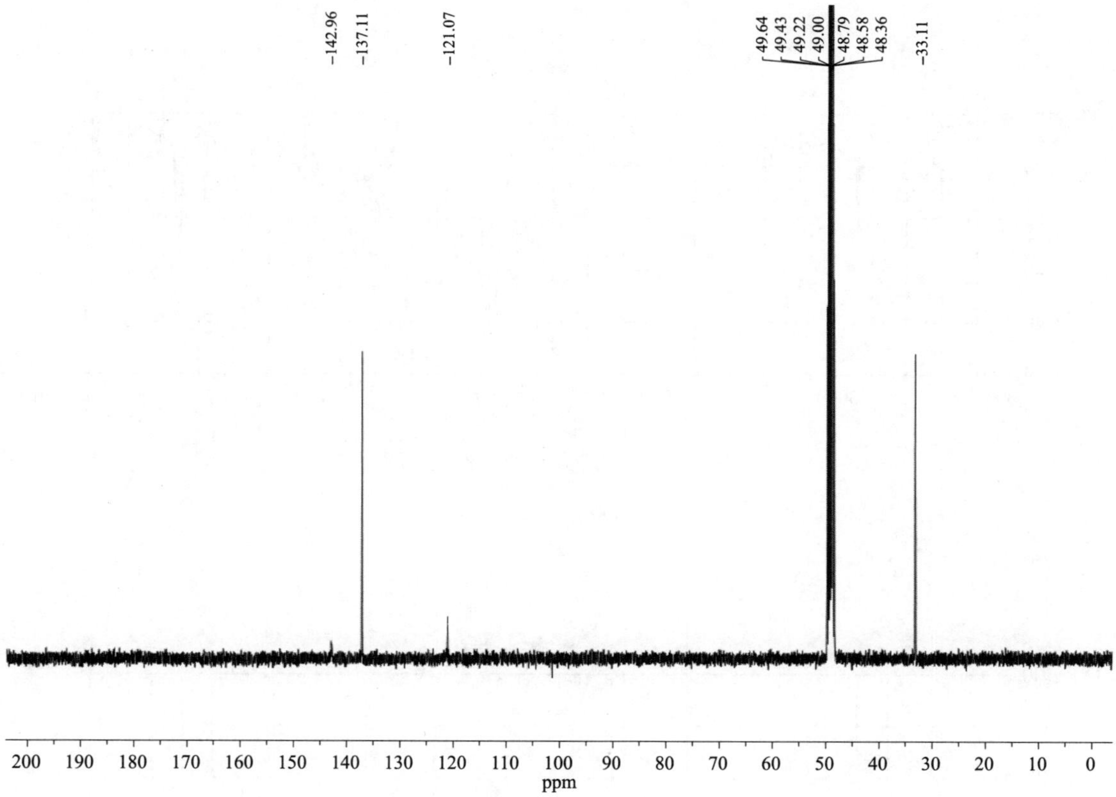

图 2　硫唑嘌呤杂质的^{13}C NMR 谱（溶剂：CD_3OD）

^{13}C NMR：δ 142.96（C－3），137.11（C－4），121.07（C－2），33.11（C－1）

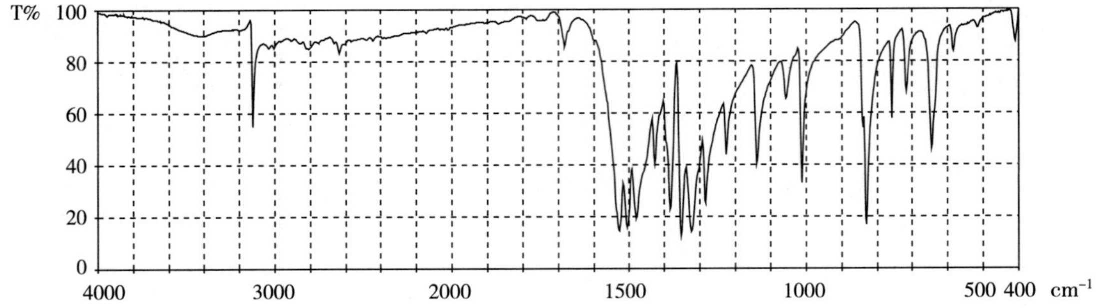

图 3　硫唑嘌呤杂质的红外光谱图

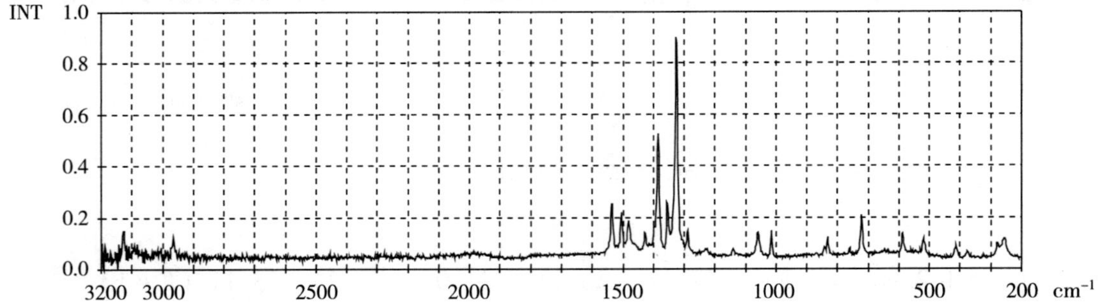

图 4　硫唑嘌呤杂质的拉曼光谱图

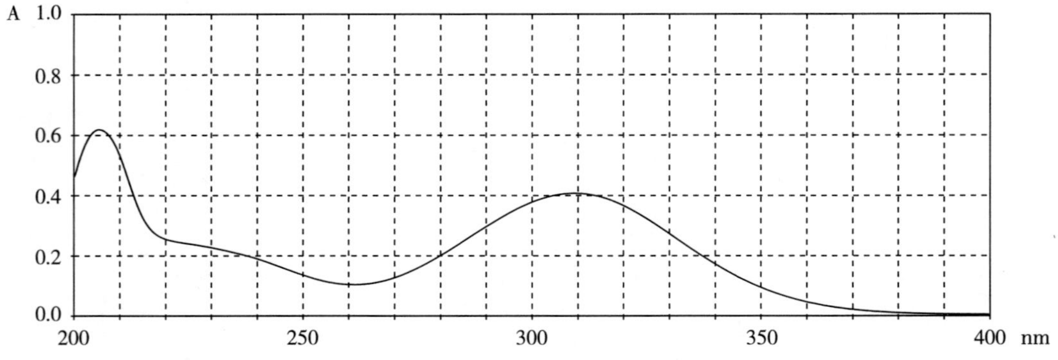

图 5　硫唑嘌呤杂质的紫外光谱图

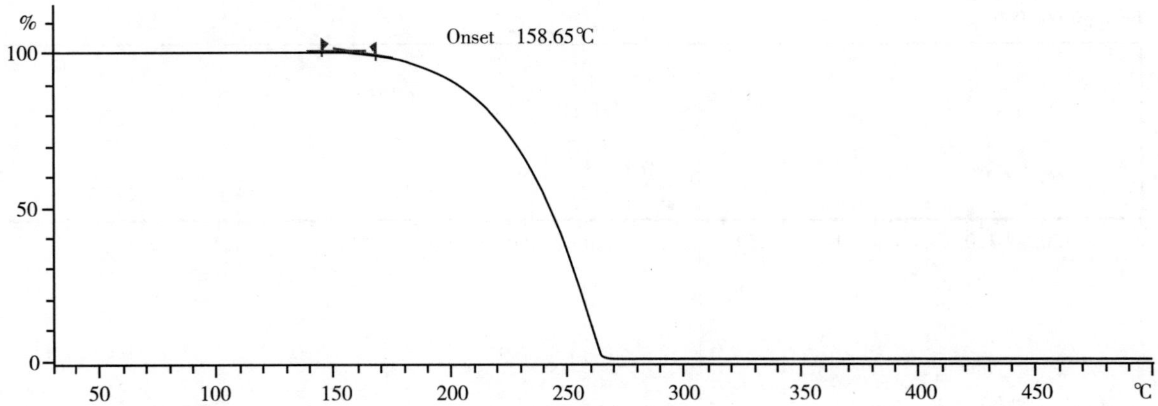

图 6 硫唑嘌呤杂质的 TG 图

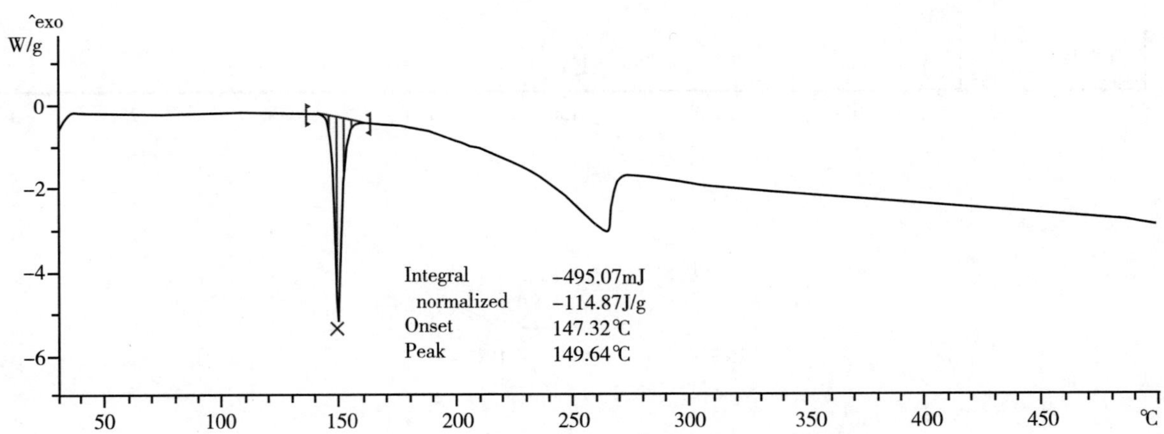

图 7 硫唑嘌呤杂质的 DSC 图

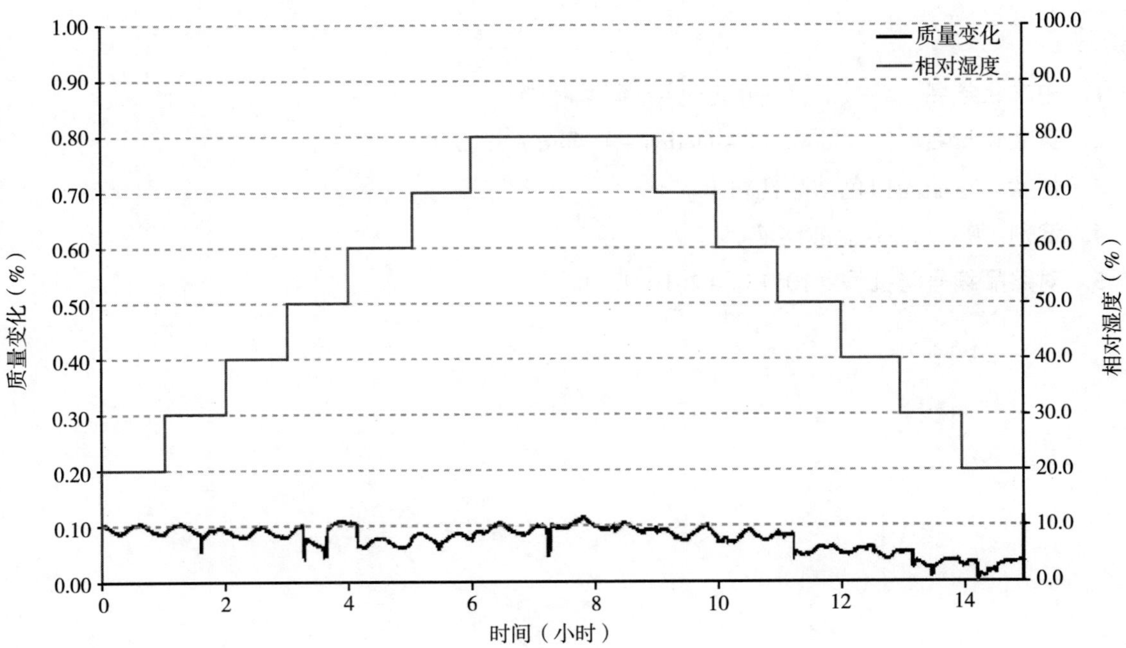

图 8 硫唑嘌呤杂质的 DVS 图

正离子扫描模式（一级）

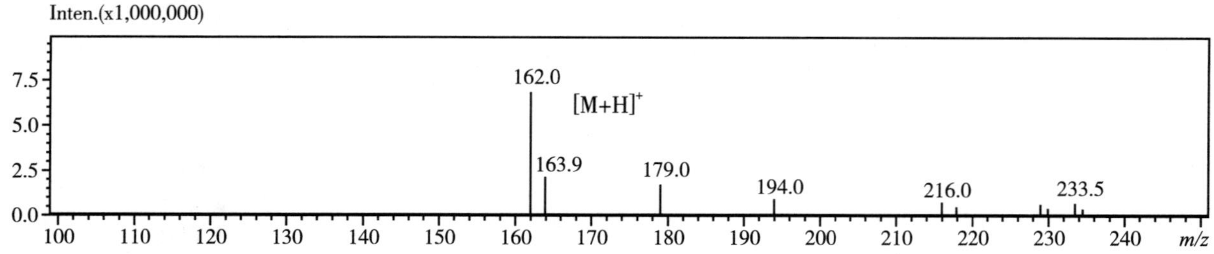

正离子扫描模式（二级）

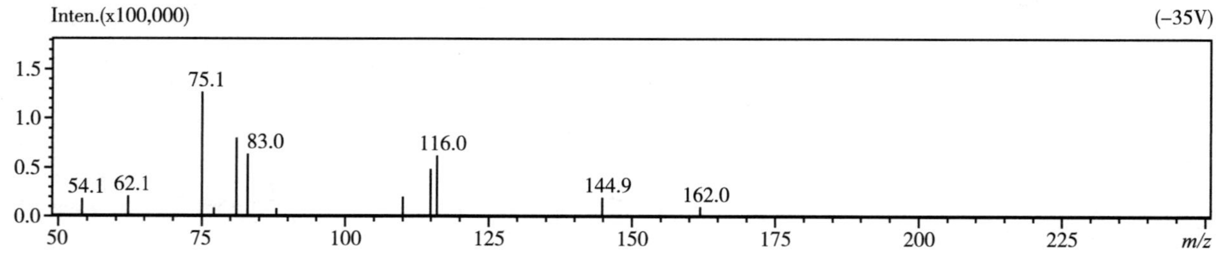

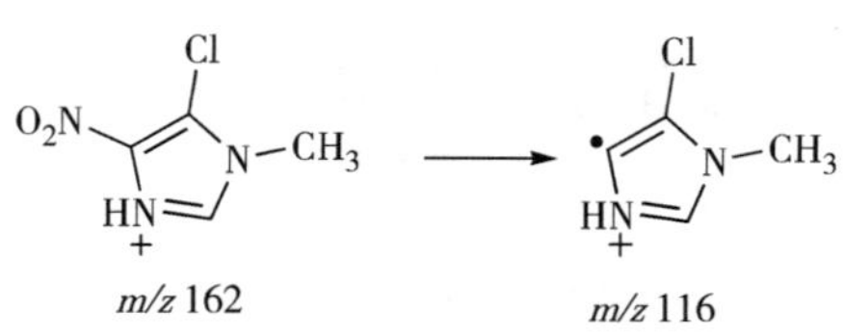

图 9　硫唑嘌呤杂质的质谱图

备注

1. **中文化学名**　5 - 氯 - 1 - 甲基 - 4 - 硝基咪唑
2. **英文化学名**　5 - chloro - 1 - methyl - 4 - nitroimidazole
3. **性状**　本品为白色结晶性粉末。
4. **溶剂**　0.1mol/L 盐酸溶液。
5. **对照品编号与批号**　101138 - 201001

反式帕罗西汀

英文名 （+）-Trans-Paroxetine

分子式 $C_{19}H_{20}FNO_3$

分子量 329.37

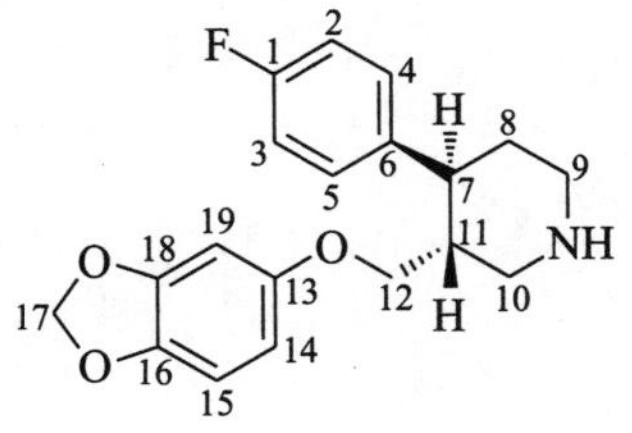

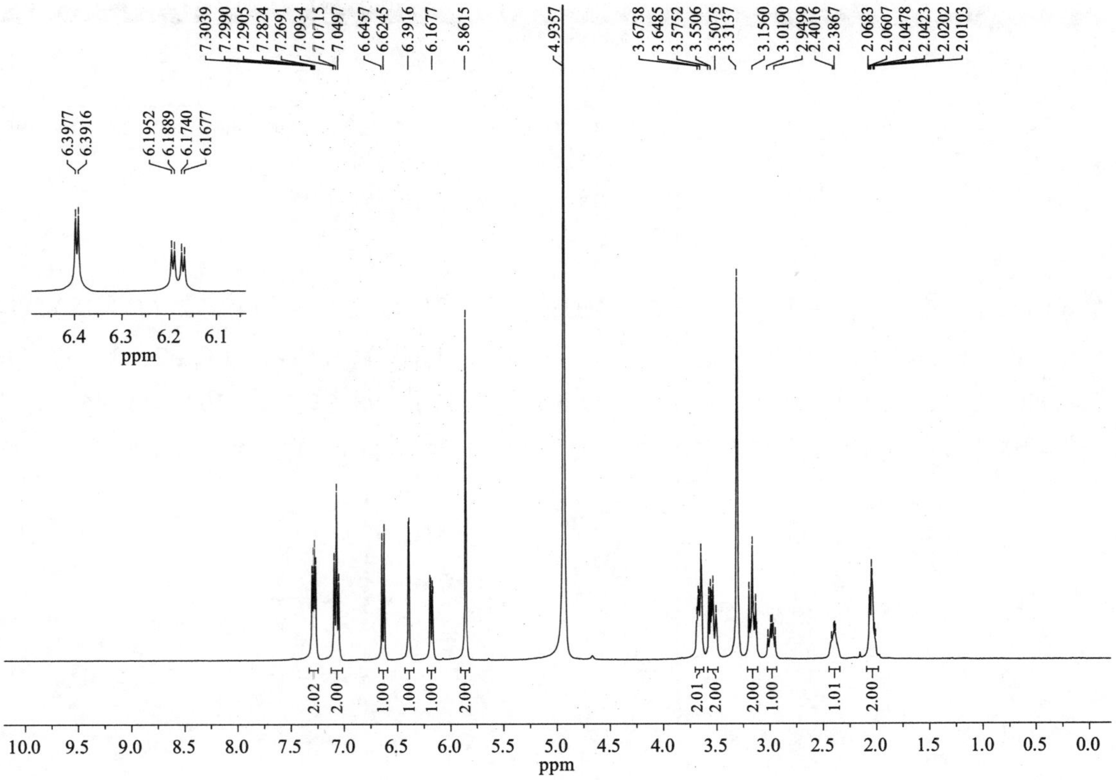

图1 反式帕罗西汀的¹H NMR谱（溶剂：CD_3OD）

¹H NMR：δ 7.34～7.25（H-4，5，m，2H），7.07（H-2，3，t，J=8.7 Hz，2H），6.64（H-15，d，J=8.5 Hz，1H），6.39（H-19，d，J=2.5 Hz，1H），6.18（H-14，dd，J=8.5，2.5 Hz，1H），5.86（H-17，s，2H），3.71～3.63（H-12，m，2H），3.59～3.49（H-9a，10a，m，2H），3.21～3.11（H-9b，10b，m，2H），2.98（H-7，m，1H），2.30（H-11，m，1H），2.11～1.98（H-8，m，2H）

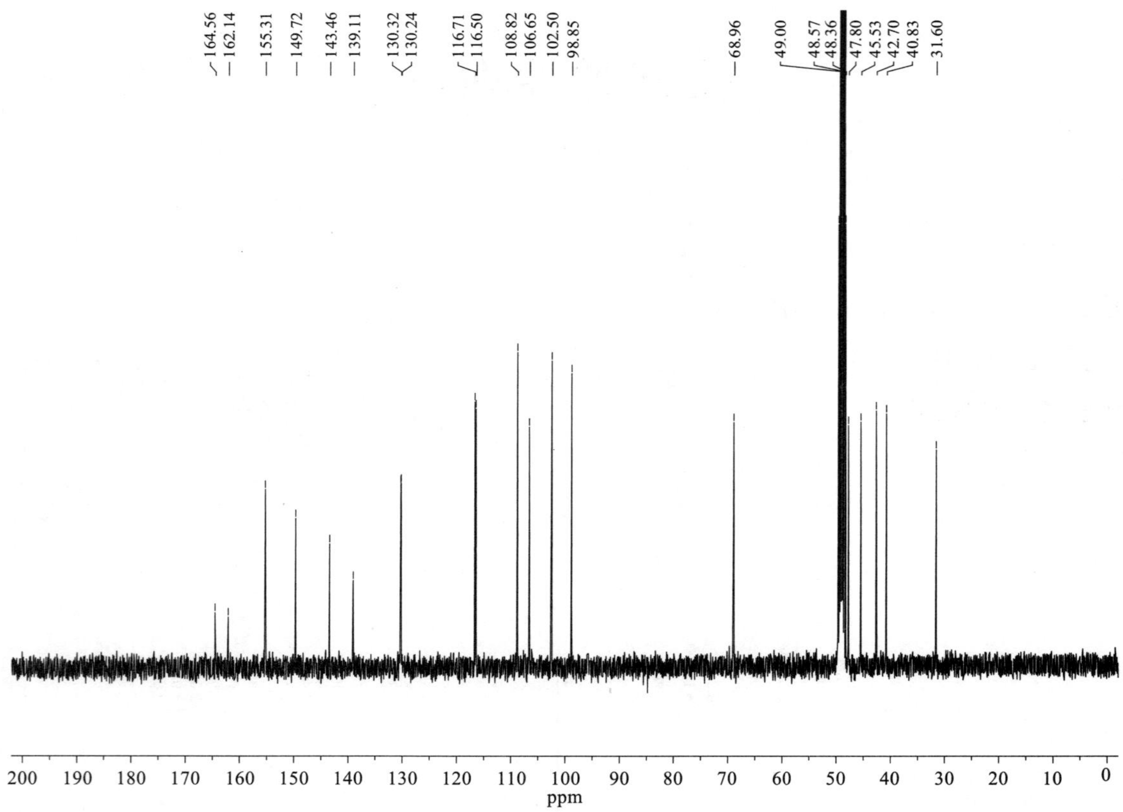

图 2　反式帕罗西汀的^{13}C NMR 谱（溶剂：CD_3OD）

^{13}C NMR：δ 163.35（C－1，d，J=245.4 Hz），155.31（C－13），149.72（C－18），143.46（C－16），139.11（C－6），130.28（C－4，5，d，J=8.1 Hz），116.62（C－2，3，d，J=22.2 Hz），108.82（C－14），106.65（C－15），102.50（C－17），98.85（C－19），68.96（C－12），47.80（C－10），45.53（C－9），42.70（C－7），40.83（C－11），31.60（C－8）

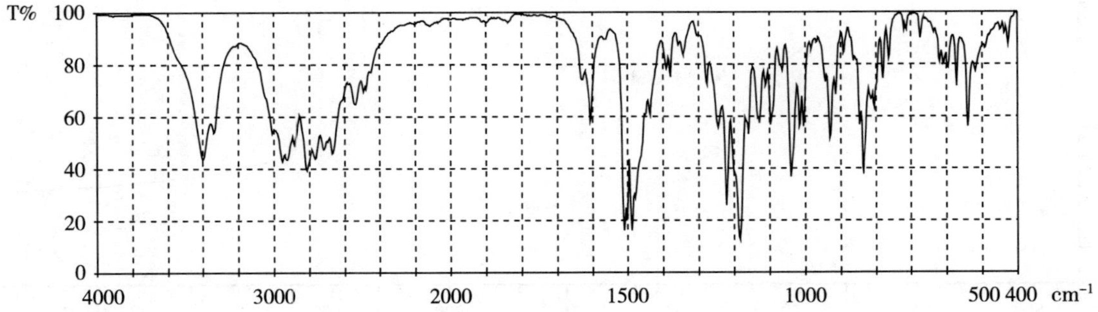

图 3　反式帕罗西汀的红外光谱图

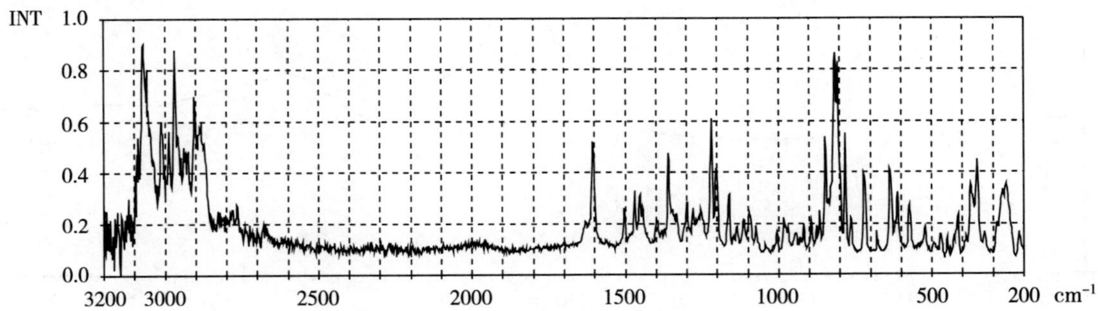

图 4　反式帕罗西汀的拉曼光谱图

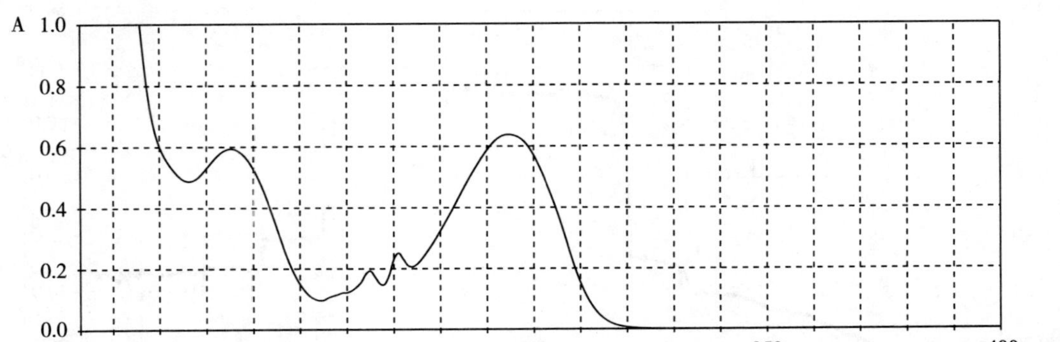

图 5　反式帕罗西汀的紫外光谱图

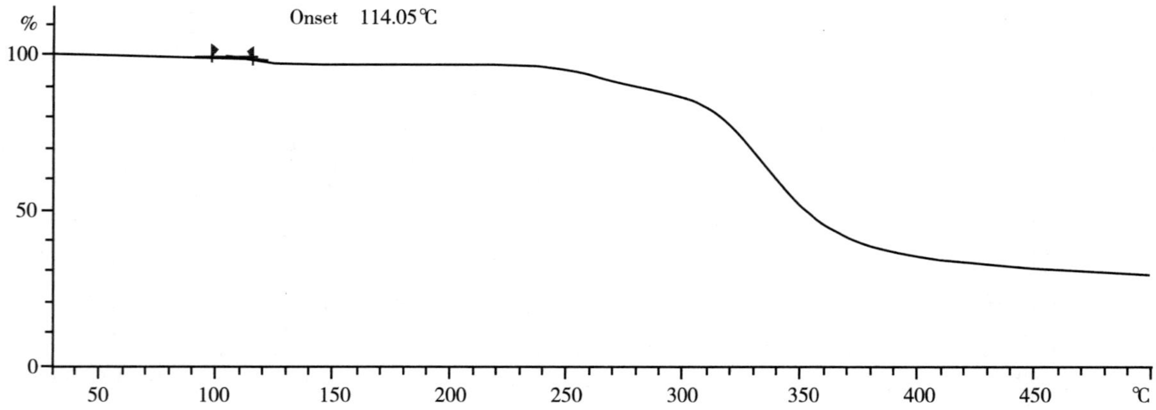

图 6 反式帕罗西汀的 TG 图

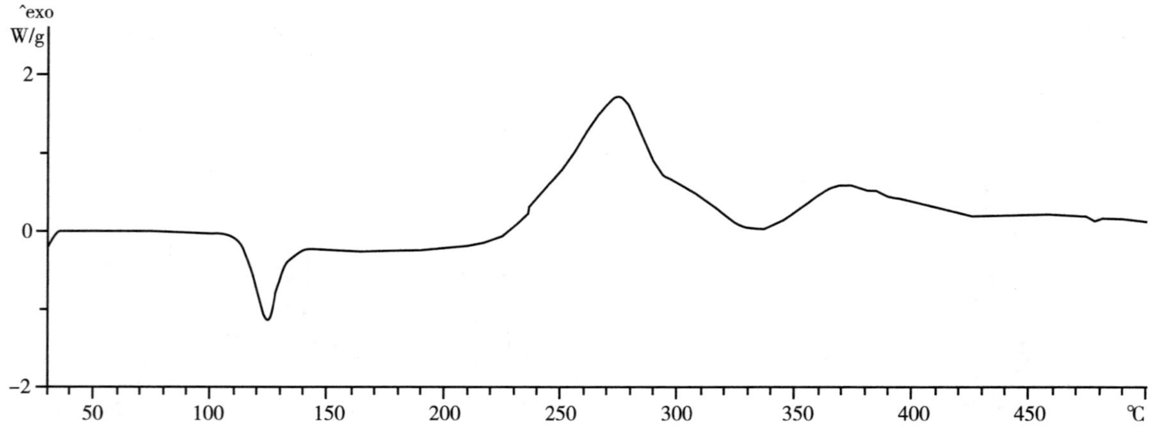

图 7 反式帕罗西汀的 DSC 图

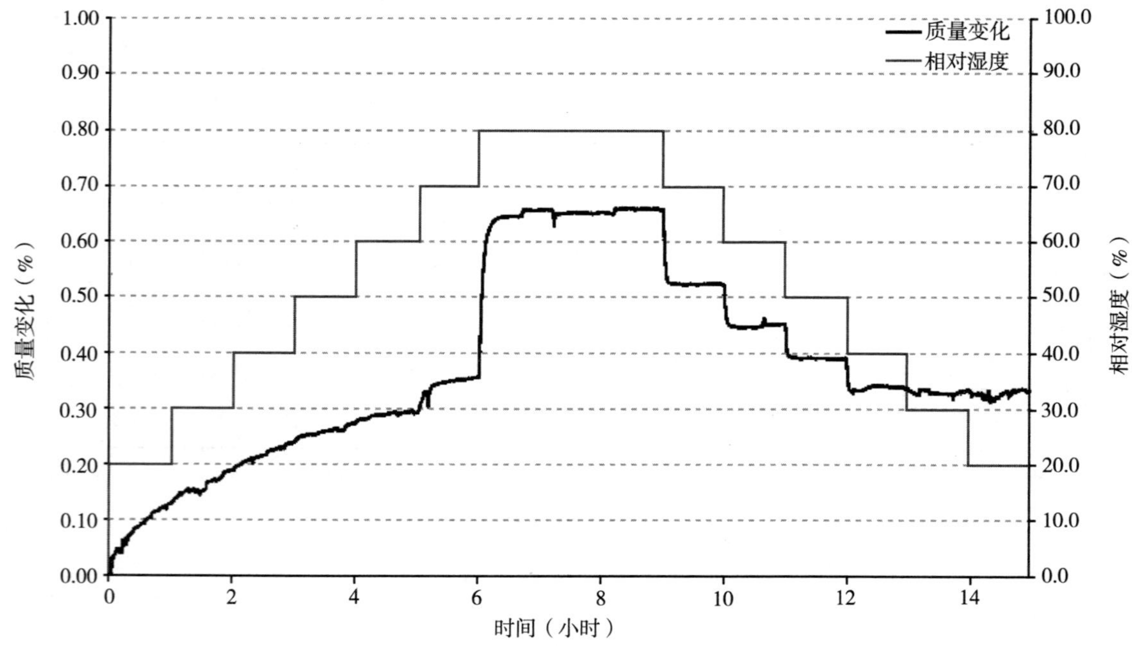

图 8 反式帕罗西汀的 DVS 图

正离子扫描模式（一级）

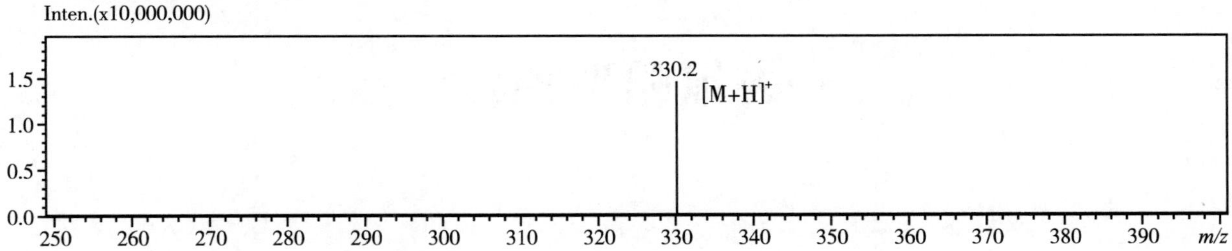

正离子扫描模式（二级）

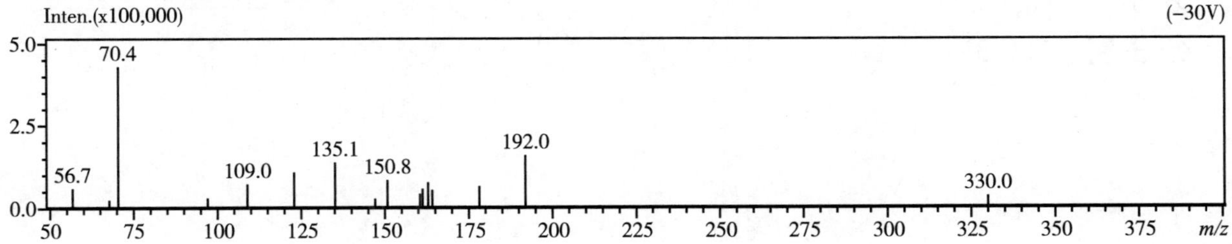

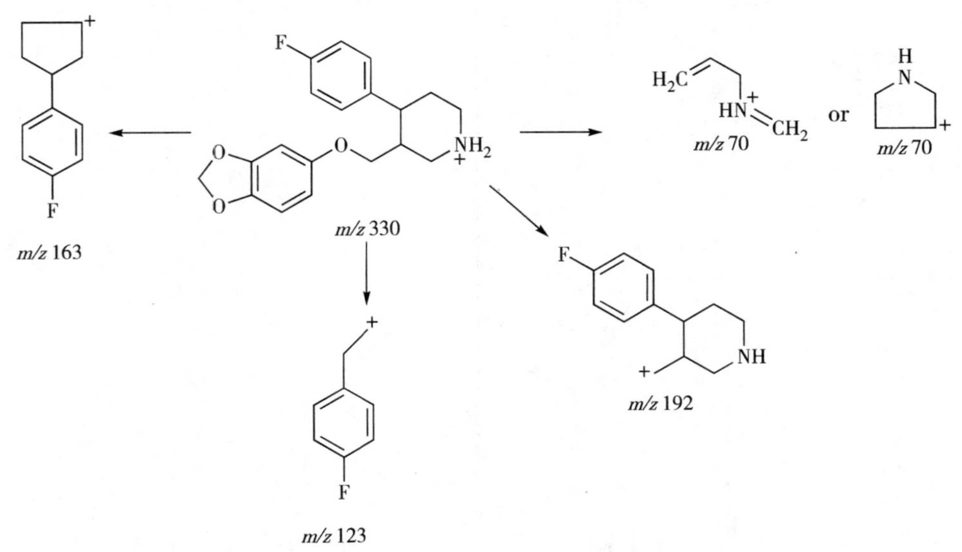

图9　反式帕罗西汀的质谱图

备注

1. 中文化学名　(3*R*,4*S*)－3－[(1,3－苯并间二氧杂环戊烯－5－基氧基)甲基]－4－(4－氟苯基)哌啶

2. 英文化学名　(3*R*,4*S*)－3－[(1,3－benzodioxol－5－yloxy)methyl]－4－(4－fluorophenyl)piperidine

3. 性状　本品为类白色结晶。

4. 溶剂　无水乙醇。

5. 对照品编号与批号　101144－201001

去氟帕罗西汀

英文名　Desfluoroparoxetine

分子式　$C_{19}H_{21}NO_3$

分子量　311.38

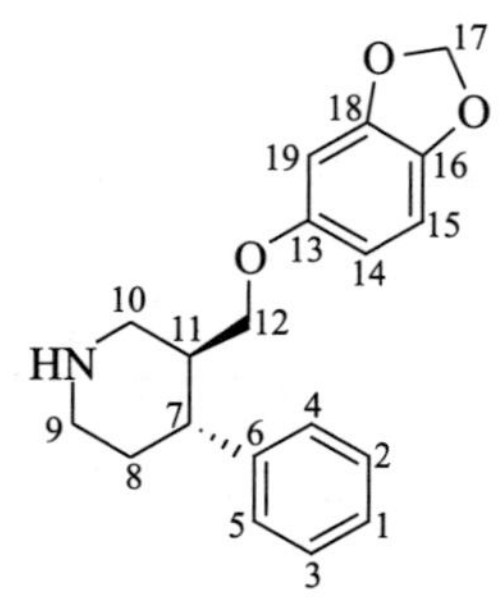

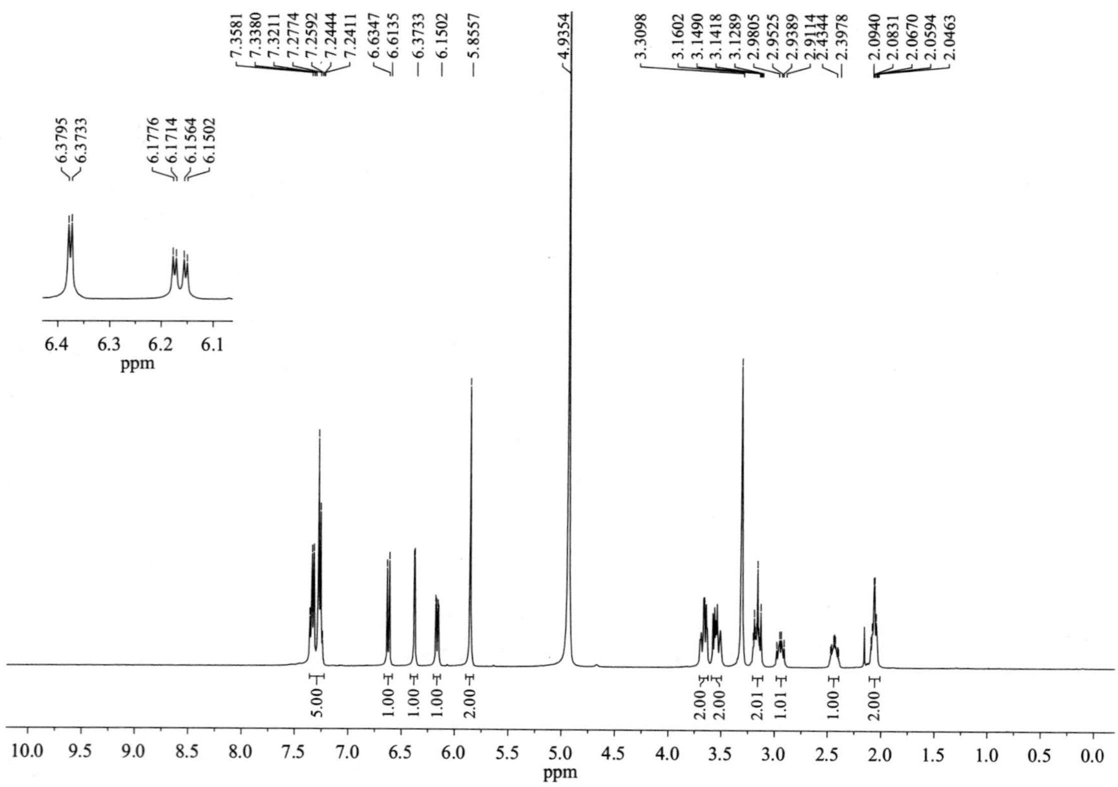

图 1　去氟帕罗西汀的^{1}H NMR 谱（溶剂：CD_3OD）

^{1}H NMR：δ 7.36 ~ 7.22（H－1，2，3，4，5，m，5H），6.62（H－15，d，J＝8.5 Hz，1H），6.38（H－19，d，J＝2.5 Hz，1H），6.16（H－14，dd，J＝8.5，2.5 Hz，1H），5.86（H－17，s，2H），3.70 ~ 3.62（H－12，m，2H），3.59 ~ 3.50（H－9a，10a，m，2H），3.22 ~ 3.10（H－9b，10b，m，2H），2.94（H－7，m，1H），2.44（H－11，m，1H），2.11 ~ 2.01（H－8，m，2H）

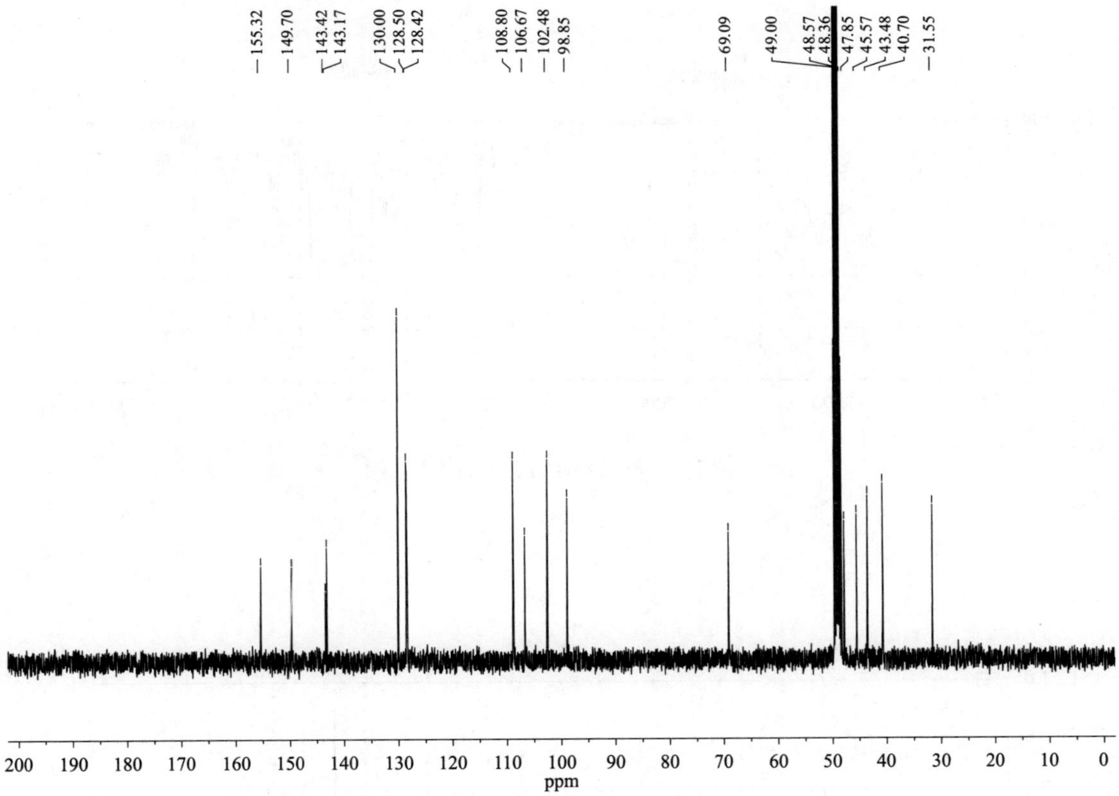

图2　去氟帕罗西汀的^{13}C NMR 谱（溶剂：CD_3OD）

^{13}C NMR：δ 155.32（C－13），149.70（C－18），143.42（C－16），143.17（C－6），130.00（C－4，5），128.50（C－2，3），128.42（C－1），108.80（C－14），106.67（C－15），102.48（C－17），98.85（C－19），69.09（C－12），47.85（C－10），45.57（C－9），43.48（C－7），40.70（C－11），31.55（C－8）

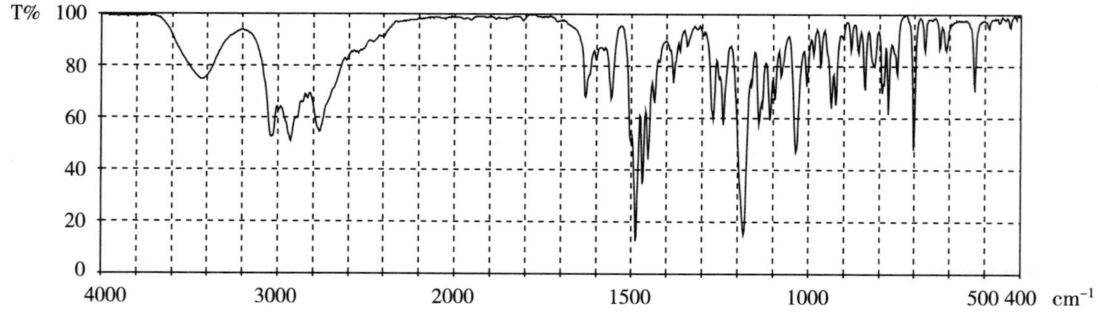

图 3　去氟帕罗西汀的红外光谱图

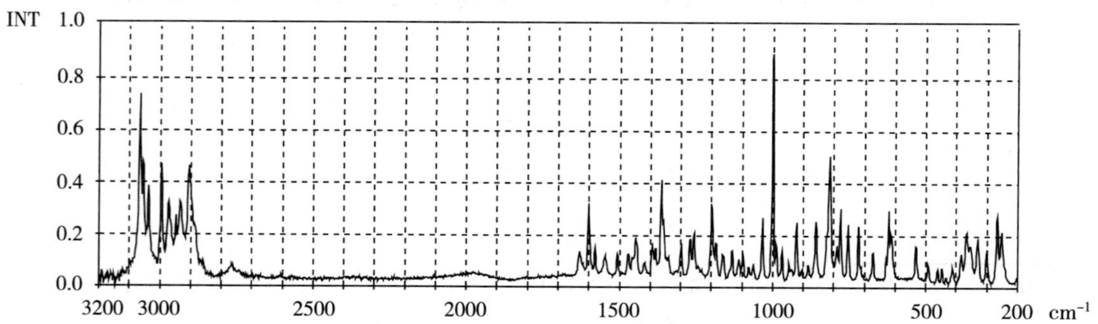

图 4　去氟帕罗西汀的拉曼光谱图

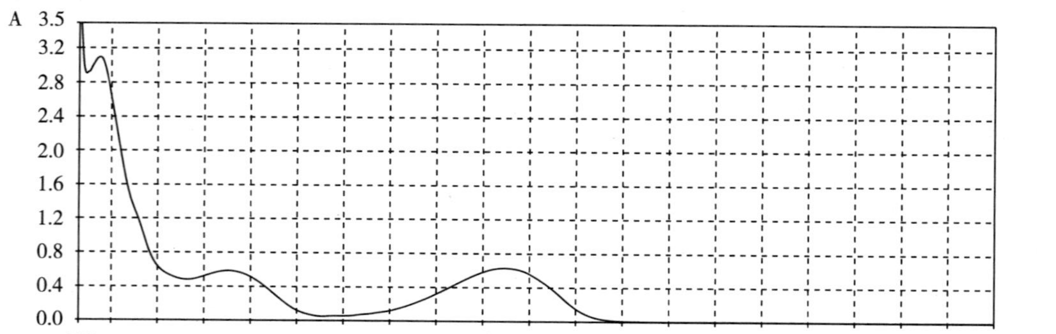

图 5　去氟帕罗西汀的紫外光谱图

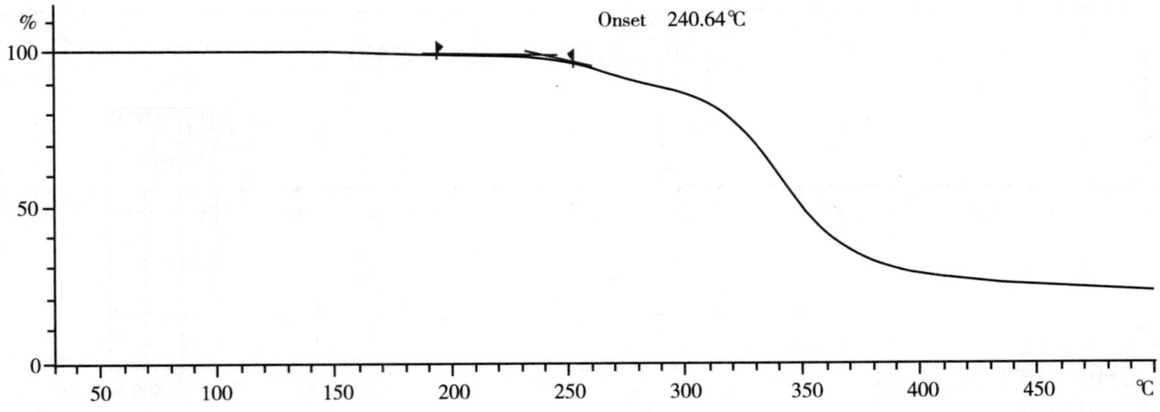

图 6　去氟帕罗西汀的 TG 图

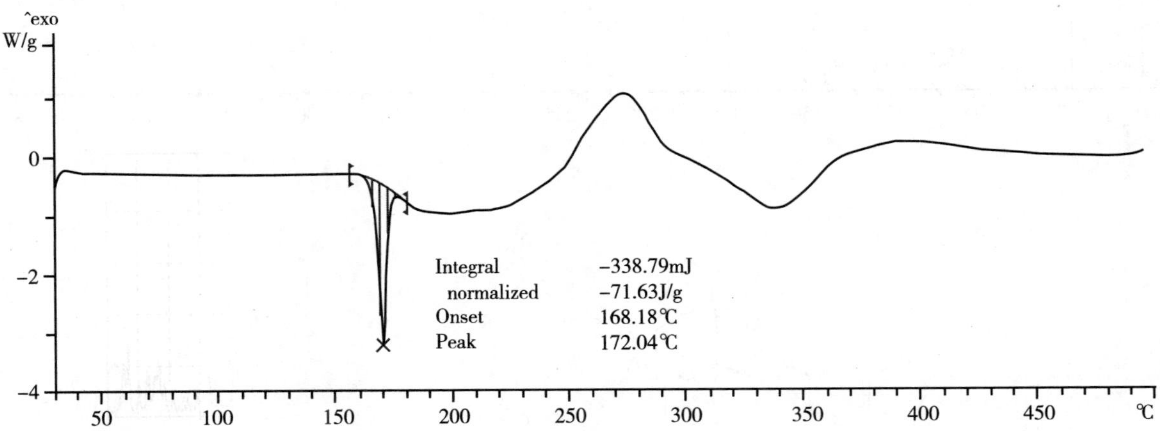

图 7　去氟帕罗西汀的 DSC 图

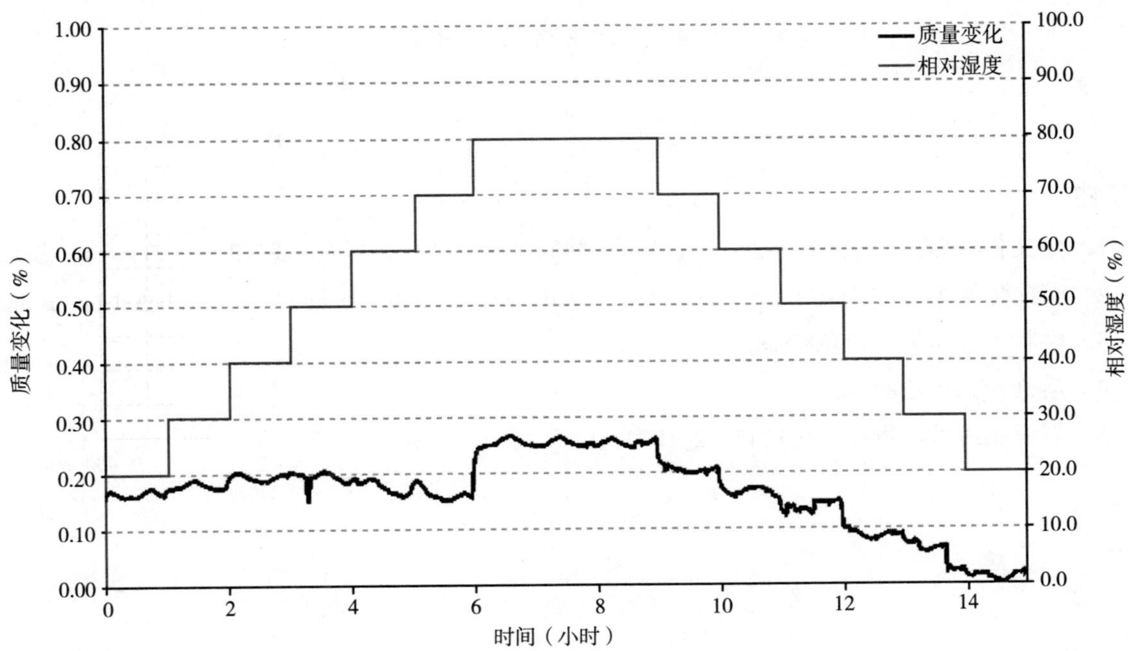

图 8　去氟帕罗西汀的 DVS 图

正离子扫描模式（一级）

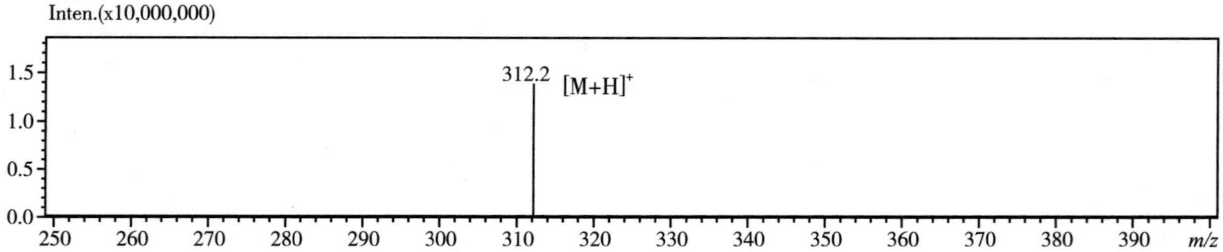

正离子扫描模式（二级）

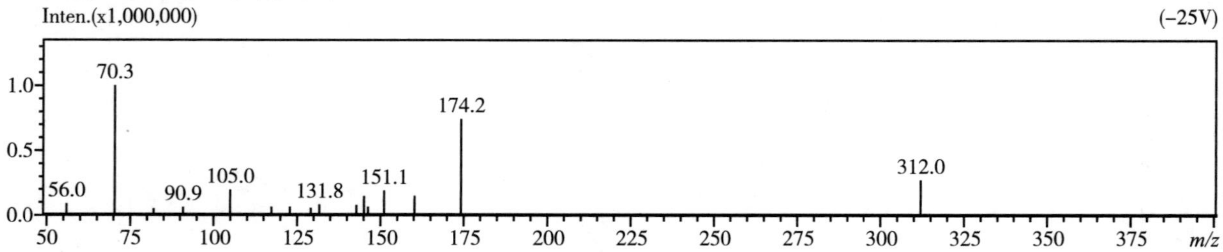

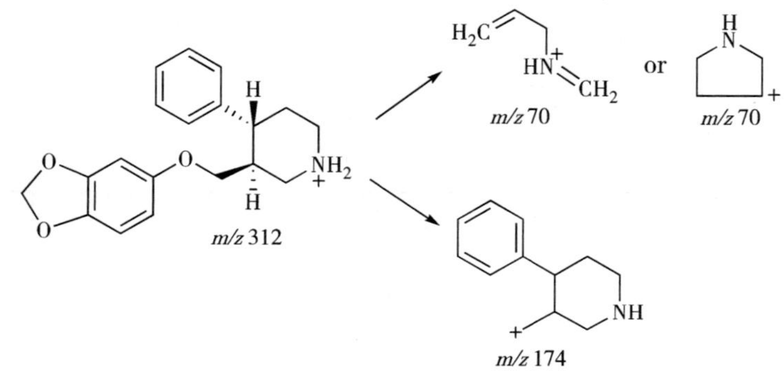

图9　去氟帕罗西汀的质谱图

备注

1. 中文化学名　(3*S*,4*R*)－3－[(1,3－苯并间二氧杂环戊烯－5－基氧基)甲基]－4－苯基哌啶

2. 英文化学名　(3*S*,4*R*)－3－[(1,3－benzodioxol－5－yloxy)methyl]－4－phenyl piperidine

3. 性状　本品为类白色结晶。

4. 溶剂　无水乙醇。

5. 对照品编号与批号　101145－201001

N－甲基帕罗西汀

英文名　*N*－Methylparoxetine

分子式　$C_{20}H_{22}FNO_3$

分子量　343.39

CAS 号　110429－36－2

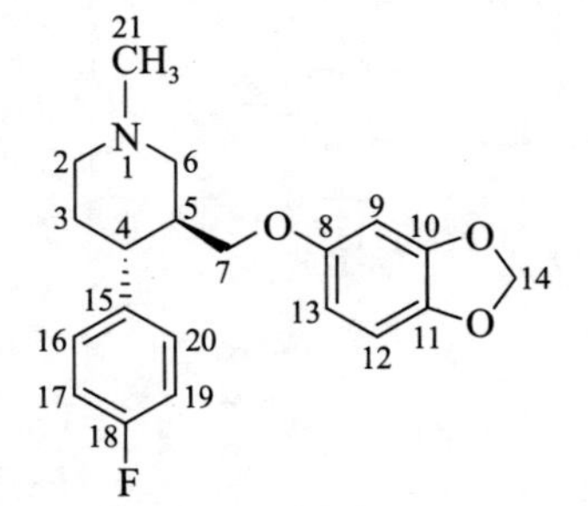

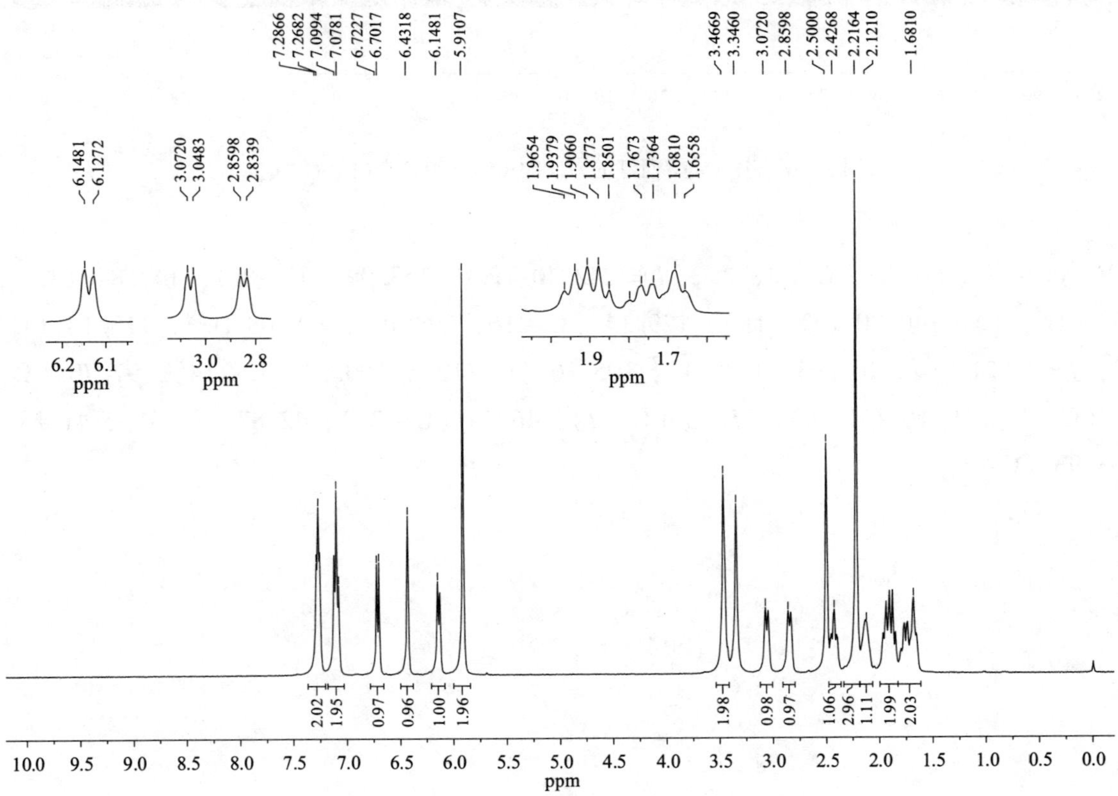

图 1　*N*－甲基帕罗西汀的^{1}H NMR 谱（溶剂：CD_3SOCD_3）

^{1}H NMR：δ 7.37～7.20（H－16，20，m，2H），7.15～7.03（H－17，19，m，2H），6.71（H－12，d，*J*＝8.4 Hz，1H），6.43（H－9，s，1H），6.14（H－13，d，*J*＝8.4 Hz，1H），5.91（H－14，s，2H），3.47（H－7，brs，2H），3.06（H－2a，d，*J*＝10.0 Hz，1H），2.85（H－6a，d，*J*＝10.3 Hz，1H），2.43（H－4，m，1H），2.22（H－21，s，3H），2.13（H－5，m，1H），2.00～1.83（H－2b，6b，m，2H），1.83～1.61（H－3，m，2H）

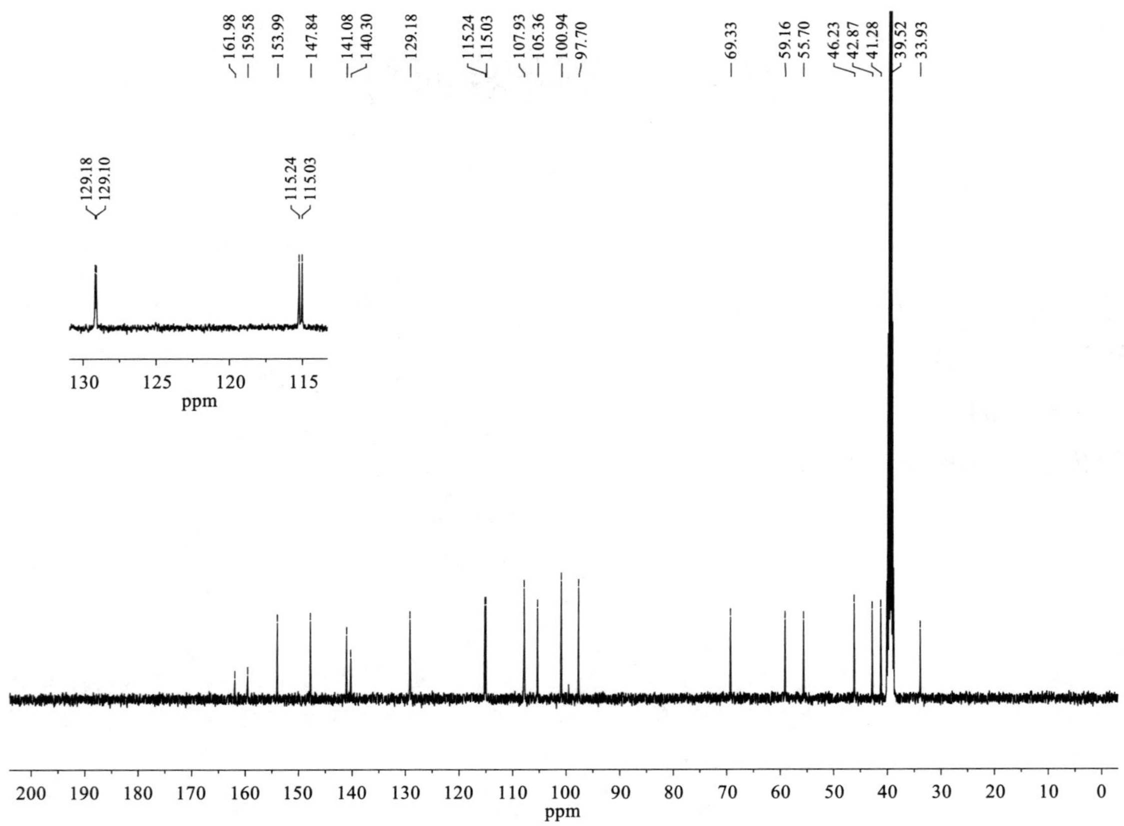

图 2　*N* – 甲基帕罗西汀的 ^{13}C NMR 谱（溶剂：CD_3SOCD_3）

^{13}C NMR：δ 160.78（C – 18，d，J = 242.40 Hz），153.99（C – 8），147.84（C – 10），141.08（C – 11），140.30（C – 15），129.14（C – 16，20，d，J = 8.08 Hz），115.14（C – 17，19，d，J = 21.21 Hz），107.93（C – 13），105.36（C – 12），100.94（C – 14），97.70（C – 9），69.33（C – 7），59.16（C – 6），55.70（C – 2），46.23（C – 21），42.87（C – 4），41.28（C – 5），33.93（C – 3）

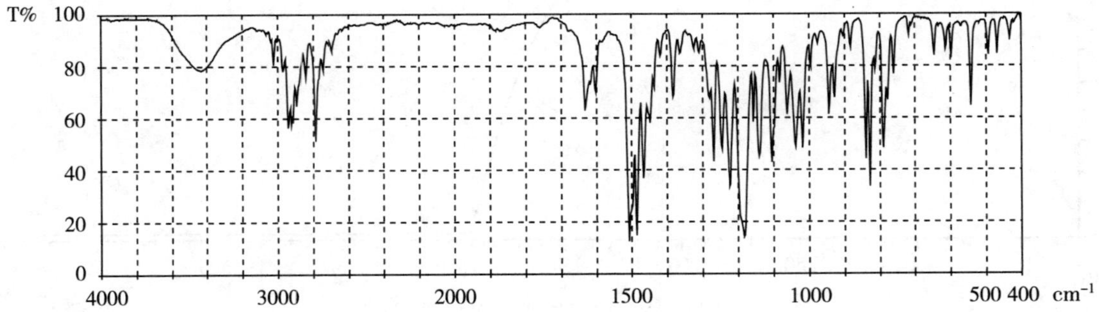

图 3　*N*－甲基帕罗西汀的红外光谱图

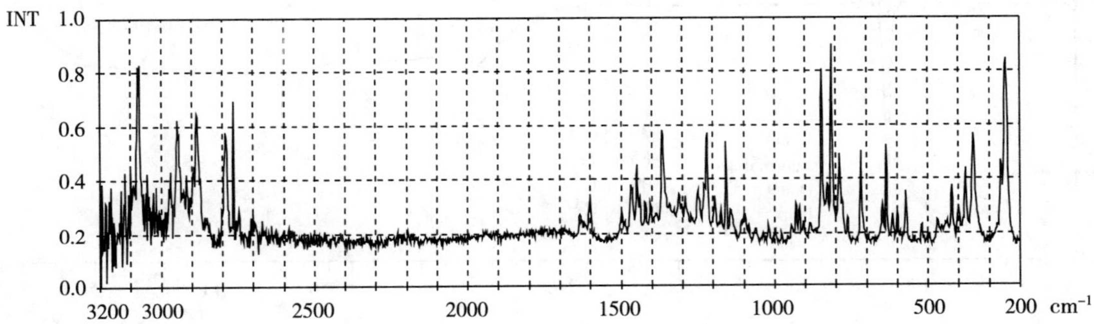

图 4　*N*－甲基帕罗西汀的拉曼光谱图

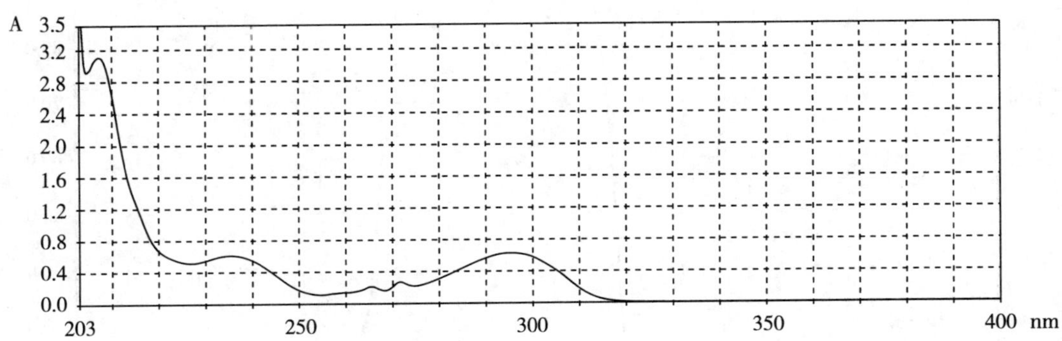

图 5　*N*－甲基帕罗西汀的紫外光谱图

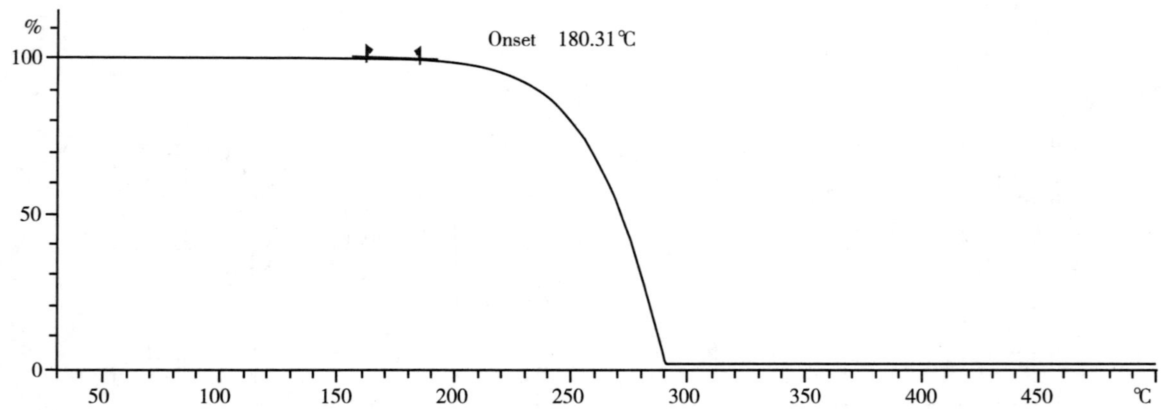

图 6　*N* – 甲基帕罗西汀的 TG 图

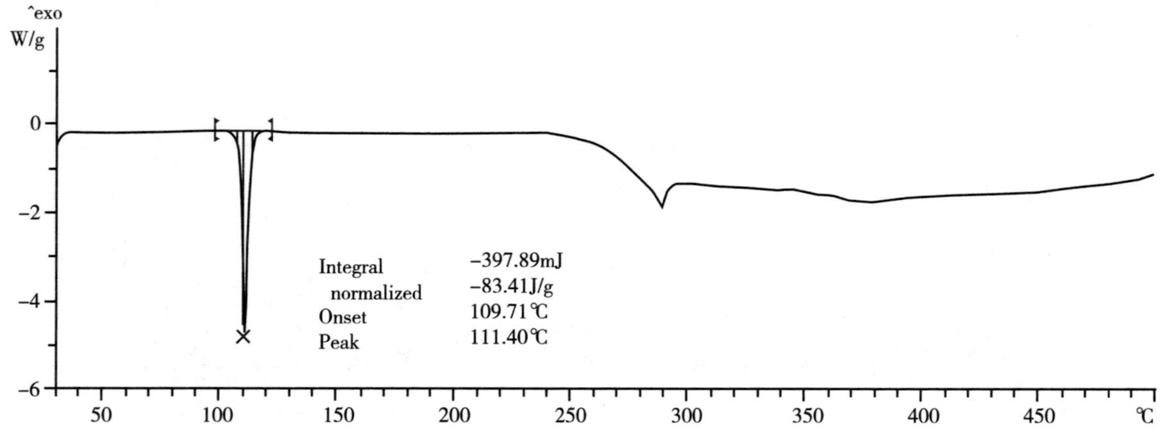

图 7　*N* – 甲基帕罗西汀的 DSC 图

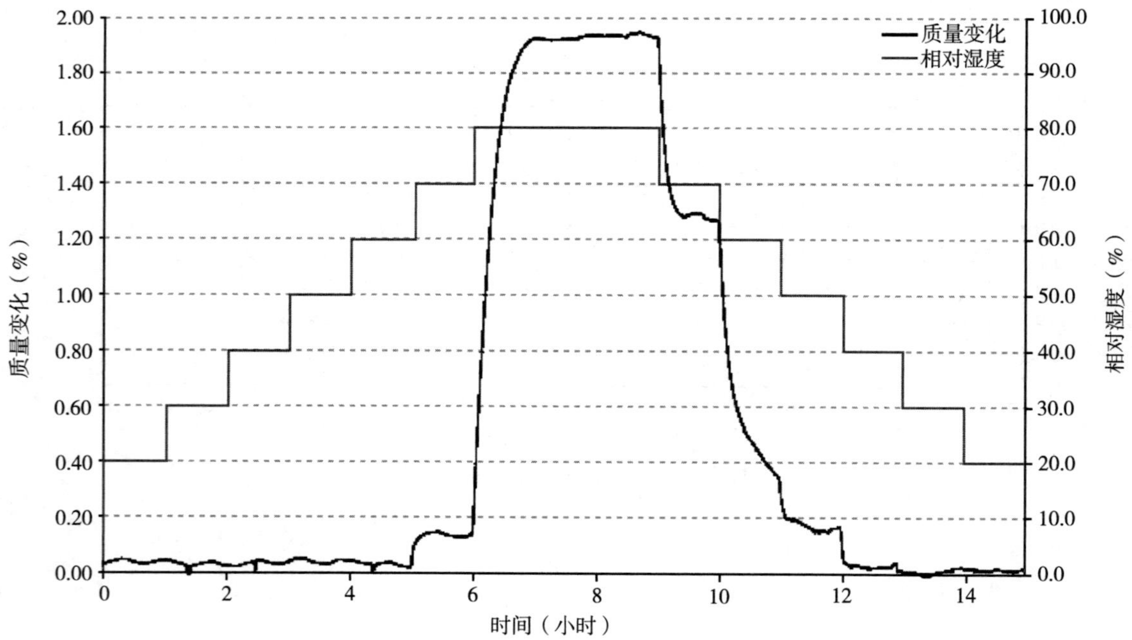

图 8　*N* – 甲基帕罗西汀的 DVS 图

正离子扫描模式（一级）

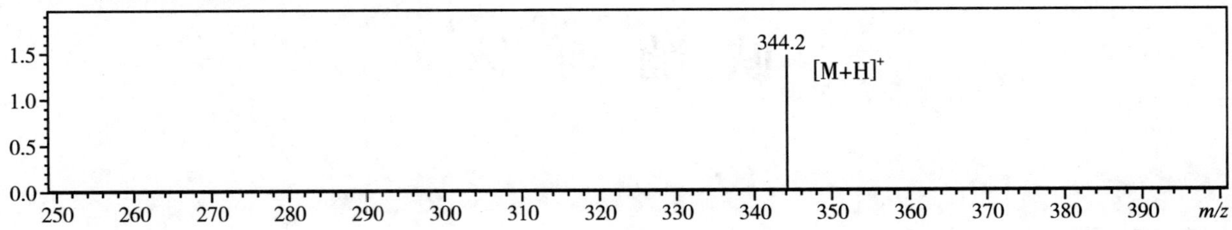

正离子扫描模式（二级）

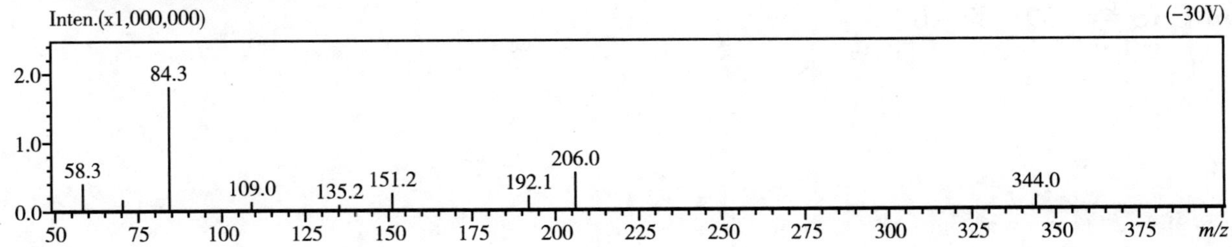

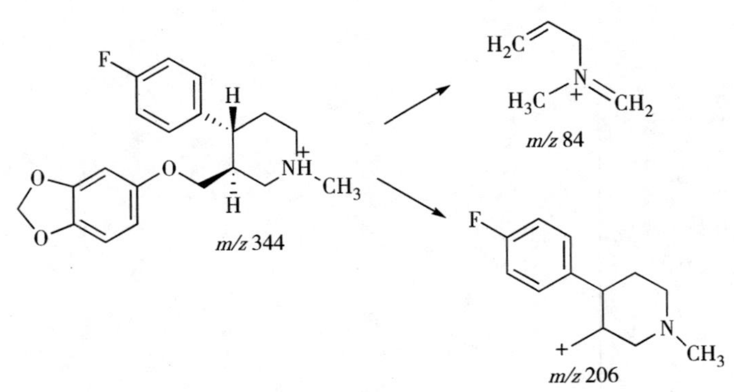

图9　*N*－甲基帕罗西汀的质谱图

备注

1. 中文化学名　(3*S*,4*R*)－1－甲基－3－[[3,4－(亚甲二氧基)苯氧基]甲基]－4－(4′－氟苯基)哌啶

2. 英文化学名　(3*S*,4*R*)－3－[(1,3－benzodioxol－5－yloxy)methyl]－4－(4′－fluorophenyl)－*N*－methylpiperidine

3. 性状　本品为类白色结晶。

4. 溶解性　本品在水中不溶，在甲苯中溶解。

5. 溶剂　无水乙醇。

6. 对照品编号与批号　101146－201001

呋喃西林

英文名 Nitrofurazone

分子式 $C_6H_6N_4O_4$

分子量 198.14

CAS 号 59-87-0

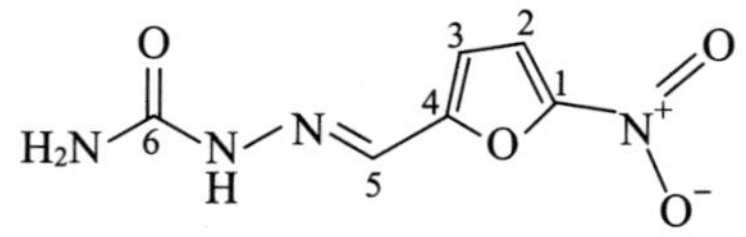

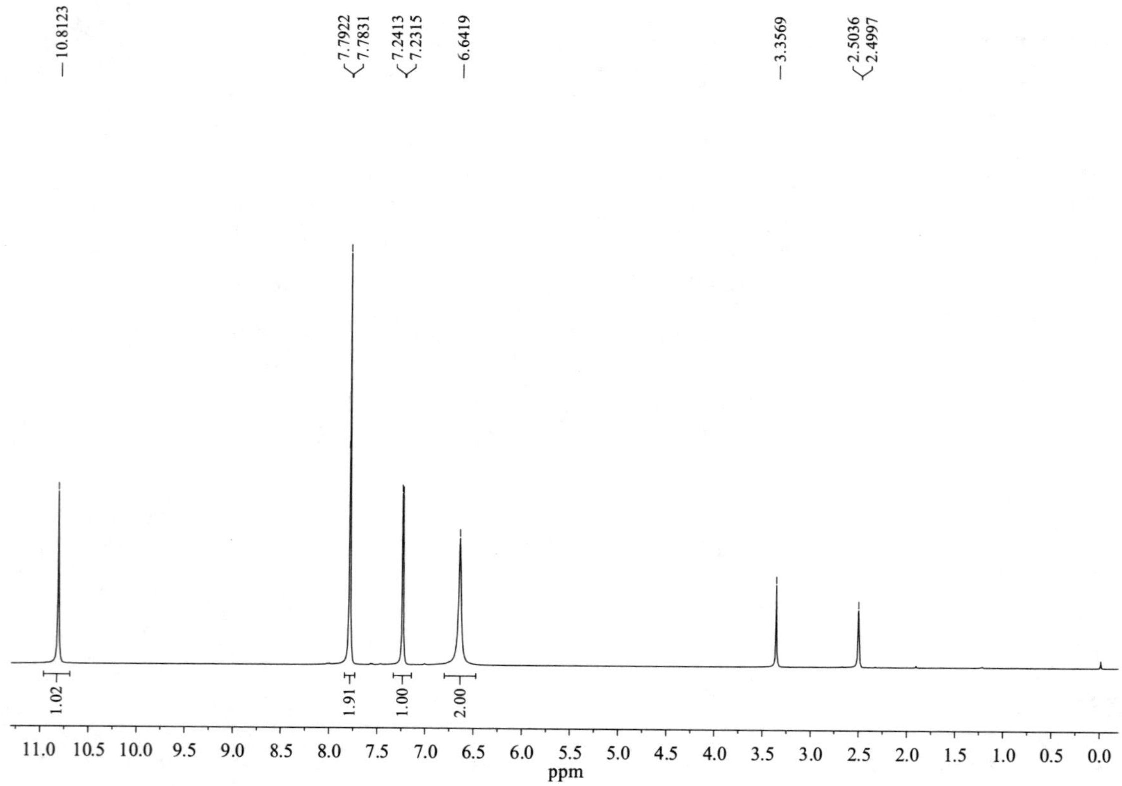

图1 呋喃西林的 ^{1}H NMR 谱（溶剂：CD_3SOCD_3）

^{1}H NMR：δ 10.81（NH，s，1H），7.84～7.73（H-2，5，m，2H），7.24（H-3，d，J=3.9 Hz，1H），6.64（NH_2，brs，2H）

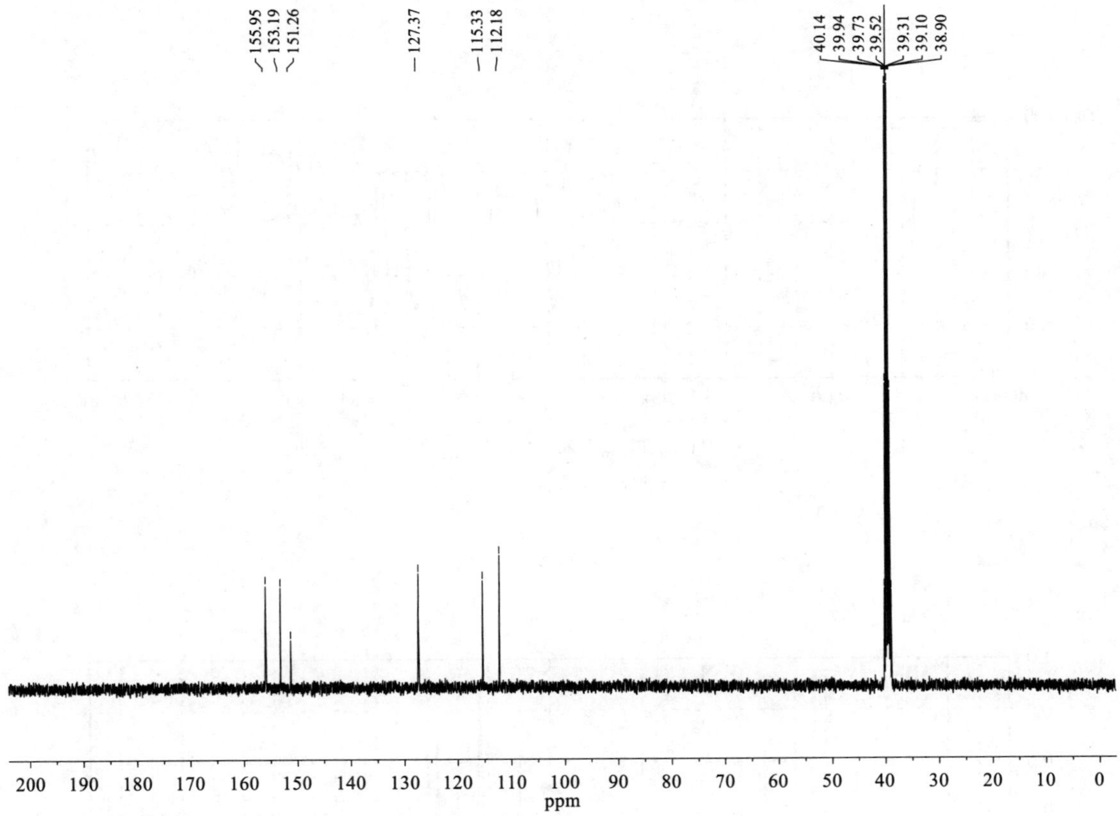

图 2　呋喃西林的^{13}C NMR 谱（溶剂：CD_3SOCD_3）

^{13}C NMR：δ 155.95（C－6），153.19（C－4），151.26（C－1），127.37（C－5），115.33（C－2），112.18（C－3）

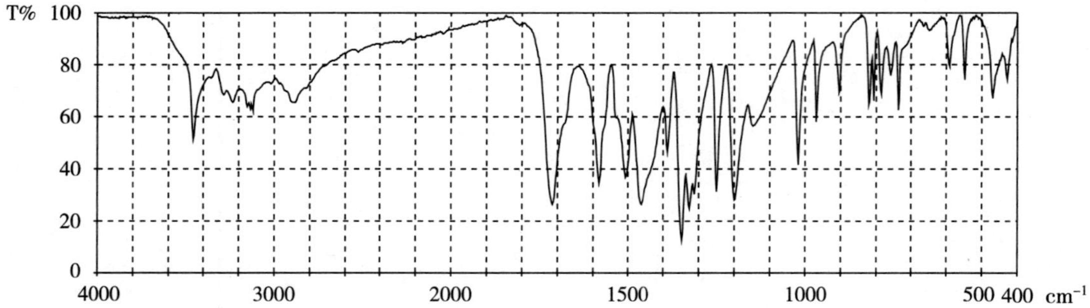

图 3　呋喃西林的红外光谱图

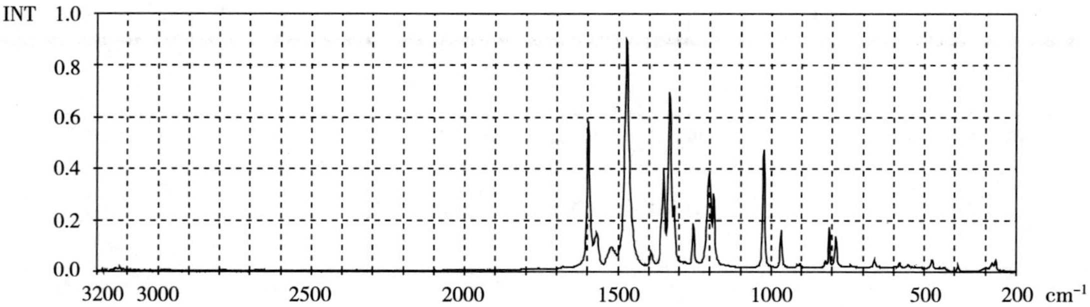

图 4　呋喃西林的拉曼光谱图

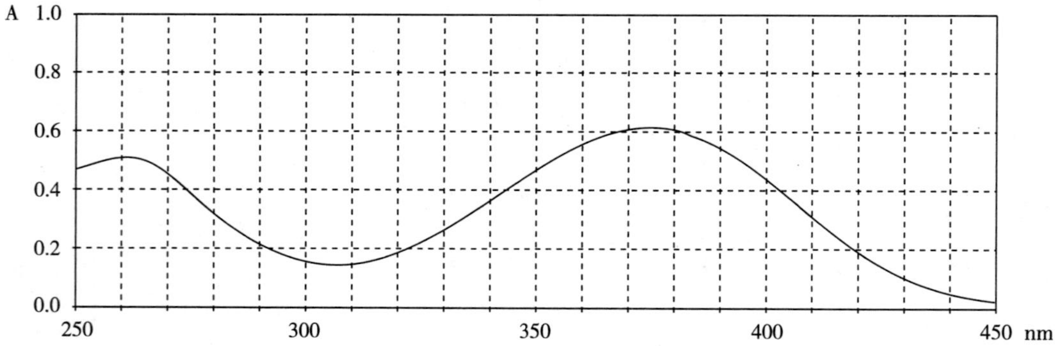

图 5　呋喃西林的紫外光谱图

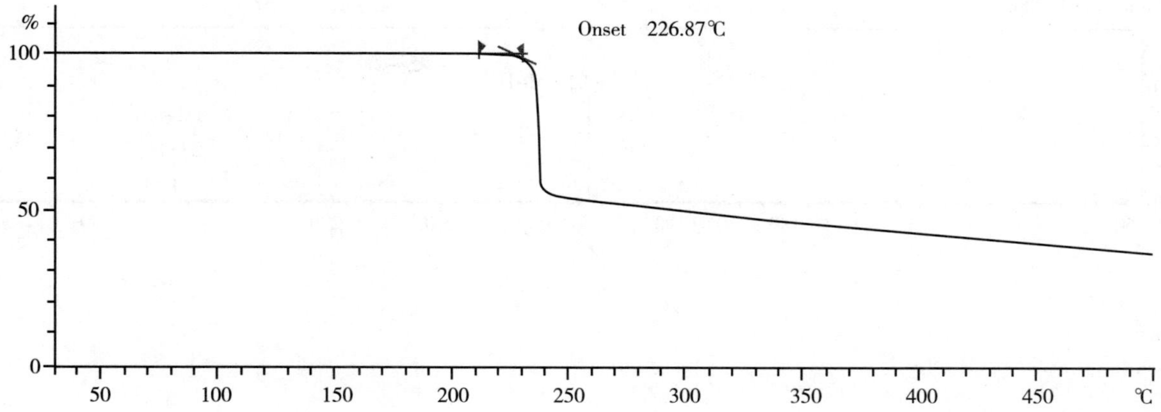

图 6 呋喃西林的 TG 图

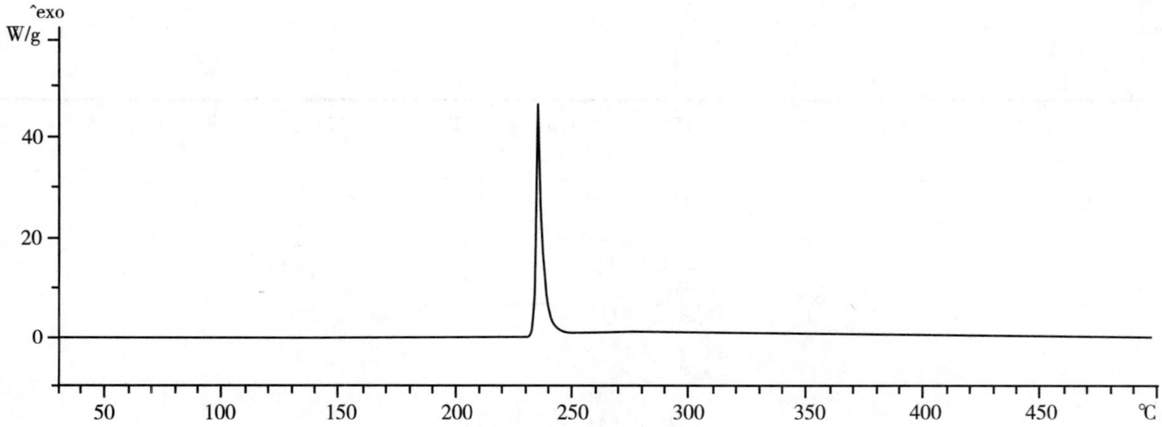

图 7 呋喃西林的 DSC 图

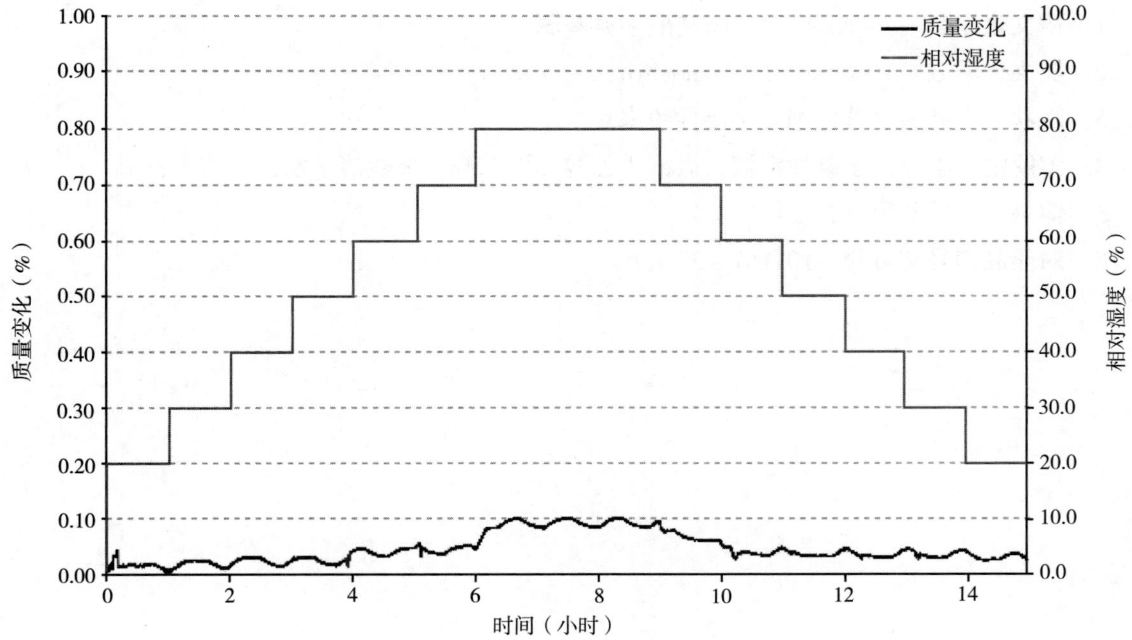

图 8 呋喃西林的 DVS 图

负离子扫描模式（一级）

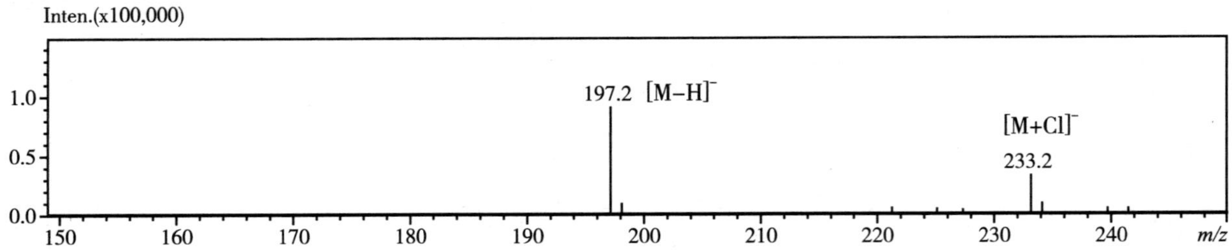

负离子扫描模式（二级）

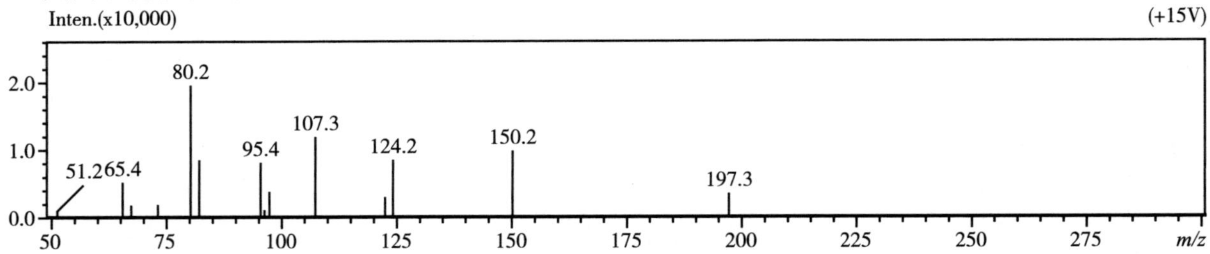

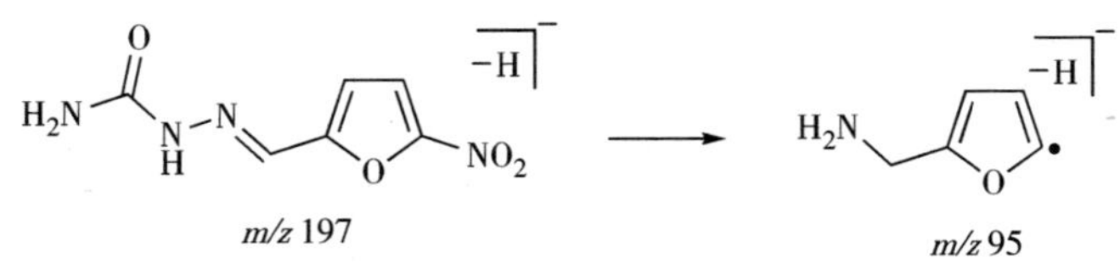

图 9　呋喃西林的质谱图

备注

1. **中文化学名**　5 - 硝基 - 2 - 呋喃醛缩氨基脲
2. **英文化学名**　5 - nitro - 2 - furaldehyde semicarbazone
3. **性状**　本品为淡黄色细微结晶性粉末。
4. **溶解性**　本品溶于碱性溶液，微溶于乙醇和丙二醇，极微溶于水，不溶于乙醚。
5. **溶剂**　二甲基甲酰胺。
6. **对照品编号与批号**　101167 - 201001

N－(4－氯苯甲酰基)酪胺

英文名 N－(4－Chlorobenzoyl) Tyramine

分子式 $C_{15}H_{14}ClNO_2$

分子量 275.73

CAS 号 41859－57－8

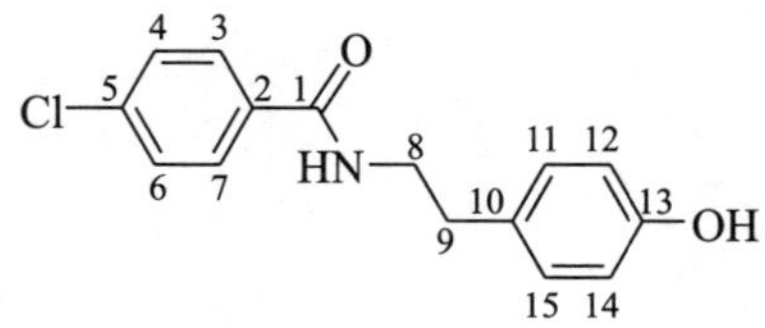

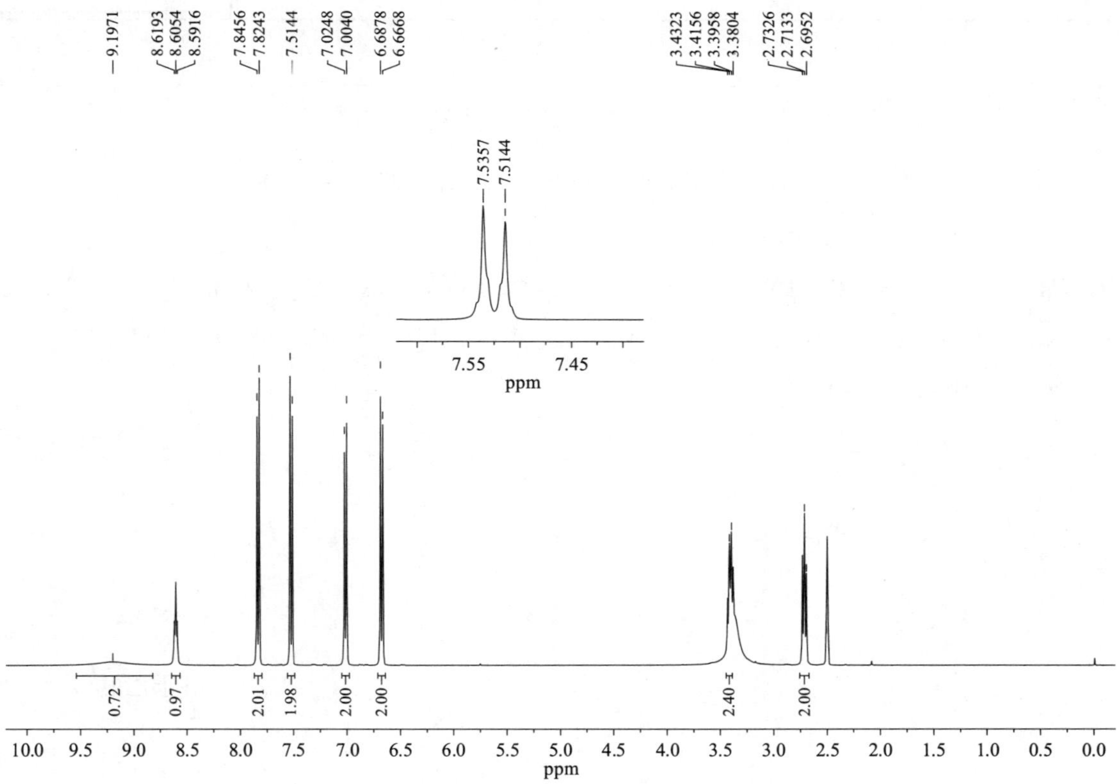

图 1　N－(4－氯苯甲酰基)酪胺的 ^{1}H NMR 谱（溶剂：CD_3SOCD_3）

^{1}H NMR：δ 9.20（OH，brs，1H），8.61（NH，t，J＝5.5 Hz，1H），7.83（H－3，7，d，J＝8.5 Hz，2H），7.53（H－4，6，d，J＝8.5 Hz，2H），7.01（H－11，15，d，J＝8.4 Hz，2H），6.68（H－12，14，d，J＝8.4 Hz，2H），3.45～3.39（H－8，m，2H），2.71（H－9，t，J＝7.5 Hz，2H）

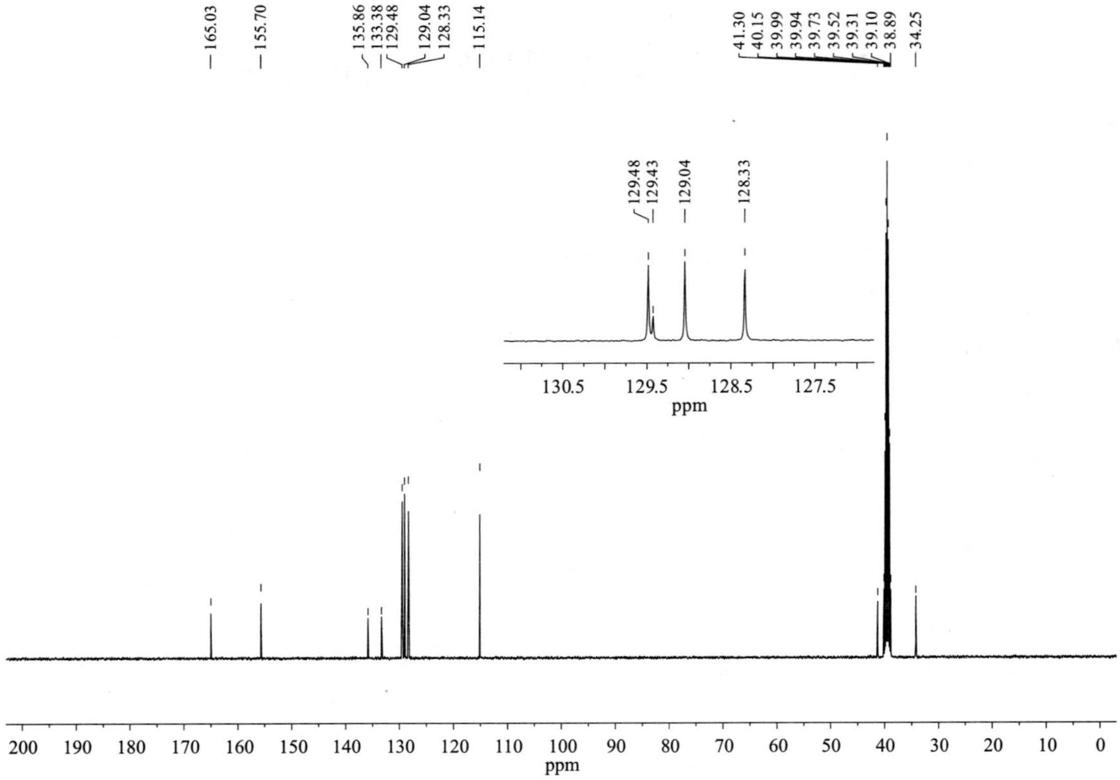

图2 *N*-(4-氯苯甲酰基)酪胺的[13]C NMR谱（溶剂：CD_3SOCD_3）

^{13}C NMR：δ 165.03（C-1），155.70（C-13），135.86（C-5），133.38（C-2），129.48（C-3，7），129.43（C-10），129.04（C-11，15），128.33（C-4，6），115.14（C-12，14），41.30（C-8），34.25（C-9）

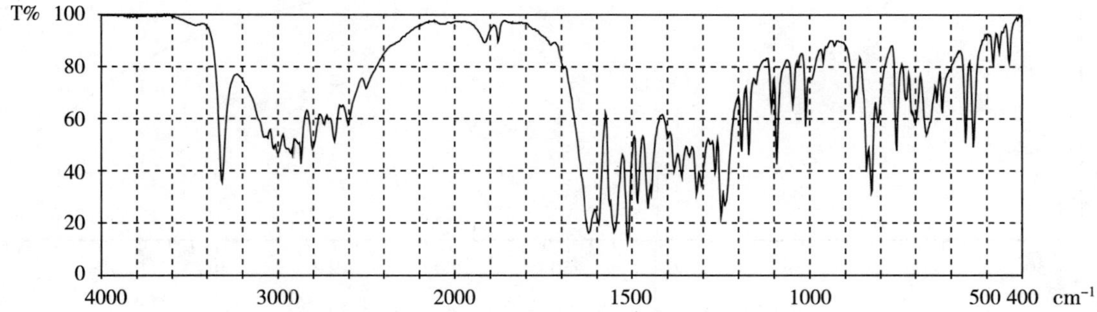

图 3　*N*－（4－氯苯甲酰基）酪胺的红外光谱图

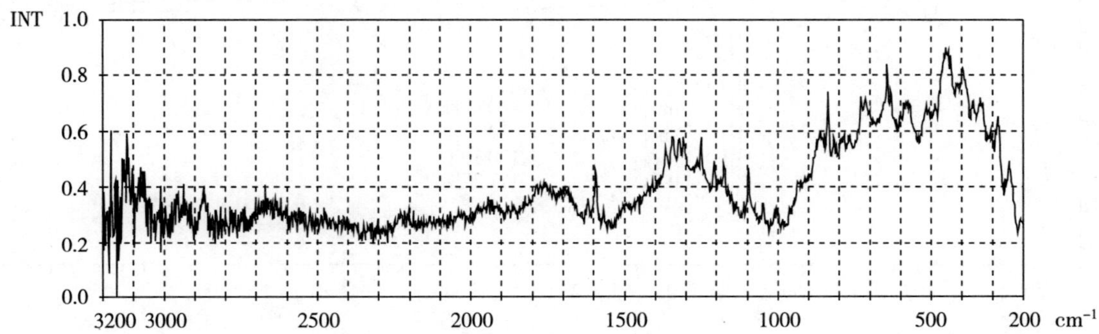

图 4　*N*－（4－氯苯甲酰基）酪胺的拉曼光谱图

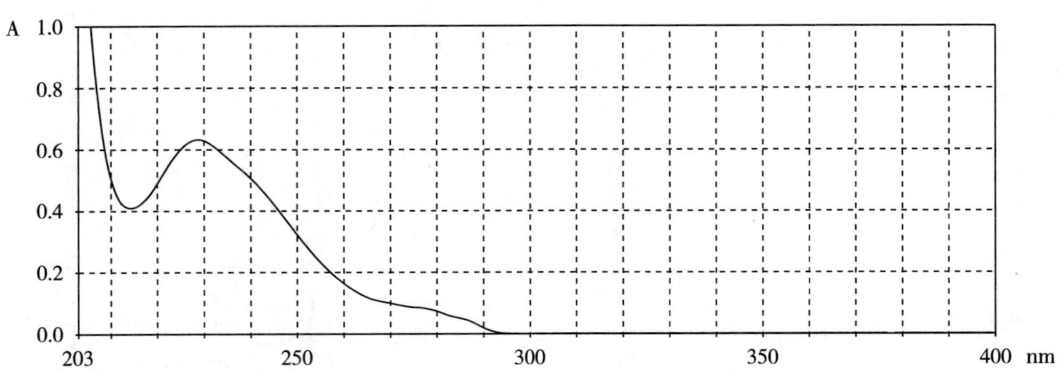

图 5　*N*－（4－氯苯甲酰基）酪胺的紫外光谱图

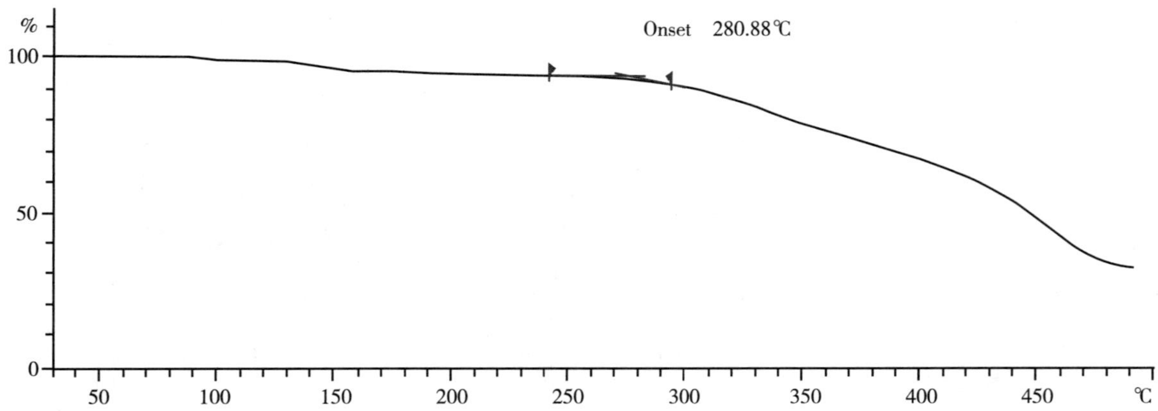

图 6　*N*－（4－氯苯甲酰基）酪胺的 TG 图

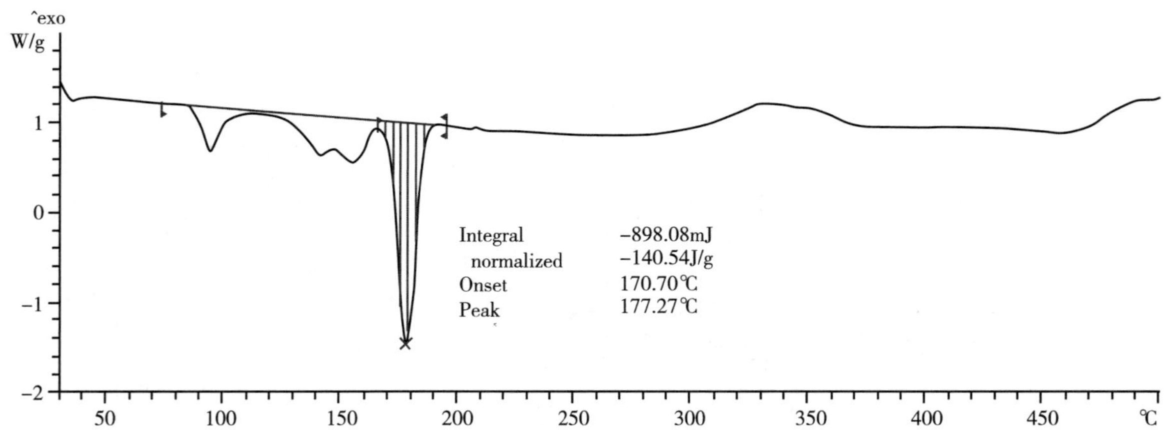

图 7　*N*－（4－氯苯甲酰基）酪胺的 DSC 图

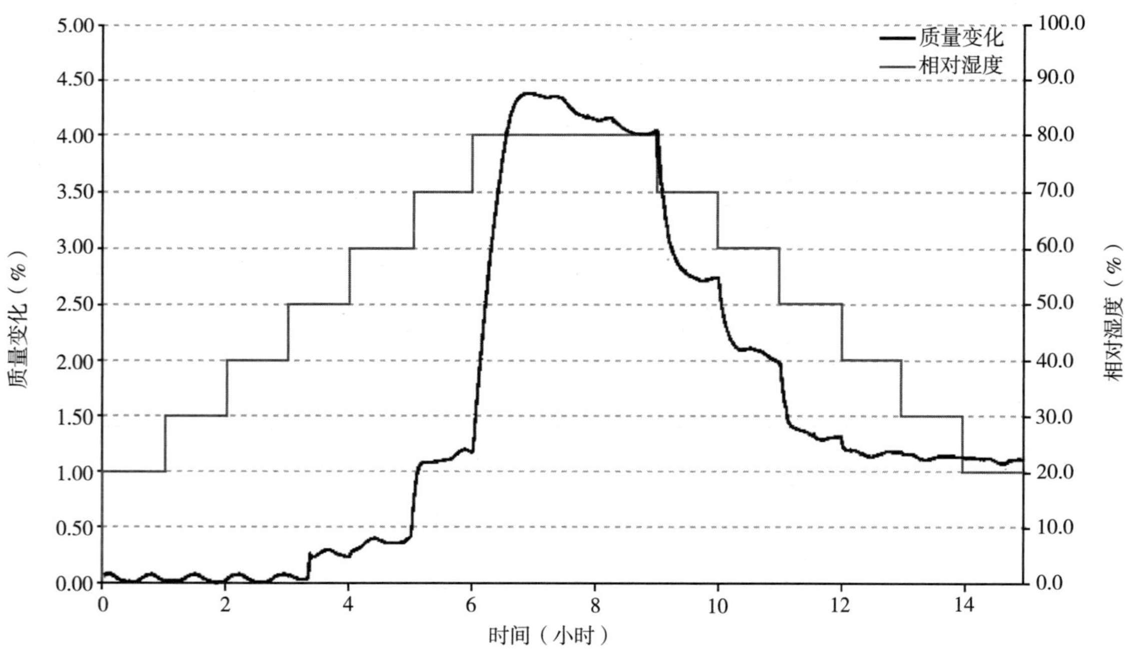

图 8　*N*－（4－氯苯甲酰基）酪胺的 DVS 图

正离子扫描模式（一级）

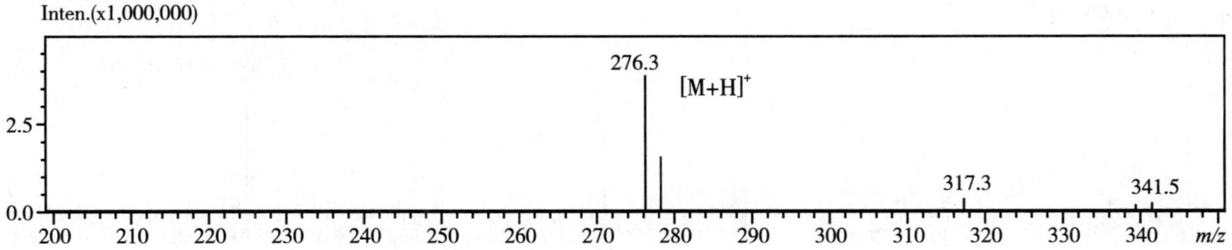

正离子扫描模式（二级）

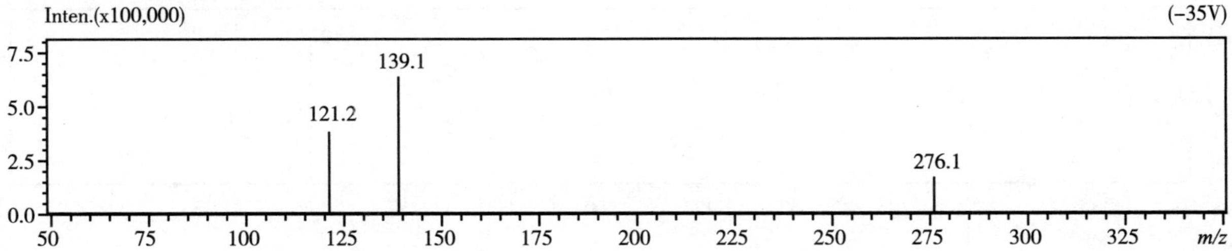

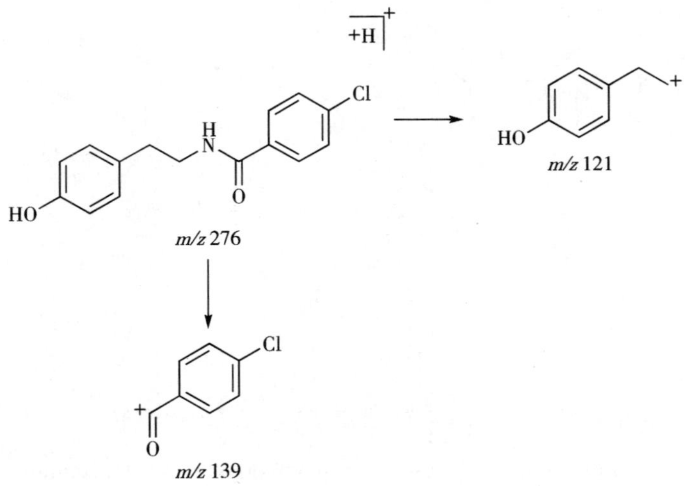

负离子扫描模式（一级）

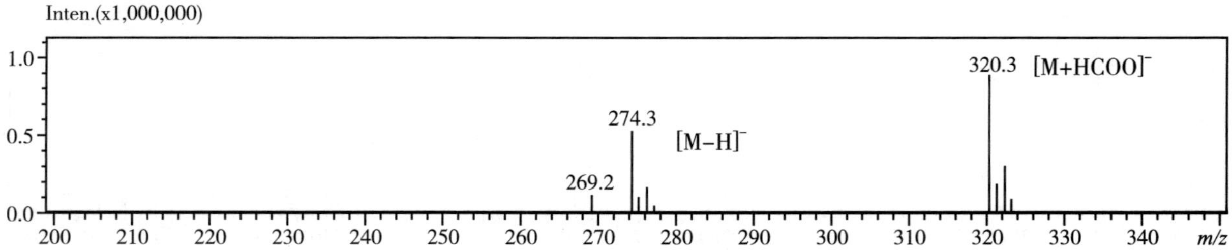

负离子扫描模式（二级）

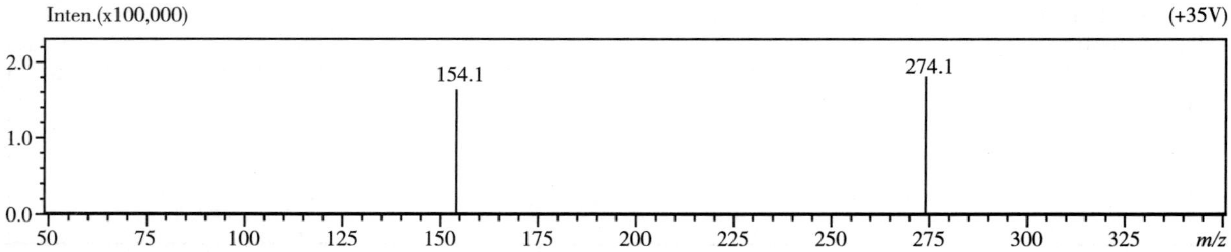

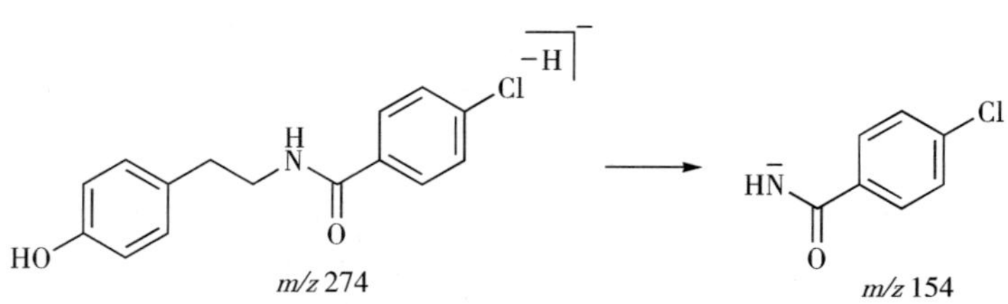

图 9 *N* –（4 – 氯苯甲酰基）酪胺的质谱图

备注

1. **中文化学名** 4 – 氯 – *N* – [2 –（4 – 羟基苯基）乙基] 苯甲酰胺
2. **英文化学名** 4 – chloro – *N* – [2 – (4 – hydroxyphenyl) ethyl] benzamide
3. **溶剂** 无水乙醇。
4. **对照品编号与批号** 101169 – 201001

非洛地平杂质 I

英文名 Felodipine Impurity Ⅰ

分子式 $C_{18}H_{17}Cl_2NO_4$

分子量 382.24

CAS 号 96382-71-7

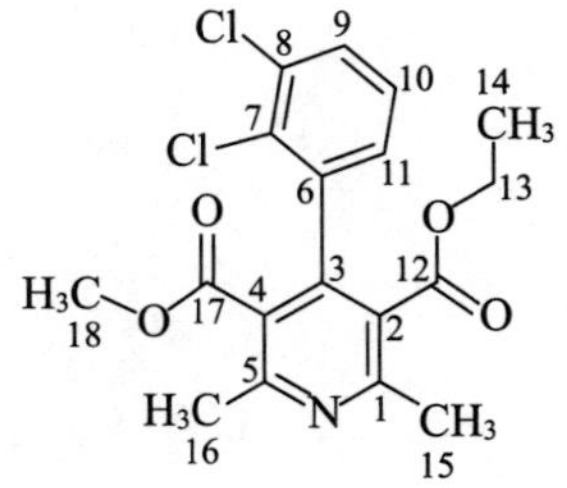

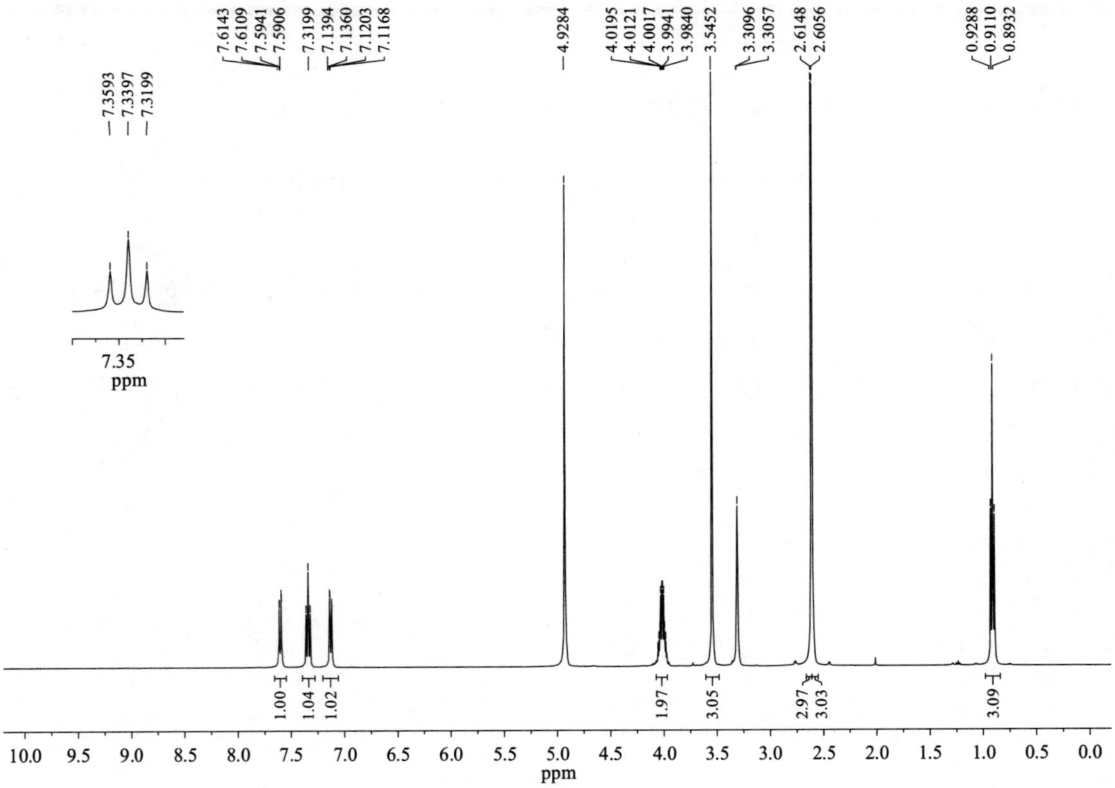

图 1 非洛地平杂质 I 的 ^1H NMR 谱（溶剂：CD_3OD）

^1H NMR：δ 7.60（H-9，dd，J=8.1，1.4 Hz，1H），7.34（H-10，t，J=8.0 Hz，1H），7.13（H-11，dd，J=7.7，1.4 Hz，1H），4.07～3.97（H-13，m，2H），3.55（H-18，s，3H），2.61（H-15，s，3H），2.60（H-16，s，3H），0.91（H-14，t，J=7.1 Hz，3H）

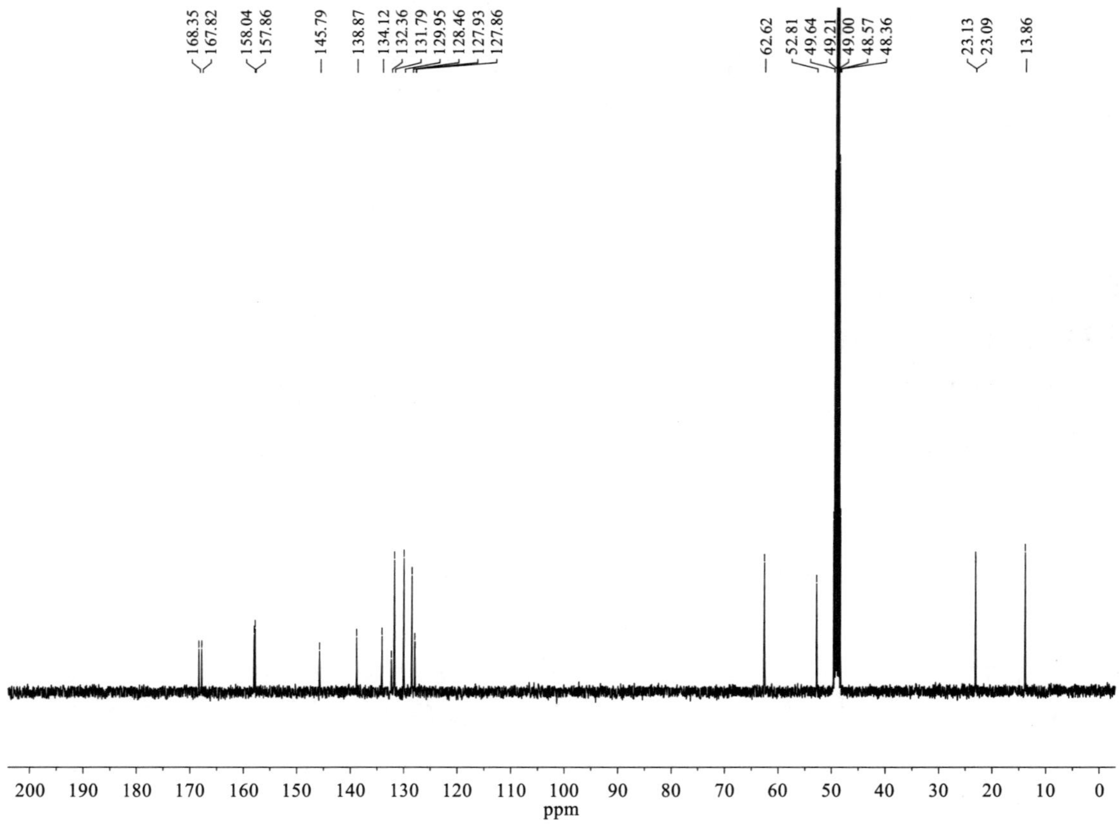

图 2　非洛地平杂质Ⅰ的 ^{13}C NMR 谱（溶剂：CD_3OD）

^{13}C NMR：δ 168.35（C－17），167.82（C－12），158.04（C－5），157.86（C－1），145.79（C－3），138.87（C－6），134.12（C－8），132.36（C－7），131.79（C－9），129.95（C－11），128.46（C－10），127.93（C－4），127.86（C－2），62.62（C－13），52.81（C－18），23.13（C－16），23.09（C－15），13.86（C－14）

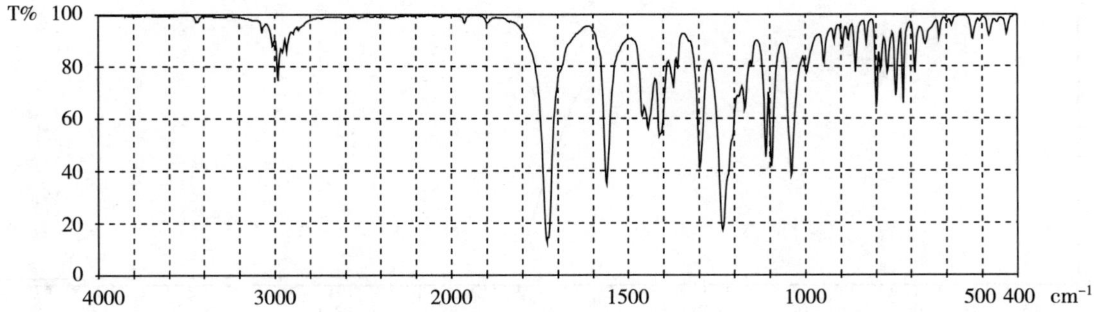

图 3　非洛地平杂质 Ⅰ 的红外光谱图

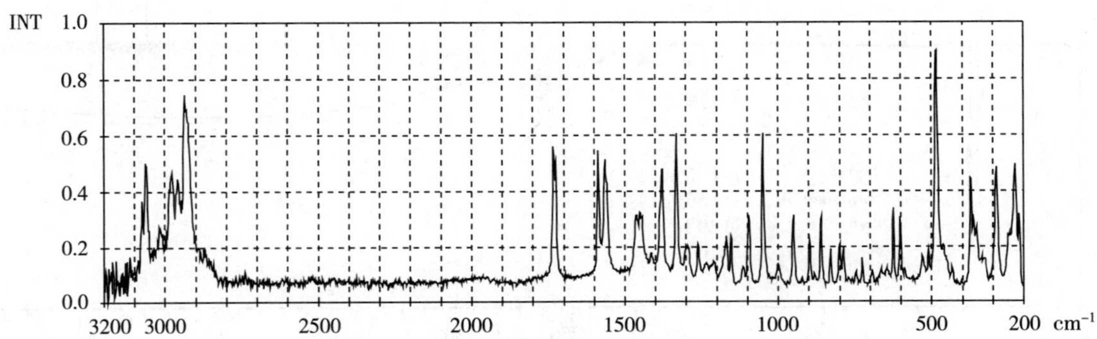

图 4　非洛地平杂质 Ⅰ 的拉曼光谱图

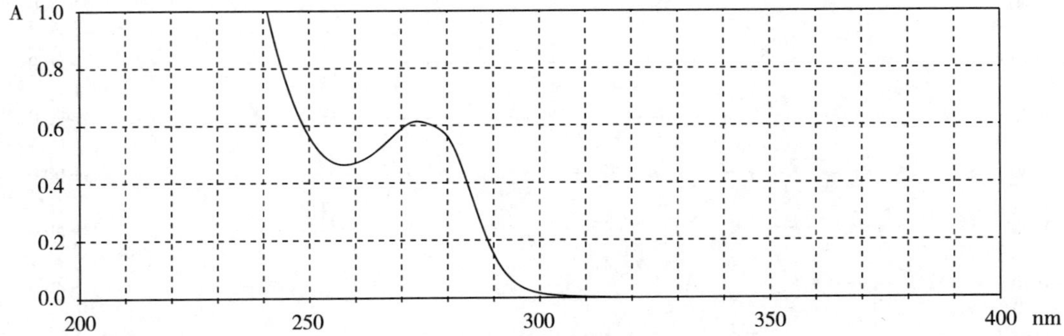

图3　紫外光谱图

图 5　非洛地平杂质 Ⅰ 的紫外光谱图

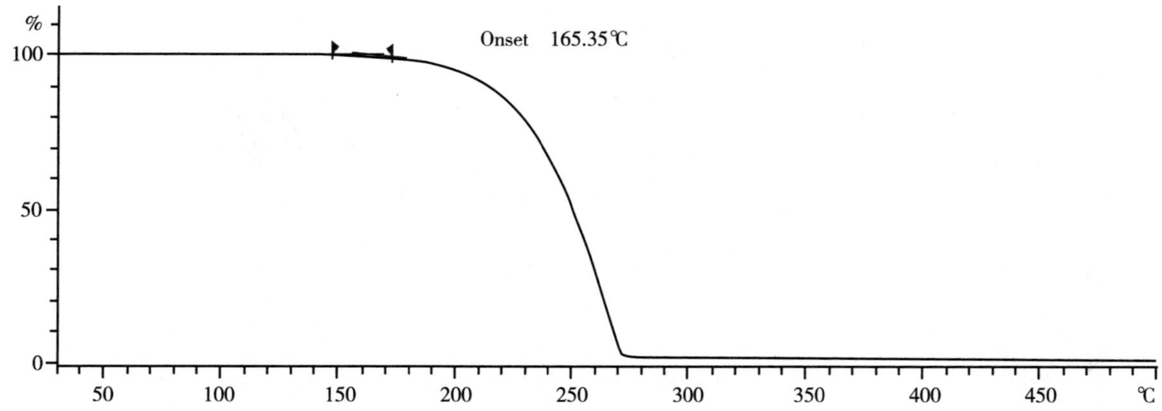

图 6　非洛地平杂质Ⅰ的 TG 图

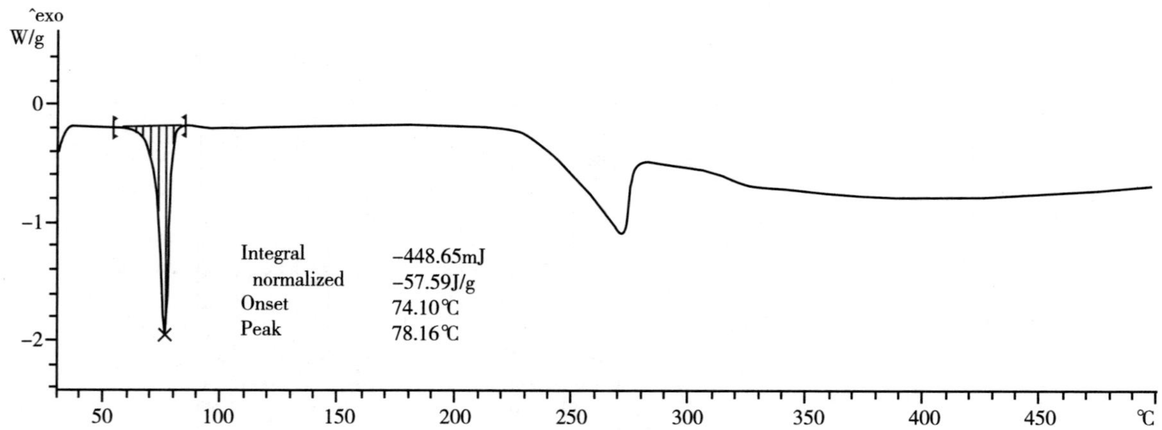

图 7　非洛地平杂质Ⅰ的 DSC 图

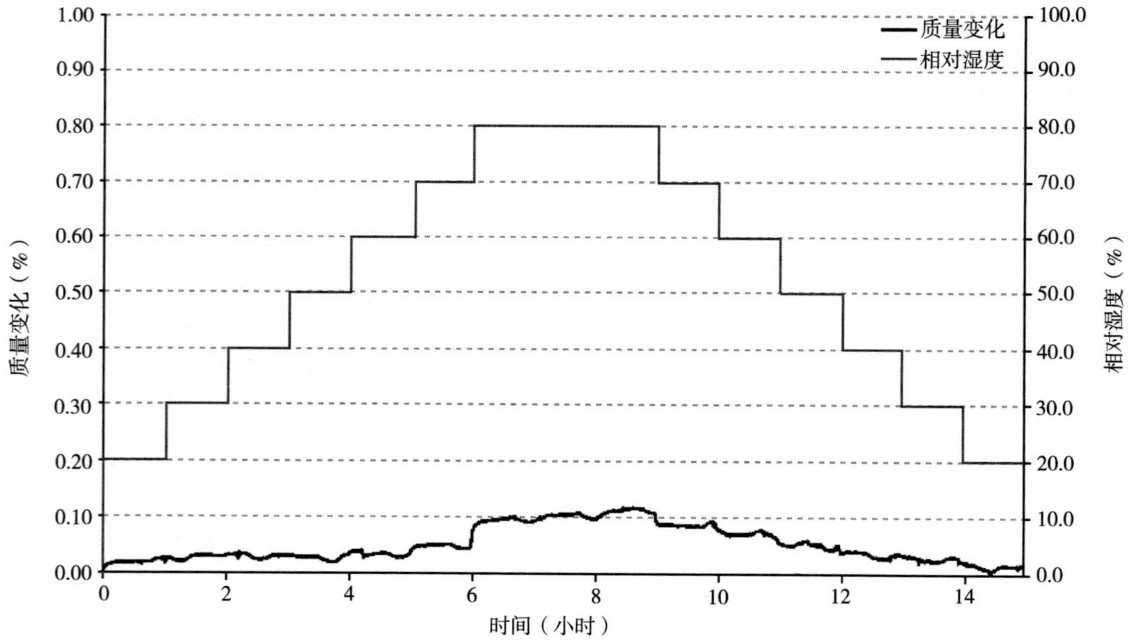

图 8　非洛地平杂质Ⅰ的 DVS 图

正离子扫描模式（一级）

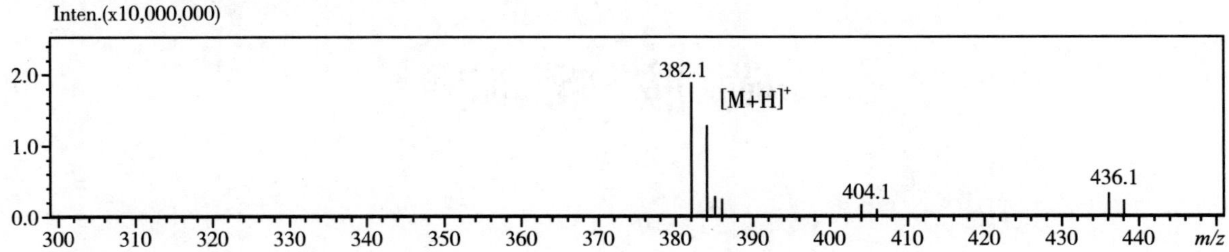

正离子扫描模式（二级）

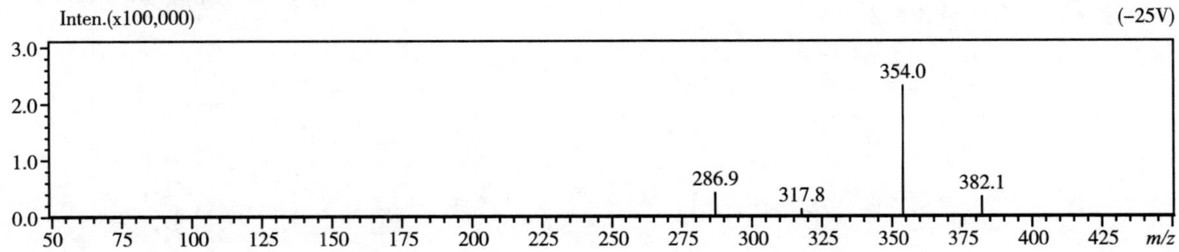

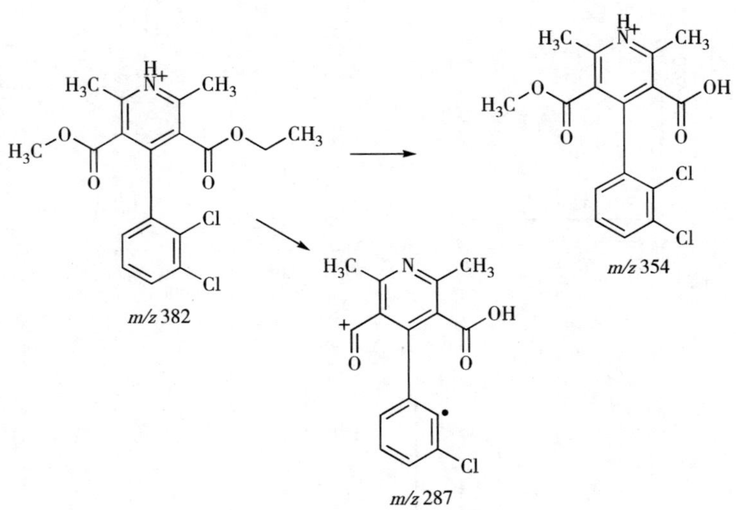

图9　非洛地平杂质Ⅰ的质谱图

备注

1. 中文化学名　2,6－二甲基－4－(2,3－二氯苯基)－3,5－吡啶二甲酸甲酯乙酯

2. 英文化学名　2,6－dimethyl－4－(2,3－dichlorophenyl)－3,5－pyridine dicarboxylate ester

3. 性状　本品为白色结晶性粉末。

4. 溶剂　无水乙醇。

5. 对照品编号与批号　101173－201001

磺胺吡啶

英文名 Sulfapyridine

分子式 $C_{11}H_{11}N_3O_2S$

分子量 249.29

CAS 号 144-83-2

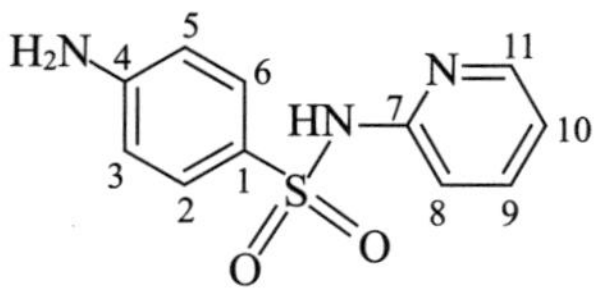

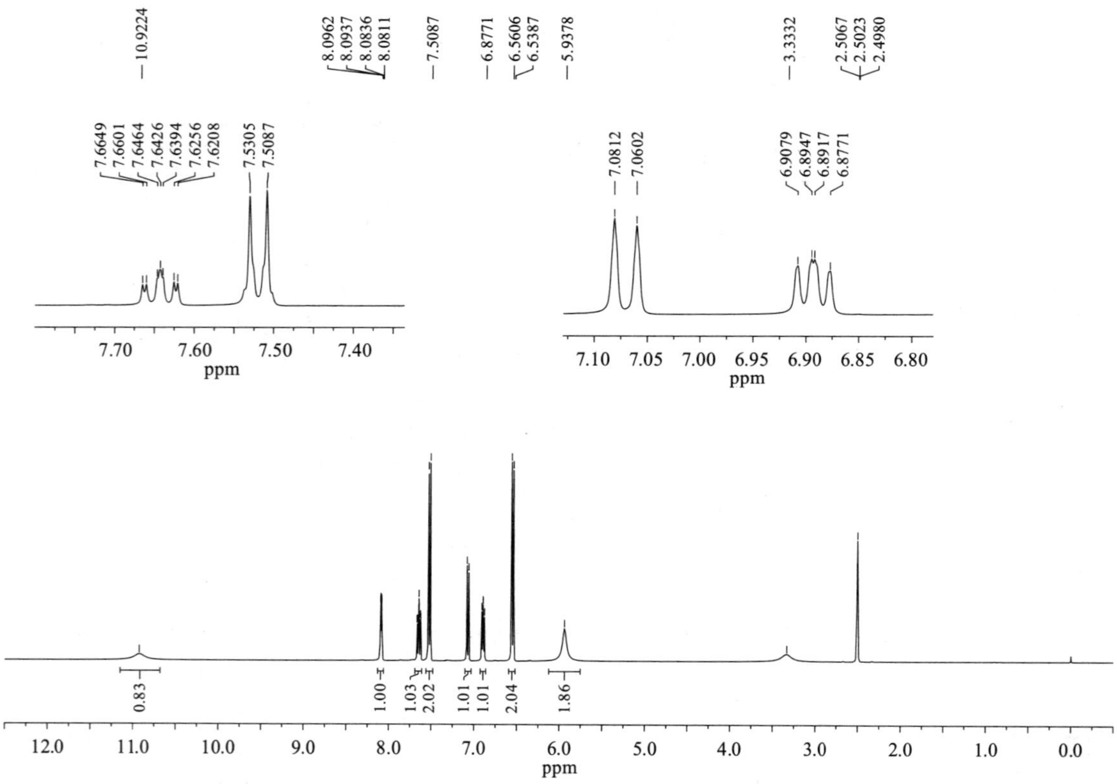

图 1　磺胺吡啶的 ^1H NMR 谱（溶剂：CD_3SOCD_3）

^1H NMR：δ 10.92（NH，brs，1H），8.09（H-11，dd，J=5.0，1.0 Hz，1H），7.64（H-9，m，1H），7.52（H-2，6，d，J=8.7 Hz，2H），7.07（H-8，d，J=8.4 Hz，1H），6.89（H-10，dd，J=6.8，5.6 Hz，1H），6.55（H-3，5，d，J=8.7 Hz，2H），5.94（NH_2，brs，2H）

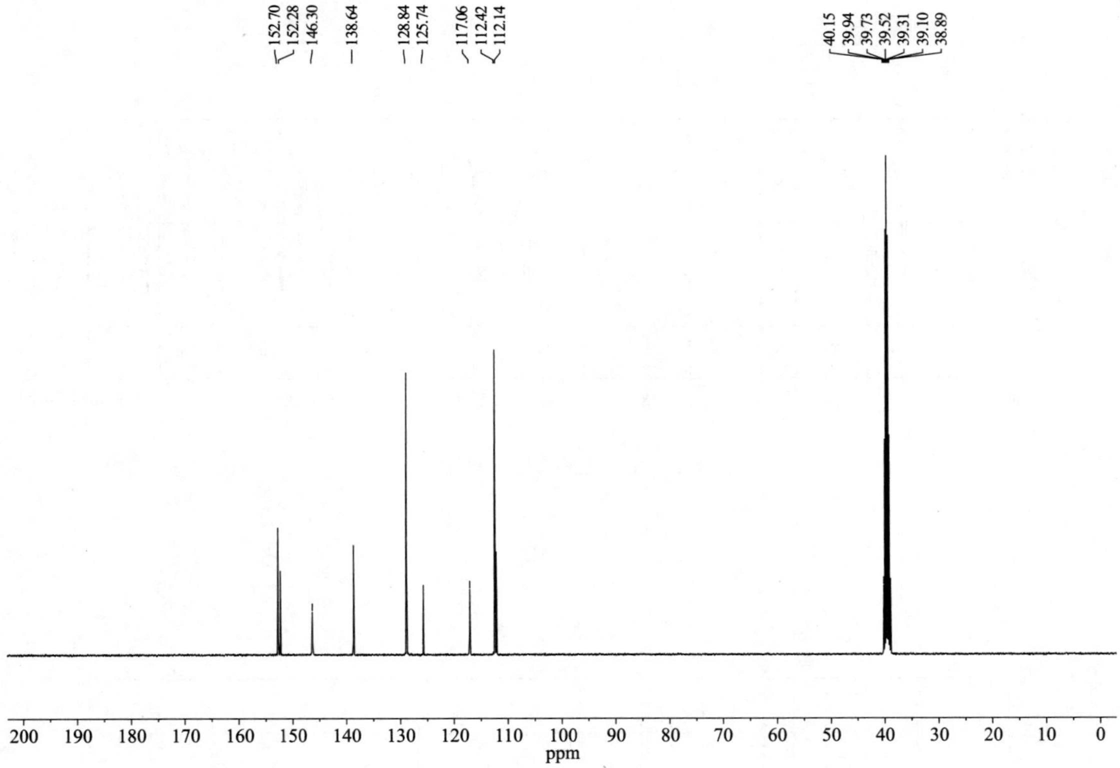

图2　磺胺吡啶的^{13}C NMR 谱（溶剂：CD_3SOCD_3）

^{13}C NMR：δ 152.70（C－7），152.28（C－4），146.30（C－11），138.64（C－9），128.84（C－2，6），125.74（C－1），117.06（C－10），112.42（C－3，5），112.14（C－8）

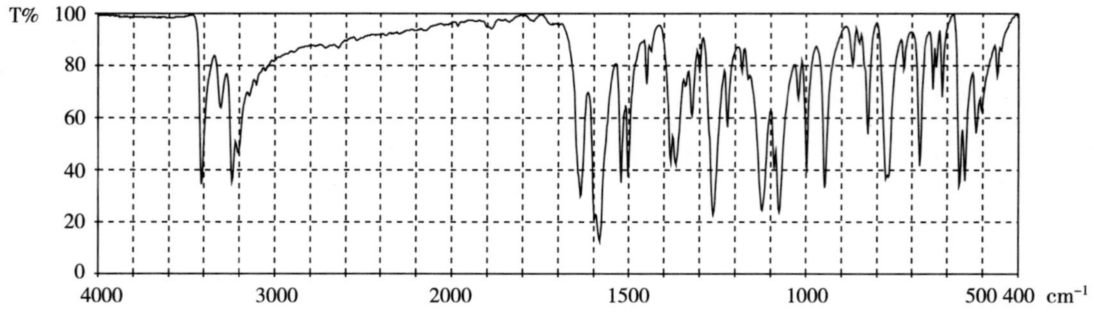

图 3　磺胺吡啶的红外光谱图

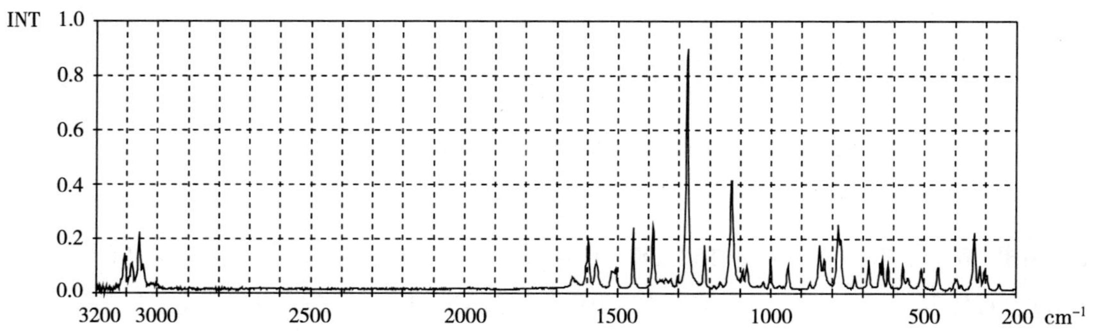

图 4　磺胺吡啶的拉曼光谱图

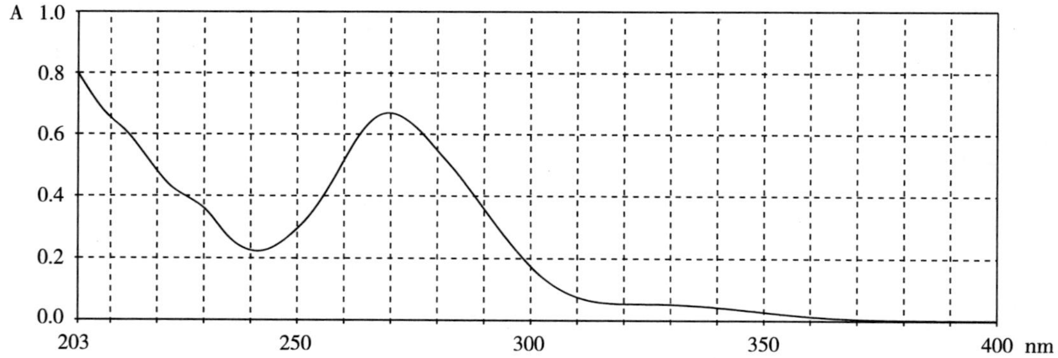

图 5　磺胺吡啶的紫外光谱图

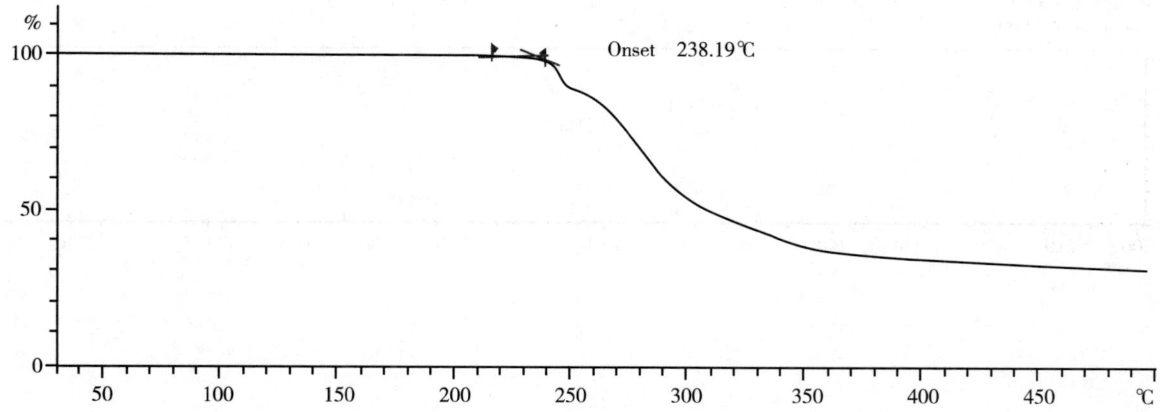

图 6　磺胺吡啶的 TG 图

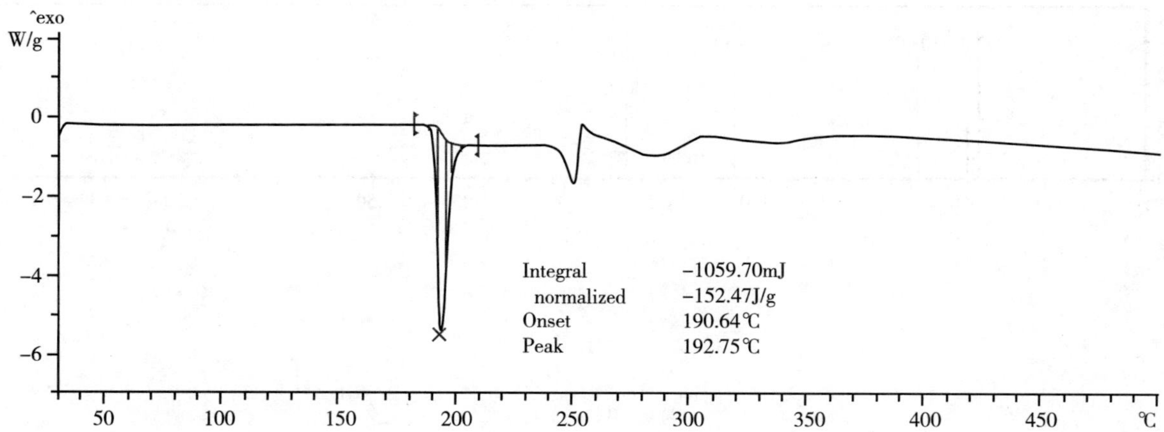

图 7　磺胺吡啶的 DSC 图

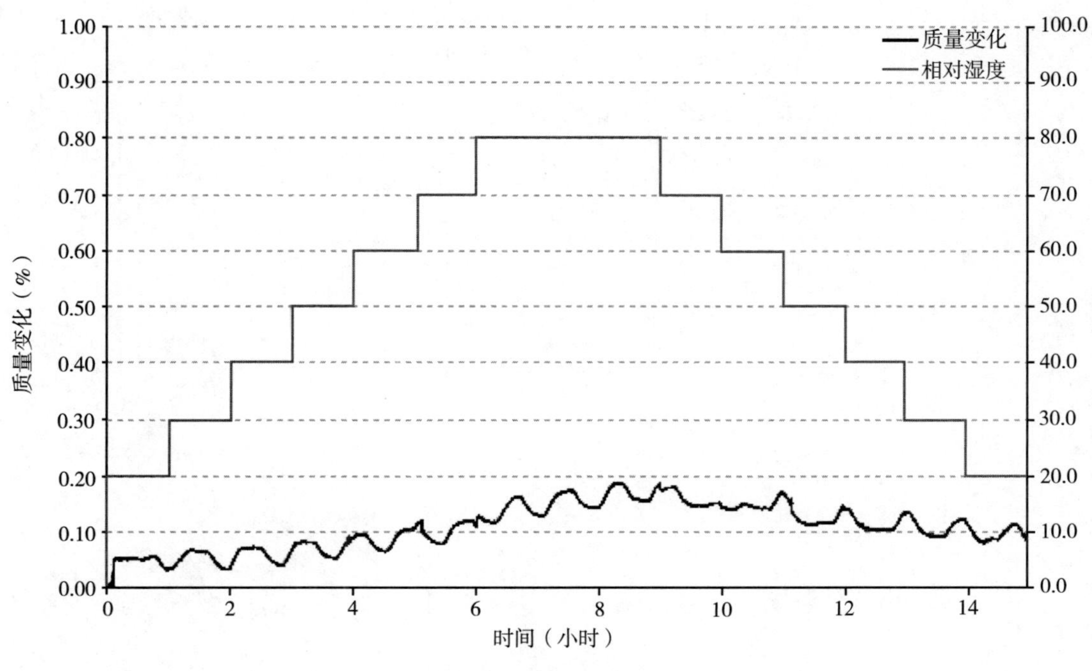

图 8　磺胺吡啶的 DVS 图

正离子扫描模式（一级）

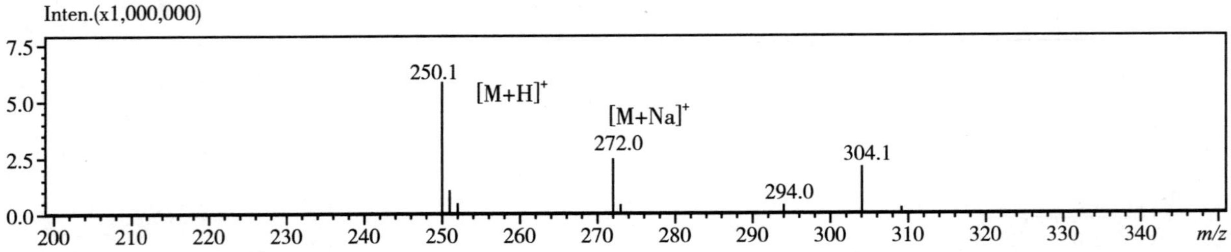

正离子扫描模式（二级）

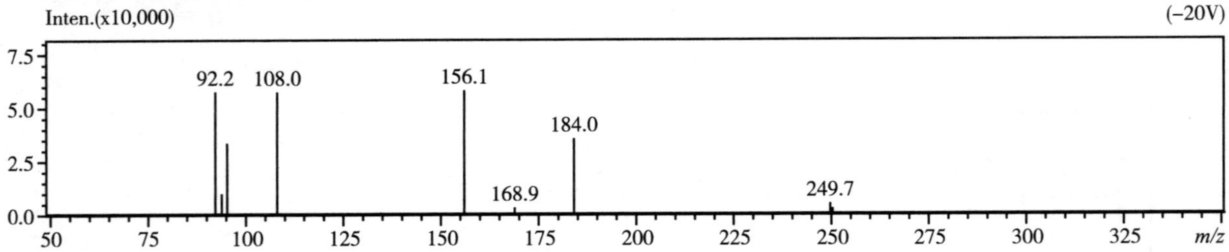

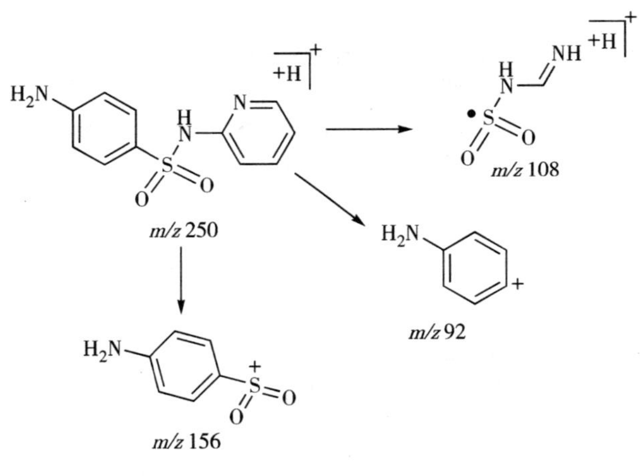

负离子扫描模式（一级）

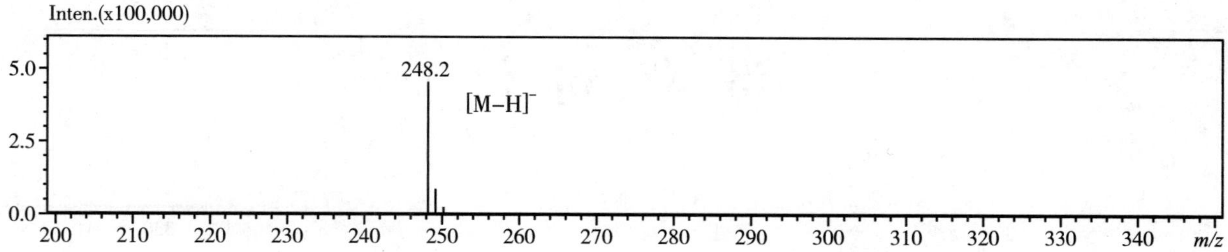

负离子扫描模式（二级）

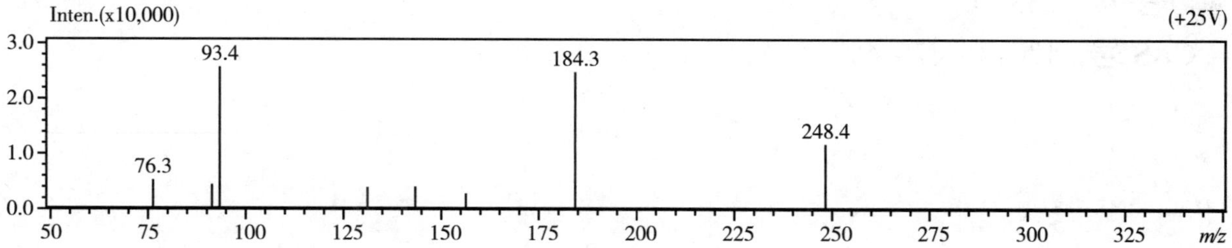

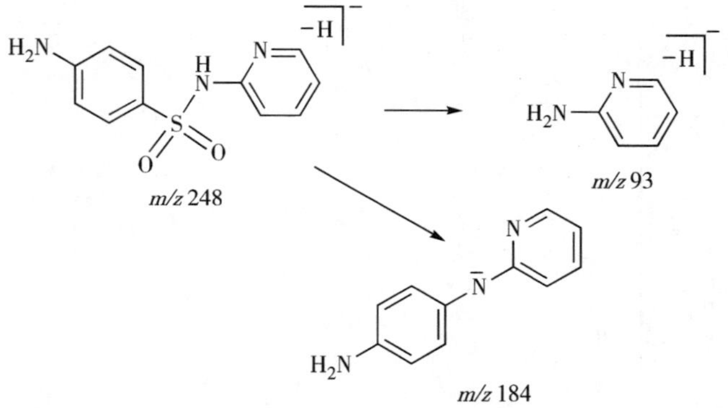

图9　磺胺吡啶的质谱图

备注

1. **中文化学名**　4－氨基－*N*－(2－吡啶基)苯磺酰胺
2. **英文化学名**　4－amino－*N*－2－pyridinylbenzene sulfonamide
3. **溶剂**　无水乙醇。
4. **对照品编号与批号**　101175－201001

洛 莫 司 汀

英文名 Lomustine

分子式 $C_9H_{16}ClN_3O_2$

分子量 233. 70

CAS 号 13010 - 47 - 4

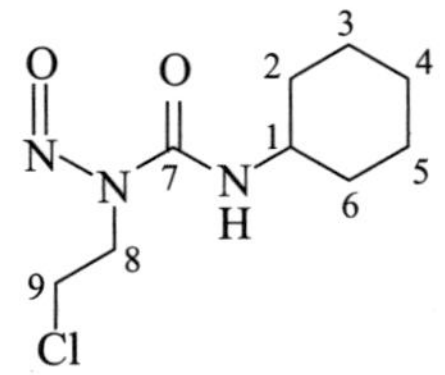

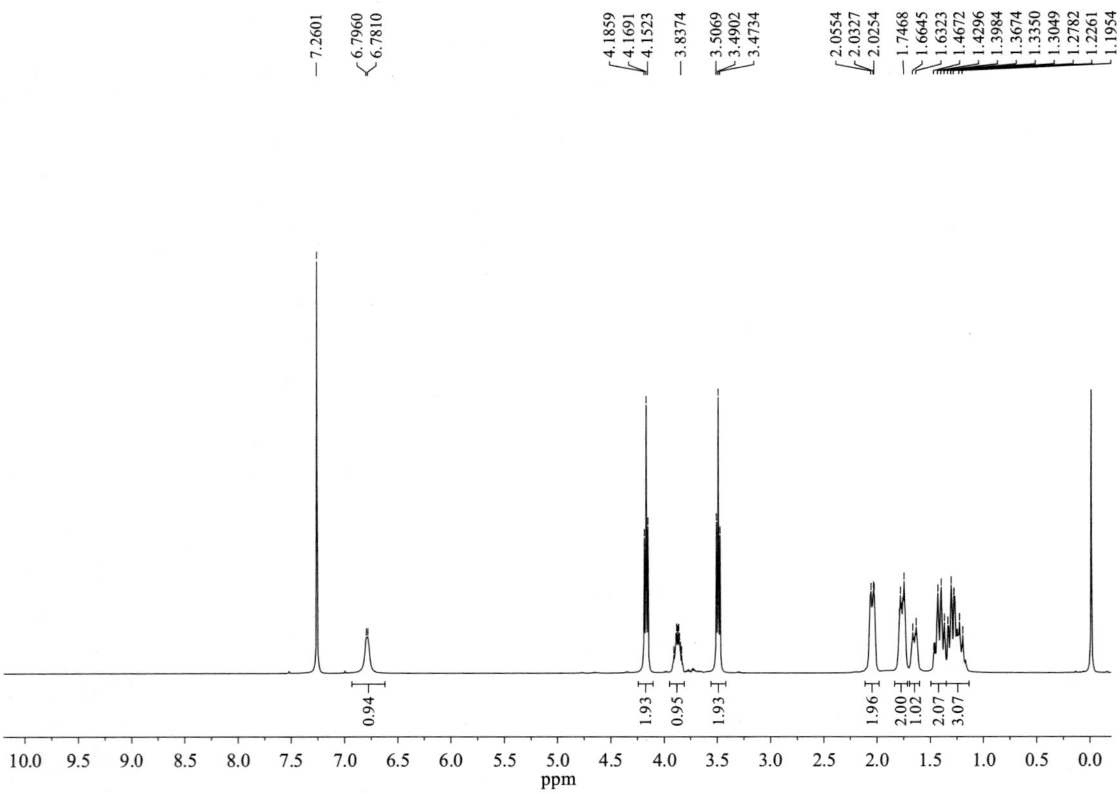

图 1 洛莫司汀的 ^1H NMR 谱（溶剂：$CDCl_3$）

^1H NMR：δ 6. 79（NH，d，J = 6. 0 Hz，1H），4. 17（H - 9，t，J = 6. 7 Hz，2H），3. 87（H - 1，m，1H），3. 49（H - 8，t，J = 6. 7 Hz，2H），2. 11 ~ 1. 98（H - 2a，6a，m，2H），1. 82 ~ 1. 71（H - 3a，5a，m，2H），1. 65（H - 4a，m，1H），1. 48 ~ 1. 35（H - 2b，6b，m，2H），1. 35 ~ 1. 14（H - 3b，4b，5b，m，3H）

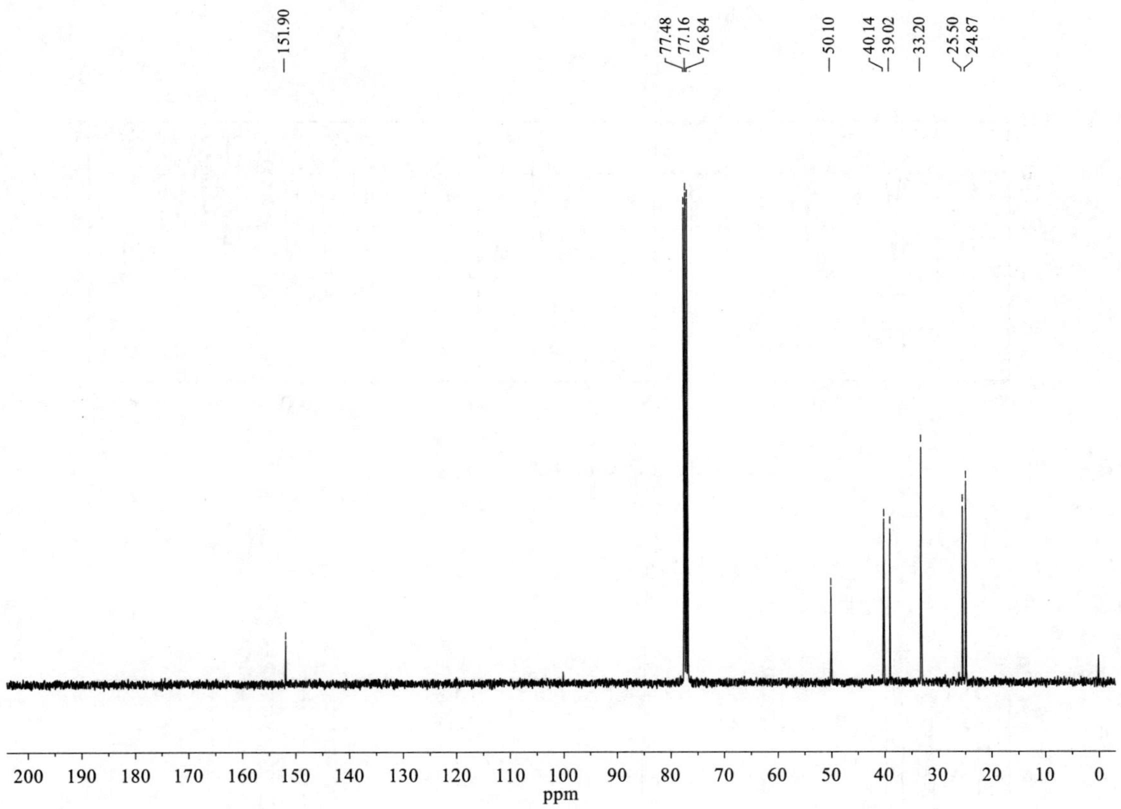

图 2　洛莫司汀的^{13}C NMR 谱（溶剂：$CDCl_3$）

^{13}C NMR：δ 151.90（C－7），50.10（C－1），40.14（C－8），39.02（C－9），33.20（C－2，6），25.50（C－4），24.87（C－3，5）

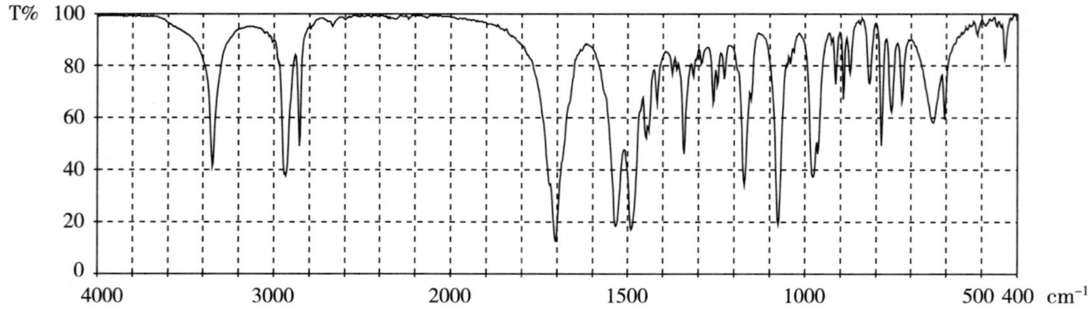

图 3　洛莫司汀的红外光谱图

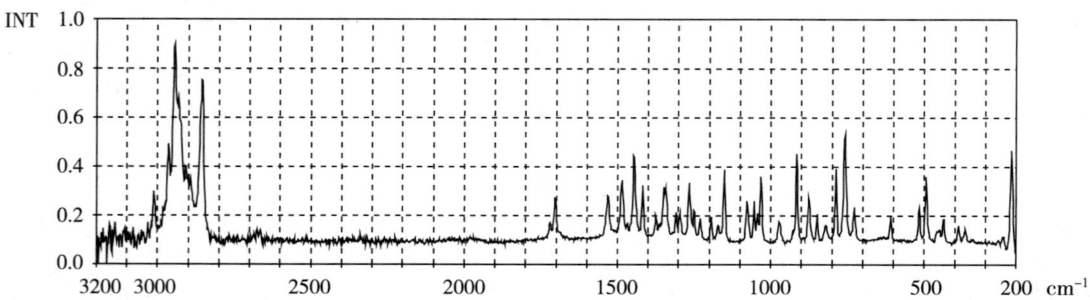

图 4　洛莫司汀的拉曼光谱图

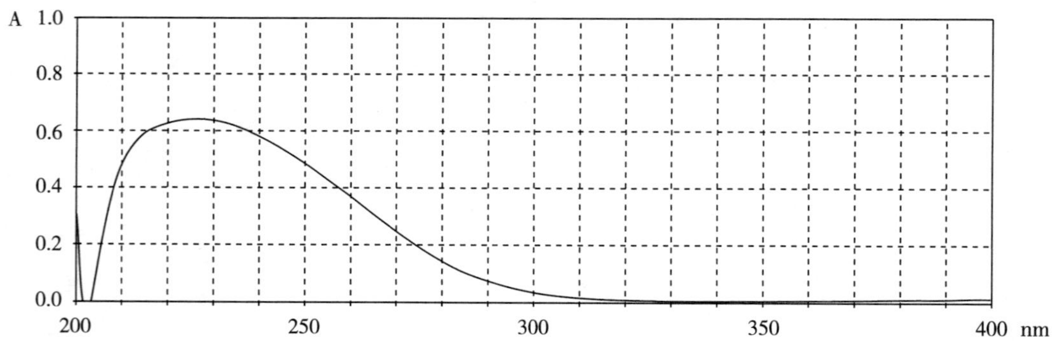

图 5　洛莫司汀的紫外光谱图

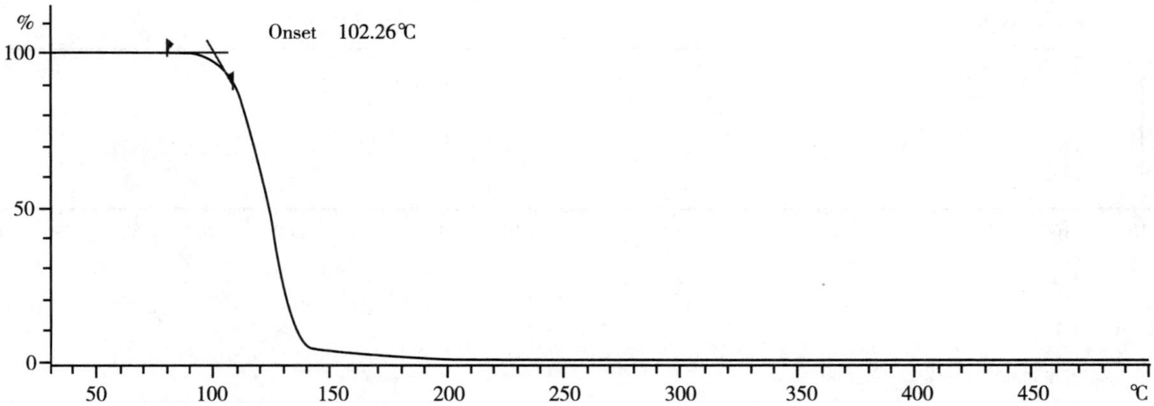

图 6　洛莫司汀的 TG 图

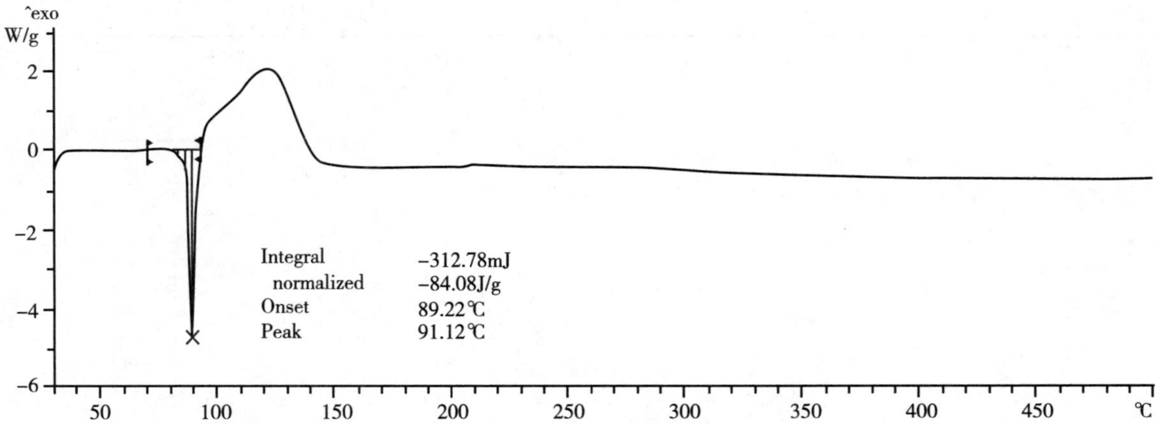

图 7　洛莫司汀的 DSC 图

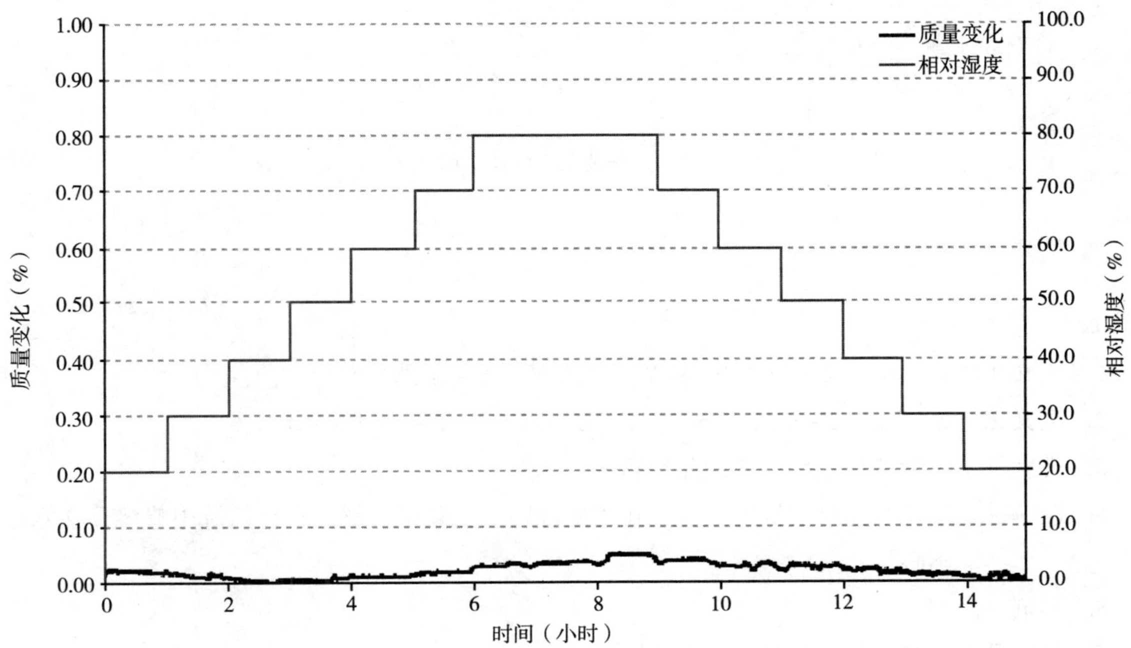

图 8　洛莫司汀的 DVS 图

正离子扫描模式（一级）

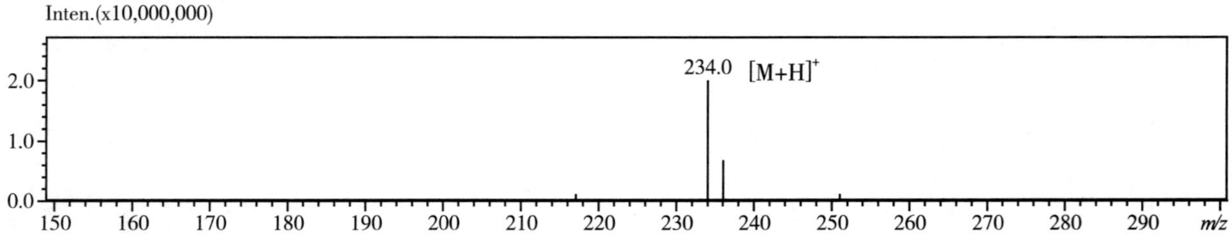

正离子扫描模式（二级）

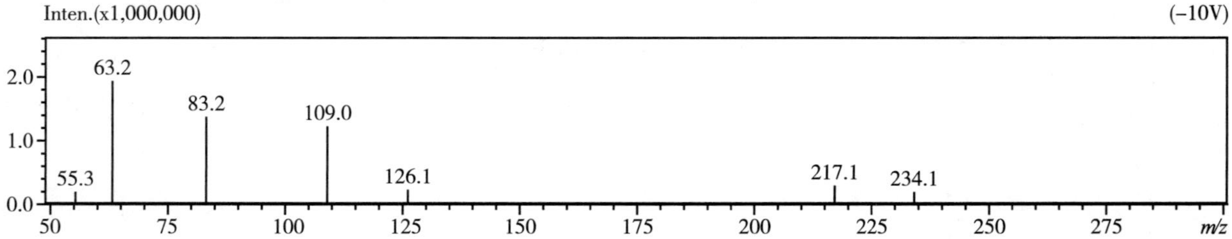

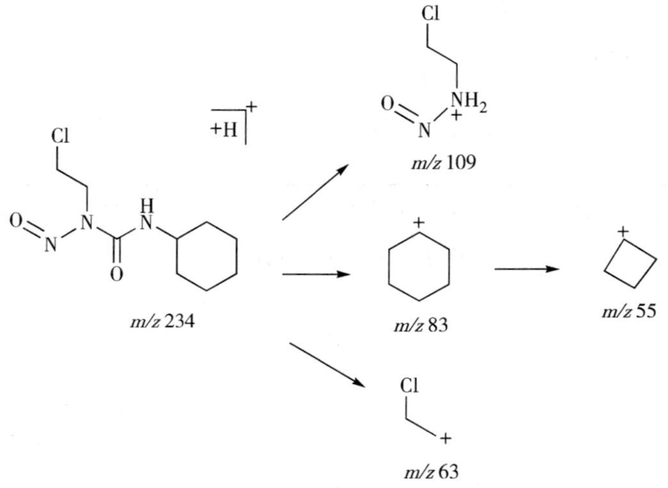

图9　洛莫司汀的质谱图

备注

1. 中文化学名　*N*－(2－氯乙基)－*N'*－环己基－*N*－亚硝基脲

2. 英文化学名　1－(2－chloroethyl)－3－cyclohexyl－1－nitrosourea

3. 性状　本品为淡黄色结晶或结晶性粉末；无臭。

4. 溶解性　本品在三氯甲烷中易溶，在乙醇或四氯化碳中溶解，在环己烷中略溶，在水中几乎不溶。

5. 溶剂　乙醇。

6. 对照品编号与批号　101181－201101

盐酸普罗帕酮

英文名 Propafenone Hydrochloride

分子式 $C_{21}H_{27}NO_3 \cdot HCl$

分子量 377.91

CAS 号 34183－22－7

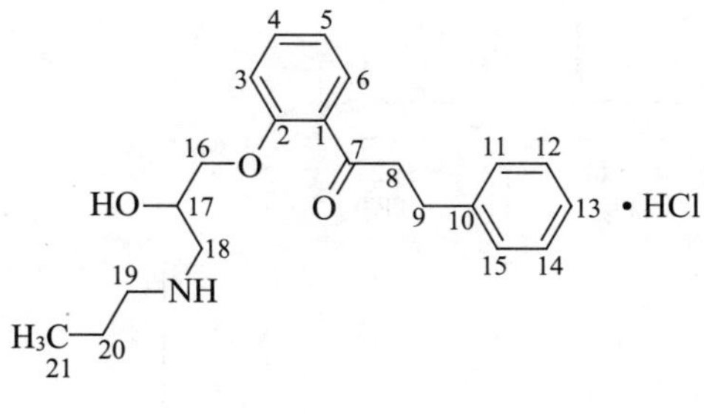

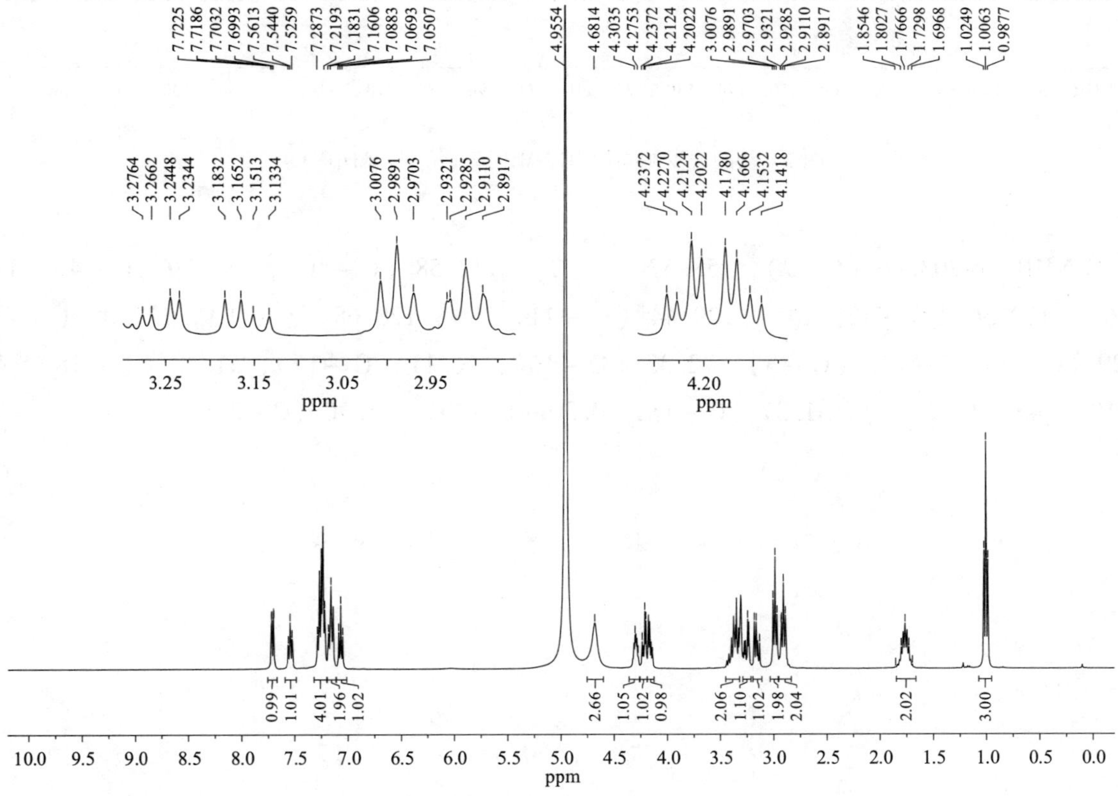

图 1 盐酸普罗帕酮的 ^1H NMR 谱（溶剂：CD_3OD）

^1H NMR：δ 7.71（H－6，dd，J＝7.7，1.6 Hz，1H），7.54（H－4，t，J＝7.4 Hz，1H），7.31～7.21（H－11，12，14，15，m，4H），7.20～7.12（H－3，13，m，2H），7.07（H－5，t，J＝7.5 Hz，1H），4.72～4.60（NH，OH，m，2H），4.30（H－17，m，1H），4.22（H－16a，dd，J＝9.9，4.1 Hz，1H），4.16（H－16b，dd，J＝9.9，4.6 Hz，1H），3.45～3.33（H－8，m，2H），3.26（H－18a，dd，J＝12.7，4.1 Hz，1H），3.16（H－18b，dd，J＝12.7，7.2 Hz，1H），2.99（H－9，t，J＝7.4 Hz，2H），2.91（H－19，m，2H），1.86～1.67（H－20，m，2H），1.01（H－21，t，J＝7.4 Hz，3H）

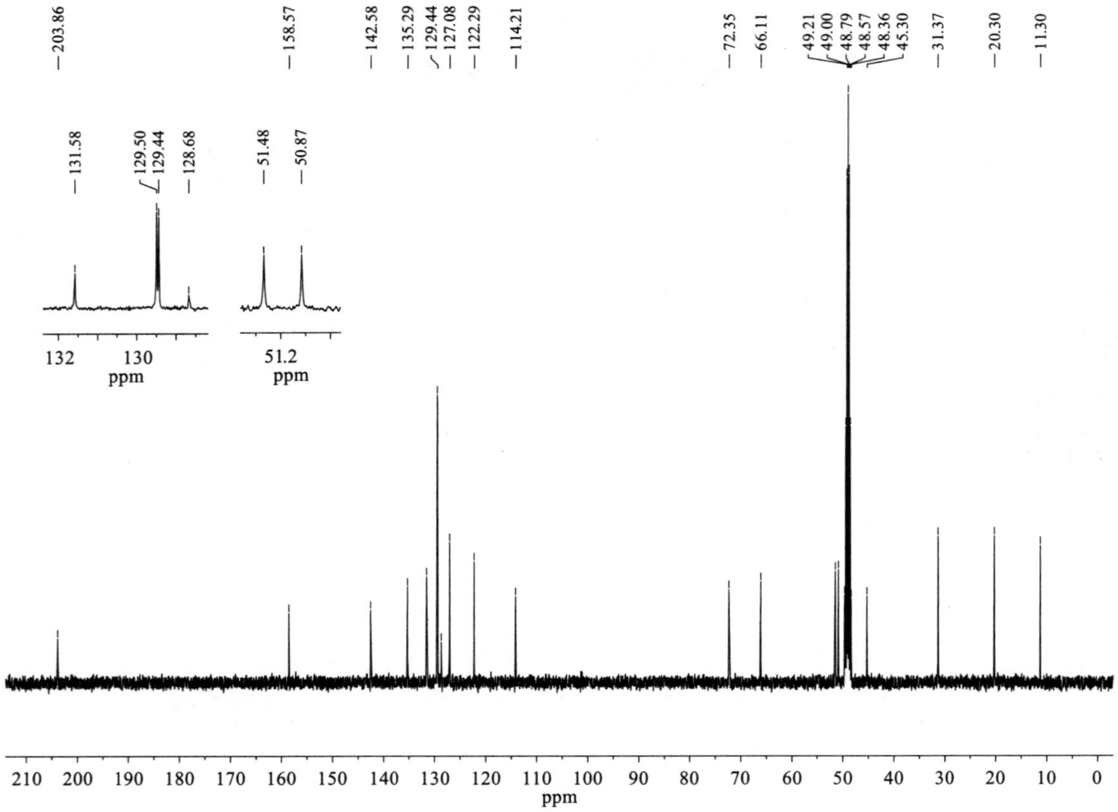

图2　盐酸普罗帕酮的^{13}C NMR谱（溶剂：CD_3OD）

^{13}C NMR：δ 203.86（C－7），158.57（C－2），142.58（C－10），135.29（C－4），131.58（C－6），129.50（C－12，14），129.44（C－11，15），128.68（C－1），127.08（C－13），122.29（C－5），114.21（C－3），72.35（C－16），66.11（C－17），51.48（C－18），50.87（C－19），45.30（C－8），31.37（C－9），20.30（C－20），11.30（C－21）

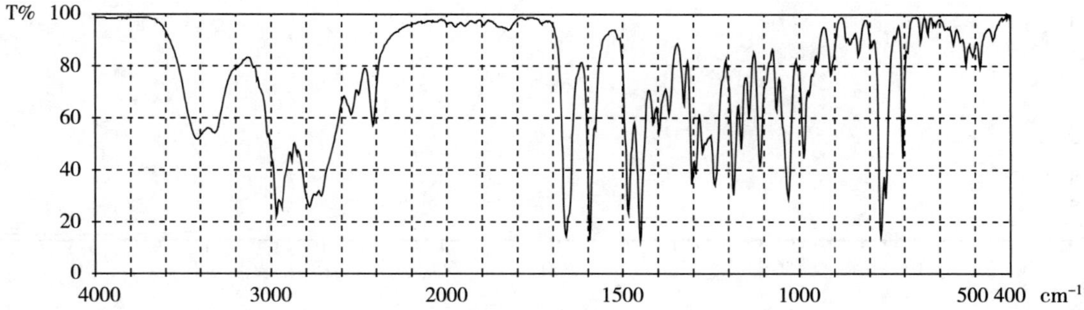

图 3　盐酸普罗帕酮的红外光谱图

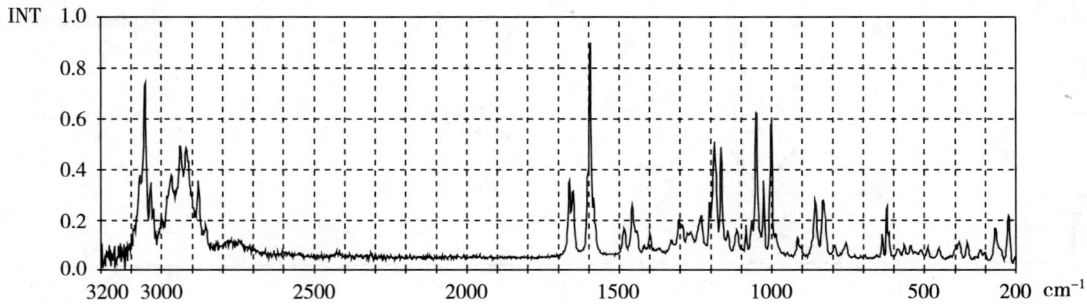

图 4　盐酸普罗帕酮的拉曼光谱图

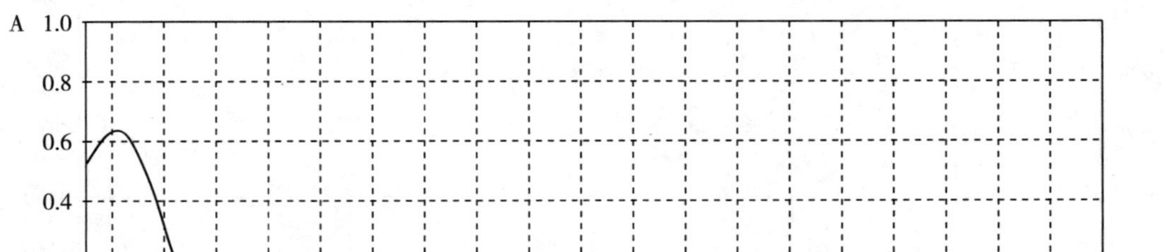

图 5　盐酸普罗帕酮的紫外光谱图

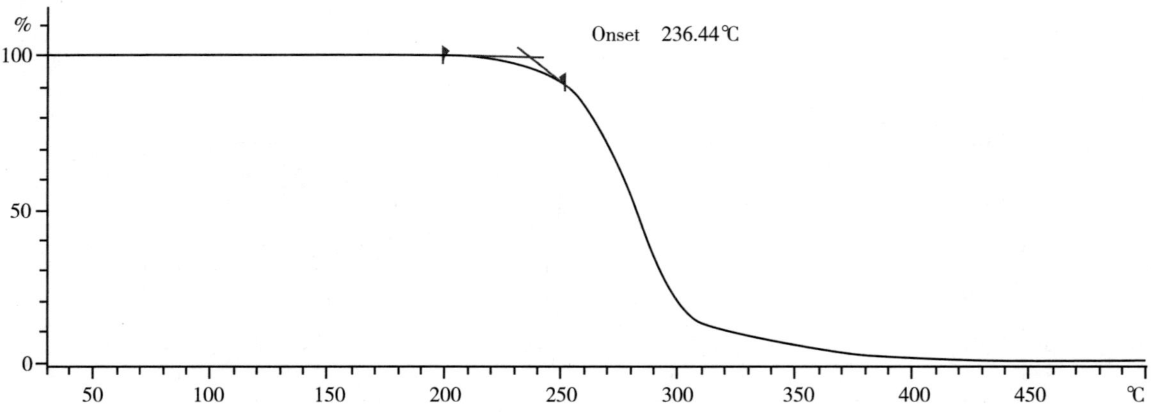

图 6　盐酸普罗帕酮的 TG 图

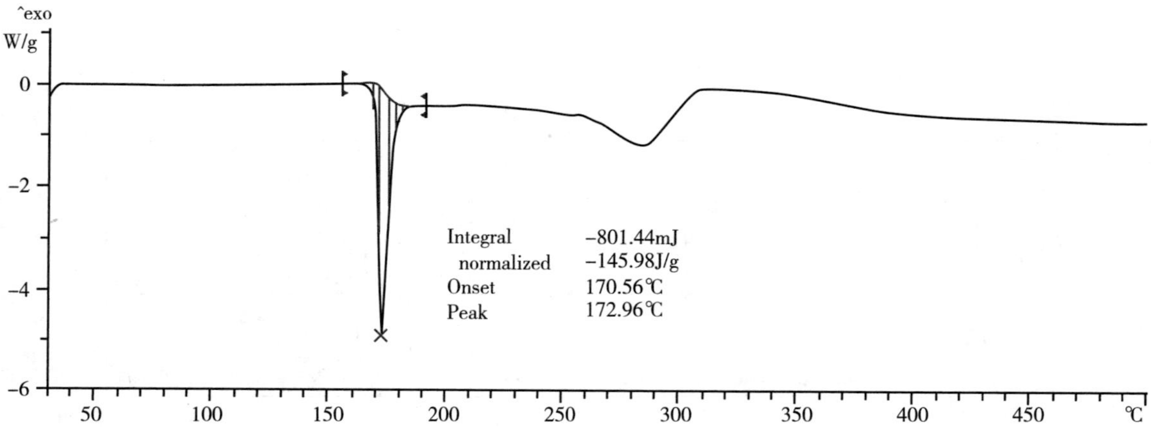

图 7　盐酸普罗帕酮的 DSC 图

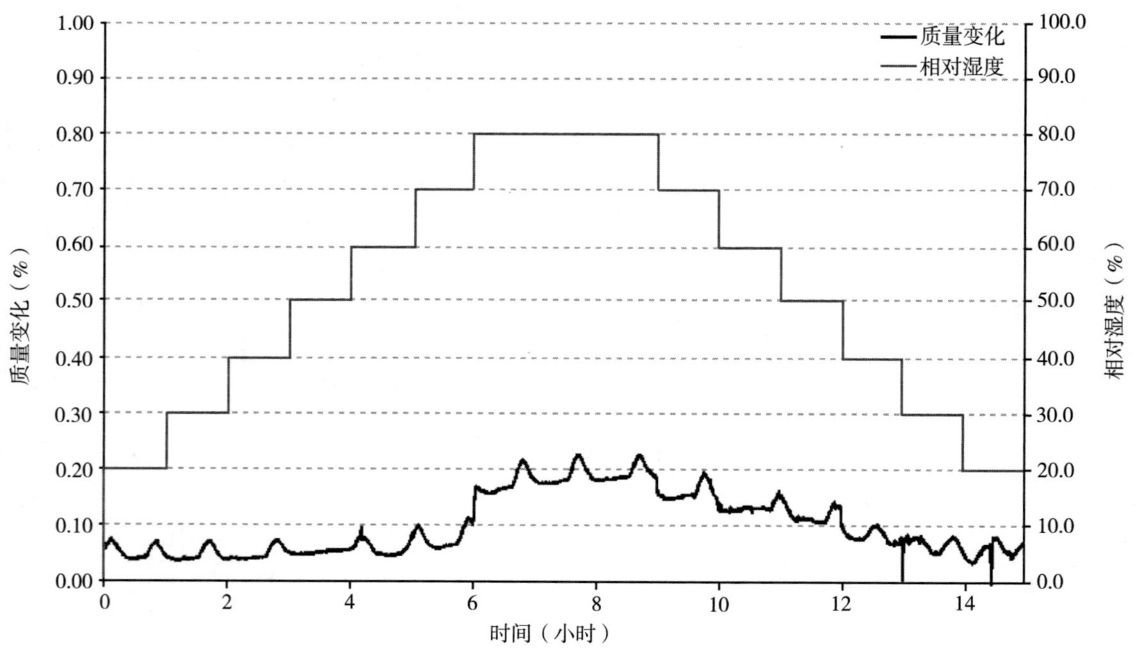

图 8　盐酸普罗帕酮的 DVS 图

正离子扫描模式（一级）

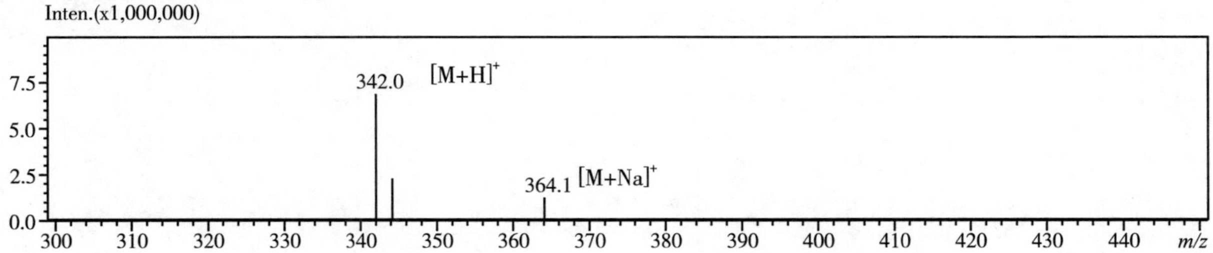

正离子扫描模式（二级）

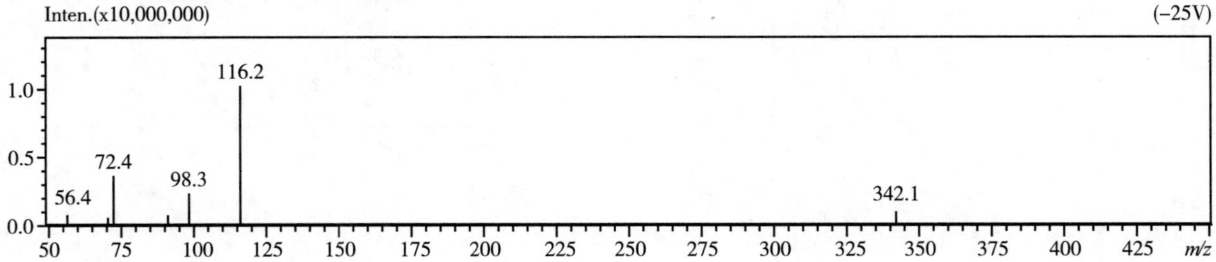

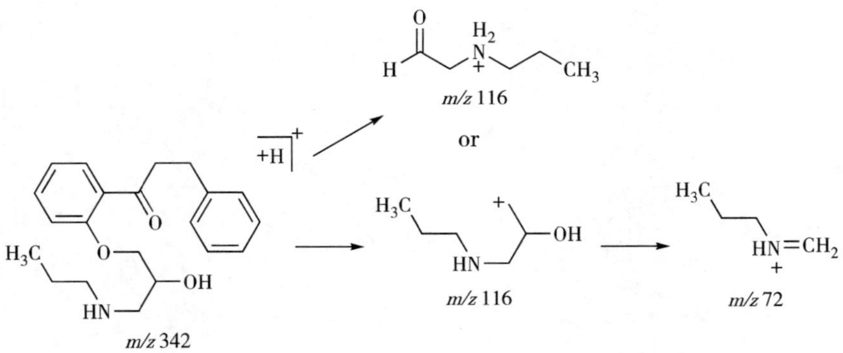

图9　盐酸普罗帕酮的质谱图

备注

1. **中文化学名**　3－苯基－1－［2－［3－（丙氨基）2－羟基丙氧基］苯基］－1－丙酮盐酸盐
2. **英文化学名**　1－［2－［（2*RS*）－2－hydroxy－3－（propylamino）propyloxy］phenyl］－3－phenyl-propan－1－one monohydrochloride
3. **性状**　本品为白色结晶性粉末；无臭，味苦。
4. **溶解性**　本品在乙醇、三氯甲烷或冰醋酸中微溶，在水中极微溶解。
5. **溶剂**　无水乙醇。
6. **对照品编号与批号**　101190－201101

索　　引

中文索引

（按汉语拼音顺序排序）

F

G

H

J

K

L

M

N

P

Q

R

S

T

W

X

Y

Z

中文索引

（按笔画顺序排序）

一画

二画

三画

四画

五画

六画

七画

八画

九画

十画

十一画

十二画

十三画

十四画

十五画

十六画

十七画

二十一画

英 文 索 引

D

E

F

G

H

I

K

L

M

N

O

P

分子量索引